Goette/Arnold
Handbuch Aufsichtsrat

Handbuch Aufsichtsrat

Herausgegeben von

Professor Dr. Wulf Goette
Rechtsanwalt, Stuttgart
Vorsitzender Richter am BGH a.D.
Honorarprofessor der Universität Heidelberg

Professor Dr. Michael Arnold
Rechtsanwalt, Stuttgart
Honorarprofessor an der Universität Tübingen

2021

Zitiervorschlag:
Bearbeiter in Goette/Arnold AR-HdB § … Rn. …

www.beck.de

ISBN 978 3 406 72433 6

© 2021 Verlag C.H. Beck oHG
Wilhelmstraße 9, 80801 München
Druck: Druckerei C.H. Beck Nördlingen
(Adresse wie Verlag)

Satz: 3w+p GmbH, Rimpar
Umschlaggestaltung: Druckerei C.H. Beck Nördlingen

Gedruckt auf säurefreiem, alterungsbeständigem Papier
(hergestellt aus chlorfrei gebleichtem Zellstoff)

Vorwort

Nach einem berühmten dictum des II. Zivilsenats des Bundesgerichtshofs (GELATINE) ist das deutsche Aktienrecht von einer „wohl austarierten Kompetenzverteilung" der drei Organe Hauptversammlung, Aufsichtsrat und Vorstand gekennzeichnet. Der Aufsichtsrat als das den Vorstand, der die Gesellschaft unter eigener Verantwortung leitet, retro- und prospektiv überwachende Organ hat im Laufe der Entwicklungsgeschichte des deutschen Aktienrechts eine immer größere Bedeutung gewonnen: Gerade die Fehlentwicklungen und Krisen in den letzten Jahrzehnten haben deutlich gemacht, wie wichtig die gewissenhafte Erfüllung der Überwachungsaufgabe für das Wohl der Gesellschaft, ihrer Aktionäre, Arbeitnehmer, Gläubiger und des Gemeinwesens ist; zu Recht spricht man von der zunehmenden „Professionalisierung des Aufsichtsrats".

Es reicht jedoch nicht, dass nach dem Gesetz die aktienrechtliche Kompetenzordnung „wohl austariert" ist. Die gesetzliche Pflichtenzuweisung muss auch entsprechend umgesetzt werden. Hier kann es zu Konflikten bei der Aufgabenerfüllung kommen, vor allem wenn das eine oder andere Organ zu sehr in den nicht immer trennscharf abgegrenzten, sondern sich zT überschneidenden Kompetenzbereich des anderen Organs unangemessen übergreift. Jeder Berater eines Gesellschaftsorgans muss sich diese möglichen Konfliktlinien vergegenwärtigen und ihnen Rechnung tragen.

Gleiss Lutz als eine der renommiertesten, großen deutschen Wirtschaftskanzleien verfügt über jahrzehntelange tiefgreifende und breitflächige Expertise aus der Beratung aller drei Organe einer Aktiengesellschaft und ist deswegen in besonderer Weise befähigt, durch seine Angehörigen alle in Rede stehenden Probleme des Zusammenwirkens der Gesellschaftsorgane aus den unterschiedlichen Perspektiven zu beurteilen. Vor diesem Hintergrund haben sich die beiden Herausgeber entschlossen, ein Team „von Kennern der Materie" aus der Mitte der Kanzlei zusammenzuführen und auf der Grundlage dieses breitgefächerten Know How eine umfassende, wissenschaftlich fundierte, aber die praktischen Erfordernisse „aus einem Guss" behandelnde Darstellung der Aufgaben, Befugnisse und Pflichten des Aufsichtsrats einer deutschen Aktiengesellschaft vorzulegen. Im Mittelpunkt steht die Darstellung der Zusammensetzung und der Inneren Ordnung des Aufsichtsrats, seiner Überwachungs-, Einwirkungs-, Personal-, Vertretungs- und Mitwirkungskompetenz. Sie behandelt den Sonderprüfer, den Besonderen Vertreter und aus dem angelsächsischen Rechtsbereich stammenden Monitor, stellt eingehend die Pflichten und Sanktionen für fehlerhaftes Verhalten der Aufsichtsratsmitglieder und das Vergütungssystem für den Aufsichtsrat dar und widmet ferner dem mitbestimmten Aufsichtsrat und dem Aufsichtsrat im Konzern eigene Kapitel. Ergänzend angefügt sind ein dem Aufsichtsrat in anderen Gesellschaftsformen gewidmetes und – aus aktuellem Anlass – ein Kapitel über die COVID-Sondergesetzgebung.

Es war für alle Beteiligten eine große Herausforderung, neben der Bearbeitung großer, höchst anspruchsvoller Mandate dieses Programm einigermaßen zeitgerecht abzuschließen, zumal in der Endphase ARUG II und die Covid-Sondergesetzgebung einzuarbeiten waren. Ohne die Unterstützung einer Reihe von Mitarbeitern der Kanzlei hätte sich dieses Programm nicht bewältigen lassen. Herausgeber und Autoren danken deswegen *Florian Bollmann, Dr. Christoph Brünger, Frank Buchhöcker, Lisa Diana Deckers, Nicolas Dietzel, Johanna Dirkes, Rieke Dolde, Sebastian Ernst, Dr. Charlotte Evers, Jessica Ferreira Rocha, Patrick Feser, Anna Gralla, Minh Duc Ha, Elena Himmelmann, Jonas Hofer, Silke Hoffmann, Jan Homann, Dr. Hilmar Hütten, Fabian Köpcke, Miriam Lück, Nils Maiwurm, Dr. Joscha Meyer, Maximilian Moosmann, Megan Müller, Patrick Müller, Tina Müller, Holger Nemetz, Dominik Pohlmann, Corinna Richter, Angelina Rosiak, Jennifer Salzmann, Lars Sander, Mathis Schaller, Mara Schmidt-Klie, Pia Schneider, Laurids Schommers, Lisa Setzer, Ricarda Zeh, Valentin Zemmrich* sehr herzlich für ihre zuverlässige Mitwirkung bei der Zusammenstellung des weit gefächerten Stoffs und der steten Bereitschaft zu zielführender Diskussion der zT schwierigen Fragestellungen. Besonderer Dank gilt Herrn Referendar *Nicholas Brand*, der unermüdlich den Manuskriptlauf überwacht, koordinierend eingegriffen und vor allem zuverlässig die beiden Register erstellt hat. Frau von Bonhorst und dem Verlag danken wir für die fürsorgliche Begleitung der Manuskripterstellung und für die große Geduld mit den eingetretenen, unvermeidlichen Verzögerungen.

Herausgeber, Autoren und Verlag würden sich sehr freuen, wenn dieses „Handbuch des Aufsichtsrats" Hilfen und Anleitungen vor allem für die mit den praktischen Fragen des Aktienrechts befassten Kreise, ebenso aber Anregungen für die Wissenschaft bieten würde, der oftmals der unmittelbare Zugang zu den die aktienrechtliche Praxis bewegenden Fragen fehlt. Anregungen für die Diskussion sind hochwillkommen.

Stuttgart im Februar 2021

Professor Dr. Michael Arnold
Professor Dr. Wulf Goette

Die Bearbeiter

Professor Dr. Michael Arnold
Rechtsanwalt, Stuttgart
Honorarprofessor an der Universität Tübingen

Professor Dr. Christian Arnold, LL.M. (Yale)
Rechtsanwalt, Stuttgart
Honorarprofessor der Universität Mannheim

Dr. Adrian Bingel, LL.M. (Chicago), Dipl.-Kfm.
Attorney-at-Law (New York) Rechtsanwalt, Stuttgart

Peter Steffen Carl
Rechtsanwalt, München

Dr. Matthias Gärtner
Rechtsanwalt, Düsseldorf

Professor Dr. Wulf Goette
Rechtsanwalt, Stuttgart
Vorsitzender Richter am BGH a.D.
Honorarprofessor der Universität Heidelberg

Dr. Cornelius Götze, LL.M. (Cornell)
Rechtsanwalt und Notar, Frankfurt am Main

Martin Hitzer
Rechtsanwalt, Düsseldorf

Dr. Maximilian von Rom
Rechtsanwalt, Frankfurt am Main

Dr. Gabriele Roßkopf, LL.M. (London)
Rechtsanwältin, Stuttgart

Dr. Vera Rothenburg
Rechtsanwältin, Stuttgart

Dr. Dirk Wasmann
Rechtsanwalt, Stuttgart

Dr. Fred Wendt
Rechtsanwalt, Hamburg

Im Einzelnen haben bearbeitet

§ 1 Einleitung
    Rn. 1–17 .... Michael Arnold
    Rn. 18–79 .... Wulf Goette
    Rn. 80–123 .... Michael Arnold
    Rn. 124–143 .... Wulf Goette

§ 2 Zusammensetzung .... Gabriele Roßkopf

§ 3 Innere Ordnung
    Rn. 1–389 .... Peter Steffen Carl
    Rn. 390–576 .... Adrian Bingel

§ 4 Aufgaben und Kompetenzen
  A. Überwachungskompetenz
    Rn. 1–212 .... Michael Arnold
    Rn. 213–380 .... Vera Rothenburg
  B. Einwirkungskompetenz
    Rn. 381–498 .... Michael Arnold
  C. Personalkompetenz
    Rn. 499–1182 .... Matthias Gärtner
    Rn. 1183–1820 .... Christian Arnold
    Rn. 1821–1944 .... Matthias Gärtner
    Rn. 1945–2046 .... Hansjörg Scheel
    Rn. 2047–2159 .... Matthias Gärtner
    Rn. 2160–2266 .... Dirk Wasmann
  D. Vertretungskompetenz
    Rn. 2267–2338 .... Vera Rothenburg
    Rn. 2339–2448 .... Wulf Goette
  E. Mitwirkungskompetenz
    Rn. 2449–2551 .... Vera Rothenburg
    Rn. 2552–2643 .... Dirk Wasmann
    Rn. 2644–2664 .... Michael Arnold
    Rn. 2665–2686 .... Peter Steffen Carl
  F. Sonderprüfer
    Rn. 2687–2851 .... Michael Arnold
  G. Besonderer Vertreter
    Rn. 2852–2921 .... Gabriele Roßkopf
  H. Monitor
    Rn. 2922–3030 .... Martin Hitzer

§ 5 Pflichten und Sanktionen
    Rn. 1–165 .... Martin Hitzer
    Rn. 166–183 .... Matthias Gärtner
    Rn. 184–201 .... Wulf Goette

§ 6 Vergütung und Auslagenersatz .... Dirk Wasmann/
                                                                                    Matthias Gärtner

§ 7 Mitbestimmter Aufsichtsrat .... Christian Arnold

§ 8 Aufsichtsrat im Konzern .... Fred Wendt

Im Einzelnen haben bearbeitet

§ 9 Der Aufsichtsrat in anderen Gesellschaftsformen
Rn. 1–61 .... Gabriele Roßkopf
Rn. 62–176 .... Vera Rothenburg
Rn. 177–226 .... Wulf Goette
Rn. 227–286 .... Vera Rothenburg

§ 10 Der Aufsichtsrat in der Corona-Krise
Rn. 1–67 .... Cornelius Götze
Rn. 68–155 .... Maximilian von Rom

Inhaltsübersicht

Vorwort	V
Die Bearbeiter	VII
Im Einzelnen haben bearbeitet	IX
Inhaltsübersicht	XI
Inhaltsverzeichnis	XIII
Abkürzungsverzeichnis	XXXVII
Literaturverzeichnis	XLIX

§ 1	Einleitung	1
§ 2	Zusammensetzung	35
§ 3	Innere Ordnung	89
§ 4	Aufgaben und Kompetenzen	205
§ 5	Pflichten und Sanktionen	885
§ 6	Vergütung und Auslagenersatz für Aufsichtsratsmitglieder sowie Verträge mit Aufsichtsratsmitgliedern	925
§ 7	Mitbestimmter Aufsichtsrat	997
§ 8	Aufsichtsrat im Konzern	1107
§ 9	Aufsichtsräte in anderen Gesellschaftsformen	1151
§ 10	Der Aufsichtsrat in der Corona-Krise	1205

Entscheidungsregister	1229
Sachverzeichnis	1273

Inhaltsverzeichnis

Vorwort	V
Die Bearbeiter	VII
Im Einzelnen haben bearbeitet	IX
Inhaltsübersicht	XI
Abkürzungsverzeichnis	XXXVII
Literaturverzeichnis	XLIX

§ 1 Einleitung

I. Aufgaben und Kompetenzen	2
1. Überwachungskompetenz	2
2. Beratungs- und Einwirkungskompetenz	2
3. Personalkompetenz	3
4. Vertretungskompetenz	4
5. Mitwirkungskompetenz	4
II. Pflichten	5
1. Sorgfalt und Haftung einschließlich D&O	5
a) Grundlagen	5
b) Sorgfaltsmaßstab	5
c) Pflichten	5
d) Schuldhafte Pflichtverletzung und Haftung	7
e) Anspruchsverfolgung, Verzicht und Vergleich, D&O Versicherung	8
2. Insbesondere: Verschwiegenheitspflicht	9
3. Insbesondere: Datenschutz	9
4. Insbesondere: Kapitalmarktrechtliche Pflichten	9
III. Rechte	10
1. Informationsrecht	10
2. Teilnahmerecht	10
3. Einberufungsverlangen	10
4. Vergütung	10
5. Kreditgewährung	11
6. Budgetrecht des AR?	11
IV. Rechtsquellen und Geschichte	11
1. AktG	12
2. Satzung	12
3. Geschäftsordnung	13
4. Mitbestimmungesetze	13
5. HGB	14
6. Weitere Gesetze	14
7. DCGK	14
8. Europäisches Recht	17
9. Geschichte des Aufsichtsrats	17
V. Grundprinzipien	21
1. Unternehmensinteresse	21
2. Gleichbehandlung und Gleichberechtigung	23
a) Aufsichtsratsmitglieder	23
b) Aufsichtsrat und Vorstand	23
c) Aktionäre	23
3. Persönliche Amtswahrnehmung	24
4. Weisungsfreie Amtsführung	25
5. Selbstorganisationsrecht	25
VI. Mitbestimmter Aufsichtsrat	26
1. MitbestG	26
a) Anwendung des MitbestG	26
b) Bildung, Größe und Zusammensetzung des Aufsichtsrats	26
c) Wahl, Ausscheiden und Schutz der Arbeitnehmervertreter	27

Inhaltsverzeichnis

	d) Innere Ordnung und Tätigkeit des Aufsichtsrats	28
2. DrittelbG		29
	a) Anwendung des DrittelbG	29
	b) Besonderheiten nach dem DrittelbG	29
VII. Aufsichtsrat in anderen Gesellschaftsformen		29
1. KGaA		30
2. SE		30
3. GmbH		31
4. Genossenschaft		32

§ 2 Zusammensetzung

I. Allgemeines		37
1. Zusammensetzung		37
	a) Rechtsgrundlagen	37
	b) Mitbestimmte Aufsichtsräte	40
	c) Rechtsfolge bei Verstoß	40
2. Geschlechterquote		41
	a) Zwingende Geschlechterquote (§ 96 Abs. 2 AktG)	41
	b) Festlegung von Zielgrößen für Frauenquote (§ 111 Abs. 5 AktG)	41
	c) Rechtsfolgen bei Verstoß	43
II. Persönliche Voraussetzungen		44
1. Gesetzliche Voraussetzungen, § 100 Abs. 1 AktG		44
2. Gesetzliche Hinderungsgründe		44
	a) Nach AktG	44
	b) Nach anderen Gesetzen	50
3. Eignung		50
4. Unabhängigkeit		51
5. Interessenkonflikt		52
6. Persönliche Voraussetzungen in der Satzung		53
7. Besondere Voraussetzungen		54
	a) Arbeitnehmervertreter	54
	b) Finanzexperten und Sektorenkenntnis, § 100 Abs. 5 AktG	54
8. Rechtsfolgen des Fehlens persönlicher Voraussetzungen oder Vorliegens von Hinderungsgründen		55
	a) Verstoß gegen § 100 Abs. 1, 2 AktG	55
	b) Verstoß gegen von der Satzung geforderte persönliche Voraussetzungen .	56
	c) Verstoß gegen § 100 Abs. 5 AktG	56
	d) Verstoß gegen § 105 Abs. 1 AktG	58
	e) Verstoß gegen Vorgaben in Bezug auf Eignung, Unabhängigkeit, Interessenkonflikt	58
	f) Besonderheiten für entsandte Mitglieder	58
	g) Verstoß bei gerichtlicher Bestellung	58
9. Ehrenvorsitzende, Ehrenmitglieder		59
III. Bestellung		59
1. Wahl der Anteilseignervertreter		60
	a) Wahlvorschlag	60
	b) Durchführung der Wahl	61
	c) Wahlabreden	63
	d) Annahme der Wahl und Amtsbeginn	64
	e) Erster Aufsichtsrat	64
2. Wahl der Arbeitnehmervertreter		64
3. Entsendung durch Aktionäre		65
	a) Einräumung und Ausgestaltung	65
	b) Entsendungsberechtigter	65
	c) Ausübung des Entsendungsrechts	65
	d) Höchstzahl	66
4. Gerichtliche Bestellung		67
	a) Allgemeines	67
	b) Beschlussunfähigkeit, § 104 Abs. 1 AktG	67
	c) Unvollständigkeit, § 104 Abs. 2 AktG	68

d) Voraussetzungen der Unterbesetzung	68
e) Antragserfordernis	69
f) Zuständigkeit	69
g) Gerichtliche Entscheidung	69
h) Rechtsstellung der gerichtlich bestellten Aufsichtsratsmitglieder	70
5. Fehlerhafte Bestellung	70
IV. Amtszeit	71
1. Beginn und Ende der gesetzlichen Amtszeit	71
2. Besondere Satzungsregelungen	72
3. Wiederbestellung	73
4. Sonderfälle	74
a) Arbeitnehmervertreter	74
b) Entsandte Mitglieder	74
c) Gerichtlich bestellte Mitglieder	74
d) Erster Aufsichtsrat	75
V. Vorzeitige Beendigung	75
1. Wegfall persönlicher Voraussetzungen	75
2. Abberufung	76
a) Von der Hauptversammlung frei gewählte Aufsichtsratsmitglieder, § 103 Abs. 1 AktG	76
b) Entsandte Aufsichtsratsmitglieder, § 103 Abs. 2 AktG	77
c) Gerichtliche Abberufung, § 103 Abs. 3 AktG	78
d) Besonderheiten bei gerichtlich bestellten Mitgliedern	81
e) Besonderheiten bei Arbeitnehmervertretern	82
3. Amtsniederlegung	82
4. Erfolgreiche Anfechtungsklage	83
5. Tod	84
6. Gesellschaftsbezogene Beendigungsgründe	84
VI. Besonderheiten bei Ersatzmitgliedern	84
1. Allgemeines	84
2. Bestellung	85
3. Nachrücken	86
4. Ausscheiden	86
VII. Bekanntmachungpflichten hinsichtlich der Zusammensetzung des Aufsichtsrats	87
1. Bekanntmachungen im Handelsregister	87
2. Sonstige Publizitätspflichten	88

§ 3 Innere Ordnung

I. Selbstorganisationsrecht	92
1. Autonomiebereich	92
2. Satzungsregelungen	93
3. Einflussnahme auf die Zusammensetzung des Aufsichtsrats	93
a) Diversität und Diversitätskonzept	94
b) Ziele für Zusammensetzung und Kompetenzprofil	95
II. Aufsichtsratsvorsitzender	96
1. Wahl	96
a) Wahlverfahren	96
b) Gerichtliche Bestellung	100
c) Amtszeit	100
d) Abberufung	101
e) Niederlegung	103
2. Mitteilungspflichten der Gesellschaft	104
a) Anmeldung zum Handelsregister	104
b) Angabe auf Geschäftsbriefen	104
3. Besondere Rechte und Pflichten des Aufsichtsratsvorsitzenden	104
a) Leitungsaufgaben	105
b) Berichtsempfang und Informationspflichten	108
c) Entscheidung über Sitzungsteilnahme von Dritten	109
d) Austausch mit Vorstandsvorsitzendem	112
e) Repräsentationsaufgaben	113

Inhaltsverzeichnis

      f) Sonstige Repräsentationsaufgaben 116
      g) Koordination der Aufsichtsratstätigkeit 116
      h) Maßnahmen zur Sicherung der Vertraulichkeit 116
      i) Ausstattung des Aufsichtsratsvorsitzenden 117
      j) Hilfsgeschäfte des Aufsichtsratsvorsitzenden 117
      k) Hauptversammlung 117
      l) Registeranmeldungen 117
  4. Stellvertretender Aufsichtsratsvorsitzender 118
      a) Wahl 118
      b) Anzahl der Stellvertreter 118
      c) Reihenfolge der Stellvertreter 118
      d) Verhinderungsfall 118
      e) Befugnisse 119
  5. Ehrenvorsitzender 119
      a) Zuständigkeit für die Ernennung 119
      b) Keine Publizitätspflichten 120
      c) Rechtliche Stellung 120
      d) Haftung 121
      e) Finanzielle Aspekte 121
III. Plenum 122
  1. Autonomiebereich des Plenums 122
  2. Geschäftsordnung 122
      a) Zuständigkeit 123
      b) Regelungsmöglichkeiten 123
      c) Geltungsdauer 124
      d) Rechtsfolgen bei Verstößen gegen die Geschäftsordnung 124
  3. Selbstbeurteilung 125
      a) Ziel 125
      b) Zuständigkeit 126
      c) Gegenstand 126
      d) Methodik 126
      e) Frequenz 126
      f) Auswertung und Dokumentation 127
IV. Ausschüsse 127
  1. Bildung von Ausschüssen 127
      a) Aufsichtsratsbeschluss 128
      b) Größe von Ausschüssen 128
      c) Dauer 129
      d) Besetzung von Ausschüssen 129
      e) Ausschussvorsitz 132
  2. Beratende und beschließende Ausschüsse 132
      a) Kompetenzzuweisung 132
      b) Grenzen der Delegation 133
  3. Präsidium / Personalausschuss 135
  4. Vermittlungsausschuss 136
  5. Prüfungsausschuss 136
      a) Einrichtung 137
      b) Aufgabenbereich 137
      c) Besetzung 142
  6. Nominierungsausschuss 144
  7. Sonderausschüsse 146
      a) Ausschüsse im Finanzsektor 146
      b) Ausschuss für Geschäfte mit nahestehenden Personen 146
      c) Compliance-Ausschuss 150
      d) Beteiligungsausschuss in mitbestimmten Gesellschaften 150
      e) Projektbezogene Ausschüsse 150
  8. Innere Ordnung 151
      a) Regelungszuständigkeit 151
      b) Geschäftsordnung von Ausschüssen 151
      c) Aufgaben des Ausschussvorsitzenden 152

	d) Entscheidung über Teilnahme an Ausschusssitzungen	153
9.	Berichtspflichten	157
10.	Überwachung der Ausschussarbeit	158
11.	Informelle Gremien	159
12.	Besondere Anforderungen an Ausschussmitglieder	159
V. Einberufung und sonstige Vorbereitung		160
1.	Einberufung	160
	a) Grundsätzliche Zuständigkeit	160
	b) Rechtsnatur	160
	c) Form und Frist	161
	d) Häufigkeit, Verteilung der Termine, außerordentliche Sitzungen	161
	e) Ort, Zeit und Tagesordnung	162
	f) Verteilung der Unterlagen	163
	g) Einberufungsmängel	164
	h) Einberufungsverlangen nach § 110 Abs. 1 AktG	164
	i) Selbsthilferecht nach § 110 Abs. 2 AktG	166
2.	Sonstige Vorbereitung	167
VI. Beschlussfassung		168
1.	Entscheidung/Beschluss	168
	a) Begriffe und Rechtsnatur	168
	b) Ausdrückliche Beschlussfassung	169
	c) Zustandekommen des Beschlusses	170
	d) Geheime Abstimmung	170
	e) Mehrheitserfordernis	171
	f) Stimmrecht und Stimmverbot	172
2.	Beschlussfähigkeit	173
3.	Stimmabgabe ohne Präsenz	174
	a) Schriftliche Stimmabgabe	174
	b) Beschlussfassung ohne Sitzung	176
4.	Fehlerhafte Beschlüsse	177
VII. Sorgfalts- und Verschwiegenheitspflicht		179
1.	Sorgfaltspflicht	179
	a) Allgemeiner Maßstab	179
	b) Qualifikationsanforderungen	180
	c) Besondere Funktionsträger	181
	d) Spezifische Sorgfaltspflichten	182
2.	Verschwiegenheitspflicht	184
	a) Reichweite der Verschwiegenheitspflicht	184
	b) Definition der vertraulichen Information	185
	c) Entscheidung über Offenlegung	186
	d) Verpflichteter Personenkreis	187
	e) Informationsempfänger	188
	f) Einbeziehung von Beratern	189
	g) Einschaltung sonstiger Hilfspersonen	190
	h) Sitzungsteilnehmer	191
	i) Konzernsachverhalte	191
	j) Rechtsfolgen	192
	k) Maßnahmen zur Steigerung der Vertraulichkeit in der Praxis	192
3.	Exkurs: Datenschutz	194
	a) Überblick	194
	b) Datenschutzrechtliche Stellung und Pflichten des Aufsichtsrats	195
	c) Kontrolle des Aufsichtsrats durch den Datenschutzbeauftragten der Gesellschaft	195
VIII. Dokumentation		196
1.	Protokoll	196
	a) Protokollierungspflicht	196
	b) Unterzeichnung der Niederschrift	197
	c) Form der Niederschrift	197
	d) Inhalt der Niederschrift	198
	e) Berichtigung und Widerspruch	199

Inhaltsverzeichnis

f) Folgen bei Unzulänglichkeiten	199
g) Abschriften	200
h) Vorlage von Niederschriften	200
2. Aufbewahrung von Unterlagen	201
a) Archivierung durch die Gesellschaft	201
b) Aufbewahrung durch Aufsichtsratsmitglieder	202
c) Rückgabe von Unterlagen	203

§ 4 Aufgaben und Kompetenzen

A. Überwachungskompetenz	227
I. Grundlagen der Zuständigkeit des Aufsichtsrats	227
1. § 111 Abs. 1 AktG	227
2. Bedeutung der Überwachungsaufgabe	228
3. Einfluss des Aufsichtsrats	228
4. Beratung als Teil der Überwachung	228
II. Gegenstand und zeitlicher Umfang	229
1. Die Geschäftsführung als Überwachungsgegenstand	229
a) Begriff der Geschäftsführung	229
b) Überwachung der wesentlichen Leitungsmaßnahmen des Vorstands	229
2. Personelle Reichweite der Überwachung	230
a) Vorstandsmitglieder	230
b) Leitende Angestellte	230
3. Sitzungshäufigkeit und zeitliche Anforderungen	230
III. Inhalt der Überwachungspflicht	232
1. Berichte des Vorstands an den Aufsichtsrat als Grundlage der Überwachung (§ 90 AktG)	232
a) Allgemeines	232
b) Regelmäßige Berichterstattung durch den Vorstand (§ 90 Abs. 1 AktG)	234
c) Berichte auf Verlangen des Aufsichtsrats (§ 90 Abs. 3 AktG)	238
d) Ordnungsgemäße Berichterstattung (§ 90 Abs. 4 AktG)	241
e) Informationsrecht des einzelnen Aufsichtsratsmitglieds (§ 90 Abs. 5 AktG)	241
f) Verstoß gegen die Berichtpflicht	242
2. Sorgfaltsmaßstab bei der Überwachung	243
a) Rechtmäßigkeit	243
b) Ordnungsmäßigkeit	243
c) Wirtschaftlichkeit	244
d) Zweckmäßigkeit	244
3. Art und Intensität der Überwachung	244
a) Normallage	245
b) Sonderlage	245
4. Vergangenheitsbezogene Überwachung	246
a) Ermittlung des Sachverhalts	246
b) Beurteilung des Sachverhalts	246
c) Unterrichtung des Vorstands	246
5. Prüfungs- und Berichtspflicht gem. § 171 AktG	247
a) Jahresabschluss	247
b) Lagebericht	249
c) Vorschlag für die Verwendung des Bilanzgewinns	249
d) CSR-Bericht	250
e) Berichtspflicht über das Ergebnis schriftlich an die Hauptversammlung	250
6. Errichtung eines Risikoüberwachungssystems durch den Vorstand, § 91 Abs. 2 AktG	253
7. Einholung von Rechtsrat und Sachverständigengutachten	254
a) Beauftragung gem. § 111 Abs. 2 S. 2 AktG	254
b) Beauftragung außerhalb von § 111 Abs. 2 S. 2 AktG	256
8. Prüfungsausschuss	257
a) Allgemein	257
b) Aufgaben	258
9. Zusammenarbeit mit dem Abschlussprüfer	261

IV. Form der Erfüllung der Überwachungsaufgabe durch den Aufsichtsrat	261
1. Teilhaberechte und -pflichten der einzelnen Aufsichtsratsmitglieder an der Meinungsbildung im Aufsichtsrat	262
2. Ein- und Mitwirkungsrechte des Aufsichtsrats	263
a) Präventive Ein- und Mitwirkungsrechte des Aufsichtsrats	263
b) Reaktive Ein- und Mitwirkungsrechte des Aufsichtsrats	268
V. Compliance Verantwortung und Internal Investigation	271
1. Einleitung	271
a) Begriff	271
b) Zweck	271
2. Überwachung der Geschäftsführung nach § 111 AktG	272
a) Allgemeine Zuständigkeit des Aufsichtsrats für Überwachung	272
b) Organinterne Wahrnehmung	272
3. Präventive Compliance-Pflicht des Vorstands	273
4. Mindestanforderungen an eine Compliance-Organisation	273
a) Prüfungsstandards für eine Compliance Organisation	273
b) Zuordnung von Verantwortlichkeiten	274
c) Risikoanalyse als Informationsgrundlage	276
d) Berichtssystem	276
e) Unternehmenskultur und Bewusstsein für Compliance	278
5. Compliance im Konzern	279
a) Konzernweite Compliance	279
b) Die Rolle des Aufsichtsrats bei konzernweiter Compliance	280
6. Repressive Compliance-Pflicht des Vorstands	281
a) Untersuchungs- und Aufklärungspflicht	281
b) Abstellen des Compliance-Verstoßes	284
c) Sanktionierung von Fehlverhalten (Arbeitsrechtliche Maßnahmen)	284
d) Anspruchsprüfung/ -abwehr	285
e) Änderung/Verbesserung des Compliance-Systems	285
7. Die Überwachungspflicht des Aufsichtsrats	286
a) Inhalt	286
b) Intensität der Überwachung	286
c) Instrumente im Einzelnen	287
8. Originäre Compliance-Pflicht des Aufsichtsrats	289
a) Personelle Maßnahmen	289
b) Geltendmachung von Schadensersatzansprüchen	289
c) Eigene Sachverhaltsermittlung	289
9. Aufsichtsratsinterne Compliance	292
a) Interessenkollision	293
b) Rechtswidrige Beschlüsse	293
c) Beraterverträge	293
10. Berichtspflicht in der Hauptversammlung	294
B. Einwirkungs- und Beratungskompetenz	294
I. Ausgangspunkt: Geschäftsführungsverbot, § 111 Abs. 4 S. 1 AktG	294
II. Einwirkung durch Beratung	294
III. Einwirkung durch Zustimmungsvorbehalte, § 111 Abs. 4 S. 2 AktG	295
1. Grundlagen	295
2. Begründung von Zustimmungsvorbehalten	296
3. Inhaltliche Ausgestaltung	298
a) Reichweite und Grenzen von Zustimmungsvorbehalten	298
b) Zulässige Gegenstände	302
4. Erteilung der Zustimmung	303
a) Zuständigkeit	303
b) Entscheidung über die Zustimmung	304
c) Zeitpunkt der Zustimmung	305
d) Reichweite der Zustimmung	306
e) Eilbedürftige Geschäfte	306
f) Generalzustimmung	307
g) Nicht zustimmungspflichtige Geschäfte	307

Inhaltsverzeichnis

5. Versagung der Zustimmung	307
a) Wirkung der Versagung	307
b) Ersetzung der Zustimmung durch die Hauptversammlung	308
IV. Exkurs: Zustimmungsvorbehalte bei Related Party Transactions	308
1. Geschäfte mit nahestehenden Personen, § 111a Abs. 1 AktG	309
a) Geschäft	309
b) Nahestehende Person	309
c) Ausnahme für reguläre Geschäfte, § 111a Abs. 2 AktG	310
d) Ausnahmen im Konzern, § 111a Abs. 3 AktG	315
e) Schwellenwert	316
2. Rechtsfolgen	318
a) Zustimmungsvorbehalt, § 111b Abs. 1 AktG	318
b) Zustimmungsverfahren	318
c) Veröffentlichungspflicht, § 111c AktG	321
3. Bedeutung und Folgen für die Praxis	321
C. Personalkompetenz	322
I. Organstellung	322
1. Bestellung der Vorstandsmitglieder (§ 84 Abs. 1 AktG)	322
a) Rechtsnatur der Bestellung	323
b) Zwingende Zuständigkeit des Plenums	323
c) Vorbereitung der Entscheidung	323
d) Entschließungsfreiheit	327
e) Zusammensetzung des Vorstands	333
f) Persönliche Voraussetzungen	338
g) Beschlussfassung im Aufsichtsrat	349
h) Befristete und bedingte Bestellung	352
i) Begrenzung der Amtszeit	355
j) Ermessen	356
k) Zuweisung eines Geschäftsbereichs	357
l) Annahme der Bestellung	357
m) Publizität (Handelsregister, Geschäftsbriefe, Rechnungslegung)	358
n) Datenschutzrechtliche Vorgaben	358
2. Wiederbestellung und Verlängerung der Amtszeit (§ 84 Abs. 1 S. 2 AktG)	359
a) Entscheidung über die Wiederbestellung	359
b) Verbot einer unzulässigen Vorabbindung des Aufsichtsrats	359
c) Einvernehmliche vorzeitige Aufhebung der Bestellung und Wiederbestellung	361
d) Aufschiebend bedingte oder befristete Wiederbestellung	362
e) Zuweisung des Geschäftsbereichs, Geschäftsleitungsmandate und Nebentätigkeiten, Handelsregister	362
3. Automatische Verlängerung der Amtszeit (§ 84 Abs. 1 S. 4 AktG)	363
4. Fehlerhafte Bestellung und faktisch wie ein Vorstandsmitglied handelnde Personen	363
a) Lehre von der fehlerhaften Organstellung	363
b) Faktisch wie ein Vorstandsmitglied handelnde Personen	365
c) Fortsetzung der Tätigkeit eines wirksam bestellten Vorstandsmitglieds	365
5. Widerruf der Bestellung (§ 84 Abs. 3 AktG)	365
a) Wirkung des Widerrufs	365
b) Zwingende Zuständigkeit des Plenums	366
c) Ad hoc-Publizitätspflicht	366
d) Wichtiger Grund	366
e) Kein Beurteilungsspielraum, aber Ermessen	379
f) Anhörung?	381
g) Benachteiligungsverbot des Allgemeinen Gleichbehandlungsgesetzes (AGG)	381
h) Verwirkung	382
i) Entschließungsfreiheit	382
j) Beschlussfassung im Aufsichtsrat	382
k) Widerrufserklärung, Befristung, Bedingung	383
l) Zugang der Widerrufserklärung beim Vorstandsmitglied	384
m) Rechtsschutz des Vorstandsmitglieds	386

Inhaltsverzeichnis

	n) Umgang mit einem Schwebezustand	391
	o) Publizität (Handelsregister, Geschäftsbriefe, Rechnungslegung)	392
6.	Amtsniederlegung	392
	a) Form, Inhalt	392
	b) Befristung, Bedingung	393
	c) Zugang	393
	d) Wichtiger Grund als Wirksamkeitsvoraussetzung?	394
	e) Unwirksamkeit bei Rechtsmissbrauch	395
	f) Auswirkungen auf den Anstellungsvertrag	395
	g) Auswirkungen auf andere Konzernmandate	396
	h) Pflichten des Aufsichtsrats	397
	i) Verpflichtung zur Amtsniederlegung?	397
7.	Einvernehmliche Amtsbeendigung	398
	a) Zulässigkeit	398
	b) Verfahren	398
	c) Entscheidung des Aufsichtsrats	398
8.	Suspendierung	399
	a) Einseitige Suspendierung	399
	b) Einvernehmliche Suspendierung	401
	c) Verfahren für die einseitige und die einvernehmliche Suspendierung	402
	d) Zeitliche Grenzen einer zulässigen Suspendierung	403
	e) Rechtsfolgen einer zulässigen Suspendierung	404
	f) Entscheidung über die Suspendierung, Pflichten von Aufsichtsrat und Vorstand	406
	g) Reaktionsmöglichkeiten des Vorstandsmitglieds bei einseitiger Suspendierung	407
	h) Suspendierung der Ernennung zum Vorstandsvorsitzenden	407
9.	Einvernehmliche Freistellung/Dienstbefreiung	407
	a) Inhalt, Zulässigkeit und Voraussetzungen	407
	b) Verfahren	408
	c) Rechte und Pflichten des dienstbefreiten Vorstandsmitglieds	408
	d) Pflichten von Aufsichtsrat und Vorstand	409
10.	Vorsitzender des Vorstands (§ 84 Abs. 2 AktG)	410
	a) Keine zwingende Satzungsvorgabe	410
	b) Verfahren	410
	c) Dauer und Verlängerung der Ernennung, aufschiebende Bedingung und Befristung, automatische Verlängerung	411
	d) Publizität (Handelsregister, Geschäftsbriefe und Rechnungslegung)	412
	e) Aufgaben des Vorstandsvorsitzenden	412
	f) Arbeitsdirektor als Vorstandsvorsitzender?	413
	g) Zwei Vorstandsvorsitzende?	414
	h) Beendigung der Ernennung	414
	i) Vorstandssprecher	415
11.	Arbeitsdirektor	416
12.	Stellvertreter von Vorstandsmitgliedern (§ 94 AktG)	417
	a) Begriff, Hintergrund, Ermessen des Aufsichtsrats	417
	b) Aufgaben und Befugnisse, Bestellung zum Arbeitsdirektor	417
	c) „Hoch-" und „Herabstufung"	418
	d) Publizität (Handelsregister, Geschäftsbriefe, Rechnungslegung)	418
13.	Aufsichtsratsmitglieder als Stellvertreter von Vorstandsmitgliedern (§ 105 Abs. 2 AktG)	419
	a) Normzweck	419
	b) Voraussetzungen	419
	c) Wirkungen der Stellvertretung, Rechte und Pflichten des Stellvertreters	422
	d) Rechte und Pflichten des vertretenen Vorstandsmitglieds	423
	e) Rechtsfolgen bei Nicht-Vorliegen der Voraussetzungen für die Bestellung zum Stellvertreter	424
	f) Entscheidung des Aufsichtsrats	424
	g) Annahme, Beginn und Ende der Stellvertretung	425
	h) Publizität (Handelsregister, Geschäftsbriefe, Rechnungslegung, Liste der Aufsichtsratsmitglieder)	426

Inhaltsverzeichnis

i) Modifikationen oder Ausschluss der Möglichkeit, Aufsichtsratsmitglieder zum Stellvertreter zu bestellen?	427
14. Der erste Vorstand (§ 30 Abs. 4 AktG)	428
a) Bestellung	428
b) Annahme der Bestellung, Dauer der Amtszeit, Widerruf	429
c) Aufgaben und Verantwortlichkeit	429
d) Vergütung	429
15. Gerichtliche Bestellung von Vorstandsmitgliedern (§ 85 AktG)	430
a) Regelungszweck	430
b) Bestellungsvoraussetzungen	430
c) Verfahren	434
d) Besondere Vorstandsmitglieder	438
e) Organpflichten, Vertretungs- und Geschäftsführungsbefugnis	439
f) Amtsdauer, Befristung	440
g) Widerruf der Bestellung	441
h) Sonstige Beendigungsgründe	443
i) Weitere Bestellung bei fortbestehender Dringlichkeit	443
j) Kein Austausch ohne vorherige Aufhebung oder Beendigung der Bestellung	444
k) Auslagenersatz und Vergütung (§ 85 Abs. 3 AktG)	444
l) Rechtsmittel gegen die gerichtliche Entscheidung über einen Bestellungsantrag	445
16. Beschlussvorschlag an die Hauptversammlung zur Entlastung der Vorstands- und Aufsichtsratsmitglieder (§§ 120, 119 Abs. 1 Nr. 4 AktG)	446
a) Entlastungsentscheidung der Hauptversammlung	446
b) Kein Anspruch auf Entlastung	461
c) Informationspflichten	461
d) Inhaltliche Bindung der Hauptversammlung	468
e) Beschlussvorschlag des Aufsichtsrats für die Entlastungsentscheidung (§ 124 Abs. 3 S. 1 AktG)	473
f) Anträge von Aktionären (§ 122, § 126 AktG)	478
II. Anstellungsverhältnis	479
1. Begriff und Rechtsnatur	479
a) Anstellungsvertrag	479
b) Abgrenzung zur Bestellung zum Organmitglied	479
c) Vorstandsmitglieder als Arbeitnehmer?	480
d) Sozialversicherungsrechtliche Behandlung	485
2. Begründung des Anstellungsverhältnisses	488
a) Vertragsschluss und Zuständigkeit	488
b) Vertragsdauer	491
c) Schutz des Organmitglieds	492
d) Drittanstellung/Drittvergütung	495
e) Mängel bei Vertragsschluss und deren Rechtsfolgen	499
f) Auswirkung auf ein bereits bestehendes Arbeitsverhältnis	501
3. Vergütung	503
a) Allgemeine Vorschriften	503
b) Gesetzliche Vorgaben zur Vorstandsvergütung	505
c) Vorstandsvergütungssystem	518
d) Sonstige Vorgaben zur Vorstandsvergütung	526
e) Gestaltungsmöglichkeiten	546
f) Vergütung durch Dritte	560
g) Offenlegung der Vorstandsvergütungen	560
4. Wettbewerbs- und Nebentätigkeitsverbote	566
a) Die gesetzlichen Wettbewerbsverbote, § 88 AktG	566
b) Wettbewerbsverbote zwischen Abberufung und Ende des Anstellungsvertrags	575
c) Nachvertragliche Wettbewerbsverbote	576
d) Nebentätigkeitsverbote	583
5. Sonstige Rechte und Pflichten	586
a) Auslagen- und Kostenersatz	586
b) Urlaub	588
c) Sabbatical	588

d) Teilzeit		590
e) Anspruch auf Zeugniserteilung		590
f) Treuepflicht		590
g) Verschwiegenheitspflicht		592
h) Pflicht zur Weiterarbeit unterhalb der Vorstandsebene		592
i) Vergütung nach Amtsniederlegung		593
6. Beendigung des Anstellungsverhältnisses		593
a) Verhältnis zum Widerruf der Bestellung		593
b) Beendigungsgründe		594
c) Abfindung		606
d) Übergangsgeld		607
e) Auskunfts- und Herausgabepflichten		608
f) Ruhegehalt und Ruhegehaltszusage		610
III. Exkurs: Votum der Hauptversammlung zum Vorstandsvergütungssystem und zum Vergütungsbericht (§ 120a AktG)		619
1. Votum zum Vorstandsvergütungssystem (§ 120a Abs. 1 bis 3 AktG, § 119 Abs. 1 Nr. 3 AktG)		619
a) Zwingende regelmäßige Vorlage des Vorstandsvergütungssystems		619
b) Entscheidung der Hauptversammlung		623
c) Lediglich empfehlender Charakter der Entscheidung der Hauptversammlung		625
d) Rechtsfolgen einer Billigung durch die Hauptversammlung		625
e) Rechtsfolgen einer Ablehnung durch die Hauptversammlung		626
f) Auswahlermessen des Aufsichtsrats bei mehreren vorgelegten Vorstandsvergütungssystemen		628
g) Rechtsmittel gegen das Votum der Hauptversammlung?		629
h) Veröffentlichung des Votums der Hauptversammlung (§ 120a Abs. 2 AktG)		630
2. Herabsetzung der Maximalvergütung		631
a) Entscheidung der Hauptversammlung		631
b) Verhältnis zwischen der Billigung des Vorstandsvergütungssystems und der Herabsetzung der Maximalvergütung		633
c) Wirkungen einer Herabsetzung		634
d) Grenzen der Herabsetzung		635
e) Laufende Anstellungsverträge bleiben unberührt		635
f) Aufnahme von Änderungsvorbehalten in Neuverträge?		636
g) Verstöße des Aufsichtsrats gegen die herabgesetzte Maximalvergütung		636
h) Anfechtung eines Herabsetzungsbeschlusses		637
i) Anfechtung der Ablehnung einer Herabsetzung?		638
3. Votum zum Vergütungsbericht (§ 120a Abs. 4 AktG, § 119 Abs. 1 Nr. 3 AktG)		638
a) Erstellung, Prüfung und Vorlage des Vergütungsberichts		638
b) Entscheidung der Hauptversammlung über die Billigung		639
c) Lediglich empfehlender Charakter der Entscheidung der Hauptversammlung		640
d) Ausschluss der Anfechtbarkeit		641
e) Erleichterung für kleine und mittelgroße Gesellschaften – bloße Erörterung des Vergütungsberichts (§ 120a Abs. 5 AktG)		641
f) Veröffentlichung des Vergütungsberichts und des Votums zum Vergütungsbericht, handelsrechtliche Offenlegung der Vergütung		641
4. Übergangsrecht		642
5. Nicht börsennotierte Gesellschaften		643
6. Börsennotierte KGaA		643
a) Vorstandsvergütungssystem		643
b) Vergütungsbericht		645
IV. D&O		646
1. Entscheidungskompetenz für Abschluss der D&O-Versicherung		646
2. Vertretungsbefugnis im Außenverhältnis zum Versicherer		648
3. Pflicht zum Abschluss einer D&O-Versicherung		648
a) Aufgrund ausdrücklicher Regelung im Dienstvertrag		648
b) Aus Fürsorgepflicht oder Treuepflicht gegenüber Organmitglieder		649
c) Pflicht zum D&O-Abschluss als Korrelat zur Abschlusskompetenz		650
4. Verpflichtung zu fortbestehendem D&O-Versicherungsschutz		650
a) Verhältnis zur Nachmeldung		650

Inhaltsverzeichnis

b) Versicherungsschutz im Insolvenzfall der Versicherungsnehmerin	651
c) Inhaltliche Änderungen des D&O-Versicherungsschutzes	652
d) Vertragliche Absicherung	652
5. Berücksichtigung von D&O-Aspekten im Rahmen der ARAG/Garmenbeck-Doktrin	653
a) Erfolgsaussichten hinsichtlich der D&O-Deckung	653
b) Entgegenstehende Gründe	657
6. Geltendmachung und Sicherung der Deckungsansprüche	658
a) Gefahr der Verschlechterung der Rechtsposition gegenüber dem D&O-Versicherer	658
b) Umstandsmeldung	658
c) Deckungsklage gegen D&O-Versicherer	659
d) Direktklagen gegen D&O-Versicherer	660
e) Prozessuale und prozesstaktische Aspekte einer Direktklage	663
f) Zustimmungserfordernisse und rechtliche Risiken hinsichtlich der Wirksamkeit	663
V. Geschäftsordnung für den Vorstand (§ 77 Abs. 2 AktG)	664
1. Zuständigkeit	664
a) Unentziehbare Primärzuständigkeit des Aufsichtsrats und Subsidiärzuständigkeit des Vorstands	664
b) Regelung von Einzelfragen durch die Satzung	665
c) Rechtsfolgen bei fehlender Erlasskompetenz	666
2. Pflicht zum Erlass einer Geschäftsordnung?	668
3. Verfahren	669
a) Vorstand	669
b) Aufsichtsrat	669
4. Formerfordernis	670
a) Vorstand	670
b) Aufsichtsrat	670
5. Vorgaben an den Regelungsumfang, Rahmen-Geschäftsordnung	671
6. Geltungsdauer	671
a) Inkrafttreten	671
b) Rückwirkung?	672
c) Außerkrafttreten	672
d) Auswirkungen personeller Veränderungen	672
7. Bindungswirkung	673
a) Allgemeine Bestimmungen	673
b) Personen- und objektbezogene Bestimmungen	673
c) Persönliche Verhaltenspflichten der Vorstandsmitglieder	674
8. Geschäftsverteilung	674
a) Grenzen der Geschäftsverteilung	674
b) Verantwortlichkeit und Haftung der Vorstandsmitglieder	679
c) Voraussetzungen einer wirksamen Geschäftsverteilung	681
d) Bezeichnung der Geschäftsbereiche	683
e) Geschäftsverteilungsplan	683
f) Gestaltungsformen der Geschäftsverteilung und Entscheidung des Aufsichtsrats	683
g) Änderung der Geschäftsverteilung	684
h) Rechtsfolgen bei Verstößen gegen gesellschaftsrechtliche oder anstellungsvertragliche Vorgaben	685
9. Mögliche weitere Regelungsgegenstände	687
a) Geschäftsführungsbefugnis, Zuständigkeit des Gesamtvorstands	687
b) Vertretungsbefugnis	688
c) Vorstandssitzungen	689
d) Beschlussfähigkeit	689
e) Beschlussteilnahme abwesender Vorstandsmitglieder	690
f) Mehrheitserfordernisse	691
g) Form der Beschlussfassung	691
h) Vorstandsvorsitzender, „Vorstandssprecher"	691
i) Stichentscheid, Vetorecht	692
j) Vorstandsausschüsse	694

	k) Berichte des Vorstands (§ 90 AktG)	694
	l) Umsetzung von Vorgaben des DCGK	694
	m) „Programmsätze", Wiedergabe und Konkretisierung gesetzlicher Pflichten	695
	n) Zustimmungsvorbehalte zugunsten des Aufsichtsrats	695
10.	Auslegung der Geschäftsordnung	695
11.	Änderung und Durchbrechung der Geschäftsordnung	695
	a) Änderung und Durchbrechung durch den Vorstand	695
	b) Änderung durch den Aufsichtsrat	696
12.	Verstöße gegen die Geschäftsordnung	697
13.	Offenlegung der Geschäftsordnung	697
VI.	Abschlussprüfer	697
1.	Einleitung: Funktion des Abschlussprüfers, zwingende und freiwillige Prüfungen	697
	a) Jahresabschluss, Lagebericht, Konzernabschluss, Konzernlagebericht	698
	b) Halbjahresfinanzberichte, unterjährige Finanzinformationen	698
	c) Berichterstattung zur Corporate Social Responsibility	700
2.	Verfahrensablauf zur Bestellung und Beauftragung des Abschlussprüfers	700
3.	Auswahl des Abschlussprüfers	700
	a) Zuständigkeit des Prüfungsausschusses	700
	b) Geeignete Abschlussprüferkandidaten	700
4.	Bei der Auswahl zu berücksichtigende Besonderheiten für Unternehmen von öffentlichem Interesse (PIEs)	704
	a) PIE	704
	b) Einschränkung von Nichtprüfungsleistungen (Art. 5 Abschlussprüfer-VO)	704
	c) Auswahl des Abschlussprüfers des PIEs	708
	d) Zeitliche Grenzen der Bestellung desselben Abschlussprüfers bei PIEs (Zwang zur externen Rotation)	711
	e) Interne Rotation	713
5.	Vorschlag des Prüfungsausschusses	713
6.	Wahlvorschlag des Aufsichtsrats an die Hauptversammlung	713
7.	Beauftragung des Abschlussprüfers	714
8.	Haftung des Abschlussprüfers, Abberufung	715
D. Vertretungskompetenz		716
I. Reichweite des § 112 AktG		716
1.	Einleitung	716
	a) Inhalt und Zweck	716
	b) Normcharakter	716
	c) Umfang	716
	d) Konkurrenz zu anderen Vorschriften	717
2.	Anwendungsbereich	718
	a) Persönlicher Anwendungsbereich	718
	b) Sachlicher Anwendungsbereich	726
	c) Wissenszurechnung	727
3.	Ausübung der Vertretungsmacht	728
	a) Willensbildung	728
	b) Willensäußerung	730
	c) Nachweis	731
4.	Mängel der Vertretungsmacht	732
	a) Prozessuale Folgen	732
	b) Materiell-rechtliche Folgen	733
II. Anspruchsverfolgung gegenüber Vorstandsmitgliedern		734
1.	Kompetenz des AR in Abgrenzung zu HV und Vorstand	734
	a) § 93 Abs. 4 AktG	734
	b) §§ 147, 148 AktG	736
	c) Initiativrecht der Hauptversammlung zur Herbeiführung eines Vergleichs/Verzichts analog § 83 AktG?	736
	d) Besonderer Vertreter	737
	e) Vertretungskompetenz gegenüber aktiven und ehemaligen Vorstandsmitgliedern	738
	f) Witwen und Waisen	738

Inhaltsverzeichnis

g) Fehlerhafte Bestellung und Haftung	738
2. Objektiver Pflichtverstoß	738
a) Sorgfalts- und Treuepflicht	739
b) Tun oder Unterlassen	740
c) Organisation, Ressortprinzip, Delegation und Überwachung	740
d) Compliance-System	742
e) Konsensprinzip und Mehrheitsbeschlüsse, Folgen für Haftung	743
f) Beobachtungs- und Prüfungspflicht, insbes. Legalitätspflicht und „Business Judgment Rule"	744
g) Kapitalschutz	747
h) Massesicherungs- und Insolvenzantragspflicht	747
i) Transparente Information im Vorstand und gegenüber dem Aufsichtsrat	749
j) Kompetenzverstoß	749
3. Verschulden	750
a) Maßstäbe, auch wg D&O	750
b) Haftungsreduzierung?	751
c) Tatsachen- und Rechtsirrtum	752
d) Einholung von (Rechts)Rat (ISION)	752
4. Schaden	753
a) Vermögensschaden	753
b) Bußgeld als Schaden	754
c) Schmiergeldzahlungen	755
d) Soziale Aufwendungen	755
e) Schädigung einer Tochtergesellschaft	756
f) Vorteilsausgleich	756
5. Kausalität	757
a) Ursachenzusammenhang	757
b) Rechtmäßiges Alternativverhalten	757
c) Kollegialentscheidungen	758
d) Kompetenzverstoß und Kausalität	758
6. Darlegungs- und Beweislast	758
a) Grundsatz	758
b) Auch bei Witwen und Waisen und Rechtsnachfolge?	759
c) Dokumenten-Zugang für Vorstandsmitglied bei Inanspruchnahme	759
7. ARAG/Garmenbeck-Doktrin	759
8. Gesamtschuld	762
a) Grundlagen	762
b) Innenausgleich	763
c) „Kreiselregress"	763
9. Verjährung	764
a) Beginn	764
b) Hemmung der Verjährung – andere Sicherungsmaßnahmen	765
c) Verjähren lassen?	766
10. Verzicht und Vergleich (§ 93 Abs. 4 S. 3 AktG)	766
11. Andere Anspruchsgrundlagen als § 93 AktG	768
E. Mitwirkungskompetenz	769
I. Entsprechenserklärung und DCGK	769
1. Entsprechenserklärung, § 161 AktG	769
a) Allgemeines	769
b) Beschlusskompetenz	770
c) Beschlussfassung	771
d) Erklärungsinhalt	772
2. Folgen fehlerhafter Beschlüsse	774
a) Gründe für die Fehlerhaftigkeit	774
b) Anfechtbarkeit von Beschlüssen	774
c) Haftung	776
d) Ordnungswidrigkeiten und Strafbarkeitsrisiken	777
3. DCGK	777
a) Zweck und Ziel	777

Inhaltsverzeichnis

- b) Rechtsnatur 778
- c) Inhalt 778
- d) Erhöhte Anforderungen durch Novellen 779
- II. Anmeldungen durch den Aufsichtsrat 781
  - 1. Keine originären Anmeldepflichten 781
  - 2. Mitwirkungspflichten 781
    - a) Kapitalerhöhungen 781
    - b) Kapitalherabsetzungen 782
  - 3. Rechtsfolgen bei Verstößen 783
- III. Aufgaben, sonstige besondere Aufgaben, Hauptversammlungsleitung 783
  - 1. Erfordernis und Bestimmung des Versammlungsleiters 783
  - 2. Abwahl des Versammlungsleiters, Niederlegung des Amtes 784
    - a) Durch die Hauptversammlung gewählter Versammlungsleiter ... 784
    - b) Durch die Geschäftsordnung bestimmter Versammlungsleiter ... 784
    - c) Satzungsmäßig bestimmter Versammlungsleiter 785
    - d) Gerichtlich bestimmter Versammlungsleiter 786
    - e) Abstimmung über die Abwahl 786
    - f) Niederlegung der Versammlungsleitung 786
  - 3. Die Aufgaben und Kompetenzen des Versammlungsleiters sowie die von ihm bei deren Wahrnehmung zu beachtenden Grundsätze 787
  - 4. Aufgaben vor der Hauptversammlung 787
  - 5. Aufgaben in und Ablauf der Hauptversammlung sowie deren Abbildung im Leitfaden (Überblick) 788
    - a) Typischer Ablauf der Hauptversammlung 788
    - b) Bestimmung und Einhaltung des Zeitrahmens 789
    - c) Teilnehmerverzeichnis 790
    - d) Unterbrechung der Hauptversammlung 790
  - 6. Besondere Aufgaben in der (General-)Debatte 790
    - a) Bestimmung der Reihenfolge der Behandlung der Tagesordnungspunkte und der Redner in der Debatte 790
    - b) Maßnahmen zur Beschleunigung der Debatte 791
    - c) Umgang mit Anträgen von Aktionären 793
  - 7. Aufgaben im Zusammenhang mit der Abstimmung und der Ergebnisverkündung mit Beschlussfeststellung 795
    - a) Festlegung der vorzunehmenden Abstimmungen 795
    - b) Abstimmungsverfahren 796
    - c) Abstimmungsreihenfolge 796
    - d) Ergebnisermittlung 797
    - e) Ergebnisverkündung, Beschlussfeststellung 798
  - 8. Schließung der Hauptversammlung 798
  - 9. Ordnungsmaßnahmen 798
  - 10. Mögliche Aufgaben des Versammlungsleiters nach der Hauptversammlung (Unterzeichnung der Niederschrift) 799
  - 11. Haftung des Versammlungsleiters 799
- IV. Mitwirkung des Aufsichtsrats an gerichtlichen Verfahren 800
  - 1. Verfahren über Anfechtungs- und Nichtigkeitsklagen und damit zusammenhängende Freigabeverfahren 800
  - 2. Verfahren über die Bestellung oder Auswechslung eines Sonderprüfers 802
  - 3. Verfahren durch oder gegen vom Aufsichtsrat eingeschaltete (Hilfs-)Personen und über entsprechende Hilfsgeschäfte 802
- V. Mitwirkung an Kapitalerhöhungen aus genehmigtem Kapital 803
  - 1. Zustimmung über das „Ob" der Kapitalerhöhung 803
  - 2. Zustimmung über das „Wie" der Kapitalerhöhung 803
- VI. Mitwirkung an Satzungsänderungen 804
- VII. Gespräche mit Investoren 806
  - 1. Rechtlicher Rahmen 806
    - a) Aktienrechtliche Kompetenzordnung 806
    - b) Zulässige Gesprächsinhalte 807
    - c) Insiderrecht 808
    - d) Verschwiegenheitspflicht 808

Inhaltsverzeichnis

e) Gleichbehandlungsgrundsatz	809
f) Nachinformationsanspruch nach § 131 Abs. 4 AktG	810
2. Einbindung des Vorstands	810
3. Unterrichtung des Aufsichtsrats	811
F. Sonderprüfer	811
I. Allgemeines	811
1. Überblick	811
2. Prüfungsgegenstand	812
3. Abgrenzung von anderen Prüfungen	813
a) Informelle „Sonderprüfung"	813
b) Insolvenzverwaltung	814
c) Besonderer Vertreter	814
d) Abschlussprüfung	814
II. Bestellung des Sonderprüfers	815
1. Bestellung durch Hauptversammlungsbeschluss, § 142 Abs. 1 AktG	815
a) Ankündigung in der Tagesordnung und Beschlussvorschlag	815
b) Antrag und Beschlussfassung	816
c) Stimmverbote	816
d) Beschlussinhalt	819
e) Rechtsfolgen fehlerhafter Beschlüsse	820
2. Gerichtliche Bestellung auf Antrag einer Minderheit, § 142 Abs. 2 AktG	821
a) Formelle Voraussetzungen	821
b) Materielle Voraussetzungen	821
c) Verfahren und Entscheidung des Gerichts	827
3. Gerichtliche Bestellung eines anderen Sonderprüfers, § 142 Abs. 4 AktG	828
a) Formelle Voraussetzungen	828
b) Materielle Voraussetzungen	829
c) Verfahren und Entscheidung des Gerichts	830
4. Neubestellung bei nachträglichem Wegfall des Sonderprüfers	830
a) Von der Hauptversammlung bestellter Sonderprüfer	830
b) Vom Gericht bestellter Sonderprüfer	832
5. Widerruf der Bestellung	833
a) Von der Hauptversammlung bestellter Sonderprüfer	833
b) Vom Gericht bestellter Sonderprüfer	833
III. Stellung des Sonderprüfers	834
1. Rechtsstellung	834
2. Person des Sonderprüfers, § 143 AktG	834
a) Eignung als Sonderprüfer, § 143 Abs. 1 AktG	834
b) Rechtsfolgen bei Verstößen gegen § 143 Abs. 1 AktG	835
c) Bestellungsverbote, § 143 Abs. 2 AktG	835
d) Rechtsfolgen bei Verstößen gegen § 143 Abs. 2 AktG	836
3. Verantwortlichkeit des Sonderprüfers, § 144 AktG	838
4. Vergütung des Sonderprüfers	838
IV. Durchführung der Sonderprüfung	839
1. Rechte des Sonderprüfers	839
a) Einsichts- und Prüfungsrecht, § 145 Abs. 1 AktG	839
b) Auskunftsrecht, § 145 Abs. 2 AktG	840
2. Durchsetzung der Prüferrechte	842
a) Klage	842
b) Zwangsgeld	843
c) Schadensersatz	843
3. Sonderprüfungsbericht	843
a) Berichtsinhalt	843
b) Pflichten des Vorstands	844
V. Kosten	845
1. Kostentragung der Gesellschaft im Außenverhältnis	845
a) Kosten der Sonderprüfung	845
b) Verfahrenskosten	845
2. Ersatzansprüche der Gesellschaft im Innenverhältnis	845

Inhaltsverzeichnis

G. Besonderer Vertreter (§ 147 AktG)	846
I. Grundlagen	846
1. Ersatzansprüche der Gesellschaft	846
2. Geltendmachungsbeschluss	848
3. Pflicht zur Geltendmachung	849
II. Bestellung eines besonderen Vertreters	849
1. Person des besonderen Vertreters	849
2. Bestellung durch Hauptversammlung	850
3. Gerichtliche Bestellung	850
a) Voraussetzungen	850
b) Verfahren	851
c) Entscheidung	851
d) Beschwerde	852
III. Rechtsstellung des besonderen Vertreters	852
1. Organstellung	852
2. Vertragsverhältnis	853
3. Aufgaben	853
a) Ermittlung des Sachverhalts	853
b) Prüfung der Ersatzansprüche	854
c) Durchsetzung	854
d) Anspruchsabwehr	855
e) Keine Befugnis zur Erhebung von Anfechtungs- und Nichtigkeitsklagen	855
4. Rechte	856
a) Ermittlungsbefugnisse: Auskunfts- und Einsichtsrecht	856
b) Vertretungsbefugnis	857
c) Teilnahme an Hauptversammlung	858
d) Vergütung und Ersatz von Auslagen	858
5. Pflichten	860
a) Sorgfaltspflichten	860
b) Treuepflichten	860
c) Berichts- und Auskunftspflichten	860
d) (Keine) Weisungsabhängigkeit	861
e) Haftung	862
6. Beendigung der Bestellung	862
a) Niederlegung	862
b) Abberufung durch die Hauptversammlung	862
c) Abberufung durch das Gericht	863
d) Automatische Beendigungsgründe	863
e) Gleichzeitige Beendigung des Geschäftsbesorgungsverhältnisses	864
H. Externes Monitorship	864
I. Vorbemerkung	864
II. US-Monitorship	865
1. Rechtlicher Rahmen	866
2. Vergleiche mit US-Behörden	866
a) Strafrechtlicher Vergleich	866
b) Zivilrechtlicher Vergleich	867
c) Vereinbarung eines US-Monitorship im Vergleich	867
3. Abgrenzung zum Auditor	868
4. Auswahl des Monitors	868
a) Anforderungsprofil	868
b) Auswahlverfahren	868
5. Beziehung zwischen Monitor und Unternehmen	869
a) Ziele des Monitorship	870
b) Befugnisse des Monitors	870
c) Vertraulichkeit der Monitor-Berichte	871
d) Pflichten des Unternehmens	872
6. Möglicher Ablauf eines US-Monitorship	872
a) Laufzeit	872
b) Phasen	873

c) Arbeitsweise eines Monitors	874
7. Folgen bei Erfolg und Scheitern des *Monitorship*	875
III. US-Monitorship in der deutschen Aktiengesellschaft	876
1. Stellung des Monitors im gesellschaftsrechtlichen Gefüge der AG	876
a) Verhältnis zu Vorstand und Aufsichtsrat	876
b) Abgrenzung zum aktienrechtlichen Sonderprüfer, besonderen Vertreter sowie aufsichtsrechtlichen Sonderbeauftragen	877
c) Rolle des Aufsichtsrats	877
d) Haftung	878
2. Aufbau einer Monitorship-Struktur	878
3. Konfliktpotenzial	879
a) Betriebliche Spannungsfelder	879
b) Umsetzung der Monitor-Empfehlungen	879
IV. Exkurs: „Sachkundige Stelle" im deutschen Verbandssanktionsrecht	882
1. Sachkundige Stelle gemäß § 13 Abs. 2 VerSanG-E	883
2. Vergleich zum US-Monitorship	884
3. Fazit	884

§ 5 Pflichten und Sanktionen

I. Kapitalmarktrechtliche Pflichten des Aufsichtsrats	886
1. Sorgfalts- und Verhaltenspflichten des Aufsichtsrats	886
a) Die kapitalmarktrechtliche Primärverantwortung des Vorstands	886
b) Kapitalmarktrechtliche Überwachung des Vorstands durch den Aufsichtsrat	888
c) Einbindung des Aufsichtsrats in insiderrelevante Sachverhalte	888
d) Eigene Organisationspflichten im Rahmen des Kapitalmarkt-Compliance-Systems	907
2. Persönliche Sorgfalts- und Verhaltenspflichten der Aufsichtsratsmitglieder	908
a) Beachtung der Insiderverbote	908
b) Verhaltenspflichten bei Managers' Transactions	911
II. Entlastungsverweigerung	914
1. Entscheidung der Hauptversammlung über die Entlastung	915
2. Beschlussvorschlag des Aufsichtsrats	916
III. Abberufung	918
IV. Haftung der Aufsichtsratsmitglieder	918
1. Grundlagen (§ 116 AktG)	918
a) Verweisung auf § 93 AktG	919
b) Andere Aufgaben und Stellung („sinngemäß")	919
c) Vertretungskompetenz	920
2. Pflichtverstoß	921
a) Generelle Überwachung	921
b) Überwachung in konkreter Situation	922
c) Objektiver Pflichtverstoß	922
d) Verschulden	923
3. Schaden, Kausalität, Darlegungs- und Beweislast, Gesamtschuld, Verjährung, Verzicht und Vergleich	923
4. Geltendmachung von Regressansprüche gegen den Aufsichtsrat	924
5. Andere Anspruchsgrundlagen	924

§ 6 Vergütung und Auslagenersatz für Aufsichtsratsmitglieder sowie Verträge mit Aufsichtsratsmitgliedern

I. Vergütung (§ 113 AktG)	927
1. Rechtsgrundlage des Vergütungsanspruchs, ausschließliche Zuständigkeit der Hauptversammlung (§ 113 Abs. 1 AktG)	927
a) Zwecke der ausschließlichen Hauptversammlungszuständigkeit	928
b) Kein vertragliches Anstellungsverhältnis	928
c) Drittvergütung?	929
d) Vergütungsentscheidung der Hauptversammlung	930
e) Formale Vorgaben für die Vergütungsfestsetzung durch die Hauptversammlung	930

Inhaltsverzeichnis

2. Arten der Vergütung		931
a) Feste und variable (erfolgsorientierte) Vergütung		931
b) Sachleistungen		933
c) Sitzungsgeld		933
d) D&O-Versicherung		935
e) Sondervergütungen		936
3. Angemessenheit der Vergütung (§ 113 Abs. 1 S. 3 AktG)		937
a) Maßstab		937
b) Anfechtungs- und Nichtigkeitsklage		938
c) Registergerichtliche Prüfung		938
d) Zahlungsanspruch der Aufsichtsratsmitglieder		939
4. Gleichbehandlung		939
5. Regelmäßiger Beschluss über die Vergütung und das Vergütungssystem für den Aufsichtsrat börsennotierter Gesellschaften (§ 113 Abs. 3 AktG)		940
a) Einheitlicher Beschluss über die Vergütung und das Vergütungssystem		940
b) Teilausschluss der Anfechtbarkeit		944
c) Veröffentlichung		944
d) Vergütungsbericht (§ 162 AktG)		944
e) Übergangsrecht		945
f) Börsennotierte KGaA		945
g) Unanwendbarkeit der Regelungen für Related Party Transactions		945
h) Nicht börsennotierte Gesellschaften		946
6. Entstehung und Fälligkeit der Vergütung		946
7. Einreden und Einwendungen		947
a) Untätigkeit		947
b) Zurückbehaltungsrecht		947
c) Verjährung		947
8. Verfügungen über den Vergütungsanspruch – insbes. Verzicht und Abführung an Dritte		947
9. Änderung der Vergütung		948
a) Änderungen für die Zukunft		948
b) Rückwirkende Erhöhung der Vergütung		948
c) Rückwirkende Herabsetzung der Vergütung		949
10. Vergütungsanspruch bei (vorübergehendem) Ausscheiden		950
11. Erster Aufsichtsrat (§ 113 Abs. 2 AktG)		951
12. Insolvenz, Abwicklung, Umwandlung, Gewinnabführungsvertrag, Beherrschungsvertrag		951
13. Vergütung für Ehrenmitglieder und Ehrenvorsitzende		952
14. Folgen unzulässiger Vergütung		952
a) Haftung des empfangenden Aufsichtsratsmitglieds		952
b) Haftung von Vorstands- und Aufsichtsratsmitgliedern wegen Mitwirkung an einer unzulässigen Vergütung		953
c) Vergütungsbeschluss der Hauptversammlung als „nachteilige Veranlassung" im faktischen AG-Konzern?		954
15. Steuerrechtliche Gesichtspunkte		955
a) Einkommensteuer		955
b) Umsatzsteuer		955
16. Sozialversicherungsrechtliche Gesichtspunkte		957
II. Auslagenersatz		958
1. Rechtsgrundlage		958
2. Art und Angemessenheit der Auslagen		959
a) Maßstab für die Beurteilung der Angemessenheit der Auslagen		959
b) Erstattungsfähige Auslagen		960
c) Insbesondere: Auslagenersatz im Zusammenhang mit dienstlichen Terminen		961
d) Einsichts- und Prüfungsrechte, Antrags- und Klagebefugnisse, Passivprozesse und -verfahren, Geldauflagen, Geldbußen, Geldstrafen		965
e) Aus- und Fortbildung, Amtseinführung („Onboarding"), Berater einzelner Aufsichtsratsmitglieder		966
f) Einkommenseinbußen und Ertragsausfall		968

Inhaltsverzeichnis

3. Büro des Aufsichtsrats oder des Aufsichtsratsvorsitzenden, Mitarbeiter, Dienstwagen	968
a) Grundsatz	968
b) Private Mitnutzung?	970
4. Nachweis der Auslagen	970
5. Vorschuss und Freistellung	970
6. Auslagenersatz für künftige und ehemalige Aufsichtsratsmitglieder sowie Ehrenmitglieder und Ehrenvorsitzende	971
7. Entscheidung über die Angemessenheit der Auslagen	972
a) Meinungsstand	972
b) Stellungnahme	972
c) Vorgaben für die Beurteilung der Angemessenheit	974
8. Rechtsstreit über die Erstattung von Auslagen	974
9. Folgen bei unzulässiger Gewährung von Auslagenersatz	975
a) Haftung des empfangenden Aufsichtsratsmitglieds	975
b) Haftung von Vorstands- und Aufsichtsratsmitgliedern wegen Mitwirkung an einer unzulässigen Gewährung von Auslagen	975
10. Budgetrecht des Aufsichtsrats?	976
a) Meinungsstand	976
b) Stellungnahme	977
III. Geschenke an Aufsichtsratsmitglieder	978
1. Darf die AG Aufsichtsratsmitgliedern Geschenke zuwenden?	978
2. Wer entscheidet über Geschenke an Aufsichtsratsmitglieder?	978
IV. Verträge mit Aufsichtsratsmitgliedern	979
1. Keine Verträge über bereits aufgrund des Aufsichtsratsmandats geschuldete Tätigkeiten	980
a) Abgrenzung nach Art der Tätigkeit	980
b) Insbesondere: Beratung des Vorstands	981
c) Tagesgeschäft	981
d) Beratung des Aufsichtsrats?	982
e) Rechtsfolgen	982
f) Empfehlung	983
2. Zustimmungsvorbehalt zu Dienst- und Werkverträgen über Tätigkeiten höherer Art (§ 114 AktG)	983
a) Reichweite des Zustimmungsvorbehalts	983
b) Zustimmungsentscheidung des Aufsichtsrats	986
c) Offenlegung	989
d) Rechtsfolgen im Fall eines Verstoßes gegen § 114 AktG	989
e) Weitere mögliche Rechtsfolgen im Zusammenhang mit Verträgen iSd § 114 AktG	991
3. Zustimmungsvorbehalt zur Kreditgewährung an Aufsichtsratsmitglieder (§ 115 AktG)	992
a) Inhalt und Normzweck	992
b) Erfasste Kredite	992
c) Einwilligungsentscheidung des Aufsichtsrats	993
d) Publizität	994
e) Rechtsfolgen bei fehlender Einwilligung	994
f) Weitere mögliche Rechtsfolgen im Zusammenhang mit der Kreditgewährung an Aufsichtsratsmitglieder	994
g) Kredite an Aufsichtsratsmitglieder von Kredit- und Finanzdienstleistungsinstituten	996

§ 7 Mitbestimmter Aufsichtsrat

I. Einleitung	1002
1. Funktion der Unternehmensmitbestimmung	1002
2. Historie der Unternehmensmitbestimmung	1002
3. Grundsätze	1003
a) Monistisches System und dualistisches System	1003
b) Arbeitnehmerbeteiligung an der Unternehmensmitbestimmung	1004
c) Corporate Governance	1004

Inhaltsverzeichnis

4. Mitbestimmung im Konzern	1004
II. Mitbestimmungsgesetz	1005
1. Grundlagen	1005
2. Anwendungsbereich	1005
a) Erfasste Unternehmen	1005
b) Ausnahmen	1013
3. Besonderheiten bei der Zusammensetzung des Aufsichtsrats	1014
a) Bildungszwang	1014
b) Größe und Zusammensetzung des Aufsichtsrats	1014
4. Besonderheiten bei der Wahl des Aufsichtsrats sowie der Beendigung des Mandats	1017
a) Anteilseignervertreter	1017
b) Arbeitnehmervertreter	1017
c) Beendigung des Mandats	1022
5. Besonderheiten bei der Aufsichtsratstätigkeit	1024
a) Grundsatz	1024
b) Herausgehobene Stellung des Aufsichtsratsvorsitzenden (und seines Stellvertreters), § 27 MitbestG	1024
c) Beschlussfassung im mitbestimmten Aufsichtsrat	1027
d) Bestellung und Widerruf der Bestellung der Mitglieder des geschäftsführenden Organs	1031
e) Der Arbeitsdirektor, § 33 MitbestG	1040
f) Ständiger Ausschuss	1049
g) Ausübung von Beteiligungsrechten durch den Aufsichtsrat, § 32 MitbestG	1051
6. Erstmalige Anwendung des Gesetzes (§ 37 MitbestG)	1059
a) Verhältnis zu §§ 97–99 AktG	1059
b) Satzungsanpassung (§ 37 Abs. 1 S. 2 MitbestG)	1059
c) Erstmalige Anwendung der §§ 25–29, 31–33 MitbestG (§ 37 Abs. 2 MitbestG)	1061
d) Widerruf der Bestellung des geschäftsführenden Organs (§ 37 Abs. 3 MitbestG)	1062
7. Besonderer Schutz der Mitglieder des Aufsichtsrats (§ 26 MitbestG)	1063
a) Zweck und Struktur des § 26 MitbestG	1063
b) Behinderungsverbot	1064
c) Benachteiligungsverbot	1067
d) Begünstigungsverbot?	1069
e) Rechtsfolgen und Streitigkeiten	1069
III. Drittelbeteiligungsgesetz	1070
1. Grundlagen	1070
2. Anwendungsbereich	1071
a) Erfasste Unternehmen	1071
b) Ausnahmen	1073
3. Besonderheiten bei Zusammensetzung und Wahl des Aufsichtsrats	1073
a) Bildungszwang	1073
b) Zusammensetzung des Aufsichtsrats	1073
4. Besonderheiten bei der Wahl des Aufsichtsrats sowie der Beendigung des Mandats	1074
a) Anteilseignervertreter	1074
b) Arbeitnehmervertreter	1074
c) Beendigung des Mandats	1076
5. Besonderheiten bei der Aufsichtsratstätigkeit	1076
6. Erstmalige Anwendung des Gesetzes	1078
7. Besonderer Schutz der Mitglieder des Aufsichtsrats (§ 9 DrittelbG)	1078
IV. Mitbestimmung auf europäischer Ebene	1078
1. Unionsrechtliche Rahmenbedingungen der Mitbestimmung	1078
2. Mitbestimmung in der Societas Europaea	1079
a) Rechtliche Grundlagen	1079
b) Arbeitnehmerbeteiligung im Aufsichts- bzw. Verwaltungsrat?	1080
c) Arbeitsdirektor?	1081
d) Bedeutung des Statusverfahrens	1082
3. Mitbestimmung bei grenzüberschreitenden Verschmelzungen (MgVG)	1083

Inhaltsverzeichnis

V. Vertragliche Gestaltung der Mitbestimmung (Mitbestimmungsverträge)	1084
1. Disposition über die Mitbestimmungsregelungen	1084
2. Erweiterung der Mitbestimmung	1085
a) Vertragliche Vereinbarung eines Mitbestimmungsregimes	1085
b) Vertragliche Vereinbarung eines anderen Mitbestimmungsregimes?	1085
c) Vertragliche Vereinbarung innerhalb eines geltenden Mitbestimmungsregimes?	1086
3. Praktische Handhabung	1086
a) Wahl von Arbeitnehmervertretern auf die Bank der Anteilseigner	1087
b) Vertragliche Umsetzung	1087
VI. Statusverfahren (§§ 97–99 AktG)	1087
1. Bedeutung des Statusverfahrens	1087
2. Anwendungsbereich des Statusverfahrens	1088
3. Außergerichtliches Statusverfahren	1090
a) Abgrenzung zum gerichtlichen Statusverfahren nach § 98 AktG	1090
b) Relevante Fragen der Zusammensetzung des Aufsichtsrats	1091
c) Verfahren der Bekanntmachung	1092
d) Wirkung der Bekanntmachung	1095
4. Gerichtliches Statusverfahren	1099
a) Einleitung des Gerichtsverfahrens	1099
b) Antragsberechtigung	1100
c) Verfahren	1102
d) Wirksamkeit und Rechtsfolgen der Entscheidung	1106

§ 8 Aufsichtsrat im Konzern

I. Einleitung	1108
II. Die Stellung des Aufsichtsrats im Konzern	1108
1. Der Begriff des Konzerns	1108
a) Der Unterordnungskonzern	1108
b) Der Gleichordnungskonzern	1109
c) Keine eigene Rechtsform	1109
2. Aufsichtsrat der Obergesellschaft	1110
3. Aufsichtsrat der Untergesellschaft	1110
4. Interessenausrichtung	1110
III. Personelle Verflechtungen zwischen Ober- und Untergesellschaft	1112
1. Mehrfachmandate im Konzern	1112
2. Interessenkonflikte bei Mehrfachmandaten	1114
a) Vertragliche Weisungsrechte gegenüber entsandten Aufsichtsratsmitgliedern	1115
b) Stimmverbote	1116
c) Stimmenthaltung	1118
d) Amtsniederlegung und Abberufung	1118
IV. Spezifische Rechte und Pflichten des Aufsichtsrats im Konzern	1119
1. Aufsichtsrat der Obergesellschaft	1119
a) Überwachungs- und Kontrollaufgaben als Folge der erweiterten Aufgaben des Vorstands	1119
b) Weitere konzernspezifische Aufgaben des Aufsichtsrats	1128
c) (Konzernspezifische) Überwachungs- und Kontrollinstrumente	1136
2. Aufsichtsrat der Untergesellschaft	1144
a) Überwachungsgegenstand und Überwachungsauftrag	1144
b) (Konzernspezifische) Berichterstattung und Berichtsprüfung	1146
c) (Konzernspezifische) Überwachungs- und Kontrollinstrumente	1147

§ 9 Aufsichtsräte in anderen Gesellschaftsformen

I. Aufsichtsrat in der KGaA	1153
1. Vorbemerkung	1153
2. Allgemeines zum Aufsichtsrat in der KGaA	1154
a) Zusammensetzung	1154
b) Persönliche Voraussetzungen	1154
c) Wahl und Abberufung	1156
d) Innere Ordnung, Vergütung und Verträge mit Aufsichtsratsmitgliedern	1159

	3. Rechtsstellung des Aufsichtsrats in der KGaA	1160
	a) Kompetenzen des Aufsichtsrats in der KGaA	1160
	b) Einschränkungen im Vergleich zum Aufsichtsrat in der AG	1165
	c) Gestaltungsspielräume in der Satzung	1167
	4. Haftung der Aufsichtsratsmitglieder in der KGaA	1170
	a) Haftung gegenüber der Gesellschaft	1170
	b) Haftung gegenüber Dritten	1171
II.	Aufsichtsrat in der Societas Europaea (SE) oder Europäische Aktiengesellschaft	1171
	1. Rechtsgrundlagen und Regelungstechnik	1171
	a) Rechtsgrundlagen	1171
	b) Rechtsquellenpyramide	1171
	2. Struktur der SE	1172
	a) Grundstruktur	1172
	b) Dualistisches Modell	1172
	c) Monistisches Modell	1173
	3. Aufsichtsrat im dualistischen Modell	1173
	a) Zusammensetzung	1173
	b) Bestellung, Amtszeit und Abberufung	1175
	c) Innere Ordnung	1177
	d) Aufgaben	1178
	e) Rechte	1179
	f) Haftung des Aufsichtsorgans	1180
	4. Verwaltungsrat im monistischen Modell	1180
	a) Zusammensetzung	1180
	b) Bestellung, Amtszeit und Abberufung	1181
	c) Innere Ordnung	1182
	d) Aufgaben	1182
	e) Rechte	1183
	f) Haftung des Verwaltungsrats	1183
III.	GmbH	1184
	1. Der fakultative Aufsichtsrat der GmbH	1184
	a) Rechtliche Grundlagen	1184
	b) Abgrenzung zu anderen Organen der Gesellschaft	1187
	c) Aufgaben und Kompetenzen	1187
	d) Bildung und Abschaffung	1188
	e) Bestellung und Abberufung	1189
	f) Rechte und Pflichten der Mitglieder	1191
	g) Innere Ordnung	1193
	2. Der Beirat der GmbH	1195
	a) Rechtliche Grundlagen	1195
	b) Abgrenzung zu fakultativem Aufsichtsrat und sonstigen Organen	1195
	c) Bildung und Abschaffung – Aufgaben und Kompetenzen	1196
	d) Bestellung und Abberufung	1196
	e) Rechte und Pflichten der Mitglieder	1196
	f) Innere Ordnung	1196
IV.	Aufsichtsrat in der Genossenschaft	1196
	1. Rechtsgrundlagen und Struktur	1196
	a) Rechtsgrundlagen	1196
	b) Struktur	1197
	2. Aufsichtsrat in der Genossenschaft	1197
	a) Zusammensetzung	1197
	b) Rechtliche Stellung und Vergütung	1199
	c) Innere Ordnung	1200
	d) Aufgaben und Befugnisse	1201
	e) Pflichten und Rechtsfolgen	1203
	3. Zusammenarbeit mit dem Prüfungsverband	1204

§ 10 Der Aufsichtsrat in der Corona-Krise

I. Erweiterte Kompetenzen im Vorfeld der Hauptversammlung 1206
   1. Corona-bedingte Erleichterungen für die Durchführung von
      Hauptversammlungen 1206
      a) Online-Optionen ohne Satzungsgrundlage 1206
      b) Virtuelle Hauptversammlungen 1207
      c) Verkürzung von Einberufungs- und anderen Fristen 1213
      d) Abschlagszahlungen auf den Bilanzgewinn ohne Satzungsgrundlage 1214
      e) Verlängerung der Frist für die Durchführung der ordentlichen
         Hauptversammlung 1215
   2. Zustimmungsvorbehalte des Aufsichtsrats 1215
      a) Inhaltliche Reichweite 1215
      b) Zeitpunkt der Zustimmung 1216
      c) Entscheidungsmaßstab 1217
      d) Verfahrensmodalitäten 1218
      e) Rechtsfolgen fehlender Aufsichtsratszustimmung 1218
      f) Besonderheiten bei der SE 1219
II. Mitwirkung an Kapitalisierungsmaßnahmen 1220
   1. Stabilisierungsmaßnahmen nach dem Stabilisierungsfondsgesetz 1220
      a) Allgemeine Anforderungen für Stabilisierungsmaßnahmen nach dem StFG 1220
      b) Garantien gemäß § 21 StFG 1221
      c) Rekapitalisierung gemäß § 22 StFG 1222
   2. Erleichterungen bei Kapitalaufnahmen 1223
      a) Kapitalerhöhung gegen Einlagen 1224
      b) Stille Gesellschaft 1226
      c) Ausgabe von Genussrechten und Schuldverschreibungen 1227
      d) Begleitregelungen 1227

Entscheidungsregister 1229

Sachverzeichnis 1273

Abkürzungsverzeichnis

aA	andere(r) Ansicht/Auffassung
aaO	am angegebenen Ort
abgedr.	abgedruckt
Abh.	Abhandlung(en)
Abk.	Abkommen
ABl.	Amtsblatt
abl.	ablehnend
Abs.	Absatz
abschl.	abschließend
Abschlussprüfer-RL	Richtlinie 2014/56/EU des Europäischen Parlaments und des Rates vom 16.4.2014 zur Änderung der Richtlinie 2006/43/EG über Abschlussprüfungen von Jahresabschlüssen und konsolidierten Abschlüssen
Abschlussprüfer-VO	Verordnung Nr. 537/2014 des Europäischen Parlaments und des Rates vom 16.4.2014 über spezifische Anforderungen an die Abschlussprüfung bei Unternehmen von öffentlichem Interesse und zur Aufhebung des Beschlusses 2005/909/EG der Kommission
Abschn.	Abschnitt
Abt.	Abteilung
abw.	abweichend
abwM	abweichende Meinung
abzgl.	abzüglich
aE	am Ende
aF	alte Fassung
aG	auf Gegenseitigkeit
AG	Aktiengesellschaft; Amtsgericht
AGH	Anwaltsgerichtshof
AktG	Aktiengesetz
Aktienrechtsnovelle 2016	Gesetz zur Änderung des Aktiengesetzes (Aktienrechtsnovelle 2016)
Aktionärsrechte-RL	Richtlinie 2007/36/EG des Europäischen Parlaments und des Rates vom 11.7.2007 über die Ausübung bestimmter Rechte von Aktionären in börsennotierten Gesellschaften
Aktionärsrechte-RL II	Richtlinie (EU) 2017/828 vom 17.5.2017 im Hinblick auf die Förderung der langfristigen Mitwirkung der Aktionäre
Aktualbd.	Aktualisierungsband
allg.	allgemein
allgA	allgemeine Ansicht
allgM	allgemeine Meinung
Alt.	Alternative
aM	andere Meinung
amtl.	amtlich
Änd.	Änderung
ÄndG	Änderungsgesetz
ÄndVO	Änderungsverordnung
AN	Arbeitnehmer
Anh.	Anhang
Anl.	Anlage
Anm.	Anmerkung
AnwG	Anwaltsgericht
AO	Abgabenordnung
AöR	Anstalt des öffentlichen Rechts
APAReG	Abschlussprüferaufsichtsreformgesetz
AR	Aufsichtsrat
ArbG	Arbeitsgericht
Arch.	Archiv
AReG	Abschlussprüfungsreformgesetz
Arg.	Argumentation

Abkürzungsverzeichnis

ARRL	s. Aktionärsrechte-RL
Art.	Artikel
ARUG II	Gesetz zur Umsetzung der zweiten Aktionärsrechterichtlinie
AT	Allgemeiner Teil
Auff.	Auffassung
aufgeh.	aufgehoben
Aufl.	Auflage
Aufs.	Aufsatz
ausdr.	ausdrücklich
ausf.	ausführlich
ausl.	ausländisch
ausschl.	ausschließlich
Ausschuss-Drs.	Ausschussdrucksache
Az.	Aktenzeichen
BaFin	Bundesanstalt für Finanzdienstleistungsaufsicht
BAG	Bundesarbeitsgericht
BAnz.	Bundesanzeiger
BArbBl.	Bundesarbeitsblatt
Bay.	Bayern
bay.	bayerisch
BayObLG	Bayerisches Oberste Landesgericht
BB	Der Betriebs-Berater
Bbg.	Brandenburg
bbg.	brandenburgisch
Bd.	Band
Bde.	Bände
BDiG	Bundesdisziplinargericht
BDSG	Bundesdatenschutzgesetz
Bearb.	Bearbeiter, Bearbeitung
bearb.	bearbeitet
BeckRS	Rechtsprechungssammlung in Beck-Online (Jahr, Nummer)
Begr.	Begründung
begr.	begründet
Beil.	Beilage
Bek.	Bekanntmachung
Bekl.	Beklagte(r)
bekl.	beklagt
Bem.	Bemerkung
Ber.	Berichtigung
ber.	berichtigt
bes.	besonders
Beschl.	Beschluss
beschr.	beschränkt, beschrieben, beschreibend
Bespr.	Besprechung
bespr.	besprochen
bestr.	bestritten
Bet.	Beteiligte(r)
bet.	beteiligt
Betr.	Betreff
betr.	betrifft, betreffend
BetrVG	Betriebsverfassungsgesetz
BeurkG	Beurkundungsgesetz
BezG	Bezirksgericht
BFH	Bundesfinanzhof
BGB	Bürgerliches Gesetzbuch
BGBl.	Bundesgesetzblatt
BGH	Bundesgerichtshof
BGHSt	Entscheidungen des Bundesgerichtshofs in Strafsachen
BGHZ	Entscheidungen des Bundesgerichtshofs in Zivilsachen

Abkürzungsverzeichnis

BHO	Bundeshaushaltsordnung
bish.	bisher(iger)
BilKoG	Bilanzkontrollgesetz
BilMoG	Bilanzrechtsmodernisierungsgesetz
BilReG	Bilanzrechtsreformgesetz
BilRUG	Bilanzrichtlinie-Umsetzungsgesetz
BiRiLiG	Bilanzrichtliniengesetz
BJR	Business Judgment Rule
BKR	Zeitschrift für Bank- und Kapitalmarktrecht
BKartA	Bundeskartellamt
Bl.	Blatt
Bln.	Berlin
bln.	berlinerisch
BMAS	Bundesministerium für Arbeit und Soziales
BMBF	Bundesministerium für Bildung und Forschung
BMEL	Bundesministerium für Ernährung und Landwirtschaft
BMF	Bundesministerium der Finanzen
BMI	Bundesministerium des Innern
BMJV	Bundesministerium der Justiz und für Verbraucherschutz
BNotO	Bundesnotarordnung
BörsZulV	Börsenzulassungsverordnung
BörsG	Börsengesetz
BPatG	Bundespatentgericht
BR	Bundesrat
BRD	Bundesrepublik Deutschland
BR-Drs.	Bundesrats-Drucksache
Brem.	Bremen
brem.	bremisch
BRH	Bundesrechnungshof
BRRG	Beamtenrechtsrahmengesetz
brit.	britisch
BR-Prot.	Bundesrats-Protokoll
BSG	Bundessozialgericht
Bsp.	Beispiel
bspw.	beispielsweise
BStBl.	Bundessteuerblatt
BT	Bundestag; Besonderer Teil
BT-Drs.	Bundestags-Drucksache
BT-Prot.	Bundestags-Protokoll
Buchst.	Buchstabe
BVerfG	Bundesverfassungsgericht
BVerwG	Bundesverwaltungsgericht
BW	Baden-Württemberg
bw.	baden-württembergisch
bzgl.	bezüglich
bzw.	beziehungsweise
ca.	circa
cic	culpa in contrahendo
CCZ	Corporate Compliance Zeitschrift
COVFAG	Gesetz zur Abmilderung der Folgen der COVID-19-Pandemie im Zivil-, Insolvenz- und Strafverfahrensrecht
COVMG	Gesetz über Maßnahmen im Gesellschafts-, Genossenschafts-, Vereins-, Stiftungs- und Wohnungseigentumsrecht zur Bekämpfung der Auswirkungen der COVID-19-Pandemie
COVInsAG	Gesetz zur vorübergehenden Aussetzung der Insolvenzantragspflicht und zur Begrenzung der Organhaftung bei einer durch die COVID-19-Pandemie bedingten Insolvenz (COVID-19-Insolvenzaussetzungsgesetz)

Abkürzungsverzeichnis

CRR	Verordnung (EU) 575/2013 des Europäischen Parlaments und des Rates vom 26.6.2013 über Aufsichtsanforderungen an Kreditinstitute und Wertpapierfirmen und zur Änderung der Verordnung (EU) Nr. 646/2012 (ABl. EU 2013 L 176, 1, berichtigt ABl. EU 2013 L 321, 6 und ABl. EU 2015 L 193, 166)
CSR-RL	Richtlinie 2014/95/EU des Europäischen Parlaments und des Rates vom 22.10.2014 zur Änderung der Richtlinie 2013/34/EU im Hinblick auf die Angabe nichtfinanzieller und die Diversität betreffender Informationen durch bestimmte große Unternehmen und Gruppen Text von Bedeutung für den EWR (ABl. EU 2014 L 330, 1)
CSR-RL-UG	Gesetz zur Stärkung der nichtfinanziellen Berichterstattung der Unternehmen in ihren Lage- und Konzernberichten
d.	der/die/das/den/des/durch
Darst.	Darstellung
DB	Der Betrieb
DCGK	Deutscher Corporate Governance Kodex
ders.	derselbe
dgl.	dergleichen, desgleichen
dh	das heißt
dies.	dieselbe
diesbzgl.	diesbezüglich
diff.	differenziert, differenzierend
Diss.	Dissertation
div.	diverse
Dok.	Dokument
DNotZ	Deutsche Notarzeitung
DrittelbG	Drittelbeteiligungsgesetz
DRS	Deutsche Rechnungslegungs Standards
Drs.	Drucksache
DS-GVO	Verordnung (EU) 2016/679 des Europäischen Parlaments und des Rates vom 27.4.2016 zum Schutz natürlicher Personen bei der Verarbeitung personenbezogener Daten, zum freien Datenverkehr und zur Aufhebung der Richtlinie 95/46/EG (Datenschutz-Grundverordnung) vom 27.4.2016 (ABl. EU 2016 L 119, 1)
DStR	Deutsches Steuerrecht
dt.	deutsch
DVO	Durchführungsverordnung
E	Entwurf
e.V.	eingetragener Verein
ebd.	ebenda
Ed.	Edition
eG	eingetragene Genossenschaft
EGAktG	Einführungsgesetz zum Aktiengesetz
EGBGB	Einführungsgesetz zum Bürgerlichen Gesetzbuch
EGHGB	Einführungsgesetz zum Handelsgesetzbuch
EGInsO	Einführungsgesetz zur Insolvenzordnung
EGH	Ehrengerichtshof
EGV	Vertrag zur Gründung der Europäischen Gemeinschaften
EGMR	Europäischer Gerichtshof für Menschenrechte
ehem.	ehemalig/e/er/es
EHUG	Gesetz über elektronische Handelsregister und Genossenschaftsregister sowie das Unternehmensregister
Einf.	Einführung
einf.	einführend
eing.	eingehend
eingef.	eingefügt
einhM	einhellige Meinung
Einl.	Einleitung

Abkürzungsverzeichnis

Einpersonen-Gesellschafts-RL	Richtlinie 2009/102/EG des Europäischen Parlaments und des Rates vom 16.9.2009 auf dem Gebiet des Gesellschaftsrechts betreffend Gesellschaften mit beschränkter Haftung mit einem einzigen Gesellschafter (ABl. EG 2009 L 258, 20)
einschl.	einschließlich
eK	eingetragener Kaufmann
EL	Ergänzungslieferung
Empf.	Empfehlung
endg.	endgültig
engl.	englisch
Entsch.	Entscheidung
Entschl.	Entschluss
entspr.	entspricht, entsprechend
EP	Europäisches Parlament
ER	Europäischer Rat
Erg.	Ergebnis, Ergänzung
erg.	ergänzend
Ergbd.	Ergänzungsband
Erkl.	Erklärung
Erl.	Erlass, Erläuterung
Erwgr.	Erwägungsgrund
EStG	Einkommensteuergesetz
ESUG	Gesetz zur weiteren Erleichterung der Sanierung von Unternehmen
etc	et cetera (und so weiter)
EuG	Gericht erster Instanz der Europäischen Gemeinschaften
EuGH	Europäischer Gerichtshof
eur.	europäisch
ev.	evangelisch
evtl.	eventuell
EWG	Europäische Wirtschaftsgemeinschaft
EWIV	Europäische wirtschaftliche Interessenvereinigung
EWR	Europäischer Wirtschaftsraum
EZB	Europäische Zentralbank
f., ff.	folgende Seite bzw. Seiten
FG	Finanzgericht; Festgabe
FMBl.	Finanzministerialblatt
FamFG	Gesetz über das Verfahren in Familiensachen und in den Angelegenheiten der freiwilligen Gerichtsbarkeit
Fn.	Fußnote
Frankr.	Frankreich
frz.	französisch
FS	Festschrift
G	Gesetz
GA	Generalanwalt/Generalanwältin
gAG	Gemeinnützige Aktiengesellschaft
GBA	Generalbundesanwalt/Generalbundesanwältin
GBl.	Gesetzblatt
GbR	Gesellschaft bürgerlichen Rechts
GE	Gesetzesentwurf
geänd.	geändert
gem.	gemäß
ges.	gesetzlich
GesR	Gesellschaftsrecht
GesR-RL	Richtlinie (EU) 2017/1132 des Europäischen Parlaments und des Rates vom 14.6.2017 über bestimmte Aspekte des Gesellschaftsrechts (ABl. EU 2017 L 169, 46)
GesRZ	Der Gesellschafter. Zeitschrift für Gesellschaftsrecht (Österreich)

Abkürzungsverzeichnis

gewöhnl.	gewöhnlich
ggf.	gegebenenfalls
gGmbH	gemeinnützige Gesellschaft mit beschränkter Haftung
ggü.	gegenüber
glA	gleicher Ansicht
GmbH	Gesellschaft mit beschränkter Haftung
GmbH & Atypisch Still	Gesellschaft mit beschränkter Haftung und atypische stille Gesellschafter
GmbH & Co. KG	Gesellschaft mit beschränkter Haftung und Compagnie Kommanditgesellschaft
GmbH & Still	Gesellschaft mit beschränkter Haftung und stille Gesellschafter
GmbHG	Gesetz betreffend die Gesellschaften mit beschränkter Haftung
GmbHR	GmbH-Rundschau
GMBl.	Gemeinsames Ministerialblatt
GmS-OBG	Gemeinsamer Senat der obersten Gerichtshöfe des Bundes
GNotKG	Gesetz über Kosten der freiwilligen Gerichtsbarkeit für Gerichte und Notare
Grdl.	Grundlage
grdl.	grundlegend
grds.	grundsätzlich
GS	Gedenkschrift, Gedächtnisschrift
GStA	Generalstaatsanwaltschaft
GVBl.	Gesetz- und Verordnungsblatt
GVO	Gruppenfreistellungsverordnung; Grundverordnung
GVOBl.	Gesetz- und Verordnungsblatt
GWB	Gesetz gegen Wettbewerbsbeschränkungen
GwG	Geldwäschegesetz
GWR	Gesellschafts- und Wirtschaftsrecht
hA	herrschende Ansicht/Auffassung
Halbbd.	Halbband
HdB	Handbuch
Hess.	Hessen
hess.	hessisch
HGB	Handelsgesetzbuch
hins.	hinsichtlich
hL	herrschende Lehre
hM	herrschende Meinung
Hmb.	Hamburg
hmb.	hamburgisch
Hrsg.	Herausgeber
hrsg.	herausgegeben
Hs.	Halbsatz
HRV	Handelsregisterverfügung
HV	Hauptversammlung; Handelsvertreter; Hauptverhandlung
ic	in concreto/in casu
idF	in der Fassung
idR	in der Regel
idS	in diesem Sinne
iE	im Einzelnen
iErg	im Ergebnis
ieS	im engeren Sinne
IGH	Internationaler Gerichtshof
iGr	in Gründung
iHd	in Höhe des/der
IHK	Industrie- und Handelskammer
iHv	in Höhe von
iJ	im Jahre
iL	in Liquidation
Inf.	Information
insbes.	insbesondere

Abkürzungsverzeichnis

insges.	insgesamt
InsO	Insolvenzordnung
int.	international
InvAG	Investmentaktiengesellschaft
iRd	im Rahmen des/der
iRv	im Rahmen von
iS	im Sinne
iSd	im Sinne des/der
ISG	Internationaler Seegerichtshof
IStGH	Internationaler Strafgerichtshof
iSv	im Sinne von
it.	italienisch
iÜ	im Übrigen
iVm	in Verbindung mit
iW	im Wesentlichen
iwS	im weiteren Sinne
iZw	Im Zweifel
jew.	jeweils
Jg.	Jahrgang
Jge.	Jahrgänge
Jh.	Jahrhundert
JMBl.	Justizministerialblatt
jur.	juristisch
KAGB	Kapitalanlagegesetzbuch
Kap.	Kapitel, Kapital
kath.	katholisch
Kfz	Kraftfahrzeug
KG	Kommanditgesellschaft; Kammergericht
KGaA	Kommanditgesellschaft auf Aktien
KGJ	Jahrbuch für Entscheidungen des Kammergerichts in Sachen der freiwilligen Gerichtsbarkeit, in Kosten-, Stempel- und Strafsachen (bis 19.1899: in Sachen der nichtstreitigen Gerichtsbarkeit), 1.1881-53.1922
Kj.	Kalenderjahr
Kl.	Kläger
kl.	klagend
Kom.	Komitee, Kommission
Komm.	Kommentar
KonTraG	Gesetz zur Kontrolle und Transparenz im Unternehmensbereich
KöR	Körperschaft des öffentlichen Rechts
krit.	kritisch
KSchG	Kündigungsschutzgesetz
LAG	Landesarbeitsgericht
lat.	lateinisch
lfd.	laufend
Lfg.	Lieferung
LG	Landgericht
li.	links, linke(r)
Lit.	Literatur
lit.	litera
Lkw	Lastkraftwagen
Ls.	Leitsatz
LSA	Sachsen-Anhalt
LSG	Landessozialgericht
lt.	laut
Ltd.	Limited (englische Unternehmensform)
LT-Drs.	Landtags-Drucksache
LT-Prot.	Landtags-Protokoll

Abkürzungsverzeichnis

mablAnm	mit ablehnender Anmerkung
mÄnd	mit Änderungen
mAnm	mit Anmerkung
MAR	Verordnung (EU) 596/2014 des Europäischen Parlaments und des Rates vom 16.4.2014 über Marktmissbrauch (Marktmissbrauchsverordnung) und zur Aufhebung der Richtlinie 2003/6/EG des Europäischen Parlaments und des Rates und der Richtlinien 2003/124/EG, 2003/125/EG und 2004/72/EG der Kommission zur Fussnote (ABl. EU L 173, 1, ber. ABl. EU 2016 L 287, 320 und ABl. EU 2016 L 348, 83)
Mat.	Materialien
maW	mit anderen Worten
max.	maximal
mBespr	mit Besprechung
MBl.	Ministerialblatt
mE	meines Erachtens
mind.	mindestens
Mio.	Million(en)
MitbestErgG	Mitbestimmungsergänzungsgesetz
MitbestG	Mitbestimmungsgesetz
MittBayNot	Mitteilungen der Bayerischen Notarkammer
MittRhNotK	Mitteilungen der Rheinischen Notarkammer
Mitt.	Mitteilung(en)
mkritAnm	mit kritischer Anmerkung
mN	mit Nachweisen
MoMiG	Gesetz zur Modernisierung des GmbH-Rechts und zur Bekämpfung von Missbräuchen
MontanMitbestG	Montan-Mitbestimmungsgesetz
Mot.	Motive
Mrd.	Milliarde(n)
mtl.	monatlich
MV	Mecklenburg-Vorpommern
mv	mecklenburg-vorpommerisch
mwH	mit weiteren Hinweisen
mwN	mit weiteren Nachweisen
mWv	mit Wirkung vom
mzustAnm	mit zustimmender Anmerkung
nachf.	nachfolgend
Nachw.	Nachweise
Nds.	Niedersachsen
nds.	niedersächsisch
neu gef	neu gefasst
nF	neue Fassung
NJW	Neue Juristische Wochenschrift
NJW-RR	NJW-Rechtsprechungs-Report Zivilrecht
Nov.	Novelle
Nr.	Nummer
nrkr	nicht rechtskräftig
NRW	Nordrhein-Westfalen
nrw	nordrhein-westfälisch
nv	nicht veröffentlicht
NZA	Neue Zeitschrift für Arbeitsrecht
NZG	Neue Zeitschrift für Gesellschaftsrecht
o.	oben, oder
o.a.	oben angegeben(e/es/er)
o.g.	oben genannte(r, s)
oÄ	oder Ähnliche/s
öffentl.	öffentlich
OHG	Offene Handelsgesellschaft

Abkürzungsverzeichnis

oJ	ohne Jahrgang
OLG	Oberlandesgericht
Öst.	Österreich
öst.	österreichisch
oV	ohne Verfasser
OVG	Oberverwaltungsgericht
p.a.	per annum
Pkw	Personenkraftwagen
Preuß.	Preußen
preuß.	preußisch
Prot.	Protokoll
pVV	Positive Vertragsverletzung
RA	Rechtsanwalt
RAnz.	Reichsanzeiger
rd.	rund
RdErl.	Runderlass
RdSchr.	Rundschreiben
re.	rechts, rechte(r)
RefE	Referentenentwurf
RegE	Regierungsentwurf
REIT-AG	Real-Estate-Investment-Trust Aktiengesellschaft
RGBl.	Reichsgesetzblatt
RhPf	Rheinland-Pfalz
rhpf	rheinland-pfälzisch
rkr.	rechtskräftig
RL	Richtlinie
RMBliV.	Reichsministerialblatt der inneren Verwaltung
Rn.	Randnummer
Rs.	Rechtssache
Rspr.	Rechtsprechung
RT	Reichstag
RT-Drs.	Reichstags-Drucksache
RT-Prot.	Reichstags-Protokoll
RVO	Rechtsverordnung; Reichsversicherungsordnung (SozR)
S.	Seite(n), Satz
s.	siehe
sa	siehe auch
SE	Societas Europaea
SE-VO	Verordnung (EG) 2157/2001 des Rates vom 8.10.2001 über das Statut der Europäischen Gesellschaft (SE) (ABl. EG 2001 L 294, 1)
SEAG	SE-Ausführungsgesetz
SEEG	SE-Einführungsgesetz
s.o.	siehe oben
s.u.	siehe unten
Saarl.	Saarland
saarl.	saarländisch
Sachs.	Sachsen
sächs.	sächsisch
sachsanh	sachsen-anhaltinisch
SchlA	Schlussantrag
SchlH	Schleswig-Holstein
schlh	schleswig-holsteinisch
Schr.	Schrifttum, Schreiben
schweiz.	schweizerisch
SE	Europäische Aktiengesellschaft (Societas Europaea)
Sen.	Senat
SG	Sozialgericht

Abkürzungsverzeichnis

Slg.	Sammlung
sog.	sogenannt
Sp.	Spalte
st.	ständig
StB	Steuerberater
Stellungn.	Stellungnahme
StGH	Staatsgerichtshof
Stichw.	Stichwort
str.	streitig, strittig
stRspr	ständige Rechtsprechung
Suppl.	Supplement
teilw.	teilweise
Thür.	Thüringen
thür.	thüringisch
TV	Testamentsvollstrecker; Testamentsvollstreckung; Tarifvertrag
tvA	teilweise vertretene Ansicht
Tz.	Textziffer
u.	und, unter, unten
UA	Untersuchungsausschuss
ua	und andere, unter anderem
uÄ	und Ähnliches
UAbs.	Unterabsatz
UAbschn.	Unterabschnitt
uam	und anderes mehr
uÄm	und Ähnliches mehr
überarb.	überarbeitet
Überbl.	Überblick
überw.	überwiegend
Übk.	Übereinkommen
uE	unseres Erachtens
UG	Unternehmergesellschaft
Umf.	Umfang
umfangr.	umfangreich
umstr.	umstritten
unstr.	unstreitig
unv.	unverändert, unveränderte Auflage
unveröff.	unveröffentlicht
unzutr.	unzutreffend
Urk.	Urkunde
Urt.	Urteil
usw	und so weiter
uU	unter Umständen
uvam	und vieles anderes mehr
uvm	und viele mehr
v.	vom, von
va	vor allem
Var.	Variante
vAw	von Amts wegen
Verf.	Verfasser, Verfassung, Verfahren
VerfG	Verfassungsgericht
VerfGH	Verfassungsgerichtshof
Verh.	Verhandlung
Veröff.	Veröffentlichung
Vers.	Versicherung
Vertr.	Vertrag
vertragl.	vertraglich
Verw.	Verwaltung

Abkürzungsverzeichnis

Vfg.	Verfügung
VG	Verwaltungsgericht
VGH	Verwaltungsgerichtshof
vgl.	vergleiche
vH	von Hundert
VO	Verordnung
Vol., vol.	volume (Band)
Voraufl.	Vorauflage
Vorb.	Vorbemerkung
vorl.	vorläufig
Vorschr.	Vorschrift
vs.	versus
VU	Versäumnisurteil
WiB	Wirtschaftsrechtliche Beratung
Wiss.	Wissenschaft
wiss.	wissenschaftlich
Wj.	Wirtschaftsjahr
WM	Wertpapier-Mitteilungen
wN	weitere Nachweise
WP	Wirtschaftsprüfer
WPg	Die Wirtschaftsprüfung
WpHG	Wertpapierhandelsgesetz
WPO	Wirtschaftsprüferordnung
WpPG	Wertpapierprospektgesetz
WpÜG	Wertpapiererwerbs- und Übernahmegesetz
zahlr.	zahlreich
zB	zum Beispiel
ZGR	Zeitschrift für Unternehmens- und Gesellschaftsrecht
ZHR	Zeitschrift für das gesamte Handels- und Wirtschaftsrecht
Ziff.	Ziffer
ZInsO	Zeitschrift für das gesamte Insolvenzrecht
ZIP	Zeitschrift für Wirtschaftsrecht
zit.	zitiert
ZPO	Zivilprozessordnung
zT	zum Teil
zul.	zuletzt
zusf.	zusammenfassend
zust.	zustimmend
zutr.	zutreffend
ZV	Zwangsvollstreckung; Zwangsversteigerung
zVb	zur Veröffentlichung bestimmt
zw.	zweifelhaft
zzgl.	zuzüglich
zzt.	zurzeit

Literaturverzeichnis

Abram/Oberlechner/Stelzel, Handbuch Hauptversammlung, 2010
  Zitierweise: [Verfasser] in Abram/Oberlechner/Stelzel HV-HdB
Achenbach/Ransiek/Rönnau, Handbuch Wirtschaftsstrafrecht, 5. Aufl. 2019
  Zitierweise: [Verfasser] in Achenbach/Ransiek/Rönnau WirtschaftsStrafR-HdB
Adler/Düring/Schmaltz, Rechnungslegung und Prüfung der Unternehmen, 6. Aufl. 1995 ff.
  Zitierweise: ADS [Gesetz]
Ammon/Görlitz, Die kleine Aktiengesellschaft, 1995
  Zitierweise: Ammon/Görlitz Die kleine AG
Assman/Pötzsch/Schneider, Wertpapiererwerbs- und Übernahmegesetz (WpÜG), Kommentar, 3. Aufl. 2020
  Zitierweise: Assmann/Pötzsch/Schneider/[Verfasser] WpÜG
Assmann/U.H. Schneider/Mülbert, Wertpapierhandelsrecht, Kommentar, 7. Aufl. 2019
  Zitierweise: Assmann/U.H. Schneider/Mülbert/[Verfasser] [Gesetz]
Assmann/Schütze/Buck-Heeb, Handbuch des Kapitalanlagerechts, 5. Aufl. 2020
  Zitierweise: [Verfasser] in Assmann/Schütze/Buck-Heeb KapAnlR-HdB
Bauer, Genossenschafts-Handbuch, Kommentar, Loseblattsammlung, 2018
  Zitierweise: [Verfasser] in Bauer Gen-HdB [Gesetz]
Baumbach/Hopt, Handelsgesetzbuch mit Nebengesetzen, Kommentar, 40. Aufl. 2021
  Zitierweise: Baumbach/Hopt/[Verfasser] [Gesetz]
Baumbach/Hueck, Aktiengesetz, Kommentar, 13. Aufl. 1968, ergänzt 1970
  Zitierweise: Baumbach/Hueck AktG/[Verfasser] AktG
Baumbach/Hueck, GmbHG, Kommentar, 22. Aufl. 2019
  Zitierweise: Baumbach/Hueck/[Verfasser] GmbHG
Baumbach/Lauterbach/Hartmann/Anders/Gehle, Zivilprozessordnung, Kommentar, 79. Aufl. 2021
  Zitierweise: BLHAG/[Verfasser] [Gesetz]
Baums, Bericht der Regierungskommission Corporate Governance, Unternehmensführung, Unternehmenskontrolle, Modernisierung des Aktienrechts, 2001
  Zitierweise: Baums Bericht der Regierungskommission
Baums/Thoma, WpÜG, Loseblatt-Kommentar, 11. Aktualisierung August 2016
  Zitierweise: Baums/Thoma/[Verfasser] WpÜG
Bayer/Habersack, Aktienrecht im Wandel, 2007
  Zitierweise: [Verfasser] in Bayer/Habersack AktR im Wandel
Beck'sches Formularbuch Aktienrecht, 2. Aufl. 2020
  Zitierweise: BeckFormB AktR/[Verfasser]
Beck'sches Formularbuch Bürgerliches, Handels- und Wirtschaftsrecht, 13. Aufl. 2019
  Zitierweise: BeckFormB BHW/[Verfasser]
Beck'sches Handbuch der AG, 3. Aufl. 2018
  Zitierweise: BeckHdB AG/[Verfasser]
Beck'sches Handbuch der GmbH, 5. Aufl. 2014 (6. Aufl. 2021, neu erschienen, nicht berücksichtigt)
  Zitierweise: BeckHdB GmbH/[Verfasser]
Beck'sches Handbuch der Personengesellschaften, 5. Aufl. 2020
  Zitierweise: BeckHdB PersGes/[Verfasser]
Beck'sches Mandatshandbuch Vorstand der AG, 2. Aufl. 2010
  Zitierweise: BeckMandatsHdB Vorstand der AG/[Verfasser]
Beck'scher Online-Großkommentar AktG, Stand: 19.10.2020
  Zitierweise: BeckOGK/[Verfasser] AktG
Beck'scher Online-Großkommentar SE-VO, Stand: 19.10.2020
  Zitierweise: BeckOGK/[Verfasser] SE-VO
Beck'scher Online-Kommentar BGB, 56. Edition, 2020
  Zitierweise: BeckOK BGB/[Verfasser] BGB
Beck'scher Online-Kommentar GmbHG, 46. Edition, 2020
  Zitierweise: BeckOK GmbHG/[Verfasser] GmbHG
Beck'scher Online-Kommentar HGB, 31. Edition, 2021
  Zitierweise: BeckOK HGB/[Verfasser] HGB
Beck'scher Online-Kommentar ZPO, 39. Edition, 2020
  Zitierweise: BeckOK ZPO/[Verfasser] HGB

Literaturverzeichnis

Berliner Kommentar zum Genossenschaftsgesetz, 3. Aufl. 2019
   Zitierweise: BerlK GenG/[Verfasser] GenG
Beuthien, Genossenschaftsgesetz, 16. Aufl. 2018
   Zitierweise: Beuthien/[Verfasser] [Gesetz]
Bumiller/Harders/Schwamb, FamFG, Kommentar, 12. Aufl. 2019
   Zitierweise: Bumiller/Harders/Schwamb/[Verfasser] FamFG
Bürgers/Fett, Die Kommanditgesellschaft auf Aktien, Handbuch, 2. Aufl. 2015
   Zitierweise: [Verfasser] in Bürgers/Fett KGaA
Bürgers/Körber, Aktiengesetz, Kommentar, 4. Aufl. 2017 (5. Aufl. 02/21 Bürgers/Körber/Lieder!)
   Zitierweise: Bürgers/Körber/[Verfasser] AktG
Butzke, Die Hauptversammlung der Aktiengesellschaft, 5. Aufl. 2011
   Zitierweise: Butzke HV der AG
Ebenroth/Boujong/Joost/Strohn, HGB, Kommentar, 4. Aufl. 2020
   Zitierweise: EBJS/[Verfasser] HGB
Emmerich/Habersack, Aktien- und GmbH-Konzernrecht, Kommentar, 9. Aufl. 2019
   Zitierweise: Emmerich/Habersack/[Verfasser] [Gesetz]
Erfurter Kommentar zum Arbeitsrecht, 21. Aufl. 2021
   Zitierweise: ErfK/[Verfasser] [Gesetz]
Fitting/Engels/Schmidt/Trebinger/Linsenmaier, Betriebsverfassungsgesetz, Kommentar, 30. Aufl. 2020
   Zitierweise: Fitting/[Verfasser] BetrVG
Fleischer, Handbuch des Vorstandsrechts, 1. Aufl. 2006 (Neuauflage angekündigt Dezember 2021)
   Zitierweise: [Verfasser] in Fleischer VorstandsR-HdB
Frodermann/Jannott, Handbuch des Aktienrechts, 9. Aufl. 2017
   Zitierweise: [Verfasser] in Frodermann/Jannott AktR-HdB
Fuchs, Wertpapierhandelsgesetz, Kommentar, 2. Aufl 2016
   Zitierweise: Fuchs/[Verfasser] WpHG
Fuchs/Köstler/Pütz, Handbuch zur Aufsichtswahl, 6. Aufl. 2016
   Zitierweise: [Verfasser] in Fuchs/Köstler/Pütz Aufsichtsratswahl-HdB
Gemeinschaftskommentar zum Betriebsverfassungsgesetz, 11. Aufl. 2018
   Zitierweise: GK-BetrVG/[Verfasser] BetrVG
Gemeinschaftskommentar zum Mitbestimmungsgesetz, Loseblattsammlung, 1992 eingestellt
   Zitierweise: GK-MitbestG/[Verfasser] MitbestG
v. Godin/Wilhelmi, Aktiengesetz, Kommentar, 4. Aufl. 1971
   Zitierweise: v. Godin/Wilhelmi/[Verfasser] AktG
W. Goette/M. Goette, Die GmbH, 3. Aufl. 2019
   Zitierweise: W. Goette/M. Goette Die GmbH
Gottwald/Haas, Insolvenzrechts-Handbuch, 6. Aufl. 2020
   Zitierweise: [Verfasser] in Gottwald/Haas InsR-HdB
Grigoleit, Aktiengesetz, Kommentar, 2. Aufl. 2020
   Zitierweise: Grigoleit/[Verfasser] AktG
Großkommentar zum Aktiengesetz, 4. Aufl. 1992 ff.; 5. Aufl. 2015 ff.
   Zitierweise: GroßkommAktG/[Verfasser] AktG
Habersack/Casper/Löbbe, GmbHG, Großkommentar, Band I und II, 3. Aufl. 2019 f.
   (Band III s. Ulmer/Habersack/Löbbe)
   Zitierweise: Habersack/Casper/Löbbe/[Verfasser] GmbHG
Habersack/Drinhausen, SE-Recht, 2. Aufl. 2016
   Zitierweise: Habersack/Drinhausen/[Verfasser] SE-VO
Habersack/Henssler, Mitbestimmungsrecht, Kommentar, 4. Aufl. 2018
   Zitierweise in der Fußnote: Habersack/Henssler/[Verfasser] [Gesetz]
Habersack/Mülbert/Schlitt, Handbuch der Kapitalmarktinformation, 3. Aufl. 2020
   Zitierweise: [Verfasser] in Habersack/Mülbert/Schlitt Kapitalmarktinformation-HdB
Habersack/Verse, Europäisches Gesellschaftsrecht, 5. Aufl. 2019
   Zitierweise: Habersack/Verse EuropGesR
Habersack/Wicke, UmwG, Kommentar, 1. Aufl. 2019
   Zitierweise: Habersack/Wicke/[Verfasser] UmwG
Happ/Groß, Aktienrecht, Handbuch – Mustertexte – Kommentar, Band I, 5. Aufl. 2019;
   Band II, 5. Aufl. 2019
   Zitierweise: [Verfasser] in Happ/Groß AktR

Literaturverzeichnis

Hauschka/Mossmayer/Lösler, Corporate Compliance, 3. Aufl. 2016
    Zitierweise: [Verfasser] in Hauschka/Moosmayer/Lösler Corporate Compliance
Henssler/Strohn, Gesellschaftsrecht, 4. Aufl. 2019
    Zitierweise: Henssler/Strohn/[Verfasser] [Gesetz]
Henssler/Willemsen/Kalb, Arbeitsrecht Kommentar, 9. Aufl. 2020
    Zitierweise: Henssler/Willemsen/Kalb/[Verfasser] [Gesetz]
Henze/Born/Drescher, Aktienrecht – Höchstrichterliche Rechtsprechung, 6. Aufl. 2015
    Zitierweise: Henze/Born/Drescher AktR
Hirte, Kapitalgesellschaftsrecht, 8. Aufl. 2016 (Neuauflage angekündigt 2021)
    Zitierweise: Hirte KapGesR
Hirte/Heidel, Das neue Aktienrecht nach ARUG II und Corona-Gesetzgebung, 1. Aufl. 2020
    Zitierweise: Hirte/Heidel ARUG II/[Verfasser] [Gesetz]
Hoffmann/Lehmann/Weinmann, Mitbestimmungsgesetz, 1. Aufl. 1978
    Zitierweise: Hoffmann/Lehmann/Weinmann MitbestG
Hoffmann/Preu, Der Aufsichtsrat, 5. Aufl. 2002 (Neuauflage Dezember 2021: Hoffmann/Bröcker!)
    Zitierweise: Hoffmann/Preu Aufsichtsrat
Hölters, Aktiengesetz: AktG, Kommentar, 3. Aufl. 2017
    Zitierweise: Hölters/[Verfasser] AktG
Hommelhoff/Hopt/v. Werder, Handbuch Corporate Governance, 2. Aufl. 2010
    Zitierweise: [Verfasser] in Hommelhoff/Hopt/v. Werder Corporate Governance-HdB
Hüffer/Koch, Aktiengesetz, Kommentar, 14. Aufl. 2020
    Zitierweise: Hüffer/Koch/[Verfasser] AktG
Ihrig/Schäfer, Rechte und Pflichten des Vorstands, 2. Aufl. 2020
    Zitierweise: Ihrig/Schäfer Rechte und Pflichten des Vorstands
Illert/Ghassemi-Tabar/Cordes, Handbuch Vorstand und Aufsichtsrat, 1. Aufl. 2018
    Zitierweise: [Verfasser] in Illert/Ghassemi-Tabar/Cordes Handbuch Vorstand und Aufsichtsrat
Janott/Frodermann, Handbuch der Europäischen Aktiengesellschaft, 2. Aufl 2014
    Zitierweise: [Verfasser] in Janott/Frodermann SE-HdB
Johannsen-Roth/Illert/Ghassemi-Tabar, DCGK, Kommentar, 1. Aufl. 2020
    Zitierweise: JIG/[Verfasser] [Rechtsquelle]
Kallmeyer, Umwandlungsgesetz, Kommentar, 7. Aufl. 2020
    Zitierweise: Kallmeyer/[Verfasser] UmwG
Klöhn, Marktmissbrauchsverordnung, 1. Aufl. 2018
    Zitierweise: Klöhn/[Verfasser] MAR
Koller/Kindler/Roth/Drüen, HGB, Kommentar, 9. Aufl. 2019
    Zitierweise: Koller/Kindler/Roth/Drüen/[Verfasser] HGB
Kölner Kommentar zum Aktiengesetz, 3. Aufl. 2004 ff., 4. Aufl. 2021 ff.
    Zitierweise: Kölner Komm AktG/[Verfasser] [Gesetz]
Kölner Kommentar zum Umwandlungsgesetz, 1. Aufl. 2009
    Zitierweise: Kölner Komm UmwG/[Verfasser] UmwG
Kölner Kommentar zum WpHG, 2. Aufl. 2014
    Zitierweise: Kölner Komm WpHG/[Verfasser] [Gesetz]
Kölner Kommentar zum WpÜG, 2. Aufl. 2010
    Zitierweise: Kölner Komm WpÜG/[Verfasser] [Gesetz]
Kremer/Bachmann/Lutter/v. Werder, Deutscher Corporate Governance Kodex, Kommentar, 7. Aufl. 2018 (Neuauflage 2021, nicht berücksichtigt)
    Zitierweise: KBLW/[Verfasser] DCGK
Krieger/U.H. Schneider, Handbuch Managerhaftung, 3. Aufl. 2017
    Zitierweise: [Verfasser] in Krieger/U.H. Schneider Managerhaftung-HdB
Kropff, Aktiengesetz. Textausgabe des Aktiengesetzes vom 6.9.1965 mit Begründung des Regierungsentwurfs und Bericht des Rechtsausschusses des Deutschen Bundestags, 1965
    Zitierweise: Kropff AktG 1965
Lang/Weidmüller, Genossenschaftsgesetz, 39. Aufl. 2018
    Zitierweise: Lang/Weidmüller/[Verfasser] GenG
Lange, Handbuch D&O-Versicherung, 1. Aufl. 2014 (Neuauflage 2021 angekündigt)
    Zitierweise: Lange D&O-Versicherung und Managerhaftung
Lutter, UmwG, Kommentar, 6. Aufl. 2019
    Zitierweise: Lutter/[Verfasser] UmwG

Literaturverzeichnis

Lutter, Information und Vertraulichkeit im Aufsichtsrat, 3. Aufl. 2006
   Zitierweise: Lutter Information und Vertraulichkeit
Lutter, Das Kapital der Aktiengesellschaft in Europa, ZGR-Sonderheft Nr. 17, 2006
   Zitierweise: Lutter Kapital
Lutter/Bayer, Holding-Handbuch, 6. Aufl. 2020
   Zitierweise: [Verfasser] in Lutter/Bayer Holding-HdB
Lutter/Bayer/J. Schmidt, Europäisches Unternehmens- und Kapitalmarktrecht, 6. Aufl. 2018
   Zitierweise: Lutter/Bayer/J. Schmidt EuropUntKapMR
Lutter/Hommelhoff/Teichmann, SE-Kommentar, 2. Aufl. 2015
   Zitierweise: Lutter/Hommelhoff/Teichmann/[Verfasser]
Lutter/Krieger/Verse, Rechte und Pflichten des Aufsichtsrats, 7. Aufl. 2020
   Zitierweise: Lutter/Krieger/Verse AR
Manz/Mayer/Schröder, Europäische Aktiengesellschaft SE, 3. Aufl. 2019
   Zitierweise: Manz/Mayer/Schröder/[Verfasser] [Gesetz]
Marsch-Barner/Schäfer, Handbuch börsennotierte AG, 4. Aufl. 2018
   Zitierweise: [Verfasser] in Marsch-Barner/Schäfer Börsennotierte AG-HdB
Meyer/Veil/Rönnau, Handbuch zum Marktmissbrauchsrecht, 1. Aufl. 2018
   Zitierweise: [Verfasser] in Meyer/Veil/Rönnau MarktmissbrauchsR-HdB
Michalski/Heidinger/Leible/J. Schmidt, GmbHG, Kommentar, 3. Aufl 2017
   Zitierweise: Michalski/Heidinger/Leible/J. Schmidt/[Verfasser] GmbHG
Münchener Anwaltshandbuch Aktienrecht, 3. Aufl. 2018
   Zitierweise: MAH AktR/[Verfasser]
Münchener Anwaltshandbuch Arbeitsrecht, 4. Aufl. 2017 (Neuauflage 2021, nicht berücksichtigt)
   Zitierweise: MAH ArbR/[Verfasser]
Marsch-Barner/Schäfer, Handbuch börsennotierte AG, 4. Aufl. 2017
   Zitierweise: [Verfasser] in Marsch-Barner/Schäfer Börsennotierte AG-HdB
Münchener Handbuch des Gesellschaftsrechts, Band 4: Aktiengesellschaft, 5. Aufl. 2020
   Zitierweise: MHdB AG/[Verfasser]
Münchener Handbuch des Gesellschaftsrechts, Band 7: Corporate Litigation, 6. Aufl. 2020
   Zitierweise: MHdB GesR VII/[Verfasser]
Münchener Handbuch zum Arbeitsrecht, 4. Aufl. 2018f.
   Zitierweise: MHdB ArbR/[Verfasser]
Münchener Kommentar zum Aktiengesetz, 5. Aufl. 2019ff., soweit erschienen, sonst 4. Aufl. 2015ff.
   Zitierweise: MüKoAktG/[Verfasser] AktG
Münchener Kommentar zum Bürgerlichen Gesetzbuch, 8. Aufl. 2018f.
   Zitierweise: MüKoBGB/[Verfasser] BGB
Münchener Kommentar zum FamFG, 3. Aufl. 2018f.
   Zitierweise: MüKoFamFG/[Verfasser] FamFG
Münchener Kommentar zum GmbH-Gesetz, 3. Aufl. 2018f.
   Zitierweise: MüKoGmbHG/[Verfasser] GmbHG
Münchener Kommentar zum Handelsgesetzbuch, 5. Aufl. 2021ff., soweit erschienen, sonst 4. Aufl. 2016ff.
   Zitierweise: MüKoHGB/[Verfasser] HGB
Münchener Kommentar zur Insolvenzordnung, Band I-III, 4. Aufl. 2019f., Band IV, 3. Aufl. 2016
   Zitierweise: MüKoInsO/[Verfasser] InsO
Münchener Kommentar zum Strafgesetzbuch, 4. Aufl. 2020ff., soweit erschienen, sonst 3. Aufl. 2016ff.
   Zitierweise: MüKoStGB/[Verfasser] StGB
Münchener Kommentar zur Zivilprozessordnung, 6. Aufl. 2020ff. soweit erschienen, sonst 5. Aufl. 2017
   Zitierweise: MüKoZPO/[Verfasser] ZPO
Mülbert, Aktiengesellschaft, Unternehmensgruppe und Kapitalmarkt, 2. Aufl. 1996
   Zitierweise: Mülbert AG, Unternehmensgruppe, Kapitalmarkt
Nomos Kommentar, Aktien- und Kapitalmarktrecht, 5. Aufl. 2020
   Zitierweise: NK-AktR/[Verfasser] [Gesetz]
Nomos Kommentar, Gesamtes Arbeitsrecht, 1. Aufl. 2016
   Zitierweise: NK-ArbR/[Verfasser] [Gesetz]
Palandt, Bürgerliches Gesetzbuch, Kommentar, 79. Aufl. 2020
   Zitierweise: Palandt/[Verfasser] BGB

Literaturverzeichnis

Pöhlmann/Fahndrich/Bloehs, Genossenschaftsgesetz, 4. Aufl. 2012
    Zitierweise: Pöhlmann/Fahndrich/Bloehs/[Verfasser] [Gesetz]
Potthoff/Trescher, Das Aufsichtsratsmitglied, 6. Aufl. 2003
    Zitierweise: Potthoff/Trescher AR-Mitglied
Raiser/Veil, Recht der Kapitalgesellschaften, 6. Aufl. 2015
    Zitierweise: Raiser/Veil KapGesR
Raiser/Veil/Jacobs, Mitbestimmungsgesetz und Drittelbeteiligungsgesetz, Kommentar, 7. Aufl. 2020
    Zitierweise: Raiser/Veil/Jacobs/[Verfasser] [Gesetz]
Reichert, GmbH & Co. KG, 7. Aufl. 2014 (Neuauflage 2021 nicht berücksichtigt)
    Zitierweise: [Verfasser] in Reichert GmbH & Co. KG
Roth/Altmeppen, GmbHG, Kommentar, 9. Aufl. 2019 (Neuaufl. 2021, allein Altmeppen! nicht berücksichtigt)
    Zitierweise: Roth/Altmeppen/[Verfasser] GmbHG
Schimansky/Bunte/Lwowski, Bankrechts-Handbuch, 5. Aufl. 2017
    Zitierweise: [Verfasser] in Schimansky/Bunte/Lwowski BankR-HdB
K. Schmidt, Gesellschaftsrecht, Unternehmensrecht II, 4. Aufl. 2002 (Neuaufl. Dezember 2021)
    Zitierweise: K. Schmidt GesR
K. Schmidt/Lutter, Aktiengesetz, Kommentar, 4. Aufl. 2020
    Zitierweise: K. Schmidt/Lutter AktG/[Verfasser] AktG
Schmitt/Hörtnagl, UmwG UmwStG, Kommentar, 9. Aufl. 2020
    Zitierweise: Schmitt/Hörtnagl/[Verfasser] [Gesetz]
Scholz, GmbHG, Kommentar, 12. Aufl. 2018 ff.
    Zitierweise: Scholz/[Verfasser] GmbHG
Schwark/Zimmer, Kapitalmarktrechts-Kommentar, 5. Aufl. 2020
    Zitierweise: Schwark/Zimmer/[Verfasser] [Gesetz]
Seitz/Finkel/Klimke, D&O Versicherung, 1. Aufl. 2016
    Zitierweise: [Verfasser] in Seitz/Finkel/Klimke D&O-Versicherung
Semler, Leitung und Überwachung der Aktiengesellschaft, 2. Aufl. 1996
    Zitierweise: Semler Leitung und Überwachung
Semler/Peltzer/Kubis, Arbeitshandbuch für Vorstandsmitglieder, 2. Aufl. 2015
    Zitierweise: [Verfasser] in Semler/Peltzer/Kubis Vorstands-HdB
Semler/v. Schenck, Der Aufsichtsrat, Kommentar, 1. Aufl. 2015
    Zitierweise: Semler/v. Schenck/[Verfasser] [Gesetz]
Semler/v. Schenck, Arbeitshandbuch für Aufsichtsratsmitglieder, 4. Aufl. 2013 (Neuaufl. 2021 mit Wilsing nicht berücksichtigt)
    Zitierweise: [Verfasser] in Semler/v. Schenck AR-HdB
Semler/Stengel, Umwandlungsgesetz, Kommentar, 4. Aufl. 2017 (Neuauflage mit Leonard 2021)
    Zitierweise: Semler/Stengel/[Verfasser] UmwG
Semler/Volhard/Reichert, Arbeitshandbuch für die Hauptversammlung, 4. Aufl. 2018
    Zitierweise: [Verfasser] in Semler/Volhard/Reichert HV-HdB
Seyfarth, Vorstandsrecht, 1. Aufl. 2016
    Zitierweise: Seyfarth VorstandsR
Staub, Kommentar zum HGB, 5. Aufl. 2008 ff.
    Zitierweise: Staub/[Verfasser] HGB
Staudinger, Kommentar zum Bürgerlichen Gesetzbuch
    Zitierweise: Staudinger/[Verfasser] BGB
Szesny/Kuthe, Kapitalmarkt Compliance, 2. Aufl. 2018
    Zitierweise: [Verfasser] in Szesny/Kuthe Kapitalmarkt Compliance
Ulmer/Habersack/Löbbe, GmbHG, Großkommentar, Band 3, 2. Aufl. 2016
    Zitierweise: Ulmer/Habersack/Löbbe/[Verfasser] GmbHG
Wachter, AktG, Kommentar,
    Zitierweise: Wachter/[Verfasser] AktG
Wicke, GmbHG, Kommentar, 4. Aufl. 2020
    Zitierweise: Wicke GmbHG
Widmann/Mayer, Umwandlungsrecht
    Zitierweise: Widmann/Mayer/[Verfasser] [Gesetz]
Wiedemann, Gesellschaftsrecht, Band 1, 1980
    Zitierweise: Wiedemann GesR I

Literaturverzeichnis

Wilhelm, Kapitalgesellschaftsrecht, 4. Aufl. 2018
   Zitierweise: Wilhelm KapGesR
Wilsing, Deutscher Corporate Governance Kodex: DCGK, Kommentar, 2012
   Zitierweise: Wilsing/[Verfasser] DCGK
Wißmann/Kleinmann/Sorge, Mitbestimmungsrecht, 5. Aufl. 2017
   Zitierweise: WKS/[Verfasser] [Gesetz]
Würdinger, Aktienrecht und das Recht der verbundenen Unternehmen, 4. Aufl. 1981
   Zitierweise: Würdinger AktR
Zöller, ZPO Zivilprozessordnung, Kommentar, 33. Aufl. 2020
   Zitierweise: Zöller/[Verfasser] ZPO

§ 1 Einleitung

Übersicht

	Rn.
I. Aufgaben und Kompetenzen	1
1. Überwachungskompetenz	3
2. Beratungs- und Einwirkungskompetenz	7
3. Personalkompetenz	9
4. Vertretungskompetenz	15
5. Mitwirkungskompetenz	16
II. Pflichten	18
1. Sorgfalt und Haftung einschließlich D&O	18
a) Grundlagen	18
b) Sorgfaltsmaßstab	19
c) Pflichten	21
d) Schuldhafte Pflichtverletzung und Haftung	27
e) Anspruchsverfolgung, Verzicht und Vergleich, D&O Versicherung	31
2. Insbesondere: Verschwiegenheitspflicht	35
3. Insbesondere: Datenschutz	37
4. Insbesondere: Kapitalmarktrechtliche Pflichten	38
III. Rechte	39
1. Informationsrecht	39
2. Teilnahmerecht	40
3. Einberufungsverlangen	41
4. Vergütung	42
5. Kreditgewährung	44
6. Budgetrecht des AR?	45
IV. Rechtsquellen und Geschichte	46
1. AktG	47
2. Satzung	51
3. Geschäftsordnung	52
4. Mitbestimmungesetze	54
5. HGB	56
6. Weitere Gesetze	58
7. DCGK	59
8. Europäisches Recht	66
9. Geschichte des Aufsichtsrats	70
V. Grundprinzipien	80
1. Unternehmensinteresse	80
2. Gleichbehandlung und Gleichberechtigung	86
a) Aufsichtsratsmitglieder	86
b) Aufsichtsrat und Vorstand	89
c) Aktionäre	90
3. Persönliche Amtswahrnehmung	92
4. Weisungsfreie Amtsführung	97
5. Selbstorganisationsrecht	98
VI. Mitbestimmter Aufsichtsrat	101
1. MitbestG	101
a) Anwendung des MitbestG	103
b) Bildung, Größe und Zusammensetzung des Aufsichtsrats	107
c) Wahl, Ausscheiden und Schutz der Arbeitnehmervertreter	111
d) Innere Ordnung und Tätigkeit des Aufsichtsrats	114
2. DrittelbG	119
a) Anwendung des DrittelbG	119
b) Besonderheiten nach dem DrittelbG	122
VII. Aufsichtsrat in anderen Gesellschaftsformen	124
1. KGaA	125
2. SE	129
3. GmbH	136
4. Genossenschaft	140

I. Aufgaben und Kompetenzen

1 Vorstand und Aufsichtsrat verwalten die Gesellschaft gemeinsam. Die Existenz eines Aufsichtsrats für eine AG ist nicht selbstverständlich, sondern auf die Besonderheit der **zweistufigen** („dualen" oder „dualistischen") **Organisation** der Verwaltung im deutschen Aktienrecht zurück zu führen. Das in internationalen Rechtsordnungen überwiegend verbreitete One Board System kennt keinen Aufsichtsrat. Dennoch hat sich die duale Unternehmensverfassung im deutschen Recht bewährt. Zwangsläufig geht damit die Frage einer, welches Organ für welche Aufgaben zuständig ist und in welchem Verhältnis sie zueinander stehen. Das für den **Aufsichtsrat und seine Mitglieder** zu beantworten, ist Anliegen dieses Buchs.

2 Das Organ Aufsichtsrat besteht in den einzelnen Gesellschaftsformen aufgrund einer Bestimmung im Gesellschaftsvertrag oder von Gesetzes wegen. Das Gesetz sieht ihn in allen Aktiengesellschaften und Genossenschaften sowie in Gesellschaften mbH vor, die mehr als 500 (§ 1 Abs. 1 Nr. 3 DrittelbG) oder 2000 (§ 1 MitbestG) Arbeitnehmer haben, der Montan-Mitbestimmung unterliegen oder Kapitalanlagegesellschaften (§ 18 KAGB) sind. Schreibt das Gesetz nicht vor, dass ein Aufsichtsrat zu errichten ist, kann die Satzung einer GmbH einen **fakultativen Aufsichtsrat** vorsehen (→ § 9 Rn. 177 ff.). In erster Linie soll es aber zunächst um den **gesetzlichen Aufsichtsrat** („Pflicht-Aufsichtsrat") gehen.

1. Überwachungskompetenz

3 Der Vorstand führt die Geschäfte (§ 77 Abs. 1 AktG) und leitet die Gesellschaft unter eigener Verantwortung (§ 76 Abs. 1 AktG). Die Leitungskompetenz umfasst, dass der Vorstand die Richtlinien der Unternehmenspolitik festlegt und die zur Umsetzung seiner originären Führungsfunktion erforderlichen Entscheidungen und Maßnahmen trifft.[1] Der Aufsichtsrat hat als Gegengewicht eben diese Geschäftsführung des Vorstands zu überwachen. Die Überwachungskompetenz ist nicht nur **vergangenheitsbezogen** (retrospektiv) zu verstehen. Angesichts der zunehmenden Professionalisierung des Aufsichtsrats umfasst ein Großteil seiner Überwachungsaufgabe auch die **zukunftsgerichtete** (prospektive) **Beratung** des Vorstands (zur Überwachungskompetenz → § 4 Rn. 1 ff.).

4 Die Trennung von Leitungs- und Überwachungskompetenz sieht das AktG – anders als Art. 38 SE-VO – zwingend vor. Daher kann der Aufsichtsrat nicht jede Einzelmaßnahme, sondern nur **wesentliche Leitungsmaßnahmen** des Vorstands überwachen. Das Gesetz gibt ihm dafür eine Reihe von Instrumenten an die Hand. Ordnungsgemäße Überwachung setzt **Information** voraus. Wichtigste Informationsquelle ist der Vorstand mit seinen **Berichten,** die er dem Aufsichtsrat zu erstatten hat (§ 90 AktG → § 4 Rn. 24 ff.). Hinzu kommen Rechnungslegungsunterlagen sowie zahlreiche andere Berichte (§ 171 AktG), die vom Aufsichtsrat zu prüfen sind (→ § 4 Rn. 103 ff.). Er hat auch darauf zu achten, dass ein auf das Unternehmen zugeschnittenes **Compliance-System** errichtet ist (→ § 4 Rn. 219 ff.).

5 Um dieses umfangreichen Pflichtenkatalogs Herr zu werden, wird der Aufsichtsrat **Ausschüsse** einrichten (→ § 3 Rn. 198 ff.) und in ständigem Dialog mit dem **Abschlussprüfer** zusammenarbeiten (→ § 4 Rn. 169 ff., 2160 ff.).[2] Daneben kann er auch aktiv werden, indem er von seinem umfassenden **Einsichts- und Prüfungsrecht** (§ 111 Abs. 2 S. 1 AktG → § 4 Rn. 182 ff.) Gebrauch macht. Außerdem steht es ihm frei, externe **Berater** zu beauftragen und sich durch deren Hinzuziehung zu seinen Sitzungen informieren zu lassen (§ 111 Abs. 2 S. 2 AktG → § 4 Rn. 131 ff.; § 109 Abs. 1 S. 2 AktG → § 4 Rn. 142 ff.).

6 Für den Aufsichtsrat, seine Mitglieder und auch den Vorstand ist es von großem Interesse zu wissen, was überhaupt Gegenstand der Überwachung ist, wie sie im Einzelfall konkret auszusehen hat und welcher Maßstab dabei gilt. Das ist vor allem für Fragen der **Haftung** relevant. In bestimmten Ausnahmefällen kann der Aufsichtsrat auch unternehmerisch tätig werden. Dann ist aber zu bedenken, dass ihm ein weiter **Ermessensspielraum** eingeräumt sein kann („*Business Judgment Rule*" → § 4 Rn. 2375).

2. Beratungs- und Einwirkungskompetenz

7 Im Grundsatz stellt **§ 111 Abs. 4 S. 1 AktG** noch einmal klar, dass sich der Aufsichtsrat Maßnahmen der Geschäftsführung nicht anmaßen darf. Seine Hauptaufgabe liegt gerade in der Überwachung der Geschäftsführung. Dennoch sind Ausnahmen davon teilweise ausdrücklich vorgesehen oder aus dem Gesetz abzuleiten. Darunter zählt nach modernem Verständnis der Aufsichtsratstätigkeit vor allem die **Beratung** mit dem Vorstand als Hauptbestandteil der präventiven Überwachung (→ § 4 Rn. 181, 384 f.). Auf diesem Weg kann der Aufsichtsrat als ständiger Gesprächspartner auf die künftige **Unternehmenspolitik** einwirken. Das geht aber nicht so weit, dass der Aufsichtsrat dem Vorstand rechtsverbindlich ein bestimm-

---

[1] Näher dazu *M. Arnold* in Marsch-Barner/Schäfer Börsennotierte AG-HdB Rn. 19.8 ff. mwN.
[2] Siehe auch Grundsatz 17 DCGK, sowie D.9–D.11 DCGK.

tes Verhalten aufzwingen kann. Er kann allenfalls **Zustimmungsvorbehalte** einführen (§ 111 Abs. 4 S. 2 AktG), um den Vorstand von der Umsetzung gewisser Vorhaben abzuhalten. § 111 Abs. 4 S. 2 gibt dem Aufsichtsrat keine positive Gestaltungsmacht, sondern nur ein aufschiebendes Vetorecht (→ § 4 Rn. 386). Indem der Aufsichtsrat die Unternehmensplanung zunehmend „im Sinne einer präventiven Kontrolle begleitend mitgestaltet"[3], hat er auf die unternehmerischen Entscheidungen des Vorstands einen gewissen Einfluss. Gleichzeitig stößt das vom Gesetz als Nebenamt konzipierte Aufsichtsratsmandat hier an seine Grenzen, sodass dem **Aufsichtsratsvorsitzenden** (ausführlich → § 3 Rn. 23 ff.) in seiner Funktion als Bindeglied zwischen Aufsichtsrat und Vorstand eine besondere Rolle zukommt.

Durch das Gesetz zur Umsetzung der zweiten Aktionärsrechterichtlinie **(ARUG II)** bedürfen nunmehr Geschäfte mit nahestehenden Personen („*related party transactions*") ab einer bestimmten Größenordnung zwingend der **Zustimmung des Aufsichtsrats.** Besonders wichtig wird das bei Konzernsachverhalten. Doch auch außerhalb davon wird sich die Praxis darauf einstellen müssen (→ § 4 Rn. 435 ff.).

3. Personalkompetenz

Durch die **Besetzung des Vorstands** nimmt der Aufsichtsrat seine Personalkompetenz wahr. Damit ist eine Schlüsselaufgabe des Aufsichtsrats angesprochen. Denn schon durch die **Auswahl der Vorstandsmitglieder** kann der Aufsichtsrat erheblichen Einfluss auf die Geschäftsleitung deren Unternehmenspolitik sowie die Unternehmensentwicklung ausüben.

Daher wird der Aufsichtsrat zuerst einmal bemüht sein, die richtigen Personen in den Vorstand zu **bestellen** (→ § 4 Rn. 499 ff.). In der Praxis wird sich der Aufsichtsrat hier regelmäßig an den zuvor gebildeten **Vorstandsressorts** orientieren. Er hat besonders darauf zu achten, dass die gesetzlichen **Mindestanforderungen an die Person** (→ § 4 Rn. 566 ff.) erfüllt sind und **kein Bestellungshindernis** (→ § 4 Rn. 570 ff.) vorliegt. Dabei darf der Aufsichtsrat aber nicht den Blick dafür verlieren, den Vorstand als **Kollegialorgan** insgesamt so zu besetzen, dass eine möglichst effektive Vorstandstätigkeit stattfinden kann. Personalkompetenz bedeutet aber nicht nur Bestellung von Vorstandsmitgliedern. Nimmt die Person die Bestellung zum Vorstandsmitglied an, begründet das ihre körperschaftsrechtliche Stellung als Organ der Gesellschaft und damit einhergehend alle **Rechten und Pflichten,** die das AktG für Vorstandsmitglieder vorsieht. Gleichzeitig beginnt für den Aufsichtsrat die ebenso wichtige und anspruchsvolle Aufgabe, die Arbeit aktiver Vorstandsmitglieder laufend zu **beurteilen.** Kommt der Aufsichtsrat zu dem Ergebnis, dass ein Vorstandsmitglied seiner Aufgabe nicht gewachsen ist, muss er es **abberufen.** Mit dem Recht zur Bestellung und Abberufung (§ 84 AktG) sind dem Aufsichtsrat zwei zentrale Instrumente präventiver als auch reaktiver Überwachung an die Hand gegeben, deren ordnungsgemäßer und verantwortungsvoller Gebrauch nicht genug betont werden kann.

Aus diesem Grund kann die Entscheidung über Bestellung und Abberufung von Vorstandsmitgliedern nicht von einem **Ausschuss** (§ 107 Abs. 3 S. 7 AktG), sondern nur vom **Aufsichtsratsplenum** getroffen werden. Im Vorfeld kann sich der Gesamtaufsichtsrat aber unterstützen lassen, indem er einen Ausschuss mit der **Vorbereitung der Personalentscheidung** betraut.

Das organschaftliche Rechtverhältnis zwischen Vorstandsmitglied und Gesellschaft ist streng vom **Anstellungsverhältnis** (→ § 4 Rn. 1183 ff.) zu unterscheiden, das durch einen schuldrechtlichen Vertrag begründet und geregelt wird. Im Gegensatz zur Bestellung oder Abberufung kann ein Ausschuss grundsätzlich über den Inhalt und Abschluss des Anstellungsvertrags entscheiden (§ 84 Abs. 1 S. 5 Hs. 1 AktG). Eine wichtige Ausnahme gilt für die **Festsetzung der Vorstandsbezüge** (§ 107 Abs. 3 S. 7 AktG iVm § 87 AktG), die zwingend vom Plenum beschlossen werden müssen. Da Anstellungsverträge in der Praxis weit überwiegend aus vergütungsbezogenen Regelungen bestehen, wird sich der Aufsichtsrat gut überlegen müssen, ob es im Einzelfall überhaupt zweckmäßig ist, die inhaltliche Vertragsausgestaltung als solche einem Ausschuss zu übertragen. Das wird bei erstmalig geschlossenen Anstellungsverträgen regelmäßig nicht der Fall sein.

Überdies stehen Fragen der **Vorstandsvergütung,** insbesondere dessen **Angemessenheit und Höhe,** immer wieder im Zentrum gesellschaftlicher und politischer Diskussionen (→ § 4 Rn. 1281 ff.). Davon ließ sich auch der Gesetzgeber nicht selten beeinflussen. Besonders **börsennotierte Gesellschaften** mussten ihre Vergütungsmodelle aufgrund der gesetzgeberischen Korrekturen immer wieder aufs Neue evaluieren und anpassen (vgl. § 87 Abs. 1 S. 2 AktG). Am vorläufigen Ende dieser Entwicklung stehen die durch das **ARUG II** neu eingeführten Regelungen. Der Aufsichtsrat einer börsennotierten Gesellschaft ist nun zusätzlich verpflichtet, ein **Vergütungssystem** mit einem umfangreichen Katalog von Mindestangaben zu beschließen (§ 87a AktG) und der Hauptversammlung zur – rechtlich unverbindlichen – Billigung (§ 120a AktG) vorzulegen („*say on pay*" → § 4 Rn. 1821 ff.). Als Novum im deutschen Aktienrecht ist hervorzuheben, dass die Hauptversammlung nunmehr berechtigt ist, die durch den Aufsichtsrat

---

[3] BGHZ 135, 244 (255) = NJW 1997, 1926 – ARAG/Garmenbeck.

festgelegte **Maximalvergütung** (§ 87a Abs. 1 S. 2 Nr. 1 AktG) für das konkrete Vergütungssystem **verbindlich herabzusetzen**. Im Übrigen wird das „Vergütungsrecht"[4] durch eine Reihe von Bestimmungen im **DCGK** ergänzt.

14 Die richtige Besetzung des Vorstands allein ist noch kein Garant für gute Vorstandsarbeit. Der Vorstand wird nur effektiv arbeiten, wenn er **sachgerecht organisiert** ist. Dafür muss ein Rahmen geschaffen werden, der eine reibungslose und vertrauensvolle **Zusammenarbeit der Vorstandsmitglieder** ermöglicht. Ein solches Organisationsgefüge möglichst effektiv auszugestalten, ist Aufgabe des Aufsichtsrats. Daher ist der **Gesamtaufsichtsrat** (§ 107 Abs. 3 S. 7 AktG) vorrangig zuständig, eine **Geschäftsordnung** für den Vorstand zu erlassen (§ 77 Abs. 2 S. 1 AktG → § 4 Rn. 2047 ff.). Darin kann er auch die **Geschäftsverteilung** regeln (§ 77 Abs. 1 S. 2 Hs. 1 AktG) und bestimmte Vorstandsressorts einrichten.

4. Vertretungskompetenz

15 Grundsätzlich vertritt der Vorstand die Gesellschaft **(§ 78 Abs. 1 S. 1 AktG)**. Die Aufgaben des Aufsichtsrats beschränken sich weitgehend auf das interne Geschehen, sodass er nur ausnahmsweise nach außen in Erscheinung tritt. Wichtiges Beispiel normiert **§ 112 AktG**, wonach der Aufsichtsrat die Gesellschaft gegenüber Vorstandsmitgliedern – insbesondere bei der Prüfung und Verfolgung von **Schadensersatzansprüchen** gegen sie – vertritt (→ § 4 Rn. 2339 ff.). Auch wenn es gegenüber **Dritten** beim Grundsatz nach § 78 Abs. 1 S. 1 AktG bleibt, ist § 112 AktG **nicht abschließend** zu verstehen. Soweit es für den Aufsichtsrat zur ordnungsgemäßen Erfüllung seiner Aufgaben notwendig ist, kann er die Gesellschaft kraft **Annexkompetenz** bei der Hinzuziehung von Dritten sowie bei der Vornahme von Hilfsgeschäften vertreten (→ § 4 Rn. § 4 Rn. 142 ff., 2301 ff.). In diesem Zusammenhang viel diskutiert und von enormer praktischer Bedeutung ist die Frage, ob der Aufsichtsrat oder der Aufsichtsratsvorsitzende zur Kapitalmarktkommunikation – insbesondere **Investorengesprächen** – befugt ist (→ § 4 Rn. 2665 ff.).

5. Mitwirkungskompetenz

16 Vereinzelt sieht das Gesetz vor, dass der Aufsichtsrat nicht nur auf die Geschäftsführung einwirkt, sondern auch an ihr mitwirkt. Das umfasst etwa die Pflicht des Aufsichtsrats börsennotierter und anderer Gesellschaften, neben dem Vorstand jährlich eine **Entsprechungserklärung** (→ § 4 Rn. 2449 ff.) abzugeben (§ 161 AktG). Darin haben beide Organe zu erklären, ob und in welchem Umfang den Regelungen des **DCGK** entsprochen wurde und künftig entsprochen werde (*„comply or explain"*). Im Übrigen kann oder muss der Aufsichtsrat an bestimmten **gerichtlichen Verfahren** (→ § 4 Rn. 2635 ff.), **Kapitalmaßnahmen** (→ § 4 Rn. 2644 ff.) und sprachlichen **Änderungen der Satzung** mitwirken. Aber nicht nur der Aufsichtsrat als Organ wirkt am äußeren Geschehen mit. Den **Aufsichtsratsvorsitzenden** trifft die Pflicht, an der **gemeinsamen Anmeldung** mit dem Vorstand zu bestimmten Kapitalmaßnahmen mitzuwirken (→ § 4 Rn. 2538 ff.). Darüber hinaus entspricht es gängiger Praxis, dass der Aufsichtsratsvorsitzende – typischerweise durch Satzung bestimmt – die zusätzliche Aufgabe als **Versammlungsleiter** der Hauptversammlung wahrnimmt (→ § 4 Rn. 2552 ff.).

17 Im weiteren Sinne gehört auch die Kontrolle des Aufsichtsrats im Interesse der Minderheit durch außenstehende Dritte zur Mitwirkungskompetenz. Steht der Verdacht im Raum, dass Organe oder Organmitglieder der Gesellschaft pflichtwidrig gehandelt haben, können unter bestimmten Voraussetzungen zusätzlich außenstehende Personen bestellt werden, die dem nachgehen. Dafür sieht das deutsche Aktienrecht den **Sonderprüfer** (§§ 142 ff. AktG → § 4 Rn. 2687 ff.) vor. Auf Grundlage seiner Prüfungsergebnisse kann auch ein **besonderer Vertreter** (§ 147 Abs. 2 AktG → § 4 Rn. 2852 ff.) bestellt werden, der die Ersatzansprüche der Gesellschaft gegen die pflichtwidrig handelnden Personen geltend macht. Davon zu unterscheiden, ist der nicht gesetzlich geregelte – aber aus dem US-amerikanischen Recht bekannte – **Monitor,** der sämtliche im Unternehmen begangene Rechtsverstöße aufdecken soll (→ § 4 Rn. 2922 ff.). Die Einschaltung von Dritten zur Aufdeckung unternehmensinterner Vorgänge bringt die Gesellschaft, aber auch den Aufsichtsrat in eine unangenehme Situation: Sie impliziert, dass die Verwaltungsorgane versagt haben. Das wirft kein gutes Licht auf die Gesellschaft. Dennoch ist auch der Aufsichtsrat hier verpflichtet, an den Aufdeckungsarbeiten der eingeschalteten Personen mitzuwirken.

---

[4] Begr. RegE ARUG II, BT-Drs. 19/9739, 34.

II. Pflichten

1. Sorgfalt und Haftung einschließlich D&O
a) Grundlagen

Die gesetzlich in § 93 Abs. 1 S. 1 AktG und in § 116 Abs. 1 S. 1 AktG bestimmte **Sorgfaltspflicht** 18 (→ § 4 Rn. 2356ff.) stellt an die Mitglieder der Organe **Vorstand** und **Aufsichtsrat** hohe Anforderungen. Die bei schuldhafter Verletzung der einzelnen Organpflichten eingreifende **Haftung** (→ § 4 Rn. 2355ff., § 5 Rn. 192ff.) ist streng. Sie kann – selbst wenn eine **D&O Versicherung** (→ § 4 Rn. 1945ff.) besteht und sie die vertraglich bestimmten Leistungen erbringt – existenzbedrohende Folgen für das jeweilige Organmitglied und uU auch für die mit ihm **gesamtschuldnerisch** (→ § 4 Rn. 2433ff.) Haftenden haben. Vorstellungen im Schrifttum, diese Konsequenzen abzumildern, haben sich nicht durchgesetzt, weil sie mit dem geltenden Recht nicht in Einklang stehen; der Gesetzgeber zeigt keine Neigung, darauf einzugehen, im Gegenteil hat er in jüngerer Zeit das Haftungsregime punktuell verschärft, indem er die Verjährungsfristen verlängert (§ 93 Abs. 6 AktG → § 4 Rn. 2436ff.) oder angeordnet hat, dass bei Bestehen einer D&O-Versicherung das versicherte Vorstands-, nicht ein Aufsichtsratsmitglied einen Teil des Schadens selbst tragen muss (**Selbstbehalt**, § 93 Abs. 2 S. 3 AktG). Neben die im Gesetz ausdrücklich genannte Sorgfaltspflicht tritt nach allgemeinem Verständnis die jedes Organmitglied treffende **Treuepflicht** (→ § 4 Rn. 2358f.). Sie betrifft das Innenverhältnis zwischen Organmitglied und Gesellschaft. Ordnungsgemäß wird sie grundsätzlich erfüllt, wenn sich das Organmitglied bei seinem Handeln an den Interessen der AG orientiert, sich mit seinen Fähigkeiten und Kenntnissen mit voller Kraft für die Gesellschaft einsetzt, ihr Gedeihen fördert, Schaden von ihr abwendet und die Verfolgung eigener geschäftlicher Interessen zurückstellt. § 93 Abs. 1 S. 3 AktG regelt einen besonderen Anwendungsfall der Treuepflicht, indem Vorstandsmitglieder und – über die Verweisung in § 116 S. 1 AktG sowie die bekräftigende Anordnung in § 116 S. 2 AktG – Aufsichtsratsmitglieder zu **Verschwiegenheit** (→ § 3 Rn. 492ff.) über vertrauliche und geheimhaltungsbedürftige Angelegenheiten des Unternehmens verpflichtet werden.

b) Sorgfaltsmaßstab

Der Sorgfaltsmaßstab (→ § 4 Rn. 2357; → § 5 Rn. 186) ist für beide Gruppen von Organmitgliedern 19 **objektiviert,** indem auf das Verhalten eines „ordentlichen und gewissenhaften Geschäftsleiters" bzw. – für den Aufsichtsrat, für den § 93 Abs. 1 AktG nur „sinngemäß" (→ § 5 Rn. 187ff.) gilt – eines ordentlichen und gewissenhaften Überwachers abgestellt wird. Objektiv ist der Maßstab im Sinne von zu erfüllenden Mindestanforderungen, die die Allgemeinheit an jeden Geschäftsleiter bzw. Überwacher stellt. Über die entsprechenden Kenntnisse und Fähigkeiten muss das Organmitglied von Anbeginn seiner Tätigkeit verfügen oder sich dieselben **(Onboarding)** schnellstens verschaffen (→ § 4 Rn. 2393). Denn die Organmitglieder müssen, ungeachtet der Inanspruchnahme der Hilfe dritter Personen in und außerhalb der Gesellschaft, imstande sein, ihren organschaftlichen Pflichten eigenständig und selbstverantwortet gerecht zu werden. Damit verträge es sich schwerlich, einem neu in das Amt berufenen Organmitglied eine haftungsfreie Karenz- oder Einarbeitungszeit zuzubilligen. Zum Pflichtenkanon gehört – wie es in Grundsatz 18 des DCGK heißt – auch die **Fort-** und **Weiterbildung,** die die Gesellschaft nach der Empfehlung D.12 DCGK „angemessen" unterstützen soll. Besitzt ein Organmitglied über die Mindestanforderungen hinausgehende Kenntnisse und Fähigkeiten, hat es dieselben im Interesse der Gesellschaft einzusetzen, will es sich pflichtgemäß verhalten (→ § 4 Rn. 2393).

Gegenstand des mit der genannten Sorgfalt zu erfüllenden Handelns im Interesse der Gesellschaft kann 20 sowohl ein **Tun** als auch ein **Unterlassen** sein. Unter dem Gesichtspunkt unsorgfältiger Pflichtenwahrnehmung begegnet in der Praxis häufiger das Unterlassen. Typische Fälle sind mangelndes Einschreiten gegen die Verletzung der Legalitätspflicht oder Entscheidungen, die getroffen werden, ohne Chancen und Risiken aufgrund der in der konkreten Situation verfügbaren Informationen sorgsam abzuwägen; ähnlich verhält es sich mit gebotenen organisatorischen Maßnahmen, die pflichtwidrig unterbleiben. Ein aus der Praxis bekannter Beispielsfall für pflichtwidriges Tun sind die Interviewäußerungen im Fall eines prominenten Bankiers.

c) Pflichten

Für den **Vorstand** steht ganz im Mittelpunkt die Pflicht zu ordnungsgemäßer **Leitung** der Gesellschaft. 21 Die Leitung ist dem Vorstand in § 76 Abs. 1 AktG in besonderer Weise, nämlich als in „eigener Verantwortung" wahrzunehmende Aufgabe übertragen worden. Daraus ergibt sich eine **starke** kompetenzielle **Stellung** des Vorstands im Verhältnis zu den beiden anderen Organen der AG: Weder die Hauptversammlung (§ 119 Abs. 2 AktG) noch der Aufsichtsrat (§ 111 Abs. 4 S. 1 AktG) sind befugt, sich ohne weiteres in die Leitung einzumischen. Die Hauptversammlung ist nur dann berufen, sich an Geschäftsführungsfragen zu beteiligen, wenn sie vom Vorstand hierzu nach § 119 Abs. 2 AktG ersucht wird. Der Aufsichtsrat kann allenfalls beschränkt, nämlich im Rahmen des § 111 Abs. 4 S. 2 AktG bei der Erteilung oder Versagung von ihm vorbehaltener Zustimmung in gewisser Weise auf Leitungsentscheidungen Einfluss nehmen; insbesondere seine Verhinderungsmacht ist beschränkt, weil eine versagte Zustimmung nur aufschiebend wirkt und von der Hauptversammlung uU ersetzt werden kann (§ 111 Abs. 4 S. 3 und S. 4 AktG).

22 **Gegenstand** der Leitung ist – plakativ zusammengefasst – die Wahrnehmung der **Unternehmerfunktion** (→ § 4 Rn. 2357). Im Rahmen des von der Satzung beschriebenen Verbandszwecks umschließt sie – selbstverständlich – die Sicherstellung, dass der Vorstand selbst und alle Unternehmensangehörigen bei ihrem Handeln die Rechtsordnung wahren und alle sich aus ihr ergebenden Pflichten ordnungsgemäß erfüllen **(Legalitätspflicht).** Zur Unternehmerfunktion gehören aber vor allem die Festlegung der Unternehmensplanung und der dabei zu verfolgenden nah- und mittelfristigen Ziele, die Bestimmung der Geschäftspolitik, die Aufstellung der Führungs- und Verhaltensgrundsätze, die Organisation der Arbeitsabläufe, die Personalpolitik, Risikovorsorge und Überwachung der Geschäftsentwicklung sowie die Kontrolle, ob die geschaffenen Strukturen sachgerecht funktionieren oder angepasst werden müssen. Schließlich ist Teil der Leitung die **Vertretung** der Gesellschaft nach außen.

23 Bei der Wahrnehmung der **Legalitäts-** oder **Legalitätskontrollpflicht** (→ § 4 Rn. 2370 ff.) hat der Vorstand keinen, vor allem keinen unternehmerischen Spielraum. Die entsprechenden Pflichten sind strikt **(gebundene Entscheidungen)** zu erfüllen, weil allein dies dem Unternehmensinteresse dient, selbst wenn eine Missachtung dieser Pflichten wegen eines höheren Umsatzes oder Gewinns scheinbar für die Gesellschaft „nützlich" erscheint. Bei der Frage dagegen, in welcher Weise und mit welchem Aufwand diese Pflichten erfüllt werden sollen – das spielt zB bei der Entwicklung einer Compliance-Organisation eine Rolle –, ist der Vorstand freier; er kann bei dem „Wie" nach unternehmerischen Gesichtspunkten und fokussiert auf die Erfordernisse der von ihm geleiteten Gesellschaft entscheiden, solange die unabdingbare Legalitäts- und Legalitäskontrollpflicht ordnungsgemäß erfüllt werden.

24 Den Gegensatz zu den **gebundenen** Entscheidungen bilden die typisch **unternehmerischen** Entscheidungen (→ § 4 Rn. 2375 ff.). Selbstverständlich müssen sie sich innerhalb der von Gesetz, Recht, Satzung und Geschäftsordnung gezogenen Schranken bewegen, sie betreffen aber den Teil der Leitungsaufgabe, in dem **zweckdienliche Erwägungen,** wie dem Unternehmenswohl am besten gedient ist, eine wesentliche Rolle spielen. Hier besteht, wie der II. Zivilsenat des Bundesgerichtshofs in der berühmten ARAG/Garmenbeck-Entscheidung[5] (→ § 4 Rn. 2425) herausgestellt hat, ein unternehmerischer, vom Aufsichtsrat wie den Gerichten zu respektierender Spielraum: Der Vorstand darf bei seiner unternehmerischen Tätigkeit Risiken eingehen und auch die Gefahr von Fehleinschätzungen oder Fehlbeurteilungen in Kauf nehmen, die mit jedem auf Prognosen beruhenden Handeln verbunden ist. Denn er haftet nicht für jeden Fehlschlag oder jeden ausgebliebenen Erfolg. Voraussetzung für dieses Haftungsprivileg bei unternehmerischen Entscheidungen ist jedoch – wie der Gesetzgeber im Anschluss an die sogenannte Entscheidung in § 93 Abs. 1 S. 2 AktG näher ausformuliert hat **(Business Judgment Rule) –,** dass der Vorstand mit **Verantwortungsbewusstsein** und ausschließlich am **Unternehmenswohl** orientiert, frei von der Verfolgung persönlicher Interessen und auf der Grundlage seiner sorgfältigen Ermittlung der **Entscheidungsgrundlagen** und der Abwägung der **Chancen und Risiken** agiert (→ § 4 Rn. 2376 ff., 2398 ff.).

25 Die zentrale Pflicht des **Aufsichtsrats** besteht in der **Überwachung** des Vorstands. Sie hat **retrospektiven** Charakter, soweit es um die nachträgliche Prüfung geht, ob der Vorstand allen seinen Pflichten ordnungsgemäß nachgekommen ist. Stellt sich dabei heraus, dass hier Fehler unterlaufen sind und ist dadurch der Gesellschaft ein Schaden entstanden, ist Teil der retrospektiven Überwachung auch die nähere Prüfung des Bestehens von Schadenersatzansprüchen und deren Verfolgung (→ Rn. 31 ff.). Bei einer gut geführten Gesellschaft wichtiger als diese nachträgliche Kontrolle ist aber die Wahrnehmung der **zukunftsweisenden,** nämlich als **Beratung** des Vorstands zu qualifizierenden Überwachung. Nach dem Gesetz geschieht dies vornehmlich im Rahmen von Zustimmungsvorbehalten nach § 111 Abs. 4 S. 2 AktG; in der guten Unternehmenspraxis vollzieht sich diese Beratung in den Diskussionen zwischen Vorstand und Aufsichtsrat im Zusammenhang und im Anschluss an die Berichterstattung des Vorstands. Schuldhafte Verletzung der Überwachungspflicht kann organhaftungsrechtliche Konsequenz nach sich ziehen, wobei die Gesellschaft durch den Vorstand vertreten wird (→ § 5 Rn. 191, 200).

26 Mit **unternehmerischen** Entscheidungen ist der Aufsichtsrat deutlich weniger befasst als der Vorstand, meist geht es im Rahmen der retrospektiven Überwachung um die Wahrung des Legalitätsprinzips, also hinsichtlich des „Ob" des Tätigwerdens um gebundene Entscheidungen. Anders verhält es sich auf dem Feld der **beratenden** Überwachung oder zB bei der Ausübung der **Personalkompetenz** (→ § 5 Rn. 190). Hier – Entsprechendes gilt richtigerweise auch bei der Prüfung und Entscheidung über die

---

[5] BGHZ 135, 244 = NJW 1997, 1926.

Verfolgung von Organhaftungsansprüchen gegen Vorstandsmitglieder (→ § 4 Rn. 2425 ff.; → § 5 Rn. 190) – kann der Aufsichtsrat die Regeln der **Business Judgment Rule** (→ § 4 Rn. 2375 ff.) für sich in Anspruch nehmen.

d) Schuldhafte Pflichtverletzung und Haftung

Organhaftung – das gilt gleichermaßen für Vorstand und Aufsichtsrat – kommt nur in Betracht, wenn der Gesellschaft durch eine **schuldhafte Pflichtverletzung** ein **Schaden zugefügt** worden ist; maW jede **Erfolgshaftung** ist dem deutschen Aktienrecht fremd. Ein leicht **fahrlässiges** mit dem Pflichtenkanon nicht in Übereinstimmung stehendes Verhalten reicht für die Annahme von Verschulden aus. Schon deswegen ist Organhaftung besonders streng ausgestaltet; diese Strenge wird noch nachhaltig dadurch verstärkt, dass für die Gesellschaft hinsichtlich der Darlegung und des Beweises der Anspruchsvoraussetzungen mit Rücksicht darauf Erleichterungen bestehen (§ 93 Abs. 2 S. 2 AktG → § 4 Rn. 2421 ff.), dass das Organmitglied vom Gesetzgeber als dem Geschehen näher stehend und besser informiert angesehen wird: Die klagende Gesellschaft trägt die Darlegungs- und Beweislast nur für einen **Schaden** und dessen **Verursachung** durch ein **Verhalten** des Geschäftsleiters in seinem Pflichtenkreis, das als pflichtwidrig überhaupt in Betracht kommt, also **möglicherweise pflichtwidrig** ist. Dagegen hat sich das Organmitglied dahin zu entlasten, dass es seinen Pflichten nachgekommen ist, sich also **nicht pflichtwidrig** verhalten hat, dass es **schuldlos** den Pflichten nicht nachgekommen ist oder (**alternative Kausalität** → § 4 Rn. 2418) dass der Schaden auch bei rechtmäßigem Verhalten entstanden wäre. Hinzutreten die sehr lange Verjährungsfrist von zehn Jahren bei einer börsennotierten Aktiengesellschaft (§ 93 Abs. 6 AktG → § 4 Rn. 2436 ff.) sowie die sich aus § 93 Abs. 4 S. 3 AktG (→ § 4 Rn. 2443 ff.) folgenden Restriktionen für einen Vergleich oder (Teil-)Verzicht. 27

Organmitgliedern wird hinsichtlich Kenntnissen, Fähigkeiten und umfassender Aufmerksamkeit sehr viel abverlangt. Sie müssen und können aber nicht alles wissen und dürfen sich deswegen durch **interne** oder **externe Experten** beraten lassen, ehe sie selbst die ihnen persönlich abverlangten Entscheidungen treffen (→ § 4 Rn. 2396 ff.). Das führt nicht zu einer Delegation der Verantwortung, sondern kann allenfalls Auswirkungen auf das **Verschulden** haben. Nach der gefestigten höchstrichterlichen Rechtsprechung dürfen sich Vorstand und Aufsichtsrat auf den Rat eines Dritten verlassen, wenn der hinzugezogene Berater für die zu beantwortenden Fragen **kompetent**, wenn er **seriös** und **unabhängig** in seinem Urteil ist und er über alle relevanten Tatsachen von dem Organ zutreffend **informiert** worden ist; dem erteilten Rat darf das Organ nicht blind vertrauen, sondern hat denselben eigenständig – nicht auf Richtigkeit – aber auf **Plausibilität** zu prüfen (→ § 4 Rn. 2399 ff.). 28

Nur wenn die schuldhafte Pflichtverletzung zu einem **Vermögensschaden** der Gesellschaft führt (→ Rn. 32), kommt eine Haftung von Organmitgliedern in Betracht, weil es nicht um die **Sanktion** pflichtwidrigen Verhaltens geht, mag auch das Vorstands- oder Aufsichtsratsmitglied sich durch die Heranziehung zur Schadenersatzleistung „bestraft" fühlen. Es gelten die allgemeinen zivilrechtlichen Regeln, darunter auch diejenigen über den **Vorteilsausgleich** (→ § 4 Rn. 2413 ff.). Zu den **umstrittenen** und **ungeklärten** Fragen gehört, ob auch ein gegen die Gesellschaft verhängtes **Bußgeld** einen ersetzungsfähigen Schaden darstellt (→ § 4 Rn. 2405 ff.). Diese Frage spielt vornehmlich, aber nicht nur im Kartellrecht eine Rolle: Aus kartellrechtlicher Sicht, die das Unternehmen als Adressaten der Kartellbuße ansieht, ist die Frage zu verneinen, und zwar auch deswegen, weil man nur auf diese Weise glaubt, die Kronzeugenregelung effizient handhaben zu können. Dagegen steht aus gesellschaftsrechtlicher Sicht im Vordergrund, dass bei einer Verneinung der Regressierbarkeit derartiger Bußgelder die Organhaftung ihre auch präventiv wirkende Verhaltenssteuerung verliert und es ein Fehlschluss ist anzunehmen, ein als anonyme Organisation verstandenes Unternehmen habe die Konsequenzen zu tragen, während in Wahrheit die Aktionäre, die Mitarbeiter und uU die Gläubiger der Gesellschaft die von der Buße Betroffenen sind. Die Frage spielt auch eine wichtige Rolle im Zusammenhang mit dem von der Bundesregierung beschlossenen VerbandssanktionenG; es ist zu hoffen, dass im Gesetzgebungsverfahren die aus den verschiedenen Blickrichtungen streitige Frage für die Praxis eindeutig geklärt wird, und zwar im Sinne der gesellschaftsrechtlich maßgebenden Sicht. 29

Zwischen der schuldhaften Pflichtverletzung und dem der Gesellschaft zugefügten Schaden muss ein **äquivalenter Kausalzusammenhang** (→ § 4 Rn. 2416 ff.) bestehen. An ihm mangelt es, wenn derselbe Nachteil auch bei pflichtgemäßem Verhalten des Organmitglieds entstanden wäre **(rechtmäßiges Alternativverhalten)**. Ein Kompetenzverstoß ist zwar eine Pflichtwidrigkeit, führt aber wegen der Anwendbarkeit der Regeln über das rechtmäßige Alternativverhalten nicht in jedem Fall zur Haftung (→ § 4 2420); die von der höchstrichterlichen Rechtsprechung verworfene gegenteilige Literaturansicht lässt sich von einem im deutschen Schadenersatzrecht unpassenden Bestrafungsgedanken leiten. 30

e) Anspruchsverfolgung, Verzicht und Vergleich, D&O Versicherung

31 Der **Aufsichtsrat** hat gegenüber dem Vorstand und umgekehrt der **Vorstand** hat gegenüber dem Aufsichtsrat prinzipiell die **Kompetenz** zur Prüfung des Bestehens und der Geltendmachung von Schadenersatzansprüchen wegen schuldhafter Organpflichtverletzungen. Das folgt für den Aufsichtsrat aus § 112 AktG und für den Vorstand aus seiner allgemeinen Vertretungskompetenz für die AG (§ 78 AktG). Nach der Kompetenzordnung des AktG ist die **Hauptversammlung** erst nachrangig zuständig, Ansprüche gegen Organmitglieder aus dem Gesichtspunkt der Organhaftung geltend zu machen (→ § 4 Rn. 2339 ff.). Das ergibt sich aus den §§ 147, 148 AktG. Davon abgesehen ist die Hauptversammlung zur Mitwirkung berufen, wenn es um den Abschluss eines **Vergleichs** oder um einen **(Teil-)Verzicht** geht (§ 93 Abs. 4 S. 3 AktG). Dazu bedarf es einer – begründeten – Initiative des Aufsichtsrats bzw. des Vorstands (→ § 4 Rn. 2444; → § 5 Rn. 200).

32 Das zur Prüfung von Organhaftungsansprüchen zuständige Gremium hat die vom II. Zivilsenat in dem **ARAG/Garmenbeck**-Urteil niedergelegten Regeln zu beachten (→ § 4 Rn. 2425 ff.). Danach vollziehen sich die Prüfung des Bestehens von Schadenersatzansprüchen, ihrer gerichtlichen Durchsetzbarkeit, der Beitreibbarkeit und die Entscheidung über die Geltendmachung eines derart identifizierten Anspruchs in **Stufen.** Auf der ersten Stufe ist zunächst der maßgebliche **Sachverhalt** zu klären, der dann unter die infrage kommenden Normen zu **subsumieren** ist. Gelangt das mit der Prüfung befasste Organ, also zB der Aufsichtsrat, zu dem Ergebnis, dass eine schuldhafte **Pflichtwidrigkeit** besteht, durch die Gesellschaft einen **Schaden** erlitten hat, hat es weiter zu prüfen, ob sich der Anspruch auch – notfalls gerichtlich und unter Heranziehung erleichterter Darlegungs- und Beweislastregeln (→ § 4 Rn. 2421 ff.) – **durchsetzen** lässt. Damit ist indessen die Prüfung auf der **ersten Stufe** nicht beendet, vielmehr ist nunmehr zu untersuchen, ob und inwieweit ein – unterstellt – obsiegendes Urteil auch wirtschaftlich umgesetzt, also zu einer Schadenskompensation führen kann **(Beitreibbarkeitsanalyse).** In diesem Zusammenhang spielt als herausragend wichtiger Vermögensgegenstand der Anspruch des in Haftung zu nehmenden Organmitglieds gegen seinen **D&O-Versicherer** (→ § 4 Rn. 1945 ff.) eine entscheidende Rolle, weil er in aller Regel der werthaltigste Teil des in Rede stehenden Vermögens ist. Obwohl die Prämien für derartige D&O-Versicherungen typischerweise von der Gesellschaft getragen werden und – ökonomisch betrachtet – ihr Vermögen durch die Versicherung geschützt werden soll, handelt es sich entgegen in der Praxis immer wieder anzutreffenden Fehlvorstellungen nicht um eine Vermögensschadenversicherung der Gesellschaft, sondern um eine **Berufshaftpflichtversicherung** des Organmitglieds. Der Aufsichtsrat – um in dem Beispiel zu bleiben – hat also im Rahmen der Beitreibbarkeitsanalyse gewissenhaft zu prüfen, ob ein werthaltiger Anspruch gegen den D&O-Versicherer besteht; daran kann es nicht nur dann fehlen, wenn das Versicherungsverhältnis an Mängeln leidet, sondern vor allem dann, wenn das Verhalten des betroffenen Organmitglieds dem Versicherer die Möglichkeit des Einwands vorsätzlichen Verhaltens eröffnet. Auf dieser gesamten **ersten Stufe** der Prüfung gilt das Legalitätsprinzip, dh es sind die einzelnen Schritte, ohne unternehmerische Erwägungen, so zu durchlaufen, als sei ein Richter am Zuge.

33 Anders verhält es sich auf der nachfolgenden **zweiten Prüfungsstufe** (→ § 4 Rn. 2430 f.). Hier geht es um die Entscheidung, ob das grundsätzlich zu wahrende **Integritätsinteresse** der Gesellschaft ein solches Gewicht hat, dass mit der Kompensation der eingetretenen Schäden einhergehende weitere, uU deutlich höher zu gewichtende Nachteile **(Kollateralschäden)** hingenommen werden müssen. Das zur Prüfung und Verfolgung von Schadensersatzansprüchen berufene Gesellschaftsorgan hat das allgemeine Schädigungsverbot zu beachten: Das bedeutet einerseits, dass es selbstverständlich bestehende Ansprüche nicht einfach beiseiteschieben kann, sondern prinzipiell auf die Wiederherstellung des status quo ante hinwirken muss; andererseits darf aber eine blinde Verfolgungsperspektive nicht dazu führen, dass im Gesamtergebnis die Gesellschaft einen viel größeren Schaden oder andere Nachteile erleidet, die zum Nutzen der Wiederherstellung des Integritätsinteresses ganz außer Verhältnis stehen. Auf dieser Prüfungsstufe gilt – darüber besteht inzwischen Einigkeit – nicht das Legalitätsprinzip, vielmehr ist das mit der Anspruchsverfolgung betraute Organ freier gestellt, weil es um genuin **unternehmerische Entscheidungen** geht, nämlich die prognostische Entwicklung abgeschätzt, Chancen und Risiken identifiziert und die Vor- und Nachteile der verschiedenen Optionen gegeneinander abgewogen werden müssen; wenn man nicht, was vorzugswürdig ist, hier die Regeln der business judgment rule heranziehen will, muss dem Aufsichtsrat bzw. dem Vorstand zumindest einen Ermessens- und Beurteilungsspielraum eingeräumt werden. Überwiegen die Nachteile den Nutzen – so kann man die ARAG/Garmenbeck-Entscheidung auf den Punkt bringen – dürfen der Aufsichtsrat bzw. der Vorstand von der Anspruchsverfolgung absehen. Die Grenze zum Anspruchsverzicht, der nur mit einem zustimmenden Votum der Hauptversammlung möglich ist (§ 93 Abs. 4 S. 3 AktG → Rn. 31), ist nach der höchstrichterlichen Rechtsprechung, die dieser Norm sehr große Bedeutung beimisst, nicht immer trennscharf festgelegt.

34 Die beiden Prüfungsstufen sind nicht so zu verstehen, dass sie stets nacheinander durchlaufen werden müssen. Vielmehr muss sich das mit der Untersuchung befasste Organ auch schon auf der ersten Stufe –

und zwar während der gesamten Periode dieser Prüfung – vergegenwärtigen, ob **ausnahmsweise** Gründe bestehen, die abweichend vom **Regelfall** die Wahrung des Integritätsinteresses als inopportun oder sogar pflichtwidrig erscheinen lassen. Einen solchen Ausnahmefall wird man uU annehmen können, wenn umfangreiche und kostenintensive Prüfungsmaßnahmen zur Klärung der Fragen der ersten Stufe erforderlich sind, aber von vornherein absehbar ist, dass eine anschließende Verfolgung des Schadensersatzanspruchs Kollateralschäden großen Ausmaßes nach sich ziehen würde, wie dies etwa in Kartellfällen naheliegt, oder wenn von vornherein sicher ist, dass ein Organhaftungsanspruch keinesfalls mit Erfolg vollstreckt werden kann. Dann führt der notwendige **Stufensprung** (→ § 4 Rn. 2427) dazu, dass schon die kostenintensive Prüfung auf der ersten Stufe unterbleiben oder abgebrochen und die theoretisch nachrangige Entscheidung der zweiten Stufe vorgezogen werden muss. Dass möglicherweise der Aufsichtsrat aus anderen Gründen als der Verfolgung von Schadensersatzansprüchen ein berechtigtes Interesse an einer umfassenden Sachverhaltsaufklärung haben kann und deswegen die Untersuchung fortsetzen muss, steht auf einem anderen Blatt.

2. Insbesondere: Verschwiegenheitspflicht

Sachgerechte Überwachung – sei sie vergangenheitsbezogen oder auf Beratung angelegt – erfordert umfassende Information der Mitglieder des Gremiums. Ihre Kehrseite ist – wie bei den Mitgliedern des Vorstands – eine entsprechend weitgehende **Verschwiegenheitspflicht** (→ § 3 Rn. 492 ff.). Nur dann ist ein vertrauensvoller und die Belange des Unternehmens wahrender Diskussionsaustausch möglich. Was **vertrauliche Angaben** oder **Geheimnisse** der Gesellschaft iSv § 116 AktG iVm § 93 Abs. 1 S. 2 AktG sind, entscheidet grundsätzlich der Vorstand ebenso wie die Frage, ob und wann sie offengelegt werden dürfen; der Aufsichtsrat darf sich nur ausnahmsweise und in besonderen Notsituationen von der Verschwiegenheitspflicht befreien (→ § 3 Rn. 499 ff.). Dabei gilt natürlich zwischen den Organen Vorstand und Aufsichtsrat und innerhalb derselben die Verschwiegenheitspflicht nicht. Allen anderen Personen gegenüber, die nicht Mitglieder dieser Gremien sind, besteht jedoch die Verschwiegenheitspflicht. Hinzugezogenen **Beratern**, soweit sie nicht schon einer beruflichen Verschwiegenheitspflicht unterliegen, ist dieselbe vertraglich aufzuerlegen; Entsprechendes gilt für Einschaltung von **Hilfspersonen,** die mit administrativen Aufgaben des Aufsichtsrats betraut sind.

Alle Aufsichtsratsmitglieder, auch die **Arbeitnehmervertreter,** unterliegen der Verschwiegenheitspflicht; für letztere kann das uU zu Konflikten führen, weil sie ein naheliegendes Interesse daran haben, die Belegschaft über wichtige Entwicklungen, evtl. aber auch über ihr eigenes Abstimmungsverhalten zu informieren. Dieses Interesse ist indessen nach dem Gesetz, welches an die Verletzung der Verschwiegenheitspflicht drastische Konsequenzen (§ 404 AktG) knüpft, **nicht schützenswert.** Nach § 394 AktG ist die Verschwiegenheitspflicht von Aufsichtsratsmitgliedern, die von einer **Gebietskörperschaft entsandt** worden sind, eingeschränkt; hier trägt der Gesetzgeber dem Umstand Rechnung, dass diese entsandten Mitglieder aus öffentlich-rechtlichen Gründen informations- und rechenschaftspflichtig sind.

3. Insbesondere: Datenschutz

Einen besonderen Anwendungsfall der allgemeinen Verschwiegenheitspflicht stellt das **Datenschutzrecht** (→ § 3 Rn. 534 ff.) dar. Es ist in Europa und Deutschland besonders ausgeprägt und verdient nicht zuletzt wegen der dramatischen Folgen bei einem Verstoß gegen die Regeln die besondere Aufmerksamkeit des Aufsichtsrats im Rahmen der Überwachung des Vorstands, aber ebenso auch bei seinen eigenen Aktivitäten. Gerade bei der in jüngerer Zeit häufiger anzutreffenden Einschaltung eines aus einer anderen Jurisdiktion stammenden **Monitors** (→ § 4 Rn. 2922 ff.) können sich wegen dessen uU weniger sensiblen Sichtweise Konflikte ergeben, denen ein pflichtgemäß vorgehender Aufsichtsrat Rechnung tragen muss.

4. Insbesondere: Kapitalmarktrechtliche Pflichten

Die primäre **kapitalmarktrechtliche Verantwortung** (→ § 5 Rn. 3 ff.) liegt beim Vorstand der Gesellschaft. Demgemäß unterliegt er auch auf diesem Feld der **Überwachung** des Aufsichtsrats, der sich zu vergewissern hat, ob der Vorstand ein angemessenes und funktionsfähiges Kapitalmarkt-Compliance-System eingerichtet und dieses so organisiert hat, dass die Erfüllung aller kapitalmarktrechtlichen Pflichten durch die Gesellschaft, ihre Organmitglieder und die Mitarbeiter im Unternehmensalltag sichergestellt ist. Beim Umgang zB mit **insiderrelevanten** Sachverhalten kann im Übrigen der Aufsichtsrat unmittelbar eingebunden und selbst Adressat der kapitalmarktrechtlichen Pflichten sein. Das kommt ua in Betracht, weil eine Maßnahme des Vorstands der Zustimmung (§ 111 Abs. 4 S. 2 AktG) des Aufsichtsrats unterworfen ist oder der Aufsichtsrat, zB bei Personalmaßnahmen den Vorstand betreffend, selbst eine insiderrelevante Tatsache schafft oder einzelne Mitglieder des Gremiums von außerhalb Kenntnis einer Insiderinformation erlangen. Nur ein Aufsichtsrat, der die entsprechenden Pflichten kennt und weiß, wie er mit ihnen umzugehen hat – etwa Veranlassung einer Ad-Hoc-Mitteilung des Vorstands, Selbstbefreiung – und die sachgerechten organisatorischen Vorkehrungen trifft (→ § 5 Rn. 13 ff.), vermeidet schuldhaft pflichtwidriges Handeln.

III. Rechte

1. Informationsrecht

39 Ordnungsgemäße **Überwachung** – sei sie reaktiv oder prospektiv angelegt – setzt die angemessene **Information** über die für das Handeln des zuständigen Organs maßgebenden Umstände voraus. Psychologisch verständlich ist es, dass die Mitglieder des Gesellschaftsorgans, das dieser Überwachung unterliegt, uU eine nur begrenzte Neigung haben, den Aufsichtsrat als Überwachungsorgan an ihren eigenen Erkenntnissen und Plänen teilhaben zu lassen, zumal ihnen durch § 76 AktG die selbstverantwortete Leitung des Unternehmens in herausgehobener Weise übertragen worden ist. Diesen potentiellen Interessenwiderstreit hat der Gesetzgeber sehr genau erkannt und deswegen mit der Anordnung von **Berichtspflichten** (§ 90 Abs. 1, 2 und 4 AktG) Vorkehrungen dafür getroffen, dass die Mitglieder des Überwachungsorgans jedenfalls in einem Maße mit Informationen versorgt werden, dass sie – in normalen Zeiten – ihrer Aufhabe gerecht werden können. Neben diese **Bringschuld** des Vorstands hat der Gesetzgeber dem Aufsichtsrat als Gremium, für das auch jedes einzelne Mitglied handeln darf, das Recht gegeben, weitergehende Berichte des Vorstands an den Aufsichtsrat zu fordern (§ 90 Abs. 3 AktG); uU verdichtet sich dieses Informationsrecht zu einer Pflicht (**Holschuld**), wenn nämlich die bisher erteilten Informationen nicht ausreichen, sachgerecht entscheiden oder angemessen reagieren zu können. Diesem weitreichenden Informationsrecht, dessen Umsetzung mit Gefahren für das Unternehmen verbunden sein kann, steht eine ebenso umfassende Pflicht zur **Verschwiegenheit** (→ Rn. 35 f.) gegenüber.

2. Teilnahmerecht

40 Der Aufsichtsrat als Organ trifft seine Entscheidungen – nach dem Gesetz typischerweise – in Präsenzversammlungen durch Beschluss (§ 108 Abs. 1 AktG). Damit setzt das Gesetz das **Teilnahmerecht** der Mitglieder als selbstverständlich voraus. Entsprechendes ergibt sich indirekt auch aus § 109 AktG, der näher regelt, welche dem **Plenum** oder seinen **Ausschüssen** nicht angehörigen Personen an einer Sitzung teilnehmen dürfen und unter welchen Voraussetzungen dies geschieht. Prinzipiell sind danach Aufsichtsratsmitglieder, die einem bestimmten Ausschuss nicht angehören, an dessen Sitzungen teilnahmeberechtigt. Für die **Hauptversammlung** ergibt sich das Teilnahmerecht der Aufsichtsratsmitglieder aus § 109 Abs. 3 AktG.

3. Einberufungsverlangen

41 „Wenn das Wohl der Gesellschaft es fordert" (§ 111 Abs. 3 AktG), steht dem Aufsichtsrat, der auch hier durch Beschluss, und zwar mit einfacher Mehrheit, zu entscheiden hat, neben dem an sich zuständigen Vorstand das Recht der Einberufung einer **Hauptversammlung** zu. Voraussetzung für ein derartiges Verlangen des Aufsichtsrats ist, dass die Hauptversammlung überhaupt befugt ist, über den jeweiligen Gegenstand Beschluss zu fassen; in Geschäftsführungsangelegenheiten ist dies nur ausnahmsweise und dann nur auf Anfordern des Vorstands (§ 119 Abs. 2 AktG) nicht aber des Aufsichtsrats der Fall. Der **Aufsichtsrat** wird durch seinen **Vorsitzenden** einberufen (§ 110 Abs. 1 AktG), die einzelnen **Mitglieder** haben nur ein Noteinberufungsrecht (§ 110 Abs. 2 AktG), wenn der Aufsichtsratsvorsitzende einem Einberufungsverlangen aus der Mitte des Aufsichtsrats nicht nachkommt. Bei **Aufsichtsratsausschüssen,** die einen eigenen Vorsitzenden haben, gilt § 110 AktG entsprechend (→ § 3 Rn. 346 ff.), dh der Ausschussvorsitzende beruft ein, das einzelne Ausschussmitglied hat kein eigenes, sondern nur ein Noteinberufungsrecht.

4. Vergütung

42 Von keinem Aufsichtsratsmitglied kann erwartet werden, dass es die zeitlich und inhaltlich herausfordernde, nur mit einem hohen Maß an Verantwortungsbewusstsein zu erfüllende Tätigkeit für die Gesellschaft kostenlos erbringt. Im Gegenteil geht mit der in den letzten Jahrzehnten entstandene **Professionalisierung** der Überwachungstätigkeit die allgemeine Überzeugung einher, dass die Mitglieder des Aufsichtsrats **angemessen vergütet** (→ § 6 Rn. 2 ff.) werden und in **angemessenem** Umfang **Auslagenersatz** (→ § 6 Rn. 121 ff.) erhalten sollen. Auch auf diesem Feld zeigt sich die wohl austarierte Kompetenzordnung des AktG, wenn die Entscheidung über die Festsetzung der Vergütung in die Hände der Hauptver-

sammlung gelegt wird: Nach § 113 AktG entscheidet sie – uU auch während der Amtsperiode – über das Ob und das Wie der Vergütung entweder durch entsprechende Regelungen in der Satzung oder durch Beschluss. **Verträge** eines Aufsichtsratsmitglieds mit der Gesellschaft (→ § 6 Rn. 207 ff.), welche nicht die Aufsichtsratstätigkeit betreffen, kann der Vorstand nicht allein treffen, er bedarf vielmehr – zur Vermeidung von Interessenkollisionen – der Zustimmung des Aufsichtsrats. Die Kompetenz zur Entscheidung über die Vergütung folgt der Zuständigkeit für die Berufung in das Amt und soll einerseits gewährleisten, dass nicht der Vorstand über die Vergütung des ihn überwachenden Organs befindet und auf diese Weise Abhängigkeiten schafft, andererseits soll der Gefahr einer „Selbstbedienung" der Mitglieder des Überwachungsorgans entgegengewirkt werden.

Nicht um **Erstattung** der **Auslagen** im engeren Sinn geht es, wenn der Aufsichtsrat als für diesen Gegenstand berufenes Vertretungsorgan die Gesellschaft unmittelbar verpflichtet. Dann ist selbstverständlich, dass die dadurch entstandenen Kosten – etwa die Beauftragung von Sachverständigen im Rahmen der Prüfung, ob Vorstandsmitglieder sich schadensersatzpflichtig gemacht haben – von der Gesellschaft zu tragen sind. Auch hier stellt sich aber das Problem der **Angemessenheit**; es wird allerdings erst im Rahmen der Prüfung, ob der Aufsichtsrat sich bei der Auftragserteilung pflichtgemäß verhalten hast, also im Rahmen einer schadensersatzrechtlichen Betrachtung bedeutsam. Anders verhält es sich, wenn Aufsichtsratsmitglieder aus eigenen Mitteln Kosten im Interesse ihrer Aufgabenwahrnehmung aufgewandt haben. Hier besteht ein **gesetzlicher** (→ § 6 Rn. 121 ff.) Aufwendungsersatzanspruch, über dessen Erfüllung zu entscheiden, die Hauptversammlung **nicht zuständig** ist. Welche Auslagen dem **Grunde** nach erstattungsfähig sind, lässt sich in abstrakter Form schwer bestimmen, weil es auf die Verhältnisse der konkreten Gesellschaft, für die der Aufsichtsrat tätig ist, ankommt. Über die **Angemessenheit** der Höhe der Auslagen entscheidet richtigerweise nicht der Vorstand, sondern wegen des engen Zusammenhangs mit dem Gegenstand, aus dem die zu erstattenden Auslagen entstanden sind, allein der Aufsichtsrat (→ § 6 Rn. 179 ff.). Fehlbeurteilungen des Aufsichtsrats in diesem Zusammenhang können uU Schadenersatzansprüche nach sich ziehen. 43

5. Kreditgewährung

Ein Spezialfall eines Vertragsschlusses zwischen einem Aufsichtsratsmitglied und der Gesellschaft, nämlich die **Kreditgewährung** an ein Mitglied des Überwachungsgremiums oder ihnen nahestehende Dritte, ist in § 115 AktG, der eine ähnliche Regelung in § 89 AktG für den Vorstand nachbildet, geregelt: Auch hier ist in jedem Fall ein Einwilligungsbeschluss des Aufsichtsrats erforderlich. Ein ohne diese Einwilligung gewährter Kredit muss nur dann nicht sofort zurückgewährt werden, wenn der Aufsichtsrat die Kreditgewährung genehmigt. 44

6. Budgetrecht des AR?

Über die Frage, ob dem Aufsichtsrat ein eigenes **Budgetrecht** eingeräumt werden kann, wird – vor allem im Hinblick auf die gewachsene Professionalisierung der Aufsichtsratstätigkeit – kontrovers diskutiert (→ § 6 Rn. 197 ff.). Es liegt auf der Hand, dass die Stellung des Aufsichtsrats als eigenständiges, von dem durch ihn kontrollierten Vorstand unabhängiges Organ durch eine solches Recht besonders gestärkt würde. Indessen bietet das geltende Aktienrecht hierfür keine Handhabe, vor allem lässt sich eine Hauptversammlungszuständigkeit nicht begründen, weil ein solches Budgetrecht nichts Anderes wäre als ein Anwendungsfall institutionalisierten Aufwendungsersatzes. In diesem Bereich hat die Hauptversammlung jedoch aus gutem Grund keine Entscheidungskompetenz, weil anderenfalls die unabhängige, im Übrigen uU mit Haftungsfolgen für die Mitglieder verbundene Aufgabenwahrnehmung durch das Überwachungsorgan gestört werden könnte. Es bedürfte deswegen eines gesetzgeberischen Aktes, wenn man ein solches Budgetrecht schaffen wollte. 45

IV. Rechtsquellen und Geschichte

Kompetenzen, Pflichten und Rechte der Organe der Aktiengesellschaft sind vornehmlich, aber nicht nur im **Aktiengesetz** und anderen Gesetzen, sondern auch in der **Satzung,** in **Geschäftsordnungen** und weiteren Regelwerken – besonders zu nennen ist der **DCGK** – niedergelegt. Beachtung verdienen aber ebenso die unmittelbar geltenden **europarechtlichen** Regeln und die nur mittelbar auf das „Leben der AG" einwirkenden Einflussnahmen der Europäischen Gemeinschaft in Gestalt von Richtlinien, Empfehlungen oder Anregungen. 46

1. AktG

47 Die **rechtlichen Grundlagen** für das „Leben" der AG finden sich in erster Linie im AktG, welches seit der großen Novelle von 1965 mehr als 80 Mal – zuletzt durch das ARUG II vom 12.12.2019 – geändert[6] worden ist (→ Rn. 70 ff.). Nicht ohne Grund ist deswegen im Schrifttum von der „Aktienrechtsreform in Permanenz"[7] die Rede. Nach § 23 Abs. 5 AktG sind die Bestimmungen des Gesetzes **weitgehend zwingend.**[8] Die Hauptversammlung und zuvor die Gründer als Satzungsgeber dürfen – darin liegt ein wesentlicher Unterschied zu der deutlich liberaler verfassten GmbH – von den gesetzlichen Bestimmungen nur **abweichen** (§ 23 Abs. 5 S. 1 AktG), soweit das Gesetz dies ausdrücklich zulässt. Bloßes Schweigen des Gesetzes reicht nicht,[9] es bedarf einer im Wortlaut zum Ausdruck kommenden, wenngleich uU auszulegenden Erlaubnis oder sogar Anordnung des Gesetzgebers. Kennzeichnend sind Formulierungen wie zB: „Die Satzung kann bestimmen", „… kann binden", „… kann ermächtigen", „… kann zulassen" oder „beschränken", „… kann abhängig machen", „… in der Satzung angeordnet" oder „gestattet", „nur durch die Satzung".

48 Dem Gegenstand nach betreffen viele dieser **Satzungsfreiheit** einräumenden Regelungen die Erhöhung von Beschlussquoren oder die Schaffung weiterer Erfordernisse für die Beschlussfassung.[10] Dass diese Freiheit nur hinsichtlich einer Anhebung der Anforderungen eingeräumt wird, ist Ausdruck der den Gesetzgeber leitenden, in Kenntnis früherer Missstände entwickelten Vorstellung, dass das AktG die **Minderheitenrechte** so weit wie möglich gewährleisten muss. Eben der Wille, Fehlentwicklungen, die durch zu große Satzungsfreiheit entstehen können, zu begegnen, ist der Grund dafür, dass zB die Kompetenzzuweisungen an die Gesellschaftsorgane, ihre Zusammensetzung und innere Organisation, die Sorgfaltspflichten und die Verantwortlichkeit der Mitglieder von Leitungs- und Überwachungsorgan **zwingender** Natur und einer abweichenden Satzungsregelung entzogen sind.

49 Besonders die Rechtsstellung des **Aufsichtsrats**[11] betreffend eröffnet das AktG Abweichungsmöglichkeiten in § 31 Abs. 2 AktG hinsichtlich der Beschlussfähigkeit des ersten Aufsichtsrats und für eine erhöhte Beschlussmehrheit bei der Abberufung von Aufsichtsratsmitgliedern (§ 103 Abs. 1 S. 3 AktG), für die Zusammensetzung des Aufsichtsrats (§ 95 S. 2 AktG), die Einräumung von Entsenderechten (§ 101 Abs. 2 AktG) sowie hinsichtlich der Möglichkeit, Nichtmitglieder an Sitzungen des Plenums oder seiner Ausschüsse als Vertreter teilnehmen zu lassen (§ 109 Abs. 3 AktG).

50 Flankiert wird dieser vom Gesetzgeber des AktG verfolgte **regulatorische Ansatz** durch § 23 Abs. 5 S. 2 AktG, der **ergänzende** Satzungsbestimmungen nur zulässt, soweit das ggf. – nämlich wenn nicht schon das AktG Ergänzungen zulässt (vgl. zB § 39 Abs. 3 AktG, § 55 Abs. 1 AktG; § 63 Abs. 3 AktG; § 67 Abs. 1 S. 3 AktG, § 68 Abs. 2 AktG, § 100 Abs. 4 AktG, § 107 Abs. 1 S. 1 AktG) – auszulegende Gesetz keine abschließende Regelung enthält. Der Maßstab dafür, ob eine gesetzliche Regelung abschließend ist, ergibt sich aus Sinn und Zweck der einschlägigen Normen; das hat – auch soweit Ergänzungen in Betracht kommen – zur Folge, dass zwingende Regelungen uU immanente Grenzen[12] für solche Abweichungen begründen: So ist zB die Einrichtung fakultativer Gremien nur insoweit zulässig, als damit und mit den ihnen zugewiesenen Aufgaben nicht in die zwingende aktienrechtliche Kompetenzordnung eingegriffen wird.[13]

2. Satzung

51 Die **Satzung** muss – im Rahmen und in Ausfüllung der regelmäßig **zwingenden** Vorschriften des AktG (→ Rn. 47 ff.) – eine Reihe **organisatorischer** Fragen regeln, wie Firma, Sitz der Gesellschaft, Höhe des Grundkapitals und seine Zerlegung in Nennbetrags- oder Stückaktien, die Schaffung von Inhaber- oder Stückaktien und die Zahl der Mitglieder des Vorstands (§ 23 Abs. 3 Nr. 1 und 3–6 AktG), sie hat nach § 23 Abs. 3 Nr. 2 AktG aber auch **inhaltliche** Fragen zu klären, vor allem den **Gegenstand des Unternehmens** festzulegen. Dies dient nicht allein dem Schutz des Rechtsverkehrs und der registerrechtlichen

---

[6] Eingehende Übersicht bei MüKoAktG/*Habersack* AktG Einl. Rn. 33 ff.
[7] So beispielhaft der Titel der Tagung der Notarrechtlichen Vereinigung vom 3.12.2018 an der LMU.
[8] Zur historischen Entwicklung und rechtspolitischen Bewertung näher *Spindler* in Bayer/Habersack, Aktienrecht im Wandel, 2007, Bd. 2, 22. Kap.
[9] Hüffer/Koch/*Koch* AktG § 23 Rn. 35; Kölner Komm AktG/*A. Arnold* AktG § 23 Rn. 138.
[10] Vgl. die Zusammenstellung bei Kölner Komm AktG/*A. Arnold* AktG § 23 Rn. 139 ff., zB: § 52 Abs. 5 S. 3 AktG; § 103 Abs. 3 AktG; § 133 AktG; § 179 Abs. 2 S. 2 AktG; § 182 Abs. 1 S. 2 und Abs. 4 S. 2 AktG; § 193 Abs. 1 S. 2 AktG.
[11] S. näher Kölner Komm AktG/*A. Arnold* AktG § 23 Rn. 140 f.
[12] MüKoAktG/*Pentz* AktG § 23 Rn. 165 ff.; GroßkommAktG/*Röhricht/Schall* AktG § 23 Rn. 245, 247.
[13] Hüffer/Koch/*Koch* AktG § 23 Rn. 38 iVm 36; MüKoAktG/*Pentz* AktG § 23 Rn. 169; GroßkommAktG/*Röhricht/Schall* AktG § 23 Rn. 246.

Kontrolle, bedeutsamer vor dem Hintergrund der „wohl austarierten Kompetenzabgrenzung"[14] der drei selbständigen Organe der AG ist, dass damit gewissermaßen die „Leitplanken" festgelegt werden, zwischen denen sich das Leitungs- und das Überwachungsorgan beim Umgang mit den ihnen von den Aktionären zur Verfügung gestellten Mitteln zu bewegen haben.[15] Insofern bestimmt der in der Satzung festgelegte Unternehmensgegenstand nicht allein die **Geschäftsführungsbefugnis** des Vorstands, sondern ebenso den Umfang der **Überwachungstätigkeit** des Aufsichtsrats.

3. Geschäftsordnung

Geschäftsordnungen sind unterhalb von Gesetz und Satzung angesiedelte Regelwerke, dürfen also den ihnen vorgehenden Bestimmungen des AktG und der Satzung nicht widersprechen. Sie behandeln typischerweise Fragen der Binnenorganisation, der Zusammenarbeit oder der Informationserteilung samt Vertraulichkeitsfragen. Mit der Geschäftsordnung, soweit sie von dem jeweiligen Organ – zB von der Hauptversammlung nach § 129 Abs. 1 AktG – selbst erlassen wird, macht es von seinem **Selbstorganisationsrecht** Gebrauch. Allerdings sieht das AktG, das mehrfach,[16] allerdings nicht abschließend (→ Rn. 53) von der Geschäftsordnung handelt, vor, dass entweder schon die Aktionäre in der Satzung entsprechende Bestimmungen treffen können oder – das betrifft den **Vorstand** (§ 77 Abs. 2 S. 1 AktG) – dessen Befugnis zum Erlass einer Geschäftsordnung nur dann und insoweit besteht, als entweder die Satzung die entsprechende Kompetenz nicht dem Aufsichtsrat übertragen hat oder der Aufsichtsrat, was wegen der ordnungsgemäßen Wahrnehmung seiner Überwachungsaufgabe nur in Ausnahmefällen in Betracht kommen wird, darauf verzichtet hat, eine Geschäftsordnung für den Vorstand erlassen, und damit von seinen insofern **übergeordneten** Befugnissen keinen Gebrauch gemacht hat. 52

Anders als für den Vorstand behandelt das AktG die **Befugnis des Aufsichtsrats,** sich oder seinen Ausschüssen eine Geschäftsordnung zu geben, nicht. Aufgrund seines **Selbstorganisationsrechts** darf er aber anerkanntermaßen ein solches seine Überwachungsarbeit organisierendes Regelwerk erlassen, soweit er dabei die vorrangigen Bestimmungen des Gesetzes und der Satzung beachtet. 53

4. Mitbestimmungsgesetze

Unternehmensentscheidungen betreffen nicht allein die Kapitalgeber, sie wirken sich auf die Allgemeinheit, die Gläubiger der Gesellschaft und vor allem auf die Arbeitnehmer aus, deren berufliche und persönliche Stellung von diesen Entscheidungen stark beeinflusst werden kann. Die verschiedenen Interessen und schutzwürdigen Belange zu einem Ausgleich zu führen, ist das Ziel der verschiedenen Mitbestimmungsgesetze.[17] Die Arbeitnehmer sollen an Unternehmensentscheidungen **institutionell beteiligt** werden, um so innerhalb des Unternehmens die Kooperation zu fördern sowie die Legitimation der Leitungsentscheidungen zu stärken und integrierend zu wirken, aber auch außerhalb des jeweiligen Unternehmens die Marktwirtschaft politisch zu sichern.[18] Die Mitbestimmungsgesetze (→ § 7 Rn. 21 ff., 391 ff.) setzen rechtsformübergreifend an und nehmen die Unternehmensgröße, dh die Zahl der regelmäßig beschäftigten Arbeitnehmer als Ausgangspunkt für die Anordnung, dass ein paritätisch oder drittelbeteiligt zusammengesetzter Aufsichtsrat nach bestimmten Regeln zu bilden ist. Die beabsichtigte Einflussnahme der Arbeitnehmer auf und die indirekte Mitwirkung an den das Unternehmen betreffenden Entscheidungen vollzieht sich nach dem Gesetz also auf dem Wege **proaktiver und reaktiver Überwachung** des Aufsichtsrats, nicht jedoch durch die unmittelbare Mitwirkung an Entscheidungen des Vorstands. Der nach § 33 MitbestG einzusetzende **Arbeitsdirektor** (→ § 7 Rn. 236 ff.) wird – schon wegen des in § 31 MitbestG niedergelegten, auf Konsens abzielenden Bestellungs- und Abberufungsprozesses – zwar in der Praxis schwerlich gegen die Stimmen der Arbeitnehmervertreter berufen werden; er ist aber, auch wenn er das besondere Vertrauen der Arbeitnehmervertreter genießt, Mitglied des Leitungsorgans mit allen sich daraus ergebenden Rechten und Pflichten. 54

Soweit es sich bei dem Unternehmen um eine **AG** handelt und deswegen ohnehin ein Aufsichtsrat bestellt werden muss (→ § 2 Rn. 1 ff.), sind die speziellen Regelungen des MitbestG, des DrittelbetG und der anderen Mitbestimmungsgesetze (→ § 7 Rn. 72, 434) zu beachten. Soweit dagegen die Bildung eines Aufsichtsrats nicht ohnehin nach dem jeweils für die Gesellschaft geltenden Gesetz vorgeschrieben ist, schaffen diese Mitbestimmungsgesetze eine entsprechende **Verpflichtung** zur Schaffung eines solchen Überwachungsgremiums mit den gesetzlichen Folgen für die Zusammensetzung, die Bestellung und die 55

---

[14] BGHZ 159, 30 (36 f., 41) = NJW 2004, 1860 – GELATINE I.
[15] BGHZ 159, 30 (36 f., 41) = NJW 2004, 1860 – GELATINE I; MüKoAktG/*Pentz* AktG § 23 Rn. 78.
[16] § 77 Abs. 1 und 2 AktG; § 82 Abs. 2 AktG; § 108 Abs. 4 AktG; § 118 Abs. 4 AktG; § 129 Abs. 1 S. 1 AktG; § 131 Abs. 2 S. 2 AktG.
[17] MontanmitbestG, MontanmitbestErgG, MitbestG, DrittelbeteiligungsG, SE-BeteiligungsG, G über die Mitbestimmung der Arbeitnehmer bei einer grenzüberschreitenden Verschmelzung (MgVG).
[18] Vgl. BVerfGE 50, 350 (360) = NJW 1979, 699.

5. HGB

56 An zahlreichen Stellen nimmt das AktG Bezug auf handelsgesetzliche Vorschriften. Soweit sie sich **nicht unmittelbar** an den Aufsichtsrat richten (vgl. § 400 AktG) oder seine Befugnisse (→ Rn. 57) regeln, sondern Pflichten des Vorstands betreffen – Paradigma für einen solchen Fall ist § 131 Abs. 1 AktG –, erfordert die ordnungsgemäße Wahrnehmung der **Überwachungsaufgabe** durch den Aufsichtsrat, dass er den Inhalt der HGB-Vorschriften kennt und ihre Einhaltung durch das Leitungsorgan ggf. sicherstellt.

57 Die Vorschriften des **HGB** sind für den Aufsichtsrat von zentraler Bedeutung. Ein wichtiges Mittel der Überwachung ist die Einsichtnahme in die „Bücher und Schriften der Gesellschaft" (§ 111 Abs. 2 S. 1 AktG), die ebenso wenig wie die Beauftragung des Abschlussprüfers (§ 107 Abs. 3 AktG), seine Überwachung oder die Prüfung von Jahresabschluss, von Lagebericht und von den gesonderten nichtfinanziellen Berichten (§ 171 Abs. 1 AktG) ordnungsgemäß von Statten gehen kann, wenn der Aufsichtsrat die maßgebenden handelsgesetzlichen Vorschriften, auf die zB indirekt § 107 Abs. 3 S. AktG oder unmittelbar die §§ 150 ff. AktG, verweisen, unbeachtet lässt. Dasselbe gilt für den vom Aufsichtsrat der Hauptversammlung zu erstattenden Bericht (§ 171 Abs. 2 AktG, § 314 AktG) oder die nach § 172 AktG gemeinsam mit dem Vorstand zu treffende Feststellung des Jahresabschlusses. Berichte des Vorstands an den Aufsichtsrat nach § 90 kann dieser gleichfalls nicht ohne **Kenntnis und Beachtung** der maßgebenden HGB-Vorschriften bewerten und einordnen. Auch in den Fällen, in denen die Hauptversammlung einem Unternehmensvertrag zustimmen und der Aufsichtsrat für die Beschlussfassung ein Votum (§ 124 Abs. 3 AktG) abgeben muss, kommt es bei der Anwendung des § 300 ff. AktG – auch – auf die Beachtung des HGB an. Verschiedene Bestimmungen über Habilität (zB § 100 Abs. 5 AktG) oder innere Ordnung des Aufsichtsrats (§ 107 Abs. 4 AktG) setzen ebenfalls die Kenntnis der in Bezug genommenen HGB-Regeln voraus.

6. Weitere Gesetze

58 Betroffen sind die Mitglieder des Aufsichtsrats ferner durch andere Gesetze, zB durch die Anwendung des **FamFG** im Statusverfahren nach § 99 AktG. In anderen Gesetzen wie etwa § 32 Abs. 3 **WpHG** werden Vorlagepflichten an den Aufsichtsrat begründet, der dadurch in die Lage versetzt werden soll, seiner Überwachungsaufgabe nachzukommen. Auf dem Gebiet des **Kapitalmarktrechts** treffen den Aufsichtsrat nicht nur bei der Überwachung des Vorstandshandelns (Art. 17 Abs. 1 MAR, Art. 18 Abs. 1 und Abs. 2 MAR, Art. 19 Abs. 3 und Abs. 5 MAR jeweils iVm § 26 WpHG; § 40 Abs. 1 WpHG, § 41 WpHG, § 43 Abs. 2 WpHG, §§ 48 ff. und §§ 114 ff. WpHG (→ § 5 Rn. 3 ff.), sondern auch originär adressierte Pflichten zB bei dem Aufsichtsrat zugewiesenen Personalmaßnahmen auf Vorstandsebene (→ § 5 Rn. 68 ff.). §§ 15, 15a InsO berechtigen bzw. verpflichten die Mitglieder zB des Aufsichtsrats einer führungslosen AG zur Stellung eines Insolvenzantrags über das Vermögen der Gesellschaft. Auch im **UmwG** wird verschiedentlich (§ 59 UmwG, § 76 UmwG, § 97 Abs. 2 UmwG, § 98 UmwG, § 115 UmwG, § 197 UmwG, § 203 UmwG) die Bestellung von Aufsichtsratsmitgliedern behandelt bzw. werden Pflichten (§ 159 UmwG, § 160 UmwG, § 222 UmwG, § 315 UmwG) adressiert.

7. DCGK

59 Für die praktische Arbeit des Aufsichtsrats und seiner Ausschüsse von zentraler Bedeutung ist der Deutsche Corporate Governance Kodex **(DCGK),** dort in der seit 2017 bis zur Neufassung 2020[19] geltenden Fassung vor allem der **Abschnitt 5** „Aufsichtsrat",[20] in dem neben der DCGK-üblichen Beschreibung von Aufgabenfeld und Zuständigkeiten die Empfehlungen und Anregungen für die Wahrnehmung der Überwachungsaufgabe und für die Binnenorganisation des Überwachungsgremiums niedergelegt sind. Er richtet sich in erster Linie (vgl. aber § 161 Abs. 1 S. 2 AktG) an börsennotierte Unternehmen. In der **neuen Fassung** hat die Kommission abweichend von der bisherigen an die verschiedenen Organe anknüpfenden Vorgehensweise ihre Empfehlungen und Anregungen **aufgabenorientiert** geordnet, mit der Folge dass die inhaltlich weitgehend übereinstimmenden Empfehlungen sich über die Abschnitte A., C., D., E., F. und G. verstreuen; die besondere Aufmerksamkeit verdienenden Empfehlungen über die Arbeitsweise des Aufsichtsrats finden sich im Abschnitt D.

---

[19] Ausführliche Darstellung und erste Würdigung mwN *Hopt/Leyens* ZGR 2019, 929.
[20] Vom 7.2.2017, jeweilige Fassung, Entwürfe und Stellungnahmen abrufbar unter www.dcgk.de; die neue Fassung ist am 20.3.2020 in Kraft getreten.

Der DCGK[21] hat **keine Gesetzesqualität.** Erarbeitet worden ist und fortgeschrieben wird er von einer Kommission, deren Mitglieder – ohne parlamentarische Beteiligung – vom Bundesministerium der Justiz berufen werden. Im Sinne der beabsichtigten **Selbstregulierung** der Wirtschaft sollen diese Mitglieder – die personelle Zusammensetzung der Kommission ist seit ihrer Einsetzung mehrfach geändert worden[22] – nach ihrer Berufs- und Lebenserfahrung mit den Problemen der Führung eines börsennotierten Unternehmens bestens vertraut sein, so dass sie imstande sind, eigenständig zu beurteilen, was eine gute und verantwortungsvolle Unternehmensführung ausmacht und welche Empfehlungen deswegen auszusprechen sind. Auf diesem für das deutsche Recht nicht alltäglichen Weg der Selbstregulierung wollte der Gesetzgeber von ihm identifizierte, durch die Regierungskommission Corporate Governance näher beschriebene und bewertete Defizite der deutschen **Unternehmenskultur** ausräumen und hat dabei auch internationale Entwicklungen berücksichtigt; international nämlich ist es üblich, dass Regelwerke ähnlich dem DCGK erlassen und von der Verwaltung der Gesellschaften befolgt werden. Der entsprechenden **Erwartung des Kapitlamarkts** trägt das jetzige deutsche Aktienrecht Rechnung. Die Praxis hat gezeigt, dass Vorgaben des DCGK später vom Gesetzgeber – nicht immer zur Freude der Mitglieder der Kommission[23] – übernommen worden sind, weil sie sich nach dessen Beurteilung bewährt haben Keine eigene Rechtsquelle, aber Maßstab des Leitungs- und Überwachungsverhaltens stellen **Richtlinien und Vorgaben** großer **Fonds** oder proxy advisors dar, auf die sich die Vorstände und Aufsichtsratsmitglieder einstellen, damit ihre Gesellschaft gerade auch für institutionelle Anleger attraktiv ist. Hier fehlt es an der für den DCGK mit § 161 AktG etablierten gesetzlichen Flankierung, allein der Marktmechanismus wirkt aber in Richtung einer als „gut" angesehenen Corporate Governance und zwar – insofern ähnlich wie beim DCGK (→ Rn. 62 f.) – je mehr die jeweilige Gesellschaft auf den Kapitalmarkt anagewiesen ist. 60

Ist danach der Kodex seiner Rechtsnatur nach **unverbindlich,** entfaltet er gleichwohl in der unternehmerischen Praxis erheblichen **Einfluss** auf die Vorgehensweise der Gesellschaftsorgane, vornehmlich derjenigen von Vorstand und Aufsichtsrat. Deswegen haben die Empfehlungen des Kodex die Arbeitsweise gerade des Überwachungsorgans Aufsichtsrat in Richtung einer gesteigerten Professionalisierung erheblich verändert. Rechtstechnisch ist dies dadurch geschehen, dass der Gesetzgeber mit der Einfügung des **§ 161 AktG** durch das Transparenz- und Publizitätsgesetz vom 19.7.2002 (→ Rn. 70 ff.) Vorstand und Aufsichtsrat dazu gezwungen hat, sich regelmäßig – zumindest einmal im Jahr – mit den Empfehlungen des DCGK inhaltlich zu befassen, zu prüfen, ob sie die Ansicht der Kommission teilen, die einzelne Empfehlung sei auch für ihr Unternehmen Ausdruck guter Unternehmensführung, und zu entscheiden, ob sie künftig diese Empfehlungen befolgen wollen. Mit dem Bilanzmodernisierungsgesetz **(BilMoG)** sind die genannten Gesellschaftsorgane verpflichtet worden, Abweichungen von der Befolgung des Kodex zu begründen (**comply or explain**[24]). Die derart zustande gekommene **Entsprechenserklärung** ist Bestandteil der nach § 289a HGB abzugebenden Erklärung zur Unternehmensführung, als solche Teil des Lageberichts (§ 289f Abs. 2 Nr. 1 HGB) und wird damit allen interessierten Aktionären oder künftigen Anlegern ohne weiteres zugänglich. 61

Die auf diese Weise geschaffene **Transparenz**[25] macht für die interessierte Öffentlichkeit erkennbar, wie die betroffenen Organe der Gesellschaft ihre Leitungs- und Überwachungsaufgabe wahrnehmen wollen und liefert ihnen auch damit eine Entscheidungsgrundlage für Anlageentscheidungen. Die denkbare Furcht, vom Markt „abgestraft" zu werden, wenn sie den Regeln der von der Kommission als gute Corporate Governance angesehenen Empfehlungen nicht folgen, löst tendenziell einen **faktischen Zwang** zur Befolgung aus. Das lässt sich deutlich aus den einschlägigen Untersuchungen ablesen, nach denen die Befolgungsquote umso höher ist, je mehr eine Gesellschaft auf den Kapitalmarkt angewiesen ist.[26] Wird die eigene zur **Selbstbindung** führende Entsprechenserklärung nicht beachtet oder wird die Abweichung nicht, wie nunmehr erforderlich, begründet, kann das über die Reaktion des Marktes hinaus schwerwiegende Folgen für das Unternehmen haben, weil die Rechtsprechung in bestimmten Konstella- 62

---

[21] Zur Entstehungsgeschichte des Kodex, seiner Rechtsnatur und verfassungsrechtlichen Legitimation und der rechtstechnischen Umsetzung über die gesetzlich angeordneten Entsprechenserklärung nach § 161 AktG s. die einschlägigen Kommentierungen zu § 161, vor allem MüKoAktG/*W. Goette,* 4. Aufl., 2018, AktG § 161 Rn. 3 ff., 22 ff., 35 ff.; GroßkommAktG/*Leyens* AktG § 161 Rn. 1 ff., 24 ff., 73 ff., 125 ff.; BeckOGK/*Bayer/Scholz* AktG § 161; K. Schmidt/Lutter/*Spindler* AktG § 161; speziell zum Kodex *Kremer/Bachmann/Lutter/v. Werder* DCGK, 7. Aufl. 2017; *Wilsing* DCGK, 2012. Präambel Rn. 5 ff.; Illert in Johannsen-Roth / Illert / Ghassemi-Tabar, Deutscher Corporate Governance Kodex: DCGK, 2020 Vor § 161 Rn. 1 ff., 14.
[22] Vgl. dazu KBLW/*v. Werder* DCGK Vorbem. Rn. 9 ff.
[23] Vgl. *Müller,* damals Vorsitzender der Kommission, in der Sachverständigenanhörung zum VorstAG 143. Sitzung des Rechtsausschusses; dazu auch *Seibert* FS W. Goette, 2011, 487 (495).
[24] Das Instrument findet sich jetzt auch in anderem Zusammenhang im Gesetz, vgl. § 134b Abs. 4 AktG idF des ARUG II.
[25] S. dazu weiter MüKoAktG/*W. Goette* AktG § 161 Rn. 13–16.
[26] S. MüKoAktG/*W. Goette* AktG § 161 Rn. 17 mwN.

63   Der so umschriebene, durch eine gewisse „Prangerwirkung" erzeugte Rechtfertigungsdruck, die Empfehlungen zu befolgen, hat – ungeachtet der überwiegend begrüßten **faktischen Verbesserung** der guten Corporate Governance – die Diskussion nicht verstummen lassen, ob das vom Gesetzgeber verfolgte Konzept **verfassungsrechtliche** Bedenken nicht zu leichthin übergeht.[28] Immerhin führt der Regelmechanismus des DCGK und des § 161 AktG entgegen der ausdrücklich adressierten **Unverbindlichkeit** des Kodex dazu, dass sich vor allem die großen, auf den Kapitalmarkt angewiesenen Gesellschaften, den Empfehlungen des DCGK beugen und er damit quasi-verbindlich wirkt, ohne dass das Parlament, wie es bei solchen verbindlichen Akten erforderlich ist, in den Entstehungsprozess des Regelwerks eingebunden ist: Die Mitglieder der Kommission werden vom Bundesministerium der Justiz berufen (→ Rn. 60), entwickeln die Kodexregeln eigenständig, sind dabei prinzipiell unabhängig und sehen sich vor der Veröffentlichung des Kodex lediglich einer kursorischen Prüfung durch ihren Auftraggeber, das Bundesministerium der Justiz ausgesetzt; immerhin ist die Kommission neuerdings dazu übergegangen, ihre Vorstellungen und Vorschläge vor einer Novelle zu publizieren und sich damit der Diskussion der Fachwelt zu stellen.[29] Es ist allerdings – schon wegen der internationalen (→ Rn. 60) und aus der EU kommenden Entwicklungen – nicht zu erwarten und aus der Sicht des Kapitalmarkts auch nicht zu wünschen, dass der deutsche Gesetzgeber an dem Regelungsgefüge zwischen DCGK, Entsprechenserklärung und Erklärung über die Unternehmensführung Änderungen vornimmt.

64   Der Form nach unterscheidet der DCGK mit dem Wort „soll" gekennzeichnete **Empfehlungen**, die mangels – ggf. zu begründender – Abweichungserklärung zu befolgen sind, und **Anregungen** („sollte"), die auch ohne nähere Erklärung oder Begründung außer acht gelassen werden dürfen. Großen Raum im bisherigen Text nahm die **Beschreibung gesetzlicher Vorschriften** und Erläuterungen ein, bei denen sich die Kommission Kritik prinzipiellen Charakters, aber auch wegen Übergriffen in die Gesetzgebungskompetenz des Parlaments ausgesetzt gesehen hat.[30] Dem trägt die neue Fassung des DCGK Rechnung, indem sie – sparsamer als früher – den einzelnen Empfehlungen und Anregungen **Grundsätze** voranstellt, die in für juristische Laien verständlicherer Form darlegen sollen, welche gesetzlichen Vorgaben bestehen. Strukturell hatte der Kodex bei den einzelnen Beteiligten bzw. Organen der Gesellschaft angesetzt (→ Rn. 49), ist aber nunmehr **aufgabenorientiert** aufgebaut.

65   Nach dem neuen[31] DCGK, der nach Inkrafttreten des ARUG II dem Bundesministerium der Justiz zur Veröffentlichung vorgelegt worden ist, gestaltet sich das Regelwerk **formal** anders: Nunmehr werden den Empfehlungen und Anregungen **Grundsätze** vorangestellt, und die Gliederung folgt **funktionalen** Gesichtspunkten. Der Aufsichtsrat wird in allen Abschnitten des Regelwerks, abgesehen von B., adressiert (→ Rn. 49). Da die Empfehlungen und Anregungen nun aufgabenorientiert geordnet sind, geht es in Abschnitt A.II. um die allgemeine Aufgabenbeschreibung des Überwachungsgremiums, während sich C. mit der Zusammensetzung und dabei den Habilitätsvoraussetzungen, der Unabhängigkeit der Mitglieder und den Wahlen widmet; Abschnitt D. behandelt die Arbeitsweise des Aufsichtsrats und nimmt Geschäftsordnung, Zusammenarbeit mit dem Vorstand – hier etwas verwirrend als Unterpunkte neben der wichtigen Informationsversorgung auch die Bildung von Ausschüssen und Empfehlungen über Sitzungen und Beschlussfassungen – in den Blick; dem schließen sich im selben Abschnitt die Zusammenarbeit mit dem Abschlussprüfer sowie Aus- und Fortbildung und die Selbstbeurteilung an. In Abschnitt E. geht es um Interessenkonflikte und ihre Bewältigung, während Abschnitt F. Fragen der Transparenz und der externen Berichterstattung adressiert. In Abschnitt G. schließlich geht es um die Vergütung von Vorstand und Aufsichtsrat. **Inhaltlicher** Schwerpunkt der neuen DCGK-Regeln – Vieles ist aus dem bisher geltenden DCGK übernommen, Weniges ist gestrichen worden – sind Fragen der Unabhängigkeit und der Vergütung.

---

[27] Näher MüKoAktG/*W. Goette* AktG § 161 Rn. 88 ff. mwN; aus der höchstrichterlichen Rechtsprechung zB BGHZ 180, 9 – KIRCH/Deutsche Bank; BGHZ 182, 272 – Umschreibungsstopp; unklar und bedenklich hinsichtlich des Verständnisses von § 161 neuerdings aber BGH NJW 2019, 669 mit zutreffend kritischer Anmerkung von *Habersack* NJW 2019, 675.
[28] S. Darstellung und Nachw. – vor allem auch zur Diskussion auf dem 69. DJT 2012 in München – bei MüKoAktG/ *W. Goette* AktG § 161 Rn. 19 ff., wobei die Stimmen, welche die bestehende verfassungsrechtliche Problemlage negieren, sich ebenfalls sehr von den erwünschten Ergebnis, der Unbedenklichkeit der auch von den Gegnern durchaus begrüßten Wirkung des DCGK auf die Unternehmensführung in der Praxis, leiten lassen.
[29] Vgl. die auf der Homepage der DCGK Kommission www.dcgk.de abrufbaren Stellungnahmen.
[30] S. MüKoAktG/*W. Goette* AktG § 161 Rn. 21 mwN.
[31] S. dazu *Hopt/Leyens* ZGR 2019, 929 ff. mwN.

8. Europäisches Recht

Auf manchen speziellen Feldern wirken die Europäischen Rechtsakte in Gestalt von **Verordnungen** un- 66 mittelbar. Hier wird **supranationales Recht** geschaffen, welches ohne weitere Umsetzungsakte EU-weit anzuwenden ist.[32] Aus dem Gebiet des Gesellschaftsrechts zu nennen sind neben der in der Praxis wenig bedeutsamen EWiV-VO, vor allem die Verordnungen über das Statut der Europäischen Gesellschaft (**SE VO**) und der Europäischen Genossenschaft (**SCE VO**). Diese supranationalen Regelwerke beeinflussen – auch wenn sie nicht eigens in nationales Recht umgesetzt werden müssen – die Diskussion in den Mitgliedstaaten sehr wohl, einerseits weil sie – ein Beispiel ist der Formwechsel von der AG in eine SE – zu einem Vergleich der unterschiedlichen Konzepte und zur Entscheidung herausfordern, ob man die Vorteile der Europäischen Rechtsform zB wegen des Boardsystems oder wegen eines anders gearteten Mitbestimmungsregimes als überwiegend ansieht; andererseits können diese europäischen Vorschriften aber auch **rechtspolitische** Überlegungen und Diskussionen dahingehend anregen, ob Anlass besteht, das tradierte nationale Recht zu ändern.

Ein bedeutender Motor für die **Entwicklung** des Aktienrechts und Anlass für **vielfältige Änderun-** 67 **gen** (→ Rn. 70ff.) des AktG und anderer nationaler Gesetze, die für deutsche Aktiengesellschaften relevant sind, ist seit Jahrzehnten das durch **Europäische Richtlinienrecht**;[33] neben ihm hatten die – ausdrücklich als „nicht verbindlich" bezeichneten – **Empfehlungen** (Art. 288 Abs. 5 AEUV) zunächst weniger praktische Bedeutung erlangt, sind aber vor allem im Zuge der Corporate Governance Diskussion (→ Rn. 59ff.) zunehmend wirkmächtig geworden.[34] Die Regeln des Europäischen Primärrechts – im Mittelpunkt für das Gesellschaftsrecht steht neben der Kapitalverkehrs- und Dienstleistungsfreiheit vor allem die **Niederlassungsfreiheit** nach den Artt. 49ff. AEUV – erfordern auf der sekundärrechtlichen Ebene vereinheitlichende Regeln, die verhindern sollen, dass die Nationalstaaten diskriminierende oder die europäischen Grundfreiheiten übermäßig einengende Vorschriften erlassen oder die Gerichte bei der Gesetzesauslegung nicht richtlinienkonform verfahren. Der Gerichtshof der Europäischen Gemeinschaften wacht darüber, dass dieses Ziel in der Praxis erreicht wird, ihm ist das **Auslegungsmonopol** der Europäischen Rechtsvorschriften zugewiesen, und seine Rechtsprechung kann unter bestimmten Voraussetzungen sogar zur Folge haben, dass nicht umgesetzte Richtlinien unmittelbare Wirkung in dem betroffenen Mitgliedstaat entfalten.[35]

Vorschriften, die zur Verwirklichung der **Kapitalverkehrs-** und **Dienstleistungsfreiheit** erlassen 68 sind, haben oftmals auch gesellschaftsrechtliche Inhalte oder Bezüge. Das gilt beispielsweise für das Übernahmerecht, für die Richtlinie über Börsenzulassung, die Marktmissbrauchsverordnung, das Europäische Bilanzrecht oder die Transparenzrichtlinie.[36] Hier muss uU das abweichende nationale (Gesellschafts-) Recht den vorgehenden Europäischen Regeln angepasst werden. Ein Beispiel für diesen Regelmechanismus findet sich in der Transparenzrichtlinie.[37]

Die wichtigsten **gesellschaftsrechtlichen Richtlinien** sind die Gesellschaftsrechts-Richtlinie vom 69 14.6.2017, in der sechs frühere Richtlinien – Publizitäts-RL, Kapital-RL, Verschmelzungs-RL, Spaltungs-RL, RL zur grenzüberschreitenden Verschmelzung und Zweigniederlassung-RL – ohne inhaltliche Änderung „unter einem Dach" zusammengefasst worden sind, ferner die Aktionärsrechte-Richtlinie vom 11.7.2007, die Bilanzrichtlinie vom 26.6.2013, die Abschlussprüferrichtlinie vom 17.5.2006, die Einpersonengesellschafts-Richtlinie vom 16.9.2009 sowie die Übernahmerichtlinie vom 21.4.2004.[38]

9. Geschichte des Aufsichtsrats

Die wechselvolle Geschichte des deutschen Aktienrechts[39] betrifft nicht allein den äußeren Rahmen, den 70 die Rechtsordnung für die Gesellschaftsform AG bereit gestellt hat, sondern ebenso die Binnenorganisation und damit – zunehmend im Laufe der Zeit – auch den **Aufsichtsrat,** wie wir ihn heute als eines der

---

[32] Näher *Lutter/Bayer/Schmidt* EurUnternehmensR § 3 Rn. 3.3ff.
[33] Vgl. dazu im einzelnen *Habersack/Verse* Europäisches Gesellschaftsrecht, 5. Aufl. 2019, §§ 3 und 4; *Lutter/Bayer/Schmidt* EurUnternehmensR Teil 1.
[34] *Habersack/Verse* Europäisches Gesellschaftsrecht § 4 Rn. 4, 20ff.
[35] *Lutter/Bayer/Schmidt* EurUnternehmensR § 3 Rn. 3.17ff.
[36] *Habersack/Verse* EuGesR § 1 Rn. 5.
[37] Vgl. dazu näher *Habersack/Verse* EuGesR § 6 Rn. 91f.
[38] Überblick bei *Habersack/Verse* EuGesR § 4 Rn. 1f.
[39] Vgl. dazu zB eingehend GroßkommAktG/*Assmann*, 4. Aufl. 1992, Einl. Rn. 12ff.; MüKoAktG/*Habersack* AktG Einl. Rn. 14ff.; Bürgers/Körber /*Körber* AktG Einl. Rn. 1ff.; *Schubert,* Vom Konzessions- zum Normativsystem, 2017; *Schubert/Hommelhoff,* Hundert Jahre modernes Aktienrecht, 1985; *Schubert,* Quellen zur Aktienrechtsreform der Weimarer Republik (1926–1931), Bd. 1 und 2 1999; *Schubert,* Akademie für Deutsches Recht 1933–1945 Protokolle der Ausschüsse – Aktienrecht, 1986; *Lutter* in Bayer/Habersack, Aktienrecht im Wandel, 2007, Bd. II, S. 389ff. (speziell zum Aufsichtsrat); monographisch *Lieder,* Der Aufsichtsrat im Wandel der Zeit, 2006; *Lutter/Krieger/Verse* AR Rn. 46ff. (neuere Entwicklungen speziell zum Aufsichtsrat); *Fleischer/Koch/Kropff/Lutter,* 50 Jahre Aktiengesetz, 2016.

71 Unter der Geltung des **Konzessionssystems** war die Binnenorganisation der Gesellschaft kein den Gesetzgeber besonders bewegendes Thema; im Preußischen AktG von 1843 begnügte er sich beispielsweise mit Minimalregelungen, nämlich dem Erfordernis des Vorhandenseins von Vorstand und Mitgliederversammlung und überließ – im Rahmen der mit der Konzessionierung verbundenen Restriktionen – alles Übrige der privatautonomen Regelung in den Statuten.[40] In Preußen wich man, um den mit dem Konzessionssystem verbundenen Einschränkungen zu begegnen, in die KGaA aus, bei der auf statutarischer Grundlage auch ein Verwaltungsrat tätig war; ihn kann man allerdings schwerlich als Vorläufer des späteren Aufsichtsrats einordnen, weil seine Aufgabe nicht in der Kontrolle der Verwaltung, sondern eher in der Mitwirkung der Kommanditisten („Stillen") an der Geschäftsführung bestand.[41]

72 Auch das **ADHGB** von 1861 – es regelte zunächst die KGaA[42] und erst danach die AG – hielt nach kontroverser Debatte und mit nicht immer konzisen Kompromisslösungen[43] an dem Konzessionssystem[44] fest. Es begnügte sich für die AG – anders als für die **KGaA**, bei der die Einrichtung eines nun **Aufsichtsrat** genannten Organs obligatorisch[45] war – mit zwei Organen, kannte also nach wie vor einen zwingend zu bildenden Aufsichtsrat nicht.[46] Im Zuge der genannten Kompromisslösungen eröffnete indessen das ADHGB den Gesellschaftern die Möglichkeit, einen **fakultativen Aufsichtsrat** einzurichten. Ihm sollte – legt man den Wortlaut der Norm zugrunde – die Überwachung der Leitungsorgane obliegen, denn Art. 225 Abs. 1 ADHBG[47] lautet: „Ist ein Aufsichtsrat bestellt, so überwacht derselbe die Geschäftsführung der Gesellschaft in allen Zweigen der Verwaltung; er kann sich von dem Gange der Angelegenheiten der Gesellschaft unterrichten, die Bücher und Schriften derselben jederzeit einsehen und den Bestand der Gesellschaftskasse untersuchen." Da aber nicht nur die Einrichtung, sondern mit ihr einhergehend auch die nähere Aufgabenzuweisung durch die Satzung bestimmt wurde, hatten es die Gesellschafter in der Hand, den Schwerpunkt der Tätigkeit dieses fakultativen Aufsichtsrats anders zu regeln. Damit war ein Höchstmaß an „Konfusion"[48] in organisationsrechtlicher Hinsicht geschaffen worden, weil der so konstruierte Aufsichtsrat in großem Umfang mit Geschäftsführungsaufgaben befasst werden konnte und in der Folgezeit betraut wurde und damit der eigentlich intendierten Kontrollaufgabe – die Bezeichnung „Aufsichtsrat" statt des bis dahin üblichen Verwaltungsrats war bewusst gewählt worden – nicht gerecht werden konnte. Der Sache nach fungierte dieser fakultative Aufsichtsrat in der Folgezeit ähnlich wie der zuvor von der Praxis für die KGaA eingeführte Verwaltungsrat.[49]

73 Art. 225 Abs. 3 HGB idF des Gesetzes betreffend die KGaA und AG vom 18.7.1884 **(Aktienrechtsnovelle 1884)**[50] hat diese der Wahrnehmung der Überwachungsaufgabe nicht förderliche Verfahrensweise förmlich „abgesegnet" und damit für viele weitere Jahre die mangels wirksamer Kontrolle entstehenden Gefahren für die Aktionäre, die Gläubiger und die Angehörigen der Gesellschaft sowie für die Allgemeinheit perpetuiert, wenn es dort heißt: „Weitere Obliegenheiten des Aufsichtsrats werden durch den Gesellschaftsvertrag bestimmt". Das steht – jedenfalls nach der praktischen Handhabung[51], die schon im Entstehungsprozess der Novelle Gegenstand kritischer Diskussion[52] war – in Widerspruch zu der in Art. 225 Abs. 1 HGB in der Novelle 1884 eingehender und schärfer definierten **Überwachungsaufgabe** des Aufsichtsrats: „Der Aufsichtsrat hat den Vorstand bei seiner Geschäftsführung in allen Zweigen der Verwaltung zu überwachen und zu dem Zweck sich von dem Gange der Angelegenheiten der Gesellschaft zu unterrichten. Er kann jederzeit über dieselben Berichterstattung von dem Vorstande verlangen

---

[40] GroßkommAktG/*Assmann* AktG Einl. Rn. 58 f.
[41] GroßkommAktG/*Assmann* AktG Einl. Rn. 64 ff., 71.
[42] Art. 173 ff. und dann Art. 207 ff. bei *Schubert*, Vom Konzessions- zum Normativsystem, 2017, 19 ff.
[43] Treffend GroßkommAktG/*Assmann* AktG Einl. Rn. 72.
[44] ADHGB Art. 208 Abs. 1.
[45] ADHGB Art. 175 Nr. 6 und Art. 177 Nr. 3. im Unterschied zu Art. 209 und Art. 210 für die AG.
[46] GroßkommAktG/*Assmann* AktG Einl. Rn. 71 ff.
[47] Vgl. *Schubert*, Vom Konzessions- zum Normativsystem, 2017, 29; ebenso Art. 225a HGB idF der Aktienrechtsnovelle 1870 bei *Schubert*, Vom Konzessions- zum Normativsystem, 2017, 173.
[48] So GroßkommAktG/*Assmann* AktG Einl. Rn. 74.
[49] GroßkommAktG/*Assmann* AktG Einl. Rn. 75; kritisch schon Gutachten des ROHG v. 31.3.1877 bei *Schubert/Hommelhoff*, Hundert Jahres modernes Aktienrecht, 1985, 158 ff. (200, 203 f.).
[50] Text bei *Schubert/Hommelhoff*, Hundert Jahre modernes Aktienrecht, 1985, 560 ff. (595).
[51] Vgl. GroßkommAktG/*Assmann* AktG Einl. Rn. 116, 118.
[52] Vgl. zB Stellungnahme des Preußischen Handelsministers vom 28.11.1973 bei *Schubert*, Vom Konzessions- zum Normativsystem, 2017, 205 zugleich mit dem Vorschlag einer verschärften Organhaftung pflichtwidriger Mitglieder des Aufsichtsrates; vgl dazu eine frühere Stellungnahme des Preußischen Justizministers vom 5.5.1874 bei *Schubert*, Vom Konzessions- zum Normativsystem, 2017, 229; Begründung der Aktienrechtsnovelle 1884 bei *Schubert/Hommelhoff*, Hundert Jahre.modernes Aktienrecht, 1985, 458 ff.; Gutachten des ROHG v. 31.3.1877 bei *Schubert/Hommelhoff*, Hundert Jahre modernes Aktienrecht, 1985, 158 ff. (200 ff.); vgl. ferner die zusammenfassende Würdigung von *Hommelhoff* in Schubert/Hommelhoff, Hundert Jahre modernes Aktienrecht, 1985, 86 und 91 ff.

und selbst oder durch einzelne von ihm bestimmte Mitglieder die Bücher und Schriften der Gesellschaft einsehen, sowie den Bestand der Gesellschaftskasse und die Bestände an Effekten, Handelspapieren und Waren untersuchen..."[53]

Die **Aktienrechtsnovelle** von **1870** hat das Konzessionssystem abgeschafft und ist zum **System** der **Normativbestimmungen**[54] übergegangen. Schon im Vorfeld dieses Paradigmenwechsels und dann alsbald nach der Verabschiedung des Gesetzes ist eingehend darüber diskutiert worden, ob und in welcher Weise nunmehr an Stelle der Staatsaufsicht für eine sachgerechte Kontrolle des Gebarens der geschäftsführenden Organe der AG gesorgt werden muss bzw. ob die mit der Novelle ergriffenen gesetzlichen Maßnahmen den erwünschten Effekt gehabt haben.[55] In diesem Zusammenhang haben auch Fragen der Organhaftung der Aufsichtsratsmitglieder eine Rolle gespielt.[56] Seit der Novelle 1870 ist der mindestens dreiköpfige, aus Aktionären gebildete Aufsichtsrat **obligatorisch**.[57] Wegen seiner gesetzgeberischen Fehlkonstruktion (→ Rn. 71 f.) konnte er seine eigentliche Aufgabe jedoch nicht erfüllen. Hieran hat die Aktienrechtsnovelle von 1884 nichts Grundlegendes geändert (→ Rn. 73), auch wenn immerhin mit Art. 225a HGB nunmehr ausgeschlossen wurde, dass ein Aufsichtsratsmitglied zugleich dem Vorstand der Gesellschaft angehören durfte. Während für den Vorstand in Gestalt des Art. 241 Abs. 3 HGB eine allgemeine **Organhaftungsvorschrift** geschaffen wurde, fehlt eine dem jetzigen § 116 AktG entsprechende Vorschrift für den Aufsichtsrat; hier haben sich die in der Diskussion vor der Novelle zu Tage getretenen Zögerlichkeiten[58] – wie sich im Lauf der Jahre gezeigt hat: schädlich – niedergeschlagen. 74

Die in die **Entwürfe** der Jahre **1930/1931** und dann in die **Notverordnung** vom 19.9.1931[59] mündenden Diskussionen in der Weimarer Zeit[60] sahen eine Stärkung der Stellung des Aufsichtsrats ua durch die Erweiterung des Informationsrechts und eine komplementäre Unterrichtungspflicht des Vorstands vor.[61] Der Entwurf 1930 enthielt in seinem § 79 Abs. 5[62] indessen bei der Aufgabenzuweisung an den Aufsichtsrat immer noch die unselige Öffnungsklausel, nach der der Gesellschaftsvertrag dem Aufsichtsrat weitere Aufgaben zuweisen kann (→ Rn. 71 f.). 75

1937 wurde das Aktienrecht aus dem HGB gelöst und als eigenständiges Gesetzbuch (**AktG 1937**) erlassen. Dessen § 95 enthält die maßgebenden Regelungen betreffend die von dem – selbstverständlich **obligatorisch** einzurichtenden (§ 23 Abs. 1 AktG 1937, § 25 Abs. 1 AktG 1937, § 28 Abs. 1 AktG 1937, § 33 Abs. 1 Nr. 4 AktG 1937, § 86 Abs. 1 AktG 1937) – Aufsichtsrat zu erfüllenden **Kernaufgaben** und die Bestimmung, womit das Gremium nicht befasst werden darf. Damit ist jedenfalls die Öffnungsklausel für ergänzende satzungsrechtliche Aufgabenzuweisungen (→ Rn. 71 f.) gefallen, auch wenn es an einem ausdrücklichen Verbot derartiger Regelungen fehlt, wie sie sich nunmehr aus § 23 Abs. 5 AktG ergibt.[63] Mit der Betonung der Überwachungsaufgabe, dem Verbot, an der Geschäftsführung außer durch den Erlass von Zustimmungsvorbehalten beteiligt zu werden, der Betonung von Informationsrechten und -pflichten, dem Delegationsverbot und schließlich der neuen organschaftlichen Haftungsbestimmung (§ 99 AktG 1937) hat das AktG 1937 den Weg hin zu einem modernen Aufsichtsratsrecht geebnet, auch wenn sich die Erwartungen in der Folgezeit – vor allem wegen der nach wie vor **defizitären Um-** 76

---

[53] *Schubert/Hommelhoff*, Hundert Jahre modernes Aktienrecht, 1985, 595; wortgleich mit § 246 HGB 1897.
[54] Ausführliche Dokumentation der Vorarbeiten, Diskussionen und Entschließungen bei *Schubert*, Vom Konzessions- zum Normativsystem, 2017.
[55] Vgl. etwa Motive Ad. 6. des Preußischen Entwurfs zu einer Aktienrechtsnovelle vom 31.5.1869 bei *Schubert*, Vom Konzessions- zum Normativsystem, 2017, 66; Stellungnahme des Preußischen Handelsministers vom 28.11.1873 bei *Schubert*, Vom Konzessions- zum Normativsystem, 2017, 204; Stellungnahme des Preußischen Justizministers vom 5.5.1974 bei *Schubert*, Vom Konzessions- zum Normativsystem, 2017, 229; Gutachten des ROHG v. 31.3.1877 bei *Schubert/Hommelhoff*, Hundert Jahre modernes Aktienrecht, 1985, 158 ff. (200 ff.); s. zusammenfassend *Hommelhoff* in Schubert/Hommelhoff, Hundert Jahre modernes Aktienrecht, 1985, 86 und 91 ff.; GroßkommAktG/*Assmann* AktG Einl. Rn. 86.
[56] Stellungnahme des Preußischen Justizministers vom 5.5.1974 bei *Schubert*, Vom Konzessions- zum Normativsystem, 2017, 229; Stellungnahme des Preußischen Innenministers vom 5.8.1974 bei *Schubert*, Vom Konzessions- zum Normativsystem, 2017, 245; Gutachten des ROHG v. 31.3.1877 bei *Schubert/Hommelhoff*, Hundert Jahre modernes Aktienrecht, 1985, 158 ff. (203, 224 ff.).
[57] Art. 209 Nr. 6 HGB idF der Novelle 1870 bei *Schubert*, Vom Konzessions- zum Normativsystem, 2017, 168.
[58] Vgl. zB Stellungnahme des Preußischen Justizministers vom 5.5.1874 bei *Schubert*, Vom Konzessions- zum Normativsystem, 2017, 229; Votum des Preußischen Innenministers vom 5.8.1874 bei *Schubert*, Vom Konzessions- zum Normativsystem, 2017, 245; s. aber Gutachten des ROHG v. 31.3.1877 bei *Schubert/Hommelhoff*, Hundert Jahre modernes Aktienrecht, 1985, 158 ff. (203, 224 ff.).
[59] RGBl. 1931 I 493.
[60] Ausführliche Dokumentation bei *Schubert*, Quellen zur Aktienrechtsreform der Weimarer Republik (1926–1931), 1999, Bd. 1 und Bd. 2.
[61] GroßkommAktG/*Assmann* AktG Einl. Rn. 143–145.
[62] Text bei *Schubert*, Quellen zur Aktienrechtsreform der Weimarer Republik (1926–1931), 1999, Bd. 2, S. 869 mit Begründung S. 942.
[63] Vgl. dazu *Kropff* AktG 1965 S. 44 zu dem damaligen § 23 Abs. 4.

77 setzung der Regeln – zunächst[64] nicht erfüllt haben. Auch die im Laufe der Zeit immer wieder aufgekommene Diskussion um einen etwaigen Übergang zu einer monistischen Organstruktur der AG war damit beendet[65] und der Weg zu der heutigen **dualistischen** Organisation gewiesen, an die später die mitbestimmungsrechtlichen Regeln (→ § 7 Rn. 1 ff.) nahtlos anknüpfen konnten.

77 Soweit der Aufsichtsrat betroffen ist, hat das **AktG 1965**[66] keine grundlegenden Änderungen gebracht. Durch die Zusammenfassung der Informationspflichten und -rechte und ihre Präzisierung,[67] außerdem durch die alleinige Zuständigkeitszuweisung[68] bei der Vertretung der Gesellschaft gegenüber Vorstand an den **Aufsichtsrat** (§ 112 AktG) ist die Stellung des Aufsichtsrats weiter **gestärkt** worden, und die **Binnenorganisation** der AG ist weiter entwickelt worden, so dass die Kompetenzverteilung der drei Organe vom II. Zivilsenat als „wohlaustariert"[69] hat bezeichnet werden können.

78 Seit 1965 ist das AktG **ständig geändert** worden, bis zum 17.7.2017 sind allein 83 Änderungen zu verzeichnen.[70] Auch danach ist der Gesetzgeber nicht untätig geblieben, die Entwicklung hat auch mit dem zuletzt erlassenen **ARUG II**[71] mit Sicherheit kein Ende gefunden, ohne dass jede Änderung des AktG gleich die Qualifizierung als „Reform" verdient, die nach einem bekannten dictum angeblich „in Permanenz"[72] stattfinden soll. Eher getroffen wird die – oftmals durch Europäische Akte[73] oder krisenhafte Zustände[74] angestoßene – Entwicklung, wenn man sie als Anpassungsvorgang einerseits an veränderte Verhältnisse, andererseits als Nachsteuerung oder weitere Ausformung[75] bestehender Regelungen begreift. Eine Stärkung der Stellung des Aufsichtsrats – in kleinen[76] Schritten – brachten das **KonTraG** zB mit der Erstreckung des Informationsrechts auf die Unternehmensplanung, mit der Zuweisung der Vertretungsbefugnis gegenüber dem Abschlussprüfer an den Aufsichtsrat, die Erweiterung der Berichtspflicht des Aufsichtsrats an die Hauptversammlung und die Sitzungsfrequenz. Einen weiteren Meilenstein der jüngeren Entwicklung der gesetzlich geregelten Aufsichtsratstätigkeit stellt das **TransPuG** dar: So wurde zB die Berichtspflicht des Vorstands abermals verschärft (§ 90 Abs. 1 S. 2 AktG und § 90 Abs. 4 S. 2 AktG), die Stellung des einzelnen Aufsichtsratsmitglied wurde gestärkt (§ 90 Abs. 3 S. 2 AktG und § 110 Abs. 2 AktG), die Satzung muss einen Katalog zustimmungspflichtiger Geschäfte enthalten (§ 111 Abs. 4 S. 2 AktG), der Konzernabschluss muss vom Aufsichtsrat nicht nur geprüft, sondern gebilligt werden (§ 171 Abs. 2 S. 4 AktG), und als Kehrseite des ausgedehnten Informationsrechts ist die Wahrung der Verschwiegenheitspflicht besonders betont worden (§ 116 S. 2 AktG), ihre Verletzung wird verschärfter Sanktion unterworfen (§ 404 AktG). Im Nachgang zum Wirken der Regierungskommission „Corporate Governance" ist aber vor allem **§ 161 AktG**[77] (→ Rn. 59 ff.) neu eingeführt worden, Vorstand und Aufsichtsrat sind nunmehr verpflichtet, jährlich öffentlich zu erklären **(Entsprechenserklärung)**, ob sie den Empfehlungen des DCGK folgen und – seit Inkrafttreten des BilMoG (G. v. 25.5.2009, BGBl. 2009 I 1102) – ggf. zu begründen, aus welchen Gründen sie den Empfehlungen nicht folgen. Auch wenn die Legitimation dieser Empfehlungen und der durch § 161 AktG ausgeübte faktische Zwang nicht bedenkenfrei sind (→ Rn. 61), kann die **Wirkung** dieses Systems des comply or explain auf die Tätigkeit von Vorstand und Aufsichtsrat **nicht hoch genug eingeschätzt** werden: Die Arbeitsweise gerade des Aufsichtsrats, zumal bei den großen Aktiengesellschaften, ist dadurch in der Praxis **professioneller** geworden. Das **AbschlussprüferreformG** (v. 10.5.2016, BGBl. 2016 I 1142) enthält eine Reihe von Bestimmungen, die die Zusammensetzung, die Arbeitsweise und die Pflichten des Aufsichtsrats im Rahmen der Rechnungslegung betreffen und insofern die Stellung dieses auch proaktiv geforderten Überwachungsgremiums stärken, aber auch höhere Anforderungen an seine Tätigkeit – verbunden mit Sanktionsandrohungen bußgeld- oder strafrechtlicher Art (§ 404a AktG, § 405 AktG) – enthalten; auch hierin kann man einen Hang zur weiteren Professionalisierung der Aufsichtsratstätigkeit sehen. Ähnlich verhält es sich mit den dem

---

[64] Vgl. den Befund bei *Lutter/Krieger/Verse* AR Rn. 46 mwN zur Situation noch in den 90er Jahren des 20. Jahrhunderts; ähnlich *Lutter* in Bayer/Habersack, Aktienrecht im Wandel, 2007, 420 Rn. 91 mit Hinweis auf *Lutter* ZHR 159 (1995) 287 ff.

[65] Vgl. *Lutter* in Bayer/Habersack, Aktienrecht im Wandel, Bd. II 2007, 389 ff. Rn. 53 und 428 Rn. 124.

[66] Zur Entstehungsgeschichte zB MüKoAktG/*Habersack* Einl. Rn. 22 ff.; zur Würdigung *Lutter* in Bayer/Habersack, Aktienrecht im Wandel, Bd. II 2007, 389 ff. Rn. 64 ff. (79).

[67] Vgl. *Kropff* AktG 1965 S. 118 ff. und S. 154 ff.

[68] S. *Kropff* AktG 1965 S. 157.

[69] BGHZ 159, 30 (39) – GELATINE I mwN = DStR 2004, 922.

[70] Übersicht (tabellarisch) bei MüKoAktG/*Habersack* AktG Einl. Rn. 33–53; vgl. auch *Fleckner* in Bayer/Habersack, Aktienrecht im Wandel, Bd. 2 2007, 999 (1027 ff.); s. ferner *Hengeler*, Beiträge zur Aktienrechtsreform, 1959.

[71] V. 12.12.2019, BGBl 2019 I 2637, es ist das 84. Änderungsgesetz seit 1965.

[72] So beispielhaft der Titel der Tagung der Notarrechtlichen Vereinigung vom 3.12.2018 an der LMU.

[73] Vgl. zB MüKoAktG/*Habersack* AktG Einl. Rn. 33 ff. mwN.

[74] S. *Lutter* in Bayer/Habersack, Aktienrecht im Wandel, Bd. II 2007, 420 Rn. 91.

[75] S. *Lutter* in Bayer/Habersack, Aktienrecht im Wandel, Bd. II 2007, 421 Rn. 92 zum KonTraG von 1998.

[76] S. *Lutter* in Bayer/Habersack, Aktienrecht im Wandel, Bd. II 2007, 421 Rn. 92.

[77] Vgl. dazu näher MüKoAktG/*W. Goette* AktG § 161 Rn. 1 ff.

Aufsichtsrat durch das **CSR-Richtlinie-Umsetzungsgesetz** (v. 11.4.2017, BGBl. 2017 I 802) zugewiesenen Aufgaben (§ 170 Abs. 1 S. 3 AktG, § 171 Abs. 1 S. 4 AktG) bzw. übertragenen Befugnissen (§ 111 Abs. 2 S. 4 AktG). Das **ARUG II** (v. 12.12.2019, BGBl. 2019 I 2637) betrifft den Aufsichtsrat vor allem hinsichtlich des Vergütungssystems für den Vorstand (§ 87a AktG, § 162 AktG), aber auch der eigenen Vergütung (§ 113 Abs. 3 AktG), bezüglich der Ausschussbildung (§ 107 Abs. 3 S. 4 und S. 8 AktG), hinsichtlich der neuen Regelungen über nahestehende Personen (§§ 111a ff. AktG). Beim Umgang mit institutionellen Anlegern, Vermögensverwaltern und Stimmrechtsberatern (§§ 134a ff. AktG), bei der Stimmrechtsausübung durch Nichtaktionäre (§ 135 AktG) und im Rahmen der Informationserteilung nach Maßgabe von §§ 67a ff. AktG ist der Aufsichtsrat als Überwachungsorgan gefordert.

Zusammenfassend lässt sich feststellen, dass inzwischen der Aufsichtsrat als **reaktiv** und **prospektiv** 79 sehr wirksames **Überwachungsorgan** fest etabliert ist und die früher zu beobachtenden Vollzugsdefizite der die Überwachungsaufgabe definierenden Vorschriften deutlich abgebaut worden sind. Wesentliche Gründe dafür sind die strikte Trennung zwischen Geschäftsführung und Überwachung, die Limitierung der Zahl der Mandate, die zahlreichen Einzelmaßnahmen des Gesetzgebers, die zu einer Professionalisierung der Aufsichtsratstätigkeit geführt haben und schließlich der durch das Zusammenspiel von DCGK-Empfehlungen und § 161 AktG ausgelöste faktische Zwangs, sich einer „guten" Corporate Governance zu öffnen.

V. Grundprinzipien

1. Unternehmensinteresse

„Vorstands- und Aufsichtsratsmitglieder haben ihr Handeln am Wohle der Gesellschaft auszurichten." 80 Dieser Formel begegnet man sowohl in Praxis als auch Schrifttum immer wieder. Auch das Gesetz spricht teilweise vom „Wohl der Gesellschaft" (§ 93 Abs. 1 S. 2 AktG, § 111 Abs. 3 S. 1 AktG). Das gilt nicht nur für den Vorstand und seine Mitglieder, sondern auch für den Aufsichtsrat (vgl. § 116 S. 1 AktG).[78] Synonym ist schlagwortartig oftmals vom „Unternehmensinteresse" die Rede. Grundsatz 19 DCGK spricht davon, dass Mitglieder von Vorstand und Aufsichtsrat dem Unternehmensinteresse verpflichtet sind. Was das bedeutet und was sich hinter diesem **sprachlichen Kürzel** verbirgt, ist Gegenstand einer anhaltenden aktienrechtlichen Grundsatzdiskussion.[79] Dabei handelt es sich nicht lediglich um einen theoretischen Streit, sondern um die praktisch wichtige Frage, woran sich die **Überwachungsarbeit** des Aufsichtsrats zu orientieren und wie sie konkret auszusehen hat.

Die hM versteht das Unternehmensinteresse als eine im AktG angelegte **interessenplurale Zielbe-** 81 **stimmung**.[80] Danach ist erforderlich, dass jedes Handeln der Organmitglieder die Vielzahl von Interessen, die *im* und *am* Unternehmen bestehen, angemessen berücksichtigt.[81] Das „Unternehmensinteresse" zu bestimmen, ist aber kein einmal abgeschlossener Vorgang, bei dem am Ende eine konstante Größe feststeht. Es für das **konkrete Unternehmen** zu ermitteln und zu wahren, ist ein fortlaufender Prozess und ständige Aufgabe der Organmitglieder. Sie sind dabei verpflichtet, in jeder ihrer Entscheidungen, die Rechtsform der Gesellschaft, den von ihr verfolgten Zweck sowie die Individualinteressen der Aktionäre, der am Gewinn beteiligten Gläubiger, der Arbeitnehmer und der Öffentlichkeit zu beachten (*stakeholder value*-Konzept).[82] In Konfliktfällen ist zwischen widerstreitenden Interessen abzuwägen und eine möglichst gerechte Entscheidung zu treffen.[83] Ob im Einzelfall „richtig" oder „falsch" entschieden wurde, lässt sich nur selten eindeutig beantworten, da der Aufsichtsrat und seine Mitglieder – soweit sie ausnahmsweise hierfür zuständig sind (vgl. § 111 Abs. 4 S. 1 AktG) – auch **unternehmerische Entscheidungen** treffen.[84] Ihnen ist dabei **weites Ermessen** eingeräumt; „eine" richtige Entscheidung gibt es nicht.[85] Vielmehr steht ihnen ein Bündel vertretbarer Handlungsvarianten offen, unter denen sie wählen können. Für welche sie sich entscheiden, ist einer **gerichtlichen Beurteilung** ex post – auch wegen der Gefahr von Rückschaufehlern *(hindsight bias)* – nur **begrenzt** zugänglich. Der Rahmen vertretbarer Ermessensausübung wird aber dann überschritten, wenn die Entscheidung den langfristigen **Bestand** und

---

[78] MüKoAktG/*Habersack* AktG § 116 Rn. 11; BeckOGK/*Spindler* AktG § 116 Rn. 8, 48; Kölner Komm AktG/*Mertens/Cahn* AktG Vor 95 Rn. 12.
[79] Siehe zum Ganzen Hüffer/Koch/*Koch* AktG § 76 Rn. 28 ff.
[80] *W. Goette* FS 50 Jahre BGH, 2000, 123 (127); Hüffer/Koch/*Koch* AktG § 76 Rn. 30; Kölner Komm AktG/*Mertens/Cahn* AktG § 76 Rn. 15 ff.; GroßkommAktG/*Kort* AktG § 76 Rn. 52 ff.
[81] Vgl. *Semler* Leitung und Überwachung Rn. 51.
[82] Für den Vorstand *W. Goette* FS 50 Jahre BGH, 2000, 123 (127).
[83] *Hopt* ZGR 1993, 534 (536): Gebot der praktischen Konkordanz.
[84] Anschaulich die Aufzählung von *Lieder* ZGR 2018, 523 (533 ff.).
[85] Vgl. *Ulmer*, Der Einfluß des Mitbestimmungsgesetzes auf die Struktur von AG und GmbH, 1979, 31.

die dauerhafte **Rentabilität des Unternehmens** gefährden würde.[86] Dass das Unternehmen auf lange Sicht angemessene Gewinne erzielt, auf dem Markt überlebt und konkurrenzfähig bleibt, dient nicht nur den Interessen der Aktionäre als Kapitalgeber, sondern auch den der übrigen Interessensträger. Dieses als Minimalkonsens verstandene Ziel zu wahren, ist Rechtspflicht aller Aufsichtsratsmitglieder im Rahmen ihrer Überwachungsaufgabe.

82 Auch der **II. Zivilsenat** des BGH spricht in seinen Entscheidungen gleichbedeutend vom Gesellschafts- oder Unternehmensinteresse als Richtschnur des Organhandelns, ohne es aber näher zu konkretisieren.[87] Treffend wird das Unternehmensinteresse als „normativer Schmelztiegel"[88] der gerade genannten Interessen bezeichnet,[89] unter denen grundsätzlich **keine Rangfolge** besteht. Im jüngeren Schrifttum mehren sich Stimmen, die den Aktionärsinteressen zumindest moderaten Vorrang gegenüber den übrigen Interessen einräumen wollen (*shareholder value*-Konzept).[90] Ein so verstandenes **langfristiges Aktionärsinteresse,** das auf ein nachhaltiges Wachstum und Wohlergehen des Unternehmens und seiner Ertragskraft gerichtet ist, umfasse stets auch mittelbar die Beachtung der anderen Interessen.[91] Spürbare praktische Unterschiede zur hM ergeben sich daraus aber nicht, und überhaupt lässt sich ein grundsätzlicher „Gewichtungsvorsprung" der Aktionärsinteressen aktienrechtlich nicht begründen, sodass dieser Ansatz insgesamt zweifelhaft ist.[92]

83 In jedem Fall müssen Vorstand und Aufsichtsrat Aktionärsinteressen bei ihren Entscheidungen berücksichtigen.[93] Um die Rentabilität und den Bestand des Unternehmens langfristig zu sichern, sind sie dazu verpflichtet. Das gilt ebenso für die Interessen der anderen *stakeholder*,[94] deren Einhaltung durch ein immer dichter werdendes Netz an Vorschriften teilweise schon gesetzlich vorgegeben ist.[95] Aber auch die Satzung mit Beschreibung des **Unternehmensgegenstands** gibt praktisch die Leitgedanken vor, zwischen denen sich die Organe bewegen dürfen und müssen. In jüngerer Zeit wird die Frage nach der **sozialen Verantwortung** von Unternehmen *(Corporate Social Responsibility)* immer häufiger gestellt (→ § 4 Rn. 116). Zwar besteht **keine generelle Pflicht,** zugunsten von Gemeinwohlbelangen zu handeln.[96] Die Akzeptanz des Unternehmens in der Gesellschaft als *„good corporate citizen"* spielt aber eine immer größere Rolle.[97] Damit ist ein für die Praxis wichtiges Element der Entscheidungsfindung angesprochen: die **Unternehmensreputation.**[98] Sie macht empirischen Studien zufolge über 50% des gesamten Unternehmenswerts aus, sodass ein guter Ruf langfristig die Rentabilität steigert und dadurch hilft, den dauerhaften Bestand des Unternehmens zu sichern.[99] Vorstand und Aufsichtsrat dürfen die Unternehmensreputation daher nicht leichtfertig aufs Spiel setzen, sondern müssen die Folgen jeder Entscheidung für sie angemessen berücksichtigen.[100] Im Einzelfall kann eine für das Unternehmen nachteilige Presseberichterstattung ein so beachtenswertes Motiv sein, dass sie im Unternehmensinteresse verhindert werden muss **(Interventionspflicht).**[101]

84 Alles das ist gemeint, wenn vom „Unternehmensinteresse" die Rede ist. Angesichts der zahlreichen Belange, die zu berücksichtigen sind, kann es aber **keine allgemeinverbindliche Handlungsanleitung** geben. Wie die rechtlichen Vorgaben konkret umzusetzen sind, stellt Aufsichtsratsmitglieder, unternehmensinterne Abteilungen und auch hinzugezogene Berater regelmäßig vor Herausforderungen. In der Praxis kann es oft hilfreich sein, im Vorfeld einer Entscheidung eine **Entscheidungsmatrix** zu erstellen. Dadurch kann insbesondere bei komplexen Entscheidungen die Vielzahl möglicher Handlungsvarianten unter sämtlichen Gesichtspunkten systematisiert miteinander **verglichen** und **gewichtet** werden.

---

[86] Vgl. OLG Frankfurt a. M. ZIP 2011, 2008 (2010); OLG Hamm AG 1995, 512 (514).
[87] Vgl. etwa BGHZ 64, 325 (331) = NJW 1975, 1412 – Bayer; BGHZ 69, 334 (339) = NJW 1978, 104; BGHZ 71, 40 (44) = NJW 1978, 1316 – Kali und Salz; BGHZ 83, 319 (321) = NJW 1982, 2444 – Holzmüller; BGHZ 106, 54 (65) = NJW 1989, 979; BGHZ 125, 239 (243) = NJW 1994, 1410 – Deutsche Bank; BGHZ 135, 244 (253) = NJW 1997, 1926 – ARAG/Garmenbeck; BGHZ 136, 133 (139) = NJW 1997, 2815 – Siemens/Nold.
[88] *Wiedemann* GesR I § 11 III. 2b (S. 625f.).
[89] *Henze* BB 2000, 209 (212); *Wiedemann* GesR I § 11 III. 2b (S. 625f.).
[90] BeckOGK/*Fleischer* AktG § 76 Rn. 36ff.; K. Schmidt/Lutter AktG/*Seibt* AktG § 76 Rn. 40 jew mwN.
[91] *Seibert* FS Hoffmann-Becking, 2013, 1101 (1102) spricht daher zutreffend von einem „Kunstgriff".
[92] HM Hüffer/*Koch* AktG § 76 Rn. 31; GroßkommAktG/*Kort* AktG § 76 Rn. 68ff.; Kölner Komm AktG/*Mertens/Cahn* AktG § 76 Rn. 21.
[93] Vgl. OLG Frankfurt a. M. ZIP 2011, 2008 (2010) für den Vorstand.
[94] Vgl. *Habersack* FS Windbichler, 2020, 707 (710).
[95] *Ulmer* AcP 202 (2002), 143 (158).
[96] *Mülbert* AG 2009, 766 (769f.); Hüffer/Koch/*Koch* AktG § 76 Rn. 35c ff.; *Schön* FS Hoffmann-Becking, 2013, 1085 konkret zur Pflicht einer gemeinvertraglichen Steuerplanung.
[97] *Habersack* FS Windbichler, 2020, 707 (714).
[98] Ausführlich *Eger*, Unternehmensreputation als rechtlicher Parameter, 2020, 112ff., 125f.
[99] *Eger*, Unternehmensreputation als rechtlicher Parameter, 2020, 33ff.
[100] *Fleischer* DB 2017, 2015 (2019ff.); *Klöhn/Schmolke* NZG 2015, 171 (174).
[101] OLG Frankfurt a. M. ZIP 2011, 2008 (2011).

V. Grundprinzipien

Aktienrechtlich zulässig ist es, im Rahmen des Gesellschaftszwecks der **Satzung** eine **Unternehmens-** 85
philosophie (etwa zugunsten des *shareholder value*) festzulegen.[102] Das hat den Vorteil, dass die Vorstands- und Aufsichtsratsmitglieder des konkreten Unternehmens ihre Arbeit an einem klar definierten Leitgedanken ausrichten können und müssen. Außerdem kann damit den übrigen Interessenträgern und allen Marktteilnehmern schon vorab signalisiert werden, welchen Interessen im Zweifel der Vorzug gegeben wird. Die statutarische Festlegung eines solchen Formalziels (zB Umwelt, Nachhaltigkeit, faire Arbeitsbedingungen) empfiehlt sich besonders dann, wenn sie als Teil eines **Reputationsrisiko-Managementsystems** die öffentliche Akzeptanz des Unternehmens steigern soll.

2. Gleichbehandlung und Gleichberechtigung

a) Aufsichtsratsmitglieder

Im Grundsatz haben alle Mitglieder des Aufsichtsrats die **gleichen Rechte und Pflichten**.[103] Jedes Auf- 86
sichtsratsmitglied ist unabhängig, von wem es bestellt oder wie es gewählt wurde, gleichermaßen dem Unternehmensinteresse verpflichtet.[104] An der Erfüllung der Aufgaben des Aufsichtsrats hat jedes Mitglied teilzunehmen. Dabei gilt für alle Mitglieder der gleiche Sorgfalts- und Haftungsmaßstab. Auf mangelnde Kenntnis oder Sachkunde kann sich das einzelne Mitglied nicht berufen, da es die Sorgfalt eines ordentlichen und gewissenhaften Organmitglieds anzuwenden hat. Jedes Aufsichtsratsmitglied muss seine Rechte und Pflichten kennen. Das erfordert ein **Mindestmaß an Qualifikation** (→ § 2 Rn. 60 ff.).[105] Genügt ein Mitglied diesem Sorgfaltsmaßstab nicht, ist ihm jedenfalls die pflichtwidrige Übernahme des Mandats vorzuwerfen (→ § 2 Rn. 61; → § 5 Rn. 196).

Damit Aufsichtsratsmitglieder ihre Aufgaben ordnungsgemäß erfüllen können, stehen ihnen gleiche 87
Teilnahmerechte (allgemein → § 4 Rn. 174 ff., bei der Ausschussbesetzung → § 3 Rn. 219 ff.), **Informationsrechte** (zB § 3 Rn. 431; § 4 Rn. 68 ff.), **Rederechte** und – vorbehaltlich einer etwaigen Stichentscheidungsbefugnis des Aufsichtsratsvorsitzenden (→ § 3 Rn. 444) – auch gleiche **Stimmrechte** (→ § 3 Rn. 445) zu. Für die Praxis wichtig ist das Recht der Aufsichtsratsmitglieder auf gleiche **Vergütung**. Allerdings sind aufgaben- oder funktionsbezogene Differenzierungen – namentlich beim Vorsitzenden des Aufsichtsrats oder eines Ausschusses – zulässig (→ § 6 Rn. 53 ff.). Bestimmungen in der Satzung oder Geschäftsordnung, die gegen den Gleichbehandlungsgrundsatz verstoßen, sind nichtig.[106] Das gilt auch für Aufsichtsrats- und Ausschussbeschlüsse.

Auch im **mitbestimmten Aufsichtsrat** gilt grundsätzlich das Gebot der Gleichbehandlung (vgl. § 4 88
Abs. 3 S. 1 MontanMitbestG). Unzulässig ist es daher, einzelne Mitglieder allein aufgrund ihrer Zugehörigkeit zur Gruppe der Anteilseigner- oder Arbeitnehmervertreter zu bevorzugen oder zu benachteiligen. Davon sieht das Mitbestimmungsrecht einzelne **Ausnahmen** – etwa § 27 Abs. 2 MitbestG, § 29 Abs. 2 MitbestG, § 31 Abs. 4 und 5 MitbestG und § 32 MitbestG – vor (zum Benachteiligungsverbot → § 7 Rn. 373 ff.). Der Gleichbehandlungsgrundsatz gilt nur zwischen den einzelnen Aufsichtsratsmitgliedern. Daraus folgt aber nicht das Gebot, beide Gruppen der Anteilseigner und Arbeitnehmer gleich zu behandeln, was zT erhebliche Folgen für die Ausschussbesetzung haben kann (→ § 3 Rn. 219 ff.).[107]

b) Aufsichtsrat und Vorstand

Vorstand und Aufsichtsrat stehen sich nach dem Aktiengesetz als **gleichberechtigte Verwaltungsorgane** 89
gegenüber. Weder der Vorstand noch der Aufsichtsrat einer Gesellschaft kann dem jeweils anderen Organ verbindliche **Weisungen** erteilen.

c) Aktionäre

Die Gesellschaft hat Aktionäre unter gleichen Voraussetzungen gleich zu behandeln (§ 53a AktG). Inner- 90
halb der Gesellschaft sind alle Organe – also auch der Aufsichtsrat – im Rahmen ihres Handelns dazu verpflichtet. Das kann etwa bei der Ausgabe neuer Aktien aus genehmigtem Kapital relevant werden, die der **Zustimmung des Aufsichtsrats** bedarf (→ § 4 Rn. 2644 ff.). Aufsichtsratsbeschlüsse, die gegen den Gleichbehandlungsgrundsatz verstoßen, sind nichtig.[108]

---

[102] MüKoAktG/*Spindler* AktG § 76 Rn. 80; BeckOGK/*Fleischer* AktG § 76 Rn. 39; *J. Vetter* ZGR 2018, 338 (373); *Mülbert* FS Röhricht, 2005, 421 (440); **aA** Kölner Komm AktG/*Mertens/Cahn* AktG § 76 Rn. 18.
[103] StRspr BGH NJW 1982, 1528 (1529); BGH NZG 2012, 347 Rn. 18.
[104] Vgl. BVerfGE 50, 290 (374) = NJW 1979, 699.
[105] BGHZ 85, 293 (295 f.) = NJW 1983, 991 – Hertie.
[106] BGHZ 83, 151 (157 f.) = NJW 1982, 1530; BGHZ 122, 342 (351) = NJW 1993, 2307.
[107] MüKoAktG/*Habersack* AktG Vor § 95 Rn. 14.
[108] MüKoAktG/*Götze* AktG § 53a Rn. 31.

91 Aus § 53a AktG folgt auch das **Gebot informationeller Gleichbehandlung**.[109] Alle Aktionäre sollen den gleichen Zugang zu Informationen haben. Das kann für den Aufsichtsrat und ggf. den Aufsichtsratsvorsitzenden vor allem bei **Investorengesprächen** heikel werden (→ § 4 Rn. 2665 ff.). Ausnahmsweise kann eine Ungleichbehandlung aber aus Gründen des Unternehmensinteresses (→ § 4 Rn. 2679 ff.) sachlich gerechtfertigt sein.[110] Im Übrigen ist zu bedenken, dass den übrigen Aktionären ein **Nachinformationsrecht** nach § 131 Abs. 4 AktG zustehen kann (→ § 4 Rn. 2683 ff.).

3. Persönliche Amtswahrnehmung

92 **§ 111 Abs. 6 AktG** bestimmt, dass Aufsichtsratsmitglieder ihre Aufgaben nicht durch andere wahrnehmen lassen können. Sie haben ihr Amt persönlich wahrzunehmen und können sich nicht vertreten lassen. Die Pflicht zur höchstpersönlichen Amtsführung gilt über § 111 AktG hinaus für **alle Aufgaben**, die der Aufsichtsrat und seine Mitglieder zu erfüllen haben. Aufsichtsratsmitglieder müssen grundsätzlich persönlich an **Aufsichtsratssitzungen** teilnehmen und dürfen sich bei **Beschlussfassungen** nicht vertreten lassen. Zulässig ist es, einen **Stimmboten** einzusetzen (→ § 3 Rn. 452 ff.). Praktische Folgen ergeben sich aus der Pflicht zur persönlichen Amtsführung vor allem, wenn der **Gesamtaufsichtsrat** zur Entscheidung berufen ist, etwa bei Geschäften mit Vorstandsmitgliedern (§ 112 AktG → § 6 Rn. 207 ff.). Im Gesetz sind für diese Fälle keine Ausnahmen (zB eine Bagatellklausel) vorgesehen, sodass der Aufsichtsrat streng genommen über jedes einzelne **Geschäft des täglichen Lebens** Beschluss fassen muss. Er kann grundsätzlich kein Mitglied dazu bevollmächtigen, als Stellvertreter für ihn zu entscheiden (→ § 3 Rn. 453).

93 Der Grundsatz persönlicher Amtswahrnehmung setzt voraus, dass jedes Aufsichtsratsmitglied „diejenigen **Mindestkenntnisse und -fähigkeiten** besitzt oder sich aneignen muss, die es braucht, um alle normalerweise anfallenden Geschäftsvorgänge auch ohne fremde Hilfe verstehen und sachgerecht beurteilen zu können."[111] Das gilt etwa für die vom Vorstand zu erstattenden **Berichte** (→ § 4 Rn. 24 ff.) und den **Jahresabschluss** und ggf. Konzernabschluss (→ § 4 Rn. 105 ff.). Die erforderliche Mindestqualifikation muss aber nicht schon von Anfang an vorliegen, wie sich aus der Formulierung des II. Senats („oder sich aneignen muss") ergibt. Es genügt, wenn sich das Mitglied die fehlenden Kenntnisse und Fähigkeiten nach Amtsantritt in angemessener Zeit durch **Fortbildung** aneignet. Für die erforderlichen Kenntnisse und Fähigkeiten zu sorgen, ist grundsätzlich Aufgabe jedes einzelnen Mitglieds (zB D.12 DCGK).

94 Für den **Aufsichtsrat** ist gesetzlich vorgesehen, dass er in bestimmten Fällen **Sachverständige beauftragen** darf (§ 109 Abs. 1 S. 2 AktG → § 4 Rn. 142 ff.; § 111 Abs. 2 S. 2 AktG → § 4 Rn. 132 ff.). Soweit das zur Erfüllung seiner Aufgaben nötig ist, kann er Hilfspersonen auch außerhalb der gesetzlich geregelten Fälle hinzuziehen. Besonders bei der technischen und sachlichen Vorbereitung seiner immer komplexer werdenden Aufgaben und der Durchführung seiner Beschlüsse braucht der Aufsichtsrat häufig Unterstützung. In größeren Gesellschaften kann es sich bei entsprechendem Arbeitsanfall anbieten, eine eigene Geschäftsstelle (**„Aufsichtsratsbüro"**) einzurichten (→ § 6 Rn. 167 ff.).

95 Auch dem einzelnen **Aufsichtsratsmitglied** steht es grundsätzlich offen, externen Rat einzuholen. Die Hinzuziehung von externen Beratern und Gehilfen ist aber **nicht unbeschränkt** möglich, sondern durch das Gebot der persönlichen Amtswahrnehmung begrenzt. Das schließt es aus, dass „ein Aufsichtsratsmitglied seine Aufgaben oder einen wesentlichen Teil davon laufend einem Außenstehenden zur selbstständigen Erledigung überträgt oder [...] einen „ständigen Berater" einschaltet."[112] Aus § 111 Abs. 6 AktG folgt, dass ein Aufsichtsratsmitglied einen externen Berater nur **ausnahmsweise** dann beauftragen darf, wenn weder seine eigenen gesetzlich vorausgesetzten Mindestkenntnisse und -fähigkeiten noch die gesellschaftsinternen Abstimmungs- und Beratungsmöglichkeiten (zB mit anderen Mitgliedern gem. § 111 Abs. 2 S. 2 Var. 1 AktG → § 4 Rn. 143, mit dem Vorstand, oder mit dem Abschlussprüfer → § 4 Rn. 170) ausreichen, um eine **konkrete Einzelfrage** hinreichend zu beantworten. Daher ist es regelmäßig unzulässig, wenn ein Aufsichtsratsmitglied einen Sachverständigen damit beauftragt, ihm umfassend und dauerhaft bei der Einsichtnahme des Prüfungsberichts des Abschlussprüfers zu helfen.[113] Dagegen ist anerkannt, dass Aufsichtsratsmitglieder sich von Mitarbeitern (zB des Aufsichtsratsbüros) unterstützen lassen können, etwa bei Schreib- und Büroarbeiten, Vor- und Nachbereitung von Sitzungsunterlagen, Aufbereitung von Informationsmaterial oder Koordination von Terminen.

96 Entschließt sich der Aufsichtsrat oder eines seiner Mitglieder, einen Sachverständigen zu beauftragen, muss die Person sorgfältig und unter Berücksichtigung der konkreten Aufgabe ausgewählt und ggf. zur

---

[109] Eing. *Koch* FS Hopt, 2020, 525.
[110] *Hirt/Hopt/Mattheus* AG 2016, 725 (737 ff.); *Verse*, Der Gleichbehandlungsgrundsatz im Recht der Kapitalgesellschaften, 2006, 532 ff.
[111] BGHZ 85, 293 (295 f.) = NJW 1983, 991 – Hertie.
[112] BGHZ 85, 293 (296) = NJW 1983, 991 – Hertie.
[113] BGHZ 85, 293 = NJW 1983, 991 – Hertie.

Verschwiegenheit verpflichtet werden (→ § 3 Rn. 510 ff., → § 4 Rn. 137). In Extremfällen kann sogar die **Pflicht** bestehen, externen Rat einzuholen, um die ordnungsgemäße Erledigung der Aufgaben des Aufsichtsrats sicherzustellen. Das wird besonders relevant, wenn der Verdacht besteht, dass der Vorstand Rechtsverstöße begangen hat. In keinem Fall darf sich der Aufsichtsrat oder das Aufsichtsratsmitglied blind auf den hinzugezogenen Berater verlassen, sondern hat seinen Rat stets kritisch zu hinterfragen und eigenständig zu **plausibilisieren** (→ § 4 Rn. 140, 2398 ff.).[114]

4. Weisungsfreie Amtsführung

Aus § 111 Abs. 6 AktG ergibt sich, dass Aufsichtsratsmitglieder ihr Amt **eigenverantwortlich** und **weisungsfrei** ausüben.[115] Das gilt insbesondere für entsandte und gewählte Mitglieder, für Anteilseigner- und Arbeitnehmervertreter, für Gewerkschaftsvertreter in mittbestimmten Aufsichtsräten, für Vertreter der öffentlichen Hand in Aufsichtsräten kommunaler oder sonstiger öffentlicher Unternehmen sowie für die von der Obergesellschaft in den Aufsichtsrat der Tochtergesellschaft entsandten Mitglieder. Aufsichtsratsmitglieder können sich nicht verpflichten, ihr Amt – insbesondere ihr **Stimmrecht** – entsprechend den Weisungen eines anderen (zB Vorstand, Großaktionär, Gewerkschaft, Kreditgeber, Betriebsrat) auszuüben. Vereinbarungen, die eine solche Pflicht begründen, sind **unwirksam**.[116] Rein **faktische Einflüsse** sind in den Grenzen der §§ 116, 117, 311, 317 AktG aber grundsätzlich zulässig (etwa bei Vorbesprechungen → § 3 Rn. 431, oder geheimen Abstimmungen → § 3 Rn. 437 ff.). Das Aufsichtsratsmitglied darf etwa die Interessen seiner Wähler oder des Entsenders bei seinen Entscheidungen **berücksichtigen** und in die Beratungen einbringen. Dabei können **Interessenkonflikte** auftreten (→ § 2 Rn. 68 f.; → § 3 Rn. 445 ff.).

5. Selbstorganisationsrecht

Das Gesetz regelt die innere Ordnung des Aufsichtsrats nur rudimentär. Der Aufsichtsrat hat daher das originäre Recht, seine Organisation selbst zu regeln. Das erfasst vor allem die interne **Aufgabenzuweisung**. Zu diesem Zweck kann der Aufsichtsrat **Ausschüsse** bilden und bestimmte Aufgaben an sie **delegieren** (§ 107 Abs. 3 S. 1 AktG, zu den Grenzen der Delegation → § 3 Rn. 231 ff.). Der Aufsichtsrat ist ein **Kollegialorgan,** das seine Aufgaben durch die gemeinschaftliche Mitwirkung aller Mitglieder erfüllt. Es kann von keinem Aufsichtsratsmitglied die Erledigung der Aufgaben des Gesamtorgans verlangt werden. Der Aufsichtsrat kann aber einzelnen Mitgliedern Teilaufgaben zuweisen, die ihrer fachlichen Qualifikation entsprechen. Im Übrigen können von ihm besondere Aufgabenträger (Vorsitzender, Stellvertreter) ernannt werden (→ § 3 Rn. 23 ff., 144 ff.). Die Zuweisung und Delegation von Aufgaben können aber nie dazu führen, dass sich der Aufsichtsrat seiner Aufgaben entledigt (§ 111 Abs. 6 AktG → § 4 Rn. 134, 143). Er ist vielmehr verpflichtet, die Personen und Unternehmenseinheiten, denen er Aufgaben übertragen hat, **fortlaufend** zu **überwachen** (→ § 4 Rn. 139). Das setzt **Information** voraus, für die er zT selbst zu sorgen hat (→ § 4 Rn. 63 ff., 182 ff.). Außerdem hat er in regelmäßigen Abständen zu prüfen, ob der Katalog festgelegter **Zustimmungsvorbehalte** noch ausreicht oder ergänzt werden muss (→ § 4 Rn. 389). Entscheidungen über die innere Ordnung trifft der Aufsichtsrat als Gesamtorgan durch Beschluss (§ 108 Abs. 1 AktG). In größeren Aufsichtsräten ist es ratsam, die Aufgabenverteilung und Verfahrensabläufe in einer **Geschäftsordnung** festzulegen (→ § 3 Rn. 168 ff.).

Zur Organisationsautonomie des Aufsichtsrats gehört es auch, dass er Regelungen zur Häufigkeit, Einberufung (→ § 3 Rn. 173, 390, 399) und Dokumentation (→ § 3 Rn. 551 ff.) von **Aufsichtsratssitzungen,** zum Umgang mit Interessenskonflikten (→ § 3 Rn. 176), zur Art und Weise der **Beschlussfassung** (→ § 3 Rn. 436), Hinzuziehung von Dritten (→ § 3 Rn. 96 ff.) und der Überprüfung der Effizienz seiner Tätigkeit (→ § 3 Rn. 184 ff.) trifft.

Das Recht zur Selbstorganisation ist auch mit Pflichten für den Aufsichtsrat verbunden (sog. „**Pflichtrecht**").[117] Die Organisation muss so ausgestaltet sein, dass der Aufsichtsrat seine Aufgaben ordnungsgemäß wahrnehmen kann. Dabei muss er sich vom **Effizienzgedanken** leiten lassen. Die einzelnen Mitglieder müssen ihren Fähigkeiten entsprechend ausgewählt und eingesetzt werden (→ § 2 Rn. 62 f.). Nur durch effektives Zusammenwirken der Mitglieder kann das Organ effizient handeln. Darauf hinzuwirken, ist auch Pflicht jedes einzelnen Mitglieds.

---

[114] BGH NZG 2015, 792; BGH NZG 2011, 1271 Rn. 18 – ISION; BGH NZG 2007, 545 Rn. 16 ff.
[115] BGHZ 36, 296 (306) = NJW 1962, 864; BGHZ 90, 381 (398) = NJW 1984, 1893; BGHZ 169, 98 (106) = NZG 2006, 945.
[116] MüKoAktG/*Habersack* AktG § 111 Rn. 161.
[117] MüKoAktG/*Habersack* AktG Vor § 95 AktG Rn. 16 f.

VI. Mitbestimmter Aufsichtsrat

1. MitbestG

101 (→ § 7 Rn. 21 ff.)

Unternehmen in der **Rechtsform** der AG, KGaA, GmbH, Genossenschaft oder die Kapitalgesellschaft & Co. KG können ab einer **bestimmten Anzahl** von Beschäftigten dem Regime des MitbestG unterliegen. Zur Mitbestimmung in der SE → § 7 Rn. 448 ff.

102 Eine Anwendung des Mitbestimmungsrechts hat **weitreichende Auswirkungen** auf die Bildung und Zusammensetzung des Aufsichtsrats, die Wahl und Auswahl seiner Mitglieder und nicht zuletzt auf die Tätigkeit und Arbeitsweise des Gremiums insgesamt. Aufgrund der Personalkompetenz des Aufsichtsrats (→ § 4 Rn. 499 ff.) hat letzteres auch Auswirkungen auf die Bestellung und Auswahl der Mitglieder des geschäftsführenden Organs. Wegen dieser Palette an Veränderungen ist die Mitbestimmung immer gleichbedeutend mit der **Einschränkung** der Unternehmerfreiheit der Anteilseigner.

a) Anwendung des MitbestG

103 Neben der Rechtsform der Gesellschaft ist die Unternehmensgröße der wichtigste Anknüpfungspunkt für die Anwendbarkeit des MitbestG (→ § 7 Rn. 27 ff.). Nach § 1 Abs. 1 MitbestG müssen dafür in der Regel mehr als **2000 Arbeitnehmer** bei der Gesellschaft beschäftigt sein. Bei der Ermittlung der für diesen Schwellenwert relevanten Anzahl dürfen im Falle eines international agierenden Unternehmens die im Ausland beschäftigten Arbeitnehmer nicht grundsätzlich außer Acht gelassen werden. Nur vorübergehend im Ausland beschäftigte Arbeitnehmer müssen mitgezählt werden, wenn ihre Tätigkeit lediglich Ausstrahlung eines inländischen Beschäftigungsverhältnisses ist. Auf dauerhaft im Ausland beschäftigte Arbeitnehmer ist das MitbestG dagegen nicht anzuwenden. Unionsrecht steht dem nicht entgegen (→ § 7 Rn. 23, 29).[118] Schließlich nicht entscheidend ist die akute Anzahl der Beschäftigten. Wie viele Arbeitnehmer iSd § 1 Abs. 1 Nr. 2 MitbestG **„in der Regel"** beschäftigt sind, hat sich anhand einer Bewertung des Normalzustands zu bestimmen. **Schwellenwertrelevant** sind alle Arbeiter und Angestellten, die bei der Gesellschaft selbst, oder – nach ausdrücklicher Anordnung – auch bei anderen Gesellschaften, beschäftigt sind.

104 Liegen die Voraussetzungen der Mitbestimmungspflicht vor, bestimmen sich Zeitpunkt und Folgen der **erstmaligen Anwendung** nach § 37 MitbestG (→ § 7 Rn. 332 ff.). Dabei ist der eine relevante Zeitpunkt zur Anwendung des MitbestG aber vergeblich zu suchen. Im Rahmen des § 37 Abs. 2 MitbestG sind für bestimmte Vorschriften **verschiedene Anwendungszeitpunkte** relevant. So sind zB die Vorschriften zur inneren Ordnung des Aufsichtsrats nach §§ 25 ff. MitbestG erst anzuwenden, wenn der Aufsichtsrat nach den Vorschiften des MitbestG zusammengesetzt ist.

105 Relevant ist § 37 Abs. 1 MitbestG vor allem für den rechtlichen Unterbau des Unternehmens. In dem für das Statusverfahren relevanten Zeitpunkt – § 97 Abs. 2 S. 2 AktG oder § 98 Abs. 4 S. 2 AktG – treten nach der Anordnung des § 37 Abs. 1 MitbestG alle **Bestimmungen** der Satzung oder ggf. des Gesellschaftsvertrags **außer Kraft**, die mit den Vorschriften des MitbestG nicht vereinbar sind (→ § 7 Rn. 334 ff.). Gleichzeitig vereinfacht § 37 Abs. 1 S. 2 MitbestG die Schaffung neuer, mit dem MitbestG vereinbarer Bestimmungen.

106 Während die Mitbestimmung mit der steigenden Anzahl der Beschäftigten Einzug in das Unternehmen hält, entfällt sie bei deren **Verringerung** nicht automatisch (→ § 7 Rn. 59 ff.). Im Falle der **Abspaltung** oder **Ausgliederung** können sich die Beschäftigtenzahlen rasch verändern. Dem trägt § 325 UmwG Rechnung. Nach einer solchen Veränderung gelten die Mitbestimmungsvorschriften für einen **Übergangszeitraum** von fünf Jahren weiter – ungeachtet dessen, dass die Voraussetzungen in der Zwischenzeit entfallen sind. Ähnliches gilt nach dem Mitbestimmungsbeibehaltungsgesetz für Fälle der **grenzüberschreitenden Einbringung.** Wird der erforderliche Schwellenwert nach der Einbringung nicht länger erreicht, wird die bisherige Mitbestimmung im einbringenden Unternehmen unbefristet aufrechterhalten.

b) Bildung, Größe und Zusammensetzung des Aufsichtsrats

107 (→ § 7 Rn. 72 ff.)

Gemein ist den der Mitbestimmung unterliegenden Gesellschaften, dass sie alle über einen **Aufsichtsrat verfügen müssen** (§ 6 Abs. 1 MitbestG → § 7 Rn. 72). Das ist für die GmbH nicht selbstverständlich. Ihr Aufsichtsrat ist an sich nur fakultativ (→ § 9 Rn. 189 ff.). Nachdem die Anzahl der Beschäftigten damit neben der Anwendbarkeit der Mitbestimmungsregeln über die Existenz eines Aufsichtsrats ent-

---
[118] EuGH NZA 2017, 1000 – Erzberger/TUI.

scheidet, ist sie schließlich auch das maßgebende Kriterium für dessen Größe. Nach den **Größenklassen** des § 7 Abs. 1 MitbestG kann das Gremium über 12, 16 oder 20 Mitglieder verfügen (→ § 7 Rn. 74 ff.).

Kern der Verwirklichung der Mitbestimmung ist die Mitgliedschaft von Arbeitnehmervertretern im Aufsichtsrat. Bedeutender als die Größe des Aufsichtsorgans ist deswegen dessen **Zusammensetzung** (→ § 7 Rn. 78 ff.). Der Aufsichtsrat ist **paritätisch** – also zu gleichen Teilen aus Anteilseigner- und Arbeitnehmervertretern – zusammenzusetzten. Mit der Mitbestimmung halten auch Quotenregelungen Einzug in das Aufsichtsgremium. Nach § 7 Abs. 2 MitbestG muss der Arbeitnehmerbank eine bestimmte Anzahl von **Gewerkschaftsvertretern** angehören (→ § 7 Rn. 84). Daneben verlangt § 96 Abs. 2 AktG, dass der Aufsichtsrat jeweils mindestens zu 30 % aus Frauen und Männern besteht. Nach dem Grundsatz der Gesamterfüllung betrifft diese **Geschlechterquote** (→ § 7 Rn. 79 ff.) nicht nur die Arbeitnehmer- oder nur die Anteilseignervertreter, sondern das Gremium insgesamt. Nach erhobenem Widerspruch eines der Lager kann die Quote aber auch getrennt für beide Seiten gelten.

Denklogisch setzt die Realisierung der Arbeitnehmermitbestimmung voraus, dass Sicherheit darin besteht, welches Mitbestimmungsstatut anzuwenden ist und wie der Aufsichtsrat – jenseits der erstmaligen Anwendung des MitbestG – überhaupt **rechtskonform zusammengesetzt** sein muss. Rechtssicherheit verschafft das sog. **Statusverfahren** (→ § 7 Rn. 491 ff.). Das Verfahren ist unabhängig von der Rechtsform der Gesellschaft und dem anzuwenden Mitbestimmungssystem (MitbestG, Montan-MitbestG, MitbestErgG, DrittelbG, MgVG, SEBG) durchführbar. In einem unstreitigen oder streitigen **ersten Akt**, der sich als Überleitungsverfahren beschreiben lässt, sind die geltenden Vorschriften zu klären (§ 97 AktG oder §§ 98, 99 AktG). In einem **zweiten Akt** folgt die Anpassung. Für die anschließende Zusammensetzung des Aufsichtsrats ist das Ergebnis des Statusverfahrens maßgeblich. Nach dem sog. **Kontinuitätsprinzip** aus § 96 Abs. 4 AktG haben die zuletzt als verbindlich anwendbar festgestellten mitbestimmungsrechtlichen Vorschriften so lange Geltung, bis ein neues Statusverfahren abgeschlossen ist. Das jeweils letzte Verfahren ist entscheidend. Die **Funktionsfähigkeit** des **Aufsichtsrats** ist stets sichergestellt. Das Aufkommen unterschiedlicher Auffassungen zum anzuwendenden Mitbestimmungsstatut und damit zur ordnungsgemäßen Zusammensetzung stellen den Aufsichtsrat bis zum Abschluss eines neuen Statusverfahrens nicht in Frage. Durch die Verbindlichkeit des Ergebnisses spielt es insofern keine Rolle, wenn das angewandte Mitbestimmungsstatut seit langem oder gar seit Anfang an unzutreffend war. Das Statusverfahren ist entscheidend, weil weder Aufsichtsrat, Vertretungsorgan noch ggf. die Gesellschafter eine andere gesetzlich ausgestaltete Möglichkeit zur verbindlichen Feststellung des anzuwendenden Statuts haben.

Der **erste Akt** des Statusverfahrens kann **gerichtlich oder außergerichtlich** durchgeführt werden (→ § 7 Rn. 503 ff., 541 ff.). Das Gesetz überträgt es dem geschäftsführenden Organ sicherzustellen, dass der Aufsichtsrat ordnungsgemäß zusammengesetzt ist. Vertritt das **geschäftsleitende Organ** gem. § 97 Abs. 1 AktG die „Ansicht", der Aufsichtsrat sei falsch zusammengesetzt, kann es das außergerichtliche Verfahren einleiten. Abhängig von der zu erwartenden Unsicherheit bzw. dem zu erwartenden Streit über das anzuwendende Statut steht es aber auch im Ermessen des Organs, unmittelbar das gerichtliche Verfahren nach §§ 98, 99 AktG einzuleiten. Die **übrigen Antragsberechtigten** (→ § 7 Rn. 548 ff.) können – anknüpfend an ein außergerichtliches – ein gerichtliches Verfahren einleiten oder auch völlig unabhängig davon vorgehen. Wer zum weiten Kreis der Antragsberechtigten gehört, ist nach § 98 Abs. 2 AktG zu beurteilen. Das Gesetz unterscheidet zwischen generell Antragsberechtigten und solchen, die nur unter weiteren Voraussetzungen zur Antragstellung berechtigt sind. In Fällen des Rechtsmissbrauchs kann die Berechtigung zur Antragstellung aber eingeschränkt sein.

c) Wahl, Ausscheiden und Schutz der Arbeitnehmervertreter

Wer die Arbeitnehmer im Aufsichtsrat vertritt, bestimmt sich laut § 9 MitbestG nach einem von zwei verschiedenen Wahlverfahren (→ § 7 Rn. 89 ff.). Abhängig von der Unternehmensgröße oder dem mehrheitlichen Votum der Arbeitnehmer werden die Vertreter **unmittelbar** (→ § 7 Rn. 127) oder **durch Delegierte** (→ § 7 Rn. 123 ff.) gewählt. Ob ein Arbeitnehmer **aktiv wahlberechtigt** ist, hängt vornehmlich von seiner Unternehmenszugehörigkeit ab (→ § 7 Rn. 92 ff.). Enger sind die Voraussetzungen des **passiven Wahlrechts.** Wählbar sind Arbeitnehmer, die dem Unternehmen bereits seit einem Jahr angehören – Leiharbeiter bleiben außen vor (→ § 7 Rn. 96 ff.). Besondere fachliche Voraussetzungen müssen die Kandidaten nicht erfüllen.

Nicht nur die Wahl eines Arbeitnehmervertreters in den Aufsichtsrat, sondern auch sein **Ausscheiden** aus dem Organ kann in den Händen der Arbeitnehmer des Unternehmens liegen. Neben der Möglichkeit der gerichtlichen Abberufung (§ 6 Abs. 2 MitbestG iVm § 103 Abs. 3 AktG) und der Anfechtung der Wahl können Arbeitnehmervertreter gem. § 23 MitbestG **auf Antrag abberufen** werden (→ § 7 Rn. 128 ff.). Eines wichtigen Grundes bedarf es für die Abberufung nicht, allerdings sind auf der Seite der Arbeitnehmer **hohe Quoren** zu erreichen. Daneben endet das Mandat auch dann, wenn die **Wählbar-**

keitsvoraussetzungen entfallen. Endet etwa die Zugehörigkeit zum Unternehmen oder die Arbeitnehmerstellung des Mitglieds, endet auch sein Amt.

113 Dem Aufsichtsrat obliegt die Überwachung der Geschäftsführung. Diese Überwachungspflicht trifft nicht nur das Organ als solches, sondern alle Mitglieder. Für die Arbeitnehmervertreter können sich aus dem Abhängigkeitsverhältnis zur Gesellschaft Probleme bei der Ausfüllung dieses Überwachungsauftrags ergeben. Dem Schutz dieser **unternehmensangehörigen Arbeitnehmervertreter,** wie auch den übrigen Arbeitnehmervertretern, dient das allgemeine Behinderungs- und Benachteiligungsverbot des § 26 MitbestG (→ § 7 Rn. 351 ff.). Das **Behinderungsverbot** (→ § 7 Rn. 354 ff.) umfasst jede **objektive Beeinträchtigung** des Vertreters für die **gesamte Dauer** seiner Amtszeit. Die Ausübung von Druck oder die Drohung mit Sanktionen, die der Beeinflussung des Mitglieds dienen, zählen zu den Handlungen, die nach dem Behinderungsverbot ausgeschlossen werden. Der bloße Verstoß gegen aktienrechtliche Vorschriften kann demgegenüber aber nicht zu den verbotenen Handlungen gezählt werden. Im Zusammenhang mit dem Behinderungsverbot stehen auch die Fragen, ob der Arbeitnehmervertreter für die Tätigkeit im Aufsichtsrat einen Anspruch auf Arbeitsbefreiung, auf Arbeitsentgelt oder entsprechende Schulungsmaßnahmen hat. Zu den Schutzmechanismen zugunsten der Arbeitnehmervertreter zählt auch das **Benachteiligungsverbot** (→ § 7 Rn. 373 ff.), das sich auch als **Diskriminierungsverbot** umschreiben lässt. Jede **objektive Schlechterstellung** gegenüber vergleichbaren Mitarbeitern ist verboten, wenn sie auf der Zugehörigkeit zum Aufsichtsrat beruht und **nicht** aus sachlichen Gründen **gerechtfertigt** ist. Der Arbeitnehmervertreter und das Ersatzmitglied sind vor persönlichen und beruflichen Benachteiligungen im Arbeitsverhältnis zu schützen.

d) Innere Ordnung und Tätigkeit des Aufsichtsrats

114 (→ § 7 Rn. 142 ff.)

Für die innere Ordnung und die Tätigkeit des Aufsichtsrats gelten grundsätzlich die allgemeinen, von der **Rechtsform** des **Unternehmens** abhängigen, Vorschriften sowie die individuellen Bestimmungen der **Satzung.** Nach § 25 MitbestG gilt das aber nicht für solche Regelungen, die mit den Vorgaben der §§ 27–29, 32 MitbestG nicht vereinbar sind.

115 Besonderheiten gelten für den **Aufsichtsratsvorsitzenden** (→ § 7 Rn. 142 ff.). Der Aufsichtsrat bestimmt den Vorsitzenden aus seiner Mitte. Der Kreis der Kandidaten ist nicht einschränkbar. Satzungsbestimmungen, die etwa vorsehen, dass Vorsitzender nur sein kann, wer aus dem Lager der Anteilseigner stammt, sind unwirksam. Das Wahlverfahren ergibt sich aus § 27 MitbestG (→ § 7 Rn. 151 ff.). Um einen Konsens der beiden im Aufsichtsrat vertretenen Lager herbeizuführen, erfordert die Wahl im **ersten Wahlgang** eine Zwei-Drittel-Mehrheit. Bleibt er erfolglos, kann sich ein nach den Lagern getrennter zweiter Wahlgang abschließen. Das Verfahren stellt auch die Weichen für die Abberufung des Vorsitzenden.

116 Wann der Aufsichtsrat einer mitbestimmten Gesellschaft **beschlussfähig** ist, bestimmt sich nach § 28 MitbestG (→ § 7 Rn. 163 ff.). Danach muss mindestens die **Hälfte aller Mitglieder** anwesend sein. Regelungen zur Absenkung der Mindestteilnehmerzahl per Satzung oder Geschäftsordnung sind wegen des zwingenden Charakters des § 28 MitbestG nicht möglich. Für die Beschlussfassung gilt das Mehrheitsprinzip. Insofern ergeben sich keine Unterschiede zum nicht mitbestimmten Aufsichtsrat. Ausnahmen gelten nur bei der Wahl des Vorsitzenden, bei der Bestellung bzw. dem Widerruf der Bestellung eines Mitglieds des geschäftsführenden Organs und bei der Ausübung von Beteiligungsrechten (→ § 7 Rn. 173 f.).

117 Aufgrund seiner Personalkompetenz bestimmt der Aufsichtsrat über die **Bestellung** und den **Widerruf** der Bestellung der Mitglieder des **geschäftsführenden Organs** (→ § 7 Rn. 183 ff.). Im mitbestimmten Aufsichtsrat werden die allgemein aufgrund der Gesellschaftsform anwendbaren Regelungen durch §§ 31–33 MitbestG ergänzt. Die Vorschriften, die bei der Bestellung oder beim Widerruf der Bestellung eines Mitglieds des geschäftsführenden Organs anzuwenden sind, ergeben sich aus § 31 Abs. 1 S. 1 MitbestG. Mit Ausnahme der KGaA finden für alle dem MitbestG unterliegenden Gesellschaftsformen die §§ 84, 85 AktG Anwendung. Für die AG ist die Anordnung rein deklaratorisch, für die GmbH und Genossenschaft dagegen konstitutiv. Zur Bestellung eines Mitglieds des geschäftsführenden Organs schreibt § 31 MitbestG ein besonderes **mehrstufiges** Wahlverfahren vor. Für jede zu besetzende Position ist eine gesonderte Wahl erforderlich. Im **ersten Wahlgang** ist zur Wahl eine Zwei-Drittel-Mehrheit erforderlich. Scheitert der erste Wahlgang, wird ein **Vermittlungsverfahren** durchgeführt, in dem der Vermittlungsausschuss einen Vorschlag unterbreiten muss. Scheitert das Verfahren oder liegt ein neuer Wahlvorschlag vor, wird ein **zweiter Wahlgang** durchgeführt, dem sich auch ein dritter Wahlgang anschließen kann. Die Bestellung ist erfolgreich, wenn der zu Wahl stehende Kandidat die absolute Mehrheit der abgegebenen Stimmen erreicht.

Die Arbeitnehmermitbestimmung wirkt sich nicht nur auf die Zusammensetzung des Aufsichtsrats, sondern auch auf die Positionen im geschäftsführenden Organ aus. § 33 MitbestG schreibt vor, dass ein **Arbeitsdirektor** bestellt werden muss (→ § 7 Rn. 236 ff.). Das gilt wiederum für alle dem MitbestG unterliegenden Unternehmen mit Ausnahme der KGaA. Der Arbeitsdirektor ist ein normales Mitglied der Geschäftsführung mit der Verantwortung für den **Geschäftsbereich Personales und Soziales.** Zweck der Position ist die Schaffung einer Mittlerrolle zwischen Geschäftsführung und Belegschaft. Im Grundsatz ist jedes Mitglied des Organs geeignet, zum Arbeitsdirektor bestimmt zu werden. Fachkenntnisse in den, dem Ressort zugehörigen, Sachbereichen werden regelmäßig aber unerlässlich sein. Ein besonderes Verfahren zu Bestellung und Abberufung eines Arbeitsdirektors ist nicht vorgesehen.

2. DrittelbG

a) Anwendung des DrittelbG

Auch das DrittelbG dient der Verwirklichung der Arbeitnehmermitbestimmung und knüpft an die §§ 76 ff. BetrVG 1952 an. Das Mitbestimmungssystem des DrittelbG ist **weniger wirkungskräftig** als das des MitbestG. Dementsprechend geringer sind die Hürden hin zur Anwendung des DrittelbG. Anders als § 37 MitbestG enthält das DrittelbG keine eigenen Vorschriften, die die erstmalige Anwendung des Gesetzes regeln. Deswegen kann die Anwendung des DrittelbG entweder vom Überschreiten der Schwellenwerte oder von den allgemeinen Regeln bei der Gründung der Gesellschaft abhängen (→ § 7 Rn. 442 f.).

Die Anwendung des DrittelbG **scheidet** von vornherein **aus,** wenn die Unternehmen bereits der Mitbestimmung nach dem MitbestG, dem MontanMitbestG oder MitbestErgG unterfallen. Tendenzunternehmen und Religionsgemeinschaften sind nach § 1 Abs. 2 S. 1 Nr. 2, S. 2 DrittelbG grundsätzlich ausgenommen.

Bestimmender Faktor für die Eröffnung des Anwendungsbereichs des DrittelbG ist neben der **Rechtsform** des Unternehmens vor allem dessen **Größe.** Anders als beim MitbestG reichen aber bereits 500 in der Regel beschäftigte Arbeitnehmer aus (→ § 7 Rn. 394 ff.). Historisch bedingt können vor dem 10.8.1994 ins Handelsregister eingetragene Gesellschaften aber auch unterhalb dieser Schwelle dem DrittelbG unterliegen. Die Anzahl der leitenden Angestellten ist für die Feststellung des Schwellenwerts irrelevant. Insbesondere in Konzernstrukturen können aber Arbeitnehmer anderer Unternehmen zu berücksichtigen sein (→ § 7 Rn. 398 ff.).

b) Besonderheiten nach dem DrittelbG

Den Folgen des MitbestG entsprechend wirkt sich das DrittelbG vornehmlich auf die **Zusammensetzung** des Aufsichtsrats aus. Anders verhält es sich bei der Größe des Gremiums. Dazu trifft das DrittelbG keine gesonderten Regelungen. Wie viele Personen dem Aufsichtsrat angehören, richtet sich nach den allgemeinen gesellschaftsrechtlichen Vorschriften.

Der nach dem DrittelbG zusammenzusetzende Aufsichtsrat (→ § 7 Rn. 414 ff.) muss zu **einem Drittel** aus **Arbeitnehmervertretern** bestehen. Eine starre Frauenquote ist nicht zwingend zu erfüllen. § 4 Abs. 4 DrittelbG führt nur eine Sollvorschrift an, wonach Männer und Frauen ihrem zahlenmäßigen Verhältnis innerhalb der Gesellschaft entsprechend im Aufsichtsrat vertreten sein sollen. Demgegenüber zwingend ist aber die Vorgabe, dass mindestens zwei der Arbeitnehmervertreter als Arbeitnehmer im Unternehmen beschäftigt sein müssen. Bei kleinen Aufsichtsräten kann es demnach dazu kommen, dass sämtliche Arbeitnehmervertreter Unternehmensangehörige sein müssen. Zur Wahl der Arbeitnehmervertreter → § 7 Rn. 419 ff.

VII. Aufsichtsrat in anderen Gesellschaftsformen

Außer in der AG begegnet der Aufsichtsrat als besonderes Gremium auch in anderen Gesellschaftsformen. Das gilt zunächst für alle diejenigen Gesellschaften, auf die die **Mitbestimmungsgesetze** (→ § 7 Rn. 25 ff., 393 ff.) Anwendung finden; hier regeln schon diese Gesetze die Struktur, die Zusammensetzung und die Aufgaben dieser Überwachungsgremien. Auch außerhalb des Anwendungsbereichs der Mitbestimmungsgesetze bestehen in der KGaA, der SE, der GmbH und der eingetragenen Genossenschaft Aufsichtsräte.

1. KGaA

125 Die KGaA (→ § 9 Rn. 1 ff.) ist eine Sonderform der AG mit **personengesellschaftsrechtlichen** Elementen, unterliegt aber – soweit nicht die **Mitbestimmungsgesetze** (→ § 7 Rn. 25 ff., 393 ff.) Anwendung finden – grundsätzlich den allgemeinen aktienrechtlichen Bestimmungen (§ 278 Abs. 3 AktG). Einige Abweichungen vom **aktienrechtlichen Regime** sind Auswirkungen der – ungeachtet der im Laufe ihrer langen Geschichte vollzogenen Annäherung der KGaA an die AG verbliebenen – personengesellschaftsrechtlichen Struktur. Dazu gehört, dass der Aufsichtsrat der KGaA keine **Personalkompetenz** hinsichtlich der Bestellung und Abberufung der Komplementäre besitzt, dass es ihm versagt ist, **Zustimmungsvorbehalte** nach Maßgabe von § 111 Abs. 4 S. 2 AktG zu verhängen, dass ihm die **Geschäftsordnungskompetenz** fehlt und er nach dem Gesetz auch an der Feststellung des **Jahresabschlusses** nicht mitwirkt. Insofern gilt nach § 278 Abs. 2 AktG vielmehr das die aktienrechtlichen Bestimmungen verdrängende Personengesellschaftsrecht, welches diese Gegenstände der Gesellschafterversammlung zuweist; ausgenommen davon ist § 112 AktG (→ Rn. 126). Im Übrigen wirkt sich die partielle personengesellschaftsrechtliche Struktur der KGaA auch insofern aus, als die für die AG geltende satzungsrechtliche Strenge des § 23 Abs. 5 AktG nicht in demselben Maße gilt, sondern für die Gestaltung der inneren Ordnung **Satzungsfreiheit** besteht; dadurch können dem Aufsichtsrat weitere Befugnisse zugewiesen oder aber auch seine Macht eingeschränkt werden (→ § 9 Rn. 51 ff.).

126 Wie im normalen Aktienrecht ist aber die **Trennung** von Geschäftsführung und Überwachung sichergestellt, indem § 287 Abs. 3 AktG die persönlich haftenden Gesellschafter von der Mitgliedschaft im Aufsichtsrat ausschließt. Soweit es um die Ausführung von Beschlüssen geht, die die Kommanditaktionäre gegen die KG oder die Komplementäre haben, besitzt der Aufsichtsrat die **Ausführungs-** und ggf. die **Vertretungskompetenz** (§ 287 Abs. 1 und 2 S. 1 AktG), welche in allen anderen Fällen, in denen Beschlüsse der Hauptversammlung ausgeführt werden müssen, bei den Komplementären liegt. Allerdings besteht – insoweit abweichend von § 278 Abs. 2 AktG – Einigkeit, dass gegenüber den Komplementären stets der Aufsichtsrat nach § 112 AktG **vertretungsbefugt** ist (→ § 9 Rn. 35 ff.).

127 Zentrale Aufgabe des Aufsichtsrats ist auch bei der KGaA die **Überwachung** der geschäftsführenden Organe, die er – wie der Aufsichtsrat einer AG – auf der Grundlage von Berichtspflichten und Informationsrechten ausübt. Dabei hat er die **Sorgfalt** eines ordentlichen und gewissenhaften Aufsichtsratsmitglieds anzuwenden und unterliegt uU der **Haftung,** falls er schuldhaft pflichtwidrig handelt und der Gesellschaft dadurch Schaden zufügt.

128 Hinsichtlich der **Vergütung,** des **Auslagenersatzes** und des **Vertragsschlusses** zwischen Gesellschaft und Aufsichtsratsmitglied gelten die allgemeinen Regeln des AktG.

2. SE

129 Die societas europaea **(SE)** ist eine besondere Rechtsform **Europäischen Rechts.** Sie beruht auf der **SE-VO,** die als unmittelbar geltendes Recht in sämtlichen Mitgliedstaaten der Europäischen Union gilt, und löst sich deswegen in ihrer Struktur von den nationalen Denkmustern, die sich teilweise allerdings in der SE-VO wiederfinden. Wie öfter bei derartigen europäischen Rechtsakten führt der notwendige Kompromisscharakter einer solchen übernationalen Regelung zu einer gewissen Unübersichtlichkeit und uU auch zu Anwendungszweifeln der zugrundeliegenden Bestimmungen.

130 Was das anwendbare Recht anbetrifft, gilt eine **Rechtsquellenpyramide,** die man am besten in Anlehnung an Art. 9 SE-VO als vierstufigen Aufbau beschreibt: Primäre Rechtsquelle ist die SE-VO, zu der die Nationalstaaten Ausführungsgesetze – in Deutschland das **SEAG** (SE-AusführungsG) und das **SEBG** (G über die Beteiligung der Arbeitnehmer in der SE) – erlassen haben; auf der nachfolgenden Stufe gelten die sonstigen nationalen Gesetze, in Deutschland also wesentlich das **AktG,** zur Lückenschließung, und auf der letzten Stufe stehen die von der Gesellschaft geschaffenen **Satzungsbestimmungen.**

131 Komplex sind auch die **Strukturen** (→ § 9 Rn. 67 ff.) der SE. Die SE-VO schreibt die Organisationsstruktur insofern zwingend vor, als eine Hauptversammlung (Art. 38 lit. a SE-VO) bestehen muss und der Satzungsgeber hinsichtlich des bzw. der weiteren Organe zwischen dem **dualistischen** (Art. 39–42 SE-VO, §§ 15–19 SEAG) oder dem **monistischen** (Art. 43–45 SE-VO, §§ 20–46 SEAG – Verwaltungsrat) System zu wählen hat. Das dualistische System ähnelt dem deutschen Aktienrecht, sieht also ein Leitungsorgan und ein dasselbe überwachendes Aufsichtsorgan vor; dagegen werden beim monistischen System Leitungs- und Überwachungsaufgaben innerhalb desselben Organs, allerdings von verschiedenen Personen, hinsichtlich der Vertretung im Außenverhältnis zB durch die **geschäftsführenden Direktoren** (Art. 43 Abs. 1 SE-VO, § 40 SEAG) wahrgenommen, die aber im Innenverhältnis den Weisungen des Verwaltungsrats unterworfen sind und sehr viel leichter abberufen werden können, als dies nach dem deutschen Aktienrecht möglich ist. Zusätzliche Komplexität rufen die **Mitbestimmungsregeln** (→ § 7 Rn. 448 ff.; → § 9 Rn. 139 ff.) hervor, weil die Mitbestimmung der Arbeitnehmer bei der SE nicht durch

VII. Aufsichtsrat in anderen Gesellschaftsformen

nationale Vorschriften wie das MitBestG oder das DrittelbetG verwirklicht wird. Das Mitbestimmungsniveau wird, wenn mehrere Gesellschaften an der Gründung beteiligt sind, durch das sog. **Vorher-Nachher-Prinzip** gewährleistet; bei der Besetzung der Arbeitnehmerbank im Aufsichtsrat der dualistisch organisierten SE ist zunächst die etwa getroffene **Mitbestimmungsvereinbarung** (Art. 40 Abs. 2 S. 3 SE-VO, § 21 Abs. 3 Nr. 2 SEBG) maßgeblich, hilfsweise gilt die **Auffanglösung** der §§ 35ff. SEBG.

Die innere Ordnung des Aufsichtsrats beim **dualistischen** Modell entspricht, weil die SE-VO nur sparsam Regelungen (→ § 9 Rn. 62 ff.) enthält und deswegen nach Art. 9 Abs. 1 lit. c ii SE-VO das nationale Recht gilt, bei einer deutschen SE weithin dem deutschen Aktienrecht. Das betrifft vor allem auch die Trennung zwischen Geschäftsführung und Überwachung. Der Aufsichtsrat hat Rechtmäßigkeit, Zweckmäßigkeit und Wirtschaftlichkeit des Handelns der Leitungsorgane zu überwachen. Ihm obliegt die Personalkompetenz, die auch die Prüfung und Geltendmachung von Ersatzansprüchen gegen Vorstandsmitglieder einschließt, und er hat auch – wie bei der deutschen AG – die Befugnis, die Binnenorganisation des Leitungsorgans (Geschäftsordnung, Geschäftsverteilung) festzulegen.

Damit der Aufsichtsrat seiner Überwachungsaufgabe sachgerecht nachkommen kann, stehen ihm **Informations-** und **Prüfungsrechte** zu (Art. 41 SE-VO, § 90 AktG – → § 9 Rn. 123 ff.), Art. 41 Abs. 4 SE-VA schafft zusätzlich ein besonders weit zu verstehendes **Überprüfungsrecht.** Art. 48 Abs. 1 SE-VO eröffnet – zumindest – die Möglichkeit der Schaffung von Zustimmungsvorbehalten durch die Satzung; nach schärferer Auslegung besteht sogar weitergehend eine Pflicht zur Aufstellung eines solchen Zustimmungskatalogs. Für die **Haftung** der Aufsichtsratsmitglieder wegen pflichtwidriger Amtsführung gilt nach der Rechtsquellenpyramide deutsches Aktienrecht (→ § 9 Rn. 65 f.).

Im **monistischen System** werden die Mitglieder des Verwaltungsrats von der **Hauptversammlung** gewählt, die hinsichtlich der Arbeitnehmervertreter an die Wahlvorschläge gebunden ist. Die Zahl der Verwaltungsratsmitglieder legt die Satzung fest, im Fall der unternehmerischen Mitbestimmung müssen mindestens drei Mitglieder vorhanden sein. Welche mitbestimmungsrechtlichen Regelungen für die Zusammensetzung gelten, bestimmt sich auch hier in erster Linie nach der etwa getroffenen Mitbestimmungsvereinbarung. Gerichtliche Kontrolle ist durch das Statusverfahren nach §§ 25 f. SEAG, das wesentlich den Regelungen der §§ 97 ff. AktG entspricht, gewährleistet.

Der Verwaltungsrat muss einen **Vorsitzenden** (Art 45 S. 1 SE-VO), bei einer deutschen SE auch einen stellvertretenden Vorsitzenden wählen. Mangels abweichender Satzungsregelung ist der Verwaltungsrat **beschlussfähig,** wenn mindestens die Hälfte seiner Mitglieder anwesend oder vertreten ist. Eine der wesentlichen **Aufgaben** des Verwaltungsrats ist die Führung der Geschäfte, wobei die eigentliche Leitungsaufgabe den vom Verwaltungsrat zu bestellenden und ggf. abzuberufenden **geschäftsführenden Direktoren** obliegt, welche nicht notwendig zugleich Mitglied des Verwaltungsrats sein müssen (→ § 9 Rn. 157). Der Verwaltungsrat wirkt im Übrigen an der Geschäftsführung ua durch Erteilung von Weisungen mit, hat aber auch für eine ordnungsgemäße **Überwachung** der Geschäftsführung zu sorgen. Dazu hat er Informations-, Prüfungs- und Weisungsrechte, besitzt die Personalkompetenz und kann die Binnenorganisation der Geschäftsführung regeln. Die Haftung der Verwaltungsratsmitglieder ist in § 39 SEAG und – für die geschäftsführenden Direktoren – in § 40 Abs. 8 SEAG geregelt; sie folgt der Sache nach den Bestimmungen, die für eine deutsche AG gelten. Die Geltendmachung derartiger Ansprüche kann auf erhebliche Schwierigkeiten stoßen, wenn nicht allein geschäftsführende oder allein nichtgeschäftsführende Verwaltungsratsmitglieder betroffen sind (→ § 9 Rn. 173 ff.) – hier weist das monistische System Schwächen auf.

3. GmbH

Hat eine GmbH einen Aufsichtsrat, ohne den Mitbestimmungsgesetzen zu unterliegen, spricht man von einem **fakultativen Aufsichtsrat** (→ § 9 Rn. 177 ff.). Darin kommt treffend zum Ausdruck, dass hinsichtlich des **Ob** ebenso wie bezüglich des **Wie** der Schaffung eines solchen im GmbHG nicht vorgesehenen Gremiums Satzungsfreiheit besteht. Machen die Gesellschafter von den ihnen durch das im Vergleich zum Aktienrecht liberalere Regime des GmbH-Rechts eröffneten Möglichkeiten durch **Satzungsregelung** betreffend des Ob Gebrauch, schaffen sie also einen Aufsichtsrat, ohne zugleich nähere Bestimmungen über das Wie zu treffen, hat der Gesetzgeber in Gestalt des § 52 Abs. 1 GmbHG Vorsorge getroffen, indem eine Reihe von aktienrechtlichen Vorschriften für entsprechend anwendbar erklärt werden. Das bedeutet allerdings nicht, dass die in § 52 Abs. 1 GmbHG herangezogenen aktienrechtlichen Bestimmungen ohne weiteres für diesen GmbH-Aufsichtsrats gelten. Voranzugehen hat dieser entsprechenden Anwendung – sie bezieht sich auch auf die Frage, ob die aktienrechtlichen Bestimmungen unverändert auf die anders strukturierte GmbH passen – vielmehr die Prüfung und die im Wege der **Auslegung** zu beantwortende Frage, ob die Heranziehung der Verweisungsnorm im jeweiligen Fall überhaupt dem Willen der Gesellschafter entspricht. Ist diese Frage zu verneinen, ist für die Heranziehung des § 52 Abs. 2 GmbHG kein Raum, auch wenn das Gremium als Aufsichtsrat bezeichnet wird; diese Benennung besagt für sich allein nicht einmal etwas darüber, ob überhaupt eine Überwachung der Geschäftsführung beabsichtigt ist (→ § 9 Rn. 181). Deswegen sind die Gesellschafter gut beraten, durch entsprechende Satzungsgestaltung Zweifelsfragen von vornherein auszuschließen.

137 Da **Satzungsfreiheit** besteht, haben es die Gesellschafter in der Hand die **Struktur** (→ § 9 Rn. 189 ff.) des von ihnen zu schaffenden fakultativen Aufsichtsrats festzulegen, insbesondere zu bestimmen, wie viele Mitglieder er haben soll, wie dieselben **berufen** werden, wie das Amt **beendet** wird (→ § 9 Rn. 195 ff.) und vor allem, welche **Aufgaben** und **Befugnisse** (→ § 9 Rn. 185 ff.) das Gremium haben und nach welchen **internen Verfahrensregeln** (→ § 9 Rn. 212 ff.) das Amt ausgeübt werden soll. Typischerweise, wenngleich nicht zwingend (→ § 9 Rn. 181), wird im Mittelpunkt der Tätigkeit die retrospektive und gleichermaßen die zukunftsgerichtete **Überwachung** der Geschäftsführung stehen (→ § 9 Rn. 185 ff.); insofern besteht Ähnlichkeit zur Lage nach dem Aktiengesetz. Daneben kann die Satzung dem fakultativen Aufsichtsrat weitere **Kompetenzen** zuweisen; dazu kann die Übertragung von Geschäftsführungsaufgaben, das Recht, den Geschäftsführern Weisungen zu erteilen, oder die Personalkompetenz gehören. Dagegen kann die Generalkompetenz der Gesellschafterversammlung als dem zentralen und obersten Organ der GmbH – vornehmlich betrifft das die Satzungsgestaltung – nicht zugunsten des fakultativen Aufsichtsrats eingeschränkt werden; anderenfalls liefe dies auf ihre Selbstentmündigung hinaus (→ § 9 Rn. 182 ff.). Die Gesellschafterversammlung kann deswegen durch Satzungsregelung einen bestehenden fakultativen Aufsichtsrat jederzeit wieder abschaffen. Entscheidungen des Aufsichtsrats – etwa im Rahmen eines Zustimmungsvorbehalts – kann die Gesellschafterversammlung aufheben oder dem Aufsichtsrat Weisungen erteilen (→ § 9 Rn. 183). **Geschäftsführer** sind nur insoweit nicht den Weisungen eines fakultativen Aufsichtsrats unterworfen, wie sie kraft zwingender Gesetzesvorschriften Aufgaben im Interesse der Allgemeinheit zu erfüllen haben (→ § 9 Rn. 184).

138 Mitglieder eines fakultativen Aufsichtsrats handeln im Interesse der Gesellschaft, sie haben bei der Amtsausübung die Pflichten eines **ordentlichen** und **gewissenhaften** Mitglieds eines Überwachungsorgans zu erfüllen (→ § 9 Rn. 204 ff.). Soweit über § 52 Abs. 1 GmbHG die aktienrechtlichen Bestimmungen entsprechend heranzuziehen sind, ist das selbstverständlich. Es gilt prinzipiell aber in gleicher Weise für jede andere Zuweisung der „Überwachungsaufgabe", solange die Gesellschafterversammlung nicht durch Satzungsregelung Abweichendes – zB Erleichterungen des Haftungsmaßstabes, Verkürzung der Verjährungsfrist oder eine der Höhe nach begrenzte Inanspruchnahme der betroffenen Organmitglieder beschließt. Schuldhaft pflichtwidriges Verhalten, das zu einem Schaden der Gesellschaft führt, kann die Aufsichtsratsmitglieder **haftbar** machen. Dass sie über die in amtlicher Eigenschaft erlangten Kenntnisse **Stillschweigen** zu bewahren haben, ist ebenso selbstverständlich wie sie **Geschäftschancen** der Gesellschaft nicht auf sich selbst oder ihnen Nahestehende überleiten dürfen; wieweit im Übrigen **Wettbewerbsverbote** bestehen, ist eine Frage der Gestaltung der Beziehungen zwischen Gesellschaft und Aufsichtsratsmitglied im Einzelfall. Von den Regelungen im Einzelfall hängt es auch ab, ob die Amtsträger **unentgeltlich** tätig werden oder eine **Vergütung** beanspruchen können; § 612 BGB findet keine Anwendung.

139 Neben dem fakultativen Aufsichtsrat begegnen in der Praxis häufig **Beiräte** (→ § 9 Rn. 219 ff.), für deren Einrichtung, Besetzung, Aufgabenzuweisung usw – nicht anders als dies für den fakultativen Aufsichtsrat gilt – umfassende **Satzungsfreiheit** besteht.

4. Genossenschaft

140 Soweit eingetragene Genossenschaften (eG → § 9 Rn. 227 ff.) den **Mitbestimmungsgesetzen** unterliegen, gelten hinsichtlich der Aufsichtsratsstruktur deren Regeln. Ist das nicht der Fall, bestimmt für die normtypische eG § 9 Abs. 1 S. 1 GenG, dass ein **Aufsichtsrat** vorhanden sein muss; davon dispensiert § 9 Abs. 1 S. 2 GenG kleine Genossenschaften mit nicht mehr als zwanzig Mitgliedern, indem durch Satzungsregelung auf einen Aufsichtsrat verzichtet werden kann, dessen Aufgaben dann die Generalversammlung übernimmt. Nicht nur hieran, sondern auch an dem in § 9 Abs. 2 GenG niedergelegten **Selbstorganschaftsprinzip,** dass also die Mitglieder des Vorstands wie die des Aufsichtsrats Genossen sein müssen, zeigt sich eine teilweise von den aktienrechtlichen Regeln abweichende Struktur. Der Aufsichtsrat ähnelt dadurch teilweise einem Ausschuss der Generalversammlung, der – soweit er besteht – an ihrer Stelle bestimmte Kontroll- und Vertretungsaufgaben gegenüber dem Vorstand zu versehen hat. Mögliche dadurch entstehende Überwachungsdefizite werden dann nach den genossenschaftlichen Regeln durch andere Instrumente, zB die Pflichtmitgliedschaft im **Prüfungsverband** (§ 54 GenG) und die damit verbundenen Pflichten und Kontrollen (§§ 55 ff. GenG) ausgeglichen.

141 Die Mitglieder des Aufsichtsrats werden von der Generalversammlung für eine bestimmte Zeit **gewählt** und können ggf. auch vor Ablauf der Amtsperiode **abberufen** werden. Neben das auf diese Weise begründete **Organverhältnis** tritt das **Anstellungsverhältnis** (→ § 9 Rn. 249 ff.). Dieses kann bei unentgeltlicher Tätigkeit ein Auftrag (§§ 662 ff. BGB) sein, ist aber regelmäßig ein **Dienstvertrag** (§§ 611 ff.

BGB), wenn das Amt, wie auch § 36 Abs. 2 GenG voraussetzt, nur gegen Zahlung einer Vergütung ausgeübt wird. Für die Festsetzung der **„angemessenen"** Vergütung ist die Generalversammlung zuständig, die durch Satzungsregelung oder Einzelbeschluss entscheidet (§ 113 AktG analog). **Auslagen** können die Aufsichtsratsmitglieder nach §§ 675, 670 BGB erstattet verlangen. Für neben der Aufsichtsratstätigkeit bestehende **Beratungsverträge** bedarf es entsprechend § 114 AktG der Zustimmung des Aufsichtsrats.

Über die **innere Ordnung** des Aufsichtsrats (→ § 9 Rn. 254 ff.) trifft das GenG nur rudimentäre Bestimmungen. Aus § 36 Abs. 1 S. 2 GenG folgt indirekt, dass der Aufsichtsrat durch Beschluss entscheidet. Nach § 25a GenG soll die Wahl eines Aufsichtsratsvorsitzenden nicht unbedingt erforderlich sein, abgesehen davon, dass dies bei Vorhandensein eines Aufsichtsrats mehr als unzweckmäßig ist, adressiert das Gesetz im Zusammenhang mit der Pflichtprüfung in § 57 Abs. 2–4 GenG Aufgaben des Aufsichtsratsvorsitzenden. Jedenfalls schafft das weitreichende Schweigen des GenG die Notwendigkeit, durch Satzungsregelungen Bestimmungen für die innere Ordnung – zB die Einrichtung von Ausschüssen, ihre Kompetenzen und Arbeitsweise oder die Einberufung und den Gang der Sitzungen oder eine Geschäftsordnung – zu treffen.

Wie im Aktienrecht – und prinzipiell denselben Regeln folgend (→ § 9 Rn. 262 ff.) – sind die zentralen Aufgaben des Aufsichtsrats die **Überwachung** des Vorstands (§ 38 GenG) und die **Vertretung** der Genossenschaft gegenüber dem Vorstand (§ 39 GenG). Der Aufsichtsrat hat den **Jahresabschluss,** den **Lagebericht** und den Vorschlag über die Verwendung des **Jahresüberschusses** zu prüfen und darüber der Generalversammlung zu berichten (§ 38 Abs. 1 S. 5 GenG). In besonderen Fällen steht ihm das Recht zur Einberufung einer Generalversammlung zu (§ 38 Abs. 2 GenG). Für die bei der Amtsausübung anzuwendende **Sorgfalt** gilt nach § 41 GenG iVm § 34 GenG, dass der Maßstab eines ordentlichen Mitglieds des Überwachungsorgans einer eG heranzuziehen ist; auch insofern gelten die Aufsichtsratsmitglieder einer AG treffenden Regeln in gleicher Weise. Deswegen müssen pflichtwidrig handelnde Aufsichtsratsmitglieder, die der eG dadurch einen Schaden zugefügt haben, gewärtigen, hierfür in Regress genommen zu werden, mangelnde Kenntnisse oder Erfahrungen schließen – auch bei ehrenamtlicher Tätigkeit – die Haftung nicht aus, weil der Sorgfaltsmaßstab objektiviert ist.[119] Nach § 41 GenG iVm § 34 GenG besteht eine **Verschwiegenheitspflicht**.

---

[119] BGH DStR 2004, 513; DStR 2002, 597 (für Vorstand einer eG).

§ 2 Zusammensetzung

Übersicht

	Rn.
I. Allgemeines	1
1. Zusammensetzung	1
a) Rechtsgrundlagen	1
aa) Die gesetzliche Mindestzahl	7
bb) Die gesetzliche Höchstzahl	8
cc) Die satzungsmäßige Zahl	10
dd) Grundsatz der Dreiteilbarkeit	12
ee) Veränderung der Mitgliederzahl	13
(1) Unmittelbare Veränderung der satzungsmäßigen Mitgliederzahl	13
(2) Mittelbare Veränderung der Mitgliederzahl	15
(3) Veränderung der Mitgliederzahl in mitbestimmten Aufsichtsräten	17
b) Mitbestimmte Aufsichtsräte	18
c) Rechtsfolge bei Verstoß	19
aa) Unzulässige Satzungsbestimmung	19
bb) Unzulässiger Wahlbeschluss	21
cc) Verstoß gegen die Satzung	23
2. Geschlechterquote	25
a) Zwingende Geschlechterquote (§ 96 Abs. 2 AktG)	25
b) Festlegung von Zielgrößen für Frauenquote (§ 111 Abs. 5 AktG)	27
c) Rechtsfolgen bei Verstoß	32
aa) Verstoß gegen zwingende Geschlechterquote nach § 96 Abs. 2 AktG	32
bb) Verfehlung der Zielquote nach § 111 Abs. 5 AktG	36
cc) Unterlassung oder fehlerhafte Festlegung der Zielquote	37
II. Persönliche Voraussetzungen	38
1. Gesetzliche Voraussetzungen, § 100 Abs. 1 AktG	38
2. Gesetzliche Hinderungsgründe	39
a) Nach AktG	40
aa) Verbot der Ämterhäufung, § 100 Abs. 2 S. 1 Nr. 1 AktG	40
bb) Gebot der Organintegrität, § 100 Abs. 2 S. 1 Nr. 2 AktG	46
cc) Verbot der Überkreuzverflechtung, § 100 Abs. 2 S. 1 Nr. 3 AktG	48
dd) Wahl ehemaliger Vorstandsmitglieder, § 100 Abs. 2 S. 1 Nr. 4 AktG	51
ee) Inkompatibilität	57
b) Nach anderen Gesetzen	59
3. Eignung	60
4. Unabhängigkeit	64
5. Interessenkonflikt	68
6. Persönliche Voraussetzungen in der Satzung	70
7. Besondere Voraussetzungen	73
a) Arbeitnehmervertreter	73
b) Finanzexperten und Sektorenkenntnis, § 100 Abs. 5 AktG	74
aa) Allgemeines	74
bb) Finanzexperte	75
cc) Sektorenkenntnis	77
8. Rechtsfolgen des Fehlens persönlicher Voraussetzungen oder Vorliegens von Hinderungsgründen	81
a) Verstoß gegen § 100 Abs. 1, 2 AktG	81
b) Verstoß gegen von der Satzung geforderte persönliche Voraussetzungen	84
c) Verstoß gegen § 100 Abs. 5 AktG	87
d) Verstoß gegen § 105 Abs. 1 AktG	93
e) Verstoß gegen Vorgaben in Bezug auf Eignung, Unabhängigkeit, Interessenkonflikt	95
f) Besonderheiten für entsandte Mitglieder	96
g) Verstoß bei gerichtlicher Bestellung	98
9. Ehrenvorsitzende, Ehrenmitglieder	99
III. Bestellung	101
1. Wahl der Anteilseignervertreter	102
a) Wahlvorschlag	103
b) Durchführung der Wahl	108
aa) Angaben bei Einberufung der Hauptversammlung	108

	Rn.
bb) Wahlverfahren	109
cc) Wahlmodus	111
dd) Beschlussfassung	114
c) Wahlabreden	118
d) Annahme der Wahl und Amtsbeginn	121
e) Erster Aufsichtsrat	122
2. Wahl der Arbeitnehmervertreter	125
3. Entsendung durch Aktionäre	126
a) Einräumung und Ausgestaltung	127
b) Entsendungsberechtigter	128
c) Ausübung des Entsendungsrechts	129
d) Höchstzahl	131
4. Gerichtliche Bestellung	134
a) Allgemeines	134
b) Beschlussunfähigkeit, § 104 Abs. 1 AktG	135
c) Unvollständigkeit, § 104 Abs. 2 AktG	137
d) Voraussetzungen der Unterbesetzung	139
e) Antragserfordernis	141
f) Zuständigkeit	144
g) Gerichtliche Entscheidung	145
h) Rechtsstellung der gerichtlich bestellten Aufsichtsratsmitglieder	147
5. Fehlerhafte Bestellung	148
IV. Amtszeit	153
1. Beginn und Ende der gesetzlichen Amtszeit	153
2. Besondere Satzungsregelungen	157
3. Wiederbestellung	160
4. Sonderfälle	161
a) Arbeitnehmervertreter	161
b) Entsandte Mitglieder	162
c) Gerichtlich bestellte Mitglieder	164
d) Erster Aufsichtsrat	167
V. Vorzeitige Beendigung	169
1. Wegfall persönlicher Voraussetzungen	169
2. Abberufung	171
a) Von der Hauptversammlung frei gewählte Aufsichtsratsmitglieder, § 103 Abs. 1 AktG	172
b) Entsandte Aufsichtsratsmitglieder, § 103 Abs. 2 AktG	178
c) Gerichtliche Abberufung, § 103 Abs. 3 AktG	181
aa) Allgemeines	181
bb) Antragstellung	182
cc) Wichtiger Grund	185
dd) Verfahren	187
ee) Wirkung der gerichtlichen Entscheidung	189
d) Besonderheiten bei gerichtlich bestellten Mitgliedern	192
e) Besonderheiten bei Arbeitnehmervertretern	194
3. Amtsniederlegung	195
4. Erfolgreiche Anfechtungsklage	199
5. Tod	201
6. Gesellschaftsbezogene Beendigungsgründe	202
VI. Besonderheiten bei Ersatzmitgliedern	203
1. Allgemeines	203
2. Bestellung	204
3. Nachrücken	209
4. Ausscheiden	210
VII. Bekanntmachungspflichten hinsichtlich der Zusammensetzung des Aufsichtsrats	212
1. Bekanntmachungen im Handelsregister	212
2. Sonstige Publizitätspflichten	217

Schrifttum:
Ihrig, Gestaltungsspielräume und -grenzen beim Wechsel von Vorstand in den Aufsichtsrat, FS Hoffmann-Becking, 2013, 617; *Koppensteiner,* Internationale Unternehmen im deutschen Gesellschaftsrecht, 1971; *Krieger,* Der Wechsel vom Vorstand in den Aufsichtsrat, FS Hüffer, 2010, 521; *Lieder,* Die Rechtsstellung

von Aufsichtsratsmitgliedern bei fehlerhafter Wahl, ZHR 178 (2014), 282; *Lutter*, Blockabstimmungen im Aktien- und GmbH-Recht, FS Odersky, 1996, 845; *Lutter*, Verhaltenspflichten von Organmitgliedern bei Interessenkonflikten, FS Priester, 2007, 417; *Mader*, Die internationale Besetzung des Aufsichtsrats einer deutschen Aktiengesellschaft, ZGR 2014, 430; *Oetker*, Die zwingende Geschlechterquote für den Aufsichtsrat, ZHR 179 (2015), 707; *Röder/Arnold*, Geschlechterquoten und Mitbestimmungsrecht – Offene Fragen der Frauenförderung, NZA 2015, 279; *Seibt*, Interessenkonflikte im Aufsichtsrat, FS Hopt, Band 1, 2010, 1363; *Wasmann/Rothenburg*, Praktische Tipps zum Umgang mit der Frauenquote, DB 2015, 291.

I. Allgemeines

1. Zusammensetzung

a) Rechtsgrundlagen

Jede **Aktiengesellschaft** und **Kommanditgesellschaft auf Aktien** (→ § 9 Rn. 1 ff.) deutschen Rechts muss über einen Aufsichtsrat verfügen,[1] der auch als solcher zu bezeichnen ist.[2] Dasselbe gilt nach den Mitbestimmungsgesetzen für **Gesellschaften mit beschränkter Haftung mit mehr als 500 Arbeitnehmern** sowie nach § 18 Abs. 2 S. 1 KAGB für externe Kapitalverwaltungsgesellschaften iSd § 17 Abs. 2 Nr. 2 KAGB in der Rechtsform einer GmbH.[3] Bei anderen Gesellschaften mit beschränkter Haftung kann, muss aber kein Aufsichtsrat gebildet werden (→ § 9 Rn. 177 ff.).[4]

In der **dualistisch verfassten SE** sind die Überwachungsaufgaben ebenfalls durch ein Aufsichtsorgan zu erfüllen, dessen gesetzliche Grundlage die SE-VO, das SEAG, das SEBG, sowie im Übrigen gem. § 9 Abs. 1c ii SE-VO das Aktienrecht bilden (→ § 9 Rn. 62 ff.).

Auch **Genossenschaften** müssen gem. § 9 Abs. 1 S. 1 GenG grundsätzlich einen Aufsichtsrat bilden, auf das GenG anzuwenden ist (→ § 9 Rn. 227 ff.). Personengesellschaften hingegen sind nicht zur Bildung eines Aufsichtsrats verpflichtet.[5]

Grundsätzlich richten sich die zulässige **Höchstzahl und die Zusammensetzung** von Aufsichtsräten in Aktiengesellschaften und KGaA nach dem AktG, insbesondere nach den **§§ 95 ff. AktG**. Für börsennotierte Gesellschaften enthält zusätzlich der **Deutsche Corporate Governance Kodex (DCGK)** Grundsätze und Empfehlungen (→ § 1 Rn. 59 ff.).[6] Überschreitet die Zahl der Arbeitnehmer der Gesellschaft bestimmte Schwellenwerte, gelten ergänzend, teilweise auch verdrängend, Sondervorschriften zur unternehmerischen Mitbestimmung (sog. „mitbestimmte Gesellschaft"; iÜ „mitbestimmungsfreie Gesellschaft") wie das DrittelbG, das MitbestG und das MontanMitbestG. In diesem Kapitel wird ausschließlich die Zusammensetzung des Aufsichtsrats nach dem AktG erläutert. Die Besonderheiten mitbestimmter Gesellschaften werden in (→ § 7 Rn. 1 ff.) behandelt.

Werden die jeweiligen Schwellenwerte der Mitbestimmungsgesetze über- oder unterschritten, ändert sich die Zusammensetzung des Aufsichtsrats nicht automatisch, sondern nur nach Durchführung eines sog. **Statusverfahrens** nach §§ 97 ff. AktG (**Kontinuitätsprinzip**, § 96 Abs. 4 AktG). Dadurch wird das anwendbare Aufsichtsratsmodell verbindlich festgestellt, was der Rechtssicherheit dient.[7] Nach § 97 AktG muss der Vorstand durch Bekanntmachung das Statusverfahren einleiten, wenn er der Ansicht ist, dass der Aufsichtsrat nicht nach den für ihn maßgeblichen Vorschriften zusammengesetzt ist.[8] Bei Streit oder Ungewissheit über die Zusammensetzung des Aufsichtsrats kann gem. §§ 98, 99 AktG auf Antrag ein gerichtliches Statusverfahren durchgeführt werden. Zu weiteren Einzelheiten (→ § 7 Rn. 491 ff.).

Die §§ 95 ff. AktG regeln die Zusammensetzung des Aufsichtsrats im Wesentlichen abschließend und lassen gem. § 23 Abs. 5 S. 1 AktG nur **wenig Spielraum für abweichende Satzungsbestimmungen.**[9] Erlaubt sind vorbehaltlich der mitbestimmungsrechtlichen Vorschriften Regelungen über die Größe des Aufsichtsrats gem. § 95 S. 2 AktG, persönliche Voraussetzungen für Aufsichtsratsmitglieder gem. § 100

---

[1] Siehe nur MüKoAktG/*Habersack* AktG Vor §§ 95 ff. Rn. 1.
[2] Hüffer/Koch/*Koch* AktG § 95 Rn. 1; BeckOGK/*Spindler* AktG § 95 Rn. 2.
[3] Vgl. MüKoAktG/*Spindler* GmbHG § 52 Rn. 2; Roth/Altmeppen/*Altmeppen* GmbHG § 52 Rn. 64 ff.; *Lutter/Krieger/Verse* AR § 1 Rn. 7.
[4] Vgl. Baumbach/Hueck/*Zöllner/Noack* GmbHG § 52 Rn. 1.
[5] Vgl. MHdB GesR II/*Mutter* § 53 Rn. 1.
[6] Krit. hierzu *Kley* AG 2019, 818 (820).
[7] MüKoAktG/*Habersack* AktG § 97 Rn. 1; GroßkommAktG/*Hirte/Mülbert/Roth* AktG § 97 Rn. 3 ff.; Kölner Komm AktG/*Mertens/Cahn* AktG § 97–99 Rn. 2; BeckOGK/*Spindler* AktG § 97 Rn. 1; Hüffer/Koch/*Koch* AktG § 97 Rn. 1.
[8] Vgl. MüKoAktG/*Habersack* AktG § 97 Rn. 15.
[9] Vgl. MüKoAktG/*Habersack* AktG Vor §§ 95 ff. Rn. 7.

Abs. 4 AktG sowie Entsendungsrechte gem. § 101 Abs. 2 AktG. Solche Satzungsregelungen sind auch zu empfehlen (→ Rn. 10, Rn. 71 f.).[10]

7 **aa) Die gesetzliche Mindestzahl.** § 95 S. 1 AktG legt die Zahl der Aufsichtsratsmitglieder auf **drei** fest. § 95 S. 2 AktG erlaubt nur die Festsetzung einer höheren, nicht aber einer niedrigeren Zahl durch die Satzung.[11] Bei weniger als drei Mitgliedern ist der Aufsichtsrat gem. § 108 Abs. 2 S. 3 AktG per se **beschlussunfähig** und vom zuständigen Gericht (→ Rn. 144) nach § 104 Abs. 1 AktG auf Antrag des Vorstands, eines Aufsichtsratsmitglieds oder eines Aktionärs auf die zur Beschlussfähigkeit nötige Zahl zu ergänzen. Zu weiteren Einzelheiten → Rn. 135 f.

8 **bb) Die gesetzliche Höchstzahl.** Gesetzlich beschränkt ist auch die Höchstzahl der Aufsichtsratsmitglieder, und zwar nach § 95 S. 4 AktG **in Abhängigkeit der Höhe des Grundkapitals** der Gesellschaft auf **neun, 15 oder 21** Aufsichtsratsmitglieder.[12] Dadurch soll die Effektivität der Arbeit des Aufsichtsrats gewährleistet werden.[13] Maßgeblich ist das tatsächlich ausgegebene Grundkapital.[14] Bedingte Kapitalerhöhungen sind gemäß § 200 AktG erst nach Ausgabe der jungen Aktien relevant.[15] Gleiches gilt gemäß §§ 203 Abs. 1 S. 1, 189 AktG für genehmigtes Kapital, das erst ab Eintragung der durchgeführten Erhöhung berücksichtigt wird.[16]

9 Auf die Höchstzahl **anzurechnen** sind **alle Aufsichtsratsmitglieder,** unabhängig von der Art ihrer Bestellung oder ihrem Status als Arbeitnehmer- oder Anteilsvertreter.[17] Ersatzmitglieder und aufschiebend bedingt bestellte Aufsichtsratsmitglieder werden jedoch erst dann mitgezählt, wenn sie ihr Amt tatsächlich angetreten haben.[18]

10 **cc) Die satzungsmäßige Zahl.** In der Satzung kann gemäß § 95 S. 2–4 AktG eine **Mitgliederzahl** zwischen drei und der entsprechenden gesetzlichen Höchstzahl an Aufsichtsratsmitgliedern festgesetzt werden. Eine satzungsmäßige Festsetzung von mehr als drei Mitgliedern ist nicht nur üblich[19], sondern häufig auch empfehlenswert, um die Gefahr einer **Beschlussunfähigkeit** nach § 108 Abs. 2 S. 3 AktG möglichst zu vermeiden.[20] Hat ein Aufsichtsrat nur drei Mitglieder, können wirksame Beschlüsse nur bei Anwesenheit aller Mitglieder gefasst werden (zu Einzelheiten → § 3 Rn. 449). Auch die Arbeitsbelastung kann eine größere Mitgliederzahl erforderlich machen. Zu groß sollten Aufsichtsräte aber auch nicht sein, denn darunter leiden Funktionsfähigkeit und **Effizienz.**[21] In der Praxis spielt für die Mitgliederzahl häufig eine wesentliche Rolle, welche **Gruppen** (Aktionäre, Arbeitnehmergruppen, sonstige Stakeholder) im Aufsichtsrat repräsentiert sein sollen oder wollen.

11 § 95 S. 2 AktG legt fest, dass in der Satzung eine „*bestimmte*" Anzahl an Mitgliedern festgesetzt werden kann, was bedeutet, dass eine **variable Mitgliederzahl** nicht zulässig ist.[22] Möglich ist allerdings eine Regelung, wonach sich die Größe des Aufsichtsrats nach der mit Blick auf das Grundkapital nach § 95 S. 3 AktG jeweils höchstzulässigen Zahl richtet.[23] Das ist bestimmt genug, weil sich die Höhe des maßgeblichen Grundkapitals eindeutig ermitteln lässt.[24]

12 **dd) Grundsatz der Dreiteilbarkeit.** Bis zur Aktienrechtsnovelle 2016 musste die Anzahl der Aufsichtsratsmitglieder stets durch drei teilbar sein.[25] Seitdem gilt das nach § 95 S. 3 AktG nur noch, wenn es zur Erfüllung **mitbestimmungsrechtlicher** Vorgaben erforderlich ist (→ § 7 Rn. 410).[26]

---

[10] So auch MüKoAktG/*Habersack* AktG Vor §§ 95 ff. Rn. 7; vgl. auch GroßkommAktG/*Hirte*/*Mülbert*/*Roth* AktG § 95 Rn. 57.
[11] Hüffer/Koch/*Koch* AktG § 95 Rn. 2.
[12] Kritik an der Höchstzahl zB bei *Kley* AG 2019, 818 (819) („20 Aufsichtsratsmitglieder sind zu viel").
[13] MüKoAktG/*Habersack* AktG § 95 Rn. 13; Hölters/*Simons* AktG § 95 Rn. 1.
[14] BeckOGK/*Spindler* AktG § 95 Rn. 5; MüKoAktG/*Habersack* AktG § 95 Rn. 14.
[15] Kölner Komm AktG/*Mertens*/*Cahn* AktG § 95 Rn. 13; MüKoAktG/*Habersack* AktG § 95 Rn. 14.
[16] Kölner Komm AktG/*Mertens*/*Cahn* AktG § 95 Rn. 13; MüKoAktG/*Habersack* AktG § 95 Rn. 14.
[17] Hölters/*Simons* AktG § 95 Rn. 4; Hüffer/Koch/*Koch* AktG § 95 Rn. 2.
[18] MüKoAktG/*Habersack* AktG § 95 Rn. 15; Hüffer/Koch/*Koch* AktG § 95 Rn. 4; Hölters/*Simons* AktG § 95 Rn. 9.
[19] Vgl. Kölner Komm AktG/*Mertens*/*Cahn* AktG § 95 Rn. 8.
[20] Statt vieler GroßkommAktG/*Hirte*/*Mülbert*/*Roth* AktG § 95 Rn. 57; MüKoAktG/*Habersack* AktG § 95 Rn. 9.
[21] Zu rechtspolitischen Forderungen Hüffer/Koch/*Koch* AktG § 95 Rn. 2, mwN; sa *Kley* AG 2019, 818 (819).
[22] Begr. RegE BT-Drs. IV/171, 133; Semler/v. Schenck/*Gittermann* AktG § 95 Rn. 14; MüKoAktG/*Habersack* AktG § 95 Rn. 9.
[23] HM, so zB MüKoAktG/*Habersack* AktG § 95 Rn. 9; Kölner Komm AktG/*Mertens*/*Cahn* AktG § 95 Rn. 14; Großkomm AktG/*Hirte*/*Mülbert*/*Roth* AktG § 95 Rn. 61; Hölters/*Simons* AktG § 95 Rn. 5; NK-AktR/*Breuer*/*Fraune* AktG § 95 Rn. 6.
[24] Großkomm AktG/*Hirte*/*Mülbert*/*Roth* AktG § 95 Rn. 61; BeckOGK/*Spindler* AktG § 95 Rn. 11.
[25] Hölters/*Simons* AktG § 95 Rn. 7.
[26] Hölters/*Simons* AktG § 95 Rn. 7.

I. Allgemeines

ee) Veränderung der Mitgliederzahl. (1) Unmittelbare Veränderung der satzungsmäßigen Mitgliederzahl. Bei **Erhöhung der Mitgliederzahl** durch Satzungsänderung sind **Ergänzungswahlen** erforderlich.[27] Der vorherigen Durchführung eines Statusverfahrens bedarf es nach hM nicht.[28] Aufsichtsratsmitglieder für die neuen Plätze können in derselben Hauptversammlung gewählt werden, in der die Satzung geändert wird.[29] Der Amtsantritt ist – Annahme der Wahl vorausgesetzt – jedoch erst mit Wirksamkeit der Satzungsänderung möglich, also mit deren Eintragung ins Handelsregister, § 181 Abs. 3 AktG.[30]

Wird der Aufsichtsrat durch eine Satzungsänderung **verkleinert,** bleiben die überzähligen Aufsichtsratsmitglieder nach hM vorerst im Amt.[31] Allerdings kann und soll die Hauptversammlung durch **Abberufung** der überzähligen Aufsichtsratsmitglieder nach § 103 AktG für die Einhaltung der neuen Vorgaben sorgen (zu den sonst möglichen Folgen (→ Rn. 23 f.).[32] Scheidet ein überzähliges Aufsichtsratsmitglied vor Ablauf seiner Mandatszeit aus dem Aufsichtsrat aus, darf nach Eintragung der Satzungsänderung mit der neuen Mitgliederzahl kein Nachfolger mehr gewählt werden. Wird dennoch gewählt, ist die Wahl anfechtbar.[33]

(2) Mittelbare Veränderung der Mitgliederzahl. Wird durch eine **Kapitalerhöhung** einer der **Schwellenwerte aus § 95 S. 4 AktG überschritten,** berührt das die satzungsmäßige Mitgliederzahl grundsätzlich **nicht,** auch wenn diese bis dahin der gesetzlichen Höchstzahl entsprach.[34] Die Hauptversammlung kann allerdings ab Eintragung der Kapitalerhöhung durch Satzungsänderung eine höhere Zahl festlegen.[35] Zu einer automatischen Erhöhung der Mitgliederzahl auf die dann erhöhte gesetzliche Höchstzahl kommt es nur, wenn die Satzung das ausdrücklich so regelt (→ Rn. 11).

Wird eine **Kapitalherabsetzung** durchgeführt und **reduziert** sich dadurch die **gesetzlich mögliche Höchstzahl** an Aufsichtsratsmitgliedern aus § 95 S. 4 AktG, muss die Satzung, wenn diese vorher eine höhere Mitgliederzahl vorsah, gemäß § 179 Abs. 1 S. 2 AktG durch **Satzungs-,** nicht durch bloße Fassungs**änderung** an den neuen gesetzlichen Rahmen angepasst werden.[36] Danach gilt für die überzähligen Aufsichtsratsmitglieder das Gleiche wie bei reiner Satzungsänderung (→ Rn. 14).[37] Zum Teil wird demgegenüber vertreten, dass in diesen Fällen ein Statusverfahren nach §§ 97 ff. AktG durchgeführt werden müsse.[38] Der Begriff „zusammengesetzt" in § 97 Abs. 1 S. 1 AktG ist jedoch so zu verstehen, dass er sich nur auf die personelle Zusammensetzung aus Anteilseigner- und Arbeitnehmervertretern und nicht auch auf die rein zahlenmäßige Zusammensetzung bezieht.[39]

(3) Veränderung der Mitgliederzahl in mitbestimmten Aufsichtsräten. Im mitbestimmten Aufsichtsrat werden satzungsmäßige Änderungen der Mitgliederzahl, soweit möglich (→ § 7 Rn. 75 f., § 7 Rn. 410), erst für die **nächste Amtsperiode** wirksam.[40] Änderungen wegen Unterschreiten der Schwellenzahlen durch Kapitalherabsetzung sind nur für Unternehmen relevant, die dem DrittelbG unterfallen, weil sich nur dort die Mitgliederzahlen am Grundkapital orientieren.[41] In diesen Fällen ist nach wohl hM

---

[27] MüKoAktG/*Habersack* AktG § 95 Rn. 17; Hüffer/Koch/*Koch* AktG § 95 Rn. 5; Henssler/Strohn/*Henssler* AktG § 95 Rn. 2.
[28] OLG Hamburg ZIP 1988, 1191 (1192); OLG Dresden ZIP 1997, 589 (590 f.); *Meier* NZG 2000, 190; Semler/v. Schenck/*Gittermann* AktG § 95 Rn. 27 f.; MüKoAktG/*Habersack* AktG § 95 Rn. 17; Hüffer/Koch/*Koch* AktG § 95 Rn. 5; Hölters/*Simon* AktG § 95 Rn. 13.
[29] Kölner Komm AktG/*Mertens/Cahn* AktG § 95 Rn. 24.
[30] MüKoAktG/*Habersack* AktG § 95 Rn. 17.
[31] Vgl. OLG Hamburg ZIP 1988, 1191 (1192); GroßkommAktG/*Hirte/Mülbert/Roth* AktG § 95 Rn. 101; MüKoAktG/*Habersack* AktG § 95 Rn. 18.
[32] MüKoAktG/*Habersack* AktG § 95 Rn. 18; Hüffer/Koch/*Koch* AktG § 95 Rn. 5; BeckOGK/*Spindler* AktG § 95 Rn. 17.
[33] MüKoAktG/*Habersack* AktG § 95 Rn. 18.
[34] BeckOGK/*Spindler* AktG § 95 Rn. 14; Hüffer/Koch/*Koch* AktG § 95 Rn. 5.
[35] MüKoAktG/*Habersack* AktG § 95 Rn. 17; Kölner Komm AktG/*Mertens/Cahn* AktG § 95 Rn. 23; Hüffer/Koch/*Koch* AktG § 95 Rn. 5; K. Schmidt/Lutter/*Drygala* AktG § 95 Rn. 10.
[36] MüKoAktG/*Habersack* AktG § 95 Rn. 18; Hölters/*Simons* AktG § 95 Rn. 14; **aA** Grigoleit/*Tomasic* AktG § 95 Rn. 13: Fassungsänderung nach § 179 Abs. 1 S. 2 AktG.
[37] HM, vgl. BeckOGK/*Spindler* AktG § 95 Rn. 19; Kölner Komm AktG/*Mertens/Cahn* AktG § 95 Rn. 25; Hüffer/Koch/*Koch* AktG § 95 Rn. 5; MüKoAktG/*Habersack* AktG § 95 Rn. 18; Hölters/*Simons* AktG § 95 Rn. 14.
[38] *Oetker* ZHR 149 (1985), 575 (580).
[39] BeckOGK/*Spindler* AktG § 95 Rn. 19.
[40] OLG Dresden ZIP 1997, 589 (591); OLG Hamburg AG 1989, 64 (66); Hüffer/Koch/*Koch* AktG § 95 Rn. 5; Kölner Komm AktG/*Mertens/Cahn* AktG § 95 Rn. 25; MüKoAktG/*Habersack* AktG § 95 Rn. 19; Kölner Komm AktG/*Mertens/Cahn* AktG § 95 Rn. 26; UHH/*Henssler* MitbestR § 7 MitbestG Rn. 28.
[41] BeckOGK/*Spindler* AktG § 95 Rn. 19.

ein Statusverfahren nach §§ 97ff. AktG einzuleiten, die bestehenden Aufsichtsratsämter erlöschen innerhalb einer bestimmten Frist nach Abschluss des Verfahrens, vgl. § 97 Abs. 2 S. 3 AktG.[42]

b) Mitbestimmte Aufsichtsräte

18 Zur Zusammensetzung des mitbestimmten Aufsichtsrats → § 7 Rn. 79ff., § 7 Rn. 415ff.

c) Rechtsfolge bei Verstoß

19 **aa) Unzulässige Satzungsbestimmung.** Verstößt eine satzungsmäßige Bestimmung der Zahl der Aufsichtsratsmitglieder gegen § 95 AktG, weil sie eine zu große, zu kleine, zu unbestimmte oder – obwohl mitbestimmungsrechtlich vorgegeben – eine nicht durch drei teilbare Zahl vorsieht, ist sie **nichtig**.[43] Bei einer Ursprungssatzung ergibt sich das aus **§ 134 BGB**, bei einer Satzungsänderung aus **§ 241 Nr. 3 AktG**, weil die genannten Vorschriften im öffentlichen Interesse liegen.[44]

20 Bei Verstößen gegen § 95 S. 2 oder 3 AktG, also gegen die **Mindestzahl**, den Grundsatz der **Bestimmtheit** oder (sofern relevant) der **Dreiteilbarkeit**, gilt die gesetzliche Regelung aus S. 1;[45] der Aufsichtsrat besteht dann aus drei Mitgliedern. Bei Verstößen gegen die zulässige **Höchstzahl** aus § 95 S. 4 AktG ersetzt nach überwiegender, zutreffender Auffassung die gesetzlich zulässige Höchstzahl die in der Satzung bestimmte unzulässig hohe Zahl.[46] Dafür spricht § 250 Abs. 1 Nr. 3 AktG, wonach nur die Wahl eines Aufsichtsratsmitglieds nichtig ist, durch die die gesetzliche Höchstzahl überschritten wird (→ Rn. 21).[47]

21 **bb) Unzulässiger Wahlbeschluss.** Verstößt der Wahlbeschluss der Hauptversammlung gegen die **Höchstgrenze** aus § 95 S. 4 AktG, ist er gemäß § 250 Abs. 1 Nr. 3 AktG **nichtig**. Gleiches gilt bei einem Verstoß des Wahlbeschlusses gegen die nach **mitbestimmungsrechtlichen** Regeln normierten Höchstgrenzen (zB § 7 MitbestG). Werden mehrere Aufsichtsratsmitglieder in einem Wahlgang gewählt und dadurch die Höchstgrenze überschritten, ist der gesamte **Wahlgang** nichtig, sofern sich nicht aus dem Beschluss selbst eine Reihenfolge der Gewählten ergibt.[48] Bei Einzelwahl sind erst diejenigen Beschlüsse nichtig, durch welche die Höchstgrenze überschritten wird.[49]

22 **Andere Verstöße** führen nur zur **Anfechtbarkeit**.[50] Dies gilt insbesondere, wenn mit der Wahl eines Aufsichtsratsmitglieds nur die gesetzlich bestimmte (zur satzungsmäßig bestimmten Zahl nachfolgend → Rn. 23) Zahl der Aufsichtsratsmitglieder überschritten wird, ohne dass gleichzeitig die Höchstzahl aus § 95 S. 4 AktG überschritten wird;[51] § 250 Abs. 1 Nr. 3 AktG findet wegen seines eindeutigen Wortlauts keine Anwendung. Die gesetzlich bestimmte Zahl aus § 95 S. 1 AktG gilt sowohl bei fehlender als auch bei nichtiger Satzungsregelung der Zahl der Aufsichtsratsmitglieder. Werden **zu wenige** Aufsichtsratsmitglieder gewählt, ist die Wahl wirksam. Die fehlenden Aufsichtsratsmitglieder können nachgewählt oder ggf. auf Antrag nach § 104 Abs. 1 bzw. Abs. 2 AktG **gerichtlich ergänzt** werden (→ Rn. 134ff.).

23 **cc) Verstoß gegen die Satzung.** Verstößt ein Wahlbeschluss gegen die **Satzung**, aber nicht gegen die gesetzliche Höchstgrenze aus § 95 S. 4 AktG, so ist der Beschluss ebenfalls nur **anfechtbar**.[52] Wird die satzungsmäßig bestimmte Zahl durch den Wahlbeschluss nicht erreicht, kommen wiederum eine Nachwahl oder eine gerichtliche Ergänzung unter den Voraussetzungen des § 104 Abs. 2 AktG in Betracht.

---

[42] Hüffer/Koch/*Koch* AktG § 95 Rn. 5; Kölner Komm AktG/*Mertens/Cahn* AktG § 95 Rn. 25; BeckOGK/*Spindler* AktG § 95 Rn. 19; *Oetker* ZHR 149 (1985), 575 (577ff.); **aA** MüKoAktG/*Habersack* AktG § 95 Rn. 21; *Martens* DB 1978, 1065 (1069); *Göz* ZIP 1998, 1523 (1526).
[43] BeckOGK/*Spindler* AktG § 95 Rn. 21; Kölner Komm AktG/*Mertens/Cahn* AktG § 95 Rn. 16; Hüffer/Koch/*Koch* AktG § 95 Rn. 7; K. Schmidt/Lutter/*Drygala* AktG § 95 Rn. 15.
[44] GroßkommAktG/*Hirte/Mülbert/Roth* AktG § 95 Rn. 77; MüKoAktG/*Habersack* AktG § 95 Rn. 23; Hüffer/Koch/*Koch* AktG § 95 Rn. 7.
[45] BeckOGK/*Spindler* AktG § 95 Rn. 21; GroßkommAktG/*Hirte/Mülbert/Roth* AktG § 95 Rn. 78; MüKoAktG/*Habersack* AktG § 95 Rn. 23.
[46] Kölner Komm AktG/*Mertens/Cahn* AktG § 95 Rn. 16; Hölters/*Simon* AktG § 95 Rn. 21; MüKoAktG/*Habersack* AktG § 95 Rn. 23; Semler/v. Schenck/*Gittermann* AktG § 95 Rn. 51; aA GroßkommAktG/*Hirte/Mülbert/Roth* AktG § 95 Rn. 78.
[47] Kölner Komm AktG/*Mertens/Cahn* AktG § 95 Rn. 16; zustimmend Hüffer/Koch/*Koch* AktG § 95 Rn. 7; MüKoAktG/*Habersack* AktG § 95 Rn. 25; aA K. Schmidt/Lutter/*Drygala* AktG § 95 Rn. 15: Regelgröße (3 Mitglieder) bei Überschreiten der ges. Höchstzahl, GroßkommAktG/*Hirte/Mülbert/Roth* AktG § 95 Rn. 78.
[48] Kölner Komm AktG/*Mertens/Cahn* AktG § 95 Rn. 17; MüKoAktG/*Habersack* AktG § 95 Rn. 26.
[49] BeckOGK/*Spindler* AktG § 95 Rn. 22; Hüffer/Koch/*Koch* AktG § 95 Rn. 7.
[50] MüKoAktG/*Habersack* AktG § 95 Rn. 25; Hüffer/Koch/*Koch* AktG § 95 Rn. 7.
[51] OLG Hamburg AG 2002, 460 (461); Kölner Komm AktG/*Mertens/Cahn* AktG § 95 Rn. 19; Semler/v. Schenck/*Gittermann* AktG § 95 Rn. 60f.
[52] GroßkommAktG/*Hirte/Mülbert/Roth* AktG § 95 Rn. 87; Kölner Komm AktG/*Mertens/Cahn* AktG § 95 Rn. 21; Semler/v. Schenck/*Gittermann* AktG § 95 Rn. 62.

I. Allgemeines

Ist der Aufsichtsrat im Verhältnis zur satzungsmäßigen Vorgabe **faktisch über- oder unterbesetzt** 24 (→ Rn. 13 f.), wirkt sich das auf die Rechtmäßigkeit und Wirksamkeit seiner Beschlüsse nicht aus, solange sich die faktische Größe innerhalb des gesetzlich gesteckten Rahmens bewegt.[53] Dies ergibt sich bei Unterbesetzung aus § 104 Abs. 1 S. 1 AktG, bei Überbesetzung aus § 250 Abs. 1 Nr. 3 AktG.[54] Bei Unterbesetzung droht jedoch **Beschlussunfähigkeit** nach § 108 Abs. 2 AktG, wenn weniger als die Hälfte der gesetzlich oder satzungsmäßig bestimmten Mitglieder oder weniger als drei Mitglieder vorhanden sind, oder wenn in der Satzung geregelte Voraussetzungen für die Beschlussfähigkeit nicht erfüllt sind (näher zur Beschlussfähigkeit → § 3 Rn. 449 ff.).

2. Geschlechterquote

a) Zwingende Geschlechterquote (§ 96 Abs. 2 AktG)

Die zwingende **Geschlechterquote von 30 %** gemäß § 96 Abs. 2 S. 1 AktG kommt (nur) bei **börsennotierten und gleichzeitig paritätisch mitbestimmten Gesellschaften** zur Anwendung. Nicht börsennotierte Gesellschaften fallen ebenso wenig unter die Vorschrift wie zwar börsennotierte, aber mitbestimmungsfreie oder nur drittelparitätisch mitbestimmte Gesellschaften.[55] Eine Änderung ist geplant.[56] Im Konzern kommt es auf die Einzelgesellschaft an.[57] Die Vorgabe des § 96 Abs. 2 S. 1 AktG betrifft nur etwas mehr als 100 Gesellschaften.[58] Sie zielt – geschlechterneutral formuliert – auf Frauenförderung in Führungspositionen. Der durchschnittliche Frauenanteil in den Aufsichtsräten der von der Quote erfassten Unternehmen hat sich tatsächlich von 21,3 % im Januar 2015 auf 33,9 % im April 2019 erhöht.[59]

Der Mindestanteil ist gem. § 96 Abs. 2 S. 2 AktG vom Aufsichtsrat insgesamt zu erfüllen (**Gesamt-** 26 **erfüllung**).[60] Dabei wird zur Berechnung der erforderlichen Mitgliederanzahl mathematisch ab 0,5 aufund unter 0,5 abgerundet.[61] Bei einem Aufsichtsrat mit 16 Mitgliedern entspricht ein Anteil von 30 % also fünf Mitgliedern (aufgerundet von 4,8).[62] Allerdings kann gem. § 96 Abs. 2 S. 3 AktG die Anteilseigner- oder die Arbeitnehmerseite vor der Wahl jeweils gegenüber dem Aufsichtsratsvorsitzenden der Gesamterfüllung **widersprechen,** mit der Folge, dass der Mindestanteil für diese Wahl von beiden Seiten jeweils **getrennt** zu erfüllen ist.[63] Die Auf- bzw. Abrundung kann dabei allerdings dazu führen, dass dann insgesamt eine geringere Anzahl an Mitgliedern eines Geschlechts erforderlich ist: In einem 16er Aufsichtsrat entspricht der 30%-Anteil für jede Seite nur zwei Mitgliedern (abgerundet von 2,4), die Quote des unterrepräsentierten Geschlechts ist also schon mit insgesamt vier Mitgliedern erfüllt (statt fünf bei Gesamterfüllung).[64]

b) Festlegung von Zielgrößen für Frauenquote (§ 111 Abs. 5 AktG)

Ist die Gesellschaft nur **börsennotiert** *oder* **mitbestimmt,** hat der Aufsichtsrat **Zielgrößen für den** 27 **Frauenanteil** in Vorstand und Aufsichtsrat festzulegen, § 111 Abs. 5 S. 1 AktG. Gleichzeitig sind gem. § 111 Abs. 5 S. 3 und 4 AktG Fristen zu deren Erreichung von nicht mehr als fünf Jahren festzulegen. In einem Konzern ist die Einzelgesellschaft maßgeblich.[65] Parallel dazu verpflichtet § 76 Abs. 4 AktG den Vorstand börsennotierter oder mitbestimmter Unternehmen, Frauenquoten für die beiden Führungsebenen unterhalb des Vorstands festzusetzen.[66]

Im Gegensatz zum geschlechterneutral formulierten § 96 Abs. 2 AktG spricht § 111 Abs. 5 AktG ex- 28 plizit vom **Frauenanteil.** Einige Stimmen in der Literatur halten die Vorschrift deshalb für verfassungs- und unionsrechtswidrig.[67] Der Gesetzgeber sieht die Frauenquote hingegen durch das verfassungsrechtlich

---

[53] OLG Hamburg DB 2002, 572 (573); MüKoAktG/*Habersack* AktG § 95 Rn. 10.
[54] Hölters/*Simons* AktG § 95 Rn. 25.
[55] K. Schmidt/Lutter/*Drygala* AktG § 96 Rn. 29; MüKoAktG/*Habersack* AktG § 96 Rn. 36.
[56] Geplant ist nach dem Referentenentwurf für ein „Zweites Führungspositionen-Gesetz" (RefE FüPoG II) die Ausweitung der Quote auf alle Gesellschaften mit Mehrheitsbeteiligung des Bundes, vgl. RefE FüPoG II, 26, 84 f.
[57] So zur Zielgröße nach § 11 Abs. 5 AktG Hüffer/Koch/*Koch* AktG § 111 Rn. 56; Hölters/*Hambloch-Gesinn/Gesinn* AktG § 111 Rn. 83e.
[58] MüKoAktG/*Habersack* AktG § 96 Rn. 33; BT-Drs. 18/3784, 43 (ca. 108).
[59] FidAR – Frauen in die Aufsichtsräte e.V., Women on Board Index 185, 2019 (https://www.fidar.de/webmedia/documents/wob-index-185/2019-06/190114_Studie_WoB-Index_185_III.pdf).
[60] *Wasmann/Rothenburg* DB 2015, 291 (292).
[61] *Wasmann/Rothenburg* DB 2015, 291 (292).
[62] Beispiel von *Wasmann/Rothenburg* DB 2015, 291 (292).
[63] Ausführlich zum Widerspruch *Kraack/Steiner* ZIP 2018, 49.
[64] *Wasmann/Rothenburg* DB 2015, 291 (292).
[65] Hüffer/Koch/*Koch* AktG § 111 Rn. 56; Hölters/*Hambloch-Gesinn/Gesinn* AktG § 111 Rn. 83e.
[66] Hüffer/Koch/*Koch* AktG § 111 Rn. 56.
[67] Vgl. *Habersack/Kersten* BB 2014, 2819 (2828 ff.); *DAV* NZG 2014, 1214 (1216 Rn. 29 ff.); kritisch auch *Fromholzer/Simons* AG 2015, 457 (461); Hüffer/Koch/*Koch* AktG § 76 Rn. 66; *Teichmann/Rüb* BB 2015, 259 (261 f.).

verankerte Recht auf gleichberechtigte Teilhabe von Frauen und Männern an Führungspositionen in der Privatwirtschaft gerechtfertigt.[68] Richtig ist aber, dass der Wortlaut der Norm eine Benachteiligung von Männern durch Festsetzung eines Frauenanteils von mehr als 50% ermöglichen würde.[69] Auch wenn dieser Fall noch theoretisch erscheint, wäre eine geschlechtsneutrale Formulierung sicher vorzuziehen gewesen. Die Zielgröße wird üblicherweise in Prozent angegeben. Getrennte Zielgrößen für Arbeitnehmer- und Anteilseignervertreter sind jedenfalls bei Zustimmung beider Bänke zulässig.[70]

29 § 111 Abs. 5 AktG sieht **keine bestimmte Mindestzielgröße** vor. Es gilt lediglich nach § 111 Abs. 5 S. 2, 3 AktG ein **Verschlechterungsverbot**:[71] Bei einem Frauenanteil von unter 30% zum Zeitpunkt der Festlegung der Zielgröße darf die Zielgröße den tatsächlichen Anteil nicht mehr unterschreiten. Wie bei der festen Quote (→ Rn. 26) ist bei der Umrechnung der Zielquote in die erforderliche Anzahl von Frauen im Aufsichtsrat auch hier mathematisch auf- und abzurunden, trotz fehlenden Verweises gilt § 96 Abs. 2 S. 4 AktG.[72] Hinzunehmen ist im Übrigen, dass der Aufsichtsrat zwar über die Zielquote entscheidet, auf die tatsächliche Besetzung aber nur über Wahlvorschläge Einfluss nehmen kann, § 124 Abs. 3 S. 1 AktG.[73]

30 Ob auch eine **Zielgröße von 0%** zulässig ist, ist umstritten.[74] Dagegen wird eingewandt, der Begriff des „Ziels" impliziere einen bislang noch nicht erreichten Zustand.[75] Dieses Verständnis könnte aber vor allem Aufsichtsräte mit kleiner Mitgliederzahl vor Probleme stellen.[76] Lässt man dementsprechend 0%-Quoten richtigerweise zu,[77] stellt sich die Folgefrage, ob eine solche Quote nur in Sonderfällen möglich sein soll und sonst pflichtwidrig ist, den Aufsichtsrat damit einer Begründungspflicht aussetzt. Für eine Begrenzung auf Sonderfälle wird mit dem Telos der Norm – den Frauenanteil in Führungspositionen zu erhöhen – argumentiert.[78] Im Ergebnis ist es aber auf der Grundlage der gesetzlichen Regelung überzeugender, die 0%-Quote nicht auf besondere Konstellationen zu beschränken.[79] Aus dem Wortlaut von § 111 Abs. 5 AktG ergibt sich keine Einschränkung. In der **Unternehmenspraxis** ist eine 0%-Quote jedenfalls keine Seltenheit. Bei einer Untersuchung aus dem Jahr 2019 von 185 deutschen Unternehmen planten insgesamt 42,9% mit einer Zielgröße (im Vorstand) von 0%.[80] Zulässig kann auch eine **Zielquote von 100%** sein,[81] wenn im Unternehmensinteresse liegt, was aber nur ganz ausnahmsweise der sein Fall sein wird. In der Regel wird man eine Zielgröße von nicht mehr als 50% festlegen.[82]

31 Eine **bereits festgesetzte Zielgröße** kann jederzeit und auch noch während der laufenden Umsetzungsfrist durch Beschluss des Aufsichtsrats wieder **geändert, insbesondere herabgesetzt** werden.[83] Ohne solche „Ausstiegsmöglichkeit" würden Unternehmen dazu eingeladen, möglichst kurze Fristen und unambitionierte Ziele festzulegen, anstatt langfristige Konzepte zu verfolgen.[84] So gilt auch das Verschlechterungsverbot nur mit Blick auf die tatsächliche Ausgangsquote, nicht für die zunächst definierte Zielgröße.[85] Wählt also etwa die Hauptversammlung entgegen einer vom Aufsichtsrat zuvor festgelegten Zielquote von größer 0 keine Frau mehr in den Aufsichtsrat, kann nach der Wahl wieder eine Zielquote von 0 festgesetzt werden, auch wenn damit das gesetzgeberische Ziel einer signifikanten Erhöhung des Frauenanteils an Führungspositionen nicht zu erreichen ist.

---

[68] Begr RegE BT-Drs. 18/374, 2; vgl. zur Parallelvorschrift in § 76 Abs. 4 AktG BeckOGK/*Fleischer* AktG § 76 Rn. 150.
[69] *Fromholzer/Simons* AG 2015, 457 (461).
[70] Dazu Hüffer/Koch/*Koch* AktG § 111 Rn. 57; *Fromholzer/Simons* AG 2015, 457 (462f.); *Herb* DB 2015, 964 (969).
[71] Begr. RegE BT-Drs. 18/3784, 123.
[72] Hölters/*Hambloch-Gesinn/Gesinn* AktG § 111 Rn. 83j; *Fromholzer/Simons* AG 2015, 457 (460).
[73] Hüffer/Koch/*Koch* AktG § 111 Rn. 58.
[74] Dafür Begr. RegE BT-Drs. 18/3784, 123 (zumindest in Ausnahmefällen); Hüffer/Koch/*Koch* AktG § 111 Rn. 57; *Wasmann/Rothenburg* DB 2015, 291 (295); *Junker/Schmidt-Pfitzner* NZG 2015, 929 (935f.); *Fromholzer/Simons* AG 2015, 457 (459f.); *Schulz/Ruf* BB 2015, 1155 (1161); dagegen *Weller/Benz* AG 2015, 467 (471); *Teichmann/Rüb* BB 2015, 898 (903); für die Zulässigkeit einer Zielgröße von Null der RefE FüPoG II (s. Fn. 56), allerdings unter Auferlegung einer Begründungspflicht, vgl. RefE FüPoG II, 25, 84.
[75] *Teichmann/Rüb* BB 2015, 898 (903).
[76] Vgl. dazu *Drygala* NZG 2015, 1129 (1132).
[77] Begr. RegE BT-Drs. 18/3784, 123; Hüffer/Koch/*Koch* AktG § 111 Rn. 57; *Wasmann/Rothenburg* DB 2015, 291 (295); *Junker/Schmidt-Pfitzner* NZG 2015, 929 (935f.); *Fromholzer/Simons* AG 2015, 457 (459f.); *Schulz/Ruf* BB 2015, 1155 (1161).
[78] Hölters/*Hambloch-Gesinn/Gesinn* AktG § 111 Rn. 83b; *Weller/Benz* AG 2015, 467 (471).
[79] *Wasmann/Rothenburg* DB 2015, 291 (295).
[80] FidAR – Frauen in die Aufsichtsräte e.V., Women on Board Index 185, 2019 (https://www.fidar.de/webmedia/documents/wob-index-185/2019-06/190114_Studie_WoB-Index_185_III.pdf), 6.
[81] Begr. RegE BT-Drs. 18/3784, 123; Hüffer/Koch/*Koch* AktG § 111 Rn. 57; BeckOGK/*Fleischer* AktG § 76 Rn. 155.
[82] *Wasmann/Rothenburg* DB 2015, 291 (295f.).
[83] BeckOGK/*Spindler* AktG § 111 Rn. 100; *Fromholzer/Simons* AG 2015, 457 (464).
[84] *Fromholzer/Simons* AG 2015, 457 (464).
[85] *Fromholzer/Simons* AG 2015, 457 (464).

c) Rechtsfolgen bei Verstoß

aa) Verstoß gegen zwingende Geschlechterquote nach § 96 Abs. 2 AktG. Soweit die **Wahl** eines 32 Aufsichtsratsmitglieds durch die Hauptversammlung oder eine **Entsendung** in den Aufsichtsrat gegen die zwingende Geschlechterquote von mindestens 30% verstößt, ist sie gemäß § 96 Abs. 2 S. 6 AktG, § 250 Abs. 1 Nr. 5 AktG **nichtig**. Entscheidend für die Einordnung als Frau oder Mann ist die personenstandsrechtliche Zuordnung.[86] Im Falle der **Blockwahl** ist die Wahl aller Vertreter des überrepräsentierten Geschlechts nichtig, die Wahl der Vertreter des anderen Geschlechts hingegen wirksam.[87] Bei **Einzelwahl** ist dagegen nur derjenige Wahlbeschluss nichtig, der als zeitlich erster das Mindestanteilsgebot verletzt, sowie alle zeitlich nachfolgenden Wahlbeschlüsse, die gegen die Regelung verstoßen; maßgeblich ist der Zeitpunkt der Beschlussverkündung.[88] Die Einzelwahl ist deshalb der Blockwahl vorzuziehen. Bei **Simultanwahl,** dh der Zusammenfassung mehrerer Einzelwahlen in einem Wahlgang, ist die Rechtslage unklar. Man wird sich wohl ebenfalls an der zeitlichen Reihenfolge der Beschlussverkündungen orientieren müssen,[89] auch wenn das zu zufälligen Ergebnissen führen kann.[90] Stattdessen darauf abzustellen, welche Kandidaten die meisten Stimmen erhalten haben,[91] hätte zwar eine gewisse innere Rechtfertigung und entspricht der Regelung für die Arbeitnehmervertreter im Aufsichtsrat (§ 18a Abs. 2 S. 1 Nr. 1 MitbestG), erscheint im aktienrechtlichen Beschlussmängelrecht aber ungewöhnlich und kann jedenfalls nur in Betracht kommen, wenn die Satzung die relative Mehrheit genügen lässt.[92]

Ist eine **vorangegangene Wahl** aus anderen Gründen für nichtig erklärt worden, werden dadurch in 33 der Zwischenzeit durchgeführte Wahlen aber nicht wegen Verstoßes gegen das Mindestanteilsgebot nichtig (**keine „Kettenreaktion",** § 96 Abs. 2 S. 7 AktG).[93]

Die Nichtigkeit des Wahlbeschlusses kann durch aktienrechtliche **Nichtigkeitsklage** nach §§ 249, 250 34 Abs. 1 Nr. 5 AktG geltend gemacht werden, aber auch auf jede andere Weise, § 250 Abs. 3 S. 2 AktG.[94] Die Nichtigkeit einer Entsendung ist durch allgemeine **Feststellungsklage** gem. § 256 Abs. 1 ZPO geltend zu machen.[95] Vorstand und Aufsichtsratsvorsitzender sind in aller Regel zur Geltendmachung der Nichtigkeit verpflichtet.[96] Die Nichtigkeit der Wahl oder Entsendung hat zur Folge, dass der zur Erfüllung der gesetzlich vorgesehenen Quote erforderliche Aufsichtsratssitz unbesetzt bleibt – sog. **„leerer Stuhl".**[97] Es gelten die allgemeinen Regeln zur Beschlussfähigkeit des Aufsichtsrats, § 108 AktG[98] (→ § 3 Rn. 449 ff.); die Grundsätze über das fehlerhafte Organ (→ Rn. 148) finden keine Anwendung.[99]

Von der Regelung betroffen sind nur Wahl und Entsendung von Anteilseignervertretern.[100] Für die 35 **Arbeitnehmervertreter** gelten über den Verweis in § 96 Abs. 2 S. 8 AktG die mitbestimmungsrechtlichen Sondervorschriften (→ § 7 Rn. 81 f.). Im gesetzlichen Regelfall der Gesamterfüllung der Quote ist allerdings umstritten, ob § 96 Abs. 2 S. 6 AktG analog auch für die Arbeitnehmervertreter gelten soll.[101] Das ist aus mitbestimmungsrechtlichen Gründen jedoch abzulehnen.[102]

---

[86] Str. ist, ob intersexuelle Menschen dabei zum überrepräsentierten Geschlecht zu zählen sind (*Seibt* ZIP 2015, 1193 (1995); GroßkommAktG/*Hopt/Roth* AktG § 96 Rn. 101) oder sowohl auf Frauen- als auch auf Männersitze kandidieren können (K. Schmidt/Lutter/*Drygala* AktG § 96 Rn. 50); ebenfalls str. ist, auf welchen Zeitpunkt für die Zuordnung abzustellen ist: auf den Zeitpunkt der Wahl abstellend K. Schmidt/Lutter/*Drygala* AktG § 96 Rn. 50; GroßkommAktG/*Hopt/Roth* AktG § 96 Rn. 101; auf den Zeitpunkt des Amtsantritts abstellend *Mutter* AG 2014, R218.
[87] BT-Drs. 18/3784, 122; MüKoAktG/*Habersack* AktG § 96 Rn. 52; Hüffer/Koch/*Koch* AktG § 96 Rn. 24.
[88] BT-Drs. 18/3784, 122; K. Schmidt/Lutter/*Drygala* AktG § 96 Rn. 53; Hüffer/Koch/*Koch* AktG § 96 Rn. 24.
[89] *Wasmann/Rothenburg* DB 2015, 291 (293); *Röder/C. Arnold* NZA 2015, 279 (280); Hüffer/Koch/*Koch* AktG § 96 Rn. 24.
[90] *Herb* DB 2015, 964 (966).
[91] So K. Schmidt/Lutter/*Drygala* AktG § 96 Rn. 53; *Herb* DB 2015, 964 (966); *Oetker* ZHR 179 (2015), 707 (727).
[92] Vgl. Hüffer/Koch/*Koch* AktG § 96 Rn. 24.
[93] Vgl. die Beschlussempfehlung des Ausschusses für Familie, Senioren, Frauen und Jugend, BT-Drs. 18/4227, 25; MüKoAktG/*Habersack* AktG § 96 Rn. 55.
[94] BT-Drs. 18/3784, 121; BeckOGK/*Spindler* AktG § 96 Rn. 61.
[95] BT-Drs. 18/3784, 121; Hüffer/Koch/*Koch* AktG § 96 Rn. 26.
[96] BT-Drs. 18/3784, 121; BeckOGK/*Spindler* AktG § 96 Rn. 61.
[97] BT-Drs. 18/3784, 121; *Wasmann/Rothenburg* DB 2015, 291 (292); soweit ersichtlich erstmals 2018 eingetreten im Aufsichtsrat von Villeroy & Boch, vgl. *Anger*, Frauenquote sorgt erstmals für unbesetzte Stelle in einem Aufsichtsrat, Handelsblatt online, 13.9.2018, https://www.handelsblatt.com/unternehmen/beruf-und-buero/the_shift/villeroy-und-boch-frauenquote-sorgt-erstmals-fuer-unbesetzte-stelle-in-einem-aufsichtsrat/23063546.html?ticket=ST-2806521-MgxDekReN69p7btAAuVk-ap4.
[98] BT-Drs. 18/3784, 122; Hüffer/Koch/*Koch* AktG § 96 Rn. 23.
[99] MüKoAktG/*Habersack* AktG § 96 Rn. 53.
[100] MüKoAktG/*Habersack* AktG § 96 Rn. 50; Hüffer/Koch/*Koch* AktG § 96 Rn. 23.
[101] Zweifelnd *Röder/Arnold* NZA 2015, 279 (283); *Junker/Schmidt-Pfitzner* NZG 2015, 929 (931); vgl. auch *Schulz/Ruf* BB 2015, 1155 (1159); dafür BeckOGK/*Spindler* AktG § 96 Rn. 57; *Schleusener* NZA-Beilage 2016, 50 (53).
[102] Vgl. *Röder/Arnold* NZA 2015, 279 (283).

36 **bb) Verfehlung der Zielquote nach § 111 Abs. 5 AktG.** Wird die Zielquote verfehlt, drohen anders als bei Verstoß gegen die zwingende Geschlechterquote **keine gesetzlichen Sanktionen.**[103] Der Gesetzgeber wollte verhindern, dass Ziele aus Angst vor Sanktionen zu defensiv festgelegt werden.[104] Der Befolgungsanreiz erschöpft sich in der aus der Berichtspflicht folgenden **negativen Öffentlichkeitswirkung,** die entsteht, wenn die Zielgröße innerhalb der gesetzten Frist nicht erreicht oder eine niedrige Zielquote festgelegt wird.[105] Vereinzelt wird vertreten, dass für den Aufsichtsrat eine Pflicht bestehe, sich um das Erreichen der Zielgröße zu bemühen, sodass er bei Verstoß nach §§ 116, 93 Abs. 2 AktG hafte[106] oder seine Entlastung angefochten werden könne.[107] Nach zutreffender hM soll die gesetzlich vorgesehene Sanktionslosigkeit jedoch nicht umgangen werden.[108]

37 **cc) Unterlassung oder fehlerhafte Festlegung der Zielquote.** Legt der Aufsichtsrat die Zielquote gar nicht oder fehlerhaft (zB wegen Verstoßes gegen das Verschlechterungsverbot) fest, liegt darin eine **Pflichtverletzung** mit der Rechtsfolge der §§ 116, 93 Abs. 2 AktG.[109] Regelmäßig wird es in diesen Fällen aber an einem nachweisbaren Schaden fehlen.[110]

II. Persönliche Voraussetzungen

1. Gesetzliche Voraussetzungen, § 100 Abs. 1 AktG

38 Nach § 100 Abs. 1 S. 1 AktG können nur **natürliche, unbeschränkt geschäftsfähige Personen** Mitglied des Aufsichtsrats sein. Amtsinhaber sollen persönlich verantwortlich sein.[111] Juristische Personen oder andere Gesellschaften scheiden damit aus. Minderjährige können auch dann nicht Aufsichtsratsmitglied sein, wenn ein gesetzlicher Vertreter zustimmt oder Ermächtigungen nach §§ 112, 113 BGB vorliegen.[112] S. 2 stellt darüber hinaus klar, dass ein Betreuer, der einem Einwilligungsvorbehalt aus § 1903 BGB unterliegt (siehe §§ 1896 ff. BGB), nicht Aufsichtsratsmitglied sein kann.

2. Gesetzliche Hinderungsgründe

39 Einer Mitgliedschaft im Aufsichtsrat können auch eine ganze Anzahl gesetzlicher Hinderungsgründe entgegenstehen. Diese Hinderungsgründe können weder durch Satzung noch durch Beschluss der Hauptversammlung oder behördlichen Dispens überwunden werden.[113] Ausnahmen kann nur das Gesetz selbst zulassen.

a) Nach AktG

40 **aa) Verbot der Ämterhäufung, § 100 Abs. 2 S. 1 Nr. 1 AktG.** Mitglied des Aufsichtsrats kann nicht sein, wer bereits in zehn Handelsgesellschaften, die gesetzlich einen Aufsichtsrat zu bilden haben, Aufsichtsratsmitglied ist (**Verbot der Ämterhäufung,** § 100 Abs. 2 S. 1 Nr. 1 AktG). Die Regelung soll das sogenannte **Overboarding** verhindern.[114] Zum einen soll dadurch sichergestellt werden, dass Aufsichtsratsmitglieder imstande sind, ihre Aufgaben sachgerecht wahrzunehmen.[115] Zum anderen soll verhindert werden, dass Machtbefugnisse deutschlandweit auf einen kleinen Personenkreis konzentriert werden und

---

[103] Zu möglichen indirekten Sanktionen wegen Verletzung der Berichtspflicht *Fromholzer/Simons* AG 2015, 457 (465 f.).
[104] Vgl. BT-Drs. 18/3784, 119 f.
[105] Hüffer/Koch/*Koch* AktG § 111 Rn. 58, AktG § 76 Rn. 72.
[106] Ausführlich *Weller/Benz* AG 2015, 467 (472); auch *Stüber* DStR 2015, 947 (954); Hölters/*Hambloch-Gesinn/Gesinn* AktG § 111 Rn. 83 g.
[107] *Drygala* NZG 2015, 1129 (1132).
[108] Hüffer/Koch/*Koch* AktG § 111 Rn. 58, § 76 Rn. 72; *Fromholzer/Simons* AG 2015, 457 (466); Hölters/*Weber* AktG § 76 Rn. 91.
[109] BT-Drs. 18/3784, 123; Hüffer/Koch/*Koch* AktG § 111 Rn. 58, § 76 Rn. 74; **aA** *Drygala* NZG 2015, 1129 (1133) (nur Anfechtung des Entlastungsbeschlusses).
[110] Hüffer/Koch/*Koch* AktG § 111 Rn. 58; *Weller/Benz* AG 2015, 467 (473); *Drygala* NZG 2015, 1129 (1133).
[111] Begr. RegE, BT-Drs. IV/171, 136; Hüffer/Koch/*Koch* AktG § 100 Rn. 2; jedenfalls ähnlich: GroßkommAktG/*Hirte/Mülbert/Roth* AktG § 100 Rn. 25.
[112] Kölner Komm AktG/*Mertens/Cahn* AktG § 100 Rn. 7; MüKoAktG/*Habersack* AktG § 100 Rn. 13; GroßkommAktG/*Hirte/Mülbert/Roth* AktG § 100 Rn. 26.
[113] MüKoAktG/*Habersack* AktG § 100 Rn. 20.
[114] Hüffer/Koch/*Koch* AktG § 100 Rn. 56.
[115] Vgl. MüKoAktG/*Habersack* AktG § 100 Rn. 21.

II. Persönliche Voraussetzungen

darunter die wirksame Unternehmenskontrolle leidet, was zu Zeiten der sog. „Deutschland AG" in Frage gestellt worden war.[116]

Für **börsennotierte Unternehmen** geht der DCGK 2020 noch weiter und **empfiehlt,** dass Aufsichtsratsmitglieder insgesamt **nicht mehr als fünf Mandate** bei konzernexternen börsennotierten Gesellschaften oder vergleichbare Funktionen wahrnehmen sollen, wobei ein Aufsichtsratsvorsitz doppelt zählt (Empfehlung C.4).[117] Wer dem Vorstand einer börsennotierten Gesellschaft angehört oder eine vergleichbare Funktion innehat, soll sogar nicht mehr als zwei Aufsichtsratsmandate und keinen Aufsichtsratsvorsitz wahrnehmen (Empfehlung C.5).[118] Im Übrigen hat jedes Aufsichtsratsmitglied nach Grundsatz 12 DCGK 2020 allgemein darauf zu achten, dass ihm genügend Zeit für die Wahrnehmung seiner Aufgaben zur Verfügung steht. 41

Nach dem Wortlaut der Vorschrift werden nur Ämter in Handelsgesellschaften mit **obligatorischem Aufsichtsrat** erfasst. Andere Gesellschaftsformen, fakultativ gebildete Aufsichtsräte oder aufsichtsratsähnliche Gremien wie Beiräte werden nicht berücksichtigt.[119] Eine teleologische Erweiterung kommt wegen der bewussten Entscheidung des Gesetzgebers gegen die Einbeziehung solcher Mandate nicht in Betracht.[120] Handelsgesellschaften mit obligatorischem Aufsichtsrat sind **AG** (§ 3 Abs. 1 AktG, §§ 95 ff. AktG), **KGaA** (§ 278 Abs. 3 AktG), **gewisse GmbH** (mitbestimmte GmbH, oder wenn es sich um eine externe Kapitalverwaltungsgesellschaft handelt, § 18 Abs. 2 S. 1 KAGB) und die **deutsche SE mit dualistischem System** (§ 17 SEAG).[121] Bei einer **monistischen SE** zählt eine Tätigkeit als Aufsichtsratsmandat, wenn das betreffende Mitglied Aufsichtsratsfunktionen wahrnimmt und nicht als geschäftsführender Direktor nach § 40 SEAG tätig ist.[122] Mandate aufgrund gerichtlicher Bestellung nach § 104 AktG sind mit einzubeziehen.[123] 42

Ob auch Aufsichtsratstätigkeiten oder vergleichbare Ämter **in Auslandsgesellschaften** mit einzuberechnen sind, ist **umstritten**.[124] Dagegen sprechen nach bislang hM – vor allem im Hinblick auf die Nichtigkeitsfolge bei einem Verstoß gem. § 250 Abs. 1 Nr. 4 AktG – die Unsicherheiten bei der Frage, welche ausländischen Mandate unter eine sinngemäße Anwendung des § 100 Abs. 2 S. 2 AktG fallen sollen.[125] Auch habe der Gesetzgeber sich bewusst auf die Einbeziehung von Aufsichtsratsmandaten in inländischen Handelsgesellschaften beschränkt.[126] Der systematische Vergleich mit § 125 Abs. 1 S. 3 AktG zeige, dass der Gesetzgeber Mitgliedschaften in vergleichbaren ausländischen Kontrollgremien kennt und sie von der Rechtsfolge her – wenn auch nur wenig – anders behandelt.[127] Dafür spricht hingegen nach zutreffender, vordringender Ansicht, dass zumindest **europäische Auslandsgesellschaften** aufgrund der Rechtsprechung des EuGH zur Niederlassungsfreiheit[128] mit deutschen Gesellschaften immer stärker gleichgestellt sind,[129] sodass es wertungswidersprüchlich wäre, etwa zwischen einem Mandat in einer deutschen Gesellschaft, die operativ überwiegend im Ausland tätig ist, und einem Mandat in einer europäischen Auslandsgesellschaft, die überwiegend im Inland tätig ist, zu differenzieren.[130] § 100 Abs. 2 S. 1 Nr. 1 AktG will Aufsichtsratsmitglieder vor Überlastung schützen und die Effektivität des Aufsichtsrats sichern. Dieser Normzweck ist bei Paralleltätigkeiten in ausländischen Aufsichtsräten ebenso gefährdet 43

---

[116] Vgl. Begr. RegE, BT-Drs. IV/171, 137; Kölner Komm AktG/*Mertens/Cahn* AktG § 100 Rn. 25; *Schütze* AG 1967, 342 (343); zur „Deutschland AG" *Adams* AG 1994, 148.
[117] Krit. zu einer rein quantitativen Betrachtung *AKEIÜ* DB 2020, 1577 (1583 f.).
[118] Befürwortend *Kley* AG 2019, 818 (819).
[119] MüKoAktG/*Habersack* AktG § 100 Rn. 22.
[120] Begr RegE, BT-Drs. IV/171, 137; Kölner Komm AktG/*Mertens/Cahn* AktG § 100 Rn. 26; krit. *Zwingmann* DB 2002, 231.
[121] Hölters/*Simons* AktG § 100 Rn. 29; MüKoAktG/*Habersack* AktG § 100 Rn. 22 f.; BeckOGK/*Spindler* AktG § 100 Rn. 18, 20; Hüffer/Koch/*Koch* AktG § 100 Rn. 9.
[122] Kölner Komm AktG/*Mertens/Cahn* AktG § 100 Rn. 27; Hölters/*Simons* AktG § 100 Rn. 29.
[123] GroßkommAktG/*Hirte/Mülbert/Roth* AktG § 100 Rn. 55; Kölner Komm AktG/*Mertens/Cahn* AktG § 100 Rn. 28; MüKoAktG/*Habersack* AktG § 100 Rn. 24.
[124] Vgl. MüKoAktG/*Habersack* AktG § 100 Rn. 23; BeckOGK/*Spindler* AktG § 100 Rn. 19; GroßkommAktG/*Hirte/Mülbert/Roth* AktG § 100 Rn. 56; *Windbichler* NJW 2012, 2625 (2628); *Schütze* AG 1967, 342 (343); Hölters/*Simons* AktG § 100 Rn. 30; Kölner Komm AktG/*Mertens/Cahn* AktG § 100 Rn. 29; *Jaspers* AG 2011, 154 (156).
[125] *von Caemmerer* FS Geßler, 1970, 81 (83 f.); Hölters/*Simons* AktG § 100 Rn. 30; Kölner Komm AktG/*Mertens/Cahn* AktG § 100 Rn. 29; *Jaspers* AG 2011, 154 (156); MHdB AG/*Hoffmann-Becking* § 30 Rn. 14.
[126] Hölters/*Simons* AktG § 100 Rn. 30; Kölner Komm AktG/*Mertens/Cahn* AktG § 100 Rn. 29; Hüffer/Koch/*Koch* AktG § 100 Rn. 10; vgl. auch *Mader* ZGR 2014, 430 (435).
[127] Hölters/*Simons* AktG § 100 Rn. 30; *Mader* ZGR 2014, 430 (435).
[128] EuGH NZG 1999, 298; EuGH NZG 2002, 1164; EuGH NZG 2003, 1064.
[129] Vgl. zur Berücksichtigung ausländischer Konzernunternehmen bei der Frage der anzuwendenden Mitbestimmungsregeln LG Frankfurt a. M. AG 2015, 371 (372).
[130] *Mickel/Fleischmann* NZG 2010, 54 (55); MüKoAktG/*Habersack* AktG § 100 Rn. 23; BeckOGK/*Spindler* AktG § 100 Rn. 19; GroßkommAktG/*Hirte/Mülbert/Roth* AktG § 100 Rn. 58; *Windbichler* NJW 2012, 2625 (2628); *Schütze* AG 1967, 342 (343).

wie in inländischen.[131] Ob **außereuropäische Aufsichtsratsämter** (bzw. diesen gleichzustellende Ämter als nicht geschäftsführende Direktoren)[132] mit einzubeziehen sind, ist weniger klar. Denn für die Vergleichbarkeit mit inländischen Mandaten fehlt es bei solchen Gesellschaften an einem verlässlichen Maßstab, gleichzeitig droht die drastische Rechtsfolge der Nichtigkeit der Wahl.[133] Ob man im Zeitalter der Globalisierung an einer eingeengten Betrachtung festhalten kann, ist allerdings fraglich.[134] Aus Vorsichtsgründen sollten jedenfalls alle Auslandsämter im Blick behalten werden.

44 Mitglieder des gesetzlichen Vertretungsorgans eines herrschenden Unternehmens können das sogenannte **Konzernprivileg** in Anspruch nehmen, § 100 Abs. 2 S. 2 AktG (s. hierzu auch → § 8 Rn. 18). Danach werden bis zu fünf Aufsichtsratsmandate nicht angerechnet, die ein gesetzlicher Vertreter des herrschenden Unternehmens eines Konzerns (§ 18 AktG) in Handelsgesellschaften innehat, die zum Konzern gehören und gesetzlich einen Aufsichtsrat zu bilden haben. Insgesamt können so also theoretisch bis zu fünfzehn Aufsichtsratsmandate zusammenkommen. Auf die Art des Konzernverhältnisses kommt es dabei nicht an, auch faktische Konzerne sind erfasst.[135] Die Vorschrift trägt dem Umstand Rechnung, dass Geschäftsführungsmitglieder der Konzernobergesellschaften oft gleichzeitig Mitglied der Aufsichtsräte der abhängigen Gesellschaften sind, was im Sinne einer einheitlichen Konzernleitung auch sinnvoll ist.[136] Zählten alle solche Mandate in die Ämterhäufung hinein, bestünde ein nicht gewünschter Zwang zur Delegation nach unten.[137] Das Konzernprivileg gilt wegen der vergleichbaren Interessenlage nach wohl überwiegender Auffassung entsprechend für die gesetzlichen Vertreter der herrschenden Unternehmen von Teilkonzernen und nur die von ihnen ausgeübten Aufsichtsrätsämter in diesem Teilkonzern.[138] **Gesetzliche Vertreter** sind: Vorstand (§ 78 Abs. 1 S. 1 AktG) und Geschäftsführer (§ 35 Abs. 1 S. 1 GmbHG), beim Einzelkaufmann der Inhaber, bei KG (§ 161 Abs. 2 HGB, § 114 Abs. 1 HGB, § 170 HGB) und KGaA (§ 278 Abs. 2 AktG, § 161 Abs. 2 HGB, § 114 Abs. 1 HGB, § 170 HGB) die Komplementäre, bei OHG (§ 114 HGB) und GbR (§ 714 BGB) die (nicht gesellschaftsvertraglich von der Vertretung ausgeschlossenen) Gesellschafter, bei SE mit Verwaltungsrat die geschäftsführenden Direktoren. Prokuristen und Generalbevollmächtigte sind keine „gesetzlichen" Vertreter,[139] genau so wenig leitende Angestellte,[140] Liquidatoren nach hM hingegen schon.[141]

45 Mandate als **Aufsichtsratsvorsitzende** zählen bei der Berechnung **doppelt**, § 100 Abs. 2 S. 3 AktG. Die Regelung soll dem erhöhten Zeitaufwand dieses Amtes Rechnung tragen.[142] Außerdem soll die Vorschrift einen Beitrag zur Professionalisierung des Amts der Aufsichtsratsvorsitzenden leisten.[143] Auch die Doppelzählung betrifft **nur obligatorische Aufsichtsräte von Handelsgesellschaften** (Verweis auf § 100 Abs. 2 S. 1 Nr. 1 AktG). Das Konzernprivileg aus § 100 Abs. 2 S. 2 AktG gilt auch für Vorsitzmandate; diese werden auf die zulässigen konzerninternen Mandate auch nicht doppelt angerechnet.[144] Die Stellvertreterposition führt nach dem Willen des Gesetzgebers nicht zur Doppelzählung, auch nicht

---

[131] BeckOGK/*Spindler* AktG § 100 Rn. 19; MüKoAktG/*Habersack* AktG § 100 Rn. 23; GroßkommAktG/*Hirte/Mülbert/Roth* AktG § 100 Rn. 58; *Mickel/Fleischmann* NZG 2010, 54 (55); vgl. auch *Wagner* in Semler/v. Schenck AR-HdB § 2 Rn. 69 („sachgerecht"). Der Gegenauffassung ist aber zuzugeben, dass mit demselben Argument auch fakultative Aufsichtsräte im Inland zu berücksichtigen wären, vgl. Kölner Komm AktG/*Mertens/Cahn* AktG § 100 Rn. 29.
[132] MüKoAktG/*Habersack* AktG § 100 Rn. 23; *Weller* ZGR 2010, 697 (707); K. Schmidt/Lutter/*Drygala* AktG § 100 Rn. 6; GroßkommAktG/*Hirte/Mülbert/Roth* AktG § 100 Rn. 39.
[133] *Mader* ZGR 2014, 430 (441 ff.); Hüffer/Koch/*Koch* AktG § 100 Rn. 6.
[134] Die „einhellige Meinung der Lehre zum AktG 1937" ist jedenfalls kein überzeugendes Argument. So aber Kölner Komm AktG/*Mertens/Cahn* AktG § 100 Rn. 29, mwN.; kritisch auch *Weller* Board 2011, 148 (151).
[135] Semler/v. Schenck/*Mutter* AktG § 100 Rn. 31; GroßkommAktG/*Hirte/Mülbert/Roth* AktG § 100 Rn. 43.
[136] BT-Drs. 13/9712, 16; Kölner Komm AktG/*Mertens/Cahn* AktG § 100 Rn. 30; MüKoAktG/*Habersack* AktG § 100 Rn. 25; Hüffer/Koch/*Koch* AktG § 100 Rn. 11.
[137] Kölner Komm AktG/*Mertens/Cahn* AktG § 100 Rn. 30; GroßkommAktG/*Hirte/Mülbert/Roth* AktG § 100 Rn. 60; MüKoAktG/*Habersack* AktG § 100 Rn. 25; BeckOGK/*Spindler* AktG § 100 Rn. 21.
[138] Semler/v. Schenck/*Mutter* AktG § 100 Rn. 30; Kölner Komm AktG/*Mertens/Cahn* AktG § 100 Rn. 30; Bürgers/Körber/*Israel* AktG § 100 Rn. 4; BeckOGK/*Spindler* AktG § 100 Rn. 24; **aA** MüKoAktG/*Habersack* AktG § 100 Rn. 23; K. Schmidt/Lutter/*Drygala* AktG § 100 Rn. 7; GroßkommAktG/*Hirte/Mülbert/Roth* AktG § 100 Rn. 43.
[139] Kölner Komm AktG/*Mertens/Cahn* AktG § 100 Rn. 33.
[140] GroßkommAktG/*Hirte/Mülbert/Roth* AktG § 100 Rn. 62; Kölner Komm AktG/*Mertens/Cahn* AktG § 100 Rn. 40; Hüffer/Koch/*Koch* AktG § 100 Rn. 13, MüKoAktG/*Habersack* AktG § 100 Rn. 26; BeckOGK/*Spindler* AktG § 100 Rn. 23.
[141] Dafür Kölner Komm AktG/*Mertens/Cahn* AktG § 100 Rn. 40; siehe auch MüKoAktG/*Habersack* AktG § 100 Rn. 36; GroßkommAktG/*Hirte/Mülbert/Roth* AktG § 100 Rn. 60; aA *Konow* DB 1966, 849.
[142] BT-Drs. 13/9712, 16; Hölters/*Simons* AktG § 100 Rn. 31; *Jaspers* AG 2011, 154 (156).
[143] BT-Drs. 13/9712, 16; Hüffer/Koch/*Koch* AktG § 100 Rn. 12; MüKoAktG/*Habersack* AktG § 100 Rn. 28; BeckOGK/*Spindler* AktG § 100 Rn. 26 mwN.
[144] BT-Drs. 13/9712, 16; GroßkommAktG/*Hirte/Mülbert/Roth* AktG § 100 Rn. 66; MüKoAktG/*Habersack* AktG § 100 Rn. 29; BeckOGK/*Spindler* AktG § 100 Rn. 26; Hüffer/Koch/*Koch* AktG § 100 Rn. 12; Hölters/*Simons* AktG § 100 Rn. 31; **aA** Kölner Komm AktG/*Mertens/Cahn* AktG § 100 Rn. 32.

dann, wenn der Stellvertreter tatsächlich den Vorsitzenden vertritt.[145] Das Aufsichtsratsmitglied muss nicht nur zum Vorsitzenden gewählt worden sein, sondern die Wahl auch angenommen und das Amt angetreten haben.[146] Andernfalls tritt die Mehrbelastung gar nicht ein.[147]

bb) Gebot der Organintegrität, § 100 Abs. 2 S. 1 Nr. 2 AktG. Wer gesetzlicher Vertreter eines abhängigen Unternehmens (§ 17 AktG) ist, kann nicht Aufsichtsratsmitglied des herrschenden Unternehmens sein, § 100 Abs. 2 S. 1 Nr. 2 AktG. Denn wer in seiner Geschäftsführung von einem anderen abhängig ist, besitzt nicht die notwendige Unabhängigkeit und Unbefangenheit, um die Geschäftsführung dieses anderen pflichtgemäß zu überwachen.[148] Der Begriff des gesetzlichen Vertreters entspricht dem in § 100 Abs. 2 S. 2 (→ Rn. 44).[149]

§ 100 Abs. 2 S. 1 Nr. 2 AktG gilt **bei mehrstufigen Konzernverhältnissen** (→ § 8 Rn. 19) auch bei nur mittelbarer Abhängigkeit[150] und auch für die gesetzlichen Vertreter abhängiger Unternehmen im **Ausland**,[151] denn das Organisationsgefälle besteht unabhängig vom Domizil der abhängigen Gesellschaft.[152] Umgekehrt bestimmt nicht § 100 Abs. 2 S. 1 Nr. 2 AktG, sondern das ausländische Recht, ob gesetzliche Vertreter eines abhängigen deutschen Unternehmens dem Aufsichtsrat eines herrschenden ausländischen Unternehmens angehören dürfen.[153]

cc) Verbot der Überkreuzverflechtung, § 100 Abs. 2 S. 1 Nr. 3 AktG. Aufsichtsratsmitglied kann **nicht** sein, wer **gesetzlicher Vertreter** (zur Definition → Rn. 44) **einer anderen Kapitalgesellschaft** ist, **deren Aufsichtsrat wiederum ein Vorstandsmitglied der Gesellschaft angehört**, § 100 Abs. 2 S. 1 Nr. 3 AktG. Sonst kontrolliert der an einer Stelle Kontrollierte an anderer Stelle seinen Kontrolleur. Die drohenden wechselseitigen Abhängigkeiten und Gefährdung der unabhängigen und unparteiischen Überwachung der Geschäftsführung will der Gesetzgeber vermeiden (→ § 8 Rn. 20).[154]

Ob § 100 Abs. 2 S. 1 Nr. 3 AktG nur bei **Überkreuzverflechtungen inländischer Gesellschaften** gilt oder auch im Verhältnis einer deutschen zu einer ausländischen Kapitalgesellschaft, ist, wie beim Verbot der Ämterhäufung gem. § 100 Abs. 2 S. 2 Nr. 1 AktG (→ Rn. 43), **umstritten**.[155] Nach zutreffender Ansicht werden auch gesetzliche Vertreter ausländischer Kapitalgesellschaften von § 100 Abs. 2 S. 1 Nr. 3 AktG erfasst, weil in gleicher Weise die Gefahr gegenseitiger Einflussnahme besteht.[156] Entscheidend ist, dass der ausländische gesetzliche Vertreter und der ausländische Aufsichtsrat mit dem deutschen Pendant **vergleichbar** sind. Insbesondere muss der ausländische Aufsichtsrat die Befugnis haben, den ausländischen gesetzlichen Vertreter zu überwachen. Dass das gewisse Rechtsunsicherheit mit sich bringt, ist hinzunehmen. Folgt man dieser Ansicht, dann kommt es auch nicht darauf an, ob zuerst der inländische gesetzliche Vertreter in den ausländischen Aufsichtsrat bestellt wird, oder umgekehrt zuerst der ausländische gesetzliche Vertreter in den inländischen Aufsichtsrat: solange die Bestellung des inländischen gesetzlichen Vertreters in den ausländischen Aufsichtsrat nicht nach anwendbarem ausländischem Gesellschaftsrecht unwirksam ist,[157] ist der Tatbestand der Überkreuzverflechtung erfüllt und die Bestellung in den

---

[145] BT-Drs. 13/9712, 16; Kölner Komm AktG/*Mertens/Cahn* AktG § 100 Rn. 31; BeckOGK/*Spindler* AktG § 100 Rn. 26.
[146] Hüffer/Koch/*Koch* AktG § 100 Rn. 8; BeckOGK/*Spindler* AktG § 100 Rn. 26.
[147] BeckOGK/*Spindler* AktG § 100 Rn. 26; Kölner Komm AktG/*Mertens/Cahn* AktG § 100 Rn. 31.
[148] MüKoAktG/*Habersack* AktG § 100 Rn. 31; Kölner Komm AktG/*Mertens/Cahn* AktG § 100 Rn. 33; siehe auch Hölters/*Simons* AktG § 100 Rn. 33.
[149] MüKoAktG/*Habersack* AktG § 100 Rn. 36.
[150] GroßkommAktG/*Hirte/Mülbert/Roth* AktG § 100 Rn. 79; Kölner Komm AktG/*Mertens/Cahn* AktG § 100 Rn. 33; Hölters/*Simons* AktG § 100 Rn. 33; MüKoAktG/*Habersack* AktG § 100 Rn. 31.
[151] Hier einhellige Meinung, MüKoAktG/*Habersack* AktG § 100 Rn. 32; Hüffer/Koch/*Koch* AktG § 100 Rn. 13; Hölters/*Simons* AktG § 100 Rn. 33; GroßkommAktG/*Hirte/Mülbert/Roth* AktG § 100 Rn. 81; *Koppensteiner,* Internationale Unternehmen im deutschen Gesellschaftsrecht, 1971, 291; *Engert/Herschlein* NZG 2004, 459 (461); *v. Caemmerer* FS Geßler, 1971, 81 (87 ff.).
[152] Semler/v. Schenck/*Mutter* AktG § 100 Rn. 35; BeckOGK/*Spindler* AktG § 100 Rn. 28; Kölner Komm AktG/*Mertens/Cahn* AktG § 100 Rn. 33.
[153] Kölner Komm AktG/*Mertens/Cahn* AktG § 100 Rn. 34; MüKoAktG/*Habersack* AktG § 100 Rn. 32; GroßkommAktG/*Hirte/Mülbert/Roth* AktG § 100 Rn. 81; *Koppensteiner,* Internationale Unternehmen im deutschen Gesellschaftsrecht, 1971, 291 f.
[154] Hölters/*Simons* AktG § 100 Rn. 35; MüKoAktG/*Habersack* AktG § 100 Rn. 34; Kölner Komm AktG/*Mertens/Cahn* AktG § 100 Rn. 35; GroßkommAktG/*Hirte/Mülbert/Roth* AktG § 100 Rn. 85.
[155] Gegen die Einbeziehung Hüffer/Koch/*Koch* AktG § 100 Rn. 14; Hölters/*Simons* AktG § 100 Rn. 35; Kölner Komm AktG/*Mertens/Cahn* AktG § 100 Rn. 37; *Mader* ZGR 2014, 430 (450 f.); dafür MüKoAktG/*Habersack* AktG § 100 Rn. 35; BeckOGK/*Spindler* AktG § 100 Rn. 32; GroßkommAktG/*Hirte/Mülbert/Roth* AktG § 100 Rn. 89.
[156] Vgl. MüKoAktG/*Habersack* AktG § 100 Rn. 31, 23; BeckOGK/*Spindler* AktG § 100 Rn. 32; GroßkommAktG/*Hirte/Mülbert/Roth* AktG § 100 Rn. 89.
[157] MüKoAktG/*Habersack* AktG § 100 Rn. 37; Kölner Komm AktG/*Mertens/Cahn* AktG § 100 Rn. 33; GroßkommAktG/*Hirte/Mülbert/Roth* AktG § 100 Rn. 89; BeckOGK/*Spindler* AktG § 100 Rn. 32.

inländischen Aufsichtsrat **nichtig**, auch wenn das die Erstbestellung war (zu den Rechtsfolgen → Rn. 81 ff.).[158]

50 **Umstritten** ist auch, ob die Mitgliedschaft in einem **fakultativen Aufsichtsrat** dem Verbot unterliegt.[159] Gegen die Einbeziehung des fakultativen Aufsichtsrats spricht, dass ein fakultativer Aufsichtsrat anders als der obligatorische organisiert sein und auch andere Befugnisse haben kann.[160] Zudem wird für den fakultativen Aufsichtsrat in § 52 Abs. 1 GmbHG gerade nicht auf § 100 Abs. 2 S. 1 Nr. 3 AktG verwiesen.[161] Die **hM** hält die fehlende Verweisung aber zu Recht für bedeutungslos, weil der Gesetzgeber dadurch nur den Gesellschaften mit fakultativem Aufsichtsrat die Wahl einer Überkreuzverflechtung lässt, aber keine Aussage für Gesellschaften mit gesetzlichem Aufsichtsrat trifft.[162] Für die Einbeziehung spricht zudem der Wortlaut der Vorschrift, die anders als § 100 Abs. 2 S. 1 Nr. 1, S. 2 AktG nicht darauf abstellt, ob das andere Unternehmen gesetzlich einen Aufsichtsrat zu bilden hat.[163] Unabhängig von der konkreten Organisation und Aufgabenzuweisung des fakultativen Aufsichtsrats besteht außerdem die grundsätzliche Gefahr einer gegenseitigen Einflussnahme, sodass der Schutzzweck der Norm auch hier durchschlagen muss.[164] Im Übrigen würde sich eine andere Sichtweise auch kaum damit vertragen, wenn man wie hier ausländische Aufsichtsräte in die Betrachtung mit einbezieht.

51 **dd) Wahl ehemaliger Vorstandsmitglieder, § 100 Abs. 2 S. 1 Nr. 4 AktG.** Nach § 100 Abs. 2 S. 1 Nr. 4 AktG gibt es für ehemalige Vorstandsmitglieder einer **börsennotierten** Gesellschaft eine Sperrzeit von zwei Jahren für ein Aufsichtsratsmandat (sog. *„cooling off"*-**Periode**), es sei denn, das Aufsichtsratsmitglied wird auf Vorschlag von Aktionären gewählt, die mehr als 25 % der Stimmrechte an der Gesellschaft halten. Dahinter steckt der Gedanke, dass ein ehemaliges Vorstandsmitglied den aktuellen Vorstand behindern und die Bereinigung strategischer Fehler oder die Aufarbeitung von Unregelmäßigkeiten aus der eigenen Vorstandszeit unterbinden könnte.[165] Die Beschränkung auf börsennotierte Gesellschaften (siehe § 3 Abs. 2 AktG) folgt aus der gesetzgeberischen Einschätzung, dass nur hier ein **systematisches Kontrolldefizit** durch die Aktionäre zu befürchten ist.[166] Für die Berechnung der Frist gelten die §§ 186 ff. BGB.[167] Die Frist ist gewahrt, wenn der Amtsantritt außerhalb der Zweijahresfrist liegt; auf den Zeitpunkt der Wahl kommt es nicht an.[168]

52 In **Konzernkonstellationen** (→ § 8 Rn. 3 ff.) findet § 100 Abs. 2 S. 1 Nr. 4 AktG keine Anwendung, da sein Anwendungsbereich nach dem eindeutigen Wortlaut auf dieselbe Gesellschaft beschränkt ist.[169] Das gilt auch bei einem Wechsel zwischen verbundenen Unternehmen gemäß §§ 15 ff. AktG.[170]

53 Die **Ausnahmeregelung** aus § 100 Abs. 2 S. 1 Nr. 4 Hs. 2 AktG, wonach die Bestellung eines ehemaligen Vorstandsmitglieds in den Aufsichtsrat auch innerhalb der Karenzzeit möglich ist, wenn der Wahlvorschlag von Aktionären abgegeben wird, die **mehr als 25 % der Stimmrechte** halten, dient dem Schutz wesentlicher Eigentümer.[171] Bei Vorliegen des 25 %-Quorums ist davon auszugehen, dass die Aktionäre die Aufsichtsratsbesetzung kontrollieren und keine „faktische Kooptation durch den Vorstand" stattfindet.[172] Es reicht aus, wenn die Vorschlagenden **gemeinsam** 25 % der Stimmrechte halten.[173] Die 25 %-Quote bezieht sich eindeutig auf die **Gesamtzahl** aller Stimmrechte, nicht etwa die bei der jeweili-

---

[158] Kölner Komm AktG/*Mertens/Cahn* AktG § 100 Rn. 37 hält das ua nicht für hinnehmbar.
[159] Vgl. *Konow* DB 1966, 849 (850); *Werner* AG 1967, 102 (104); GroßkommAktG/*Hirte/Mülbert/Roth* AktG § 100 Rn. 90; MüKoAktG/*Habersack* AktG § 100 Rn. 38; Kölner Komm AktG/*Mertens/Cahn* AktG § 100 Rn. 36; Hölters/*Simons* AktG § 100 Rn. 35; *Rummel* DB 1970, 2257.
[160] GroßkommAktG/*Hirte/Mülbert/Roth* AktG § 100 Rn. 90; *Konow* DB 1966, 849 (850); *Werner* AG 1967, 102 (104).
[161] GroßkommAktG/*Hirte/Mülbert/Roth* AktG § 100 Rn. 90.
[162] MHdB AG/*Hoffmann-Becking* § 30 Rn. 22; Kölner Komm AktG/*Mertens/Cahn* AktG § 100 Rn. 36; MüKoAktG/*Habersack* AktG § 100 Rn. 38; Hüffer/Koch/*Koch* AktG § 100 Rn. 15; Hölters/*Simons* AktG § 100 Rn. 35, *Rummel* DB 1970, 2257 (2258).
[163] MHdB AG/*Hoffmann-Becking* § 30 Rn. 22; MüKoAktG/*Habersack* AktG § 100 Rn. 38; Kölner Komm AktG/*Mertens/Cahn* AktG § 100 Rn. 36, Hölters/*Simons* AktG § 100 Rn. 35; *Rummel* DB 1970, 2257.
[164] Hüffer/Koch/*Koch* AktG § 100 Rn. 15; Kölner Komm AktG/*Mertens/Cahn* AktG § 100 Rn. 36; einschränkend für fakultativen Aufsichtsrat ohne eigenständige Überwachungsfunktion BeckOGK/*Spindler* AktG § 100 Rn. 31.
[165] BT-Drs. 16/13433, 11.
[166] BT-Drs. 16/13433, 11.
[167] Kölner Komm AktG/*Mertens/Cahn* AktG § 100 Rn. 41; MüKoAktG/*Habersack* AktG § 100 Rn. 42; BeckOGK/*Spindler* AktG § 100 Rn. 34; Hölters/*Simons* AktG § 100 Rn. 36.
[168] Hüffer/Koch/*Koch* AktG § 100 Rn. 16; Kölner Komm AktG/*Mertens/Cahn* AktG § 100 Rn. 41; MüKoAktG/*Habersack* AktG § 100 Rn. 44; BeckOGK/*Spindler* AktG § 100 Rn. 34; Hölters/*Simons* AktG § 100 Rn. 46.
[169] MüKoAktG/*Habersack* AktG § 100 Rn. 42; BeckOGK/*Spindler* AktG § 100 Rn. 39.
[170] MüKoAktG/*Habersack* AktG § 100 Rn. 42; BeckOGK/*Spindler* AktG § 100 Rn. 39.
[171] Hölters/*Simons* AktG § 100 Rn. 39; MüKoAktG/*Habersack* AktG § 100 Rn. 45.
[172] BT-Drs. 16/13433, 11; BeckOGK/*Spindler* AktG § 100 Rn. 35; *Thüsing* AG 2009, 517 (528); ablehnend *Sünner* AG 2010, 111 (115).
[173] BeckOGK/*Spindler* AktG § 100 Rn. 35; Hüffer/Koch/*Koch* AktG § 100 Rn. 17; Hölters/*Simons* AktG § 100 Rn. 44.

II. Persönliche Voraussetzungen

gen Hauptversammlung vertreten.[174] Dabei werden auch Stimmrechte mitgezählt, deren Ausübung im Einzelfall ausgeschlossen ist.[175] Nach dem eindeutigen Wortlaut von § 100 Abs. 2 S. 1 Nr. 4 AktG muss der entsprechende **Wahlvorschlag** (nach §§ 126, 127, 122 Abs. 2 AktG oder auch gegenüber dem Aufsichtsrat, der sich dann den Vorschlag zu eigen macht) tatsächlich gemacht werden. Es reicht nicht aus, wenn bei der Wahl auf der Hauptversammlung mehr als 25 % der Stimmrechte für den Kandidaten stimmen.[176] Möglich ist jedoch, dass Aktionäre, die weniger als 25 % der Stimmrechte besitzen, vor der eigentlichen Wahl zunächst den Wahlvorschlag in der Hauptversammlung zur Abstimmung stellen und dabei mindestens 25 % der Stimmen einsammeln.[177]

Dagegen ist umstritten, ob es ausreicht, dass der **bestehende Aufsichtsrat auf eigene Initiative** von seinem Vorschlagsrecht aus § 124 Abs. 3 S. 1 AktG Gebrauch macht und dieser Wahlvorschlag dann in einer Abstimmung vor der eigentlichen Wahl das erforderliche 25 %-Quorum erreicht.[178] Dafür wird vorgebracht, dass die Organisation des Aktionärsvorschlags vor allem in Publikumsgesellschaften ansonsten nur schwer durchzuführen sein könne.[179] Zudem könne der Aufsichtsrat auch bei anderen Bestellungshindernissen einen Wahlvorschlag machen und selbst auf die Beseitigung der Hindernisse hinarbeiten.[180] Im Übrigen bleibe der Zweck des Vorschlags gewahrt, da die Aktionäre sich immer noch frei entscheiden könnten, ob sie diesem Vorschlag folgen.[181] Das überzeugt aber nicht, weil es in dieser Konstellation an einem originären Aktionärsvorschlag fehlt, den die Norm voraussetzt.[182] Der Zweck der Ausnahmevorschrift, dass sich die Aktionäre bewusst für oder gegen die Wahrung der Karenzzeit entscheiden und das Für und Wider des Wechsels eines Vorstandsmitgliedes in den Aufsichtsrat abwägen, würde durch ein solches Vorgehen gefährdet.[183] Die Aktionäre könnten dazu neigen, dem Vorschlag des Aufsichtsrats unreflektiert nachzugeben.[184]

Die Vorschrift bzw. das notwendige Quorum ist entsprechend auf die **gerichtliche Bestellung** sowie die **Entsendung** anzuwenden.[185]

Der **Deutsche Corporate Governance Kodex** in der Fassung DCGK 2020[186] flankiert die Vorschrift aus § 100 Abs. 2 S. 1 Nr. 4 AktG mit zwei Empfehlungen: Zum einen sollen nach der **Empfehlung C.11** dem Aufsichtsrat – unabhängig vom Ablauf der Cooling Off-Periode – nicht mehr als zwei ehemalige Mitglieder des Vorstands angehören. Zum anderen soll nach der **Empfehlung C.7** bei der Beurteilung der Unabhängigkeit der Mitglieder der Anteilseignervertreter (→ Rn. 65 f.) insbesondere berücksichtigt werden, ob das Aufsichtsratsmitglied selbst oder ein naher Familienangehöriger in den zwei Jahren vor der Ernennung Mitglied des Vorstands war. Der Begriff des nahen Familienangehörigen ist im Sinne der Definition in IAS 24.9 zu verstehen.[187] Beide Verhältnisse sind grundsätzlich geeignet, die Unabhängigkeit des betreffenden Mitglieds zu beeinflussen.[188] Es handelt sich aber nur um Indikatoren für eine fehlende Unabhängigkeit; diese kann trotzdem zu bejahen sein, was dann in der Erklärung zur Unternehmensführung zu begründen ist.[189] Nach Ablauf der Cooling Off-Periode gilt ein ehemaliges Vorstandsmitglied ohne Weiteres als unabhängig.[190]

---

[174] Hölters/Simons AktG § 100 Rn. 39; Hüffer/Koch/Koch AktG § 100 Rn. 17; MüKoAktG/Habersack AktG § 100 Rn. 46; Kölner Komm AktG/Mertens/Cahn AktG § 100 Rn. 42.
[175] Hölters/Simons AktG § 100 Rn. 39; MüKoAktG/Habersack AktG § 100 Rn. 46; Hüffer/Koch/Koch AktG § 100 Rn. 17; dazu auch Bungert/Wansleben DB 2012, 2617 (2618); krit. Kölner Komm AktG/Mertens/Cahn AktG § 100 Rn. 42.
[176] Kölner Komm AktG/Mertens/Cahn AktG § 100 Rn. 43; Hüffer/Koch/Koch AktG § 100 Rn. 18.
[177] Kölner Komm AktG/Mertens/Cahn AktG § 100 Rn. 43.
[178] Dafür Hölters/Simons AktG § 100 Rn. 43; Bungert/Wansleben DB 2012, 2617 (2620 f.); Löbbe/Fischbach AG 2012, 580 (581 f.); Krieger FS Hüffer, 2010, 521 (530 ff.); Thüsing AG 2009, 517 (528); dagegen MüKoAktG/Habersack AktG § 100 Rn. 47; BeckOGK/Spindler AktG § 100 Rn. 37; Kölner Komm AktG/Mertens/Cahn AktG § 100 Rn. 43; Hüffer/Koch/Koch AktG § 100 Rn. 18; Gaul AG 2015, 742 (746).
[179] Löbbe/Fischbach AG 2012, 580 (581).
[180] Löbbe/Fischbach AG 2012, 580 (581 f.).
[181] Hölters/Simons AktG § 100 Rn. 43; Thüsing AG 2009, 517 (528).
[182] MüKoAktG/Habersack AktG § 100 Rn. 47; BeckOGK/Spindler AktG § 100 Rn. 37; Kölner Komm AktG/Mertens/Cahn AktG § 100 Rn. 43; Hüffer/Koch/Koch AktG § 100 Rn. 18; Gaul AG 2015, 742 (746).
[183] BeckOGK/Spindler AktG § 100 Rn. 37.
[184] BeckOGK/Spindler AktG § 100 Rn. 37; Schulenburg/Brosius WM 2011, 58 (61 f.).
[185] MüKoAktG/Habersack AktG § 100 Rn. 43; Hölters/Simons AktG § 104 Rn. 28; K. Schmidt/Lutter/Drygala AktG § 100 Rn. 20; Fett/Theusinger AG 2010, 425 (432); Ihrig FS Hoffmann-Becking, 2013, 617 (620); Krieger FS Hüffer, 2010, 521 (530); Schulenburg/Brosius WM 2011, 58 (62 f.); Wandt AG 2016, 877 (882 f.); **aA** Grigoleit/Grigoleit/Tomasic AktG § 104 Rn. 18.
[186] https://www.dcgk.de/de/kodex/dcgk-2020.html.
[187] Begründung DCGK 2020, S. 9; zur Kritik am Vorentwurf DAV NZG 2019, 252 (258).
[188] Rubner/Fischer NZG 2019, 961 (964).
[189] DCGK 2020 Empfehlung C.8; sa Rubner/Fischer NZG 2019, 961 (964).
[190] Zum unklaren Wortlaut insoweit kritisch DAV NZG 2019, 252 (258).

57 **ee) Inkompatibilität.** Nach § 105 Abs. 1 AktG ist die **gleichzeitige Mitgliedschaft** in Vorstand und Aufsichtsrat derselben Gesellschaft nicht zulässig. Aufsichtsratsmitglieder dürfen auch nicht gleichzeitig dauernder Stellvertreter des Vorstands, Prokurist oder zum gesamten Geschäftsbetrieb ermächtigter Handlungsbevollmächtigter ihrer Gesellschaft sein. Die Aufzählung der in § 105 Abs. 1 AktG genannten Ämter ist abschließend.[191]

58 Wird ein Vorstandsmitglied zum Aufsichtsrat bestellt oder umgekehrt, gilt der **Prioritätsgrundsatz:** das spätere Amtsverhältnis ist unzulässig.[192] Zu den Rechtsfolgen bei Verstoß (→ Rn. 93 f.). Werden beide Rechtsverhältnisse gleichzeitig eingegangen, so sind beide unwirksam.[193]

b) Nach anderen Gesetzen

59 Der **Bundespräsident** darf nicht dem Aufsichtsrat eines auf Erwerb gerichteten Unternehmens angehören, Art. 55 Abs. 2 GG. Gleiches gilt für den **Bundeskanzler** sowie die **Bundesminister,** sofern nicht der Bundestag seine Zustimmung erteilt, vgl. Art. 66 GG, § 5 Abs. 1 S. 2 Bundesministergesetz. Vergleichbare Vorschriften existieren in den **Landesverfassungen,** zB Art. 53 Abs. 2, S. 2, 3 LV BW. **Beamte** bedürfen zum Eintritt in einen Aufsichtsrat einer vorherigen Genehmigung ihres Dienstherrn, § 99 Abs. 1 Nr. 3 BBG. Für eine Behörde darf im Verwaltungsverfahren umgekehrt nicht tätig werden, wer bei einem Beteiligten Mitglied des Aufsichtsrats ist, § 20 Abs. 1 Nr. 5 VwVfG.[194] Beschäftigte des **Bundeskartellamtes** dürfen nicht Mitglieder eines Aufsichtsrats sein, § 51 Abs. 5 GWB. **Notare** bedürfen nach § 8 Abs. 3 S. 1 Nr. 2 BNotO für ein Aufsichtsratsamt der Genehmigung der Aufsichtsbehörde.

3. Eignung

60 Das Gesetz kennt **keine besonderen, über § 100 Abs. 1, 2 AktG hinausgehenden Eignungsvoraussetzungen.**[195] Insbesondere müssen Aufsichtsratsmitglieder nicht Aktionär der Gesellschaft[196] oder deutsche Staatsbürger[197] sein. Unproblematisch ist auch ein laufendes Insolvenzverfahren über das Vermögen des (potenziellen) Aufsichtsratsmitglieds.[198] Selbst Vorstrafen (auch wegen Insolvenzstraftaten) oder ein Berufsverbot sind kein Hinderungsgrund, denn § 76 Abs. 3 Nr. 2, 3 AktG sind nicht analog auf den Aufsichtsrat anwendbar.[199] Ob diese **Differenzierung** zwischen Vorstand und Aufsichtsrat – insbesondere mit Blick auf monistische Gesellschaften – rechtspolitisch überzeugt, wird zu Recht bezweifelt.[200]

61 Auch die **Rechtsprechung** hält sich bisher zu weiteren persönlichen Voraussetzungen bedeckt. Der BGH hat ausgeführt, ein Aufsichtsratsmitglied müsse diejenigen **Mindestkenntnisse und -fähigkeiten** besitzen oder sich aneignen, die es braucht, um alle normalerweise anfallenden Geschäftsvorgänge auch ohne fremde Hilfe zu verstehen und sachgerecht beurteilen zu können.[201] Dies folge aus § 111 Abs. 6 AktG (damals noch Abs. 5), wonach Aufsichtsratsmitglieder ihre Aufgaben nicht durch andere wahrnehmen lassen können. Wenn die Aufsichtsratsmitglieder nämlich aufgrund Fehlens eigener Sachkenntnisse einen ständigen Berater einschalten oder sogar wesentliche Aufgaben an Außenstehende zur selbstständigen Erledigung übertragen müssten, werde das aus § 111 Abs. 6 AktG folgende Gebot persönlicher und eigenverantwortlicher Amtsausübung verletzt.[202] Daraus folgt nach **zutreffender hM** jedoch nicht, dass die spezielle Sachkunde Voraussetzung für die Bestellung in den Aufsichtsrat ist. Sie fließt vielmehr in den Sorgfaltsmaßstab für die Amtsausübung ein (hierzu näher → § 3 Rn. 470 ff.).[203] Eine entsprechende „Eignungsprüfung" des Kandidaten ist nicht erforderlich. Ein Verstoß gegen diesen Maßstab macht den Wahlbschluss auch nicht anfechtbar.[204] Stattdessen kommt nur eine **Haftung** gemäß §§ 116, 93 Abs. 2

---

[191] Hüffer/Koch/*Koch* AktG § 105 Rn. 5; Kölner Komm AktG/*Mertens/Cahn* AktG § 105 Rn. 14; MüKoAktG/*Habersack* AktG § 105 Rn. 15.
[192] Kölner Komm AktG/*Mertens/Cahn* AktG § 105 Rn. 7; BeckOGK/*Spindler* AktG § 105 Rn. 16; Hölters/*Simons* AktG § 105 Rn. 27; MüKoAktG/*Habersack* AktG § 105 Rn. 18; Hüffer/Koch/*Koch* AktG § 105 Rn. 6; GroßkommAktG/*Hirte/Mülbert/Roth* AktG § 105 Rn. 23.
[193] Kölner Komm AktG/*Mertens/Cahn* AktG § 105 Rn. 7.
[194] Näher dazu *Wais* NJW 1982, 1263.
[195] Krit. *Kley* AG 2019, 818 (819 f.).
[196] GroßkommAktG/*Hirte/Mülbert/Roth* AktG § 105 Rn. 27.
[197] GroßkommAktG/*Hirte/Mülbert/Roth* AktG § 105 Rn. 27; Kölner Komm AktG/*Mertens/Cahn* AktG § 100 Rn. 7.
[198] OLG München HRR 1939 Nr. 1107 (zum AktG 1937).
[199] Hölters/*Simons* AktG § 105 Rn. 36; Kölner Komm AktG/*Mertens/Cahn* AktG § 100 Rn. 11.
[200] GroßkommAktG/*Hirte/Mülbert/Roth* AktG § 105 Rn. 27; *Kley* AG 2019, 818 (820 f.).
[201] BGHZ 85, 293 (295 f.) – Hertie.
[202] BGHZ 85, 293 (295 f.) – Hertie.
[203] MüKoAktG/*Habersack* AktG § 116 Rn. 22; Kölner Komm AktG/*Mertens/Cahn* AktG § 116 Rn. 6 ff.; GroßkommAktG/*Hirte/Mülbert/Roth* AktG § 100 Rn. 28; MHdB AG/*Hoffmann-Becking* § 30 Rn. 4.
[204] GroßkommAktG/*Hirte/Mülbert/Roth* AktG § 100 Rn. 28; Kölner Komm AktG/*Mertens/Cahn* AktG § 116 Rn. 6; MüKoAktG/*Habersack* AktG § 116 Rn. 22; MHdB AG/*Hoffmann-Becking* § 30 Rn. 4; *Semler* in Semler/v. Schenck AR-HdB § 1 Rn. 34.

AktG des sachunkundigen Aufsichtsratsmitglieds wegen der Annahme des Amts trotz fehlender Eignung oder wegen unterbleibender Fortbildungsmaßnahmen sowie eine Haftung des Aufsichtsrats, der den ungeeigneten Kandidaten nach § 124 Abs. 3 S. 1 AktG vorgeschlagen hat, in Betracht (→ § 5 Rn. 184 ff., 196).[205] Vereinzelt wird vertreten, mangelnde Sachkunde könne zu Inkompatibilität in Bezug auf das Aufsichtsratsmandat führen, wenn der Kandidat durch seine mangelnde Sachkunde so weitgehend an einer ordnungsgemäßen Amtsausübung gehindert werde, dass er als Aufsichtsrat nicht tragbar sei.[206] Dem ist jedoch nicht zu folgen: In Betracht kommt in einem solchen Fall allenfalls die Abberufung aus wichtigem Grund.[207]

Nach **Grundsatz 11 DCGK 2020** ist der Aufsichtsrat so zusammenzusetzen, dass seine Mitglieder insgesamt über die zur ordnungsgemäßen Wahrnehmung der Aufgaben erforderlichen **Kenntnisse, Fähigkeiten und fachlichen Erfahrungen** verfügen und die gesetzliche Geschlechterquote eingehalten wird. Nach Empfehlung C.1 DCGK 2020 soll der Aufsichtsrat für seine Zusammensetzung konkrete Ziele benennen und ein **Kompetenzprofil** für das Gesamtgremium erarbeiten sowie auf Diversität achten. Gemäß Empfehlung C.2 DCGK 2020 soll für Aufsichtsratsmitglieder eine **Altersgrenze** festgelegt werden. D.5 DCGK 2020 empfiehlt börsennotierten Gesellschaften, einen Nominierungsausschuss zu bilden, der dem Aufsichtsrat geeignete Kandidaten für dessen Vorschläge an die Hauptversammlung zur Wahl von Aufsichtsratsmitgliedern benennt.

62

In der Tat ist jeder Gesellschaft zu empfehlen, dass ihre Aufsichtsratsmitglieder hinreichende Kenntnisse und Fähigkeiten bezüglich der Aufgaben mitbringen, die nicht an externe Berater übertragen werden dürfen, oder sie sich schnellstens aneignen (→ Rn. 61). Berichte nach § 90 AktG sowie Jahres- und Konzernabschlüsse sollten verstanden und kritisch gewürdigt werden können.[208] Nicht jedes Aufsichtsratsmitglied muss aber die besondere Fachkompetenz haben, die der Aufsichtsrat insgesamt benötigt, um die ihm gesetzlich zugewiesene Überwachungsaufgabe zu erfüllen.[209] Stattdessen reicht es aus, wenn die notwendige Kompetenz im Aufsichtsrat **insgesamt** vorhanden ist.[210] Nach § 109 Abs. 1 S. 2 AktG, § 111 Abs. 2 S. 2 AktG kann der Aufsichtsrat bei einzelnen Maßnahmen außerdem externe Sachverständige und Berater hinzuziehen. Aufsichtsratsmitglieder sollten außerdem schon im eigenen Interesse die besonderen Haftungsrisiken aus §§ 116, 93 Abs. 2 AktG kennen und beurteilen können.[211] Selbstverständlich empfiehlt es sich für Aufsichtsratsmitglieder, zumindest ein Minimum an unternehmerischer Erfahrung mitzubringen.[212]

63

4. Unabhängigkeit

Die Unabhängigkeit der Aufsichtsratsmitglieder ist **gesetzlich nicht** als persönliche Voraussetzung vorgeschrieben.[213] Der Aufsichtsrat ist vom Gesetzgeber gerade als Aktionärsausschuss konzipiert; die Einflussnahme durch Großaktionäre oder herrschende Unternehmen ist daher unbedenklich, soweit der Gesellschaft dadurch kein Schaden bzw. Nachteil entsteht, §§ 117, 311 AktG.[214] Aus demselben Grund sind auch sog. Doppelmandate, also die Bündelung von Mandaten in Mutter- und Tochtergesellschaften in einer Person, ohne dass § 100 Abs. 2 S. 1 Nr. 2 AktG einschlägig ist, uneingeschränkt zulässig.[215]

64

Allerdings enthält der **DCGK 2020** einige Empfehlungen zur Unabhängigkeit von Aufsichtsratsmitgliedern (C.6 bis C.12 DCGK). Dem Aufsichtsrat soll auf Anteilseignerseite eine nach deren Einschätzung **angemessene Anzahl Mitglieder** angehören, die von der Gesellschaft, deren Vorstand und einem kontrollierenden Aktionär **unabhängig** sind (C.6 DCGK). Mehr als die Hälfte der Anteilseignervertreter soll unabhängig von der Gesellschaft und dem Vorstand sein (C.7 DCGK → Rn. 56).[216] Ein Aufsichtsratsmitglied ist unabhängig von der Gesellschaft und deren Vorstand, wenn es in keiner persönlichen oder geschäftlichen Beziehung zu der Gesellschaft oder deren Vorstand steht, die einen wesentlichen und nicht nur vorübergehenden Interessenkonflikt begründen kann (C.7 DCGK). Neu ist, dass die Empfehlung eine Liste von **Indikatoren** enthält, die die Anteilseignerseite bei der Einschätzung der Unabhängigkeit

65

---

[205] GroßkommAktG/*Hirte/Mülbert/Roth* AktG § 100 Rn. 34; *Lutter* ZIP 2003, 417 (419 f.).
[206] *Wardenbach* AG 1996, 262; *Prühs* AG 1970, 347 (352 f.).
[207] GroßkommAktG/*Hirte/Mülbert/Roth* AktG § 100 Rn. 32.
[208] GroßkommAktG/*Hirte/Mülbert/Roth* AktG § 100 Rn. 33.
[209] BGHZ 85, 293 (295 f.) – Hertie; *Semler* in Semler/v. Schenck AR-HdB § 1 Rn. 29 f.
[210] Kölner Komm AktG/*Mertens/Cahn* AktG § 116 Rn. 7; *Semler* in Semler/v. Schenck AR-HdB § 1 Rn. 35.
[211] *Semler* in Semler/v. Schenck AR-HdB § 1 Rn. 31.
[212] *Semler* in Semler/v. SchenckAR-HdB § 1 Rn. 32.
[213] Hüffer/Koch/*Koch* AktG § 100 Rn. 3; MüKoAktG/*Habersack* AktG § 100 Rn. 83 mwN.
[214] Vgl. OLG Düsseldorf NZG 2013, 178 (180 f.); *Hoffmann-Becking* NZG 2014, 801 (805 f.); *Habersack* NZG 2004, 1 (5); *Hüffer* ZIP 2010, 1979 (1982); MüKoAktG/*Habersack* AktG § 100 Rn. 83 mwN.
[215] Kölner Komm AktG/*Mertens/Cahn* AktG § 100 Rn. 13; *Hommelhoff* ZGR 1996, 144 (162); *Lutter/Kremer* ZGR 1992, 87 (108).
[216] Zum Zielkonflikt zwischen Unabhängigkeit und Kompetenz s. *AKEIÜ* DB 2020, 1577 (1579).

berücksichtigen soll, wobei es im pflichtgemäßen **Ermessen** der Anteilseignerseite steht, den Betroffenen trotz des Vorliegens eines oder mehrerer Indikatoren als unabhängig zu beurteilen.[217] Das soll dann in der Erklärung zur Unternehmensführung begründet werden (C.8 DCGK).[218] Zu beachten ist, dass es sich zwar bei den Indikatoren um „relative" Kriterien handelt, die Definition der Unabhängigkeit in C.7 DCGK jedoch als „absolut" zu verstehen ist; insoweit steht dem Aufsichtsrat kein Ermessensspielraum zu.[219]

66 Hat die Gesellschaft einen **kontrollierenden Aktionär**, sollen nach DCGK 2020 bei mehr als sechs Aufsichtsratsmitgliedern mindestens zwei Anteilseignervertreter unabhängig vom kontrollierenden Aktionär sein, bei sechs oder weniger Mitgliedern mindestens ein Anteilseignervertreter (C.9 DCGK). Weder das Aufsichtsratsmitglied selbst noch ein naher Familienangehöriger darf kontrollierender Aktionär sein, dem geschäftsführenden Organ des kontrollierenden Aktionärs angehören oder zu diesem in einer persönlichen oder geschäftlichen Beziehung stehen, die einen wesentlichen und nicht nur vorübergehenden Interessenkonflikt begründen kann (C.9 DCGK). Die Empfehlung trägt sowohl den Interessen des kontrollierenden Aktionärs als auch dem Minderheitenschutz Rechnung.[220]

67 Der **Aufsichtsratsvorsitzende**, der Vorsitzende des **Prüfungsausschusses** sowie der Vorsitzende des mit der **Vorstandsvergütung** befassten Ausschusses sollen unabhängig von der Gesellschaft und vom Vorstand sein, der Vorsitzende des Prüfungsausschusses zudem auch unabhängig vom kontrollierenden Aktionär (C.10 DCGK). Die weiteren Empfehlungen beziehen sich auf Unabhängigkeit vom Vorstand (ehemalige Vorstandsmitglieder, C.11 DCGK → Rn. 51 ff.) sowie von Wettbewerbern (C.12 DCGK). Das in den Indikatoren wiederholt auftauchende Merkmal der „persönlichen Beziehung" ist vor dem Hintergrund der oben erwähnten Anfechtungsrisiken zu Recht als zu unbestimmt kritisiert worden.[221]

5. Interessenkonflikt

68 Auch im Hinblick auf **Interessenkonflikte,** die wegen des Charakters des Aufsichtsratsmandats als Nebenamt und die insbesondere im mitbestimmten Aufsichtsrat herrschende Interessenpluralität nicht ungewöhnlich sind, enthält das Aktiengesetz **keine** konkreten **Vorgaben**. Ein kleiner Teil der Literatur hält ein Aufsichtsratsmandat für inkompatibel mit der Tätigkeit für ein Konkurrenzunternehmen, weil dann dauerhaft ein Interessenkonflikt bestehe; die Bestellung sei deshalb unwirksam.[222] Das lässt sich heute aber kaum mehr vertreten. In der Gesetzesbegründung zum KonTraG wurde die Problematik angesprochen, eine entsprechende Regelung im Gesetz aber für **verzichtbar** erklärt.[223] Das Aktiengesetz nimmt die Konkurrenzsituation also bewusst in Kauf.[224] Die Interessen der betroffenen Gesellschaft werden stattdessen durch andere Mechanismen gesichert, wie etwa – gestuft nach der Eingriffsintensität – Offenlegungspflichten, Stimmverbote, Sitzungsausschluss oder, insbesondere bei dauerhaften, erheblichen Interessenkonflikten, die Pflicht des Aufsichtsratsmitglieds zur Amtsniederlegung oder eine Abberufungsmöglichkeit.[225] Widersetzt sich ein Aufsichtsratsmitglied, kommt eine Haftung nach §§ 116, 93 Abs. 2 AktG in Betracht.[226]

---

[217] *Rubner/Fischer* NZG 2019, 961 (966); *Hopt/Leyens* ZGR 2019, 929 (961 f.); *Leuering/Herb* NJW 2019, 399; krit. dazu *AKEIÜ* DB 2020, 1577 (1578).

[218] Die Aufnahme der Begründung in die Erklärung zur Unternehmensführung ist wegen der Anfechtungsrisiken bei fehlender oder unzureichender Begründung bereits im Entwurfsstadium des DCGK 2020 kritisiert worden, vgl. *DAV* NZG 2019, 252 (258).

[219] *Rubner/Fischer* NZG 2019, 961 (966).

[220] Vgl. allgemein zur Unabhängigkeit vom kontrollierenden Aktionär die Begründung des DCGK in der Fassung vom 16.12.2019, zu C.6, 9 DCGK; *Rubner/Fischer* NZG 2019, 961 (963); *Leuering/Herb* NJW 2019, 399; kritisch *Hopt/Leyens* ZGR 2019, 929 (963 f.).

[221] *DAV* NZG 2019, 252 (258).

[222] *Lutter* ZHR 159 (1995), 287 (303); *Berrar* NZG 2001, 1113 (1118); *Reichert/Schlitt* AG 1995, 241 (244 ff.).

[223] BT-Drs. 13/9712, 17.

[224] OLG Schleswig AG 2004, 453 (454); LG München AG 2008, 90 (91); GroßkommAktG/*Hirte/Mülbert/Roth* AktG § 100 Rn. 147; Kölner Komm AktG/*Mertens/Cahn* AktG § 100 Rn. 17; BeckOGK/*Spindler* AktG § 100 Rn. 44; MüKoAktG/*Habersack* AktG § 100 Rn. 83; Hüffer/Koch/*Koch* AktG § 100 Rn. 3; Hölters/*Simons* AktG § 100 Rn. 50; *Marsch-Barner* in Semler/v. Schenck AR-HdB § 13 Rn. 91; *Matthießen*, Stimmrecht und Interessenkollisionen im Aufsichtsrat, 1989, 202; *Dreher* JZ 1990, 896 (900); *Semler/Stengel* NZG 2003, 1 (5); *Wirth* ZGR 2005, 327 (345); wohl auch BGH AG 1975, 242 (244); **aA** *Lutter/Krieger/Verse* AR § 1 Rn. 22, die für Amtsunfähigkeit in Bezug auf die spätere Wahl bei Tätigkeit für Unternehmen, bei denen Konkurrenzsituation in zentralen Tätigkeitsbereichen besteht, plädieren.

[225] *Hopt* ZGR 2004, 1 (25 ff., 31 ff.); *Lutter* FS Priester, 2007, 417 (420); *Seibt* FS Hopt, 2010, 1363 (1373 f.); *Priester* ZIP 2011, 2081 (2083 f.); *Wilsing/v. der Linden* ZHR 178 (2014), 419 (435 ff.); *Koch* ZGR 2014, 697 (724 f.); MüKo-AktG/*Habersack* AktG § 100 Rn. 100 ff.; Kölner Komm AktG/*Mertens/Cahn* AktG § 100 Rn. 18 ff.; GroßkommAktG/*Hirte/Mülbert/Roth* AktG § 100 Rn. 309 f.

[226] GroßkommAktG/*Hirte/Mülbert/Roth* AktG § 100 Rn. 311.

Der **DCGK 2020** (zur Bindungswirkung → § 4 Rn. 2518 f.) empfiehlt demgegenüber klar, dass Aufsichtsratsmitglieder von börsennotierten Gesellschaften keine Organfunktion oder Beratungsaufgaben bei wesentlichen Wettbewerbern ausüben und auch nicht in einer persönlichen Beziehung zu einem wesentlichen Wettbewerber stehen sollen (C.12 DCGK). Bei wesentlichen und nicht nur vorübergehenden Interessenkonflikten in der Person des Aufsichtsratsmitglieds soll sein **Amt beendet** werden (E.1 DCGK). Im Übrigen sind (nicht nur) nach Grundsatz 19 DCGK 2020 auch die Mitglieder des Aufsichtsrats selbstverständlich dem Unternehmensinteresse verpflichtet, dürfen bei ihren Entscheidungen keine persönlichen Interessen verfolgen und auch keine Geschäftschancen des Unternehmens für sich nutzen. Interessenkonflikte sollen unverzüglich dem Vorsitzenden des Aufsichtsrats offengelegt werden (E.1 DCGK).

6. Persönliche Voraussetzungen in der Satzung

Nach § 100 Abs. 4 AktG können in der Satzung persönliche Voraussetzungen für solche Aufsichtsratsmitglieder festgelegt werden, die von der Hauptversammlung ohne Bindung an Wahlvorschläge gewählt oder aufgrund der Satzung in den Aufsichtsrat entsandt werden, dh für **Anteilseignervertreter** (zu entsandten Mitgliedern vgl. → Rn. 127).

Es können nur Voraussetzungen (oder Hinderungsgründe) festgelegt werden, die **neben** die oben erörterten gesetzlichen Voraussetzungen treten oder diese **verschärfen**.[227] Eine Abschwächung bestehender Voraussetzungen wäre wegen Verstoßes gegen § 23 Abs. 5 S. 1 AktG nichtig.[228] Die Anforderungen für die von der Hauptversammlung zu wählenden Aufsichtsratsmitglieder dürfen nicht so ausgestaltet sein, dass das Wahlrecht der Hauptversammlung aus § 119 Abs. 1 Nr. 1 AktG faktisch beseitigt[229] und daraus ein verkapptes Entsendungsrecht gemäß § 101 Abs. 2 AktG wird.[230] **Unproblematisch** sind dementsprechend etwa folgende Voraussetzungen: geordnete Vermögensverhältnisse[231], besondere Sachkunde[232], Stellung als Aktionär der Gesellschaft[233]. Auch darf die Satzung Voraussetzungen fordern, die mit der Aufsichtsratstätigkeit unmittelbar im Zusammenhang stehen, also etwa die Hinderungsgründe aus § 100 Abs. 2 AktG weiter verschärfen,[234] beispielsweise die zulässige Zahl anderer Mandate weiter herabsetzen[235], die Zahl der Wahlperioden begrenzen[236], die Inkompatibilität mit Mandaten bei Aufsichtsräten konkurrierender Unternehmen anordnen[237] oder ehemalige Vorstandsmitglieder ausschließen.[238]

Umstritten ist, ob bei von der Hauptversammlung zu wählenden Kandidaten die Zugehörigkeit zu einer bestimmten **Familie** gefordert werden kann.[239] Die hM verneint das mit dem Argument, dadurch würde die Zahl der in Frage kommenden Kandidaten derart verkleinert, dass die Regelung de facto auf ein Entsendungsrecht hinausliefe.[240] Dasselbe gilt für die Voraussetzung, die Wählbarkeit an das Halten einer bestimmten Aktiengattung zu knüpfen.[241] Nach hM sind hingegen die deutsche Staatsangehörigkeit, Altersgrenzen, Geschlechterquoten und eine bestimmte Konfessionsangehörigkeit zulässige satzungsmäßige Voraussetzungen.[242] Das Benachteiligungsverbot aus § 7 AGG iVm § 6 Abs. 3 AGG wird überwiegend nicht für anwendbar gehalten, weil es sich bei der Wahl zum Aufsichtsrat nicht um den Zugang zu einer Erwerbstätigkeit handele.[243] Jedenfalls könne ein Eingriff durch das Unternehmenswohl oder einen anderen sachlichen Grund gerechtfertigt sein.[244]

7. Besondere Voraussetzungen

a) Arbeitnehmervertreter

73 Siehe zu **Arbeitnehmervertretern** im Aufsichtsrat (→ § 7 Rn. 96 ff., § 7 Rn. 424).

b) Finanzexperten und Sektorenkenntnis, § 100 Abs. 5 AktG

74 **aa) Allgemeines.** Nach § 100 Abs. 5 AktG muss in kapitalmarktorientierten Unternehmen gem. § 264d HGB sowie seit dem Abschlussprüfungsreformgesetz 2016[245] in CRR-Kreditinstituten gem. § 1 Abs. 3d S. 1 KWG (mit Ausnahmen) und in Versicherungsunternehmen im Sinne der Richtlinie 91/674/EWG[246] (auch als **„Unternehmen von öffentlichem Interesse"** bezeichnet)[247] sichergestellt sein, dass im Aufsichtsrat mindestens ein Mitglied über Sachverstand auf den Gebieten Rechnungslegung oder Abschlussprüfung verfügt, sog. „Finanzexperte".[248] Eine Änderung ist geplant.[249] Zudem müssen die Aufsichtsratsmitglieder in ihrer Gesamtheit mit dem Sektor, in dem die Gesellschaft tätig ist, vertraut sein, sog. „Sektorenkenntnis".

75 **bb) Finanzexperte.** Eine allgemeingültige Definition ist nicht möglich, vielmehr ist auf den **Einzelfall** und die **individuellen Verhältnisse** der Gesellschaft abzustellen.[250] Der Finanzexperte sollte jedenfalls bereits beruflich mit der Rechnungslegung oder Abschlussprüfung befasst gewesen sein, sodass folgende Berufsgruppen in Betracht kommen: Steuerberater, Wirtschaftsprüfer (wobei eine besondere berufliche Weiterbildung in diesem Bereich ausreicht), Finanzvorstände, fachkundige Angestellte aus den Bereichen Rechnungslegung und Controlling, Analysten sowie langjährige Mitarbeiter in Prüfungsausschüssen oder Betriebsräten, die sich die Fähigkeit im Zuge ihrer Tätigkeit durch Weiterbildung angeeignet haben.[251] Auf den Schwerpunkt ihrer bisherigen Tätigkeit kommt es hingegen nicht an.[252] Der Sachverstand muss durch regelmäßige Fort- und Weiterbildungsmaßnahmen aufrechterhalten werden.[253] Mit der Neufassung des § 100 Abs. 5 AktG 2016[254] ist die Voraussetzung, dass der Finanzexperte unabhängig sein muss, weggefallen.

76 Der Finanzexperte hat **keine besondere Stellung** im Aufsichtsrat und auch keinen Anspruch auf eine Ausschussmitgliedschaft.[255] Er kommt wegen § 107 Abs. 4 AktG (→ § 3 Rn. 290) aber selbstverständlich

---

[241] GroßkommAktG/*Hirte/Mülbert/Roth* AktG § 100 Rn. 218; BeckOGK/*Spindler* AktG § 100 Rn. 51; MüKoAktG/*Habersack* AktG § 100 Rn. 58.
[242] Kölner Komm AktG/*Mertens/Cahn* AktG § 100 Rn. 46; GroßkommAktG/*Hirte/Mülbert/Roth* AktG § 100 Rn. 215 ff.; BeckOGK/*Spindler* AktG § 100 Rn. 51; Hölters/*Simons* AktG § 100 Rn. 59; MüKoAktG/*Habersack* AktG § 100 Rn. 58; siehe dazu auch BGHZ 193, 110 (keine Übertragbarkeit der arbeitsrechtlichen Grundsätze auf Vorstände einer AG); *Redenius-Hövermann* ZIP 2010, 660 (663 f.).
[243] Kölner Komm AktG/*Mertens/Cahn* AktG § 100 Rn. 47; *Krause* AG 2007, 392 (394); *Eckert* DStR 2006, 1987 (1988); *Bauer/C. Arnold* ZIP 2008, 993 (994).
[244] So im Ergebnis GroßkommAktG/*Hirte/Mülbert/Roth* AktG § 100 Rn. 223.
[245] Abschlussprüfungsreformgesetz v. 10. 5. 2016, BGBl. 2016 I 1142 ff.
[246] ABl. EG 1991 L 374, 7 vom 31. 12. 1991, zuletzt geändert durch Richtlinie 2006/46/EG, ABl. EG 2006 L 224, 1 vom 16. 8. 2006.
[247] Zu diesem Begriff siehe Hüffer/Koch/*Koch* AktG § 100 Rn. 23.
[248] GroßkommAktG/*Hirte/Mülbert/Roth* AktG § 100 Rn. 225.
[249] Geplant ist nach dem Gesetzesentwurf der Bundesregierung für ein Finanzmarktintegritätsstärkungsgesetz (RegE FISG), dass in Unternehmen von öffentlichem Interesse im Aufsichtsrat mindestens ein Mitglied über Sachverstand auf dem Gebiet Rechnungslegung und ein (anderes) Mitglied über Sachverstand auf dem Gebiet Abschlussprüfung verfügen muss, vgl. § 100 Abs. 5 AktG-E, RegE FISG, 256.
[250] OLG München NZG 2010, 784 (785); LG München I AG 2010, 339; Semler/v. Schenck/*Mutter* AktG § 100 Rn. 104; Hölters/*Simons* AktG § 100 Rn. 13; Hüffer/Koch/*Koch* AktG § 100 Rn. 24; Kölner Komm AktG/*Mertens/Cahn* AktG § 100 Rn. 76.
[251] BegR RegE BT-Drs. 16/10067, 102.
[252] OLG München NZG 2010, 784 (785); LG München I AG 2010, 339; Henssler/Strohn/*Henssler* AktG § 100 Rn. 15; BeckOGK/*Spindler* AktG § 100 Rn. 57.
[253] *Kämpfer/Hönsch* FS Herzig, 2010, 531 (539); BeckOGK/*Spindler* AktG § 100 Rn. 57.
[254] S. dazu *Nodoushani* AG 2016, 381 (383 f.).
[255] Kölner Komm AktG/*Mertens/Cahn* AktG § 100 Rn. 77.

als Mitglied bzw. gemäß Empfehlung D.4 DCGK 2020 als Vorsitzender des Prüfungsausschusses besonders in Betracht.

cc) Sektorenkenntnis. Indem für Unternehmen von öffentlichem Interesse – und nur für diese[256] – Sektorenkenntnis verlangt wird, soll die fachliche Kompetenz des Aufsichtsrats gestärkt werden.[257] Die Aufsichtsratsmitglieder müssen gemäß § 100 Abs. 5 AktG **„in ihrer Gesamtheit"** Sektorenkenntnis besitzen. Nicht bei jedem einzelnen Aufsichtsratsmitglied muss die Kenntnis also vorhanden sein, sondern nur im Zusammenspiel zwischen den Mitgliedern.[258]

Unter „Sektor" wird das **Geschäftsfeld der Gesellschaft** verstanden.[259] Das geht über den Unternehmensgegenstand aus § 23 Abs. 3 Nr. 2 AktG hinaus,[260] sollte gleichzeitig aber auch nicht zu sehr ausgedehnt werden.[261] Es ist ausreichend, wenn Sektorenkenntnis durch intensive Weiterbildung, im Beteiligungsmanagement oder langjährig als Angehöriger der beratenden Berufe erworben wurde.[262] Dafür kann auch eine mehrjährige Tätigkeit im Aufsichtsrat eines einschlägigen Unternehmens ausreichen.[263]

In mitbestimmten Gesellschaften können auch die **Arbeitnehmervertreter** zur Sektorenkenntnis beitragen, was die Regelung deutlich entschärft, weil Arbeitnehmervertreter die Sektorenkenntnis in aller Regel mitbringen.[264]

Als **Übergangsregelung** für diese erst 2016[265] eingeführte Vorgabe bestimmt § 12 Abs. 4 EAktG, dass die Sektorenkenntnis nicht für diejenigen Aufsichtsräte gilt, deren Mitglieder vollständig vor dem 17.6. 2016 bestellt worden sind. Daraus folgt, dass ab Neubestellung nur eines Aufsichtsratsmitglieds nach dem 17.6.2016 der Aufsichtsrat in seiner Gesamtheit Sektorenkenntnis haben muss.[266]

8. Rechtsfolgen des Fehlens persönlicher Voraussetzungen oder Vorliegens von Hinderungsgründen

a) Verstoß gegen § 100 Abs. 1, 2 AktG

Liegen bei einem Kandidaten die Voraussetzungen aus § 100 Abs. 1 AktG nicht oder liegt einer der Hinderungsgründe aus § 100 Abs. 2 AktG vor, so ist die Wahl zum Aufsichtsratsmitglied **nichtig**, § 250 Abs. 1 Nr. 4 AktG.

§ 100 AktG regelt keine Wählbarkeitserfordernisse, sondern Voraussetzungen, nach denen ein Aufsichtsratsmitglied amtieren darf.[267] Es kommt deshalb nicht auf den Zeitpunkt der Wahl, sondern auf den Zeitpunkt des **Amtsantritts** an. Der Wortlaut des § 250 Abs. 1 Nr. 4 AktG ist eindeutig.[268] Fehlt eine Voraussetzung bei der Wahl bzw. liegt zu diesem Zeitpunkt ein Hinderungsgrund vor, ist bis zum Amtsantritt noch eine Heilung möglich.[269] Das ist vor allem für Ersatzmitglieder wichtig, für die die Nichtigkeitsfolge aus § 250 Abs. 1 Nr. 4 AktG gemäß § 101 Abs. 3 S. 4 AktG ebenso gilt.[270] Ersatzmitglieder treten ihr Amt gemäß § 101 Abs. 3 S. 2 AktG erst an, wenn das Mitglied wegfällt, für das sie als Ersatz bestimmt sind, also ggf. erst mit deutlichem zeitlichem Abstand zur Wahl.[271]

Fällt eine der Voraussetzungen aus § 100 Abs. 1 AktG **nachträglich** weg oder entsteht nachträglich ein Hinderungsgrund nach § 100 Abs. 2 Nr. 2 oder 3 AktG, **erlischt** das Amt des Aufsichtsratsmitglieds

---

[256] Hölters/*Simons* AktG § 100 Rn. 18; Hüffer/Koch/*Koch* AktG § 100 Rn. 25a; *Nodoushani* AG 2016, 381 (385); *Schilha* ZIP 2016, 1316 (1320); *Behme/Zickgraf* AG 2016, R 132 (R 133).
[257] Hölters/*Simons* AktG § 100 Rn. 20; *Nodoushani* AG 2016, 381 (386).
[258] *Schilha* ZIP 2016, 1316 (1322f.); *Nodoushani* AG 2016, 381 (385); Hölters/*Simons* AktG § 100 Rn. 20; Hüffer/Koch/*Koch* AktG § 100 Rn. 25b; **aA** *Behme/Zickgraf* AG 2016, R 132 (R 134).
[259] Begr RegE BT-Drs. 18/7219, 56; näher dazu *Simons/Kalbfleisch* AG 2020, 526 (527 ff.).
[260] *Behme/Zickgraf* AG 2016, R 132 (R 133); *Nodoushani* AG 2016, 381 (386); Hüffer/Koch/*Koch* AktG § 100 Rn. 25a.
[261] *Schilha* ZIP 2016, 1316 (1321); Hüffer/Koch/*Koch* AktG § 100 Rn. 25a.
[262] Begr RegE BT-Drs. 18/7219, 56.
[263] Hüffer/Koch/*Koch* AktG § 100 Rn. 25c; *Nodoushani* AG 2016, 381 (386), sog. *„natürlicher Bestandsschutz"*.
[264] Hüffer/Koch/*Koch* AktG § 100 Rn. 25c; *Behme/Zickgraf* AG 2016, R 132 (R 134).
[265] S. dazu *Nodoushani* AG 2016, 381 (384 f.).
[266] Begr RegE BT-Drs. 18/7219, 58; Hölters/*Simons* AktG § 100 Rn. 19; Hüffer/Koch/*Koch* AktG § 100 Rn. 25c.
[267] Kölner Komm AktG/*Mertens/Cahn* AktG § 100 Rn. 48.
[268] BGH NJW 1987, 902 (904); BeckOGK/*Spindler* AktG § 100 Rn. 88; Hüffer/Koch/*Koch* AktG § 100 Rn. 27; Hölters/*Simons* AktG § 100 Rn. 63; Kölner Komm AktG/*Mertens/Cahn* AktG § 100 Rn. 48; MüKoAktG/*Habersack* AktG § 100 Rn. 59; GroßkommAktG/*Hirte/Mülbert/Roth* AktG § 100 Rn. 244; *Feddersen* AG 2000, 385 (386).
[269] GroßkommAktG/*Hirte/Mülbert/Roth* AktG § 100 Rn. 244; Hölters/*Simons* AktG § 100 Rn. 63; MüKoAktG/*Habersack* AktG § 100 Rn. 59.
[270] BGH NJW 1987, 902 (904); Kölner Komm AktG/*Mertens/Cahn* AktG § 100 Rn. 48; Hölters/*Simons* AktG § 100 Rn. 63.
[271] Kölner Komm AktG/*Mertens/Cahn* AktG § 100 Rn. 48.

automatisch; das folgt aus dem Wortlaut („kann sein" bzw. „kann nicht sein").[272] Statthafte Klageart zur gerichtlichen Geltendmachung ist die Feststellungsklage.[273] Die Nichtigkeitsklage gem. § 250 Abs. 1 Nr. 4 AktG ist nach dem eindeutigen Gesetzeswortlaut nicht statthaft („bei Beginn ihrer Amtszeit").[274]

b) Verstoß gegen von der Satzung geforderte persönliche Voraussetzungen

84 Fehlt eine satzungsmäßige persönliche Voraussetzung gemäß § 100 Abs. 4 AktG, tritt keine Nichtigkeit ein; der Katalog in § 250 Abs. 1 AktG ist abschließend. Stattdessen ist die Wahl nach § 251 Abs. 1 S. 1 AktG **anfechtbar**.[275] Für das Vorliegen der Voraussetzungen kommt es auch hier auf den Zeitpunkt des **Amtsantritts** und nicht auf den der Wahl an.[276] Die Anfechtungsfrist aus §§ 251 Abs. 3, 246 Abs. 1 AktG beginnt dementsprechend ebenfalls erst mit dem Amtsantritt und nicht mit der Wahl.[277] Nach Ablauf der Anfechtungsfrist ist nur noch eine Abberufung gemäß § 103 AktG möglich.[278]

85 Fällt bei einem Aufsichtsratsmitglied eine satzungsmäßige Voraussetzung **nach Amtsantritt** weg, begründet dies **keine unmittelbaren Rechtsfolgen**.[279] Allerdings kann im Wegfallen der Voraussetzung ein wichtiger Grund für eine gerichtliche Abberufung nach § 103 Abs. 3 AktG liegen, wenn sich nicht durch Auslegung der Satzung ergibt, dass es für das Vorliegen der Voraussetzung (nur) auf den Amtsantritt ankommt.[280] Das betroffene Aufsichtsratsmitglied kann dann auch verpflichtet sein, das Amt niederzulegen.[281]

86 In der Satzung kann nicht festgelegt werden, dass die Aufsichtsratsmitgliedschaft auf den späteren Wegfall einer satzungsmäßigen Voraussetzung **auflösend bedingt** ist oder dass die Hauptversammlung den Widerruf der Bestellung entgegen § 103 Abs. 1 S. 2 AktG mit **einfacher Mehrheit** beschließen kann o.ä.[282] § 100 Abs. 4 AktG erlaubt nur das Schaffen zusätzlicher Voraussetzungen in der Satzung, nicht jedoch, auch die Rechtsfolgen bei Verstoß festzulegen.[283] Möglich ist aber die Festlegung, dass ein Aufsichtsratsmitglied mit Erreichen einer festgelegten **Altersgrenze** automatisch ausscheidet.[284]

c) Verstoß gegen § 100 Abs. 5 AktG

87 Welche Rechtsfolgen ein Fehlen des **Finanzexperten** nach sich zieht, ist umstritten. Einigkeit herrscht nur dahingehend, dass jedenfalls Wahlen dadurch **nicht** gemäß § 250 Abs. 1 AktG **nichtig** werden.[285]

88 Nach zutreffender, wohl hM ist eine Wahl, durch die der Aufsichtsrat keinen Finanzexperten erhält, gesetzeswidrig und kann daher gemäß § 251 Abs. 1 S. 1 AktG **anfechtbar** sein.[286] Das gilt unabhängig

---

[272] BAG AG 2001, 313; Hölters/*Simons* AktG § 100 Rn. 65; Kölner Komm AktG/*Mertens/Cahn* AktG § 100 Rn. 52; Hüffer/Koch/*Koch* AktG § 100 Rn. 27; BeckOGK/*Spindler* AktG § 100 Rn. 90; GroßkommAktG/*Hirte/Mülbert/Roth* AktG § 100 Rn. 255.
[273] BGH AG 2006, 117; Kölner Komm AktG/*Mertens/Cahn* AktG § 100 Rn. 52; GroßkommAktG/*Hirte/Mülbert/Roth* AktG § 100 Rn. 262.
[274] Kölner Komm AktG/*Mertens/Cahn* AktG § 100 Rn. 52; GroßkommAktG/*Hirte/Mülbert/Roth* AktG § 100 Rn. 262.
[275] MüKoAktG/*Habersack* AktG § 100 Rn. 61; Hüffer/Koch/*Koch* AktG § 100 Rn. 27; Hölters/*Simons* AktG § 100 Rn. 66; Kölner Komm AktG/*Mertens/Cahn* AktG § 100 Rn. 49; BeckOGK/*Spindler* AktG § 100 Rn. 89; GroßkommAktG/*Hirte/Mülbert/Roth* AktG § 100 Rn. 253.
[276] GroßkommAktG/*Hirte/Mülbert/Roth* AktG § 100 Rn. 253; BeckOGK/*Spindler* AktG § 100 Rn. 89; Kölner Komm AktG/*Mertens/Cahn* AktG § 100 Rn. 49.
[277] Kölner Komm AktG/*Mertens/Cahn* AktG § 100 Rn. 49; MüKoAktG/*Habersack* AktG § 100 Rn. 61; BeckOGK/*Spindler* AktG § 100 Rn. 89.
[278] MüKoAktG/*Habersack* AktG § 100 Rn. 61; Hölters/*Simons* AktG § 100 Rn. 66; BeckOGK/*Spindler* AktG § 100 Rn. 89.
[279] Kölner Komm AktG/*Mertens/Cahn* AktG § 100 Rn. 54; Hölters/*Simons* AktG § 100 Rn. 68; BeckOGK/*Spindler* AktG § 100 Rn. 91; GroßkommAktG/*Hirte/Mülbert/Roth* AktG § 100 Rn. 264.
[280] Hölters/*Simons* AktG § 100 Rn. 68; MüKoAktG/*Habersack* AktG § 100 Rn. 57; Hüffer/Koch/*Koch* AktG § 100 Rn. 27; GroßkommAktG/*Hirte/Mülbert/Roth* AktG § 100 Rn. 265; Kölner Komm AktG/*Mertens/Cahn* AktG § 100 Rn. 54; BeckOGK/*Spindler* AktG § 100 Rn. 91.
[281] GroßkommAktG/*Hirte/Mülbert/Roth* AktG § 100 Rn. 265.
[282] GroßkommAktG/*Hirte/Mülbert/Roth* AktG § 100 Rn. 265 f.
[283] GroßkommAktG/*Hirte/Mülbert/Roth* AktG § 100 Rn. 266; MüKoAktG/*Habersack* AktG § 100 Rn. 61; Kölner Komm AktG/*Mertens/Cahn* AktG § 100 Rn. 54; anders *Möhring/Schwartz/Rowedder/Haberlandt*, Die Aktiengesellschaft und ihre Satzung, 1966, 119.
[284] Kölner Komm AktG/*Mertens/Cahn* AktG § 100 Rn. 54; GroßkommAktG/*Hirte/Mülbert/Roth* AktG § 100 Rn. 266.
[285] LG München I AG 2010, 922 (923); Kölner Komm AktG/*Mertens/Cahn* AktG § 100 Rn. 79; BeckOGK/*Spindler* AktG § 100 Rn. 92; MüKoAktG/*Habersack* AktG § 100 Rn. 75; Hüffer/Koch/*Koch* AktG § 100 Rn. 28; Hölters/*Simons* AktG § 100 Rn. 73; *Diekmann/Bidmon* NZG 2009, 1087 (1091); *v. Falkenhausen/Kocher* ZIP 2009, 1601 (1603); *Habersack* AG 2008, 98 (102, 106); *Jaspers* AG 2009, 607 (613); *Staake* ZIP 2010, 1013 (1019).
[286] MüKoAktG/*Habersack* AktG § 100 Rn. 75; Kölner Komm AktG/*Mertens/Cahn* AktG § 100 Rn. 79; BeckOGK/*Spindler* AktG § 100 Rn. 92; *Jaspers* AG 2009, 607 (613); *Habersack* AG 2008, 98 (106); *Diekmann/Bidmon* NZG 2009, 1087 (1091); *Bröcker/Mosel* GWR 2009, 132 (134); *Wind/Klie* DStR 2010, 1339 (1340); *Vetter* ZGR 2010, 751 (791); *Widmann* BB 2009, 2602 (2603); wohl auch LG München I AG 2010, 922 (923).

davon, ob die Gesellschaft mitbestimmt ist oder nicht.[287] Wenn nur ein einzelner Kandidat gewählt wird, ist dessen Wahl anfechtbar. Sind mehrere Aufsichtsratspositionen neu zu besetzen, kommt es darauf an, ob Einzel- oder Listenwahlen stattgefunden haben. Bei Einzelwahl ist nur die Wahl des letzten Aufsichtsratsmitglieds anfechtbar, weil nur diese unmittelbar § 100 Abs. 5 AktG verletzt, bei Listenwahl ist die Wahl insgesamt anfechtbar.[288]

Dagegen wird eingewandt, der „Fehler" bei der Wahl könne auch dadurch behoben werden, dass sich eines der Aufsichtsratsmitglieder die entsprechenden Kenntnisse später aneigne und dadurch zum Finanzexperten werde.[289] Es bliebe dann aber offen, welches eine Aufsichtsratsmitglied die Pflicht trifft, zum Finanzexperten zu avancieren. Teile der Literatur sehen in § 100 Abs. 5 AktG – entgegen der Normüberschrift – außerdem weniger eine persönliche Voraussetzung für Aufsichtsratsmitglieder als vielmehr eine objektive Anforderung an die Zusammensetzung des Aufsichtsrats insgesamt.[290] Daraus wird gefolgert, dass nicht die Wahl eines einzelnen, bestimmten Aufsichtsratsmitglieds § 100 Abs. 5 AktG verletzt, wenn ein Finanzexperte fehlt, und die Wahl deshalb nicht anfechtbar sein könne.[291] In Betracht kommt nach dieser Ansicht theoretisch eine Haftung aus §§ 116, 93 Abs. 2 AktG, wenn der Aufsichtsrat gemäß § 124 Abs. 3 AktG keinen Kandidaten vorschlägt, der die Voraussetzungen eines Finanzexperten erfüllt, außerdem ggf. die Anfechtbarkeit der Entlastung.[292] Damit ist allerdings nicht unmittelbar erreicht, dass dem Aufsichtsrat ein entsprechend sachkundiges Mitglied angehört.

Beim **nachträglichen Wegfall** eines Finanzexperten ohne Änderung in der Zusammensetzung des Aufsichtsrats – denkbar ist das beispielsweise, wenn sich die Bilanzierungspraxis ändert oder sich der bisherige Finanzexperte nicht mehr fortbildet – ist die Wahl unbestritten nicht anfechtbar, da deren Rechtmäßigkeit nicht mehr betroffen ist.[293] Dies gilt auch dann, wenn ein Finanzexperte fehlt, weil eine Gesellschaft erst zu einem Unternehmen von öffentlichem Interesse im Sinne des § 100 Abs. 5 AktG wird. Umstritten ist in diesen Fällen jedoch, ob eine Abberufung nach § 103 Abs. 3 AktG möglich ist.[294] Dagegen spricht, dass der Fehler hier eindeutig nicht in der Wahl eines einzelnen Aufsichtsratsmitglieds liegt.[295] Auch der teilweise vertretene Vorschlag einer gerichtlichen Neubesetzung nach § 104 AktG geht fehl, weil der Aufsichtsrat nicht unterbesetzt ist.[296]

Das Fehlen der **Sektorenkenntnis** führt nach einhelliger Auffassung **nicht zur Anfechtbarkeit** einer Aufsichtsratswahl gemäß § 251 Abs. 1 S. 1 AktG. Die Vorschrift richtet sich an den gesamten Aufsichtsrat und nicht an einzelne Aufsichtsratsmitglieder („Mitglieder des Aufsichtsrats ... in ihrer Gesamtheit").[297] Daher kann die Wahl eines bestimmten Kandidaten nicht die Vorgaben über die Sektorenkenntnis verletzen.[298]

In beiden Fällen ist eine **Pflichtverletzung** eines Aufsichtsratsmitglieds wegen unterlassener Fortbildung oder des Gesamtgremiums, weil es nicht schnellstmöglich auf eine neue Besetzung hinwirkt, mit der Haftungsfolge aus §§ 116, 93 Abs. 2 AktG denkbar,[299] ebenso die **Anfechtbarkeit** der jeweiligen Entlastung.[300] Ein Statusverfahren gemäß §§ 97 ff. AktG kommt hingegen nicht in Betracht, weil es dort

---

[287] Kölner Komm AktG/*Mertens*/*Cahn* AktG § 100 Rn. 80; MüKoAktG/*Habersack* AktG § 100 Rn. 75.
[288] BeckOGK/*Spindler* AktG § 100 Rn. 92; Kölner Komm AktG/*Mertens*/*Cahn* AktG § 100 Rn. 79; MüKoAktG/ *Habersack* AktG § 100 Rn. 76; *Jaspers* AG 2009, 607 (613); *Wind*/*Klie* DStr 2010, 1339 (1340).
[289] Hölters/*Simons* AktG § 100 Rn. 73; *v. Falkenhausen*/*Kocher* ZIP 2009, 1601 (1602).
[290] Hölters/*Simons* AktG § 100 Rn. 9, 73; Hüffer/Koch/*Koch* AktG § 100 Rn. 28; *Staake* ZIP 2010, 1013 (1019); ebenso, obwohl eigentlich Vertreter der anderen Ansicht, BeckOGK/*Spindler* AktG § 100 Rn. 54; MüKoAktG/*Habersack* AktG § 100 Rn. 70.
[291] Hüffer/Koch/*Koch* AktG § 100 Rn. 28; Hölters/*Simons* AktG § 100 Rn. 9, 73; differenzierend *Staake* ZIP 2010, 1013 (1019f.); *Gruber* NZG 2008, 12 (14).
[292] Hölters/*Simons* AktG § 100 Rn. 73; Hüffer/Koch/*Koch* AktG § 100 Rn. 28; Kölner Komm AktG/*Mertens*/*Cahn* AktG § 100 Rn. 82.
[293] Kölner Komm AktG/*Mertens*/*Cahn* AktG § 100 Rn. 81; MüKoAktG/*Habersack* AktG § 100 Rn. 78; Hölters/*Simons* AktG § 100 Rn. 75; BeckOGK/*Spindler* AktG § 100 Rn. 94; *Gesell* ZGR 2011, 361 (394); *Gruber* NZG 2008, 12 (14).
[294] Dagegen Hölters/*Simons* AktG § 100 Rn. 75; BeckOGK/*Spindler* AktG § 100 Rn. 94; *Gesell* ZGR 2011, 361 (394); *Gruber* NZG 2008, 12 (14); dafür MüKoAktG/*Habersack* AktG § 100 Rn. 78; *Nowak* BB 2010, 2423 (2426); *Jaspers* AG 2009, 607 (614).
[295] BeckOGK/*Spindler* AktG § 100 Rn. 945; Hölters/*Simons* AktG § 100 Rn. 75.
[296] BeckOGK/*Spindler* AktG § 100 Rn. 94; Hölters/*Simons* AktG § 100 Rn. 75; *Widmann* BB 2009, 2602 (2605); *v. Falkenhausen*/*Kocher* ZIP 2009, 1601 (1602).
[297] Hölters/*Simons* AktG § 100 Rn. 78; *Behme*/*Zickgraf* AG 2016, R 132 (R 135); *Nodoushani* AG 2016, 381 (387); anders *Schilha* ZIP 2016, 1316 (1323).
[298] Hölters/*Simons* AktG § 100 Rn. 78; *Behme*/*Zickgraf* AG 2016, R 132 (R 135).
[299] Kölner Komm AktG/*Mertens*/*Cahn* AktG § 100 Rn. 82; Hölters/*Simons* AktG § 100 Rn. 75 ff.; *Nowak* BB 2010, 2423 (2426); *Schilha* ZIP 2016, 1316 (1324); siehe auch *Behme*/*Zickgraf* AG 2016, R 132 (R 135).
[300] *Behme*/*Zickgraf* AG 2016, R 132 (R 135).

zum einen um die „*Zusammensetzung*" und nicht um die Qualifikation des Aufsichtsrats geht; zum anderen beschränkt sich der Anwendungsbereich des Statusverfahrens auf Verstöße gegen §§ 95 f. AktG.[301]

d) Verstoß gegen § 105 Abs. 1 AktG

93 Wird ein Vorstandsmitglied unter Verstoß gegen § 105 Abs. 1 AktG zum Aufsichtsratsmitglied bestellt, ist diese Bestellung unter Berücksichtigung des Prioritätsgrundsatzes (→ Rn. 58) analog § 250 Abs. 1 Nr. 4 AktG **nichtig**.[302] Bloße Anfechtbarkeit wäre mit der Funktion des Aufsichtsrats als Überwachungs- und Kontrollorgan unvereinbar.[303]

94 Für die Nichtigkeit kommt es auf den **Zeitpunkt des Amtsantritts** an.[304] § 105 Abs. 1 AktG soll nur die tatsächliche Ämterdopplung verbieten, sodass einem Vorstandsmitglied unter Maßgabe von § 100 Abs. 2 S. 1 Nr. 4 AktG nach hM die Möglichkeit verbleibt, sein Vorstandsamt bis zum Amtsantritt als Aufsichtsratsmitglied niederzulegen.[305] Weil umstritten ist, ob im Antritt des Aufsichtsratsamtes eine konkludente Niederlegung des Amtes als Vorstandsmitglied zu vermuten ist,[306] sollte das ausdrücklich erklärt werden. Wegen des Prioritätsprinzips kann der Hinderungsgrund aus § 105 Abs. 1 AktG nicht nachträglich eintreten.

e) Verstoß gegen Vorgaben in Bezug auf Eignung, Unabhängigkeit, Interessenkonflikt

95 Da es sich bei den Vorgaben zur Eignung, Unabhängigkeit oder der Vermeidung von Interessenkonflikten nicht um zwingende Amtsvoraussetzungen handelt (→ Rn. 60 f., Rn. 64 f., Rn. 68), hat ein **Verstoß** dagegen für das Mandat selbst keine Bedeutung. Stattdessen kommt wiederum eine Haftung gemäß §§ 116, 93 Abs. 2 AktG und eine Anfechtbarkeit der Entlastung in Betracht.

f) Besonderheiten für entsandte Mitglieder

96 Erfüllt ein nach § 101 Abs. 2 AktG entsandtes Mitglied nicht die Voraussetzungen von **§ 100 Abs. 1, 2 AktG**, so ist die Entsendung **nichtig**.[307] Bei anfänglichen Verstößen gegen satzungsmäßige Voraussetzungen (**§ 100 Abs. 4 AktG**) ist **umstritten,** ob die Entsendung nichtig ist[308] oder nur die Möglichkeit einer Abberufung nach § 103 Abs. 3 AktG besteht.[309] Für die Nichtigkeit spricht, dass das Entsendungsrecht durch die Satzung gewährt wird und diese daher auch dessen Voraussetzungen verbindlich festlegen können muss.

97 Bei **nachträglichem Wegfall** gilt dasselbe wie bei gewählten Mitgliedern: Bei nachträglichem Wegfall der Voraussetzungen aus § 100 Abs. 1, 2 AktG erlischt das Mandat automatisch, wie sich aus der Formulierung der Vorschriften ergibt; bei nachträglichem Wegfall der satzungsmäßigen Voraussetzungen kann das Aufsichtsratsmitglied von der Hauptversammlung gemäß § 103 Abs. 2 S. 2 AktG oder gerichtlich nach § 103 Abs. 3 AktG abberufen werden.[310]

g) Verstoß bei gerichtlicher Bestellung

98 Obwohl das Gericht bei seinem Auswahlermessen nach § 104 Abs. 4 S. 3 AktG auch die gesetzlichen und satzungsmäßigen Voraussetzungen beachten muss, führt ein Verstoß dagegen aus Gründen der Rechtskraft

---

[301] Hüffer/Koch/*Koch* AktG § 100 Rn. 28; MüKoAktG/*Habersack* AktG § 100 Rn. 76; Hölters/*Simons* AktG § 100 Rn. 76 f.; Kölner Komm AktG/*Mertens/Cahn* AktG § 100 Rn. 79; *Schilha* ZIP 2016, 1316 (1324); anders *Staake* ZIP 2010, 1013 (1021).

[302] HM, Hüffer/Koch/*Koch* AktG § 105 Rn. 6, § 250 Rn. 11; GroßkommAktG/*Hirte/Mülbert/Roth* AktG § 105 Rn. 26; MüKoAktG/*Habersack* AktG § 105 Rn. 19; BeckOGK/*Spindler* AktG § 105 Rn. 18; Kölner Komm AktG/ *Mertens/Cahn* AktG § 105 Rn. 8; Hölters/*Simons* AktG § 105 Rn. 27; für Semler/v. Schenck/*Gasteyer* AktG § 105 Rn. 4 folgt die Nichtigkeit schon aus dem gesetzlichen Verbot, undeutlich BGH NJW 1975, 1657 (1658).

[303] Kölner Komm AktG/*Mertens/Cahn* AktG § 105 Rn. 8; GroßkommAktG/*Hirte/Mülbert/Roth* AktG § 105 Rn. 26; BeckOGK/*Spindler* AktG § 105 Rn. 18.

[304] Kölner Komm AktG/*Mertens/Cahn* AktG § 105 Rn. 9; Hölters/*Simons* AktG § 105 Rn. 27; MüKoAktG/*Habersack* AktG § 105 Rn. 19; Hüffer/Koch/*Koch* AktG § 105 Rn. 6, § 250 Rn. 11; GroßkommAktG/*Hirte/Mülbert/Roth* AktG § 105 Rn. 26.

[305] GroßkommAktG/*Hirte/Mülbert/Roth* AktG § 105 Rn. 27; Kölner Komm AktG/*Mertens/Cahn* AktG § 105 Rn. 9.

[306] Kölner Komm AktG/*Mertens/Cahn* AktG § 105 Rn. 10; Hölters/*Simons* AktG § 105 Rn. 27; Hüffer/Koch/*Koch* AktG § 105 Rn. 6; kritisch MüKoAktG/*Habersack* AktG § 105 Rn. 19.

[307] Hölters/*Simons* AktG § 100 Rn. 63; GroßkommAktG/*Hirte/Mülbert/Roth* AktG § 100 Rn. 250; MüKoAktG/*Habersack* AktG § 100 Rn. 63; Kölner Komm AktG/*Mertens/Cahn* AktG § 101 Rn. 65.

[308] MüKoAktG/*Habersack* AktG § 100 Rn. 63, 58.

[309] GroßkommAktG/*Hirte/Mülbert/Roth* AktG § 100 Rn. 265; Kölner Komm AktG/*Mertens/Cahn* AktG § 101 Rn. 65; wohl auch Semler/v. Schenck/*Mutter* AktG § 100 Rn. 124.

[310] MüKoAktG/*Habersack* AktG § 100 Rn. 63, 66 f.

nicht zur Unwirksamkeit der Bestellung.[311] Fallen die gesetzlichen und satzungsmäßigen Voraussetzungen nachträglich weg, hat das ebenfalls keinen direkten Einfluss auf das Mandat.[312] Zur Behebung des Mangels kommt – neben der ordnungsgemäßen Besetzung des Aufsichtsrats – nur die gerichtliche Abberufung in Betracht.[313]

9. Ehrenvorsitzende, Ehrenmitglieder

Besonders verdienten (ehemaligen) Aufsichtsratsmitgliedern kann von der Hauptversammlung oder dem Aufsichtsrat der Titel des **Ehrenvorsitzenden** oder **Ehrenmitglieds** verliehen werden.[314] Eine Satzungsregelung ist dafür nicht erforderlich.[315] Der Vorstand ist hingegen nur bei entsprechender Satzungsregelung zur Verleihung berechtigt,[316] wobei im Hinblick auf das Organisationsgefälle der Aktiengesellschaft von einer Ernennung allein durch den Vorstand ohnehin abzuraten ist.[317] Spiegelbildlich dazu steht dem verleihenden Organ auch das Recht zur Entziehung des Titels zu.[318] Die Hauptversammlung ist darüber hinaus auch zur Entziehung eines durch den Aufsichtsrat verliehenen Titels berechtigt.[319] Das Ehrenmitglied kann seinen Titel jederzeit und ohne Angabe von Gründen niederlegen.[320] 99

Mit dem Titel sind **keinerlei Rechte oder Pflichte**n verbunden.[321] Der zum Ehrenmitglied ernannte wird, soweit er zum Zeitpunkt der Ernennung nicht Aufsichtsratsmitglied ist, durch die Verleihung nicht Mitglied des Organs Aufsichtsrat.[322] Auch sonst wird kein korporationsrechtliches Rechtsverhältnis begründet.[323] Das Ehrenmitglied ist sowohl im Verhältnis zur Gesellschaft als auch zum Aufsichtsrat Dritter.[324] Es kann nur nach Maßgabe des § 109 Abs. 1, Abs. 3 AktG an Aufsichtsratssitzungen teilnehmen, unterliegt dann aber automatisch einer Verschwiegenheitspflicht. Umstritten ist, ob dem Ehrenmitglied gegenüber eine Verschwiegenheitspflicht besteht.[325] 100

III. Bestellung

Das Gesetz sieht verschiedene **Methoden** der Bestellung von Aufsichtsratsmitgliedern vor: Wahl der Hauptversammlung (→ Rn. 102 ff.), Entsendung (→ Rn. 126 ff.), Wahl als Aufsichtsratsmitglied der Arbeitnehmer (§ 101 Abs. 1 AktG) (→ Rn. 125), gerichtliche Bestellung (§ 104 AktG) (→ Rn. 134 ff.) oder im Fall des erstens Aufsichtsrats die Bestellung durch die Gründer (§ 30 Abs. 1 S. 1 AktG) (→ Rn. 122 ff.). 101

---

[311] GroßkommAktG/*Hirte/Mülbert/Roth* AktG § 104 Rn. 131; Hölters/*Simons* AktG § 104 Rn. 45; MüKoAktG/*Habersack* AktG § 104 Rn. 45; BeckOGK/*Spindler* AktG § 104 Rn. 29; Kölner Komm AktG/*Mertens/Cahn* AktG § 104 Rn. 29.
[312] MüKoAktG/*Habersack* AktG § 104 Rn. 53, 54.
[313] MüKoAktG/*Habersack* AktG § 104 Rn. 53 f.
[314] So die hM MüKoAktG/*Habersack* AktG § 107 Rn. 74; Henssler/Strohn/*Henssler* GesR § 107 AktG Rn. 15; BeckOGK/*Spindler* AktG § 107 Rn. 66; Hüffer/Koch/*Koch* AktG § 107 Rn. 12; Bürgers/Körber/*Israel* AktG § 107 Rn. 11; Schmidt K./Lutter/*Drygala* AktG § 107 Rn. 29; **aA** *Hennerkes/Schiffer* DB 1992, 875 (nur Hauptversammlung); *Johannsen-Roth/Kießling* NZG 2013, 972 (973) (nur Aufsichtsrat).
[315] Semler/v. Schenck/*Mutter* AktG § 107 Rn. 85; Schmidt K./Lutter/*Drygala* AktG § 107 Rn. 29; Hüffer/Koch/*Koch* AktG § 107 Rn. 12; GroßkommAktG/*Hirte/Mülbert/Roth* AktG § 107 Rn. 229; vgl. auch MüKoAktG/*Habersack* AktG § 107 Rn. 74; **aA** Hölters/*Hambloch-Gesinn/Gesinn* AktG § 107 Rn. 25 (Aufsichtsrat nur bei entsprechender Satzungsermächtigung).
[316] MüKoAktG/*Habersack* AktG § 107 Rn. 74; GroßkommAktG/*Hirte/Mülbertt/Roth* AktG § 107 Rn. 229; vgl. auch Hölters/*Hambloch-Gesinn/Gesinn* AktG § 107 Rn. 25.
[317] Semler/v. Schenck/*Mutter* AktG § 107 Rn. 85.
[318] BeckOGK/*Spindler* AktG § 107 Rn. 66; MüKoAktG/*Habersack* AktG § 107 Rn. 74; Hölters/*Hambloch-Gesinn/Gesinn* AktG § 107 Rn. 26; Bürgers/Körber/*Israel* AktG § 107 Rn. 11.
[319] MüKoAktG/*Habersack* AktG § 107 Rn. 74; BeckOGK/*Spindler* AktG § 107 Rn. 66; Hölters/*Hambloch-Gesinn/Gesinn* AktG § 107 Rn. 26; GroßkommAktG/*Hirte/Mülbert/Roth* AktG § 107 Rn. 230.
[320] GroßkommAktG/*Hirte/Mülbert/Roth* AktG § 107 Rn. 230; Hölters/*Hambloch-Gesinn/Gesinn* AktG § 107 Rn. 26; BeckOGK/*Spindler* AktG § 107 Rn. 66; Bürgers/Körber/*Israel* AktG § 107 Rn. 11.
[321] Semler/v. Schenck/*Mutter* AktG § 107 Rn. 83; *v. Schenck* in Semler/v. Schenck AR-HdB § 4 Rn. 172.
[322] BeckOGK/*Spindler* AktG § 107 Rn. 67; MüKoAktG/*Habersack* AktG § 107 Rn. 72; *Johannsen-Roth/Kießling* NZG 2013, 972; *Hennerkes/Schiffer* DB 1992, 875, (876 f.).
[323] Hüffer/Koch/*Koch* AktG § 107 Rn. 12; GroßkommAktG/*Hirte/Mülbert/Roth* AktG § 107 Rn. 229; MüKoAktG/*Habersack* AktG § 107 Rn. 72; *Johannsen-Roth/Kießling* NZG 2013, 972 (973).
[324] BeckOGK/*Spindler* AktG § 107 Rn. 66; Hüffer/Koch/*Koch* AktG § 107 Rn. 12; Hölters/*Hambloch-Gesinn/Gesinn* AktG § 107 Rn. 27; *Johannsen-Roth/Kießling* NZG 2013, 972 (975).
[325] Zu Einzelheiten und auch zur teilweise aA Hüffer/Koch/*Koch* AktG § 107 Rn. 12.

1. Wahl der Anteilseignervertreter

102 Die Anteilseignervertreter werden von der Hauptversammlung **gewählt**, § 101 Abs. 1 S. 1 AktG. Dabei gelten für das Zustandekommen des Hauptversammlungsbeschlusses die allgemeinen Vorschriften.

a) Wahlvorschlag

103 Bei anstehenden Aufsichtsratswahlen hat der amtierende Aufsichtsrat nach § 124 Abs. 3 S. 1 AktG sowohl das Recht als auch die Pflicht, in der Bekanntmachung der Tagesordnung **Vorschläge für Kandidaten** zu machen. Dabei sind die Vorgaben an die Zusammensetzung des Aufsichtsrats (→ Rn. 1 ff.) und die persönlichen Voraussetzungen von Aufsichtsratsmitgliedern (→ Rn. 38 ff.) zu beachten. Verstöße gegen die Vorschlagspflicht können ebenso zu einer Haftung nach §§ 116, 93 Abs. 2 AktG führen wie der Vorschlag ungeeigneter Kandidaten, beispielsweise wegen eines Verstoßes gegen § 100 Abs. 1, 2, § 105 Abs. 1 AktG oder weil der vorgeschlagene Kandidat fachlich ungeeignet oder nicht unabhängig ist oder einem dauerhaften Interessenskonflikt unterliegt (→ Rn. 39 ff., § 5 Rn. 184 ff., 189). Nach **Empfehlung D.5 DCGK 2020** soll der Aufsichtsrat börsennotierter Unternehmen einen **Nominierungsausschuss** bilden, der ausschließlich mit Vertretern der Anteilseigner besetzt ist und dem Aufsichtsrat für dessen Vorschläge geeignete Kandidaten benennt. Der Aufsichtsrat entscheidet über den Vorschlag durch Beschluss. Auch Alternativ- und Eventualvorschläge sind möglich.[326]

104 Nach § 124 Abs. 3 S. 4 AktG müssen die Vorschläge **Angaben** zum **Namen**, zum ausgeübten **Beruf** und zum **Wohnort** enthalten. Die genaue Adresse muss nicht angegeben werden.[327] Die berufliche Tätigkeit soll mit dem Unternehmen, in dem die Tätigkeit ausgeübt wird, bezeichnet werden.[328] Bei börsennotierten Gesellschaften sind nach § 125 Abs. 1 S. 5 AktG zusätzlich Angaben zur Mitgliedschaft in anderen gesetzlich zu bildenden Aufsichtsräten erforderlich (zum Begriff des gesetzlich zu bildenden Aufsichtsrats → Rn. 42 ff.). Aktionären, die selbst nicht an der Hauptversammlung teilnehmen können, soll so die Möglichkeit gegeben werden, sich über die Kandidaten zu informieren und vorab eine Weisung zur Ausübung des Stimmrechts zu erteilen.[329] Bei Verstoß gilt grundsätzlich § 124 Abs. 4 S. 1 AktG, demzufolge Beschlüsse über nicht ordnungsgemäß bekannt gemachte Gegenstände der Tagesordnung nicht gefasst werden dürfen und ansonsten anfechtbar sind.[330] Dies gilt nicht, wenn der Bekanntmachungsfehler nur marginal ist, wie beispielsweise ungenaue Angaben über den Beruf des Vorgeschlagenen, die durch Ausübung des Fragerechts in der Hauptversammlung präzisiert werden können.[331]

105 Nach **Empfehlung C.13 DCGK 2020** soll der Aufsichtsrat börsennotierter Unternehmen bei seinen Wahlvorschlägen an die Hauptversammlung zusätzlich die persönlichen und geschäftlichen Beziehungen jedes Kandidaten zum Unternehmen, den Organen der Gesellschaft und einem wesentlichen an der Gesellschaft beteiligten Aktionär offenlegen. Diese Empfehlung beschränkt sich aber auf Umstände, die nach der Einschätzung des Aufsichtsrats ein objektiv urteilender Aktionär für seine Wahlentscheidung als maßgebend ansehen würde. Darüber hinaus soll dem Kandidatenvorschlag ein Lebenslauf beigefügt werden, der über relevante Kenntnisse, Fähigkeiten und fachliche Erfahrungen Auskunft gibt sowie eine Übersicht über die wesentlichen Tätigkeiten neben dem Aufsichtsratsmandat enthält (**C.14 DCGK**).

106 Der **Vorstand** hat bei Aufsichtsratswahlen **kein Vorschlagsrecht**, § 124 Abs. 3 S. 1 AktG. Das wäre angesichts der Funktion des Aufsichtsrats als Überwachungs- und Kontrollorgan unpassend.[332] Macht der Vorstand trotzdem einen Vorschlag, ist die Wahl **anfechtbar**.[333] Das gilt auch dann, wenn der Vorschlag nicht zur Abstimmung gestellt wurde.[334]

---

[326] OLG Frankfurt ZIP 2011, 24 (28); Hölters/*Drinhausen* AktG § 124 Rn. 15; Hüffer/Koch/*Koch* AktG § 124 Rn. 17; MüKoAktG/*Kubis* AktG § 124 Rn. 40; BeckOGK/*Rieckers* AktG § 124 Rn. 52; differenzierend GroßkommAktG/*Butzke* AktG § 124 Rn. 59, 60.
[327] LG Frankfurt AG 2014, 132; GroßkommAktG/*Butzke* AktG § 124 Rn. 88; Kölner Komm AktG/*Noack*/*Zetzsche* AktG § 124 Rn. 75; Hüffer/Koch/*Koch* AktG § 124 Rn. 25; BeckOGK/*Rieckers* AktG § 124 Rn. 53.
[328] LG Düsseldorf AG 2010, 882 (883); LG München I Der Konzern 2007, 448 (452 f.); Hüffer/Koch/*Koch* AktG § 124 Rn. 25; MüKoAktG/*Kubis* AktG § 124 Rn. 47; Hölters/*Drinhausen* AktG § 124 Rn. 19; anders Kölner Komm AktG/*Noack*/*Zetzsche* AktG § 124 Rn. 76; GroßkommAktG/*Butzke* AktG § 124 Rn. 88; BeckOGK/*Rieckers* AktG § 124 Rn. 53; *Wachter* AG 2016, 776 (777).
[329] LG Frankfurt NZG 2004, 672 (674); MüKoAktG/*Kubis* AktG § 124 Rn. 30.
[330] BGH NJW 2002, 1128 (1129); Hüffer/Koch/*Koch* AktG § 124 Rn. 27.
[331] BGH DStR 2007, 1493; OLG Frankfurt BeckRS 2006, 13304; LG Düsseldorf, BeckRS 2008, 4090; Hüffer/Koch/*Koch* AktG § 124 Rn. 27; Hölters/*Drinhausen* AktG § 124 Rn. 19; **aA** LG München I Der Konzern 2007, 448.
[332] GroßkommAktG/*Butzke* AktG § 124 Rn. 81; Hölters/*Drinhausen* AktG § 124 Rn. 19; Kölner Komm AktG/*Noack*/*Zetzsche* AktG § 124 Rn. 73; MüKoAktG/*Kubis* AktG § 124 Rn. 34; BeckOGK/*Rieckers* AktG § 124 Rn. 37.
[333] BGHZ 153, 32 (35 ff.) = NJW 2003, 970; OLG Hamm AG 1986, 260 (261); OLG München AG 2003, 645; Hüffer/Koch/*Koch* AktG § 124 Rn. 18; Hölters/*Drinhausen* AktG § 124 Rn. 18; MüKoAktG/*Kubis* AktG § 124 Rn. 34; BeckOGK/*Rieckers* AktG § 124 Rn. 37.

III. Bestellung

Aktionäre hingegen können Aufsichtsratskandidaten vorschlagen, § 127 AktG. Wahlvorschläge von Aktionären sind wie andere Aktionärsanträge gem. § 126 AktG **bekanntzumachen,** wenn die Voraussetzungen dafür vorliegen. Liegen die Voraussetzungen nicht vor, bleiben die Vorschläge wirksam, es entfällt lediglich die Publizitätspflicht.[335]

b) Durchführung der Wahl

aa) Angaben bei Einberufung der Hauptversammlung. Die **allgemeinen Voraussetzungen** an die Einberufung von Hauptversammlungen sind einzuhalten. Die Tagesordnung muss dabei die Wahl von Aufsichtsratsmitgliedern vorsehen, § 124 Abs. 4 S. 1 iVm. Abs. 3 S. 2 AktG. In der Bekanntmachung ist anzugeben, nach welchen gesetzlichen Vorschriften sich der Aufsichtsrat zusammensetzt sowie ob und inwieweit die Hauptversammlung an Wahlvorschläge (→ Rn. 103 ff.) gebunden ist, § 124 Abs. 2 S. 1 AktG. Bei Verstoß gegen diese Vorgaben ist die Wahl gemäß § 251 Abs. 1 S. 1 AktG, § 124 Abs. 4 S. 1 AktG anfechtbar.

bb) Wahlverfahren. Gemäß § 133 Abs. 1 AktG wählt die Hauptversammlung die Aufsichtsratsmitglieder mit der Mehrheit der abgegebenen Stimmen ohne Rücksicht auf die Kapitalverhältnisse **(einfache Stimmenmehrheit),** sofern die **Satzung** nichts anderes vorsieht, § 133 Abs. 2 AktG. Dabei sind sowohl Verschärfungen, zB eine qualifizierte Mehrheit, als auch Herabsetzungen, zB die relative Mehrheit (dazu sogleich), möglich.[336] Erforderlich für die Wahl ist lediglich eine „Mehrheit" im Sinne einer größeren Zustimmung für den Gewählten als für die nicht Gewählten.[337]

Heute überwiegend anerkannt ist auch die Zulässigkeit der **Verhältniswahl** (gewählt ist, wer die meisten Stimmen erhält).[338] Durch Verhältniswahl kann bei entsprechender Regelung auch erreicht werden, dass die Aktionärsminderheit Repräsentation im Aufsichtsrat findet, etwa durch die Möglichkeit, mehrere Stimmen auf einen einzelnen Kandidaten zu kumulieren.[339] Ein Recht auf Repräsentation im Aufsichtsrat hat die Minderheit aber nicht.[340] Die Satzung kann auch eine **Kombination verschiedener Wahlverfahren** zulassen und es dem Versammlungsleiter nach dessen pflichtgemäßem Ermessen überlassen, das konkrete Wahlverfahren zu bestimmen.[341]

cc) Wahlmodus. Möglich sind **Einzelwahlen,** die nacheinander oder gleichzeitig („Simultanwahl") stattfinden können, und **Listenwahlen.**[342] Der **DCGK 2020** empfiehlt in **C.15** für die Wahl der Anteilseignervertreter in börsennotierten Unternehmen die Einzelwahl. Einzelwahl ist regelmäßig auch in nicht börsennotierten Unternehmen vorzugswürdig, um einer Anfechtung der Wahl aller Aufsichtsratsmitglieder und daraus folgender Rechtsunsicherheit vorzubeugen, was die Wirksamkeit von Aufsichtsratsbeschlüssen angeht (→ Rn. 150).[343]

Bei einer **Listenwahl** kann die Liste nur insgesamt gewählt oder abgelehnt werden.[344] Die **Satzung** kann diesen Wahlmodus anordnen oder die Entscheidung darüber an den **Versammlungsleiter** delegie-

---

[334] BGHZ 153, 32 (35 ff.) = NJW 2003, 970; OLG München AG 2003, 645; OLG Hamm AG 1986, 260 (261 f.); Hüffer/Koch/*Koch* AktG § 124 Rn. 18; **aA** (keine Anfechtbarkeit mangels Kausalität): OLG München AG 2001, 193 (196); MüKoAktG/*Kubis* AktG § 124 Rn. 34; BeckOGK/*Rieckers* AktG § 124 Rn. 37.
[335] GroßkommAktG/*Butzke* AktG § 127 Rn. 1; Hölters/*Drinhausen* AktG § 127 Rn. 1, 126 Rn. 1; vgl. Kölner Komm AktG/*Noack/Zetzsche* AktG § 127 Rn. 22.
[336] Hüffer/Koch/*Koch* AktG § 101 Rn. 4; Hölters/*Simons* AktG § 101 Rn. 13; BeckOGK/*Spindler* AktG § 101 Rn. 45; Kölner Komm AktG/*Mertens/Cahn* AktG § 101 Rn. 20; GroßkommAktG/*Hirte/Mülbert/Roth* AktG § 101 Rn. 94 f.
[337] Hölters/*Simons* AktG § 101 Rn. 13; Kölner Komm AktG/*Mertens/Cahn* AktG § 101 Rn. 20.
[338] MüKoAktG/*Habersack* AktG § 101 Rn. 27; GroßkommAktG/*Hirte/Mülbert/Roth* AktG § 101 Rn. 74 f.; Hüffer/Koch/*Koch* AktG § 133 Rn. 33; BeckOGK/*Rieckers* AktG § 133 Rn. 62; K. Schmidt/Lutter/*Spindler* AktG § 133 Rn. 54; Kölner Komm AktG/*Tröger* AktG § 133 Rn. 176; **aA** Kölner Komm AktG/*Mertens/Cahn* AktG § 101 Rn. 22 f.
[339] Hölters/*Simons* AktG § 101 Rn. 13.
[340] BeckOGK/*Rieckers* AktG § 133 Rn. 62; Hölters/*Simons* AktG § 101 Rn. 13; GroßkommAktG/*Hirte/Mülbert/Roth* AktG § 101 Rn. 77.
[341] BeckOGK/*Spindler* AktG § 101 Rn. 33; Hölters/*Simons* AktG § 101 Rn. 13.
[342] BGH NJW 2009, 2207; KG AG 2003, 99; OLG Frankfurt a. M. ZIP 2007, 1463 (1464 f.); LG München I NZG 2004, 626; LG Dortmund AG 1968, 390 (391); GroßkommAktG/*Hirte/Mülbert/Roth* AktG § 101 Rn. 47; Kölner Komm AktG/*Mertens/Cahn* AktG § 101 Rn. 12; BeckOGK/*Spindler* AktG § 101 Rn. 32 ff.; MüKoAktG/*Habersack* AktG § 101 Rn. 19; Hölters/*Simons* AktG § 101 Rn. 14; Hüffer/Koch/*Koch* AktG § 101 Rn. 6.
[343] Hüffer/Koch/*Koch* AktG § 101 Rn. 23.
[344] BeckOGK/*Spindler* AktG § 101 Rn. 36 f.; Kölner Komm AktG/*Mertens/Cahn* AktG § 101 Rn. 16; Hüffer/Koch/*Koch* AktG § 101 Rn. 6; Hölters/*Simons* AktG § 101 Rn. 16; MüKoAktG/*Habersack* AktG § 101 Rn. 20; MHdB AG/*Hoffmann-Becking* § 30 Rn. 54; *Ramm* NJW 1991, 2753 (2754); *Quack* FS Rowedder, 1994, 387 (389); *Barz* FS Hengeler, 1972, 14 (15).

ren.³⁴⁵ Voraussetzung für die ordnungsgemäße Anordnung der Listenwahl durch den Versammlungsleiter ist der Hinweis vor der Abstimmung, dass Aktionäre, die auch nur mit einem Kandidaten auf der Liste nicht einverstanden sind, die Liste vollständig ablehnen müssen und bei mehrheitlicher Ablehnung der Liste eine Einzelwahl stattfindet.³⁴⁶

113 **Umstritten** ist, ob der Versammlungsleiter die **Listenwahl** auch anordnen kann, wenn ihm die Entscheidung darüber nicht ausdrücklich durch die **Satzung** übertragen wurde. Die wohl hM stellt den Wahlmodus in einem solchen Fall ins pflichtgemäße Ermessen des Versammlungsleiters,³⁴⁷ wobei dann wiederum umstritten ist, ob einzelne Aktionäre bzw. eine Minderheit der Anordnung der Listenwahl widersprechen³⁴⁸ oder zumindest eine Abstimmung über den Wahlmodus erzwingen können bzw. kann.³⁴⁹ Die Gegenansicht will ohne Satzungsregelung oder -ermächtigung allein der Mehrheit der Hauptversammlung gestatten, einen anderen Wahlmodus als die Einzelwahl festzulegen, weil diese den gesetzlichen Regelfall darstelle.³⁵⁰ Zumindest entspricht es danach einhelliger Auffassung, dass die Hauptversammlung bei Fehlen einer Satzungsregelung oder -ermächtigung die Listenwahl als Wahlmodus in einer Abstimmung **mehrheitlich** festlegen kann.³⁵¹ Wird eine Listenwahl angestrebt, sind Versammlungsleiter auf der sicheren Seite, wenn sie zunächst über den Wahlmodus abstimmen lassen und erst anschließend die Wahl durchführen.³⁵²

114 **dd) Beschlussfassung.** Der **Versammlungsleiter** legt nach eigenem **Ermessen** fest, wie (Stimmzettel, Handaufheben usw.) abzustimmen ist.³⁵³ Bei einer Einzelwahl kann er grundsätzlich auch die **Reihenfolge** festlegen.³⁵⁴ Liegt allerdings neben dem Vorschlag des Aufsichtsrats auch ein **Vorschlag eines Aktionärs** vor und beantragt genau dieser Aktionär (oder ein von ihm Bevollmächtigter)³⁵⁵ in der Hauptversammlung die Wahl der von ihm vorgeschlagenen Person, so ist über seinen Antrag vor dem Vorschlag des Aufsichtsrats abzustimmen, wenn eine Minderheit der Aktionäre es verlangt, deren Anteile zusammen 10 % des auf der Hauptversammlung vertretenen Grundkapitals erreichen, **§ 137 AktG**.³⁵⁶

115 Grundsätzlich ist die **Hauptversammlung** bei ihrer Wahl **frei** und unabhängig von vorherigen Vorschlägen, vgl. § 101 Abs. 1 S. 2 AktG.³⁵⁷ Noch während der Hauptversammlung können Gegenkandida-

---

³⁴⁵ Kölner Komm AktG/*Mertens/Cahn* AktG § 101 Rn. 12, 16; GroßkommAktG/*Hirte/Mülbert/Roth* AktG § 101 Rn. 63; MüKoAktG/*Habersack* AktG § 101 Rn. 21; Hüffer/Koch/*Koch* AktG § 101 Rn. 5; Hölters/*Simons* AktG § 101 Rn. 16; BeckOGK/*Spindler* AktG § 101 Rn. 39, 33.

³⁴⁶ BGH NJW 2003, 3412 (zur Blockabstimmung über die Zustimmung zu mehreren Unternehmensverträgen); LG München I AG 2004, 330 (331); Kölner Komm AktG/*Mertens/Cahn* AktG § 101 Rn. 16; BeckOGK/*Spindler* AktG § 101 Rn. 37; Hölters/*Simons* AktG § 101 Rn. 16; MüKoAktG/*Habersack* AktG § 101 Rn. 21; Hüffer/Koch/*Koch* AktG § 101 Rn. 6.

³⁴⁷ MüKoAktG/*Habersack* AktG § 101 Rn. 21; GroßkommAktG/*Hirte/Mülbert/Roth* AktG § 101 Rn. 90; BeckOGK/*Spindler* AktG § 101 Rn. 33.

³⁴⁸ Dafür wohl LG München I NZG 2004, 626; *Henze* BB 2005, 165 (171); Hölters/*Simons* AktG § 101 Rn. 16; Hüffer/Koch/*Koch* AktG § 101 Rn. 6; ebenso bei einer Minderheit von 10 % des Grundkapitals GroßkommAktG/*Hirte/Mülbert/Roth* AktG § 101 Rn. 67; *Ramm* NJW 1991, 2753 (2754); ähnlich *Segna* DB 2004, 1135 (1136); **aA** zumindest für einzelne Aktionäre *Dietz* BB 2004, 452 (455 f.); *Gerber/Wernicke* DStR 2004, 1138 (1140); MüKoAktG/*Habersack* AktG § 101 Rn. 21.

³⁴⁹ BeckOGK/*Spindler* AktG § 101 Rn. 33, 37; GroßkommAktG/*Hirte/Mülbert/Roth* AktG § 101 Rn. 90; *Roth/Wörle* ZGR 2004, 565 (576); *Lutter* FS Odersky, 1996, 845 (853); MHdB AG/*Hoffmann-Becking* § 30 Rn. 55; *Fuhrmann* ZIP 2004, 2081 (2085); **aA** MüKoAktG/*Habersack* AktG § 101 Rn. 21.

³⁵⁰ Kölner Komm AktG/*Mertens/Cahn* AktG § 101 Rn. 12.

³⁵¹ Vgl. GroßkommAktG/*Hirte/Mülbert/Roth* AktG § 101 Rn. 90; Kölner Komm AktG/*Mertens/Cahn* AktG § 101 Rn. 12; BeckOGK/*Spindler* AktG § 101 Rn. 33, 37; Hölters/*Simons* AktG § 101 Rn. 16; Hüffer/Koch/*Koch* AktG § 101 Rn. 7; MüKoAktG/*Habersack* AktG § 101 Rn. 23; *Roth/Wörle* ZGR 2004, 565 (576); *Lutter* FS Odersky, 1996, 845 (853); MHdB AG/*Hoffmann-Becking* § 30 Rn. 55.

³⁵² Hölters/*Simons* AktG § 101 Rn. 16; Hüffer/Koch/*Koch* AktG § 101 Rn. 7; BeckOGK/*Spindler* AktG § 101 Rn. 37; GroßkommAktG/*Hirte/Mülbert/Roth* AktG § 101 Rn. 64.

³⁵³ BeckOGK/*Spindler* AktG § 101 Rn. 46; Hüffer/Koch/*Koch* AktG § 101 Rn. 5; MüKoAktG/*Habersack* AktG § 101 Rn. 24; *Stützle/Walgenbach* ZHR 155 (1991), 516 (534).

³⁵⁴ BGHZ 44, 245 (248); OLG Hamburg AG 1968, 332, OLG Hamburg DB 1981, 80 (82); LG Hamburg DB 1995, 1756; Hüffer/Koch/*Koch* AktG § 101 Rn. 5; BeckOGK/*Spindler* AktG § 101 Rn. 46; MüKoAktG/*Habersack* AktG § 101 Rn. 25; *Barz* FS Hengeler, 1972, 14 (21); *Ramm* NJW 1991, 2753; *Stützle/Walgenbach* ZHR 155 (1991), 516 (532).

³⁵⁵ BeckOGK/*Rieckers* AktG § 137 Rn. 5, mwN.

³⁵⁶ Bericht des Rechtsausschusses zu BT-Drs. IV/3296, 25; Kölner Komm AktG/*Tröger* AktG § 137 Rn. 1; Hüffer/Koch/*Koch* AktG § 137 Rn. 1; MüKoAktG/*Arnold* AktG § 137 Rn. 4; BeckOGK/*Rieckers* AktG § 137 Rn. 1; Hölters/*Hirschmann* AktG § 137 Rn. 1; GroßkommAktG/*Hirte/Mülbert/Roth* AktG § 101 Rn. 82.

³⁵⁷ GroßkommAktG/*Hirte/Mülbert/Roth* AktG § 101 Rn. 25; Kölner Komm AktG/*Mertens/Cahn* AktG § 101 Rn. 24; BeckOGK/*Spindler* AktG § 101 Rn. 16; Hüffer/Koch/*Koch* AktG § 101 Rn. 4; MüKoAktG/*Habersack* AktG § 101 Rn. 7; Hölters/*Simons* AktG § 101 Rn. 8.

ten vorgeschlagen werden.³⁵⁸ Schranken sind nur die gesetzlichen und satzungsmäßigen Voraussetzungen und Hinderungsgründe aus §§ 100, 105 AktG sowie die in § 96 Abs. 2, 3 AktG vorgesehenen Geschlechterquoten.³⁵⁹ Die Wahlfreiheit darf auch durch die Satzung nicht eingeschränkt werden.³⁶⁰ Zwar sind zusätzliche Voraussetzungen und Hinderungsgründe nach § 100 Abs. 4 AktG erlaubt. Diese Ermächtigung geht aber nur so weit, wie nicht faktisch das Wahlrecht der Hauptversammlung auf bestimmte Personen eingeengt wird, → Rn. 71 f. Ausnahmsweise besteht nach § 101 Abs. 1 S. 2 AktG eine **Bindung an die Wahlvorschläge,** wenn das **MontanMitBestG** einschlägig ist.

Das Wahlergebnis wird entweder durch die **Additionsmethode** ermittelt, also durch Zählung der Ja- und Nein-Stimmen (auf die Stimmenthaltungen kommt es für die Feststellung der Mehrheit nicht an), oder durch die **Subtraktionsmethode,** also durch Zählungen der Nein-Stimmen und Enthaltungen, die dann von der Gesamtzahl der teilnehmenden Stimmen abgezogen werden, um die Anzahl der Ja-Stimmen zu erhalten.³⁶¹ Bei der Subtraktionsmethode ist es zur Vermeidung falscher Ergebnisse essentiell, dass bei jeder Abstimmung die aktuelle Teilnehmerzahl der Hauptversammlung erfasst ist.³⁶² Ist der Aufsichtsratskandidat selbst Aktionär, unterliegt er keinem Stimmverbot; § 136 AktG ist als Ausnahmevorschrift nicht analog anwendbar.³⁶³

Wie jeder Hauptversammlungsbeschluss muss die Wahl zum Aufsichtsrat ordnungsgemäß nach § 130 Abs. 1 S. 1 AktG notariell beurkundet bzw. bei nicht börsennotierten Gesellschaften nach § 130 Abs. 1 S. 3 AktG in eine vom Aufsichtsratsvorsitzenden zu unterzeichnende **Niederschrift** aufgenommen werden.³⁶⁴ Sonst droht Nichtigkeit gemäß §§ 250 Abs. 1, 241 Nr. 2 AktG.³⁶⁵

c) Wahlabreden

Wahlabreden zwischen Aktionären sind grundsätzlich möglich.³⁶⁶ Eine Grenze ergibt sich aus § 136 Abs. 2 S. 1 AktG, wonach ein Vertrag nichtig ist, durch den sich ein Aktionär verpflichtet, nach Weisung der Gesellschaft, deren Vorstands, Aufsichtsrats oder eines von der Gesellschaft abhängigen Unternehmens das Stimmrecht auszuüben. Nach S. 2 ist auch ein Vertrag nichtig, bei dem sich ein Aktionär verpflichtet, für die Vorschläge des Aufsichtsrats zu stimmen. Außerdem sind nach § 134 BGB, § 405 Abs. 3 Nr. 6, 7 AktG Wahlabreden zwischen Aktionären unwirksam, wenn dafür besondere Vorteile als Gegenleistung gefordert, angeboten, versprochen, angenommen oder gewährt werden („Stimmenkauf").³⁶⁷ Unwirksam bzw. nicht bindend sind Wahlabreden zwischen Aktionären schließlich dann, wenn die Stimme unter Verstoß gegen die Treupflicht abgegeben werden soll, etwa weil der Kandidat völlig ungeeignet ist.³⁶⁸ Stimmen sich Aktionäre nicht nur punktuell in Bezug auf die konkrete Wahl ab, sondern verfolgen sie eine längerfristige Strategie zur Koordination ihrer Stimmrechte („acting in concert"), können sich daraus kapitalmarktrechtliche Pflichten ergeben, vgl. § 33 WpHG, § 35 WpÜG.³⁶⁹

Die Wirksamkeit von Stimmbindungsabreden **zwischen Aktionären und Dritten** ist umstritten. Sie sind nach hM grundsätzlich jedoch zulässig, soweit sie nicht gegen das Gesetz (§ 134 BGB), die guten Sitten (§ 138 BGB), Treu und Glauben (§ 242 BGB) oder die Treupflicht des Aktionärs verstoßen.³⁷⁰ Ein Verstoß gegen das Abspaltungsverbot liegt in einer solchen Vereinbarung nicht, weil dem Nichtaktionär

---

³⁵⁸ *Hoppe* NZG 2017, 361 (363); Hölters/*Simons* AktG § 101 Rn. 8; BeckOGK/*Spindler* AktG § 101 Rn. 18; GroßkommAktG/*Hirte/Mülbert/Roth* AktG § 101 Rn. 83; MüKoAktG/*Habersack* AktG § 101 Rn. 16.
³⁵⁹ MüKoAktG/*Habersack* AktG § 101 Rn. 7.
³⁶⁰ GroßkommAktG/*Hirte/Mülbert/Roth* AktG § 101 Rn. 26; BeckOGK/*Spindler* AktG § 101 Rn. 20; MüKoAktG/ *Habersack* AktG § 101 Rn. 10; vgl. aber Kölner Komm AktG/*Mertens/Cahn* AktG § 101 Rn. 24.
³⁶¹ OLG Frankfurt AG 1999, 231 (232); *Max* AG 1991, 77 (87); BeckOGK/*Spindler* AktG § 101 Rn. 48; Hölters/ *Simons* AktG § 101 Rn. 17.
³⁶² *Max* AG 1991, 77 (87); BeckOGK/*Spindler* AktG § 101 Rn. 48; Hölters/*Simons* AktG § 101 Rn. 17.
³⁶³ RGZ 60, 172 (173); Hölters/*Simons* AktG § 101 Rn. 11; MüKoAktG/*Habersack* AktG § 101 Rn. 26.
³⁶⁴ Hüffer/Koch/*Koch* AktG § 133 Rn. 28; BeckOGK/*Spindler* AktG § 133 Rn. 55.
³⁶⁵ Einzelheiten bei Hüffer/Koch/*Koch* AktG § 130 Rn. 30.
³⁶⁶ RGZ 133, 90 (94); 158, 248 (253); GroßkommAktG/*Hirte/Mülbert/Roth* AktG § 101 Rn. 31; Hölters/*Simons* AktG § 101 Rn. 22; Kölner Komm AktG/*Mertens/Cahn* AktG § 101 Rn. 26; BeckOGK/*Spindler* AktG § 101 Rn. 24; MüKoAktG/*Habersack* AktG § 101 Rn. 13. Bei Wahlabreden zwischen Aktionären entsteht eine BGB-Innengesellschaft, deren Zweck die gemeinsame Stimmrechtsausübung ist und die sich im Übrigen nach den §§ 705 ff. BGB richtet, vgl. auch BeckOGK/*Spindler* AktG § 101 Rn. 29.
³⁶⁷ Kölner Komm AktG/*Mertens/Cahn* AktG § 101 Rn. 30; MüKoAktG/*Habersack* AktG § 101 Rn. 13; BeckOGK/ *Spindler* AktG § 101 Rn. 25.
³⁶⁸ Kölner Komm AktG/*Mertens/Cahn* AktG § 101 Rn. 30; MüKoAktG/*Habersack* AktG § 101 Rn. 13; BeckOGK/ *Spindler* AktG § 101 Rn. 26.
³⁶⁹ Vgl. hierzu BGH NZG 2006, 945 (947 f.).
³⁷⁰ MüKoAktG/*Arnold* AktG § 136, Rn. 73; Hüffer/Koch/*Koch* AktG § 133 Rn. 27; K. Schmidt/Lutter/*Spindler* AktG § 136 Rn. 37; Bürgers/Körber/*Holzborn* AktG § 136 Rn. 23; BeckOGK/*Rieckers* AktG § 136 Rn. 49; Kölner Komm AktG/*Tröger* AktG § 136 Rn. 128; **aA** Hölters/*Simons* AktG § 101 Rn. 22; MüKoAktG/*Habersack* AktG § 101 Rn. 14; *Habersack* ZHR 164 (2000), 1 (11 f.); Henssler/Strohn/*Henssler* AktG § 101 Rn. 3.

kein eigenes Stimmrecht zuwächst, sondern er nur Einfluss auf die Ausübung des Stimmrechts durch den gebundenen Aktionär erhält.[371]

120 Wahlabreden zwischen der Gesellschaft und Dritten in Bezug auf die Aufsichtsratswahlen sind hingegen nach § 134 BGB nichtig, weil sie gegen § 101 Abs. 1 S. 2 AktG verstoßen.[372]

d) Annahme der Wahl und Amtsbeginn

121 Die Bestellung durch Wahl nach § 101 Abs. 1 AktG ist ein korporationsrechtliches Rechtsgeschäft, das nur wirksam wird, wenn der Gewählte die Wahl **annimmt**.[373] Die Annahme kann dabei auch antizipiert oder konkludent durch Aufnahme der Aufsichtsratstätigkeit erklärt werden.[374] Die **Amtszeit** beginnt in der Regel mit der Bestellung.[375] Im Wahlbeschluss oder in der Satzung kann jedoch ein späterer Zeitpunkt vorgesehen sein.[376] In der Praxis wird teils gewünscht, dass potenzielle Aufsichtsratsmitglieder bereits vor ihrer Bestellung an den Aufsichtsratssitzungen teilnehmen. Das ist aktienrechtlich jedoch nicht vorgesehen, die üblichen Beschränkungen der Teilnahme Dritter gelten auch hier (→ § 3 Rn. 96 ff.). Zu wählende Aufsichtsratsmitglieder können aber bereits vor ihrer Bestellung und aufschiebend bedingt durch ihre Bestellung zu einer später stattfindenden Aufsichtsratssitzung eingeladen werden.

e) Erster Aufsichtsrat

122 Der erste Aufsichtsrat der Gesellschaft wird von den **Gründern** bestellt, § 30 Abs. 1 S. 1 AktG. Gründer sind nach § 28 AktG diejenigen Aktionäre, welche die Satzung festgestellt haben. Es müssen aber nicht alle Gründer abstimmen; einfache Mehrheit genügt, sofern die Satzung nichts anderes regelt.[377] Eine Versammlung ist nicht notwendig.[378] Die Satzung kann auch bereits eine **Entsendung** nach § 101 Abs. 2 AktG vorsehen.[379]

123 Die Bestellung muss nach § 30 Abs. 1 S. 2 AktG **notariell beurkundet** werden. Falls die Wahl ohne Versammlung stattfindet, müssen die einzelnen Abstimmungserklärungen beurkundet werden.[380] Das gilt auch für die Entsendungserklärung des Berechtigten.[381]

124 Nach Abs. 2 sind auf die Zusammensetzung und die Bestellung des ersten Aufsichtsrats die Vorschriften über die Bestellung der **Arbeitnehmervertreter** im Aufsichtsrat nicht anwendbar. Es gelten aber insbesondere §§ 95 und 100 AktG. Zur Amtszeit → Rn. 167 f.

2. Wahl der Arbeitnehmervertreter

125 Zur Wahl der **Arbeitnehmervertreter** → § 7 Rn. 89 ff., § 7 Rn. 419 ff.

---

[371] MüKoAktG/*Arnold* AktG § 136, Rn. 73; Hüffer/Koch/*Koch* AktG § 133 Rn. 27; K. Schmidt/Lutter/*Spindler* AktG § 136 Rn. 37; Bürgers/Körber/*Holzborn* AktG § 136 Rn. 23; BeckOGK/*Rieckers* AktG § 136 Rn. 1; Kölner Komm AktG/*Tröger* AktG § 136 Rn. 128.
[372] GroßkommAktG/*Hirte/Mülbert/Roth* AktG § 101 Rn. 30; MüKoAktG/*Habersack* AktG § 101 Rn. 12; Grigoleit/*Grigoleit/Tomasic* AktG § 101 Rn. 5; Hölters/*Simons* AktG § 101 Rn. 22.
[373] Hölters/*Simons* AktG § 101 Rn. 21; Kölner Komm AktG/*Mertens/Cahn* AktG § 101 Rn. 36; Hüffer/Koch/*Koch* AktG § 101 Rn. 8; BeckOGK/*Spindler* AktG § 101 Rn. 10; MüKoAktG/*Habersack* AktG § 101 Rn. 61; GroßkommAktG/*Hirte/Mülbert/Roth* AktG § 101 Rn. 98, 110.
[374] Kölner Komm AktG/*Mertens/Cahn* AktG § 101 Rn. 36; GroßkommAktG/*Hirte/Mülbert/Roth* AktG § 101 Rn. 98; MüKoAktG/*Habersack* AktG § 101 Rn. 61; Hölters/*Simons* AktG § 101 Rn. 21; BeckOGK/*Spindler* AktG § 101 Rn. 10; Hüffer/Koch/*Koch* AktG § 101 Rn. 8; zur Genossenschaft auch RGZ 152, 273 (277).
[375] LG München I ZIP 2010, 2098 (2099); GroßkommAktG/*Hirte/Mülbert/Roth* AktG § 101 Rn. 107; Kölner Komm AktG/*Mertens/Cahn* AktG § 101 Rn. 41; BeckOGK/*Spindler* AktG § 101 Rn. 13; MüKoAktG/*Habersack* AktG § 101 Rn. 65.
[376] MüKoAktG/*Habersack* AktG § 101 Rn. 65; BeckOGK/*Spindler* AktG § 101 Rn. 13; Kölner Komm AktG/*Mertens/Cahn* AktG § 101 Rn. 41; GroßkommAktG/*Hirte/Mülbert/Roth* AktG § 101 Rn. 107.
[377] AllgM, Hüffer/Koch/*Koch* AktG § 30 Rn. 2; Kölner Komm AktG/*Arnold* AktG § 30 Rn. 6; Hüffer/Koch/*Koch* AktG § 30 Rn. 2; MüKoAktG/*Pentz* AktG § 30 Rn. 1; Hölters/*Solveen* AktG § 30 Rn. 3; BeckOGK/*Gerber* AktG § 30 Rn. 8; GroßkommAktG/*Röhricht/Schall* AktG § 30 Rn. 4.
[378] BeckOGK/*Gerber* AktG § 30 Rn. 7; Hölters/*Solveen* AktG § 30 Rn. 5; Hüffer/Koch/*Koch* AktG § 30 Rn. 2; MüKoAktG/*Pentz* AktG § 30 Rn. 11.
[379] GroßkommAktG/*Röhricht/Schall* AktG § 30 Rn. 6; BeckOGK/*Gerber* AktG § 30 Rn. 6; Hüffer/Koch/*Koch* AktG § 30 Rn. 2; Hölters/*Solveen* AktG § 30 Rn. 3; MüKoAktG/*Pentz* AktG § 30 Rn. 15; Kölner Komm AktG/*Arnold* AktG § 30 Rn. 8.
[380] Hölters/*Solveen* AktG § 30 Rn. 5; BeckOGK/*Gerber* AktG § 30 Rn. 7; MüKoAktG/*Pentz* AktG § 30 Rn. 13.
[381] MüKoAktG/*Pentz* AktG § 30 Rn. 15; Hölters/*Solveen* AktG § 30 Rn. 5; Hüffer/Koch/*Koch* AktG § 30 Rn. 2; Kölner Komm AktG/*Arnold* AktG § 30 Rn. 8; GroßkommAktG/*Röhricht/Schall* AktG § 30 Rn. 4.

3. Entsendung durch Aktionäre

Gemäß § 101 Abs. 2 S. 1 und 4 AktG kann die **Satzung** für bestimmte Aktionäre oder für die jeweiligen Inhaber bestimmter Aktien das Recht begründen, bis zu einem Drittel der von den Aktionären zu wählenden Aufsichtsratsmitglieder in den Aufsichtsrat zu entsenden. **Entsendungsrechte** kommen hauptsächlich bei Beteiligungen der öffentlichen Hand[382] und bei Familienunternehmen, teils auch bei Beteiligungen von Finanzinvestoren vor.[383] Neben der Sicherung des Einflusses des Entsendenden haben sie ua den Vorteil, dass die Bestellung des Entsandten nicht durch Anfechtungsklage angegriffen werden kann. Sie sind auch in börsennotierten Unternehmen möglich, dort aber selten.[384]

a) Einräumung und Ausgestaltung

Das Entsendungsrecht ist ein **Sonderrecht** gemäß § 35 BGB.[385] Ein einmal begründetes Entsendungsrecht kann also nur noch durch Satzungsänderung mit Zustimmung des Berechtigten entzogen oder zu seinem Nachteil geändert werden (**„Ewigkeitsgarantie"**).[386] Auch ein ein- oder mehrmaliger Verzicht des Entsendungsberechtigten auf die Ausübung lässt das Entsendungsrecht nicht entfallen.[387] Das Entsendungsrecht kann ansonsten in der Satzung **beliebig ausgestaltet** werden. Insbesondere können eine Entsendungspflicht statuiert oder für das zu entsendende Mitglied weitere, über § 100 Abs. 1, 2 AktG, § 105 Abs. 1 AktG hinausgehende Voraussetzungen aufgestellt werden.[388] Nähere Ausgestaltung (und dadurch tatbestandliche Einschränkung) des Entsendungsrechts kann vor dem Hintergrund dessen weitreichenden Schutzes empfehlenswert sein.[389]

b) Entsendungsberechtigter

Ist das Entsendungsrecht **für einen bestimmten Aktionär** begründet, muss er in der Satzung namentlich benannt werden.[390] Es ist nicht übertragbar und nur vererblich, wenn die Satzung das ausdrücklich zulässt.[391] Scheidet der Aktionär aus, erlischt das Entsendungsrecht.[392] Erwirbt der Aktionär später wieder Aktien, ist durch Auslegung der Satzung zu ermitteln, ob das Entsendungsrecht wieder aufleben soll.[393] Zweifel gehen zu seinen Lasten.[394] Bei Schaffung eines Entsendungsrechts für den **jeweiligen Inhaber** bestimmter Aktien ist es nicht mit der Person, sondern den Aktien verknüpft. Dafür müssen die Aktien gemäß § 101 Abs. 2 S. 2 AktG auf den Namen lauten und ihre Übertragung an die Zustimmung der Gesellschaft gebunden sein (vinkulierte Namensaktien, § 68 Abs. 2 S. 1 AktG). Die Aktien des Entsendungsberechtigten bilden aber keine gesonderte Gattung, § 101 Abs. 2 S. 3 AktG.

c) Ausübung des Entsendungsrechts

Das Entsendungsrecht wird durch **formlose, empfangsbedürftige Erklärung** des Berechtigten gegenüber der Gesellschaft ausgeübt, in der der Berechtigte den zu Entsendenden benennt.[395] Mit der Entsendung legt der Entsendungsberechtigte innerhalb der satzungsmäßigen Grenzen und der absoluten Höchst-

---

[382] Zu unionsrechtlichen Bedenken insoweit vgl. die Nachweise bei Hüffer/Koch/*Koch* AktG § 101 Rn. 9; Hölters/*Simons* AktG § 101 Rn. 28; MüKoAktG/*Habersack* AktG § 101 Rn. 58 ff.; GroßkommAktG/*Hirte*/*Mülbert*/*Roth* AktG § 101 Rn. 142 ff.
[383] *Klausmann*, Entsendungsrechte, 2016, 95 ff.
[384] Hüffer/Koch/*Koch* AktG § 101 Rn. 9.
[385] GroßkommAktG/*Hirte*/*Mülbert*/*Roth* AktG § 101 Rn. 128; Hölters/*Simons* AktG § 101 Rn. 24; BeckOGK/*Spindler* AktG § 101 Rn. 51; MüKoAktG/*Habersack* AktG § 101 Rn. 31; Hüffer/Koch/*Koch* AktG § 101 Rn. 10; Kölner Komm AktG/*Mertens*/*Cahn* AktG § 101 Rn. 52; *Seeling/Zwickel* BB 2008, 622 (624).
[386] Semler/v. Schenck/*Mutter* AktG § 101 Rn. 61; *Möslein* AG 2007, 770 (771).
[387] Semler/v. Schenck/*Mutter* AktG § 101 Rn. 62.
[388] *Seeling/Zwickel* BB 2008, 622 (625); BeckOGK/*Spindler* AktG § 101 Rn. 52; Kölner Komm AktG/*Mertens*/*Cahn* AktG § 101 Rn. 58, 65; Hüffer/Koch/*Koch* AktG § 101 Rn. 28; MüKoAktG/*Habersack* AktG § 101 Rn. 58 ff.; GroßkommAktG/*Hirte*/*Mülbert*/*Roth* AktG § 101 Rn. 142 ff.
[389] *Seeling/Zwickel* BB 2008, 622 (625); vgl. auch Semler/v. Schenck/*Mutter* AktG § 101 Rn. 121.
[390] MüKoAktG/*Habersack* AktG § 101 Rn. 34.
[391] Kölner Komm AktG/*Mertens*/*Cahn* AktG § 101 Rn. 53 f.; MüKoAktG/*Habersack* AktG § 101 Rn. 34; Hüffer/Koch/*Koch* AktG § 101 Rn. 10; Hölters/*Simons* AktG § 101 Rn. 25; BeckOGK/*Spindler* AktG § 101 Rn. 56, 59; GroßkommAktG/*Hirte*/*Mülbert*/*Roth* AktG § 101 Rn. 130.
[392] Semler/v. Schenck/*Mutter* AktG § 101 Rn. 79; BeckOGK/*Spindler* AktG § 101 Rn. 58 ff.; GroßkommAktG/*Hirte*/*Mülbert*/*Roth* AktG § 101 Rn. 131; MüKoAktG/*Habersack* AktG § 101 Rn. 36; Hölters/*Simons* AktG § 101 Rn. 25; Kölner Komm AktG/*Mertens*/*Cahn* AktG § 101 Rn. 80 f.
[393] Vgl. Semler/v. Schenck/*Mutter* AktG § 101 Rn. 80 f.
[394] Vgl. Semler/v. Schenck/*Mutter* AktG § 101 Rn. 80 f.
[395] MüKoAktG/*Habersack* AktG § 101 Rn. 44; BeckOGK/*Spindler* AktG § 101 Rn. 70; Hüffer/Koch/*Koch* AktG § 101 Rn. 12; Hölters/*Simons* AktG § 101 Rn. 31.

dauer aus § 102 Abs. 1 AktG auch die **Amtszeit** fest.[396] Der Entsandte muss die Entsendung durch ausdrückliche oder konkludente Erklärung gegenüber der Gesellschaft **annehmen**.[397] Übt der Berechtigte sein Entsendungsrecht nicht aus, bleibt die Stelle zunächst vakant; eine Entsendungspflicht besteht nur bei entsprechender Regelung in der Satzung. Auch ein Ersatzwahlrecht der Hauptversammlung besteht nicht, vgl. § 101 Abs. 1 S. 1 AktG.[398] In Betracht kommt aber eine gerichtliche Nachbestellung nach § 104 AktG, wenn die Voraussetzungen dafür vorliegen.[399] Bei der **Auswahl des Entsandten** ist der Entsendungsberechtigte innerhalb der Grenzen der §§ 100 Abs. 1, 2, 105 Abs. 1 AktG und der Satzung (§ 100 Abs. 4 AktG) frei.[400] Die Entsendung eines offensichtlich ungeeigneten oder einem dauerhaften Interessenkonflikt unterliegenden Kandidaten ist allerdings treuepflichtwidrig.[401]

130   Der **Wirksamkeit der Entsendung** soll dem nach hM aber nicht entgegenstehen, vielmehr kann der Entsandte dann aus wichtigem Grund nach § 103 Abs. 3 AktG abberufen werden.[402] Die Entsendung in den Aufsichtsrat ist allerdings **nichtig**, wenn dem Entsender kein Entsendungsrecht zustand,[403] der Entsender sein Entsendungsrecht (aus anderen als Treuepflichtgründen) nicht hätte ausüben dürfen[404] oder die entsandte Person von Anfang an nicht die gesetzlichen persönlichen Voraussetzungen der §§ 100, 105 AktG[405] oder (nach hM) die von der Satzung geforderten persönlichen Voraussetzungen erfüllt, was mit der allgemeinen Feststellungsklage gem. § 256 Abs. 1 ZPO geltend zu machen ist.[406] Fallen die persönlichen Voraussetzungen später weg, ist wiederum Abberufung nach § 103 Abs. 3 AktG möglich.[407]

d) Höchstzahl

131   Nach § 101 Abs. 2 S. 4 AktG darf **maximal für ein Drittel der Anteilseignervertreter** im Aufsichtsrat ein Entsendungsrecht begründet werden; das verstößt nicht gegen die europarechtlich zu gewährleistende Kapitalverkehrsfreiheit.[408] Eine Satzungsbestimmung, die zur Überschreitung der gesetzlichen Höchstzahl führt, ist nichtig.[409]

132   **Verkleinert** sich die Gesamtzahl der Anteilseignervertreter, kann dies dazu führen, dass die Höchstzahl der Entsendungsrechte aus § 101 Abs. 2 S. 4 AktG überschritten wird. Bei den Rechtsfolgen ist zu unterscheiden: Verkleinert sich die Gesamtzahl der Anteilseignervertreter unmittelbar **aufgrund gesetzlicher Regelung**, etwa wegen Überschreitens der Mitbestimmungsschwelle, erlöschen aus Gründen der Rechtssicherheit und Gleichbehandlung grundsätzlich alle Entsendungsrechte.[410] Nur, wenn sich alle Entsendungsrechte in einer Hand befinden, erlöschen lediglich die überzähligen Entsendungsrechte. In der Satzung kann vorbeugend eine Rangordnung der Entsendungsrechte festgesetzt werden.[411] Soll die Anzahl der Aufsichtsratsmitglieder **durch die Satzung** herabgesetzt werden, ist für die Wirksamkeit der Sat-

---

[396] GroßkommAktG/*Hirte*/*Mülbert*/*Roth* AktG § 101 Rn. 175; Kölner Komm AktG/*Mertens*/*Cahn* AktG § 101 Rn. 71; BeckOGK/*Spindler* AktG § 101 Rn. 73; MüKoAktG/*Habersack* AktG § 101 Rn. 52; Hölters/*Simons* AktG § 101 Rn. 31.
[397] Hölters/*Simons* AktG § 101 Rn. 31; GroßkommAktG/*Hirte*/*Mülbert*/*Roth* AktG § 101 Rn. 158; BeckOGK/*Spindler* AktG § 101 Rn. 75; Hüffer/Koch/*Koch* AktG § 101 Rn. 12.
[398] Semler/v. Schenck/*Mutter* AktG § 101 Rn. 67.
[399] Kölner Komm AktG/*Mertens*/*Cahn* AktG § 101 Rn. 80; BeckOGK/*Spindler* AktG § 101 Rn. 72; Hüffer/Koch/*Koch* AktG § 101 Rn. 10; Hölters/*Simons* AktG § 101 Rn. 31; MüKoAktG/*Habersack* AktG § 101 Rn. 44; GroßkommAktG/*Hirte*/*Mülbert*/*Roth* AktG § 101 Rn. 190.
[400] Hölters/*Simons* AktG § 101 Rn. 31; BeckOGK/*Spindler* AktG § 101 Rn. 71.
[401] MüKoAktG/*Habersack* AktG § 101 Rn. 45; BeckOGK/*Spindler* AktG § 101 Rn. 71; Hölters/*Simons* AktG § 101 Rn. 31.
[402] MüKoAktG/*Habersack* AktG § 101 Rn. 45; Großkomm AktG/*Hirte*/*Mülbert*/*Roth* AktG § 101 Rn. 126.
[403] MüKoAktG/*Habersack* AktG § 101 Rn. 58, 68; Semler/v. Schenck/Mutter AktG § 101 Rn. 124; Köln Komm AktG/*Mertens*/*Cahn* AktG § 101 Rn. 65.
[404] MüKoAktG/*Habersack* AktG § 101 Rn. 58, 68; Semler/v. Schenck/*Mutter* AktG § 101 Rn. 124; Köln Komm AktG/ *Mertens*/*Cahn* AktG § 101 Rn. 65.
[405] MüKoAktG/*Habersack* AktG § 101 Rn. 58, 68, GroßkommAktG/*Hopt*/*Wiedemann* AktG, 4. Aufl. 2006, § 101 Rn. 127; Semler/v. Schenck/*Mutter* AktG § 101 Rn. 123 f.
[406] MüKoAktG/*Habersack* AktG § 101 Rn. 58, Semler/v. Schenck/*Mutter* AktG § 101 Rn. 124; Hölters/*Simon* AktG § 101 Rn. 55; **aA** GroßkommAktG/*Hopt*/*Wiedemann* AktG, 4. Aufl. 2006, § 101 Rn. 129 (nur Anfechtbarkeit); GroßkommAktG/*Hopt*/*Roth* AktG, 5. Aufl. 2018, § 100 Rn. 253; Kölner Komm AktG/*Mertens*/*Cahn*, § 101 Rn. 65 (nur Abberufung).
[407] Kölner Komm AktG/*Mertens*/*Cahn* AktG § 101 Rn. 65; **aA** (Abberufung nach § 103 Abs. 2 AktG durch Mehrheitsbeschluss der Hauptversammlung) Semler/v. Schenck/*Mutter* AktG § 101 Rn. 125.
[408] BGH ZIP 2009, 1566.
[409] Kölner Komm AktG/*Mertens*/*Cahn* AktG § 101 Rn. 60; Semler/v. Schenck/*Mutter* AktG § 101 Rn. 111.
[410] GroßkommAktG/*Hirte*/*Mülbert*/*Roth* AktG § 101 Rn. 153; MüKoAktG/*Habersack* AktG § 101 Rn. 56; BeckOGK/ *Spindler* AktG § 101 Rn. 68; Hölters/*Simons* AktG § 101 Rn. 29; kritisch, im Ergebnis aber genauso Kölner Komm AktG/*Mertens*/*Cahn* AktG § 101 Rn. 62.
[411] BeckOGK/*Spindler* AktG § 101 Rn. 68; GroßkommAktG/*Hirte*/*Mülbert*/*Roth* AktG § 101 Rn. 153; Hölters/*Simons* AktG § 101 Rn. 29; MüKoAktG/*Habersack* AktG § 101 Rn. 56.

zungsänderung wegen des Sonderrechtscharakters des Entsendungsrechts nach § 35 BGB die Zustimmung der Entsendungsberechtigten notwendig.[412] Bei Zustimmung gilt das oben Gesagte entsprechend.[413] Wird der Aufsichtsrat aufgrund einer **Kapitalherabsetzung** verkleinert (→ Rn. 16), ist umstritten, ob das Zustimmungserfordernis des Entsendungsberechtigten auch dann besteht, die Kapitalherabsetzung also ohne diese Zustimmung schon nicht wirksam beschlossen werden kann.[414] Da die Kapitalherabsetzung das Entsendungsrecht als zwingende Folge beschränkt, sollte vom Zustimmungserfordernis ausgegangen werden; allerdings kann sich aus der gesellschaftsrechtlichen Treuepflicht dann eine Zustimmungspflicht des Entsendungsberechtigten ergeben, wenn die Kapitalherabsetzung für das Wohl der Gesellschaft erforderlich ist, das mildeste Mittel darstellt und die Interessen des Entsendungsberechtigten nicht unverhältnismäßig beeinträchtigt.[415] Das Problem stellt sich nicht, wenn die Satzung die Entsendungsrechte von vorneherein unter den **Vorbehalt** der Anpassung der Zahl der Aufsichtsratssitze durch die Hauptversammlung stellt.[416]

Für die **Rechtsstellung entsandter Aufsichtsratsmitglieder** gelten die Ausführungen unter → Rn. 14, 16, 17. Es ist also insbesondere zwischen mitbestimmten und nicht mitbestimmten Aufsichtsräten zu differenzieren. Überzählige entsandte Mitglieder können ggf. aus wichtigem Grund nach § 103 Abs. 3 AktG abberufen werden. 133

4. Gerichtliche Bestellung

a) Allgemeines

Unvollständig besetzte Aufsichtsräte können nach § 104 AktG durch gerichtliche Bestellung ergänzt werden. Dem Gericht kommt dabei nur eine Ersatzfunktion zu: es soll und kann nur tätig werden, wenn die Regelbestellung fehlt.[417] Die gerichtliche Bestellung kommt bei **Fehlen jeder Art von Aufsichtsratsmitgliedern** in Betracht – seien es zu wählende oder zu entsendende Anteilseignervertreter oder Arbeitnehmervertreter.[418] 134

b) Beschlussunfähigkeit, § 104 Abs. 1 AktG

Die gerichtliche Bestellung kommt nach § 104 Abs. 1 AktG in Betracht, wenn dem Aufsichtsrat nicht die **zur Beschlussfähigkeit notwendige Zahl an Mitgliedern** angehört. Gemäß § 108 Abs. 2 AktG ist ein Aufsichtsrat beschlussunfähig, wenn ihm weniger als die in der Satzung für die Beschlussfähigkeit vorgeschriebenen Mitglieder (S. 1), weniger als die Hälfte der gesetzlich oder satzungsmäßig vorgeschriebenen Gesamtzahl der Mitglieder (S. 2) oder weniger als drei Mitglieder angehören (S. 3). Die Beschlussunfähigkeit im Einzelfall genügt dafür nicht.[419] Der Ausschluss des Stimmrechts eines von drei Aufsichtsratsmitgliedern im Einzelfall führt noch nicht einmal zur Beschlussunfähigkeit, sondern nur zu einer Enthaltenspflicht.[420] Bei Anfechtung der Wahl eines Aufsichtsratsmitglieds ist die gerichtliche Bestellung erst mit Rechtskraft der stattgebenden Entscheidung möglich (vgl. auch → Rn. 140).[421] Zu den Besonderheiten in Bezug auf die Frage der Beschlussfähigkeit bei **mitbestimmten** Gesellschaften → § 7 Rn. 164 ff., § 7 Rn. 434; iÜ → § 3 Rn. 449 ff. 135

Das Gericht ergänzt den Aufsichtsrat nach § 104 Abs. 1 AktG nur auf die nach § 108 Abs. 2 AktG oder der Satzung für die Beschlussfähigkeit **notwendige Zahl,** nicht auf die gesetzlich oder satzungsmäßig vorgeschriebene Zahl.[422] Es kann sich daher ggf. anbieten, neben dem Antrag aus § 104 Abs. 1 AktG auch einen Antrag aus Abs. 2 zu stellen.[423] 136

---

[412] GroßkommAktG/*Hirte/Mülbert/Roth* AktG § 101 Rn. 154; MüKoAktG/*Habersack* AktG § 101 Rn. 57; Hölters/*Simons* AktG § 101 Rn. 29; BeckOGK/*Spindler* AktG § 101 Rn. 68; *Seeling/Zwickel* BB 2008, 622 (624); Semler/v. Schenck/*Mutter* AktG § 101 Rn. 119.
[413] BeckOGK/*Spindler* AktG § 101 Rn. 68; Hölters/*Simons* AktG § 101 Rn. 29; MüKoAktG/*Habersack* AktG § 101 Rn. 57; Kölner Komm AktG/*Mertens/Cahn* AktG § 101 Rn. 61.
[414] Dafür BeckOGK/*Spindler* AktG § 101 Rn. 69; Hölters/*Simons* AktG § 101 Rn. 29; dagegen MüKoAktG/*Habersack* AktG § 101 Rn. 57; Kölner Komm AktG/*Mertens/Cahn* AktG § 101 Rn. 61; GroßkommAktG/*Hirte/Mülbert/Roth* AktG § 101 Rn. 157.
[415] Hölters/*Simons* AktG § 101 Rn. 29; BeckOGK/*Spindler* AktG § 101 Rn. 69.
[416] Vgl. Kölner Komm AktG/*Mertens/Cahn* AktG § 101 Rn. 62; GroßkommAktG/*Hirte/Mülbert/Roth* AktG § 101 Rn. 154; MüKoAktG/*Habersack* AktG § 101 Rn. 57; BeckOGK/*Spindler* AktG § 101 Rn. 68.
[417] BayObLG DB 2000, 1655; MüKoAktG/*Habersack* AktG § 104 Rn. 2; Hölters/*Simons* AktG § 104 Rn. 3; weitgehender GroßkommAktG/*Hirte/Mülbert/Roth* AktG § 104 Rn. 10.
[418] MüKoAktG/*Habersack* AktG § 104 Rn. 5.
[419] MüKoAktG/*Habersack* AktG § 104 Rn. 9; Hüffer/Koch/*Koch* AktG § 104 Rn. 2; Kölner Komm AktG/*Mertens/Cahn* AktG § 104 Rn. 5.
[420] BGH AG 2007, 484.
[421] Semler/v. Schenck/*Gasteyer* AktG § 104 Rn. 31.
[422] Kölner Komm AktG/*Mertens/Cahn* AktG § 104 Rn. 11; Hölters/*Simons* AktG § 104 Rn. 10; Hüffer/Koch/*Koch* AktG § 104 Rn. 2; MüKoAktG/*Habersack* AktG § 104 Rn. 23.
[423] MüKoAktG/*Habersack* AktG § 104 Rn. 23; Hölters/*Simons* AktG § 104 Rn. 10.

c) Unvollständigkeit, § 104 Abs. 2 AktG

137 § 104 Abs. 2 AktG gilt für den Fall, dass dem Aufsichtsrat länger als drei Monate **weniger Mitglieder als die durch Gesetz oder Satzung festgesetzte Zahl** angehören, ohne dass (in Abgrenzung zu § 104 Abs. 1 AktG) Beschlussunfähigkeit nach § 108 Abs. 2 AktG vorliegt. Das ist der Fall, wenn mehr als die Hälfte, nicht jedoch die volle Zahl der vom Gesetz oder der Satzung vorgesehenen Anzahl der Aufsichtsratsmitglieder vorhanden sind, mindestens jedoch drei bzw. die nach der Satzung zur Beschlussfähigkeit erforderliche Anzahl.

138 Die grundsätzlich erforderliche **mindestens dreimonatige Unterbesetzung** ist bei Fehlen mehrerer ab der Vakanz des ersten zu rechnen.[424] Von der Mindestdauer kann nach S. 2 in **dringenden Fällen** abgewichen werden. Ein dringender Fall liegt beispielsweise dann vor, wenn Entscheidungen von wesentlicher Bedeutung für Bestand oder Struktur der Gesellschaft (zB Umwandlung, Übernahme, drohende Insolvenz) oder über die Bestellung oder die Abberufung von Vorstandsmitgliedern anstehen, ebenso bei Fehlen eines Finanzexperten nach § 100 Abs. 5 AktG und bevorstehender Entscheidung über die Billigung des Jahresabschlusses oder die Vergabe des Prüfungsauftrags, schließlich bei Fehlen oder Wegfall des Aufsichtsratsvorsitzenden, wenn kein anderes Aufsichtsratsmitglied für diesen Posten geeignet und bereit ist.[425] Ein dringender Fall kann auch dann vorliegen, wenn durch die Unterbesetzung vorher nicht mögliche Zufallsmehrheiten zustande kommen können.[426] Drohende Beschlussunfähigkeit allein genügt nicht.[427] Ein dringender Fall liegt kraft Gesetzes immer vor, wenn in einem nach Mitbestimmungsgesetz, Montan-Mitbestimmungsgesetz oder Mitbestimmungsergänzungsgesetz (also nicht nach Drittelmitbestimmungsgesetz) mitbestimmten Aufsichtsrat ein Mitglied fehlt, ausgenommen das „neutrale" Mitglied, § 104 Abs. 3 AktG.[428]

d) Voraussetzungen der Unterbesetzung

139 Zu einer Unterbesetzung im Sinne des § 104 Abs. 1, 2 AktG kommt es, wenn die Bestellung neuer Aufsichtsratsmitglieder unterbleibt oder unwirksam ist oder Mitglieder ersatzlos ausscheiden oder abberufen werden. Außerdem gilt § 104 Abs. 1 AktG **entsprechend,** wenn bei einem Aufsichtsratsmitglied eine **andauernde Verhinderung** vorliegt, welche die Stimmabgabe ausschließt (zB bei schwerer Krankheit, einem andauernden Interessenkonflikt oder im Falle einer Vertretung eines Vorstandsmitglieds gemäß § 105 Abs. 2 S. 1 AktG).[429] Nach herrschender Auffassung führt ein **Stimmverbot** eines von drei Aufsichtsratsmitgliedern im Einzelfall **nicht** zur Beschlussunfähigkeit, sondern nur zur Enthaltungspflicht dieses Mitglieds.[430]

140 Bei **gerichtlicher Abberufung** nach § 103 Abs. 3 AktG gilt der Aufsichtsrat bereits mit Bekanntgabe der Entscheidung als unterbesetzt,[431] bei einer **Anfechtungsklage** gegen die Mitgliedswahl erst mit Rechtskraft des stattgebenden Urteils.[432] § 104 AktG gilt auch für den **ersten Aufsichtsrat**.[433]

---

[424] BeckOGK/*Spindler* AktG § 104 Rn. 37; Kölner Komm AktG/*Mertens/Cahn* AktG § 104 Rn. 16; GroßkommAktG/*Hirte/Mülbert/Roth* AktG § 104 Rn. 75; MüKoAktG/*Habersack* AktG § 104 Rn. 25; anders Hölters/*Simons* AktG § 104 Rn. 13.

[425] Zu den Beispielen siehe MüKoAktG/*Habersack* AktG § 104 Rn. 27; Hüffer/Koch/*Koch* AktG § 104 Rn. 10; Hölters/*Simons* AktG § 104 Rn. 14 ff.; Kölner Komm AktG/*Mertens/Cahn* AktG § 104 Rn. 17; BeckOGK/*Spindler* AktG § 104 Rn. 38; GroßkommAktG/*Hirte/Mülbert/Roth* AktG § 104 Rn. 77 ff.; *Wandt* AG 2016, 877 (880).

[426] Kölner Komm AktG/*Mertens/Cahn* AktG § 104 Rn. 17; Hölters/*Simons* AktG § 104 Rn. 16; GroßkommAktG/*Hirte/Mülbert/Roth* AktG § 104 Rn. 79; Hüffer/Koch/*Koch* AktG § 104 Rn. 10; anders BeckOGK/*Spindler* AktG § 104 Rn. 38, mit dem Argument, jedes Aufsichtsratsmitglied sei nicht seiner Interessengruppe, sondern nur dem Wohl der Gesellschaft verpflichtet.

[427] LG Wuppertal 1970, 174 (175); AG Wuppertal DB 1971, 764; MüKoAktG/*Habersack* AktG § 104 Rn. 26; vgl. GroßkommAktG/*Hirte/Mülbert/Roth* AktG § 104 Rn. 81; Hölters/*Simons* AktG § 104 Rn. 14; Kölner Komm AktG/*Mertens/Cahn* AktG § 104 Rn. 17.

[428] Hüffer/Koch/*Koch* AktG § 104 Rn. 10.

[429] GroßkommAktG/*Hirte/Mülbert/Roth* AktG § 104 Rn. 24 ff.; Kölner Komm AktG/*Mertens/Cahn* AktG § 104 Rn. 5; Hüffer/Koch/*Koch* AktG § 104 Rn. 2; Hölters/*Simons* AktG § 104 Rn. 7; MüKoAktG/*Habersack* AktG § 104 Rn. 12; BeckOGK/*Spindler* AktG § 104 Rn. 11, 13.

[430] BGH NZG 2007, 516; Hüffer/Koch/*Koch* AktG § 104 Rn. 2; Hölters/*Simons* AktG § 104 Rn. 7; krit. BeckOGK/*Spindler* AktG § 104 Rn. 11; MüKoAktG/*Habersack* AktG § 104 Rn. 13; *Reichard* AG 2012, 359 (362).

[431] MüKoAktG/*Habersack* AktG § 104 Rn. 12.

[432] OLG Köln WM 2007, 838 (838); AG Bonn AG 2011, 99; MüKoAktG/*Habersack* AktG § 104 Rn. 12; Hüffer/Koch/*Koch* AktG § 104 Rn. 8; Kölner Komm AktG/*Mertens/Cahn* AktG § 104 Rn. 13.

[433] LG Hof AG 1993, 434; BeckOGK/*Spindler* AktG § 104 Rn. 40; GroßkommAktG/*Hirte/Mülbert/Roth* AktG § 104 Rn. 63 f.

e) Antragserfordernis

141 Das Gericht wird nur auf Antrag tätig.[434] **Antragsberechtigt** sind nach § 104 Abs. 1 S. 1, Abs. 2 S. 3 AktG der Vorstand, jedes Aufsichtsratsmitglied und jeder Aktionär, nicht jedoch die Gesellschaft als solche oder Dritte. In der Praxis stellt üblicherweise der Vorstand den Antrag.[435]

142 Im Fall von Abs. 1 (**Beschlussunfähigkeit**) trifft den Vorstand nach S. 2 eine **Pflicht,** den Antrag unverzüglich, dh ohne schuldhaftes Zögern (§ 121 Abs. 1 S. 1 BGB), zu stellen, es sei denn, dass die rechtzeitige Ergänzung vor der nächsten Aufsichtsratssitzung zu erwarten ist. Bei Verstoß kommt die Festsetzung eines Zwangsgelds nach § 407 Abs. 1 AktG in Betracht. Darüber hinaus kann sich für Aufsichtsratsmitglieder aus ihrer allgemeinen Sorgfaltspflicht oder für Aktionäre aus der allgemeinen Treuepflicht eine Pflicht zur Antragstellung ergeben.[436] Bei **einfacher Unterbesetzung** (Abs. 2) trifft den Vorstand **keine Antragspflicht.**[437] Eine Antragspflicht kann sich hier nur im Einzelfall aus der Treuepflichten der Organe und der Aktionäre ergeben.[438]

143 Der **Antrag** kann und sollte zweckmäßigerweise einen Vorschlag für das zu bestellende Aufsichtsratsmitglied enthalten.[439] Für börsennotierte Gesellschaften empfiehlt C.15 DCGK 2020 eine Befristung des Bestellungsantrags bis zur nächsten Hauptversammlung. Damit soll der Ersatzfunktion des Gerichts und der primären Bestellungskompetenz der Hauptversammlung und der Arbeitnehmer Rechnung getragen werden.[440]

f) Zuständigkeit

144 **Ausschließlich** zuständig ist das Amtsgericht am Sitz des Landgerichts, in dessen Bezirk die Gesellschaft ihren Sitz hat, § 23a Abs. 1 Nr. 2, Abs. 2 Nr. 4 GVG, § 375 Nr. 3 FamFG, § 376 Abs. 1, 377 FamFG, § 14 AktG. Nach § 17 Nr. 2 lit. a RPflG ist die Entscheidung dem Richter vorbehalten.[441]

g) Gerichtliche Entscheidung

145 Über die Person des zu Bestellenden entscheidet das Gericht nach § 37 Abs. 1 FamFG nach seiner **freien Überzeugung.** Es ist insbesondere nicht an einen Vorschlag aus dem Antrag gebunden.[442] Das Gericht muss aber die Einschränkungen von § 104 Abs. 4 S. 1–4 AktG, § 100 Abs. 1, 2 und 5 AktG sowie satzungsmäßigen Voraussetzungen beachten, dh insbesondere bei mitbestimmten Gesellschaften auf das **richtige zahlenmäßige Verhältnis** von Anteilseignern und Arbeitnehmern achten (→ § 7 Rn. 73 ff., § 7 Rn. 409 ff.), von Gesetz und Satzung geforderte **persönliche Voraussetzungen** einhalten (→ Rn. 38 ff., 70 ff.), in der Regel Vorschlagsrechte von Gewerkschaften, Spitzenorganisationen und Betriebsräten wahren und sich im Übrigen an den Interessen der Gesellschaft orientieren.[443] Bei börsennotierten und zugleich paritätisch mitbestimmten Unternehmen sind darüber hinaus die Vorschriften über die **Geschlechterquote** zu beachten (→ Rn. 25 ff.), vgl. Abs. 5, und zwar sowohl sowohl (kraft ausdrücklicher Verweisung) nach § 96 Abs. 2 S. 1–5 AktG als auch (wegen Redaktionsversehens) nach § 96 Abs. 3 AktG.[444] Eignung, Unabhängigkeit, Interessenkonflikte sowie Empfehlungen des **DCGK** sind im Rahmen des allgemeinen Auswahlermessens zu berücksichtigen.[445]

---

[434] Zu Einzelheiten und Problemen *Wandt* AG 2016, 877.
[435] *Wandt* AG 2016, 877 (878).
[436] GroßkommAktG/*Hirte*/*Mülbert*/*Roth* AktG § 104 Rn. 51 f.; Hölters/*Simons* AktG § 104 Rn. 23; BeckOGK/*Spindler* AktG § 104 Rn. 19, MüKoAktG/*Habersack* AktG § 104 Rn. 18; ähnlich Hüffer/Koch/*Koch* AktG § 104 Rn. 4; Kölner Komm AktG/*Mertens*/*Cahn* AktG § 104 Rn. 10.
[437] OLG München AG 2011, 840; BayObLG AG 2001, 50; Hölters/*Simons* AktG § 104 Rn. 20; Kölner Komm AktG/*Mertens*/*Cahn* AktG § 104 Rn. 15; MüKoAktG/*Habersack* AktG § 104 Rn. 30; GroßkommAktG/*Hirte*/*Mülbert*/*Roth* AktG § 104 Rn. 76.
[438] GroßkommAktG/*Hirte*/*Mülbert*/*Roth* AktG § 104 Rn. 76; MüKoAktG/*Habersack* AktG § 104 Rn. 30; Hölters/*Simons* AktG § 104 Rn. 20.
[439] Hüffer/Koch/*Koch* AktG § 104 Rn. 5; MüKoAktG/*Habersack* AktG § 104 Rn. 31; *Wandt* AG 2016, 877 (822).
[440] Kölner Komm AktG/*Mertens*/*Cahn* AktG § 104 Rn. 4; MüKoAktG/*Habersack* AktG § 104 Rn. 8; GroßkommAktG/*Hopt*/*Roth* AktG § 104 Rn. 129; BeckOGK/*Spindler* AktG § 104 Rn. 33.
[441] Zum Verfahren näher MüKoAktG/*Habersack* AktG § 104 Rn. 39 ff.
[442] BayObLGZ 1997, 262 (264); OLG Braunschweig BeckRS 2016, 15591 Rn. 33; Hüffer/Koch/*Koch* AktG § 104 Rn. 5 mwN.
[443] OLG Hamm NZG 2013, 1099; OLG München NZG 2009, 1149 (1150); OLG Köln AG 2011, 465 (466); OLG Stuttgart AG 2017, 489; GroßkommAktG/*Hirte*/*Mülbert*/*Roth* AktG § 104 Rn. 109; Hüffer/Koch/*Koch* AktG § 101 Rn. 5; MüKoAktG/*Habersack* AktG § 104 Rn. 31; Hölters/*Simons* AktG § 104 Rn. 27; BeckOGK/*Spindler* AktG § 104 Rn. 24.
[444] MüKoAktG/*Habersack* AktG § 104 Rn. 38; Hüffer/Koch/*Koch* AktG § 104 Rn. 14a.
[445] Hölters/*Simons* AktG § 104 Rn. 28; MüKoAktG/*Habersack* AktG § 104 Rn. 33; siehe auch GroßkommAktG/*Hirte*/*Mülbert*/*Roth* AktG § 104 Rn. 111 ff.

146 Gegen den Beschluss ist nach § 104 Abs. 1 S. 5, Abs. 2 S. 4 AktG die **Beschwerde** zulässig, für die gemäß § 119 Abs. 1 Nr. 1 lit. b GVG das OLG zuständig ist. Nach § 75 FamFG ist auch eine Sprungrechtsbeschwerde an den BGH möglich. Die Beschwerdebefugnis richtet sich nach § 59 FamFG: Wurde der Antrag abgewiesen, ist nach Abs. 2 nur der Antragsteller beschwerdebefugt, ansonsten nach Abs. 1 jeder, der durch den Beschluss in seinen Rechten beeinträchtigt ist, also jeder Antragsberechtigte und damit nach hM nicht nur Aktionäre,[446] sondern auch der Vorstand und jedes Aufsichtsratsmitglied.[447] Nach § 63 Abs. 1 FamFG gilt für die Beschwerde eine Monatsfrist.

h) Rechtsstellung der gerichtlich bestellten Aufsichtsratsmitglieder

147 Die Rechtsstellung der nach § 104 Abs. 1, 2 AktG bestellten Mitglieder ist **dieselbe** wie die der gewählten oder entsandten Mitglieder, insbesondere bestehen dieselben Rechte, Pflichten und dieselbe Verantwortung.[448] Für Vergütung und Auslagenersatz, die von der AG zu leisten sind, gilt § 104 Abs. 7 AktG. Das gerichtlich bestellte Aufsichtsratsmitglied erhält jedenfalls angemessene bare Auslagen erstattet sowie die gleiche Vergütung, die die anderen Aufsichtsratsmitglieder erhalten. Gerichtliche Festsetzung ist möglich.[449]

5. Fehlerhafte Bestellung

148 Ein Aufsichtsratsmitglied kann sein Amt angenommen haben und ausüben, obwohl seine Wahl durch die Hauptversammlung von Anfang an nichtig war (§ 241 Nr. 1, 2, § 250 Abs. 1 AktG; Heilung nach § 242 AktG kommt nicht in Betracht) oder nach erfolgreicher Anfechtung ex tunc[450] für nichtig erklärt wird (§§ 241 Nr. 5, 251 Abs. 1 AktG) oder seine Entsendung nichtig ist (→ Rn. 130). Dann ist fraglich, ob und inwiefern das Mitglied dennoch so lange wie ein wirksam bestelltes zu behandeln ist, bis es sein Amt niederlegt oder seine Bestellung widerrufen wird (sog. **fehlerhaftes/faktisches Organ**).

149 Nach hM ist zu differenzieren. Die **Pflichten zu sorgfältiger Amtsausübung** und die Vorschriften zur **Haftung** (§§ 116, 93 AktG) gelten demnach auch für das fehlerhaft bestellte Aufsichtsratsmitglied, ebenso hat es während der faktischen Amtsausübung einen **Vergütungsanspruch** (§ 113 AktG) wie wirksam bestellte Mitglieder.[451] Auf **Verträge** mit dem fehlerhaft bestellten Aufsichtsratsmitglied ist § 114 AktG anwendbar.[452]

150 Bei der **Beschlussfassung** im Aufsichtsrat ist ein fehlerhaft bestelltes Aufsichtsratsmitglied nach der Rechtsprechung des **BGH** und einem Teil der Lehre aber wie ein Nichtmitglied zu behandeln.[453] Die Wirksamkeit eines unter seiner Mitwirkung gefassten Beschlusses soll davon allerdings nur berührt werden, wenn das fehlerhaft bestellte Aufsichtsratsmitglied **ursächlich** für die Beschlussfassung wurde, also der Beschluss ohne dessen Stimme nicht zustandegekommen wäre.[454] Soweit Aufsichtsratsbeschlüsse gegenüber Dritten vollzogen werden müssen, könnten diese sich ggf. auf Vertrauensschutz berufen; Organmitglieder seien über die Aufdeckung der Nichtigkeit der Wahl hinaus nicht gleichermaßen schutzwürdig.[455] Das **neuere Schrifttum** wendet demgegenüber die Lehre vom fehlerhaften Organ auch auf die Mitwirkung an der Beschlussfassung an.[456] Die Mitwirkung des fehlerhaft bestellten Aufsichtsratsmitglieds

---

[446] So aber GroßkommAktG/*Hirte/Mülbert/Roth* AktG § 104 Rn. 124 f.
[447] OLG Hamm AG 2011, 384 (385 f.); OLG Schleswig BB 2004, 1887 (1188); OLG Dresden NJW-RR 1998, 830; OLG Frankfurt a. M. NJW 1955, 1929; MüKoAktG/*Habersack* AktG § 104 Rn. 43; Kölner Komm AktG/*Mertens/Cahn* AktG § 104 Rn. 28; BeckOGK/*Spindler* AktG § 104 Rn. 31; Hüffer/Koch/*Koch* AktG § 104 Rn. 7.
[448] BeckOGK/*Spindler* AktG § 104 Rn. 3; GroßkommAktG/*Hirte/Mülbert/Roth* AktG § 104 Rn. 149; Hüffer/Koch/*Koch* AktG § 104 Rn. 17; MüKoAktG/*Habersack* AktG § 104 Rn. 53; Hölters/*Simons* AktG § 104 Rn. 31; Kölner Komm AktG/*Mertens/Cahn* AktG § 104 Rn. 40.
[449] Hüffer/Koch/*Koch* AktG § 104 Rn. 17.
[450] BGH NJW 2013, 1535 Rn. 20 – IKB.
[451] BGH NJW 2013, 1535 Rn. 19; BGH NZG 2006, 712 Rn. 14; MüKoAktG/*Habersack* AktG § 101 Rn. 69; BeckOGK/*Spindler* AktG § 101 Rn. 113; Grigoleit/*Grigoleit/Tomasic* AktG § 101 Rn. 31; Hölters/*Simons* AktG § 101 Rn. 50.
[452] BGH NZG 2006, 712 (715); MüKoAktG/*Habersack* AktG § 101 Rn. 69.
[453] BGH NJW 2013, 1535; BGH NZG 2013, 792 Rn. 26; *Vetter* ZIP 2012, 701 (707 f.); Kölner Komm AktG/*Mertens/Cahn* AktG § 101 Rn. 111; Bürgers/Körber/*Israel* AktG § 101 Rn. 3; krit., aber im Ergebnis zustimmend Hölters/*Simons* AktG § 101 Rn. 51.
[454] BGH NJW 2013, 1535 Rn. 21; vgl. bereits BGH NJW 1967, 1711 (1712 f.); strenger noch BGH NJW 1954, 797 (Beeinflussung des Beschlusses durch fehlerhaftes Mitglied genügt für Unwirksamkeit).
[455] BGH NJW 2013, 1535 Rn. 22 f.
[456] MüKoAktG/*Habersack* AktG § 101 Rn. 70; vgl. auch MüKoAktG/*Goette*, § 161 Rn. 93 ff., 96; *Schürnbrand* NZG 2013, 481; *Schürnbrand* NZG 2008, 609 (610 f.); K. Schmidt/Lutter/*Drygala* AktG § 101 Rn. 37 f.; Hüffer/Koch/*Koch* AktG § 101 Rn. 21 ff.; *Höpfner* ZGR 2016, 505 (518 ff.); *Lieder* ZHR 178 (2014), 282 (297 ff.); *Bayer/Lieder* NZG 2012, 1 (6); MüKoAktG/*Koch* AktG § 250 Rn. 28 f.; Grigoleit/*Grigoleit/Tomasic* AktG § 101 Rn. 35; *Cziupka* DNotZ 2013, 579 (585); vgl. auch OLG Frankfurt AG 2011, 631 (Rn. 75 ff., insbesondere Rn. 88 f.).

lässt danach die Wirksamkeit des jeweiligen Beschlusses unberührt.[457] Das soll allerdings auch nach dieser Auffassung dann nicht gelten, wenn höherrangige Interessen einer Anwendung der Grundsätze des fehlerhaften Organs entgegenstehen,[458] insbesondere wenn ein Bestellungshindernis nach § 100 Abs. 1, 2 oder § 105 AktG vorliegt[459] oder ein Nichtigkeitsgrund aus § 250 Abs. 1 Nr. 1, 2, 3 oder 5 AktG.[460] Auch wenn die Argumente dieser neueren Ansicht überzeugen, wird man in der Praxis **vorsichtshalber** weiterhin von der Linie des BGH (keine Anwendung der Lehre vom fehlerhaften Organ auf die Beschlussfassung im Aufsichtsrat) ausgehen müssen. Bislang nicht höchstrichterlich geklärt und umstritten ist auch, ob die Gesellschaft zur Vermeidung der genannten Risiken das betroffene Aufsichtsratsmitglied analog § 104 Abs. 2 AktG gerichtlich bestellen lassen kann,[461] ggf. aufschiebend bedingt auf eine rechtskräftig erfolgreiche Anfechtung seiner Wahl und gleichzeitig rückwirkend vom Zeitpunkt seiner (nichtigen) Wahl bis zur nächsten Hauptversammlung nach Rechtskraft des stattgebenden Urteils.[462] Unter dem Blickwinkel der Risikominimierung erscheint es bis zu einer Klärung am sichersten, auf eine Niederlegung des Amtes durch das betroffene Aufsichtsratsmitglied hinzuwirken und danach eine gerichtliche Bestellung zu beantragen.[463]

In jedem Fall ist der Vorstand, sobald er von der fehlerhaften Bestellung weiß, dazu verpflichtet, das fehlerhafte Mitglied an einer weiteren Ausübung seiner Tätigkeit zu hindern.[464] Gleichzeitig treffen Vorstand und Aufsichtsratsvorsitzenden die Pflicht, die **Nichtigkeit der Bestellung geltend zu machen**.[465] Der Vorstand hat darüber hinaus auf eine baldige rechtmäßige Zusammensetzung (gegebenenfalls durch gerichtliche Bestellung nach § 104 AktG) des Aufsichtsrats hinzuwirken.[466]

Die Rechtsfolgen von **Fehlern bei der Wahl der Arbeitnehmervertreter** im Aufsichtsrat richten sich nach den mitbestimmungsrechtlichen Regeln. Für die Anfechtung der Wahl von Arbeitnehmervertretern gelten § 22 MitbestG, § 11 DrittelbG, § 10m MontanMitbErgG. Bei erfolgreicher Anfechtung wird die Wahl nach hM dort aber nur ex nunc unwirksam,[467] so dass sich die Frage der Anwendung der Grundsätze über das fehlerhafte Organ nicht stellt (→ § 7 Rn. 115 ff., § 7 Rn. 428).

IV. Amtszeit

1. Beginn und Ende der gesetzlichen Amtszeit

Die Amtszeit von Aufsichtsratsmitgliedern beginnt nicht bereits mit der Wahl oder dem ihr entsprechenden anderen Bestellungsakt, sondern erst mit der **Annahme** durch den Gewählten oder Bestellten, weil es sich beim Aufsichtsratsmandat um ein korporationsrechtliches Rechtsverhältnis handelt, für dessen Begründung zwei kongruente Willenserklärungen notwendig sind.[468] Möglich ist aber, etwa durch eine auf-

---

[457] Siehe nur MüKoAktG/*Habersack* AktG § 101 Rn. 71 mwN.
[458] MüKoAktG/*Habersack* AktG § 101 Rn. 73; *Schürnbrand* NZG 2013, 481 (483); *Schürnbrand* NZG 2008, 609 (611); Grigoleit/*Grigoleit/Tomasic* AktG § 101 Rn. 35; Hölters/*Simons* AktG § 101 Rn. 50; vgl. auch OLG Frankfurt AG 2011, 36 (Rn. 107); aA *Bayer/Lieder* NZG 2012, 1 (7) (Ausnahme nur für geschäftsunfähige und beschränkt geschäftsfähige Aufsichtsratsmitglieder).
[459] MüKoAktG/*Habersack* AktG § 101 Rn. 73; *Schürnbrand* NZG 2013, 481 (483); *Schürnbrand* NZG 2008, 609 (611); Grigoleit/*Grigoleit/Tomasic* AktG § 101 Rn. 32.
[460] So MüKoAktG/*Habersack* AktG § 101 Rn. 73; für § 250 Abs. 1 Nr. 1–3 auch *Schürnbrand* NZG 2008, 609 (611); Grigoleit/*Grigoleit/Tomasic* AktG § 101 Rn. 32.
[461] OLG München BeckRS 2007, 04374; LG München I AG 2006, 762 (765 f.); *Brock* NZG 2014, 641 (643 ff.); Hüffer/Koch/*Koch* AktG § 104 Rn. 8 mwN; *Kocher* NZG 2007, 372 (373); *Marsch-Barner* FS K. Schmidt, 2009, 1109 (1121); **aA** OLG Köln FGPrax 2007, 143 (144); OLG Köln FGPrax 2011, 153; Kölner Komm AktG/*Mertens/Cahn* AktG § 104 Rn. 13; K. Schmidt/Lutter/*Drygala* AktG § 104 Rn. 16; *Vetter/van Laak* ZIP 2008, 1806 (1809 f.).
[462] *Vetter/van Laak* ZIP 2008, 1806 (1809 ff.) mwN; Kölner Komm AktG/*Mertens/Cahn* AktG § 104 Rn. 13; K. Schmidt/Lutter/*Drygala* AktG § 104 Rn. 16; *Lutter/Krieger/Verse* AR § 1 Rn. 19, **aA** *Marsch-Barner* FS K. Schmidt, 2009, 1109 (1121).
[463] Vgl. *Marsch-Barner* FS K. Schmidt, 2009, 1109 (1121); *C. Arnold/Gayk* DB 2013, 1830 (1836 f.); Hüffer/Koch/*Koch* AktG § 104 Rn. 8, für analoge Anwendung des § 104 Abs. 2 AktG, wenn das Aufsichtsratsmitglied nicht freiwillig niederlegt LG München AG 2006, 762 (766), offen gelassen von BayObLG ZIP 2004, 2190 (2191); vgl. *Marsch-Barner* FS K. Schmidt, 2009, 1109 (1121).
[464] BeckOGK/*Spindler* AktG § 101 Rn. 114; Hölters/*Simons* AktG § 101 Rn. 50; siehe auch GroßkommAktG/*Hirte/Mülbert/Roth* AktG § 101 Rn. 269.
[465] BeckOGK/*Spindler* AktG § 101 Rn. 114; vgl. auch GroßkommAktG/*Hirte/Mülbert/Roth* AktG § 101 Rn. 264, 269.
[466] Hölters/*Simons* AktG § 101 Rn. 50; GroßkommAktG/*Hirte/Mülbert/Roth* AktG § 101 Rn. 269 f.; BeckOGK/*Spindler* AktG § 101 Rn. 114.
[467] BGH NJW 1967, 1711 (1713); Habersack/Henssler/*Henssler* MitbestG § 22 Rn. 18; Habersack/Henssler/*Henssler* DrittelbG § 11 Rn. 7 f. mwN.
[468] Vgl. MüKoAktG/*Habersack* AktG § 102 Rn. 16; MHdB AG/*Hoffmann-Becking* § 30 Rn. 79; Hüffer/Koch/*Koch* AktG § 102 Rn. 3; Hölters/*Simons* AktG § 102 Rn. 6; GroßkommAktG/*Hirte/Mülbert/Roth* AktG § 102 Rn. 38; BeckOGK/*Spindler* AktG § 102 Rn. 7; Kölner Komm AktG/*Mertens/Cahn* AktG § 102 Rn. 15.

154 Nach § 102 Abs. 1 AktG können Aufsichtsratsmitglieder nicht für länger als bis zur Beendigung der Hauptversammlung bestellt werden, die über die Entlastung für das vierte Geschäftsjahr nach dem Beginn der Amtszeit beschließt, wobei das Geschäftsjahr, in dem die Amtszeit beginnt, nicht mitgerechnet wird – also **grob für maximal fünf Jahre**.[471] Das ist die **Höchstdauer**.[472] Eine kürzere Amtszeit ist möglich, die von der Hauptversammlung für jedes von ihr nach § 101 Abs. 1 AktG gewählte Mitglied individuell bestimmt werden kann, sofern nicht die Satzung eine anderslautende, zwingende Regelung enthält (dazu unten).[473] Der **DCGK 2020** empfiehlt, die Dauer der Zugehörigkeit zum Aufsichtsrat offenzulegen (C.3 DCGK); wer dem Aufsichtsrat länger als 12 Jahre angehört, ist möglicherweise nicht mehr unabhängig (C.7 DCGK) (→ Rn. 65).

schiebende Bedingung,[469] einen späteren Beginn zu bestimmen, nach dem sich dann auch die Höchstdauer berechnet.[470]

155 Mit dem Ablauf der Amtszeit **endet** das Aufsichtsratsmandat automatisch, unabhängig davon, ob bereits ein neues Aufsichtsratsmitglied bestellt ist oder nicht.[474] Nach früher hM sollte gemäß dem Wortlaut des § 102 Abs. 1 S. 1 AktG („*über die Entlastung beschließt*") nur der tatsächlich gefasste Entlastungsbeschluss für das Ende der Amtszeit maßgeblich sein.[475] Nach heute **hM** endet die Amtszeit hingegen auch dann, wenn von Gesetzes wegen über die Entlastung **spätestens** hätte entschieden werden müssen, gemäß § 120 Abs. 1 S. 1 AktG, § 175 Abs. 1 S. 2 AktG also jedenfalls mit Ablauf des **achten Monats** des relevanten Geschäftsjahrs.[476] Die Amtszeit soll durch ein Hinauszögern der Entlastung nicht beliebig verlängert werden können.[477] Zu Besonderheiten während der Anwendbarkeit der Corona-Gesetze → § 10 Rn. 6, 48 ff.

156 Der Wortlaut des § 102 AktG („*Aufsichtsratsmitglieder*") zeigt deutlich, dass sich die Vorschrift nicht an das Gesamtgremium, sondern an die **einzelnen Mitglieder** richtet, also deren einzelne Amtszeiten unabhängig voneinander betrachtet werden müssen und die einzelnen Mandate auch gestaffelt enden können (sog. *„staggered board"*), um eine höhere Besetzungsflexibilität zu schaffen und feindliche Übernahmen zu erschweren.[478]

2. Besondere Satzungsregelungen

157 Die Satzung kann eine **kürzere** als die gesetzliche Amtszeit festlegen.[479] Dabei besteht die Möglichkeit, eine feste, auch für die Hauptversammlung verbindliche Amtszeit festzulegen oder lediglich die Höchstdauer zu verkürzen, sodass der Hauptversammlung in diesem Rahmen Handlungsspielräume verbleiben.[480] Zusammen mit festen Amtszeiten kann die Satzung auch direkt ein *„staggered board"* einführen.[481] Gibt die Satzung eine **bestimmte Anzahl von Jahren** an, so ist das unter Berücksichtigung von § 102

---

[469] GroßkommAktG/*Hirte/Mülbert/Roth* AktG § 102 Rn. 38; Hüffer/Koch/*Koch* AktG § 102 Rn. 3; Hölters/*Simons* AktG § 102 Rn. 6; MüKoAktG/*Habersack* AktG § 102 Rn. 16; MHdB AG/*Hoffmann-Becking* § 30 Rn. 79; Kölner Komm AktG/*Mertens/Cahn* AktG § 102 Rn. 15.
[470] Hölters/*Simons* AktG § 102 Rn. 6; MüKoAktG/*Habersack* AktG § 102 Rn. 16; MHdB AG/*Hoffmann-Becking* § 30 Rn. 79.
[471] Hüffer/Koch/*Koch* AktG § 102 Rn. 2; MüKoAktG/*Habersack* AktG § 102 Rn. 6 f.
[472] GroßkommAktG/*Hirte/Mülbert/Roth* AktG § 102 Rn. 10 f.; Hüffer/Koch/*Koch* AktG § 102 Rn. 1, 2; MüKoAktG/*Habersack* AktG § 102 Rn. 6.
[473] Kölner Komm AktG/*Mertens/Cahn* AktG § 102 Rn. 11; MüKoAktG/*Habersack* AktG § 102 Rn. 12; BeckOGK/*Spindler* AktG § 102 Rn. 12; GroßkommAktG/*Hirte/Mülbert/Roth* AktG § 102 Rn. 39; Hölters/*Simons* AktG § 102 Rn. 10, 14; Hüffer/Koch/*Koch* AktG § 102 Rn. 4.
[474] BeckOGK/*Spindler* AktG § 102 Rn. 9; GroßkommAktG/*Hirte/Mülbert/Roth* AktG § 102 Rn. 39 f.; Kölner Komm AktG/*Mertens/Cahn* AktG § 102 Rn. 16; Hölters/*Simons* AktG § 102 Rn. 8; MüKoAktG/*Habersack* AktG § 102 Rn. 17.
[475] AG Essen MDR 1970, 336; Hölters/*Simons* AktG § 102 Rn. 7.
[476] BGH NZG 2002, 916 (917); OLG München NZG 2009, 1430 (1431); Hüffer/Koch/*Koch* AktG § 102 Rn. 3; MüKoAktG/*Habersack* AktG § 102 Rn. 18; GroßkommAktG/*Hirte/Mülbert/Roth* AktG § 102 Rn. 39; BeckOGK/*Spindler* AktG § 102 Rn. 8; ähnlich Kölner Komm AktG/*Mertens/Cahn* AktG § 102 Rn. 7.
[477] BGH NZG 2002, 916 (917); BeckOGK/*Spindler* AktG § 102 Rn. 8; Kölner Komm AktG/*Mertens/Cahn* AktG § 102 Rn. 5; Hüffer/Koch/*Koch* AktG § 102 Rn. 3; nach *Gärtner* NZG 2013, 652 (653 f.) soll die Amtszeit länger dauern, wenn die Hauptversammlung berechtigterweise erst nach Ablauf der Achtmonatsfrist stattfindet, um Mitwirkung an Rechnungslegung zu ermöglichen.
[478] OLG Frankfurt WM 1986, 1437 (1438); GroßkommAktG/*Hirte/Mülbert/Roth* AktG § 102 Rn. 29 ff.; BeckOGK/*Spindler* AktG § 102 Rn. 15; MüKoAktG/*Habersack* AktG § 102 Rn. 1; Kölner Komm AktG/*Mertens/Cahn* AktG § 102 Rn. 8; Hüffer/Koch/*Koch* AktG § 102 Rn. 2; Hölters/*Simons* AktG § 102 Rn. 8.
[479] Vgl. BGH NJW 1987, 902; OLG Frankfurt WM 1986, 1437; MüKoAktG/*Habersack* AktG § 102 Rn. 8; Hüffer/Koch/*Koch* AktG § 102 Rn. 4; Kölner Komm AktG/*Mertens/Cahn* AktG § 102 Rn. 8; Hölters/*Simons* AktG § 102 Rn. 9; BeckOGK/*Spindler* AktG § 102 Rn. 12; GroßkommAktG/*Hirte/Mülbert/Roth* AktG § 102 Rn. 17.
[480] Zu den einzelnen Gestaltungsmöglichkeiten *Blasche* AG 2017, 112 (113 ff.).
[481] Kölner Komm AktG/*Mertens/Cahn* AktG § 102 Rn. 9; BeckOGK/*Spindler* AktG § 102 Rn. 15; Hölters/*Simons* AktG § 102 Rn. 9; MüKoAktG/*Habersack* AktG § 102 Rn. 9.

Abs. 1 S. 1 AktG so auszulegen, dass das Jahr der Bestellung nicht mitgerechnet wird und die Amtszeit erst mit Beendigung der Hauptversammlung endet, die über die Entlastung für das letzte Geschäftsjahr entscheidet.[482]

Die Satzung kann bei der Amtszeit auch zwischen durch die Hauptversammlung gewählten, entsandten und durch die Arbeitnehmer gewählten Mitglieder **differenzieren,**[483] wobei für Arbeitnehmervertreter nur die längste der von der Satzung vorgesehenen Amtszeiten ausgewählt werden kann.[484] Aus dem allgemeinen Gleichheitsgrundsatz folgt aber, dass ein sachlicher Grund für die Ungleichbehandlung vorhanden sein muss.[485] Ein solcher ist beispielsweise gegeben, wenn aus gleichlaufenden Amtszeiten ein „*staggered board*" entstehen soll oder umgekehrt.[486]

Eine **Satzungsänderung** bei den Amtszeiten gilt nach hM nicht für die amtierenden **Arbeitnehmervertreter,** da andernfalls das Abberufungsverfahren umgangen werden könnte.[487] Bezüglich der **Anteilseignervertreter** ist die Frage umstritten.[488] Eine Ansicht lehnt die Möglichkeit einer Amtszeitverkürzung durch die Satzung ab, weil das Amt durch den Bestellungsakt und die Annahme des Aufsichtsratsmitglieds begründet werde, nicht durch die Satzung.[489] Die Gegenauffassung argumentiert, dass die Aufsichtsratsmitglieder ebenso gut abberufen werden könnten und der Eingriff in ihre Rechtsposition durch die Satzung keinen durchgreifenden Bedenken begegne.[490] Zu empfehlen ist der Hauptversammlung zur Vermeidung von Unsicherheiten zusätzlich zum Satzungsänderungsbeschluss ein eindeutiger Beschluss in Bezug auf die amtierenden Aufsichtsratsmitglieder: im Falle einer Verkürzung der Amtszeiten eine vorzeitige Abberufung nach § 103 Abs. 1 AktG, im Falle einer Verlängerung eine Wiederbestellung.[491]

3. Wiederbestellung

Aufsichtsratsmitglieder können **nach Ablauf ihrer Amtszeit** grundsätzlich jederzeit und beliebig oft wiederbestellt werden.[492] In der Satzung können Beschränkungen wie eine Altersgrenze (über § 100 Abs. 4 AktG) oder eine maximale Beschränkung von Amtsjahren oder Amtsperioden verbindlich festgelegt werden.[493] Nicht möglich ist eine **vorzeitige** Wiederbestellung für eine (weitere) volle Amtsperiode, weil das gegen die zwingende Regelung aus § 102 Abs. 1 AktG verstoßen würde.[494] Möglich ist die vorzeitige Wiederbestellung aber unter **Anrechnung der Restlaufzeit** auf die **gesetzliche** Höchstdauer, wobei anders als bei der Wiederbestellung von Vorstandsmitgliedern das Mandat nicht vorzeitig niedergelegt werden muss,[495] weil es für Aufsichtsratsmitglieder keine § 84 Abs. 1 S. 3 AktG entsprechende Rege-

---

[482] MüKoAktG/*Habersack* AktG § 102 Rn. 8; Kölner Komm AktG/*Mertens/Cahn* AktG § 102 Rn. 18; Hölters/*Simons* AktG § 102 Rn. 11; BeckOGK/*Spindler* AktG § 102 Rn. 14; GroßkommAktG/*Hirte/Mülbert/Roth* AktG § 102 Rn. 19.
[483] BGH NJW 1987, 902; OLG Frankfurt AG 1987, 159 (160); BeckOGK/*Spindler* AktG § 102 Rn. 13; Hölters/*Simons* AktG § 102 Rn. 9; GroßkommAktG/*Hirte/Mülbert/Roth* AktG § 102 Rn. 17; Hüffer/Koch/*Koch* AktG § 102 Rn. 4; Kölner Komm AktG/*Mertens/Cahn* AktG § 102 Rn. 8; ähnlich MüKoAktG/*Habersack* AktG § 102 Rn. 9.
[484] Kölner Komm AktG/*Mertens/Cahn* AktG § 102 Rn. 8; BeckOGK/*Spindler* AktG § 102 Rn. 18; MüKoAktG/*Habersack* AktG § 102 Rn. 9; Hölters/*Simons* AktG § 102 Rn. 9.
[485] BeckOGK/*Spindler* AktG § 102 Rn. 13; Hüffer/Koch/*Koch* AktG § 102 Rn. 4; GroßkommAktG/*Hirte/Mülbert/Roth* AktG § 102 Rn. 30; vgl. MüKoAktG/*Habersack* AktG § 102 Rn. 9; Hölters/*Simons* AktG § 102 Rn. 9.
[486] Hölters/*Simons* AktG § 102 Rn. 9; BeckOGK/*Spindler* AktG § 102 Rn. 15; Kölner Komm AktG/*Mertens/Cahn* AktG § 102 Rn. 8.
[487] OLG Hamburg ZIP 1988, 1191 (1193); MüKoAktG/*Habersack* AktG § 102 Rn. 11 mwN.; Hüffer/Koch/*Koch* AktG § 102 Rn. 4; Hölters/*Simons* AktG § 102 Rn. 9; *Blasche* AG 2017, 112 (117); **aA** *Boesebeck* AG 1961, 117 (122).
[488] MüKoAktG/*Habersack* AktG § 102 Rn. 11; Habersack/Henssler/*Habersack* MitbestG § 6 Rn. 64; Scholz/*Schneider* GmbHG § 52 Rn. 285; UHL/*Heermann* GmbHG § 52 Rn. 198, 284; Hölters/*Simons* AktG § 102 Rn. 9 f.; *Blasche* AG 2017, 112 (116 f.); dagegen BeckOGK/*Spindler* AktG § 102 Rn. 15; Kölner Komm AktG/*Mertens/Cahn* AktG § 102 Rn. 10; GroßkommAktG/*Hirte/Mülbert/Roth* AktG § 102 Rn. 20.
[489] MüKoAktG/*Habersack* AktG § 102 Rn. 11; Habersack/Henssler/*Habersack* MitbestG § 6 Rn. 64; Scholz/*Schneider* GmbHG § 52 Rn. 285; UHL/*Heermann* GmbHG § 52 Rn. 198, 284; Hölters/*Simons* AktG § 102 Rn. 9 f.; *Blasche* AG 2017, 112 (116 f.).
[490] Vgl. GroßkommAktG/*Hirte/Mülbert/Roth* AktG § 102 Rn. 20.
[491] *Blasche* AG 2017, 112 (117); MüKoAktG/*Habersack* AktG § 102 Rn. 11.
[492] Kölner Komm AktG/*Mertens/Cahn* AktG § 102 Rn. 20; BeckOGK/*Spindler* AktG § 102 Rn. 20; Hölters/*Simons* AktG § 102 Rn. 13; Hüffer/Koch/*Koch* AktG § 102 Rn. 6; MüKoAktG/*Habersack* AktG § 102 Rn. 20; GroßkommAktG/*Hirte/Mülbert/Roth* AktG § 102 Rn. 51.
[493] MüKoAktG/*Habersack* AktG § 100 Rn. 18.
[494] MüKoAktG/*Habersack* AktG § 102 Rn. 20; Hüffer/Koch/*Koch* AktG § 102 Rn. 6; Hölters/*Simons* AktG § 102 Rn. 13.
[495] Hüffer/Koch/*Koch* AktG § 102 Rn. 6; Kölner Komm AktG/*Mertens/Cahn* AktG § 102 Rn. 20; Hölters/*Simons* AktG § 102 Rn. 13; GroßkommAktG/*Hirte/Mülbert/Roth* AktG § 102 Rn. 53; MüKoAktG/*Habersack* AktG § 102 Rn. 21; anders BeckOGK/*Spindler* AktG § 102 Rn. 21.

lung gibt.⁴⁹⁶ Allerdings wird aus § 102 Abs. 1 S. 1 gefolgert, dass während der bisherigen Amtszeit zumindest ein Entlastungsbeschluss ergangen sein muss, sodass die Aktionäre die Möglichkeit haben, die bisherige Aufsichtsratstätigkeit zu bewerten.⁴⁹⁷ Ist die Höchstdauer dagegen **in der Satzung festgelegt,** kann sie durch bloßen Wahlbeschluss der Hauptversammlung **nicht** beseitigt werden.⁴⁹⁸ In diesem Fall scheidet also auch eine vorzeitige Bestellung unter Anrechnung aus und ist zur Wiederbestellung das Ende der Amtszeit abzuwarten.⁴⁹⁹

4. Sonderfälle

a) Arbeitnehmervertreter

161   Die gesetzliche Höchstdauer des § 102 Abs. 1 AktG gilt auch für **Arbeitnehmervertreter.**⁵⁰⁰

b) Entsandte Mitglieder

162   Die **gesetzliche Höchstdauer** aus § 102 Abs. 1 AktG gilt in gleicher Weise für nach § 101 Abs. 2 AktG entsandte Aufsichtsratsmitglieder, im Übrigen ist der Entsendungsberechtigte in der **Festlegung der Amtszeit** des Entsandten **grundsätzlich frei.**⁵⁰¹ Das gilt auch, wenn die **Satzung** Regelungen zur Amtszeit gewählter Aufsichtsratsmitglieder enthält. Sie binden den Entsendenden nicht, schon weil er das Aufsichtsratsmitglied jederzeit nach § 103 Abs. 2 S. 1 AktG abberufen kann.⁵⁰² Bei Satzungsregelungen speziell zur Amtszeit von entsandten Aufsichtsratsmitgliedern sehen Teile der Literatur das anders: hier soll die Satzungsregelung vorgehen, es bleibt aber beim jederzeitigen Abberufungsrecht nach § 103 Abs. 2 S. 1 AktG.⁵⁰³

163   Im Übrigen gilt auch für die Amtszeit eines entsandten Aufsichtsratsmitgliedes: sie **beginnt** frühestens, sobald Entsendungsakt und **Annahme** vorliegen, denn auch hier handelt es sich um ein korporationsrechtliches Rechtsverhältnis; spätere Zeitpunkte können festgelegt werden.⁵⁰⁴ Nach Ablauf der vom Entsendungsberechtigten bei der Entsendung festgelegten Amtszeit kann er das bisherige Aufsichtsratsmitglied erneut entsenden.⁵⁰⁵

c) Gerichtlich bestellte Mitglieder

164   Auch bei gerichtlich bestellten Mitgliedern gilt die **Höchstdauer** aus § 102 Abs. 1 AktG, einschließlich der Möglichkeit einer Satzungsbestimmung.⁵⁰⁶

165   Die **Amtszeit** gerichtlich bestellter Aufsichtsratsmitglieder endet außerdem nach § 104 Abs. 6 AktG automatisch,⁵⁰⁷ sobald der **Mangel behoben** ist. Der Mangel kann dadurch behoben werden, dass eine hinreichende Anzahl neuer Aufsichtsratsmitglieder ihr Amt antritt.⁵⁰⁸ Bei Nichtigkeit der Wahl oder Bestellung der neuen Mitglieder bleiben gerichtlich bestellte Mitglieder allerdings im Amt.⁵⁰⁹ Die bloße Anfechtbarkeit des Wahlbeschlusses steht der Behebung des Mangels und dem Ausscheiden des gerichtlich bestellten Mitglieds dagegen nicht entgegen; insbesondere lebt die gerichtliche Bestellung dadurch

---

[496] Zur entsprechenden Rechtsprechung für Vorstandsmitglieder siehe BGH NZG 2012, 1027 Rn. 21 ff.
[497] Hölters/*Simons* AktG § 102 Rn. 13; GroßkommAktG/*Hirte/Mülbert/Roth* AktG § 102 Rn. 55, 57; MüKoAktG/*Habersack* AktG § 102 Rn. 21.
[498] RGZ 129, 180 (183 f.); RGZ 166, 175 (187); MüKoAktG/*Habersack* AktG § 102 Rn. 21.
[499] GroßkommAktG/*Hirte/Mülbert/Roth* AktG § 102 Rn. 58; MüKoAktG/*Habersack* AktG § 102 Rn. 21; Hölters/*Simons* AktG § 102 Rn. 13.
[500] MüKoAktG/*Habersack* AktG § 102 Rn. 13.
[501] BeckOGK/*Spindler* AktG § 102 Rn. 6; MüKoAktG/*Habersack* AktG § 102 Rn. 14.
[502] Kölner Komm AktG/*Mertens/Cahn* AktG § 102 Rn. 12; BeckOGK/*Spindler* AktG § 102 Rn. 16; Hüffer/Koch/*Koch* AktG § 102 Rn. 4; MHdB AG/*Hoffmann-Becking* § 30 Rn. 87.
[503] MüKoAktG/*Habersack* AktG § 102 Rn. 14; GroßkommAktG/*Hirte/Mülbert/Roth* AktG § 102 Rn. 25; Henssler/Strohn/*Henssler* AktG § 102 Rn. 5.
[504] Hölters/*Simons* AktG § 101 Rn. 31; GroßkommAktG/*Hirte/Mülbert/Roth* AktG § 101 Rn. 160; BeckOGK/*Spindler* AktG § 101 Rn. 75; Hüffer/Koch/*Koch* AktG § 101 Rn. 12.
[505] MüKoAktG/*Habersack* AktG § 102 Rn. 14.
[506] Hölters/*Simons* AktG § 104 Rn. 33; GroßkommAktG *Hirte/Mülbert/Roth* AktG § 104 Rn. 148; MüKoAktG/*Habersack* AktG § 104 Rn. 53; BeckOGK/*Spindler* AktG § 104 Rn. 55.
[507] GroßkommAktG/*Hirte/Mülbert/Roth* AktG § 104 Rn. 134; BeckOGK/*Spindler* AktG § 104 Rn. 50; Kölner Komm AktG/*Mertens/Cahn* AktG § 104 Rn. 31; Hölters/*Simons* AktG § 104 Rn. 34; MüKoAktG/*Habersack* AktG § 104 Rn. 47; Hüffer/Koch/*Koch* AktG § 104 Rn. 15.
[508] Vgl. OLG München AG 2006, 590 (591); Hüffer/Koch/*Koch* AktG § 104 Rn. 15; MüKoAktG/*Habersack* AktG § 104 Rn. 49; BeckOGK/*Spindler* AktG § 104 Rn. 51; GroßkommAktG/*Hirte/Mülbert/Roth* AktG § 104 Rn. 134; Kölner Komm AktG/*Mertens/Cahn* AktG § 104 Rn. 31; Hölters/*Simons* AktG § 104 Rn. 34.
[509] MüKoAktG/*Habersack* AktG § 104 Rn. 49; Kölner Komm AktG/*Mertens/Cahn* AktG § 104 Rn. 32.

nicht wieder auf.⁵¹⁰ Nach der Gesetzesbegründung und teilweise vertretener Ansicht soll das bei offensichtlich begründeter Anfechtungsklage anders sein.⁵¹¹ Dagegen spricht aber, dass die Nichtigkeit des Wahlbeschlusses erst mit Rechtskraft des den Beschluss kassierenden Urteils eintritt. Auch aus Gründen der Rechtssicherheit ist das Abstellen auf formale, leicht feststellbare Kriterien vorzugswürdig.⁵¹² Andere Möglichkeiten zur Behebung des Mangels sind: Verkleinerung des Aufsichtsrats, Wegfall der dauerhaften Verhinderung eines Aufsichtsratsmitglieds (denkbar zB bei Interessenkollision), stattgebende Rechtsmittelentscheidung gegen die gerichtliche Abberufung eines Mitglieds, Herabsetzung der satzungsmäßigen Anforderungen an die Beschlussfähigkeit.⁵¹³

Wurden **mehrere** Aufsichtsratsmitglieder nach § 104 AktG gerichtlich bestellt und wird der Mangel nur bzgl. eines Aufsichtsratsmitglieds behoben, nimmt die hM an, dass das Gericht das „überflüssige" Aufsichtsratsmitglied bestimmen und abberufen (→ Rn. 181 ff.) muss.⁵¹⁴ Nach anderer Ansicht soll das Bestellungsorgan bei der Bestellung bestimmen, welches Mandat enden soll.⁵¹⁵ Für die erste Auffassung spricht, dass es in der Hand des Wahlorgans oder Entsendungsberechtigten liegt, den Mangel zu beseitigen und dadurch selbst über die Aufsichtsratsbesetzung zu entscheiden; eines Auswahlrechts bedarf es nicht.

d) Erster Aufsichtsrat

Für die Amtszeit des ersten Aufsichtsrats gilt nach § 30 Abs. 3 S. 1 AktG eine **besondere Höchstdauer,** nämlich bis zur Beendigung der Hauptversammlung, die über die Entlastung für das erste Voll- oder Rumpfgeschäftsjahr beschließt oder – nach hM , wie bei § 102 Abs. 1 AktG (→ Rn. 155) hätte beschließen müssen.⁵¹⁶ Die kurze Amtszeit soll den Arbeitnehmern in mitbestimmten Gesellschaften das ihnen zustehende Mitbestimmungsrecht möglichst rasch verschaffen.⁵¹⁷ Die Amtszeitbeschränkung gilt deshalb gem. § 31 Abs. 5 AktG auch nicht für Arbeitnehmervertreter, die bei Sachgründung durch Einbringung oder Übernahme eines Unternehemens(teils) gem. § 31 Abs. 3 AktG bestellt werden; für diese gilt die Höchstdauer des § 102 AktG. Daraus können im ersten Aufsichtsrat unterschiedliche Amtszeiten folgen, was bei der Bestellung des zweiten Aufsichtsrats glattgezogen werden kann.⁵¹⁸

Wie bei den nach § 101 Abs. 1 AktG gewählten Mitgliedern kann auch beim ersten Aufsichtsrat durch Satzung oder bei der Bestellung eine **kürzere** Amtszeit festgelegt werden.⁵¹⁹ Nach hM muss die Amtszeit aber mindestens bis zum Zeitpunkt der Eintragung der Gesellschaft dauern, weil der neue Aufsichtsrat sonst die Gründungsprüfung und die Anmeldung der Gesellschaft zur Eintragung in das Handelsregister wiederholen müsste, was die Gründung erheblich verzögern würde.⁵²⁰

V. Vorzeitige Beendigung

1. Wegfall persönlicher Voraussetzungen

Fällt bei einem Aufsichtsratsmitglied eine der **gesetzlichen** persönlichen Voraussetzungen gem. § 100 Abs. 1 AktG weg oder tritt ein Hinderungsgrund nach Abs. 2 ein, so **erlischt das Aufsichtsratsmandat automatisch,** weil es sich dabei nicht um eine Wählbarkeits- oder Entsendungsvoraussetzung handelt,

---

⁵¹⁰ GroßkommAktG/*Hirte/Mülbert/Roth* AktG § 104 Rn. 135; MüKoAktG/*Habersack* AktG § 104 Rn. 49; Kölner Komm AktG/*Mertens/Cahn* AktG § 104 Rn. 32.
⁵¹¹ Begr. RegE, BT-Drs. IV/171, 140; Henssler/Strohn/*Henssler* AktG § 104 Rn. 18; s. dazu auch K. Schmidt/Lutter/*Drygala* AktG § 104 Rn. 26.
⁵¹² Vgl. BeckOGK/*Spindler* AktG § 104 Rn. 53; Hüffer/Koch/*Koch* AktG § 104 Rn. 16; zust. MüKoAktG/Habersack § 104 Rn. 9.
⁵¹³ MüKoAktG/*Habersack* AktG § 104 Rn. 50; siehe auch Hölters/*Simons* AktG § 104 Rn. 34; BeckOGK/*Spindler* AktG § 104 Rn. 51 f.; Hüffer/Koch/*Koch* AktG § 104 Rn. 16; Kölner Komm AktG/*Mertens/Cahn* AktG § 104 Rn. 31.
⁵¹⁴ MüKoAktG/*Habersack* AktG § 104 Rn. 48; Kölner Komm AktG/*Mertens/Cahn* AktG § 104 Rn. 35; GroßkommAktG/*Hirte/Mülbert/Roth* AktG § 104 Rn. 144; *Schnitker/Grau* NZG 2007, 486 (491).
⁵¹⁵ BeckOGK/*Spindler* AktG § 104 Rn. 54.
⁵¹⁶ Kölner Komm AktG/*Arnold* AktG § 30 Rn. 16; Hüffer/Koch/*Koch* AktG § 30 Rn. 7; Hölters/*Solveen* AktG § 30 Rn. 8; GroßkommAktG/*Röhricht/Schall* AktG § 30 Rn. 11; BeckOGK/*Gerber* AktG § 30 Rn. 14; MüKoAktG/*Pentz* AktG § 30 Rn. 24.
⁵¹⁷ Begr RegE, BT-Drs. IV/171, 107; MüKoAktG/*Pentz* AktG § 30 Rn. 22; GroßkommAktG/*Röhricht/Schall* AktG § 30 Rn. 10; Kölner Komm AktG/*Arnold* AktG § 30 Rn. 14.
⁵¹⁸ Hüffer/Koch/*Koch* AktG § 31 Rn. 14.
⁵¹⁹ Hölters/*Solveen* AktG § 30 Rn. 8; GroßkommAktG/*Röhricht/Schall* AktG § 30 Rn. 12; MüKoAktG/*Pentz* AktG § 30 Rn. 26; BeckOGK/*Gerber* AktG § 30 Rn. 14.
⁵²⁰ GroßkommAktG/*Röhricht/Schall* AktG § 30 Rn. 12; BeckOGK/*Gerber* AktG § 30 Rn. 14; MüKoAktG/*Pentz* AktG § 30 Rn. 26; Hölters/*Solveen* AktG § 30 Rn. 8; **aA** Geßler/*Eckard* AktG § 30 Rn. 23.

sondern um eine Amtsvoraussetzung, wie die Formulierungen („*kann sein*", „*kann nicht sein*") zeigen.[521] Bei Überschreiten der Höchstgrenze von zehn Mandaten nach § 100 Abs. 2 S. 1 Nr. 1 AktG ist (nur) die Wahl oder Bestellung nichtig, durch die die Höchstgrenze überschritten wird.[522] Dies gilt wegen der Rechtskraft des Beschlusses jedoch nicht für gerichtlich bestellte Aufsichtsratsmitglieder, hier ist eine gerichtliche Abberufung erforderlich (→ Rn. 98).

170 Fällt eine **satzungsmäßige Voraussetzung** nach § 100 Abs. 4 AktG nachträglich weg, so erlischt das Aufsichtsratsmandat hingegen nicht, weil es nicht die Wahl oder Entsendung war, die die Satzung verletzt.[523] Möglich ist jedoch eine **Abberufung** des betroffenen Mitglieds aus wichtigem Grund, wenn sich nicht durch Auslegung der Satzung ergibt, dass das Vorliegen der satzungsmäßigen Voraussetzungen im Zeitpunkt der Wahl bzw. des Amtsantritts ausreicht.[524] Unsicherheiten lassen sich durch eine klare Satzungsregelung vermeiden. Für gerichtlich bestellte Aufsichtsratsmitglieder gilt wiederum das zuvor Gesagte.

2. Abberufung

171 § 103 AktG erlaubt unter bestimmten Voraussetzungen die **Abberufung** von Aufsichtsratsmitgliedern während ihrer Amtszeit und ist **zwingendes** Recht.[525] Das Gesetz gestaltet die Abberufung als *actus contrarius* zur jeweiligen Bestellungsform aus und muss, weil wie die Bestellung korporationsrechtliches Rechtsgeschäft, dem betroffenen Aufsichtsratsmitglied zugehen; einer Annahme bedarf es nicht.[526]

a) Von der Hauptversammlung frei gewählte Aufsichtsratsmitglieder, § 103 Abs. 1 AktG

172 § 103 Abs. 1 AktG regelt die Abberufung von Aufsichtsratsmitgliedern, die von der Hauptversammlung ohne Bindung an einen Wahlvorschlag gewählt wurden (§ 101 Abs. 1 AktG). Hierfür ist nach S. 2 ein **Hauptversammlungsbeschluss** mit einer **Mehrheit von drei Vierteln der abgegebenen Stimmen** erforderlich. § 103 Abs. 1 AktG gilt auch für den ersten Aufsichtsrat nach § 30 AktG.[527] Von einer Abberufung zu unterscheiden und von dieser unabhängig ist die Verweigerung der Entlastung, vgl. § 120 Abs. 1 S. 2 AktG, die lediglich zum Ausdruck bringt, dass die bisherige Arbeit in inhaltlicher Hinsicht nicht gebilligt wird.[528]

173 Die Abberufung steht im freien **Ermessen** der Hauptversammlung.[529] Sie bedarf keines sachlichen oder gar wichtigen Grundes.[530] Der Abberufungsbeschluss kann deshalb auch nicht inhaltlich mit einer Anfechtungsklage angegriffen werden, sondern nur wegen formeller Fehler.[531]

174 § 103 Abs. 1 S. 3 AktG erlaubt Satzungsbestimmungen, durch die eine **andere Mehrheit** und weitere Erfordernisse festgelegt werden können. Das Erfordernis der Dreiviertelmehrheit kann demzufolge verschärft oder abgesenkt werden, auch in einer allgemeinen, für alle Hauptversammlungsbeschlüsse geltenden Mehrheitsklausel.[532] Aus dem Begriff der „Mehrheit" sowie auch aus der Abgrenzung zu § 103

---

[521] BAG AG 2001, 313; Hölters/*Simons* AktG § 100 Rn. 65; Kölner Komm AktG/*Mertens/Cahn* AktG § 100 Rn. 52; Hüffer/Koch/*Koch* AktG § 100 Rn. 27; BeckOGK/*Spindler* AktG § 100 Rn. 90; GroßkommAktG/*Hirte/Mülbert/Roth* AktG § 100 Rn. 255.
[522] Semler/v. Schenck/*Mutter* AktG § 100 Rn. 120.
[523] Kölner Komm AktG/*Mertens/Cahn* AktG § 100 Rn. 54; Hölters/*Simons* AktG § 100 Rn. 68; BeckOGK/*Spindler* AktG § 100 Rn. 91; GroßkommAktG/*Hirte/Mülbert/Roth* AktG § 100 Rn. 264.
[524] Kölner Komm AktG/*Mertens/Cahn* AktG § 100 Rn. 54; Semler/v. Schenck/*Mutter* AktG § 100 Rn. 124.
[525] MüKoAktG/*Habersack* AktG § 103 Rn. 4.
[526] Hüffer/Koch/*Koch* AktG § 103 Rn. 5, 7; Kölner Komm AktG/*Mertens/Cahn* AktG § 103 Rn. 11; GroßkommAktG/*Hirte/Mülbert/Roth* AktG § 103 Rn. 25; Hölters/*Simons* AktG § 103 Rn. 16, 22; MüKoAktG/*Habersack* AktG § 103 Rn. 19, 28; BeckOGK/*Spindler* AktG § 103 Rn. 15, 22.
[527] GroßkommAktG/*Hirte/Mülbert/Roth* AktG § 103 Rn. 13; Hölters/*Simons* AktG § 103 Rn. 5; MüKoAktG/*Habersack* AktG § 103 Rn. 3; Hüffer/Koch/*Koch* AktG § 103 Rn. 2.
[528] Hölters/*Simons* AktG § 103 Rn. 6; Hüffer/Koch/*Koch* AktG § 103 Rn. 3; MüKoAktG/*Habersack* AktG § 103 Rn. 11; BeckOGK/*Spindler* AktG § 103 Rn. 8.
[529] Semler/v. Schenck/*Mutter* AktG § 103 Rn. 9.
[530] KG NZG 2003, 441 (446); MüKoAktG/*Habersack* AktG § 103 Rn. 12; GroßkommAktG/*Hirte/Mülbert/Roth* AktG § 103 Rn. 20; Hüffer/Koch/*Koch* AktG § 103 Rn. 3; Hölters/*Simons* AktG § 103 Rn. 6; BeckOGK/*Spindler* AktG § 103 Rn. 5.
[531] Hüffer/Koch/*Koch* AktG § 103 Rn. 3; GroßkommAktG/*Hirte/Mülbert/Roth* AktG § 103 Rn. 20; Hölters/*Simons* AktG § 103 Rn. 6; MüKoAktG/*Habersack* AktG § 103 Rn. 12; Semler/v. Schenck/*Mutter* AktG § 103 Rn. 15; zur Unsicherheit bei erhobener Anfechtungsklage Semler/v. Schenck/*Mutter* AktG § 103 Rn. 24 f.
[532] GroßkommAktG/*Hirte/Mülbert/Roth* AktG § 103 Rn. 32; MüKoAktG/*Habersack* AktG § 103 Rn. 15; BeckOGK/*Spindler* AktG § 103 Rn. 11; Hölters/*Simons* AktG § 103 Rn. 8; Hüffer/Koch/*Koch* AktG § 103 Rn. 4; Kölner Komm AktG/*Mertens/Cahn* AktG § 103 Rn. 14.

Abs. 3 AktG ergibt sich allerdings zwingend das Mehrheitserfordernis.[533] Unter die **„weitere Erfordernisse"** sind nach hM nur verfahrensrechtliche, nicht materielle Erfordernisse zu fassen (zB besondere Anforderungen an die Beschlussfähigkeit oder die Bestätigung des Abberufungsbeschlusses durch einen Zweitbeschluss); die Satzung kann die Abberufung also nicht von einem wichtigen Grund abhängig machen.[534]

Die Satzungsbestimmungen nach § 103 Abs. 1 S. 3 AktG müssen wegen des Prinzips der **gleichwertigen** Amtsstellung für alle Aufsichtsratsmitglieder **gleich** sein.[535] Aus Gründen der Rechtssicherheit ist es außerdem unzulässig, die Mehrheit oder die besonderen Erfordernisse vom Grund der Abberufung abhängig zu machen (zB geringere Mehrheit bei Vorliegen eines wichtigen Grundes), mögen die einzelnen Voraussetzungen auch noch so genau bestimmt sein.[536] Wird die Satzung während der Amtszeit eines Aufsichtsratsmitglieds insoweit **geändert,** so gelten die geänderten Vorschriften – anders als Änderungen der Amtszeit (→ Rn. 159) – auch für amtierende Aufsichtsratsmitglieder.[537]

Streitig ist die **Rechtsfolge einer rechtswidrigen Abberufung.** Nach einer Ansicht soll das Amt des abberufenen Aufsichtsratsmitglieds aus Gründen der Rechtssicherheit auch bei einer anfechtbaren Abberufung sofort erlöschen.[538] Eine andere Ansicht sieht eine anfechtbare Abberufung auch nicht vorläufig als wirksam an; der für den Vorstand geltende § 84 Abs. 3 S. 4 AktG sei wegen der leicht nachprüfbaren, rein formalen Voraussetzungen an die Abberufung nicht übertragbar.[539] Einigkeit besteht allerdings insofern, als das anfechtbar abberufene Aufsichtsratsmitglied mit der Abberufung von seinen Pflichten entbunden wird und im Falle der Nichtigerklärung der Abberufung durch einfache Erklärung wieder in sein Amt zurückkehren kann.[540] Systematisch richtiger erscheint vor diesem Hintergrund (wie auch sonst) mit der ersten Ansicht einen bloß anfechtbaren Abberufungsbeschluss während des Schwebezustands des laufenden Anfechtungsverfahrens als vorläufig gültig zu betrachten, also zunächst vom Erlöschen des Amts auszugehen. Eine nichtige Abberufung entfaltet zum Schutz des betroffenen Aufsichtsratsmitglieds keine Wirkung.[541]

Die Hauptversammlung kann die Abberufungskompetenz **nicht an Dritte übertragen.**[542] Stimmt die Hauptversammlung der Abberufungserklärung eines Dritten durch Beschluss zu, kann darin allerdings ein eigener (ex nunc wirkender) Abberufungsbeschluss zu sehen sein, der jedoch den Mehrheitserfordernissen aus § 103 Abs. 2 AktG bzw. der Satzung entsprechen muss.[543]

b) Entsandte Aufsichtsratsmitglieder, § 103 Abs. 2 AktG

Nach § 103 Abs. 2 AktG S. 1 kann der Entsendungsberechtigte ein von ihm nach § 101 Abs. 2 AktG entsandtes Aufsichtsratsmitglied **jederzeit abberufen.** Hierfür bedarf es keines wichtigen oder sachlichen Grundes.[544] Der Entsendungsberechtigte muss auch nicht gleichzeitig ein neues Mitglied bestellen, sodass

---

[533] Hüffer/Koch/*Koch* AktG § 103 Rn. 4; GroßkommAktG/*Hirte/Mülbert/Roth* AktG § 103 Rn. 32; Kölner Komm AktG/*Mertens/Cahn* AktG § 103 Rn. 15; MüKoAktG/*Habersack* AktG § 103 Rn. 15; Hölters/*Simons* AktG § 103 Rn. 8.
[534] BeckOGK/*Spindler* AktG § 103 Rn. 14; MüKoAktG/*Habersack* AktG § 103 Rn. 18; Hölters/*Simons* AktG § 103 Rn. 9; Hüffer/Koch/*Koch* AktG § 103 Rn. 4; GroßkommAktG/*Hirte/Mülbert/Roth* AktG § 103 Rn. 36; **aA** *Schneider/Nietsch* FS Westermann, 2008, 1447 (1453 f.); *Lutter/Krieger/Verse* AR § 1 Rn. 34.
[535] BGH NJW 1987, 902; Kölner Komm AktG/*Mertens/Cahn* AktG § 103 Rn. 14; MüKoAktG/*Habersack* AktG § 103 Rn. 16; Hüffer/Koch/*Koch* AktG § 103 Rn. 4; Hölters/*Simons* AktG § 103 Rn. 11; BeckOGK/*Spindler* AktG § 103 Rn. 12.
[536] Kölner Komm AktG/*Mertens/Cahn* AktG § 103 Rn. 16; GroßkommAktG/*Hirte/Mülbert/Roth* AktG § 103 Rn. 34; Hölters/*Simons* AktG § 103 Rn. 11; Hüffer/Koch/*Koch* AktG § 103 Rn. 4; MüKoAktG/*Habersack* AktG § 103 Rn. 17; **aA** BeckOGK/*Spindler* AktG § 103 Rn. 13.
[537] GroßkommAktG/*Hirte/Mülbert/Roth* AktG § 103 Rn. 36; Hölters/*Simons* AktG § 103 Rn. 10; MüKoAktG/*Habersack* AktG § 103 Rn. 14.
[538] Hüffer/Koch/*Koch* AktG § 103 Rn. 6; MüKoAktG/*Habersack* AktG § 103 Rn. 22; Hölters/*Simons* AktG § 103 Rn. 19; BeckOGK/*Spindler* AktG § 103 Rn. 16.
[539] GroßkommAktG/*Hirte/Mülbert/Roth* AktG § 103 Rn. 26; Kölner Komm AktG/*Mertens/Cahn* AktG § 103 Rn. 7.
[540] MüKoAktG/*Habersack* AktG § 103 Rn. 22; Hölters/*Simons* AktG § 103 Rn. 19; GroßkommAktG/*Hirte/Mülbert/Roth* AktG § 103 Rn. 26.
[541] GroßkommAktG/*Hirte/Mülbert/Roth* AktG § 103 Rn. 26; Kölner Komm AktG/*Mertens/Cahn* AktG § 103 Rn. 7; vgl. auch BeckOGK/*Spindler* AktG § 103 Rn. 16; MüKoAktG/*Habersack* AktG § 103 Rn. 22.
[542] GroßkommAktG/*Hirte/Mülbert/Roth* AktG § 103 Rn. 37; Kölner Komm AktG/*Mertens/Cahn* AktG § 103 Rn. 18; Hüffer/Koch/*Koch* AktG § 103 Rn. 3; BeckOGK/*Spindler* AktG § 103 Rn. 7; Hölters/*Simons* AktG § 103 Rn. 7; MüKoAktG/*Habersack* AktG § 103 Rn. 10.
[543] Kölner Komm AktG/*Mertens/Cahn* AktG § 132 Rn. 18; BeckOGK/*Spindler* AktG § 103 Rn. 7; Hölters/*Simons* AktG § 103 Rn. 7; MüKoAktG/*Habersack* AktG § 103 Rn. 10; Hüffer/Koch/*Koch* AktG § 103 Rn. 3; GroßkommAktG/*Hirte/Mülbert/Roth* AktG § 103 Rn. 17.
[544] GroßkommAktG/*Hirte/Mülbert/Roth* AktG § 103 Rn. 38; BeckOGK/*Spindler* AktG § 103 Rn. 19; Hüffer/Koch/*Koch* AktG § 103 Rn. 7; Hölters/*Simons* AktG § 103 Rn. 20; MüKoAktG/*Habersack* AktG § 103 Rn. 23; vgl. aber für Unternehmen in öffentlicher Hand OVG Münster NVwZ 1990, 791; *Schwintowski* NJW 1995, 1316 (1320).

eine Vakanz entstehen kann.⁵⁴⁵ Die Abberufung muss sowohl gegenüber dem betroffenen Mitglied als auch gegenüber der Gesellschaft (vertreten durch den Vorstand bzw. ein Vorstandsmitglied, § 78 Abs. 1 S. 1, Abs. 2 S. 2 AktG) **erklärt werden.**⁵⁴⁶

179 Durch **Satzung** darf das Recht zur Abberufung **weder entzogen noch eingeschränkt** werden.⁵⁴⁷ In der rechtsmissbräuchlichen Ausübung des Abberufungsrechts (wenn zB zu jeder Aufsichtsratssitzung das bisherige Mitglied abberufen und ein neues bestellt wird) kann allerdings ein Verstoß gegen die aktienrechtliche Treuepflicht liegen.⁵⁴⁸ Im Gegenzug kann sich aus der aktienrechtlichen Treuepflicht auch ergeben, dass der Entsendungs- bzw. Abberufungsberechtigte ein von ihm entsandtes, untragbar gewordenes Aufsichtsratsmitglied abberufen muss.⁵⁴⁹ Ausnahmsweise kann die Gesellschaft dann aber nicht gegen den Entsendungs- bzw. Abberufungsberechtigten auf die Erfüllung dieser Pflicht klagen, denn bei einer solchen Klage müsste der Vorstand gemäß § 78 Abs. 1 AktG auf Klägerseite auftreten und würde damit auf die Abberufung eines Mitglieds seines Kontrollgremiums hinwirken.⁵⁵⁰ Bei einer Pflichtverletzung des Entsenders kommt deshalb nur Schadenersatz in Betracht. Eine **Vereinbarung** zwischen dem Entsendungs- bzw. Abberufungsberechtigten und dem entsandten Aufsichtsratsmitglied, wonach letzteres nicht abberufen werden darf, gilt nur inter partes und hat keine Auswirkungen auf die Existenz des Abberufungsrechts nach § 103 Abs. 2 S. 1 AktG oder eine mögliche Abberufungspflicht.⁵⁵¹

180 Nach S. 2 darf die **Hauptversammlung** ein entsandtes Aufsichtsratsmitglied mit einfacher Stimmenmehrheit abberufen, wenn die in der Satzung bestimmten **Voraussetzungen für das Entsendungsrecht weggefallen** sind, etwa weil der entsendungsberechtigte Aktionär die Aktionärsstellung verliert.⁵⁵² Das Erlöschen des Entsendungsrechts hat also nicht automatisch das Erlöschen des Mandats eines entsandten Mitglieds zur Folge.⁵⁵³ Das Abberufungsrecht der Hauptversammlung nach § 103 Abs. 2 S. 2 AktG ist **unabdingbar und unbeschränkbar.**⁵⁵⁴ Da die Satzung bereits das Entsendungsrecht selbst beschränken (→ Rn. 127) und zB von einer Zustimmung der Hauptversammlung abhängig machen kann, kann sie auch ein generelles Recht der Hauptversammlung zur Abberufung eines entsandten Mitglieds begründen.⁵⁵⁵ Für die Wirksamkeit **rechtswidriger Abberufungen** gelten die in (→ Rn. 176) dargestellten Grundsätze entsprechend.⁵⁵⁶

c) Gerichtliche Abberufung, § 103 Abs. 3 AktG

181 **aa) Allgemeines.** Nach § 103 Abs. 3 AktG können Aufsichtsratsmitglieder auch durch das Gericht abberufen werden, wenn in ihrer Person ein wichtiger Grund vorliegt. Anders als die anderen Absätze von § 103 AktG gilt Abs. 3 **für alle Aufsichtsratsmitglieder** (gewählte Mitglieder nach § 101 Abs. 1 AktG, entsandte Mitglieder nach § 101 Abs. 2 AktG, gerichtlich bestellte Mitglieder nach § 104 AktG, Arbeitnehmervertreter, sogar für noch nicht nachgerückte⁵⁵⁷ Ersatzmitglieder nach § 103 Abs. 5);⁵⁵⁸ es wird nur danach unterschieden, wer den Antrag bei Gericht stellen darf.

---

⁵⁴⁵ Kölner Komm AktG/*Mertens/Cahn* AktG § 103 Rn. 20; Hölters/*Simons* AktG § 103 Rn. 22; GroßkommAktG/*Hirte/Mülbert/Roth* AktG § 103 Rn. 40; MüKoAktG/*Habersack* AktG § 103 Rn. 23.
⁵⁴⁶ MüKoAktG/*Habersack* AktG § 103 Rn. 28; Hölters/*Simons* AktG § 103 Rn. 22.
⁵⁴⁷ GroßkommAktG/*Hirte/Mülbert/Roth* AktG § 103 Rn. 42; Kölner Komm AktG/*Mertens/Cahn* AktG § 103 Rn. 20; Hölters/*Simons* AktG § 103 Rn. 21; BeckOGK/*Spindler* AktG § 103 Rn. 21; MüKoAktG/*Habersack* AktG § 103 Rn. 24.
⁵⁴⁸ MüKoAktG/*Habersack* AktG § 103 Rn. 25; Kölner Komm AktG/*Mertens/Cahn* AktG § 103 Rn. 20; GroßkommAktG/*Hirte/Mülbert/Roth* AktG § 103 Rn. 43.
⁵⁴⁹ BeckOGK/*Spindler* AktG § 103 Rn. 20; Kölner Komm AktG/*Mertens/Cahn* AktG § 103 Rn. 24; Hölters/*Simons* AktG § 103 Rn. 21; MüKoAktG/*Habersack* AktG § 103 Rn. 26; GroßkommAktG/*Hopt/Roth* AktG § 103 Rn. 39.
⁵⁵⁰ Kölner Komm AktG/*Mertens/Cahn* AktG § 103 Rn. 24; MüKoAktG/*Habersack* AktG § 103 Rn. 26; GroßkommAktG/*Hirte/Mülbert/Roth* AktG § 103 Rn. 48.
⁵⁵¹ Kölner Komm AktG/*Mertens/Cahn* AktG § 103 Rn. 22; Hölters/*Simons* AktG § 103 Rn. 20; GroßkommAktG/*Hirte/Mülbert/Roth* AktG § 103 Rn. 47; BeckOGK/*Spindler* AktG § 103 Rn. 19; Hüffer/Koch/*Koch* AktG § 103 Rn. 7.
⁵⁵² MüKoAktG/*Habersack* AktG § 103 Rn. 30; GroßkommAktG/*Hirte/Mülbert/Roth* AktG § 103 Rn. 50 f.; BeckOGK/*Spindler* AktG § 103 Rn. 24.
⁵⁵³ GroßkommAktG/*Hirte/Mülbert/Roth* AktG § 103 Rn. 51; Hüffer/Koch/*Koch* AktG § 103 Rn. 8; MüKoAktG/*Habersack* AktG § 103 Rn. 31; BeckOGK/*Spindler* AktG § 103 Rn. 26; Hölters/*Simons* AktG § 103 Rn. 26.
⁵⁵⁴ MüKoAktG/*Habersack* AktG § 103 Rn. 32; BeckOGK/*Spindler* AktG § 103 Rn. 25; GroßkommAktG/*Hirte/Mülbert/Roth* AktG § 103 Rn. 51; Kölner Komm AktG/*Mertens/Cahn* AktG § 103 Rn. 26.
⁵⁵⁵ Semler/v. Schenck/*Gasteyer* AktG § 103 Rn. 30; Hölters/*Simons* AktG § 103 Rn. 24; GroßkommAktG/*Hirte/Mülbert/Roth* AktG § 103 Rn. 53; BeckOGK/*Spindler* AktG § 103 Rn. 24; Kölner Komm AktG/*Mertens/Cahn* AktG § 103 Rn. 26; Hüffer/Koch/*Koch* AktG § 103 Rn. 8; MüKoAktG/*Habersack* AktG § 103 Rn. 32.
⁵⁵⁶ MüKoAktG/*Habersack* AktG § 103 Rn. 22.
⁵⁵⁷ MüKoAktG/*Habersack* AktG § 103 Rn. 54.
⁵⁵⁸ *Boesebeck* AG 1961, 117 (120 f.); *Eckhardt* NJW 1967, 1010; GroßkommAktG/*Hirte/Mülbert/Roth* AktG § 103 Rn. 55; Hüffer/Koch/*Koch* AktG § 103 Rn. 9; BeckOGK/*Spindler* AktG § 103 Rn. 27; Hölters/*Simons* AktG § 103 Rn. 27; MüKoAktG/*Habersack* AktG § 103 Rn. 33; Kölner Komm AktG/*Mertens/Cahn* AktG § 103 Rn. 28.

V. Vorzeitige Beendigung 182–185 § 2

bb) Antragstellung. Antragsberechtigt ist in allen Fällen der **Aufsichtsrat** (S. 1), der nach S. 2 mit 182 einfacher Mehrheit über die Antragstellung beschließt. Damit ist die Mehrheit der abgegebenen Stimmen gemeint, nicht die Mehrheit der Aufsichtsratsmitglieder.[559] Daran kann weder die Satzung noch die Geschäftsordnung des Aufsichtsrats etwas ändern.[560] Obwohl nicht in § 107 Abs. 3 S. 4 AktG genannt, kann diese Entscheidung nicht an einen Ausschuss delegiert werden, denn sie gehört zum Kernbereich der Selbstorganisation des Aufsichtsrats, sodass die Beschlussfassung durch das Gesamtgremium zwingend geboten ist.[561]

Das **betroffene Aufsichtsratsmitglied** unterliegt nach hM – anders als bei der Abberufung durch die 183 Hauptversammlung nach § 103 Abs. 1 AktG bei gleichzeitiger Aktionärseigenschaft des betroffenen Aufsichtsratsmitglieds – entsprechend § 34 BGB einem **Stimmrechtsausschluss**,[562] weil der Beschluss auf ein streitiges Verfahren zwischen der Gesellschaft und dem betroffenen Aufsichtsratsmitglied zielt und ein Stimmrecht damit einem Richten in eigener Sache gleichkäme.[563] Diese Ansicht kann vor allem bei einem dreiköpfigen Aufsichtsrat zu der an anderer Stelle behandelten Folgeproblematik führen, ob ein Stimmverbot auch zur Beschlussunfähigkeit nach § 108 Abs. 2 S. 3 AktG[564] oder zur Vermeidung einer solchen ausnahmsweise nur zu einer Teilnahme mit Enthaltungspflicht führt,[565] (→ § 3 Rn. 451). Liegt bei **mehreren** betroffenen Aufsichtsratsmitgliedern derselbe wichtige Grund vor, kann die Abberufung nach hM durch einen Beschluss ergehen, bei dem alle betroffenen Aufsichtsratsmitglieder dem Stimmverbot aus § 34 BGB analog unterliegen, andernfalls sind einzelne Beschlüsse notwendig, bei denen nur das jeweils betroffene Mitglied nicht stimmberechtigt ist.[566]

Bei **entsandten Mitgliedern** ist nach § 103 Abs. 3 S. 3 AktG auch eine **Aktionärsminderheit** an- 184 tragsberechtigt, die zusammen mindestens 10% des Grundkapitals oder den anteiligen Betrag von 1 Mio. EUR hält. Dieses Antragsrecht ist nicht übertragbar.[567]

cc) Wichtiger Grund. Ein wichtiger Grund in der Person eines Aufsichtsratsmitglieds im Sinne des 185 § 103 Abs. 3 S. 1 AktG liegt immer dann vor, wenn die weitere Mitgliedschaft bis zum Ende der Amtszeit unter Berücksichtigung der Umstände des jeweiligen Einzelfalls **für die Gesellschaft unzumutbar** ist.[568] § 84 Abs. 3 S. 2 AktG ist entsprechend anzuwenden, so dass ein wichtiger Grund insbesondere bei grober Pflichtverletzung oder Unfähigkeit zur ordnungsmäßigen Amtswahrnehmung vorliegen kann.[569] Die Verweigerung der Entlastung durch die Hauptversammlung reicht nicht aus, denn die Hauptversammlung kann selbst auch die Abberufung beschließen.[570] Die früher von Literatur und Rechtsprechung verlangten hohen Anforderungen an den wichtigen Grund (krass gesellschaftswidriges Verhalten uä)[571]

---

[559] BeckOGK/*Spindler* AktG § 103 Rn. 29; MüKoAktG/*Habersack* AktG § 103 Rn. 34; Hölters/*Simons* AktG § 103 Rn. 30; GroßkommAktG/*Hirte/Mülbert/Roth* AktG § 103 Rn. 57.
[560] Hölters/*Simons* AktG § 103 Rn. 30; BeckOGK/*Spindler* AktG § 103 Rn. 29; MüKoAktG/*Habersack* AktG § 103 Rn. 34.
[561] Kölner Komm AktG/*Mertens/Cahn* AktG § 103 Rn. 29; MüKoAktG/*Habersack* AktG § 103 Rn. 34; GroßkommAktG/*Hirte/Mülbert/Roth* AktG § 103 Rn. 57; Hölters/*Simons* AktG § 103 Rn. 30.
[562] BayObLG NZG 2003, 691 (692); BeckOGK/*Spindler* AktG § 103 Rn. 30; Kölner Komm AktG/*Mertens/Cahn* AktG § 103 Rn. 30; MüKoAktG/*Habersack* AktG § 103 Rn. 35; GroßkommAktG/*Hirte/Mülbert/Roth* AktG § 103 Rn. 58; Hüffer/*Koch* AktG § 103 Rn. 10; Hölters/*Simons* AktG § 103 Rn. 31; *Säcker* NJW 1986, 803 (810); *Dreher* JZ 1990, 896 (901); *Mertens* AG 1977, 306 (318).
[563] BayObLG NZG 2003, 691 (692); GroßkommAktG/*Hirte/Mülbert/Roth* AktG § 103 Rn. 58; MüKoAktG/*Habersack* AktG § 103 Rn. 35; Hölters/*Simons* AktG § 103 Rn. 31; BeckOGK/*Spindler* AktG § 103 Rn. 30.
[564] BayObLGZ 2003, 89 (92); OLG Frankfurt AG 2005, 925 (927); MüKoAktG/*Habersack* AktG § 103 Rn. 35; *Keusch* NZG 2003, 671 (673).
[565] BGH AG 2007, 484; GroßkommAktG/*Hirte/Mülbert/Roth* AktG § 103 Rn. 59; Hölters/*Simons* AktG § 103 Rn. 31; *Stadler/Berner* NZG 2003, 49 (51 f.); *Stadler/Berner* AG 2004, 27 (29); *Priester* AG 2007, 190 (192 f.); im Ergebnis ähnlich BeckOGK/*Spindler* AktG § 103 Rn. 30; Kölner Komm AktG/*Mertens/Cahn* AktG § 103 Rn. 30.
[566] MüKoAktG/*Habersack* AktG § 103 Rn. 36; Kölner Komm AktG/*Mertens/Cahn* AktG § 103 Rn. 30; vgl. BGH NJW 1986, 2051.
[567] MüKoAktG/*Habersack* AktG § 103 Rn. 38.
[568] OLG Frankfurt NZG 2008, 272; OLG Stuttgart NZG 2007, 72; OLG Zweibrücken WM 1990, 1388; OLG Hamburg AG 1990, 218 (220); LG Frankfurt NJW 1987, 505 (506); AG Pirmasens WM 1990, 1387 (1388); BeckOGK/*Spindler* AktG § 103 Rn. 33; Kölner Komm AktG/*Mertens/Cahn* AktG § 103 Rn. 33; GroßkommAktG/*Hirte/Mülbert/Roth* AktG § 103 Rn. 63 ff.; Hölters/*Simons* AktG § 103 Rn. 34; MüKoAktG/*Habersack* AktG § 103 Rn. 39; *Eckhardt* NJW 1967, 1010 (1011); *Hoffmann/Kirchhoff* FS Beusch, 1993, 377 (381 f.); vgl. Hüffer/*Koch*/*Koch* AktG § 103 Rn. 10.
[569] Hölters/*Simons* AktG § 103 Rn. 34; Hüffer/*Koch*/*Koch* AktG § 103 Rn. 10; MüKoAktG/*Habersack* AktG § 103 Rn. 39, BeckOGK/*Spindler* AktG § 103 Rn. 33.
[570] Kölner Komm AktG/*Mertens/Cahn* AktG § 103 Rn. 36; MüKoAktG/*Habersack* AktG § 103 Rn. 39; Hölters/*Simons* AktG § 103 Rn. 34; Semler/v. Schenck/*Gasteyer* AktG § 103 Rn. 48.
[571] So noch BGH NJW 1963, 905; zuletzt noch AG München WM 1986, 974.

werden nicht mehr vorausgesetzt.[572] Bei Feststellung der Unzumutbarkeit ist nur darauf abzustellen, ob die weitere Tätigkeit als Aufsichtsratsmitglied noch mit der Verpflichtung des Aufsichtsrats und seiner Mitglieder auf das Unternehmensinteresse vereinbar ist.[573] Auf ein Verschulden, wiederholtes Fehlverhalten oder „Wiederholungsgefahr" kommt es nicht an, allerdings ist all das im Rahmen der Abwägung zu berücksichtigen.[574]

186 Ein wichtiger Grund kann demnach **beispielsweise** in folgenden Situationen vorliegen: bei Verstoß gegen die Verschwiegenheitspflicht (Weitergabe streng vertraulicher Informationen an den Betriebsrat),[575] bei schwerwiegenden Compliance-Verstößen,[576] bei Anmaßung von Kontrollbefugnissen, die dem Aufsichtsrat nur in seiner Gesamtheit zustehen,[577] bei eigenmächtiger Kontaktaufnahme mit Geschäftspartnern wegen angeblich unzureichender Information durch den Vorstand,[578] bei heimlicher Abgabe einer Stellungnahme gegenüber dem Bundeskartellamt zu einem Fusionsvorhaben der Gesellschaft,[579] bei Behinderung der Zusammenarbeit im Aufsichtsrat,[580] bei Zerstörung des Vertrauensverhältnisses zwischen den Aufsichtsratsmitgliedern durch intrigantes Verhalten,[581] bei wiederholtem unentschuldigtem Fernbleiben von den Aufsichtsratssitzungen,[582] bei Beteiligung an einem rechtswidrigen Streik[583] sowie bei dauerhaftem und schwerem Interessenkonflikt,[584] im Einzelfall auch bei Verlust der Unabhängigkeit[585] (→ Rn. 64 ff.) sowie bei gesellschaftsschädigender Ungeeignetheit (zB Alkoholismus).[586]

187 **dd) Verfahren.** Wie bei der gerichtlichen Bestellung nach § 104 AktG ist für die Abberufung nach § 103 Abs. 3 AktG ausschließlich das Amtsgericht am Sitz des Landgerichts zuständig, in dessen Bezirk die Gesellschaft ihren Sitz hat, § 23a Abs. 1 Nr. 2, Abs. 2 Nr. 4 GVG, § 375 Nr. 3 FamFG, § 376 Abs. 1 FamFG, § 377 FamFG, § 14 AktG. Nach § 17 Nr. 2 RPflG entscheidet funktionell ausschließlich der Richter im Verfahren der **freiwilligen Gerichtsbarkeit**.

188 **Beteiligte** sind in jedem Falle nach § 7 Abs. 2 Nr. 1 FamFG das betroffene Aufsichtsratsmitglied sowie nach § 7 Abs. 1 FamFG der bzw. die jeweiligen Antragsteller; nach einem Antrag einer Aktionärsminder-

---

[572] OLG Frankfurt NZG 2008, 272; OLG Stuttgart NZG 2007, 72; OLG Zweibrücken WM 1990, 1388; OLG Hamburg AG 1990, 218 (220); LG Frankfurt NJW 1987, 505 (506); AG Pirmasens WM 1990, 1387 (1388); MüKoAktG/*Habersack* AktG § 103 Rn. 40; Kölner Komm AktG/*Mertens/Cahn* AktG § 103 Rn. 33; GroßkommAktG/*Hirte/Mülbert/Roth* AktG § 103 Rn. 64; Hölters/*Simons* AktG § 103 Rn. 34; BeckOGK/*Spindler* AktG § 103 Rn. 33; Hüffer/Koch/*Koch* AktG § 103 Rn. 10; *Eckhardt* NJW 1967, 1010 (1011); *Hoffmann/Kirchhoff* FS Beusch, 1993, 377 (381 f.).
[573] OLG Frankfurt NZG 2008, 272; OLG Hamburg AG 1990, 218 (220); Hölters/*Simons* AktG § 103 Rn. 34; MüKoAktG/*Habersack* AktG § 103 Rn. 40; BeckOGK/*Spindler* AktG § 103 Rn. 33; GroßkommAktG/*Hirte/Mülbert/Roth* AktG § 103 Rn. 64.
[574] MüKoAktG/*Habersack* AktG § 103 Rn. 40; Kölner Komm AktG/*Mertens/Cahn* AktG § 103 Rn. 36; GroßkommAktG/*Hirte/Mülbert/Roth* AktG § 103 Rn. 66 ff.; Hölters/*Simons* AktG § 103 Rn. 34.
[575] OLG Stuttgart AG 2007, 218; BAG AG 2009, 832; AG München WM 1986, 974; BeckOGK/*Spindler* AktG § 103 Rn. 34; Hölters/*Simons* AktG § 103 Rn. 35a; Hüffer/Koch/*Koch* AktG § 103 Rn. 11; Kölner Komm AktG/*Mertens/Cahn* AktG § 103 Rn. 34; MüKoAktG/*Habersack* AktG § 103 Rn. 41; abwägend GroßkommAktG/*Hirte/Mülbert/Roth* AktG § 103 Rn. 76.
[576] Vgl. K. Schmidt/Lutter/*Drygala* AktG § 103 Rn. 16; GroßkommAktG/*Hirte/Mülbert/Roth* AktG § 103 Rn. 76; Henssler/Strohn/*Henssler* AktG § 103 Rn. 14 zum Verstoß gegen Insiderhandelsverbote.
[577] OLG Frankfurt AG 2008, 456 (457 f.); BeckOGK/*Spindler* AktG § 103 Rn. 35; MüKoAktG/*Habersack* AktG § 103 Rn. 41; Hüffer/Koch/*Koch* AktG § 103 Rn. 11.
[578] OLG Zweibrücken AG 1991, 70; AG Pirmasens WM 1990, 1387; MüKoAktG/*Habersack* AktG § 103 Rn. 41; Kölner Komm AktG/*Mertens/Cahn* AktG § 103 Rn. 34; Hüffer/Koch/*Koch* AktG § 103 Rn. 11; GroßkommAktG/*Hirte/Mülbert/Roth* AktG § 103 Rn. 77; BeckOGK/*Spindler* AktG § 103 Rn. 35; Hölters/*Simons* AktG § 103 Rn. 36.
[579] LG Frankfurt NJW 1987, 505; Hölters/*Simons* AktG § 103 Rn. 35a; MüKoAktG/*Habersack* AktG § 103 Rn. 41; Kölner Komm AktG/*Mertens/Cahn* AktG § 103 Rn. 34; Hüffer/Koch/*Koch* AktG § 103 Rn. 11; BeckOGK/*Spindler* AktG § 103 Rn. 34; GroßkommAktG/*Hirte/Mülbert/Roth* AktG § 103 Rn. 77.
[580] MüKoAktG/*Habersack* AktG § 103 Rn. 41; GroßkommAktG/*Hirte/Mülbert/Roth* AktG § 103 Rn. 76.
[581] *Säcker* NJW 1986, 803 (810); Hüffer/Koch/*Koch* AktG § 103 Rn. 11; BeckOGK/*Spindler* AktG § 103 Rn. 35; Hölters/*Simons* AktG § 103 Rn. 36; GroßkommAktG/*Hirte/Mülbert/Roth* AktG § 103 Rn. 78; MüKoAktG/*Habersack* AktG § 103 Rn. 41.
[582] Kölner Komm AktG/*Mertens/Cahn* AktG § 103 Rn. 34; BeckOGK/*Spindler* AktG § 103 Rn. 35; MüKoAktG/*Habersack* AktG § 103 Rn. 41; anders GroßkommAktG/*Hirte/Mülbert/Roth* AktG § 103 Rn. 78.
[583] Hölters/*Simons* AktG § 103 Rn. 36; Kölner Komm AktG/*Mertens/Cahn* AktG § 103 Rn. 34; GroßkommAktG/*Hirte/Mülbert/Roth* AktG § 103 Rn. 76; BeckOGK/*Spindler* AktG § 103 Rn. 35; MüKoAktG/*Habersack* AktG § 103 Rn. 41.
[584] OLG Hamburg ZIP 1990, 311 (312); BeckOGK/*Spindler* AktG § 103 Rn. 36; Hüffer/Koch/*Koch* AktG § 103 Rn. 13b; MüKoAktG/*Habersack* AktG § 103 Rn. 42; Hölters/*Simons* AktG § 103 Rn. 37; GroßkommAktG/*Hirte/Mülbert/Roth* AktG § 103 Rn. 70 ff.; Kölner Komm AktG/*Mertens/Cahn* AktG § 103 Rn. 34.
[585] Hölters/*Simons* AktG § 103 Rn. 37; Hüffer/Koch/*Koch* AktG § 103 Rn. 13b; MüKoAktG/*Habersack* AktG § 103 Rn. 42.
[586] Kölner Komm AktG/*Mertens/Cahn* AktG § 103 Rn. 34; Hüffer/Koch/*Koch* AktG § 103 Rn. 11; Hölters/*Simons* AktG § 103 Rn. 37a.

V. Vorzeitige Beendigung   189–193 § 2

heit nach § 103 Abs. 3 S. 3 AktG kann der Aufsichtsrat also nur auf Antrag nach § 7 Abs. 3 FamFG Beteiligter werden.[587] Nach einem Antrag einer Aktionärsminderheit nach § 103 Abs. 3 S. 3 AktG ist außerdem der Entsendungsberechtigte Beteiligter nach § 7 Abs. 2 Nr. 1 FamFG.[588] Gegen die Entscheidung des Gerichts ist nach § 103 Abs. 3 S. 4 AktG die **Beschwerde** zum OLG (vgl. § 119 Abs. 1 Nr. 1 lit. b GVG) zulässig. Möglich ist auch die Sprungrechtsbeschwerde nach § 75 FamFG.

ee) Wirkung der gerichtlichen Entscheidung. Bereits **mit der Bekanntgabe** des Gestaltungsurteils, 189 also noch vor Eintritt der Rechtskraft, ist die betroffene Person nicht mehr Mitglied des Aufsichtsrats, weil die Beschwerde keine aufschiebende Wirkung hat.[589] Die Gesellschaft kann also grundsätzlich sofort ein neues Aufsichtsratsmitglied bestellen; ein evtl. vorhandenes Ersatzmitglied (→ Rn. 203 ff.) rückt gemäß § 101 Abs. 3 S. 2 AktG sofort nach.[590]

Wird **Beschwerde** eingelegt, kann das Beschwerdegericht allerdings gemäß § 64 Abs. 3 FamFG eine 190 **einstweilige Anordnung** dahingehend erlassen, dass eine **Neubestellung vorläufig ausgeschlossen** ist, um den Platz für das erstinstanzlich abberufene Aufsichtsratsmitglied freizuhalten.[591] Wird der Platz nicht freigehalten, sondern von der Gesellschaft ein neues Aufsichtsratsmitglied bestellt, wird die Beschwerde nämlich unzulässig, weil sich dann das Verfahren in der Hauptsache wegen Unmöglichkeit erledigt.[592] Erlangt das erstinstanzlich abberufene Aufsichtsratsmitglied durch die Beschwerdeentscheidung sein Amt zurück, so kann das wiederum nur ex nunc geschehen; andernfalls wären alle vom Aufsichtsrat zwischendurch gefassten Beschlüsse nichtig.[593]

Das **Nachrücken eines Ersatzmitglieds** kann durch eine einstweilige Anordnung im Beschwerde- 191 verfahren nicht verhindert werden.[594] Allerdings wird jedenfalls teilweise angenommen, dass das Nachrücken unter der auflösenden Bedingung der rechtskräftigen Abweisung des Antrags auf Abberufung steht.[595] Auch hier rückt also das Ersatzmitglied ex nunc wieder in seinen alten Posten ein.[596] Wird der freie Posten durch **gerichtliche Bestellung** gemäß § 104 AktG neu besetzt, ist die Rückkehr des Aufsichtsratsmitglieds nach gewonnenem Beschwerdeverfahren ohnehin unproblematisch, weil darin eine Behebung des Mangels gemäß § 104 Abs. 6 AktG zu sehen ist (→ Rn. 165) und das gerichtlich bestellte Aufsichtsratsmitglied dann automatisch ausscheidet.[597]

d) Besonderheiten bei gerichtlich bestellten Mitgliedern

Nach § 104 AktG gerichtlich bestellte Mitglieder können weder durch die Hauptversammlung noch 192 durch einen Entsendungsberechtigten nach § 103 Abs. 1, 2 AktG abberufen werden, wie sich schon aus dem Wortlaut der Vorschriften ergibt.[598] **Hauptversammlung bzw. Entsendungsberechtigter** können das gerichtlich bestellte Mitglied aber **indirekt** dadurch „abberufen", dass das ursprünglich fehlende Aufsichtsratsmitglied nachbestellt und dadurch der Mangel gemäß § 104 Abs. 6 AktG behoben wird.

Ein gerichtlich bestelltes Mitglied kann **vom Gericht** wieder abberufen werden. Streitig ist nur, ob 193 dafür die Voraussetzungen von § 103 Abs. 3 AktG, insbesondere Antrag und wichtiger Grund, vorliegen müssen.[599] Dagegen spricht der nur vorläufige Charakter der Bestellungsentscheidung,[600] dafür, dass das

---

[587] GroßkommAktG/*Hopt/Roth* AktG § 103 Rn. 73; BeckOGK/*Spindler* AktG § 103 Rn. 41; MüKoAktG/*Habersack* AktG § 103 Rn. 44; Kölner Komm AktG/*Mertens/Cahn* AktG § 103 Rn. 39.
[588] MüKoAktG/*Habersack* AktG § 103 Rn. 44; GroßkommAktG/*Hopt/Roth* AktG § 103 Rn. 73.
[589] Hölters/*Simons* AktG § 103 Rn. 39; Kölner Komm AktG/*Mertens/Cahn* AktG § 103 Rn. 42; GroßkommAktG/*Hirte/Mülbert/Roth* AktG § 103 Rn. 89; Hüffer/*Koch*/*Koch* AktG § 103 Rn. 13; MüKoAktG/*Habersack* AktG § 103 Rn. 47; sich widersprechend BeckOGK/*Spindler* AktG § 103 Rn. 40, 42.
[590] GroßkommAktG/*Hirte/Mülbert/Roth* AktG § 103 Rn. 89; Kölner Komm AktG/*Mertens/Cahn* AktG § 103 Rn. 43; MüKoAktG/*Habersack* AktG § 103 Rn. 47.
[591] MüKoAktG/*Habersack* AktG § 103 Rn. 47; GroßkommAktG/*Hirte/Mülbert/Roth* AktG § 103 Rn. 90; BeckOGK/*Spindler* AktG § 103 Rn. 43; Kölner Komm AktG/*Mertens/Cahn* AktG § 103 Rn. 43.
[592] Vgl. OLG Köln DB 1988, 2628; BeckOGK/*Spindler* AktG § 103 Rn. 42; GroßkommAktG/*Hirte/Mülbert/Roth* AktG § 103 Rn. 89; MüKoAktG/*Habersack* AktG § 103 Rn. 48.
[593] Hölters/*Simons* AktG § 103 Rn. 39; MüKoAktG/*Habersack* AktG § 103 Rn. 48; BeckOGK/*Spindler* AktG § 103 Rn. 42.
[594] Hölters/*Simons* AktG § 103 Rn. 41; MüKoAktG/*Habersack* AktG § 103 Rn. 47; Kölner Komm AktG/*Mertens/Cahn* AktG § 103 Rn. 41.
[595] MüKoAktG/*Habersack* AktG § 103 Rn. 47; BeckOGK/*Spindler* AktG § 103 Rn. 42; ähnlich GroßkommAktG/*Hirte/Mülbert/Roth* AktG § 103 Rn. 90; wohl **aA** Kölner Komm AktG/*Mertens/Cahn* AktG § 103 Rn. 43.
[596] BeckOGK/*Spindler* AktG § 103 Rn. 42.
[597] BayObLGZ 2003, 89 (90); MüKoAktG/*Habersack* AktG § 103 Rn. 48; *Hoffmann/Kirchhoff* FS Beusch, 1993, 377 (388).
[598] Kölner Komm AktG/*Mertens/Cahn* AktG § 104 Rn. 38; MüKoAktG/*Habersack* AktG § 104 Rn. 54; BeckOGK/*Spindler* AktG § 104 Rn. 58; GroßkommAktG/*Hirte/Mülbert/Roth* AktG § 104 Rn. 142.
[599] Dagegen AG Charlottenburg AG 2005, 133; Kölner Komm AktG/*Mertens/Cahn* AktG § 104 Rn. 36; MüKoAktG/*Habersack* AktG § 104 Rn. 54, 48; dafür BeckOGK/*Spindler* AktG § 104 Rn. 56; Hüffer/*Koch*/*Koch* AktG § 104 Rn. 15; Hölters/*Simons* AktG § 104 Rn. 35; GroßkommAktG/*Hirte/Mülbert/Roth* AktG § 104 Rn. 143.

Gericht eine Abberufung nur nach den gesetzlichen Vorschriften aussprechen darf.[601] Die praktische Relevanz dieses Streits ist allerdings gering, weil das Gericht in der Regel ohnehin nicht von sich aus tätig wird. Die gerichtliche Abberufung kommt vor allem dann in Betracht, wenn zwar ein neues Aufsichtsratsmitglied bestellt worden ist, aber unklar bleibt, welches der gerichtlich bestellten Mitglieder ausscheiden muss oder sich herausstellt, dass bei einem gerichtlich bestellten Aufsichtsratsmitglied die gesetzlichen oder satzungsmäßigen persönlichen Voraussetzungen nicht mehr vorliegen (→ Rn. 169 f.).[602] Gegen die Abberufungsentscheidung ist entsprechend § 104 Abs. 1 S. 5, Abs. 2 S. 4 AktG die **Beschwerde** statthaft; beschwerdebefugt sind der (mögliche) Antragsteller und das abberufene Aufsichtsratsmitglied.[603]

e) Besonderheiten bei Arbeitnehmervertretern

194 Zu Besonderheiten bei der Abberufung von **Arbeitnehmervertretern** siehe (→ § 7 Rn. 128 ff., § 7 Rn. 430 f.).

3. Amtsniederlegung

195 Die Amtsniederlegung ist gesetzlich nicht geregelt, aber in der Praxis der **häufigste Fall** der vorzeitigen Amtsbeendigung.[604] Ein wichtiger Grund[605] wird für die Amtsniederlegung ganz überwiegend nicht mehr verlangt. Stattdessen geht die hM heute davon aus, dass die Amtsniederlegung grundsätzlich **immer und ohne nähere Angabe von Gründen zulässig** ist.[606] Es widerspreche der Überwachungsfunktion des Aufsichtsrats, wenn ein Aufsichtsratsmitglied auch gegen seinen Willen im Amt bleiben müsse.[607] Außerdem sei das Aufsichtsratsmandat mit bei Amtsantritt vielfach nicht überschaubaren Risiken behaftet, denen sich ein Aufsichtsratsmitglied auch einseitig entledigen können müsse.[608] Dennoch soll es möglich sein, per **Satzungsregelung** einen wichtigen Grund als Niederlegungsvoraussetzung einzuführen,[609] nicht aber, die Amtsniederlegung ganz auszuschließen oder an die Zustimmung von Dritten zu koppeln.[610]

196 Die Amtsniederlegung kann im Einzelfall **pflichtwidrig** sein, wenn sie zur Unzeit geschieht.[611] Zwar ist die Amtsniederlegung auch dann wirksam, das Aufsichtsratsmitglied macht sich aber gemäß §§ 116, 93 Abs. 2 AktG **schadensersatzpflichtig**.[612] Eine Amtsniederlegung geschieht „zur Unzeit", wenn beispielsweise durch die Amtsniederlegung der Aufsichtsrat nach § 108 Abs. 2 AktG beschlussunfähig wird und ein neues Mitglied nicht rechtzeitig gerichtlich bestellt werden kann.[613] Der Amtsniederlegung eines

---

[600] AG Charlottenburg AG 2005, 133; MüKoAktG/*Habersack* AktG § 104 Rn. 48; Kölner Komm AktG/*Mertens/Cahn* AktG § 104 Rn. 36.
[601] *Fett/Theusinger* AG 2010, 425 (426 f.); *Vetter* DB 2005, 875 (877); BeckOGK/*Spindler* AktG § 104 Rn. 56; Hüffer/Koch/*Koch* AktG § 104 Rn. 15.
[602] MüKoAktG/*Habersack* AktG § 104 Rn. 55; siehe auch Kölner Komm AktG/*Mertens/Cahn* AktG § 104 Rn. 34 ff.; GroßkommAktG/*Hirte/Mülbert/Roth* AktG § 104 Rn. 143.
[603] Kölner Komm AktG/*Mertens/Cahn* AktG § 104 Rn. 37; MüKoAktG/*Habersack* AktG § 104 Rn. 54; BeckOGK/*Spindler* AktG § 104 Rn. 57; GroßkommAktG/*Hirte/Mülbert/Roth* AktG § 104 Rn. 146.
[604] Vgl. GroßkommAktG/*Hirte/Mülbert/Roth* AktG § 103 Rn. 97; MüKoAktG/*Habersack* AktG § 103 Rn. 59; BeckOGK/*Spindler* AktG § 103 Rn. 64; Kölner Komm AktG/*Mertens/Cahn* AktG § 103 Rn. 56; Hüffer/Koch/*Koch* AktG § 103 Rn. 17; Hölters/*Simons* AktG § 103 Rn. 55; *Bayer/Hoffmann* AG-Report 2014, R144 (145 f.).
[605] So etwa noch *Ulmer* ZHR 141 (1977), 490 (501).
[606] OLG Stuttgart ZIP 2017, 671 (675); Kölner Komm AktG/*Mertens/Cahn* AktG § 103 Rn. 57; BeckOGK/*Spindler* AktG § 103 Rn. 64; Hüffer/Koch/*Koch* AktG § 103 Rn. 17; GroßkommAktG/*Hirte/Mülbert/Roth* AktG § 103 Rn. 99; Hölters/*Simons* AktG § 103 Rn. 55; MüKoAktG/*Habersack* AktG § 103 Rn. 59; *Singhof* AG 1998, 318 (321 f.); *Tank* AG 1977, 34 (38); *Wardenbach* AG 1999, 74 (75); **aA** Baumbach/Hueck/*Zöllner/Noack* GmbHG § 52 Rn. 52.
[607] Hölters/*Simons* AktG § 103 Rn. 55; BeckOGK/*Spindler* AktG § 103 Rn. 64; Hüffer/Koch/*Koch* AktG § 103 Rn. 17; MüKoAktG/*Habersack* AktG § 103 Rn. 59.
[608] MüKoAktG/*Habersack* AktG § 103 Rn. 59.
[609] Hüffer/Koch/*Koch* AktG § 103 Rn. 17; GroßkommAktG/*Hirte/Mülbert/Roth* AktG § 103 Rn. 108; MüKoAktG/*Habersack* AktG § 103 Rn. 62; Hölters/*Simons* AktG § 103 Rn. 55; Kölner Komm AktG/*Mertens/Cahn* AktG § 103 Rn. 58.
[610] Hölters/*Simons* AktG § 103 Rn. 55; Kölner Komm AktG/*Mertens/Cahn* AktG § 103 Rn. 58; MüKoAktG/*Habersack* AktG § 103 Rn. 62.
[611] Kölner Komm AktG/*Mertens/Cahn* AktG § 103 Rn. 57; BeckOGK/*Spindler* AktG § 103 Rn. 65; GroßkommAktG/*Hirte/Mülbert/Roth* AktG § 103 Rn. 101; MüKoAktG/*Habersack* AktG § 103 Rn. 60; Hüffer/Koch/*Koch* AktG § 103 Rn. 17; vgl. Lutter/Krieger/Verse AR § 1 Rn. 35.
[612] Kölner Komm AktG/*Mertens/Cahn* AktG § 103 Rn. 57; BeckOGK/*Spindler* AktG § 103 Rn. 65; GroßkommAktG/*Hirte/Mülbert/Roth* AktG § 103 Rn. 101; MüKoAktG/*Habersack* AktG § 103 Rn. 60; Hüffer/Koch/*Koch* AktG § 103 Rn. 17; *Singhof* AG 1998, 318 (323); *Wardenbach* AG 1999, 74 (76).
[613] Vgl. GroßkommAktG/*Hirte/Mülbert/Roth* AktG § 103 Rn. 101; MüKoAktG/*Habersack* AktG § 103 Rn. 60.

entsandten Mitglieds können auch Absprachen mit dem Entsendungsberechtigten entgegenstehen, was aber ebenfalls (nur) eine Schadensersatzpflicht auslösen kann.[614]

Andererseits kann auch eine **Pflicht zur Amtsniederlegung** bestehen – insbesondere zur Sicherung der Funktionsfähigkeit des Aufsichtsrats, etwa bei dauerhaftem Interessenkonflikt oder andauernder Krankheit –, die bei einer Verletzung ebenfalls zu einer Schadensersatzpflicht gegenüber der Gesellschaft aus §§ 116, 93 Abs. 2 AktG führen kann.[615] Denkbar ist auch, dass sich ein Aufsichtsratsmitglied von sich aus gegenüber Dritten (zB einem neuen Aktionär gegenüber) zur Amtsniederlegung verpflichtet.[616] Bleibt das Mitglied pflichtwidrig im Amt, berührt das die Wirksamkeit von Aufsichtsratsbeschlüssen, an denen es beteiligt ist, aber nicht.[617]

Die **Niederlegungserklärung** ist eine Gestaltungserklärung, die als empfangsbedürftige Willenserklärung der Gesellschaft (vertreten durch den Vorstand bzw. ein Vorstandsmitglied, § 78 Abs. 1 S. 1, Abs. 2 S. 2 AktG) zugehen muss.[618] Sie kann nach hM auch dem Aufsichtsratsvorsitzenden gegenüber abgegeben werden, soll aber auch dann erst mit Zugang beim Vorstand wirksam werden.[619] Teilweise wird bei von der Hauptversammlung gewählten Aufsichtsratsmitgliedern auch diese neben dem Vorstand als empfangszuständig angesehen,[620] was aber kaum praktische Relevanz haben dürfte, weil Zugang bei der Hauptversammlung in aller Regel auch Zugang beim (dort anwesenden) Vorstand bedeutet. Die Amtsniederlegung bedarf **keiner besonderen Form** und kann insbesondere auch mündlich erklärt werden, sie muss nur den Willen zur Amtsbeendigung klar erkennen lassen.[621] Die Satzung kann Vorgaben zum Adressaten sowie zu Form und Frist machen,[622] wobei das Recht zur fristlosen Amtsniederlegung aus wichtigem Grund nicht beschränkt werden kann.[623] Auch ein Zustimmungserfordernis kann nicht begründet werden.[624] Werden zulässige Satzungsvorgaben nicht beachtet, ist die Amtsniederlegung grundsätzlich unwirksam.[625] Ansonsten wird die Amtsniederlegung mit deren **Zugang** beim richtigen Empfänger **wirksam**, sofern darin nicht ein anderer (in der Zukunft liegender) Zeitpunkt bestimmt wird.[626]

4. Erfolgreiche Anfechtungsklage

Wird die Wahl eines Aufsichtsratsmitglieds nach § 251 AktG erfolgreich angefochten, so gestaltet das Urteil die materielle Rechtslage derart, dass das **Aufsichtsratsmandat ex tunc, also rückwirkend, wegfällt**.[627] Die Anfechtungsklage ist nach § 251 Abs. 1 S. 1 AktG statthaft, wenn bei der Wahl das Gesetz oder die Satzung verletzt wurden. Bei Gesetzesverstößen, die zur Nichtigkeit nach § 250 Abs. 1 AktG führen, muss keine Anfechtungsklage erhoben werden, weil die Wahl von vornherein nichtig und die betroffene Person gar nicht erst Mitglied des Aufsichtsrats geworden ist. **Nicht statthaft** ist die Anfechtungsklage, wenn gesetzliche oder satzungsmäßige Voraussetzungen bei einem Aufsichtsratsmitglied **später** wegfallen oder sich während der Amtszeit eines Aufsichtsratsmitglieds die Satzung oder das Gesetz

---

[614] MüKoAktG/*Habersack* AktG § 103 Rn. 60; GroßkommAktG/*Hirte/Mülbert/Roth* AktG § 103 Rn. 114.
[615] Hüffer/Koch/*Koch* AktG § 103 Rn. 17; GroßkommAktG/*Hirte/Mülbert/Roth* AktG § 103 Rn. 115 f.; BeckOGK/*Spindler* AktG § 103 Rn. 64; Hölters/*Simons* AktG § 103 Rn. 56a; MüKoAktG/*Habersack* AktG § 103 Rn. 60; *Diekmann/Fleischmann* AG 2013, 141 (147); vgl. auch LG Hannover ZIP 2009, 761 (762); *Wardenbach* AG 1999, 74 (76).
[616] MüKoAktG/*Habersack* AktG § 103 Rn. 60; Hölters/*Simons* AktG § 103 Rn. 56b.
[617] MüKoAktG/*Habersack* AktG § 103 Rn. 60.
[618] Kölner Komm AktG/*Mertens/Cahn* AktG § 103 Rn. 59; Hölters/*Simons* AktG § 103 Rn. 57; Hüffer/Koch/*Koch* AktG § 103 Rn. 17; MüKoAktG/*Habersack* AktG § 103 Rn. 61; BeckOGK/*Spindler* AktG § 103 Rn. 66.
[619] MüKoAktG/*Habersack* AktG § 103 Rn. 61; MHdB AG/*Hoffmann-Becking* § 30 Rn. 93; GroßkommAktG/*Hirte/Mülbert/Roth* AktG § 103 Rn. 106; **aA** Kölner Komm AktG/*Mertens/Cahn* AktG § 103 Rn. 59.
[620] Hüffer/Koch/*Koch* AktG § 103 Rn. 17; MüKoAktG/*Habersack* AktG § 103 Rn. 61; *Singhof* AG 1998, 318 (326).
[621] Hüffer/Koch/*Koch* AktG § 103 Rn. 17; MüKoAktG/*Habersack* AktG § 103 Rn. 61; Hölters/*Simons* AktG § 103 Rn. 57; GroßkommAktG/*Hirte/Mülbert/Roth* AktG § 103 Rn. 105.
[622] GroßkommAktG/*Hirte/Mülbert/Roth* AktG § 103 Rn. 108; Kölner Komm AktG/*Mertens/Cahn* AktG § 103 Rn. 58; Hölters/*Simons* AktG § 103 Rn. 55; BeckOGK/*Spindler* AktG § 103 Rn. 65; MüKoAktG/*Habersack* AktG § 103 Rn. 62; Hüffer/Koch/*Koch* AktG § 103 Rn. 17.
[623] GroßkommAktG/*Hirte/Mülbert/Roth* AktG § 103 Rn. 108; Kölner Komm AktG/*Mertens/Cahn* AktG § 103 Rn. 58; Hüffer/Koch/*Koch* AktG § 103 Rn. 17.
[624] GroßkommAktG/*Hirte/Mülbert/Roth* AktG § 103 Rn. 108.
[625] OLG Schleswig DB 2006, 146 (149); OLG Stuttgart DB 2009, 1521 (1523 f.); LG Flensburg DB 2004, 1253 (1254 f.); Hölters/*Simons* AktG § 103 Rn. 59; MüKoAktG/*Habersack* AktG § 103 Rn. 62; BeckOGK/*Spindler* AktG § 103 Rn. 65; anders OLG Stuttgart Urt. v. 1.7.2009 – 20 U 8/08, in einem Fall, in dem die Amtsniederlegung nicht wie in der Satzung vorgesehen an den Vorstand adressiert worden war, diesem aber durch Weiterleitung tatsächlich zugegangen war; rechtskräftig mit Zurückweisung der Nichtzulassungsbeschwerde durch den BGH Beschl. v. 21.6.2010 – II ZR 166/09.
[626] Hölters/*Simons* AktG § 103 Rn. 58; *Lutter/Krieger/Verse* AR § 1 Rn. 38.
[627] Hüffer/Koch/*Koch* AktG § 252 Rn. 5, 8; Hölters/*Simons* AktG § 252 Rn. 9; BeckOGK/*Stilz* AktG § 252 Rn. 5, 6; MüKoAktG/*Koch* AktG § 252 Rn. 10.

ändern. In diesen Fällen verletzt nicht, wie von § 251 Abs. 1 S. 1 AktG gefordert, die Wahl, sondern der fortdauernde Aufsichtsratsmitgliedsstatus das Gesetz bzw. die Satzung, vgl. → Rn. 169f.

200 Zum Folgeproblem der Gültigkeit von Beschlüssen unter Mitwirkung des betroffenen Aufsichtsratsmitglieds bei Rückwirkung der Anfechtungsklage → Rn. 150, § 3 Rn. 463ff.

5. Tod

201 Aufgrund des höchstpersönlichen Charakters des Amts erlischt durch den Tod des Aufsichtsratsmitglieds auch das Mandat.[628]

6. Gesellschaftsbezogene Beendigungsgründe

202 Alle Aufsichtsratsmandate erlöschen mit **Vollbeendigung** der Gesellschaft, beispielsweise nach erfolgreicher Auflösung und Liquidation nach den §§ 264ff. AktG oder auch bei Verschmelzung nach § 20 Abs. 1 Nr. 2 UmwG, Aufspaltung nach § 123 Abs. 1 UmwG, § 131 Abs. 1 Nr. 2 UmwG, Vollübertragung nach § 176 Abs. 3 UmwG sowie bei Teilübertragung in der Form der Abspaltung nach § 177 Abs. 1 UmwG, § 123 Abs. 1 UmwG, § 131 Abs. 1 Nr. 2 UmwG.[629] Aus § 264 Abs. 3 AktG, § 265 Abs. 3 AktG ergibt sich, dass die Auflösung alleine für eine Mandatsbeendigung noch nicht ausreicht, sondern der Aufsichtsrat danach noch fortbesteht.[630] Bei einem **Formwechsel** bestehen nach § 203 S. 1 UmwG die Aufsichtsratsmandate weiter, wenn bei dem Rechtsträger neuer Rechtsform in gleicher Weise wie bei dem formwechselnden Rechtsträger ein Aufsichtsrat gebildet und zusammengesetzt wird. Nach S. 2 können jedoch die Anteilsinhaber des formwechselnden Rechtsträgers im Umwandlungsbeschluss für ihre Aufsichtsratsmitglieder die Beendigung des Amtes bestimmen. Bei **Insolvenz** bleibt der Aufsichtsrat mangels Abwicklung der Gesellschaft auch nach Eröffnung des Insolvenzverfahrens erhalten, hat aber praktisch keine Funktion mehr.[631] Zur Wirkung eines **Statusverfahrens** (→ § 7 Rn. 576ff.), zu den Folgen der Verkleinerung des Aufsichtsrats (→ Rn. 14, 16).

VI. Besonderheiten bei Ersatzmitgliedern

1. Allgemeines

203 § 101 Abs. 3 S. 1 AktG schließt die Möglichkeit aus, Stellvertreter von Aufsichtsratsmitgliedern zu bestellen. Denn das Aufsichtsratsamt ist nach § 111 Abs. 6 AktG persönlich wahrzunehmen, um die volle Verantwortlichkeit des Aufsichtsratsmitglieds zu gewährleisten und zur effizienten Überwachung beizutragen.[632] § 101 Abs. 3 S. 2 AktG erlaubt aber die Bestellung von Ersatzmitgliedern. Unter einem Ersatzmitglied versteht man im Gegensatz zum Stellvertreter nicht eine Vertretung bei vorübergehender Verhinderung.[633] Stattdessen treten Ersatzmitglieder **an die Stelle eines dauerhaft weggefallenen Mitglieds**.[634] Durch die Bestellung von Ersatzmitgliedern kann bei Wegfall von Aufsichtsratsmitgliedern der Aufwand von Nachbestellungen und in der Regel die Beschlussunfähigkeit vermieden werden, gleichzeitig findet die Eignungsprüfung des jeweiligen Kandidaten uU lang vor seinem Amtsantritt statt.[635] Die **Satzung** kann die Möglichkeit zur Bestellung von Ersatzmitgliedern nicht einschränken oder ausschließen, die Bestellung aber auch nicht erzwingen.[636]

---

[628] Hüffer/Koch/*Koch* AktG § 103 Rn. 16; Hölters/*Simons* AktG § 103 Rn. 39; MüKoAktG/*Habersack* AktG § 103 Rn. 56; BeckOGK/*Spindler* AktG, § 103 Rn. 63.
[629] BGH NZG 2015, 438 (439); GroßkommAktG/*Hirte/Mülbert/Roth* AktG § 102, Rn. 41; § 103 Rn. 125; Kölner Komm AktG/*Mertens/Cahn* AktG § 103 Rn. 53; Hölters/*Simons* AktG § 103 Rn. 54; Hüffer/Koch/*Koch* AktG § 103 Rn. 16; MüKoAktG/*Habersack* AktG § 103 Rn. 57; BeckOGK/*Spindler* AktG § 103 Rn. 67; dazu auch *Wulff/Buchner* ZIP 2007, 314.
[630] GroßkommAktG/*Hirte/Mülbert/Roth* AktG § 102 Rn. 41; BeckOGK/*Spindler* AktG § 103 Rn. 67; Hölters/*Simons* AktG § 103 Rn. 54; Hüffer/Koch/*Koch* AktG § 103 Rn. 16; MüKoAktG/*Habersack* AktG § 103 Rn. 57; siehe dazu auch BGH NJW 1960, 1006.
[631] Näher hierzu MüKoAktG/*Spindler* AktG § 111 Rn. 91.
[632] GroßkommAktG/*Hirte/Mülbert/Roth* AktG § 101 Rn. 199ff.; Hüffer/Koch/*Koch* AktG § 101 Rn. 13; MüKoAktG/*Habersack* AktG § 101 Rn. 75.
[633] MüKoAktG/*Habersack* AktG § 101 Rn. 76.
[634] Hölters/*Simons* AktG § 101 Rn. 35; GroßkommAktG/*Hirte/Mülbert/Roth* AktG § 101 Rn. 202; MüKoAktG/*Habersack* AktG § 101 Rn. 76.
[635] Hölters/*Simons* AktG § 101 Rn. 36; MüKoAktG/*Habersack* AktG § 101 Rn. 76.
[636] Kölner Komm AktG/*Mertens/Cahn* AktG § 101 Rn. 85; Hüffer/Koch/*Koch* AktG § 101 Rn. 13; GroßkommAktG/*Hirte/Mülbert/Roth* AktG § 101 Rn. 205; Hölters/*Simons* AktG § 101 Rn. 36; MüKoAktG/*Habersack* AktG § 101 Rn. 76; BeckOGK/*Spindler* AktG § 101 Rn. 86.

2. Bestellung

Nach § 101 Abs. 3 S. 4 AktG folgt die Bestellung denselben **Vorschriften, die für das ggf. zu erset-** 204
zende Aufsichtsratsmitglied gelten. Ersatzmitglieder werden also je nach Gruppenzugehörigkeit nach § 101 Abs. 1 AktG von der Hauptversammlung gewählt, nach § 101 Abs. 2 AktG entsandt oder nach den Mitbestimmungsgesetzen gewählt; die jeweils dazu gemachten Ausführungen gelten entsprechend (→ Rn. 102 ff., Rn. 126 ff., § 7 Rn. 89 ff., § 7 Rn. 419 ff.). Insbesondere muss das Ersatzmitglied die Bestellung annehmen.[637] Nicht möglich ist es, ein ordentliches Mitglied als Ersatzmitglied zu wählen oder zu entsenden, da seine Stelle mit dem Nachrücken vakant würde.[638]

Nach § 101 Abs. 3 S. 4 AktG gelten für Ersatzmitglieder auch in Bezug auf **Nichtigkeit und An-** 205
fechtung dieselben Vorschriften wie für das jeweilige ordentliche Aufsichtsratsmitglied, für das sie nachrücken sollen. Daraus folgt, dass insbesondere die Bestellungsvoraussetzungen aus § 100 Abs. 1, 2 AktG, § 105 Abs. 1 AktG sowie aus der Satzung nach § 100 Abs. 4 AktG vorliegen müssen.[639] Wie bei den ordentlichen Aufsichtsratsmitgliedern auch ist die Erfüllung der **persönlichen Voraussetzungen** zum Zeitpunkt des Amtsantritts ausreichend (→ Rn. 82), nach § 101 Abs. 3 S. 2 AktG also **zum Zeitpunkt des Nachrückens**.[640]

Nach § 101 Abs. 3 S. 3 AktG müssen Ersatzmitglieder **gleichzeitig** mit dem ordentlichen Aufsichts- 206
ratsmitglied bestellt werden, das sie ggf. ersetzen sollen. Bei Wahl durch die Hauptversammlung muss es sich nicht um denselben Wahlgang handeln, es genügt dieselbe Hauptversammlung.[641] § 101 Abs. 3 S. 3 AktG gilt auch für den Fall, dass das Ersatzmitglied noch vor dem Nachrückfall selbst wegfällt.[642] Soll dann ein neues Ersatzmitglied bestellt werden, müsste das ordentliche Amtsmitglied sein Amt niederlegen und sich zusammen mit dem neuen Ersatzmitglied neu bestellen lassen.[643] Wird nicht gleichzeitig gewählt, ist die Wahl des Ersatzmitglieds **anfechtbar**.[644] Wählt die Hauptversammlung ein neues ordentliches Aufsichtsratsmitglied, wird das vorherige Ersatzmitglied nicht automatisch Ersatzmitglied des neuen Aufsichtsratsmitglieds, schon weil es nicht gemäß § 101 Abs. 3 S. 3 AktG gleichzeitig bestellt wurde.[645]

Auch wenn der Wortlaut des § 101 Abs. 3 S. 2 AktG davon ausgeht, dass ein Ersatzmitglied nur für ein 207
ordentliches Aufsichtsratsmitglied (nicht: für den Aufsichtsrat als Gesamtgremium) bestellt wird, wird es allgemein als zulässig angesehen, ein Ersatzmitglied für **mehrere bestimmte ordentliche Aufsichtsratsmitglieder** zu bestellen, wenn sie alle derselben Gruppe angehören.[646] Aus Gründen der Rechtssicherheit muss allerdings eine eindeutige Nachrückreihenfolge bestimmt werden für den Fall, dass mehrere ordentliche Aufsichtsratsmitglieder, für die das Ersatzmitglied bestellt ist, gleichzeitig wegfallen.[647] Läuft in einem solchen Fall die Amtszeit des ordentlichen Aufsichtsratsmitglieds aus, für welches das Ersatzmitglied nachgerückt ist, kann das Ersatzmitglied für eines der verbliebenen ordentlichen Aufsichtsratsmitglieder, für die es als Ersatz bestellt worden war, erneut nachrücken.[648] Auch der umgekehrte Fall ist zulässig, dh

---

[637] BeckOGK/*Spindler* AktG § 101 Rn. 91; Kölner Komm AktG/*Mertens/Cahn* AktG § 101 Rn. 87; Hüffer/Koch/*Koch* AktG § 101 Rn. 14; Hölters/*Simons* AktG § 101 Rn. 36, 39; MüKoAktG/*Habersack* AktG § 101 Rn. 81; GroßkommAktG/*Hirte/Mülbert/Roth* AktG § 101 Rn. 218.
[638] MüKoAktG/*Habersack* AktG § 101 Rn. 77; BeckOGK/*Spindler* AktG § 101 Rn. 89.
[639] Hüffer/Koch/*Koch* AktG § 101 Rn. 14; GroßkommAktG/*Hirte/Mülbert/Roth* AktG § 101 Rn. 208; Hölters/*Simons* AktG § 101 Rn. 36, 39; MüKoAktG/*Habersack* AktG § 101 Rn. 77; BeckOGK/*Spindler* AktG § 101 Rn. 89.
[640] BGH NJW 1987, 902; BeckOGK/*Spindler* AktG § 101 Rn. 89; MüKoAktG/*Habersack* AktG § 101 Rn. 77; Hölters/*Simons* AktG § 101 Rn. 36, 39; Hüffer/Koch/*Koch* AktG § 101 Rn. 14; GroßkommAktG/*Hirte/Mülbert/Roth* AktG § 101 Rn. 220.
[641] LG München I ZIP 2009, 2098 (2102); GroßkommAktG/*Hirte/Mülbert/Roth* AktG § 101 Rn. 213; MüKoAktG/*Habersack* AktG § 101 Rn. 79; Hüffer/Koch/*Koch* AktG § 101 Rn. 14; BeckOGK/*Spindler* AktG § 101 Rn. 88.
[642] BeckOGK/*Spindler* AktG § 101 Rn. 88; MüKoAktG/*Habersack* AktG § 101 Rn. 79.
[643] Hüffer/Koch/*Koch* AktG § 101 Rn. 14.
[644] LG Heidelberg AG 1986, 81 (83); Hölters/*Simons* AktG § 101 Rn. 40.
[645] GroßkommAktG/*Hirte/Mülbert/Roth* AktG § 101 Rn. 215; BeckOGK/*Spindler* AktG § 101 Rn. 90; MüKoAktG/*Habersack* AktG § 101 Rn. 80.
[646] BGH NJW 1987, 902; OLG Karlsruhe AG 1986, 168 (169); LG München I ZIP 2009, 2098 (2102); LG Mannheim WM 1986, 104 (105); GroßkommAktG/*Hirte/Mülbert/Roth* AktG § 101 Rn. 210; MüKoAktG/*Habersack* AktG § 101 Rn. 82; BeckOGK/*Spindler* AktG § 101 Rn. 102; Kölner Komm AktG/*Mertens/Cahn* AktG § 101 Rn. 90; Hüffer/Koch/*Koch* AktG § 101 Rn. 17; Hölters/*Simons* AktG § 101 Rn. 37; *Lutter/Krieger/Verse* AR § 14 Rn. 1054.
[647] BGH NJW 1987, 902; OLG Karlsruhe AG 1986, 168 (169); LG Heidelberg AG 1986, 81 (83); MüKoAktG/*Habersack* AktG § 101 Rn. 83; GroßkommAktG/*Hirte/Mülbert/Roth* AktG § 101 Rn. 210; BeckOGK/*Spindler* AktG § 101 Rn. 102; ähnlich Hölters/*Simons* AktG § 101 Rn. 37.
[648] BGH NJW 1987, 902; BeckOGK/*Spindler* AktG § 101 Rn. 103; Hüffer/Koch/*Koch* AktG § 101 Rn. 17, 83; *Heinsius* ZGR 1982, 232 (239); *Bommert* AG 1986, 315 (320); *Lehmann* DB 1983, 485 (487); *Rellermeyer* ZGR 1987, 563 (573).

für ein Aufsichtsratsmitglied können auch **mehrere Ersatzmitglieder** bestellt werden, wiederum mit klarer Regelung der Nachrückreihenfolge.[649]

208 Eine **gerichtliche Bestellung** von Ersatzmitgliedern nach § 104 AktG ist **nicht** möglich, da sie eine Notfalllösung und die Bestellung von Ersatzmitgliedern für einen funktionierenden Aufsichtsrat nicht zwingend notwendig ist.[650]

3. Nachrücken

209 Entsteht durch den Wegfall des ordentlichen Aufsichtsratsmitglieds, für welches das Ersatzmitglied bestellt wurde, eine **Vakanz**, rückt das Ersatzmitglied **automatisch** nach.[651] Gemäß § 101 Abs. 3 S. 2 AktG ist das Ersatzmitglied ab diesem Zeitpunkt Mitglied des Aufsichtsrats. Eine Annahme ist nach hM nicht mehr erforderlich, da sich das Ersatzmitglied mit der Annahme der Wahl bereits antizipiert mit dem automatischen Nachrücken einverstanden erklärt.[652] Weigert sich das Ersatzmitglied allerdings, in den Aufsichtsrat nachzurücken, ist das eine Amtsniederlegung.[653] Mit einem Wegfall des ordentlichen Mitglieds ist nach hM nur ein **echtes Ausscheiden** gemeint, also insbesondere Tod, Abberufung und Amtsniederlegung, nicht hingegen eine dauernde Verhinderung wie eine lange Krankheit und erst recht nicht eine kurzfristige wie ein Stimmverbot, weil sonst dauerhafte Unsicherheit über die Aufsichtsratsmitgliedschaft herrschen würde.[654] Wird bereits vor dem Wegfall des ordentlichen Aufsichtsratsmitglieds ein Nachfolger bestellt (sog. **„überholende Nachwahl"**), rückt das Ersatzmitglied nicht nach, weil die dafür notwendige „Lücke" im Aufsichtsrat nicht entsteht.[655]

4. Ausscheiden

210 Nach § 102 Abs. 2 AktG **endet** die Amtszeit des Ersatzmitglieds (egal ob nachgerückt oder nicht) spätestens mit **Ablauf der Amtsperiode des Aufsichtsratsmitglieds,** für das es bestellt wurde.[656] Ist das Ersatzmitglied für **mehrere** Aufsichtsratsmitglieder bestellt, gilt für das nicht nachgerückte Ersatzmitglied die Amtsperiode des am längsten bestellten Aufsichtsratsmitglieds. Rückt es nach, richtet sich der Ablauf der Amtszeit als ordentliches Aufsichtsratsmitglied nach der individuellen Amtszeit des jeweils ersetzten Aufsichtsratsmitglieds; das Ersatzmitglied kann dann aber, wenn es der Bestellungsbeschluss so vorsieht, wieder zum Ersatzmitglied für die übrigen zu ersetzenden Aufsichtsratsmitglieder bis zu deren jeweiligen Amtszeitende werden (und ggf. erneut nachrücken, siehe oben).[657] Die Amtszeit von Ersatzmitgliedern kann durch eine Satzungsregelung oder den Bestellungsbeschluss **auch kürzer** ausgestaltet werden. Möglich ist auch festzulegen, dass die Amtszeit des Ersatzmitglieds mit der Neubestellung eines ordentlichen Mitglieds endet.[658] Diese **„entziehende Nachwahl"**[659] wirkt auf das nachgerückte Ersatzmitglied wie eine Abberufung, sodass die Mehrheitserfordernisse aus § 103 Abs. 1 AktG gelten.[660]

---

[649] BeckOGK/*Spindler* AktG § 101 Rn. 104; GroßkommAktG/*Hirte/Mülbert/Roth* AktG § 101 Rn. 209; Kölner Komm AktG/*Mertens/Cahn* AktG § 101 Rn. 89; MüKoAktG/*Habersack* AktG § 101 Rn. 84; Hölters/*Simons* AktG § 101 Rn. 38; Hüffer/Koch/*Koch* AktG § 101 Rn. 18.

[650] Hölters/*Simons* AktG § 101 Rn. 39; Hüffer/Koch/*Koch* AktG § 101 Rn. 14.

[651] *Bommert* AG 1986, 315 (319); Kölner Komm AktG/*Mertens/Cahn* AktG § 101 Rn. 100; Hüffer/Koch/*Koch* AktG § 101 Rn. 15; MüKoAktG/*Habersack* AktG § 101 Rn. 85; GroßkommAktG/*Hirte/Mülbert/Roth* AktG § 101 Rn. 219 f.; BeckOGK/*Spindler* AktG § 101 Rn. 93; Hölters/*Simons* AktG § 101 Rn. 43; **aA** *Lehmann* DB 1983, 485 (487); *Lutter/Krieger/Verse* AR § 14 Rn. 1054.

[652] BayObLG AG 2001, 50 (51); BeckOGK/*Spindler* AktG § 101 Rn. 94; GroßkommAktG/*Hirte/Mülbert/Roth* AktG § 101 Rn. 222; Hölters/*Simons* AktG § 101 Rn. 43; Hüffer/Koch/*Koch* AktG § 101 Rn. 15; Kölner Komm AktG/*Mertens/Cahn* AktG § 101 Rn. 100; MüKoAktG/*Habersack* AktG § 101 Rn. 81, 89; **aA** *Lehmann* DB 1983, 485 (487); *Lutter/Krieger/Verse* AR § 14 Rn. 1054.

[653] Kölner Komm AktG/*Mertens/Cahn* AktG § 101 Rn. 96.

[654] Hüffer/Koch/*Koch* AktG § 101 Rn. 13, 15; Hölters/*Simons* AktG § 101 Rn. 42; MüKoAktG/*Habersack* AktG § 101 Rn. 85; **aA** Kölner Komm AktG/*Mertens/Cahn* AktG § 101 Rn. 99; BeckOGK/*Spindler* AktG § 101 Rn. 85; *Krauel/Fackler* AG 2009, 686 (688), die eine dauerhafte Verhinderung mit einbeziehen wollen.

[655] BGH AG 1987, 348 (349); LG Mannheim WM 1986, 104 (105); Kölner Komm AktG/*Mertens/Cahn* AktG § 101 Rn. 102, 105; GroßkommAktG *Hirte/Mülbert/Roth* AktG § 101 Rn. 219; BeckOGK/*Spindler* AktG § 101 Rn. 100; Hölters/*Simons* AktG § 101 Rn. 45; MüKoAktG/*Habersack* AktG § 101 Rn. 85; Hüffer/Koch/*Koch* AktG § 101 Rn. 16; *Lutter/Krieger/Verse* AR § 14 Rn. 1058.

[656] OLG Karlsruhe AG 1986, 168 (169); Hüffer/Koch/*Koch* AktG § 102 Rn. 7; GroßkommAktG/*Hirte/Mülbert/Roth* AktG § 102 Rn. 60, 66; MüKoAktG/*Habersack* AktG § 102 Rn. 19; Hölters/*Simons* AktG § 102 Rn. 12; Kölner Komm AktG/*Mertens/Cahn* AktG § 101 Rn. 9.

[657] Vgl. LG Mannheim WM 1986, 104 (105); Kölner Komm AktG/*Mertens/Cahn* AktG § 101 Rn. 95; Hölters/*Simons* AktG § 102 Rn. 12.

[658] Siehe dazu OLG Karlsruhe NJW-RR 1986, 710 (711); GroßkommAktG/*Hirte/Mülbert/Roth* AktG § 10 Rn. 62; BeckOGK/*Spindler* AktG § 102 Rn. 22; Hölters/*Simons* AktG § 102 Rn. 12.

[659] *Lutter/Krieger/Verse* AR § 14 Rn. 1056.

Allgemein gelten gem. § 103 Abs. 5 AktG für die **Abberufung** eines Ersatzmitglieds die Vorschriften 211 über die Abberufung des ordentlichen Aufsichtsratsmitglieds, für das es bestellt ist, also § 103 Abs. 1–3 AktG[661] (dazu → Rn. 171 ff.). Daneben greifen die üblichen **Ausscheidensgründe** (Amtsniederlegung (→ Rn. 195 ff.), erfolgreiche Anfechtungsklage (→ Rn. 199), Tod (→ Rn. 201), gesellschaftsbezogene Beendigungsgründe (→ Rn. 202)) entsprechend.

VII. Bekanntmachungspflichten hinsichtlich der Zusammensetzung des Aufsichtsrats

1. Bekanntmachungen im Handelsregister

Der Vorstand (in vertretungsberechtigter Zahl)[662] hat gemäß § 106 AktG bei jeder **Änderung in den** 212 **Personen der Aufsichtsratsmitglieder** unverzüglich eine **Liste der Mitglieder des Aufsichtsrats,** aus welcher Name, Vorname, ausgeübter Beruf und Wohnort der Mitglieder ersichtlich ist, zum Handelsregister einzureichen. „Änderung" im Sinne des § 106 AktG sind nur Ausscheiden und Eintritt eines Mitglieds, nicht Verlängerungen der Amtszeit oder Änderung von Namen, Beruf oder Wohnort einzelner Mitglieder.[663] Allerdings muss bei jeder relevanten Änderung eine komplett aktualisierte Liste eingereicht werden.[664] Dadurch soll die personelle Zusammensetzung für jedermann unmittelbar nachvollziehbar sein.[665] **Ersatzmitglieder** sind **nicht** mit aufzuführen, da sie nach § 101 Abs. 3 S. 2 AktG erst mit Wegfall des Aufsichtsratsmitglieds, als dessen Ersatz sie bestellt worden sind, Mitglieder des Aufsichtsrats werden. Für den **ersten Aufsichtsrat** ist nach § 37 Abs. 4 Nr. 3, 3a AktG der Handelsregisteranmeldung zusätzlich zur Liste der Aufsichtsratsmitglieder die Bestellungsurkunde beizufügen.

Die Liste ist **unverzüglich,** also nach § 121 Abs. 1 S. 1 BGB ohne schuldhaftes Zögern, aber auch erst 213 dann einzureichen, wenn die Änderung wirksam geworden ist.[666] Scheidet ein Aufsichtsratsmitglied aus und rückt an seiner Stelle ein Ersatzmitglied in den Aufsichtsrat nach, ist eine neue Liste einzureichen, die direkt das nachgerückte Ersatzmitglied ausweist.[667] In anderen Fällen kann die Einreichung der Liste wegen des Austritts eines Mitglieds nach hM nur dann bis zur Neubesetzung der Stelle aufgeschoben werden, wenn die Stelle in unmittelbarem zeitlichem Zusammenhang mit dem Ausscheiden des Aufsichtsratsmitglieds neu besetzt wird.[668]

Die **Liste** ist ein „Dokument" im Sinne des § 12 Abs. 2 HGB und **elektronisch zum Handelsregis-** 214 **ter einzureichen** (zB als pdf-Scan), ohne dass sie öffentlich zu beglaubigen oder vom Vorstand zu unterschreiben ist; sie muss den Vorstand lediglich als Urheber erkennen lassen.[669] Das Gericht macht dann auf www.handelsregisterbekanntmachungen.de einen Hinweis nach § 10 HGB bekannt, nicht die Liste an sich.[670] Die Liste kann aber oder über das Unternehmensregister unter www.unternehmensregister.de eingesehen werden, § 8b Abs. 2 Nr. 1 HGB. Für die rechtliche Stellung der Aufsichtsratsmitglieder ist es allerdings ohne Bedeutung, ob die Liste tatsächlich eingereicht wird.[671] Da die Liste nur einzureichen, aber nicht einzutragen ist, ist auch § 15 HGB nicht anwendbar.[672] Bei besonderem Schutzbedürfnis der Aktionäre oder Dritter (dazu zählt nicht der Vorstand) kann im Einzelfall aber eine entsprechende Anwendung des § 171 Abs. 2 BGB in Betracht kommen.[673]

---

[660] BGH NJW 1987, 902; BGH ZIP 1989, 163 (164); BGH AG 1987, 348 (349); BeckOGK/*Spindler* AktG § 103 Rn. 61; Kölner Komm AktG/*Mertens/Cahn* AktG § 101 Rn. 51, 104; GroßkommAktG/*Hirte/Mülbert/Roth* AktG § 103 Rn. 81; Hölters/*Simons* AktG § 103 Rn. 51; Hüffer/Koch/*Koch* AktG § 103 Rn. 15; MüKoAktG/*Habersack* AktG § 103 Rn. 54; § 101 Rn. 90.
[661] BeckOGK/*Spindler* AktG § 103 Rn. 61; GroßkommAktG/*Hirte/Mülbert/Roth* AktG § 103 Rn. 96; Hölters/*Simons* AktG § 103 Rn. 51; MüKoAktG/*Habersack* AktG § 103 Rn. 55; Hüffer/Koch/*Koch* AktG § 103 Rn. 15.
[662] Hüffer/Koch/*Koch* AktG § 106 Rn. 2.
[663] MüKoAktG/*Habersack* AktG § 106 Rn. 6.
[664] *Wachter* AG 2016, 776 (779).
[665] *Wachter* AG 2016, 776 (779).
[666] Kölner Komm AktG/*Mertens/Cahn* AktG § 106 Rn. 6.
[667] MüKoAktG/*Habersack* AktG § 106 Rn. 10.
[668] MüKoAktG/*Habersack* AktG § 106 Rn. 10; MHdB AG/*Hoffmann-Becking* § 30 Rn. 103; GroßkommAktG/*Hirte/Mülbert/Roth* AktG § 106 Rn. 23.
[669] Hüffer/Koch/*Koch* AktG § 106 Rn. 2; Kölner Komm AktG/*Mertens/Cahn* AktG § 106 Rn. 7.
[670] Kölner Komm AktG/*Mertens/Cahn* AktG § 106 Rn. 9.
[671] Kölner Komm AktG/*Mertens/Cahn* AktG § 106 Rn. 10; das hält *Wachter* AG 2016, 776 (781 ff.) für reformbedürftig.
[672] AllgM, Hölters/*Simons* AktG § 106 Rn. 8; BeckOGK/*Spindler* AktG § 106 Rn. 2; MüKoAktG/*Habersack* AktG § 106 Rn. 13; Kölner Komm AktG/*Mertens/Cahn* AktG § 106 Rn. 10; zu § 106 AktG aF auch GroßkommAktG/*Hirte/Mülbert/Roth* AktG § 106 Rn. 28.
[673] MüKoAktG/*Habersack* AktG § 106 Rn. 13; Hölters/*Simons* AktG § 106 Rn. 8; siehe zu dieser und ähnlicher Problematik auch BGH NZG 2013, 456; *Vetter* ZIP 2012, 701 (710); *Cziupka* DNotZ 2013, 579 (583).

215 Die Pflicht zur Einreichung kann durch Festsetzung eines **Zwangsgelds** gemäß § 14 HGB durchgesetzt werden.[674] Dabei richtet sich das Zwangsgeldverfahren nicht gegen die Gesellschaft, sondern gegen die verpflichteten Vorstandsmitglieder persönlich.[675] Bei unrichtiger Einreichung besteht für den Vorstand eine Pflicht zur Berichtigung.[676] Bei einem Verstoß kommt auch eine Haftung des Vorstands aus § 93 Abs. 2 AktG in Betracht.

216 Vom Vorstand (in vertretungsbefugter Zahl) zum Handelsregister **anzumelden** sind gem. § 107 Abs. 1 S. 2 AktG auch der gewählte **Aufsichtsratsvorsitzende und sein Stellvertreter.** Auch insoweit findet keine Eintragung statt, das vorstehend zur Mitgliederliste betreffend Einreichung, rechtliche Bedeutung und Durchsetzung Gesagte gilt deshalb hier ebenfalls.

2. Sonstige Publizitätspflichten

217 Der Aufsichtsratsvorsitzende ist nach **§ 80 Abs. 1 AktG** mit seinem Familiennamen und mindestens einem ausgeschriebenen Vornamen auf den Geschäftsbriefen der Gesellschaft anzugeben, der Stellvertreter braucht nicht angegeben zu werden. Bestimmte Angaben zu Aufsichtsratsmitgliedern, Aufsichtsratsvorsitzendem und hier auch seinem Stellvertreter sind nach **§ 285 Nr. 10 HGB, § 314 Abs. 1 Nr. 6 HGB** im Anhang zum Jahresabschluss und im Konzernanhang machen, diese werden nach § 325 HGB offengelegt. Kapitalmarktorientierte Unternehmen müssen in der Erklärung zur Unternehmensführung nach **§ 289f Abs. 2 Nr. 3 HGB** die Arbeitsweise auch des Aufsichtsrats und die Zusammensetzung und Arbeitsweise von Ausschüssen beschreiben bzw. auf entsprechende Informationen auf der Internetseite der Gesellschaft verweisen. Ferner bezieht sich die Pflicht zur Einreichung von Hauptversammlungsprotokollen und (bei börsennotierten Gesellschaften) zur Bekanntmachung der Abstimmungsergebnisse der Hauptversammlung nach **§ 130 Abs. 5 und 6 AktG** (natürlich) auch auf Aufsichtsratswahlen. Empfehlungen für die Veröffentlichung von Informationen zum Kompetenzprofil enthält **C.1 DCGK**, zu wesentlichen Tätigkeiten neben dem Aufsichtsratsmandat enthält **C.14 DCGK** für börsennotierte Gesellschaften.

---

[674] MüKoAktG/*Habersack* AktG § 106 Rn. 14; BeckOGK/*Spindler* AktG § 106 Rn. 10; Hüffer/Koch/*Koch* AktG § 106 Rn. 2.
[675] MüKoAktG/*Habersack* AktG § 106 Rn. 14; BeckOGK/*Spindler* AktG § 106 Rn. 10; Hüffer/Koch/*Koch* AktG § 106 Rn. 2.
[676] Kölner Komm AktG/*Mertens/Cahn* AktG § 106 Rn. 11.

§ 3 Innere Ordnung

Übersicht

	Rn.
I. Selbstorganisationsrecht	1
1. Autonomiebereich	1
2. Satzungsregelungen	7
3. Einflussnahme auf die Zusammensetzung des Aufsichtsrats	8
a) Diversität und Diversitätskonzept	11
b) Ziele für Zusammensetzung und Kompetenzprofil	18
II. Aufsichtsratsvorsitzender	23
1. Wahl	23
a) Wahlverfahren	23
aa) Wahlbeschluss	26
bb) Wahlberechtigung	32
cc) Persönliches Anforderungsprofil	34
(1) Ämterhäufung	35
(2) Unabhängigkeit des Aufsichtsratsvorsitzenden	36
dd) Annahme der Wahl	38
b) Gerichtliche Bestellung	39
c) Amtszeit	43
d) Abberufung	47
aa) Beschluss des Aufsichtsrats	47
bb) Gerichtliche Abberufung	53
e) Niederlegung	56
2. Mitteilungspflichten der Gesellschaft	60
a) Anmeldung zum Handelsregister	60
b) Angabe auf Geschäftsbriefen	64
3. Besondere Rechte und Pflichten des Aufsichtsratsvorsitzenden	67
a) Leitungsaufgaben	70
aa) Einberufung der Aufsichtsratssitzungen	71
bb) Sitzungsvorbereitung	75
cc) Sitzungsleitung	77
dd) Änderungskompetenz des Plenums	85
b) Berichtsempfang und Informationspflichten	86
aa) Zuständigkeit	86
bb) Übermittlung von Informationen	94
c) Entscheidung über Sitzungsteilnahme von Dritten	96
aa) Vorstandsmitglieder	97
bb) Sachverständige und Auskunftspersonen	100
cc) Abschlussprüfer	111
dd) Sonstige Personen	112
d) Austausch mit Vorstandsvorsitzendem	115
e) Repräsentationsaufgaben	117
aa) Kommunikation mit dem Vorstand	118
bb) Kommunikation nach außen	121
(1) Angelegenheit des Aufsichtsrats	123
(2) Zuständigkeit innerhalb des Aufsichtsrats	126
(3) Verschwiegenheitspflicht	127
(4) Interessenabwägung	128
f) Sonstige Repräsentationsaufgaben	130
g) Koordination der Aufsichtsratstätigkeit	131
h) Maßnahmen zur Sicherung der Vertraulichkeit	135
i) Ausstattung des Aufsichtsratsvorsitzenden	138
j) Hilfsgeschäfte des Aufsichtsratsvorsitzenden	141
k) Hauptversammlung	142
l) Registeranmeldungen	143
4. Stellvertretender Aufsichtsratsvorsitzender	144
a) Wahl	145
b) Anzahl der Stellvertreter	146
c) Reihenfolge der Stellvertreter	147
d) Verhinderungsfall	148

	Rn.
e) Befugnisse	152
5. Ehrenvorsitzender	155
a) Zuständigkeit für die Ernennung	156
b) Keine Publizitätspflichten	158
c) Rechtliche Stellung	159
d) Haftung	161
e) Finanzielle Aspekte	162
aa) Kein Anspruch auf Aufsichtsratsvergütung	162
bb) Auslagenersatz	163
cc) Nebenleistungen	164
III. Plenum	165
1. Autonomiebereich des Plenums	165
2. Geschäftsordnung	168
a) Zuständigkeit	170
b) Regelungsmöglichkeiten	171
aa) Organisation der Aufsichtsratsarbeit	172
bb) Verschwiegenheitspflicht	177
cc) Regelung von Zustimmungsvorbehalten	178
dd) Auslagenersatz	179
c) Geltungsdauer	180
d) Rechtsfolgen bei Verstößen gegen die Geschäftsordnung	181
3. Selbstbeurteilung	184
a) Ziel	188
b) Zuständigkeit	189
c) Gegenstand	190
d) Methodik	193
e) Frequenz	195
f) Auswertung und Dokumentation	196
IV. Ausschüsse	198
1. Bildung von Ausschüssen	200
a) Aufsichtsratsbeschluss	205
b) Größe von Ausschüssen	207
c) Dauer	210
d) Besetzung von Ausschüssen	211
aa) Diskriminierungsfreie Besetzung	218
bb) Amtszeit von Ausschussmitgliedern	225
cc) Annahme der Wahl	226
e) Ausschussvorsitz	227
2. Beratende und beschließende Ausschüsse	228
a) Kompetenzzuweisung	228
b) Grenzen der Delegation	231
aa) Gesetzliche Delegationsverbote	232
bb) Ungeschriebene Delegationsverbote	235
cc) Weitere Schranken	239
3. Präsidium / Personalausschuss	241
4. Vermittlungsausschuss	253
5. Prüfungsausschuss	256
a) Einrichtung	258
b) Aufgabenbereich	259
aa) Überwachung des Rechnungslegungsprozesses	264
bb) Gewährleistung der Integrität des Rechnungslegungsprozesses	268
cc) Interne Kontrollsysteme	270
dd) Auswahl und Unabhängigkeit des Abschlussprüfers	275
ee) Qualität der Abschlussprüfung	281
ff) Aufgaben der Compliance	282
gg) Unternehmenskrise	287
hh) Prüfung des CSR-Berichts	288
c) Besetzung	290
6. Nominierungsausschuss	299
7. Sonderausschüsse	310
a) Ausschüsse im Finanzsektor	310
b) Ausschuss für Geschäfte mit nahestehenden Personen	313

	Rn.
aa) Aufgaben	313
bb) Sonderregelungen für die Besetzung	322
c) Compliance-Ausschuss	334
d) Beteiligungsausschuss in mitbestimmten Gesellschaften	336
e) Projektbezogene Ausschüsse	337
8. Innere Ordnung	342
a) Regelungszuständigkeit	342
b) Geschäftsordnung von Ausschüssen	345
c) Aufgaben des Ausschussvorsitzenden	346
d) Entscheidung über Teilnahme an Ausschusssitzungen	354
aa) Ausschussmitglieder	354
(1) Teilnahmerecht	354
(2) Teilnahmeausschluss	359
bb) Ausschussfremde Aufsichtsratsmitglieder	361
(1) Teilnahmerecht	361
(2) Teilnahmeausschluss	366
cc) Rolle des Aufsichtsratsvorsitzenden	376
dd) Vorstandsmitglieder	377
ee) Dritte	378
9. Berichtspflichten	379
10. Überwachung der Ausschussarbeit	384
11. Informelle Gremien	386
12. Besondere Anforderungen an Ausschussmitglieder	388
V. Einberufung und sonstige Vorbereitung	390
1. Einberufung	390
a) Grundsätzliche Zuständigkeit	390
b) Rechtsnatur	393
c) Form und Frist	394
d) Häufigkeit, Verteilung der Termine, außerordentliche Sitzungen	398
e) Ort, Zeit und Tagesordnung	403
f) Verteilung der Unterlagen	408
g) Einberufungsmängel	411
h) Einberufungsverlangen nach § 110 Abs. 1 AktG	412
aa) Berechtigte	412
bb) Ausübung	416
i) Selbsthilferecht nach § 110 Abs. 2 AktG	422
aa) Berechtigte	422
bb) Voraussetzungen und Einberufungsmodalitäten	424
2. Sonstige Vorbereitung	427
VI. Beschlussfassung	432
1. Entscheidung/Beschluss	432
a) Begriffe und Rechtsnatur	432
b) Ausdrückliche Beschlussfassung	434
c) Zustandekommen des Beschlusses	436
d) Geheime Abstimmung	437
e) Mehrheitserfordernis	441
f) Stimmrecht und Stimmverbot	445
2. Beschlussfähigkeit	449
3. Stimmabgabe ohne Präsenz	452
a) Schriftliche Stimmabgabe	452
b) Beschlussfassung ohne Sitzung	456
4. Fehlerhafte Beschlüsse	463
VII. Sorgfalts- und Verschwiegenheitspflicht	468
1. Sorgfaltspflicht	470
a) Allgemeiner Maßstab	470
b) Qualifikationsanforderungen	475
c) Besondere Funktionsträger	479
d) Spezifische Sorgfaltspflichten	480
aa) Pflicht zur Mitarbeit und zur persönlichen Urteilsbildung	480
bb) Organisationspflicht	482
cc) Informationspflicht	485
dd) Prüfungs- und Berichtspflicht	487

	Rn.
ee) Sonderfall: Offenlegung von Interessenkonflikten	489
2. Verschwiegenheitspflicht	492
a) Reichweite der Verschwiegenheitspflicht	492
b) Definition der vertraulichen Information	497
c) Entscheidung über Offenlegung	499
d) Verpflichteter Personenkreis	503
e) Informationsempfänger	506
f) Einbeziehung von Beratern	510
g) Einschaltung sonstiger Hilfspersonen	514
h) Sitzungsteilnehmer	517
i) Konzernsachverhalte	518
j) Rechtsfolgen	522
k) Maßnahmen zur Steigerung der Vertraulichkeit in der Praxis	527
3. Exkurs: Datenschutz	534
a) Überblick	534
b) Datenschutzrechtliche Stellung und Pflichten des Aufsichtsrats	540
c) Kontrolle des Aufsichtsrats durch den Datenschutzbeauftragten der Gesellschaft	547
VIII. Dokumentation	551
1. Protokoll	551
a) Protokollierungspflicht	551
b) Unterzeichnung der Niederschrift	555
c) Form der Niederschrift	556
d) Inhalt der Niederschrift	558
e) Berichtigung und Widerspruch	560
f) Folgen bei Unzulänglichkeiten	563
g) Abschriften	564
h) Vorlage von Niederschriften	566
2. Aufbewahrung von Unterlagen	567
a) Archivierung durch die Gesellschaft	567
b) Aufbewahrung durch Aufsichtsratsmitglieder	573
c) Rückgabe von Unterlagen	575

I. Selbstorganisationsrecht

1. Autonomiebereich

1 Der **Autonomiebereich** des Aufsichtsrats bezeichnet das Recht und die Aufgabe des Aufsichtsrats, seine Tätigkeit in sachlicher und personeller Hinsicht nach pflichtgemäßem **Ermessen** eigenständig zu regeln und zu gestalten. Verfahren und Aufgabenverteilung innerhalb des Aufsichtsrats sind gesetzlich nur in den Grundzügen geregelt. Das Gesetz sieht für den Aufsichtsrat einen Vorsitzenden und einen stellvertretenden Vorsitzenden vor. Daneben enthält es einzelne Verfahrensregelungen in den § 107 Abs. 2 und 3 AktG, §§ 108–110, 171 Abs. 1 S. 2 AktG sowie in den §§ 27–29, 31 und 32 MitbestG (zum MitbestG → § 7 Rn. 21 ff.). Im Übrigen eröffnet das Gesetz dem Aufsichtsrat einen **Gestaltungsspielraum** für seine interne Organisation.[1] Der BGH spricht insoweit von „**Organisationsfreiheit**" und „**Gestaltungsfreiheit**".[2]

2 Der Autonomiebereich des Aufsichtsrats als Kollegialorgan umfasst insbesondere die Ausgestaltung seiner inneren Ordnung. Soweit § 107 AktG, spezielle aufsichtsrechtliche Normen (→ Rn. 310) und die Satzung keine zwingenden Vorgaben enthalten, kann der Aufsichtsrat seine **innere Ordnung** selbst gestalten. Dazu gehört insbesondere die Möglichkeit, sich **Verfahrensregelungen,** etwa im Rahmen einer **Geschäftsordnung,** zu geben. Ein weiterer wesentlicher Teil des Autonomiebereichs besteht in der Gestaltungsfreiheit bei der Bildung und Besetzung von **Ausschüssen.**

3 Zum Autonomiebereich gehören zudem die Anforderung und Ausgestaltung der **Berichte** des Vorstands an den Aufsichtsrat nach § 90 Abs. 3 AktG (→ § 4 Rn. 63 ff.), die Entscheidung über die Teilnahme von Sachverständigen und Auskunftspersonen an den Sitzungen nach § 109 Abs. 1 S. 2 AktG (→ Rn. 100) und das Recht zur Beauftragung von **Sachverständigen** nach § 111 Abs. 2 S. 2 AktG

---

[1] *Lutter/Krieger/Verse* AR Rn. 651; Kölner Komm AktG/*Mertens/Cahn* AktG § 107 Rn. 5.
[2] BGHZ 122, 342 (355) = NJW 1993, 2307; BGHZ 83, 106 (115, 118) = NJW 1982, 1525.

I. Selbstorganisationsrecht

(→ § 4 Rn. 131 ff.) sowie die eigenständige **Selbstbeurteilung** der Wirksamkeit seiner Tätigkeit gemäß Empfehlung D.13 DCGK (→ Rn. 184).

Als weitere Ausprägung der Organisationsautonomie sind die Befugnisse des Aufsichtsrats oder seiner Mitglieder nach §§ 98, 103, 104, 105 Abs. 2 AktG zu nennen. Im Zusammenhang mit der Organisationsautonomie steht schließlich die Diskussion über die Ausstattung und das eigene **Budgetrecht** des Aufsichtsrats (→ § 6 Rn. 197 ff.).

Die Organisationsautonomie ist nicht nur ein frei nutzbares Gestaltungsrecht. Sie steht im Zusammenhang mit der **Überwachungsausgabe** des Aufsichtsrats. Diese Überwachungsaufgabe hat der Aufsichtsrat im Unternehmensinteresse und unter Berücksichtigung des Gebots der effizienten Überwachung zu erfüllen. Allgemein anerkannt ist daher die **Pflicht** des Aufsichtsrats, im Rahmen seiner Organisationsautonomie für eine sachgerechte und **effiziente Organisation** seiner Tätigkeit zu sorgen. Sämtliche Maßnahmen der Selbstorganisation hat der Aufsichtsrat im Interesse einer möglichst effektiven Wahrnehmung seiner Beratungs- und Überwachungsaufgabe zu treffen. Die Befugnisse des Aufsichtsrats und seiner Mitglieder sind nicht subjektive Rechte, sondern gebundene **„Pflichtrechte"**.[3] Zur Organisationsautonomie gehört die Pflicht zur Selbstorganisation.

Der Aufsichtsrat hat folglich solche organisatorischen Maßnahmen zu treffen, die zur sachgerechten Wahrnehmung seiner Aufgaben erforderlich sind **(Gebot der Zweckmäßigkeit)**. Dazu gehört bei größeren Aufsichtsräten – trotz des Charakters als Kollegialorgan – die Schaffung der Voraussetzungen für eine arbeitsteilige Aufgabenwahrnehmung in Ausschüssen sowie die Verteilung der Aufgaben auf Ausschüsse und einzelne Aufsichtsratsmitglieder (zur Einrichtung eines Aufsichtsratsbüros → § 6 Rn. 168 ff.).[4] Schafft der Aufsichtsrat eine arbeitsteilige Organisation, ist er auch zur **Koordination** der arbeitsteiligen Aufgabenwahrnehmung verpflichtet durch entsprechende Berichte an das Plenum und klare Abgrenzung der einzelnen Aufgaben (→ Rn. 230).

2. Satzungsregelungen

Die Organisationsautonomie des Aufsichtsrats ist in ihrem Kernbereich nicht durch die Satzung reglementierbar. Die **Satzung** kann Verfahrensregelungen für die Arbeit des Aufsichtsrats schaffen, muss aber die durch die Organisationsautonomie gezogenen Grenzen beachten. Satzung und Hauptversammlung können dem Aufsichtsrat nicht vorschreiben, bestimmte Ausschüsse einzurichten, bestimmte Aufgaben auf Ausschüsse zu übertragen oder die Einrichtung von Ausschüssen erschweren oder verbieten.[5] Ebenfalls unzulässig wären Satzungsregelungen, die dem Aufsichtsrat Vorgaben zu Größe und Besetzung von Ausschüssen machen (→ Rn. 207). Die Satzung kann insoweit nur **Verfahrensfragen** der Ausschussarbeit regeln (→ Rn. 342). Die Satzung kann dem Aufsichtsrat auch keine inhaltlichen Vorgaben zur Wahl des Aufsichtsratsvorsitzenden und seines Stellvertreters machen (→ Rn. 34). Soweit die Satzung in zulässigem Umfang Verfahrensfragen regelt, haben die Satzungsregelungen **Vorrang** vor einer Geschäftsordnung.[6]

3. Einflussnahme auf die Zusammensetzung des Aufsichtsrats

Zur Organisationsautonomie des Aufsichtsrats gehört es auch, Einfluss auf die eigene **Zusammensetzung** zu nehmen. Der Aufsichtsrat hat das Recht und die Pflicht, der Hauptversammlung nach § 124 Abs. 3 S. 1 AktG geeignete **Wahlvorschläge** für Aufsichtsratsmitglieder (→ § 2 Rn. 103 ff.) zu unterbreiten und hierdurch an seiner eigenen Zusammensetzung mitzuwirken.

Für den Aufsichtsrat von kapitalmarktorientierten Aktiengesellschaften, die große Kapitalgesellschaften nach § 267 HGB sind, haben Gesetzgeber und Kodex-Kommission mit der Berichterstattung zum **Diversitätskonzept** nach § 289f Abs. 2 Nr. 6 HGB, § 315d HGB, den Empfehlungen zur **Unabhängigkeit** (→ § 2 Rn. 65 ff.) sowie den Empfehlungen zu den **Zielen für die Zusammensetzung** des Aufsichtsrats und dem **Kompetenzprofil** Leitplanken geschaffen, die Einfluss auf die in den Wahlvorschlägen des Aufsichtsrats reflektierte Organisationsautonomie haben. Gemäß Empfehlung C.1 DCGK soll der Aufsichtsrat für seine Zusammensetzung **konkrete Ziele** benennen und ein **Kompetenzprofil** für das Gesamtgremium erarbeiten. Dabei soll der Aufsichtsrat auf Diversität achten. Vorschläge des Aufsichtsrats an die Hauptversammlung sollen diese Ziele berücksichtigen und gleichzeitig die Ausfüllung des Kompetenzprofils für das Gesamtgremium anstreben. Diese Vorgaben und Empfehlungen weisen untereinander zahlreiche inhaltliche Überschneidungen auf, ebenso Bezug zur Sektorvertrautheit nach § 100

---

[3] *Lutter/Krieger/Verse* AR Rn. 654 mwN.
[4] Dazu im Einzelnen MüKoAktG/*Habersack* AktG Vor § 95 Rn. 16 f.; sowie 107 Rn. 94; *Lutter/Krieger/Verse* AR Rn. 654; MHdB AG/*Hoffmann-Becking* § 31 Rn. 2; Kölner Komm AktG/*Mertens/Cahn* AktG § 107 Rn. 95 f.; ausführlich *Plagemann* NZG 2014, 1404.
[5] BGHZ 83, 106 (115 f.) = NJW 1982, 1525.
[6] BGHZ 64, 325 (327 f.) = NJW 1975, 1412.

Abs. 5 Hs. 2 AktG (dazu → § 2 Rn. 77 ff.; zur Unabhängigkeit von Aufsichtsratsmitgliedern → § 2 Rn. 64 ff.).

10 Für die Festlegung des Diversitätskonzepts für Vorstand (→ § 4 Rn. 561 ff.) und Aufsichtsrat, für das Kompetenzprofil und die konkreten Ziele für die Zusammensetzung ist jeweils ein **Beschluss** des Aufsichtsrats erforderlich. **Zuständig** für diese Beschlussgegenstände ist der **Gesamtaufsichtsrat**, in mitbestimmten Gesellschaften einschließlich der Arbeitnehmervertreter.[7] Für die Beschlussfassung gelten im Übrigen die allgemeinen Regelungen.

a) Diversität und Diversitätskonzept

11 § 289f Abs. 2 Nr. 6 HGB, § 315d HGB verlangen für die Erklärung zur Unternehmensführung eine Beschreibung des **Diversitätskonzepts,** das im Hinblick auf die Zusammensetzung des vertretungsberechtigten Organs und des Aufsichtsrats in Bezug auf Aspekte wie beispielsweise Alter, Geschlecht, Bildungs- oder Berufshintergrund verfolgt wird, sowie der Ziele dieses Diversitätskonzepts, der Art und Weise seiner Umsetzung und der im Geschäftsjahr erreichten Ergebnisse. Sofern ein berichtspflichtiges Unternehmen kein Diversitätskonzept verfolgt, ist dies in der Erklärung zur Unternehmensführung zu erläutern (§ 289f Abs. 5 HGB).

12 Die Vorschrift wurde durch das Gesetz zur Umsetzung der CSR-Richtlinie[8] geschaffen. Richtliniengeber wie Gesetzgeber beabsichtigten, die Transparenz zu erhöhen und die Unternehmen dazu zu bewegen, mehr Diversität in den Organen zu schaffen. Der gesetzgeberischen Maßnahme liegt die – auch von zahlreichen institutionellen Investoren vertretene – These zugrunde, dass in Kollegialorganen eine **Vielfalt** an Erfahrungen, Kenntnissen, Alter, Geschlecht, Herkunft und ethnischer Zugehörigkeit zu einer erfolgreichen Führung des Unternehmens beitrage und zu langfristig **besseren Entscheidungen** führe.[9] Ziel der Richtlinie ist die Steigerung der Vielfalt bei Sachverstand und Auffassungen der Mitglieder der Verwaltungs-, Leitungs- und Aufsichtsorgane von Unternehmen.[10]

13 Der **DCGK** verwendet den Begriff der Diversität an drei Stellen, nämlich bei der Empfehlung A.1 an den Vorstand, bei der Besetzung von Führungsfunktionen im Unternehmen auf Diversität zu achten, und bei den Empfehlungen an den Aufsichtsrat, bei der Zusammensetzung des Vorstands (B.1) und im Rahmen des Kompetenzprofils und der Ziele für die eigene Zusammensetzung auf Diversität zu achten (C.1).

14 Der Gesetzgeber hat – jenseits der Regelungen zum Frauenanteil (→ § 2 Rn. 25 ff.) – weder Diversität noch die Idee eines Diversitätskonzepts definiert. Die in § 289f Abs. 2 Nr. 6 HGB genannten Kriterien Alter, Geschlecht, Bildungs- oder Berufshintergrund sind nur als **Beispiele** für Elemente eines Diversitätskonzepts zu verstehen. Auch der DCGK gibt keine Orientierung, wie er Diversität versteht und welche Diversitätsaspekte bei der Zusammensetzung des Aufsichtsrats berücksichtigt werden sollen. Beschreibungen des Begriffsinhalts mit Formulierungen wie unterschiedliche **Fähigkeiten, Erfahrungen, Qualifikationen und Persönlichkeiten**[11], kommen kaum über Leerformeln hinaus.[12] Aus den früheren Kodexfassungen und der allgemeinen Diskussion lässt sich zumindest ableiten, dass die angemessene Berücksichtigung von **Frauen** und die **internationale Tätigkeit** des Unternehmens eine Rolle spielen sollen. Positiv gewendet wird durch den nicht konturierten Begriff der Diversität den Unternehmen ein großer **Auslegungs-** und **Einschätzungsspielraum** gewährt.[13]

15 Die **EU-Kommission** veröffentlichte eine **Orientierungshilfe** zur **Diversitätsberichterstattung.**[14] Danach sollten alle relevanten Diversitätsaspekte berücksichtigt werden, damit sichergestellt sei, dass die Leitungs- und Kontrollorgane über eine ausreichende Meinungs- und Kenntnisvielfalt verfügen, um ein gutes Verständnis des aktuellen Stands sowie der längerfristigen Chancen und Risiken im Zusammenhang mit der Geschäftstätigkeit des Unternehmens entwickeln zu können. Neben den bereits in § 289f Abs. 2 Nr. 6 HGB aufgeführten, unmittelbar der Richtlinie entnommenen Kriterien könnten nach Vorstellung der EU-Kommission auch die geografische **Herkunft, internationale Erfahrung,** besondere Sachkenntnis in einschlägigen Nachhaltigkeitsfragen und weitere sozioökomische Kriterien herangezogen werden. Hierbei wird angeraten, für die Diversitätskriterien spezifische messbare (quantitative) **Ziele** zu definieren und diese, ebenso wie den Grad der Zielerreichung, den gesetzten Zeitrahmen für die Zieler-

---

[7] Hüffer/Koch/*Koch* AktG § 100 Rn. 50; *Ringleb/Kremer/Lutter/v. Werder* NZG 2010, 1161 (1165); Wilsing/*Wilsing* DCGK 5.4.1 Rn. 5; *Deilmann/Albrecht* AG 2010, 727 (730); aA *Ihrig/Meder* ZIP 2010, 1577.
[8] Richtlinie 2014/95/EU des Europäischen Parlaments und des Rates vom 22.10.2014 zur Änderung der Richtlinie 2013/34/EU im Hinblick auf die Angabe nichtfinanzieller und die Diversität betreffender Informationen durch bestimmte große Unternehmen und Gruppen.
[9] *Strenger* NZG 2010, 1401 (1403); *Weber-Rey/Handt* NZG 2011, 1 (2).
[10] Erwägungsgrund 18 der Richtlinie 2014/95/EU.
[11] KBLW/*Kremer* DCGK Rn. 1238.
[12] Kritisch zum Begriff der Diversität insbesondere *Krieger* ZGR 2012, 202 (209 f.); *Kocher* BB 2010, 264.
[13] *Kocher* BB 2010, 264 (265 f.); KBLW/*Bachmann* DCGK Rn. 882a; *Hopt* FS Hoffmann-Becking, 2013, 563 (583).
[14] Leitlinien der EU-Kommission vom 5.7.2017, ABl. EU 2017/C 215/01, 19–20.

reichung und mögliche Gegenmaßnahmen bei Verfehlung zu publizieren. Ferner soll die Beschreibung ua Angaben zur Berücksichtigung von Diversität bei der **Nachfolgeplanung** des Vorstands und bei der Auswahl und Ernennung der Organmitglieder enthalten. Die Orientierungshilfe empfiehlt zudem die Offenlegung, ob Informationen über die Diversitätsaspekte und -ziele im Zuge der Wahl bzw. Vertragsverlängerung der Organmitglieder an die Aktionäre weitergegeben wurden. Der deutsche Gesetzgeber verzichtete darauf, einzelne Anforderungen für die Berichterstattung festzusetzen. Auch die ganz überwiegende **Unternehmenspraxis** in Deutschland folgt den weitreichenden Anregungen der EU-Kommission bislang nicht und beschränkt sich bei der Berichterstattung stattdessen auf generische Beschreibungen des jeweils verfolgten Diversitätskonzepts.[15]

Die Diversitätsberichterstattung und die Empfehlungen zu Diversität verpflichten die Unternehmen nicht dazu, bestimmte **Ziele** oder **Quoten** in einem festgelegten Zeitraum zu erfüllen oder Bewerber ausschließlich unter Diversitätsgesichtspunkten zu bevorzugen.[16] Ebenso wenig verlangen Gesetz oder Kodex die Bestimmung einer konkreten **Frist** zur Erreichung der Ziele eines Diversitätskonzepts.[17] Allerdings wird die Bereitschaft zur Berücksichtigung der Diversität über bloße Programmsätze hinausgehen müssen. Ein Diversitätskonzept verlangt mindestens unternehmensinterne und nach außen erkennbare, koordinierte und von der Unternehmensspitze unterstützte Maßnahmen und Programme zur Steigerung der Diversität.[18]

Für den Aufsichtsrat soll das Thema Diversität bei der Vorstandsbesetzung und bei der eigenen Zusammensetzung eine Rolle spielen. Der jeweiligen Beschlussfassung über das Diversitätskonzept sollte eine **Analyse** der bestehenden Diversität in Vorstand und Aufsichtsrat vorangehen, gefolgt von der **Festlegung** besonders relevanter Diversitätskriterien zur Erreichung von mehr Diversität. Hat der Aufsichtsrat Personalentscheidungen zu treffen, ist es ratsam, die Bemühungen um Berücksichtigung der Diversitätskriterien zu dokumentieren.[19]

b) Ziele für Zusammensetzung und Kompetenzprofil

Der Aufsichtsrat soll nach Empfehlung C.1 DCGK konkrete Ziele für seine Zusammensetzung und ein Kompetenzprofil für den Aufsichtsrat (Gesamtgremium) festlegen. Vorschläge des Aufsichtsrats an die Hauptversammlung sollen diese Ziele berücksichtigen und gleichzeitig die Ausfüllung des Kompetenzprofils für das Gesamtgremium anstreben. Der Stand der Umsetzung soll in der Erklärung zur Unternehmensführung veröffentlicht werden. Ausgangspunkt aller Überlegungen zu den Zielen für die Zusammensetzung des Aufsichtsrats und das Kompetenzprofil muss die **Überwachungsaufgabe** des Aufsichtsrats sein. Die Überwachungsaufgabe wird geprägt von der Größe des Unternehmens, dessen Branche und geographischer Reichweite, der Komplexität des Geschäftsmodells, dem Risikoprofil, der Erfahrung des Vorstands und der konkreten wirtschaftlichen Unternehmenssituation. Die Ziele für die Zusammensetzung treten ebenso wie das Kompetenzprofil neben die gesetzlich geforderte Sektorvertrautheit nach § 100 Abs. 5 Hs. 2 AktG. Die Empfehlung wird in Grundsatz 11 DCGK dahingehend konkretisiert, dass der Aufsichtsrat so zusammenzusetzen ist, dass seine Mitglieder insgesamt über die zur ordnungsgemäßen Wahrnehmung der Aufgaben erforderlichen Kenntnisse, Fähigkeiten und fachlichen Erfahrungen verfügen und die gesetzliche Geschlechterquote eingehalten wird. Aufgrund der **Selbstorganisationspflicht** des Aufsichtsrats (→ Rn. 166) gelten die in Empfehlung C.1 und Grundsatz 11 niedergelegten allgemeinen Grundsätze einer **aufgabengerechten Besetzung** des Aufsichtsrats nicht nur für börsennotierte Unternehmen, sondern für **alle Gesellschaften**.

Die Ziele betreffen nach der Vorstellung des Kodex insbesondere die Internationalität, Konfliktfreiheit, Unabhängigkeit, Diversität. Hinzu treten die weiteren Zielsetzungen, die der Aufsichtsrat nach eigener **Analyse** mit Blick auf die konkrete Überwachungsaufgabe im Unternehmen entwickelt. Grundsätzlich kommt dem Aufsichtsrat bei der Ausgestaltung und Festlegung der Ziele ein **weites Ermessen** zu. Allgemeine Aussagen wie eine stärkere internationale Ausrichtung oder eine Erhöhung des Anteils von Technologieexperten reichen regelmäßig nicht aus, um die geforderten konkrete Ziele festzulegen.

Kriterien zu den **unternehmensspezifischen** Qualifikationsanforderungen, insbesondere Fachkenntnisse und spezifische Erfahrungen, Internationalität, Kenntnisse und Erfahrungen in der Anwendung von Rechnungslegungsgrundsätzen und internen Kontrollverfahren, technischen Sachverstand, Kenntnisse des Unternehmens, Kenntnis von Schlüsselmärkten, Compliance-Fachkenntnisse und Ähnliches kommen – je nach Lage des Unternehmens – als konkrete Ziele für die Zusammensetzung in Betracht. Kompetenzprofile sollen die fachlichen, praktischen und die persönlichen **Kompetenzen** der einzelnen Aufsichts-

---

[15] Vgl. zu empirischen Erkenntnissen *Needham/Müller* IRZ 2018, 345.
[16] *Ringleb/Kremer/Lutter/v. Werder* NZG 2011, 1161 (1164); *Kocher* BB 2010, 264 (265) Wilsing/*Goslar* Ziff. 4.1.5 Rn. 8.
[17] Wilsing/*Wilsing* DCGK 5.4.1 Rn. 4; aA *Deilmann/Albrecht* AG 2010, 727 (729).
[18] *Ringleb/Kremer/Lutter/v. Werder* NZG 2011, 1161 (1164); KBLW/*Bachmann* DCGK Rn. 886.
[19] *Deilmann/Albrecht* AG 2010, 727 (734); KBLW/*Bachmann* DCGK Rn. 887.

ratsmitglieder in **zusammengefasster** Form abbilden. Bei der Erarbeitung von Kompetenzprofilen muss der Aufsichtsrat prüfen, welche speziellen Kenntnisse **perspektivisch** für seine **Überwachungsaufgabe** erforderlich oder zweckmäßig sind. Das können Fachleute für Digitalisierung, komplexe Rechtsrisiken, Unternehmenstransformation oder Sanierungsexperten sein. Aus dem Kompetenzprofil für den Gesamtaufsichtsrat soll sich ergeben, wie der Aufsichtsrat auf die (zukünftigen) geschäftlichen Herausforderungen des Unternehmens mit Besetzungsentscheidungen reagieren will.[20]

21 **Wahlvorschläge** von Gesellschaften, die eine in diesen Punkten uneingeschränkte Entsprechenserklärung (§ 161 AktG, ausführlich zur Entsprechenserklärung → § 4 Rn. 2449 ff.) abgegeben haben, müssen die von ihnen selbst gesetzten Ziele sowie das Kompetenzprofil, um sie im Sinne des Kodex zu „berücksichtigen" bzw. „anzustreben", zwar nicht zwingend in ihrem Beschlussvorschlag nach § 124 Abs. 3 S. 1 AktG verwirklichen, wohl aber ernsthaft, mit dem erklärten Willen, den Zielen möglichst Geltung zu verschaffen, in ihre Auswahlentscheidung einfließen lassen. Maßgeblich ist jedoch der Grundsatz „Eignung vor Zielumsetzung".[21]

22 Die Empfehlung C.1 S. 4 DCGK sieht vor, dass der Aufsichtsrat bei den Zielen für seine Zusammensetzung auch über die nach seiner Einschätzung angemessene **Zahl unabhängiger** Anteilseignervertreter und die Namen dieser Mitglieder informiert. Die Zielsetzung muss hinreichend präzise sein. Ein abstrakter Beschluss über eine angemessene Zahl reicht nicht aus. Will der Aufsichtsrat der Empfehlung folgen, ist entweder eine genaue Zahl oder eine relative oder prozentuale Angabe erforderlich.[22]

II. Aufsichtsratsvorsitzender

1. Wahl

a) Wahlverfahren

23 Der Aufsichtsrat ist verpflichtet, nach näherer Bestimmung der Satzung aus seiner Mitte einen Vorsitzenden und mindestens einen stellvertretenden Vorsitzenden zu wählen (§ 107 Abs. 1 S. 1 AktG). Der Aufsichtsratsvorsitzende und sein Stellvertreter sind **gesetzlich notwendige Funktionsträger**.

24 Bei der Wahl des Aufsichtsratsvorsitzenden und seiner Stellvertreter handelt es sich um eine **ausschließliche Kompetenz des Aufsichtsrats**. Die Satzung kann die Wahlbefugnis weder auf die Hauptversammlung verlagern noch einem Aktionär oder einer Aktiengattung einräumen.[23] Genauso wenig sind Entsendung- oder Bestimmungsrechte für den Aufsichtsratsvorsitz zulässig. Die Satzung darf die Wahl des Aufsichtsratsvorsitzenden auch nicht von der Zustimmung eines Aktionärs oder einer Aktiengattung oder gar des Vorstands abhängig machen.[24]

25 Endet das Amt des Aufsichtsratsvorsitzenden während einer laufenden Amtsperiode des Aufsichtsrats, ist der Aufsichtsrat verpflichtet, **unverzüglich** einen neuen Vorsitzenden zu wählen. Ein Abwarten bis zur nächsten turnusmäßigen Sitzung ist grundsätzlich zulässig, es sei denn, die Lage der Gesellschaft erfordert im Einzelfall eine rasche Entscheidung.

26 **aa) Wahlbeschluss.** Zum Wahlverfahren und zum Wahlbeschluss enthält das AktG keine Vorgaben (zum Aufsichtsrat nach MitbestG → § 7 Rn. 151 ff.). Bestimmungen in der Satzung und in der Geschäftsordnung, die die Beschlussfassung im Aufsichtsrat im Allgemeinen regeln, finden auf das Wahlverfahren des Aufsichtsratsvorsitzenden und seines Stellvertreters Anwendung, soweit nicht die Satzung spezifische Regelungen vorsieht.[25] Für den **Wahlbeschluss** ist grundsätzlich die einfache Mehrheit der abgegebenen Stimmen erforderlich. Die Satzung kann abweichende Vorgaben für Wahlverfahren und notwendige Mehrheit treffen: So kann nach zutreffender hM für die Wahl des Aufsichtsratsvorsitzenden eine Mehrheit der Stimmen aller Mitglieder oder eine qualifizierte Mehrheit der abgegebenen Stimmen verlangt werden.[26] Wie hoch diese **qualifizierte Mehrheit** sein darf, ist allerdings nicht geklärt. Bedenken bestehen

---

[20] KBLW/*Kremer* DCGK Rn. 1340 f. mwN.
[21] *Weber-Rey/Handt* NZG 2011, 1 (4 f.); *Deilmann/Albrecht* AG 2010, 727 (733); Wilsing/*Wilsing* DCGK Ziff. 5.4.1 Rn. 12; Hölters/*Simons* AktG § 100 Rn. 25.
[22] *Ihrig/Meder* ZIP 2012, 1210 (1216); Hüffer/Koch/*Koch* AktG § 100 Rn. 52.
[23] Hüffer/Koch/*Koch* AktG § 107 Rn. 4; GroßkommAktG/*Hopt/Roth* AktG § 107 Rn. 44; MHdB AG/*Hoffmann-Becking* § 31 Rn. 9.
[24] Kölner Komm AktG/*Mertens/Cahn* AktG § 107 Rn. 15, allgM.
[25] MüKoAktG/*Habersack* AktG § 107 Rn. 22.
[26] MüKoAktG/*Habersack* AktG § 107 Rn. 23; GroßkommAktG/*Hopt/Roth* AktG § 107 Rn. 44; Hüffer/Koch/*Koch* AktG § 107 Rn. 4; MHdB AG/*Hoffmann-Becking* § 31 Rn. 10; *Lutter/Krieger/Verse* AR Rn. 663; Bürgers/Körber/*Israel* AktG § 107 Rn. 4; K. Schmidt/Lutter/*Drygala* AktG § 107 Rn. 10; Hölters/*Hambloch-Gesinn/Gesinn* AktG § 107 Rn. 10; *E. Vetter* in Marsch-Barner/Schäfer Börsennotierte AG-HdB Rn. 27.17; Semler/v. Schenck/*Mutter* AktG § 107 Rn. 28; aA Kölner Komm AktG/*Mertens/Cahn* AktG § 107 Rn. 14.

gegen das Erfordernis der Einstimmigkeit oder gegen eine Konstellation, die einem einzelnen Aufsichtsratsmitglied faktisch ein Vetorecht gewährt.[27] Angesichts der Bedeutung des Aufsichtsratsvorsitzenden für die Gremienarbeit sollten die Hürden für die Wahl nicht zu hoch sein. In Anlehnung an § 27 Abs. 1 MitbestG kann die 2/3-Mehrheit die Richtschnur bilden. Zwar ist nicht erforderlich, dass bei Anordnung einer qualifizierten Mehrheit die Satzung Vorkehrungen dafür trifft, wie bei unzureichender Stimmenzahl weiter zu verfahren ist, ohne dass ein weiteres Mal eine qualifizierte Mehrheit erforderlich wäre,[28] für die Praxis sind solche Regelungen aber zu erwägen, um eine Blockade des Aufsichtsrats in dieser wichtigen Frage zu vermeiden. Schließlich kann die Satzung bei Stimmengleichheit auch den **Losentscheid** anordnen.[29]

Ebenfalls zulässig sind **Satzungsbestimmungen,** wonach bei mehreren Kandidaten die relative Mehrheit der abgegeben Stimmen für die Wahl zum Aufsichtsratsvorsitzenden genügt.[30] Aus § 133 Abs. 2 AktG lässt sich ableiten, dass Wahlentscheidungen mit relativer Mehrheit zwingenden Grundsätzen des Aktienrechts nicht zuwiderlaufen. 27

Der Aufsichtsrat wählt durch **Beschluss.** Die Wahl kann nicht einem Ausschuss übertragen werden. Umstritten ist, ob der Aufsichtsrat in seiner Geschäftsordnung Regelungen zur Wahl des Aufsichtsratsvorsitzenden treffen kann. Allgemeine Verfahrensregeln für die Beschlussfassung aus der Geschäftsordnung gelten – vorbehaltlich abweichender Satzungsbestimmungen – auch für die Wahl des Aufsichtsratsvorsitzenden. Für den Wahlbeschluss und die erforderliche Mehrheit besteht nach überzeugender hM keine Regelungskompetenz des Aufsichtsrats in der Geschäftsordnung.[31] § 107 Abs. 1 S. 1 AktG erfordert eine Satzungsbestimmung und lässt Regelungen in der Geschäftsordnung nicht zu. 28

Die Zulässigkeit einer **geheimen Wahl** des Aufsichtsratsvorsitzenden und des Stellvertreters ist stark umstritten. Einige sehen die Entscheidung darüber als Teil der Sitzungsleitungsbefugnis des noch amtierenden Aufsichtsratsvorsitzenden[32] bzw. des Leiters der konstituierenden Sitzung)→ Rn. 30), andere sprechen sie dem Aufsichtsrat zu[33], teilweise wird für eine geheime Wahl eine satzungsmäßige Grundlage gefordert.[34] Schließlich wird eine geheime Wahl generell für unzulässig gehalten.[35] Aus **praktischer Sicht** gibt es Konstellationen, in denen eine geheime Wahl sinnvoll ist, um die Zusammenarbeit im Gremium nicht zu belasten. Durchgreifende dogmatische Bedenken gegen die Durchführung einer geheimen Wahl des Aufsichtsratsvorsitzenden bestehen nicht: Sie ist im Gesetz zwar nicht ausdrücklich vorgesehen, aber grundsätzlich von der Selbstorganisationsbefugnis des Aufsichtsrats umfasst. Allerdings verlangt die Öffnungsklausel in § 107 Abs. 1 S. 1 AktG eine nähere Bestimmung der Satzung. Konsequenterweise müsste man daher für eine geheime Wahl zumindest den Aufsichtsrat in der Satzung entsprechend ermächtigen. 29

Endet – etwa mit Ablauf einer Hauptversammlung – gleichzeitig die Amtszeit des Aufsichtsratsvorsitzenden und des Stellvertreters, ist der Aufsichtsrat vorübergehend führungslos (zur Möglichkeit der vorzeitigen Wiederwahl → Rn. 33). Die Satzung kann regeln, dass der Aufsichtsrat den Vorsitzenden im Anschluss an die Hauptversammlung, in der die Anteilseignervertreter gewählt worden sind, in einer **konstituierenden Sitzung** wählt, die keiner besonderen Einberufung bedarf.[36] Diese Regelung ist empfehlenswert, um Ladungsmängel ebenso zu vermeiden wie eine längere Zeitspanne bis zur Wahl des Aufsichtsratsvorsitzenden. Ohne eine solche Regelung sind sowohl Vorstand als auch jedes Aufsichtsratsmitglied in entsprechender Anwendung von § 110 Abs. 2 AktG berechtigt, zur konstituierenden Sitzung des neu zusammengesetzten Aufsichtsrats einzuladen.[37] Bleibt der Aufsichtsrat untätig, kann der Vorstand sogar zur Einberufung der konstituierenden Sitzung verpflichtet sein. 30

---

[27] GroßkommAktG/*Hopt/Roth* AktG § 107 Rn. 44; MHdB AG/*Hoffmann-Becking* § 31 Rn. 10.
[28] Dies fordernd BeckOGK/*Spindler* AktG § 107 Rn. 23; wohl auch Semler/v. Schenck/*Mutter* AktG § 107 Rn. 28.
[29] GroßkommAktG/*Hopt/Roth* AktG § 107 Rn. 45; Kölner Komm AktG/*Mertens/Cahn* AktG § 107 Rn. 15.
[30] Kölner Komm AktG/*Mertens/Cahn* AktG § 107 Rn. 15; Hüffer/Koch/*Koch* AktG § 107 Rn. 4; MHdB AG/*Hoffmann-Becking* § 31 Rn. 10.
[31] Kölner Komm AktG/*Mertens/Cahn* AktG § 107 Rn. 19; GroßkommAktG/*Hopt/Roth* AktG § 107 Rn. 34; wohl auch Hüffer/Koch/*Koch* AktG § 107 Rn. 4; Semler/v. Schenck/*Mutter* AktG § 107 Rn. 30; aA BeckOGK/*Spindler* AktG § 107 Rn. 24.
[32] GroßkommAktG/*Hopt/Roth* AktG § 107 Rn. 51 unter Vorbehalt eines abweichenden Beschlusses; Hölters/*Hambloch-Gesinn/Gesinn* AktG § 107 Rn. 12.
[33] Lutter/Krieger/*Verse* AR Rn. 663; MHdB AG/*Hoffmann-Becking* § 31 Rn. 12; K. Schmidt/Lutter AktG/*Drygala* AktG § 107 Rn. 10.
[34] MüKoAktG/*Habersack* AktG § 107 Rn. 22; Semler/v. Schenck/*Mutter* AktG § 107 Rn. 36; gegen die Zulässigkeit einer solchen Satzungsregelung GroßkommAktG/*Hopt/Roth* AktG § 107 Rn. 51.
[35] Kölner Komm AktG/*Mertens/Cahn* AktG § 107 Rn. 14; wohl auch BeckOGK/*Spindler* AktG § 107 Rn. 22.
[36] MHdB AG/*Hoffmann-Becking* § 31 Rn. 13.
[37] MHdB AG/*Hoffmann-Becking* § 31 Rn. 13; Kölner Komm AktG/*Mertens/Cahn* AktG § 110 Rn. 10; Hüffer/Koch/*Koch* AktG § 110 Rn. 2; Lutter/Krieger/*Verse* AR Rn. 692.

31 Satzung oder Geschäftsordnung des Aufsichtsrats können für die **konstituierende Sitzung** eines neugewählten Aufsichtsrats und die Wahl des Vorsitzenden **verfahrensleitende Bestimmungen** treffen. Zulässig ist es insbesondere, bei Vakanz in Aufsichtsratsvorsitz und stellvertretendem Vorsitz das älteste Aufsichtsratsmitglied mit der Einberufung der Sitzung, der Sitzungsleitung bzw. Leitung des Wahlverfahrens zu beauftragen.[38] Eine Zuständigkeit des dienstältesten Aufsichtsratsmitglieds stößt in der Praxis auf Schwierigkeiten, wenn – wie üblich – mehrere Aufsichtsratsmitglieder am gleichen Tag gewählt wurden.[39] Ohne Regelung in Satzung oder Geschäftsordnung bestimmt die konstituierende Sitzung den Versammlungsleiter durch Beschluss. Weitergehende Kompetenzen, wie etwa ein dem Aufsichtsratsvorsitzenden nach Gesetz oder Satzung zustehendes Zweitstimmrecht, können dem interimistisch beauftragten Aufsichtsratsmitglied nicht eingeräumt werden.[40] Es gibt **keinen „Ersatzvorsitzenden"**.

32 **bb) Wahlberechtigung. Aktiv wahlberechtigt** sind alle Aufsichtsratsmitglieder. Bei der Wahl zum Aufsichtsratsvorsitzenden zählt jede Stimme gleich. Stimmenthaltungen werden bei Feststellung des Beschlussergebnisses nicht mitgezählt, sofern die Satzung nicht bestimmt, dass Enthaltungen als Nein-Stimmen zu zählen sind. Der Kandidat darf sich selbst wählen. Hiervon kann in der Satzung nicht abgewichen werden.[41] Ein noch amtierender Aufsichtsratsvorsitzender darf bei der Wahl mitstimmen und bei Stimmengleichheit einen satzungsmäßigen Stichentscheid oder eine gesetzlich vorgesehene Zweitstimme einsetzen.[42] (zur Wahl des Aufsichtsratsvorsitzenden im Aufsichtsrat nach MitbestG → § 7 Rn. 151 ff.)

33 **Passiv wahlberechtigt** für den Aufsichtsratsvorsitz sind nach § 107 Abs. 1 S. 1 AktG – „aus seiner Mitte" – ausschließlich Aufsichtsratsmitglieder (zum Aufsichtsrat nach MitbestG → § 7 Rn. 145). Möglich ist jedoch die Wahl einer dem Aufsichtsrat noch nicht angehörenden Person unter der aufschiebenden Bedingung der Wahl zum Aufsichtsratsmitglied,[43] sofern diese Wahl zeitnah ansteht. Um eine **temporäre Führungslosigkeit** des Aufsichtsrats zu vermeiden, entspricht es verbreiteter Praxis, den Aufsichtsratsvorsitzenden **vor der Hauptversammlung unter der Bedingung seiner Wiederwahl** in den Aufsichtsrat **vorzeitig** für eine weitere Amtsperiode als Vorsitzenden **zu wählen**.

34 **cc) Persönliches Anforderungsprofil.** Die Satzung kann zwar allgemeine Regelungen zu **persönlichen Voraussetzungen** für die Wählbarkeit in den Aufsichtsrat aufstellen (§ 100 Abs. 4 AktG), darüber hinaus aber keine spezifischen Anforderungen an den Aufsichtsratsvorsitzenden statuieren oder die Wählbarkeit einzelner Aufsichtsratsmitglieder beschränken. Gleichwohl stellt der Corporate Governance Kodex eine Reihe von Empfehlungen auf, die sich auf die freie Auswahl des Aufsichtsratsvorsitzenden auswirken können:

35 **(1) Ämterhäufung.** Die Diskussion um **Ämterhäufung** (sog. **Overboarding**) spielt bei der Besetzung des Aufsichtsratsvorsitzes in börsennotierten Gesellschaften eine erhebliche Rolle. Neben den allgemeinen Grenzen für eine Ämterhäufung in § 100 Abs. 2 AktG (dazu → § 2 Rn. 40 ff.) und den Spezialregeln für Finanzinstitute (§ 25d Abs. 3, 3a KWG) kennt das Gesetz keine Mandatsobergrenzen für Aufsichtsratsvorsitzende. Insbesondere professionelle **Stimmrechtsberater** sprechen sich aber in ihren Empfehlungen zur Stimmrechtsausübung bei der Wahl von Aufsichtsratsmitgliedern gegen Kandidaten aus, die Vorstandsmitglied einer börsennotierten Gesellschaft sind und daneben zwei Aufsichtsratsmandate haben oder insgesamt mehr als fünf Aufsichtsratsmandate in börsennotierten Gesellschaften halten, wobei ein Aufsichtsratsvorsitz doppelt gezählt wird.[44] Typischerweise wird eine angestrebte Kandidatur für einen Aufsichtsratsvorsitz bei den Abstimmungsempfehlungen bereits berücksichtigt. Mit Blick auf eine (Wieder)Wahl muss der Aufsichtsrat zumindest prüfen, ob aus Investorensicht Bedenken gegen die Wahl des designierten Aufsichtsratsvorsitzenden bestehen und diese Wahl in den Aufsichtsrat gefährden kann. Ein ähnliches Anliegen verfolgt die Regierungskommission Corporate Governance. C.4 DCGK empfiehlt, dass Aufsichtsratsmitglieder künftig maximal fünf Aufsichtsratsmandate bei börsennotierten Gesellschaften

---

[38] MüKoAktG/*Habersack* AktG § 107 Rn. 24; Kölner Komm AktG/*Mertens/Cahn* AktG § 107 Rn. 17; GroßkommAktG/*Hopt/Roth* AktG § 107 Rn. 23; aA Semler/v. Schenck/*Mutter* AktG § 107 Rn. 33 und BeckOGK/*Spindler* AktG § 107 Rn. 63: nur durch Geschäftsordnung.

[39] GroßkommAktG/*Hopt/Roth* AktG § 107 Rn. 35 f.; aA BeckOGK/*Spindler* AktG § 107 Rn. 63: Zuständigkeit des dienstältesten Mitglieds.

[40] MüKoAktG/*Habersack* AktG § 107 Rn. 24; GroßkommAktG/*Hopt/Roth* § 107 Rn. 35 f.;BeckOGK/*Spindler* AktG § 107 Rn. 63.

[41] GroßkommAktG/*Hopt/Roth* AktG § 107 Rn. 45; Kölner Komm AktG/*Mertens/Cahn* AktG § 107 Rn. 15, allgM.

[42] MüKoAktG/*Habersack* AktG § 107 Rn. 22; Kölner Komm AktG/*Mertens/Cahn* AktG § 107 Rn. 21; Semler/v. Schenck/*Mutter* AktG § 107 Rn. 30; aA K. Schmidt/Lutter AktG/*Drygala* AktG § 107 Rn. 10; einschränkend BeckOGK/*Spindler* AktG § 107 Rn. 22: für den Fall seiner eigenen Wiederwahl.

[43] Lutter/Krieger/*Verse* AR Rn. 662; MHdB AG/*Hoffmann-Becking* § 31 Rn. 10; aA GroßkommAktG/*Hopt/Roth* AktG § 107 Rn. 36.

[44] Vgl. die von Glass Lewis und Institutional Shareholder Services (ISS) jährlich veröffentlichten Richtlinien, zuletzt http://www.glasslewis.com/wp-content/uploads/2018/11/2019_GUIDELINES_Germany.pdf und https://www.issgovernance.com/file/policy/active/emea/Europe-Voting-Guidelines.pdf.

wahrnehmen sollen – wobei ein Aufsichtsratsvorsitz doppelt zählt (C.4 DCGK). Zudem sollen amtierende Vorstandsmitglieder börsennotierter Unternehmen maximal zwei Aufsichtsratsmandate in konzernexternen börsennotierten Gesellschaften wahrnehmen und keinen Aufsichtsratsvorsitz (C.5 DCGK).[45] Die Begrenzung der Höchstzahl der Aufsichtsratsmandate in § 100 Abs. 2 Nr. 1 AktG von zehn Mandaten pro Person und in Ziff. 5.4.5 Abs. 1 DCGK 2017 von drei Mandaten für Mitglieder des Vorstands einer börsennotierten Gesellschaft wird nach Auffassung der Kodex-Kommission den heutigen Anforderungen an die Aufsichtsratstätigkeit nicht mehr gerecht. Führt die Wahl eines Aufsichtsratsvorsitzenden zu einer Abweichung von einer der genannten Empfehlungen, ist dies in der Entsprechenserklärung zu berücksichtigen und diese ggf. zu aktualisieren. Eine Wahl des Aufsichtsratsvorsitzenden unter Abweichung von den Empfehlungen des DCGK ohne vorangegangene Aktualisierung der Entsprechenserklärung ist dennoch wirksam. Ein Verstoß gegen Gesetz und Satzung liegt nicht vor, da der DCGK weder ein Gesetz noch ein Bestandteil der Satzung ist.[46] Nach Ansicht des BGH ist die Entsprechenserklärung auch erst zu aktualisieren, wenn die Abweichung von der Empfehlung eingetreten ist,[47] hier also mit Annahme der Wahl.

(2) Unabhängigkeit des Aufsichtsratsvorsitzenden. Der Aufsichtsratsvorsitzende muss nicht von Gesetzes wegen **unabhängig** sein. Gerade in Gesellschaften mit einem Mehrheitsaktionär sprechen gute Gründe dafür, dass ein Vertreter des Mehrheitsaktionärs den Aufsichtsratsvorsitz innehat. Nach Empfehlung C.10 des DCGK soll der Aufsichtsratsvorsitzende unabhängig von der Gesellschaft und vom Vorstand sein, dh nach der Kodex-Definition in keiner persönlichen oder geschäftlichen Beziehung zu der Gesellschaft oder deren Vorstand stehen, die einen wesentlichen und nicht nur vorübergehenden Interessenkonflikt begründen kann. Da der DCGK in Empfehlung C.7 eine Zugehörigkeit zum Vorstand der Gesellschaft in den zwei Jahren vor der Wahl in den Aufsichtsrat als Indikator für fehlende Unabhängigkeit von der Gesellschaft und dem Vorstand sieht, ist damit der Wechsel vom Vorstand in den Aufsichtsratsvorsitz angesprochen. Für den **Wechsel vom Vorstand in den Aufsichtsrat** gelten zunächst die besonderen Erfordernisse des § 100 Abs. 2 S. 1 Nr. 4 AktG („cooling-off", dazu → § 2 Rn. 51 ff.). Ein im Einklang mit diesen Voraussetzungen gewähltes Aufsichtsratsmitglied ist gesetzlich nicht gehindert, den Aufsichtsratsvorsitz zu übernehmen. Gegenüber der Hauptversammlung müssen die Gründe für die beabsichtigte Wahl eines ehemaligen Vorstandsmitglieds zum Aufsichtsratsvorsitzenden nicht im Einzelnen berichtet werden. Die darauf gerichtete Empfehlung in Ziff. 5.4.4 DCGK 2017 wurde aufgegeben. Der Wechsel eines ehemaligen Vorstandsmitglieds in den Aufsichtsratsvorsitz ist auch nicht anstößig oder per se der guten Corporate Governance abträglich, sondern kann durchaus **unternehmerisch vernünftig** sein. Die Nutzung der Kenntnisse über das Unternehmen, seine Führungskräfte und die Branche können der Aufsichtsratsarbeit förderlich sein.[48] Angesichts des nicht von der Hand zu weisenden **Konfliktpotentials** zwischen amtierendem Vorstand und einem erst kürzlich aus dem Vorstand ausgeschiedenen Vorstandsmitglied/Vorstandsvorsitzenden und der Gefahr der Fortsetzung von Fehlentwicklungen sollte der Wechsel vom Vorstand in den Aufsichtsratsvorsitz jedoch keine Routine sein. In jedem Einzelfall muss der Aufsichtsrat die Vor- und Nachteile einer Wahl eines ehemaligen Vorstandsmitglieds zum Aufsichtsratsvorsitzenden prüfen und sorgfältig abwägen.

Generell scheint die angelsächsischem Denken folgende Fokussierung vieler **Investorenvertreter** auf eine – nach Indikatoren bestimmte – „Unabhängigkeit" des Aufsichtsratsvorsitzenden nur eingeschränkt zielführend. Unabhängigkeit ist ein hohes Gut, aber noch kein Garant für einen guten Aufsichtsratsvorsitzenden. Für eine erfolgreiche Leitung des Gremiums und Ausfüllung der Aufgaben innerhalb der Governance eines Unternehmens benötigt ein Aufsichtsratsvorsitzender neben besonderer Sachkunde vor allem strategisches Denken, persönliche Integrität, kommunikative und integrative Fähigkeiten, Führungsstärke sowie Organisationsgeschick.

dd) Annahme der Wahl. Die Wahl zum Aufsichtsratsvorsitzenden wird erst wirksam mit der **Annahme** durch den Gewählten. Die Annahme ist gegenüber dem Aufsichtsrat als Kollegialorgan zu erklären. Sie kann bereits vor der Wahl erklärt werden. Eine besondere Form ist für die Erklärung nicht erforderlich, bei Erklärung in der Sitzung ist sie ins Protokoll aufzunehmen.

---

[45] Kritisch zu diesen Empfehlungen MHdB AG/*Hoffmann-Becking* § 31 Rn. 10.
[46] BGH NZG 2019, 262 Rn. 25 = NJW 2019, 669 ff. mkritAnm *Habersack*.
[47] BGHZ 180, 9 = NZG 2009, 342 Rn. 19 – Kirch/Deutsche-Bank; BGHZ 182, 272 = NZG 2009, 1270; BGH NZG 2019, 262 Rn. 25; vgl. auch OLG Celle NZG 2018, 904 = ZIP 2018, 1688 (1691); zu Informationspflichten gegenüber Aktionären in diesem Zusammenhang MüKoAktG/*Goette* AktG § 161 Rn. 94 ff.; *Bayer/Scholz* ZHR 181 (2017), 861 (897 f.); *Habersack* FS Goette, 2011, 121 (123 f.).
[48] *Sünner* AG 2010, 111; *Krieger* FS Hüffer, 2010, 521; *Wilsing/Wilsing* DCGK Ziff. 5.4.4. Rn. 7; K. Schmidt/Lutter AktG/*Drygala* AktG § 100 Rn. 15; einschränkend *Semler* in Semler/v. Schenck AR-HdB § 4 Rn. 22 *(„wenn sich das Unternehmen bei Ausscheiden in einem hervorragenden, stabilen Zustand befindet");* aA *Kremer/v. Werder* AG 2013, 340 (343).

b) Gerichtliche Bestellung

39 Falls bei Wahlen zum Aufsichtsratsvorsitzenden kein Kandidat die erforderliche Mehrheit erhält oder der Aufsichtsrat über einen längeren Zeitraum **keine Wahl des Vorsitzenden** durchführt, kann nach zutreffender, heute herrschender Ansicht in analoger Anwendung des § 104 Abs. 2 AktG ein Aufsichtsratsvorsitzender gerichtlich bestellt werden.[49] Der Aufsichtsratsvorsitzende ist nicht nur gesetzlich notwendiger Funktionsträger, er ist auch für eine ordnungsgemäße Koordination und Leitung des Gremiums unerlässlich. Der allgemeine Rechtsgedanke des § 29 BGB stützt diese Auffassung. Da nach § 107 Abs. 1 AktG nicht nur ein Vorsitzender, sondern auch ein Stellvertreter zu wählen ist, besteht auch für den **Stellvertreter** die Möglichkeit der gerichtlichen Bestellung. Eine Ersatzbestellung des Aufsichtsratsvorsitzenden oder seines Stellvertreters durch die Hauptversammlung ist nach allgemeiner Ansicht nicht möglich.[50] (Zur gerichtlichen Notbestellung bei Geltung des MitbestG → 7 Rn. 147).

40 **Zuständig** für die gerichtliche Bestellung eines Aufsichtsratsvorsitzenden ist das Amtsgericht des Gesellschaftssitzes, in dessen Bezirk ein Landgericht seinen Sitz hat (§ 23a Abs. 1 Nr. 2, Abs. 2 Nr. 4 GVG; § 14 AktG, § 367 Abs. 1 FamFG, § 377 FamFG), es sei denn die Rechtsverordnung der Landesregierung bestimmt eine anderweitige Zuständigkeit.

41 **Antragsberechtigt** sind in diesem Fall in einschränkender Anwendung des § 104 Abs. 2 S. 3 iVm Abs. 1 S. 1 AktG nur einzelne Aufsichtsratsmitglieder und der Vorstand.[51] Eine Teilhabe von Aktionären an der Wahl des Aufsichtsratsvorsitzenden ist – anders als bei der Wahl von Aufsichtsratsmitgliedern – im Gesetz nicht vorgesehen. Nach § 107 Abs. 1 S. 1 AktG „aus seiner Mitte" ist es Sache des Aufsichtsrats, den Vorsitzenden zu bestimmen. Daran kann sich bei gerichtlicher Bestellung nichts ändern. Hieraus folgt, dass einzelnen Aktionären auch kein Antragsrecht für eine gerichtliche Bestellung des Aufsichtsratsvorsitzenden zusteht.

42 Die **Drei-Monats-Frist** des § 104 Abs. 2 AktG ist ein Anhaltspunkt, ab wann ein gerichtlicher Antrag auf gerichtliche Bestellung des Aufsichtsratsvorsitzenden bzw. Stellvertreters statthaft ist.[52] Da die gerichtliche Besetzung der Position des Aufsichtsratsvorsitzenden gravierend in den Autonomiebereich des Aufsichtsrats eingreift, ist zu erwägen, ob neben der rein zeitlichen Komponente weitere Faktoren hinzutreten müssen. Im Sinne der Verhältnismäßigkeit dürfte eine gerichtliche Bestellung nicht schon erforderlich sein, wenn der Aufsichtsrat bei einer Wahl, etwa in der konstituierenden Sitzung, keine Mehrheit für einen Kandidaten findet und sich auf eine weitere Sitzung vertagt, die mehr als drei Monate nach der konstituierenden Sitzung liegt. Eine gerichtliche Bestellung ist jedenfalls dann erforderlich, wenn in mehreren Sitzungen Wahlgänge ergebnislos blieben oder der Aufsichtsrat für einen Zeitraum von drei Monaten in Untätigkeit verharrt. Sind diese Voraussetzungen erfüllt, ist ein dringender Fall anzunehmen. Entsprechend § 104 Abs. 6 AktG entfällt die gerichtliche Bestellung, sobald der Aufsichtsrat einen Vorsitzenden wählt.

c) Amtszeit

43 Die Amtszeit des Aufsichtsratsvorsitzenden kann durch die **Satzung** oder, soweit die Satzung nicht entgegensteht, vom Aufsichtsrat in der **Geschäftsordnung** oder im **Wahlbeschluss** festgesetzt werden. Sofern die Satzung keine abweichende Bestimmung trifft, muss die Amtszeit von Aufsichtsratsvorsitzendem und Stellvertreter in Gesellschaften, die nicht dem MitbestG unterliegen (→ § 7 Rn. 157 ff.), nicht identisch sein.

44 Wird in der Satzung, der Geschäftsordnung oder im Wahlbeschluss keine Amtszeit festgelegt, gilt die Wahl des Aufsichtsratsvorsitzenden und des Stellvertreters bis zum **Ablauf der Amtsperiode als Aufsichtsratsmitglied**.[53] In Satzung, Geschäftsordnung oder Wahlbeschluss kann eine andere Amtsdauer bestimmt werden, etwa für eine Zeitspanne (zB bis zur nächsten ordentlichen Hauptversammlung, eher un-

---

[49] Hüffer/Koch/*Koch* AktG § 107 Rn. 6; MüKoAktG/*Habersack* AktG § 107 Rn. 25, 26; Kölner Komm AktG/*Mertens/Cahn* AktG § 107 Rn. 23; GroßkommAktG/*Hopt/Roth* AktG § 107 Rn. 21; BeckOGK/*Spindler* AktG § 107 Rn. 31; K. Schmidt/Lutter AktG/*Drygala* AktG § 107 Rn. 13; Hölters/*Hambloch-Gesinn/Gesinn* AktG § 107 Rn. 14; Grigoleit/*Grigoleit/Tomasic* AktG § 107 Rn. 8; MHdB AG/*Hoffmann-Becking* § 31 Rn. 9; *Lutter/Krieger/Verse* AR Rn. 660; *E. Vetter* in Marsch-Barner/Schäfer Börsennotierte AG-HdB Rn. 27.21; NK-AktR/*Breuer/Fraune* AktG § 107 Rn. 5; *Fett/Theusinger* AG 2010, 425 (427).
[50] Hüffer/Koch/*Koch* AktG § 107 Rn. 6; MüKoAktG/*Habersack* AktG § 107 Rn. 25; Kölner Komm AktG/*Mertens/Cahn* AktG § 107 Rn. 23; BeckOGK/*Spindler* AktG § 107 Rn. 31; Semler/v. Schenck/*Mutter* AktG § 107 Rn. 35; *Lutter/Krieger/Verse* AR Rn. 660.
[51] Noch enger *Fett/Theusinger* AG 2010, 425 (427): nur Aufsichtsratsmitglieder.
[52] MHdB AG/*Hoffmann-Becking* § 31 Rn. 9; GroßkommAktG/*Hopt/Roth* AktG § 107 Rn. 31.
[53] MüKoAktG/*Habersack* AktG § 107 Rn. 25; Kölner Komm AktG/*Mertens/Cahn* AktG § 107 Rn. 31; Hüffer/Koch/*Koch* AktG § 107 Rn. 7; Hölters/*Hambloch-Gesinn/Gesinn* AktG § 107 Rn. 16; *Lutter/Krieger/Verse* AR Rn. 665; MHdB AG/*Hoffmann-Becking* § 31 Rn. 15, 18; Habersack/Henssler/*Habersack* MitbestG § 27 Rn. 10.

praktisch die Anknüpfung an ein Kalenderjahr) oder bis zu einem bestimmten Datum.[54] Die Amtszeit des Aufsichtsratsvorsitzenden und des Stellvertreters endet bei Ausscheiden aus dem Aufsichtsrat, ohne dass dies im Wahlbeschluss ausdrücklich bestimmt werden muss.

Zwischenzeitliche Änderungen in der Zusammensetzung des Aufsichtsrats, etwa bei einem **„staggered board"** berühren nach allgemeiner Ansicht die Amtszeit des Vorsitzenden und seines Stellvertreters grundsätzlich nicht. Allerdings können Satzung, Geschäftsordnung oder Wahlbeschluss regeln, dass die Amtszeit des Aufsichtsratsvorsitzenden und Stellvertreters bei Änderungen in der Zusammensetzung endet.[55] Für einen solchen Fall ist zur Vermeidung der Führungslosigkeit im Aufsichtsrat eine Regelung zu empfehlen, wonach der Aufsichtsratsvorsitzende und sein Stellvertreter über ihre Amtsdauer hinaus bis zur Neuwahl eines Aufsichtsratsvorsitzenden im Amt bleiben. 45

Die **Wiederwahl zum Aufsichtsratsmitglied** bewirkt keine automatische Verlängerung der Amtsdauer als Vorsitzender oder Stellvertreter.[56] Allerdings kann der Aufsichtsrat in Gesellschaften, die nicht dem MitbestG unterliegen, den Aufsichtsratsvorsitzenden unter der Bedingung seiner Wiederwahl über das Ende der laufenden Mitgliedschaft im Aufsichtsrat hinaus wählen, um die Kontinuität sicherzustellen.[57] § 107 Abs. 1 S. 1 AktG steht dem nicht entgegen, sondern verlangt nur, dass der Vorsitzende zwangsläufig sein Amt als Vorsitzender verliert, wenn er mangels Wiederwahl zum Aufsichtsratsmitglied oder aus einem andere Grunde aus dem Aufsichtsrat ausscheidet. Die Amtszeit endet in diesem Fall automatisch, wenn der Aufsichtsratsvorsitzende nicht in den Aufsichtsrat wiedergewählt wird. 46

d) Abberufung

aa) Beschluss des Aufsichtsrats. Die Kompetenz des Aufsichtsrats zur Bestellung des Vorsitzenden und des stellvertretenden Vorsitzenden umfasst auch die **Kompetenz zur jederzeitigen Abberufung.** Der Aufsichtsrat entscheidet darüber durch Beschluss. Für eine Abberufung ohne wichtigen Grund gilt grundsätzlich die einfache Mehrheit, soweit die Satzung oder Geschäftsordnung keine höhere Mehrheit anordnen.[58] Der Betroffene darf mitstimmen. Verlangen Satzung oder Geschäftsordnung eine qualifizierte Mehrheit für die Wahl, schweigen aber zu einem Mehrheitserfordernis für die Abberufung, muss die qualifizierte Mehrheit auch für die Abberufung erreicht werden.[59] Die Satzung kann für die Abberufung des Aufsichtsratsvorsitzenden auch eine höhere Mehrheit als für dessen Wahl oder einen wichtigen Grund verlangen. (Zur Abberufung des Aufsichtsratsvorsitzenden bei Geltung des MitbestG → § 7 Rn. 148). 47

Die **Abberufung des Aufsichtsratsvorsitzenden aus wichtigem Grund** muss immer mit einfacher Mehrheit der abgegebenen Stimmen möglich sein; Satzung oder Geschäftsordnung können hierfür keine höheren Mehrheiten festsetzen.[60] 48

Ein wichtiger Grund für die Abberufung eines Aufsichtsratsvorsitzenden aus seinem Amt liegt im Allgemeinen vor, wenn im Einzelfall nach Abwägung eine Weiterführung des Amtes bis zum Ablauf seiner Amtszeit für den Aufsichtsrat und die Gesellschaft **unzumutbar** ist.[61] Angesichts der herausgehobenen Verantwortlichkeit des Vorsitzenden für die Arbeit des Aufsichtsrats ist dabei auch das Interesse an einem funktionsfähigen Aufsichtsrat zu berücksichtigen. In Betracht kommen **schwerwiegende Pflichtverletzungen** des Aufsichtsratsvorsitzenden wie vorsätzliche falsche Protokollierung von Aufsichtsratsbeschlüssen, unterlassene Weitergabe von Berichten des Vorstands, evident rechtswidrige sitzungsleitende Maßnahmen, Verletzung der Vertraulichkeit oder eigenmächtiges Auftreten gegenüber Geschäftspartnern der Gesellschaft ohne Abstimmung mit dem Vorstand. Zudem soll bereits die Unfähigkeit, das Amt mit der nötigen Qualifikation auszufüllen, ausreichen, ohne dass es des Nachweises einer schweren schuldhaften Pflichtverletzung bedarf.[62] 49

---

[54] MüKoAktG/*Habersack* AktG § 107 Rn. 29; Kölner Komm AktG/*Mertens/Cahn* AktG § 107 Rn. 31; GroßkommAktG/*Hopt/Roth* AktG § 107 Rn. 63; K. Schmidt/Lutter AktG/*Drygala* AktG § 107 Rn. 16.
[55] GroßkommAktG/*Hopt/Roth* AktG § 107 Rn. 63.
[56] MüKoAktG/*Habersack* AktG § 107 Rn. 29; Hüffer/Koch/*Koch* AktG § 107 Rn. 7; Kölner Komm AktG/*Mertens/Cahn* AktG § 107 Rn. 31.
[57] MHdB AG/*Hoffmann-Becking* § 31 Rn. 15; Hüffer/Koch/*Koch* AktG § 107 Rn. 7; *Lutter/Krieger/Verse* AR Rn. 665; Kölner Komm AktG/*Mertens/Cahn* AktG § 107 Rn. 29; GroßkommAktG/*Hopt/Roth* AktG § 107 Rn. 64; Bürgers/Körber/*Israel* AktG § 107 Rn. 6.
[58] MüKoAktG/*Habersack* AktG § 107 Rn. 31; Kölner Komm AktG/*Mertens/Cahn* AktG § 107 Rn. 36.
[59] MüKoAktG/*Habersack* AktG § 107 Rn. 31; Hüffer/Koch/*Koch* AktG § 107 Rn. 7; Kölner Komm AktG/*Mertens/Cahn* AktG § 107 Rn. 34; K. Schmidt/Lutter AktG/*Drygala* AktG § 107 Rn. 16; *Lutter/Krieger/Verse* AR Rn. 666; *Säcker* BB 2008, 2252 (2253) allgM.
[60] BGHZ 86, 177 (179) = NJW 1983, 938; BGHZ 102, 172 (179) = NJW 1988, 969 (971); Hüffer/Koch/*Koch* AktG § 107 Rn. 7; *Lutter/Krieger/Verse* AR Rn. 666; Kölner Komm AktG/*Mertens/Cahn* AktG § 107 Rn. 33, 36; GroßkommAktG/*Hopt/Roth* AktG § 107 Rn. 55; BeckOGK/*Spindler* AktG § 107 Rn. 40; MüKoAktG/*Habersack* AktG § 107 Rn. 32, allgM.
[61] Zur Anwendung des Maßstabs des § 103 Abs. 3 AktG MüKoAktG/*Habersack* AktG § 107 Rn. 33.
[62] BeckOGK/*Spindler* AktG § 107 Rn. 41; *Säcker* BB 2008, 2252 (2253).

50　Bei der Abstimmung über seine Abberufung aus wichtigem Grund unterliegt der Aufsichtsratsvorsitzende – anders als bei der einfachen Abwahl – einem **Stimmverbot aus dem Rechtsgedanken des § 34 BGB**.[63] Voraussetzung für das Eingreifen des Stimmverbots ist, dass ein Mitglied des Aufsichtsrats als Antragsteller Tatsachen vorträgt, aus denen sich nachvollziehbar ein wichtiger Grund für die Abberufung ergibt. Der vom Stimmverbot betroffene Aufsichtsvorsitzende verliert zugleich die Befugnis, die Abstimmung über den Antrag zu leiten und das Beschlussergebnis festzustellen, unabhängig davon, ob der Aufsichtsrat in einer Sitzung oder schriftlich abstimmt.[64]

51　Die Abberufung wird **wirksam mit Bekanntgabe** gegenüber dem Betroffenen. Die Abberufung aus wichtigem Grund ist auch dann wirksam, wenn kein wichtiger Grund vorlag und der abberufene Vorsitzende oder Stellvertreter deshalb zu Unrecht von der Beschlussfassung ausgeschlossen wurde. Für den Aufsichtsrat und die Gesellschaft muss wegen der Bedeutung des Vorsitzenden innerhalb des Aufsichtsrats und für die Erfüllung der Publizitätspflichten Klarheit bestehen, ob eine Person Aufsichtsratsvorsitzender ist oder nicht. Dogmatisch lässt sich dies auf eine entsprechende Anwendung des § 84 Abs. 3 S. 4 AktG stützen.[65] Der Aufsichtsrat kann daher gleichzeitig mit der Abberufung einen neuen Vorsitzenden oder Stellvertreter wählen. In diesem Fall hat der Abberufene keinen Anspruch auf Wiedereinsetzung in sein Amt, auch wenn sich später herausstellt, dass kein wichtiger Grund vorlag.[66]

52　Schwierige Fragen wirft eine **Abberufung** des Vorsitzenden oder Stellvertreters aus wichtigem Grund im **dreiköpfigen Aufsichtsrat** auf. Hier kollidiert die Notwendigkeit, dass mindestens drei Mitglieder an der Beschlussfassung teilnehmen (§ 108 Abs. 2 S. 3 AktG), mit dem Stimmverbot des Betroffenen. Nach einer Ansicht soll in dieser Situation die gerichtliche Bestellung eines Ersatz- oder Ergänzungsmitglieds möglich sein.[67] Das kann aus praktischer Sicht nicht überzeugen: Bei einer Abberufung aus wichtigem Grund ist typischerweise rasches Handeln des Aufsichtsrats erforderlich. Die temporäre Bestellung eines vierten Mitglieds würde Zeit in Anspruch nehmen. Die temporäre Bestellung eines vierten Mitglieds würde auch gegen die in der Satzung bestimmte Zahl der Aufsichtsratsmitglieder verstoßen. Stattdessen ist mit der hM auf die Rechtsprechung des BGH zurückzugreifen: Der Ausschluss des Stimmrechts eines von drei Aufsichtsratsmitgliedern im Einzelfall entsprechend § 34 BGB führt nicht zur Beschlussunfähigkeit des Organs gem. § 108 Abs. 2 S. 3 AktG, sondern nur dazu, dass das betreffende Aufsichtsratsmitglied sich bei der Abstimmung der Stimme zu enthalten hat.[68] Dementsprechend ist der vom Stimmverbot betroffene Aufsichtsratsvorsitzende verpflichtet, an der Abstimmung teilzunehmen und sich der Stimme zu enthalten.[69]

53　**bb) Gerichtliche Abberufung.** Eine gesetzliche Grundlage für die **gerichtliche Abberufung eines Aufsichtsratsvorsitzenden** aus diesem Amt existiert nicht. Stattdessen liegen nach Vorstellung des Gesetzgebers die Wahl und Abberufung des Aufsichtsratsvorsitzenden in der Hand der Aufsichtsratsmehrheit. Dementsprechend soll kein Raum für Analogie zu § 103 Abs. 3 AktG bestehen, denn für einen solchen Antrag des Aufsichtsrats auf gerichtliche Abberufung aus wichtigem Grund müsste der Aufsichtsrat einen Beschluss mit einfacher Mehrheit fassen, die schon für die Abberufung aus wichtigem Grund ausreicht.[70] Das ist insoweit zutreffend, als dass die Aufsichtsratsmehrheit in der Tat zugleich die Abberufung beschließen kann. Eine praktische Notwendigkeit für eine gerichtliche Abberufung des Aufsichtsratsvorsitzenden kann dennoch in seltenen Einzelfällen bestehen, wenn eine Mehrheit des Aufsichtsrats trotz offensichtlich pflichtwidriger Amtsführung bei einer Beschlussfassung über die Abberufung treuwidrig am Aufsichtsratsvorsitzenden festhält oder ein Beschlussantrag auf Abberufung aus wichtigem Grund nur deshalb nicht die erforderliche Mehrheit findet, weil der Aufsichtsratsvorsitzende trotz bestehenden Stimmverbots mitstimmt. Eine gerichtliche Abberufung kann auch dann notwendig werden, wenn im dreiköpfigen Aufsichtsrat der abzuberufende Vorsitzende sich der Teilnahme an der Abstimmung verweigert. In solchen Fällen muss es dem einzelnen Aufsichtsratsmitglied in Anlehnung an den Rechtsgedanken des § 103

---

[63] BGHZ 34, 367 (371) = NJW 1961, 1299 (1301); BGHZ 86, 177 (181f.) = NJW 1983, 938 (939); MüKoAktG/*Habersack* AktG § 107 Rn. 32; Hüffer/Koch/*Koch* AktG § 107 Rn. 7; Kölner Komm AktG/*Mertens/Cahn* AktG § 107 Rn. 34; K. Schmidt/Lutter AktG/*Drygala* AktG § 107 Rn. 16; Lutter/ Krieger/*Verse* AR Rn. 666; *Säcker* BB 2008, 2252 (2253) allgM.

[64] Kölner Komm AktG/*Mertens/Cahn* AktG § 107 Rn. 34; Semler/v. Schenck/*Mutter* AktG § 107 Rn. 45; MüKoAktG/*Habersack* AktG § 107 Rn. 32; **aA** BGH NZG 2010, 1022 (1023) zum Interessenkonflikt des Versammlungsleiters der GmbH-Gesellschafterversammlung.

[65] MüKoAktG/*Habersack* AktG § 107 Rn. 33; Semler/v. Schenck/*Mutter* AktG § 107 Rn. 49; Kölner Komm AktG/*Mertens/Cahn* AktG § 107 Rn. 35; GroßkommAktG/*Hopt/Roth* AktG § 107 Rn. 71.

[66] MüKoAktG/*Habersack* AktG § 107 Rn. 33 mwN.

[67] MüKoAktG/*Habersack* AktG § 107 Rn. 32.

[68] BGH NZG 2007, 516 Rn. 13; OLG München AG 2016, 592 (593); aA noch BayObLGZ 2003, 89 (92ff.); OLG Frankfurt AG 2005, 925 (927).

[69] GroßkommAktG/*Hopt/Roth* AktG § 107 Rn. 69; Kölner Komm AktG/*Mertens/Cahn* AktG § 107 Rn. 34; BeckOGK/*Spindler* AktG § 107 Rn. 40; *Stadler/Berner* NZG 2003, 49 (51f.); *E. Vetter* AG 2006, 173 (179).

[70] BeckOGK/*Spindler* AktG § 107 Rn. 41.

Abs. 3 AktG möglich sein, eine gerichtliche Entscheidung über die Abberufung des Aufsichtsratsvorsitzenden aus wichtigem Grund zu erwirken.[71]

Leidet ein Aufsichtsratsbeschluss an einem schwerwiegenden Mangel, kann jedes Aufsichtsratsmitglied die Nichtigkeit durch eine gegen die durch den Vorstand vertretene Gesellschaft gerichtete **Feststellungsklage** gerichtlich geltend machen.[72] Bei stattgebendem Urteil wäre in der hier diskutierten Konstellation aber nur die Nichtigkeit des Aufsichtsratsbeschlusses festgestellt, der gegen die Abberufung des Vorsitzenden gerichtet ist. Die auf Nichtigkeit gerichtete Feststellungsklage eines Aufsichtsratsmitglieds kann deswegen nach zutreffender Ansicht mit einer **positiven Beschlussfeststellungsklage** verbunden werden.[73] Die positive Beschlussfeststellungsklage kann darauf gerichtet werden, als Beschlussergebnis die Abberufung des Aufsichtsratsvorsitzenden festzustellen.

Daneben kommt im Einzelfall bei andauernden und schwerwiegenden **Pflichtverletzungen** des Aufsichtsratsvorsitzenden in Betracht, ihm die Ausübung seines Amtes im Wege der **einstweiligen Verfügung** zu untersagen.[74] Ein Verfügungsgrund kann vorliegen, wenn der Gesellschaft durch rechtswidrige Handlungen des Aufsichtsratsvorsitzenden erheblicher Schaden droht oder die übrigen Aufsichtsratsmitglieder durch die pflichtwidrige Amtsführung des Aufsichtsratsvorsitzenden in der Wahrnehmung ihrer Rechte und Aufgaben unzumutbar beeinträchtigt werden. Antragsberechtigt ist hierbei jedes Aufsichtsratsmitglied. Zuständig ist die Kammer für Handelssachen des Landgerichts am Sitz der Gesellschaft (§ 95 Abs. 1 Nr. 4a GVG).[75]

e) Niederlegung

Der **Aufsichtsratsvorsitzende** kann nach hM sein Amt jederzeit und unabhängig von einem wichtigen Grund **niederlegen,** ohne zugleich seine Mitgliedschaft im Aufsichtsrat durch Niederlegung beenden zu müssen.[76]

Die *Satzung* kann nähere Bestimmungen treffen, insbesondere Form und Adressaten der Niederlegung regeln und – jeweils vorbehaltlich der Niederlegung aus wichtigem Grund – Fristen setzen. Im Zweifel gelten Satzungsbestimmungen mit einer Frist zur Niederlegung des Aufsichtsratsmandats auch für die Niederlegung des Amtes des Vorsitzenden entsprechend.[77] Die Niederlegung aus wichtigem Grund ist jederzeit ohne Einhaltung von Fristen möglich.

Aus Gründen der Rechtssicherheit ist auch eine **Niederlegung zur Unzeit** wirksam;[78] sie kann aber zu Schadensersatzansprüchen führen.

Sofern die Satzung nichts Abweichendes bestimmt, ist die **Niederlegung gegenüber dem Aufsichtsrat** zu erklären. Ausreichend ist der Zugang der Erklärung beim stellvertretenden Vorsitzenden. Eine Erklärung gegenüber dem Vorstand reicht nicht; sie wird jedoch wirksam mit Weiterleitung an den Aufsichtsrat.[79] Für die Niederlegung des Amtes des **stellvertretenden Aufsichtsratsvorsitzenden** gelten die Ausführungen entsprechend.

---

[71] AA BeckOGK/*Spindler* AktG § 107 Rn. 41.
[72] HM BGHZ 122, 342 (350f.) = NJW 1993, 2307; BGHZ 135, 244 (247) = NJW 1997, 1926 – ARAG/Garmenbeck; BGH AG 2012, 677; BGH WM 2013, 467 Rn. 13; OLG Düsseldorf AG 1995, 416; OLG München AG 2017, 750 (751); Hüffer/Koch/*Koch* AktG § 108 Rn. 26; MüKoAktG/*Habersack* AktG § 108 Rn. 85 mwN.
[73] Zur grundsätzlichen Zulässigkeit der positiven Beschlussfeststellungsklage bei Streitigkeiten im Aufsichtsrat MüKoAktG/*Habersack* AktG § 108 Rn. 85; GroßkommAktG/*Hopt/Roth* § 108 Rn. 55; *Lemke,* Der fehlerhafte Aufsichtsratsbeschluss, 1994, 186f.; dagegen aus rechtspolitischen Erwägungen Kölner Komm AktG/*Mertens/Cahn* AktG § 108 Rn. 115.
[74] Zur Feststellung der Unwirksamkeit von Aufsichtsratsbeschlüssen im einstweiligen Rechtsschutz LG Hannover AG 1989, 448 (449), offengelassen von OLG Celle NJW 1990, 582 (583); OLG Stuttgart BeckRS 1985, 31365674 = ZIP 1985, 539 (Aufsichtsrat der mitbestimmten GmbH); GroßkommAktG/*Hopt/Roth* AktG § 108 Rn. 208.
[75] OLG München NZG 2010, 668f.; BeckOK GVG/*Pernice* GVG § 95 Rn. 24 mwN.
[76] MüKoAktG/*Habersack* AktG § 107 Rn. 34; K. Schmidt/Lutter AktG/*Drygala* AktG § 107 Rn. 18; Hüffer/Koch/*Koch* AktG § 107 Rn. 7; MHdB AG/*Hoffmann-Becking* § 31 Rn. 16; Kölner Komm AktG/*Mertens/Cahn* AktG § 107 Rn. 37; BeckOGK/*Spindler* AktG § 107 Rn. 42; *Grigoleit/Grigoleit/Tomasic* AktG § 107 Rn. 9; *Lutter/Krieger/Verse* AR Rn. 667; *E. Vetter* in Marsch-Barner/Schäfer Börsennotierte AG-HdB Rn. 27.22.
[77] MüKoAktG/*Habersack* AktG § 107 Rn. 35; *Lutter/Krieger/Verse* AR Rn. 667; GroßkommAktG/*Hopt/Roth* § 107 Rn. 66; MHdB AG/*Hoffmann-Becking* § 31 Rn. 16.
[78] HM GroßkommAktG/*Hopt/Roth* AktG § 107 Rn. 66 mwN.
[79] MüKoAktG/*Habersack* AktG § 107 Rn. 35; *v. Schenck* in Semler/v. Schenck AR-HdB § 4 Rn. 35; Kölner Komm AktG/*Mertens/Cahn* AktG § 107 Rn. 37; Hölters/*Hambloch-Gesinn/Gesinn* AktG § 107 Rn. 21; MHdB AG/*Hoffmann-Becking* § 31 Rn. 16; Semler/v. Schenck/*Mutter* AktG § 107 Rn. 55; großzügiger *Lutter/Krieger/Verse* AR Rn. 667, die Zugang bei einem beliebigen Aufsichtsratsmitglied ausreichen lassen.

2. Mitteilungspflichten der Gesellschaft

a) Anmeldung zum Handelsregister

60 Der Vorstand hat dem Registergericht die **Wahl des Aufsichtsratsvorsitzenden** und von stellvertretenden Aufsichtsratsvorsitzenden nach § 107 Abs. 1 S. 2 AktG schriftlich anzumelden. Der Vorstand ist zur Anmeldung der Gewählten auch dann verpflichtet, wenn das Wahlverfahren bzw. der Beschluss wegen Mängeln gerügt werden. Denn bis zur Feststellung der Nichtigkeit benötigt die Gesellschaft einen handlungsfähigen Aufsichtsratsvorsitzenden.[80]

61 **Anzumelden** sind nach zutreffender, aber nicht unbestrittener Auffassung nur Familienname und Vorname der Gewählten, nicht deren Anschrift.[81] Die Anschrift ist ebenso wie der Beruf bereits in der Liste nach § 106 AktG enthalten. Für die Anmeldung durch den Vorstand genügt Handeln in vertretungsberechtigter Zahl, auch unechte Gesamtvertretung ist zulässig.[82] Eine Beglaubigung nach § 12 HGB ist nicht notwendig.

62 Bei **zeitlichem Zusammentreffen** zwischen **Amtsbeendigung und Wahl** eines neuen Aufsichtsratsvorsitzenden wirft die Anmeldung nach § 107 Abs. 1 S. 2 AktG keine Probleme auf. Wählt der Aufsichtsrat einen neuen Vorsitzenden nicht zeitnah zur Amtsbeendigung des Vorgängers, etwa wegen der Frist des § 104 Abs. 2 S. 1 AktG, ist das Ausscheiden des bisherigen Vorsitzenden dem Handelsregister vorab anzumelden. Gleiches gilt für stellvertretende Aufsichtsratsvorsitzende.

63 Die Anmeldung nach § 107 Abs. 1 S. 2 AktG kann vom Registergericht mittels **Zwangsgeld** nach § 14 HGB iVm § 407 Abs. 1 S. 1 AktG durchgesetzt werden. Eine gesonderte Anmeldung nach § 107 Abs. 1 S. 2 AktG ist allerdings nicht erforderlich, wenn die notwendigen Angaben bereits in einer nach § 106 AktG eingereichten Liste der Aufsichtsratsmitglieder enthalten sind.[83]

b) Angabe auf Geschäftsbriefen

64 Nach § 80 Abs. 1 S. 1 AktG ist der **Vorsitzende des Aufsichtsrats** mit seinem Familiennamen und mindestens einem ausgeschriebenen Vornamen auf den **Geschäftsbriefen** der Gesellschaft anzugeben. Der Begriff der Geschäftsbriefe ist weit zu verstehen. Hierunter fallen alle im Namen der Gesellschaft verfassten und nach außen gerichteten Mitteilungen über geschäftliche Fragen, Briefe einschließlich E-Mails, Verkaufsangebote, Rechnungen, Quittungen, Lieferscheine, Auftrags- und Empfangsbestätigungen sowie graphische Darstellungen der Gesellschaftsverhältnisse, die im Rahmen von Vertragsverhandlungen übergeben werden.[84] Die Angabe von **stellvertretenden Aufsichtsratsvorsitzenden** auf Geschäftsbriefen wird vom Gesetz nicht gefordert.

65 Bei einem **Wechsel oder einer Vakanz** im Aufsichtsratsvorsitz sind die nach § 80 Abs. 1 S. 1 AktG erforderlichen Angaben zum Aufsichtsratsvorsitzenden auf Geschäftsbriefen zu korrigieren. Gleiches gilt für die Internetseite der Gesellschaft. Zweckmäßigerweise wird eine Vakanz durch „N.N." gekennzeichnet.[85]

66 Die **Korrektur der Angaben** zum Aufsichtsratsvorsitzenden lässt sich bei E-Mail-Signaturen und im elektronischen Geschäftsverkehr rasch umsetzen. Bereits gedruckte Geschäftsbriefe mit Nennung des ausgeschiedenen Aufsichtsratsvorsitzenden entsprechen nicht mehr den gesetzlichen Vorgaben. Sofern die Gesellschaft die Veränderung im Aufsichtsratsvorsitz durch Pressemitteilungen und ggf. Ad hoc-Mitteilung öffentlich kommuniziert, die Angaben im elektronischen Geschäftsverkehr zügig korrigiert und damit dem Rechtsschein entgegentritt, sind die rechtlichen Risiken bei der Verwendung der bereits gedruckten Materialien mit Angabe des ehemaligen Aufsichtsratsvorsitzenden überschaubar, so dass es vertretbar erscheint, hier eine angemessene **Aufbrauchfrist** von bis zu einem Monat einzuräumen.

3. Besondere Rechte und Pflichten des Aufsichtsratsvorsitzenden

67 Der **Aufsichtsratsvorsitzende** hat eine herausgehobene Stellung innerhalb des Gremiums und gegenüber dem Vorstand. Die Aufgaben und Befugnisse des Aufsichtsratsvorsitzenden sind allerdings im Gesetz nur punktuell geregelt. Dazu gehören die Empfangszuständigkeit für Sonderberichte des Vorstands (§ 90 Abs. 1 S. 3 AktG), die Befugnis zur Einberufung von Aufsichtsratssitzungen (§ 110 Abs. 1 S. 1), die Un-

---

[80] BeckOGK/*Spindler* AktG § 107 Rn. 65; GroßkommAktG/*Hopt/Roth* AktG § 107 Rn. 55.
[81] GroßkommAktG/*Hopt/Roth* AktG § 107 Rn. 56; Kölner Komm AktG/*Mertens/Cahn* AktG § 107 Rn. 26; *Wachter* AG 2016, 776 (779); aA MüKoAktG/*Habersack* AktG § 107 Rn. 38; Hüffer/Koch/*Hüffer* AktG § 107 Rn. 11; K. Schmidt/Lutter/*Drygala* AktG § 107 Rn. 14.
[82] MüKoAktG/*Habersack* AktG § 107 Rn. 38 mwN.
[83] *Krafka* RegisterR Rn. 1738.
[84] Vgl. nur BeckOGK/*Fleischer* AktG § 80 Rn. 4 f. mwN.
[85] *Haßler* BB 2016, 461 (463).

terzeichnung der Niederschrift von Aufsichtsratssitzungen (§ 107 Abs. 2 S. 1 AktG) sowie die Entscheidung nach § 109 Abs. 2 AktG und die Mitwirkung bei Handelsregisteranmeldungen (dazu → Rn. 143).

Weit verbreitet sind **Satzungsregelungen,** die den Aufsichtsratsvorsitzenden zum **Leiter der Hauptversammlung** bestimmen. Damit ist der Aufsichtsratsvorsitzende der geborene Versammlungsleiter. Gleichwohl ist die Hauptversammlungsleitung keine genuine gesetzliche Kompetenz des Aufsichtsratsvorsitzenden, sondern nur aus Satzung oder Beschluss des Aufsichtsrats begründet.[86]

Ganz allgemein hat der **Aufsichtsratsvorsitzende** neben den in Gesetz, Satzung und Geschäftsordnung zugewiesenen Aufgaben die Arbeit im Aufsichtsrat zu **koordinieren,** dessen Sitzungen einzuberufen und zu leiten und die Belange des Aufsichtsrats nach außen wahrzunehmen.[87] In die Verantwortung des Aufsichtsratsvorsitzenden fallen auch die Vorbereitung und Durchführung der Aufsichtsratsbeschlüsse. Er ist das „Scharnier" zwischen Vorstand und Aufsichtsrat. Bei den Aufgaben lassen sich aufsichtsratsinterne Leitungsaufgaben, Aufgaben im Verhältnis zu den anderen Organen (Vorstand und Hauptversammlung), sowie gesetzlich vorgesehene Mitwirkungsaufgaben bei Handelsregisteranmeldungen unterscheiden. Trotz seiner **herausgehobenen Stellung** ist der Aufsichtsratsvorsitzende kein Organ der Gesellschaft.[88] Weder die Satzung noch der Aufsichtsrat selbst können **Entscheidungsbefugnisse des Aufsichtsrats** auf den Vorsitzenden **delegieren,** auch nicht im Einzelfall.[89]

a) Leitungsaufgaben

Der Aufsichtsratsvorsitzende hat die **Aufgaben** und **Befugnisse,** die dem Vorsitzenden eines Kollegialorgans im Interesse der Handlungs- und Funktionsfähigkeit des Organs üblicherweise zustehen.[90] Die Leitungsaufgaben sind aus dem Ziel der Funktionsfähigkeit und der ordnungsgemäßen Aufgabenerfüllung des Gremiums abzuleiten. Der Aufsichtsratsvorsitzende koordiniert die Aufsichtsratstätigkeit und leitet die Aufsichtsratssitzungen. Der Aufsichtsratsvorsitzende ist verpflichtet, auf Beachtung der Vorschriften des Gesetzes, der Satzung sowie der Geschäftsordnung hinzuwirken und für ein rechtmäßiges Beschlussverfahren zu sorgen. Dem Aufsichtsratsvorsitzendem stehen jedoch **keine Weisungsrechte** gegenüber einzelnen Aufsichtsratsmitgliedern zu.

aa) Einberufung der Aufsichtsratssitzungen. Eine besondere Ausprägung der Koordinationsaufgabe des Aufsichtsratsvorsitzenden ist die Befugnis, die Sitzungen des Aufsichtsrats unter Bekanntgabe der Tagesordnung **einzuberufen** und zu leiten (vgl. dazu im Einzelnen → Rn. 77). Es entspricht bewährter praktischer Übung, im Voraus einen jährlichen **Terminplan** für die turnusmäßigen Sitzungen aufzustellen und diesen mit dem Aufsichtsratsplenum, dem Abschlussprüfer und dem Vorstand abzustimmen. Der Aufsichtsratsvorsitzende legt in der Einberufung **Sitzungsort** sowie Beginn und Ende der Sitzungen fest. Regelmäßig wird der Aufsichtsrat am Sitz der Gesellschaft zusammenkommen. Es entspricht aber auch pflichtgemäßer Ermessensausübung, wenn der Aufsichtsrat hin und wieder Sitzungen an anderen bedeutenden Unternehmensstandorten im In- oder Ausland abhält.

Der Aufsichtsratsvorsitzende ist befugt, nach pflichtgemäßem Ermessen **außerordentliche Sitzungen** einzuberufen, deren Verfahren festzulegen (Ort, Beginn und Ende und Durchführung, Präsenzsitzung, telefonische Sitzung) und Beschlussfassungen außerhalb von Sitzungen zu initiieren. Der Aufsichtsratsvorsitzende entscheidet damit, wann und wie oft und in welcher Form der Aufsichtsrat zusammenkommt.[91] Die **Intensität der Aufsichtsratsarbeit** hängt in erster Linie von der Lage des Unternehmens ab. Nach § 90 Abs. 2 S. 3 AktG wird der Aufsichtsratsvorsitzende über wichtige Ereignisse, die für die Beurteilung der Lage und Entwicklung sowie für die Leitung des Unternehmens von wesentlicher Bedeutung sind, unverzüglich durch den Vorsitzenden bzw. Sprecher des Vorstands informiert. Der Aufsichtsratsvorsitzende hat sodann den Aufsichtsrat zu unterrichten (§ 90 Abs. 5 S. 3 AktG) und, falls erforderlich, eine außerordentliche Aufsichtsratssitzung einzuberufen. In der **Krise** steigen die Anforderungen an die Überwachungstätigkeit des Aufsichtsrats. Dann ist es mit der gesetzlich vorgeschriebenen Anzahl an Aufsichtsratssitzungen regelmäßig nicht getan[92] und dementsprechend wird der Aufsichtsrat häufiger zusammentreten.

---

[86] KG AG 2011, 170 (172); OLG Köln NZG 2013, 548 (551); LG Ravensburg NZG 2014, 1233 (1234); Hüffer/Koch/*Koch* AktG § 129 Rn. 18; *Drinhausen/Marsch-Barner* AG 2014, 757; *von der Linden* NZG 2013, 208 (209 f.); *Hoffmann-Becking* NZG 2017, 281.
[87] Ziff. 5.2 Abs. 1 S. 2 DCGK 2017, ohne Erwähnung der Sitzungsleitung in Grundsatz 7 DCGK.
[88] Kölner Komm AktG/*Mertens/Cahn* AktG § 107 Rn. 38; Grioglgeit/*Grigoleit/Tomasic* AktG § 107 Rn. 4; *v. Schenck* AG 2010, 649 (655); aA *Peus* ZGR 1987, 545 (552).
[89] BGH NZG 2013, 297; BGH NZG 2013, 792 (794); *Lutter/Krieger/Verse* AR Rn. 682; MHdB AG/*Hoffmann-Becking* § 31 Rn. 21.
[90] AllgM, vgl. nur MüKoAktG/*Habersack* AktG § 107 Rn. 44 mwN.
[91] AllgM Komm AktG/*Mertens/Cahn* AktG § 107 Rn. 44; *v. Schenck* in Semler/v. Schenck AR-HdB § 4 Rn. 47; Semler/v. Schenck/*Mutter* AktG § 107 Rn. 109.
[92] LG München I NZI 2007, 609 (610) = AG 2007, 827; abweichend aus anderen Gründen das Berufungsurteil OLG München BeckRS 2008, 7390.

73 Die unverzügliche Einberufung einer außerordentlichen Sitzung kann auch dann geboten sein, wenn der Aufsichtsratsvorsitzende Kenntnis von Sachverhalten erhält, die Anlass geben, über eine **Abberufung** und außerordentliche **Kündigung eines Vorstandsmitglieds** zu beraten.

74 Der Aufsichtsratsvorsitzende kann einberufene Sitzungen nach pflichtgemäßem Ermessen **absagen** oder **verlegen.**[93] Dies gilt jedoch nicht, wenn die Sitzung auf Verlangen eines anderen Aufsichtsratsmitglieds oder auf Verlangen des Vorstands gem. § 110 Abs. 1 AktG einberufen wurde und die Zwei-Wochen-Frist überschritten würde.[94]

75 **bb) Sitzungsvorbereitung.** Teil der Leitungsaufgaben des Aufsichtsratsvorsitzenden ist die Vorbereitung der Aufsichtsratssitzungen. Er entscheidet dabei nach pflichtgemäßem Ermessen über die **Tagesordnungspunkte,** die **Teilnahme von Vorstandsmitgliedern,** die Hinzuziehung von **Sachverständigen und Auskunftspersonen.**[95] Soweit Mitarbeiter des Unternehmens direkt an den Aufsichtsrat berichten sollen (→ Rn. 105), sorgt er für entsprechende Einladung. Beherrschen nicht alle Aufsichtsratsmitglieder die Sitzungssprache verhandlungssicher, ist der Aufsichtsratsvorsitzende verpflichtet, die **Beauftragung von Dolmetschern** für die Aufsichtsratssitzungen zu veranlassen.[96]

76 Zur Sitzungsvorbereitung gehört auch die Anforderung bzw. Zusammenstellung der **Sitzungsunterlagen,** ggf. deren Übersetzung, die rechtzeitige Übersendung an die Aufsichtsratsmitglieder sowie die Vorbereitung und konkrete Formulierung der **Beschlusstexte.**

77 **cc) Sitzungsleitung.** Die Sitzungsleitung ist auf die Recht- und Ordnungsmäßigkeit des Verfahrens gerichtet. Im Rahmen der Sitzungsleitung bestimmt der Vorsitzende den **Sitzungsablauf,** die Reihenfolge der Tagesordnungspunkte und Wortbeiträge sowie Zeitpunkt, Verfahren und Reihenfolge der Abstimmungen. Er bestimmt den Protokollführer und entscheidet, wann Vorstand und Sachverständige und Auskunftspersonen an der Beratung teilnehmen und wann sie den Sitzungssaal verlassen müssen.[97] Er zählt die Stimmen aus und verkündet die Beschlüsse des Aufsichtsrats.

78 Im Rahmen der Sitzungsleitung ist ein Aufsichtsratsvorsitzender aufgefordert, für eine offene, angemessene und sachliche **Diskussionskultur** im Aufsichtsrat zu sorgen und alle Aufsichtsratsmitglieder einzubinden. Er ist dabei nicht gehindert, die eigene Ansicht prononciert zu vertreten und das eigene Abstimmungsverhalten anzukündigen. Die Aufgaben des Aufsichtsratsvorsitzenden beschränken sich dabei nicht auf eine Moderatorenrolle, ihm obliegt es auch, Entscheidungen des Aufsichtsrats herbeizuführen und dafür eine möglichst breite Unterstützung im Gremium zu gewinnen. Im Idealfall **leitet und lenkt er die Aufsichtsratssitzungen,** ohne sie zu dominieren.

79 Der Aufsichtsratsvorsitzende kann kraft seiner Leitungsbefugnis über die – vorübergehende – **Unterbrechung** einer Sitzung entscheiden.[98] Die **Vertagung** einer Sitzung oder einzelner Tagesordnungspunkte durch den Vorsitzenden ist zulässig, wenn Satzung oder Geschäftsordnung entsprechende Ermächtigungen vorsehen. In den Konstellationen des § 110 AktG ist nach Beginn der Sitzung eine Vertagung der Sitzung oder der Behandlung einzelner Tagesordnungspunkte nur mit entsprechendem Mehrheitsbeschluss des Aufsichtsrats möglich. Satzung oder Geschäftsordnung können keine abweichenden Regelungen treffen.

80 Der Aufsichtsvorsitzende bestimmt die **Sprache der Aufsichtsratssitzung.**[99] Eine andere Sprache als Deutsch kann bestimmt werden; gerade in international besetzten Aufsichtsräten ist Englisch als Verhandlungssprache verbreitet. Dann muss aber bei entsprechendem Verlangen eines Aufsichtsratsmitglieds eine Übersetzung durch Dolmetscher sichergestellt sein und die Sitzungsunterlagen und Präsentationen jedenfalls auch in deutscher Sprache verfügbar sein. Wird die Sitzung in deutscher Sprache abgehalten, hat jedes Aufsichtsratsmitglied, das die deutsche Sprache nicht beherrscht, Anspruch auf Übersetzung in seine Sprache.[100] Bei internationaler Besetzung des Aufsichtsrats ist daher grundsätzlich für eine Simultanübersetzung zu sorgen.

81 Schon bei der Sitzungsvorbereitung, jedenfalls aber bei der Sitzungsleitung muss der Aufsichtsratsvorsitzende prüfen, ob **Interessenkonflikte** vorliegen, die bei einzelnen Aufsichtsratsmitgliedern der Teil-

---

[93] Kölner Komm AktG/*Mertens/Cahn* AktG § 107 Rn. 44; MüKoAktG/*Habersack* AktG § 107 Rn. 51; Semler/ v. Schenck/*Mutter* AktG § 107 Rn. 111; *Lutter/Krieger/Verse* AR Rn. 698.
[94] *Lutter/Krieger/Verse* AR Rn. 698; MHdB AG/*Hoffmann-Becking* § 31 Rn. 47; Semler/v. Schenck/*Mutter* AktG § 107 Rn. 111; MüKoAktG/*Habersack* AktG § 108 Rn. 41.
[95] MüKoAktG/*Habersack* AktG § 107 Rn. 54; Semler/v. Schenck/*Mutter* AktG § 107 Rn. 114.
[96] *Lutter/Krieger/Verse* AR Rn. 703; Kölner Komm AktG/*Mertens/Cahn* AktG § 107 Rn. 48 mwN.
[97] Vgl. nur MüKoAktG/*Habersack* AktG § 107 Rn. 53, 56.
[98] MüKoAktG/*Habersack* AktG § 108 Rn. 41.
[99] *Lutter/Krieger/Verse* AR Rn. 703; Kölner Komm AktG/*Mertens/Cahn* AktG § 107 Rn. 48; GroßkommAktG/*Hopt/ Roth* AktG § 107 Rn. 127.
[100] MüKoAktG/*Habersack* AktG § 107 Rn. 54; GroßkommAktG/*Hopt/Roth* AktG § 107 Rn. 127; LG Frankfurt a. M. Der Aufsichtsrat 2005, 11.

nahme an Beratung und Abstimmung entgegenstehen. Nach Empfehlung E.1 DCGK soll jedes Aufsichtsratsmitglied Interessenkonflikte unverzüglich dem Vorsitzenden des Aufsichtsrats offenlegen. Dazu kann der Aufsichtsratsvorsitzende bei Anhaltspunkten einzelne Aufsichtsratsmitglieder befragen. Falls bei einem Aufsichtsratsmitglied ein eindeutiger Interessenkonflikt identifiziert ist, kann der Vorsitzende im Interesse der Funktionsfähigkeit des Aufsichtsrats das Aufsichtsratsmitglied vom Berichtsempfang bzw. der Kenntnisnahme ausschließen und ggf. einen **Stimmrechtsausschluss** nach den Grundsätzen des § 34 BGB feststellen.[101]

Als Sitzungsleiter ist der Vorsitzende befugt, **Ordnungsmaßnahmen** zu ergreifen. Er ist berechtigt, die Redezeit zu beschränken und unter Wahrung des Grundsatzes der Verhältnismäßigkeit ggf. das Wort zu entziehen. Die Befugnis zur Sitzungsleitung umfasst auch das Recht, Aufsichtsratsmitglieder vorübergehend oder ganz von der Sitzung auszuschließen, wenn dies zur ordnungsgemäßen Durchführung einer Sitzung der Gesellschaft notwendig ist.[102] 82

Daneben kommt ein **temporärer Sitzungsausschluss** von Aufsichtsratsmitgliedern in Frage, wenn dies zur Wahrung wichtiger Belange der Gesellschaft erforderlich ist. Ein Stimmverbot allein reicht noch nicht als Grundlage für einen Entzug des Teilnahmerechts. Voraussetzung für einen Sitzungsausschluss ist die **konkrete Gefährdung wichtiger Belange** der Gesellschaft, wenn der Gesellschaft also ein Schaden droht, die Ermittlung potentieller Pflichtverletzungen oder die Verfolgung von Ansprüchen gefährdet wird oder Grund zur Annahme besteht, dass vertrauliche Informationen gegen die Unternehmensinteressen eingesetzt werden. Es müssen in den Fallgruppen persönlicher Befangenheit weitere Umstände hinzutreten, die entweder eine sachliche Diskussion und Willensbildung im Aufsichtsrat gefährden oder einen Schaden des Unternehmens befürchten lassen. Das kann der Fall sein bei einem **schwerwiegenden Interessenkonflikt,** dem durch Stimmenthaltung nicht ausreichend begegnet werden kann. Ein Grund für den Entzug des Teilnahmerechts kann das **Richten in eigener Sache** sein, wenn es um wirtschaftlich bedeutende Rechtsgeschäfte zwischen der Gesellschaft und dem Aufsichtsratsmitglied geht, die Kandidatur eines Aufsichtsratsmitglieds für den Vorstand oder wenn etwa der Aufsichtsrat eine Untersuchung zu Zeiträumen durchführt, in denen ein amtierendes Aufsichtsratsmitglied im Vorstand der Gesellschaft tätig war.[103] 83

Umstritten ist hier, ob der **Aufsichtsratsvorsitzende** vorbehaltlich einer anderen Entscheidung des Aufsichtsrats über eine solche Maßnahme entscheiden[104] kann oder ob wegen des gravierenden Eingriffs stets ein **Beschluss des Aufsichtsrats** erforderlich ist.[105] Beim Sitzungsausschluss handelt es sich um eine sitzungsleitende Maßnahme, die auf der Beurteilung einer Rechtsfrage aufsetzt, nämlich der Frage, ob wichtige Belange der Gesellschaft konkret gefährdet sind. Dass eine Entscheidung des Plenums hier größere Richtigkeitsgewähr bietet als eine Entscheidung des Vorsitzenden, ist keinesfalls zwingend. Es erscheint auch inkonsequent, dem Vorsitzenden die Leitungsaufgaben zuzuweisen, dies aber bei einer besonders wichtigen rechtlich geprägten Leitungsaufgabe zu revidieren (→ Rn. 85). Über den Sitzungsausschluss entscheidet daher der Vorsitzende, vorbehaltlich eines anderslautenden Aufsichtsratsbeschlusses. Dem betroffenen Aufsichtsratsmitglied ist vorab Gelegenheit zur Stellungnahme zu gewähren.[106] 84

dd) Änderungskompetenz des Plenums. Der Aufsichtsrat kann Maßnahmen des Vorsitzenden zur Sitzungsvorbereitung und Sitzungsleitung jederzeit auf Antrag eines Aufsichtsratsmitglieds im Rahmen des Gesetzes, der Satzung und der Geschäftsordnung durch Mehrheitsbeschluss ändern oder aufheben. Diese Befugnis des Aufsichtsrats ist Ausprägung seines Selbstorganisationsrechts.[107] Bei der Entscheidung zu **Rechtsfragen,** die sich im Vorfeld oder im Zusammenhang mit einer Aufsichtsratssitzung oder den vom Aufsichtsrat zu treffenden Entscheidungen stellen, insbesondere in Fragen des Stimmverbots, steht dem Plenum jedoch keine Änderungskompetenz zu. Die Alleinentscheidungsbefugnis des Vorsitzenden in Rechtsfragen entspricht seiner allgemeinen Verpflichtung, für ein rechtmäßiges Beschlussverfahren zu sor- 85

---

[101] GroßkommAktG/*Hopt/Roth* AktG § 109 Rn. 21 mwN; Semler/v. Schenck/*Mutter* AktG § 107 Rn. 118; *Marsch-Barner* in Semler/v. Schenck AR-HdB § 13 Rn. 150; *v. Schenck* in Semler/v. Schenck AR-HdB § 4 Rn. 163.
[102] GroßkommAktG/*Hopt/Roth* AktG § 107 Rn. 109; K. Schmidt/Lutter AktG/*Drygala* AktG § 107 Rn. 19; MüKoAktG/*Habersack* AktG § 107 Rn. 57 und § 109 Rn. 9; Hölters/*Hambloch-Gesinn* AktG § 107 Rn. 38; Semler/v. Schenck/*Mutter* AktG § 107 Rn. 117; einschränkend Kölner Komm AktG/*Mertens/Cahn* AktG § 107 Rn. 50 (nur bei Vorliegen von Rechtsgründen wie der konkreten Gefährdung wichtiger Gesellschaftsbelange).
[103] Weitere Beispiele bei GroßkommAktG/*Hopt/Roth* AktG § 109 Rn. 19.
[104] GroßkommAktG/*Hopt/Roth* AktG § 109 Rn. 23; Kölner Komm AktG/*Mertens/Cahn* AktG § 109 Rn. 15; Grigoleit/*Tomasic* AktG § 109 Rn. 5.
[105] K. Schmidt/Lutter AktG/*Drygala* AktG § 109 Rn. 4; MüKoAktG/*Habersack* AktG § 109 Rn. 10; BeckOGK/*Spindler* AktG § 109 Rn. 10; Bürgers/Körber/*Israel* AktG § 109 Rn. 2; Hüffer/Koch/*Koch* AktG § 109 Rn. 2; Semler/v. Schenck/*Gittermann* AktG § 109 Rn. 15; Lutter/Krieger/*Verse* AR Rn. 700; *E. Vetter* in Marsch-Barner/Schäfer Börsennotierte AG-HdB Rn. 27.40.
[106] MüKoAktG/*Habersack* AktG § 109 Rn. 10; BeckOGK/*Spindler* AktG § 109 Rn. 10.
[107] MüKoAktG/*Habersack* AktG § 107 Rn. 53; K. Schmidt/Lutter AktG/*Drygala* AktG § 107 Rn. 19; MHdB AG/*Hoffmann-Becking* § 31 Rn. 55, 58; Kölner Komm AktG/*Mertens/Cahn* AktG § 107 Rn. 41.

gen.¹⁰⁸ Unbenommen bleibt das Recht jedes Aufsichtsratsmitglieds zur gerichtlichen Überprüfung im Rahmen einer Klage auf Feststellung der Nichtigkeit eines Aufsichtsratsbeschlusses. Daneben kann im Einzelfall auch eine **einstweilige Verfügung** mit der Verpflichtung zu einer bestimmten Verfahrensentscheidung in Betracht kommen.¹⁰⁹

b) Berichtsempfang und Informationspflichten

86 **aa) Zuständigkeit.** Wesentliche Grundlage für die Überwachung der Geschäftsführung durch den Aufsichtsrat sind die Berichte des Vorstands nach § 90 AktG. Empfänger der **Regelberichte** ist der Aufsichtsrat. Die Pflicht zur Übersendung von Unterlagen liegt beim Vorstand. Soweit die Berichte in Textform erstattet worden sind, sind sie auch jedem Aufsichtsratsmitglied auf Verlangen zu übermitteln, soweit der Aufsichtsrat nichts Anderes beschlossen hat (§ 90 Abs. 5 S. 2 AktG). Ein umsichtiger Aufsichtsratsvorsitzender wird darauf achten, dass sämtliche Aufsichtsratsmitglieder die üblichen Regelberichte rechtzeitig erhalten. Allerdings kann im Einzelfall eine Abwägung geboten sein zwischen dem Informationsbedürfnis des einzelnen Aufsichtsratsmitglieds und der besonderen Vertraulichkeit eines Berichts. Statt Übermittlung kann auch eine **Einsichtnahme** in den Räumen der Gesellschaft geboten sein (vgl. dazu → § 4 Rn. 35, 79).

87 Betrifft ein Bericht einen **konkreten Interessenkonflikt** in der Person einzelner Aufsichtsratsmitglieder, sollte der Vorsitzende zum Schutze der Gesellschaft befugt sein, diesen Bericht gegenüber den Betroffenen einstweilen zurückzuhalten, bis der Aufsichtsrat Gelegenheit hatte, darüber zu entscheiden, ob diese Angelegenheit einem Ausschuss übergeben wird.¹¹⁰

88 Der Aufsichtsratsvorsitzende ist gehalten, die erhaltenen Berichte und vorbereitenden Sitzungsunterlagen auf **Plausibilität und Konsistenz durchzusehen** bzw. durchsehen zu lassen. Bei Berichten, die der Aufsichtsrat nach § 90 Abs. 3 AktG angefordert hat, ist auch zu prüfen, ob der Berichtsinhalt das Informationsbedürfnis des Aufsichtsrats erfüllt oder der Vorstand nachbessern muss

89 Sofern die Berichte und Informationen des Vorstands nicht ausreichen, um dem Aufsichtsrat eine angemessene Informationsgrundlage zu gewährleisten, muss der Aufsichtsrat beim Vorstand weitere Informationen anfordern; ggf. bereitet der Aufsichtsratsvorsitzende die Anforderung weiterer Informationen vor oder übernimmt das bei Dringlichkeit selbst. Der Aufsichtsratsvorsitzende hat den Aufsichtsrat gegebenenfalls zum Gebrauch seines Selbstorganisationsrechts anzuhalten, auf die Erfüllung der Berichtspflichten des Vorstands hinzuwirken.¹¹¹ In Betracht kommt insbesondere eine Konkretisierung der Berichtspflichten, -inhalte und -häufigkeit in einer **Informationsordnung** für den Vorstand (→ § 4 Rn. 195 ff.).

90 Empfänger der **anlassbezogenen Berichte** nach § 90 Abs. 1 S. 3 AktG (**„Vorsitzberichte"**) (→ § 4 Rn. 60 ff.) ist der Aufsichtsratsvorsitzende, der die anderen Aufsichtsratsmitglieder spätestens in der nächsten Sitzung darüber zu informieren hat (§ 90 Abs. 5 S. 3). Daraus lässt sich schließen, dass in manchen Fällen auch eine unverzügliche Unterrichtung geboten sein kann.¹¹² Ob bis zur nächsten ordentlichen Sitzung abgewartet werden kann oder die Dringlichkeit der Sache eine sofortige Information des Aufsichtsratsplenums bzw. eines Ausschusses und eine außerordentliche Sitzung erfordert, obliegt der Beurteilung des Vorsitzenden. Dabei kann er auch Fragen der Geheimhaltung, insbesondere (potentielle) Insiderinformationen berücksichtigen.¹¹³

91 Die Berichte nach **§ 90 Abs. 1 S. 3 AktG** sind nach der Vorstellung des Gesetzgebers **mündliche Berichte.** Dann ist der Aufsichtsratsvorsitzende auch nur zur mündlichen Berichterstattung gegenüber dem Aufsichtsratsplenum verpflichtet. Hat der Vorstand ausnahmsweise einen Sonderbericht in Textform erstellt, erstrecken sich die Rechte der Aufsichtsratsmitglieder nach § 90 Abs. 5 S. 1 und 2 auch auf diesen Bericht. Der Vorstand kann einen Vorsitzbericht in Textform nach § 90 Abs. 1 S. 3 AktG bei besonderer Dringlichkeit allen Aufsichtsratsmitgliedern unmittelbar übermitteln.

92 Der Aufsichtsratsvorsitzende darf bei der Weitergabe von Themen aus Vorsitzberichten oder Gesprächen mit dem Vorstandsvorsitzenden aus sachlichen Gründen **zeitlich differenzieren** und einzelne Aufsichtsratsmitglieder früher informieren, etwa bei Personalthemen die Mitglieder eines Personalausschusses oder Präsidiums oder bei kritischen Vorfällen die Mitglieder des Prüfungsausschusses oder bei Beschluss-

---

¹⁰⁸ Kölner Komm AktG/*Mertens/Cahn* AktG § 107 Rn. 42; MüKoAktG/*Habersack* AktG § 107 Rn. 53, der es allerdings bei Rn. 65 für zulässig erachtet, in einer Geschäftsordnung solche Entscheidungen unter den Vorbehalt einer Mehrheitsentscheidung zu stellen; BeckOGK/*Spindler* AktG § 107 Rn. 55; Bürgers/Körber/*Bürgers/Israel* AktG § 107 Rn. 9; *Schlitt* DB 2005, 2007 (2008); aA GroßkommAktG/*Hopt/Roth* AktG § 107 Rn. 94.
¹⁰⁹ Kölner Komm AktG/*Mertens/Cahn* AktG § 107 Rn. 43.
¹¹⁰ Weitergehend *v. Schenck* in Semler/v. Schenck AR-HdB § 4 Rn. 163: vollständiger Ausschluss von Kenntnisnahme eines Berichts und vom Erhalt der Sitzungsniederschrift.
¹¹¹ MüKoAktG/*Habersack* AktG § 107 Rn. 53.
¹¹² BeckOGK/*Fleischer* AktG § 90 Rn. 64; Kölner Komm AktG/*Mertens/Cahn* AktG § 90 Rn. 45; GroßkommAktG/*Kort* AktG § 90 Rn. 160; NK-AktR/*Oltmanns* AktG § 90 Rn. 19.
¹¹³ Vgl. dazu Regierungsbegründung zum TransPuG 2002 BT-Drs. 14/8769, 15.

vorschlägen für die Hauptversammlung die Vertreter von Großaktionären. Nicht zu beanstanden ist auch eine informelle **Sondierung** mit Meinungsführern im Aufsichtsrat zwischen Sitzungen. Sie kann sogar geboten sein, um die Vorbereitung komplexer Themen zu gewährleisten und einen effizienten Ablauf der Sitzungen zu ermöglichen. Eine Norm, die eine **Vorabinformation** einzelner Aufsichtsratsmitglieder durch den Vorstand bzw. den Aufsichtsratsvorsitzenden verbietet, besteht nicht, sofern jedenfalls die rechtzeitige und angemessene Information aller Mitglieder vor bzw. in der Aufsichtsratssitzung sichergestellt ist.[114]

Die Fragen einer zeitlich gestaffelten Aufsichtsratsinformation stellen sich in der Praxis immer wieder im Zusammenhang mit potentiellen **Insiderinformationen.** Der Aufsichtsratsvorsitzende wird bei kapitalmarktorientierten Gesellschaften beurteilen müssen, ob konkrete Informationen – aus Vorstandsberichten oder aus der Sphäre des Aufsichtsrats – als Insiderinformation zu qualifizieren sind. Es wird Fälle geben, in denen er die rechtliche Beurteilung einer Information als insiderrelevant und einen etwaigen Aufschub der Offenlegung nach Art. 17 MAR unproblematisch mit dem Vorstand bzw. dem für Fragen der Ad-hoc-Publizität zuständigen Gremium abstimmen kann (**ad hoc-Komitee**). Bei einer Diskussion im Aufsichtsrat über die Abberufung des Vorstandsvorsitzenden wird dies kaum opportun sein. Nach Auffassung der BaFin liegt in Fällen originärer sachlicher Aufsichtsratszuständigkeit (etwa Bestellung und Abberufung des Vorstands gem. § 84 AktG) die Entscheidung über den Aufschub als **Annexkompetenz beim Aufsichtsrat.** Daher sei die Entscheidung über einen möglichen Aufschub in diesen Fällen im Rahmen eines Aufsichtsratsbeschlusses oder in einem damit beauftragten Ausschuss zu treffen.[115] Ist ein solcher Ausschuss eingerichtet oder ergibt sich die Kompetenz zur Entscheidung über den Aufschub nach Art 17 MAR als Annex aus der Ausschusskompetenz (etwa Personalausschuss), ist der Aufsichtsratsvorsitzende sogar verpflichtet, zunächst den zuständigen Ausschuss zu informieren und eine Information des Plenums von einer Aufschubentscheidung abhängig zu machen (zur Aufschubentscheidung eines Ausschusses → § 5 Rn. 84ff.).

bb) Übermittlung von Informationen. Der **Aufsichtsratsvorsitzende** ist verpflichtet, sitzungsvorbereitende Unterlagen und Regelberichte an die übrigen Aufsichtsratsmitglieder **weiterzuleiten.** Der Aufsichtsratsvorsitzende ist zwar nicht Schuldner der Berichte nach § 90 AktG, im Rahmen der Sitzungsvorbereitung kann er aber gegenüber dem Vorstand darauf hinwirken, dass die Berichte gem. § 90 Abs. 4 AktG möglichst rechtzeitig zur Verfügung gestellt werden. Die Berichte sollen dem Aufsichtsrat vor der jeweiligen Sitzung so übermittelt werden, dass die Aufsichtsratsmitglieder noch die Möglichkeit haben, sie zu lesen und zu prüfen, um gegebenenfalls ergänzende Informationen fordern zu können.

Die Übersendung von Berichten und Unterlagen in Papierform ist kaum noch anzutreffen. Häufiger werden Informationen und Berichte an den Aufsichtsrat in **digitalisierter Form** elektronisch übermittelt. Die Übersendung vertraulicher Informationen per E-Mail birgt gewisse Sicherheits- und Vertraulichkeitsrisiken. Dem Aufsichtsratsvorsitzenden obliegt es, bei Bedarf in Abstimmung mit dem Vorstand geeignete und sichere Kommunikationswege zu etablieren und bei Angelegenheiten höchster Vertraulichkeit Dokumente nur mit personalisiertem Wasserzeichen zugänglich zu machen bzw. Einsicht in Räumen der Gesellschaft oder **geschützten elektronischen Datenräumen** zu gewähren (vgl. → § 4 Rn. 35, 79).

c) Entscheidung über Sitzungsteilnahme von Dritten

Nur Aufsichtsratsmitgliedern der Gesellschaft steht ein eigenes **Teilnahmerecht** an Aufsichtsratssitzungen zu. In den Grenzen des § 109 AktG entscheidet der Aufsichtsratsvorsitzende bzw. der Aufsichtsrat über die Teilnahme von Personen, die nicht dem Aufsichtsrat angehören.

aa) Vorstandsmitglieder. Über die **Zulassung von Vorstandsmitgliedern** der Gesellschaft entscheidet der Aufsichtsratsvorsitzende kraft seiner Befugnis zur Sitzungsleitung.[116] Der Aufsichtsrat kann die Entscheidungen des Vorsitzenden über die Zulassung von Vorstandsmitgliedern durch Beschluss **revidieren.**[117] (→ Rn. 85)

Es entspricht bewährter Praxis, dass Vorstandsmitglieder über weite Strecken an Aufsichtsratssitzungen teilnehmen. Die Notwendigkeit ergibt sich schon aus der Berichtspflicht des Vorstands. Den **Vorstandsmitgliedern** steht jedoch **kein eigenes Teilnahmerecht** zu.[118] Die Satzung kann vorsehen, dass Vor-

---

[114] OLG Frankfurt a. M. NZG 2014, 1017 (1019); zustimmend *Rieger/Rothenfußer* NZG 2014, 1012 (1013f.); *Cahn* AG 2014, 526 (532f.); ablehnend *Burgard/Heimann* AG 2014, 360 (366f.).
[115] BaFin-Konsultation Nr. 14/2019 Emittentenleitfaden Modul C Regelungen aufgrund der Marktmissbrauchsverordnung (MAR), Ziff. I.3.3.1.1.
[116] MüKoAktG/*Habersack* AktG § 109 Rn. 13 mwN.
[117] *Lutter/Krieger/Verse* AR Rn. 703; Kölner Komm AktG/*Mertens/Cahn* AktG § 107 Rn. 46; allgM.
[118] AllgM; vgl. nur Hüffer/Koch/*Koch* AktG § 109 Rn. 3.

standsmitglieder regelmäßig an Aufsichtsratssitzungen teilnehmen. Auch bei satzungsmäßigem Teilnahme„recht" von Vorstandsmitgliedern bleibt es der Entscheidung des Aufsichtsrats vorbehalten, ob im Einzelfall Vorstandsmitglieder an Aufsichtsratssitzungen teilnehmen.[119] Der Aufsichtsrat hat das Recht, den **Vorstand** von seinen Sitzungen **ganz oder teilweise auszuschließen.** Im Sinne einer offenen Diskussion kann es für die Erfüllung der Überwachungsaufgabe sogar geboten sein, zumindest teilweise ohne Anwesenheit der Vorstandsmitglieder zu beraten. Empfehlung D.7 DCGK sieht dementsprechend vor, dass der Aufsichtsrat regelmäßig auch **ohne den Vorstand** tagen soll. Der Aufsichtsrat hat auch das Recht, nur einzelne Vorstandsmitglieder – beispielsweise den Vorstandsvorsitzenden – zur Sitzung hinzuzuziehen und die anderen Vorstandsmitglieder nicht oder nicht im gleichen Umfang zur Teilnahme an der Sitzung zuzulassen.[120]

99 Umgekehrt sind Vorstandsmitglieder verpflichtet, auf **Verlangen des Aufsichtsratsvorsitzenden** (oder des Aufsichtsrats) an Aufsichtsratssitzungen teilzunehmen.[121] Dies ergibt sich aus der Informationspflicht des Vorstands nach § 90 Abs. 1 und 3 AktG und gilt auch dann, wenn das einzelne Vorstandsmitglied seine Teilnahme selbst für entbehrlich hält oder bereits schriftlich seiner Pflicht zur Berichterstattung nachgekommen ist.

100 **bb) Sachverständige und Auskunftspersonen.** Nach § 109 Abs. 1 AktG sollen Personen, die weder dem Aufsichtsrat noch dem Vorstand angehören, an den Sitzungen des Aufsichtsrats und seiner Ausschüsse, nicht teilnehmen. Sachverständige und Auskunftspersonen können aber zur **Beratung über einzelne Gegenstände** zugezogen werden. Das Gesetz statuiert also ein Regel-Ausnahme-Verhältnis. Die Hinzuziehung von Sachverständigen und Auskunftspersonen in der Aufsichtsratssitzung bedarf eines **sachlichen Grundes.** Es muss ex ante zumindest die begründete Erwartung bestehen, dass die Person zu einer Angelegenheit des Aufsichtsrats Informationen, Einsichten oder Einschätzungen liefert.

101 Über die Zulassung von **Sachverständigen und Auskunftspersonen** zur Sitzung oder zu einzelnen Tagesordnungspunkten nach § 109 Abs. 1 S. 2 AktG entscheidet grundsätzlich der Aufsichtsratsvorsitzende als sitzungsleitende Maßnahme.[122] Das Plenum kann die Entscheidung des Vorsitzenden ändern.[123] (→ Rn. 85) Die Satzung kann die Entscheidung über die Teilnahme von Sachverständigen und Auskunftspersonen bereits dem Plenum zuweisen.[124]

102 Der Begriff des **Sachverständigen** ist weit zu verstehen. Darunter fallen alle Personen, die dem Aufsichtsrat zu einem Gegenstand der Tagesordnung **fachkundigen Rat oder Informationen** geben können.[125] Typischerweise handelt es sich um Vergütungsberater, Wirtschaftsprüfer, Rechtsanwälte und Kommunikationsberater.

103 Die Hinzuziehung von Fachleuten als **ständige Berater** des Aufsichtsrats mit Begleitung aller Themen in jeder Sitzung wird kritisch gesehen. Der BGH hält es für unzulässig, **Mitglieder des Aufsichtsrats mit beratender Funktion** ohne Stimmrecht zu bestellen, da die gesetzliche Regelung Aufsichtsratsmitglieder ohne Stimmrecht nicht kenne.[126] Das ist zutreffend. Grundsätzlich dürfen aufsichtsratsfremde Sachverständige nicht faktisch die Funktion eines Aufsichtsratsmitglieds übernehmen, sondern nur zu einzelnen Gegenständen hinzugezogen werden. Vom Fall des „*Aufsichtsratsmitglieds mit beratender Funktion*" zu unterscheiden ist jedoch die zulässige regelmäßige Hinzuziehung derselben Berater für wiederkehrende Themen. Dazu gehören insbesondere die Vorstandsvergütung, Bestellung und Trennung von Vorstandsmitgliedern, Sanierungsthemen, Kommunikation in Krisen, Organhaftungsfälle oder bei komplexen und langwierigen Compliance-Untersuchungen die wiederholte Berichterstattung der nach § 111 Abs. 2 S. 2 AktG beauftragten Sachverständigen.

104 **Auskunftspersonen** sind Personen, die über bestimmte Vorgänge oder Einzelheiten aus ihrer Tätigkeit für die Gesellschaft berichten sollen oder durch die sich der Aufsichtsrat in sonstiger Weise eine Information zu einem bestimmten Tagesordnungspunkt verspricht.[127] Hierzu zählen insbesondere (leitende) Angestellte der Gesellschaft und Berater, aber auch Vertreter von Investmentbanken oder Unternehmensbewertern im Zusammenhang mit Strukturmaßnahmen oder Stellungnahmen nach § 27 WpÜG. Auch

---

[119] MüKoAktG/*Habersack* AktG § 109 Rn. 12; K. Schmidt/Lutter AktG/*Drygala* AktG § 109 Rn. 5; Kölner Komm AktG/*Mertens/Cahn* AktG § 109 Rn. 17; GroßkommAktG/*Hopt/Roth* AktG § 109 Rn. 28; Semler/v. Schenck/*Gittermann* AktG § 109 Rn. 29.
[120] MüKoAktG/*Habersack* AktG § 109 Rn. 12 mwN.
[121] Hüffer/Koch/*Koch* AktG § 109 Rn. 3 mwN.
[122] GroßkommAktG/*Hopt/Roth* AktG § 107 Rn. 128; Kölner Komm AktG/*Mertens/Cahn* AktG § 107 Rn. 47.
[123] Lutter/Krieger/*Verse* AR Rn. 703; Kölner Komm AktG/*Mertens/Cahn* AktG § 107 Rn. 46, allgM.
[124] GroßkommAktG/*Hopt/Roth* AktG § 109 Rn. 55.
[125] Lutter/Krieger/*Verse* AR Rn. 703; Kölner Komm AktG/*Mertens/Cahn* AktG § 109 Rn. 23.
[126] BGH NZG 2012, 347 Rn. 16; BGHZ 85, 293 (296 f.) = NJW 1983, 991; GroßkommAktG/*Hopt/Roth* AktG § 109 Rn. 41 ff.; MüKoAktG/*Habersack* AktG § 109 Rn. 16.
[127] GroßkommAktG/*Hopt/Roth* AktG § 109 Rn. 47; MüKoAktG/*Habersack* AktG § 109 Rn. 18; Kölner Komm AktG/*Mertens/Cahn* AktG § 109 Rn. 23; BeckOGK/*Spindler* AktG § 109 Rn. 24.

ein Compliance Monitor kann im Rahmen seines Mandats als Auskunftsperson an Aufsichtsratssitzungen teilnehmen (vgl. dazu → § 4 Rn. 2980).

Mit **Zustimmung des Vorstands** kann der Aufsichtsrat **Angestellte der Gesellschaft** oder von Konzerntochtergesellschaften als **Auskunftspersonen** hinzuziehen. Ob der Aufsichtsrat im Übrigen aus eigenem Recht ohne Zustimmung des Vorstands Angestellte der Gesellschaft als Auskunftspersonen laden und befragen kann, ist stark umstritten. 105

Im Finanzbereich gibt es im Einzelfall solche direkten Zugriffsrechte: Im Anwendungsbereich des § 25d Abs. 8 S. 7 KWG kann der Vorsitzende des Risikoausschusses oder, falls ein Risikoausschuss nicht eingerichtet wurde, der Vorsitzende des Aufsichtsorgans unmittelbar beim Leiter der Internen Revision und beim Leiter des Risikocontrolling Auskünfte einholen. Gleiches ist dem Vorsitzenden des Prüfungsausschusses gestattet (§ 25d Abs. 9 S. 4 und 5 KWG). Diese Regelungen sind jedoch als spezialgesetzliche Ausnahmefälle nicht verallgemeinerungsfähig. 106

Für die Gesellschaften außerhalb des Finanzbereichs wird teilweise wird ein unmittelbarer Zugriff nicht[128], allenfalls in der Bilanzsitzung[129] oder nur dann für möglich gehalten, wenn es um die Klärung konkreter Vorwürfe gegen Vorstandsmitglieder geht und die Befragung zur Ermittlung des Sachverhalts erforderlich ist.[130] Nach anderer Ansicht ist aufgrund des allgemeinen Überwachungsauftrags dem Aufsichtsrat der direkte Zugriff auf solche Personen gestattet, die zur Auskunfterteilung für wesentliche Überwachungsaufgaben des Aufsichtsrats prädestiniert sind, wie etwa die Leiter Interne Revision, Controlling und Risikomanagement oder ein Chief Compliance Officer.[131] Ein solches umfassendes Recht des Aufsichtsrats zum Direktzugriff widerspricht jedoch grundsätzlich der **aktienrechtlichen Kompetenzordnung**, die ihren Ausdruck in den gesetzlichen Berichtpflichten des Vorstands gefunden hat. Der Aufsichtsrat kann nach dem Gesetz Berichte nur vom Vorstand verlangen. So hat der Gesetzgeber mit der Zuweisung der Berichtspflicht gem. § 90 AktG für den Vorstand ein grundsätzliches **„Informationsvermittlungsmonopol"** geschaffen.[132] 107

Hieraus folgt: Der Aufsichtsrat darf, bis auf wenige Ausnahmen, nicht in die Geschäftsführung des Vorstands eingreifen.[133] Informiert sich der Aufsichtsrat „am Vorstand vorbei" unmittelbar in der Gesellschaft, sind auch die erheblichen Beeinträchtigungen der Autorität des Vorstands und nicht zuletzt des Vertrauensverhältnisses zwischen Vorstand und Aufsichtsrat zu berücksichtigen.[134] Ausnahmen von diesen Grundsätzen sind dann anzuerkennen, wenn der Aufsichtsrat konkrete Anhaltspunkte dafür hat, dass ihm Informationen vorenthalten werden oder dass der Vorstand sich in erheblicher Weise pflichtwidrig verhalten hat oder wenn das Vertrauensverhältnis zwischen Vorstand und Aufsichtsrat nachhaltig gestört ist.[135] 108

Zweckmäßig erscheint es, für den Regelfall in einer Informationsordnung (zur Informationsordnung → § 4 Rn. 195ff.) mit dem Vorstand für aufsichtsratsrelevante Vorgänge eine **direkte Berichtslinie** von Schlüsselpersonen zum Aufsichtsrat bzw. Prüfungsausschuss zu vereinbaren bzw. zu regeln, unter welchen Voraussetzungen der Aufsichtsrat welche Mitarbeiter selbständig befragen darf. Solche Berichtslinien können aus gegebenem Anlass den Leiter Interne Revision, Controlling und Risikomanagement, den Chief Compliance Officer, Leiter Rechnungswesen oder den Chefsyndikus umfassen. In der Praxis ist der Vorstand gut beraten, einem konkreten und nachvollziehbaren Ersuchen des Aufsichtsrats zu entsprechen. Die vom Aufsichtsrat bzw. Ausschuss geladenen Angestellten sind dann zum Erscheinen und zur Auskunftserteilung verpflichtet.[136] 109

---

[128] *Lutter* Information und Vertraulichkeit Rn. 309ff.; *Lutter* AG 2006, 517 (521); *v. Rosen* AG 2008, 537 (538).

[129] Kölner Komm AktG/*Ekkenga* AktG § 171 Rn. 10; *Selter* AG 2013, 14 (22).

[130] *Lutter/Krieger/Verse* AR Rn. 248; *M. Arnold* ZGR 2014, 76 (90ff.); *Börsig/Löbbe* FS Hoffmann-Becking, 2013, 125 (137f.); Kölner Komm AktG/*Mertens/Cahn* AktG § 109 Rn. 24; BeckOGK/*Spindler* AktG § 109 Rn. 24; Hüffer/Koch/*Koch* AktG § 109 Rn. 5, § 90 Rn. 11; Bürgers/Körber/*Israel* AktG § 109 Rn. 4; *Lieder* ZGR 2018, 523 (564); *Semler* NZG 2013, 771 (775).

[131] GroßkommAktG/*Hopt/Roth* AktG § 109 Rn. 49 und § 111 Rn. 480ff.; MüKoAktG/*Habersack* AktG § 109 Rn. 19; K. Schmidt/Lutter AktG/*Drygala* AktG § 109 Rn. 11; Grigoleit/*Grigoleit/Tomasic* § 111 Rn. 52; Semler/v. Schenck/*Gittermann* AktG § 109 Rn. 38; *Dreher* FS Ulmer, 2003, 87 (92ff.); *Kropff* NZG 2003, 346 (349f.); *Kropff* FS Raiser, 2005, 225 (237ff.); *Roth* AG 2004, 1 (8ff.); *Schneider* ZIP 2016, Beil. 22, 70 (72).

[132] Vgl. *Eichner/Höller* AG 2011, 885 (889); Kölner Komm AktG/*Mertens/Cahn* AktG § 90 Rn. 52; Hüffer/Koch/*Koch* AktG § 90 Rn. 11; aA unter Ablehnung eines Informationsmonopols *Kropff* NZG 2003, 346 (348f.); *Kropff* FS Raiser, 2005, 225 (238f.).

[133] *Lutter/Krieger/Verse* AR Rn. 249; *Bicker* AG 2012, 542 (545); ähnlich *Möllers* ZIP 1995, 1725 (1728).

[134] *Eicher/Höller* AG 2011, 885 (889); *Roth* ZGR 2012, 343 (373); Kölner Komm AktG/*Mertens/Cahn* AktG § 90 Rn. 52, § 109 Rn. 24; MüKoAktG/*Spindler* AktG § 90 Rn. 39; K. Schmidt/Lutter/*Sailer-Coceani* AktG § 90 Rn. 39.

[135] *M. Arnold* ZGR 2014, 76 (90ff.) mwN; *Lutter/Krieger/Verse* AR Rn. 248, in diese Richtung OLG Düsseldorf AG 2013, 171 (172).

[136] Semler/v. Schenck/*Gittermann* AktG § 109 Rn. 39; MüKoAktG/*Habersack* AktG § 109 Rn. 19; *Kropff* NZG 2003, 346 (350); *Dreher* FS Ulmer, 2003, 87 (98); zur Informationsordnung *Marsch-Barner* FS Schwark, 2009, 219ff.; aA GroßkommAktG/*Hopt/Roth* AktG § 109 Rn. 49; *v. Rosen* AG 2008, 537 (538).

110 Nur als Auskunftspersonen nach § 109 Abs. 1 S. 2 AktG können aufsichtsratsfremde Mitglieder des Geschäftsführungsorgans und des Aufsichtsorgans anderer **Konzernunternehmen** zugelassen werden, dies gilt für Organmitglieder des abhängigen wie des herrschenden Unternehmens.[137] Auch Vertreter von Großaktionären können als Auskunftsperson hinzugezogen werden, insbesondere wenn es um deren Einstellung zu bestimmten Geschäftsführungsvorhaben oder zur Geschäftspolitik der Gesellschaft im Allgemeinen geht. Das erweiterte Auskunftsrecht aus § 131 Abs. 4 AktG wird nicht ausgelöst, soweit einem Aktionär Auskunft durch den Aufsichtsrat erteilt wird.[138]

111 cc) **Abschlussprüfer.** Befasst sich der Aufsichtsrat oder der Prüfungsausschuss mit dem **Jahres- und Konzernabschluss,** ist nach § 171 Abs. 1 S. 2 AktG der **Abschlussprüfer** stets hinzuziehen. Hierüber kann der Aufsichtsrat oder der Prüfungsausschuss abweichend von § 109 Abs. 1 S. 2 AktG nicht disponieren.[139]

112 dd) **Sonstige Personen.** Die Anwesenheit sonstiger Personen in einer Aufsichtsratssitzung kann nur gestattet werden, wenn es mit Blick auf die **Funktionsfähigkeit** des Aufsichtsrats erforderlich oder sachdienlich ist und die Vertraulichkeit gesichert ist. Zulässig ist jedenfalls die Hinzuziehung eines **Protokollführers** und von **Dolmetschern.** Die Anwesenheit eines Aufsichtsratsassistenten oder Leiters des Büros des Aufsichtsrats ist jeweils im Einzelfall zu würdigen, in der Praxis aber üblich. Ein Teilnahmerecht qua Funktion besteht indes nicht.

113 Zulässig ist es, dass sich **Kandidaten** für Positionen als Mitglied des Vorstands oder des Aufsichtsrats im Gremium vorstellen und für eine Befragung zur Verfügung stehen.[140] Personen, die bereits in den Aufsichtsrat gewählt sind, deren Amtszeit aber noch nicht begonnen hat, haben noch kein Teilnahmerecht. In solchen Fällen spricht nichts dagegen, sie informationshalber im Rahmen eines „Onboarding" zu einer Aufsichtsratssitzung zuzulassen.

114 Die Teilnahme von **Hilfspersonen** (Mitarbeitern) einzelner Aufsichtsratsmitglieder ist nur im Rahmen des § 109 Abs. 1 S. 2, Abs. 3 AktG möglich[141] und sollte mit äußerster Zurückhaltung gehandhabt werden. Wird eine nicht dem Aufsichtsrat angehörende Person als **Stimmbote** eingesetzt, muss geprüft werden, ob die Anwesenheit in der Sitzung notwendig ist oder ob es ausreicht, bei der Abstimmung die Stimmbotschaft zu übermitteln.

d) Austausch mit Vorstandsvorsitzendem

115 Nach Empfehlung D.6 DCGK soll der **Aufsichtsratsvorsitzende** zwischen den Sitzungen mit dem Vorstand, insbesondere mit dem **Vorsitzenden bzw. Sprecher des Vorstands,** regelmäßig **Kontakt halten** und mit ihm Fragen der Strategie, der Geschäftsentwicklung, der Risikolage, des Risikomanagements und der Compliance des Unternehmens beraten. Der DCGK drückt damit eine Selbstverständlichkeit aus. Die Aufgabe des Aufsichtsrats, die Geschäftsführung zu überwachen, enthält die Pflicht, den Vorstand in übergeordneten Fragen der Unternehmensführung zu beraten. Beratung erfordert Informationsaustausch und Meinungsaustausch. Dies gilt auch bei nicht börsennotierten Gesellschaften. Die überwiegende Meinung in der Literatur nimmt sogar eine **rechtliche Pflicht** zum regelmäßigen Austausch mit dem Vorstandsvorsitzenden an.[142] Auch nach der Rechtsprechung kann eine präventive Überwachung, dh in die Zukunft gerichtete Kontrolle des Vorstands, nur wirksam durch ständige Diskussion mit dem Vorstand und insofern durch dessen laufende Beratung ausgeübt werden.[143] Die aktive Rolle des Aufsichtsrats bei der präventiven Überwachung der Geschäftspolitik ist keineswegs neu: Schon bei den Beratungen zum Aktiengesetz 1965 wurde betont, dass der Aufsichtsrat als Vertreter der Aktionäre sich aktiv mit der Geschäftspolitik befassen solle.[144]

116 Der Aufsichtsratsvorsitzende soll zwischen und außerhalb der Sitzungen als **Sparringspartner** für den Vorstand agieren, für vertrauliche Diskussionen auf Augenhöhe. Der Kontakt zwischen Aufsichtsratsvorsitzendem und Vorstand ist essentiell für die **Informationsgewinnung und -einordnung** durch den

---

[137] MüKoAktG/*Habersack* AktG § 109 Rn. 8; Semler/v. Schenck/*Gittermann* AktG § 109 Rn. 12; *Schnorbus/Ganzer* AG 2013, 445 (446 ff.) mwN.
[138] LG Frankfurt a. M. NZG 2016, 622 (623); MüKoAktG/*Habersack* AktG § 109 Rn. 18.
[139] MüKoAktG/*Habersack* AktG § 109 Rn. 16 mwN.
[140] Kölner Komm AktG/*Mertens/Cahn* AktG § 109 Rn. 25; MüKoAktG/*Habersack* AktG § 109 Rn. 21; *Seibt/Scholz* AG 2016, 742 (744 f.).
[141] MüKoAktG/*Habersack* AktG § 109 Rn. 8; Semler/v. Schenck/*Gittermann* AktG § 109 Rn. 40.
[142] BeckOGK/*Spindler* AktG § 107 Rn. 43; *Servatius* AG 1995, 223 (224); GroßkommAktG/*Hopt/Roth* AktG § 107 Rn. 68, 83; Lutter/Krieger/*Verse* AR Rn. 680; *Peus,* Der Aufsichtsratsvorsitzende, 1983, 162 f.; MüKoAktG/*Habersack* AktG § 107 Rn. 45; Kölner Komm AktG/*Mertens/Cahn* AktG § 107 Rn. 38; *Hoffmann-Becking* FS Havermann, 1995, 229 (237 f.).
[143] BGHZ 114, 127 (130) = NJW 1991, 1830; hM vgl. Hüffer/Koch/*Koch* AktG § 111 Rn. 13 mwN.
[144] *Kropff* in Bayer/Habersack Aktienrecht im Wandel, Bd. I, 2007, 670 (709), BT-Drs. IV/171, 93.

Aufsichtsrat. Die Häufigkeit und Intensität des Austauschs ist nach der Situation der Gesellschaft auszurichten und sollte sich an Risikolage, Geschäftsmodell, Komplexität, Größe und Organisation des Unternehmens orientieren. Jedenfalls bei größeren Gesellschaften sollte mindestens ein monatlicher Informations- und Meinungsaustausch stattfinden. Der Informationsaustausch kann auch stattfinden im Rahmen eines Strategietreffens oder der gelegentlichen Teilnahme des Aufsichtsratsvorsitzenden an einer Vorstandssitzung (auf Einladung des Vorstands; ein eigenes Teilnahmerecht hat der Aufsichtsratsvorsitzende nicht).

e) Repräsentationsaufgaben

Zu den Aufgaben des Aufsichtsratsvorsitzenden gehört die **Repräsentation,** dh die Wahrnehmung der Belange des Aufsichtsrats gegenüber dem Vorstand (Innenkommunikation) und in Ausnahmefällen die Außenkommunikation gegenüber den sogenannten Stakeholdern, also Aktionären, Arbeitnehmern, Kreditgebern, Geschäftspartnern oder gegenüber der medialen Öffentlichkeit. Der Aufsichtsratsvorsitzende ist aufgrund seiner herausgehobenen Stellung zugleich **Sprecher** des Gremiums. 117

aa) Kommunikation mit dem Vorstand. Der Aufsichtsratsvorsitzende ist zuständig für die **Informationsübermittlung** zwischen Vorstand und Aufsichtsrat und repräsentiert den Aufsichtsrat gegenüber dem Vorstand.[145] Er kommuniziert die Anforderungen des Aufsichtsrats an den Vorstand und empfängt die Berichte des Vorstands zur Weiterleitung an die Aufsichtsratsmitglieder (§ 90 Abs. 1 S. 3, Abs. 5 S. 3 AktG). Der Aufsichtsratsvorsitzende wird nach § 90 Abs. 1 S. 3 AktG vom Vorstand über wichtige Anlässe informiert, die für die Beurteilung der Lage und Entwicklung sowie für die Leitung des Unternehmens von erheblichem Einfluss sein können. Der Aufsichtsratsvorsitzende teilt dem Vorstand(svorsitzenden) die Beschlüsse des Aufsichtsrats mit, insbesondere zu zustimmungspflichtigen Geschäften (§ 111 Abs. 4 AktG) und zur Entsprechenserklärung (§ 161 AktG) und unterrichtet den Vorstand über Einsichtsverlangen nach § 111 Abs. 2 AktG. 118

Dabei handelt es sich um **rechtsgeschäftsähnliche Handlungen,** nicht um Willenserklärungen in Stellvertretung iSv § 112 AktG, §§ 164 ff. BGB, da der Aufsichtsratsvorsitzende insoweit nicht die Gesellschaft gegenüber einem Vorstandsmitglied vertritt, sondern innerhalb der Gesellschaft für das Organ Aufsichtsrat Erklärungen gegenüber dem Organ Vorstand abgibt. 119

Zudem ist der Aufsichtsratsvorsitzende **Ansprechpartner des Vorstands** und soll nach Empfehlung D.6 DCGK zwischen den Sitzungen mit dem Vorstand, insbesondere mit dem Vorsitzenden bzw. Sprecher des Vorstands, regelmäßig Kontakt halten und mit ihm Fragen der Strategie, der Geschäftsentwicklung, der Risikolage, des Risikomanagements und der Compliance des Unternehmens beraten (dazu ausführlich → § 4 Rn. 213 ff.). 120

bb) Kommunikation nach außen. Das Aktiengesetz hat den Aufsichtsrat weitgehend als **Innenorgan** ausgestaltet. Die Darstellung der Gesellschaft in und gegenüber der Öffentlichkeit sowie die Kommunikation mit Aktionären, Kreditgebern, Geschäftspartnern und Arbeitnehmern ist grundsätzlich Aufgabe des Vorstands. Die Regierungsbegründung zum TransPuG vertritt dazu eine eindeutige Position: Die Öffentlichkeitsarbeit des Unternehmens und seine Außendarstellung gehören nicht zu den Aufgaben des einzelnen Aufsichtsratsmitglieds oder des Aufsichtsrats als Gremium.[146] Das Gesetz sieht nur wenige Fälle einer Außenkommunikation des Aufsichtsratsvorsitzenden vor, etwa beim Bericht des Aufsichtsrats und seiner Erläuterung in der Hauptversammlung (§ 176 Abs. 1 S. 2 Hs. 2 AktG) oder ggf. bei einer Erläuterung der Beschlussvorschläge für die Wahl von Aufsichtsratsmitgliedern oder des Abschlussprüfers. Eine **Außenkommunikation** wird im Fall des § 100 Abs. 2 S. 1 Nr. 4 AktG vorausgesetzt: Wenn ein Vorstandsmitglied nur mit Unterstützung von 25 % der Aktionäre direkt in den Aufsichtsrat gewählt werden kann, muss der Aufsichtsrat in dieser Sache mit Aktionären sprechen und sich Unterstützung zusichern lassen können. Aus diesen **punktuellen Kompetenzen** eine allgemeine Kompetenz des Aufsichtsrats zur Außenkommunikation abzuleiten,[147] dürfte zu weit gehen. Allerdings ist die Beschränkung des Aufsichtsrats und des Aufsichtsratsvorsitzenden auf eine reine Innenwirkung angesichts der veränderten Anforderungen gerade an börsennotierte Unternehmen nicht mehr zeitgemäß (zur Kapitalmarktkommunikation und **Dialog mit Investoren** siehe ausführlich → § 4 Rn. 2665 ff.). Die von Stakeholdern erwartete Professionalisierung des Aufsichtsrats und seiner Überwachungstätigkeit sowie die Wahrnehmung der Personalkompetenz erfordern in gewissem Umfang auch **Außenkommunikation des Aufsichtsrats** im Interesse der Gesellschaft. Dementsprechend lässt sich als weitgehend gesicherter Befund festhalten, dass es zu den Befugnissen und Obliegenheiten des Aufsichtsrats bzw. Aufsichtsratsvorsitzenden gehört, in 121

---

[145] Lutter/Krieger/Verse AR Rn. 680; GroßkommAktG/Hopt/Roth AktG § 107 Rn. 152; Kölner Komm AktG/Drygala AktG § 107 Rn. 22.
[146] Regierungsbegründung zum TransPuG BT-Drs. 14/8769, 18.
[147] GroßkommAktG/Hopt/Roth AktG § 107 Rn. 152.

begründeten Einzelfällen eigene Öffentlichkeitsarbeit zu betreiben, soweit es um genuine Angelegenheiten des Aufsichtsrats geht und es dem Unternehmensinteresse dient.[148]

122 Als **Kommunikationsformen** kommen öffentliche Stellungnahmen in der Hauptversammlung, Pressemitteilungen des Aufsichtsrats[149], Hintergrundgespräche oder Interviews des Aufsichtsratsvorsitzenden in Betracht.

123 **(1) Angelegenheit des Aufsichtsrats.** Eine Befugnis des Aufsichtsrats(vorsitzenden) zur Außenkommunikation, insbesondere zu öffentlichen Stellungnahmen, muss sich aus der **Wahrnehmung seiner Aufgaben** ergeben. Die Kommunikationskompetenz kann als **Annexzuständigkeit** aus der Sachkompetenz begründet werden.[150] Bei Angelegenheiten des Aufsichtsrats, bei denen eine Außenkommunikation typischerweise in Betracht kommen kann, handelt es sich in erster Linie um die Personalkompetenz, mithin **Bestellung und Anstellung von Vorstandsmitgliedern** sowie die Nachfolgeplanung, die Zusammensetzung und Kompetenzprofil des Aufsichtsrats oder Stellungnahmen zu Übernahmeangeboten. Des Weiteren kann eine Außenkommunikation des Aufsichtsrats im Unternehmensinteresse aus der Überwachungsaufgabe des Aufsichtsrats folgen. Außenkommunikation kann geboten sein im Zusammenhang mit der Prüfung von **Compliance-Verstößen** von Vorstandsmitgliedern, bei der Prüfung und Geltendmachung von Schadensersatzansprüchen gegen Vorstandsmitglieder, Vergleichen mit Vorstandsmitgliedern über Schadensersatzansprüche oder bei (öffentlich bekannten) **behördlichen Ermittlungen gegen Vorstandsmitglieder.** In **Krisensituationen** können Gespräche des Aufsichtsratsvorsitzenden mit Kreditgebern und Investoren notwendig werden. Beispielsweise ist bei der Verhandlung über die Einsetzung eines Chief Restructuring Officers im Vorstand als Teil eines Sanierungskonzepts der Aufsichtsratsvorsitzende einzubinden.

124 Darüber hinaus wird beim Aufsichtsrat eine Zuständigkeit für die **Kommunikation ethischer Grundsätze** für das Unternehmen verortet.[151] Richtig ist, dass auch der Aufsichtsrat kommunikativ gefordert ist, falls es im Unternehmen zu schwerwiegenden Compliance-Verstößen gekommen ist, die sich bis auf die Vorstandsebene auswirken. Allerdings wird man hier nur eine begleitende Kommunikation zu entsprechenden Maßnahmen und Richtlinien des Vorstands annehmen dürfen, denn die Verschriftlichung und Kommunikation ethischer Grundsätze für das Unternehmen ist in erster Linie Geschäftsführungsaufgabe.[152]

125 In der **Hauptversammlung** kann der Aufsichtsratsvorsitzende **Fragen der Aktionäre** zu Aufsichtsratsangelegenheiten beantworten. Da sich der Auskunftsanspruch des Aktionärs aus § 131 AktG ausschließlich gegen den Vorstand richtet, sind der Aufsichtsrat und sein Vorsitzender nach herrschender Auffassung zur **Beantwortung von Fragen nicht verpflichtet** und ohne Einverständnis des Vorstands auch nicht berechtigt.[153] Gegen die Notwendigkeit einer „Vorstandserlaubnis" wird aber mit überzeugenden Gründen eingewandt, dass sich Aussagen des Aufsichtsratsvorsitzenden zu Fragen von Aktionären im Hinblick auf die **Tätigkeit des Aufsichtsrats und zu Personalia** von Vorstands- oder Aufsichtsratsmitgliedern zwanglos seiner Berichtsverpflichtung und seinem Recht aus § 176 Abs. 1 S. 2 AktG zuordnen lassen. Daher handelt der Aufsichtsratsvorsitzende insoweit aus **eigenem Recht** als Repräsentant des Aufsichtsrats und nicht als „Hilfsperson" des Vorstands.[154]

126 **(2) Zuständigkeit innerhalb des Aufsichtsrats.** Zuständig für die Meinungs- und Willensbildung des Aufsichtsrats ist das gesamte Gremium oder der Ausschuss, dem für die Angelegenheit die Entscheidungskompetenz übertragen wurde. Diese Willensbildung kann nicht dem Aufsichtsratsvorsitzenden übertragen werden.[155] Für eine Außenkommunikation des Aufsichtsrats oder Erklärungen gegenüber Stakeholdern zu einer Angelegenheit, die im Aufsichtsrat bzw. im zuständigen Ausschuss noch nicht behandelt und entschieden wurde, ist daher grundsätzlich eine **Abstimmung mit dem Plenum** bzw. dem Ausschuss er-

---

[148] *Lutter/Krieger/Verse* AR Rn. 683; Kölner Komm AktG/*Mertens/Cahn* AktG § 107 Rn. 61; GroßkommAktG/*Hopt/Roth* AktG § 107 Rn. 152, § 111 Rn. 564; K. Schmidt/Lutter AktG/*Drygala* AktG § 107 Rn. 25; KBLW/*Kremer* DCGK Rn. 1268; *Fleischer/Bauer/Wansleben* DB 2015, 360 (363 ff.); *Grunewald* ZIP 2016, 2009 (2010 f.); Henssler/Strohn/*Henssler* AktG § 107 Rn. 10; *Hirte/Hopt/Mattheus* AG 2016, 725 (733); *Kocher* DB 2016, 2887 (2890); Leyendecker-Langner NZG 2015, 44 (45 f.); *Drinhausen/Marsch-Barner* AG 2014, 337 (349); *v. Werder* DB 2017, 977 (983); *Schilha/Teusinger* NZG 2019, 521 (522); *Veil* ZHR 172 (2008), 239 (264 ff.); aA Hüffer/Koch/*Koch* AktG § 111 Rn. 34a; GroßkommAktG/*Kort* AktG § 76 Rn. 9a.
[149] Eine Ermächtigung dazu bezweifelnd GroßkommAktG/*Hopt/Roth* AktG § 107 Rn. 152; *Lutter/Krieger/Verse* AR Rn. 683.
[150] *Schilha/Teusinger* NZG 2019, 521 (522) mwN.
[151] GroßkommAktG/*Hopt/Roth* AktG § 111 Rn. 565.
[152] Vgl. dazu *Seibt* DB 2018, 237 (241).
[153] Hüffer/Koch/*Koch* AktG § 131 Rn. 6; MüKoAktG/*Kubis* AktG § 131 Rn. 22; GroßkommAktG/*Decher* AktG § 131 Rn. 91; Hölters/*Drinhausen* AktG § 131 Rn. 6; Bürgers/Körber/*Reger* AktG § 131 Rn. 5.
[154] *Hoffmann-Becking* NZG 2017, 281 (286).
[155] BGH NZG 2013, 792 (794) Rn. 22; BGH NZG 2013, 297 Rn. 11; BGH NZG 2008, 471 Rn. 11.

forderlich. Ebenfalls in die Kompetenz des Aufsichtsrats fällt die Entscheidung, ob eine „offizielle" Verlautbarung des Gremiums veröffentlicht wird. Ob der Aufsichtsratsvorsitzende originär berechtigt ist, ohne vorherigen Aufsichtsratsbeschluss eine bereits getroffene Entscheidung in sonstiger Weise zu kommunizieren oder sich zu einem feststehenden Sachverhalt zu äußern, ist umstritten.[156] Richtigerweise wird man aufgrund der Ausgestaltung des Aufsichtsrats als Kollegialorgan eine Ermächtigung des Aufsichtsrats für den Vorsitzenden verlangen müssen. Eine solche Ermächtigung kann sich bereits in genereller Form aus der Satzung oder der Geschäftsordnung ergeben. Darüber hinaus kann es genügen, dass sich die Ermächtigung zur Kundgabe aus den Umständen „konkludent" oder aus einer entsprechenden dauernden Übung ergibt.[157] Ist in dringenden Fällen eine Abstimmung mit dem gesamten Aufsichtsrat oder dem zuständigen Ausschuss nicht möglich, wird man dem Aufsichtsratvorsitzenden eine **Eilzuständigkeit** für die Außenkommunikation zugestehen können. In diesen Ausnahmefällen ist allerdings darauf zu achten, eine Beschlussfassung im Aufsichtsrat nicht durch öffentliche Äußerungen zu präjudizieren.

(3) Verschwiegenheitspflicht. Der Aufsichtsratsvorsitzende unterliegt wie jedes Aufsichtsratsmitglied der **Verschwiegenheitspflicht** des § 116 S. 2 AktG (dazu ausführlich → Rn. 492 ff., zum Doppelmandatsträger im Konzern → § 8 Rn. 97). Diese Pflicht besteht gegenüber allen nicht zu den Organmitgliedern der Gesellschaft gehörenden Personen. Grundsätzlich ist allein der **Vorstand ist „Herr der Gesellschaftsgeheimnisse"** und kann im Einzelfall nach sorgfältiger Abwägung der widerstreitenden Interessen für eine Offenbarung optieren und die betreffende vertrauliche Angabe oder das Geheimnis öffentlich machen.[158] Allerdings bedeutet dies für den Aufsichtsrat und dessen Vorsitzenden kein umfassendes Schweigegebot in jeder Hinsicht. Es ist anerkannt, dass der Aufsichtsrat sich in Einzelfällen selbst von der Verschwiegenheitspflicht befreien kann, soweit dies aus dem Aufsichtsrat selbst stammende Umstände, wie Abstimmungsgegenstände und Diskussionsinhalte betrifft.[159] Nach der Rechtsprechung des BGH darf ein Aufsichtsratsmitglied abwägen, wann Schweigen Pflicht und *„wann es erlaubt oder vielleicht sogar nötig ist, über eine bestimmte Angelegenheit offen zu reden"*.[160] In begründeten Einzelfällen kann es sogar geboten sein, öffentlich Stellung zu nehmen. So kann es gerade im Interesse des Unternehmens notwendig werden, eine im Aufsichtsrat besprochene Angelegenheit anderweitig in einem geschlossenen Kreis oder auch öffentlich zu erörtern, um Missverständnisse auszuräumen, Unruhe zu vermeiden oder sonst Beziehungen und das Bild der Gesellschaft nach innen und außen günstig zu beeinflussen.[161] Der Aufsichtsrat bzw. sein Vorsitzender darf also zu (bislang) vertraulichen Informationen aus der Aufsichtsratstätigkeit Stellung nehmen, wenn im **konkreten Einzelfall** das **Interesse der Gesellschaft** an der Offenlegung ihr Interesse an der Geheimhaltung überwiegt.

(4) Interessenabwägung. Stets ist zu beachten, dass dem **Vorstand** die Aufgabe und Kompetenz zur **Unternehmenskommunikation** zukommt. Der Aufsichtsratsvorsitzende ist nicht zur Geschäftsführung berechtigt und daher in der Außenkommunikation zur Zurückhaltung verpflichtet. Eine eigene Außenkommunikation des Aufsichtsratsvorsitzenden muss im **Interesse der Gesellschaft** geeignet und erforderlich sein. Sie kann dann geboten sein, wenn es um die Reputation der Gesellschaft geht oder um Schaden abzuwenden. Beispielsweise kann der Aufsichtsratsvorsitzende Stellung beziehen zu öffentlichen Diskussionen über Konflikte innerhalb des Aufsichtsrats, die Strategie des Unternehmens verteidigen oder dem Vorstand in kritischen Situationen öffentlich den Rücken stärken. Personalpolitik über die Öffentlichkeit oder Äußerungen über Interna der Aufsichtsratstätigkeit können dagegen pflichtwidrig sein,[162] ebenso Eingriffe in die Vorstandszuständigkeit.

Aufgrund der grundsätzlichen Kommunikationshoheit des Vorstands sollte die Außenkommunikation des Aufsichtsrats mit dem Vorstand und der Unternehmenskommunikation **abgestimmt** werden, um eine **einheitliche und konsistente Außendarstellung** sicherzustellen. Sofern dies in Ausnahmefällen wie einem offenen Konflikt zwischen Vorstand und Aufsichtsrat nicht opportun ist, muss der Aufsichtsrat stets sorgfältig die Vor- und Nachteile einer eigenständigen Kommunikationsstrategie **abwägen**.

---

[156] **Dafür** GroßkommAktG/*Hopt/Roth* AktG § 107 Rn. 155; *Veil* ZHR 172 (2008), 239 (264 ff.); MHdB AG/*Hoffmann-Becking* § 31 Rn. 102; *Lutter/Krieger/Verse* AR Rn. 682; **dagegen** MüKoAktG/*Habersack* AktG § 107 Rn. 60; *Koch* AG 2017, 129 (135); Semler/v. Schenck/*Mutter* AktG § 107 Rn. 125; *Mense/Klie* BB 2017, 771 (773); *E. Vetter* AG 2014, 387 (391); *Wettrich* AG 2017, 60 (65); *Schilha/Tehusinger* NZG 2019, 521 (524 f.).
[157] GroßkommAktG/*Hopt/Roth* AktG § 107 Rn. 113; BeckOGK/*Spindler* AktG § 107 Rn. 47; MüKoAktG/*Habersack* AktG § 107 Rn. 60.
[158] BGHZ 64, 325 (329) = NJW 1975, 1412; BGH NZG 2014, 423 Rn. 77; BGH NJW 2016, 2569 (2571).
[159] BGHZ 193, 110 = NJW 2012, 2346 Rn. 40; BGHZ 196, 195 = NJW 2013, 1535 Rn. 30.
[160] BGHZ 64, 325 = NJW 1975, 1412.
[161] BGHZ 64, 325 = NJW 1975, 1412; im Grundsatz auch OLG Stuttgart ZIP 2012, 625; BGHZ 193, 110 Rn. 40 = NJW 2012, 2346; GroßkommAktG/*Hopt/Roth* § 111 Rn. 565.
[162] OLG Stuttgart BeckRS 2012, 05280 = ZIP 2012, 625.

f) Sonstige Repräsentationsaufgaben

130 Der Aufsichtsratsvorsitzende repräsentiert den Aufsichtsrat bei persönlichen Anlässen von Vorstands- oder Aufsichtsratsmitgliedern wie Jubiläen, besonderen Geburtstagen oder Verabschiedungen. Die Tätigkeit als Aufsichtsratsvorsitzender kann auch die Notwendigkeit mit sich bringen, die Gesellschaft **außerhalb der Gremienarbeit nach außen zu repräsentieren,** etwa bei vom Unternehmen gesponserten Kultur- oder Sportveranstaltungen, Messeauftritten, Einweihung von Großinvestitionen oder im Bereich der Lobbyarbeit. Die Wahrnehmung solcher Repräsentationsaufgaben ist zulässig, wenn es dem **Unternehmensinteresse** dient. Ein Anspruch des Aufsichtsratsvorsitzenden auf Ersatz der angemessenen Reisekosten für Repräsentationsaufgaben, die auf Wunsch des Vorstands unternehmensbezogen durch seine Funktion veranlasst sind, folgt aus § 670 BGB, sofern die Satzung dies nicht ausdrücklich regelt.[163] Dies kann bei gesellschaftlichen Veranstaltungen mit teils dienstlichem, teils privatem Charakter auch Reisekosten einschließlich Übernachtung für eine Begleitperson umfassen. Erstattungsfähig ist auch ein angemessener, durch das Amt veranlasster **Repräsentationsaufwand** des Aufsichtsratsvorsitzenden.[164]

g) Koordination der Aufsichtsratstätigkeit

131 Dem Aufsichtsratsvorsitzendem stehen **keine Weisungsrechte** gegenüber einzelnen Aufsichtsratsmitgliedern zu, er ist auch nicht Kontrolleur der einzelnen Aufsichtsratsmitglieder. Der Aufsichtsratsvorsitzende trägt jedoch eine besondere Verantwortung für die effektive und zielorientierte Arbeit des Aufsichtsrats und seiner Ausschüsse.

132 Zu den Leitungsaufgaben des Aufsichtsratsvorsitzenden gehört deshalb die **Koordination** bei Ausübung der **Informationsrechte.** Zwar steht jedem Aufsichtsratsmitglied nach § 90 Abs. 2 S. 3 AktG das Recht auf Anforderung eines Vorstandsberichts als unentziehbares Individualrecht zu; allerdings ist es der Aufsichtsratsarbeit nicht dienlich, wenn der Vorstand von einer Vielzahl unkoordinierter Berichtsanforderungen überflutet wird. Der Aufsichtsratsvorsitzende hat daher darauf hinzuwirken, dass Informationsanforderungen möglichst gesammelt und in zusammengefasster Form an den Vorstand übermittelt werden.

133 Im Rahmen seiner Leitungsaufgaben überwacht der Aufsichtsratsvorsitzende die Tätigkeit der **Ausschüsse** und sorgt für Berichterstattung über die Ausschusstätigkeit im Plenum. Zwar obliegt die Leitung des einzelnen Ausschusses dem jeweiligen Ausschussvorsitzenden. Die Koordination der Ausschusstätigkeit mit der Arbeit des Plenums wie auch die im Verhältnis zwischen mehreren Ausschüssen ist dagegen Sache des Aufsichtsratsvorsitzenden.[165]

134 Trotz fehlenden Weisungsrechts spricht nichts dagegen, dass der Aufsichtsratsvorsitzende das **pflichtvergessene Aufsichtsratsmitglied** mündlich oder schriftlich zur ordnungsgemäßen Aufgabenerfüllung ermuntert. Bei Pflichtverstößen kann im Einzelfall eine Rüge durch den Aufsichtsratsvorsitzenden oder das Plenum angezeigt sein. Die übrigen Mitglieder haben aus der Funktion des Aufsichtsrats als Kollegialorgan die Verpflichtung, disziplinierend auf ein treu- oder sorgfaltswidrig handelndes Mitglied einzuwirken. Wird die Mitgliedschaft einer Person im Aufsichtsrat **unzumutbar,** sei es aufgrund persönlichen Verhaltens, aufgrund wiederholter Verstöße gegen die Verschwiegenheitsverpflichtung, gesellschaftsschädigenden Verhaltens oder wegen dauerhafter und schwerwiegender Interessenkonflikte, obliegt es dem Aufsichtsratsvorsitzenden zur Gewährleistung der Funktionsfähigkeit des Aufsichtsrats im persönlichen Gespräch auf eine Mandatsniederlegung hinzuwirken oder als ultima ratio im Aufsichtsrat einen Antrag auf gerichtliche Abberufung einzubringen.

h) Maßnahmen zur Sicherung der Vertraulichkeit

135 Bei Bedarf kann der Aufsichtsratsvorsitzende Maßnahmen zur Sicherung der Vertraulichkeit ergreifen wie etwa Verfahren zur **Übermittlung oder Einsichtnahme** in besonders vertrauliche Dokumente.[166]

136 Werden Sachverständige, Auskunftspersonen, Gäste oder Hilfspersonen wie Dolmetscher und Protokollführer zur Aufsichtsratssitzung hinzugezogen, hat der Aufsichtsratsvorsitzende dafür zu sorgen, dass diese zur Vertraulichkeit verpflichtet sind. Er ist auch verantwortlich für die Etablierung eines Prozesses zur Einholung von **Verschwiegenheitserklärungen von Hilfspersonen** (Mitarbeitern) einzelner Aufsichtsratsmitglieder (→ Rn. 516).

137 Der Aufsichtsratsvorsitzende sollte auch darauf hinwirken, dass die Aufsichtsratsmitglieder regelmäßig – insbesondere bei Änderung seiner Zusammensetzung – über die strafbewehrte Verschwiegenheitspflicht und bei börsennotierten Gesellschaften über die Regelungen zum Umgang mit **Insiderinformationen**

---

[163] *Wagner* in Semler/v. Schenck AR-HdB § 11 Rn. 68; GroßkommAktG/*Hopt/Roth* AktG § 113 Rn. 32; *Fonk* NZG 2009, 761 (769) mit Empfehlung zur Zurückhaltung.
[164] MHdB AG/*Hoffmann-Becking* § 33 Rn. 47.
[165] MüKoAktG/*Habersack* AktG § 107 Rn. 49.
[166] Vgl. dazu BGHZ 85, 293 (296 f.) = NJW 1983, 991.

und Eigengeschäfte von Führungskräften nach Art. 19 MAR („**Managers' Transactions**") unterrichtet werden.

i) Ausstattung des Aufsichtsratsvorsitzenden

Zur Erfüllung seiner Aufgaben kann der Aufsichtsratsvorsitzende die Unterstützung durch die Gesellschaft in Anspruch nehmen. Dazu gehören bei größeren Aufsichtsräten regelmäßig ein Büro mit angemessener Ausstattung, Sekretariatsdienstleistungen und bei Bedarf ein Besprechungsraum.[167] Der Aufsichtsratsvorsitzende kann ebenso **Unterstützung bei administrativen Aufgaben** durch Hilfspersonen beanspruchen, beispielsweise für die Zusammenstellung und Einholung von Sitzungsunterlagen, Erstellung des Sitzungsprotokolls, Terminkoordination sowie die Erledigung organisatorischer Aufgaben (zum Aufsichtsratsbüro ausführlich → § 6 Rn. 167). Bei der Einbindung von Hilfspersonen (**Assistenten**) ist es arbeitsrechtlich zulässig, dass die betreffenden Mitarbeiter vom Weisungsrecht des Vorstands ausgenommen sind und ausschließlich unter der Direktion des Aufsichtsrats stehen.[168] 138

Zulässig ist es auch, dass die Gesellschaft dem Aufsichtsratsvorsitzenden für dienstliche Zwecke die Nutzung einer **Fahrbereitschaft** gestattet oder einen **Dienstwagen** zur Verfügung stellt.[169] Sofern eine private Nutzung ausgeschlossen ist, handelt es sich dabei nicht um Vergütung. 139

Der Aufsichtsrat kann durch **Beschluss** in den Grenzen der Angemessenheit die Ausstattung des Aufsichtsratsvorsitzenden regeln (zum Budget des Aufsichtsrats → § 6 Rn. 197 ff.).[170] Dies folgt aus dem **Selbstorganisationsrecht** des Aufsichtsrats. Eine Vereinbarung zwischen Aufsichtsrat und Vorstand ist nicht erforderlich. Den Vorstand trifft dann eine Kooperationspflicht.[171] Schon aus praktischen Gründen ist jedoch eine Abstimmung mit dem Vorstand notwendig, um räumliche Ausstattung und Zugangsrechte zu regeln. 140

j) Hilfsgeschäfte des Aufsichtsratsvorsitzenden

Der Aufsichtsratsvorsitzende ist berechtigt, über **Hilfsgeschäfte** mit Bezug auf seine Leitungsaufgaben allein zu entscheiden und insoweit die Gesellschaft wirksam zu **vertreten.** Dies betrifft in erster Linie Maßnahmen im Zusammenhang mit der **Vorbereitung und Durchführung von Sitzungen.** So kann der Aufsichtsratsvorsitzende namens der Gesellschaft Räumlichkeiten anmieten, Dolmetscher sowie Sachverständige zu einzelnen Tagesordnungspunkten beauftragen[172] und Auskunftspersonen zumindest Kostenerstattung zusagen. Honorarvereinbarungen mit Sachverständigen und Auskunftspersonen hat er jedoch unter den Vorbehalt zu stellen, dass der Aufsichtsrat der Hinzuziehung der betreffenden Person nicht widerspricht.[173] Soweit nach seinem pflichtgemäß ausgeübten Ermessen für die Sitzungsvorbereitung und Koordinationsaufgaben erforderlich, kann der Aufsichtsratsvorsitzende spezifischen **Rechtsrat** zu seinen Rechten und Pflichten einholen.[174] Für die Beauftragung umfassender **Rechtsgutachten** des Aufsichtsrats oder vertiefter Untersuchungen in einer Angelegenheit ist ein Beschluss des Aufsichtsrats oder des zuständigen Ausschusses einzuholen[175] vgl. → § 4 Rn. 132 ff., 2301 ff. 141

k) Hauptversammlung

Zu den Aufgaben des Aufsichtsratsvorsitzenden im Zusammenhang mit der **Hauptversammlung** vgl. ausführlich → § 4 Rn. 2552 ff. 142

l) Registeranmeldungen

Der Aufsichtsratsvorsitzende hat nach § 184 Abs. 1 AktG, § 188 Abs. 1 AktG, § 195 Abs. 1 AktG, § 203 Abs. 1 S. 1 AktG iVm § 188 Abs. 1 AktG, § 207 Abs. 1 AktG iVm § 188 Abs. 1 AktG, § 207 Abs. 2 AktG, §§ 223, 229 Abs. 3 AktG, § 237 Abs. 2 AktG **Kapitalmaßnahmen** zur Eintragung in das Handelsregister zusammen mit dem Vorstand anzumelden. Bei rechtmäßig beschlossenen Kapitalmaßnahmen 143

---

[167] *Lutter/Krieger/Verse* AR Rn. 659; enger *Fonk* NGZ 2009, 761 (769): nur wenn eine überwiegende Auslastung gewährleistet ist.
[168] *Hoffmann-Becking* ZGR 2011, 136 (152); *Windbichler* NJW 2012, 2625 (2629).
[169] *Lutter/Krieger/Verse* AR Rn. 659.
[170] GroßkommAktG/*Hopt/Roth* AktG § 113 Rn. 36; *Lutter/Krieger/Verse* AR Rn. 659; *Roth* ZGR 2012, 343 (371).
[171] *Lutter/Krieger/Verse* AR Rn. 659.
[172] GroßkommAktG/*Hopt/Roth* AktG § 107 Rn. 128; Kölner Komm AktG/*Mertens/Cahn* AktG § 107 Rn. 45.
[173] MüKoAktG/*Habersack* AktG § 107 Rn. 59; MHdB AG/*Hoffmann-Becking* § 31 Rn. 23; großzügiger *Lutter/Krieger/Verse* AR Rn. 681, wenn es sich um angemessene und übliche Sitzungsvorbereitung handelt.
[174] MüKoAktG/*Habersack* AktG § 107 Rn. 59; *Lutter/Krieger/Verse* AR Rn. 681; GroßkommAktG/*Hopt/Roth* AktG § 107 Rn. 116; Kölner Komm AktG/*Mertens/Cahn* AktG § 107 Rn. 53; BeckOGK/*Spindler* AktG § 107 Rn. 48; MHdB AG/*Hoffmann-Becking* § 31 Rn. 23; *Börsig/Löbbe* FS Hoffmann-Becking, 2013, 125 (145).
[175] BeckOGK/*Spindler* AktG § 107 Rn. 48.

ist der Aufsichtsratsvorsitzende zur Mitwirkung verpflichtet. Verweigert der Aufsichtsratsvorsitzende pflichtwidrig seine Mitwirkung, kann der von der Gesellschaft, vertreten durch den Vorstand, auf Abgabe der Erklärung verklagt werden.[176]

4. Stellvertretender Aufsichtsratsvorsitzender

144 Der Aufsichtsrat muss nach § 107 Abs. 1 S. 1 AktG mindestens einen stellvertretenden Vorsitzenden wählen. Wie beim Aufsichtsratsvorsitzenden ist ein **Wahlbeschluss** des Plenums erforderlich.

a) Wahl

145 Für die Wahl, die erforderliche **Mehrheit,** die **Amtszeit** und den **Widerruf** der Bestellung sowie die Anmeldung zum Handelsregister gelten grundsätzlich dieselben Regeln wie für den Aufsichtsratsvorsitzenden (zum Wahlverfahren → Rn. 23).

b) Anzahl der Stellvertreter

146 Die Satzung oder die Geschäftsordnung des Aufsichtsrats können die **Anzahl der stellvertretenden Vorsitzenden** begrenzen oder mehrere Stellvertreter vorsehen.[177] Die Auswahlfreiheit des Aufsichtsrats darf bei der Wahl der Stellvertreter jedoch nicht beschränkt werden. Eine Satzungsvorschrift, wonach im mitbestimmten Aufsichtsrat ein weiterer Stellvertreter dem Kreis der Anteilseignervertreter angehören soll, ist wegen Verstoßes gegen die Wahlfreiheit des Aufsichtsrats und gegen den Grundsatz der Gleichbehandlung seiner Mitglieder nichtig.[178]

c) Reihenfolge der Stellvertreter

147 Sehen Satzung oder Geschäftsordnung die Wahl **mehrerer stellvertretender** Aufsichtsratsvorsitzender vor, kann zugleich die Vertretungsreihenfolge festgelegt werden, etwa durch Wahl eines ersten und zweiten Stellvertreters. Im Aufsichtsrat nach MitbestG hat der nach § 27 MitbestG gewählte („erste") Stellvertreter stets den Vorrang; hiervon abweichende Regelungen in Satzung oder Geschäftsordnung sind unzulässig. Der Aufsichtsrat kann auch im Wahlbeschluss die Reihenfolge durch die Wahl eines ersten und zweiten Stellvertreters regeln. Fehlt eine Regelung zur Rangfolge der Stellvertreter in Satzung, Geschäftsordnung oder Wahlbeschluss, sollte aus Gründen der Rechtsklarheit zunächst der an Lebensjahren älteste Stellvertreter berufen sein.[179] Besteht darüber kein Konsens im Aufsichtsrat, ist eine Entscheidung im Aufsichtsrat über die Rangfolge der Stellvertreter herbeizuführen. Zu der entsprechenden Sitzung kann jeder Stellvertreter einberufen.[180]

d) Verhinderungsfall

148 Der **stellvertretende Aufsichtsratsvorsitzende** übernimmt im Verhinderungsfall vorübergehend die Rechte und Pflichten des Vorsitzenden (§ 107 Abs. 1 S. 3 AktG); er rückt aber nicht als Rechtsnachfolger in die Stellung des Aufsichtsratsvorsitzenden ein. Bis zum Eintritt der Verhinderung hat der Stellvertreter die gleichen Rechte und Pflichten wie jedes andere Aufsichtsratsmitglied auch. Insbesondere verfügt er nicht über besondere Informationsrechte gegenüber dem Aufsichtsratsvorsitzenden.[181]

149 Der **Verhinderungsfall** tritt ein, wenn der Vorsitzende zur rechtzeitigen Erledigung seiner Aufgaben nicht in der Lage ist. Sofern der Vorsitzende seine Aufgaben zwar nicht sofort erledigen kann, aber in einem Zeitraum, der ohne Nachteile für die Gesellschaft abgewartet werden kann, liegt noch kein Verhinderungsfall vor.[182] Umgekehrt kann schon eine *vorübergehende Handlungsunfähigkeit für die Verhinderung ausreichen,* wenn eine Angelegenheit keinen Aufschub duldet.

---

[176] GroßkommAktG/*Wiedemann* AktG § 184 Rn. 13; BeckOGK/*Servatius* AktG § 184 Rn. 12; Kölner Komm AktG/ *Ekkenga* AktG § 184 Rn. 3; Hüffer/Koch/*Koch* AktG § 184 Rn. 3; K. Schmidt/Lutter AktG/*Veil* AktG § 184 Rn. 5; aA MüKoAktG/*Schürnbrand* AktG § 184 Rn. 13: Interorganstreit zwischen Vorstand und Aufsichtsrat.
[177] Hüffer/Koch/*Koch* AktG § 107 Rn. 10.
[178] BGHZ 83, 106 (111 f.) = NJW 1982, 1525.
[179] MüKoAktG/*Habersack* AktG § 107 Rn. 28; *Lutter/Krieger/Verse* AR Rn. 684; MHdB AG/*Hoffmann-Becking* § 31 Rn. 17; Hüffer/Koch/*Koch* AktG § 107 Rn. 10; aA – Dienstalter im Aufsichtsrat – Semler/v. Schenck/*Mutter* AktG § 107 Rn. 77; BeckOGK/*Spindler* AktG § 107 Rn. 62.
[180] GroßkommAktG/*Hopt/Roth* AktG § 107 Rn. 227; Semler/v. Schenck/*Mutter* AktG § 107 Rn. 173; ähnlich Kölner Komm AktG/*Mertens/Cahn* AktG § 107 Rn. 71: Befugnis der Stellvertreter zur Einigung sowie für Einberufungsrecht eines jeden Stellvertreters.
[181] MüKoAktG/*Habersack* AktG § 107 Rn. 68; Kölner Komm AktG/*Mertens/Cahn* AktG § 107 Rn. 70.
[182] *Lutter/Krieger/Verse* AR Rn. 684; Kölner Komm AktG/*Mertens/Cahn* AktG § 107 Rn. 72; MüKoAktG/*Habersack* AktG § 107 Rn. 71.

Der **Verhinderungsfall** ist objektiv nach den **konkreten Umständen und der Dringlichkeit** der 150 Aufgaben zu bestimmen. Dabei muss keine objektive Unmöglichkeit der Amtsausübung vorliegen, es genügen erhebliche **Hindernisse** für die Amtsausübung. Das kann von längeren Auslandsaufenthalten, Krankheit bis zu einer vorübergehenden Abwesenheit in einer Aufsichtsratssitzung reichen; gleichzustellen sind Fälle, in denen der Aufsichtsratsvorsitzende wegen eines **Stimmverbots** die Abstimmung im Aufsichtsrat nicht leiten kann. Falls der Aufsichtsratsvorsitzende objektiv in der Lage ist, sein Amt auszuüben, es aber **nicht ausüben will,** besteht nach hM kein Verhinderungsfall.[183] In einer solchen Situation wäre der Aufsichtsrat gehalten, einen neuen Vorsitzenden zu wählen.

Der Aufsichtsratsvorsitzende sollte den gesamten Aufsichtsrat **in Kenntnis setzen,** wenn ein Verhinderungsfall eintritt. Eine einvernehmliche Feststellung des Verhinderungsfalls zwischen Vorsitzendem und Stellvertreter ist jedoch nicht notwendig.[184] Der Verhinderungsfall tritt auch ein, sobald eine **Vakanz** im Aufsichtsratsvorsitz eintritt. 151

e) Befugnisse

Im Verhinderungsfall ist der stellvertretende Vorsitzende berechtigt, **Aufsichtsratssitzungen einzuberufen** und zu leiten, sitzungsleitende Maßnahmen zu ergreifen und die **Beschlüsse festzustellen.** Ihm obliegt dann auch die Erstellung des Sitzungsprotokolls. Außerhalb von Sitzungen hat er den Informationsfluss zwischen Vorstand und Aufsichtsrat zu koordinieren und Berichte an die Aufsichtsratsmitglieder weiterzuleiten. 152

Bei Abstimmungen steht einem stellvertretenden Aufsichtsratsvorsitzenden das gesetzliche **Zweitstimmrecht** gem. §§ 29 Abs. 2, 31 Abs. 4 MitbestG nicht zu. Die **Satzung** kann außerhalb der Geltung des MitbestG für den Verhinderungsfall dem stellvertretenden Aufsichtsratsvorsitzenden[185] in gleicher Weise wie dem Aufsichtsratsvorsitzenden ein Recht zum Stichentscheid gewähren oder den Stichentscheid für den Stellvertreter ausschließen. Ergibt die Auslegung der Satzung kein eindeutiges Ergebnis, sollen dem Stellvertreter die entsprechenden Befugnisse des Vorsitzenden zustehen.[186] 153

Der stellvertretenden Aufsichtsratsvorsitzenden ist **nicht zur Ersatzvornahme** berechtigt: Entscheidet der Aufsichtsratsvorsitzende in einer Angelegenheit nichts zu unternehmen, darf der stellvertretende Vorsitzende nicht eigenmächtig tätig werden. Im Streitfall ist eine Entscheidung des Aufsichtsrats herbeizuführen.[187] 154

5. Ehrenvorsitzender

Die Ernennung zum **Ehrenvorsitzenden des Aufsichtsrats** ist ein verbreitetes Instrument, um die herausragende Wertschätzung und Verbundenheit mit einem ehemaligen Vorsitzenden oder Mitglied des Aufsichtsrats zu dokumentieren. Die Verleihung dieses Ehrentitels ist unstreitig **zulässig.** Der Ehrenvorsitzende des Aufsichtsrats ist aber weder Organ der Gesellschaft noch Mitglied des Aufsichtsrats.[188] Es wäre unvereinbar mit § 23 Abs. 5 AktG, in der Satzung das Ehrenmitglied als weiteres Organ der Gesellschaft zu etablieren oder einen Ehrenvorsitzenden mit organgleichen Kompetenzen auszustatten. 155

a) Zuständigkeit für die Ernennung

Die Ernennung eines Ehrenvorsitzenden ist gesetzlich nicht geregelt. Die **Satzung** kann eine Rechtsgrundlage für die Ernennung eines Ehrenmitglieds des Aufsichtsrats schaffen und die Ernennungskompetenz der Hauptversammlung oder dem Aufsichtsrat zuweisen.[189] Fehlt eine solche Satzungsregelung, ist 156

---

[183] *Kropff* AktG 1965 S. 147 f.; *Lutter/Krieger/Verse* AR Rn. 684; *Hüffer/Koch/Koch* AktG § 107 Rn. 10; K. Schmidt/*Lutter/Drygala* AktG § 107 Rn. 26; MüKoAktG/*Habersack* AktG § 107 Rn. 70; MHdB AG/*Hoffmann-Becking* § 31 Rn. 25; aA BeckOGK/*Spindler* AktG § 107 Rn. 61.
[184] MüKoAktG/*Habersack* AktG § 107 Rn. 71 mwN; aA *Peus,* Der Aufsichtsratsvorsitzende, 1983, 204.
[185] Kölner Komm AktG/*Mertens/Cahn* AktG § 107 Rn. 65; MüKoAktG/*Habersack* AktG § 107 Rn. 68; MHdB AG/*Hoffmann-Becking* § 31 Rn. 25; weitergehend GroßkommAktG/*Hopt/Roth* AktG § 107 Rn. 218 und Hölters/*Hambloch-Gesinn/Gesinn* AktG § 107 Rn. 72 – auch Einräumung in Geschäftsordnung möglich.
[186] GroßkommAktG *Hopt/Roth* AktG § 107 Rn. 218; *E. Vetter* in Marsch-Barner/Schäfer Börsennotierte AG-HdB Rn. 27.15; Semler/v. Schenck/*Mutter* AktG § 107 Rn. 182.
[187] MüKoAktG/*Habersack* AktG § 107 Rn. 71 mwN.
[188] Ganz hM; vgl. nur MüKoAktG/*Habersack* AktG § 107 Rn. 72; *Hüffer/Koch/Koch* AktG § 107 Rn. 12; *Lutter/Krieger/Verse* AR Rn. 686; K. Schmidt/Lutter/*Drygala* AktG § 107 Rn. 29; Grigoleit/*Grigoleit/Tomasic* AktG § 107 Rn. 19.
[189] MüKoAktG/*Habersack* AktG § 107 Rn. 72; *Hüffer/Koch/Koch* AktG § 107 Rn. 12; GroßkommAktG/*Hopt/Roth* AktG § 107 Rn. 168; BeckOGK/*Spindler* AktG § 107 Rn. 66; *Lutter/Krieger/Verse* AR Rn. 685; *Lutter* ZIP 1984, 645 (648); *Siebel* FS Peltzer, 2001, 519 (528); *Jüngst* BB 1984, 1583 (1584).

umstritten, ob die Hauptversammlung mit einfacher Beschlussmehrheit[190] oder der Aufsichtsrat den Titel verleihen.[191] Soweit für eine Zuständigkeit der Hauptversammlung das Argument einer Auffangzuständigkeit oder eine Annexkompetenz zur Bestellung von Aufsichtsratsmitgliedern nach § 101 AktG herangezogen wird,[192] vermag dies nicht zu überzeugen. Der Ehrenvorsitzende ist gerade **kein Mitglied des Aufsichtsrats** und die Hauptversammlung kann ihm auch keine organgleichen Kompetenzen gewähren. Näher liegt es daher, die Vergabe des Titels eines Ehrenvorsitzenden im Bereich des Selbstorganisationsrechts des **Aufsichtsrats** zu verorten. Gerade bei mitbestimmten Gesellschaften wäre es systemwidrig, diesen Titel durch die Hauptversammlung ohne Beteiligung der Arbeitnehmervertreter im Aufsichtsrat zu verleihen.[193] Aus dem Grundsatz der Selbstorganisation des Aufsichtsrats folgt ebenfalls, dass der Vorstand weder berechtigt ist, einen Ehrenvorsitzenden des Aufsichtsrats zu ernennen, noch seine Zustimmung zur Verleihung des Titels erforderlich ist.[194]

157 Bei der Ernennung eines Ehrenvorsitzenden muss keine zeitlich begrenzte **Amtszeit** festgelegt werden. Die Ernennung auf **Lebenszeit** ist zulässig. Das verleihende Organ darf den Titel wieder **entziehen**.[195] Ein wichtiger Grund ist dafür nicht erforderlich.

b) Keine Publizitätspflichten

158 Aufgrund der **fehlenden organschaftlichen Stellung** hat die Ernennung eines Ehrenvorsitzenden keine Auswirkungen auf die Besetzung des Aufsichtsrats, insbesondere nicht auf seine Größe oder die Arbeitnehmerbeteiligung.[196] Die Ernennung eines Ehrenvorsitzenden löst **keine Publizitätspflichten** nach §§ 80, 106 AktG oder handelsrechtlichen Vorschriften aus. Bei Angabe des Ehrenvorsitzenden auf Geschäftsbriefen, in Geschäftsberichten oder auf der Internetseite der Gesellschaft ist auf eine klare Trennung von den Mitgliedern des Aufsichtsrats zu achten, um den Eindruck einer Zugehörigkeit zum Aufsichtsrat zu vermeiden.

c) Rechtliche Stellung

159 Die Ernennung zum **Ehrenvorsitzenden** begründet **keine Mitgliedschaft im Aufsichtsrats.** Der Ehrenvorsitzende ist im Verhältnis zur Gesellschaft ein Dritter, dem eine besondere Ehrung zuteilgeworden ist. Der Ehrenvorsitzende hat daher kein originäres **Teilnahmerecht** an Aufsichtsratssitzungen und kein Stimmrecht.[197] Ihm stehen auch keine eigenen Informationsrechte oder Einsichtsrechte in Dokumente des Aufsichtsrats zu.[198] Eine Teilnahme an Aufsichtsratssitzungen als Auskunftsperson bzw. Sachverständiger ist nach zutreffender Ansicht nur in den Grenzen des § 109 Abs. 1 S. 2, Abs. 3 AktG ist möglich.[199] Häufig dürfte der Ehrenvorsitzende neben Repräsentationsaufgaben die Rolle eines externen Beraters ausfüllen und wird bei Bedarf zu Aufsichtsratssitzungen hinzugezogen. Die Einräumung eines **ständigen Teilnahme- und Rederechts** durch den Aufsichtsrat oder eine Teilnahme an Aufsichtsratssitzungen als ständiger Gast sind mit § 109 Abs. 1 AktG nicht zu vereinbaren.[200]

160 Mit dem Titel des Ehrenvorsitzenden ist außer einer allgemeinen Loyalitätspflicht gegenüber der Gesellschaft **keine weitere Rechtspflicht** verbunden. Eine stark vertretene Meinung nimmt jedoch an, dass der Ehrenvorsitzende des Aufsichtsrats der gesetzlichen Verschwiegenheitspflicht aus §§ 116, 93 Abs. 1

---

[190] *Lutter* ZIP 1984, 645 (649); *Hennerkes/Schiffer* DB 1992, 875; für Kompetenz jeweils bei Hauptversammlung und Aufsichtsrat BeckOGK/*Spindler* AktG § 107 Rn. 66.
[191] MüKoAktG/*Habersack* AktG § 107 Rn. 74; MHdB AG/*Hoffmann-Becking* § 31 Rn. 26; Hüffer/Koch/*Koch* AktG § 107 Rn. 12; Henssler/Strohn/*Henssler* AktG § 107 Rn. 15; GroßkommAktG/*Hopt/Roth* AktG § 107 Rn. 168; K. Schmidt/Lutter AktG/*Drygala* AktG § 107 Rn. 29; Grigoleit/*Grigoleit/Tomasic* AktG § 107 Rn. 19; Semler/v. Schenck/*Mutter* AktG § 107 Rn. 85; *Vetter* in Marsch-Barner/Schäfer Börsennotierte AG-HdB Rn. 27.25; *Johannsen-Roth/Kießling* NZG 2013, 972, 976, 973 f.
[192] BeckOGK/*Spindler* AktG § 107 Rn. 66; *Hennerkes/Schiffer* DB 1992, 875, 875.
[193] BeckOGK/*Spindler* AktG § 107 Rn. 66; *Jüngst* BB 1984, 1583 (1584); *Johannsen-Roth/Kießling* NZG 2013, 972 (973).
[194] GroßkommAktG/*Hopt/Roth* AktG § 107 Rn. 229; Semler/v. Schenck/*Mutter* AktG § 107 Rn. 86; aA Kölner Komm AktG/*Mertens/Cahn* AktG § 107 Rn. 76.
[195] MüKoAktG/*Habersack* AktG § 107 Rn. 74 mwN; für die Zulässigkeit der Abberufung durch die Hauptversammlung auch bei Ernennung durch den Aufsichtsrat BeckOGK/*Spindler* AktG § 107 Rn. 66.
[196] MüKoAktG/*Habersack* AktG § 107 Rn. 72; Semler/v. Schenck/*Mutter* AktG § 107 Rn. 83.
[197] HM Hüffer/Koch/*Koch* AktG § 107 Rn. 12; MHdB AG/*Hoffmann-Becking* § 31 Rn. 26; *Lutter/Krieger/Verse* AR Rn. 686.
[198] MüKoAktG/*Habersack* AktG § 107 Rn. 72, 73; GroßkommAktG/*Hopt/Roth* AktG § 107 Rn. 170; Kölner Komm AktG/*Mertens/Cahn* AktG § 107 Rn. 76.
[199] Hüffer/Koch/*Koch* AktG § 107 Rn. 12; MüKoAktG/*Habersack* AktG § 107 Rn. 72; Kölner Komm AktG/*Mertens/Cahn* AktG § 107 Rn. 76; BeckOGK/*Spindler* AktG § 107 Rn. 67; MHdB AG/*Hoffmann-Becking* § 31 Rn. 26; *Hennerkes/Schiffer* DB 1992, 875, 876.
[200] AA *Johannsen-Roth/Kießling* NZG 2013, 972 (976); *Jüngst* BB 1984, 1583 (1585).

S. 3 AktG unterliege.[201] Selbstverständlich besteht ein praktisches Bedürfnis nach Verschwiegenheit, wenn der Ehrenvorsitzende als Sachverständiger oder Auskunftsperson für den Aufsichtsrat tätig wird und Kenntnis von vertraulichen Informationen erhält. Handelt es sich beim Ehrenvorsitzenden – wie meist – um ein ehemaliges Aufsichtsratsmitglied, ließe sich eine Verschwiegenheitspflicht aus nachwirkender Treuepflicht aus der Organstellung ableiten.[202] Nach anderer Ansicht unterliegt ein Ehrenvorsitzender aus der mit der Ernennung zumindest stillschweigend einhergehenden Übernahme einer **Verschwiegenheitspflicht.**[203] Ob diese Begründungsansätze ausreichen, um den Ehrenvorsitzenden mit Blick auf Vertraulichkeit wie ein Organmitglied zu behandeln und damit Vorstand und Aufsichtsrat ihrerseits von der Verschwiegenheitspflicht aus §§ 116, 93 Abs. 1 S. 3 AktG zu befreien, ist keinesfalls gesichert.[204] Für die Praxis empfiehlt sich jedenfalls der Abschluss einer **Vertraulichkeitsvereinbarung,** falls der Ehrenvorsitzende als Sachverständiger oder Auskunftsperson an Sitzungen des Aufsichtsrats oder seiner Ausschüsse teilnimmt. Dann können Vorstand und Aufsichtsrat ihm gegenüber auch vertrauliche Informationen der Gesellschaft offenlegen. Unter diesen Voraussetzungen ist der Ehrenvorsitzende insiderrechtlich kein Unbefugter iSd Art. 10 Abs. 1 MAR.[205]

d) Haftung

Der Ehrenvorsitzende haftet mangels organgleicher Stellung **nicht in analoger Anwendung der §§ 116, 93 AktG.** Eine Haftung gegenüber der Gesellschaft kommt nach allgemeinen Grundsätzen in Betracht, etwa nach Vertrags-, Auftrags- oder Deliktsrecht.

e) Finanzielle Aspekte

aa) Kein Anspruch auf Aufsichtsratsvergütung. Der Ehrenvorsitzende hat nach allgemeiner Ansicht **keinen Anspruch auf die Vergütung** eines Aufsichtsratsmitglieds. Umstritten ist, unter welchen Voraussetzungen die Gesellschaft dem Ehrenvorsitzenden einen „**Ehrensold**" gewähren kann. Zulässig ist die Zahlung eines Ehrensoldes jedenfalls bei betragsmäßiger Festsetzung in der Satzung. Ohne konkrete Satzungsregelung bieten eine satzungsmäßige Ermächtigung des Aufsichtsrats oder ein Beschluss der Hauptversammlung zur Bewilligung des Ehrensolds eine ausreichende Rechtsgrundlage.[206] Eine originäre Kompetenz des Aufsichtsrats zur Gewährung eines Ehrensoldes als Annex zur Ernennungskompetenz besteht hingegen nicht.[207] Zwar steht dem Aufsichtsrat richtigerweise die Kompetenz zu, die zur Erfüllung seiner Aufgaben notwendigen finanziellen Aufwendungen auf Kosten der Gesellschaft zu tätigen. Die Vergütung eines Ehrenvorsitzenden gehört jedoch nicht dazu. Sie widerspräche auch dem Prinzip des § 113 AktG, der dem Aufsichtsrat gerade keine Zuständigkeit in Fragen seiner eigenen Vergütung gibt.

bb) Auslagenersatz. Wird der Ehrenvorsitzende in Ausübung seiner Repräsentationsaufgaben für die Gesellschaft tätig, kann er nach allgemeinen Grundsätzen **Aufwendungsersatz** (§ 670 BGB) für seine Auslagen verlangen, ohne dass es einer entsprechenden Vereinbarung, Satzungsregelung oder eines Hauptversammlungsbeschlusses bedarf.[208] Soll der Ehrenvorsitzende neben reiner Repräsentation weitere Aufgaben übernehmen, bietet es sich an, mit ihm einen **Beratervertrag** abzuschließen. Hierfür ist der Vorstand gem. § 78 AktG zuständig. War der Ehrenvorsitzende zuvor Mitglied des Aufsichtsrats, ist die Zustimmung des Aufsichtsrats wegen der Nähe zu § 114 AktG zu empfehlen.[209]

cc) Nebenleistungen. Der Ehrenvorsitzende hat ohne satzungsmäßige Grundlage **keinen Anspruch auf Nebenleistungen** oder Versicherungsschutz auf Kosten der Gesellschaft. Auch bei Einladungen zu (gesponserten) Veranstaltungen des Unternehmens gelten dieselben Regeln wie für sonstige Dritte: Die

---

[201] GroßkommAktG/*Hopt/Roth* AktG § 107 Rn. 168; Hüffer/Koch/*Koch* AktG § 107 Rn. 12; MüKoAktG/*Habersack* AktG § 107 Rn. 72, 73; Grigoleit/*Grigoleit/Tomasic* AktG § 107 Rn. 19; Henssler/Strohn/*Henssler* AktG § 107 Rn. 15; *Johannsen-Roth/Kießling* NZG 2013, 972 (976); *Jüngst* BB 1984, 1583 (1585).
[202] *Jüngst* BB 1984, 1583 (1585).
[203] MüKoAktG/*Habersack* AktG § 107 Rn. 72, 73.
[204] Gegen eine gesetzliche Verschwiegenheitspflicht des Ehrenvorsitzenden Lutter/Krieger/*Verse* AR Rn. 686; MHdB AG/*Hoffmann-Becking* § 31 Rn. 26; GroßkommAktG/*Hopt/Roth* AktG § 107 Rn. 232; BeckOGK/*Spindler* AktG § 107 Rn. 67; Semler/v. Schenck/*Mutter* AktG § 107 Rn. 92; *Hennerkes/Schiffer* DB 1992, 875 (876).
[205] GroßkommAktG/*Hopt/Roth* AktG § 107 Rn. 232; Semler/v. Schenck/*Mutter* AktG § 107 Rn. 93.
[206] HM MüKoAktG/*Habersack* AktG § 107 Rn. 73; GroßkommAktG/*Hopt/Roth* AktG § 107 Rn. 170; Hüffer/Koch/*Koch* AktG § 107 Rn. 12; Semler/v. Schenck/*Mutter* AktG § 107 Rn. 94; *Lutter* ZIP 1984, 645 (653); *Hennerkes/Schiffer* DB 1992, 875 (876 f.).
[207] Lutter/Krieger/*Verse* AR Rn. 686 mwN; aA *Johannsen-Roth/Kießling* NZG 2013, 972 (974); für eine parallele Zuständigkeit von Aufsichtsrat und Hauptversammlung *Siebel* FS Peltzer, 2001, 519 (535 f.).
[208] MüKoAktG/*Habersack* AktG § 107 Rn. 73.
[209] Hüffer/Koch/*Koch* AktG § 107 Rn. 12; BeckOGK/*Spindler* AktG § 107 Rn. 68; Bürgers/Körber/*Israel* AktG § 107 Rn. 11; *Johannsen-Roth/Kießling* NZG 2013, 972 (974); aA Semler/v. Schenck/*Mutter* AktG § 107 Rn. 95: nur aufgrund einer Satzungsregelung oder Hauptversammlungsbeschlusses.

Teilnahme des Ehrenvorsitzenden muss im Einzelfall im Unternehmensinteresse liegen und die Kosten in einem angemessenen Rahmen.

III. Plenum

1. Autonomiebereich des Plenums

165 Innerhalb der gesetzlichen und satzungsmäßigen Vorgaben ist der Aufsichtsrat berechtigt, seine **Binnenorganisation und seine Arbeitsweise eigenständig zu regeln**. Für Satzungsregelungen gilt dabei die **allgemeine Schranke der Autonomie des Aufsichtsrats** im Hinblick auf seine Organisation[210], die etwa im Recht zur Wahl des Vorsitzenden und Stellvertreters (§ 107 Abs. 1 AktG) und im Recht auf Ausschussbildung in § 107 Abs. 3 AktG ihren gesetzlichen Ausdruck findet. Die Autonomie des Aufsichtsrats umfasst grundsätzlich das Recht, die sachliche Arbeit im Kollegialorgan auszugestalten.

166 Korrelat zum Recht des Aufsichtsrats auf Selbstorganisation ist die **Pflicht zur Selbstorganisation**. Der Aufsichtsrat hat diejenigen **organisatorischen Maßnahmen** zu ergreifen, die zur sachgerechten und **effizienten Erfüllung** seiner Aufgaben erforderlich sind.[211] Zu den Aufgaben der Selbstorganisation gehört es, sorgfältig und im Unternehmensinteresse unter Berücksichtigung der Größe des Aufsichtsrats und der Komplexität der Überwachungsaufgaben über die Einrichtung, Zuständigkeit und Zusammensetzung von Ausschüssen zu entscheiden, einen funktionsfähigen Informationsfluss zwischen Vorstand und Aufsichtsrat einzurichten, über den Umgang mit auftretenden Interessenkonflikten zu befinden und die eigene Arbeit und ihre Wirksamkeit selbstkritisch zu prüfen und zu beurteilen (vgl. Empfehlung D.13 DCGK). Daneben steht dem Aufsichtsrat das Recht zu, über angemessene Ausstattung und Aufwendungen zur sachgerechten Erledigung seiner Aufgaben zu entscheiden[212] (näher → § 6 Rn. 179 ff.). Weiteres, unentziehbares und bedeutsames Instrument der Selbstorganisation ist die Einrichtung von Zustimmungsvorbehalten nach § 111 Abs. 4 S. 2 AktG, mit denen der Aufsichtsrat den Bereich seiner präventiven Vorstandsüberwachung konkretisiert.

167 Neben zwingenden gesetzlichen und satzungsmäßigen Vorgaben hat der Aufsichtsrat bei Entscheidungen über seine Organisation den **Grundsatz der individuell gleichen Berechtigung und Verantwortung aller Mitglieder**[213] zu berücksichtigen.

2. Geschäftsordnung

168 Aus dem Recht zur **Selbstorganisation** folgt die Befugnis des Aufsichtsrats, sich innerhalb der Grenzen von Gesetz und Satzung eine **eigene Geschäftsordnung** zu geben.[214] Dies wird in § 82 Abs. 2 AktG vorausgesetzt. Die Geschäftsordnung ist ein wesentliches Instrument der Selbstorganisation. Eine dahingehende Empfehlung enthält D.1 DCGK. Eine satzungsmäßige Ermächtigung ist nicht erforderlich. Die Geschäftsordnung steht neben der Satzung und regelt die Organisation des Aufsichtsrats.

169 Regelungen für die **Binnenorganisation** des Aufsichtsrats können in der Satzung angelegt werden. Die Satzung darf aber nicht in die Organisationsautonomie des Aufsichtsrats (→ Rn. 165) eingreifen. Daher sind etwa Regelungen zur Wahl des Aufsichtsratsvorsitzenden und seines Stellvertreters sowie zur Bildung und Besetzung von Ausschüssen der Regelungskompetenz des Satzungsgebers entzogen.[215] Die Satzung darf in die **Organisationsautonomie** des Aufsichtsrats bei der Entscheidung darüber, ob Ausschüsse bilden will und wer ihnen angehören soll, nicht dadurch eingreifen, dass sie vorschreibt (oder verbietet), im Rahmen seiner gesetzlichen Zuständigkeit einen oder mehrere Ausschüsse mit bestimmten Aufgaben und einer bestimmten personellen Besetzung zu errichten.[216] Typischerweise regelt die Satzung organisatorische Grundlagen und überlässt dem Aufsichtsrat die nähere Ausgestaltung in der Geschäftsordnung. Soweit die Satzung in zulässiger Weise innere Angelegenheiten des Aufsichtsrats regelt, gehen diese Regelungen als höherrangige Verfahrensnormen der Geschäftsordnung vor.[217]

---

[210] GroßkommAktG/*Hopt*/*Roth* AktG § 107 Rn. 272.
[211] *Lutter*/*Krieger*/*Verse* AR Rn. 654; GroßkommAktG/*Hopt*/*Roth* AktG § 107 Rn. 270; MüKoAktG/*Habersack* AktG Vor § 95 Rn. 17: „*unter strikter Beachtung des Effizienzgedankens*"; Bachmann FS Hopt, 2010, 337 (343 ff.).
[212] *Lutter*/*Krieger*/*Verse* AR Rn. 658 f.
[213] BGHZ 64, 325 (330 f.); BGHZ 83, 106 (112 f.); BGHZ 106, 54 (65); BGH ZIP 2009, 2110 Rn. 49; BGH NZG 2012, 347 Rn. 18; MüKoAktG/*Habersack* AktG Vor § 95 Rn. 14.
[214] AllgM; vgl. nur Hüffer/Koch/*Koch* AktG § 107 Rn. 34.
[215] MüKoAktG/*Habersack* AktG § 107 Rn. 177; Kölner Komm AktG/*Mertens*/*Cahn* AktG § 107 Rn. 182.
[216] BGHZ 83, 106 (119) = NJW 1982, 1525 (1527).
[217] Hüffer/Koch/*Koch* AktG § 107 Rn. 24.

a) Zuständigkeit

Die Geschäftsordnung des Aufsichtsrats wird durch **Beschluss** des Aufsichtsrats **mit einfacher Mehrheit** 170 erlassen, geändert und aufgehoben. § 77 Abs. 2 S. 3 AktG, der für Vorstandsbeschlüsse zur Geschäftsordnung des Vorstands Einstimmigkeit verlangt, ist nicht entsprechend anzuwenden.[218] Die Satzung kann für die Beschlussfassung des Aufsichtsrats über dessen Geschäftsordnung keine höhere Mehrheit anordnen.[219] Auch dem Aufsichtsrat selbst steht nicht das Recht zu, für eine Änderung oder Aufhebung der von ihm einmal beschlossenen Geschäftsordnung eine qualifizierte Mehrheit festzusetzen.[220] In der Satzung enthaltene Geschäftsordnungsregelungen können nur im Wege der Satzungsänderung geändert oder aufgehoben werden.[221]

b) Regelungsmöglichkeiten

Gegenstand einer Geschäftsordnung des Aufsichtsrats können Regelungen zur **Binnenorganisation des** 171 **Gremiums** sein, die nicht bereits durch Gesetz oder in zulässiger Weise durch die Satzung bestimmt worden sind.

aa) Organisation der Aufsichtsratsarbeit. In Betracht kommen Regelungen zur **Wahl des Aufsichts-** 172 **ratsvorsitzenden** und der Stellvertreter, zu deren Amtsdauer, zur Reihenfolge mehrerer Stellvertreter sowie zum Verhinderungsfall des Aufsichtsratsvorsitzenden.[222] Der Aufsichtsratsvorsitzende kann in der Geschäftsordnung mit der Kundgabe der Beschlüsse des Aufsichtsrats beauftragt werden.[223]

Daneben gehören in eine Geschäftsordnung des Aufsichtsrats typischerweise Regelungen zur **Einbe-** 173 **rufung von Sitzungen** und dazugehörige Fristen, zur Sitzungsfrequenz, zum Sitzungsort, zum Sitzungsverlauf, der Arbeitssprache[224] zur Art und Weise der Abstimmung und zur Vertagung von Sitzungen oder einzelnen Tagesordnungspunkten. Gegenstand einer Geschäftsordnung können auch die Aufnahme von Anträgen in die Tagesordnung und Abstimmungsmodalitäten, das Verfahren der Protokollierung und zur **Beschlussfassung außerhalb von Sitzungen** sein. Regelungen zur **Beschlussfähigkeit des Aufsichtsrats** sind hingegen einer Regelung in der Geschäftsordnung nicht zugänglich. Nach § 108 Abs. 2 AktG bleibt dies dem Satzungsgeber vorbehalten.[225] Ebenso wenig kann die Geschäftsordnung die notwendige Mehrheit für einen Aufsichtsratsbeschluss abweichend von Gesetz oder Satzung erhöhen oder verringern (zum Stichentscheid des Aufsichtsratsvorsitzenden → Rn. 444).

Häufiger Inhalt einer Geschäftsordnung sind Regelungen zur **Einsetzung von Ausschüssen,** deren 174 Kompetenzen, Größe, Besetzung, Dauer und Berichtspflichten gegenüber dem Plenum (dazu → Rn. 206, 345).

Der Aufsichtsrat kann die **Informations- und Berichtspflichten** des Vorstands konkretisieren und 175 für die Informationsversorgung durch den Vorstand Regelungen aufstellen, insbesondere eine **Informationsordnung** erlassen.[226] Eine solche Informationsordnung kann – auch im Rahmen der Geschäftsordnung des Aufsichtsrats – den **Empfänger der Information** näher bestimmen und festlegen, welche Informationen an Ausschüsse weiterzuleiten sind.[227] Sinnvoller erscheint es jedoch aus praktischer Sicht, die den Vorstand bindenden Vorgaben zur Aufsichtsratsinformation in der Geschäftsordnung für den Vorstand regeln.[228]

Die Geschäftsordnung kann Regelungen zur Teilnahme von Vorstandsmitgliedern an Aufsichtsratssit- 176 zungen vorsehen.[229] Die Geschäftsordnung kann ferner Grundsätze zum **Umgang mit Interessenkon-**

---

[218] Kölner Komm AktG/*Mertens/Cahn* AktG § 107 Rn. 185; *Lutter/Krieger/Verse* AR Rn. 653; MHdB AG/*Hoffmann-Becking* § 31 Rn. 4.
[219] MüKoAktG/*Habersack* AktG § 107 Rn. 177, 178; Kölner Komm AktG/*Mertens/Cahn* AktG § 107 Rn. 185; Beck-OGK/*Spindler* AktG § 107 Rn. 15; aA für mitbestimmungsfreie Gesellschaften MHdB AG/*Hoffmann-Becking* § 31 Rn. 5; *Lutter/Krieger/Verse* AR Rn. 653; Semler/v. Schenck/*Mutter* AktG § 107 Rn. 421.
[220] HM MHdB AG/*Hoffmann-Becking* § 31 Rn. 5; GroßkommAktG/*Hopt/Roth* AktG § 107 Rn. 277 mwN.
[221] MüKoAktG/*Habersack* AktG § 107 Rn. 177.
[222] MüKoAktG/*Habersack* AktG § 107 Rn. 180.
[223] GroßkommAktG/*Hopt/Roth* AktG § 107 Rn. 277.
[224] Hüffer/Koch/*Koch* AktG § 107 Rn. 36; GroßkommAktG/*Hopt/Roth* AktG § 107 Rn. 288; *Wasse* AG 2011, 685 (689).
[225] BGHZ 64, 325 (328) = NJW 1975, 1412 (1413); GroßkommAktG/*Hopt/Roth* AktG § 107 Rn. 277.
[226] GroßkommAktG/*Hopt/Roth* AktG § 111 Rn. 182 ff.; MüKoAktG/*Habersack* AktG § 111 Rn. 55; *Diekmann/Wurst* NZG 2014, 121 (123); *Kropff* NZG 2003, 346.
[227] BeckOGK/*Fleischer* AktG § 90 Rn. 13; *Seibt* in Hommelhoff/Hopt/v. Werder Corporate Governance-HdB S. 391, 409.
[228] KBLW/*Bachmann* Rn. 929.
[229] Vgl. dazu Empfehlung D.7 DCGK 2019: Der Aufsichtsrat soll regelmäßig auch ohne den Vorstand tagen.

flikten einzelner Aufsichtsratsmitglieder festlegen. Zum Inhalt einer Geschäftsordnung können ebenfalls Regelungen zur **Rückgabe von Unterlagen** bei Ende der Amtsdauer gehören (→ Rn. 575).[230]

177 bb) **Verschwiegenheitspflicht.** Die gesetzliche **Verschwiegenheitspflicht** für Mitglieder des Aufsichtsrats kann durch Satzung oder Geschäftsordnung nicht wirksam verstärkt werden.[231] Ebenso ist eine Lockerung der Verschwiegenheitspflicht insgesamt oder für einzelne Aufsichtsratsmitglieder unzulässig. In einer Geschäftsordnung kann der Aufsichtsrat jedoch **Richtlinien zum Umgang mit vertraulichen Informationen,** insbesondere bei Einschaltung von Gehilfen, regeln und ein Verfahren für die beabsichtigte Offenlegung vertraulicher Informationen vorsehen.[232]

178 cc) **Regelung von Zustimmungsvorbehalten.** Der Aufsichtsrat ist nach § 111 Abs. 4 S. 2 AktG verpflichtet, **Zustimmungsvorbehalte** für die Geschäftsführung des Vorstands festzulegen. Nach § 82 Abs. 2 AktG hat der Vorstand die Beschränkungen seiner Geschäftsführungsbefugnis einzuhalten, die der Vorstand in einer Geschäftsordnung des Vorstands oder des Aufsichtsrats oder durch Aufsichtsratsbeschluss festsetzt.[233] Nach dem Wortlaut des § 82 Abs. 2 AktG können solche Beschränkungen, also auch Zustimmungsvorbehalte nach § 111 Abs. 4 S. 2 AktG, in der **Geschäftsordnung für den Aufsichtsrat** geregelt werden.[234] Nach verbreiteter – allerdings nicht näher begründeter – Auffassung soll die Geschäftsordnung des Aufsichtsrats jedoch keine geeignete Grundlage für die Regelungen von Zustimmungsvorbehalten für die Geschäftsführung des Vorstands sein.[235] Die Geschäftsordnung des Aufsichtsrats richtet sich zwar in erster Linie an die Mitglieder des Aufsichtsrats, nicht an die Mitglieder des Vorstands. Gleichwohl ist der Aufsichtsrat nicht gehindert, innerhalb seiner Kompetenzen Regelungen, die den Vorstand verpflichten, auch in die Geschäftsordnung des Aufsichtsrats aufzunehmen, wie etwa die konkrete Ausgestaltung von Berichtspflichten des Vorstands oder zustimmungsbedürftige Geschäfte. Insoweit entfaltet die Geschäftsordnung des Aufsichtsrats zugleich **Bindungswirkung für den Vorstand.** Sachnäher und **praktisch vorzugswürdig** ist es jedoch, einen Katalog zustimmungspflichtiger Geschäfte in der Geschäftsordnung für den Vorstand zu regeln.

179 dd) **Auslagenersatz.** Da dem Aufsichtsrat nach zutreffender Meinung[236] die alleinige Entscheidungszuständigkeit über die **Erstattung von Auslagen** zusteht (→ § 6 Rn. 181), kann der Aufsichtsrat in der Geschäftsordnung (oder in Richtlinien als Anlage zur Geschäftsordnung) die erstattungsfähigen Auslagen konkretisieren und das **Verfahren** des Auslagenersatzes regeln.[237]

c) Geltungsdauer

180 Eine vom Aufsichtsrat beschlossene Geschäftsordnung gilt **bis zu einer Änderung oder Aufhebung.** Das Ende einer **Amtsperiode** oder eine Änderung in der Zusammensetzung des Aufsichtsrats hat keine Auswirkung auf die Gültigkeit der Geschäftsordnung.[238] Es ist deshalb nicht erforderlich, dass der Aufsichtsrat die Geschäftsordnung jeweils zu Beginn der neuen Amtsperiode bestätigt. Der Aufsichtsrat kann jedoch eine abweichende Geltungsdauer festlegen. Soweit die Satzung Elemente der Geschäftsordnung regeln kann, wird eine entgegenstehende Regelung in der Geschäftsordnung durch **späteren satzungsändernden Hauptversammlungsbeschluss** verdrängt.[239]

d) Rechtsfolgen bei Verstößen gegen die Geschäftsordnung

181 **Verstöße** gegen Geschäftsordnungsregeln in der **Satzung** durch Aufsichtsratsbeschluss sind Verstöße gegen **höherrangiges Recht** und führen daher zur Fehlerhaftigkeit des Beschlusses. Eine Ausnahme gilt für Verstöße gegen bloße **Ordnungsvorschriften,** deren Verletzung ohne materiell-rechtliche Folgen bleiben soll. Für den Fall von Protokollmängeln ist das in § 107 Abs. 2 S. 3 AktG ausdrücklich geregelt.

---

[230] BGH NZG 2008, 834 (835).
[231] BGHZ 64, 325 (327) = NJW 1975, 1412.
[232] GroßkommAktG/*Hopt/Roth* AktG § 107 Rn. 288.
[233] MHdB AG/*Hoffmann-Becking* § 31 Rn. 1.
[234] MüKoAktG/*Habersack* AktG § 111 Rn. 119; GroßkommAktG/*Hopt/Roth* AktG § 111 Rn. 645; K. Schmidt/Lutter AktG/*Drygala* AktG § 111 Rn. 52; MHdB AG/*Hoffmann-Becking* § 31 Rn. 1.
[235] GroßkommAktG/*Habersack/Foerster* AktG § 82 Rn. 23; Kölner Komm AktG/*Mertens/Cahn* AktG § 82 Rn. 42; Grigoleit/*Grigoleit* AktG § 82 Rn. 13; BeckOGK/*Fleischer* AktG § 82 Rn. 36.
[236] GroßkommAktG/*Hopt/Roth* AktG § 113 Rn. 26; MüKoAktG/*Habersack* AktG § 113 Rn. 30, jeweils auch mit Nachweisen zur Gegenansicht.
[237] MüKoAktG/*Habersack* AktG § 107 Rn. 180.
[238] OLG Hamburg WM 1982, 1090 (1092); MüKoAktG/*Habersack* AktG § 107 Rn. 179; GroßkommAktG/*Hopt/Roth* AktG § 107 Rn. 212; Hüffer/Koch/*Koch* AktG § 107 Rn. 35; Kölner Komm AktG/*Mertens/Cahn* AktG § 107 Rn. 184; BeckOGK/*Spindler* AktG § 107 Rn. 16; *Hoffmann-Becking* ZGR 1998, 497 (500); Lutter/Krieger/*Verse* AR Rn. 653; aA *Säcker* DB 1977, 2031 (2035f.).
[239] Hüffer/Koch/*Koch* AktG § 107 Rn. 35.

Ob eine Geschäftsordnungsregelung eine Ordnungsvorschrift enthält, ist durch Auslegung zu ermitteln. Kann- oder Soll-Bestimmungen können dabei Indikatoren für eine Ordnungsvorschrift sein.

Bei **Verstößen** gegen die vom Aufsichtsrat selbst aufgestellte **Geschäftsordnung** ist zu differenzieren: Verstöße gegen Satzung oder zwingendes Gesetz machen den Beschluss fehlerhaft. Im Übrigen gilt, dass der Aufsichtsrat seine Geschäftsordnung im Einzelfall durch **Mehrheitsbeschluss durchbrechen** kann. Zwischen der Geschäftsordnung, die sich der Aufsichtsrat selbst gegeben hat, und einem Aufsichtsratsbeschluss besteht Gleichrangigkeit. Ein ausdrücklicher Änderungs-, Abweichungs- oder Durchbrechungsbeschuss ist nicht erforderlich. Mit der Verabschiedung der Geschäftsordnung schafft der Aufsichtsrat **keine rechtliche Selbstbindung,** die der Geschäftsordnung einen höheren Rang gegenüber anderen Aufsichtsratsbeschlüssen einräumt.

Entsprechendes gilt für Beschlüsse von **Aufsichtsratsausschüssen.** Diese sind bei Verstoß gegen die eigene Geschäftsordnung des Ausschusses wirksam. Der Verstoß gegen die höherrangige Geschäftsordnung des Aufsichtsrats hat dagegen – vorbehaltlich bloßer Ordnungsvorschriften – die Nichtigkeit des Ausschussbeschlusses zur Folge. Unabhängig von der Frage nach dem Charakter als Ordnungsvorschrift kann ein Verstoß gegen Regelungen der Geschäftsordnung den Vorwurf einer **Pflichtwidrigkeit** begründen.

3. Selbstbeurteilung

Das Aktiengesetz schreibt weder eine regelmäßige Selbstbeurteilung der einzelnen Mitglieder des Aufsichtsrats noch eine formelle Effizienzprüfung des Aufsichtsrats oder seiner Ausschüsse vor. Der DCGK empfiehlt in D.13 S. 1 eine regelmäßige Selbstbeurteilung, wie wirksam der Aufsichtsrat insgesamt und seine Ausschüsse ihre Aufgaben erfüllen. Im DCGK 2017 hieß die Empfehlung in Ziff. 5.6 noch, der Aufsichtsrat solle regelmäßig die Effizienz seiner Tätigkeit überprüfen. Ausweislich der Begründung des DCGK sei der missverständliche Begriff der Effizienzprüfung dadurch ersetzt worden, dass von einer Selbstbeurteilung der Wirksamkeit bzw. Effektivität der Arbeit des Aufsichtsrats die Rede ist. Wesentliche inhaltliche Änderungen der Empfehlung sind damit nicht verbunden.

Nach zutreffender Auffassung ist ein Aufsichtsrat unabhängig von der Kodexempfehlung verpflichtet, in regelmäßigen Abständen eine kritische Bestandsaufnahme der eigenen Tätigkeit vorzunehmen und insbesondere Organisationsmaßnahmen wie die Bildung und Zusammensetzung von Ausschüssen, den Erlass einer Geschäftsordnung für den Vorstand und den Erlass einer Informationsordnung kontinuierlich auf Anpassungsbedarf hin zu überprüfen.[240] Aus der Pflicht des Aufsichtsrats zur Selbstorganisation (→ Rn. 166) folgt nach allgemeinen organisationsrechtlichen Grundsätzen zunächst die Notwendigkeit, die Aufgaben und Risiken zu analysieren, anschließend die Zweckmäßigkeit und Wirksamkeit der Binnenstrukturen des Aufsichtsrats und die Zusammenarbeit im Gremium zu überprüfen, um gegebenenfalls nachzusteuern oder Veränderungen vorzunehmen. Umfang, Frequenz und Intensität einer solchen Bestandsaufnahme sind abhängig von der Größe des Gremiums sowie Geschäftsmodell, Struktur und Risikolage des überwachten Unternehmens im Einzelfall zu bestimmen.

Aufsichtsräte von Kreditinstituten sind gesetzlich zu weitergehenden Selbstbeurteilungen verpflichtet. § 25d Abs. 11 Nr. 3 KWG verlangt eine regelmäßige, mindestens einmal jährlich, durchzuführende Bewertung der Struktur, Größe, Zusammensetzung und Leistung der Geschäftsleitung und des Verwaltungs- oder Aufsichtsorgans. Der verpflichtend einzurichtende Nominierungsausschuss soll dem Verwaltungs- oder Aufsichtsorgan diesbezügliche Empfehlungen aussprechen.

Versicherungsunternehmen sind nach Auffassung der BaFin auf Grundlage von § 23 Abs. 3 VAG verpflichtet, schriftliche interne Leitlinien aufzustellen, in denen die Verfahren zur Beurteilung der fachlichen Eignung und Zuverlässigkeit der Mitglieder von Verwaltungs- oder Aufsichtsorganen festgelegt werden. Die schriftlichen internen Leitlinien sind regelmäßig zu überprüfen und ggf. den aktuellen Entwicklungen im Unternehmen anzupassen.[241]

a) Ziel

Die Selbstbeurteilung soll dem Aufsichtsrat ein Bild vermitteln, ob er nach seiner Einschätzung eine Organisation sowie Verfahrens- und Arbeitsabläufe eingerichtet hat, die ihm eine angemessene Ausübung seiner Überwachungsaufgabe ermöglichen. Daneben sollten Vorschläge für eine Verbesserung der internen Strukturen und Prozesse erarbeitet werden.

---

[240] MüKoAktG/*Habersack* AktG § 111 Rn. 59; BeckOGK/*Spindler* AktG § 111 Rn. 25; GroßkommAktG/*Hopt/Roth* AktG § 116 Rn. 78; Semler/v. Schenck/*v. Schenck* AktG § 116 Rn. 70.

[241] BaFin: Merkblatt zur fachlichen Eignung und Zuverlässigkeit von Mitgliedern von Verwaltungs- oder Aufsichtsorganen gem. VAG vom 6.12.2018, S. 21.

b) Zuständigkeit

189 Zuständig für die Entscheidung über die Durchführung einer Selbstbeurteilung ist das Aufsichtsratsplenum, das mit Mehrheitsbeschluss entscheidet.[242] Das Gremium hat festzulegen, ob und in welcher Form eine Selbstbeurteilung stattfindet. Sofern externe Berater für Vorbereitung und Unterstützung der Selbstbeurteilung hinzugezogen werden sollen, muss auch darüber das Plenum beschließen. Die Vorbereitung der Selbstbeurteilung im Einzelnen mit Erhebung der Informationen bei den Aufsichtsratsmitgliedern und die Koordination des Verfahrens können dem Vorsitzenden oder einem Ausschuss übertragen werden.

c) Gegenstand

190 Die einzelnen Themen einer Selbstbeurteilung sind nicht vorgegeben. Typischerweise befasst sich eine Selbstbeurteilung mit der Zusammenarbeit mit dem Abschlussprüfer, der Informationsversorgung durch den Vorstand, der Arbeit einzelner Ausschüsse, dem Informationsfluss zwischen Ausschüssen und Plenum, der Vorbereitung der Sitzungen in Plenum und Ausschüssen, der Qualität der vorbereitenden Unterlagen sowie den Verfahrensabläufen und der Leitung durch den Aufsichtsratsvorsitzenden.[243] Zu einer Prüfung der Wirksamkeit der Aufsichtsratsarbeit gehört auch die Frage, ob sich die Verfahrensregelungen der Geschäftsordnung bewährt haben oder Änderungen angezeigt sind.

191 Zusätzlich kann der Aufsichtsrat bei einer Selbstbeurteilung sich beispielsweise Themen wie den Kenntnissen und Fähigkeiten seiner Mitglieder, der Qualität der Nachfolgeplanung für Vorstand und Aufsichtsrat, der Diversität und dem Umgang mit Interessenkonflikten oder der Leistungsbeurteilung des Vorstands annehmen. Nicht zuletzt sollte die Selbstbeurteilung auch Anlass für jedes Aufsichtsratsmitglied geben, zu prüfen, ob es den erforderlichen Zeitaufwand für die Aufsichtsratstätigkeit erbringen kann.

192 Problematisch erscheinen Bestrebungen, die Selbstbeurteilung auf eine Complianceprüfung auszudehnen, mit der sichergestellt werden soll, dass die existierenden gesetzlichen und untergesetzlichen Bestimmungen beachtet werden.[244] Der Kodex empfiehlt eine Selbstbeurteilung im Hinblick auf die Wirksamkeit seiner Aufgabenerfüllung, keine allgemeine Prüfung der Gesetzesmäßigkeit der Aufsichtsratstätigkeit. Sofern Verstöße gegen gesetzliche Bestimmungen erkannt werden, ist der Aufsichtsrat ohnehin gehalten, diese umgehend abzustellen.

d) Methodik

193 Ebenso wenig wie der Gegenstand der Selbstbeurteilung ist ihre Methodik vorgegeben. Verbreitet ist der Einsatz von Fragebögen, die je nach Schwerpunkt der Selbstbeurteilung ausgestaltet sind. Die Praxis hat zahlreiche Leitfäden und mitunter inflationär anmutende Fragenkataloge für eine Selbstbeurteilung hervorgebracht.[245]

194 Fragebögen erlauben einen offenen Rücklauf der Antworten oder alternativ eine anonymisierte Auswertung unter Einschaltung eines externen Dienstleisters. Zwingend ist eine anonymisierte Selbstbeurteilung nicht: Von einem Aufsichtsratsmitglied darf erwartet werden, Kritik und Verbesserungsvorschläge mit offenem Visier zu äußern. Weniger verbreitet ist die bloße Diskussion im Aufsichtsrat ohne vorherige schriftliche Befragung. Bei Hinzuziehung externer Berater ist die Vertraulichkeit sicherzustellen. Unzulässig und mit dem Prinzip der vertraulichen Diskussion und Meinungsbildung im Aufsichtsrat nicht zu vereinbaren, wäre es, einen externen Berater als ständigen Beobachter im Aufsichtsrat zu installieren und diesem die Selbstbeurteilung zu übertragen.

e) Frequenz

195 Der Aufsichtsrat bestimmt, in welchen Abständen eine Selbstbeurteilung durchgeführt wird. Das Meinungsbild zur richtigen Frequenz reicht von jährlicher Überprüfung[246] über einen zwei- oder dreijährigen Turnus[247] bis hin zu einer Selbstbeurteilung einmal während der Amtsperiode der Mitglieder.[248] Jährliche

---

[242] MHdB AG/*Hoffmann-Becking* § 32 Rn. 5; Habersack/Henssler/*Habersack* MitbestG § 25 Rn. 131; *Seibt* DB 2003, 2111 (2112).
[243] Vgl. die empirische Studie von *Rapp/Sick/Wolff* Der Aufsichtsrat 2013, 177.
[244] KBLW/*v. Werder* DCGK Rn. 1489f.
[245] Exemplarisch der von DSW e.V. herausgegebene Leitfaden zur Effizienzprüfung im Aufsichtsrat mit über 400 Fragen (3. Aufl. 2014); vgl. auch *Sick* Die Effizienzprüfung des Aufsichtsrats in: Arbeitshilfe 16 für Aufsichtsräte, hrsg. von der Hans-Böckler-Stiftung, 2011 abrufbar unter https://www.boeckler.de/pdf/p_ah_ar_16.pdf. Instruktiv Best Practice des Aufsichtsrats der AG – Arbeitskreis „Externe und Interne Überwachung der Unternehmung" der Schmalenbach-Gesellschaft für Betriebswirtschaft e.V. DB 2006, 1625.
[246] Hüffer/Koch/*Koch* AktG § 107 Rn. 3; KBLW/*v. Werder* DCGK Rn. 1489f.; GroßkommAktG/*Hopt/Roth* AktG § 111 Rn. 224.
[247] Wilsing/*Wilsing* DCGK Ziff. 5.6 Rn. 5; *Bicker/Reute* in Fuhrmann/Linnerz/Pohlmann Ziff. 5 Rn. 316.

Selbstbeurteilungen bergen die Gefahr, schnell als lästige Routineübung wahrgenommen zu werden. Angesichts des Aufwands für eine substantielle Selbstbeurteilung ist ein Turnus von zwei Jahren sinnvoll. Ein Aufsichtsrat sollte sich in einer fünfjährigen Amtsperiode jedenfalls zweimal der Selbstbeurteilung stellen.

f) Auswertung und Dokumentation

Die Auswertung und Dokumentation der Ergebnisse der Selbstbeurteilung ist wesentlicher Teil der Selbstbeurteilung. Die Ergebnisse der Selbstbeurteilung sind im Plenum vorzustellen. Eine Selbstbeurteilung erfüllt nur dann ihren Zweck, wenn aus den Ergebnissen konkrete Handlungsempfehlungen abgeleitet werden und in die weitere Arbeit des Aufsichtsrats einfließen. Für die Erarbeitung eines Kompetenzprofils (→ Rn. 18), die Ausgestaltung der Geschäftsordnung oder einer Informationsordnung und insbesondere für die Aufgaben des Nominierungsausschusses kann die Selbstbeurteilung des Aufsichtsrats wertvolle Erkenntnisse bereithalten. Dem Aufsichtsrat obliegt es, den Stand der Umsetzung von Handlungsempfehlungen regelmäßig zu überprüfen. Zudem sollten bei Konzeption und Auswertung nachfolgender Selbstbeurteilungen die bisherigen Ergebnisse herangezogen werden, um einen Effektivitätszuwachs beurteilen zu können.

Nach der Empfehlung D.13 S. 2 DCGK soll der Aufsichtsrat in der Erklärung zur Unternehmensführung berichten, ob und wie eine Selbstbeurteilung durchgeführt wurde. Dabei reicht es aus, die wesentlichen Grundzüge der Methodik darzustellen. Einzelne Themen und Ergebnisse der Selbstbeurteilung unterliegen der Vertraulichkeit.

IV. Ausschüsse

Aufsichtsratsausschüsse sind ein probates Mittel zur **Effizienzsteigerung** der Aufsichtsratsarbeit. Ein Aufsichtsrat kann häufig selbst nicht in dem gleichen Maße arbeits- und handlungsfähig sein, wie dies durch Einsetzung von einzelnen Ausschüssen mit bestimmten Aufgaben und möglichst fachkundigen Mitgliedern ermöglicht wird. Die **EU-Kommission** empfiehlt zumindest bei größeren Aufsichtsräten einen Nominierungs-, einen Vergütungs- und einen Prüfungsausschusses einzurichten.[249] Auch der DCGK empfiehlt in D.2, dass der Aufsichtsrat abhängig von den spezifischen Gegebenheiten des Unternehmens und der Anzahl seiner Mitglieder fachlich qualifizierte Ausschüsse bilden soll.

In der **Praxis großer börsennotierter Unternehmen** trifft man auf eine **Vielzahl unterschiedlicher Ausschüsse,** darunter das Aufsichtsratspräsidium bzw. Präsidialausschüsse, ständige Ausschüsse, Vermittlungs-, Prüfungs-, Vergütungs-, Technologie-, Strategie-, Personal-, Risiko-, Nominierungs-, Compliance- oder Antikorruptionsausschüsse[250], Integritäts-,[251] Finanz-, Beteiligungs-, Investitions- und Kreditausschüsse sowie projekt- und situationsbezogene Ausschüsse. In der Praxis nicht durchgesetzt hat sich der Vorschlag für eine an den Vorstandsressorts orientierte Ausschussbildung.[252] Im März 2020 hatten 28 Unternehmen im DAX 30 einen Prüfungsausschuss eingerichtet, 28 Unternehmen einen Nominierungsausschuss und 22 ein Präsidium bzw. Personalausschuss oder ständigen Ausschuss. Im arithmetischen Durchschnitt dieser Unternehmen gab es 4,8 Ausschüsse je Aufsichtsrat.

1. Bildung von Ausschüssen

Der Aufsichtsrat kann nach § 107 Abs. 3 S. 1 AktG einen oder mehrere Ausschüsse zur **Vorbereitung von Verhandlungen und Beschlüssen** bestellen sowie zur Überwachung der Ausführung von Beschlüssen. Zudem können in den Grenzen des § 107 Abs. 3 S. 3 AktG **erledigende Ausschüsse** mit **Beschlusskompetenz** errichtet werden. Für die **dualistisch verfasste SE** finden die Vorschriften des § 107 AktG über Art. 9 Abs. 1 lit. c (ii) SE-VO Anwendung. Ein Ausschuss ist kein eigenständiges Organ der Gesellschaft, sondern nur eine Untergliederung des Aufsichtsrats.[253]

Nach § 107 Abs. 3 S. 1 AktG „bestellt" der Aufsichtsrat Ausschüsse. Diese Bestellung umfasst die **Einrichtung des Ausschusses,** die **Zuweisung bestimmter Aufgaben** und die **personelle Besetzung**

---

[248] MHdB AG/*Hoffmann-Becking* § 31 Rn. 7.
[249] Ziff. 5 Empfehlung der Kommission vom 15.2.2005 zu den Aufgaben von nicht geschäftsführenden Direktoren/ Aufsichtsratsmitgliedern/börsennotierter Gesellschaften sowie zu den Ausschüssen des Verwaltungs-/Aufsichtsrats (2005/162/EG); dazu *Spindler* ZIP 2005, 2033 (2036 ff.).
[250] Dazu *Dreher* FS Goette, 2011, 43.
[251] Näher *Plagemann* NZG 2013, 1292; *Freidank/Dürr/Sassen* BB 2013, 2283.
[252] Arbeitskreis „Externe und Interne Überwachung der Unternehmung" der Schmalenbach-Gesellschaft für Betriebswirtschaft e.V. DB 2006, 1625 (1627 f.).
[253] AllgM; MüKoAktG/*Habersack* AktG § 107 Rn. 94.

des Ausschusses durch die Wahl der Mitglieder. Das Recht zur Einrichtung, Aufgabenzuweisung und Besetzung von Ausschüssen ist prägender Bestandteil der Organisationsautonomie des Aufsichtsrats und steht daher allein dem Aufsichtsrat zu.[254] Hauptversammlung oder Satzung können den Aufsichtsrat nicht zur Ausschussbildung zwingen oder das Recht zur Ausschussbildung einschränken.[255] Die „kann"-Regelung in § 107 Abs. 3 S. 1 AktG enthält keinen Satzungsvorbehalt.

202 Nach dem Grundsatz der **Organisationsautonomie** (→ Rn. 1) liegt die Entscheidung des Aufsichtsrats über die Bildung von Ausschüssen in seinem **pflichtgemäßen Ermessen.** Dabei kann der Aufsichtsrat sich an Zweckmäßigkeitserwägungen und am Bedürfnis nach Arbeitsteilung und Effizienzsteigerung orientieren. Grundsätzlich soll der Aufsichtsrat bei der Entscheidung über die Bildung von Ausschüssen sich an den spezifischen Gegebenheiten des Unternehmens, der Komplexität der Überwachungsaufgabe und der Anzahl seiner Mitglieder ausrichten (vgl. Empfehlung D.2 DCGK).

203 Gerade bei zahlenmäßig großen Aufsichtsräten empfiehlt sich die Einrichtung von Ausschüssen zur Steigerung der Effizienz der Aufsichtsratsarbeit, zur **umfassenden Vorbereitung** von Aufsichtsratsentscheidungen, zur Behandlung **eiliger Angelegenheiten** sowie zur Sicherstellung besonderer **Vertraulichkeit.** Eine **sachliche Rechtfertigung** im Sinne eines wichtigen Grundes für die Einrichtung eines Aufsichtsratsausschusses ist **nicht erforderlich.** Jedoch sind die Grenzen des Ermessens überschritten, wenn offensichtlich kein Grund für die Einrichtung eines Ausschusses besteht oder eine Vielzahl von Ausschüssen zur Zersplitterung der Überwachungsaufgabe des Aufsichtsrats führt.

204 **Spezialgesetzlich** wird die Bildung von Ausschüssen verlangt, etwa die Einrichtung des **Vermittlungsausschusses** nach § 27 Abs. 3 MitbestG (→ Rn. § 7 Rn. 282 ff.) oder im Finanzsektor die Einrichtung eines Risiko-, Prüfungs-, Nominierungs- und Vergütungskontrollausschusses nach § 25d Abs. 8 – 12 KWG (→ Rn. 310). Außerhalb spezialgesetzlicher Anforderungen ist der Aufsichtsrat grundsätzlich nicht gehalten, Ausschüsse einzurichten. Je nach Größe des Aufsichtsrats und Vielzahl einzelner Überwachungsaufgaben kann aber das **Ermessen** des Aufsichtsrats soweit eingeschränkt sein, dass die Einrichtung von Ausschüssen geboten ist; wenn ansonsten eine ordnungsgemäße Erledigung der Aufgaben des Aufsichtsrats nicht zu erwarten ist.[256]

a) Aufsichtsratsbeschluss

205 Der Aufsichtsrat entscheidet über die Einrichtung eines Ausschusses durch Beschluss. Der **Aufsichtsratsbeschluss** nach § 107 Abs. 3 S. 1 AktG über die Einrichtung eines Ausschusses, die Aufgabenzuweisung sowie die Wahl der Ausschussmitglieder bedarf in mitbestimmten wie in nicht mitbestimmten Gesellschaften der **einfachen Mehrheit** der abgegebenen Stimmen.[257] Die Satzung kann hierfür keine qualifizierte Mehrheit anordnen.[258] Allgemeine Regeln in der Satzung über die Beschlussfassung im Aufsichtsrat finden keine Anwendung auf die Beschlüsse zur Einrichtung eines Ausschusses, soweit sie eine qualifizierte Mehrheit verlangen. Einzelnen Aufsichtsratsmitgliedern kann **kein Vetorecht** gegen die Ausschusseinrichtung oder -besetzung eingeräumt werden. Dem Aufsichtsratsvorsitzenden kann beispielsweise nicht das Recht eingeräumt werden, die Einrichtung eines Aufsichtsratspräsidiums zu verhindern.[259]

206 Der Aufsichtsrat entscheidet über die Größe und Zusammensetzung von Ausschüssen. Die Ausschussbildung kann bereits in einer **Geschäftsordnung** (→ Rn. 345) vorgesehen werden. Regelungen in der Geschäftsordnung hindern den Aufsichtsrat jedoch nicht, zusätzliche Ausschüsse einzurichten oder Aufgaben und Kompetenzen einzelner Ausschüsse abzuändern. Bei börsennotierten Gesellschaften ist im **Bericht des Aufsichtsrats** (→ § 4 Rn. 123) anzugeben, welche Ausschüsse der Aufsichtsrat gebildet hat, sowie die Zahl der jeweiligen Ausschusssitzungen (§ 171 Abs. 2 S. 2 AktG).

b) Größe von Ausschüssen

207 Die **Zahl der Ausschussmitglieder** bestimmt der Aufsichtsrat entweder in einer Geschäftsordnung oder in seinem Beschluss über die Einsetzung des Ausschusses. Satzung oder Hauptversammlung können keine

---

[254] BGHZ 122, 342 (355) = NJW 1993, 2307 (2310).
[255] BGHZ 83, 106, (115) = NJW 1982, 1525; BGHZ 122, 342 (355) = NJW 1993, 2307 (2010); Kölner Komm AktG/*Mertens/Cahn* AktG § 107 Rn. 96; Hüffer/Koch/*Koch* AktG § 107 Rn. 18; BeckOGK/*Spindler* AktG § 107 Rn. 92; *Lutter/Krieger/Verse* AR Rn. 761; *E. Vetter* in Marsch-Barner/Schäfer Börsennotierte AG-HdB Rn. 28.7; MHdB AG/*Hoffmann-Becking* § 32 Rn. 41.
[256] HM GroßkommAktG *Hopt/Roth* AktG § 107 Rn. 336 und 384; *Lutter/Krieger/Verse* AR Rn. 745; Kölner Komm AktG/*Mertens/Cahn* AktG § 107 Rn. 114; Semler/v. Schenck/*Mutter* AktG § 107 Rn. 285; *Rellermeyer* Aufsichtsratsausschüsse S. 14 f.; *Krieger* ZGR 1985, 338 (361 f.).
[257] Kölner Komm AktG/*Mertens/Cahn* AktG § 107 Rn. 115; GroßkommAktG/*Hopt/Roth* AktG § 107 Rn. 323.
[258] GroßkommAktG/*Hopt/Roth* AktG § 107 Rn. 323; MHdB AG/*Hoffmann-Becking* § 32 Rn. 41; *Lutter/Krieger/Verse* AR Rn. 762.
[259] Kölner Komm AktG/*Mertens/Cahn* AktG § 107 Rn. 115; GroßkommAktG/*Hopt/Roth* AktG § 107 Rn. 323; MHdB AG/*Hoffmann-Becking* § 32 Rn. 41.

IV. Ausschüsse   208–213 § 3

Vorgaben für die Zahl der Ausschussmitglieder treffen, dies wäre ein unzulässiger Eingriff in die Organisationsautonomie des Aufsichtsrats.[260]

Für vorbereitende Ausschüsse ohne Entscheidungsbefugnis oder abschließende Erledigungskompetenz 208 genügen zwei Mitglieder.[261] Die **Mindestzahl** von drei Mitgliedern nach § 108 Abs. 2 S. 3 AktG gilt hingegen für Ausschüsse, denen bestimmte Überwachungsaufgaben zur endgültigen Erledigung und zur Beschlussfassung zugewiesen sind.[262] Das **Dreiteilbarkeitsgebot** des § 95 S. 2 AktG ist auf Ausschüsse nicht anzuwenden.[263] Das Gesetz verlangt auch keine gerade Zahl von Ausschussmitgliedern. Zur Vermeidung von Pattsituationen kann es sich empfehlen, Aufsichtsratsausschüsse mit einer ungeraden Zahl von Mitgliedern zu besetzen.

Wesentliche Kriterien für die **Größe eines Ausschusses** sind die **Sachkunde** der Mitglieder, die Ar- 209 beitsfähigkeit des Ausschusses und die Vermeidung von Interessenkollisionen einzelner Ausschussmitglieder. Weit verbreitet sind Ausschüsse mit drei bis sechs Mitgliedern.

c) Dauer

Ausschüsse können **dauerhaft** eingesetzt werden oder **vorübergehend und projektbezogen** zur be- 210 schleunigten oder besonders vertraulichen Behandlung einzelner Sachverhalte (→ Rn. 338). Sofern der Aufsichtsrat in seinem Beschluss zur Einrichtung eines Ausschusses nichts Abweichendes regelt, ist der Ausschuss für die Amtsperiode des Aufsichtsrats eingesetzt. Ist ein Ausschuss in der Geschäftsordnung des Aufsichtsrats vorgesehen, bedarf es bei Ablauf der Amtsperiode des Aufsichtsrats keiner erneuten Beschlussfassung über dessen Einrichtung. Die Geschäftsordnung gilt über die Amtsperiode hinweg, so dass nur die Mitglieder der in der Geschäftsordnung vorgesehenen Ausschüsse neu zu wählen sind.[264]

d) Besetzung von Ausschüssen

Der Aufsichtsrat entscheidet nach § 107 Abs. 3 S. 1 AktG über die **personelle Zusammensetzung** von 211 Aufsichtsratsausschüssen durch **Wahlbeschluss.**[265] Jedes Aufsichtsratsmitglied ist berechtigt, Vorschläge für die Besetzung von Ausschüssen zu unterbreiten. Die Satzung kann nicht bestimmen, dass der Aufsichtsratsvorsitzende einem oder allen Ausschüssen anzugehören hat.[266]

Zum Mitglied eines Ausschusses kann nur gewählt werden, wer zugleich Mitglied des Aufsichtsrats ist. 212 Für die Wahl eines Ausschussmitglieds genügt die **einfache Stimmenmehrheit.** Satzung oder Hauptversammlung können keine qualifizierte Mehrheit anordnen.[267] Der Aufsichtsratsvorsitzende kann, auch in mitbestimmten Gesellschaften, ein **Zweitstimmrecht** ausüben.[268]

Aufgrund der **Organisationsautonomie** des Aufsichtsrats entscheidet allein der Aufsichtsrat über die 213 Zusammensetzung der Ausschüsse. Er ist befugt, in einer Geschäftsordnung die Zugehörigkeit des **Aufsichtsratsvorsitzenden** oder stellvertretenden Aufsichtsratsvorsitzenden zu bestimmten Ausschüssen festzuschreiben oder auszuschließen.[269] Die **Satzung** hingegen kann weder Regelungen zur personellen Zusammensetzung einzelner Ausschüsse machen noch bestimmte Aufsichtsratsmitglieder von der Mitgliedschaft in Ausschüssen ausschließen. Weder Satzung noch Geschäftsordnung des Aufsichtsrats können einem Ausschuss das Recht zur **Kooptation,** also zur eigenmächtigen Ergänzung oder Hinzuwahl weiterer Ausschussmitgliedern einräumen.[270]

---

[260] MHdB AG/*Hoffmann-Becking* § 32 Rn. 42; MüKoAktG/*Habersack* AktG § 107 Rn. 130; *Lutter/Krieger/Verse* AR Rn. 764.
[261] HM Kölner Komm AktG/*Mertens/Cahn* AktG § 107 Rn. 116; MüKoAktG/*Habersack* AktG § 107 Rn. 136; K. Schmidt/Lutter AktG/*Drygala* AktG § 107 Rn. 46; *Lutter/Krieger/Verse* AR Rn. 764; GroßkommAktG/*Hopt/Roth* AktG § 107 Rn. 344; Raiser/Veil/Jacobs/*Raiser* MitbestG § 25 Rn. 51; *Rellermeyer* Aufsichtsratsausschüsse S. 88 ff.; für mindestens drei Mitglieder Semler/v. Schenck/*Mutter* AktG § 107 Rn. 296; *Semler* AG 1988, 60 (66 f.).
[262] BGHZ 65, 190 (192 f.) = NJW 1976, 145; BGH NJW 1989, 1928 (1929); BeckOGK/*Spindler* AktG § 107 Rn. 104; *Lutter/Krieger/Verse* AR Rn. 764; *Rellermeyer* Aufsichtsratsausschüsse S. 92 ff.; GroßkommAktG/*Hopt/Roth* AktG § 107 Rn. 344. Bürgers/Körber/*Israel* AktG § 107 Rn. 23.
[263] GroßkommAktG/*Hopt/Roth* AktG § 107 Rn. 347.
[264] *Lutter/Krieger/Verse* AR Rn. 763; MHdB AG/*Hoffmann-Becking* § 32 Rn. 41; *Rellermeyer* Aufsichtsratsausschüsse S. 144.
[265] BGHZ 83, 106 (112) = NJW 1982, 1525 (1526).
[266] Semler/v. Schenck/*Mutter* AktG § 107 Rn. 290.
[267] MüKoAktG/*Habersack* AktG § 107 Rn. 130; GroßkommAktG/*Hopt/Roth* AktG § 107 Rn. 266.
[268] BeckOGK/*Spindler* AktG § 107 Rn. 108; Kölner Komm AktG/*Mertens/Cahn* Anh. B § 117 MitbestG § 25 Rn. 9; MHdB AG/*Hoffmann-Becking* § 32 Rn. 45; *Lutter/Krieger/Verse* AR Rn. 765; UHH/*Ulmer/Habersack* MitbestG § 25 Rn. 127; MüKoAktG/*Gach* MitbestG § 25 Rn. 13; aA WKS/*Schubert* MitbestG § 27 Rn. 42: bei Entscheidung über nichtparitätische Ausschussbesetzung bestehen erhebliche Bedenken gegen den Einsatz der Stichstimme.
[269] MüKoAktG/*Habersack* AktG § 107 Rn. 99.
[270] MüKoAktG/*Habersack* AktG § 107 Rn. 130.

214 Die Satzung kann **keine Entsendungsrechte** für die Mitgliedschaft in einem Aufsichtsratsausschuss begründen. Soll ein entsandtes Aufsichtsratsmitglied einem oder mehreren Ausschüssen angehören, entscheidet darüber das Aufsichtsratsplenum.[271] Ebenfalls einer Satzungsregelung unzugänglich ist die **gruppenmäßige Besetzung** von Ausschüssen. Die Satzung kann daher nicht festlegen, dass jedem Ausschuss sowohl Anteilseignervertreter als auch Arbeitnehmervertreter angehören müssen.[272] Gleiches gilt für Satzungsregelungen, die eine paritätische Besetzung oder ein bestimmtes Zahlenverhältnis der Anteilseignerseite und Arbeitnehmerseite in den Ausschüssen vorschreiben.[273]

215 Besondere **persönliche Anforderungen** an Ausschussmitglieder bestehen beim **Prüfungsausschuss** der kapitalmarktorientierten Gesellschaft und bei einem Ausschuss für **related party transactions** (→ Rn. 313). Im Übrigen haben alle Aufsichtsratsmitglieder das passive Wahlrecht.[274]

216 Bei Einrichtung von mehreren Ausschüssen ist der **Informationsaustausch zwischen den einzelnen Ausschüssen** für die Arbeit und die Erfüllung der Überwachungsaufgabe des gesamten Gremiums relevant. Bei seiner **Abwägungsentscheidung** über die Einrichtung von Ausschüssen und den Umfang der Übertragung von Überwachungsaufgaben zur Vorbereitung und Erledigung hat der Aufsichtsrat auch zu berücksichtigen, inwieweit die Aufgabenwahrnehmung des Aufsichtsratsplenums durch **Ausschüsse verdrängt** wird und den Gefahren eines **permanenten Informationsgefälles** zwischen einzelnen Gruppen von Aufsichtsratsmitgliedern begegnet werden kann.[275]

217 Der Informationsaustausch wird durch Doppelmitgliedschaften in Ausschüssen gefördert. Zwar bestehen **Berichtspflichten des Ausschusses** gegenüber dem Aufsichtsrat (→ Rn. 379). Solche Berichte werden typischerweise in den turnusmäßigen Sitzungen des Plenums erstattet. Diese periodischen Berichte reichen aber unter Umständen nicht aus, um in einer Krise oder bei sich schnell verändernden Situationen eine ausreichende Informationsversorgung aller potentiell betroffenen Ausschüsse sicherzustellen. Der Aufsichtsrat sollte daher bei der Besetzung der einzelnen Ausschüsse erwägen, dem **Rechtsgedanken des § 25d Abs. 7 S. 4 KWG** zu folgen und sicherzustellen, dass bei den Ausschüssen, die schwerpunktmäßig mit der Überwachung der operativen Vorstandstätigkeit befasst sind, mindestens ein Mitglied eines Ausschusses zugleich einem weiteren relevanten Ausschuss angehört, um die **Zusammenarbeit und den Informationsaustausch** sicherzustellen.

218 aa) **Diskriminierungsfreie Besetzung.** Der Aufsichtsrat wählt die Ausschussmitglieder nach pflichtgemäßem **Ermessen**. Dabei hat der Aufsichtsrat in erster Linie die **fachliche Eignung** für die konkreten Aufgaben des Ausschusses zu berücksichtigen.[276] Der Aufsichtsrat trägt die Verantwortung, sich selbst so zu organisieren, dass er seine Befugnisse effizient wahrnehmen kann. Aufsichtsratsmitglieder verletzen ihre Organisationspflicht, wenn sie ein objektiv ungeeignetes Ausschussmitglied wählen.[277]

219 Im Rahmen seiner Ermessensausübung bei der Wahl von Ausschussmitgliedern hat der Aufsichtsrat zudem den **Grundsatz der Gleichberechtigung aller Aufsichtsratsmitglieder** und das Prinzip der gleichen Rechte und Pflichten zu beachten. Die gruppenmäßige Besetzung des **mitbestimmten Aufsichtsrats** muss sich jedoch nicht proportional in der Besetzung seiner Ausschüsse widerspiegeln. Mit Ausnahme des Vermittlungsausschusses nach § 27 Abs. 3 MitbestG (→ § 7 Rn. 282 ff.) besteht keine gesetzliche Pflicht des Aufsichtsrats zur paritätischen Ausschussbesetzung.[278] Die Ausnahmeregelung des § 27 Abs. 3 MitbestG enthält keinen allgemeinen Rechtsgrundsatz, der auf alle Ausschüsse in einem paritätisch mitbestimmten Aufsichtsrat anzuwenden wäre.[279]

220 Der Aufsichtsrat darf jedoch bei der Besetzung von Ausschüssen die **Arbeitnehmervertreter nicht diskriminieren**.[280] Daher kann allein die Gruppenzugehörigkeit kein taugliches Auswahlkriterium sein. Eine allein darauf gegründete Ausschussbesetzung ist unzulässig. Maßgeblich ist der Grundsatz der sachge-

---

[271] Kölner Komm AktG/*Mertens/Cahn* AktG § 107 Rn. 96; Semler/v. Schenck/*Mutter* AktG § 107 Rn. 237.
[272] GroßkommAktG/*Hopt/Roth* AktG § 107 Rn. 326.
[273] BGHZ 122, 342 (357) = NJW 1993, 2307 (2310); Semler/v. Schenck/*Mutter* AktG § 107 Rn. 304; Zöllner AG 1981, 13 (15).
[274] AllgM; BGHZ 122, 342 (358 ff.) = NJW 1993, 2307 (2310).
[275] Kritisch insoweit *Merkt* ZHR 179 [2015], 601 (635).
[276] BGHZ 83, 106 (115) = NJW 1982, 1525 (1526); BeckOGK/*Spindler* AktG § 107 Rn. 105; MHdB AG/*Hoffmann-Becking* § 32 Rn. 47; GroßkommAktG/*Hopt/Roth* AktG § 107 Rn. 355; *Reuter* AcP 179 (1979), 509 (533): möglichst sachverständige Besetzung; einschränkend Kölner Komm AktG/*Mertens/Cahn* AktG § 107 Rn. 121: keine Pflicht zur ausschließlichen Auswahl nach Eignung.
[277] Kölner Komm AktG/*Mertens/Cahn* AktG § 107 Rn. 121.
[278] BGHZ 122, 342 (357) = NJW 1993, 2307 (2310); BGHZ 83, 144 (148) = NJW 1982, 1528 (1529); OLG München AG 1995, 466 (467); GroßkommAktG/*Hopt/Roth* AktG § 107 Rn. 355 ff.; BeckOGK/*Spindler* AktG § 107 Rn. 106; Kölner Komm AktG/*Mertens/Cahn* AktG § 107 Rn. 121; *E. Vetter* in Marsch-Barner/Schäfer Börsennotierte AG-HdB Rn. 28.18; WKS/*Schubert* MitbestG § 27 Rn. 37 f.; *Hasselbach/Seibel* AG 2012, 114 (118); dagegen für paritätische Besetzung: GK-MitbestG/*Naendrup* § 25 Rn. 35; *Nagel* DB 1982, 2677 (2678 f.).
[279] GroßkommAktG/*Hopt/Roth* AktG § 107 Rn. 355 ff. mwN.
[280] BGHZ 122, 342 (355 ff.) = NJW 1993, 2307 (2310).

rechten Besetzung eines Ausschusses, um die übertragenen Aufgaben mit der notwenigen Kompetenz zu bewältigen unter angemessener Beteiligung der Arbeitnehmervertreter, mithin eine **sach- und relationsgerechte Besetzung.**[281] Eine disproportionale Zusammensetzung von Ausschüssen ist bei Vorliegen eines **sachlichen Grundes** gerechtfertigt.[282] Der Aufsichtsrat ist daher nicht aus Rechtsgründen gehindert, **mehrheitlich** oder **ausschließlich Anteilseignervertreter** in einen Ausschuss zu wählen, wenn sachliche Gründe bestehen.

Zwar wird bei einer Ausschussbesetzung unter Ausschluss von Arbeitnehmervertretern die **Vermutung** einer Diskriminierung begründet sein.[283] Jedoch ist diese Vermutung widerlegbar. Ein die Vermutung widerlegender **sachlicher Grund** besteht in der Regel bei **mitbestimmungsfernen Aufgaben** eines Ausschusses. Beispielsweise ist eine Besetzung des **Nominierungsausschusses** oder eines Beteiligungsausschusses (→ Rn. 336), dem die Beschlussfassung nach § 32 Abs. 1 S. 2 MitbestG (→ § 7 Rn. 330) übertragen wurde, ausschließlich mit Anteilseignervertretern aus der Aufgabenstellung des Ausschusses sachlich gerechtfertigt. Vergleichbare Erwägungen können bei einem Kredit- oder Risikoausschuss oder herangezogen werden. Eine überwiegende oder ausschließliche Besetzung eines Ausschusses mit Anteilseignervertretern kann im paritätisch besetzen Aufsichtsrat auch dann zulässig sein, wenn die vom Aufsichtsrat beschlossene Aufgabenstellung **besondere Sachkunde und Erfahrungen** verlangt, über die Arbeitnehmervertreter in der konkreten Zusammensetzung des Aufsichtsrats nicht verfügen und deshalb eine effiziente Ausschusstätigkeit nicht zu erwarten ist,[284] bzw. wenn diese in den Worten des BGH „*aus konkreten sachlichen oder persönlichen Gründen für eine Mitarbeit in diesem Ausschuss ungeeignet oder mindergeeignet*" sind.[285] Dementsprechend kann es im Einzelfall sogar gerechtfertigt sein, den **Prüfungsausschuss** (→ Rn. 290, 296) nur mit Anteilseignervertretern zu besetzen, falls kein Arbeitnehmervertreter die erforderliche „financial literacy" aufweist.[286]

Ein **Gebot paritätischer Beteiligung** gilt im Aufsichtsrat nach MitbestG aus sachlichen Gründen in erster Linie für das **Aufsichtsratspräsidium** und einen mit Vorstandsangelegenheiten befassten **Personalausschuss** (→ Rn. 241).[287] Die Auswahl von Vorstandskandidaten und Besetzung von Vorstandspositionen ist eine der Kernaufgaben des Aufsichtsrats, von deren Vorbereitung die Arbeitnehmervertreter nicht ausgeschlossen werden können. Darüber hinaus sprechen sachliche Gründe für eine paritätische Beteiligung der Arbeitnehmer in solchen Ausschüssen, die sich mit allgemeinen unternehmerischen Fragen oder betrieblichen und sozialen Angelegenheit befassen.[288] Das OLG München hält die Nichtberücksichtigung von Arbeitnehmervertretern in einem Ausschuss, der im großen Umfang Zustimmungsvorbehalte nach § 111 Abs. 4 S. 2 AktG ausübt, im Regelfall für rechtsmissbräuchlich.[289]

Im **Aufsichtsrat nach DrittelbG** (→ § 7 Rn. 391 ff.) gelten die zuvor erläuterten Grundsätze der unzulässigen Diskriminierung bei der Ausschussbesetzung nur eingeschränkt. Eine Pflicht zur drittelparitätischen Besetzung der Ausschüsse besteht nicht, ebenso wenig ein Anspruch auf Wahl eines Arbeitnehmervertreters in jeden Ausschuss.[290] Grundsätzlich sind **geringere Anforderungen** an einen sachlichen Grund für die disproportionale Ausschussbesetzung zu stellen.[291] Noch weitergehend wird die Bildung von Ausschüssen ohne Arbeitnehmervertreter im Geltungsbereich des DrittelbG für generell zulässig gehalten, ohne dass dafür eine sachliche Rechtfertigung dargelegt werden muss.[292]

---

[281] Kölner Komm AktG/*Mertens/Cahn* AktG § 107 Rn. 121, 126; GroßkommAktG/*Hopt/Roth* AktG § 107 Rn. 355; MüKoAktG/*Habersack* AktG § 107 Rn. 140.
[282] BGHZ 122, 342 (358 ff.) = NJW 1993, 2307 (2310).; OLG München AG 1995, 466 (467); OLG Hamburg ZIP 1995, 1673 (1676); MüKoAktG/*Habersack* AktG § 107 Rn. 140; GroßkommAktG/*Oetker* MitbestG § 25 Rn. 33 ff.; Kölner Komm AktG/*Mertens/Cahn* AktG § 107 Rn. 126; enger *Zöllner* FS Zeuner, 1994, 161 (182 ff.).
[283] BGHZ 122, 342 (361 ff.) = NJW 1993, 2307; BeckOGK/*Spindler* AktG § 107 Rn. 106; Kölner Komm AktG/ *Mertens/Cahn* AktG § 107 Rn. 126; MüKoAktG/*Habersack* AktG § 107 Rn. 142; *Rellermeyer* Aufsichtsratsausschüsse S. 125 f.; differenzierend *Oetker* ZGR 2000, 19 (53 f.); *Kirsten* DB 2004, 173 (175).
[284] MüKoAktG/*Habersack* AktG § 107 Rn. 142; GroßkommAktG/*Hopt/Roth* AktG § 107 Rn. 355.
[285] BGHZ 122, 342 (361) = NJW 1993, 2307 (2310).
[286] Speziell zum Prüfungsausschuss MüKoAktG/*Habersack* AktG § 107 Rn. 142; GroßkommAktG/*Hopt/Roth* AktG § 107 Rn. 360; K. Schmidt/Lutter/*Drygala* AktG § 107 Rn. 50; *Altmeppen* ZGR 2004, 390 (410); *Krause* WM 2003, 762 (770 f.); *Schiessl* AG 2002, 593 (601); kritisch *Henssler* FS BGH, 2000, 387 (396 f.).
[287] BGHZ 122, 342 (358 ff.) = NJW 1993, 2307 (2310).
[288] Kölner Komm AktG/*Mertens/Cahn* AktG § 107 Rn. 124 f.; GroßkommAktG/*Hopt/Roth* AktG § 107 Rn. 355; aA MHdB AG/*Hoffmann-Becking* § 32 Rn. 46.
[289] OLG München AG 1995, 466 (345).
[290] BeckOGK/*Spindler* AktG § 107 Rn. 107; *Zöllner* FS Zeuner, 1994, 161 (165).
[291] MüKoAktG/*Habersack* AktG § 107 Rn. 143; GroßkommAktG/*Hopt/Roth* AktG § 107 Rn. 355; K. Schmidt/Lutter/ *Drygala* AktG § 107 Rn. 50; Kölner Komm AktG/*Mertens/Cahn* AktG § 107 Rn. 122; aA *Köstler/Müller/Sick* Aufsichtsratspraxis Rn. 409.
[292] *Lutter/Krieger/Verse* AR Rn. 767; MHdB AG/*Hoffmann-Becking* § 32 Rn. 46.

224 Verstößt der Aufsichtsrat durch Besetzungsbeschluss oder Geschäftsordnungsbeschluss gegen das Verbot **unzulässiger Diskriminierung** von Arbeitnehmervertretern, ist dieser **Beschluss nichtig.**[293] Eine unzulässige Diskriminierung der Arbeitnehmervertreter und damit ein sanktionierbarer Rechtsverstoß muss jedoch immer dann ausscheiden, wenn die Arbeitnehmervertreter insgesamt auf eine **Vertretung im Ausschuss verzichten** oder der Aufsichtsrat **einstimmig** die Besetzung ausschließlich mit Anteilseignervertretern beschließt.[294]

225 **bb) Amtszeit von Ausschussmitgliedern.** Der Aufsichtsrat legt die **Amtszeit** der Ausschussmitglieder fest. Sofern nichts anderes bestimmt ist, gilt die Bestellung für die Dauer der laufenden Amtsperiode des betreffenden Aufsichtsratsmitglieds.[295] Die Mitgliedschaft in einem Ausschuss endet mit Ausscheiden aus dem Aufsichtsrat automatisch. Bei Wiederwahl hat der Aufsichtsrat erneut über die Bestellung zum Ausschussmitglied zu entscheiden.

226 **cc) Annahme der Wahl.** Die Mitgliedschaft im Ausschuss setzt neben der Wahl die **Annahme der Wahl** zum Ausschussmitglied voraus. Im Grundsatz können Aufsichtsratsmitglieder nicht dazu gezwungen werden in einem Ausschuss mitzuarbeiten. Eine Ausnahme besteht für den Aufsichtsratsvorsitzenden und seinen Stellvertreter im Hinblick auf die Zugehörigkeit zu einem Aufsichtsratspräsidium. Sie sind insoweit „geborene Mitglieder" und aus ihrer hervorgehobenen Stellung kraft Amtes verpflichtet, die Mitgliedschaft in einem solchen Ausschuss anzunehmen.[296] Wird der Hauptversammlung ausdrücklich ein Kandidat als **financial expert** vorgeschlagen und dieser gewählt, ist er auch verpflichtet die Wahl in den Prüfungsausschuss anzunehmen.[297] Die **Verweigerung der Annahme** des Amtes kann im Einzelfall eine Pflichtverletzung darstellen, wenn dafür kein sachlicher Grund besteht.[298]

e) Ausschussvorsitz

227 Das Aktiengesetz verlangt keine Bestellung eines Ausschussvorsitzenden oder eines Stellvertreters durch den Aufsichtsrat. Auch kann die **Satzung** keine Pflicht zur Bestellung eines Ausschussvorsitzenden begründen, sonst würde sie unzulässig in die Organisationsautonomie des Aufsichtsrats eingreifen. Jedoch kann die Satzung bestimmen, dass der Aufsichtsratsvorsitzende den Vorsitz eines Ausschusses zu übernehmen hat, wenn er in den Ausschuss gewählt wird.[299] Ohne derartige Satzungsvorgaben kann der **Aufsichtsrat** entweder einen Vorsitzenden und Stellvertreter **bestimmen** oder die Wahl dem **Ausschuss überlassen.** Aufsichtsrat bzw. Ausschuss wählen den Vorsitzenden und Stellvertreter mit **einfacher Stimmenmehrheit.**[300] Bestellt der Aufsichtsrat keinen Ausschussvorsitzenden muss der Ausschuss im Rahmen seiner **Selbstorganisationspflicht** zumindest prüfen, ob die Wahl eines Vorsitzenden zweckmäßig ist (zum Vermittlungsausschuss nach § 27 Abs. 3 MitbestG → § 7 Rn. 282 ff.). Aufgrund der notwendigen Koordinationsarbeit dürfte es in einem Ausschuss mit drei und mehr Mitgliedern im Regelfall geboten sein, einen Ausschussvorsitzenden zu bestellen. Beschließt der Aufsichtsrat die Einrichtung eines Präsidiums (→ Rn. 241), sind Aufsichtsratsvorsitzender und Stellvertreter für diesen Ausschuss als „geborene" Vorsitzender und Stellvertreter zu bestellen.

2. Beratende und beschließende Ausschüsse

a) Kompetenzzuweisung

228 Ausschüssen können **vorbereitende** und **überwachende Aufgaben** sowie Angelegenheiten zur endgültigen **Entscheidung und Beschlussfassung** übertragen werden. Vorbereitenden Ausschüssen wird typischerweise die **Aufklärung von Sachverhalten,** die Informationsbeschaffung und die **Vorbereitung der Beschlussfassung** des Aufsichtsrats übertragen. Vorbereitende Ausschüsse können auch für solche Aufgaben eingesetzt werden, die das Gesetz zwingend dem Aufsichtsratsplenum vorbehält, beispielsweise die Vorbereitung von Entscheidungen über die Vorstandsvergütung (→ Rn. 233). Ausschüssen können zudem konkrete, auf einzelne Geschäftsführungsmaßnahmen bezogene Überwachungsaufgaben und die

---

[293] BGHZ 122, 342 (351 f.) = NJW 1993, 2307; BeckOGK/*Spindler* AktG § 107 Rn. 110; Kölner Komm AktG/*Mertens/Cahn* AktG § 107 Rn. 121; MüKoAktG/*Habersack* AktG § 107 Rn. 145.
[294] MüKoAktG/*Habersack* AktG § 107 Rn. 142; *Krieger,* Personalentscheidungen des Aufsichtsrats, 1981, 83; Semler/v. Schenck/*Mutter* AktG § 107 Rn. 310; *Nagel* DB 1982, 2677 (2681).
[295] GroßkommAktG/*Hopt/Roth* AktG § 107 Rn. 354; *Lutter/Krieger/Verse* AR Rn. 773.
[296] GroßkommAktG/*Hopt/Roth* AktG § 107 Rn. 342; Kölner Komm AktG/*Mertens/Cahn* AktG § 107 Rn. 115; *Krieger* ZGR 1985, 338 (343 ff.).
[297] MüKoAktG/*Habersack* AktG § 107 Rn. 132; Kölner Komm AktG/*Mertens/Cahn* AktG § 107 Rn. 115.
[298] GroßkommAktG/*Hopt/Roth* AktG § 107 Rn. 342; Kölner Komm AktG/*Mertens/Cahn* AktG § 107 Rn. 115.
[299] BGHZ 83, 106 (115) = NJW 1982, 1525 (1526); *Lutter/Krieger/Verse* AR Rn. 768; GroßkommAktG/*Hopt/Roth* AktG § 107 Rn. 325: Verstoß gegen die Wahlfreiheit des Aufsichtsrats.
[300] MHdB AG/*Hoffmann-Becking* § 32 Rn. 37.

Entscheidung über einzelne zustimmungspflichtige Geschäfte nach § 111 Abs. 4 S. 2 AktG (→ § 4 Rn. 414) übertragen werden.[301]

229 Überträgt der Aufsichtsrat einem Ausschuss die **Kompetenz zur Beschlussfassung,** handelt der Ausschuss insoweit anstelle des Plenums.[302] Der Aufsichtsrat legt nach pflichtgemäßem Ermessen fest, ob und welche Beschlusskompetenzen einem Ausschuss übertragen werden. Ein **erledigender Aufsichtsratsausschuss** entscheidet durch Beschluss.

230 Beim Beschluss des Aufsichtsrats über die Aufgaben und Kompetenzen eines Ausschusses ist neben der Einhaltung der geschriebenen und ungeschriebenen Delegationsverboten darauf zu achten, dass die **Aufgabenstellung** und ggf. die Beschlusskompetenz hinreichend konkret formuliert werden. Dazu gehört einerseits die Abgrenzung zwischen Plenumsaufgaben und Ausschussaufgaben sowie andererseits die **Abgrenzung der Aufgabenbereiche** verschiedener Ausschüsse. Zudem sollte klar geregelt werden, welche **Einsichts- und Untersuchungsrechte** nach § 111 Abs. 2 AktG (→ § 4 Rn. 182 ff.) dem Ausschuss eingeräumt werden, damit dieser seine Überwachungsaufgabe effizient erfüllen kann.

b) Grenzen der Delegation

231 Im Rahmen der Bildung von Ausschüssen und Zuweisungen von Aufgaben kann der Aufsichtsrat grundsätzlich nur solche Aufgaben delegieren, deren Erfüllung ihm selbst übertragen ist. Sämtliche Befugnisse von Ausschüssen müssen sich aus den **Befugnissen des Aufsichtsrats ableiten.** Der Aufsichtsrat kann eigenverantwortlich die Aufgaben des Ausschusses definieren. Vorbehaltlich gesetzlich zwingender Aufgabenzuweisung an einzelne Ausschüsse (insbesondere nach § 27 Abs. 3 MitbestG) ist der Aufsichtsrat berechtigt, übertragene Entscheidungsbefugnisse **jederzeit** durch Beschluss zu ändern und die Entscheidung – generell oder im Einzelfall – wieder an sich zu ziehen und anstelle des Ausschusses zu entscheiden. Das Aufsichtsratsplenum bleibt stets **Herr des Verfahrens.**[303]

232 **aa) Gesetzliche Delegationsverbote.** Für die Übertragung von Vorbereitungsaufgaben an vorbereitende Ausschüsse enthält das Gesetz keine ausdrücklichen Schranken. Anders hingegen bei der Entscheidung anstelle des Aufsichtsrats: Nicht zur Beschlussfassung und abschließenden Erledigung an einen Ausschuss delegierbar sind die in **§ 107 Abs. 3 S. 7 AktG** genannten Entscheidungen. Hierzu zählen die **Wahl des Aufsichtsratsvorsitzenden** und seiner Stellvertreter und als actus contrarius deren Abwahl[304] sowie ein Antrag auf gerichtliche Abberufung eines Aufsichtsratsmitglieds nach § 103 Abs. 3 S. 2 AktG.[305] Ebenfalls in die ausschließliche Zuständigkeit des Plenums fallen die Feststellung des **Jahresabschlusses** und die Entscheidung, welche Geschäfte nach § 111 Abs. 4 AktG einem **Zustimmungsvorbehalt** (→ § 4 Rn. 387) unterworfen werden. Die Regelung einer **Geschäftsordnung** für den Vorstand nach § 77 Abs. 2 S. 1 AktG (→ § 4 Rn. 2048 ff.) sowie die **Zuordnung von Geschäftsbereichen** im Rahmen einer Geschäftsordnung oder durch Aufsichtsratsbeschluss an einzelne Vorstandsmitglieder ist nicht delegationsfähig. Gleiches gilt für die Ernennung eines **Vorstandsvorsitzenden** oder Vorstandssprechers nach § 84 Abs. 2 AktG.

233 Zwingend beim Aufsichtsratsplenum vorbehalten sind nach § 107 Abs. 3 S. 7 AktG die Entscheidungen über die **Bestellung** und **Vergütung** von Vorstandsmitgliedern. Gleiches gilt für **Widerruf der Bestellung** eines Vorstandsmitglieds (→ § 4 Rn. 500), ebenso für eine die **Suspendierung** (→ § 4 Rn. 810) bzw. Beurlaubung eines Vorstandsmitglieds und die Entscheidung über die einvernehmliche Aufhebung eines Anstellungsvertrags mit Abfindung oder Regelungen zu Ruhegeldansprüchen. Der Beschluss eines Ausschusses über einen Aufhebungsvertrag mit einem Vorstandsmitglied ist zulässig, allerdings erst nachdem der Aufsichtsrat der Amtsbeendigung und ggf. der Abfindung zugestimmt hat. Die bloße **Kündigung** eines Vorstandsdienstvertrags (→ § 4 Rn. 1697) kann einem Ausschuss übertragen werden. Da die Kündigung einem Widerruf der Bestellung gleichkommt, darf der Ausschuss jedoch erst über den Ausspruch der Kündigung beschließen, wenn das Aufsichtsratsplenum vorher den Widerruf der Bestellung beschlossen hat.

234 Diejenigen Regelungen des **Anstellungsvertrags,** die weder unmittelbar noch mittelbar Vergütungsrelevanz haben, können zur Beratung und endgültigen Beschlussfassung auf einen Ausschuss übertragen werden.[306] Die Zulässigkeit dieser Aufgabenübertragung folgt daraus, dass § 84 Abs. 1 S. 5 AktG nicht

---

[301] *Lutter/Krieger/Verse* AR Rn. 746; BeckOGK/*Spindler* AktG § 107 Rn. 96; *Rellermeyer* Aufsichtsratsausschüsse S. 28 ff.
[302] MüKoAktG/*Habersack* AktG § 107 Rn. 94.
[303] BGHZ 89, 48 (55) = NJW 1984, 733 (735); OLG Hamburg AG 1996, 84 (85); GroßkommAktG *Hopt/Roth* AktG § 107 Rn. 249; MüKoAktG/*Habersack* AktG § 107 Rn. 95; MHdB AG/*Hoffmann-Becking* § 32 Rn. 7; *Lutter/Krieger/Verse* AR Rn. 749.
[304] Kölner Komm AktG/*Mertens/Cahn* AktG § 107 Rn. 172; MüKoAktG/*Habersack* AktG § 107 Rn. 148.
[305] MüKoAktG/*Habersack* AktG § 103 Rn. 34; *Lutter/Krieger/Verse* AR Rn. 746.
[306] BGHZ 41, 282 (285) = NJW 1964, 1367; BGHZ 65, 190 (191) = NJW 1976, 145; BGHZ 83, 144 (150) = NJW 1982, 1528 (1530); BGHZ 79, 38 (42) = NJW 1981, 757 (758); BeckOGK/*Spindler* AktG § 107 Rn. 99; Hüffer/

vom Delegationsverbot des § 107 Abs. 3 S. 7 AktG erfasst ist. Ein (Personal)Ausschuss kann insoweit zur **Vorbereitung der Anstellung** von Vorstandsmitgliedern tätig werden oder nachdem der Aufsichtsrat über die Bestellung und die Vergütung bereits beschlossen hat. Ein Ausschuss kann ein Vergütungssystem für den Vorstand ausarbeiten und dem Plenum zur Beschlussfassung vorschlagen sowie anstelle des Aufsichtsrats den Vergütungsbericht nach § 162 AktG verabschieden; beides sind Aufgaben, die das Aufsichtsratsplenum angesichts der zunehmenden Komplexität regelmäßig nicht effizient abarbeiten kann. Ebenfalls zulässig ist es, dem Ausschuss die rein administrative **Ausführung vergütungsrelevanter Regelungen** im Vorstandsdienstvertrag zu übertragen, sofern damit keine eigene Ermessensentscheidung verbunden ist.

235 **bb) Ungeschriebene Delegationsverbote.** Neben den in § 107 Abs. 3 S. 7 AktG genannten Entscheidungen gibt es weitere **ungeschriebene delegationsfeste Aufgaben** des Aufsichtsrats. Zu den nicht delegierbaren Aufgaben zählen aufgrund ihrer Zuweisung an den gesamten Aufsichtsrat die Beschlüsse über die Selbstorganisation der Plenumsarbeit: Die Wahl des Vorsitzenden und Stellvertreters, die Sitzungsfrequenz, die Entscheidung über die Bildung und Besetzung von Ausschüssen und der Erlass einer **Geschäftsordnung** (→ Rn. 168) für den Aufsichtsrat.[307]

236 Zum erweiterten Bereich der Selbstorganisation gehört die Festlegung von **Zielgrößen** für den Aufsichtsrat gem. § 111 Abs. 5 AktG (→ § 2 Rn. 27 ff.), die nach zutreffender, allerdings nicht unbestrittener Auffassung in die Entscheidungshoheit des Plenums fallen.[308] Dementsprechend gehören die Beschlussfassung über ein eigenes Kompetenzprofil (C.1 DCGK) und eine Altersgrenze (C.2 DCGK) ebenfalls zu den nicht delegierbaren Aufgaben. Die Beschlussfassung über die Abgabe der **Entsprechenserklärung** des Aufsichtsrats nach § 161 AktG (→ § 4 Rn. 2456) ist gleichfalls dem Plenum vorbehalten.[309]

237 Außerhalb der gesetzlichen Delegationsverbote in § 107 Abs. 3 S. 7 AktG und der ungeschriebenen Delegationsverbote besteht keine allgemeine Regel, dass **Entscheidungen** über **wesentliche Angelegenheiten** oder besonders wichtige Aufgaben stets dem Plenum vorbehalten bleiben müssen.[310] Um die Aufsichtsratsarbeit effizient zu gestalten und um ggf. zügig handlungs- und entscheidungsfähig zu sein, darf der Aufsichtsrat wichtige Einzelentscheidungen auf Ausschüsse übertragen. Dem Aufsichtsratsplenum muss allerdings ein **substantieller Teil der Überwachungsaufgaben** verbleiben: Der Aufsichtsrat kann die allgemeine Überwachung des Vorstands als seine Kernaufgabe nicht umfassend an einen oder mehrere Ausschüsse delegieren. Der Kern der Überwachungstätigkeit des Aufsichtsrats ist die Entgegennahme und Prüfung von Vorstandsberichten (→ § 4 Rn. 24 ff.), insbesondere von Vorstandsberichten aus wichtigem Anlass nach § 90 Abs. 1 S. 2 AktG.[311] Insofern ist die Zuständigkeit von Aufsichtsratsausschüssen jeweils auf konkrete Aufgaben oder Sachverhalte zu beschränken. Ebenso wenig kann das Einsichts- und Prüfungsrecht nach § 111 Abs. 2 S. 1 AktG (→ § 4 Rn. 182 ff.) ausschließlich und dauerhaft einem Ausschuss übertragen werden.[312]

238 Aufsichtsratsbeschlüsse und Ausschussbeschlüsse, die gegen die geschriebenen und ungeschriebenen **Delegationsverbote verstoßen,** sind **nichtig.**[313]

239 **cc) Weitere Schranken.** Zusätzlich wird die Tätigkeit von Ausschüssen geleitet und begrenzt durch den **Grundsatz des aufsichtsratsfreundlichen Verhaltens.** Bei der Vorbereitung von Entscheidungen des Plenums gehört dazu, dass die Tätigkeit des Ausschusses bei der Ermittlung und Einordnung von Informationen die **Entscheidung** des Plenums nicht einseitig **präjudiziert.** Vorbereitung der Entscheidungsfindung des Aufsichtsrats durch Ausschüsse ist unter dem Effizienzgedanken eine notwendige und zulässige Aufgabe. Die Filterung und Bewertung von Informationen ist solange und soweit zulässig, wie eine eigene Meinungsbildung und eigenverantwortliche Entscheidung des Plenums möglich bleibt.[314]

240 Daneben haben Ausschüsse bei der Ausübung ihrer Tätigkeit und ihren Entscheidungen **Rücksicht** zu nehmen auf den – mutmaßlichen – **Willen des Gesamtaufsichtsrats.** Selbst wenn Angelegenheiten

---

Koch/Koch AktG § 107 Rn. 28; Habersack ZHR 174 (2010), 2 (10); Seibert WM 2009, 1489 (1491); aA Beuthien NZG 2010, 333 (334).
[307] Lutter/Krieger/Verse AR Rn. 744.
[308] MüKoAktG/Habersack AktG § 111 Rn. 154; GroßkommAktG/Hopt/Roth § 107 AktG Rn. 780; E. Vetter AG 2017, 288; aA BeckOGK/Spindler AktG § 107 Rn. 99; Fromholzer/Simons AG 2015, 457 (459); bei der KGaA jedoch nur für den Aufsichtsrat, vgl. RegBegr. BT-Drs. 18/3784, 123.
[309] MüKoAktG/W. Goette AktG § 161 Rn. 67; Hüffer/Koch/Koch AktG § 161 Rn. 13; GroßkommAktG/Leyens AktG § 161 Rn. 227.
[310] Vgl. Lutter/Krieger/Verse AR Rn. 746; Kölner Komm AktG/Mertens/Cahn AktG § 107 Rn. 169; GroßkommAktG/Hopt/Roth § 107 AktG Rn. 430; Semler/v. Schenck/Mutter AktG § 107 AktG Rn. 235; Rellermeyer Aufsichtsratsausschüsse, S. 23 ff.
[311] BeckOGK/Spindler AktG § 107 Rn. 96 mwN.
[312] MüKoAktG/Habersack AktG § 107 Rn. 147; Kölner Komm AktG/Mertens/Cahn AktG § 107 Rn. 148.
[313] MüKoAktG/Habersack AktG § 107 Rn. 161; GroßkommAktG/Hopt/Roth AktG § 107 Rn. 408.
[314] Lutter/Krieger/Verse AR Rn. 747; MüKoAktG/Habersack AktG § 107 Rn. 159 f.

einem Ausschuss zur Entscheidung übertragen wurden, gehört es zu einer kooperativen Wahrnehmung abgeleiteter Befugnisse, dem Aufsichtsratsplenum die Möglichkeit zur Entscheidung zu geben, wenn die Mehrheitsmeinung im Ausschuss mit der Mehrheitsmeinung im Plenum in Widerspruch steht.[315]

3. Präsidium / Personalausschuss

Als **Präsidium,** Präsidialausschuss oder ständiger Ausschuss wird häufig ein Ausschuss eingerichtet, die sich mit der **Vorbereitung von Aufsichtsratssitzungen,** der Abstimmung zwischen Vorstand und Aufsichtsrat sowie Personalangelegenheiten befasst. Die wesentliche Aufgabe eines solchen Ausschusses besteht darin, zwischen den Plenumssitzungen Austausch und **Koordination** mit dem Vorstand aufrechtzuerhalten sowie den Aufsichtsratsvorsitzenden bei der Erledigung seiner Aufgaben zu unterstützen und die Beratungen und Beschlüsse des Aufsichtsrats vorzubereiten,[316] sofern der Aufsichtsrat die Vorbereitung seiner Beratungen und Beschlüsse nicht einem anderen Ausschuss, wie beispielsweise für die Rechnungslegung dem Prüfungsausschuss, übertragen hat. Eine sorgfältige Vorbereitung der Beschlussfassung im Präsidiums mit Sondierung im Kreis der weiteren Aufsichtsratsmitglieder kann die Plenumsarbeit entlasten und zur Straffung der Diskussion beitragen.

Soll ein Präsidium ausschließlich die „Präsidialaufgaben" der Koordination und der Sitzungsvorbereitung übernehmen, reicht die **Besetzung** mit dem Aufsichtsratsvorsitzenden und seinem Stellvertreter aus.[317] Sofern dem Präsidium jedoch Aufgaben zur Entscheidung zugewiesen sind, müssen ihm mindestens drei Mitglieder angehören.

Bei der Zuweisung von **Personalangelegenheiten** an ein Präsidium oder einen Personalausschuss durch Beschluss des Aufsichtsrats ist die ausschließliche **Kompetenz des Plenums** zu beachten. § 107 Abs. 3 S. 7 AktG weist die Entscheidungshoheit über Bestellung und den Widerruf der Bestellung von Vorstandsmitgliedern und über die vergütungsrelevanten Bestandteile des Dienstvertrages dem Aufsichtsratsplenum zu (§ 107 Abs. 3 S. 7 AktG) (→ § 4 Rn. 1222). Gleichwohl spielen in der Praxis die **Personalangelegenheiten** bei der Arbeit des Präsidiums eine zentrale Rolle.

Bei der Vorbereitung von Personalentscheidungen des Aufsichtsrats gehört zum verbreiteten Aufgabenkanon eines Präsidiums die langfristige **Nachfolgeplanung** für den Vorstand, die Auswahl, Prüfung und **Befragung von Vorstandskandidaten,** die Beauftragung von Compliance- und Hintergrundprüfungen der Kandidaten, die Verhandlung über den Dienstvertrag. Gespräche mit Kandidaten für Vorstandsposten werden häufig zunächst der Aufsichtsratsvorsitzende und sein Stellvertreter führen, bevor die Kandidaten im Präsidium und später im Aufsichtsrat vorgestellt werden. Gerade in Publikumsgesellschaften mit einem größeren Aufsichtsrat ist es sinnvoll, Gespräche mit externen Kandidaten für eine Vorstandsposition zunächst dem Aufsichtsratsvorsitzenden und dann dem Präsidium bzw. Personalausschuss zu übertragen, um die **Vertraulichkeit** zu wahren und potenzielle Kandidaten nicht zu beschädigen.

In Fragen der **Vorstandsvergütung** wird ein Präsidium nur vorbereitend tätig und kann **Vorschläge** für das **System zur Vergütung der Vorstandsmitglieder** (→ § 4 Rn. 1337) und Entwürfe für die Dienstverträge der einzelnen Vorstandsmitglieder für das Plenum erarbeiten und dem Plenum Vorschläge für die Ziel-Gesamtvergütung und eine Maximalvergütung sowie für die jährliche Festsetzung variabler Vergütungsbestandteile unterbreiten. Da die Anforderungen an die Ausgestaltung des Vergütungssystems für Vorstandsmitglieder und die einzelnen Entscheidungen über die Bemessung und Höhe variabler Vergütungsbestandteile insbesondere im Zuge des ARUG II eine enorme **Komplexität** entwickeln können, empfiehlt es sich dem Präsidium bzw. Personalausschuss die Vorbereitungen der Vergütungsentscheidung im Plenum zu übertragen.

Dem Präsidium können jedoch auch in **Vorstandsangelegenheiten** Aufgaben zur Beschlussfassung an Stelle des Aufsichtsrats übertragen werden, wie Entscheidungen über die **nicht vergütungsbezogenen** dienstvertraglichen sowie alle sonstigen vertraglichen Angelegenheiten des Vorstands, die Anerkennung von erforderlichen Auslagen von Vorstandsmitgliedern, **Kreditgewährungen** an Vorstandsmitglieder gemäß § 89 AktG, die Zustimmung zu **Nebentätigkeiten** der Vorstandsmitglieder (etwa die Übernahme von Aufsichtsratsmandaten) und die Befreiung vom **Wettbewerbsverbot** (§ 88 AktG).

In größeren Aufsichtsräten empfiehlt es sich aus Effizienzgründen, **eigene Angelegenheiten des Aufsichtsrats** wie die Entscheidung über **Auslagenersatz** und Fortbildungsmaßnahmen und -kosten von Aufsichtsratsmitgliedern (dazu im Einzelnen → § 6 Rn. 121) einem Präsidium zu übertragen, um die Sitzungen des Plenums nicht mit solchen Fragen zu belasten. Ebenfalls zulässig ist es, einem Präsidium

---

[315] GroßkommAktG/*Hopt/Roth* AktG § 107 Rn. 401; *Lutter/Krieger/Verse* AR Rn. 749; BeckOGK/*Spindler* AktG § 107 Rn. 103.
[316] BGHZ 83, 106 (114) = NJW 1982, 1525 (1527); *Lutter/Krieger/Verse* AR Rn. 753; GroßkommAktG/*Hopt/Roth* § 107 AktG Rn. 604; Kölner Komm AktG/*Mertens/Cahn* AktG § 107 Rn. 103.
[317] Kölner Komm AktG/*Mertens/Cahn* AktG § 107 Rn. 104; MHdB AG/*Hoffmann-Becking* § 32 Rn. 16; *Krieger* ZGR 1985, 338 (362f.); *Plagemann* NZG 2014, 1404.

oder anderem Ausschuss die Beschlussfassung über die Zustimmung zu Verträgen der Gesellschaft mit Mitgliedern des Aufsichtsrats (§§ 114, 115 AktG) zu übertragen.

248 Zusätzlich kann ein Präsidium oder ständiger Ausschuss damit betraut werden, die jährliche **Entsprechenserklärung** sowie die **Selbstbeurteilung der Aufsichtsratstätigkeit** (früher: Effizienzprüfung) vorzubereiten.

249 Sofern nicht ein anderer Ausschuss aus sachlichen Gründen in Frage kommt, ist stets zu überlegen, ob dem Präsidium für dringende Fälle die Zuständigkeit für die Entscheidung über **zustimmungspflichtige Geschäfte** des Vorstands übertragen wird, damit eine **zügige Entscheidung** herbeigeführt werden kann.

250 In Betracht kommt ebenfalls, dem Präsidium die Entscheidung über den **Aufschub der Offenlegung von Insiderinformationen** gemäß Art. 17 Abs. 4 MAR zu übertragen, soweit – ausnahmsweise – aufgrund einer Annexkompetenz der Aufsichtsrat für diese Entscheidung zuständig ist.[318] Insiderinformationen aus der Sphäre des Aufsichtsrats stehen in den meisten Fällen in engem Zusammenhang mit **Personalangelegenheiten**. Sofern der Aufsichtsrat aus Gründen der Vertraulichkeit und Effizienz die Vorbereitung von Personalentscheidungen in die Hände eines Präsidiums legt, spricht aus praktischen Gründen viel dafür, diesem vorbereitenden Gremium auch die Zuständigkeit für eine regelmäßig eilbedürftige Aufschubentscheidung nach Art. 17 Abs. 4 MAR zu übertragen. Die Gefahr eines Informationslecks steigt naturgemäß mit der Anzahl der informierten Personen.

251 Weder Aktiengesetz noch DCGK stellen besondere Anforderungen für die **Zugehörigkeit zum Präsidium** auf. Aus der typischen Aufgabenstellung eines Präsidiums folgt jedoch, dass der **Aufsichtsratsvorsitzende** und sein **Stellvertreter** diesem Ausschuss als „geborene Mitglieder" angehören. Ohne sie kann ein Präsidium nicht gebildet werden.[319] Eine Besetzung des Präsidiums oder Personalausschusses ausschließlich mit Anteilseignervertretern wäre im mitbestimmten Aufsichtsrat nicht mit dem Diskriminierungsverbot vereinbar.[320]

252 Sofern der Aufsichtsrat neben dem Präsidium einen **Personalausschuss** einrichtet, wird dieser typischerweise mit der Vorbereitung von Personalentscheidungen und Vergütungsfragen betraut (vgl. dazu oben → Rn. 241).

4. Vermittlungsausschuss

253 In paritätisch mitbestimmten Gesellschaften nach MitbestG ist ein Vermittlungsausschuss (dazu im Einzelnen → § 7 Rn. 282 ff.) als **dauerhafter Ausschuss** einzurichten (§ 27 Abs. 3 MitbestG). Der Vermittlungsausschuss setzt sich zusammen aus dem Aufsichtsratsvorsitzenden und dessen Stellvertreter sowie je einem Anteilseignervertreter und einem Arbeitnehmervertreter. Die **Aufgaben** eines Vermittlungsausschusses ergeben sich aus § 27 Abs. 3 MitbestG und § 31 Abs. 3 MitbestG. Der Vermittlungsausschuss ist insbesondere dafür zuständig Personalvorschläge über die Bestellung oder Abberufung von Vorstandsmitgliedern zu unterbreiten, wenn im Aufsichtsratsplenum in der ersten Abstimmung die notwendige Zweidrittelmehrheit nicht erreicht wird.

254 Der Vermittlungsausschuss ist nur **beschlussfähig**, wenn alle vier Ausschussmitglieder an der Beschlussfassung teilnehmen.[321] Dem Aufsichtsratsvorsitzenden steht im Vermittlungsausschuss **kein Zweitstimmrecht** zu[322] (dazu → § 7 Rn. 287, 289).

255 Im mitbestimmten Aufsichtsrat kann der Aufsichtsrat beschließen, die Aufgaben des **Vermittlungsausschusses** dem Präsidium zu übertragen. In diesem Fall gehören – zwingend – der Vorsitzende und Stellvertreter dem Präsidium an.

5. Prüfungsausschuss

256 Prüfungsausschüsse sind bei kapitalmarktorientierten Unternehmen die am häufigsten anzutreffenden Aufsichtsratsausschüsse. Nach Empfehlung D.3 DCGK soll der Aufsichtsrat einen Prüfungsausschuss einrichten, der sich – soweit kein anderer Ausschuss oder das Plenum damit betraut ist – insbesondere mit der **Prüfung der Rechnungslegung** (dazu → § 4 Rn. 158 ff.) (einschließlich **CSR-Berichterstat-**

---

[318] *Klöhn* in Klöhn, MAR, Art. 17 Rn. 193; *Kumpan/Schmidt* in Schwark/Zimmer VO (EU) 596/2014 Art. 17 Rn. 184; *Schäfer* in Marsch-Barner/Schäfer Börsennotierte AG-HdB Rn. 15.31; *Koch* FS Köndgen, 2016, 329 (341 f.); *Mülbert* FS Stilz, 2014, 411 (421); *Retsch* NZG 2016, 1201 (1206), Emittentenleitfaden Modul C Ziffer I.3.3.1.1 Stand 25. 3. 2020.
[319] *Lutter/Krieger/Verse* AR Rn. 754; MüKoAktG/*Habersack* AktG § 107 Rn. 106; *Krieger* ZGR 1985, 338 (363).
[320] BGHZ 122, 342 (358) = NJW 1993, 2307 (2310); dazu ausführlich oben → Rn. 220 ff.
[321] Habersack/Henssler/*Habersack* MitbestG § 27 Rn. 23; MHdB AG/*Hoffmann-Becking* § 32 Rn. 15; Kölner Komm AktG/*Mertens/Cahn* AktG § 107 Anh. B § 27 MitbestG Rn. 18 mwN; aA Semler/v. Schenck/*Mutter* AktG § 107 Rn. 268.
[322] BGHZ 83, 144 (147 f.) = NJW 1982, 1528 (1529).

tung), der Überwachung des Rechnungslegungsprozesses, der Wirksamkeit des internen Kontrollsystems, des Risikomanagementsystems und des internen Revisionssystems sowie der Abschlussprüfung und weiterer Compliance-Funktionen im Unternehmen befasst. Der Prüfungsausschuss ähnelt dem **„Audit Committee"** angloamerikanischer Prägung, kann damit aber nicht gleichgesetzt werden.[323]

Außerhalb der Sonderregelungen im Finanzsektor (§ 25d Abs. 9 KWG) besteht keine **gesetzliche Pflicht** des Aufsichtsrats zur Einrichtung eines Prüfungsausschusses.[324] 257

a) Einrichtung

Der Aufsichtsrat entscheidet über die Einrichtung eines Prüfungsausschusses nach pflichtgemäßem Ermessen. Dabei sind insbesondere die **Unternehmensgröße,** die Börsennotierung, die **Komplexität** des **Geschäftsmodells** und der Rechnungslegung und die Größe des Aufsichtsrats einzubeziehen. Der Prüfungsausschuss wird von anglo-amerikanischen Investoren als wesentliches Element eine guten Corporate Governance betrachtet. Zu weit geht die teilweise vertretene Auffassung, dass zum Schutz der Aktionäre und des Kapitalmarkts die Einrichtung eines Prüfungsausschusses unverzichtbar sei.[325] Bei größeren Aufsichtsräten kapitalmarktorientierter Unternehmen dürfte indes die Einrichtung eines Prüfungsausschusses für die effiziente Wahrnehmung der Aufgaben und den vertieften laufenden **Kontakt** mit dem **Abschlussprüfer** in der Regel angezeigt sein.[326] 258

b) Aufgabenbereich

Zunächst ist festzuhalten, dass der **Prüfungsausschuss** den Jahresabschluss und Konzernabschluss sowie den Lagebericht **nicht abschließend prüft.** Die Prüfung der Rechnungslegung nach § 171 Abs. 1 AktG ist vom Delegationsverbot des § 107 Abs. 3 S. 7 AktG erfasst und daher Aufgabe des Plenums. Gleiches gilt für die Feststellung des Jahresabschlusses nach § 172 S. 1 AktG (dazu → § 4 Rn. 105 ff.). Obwohl in den Delegationsverboten des § 107 Abs. 3 S. 7 AktG nicht erwähnt, sind die Feststellung des Jahresabschlusses und die Billigung eines Konzernabschlusses zwingend dem gesamten Aufsichtsrat vorbehalten.[327] Der Prüfungsausschuss kann folglich mit Blick auf Jahresabschluss und Konzernabschluss sowie Lage- und Konzernlagebericht nur mit vorbereitenden Aufgaben betraut werden. Gleichzeitig liegt in der Vorbereitung der Prüfung und Entscheidung des Aufsichtsrats über Jahres- und Konzernabschlüsse die eigentliche **Kernaufgabe des Prüfungsausschusses.**[328] Sie umfasst typischerweise die Vorprüfung des Jahresabschlusses und Konzernabschlusses und der dazugehörigen Lageberichte, der CSR-Berichterstattung in der nicht-finanziellen Erklärung (§§ 289b, 289c, 315b, 315c HGB) sowie die unterjährigen Finanzberichte. In faktisch konzernierten Aktiengesellschaften gehört auch die Prüfung des **Abhängigkeitsberichts** nach § 314 AktG zu den Aufgaben des Prüfungsausschusses. 259

Der **Aufgabenbereich** eines Prüfungsausschusses ist im Gesetz angelegt und aus Art. 39 Abs. 6 **Abschlussprüferrichtlinie**[329] abgeleitet. Gemäß § 107 Abs. 3 S. 2 und 3 AktG soll sich ein Prüfungsausschuss mit der Überwachung des Rechnungslegungsprozesses, der Wirksamkeit des internen Kontrollsystems, des Risikomanagementsystems und des internen Revisionssystems sowie der Abschlussprüfung, hier insbesondere der Auswahl und der Unabhängigkeit des Abschlussprüfers und der vom Abschlussprüfer zusätzlich erbrachten Leistungen, befassten. Darüber hinaus kann der Prüfungsausschuss Empfehlungen oder Vorschläge zur Gewährleistung der Integrität des Rechnungslegungsprozesses unterbreiten. Nach Empfehlung D.3 des DCGK soll sich der Prüfungsausschuss neben den in § 107 Abs. 3 AktG genannten Aufgaben zusätzlich mit der **Compliance** befassen, sofern diese Aufgabe nicht einem anderen Ausschuss zugewiesen ist (zum Compliance-Ausschuss unten → Rn. 334). Wird dem Aufsichtsrat nur ein Teil der in Empfehlung D.3 DCGK genannten Aufgaben übertragen, ist in der Entsprechenserklärung insoweit eine Abweichung zu erklären. 260

Zu den Aufgaben des Prüfungsausschusses gehört darüber hinaus regelmäßig die **Prüfungsplanung** für den Jahres- und Konzernabschluss, die Bestimmung von **Prüfungsschwerpunkten** und die Man- 261

---

[323] Zur Abgrenzung KBLW/*Kremer* Rn. 1291 f.
[324] AllgA; BegrRegE BilMoG, BT-Drs. 16/10067, 102; GroßkommAktG/*Hopt/Roth* AktG § 107 Rn. 500; MüKoAktG/*Habersack* AktG § 107 Rn. 111 mwN; die Ausnahmeregelung des § 324 HGB zu kapitalmarktorientierten Unternehmen, die keinen Aufsichts- oder Verwaltungsrat haben, ist im vorliegenden Kontext ohne Bedeutung.
[325] GroßkommAktG/*Hopt/Roth* § 107 AktG Rn. 510 mwN; *Scheffler* ZGR 2003, 236 (246).
[326] MüKoAktG/*Habersack* AktG § 107 Rn. 111; offener Kölner Komm AktG/*Mertens/Cahn* AktG § 107 Rn. 106.
[327] K. Schmidt/Lutter/*Drygala* AktG § 172 AktG Rn. 14; MüKoAktG/*Hennrichs/Pöschke* AktG § 172 Rn. 27; Grigoleit/*Grigoleit/Zellner* AktG § 172 Rn. 5; Hüffer/Koch/*Koch* AktG § 172 Rn. 4; Bürgers/Körber/*Schulz* AktG § 172 Rn. 3; MHdB AG/*Hoffmann-Becking* § 46 Rn. 2.
[328] *Scheffler* ZGR 2003, 236 (248); *E. Vetter* ZGR 2010, 751 (762); MHdB AG/*Hoffmann-Becking* § 32 Rn. 24; Lutter/Krieger/*Verse* AR Rn. 756.
[329] Verordnung (EU) Nr. 537/2014 vom 16.4.2014.

datsvereinbarung mit dem Abschlussprüfer.[330] Die inhaltlichen Angaben zur CSR-Berichterstattung (→ § 4 Rn. 116) sind nicht Gegenstand der Abschlussprüfung. Sie unterliegen aber den allgemeinen Überwachungspflichten des Aufsichtsrats, der dies ebenfalls auf den Prüfungsausschuss delegieren kann.

262 § 107 Abs. 3 S. 2 und 3 AktG enthalten keine abschließende Aufzählung der Aufgaben eines Prüfungsausschusses. Richtet der Aufsichtsrat einen Prüfungsausschuss ein, ist er nicht an die inhaltlichen Vorgaben des § 107 Abs. 3 S. 2 AktG gebunden. Im Rahmen seiner **Organisationsautonomie** kann der Aufsichtsrat die **konkreten Aufgaben** des Prüfungsausschusses nach dem Risikoprofil des Unternehmens näher bestimmen. Die dem Prüfungsausschuss zugewiesenen Aufgaben können über die gesetzlichen Vorgaben hinausgehen.[331] Zulässig ist es ebenso, diese Aufgaben dem Prüfungsausschuss nur teilweise zuzuweisen. Einzelne in § 107 Abs. 3 S. 2 AktG genannten Aufgaben kann der Aufsichtsrat in dem Plenum vorbehalten oder auch einem anderen Ausschuss übertragen, etwa einem Risikoausschuss.[332] Art. 39 Abs. 4 der Abschlussprüferrichtlinie gestattet ausdrücklich die Wahrnehmung der dem Prüfungsausschuss obliegenden Aufgaben durch mehrere Gremien.

263 In der **Geschäftsordnung des Prüfungsausschusses** oder des Aufsichtsrats ist zu regeln, inwiefern der Prüfungsausschuss die ihm übertragenen Aufgaben abschließend erledigt oder die Entscheidung des Aufsichtsrats vorbereitet. Diese Aufgabenzuweisung prägt Häufigkeit und Umfang der **Berichterstattung** des Prüfungsausschusses an das Plenum.

264 aa) **Überwachung des Rechnungslegungsprozesses.** Eine genauere Beschreibung der **Überwachung** des **Rechnungslegungsprozesses** ist weder dem Gesetz noch der Gesetzesbegründung zu entnehmen. Aus der Formulierung wird aber deutlich, dass es sich beim Aufgabengegenstand nicht um die Prüfung der Abschlussunterlagen selbst handelt.[333] Konkret bedeutet die Überwachung des Rechnungslegungsprozesses keine Nachverfolgung sämtlicher Einzelbuchungen. Es geht um eine Prüfung des **Gesamtprozesses** der Ableitung der Zahlen und Angaben des Jahresabschlusses aus der Rechnungslegung des Unternehmens. Gegenstand der Prüfung des Rechnungslegungsprozesses ist folglich eine **Systemprüfung**,[334] wobei die Grundsätze des Verfahrens und die zugehörigen Sicherungsvorkehrungen zu überwachen sind.[335]

265 Eng verbunden mit der Überwachung des Rechnungslegungsprozesses ist die **Prüfung der Abschlussunterlagen**, wie auch die Vorbereitung der Beschlüsse des Aufsichtsrats (zur Prüfung durch den Aufsichtsrat → § 4 Rn. 103 ff.). Die Arbeit des Prüfungsausschusses bei der Überwachung der Rechnungslegung und des Rechnungslegungsprozesses hat dem Prinzip **selbstständiger Prüfung** und Urteilsbildung zu folgen.[336] Der Prüfungsausschuss erörtert die Prüfungsberichte mit dem Abschlussprüfer. Insbesondere kritische Bilanzierungsfragen bei Darstellung von besonderen Geschäftsvorfällen, Impairment und Konsolidierungsfragen erfordern eine eigenständige Urteilsbildung des Prüfungsausschusses. Hier kann er sich nicht ausschließlich auf das Urteil des Abschlussprüfers verlassen, aber dessen Einschätzungen nutzen. Die notwendigen Informationen hat sich der Prüfungsausschuss aus der schriftlichen und mündlichen Berichterstattung des Abschlussprüfers und des Vorstands zu verschaffen. Darüber hinaus sind die wesentlichen **Feststellungen im Testat** und den Hinweisen des Abschlussprüfers konkrete Anhaltspunkte für eine eigenständige Überprüfung des Prüfungsausschusses. Die von der DPR veröffentlichten Prüfungsschwerpunkte können weitere Hinweise für die Tätigkeit des Prüfungsausschusses liefern. Der Prüfungsausschuss soll sich mit dem Abschlussprüfer über die wesentlichen **Prüfungsrisiken** (vgl. IDW PS 261 Teilziffer 6) abstimmen.

266 Nimmt der Prüfungsausschuss diese Aufgaben wahr und zeigen sich im Ergebnis keine kritischen Themen, kann im **Plenum** des Aufsichtsrats auf eigene Prüfungsvorgänge des Jahresabschlusses weitgehend verzichtet werden (dazu → § 4 Rn. 161).[337] Ausreichend ist dann, dass sich der Aufsichtsrat mit den vom Ausschuss zu erstattenden Berichten und den daraus folgenden Konsequenzen auseinandersetzt.[338]

---

[330] Lutter/Krieger/Verse AR Rn. 756.
[331] BT-Drs. 16/10067, 102; MüKoAktG/*Habersack* AktG § 107 Rn. 112; BeckOGK/*Spindler* AktG § 107 Rn. 149; K. Schmidt/Lutter AktG/*Drygala* AktG § 107 Rn. 61.
[332] BegrRegE BT-Drs. 16/10067, 102; MüKoAktG/*Habersack* AktG § 107 Rn. 112; GroßkommAktG/*Hopt/Roth* § 107 AktG Rn. 522 jeweils mwN; aA *Dreher/Hoffmann* ZGR 2016, 445 (458 ff.).
[333] *E. Vetter* ZGR 2010, 751 (766); *Lanfermann/Röhricht* BB 2009, 887 (889); vgl. ausführlich zum Begriff des Rechnungslegungsprozesses *Strieder* BB 2009, 1002 (1003).
[334] *E. Vetter* ZGR 2010, 751 (767); *Nonnenmacher/Pohle/v.Werder* DB 2009, 1447 (1551); *Lutter/Krieger/Verse* AR Rn. 758; MHdB AG/*Hoffmann-Becking* § 32 Rn. 25; BeckOGK/*Spindler* AktG § 107 Rn. 160.
[335] MüKoAktG/*Habersack* AktG § 107 Rn. 114.
[336] Hüffer/Koch/*Koch* AktG § 171 Rn. 5.
[337] Hüffer/Koch/*Koch* AktG § 107 Rn. 22; mit Differenzierungen im Einzelnen *Scheffler* ZGR 2003, 236 (249); *E. Vetter* ZGR 2010, 751 (763).
[338] *Dreher/Hoffmann* ZGR 2016, 445 (460 f.).

Bei einer **Prüfung** durch die **DPR** ist der Prüfungsausschuss einzubinden. Wesentliche Korrespondenz 267
des Vorstands mit der DPR sollte mit dem Prüfungsausschuss abgestimmt werden. Darüber hinaus kann
es sich empfehlen, die Zustimmung des Prüfungsausschusses einzuholen, ob das Unternehmen Fehlerfeststellungen der DPR akzeptiert.

bb) Gewährleistung der Integrität des Rechnungslegungsprozesses. Ein Prüfungsausschuss kann 268
Vorschläge zur Gewährleistung der Integrität des Rechnungslegungsprozesses unterbreiten (§ 107 Abs. 3
S. 3 AktG). Unter **Integrität** ist die **Ordnungsmäßigkeit** des Rechnungslegungsprozesses zu verstehen.
Gemeint sind Vorschläge für System- bzw. Prozessverbesserungen.[339]

Nach der Regierungsbegründung zum AReG richtet der Prüfungsausschuss solche Empfehlungen 269
oder **Vorschläge** an den **Aufsichtsrat**.[340] Das Plenum müsste dann nach eigener Bewertung die Vorschläge an den Vorstand weitergeben. Naheliegender und zweckmäßiger wäre die **unmittelbare Weitergabe** vom Prüfungsausschuss an den Vorstand. Konkrete Verbesserungen der Prozesse und die Umsetzung
sind Aufgabe des Vorstands.

cc) Interne Kontrollsysteme. Die Überwachung der Wirksamkeit des internen Kontrollsystems, des 270
Risikomanagementsystems (dazu → § 4 Rn. 163 ff.) und des internen Revisionssystems gehören zu den
Aufgaben des Aufsichtsrats, die **typischerweise** auf den Prüfungsausschuss delegiert werden.[341] Eine
trennscharfe Abgrenzung der drei genannten Systeme ist kaum möglich. Stattdessen sind sie zusammenfassend als interne Kontrollsysteme zu betrachten.[342] Unter dem Begriff des **Risikomanagementsystems**
lassen sich allgemein Mittel zur Identifikation und Steuerung von Risiken für das Unternehmen zusammenfassen.[343] Als **interne Kontrollsysteme** werden Verfahren und Umsetzung von Managemententscheidungen verstanden.[344] Demgegenüber befasst sich ein **internes Revisionssystem** damit, ob innerhalb der Gesellschaft in Entsprechung der Satzung, der Vorstandsentscheidungen, Richtlinien und Gesetze
gehandelt wurde.[345]

Bei der Prüfung der internen Kontrollsysteme hat sich der Aufsichtsrat insbesondere durch den **Bericht des Abschlussprüfers** nach § 171 Abs. 1 S. 2 AktG zu wesentlichen Schwächen des internen 271
Kontroll- und des Risikomanagementsystems bezogen auf den Rechnungslegungsprozess zu informieren.

Die Entscheidung über die **Einrichtung und Ausgestaltung** interner Kontroll- und Risikomanage- 272
mentsysteme obliegt dem **Vorstand** im Rahmen seiner Organisationspflichten auf der Grundlage einer
eigenen Risikoanalyse des Unternehmens, ohne dass der Vorstand aufgrund der Nennung in § 107 Abs. 3
S. 2 AktG stets zu deren Einrichtung verpflichtet wäre.[346] Es liegt in der Verantwortung des Vorstands, im
Rahmen seiner Geschäftsführung für die Einrichtung der erforderlichen Kontrollsysteme zu sorgen.[347]
Der Prüfungsausschuss muss in diesem Fall überwachen, ob der Vorstand entsprechende Systeme installiert hat, ob die eingerichteten Systeme mit Blick auf die Verhältnisse und Risiken der Gesellschaft **angemessen, funktionsfähig** und effizient sind und ob regelmäßige **Prüfungen der Fehlerhaftigkeit** solcher Systeme vom Vorstand durchgeführt werden und festgestellte Fehler oder Prozessschwächen
korrigiert werden. Der Prüfungsausschuss muss sich über mögliche Fehlerrisiken in der Finanzberichterstattung, Schwächen in den Kontrollsystemen und die erforderlichen Maßnahmen unterrichten lassen.
Die Prüfung der Angemessenheit, Funktionsfähigkeit und Effizienz solcher Systeme erstreckt sich zudem
auf Frage, ob ausreichende personelle, finanzielle und technische **Ressourcen** zur Verfügung stehen. Zusätzlich muss der Prüfungsausschuss die Risikoanalyse des Vorstands und die vom Vorstand daraus abgeleitete Risikogewichtung einschließlich der Gegenmaßnahmen zur Risikosteuerung prüfen.

Die Arbeit der **internen Revision** im Einzelnen ist nicht Gegenstand der Prüfungsaufgaben des Prü- 273
fungsausschusses. Prüfungsgegenstand ist die Frage nach der Einrichtung und angemessenen Ausstattung
einer internen Revision und ihrer Funktionsfähigkeit und Wirksamkeit. Diese Aufgabe umfasst insbesondere die Frage, ob die Tätigkeit der Revision alle risikobehafteten Aktivitäten des Unternehmens erfasst
und ob die von der internen Revision erkannten Schwachstellen durch den Vorstand abgestellt werden.
Dazu kann und sollte sich ein Prüfungsausschuss regelmäßig mit der **Prüfungsplanung** der internen Re-

---

[339] *Nonnenmacher/Wemmer/v. Werder* DB 2016, 2826 (2830).
[340] BT-Drs. 18/7219, 57.
[341] GroßkommAktG/*Hopt/Roth* AktG § 107 Rn. 533; K. Schmidt/Lutter/*Drygala* AktG § 107 Rn. 78.
[342] Vgl. GroßkommAktG/*Hopt/Roth* AktG § 107 Rn. 527; MüKoAktG/*Habersack* AktG § 107 Rn. 115; *Dreher/Hoffmann* ZGR 2016, 445 (466).
[343] *Gesell* ZGR 2011, 361 (371); GroßkommAktG/*Hopt/Roth* AktG § 107 Rn. 531.
[344] GroßkommAktG/*Hopt/Roth* AktG § 107 Rn. 530; K. Schmidt/Lutter/*Drygala* AktG § 107 Rn. 65.
[345] *Dreher/Hoffmann* ZGR 2016, 445 (474); K. Schmidt/Lutter/*Drygala* AktG § 107 Rn. 67.
[346] MüKoAktG/*Habersack* AktG § 107 Rn. 116; GroßkommAktG/*Hopt/Roth* AktG § 107 Rn. 529; K. Schmidt/Lutter/
Drygala AktG § 107 Rn. 70.
[347] *Lanfermann/Röhricht* BB 2009, 887 (889); vgl. auch *E. Vetter* ZGR 2010, 751 (770); MüKoAktG/*Habersack* AktG
§ 107 Rn. 116.

vision auseinandersetzen und überprüfen, ob die relevanten Risikobereiche ausreichend abgedeckt sind. Zudem gehört es zu den Aufgaben des Prüfungsausschusses, sich zumindest von den vorstandsbezogenen Berichten der Revision Kenntnis zu verschaffen und daraus ggf. weitere Prüfungshandlungen abzuleiten.

274 Umstritten ist, ob und in welcher Form ein **Prüfungsausschuss** unmittelbar **Leitungspersonen** unterhalb der Vorstandsebene befragen und diese innerhalb der ihm zugewiesenen Aufgabenbereiche zur Berichterstattung auffordern kann (dazu ausführlich → Rn. 107). In Betracht kommen hier insbesondere der Leiter Interne Revision, der Leiter Recht, der Leiter Risikomanagement und ein Chief Compliance Officer. Im **Finanzsektor** gibt es im Einzelfall solche **direkten Zugriffsrechte:** Im Anwendungsbereich des § 25d Abs. 8 S. 7 KWG kann der Vorsitzende des Risikoausschusses oder, falls ein Risikoausschuss nicht eingerichtet wurde, der Vorsitzende des Aufsichtsorgans unmittelbar beim Leiter der Internen Revision und beim Leiter des Risikocontrolling Auskünfte einholen. Gleiches ist dem Vorsitzenden des Prüfungsausschusses gestattet (§ 25d Abs. 9 S. 4 und 5 KWG). Diese Regelungen sind jedoch als spezialgesetzliche Ausnahmefälle nicht verallgemeinerungsfähig. Mit Einwilligung des Vorstands kann dem Aufsichtsrat bzw. Prüfungsausschuss ein solcher unmittelbarer Zugriff gewährt werden.[348] Dies kann auch in eine Geschäftsordnung aufgenommen werden. Ohne Einwilligung des Vorstands ist ein unmittelbarer Zugriff nur im Ausnahmefall zulässig, wenn konkrete Anzeichen für (Rechnungslegungs-)Verstöße des Vorstands vorliegen.

275 **dd) Auswahl und Unabhängigkeit des Abschlussprüfers.** Der Katalog des § 107 Abs. 3 AktG umfasst weiterhin die Auswahl des Abschlussprüfers (ausführlich zur Auswahl → § 4 Rn. 2176 ff., 2251 ff.). Nach der Regierungsbegründung zum AReG soll der eingesetzte Prüfungsausschuss konkrete **Empfehlungen für die Wahl des Abschlussprüfers** abgeben.[349] Hierfür erarbeitet der Ausschuss typischerweise eine Vorschlag, den er dem Aufsichtsrat dann aufgrund eigenen Beschlusses zur Wahl des Abschlussprüfers unterbreitet, § 124 Abs. 3 S. 2 AktG (→ § 4 Rn. 2255 ff.).[350]

276 Zudem soll der Prüfungsausschuss das **Auswahl- und Ausschreibungsverfahren** nach Maßgabe der gesetzlichen Vorschriften, insbesondere Art. 16 Abs. 3 Abschlussprüfer-VO (EU) Nr. 537/2014 durchführen. Bei der Auswahl eines neuen Abschlussprüfers und für die Fälle einer freiwilligen Ausschreibung ist der Prüfungsausschuss für das Auswahlverfahren verantwortlich. Die operative Durchführung liegt jedoch beim Unternehmen. Gestützt wird dies durch Art 39 Abs. 6 lit. f Abschlussprüfer RL, der dem Prüfungsausschuss die Aufgabe zuweist, das Verfahren für die Auswahl des Abschlussprüfers oder der Prüfungsgesellschaft(en) durchzuführen. Bei einer Ausschreibung der Abschlussprüfung führt typischerweise der Prüfungsausschuss die Ausschreibung durch und bereitet die Beschlussempfehlung an den Aufsichtsrat vor. Dabei kann er auf Ressourcen und Personal des Unternehmens zurückgreifen.

277 Als eigene Aufgabe prüft der Prüfungsausschuss neben der fachlichen Qualifikation der Prüfungsgesellschaften, der Wirtschaftlichkeit des Angebots, ob und ggf. welche geschäftlichen, **finanziellen, persönlichen oder sonstigen Beziehungen** zwischen dem Prüfer, seinen Organen und Prüfungsleitern einerseits sowie der Gesellschaft und Ehrenorganmitgliedern andererseits bestehen, die Zweifel an der Unabhängigkeit des Prüfers begründen könnten.

278 Im Rahmen der **Auftragserteilung an den Abschlussprüfer** (→ § 4 Rn. 2259 ff.) empfiehlt es sich zu vereinbaren, dass der Vorsitzende des Prüfungsausschusses über während der Prüfung auftretende mögliche **Ausschluss- oder Befangenheitsgründe** vom Abschlussprüfer informiert wird.

279 § 107 Abs. 3 S. 2 AktG weist dem Prüfungsausschuss zudem die Überwachung der Unabhängigkeit des Abschlussprüfers und die Entscheidung über die Zustimmung zu **prüfungsfernen** sonstigen **Leistungen** des Abschlussprüfers nach § 319a Abs. 3 HGB zu.[351] In diesem Zusammenhang muss sich der Prüfungsausschuss ein Bild verschaffen, welche sonstigen prüfungsfernen Leistungen für das laufende Jahr erbracht wurden und für das folgende Jahr vereinbart worden sind die Abgabe der Erklärung des Abschlussprüfers nach § 171 Abs. 1 S. 3 AktG überwachen.

280 Der Prüfungsausschuss kann **Leitlinien** zu den **zulässigen Nichtprüfungsleistungen** erstellen. Der Prüfungsausschuss ist berechtigt, zur Erfüllung der ihm übertragenen Aufgaben alle erforderlichen Auskünfte vom Abschlussprüfer und vom Vorstand zu erhalten. Dies kann durch Vorstandsberichte und entsprechende Zustimmungsvorbehalte sichergestellt werden.

---

[348] Kölner Komm AktG/*Mertens/Cahn* AktG § 107 Rn. 108; BeckOGK/*Spindler* AktG § 107 Rn. 164; Großkomm-AktG/*Hopt/Roth* AktG § 107 Rn. 318; *M. Arnold* ZGR 2014, 76 (90 ff.); *Gittermann* in Semler/v. Schenck AR-HdB § 6 Rn. 84 f.; *Scheffler* ZGR 2003, 236 (254 f.); *Dittmar* NZG 2014, 210 (211); aA *Habersack* AG 2014, 1 (6 f.); K. Schmidt/Lutter/*Drygala* AktG § 107 Rn. 75.
[349] RegBegr. AReG, BT-Drs. 18/7219, 56; BeckOGK/*Spindler* AktG § 107 Rn. 154.
[350] *Scheffler* ZGR 2003, 236 (249); *Nonnenmacher/Wemmer/v. Werder* DB 2016, 2826 (2831); MüKoAktG/*Habersack* AktG § 107 Rn. 117.
[351] *E. Vetter* ZGR 2010, 751 (776); vgl. auch *Schäfer* ZGR 2004, 416 (427); MüKoAktG/*Habersack* AktG § 107 Rn. 117.

ee) Qualität der Abschlussprüfung. Nach Empfehlung D.11 DCGK soll der Aufsichtsrat eine regelmä- 281
ßige Beurteilung der **Qualität der Abschlussprüfung** durch den Prüfungsausschuss vornehmen.[352] Der
DCGK gibt nicht vor, wie der Prüfungsausschuss eine solche Beurteilung vornehmen kann. Die Regierungskommission DCGK stellt in der Begründung zur Empfehlung D.11 lediglich klar, dass eine zweite
Prüfung des Jahresabschlusses oder eine externe Peer-Review des Prüfungsteams nicht gefordert ist. Stattdessen soll sich die Beurteilung durchgeführter Prüfungen auf die Würdigung objektiv beurteilbarer Indikatoren (sog. **Audit Quality Indicators**) und, soweit verfügbar, auf Ergebnisse der Inspektion durch die
Abschlussprüferaufsicht beschränken.[353] Als Audit Quality Indicators kommen beispielsweise in Betracht:
Die Kompetenz des Prüfungsteams und dessen Verfügbarkeit, Termintreue und Einhaltung von Meilensteinen der Abschlussprüfung, die Qualität und Schwerpunktsetzung der Berichterstattung, der Umgang
mit signifikanten Risiken, der Einsatz von Technologie, Spezialisten und angemessen großer Teams im
Prüfungsprozess. Darüber hinaus werden Feststellungen aus externen Qualitätskontrollen oder Feststellungen der DPR als Indikatoren heranzuziehen sein. Zusätzlich wird der Prüfungsausschuss bei der Prüfung
der Qualität der Abschlussprüfung beurteilen, ob bei sonstigen Leistungen die Unabhängigkeitsregeln
eingehalten wurden und ob sich Fehler zurückliegender Jahresabschlüsse herausgestellt haben, die in laufender Rechnung zu korrigieren waren.

ff) Aufgaben der Compliance. Nach der Vorstellung der Regierungskommission DCGK soll sich ein 282
Prüfungsausschuss mit **Compliance** (ausführlich zur Compliance → § 4 Rn. 213 ff.) befassen. Dies bedarf
der funktionalen Eingrenzung. Der Begriff der Compliance ist ebenso schillernd wie unscharf. Aufsichtsrat und Prüfungsausschuss sind nicht Compliance-Organe der Gesellschaft. Grundsätzlich ist es Aufgabe
des Vorstands, Maßnahmen zur Einhaltung der Compliance- bzw. Legalitätspflicht im gesamten Unternehmen (dazu → § 4 Rn. 214) zu ergreifen.[354] Als wesentliche Aufgaben einer begründeten Befassung des Prüfungsausschusses mit Fragen der Compliance lassen sich grob drei Themenfelder identifizieren:

(1) Bei der Überprüfung von **Compliance-Managementsystemen** gehört die fortlaufende Überprü- 283
fung der Mechanismen auf Geeignetheit und Effizienz zum Pflichtenkanon des Prüfungsausschusses.[355] Zur Überwachungsaufgabe gehört auch die Frage, ob die Organisationsstruktur des Compliance-Managementsystems der Risikolage des Unternehmens gerecht wird. Der Prüfungsausschuss
sollte sich regelmäßig über das unternehmenseigene Compliance-Managementsystem, die fortlaufende
Risikoanalyse und Weiterentwicklung des Compliance-Managementsystems informieren. Stellt der
Ausschuss fest, dass das Compliance-Managementsystem nicht funktionsfähig oder nicht angemessen
ausgestattet ist, hat er durch Empfehlungen an den Vorstand auf die Fortentwicklung des Systems
hinzuwirken. Grundsätzlich kann der Prüfungsausschuss sich dabei auf die Prüfung und Überwachung
des Systems beschränken.[356] Maßgeblich ist die Frage nach der generellen als auch der konkreten
Wirksamkeit des Systems.[357] Ergänzend ist zu überwachen, ob der Vorstand bei **festgestellten
Schwachstellen** und strukturellen Compliance-Defiziten das bestehende Compliance-System überprüft und bei Bedarf **nachbessert**.

(2) Der Prüfungsausschuss hat den Vorstand bei der Aufklärung und Reaktion von **Compliance-Verstö-** 284
ßen auf **nachgeordneten Unternehmensebenen** zu überwachen. Konkret hat er zu überprüfen,
ob der Vorstand Hinweisen auf Compliance-Verstöße nachgeht, solche Verstöße konsequent aufklärt,
ahndet, abstellt und Maßnahmen zur Vermeidung ähnlicher Verstöße ergreift. Jedoch sind der Aufsichtsrat und Prüfungsausschuss nicht verpflichtet – und regelmäßig gar nicht in der Lage – alle in
Betracht kommenden Verstöße gegen Rechtsvorschriften bzw. Abweichungen von der Compliance
zu überwachen. Anlass für verstärkte Überwachungstätigkeit geben jedoch Hinweise des Abschlussprüfers im Prüfungsbericht nach § 321 Abs. 1 S. 3 HGB über Tatsachen, die schwerwiegende Gesetzesverstöße vermuten lassen. Art. 7 Abschlussprüferverordnung sieht vor, dass der Abschlussprüfer das
Unternehmen auffordern soll, die Angelegenheit zu untersuchen. Über derartige Aufforderungen ist
der Prüfungsausschuss in Kenntnis zu setzen.

(3) Schließlich kann es Aufgabe des Prüfungsausschusses im Bereich der Compliance sein, mögliche **Ver-** 285
stöße von Vorstandsmitgliedern gegen Regelungen zu Integrität und Compliance, etwa Fälle von
Untreue und Korruptionsverdacht oder Verstöße gegen einen Code of Conduct, zu untersuchen so-

---

[352] Zur Wirksamkeit der Abschlussprüfung *Nonnenmacher/Wemmer/v. Werder* DB 2016, 2826 (2832).
[353] Begründung der Regierungskommission DCGK zu Empfehlung D.11, vgl. auch *Nonnenmacher/Wemmer/v. Werder*
DB 2016, 2826 (2832).
[354] BeckOGK/*Spindler* AktG § 107 Rn. 163; Hüffer/Koch/*Koch* AktG § 107 Rn. 25; *Lutter* FS Hüffer, 2010, 615
(615 f.); *Winter* FS Hüffer, 2010, 1101 (1106 f.); *Habersack* AG 2014, 1 (3).
[355] Zur Überprüfung des Compliance-Management-Systems durch den Prüfungsausschuss nach IDW PS 980 *Görtz* BB
2012, 178 (180); *Hönsch/Kaspar*, Der Prüfungsausschuss, S. 60; *Siepelt/Pütz* CCZ 2018, 78 (79).
[356] K. Schmidt/Lutter/*Drygala* AktG § 107 Rn. 74 f.; BeckOGK/*Spindler* AktG § 107 Rn. 163 mwN.
[357] E. *Vetter* ZGR 2010, 751 (769); *Dreher/Hoffmann* ZGR 2016, 445 (491): „Systeme müssen auch gelebt werden".

wie Meldungen aus einem **Hinweisgebersystem** („Whistleblower") nachzugehen.[358] Besteht der Verdacht, dass Vorstandsmitglieder an Compliance-Verstößen beteiligt sind, gehört es zu den Pflichten des Aufsichtsrats und in delegierter Verantwortung des Prüfungsausschusses, Fehlverhalten aufzuklären und Ursachenforschung zu betreiben.

286 Sofern der Prüfungsausschuss mit der „Compliance" betraut werden soll, sollten die **Aufgaben und Zuständigkeiten im Beschluss des Aufsichtsrats** näher beschrieben werden.

287 **gg) Unternehmenskrise.** Befindet sich die Gesellschaft in einer **Krise,** kommt dem Aufsichtsrat und dem Prüfungsausschuss besondere Bedeutung zu (zu den **gesteigerten Überwachungspflichten** des Aufsichtsrats in der Unternehmenskrise → § 4 Rn. 95 ff.). Regelmäßig dürften die Mitglieder des Prüfungsausschusses in besonderer Weise in der Lage sein, die vom Vorstand angestrebten Sanierungsmaßnahmen zu prüfen und ggf. Gutachten zur Sanierungsfähigkeit des Unternehmens zu beurteilen. Bei der Prüfung von Sanierungsmaßnahmen muss sich der Prüfungsausschuss davon überzeugen, ob das Konzept des Vorstands von korrekt ermittelten Fakten und plausiblen Annahmen ausgeht und ob die **Sanierungsmaßnahmen** geeignet und ausreichend sind, um das Unternehmen in einem überschaubaren Zeitraum zu sanieren.[359] Nach den Grundsätzen der MPS-Entscheidung des BGH muss der Aufsichtsrat bzw. Prüfungsausschuss sich vergewissern und erforderlichenfalls darauf zu drängen, dass dem Vorstand die für die laufende Bonitäts- und Liquiditätskontrolle erforderlichen Informationsgrundlagen zur Verfügung stehen.[360]

288 **hh) Prüfung des CSR-Berichts.** § 171 Abs. 1 S. 4 AktG erweitert die Prüfungspflicht des Aufsichtsrats auf den gesonderten nichtfinanziellen **(CSR-)Bericht** gem. § 289b HGB bzw. Konzernbericht gem. § 315b HGB aus. Diese Aufgabe kann dem Prüfungsausschuss ebenfalls übertragen werden. Eine vorherige inhaltliche Prüfung der CSR-Berichterstattung durch den Abschlussprüfer ist gesetzlich nicht vorgeschrieben. Vom Abschlussprüfer wird nach § 317 Abs. 2 S. 5 HGB nur das Vorliegen des gesonderten nichtfinanziellen Berichts, nicht aber sein Inhalt geprüft. Eine freiwillige Prüfung der CSR-Berichterstattung durch einen Abschlussprüfer ist aufgrund besonderen Auftrags zulässig; sie kann im Einzelfall auch zweckmäßig sein.

289 Der Aufsichtsrat genügt seiner Pflicht zur Prüfung des CSR-Bericht wenn er diesen ohne vertiefte Rechtmäßigkeitsprüfung einer **Plausibilitätskontrolle** unterzieht und anhand seiner Erfahrungen und gegebenenfalls besonderen Kenntnisse verprobt.[361] Dementsprechend schuldet der Prüfungsausschuss bei der Vorbereitung der Prüfung der CSR-Berichterstattung durch den Aufsichtsrat ebenfalls keine Prüfung mit der Intensität der Jahresabschlussprüfung, sondern eine Plausibilitätskontrolle.

c) Besetzung

290 Grundsätzlich gelten für die Besetzung des Prüfungsausschusses die allgemeinen Regeln. Für die Besetzung des Prüfungsausschusses in **Unternehmen des öffentlichen Interesses,** mithin kapitalmarktorientierten Gesellschaften, CRR-Kreditinstituten und Versicherungsunternehmen, stellt § 107 Abs. 4 AktG über den Verweis auf § 100 Abs. 5 AktG jedoch besondere Voraussetzungen auf. In solchen Unternehmen **muss ein Mitglied des Prüfungsausschusses** ein Finanzexperte sein, dh über Sachverstand auf den Gebieten Rechnungslegung **oder** Abschlussprüfung verfügen (vgl. → § 2 Rn. 74 ff.). Zudem müssen die Mitglieder des Ausschusses in ihrer Gesamtheit die **Sektorvertrautheit** iSd § 100 Abs. 5 Hs. 2 aufweisen. Damit werden die Vorgaben aus Art. 39 Abs. 2 Abschlussprüfer-RL umgesetzt.

291 Die für die **Qualifikation als Finanzexperte** erforderlichen Kenntnisse können erworben worden sein aus einer Tätigkeit in den steuerberatenden oder wirtschaftsprüfenden Berufen, einer Tätigkeit als Finanzvorstand, kaufmännischer Geschäftsführer oder leitender Stellung im Rechnungswesen und Controlling. Nach ganz überwiegender Auffassung ist es für die **Einordnung als Finanzexperte** jedoch nicht erforderlich, dass die betreffende Person jahrelang beruflich im Schwerpunkt mit Rechnungslegung oder Abschlussprüfung befasst oder gar als Abschlussprüfer tätig war. Stattdessen genügt es im Regelfall, wenn das Aufsichtsratsmitglied durch Ausbildung, Weiterbildung und berufliche Erfahrung die Kenntnisse erworben hat, die es ihm ermöglichen, die vom Vorstand gelieferten **Informationen zu verstehen und kritisch zu hinterfragen.** Der Finanzexperte muss in der Lage sein, die im Aufsichtsrat im Rahmen der Rechnungslegung oder Abschlussprüfung konkret anfallenden Themen mit den unternehmensangehörigen Spezialisten (Rechnungslegung, Revision, Controlling, Compliance) und dem Abschlussprüfer „auf

---

[358] *Nonnenmacher/Wemmer/v. Werder* DB 2016, 2826 (2830).
[359] *Hasselbach* NZG 2012, 41 (45).
[360] BGHZ 179, 71 = NZG 2009, 107.
[361] *Hennrichs/Pöschke* NZG 2017, 121 (123 ff.) *Hommelhoff* FS Seibert, 2019, 371 (381); *Rieckers* DB 2017, 2786 (2791 f.); *E. Vetter* FS Marsch-Barner, 2018, 559 (567 ff.), Hüffer/Koch/*Koch* AktG § 111 Rn. 24a; krit. *Ekkenga* FS E. Vetter, 2019, 115 (119 ff.); *M. Schmidt/Strenger* NZG 2019, 481, (484 f.).

Augenhöhe" zu erörtern und Nachfragen zu stellen.³⁶² Auch die langjährige Mitgliedschaft in Prüfungsausschüssen reicht regelmäßig als Grundlage aus. Daher kommen auch Arbeitnehmervertreter in Betracht, die sich entsprechende Fähigkeiten im Zuge ihrer Tätigkeit oder durch Weiterbildung angeeignet haben.³⁶³

Trotz des tendenziell großzügigen Maßstabs bei den Anforderungen an einen Finanzexperten, ist dennoch stets das **konkrete Unternehmen** in den Blick zu nehmen. Die Anforderungen an den Finanzexperten hängen von der Geschäftstätigkeit des Unternehmens und der **Komplexität der Rechnungslegung** ab. Es liegt auf der Hand, dass an einen Finanzexperten im Aufsichtsrat eines weltweit agierenden Finanzunternehmens höhere Anforderungen zu stellen sind als in einer regionalen Bergbahnengesellschaft. Stellt die Gesellschaft einen Konzernabschluss nach **internationalen Rechnungslegungsstandards** auf, gehört auch ein Verständnis dieser Regelwerke zu den notwendigen Kenntnissen eines Finanzexperten.³⁶⁴ 292

Die Notwendigkeit, einen Finanzexperten in den Prüfungsausschuss zu wählen, besteht auch dann, wenn dem **Prüfungsausschuss** nur einzelne der in § 107 Abs. 3 S. 2 AktG genannten Aufgaben übertragen werden.³⁶⁵ 293

Zusätzlich verlangt das Gesetz bei Unternehmen öffentlichen Interesses, dass die Mitglieder des Prüfungsausschusses insgesamt mit dem **Sektor der Unternehmenstätigkeit** vertraut sind. Der Sektor ist anhand des jeweiligen **Geschäftsfelds** des Unternehmens zu bestimmen.³⁶⁶ Vertrautheit heißt nicht langjährige Tätigkeit in dem konkreten Sektor, sondern – möglichst, aber nicht zwingend praktische – Erfahrung und grundsätzliches Verständnis des jeweiligen **Geschäftsmodells,** des Marktes und branchenspezifischer Fragestellungen sowie – mit Blick auf die Tätigkeit im Prüfungsausschuss – rechnungslegungsbezogener Besonderheiten, die insgesamt als **Summe einschlägiger Erfahrungen** und Kenntnisse innerhalb des Gremiums vorhanden sein müssen.³⁶⁷ 294

Außer der Mitgliedschaft eines Finanzexperten im Prüfungsausschuss und der Sicherstellung der Vertrautheit der Mitglieder insgesamt mit dem Sektor des Unternehmens stellt das Gesetz keine weiteren Anforderungen an die Mitglieder des Prüfungsausschusses. Das gesetzliche Erfordernis eines **unabhängigen Mitglieds** des Prüfungsausschusses besteht nicht mehr (zur Unabhängigkeit des Prüfungsausschussvorsitzenden unten → Rn. 298). Gleichwohl mindestens ein unabhängiges Mitglied im Prüfungsausschuss bei **börsennotierten Gesellschaften** weit verbreitet und wird von institutionellen Investoren verlangt.³⁶⁸ Zudem ist anerkannt, dass die fachlichen Anforderungen an die Prüfungsausschussmitglieder über die Mindestqualifikation an Aufsichtsratsmitglieder hinausgehen.³⁶⁹ Im Regelfall dürfen auch bei nicht kapitalmarktorientierten Gesellschaften bei den Mitgliedern des Prüfungsausschusses allgemeine Kenntnisse im Bereich der Rechnungslegung, betriebswirtschaftlichen Fragen, der Kontroll- und Risikomanagementsysteme, der Compliance, Revision und Abschlussprüfung (**„financial literacy"**) erwartet werden. Die Erfahrungen und Qualifikation der Mitglieder müssen sich so ergänzen, dass der Ausschuss insgesamt die zur sachgerechten Aufgabenerfüllung notwendigen Kenntnisse versammelt.³⁷⁰ 295

Eine **mitbestimmungsrechtliche Parität** des Aufsichtsratsplenums muss im Prüfungsausschuss nicht abgebildet werden.³⁷¹ Die geforderte Sachkunde ist ein zulässiges Differenzierungskriterium (dazu oben → Rn. 221) für die unterschiedliche Vertretung der Anteilseigner- und Arbeitnehmerseite in einem Prüfungsausschuss. 296

---

[362] OLG Hamm NZG 2013, 1099 (1100); OLG München ZIP 2010, 1082; MüKoAktG/*Habersack* AktG § 100 Rn. 71; *Lutter/Krieger/Verse* AR Rn. 759; *Hölters/Simons* AktG § 100 Rn. 13; K. Schmidt/Lutter/*Drygala* AktG § 100 Rn. 55 f.; Kölner Komm AktG/*Mertens/Cahn* AktG § 100 Rn. 76.
[363] Begr. RegE, BT-Drs. 18/7219, 56; *von Falkenhausen/Kocher* ZIP 2009, 1601 (1603); MüKoAktG/*Habersack* AktG § 100 Rn. 71 mwN.
[364] Hölters/*Simons* AktG § 100 Rn. 13.
[365] K. Schmidt/Lutter/*Drygala* AktG § 107 Rn. 84; MüKoAktG/*Habersack* AktG § 107 Rn. 121; aA Kölner Komm AktG/*Mertens/Cahn* AktG § 107 Rn. 109 wenn einem Prüfungsausschuss Aufgaben iSd § 107 Abs. 3 S. 2 AktG übertragen werden, für deren Erfüllung Kenntnisse der Rechnungslegung oder Abschlussprüfung nicht von Bedeutung sind.
[366] Begr. RegE, BT-Drs. 18/7219, 56.
[367] *Schilha* ZIP 2016, 1316 (1322 f.); *Nodoushani* AG 2016, 381 (385); Hüffer/Koch/*Koch* AktG § 100 Rn. 26a; Hölters/*Simons* AktG § 100 Rn. 20; vgl. auch Art. 39 Abs. 1 UAbs. 3 Abschlussprüfer-RL.
[368] Vgl. beispielsweise die ISS Richtlinie https://www.issgovernance.com/file/policy/active/emea/Europe-Voting-Guidelines.pdf, S. 11 zur Besetzung des audit committees [zuletzt abgerufen am 1.10.2020].
[369] MüKoAktG/*Habersack* AktG § 107 Rn. 122; BeckOGK/*Spindler* AktG § 107 Rn. 170.
[370] *Lutter/Krieger/Verse* AR Rn. 759; Hüffer/Koch/*Koch* AktG § 100 Rn. 25; BeckOGK/*Spindler* AktG § 107 Rn. 178; *Nodoushani* AG 2016, 381 (385); *Merkt* ZHR 179 [2015], 601 (619); *Dreher* FS Hoffmann-Becking, 2013, 313 (315 f.).
[371] *Nonnenmacher/Wemmer/von Werder* DB 2016, 2826 (2828); *Altmeppen* ZGR 2004, 390 (410); K. Schmidt/Lutter/*Drygala* AktG § 107 Rn. 47; MüKoAktG/*Habersack* AktG § 107 Rn. 142.

297 Sofern in Unternehmen öffentlichen Interesses der Beschluss des Aufsichtsrats zur Einrichtung und Besetzung des Prüfungsausschusses die Vorgaben des § 107 Abs. 4 AktG **nicht erfüllt,** ist der **Beschluss über die Besetzung des Ausschusses nichtig.**[372]

298 Dem **Prüfungsausschussvorsitzenden** kommt wegen der Aufgaben des Prüfungsausschusses typischerweise eine bedeutende Rolle, aus Sicht vieler institutioneller Investoren sogar eine besonders wichtige Rolle innerhalb des Aufsichtsrats und für die Glaubwürdigkeit des Aufsichtsrats zu. Die **Unabhängigkeit** des Prüfungsausschussvorsitzenden wird von Gesetzes wegen nicht mehr gefordert. Dagegen empfiehlt der DCGK in Empfehlung D.4 die Unabhängigkeit des Prüfungsausschussvorsitzenden. Nach Empfehlung C.10 soll der Prüfungsausschussvorsitzende zudem unabhängig von der Gesellschaft, vom Vorstand und vom kontrollierenden Aktionär sein. Schließlich empfiehlt der DCGK noch, dass der Aufsichtsratsvorsitzende nicht zugleich den Vorsitz im Prüfungsausschuss innehaben soll. Diese Unabhängigkeitsanforderungen werden aus guten Gründen kritisiert.[373] Insbesondere ist fragwürdig, ob für die konkreten Aufgaben des Prüfungsausschussvorsitzenden die umfassende Unabhängigkeit nach allen Kodex-Kriterien sachlich geboten ist. Aus Sicht institutioneller Investoren und der proxy advisors ist die formelle Unabhängigkeit des Prüfungsausschussvorsitzenden jedoch bedeutsam. In jedem Fall sollte es selbstverständlich sein, dass der Prüfungsausschussvorsitzende **unabhängig** vom **Abschlussprüfer** ist.

6. Nominierungsausschuss

299 Der Deutsche Corporate Governance Kodex empfiehlt dem Aufsichtsrat, einen **Nominierungsausschuss** zu bilden, der ausschließlich mit Vertretern der Anteilseigner besetzt ist und dem Aufsichtsrat geeignete Kandidaten für dessen Vorschläge an die Hauptversammlung zur Wahl von Aufsichtsratsmitgliedern benennt (D.5 DCGK). Über die Wahlvorschläge an die Hauptversammlung beschließt nach § 124 Abs. 3 S. 1 AktG der Aufsichtsrat. Dabei kommt es bei der Beschlussfassung nur auf die **Mehrheit der Stimmen der Anteilseignerseite** an (§ 124 Abs. 3 S. 5 AktG). Aus diesem Rechtsgedanken folgt die ausschließliche Besetzung mit Anteilseignervertretern. Eine Diskriminierung der Arbeitnehmervertreter findet insoweit nicht statt.

300 Der Nominierungsausschuss soll einen effizienten, transparenten und vertraulichen **Auswahlprozess** für **Aufsichtsratskandidaten der Anteilseignerseite** ermöglichen.[374] Daneben kann er den Einfluss des Vorstands auf die Aufsichtsratsbesetzung begrenzen.[375] Für die von der Hauptversammlung auf Vorschlag des Aufsichtsrats zu wählenden Aufsichtsratsmitglieder kann der Nominierungsausschuss zudem **Ersatzmitglieder** vorschlagen. Der Nominierungsausschuss ist nicht zuständig für die Auswahl von Aufsichtsratskandidaten, die nicht von der Hauptversammlung gewählt werden, die etwa aufgrund eines Entsendungsrechts in den Aufsichtsrat entsandt oder die von der Hauptversammlung aufgrund einer Bindung an Wahlvorschläge gewählt werden. Der Aufsichtsrat entscheidet nach pflichtgemäßem Ermessen durch Beschluss über die Einrichtung und die Besetzung des Nominierungsausschusses. An der Beschlussfassung nehmen die Arbeitnehmervertreter teil.[376]

301 Die Einrichtung eines Nominierungsausschusses ist zwingend vorgegeben nach **§ 25d Abs. 11 KWG** für CRR-Institute und für Finanzholding-Gesellschaften und gemischten Finanzholding-Gesellschaften, denen als übergeordnetes Unternehmen ein CRR-Institut nachgeordnet ist. Der Nominierungsausschuss nach § 25d Abs. 11 KWG ist zwingend zuständig für die **Festlegung der Zielgrößen** für den Frauenanteil in Vorstand und Aufsichtsrat.[377] Bei der Wahrnehmung seiner Aufgaben kann der Nominierungsausschuss nach § 25d Abs. 11 S. 3 KWG auf alle Ressourcen zurückgreifen, die er für angemessen hält, und auch externe Berater einschalten. Zu diesem Zwecke soll er vom Unternehmen angemessene Finanzmittel erhalten.

302 Ein Nominierungsausschuss bietet sich an, wenn entweder der Aufsichtsrat aus mehr als sechs Mitgliedern besteht. Bei einem Aufsichtsrat von bis zu sechs Mitgliedern wird das Plenum diese Aufgaben regelmäßig selbst erledigen können.[378] Denkbar ist auch, den Nominierungsausschuss bei kleineren mitbestimmten Aufsichtsräten mit sämtlichen Mitgliedern der Anteilseignerseite zu besetzen.[379] Der Bedarf für

---

[372] MüKoAktG/*Habersack* AktG § 107 Rn. 122; Hüffer/Koch/*Koch* AktG § 107 Rn. 26; *E. Vetter* ZGR 2010, 751 (779).
[373] Kritisch *Scheffler* ZGR 2003, 236 (261); BeckOGK/*Spindler* AktG § 107 Rn. 171; *Lutter/Krieger/Verse* AR Rn. 755 („verfehlt"); Hölters/*Simons* AktG § 100 Rn. 14.
[374] KBLW/*Kremer* DCGK Rn. 1311; Wilsing/*Wilsing* DCGK Ziff. 5.5.3 Rn. 1.
[375] GroßkommAktG/*Hopt/Roth* § 107 AktG Rn. 568.
[376] MüKoAktG/*Habersack* AktG § 107 Rn. 109; Wilsing/*Wilsing* DCGK Ziff. 5.5.3 Rn. 4; *Simons* AG 2020, 75 (78); dagegen für eine analoge Anwendung des § 124 Abs. 3 S. 5 AktG MHdB AG/*Hoffmann-Becking* § 32 Rn. 18; KBLW/*Kremer* DCGK Rn. 1313; GroßkommAktG/*Hopt/Roth* AktG § 107 Rn. 577.
[377] BegrRegE BT-Drs. 18/3784, 124.
[378] KBLW/*Kremer* DCGK Rn. 1279.
[379] Vgl. KBLW/*Kremer* DCGK Rn. 1313; kritisch *Simons* AG 2020, 75 (79).

eine vertrauliche und unbefangene Beratung und Kandidatensondierung im Kreis der Anteilseignervertreter kann in kleineren mitbestimmten Aufsichtsräten ein Argument für die Bildung eines Nominierungsausschusses sein. Auch bei einem Aufsichtsrat, der nur aus Anteilseignervertretern besteht, kann die Einrichtung eines Nominierungsausschusses zweckmäßig sein. Dem Aufsichtsrat steht hier ein weiter **Beurteilungsspielraum** zu. Der Beurteilungsspielraum ist erst dann überschritten, wenn sich aus objektiver Sicht keine vertretbaren sachlichen Gründe finden lassen.

Sofern dem Nominierungsausschuss nur **vorbereitende Aufgaben** übertragen werden, sind zwei Mitglieder ausreichend. Soll der Nominierungsausschuss dem Aufsichtsrat **konkrete Wahlvorschläge** unterbreiten, ist ein echter Ausschuss mit mindestens drei Mitgliedern zu bilden. Da der Wahlvorschlag des Aufsichtsrats an die Hauptversammlung nach § 124 Abs. 3 AktG nicht dem Delegationsverbot des § 107 Abs. 3 S. 7 AktG unterfällt, kann dem Nominierungsausschuss sogar die Aufgabe übertragen werden, unmittelbar ohne Beschlussfassung des Plenums den Wahlvorschlag an die Hauptversammlung zu beschließen.[380]

Der Nominierungsausschuss kann bereits in der **Geschäftsordnung** des Aufsichtsrats geregelt werden. Regelmäßig wird der Vorsitzende des Aufsichtsrats auch den Vorsitz im Nominierungsausschuss übernehmen. Eine Besetzung des Nominierungsausschusses mit **unabhängigen Aufsichtsratsmitgliedern** ist weder vom Kodex noch vom Gesetz vorgesehen.[381]

Die inhaltlichen Aufgaben des Nominierungsausschusses umfassen bei anstehenden Wahlen die Erstellung eines **Anforderungsprofils** für die Kandidaten der Anteilseignerseite unter Berücksichtigung der spezifischen Unternehmenssituation, des Kompetenzprofils des Aufsichtsrats und der vom Aufsichtsrat beschlossenen Diversitätsziele (→ Rn. 14), einer vom Aufsichtsrat festgelegten Alters- und Zugehörigkeitsgrenze sowie ggf. den gesetzlichen Vorgaben für die geschlechterparitätische Besetzung des Aufsichtsrats nach § 96 Abs. 2 AktG (→ § 2 Rn. 25 ff.). Dabei hat der Nominierungsausschuss eine Vielzahl von Kriterien zu beachten: Zunächst müssen die Kandidaten persönlich und fachlich geeignet sein und der relevanten Erfahrungen aufweisen. Die Sektorvertrautheit des gesamten Aufsichtsrats nach § 100 Abs. 5 AktG muss sichergestellt sein. Steht die Wahl eines Finanzexperten an, muss auf die entsprechenden besonderen Kenntnisse geachtet werden. Zwingend sind die gesetzlichen Vorgaben zur Höchstzahl von Aufsichtsratsmandaten zu beachten. Schließlich spielt die Anzahl unabhängiger Aufsichtsratsmitglieder und die Prüfung der **Unabhängigkeit** einzelner Kandidaten eine wesentliche Rolle. Dazu gehört auch, Informationen über die persönlichen und geschäftlichen Beziehungen eines jeden Kandidaten zum Unternehmen, den Organen der Gesellschaft und einem wesentlich an der Gesellschaft beteiligten Aktionär einzuholen. Bei der Beurteilung der Unabhängigkeit und der angemessenen Zahl unabhängiger Mitglieder im Aufsichtsrat wird regelmäßig nicht nur der Blick in den DCGK und dessen Kriterien genügen, sondern auch eine Befassung mit den **Abstimmungsrichtlinien** bzw. -empfehlungen der großen institutionellen **Stimmrechtsberater** erforderlich sein. Gleiches gilt für die Kriterien des **Overboarding**. Der Nominierungsausschuss sollte sich darüber hinaus vergewissern, dass den Kandidaten für die Wahrnehmung ihrer Aufgaben im Aufsichtsrat genügend Zeit zur Verfügung steht (vgl. Grundsatz G.12 DCGK). Verstößt der Vorschlag des Nominierungsausschusses gegen die Empfehlungen des DCGK, begründet dies weder die Nichtigkeit des Vorschlags des Aufsichtsrats noch die Anfechtbarkeit des Wahlbeschlusses der Hauptversammlung.[382]

Der Nominierungsausschuss kann zur Unterstützung bei der Kandidatensuche externe Unterstützung, etwa durch **Personalberater**, auf Rechnung der Gesellschaft beauftragen.[383] Nach den skizzierten Kriterien wird der Nominierungsausschuss, ggf. unter Einschaltung von Personalberatern, geeignete Kandidaten für eine anfängliche „long list" und spätere „short list" auswählen, sich bei den Kandidaten nach deren Bereitschaft erkundigen und **Auswahlgespräche** führen.

Dem Nominierungsausschuss steht es frei, dem Aufsichtsrat nur die **Zahl an Kandidaten** vorzuschlagen, die neu zu wählen sind oder eine größere Anzahl von Kandidaten zu präsentieren, aus denen der Aufsichtsrat dann seinen Vorschlag an die Hauptversammlung auswählt.[384] Eine detaillierte schriftliche **Begründung** der Vorschläge des Nominierungsausschusses ist nicht erforderlich. Allerdings wird man

---

[380] OLG Jena ZIP 2006, 1989 (1990); Hüffer/Koch/*Koch* AktG § 124 Rn. 21; MüKoAktG/*Kubis* AktG § 124 Rn. 37; BeckOGK/*Rieckers* AktG § 124 Rn. 43; Kölner Komm AktG/*Noack*/*Zetzsche* AktG § 124 Rn. 66; *Butzke* HV der AG Rn. B 84; *Simons* AG 2020, 75 (80).
[381] KBLW/*Kremer* DCGK Rn. 1313; MüKoAktG/*Habersack* AktG § 107 Rn. 110; anders dagegen die Empfehlung der EU-Kommission 2005 vom 15.2.2005 zu den Aufgaben von nicht geschäftsführenden Direktoren/Aufsichtsratsmitgliedern/börsennotierter Gesellschaften sowie zu den Ausschüssen des Verwaltungs-/Aufsichtsrats (2005/162/EG) Anhang I Ziff. 2.1.2 zur mehrheitlichen Besetzung mit unabhängigen Mitgliedern und die Praxis in den USA, dazu GroßkommAktG/*Hopt*/*Roth* AktG § 107 Rn. 571 ff. mwN.
[382] BGH NZG 2019, 262 Rn. 29 ff.
[383] KBLW/*Kremer* DCGK Rn. 1311; *Simons* AG 2020, 75 (81).
[384] KBLW/*Kremer* DCGK Rn. 1311; *Simons* AG 2020, 75 (80 f.); enger *v. Werder*/*Wieczorek* DB 2007, 297 (303).

vom Nominierungsausschuss neben einer mündlichen Begründung in der Aufsichtsratssitzung zumindest einen Lebenslauf der Kandidaten erwarten können, der über relevante Kenntnisse, Fähigkeiten und fachliche Erfahrungen Auskunft gibt sowie die Information über wesentliche Tätigkeiten. Die Anteilseignerseite des Aufsichtsrats ist bei ihrer Entscheidung über die Wahlvorschläge an die Hauptversammlung nicht an die Vorschläge des Nominierungsausschusses gebunden. Verwirft der Aufsichtsrat Vorschläge des Nominierungsausschusses, muss er dies nicht gegenüber der Hauptversammlung begründen.

308 Neben der kurzfristigen Aufgabe, Kandidaten für anstehenden Aufsichtsratswahlen zu finden, gehört auch die **langfristige Nachfolgeplanung** der Anteilseignerseite im Aufsichtsrat zum Tätigkeitsfeld eines Nominierungsausschusses.

309 Nicht zu den Aufgaben eines Nominierungsausschusses gehört eine etwaige Stellungnahme des Aufsichtsrats zu einem Antrag auf **gerichtliche Bestellung von Aufsichtsratsmitgliedern** nach § 104 AktG (→ § 2 Rn. 134 ff.). Das Recht, die gerichtliche Bestellung eines Aufsichtsratsmitglieds zu beantragen, steht nach § 104 Abs. 1 S. 1, Abs. 2 S. 3 AktG nur einzelnen Aufsichtsratsmitgliedern, nicht aber dem Gremium insgesamt zu. Zulässig ist es hingegen, den Nominierungsausschuss mit der Ausarbeitung einer (freiwilligen) Stellungnahme des Aufsichtsrats zu **Wahlvorschlägen von Aktionären** zu beauftragen.

7. Sonderausschüsse

a) Ausschüsse im Finanzsektor

310 Im Finanzsektor bestehen zahlreiche **Sonderregelungen** zu **Aufsichtsratsausschüssen** und deren **Aufgaben.** So sollen § 25d KWG Institute *„abhängig von der Größe, der internen Organisation und der Art, des Umfangs, der Komplexität und dem Risikogehalt der Geschäfte des Unternehmens"* einen Risikoausschuss, einen Prüfungsausschuss, einen Nominierungsausschuss und einen Vergütungskontrollausschuss einrichten. Die (Mindest)Aufgaben dieser Ausschüsse sind in § 25d KWG Abs. 7–12 näher beschrieben.[385] Dem Aufsichtsrat und den genannten Ausschüssen überträgt das Gesetz zum Teil operative Aufgaben (vgl. dazu § 25d KWG sowie Art. 41 ff. RL 2009/138/EG wie Art. 76 RL 2013/36/EU). Die Ausschussmitglieder müssen die erforderlichen **Fachkenntnisse** aufweisen. Um die **Zusammenarbeit und den fachlichen Austausch** zwischen den einzelnen Ausschüssen sicherzustellen, soll mindestens ein Mitglied eines jeden Ausschusses einem weiteren Ausschuss angehören (§ 25d Abs. 7 KWG). In Gesellschaften, deren Aufsichtsrat nach dem MitbestG zusammengesetzt ist, muss dem Vergütungskontrollausschuss mindestens ein Arbeitnehmervertreter angehören. Die BaFin kann die Einrichtung dieser Ausschüsse nach § 25d Abs. 7 S. 5 KWG mit den Mitteln des Verwaltungszwangs durchsetzen.

311 § 25d KWG gibt den Ausschuss bzw. dem Aufsichtsrat ein **direktes Informationsrecht** gegenüber **verantwortlichen Angestellten** des Unternehmens. Diese Ausschüsse können unmittelbar beim Leiter der Internen Revision. Leiter Risikocontrolling und bei den Leitern der für die Ausgestaltung der Vergütungssysteme zuständigen Organisationseinheiten Auskünfte einholen. Die Geschäftsleitung muss hierüber unterrichtet werden.

312 **Anlageausschüsse** können insbesondere bei Versicherungsunternehmen und Hypothekenbanken zum Einsatz kommen, um die Anlagestrategie sowie -politik des Vorstandes zu kontrollieren und ggf. diesem beratend zur Seite zu stehen.[386]

b) Ausschuss für Geschäfte mit nahestehenden Personen

313 **aa) Aufgaben.** Die durch das ARUG II eingefügten § 107 Abs. 3 S. 4–6 AktG ermöglicht dem Aufsichtsrat der börsennotierten Gesellschaft einen **Ausschuss** einzusetzen, der über die **Zustimmung zu Geschäften mit nahestehenden Personen** nach § 111b Abs. 1 AktG beschließt. Nach dem gesetzlichen Leitbild soll ein mehrheitlich mit **unabhängigen Mitgliedern** besetzter Sonderausschuss diese Aufgabe übernehmen.[387] Der Aufsichtsrat entscheidet über die Einrichtung und Größe eines solchen Ausschusses nach pflichtgemäßem Ermessen. Die Aufgabe kann auch einem bereits bestehenden Ausschuss übertragen werden, der die besonderen Anforderungen an die Ausschussbesetzung nach § 107 Abs. 3 S. 4–6 AktG erfüllt.

314 Die Börsennotierung bestimmt sich nach § 3 Abs. 2 AktG. **Geschäfte mit nahestehenden Personen** sind in § 111a Abs. 1 S. 1 AktG als Rechtsgeschäfte oder Maßnahmen definiert, durch die ein Gegenstand oder ein anderer Vermögenswert entgeltlich oder unentgeltlich übertragen oder zur Nutzung überlassen wird und die mit nahestehenden Personen gemäß § 111a Abs. 1 S. 2 AktG getätigt werden.

---

[385] Näher dazu *Langenbucher* ZHR 176 [2012], 652 (657 ff.); *Apfelbacher/Metzner* AG 2013, 773 (776); *Hönsch/Kasper* AG 2014, 297; *Binder* ZGR 2018, 88 (115 ff.).
[386] GroßkommAktG/*Hopt/Roth* AktG § 107 Rn. 236; BeckOGK/*Spindler* AktG § 107 Rn. 188, 189.
[387] *Florstedt* ZIP 2020, 1 (6).

315 Der **Anwendungsbereich** der §§ 111a ff. AktG umfasst in der Praxis in erster Linie Kauf- und Lieferverträge, Dauerschuldverhältnisse wie Miet-, Pacht- und Lizenzverträge, Darlehen und Sicherheitenbestellungen. Allerdings gibt es eine Reihe von Ausnahmetatbeständen, die in §§ 111a Abs. 2 und 3 AktG näher bestimmt sind. Besonders hervorzuheben sind die **Ausnahmen** für Geschäfte, die im ordentlichen Geschäftsgang und zu marktüblichen Bedingungen mit nahestehenden Personen getätigt werden, Geschäfte mit 100 %igen Tochterunternehmen, Geschäfte innerhalb eines Vertragskonzerns und alle in Umsetzung einer Hauptversammlungszustimmung oder -ermächtigung vorgenommenen Geschäfte und Maßnahmen sowie Geschäfte im Zusammenhang mit Vergütungsleistungen an Vorstand und Aufsichtsrat. Damit fallen typische konzerninterne Geschäfte wie zB Verrechnungspreise, Veräußerungen von Beteiligungen, Nutzungsüberlassungen, Lizenzvereinbarungen, Konzernumlagen sowie übliche Cash-Pooling-Systeme unter die Ausnahme § 111a Abs. 2 AktG, wenn sie innerhalb eines **Vertragskonzerns** stattfinden oder wenn sie einem Drittvergleich standhalten.[388]

316 Ein **Unterlassen** ist ausdrücklich **nicht als Geschäft** erfasst. Nach der Regierungsbegründung reichen für ein „Geschäft" weder ein unterlassenes Rechtsgeschäft noch eine unterlassene Maßnahme aus.[389] Für die Entscheidung, Kündigungsrechte oder Preisanpassungsklauseln in Verträgen mit nahestehenden Personen nicht auszuüben, bedarf es daher nicht des in §§ 111a ff. AktG vorgesehen Verfahrens.[390] Gleiches gilt für den bewussten Verzicht auf Geschäftschancen zugunsten einer nahestehenden Person. Ein teilweises Nebeneinander der Schutzmechanismen der related party transactions und des § 311 Abs. 1 AktG hat der Gesetzgeber im § 311 Abs. 3 AktG bewusst in Kauf genommen.

317 Für die Definition der nahestehenden Personen verweist § 111b Abs. 1 S. 2 AktG auf die **internationalen Rechnungslegungsstandards** gemäß Verordnung (EG) Nr. 1126/2008 der Kommission vom 3.11.2008 in ihrer jeweils geltenden Form, also insbesondere auf IAS 24 einschließlich der Standards IFRS 10, 11 und IAS 28.

318 Gesetzlich relevanter **Schwellenwert** für die Zustimmung des Aufsichtsrats bzw. des Aufsichtsratsausschusses für Geschäfte mit einer nahestehenden Person ist im laufenden Geschäftsjahr ein wirtschaftlicher Gesamtwert der Geschäfte in Höhe von 1,5 Prozent der Summe aus dem Anlage- und Umlaufvermögen der Gesellschaft im Einzelabschluss bzw. im Konzernabschluss nach HGB oder im Fall des § 315e HGB des Konzernabschlusses nach den internationalen Rechnungslegungsstandards. Diese Volumengrenze ist für jede nahestehende Person einzeln festzustellen. Eine **Zusammenrechnung** aller Geschäfte mit unterschiedlichen Konzerngesellschaften findet nach dem eindeutigen Wortlaut („mit derselben Person") des § 111b Abs. 1 AktG nicht statt. Werden Geschäfte mit verschiedenen nahestehenden Personen getätigt, ist jeweils getrennt die Schwellenüberschreitung zu ermitteln.[391] In die Gesamtbetrachtung fließen auch nur die Geschäfte und Maßnahmen der börsennotierten Gesellschaft ein. Geschäfte von Tochterunternehmen bleiben unberücksichtigt.[392] Wird der relevante Schwellenwert erst durch eine Mehrzahl von Geschäften überschritten, gilt das Zustimmungserfordernis erst für das Geschäft, das die Schwellenüberschreitung auslöst.[393] **Veröffentlichungspflichtig** sind jedoch alle Geschäfte, die zur Überschreitung des Schwellenwerts beigetragen haben (§ 111c Abs. 1 S. 2 AktG), was sich im Wesentlichen mit den Berichtspflichten im Anhang zum Konzernabschluss nach § 314 Abs. 1 Nr. 13 HGB deckt.

319 Für die **Bestimmung des wirtschaftlichen Werts** eines Geschäfts oder einer Maßnahme soll eine **realistische Schätzung** des Aufsichtsrats bzw. des Ausschusses ausreichen.[394] Eine Pflicht zur Einholung eines Bewertungsgutachtens besteht in der Regel nicht. Bei Kaufverträgen über einzelne Sachen ist die Beurteilung naturgemäß leichter als bei langfristigen Nutzungsverträgen oder Finanzierungsverträgen.[395] Inwieweit dem Aufsichtsrat(sausschuss) bei der Bestimmung des wirtschaftlichen Werts ein Einschätzungsermessen zukommt oder die Grundsätze der Business Judgement Rule eingreifen, lässt sich der Regierungsbegründung nicht entnehmen. Angesichts der Komplexität von Bewertungsfragen wird man dem Aufsichtsrat hier in Anlehnung an § 287 ZPO ein **Ermessen** zubilligen müssen. Die Regierungsbegründung stellt mit Blick auf den Vorstand zu den Rechtsfolgen jedenfalls klar, dass Unsicherheiten, die aus einer Fehleinschätzung hinsichtlich der weiten Definition des Begriffs der nahestehenden Person, des Geschäfts, der Bewertung der Schwelle oder der aggregierten Geschäfte herrühren, nicht auf das **Außenverhältnis** durchschlagen sollen.[396] Entsprechendes muss für eine Fehleinschätzung des Aufsichtsrats gelten.

---

[388] RegBegr. BT-Drs. 19/9739, 81, 91; krit. insbesondere zur Einbeziehung des Cash Pooling *Grigoleit* ZGR 2019, 412 (433).
[389] RegBegr. BT-Drs. 19/9739, 79.
[390] *J. Vetter* AG 2019, 853 (855); für eine teleologische Reduktion dagegen *Grigoleit* ZGR 2019, 412 (420).
[391] RegBegr. BT-Drs. 19/9739, 84.
[392] RegBegr. BT-Drs. 19/9739, 84.
[393] RegBegr. BT-Drs. 19/9739, 84.
[394] RegBegr. BT-Drs. 19/9739, 83.
[395] Zu Bewertungsfragen eingehend *J. Vetter* AG 2019, 853 (856 ff.); *Eisele/Oser* DB 2019, 1517.
[396] RegBegr. BT-Drs. 19/9739, 85.

320 Damit ein Ausschuss für Geschäfte mit nahestehenden Personen seine Aufgaben erfüllen kann, ist er auf **Informationen des Vorstands** angewiesen. Daher empfiehlt es sich, im Rahmen der Geschäftsordnung für den Vorstand entsprechende Informations- und Meldepflichten vorzusehen, die dem Ausschuss vor Erreichen des gesetzlichen Schwellenwerts eine eigenständige Beurteilung erlauben, für welche Geschäfte einer der Ausnahmetatbestände eingreift und ob ggf. die Zustimmung nach § 111b Abs. 1 AktG erforderlich ist.

321 Nach § 111a Abs. 2 S. 2 AktG ist die börsennotierte Gesellschaft verpflichtet, ein **internes Verfahren** einzurichten, von dem die an dem Geschäft beteiligten nahestehenden Personen ausgeschlossen sind, um regelmäßig zu bewerten, ob die Geschäfte mit nahestehenden Personen im ordentlichen Geschäftsgang und zu marktüblichen Bedingungen abgeschlossen wurden. Für die Einrichtung dieses internen Verfahrens ist der Aufsichtsrat zuständig. Die **Zuständigkeit des Aufsichtsrats** ergibt sich aus der richtlinienkonformen Auslegung.[397] Nach Art. 9c Abs. 5 S. 2 der Aktionärsrechterichtlinie (EU) 2017/828 richtet das Verwaltungs- oder Aufsichtsorgan der Gesellschaft ein internes Verfahren ein, um regelmäßig zu bewerten, ob Geschäfte mit nahestehenden Personen im ordentlichen Geschäftsgang und zu marktüblichen Bedingungen getätigt werden. Verwaltungsorgan iSd europäischen Aktienrechts meint das unternehmensleitende Organ bei monistischer Gesellschaftsverfassung, also den Verwaltungsrat (vgl. Art. 38 SE-VO). Bei der AG mit dualistischer Verfassung ist folglich der Aufsichtsrat angesprochen. Der Aufsichtsrat kann diese Aufgabe einem Ausschuss übertragen, der zur Erfüllung dieser Aufgabe wiederum auf die Informationen des Vorstands zurückgreifen kann.

322 **bb) Sonderregelungen für die Besetzung.** Richtet der Aufsichtsrat einen Ausschuss für Geschäfte mit nahestehenden Personen ein, gelten besondere Anforderungen für die Ausschussmitglieder. Nur solche Personen können Mitglieder des Ausschusses nach § 107 Abs. 3 S. 4–6 AktG sein, die an dem konkreten Geschäft nicht als nahestehende Personen iSd § 111a Abs. 1 S. 2 AktG beteiligt sind. Diese Beschränkung wird aus Art. 9c Abs. 4 Unterabsatz 3 2 ARRL abgeleitet.[398] Der Ausschuss muss zudem mehrheitlich aus Mitgliedern zusammengesetzt sein, bei denen keine Besorgnis eines **Interessenkonfliktes** auf Grund ihrer Beziehungen zu einer nahestehenden Person besteht. Diese besonderen Unabhängigkeitsvoraussetzungen sind ein Novum im Aktienrecht.

323 Für die **Einschätzung,** ob in einem konkreten Fall für ein Ausschussmitglied eine Besorgnis des Interessenkonfliktes besteht, ist der Aufsichtsrat zuständig. Der Aufsichtsrat kann die für einen Interessenkonflikt sprechenden Kriterien selbst präzisieren.[399] Naheliegend ist eine Orientierung an den EU-Empfehlungen zur Unabhängigkeit von Aufsichtsratsmitgliedern.[400] Nach den Gesetzesmaterialien handelt sich hierbei nicht um eine unternehmerische Entscheidung. Insofern bestehe **kein Beurteilungsspielraum** des Aufsichtsrats und die Entscheidung sei gerichtlich voll überprüfbar.

324 Die Regierungsbegründung formuliert einen **objektiven Prüfungsmaßstab:** Entscheidend sei, ob nach Ansicht eines verständigen, vernünftig und objektiv urteilenden Dritten, der mit den potenziell schädlichen Beziehungen zwischen dem Aufsichtsratsmitglied und der nahestehenden Person vertraut ist, bei einer Würdigung der Umstände des Einzelfalls die begründete Besorgnis besteht, dass das Mitglied des Aufsichtsrats nicht in der Lage sein wird, die Abstimmung über die Zustimmung zu dem Geschäft mit der nahestehenden Person unbefangen, unparteiisch und unbeeinflusst von jeder Rücksichtnahme auf deren Interessen wahrzunehmen.[401]

325 Dementsprechend muss der Aufsichtsrat für seine Beurteilung die **Beziehungen** des einzelnen Aufsichtsratsmitglieds zu einer nahestehenden Person **untersuchen und bewerten.** Jedes einzelne Aufsichtsratsmitglied ist verpflichtet, potenziell schädliche Beziehungen dem Aufsichtsratsvorsitzendem offenzulegen. Der Aufsichtsrat darf sich offensichtlichen Anhaltspunkten für schädliche Beziehungen eines Aufsichtsratsmitglieds nicht verschließen und ist bei gegebenem Anlass zur sorgfältigen Ermittlung der Tatsachengrundlage gehalten.

326 Die Regierungsbegründung zum ARUG II enthält eine breite Auffächerung möglicher **Befangenheitsgründe.** Ein Interessenkonflikt soll schon durch konkrete Gründe finanzieller oder persönlicher Art indiziert sein. In diesem Fall könne der Aufsichtsrat bei Würdigung der Umstände des **Einzelfalls** darüber nur hinweggehen, wenn in Ansehung des konkreten Geschäfts gute Gründe für die Neutralität des

---

[397] *Florstedt* ZHR 184 (2020) 10 (35); *Redeke/Schäfer/Troidl* AG 2020, 159 (160); *Rieckers* DB 2020, 207 (215); BeckOKG/*Spindler* AktG § 111a Rn. 31.
[398] RegBegr. BT-Drs. 19/9739, 76.
[399] RegBegr. BT-Drs. 19/9739, 87.
[400] Empfehlung der Kommission vom 15.2.2005 zu den Aufgaben von nicht geschäftsführenden Direktoren/Aufsichtsratsmitgliedern börsennotierter Gesellschaften sowie zu den Ausschüssen des Verwaltungs-/Aufsichtsrats (2005/162/EG) und zur Unabhängigkeit des Abschlussprüfers (Empfehlung der Kommission vom 16.5.2002 (2002/590/EG).
[401] RegBegr. BT-Drs. 19/9739, 76 f.

betroffenen Mitglieds sprechen. Im Ergebnis sei Unabhängigkeit eine Frage der inneren Haltung.[402] Wie der Aufsichtsrat die hier angesprochene innere Haltung aus der geforderten Sicht des verständigen, vernünftig und objektiv urteilenden Dritten beurteilen soll, bleibt ein Mysterium.[403]

Für die **Besorgnis eines Interessenkonflikts** reicht es aus Sicht der Gesetzesverfasser aus, dass nicht ausgeschlossen werden kann, dass die Entscheidung des Aufsichtsratsmitglieds durch einen Interessenkonflikt beeinflusst werden könnte. Es sei dabei nicht erforderlich, dass ein Interessenkonflikt oder eine Beeinflussung der Entscheidung wahrscheinlich ist oder tatsächlich vorliegt. Ob das Aufsichtsratsmitglied sich selbst in einem Interessenkonflikt sieht, ist ebenfalls unbedeutend. Es soll bereits der **bloße Anschein** einer Beeinflussung der Entscheidung des Aufsichtsratsmitglieds vermieden werden. Ein Interessenkonflikt ist anzunehmen, wenn Gründe vorliegen, aufgrund derer das Aufsichtsratsmitglied seine Entscheidung nicht allein am Unternehmensinteresse, sondern auch an dem Interesse der nahestehenden Person orientieren könnte. 327

Unbedeutende Geschäftsbeziehungen können grundsätzlich keine Besorgnis eines Interessenkonflikts begründen. Eine schädliche geschäftliche Beziehung liegt jedoch in der Regel vor, wenn die Entscheidung über das zustimmungspflichtige Geschäft Auswirkungen auf die Geschäftsverbindung haben kann. Familiäre oder langjährige freundschaftliche Beziehungen, die über eine alltägliche Bekanntschaft hinausgehen und aufgrund derer eine Beeinflussung der Entscheidung nicht ausgeschlossen erscheint, können die Besorgnis eines Interessenkonflikts ebenfalls begründen. Ein starkes **Indiz** für einen Interessenkonflikt ist es ferner, wenn das Aufsichtsratsmitglied erhebliche finanzielle oder geldwerte Leistungen, wie zB Vergütungen, Bezüge oder Versorgungsleistungen, von der nahestehenden Person erhält oder solche Leistungen ihr zugesagt wurden. Ist das Aufsichtsratsmitglied hingegen Mitglied der Geschäftsleitung oder des Aufsichtsorgans bei der nahestehenden (juristischen) Person oder steht mit ihr in einem Verwandtschaftsverhältnis, kann es bereits selbst als nahestehend anzusehen sein. Bei Angestellten der Muttergesellschaft wird Besorgnis eines Konflikts in der Regel anzunehmen sein.[404] 328

Der Gesetzgeber hat sich nicht dazu geäußert, ob **Arbeitnehmervertreter** im Aufsichtsrat als von Interessenkonflikten **unbefangene Mitglieder** anzusehen sind. Auch hier ist deshalb eine Einzelfallprüfung erforderlich. Im Ergebnis verbleibt nur wenig Entscheidungsspielraum des Aufsichtsrats, wenn nur der Verdacht oder bloße Anschein eines Interessenkonflikts besteht. 329

Anders als bei der Beschlussfassung im Aufsichtsratsplenum unterliegen die **Ausschussmitglieder**, die von einem Interessenkonflikt betroffen sind, bei der Abstimmung im Ausschuss keinem **Stimmverbot.** Dies ergibt sich im Wege des Umkehrschlusses: Während § 111b Abs. 2 AktG ein solches Stimmverbot anordnet, findet sich in § 107 Abs. 3 AktG gerade keine entsprechende Regelung. Mit dieser großzügigeren Handhabung wollte der Gesetzgeber den Anreiz für die Einrichtung eines Ausschusses schaffen, in dem Argumente aller Seiten ausgetauscht werden können.[405] 330

Sofern der Ausschuss nicht im Einklang mit den gesetzlichen Anforderungen besetzt ist, führt dies zur **Fehlerhaftigkeit des Zustimmungsbeschlusses.** Dies beeinträchtigt jedoch grundsätzlich nicht das Außenverhältnis der Gesellschaft zum Vertragspartner.[406] Nach den Grundsätzen des Missbrauchs der Vertretungsmacht kann jedoch eine evidente Fehlerhaftigkeit des Zustimmungsbeschlusses aufgrund eines Verstoßes gegen die Besetzungsanforderungen der nahestehenden Person entgegen gehalten werden und gegebenenfalls Rückabwicklungsansprüche begründen. 331

Die Regierungsbegründung regt an, **Ersatzmitglieder** für einen Ausschuss nach § 107 Abs. 3 S. 4–6 AktG zu wählen, die eintreten sollen, wenn ein gewähltes Mitglied im konkreten Einzelfall nach Beurteilung des Aufsichtsrats einem Interessenkonflikt unterliegt.[407] Dem Recht des Aufsichtsrats ist das Konstrukt eines Ersatzmitgliedes bei nur vorübergehender Verhinderung des Amtsinhabers fremd. Aus Gründen der Rechtssicherheit sollte der Aufsichtsrat bei Feststellung eines relevanten Interessenkonflikts zugleich einen Austausch in der Besetzung des Ausschusses vornehmen und die unbelastete Person anstelle des konfligierten Mitglieds in den Ausschuss wählen. 332

Die **inhaltliche Entscheidung** des Ausschusses über die Zustimmung zu einem relevanten Geschäft mit nahestehenden Personen ist eine unternehmerische Entscheidung. Insoweit finden die allgemeinen Grundsätze der Business Judgement Rule nach §§ 116 S. 1, 93 AktG Anwendung.[408] Nähere materielle Kriterien sieht die Gesetzesbegründung nicht vor. Da sich ein Zustimmungserfordernis regelmäßig nur dann stellt, wenn nicht die Ausnahmeregelung zu Geschäften im ordentlichen Geschäftsgang zu marktüblichen Bedingungen nach § 111a Abs. 2 S. 1 AktG eingreift, dürfte jeweils eine **vertiefte Prüfung** erfor- 333

---

[402] RegBegr. BT-Drs. 19/9739, 76 f.
[403] „größte Schwierigkeit" sieht Hüffer/Koch/*Koch* AktG § 107 Rn. 26c.
[404] *Tarde* NZG 2019, 488 (492); Hüffer/Koch/*Koch* AktG § 107 Rn. 26c.
[405] RegBegr. BT-Drs. 19/9739, 76; krit. *Tarde* NZG 2019, 488 (493).
[406] RegBegr. BT-Drs. 19/9739, 76 f.; *Lieder/Wernert* ZIP 2019, 989 (995).
[407] RegBegr. BT-Drs. 19/9739, 76.
[408] *Bungert/Wansleben* BB 2019, 1026 (1029).

derlich sein, ob das Geschäft angemessen ist und im Unternehmensinteresse liegt. Der deutsche Gesetzgeber hat keinen Gebrauch gemacht von der Option des Art. 9c Abs. 3 ARRL, vor der Entscheidung über die Zustimmung einen Bericht über die Angemessenheit des Geschäfts zu verlangen. Eine solche **Fairness Opinion** ist daher nicht zwingend einzuholen. Bei **komplexen Transaktionen** wird der Aufsichtsrat bzw. ein Ausschuss für Geschäfte mit nahestehenden Personen dennoch selbstkritisch prüfen müssen, ob die notwendige Bewertungsexpertise vorhanden ist oder ob für eine angemessene Informationsgrundlage die sachverständige Bewertung eines unabhängigen Dritten eingeholt werden muss.

c) Compliance-Ausschuss

334   Der Aufsichtsrat kann zur Überwachung der Einhaltung der Legalitätspflicht des Vorstands einen Compliance-Ausschuss einrichten[409] (zur Compliance-Verantwortlichkeit des Aufsichtsrats → § 4 Rn. 348 ff.). In der Praxis finden sich mitunter generalisierende **Aufgabenbeschreibungen,** wonach ein Compliance-Ausschuss mit der „Überwachung der Compliance" oder „Compliance-Angelegenheiten" oder der Überwachung der Einhaltung von Rechtsvorschriften, behördlichen Regelungen und der unternehmensinternen Richtlinien beauftragt wird. Solche Aufgabenzuweisungen bergen einerseits die Gefahr, die Ausschussarbeit mit einer pauschalen Rechtmäßigkeitskontrolle des gesamten Vorstandshandelns zu überfrachten. Andererseits ist die **Abgrenzung** zu den anderen Aufsichtsratsaufgaben und insbesondere den Aufgaben eines Prüfungsausschusses nicht trennscharf gewährleistet. Gerade letzteres sollte bei der Einrichtung und Aufgabenzuweisung an einen Compliance-Ausschuss beachtet werden.[410] Falls die Überwachung der Compliance nicht dem Prüfungsausschuss zugewiesen wird, ist eine möglichst **konkrete Beschreibung** der Aufgaben notwendig. Dies kann beispielsweise die Überwachung des Compliance-Management-Systems, die Einhaltung eines unternehmensinternen Code of Conduct oder der Funktionsfähigkeit eines Hinweisgebersystems im Unternehmen sein.

335   Ein Compliance-Ausschuss bietet sich auch an als zeitlich begrenzter, **projektbezogener Ausschuss** zur Aufklärung und Aufarbeitung spezifischer **Compliance-Verstöße** im Unternehmen.

d) Beteiligungsausschuss in mitbestimmten Gesellschaften

336   Entscheidungen des Aufsichtsrats nach § 32 Abs. 1 MitbestG, § 15 Abs. 1 MitbestErgG über die **Ausübung von Beteiligungsrechten** in der paritätischen Mitbestimmung unterliegenden Tochtergesellschaften (dazu → § 7 Rn. 295 ff.), insbesondere die Stimmrechtsausübung bei der Bestellung von Aufsichtsratsmitgliedern, können auf einen Ausschuss (Beteiligungsausschuss) übertragen werden.[411] Für die Delegation ist ein Beschluss des Aufsichtsratsplenums erforderlich. Für die Beschlussfassung eines Ausschusses in den Angelegenheiten des § 32 Abs. 1 MitbestG, § 15 Abs. 1 MitbestErgG gelten die spezifischen **mitbestimmungsrechtlichen Mehrheitserfordernisse** nach § 32 Abs. 1 S. 2 MitbestG, § 15 Abs. 1 S. 2 MitbestErgG. Beschlüsse bedürfen der Mehrheit der Stimmen aller Aufsichtsratsmitglieder der Anteilseignervertreter. Deshalb muss einem solchen Beteiligungsausschuss **mehr als die Hälfte der Anteilseignervertreter** im Aufsichtsrat angehören.[412] Eine paritätische Besetzung des Beteiligungsausschusses ist aufgrund dessen besonderer Funktion nicht geboten.[413]

e) Projektbezogene Ausschüsse

337   Der Aufsichtsrat kann neben den auf Dauer angelegten Ausschüssen auch ad hoc Ausschüsse für Sondersituationen oder bestimmte Projekte einrichten. Solche projektbezogenen Ausschüsse haben den Vorteil **größerer Effizienz** und **höherer Arbeitsgeschwindigkeit,** weil sie mit weniger Mitgliedern besetzt sind als das Plenum und kurzfristiger zusammentreten können als ein Gremium mit 15 oder 20 Mitgliedern.

338   Darüber hinaus kann und sollte der Aufsichtsrat bei den zu **spezifischen Themen** oder Projekten gebildeten Ausschüssen solche Mitglieder wählen, die aufgrund **Sachkunde** in besonderer Weise für diese Aufgaben qualifiziert sind. Ein weiterer Vorteil von solchen projektbezogen gebildeten Ausschüssen mit wenigen Mitgliedern liegt in der Sicherstellung der **Vertraulichkeit.** In kritischen Situationen oder bei besonders geheimhaltungsbedürftigen Projekten kommt es in der Praxis börsennotierter Unternehmen

---

[409] *Blassl* WM 2017, 992 (998); *von Busekist/Keuten* CCZ 2016, 119; *Hölters/Hambloch-Gesinn/Gesinn* AktG § 107 Rn. 112a; BeckOGK/*Spindler* AktG § 107 Rn. 163; *Winter* FS Hüffer, 2010, 1103 (1124).
[410] *von Busekist/Keuten* CCZ 2016, 119 (121 f.).
[411] Kölner Komm AktG/*Mertens/Cahn* MitbestG § 32 Rn. 20; *Lutter/Krieger/Verse* AR Rn. 521 Habersack/Henssler/*Habersack* MitbestG § 32 Rn. 28; MHdB AG/*Hoffmann-Becking* § 29 Rn. 69.
[412] *Lutter/Krieger/Verse* AR Rn. 521; Habersack/Henssler/*Habersack* MitbestG § 32 Rn. 28; MHdB AG/*Hoffmann-Becking* § 29 Rn. 88; aA Kölner Komm AktG/*Mertens/Cahn* MitbestG § 32 Rn. 21 f.; *Rodewig* in Semler/v. Schenck AR-HdB § 8 Rn. 231 ff.: Besetzung mit 3 Anteilseignervertretern ausreichend.
[413] HM, vgl. Habersack/Henssler/*Habersack* MitbestG § 32 Rn. 28.

mit großen Aufsichtsräten immer wieder zu Indiskretionen. Informationen werden an interessierte Personen oder an die Medien gegeben. Aus der Natur der Sache erhöht sich das Risiko von Vertraulichkeitsverletzungen mit der Zahl der Personen, die von den betreffenden Informationen Kenntnis erlangen. Sonderausschüsse können zudem ein flexibles und effizientes Instrument sein für den Umgang mit punktuellen **Interessenskonflikten** einzelner Aufsichtsratsmitglieder.

Aus rechtlicher Sicht gelten für solche ad-hoc Ausschüsse die **allgemeinen Vorgaben.**[414] Dem Aufsichtsrat steht bei der Entscheidung über die Einrichtung projekt- oder themenbezogener Ausschüsse ein weites Ermessen zu. Im Einzelfall kann die Einrichtung solcher Ausschüsse zur sachgerechten Organisation der Aufsichtsratstätigkeit geboten sein.[415] Beschließt der Aufsichtsrat die Einrichtung eines projektbezogenen Ausschusses, hat er insbesondere die Aufgaben und Entscheidungsbefugnisse klar zu definieren. 339

Projektbezogene Ausschüsse finden sich typischerweise in **Sondersituationen** wie großen Investitionsvorhaben des Vorstands, behördlichen Untersuchungen oder existenzbedrohenden Rechtsstreitigkeiten („Litigation Committee") und in **Übernahmesituationen** zur engen Begleitung des Vorstands bei der Prüfung des Angebots, Beschlussfassung über Verteidigungsmaßnahmen und Erarbeitung der Stellungnahme nach § 27 WpÜG.[416] 340

Weitere Anlässe für die Einrichtung eines projektbezogenen Ausschusses sind große Akquisitionen zur Prüfung der Due Diligence Ergebnisse und der wirtschaftlichen Parameter, eine vertrauliche **Compliance-Untersuchung** oder in der Unternehmenskrise als **Sanierungsausschuss.**[417] 341

8. Innere Ordnung

a) Regelungszuständigkeit

Die innere Ordnung der Ausschüsse und das **Verfahren** der Ausschussarbeit sind im Gesetz nur rudimentär angesprochen. Die schriftliche Stimmabgabe und schriftliche Beschlussfassung sind in § 108 Abs. 3 und 4 AktG – teils dispositiv – geregelt und § 109 AktG enthält Vorschriften zur Sitzungsteilnahme. Die innere Ordnung von Aufsichtsratsausschüssen kann im Übrigen durch die Satzung, den Aufsichtsrat oder durch den Ausschuss selbst gestaltet werden. Satzungsregelungen sind jedoch nur insoweit zulässig, wie sie nicht die Entscheidungskompetenz des Aufsichtsratsplenums über die Einrichtung und Besetzung von Ausschüssen berühren.[418] 342

Falls das Verfahren der Ausschussarbeit nicht oder nur unvollständig geregelt ist, gelten grundsätzlich die Regelungen über die Arbeitsweise des Aufsichtsrats aus Gesetz, Satzung bzw. Geschäftsordnung des Aufsichtsrats entsprechend, insbesondere die Regelungen über die Einberufung und Beschlussfassung.[419] 343

Ein Ausschuss kann im Rahmen seiner Organisationsautonomie (→ Rn. 1) aus seiner Mitte Unterausschüsse bilden, über deren Aufgaben innerhalb des Aufgabenspektrums des Ausschusses und deren Besetzung entscheiden und Unterausschüsse wieder auflösen. Der Ausschuss jedoch nicht das Recht, dem **Unterausschuss** Beschlusskompetenz zu übertragen.[420] Sofern Unterausschüsse eingerichtet sind, berichten diese entsprechend § 107 Abs. 3 S. 5 AktG an den Ausschuss, nicht an den Aufsichtsrat.[421] 344

b) Geschäftsordnung von Ausschüssen

Der Aufsichtsrat ist berechtigt, im Rahmen seiner eigenen Geschäftsordnung oder durch separaten Beschluss über eine **Geschäftsordnung** des Ausschusses Regelungen zum Verfahren der Ausschussarbeit zu treffen. Soweit Satzung und Aufsichtsrat keine Vorgaben machen, kann schließlich der Ausschuss selbst eine eigene Geschäftsordnung beschließen oder Verfahrensregelungen treffen.[422] Für die Zuweisung von Aufgaben und Kompetenzen bleibt jedoch der Aufsichtsrat zuständig. Die Aufgaben des Ausschusses sind abgeleitete Aufgaben (→ Rn. 231), ein Ausschuss kann nicht in seiner eigenen Geschäftsordnung seine Aufgabenstellung eigenständig erweitern oder beschränken. Der Aufsichtsrat kann eine vom Ausschuss erlassene Geschäftsordnung jederzeit aufheben oder ändern (→ Rn. 231). 345

---

[414] *Lutter/Krieger/Verse* AR Rn. 751; *Hasselbach/Seibel* AG 2012, 114 (116 ff.).
[415] *Hasselbach/Seibel* AG 2012, 114.
[416] Weitere Praxisbeispiele bei *Hasselbach/Seibel* AG 2012, 114.
[417] *Hasselbach* NZG 2012, 41 (46).
[418] BGHZ 83, 106 (118) = NJW 1982, 1525; *Lutter/Krieger/Verse* AR Rn. 774; MHdB AG/*Hoffmann-Becking* § 32 Rn. 52.
[419] MüKoAktG/*Habersack* AktG § 107 Rn. 162; *Lutter/Krieger/Verse* AR Rn. 774; MHdB AG/*Hoffmann-Becking* § 32 Rn. 52.
[420] MüKoAktG/*Habersack* AktG § 107 Rn. 163; Kölner Komm AktG/*Mertens/Cahn* AktG § 107 Rn. 171.
[421] MüKoAktG/*Habersack* AktG § 107 Rn. 163.
[422] *Lutter/Krieger/Verse* AR Rn. 774; Kölner Komm AktG/*Mertens/Cahn* AktG § 107 Rn. 183; MHdB AG/*Hoffmann-Becking* § 32 Rn. 52.

c) Aufgaben des Ausschussvorsitzenden

346 Das Gesetz verlangt keine Bestellung eines Ausschussvorsitzenden oder eines Stellvertreters durch den Aufsichtsrat. Auch kann die **Satzung** keine Pflicht zur Bestellung eines Ausschussvorsitzenden begründen, sonst würde sie unzulässig in die Organisationsautonomie des Aufsichtsrats eingreifen.[423] Jedoch kann die Satzung bestimmen, dass der Aufsichtsratsvorsitzende den Vorsitz eines Ausschusses zu übernehmen hat, wenn er in den Ausschuss gewählt wird.[424] Ohne derartige Satzungsvorgaben kann der Aufsichtsrat entweder einen Vorsitzenden und Stellvertreter **bestimmen** oder die **Wahl dem Ausschuss überlassen**.[425] Aufsichtsrat bzw. Ausschuss wählen den Vorsitzenden und Stellvertreter mit **einfacher Stimmenmehrheit**.[426] Bestellt der Aufsichtsrat keinen Ausschussvorsitzenden muss der Ausschuss im Rahmen seiner **Selbstorganisationspflicht** zumindest prüfen, ob die Wahl eines Vorsitzenden zweckmäßig ist. Aufgrund der notwendigen Koordinationsarbeit dürfte es in einem Ausschuss mit drei und mehr Mitgliedern im Regelfall geboten sein, einen Ausschussvorsitzenden zu bestellen.[427] Teilweise wird die Bestellung eines Ausschussvorsitzenden als unzulässig erachtet, sofern der Ausschuss nur aus zwei Mitgliedern besteht.[428] Vor allem in größeren Ausschüssen kann ein solches Amt dazu beitragen, die Ausschussarbeit effizienter zu gestalten und die Verantwortlichkeiten klarer festzulegen.[429] Die Entscheidung über das „ob", sowie über die Person des Vorsitzenden liegt im pflichtgemäßen Ermessen des Aufsichtsrates bzw. des Ausschusses.[430]

347 Für börsennotierte Gesellschaften wird das Amt des Ausschussvorsitzenden in der Empfehlung **D.2 Satz 2 DCGK** erwähnt, wonach der Ausschussvorsitzende neben den Ausschussmitgliedern namentlich in der Erklärung zur Unternehmensführung genannt werden soll und in der **Empfehlung D.4 Satz 1 DCGK**, die speziell an den **Prüfungsausschussvorsitzenden** besondere Anforderungen stellt. Wird für den Prüfungsausschuss kein Vorsitzender bestellt, müsste insoweit eine Abweichung von der Empfehlung D.4 Satz 1 erklärt werden.

348 Zu den Aufgaben des Ausschussvorsitzenden gehören neben der **Repräsentation** und der **Koordination** der Ausschussarbeit v. a. die allgemeinen sitzungsleitenden Befugnisse, wie etwa die **Einberufung der Ausschusssitzungen.** Insoweit ist § 110 Abs. 1 und Abs. 2 AktG (teilweise) analog heranzuziehen.[431] So kann entsprechend § 110 Abs. 1 S. 1 Alt. 1 AktG jedes Ausschussmitglied unter Angabe des Zwecks und der Gründe die Einberufung einer Ausschusssitzung durch den Ausschussvorsitzenden verlangen und, sofern diesem Verlangen nicht entsprochen wird, analog § 110 Abs. 2 AktG selbst einberufen. Anders als im direkten Anwendungsbereich des § 110 Abs. 1 S. 1 Alt. 2 AktG steht dem Vorstand hingegen nicht das Recht zu, die Einberufung des Ausschusses zu verlangen.[432] Bereits in seiner direkten Anwendung gibt § 110 Abs. 1 S. 1 Alt. 2 AktG dem Vorstand lediglich das Recht, über den Aufsichtsratsvorsitzenden die Befassung des Aufsichtsrates mit bestimmten Fragen herbeizuführen. Die Entscheidung darüber, ob diese Fragen im Einzelfall tatsächlich vom Gesamtaufsichtsrat oder von einem Ausschuss behandelt werden, obliegt aber gerade nicht dem Vorstand, sondern alleine dem Aufsichtsratsvorsitzenden.[433]

349 Hat der Ausschuss **keinen Vorsitzenden,** so ist jedes Ausschussmitglied unabhängig von § 110 Abs. 2 AktG zur Einberufung berechtigt.[434] Uneinigkeit besteht darüber, ob daneben auch der **Aufsichtsrats-**

---

[423] BGHZ 83, 106 (115); *Lutter/Krieger/Verse* AR Rn. 768; GroßkommAktG/*Hopt/Roth* AktG § 107 Rn. 325: Verstoß gegen die Wahlfreiheit des Aufsichtsrats.
[424] Hüffer/Koch/*Koch* AktG § 107 Rn. 29; GroßkommAktG/*Hopt/Roth* AktG § 107 Rn. 330, 371, 448; Kölner Komm AktG/*Mertens/Cahn* AktG § 107 Rn. 96, 120; einschränkend MHdB AG/*Hoffmann-Becking* § 32 Rn. 53: nicht regelbar, dass Aufsichtsratsvorsitzender Vorsitzender aller Ausschüsse ist denen er angehört.
[425] Hüffer/Koch/*Koch* AktG § 107 Rn. 29; *Lutter/Krieger/Verse* AR Rn. 771; Kölner Komm AktG/*Mertens/Cahn* AktG § 107 Rn. 120; GroßkommAktG/*Hopt/Roth* AktG § 107 Rn. 448.
[426] MHdB AG/*Hoffmann-Becking* § 32 Rn. 53; Kölner Komm AktG/*Mertens/Cahn* AktG § 107 Rn. 120.
[427] MHdB AG/*Hoffmann-Becking* § 32 Rn. 53; Kölner Komm AktG/*Mertens/Cahn* AktG § 107 Rn. 120; aA GroßkommAktG/*Hopt/Roth* AktG § 107 Rn. 370 der den Ausschussvorsitzenden auch in diesem Fall als „nicht unbedingt unentbehrlich" ansieht.
[428] So etwa BeckOGK/*Spindler* AktG § 107 Rn. 116; GroßkommAktG/*Hopt/Roth* AktG § 107 Rn. 449; Kölner Komm AktG/*Mertens/Cahn* AktG § 107 Rn. 120; so auch Semler/v. Schenck/*Mutter* AktG § 107 Rn. 289 der jedoch bereits die Zulässigkeit eines Zweipersonenausschusses ablehnt.
[429] Hölters/Hambloch-Gesinn/*Gesinn* AktG § 107 Rn. 124; *Hasselbach/Seibel* AG 2012, 114 (119).
[430] Kölner Komm AktG/*Mertens/Cahn* AktG § 107 Rn. 120.
[431] HL MüKoAktG/*Habersack* AktG § 107 Rn. 164; Kölner Komm AktG/*Mertens/Cahn* AktG § 107 Rn. 129; MHdB AG/*Hoffmann-Becking* § 32 Rn. 54; *Rellermeyer*, Aufsichtsratsausschüsse, 1986, 164; BeckOGK/*Spindler* AktG § 107 Rn. 118; GroßkommAktG/*Hopt/Roth* AktG § 107 Rn. 452.
[432] GroßkommAktG/*Hopt/Roth* AktG § 107 Rn. 452; Kölner Komm AktG/*Mertens/Cahn* AktG § 107 Rn. 129; aA *Lutter/Krieger/Verse* AR Rn. 772.
[433] So Kölner Komm AktG/*Mertens/Cahn* AktG § 107 Rn. 129.
[434] MüKoAktG/*Habersack* AktG § 107 Rn. 164; Kölner Komm AktG/*Mertens/Cahn* AktG § 107 Rn. 129; *K. Schmidt/Lutter* AktG/*Drygala* AktG § 107 Rn. 51; GroßkommAktG/*Hopt/Roth* AktG § 107 Rn. 452.

vorsitzende zur Einberufung berechtigt sein soll. Ein Teil der Literatur lehnt dies ab,[435] was unter anderem damit begründet wird, dass niemandem, der für die Arbeit der Ausschüsse keine unmittelbare Verantwortung trage, ein Recht zugestanden werde könne, auf deren Arbeit unmittelbar Einfluss zu nehmen.[436] Dem wird zurecht entgegengehalten, dass der Aufsichtsratsvorsitzende den Gesamtaufsichtsrat jederzeit zu einem dem Ausschuss übertragenen Bereich einberufen könne, sodass ihm nach dem Argument *a maiore ad minus* auch ein Einberufungsrecht des Ausschusses selbst zustehen müsse. Darüber hinaus stehe dem Aufsichtsratsvorsitzenden dieses Recht schon aufgrund seiner Koordinationsfunktion zu.[437]

Aufgrund der in der Literatur herrschenden Uneinigkeit und mangels Rechtsprechung hierzu ist zu **empfehlen,** dies in der Geschäftsordnung des Aufsichtsrats zu regeln. 350

Wie oft Sitzungen stattzufinden haben, hängt maßgeblich von der Art des Ausschusses und der ihm 351 übertragenen Aufgaben ab. Die Entscheidung über den **Sitzungsturnus** obliegt primär dem Aufsichtsrat.[438] Enthält die Geschäftsordnung des Aufsichtsrates hierzu keine Regelung, so hat der Ausschussvorsitzende hierüber nach pflichtgemäßem Ermessen zu entscheiden.[439] § 110 Abs. 3 AktG ist insoweit nicht analog anwendbar.[440] Um eine effiziente Sitzung zu ermöglich, hat der Ausschussvorsitzende den Ausschussmitgliedern zur **Vorbereitung der Sitzung** alle hierfür erforderlichen Unterlagen rechtzeitig zukommen zu lassen.[441]

Dem Ausschussvorsitzenden obliegt auch die **Sitzungsleitung.**[442] Es gelten dieselben Grundsätze wie 352 für den Aufsichtsratsvorsitzenden (→ Rn. 77). Er hat in analoger Anwendung des § 107 Abs. 2 AktG über die Sitzungen des Ausschusses eine Niederschrift anzufertigen (sog. **Sitzungsprotokoll**) und diese Niederschrift zu unterschreiben.[443] Für erledigende Ausschüsse gilt dies bereits in direkter Anwendung, denn Beschlüsse eines solchen ersetzen die Beschlüsse des Aufsichtsrates. Fehlt der Ausschussvorsitzender oder sein Vertreter, so ist die Niederschrift von allen Ausschussmitgliedern zu unterzeichnen.[444] Der Ausschussvorsitzende entscheidet im Rahmen seiner Sitzungsleitung auch über die **Hinzuziehung von Auskunftspersonen** (§ 109 Abs. 1 S. 2 AktG).

Gemäß § 107 Abs. 3 S. 8 AktG ist dem Aufsichtsrat regelmäßig über die Arbeit der Ausschüsse zu 353 berichten (→ Rn. 380). Berichtspflichtig sind zwar die einzelnen Ausschussmitglieder in ihrer Gesamtheit, sie können (und werden) sich aber zur Erfüllung dieser **Berichtspflicht** regelmäßig des Ausschussvorsitzenden bedienen.[445]

d) Entscheidung über Teilnahme an Ausschusssitzungen

aa) Ausschussmitglieder. (1) Teilnahmerecht. Ausschussmitglieder sind berechtigt und **verpflichtet,** 354 an den jeweiligen Ausschusssitzungen **teilzunehmen.**[446] Teilnahmeberechtigt sind im Verhinderungsfall eines Ausschussmitgliedes auch dessen Vertreter, sofern solche bestellt wurden.[447] Vertreter können entweder in der Geschäftsordnung des Aufsichtsrates genannt werden, im Wahlbeschluss oder aber durch den Aufsichtsrat durch einen ad hoc Beschluss bestellt werden.[448]

Mit dem Teilnahmerecht unmittelbar verbunden ist die Befugnis, Einsicht in alle der jeweiligen Sit- 355 zung zugrundeliegenden Unterlagen zu verlangen. Dieses **Einsichtsrecht** erstreckt sich nach Beendigung der Sitzung auch auf das Sitzungsprotokoll.

Nach der **Empfehlung und Anregung D.8 DCGK** soll im Bericht des Aufsichtsrats angegeben 356 werden, an wie vielen Sitzungen des Aufsichtsrats und der Ausschüsse die einzelnen Mitglieder jeweils **teilgenommen** haben. Als Teilnahme gilt für den DCGK auch eine solche über Telefon- oder Videokonferenz, was aber nicht die Regel sein sollte. Das entspricht der Sichtweise zu § 110 Abs. 3 AktG.

---

[435] MüKoAktG/*Habersack* AktG § 107 Rn. 164; K. Schmidt/Lutter AktG/*Drygala* AktG § 107 Rn. 51; MHdB AG/ *Hoffmann-Becking* § 32 Rn. 54; *Hasselbach/Seibel* AG 2012, 114 (120); *Rellermeyer,* Aufsichtsratsausschüsse, 1986, 165.
[436] So *Rellermeyer,* Aufsichtsratsausschüsse,1986, 165.
[437] Kölner Komm AktG/*Mertens/Cahn* AktG § 107 Rn. 129; GroßkommAktG/*Hopt/Roth* AktG § 107 Rn. 452; Bürgers/Körber/*Israel* AktG § 107 Rn. 26; BeckOGK/*Spindler* AktG § 107 Rn. 118; Hölters/*Hambloch-Gesinn/Gesinn* AktG § 107 Rn. 137; Semler/v. Schenck/*Mutter* AktG § 107 Rn. 380.
[438] Kölner Komm AktG/*Mertens/Cahn* AktG § 107 Rn. 129.
[439] Kölner Komm AktG/*Mertens/Cahn* AktG § 107 Rn. 129.
[440] Grigoleit/*Tomasic* AktG § 107 Rn. 32; Kölner Komm AktG/*Mertens/Cahn* AktG § 107 Rn. 129.
[441] Semler/v. Schenck/*Mutter* AktG § 107 Rn. 383.
[442] Semler/v. Schenck/*Mutter* AktG § 107 Rn. 388; Hölters/*Hambloch-Gesinn/Gesinn* AktG § 107 Rn. 139; MHdB AG/ *Hoffmann-Becking* § 32 Rn. 56; Kölner Komm AktG/*Mertens/Cahn* AktG § 107 Rn. 131.
[443] MüKoAktG/*Habersack* AktG § 107 Rn. 169; Kölner Komm AktG/*Mertens/Cahn* AktG § 107 Rn. 135; Semler/ v. Schenck/*Mutter* AktG § 107 Rn. 396.
[444] Hüffer/Koch/*Koch* AktG § 107 Rn. 29; BeckOGK/*Spindler* AktG § 107 Rn. 115.
[445] MüKoAktG/*Habersack* AktG § 107 Rn. 170.
[446] Hüffer/Koch/*Koch* AktG § 109 Rn. 6; MüKoAktG/*Habersack* AktG § 109 Rn. 7.
[447] GroßkommAktG/*Hopt/Roth* AktG § 107 Rn. 453; MüKoAktG/*Habersack* AktG § 107 Rn. 165.
[448] MüKoAktG/*Habersack* AktG § 107 Rn. 131.

Aufgrund der grundsätzlichen Gleichwertigkeit mit einer Präsenzsitzung[449] muss dem Ausschussvorsitzenden **im Rahmen seiner Kompetenz zur Sitzungsleitung** auch die abschließende Entscheidung über die Teilnahme per Video- oder Telefonkonferenz belassen werden. Es **empfiehlt** sich allerdings eine einheitliche Regelung in der Geschäftsordnung des Aufsichtsrates über die Möglichkeit der Teilnahme an Aufsichtsrats- und Ausschusssitzungen per Telefon- oder Videokonferenz.

357 Die **Beschlussfassung des Ausschusses** per Telefon- oder Videokonferenz oder Zuschaltung in Internetkonferenzen mit Bildübertragung bleibt hingegen ein Fall des § 108 Abs. 4 AktG, bedarf also grundsätzlich einer Zulassung in der Satzung oder der Geschäftsordnung.[450]

358 Zeitlich begrenzt regelt das **Gesetz zur Abmilderung der Folgen der COVID-19-Pandemie** im Zivil-, Insolvenz- und Strafverfahrensrecht in Art. 2 § 1 Abs. 6 = § 1 Abs. 6 COVMG, dass abweichend von § 108 Abs. 4 AktG der Aufsichtsrat den Beschluss über die Zustimmung über bestimmte Maßnahmen ungeachtet der Regelungen in der Satzung oder der Geschäftsordnung ohne physische Anwesenheit der Mitglieder schriftlich, fernmündlich oder in vergleichbarer Weise vornehmen kann. Dasselbe muss dann auch für Ausschüsse gelten, auf die solche Aufgaben delegiert werden.

359 **(2) Teilnahmeausschluss.** Das Teilnahmerecht von Ausschussmitgliedern an Sitzungen des Ausschusses ist ein grundsätzlich unentziehbares Recht, dessen Ausübung nur im Einzelfall unter strengen Voraussetzungen als *Ultima Ratio* beschränkt werden kann.[451] Über den Ausschluss von Ausschussmitgliedern von der Sitzungsteilnahme entscheidet abschließend der **Ausschussvorsitzende** aufgrund seiner Sitzungsleitungskompetenz.[452] § 109 Abs. 2 AktG, der die Ausschlussbefugnis dem Aufsichtsratsvorsitzenden zuspricht, ist hier nicht anwendbar, da sich die Norm nur auf Aufsichtsratsmitglieder bezieht, die einem Ausschuss *nicht* angehören. Der Ausschluss von Ausschussmitgliedern folgt somit den **allgemeinen Regeln**.[453] Es gelten die Grundsätze zum Ausschluss von Aufsichtsratsmitgliedern von der Plenarsitzung entsprechend (→ Rn. 83 f.). Gleichwohl ist eine Regelung über die Ausschlussbefugnis des Vorsitzenden in einer vom Aufsichtsratsplenum beschlossenen Geschäftsordnung zu **empfehlen.**

360 In Betracht kommt ein Entzug des Teilnahmerechts nur bei Vorliegen eines **wichtigen Grundes.** Für das Vorliegen eines wichtigen Grundes muss hierbei nicht zwingend das Gewicht des § 103 Abs. 3 AktG erreicht werden.[454] Die Teilnahme kann etwa dann untersagt werden, wenn ein **störungsfreier und ordnungsgemäßer Sitzungsverlauf** nicht mehr gewährleistet werden kann. Eine Untersagung kann auch in Betracht kommen bei **Interessenkonflikten** oder bei konkret belegbarer Befürchtung, dass durch die Teilnahme wichtige Gesellschafterbelange oder die **Verschwiegenheit der Beratungen** im Ausschuss gefährdet werden.[455]

361 **bb) Ausschussfremde Aufsichtsratsmitglieder. (1) Teilnahmerecht.** Nach § 109 Abs. 2 AktG können die Aufsichtsratsmitglieder, die dem Ausschuss nicht angehören, an den Ausschusssitzungen teilnehmen, wenn der Aufsichtsratsvorsitzende nichts anderes bestimmt (→ Rn. 366 ff.). Aus dem Wortlaut des § 109 Abs. 2 AktG („*können*") folgt, dass **ausschussfremde Aufsichtsratsmitglieder zur Teilnahme berechtigt, nicht aber verpflichtet** sind. Sie können grundsätzlich an allen Ausschusssitzungen teilnehmen. Nehmen sie teil, so steht ihnen ein **Einsichtsrecht** in die Unterlagen zu, die für die konkrete Sitzung relevant sind.[456]

362 Enthalten die Sitzungsunterlagen Insiderinformationen, so verstößt die Ausübung des Teilnahme- und Einsichtsrechts eines ausschussfremden Mitglieds nicht gegen das Verbot der unrechtmäßigen Offenlegung von Insiderinformationen nach Art. 10 Abs. 1 VO (EU) 596/2014, Art. 14 lit. c VO (EU) 596/2014.[457] Darüber hinaus können ausschussfremde Aufsichtsratsmitglieder auch an der Diskussion in Ausschusssitzungen teilnehmen,[458] Erklärungen zu Protokoll geben;[459] Sie haben jedoch **kein eigenes Antrags- oder Stimmrecht** oder das Recht, in der Ausschusssitzung vom Vorstand Auskunft zu verlangen.[460]

---

[449] So im Rahmen von § 110 Abs. 3 RegBegr. BT-Drs. 14/8769, 17; MüKoAktG/*Habersack* AktG § 110 Rn. 45 mwN; BeckOGK/*Spindler* AktG § 107 Rn. 48; Hüffer/Koch/*Koch* AktG § 109 Rn. 2, § 110 Rn. 11.
[450] MüKoAktG/*Habersack* AktG § 108 Rn. 16 mwN; aA Kölner Komm AktG/*Mertens/Cahn* AktG § 108 Rn. 20 f.; Hüffer/Koch/*Koch* AktG § 108 Rn. 22; *Kindl* ZHR 166 (2002), 335 (341 f., 344).
[451] K. Schmidt/Lutter AktG/*Drygala* AktG § 109 Rn. 16, 4.
[452] GroßkommAktG/*Hopt/Roth* AktG § 107 Rn. 453; K. Schmidt/Lutter AktG/*Drygala* AktG § 109 Rn. 16, 4.
[453] GroßkommAktG/*Hopt/Roth* AktG § 109 Rn. 74; K. Schmidt/Lutter AktG/*Drygala* AktG § 109 Rn. 16; Semler/v. Schenck/*Gittermann* AktG § 109 Rn. 42.
[454] GroßkommAktG/*Hopt/Roth* AktG § 109 Rn. 74, 23; K. Schmidt/Lutter AktG/*Drygala* AktG § 109 Rn. 4.
[455] Vgl. hierzu GroßkommAktG/*Hopt/Roth* AktG § 109 Rn. 74, 21 ff.; MüKoAktG/*Habersack* AktG § 109 Rn. 10.
[456] Hüffer/Koch/*Koch* AktG § 109 Rn. 6.
[457] MüKoAktG/*Habersack* AktG § 109 Rn. 23; GroßkommAktG/*Hopt/Roth* AktG § 109 Rn. 76.
[458] *Lutter/Krieger/Verse* AR Rn. 773 mwN.
[459] Semler/v. Schenck/*Gittermann* AktG § 109 Rn. 44; GroßkommAktG/*Hopt/Roth* AktG § 109 Rn. 76.
[460] MüKoAktG/*Habersack* AktG § 109 Rn. 22; Semler/v. Schenck/*Mutter* AktG § 107 Rn. 386; Hölters/*Hambloch-Gesinn/Gesinn* AktG § 107 Rn. 138; *Hasselbach/Seibel* AG 2012, 114 (120).

Ausschussfremde Aufsichtsratsmitglieder müssen **nicht förmlich eingeladen** werden.[461] Schließlich sind sie keine ordentlichen Ausschussmitglieder. Äußern sie jedoch einen dahingehenden Wunsch, sind sie über Ort und der Zeit der Sitzung und über die Tagesordnung zu informieren.[462] 363

Einen Anspruch auf **Überlassung der Sitzungsunterlagen schon im Vorfeld** der Ausschusssitzung sowie auf **Übersendung des Protokolls** haben die ausschussfremden Aufsichtsratsmitglieder allerdings nicht.[463] Ein vom Teilnahmerecht unabhängiges Recht auf Einsicht und Aushändigung aller Unterlagen eines Ausschusses ist nicht anzuerkennen, auch nicht analog § 107 Abs. 2 S. 4 AktG, da das Informationsbedürfnis der ausschussfremden Mitglieder durch die Berichtspflicht nach § 107 Abs. 3 S. 5 AktG (→ Rn. 372)) abgedeckt ist.[464] 364

Haben ausschussfremde Aufsichtsratsmitglieder an der Ausschusssitzung teilgenommen, steht Ihnen jedoch das Recht zu, **Einsicht in das Protokoll** zu verlangen.[465] Es ist jedoch nicht berechtigt, Feststellungen der Niederschrift zu rügen.[466] 365

(2) Teilnahmeausschluss. Aus § 109 Abs. 2 AktG folgt, dass allein der **Aufsichtsratsvorsitzende** – nicht aber der Ausschussvorsitzende oder gar die Satzung[467] – Aufsichtsratsmitglieder, die nicht dem jeweiligen Ausschuss angehören, von der Teilnahme ausschließen kann. Das gilt auch in mitbestimmten Aktiengesellschaften. Aus § 26 MitbestG und § 9 DrittelbG ergeben sich insoweit keine Besonderheiten.[468] Im Verhinderungsfalle übt allerdings der Stellvertreter das Recht aus. 366

Bei § 109 Abs. 2 AktG handelt es sich um eine **zwingende Regelung,** sodass der Aufsichtsratsvorsitzende die Ausschlussbefugnis nicht auf den Ausschussvorsitzenden oder ein sonstiges Organ übertragen kann.[469] Auch eine Einschränkung der dem Aufsichtsratsvorsitzenden in § 109 Abs. 2 AktG erteilten Befugnisse **durch Satzung oder Geschäftsordnung ist nicht möglich.**[470] 367

Die **Entscheidung des Aufsichtsratsvorsitzenden** über den Entzug des Teilnahmerechts ausschussfremder Aufsichtsratsmitglieder kann nach zutreffender herrschender Ansicht nicht durch das Plenum **aufgehoben oder geändert** werden.[471] § 109 Abs. 2 AktG trifft insoweit eine eindeutige und abschließende Regelung. Ist eine Mehrheit des Aufsichtsrats der Auffassung, dass ein Aufsichtsratsmitglied an den Sitzungen eines Ausschusses teilnehmen soll, kann dieses Aufsichtsratsmitglied in den Ausschuss gewählt werden. 368

Ein Ausschussverbot muss sich nicht auf eine einzige Person beschränken. Der Aufsichtsratsvorsitzende kann für einen einzelnen Ausschuss auch insgesamt die Teilnahme **aller ausschussfremden Aufsichtsratsmitglieder** anordnen, wenn es dafür sachliche Gründe gibt[472], die etwa in der Aufgabenstellung eines Personalausschusses oder eines Ausschusses zu Geschäften mit nahestehenden Personen liegen können. 369

Unstreitig kann der Teilnahmeausschluss sich zunächst auf **einzelne Ausschusssitzungen** beschränken.[473] Der Teilnahmeausschluss kann darüber hinaus auf alle **Sitzungen eines bestimmten Ausschusses** erstreckt werden, wenn etwa ein fortdauernder Interessenkonflikt besteht.[474] 370

Die **generelle Anordnung eines Teilnahmeverbots bei allen Ausschüssen** trifft hingegen wegen des **Kollegialprinzips** im Aufsichtsrat auf rechtliche Bedenken.[475] Gegen einen solchen generellen Aus- 371

---

[461] Semler/v. Schenck/*Gittermann* AktG § 109 Rn. 43; Kölner Komm AktG/*Mertens/Cahn* AktG § 109 Rn. 30.
[462] MüKoAktG/*Habersack* AktG § 109 Rn. 23.
[463] Lutter/Krieger/*Verse* AR § 11 Rn. 773; GroßkommAktG/*Hopt/Roth* AktG § 109 Rn. 75; MüKoAktG/*Habersack* AktG § 109 Rn. 23; Hasselbach/*Seibel* AG 2012, 114 (120).
[464] BeckOGK/*Spindler* AktG § 107 Rn. 126 mwN; aA MHdB AG/*Hoffmann-Becking* § 32 Rn. 60; Drinhausen/Marsch-Barner AG 2014, 337 (342) mit Einsichtsrecht, aber Möglichkeit zum Ausschluss des Einsichtsrechts entsprechend § 109 Abs. 2 AktG.
[465] MüKoAktG/*Habersack* AktG § 109 Rn. 23.
[466] MüKoAktG/*Habersack* AktG § 109 Rn. 23.
[467] MüKoAktG/*Habersack* AktG § 109 Rn. 25; GroßkommAktG/*Hopt/Roth* AktG § 109 Rn. 77.
[468] GroßkommAktG/*Hopt/Roth* AktG § 109 Rn. 77; MüKoAktG/*Habersack* AktG § 109 Rn. 25.
[469] GroßkommAktG/*Hopt/Roth* AktG § 109 Rn. 77; Semler/v. Schenck/*Mutter* AktG § 107 Rn. 386.
[470] MüKoAktG/*Habersack* AktG § 109 Rn. 32; GroßkommAktG/*Hopt/Roth* AktG § 109 Rn. 93.
[471] Lutter/Krieger/*Verse* AR Rn. 774; Hüffer/Koch/*Koch* AktG § 109 Rn. 6; MüKoAktG/*Habersack* AktG § 109 Rn. 25, 31; GroßkommAktG/*Hopt/Roth* AktG § 109 Rn. 78; MHdB AG/*Hoffmann-Becking* § 32 Rn. 55; Henssler/Strohn/*Henssler* AktG § 109 Rn. 9; Kölner Komm AktG/*Mertens/Cahn* AktG § 109 Rn. 31; Hasselbach/*Seibel* AG 2012, 114 (120).
[472] MHdB AG/*Hoffmann-Becking* § 32 Rn. 55; Lutter/Krieger/*Verse* AR Rn. 774.
[473] Vgl. etwa K. Schmidt/Lutter AktG/*Drygala* AktG § 109 Rn. 17.
[474] Hüffer/Koch/*Koch* AktG § 109 Rn. 6; K. Schmidt/Lutter AktG/*Drygala* AktG § 109 Rn. 17; MüKoAktG/*Habersack* AktG § 109 Rn. 28; GroßkommAktG/*Hopt/Roth* AktG § 109 Rn. 80; einschränkend BeckOGK/*Spindler* AktG § 109 Rn. 36, der das Vorliegen eines dauerhaften Grundes fordert.
[475] LG München NZG 2008, 348 (350); MüKoAktG/*Habersack* AktG § 109 Rn. 28; K. Schmidt/Lutter AktG/*Drygala* AktG § 109 Rn. 17; Grigoleit/*Tomasic* AktG § 109 Rn. 11; GroßkommAktG/*Hopt/Roth* AktG § 109 Rn. 79; Semler/v. Schenck/*Gittermann* AktG § 109 Rn. 52; Hölters/*Hambloch-Gesinn/Gesinn* AktG § 109 Rn. 16; aA *Rellermeyer*, Aufsichtsratsausschüsse, 1986, 237 ff.

schluss spricht zudem, dass damit das in § 109 Abs. 2 AktG zum Ausdruck kommende **Regel-Ausnahmeverhältnis** missachtet würde.[476]

372 Mit dem Teilnahmeverbot entfallen auch die mit dem Teilnahmerecht einhergehenden Rechte, wie etwa die **Einsicht** in Berichte, Sitzungsunterlagen oder in das Protokoll des Ausschusses.[477] In diesem Zusammenhang stellt sich die Frage, ob das **Teilnahmerecht** des ausschussfremden Aufsichtsratsmitglieds auch dahingehend **eingeschränkt** werden kann, dass ihm Teilnahme an der Sitzung ermöglicht, aber die Einsichtnahme in die Unterlagen der konkreten Ausschusssitzung verwehrt wird. § 109 Abs. 2 AktG sieht ein solches eingeschränktes oder gespaltenes Teilnahmerecht nicht vor. Für eine solche Anordnung besteht nach richtiger Auffassung auch kein Bedürfnis.[478] Die Gründe, die gegen eine Einsicht in die vorbereitenden Ausschussunterlagen sprechen, insbesondere Vertraulichkeit und Interessenkollision, werden regelmäßig der Teilnahme an der Ausschusssitzung entgegenstehen. Dem ausgeschlossenen Mitglied verbleibt dann die Möglichkeit, sich mittels der Berichte des Ausschusses an den Gesamtaufsichtsrat zu unterrichten und ggf. Nachfragen zu stellen.[479]

373 Bei der **Entscheidung über den Ausschluss der Teilnahme** kommt dem Aufsichtsratsvorsitzenden **Ermessen** zu. Dieses Ermessen besteht aber nicht uneingeschränkt. Ein Ausschluss soll die Ausnahme bleiben, sodass es stets einer Rechtfertigung bedarf. Eine solche lässt sich aus dem Gesellschaftsinteresse und dem Gesellschaftswohl herleiten.[480] Die Anforderungen für den Ausschluss des ausschussfremden Aufsichtsratsmitglieds sind aber geringer als die Anforderungen an den Ausschluss eines Ausschussmitglieds. Im Ergebnis ist im Einklang mit der hM für die Entscheidung nach § 109 Abs. 2 AktG das Vorliegen eines **sachlichen Grundes** zu fordern.[481] Auf Verlangen ist der Grund zu benennen.[482] Der Aufsichtsratsvorsitzende hat hierbei stets den Gleichbehandlungsgrundsatz zu beachten.[483] Als sachlicher Grund kann etwa die Vertraulichkeit bei Beratungen in Personalangelegenheiten oder im Prüfungsausschuss in Betracht kommen,[484] aber auch eine Interessenkollision oder der Schutz der Unabhängigkeit der Arbeit der Ausschüsse.[485] Die Entscheidung darf nicht gegen den Grundsatz der Gleichbehandlung und in mitbestimmten Aufsichtsräten zudem nicht gegen das Verbot der unzulässigen Diskriminierung verstoßen.[486]

374 Gegen die **Entscheidung des Aufsichtsratsvorsitzenden** nach § 109 Abs. 2 AktG besteht keine Möglichkeit der gesellschaftsinternen Abhilfe.[487] Der Aufsichtsrat ist nicht berechtigt, die Entscheidung des Vorsitzenden zu revidieren (→ Rn. 368). Hält sich das ausschussfremde Aufsichtsratsmitglied für zu Unrecht ausgeschlossen und will es sich gegen die Entscheidung des Aufsichtsratsvorsitzenden wehren, so muss es gegen die Gesellschaft **Klage erheben.** Zuständig für eine solche Klage sind auch bei Klagen von Arbeitnehmervertretern die ordentlichen Gerichte. Die Klage ist auf Feststellung, dass der Ausschluss rechtswidrig war, zu richten.[488] Als Beklagte kommen hier der Aufsichtsratsvorsitzende oder die Gesellschaft in Frage. Da die Rechtslage grundsätzlich dem Vorgehen des einzelnen Aufsichtsratsmitglieds gegen einen mangelhaften Aufsichtsratsbeschluss vergleichbar ist[489] und die Berechtigung zur Teilnahme an einer Ausschusssitzung sinnvollerweise mit Rechtswirkung im Verhältnis zu allen Ausschussmitgliedern geklärt werden sollte, ist die Klage nicht gegen den Aufsichtsratsvorsitzenden, sondern gegen die **Gesellschaft, vertreten durch den Vorstand,** zu richten.[490] Die Klagebefugnis ergibt sich aus einer möglichen Verletzung des Teilnahmerechts.[491]

---

[476] So auch Hüffer/Koch/*Koch* AktG § 109 Rn. 6; GroßkommAktG/*Hopt/Roth* AktG § 109 Rn. 79.
[477] Kölner Komm AktG/*Mertens/Cahn* AktG § 107 Rn. 130; Semler/v. Schenck/*Mutter* AktG § 107 Rn. 386; *Hasselbach/Seibel* AG 2012, 114 (120); *Lutter/Krieger/Verse* AR Rn. 774.
[478] Semler/v. Schenck/*Gittermann* AktG § 109 Rn. 54; MüKoAktG/*Habersack* AktG § 109 Rn. 29; **aA** GroßkommAktG/*Hopt/Roth* AktG § 109 Rn. 89.
[479] Semler/v. Schenck/*Gittermann* AktG § 109 Rn. 53; GroßkommAktG/*Hopt/Roth* AktG § 109 Rn. 84.
[480] Hüffer/Koch/*Koch* AktG § 109 Rn. 6.
[481] LG München I NZG 2008, 348 (350) Rn. 91; MüKoAktG/*Habersack* AktG § 109 Rn. 26; Semler/v. Schenck/*Mutter* AktG § 107 Rn. 386; *Hasselbach/Seibel* AG 2012, 114 (120); GroßkommAktG/*Hopt/Roth* AktG § 109 Rn. 81.
[482] GroßkommAktG/*Hopt/Roth* AktG § 109 Rn. 81.
[483] GroßkommAktG/*Hopt/Roth* AktG § 109 Rn. 81 mwN; *Lutter/Krieger/Verse* AR Rn. 774.
[484] So LG München I NZG 2008, 348; Hüffer/Koch/*Koch* AktG § 109 Rn. 6.
[485] GroßkommAktG/*Hopt/Roth* AktG § 109 Rn. 81.
[486] BGHZ 122, 342 (358 ff.) = NJW 1993, 2307; speziell OLG Hamburg AG 1984, 248 (251 f.) zu Vorstandsausschuss; GroßkommAktG/*Hopt/Roth* AktG § 109 Rn. 83; BeckOGK/*Spindler* AktG § 109 Rn. 34.
[487] Semler/v. Schenck/*Gittermann* AktG § 109 Rn. 56; GroßkommAktG/*Hopt/Roth* AktG § 109 Rn. 85.
[488] LG München I NZG 2008, 348 (349); Hüffer/Koch/*Koch* AktG § 109 Rn. 6; MüKoAktG/*Habersack* AktG § 109 Rn. 31; GroßkommAktG/*Hopt/Roth* AktG § 109 Rn. 85; K. Schmidt/Lutter/*Drygala* AktG § 109 Rn. 17.
[489] Vgl. zur Passivlegitimation der Gesellschaft in diesen Fällen BGHZ 122, 342 (344 ff.) = NJW 1993, 2307; BGHZ 135, 244 (247 f.) = NJW 1997, 1926; BGHZ 164, 249 (253 f.) = NJW 2006, 374; BGH NZG 2012, 1027 Rn. 10; OLG München ZIP 2017, 372 (373); OLG Stuttgart AG 2007, 873 (875).
[490] LG München I NZG 2008, 348 (349); GroßkommAktG/*Hopt/Roth* AktG § 109 Rn. 86.
[491] Vgl. K. Schmidt/Lutter/*Drygala* AktG § 109 Rn. 17 mwN.

Denkbar ist daneben eine auf Teilnahme an und Ladung zu (zukünftigen) Ausschusssitzung(en) gerichtete Leistungsklage.[492]

cc) Rolle des Aufsichtsratsvorsitzenden. Der **Aufsichtsratsvorsitzende** ist wie jedes andere Ausschussmitglied auch zur Teilnahme an Ausschusssitzungen berechtigt. Stimmberechtigt ist er allerdings nur, wenn er dem Ausschuss auch angehört.[493] Über die Abhaltung einer Ausschusssitzung ist er stets zu informieren.[494] Der Aufsichtsratsvorsitzende kann **nicht** durch Beschluss des Plenums oder des Ausschusses von der Teilnahme an Ausschusssitzungen **ausgeschlossen** werden.[495] Hierfür spricht der eindeutige Wortlaut des § 109 Abs. 2 AktG und die Funktion des Aufsichtsratsvorsitzenden, der die Arbeit des Aufsichtsrats insgesamt zu koordinieren hat und damit auch Einblick in die Arbeit der einzelnen Ausschüsse erhalten muss.

dd) Vorstandsmitglieder. Aus § 109 Abs. 1 S. 1 AktG ergibt sich, dass Vorstandsmitglieder grundsätzlich berechtigt sind, an Ausschusssitzungen teilzunehmen. Die Teilnahme der Vorstandsmitglieder beurteilt sich nach den für den Aufsichtsrat geltenden, allgemeinen Grundsätzen.[496] Der Vorstand hat jedoch **kein eigenes Recht auf Teilnahme.**[497] Der Aufsichtsrat und dessen Ausschüsse müssen in der Lage sein, ihre Überwachungsaufgabe (§ 111 Abs. 1 AktG) ungehindert und effektiv erfüllen zu können. Hierzu gehört es auch, in vertraulicher Weise über den Vorstand und dessen Tätigkeit frei zu beraten, was gefährdet sein könnte, wenn Mitglieder des Vorstandes zwingend zugelassen werden müssten. Lädt der Ausschussvorsitzende die Mitglieder des Vorstandes ein, so müssen diese teilnehmen.[498] Hieraus folgt, dass letztlich der **Ausschussvorsitzende** über die **Zulassung** von Vorstandsmitgliedern entscheidet.

ee) Dritte. Für die Teilnahme Dritter gilt § 109 Abs. 1 und Abs. 3 AktG und somit das für die Sitzung des Gesamtaufsichtsrates Gesagte (→ Rn. 96).

9. Berichtspflichten

Gem. **§ 107 Abs. 3 S. 8 AktG** ist dem Aufsichtsrat – nicht dagegen einzelnen ausschussfremden Aufsichtsratsmitgliedern – regelmäßig über die Arbeit der Ausschüsse zu berichten. Die zur effektiven Aufgabenwahrnehmung häufig gebotene Ausschussbildung darf nämlich nicht dazu führen, dass dem Aufsichtsrat aufgrund der Aufgabendelegation wesentliche Informationen vorenthalten werden. Denn die Aufgabendelegation entbindet ihn nicht von seiner allgemeinen Überwachungspflicht. Um ein **Informationsdefizit** auf Seiten des Aufsichtsrates **zu verhindern,** hat der Gesetzgeber die Berichtspflicht mit dem TransPuG im Jahre 2002 in § 107 Abs. 3 S. 3 AktG aF eingeführt.[499] Der Gesetzgeber hat hiermit eine Regelung geschaffen, die schon zuvor der ständigen Praxis entsprach.[500]

Berichtspflichtig sind die einzelnen **Ausschussmitglieder.**[501] Regelmäßig wird jedoch der Ausschussvorsitzende als Repräsentant des Ausschusses diese Aufgabe übernehmen. Er wird hierbei zum Teil als Erfüllungsgehilfe der Ausschussmitglieder angesehen.[502] Überzeugender ist es, die Erfüllung der Berichtspflicht als Leitungsaufgabe des jeweiligen Ausschussvorsitzenden anzusehen. Die Berichterstattung kann auch dem Aufsichtsratsvorsitzenden übertragen werden.[503] Ergänzende Ausführungen einzelner Ausschussmitglieder im Plenum sind damit nicht ausgeschlossen.

Der Ausschuss muss dem Plenum auch ohne förmliche Anforderung eines Berichts regelmäßig über seine Arbeit berichten. Der Aufsichtsrat kann nach pflichtgemäßen Ermessen **Umfang und Tiefe** der Berichterstattung aus den einzelnen Ausschüssen festlegen. Nähere Anforderungen hierzu kann er in seiner **Geschäftsordnung** treffen. Der Bericht wird **gegenüber dem Aufsichtsrat** und nicht gegenüber dessen einzelnen Mitgliedern erstattet.[504] Den einzelnen Aufsichtsratsmitgliedern steht nach der hL auch kein Anspruch auf Berichterstattung des Ausschusses gegenüber dem Plenum analog § 90 Abs. 3 S. 2

---

[492] MüKoAktG/*Habersack* AktG § 109 Rn. 31; GroßkommAktG/*Hopt/Roth* AktG § 109 Rn. 86.
[493] GroßkommAktG/*Hopt/Roth* AktG § 107 Rn. 455; Hölters/*Hambloch-Gesinn/Gesinn* AktG § 107 Rn. 138.
[494] Semler/v. Schenck/*Gittermann* AktG § 109 Rn. 43; MüKoAktG/*Habersack* AktG § 109 Rn. 22.
[495] So auch BeckOGK/*Spindler* AktG § 109 Rn. 32; GroßkommAktG/*Hopt/Roth* AktG § 109 Rn. 78; **aA** *Hasselbach/Seibel* AG 2012, 114 (121).
[496] MüKoAktG/*Habersack* AktG § 109 Rn. 33.
[497] MüKoAktG/*Habersack* AktG § 109 Rn. 11; BeckOGK/*Spindler* AktG § 109 Rn. 16; Hüffer/Koch/*Koch* AktG § 109 Rn. 3.
[498] Semler/v. Schenck/*Mutter* AktG § 107 Rn. 387; Hölters/*Hambloch-Gesinn/Gesinn* AktG § 107 Rn. 138.
[499] Vgl. RegBegr. BT-Drs. 14/8769, 16.
[500] Vgl. hierzu etwa MüKoAktG/*Habersack* AktG § 107 Rn. 170 mwN.
[501] Hüffer/Koch/*Koch* AktG § 107 Rn. 33.
[502] Vgl. Henssler/Strohn/*Henssler* AktG § 107 Rn. 34; MüKoAktG/*Habersack* AktG § 107 Rn. 170.
[503] BeckOGK/*Spindler* AktG § 107 Rn. 125.
[504] RegBegr. BT-Drs. 14/8769, 16; MüKoAktG/*Habersack* AktG § 107 Rn. 107.

AktG zu.⁵⁰⁵ Sofern sich in der Geschäftsordnung des Aufsichtsrates keine Regelung bezüglich der einzuhaltenden **Form** findet, muss der Bericht nicht schriftlich erstattet werden. Es genügt ein **zusammenfassender mündlicher Ergebnisbericht,** der grundsätzlich in jeder ordentlichen Aufsichtsratssitzung zu erstatten ist.⁵⁰⁶

382 **Inhaltlich** muss der Bericht grundsätzlich nicht jedes Detail umfassen. In der Regel genügt ein sog. **Ergebnisbericht.**⁵⁰⁷ Ausreichend ist damit, dass die Berichterstattung auf das Wesentliche bezogen wird, was sich aus dem Tatbestandsmerkmal „über die Arbeit der Ausschüsse" ergeben soll.⁵⁰⁸ Es müssen also nicht sämtliche Details offengelegt werden, sondern nur die Informationen, die der Aufsichtsrat benötigt, um seine Kontroll- und Überwachungspflicht ordnungsgemäß zu erfüllen.⁵⁰⁹ Detailinformationen kann der Aufsichtsrat jedoch jederzeit durch Mehrheitsbeschluss verlangen.⁵¹⁰ Wie häufig, umfassend und detailliert eine Berichterstattung im Einzelfall ausgestaltet wird, hängt letztlich auch von der konkreten Aufgabenstellung des Ausschusses ab.⁵¹¹ Ein **vorbereitender Ausschuss** etwa muss von sich aus detailliert berichten und alle Informationen, die für eine weitere Beratung und Beschlussfassung des Aufsichtsrates erforderlich und wesentlich sind, mitteilen. Ziel der Einrichtung eines solchen Ausschusses ist es, den Aufsichtsrat in umfassender Weise zu informieren, um ihm eine sachlich fundierte Entscheidung zu ermöglichen. Demgegenüber muss ein **beschließender Ausschuss** grundsätzlich nur die wesentlichen Entscheidungen und die zugrunde liegenden wesentlichen Erwägungen darlegen.⁵¹² Ein beschließender Ausschuss hat das Plenum jedoch dann unaufgefordert und in gebotener Detailtiefe über die Erkenntnisse aus seiner Arbeit zu unterrichten, falls sie für eine andere, dem Plenum vorbehaltene Entscheidung erkennbar wesentlich sind.⁵¹³

383 Es ist zu **empfehlen,** die Berichterstattung aus den Ausschüssen jeweils zum **Tagesordnungspunkt** der **ordentlichen Aufsichtsratssitzungen** zu machen.⁵¹⁴

10. Überwachung der Ausschussarbeit

384 Der Aufsichtsrat hat sich **kontinuierlich darüber zu informieren,** ob die von ihm gebildeten Ausschüsse die übertragenen Aufgaben ordnungsgemäß erfüllen. Denn allein die Aufgabendelegation entbindet ihn nicht von seinen allgemeinen Pflichten. Der Gesamtaufsichtsrat hat daher die Arbeit und die Funktionsfähigkeit eines von ihm eingesetzten Ausschusses regelmäßig zu **überwachen.** Hierzu genügt in der Regel, dass er sich in regelmäßigen Zeitabständen vom Ausschuss über dessen Tätigkeit **berichten lässt.**⁵¹⁵ Der Aufsichtsratsvorsitzende hat hierbei dafür Sorge zu tragen, dass die Berichtspflicht erfüllt wird. Das folgt aus seiner Koordinationskompetenz.⁵¹⁶ In diesem Zusammenhang wird es entscheidend darauf ankommen, welche Art von Ausschuss vorliegt und welche Aufgaben diesem zugewiesen wurden.⁵¹⁷ Teil der Überwachungsaufgabe des Plenums ist es auch, die Aufgabenerfüllung der Ausschüsse und die Besetzung zu überprüfen. Dem entspricht die Empfehlung **D.13 DCGK** zur regelmäßig Selbstbeurteilung, wie wirksam der Aufsichtsrat insgesamt und **seine Ausschüsse** ihre Aufgaben erfüllen (→ Rn. 184).

385 Die Delegation an einen Ausschuss befreit die Aufsichtsratsmitglieder somit nicht von ihren Pflichten. Diese werden lediglich umgewandelt in eine Überwachungspflicht (vgl. → § 5 Rn. 196). Für **ausschussfremde Aufsichtsratsmitglieder** geht hiermit jedoch eine gewisse **Haftungsentlastung** einher.⁵¹⁸ Denn sie dürfen im betroffenen Teilgebiet primär auf die Ausschussarbeit vertrauen, sofern keine Anhalts-

---

⁵⁰⁵ LG Düsseldorf AG 1988, 386; MüKoAktG/*Habersack* AktG § 107 Rn. 171; *Hasselbach/Seibel* AG 2012, 114 (123); MHdB AG/*Hoffmann-Becking* § 32 Rn. 50; *Lutter/Krieger/Verse* AR § 11 Rn. 786.
⁵⁰⁶ AllgM Hüffer/Koch/*Koch* AktG § 107 Rn. 33; MüKoAktG/*Habersack* AktG § 107 Rn. 170; Kölner Komm AktG/ *Mertens/Cahn* AktG § 107 Rn. 142; MHdB AG/*Hoffmann-Becking* § 32 Rn. 49.
⁵⁰⁷ RegBegr. BT-Drs. 14/8769, 16; MüKoAktG/*Habersack* AktG § 107 Rn. 170; Hüffer/Koch/*Koch* AktG § 107 Rn. 33; Kölner Komm AktG/*Mertens/Cahn* AktG § 107 Rn. 142.
⁵⁰⁸ RegBegr. BT-Drs. 14/8769, 16.
⁵⁰⁹ So das LG München I NZG 2008, 348 (349) Rn. 83.
⁵¹⁰ LG München I NZG 2008, 348 (349) Rn. 84; MHdB AG/*Hoffmann-Becking* § 32 Rn. 50; K. Schmidt/Lutter AktG/ *Drygala* AktG § 107 Rn. 56; *Lutter/Krieger/Verse* AR Rn. 748, 784; Kölner Komm AktG/*Mertens/Cahn* AktG § 107 Rn. 142.
⁵¹¹ So zutreffend K. Schmidt/Lutter AktG/*Drygala* AktG § 107 Rn. 56; MHdB AG/*Hoffmann-Becking* § 32 Rn. 51.
⁵¹² K. Schmidt/Lutter AktG/*Drygala* AktG § 107 Rn. 56.
⁵¹³ Kölner Komm AktG/*Mertens/Cahn* AktG § 107 Rn. 142; MHdB AG/*Hoffmann-Becking* § 32 Rn. 51.
⁵¹⁴ So auch RegBegr. BT-Drs. 14/8769, 16; Hüffer/Koch/*Koch* AktG § 107 Rn. 33.
⁵¹⁵ MHdB AG/*Hoffmann-Becking* § 32 Rn. 48; GroßkommAktG/*Hopt/Roth* AktG § 107 Rn. 482; MüKoAktG/*Habersack* AktG § 107 Rn. 174.
⁵¹⁶ MüKoAktG/*Habersack* AktG § 107 Rn. 170.
⁵¹⁷ GroßkommAktG/*Hopt/Roth* AktG § 107 Rn. 482.
⁵¹⁸ Hölters/*Hambloch-Gesinn/Gesinn* AktG § 107 Rn. 179; MüKoAktG/*Habersack* AktG § 107 Rn. 174.

punkte für ein Fehlverhalten ersichtlich sind.[519] Hat das Aufsichtsratsmitglied hingegen ernsthafte Zweifel daran, dass der Ausschuss seine Aufgaben sachgemäß erfüllt, ist es verpflichtet dahingehend mitzuwirken, den Ausschuss neu zu organisieren oder die delegierte Aufgabe an das Plenum zurück zu holen.[520]

11. Informelle Gremien

Der Aufsichtsrat kann nach § 111 Abs. 2 S. 2 AktG durch Beschluss das Untersuchungs- und Einsichtsrecht auf einzelne Mitglieder oder auf einen Ausschuss delegieren. In Einzelfällen kann es sinnvoll sein, statt eines Ausschusses eine Gruppe ausgewählter Aufsichtsratsmitglieder mit der Ausübung des Untersuchungs- und Einsichtsrecht zur Prüfung bestimmter Sachverhalte oder Bereiche der Geschäftsführung zu beauftragen.[521] Ein solches informelles Untersuchungsgremium oder „Task Force" bietet sich insbesondere dann an, wenn es um besonders vertrauliche Sachverhalte wie schwerwiegende Compliance-Verstöße oder Insiderinformationen geht, bei anderen Aufsichtsratsmitgliedern Interessenkonflikte bestehen und die Publizität eines eigens geschaffenen Ausschusses vermieden werden soll. Besteht die Gefahr des missbräuchlichen Verwendung von Informationen durch einzelne Aufsichtsratsmitglieder, kann der Aufsichtsrat sogar verpflichtet sein, im Unternehmensinteresse auf die Konzentration des Untersuchungs- und Einsichtsrecht bei einzelnen Aufsichtsratsmitgliedern hinzuwirken. Ein Beschluss nach § 111 Abs. 2 S. 2 AktG erlaubt es, den Zugang zu vertraulichen Informationen auf die beauftragten Aufsichtsratsmitglieder zu beschränken.[522] Der Aufsichtsrat selbst kann das Einsichts- und Prüfungsrecht für die konkrete Aufgabe nicht mehr ausüben, solange er nicht die Delegation durch Beschluss wieder aufhebt.[523] Wird ein solches Gremium eingesetzt, können die übrigen Aufsichtsratsmitglieder an dessen Zusammenkünften nicht teilnehmen. § 109 Abs. 2 AktG findet keine entsprechende Anwendung.[524] Hierdurch unterscheidet sich die Beauftragung nach § 111 Abs. 2 S. 2 von der Einsetzung eines Ausschusses. Ein weiterer Unterschied zu einem Ausschuss besteht darin, dass einem informellen Gremium keine Entscheidungskompetenzen übertragen werden können. Die beauftragten Mitglieder sind gegenüber dem Aufsichtsratsplenum zwar grundsätzlich berichtspflichtig. Bei Art und Umfang solcher Berichte darf die Sensibilität der Erkenntnisse jedoch berücksichtigt werden und Geschäftsgeheimnisse müssen nicht in jedem Fall weitergegeben werden.[525]

386

Der Aufsichtsrat entscheidet über die Größe des Gremiums und die Besetzung nach pflichtgemäßem Ermessen unter Berücksichtigung besonderer Kenntnisse von Aufsichtsratsmitgliedern. Eine proportionale Besetzung aus Anteilseigner- und Arbeitnehmervertretern ist nicht erforderlich. Aufsichtsratsmitglieder erhalten für die Tätigkeit in einem informellen Gremium oder einer Task Force keine zusätzliche Vergütung. Die Erfüllung dieser Aufgaben ist Teil der Aufsichtsratstätigkeit.

387

12. Besondere Anforderungen an Ausschussmitglieder

Besondere Voraussetzungen für Ausschussmitglieder gelten für den Ausschuss, der über **Geschäfte mit nahestehenden Personen** entscheidet. Er muss gemäß § 107 Abs. 3 S. 6 AktG mehrheitlich aus Mitgliedern zusammengesetzt sein, bei denen keine Besorgnis eines Interessenkonfliktes auf Grund ihrer Beziehungen zu einer nahestehenden Person besteht.

388

Besondere Voraussetzungen für Ausschussmitglieder gelten im **Finanzsektor** für die in § 25 Abs. 3 S. 1 und 2 KWG bezeichneten Unternehmen. Nach § 25d Abs. 9 S. 3 KWG muss der Vorsitzende des **Prüfungsausschusses** über Sachverstand auf den Gebieten Rechnungslegung und Abschlussprüfung verfügen. § 25d Abs. 12 S. 3 KWG verlangt, dass mindestens ein Mitglied des **Vergütungskontrollausschusses** über ausreichend Sachverstand und Berufserfahrung im Bereich Risikomanagement und Risikocontrolling verfügt, insbesondere im Hinblick auf Mechanismen zur Ausrichtung der Vergütungssysteme an der Gesamtrisikobereitschaft und -strategie und an der Eigenmittelausstattung des Unternehmens.

389

---

[519] MüKoAktG/*Habersack* AktG § 107 Rn. 174; GroßkommAktG/*Hopt/Roth* AktG § 107 Rn. 483; Hölters/*Hambloch-Gesinn/Gesinn* AktG § 107 Rn. 179.
[520] GroßkommAktG/*Hopt/Roth* AktG § 107 Rn. 483; Hölters/*Hambloch-Gesinn/Gesinn* AktG § 107 Rn. 179.
[521] Zur Zulässigkeit der Beauftragung mehrerer Mitglieder MüKoAktG/*Habersack* AktG § 111 Rn. 84; Lutter/Krieger/ Verse AR Rn. 242.
[522] MüKoAktG/*Habersack* AktG § 111 Rn. 84; GroßkommAktG/*Hopt/Roth* AktG § 111 Rn. 406; Lutter/Krieger/Verse AR Rn. 242.
[523] MüKoAktG/*Habersack* AktG § 111 Rn. 84; Kölner Komm AktG/*Mertens/Cahn* AktG § 111 Rn. 59; BeckOGK/ *Spindler* AktG § 111 Rn. 49; Marsch-Barner/Schäfer Börsennotierte AG-HdB Rn. 26.21; aA GroßkommAktG/ *Hopt/Roth* AktG § 111 Rn. 406.
[524] BeckOGK/*Spindler* AktG § 111 Rn. 49; MüKoAktG/*Habersack* AktG § 111 Rn. 84.
[525] GroßkommAktG/*Hopt/Roth* AktG § 111 Rn. 406; Kölner Komm AktG/*Mertens/Cahn* AktG § 111 Rn. 59.

V. Einberufung und sonstige Vorbereitung

1. Einberufung

a) Grundsätzliche Zuständigkeit

390 Der **Aufsichtsratsvorsitzende** ist grundsätzlich für die Einberufung der Sitzungen zuständig.[526] Das setzt § 110 AktG voraus. Ist der Vorsitzende verhindert, übernimmt der stellvertretende Aufsichtsratsvorsitzende, § 107 Abs. 1 S. 3 AktG. Ist auch der stellvertretende Vorsitzende verhindert, ist nach allgM jedes beliebige Aufsichtsratsmitglied oder der Vorstand zur Einberufung berechtigt, § 110 Abs. 2 AktG analog.[527] Entsprechendes gilt, wenn der Vorsitzende bzw. sein Stellvertreter noch nicht gewählt oder bereits ausgeschieden sind.[528]

391 Die **erste Sitzung** des Aufsichtsrats nach Gründung der Gesellschaft wird von den Gründern einberufen,[529] die konstituierende Sitzung nach einer **Neuwahl** vom bisherigen Vorsitzenden. Dabei ist unerheblich, ob der bisherige Vorsitzende dem Gremium nach der Neuwahl noch angehört oder nicht.[530] Hat der bisherige Vorsitzende nicht zur konstituierenden Sitzung eingeladen, muss der Vorstand die Sitzung einberufen; jedes einzelne Aufsichtsratsmitglied ist dann zur Einberufung berechtigt.[531] Teilweise legt aber auch die Satzung fest, dass die konstituierende Sitzung unmittelbar im Anschluss an die Hauptversammlung stattfindet, in der die Vertreter der Anteilseigner gewählt werden. Eine Zuständigkeit der einzelnen Aufsichtsratsmitglieder und des Vorstands kann sich zudem ergeben, wenn einem Einberufungsverlangen nach § 110 Abs. 1 nicht entsprochen wird, sog. **Selbsthilferecht** nach § 110 Abs. 2 AktG (→ Rn. 422 ff.).

392 Die Einberufung von **Ausschusssitzungen** erfolgt grundsätzlich durch den Ausschussvorsitzenden.[532] Ist der Ausschussvorsitzende verhindert, werden die Sitzungen von seinem Stellvertreter einberufen.[533] Ist kein Ausschussvorsitzender im Amt, steht das Einberufungsrecht jedem Ausschussmitglied zu.[534] Der Vorsitzende des Aufsichtsrats hat hingegen nicht die Befugnis zur Einberufung von Ausschusssitzungen, auch nicht in Eilfällen oder wenn kein Ausschussvorsitzender bestimmt worden ist.[535] Eine etwaige Zuständigkeit des Aufsichtsratsvorsitzenden kann insbesondere nicht aus seiner allgemeinen Koordinierungsfunktion hergeleitet werden.[536] Zwar bleibt das Plenum insoweit Herr des Verfahrens, als das delegierte Thema wieder an sich ziehen kann; zu Sitzungen des Plenums kann der Aufsichtsratsvorsitzende einladen. Der Ausschuss arbeitet – auch hinsichtlich seiner Binnenorganisation – autonom, zumal es Fälle geben kann, in denen der Aufsichtsratsvorsitzende bewusst nicht Mitglied des Ausschusses sein soll. Zu denken ist etwa an Sonderausschüsse bei persönlicher Betroffenheit des Aufsichtsratsvorsitzenden.

b) Rechtsnatur

393 Die Einberufung ist Teil des autonomen Selbstorganisationsrechts des Aufsichtsrats und stellt eine rein **innergesellschaftliche Handlung** dar. Die für Rechtsgeschäfte geltenden Bestimmungen finden keine Anwendung. Beispielsweise sind die Zugangsregeln der §§ 130 ff. BGB oder die Stellvertretungsregeln der §§ 164 ff. BGB nicht anwendbar.[537] Der Vorsitzende handelt bei der Einberufung der Sitzung also nicht als Vertreter der Gesellschaft, sondern in Ausübung seiner Befugnis zur Sitzungsleitung im eigenen Namen.[538] Der Vorsitzende kann die Einberufung aber natürlich durch sein Sekretariat, sonstige Mitarbeiter des Aufsichtsratsbüros oder auch den Vorstand „im Auftrag" versenden lassen.[539]

---

[526] Semler/v. Schenck/*Gittermann* AktG § 110 Rn. 13; GroßkommAktG/*Hopt/Roth* AktG § 110 Rn. 10; MüKoAktG/*Habersack* AktG § 110 Rn. 7; Kölner Komm AktG/*Mertens/Cahn* AktG § 110 Rn. 2; Hüffer/Koch/*Koch* AktG § 110 Rn. 2.
[527] MüKoAktG/*Habersack* AktG § 110 Rn. 10; Hüffer/Koch/*Koch* AktG § 110 Rn. 2.
[528] MüKoAktG/*Habersack* AktG § 110 Rn. 10.
[529] MüKoAktG/*Habersack* AktG § 110 Rn. 11; Kölner Komm AktG/*Mertens/Cahn* AktG § 110 Rn. 2.
[530] BeckOGK/*Spindler* AktG § 110 Rn. 53; MüKoAktG/*Habersack* AktG § 110 Rn. 11; Kölner Komm AktG/*Mertens/Cahn* AktG § 110 Rn. 2.
[531] MüKoAktG/*Habersack* AktG § 110 Rn. 11; Kölner Komm AktG/*Mertens/Cahn* AktG § 110 Rn. 2.
[532] MüKoAktG/*Habersack* AktG § 110 Rn. 14; Kölner Komm AktG/*Mertens/Cahn* AktG § 110 Rn. 3.
[533] MüKoAktG/*Habersack* AktG § 107 Rn. 164.
[534] GroßkommAktG/*Hopt/Roth* AktG § 107 Rn. 452; Kölner Komm AktG/*Mertens/Cahn* AktG § 107 Rn. 129, § 110 Rn. 3.
[535] MüKoAktG/*Habersack* AktG § 110 Rn. 14 sowie § 107 Rn. 164; Lutter/Krieger/*Verse* AR Rn. 772; MHdB AG/*Hoffmann-Becking* § 32 Rn. 54; aA Kölner Komm AktG/*Mertens/Cahn* AktG § 107 Rn. 129 sowie § 110 Rn. 3; GroßkommAktG/*Hopt/Roth* AktG § 107 Rn. 452; BeckOGK/*Spindler* AktG § 107 Rn. 118.
[536] MüKoAktG/*Habersack* AktG § 107 Rn. 164; aA BeckOGK/*Spindler* AktG § 107 Rn. 118.
[537] BGHZ 100, 264 (267) = NJW 1987, 2580; Hüffer/Koch/*Koch* AktG § 110 Rn. 2; *v. Schenck* in Semler/v. Schenck/*Semler* AR-HdB § 4 Rn. 49.
[538] MüKoAktG/*Habersack* AktG § 110 Rn. 15; Semler/v. Schenck/*Gittermann* AktG § 110 Rn. 13.
[539] BeckOGK/*Spindler* AktG § 110 Rn. 15; Semler/v. Schenck/*Gittermann* AktG § 110 Rn. 14.

c) Form und Frist

Das Gesetz sieht für die Einberufung **keine zwingende Form** vor. Formerfordernisse können sich aber aus Satzung oder Geschäftsordnung ergeben. Ist dies nicht der Fall, legt der Aufsichtsratsvorsitzende die Modalitäten der Einberufung frei fest. Ist bekannt, dass ein Aufsichtsratsmitglied über bestimmte Kommunikationsmittel nicht verfügt, kann die entsprechende Kommunikationsform uU rechtsmissbräuchlich sein.[540] Schon aus Gründen der Dokumentation sollte regelmäßig eine Einberufung in Text- oder Schriftform erfolgen.[541]

Auch eine konkrete **Einberufungsfrist** ergibt sich aus dem Gesetz nicht. In jedem Fall muss zwischen Einberufung und Sitzungstermin eine angemessene Frist liegen. Das ist der Fall, wenn den Aufsichtsratsmitgliedern eine **ordnungsgemäße Vorbereitung** der Sitzung möglich ist.[542] Maßgeblich im Einzelfall sind Umfang und Komplexität der Beschlussgegenstände. Regelmäßig reicht bei Präsenzsitzungen eine Frist von zwei Wochen aus.[543] In eiligen Angelegenheiten können kürzere Fristen ausreichend sein.[544] In der Literatur wird teilweise vertreten, dass bei Telefonkonferenzen eine kürzere Frist ausreichend sein dürfte.[545] Aus praktischer Sicht kann eine Sitzung per Telefonkonferenz kurzfristig leichter umsetzbar sein. Im Vordergrund der Bewertung muss aber immer die Möglichkeit zur ordnungsgemäßen Vorbereitung stehen. Insoweit ist ein pauschaler Unterschied zwischen Präsenzsitzung und Telefonkonferenz nicht feststellbar.

Sind in **Satzung oder Geschäftsordnung** Einberufungsfristen geregelt, sind diese zu beachten. Entscheidend ist in Anlehnung an die Rechtsprechung zu Gesellschafterversammlungen einer GmbH[546] der Zeitpunkt, zu dem der Zugang der Einberufung beim Aufsichtsratsmitglied normalerweise erwartet werden kann.[547] Eine Fristunterschreitung ist aber unschädlich, wenn sich die Mitglieder des Aufsichtsrats einvernehmlich über die Fristenregelung hinwegsetzen oder das Wohl der Gesellschaft eine unverzügliche Entscheidung verlangt.[548]

Die Frist nach Satzung oder Geschäftsordnung kann nach hM auch länger als zwei Wochen sein.[549] § 110 Abs. 1 S. 2 AktG ist nicht anwendbar. Die Praxis ist in der Regel gut beraten, bereits in Satzung bzw. Geschäftsordnung eine Ausnahme für dringende Fälle vorzusehen. In großen und teilweise auch international besetzten Aufsichtsräten hat sich ohnehin die Praxis etabliert, auch die außerordentlichen Aufsichtsratssitzungen – sofern möglich – entweder mehrere Wochen vor der Sitzung anzukündigen oder Termine, soweit praktikabel, abzustimmen. Die ordentlichen Aufsichtsratssitzungen werden zumeist ohnehin langfristig geplant und mit einem Sitzungsplan für das gesamte Jahr kommuniziert. Etwaige Regelungen in Satzung oder Geschäftsordnung können auf Ausschüsse häufig entsprechend angewandt werden.[550]

d) Häufigkeit, Verteilung der Termine, außerordentliche Sitzungen

Der **„Mindestturnus"**, also die gesetzliche Mindestanzahl von Sitzungen des Aufsichtsrats, ist in § 110 Abs. 3 AktG geregelt. Bei börsennotierten Gesellschaften ist der Aufsichtsrat zwingend mindestens zweimal pro Kalenderhalbjahr einzuberufen; das kann auch durch die Satzung nicht anders geregelt werden.[551] Bei nicht börsennotierten Gesellschaften kann der Aufsichtsrat mit einfacher Mehrheit beschließen, dass nur eine Sitzung pro Kalenderhalbjahr abzuhalten ist.

Die Sitzungen können im Kalenderhalbjahr frei **verteilt** werden. Im Interesse einer effektiven Überwachung des Vorstands dürfte aber in der Regel eine Sitzung pro Quartal sinnvoll sein.[552] Satzung oder Geschäftsordnung können eine **höhere Sitzungsfrequenz** vorsehen.[553] Ob der Aufsichtsrat im Einzelfall

---

[540] BeckOGK/*Spindler* AktG § 110 Rn. 16.
[541] GroßkommAktG/*Hopt/Roth* AktG § 110 Rn. 17; MüKoAktG/*Habersack* AktG § 110 Rn. 15; Semler/v. Schenck/ *Gittermann* AktG § 110 Rn. 20.
[542] GroßkommAktG/*Hopt/Roth* AktG § 110 Rn. 18; MüKoAktG/*Habersack* AktG § 110 Rn. 16; Semler/v. Schenck/ *Gittermann* AktG § 110 Rn. 21.
[543] Semler/v. Schenck/*Gittermann* AktG § 110 Rn. 21.
[544] GroßkommAktG/*Hopt/Roth* AktG § 110 Rn. 23; MüKoAktG/*Habersack* AktG § 110 Rn. 16; Semler/v. Schenck/ *Gittermann* AktG § 110 Rn. 21.
[545] Semler/v. Schenck/*Gittermann* AktG § 110 Rn. 21.
[546] BGHZ 100, 264, (267 f.) = NJW 1987, 2580.
[547] Hüffer/Koch/*Koch* AktG § 110 Rn. 3; BeckOGK/*Spindler* AktG § 110 Rn. 24 mit weiteren Ausführungen.
[548] OLG Köln GmbHR 2002, 492 (494 f.); GroßkommAktG/*Hopt/Roth* AktG § 110 Rn. 24; MüKoAktG/*Habersack* AktG § 110 Rn. 16; Semler/v. Schenck/*Gittermann* AktG § 110 Rn. 21.
[549] GroßkommAktG/*Hopt/Roth* AktG § 110 Rn. 24; K. Schmidt/Lutter AktG/*Drygala* AktG § 110 Rn. 9; wohl auch Hüffer/Koch/*Koch* AktG § 110 Rn. 3; aA Lutter/Krieger/*Verse* AR Rn. 692.
[550] MüKoAktG/*Habersack* AktG § 107 Rn. 164.
[551] Semler/v. Schenck/*Gittermann* AktG § 110 Rn. 55; Hüffer/Koch/*Koch* AktG § 110 Rn. 1.
[552] Vgl. auch Semler/v. Schenck/*Gittermann* AktG § 110 Rn. 55.
[553] Hüffer/Koch/*Koch* AktG § 110 Rn. 1.

400 Über die Einberufung von Aufsichtsratssitzungen entscheidet der Vorsitzende nach **pflichtgemäßem Ermessen.**[555] Er ist zur Einberufung verpflichtet, wenn es das Wohl der Gesellschaft erfordert.[556] Denkbar ist das etwa, wenn der Aufsichtsratsvorsitzende bei seiner Überwachungstätigkeit Kenntnis von rechtswidrigen Handlungen erwirbt und ein Zuwarten bis zur nächsten Sitzung nicht in Betracht kommt oder wenn die wirtschaftliche Entwicklung der Gesellschaft ein kurzfristiges Tätigwerden des Aufsichtsrats erfordert.[557]

mit Mehrheitsbeschluss von einer solchen Regelung – unter Einhaltung des Mindestturnus – abweichen kann, hängt davon ab, ob die Sitzungsfrequenz in der Satzung oder der Geschäftsordnung geregelt ist.[554]

401 Eine Unterschreitung des gesetzlichen Mindestturnus oder der in Satzung oder Geschäftsordnung festgelegten Sitzungsfrequenz hat keine unmittelbare **Sanktion** zur Folge. Der Aufsichtsratsvorsitzende begeht dabei aber in der Regel eine Pflichtverletzung, die bei Vorliegen der Voraussetzungen der § 116 S. 1 AktG, § 93 AktG zum Schadensersatz gegenüber der Gesellschaft verpflichtet.[558] Überdies wird eine Unterschreitung des Mindestturnus regelmäßig die Anfechtbarkeit des Entlastungsbeschlusses begründen.[559]

402 Der Aufsichtsrat einer börsennotierten Gesellschaft soll nach Empfehlung des **Deutschen Corporate Governance Kodex** (DCGK) in seinem jährlichen Bericht an die Hauptversammlung vermerken, an wie vielen Sitzungen des Aufsichtsrats und der Ausschüsse die einzelnen Mitglieder jeweils teilgenommen haben, D.8 DCGK.

e) Ort, Zeit und Tagesordnung

403 Den Aufsichtsratsmitgliedern müssen nicht nur Ort und Zeitpunkt der Sitzung, sondern nach allgM auch die **Gegenstände der Tagesordnung** übermittelt werden, damit sie sich auf die Sitzung vorbereiten und ggf. ihre Stimme vorab schriftlich abgeben können.[560] Eine förmliche Tagesordnung, von der in der Sitzung – zB auch im Hinblick auf die Reihenfolge – nicht mehr abgewichen werden darf, ist damit nicht gemeint.[561] Gleichwohl ist die Übersendung in Form einer Tagesordnung zweckmäßig[562] und in der Praxis auch üblich.

404 Die Übermittlung der Tagesordnungspunkte muss nicht zeitgleich mit der Einberufung erfolgen.[563] Ausreichend, aber auch erforderlich ist die Übermittlung zu einem **Zeitpunkt,** der den Aufsichtsratsmitgliedern die Vorbereitung auf die Beschlussfassung ermöglicht.[564] Wird etwa eine außerordentliche Sitzung kurzfristig einberufen, sodass die Mitglieder gerade noch Zeit haben, sich ordnungsgemäß vorzubereiten, wird es häufig erforderlich sein, die Tagesordnungspunkte gleich zu benennen. Daher sind, wenn Satzung oder Geschäftsordnung eine Einberufungsfrist vorsehen, die Tagesordnungspunkte in der Regel auch unter Beachtung dieser Frist zu übersenden.[565]

405 Die einzelnen Gegenstände der Tagesordnung müssen hinreichend **bestimmt** sein. Die Aufsichtsratsmitglieder müssen anhand der angegebenen Gegenstände die Reichweite der Diskussion abschätzen können und sich auf die Sitzung vorbereiten können.[566] **Pauschale** Angaben sind daher, sofern sie nicht durch ergänzende Unterlagen konkretisiert werden, unzureichend. Wenn beispielsweise über die Bestel-

---

[554] MüKoAktG/*Habersack* AktG § 110 Rn. 42; Semler/v. Schenck/*Gittermann* AktG § 110 Rn. 58.
[555] MüKoAktG/*Habersack* AktG § 110 Rn. 7; GroßkommAktG/*Hopt/Roth* AktG § 110 Rn. 14; BeckOGK/*Spindler* AktG § 110 Rn. 29; Hölters/*Hambloch-Gesinn/Gesinn* AktG § 110 Rn. 5.
[556] MüKoAktG/*Habersack* AktG § 110 Rn. 7; GroßkommAktG/*Hopt/Roth* AktG § 110 Rn. 14; Hölters/*Hambloch-Gesinn/Gesinn* AktG § 110 Rn. 5.
[557] In diesem Sinne auch MüKoAktG/*Habersack* AktG § 110 Rn. 7.
[558] MüKoAktG/*Habersack* AktG § 110 Rn. 43; Hüffer/Koch/*Koch* AktG § 110 Rn. 10; BeckOGK/*Spindler* AktG § 110 Rn. 51.
[559] MüKoAktG/*Habersack* AktG § 110 Rn. 43, allerdings mit zutreffendem Verweis auf die einschränkenden Ausführungen des LG Krefeld ZIP 2007, 730 (732); Semler/v. Schenck/*Gittermann* AktG § 110 Rn. 60; Henssler/Strohn/*Henssler* AktG § 110 Rn. 17.
[560] Hüffer/Koch/*Koch* AktG § 110 Rn. 4; MüKoAktG/*Habersack* AktG § 110 Rn. 18; MHdB AG/*Hoffmann-Becking* § 31 Rn. 40, 42; Lutter/Krieger/*Verse* AR Rn. 693; Bürgers/Körber/*Israel* AktG § 110 Rn. 4; K. Schmidt/Lutter AktG/*Drygala* AktG § 110 Rn. 10; Hölters/*Hambloch-Gesinn/Gesinn* AktG § 110 Rn. 13; Kölner Komm AktG/*Mertens/Cahn* AktG § 110 Rn. 4; Wachter/*Schick* § 110 Rn. 5; Semler/v. Schenck/*Gittermann* AktG § 110 Rn. 25; Habersack/Henssler/*Habersack* MitbestG § 25 Rn. 17; GroßkommAktG/*Hopt/Roth* AktG § 110 Rn. 21; BeckOGK/*Spindler* AktG § 110 Rn. 19.
[561] Hüffer/Koch/*Koch* AktG § 110 Rn. 4; GroßkommAktG/*Hopt/Roth* AktG § 110 Rn. 26; BeckOGK/*Spindler* AktG § 110 Rn. 19.
[562] GroßkommAktG/*Hopt/Roth* AktG § 110 Rn. 26.
[563] GroßkommAktG/*Hopt/Roth* AktG § 110 Rn. 27; Semler/v. Schenck/*Gittermann* AktG § 110 Rn. 25.
[564] GroßkommAktG/*Hopt/Roth* AktG § 110 Rn. 27; Semler/v. Schenck/*Gittermann* AktG § 110 Rn. 25.
[565] Kölner Komm AktG/*Mertens/Cahn* AktG § 110 Rn. 4; MüKoAktG/*Habersack* AktG § 110 Rn. 18; GroßkommAktG/*Hopt/Roth* AktG § 110 Rn. 27.
[566] BGHZ 99, 119 (123 f.) = NJW 1987, 1811 (zu § 32 BGB); BeckOGK/*Spindler* AktG § 110 Rn. 19; Hüffer/Koch/*Koch* AktG § 110 Rn. 4; MüKoAktG/*Habersack* AktG § 110 Rn. 19.

lung oder Abberufung eines Vorstandsmitglieds Beschluss gefasst werden soll, genügen Angaben wie „Vorstandsangelegenheiten" oder „Personelle Veränderungen des Vorstands" grundsätzlich nicht.[567] Auch die Angabe „Erwerb (bzw. Veräußerung) Beteiligung" ist grundsätzlich nicht ausreichend, wenn über die Zustimmung zu einer bedeutenden Transaktion Beschluss gefasst werden soll.[568] Insbesondere in Fällen, in denen Gegenstand des Beschlusses nicht lediglich eine Grundsatzentscheidung, sondern die Durchführung eines konkreten **Vertrags** sein soll, sind grundsätzlich sowohl Vertragspartner als auch Inhalt des Vertrags zu nennen.[569] Zu unbestimmt ist auch die Angabe „Verschiedenes".[570] In der Praxis wird sich eine Konkretisierung in vielen Fällen ohnehin durch die zu den Tagesordnungspunkten vorab übersandten Unterlagen ergeben.

In der Praxis spricht häufig ein **Geheimhaltungsinteresse** gegen die frühzeitige Bekanntgabe bestimmter Tagesordnungspunkte. Fraglich ist, ob in diesen Fällen nicht doch pauschale Angaben genügen. Das OLG Frankfurt hat diese Frage in einem Urteil aus dem Jahr 2013 offen gelassen.[571] Nach einer Meinung in der Literatur gebe es gegenüber dem Aufsichtsrat aufgrund der Verschwiegenheitspflicht seiner Mitglieder keine legitimen Geheimhaltungsinteressen, weshalb in jedem Fall eine bestimmte Angabe des Beschlussgegenstands zu fordern sei.[572] Eine andere Meinung stellt beispielsweise bei Personalentscheidungen sowie Zusammenschluss- und Akquisitionsvorhaben auf die Gefahr des Scheiterns von Projekten infolge vorzeitigen Bekanntwerdens sensibler Informationen ab. Eine pauschale Angabe des Beschlussgegenstands müsse daher in diesen Fällen ausreichen, sofern eine gezielte Irreführung der Aufsichtsratsmitglieder beabsichtigt sei.[573] Diese Auffassung **überzeugt.** Gerade bei komplexen Beschlussgegenständen mit langer Einladungsfrist besteht ein nicht unerhebliches Risiko, dass gegen die Verschwiegenheitspflicht verstoßen wird und sensible Informationen öffentlich bekannt werden. Dabei dürfte häufig nicht feststellbar sein, wer gegen die Verschwiegenheitspflicht verstoßen hat,[574] weshalb die drohende Ahndung von Verletzungen der Verschwiegenheitspflicht kein effektives Abschreckungsinstrument ist.[575] Hat die Gesellschaft ihre Ad-hoc-Mitteilungspflicht nach Art. 17 Abs. 4 Marktmissbrauchsverordnung aufgeschoben, können Vertraulichkeitslücken zudem zur sofortigen Veröffentlichungspflicht führen (→ § 5 Rn. 1 ff.). Bei Vorstandsberichten hat der Gesetzgeber im Rahmen des § 90 Abs. 4 S. 2 AktG („… in der Regel in Textform…") ausdrücklich an Vorgänge gedacht, die „wegen der besonderen Vertraulichkeit (…) erst in der Aufsichtsratssitzung selbst" mitzuteilen sind.[576]

Ohne (höchst)richterliche Klärung verbleibt insoweit aber **Rechtsunsicherheit.** Teilweise lässt sich der Konflikt zwischen rechtzeitiger Bekanntgabe und Geheimhaltungsinteresse dadurch etwas entschärfen, dass die Gegenstände der Tagesordnung nicht schon zusammen mit der Einberufung, sondern erst zum spätestmöglichen Zeitpunkt an die Aufsichtsratsmitglieder versandt werden, sofern dadurch eine sachgerechte Vorbereitung auf die Sitzung möglich bleibt.[577]

f) Verteilung der Unterlagen

Auch die für die Willensbildung erforderlichen **Unterlagen** müssen die Aufsichtsratsmitglieder vorab erhalten. Eine gesetzliche Mindestfrist besteht dafür nicht.[578] Teilweise wird angenommen, der Versand müsse „mit der Tagesordnung" erfolgen.[579] Das ist zwar zweckdienlich und häufig auch erforderlich; es ist in Einzelfällen aber auch möglich, die Einberufung, die Tagesordnungspunkte und die nötigen Unterlagen in drei Schritten zu versenden.[580] Auch hier kann Maßstab allein sein, ob eine **Vorbereitung** und ggf. vorherige schriftliche Stimmabgabe sinnvoll möglich ist. Soweit Geschäftsordnungen in der Praxis

---

[567] MüKoAktG/*Habersack* AktG § 110 Rn. 19; GroßkommAktG/*Hopt/Roth* AktG § 110 Rn. 28; BeckOGK/*Spindler* AktG § 110 Rn. 19; Semler/v. Schenck/*Gittermann* AktG § 110 Rn. 26; vgl. BGH NZG 2000, 945 (946) für den Verwaltungsrat einer Sparkasse; auch OLG Naumburg NZG 2001, 901 (902); OLG Stuttgart BB 1985, 879 (880) für GmbH-GF; OLG Stuttgart DB 2003, 932 (Genossenschaftsrecht).
[568] MüKoAktG/*Habersack* AktG § 110 Rn. 19.
[569] Vgl. zu § 32 Abs. 1 S. 2 BGB BGH NJW 2008, 69 (73).
[570] MüKoAktG/*Habersack* AktG § 110 Rn. 19; GroßkommAktG/*Hopt/Roth* AktG § 110 Rn. 28.
[571] OLG Frankfurt NZG 2014, 1017 (1020).
[572] MüKoAktG/*Habersack* AktG § 110 Rn. 20; *Burgard/Heimann* AG 2014, 360 (366 f.); *Burgard/Heimann* NZG 2014, 1294 (1295); Semler/v. Schenck/*Gittermann* AktG § 110 Rn. 25.
[573] Hüffer/Koch/*Koch* AktG § 110 Rn. 4; *Cahn* AG 2014, 525 (533); *Rieger/Rothenfußer* NZG 2014, 1012 (1014); MHdB AG/*Hoffmann-Becking* § 31 Rn. 42; Hölters/*Hambloch-Gesinn/Gesinn* AktG § 111 Rn. 14; so wohl auch Kölner Komm AktG/*Mertens/Cahn* AktG § 110 Rn. 4 („soweit unter Geheimhaltungsgesichtspunkten tunlich").
[574] So auch *Cahn* AG 2014, 525 (533).
[575] *Cahn* AG 2014, 525 (533).
[576] BT-Drs. 14/8769, 15.
[577] Hüffer/Koch/*Koch* AktG § 110 Rn. 4.
[578] *v. Schenck* in Semler/v. Schenck AR-HdB § 5 Rn. 50.
[579] MüKoAktG/*Habersack* AktG § 110 Rn. 18; GroßkommAktG/ *Hopt/Roth* AktG § 110 Rn. 27; Henssler/Strohn/ *Henssler* AktG § 110 Rn. 12.
[580] In diesem Sinne auch Hölters/*Hambloch-Gesinn/Gesinn* AktG § 110 Rn. 14.

409 In der Praxis kann ein **kurzfristiger Versand** von Unterlagen notwendig erscheinen, weil die Unterlagen erst kurzfristig fertiggestellt werden können oder weil die Besorgnis besteht, dass besonders vertrauliche Informationen bei frühem Versand der Unterlagen nicht geheim gehalten werden können. Der überwiegende Teil der Unterlagen besteht in der Praxis aus solchen, die vom Vorstand – oder auf Bitte des Vorstands von Abteilungen des Unternehmens – erstellt und zum Zweck von Vorstandsberichten nach § 90 AktG oder dem Einholen von Zustimmungen im Sinne von § 111 Abs. 4 S. 2 AktG vorgelegt werden. Hier muss der Vorstand grundsätzlich angehalten sein, Erstellung und Versand rechtzeitig sicherzustellen. Häufig können aber gerade diese Unterlagen nur sehr **kurzfristig erstellt** werden, etwa weil das zustimmungspflichtige eilbedürftige Geschäft noch verhandelt wird. Es kann dann Fälle geben, in denen die kurzfristige Übersendung der Unterlagen hingenommen werden muss, weil sonst eine notwendigerweise kurzfristige Befassung des Aufsichtsrats mit dem Thema nicht möglich ist. In diesen Einzelfällen kann den Aufsichtsratsmitgliedern zugemutet werden, sich kurzfristig in ein Thema einzulesen.[581] Der Konflikt zwischen einer frühzeitigen Information der Aufsichtsratsmitglieder einerseits und der erforderlichen und auch erstrebten **Geheimhaltung** vertraulicher Informationen andererseits ist durch eine besonders sorgfältige Abwägung der Interessen zu lösen.[582] Auch bei dieser Abwägung ist zu berücksichtigen, dass das Aktienrecht grundsätzlich davon ausgeht, dass sich Aufsichtsratsmitglieder an die ihnen obliegenden Vertraulichkeitspflichten halten (→ Rn. 492 ff.).

410 Werden die Unterlagen nur als Tischvorlage zur Verfügung gestellt, müssen die Aufsichtsratsmitglieder prüfen, ob sie einen etwaigen Beschluss trotzdem auf der **Grundlage angemessener Information** fassen können, um die Haftungsprivilegierung der *Business Judgement Rule* nicht zu verlieren (Legalitätskonktrolle → § 5 Rn. 189).[583] Die Praxis behilft sich teilweise damit, dass Aufsichtsratsmitgliedern unmittelbar vor der Sitzung vor Ort die Möglichkeit gegeben wird, die Unterlagen einzusehen und gegebenenfalls auch Fragen an Vertreter des Vorstands, der betreffenden Abteilung des Unternehmens oder Berater zu stellen.

g) Einberufungsmängel

411 Das Gesetz regelt die Rechtsfolgen von Einberufungsmängeln nicht. Einberufungsmängel sind Verfahrensverstöße. Im Grundsatz entspricht es allgM, dass Verfahrensverstöße zur Nichtigkeit der in der Sitzung gefassten Beschlüsse führen **(Grundkonzept der Nichtigkeit)** (→ Rn. 465).[584] Typische Fehler im Zusammenhang mit der Einberufung sind etwa Fälle, in denen nicht alle Aufsichtsratsmitglieder eingeladen wurden, die Einladung keine Angabe zu Ort oder Zeit der Sitzung enthält oder die Beschlussgegenstände überhaupt nicht bekanntgemacht wurden.[585] Die Nichtigkeitsfolge tritt in diesen Fällen aber dann regelmäßig nicht ein, wenn nach den **Grundsätzen der Vollversammlung** Beschluss gefasst wurde, dh alle Aufsichtsratsmitglieder an der Sitzung teilgenommen und der Beschlussfassung nicht widersprochen haben.[586] Die Wirksamkeit, aber Anfechtbarkeit von unter Verstoß gegen Verfahrensvorschriften zustande gekommenen Beschlüssen ist nach heute ganz überwiegender Auffassung nicht vorgesehen (→ Rn. 463).

h) Einberufungsverlangen nach § 110 Abs. 1 AktG

412 **aa) Berechtigte.** Jedes **Aufsichtsratsmitglied** kann unter Angabe des Zwecks und der Gründe verlangen, dass der Aufsichtsratsvorsitzende unverzüglich den Aufsichtsrat einberuft, § 110 Abs. 1 S. 1 AktG. Die Sitzung muss binnen **zwei Wochen** nach der Einberufung stattfinden, § 110 Abs. 1 S. 2 AktG.

413 Auch dem **Vorstand** steht dieses Recht zu. Dabei handelt es sich um ein Organrecht, weshalb ein Beschluss nach § 77 Abs. 1 AktG erforderlich ist. Weder der Vorstandsvorsitzende noch andere Vorstandsmitglieder können das Einberufungsverlangen stellen, selbst wenn sie in vertretungsberechtigter Zahl handeln.[587] Hiervon kann nach ganz hM auch nicht durch Satzungsbestimmung abgewichen werden.[588] Ge-

---

[581] In diesem Sinne auch *v. Schenck* in Semler/v. Schenck AR-HdB § 5 Rn. 50.
[582] *v. Schenck* in Semler/v. Schenck AR-HdB § 5 Rn. 51.
[583] In diesem Sinne auch *v. Schenck* in Semler/v. Schenck AR-HdB § 5 Rn. 5.
[584] MüKoAktG/*Habersack* AktG § 108 Rn. 73; Hüffer/Koch/*Koch* AktG § 108 Rn. 26; BeckOGK/*Spindler* AktG § 108 Rn. 73 ff.; *Fleischer* DB 2013, 160 ff., 217 ff.
[585] GroßkommAktG/*Hopt/Roth* AktG § 110 Rn. 30; Hüffer/Koch/*Koch* AktG § 110 Rn. 5.
[586] OLG München AG 2017, 750 (751); Hüffer/Koch/*Koch* AktG § 110 Rn. 5; MüKoAktG/*Habersack* AktG § 110 Rn. 21; K. Schmidt/Lutter/*Drygala* AktG § 110 Rn. 12.
[587] MüKoAktG/*Habersack* AktG § 110 Rn. 23; K. Schmidt/Lutter AktG/*Drygala* AktG § 110 Rn. 4; Hüffer/Koch/*Koch* AktG § 110 Rn. 6; Kölner Komm AktG/*Mertens/Cahn* AktG § 110 Rn. 8; GroßkommAktG/*Hopt/Roth* AktG § 110 Rn. 32; Semler/v. Schenck/*Gittermann* AktG § 110 Rn. 29.
[588] MüKoAktG/*Habersack* AktG § 110 Rn. 29; GroßkommAktG/*Hopt/Roth* AktG § 110 Rn. 32; BeckOGK/*Spindler* AktG § 110 Rn. 14; Hölters/*Hambloch-Gesinn/Gesinn* AktG § 110 Rn. 36; Bürgers/Körber/*Israel* AktG § 110

gen die Zuständigkeit einzelner Vorstandsmitglieder spricht der Wortlaut: „Vorstand" in Abgrenzung zu „jedes Aufsichtsratsmitglied". Gegen die Zuständigkeit des Vorstands in vertretungsberechtigter Zahl spricht insbesondere, dass auch der Vorstand insoweit nicht rechtsgeschäftlich tätig ist, sondern eine innergesellschaftliche Handlung vornimmt (→ Rn. 393).

Das Recht auf Einberufung zu einer Sitzung des **Plenums** nach § 110 Abs. 1 AktG kann auch geltend 414 gemacht werden, wenn der Beschlussgegenstand vom Aufsichtsrat an einen **Ausschuss** delegiert wurde und das begehrende Aufsichtsratsmitglied nicht Mitglied des Ausschusses ist.[589] Durch die Delegation des Beschlussgegenstands hat das Plenum seine Zuständigkeit nicht vollständig abgegeben. Auch bevor das Plenum den Beschlussgegenstand wieder in die alleinige Zuständigkeit des Plenums zurückholt, bleibt es zur sorgfältigen Überwachung des Ausschusses verpflichtet.[590]

Das Einberufungsverlangen und Selbsteinberufungsrecht nach § 110 Abs. 1 und Abs. 2 AktG gilt für 415 die Einberufung von **Ausschüssen** entsprechend,[591] und zwar auch im Hinblick auf das Einberufungsrecht des Vorstands.[592] Andernfalls liefe das Einberufungsrecht des Vorstands nach § 110 Abs. 1 S. 1 AktG leer, soweit der Aufsichtsrat Aufgaben einem Ausschuss übertragen hat.

bb) Ausübung. Die Ausübung des Einberufungsverlangens muss sich am **Gesellschaftsinteresse** orien- 416 tieren. Das Gesellschaftsinteresse kann zur Geltendmachung des Einberufungsverlangens zwingen, zB wenn ein Aufsichtsratsmitglied Kenntnisse erlangt, die eine Sitzung erforderlich erscheinen lassen,[593] etwa mit Blick auf eine Kündigungsfrist nach § 626 Abs. 2 BGB. Denkbar ist im Einzelfall auch, dass der Vorstand zur Einberufung verpflichtet ist.[594] Bei der Beurteilung im Einzelfall wird man berücksichtigen müssen, dass die Entscheidung über die Einberufung grundsätzlich im pflichtgemäßen Ermessen des Aufsichtsratsvorsitzenden liegt. Darf der Vorstand davon ausgehen, dass der Aufsichtsratsvorsitzende alle relevanten Informationen hat und sich nach Abwägung redlich gegen eine Einberufung entschieden hat, wird sich eine Pflicht zur Einberufung durch den Vorstand nur im **Ausnahmefall** ableiten lassen.

Das Einberufungsverlangen ist an keine **Form** gebunden. Die Aufsichtsratsmitglieder können den Auf- 417 sichtsratsvorsitzenden deshalb auch mündlich, fernmündlich, per E-Mail oder Fax zur Einberufung auffordern. Das Einberufungsverlangen kann, muss aber keinen Vorschlag einer Tagesordnung enthalten.[595] Es muss aber unter Angabe des **Zwecks** und der **Gründe** gestellt werden, § 110 Abs. 1 S. 1 AktG. „Zweck" ist der Gegenstand, über den in der Sitzung verhandelt und beschlossen werden soll, wobei der Gegenstand in die Kompetenz des Aufsichtsrats fallen muss. Es genügt, wenn der Antragsteller das Thema umreißt. „Gründe" meint die Umstände, die zur Notwendigkeit der Sitzung und der Eilbedürftigkeit der Einberufung führen.[596]

Der Aufsichtsratsvorsitzende hat den Aufsichtsrat nach Erhalt des Einberufungsantrags **unverzüglich**, 418 also ohne schuldhaftes Zögern (§ 121 Abs. 1 S. 1 BGB)[597] einzuberufen. Die Sitzung muss gemäß § 110 Abs. 1 S. 2 AktG spätestens **zwei Wochen** nach der Einberufung stattfinden. Die Frist beginnt zu dem Zeitpunkt, zu dem unter normalen Umständen mit dem Zugang der Einberufung gerechnet werden kann.[598] Die Satzung oder Geschäftsordnung kann die Frist nach § 110 Abs 1 S. 2 AktG nicht verlängern.[599] Kürzere Fristen können dagegen auch für die Einberufung nach § 110 Abs. 1 S. 2 AktG gelten, sofern die Vorbereitungszeit für die Mitglieder des Aufsichtsrats nicht unangemessen verringert wird.[600]

Der Aufsichtsratsvorsitzende ist grundsätzlich an das Einberufungsverlangen gebunden, dh er kann die- 419 ses nur ablehnen, wenn das Verlangen die Voraussetzungen des § 110 Abs. 1 S. 1 AktG nicht erfüllt oder

---

Rn. 11; Semler/v. Schenck/*Gittermann* AktG § 110 Rn. 29; aA *Möhring/Schwartz/Rowedder/Haberlandt,* Die Aktiengesellschaft und ihre Satzung, 2. Aufl. 1966, 145.
[589] GroßkommAktG/*Hopt/Roth* AktG § 110 Rn. 33; MüKoAktG/*Habersack* AktG § 110 Rn. 22.
[590] Hüffer/Koch/*Koch* AktG § 107 Rn. 33; RegBegr. BT-Drs. 14/8769, 16.
[591] Lutter/Krieger/*Verse* AR Rn. 772; MüKoAktG/*Habersack* AktG § 110 Rn. 14; Kölner Komm AktG/*Mertens/Cahn* AktG § 107 Rn. 129.
[592] Lutter/Krieger/*Verse* AR Rn. 772; aA Kölner Komm AktG/*Mertens/Cahn* AktG § 107 Rn. 129.
[593] Vgl. OLG Braunschweig NJW 2012, 3798 (3800); Untreuevorwurf begründende Garantenstellung wegen satzungswidriger Zahlungen; MüKoAktG/*Habersack* AktG § 110 Rn. 22; Hüffer/Koch/*Koch* AktG § 110 Rn. 6.
[594] MüKoAktG/*Habersack* AktG § 110 Rn. 23; GroßkommAktG/*Hopt/Roth* AktG § 110 Rn. 40.
[595] MüKoAktG/*Habersack* AktG § 110 Rn. 27.
[596] MüKoAktG/*Habersack* AktG § 110 Rn. 27; Hüffer/Koch/*Koch* AktG § 110 Rn. 6.
[597] Hüffer/Koch/*Koch* AktG § 110 Rn. 7; Kölner Komm AktG/*Mertens/Cahn* AktG § 110 Rn. 11; GroßkommAktG/*Hopt/Roth* AktG § 110 Rn. 43.
[598] BeckOGK/*Spindler* AktG § 110 Rn. 24; Kölner Komm AktG/*Mertens/Cahn* AktG § 110 Rn. 14; GroßkommAktG/*Hopt/Roth* AktG § 110 Rn. 44.
[599] MüKoAktG/*Habersack* AktG § 110 Rn. 31; Kölner Komm AktG/*Mertens/Cahn* AktG § 110 Rn. 14; BeckOGK/*Spindler* AktG § 110 Rn. 27; GroßkommAktG/*Hopt/Roth* AktG § 110 Rn. 44.
[600] BeckOGK/*Spindler* AktG § 110 Rn. 27; GroßkommAktG/*Hopt/Roth* AktG § 110 Rn. 44; Kölner Komm AktG/*Mertens/Cahn* AktG § 110 Rn. 14.

wenn das Einberufungsrecht missbraucht wird.[601] Ein **Rechtsmissbrauch** in diesem Sinn liegt vor, wenn ein gesetzes- oder sittenwidriger Zweck verfolgt wird.[602] Missbrauch ist auch bei schikanösem oder querulatorischem Einberufungsverlangen gegeben[603] oder wenn kein vernünftiger Grund das Interesse an der Einberufung begründet. Letzteres ist insbesondere dann anzunehmen, wenn sich der Aufsichtsrat bereits eingehend mit der Sache befasst hat und keine neuen Umstände eingetreten sind, die eine andere Bewertung der Sachlage rechtfertigen würde.[604] **Kein** Missbrauch liegt hingegen vor, wenn ein ablehnender Beschluss des Aufsichtsrats absehbar ist. Für die Erfüllung des Einberufungsverlangens genügt nicht, dass eine Beschlussfassung außerhalb der Sitzung nach § 108 Abs. 4 AktG eingeleitet wird, es sei denn, der Antragsteller ist damit einverstanden.[605]

420 § 110 Abs. 1 AktG ist **zwingend**,[606] die Rechte der Aufsichtsratsmitglieder und des Vorstands können also nicht eingeschränkt werden, die Wahrnehmung des Verlangens kann nicht erschwert werden. Die Vorschrift dient – zumindest teilweise – dem Minderheitenschutz.[607]

421 Jedes Aufsichtsratsmitglied und der Vorstand können **Änderungen oder Ergänzungen der Tagesordnung** beantragen.[608] Voraussetzung hierfür ist, dass die Ergänzung unter Wahrung der Einberufungsfrist sowie weiterer Vorgaben der Satzung oder Geschäftsordnung möglich ist.[609] Der Antrag auf Ergänzung oder Änderung der Tagesordnung ist von Anträgen zu einzelnen bereits angekündigten Tagesordnungspunkten zu unterscheiden. Diese sind vom Aufsichtsratsvorsitzenden zu jedem Zeitpunkt, dh auch noch innerhalb einer laufenden Sitzung zuzulassen, da sie bereits mitgeteilte und daher bekannte Beschlussgegenstände betreffen.[610] In der Praxis erhält der Aufsichtsratsvorsitzende häufig „Vorschläge" für mögliche Tagesordnungspunkte. Er muss dann im Einzelfall auslegen, ob es sich um ein Verlangen zur Aufnahme des Tagesordnungspunkts handelt oder um eine Anregung, die die Entscheidung in das pflichtgemäße Ermessen des Vorsitzenden stellt.

i) Selbsthilferecht nach § 110 Abs. 2 AktG

422 **aa) Berechtigte.** Wenn der Aufsichtsratsvorsitzende einem Verlangen nach § 110 Abs. 1 AktG auf Einberufung des Aufsichtsrats nicht nachkommt, haben jedes **einzelne Aufsichtsratsmitglied** und der **Vorstand als Gesamtorgan** (→ Rn. 413) nach § 110 Abs. 2 AktG ein **Selbsthilferecht**. Sie können unter Mitteilung des Sachverhalts und Angabe einer Tagesordnung dann selbst den Aufsichtsrat einberufen.[611]

423 Nach allgM kann ferner **jeder Berechtigte** analog § 110 Abs. 2 AktG die Ergänzung der Tagesordnung vornehmen, wenn der Aufsichtsratsvorsitzende dem Verlangen auf Ergänzung der Beschlussgegenstände einer bereits anberaumten Sitzung nicht entsprochen hat (→ Rn. 421).[612]

424 **bb) Voraussetzungen und Einberufungsmodalitäten.** Das Selbsthilferecht setzt im Regelfall zwingend ein **vergebliches Einberufungsverlangen** iSv § 110 Abs. 1 AktG voraus.[613] Das Einberufungsverlangen ist vergeblich, wenn der Aufsichtsrat überhaupt nicht einberufen wird[614] oder wenn der Aufsichtsrat zu einem anderen als dem verlangten Zweck einberufen wird[615] oder nicht sämtliche Gegenstände des

---

[601] OLG Köln WM 1959, 1402 (1404); Kölner Komm AktG/*Mertens/Cahn* AktG § 110 Rn. 11; MüKoAktG/*Habersack* AktG § 110 Rn. 32; GroßkommAktG/*Hopt/Roth* AktG § 110 Rn. 42; Semler/v. Schenck/*Gittermann* AktG § 110 Rn. 37; MHdB AG/*Hoffmann-Becking* § 31 Rn. 44.
[602] MüKoAktG/*Habersack* AktG § 110 Rn. 32; K. Schmidt/Lutter AktG/*Drygala* AktG § 110 Rn. 5; Kölner Komm AktG/*Mertens/Cahn* AktG § 110 Rn. 11.
[603] Begr. RegE TransPuG, BTDrs 14/8769, 16; GroßkommAktG/*Hopt/Roth* AktG § 110 Rn. 42.
[604] MüKoAktG/*Habersack* AktG § 110 Rn. 32; GroßkommAktG/*Hopt/Roth* AktG § 110 Rn. 42; BeckOGK/*Spindler* AktG § 110 Rn. 12; Kölner Komm AktG/*Mertens/Cahn* AktG § 110 Rn. 11.
[605] Kölner Komm AktG/*Mertens/Cahn* AktG § 110 Rn. 16; GroßkommAktG/*Hopt/Roth* AktG § 110 Rn. 45; Hüffer/Koch/*Koch* AktG § 110 Rn. 7.
[606] GroßkommAktG/*Hopt/Roth* AktG § 110 Rn. 3; Kölner Komm AktG/*Mertens/Cahn* AktG § 110 Rn. 28; MüKoAktG/*Habersack* AktG § 110 Rn. 24; Semler/v. Schenck/*Gittermann* AktG § 110 Rn. 31; KG HRR 33 Nr. 835; Hüffer/Koch/*Koch* AktG § 110 Rn. 1; aA mit Blick auf die Form BeckOGK/*Spindler* AktG § 110 Rn. 10 („Satzung oder Geschäftsordnung können indes eine bestimmte Form vorschreiben").
[607] GroßkommAktG/*Hopt/Roth* AktG § 110 Rn. 4.
[608] Lutter/Krieger/*Verse* AR Rn. 693; Kölner Komm AktG/*Mertens/Cahn* AktG § 110 Rn. 4; BeckOGK/*Spindler* AktG § 110 Rn. 22; MüKoAktG/*Habersack* AktG § 110 Rn. 26.
[609] Lutter/Krieger/*Verse* AR Rn. 693; MüKoAktG/*Habersack* AktG § 110 Rn. 26; Kölner Komm AktG/*Mertens/Cahn* AktG § 110 Rn. 4.
[610] BeckOGK/*Spindler* AktG § 110 Rn. 22; MüKoAktG/*Habersack* AktG § 110 Rn. 26.
[611] MüKoAktG/*Habersack* AktG § 110 Rn. 34; Semler/v. Schenck/*Gittermann* AktG § 110 Rn. 40.
[612] Semler/v. Schenck/*Gittermann* AktG § 110 Rn. 40; GroßkommAktG/*Hopt/Roth* AktG § 110 Rn. 2.
[613] MüKoAktG/*Habersack* AktG § 110 Rn. 35.
[614] Semler/v. Schenck/*Gittermann* AktG § 110 Rn. 42.
[615] BGH WM 1985, 567 (568) zur GmbH; Semler/v. Schenck/*Gittermann* AktG § 110 Rn. 42; MüKoAktG/*Habersack* AktG § 110 Rn. 35; GroßkommAktG/*Hopt/Roth* AktG § 110 Rn. 48.

Einberufungsverlangens von der Einberufung erfasst sind[616]. Die **Gegenstände** des Einberufungsverlangens nach § 110 Abs. 1 AktG und der nachfolgenden Selbsteinberufung nach § 110 Abs. 2 AktG müssen sich decken. Ein Antrag, über einen Gegenstand zu beschließen, der nicht vom ursprünglichen Einberufungsverlangen gedeckt ist, ist unzulässig.[617] Die Selbsteinberufung ist **unzulässig,** wenn und solange die rechtzeitige Einberufung durch den Vorsitzenden noch erwartet werden kann. Eine vom Antragsteller selbst gesetzte Frist muss in jedem Fall fruchtlos abgelaufen sein.[618] Nur ausnahmsweise kann jeder Berechtigte ohne vergebliches Einberufungsverlangen in analoger Anwendung des § 110 Abs. 2 AktG die Sitzung selbst einberufen, nämlich dann, wenn der Aufsichtsrat über keinen Vorsitzenden und keinen Stellvertreter verfügt oder beide verhindert sind (→ Rn. 390).[619]

Die Selbsteinberufung ist – auch bei formaler Ordnungsmäßigkeit – **unbeachtlich,** wenn der Aufsichtsrat offensichtlich nicht zuständig ist oder wenn die Selbsteinberufung rechtsmissbräuchlich ist.[620] In diesem Fall müssen die Aufsichtsratsmitglieder der Selbsteinberufung nicht Folge leisten.[621] Entsprechend der Definition im Rahmen von § 110 Abs. 1 AktG liegt Rechtsmissbrauch vor, wenn ein gesetzes- oder sittenwidriger Zweck verfolgt wird, die Einberufung schikanös oder querulatorisch ist oder wenn kein vernünftiger Grund das Interesse an der Einberufung begründet, weil sich der Aufsichtsrat bereits eingehend mit der Sache befasst hat und keine neuen Umstände eingetreten sind, die eine andere Bewertung der Sachlage rechtfertigen würde (→ Rn. 390 ff.). 425

Das Selbsteinberufungsrecht muss **unverzüglich** nach Zurückweisung des Verlangens nach § 110 Abs. 1 AktG oder nach Verstreichen einer angemessenen Wartefrist seit Geltendmachung des Verlangens ausgeübt werden. Geschieht dies nicht, erlischt nach hM das Selbsthilferecht, und der Antragsteller muss den Weg über ein erneutes Einberufungsverlangen nach § 110 Abs. 1 AktG gehen.[622] 426

2. Sonstige Vorbereitung

Die Vorbereitung der Sitzungen ist eine der wichtigsten Aufgaben des Aufsichtsratsvorsitzenden (→ § 3 Rn. 70 ff.; 75 f.). Vor allem bei größeren Gesellschaften wird er dabei von einem Aufsichtsratsbüro unterstützt, das sich häufig aus Mitarbeitern der Rechtsabteilung oder des Generalsekretariats zusammensetzt. Im Idealfall steht das Büro ausschließlich dem Aufsichtsrat zur Verfügung und kann daher auch faktisch weitgehend unabhängig vom Vorstand handeln. Das Aufsichtsratsbüro kann den Aufsichtsrat bei administrativen Tätigkeiten bei der **Sitzungsorganisation** im Vorfeld unterstützen. Insbesondere Terminabklärungen, Raumanmietung, Schreibarbeiten inkl. Ladungen sowie die Versendung von Sitzungsunterlagen können durch das Aufsichtsratsbüro übernommen werden.[623] 427

In der Praxis ist es zumindest bei größeren Gesellschaften oder bei kritischen Beschlussgegenständen auch üblich, dass dem Aufsichtsratsvorsitzenden in der Sitzung ein **Leitfaden** vorliegt, der etwa durch die Berater des Aufsichtsrats, die Assistenten des Aufsichtsratsvorsitzenden oder das Aufsichtsratsbüro vorbereitet wird. Der Leitfaden dient dem Vorsitzenden als Gedankenstütze und zur Strukturierung der Sitzung. Ferner kann er selbst Dokumentationsfunktion haben und vor allem als Grundlage für das Protokoll dienen. 428

In Vorbereitung der Sitzung werden die Aufsichtsratsmitglieder die einzelnen Tagesordnungspunkte **inhaltlich vorbereiten.** Abhängig vom Thema und dem Detailgrad der vorgelegten Unterlagen kann das mehr oder weniger vollständig auf Grundlage der zur Verfügung gestellten Unterlagen und in Gesprächen der Aufsichtsratsmitglieder untereinander geschehen. Der Vorsitzende wird regelmäßig für Rückfragen zur Verfügung stehen. In der Praxis finden in den Tagen vor der Sitzung mitunter – abhängig von den Gepflogenheiten der jeweiligen Gesellschaft – **persönliche Gespräche** mit den Aufsichtsratsmitgliedern statt (→ § 3 Rn. 94 f.). Sind die Themen komplex oder vielzählig, kann es sich anbieten, dass nicht nur Vorgespräche mit dem Vorsitzenden stattfinden, sondern auf dessen Vermittlung auch Vorstandsmitglieder, auf Vermittlung des Vorstands auch Spezialisten aus dem Unternehmen oder Berater des Aufsichtsrats für Rückfragen zur Verfügung stehen. Mitunter werden in der Praxis hierfür separate Termine angesetzt. Das kann – auch im Sinne einer effizienten Arbeit des Aufsichtsrats – zu einer Straffung der späteren Diskussion im Plenum führen, weil die Aufsichtsratsmitglieder bereits die Gelegenheit hatten, 429

---

[616] Semler/v. Schenck/*Gittermann* AktG § 110 Rn. 42; MüKoAktG/*Habersack* AktG § 110 Rn. 35; BeckOGK/*Spindler* AktG § 110 Rn. 38.
[617] MüKoAktG/*Habersack* AktG § 110 Rn. 35; GroßkommAktG/*Hopt/Roth* AktG § 110 Rn. 51.
[618] MüKoAktG/*Habersack* AktG § 110 Rn. 35; Hüffer/Koch/*Koch* AktG § 110 Rn. 9.
[619] MüKoAktG/*Habersack* AktG § 110 Rn. 10; Semler/v. Schenck/*Gittermann* AktG § 110 Rn. 42; Hüffer/Koch/*Koch* AktG § 110 Rn. 2.
[620] Zu Letzterem Hüffer/Koch/*Koch* AktG § 110 Rn. 8; BeckOGK/*Spindler* AktG § 110 Rn. 37.
[621] MüKoAktG/*Habersack* AktG § 110 Rn. 35; GroßkommAktG/*Hopt/Roth* AktG § 110 Rn. 55.
[622] MüKoAktG/*Habersack* AktG § 110 Rn. 36; Kölner Komm AktG/*Mertens/Cahn* AktG § 110 Rn. 20, 23; GroßkommAktG/*Hopt/Roth* AktG § 110 Rn. 48; aA Geßler/Hefermehl/*Geßler* AktG § 110 Rn. 38.
[623] *Scherb-Da Col* BOARD 2018, 159.

Fragen zu stellen und gegebenenfalls weitere Informationen einzuholen. Zwar ist auch richtig, dass Vorgespräche einem eingehenden und offenen Meinungsaustausch im Aufsichtsratsplenum entgegenstehen können, wenn die maßgebliche Diskussion bereits im Voraus erfolgt.[624] Grundsätzliche Bedenken gegen solche Vorgespräche verkennen aber die Komplexität der Themen, die ein Aufsichtsrat heute zu bewerten und gegebenenfalls zu entscheiden hat.

430 Am weitesten verbreitet sind in mitbestimmten Aufsichtsräten Vorbesprechungen der Anteilseignerseite einerseits und der Arbeitnehmerseite andererseits. Was die Durchführung solcher gruppeninterner Vorbesprechungen ist **zulässig**.[625] Ziff. 3.6. DCGK aF empfahl solche Gespräche unter Mitwirkung von Vorstandsmitgliedern sogar.[626] Seit der Fassung aus dem Jahr 2012 bis zur Fassung aus dem Jahr 2017 stellte der Kodex zumindest die Möglichkeit und Zulässigkeit solcher Vorbesprechungen fest.[627] Für solche Gespräche spricht, dass innerhalb einer „Fraktion" häufig ein freierer und offenerer Meinungsaustausch erfolgt.[628] Kritisiert wird hingegen, dass dadurch Fraktionsdenken gefördert werde[629] und die Gefahr, dass die Meinungen bereits im Voraus gebildet und gefestigt würden, und zwar getrennt nach Interessen der Anteilseigner- und Arbeitnehmervertreter. Das „Denken in Bänken" laufe dem Homogenitätsprinzip zuwider[630], das den mitbestimmten Aufsichtsrat charakterisiere.[631] Die Bedenken sind durchaus berechtigt. Sie sind aber abzuwägen gegen den Vorteil, den eine ausführliche Vorbereitung – auch durch Diskussion innerhalb der Gruppen – hat. Gerade bei Aufsichtsratsmitgliedern, die nicht Mitglied der relevanten Ausschüsse sind, bringen Vorbesprechungen häufig einen nicht unerheblichen Erkenntnisgewinn und damit eine Verbesserung der Informationsgrundlage. Per se unzulässig sind gruppeninterne Vorgespräche nicht.

431 In jedem Fall müssen die Teilnehmer von Vorbesprechungen aber die allgemeinen aktienrechtlichen Schranken beachten. Beispielsweise kann die faktische Bindung der informellen Vorabstimmungen groß sein; sie darf aber nicht dazu führen, dass ein einzelnes Aufsichtsratsmitglied seine Meinung während der Aufsichtsratssitzung nicht mehr ändern kann.[632] Sofern Mitglieder des Vorstands an den Vorbesprechungen teilnehmen, müssen diese den Grundsatz der **informationellen Gleichbehandlung** aller Aufsichtsratsmitglieder wahren und daher sicherstellen, dass auch die anderen Mitglieder die Möglichkeit haben, die in der Vorbesprechung bekanntgegebenen Informationen zu erhalten.[633] Im Hinblick auf die **Verschwiegenheitspflicht** (→ Rn. 492ff.) ist die Teilnahme Dritter (→ § 3 Rn. 100ff.; 112ff.), die weder dem Aufsichtsrat noch dem Vorstand angehören, grundsätzlich unzulässig, soweit – wie in der Praxis regelmäßig der Fall – vertrauliche Informationen offengelegt werden. Neben Mitgliedern des Vorstands können mit Blick auf § 109 Abs. 1 AktG ausnahmsweise Sachverständige oder Auskunftspersonen zu einzelnen Vorbesprechungen zugezogen werden.[634]

VI. Beschlussfassung

1. Entscheidung/Beschluss

a) Begriffe und Rechtsnatur

432 Der Aufsichtsrat entscheidet ausschließlich durch **Beschluss**, § 108 Abs. 1 AktG; ein Beschluss ist nur dann nötig, wenn der Aufsichtsrat eine **Entscheidung** treffen muss oder will. Entscheidungen sind dadurch gekennzeichnet, dass ein Organwille gebildet wird. Ein Organwille wird etwa stets zur Vorbereitung von Erklärungen gebildet, denen das Gesetz oder die Satzung rechtliche Wirkungen beimisst.[635] Rein tatsächliche Äußerungen einzelner Aufsichtsratsmitglieder unterliegen nicht dem Beschlusserforder-

---

[624] *Vetter* FS Hüffer, 2010, 1017 (1021); *Bernhardt* BB 2008, 1686 (1687).
[625] Habersack/Henssler/*Habersack* MitbestG § 25 Rn. 18; Lutter/Krieger/*Verse* AR Rn. 699; *Wittgens/Vollertsen* AG 2015, 261 (262); MüKoAktG/*Habersack* AktG § 108 Rn. 6.
[626] „Nahezu unstreitig zulässig", vgl. Hölters/Hambloch-Gesinn/*Gesinn* AktG § 108 Rn. 9 mwN.
[627] Ziff. 3.6. DCGK lautet in den Fassungen aus den Jahren 2012 bis 2017: „In mitbestimmten Aufsichtsräten können die Vertreter der Aktionäre und der Arbeitnehmer die Sitzungen des Aufsichtsrats jeweils gesondert, gegebenenfalls mit Mitgliedern des Vorstands, vorbereiten."
[628] *Sünner* AG 2012, 265 (267); Lutter/Krieger/*Verse* AR Rn. 699.
[629] Lutter/Krieger/*Verse* AR Rn. 699; *Vetter* FS Hüffer, 2010, 1017 (1021); KBLW/*v. Werder* DCGK Rn. 568; aA *Wittgens/Wollertsen* AG 2015, 261 (262f.).
[630] *Vetter* FS Hüffer, 2010, 1017 (1021); KBLW/*v. Werder* DCGK Rn. 568; MüKoAktG/*Habersack* AktG § 108 Rn. 6.
[631] Vgl. BGHZ 83, 106 (113) = NJW 1982, 1525; BGHZ 83, 144 (147) = NJW 1982, 1528; BGHZ 106, 54 (65) = NJW 1989, 979; Habersack/Henssler/*Habersack* MitbestG § 25 Rn. 76 mwN.
[632] Lutter/Krieger/*Verse* AR Rn. 699; MHdB AG/*Hoffmann-Becking* § 31 Rn. 37.
[633] MHdB AG/*Hoffmann-Becking* § 31 Rn. 37; *Hoffmann-Becking* FS Havermann, 1995, 229 (241f.); Lutter/Krieger/*Verse* AR Rn. 699; *Wittgens/Vollertsen* AG 2015, 261 (266f.); *Vetter* FS Hüffer, 2010, 1017 (1024f.).
[634] Habersack/Henssler/*Habersack* MitbestG § 25 Rn. 18; *Wittgens/Vollertsen* AG 2015, 261 (264).
[635] MüKoAktG/*Habersack* AktG § 108 Rn. 8 mit zahlreichen Beispielen; Kölner Komm AktG/*Mertens/Cahn* AktG § 108 Rn. 9; Hüffer/Koch/*Koch* AktG § 108 Rn. 2.

nis.⁶³⁶ Dies gilt selbst dann, wenn die Äußerungen im Zusammenhang mit der Erfüllung der gesetzlichen Aufgaben des Aufsichtsrats stehen.⁶³⁷ Insbesondere Stellungnahmen zu Vorstandsberichten sowie Anregungen und Beanstandungen gegenüber dem Vorstand, etwa in Aufsichtsratssitzungen, sind keine Entscheidungen des Aufsichtsrats.⁶³⁸ Obwohl rechtlich bindend, ist auch ein Berichtsverlangen eines einzelnen Aufsichtsratsmitglieds gem. § 90 Abs. 3 S. 2 AktG keine Entscheidung des Aufsichtsrats.⁶³⁹ Häufig kann nach dem **Urheber** der Maßnahme differenziert werden: Liegt eine Maßnahme des Aufsichtsrats gegenüber dem Vorstand vor, ist von einer Entscheidung und mithin vom Beschlusserfordernis auszugehen. Maßnahmen anderer Urheber unterliegen dem Beschlusserfordernis regelmäßig nicht.⁶⁴⁰

Der Beschluss ergeht durch Abstimmung über einen Antrag und stellt das Ergebnis der Willensbildung des Aufsichtsrats dar.⁶⁴¹ Er ist kein bloßer Sozialakt⁶⁴², sondern ein **mehrseitiges, nicht vertragliches Rechtsgeschäft** eigener Art.⁶⁴³ Ein Rechtsgeschäft liegt vor, weil die abstimmenden Aufsichtsratsmitglieder eine Frage verbindlich regeln wollen.⁶⁴⁴ Ein Vertrag liegt nicht vor, weil die Stimmabgaben nicht auf übereinstimmende Willenserklärungen abzielen, sondern vielmehr das Mehrheitsprinzip entscheidet;⁶⁴⁵ auch Aufsichtsratsmitglieder, die entweder nicht mitgestimmt oder gegen den gefassten Beschluss gestimmt haben, sind an den Beschluss gebunden.⁶⁴⁶

b) Ausdrückliche Beschlussfassung

Der Aufsichtsrat muss seine Beschlüsse nach allgM **ausdrücklich** fassen.⁶⁴⁷ Stillschweigende oder konkludente Zustimmungen oder Meinungsäußerungen können keinen rechtswirksamen Beschluss herbeiführen;⁶⁴⁸ ansonsten ließe sich die Einhaltung der wesentlichen Modalitäten der Beschlussfassung nicht feststellen.⁶⁴⁹

Allerdings können bei der **Auslegung** von ausdrücklichen Aufsichtsratsbeschlüssen konkludente Stimmabgaben und sonstige Umstände berücksichtigt werden, selbst wenn sie im Beschlusstext nicht ausdrücklich festgelegt wurden.⁶⁵⁰ Beschließt beispielsweise der Aufsichtsrat mehr als zwölf Monate vor Ablauf der Amtszeit über die Amtszeitverlängerung, stellt dies einen Verstoß gegen § 84 Abs. 1 AktG dar. Wenn er in diesem Beschluss aber die Regelung der Gehaltsansprüche des Vorstandsmitglieds zurückstellt und schließlich innerhalb der Jahresfrist ausdrücklich über die Regelung der Gehaltsansprüche beschließt, liegt darin eine **konkludente,** wirksame Verlängerung der Amtszeit des Vorstandsmitglieds.⁶⁵¹ Hinsichtlich der Auslegung ausdrücklicher Beschlüsse mit konkludentem Erklärungsgehalt ist jedoch Zurückhal-

---

⁶³⁶ MüKoAktG/*Habersack* AktG § 108 Rn. 10; Kölner Komm AktG/*Mertens/Cahn* AktG § 108 Rn. 12.
⁶³⁷ MüKoAktG/*Habersack* AktG § 108 Rn. 10; Kölner Komm AktG/*Mertens/Cahn* AktG § 108 Rn. 12.
⁶³⁸ MüKoAktG/*Habersack* AktG § 108 Rn. 10; Kölner Komm AktG/*Mertens/Cahn* AktG § 108 Rn. 12; Hölters/*Hambloch-Gesinn/Gesinn* AktG § 108 Rn. 6.
⁶³⁹ MüKoAktG/*Habersack* AktG § 108 Rn. 10.
⁶⁴⁰ MüKoAktG/*Habersack* AktG § 108 Rn. 10; aA: Hölters/*Hambloch-Gesinn/Gesinn* AktG § 108 Rn. 6.
⁶⁴¹ Hüffer/Koch/*Koch* AktG § 108 Rn. 3; *Jürgenmeyer* ZGR 2007, 112 (114).
⁶⁴² BGH NJW 1970, 33.
⁶⁴³ HM Hüffer/Koch/*Koch* AktG § 108 Rn. 3; Kölner Komm AktG/*Mertens/Cahn* AktG § 108 Rn. 7; MüKoAktG/*Habersack* AktG § 108 Rn. 11; GroßkommAktG/*Hopt/Roth* AktG § 108 Rn. 16; BeckOGK/*Spindler* AktG § 108 Rn. 10.
⁶⁴⁴ Hüffer/Koch/*Koch* AktG § 108 Rn. 3; MüKoAktG/*Habersack* AktG § 108 Rn. 11.
⁶⁴⁵ Hüffer/Koch/*Koch* AktG § 108 Rn. 3.
⁶⁴⁶ Hüffer/Koch/*Koch* AktG § 108 Rn. 3.
⁶⁴⁷ Begr. RegE *Kropff* S. 151; BGHZ 10, 187 (194); 41, 282 (286) = NJW 1964, 1367; 47, 341 (343 ff.) = NJW 1967, 1711; BGH NJW 1989, 1928 (1929); BGH AG 1991, 398; 2009, 327 (328); 2010, 632 Rn. 14; BGH ZIP 2016, 310 Rn. 28; Hüffer/Koch/*Koch* AktG § 108 Rn. 4; Kölner Komm AktG/*Mertens/Cahn* AktG § 108 Rn. 14; MüKoAktG/*Habersack* AktG § 108 Rn. 12; K. Schmidt/Lutter AktG/*Drygala* AktG § 108 Rn. 4; Hölters/*Hambloch-Gesinn/Gesinn* AktG § 108 Rn. 7; Henssler/Strohn GesR /*Henssler* AktG § 108 Rn. 3; BeckOGK/*Spindler* AktG § 108 Rn. 11; Semler/v. Schenck/*Schütz* AktG § 108 Rn. 21.
⁶⁴⁸ Begr. RegE *Kropff* S. 151; BGHZ 10, 187 (194); 41, 282 (286) = NJW 1964, 1367; 47, 341 (343 ff.) = NJW 1967, 1711; BGH NJW 1989, 1928 (1929); BGH AG 1991, 398; 2009, 327 (328); 2010, 632 Rn. 14; BGH ZIP 2016, 310 Rn. 28; Hüffer/Koch/*Koch* AktG § 108 Rn. 4; Kölner Komm AktG/*Mertens/Cahn* AktG § 108 Rn. 14; MüKoAktG/*Habersack* AktG § 108 Rn. 12; Hölters/*Hambloch-Gesinn/Gesinn* AktG § 108 Rn. 7; Henssler/Strohn/*Henssler* AktG § 108 Rn. 3; BeckOGK/*Spindler* AktG § 108 Rn. 11; Semler/v. Schenck/*Schütz* AktG § 108 Rn. 21.
⁶⁴⁹ Begr. RegE *Kropff* S. 151; BGHZ 10, 187 (194); 41, 282 (286) = NJW 1964, 1367; 47, 341 (343 ff.) = NJW 1967, 1711; BGH NJW 1989, 1928 (1929); BGH AG 1991, 398; 2009, 327 (328); 2010, 632 Rn. 14; BGH ZIP 2016, 310 Rn. 28; Hüffer/Koch/*Koch* AktG § 108 Rn. 4; Kölner Komm AktG/*Mertens/Cahn* AktG § 108 Rn. 14; MüKoAktG/*Habersack* AktG § 108 Rn. 12; Hölters/*Hambloch-Gesinn/Gesinn* AktG § 108 Rn. 7; Henssler/Strohn/*Henssler* AktG § 108 Rn. 3; BeckOGK/*Spindler* AktG § 108 Rn. 11; Semler/v. Schenck/*Schütz* AktG § 108 Rn. 21.
⁶⁵⁰ MüKoAktG/*Habersack* AktG § 108 Rn. 13; BGH NJW 1989, 1928 (1929); BGHZ 207, 190 Rn. 28 = NJW 2016, 1236; LG München I NZG 2009, 143 (144 f.).
⁶⁵¹ Semler/v. Schenck/*Schütz* AktG § 108 Rn. 25; MüKoAktG/*Habersack* AktG § 108 Rn. 13.

tung geboten.⁶⁵² Insbesondere können nicht artikulierte Vorstellungen der Aufsichtsratsmitglieder nicht berücksichtigt werden.⁶⁵³ In der **Praxis** sollte man auf eine klare ausdrückliche Beschlussfassung drängen.

c) Zustandekommen des Beschlusses

436 Das Beschlussverfahren ist in den §§ 107–110 AktG nicht abschließend geregelt. Satzung und Geschäftsordnung können es im Rahmen der gesetzlichen Vorschriften näher ausgestalten. Subsidiär kommen nach hM die §§ 28, 32 Abs. 1 S. 2, 3 BGB, § 34 BGB zur analogen Anwendung.⁶⁵⁴ In einer Präsenzsitzung kommen Beschlüsse durch **Abstimmung und Feststellung** des Abstimmungsergebnisses zustande (zur Beschlussfassung ohne Sitzung → Rn. 456 ff.).

d) Geheime Abstimmung

437 Das Gesetz sieht **geheime** Abstimmungen nicht ausdrücklich vor. Der BGH hat die Frage ihrer Zulässigkeit in einer älteren Entscheidung ausdrücklich offengelassen.⁶⁵⁵ Es besteht Einigkeit, dass bei allseitigem Einverständnis geheime Abstimmungen **zulässig** und gefasste Beschlüsse **wirksam** sind.⁶⁵⁶ Gegen die Zulässigkeit der geheimen Abstimmung wird beispielsweise vorgebracht, dass bekannt sein müsse, wie sich das einzelne Aufsichtsratsmitglied in einer bestimmten Frage entschieden habe, da sich aus der Abstimmung eine Haftung des Aufsichtsratsmitglieds ergeben könne.⁶⁵⁷ Jedes einzelne Aufsichtsratsmitglied könnte sonst stets vortragen, es habe gegen den Beschluss gestimmt.⁶⁵⁸ Die Gegenauffassung bringt allerdings zu Recht vor, dass diese Argumentation nicht überzeugt. Die Ablehnung eines sorgfaltswidrigen Beschlusses schließt die Haftung des einzelnen Mitglieds ohnehin noch nicht aus.⁶⁵⁹ Das Mitglied muss sich vielmehr aktiv und unter Nennung seines Namens gegen die geplante Maßnahme gewendet haben.⁶⁶⁰ Jedes Aufsichtsratsmitglied hat außerdem einen Anspruch darauf, dass sein Abstimmungsverhalten zu Beweiszwecken in der Niederschrift dokumentiert wird, mag hierdurch auch rückblickend das Abstimmungsgeheimnis teilweise offengelegt werden (→ Rn. 559).⁶⁶¹ Für die **Zulässigkeit der geheimen Abstimmung** spricht insbesondere die Sicherung einer unbeeinflussten persönlichen Entscheidung der Aufsichtsratsmitglieder.⁶⁶² Diese ist in offenen Abstimmungen bedroht, wenn „Fraktionszwänge" oder „Solidaritätserwägungen" auf einzelne Mitglieder einwirken.⁶⁶³ Andererseits sollten geheime Abstimmungen aber, auch weil sie vom Gesetz nicht vorgesehen sind und nicht dem Leitbild des Aktiengesetzes entsprechen, die Ausnahme bleiben.

438 Der **Aufsichtsratsvorsitzende** bestimmt zunächst kraft seiner allgemeinen Leitungsbefugnis, ob die Abstimmung offen oder geheim erfolgen soll.⁶⁶⁴ Maßgeblich ist hierbei das **Gesellschaftsinteresse**.⁶⁶⁵ Praktisch ratsam dürfte die Anordnung der geheimen Abstimmung insbesondere dann sein, wenn scharfe Konfrontationen zwischen einzelnen oder Gruppierungen von Aufsichtsratsmitgliedern zu erwarten sind. Gerade bei Personalentscheidungen besteht die Gefahr von „Solidaritätserwägungen".⁶⁶⁶ In jedem Fall kann eine Entscheidung des Aufsichtsratsvorsitzenden, eine geheime Abstimmung durchzuführen, von der Mehrheit der Aufsichtsratsmitglieder durch Beschluss **überstimmt** werden.

439 Nach heute hM ist die geheime Abstimmung nicht nur bei allseitigem Einverständnis zulässig.⁶⁶⁷ Vielmehr kann eine Mehrheit von Aufsichtsratsmitgliedern durch Verfahrensantrag eine **geheime Abstim-**

---

⁶⁵² MüKoAktG/*Habersack* AktG § 108 Rn. 13; Semler/v. Schenck/*Schütz* AktG § 108 Rn. 25.
⁶⁵³ BGH ZIP 2016, 310 Rn. 29; MüKoAktG/*Habersack* AktG § 108 Rn. 13.
⁶⁵⁴ Kölner Komm AktG/*Mertens/Cahn* AktG § 108 Rn. 17; GroßkommAktG/*Hopt/Roth* AktG § 108 Rn. 24; Semler/v. Schenck/*Schütz* AktG § 108 Rn. 89.
⁶⁵⁵ BGH AG 1975, 242 (245).
⁶⁵⁶ Kölner Komm AktG/*Mertens/Cahn* AktG § 108 Rn. 52; BeckOGK/*Spindler* AktG § 108 Rn. 22.
⁶⁵⁷ Kölner Komm AktG/*Mertens/Cahn* AktG § 108 Rn. 52; BeckOGK/*Spindler* AktG § 108 Rn. 21; GK-MitbestG/*Naendrup* MitbestG § 25 Rn. 76; Köstler/Müller/*Sick,* § 108 Rn. 461; Baumbach/Hueck/*Zöllner/Noack* GmbHG § 52 Rn. 230; *Spieker* AuR 1961, 209; *Mertens* AG 1975, 235; *Mertens* ZGR 1983, 189 (206 ff.); *Säcker/Theisen* AG 1980, 29 (40).
⁶⁵⁸ BeckOGK/*Spindler* AktG § 108 Rn. 21.
⁶⁵⁹ MüKoAktG/*Habersack* AktG § 108 Rn. 18; Semler/v. Schenck/*Schütz* AktG § 108 Rn. 105; Hüffer/Koch/*Koch* AktG § 108 Rn. 5.
⁶⁶⁰ MüKoAktG/*Habersack* AktG § 108 Rn. 18; Semler/v. Schenck/*Schütz* AktG § 108 Rn. 105; Hüffer/Koch/*Koch* AktG § 108 Rn. 5.
⁶⁶¹ Semler/v. Schenck/*Schütz* AktG § 108 Rn. 109; MüKoAktG/*Habersack* AktG § 108 Rn. 19.
⁶⁶² MüKoAktG/*Habersack* AktG § 108 Rn. 18; Semler/v. Schenck/*Schütz* AktG § 108 Rn. 105.
⁶⁶³ MüKoAktG/*Habersack* AktG § 108 Rn. 18.
⁶⁶⁴ Hüffer/Koch/*Koch* AktG § 108 Rn. 5a; MüKoAktG/*Habersack* AktG § 108 Rn. 19.
⁶⁶⁵ Hüffer/Koch/*Koch* AktG § 108 Rn. 5a; MüKoAktG/*Habersack* AktG § 108 Rn. 19.
⁶⁶⁶ *Ulmer* AG 1982, 300 (304 f.).
⁶⁶⁷ Hüffer/Koch/*Koch* AktG § 108 Rn. 5; GroßkommAktG/*Hopt/Roth* AktG § 108 Rn. 42; Habersack/Henssler/*Habersack* MitbestG § 25 Rn. 26; *Hoffmann/Lehmann/Weinmann* MitbestG § 25 Rn. 162; K. Schmidt/Lutter AktG/*Drygala* AktG § 108 Rn. 21; Hölters/Hambloch-Gesinn/*Gesinn* AktG § 108 Rn. 14; Henssler/Strohn/*Henssler* AktG § 108

VI. Beschlussfassung

mung erzwingen.[668] Weil jedes Aufsichtsratsmitglied einen Anspruch hat, sein Abstimmungsverhalten zu Beweiszwecken in der Niederschrift dokumentieren zu lassen[669] (→ Rn. 437), werden durch den Mehrheitsentscheid die Rechte und Interessen einzelner Mitglieder auch nicht über Gebühr eingeschränkt.

Teilweise wird vertreten, dass auch ein einzelnes Aufsichtsratsmitglied[670] oder jedenfalls eine qualifizierte Mehrheit von **zwei bis drei Mitgliedern**[671] eine geheime Abstimmung erzwingen kann. Die **hM** lehnt das zu Recht ab.[672] Mit Blick auf den Individualschutz einzelner Aufsichtsratsmitglieder ist das Interesse an einer solchen Möglichkeit zwar nachvollziehbar. Es fehlt aber an einer passenden Herleitung. Insbesondere lässt sich eine analoge Anwendung der Vorschriften über die Berichte an den Aufsichtsrat (§ 90 Abs. 3 S. 2 AktG) oder über die Einberufung des Aufsichtsrats (§ 110 Abs. 2 AktG) mangels planwidriger Regelungslücke nicht begründen.[673] Es muss damit beim Mehrheitserfordernis bleiben, sofern nicht in Satzung oder Geschäftsordnung etwas anderes geregelt wird.[674] Rein faktisch können einzelne Aufsichtsratsmitglieder natürlich verhindern, dass die Abstimmung vollständig geheim durchgeführt wird, weil ihnen freisteht, ihr Abstimmverhalten vor oder nach der Abstimmung im Plenum kundzutun. UU kann das – auch aus rechtlichen Gründen – sogar geboten sein (→ Rn. 437). 440

e) Mehrheitserfordernis

Das Aktiengesetz regelt nicht, welche Mehrheit für die Beschlussfassung durch den Aufsichtsrat erforderlich ist. Nach allgM bedürfen Beschlüsse zu ihrer Wirksamkeit grundsätzlich der **einfachen Stimmenmehrheit,** § 32 Abs. 1 S. 3 BGB, § 29 Abs. 1 MitbestG analog.[675] Einfache Stimmenmehrheit liegt vor, wenn die Zahl der gültigen Ja-Stimmen die Zahl der gültigen Nein-Stimmen um mindestens eine Stimme übertrifft. Stimmengleichheit oder ein Überwiegen der Nein-Stimmen führen zur Ablehnung des Antrags; ein wirksamer Beschluss ist dann nicht gefasst. Stimmenthaltungen sowie ungültige Stimmen werden bei der Beschlussfassung nicht mitgezählt; sie gelten deshalb insbesondere nicht als Nein-Stimmen,[676] sofern die Satzung nichts anderes regelt (→ Rn. 443). 441

Gesetzliche **Abweichungen vom Prinzip einfacher Stimmenmehrheit** können sich aus mitbestimmungsrechtlichen Regeln, etwa aus dem Mitbestimmungsgesetz, dem Mitbestimmungsergänzungsgesetz, dem Montanmitbestimmungsgesetz oder auch aus § 124 Abs. 3 S. 5 AktG ergeben.[677] In diesem Zusammenhang zu beachten ist auch das **Zweitstimmrecht** des Aufsichtsratsvorsitzenden nach § 29 Abs. 2 MitbestG zur Auflösung von Pattsituationen. Die mitbestimmungsrechtlichen Spezialregelungen stellen **zwingendes Recht** dar, von denen weder durch Satzung noch durch Geschäftsordnung abgewichen werden kann.[678] 442

Auch im Übrigen kann **durch Satzung oder Geschäftsordnung vom Grundsatz** einfacher Mehrheit kaum abgewichen werden. Bei gesetzlich dem Aufsichtsrat zwingend zugewiesenen Aufgaben ist eine satzungsmäßige **Erhöhung** der erforderlichen Mehrheit nach ganz hM nicht möglich.[679] Das gilt etwa für die Billigung des Jahresabschlusses und für Zustimmungserklärungen nach §§ 89, 114, 115 AktG und hat 443

Rn. 4; Bürgers/Körber/*Israel* AktG § 108 Rn. 9; Semler/v. Schenck/*Schütz* AktG § 108 Rn. 104f.; NK-AktR/*Breuer/Fraune* AktG § 108 Rn. 6; Wachter/*Schick* AktG § 108 Rn. 6; Lutter/Krieger/*Verse* AR Rn. 722; *Hoffmann/Preu* Aufsichtsrat Rn. 424; *Peus* DStR 1996, 1656; *Kollhosser* FS Hadding, 2004, 501 (504ff.); *Meier* DStR 1996, 385 (386); *U.H. Schneider* FS R. Fischer, 1979, 727 (734ff.); *Ulmer* AG 1982, 300 (301ff.); MüKoAktG/*Habersack* AktG § 108 Rn. 18.

[668] Hüffer/Koch/*Koch* AktG § 108 Rn. 5a; K. Schmidt/Lutter AktG/*Drygala* AktG § 108 Rn. 22.
[669] Semler/v. Schenck/*Schütz* AktG § 108 Rn. 109; MüKoAktG/*Habersack* AktG § 108 Rn. 19.
[670] *Peus* DStR 1996, 1656f.
[671] Habersack/Henssler/*Habersack* MitbestG § 25 Rn. 26; MüKoAktG/*Habersack* AktG § 108 Rn. 19; BeckOGK/*Spindler* AktG § 108 Rn. 20; *Ulmer* AG 1982, 300 (305).
[672] GroßkommAktG/*Hopt/Roth* AktG § 108 Rn. 51; Kölner Komm AktG/*Mertens/Cahn* AktG § 108 Rn. 52; Hüffer/Koch/*Koch* AktG § 108 Rn. 5a; K. Schmidt/Lutter AktG/*Drygala* AktG § 108 Rn. 22; Semler/v. Schenck/*Schütz* AktG § 108 Rn. 108; Hölters/Hambloch-Gesinn/*Gesinn* AktG § 108 Rn. 15; Lutter/Krieger/*Verse* AR Rn. 722; *Mertens* ZGR 1983, 189 (211ff.).
[673] Semler/v. Schenck/*Schütz* AktG § 108 Rn. 108; Kölner Komm AktG/*Mertens/Cahn* AktG § 108 Rn. 52.
[674] GroßkommAktG/*Hopt/Roth* AktG § 108 Rn. 51.
[675] GroßkommAktG/*Hopt/Roth* AktG § 108 Rn. 30; Kölner Komm AktG/*Mertens/Cahn* AktG § 108 Rn. 57; MüKoAktG/*Habersack* AktG § 108 Rn. 20; Hüffer/Koch/*Koch* AktG § 108 Rn. 6; K. Schmidt/Lutter AktG/*Drygala* AktG § 108 Rn. 31.
[676] BGHZ 83, 35 (36f.) = NJW 1982, 1585; BGHZ 129, 136 (153) = NJW 1995, 1739; GroßkommAktG/*Hopt/Roth* AktG § 108 Rn. 40; Kölner Komm AktG/*Mertens/Cahn* AktG § 108 Rn. 59; K. Schmidt/Lutter AktG/*Drygala* AktG § 108 Rn. 31; Hüffer/Koch/*Koch* AktG § 108 Rn. 6; MHdB AG/*Hoffmann-Becking* § 31 Rn. 66; Habersack/Henssler/*Habersack* MitbestG § 29 Rn. 6; Wachter/*Schick* AktG § 108 Rn. 7; *Säcker/Theisen* AG 1980, 29 (37).
[677] Hüffer/Koch/*Koch* AktG § 108 Rn. 7.
[678] MüKoAktG/*Habersack* AktG § 108 Rn. 22 mwN.
[679] MHdB AG/*Hoffmann-Becking* § 31 Rn. 69; Hüffer/Koch/*Koch* AktG § 108 Rn. 8; Kölner Komm AktG/*Mertens/Cahn* AktG § 108 Rn. 62; GroßkommAktG/*Hopt/Roth* AktG § 108 Rn. 36f.; K. Schmidt/Lutter AktG/*Drygala* AktG § 108 Rn. 32; BeckOGK/*Spindler* AktG § 108 Rn. 25; aA: *Jürgenmeyer* ZGR 2007, 112 (118ff., 122ff.).

seinen Grund darin, dass die Satzung die Erledigung der dem Aufsichtsrat zwingend auferlegten Aufgaben nicht erschweren darf.[680] Wegen der besonderen Bedeutung für die Überwachungstätigkeit des Aufsichtsrats muss das auch für **Zustimmungsvorbehalte** nach § 111 Abs. 4 S. 2 AktG gelten.[681] Die Tätigkeit des Vorstands könnte unverhältnismäßig erschwert werden, wenn er für zustimmungspflichtige Geschäfte eine – uU deutlich – qualifizierte Mehrheit der Stimmen im Aufsichtsrat bräuchte.

444 Die Satzung kann dem Aufsichtsratsvorsitzenden ein **Stichentscheidsrecht** einräumen.[682] Die Einräumung eines Vetorechts ist hingegen nicht möglich.[683] Überdies kann in der Satzung ein **Verbot der Stimmenthaltung** geregelt werden mit der Folge, dass eine Stimmenthaltung eine ungültige Stimme darstellt.[684] Ob auch eine Satzungsregelung zulässig ist, die bestimmt, dass Stimmenthaltungen stets als Nein-Stimme gewertet werden, ist streitig. Die überzeugende hM[685] bejaht dies mit dem Argument, dass das Beschlussverfahren nicht abschließend im Gesetz geregelt sei, sieht sich aber einer gewichtigen Gegenauffassung[686] ausgesetzt, die darin eine Aushöhlung des Prinzips einfacher Mehrheit sieht. Die darin liegende leichte Verschärfung des Mehrheitsprinzips ist aber – mangels Definition des Mehrheitsprinzips im Aktiengesetz – hinzunehmen, weil es, anders als bei einer tatsächlichen Erhöhung der erforderlichen Mehrheit (→ Rn. 443), dabei bleibt, dass jedenfalls die Mehrheit der Aufsichtsratsmitglieder den Beschluss herbeiführen kann.

f) Stimmrecht und Stimmverbot

445 Jedes Aufsichtsratsmitglied ist grundsätzlich stimmberechtigt und hat das **gleiche Stimmrecht.**[687] Eine abweichende Satzungsregelung ist unzulässig.[688]

446 Einen allgemeinen Ausschluss des Stimmrechts von Aufsichtsratsmitgliedern wegen Interessenskollision kennt das Aktiengesetz nicht. Analog § 34 BGB unterliegt ein Aufsichtsratsmitglied einem **Stimmverbot,** wenn Gegenstand der Beschlussfassung der Abschluss eines Rechtsgeschäfts mit ihm oder die Einleitung oder Erledigung eines Rechtsstreits zwischen der Gesellschaft und ihm ist.[689] Über die Analogie des § 34 BGB hinaus besteht der allgemeine Grundsatz des **Verbots des Richtens in eigener Sache,** dh das Aufsichtsratsmitglied ist von der Abstimmung über Maßnahmen, die ihn selbst betreffen, ausgeschlossen.[690] Der Stimmrechtsausschluss gilt nicht für die Wahl eines Aufsichtsratsmitglieds zum **Aufsichtsratsvorsitzenden,** zum Stellvertreter oder in eine sonstige Funktion des Aufsichtsrats,[691] weil das nicht die eigentliche Tätigkeit des Aufsichtsrats, sondern sein Selbstorganisationsrecht betrifft (zum Selbstorganisationsrecht → § 3 Rn. 1 ff.). Anderes muss hingegen bei der Wahl eines Aufsichtsratsmitglieds in den **Vorstand** gelten;[692] hier ist nicht das Selbstorganisationsrecht, sondern die Personalkompetenz des Aufsichtsrats und damit der Kern seiner Tätigkeit betroffen. Nicht umfasst vom Stimmrechtsausschluss werden Rechtsgeschäfte oder Rechtsstreitigkeiten mit Gesellschaften, deren **Vertretungsorgan** das Aufsichtsratsmitglied angehört.[693] Das Aufsichtsratsmitglied ist in diesem Fall grundsätzlich nicht in derselben Weise betroffen wie wenn es selbst Partei des Rechtsgeschäfts wäre. Eine ausreichend unmittelbare Betroffenheit des Aufsichtsratsmitglieds und damit ein Stimmverbot liegen erst vor, wenn im Einzelfall eine nahezu vollständige Interessenidentität zwischen dem Aufsichtsratsmitglied und der anderen Gesellschaft be-

---

[680] Grigoleit/*Tomasic* AktG § 108 Rn. 19; GroßkommAktG/*Hopt/Roth* AktG § 108 Rn. 44.
[681] MüKoAktG/*Habersack* AktG § 108 Rn. 24; Grigoleit/*Tomasic* AktG § 108 Rn. 19; Kölner Komm AktG/*Mertens/Cahn* AktG § 108 Rn. 62; aA GroßkommAktG/*Hopt/Roth* AktG § 108 Rn. 44; MHdB AG/*Hoffmann-Becking* § 31 Rn. 69; BeckOGK/*Spindler* AktG § 108 Rn. 25.
[682] K. Schmidt/Lutter AktG/*Drygala* AktG § 108 Rn. 32 mwN.
[683] K. Schmidt/Lutter AktG/*Drygala* AktG § 108 Rn. 32; Hüffer/Koch/*Koch* AktG § 107 Rn. 8; MüKoAktG/*Habersack* AktG § 108 Rn. 25.
[684] BayObLG NZG 2003, 691 (693); MüKoAktG/*Habersack* AktG § 108 Rn. 25; Kölner Komm AktG/*Mertens/Cahn* MitbestG § 29 Rn. 3.
[685] Semler/v. Schenck/*Schütz* AktG § 108 Rn. 137; MüKoAktG/*Habersack* AktG § 108 Rn. 25; Kölner Komm AktG/*Mertens/Cahn* AktG § 108 Rn. 60.
[686] K. Schmidt/Lutter AktG/*Drygala* AktG § 108 Rn. 33; zweifelnd Hüffer/Koch/*Koch* AktG § 108 Rn. 8.
[687] Hüffer/Koch/*Koch* AktG § 108 Rn. 9; GroßkommAktG/*Hopt/Roth* AktG § 108 Rn. 61.
[688] BeckOGK/*Spindler* AktG § 108 Rn. 27; MüKoAktG/*Habersack* AktG § 108 Rn. 28.
[689] BGH AG 2007, 484 Tz. 13; OLG Stuttgart AG 2007, 873 (876); BayObLGZ 2003, 89 (92); Hüffer/Koch/*Koch* AktG § 108 Rn. 9; Hölters/*Hambloch-Gesinn/Gesinn* AktG § 108, Rn. 25.
[690] BGH NZG 2013, 792 (794); OLG Stuttgart AG 2007, 873 (876); BayObLG NZG 2003, 691 (692); GroßkommAktG/*Hopt/Roth* AktG § 108 Rn. 66; Hüffer/Koch/*Koch* AktG § 108 Rn. 9; Hölters/*Hambloch-Gesinn/Gesinn* AktG § 108, Rn. 33.
[691] Hüffer/Koch/*Koch* AktG § 108 Rn. 9; MüKoAktG/*Habersack* AktG § 108 Rn. 32; Kölner Komm AktG/*Mertens/Cahn* AktG § 108 Rn. 67.
[692] Hüffer/Koch/*Koch* AktG § 108 Rn. 9; MüKoAktG/*Habersack* AktG § 108 Rn. 32; GroßkommAktG/*Hopt/Roth* AktG § 108 Rn. 68; aA Kölner Komm AktG/*Mertens/Cahn* AktG § 108 Rn. 67; Lutter/Krieger/*Verse* AR Rn. 731.
[693] MüKoAktG/*Habersack* AktG § 108 Rn. 30; Lutter/Krieger/*Verse* AR Rn. 730; Kölner Komm AktG/*Mertens/Cahn* AktG § 108 Rn. 68; aA GroßkommAktG/*Hopt/Roth* AktG § 108 Rn. 65.

steht.⁶⁹⁴ Dies ist insbesondere bei **wirtschaftlicher Identität** der Fall⁶⁹⁵, etwa wenn das Aufsichtsratsmitglied auch Alleingesellschafter des anderen Unternehmens ist.

Das Stimmverbot geht lediglich so weit, dass weder eine Ja- noch Nein-Stimme abgegeben werden darf. Nicht betroffen ist die **Berechtigung zur Teilnahme** an der Beschlussfassung durch Stimmenthaltung.⁶⁹⁶ In Fällen, in denen der Aufsichtsrat bei Abwesenheit des Aufsichtsratsmitglieds beschlussunfähig wäre (→ Rn. 451), ist dieses sogar zur Teilnahme an der Abstimmung durch Abgabe einer Stimmenthaltungserklärung verpflichtet.⁶⁹⁷ Dogmatisch ist diese Lösung nicht zwingend; in der Praxis überzeugt sie jedoch, beispielsweise um die dauerhafte Beschlussunfähigkeit eines Aufsichtsrats, dem nur drei Mitglieder angehören, zu vermeiden.⁶⁹⁸ 447

Das Aufsichtsratsmitglied kann gehalten sein, Interessenkonflikte, auch wenn sie nicht zum Stimmverbot führen, anzuzeigen (→ Rn. 489 ff.). Unterliegt ein Aufsichtsratsmitglied einem Interessenkonflikt, kann es sich zudem nicht auf die **Business Judgment Rule** berufen (zur Business Judgment Rule → § 4 Rn. 2370 ff.). Das gilt auch für die anderen Aufsichtsratsmitglieder, wenn der Interessenkonflikt ihnen gegenüber offengelegt wurde und sie den Beschluss dennoch unter Beteiligung des betroffenen Aufsichtsratsmitglieds gefasst haben.⁶⁹⁹ 448

2. Beschlussfähigkeit

Voraussetzung für die Wirksamkeit eines Beschlusses ist die **Beschlussfähigkeit** des Aufsichtsrats. Soweit die Voraussetzungen der Beschlussfähigkeit nicht gesetzlich geregelt sind, können sie gemäß § 108 Abs. 2 S. 1 AktG durch **Satzung** bestimmt werden. Zwingende gesetzliche Vorschriften enthalten etwa das MontanMitbestG und das MontanMitbestErgG. Zudem dürfen die im MitbestG normierten Mindestforderungen durch Satzung zumindest nicht herabgesetzt werden.⁷⁰⁰ Eine weitere Beschränkung der Satzungsautonomie enthält § 108 Abs. 2 S. 3 AktG, wonach in jedem Fall mindestens **drei Mitglieder** an der Beschlussfassung teilnehmen müssen. Der Beschlussfassung steht gemäß § 108 Abs. 2 S. 4 AktG nicht entgegen, wenn der Aufsichtsrat **unvollständig besetzt** ist. Dies gilt selbst dann, wenn das Verhältnis von Anteilseigner- und Arbeitnehmervertretern nicht dem Gesetz entspricht. Von § 108 Abs. 2 S. 4 AktG kann nicht durch Satzung abgewichen werden.⁷⁰¹ 449

Unzulässig sind auch in diesem Zusammenhang Satzungsregelungen, die den Grundsatz der **Gleichbehandlung** aller Aufsichtsratsmitglieder verletzen. Die Beschlussfähigkeit kann nicht von der Teilnahme bestimmter Aufsichtsratsmitglieder – etwa des Aufsichtsratsvorsitzenden oder seines Stellvertreters – abhängig gemacht werden, da das einem Vetorecht einzelner Aufsichtsratsmitglieder gleichkäme.⁷⁰² Unzulässig ist auch, bei mitbestimmten Aufsichtsräten die Beschlussfähigkeit von der Anwesenheit einer **Bank** abhängig zu machen.⁷⁰³ Andernfalls wird gegen den Grundsatz verstoßen, dass alle Mitglieder des Aufsichtsrats, wenn sie erst einmal, gleich von welcher Seite, in das Amt berufen sind, die gleichen Rechte und Pflichten haben.⁷⁰⁴ Mit der wohl hM in der Literatur ist bei einem mitbestimmten Aufsichtsrat auch eine Regelung unzulässig, nach der das Gremium erst beschlussfähig ist, wenn die **Mehrheit der Mitglieder** anwesend ist.⁷⁰⁵ Andernfalls könnte eine Bank durch Fernbleiben die Abstimmung über einen 450

---

⁶⁹⁴ *Lutter/Krieger/Verse* AR Rn. 730; BeckOGK/*Spindler* AktG § 108 Rn. 31; Kölner Komm AktG/*Mertens/Cahn* AktG § 108 Rn. 68.
⁶⁹⁵ BeckOGK /*Spindler* AktG § 108 Rn. 31; Kölner Komm AktG/*Mertens/Cahn* AktG § 108 Rn. 68.
⁶⁹⁶ *Lutter/Krieger/Verse* AR Rn. 730; Kölner Komm AktG/*Mertens/Cahn* AktG § 108 Rn. 66.
⁶⁹⁷ BGH AG 2007, 484 Rn. 13; OLG München AG 2016, 592 (593); GroßkommAktG/*Hopt/Roth* AktG § 108 Rn. 79.
⁶⁹⁸ Hüffer/Koch/*Koch* AktG § 108 Rn. 16; Kölner Komm AktG/*Mertens/Cahn* AktG § 108 Rn. 66.
⁶⁹⁹ Hüffer/Koch/*Koch* AktG § 108 Rn. 13.
⁷⁰⁰ MüKoAktG/*Habersack* § 108 Rn. 38 f.; GroßkommAktG/*Oetker* MitbestG § 28 Rn. 7. Streitig ist, ob die Mindestanforderungen im MitbestG verschärft werden können. Offengelassen in BGH NJW 1982, 1530; verneinend OLG Karlsruhe NJW 1980, 2137 (2139); *Raiser* NJW 1980, 209; GroßkommAktG/*Hopt/Roth* AktG § 108 Rn. 90; Raiser/Veil/Jacobs/*Raiser* MitbestG § 28 Rn. 3; *Säcker* JZ 1980, 82 (84); bejahend OLG Hamburg BB 1984, 1763 (1764 f.); LG Frankfurt a. M. NJW 1978, 2398; *Lutter/Krieger/Verse* AR Rn. 718; MHdB AG/*Hoffmann-Becking* § 31 Rn. 63.
⁷⁰¹ Kölner Komm AktG/*Mertens/Cahn* AktG § 108 Rn. 75; Hüffer/Koch/*Koch* AktG § 109 Rn. 15; MüKoAktG/ *Habersack* AktG § 108 Rn. 38.
⁷⁰² BGH NJW 1982, 1530 (1531); MHdB AG/*Hoffmann-Becking* § 31 Rn. 60; MüKoAktG/*Habersack* AktG § 108 Rn. 38.
⁷⁰³ BGH NJW 1982, 1530; OLG Karlsruhe NJW 1980, 2137; MüKoAktG/*Habersack* AktG § 108 Rn. 39; BeckOGK/ *Spindler* AktG § 108 Rn. 49; GroßkommAktG/*Hopt/Roth* AktG § 108 Rn. 104; *Lutter/Krieger/Verse* AR Rn. 720; K. Schmidt/Lutter AktG/*Drygala* AktG § 108 Rn. 14; Kölner Komm AktG/*Mertens/Cahn* AktG § 108 Rn. 80.
⁷⁰⁴ BGH NJW 1982, 1530; BeckOGK/*Spindler* AktG § 108 Rn. 49; Kölner Komm AktG/*Mertens/Cahn* AktG § 108 Rn. 80.
⁷⁰⁵ OLG Karlsruhe NJW 1980; 2137 (2139); MüKoAktG/*Habersack* AktG § 108 Rn. 40; GroßkommAktG/*Oetker* AktG § 28 Rn. 8; GroßkommAktG/*Hopt/Roth* AktG § 108 Rn. 90; BeckOGK/*Spindler* AktG § 108 Rn. 49;

Beschlussantrag dauerhaft verhindern. Dass die Beschlussfähigkeit nicht an die Anwesenheit aller der Anzahl nach gesetzlich vorgesehenen Mitglieder geknüpft werden kann, ergibt sich bereits aus § 108 Abs. 2 S. 4 AktG.[706] Unzulässig ist es aber auch, die Teilnahme aller dem Aufsichtsrat tatsächlich angehörenden Mitglieder zu verlangen, da eine solche Regelung jedem Aufsichtsratsmitglied ein Vetorecht einräumen würde.[707]

451 Ohne Satzungsbestimmung oder anderweitige gesetzliche Regelung ist der Aufsichtsrat gemäß § 108 Abs. 2 S. 2 AktG beschlussfähig, wenn mindestens die **Hälfte seiner Mitglieder** „an der Beschlussfassung teilnimmt". Unter **„Teilnahme an der Beschlussfassung"** ist die tatsächliche Beteiligung eines Aufsichtsratsmitglieds zu verstehen. Hierbei spielt es keine Rolle, ob das Aufsichtsratsmitglied zur Teilnahme an der Beschlussfassung berechtigt ist oder nicht oder eine gültige oder ungültige Stimme abgibt.[708] Erforderlich ist, dass das Aufsichtsratsmitglied eine aus seiner Sicht verbindliche Stellungnahme zum Gegenstand der Beschlussfassung abgibt, die auch in Form einer **Stimmenthaltung** erfolgen kann (→ Rn. 447).[709] Die ausdrückliche oder konkludente Erklärung eines Aufsichtsratsmitglieds, sich nicht an der Beschlussfassung beteiligen zu wollen, zählt nicht als Teilnahme.[710] Nicht erforderlich aber auch nicht ausreichend ist die **Anwesenheit** des Aufsichtsratsmitglieds in der Sitzung.[711] Die – auch für Zwecke der Beschlussfähigkeit ausreichende – Stimmabgabe kann gemäß § 108 Abs. 3 AktG durch schriftliche Stimmüberreichung erfolgen.[712] Bei einer Beschlussfassung nach § 108 Abs. 4 AktG liegt eine Teilnahme nur vor, wenn sich das Aufsichtsratsmitglied in Form von Zustimmung, Ablehnung oder durch Stimmenthaltung äußert.[713] Ein Widerspruch gegen das Verfahren stellt keine Teilnahme dar[714], weil das Aufsichtsratsmitglied dadurch nicht an dem Beschluss, also der inhaltlichen Entscheidung, teilnimmt.

3. Stimmabgabe ohne Präsenz

a) Schriftliche Stimmabgabe

452 An der Beschlussfassung des Aufsichtsrats oder seiner Ausschüsse in Präsenzsitzungen können abwesende Aufsichtsratsmitglieder gemäß § 108 Abs. 3 S. 1 AktG dadurch teilnehmen, dass sie schriftliche Stimmabgaben durch sog. **Stimmboten** überreichen lassen. Stimmbote kann gemäß § 108 Abs. 3 S. 2 AktG jedes andere Aufsichtsratsmitglied sein. Im Rahmen von Ausschusssitzungen können nicht nur Ausschussmitglieder, sondern auch alle **anderen Aufsichtsratsmitglieder** Stimmboten sein.[715] Das ergibt sich daraus, dass § 108 Abs. 3 S. 1 AktG zwischen Aufsichtsrat und Ausschuss differenziert, während § 108 Abs. 3 S. 2 ausdrücklich von „Aufsichtsratsmitglied", nicht von „Ausschussmitglied" spricht. Dem Aufsichtsrat nicht angehörende Personen können gemäß § 108 Abs. 3 S. 3 AktG die Stimme übergeben, wenn sie nach § 109 Abs. 3 AktG zur Teilnahme an der Sitzung berechtigt sind. Im Übrigen ist § 108 Abs. 3 S. 3 AktG auf Ausschüsse entsprechend anwendbar.[716]

453 Sinn und Zweck des § 108 Abs. 3 AktG ist, auch abwesenden Aufsichtsratsmitgliedern die Mitwirkung an Aufsichtsratsbeschlüssen zu ermöglichen.[717] Daher kann die schriftliche Stimmabgabe auch nicht durch **Satzung** ausgeschlossen werden.[718] Gleichzeitig muss sichergestellt sein, dass allein das Aufsichtsratsmitglied über die Abgabe der Erklärung und ihren Inhalt befindet. Das Verbot der Stellvertretung nach § 101 Abs. 3 S. 1 AktG und das Prinzip der Höchstpersönlichkeit des Aufsichtsratsamts nach § 111

Henssler/Strohn/*Henssler* AktG § 108 Rn. 9; Offengelassen in BGHZ 83, 151 (154) = NJW 1982, 1530; aA OLG Hamburg OLGZ 1984, 307 (308); OLG Frankfurt a. M. NJW 1978, 2398; LG Hamburg NJW 1980, 235; LG Mannheim NJW 1980, 236; K. Schmidt/Lutter AktG/*Drygala* AktG § 108 Rn. 14; MHdB AG/*Hoffmann-Becking* § 31 Rn. 63; Lutter/Krieger/Verse AR Rn. 718.

[706] GroßkommAktG/Hopt/Roth AktG § 108 Rn. 93; Hüffer/Koch/*Koch* AktG § 108 Rn. 15; MüKoAktG/*Habersack* AktG § 108 Rn. 38; Kölner Komm AktG/*Mertens/Cahn* AktG § 108 Rn. 80; BeckOGK/*Spindler* AktG § 108 Rn. 48.

[707] MüKoAktG/*Habersack* AktG § 108 Rn. 38; GroßkommAktG/Hopt/Roth AktG § 108 Rn. 93.

[708] Hölters/Hambloch-Gesinn/*Gesinn* AktG § 108 Rn. 41; Kölner Komm AktG/*Mertens/Cahn* AktG § 108 Rn. 74.

[709] BGH AG 2007, 484 Rn. 13; OLG Karlsruhe NJW 1980, 2137; Kölner Komm AktG/*Mertens/Cahn* AktG § 108 Rn. 74; MüKoAktG/*Habersack* AktG § 108 Rn. 36.

[710] Hölters/Hambloch-Gesinn/*Gesinn* AktG § 108 Rn. 41; MHdB AG/*Hoffmann-Becking* § 31 Rn. 61.

[711] MüKoAktG/*Habersack* AktG § 108 Rn. 38; BeckOGK/*Spindler* AktG § 108 Rn. 40; Hüffer/Koch/*Koch* AktG § 108 Rn. 15; K. Schmidt/Lutter AktG/*Drygala* AktG § 108 Rn. 12.

[712] § 108 Abs. 3 bezieht sich systematisch und nach seiner Stellung auf § 108 Abs. 1, 2 AktG vgl. BeckOGK/*Spindler* AktG § 108 Rn. 69.

[713] MüKoAktG/*Habersack* AktG § 108 Rn. 37; *Wagner* NZG 2002, 57 (59).

[714] MüKoAktG/*Habersack* AktG § 108 Rn. 37.

[715] MüKoAktG/*Habersack* AktG § 108 Rn. 54; Kölner Komm AktG/*Mertens/Cahn* AktG § 108 Rn. 29.

[716] MüKoAktG/*Habersack* AktG § 108 Rn. 54; Kölner Komm AktG/*Mertens/Cahn* AktG § 108 Rn. 29.

[717] Kölner Komm AktG/*Mertens/Cahn* AktG § 108 Rn. 25; GroßkommAktG/Hopt/Roth AktG § 108 Rn. 115.

[718] BeckOGK/*Spindler* AktG § 108 Rn. 60; MüKoAktG/*Habersack* AktG § 108 Rn. 49.

VI. Beschlussfassung

Abs. 6 dürfen durch den Einsatz eines Stimmboten nicht verkürzt werden.[719] § 108 Abs. 3 AktG begründet lediglich die Möglichkeit einer Botenschaft und **keine** Stellvertretung **im Willen**. Dem Stimmboten darf **kein eigener Ermessensspielraum** zukommen.[720] Daher sind auch die Überlassung einer Blankoerklärung mit der Anweisung, nach eigenem Belieben zu entscheiden, oder die Instruktion, entsprechend der jeweiligen Mehrheit im Aufsichtsrat oder einem bestimmten Aufsichtsratsmitglied zu stimmen, unzulässig.[721] Auch darf das abwesende Aufsichtsratsmitglied dem Stimmboten nicht mehrere inhaltlich unterschiedliche Stimmerklärungen überlassen, von denen der Bote eine Erklärung nach eigenem Ermessen in der Sitzung auswählt.[722]

Streitig ist, ob **das Ausfüllen der Stimmbotschaft** dem Stimmboten überlassen werden kann. Nach einer Auffassung ist – auch wegen der Pflicht zur persönlichen Wahrnehmung des Aufsichtsratsamts – nur die durch das abwesende Aufsichtsratsmitglied vollständig ausgefüllte und unterschriebene Stimmabgabe gültig.[723] Das Ausfüllen der Stimmbotschaft durch den Stimmboten ist dann auch nach genauer Weisung unzulässig.[724] Nach anderer Ansicht ist eine dahingehend enge Auslegung des § 108 Abs. 3 AktG nicht erforderlich.[725] Nach dieser Ansicht können dem Stimmboten im Voraus oder telefonisch oder elektronisch entsprechend dem Verlauf der Sitzung genaue Weisungen zum Ausfüllen der Stimme erteilt werden.[726] Auch besteht die Möglichkeit, dem Boten mehrere unterschiedliche Stimmabgabeerklärungen mitzugeben und ihn entsprechend dem Verhandlungsstand anzuweisen, welche Erklärung abzugeben ist.[727] Dem ist zuzustimmen. Wer die Stimmbotschaft tatsächlich ausfüllt, ist eine Formalie; einzig relevant ist, wer die Entscheidung inhaltlich getroffen hat. Sollte der Stimmbote seine Botenmacht im Rahmen der Abstimmung überschreiten, ist die Stimmabgabe ohnehin nichtig.[728] Da dem Boten kein eigener Ermessensspielraum verbleiben darf, empfiehlt sich in der Praxis jedenfalls, dass das abwesende Aufsichtsratsmitglied seine Anweisungen genau dokumentiert (zur individuellen Aufbewahrungspflicht → Rn. 573).

Das **Schriftlichkeitsgebot** nach § 108 Abs. 3 AktG dient der Dokumentation[729], und der Beweissicherung[730] und soll die Prüfung der Authentizität[731] erleichtern. Indirekt wird auch die **Höchstpersönlichkeit der Amtsausführung** geschützt.[732] Umstritten ist, was „schriftlich" im Sinn von § 108 Abs. 3 S. 1 AktG meint. Ein Teil der Literatur fordert die **eigenhändige Namensunterschrift** iSd § 126 BGB, weshalb weder Telegramm noch Telex oder E-Mail, aber auch ein im Original unterschriebenes Telefax nicht ausreichten.[733] Die schriftliche Abstimmung stelle einen Notbehelf dar und müsse eine Ausnahme bleiben, da sonst die Gefahr bestünde, dass der Aufsichtsrat zu einem reinen „Abstimmungsorgan" werde.[734] Es müsse verhindert werden, dass die Beratungen und (Vor-) Entscheidungen zunehmend in Vorbesprechungen und Gruppensitzungen verlagert würden.[735] Nach der überzeugenden **hM** in der Literatur ist die Übergabe einer per **Telefax** übermittelten und im Original unterschriebenen Stimmabgabeerklärung hingegen zulässig.[736] Dasselbe muss für ein im Original unterschriebenes, **gescanntes** und per

---

[719] MüKoAktG/*Habersack* AktG § 108 Rn. 49; Kölner Komm AktG/*Mertens/Cahn* AktG § 108 Rn. 25.
[720] Hüffer/Koch/*Koch* AktG § 108 Rn. 19; BeckOGK/*Spindler* AktG § 108 Rn. 60; K. Schmidt/Lutter AktG/*Drygala* AktG § 108 Rn. 26.
[721] Semler/v. Schenck/*Schütz* AktG § 108 Rn. 181; MüKoAktG/*Habersack* AktG § 108 Rn. 56; Kölner Komm AktG/ *Mertens/Cahn* AktG § 108 Rn. 33; BeckOGK/*Spindler* AktG § 108 Rn. 60.
[722] MüKoAktG/*Habersack* AktG § 108 Rn. 56; *Lutter/Krieger/Verse* AR Rn. 726; GroßkommAktG/*Hopt/Roth* AktG § 108 Rn. 124; Kölner Komm AktG/*Mertens/Cahn* AktG § 108 Rn. 33.
[723] Hüffer/Koch/*Koch* AktG § 108 Rn. 19; MüKoAktG/*Habersack* AktG § 108 Rn. 56; Henssler/Strohn /*Henssler* AktG § 108 Rn. 14.
[724] MüKoAktG/*Habersack* AktG § 108 Rn. 56; Henssler/Strohn/*Henssler* AktG § 108 Rn. 14; BeckOGK/*Spindler* AktG § 108 Rn. 60.
[725] Kölner Komm AktG/*Mertens/Cahn* AktG § 108 Rn. 34; GroßkommAktG/*Hopt/Roth* AktG § 108 Rn. 131; MHdB AG/*Hoffmann-Becking* § 31 Rn. 90; *Lutter/Krieger/Verse* AR Rn. 726.
[726] Kölner Komm AktG/*Mertens/Cahn* AktG § 108 Rn. 34; *Lutter/Krieger/Verse* AR Rn. 726; K. Schmidt/Lutter AktG/ *Drygala* AktG § 108 Rn. 26; MHdB AG/*Hoffmann-Becking* § 31 Rn. 90.
[727] Kölner Komm AktG/*Mertens/Cahn* AktG § 108 Rn. 34; GroßkommAktG/*Hopt/Roth* AktG § 108 Rn. 131.
[728] Kölner Komm AktG/*Mertens/Cahn* AktG § 108 Rn. 36; GroßkommAktG/*Hopt/Roth* AktG § 108 Rn. 133; *Lutter* FS Duden, 1977, 269 (283 f.).
[729] BeckOGK/*Spindler* AktG § 108 Rn. 62.
[730] MüKoAktG/*Habersack* AktG § 108 Rn. 50; BeckOGK/*Spindler* AktG § 108 Rn. 62; Kölner Komm AktG/*Mertens/ Cahn* AktG § 108 Rn. 25.
[731] MüKoAktG/*Habersack* AktG § 108 Rn. 50; Kölner Komm AktG/*Mertens/Cahn* AktG § 108 Rn. 25; Hölters/*Hambloch-Gesinn/Gesinn* AktG § 108 Rn. 49.
[732] MüKoAktG/*Habersack* AktG § 108 Rn. 50.
[733] MüKoAktG/*Habersack* AktG § 108 Rn. 50, 52; Ulmer/Habersack/Henssler/*Ulmer/Habersack* MitbestG § 25 Rn. 30 f.
[734] MüKoAktG/*Habersack* AktG § 108 Rn. 50; Ulmer/Habersack/Henssler/*Ulmer/Habersack* MitbestG § 25 Rn. 30.
[735] MüKoAktG/*Habersack* AktG § 108 Rn. 50.
[736] Hüffer/Koch/*Koch* AktG § 108 Rn. 20; BeckOGK/*Spindler* AktG § 108 Rn. 60; Kölner Komm AktG/*Mertens/ Cahn* AktG § 108 Rn. 25; GroßkommAktG/*Hopt/Roth* AktG § 108 Rn. 128; K. Schmidt/Lutter AktG/*Drygala* AktG § 108 Rn. 24; MHdB AG/*Hoffmann-Becking* § 31 Rn. 91.

E-Mail übersandtes Dokument gelten. In all diesen Fällen kann die Person des Ausstellenden ermittelt und für diesen Zweck ausreichend nachgewiesen werden. Entsprechendes gilt für digital signierte E-Mails, die spätestens zur Beschlussfassung als Ausdruck vorgelegt werden.[737] Eine einfache E-Mail oder gar eine SMS genügen hingegen nach allgM nicht den Anforderungen von § 108 Abs. 3 AktG, da der Urheber nicht eindeutig genug nachgewiesen werden kann.[738] Eine telefonische Stimmabgabe ist bei einer Präsenzsitzung (zu telefonischen Sitzungen → Rn. 459 ff.) in keinem Fall ausreichend, weil es in diesem Fall an der Verkörperung der Urkunde fehlt und die Stimme nicht im Sinne von § 108 Abs. 3 S. 1 AktG „überreicht" werden kann.[739]

b) Beschlussfassung ohne Sitzung

456 Gemäß § 108 Abs. 4 AktG besteht die Möglichkeit, Aufsichtsratsbeschlüsse **ohne Sitzung** zu fassen. Die Beschlussfassung ist in schriftlicher, fernmündlicher oder in anderer vergleichbarer Form – vorbehaltlich einer näheren Regelung in der Satzung oder Geschäftsordnung – nur zulässig, wenn kein Aufsichtsratsmitglied widerspricht. Der Widerspruch muss **ausdrücklich** erfolgen und sich gerade gegen die Form der Beschlussfassung richten.[740] Entsprechend § 107 Abs. 2 AktG hat der Aufsichtsratsvorsitzende eine Niederschrift über das Ergebnis der Beschlussfassung anzufertigen, die zusammen mit der Aufforderung zur Beschlussfassung und den einzelnen Abstimmungen aufzubewahren ist.[741] Das Beschlussergebnis muss den Mitgliedern des Aufsichtsrats bekannt gegeben werden.[742] Dabei ist die Information ausreichend, dass der Beschluss mit der erforderlichen Mehrheit zustande kam, wenn das genaue Ergebnis des Stimmenverhältnisses in der – (nur) auf Verlangen ebenfalls zu übersendenden – Niederschrift festgehalten ist.

457 Durch Satzung oder Geschäftsordnung kann die Beschlussfassung ohne Sitzung abweichend geregelt werden, indem sie erleichtert, erschwert oder auch ganz ausgeschlossen wird[743]; § 108 Abs. 4 AktG enthält dafür einen ausdrücklichen Vorbehalt. Insbesondere kann auch die Möglichkeit des **Widerspruchs** ausgeschlossen oder modifiziert werden. Beispielsweise kann geregelt werden, dass der Aufsichtsratsvorsitzende die Form der Beschlussfassung verbindlich festlegt, ohne dass den einzelnen Aufsichtsratsmitgliedern ein Widerspruchsrecht zusteht.[744] Möglich ist auch eine Einschränkung des Widerspruchsrechts dergestalt, dass der Widerspruch eines einzelnen Mitglieds unbeachtlich, der Widerspruch mehrerer Mitglieder aber beachtlich ist.[745] Umgekehrt kann geregelt werden, dass die Beschlussfassung ohne Sitzung überhaupt nicht zulässig ist.[746]

458 Vergleichbar im Sinne von § 108 Abs. 4 AktG sind Stimmabgaben durch Telefax, E-Mail, SMS oder Online-Chat-Konferenz. Eine Signatur ist im Gegensatz zur Stimmabgabe nach § 108 Abs. 3 AktG nicht erforderlich; § 108 Abs. 4 AktG lässt selbst eine **fernmündliche Beschlussfassung** zu. Die unterschiedliche Behandlung ist dadurch gerechtfertigt, dass – vorbehaltlich einer abweichenden Satzungs- oder Geschäftsordnungsregelung – jedes Aufsichtsratsmitglied der Beschlussfassung ohne Sitzung widersprechen kann.[747]

459 Streitig ist, ob **Videokonferenzen** Präsenzsitzungen gleichzustellen[748] oder eine Form der Stimmabgabe nach § 108 Abs. 4[749] sind; im zweiten Fall bestünde grundsätzlich ein Widerspruchsrecht der Aufsichtsratsmitglieder. Zwar besteht auch bei Videokonferenzen die Möglichkeit gegenseitiger visueller und

---

[737] Hüffer/Koch/*Koch* AktG § 108 Rn. 20; MHdB AG/*Hoffmann-Becking* § 31 Rn. 91; *E. Vetter* in Marsch-Barner/Schäfer Börsennotierte AG-HdB § 27 Rn. 70; nach GroßkommAktG/*Hopt/Roth* AktG § 108 Rn. 128 erscheint eine elektronische Signatur entbehrlich, wenn die Nachricht zugleich an den Aufsichtsratsvorsitzenden übermittelt wurde.
[738] Kölner Komm AktG/*Mertens/Cahn* AktG § 108 Rn. 25; Hüffer/Koch/*Koch* AktG § 108 Rn. 20; MüKoAktG/*Habersack* AktG § 108 Rn. 53; BeckOGK/*Spindler* AktG § 108 Rn. 62; MHdB AG/*Hoffmann-Becking* § 31 Rn. 91; K. Schmidt/Lutter/*Drygala* AktG § 108 Rn. 24.
[739] MüKoAktG/*Habersack* AktG § 108 Rn. 52; GroßkommAktG/*Hopt/Roth* AktG § 108 Rn. 127.
[740] GroßkommAktG/*Hopt/Roth* AktG § 108 Rn. 140; Kölner Komm AktG/*Mertens/Cahn* AktG § 108 Rn. 40.
[741] MüKoAktG/*Habersack* AktG § 108 Rn. 65; GroßkommAktG/*Hopt/Roth* AktG § 108 Rn. 142; Kölner Komm AktG/*Mertens/Cahn* AktG § 108 Rn. 45.
[742] Vgl. Semler/v. Schneck/*Schütz* AktG § 108 Rn. 207.
[743] Kölner Komm AktG/*Mertens/Cahn* AktG § 108 Rn. 28; MHdB AG/*Hoffmann-Becking* § 31 Rn. 97; Lutter/Krieger/*Verse* AR Rn. 728.
[744] MüKoAktG/*Habersack* AktG § 108 Rn. 67; GroßkommAktG/*Hopt/Roth* AktG § 108 Rn. 144; *Wagner* NZG 2002, 57 (58).
[745] MüKoAktG/*Habersack* AktG § 108 Rn. 68; *Wohlwend* NJW 2001, 3170 (3171); GroßkommAktG/*Hopt/Roth* AktG § 108 Rn. 145; MHdB AG/*Hoffmann-Becking* § 31 Rn. 97.
[746] Hüffer/Koch/*Koch* AktG § 108 Rn. 23; MüKoAktG/*Habersack* AktG § 108 Rn. 68.
[747] Kölner Komm AktG/*Mertens/Cahn* AktG § 108 Rn. 39; Hüffer/Koch/*Koch* AktG § 108 Rn. 21.
[748] Hüffer/Koch/*Koch* AktG § 108 Rn. 22; Kölner Komm AktG/*Mertens/Cahn* AktG § 108 Rn. 37; Hölters/*Hambloch-Gesinn/Gesinn* AktG § 108 Rn. 9; GroßkommAktG/*Hopt/Roth* AktG § 108 Rn. 136.
[749] MüKoAktG/*Habersack* AktG § 108 Rn. 16; BeckOGK/*Spindler* AktG § 108 Rn. 65; K. Schmidt/Lutter AktG/*Drygala* AktG § 108 Rn. 27.

auditiver Wahrnehmung. Auch sind die kommunikativen Einschränkungen, etwa bei direkter spontaner Kommunikation[750] oder bei technischen Störungen[751], angesichts moderner Konferenztechnik gering. Trotzdem ist die strengere Auffassung aus gesetzeshistorischen Gründen überzeugend. Der Gesetzgeber hat sich nämlich im Zuge des **NaStraG** dafür entschieden, die **neuen Kommunikationsformen** unter § 108 Abs. 4 AktG zu fassen, und hat Videokonferenzen dabei als der fernmündlichen Beschlussfassung vergleichbare Kommunikationsform, also als solche nach § 108 Abs. 4 AktG, eingeordnet.[752] Dass der Gesetzgeber im Rahmen des **TransPuG** anschließend klargestellt hat, dass auch Video- und Telefonkonferenzen als Aufsichtsratssitzungen im Sinne von § 110 Abs. 3 AktG zählen[753], ändert daran nichts.[754] Dort geht es um eine andere Frage, nämlich darum, ob auch – ordnungsgemäß abgehaltene – Video- oder Telefonkonferenzen als **Pflichtsitzungen** gelten. Nicht gesagt ist damit, dass die Sitzung ordnungsgemäß stattgefunden hat, ob etwa der Widerspruch eines einzelnen Aufsichtsratsmitglieds die Videokonferenz verhindert hat. Zudem sollen nach dem Regierungsentwurf des TransPuG nicht nur Videokonferenzen, sondern auch Telefonkonferenzen ausreichend sein.[755] Diese sind aber eindeutig keine Präsenzsitzung im Sinne von § 108 AktG. In jedem Fall empfiehlt sich in der **Praxis** aus Gründen juristischer Vorsicht, den Ausschluss des Widerspruchsrechts in der Satzung oder der Geschäftsordnung zu regeln oder Videokonferenzen nur durchzuführen, wenn ihnen kein Aufsichtsratsmitglied widerspricht.

Nach hM ist auch die Kombination einer Sitzung und einer Beschlussfassung ohne Sitzung, etwa die Beschlussfassung per Telefon, zulässig (sog. **gemischte Beschlussfassung**).[756] Diese Form der Beschlussfassung fällt unter § 108 Abs. 4 AktG. Sie setzt also, vorbehaltlich einer abweichenden Regelung in Satzung oder Geschäftsordnung, voraus, dass kein Aufsichtsratsmitglied widerspricht. 460

Umstritten ist, ob **Sitzungsgelder** auch für eine Beschlussfassung durch Video- oder Telefonkonferenz zu zahlen sind. Mangels Anreise ist der Aufwand in solchen Fällen etwas geringer. Der Aufwand für die Vorbereitung und die Teilnahme an der Sitzung entfällt hingegen. Ohne ausdrückliche Regelung in der Satzung muss die das Sitzungsgeld betreffende Satzungsvorschrift ausgelegt werden. Üblicherweise wird in der Satzung ein Pauschalbetrag ohne Berücksichtigung tatsächlich entstandenen Aufwands festgelegt. Dann ist auch die Gleichstellung von Präsenz- und Nicht-Präsenzsitzungen geboten.[758] In der Praxis ist eine differenzierende und klarstellende Regelung zu empfehlen, da die unberechtigte Zahlung einer Vergütung an den Aufsichtsrat an scharfe Sanktionen geknüpft ist.[759] 461

Der Aufsichtsratsvorsitzende muss bei der schriftlichen Beschlussfassung im Sinne von § 108 Abs. 4 AktG den Aufsichtsratsmitgliedern den Beschlussantrag mitteilen und sie zur Stimmabgabe innerhalb eines **angemessenen Zeitraums** auffordern.[760] Die Frist muss so bemessen sein, dass sichergestellt ist, dass alle Aufsichtsratsmitglieder von ihrem Stimm- und Widerspruchsrecht Gebrauch machen können. Stimmabgaben oder Widersprüche gegen die Form der Beschlussfassung, die nach Fristablauf erfolgen, sind unbeachtlich.[761] 462

4. Fehlerhafte Beschlüsse

Das Gesetz regelt die Rechtsfolgen fehlerhafter Aufsichtsratsbeschlüsse nicht. Nach heute gefestigter Rechtsprechung des Bundesgerichtshofs und hL ist – unabhängig von der Schwere der Verfahrensfehler – ein Rückgriff auf die Vorschriften über **Mängel von Hauptversammlungsbeschlüssen** (§§ 241 ff. AktG) nicht möglich,[762] auch weil die Differenzierungen der §§ 241, 243 AktG nicht passen.[763] Fehler- 463

---

[750] BeckOGK/*Spindler* AktG § 108 Rn. 65; *Reichard/Kaubisch* AG 2013, 150 (153).
[751] K. Schmidt/Lutter AktG/*Drygala* AktG § 108 Rn. 27.
[752] Begr. RegE NaStraG BT-Drs 14/4051, 12; BeckOGK/*Spindler* AktG § 108 Rn. 65 mwN.
[753] Begr. RegE TansPuG BT-Drs 14/8769, 17.
[754] AA Hüffer/Koch/*Koch* AktG § 108 Rn. 22; GroßkommAktG/*Hopt/Roth* AktG § 108 Rn. 136; Kölner Komm AktG/*Mertens/Cahn* AktG § 108 Rn. 39.
[755] Begr. RegE TansPuG BT-Drs 14/8769, 17.
[756] Hüffer/Koch/*Koch* AktG § 108 Rn. 23; Kölner Komm AktG/*Mertens/Cahn* AktG § 108 Rn. 50; K. Schmidt/Lutter AktG/*Drygala* AktG § 108 Rn. 29.
[757] K. Schmidt/Lutter AktG/*Drygala* AktG § 108 Rn. 27; Hüffer/Koch/*Koch* AktG § 108 Rn. 23; MüKoAktG/*Habersack* AktG § 108 Rn. 71; differenziert GroßkommAktG/*Hopt/Roth* AktG § 108 Rn. 148.
[758] Hüffer/Koch/*Koch* AktG § 108 Rn. 24; BeckOGK/*Spindler* AktG § 108 Rn. 66; *Simons* AG 2013, 547 (549); dagegen *Reichard/Kaubisch* AG 2013, 150 (153).
[759] OLG Braunschweig NJW 2012, 3789 (3799 f.); Hüffer/Koch/*Koch* AktG § 108 Rn. 24; *Simons* AG 2013, 547 (548).
[760] K. Schmidt/Lutter AktG/*Drygala* AktG § 108 Rn. 28; Kölner Komm AktG/*Mertens/Cahn* AktG § 108 Rn. 42.
[761] K. Schmidt/Lutter AktG/*Drygala* AktG § 108 Rn. 28; *Lutter/Krieger/Verse* AR Rn. 728; Kölner Komm AktG/*Mertens/Cahn* AktG § 108 Rn. 42.
[762] BGH NJW 1993, 2307; 1994, 520 (521 ff.); BGH AG 2012, 677 Rn. 10; BGH NJW 2016, 1236 Rn. 21; Hölters/*Hambloch-Gesinn/Gesinn* AktG § 108 Rn. 71; K. Schmidt/Lutter AktG/*Drygala* AktG § 108 Rn. 38; Hüffer/Koch/*Koch* AktG § 108 Rn. 28; BeckOGK/*Spindler* AktG § 108 Rn. 82; aA OLG Hamburg AG 1992, 197 f.; OLG Ham-

hafte Beschlüsse sind vielmehr im Grundsatz nichtig; die durch die Abstimmung intendierten Rechtswirkungen treten nicht ein.[764] Bei **wesentlichen Verfahrensfehlern** oder **inhaltlichen Mängeln** tritt die Nichtigkeit endgültig ein.[765]

464 Als **Inhaltsmängel** in diesem Sinn gilt jeder Verstoß gegen Gesetz oder Satzung, ohne dass es auf die Schwere des Verstoßes ankommt.[766] Eine Überschreitung der Grenzen pflichtgemäßer Ermessensausübung genügt.[767]

465 Als **wesentliche Verfahrensfehler** in diesem Sinn gelten insbesondere Verstöße gegen Bestimmungen, auf deren Einhaltung der Aufsichtsrat nicht verzichten kann[768], namentlich bei Unzuständigkeit des Aufsichtsrats[769], bei einer fehlerhaften Zusammensetzung des Aufsichtsrats[770], die Beschlussfassung ohne erforderliche Mehrheit[771] oder die fehlerhafte Beschlussfeststellung und Stimmenauszählung[772]. Wesentlich in diesem Sinn sind aber auch Verstöße, die die Beschlussfähigkeit[773] betreffen. Die Unwirksamkeit einer einzelnen Stimmabgabe führt nicht automatisch zur Nichtigkeit des Beschlusses, jedoch dann, wenn sie für das Zustandekommen des Beschlusses kausal war.[774]

466 Wesentliche Verfahrensfehler und Inhaltsmängel mit der Folge der Nichtigkeit des Beschlusses können von jedem Aufsichtsratsmitglied **ohne Fristwahrung** und ohne besondere Form geltend gemacht werden.[775] Gerichtlich kann die Unwirksamkeit des Beschlusses durch eine **Feststellungsklage** gegen die Gesellschaft geltend gemacht werden, sofern ein rechtliches Interesse an der Feststellung der Nichtigkeit besteht.[776]

467 **Minder schwere Verfahrensfehler,** etwa Verstöße gegen verzichtbare Verfahrensregeln, können nur innerhalb einer angemessenen Frist und nur vom betroffenen Aufsichtsratsmitglied gerügt werden. Ansonsten tritt **Verwirkung des Rügerechts** ein, sodass der Beschluss bestandskräftig wird.[777] Die Rüge muss durch Erklärung gegenüber dem Aufsichtsratsvorsitzenden, in der Regel spätestens in der nächsten Aufsichtsratssitzung, erfolgen.[778] Wird dem Mangel nicht innerhalb eines angemessenen Zeitraums abgeholfen, kann das rügende Aufsichtsratsmitglied Klage auf Feststellung der Nichtigkeit des Beschlusses erheben.[779] Zu den minder schweren Verfahrensfehlern zählen etwa die Zulassung nicht berechtigter Personen zur Aufsichtsratssitzung[780] sowie Verstöße gegen Fristen zur Einberufung der Sitzung oder zur Ankündigung von Anträgen.[781] Ein besonderer Fall eines minder schweren Verfahrensfehlers ist der Verstoß gegen die Protokollierungspflichten nach § 107 Abs. 2 AktG. Insoweit regelt § 107 Abs. 2 S. 3 AktG ausdrücklich, dass der Beschluss dadurch nicht unwirksam wird.

---

burg WM 1982, 1090 (1095); OLG Hamburg WM 1984, 965 (967); LG Hannover AG 1989, 448 (449); *Baums* ZGR 1983, 300 (305 ff.); *Radtke* BB 1960, 1045 (1046).

[763] MüKoAktG/*Habersack* AktG § 108 Rn. 81 f.

[764] BGH NJW 1993, 2307 (2308 ff.); NJW 1997, 1926; BGH NJW-RR 2013, 485; GroßkommAktG/*Hopt/Roth* AktG § 108 Rn. 154; MüKoAktG/*Habersack* AktG § 108 Rn. 73 f.; Hüffer/Koch/*Koch* AktG § 108 Rn. 26.

[765] BGH NJW 1993, 2307; BGH NJW 1997, 1926; BGH NZG 2000, 945 (946); AG 2013, 257 Rn. 13; BayObLGZ 2003, 89 (95); OLG Frankfurt AG 2007, 282 (284); Hüffer/Koch/*Koch* AktG § 108 Rn. 26; *Lutter/Krieger/Verse* AR Rn. 738; aA bloße Anfechtbarkeit analog § 243 AktG: OLG Hamburg AG 1992, 197; *Baums* ZGR 1983, 300 (305 ff.); *Radtke* BB 1960, 1045 (1046).

[766] Hüffer/Koch/*Koch* AktG § 108 Rn. 27.

[767] Hüffer/Koch/*Koch* AktG § 108 Rn. 27; Kölner Komm AktG/*Mertens/Cahn* AktG § 108 Rn. 98; MüKoAktG/*Habersack* AktG § 108 Rn. 80.

[768] BGH NJW 1993, 2307 (2309); MüKoAktG/*Habersack* AktG § 108 Rn. 78; *Lutter/Krieger/Verse* AR Rn. 739; MHdB AG/*Hoffmann-Becking* § 31 Rn. 116; BeckOGK/*Spindler* AktG § 108 Rn. 75.

[769] MüKoAktG/*Habersack* AktG § 108 Rn. 76.

[770] Nach Durchführung des Statusverfahrens nach §§ 97–99 AktG: MüKoAktG/*Habersack* AktG § 108 Rn. 76; BeckOGK/*Spindler* AktG § 108 Rn. 78.

[771] MHdB AG/*Hoffmann-Becking* § 31 Rn. 117; MüKoAktG/*Habersack* AktG § 108 Rn. 76.

[772] Hölters/*Hambloch-Gesinn/Gesinn* AktG § 108 Rn. 63, 69; BeckOGK/*Spindler* AktG § 108 Rn. 78.

[773] Kölner Komm AktG/*Mertens/Cahn* AktG § 108 Rn. 89; MHdB AG/*Hoffmann-Becking* § 31 Rn. 117; K. Schmidt/Lutter AktG/*Drygala* AktG § 108 Rn. 41.

[774] BGH NJW 1967, 1711 (1712 f.); Hüffer/Koch/*Koch* AktG § 108 Rn. 27; GroßkommAktG/*Hopt/Roth* AktG § 108 Rn. 164.

[775] GroßkommAktG/*Hopt/Roth* AktG § 108 Rn. 190; *Lutter/Krieger/Verse* AR Rn. 741.

[776] Kölner Komm AktG/*Mertens/Cahn* AktG § 108 Rn. 111 ff.; Hüffer/Koch/*Koch* AktG § 108 Rn. 26; BGH NJW 1997, 1926; BGH AG 2012, 677 Rn. 10.

[777] BGH NJW 1993, 2307 (2309); GroßkommAktG/*Hopt/Roth* AktG § 108 Rn. 179; MüKoAktG/*Habersack* AktG § 108 Rn. 81 f.; K. Schmidt/Lutter AktG/*Drygala* AktG § 108 Rn. 44.

[778] MüKoAktG/*Habersack* AktG § 108 Rn. 82.

[779] MüKoAktG/*Habersack* AktG § 108 Rn. 82; Hüffer/Koch/*Koch* AktG § 108 Rn. 26; *Lutter/Krieger/Verse* AR Rn. 742.

[780] BGH NJW 1967, 1711; BeckOGK/*Spindler* AktG § 108 Rn. 78; MüKoAktG/*Habersack* AktG § 108 Rn. 76; *Lutter/Krieger/Verse* AR Rn. 741.

[781] BeckOGK/*Spindler* AktG § 108 Rn. 78; Hüffer/Koch/*Koch* AktG § 108 Rn. 29; MüKoAktG/*Habersack* AktG § 108 Rn. 76; *Lutter/Krieger/Verse* AR Rn. 741.

VII. Sorgfalts- und Verschwiegenheitspflicht

Gemäß § 116 S. 1 AktG gelten für die Sorgfaltspflicht und die Verantwortlichkeit der Aufsichtsratsmitglieder die **Regelungen für den Vorstand** nach § 93 AktG sinngemäß (zu kapitalmarktrechtliche Pflichten → § 5 Rn. 1 ff.; zum Verweis auf § 93 AktG → § 5 Rn. 186). 468

Die Pflichten nach § 116 AktG knüpfen an die **Zugehörigkeit zum Aufsichtsrat** an. Sie gelten für alle Aufsichtsratsmitglieder gleichermaßen, unabhängig davon, ob sie Arbeitnehmer- oder Anteilseignervertreter sind und ob sie gewählt, entsandt oder gerichtlich bestellt wurden.[782] Mit Ausnahme der Verschwiegenheitspflicht (vgl. auch § 116 S. 2 AktG) (→ Rn. 492 ff.) ist die Verantwortlichkeit nach § 116 AktG auf den Zeitraum der Zugehörigkeit zum Aufsichtsrat begrenzt; sie beginnt mit der Amtsannahme und endet mit dem Ausscheiden aus dem Aufsichtsrat[783]. Die Laufzeit des Dienstvertrags ist hierfür unbeachtlich. 469

1. Sorgfaltspflicht

a) Allgemeiner Maßstab

Die Aufsichtsratsmitglieder haben die Sorgfalt eines ordentlichen und gewissenhaften Geschäftsleiters „sinngemäß" anzuwenden. Die Pflichten müssen im Lichte der **unterschiedlichen Aufgaben und Funktionen** von Vorstand und Aufsichtsrat konkretisiert werden.[784] Im Gegensatz zum Vorstand ist der Aufsichtsrat nicht für die Geschäftsleitung, sondern primär für die Überwachung und Beratung des Vorstands zuständig. Zudem ist die Aufsichtsratstätigkeit in der Regel eine **Nebentätigkeit** und so vom Aktiengesetz konzipiert. Dies folgt bereits daraus, dass eine Person gemäß § 100 Abs. 2 S. 1 Nr. 1 und S. 2 AktG bis zu 15 Aufsichtsratsmandate zu gleicher Zeit innehaben darf. Daher können nur solche Anforderungen an die Tätigkeit von Aufsichtsratsmitgliedern gestellt werden, denen im Rahmen einer Nebentätigkeit entsprochen werden kann (→ § 5 Rn. 189).[785] 470

Die Aufsichtsratsmitglieder haben die Pflicht, ihre organschaftlichen Aufgaben mit der Sorgfalt eines **ordentlichen und gewissenhaften Beraters und Überwachers** auszuführen.[786] Die Aufsichtsratsmitglieder haben – wie auch Grundsatz 19 DCGK betont – ihr Handeln im Rahmen ihrer überwachenden und beratenden Tätigkeit ausschließlich am **Unternehmensinteresse** auszurichten.[787] Insbesondere dürfen sie bei der Amtsausübung nicht **Partikularinteressen** verfolgen, sofern diese im Widerspruch zum Gesellschaftsinteresse stehen.[788] Die ausschließliche Verpflichtung auf das Unternehmensinteresse gilt unabhängig davon, ob die Aufsichtsratsmitglieder der Anteilseigner- oder Arbeitnehmervertreterseite angehören und auf welche Weise sie in den Aufsichtsrat bestellt wurden (→ § 5 Rn. 186).[789] 471

Bei mitbestimmten Aufsichtsräten ist allerdings zu beachten, dass auch die **Interessen der Arbeitnehmer** zum Unternehmensinteresse gehören, sodass die Interessen der Arbeitnehmer durch die Arbeitnehmervertreter im Rahmen ihrer Aufsichtsratstätigkeit mitverfolgt werden dürfen.[790] Aufgabe des Aufsichtsrats ist, das Gesellschaftsinteresse sowie die Unternehmensziele unter Berücksichtigung und **Integration der unterschiedlichen Interessen** zu konkretisieren und zu formulieren.[791] In der Praxis bedeutet das auch, dass sich das einzelne Aufsichtsratsmitglied bis zur Grenze des Unternehmensinteresses von individuellen Interessen leiten lassen darf.[792] 472

---

[782] MüKoAktG/*Habersack* AktG § 116 Rn. 10; BeckOGK/*Spindler* AktG § 116 Rn. 9; Hölters/*Hambloch-Gesinn/Gesinn* AktG § 116 Rn. 8.
[783] Kölner Komm AktG/*Mertens/Cahn* AktG § 116 Rn. 4; MüKoAktG/*Habersack* AktG § 116 Rn. 14 f.; BeckOGK/*Spindler* AktG § 116 Rn. 10.
[784] BeckOGK/*Spindler* AktG § 116 Rn. 1; MüKoAktG/*Habersack* AktG § 116 Rn. 2; Hüffer/Koch/*Koch* AktG § 116 Rn. 1; K. Schmidt/Lutter AktG/*Drygala* AktG § 116 Rn. 1.
[785] Kölner Komm AktG/*Mertens/Cahn* AktG § 116 Rn. 20; GroßkommAktG/*Hopt/Roth* AktG § 111 Rn. 66.
[786] Hölters/*Hambloch-Gesinn/Gesinn* AktG § 116 Rn. 13; MüKoAktG/*Habersack* AktG § 116 Rn. 16; GroßkommAktG/*Hopt/Roth* AktG § 116 Rn. 57.
[787] MüKoAktG/*Habersack* AktG § 116 Rn. 11; Hüffer/Koch/*Koch* AktG § 116 Rn. 2; Hölters/*Hambloch-Gesinn/Gesinn* AktG § 116 Rn. 13; GroßkommAktG/*Hopt/Roth* AktG § 116 Rn. 27.
[788] MHdB AG/*Hoffmann-Becking* § 33 Rn. 1; MüKoAktG/*Habersack* AktG § 116 Rn. 11; Grigoleit/*Grigoleit/Tomasic* AktG § 116 Rn. 12.
[789] BGH NJW 1983, 991; *Lutter/Krieger/Verse* AR Rn. 821; MHdB AG/*Hoffmann-Becking* § 33 Rn. 1; GroßkommAktG/*Hopt/Roth* AktG § 116 Rn. 29.
[790] *Marsch-Barner* in Semler/v. Schenck AR-HdB § 13 Rn. 129; Kölner Komm AktG/*Mertens/Cahn* Anh § 117 B MitbestG § 25 Rn. 12; MüKoAktG/*Habersack* AktG Vorb. § 95 Rn. 13.
[791] Kölner Komm AktG/*Mertens/Cahn* Anh § 117 B MitbestG § 25 Rn. 12; Raiser/Veil/Jacobs/*Raiser* MitbestG § 25 Rn. 113.
[792] Semler/v. Schenck/*v. Schenck* AktG § 116 Rn. 186; Kölner Komm AktG/*Mertens/Cahn* AktG § 116 Rn. 29 f.; *Marsch-Barner* in Semler/v. Schenck AR-HdB § 13 Rn. 129; Kölner Komm AktG/*Mertens/Cahn* Anh § 117 B § 25

473 Träger der organschaftlichen Funktionen ist der **Aufsichtsrat in seiner Gesamtheit** und nicht das einzelne Aufsichtsratsmitglied.[793] Die Pflichten der einzelnen Mitglieder leiten sich hieraus ab. Ihre Verpflichtungen bestehen insbesondere in der Mitarbeit im Aufsichtsrat; die Mitglieder sind nicht zu Handlungen verpflichtet, die nicht dem **Funktionskreis des Aufsichtsrats** als Organ angehören.[794] Beispielsweise müssen Aufsichtsratsmitglieder nicht selbst Sanierungsvorschläge konzipieren und ein dem Aufsichtsrat angehörender Rechtsanwalt hat nicht zur Aufgabe, dem Vorstand ein Gutachten in einer Geschäftsführungsangelegenheit zu erstatten.[795]

474 Soweit der Aufsichtsrat unternehmerisch tätig ist und unternehmerische Verantwortung trägt, kommen die Erleichterungen der **Business Judgement Rule** nach § 93 Abs. 1 S. 2 AktG – über den Verweis in § 116 S. 1 AktG – auch Aufsichtsratsmitgliedern zugute (→ § 5 Rn. 186).[796]

b) Qualifikationsanforderungen

475 Bei der Prüfung von Sorgfaltsverstößen (→ § 5 Rn. 196) ist zu berücksichtigen, dass das Aktiengesetz keine **besondere berufliche Sachkunde** oder sonstige fachliche Qualifikationen verlangt (→ § 2 Rn. 38, 60 ff.).[797] Erst recht wird kein **Spezialwissen** auf allen Gebieten der Aufsichtsratstätigkeit vorausgesetzt[798]; der Aufsichtsrat ist als Kollegialorgan konzipiert und muss die zahlreichen Aufgaben nur in **arbeitsteiligem Zusammenwirken** bewältigen können.[799] Da der Aufsichtsrat als solcher Träger der organschaftlichen Funktionen ist und nicht das einzelne Aufsichtsratsmitglied, muss die erforderliche Sachkunde nur insgesamt beim Aufsichtsrat vorliegen.[800] Verfügt ein Aufsichtsratsmitglied allerdings über beruflich erworbenes Spezialwissen, ist es gegenüber der Gesellschaft verpflichtet, seine Fachkenntnisse und besonderen Fähigkeiten im Rahmen des zumutbaren Arbeits- und Zeitaufwands einzusetzen (→ § 1 Rn. 19 f.; → § 5 Rn. 1 ff.; → § 5 Rn. 184 ff.). Das gilt umso mehr, wenn ein Aufsichtsratsmitglied gerade wegen spezieller Kenntnisse in einen bestimmten Bereich des Aufsichtsrats berufen ist.[801] Dieser Umstand begründet einen sachlichen Grund für **differenzierte Sorgfaltsanforderungen;** das betreffende Aufsichtsratsmitglied unterliegt insoweit einem erhöhten Sorgfaltspflichtenmaßstab.[802]

476 Das Aufsichtsratsmitglied muss allerdings gewisse **Mindestkenntnisse und Mindestfähigkeiten** haben, um sachgerecht an der Aufsichtsratsarbeit mitwirken zu können.[803] Jedes Aufsichtsratsmitglied muss über diejenigen Kenntnisse und Fähigkeiten verfügen, die erforderlich sind, um die für die Gesellschaft relevanten wirtschaftlichen Zusammenhänge und die normalerweise anfallenden Geschäftsvorgänge **ohne Hinzuziehung fremder Hilfe** zu verstehen und sachgerecht beurteilen zu können.[804] Das Hinzuziehen von Sachverständigen zu bestimmten Themen ist aber zulässig. Das setzen § 109 Abs. 1 S. 2 AktG und § 111 Abs. 2 S. 2 AktG voraus, und es gilt umso mehr, als die Komplexität der Tätigkeit des Aufsichtsrats, auch wegen gestiegener rechtlicher Anforderungen, in den letzten Jahren deutlich zugenommen hat (→ § 5 Rn. 195). Das Aufsichtsratsmitglied muss fähig sein, sich auf Grund des Geschäftsgangs, der Berichte des Vorstands und der Feststellungen der Abschlussprüfer ein für die Ausübung der Überwachungs-

---

MitbestG Rn. 12; *Johannsen-Roth/Zenner* in Illert/Ghassemi-Tabar/Cordes, Handbuch Vorstand und Aufsichtsrat, 2018, § 3 Rn. 241.
[793] Kölner Komm AktG/*Mertens/Cahn* AktG § 116 Rn. 5; GroßkommAktG/*Hopt/Roth* AktG § 116 Rn. 25.
[794] Kölner Komm AktG/*Mertens/Cahn* AktG § 116 Rn. 5; GroßkommAktG/*Hopt/Roth* AktG § 116 Rn. 25.
[795] Kölner Komm AktG/*Mertens/Cahn* AktG § 116 Rn. 5.
[796] Hüffer/Koch/*Koch* AktG § 116 Rn. 5; MüKoAktG/*Habersack* AktG § 116 Rn. 16, 39 ff.
[797] K. Schmidt/Lutter AktG/*Drygala* AktG § 116 Rn. 7; Kölner Komm AktG/*Mertens/Cahn* AktG § 116 Rn. 6; MüKoAktG/*Habersack* AktG § 116 Rn. 22.
[798] BGH NJW 1983, 991; Kölner Komm AktG/*Mertens/Cahn* AktG § 116 Rn. 8; MüKoAktG/*Habersack* AktG § 116 Rn. 24; GroßkommAktG/*Hopt/Roth* AktG § 116 Rn. 41.
[799] *Dreher* FS Hoffmann-Becking, 2013, 313; GroßkommAktG/*Hopt/Roth* AktG § 116 Rn. 35; MüKoAktG/*Habersack* AktG § 116 Rn. 24.
[800] *Doralt/Doralt* in Semler/v. Schenck AR-HdB § 14 Rn. 141; Kölner Komm AktG/*Mertens/Cahn* AktG § 116 Rn. 5; GroßkommAktG/*Hopt/Roth* AktG § 116 Rn. 35.
[801] BGH AG 2011, 876 Rn. 28; BGH AG 2006, 667 Rn. 17; BGH AG 2007, 484 Rz. 16; *Doralt/Doralt* in Semler/v. Schenck AR-HdB § 14 Rn. 143; GroßkommAktG/*Hopt/Roth* AktG § 116 Rn. 40.
[802] BGH AG 2011, 876 Rn. 28; 2006, 667 Rn. 17; 2007, 484 Rn. 16; MüKoAktG/*Habersack* AktG § 116 Rn. 28; Kölner Komm AktG/*Mertens/Cahn* AktG § 116 Rn. 6; Hüffer/Koch/*Koch* AktG § 116 Rn. 4; K. Schmidt/Lutter AktG/*Drygala* AktG § 116 Rn. 44 f.; *Lutter/Krieger/Verse* AR Rn. 1011; BeckOGK/*Spindler* AktG § 116 Rn. 18; Hölters/*Hambloch-Gesinn/Gesinn* AktG § 116 Rn. 10; aA *Schwark* FS Werner, 1984, 841 (850 f., 853 f.); *K. Schmidt* GesR § 28 III 1d; *Selter* AG 2012, 11 (19).
[803] BGH NJW 1983, 991; Hüffer/Koch/*Koch* AktG § 116 Rn. 3; *Doralt/Doralt* in Semler/v. Schenck AR-HdB § 14 Rn. 135; MüKoAktG/*Habersack* AktG § 116 Rn. 24; Kölner Komm AktG/*Mertens/Cahn* AktG § 116 Rn. 7; *Schiessl* AG 2002, 593 (597).
[804] BGH NJW 1983, 991; Kölner Komm AktG/*Mertens/Cahn* AktG § 116 Rn. 7; GroßkommAktG/*Hopt/Roth* AktG § 116 Rn. 37; Hüffer/Koch/*Koch* AktG § 116 Rn. 3; *Doralt/Doralt* in Semler/v. Schenck AR-HdB § 14 Rn. 136; MüKoAktG/*Habersack* AktG § 116 Rn. 24; K. Schmidt/Lutter AktG/*Drygala* AktG § 116 Rn. 7.

tätigkeit hinreichend genaues Bild von der Lage und Entwicklung der Gesellschaft zu machen.[805] Erforderlich sind auch Kenntnisse der aktienrechtlichen Pflichten und Befugnisse des Aufsichtsrats und Vorstands.[806] Übernimmt ein Aufsichtsratsmitglied ein Amt, obwohl es nicht über die erforderlichen Fähigkeiten verfügt, haftet es wegen **Übernahmeverschuldens**[807], dh das Aufsichtsratsmitglied kann sich im Haftungsfall nicht auf fehlendes Verschulden wegen unzureichender Fähigkeiten berufen.

Für die jeweils geschuldete Sorgfalt und Mindestqualifikation gelten keine einheitlichen, für alle Gesellschaften geltenden Anforderungen. Vielmehr ist hierfür nach **Art und Größe des Unternehmens** zu differenzieren.[808] Der Aufsichtsrat eines multinational agierenden Unternehmens muss anderen Anforderungen genügen als derjenige eines regional tätigen Unternehmens.[809] Neben der Art und Größe spielen auch die konkrete Situation des Unternehmens, zB die wirtschaftliche und finanzielle Lage und die Konjunkturlage eine Rolle.[810]

Die Mindestkenntnisse und -fähigkeiten müssen regelmäßig bei Amtsantritt vorliegen. Überwiegend wird eine **Einarbeitungszeit** oder eine Schonfrist abgelehnt.[811] Ein unflexibles Festhalten an diesen Anforderungen kann jedoch zu ungewollten Härten führen, weshalb fehlende Erfahrung uU im Rahmen des Verschuldens Berücksichtigung finden kann.[812]

c) Besondere Funktionsträger

Besondere Funktionen innerhalb des Aufsichtsrats können höhere Qualifikations- oder Sorgfaltsanforderungen begründen.[813] Insbesondere der **Aufsichtsratsvorsitzende** (→ § 3 Rn. 34 ff.) unterliegt einem strengeren Maßstab.[814] Entsprechendes gilt für seine Stellvertreter bei Eintritt eines Vertretungsfalls.[815] Dies folgt aus der besonderen Funktion des Vorsitzenden als Ansprechpartner des Vorstands und aus den ihm besonderen gesetzlich übertragenen Aufgaben.[816] Dem Aufsichtsratsvorsitzenden obliegt die Entscheidung, ob eine Aufsichtsratssitzung einzuberufen ist. Er leitet die Aufsichtsratssitzungen, koordiniert die Arbeit des Aufsichtsrats und fungiert als Erklärungsvertreter des Aufsichtsrats. Die Wahl einer unqualifizierten Person zum Aufsichtsratsvorsitzenden kann ein **Auswahlverschulden** der übrigen Aufsichtsratsmitglieder und bei Amtsübernahme ein **Übernahmeverschulden** des Gewählten begründen, wenn die rechtlichen Voraussetzungen der entsprechenden Haftungsnorm im konkreten Einzelfall vorliegen.[817] Entsprechend höhere Anforderungen gelten auch für **Ausschussvorsitzende** und – bei Eintritt eines Vertretungsfalls – deren Stellvertreter sowie für den Finanzexperten nach §§ 100 Abs. 5 AktG, 107 Abs. 4 AktG, für letzteren unabhängig davon, ob er Vorsitzender des Prüfungsausschusses ist.[818]

---

[805] BGH AG 2009, 404 (405); Kölner Komm AktG/*Mertens/Cahn* AktG § 116 Rn. 7; GroßkommAktG/*Hopt/Roth* AktG § 116 Rn. 37; *Doralt/Doralt* in Semler/v. Schenck AR-HdB § 14 Rn. 136; K. Schmidt/Lutter AktG/*Drygala* AktG § 116 Rn. 7.
[806] Kölner Komm AktG/*Mertens/Cahn* AktG § 116 Rn. 7; *Doralt/Doralt* in Semler/v. Schenck AR-HdB § 14 Rn. 138; *Semler* AG 1983, 81 (83).
[807] BeckOGK/*Spindler* AktG § 116 Rn. 15; MüKoAktG/*Habersack* AktG § 116 Rn. 22; GroßkommAktG/*Hopt/Roth* AktG § 116 Rn. 37; Hüffer/Koch/*Koch* AktG § 116 Rn. 4.
[808] Hüffer/Koch/*Koch* AktG § 116 Rn. 4; MüKoAktG/*Habersack* AktG § 116 Rn. 24; BeckOGK/*Spindler* AktG § 116 Rn. 17; Hölters/*Hambloch-Gesinn/Gesinn* AktG § 116 Rn. 9; *Edenfeld/Neufang* AG 1999, 49 (50).
[809] BeckOGK/*Spindler* AktG § 116 Rn. 17; MüKoAktG/*Habersack* AktG § 116 Rn. 24; *Edenfeld/Neufang* AG 1999, 49 (50).
[810] Hüffer/Koch/*Koch* AktG § 116 Rn. 4; GroßkommAktG/*Hopt/Roth* AktG § 116 Rn. 45.
[811] GroßkommAktG/*Hopt/Roth* AktG § 116 Rn. 37, 262; *Semler* FS K. Schmidt, 2009, 1489 (1499); MüKoAktG/*Habersack* AktG § 116 Rn. 24; Hüffer/Koch/*Koch* AktG § 116 Rn. 3; Habersack/Henssler/*Habersack* MitbestG § 25 Rn. 17; aA Köstler/Müller/Sick Aufsichtsratspraxis Rn. 799; sowie nach Kölner Komm AktG/*Mertens/Cahn* AktG § 116 Rn. 7; BGH NJW 1983, 991 („Mindestkenntnisse und -fähigkeiten besitzen oder sich aneignen muss").
[812] Hüffer/Koch/*Koch* AktG § 116 Rn. 3; GroßkommAktG/*Hopt/Roth* AktG § 116 Rn. 262; *Bachmann* Gutachten E zum 70. DJT, Bd. I, S. 71.
[813] MüKoAktG/*Habersack* AktG § 116 Rn. 27; BeckOGK/*Spindler* AktG § 116 Rn. 16; Hüffer/Koch/*Koch* AktG § 116 Rn. 4; Hölters/*Hambloch-Gesinn/Gesinn* AktG § 116 Rn. 9; *Lutter/Krieger/Verse* AR Rn. 1011; GroßkommAktG/*Hopt/Roth* AktG § 116 Rn. 50.
[814] MüKoAktG/*Habersack* AktG § 116 Rn. 27; Hölters/*Hambloch-Gesinn/Gesinn* AktG § 116 Rn. 9; GroßkommAktG/*Hopt/Roth* AktG § 116 Rn. 51; *Lutter/Krieger/Verse* AR Rn. 1011.
[815] MüKoAktG/*Habersack* AktG § 116 Rn. 27; Hölters/*Hambloch-Gesinn/Gesinn* AktG § 116 Rn. 9; GroßkommAktG/*Hopt/Roth* AktG § 116 Rn. 51.
[816] GroßkommAktG/*Hopt/Roth* AktG § 116 Rn. 51; Kölner Komm AktG/*Mertens/Cahn* AktG § 116 Rn. 23.
[817] MüKoAktG/*Habersack* AktG § 116 Rn. 27, § 107 Rn. 21.
[818] Hölters/*Hambloch-Gesinn/Gesinn* AktG § 116 Rn. 9; GroßkommAktG/*Hopt/Roth* AktG § 116 Rn. 52; MüKoAktG/*Habersack* AktG § 116 Rn. 27.

d) Spezifische Sorgfaltspflichten

480 **aa) Pflicht zur Mitarbeit und zur persönlichen Urteilsbildung.** Jedes Aufsichtsratsmitglied ist verpflichtet, in angemessenem Umfang im Aufsichtsrat mitzuwirken.[819] Im Rahmen dieser Pflicht hat es regelmäßig an den **Aufsichtsratssitzungen teilzunehmen,** sich sorgfältig auf diese **vorzubereiten** und die ihm übertragenen Aufgaben gewissenhaft wahrzunehmen.[820] Sofern kein Stimmverbot vorliegt, kann sich das Aufsichtsratsmitglied diesen Pflichten nicht durch Stimmenthaltung bei der Beschlussfassung oder durch vermeidbare Abwesenheit von Sitzungen entziehen.[821]

481 In Zusammenhang mit der Pflicht zur Mitarbeit steht die Pflicht, sich mit den Verhandlungsgegenständen des Aufsichtsrats und der jeweiligen Sachproblematik zu befassen und sich ein **eigenes Urteil** darüber zu bilden.[822] Voraussetzung hierfür ist, dass die dem Aufsichtsrat überlassenen Informationen eine hinreichende Grundlage bilden, um eine den Anforderungen des § 116 AktG entsprechende Entscheidung treffen zu können.[823] Das Aufsichtsratsmitglied muss den Sachverhalt eigenständig erfassen, die Informationsgrundlage prüfen und gegebenenfalls weitere **Sachverhaltsinformationen vom Vorstand einholen** (→ Rn. 485 f.; → § 5 Rn. 192).[824] Der Mitarbeitspflicht ist nicht genüge getan, wenn sich das Aufsichtsratsmitglied die Beurteilung des Vorstands unreflektiert zu eigen macht oder sich im Rahmen einer Beschlussfassung ohne persönliche Urteilsbildung der Mehrheit anschließt.[825]

482 **bb) Organisationspflicht.** Jedes Aufsichtsratsmitglied ist verpflichtet, zu einer dem Gesetz entsprechenden und funktionsgerechten Organisation und Arbeitsweise des Aufsichtsrats beizutragen **(Organisationspflicht).**[826] Erforderlichenfalls muss das Aufsichtsratsmitglied die **Einberufung** des Aufsichtsrats verlangen oder gar gemäß § 110 AktG erwirken (→ Rn. 422 ff.). Ferner haben die Aufsichtsratsmitglieder regelmäßig zu prüfen, ob angemessene **Zustimmungsvorbehalte** im Sinne von § 111 Abs. 4 S. 2 AktG bestehen, um die Geschäftsführung des Vorstands zu kontrollieren, und notfalls ad hoc auf die Anordnung eines entsprechenden Vorbehalts hinzuwirken.[827]

483 Der **DCGK** empfiehlt dem Aufsichtsrat in D.13, regelmäßig zu beurteilen, wie wirksam der Aufsichtsrat insgesamt und seine Ausschüsse ihre Aufgaben erfüllen. In der Erklärung zur Unternehmensführung soll der Aufsichtsrat berichten, ob und wie eine Selbstbeurteilung durchgeführt wurde. Die Selbstbeurteilung umfasst in erster Linie die Organisation und Verfahrensabläufe des Aufsichtsrats.[828] Die Prüfung nach der Kodex-Empfehlung bezieht sich auf die Tätigkeit des **Gesamtorgans** und auf seine **Ausschüsse.**[829] Die Tätigkeit einzelner Aufsichtsratsmitglieder kann aber dann Gegenstand der Evaluation sein, wenn diese für die Qualität der Aufsichtsratsarbeit des Gesamtorgans von besonderer Bedeutung ist.[830]

484 Grundsätzlich werden die Aufgaben des Aufsichtsrats von allen Aufsichtsratsmitgliedern gemeinsam wahrgenommen, soweit die Aufgaben nicht an Ausschüsse delegiert wurden. Daneben besteht die Möglichkeit, dass innerhalb des Aufsichtsrats bestimmte Aufgaben auf einzelne Mitglieder übertragen werden und eine Geschäftsverteilung vorgenommen wird.[831] Der Aufsichtsrat hat – insbesondere in großen Aufsichtsräten – die **Aufgabenverteilung** gegebenenfalls so zu organisieren, dass die einzelnen Mitglieder je nach ihren persönlichen Fähigkeiten und ihrem Spezialwissen Teilaufgaben übernehmen und eine effiziente Arbeitsweise durch Arbeitsteilung gewährleistet wird.[832] Dabei muss ein **funktionsfähiges Informations- und Kontrollsystem** eingerichtet werden, sodass der Informationsaustausch innerhalb des Aufsichtsrats und zwischen dem Plenum und den Ausschüssen gesichert ist.[833] Bei der Aufgabenübertra-

---

[819] Kölner Komm AktG/*Mertens/Cahn* AktG § 116 Rn. 11; *Lutter/Krieger/Verse* AR Rn. 886; MüKoAktG/*Habersack* AktG § 116 Rn. 31.
[820] Hölters/*Hambloch-Gesinn/Gesinn* AktG § 116 Rn. 17; MüKoAktG/*Habersack* AktG § 116 Rn. 31; GroßkommAktG/*Hopt/Roth* AktG § 116 Rn. 86; *Lutter/Krieger/Verse* AR Rn. 886.
[821] Kölner Komm AktG/*Mertens/Cahn* AktG § 116 Rn. 11; MüKoAktG/*Habersack* AktG § 116 Rn. 31; GroßkommAktG/*Hopt/Roth* AktG § 116 Rn. 86.
[822] Kölner Komm AktG/*Mertens/Cahn* AktG § 116 Rn. 11; *Lutter/Krieger/Verse* AR Rn. 887; GroßkommAktG/*Hopt/Roth* AktG § 116 Rn. 86.
[823] MüKoAktG/*Habersack* AktG § 116 Rn. 32.
[824] BGH AG 2013, 90 (91); OLG Stuttgart AG 2012, 298 (301); MüKoAktG/*Habersack* AktG § 116 Rn. 32.
[825] Kölner Komm AktG/*Mertens/Cahn* AktG § 116 Rn. 11; *Johannsen-Roth/Zenner* in Illert/Ghassemi-Tabar/Cordes, Handbuch Vorstand und Aufsichtsrat, 2018, § 3 Rn. 245.
[826] Kölner Komm AktG/*Mertens/Cahn* AktG § 116 Rn. 12; *Lutter/Krieger/Verse* AR Rn. 889.
[827] BGH NJW 1994, 520 (524); LG Stuttgart AG 2000, 237 (238); LG Bielefeld AG 2000, 136 (138); *Henze* NJW 1998, 3309 (3312); Kölner Komm AktG/*Mertens/Cahn* AktG § 116 Rn. 12.
[828] *Lutter/Krieger/Verse* AR Rn. 655; Hüffer/Koch/*Koch* AktG § 107 Rn. 3.
[829] *Lutter/Krieger/Verse* AR Rn. 655; Hüffer/Koch/*Koch* AktG § 107 Rn. 3.
[830] *Lutter/Krieger/Verse* AR Rn. 655; Hüffer/Koch/*Koch* AktG § 107 Rn. 3.
[831] *Lutter/Krieger/Verse* AR Rn. 654; GroßkommAktG/*Hopt/Roth* AktG § 116 Rn. 82; *v. Schenck* in Semler/v. Schenck AR-HdB § 1 Rn. 44; *Hommelhoff* ZHR 143 (1979), 288 (299).
[832] *Lutter/Krieger/Verse* AR Rn. 654.
[833] *Lutter/Krieger/Verse* AR Rn. 654; *Hommelhoff* ZHR 143 (1979), 288 (299).

gung auf einzelne Aufsichtsratsmitglieder kann es aber nur um die Vorbereitung von Beschlüssen gehen. Inhaltliche Entscheidungen trifft der Aufsichtsrat in Form von Beschlüssen im Plenum oder in den Ausschüssen (→ Rn. 432).

cc) Informationspflicht. Die angemessene Information des Aufsichtsrats ist von grundlegender Bedeutung für eine effektive Wahrnehmung der Überwachungsaufgabe (→ § 4 Rn. 1 ff.; → § 5 Rn. 192).[834] Dem Vorstand obliegt zwar die Pflicht, den Aufsichtsrat zu informieren (§ 90 AktG) (→ § 4 Rn. 24 ff.), der Aufsichtsrat kann sich jedoch nicht ausschließlich auf die **Informationsversorgung** verlassen.[835] Vielmehr hat er sicherzustellen, dass er angemessen informiert wird.[836] Der Aufsichtsrat muss sich also gegebenenfalls aktiv um **Informationsbeschaffung** bemühen (→ § 5 Rn. 193); er hat somit eine Holschuld[837], wie auch Grundsatz 15 DCGK klarstellt. Schon weil jedes Aufsichtsratsmitglied ein individuelles Recht auf Berichterstattung nach § 90 Abs. 3 S. 2 AktG hat, trifft die Informationsbeschaffungspflicht auch jedes Mitglied einzeln. 485

Das Aufsichtsratsmitglied kommt seiner Informationspflicht in der Regel nach, wenn es alle Berichte des Vorstands persönlich zur Kenntnis nimmt.[838] Grundsätzlich darf es auf die **Richtigkeit der Informationen des Vorstands vertrauen** und muss nicht die Einzelheiten der ihm überlassenen Berichte überprüfen.[839] Dies folgt aus dem **Vertrauensgrundsatz,**[840] der für eine effektive und kollegiale Zusammenarbeit der Organe unerlässlich ist. Die Privilegung der *Business Judgment Rule* kommt dem Aufsichtsratsmitglied zugute, wenn es davon ausgehen durfte, auf Grundlage angemessener Information zu handeln. Sind die Berichte **unklar, unvollständig oder erkennbar unrichtig,** so ist das Aufsichtsratsmitglied zur Anforderung ergänzender Informationen oder gar zu eigenen Nachforschungen – etwa durch Geltendmachung des Einsichts- und Prüfungsrechts gemäß § 111 Abs. 2 S. 1 AktG – verpflichtet.[841] Bei besonders bedeutsamen Geschäften gelten erhöhte Anforderungen an die Informationspflicht. Auch hier muss der Aufsichtsrat aber – entgegen einigen Stimmen in der Literatur[842] – nicht ohne jeden Anlass die Verlässlichkeit und Vollständigkeit der Informationen prüfen. Auch bei **zustimmungsbedürftigen Geschäften** gelten insofern höhere Anforderungen an die Informationspflicht, als der Aufsichtsrat vom Vorstand all diejenigen Informationen verlangen muss, die als ausreichende Tatsachengrundlage für eine sachgerechte Entscheidung nötig sind.[843] 486

dd) Prüfungs- und Berichtspflicht. Gemäß § 171 Abs. 1 AktG hat der Aufsichtsrat den Jahresabschluss, den Lagebericht und den Vorschlag für die Verwendung des Bilanzgewinns und gegebenenfalls den Konzernabschluss und den Konzernlagebericht zu prüfen (zu den Prüfungs- und Berichtspflichten nach § 171 Abs. 1 → § Rn. 103 ff.). Ist der Jahresabschluss gemäß § 171 Abs. 2 S. 2 AktG durch einen Abschlussprüfer zu prüfen, hat der Aufsichtsrat ferner zu dem Ergebnis der Prüfung des **Jahresabschlusses** durch den Abschlussprüfer Stellung zu nehmen. Hieran hat sich jedes Aufsichtsratsmitglied durch persönliche Urteilsbildung zu beteiligen.[844] 487

Nach § 171 Abs. 2 AktG hat der Aufsichtsrat über das Ergebnis seiner Prüfung an die **Hauptversammlung** zu berichten und mitzuteilen, in welcher Art und in welchem Umfang er die Geschäftsführung der Gesellschaft während des Geschäftsjahrs geprüft hat. Gemäß § 176 Abs. 1 S. 2 AktG hat der Aufsichtsratsvorsitzende in der Hauptversammlung den Bericht des Aufsichtsrats zu erläutern. 488

ee) Sonderfall: Offenlegung von Interessenkonflikten. Die Tätigkeit im Aufsichtsrat ist im Regelfall eine Nebentätigkeit, sodass ein Aufsichtsratsmitglied typischerweise auch eine Interessenbindung außer- 489

---

[834] Bürgers/Körber/*Israel* AktG § 111 Rn. 7; K. Schmidt/Lutter AktG/*Drygala* AktG § 111 Rn. 7; GroßkommAktG/*Hopt/Roth* AktG § 116 Rn. 98.
[835] GroßkommAktG/*Hopt/Roth* AktG § 116 Rn. 98; Bürgers/Körber/*Israel* AktG § 111 Rn. 7; *Hüffer* NZG 2007, 47 (49); K. Schmidt/Lutter AktG/*Drygala* AktG § 111 Rn. 7.
[836] Kölner Komm AktG/*Mertens/Cahn* AktG § 116 Rn. 13; GroßkommAktG/*Hopt/Roth* AktG § 116 Rn. 98; Bürgers/Körber/*Israel* AktG § 111 Rn. 7.
[837] *Rubner/Fischer* NZG 2015, 782 (789); Bürgers/Körber/*Israel* AktG § 111 Rn. 7; GroßkommAktG/*Hopt/Roth* AktG § 116 Rn. 98.
[838] *Peltzer* NZG 2002, 10 (14); GroßkommAktG/*Hopt/Roth* AktG § 116 Rn. 98; Kölner Komm AktG/*Mertens/Cahn* AktG § 116 Rn. 13.
[839] OLG Düsseldorf NZG 2008, 713; Kölner Komm AktG/*Mertens/Cahn* AktG § 116 Rn. 13; GroßkommAktG/*Hopt/Roth* AktG § 116 Rn. 98; MHdB AG/*Hoffmann-Becking* § 29 Rn. 47; BeckOGK/*Spindler* AktG § 116 Rn. 42.
[840] Hüffer/Koch/*Koch* AktG § 116 Rn. 15; *Fleischer* ZIP 2009, 1397.
[841] MHdB AG/*Hoffmann-Becking* § 29 Rn. 47; Kölner Komm AktG/*Mertens/Cahn* AktG § 116 Rn. 13; BeckOGK/*Spindler* AktG § 116 Rn. 42; *Cahn* WM 2013, 1293 (1298); *Johannsen-Roth/Zenner* in Illert/Ghassemi-Tabar/Cordes, Handbuch Vorstand und Aufsichtsrat, 2018, § 3 Rn. 250.
[842] BeckOGK/*Spindler* AktG § 116 Rn. 42; GroßkommAktG/*Hopt/Roth* AktG § 116 Rn. 98.
[843] BeckOGK/*Spindler* AktG § 116 Rn. 42; Kölner Komm AktG/*Mertens/Cahn* AktG § 116 Rn. 13; GroßkommAktG/*Hopt/Roth* AktG § 116 Rn. 102, § 111 Rn. 640.
[844] Kölner Komm AktG/*Mertens/Cahn* AktG § 116 Rn. 14.

halb des Unternehmens hat (→ § 5 Rn. 189). Nach hM kann daher von einem Aufsichtsratsmitglied nicht gefordert werden, den **Interessen der Gesellschaft** in jeder Situation unbedingten Vorrang zu gewähren.[845] Die **organschaftliche Treuebindung** verlangt von den Aufsichtsratsmitgliedern allerdings, auch außerhalb der Amtsausübung auf das Aufsichtsratsamt Rücksicht zu nehmen und nicht aktiv den Interessen der Gesellschaft zuwiderzuhandeln. Treuwidrig handelt jedenfalls, wer die Gesellschaft unter Ausnutzung von Informationen aus seiner Amtstätigkeit als Aufsichtsratsmitglied übervorteilt.[846] Bei der Ausübung des Aufsichtsamts selbst muss das Aufsichtsratsmitglied dem Unternehmensinteresse stets Vorrang einräumen (→ § 5 Rn. 186).[847]

490 Aus der organschaftlichen Treuepflicht resultiert auch die Pflicht eines Aufsichtsratsmitglieds, alle in seiner Person entstandenen Interessenkonflikte offenzulegen.[848] Grundsätzlich ist die Offenlegung gegenüber dem **Aufsichtsratsvorsitzenden** ausreichend.[849] Dieser entscheidet über das weitere Vorgehen; er wird in der Regel das Plenum informieren. Die Pflicht zur Offenlegung von Interessenkonflikten sowie die Einrichtung eines Offenlegungsprozesses kann zur **Vermeidung von Verstößen** beitragen. Daher kann eine entsprechende Pflicht in der Geschäftsordnung des Aufsichtsrats näher konkretisiert werden.[850] Wird der Interessenkonflikt nicht offengelegt, verletzt das Aufsichtsratsmitglied seine Treuepflicht. Im Einzelfall kann sich das Aufsichtsratsmitglied damit schadensersatzpflichtig machen.[851]

491 Auch der **DCGK** empfiehlt eine Offenlegung von Interessenkonflikten. Nach E.1 DCGK soll jedes Aufsichtsratsmitglied Interessenkonflikte **unverzüglich** dem Vorsitzenden des Aufsichtsrats offenlegen. Des Weiteren sollen wesentliche und nicht nur vorübergehende Interessenkonflikte in der Person des Aufsichtsratsmitglieds zur Beendigung des Mandats führen (→ § 2 Rn. 171 ff.).

2. Verschwiegenheitspflicht

a) Reichweite der Verschwiegenheitspflicht

492 Als Ausprägung der **allgemeinen Treuepflicht** besteht gemäß § 116 S. 2 AktG iVm § 93 Abs. 1 S. 3 AktG für jedes Aufsichtsratsmitglied die Pflicht, über alle ihm durch seine organschaftliche Tätigkeit bekannt gewordenen vertraulichen oder geheimen Informationen Stillschweigen zu wahren (**allgemeine Verschwiegenheitspflicht**).

493 Die aktienrechtliche Verschwiegenheitspflicht ist **zwingendes Recht** und kann daher nicht durch Satzung oder Geschäftsordnung abbedungen, verschärft oder abgemildert werden.[852] Ein Aufsichtsratsmitglied kann auch nicht im Voraus für ein bestimmtes Thema umfassend von der Schweigepflicht befreit werden.[853] Andersherum können selbst durch einen Beschluss des Aufsichtsrats oder des Vorstands Tatsachen **nicht für geheimhaltungsbedürftig erklärt werden,** wenn sie objektiv nicht geheimhaltungsbedürftig sind.[854] Zulässig ist, den Aufsichtsratsmitgliedern erläuternde Hinweise in Gestalt von **Richtlinien** bereitzustellen oder die Verschwiegenheitspflicht durch Verfahrensregeln zu konkretisieren[855], ohne dass die Richtlinien oder Verfahrensregeln Bindungswirkung gegenüber einem Gericht entfalten würden[856]. Erläuternde Hinweise sind mitunter auch empfehlenswert, weil die Einordnung als geschützte Information allein nach Maßgabe der gesetzlichen Vorschriften in der Praxis nicht immer eindeutig ist und manchmal auch die bloße Erläuterung oder Mahnung Wirkung zeigt. Bei Zweifeln empfiehlt sich teilweise eine **Beratung mit dem Aufsichtsratsvorsitzenden;** dies kann aber – entgegen gewichtiger Stimmen in der Literatur[857] – nicht zur Pflicht gemacht werden.[858]

---

[845] MüKoAktG/*Habersack* AktG § 116 Rn. 50; MHdB AG/*Hoffmann-Becking* § 33 Rn. 80; Hüffer/Koch/*Koch* AktG § 116 Rn. 7.
[846] MüKoAktG/*Habersack* AktG § 116 Rn. 50; Hüffer/Koch/*Koch* AktG § 116 Rn. 7.
[847] Hüffer/Koch/*Koch* AktG § 116 Rn. 8.
[848] GroßkommAktG/*Hopt/Roth* AktG § 116 Rn. 171; MüKoAktG/*Habersack* AktG § 100 Rn. 100.
[849] GroßkommAktG/*Hopt/Roth* AktG § 100 Rn. 302; MüKoAktG/*Habersack* AktG § 100 Rn. 100; aA *Diekmann/ Fleischmann* AG 2013, 141 (145).
[850] *Diekmann/Fleischmann* AG 2013, 141 (147); GroßkommAktG/*Hopt/Roth* AktG § 100 Rn. 303.
[851] *Diekmann/Fleischmann* AG 2013, 141 (149).
[852] BGH BKR 2016, 299 Rn. 34; BGH NJW 1975, 1412; Hüffer/Koch/*Koch* AktG § 116 Rn. 11 mwN.
[853] BGH BKR 2016, 299 Rn. 34; BGH NJW 1975, 1412; Hüffer/Koch/*Koch* AktG § 116 Rn. 11; MüKoAktG/*Habersack* AktG § 116 Rn. 68; BeckOGK/*Spindler* AktG § 116 Rn. 123.
[854] BGH NJW 1975, 1412 (1413); GroßkommAktG/*Hopt/Roth* AktG § 116 Rn. 224; Kölner Komm AktG/*Mertens/ Cahn* AktG § 116 Rn. 47; Lutter/Krieger/*Verse* AR Rn. 261.
[855] BGH NJW 1975, 1412; Hüffer/Koch/*Koch* AktG § 116 Rn. 11.
[856] BeckOGK/*Spindler* AktG § 116 Rn. 123.
[857] GroßkommAktG/*Hopt/Roth* AktG § 116 Rn. 233; BeckOGK/*Spindler* AktG § 116 Rn. 123; MHdB AG/*Hoffmann-Becking* § 33 Rn. 69.
[858] Hüffer/Koch/*Koch* AktG § 116 Rn. 11; MüKoAktG/*Habersack* AktG § 116 Rn. 70; Habersack/Henssler/*Habersack* MitbestG § 25 Rn. 115; aA MHdB AG/*Hoffmann-Becking* § 33 Rn. 69; GroßkommAktG/*Hopt/Roth* AktG § 116 Rn. 233; BeckOGK/*Spindler* AktG § 116 Rn. 123.

Gemäß § 116 AktG iVm § 93 Abs. 1 S. 3 AktG unterliegen Aufsichtsratsmitglieder in gleichem **Umfang wie Vorstandsmitglieder** der Verschwiegenheitspflicht.[859] In § 116 S. 2 AktG wird die Pflicht zur Verschwiegenheit über „vertrauliche Berichte" und „vertrauliche Beratungen" hervorgehoben. Inhaltlich ist das keine Erweiterung oder Änderung; § 116 S. 2 AktG hat lediglich klarstellende Funktion.[860] Die umfassende Verpflichtung zur Verschwiegenheit ist das Korrelat zu der umfassenden **Informationspflicht des Vorstands** (→ § 4 Rn. 24 ff.).[861] Beides ist nötig, um eine effektive Wahrnehmung der Überwachungs- und Beratungsaufgaben durch den Aufsichtsrat zu gewährleisten.[862] In der Praxis wird der Vorstand nur dann frühzeitig Informationen und Probleme gegenüber dem Aufsichtsrat offenlegen, wenn er auf die Verschwiegenheit aller Organmitglieder vertrauen kann. 494

Der Verschwiegenheitspflicht unterfallen nach § 116 AktG iVm § 93 Abs. 1 S. 2 AktG lediglich Angelegenheiten, die einem Aufsichtsratsmitglied durch seine organschaftliche Tätigkeit oder zumindest im Zusammenhang mit dieser bekannt geworden sind (sog. **funktionaler Zusammenhang**).[863] Die Weitergabe von Informationen, die das Aufsichtsratsmitglied ohne Zusammenhang mit der Amtstätigkeit erlangt hat, kann gegen die **allgemeine Treuepflicht** verstoßen; der Verstoß ist jedoch weder von der gesetzlichen Verschwiegenheitspflicht nach § 116 AktG noch von der Strafnorm des § 404 AktG erfasst.[864] Im Gegensatz zur allgemeinen Sorgfaltspflicht entfällt die Verschwiegenheitspflicht nicht bereits mit **Ausscheiden des Aufsichtsratsmitglieds,** sondern erst nach Wegfall des Geheimhaltungsinteresses[865], etwa durch Veröffentlichung der Information durch die Gesellschaft,[866] oder wenn das Aufsichtsratsmitglied von der Verschwiegenheitspflicht befreit wird (→ Rn. 501). 495

Wie bei allen Treuepflichten kommt dem Aufsichtsratsmitglied bei der Überprüfung von Inhalt und Umfang der Verschwiegenheitspflicht im Rahmen seiner pflichtgemäßen Amtsausübung **kein Beurteilungsspielraum** zu.[867] Maßgeblich für die Beurteilung der Verschwiegenheitspflicht ist das objektive Bedürfnis der Geheimhaltung im Unternehmensinteresse.[868] Sie unterliegt vollständiger gerichtlicher Nachprüfung.[869] 496

b) Definition der vertraulichen Information

Zu den geschützten Informationen gehören vertrauliche Angaben und Geheimnisse der Gesellschaft, namentlich Betriebs- und Geschäftsgeheimnisse, § 116 AktG iVm § 93 Abs. 1 S. 2 AktG. Der Begriff des **Geheimnisses** umfasst Tatsachen, die nur einem begrenzten Personenkreis bekannt sind und nach dem Gesellschaftsinteresse nicht öffentlich werden sollen,[870] etwa Informationen über die Strategie oder die Finanzsituation, Forschungsergebnisse und Forschungsvorhaben, technisches Know-how, Fertigungskenntnisse und Fertigungsverfahren, Investitions- und Produktplanung, Kundenlisten und Verträge mit Lieferanten oder die Ertragslage der einzelnen Unternehmensbereiche oder Tochtergesellschaften.[871] Maßgeblich für die Beurteilung des Vorliegens eines Geheimnisses ist das **objektive Interesse der Gesellschaft** an der Geheimhaltung; ein Geheimhaltungswille des Vorstands ist nicht erforderlich.[872] Einem ent- 497

---

[859] K. Schmidt/Lutter AktG/*Drygala* AktG § 116 Rn. 29; Kölner Komm AktG/*Mertens/Cahn* AktG § 116 Rn. 37.
[860] BeckOGK/*Spindler* AktG § 116 Rn. 119; Semler/v. Schenck/*v. Schenck* AktG § 116 Rn. 496; Grigoleit/*Grigoleit/Tomasic* AktG § 116 Rn. 1.
[861] BGH NJW 2016, 2569 Rn. 32; GroßkommAktG/*Hopt/Roth* AktG § 116 Rn. 190; MüKoAktG/*Habersack* AktG § 116 Rn. 52; Hüffer/Koch/*Koch* AktG § 116 Rn. 9.
[862] Begr. RegE TransPuG, BT-Drs. 14/8769, 18; MüKoAktG/*Habersack* AktG § 116 Rn. 52; Hüffer/Koch/*Koch* AktG § 116 Rn. 9; BeckOGK/*Spindler* AktG § 116 Rn. 105.
[863] MüKoAktG/*Habersack* AktG § 116 Rn. 53; BeckOGK/*Spindler* AktG § 116 Rn. 120.
[864] Kölner Komm AktG/*Mertens/Cahn* AktG § 116 Rn. 55; MüKoAktG/*Habersack* AktG § 116 Rn. 53; BeckOGK/*Spindler* AktG § 116 Rn. 120.
[865] MüKoAktG/*Habersack* AktG § 116 Rn. 53; Hüffer/Koch/*Koch* AktG § 116 Rn. 9.
[866] MüKoAktG/*Habersack* AktG § 116 Rn. 53.
[867] OLG Stuttgart NZG 2007, 72 (74); BeckOGK/*Spindler* AktG § 116 Rn. 113; GroßkommAktG/*Hopt/Roth* AktG § 116 Rn. 230; Hüffer/Koch/*Koch* AktG § 116 Rn. 11; Hölters/*Hambloch-Gesinn/Gesinn* AktG § 116 Rn. 64.
[868] BGH NJW 1975, 1412 (1413); Hüffer/Koch/*Koch* AktG § 116 Rn. 11; MHdB AG/*Hoffmann-Becking* § 33 Rn. 60.
[869] OLG Stuttgart NZG 2007, 72 (74); GroßkommAktG/*Hopt/Roth* AktG § 116 Rn. 230; Hüffer/Koch/*Koch* AktG § 116 Rn. 11; MüKoAktG/*Habersack* AktG § 116 Rn. 56.
[870] BGH NJW 1975, 1412 (1413); GroßkommAktG/*Hopt/Roth* AktG § 116 Rn. 195; MüKoAktG/*Habersack* AktG § 116 Rn. 55.
[871] Kölner Komm AktG/*Mertens/Cahn* AktG § 116 Rn. 47; MüKoAktG/*Habersack* AktG § 116 Rn. 55; K. Schmidt/Lutter AktG/*Drygala* AktG § 116 Rn. 30, 36; Lutter/Krieger/*Verse* AR § 6 Rn. 269 ff.; Potthoff/Trescher AR-Mitglied S. 167 f.
[872] BGH NJW 1975, 1412 (1413); OLG Stuttgart NZG 2007, 72 (74); MüKoAktG/*Habersack* AktG § 116 Rn. 55; BeckOGK/*Spindler* AktG § 116 Rn. 116.

498 Ebenfalls geschützt sind **vertrauliche Angaben.** Das sind Informationen, deren Weitergabe sich für die Gesellschaft nachteilig auswirken kann, auch wenn sie keine Geheimnisse sind, wie etwa **Interna aus Sitzungen oder Personalangelegenheiten.** Die Verschwiegenheitspflicht umfasst den gesamten Beratungsinhalt des Plenums und der Ausschüsse sowie das Beratungsergebnis.[874] Die Pflicht zur Verschwiegenheit gilt auch für das **Stimmverhalten** der einzelnen Aufsichtsratsmitglieder[875], weil die Aufsichtsratsmitglieder durch – gegebenenfalls gezielte – Indiskretionen über das Abstimmungsverhalten unter Druck gesetzt werden können.[876] Ein Aufsichtsratsmitglied hat nach hM auch nicht das Recht, ohne Zustimmung des Aufsichtsrats seine **eigene Stimmabgabe** oder eigene Stellungnahmen mitzuteilen, weil hierdurch Rückschlüsse auf das Abstimmungsverhalten der anderen Mitglieder möglich sind und der Abstimmungsgegenstand offengelegt werden kann.[877] Nicht erforderlich ist die **Bezeichnung** der Information als „vertraulich".[878] Insbesondere sind auch Beratungen im Aufsichtsrat ohne besondere Kennzeichnung vertraulich.[879]

c) Entscheidung über Offenlegung

499 Grundsätzlich entscheidet der **Vorstand** über die Weitergabe vertraulicher Informationen.[880] Dabei muss er die Vor- und Nachteile im Unternehmensinteresse abwägen und seine Entscheidung am Wohl des Unternehmens ausrichten.[881] Insofern ist der Aufsichtsrat an die Informationspolitik des Vorstands gebunden, und zwar sowohl bei der Geheimhaltung von Informationen als auch bei einem etwaigen Verzicht auf die Geheimhaltung.[882] Der Aufsichtsrat kann zwar **Empfehlungen** aussprechen, den Vorstand jedoch – wie sonst im Rahmen seiner Tätigkeit auch – nicht dazu anweisen, über eine Information Geheimhaltung zu wahren oder diese offenzulegen.[883] Der Zustimmung des Vorstands bedarf es auch, wenn ein Geheimnis im Aufsichtsrat entsteht, dieses aber Umstände betrifft, die nicht in die ausschließliche Sphäre des Aufsichtsrats fallen, etwa bei der Mitwirkung des Aufsichtsrats an zustimmungsbedürftigen Maßnahmen.[884] Hingegen hat der **Aufsichtsrat** die Befugnis zur Offenlegung solcher Informationen, die in seinen **ausschließlichen Zuständigkeitsbereich** fallen, beispielsweise im Zusammenhang mit der Bestellung, Abberufung oder Vergütung von Vorstandsmitgliedern oder der Geltendmachung von Schadensersatzansprüchen gegen Vorstandsmitglieder.[885] Die Offenlegungsbefugnis gebührt in diesem Fall dem **Plenum** bzw., wenn die Entscheidung auf einen **Ausschuss** delegiert ist, dem Ausschuss.[886]

500 Der Vorstand kann auf die Geheimhaltung **ausdrücklich oder konkludent** verzichten.[887] Ein **konkludenter Verzicht** auf die Geheimhaltung kann etwa vorliegen, wenn eine größere Anzahl von Mitarbeitern über geheime Informationen unterrichtet wird oder entsprechende Unterlagen an diesen Kreis

---

[873] BGH NJW 1975, 1412 (1413); MüKoAktG/*Habersack* AktG § 116 Rn. 55; BeckOGK/*Spindler* AktG § 116 Rn. 116; GroßkommAktG/*Hopt/Roth* AktG § 116 Rn. 195.
[874] Begr. RegE TransPuG, BT-Drs. 14/8769, 18; BGH NJW 1975, 1412; OLG Düsseldorf NZG 2015, 1115 (1118); Hüffer/Koch/*Koch* AktG § 116 Rn. 3; DAV-Handelsrechtsausschuss NZG 2002, 115 (117); *Lutter/Verse/Krieger* AR Rn. 266; *Lutter* Information und Vertraulichkeit § 18 Rn. 496.
[875] Begr. RegE TransPuG, BT-Drs. 14/8769, 18; BGH NJW 1975, 1412 (1413); OLG Düsseldorf NZG 2015, 1115 (1118); *Lutter/Krieger/Verse* AR 6 Rn. 267; *Lutter* Information und Vertraulichkeit § 18 Rn. 496.
[876] *Lutter* Information und Vertraulichkeit § 18 Rn. 496; *Marsch-Barner* in Semler/v. Schenck AR-HdB § 13 Rn. 24.
[877] MüKoAktG/*Habersack* AktG § 116 Rn. 57; GroßkommAktG/*Hopt/Roth* AktG § 116 Rn. 223; *Lutter/Krieger/Verse* AR Rn. 267; K. Schmidt/Lutter AktG/*Drygala* AktG § 116 Rn. 35; Kölner Komm AktG/*Mertens/Cahn* AktG § 116 Rn. 54; Semler/v. Schenck/*v. Schenck* AktG § 116 Rn. 444; aA *Säcker* NJW 1986, 803 (808).
[878] Hüffer/Koch/*Koch* AktG § 93 Rn. 30.
[879] BGHZ 64, 325 (330 ff.) = NJW 1975, 1412.
[880] BGH NJW 1975, 1412 (1413); NJW 2016, 2569 Rn. 35; *Lutter/Krieger/Verse* AR Rn. 284; Kölner Komm AktG/*Mertens/Cahn* AktG § 116 Rn. 51; *Marsch-Barner* in Semler/v. Schenck AR-HdB § 13 Rn. 20.
[881] MüKoAktG/*Habersack* AktG § 116 Rn. 65, § 93, Rn. 150, 158; BeckOGK/*Fleischer* AktG § 93 Rn. 204; Hüffer/Koch/*Koch* AktG § 116 Rn. 10, § 93 Rn. 31.
[882] *Lutter* Information und Vertraulichkeit Rn. 431; *Linker/Zinger* NZG 2002, 497 (502); *Marsch-Barner* in Semler/v. Schenck AR-HdB § 13 Rn. 15.
[883] *Marsch-Barner* in Semler/v. Schenck AR-HdB § 13 Rn. 15.
[884] *Lutter* Information und Vertraulichkeit Rn. 431; *Marsch-Barner* in Semler/v. Schenck AR-HdB § 13 Rn. 15.
[885] BGH NZG 2012, 777 Rn. 40 betr. die Widerlegung der Vermutungswirkung des § 22 AGG; BGH AG 2013, 387 betr. das Abstimmungsverhalten im Aufsichtsrat im Zusammenhang mit der Geltendmachung der Unwirksamkeit des Beschlusses durch einen Aktionär; *Vollhard* GRUR 1980, 496 (498); *Lutter* Information und Vertraulichkeit Rn. 431; *Marsch-Barner* in Semler/v. Schenck AR-HdB § 13 Rn. 15; MüKoAktG/*Habersack* AktG § 116 Rn. 65; *Lutter/Krieger/Verse* AR Rn. 284.
[886] *Lutter* Information und Vertraulichkeit Rn. 431; *Marsch-Barner* in Semler/v. Schenck AR-HdB § 13 Rn. 15.
[887] Zum Verzicht des Geheimhaltungsinteresses BGH NJW 2016, 2569 (2571) Rn. 35; *Lutter/Krieger/Verse* AR Rn. 262; K. Schmidt/Lutter AktG/*Drygala* AktG § 116 Rn. 31; GroßkommAktG/*Hopt/Roth* AktG § 116 Rn. 225.

überlassen werden.[888] Der Status einer Information als geheimhaltungspflichtig wird aufgehoben, wenn das zuständige Gremium eine bislang nicht allgemein bekannte Tatsache, zB im Rahmen einer M&A-Transaktion, **veröffentlicht**.[889]

Die Offenlegung sonst geheimhaltungsbedürftiger Informationen kann vor allem auch in **Krisen- oder Konfliktsituationen** nötig werden. In solchen Fällen, zB um wachsende Unruhen in der Belegschaft zu vermeiden, Missverständnisse auszuräumen, Gerüchten entgegenzutreten oder sonst die Beziehungen und den Ruf der Gesellschaft positiv zu beeinflussen, können Ausnahmen von der Verschwiegenheitspflicht gemacht werden.[890] Maßstab für derartige Ausnahmefälle ist stets das **Unternehmensinteresse** (→ 5 Rn. 186).[891] Bestehen zB finanzielle Schwierigkeiten im Unternehmen, ist die Offenlegung von Informationen gegenüber denjenigen Personen, die an der Überwindung der Finanzkrise mitwirken, gerechtfertigt.[892] Aber auch in diesen Situationen obliegt die Entscheidung über die Offenlegung der Information grundsätzlich dem **Vorstand**.[893] Liegt allerdings eine Notsituation vor, kann sich der **Aufsichtsrat** ausnahmsweise selbst von der Pflicht zur Verschwiegenheit befreien.[894] Eine solche Notsituation kann angenommen werden, wenn die Nichtoffenlegung der Information durch den Vorstand zu einem **erheblichen Nachteil** für die Gesellschaft führt.[895] In Fällen, in denen es nur um aus dem Aufsichtsrat selbst stammende Umstände geht – wie Abstimmungsgegenstände und Diskussionsinhalte – kann sich der Aufsichtsrat ohnehin selbst von der Verschwiegenheitspflicht befreien. 501

Einem **einzelnen Aufsichtsratsmitglied** kann die Weitergabe von Informationen gestattet sein, wenn dies notwendig ist, um die Gesellschaft vor erheblichen Nachteilen zu bewahren und sowohl Vorstand als auch Aufsichtsrat untätig geblieben sind.[896] Ferner kann sich ein Aufsichtsratsmitglied über seine Schweigepflicht hinwegsetzen, wenn die Wahrung der Vertraulichkeit **unzumutbar** ist.[897] Dabei kann sich das Aufsichtsratsmitglied nicht schon auf eine Kollision der Schweigepflicht mit persönlichen Interessen berufen.[898] Vielmehr muss die Durchbrechung der Vertraulichkeit aufgrund einer **besonderen Konfliktsituation** notwendig sein, insbesondere zur Verteidigung in einem Strafverfahren[899], zur Begründung einer Nichtigkeits- oder Anfechtungsklage gegen Aufsichtsratsbeschlüsse[900] oder zur Abwehr unberechtigter Ansprüche der Gesellschaft.[901] Bei der Abwehr **unberechtigter Kritik in der Öffentlichkeit**[902] wird man im konkreten Fall genau prüfen müssen, ob die Wahrung der Vertraulichkeit wirklich unzumutbar ist. Im Zweifel ist der Vertraulichkeit Vorrang einzuräumen. 502

d) Verpflichteter Personenkreis

Alle Aufsichtsratsmitglieder sind in gleicher Weise und gleichem Umfang an die Verschwiegenheitspflicht gebunden.[903] Unbeachtlich ist, ob das Aufsichtsratsmitglied gewählt, entsandt oder gerichtlich bestellt ist; die Verschwiegenheitspflicht gilt für Arbeitnehmervertreter und für Anteilseignervertreter gleichermaßen.[904] 503

---

[888] *Lutter/Krieger/Verse* AR Rn. 262; *Marsch-Barner* in Semler/v. Schenck AR-HdB § 13 Rn. 14.
[889] *Lutter/Krieger/Verse* AR Rn. 262; *Marsch-Barner* in Semler/v. Schenck AR-HdB § 13 Rn. 14.
[890] *Potthoff/Trescher* AR-Mitglied S. 168; *Lutter/Krieger/Verse* AR Rn. 283; *Marsch-Barner* in Semler/v. Schenck AR-HdB § 13 Rn. 19.
[891] *Hüffer/Koch/Koch* AktG § 116 Rn. 10; *Hoffmann/Preu* Aufsichtsrat Rn. 275; *Potthoff/Trescher* AR-Mitglied S. 168; GroßkommAktG/*Hopt/Roth* AktG § 116 Rn. 225.
[892] *Lutter* Information und Vertraulichkeit Rn. 439; *Marsch-Barner* in Semler/v. Schenck AR-HdB § 13 Rn. 19.
[893] BGH NJW 1975, 1412 (1413); NJW 2016, 2569 Rn. 35; *Lutter/Krieger/Verse* AR Rn. 284; Kölner Komm AktG/*Mertens/Cahn* AktG § 116 Rn. 51; *Marsch-Barner* in Semler/v. Schenck AR-HdB § 13 Rn. 20.
[894] BGH NZG 2012, 777 (780) Rn. 40; BGH NZG 2013, 456 (459) Rn. 30; *Hoffmann/Preu* Aufsichtsrat Rn. 276.
[895] *Hoffmann/Preu* Aufsichtsrat Rn. 276; *Lutter/Krieger/Verse* AR Rn. 284; vgl. OLG Stuttgart AG 2012, 298 (303); Kölner Komm AktG/*Mertens/Cahn* AktG § 116 Rn. 51.
[896] BGH NJW 1975, 1412 (1413); *Lutter/Krieger/Verse* AR § 6 Rn. 284; *Marsch-Barner* in Semler/v. Schenck AR-HdB § 13 Rn. 21; Kölner Komm AktG/*Mertens/Cahn* AktG § 116 Rn. 17.
[897] *Hüffer/Koch/Koch* AktG § 116 Rn. 10; MüKoAktG/*Habersack* AktG § 116 Rn. 62; GroßkommAktG/*Hopt/Roth* AktG § 116 Rn. 256; BeckOGK/*Spindler* AktG § 116 Rn. 122.
[898] MüKoAktG/*Habersack* AktG § 116 Rn. 62.
[899] MüKoAktG/*Habersack* AktG § 116 Rn. 62; *Hüffer/Koch/Koch* AktG § 116 Rn. 10; Hölters/*Hambloch-Gesinn* Gesinn AktG § 116 Rn. 70.
[900] MüKoAktG/*Habersack* AktG § 116 Rn. 62; GroßkommAktG/*Hopt/Roth* AktG § 116 Rn. 256.
[901] MüKoAktG/*Habersack* AktG § 116 Rn. 62; *Hüffer/Koch/Koch* AktG § 116 Rn. 10; Hölters/*Hambloch-Gesinn* Gesinn AktG § 116 Rn. 70; GroßkommAktG/*Hopt/Roth* AktG § 116 Rn. 256; *Bank* NZG 2013, 801 (802).
[902] Mit diesem Beispiel *Marsch-Barner* in Semler/v. Schenck AR-HdB § 13 Rn. 21.
[903] BGH NJW 1975, 1412 (1413); BGH NJW 1997, 1985 (1986); MüKoAktG/*Habersack* AktG § 116 Rn. 58; Kölner Komm AktG/*Mertens/Cahn* AktG § 116 Rn. 39.
[904] OLG Stuttgart NZG 2007, 72 (73 f.); *Hüffer/Koch/Koch* AktG § 116 Rn. 11; MüKoAktG/*Habersack* AktG § 116 Rn. 58.

504 Insbesondere **Arbeitnehmervertreter** können ein Interesse daran haben, der **Belegschaft** die im Aufsichtsrat erörterten Informationen mitzuteilen. Eine Einschränkung der Verschwiegenheitspflicht rechtfertigt das jedoch nicht.[905] Die Weitergabe von geheimen oder vertraulichen Informationen an die Belegschaft ist auch bei drohender Insolvenz, bei einem potenziellen Abbau von Arbeitsplätzen, bei einer Stilllegung von Betrieben oder einer Verlagerung der Produktion unzulässig.[906] Die Wahrung der Belange der Belegschaft obliegt primär den **betriebsverfassungsrechtlichen Gremien,** die zu diesem Zweck eigene Unterrichtungs- und Mitwirkungsrechte haben, vgl. §§ 90 f., 106, 111 ff. BetrVG.[907] Die Verschwiegenheitspflicht wird auch nicht eingeschränkt, wenn das betroffene Aufsichtsratsmitglied und die Informationsempfänger zugleich Mitglieder des Betriebsrats und daher nach **§ 79 BetrVG** zur Geheimhaltung verpflichtet sind.[908] Der Hinweis auf die Geheimhaltungspflicht nach § 79 BetrVG und deren Aufhebung für Mitglieder des Betriebsrats gegenüber Mitgliedern des Aufsichtsrats greift schon deshalb nicht, weil sich die Verschwiegenheitspflichten nach § 116 AktG und § 79 BetrVG inhaltlich nicht decken.[909]

505 Aufsichtsratsmitglieder, die auf Veranlassung einer **Gebietskörperschaft** in den Aufsichtsrat gewählt oder entsandt wurden, sind im Rahmen einer bestehenden Berichtspflicht gemäß § 394 AktG berechtigt, an ihre Vorgesetzten, beispielsweise aber nicht an dem Gemeinderat als Plenum[910], Bericht zu erstatten.[911] § 394 AktG begründet keine Berichtspflicht, sondern setzt eine voraus, die auf Gesetz, Satzung oder einem dem Aufsichtsrat in Textform mitgeteilten **Rechtsgeschäft** beruhen kann (§ 394 S. 3 AktG). Die Aufsichtsratsmitglieder sind dann von der Verschwiegenheitspflicht befreit[912], jedoch nur insofern, als eine Weitergabe für die Berichte relevant ist (§ 394 S. 2 AktG). Hierdurch soll sichergestellt werden, dass auch die Gebietskörperschaft effektiv beteiligt wird. Im Fall einer Berichterstattung geht die Verschwiegenheitspflicht nach § 395 auf den **Vorgesetzten** über.[913] Außerhalb des Anwendungsbereichs der §§ 394, 395 AktG erfolgt hingegen keine Lockerung der Verschwiegenheitspflicht.

e) Informationsempfänger

506 Die Verschwiegenheitspflicht der Aufsichtsratsmitglieder besteht gegenüber allen Personen, die **nicht Mitglied des Organs** sind.[914] Hierunter fallen unter anderem Geschäftspartner, aber auch Arbeitnehmer, der Betriebsrat und der Wirtschaftsausschuss (→ Rn. 502) sowie Ersatzmitglieder des Aufsichtsrats.[915]

507 Auch gegenüber **Aktionären** haben die Aufsichtsratsmitglieder Verschwiegenheit zu wahren. Gemäß § 131 Abs. 1 S. 1 AktG haben Aktionäre zwar in der **Hauptversammlung** ein Auskunftsrecht, das auch Handlungen des Aufsichtsrats betreffen kann. Der Vorstand darf die Auskunft aber verweigern, wenn vertrauliche Vorgänge in der Sitzung des Aufsichtsrats oder den Ausschüssen Gegenstand des Auskunftsverlangens sind.[916] In bestimmten Fällen kann – dann zumeist außerhalb der Hauptversammlung – die **Unterrichtung eines Aktionärs** notwendig sein, zB um dessen Mitwirkung bei einer geplanten Unternehmensübernahme abzusichern. Dann können der Vorstand und uU der Aufsichtsrat – nach Abwägung im Unternehmensinteresse und unter Berücksichtigung des Gleichbehandlungsgebots – zur Durchbrechung der Verschwiegenheitspflicht berechtigt sein.[917]

508 Gegenüber dem **Vorstand** ist die Verschwiegenheitspflicht des Aufsichtsrats eingeschränkt.[918] Ein Geheimhaltungsinteresse kann aber etwa im Hinblick auf **Anstellungsverträge** mit Vorstandsmitgliedern[919], bei der Prüfung und Geltendmachung von **Schadensersatzansprüchen** oder sonstigen Rechtsstreitig-

---

[905] GroßkommAktG/*Hopt/Roth* AktG § 116 Rn. 215; Kölner Komm AktG/*Mertens/Cahn* AktG § 116 Rn. 39.
[906] *Marsch-Barner* in Semler/v. Schenck AR-HdB § 13 Rn. 27; BeckOGK/*Spindler* AktG § 116 Rn. 122.
[907] *Marsch-Barner* in Semler/v. Schenck AR-HdB § 13 Rn. 27.
[908] GroßkommAktG/*Hopt/Roth* AktG § 116 Rn. 214; MüKoAktG/*Habersack* AktG § 116 Rn. 64.
[909] MüKoAktG/*Habersack* AktG § 116 Rn. 64 mwN für beide Auffassungen.
[910] Kölner Komm AktG/*Mertens/Cahn* AktG § 116 Rn. 57; *Land/Hallermayer* AG 2011, 114 (120 f.).
[911] K. Schmidt/Lutter AktG/*Drygala* AktG § 116 Rn. 39; BeckOGK/*Spindler* AktG § 116 Rn. 111; Kölner Komm AktG/*Mertens/Cahn* AktG § 116 Rn. 57.
[912] BeckOGK/*Spindler* AktG § 116 Rn. 111; GroßkommAktG/*Hopt/Roth* AktG § 116 Rn. 217.
[913] GroßkommAktG/*Hopt/Roth* AktG § 116 Rn. 217; Kölner Komm AktG/*Mertens/Cahn* AktG § 116 Rn. 57; Lutter/Krieger/Verse AR Rn. 1432.
[914] BGH NJW 2016, 2569 Rn. 32; Hüffer/Koch/*Koch* AktG § 116 Rn. 9.
[915] MüKoAktG/*Habersack* AktG § 116 Rn. 59; GroßkommAktG/*Hopt/Roth* AktG § 116 Rn. 214; Kölner Komm AktG/*Mertens/Cahn* AktG § 116 Rn. 56; *Marsch-Barner* in Semler/v. Schenck AR-HdB § 13 Rn. 29, 41.
[916] BGH NJW 2014, 541 Rn. 47; OLG Stuttgart AG 1995, 234 (235); LG Mannheim AG 2005, 780 (781); Kölner Komm AktG/*Kersting* AktG § 131 Rn. 244, 374.
[917] *Marsch-Barner* in Semler/v. Schenck AR-HdB § 13 Rn. 37.
[918] Hüffer/Koch/*Koch* AktG § 116 Rn. 9; GroßkommAktG/*Hopt/Roth* AktG § 116 Rn. 237; BeckOGK/*Spindler* AktG § 116 Rn. 112; *Marsch-Barner* in Semler/v. Schenck AR-HdB § 13 Rn. 30.
[919] GroßkommAktG/*Hopt/Roth* AktG § 116 Rn. 238; MüKoAktG/*Habersack* AktG § 116 Rn. 59; BeckOGK/*Spindler* AktG § 116 Rn. 112; Hölters/*Hambloch-Gesinn/Gesinn* AktG § 116 Rn. 68.

keiten zwischen den Mitgliedern des Vorstands und des Aufsichtsrats[920] oder im Hinblick auf den Inhalt und den Verlauf von **Aufsichtsratssitzungen**[921] bestehen. Beispielsweise im Zusammenhang mit der Aufklärung von Compliance-Fällen (→ § 4 Rn. 286 ff., 354 ff.), bei denen eine Beteiligung von Vorstandsmitgliedern im Raum steht, gibt es in der Praxis zahlreiche Situationen, in denen die Verschwiegenheitspflicht gegenüber dem Vorstand im Ganzen oder gegenüber einzelnen Vorstandsmitgliedern genau geprüft werden muss.

Innerhalb des Aufsichtsrats besteht grundsätzlich keine Verschwiegenheitspflicht, sodass die Aufsichtsratsmitglieder Informationen im Rahmen der Aufsichtsratsarbeit austauschen können.[922] Ausschussangelegenheiten können auch den nicht dem Ausschuss angehörenden Mitgliedern des Aufsichtsrats mitgeteilt werden, sofern nicht das **Teilnahmerecht** nach § 109 Abs. 2 AktG ausgeschlossen worden ist oder die Vorlagen und **Prüfungsberichte** nach § 170 Abs. 3 S. 2 AktG nur den Ausschussmitgliedern übermittelt werden.[923] Beide Beschränkungen wären in der Praxis weitgehend wirkungslos, wenn die Informationen aus der Ausschusssitzung bzw. dem Prüfungsbericht den ausgeschlossenen Mitgliedern mitgeteilt werden dürften. Ausnahmsweise kann die aufsichtsratsinterne Verschwiegenheitspflicht auch gegenüber anderen Mitgliedern des Gremiums bestehen, wenn **Interessenkonflikte** bei einem Aufsichtsratsmitglied den Ausschluss von einer bestimmten Information rechtfertigen.[924] Beispielsweise dürften Beratungen des Aufsichtsrats über den Abschluss eines Rechtsgeschäfts mit einem nicht an der Sitzung teilnehmenden Aufsichtsratsmitglied gegenüber diesem Mitglied vertraulich zu behandeln sein. 509

f) Einbeziehung von Beratern

Die Haftungsrisiken für Aufsichtsratsmitglieder haben sich deutlich verschärft. Auch deshalb hat der **Aufsichtsrat als Organ** ein berechtigtes Interesse, sein Vorgehen und seine Entscheidungen durch die Einschaltung externer Berater abzusichern (→ § 4 Rn. 131 ff.; → § 5 Rn. 195). Grundsätzlich haben Aufsichtsratsmitglieder die **höchstpersönliche Pflicht,** sich aufgrund eigener Sachkunde auf Sitzungen und Beschlussfassung vorzubereiten.[925] Sie müssen Mindestqualifikationen erfüllen (→ Rn. 476 ff.) und den zu erwartenden Zeitaufwand aufbringen. Gemäß §§ 109 Abs. 1 S. 2 AktG, 111 Abs. 2 S. 2 AktG kann der Aufsichtsrat aber **externe Sachverständige,** etwa rechtliche Berater, zur Beratung bei bestimmten Themen beauftragen. In komplexeren Fällen, etwa Compliance-Untersuchungen (→ § 4 Rn. 290) ist auch eine langfristige Beauftragung zulässig. 510

Ausnahmsweise kann auch das **einzelne Aufsichtsratsmitglied** Berater einschalten, um die eigene Sachkompetenz zu ergänzen (Beratung **bei der Ausübung des Amts**).[926] Die gesellschaftsinterne Klärung und die Beauftragung eines Beraters durch das Gremium haben insoweit aber Vorrang, auch wenn das einzelne Aufsichtsratsmitglied die Kosten des Beraters zu tragen bereit wäre.[927] Erst wenn weder gesellschaftsinterne Unterstützung noch eine Unterstützung durch Berater des Aufsichtsrats zur Verfügung steht, kann das einzelne Aufsichtsratsmitglied auf einen eigenen externen Berater zurückgreifen.[928] 511

Davon zu unterscheiden sind die Fälle, in denen **einzelne Aufsichtsratsmitglieder** Berater **im Zusammenhang mit der Ausübung des Amts** beauftragen, etwa bei einer persönlichen Inanspruchnahme wegen Verletzung der Sorgfaltspflicht oder für die strafrechtliche Verteidigung. Hier stellen sich letztlich vor allem Fragen des Auslagenersatzes (→ § 6 Rn. 164; zum Auslagenersatz allgemein → § 6 Rn. 121 ff.). Für die Mandatierung des Beraters wird zumeist die Verschwiegenheitspflicht die wichtigste Schranke sein. 512

Sind die sonstigen aktienrechtlichen Vorschriften eingehalten, können Aufsichtsratsmitglieder Informationen ohne Verstoß gegen die Verschwiegenheitspflicht gegenüber den Beratern und sonstigen Sachverständigen offen legen, wenn sie die Weitergabe der Informationen auf das **Wesentliche** beschränken.[929] Der Aufsichtsrat bzw. das einzelne Mitglied müssen eine **Abwägung** zwischen Notwendigkeit und Ertrag der Beratung für die Unternehmensinteressen und den mit der Informationspreisgabe einhergehenden 513

---

[920] GroßkommAktG/*Hopt*/*Roth* AktG § 116 Rn. 238; MüKoAktG/*Habersack* AktG § 116 Rn. 59; BeckOGK/*Spindler* AktG § 116 Rn. 112; Hölters/*Hambloch-Gesinn*/*Gesinn* AktG § 116 Rn. 68.
[921] MüKoAktG/*Habersack* AktG § 116 Rn. 59; Hölters/*Hambloch-Gesinn*/*Gesinn* AktG § 116 Rn. 68.
[922] OLG Hamburg ZIP 1984, 819; MüKoAktG/*Habersack* AktG § 116 Rn. 59; K. Schmidt/Lutter AktG/*Drygala* AktG § 116 Rn. 38; GroßkommAktG/*Hopt*/*Roth* AktG § 116 Rn. 234.
[923] MüKoAktG/*Habersack* AktG § 116 Rn. 59; GroßkommAktG/*Hopt*/*Roth* AktG § 116 Rn. 234.
[924] Kölner Komm AktG/*Mertens*/*Cahn* AktG § 116 Rn. 58; GroßkommAktG/*Hopt*/*Roth* AktG § 116 Rn. 234.
[925] MüKoAktG/*Habersack* AktG § 116 Rn. 31; *v. Schenck* in Semler/v. Schenck AR-HdB § 5 Rn. 1; *Diekmann*/*Wurst* NZG 2014, 121 (125); *Semler* NZG 2013, 771 (773); wohl auch *Lutter*/*Krieger*/*Verse* AR Rn. 885 ff.; K. Schmidt/Lutter AktG/*Drygala* AktG § 116 Rn. 9.
[926] *Marsch-Barner* in Semler/v. Schenck AR-HdB § 13 Rn. 46.
[927] BGHZ 85, 293 (296 ff.) = NJW 1983, 991; *Marsch-Barner* in Semler/v. Schenck AR-HdB § 13 Rn. 46.
[928] *Marsch-Barner* in Semler/v. Schenck AR-HdB § 13 Rn. 46; ausdrücklich im Hinblick auf die gesellschaftsinterne Unterstützung BGH NJW 1983, 991 (992).
[929] GroßkommAktG/*Hopt*/*Roth* AktG § 116 Rn. 252; Kölner Komm AktG/*Mertens*/*Cahn* AktG § 116 Rn. 59.

Gefahren für die Gesellschaft vornehmen, wobei etwaige Risiken möglichst gering zu halten sind (→ § 4 Rn. 137, 139 f.).[930] Vor allem wenn die Beauftragung durch einzelne Aufsichtsratsmitglieder erfolgt, wird die Hürde für die Einschaltung eines Beraters und die Weitergabe von Informationen sehr hoch sein. In jedem Fall muss der Sachverständige zur Verschwiegenheit verpflichtet sein oder verpflichtet werden. Etwas einfacher sind daher die Fälle, in denen der Berater bereits **berufsrechtlich** zur Verschwiegenheit verpflichtet ist.[931] Das Aufsichtsratsmitglied kann sich nach sorgfältiger Abwägung aber auch an einen Berater oder sonstigen Sachverständigen wenden, der nicht der gesetzlichen Verschwiegenheit unterliegt.[932] In diesem Fall ist der Dritte **vertraglich** zur **Verschwiegenheit** zu verpflichten (→ § 4 Rn. 144).[933]

g) Einschaltung sonstiger Hilfspersonen

514 Die Einschaltung **sonstiger Hilfspersonen** zum Zweck der Arbeitserleichterung des Aufsichtsrats oder des einzelnen Aufsichtsratsmitglieds ist grundsätzlich zulässig[934], soweit die Hilfsperson sorgfältig vom Verantwortlichen ausgewählt und zur Verschwiegenheit verpflichtet ist.[935] Unter sonstige Hilfspersonen fallen unter anderem Sekretariatsmitarbeiter, Assistenten und hauseigene Experten, die das einzelne Aufsichtsratsmitglied oder den Aufsichtsrat insgesamt bei der Aufsichtsratsarbeit unterstützen.[936] Unter Berücksichtigung des Gebots der persönlichen Amtsausführung seiner Mitglieder kann der Aufsichtsrat Hilfspersonen zur Erfüllung **administrativer Aufgaben** für die innere Organisation des Organs, etwa zur Sitzungsvorbereitung, Aktenführung, Organisation von Terminen oder für Schreibtätigkeiten hinzuziehen.[937] Solche Hilfspersonen, die für den Aufsichtsrat insgesamt tätig sind, werden vom Aufsichtsratsvorsitzenden in seiner besonderen Funktion für das Organ eingeschaltet. In der Praxis kann der Aufsichtsratsvorsitzende in größeren Unternehmen bei entsprechendem Arbeitsanfall neben einem Sekretariatsdienst auch ein Aufsichtsratsbüro für solche administrativen Aufgaben einrichten (→ § 6 Rn. 167 ff.).[938] Das Büro ist dann für den gesamten Aufsichtsrat tätig.

515 Auch **einzelne Aufsichtsratsmitglieder** können unter Wahrung des Gebots der persönlichen und eigenverantwortlichen Amtsausübung nach § 111 Abs. 6 AktG im eigenen Namen und auf eigene Rechnung[939] administrative Hilfskräfte für eine ordnungsgemäße Abwicklung von Büro-Vorgängen innerhalb ihres Mandats einsetzen.[940] In begrenztem Umfang ist auch die Weitergabe von Informationen zur Unterstützung bei der Auswertung möglich. Umfasst sind zB die vorbereitende Sichtung, Markierungen wichtiger Passagen, nicht hingegen eine umfassende Plausibilisierung der Unterlagen.[941]

516 In all diesen Fällen stellt sich die Frage der **Vertraulichkeit** besonders, weil der Kreis der einbezogenen Personen erheblich erweitert wird. Vertrauliche Informationen können auch in diesem Verhältnis weitergeleitet werden, sofern sie zur Aufgabenerfüllung **erforderlich** und auf das **Wesentliche** beschränkt sind.[942] Die Hilfspersonen sollten sorgfältig ausgewählt und möglichst **vertraglich** zur Einhaltung der Vertraulichkeit verpflichtet werden.[943] In der Praxis kann der Abschluss von Vertraulichkeitsvereinbarungen zwischen dem Unternehmen und den Hilfspersonen einzelner Aufsichtsratsmitglieder Schwierigkeiten bereiten, etwa bei Vertretern von Gebietskörperschaften, die in einem beamtenrechtlichen Verhältnis beschäftigt sind, oder bei Angestellten anderer großer inländischer oder ausländischer Unternehmen.

---

[930] GroßkommAktG/*Hopt/Roth* AktG § 111 Rn. 804; Kölner Komm AktG/*Mertens/Cahn* AktG § 111 Rn. 123.
[931] *Lutter* Information und Vertraulichkeit § 19 Rn. 552; Kölner Komm AktG/*Mertens/Cahn* AktG § 116 Rn. 52.
[932] *Lutter* Information und Vertraulichkeit § 19 Rn. 554; Kölner Komm AktG/*Mertens/Cahn* AktG § 116 Rn. 52.
[933] OLG Düsseldorf ZIP 2015, 1779 Rn. 70; Bürgers/Körber/*Israel* AktG § 116 Rn. 21; K. Schmidt/Lutter AktG/*Drygala* AktG § 116 Rn. 41; *Lutter* Information und Vertraulichkeit § 19 Rn. 554.
[934] Kölner Komm AktG/*Mertens/Cahn* AktG § 116 Rn. 59; GroßkommAktG/*Hopt/Roth* AktG § 116 Rn. 253.
[935] MüKoAktG/*Habersack* AktG § 111 Rn. 158.
[936] GroßkommAktG/*Hopt/Roth* AktG § 116 Rn. 253; *Marsch-Barner* in Semler/v. Schenck AR-HdB § 13 Rn. 46.
[937] *Diekmann/Wurst* NZG 2014, 121 (125); Hüffer/Koch/*Koch* AktG § 111 Rn. 59; BeckOGK/*Spindler* AktG § 111 Rn. 104; GroßkommAktG/*Hopt/Roth* AktG § 111 Rn. 803; Kölner Komm AktG/*Mertens/Cahn* AktG § 111 Rn. 120; MüKoAktG/*Habersack* AktG § 111 Rn. 158.
[938] MüKoAktG/*Habersack* AktG § 111 Rn. 158; Hüffer/Koch/*Koch* AktG § 111 Rn. 59; GroßkommAktG/*Hopt/Roth* AktG § 111 Rn. 803; *Diekmann/Wurst* NZG 2014, 121 (125 f.).
[939] MüKoAktG/*Habersack* AktG § 111 Rn. 158; GroßkommAktG/*Hopt/Roth* AktG § 111 Rn. 806; Kölner Komm AktG/*Mertens/Cahn* AktG § 111 Rn. 128.
[940] MüKoAktG/*Habersack* AktG § 111 Rn. 158; Kölner Komm AktG/*Mertens/Cahn* AktG § 111 Rn. 120; GroßkommAktG/*Hopt/Roth* AktG § 111 Rn. 804.
[941] *Diekmann/Wurst* NZG 2014, 121 (125 ff.).
[942] GroßkommAktG/*Hopt/Roth* AktG § 116 Rn. 252 f.; Kölner Komm AktG/*Mertens/Cahn* AktG § 116 Rn. 59.
[943] Kölner Komm AktG/*Mertens/Cahn* AktG § 111 Rn. 120; MüKoAktG/*Habersack* AktG § 111 Rn. 158, § 116 Rn. 106; Hölters/*Hambloch-Gesinn/Gesinn* AktG § 111 Rn. 85.

h) Sitzungsteilnehmer

Auch im Hinblick auf die Vertraulichkeit muss im Einzelfall kritisch geprüft werden, welche Dritten an Aufsichtsratssitzungen teilnehmen dürfen (→ § 3 Rn. 96 ff.). Die Frage, wer Sachverständiger oder Auskunftsperson im Sinn von § 109 Abs. 1 S. 2 AktG sein kann, wirft mitunter schwierige Abgrenzungsfragen auf. Zuletzt haben sich solche Fragen in der Praxis auch im Zusammenhang mit **US-amerikanischen Compliance Monitoren** (→ § 4 Rn. 2922 ff.) oder anderen „Beobachtern" gestellt, die nach Compliance-Fällen oder etwa im Zusammenhang mit M&A-Transaktionen auf Bitte ausländischer Regierungen an Vorstands- oder Aufsichtsratssitzungen teilnehmen sollen. 517

i) Konzernsachverhalte

Im **Konzern** ist auch unter den verbundenen Unternehmen und ihren Organmitgliedern der Verschwiegenheitsgrundsatz zu wahren.[944] 518

Besonders praxisrelevant ist der Umgang mit vertraulichen Informationen durch **Doppelmandatsträger**.[945] Aus Gründen des Konzerninteresses wird die Verschwiegenheitspflicht im **Vertragskonzern** für die Untergesellschaft gegenüber der Obergesellschaft zwar unter Umständen eingeschränkt. Der Vorstand der Obergesellschaft könnte den Vorstand der Untergesellschaft zur Weitergabe von Informationen auch anweisen.[946] Das kann – entgegen einer gewichtigen Meinung in der Literatur[947] – allerdings nicht ohne Weiteres für die Weitergabe von Informationen durch Aufsichtsratsmitglieder gelten; der Vorstand der Muttergesellschaft kann den Aufsichtsrat der Tochtergesellschaft auch nicht anweisen.[948] Die grundsätzliche Beibehaltung der Verschwiegenheitspflicht für Aufsichtsratsmitglieder gilt im **faktischen Konzern** erst recht.[949] Die Aufsichtsratsmitglieder dürfen vertrauliche Informationen aus der Aufsichtsratsarbeit der Tochtergesellschaft daher weder im Vertragskonzern noch im faktischen Konzern ohne Weiteres in den Vorstand oder den Aufsichtsrat der Muttergesellschaft tragen, sofern dafür nicht das zuständige Organ der Tochtergesellschaft **zugestimmt** hat.[950] Für die Weitergabe von Informationen ist bei der Tochtergesellschaft regelmäßig der Vorstand, ausnahmsweise der Aufsichtsrat zuständig (→ Rn. 499). In jedem Fall bedarf es eines Beschlusses; das einzelne Aufsichtsratsmitglied kann über die Weitergabe von Informationen im Konzern nicht allein entscheiden. Im konkreten Einzelfall behilft sich die Praxis häufig mit ausdrücklichen oder konkludenten Zustimmungen des zuständigen Gremiums.[951] Im Hinblick auf konkludente Zustimmungen ist aber Zurückhaltung geboten, weil es konkludente Beschlüsse grundsätzlich nicht gibt (→ Rn. 434). Ob der Vorstand der Tochtergesellschaft im Vertragskonzern oder im faktischen Konzern im Einzelfall verpflichtet ist, die Zustimmung zu erteilen oder die Informationen gar selbst zu liefern, ist eine andere Frage. Jedenfalls wird die Tochtergesellschaft häufig ein eigenes Interesse an der Weitergabe der Information haben. 519

Ein Doppelmandatsträger muss Kenntnisse, die er in seiner Funktion als Aufsichtsratsmitglied der abhängigen Gesellschaft erlangt hat, im Rahmen einer Abstimmung in einem Gremium der herrschenden Gesellschaft **nicht ausblenden**.[952] Der Doppelmandatsträger ist dem Interesse der herrschenden Gesellschaft bei der dortigen Abstimmung verpflichtet. Eine Trennung der Informationen im Kopf wird man nicht erwarten können.[953] Nicht zulässig ist hingegen wie gesagt die **Weitergabe** von Informationen innerhalb von Gremien der herrschenden Gesellschaft. Entsprechendes gilt für den umgekehrten Fall, also die Verwendung von Informationen aus der Vorstands- oder Aufsichtsratstätigkeit des herrschenden Unternehmens bei einer Tochtergesellschaft. 520

---

[944] Hölters/*Hambloch-Gesinn/Gesinn* AktG § 116 Rn. 66; Kölner Komm AktG/*Mertens/Cahn* AktG § 116 Rn. 52; GroßkommAktG/*Hopt/Roth* AktG § 116 Rn. 203.
[945] Zur Zulässigkeit von Vorstandsdoppelmandaten BGHZ 180, 105 Rn. 16 = NZG 2009, 744.
[946] MüKoAktG/*Habersack* AktG § 116 Rn. 60; GroßkommAktG/*Hopt/Roth* AktG § 116 Rn. 204; *Ziemons* ZGR 2016, 839 (855).
[947] So wohl K. Schmidt/Lutter AktG/*Drygala* AktG § 116 Rn. 37; *Lutter/Krieger/Verse* AR Rn. 281 f.; Kölner Komm AktG/*Mertens/Cahn* AktG § 116 Rn. 42; Hölters/*Hambloch-Gesinn/Gesinn* AktG § 116 Rn. 66; GroßkommAktG/*Hopt/Roth* AktG § 116 Rn. 204; aA Hüffer/Koch/*Koch* AktG § 116 Rn. 12; MüKoAktG/*Habersack* AktG § 116 Rn. 60; BeckOGK/*Spindler* AktG § 116 Rn. 127 f.
[948] Speziell in diesem Zusammenhang BeckOGK/*Spindler* AktG § 116 Rn. 127; *Ziemons* ZGR 2016, 839 (855); allgemein zur Ablehnung eines Weisungsrechts gegenüber dem Aufsichtsrat Hüffer/Koch/*Koch* AktG § 308 Rn. 7; Emmerich/Habersack/*Emmerich* AktG § 308 Rn. 17; aA *v. Falkenhausen* ZIP 2014, 1205 (1207 f.).
[949] BeckOGK/*Spindler* AktG § 116 Rn. 127; MüKoAktG/*Altmeppen* AktG § 311 Rn. 427; *Bank* NZG 2013, 801 (806); GroßkommAktG/*Hopt/Roth* AktG § 116 Rn. 205.
[950] BeckOGK/*Spindler* AktG § 116 Rn. 127; MüKoAktG/*Habersack* AktG § 116 Rn. 60; *Ziemons* ZGR 2016, 839 (855); Hüffer/Koch/*Koch* AktG § 116 Rn. 12, nachdem der Aufsichtsrat lediglich als Mittler ohne eigenständige Informationsweitergabekompetenz in den Kommunikationsprozess des Vorstandes eingesetzt wird.
[951] Hüffer/Koch/*Koch* AktG § 116 Rn. 12; MüKoAktG/*Altmeppen* AktG § 311 Rn. 427 f.; *Bank* NZG 2013, 801 (806).
[952] Hüffer/Koch/*Koch* AktG § 116 Rn. 12.
[953] Hüffer/Koch/*Koch* AktG § 116 Rn. 12.

521 Gleichermaßen praxisrelevant wie problematisch ist die Frage, ob an der **Aufsichtsratssitzung** Aufsichtsratsmitglieder anderer Konzernunternehmen teilnehmen dürfen, etwa durch Zusammenlegung der Sitzungen zu bestimmten Themen. Nur einer der relevanten Gesichtspunkte ist hier der der Vertraulichkeit. Soweit es sich um Sachverhalte handelt, über die ohnehin alle beteiligten Gremien informiert würden, scheint eine **Zusammenlegung** sinnvoll und zulässig. Spätestens wenn die Diskussion über die Themen gemeinsam geführt werden soll, stellen sich aber nicht nur Fragen der Vertraulichkeit. In den meisten Fällen sind die Aufsichtsratsvorsitzenden daher gut beraten, die relevanten Tagesordnungspunkte allenfalls teilweise – zB für einen ausführlichen Bericht des Vorstands oder eines Dritten – zusammenzulegen.

j) Rechtsfolgen

522 Die Verletzung der Verschwiegenheitspflicht ist gemäß § 404 AktG **strafbewehrt.** Ist der Straftatbestand erfüllt, kann das eine Freiheitsstrafe von bis zu einem Jahr zur Folge haben. Bei börsennotierten Gesellschaften wurde der Strafrahmen durch das TransPuG verschärft[954], sodass eine Freiheitsstrafe von bis zu zwei Jahren (§ 404 Abs. 1 AktG) bzw., etwa bei Bereicherungs- oder Schädigungsabsicht, drei Jahren (§ 404 Abs. 2 AktG) droht.

523 Vom Schutzbereich des § 404 AktG sind **Geheimnisse** der Gesellschaft umfasst. Hierunter fallen sowohl Tatsachen, die das Geschäft oder den Betrieb der Gesellschaft betreffen und deren Veröffentlichung zu einem materiellen Schaden führen können, als auch Tatsachen, deren Veröffentlichung zu einem immateriellen Schaden führen können.[955] Von dem Geheimnisbegriff im Sinne von § 404 AktG werden **auch „nur" vertrauliche Informationen** im Sinne von §§ 93, 116 AktG erfasst, wenn diese dem materiellen Geheimnisbegriff nach § 404 AktG gleichkommen.[956] Mit anderen Worten: Die Geheimnisbegriffe in §§ 116, 93 AktG einerseits und § 404 AktG andererseits sind nicht deckungsgleich.

524 Offenbart wird ein Geheimnis, wenn es einem Dritten, dem das Geheimnis noch nicht bzw. nicht sicher bekannt ist, so zugänglich gemacht wird, dass die Möglichkeit der Kenntnisnahme besteht.[957] Unbefugt ist die Handlung, wenn kein tatbestandsausschließendes **Einverständnis** und kein **Rechtfertigungsgrund** vorliegen.[958] Gemäß § 404 Abs. 3 AktG wird die Tat nur auf Antrag verfolgt. Ist Täter ein Mitglied des Aufsichtsrats, so ist der Vorstand antragsberechtigt, § 404 Abs. 3 S. 2 AktG. In der Praxis werden Vorstandsmitglieder abwägen, ob sie einen entsprechenden Antrag stellen.[959] Durchaus häufig ist zu beobachten, dass etwa Aufsichtsratsvorsitzende auf die Strafnorm verweisen, um gewissen Vertraulichkeitslücken durch „Mahnung" zu begegnen.

525 Ferner ist das Aufsichtsratsmitglied bei vorsätzlicher oder fahrlässiger Verletzung der Verschwiegenheitspflicht der Gesellschaft zum **Ersatz des** durch die Pflichtverletzung entstehenden **Schadens** verpflichtet, § 93 Abs. 2 AktG, § 116 S. 1 AktG bzw. § 823 Abs. 2 BGB iVm § 404 AktG. Fahrlässigkeit liegt in der Regel vor, wenn das Aufsichtsratsmitglied ohne vorige Beratung entgegen der Verschwiegenheitspflicht handelt.[960] Die Geltendmachung des Unterlassungsanspruchs gemäß § 93 Abs. 1 AktG iVm § 1004 BGB analog ist beim Vorliegen einer Wiederholungsgefahr möglich.[961]

526 Liegen die entsprechenden Voraussetzungen vor, kann das betreffende Aufsichtsratsmitglied **abberufen**[962] (→ § 2 Rn. 171 ff.) oder **gekündigt** werden. Ist ein klarer und eindeutiger Verstoß gegen die Verschwiegenheitspflicht festgestellt, dürfen Vorstand und Aufsichtsrat der Hauptversammlung die Entlastung des betreffenden Aufsichtsratsmitglieds nicht vorschlagen (zur Entlastungsverweigerung → § 4 Rn. 1100 ff.).

k) Maßnahmen zur Steigerung der Vertraulichkeit in der Praxis

527 Trotz der potenziell weitreichenden Rechtsfolgen von Vertraulichkeitsverstößen (→ Rn. 522 ff.), kommt es in der Praxis regelmäßig dazu, dass vertrauliche Informationen aus dem Aufsichtsrat an die Öffentlichkeit gelangen. Das behindert nicht nur die Arbeit des Aufsichtsrats und die **Zusammenarbeit mit dem Vorstand,** der aus diesem Grund wichtige Informationen teilweise zögerlich und restriktiv an den Aufsichtsrat gibt. Vielmehr können solche Indiskretionen im Einzelfall auch zu einem wirtschaftlichen Schaden oder zumindest einem nicht unerheblichen Reputationsverlust führen.

---

[954] Begr. RegE TransPuG, BT-Drs. 14/8769, 24.
[955] MüKoStGB/*Kiethe* StGB § 404 Rn. 24.
[956] BeckOGK/*Spindler* AktG § 116 Rn. 126.
[957] MüKoAktG/*Schaal* AktG § 404 Rn. 29; MüKoStGB/*Kiethe* StGB § 404 Rn. 45.
[958] MüKoStGB/*Kiethe* StGB § 404 Rn. 54.
[959] In diese Richtung auch GroßkommAktG/*Hopt/Roth* AktG § 116 Rn. 210; BeckOGK/*Spindler* AktG § 116 Rn. 125.
[960] *Lutter* Information und Vertraulichkeit § 22 Rn. 576.
[961] GroßkommAktG/*Hopt/Roth* AktG § 116 Rn. 210.
[962] *Lutter/Krieger/Verse* AR Rn. 288.

Die **Gründe** für Vertraulichkeitslücken in der Praxis sind mehrschichtig und unterschiedlich. In aller 528 Regel gibt es mehr Aufsichtsrats- als Vorstandsmitglieder. Allein die schiere Größe des Gremiums führt an manchen Stellen zu einer **„gefühlten Anonymität"**. Die Erfahrung zeigt, dass Vertraulichkeitslücken in kleineren Gremien, etwa Ausschüssen, wesentlich seltener sind. Hinzu kommt, dass Aufsichtsratsratsmitglieder regelmäßig, gerade in größeren Gesellschaften, **Hilfspersonen** eingeschaltet haben (→ Rn. 514 ff.), die nicht Arbeitnehmer der Gesellschaft sind und hauptberuflich andere Interessen verfolgen. Auch das ein oder andere Aufsichtsratsmitglied mag sich außerhalb der reinen Gremientätigkeit anderen **Interessen** verpflichtet fühlen. Teilweise gibt es insofern, unter strengen Voraussetzungen, rechtliche Lockerungen (→ Rn. 505), teilweise aber auch nicht (→ Rn. 504). Insbesondere Personen, die in irgendeiner Form von Dritten (nicht von Aktionären) gewählt sind, könnten sich diesem Kreis zur Berichterstattung „verpflichtet fühlen". Manchmal besteht auch ein „politischer Anreiz", bestimmte Informationen nicht nur weiterzugeben, sondern zu veröffentlichen, um die dahinter stehenden Entscheidungen zu beschleunigen oder zu verhindern. Viele Risiken entstehen heutzutage aber schlicht aus **technischen Gründen,** beispielsweise weil vertrauliche Informationen bei der Aufsichtsratsarbeit das Gelände und den Server der Gesellschaft verlassen und damit häufig auch nicht mehr von den Sicherheitsvorkehrungen der IT-Abteilung erfasst sind (→ Rn. 530 f.).

Diesen Risiken begegnen Unternehmen in der Praxis – abhängig von der vermuteten Ursache der 529 Indiskretionen – mit unterschiedlichen Maßnahmen. Der Aufsichtsratsvorsitzende kann im Einzelfall oder regelmäßig auf die Verschwiegenheitspflicht und etwaige Rechtsfolgen (→ Rn. 522 ff.) erinnern. Mitunter sind diese tatsächlich nicht bekannt oder zumindest weniger präsent. Der Erinnerung können ausführlichere **Belehrungsschreiben** beigefügt werden. Um die Anzahl der einbezogenen Personen besser zu kontrollieren, werden Aufsichtsratsmitglieder teilweise auch gebeten, die von ihnen **involvierten Hilfspersonen** zu benennen. Diese könnten auch um Abgabe von **Vertraulichkeitserklärungen** gebeten werden, was in der Praxis zu rechtlichen und praktischen Fragen führen kann (→ Rn. 516). Vertrauliche Dokumente mit einem ausreichend sicheren **Passwort** zu versehen, ist inzwischen eine Selbstverständlichkeit. Häufig werden die versandten oder in der Sitzung ausgeteilten Dokumente auch mit individualisierten **Wasserzeichen** versehen.

Sinnvoll können aber vor allem auch technische, insbesondere **IT-gestützte Maßnahmen** sein. Sitzungsunterlagen und andere vertrauliche Informationen wurden in der Vergangenheit regelmäßig postalisch oder per Kurier versandt. In vielen Unternehmen wurde in den letzten Jahren auf den Versand per **E-Mail** umgestellt. Häufig werden die E-Mails und deren Anhänge nicht verschlüsselt und können daher leicht ausgespäht werden. Dem kann durch die Verwendung von **Verschlüsselungsprogrammen,** zB „PGP" (Pretty Good Privacy), begegnet werden. Sehr vereinfacht ausgedrückt, verschlüsselt der Versender die E-Mails, der Empfänger kann sie mit einem ihm zugeteilten „privaten Schlüssel" automatisch öffnen. Die Verschlüsselung ist etwas aufwändiger aber auch besonders sinnvoll, wenn die Adressaten die Dokumente auf einem gesellschaftsfremden Server empfangen. Die Aufsichtsratsmitglieder können auch mit dafür separat ausgeteilten **mobilen Endgeräten** wie IPads ausgestattet werden. Darauf können die Dokumente – je nach technischer Einstellung im konkreten Fall – gelesen, nicht verarbeitet und auch nicht weitergeleitet oder gedruckt werden. Auch hat die IT der Gesellschaft die Möglichkeit, mittels Remote-Wipe-Funktion die Informationen auf dem Gerät per **Fernzugriff** zu löschen.

Zusätzlich oder alternativ arbeiten Aufsichtsräte inzwischen mit dafür eingerichteten **elektronischen** 531 **Datenräumen.** Dort können die relevanten Dokumente eingestellt werden. Der Zugang erfolgt über persönlich zugeteilte Zugangsdaten. Damit ist auch feststellbar, welcher Nutzer auf die Dokumente zugegriffen oder seine Daten dafür weitergegeben hat. Die Dokumente können – je nach Grad der Vertraulichkeit – häufig nicht ohne Weiteres **gedruckt** oder **gespeichert** und damit auch nicht **weitergeleitet** werden. Aktualisierungen können in den Datenraum eingestellt, nicht mehr aktuelle Fassungen können entfernt werden. Großer Nachteil für die einzelnen Aufsichtsratsmitglieder ist natürlich, dass die Dokumente – bei ganz strenger Handhabung, also zB bei Druckverbot – nur am Bildschirm gelesen werden können.

Es bietet sich an, die Dokumente je nach Vertraulichkeitsgrad, Relevanz und Schadenspotential bei 532 Offenbarung zu **kategorisieren** und entsprechenden Schutzniveaus zuzuteilen. Je nach Vertraulichkeitsgrad kann sich die Offenlegung im Einzelfalls auf eine **mündliche Berichterstattung** oder die Gewährung von Einsicht – im elektronischen Datenraum oder vor Ort – beschränken. Bei weniger sensiblen Informationen können die Dokumente auch – ggf. verschlüsselt – per E-Mail versandt werden.

Die Verfahrensweise kann schließlich in einer **Richtlinie** festgehalten werden. Trotz des abschließen- 533 den Charakters der Schweigepflicht nach § 116 AktG iVm § 93 Abs. 1 S. 3 AktG kann diese durch Hinweise im Rahmen einer Richtlinie näher erläutert werden (→ Rn. 493).[963]

---

[963] BGH NJW 1975, 1412; MüKoAktG/*Habersack* AktG § 116 Rn. 69; BeckOGK/*Spindler* AktG § 116 Rn. 123; Hüf-

3. Exkurs: Datenschutz[964]

a) Überblick

534 Neben den insiderrechtlichen (→ § 5 Rn. 16 ff.) und den aktienrechtlichen Verschwiegenheitspflichten muss der Aufsichtsrat bei seiner Arbeit auch das Datenschutzrecht im Blick haben (zur Berücksichtigung von Datenschutz bei Compliance Investigations → § 4 Rn. 365 ff.; zur Berücksichtigung von Datenschutz bei Personalangelegenheiten zB → § 4 Rn. 649 f.) Die Bedeutung des Datenschutzrechts hat in den letzten Jahren stetig zugenommen, bedingt nicht zuletzt durch die Einführung der europäischen **Datenschutz-Grundverordnung (DS-GVO)**, die Datenschutzverstöße mit Bußgeldern von bis zu 20 Mio. EUR oder 4 % des globalen (Konzern-)Jahresumsatzes bedroht.[965]

535 Schutzgegenstand des Datenschutzrechts sind **personenbezogene Daten,** dh „alle Informationen, die sich auf eine identifizierte oder identifizierbare natürliche Person („betroffene Person") beziehen", Art. 4 Nr. 1 DS-GVO. Diese Definition und damit der Anwendungsbereich des Datenschutzrechts sind einerseits sehr weit; erfasst sind auch Informationen, die nur durch die Einholung von „Zusatzwissen", das möglicherweise erst von Dritten beschafft werden muss, die Identifizierung der betroffenen Person ermöglichen, zB IP-Adressen, Onlinekennungen etc.[966] Anderseits schützt das Datenschutzrecht nur **natürliche Personen.** Anonymisierte Angaben, rein unternehmensbezogene Daten, technische Informationen etc. sind nicht Schutzgegenstand des Datenschutzrechts, und zwar auch dann nicht, wenn es sich um Betriebs- oder Geschäftsgeheimnisse oder um aus anderen Gründen vertrauliche Informationen handelt.[967] (Zur allgemeinen Verschwiegenheitspflicht → Rn. 492 ff.).

536 Wichtigste Rechtsquelle des Datenschutzrechts ist die **DS-GVO**. Sie gilt unmittelbar in allen Mitgliedstaaten der EU und des EWR und verdrängt entgegenstehende oder gleichlautende nationale Datenschutzvorschriften. Allerdings enthält die DS-GVO zahlreiche sog. „Öffnungsklauseln", die ergänzende Regelungen der Mitgliedstaaten erlauben oder sogar erforderlich machen. So fällt beispielsweise der Beschäftigtendatenschutz auch weiterhin in die Regelungskompetenz der nationalen Gesetzgeber, Art. 88 DS-GVO. In Deutschland ist zeitgleich mit der DS-GVO am 25.5.2018 ein vollständig neu gefasstes Bundesdatenschutzgesetz (BDSG) in Kraft getreten. Daneben existiert sowohl auf europäischer als auch auf nationaler Ebene eine Vielzahl fach- und sektorspezifischer Datenschutzregeln, zB § 67 Abs. 6 AktG, §§ 88 ff. TKG.

537 Die bei der Verarbeitung von personenbezogenen Daten zwingend einzuhaltenden **Grundsätze** fasst Art. 5 Abs. 1 DS-GVO zusammen:
- Rechtmäßigkeit, Verarbeitung nach Treu und Glauben, Transparenz
- Zweckbindung, dh Verarbeitung für festgelegte, eindeutige und legitime Zwecke
- Datenminimierung, dh Beschränkung der Datenverarbeitung auf das erforderliche und angemessene Maß
- Richtigkeit; unrichtige Daten sind zu korrigieren oder zu löschen
- Speicherbegrenzung, dh Datenspeicherung nur solange und soweit wie erforderlich.

538 Bei diesen Grundsätzen handelt es sich nicht um unverbindliche Programmsätze, sondern um zwingend umzusetzende Vorgaben.[968] Die Einhaltung der Grundsätze des Art. 5 DS-GVO muss der für die Datenverarbeitung Verantwortliche **jederzeit nachweisen** können (Art. 5 Abs. 2 DS-GVO, „Rechenschaftspflicht" oder „Accountability").[969] Verstöße sind gemäß Art. 83 Abs. 5 Buchst. a DS-GVO bußgeldbewehrt.

539 Art. 6 DS-GVO gestaltet das Grundprinzip der Rechtmäßigkeit der Datenverarbeitung weiter aus. Es gilt ein **grundsätzliches Verbot der Datenverarbeitung mit Erlaubnisvorbehalt:** Personenbezogene Daten dürfen nur verarbeitet werden, wenn dies durch die Einwilligung der betroffenen Person gemäß Art. 6 S. 1 Buchst. a DS-GVO oder einen der anderen in Art. 6 genannten Erlaubnistatbestände zugelassen wird. Bei der Verarbeitung von personenbezogenen Daten müssen Unternehmen die Anforderungen der Art. 5 und 6 DS-GVO kumulativ erfüllen. Dh jede Datenverarbeitung muss sich auf eine Rechtsgrundlage gemäß Art. 6 DS-GVO stützen können und zudem den in Art. 5 normierten Grundsätzen genügen, die zT in den weiteren Regelungen der DS-GVO konkretisiert werden.[970]

---

fer/Koch/*Koch* AktG § 116 Rn. 11; GroßkommAktG/*Hopt/Roth* AktG § 116 Rn. 232; MHdB AG/*Hoffmann-Becking* § 31 Rn. 67.
[964] Besonderer Dank gilt Herrn *Dr. Christian Hamann,* Partner bei Gleiss Lutz, für seinen sachverständigen Beitrag zu den datenschutzrechtlichen Ausführungen.
[965] Vgl. *Brink* ZD 2019, 141; *Wenzel/Wybitul* ZD 2019, 290.
[966] BeckOK DatenschutzR/*Schild,* 28. Ed. 1.2.2019, DS-GVO Art. 4 Rn. 14 ff.
[967] Paal/Pauly/*Ernst,* DS-GVO BDSG, 2. Aufl. 2018, DS-GVO Art. 4 Rn. 5.
[968] BeckOK DatenschutzR/*Schantz,* 28. Ed. 1.2.2019, DS-GVO Art. 5 Rn. 2; *Rossnagel* ZD 2018, 339 (343).
[969] Allgemein dazu: *Veil* ZD 2018, 9; *Hamann* BB 2017, 1090.
[970] Ehmann/Selmayr/*Heberlein,* DS-GVO, 2. Aufl. 2018, Art. 6 Rn. 1.

b) Datenschutzrechtliche Stellung und Pflichten des Aufsichtsrats

Adressat der meisten datenschutzrechtlichen Pflichten ist der **„Verantwortliche"**. Dabei handelt es sich gemäß Art. 4 Nr. 7 DS-GVO um „die natürliche oder juristische Person, Behörde, Einrichtung oder andere Stelle, die allein oder gemeinsam mit anderen über **die Zwecke und Mittel der Verarbeitung von personenbezogenen Daten entscheidet**". 540

Der Aufsichtsrat ist Organ der Aktiengesellschaft. Verantwortlich im Sinne des Art. 4 Nr. 7 DS-GVO für die Datenverarbeitungsaktivitäten ihrer Organe ist die **Gesellschaft,** nicht das einzelne Organ.[971] Dementsprechend trägt im Außenverhältnis zu Aufsichtsbehörden und betroffen Personen die Gesellschaft die Verantwortung dafür, dass die Organisations- und Dokumentationspflichten der DS-GVO bei der Datenverarbeitung durch den Aufsichtsrat umgesetzt und die Rechte der betroffenen Personen gewahrt werden. Konkret bedeutet das unter anderem Folgendes: 541

- Die im Bereich des Aufsichtsrats anfallenden Verarbeitungstätigkeiten müssen in dem von der Gesellschaft nach Art. 30 DS-GVO zu führenden **Verzeichnis von Verarbeitungstätigkeiten** beschrieben werden.[972] 542
- Die von der Gesellschaft nach Art. 32 DS-GVO zu treffenden **technischen und organisatorischen Maßnahmen** zur Gewährleistung eines risikoangemessenen Datenschutzniveaus müssen auch die Verarbeitungstätigkeiten des Aufsichtsrats einbeziehen. Neben technischen Schutzmaßnahmen, zB Bereitstellung ausreichend gesicherter IT-Systeme und Kommunikationsmittel, ist es auch erforderlich, dass die Aufsichtsratsmitglieder über ihre Datenschutzpflichten unterrichtet und mit den erforderlichen Verhaltensregeln für einen sicheren Umgang mit personenbezogenen Daten vertraut gemacht werden, vgl. Art. 32 Abs. 4 DS-GVO. Die Vornahme der entsprechenden Belehrungen und Schulungen ist zu dokumentieren, Art. 5 Abs. 2 DS-GVO, Art. 24 Abs. 1 DS-GVO.[973] 543
- Betroffene Personen sind nach Maßgabe der Art. 13 und 14 DS-GVO über die Verarbeitung ihrer personenbezogenen Daten durch den Aufsichtsrat zu **informieren.** Das kann in allgemeiner Form in den Datenschutzerklärungen geschehen, die die Gesellschaft für ihre Geschäftspartner, Beschäftigten und sonstigen Ansprechpartner, zB auf ihrer Webseite oder im Intranet, bereithält. In besonderen Konstellationen, zB bei der Durchführung von internen Untersuchungsmaßnahmen (→ § 4 Rn. 348 ff.), kann auch eine Datenschutzinformation im Einzelfall erforderlich werden. 544
- Betroffene müssen die ihnen zustehenden **Rechte** auf Auskunft (Art. 15 DS-GVO),[974] Löschung (Art. 17 DS-GVO),[975] Einschränkung der Datenverarbeitung (Art. 18 DS-GVO) und Datenportabilität (Art. 20 DS-GVO)[976] gegenüber der Gesellschaft geltend machen können. Intern ist der Aufsichtsrat verpflichtet, bei der Erfüllung dieser Ansprüche mitzuwirken, soweit das erforderlich ist. 545

Auch für **Schadensersatzansprüche** der Betroffenen und **Bußgeldbescheide** ist im Fall von Datenschutzverstößen im Bereich des Aufsichtsrats die Gesellschaft der richtige Adressat und nicht der Aufsichtsrat oder gar ein einzelnes Aufsichtsratsmitglied. Etwas anderes gilt nur dann, wenn ein Aufsichtsratsmitglied personenbezogene Daten, die es im Zusammenhang mit der Tätigkeit für die Gesellschaft erhalten hat, für **gesellschaftsfremde, eigene Zwecke** nutzt, zB für die Abwehr von Regressansprüchen. In diesem Fall wird das Aufsichtsratsmitglied selbst zum „Verantwortlichen" im Sinne des Art. 4 Nr. 7 DS-GVO[977]. Ist die Datenverarbeitung für den gesellschaftsfremden Zweck nicht durch eine Rechtsgrundlage im Sinne des Art. 6 DS-GVO gedeckt, haftet das Aufsichtsratsmitglied für diesen und für jeden anderen in diesem Zusammenhang begangenen Datenschutzverstoß persönlich. 546

c) Kontrolle des Aufsichtsrats durch den Datenschutzbeauftragten der Gesellschaft

„Verantwortliche" im Sinne des Art. 4 Nr. 7 DS-GVO haben unter den in Art. 37 DS-GVO geregelten Voraussetzungen einen Datenschutzbeauftragten zu benennen. In Deutschland gilt gemäß § 38 Abs. 1 S. 1 BDSG die **Pflicht zur Benennung eines Datenschutzbeauftragten** bereits dann, wenn im Unterneh- 547

---

[971] Vgl. BeckOK DatenschutzR/*Schild,* 28. Ed. 1.2.2019, DS-GVO Art. 4 Rn. 113, 119; aA *Velten,* https://jota-arbeitsrechtsteam.de/2019/04/19/datenschutz-im-aufsichtsrat/, [zuletzt abgerufen am: 19.10.2020] der allerdings die Frage nach der datenschutzrechtlichen Verantwortung für das Handeln des Aufsichtsrats als Gremium mit der Verantwortlichkeit der einzelnen Aufsichtsratsmitglieder in Fällen vermischt, in denen diese die ihnen überlassenen Daten für eigene, gesellschaftsfremde Zwecke nutzen (zB zur Abwehr von Regressansprüchen); vgl. dazu auch unten im Text.
[972] Vgl. dazu BeckOK DatenschutzR/*Spoerr,* 28. Ed. 1.5.2019, DS-GVO Art. 30 Rn. 1 ff.; *Gossen/Schramm* ZD 2017, 7.
[973] Vgl. zur Haftung bei Cyberangriffen *Schmidt-Versteyl* NJW 2019, 1637 (1642).
[974] Vgl. zu Auskunftsansprüchen *Zikesch/Sörup* ZD 2019, 239; *Dausend* ZD 2019, 103.
[975] Vgl. zu Löschfristen *Faas/Henseler* BB 2018, 2292; in der Personalverwaltung *Haußmann/Karwatzki/Ernst* BB 2018, 2697.
[976] Vgl. dazu: *Jülicher/Röttgen/v. Schönfeld* ZD 2016, 358.
[977] Vgl. für Kompetenzüberschreitungen von Mitarbeitern Paal/Pauly-*Ernst,* DS-GVO BDSG, 2. Aufl. 2018, DS-GVO Art. 4 Rn. 60; *Jung/Hansch* ZD 2019, 143 (146).

men „in der Regel mindestens zehn Personen mit der automatisierten Verarbeitung personenbezogener Daten" beschäftigt sind.[978] Diese Schwelle dürfte in den meisten Aktiengesellschaften erreicht und überschritten werden.

548 Zu den Aufgaben des Datenschutzbeauftragten zählt insbesondere die **Überwachung der Einhaltung der DS-GVO** und anderer Vorschriften zum Datenschutz, Art. 39 Abs. 1 Buchst. b DS-GVO. Auch die Datenverarbeitungsaktivitäten des Aufsichtsrats unterliegen der Kontrolle durch den Datenschutzbeauftragten der Gesellschaft.[979]

549 Der Datenschutzbeauftragte hat eine kontrollierende und beratende Funktion (→ § 5 Rn. 189, 190), aber keine Entscheidungs- oder Weisungsbefugnisse gegenüber den Organen und Mitarbeitern der Gesellschaft.[980] Er **berichtet** gemäß Art. 38 Abs. 3 S. 3 DS-GVO unmittelbar an die **„höchste Managementebene"**. Darunter wird allgemein das Organ verstanden, das die Gesellschaft nach außen vertritt, bei der Aktiengesellschaft also der Vorstand.[981] Dahinter steckt der Gedanke, dass die Geschäftsleitung die Letztverantwortung für die Einhaltung des Datenschutzes im Unternehmen trägt und unternehmensintern über die Befugnisse verfügt, etwaige vom Datenschutzbeauftragten festgestellte Mängel zu beseitigen.

550 Mit Blick auf die Datenverarbeitungstätigkeiten des Aufsichtsrats greifen diese Überlegungen allerdings nicht, da der Vorstand gegenüber dem Aufsichtsrat keine Weisungsbefugnisse besitzt. Hinzu kommt, dass bei Berichten des Datenschutzbeauftragten über die Datenverarbeitungstätigkeiten des Aufsichtsrats an den Vorstand potenziell die Gefahr besteht, dass der Vorstand Kenntnis von **Informationen aus der Sphäre des Aufsichtsrats** erhält, die ihm gegenüber nach aktienrechtlichen Grundsätzen geheim zu halten sind. Soweit ersichtlich, ist dieses Problem bislang weder in der datenschutz- noch in der aktienrechtlichen Literatur behandelt worden. Es spricht viel dafür, den skizzierten Konflikt durch eine Auslegung des Art. 38 Abs. 3 S. 3 DS-GVO aufzulösen, die auch den Aufsichtsrat als Teil der „höchsten Managementebene" begreift und für die Überwachung der Datenverarbeitungstätigkeiten des Aufsichtsrats eine Berichterstattung des Datenschutzbeauftragten (nur) an den Aufsichtsratsvorsitzenden oder ein anderes designiertes Mitglied des Aufsichtsrats zulässt.

VIII. Dokumentation

1. Protokoll

a) Protokollierungspflicht

551 Gemäß § 107 Abs. 2 S. 1 AktG sind die Sitzungen des Aufsichtsrats sowie seiner Ausschüsse[982] zu protokollieren. Auch im Hinblick auf die gestiegenen Haftungsrisiken ist eine ordnungsgemäße Protokollierung wichtig.[983] Die Anforderungen an den Inhalt der Sitzungsniederschrift können über den gesetzlichen Mindestinhalt hinaus durch **Satzung oder Geschäftsordnung** präzisiert oder erweitert werden.[984]

552 Da sich die Protokollpflicht aus § 107 Abs. 2 S. 1 AktG ausdrücklich nur auf Sitzungen bezieht, sind **Beschlussfassungen nach § 108 Abs. 4 AktG** nicht unmittelbar erfasst. Nach hM ist § 107 Abs. 2 AktG aber insoweit analog anzuwenden.[985] Teilweise wird vertreten, dass eine Protokollpflicht entfalle, soweit sich die Dokumentation bereits aus den entsprechenden Schriftstücken im schriftlichen Verfahren ergebe.[986] In der Praxis sollten Verfahren und Beschlussinhalt jedenfalls dokumentiert sein; zumeist behilft man sich auch im schriftlichen Verfahren mit einer zusammenfassenden Notiz des Aufsichtsratsvorsitzenden.

---

[978] Diese Schwelle soll auf 20 beschäftigte Personen heraufgesetzt werden, so das am 27.6.2019 vom Bundestag beschlossene sog. zweiten Datenschutz – Anpassungs- und Umsetzungsgesetz-EU (BT-Drs. 19/4674; 19/5554; 19/5993 Nr. 4); es bedarf allerdings noch der Zustimmung des Bundesrats (Stand: 9.7.2019).
[979] Die Kontrollaufgabe des Datenschutzbeauftragten umschließt jeglichen Umgang mit personenbezogenen Daten im gesamten Bereich des Verantwortlichen: vgl. *Auernhammer-Raum*, DSGVO BDSG, 6. Aufl. 2018, DSGVO Art. 39 Rn. 39 ff.
[980] *Haag* in Forgó/Helfrich/Schneider-, Betrieblicher Datenschutz, 3. Aufl. 2019, Teil II. Kapitel 3. Rn. 52.
[981] Paal/Pauly/*Paal*, DS-GVO BDSG, 2. Aufl. 2018, DS-GVO Art. 38 Rn. 11; *Franzen* EuZA 2017, 313 (341).
[982] Kölner Komm AktG/*Mertens/Cahn* AktG § 107 Rn. 77; K. Schmidt/Lutter AktG/*Drygala* AktG § 107 Rn. 30; MüKoAktG/*Habersack* AktG § 107 Rn. 76; GroßkommAktG/*Hopt/Roth* AktG § 107 Rn. 236.
[983] Hüffer/Koch/*Koch* AktG § 107 Rn. 13.
[984] MüKoAktG/*Habersack* AktG § 107 Rn. 75, 80; Hüffer/Koch/*Koch* AktG § 107 Rn. 13; GroßkommAktG/*Hopt/Roth* AktG § 107 Rn. 249.
[985] OLG Düsseldorf AG 2004, 321 (323); MHdB AG/*Hoffmann-Becking* § 31 Rn. 112; GroßkommAktG/*Hopt/Roth* AktG § 107 Rn. 236; Kölner Komm AktG/*Mertens/Cahn* AktG § 107 Rn. 90; *Lutter/Krieger/Verse* AR Rn. 707; aA Henssler/Strohn/*Henssler* AktG § 107 Rn. 16; zumindest einschränkend MüKoAktG/*Habersack* AktG § 107 Rn. 76; Habersack/Henssler/*Habersack* MitbestG § 25 Rn. 23.
[986] MüKoAktG/*Habersack* AktG § 107 Rn. 76.

Der Aufsichtsratsvorsitzende muss die Sitzungsniederschrift nicht selbst erstellen, sondern kann sich 553
hierfür eines **Protokollführers** bedienen.[987] Hierfür bedarf es keiner Regelung in der Satzung oder Geschäftsordnung; die Anordnung des Aufsichtsratsvorsitzenden ist Teil der Verfahrensleitung.[988] Der Aufsichtsratsvorsitzende sollte den Protokollführer aber jedenfalls zur Wahrung der Vertraulichkeit verpflichten, da dieser nicht schon kraft seiner Mitgliedschaft im Aufsichtsrat zur Verschwiegenheit angewiesen ist (→ Rn. 516).[989] Als Protokollführer kommen neben Aufsichtsrats- und Vorstandsmitgliedern auch **Dritte** in Betracht, jedenfalls sofern keines der anwesenden Aufsichtsratsmitglieder widerspricht. Widerspricht ein Aufsichtsratsmitglied, genügt allerdings nach überzeugender Auffassung ein Mehrheitsbeschluss,[990] mit dem ein außenstehender Protokollführer festgelegt wird, sofern das widersprechende Aufsichtsratsmitglied nicht im Einzelfall persönlich besonders betroffen ist.

Die Hinzuziehung eines Dritten als Protokollführer fällt jedenfalls nicht unter das Teilnahmeverbot 554
nach § 109 Abs. 1 AktG. (→ § 3 Rn. 112). Dem **Vorstand** steht kein Widerspruchsrecht zu, da die Hinzuziehung eines Protokollführers eine Angelegenheit der inneren Ordnung des Aufsichtsrats ist.[991] Wird kein Protokollführer bestimmt, so ist der Sitzungsleiter, also in der Regel der Aufsichtsratsvorsitzende, zur Anfertigung der Sitzungsniederschrift verpflichtet.[992] Angesichts der Verantwortlichkeit des Sitzungsleiters entscheidet auch der Sitzungsleiter über den Inhalt des Protokolls, wenn es mit dem Protokollführer zu Meinungsverschiedenheiten kommt.[993]

b) Unterzeichnung der Niederschrift

Gemäß § 107 Abs. 2 S. 1 AktG muss der Vorsitzende des Aufsichtsrats die Sitzungsniederschrift unterzeichnen. Bei Ausschusssitzungen übernimmt das der Ausschussvorsitzende. Hiermit übernimmt der jeweils Vorsitzende die **Verantwortung für die Vollständigkeit und Richtigkeit** des Protokolls.[994] Stellt 555
sich die Protokollierung als unvollständig oder falsch heraus, kommt eine Schadensersatzpflicht gemäß §§ 116, 93 AktG in Betracht.[995] Bei **Abwesenheit** des Aufsichtsratsvorsitzenden unterzeichnet der ihn vertretende Sitzungsleiter die Niederschrift, im Regelfall also der stellvertretende Aufsichtsrats- oder Ausschussvorsitzende.[996] Nach dem Gesetz ist eine zusätzliche Unterschrift des Protokollführers nicht erforderlich; die Erforderlichkeit kann sich aber aus Satzung oder Geschäftsordnung ergeben.[997]

c) Form der Niederschrift

Für die **Form** der Niederschrift genügt die **einfache Schriftform** oder die gleichwertige elektronische 556
Form nach § 126a BGB.[998] Dies gilt auch dann, wenn der Beschluss die Grundlage für eine Anmeldung zum **Handelsregister** ist, etwa bei Änderungen der Fassung der Satzung nach § 179 Abs. 1 S. 2 AktG oder bei der Bestellung oder Abberufung von Vorstandsmitgliedern.[999] Die schriftliche Sitzungsniederschrift genügt auch, wenn das zu tätigende **Rechtsgeschäft,** etwa im Fall einer Zustimmung im Sinne von § 111 Abs. 4 S. 2 AktG, formbedürftig ist.[1000]

---

[987] MüKoAktG/*Habersack* AktG § 107 Rn. 77; Semler/v. Schenck/*Mutter* AktG § 107 Rn. 187; BeckOGK/*Spindler* AktG § 107 Rn. 71 die Auswahl des Protokollführers liegt im Ermessen des Vorsitzenden, insbesondere hinsichtlich der notwenidgen Verschwiegenheit, worüber sich aber das Plenum per Mehrheitsbeschluss hinwegsetzen kann.
[988] MüKoAktG/*Habersack* AktG § 107 Rn. 77; Kölner Komm AktG/*Mertens/Cahn* AktG § 107 Rn. 80; Semler/v. Schenck/*Mutter* AktG § 107 Rn. 187.
[989] GroßkommAktG/*Hopt/Roth* AktG § 107 Rn. 238; MüKoAktG/*Habersack* AktG § 107 Rn. 77.
[990] GroßkommAktG/*Hopt/Roth* AktG § 107 Rn. 238; MüKoAktG/*Habersack* AktG § 107 Rn. 77; MHdB AG/*Hoffmann-Becking* § 31 Rn. 54; aA Hüffer/Koch/*Koch* AktG § 107 Rn. 13; Semler/v. Schenck/*Mutter* AktG § 107 Rn. 187; Kölner Komm AktG/*Mertens/Cahn* AktG § 107 Rn. 80; K. Schmidt/Lutter AktG/*Drygala* AktG § 107 Rn. 31; wohl auch BeckOGK/*Spindler* AktG § 107 Rn. 71.
[991] MüKoAktG/*Habersack* AktG § 107 Rn. 77; GroßkommAktG/*Hopt/Roth* AktG § 107 Rn. 238.
[992] Kölner Komm AktG/*Mertens/Cahn* AktG § 107 Rn. 81; GroßkommAktG/*Hopt/Roth* AktG § 107 Rn. 238; MüKoAktG/*Habersack* AktG § 107 Rn. 77.
[993] K. Schmidt/Lutter AktG/*Drygala* AktG § 107 Rn. 31; Kölner Komm AktG/*Mertens/Cahn* AktG § 107 Rn. 80.
[994] Kölner Komm AktG/*Mertens/Cahn* AktG § 107 Rn. 82; GroßkommAktG/*Hopt/Roth* AktG § 107 Rn. 241; MHdB AG/*Hoffmann-Becking* § 31 Rn. 108 BeckOGK/*Spindler* AktG § 107 Rn. 71.
[995] GroßkommAktG/*Hopt/Roth* AktG § 107 Rn. 241.
[996] MüKoAktG/*Habersack* AktG § 107 Rn. 79; Kölner Komm AktG/*Mertens/Cahn* AktG § 107 Rn. 82; GroßkommAktG/*Hopt/Roth* AktG § 107 Rn. 240.
[997] GroßkommAktG/*Hopt/Roth* AktG § 107 Rn. 241; MüKoAktG/*Habersack* AktG § 107 Rn. 79.
[998] Hüffer/Koch/*Koch* AktG § 107 Rn. 13; Semler/v. Schenck/*Mutter* AktG § 107 Rn. 190; BeckOGK/*Spindler* AktG § 107 Rn. 74.
[999] Kölner Komm AktG/*Mertens/Cahn* AktG § 107 Rn. 84; MüKoAktG/*Habersack* AktG § 107 Rn. 78; GroßkommAktG/*Hopt/Roth* AktG § 107 Rn. 242.
[1000] MüKoAktG/*Habersack* AktG § 107 Rn. 78; GroßkommAktG/*Hopt/Roth* AktG § 107 Rn. 242.

557 Grundsätzlich muss die Sitzungsniederschrift in der **Arbeitssprache des Aufsichtsrats** – in der Regel also in deutscher Sprache – verfasst werden.[1001] Beherrscht ein Aufsichtsratsmitglied die deutsche Sprache nicht ausreichend, soll es nach hM eine Übersetzung der Unterlagen in seine Sprache verlangen können.[1002] Sofern kein Aufsichtsratsmitglied widerspricht oder wenn eine deutsche Übersetzung erstellt wird, kann die Niederschrift auch in einer **Fremdsprache** erfolgen.[1003] Befindet sich unter den Aufsichtsratsmitgliedern auch nur ein Mitglied, das der Fremdsprache nicht mächtig ist, sollte der Vorsitzende – unabhängig von einem ausdrücklichen Widerspruch – eine unterzeichnete deutsche Übersetzung anfertigen.[1004]

d) Inhalt der Niederschrift

558 In § 107 Abs. 2 S. 2 AktG ist der **Mindestinhalt** der Sitzungsniederschrift normiert. Hiernach hat die Niederschrift den Ort und Tag der Sitzung, die Teilnehmer, die Gegenstände der Tagesordnung, den wesentlichen Inhalt der Verhandlungen und die Beschlüsse des Aufsichtsrats anzugeben. Nicht notwendig ist die **wörtliche Wiedergabe** des gesamten Beratungsverlaufs.[1005] Für die Protokollierung des wesentlichen Inhalts genügt eine zusammenfassende Darstellung der tragenden Gesichtspunkte.[1006] Sofern dem Aufsichtsrat ein Ermessens- oder Beurteilungsspielraum zukommt, muss die Sitzungsniederschrift die **abwägungsrelevanten Gesichtspunkte** umfassen.[1007] Die Beschlussanträge und Beschlüsse sind vollständig und genau wiederzugeben.[1008] Auch das Abstimmungsergebnis ist unter Angabe von Ja- und Nein-Stimmen sowie Enthaltungen im Einzelnen zu protokollieren.[1009] Eine namentliche Aufschlüsselung der Stimmabgabe ist grundsätzlich nicht erforderlich, außer der Aufsichtsratsvorsitzende ordnet dies an oder der Aufsichtsrat fasst einen entsprechenden Beschluss.[1010] Wurden dem Aufsichtsrat **Unterlagen** vorgelegt oder **Präsentationen** gezeigt, ist umstritten, ob diese dem Protokoll beigefügt werden müssen.[1011] Zutreffenderweise dürfte das davon abhängen, ob die Aufsichtsratsmitglieder anderweitig dauerhaft Zugriff auf die Unterlagen haben. Ist das der Fall, genügt im Protokoll ein Verweis auf die Unterlage, wenn dadurch eine Zuordnung eindeutig möglich ist. Der Beweisfunktion ist dann Genüge getan. Haben die Aufsichtsratsmitglieder keinen Zugriff auf die Unterlagen, muss sich der nötige Mindestinhalt (s. o.) aus dem Protokoll selbst ergeben, wenn die begleitenden Unterlagen, beispielsweise aus Gründen der Vertraulichkeit, nicht beigefügt werden sollen.

559 Jedes Aufsichtsratsmitglied hat das Recht, die Protokollierung des **eigenen Abstimmungsverhaltens** sowie eines ausdrücklichen Widerspruchs zu verlangen.[1012] Hieran kann das Mitglied auch aus haftungsrechtlichen Gründen Interesse haben.[1013] Zudem kann jedes Aufsichtsratsmitglied Erklärungen zu Protokoll geben, namentlich eigene Anträge, inhaltliche Meinungsäußerungen und Stellungnahmen zu verfahrensleitenden Maßnahmen.[1014]

[1001] MüKoAktG/*Habersack* AktG § 107 Rn. 78; GroßkommAktG/*Hopt/Roth* AktG § 107 Rn. 242.
[1002] MüKoAktG/*Habersack* AktG § 107 Rn. 54; MHdB AG/*Hoffmann-Becking* § 31 Rn. 53; Kölner Komm AktG/*Mertens/Cahn* AktG § 107 Rn. 48; *Lutter/Krieger/Verse* AR Rn. 705; *Dreher* FS Lutter, 2000, 357 (367).
[1003] Semler/v. Schenck/*Mutter* AktG § 107 Rn. 190; Hüffer/Koch/*Koch* AktG § 107 Rn. 13; Hölters/*Hambloch-Gesinn/Gesinn* AktG § 107 Rn. 79.
[1004] *v. Schenck* in Semler/v. Schenck AR-HdB § 5 Rn. 161; GroßkommAktG/*Hopt/Roth* AktG § 107 Rn. 243.
[1005] MHdB AG/*Hoffmann-Becking* § 31 Rn. 107; MüKoAktG/*Habersack* AktG § 107 Rn. 80; K. Schmidt/Lutter AktG/*Drygala* AktG § 107 Rn. 32; *Lutter/Krieger/Verse* AR Rn. 708.
[1006] Hüffer/Koch/*Koch* AktG § 107 Rn. 14; *Lutter/Krieger/Verse* AR Rn. 708; MHdB AG/*Hoffmann-Becking* § 31 Rn. 107; GroßkommAktG/*Hopt/Roth* AktG § 107 Rn. 246.
[1007] BAG NZG 2017, 69 (79) Rn. 90; MüKoAktG/*Habersack* AktG § 107 Rn. 80.
[1008] Kölner Komm AktG/*Mertens/Cahn* AktG § 107 Rn. 78; Hüffer/Koch/*Koch* AktG § 107 Rn. 14; Semler/v. Schenck/*Mutter* AktG § 107 Rn. 193; GroßkommAktG/*Hopt/Roth* AktG § 107 Rn. 245.
[1009] Kölner Komm AktG/*Mertens/Cahn* AktG § 107 Rn. 78; Hüffer/Koch/*Koch* AktG § 107 Rn. 14; BeckOGK/*Spindler* AktG § 107 Rn. 73.
[1010] GroßkommAktG/*Hopt/Roth* AktG § 107 Rn. 245; Kölner Komm AktG/*Mertens/Cahn* AktG § 107 Rn. 78; Hüffer/Koch/*Koch* AktG § 107 Rn. 14.
[1011] Dafür GroßkommAktG/*Hopt/Roth* AktG § 107 Rn. 245; BeckOGK/*Spindler* AktG § 107 Rn. 73; Semler/v. Schenck/*Mutter* AktG § 107 Rn. 193; dagegen Kölner Komm AktG/*Mertens/Cahn* AktG § 107 Rn. 78; MüKoAktG/*Habersack* AktG § 107 Rn. 81.
[1012] Kölner Komm AktG/*Mertens/Cahn* AktG § 107 Rn. 79; *Lutter/Krieger/Verse* AR Rn. 709; MüKoAktG/*Habersack* AktG § 107 Rn. 81; MHdB AG/*Hoffmann-Becking* § 31 Rn. 107; K. Schmidt/Lutter AktG/*Drygala* AktG § 107 Rn. 32; Semler/v. Schenck/*Mutter* AktG § 107 Rn. 194.
[1013] Kölner Komm AktG/*Mertens/Cahn* AktG § 107 Rn. 79; K. Schmidt/Lutter AktG/*Drygala* AktG § 107 Rn. 32; MüKoAktG/*Habersack* AktG § 107 Rn. 81.
[1014] GroßkommAktG/*Hopt/Roth* AktG § 107 Rn. 248; MüKoAktG/*Habersack* AktG § 107 Rn. 81; Semler/v. Schenck/*Mutter* AktG § 107 Rn. 195.

e) Berichtigung und Widerspruch

Im Gesetz ist die **Berichtigung** einer unrichtigen Niederschrift nicht vorgesehen. Es ist aber anerkannt, dass sie formlos möglich ist.[1015] Der Aufsichtsratsvorsitzende entscheidet über die Vornahme einer Berichtigung der Niederschrift, wenn ein Aufsichtsratsmitglied dem Protokoll **widerspricht** oder eine **Berichtigung beantragt**.[1016] Dies lässt sich damit begründen, dass der Vorsitzende die Verantwortung für die Richtigkeit und den Inhalt der Niederschrift durch seine Unterschrift übernimmt.[1017] Daher kann ihn der Aufsichtsrat auch nicht durch Beschluss überstimmen.[1018]

Der Aufsichtsratsvorsitzende kann fehlerhafte Protokolle **zu jeder Zeit** berichtigen.[1019] Widersprüche und Berichtigungsanträge, die nicht spätestens in der nachfolgenden Sitzung erfolgt sind, muss er aber nicht mehr berücksichtigen.[1020] Hat der Vorsitzende eine wesentliche Berichtigung der Niederschrift vorgenommen, so muss er alle Aufsichtsratsmitglieder hierüber in Kenntnis setzen.[1021] Diese können die Übermittlung des berichtigten Protokolls verlangen.[1022] In der Praxis ist empfehlenswert, dass durch die Geschäftsordnung oder auch durch die Satzung bestimmt wird, dass das Protokoll **als genehmigt gilt,** wenn nicht innerhalb einer bestimmten Frist nach Absendung der Niederschrift Widerspruch erhoben wird.[1023] Hierdurch kann frühzeitig Gewissheit über die endgültige Fassung des Protokolls entstehen.[1024]

Im Einzelfall kann in der Praxis das Bedürfnis bestehen, dass ein Beschluss in der Sitzung wörtlich protokolliert und **verlesen** und sodann vom Vorsitzenden in der Sitzung als Teil der Niederschrift unterzeichnet wird.[1025] Dieses Vorgehen ist insbesondere bei kontroversen oder besonders wichtigen Beschlüssen empfehlenswert, da hierdurch ein nachträglicher Widerspruch gegen die Niederschrift ausgeschlossen ist.[1026] Bei im Vorfeld verteilten Beschlüssen ist eine nochmalige Verlesung nur sinnvoll, wenn die Diskussion so kontrovers war, dass nicht mehr eindeutig ist, ob der ursprüngliche Beschlussinhalt zur Abstimmung steht.

f) Folgen bei Unzulänglichkeiten

Die unterzeichnete Sitzungsniederschrift ist **Beweisurkunde**.[1027] Die ordnungsgemäße Protokollierung begründet die Vermutung dafür, dass die in ihr enthaltenen Angaben über den Sitzungsverlauf und der gefassten **Beschlüsse richtig und vollständig** sind.[1028] Ist die Sitzungsniederschrift fehlerhaft oder unvollständig, hat dies gemäß § 107 Abs. 2 S. 3 AktG keinen Einfluss auf die **Wirksamkeit eines Aufsichtsratsbeschlusses**.[1029] Dasselbe gilt, wenn überhaupt keine Sitzungsniederschrift erstellt worden ist.[1030] Auch durch die Satzung oder Geschäftsordnung kann der Sitzungsniederschrift keine konstitutive

---

[1015] OLG München BeckRS 2009, 18978; K. Schmidt/Lutter AktG/*Drygala* AktG § 107 Rn. 33; MüKoAktG/*Habersack* AktG § 107 Rn. 83; GroßkommAktG/*Hopt/Roth* AktG § 107 Rn. 251; Semler/v. Schenck/*Mutter* AktG § 107 Rn. 204.
[1016] BeckOGK/*Spindler* AktG § 107 Rn. 75; Hölters/*Hambloch-Gesinn/Gesinn* AktG § 107 Rn. 81; MüKoAktG/*Habersack* AktG § 107 Rn. 83.
[1017] MüKoAktG/*Habersack* AktG § 107 Rn. 83; BeckOGK/*Spindler* AktG § 107 Rn. 75; GroßkommAktG/*Hopt/Roth* AktG § 107 Rn. 251; Semler/v. Schenck/*Mutter* AktG § 107 Rn. 204.
[1018] Hölters/*Hambloch-Gesinn/Gesinn* AktG § 107 Rn. 81; Hüffer/Koch/*Koch* AktG § 107 Rn. 14; BeckOGK/*Spindler* AktG § 107 Rn. 75; MHdB AG/*Hoffmann-Becking* § 31 Rn. 110; GroßkommAktG/*Hopt/Roth* AktG § 107 Rn. 251; Kölner Komm AktG/*Mertens/Cahn* AktG § 107 Rn. 83.
[1019] Kölner Komm AktG/*Mertens/Cahn* AktG § 107 Rn. 83; GroßkommAktG/*Hopt/Roth* AktG § 107 Rn. 251; MüKoAktG/*Habersack* AktG § 107 Rn. 83.
[1020] Semler/v. Schenck/*Mutter* AktG § 107 Rn. 204; MüKoAktG/*Habersack* AktG § 107 Rn. 83; GroßkommAktG/*Hopt/Roth* AktG § 107 Rn. 251.
[1021] Kölner Komm AktG/*Mertens/Cahn* AktG § 107 Rn. 88; MüKoAktG/*Habersack* AktG § 107 Rn. 83.
[1022] Kölner Komm AktG/*Mertens/Cahn* AktG § 107 Rn. 88.
[1023] MüKoAktG/*Habersack* AktG § 107 Rn. 84; BeckOGK/*Spindler* AktG § 107 Rn. 75; MHdB AG/*Hoffmann-Becking* § 31 Rn. 110; Hölters/*Hambloch-Gesinn/Gesinn* AktG § 107 Rn. 81; GroßkommAktG/*Hopt/Roth* AktG § 107 Rn. 252; Kölner Komm AktG/*Mertens/Cahn* AktG § 107 Rn. 83.
[1024] MHdB AG/*Hoffmann-Becking* § 31 Rn. 110.
[1025] Semler/v. Schenck/*Mutter* AktG § 107 Rn. 205; GroßkommAktG/*Hopt/Roth* AktG § 107 Rn. 252; Kölner Komm AktG/*Mertens/Cahn* AktG § 107 Rn. 83; MHdB AG/*Hoffmann-Becking* § 31 Rn. 111; MüKoAktG/*Habersack* AktG § 107 Rn. 84.
[1026] Semler/v. Schenck/*Mutter* AktG § 107 Rn. 205; MHdB AG/*Hoffmann-Becking* § 31 Rn. 111; MüKoAktG/*Habersack* AktG § 107 Rn. 84.
[1027] Hüffer/Koch/*Koch* AktG § 107 Rn. 15; MüKoAktG/*Habersack* AktG § 107 Rn. 85; Hölters/*Hambloch-Gesinn/Gesinn* AktG § 107 Rn. 82; Kölner Komm AktG/*Mertens/Cahn* AktG § 107 Rn. 85.
[1028] Kölner Komm AktG/*Mertens/Cahn* AktG § 107 Rn. 85; GroßkommAktG/*Hopt/Roth* AktG § 107 Rn. 254; MüKoAktG/*Habersack* AktG § 107 Rn. 86.
[1029] AG Ingolstadt AG 2002, 110 (111); K. Schmidt/Lutter AktG/*Drygala* AktG § 107 Rn. 30; GroßkommAktG/*Hopt/Roth* AktG § 107 Rn. 253; MüKoAktG/*Habersack* AktG § 107 Rn. 85.
[1030] MüKoAktG/*Habersack* AktG § 107 Rn. 85; Semler/v. Schenck/*Mutter* AktG § 107 Rn. 201; Hölters/*Hambloch-Gesinn/Gesinn* AktG § 107 Rn. 83.

Wirkung eingeräumt werden.[1031] Unterlässt der Vorsitzende die Anfertigung der Niederschrift ganz oder ist diese fehlerhaft, so kann er gemäß §§ 116, 93 AktG haften, sofern der Gesellschaft aus dem Fehlen eines sicheren Nachweises des Sitzungsverlaufs und der gefassten Beschlüsse ein Schaden entsteht.[1032]

g) Abschriften

564 Nach § 107 Abs. 2 S. 4 AktG ist jedem Aufsichtsratsmitglied auf Verlangen eine **Abschrift** der Sitzungsniederschrift auszuhändigen. Es genügt nicht, wenn lediglich Einsicht gewährt wird.[1033] Dieser Anspruch kann nicht durch Satzung oder Geschäftsordnung ausgeschlossen oder eingeschränkt,[1034] jedoch insofern erweitert werden, als durch die Satzung bestimmt wird, dass jedem Aufsichtsratsmitglied eine Abschrift der Sitzungsniederschrift ohne entsprechendes Verlangen übermittelt werden soll.[1035]

565 Der Anspruch aus § 107 Abs. 2 S. 4 AktG bezieht sich auch auf Protokolle von Ausschusssitzungen und steht auch denjenigen Aufsichtsratsmitgliedern zu, die einem bestimmten Aufsichtsratsausschuss nicht angehören.[1036] War ein Aufsichtsratsmitglied von einer Sitzung im Aufsichtsrat oder in einem Ausschuss ausgeschlossen, hat es jedoch kein Recht auf Aushändigung der Sitzungsniederschrift, wenn das mit dem berechtigten Zweck des Ausschlusses im Widerspruch stehen würde.[1037] Der Anspruch auf Aushändigung der Sitzungsprotokolle ist insofern **zeitlich begrenzt,** als es sich um Protokolle aus der Zeit der Mitgliedschaft des Aufsichtsratsmitglieds handelt.[1038] Begehrt das Aufsichtsratsmitglied die Abschrift eines Protokolls aus einer früheren Sitzungsniederschrift, hat es hierauf keinen Anspruch, kann aber aufgrund allgemeinen Rechts *Einsicht* in die Unterlagen des Aufsichtsrats nehmen.[1039] Nach Ausscheiden eines Aufsichtsratsmitglieds aus dem Aufsichtsrat, hat es keinen Anspruch mehr auf Aushändigung des Sitzungsprotokolls.[1040] Um die notwendige Kooperation zwischen dem Aufsichtsrat und dem Vorstand zu fördern, kann letzterem eine Abschrift der Sitzungsniederschrift übermittelt werden, wenn nicht im Einzelfall ein besonderes Geheimhaltungsinteresse gegenüber dem Vorstand besteht – etwa bei der Beratung von oder der Beschlussfassung über Maßnahmen nach § 84 AktG.[1041] Notfalls kann der Anspruch im Klageweg geltend gemacht werden. Die Klage ist gegen die Gesellschaft, vertreten durch den Vorstand, zu richten.[1042]

h) Vorlage von Niederschriften

566 In bestimmten Fällen können **Dritte** die Vorlage und Einsichtnahme der Sitzungsniederschrift verlangen.[1043] Eine Vorlagepflicht besteht gegenüber den **Abschlussprüfern** der Gesellschaft (§ 320 Abs. 2 HGB), sofern die Protokolle für die Zwecke der Prüfung unerlässlich sind.[1044] Im Rahmen steuerlicher Buch- und Betriebsprüfungen besteht eine Vorlagepflicht gegenüber den Finanzbehörden.[1045] Die **Finanzbehörde** darf jedoch nicht die Vorlage von Protokollen eines bestimmten Zeitraums en bloc verlangen; das Interesse auf Einsicht ist nur insoweit begründet, als sich die Protokolle auf steuerlich relevante

---

[1031] GroßkommAktG/*Hopt/Roth* AktG § 107 Rn. 253; MüKoAktG/*Habersack* AktG § 107 Rn. 86.
[1032] MüKoAktG/*Habersack* AktG § 107 Rn. 86; Semler/v. Schenck/*Mutter* AktG § 107 Rn. 203; BeckOGK/*Spindler* AktG § 107 Rn. 78; GroßkommAktG/*Hopt/Roth* AktG § 107 Rn. 253.
[1033] Kölner Komm AktG/*Mertens/Cahn* AktG § 107 Rn. 86; BeckOGK/*Spindler* AktG § 107 Rn. 79; Semler/v. Schenck/*Mutter* AktG § 107 Rn. 208.
[1034] Lutter/Krieger/*Verse* AR Rn. 712; BeckOGK/*Spindler* AktG § 107 Rn. 79; K. Schmidt/Lutter AktG/*Drygala* AktG § 107 Rn. 34.
[1035] MüKoAktG/*Habersack* AktG § 107 Rn. 87; BeckOGK/*Spindler* AktG § 107 Rn. 79.
[1036] Kölner Komm AktG/*Mertens/Cahn* AktG § 107 Rn. 86; MüKoAktG/*Habersack* AktG § 107 Rn. 88; GroßkommAktG/*Hopt/Roth* AktG § 107 Rn. 256.
[1037] Kölner Komm AktG/*Mertens/Cahn* AktG § 107 Rn. 87; MüKoAktG/*Habersack* AktG § 107 Rn. 88; BeckOGK/*Spindler* AktG § 107 Rn. 81.
[1038] Lutter/Krieger/*Verse* AR Rn. 712; Kölner Komm AktG/*Mertens/Cahn* AktG § 107 Rn. 87; MüKoAktG/*Habersack* AktG § 107 Rn. 88; Hölters/Hambloch-Gesinn/*Gesinn* AktG § 107 Rn. 85.
[1039] Lutter/Krieger/*Verse* AR Rn. 712; Kölner Komm AktG/*Mertens/Cahn* AktG § 107 Rn. 87; MüKoAktG/*Habersack* AktG § 107 Rn. 88; Hölters/Hambloch-Gesinn/*Gesinn* AktG § 107 Rn. 85.
[1040] Hüffer/Koch/*Koch* AktG § 107 Rn. 16; *Hauptmann* AG 2017, 329.
[1041] MüKoAktG/*Habersack* AktG § 107 Rn. 87; Kölner Komm AktG/*Mertens/Cahn* AktG § 107 Rn. 89; GroßkommAktG/*Hopt/Roth* AktG § 107 Rn. 255.
[1042] Hüffer/Koch/*Koch* AktG § 107 Rn. 16; Kölner Komm AktG/*Mertens/Cahn* AktG § 107 Rn. 86; MüKoAktG/*Habersack* AktG § 107 Rn. 87; K. Schmidt/Lutter AktG/*Drygala* AktG § 107 Rn. 34; Semler/v. Schenck/*Mutter* AktG § 107 Rn. 214; aA Vertretung der Gesellschaft durch den Aufsichtsrat BeckOGK/*Spindler* AktG § 107 Rn. 82.
[1043] GroßkommAktG/*Hopt/Roth* AktG § 107 Rn. 262.
[1044] Kölner Komm AktG/*Mertens/Cahn* AktG § 107 Rn. 92; MüKoAktG/*Habersack* AktG § 107 Rn. 91; GroßkommAktG/*Hopt/Roth* AktG § 107 Rn. 262.
[1045] Kölner Komm AktG/*Mertens/Cahn* AktG § 107 Rn. 92; MüKoAktG/*Habersack* AktG § 107 Rn. 91; GroßkommAktG/*Hopt/Roth* AktG § 107 Rn. 262.

Sachverhalte beziehen.[1046] Nicht erfasst von der Vorlagepflicht sind grundsätzlich solche Niederschriften, von denen der Vorstand glaubhaft versichert, dass sie nicht im Zusammenhang mit einem steuerrechtlich bedeutsamen Tatbestand stehen. Sofern allerdings Zweifel an der Richtigkeit der Versicherung bestehen, ist dem Prüfer zunächst Einsicht in die Tagesordnung zu gewähren.[1047]

2. Aufbewahrung von Unterlagen
a) Archivierung durch die Gesellschaft

Auch die Archivierung der Aufsichtsratsunterlagen sollte im Unternehmen gut organisiert sein. Dabei geht es nicht nur um die Archivierung von Sitzungsprotokollen (→ Rn. 551 ff.), sondern auch von anderen relevanten Dokumente wie Tischvorlagen und sonstigen **Sitzungsunterlagen**.

Ob eine Archivierung für den Aufsichtsrat verpflichtend ist, hängt von der Art und vom Inhalt des jeweiligen Dokuments ab. Für die von der Gesellschaft erstellten Dokumente können **handels- und steuerrechtliche Regelungen** eine Archivierung ausdrücklich vorschreiben. Das betrifft Geschäftsunterlagen wie Handelsbücher, Inventarlisten, Bilanzen und Abschlüsse einschließlich der zu ihrem Verständnis erforderlichen Arbeitsanweisungen und Organisationsunterlagen (§ 257 HGB, § 147 AO) oder Rechnungen (§ 14b UStG).[1048] Die Archivierungspflichten richten sich an die Gesellschaft als juristische Person und sind in erster Linie von ihrem vertretungsberechtigten Organ wahrzunehmen[1049], bei der Aktiengesellschaft also vom Vorstand. Der Aufsichtsrat wird nur ausnahmsweise betroffen sein, nämlich wenn Dokumente aus der Sphäre des Aufsichtsrats für die Erfüllung der genannten handels- und steuerrechtlichen Pflichten relevant sind.[1050]

Daneben wird jedenfalls für **Sitzungsniederschriften** einhellig vorausgesetzt[1051], dass der Aufsichtsrat sie aufzubewahren hat, da ohne eine solche Pflicht der mit der Niederschrift nach § 107 Abs. 2 S. 1 AktG verfolgte Zweck – das Handeln des Aufsichtsrats nachprüfbar und feststellbar zu machen – leerlaufen würde (→ Rn. 551 ff.).[1052] Was die Archivierung anderer Unterlagen betrifft, könnte sich eine **Pflicht zur Archivierung** aus der allgemeinen Verpflichtung des Aufsichtsrats, zum Wohle der Gesellschaft zu handeln, ableiten (→ Rn. 480, 482).[1053]

Hinsichtlich der **Dauer der Aufbewahrung** schreiben § 257 HGB, § 147 AO und § 14b UStG Aufbewahrungsfristen von sechs bzw. zehn Jahren vor.[1054] Die Aufbewahrungsfrist beginnt mit dem Schluss des Kalenderjahrs, in dem die entsprechenden Unterlagen erstellt worden sind, vgl. § 257 Abs. 5 HGB.[1055] Jenseits handels- oder steuerrechtlicher Regelungen gibt es keine konkreten Vorgaben, sodass man sich am Sinn und Zweck der Aufbewahrung orientieren sollte[1056], was wiederum von der Natur der enthaltenen Information abhängt[1057]. Vorgeschlagen wird eine Ausrichtung der Aufbewahrungsfrist an den Zeitpunkten der normalen handelsrechtlichen Verwahrungsfristen[1058] oder den organhaftungsrechtlichen Verjährungsfristen[1059]. Bedenkt man aber, dass der Sinn und Zweck der Unterlagenarchivierung in den meisten Fällen über haftungsrechtliche Aspekte hinaus geht, nämlich der Nachvollziehbarkeit und Feststellbarkeit des Aufsichtsratshandelns dient, empfiehlt sich – innerhalb der Grenzen des Zumutbaren – eine möglichst lange Aufbewahrungsfrist, bei besonders wichtigen Unterlagen gar eine dauerhafte.[1060]

Richtigerweise bewahrt der Aufsichtsrat die Aufsichtsratsunterlagen als Organ für die Gesellschaft auf (Organbesitz)[1061], verantwortlich ist nach hM der **Vorsitzende des Aufsichtsrats**[1062]. Soweit das Gebot

---

[1046] Kölner Komm AktG/*Mertens/Cahn* AktG § 107 Rn. 92; MüKoAktG/*Habersack* AktG § 107 Rn. 91; *Mattern* BB 1968, 921 (923).
[1047] BFH BeckRS 1968, 21003578; MüKoAktG/*Habersack* AktG § 107 Rn. 91.
[1048] *Holle* AG 2019, 777 (778); Näheres bei *Haak* NWB 2014, 694.
[1049] *Holle* AG 2019, 777 (778); MüKoBilanzR/*Graf* HGB § 257 Rn. 2; für die handelsrechtlichen Vorschriften *v. Schenck* in Semler/v. Schenck AR-HdB § 5 Rn. 170.
[1050] *Holle* AG 2019, 777 (778) mwN.
[1051] *Holle* AG 2019, 777 (778).
[1052] *Holle* AG 2019, 777 (778); aA wohl *v. Schenck* in Semler/v. Schenck AR-HdB § 5 Rn. 170.
[1053] Deutlich detaillierter bei *Holle* AG 2019, 777 (778).
[1054] *Holle* AG 2019, 777 (778); *Haak* NWB 2014, 696 (698 f.).
[1055] *v. Schenck* in Semler/v. Schenck AR-HdB § 7 Rn. 380.
[1056] So auch *Holle* AG 2019, 777 (779); *v. Schenck* in Semler/v. Schenck AR-HdB § 7 Rn. 379.
[1057] *v. Schenck* in Semler/v. Schenck AR-HdB § 7 Rn. 379.
[1058] Sechs bzw. zehn Jahre bei *v. Schenck* in Semler/v. Schenck AR-HdB § 7 Rn. 380.
[1059] GroßkommAktG/*Hopt/Roth* AktG § 107 Rn. 259 „sachgerecht erscheinen ein Abwarten etwaiger Schadensersatzansprüche"; *v. Schenck* in Semler/v. Schenck AR-HdB § 5 Rn. 170.
[1060] Vgl. *Holle* AG 2019, 777 (780), der eine vorsichtige Orientierung an der dreißigjährigen Frist nach § 197 BGB vorschlägt.
[1061] So *Holle* AG 2019, 777 (779); Peus ZGR 1987, 545 (546 f.); K. Schmidt/Lutter AktG/*Drygala* AktG § 107 Rn. 34; Henssler/Strohn/*Henssler* AktG § 107 Rn. 21; Hüffer/Koch/*Koch* AktG § 107 Rn. 16; BeckOGK/*Spindler* AktG

der Vertraulichkeit gegenüber dem Vorstand hinreichend beachtet wird, können Unterlagen auch dem **Vorstand** zur Aufbewahrung überlassen werden, was in der Praxis durchaus üblich ist[1063] und insbesondere sinnvoll erscheint, wenn handels- oder steuerrechtliche Archivierungspflichten zu beachten sind, weil sich der Vorstand dann ohnehin zur Erfüllung dieser Pflichten einen Überblick verschaffen muss und mit den Vorgaben vertraut ist (→ Rn. 568).[1064] In der Praxis werden die Unterlagen zumeist von einer Stelle verwahrt, die auch sonst eng mit dem Aufsichtsrat zusammenarbeitet, wie beispielsweise das Corporate Office oder in größeren Unternehmen ein eigenständig eingerichtetes **Aufsichtsratsbüro** (→ Rn. 427).[1065]

572 Die Dokumentation der Arbeit des Aufsichtsrats kann in Papierform oder auch elektronisch in einer **Datenbank** erfolgen (zur allgemeinen Verschwiegenheitspflicht → Rn. 492ff.), soweit gesetzlichen Vorgaben nicht eine Archivierung der Unterlagen im Original verlangen. Das erleichtert auch die Suche bestimmter Unterlagen mittels Suchfunktion. Dabei ist stets Voraussetzung, dass im Rahmen der Archivierung die Vertraulichkeit der Unterlagen sichergestellt, vor allem Unbefugten kein Zugang ermöglicht wird.[1066]

b) Aufbewahrung durch Aufsichtsratsmitglieder

573 Im Hinblick auf die Pflicht einzelner Aufsichtsratsmitglieder, eigene Unterlagen unter gebotener Vertraulichkeit aufzubewahren, ist entscheidend, ob es sich um **für die Gesellschaft relevante Unterlagen** handelt, an deren Aufbewahrung die Gesellschaft ein **schützenswertes Interesse** hat.[1067] (Zur allgemeinen Verschwiegenheitspflicht → Rn. 492ff.; zur Rückgabe von Unterlagen → Rn. 575f.). Das kann der Fall sein, wenn die Unterlagen Informationen enthalten, die für künftige Entscheidungen des Aufsichtsratsmitglieds im Rahmen seiner Tätigkeit notwendig sind, um Vorteile für die Gesellschaft zu wahren oder Schaden von ihr abzuwenden.[1068] Das können Unterlagen sein, die dem Aufsichtsratsmitglied vom Gremium oder von Dritten überlassen worden[1069] sind, aber auch solche, die das Aufsichtsratsmitglied selbst angefertigt hat[1070], etwa Vermerke, Gesprächsprotokolle oder Redemanuskripte. Handelt es sich bei diesen Dokumenten aber um **höchstpersönliche** Unterlagen wie etwa Notizen, die nur für den eigenen Gebrauch bestimmt waren, Merklisten, Schmierzettel oder Tagebucheinträge, hat das Unternehmen in der Regel keine schützenswerten Interessen, sodass die einzelnen Mitglieder frei darüber verfügen können.[1071]

574 Bei der **Dauer der Aufbewahrung** kommt es ebenfalls darauf an, inwieweit die Unterlagen für die Gesellschaft relevant sind. Für die Verwahrfrist wird hierbei differenziert zwischen Unterlagen der Gesellschaft und eigenen, selbsterstellten Dokumenten des Aufsichtsratsmitglieds.[1072] Unterlagen der Gesellschaft sind üblicherweise in gleichem Umfang bei der Gesellschaft archiviert.[1073] An einer Verwahrung über die Dauer der laufenden Aufsichtsratstätigkeit hinaus hat die Gesellschaft in der Regel kein schützenswertes Interesse, da eine umfangreiche **Paralleldokumentation** bei der Gesellschaft und bei den Aufsichtsratsmitgliedern überflüssig ist.[1074] Unterlagen, die das **einzelne Aufsichtsratsmitglied erstellt** hat, liegen

---

§ 107 Rn. 82; aA MüKoAktG/*Habersack* AktG § 107 Rn. 90, wonach die Verwahrung in Besitzdienerschaft nach § 855 BGB erfolgt.

[1062] *Holle* AG 2019, 777 (779); K. Schmidt/Lutter AktG/*Drygala* AktG § 107 Rn. 34; MüKoAktG/*Habersack* AktG § 107 Rn. 90; BeckOGK/*Spindler* AktG § 107 Rn. 76.

[1063] *Holle* AG 2019, 777 (779); MüKoAktG/*Habersack* AktG § 107 Rn. 90; Henssler/Strohn/*Henssler* AktG § 107 Rn. 21; Hüffer/Koch/*Koch* AktG § 107 Rn. 15a; Lutter/Krieger/*Verse* AR Rn. 713; Kölner Komm AktG/*Mertens/Cahn* AktG § 107 Rn. 94 hält eine Überlassung an den Vorstand sogar für geboten.

[1064] *Holle* AG 2019, 777 (779).

[1065] *Holle* AG 2019, 777 (779); Diekmann/Wurst NZG 2014, 121 (125f.); v. Schenck in Semler/v. Schenck AR-HdB § 5 Rn. 171, § 7 Rn. 376f.

[1066] v. *Schenck* in Semler/v. Schenck AR-HdB § 7 Rn. 377; *Holle* AG 2019, 777 (779).

[1067] Eine unmittelbare oder mittelbare gesetzliche Verpflichtung für eine individuelle Aufbewahrungspflicht einzelner Aufsichtsratsmitglieder existiert nicht, wird aber aus der allgemeinen Verpflichtung jedes Aufsichtsratsmitglieds sein Verhalten am Wohl der Gesellschaft zu orientieren abgeleitet, vgl. *Holle* AG 2019, 777 (781); v. Schenck in Semler/v. Schenck AR-HdB § 7 Rn. 380; zur vertraulichen Behandlung von Unterlagen MüKoAktG/*Habersack* AktG § 107 Rn. 90.

[1068] *Holle* AG 2019, 777 (780).

[1069] BGH DStR 2008, 2075 (2076).

[1070] v. *Schenck* in Semler/v. Schenck AR-HdB § 7 Rn. 375; *Holle* AG 2019, 777 (778, 780).

[1071] v. *Schenck* in Semler/v. Schenck AR-HdB § 7 Rn. 380.

[1072] *Holle* AG 2019, 777 (780f.); v. *Schenck* in Semler/v. Schenck AR-HdB § 7 Rn. 377f.

[1073] *Holle* AG 2019, 777 (781); v. *Schenck* in Semler/v. Schenck AR-HdB § 7 Rn. 380.

[1074] BGH DStR 2008, 2075 (2076); v. *Schenck* in Semler/v. Schenck AR-HdB § 7 Rn. 380; eine Aufbewahrung durch das individuelle Aufsichtsratsmitglied kann aber jederzeit aus organhaftungsrechtlichen Gesichtspunkten im Eigeninteresse erfolgen, sofern man nicht auf eine in der Praxis oftmals zähe Übermittlung der Unterlagen durch die Gesellschaft angewiesen sein will.

der Gesellschaft hingegen in der Regel nicht vor und können für die Gesellschaft über die Zeit der Amtszugehörigkeit des einzelnen Aufsichtsratsmitglieds hinaus Relevanz haben.[1075] Unterlagen, die dabei für die Gesellschaft von Interesse sind, wie Gesprächsprotokolle, Telefonnotizen oder Reiseberichte sollten jedenfalls für die normale handelsrechtliche Frist von sechs Jahren (§ 257 Abs. 4 HGB) verwahrt werden[1076]; vorzugsweise entsprechend den Gremiumsunterlagen möglichst lange.[1077] Im Hinblick auf **Haftungsfragen** sollte auch im eigenen Interesse des Aufsichtsratsmitglieds eine individuelle Verwahrung orientiert an den organhaftungsrechtlichen Verjährungsfristen nach § 93 Abs. 6 AktG erfolgen,[1078] soweit die Gesellschaft die Unterlagen nach Ausscheiden aus dem Amt nicht herausfordert.[1079]

c) Rückgabe von Unterlagen

Eine **gesetzliche Regelung,** wonach das Aufsichtsratsmitglied nach Ausscheiden aus dem Amt zur Rückgabe vertraulicher oder nicht vertraulicher Dokumente verpflichtet ist, existiert nicht (→ Rn. 573).[1080] In der Praxis verpflichten Gesellschaften regelmäßig ihre Aufsichtsratsmitglieder durch Regelungen in der Geschäftsordnung, alle ihnen im Rahmen ihrer Amtstätigkeit übermittelten Unterlagen nach dem Ausscheiden zurückzugeben.[1081] Der **BGH** hat in einem Hinweisbeschluss[1082] die Wirksamkeit einer solchen Klausel bestätigt. Begründet wird eine uneingeschränkte Pflicht zur Rückgabe aller Unterlagen nach Ausscheiden aus dem Amt damit, dass der Geschäftsführer einer GmbH sowie der Vorstand einer AG nach Beendigung ihrer Amtszeit nach den Vorschriften des **Auftragsrechts** (§§ 666 f. BGB) zur Herausgabe aller in ihren Besitz gelangten Unterlagen verpflichtet seien; dieselbe Pflicht müsse für ein ausgeschiedenes Aufsichtsratsmitglied gelten.[1083] Die Gesellschaft habe ein berechtigtes Interesse an einer vor **Zugriffen unbefugter Dritter** gesicherten und nicht an vielen Orten verstreuten Verwahrung von Unterlagen und Dokumenten. Dies gelte nicht nur für geheimhaltungsbedürftige, sondern jegliche Art von Unterlagen, da diese eine im Voraus nicht abzuschätzende Bedeutung für die Gesellschaft erlangen können. Zudem würde es einen erheblichen Arbeits- und Verwaltungsaufwand darstellen, aktuell geheimhaltungsbedürftige von sonstigen Unterlagen zu trennen.[1084]

Sofern die Regelung auch den Verbleib von Kopien und Duplikaten bei den Aufsichtsratsmitgliedern ausschließt, könnte einer entsprechenden Herausgabepflicht entgegenstehen, dass das Aufsichtsratsmitglied im Fall einer **Inanspruchnahme** auf Schadensersatz gemäß § 116 AktG, § 93 Abs. 2, 3 AktG auf die Unterlagen zur eigenen Verteidigung angewiesen ist. Teilweise wird vertreten, dass die Dokumente und Unterlagen erst nach Ablauf der Verjährungsfrist herausverlangt werden könnten.[1085] Der BGH erkennt aber auch insoweit **kein Zurückbehaltungsrecht** des Aufsichtsratsmitglieds an, da die Interessen des Aufsichtsratsmitglieds dadurch hinreichend geschützt seien, dass die Gesellschaft bei Inanspruchnahme die vermeintliche Pflichtverletzung zu bezeichnen und soweit zur Verteidigung erforderlich, Einsicht in die dafür maßgeblichen Unterlagen zu gewähren habe.[1086]

[1075] *Holle* AG 2019, 777 (781); *v. Schenck* in Semler/v. Schenck AR-HdB § 7 Rn. 380.
[1076] *v. Schenck* in Semler/v. Schenck AR-HdB § 7 Rn. 380.
[1077] *Holle* AG 2019, 777 (780); *v. Schenck* in Semler/v. Schenck AR-HdB § 7 Rn. 380; handelsrechtliche Verwahrfrist von sechs Jahren.
[1078] *Holle* AG 2019, 777 (781); aA *v. Schenck* in Semler/v. Schenck AR-HdB § 7 Rn. 380.
[1079] *Holle* AG 2019, 777 (781); *v. Schenck* in Semler/v. Schenck AR-HdB § 7 Rn. 380.
[1080] *v. Schenck* in Semler/v. Schenck AR-HdB § 7 Rn. 381; *Henze* Der Aufsichtsrat 2007, 81.
[1081] *Heider/Hirte* CCZ 2009, 106 (107); *Henze* Der Aufsichtsrat 2007, 81.
[1082] BGH DStR 2008, 2075; bespr. *Paul* EWiR 2008, 737; *Heider/Hirte* CCZ 2009, 106; *Weller* LMK 2008, 271637.
[1083] BGH DStR 2008, 2075; *Paul* EWiR 2008, 737 (738); *Holle* AG 2019, 777 (781); MüKoAktG/*Habersack* AktG § 103 Rn. 20; Hüffer/Koch/*Koch* AktG § 103 Rn. 6; BeckOGK/*Spindler* AktG § 116 Rn. 114, § 103 Rn. 16; inhaltlich zust. *Heider/Hirte* CCZ 2009, 106 (108); krit. *Weller* LMK 2008, 271637; aA *v. Schenck* in Semler/v. Schenck AR-HdB § 7 Rn. 383.
[1084] BGH DStR 2008, 2075; *v. Schenck* in Semler/v. Schenck AR-HdB § 7 Rn. 382; *Henze* Der Aufsichtsrat 2007, 81; teilw. krit. *Heider/Hirte* CCZ 2009, 106 (108 f.).
[1085] *Heider/Hirte* CCZ 2009, 106 (108); *Henze* Der Aufsichtsrat 2007, 81.
[1086] BGH DStR 2003, 124 (125); BGH DStR 2008, 2075 (2076); *Henze* Der Aufsichtsrat 2007, 81; zust. *Paul* EWiR 2008, 737 (737 f.); sich dem wohl anschließend MüKoAktG/*Habersack* AktG § 103 Rn. 20; Hüffer/Koch/*Koch* AktG § 103 Rn. 6; BeckOGK/*Spindler* AktG § 116 Rn. 114, § 103 Rn. 16; aA *v. Schenck* in Semler/v. Schenck AR-HdB § 7 Rn. 383; *Weller* LMK 2008, 271637.

§ 4 Aufgaben und Kompetenzen

Übersicht

	Rn.
A. Überwachungskompetenz	1
I. Grundlagen der Zuständigkeit des Aufsichtsrats	1
1. § 111 Abs. 1 AktG	1
2. Bedeutung der Überwachungsaufgabe	4
3. Einfluss des Aufsichtsrats	5
4. Beratung als Teil der Überwachung	9
II. Gegenstand und zeitlicher Umfang	10
1. Die Geschäftsführung als Überwachungsgegenstand	10
a) Begriff der Geschäftsführung	10
b) Überwachung der wesentlichen Leitungsmaßnahmen des Vorstands	12
2. Personelle Reichweite der Überwachung	14
a) Vorstandsmitglieder	14
b) Leitende Angestellte	16
3. Sitzungshäufigkeit und zeitliche Anforderungen	17
III. Inhalt der Überwachungspflicht	23
1. Berichte des Vorstands an den Aufsichtsrat als Grundlage der Überwachung (§ 90 AktG)	24
a) Allgemeines	24
aa) Schuldner der Unterrichtungspflicht	27
bb) Gläubiger der Unterrichtungspflicht	31
b) Regelmäßige Berichterstattung durch den Vorstand (§ 90 Abs. 1 AktG)	36
aa) Beabsichtigte Geschäftspolitik und grundsätzliche Fragen der Unternehmensplanung § 90 Abs. 1 S. 1 Nr. 1 AktG	37
bb) Rentabilität der Gesellschaft § 90 Abs. 1 S. 1 Nr. 2 AktG	49
cc) Gang der Geschäfte § 90 Abs. 1 S. 1 Nr. 3 AktG	52
dd) Anlassbezogene Sonderberichte § 90 Abs. 1 S. 1 Nr. 4, S. 3 AktG	55
(1) Geschäfte von erheblicher Bedeutung § 90 Abs. 1 S. 1 Nr. 4 AktG	56
(2) Bericht aus wichtigem Anlass § 90 Abs. 1 S. 3 AktG	60
c) Berichte auf Verlangen des Aufsichtsrats (§ 90 Abs. 3 AktG)	63
aa) Verlangen des Aufsichtsrats	64
bb) Verlangen einzelner Aufsichtsratsmitglieder	68
cc) Durchgriff auf Angestellte	71
d) Ordnungsgemäße Berichterstattung (§ 90 Abs. 4 AktG)	76
e) Informationsrecht des einzelnen Aufsichtsratsmitglieds (§ 90 Abs. 5 AktG)	78
f) Verstoß gegen die Berichtspflicht	80
2. Sorgfaltsmaßstab bei der Überwachung	85
a) Rechtmäßigkeit	86
b) Ordnungsmäßigkeit	88
c) Wirtschaftlichkeit	90
d) Zweckmäßigkeit	91
3. Art und Intensität der Überwachung	93
a) Normallage	94
b) Sonderlage	95
4. Vergangenheitsbezogene Überwachung	100
a) Ermittlung des Sachverhalts	100
b) Beurteilung des Sachverhalts	101
c) Unterrichtung des Vorstands	102
5. Prüfungs- und Berichtspflicht gem. § 171 AktG	103
a) Jahresabschluss	105
b) Lagebericht	111
c) Vorschlag für die Verwendung des Bilanzgewinns	113
d) CSR-Bericht	116
e) Berichtspflicht über das Ergebnis schriftlich an die Hauptversammlung	117
aa) Inhaltliche Anforderungen	119
bb) Formale Anforderungen	127
6. Errichtung eines Risikoüberwachungssystems durch den Vorstand, § 91 Abs. 2 AktG	129
7. Einholung von Rechtsrat und Sachverständigengutachten	131

	Rn.

a) Beauftragung gem. § 111 Abs. 2 S. 2 AktG 132
    aa) Bestellung 132
    bb) Auswahl und Befugnisse 137
    cc) Kontrolle und Vergütung 139
b) Beauftragung außerhalb von § 111 Abs. 2 S. 2 AktG 142
8. Prüfungsausschuss 150
  a) Allgemein 150
  b) Aufgaben 153
    aa) Überwachung des Rechnungslegungsprozesses und vorbereitende Prüfung von Jahres- und Konzernabschluss 158
    bb) Empfehlungen zur Wahl des Abschlussprüfers, dessen Überwachung und Zusammenarbeit mit dem Aufsichtsrat 162
    cc) Überwachung der Wirksamkeit der internen Kontroll- und Überwachungssysteme 163
      (1) Gegenstand der Überwachung 163
      (2) Art der Überwachung 167
    dd) Beurteilung der Qualität der Abschlussprüfung 168
9. Zusammenarbeit mit dem Abschlussprüfer 169
IV. Form der Erfüllung der Überwachungsaufgabe durch den Aufsichtsrat 173
  1. Teilhaberechte und -pflichten der einzelnen Aufsichtsratsmitglieder an der Meinungsbildung im Aufsichtsrat 174
  2. Ein- und Mitwirkungsrechte des Aufsichtsrats 179
    a) Präventive Ein- und Mitwirkungsrechte des Aufsichtsrats 180
      aa) Beratung des Vorstands als präventive Überwachung 181
      bb) Einsichts- und Prüfungsrecht nach § 111 Abs. 2 S. 1 AktG 182
      cc) Zustimmungsvorbehalte § 111 Abs. 4 S. 2 AktG 190
      dd) Erlass einer Geschäftsordnung für den Vorstand § 77 Abs. 2 AktG 191
      ee) Erlass einer Informationsordnung zur Sicherstellung einer ausreichenden Informationsversorgung 195
        (1) Allgemein 195
        (2) Inhaltliche Gestaltung 198
    b) Reaktive Ein- und Mitwirkungsrechte des Aufsichtsrats 203
      aa) Beanstandungen und Kritik 204
      bb) Abberufung der Vorstandsmitglieder 205
      cc) Verweigerung der Billigung des Jahresabschlusses 206
      dd) Gerichtliche Durchsetzung der Vorstandspflichten 210
      ee) Schadensersatzforderungen 211
      ff) Einberufung der Hauptversammlung 212
V. Compliance Verantwortung und Internal Investigation 213
  1. Einleitung 213
    a) Begriff 213
    b) Zweck 216
  2. Überwachung der Geschäftsführung nach § 111 AktG 219
    a) Allgemeine Zuständigkeit des Aufsichtsrats für Überwachung 219
    b) Organinterne Wahrnehmung 220
  3. Präventive Compliance-Pflicht des Vorstands 223
  4. Mindestanforderungen an eine Compliance-Organisation 229
    a) Prüfungsstandards für eine Compliance Organisation 230
    b) Zuordnung von Verantwortlichkeiten 234
      aa) Horizontale Delegation 237
        (1) Allgemeines 237
        (2) Geschäftsverteilung auf Vorstandsebene 239
      bb) Vertikale Delegation 244
    c) Risikoanalyse als Informationsgrundlage 247
    d) Berichtssystem 251
      aa) Berichtssystem und Informationspflichten 251
      bb) Insbesondere: Whistleblowing-System 255
        (1) Allgemeines 255
        (2) Ausgestaltungsmöglichkeiten 262
    e) Unternehmenskultur und Bewusstsein für Compliance 265
      aa) Bekenntnis der Unternehmensführung zu Compliance („tone from the top") 266

	Rn.

- bb) Verhaltensanweisung an Mitarbeiter (Verhaltenskodex) 268
- cc) Schulungen 269
- dd) Überprüfung und Weiterentwicklung der Organisation 271
  - (1) Überprüfung der Organisation 271
  - (2) Anpassung und Weiterentwicklung der Organisation ... 274
- 5. Compliance im Konzern 275
  - a) Konzernweite Compliance 275
  - b) Die Rolle des Aufsichtsrats bei konzernweiter Compliance 281
    - aa) Allgemeines 281
    - bb) Instrumente 283
- 6. Repressive Compliance-Pflicht des Vorstands 284
  - a) Untersuchungs- und Aufklärungspflicht 286
    - aa) Allgemeines 286
    - bb) Sachverhaltsaufklärung durch Internal Investigations ... 290
      - (1) Allgemeines 290
      - (2) Regierungsentwurf eines Verbandssanktionengesetzes ... 293
    - cc) Sachverhaltsaufklärung durch Initiierung behördlicher Ermittlungsverfahren 298
    - dd) Koordination paralleler Ermittlungen 301
      - (1) Allgemeines 301
      - (2) Beschlagnahmeverbote (insbes. bei externen Rechtsanwälten) ... 306
  - b) Abstellen des Compliance-Verstoßes 311
  - c) Sanktionierung von Fehlverhalten (Arbeitsrechtliche Maßnahmen) ... 312
    - aa) Allgemeines 312
    - bb) Herleitung der Pflicht 313
    - cc) Einzelheiten zu den Maßnahmen 315
  - d) Anspruchsprüfung/ -abwehr 319
  - e) Änderung/Verbesserung des Compliance-Systems 322
- 7. Die Überwachungspflicht des Aufsichtsrats 323
  - a) Inhalt 323
    - aa) Überwachung der präventiven Compliance 325
    - bb) Überwachung der repressiven Compliance 327
  - b) Intensität der Überwachung 329
    - aa) Laufende Überwachung 331
    - bb) Intensivierte Überwachung 333
    - cc) Anlassbezogene, gestaltende Überwachung 335
  - c) Instrumente im Einzelnen 337
    - aa) Berichtpflichten 337
    - bb) Beratung 344
    - cc) Zustimmungsvorbehalte 347
- 8. Originäre Compliance-Pflicht des Aufsichtsrats 348
  - a) Personelle Maßnahmen 349
  - b) Geltendmachung von Schadensersatzansprüchen 350
  - c) Eigene Sachverhaltsermittlung 354
    - aa) Voraussetzungen 355
    - bb) Instrumente 358
      - (1) Prüfungs- und Einsichtsrecht 358
      - (2) Direkte Mitarbeiterbefragung 360
    - cc) Datenschutzrecht bei internen Untersuchungen durch den Aufsichtsrat 365
    - dd) Verhältnis zu internen Untersuchungen des Vorstands ... 371
- 9. Aufsichtsratsinterne Compliance 373
  - a) Interessenkollision 374
  - b) Rechtswidrige Beschlüsse 375
    - aa) Allgemeines 375
    - bb) Insbesondere: Wahlvorschläge 376
  - c) Beraterverträge 378
- 10. Berichtpflicht in der Hauptversammlung 379
- B. Einwirkungs- und Beratungskompetenz 381
  - I. Ausgangspunkt: Geschäftsführungsverbot, § 111 Abs. 4 S. 1 AktG ... 381
  - II. Einwirkung durch Beratung 384
  - III. Einwirkung durch Zustimmungsvorbehalte, § 111 Abs. 4 S. 2 AktG ... 386
    - 1. Grundlagen 386

	Rn.
2. Begründung von Zustimmungsvorbehalten	387
3. Inhaltliche Ausgestaltung	392
a) Reichweite und Grenzen von Zustimmungsvorbehalten	392
aa) Zustimmungsvorbehaltspflichtige Geschäfte	403
bb) Zustimmungsvorbehaltsfähige Geschäfte	404
b) Zulässige Gegenstände	406
4. Erteilung der Zustimmung	413
a) Zuständigkeit	414
b) Entscheidung über die Zustimmung	415
c) Zeitpunkt der Zustimmung	421
d) Reichweite der Zustimmung	423
e) Eilbedürftige Geschäfte	426
f) Generalzustimmung	428
g) Nicht zustimmungspflichtige Geschäfte	429
5. Versagung der Zustimmung	430
a) Wirkung der Versagung	430
b) Ersetzung der Zustimmung durch die Hauptversammlung	434
IV. Exkurs: Zustimmungsvorbehalte bei Related Party Transactions	435
1. Geschäfte mit nahestehenden Personen, § 111a Abs. 1 AktG	436
a) Geschäft	437
b) Nahestehende Person	439
c) Ausnahme für reguläre Geschäfte, § 111a Abs. 2 AktG	446
aa) Reguläre Geschäfte, § 111a Abs. 2 S. 1 AktG	448
bb) Internes Verfahren, § 111a Abs. 2 S. 2 AktG	453
(1) Zuständigkeit	454
(2) Reichweite	459
(3) Kontrollintensität	460
(4) Satzungsdispens, § 111a Abs. 2 S. 3 AktG	463
d) Ausnahmen im Konzern, § 111a Abs. 3 AktG	464
aa) Geschäfte mit Tochterunternehmen, § 111a Abs. 3 Nr. 1 AktG	466
bb) Hauptversammlungszuständigkeit, § 111a Abs. 3 Nr. 2 und 3 AktG	470
cc) Weitere Ausnahmetatbestände, § 111a Abs. 3 Nr. 4–6 AktG	472
e) Schwellenwert	473
2. Rechtsfolgen	481
a) Zustimmungsvorbehalt, § 111b Abs. 1 AktG	481
b) Zustimmungsverfahren	482
aa) Anforderungen im Gesamtaufsichtsrat, § 111b Abs. 2 AktG	482
bb) Anforderungen im Ausschuss, §§ 107 Abs. 3 S. 4–6 AktG	485
cc) Entscheidung über die Erteilung der Zustimmung	490
dd) Ersetzung durch die Hauptversammlung, § 111b Abs. 4 AktG	493
c) Veröffentlichungspflicht, § 111c AktG	494
3. Bedeutung und Folgen für die Praxis	497
C. Personalkompetenz	499
I. Organstellung	500
1. Bestellung der Vorstandsmitglieder (§ 84 Abs. 1 AktG)	500
a) Rechtsnatur der Bestellung	501
b) Zwingende Zuständigkeit des Plenums	502
c) Vorbereitung der Entscheidung	505
aa) Koordination zwischen Plenum, Ausschuss und „Verhandlungsführer"	506
bb) Informationsweitergabe an das Plenum	510
cc) Kann der vorbereitende Ausschuss über den Umgang mit (möglichen) Insiderinformationen entscheiden?	513
(1) Kapitalmarktrechtliche Zuständigkeit des Aufsichtsrats – Auffassungswechsel der BaFin	514
(2) Zulässigkeit der Übertragung der Entscheidungskompetenz an einen Ausschuss	515
d) Entschließungsfreiheit	521
aa) Rechtsgeschäftliche Bindungen	522
(1) Stimmbindungen und Weisungen	523
(2) Business Combination Agreements (BCAs), Investorenvereinbarungen	524
(3) Begründung von Zahlungspflichten gegenüber potenziellen Kandidaten	528

	Rn.
(4) Rechtsgeschäftliche Bindung nach pflichtgemäßer Ermessensausübung?	531
bb) Faktische Einflussnahme	533
cc) Einbeziehung des Vorstands	534
dd) Beauftragung von Personalberatern	537
ee) Institutionalisierte Vorschlags- oder Konsultationsrechte	538
ff) Einflussnahme im Konzern	540
gg) Folgen bei Beachtung vermeintlicher Bindungen	542
e) Zusammensetzung des Vorstands	543
aa) Zahl der Mitglieder	543
bb) Über- und Unterbesetzung	545
cc) Frauenanteil (§ 111 Abs. 5 AktG)	549
(1) Festlegung einer Zielgröße und einer Frist für deren Erreichung	549
(2) Publizität	555
(3) Entscheidung des Aufsichtsrats	557
(4) Folgen bei Nichterreichung der Zielgröße	559
dd) Diversität (Vielfalt)	561
f) Persönliche Voraussetzungen	566
aa) Gesetzliche Mindestvoraussetzungen	566
bb) Gesetzliche Bestellungshindernisse	570
(1) Betreuung, Berufs- oder Gewerbeverbot, Verurteilung wegen „Katalog-Straftat" (§ 76 Abs. 3 AktG)	570
(2) Unvereinbarkeit der Mitgliedschaft in Aufsichtsrat und Vorstand (§ 105 Abs. 1 AktG)	575
(3) Bestellungshindernisse außerhalb des Aktiengesetzes	580
cc) Doppel- und Mehrfachmandate, Nebentätigkeiten	583
(1) Weitere Geschäftsleitermandate (§ 88 AktG)	583
(2) Vorstandsdoppelmandate im Konzern	587
(3) Berücksichtigung sonstiger Nebentätigkeiten bei der Bestellung	590
dd) Benachteiligungsverbot des Allgemeinen Gleichbehandlungsgesetzes (AGG)	595
ee) Satzungsvorgaben für die Auswahl von Vorstandsmitgliedern	598
(1) Beachtlichkeit von Satzungsvorgaben und Einzelfälle	598
(2) Altersgrenzen	603
(3) Rechtsfolgen im Fall eines Verstoßes gegen Satzungsvorgaben	605
ff) Persönliche und fachliche Qualifikationen	606
gg) Background-Checks	607
hh) Gesundheits-Checks	609
g) Beschlussfassung im Aufsichtsrat	611
aa) Einberufung, Tagesordnung, Unterlagen	612
bb) Verfahren	615
cc) Mehrheitserfordernis, Stimmrechtsausschluss	619
h) Befristete und bedingte Bestellung	621
aa) Maximaler Zeitraum der Befristung bei der Erstbestellung	622
bb) Aufschiebend bedingte Bestellung	625
cc) Beseitigung oder Änderung einer Bedingung oder Befristung	628
dd) Unwirksame Bedingung	629
ee) Rechte und Pflichten des aufschiebend bedingt oder befristet bestellten Vorstandsmitglieds, Einarbeitung	632
ff) Eintragung eines aufschiebend befristet bestellten Vorstandsmitglieds in das Handelsregister?	634
gg) Auflösend bedingte Bestellung?	635
i) Begrenzung der Amtszeit	636
aa) Mindestamtsdauer	639
bb) Erstbestelldauer	641
j) Ermessen	642
k) Zuweisung eines Geschäftsbereichs	643
l) Annahme der Bestellung	645
m) Publizität (Handelsregister, Geschäftsbriefe, Rechnungslegung)	646
n) Datenschutzrechtliche Vorgaben	649
2. Wiederbestellung und Verlängerung der Amtszeit (§ 84 Abs. 1 S. 2 AktG)	651
a) Entscheidung über die Wiederbestellung	652

	Rn.
b) Verbot einer unzulässigen Vorabbindung des Aufsichtsrats	655
aa) Wiederbestellungszusage	655
bb) Ruhegehalt, Übergangsgeld	657
cc) Weiterbeschäftigung auf anderer Grundlage	658
dd) Vertragliche Verpflichtung eines Aktionärs gegenüber einem Vorstandsmitglied	660
ee) Nichtigkeit unzulässiger Zusagen	661
c) Einvernehmliche vorzeitige Aufhebung der Bestellung und Wiederbestellung	662
d) Aufschiebend bedingte oder befristete Wiederbestellung	665
e) Zuweisung des Geschäftsbereichs, Geschäftsleitungsmandate und Nebentätigkeiten, Handelsregister	666
3. Automatische Verlängerung der Amtszeit (§ 84 Abs. 1 S. 4 AktG)	669
4. Fehlerhafte Bestellung und faktisch wie ein Vorstandsmitglied handelnde Personen	672
a) Lehre von der fehlerhaften Organstellung	673
b) Faktisch wie ein Vorstandsmitglied handelnde Personen	679
c) Fortsetzung der Tätigkeit eines wirksam bestellten Vorstandsmitglieds	681
5. Widerruf der Bestellung (§ 84 Abs. 3 AktG)	682
a) Wirkung des Widerrufs	682
b) Zwingende Zuständigkeit des Plenums	684
c) Ad hoc-Publizitätspflicht	686
d) Wichtiger Grund	687
aa) Allgemeine Anforderungen an einen wichtigen Grund	689
bb) Interessenabwägung?	691
cc) Gesetzliche Beispielsfälle für wichtige Gründe (§ 84 Abs. 3 S. 2 AktG)	693
dd) Grobe Pflichtverletzung	694
ee) Unfähigkeit zur ordnungsmäßigen Geschäftsführung	699
ff) Vertrauensentzug durch die Hauptversammlung	706
(1) Vertrauensentzug als Widerrufsgrund	707
(2) „Offenbar unsachliche Gründe" für den Vertrauensentzug	708
(3) Hauptversammlungsbeschluss über den Vertrauensentzug	712
(4) Eigenverantwortliche Entscheidung des Aufsichtsrats	722
(5) Vertrauensentzug im faktischen AG-Konzern	724
(6) Amtsniederlegung und Kündigung durch das Vorstandsmitglied	725
gg) Sonstige unbenannte Widerrufsgründe	727
e) Kein Beurteilungsspielraum, aber Ermessen	733
f) Anhörung?	737
g) Benachteiligungsverbot des Allgemeinen Gleichbehandlungsgesetzes (AGG)	739
h) Verwirkung	740
i) Entschließungsfreiheit	741
j) Beschlussfassung im Aufsichtsrat	742
k) Widerrufserklärung, Befristung, Bedingung	744
l) Zugang der Widerrufserklärung beim Vorstandsmitglied	746
aa) Erklärungsvertreter und Erklärungsbote	747
bb) Nachweis der Befugnis zur Erklärung oder Übermittlung des Widerrufs	748
(1) Befugnis in der Satzung	749
(2) Befugnis in der Geschäftsordnung für den Aufsichtsrat	750
(3) Befugnis durch Einzelurkunde, insbes. Sitzungsniederschrift	752
(4) Befugnis des Aufsichtsratsvorsitzenden kraft seiner Funktion oder aufgrund konkludenter Ermächtigung?	753
m) Rechtsschutz des Vorstandsmitglieds	755
aa) Zuständigkeit der ordentlichen Gerichte	756
bb) Schiedsfähigkeit	759
cc) Prüfung des Gerichts, „Nachschieben" von Gründen	763
dd) Vorläufige Wirksamkeit des Widerrufs der Bestellung	766
ee) Klage des Vorstands- oder eines Aufsichtsratsmitglieds gegen den Widerruf der Bestellung	767
(1) Berufung ausschließlich auf fehlenden wichtigen Grund	768
(2) Berufung auch auf formelle Mängel	769
ff) Erledigung in der Hauptsache	772
gg) Einstweiliger Rechtsschutz	774
n) Umgang mit einem Schwebezustand	777
aa) Erneute Bestellung	777

	Rn.
bb) Außergerichtlicher Vergleich	778
cc) Bestellung eines neuen Vorstandsmitglieds	779
o) Publizität (Handelsregister, Geschäftsbriefe, Rechnungslegung)	781
6. Amtsniederlegung	782
a) Form, Inhalt	783
b) Befristung, Bedingung	785
c) Zugang	787
d) Wichtiger Grund als Wirksamkeitsvoraussetzung?	789
e) Unwirksamkeit bei Rechtsmissbrauch	791
f) Auswirkungen auf den Anstellungsvertrag	793
aa) Berechtigte und unberechtigte Amtsniederlegung	793
bb) Wichtiger Grund für die Amtsniederlegung	796
g) Auswirkungen auf andere Konzernmandate	799
h) Pflichten des Aufsichtsrats	800
i) Verpflichtung zur Amtsniederlegung?	802
7. Einvernehmliche Amtsbeendigung	805
a) Zulässigkeit	805
b) Verfahren	807
c) Entscheidung des Aufsichtsrats	808
8. Suspendierung	810
a) Einseitige Suspendierung	812
aa) Meinungsstand	812
bb) Stellungnahme	813
(1) Wichtiger Grund	814
(2) Begründeter Suspendierungsanlass	815
cc) Keine „Selbstsuspendierung" durch das Vorstandsmitglied	820
dd) Stay on Board-Initiative – Anspruch auf Ruhenlassen des Amts?	821
b) Einvernehmliche Suspendierung	822
c) Verfahren für die einseitige und die einvernehmliche Suspendierung	825
d) Zeitliche Grenzen einer zulässigen Suspendierung	830
aa) Meinungsstand zum zulässigen Suspendierungszeitraum	830
bb) Stellungnahme	833
cc) Rechtsfolgen bei Überschreitung des maximal zulässigen Suspendierungszeitraums	835
e) Rechtsfolgen einer zulässigen Suspendierung	836
aa) Amtsstellung, Publizität	836
bb) Rechte, Pflichten und Verantwortlichkeit des suspendierten Vorstandsmitglieds	837
(1) Verbot der Wahrnehmung der Rechte und Pflichten als Vorstandsmitglied	837
(2) Pflichten im öffentlichen Interesse	840
(3) Verantwortlichkeit	843
(4) Pflichten nach dem Ende der Suspendierung	845
(5) Anstellungsvertrag	846
f) Entscheidung über die Suspendierung, Pflichten von Aufsichtsrat und Vorstand	847
g) Reaktionsmöglichkeiten des Vorstandsmitglieds bei einseitiger Suspendierung	853
h) Suspendierung der Ernennung zum Vorstandsvorsitzenden	855
9. Einvernehmliche Freistellung/Dienstbefreiung	856
a) Inhalt, Zulässigkeit und Voraussetzungen	857
aa) Meinungsstand	857
bb) Stellungnahme	860
b) Verfahren	863
c) Rechte und Pflichten des dienstbefreiten Vorstandsmitglieds	865
aa) Verbleibende Aufgaben	865
bb) Pflichten nach dem Ende der Dienstbefreiung	868
cc) Anstellungsvertrag	869
d) Pflichten von Aufsichtsrat und Vorstand	870
10. Vorsitzender des Vorstands (§ 84 Abs. 2 AktG)	874
a) Keine zwingende Satzungsvorgabe	874
b) Verfahren	875
c) Dauer und Verlängerung der Ernennung, aufschiebende Bedingung und Befristung, automatische Verlängerung	879

	Rn.
d) Publizität (Handelsregister, Geschäftsbriefe und Rechnungslegung)	886
e) Aufgaben des Vorstandsvorsitzenden	887
aa) Organisation, Koordinierung, Repräsentation	887
bb) Besondere Entscheidungsrechte	888
f) Arbeitsdirektor als Vorstandsvorsitzender?	890
g) Zwei Vorstandsvorsitzende?	892
h) Beendigung der Ernennung	894
aa) Isolierter Widerruf der Ernennung	895
bb) Isolierte Niederlegung der Ernennung, einvernehmliche isolierte Beendigung	899
i) Vorstandssprecher	901
aa) Begriff, Aufgaben und Befugnisse	901
bb) „Ernennung"	902
cc) Handelsregister, Geschäftsbriefe	905
dd) Verlängerung der „Ernennung"	906
ee) Beendigung der „Ernennung"	907
11. Arbeitsdirektor	911
12. Stellvertreter von Vorstandsmitgliedern (§ 94 AktG)	912
a) Begriff, Hintergrund, Ermessen des Aufsichtsrats	912
b) Aufgaben und Befugnisse, Bestellung zum Arbeitsdirektor	915
c) „Hoch-" und „Herabstufung"	918
d) Publizität (Handelsregister, Geschäftsbriefe, Rechnungslegung)	921
13. Aufsichtsratsmitglieder als Stellvertreter von Vorstandsmitgliedern (§ 105 Abs. 2 AktG)	922
a) Normzweck	922
b) Voraussetzungen	923
aa) Enge oder weite Auslegung?	923
bb) „Fehlendes" oder „verhindertes" Vorstandsmitglied	925
(1) Fehlen eines Vorstandsmitglieds	925
(2) Verhinderung eines Vorstandsmitglieds	928
(3) Maßstab für das Fehlen oder die Verhinderung	930
cc) Dauer der Bestellung zum Stellvertreter	932
dd) Bestellung zum Stellvertreter des Vorstandsmitglieds einer Tochter-AG?	937
c) Wirkungen der Stellvertretung, Rechte und Pflichten des Stellvertreters	939
aa) Rechte und Pflichten als Stellvertreter, Vorstandsvergütung	939
bb) Auswirkungen auf das Amt als Aufsichtsratsmitglied	941
d) Rechte und Pflichten des vertretenen Vorstandsmitglieds	947
e) Rechtsfolgen bei Nicht-Vorliegen der Voraussetzungen für die Bestellung zum Stellvertreter	948
f) Entscheidung des Aufsichtsrats	950
aa) Verfahren	950
bb) Ermessen	954
g) Annahme, Beginn und Ende der Stellvertretung	956
h) Publizität (Handelsregister, Geschäftsbriefe, Rechnungslegung, Liste der Aufsichtsratsmitglieder)	964
i) Modifikationen oder Ausschluss der Möglichkeit, Aufsichtsratsmitglieder zum Stellvertreter zu bestellen?	968
14. Der erste Vorstand (§ 30 Abs. 4 AktG)	970
a) Bestellung	970
b) Annahme der Bestellung, Dauer der Amtszeit, Widerruf	975
c) Aufgaben und Verantwortlichkeit	978
d) Vergütung	980
15. Gerichtliche Bestellung von Vorstandsmitgliedern (§ 85 AktG)	983
a) Regelungszweck	983
b) Bestellungsvoraussetzungen	984
aa) „Fehlen" eines Vorstandsmitglieds	985
bb) „Erforderlichkeit" des fehlenden Vorstandsmitglieds	991
cc) Dringender Fall	996
c) Verfahren	1001
aa) Antrag eines Beteiligten	1001
(1) Antragsberechtigung	1002
(2) Vorschlag, mehrere Anträge	1005

	Rn.
(3) Antragspflicht?	1006
bb) Zuständiges Gericht	1007
cc) Verfahrensbeteiligte; Anhörung	1008
dd) Prüfung des Gerichts	1012
ee) Beschluss, Bekanntgabe, Annahme der Bestellung	1016
ff) Handelsregister	1018
d) Besondere Vorstandsmitglieder	1019
aa) Vorstandsvorsitzender	1019
bb) Arbeitsdirektor	1020
cc) Erster Vorstand	1022
e) Organpflichten, Vertretungs- und Geschäftsführungsbefugnis	1023
aa) Vertretungsbefugnis	1024
bb) Geschäftsführungsbefugnis	1027
f) Amtsdauer, Befristung	1029
g) Widerruf der Bestellung	1034
aa) Wichtiger Grund	1035
bb) Antragserfordernis	1037
cc) Pflicht zum Widerruf	1041
dd) Rechtsmittel gegen die gerichtliche Entscheidung über den Widerruf	1042
h) Sonstige Beendigungsgründe	1043
i) Weitere Bestellung bei fortbestehender Dringlichkeit	1045
j) Kein Austausch ohne vorherige Aufhebung oder Beendigung der Bestellung	1046
k) Auslagenersatz und Vergütung (§ 85 Abs. 3 AktG)	1047
l) Rechtsmittel gegen die gerichtliche Entscheidung über einen Bestellungsantrag	1052
16. Beschlussvorschlag an die Hauptversammlung zur Entlastung der Vorstands- und Aufsichtsratsmitglieder (§§ 120, 119 Abs. 1 Nr. 4 AktG)	1058
a) Entlastungsentscheidung der Hauptversammlung	1059
aa) Bedeutung der Entlastung	1059
bb) Gesamt- und Einzelentlastung	1062
cc) Entscheidung in den ersten acht Monaten des Geschäftsjahrs	1070
dd) Mehrheitserfordernis, Stimmrechtsausschlüsse	1076
ee) Entlastungszeitraum	1085
ff) Sachliche und zeitliche Beschränkungen der Entlastung	1088
gg) Vertagung der Entlastungsentscheidung	1091
hh) Rechtsfolgen von Entlastung, Entlastungsverweigerung und Vertagung	1097
(1) Erteilung der Entlastung	1097
(2) Verweigerung der Entlastung	1100
(3) Vertagung der Entscheidung über die Entlastung	1106
ii) Widerruf der Entlastung und neue Sachentscheidung	1107
jj) Entlastung im Zusammenhang mit Umwandlungsvorgängen	1111
(1) Verschmelzung	1112
(2) Formwechsel	1115
b) Kein Anspruch auf Entlastung	1117
c) Informationspflichten	1118
aa) Vorlage- und Erläuterungspflichten	1118
bb) Auskunftsrecht	1121
(1) Reichweite des Auskunftsrechts bei der Entlastung	1122
(2) Auskunftsverweigerungsrecht	1128
(3) Entscheidung über die Erteilung und Verweigerung von Auskünften	1134
(4) Anfechtbarkeit nur bei wesentlichen Informationsmängeln	1137
d) Inhaltliche Bindung der Hauptversammlung	1140
aa) Schwerwiegender Gesetzes- oder Satzungsverstoß	1142
bb) Rechtlich eindeutiger Gesetzes- oder Satzungsverstoß	1146
cc) In tatsächlicher Hinsicht festgestellter Gesetzes- oder Satzungsverstoß	1147
dd) Gesetzes- oder Satzungsverstoß im Entlastungszeitraum	1155
ee) Darlegungs- und Beweislast in Beschlussmängelklageverfahren	1158
e) Beschlussvorschlag des Aufsichtsrats für die Entlastungsentscheidung (§ 124 Abs. 3 S. 1 AktG)	1160
aa) Kann der Aufsichtsrat vorschlagen, die Entlastung zu verweigern?	1162
bb) Eventual- oder Alternativvorschläge?	1164
cc) Verfahren	1165

	Rn.
(1) Stimmrechtsausschluss?	1166
(2) Abfolge der Entscheidungen von Aufsichtsrat und Vorstand	1169
dd) Individuelle Beurteilung	1170
ee) Vorschlag zu inhaltlich rechtmäßigem Beschluss der Hauptversammlung	1171
ff) Vorbereitung des Beschlussvorschlags	1173
gg) Abwägung des Aufsichtsrats	1175
hh) Berücksichtigung von Pflichtverletzungen aus früheren Geschäftsjahren	1179
ii) Nachträgliche Anpassung von Beschlussvorschlägen	1180
f) Anträge von Aktionären (§ 122, § 126 AktG)	1181
II. Anstellungsverhältnis	1183
1. Begriff und Rechtsnatur	1183
a) Anstellungsvertrag	1183
b) Abgrenzung zur Bestellung zum Organmitglied	1184
c) Vorstandsmitglieder als Arbeitnehmer?	1188
aa) Keine Arbeitnehmereigenschaft	1189
bb) Unionsrechtlicher Arbeitnehmerbegriff	1191
cc) Das Vorstandsmitglied als arbeitnehmerähnliche Person?	1197
dd) Anwendung arbeitsrechtlicher Vorschriften	1200
d) Sozialversicherungsrechtliche Behandlung	1207
aa) Renten- und Arbeitslosenversicherung	1207
bb) Kranken-, Pflege- und Unfallversicherung	1210
2. Begründung des Anstellungsverhältnisses	1214
a) Vertragsschluss und Zuständigkeit	1214
aa) Allgemeines	1214
bb) Zuständigkeit des Aufsichtsrats	1217
cc) Übertragung auf einen Ausschuss	1222
b) Vertragsdauer	1225
c) Schutz des Organmitglieds	1231
aa) AGB-Kontrolle, §§ 305 ff. BGB	1231
bb) Diskriminierungsschutz, § 6 Abs. 3 AGG	1234
d) Drittanstellung/Drittvergütung	1243
aa) Drittanstellungsvertrag	1247
(1) Merkmale	1247
(2) Rechtliche Zulässigkeit	1251
bb) Drittvergütung	1260
e) Mängel bei Vertragsschluss und deren Rechtsfolgen	1264
aa) Typisierung möglicher Mängel	1264
bb) Mängelfolgen	1267
f) Auswirkung auf ein bereits bestehendes Arbeitsverhältnis	1273
3. Vergütung	1281
a) Allgemeine Vorschriften	1282
aa) §§ 275, 326 BGB	1282
bb) § 615 BGB	1283
cc) § 616 BGB	1288
dd) Gleichbehandlungsanspruch	1290
b) Gesetzliche Vorgaben zur Vorstandsvergütung	1291
aa) Angemessenheit der Vorstandsvergütung	1291
(1) Gesamtbezüge	1294
(2) Aufgaben und Leistungen des Vorstandsmitglieds	1295
(3) Lage der Gesellschaft	1301
(4) Übliche Vergütung	1304
(5) Nachhaltige und langfristige Entwicklung	1312
(6) Begrenzungsmöglichkeit für außerordentliche Entwicklungen	1320
(7) Folgen bei Vereinbarung unangemessener Bezüge	1322
bb) Nachträgliche Herabsetzung der Vorstandsvergütung	1328
c) Vorstandsvergütungssystem	1337
aa) Allgemeines	1337
(1) Anwendungsbereich	1338
(2) Zuständigkeit	1345
(3) Adressatenleitbild	1347
(4) Reichweite der gesetzlichen Vorgaben	1348
bb) Einzelaspekte des Vergütungssystems (Abs. 1 S. 2)	1349

	Rn.
(1) Nr. 1: Festlegung einer Maximalvergütung	1349
(2) Nr. 2: Beitrag der Vergütung zur Förderung der Geschäftsstrategie und zur langfristigen Entwicklung der Gesellschaft	1352
(3) Nr. 3: Vergütungsbestandteile	1354
(4) Nr. 4: Leistungskriterien für die Gewährung variabler Vergütungsbestandteile	1357
(5) Nr. 5: Aufschubzeiten für die Auszahlung von Vergütungsbestandteilen	1359
(6) Nr. 6: Rückforderungsmöglichkeiten	1360
(7) Nr. 7: Aktienbasierte Vergütung	1361
(8) Nr. 8: Vergütungsbezogene Rechtsgeschäfte	1362
(9) Nr. 9: Berücksichtigung der Vergütungs- und Beschäftigungsbedingungen der Arbeitnehmer	1363
(10) Nr. 10 Verfahren zur Fest- und zur Umsetzung sowie zur Überprüfung des Vergütungssystems	1364
(11) Nr. 11: Vorlage eines gemäß § 120a Abs. 3 AktG überprüften Vergütungssystems	1365
cc) Bindung des Aufsichtsrats an das vorgelegte System (Abs. 2 S. 1)	1366
dd) Abweichungen vom Vergütungssystem (Abs. 2 S. 2)	1369
d) Sonstige Vorgaben zur Vorstandsvergütung	1375
aa) Deutscher Corporate Governance Kodex (DCGK)	1375
(1) Allgemeines	1375
(2) Grundsatz 23	1381
(3) Empfehlungen	1385
(4) Anregung	1460
bb) „Investorenerwartungen"	1465
e) Gestaltungsmöglichkeiten	1472
aa) Zulässigkeit einer reinen Festvergütung	1474
bb) Kurzfristige variable Vergütung	1475
cc) Langfristige variable Vergütung	1482
(1) Performance Share Pläne	1484
(2) Performance Cash Pläne	1491
(3) Aktien und Aktienoptionen	1493
dd) Malus-, Bad Leaver- und Clawback-Klauseln	1496
(1) Grundsätzliche Einteilung	1496
(2) Malus-Klauseln	1500
(3) Bad Leaver-Klauseln	1502
(4) Clawback-Klauseln	1511
ee) Bonuszahlungen aus bestimmten Anlässen	1522
(1) Allgemeine Anforderungen im Vergütungssystem börsennotierter Aktiengesellschaften	1522
(2) Sign-On Bonus	1523
(3) Transaktionsbonus	1526
(4) IPO-Bonus	1530
ff) Sachleistungen	1532
gg) Share Ownership Guidelines („SOG")	1535
hh) Nachträgliche Sonderzahlungen	1538
(1) Allgemeines	1538
(2) „Mannesmann"-Rechtsprechung des BGH	1540
(3) Sondervergütungsklauseln im Anstellungsvertrag	1543
(4) Dokumentation der Entscheidung	1546
(5) Sondervergütungsklauseln nach ARUG II und DCGK 2020	1547
f) Vergütung durch Dritte	1549
g) Offenlegung der Vorstandsvergütungen	1550
aa) Allgemeines	1550
bb) Pflichtangaben nach HGB	1552
cc) Vergütungsbericht (§ 162 AktG)	1555
(1) Normzweck	1556
(2) Zeitliche Vorgaben für die Erstellung des Vergütungsberichts	1559
(3) Adressatenleitbild	1560
(4) Zuständigkeit	1561
(5) Verhältnis zu handelsrechtlichen Publizitätspflichten	1564

	Rn.
(6) Inhalt des Vergütungsberichts	1566
(7) Prüfung (Abs. 3)	1579
(8) Veröffentlichung (Abs. 4)	1582
(9) Datenschutz der Organmitglieder (Abs. 5)	1584
(10) Vertraulichkeitsschutz der Gesellschaft (Abs. 6)	1585
dd) DRS und IFRS	1587
4. Wettbewerbs- und Nebentätigkeitsverbote	1589
a) Die gesetzlichen Wettbewerbsverbote, § 88 AktG	1590
aa) Anwendungsbereich	1593
(1) Persönlich	1593
(2) Zeitlich	1594
(3) Sachlich	1595
bb) Einwilligung des Aufsichtsrats	1600
cc) Rechtsfolgen bei Verstoß gegen die Wettbewerbsverbote	1601
dd) Verjährung	1608
ee) Verhältnis der Wettbewerbsverbote zur Geschäftschancenlehre	1609
b) Wettbewerbsverbote zwischen Abberufung und Ende des Anstellungsvertrags	1611
aa) Gesetzliche Wettbewerbsverbote	1612
bb) Vertragliches Wettbewerbsverbot	1613
c) Nachvertragliche Wettbewerbsverbote	1615
aa) Anwendbarkeit der §§ 74 ff. HGB	1617
bb) Prüfungsmaßstab	1620
cc) Berechtigtes Interesse der Gesellschaft	1621
dd) Umfang des Wettbewerbsverbots	1622
(1) Örtlich	1623
(2) Zeitlich	1624
(3) Sachlich	1625
ee) Karenzentschädigung	1627
ff) Unbillige Beschränkungen und geltungserhaltende Reduktion	1629
gg) Maßgeblicher Zeitpunkt	1633
hh) Bedingte Wettbewerbsverbote und Verzicht	1634
ii) Rechtsfolgen	1637
d) Nebentätigkeitsverbote	1638
aa) Einwilligung des Aufsichtsrats	1639
bb) Widerrufsvorbehalt	1642
cc) Anrechnung der Vergütung und mögliche Kosten	1643
dd) Rechtsfolgen und Vertragsstrafe	1645
ee) Empfehlungen im DCGK	1646
5. Sonstige Rechte und Pflichten	1648
a) Auslagen- und Kostenersatz	1648
aa) Freiwillige Aufwendungen	1649
bb) Unfreiwillige Aufwendungen	1651
b) Urlaub	1656
c) Sabbatical	1657
d) Teilzeit	1663
e) Anspruch auf Zeugniserteilung	1666
f) Treuepflicht	1667
aa) Loyalitätspflicht	1668
bb) Missbrauchsverbot	1669
g) Verschwiegenheitpflicht	1671
h) Pflicht zur Weiterarbeit unterhalb der Vorstandsebene	1672
i) Vergütung nach Amtsniederlegung	1676
6. Beendigung des Anstellungsverhältnisses	1677
a) Verhältnis zum Widerruf der Bestellung	1677
b) Beendigungsgründe	1678
aa) Zeitablauf	1679
bb) „Koppelungsklausel" und Widerruf der Bestellung	1680
cc) Aufhebungsvertrag	1689
(1) Zuständigkeit	1689
(2) Inhalt	1691
dd) Außerordentliche Kündigung	1696
(1) Kündigungserklärung	1697

§ 4

Aufgaben und Kompetenzen

	Rn.
(2) Wichtiger Grund	1700
(3) Abwägung der Interessen	1707
(4) Keine Abmahnung	1708
(5) Kündigungserklärungsfrist	1709
(6) Außerordentliche Kündigung durch das Vorstandsmitglied	1727
(7) Nachschieben von Kündigungsgründen	1729
(8) Rechtsschutz des Organmitglieds	1731
ee) Ordentliche Kündigung	1732
ff) Change in Control/Change of Control-Klauseln	1737
c) Abfindung	1743
aa) Zulässigkeit	1744
bb) Höhe	1745
d) Übergangsgeld	1750
e) Auskunfts- und Herausgabepflichten	1754
aa) Auskunftsrecht der Gesellschaft	1756
bb) Herausgabeanspruch der Gesellschaft	1758
(1) Sachenrechtliche Herausgabepflicht	1759
(2) Herausgabeanspruch aus § 667 BGB	1762
(3) Vertragliche Vereinbarungen	1768
cc) Ansprüche des Organmitglieds	1771
dd) Sonstiges	1774
f) Ruhegehalt und Ruhegehaltszusage	1775
aa) Ruhegehalt	1775
(1) Abgrenzung von anderen Leistungen	1776
(2) Anwendbarkeit des Betriebsrentengesetzes auf Vorstandsmitglieder	1779
bb) Ruhegehaltszusage	1782
(1) Zusageformen und Durchführungswege	1786
(2) Versorgungsfälle	1796
cc) Gesetzliche Rahmenbedingungen im Überblick	1800
(1) Unverfallbarkeit	1800
(2) Insolvenzsicherung	1806
(3) Anpassungsprüfung und Dynamisierung	1812
dd) Widerruf bestehender Ruhegehaltszusagen	1818
III. Exkurs: Votum der Hauptversammlung zum Vorstandsvergütungssystem und zum Vergütungsbericht (§ 120a AktG)	1821
1. Votum zum Vorstandsvergütungssystem (§§ 120a Abs. 1 bis 3, 119 Abs. 1 Nr. 3 AktG)	1823
a) Zwingende regelmäßige Vorlage des Vorstandsvergütungssystems	1823
aa) Ausschließliche Zuständigkeit des Aufsichtsrats	1824
bb) Bekanntmachung des vollständigen Inhalts der Unterlagen	1827
cc) Vorlage bei „jeder wesentlichen Änderung" und „mindestens alle vier Jahre"	1829
dd) Keine Pflicht zur regelmäßigen Änderung des Vorstandsvergütungssystems (Bestätigung)	1835
ee) Rechtsfolgen bei Verstößen gegen die Vorgaben zur Vorlage des Vorstandsvergütungssystems	1837
b) Entscheidung der Hauptversammlung	1840
aa) Inhalt der Entscheidung	1840
bb) Verfahren	1844
cc) Billigungsbeschluss als „Veranlassung" iSd §§ 311 ff. AktG?	1845
dd) Unanwendbarkeit der Regelungen für Related Party Transactions	1846
c) Lediglich empfehlender Charakter der Entscheidung der Hauptversammlung	1847
d) Rechtsfolgen einer Billigung durch die Hauptversammlung	1851
e) Rechtsfolgen einer Ablehnung durch die Hauptversammlung	1854
aa) Pflicht des Aufsichtsrats zur Überprüfung des Vergütungssystems	1855
bb) Pflicht des Aufsichtsrats zur erneuten Vorlage	1861
f) Auswahlermessen des Aufsichtsrats bei mehreren vorgelegten Vorstandsvergütungssystemen	1864
g) Rechtsmittel gegen das Votum der Hauptversammlung?	1869
h) Veröffentlichung des Votums der Hauptversammlung (§ 120a Abs. 2 AktG)	1874
2. Herabsetzung der Maximalvergütung	1879
a) Entscheidung der Hauptversammlung	1881

	Rn.
b) Verhältnis zwischen der Billigung des Vorstandsvergütungssystems und der Herabsetzung der Maximalvergütung	1886
c) Wirkungen einer Herabsetzung	1889
d) Grenzen der Herabsetzung	1895
e) Laufende Anstellungsverträge bleiben unberührt	1899
f) Aufnahme von Änderungsvorbehalten in Neuverträge?	1901
g) Verstöße des Aufsichtsrats gegen die herabgesetzte Maximalvergütung	1902
h) Anfechtung eines Herabsetzungsbeschlusses	1903
i) Anfechtung der Ablehnung einer Herabsetzung?	1907
3. Votum zum Vergütungsbericht (§ 120a Abs. 4 AktG, § 119 Abs. 1 Nr. 3 AktG)	1909
a) Erstellung, Prüfung und Vorlage des Vergütungsberichts	1910
aa) Einheitlicher Bericht des Vorstands und des Aufsichtsrats	1910
bb) Prüfung	1912
cc) Vorlage, Bekanntmachung	1913
b) Entscheidung der Hauptversammlung über die Billigung	1915
aa) Inhalt der Entscheidung	1915
bb) Verfahren	1919
c) Lediglich empfehlender Charakter der Entscheidung der Hauptversammlung	1920
d) Ausschluss der Anfechtbarkeit	1922
e) Erleichterung für kleine und mittelgroße Gesellschaften – bloße Erörterung des Vergütungsberichts (§ 120a Abs. 5 AktG)	1924
f) Veröffentlichung des Vergütungsberichts und des Votums zum Vergütungsbericht, handelsrechtliche Offenlegung der Vergütung	1926
4. Übergangsrecht	1931
5. Nicht börsennotierte Gesellschaften	1935
6. Börsennotierte KGaA	1936
a) Vorstandsvergütungssystem	1937
aa) Ist ein „Vorstands"-Vergütungssystem für den Komplementär zu erstellen und der Hauptversammlung vorzulegen?	1937
bb) Muss der Aufsichtsrat der KGaA ein Vergütungssystem für die Vorstandsmitglieder einer Komplementär-AG erstellen und der Hauptversammlung der KGaA vorlegen?	1939
b) Vergütungsbericht	1942
IV. D&O	1945
1. Entscheidungskompetenz für Abschluss der D&O-Versicherung	1945
2. Vertretungsbefugnis im Außenverhältnis zum Versicherer	1954
3. Pflicht zum Abschluss einer D&O-Versicherung	1957
a) Aufgrund ausdrücklicher Regelung im Dienstvertrag	1958
b) Aus Fürsorgepflicht oder Treuepflicht gegenüber Organmitglieder	1960
c) Pflicht zum D&O-Abschluss als Korrelat zur Abschlusskompetenz	1964
4. Verpflichtung zu fortbestehendem D&O-Versicherungsschutz	1966
a) Verhältnis zur Nachmeldung	1967
b) Versicherungsschutz im Insolvenzfall der Versicherungsnehmerin	1972
c) Inhaltliche Änderungen des D&O-Versicherungsschutzes	1978
d) Vertragliche Absicherung	1981
5. Berücksichtigung von D&O-Aspekten im Rahmen der ARAG/Garmenbeck-Doktrin	1984
a) Erfolgsaussichten hinsichtlich der D&O-Deckung	1985
aa) Ermittlung der maximalen Deckung	1986
(1) Doppeldeckung durch Nachmeldung bei früherem Versicherer	1987
(2) Deckung in zwei verschiedenen Versicherungsperioden desselben Versicherers	1989
(3) Ausschluss des Bewältigungsmanagements	1990
bb) Ermittlung der rechtlichen Risiken	1991
(1) Versicherte Personen	1992
(2) Auslegungsgrundsätze hinsichtlich Deckungsumfangs und Deckungsausschüssen	1994
(3) Deckungsausschluss wegen Kenntnis beim Vertragsabschluss	1995
(4) Deckungsausschluss wegen Vorsatz oder wissentlichen Pflichtverletzungen	1997
cc) Begrenzung der Klagesumme	2002
b) Entgegenstehende Gründe	2005

	Rn.
aa) Auswirkungen auf andere Haftungsfälle	2006
bb) Ausschluss des Bewältigungsmanagements	2007
cc) Folgen für die Neueindeckung mit D&O-Schutz	2009
6. Geltendmachung und Sicherung der Deckungsansprüche	2010
a) Gefahr der Verschlechterung der Rechtsposition gegenüber dem D&O-Versicherer	2011
b) Umstandsmeldung	2012
c) Deckungsklage gegen D&O-Versicherer	2017
d) Direktklagen gegen D&O-Versicherer	2023
aa) Hintergrund der Diskussion über Direktklagen	2024
bb) Änderung der Rechtslage hinsichtlich des Direktanspruchs	2027
cc) Anerkenntnis der versicherten Person	2030
dd) Wechselseitige Zusagen im Zusammenhang mit Vorbereitung einer Direktklage	2032
(1) Vollstreckungsverzicht oder Pactum den non petendo	2033
(2) Abtretung des Freistellungsanspruchs	2034
(3) Rechtliches oder wirtschaftliches Scheitern des Freistellungsanspruchs	2035
e) Prozessuale und prozesstaktische Aspekte einer Direktklage	2037
f) Zustimmungserfordernisse und rechtliche Risiken hinsichtlich der Wirksamkeit	2042
V. Geschäftsordnung für den Vorstand (§ 77 Abs. 2 AktG)	2047
1. Zuständigkeit	2047
a) Unentziehbare Primärzuständigkeit des Aufsichtsrats und Subsidiärzuständigkeit des Vorstands	2048
b) Regelung von Einzelfragen durch die Satzung	2051
c) Rechtsfolgen bei fehlender Erlasskompetenz	2054
2. Pflicht zum Erlass einer Geschäftsordnung?	2057
3. Verfahren	2060
a) Vorstand	2060
b) Aufsichtsrat	2062
4. Formerfordernis	2063
a) Vorstand	2063
b) Aufsichtsrat	2065
5. Vorgaben an den Regelungsumfang, Rahmen-Geschäftsordnung	2067
6. Geltungsdauer	2069
a) Inkrafttreten	2069
b) Rückwirkung?	2070
c) Außerkrafttreten	2071
d) Auswirkungen personeller Veränderungen	2073
7. Bindungswirkung	2075
a) Allgemeine Bestimmungen	2076
b) Personen- und objektbezogene Bestimmungen	2079
c) Persönliche Verhaltenspflichten der Vorstandsmitglieder	2080
8. Geschäftsverteilung	2081
a) Grenzen der Geschäftsverteilung	2083
aa) Grundsatz der Gesamtverantwortung	2084
(1) Zuständigkeit des Gesamtvorstands kraft gesetzlicher Zuweisung	2085
(2) Kernbereich der Leitung der AG	2088
(3) Rückfall von Ressortzuständigkeiten an den Gesamtvorstand in Krisensituationen	2092
bb) Grundsatz der Gleichberechtigung	2094
(1) Inhalt	2094
(2) „Zölibatsklauseln"	2096
b) Verantwortlichkeit und Haftung der Vorstandsmitglieder	2099
c) Voraussetzungen einer wirksamen Geschäftsverteilung	2103
aa) Inhaltliche Anforderungen	2104
bb) Ist die Geschäftsverteilung zwingend schriftlich zu fixieren?	2107
d) Bezeichnung der Geschäftsbereiche	2109
e) Geschäftsverteilungsplan	2110
f) Gestaltungsformen der Geschäftsverteilung und Entscheidung des Aufsichtsrats	2111
g) Änderung der Geschäftsverteilung	2115

	Rn.
h) Rechtsfolgen bei Verstößen gegen gesellschaftsrechtliche oder anstellungsvertragliche Vorgaben	2118
9. Mögliche weitere Regelungsgegenstände	2123
a) Geschäftsführungsbefugnis, Zuständigkeit des Gesamtvorstands	2126
b) Vertretungsbefugnis	2129
c) Vorstandssitzungen	2130
d) Beschlussfähigkeit	2132
e) Beschlussteilnahme abwesender Vorstandsmitglieder	2134
f) Mehrheitserfordernisse	2136
g) Form der Beschlussfassung	2138
h) Vorstandsvorsitzender, „Vorstandssprecher"	2139
i) Stichentscheid, Vetorecht	2140
j) Vorstandsausschüsse	2146
k) Berichte des Vorstands (§ 90 AktG)	2147
l) Umsetzung von Vorgaben des DCGK	2148
m) „Programmsätze", Wiedergabe und Konkretisierung gesetzlicher Pflichten	2150
n) Zustimmungsvorbehalte zugunsten des Aufsichtsrats	2151
10. Auslegung der Geschäftsordnung	2152
11. Änderung und Durchbrechung der Geschäftsordnung	2153
a) Änderung und Durchbrechung durch den Vorstand	2153
b) Änderung durch den Aufsichtsrat	2155
12. Verstöße gegen die Geschäftsordnung	2157
13. Offenlegung der Geschäftsordnung	2158
VI. Abschlussprüfer	2160
1. Einleitung: Funktion des Abschlussprüfers, zwingende und freiwillige Prüfungen	2160
a) Jahresabschluss, Lagebericht, Konzernabschluss, Konzernlagebericht	2162
b) Halbjahresfinanzberichte, unterjährige Finanzinformationen	2167
c) Berichterstattung zur Corporate Social Responsibility	2174
2. Verfahrensablauf zur Bestellung und Beauftragung des Abschlussprüfers	2175
3. Auswahl des Abschlussprüfers	2176
a) Zuständigkeit des Prüfungsausschusses	2176
b) Geeignete Abschlussprüferkandidaten	2177
aa) Anforderungen	2178
bb) Nichtigkeit von beschränkenden Vereinbarungen	2179
cc) Unabhängigkeit des Abschlussprüfers, keine Befangenheit	2180
dd) Die Ausschlussgründe im Einzelnen	2182
(1) § 319 Abs. 2 HGB	2182
(2) § 319 Abs. 3 HGB	2183
(3) § 319 Abs. 4 HGB, § 319b HGB	2195
(4) Folge einer Verletzung der §§ 319, 319b HGB	2198
4. Bei der Auswahl zu berücksichtigende Besonderheiten für Unternehmen von öffentlichem Interesse (PIEs)	2202
a) PIE	2203
b) Einschränkung von Nichtprüfungsleistungen (Art. 5 Abschlussprüfer-VO)	2204
aa) Nichtprüfungsleistungen	2205
bb) Verbot der Erbringung bestimmter Nichtprüfungsleistungen (sog. Blacklist)	2206
cc) Billigung erlaubter Nichtprüfungsleistungen	2218
dd) Rechtsfolgen eines Verstoßes gegen Art. 5 Abschlussprüfer-VO	2223
c) Auswahl des Abschlussprüfers des PIEs	2224
aa) Allgemeines zur Auswahl im PIE	2224
bb) Das Auswahlverfahren des Art. 16 Abs. 3 Abschlussprüfer-VO im Einzelnen:	2226
cc) Weitere Ausschlussgründe nach § 319a HGB für PIEs	2233
(1) Steuerberatungsleistungen	2234
(2) Bewertungsleistungen	2235
(3) Rechtsfolgen eines Verstoßes	2236
dd) Besonderheiten im Konzern	2237
d) Zeitliche Grenzen der Bestellung desselben Abschlussprüfers bei PIEs (Zwang zur externen Rotation)	2239
aa) Grundfall: 10 Jahre	2240
bb) Verlängerung der Höchstlaufzeit	2243

	Rn.
cc) Übergangsfristen	2247
dd) Folgen bei Überschreitung der Höchstlaufzeit	2248
e) Interne Rotation	2249
5. Vorschlag des Prüfungsausschusses	2251
6. Wahlvorschlag des Aufsichtsrats an die Hauptversammlung	2255
7. Beauftragung des Abschlussprüfers	2259
8. Haftung des Abschlussprüfers, Abberufung	2264
D. Vertretungskompetenz	2267
I. Reichweite des § 112 AktG	2267
1. Einleitung	2267
a) Inhalt und Zweck	2267
b) Normcharakter	2268
aa) Zwingender Charakter	2268
bb) Kein abschließender Charakter	2269
c) Umfang	2270
d) Konkurrenz zu anderen Vorschriften	2271
aa) § 181 BGB	2271
bb) § 147 Abs. 2 AktG	2272
cc) § 89 AktG	2273
2. Anwendungsbereich	2276
a) Persönlicher Anwendungsbereich	2276
aa) Vorstandsmitglieder	2276
(1) Aktive Vorstandsmitglieder	2276
(2) Zukünftige Vorstandsmitglieder	2277
(3) Ehemalige Vorstandsmitglieder	2279
bb) Dritte	2282
(1) Vertreter von Vorstandsmitgliedern	2282
(2) Vorstandsunternehmen	2283
(3) Angehörige	2294
(4) D&O-Versicherung	2295
(5) Interim Management Agenturen	2297
(6) Verträge mit Dritten zugunsten eines Vorstandsmitglieds	2299
(7) Aktionäre	2300
(8) Sachverständige im Rahmen von § 111 Abs. 2 S. 2 AktG	2301
(9) Abschlussprüfer	2306
b) Sachlicher Anwendungsbereich	2308
c) Wissenszurechnung	2314
3. Ausübung der Vertretungsmacht	2317
a) Willensbildung	2318
aa) Zuständigkeit	2318
bb) Beschluss § 108 AktG	2321
cc) Beschlussmängel	2322
b) Willensäußerung	2325
c) Nachweis	2328
4. Mängel der Vertretungsmacht	2329
a) Prozessuale Folgen	2329
b) Materiell-rechtliche Folgen	2336
aa) Vertretung durch den Vorstand/Dritte	2336
bb) Vertretung durch einzelnes Aufsichtsratsmitglied	2337
II. Anspruchsverfolgung gegenüber Vorstandsmitgliedern	2339
1. Kompetenz des AR in Abgrenzung zu HV und Vorstand	2339
a) § 93 Abs. 4 AktG	2340
b) §§ 147, 148 AktG	2346
c) Initiativrecht der Hauptversammlung zur Herbeiführung eines Vergleichs/Verzichts analog § 83 AktG?	2348
d) Besonderer Vertreter	2350
e) Vertretungskompetenz gegenüber aktiven und ehemaligen Vorstandsmitgliedern	2351
f) Witwen und Waisen	2353
g) Fehlerhafte Bestellung und Haftung	2354
2. Objektiver Pflichtverstoß	2355
a) Sorgfalts- und Treuepflicht	2356

	Rn.
b) Tun oder Unterlassen	2360
c) Organisation, Ressortprinzip, Delegation und Überwachung	2361
d) Compliance-System	2366
e) Konsensprinzip und Mehrheitsbeschlüsse, Folgen für Haftung	2368
f) Beobachtungs- und Prüfungspflicht, insbes. Legalitätspflicht und „Business Judgment Rule"	2370
g) Kapitalschutz	2379
h) Massesicherungs- und Insolvenzantragspflicht	2380
i) Transparente Information im Vorstand und gegenüber dem Aufsichtsrat	2386
j) Kompetenzverstoß	2389
3. Verschulden	2390
a) Maßstäbe, auch wg D&O	2392
b) Haftungsreduzierung?	2394
c) Tatsachen- und Rechtsirrtum	2396
d) Einholung von (Rechts)Rat (ISION)	2398
4. Schaden	2402
a) Vermögensschaden	2403
b) Bußgeld als Schaden	2405
c) Schmiergeldzahlungen	2409
d) Soziale Aufwendungen	2410
e) Schädigung einer Tochtergesellschaft	2411
f) Vorteilsausgleich	2413
5. Kausalität	2416
a) Ursachenzusammenhang	2417
b) Rechtmäßiges Alternativverhalten	2418
c) Kollegialentscheidungen	2419
d) Kompetenzverstoß und Kausalität	2420
6. Darlegungs- und Beweislast	2421
a) Grundsatz	2421
b) Auch bei Witwen und Waisen und Rechtsnachfolge?	2423
c) Dokumenten-Zugang für Vorstandsmitglied bei Inanspruchnahme	2424
7. ARAG/Garmenbeck-Doktrin	2425
8. Gesamtschuld	2433
a) Grundlagen	2433
b) Innenausgleich	2434
c) „Kreiselregress"	2435
9. Verjährung	2436
a) Beginn	2437
b) Hemmung der Verjährung – andere Sicherungsmaßnahmen	2439
c) Verjähren lassen?	2441
10. Verzicht und Vergleich (§ 93 Abs. 4 S. 3 AktG)	2443
11. Andere Anspruchsgrundlagen als § 93 AktG	2447
E. Mitwirkungskompetenz	2449
I. Entsprechenserklärung und DCGK	2449
1. Entsprechenserklärung, § 161 AktG	2449
a) Allgemeines	2449
aa) Zweck und Rechtsnatur	2450
bb) Bindungswirkung und Aktualisierungspflicht	2453
b) Beschlusskompetenz	2456
aa) Verpflichtete Unternehmen	2456
bb) Organkompetenz	2458
c) Beschlussfassung	2460
aa) Beschlussvorbereitung	2460
bb) Internes Vorgehen zwischen Aufsichtsrat und Vorstand	2464
(1) Vergangenheitsbezogene Erklärungen	2465
(2) Zukunftsbezogene Erklärungen	2467
cc) Zeitpunkt	2468
dd) Form und Veröffentlichung, § 161 Abs. 2 AktG	2470
d) Erklärungsinhalt	2472
aa) Allgemeines	2472
bb) Entscheidungsvarianten	2474
2. Folgen fehlerhafter Beschlüsse	2481

§ 4 Aufgaben und Kompetenzen

	Rn.
a) Gründe für die Fehlerhaftigkeit	2481
b) Anfechtbarkeit von Beschlüssen	2483
aa) Entlastungsbeschlüsse	2485
bb) Wahlbeschlüsse	2489
c) Haftung	2492
aa) Allgemeines Haftungsrisiko	2492
bb) Innenhaftung	2495
cc) Außenhaftung	2497
(1) Vertragsähnliche Haftung	2498
(2) Deliktische Haftung	2499
(3) Haftung nach Wertpapierhandelsrecht	2502
d) Ordnungswidrigkeiten und Strafbarkeitsrisiken	2503
aa) Ordnungswidrigkeiten	2504
bb) Strafbarkeitsrisiken	2505
3. DCGK	2507
a) Zweck und Ziel	2507
b) Rechtsnatur	2512
c) Inhalt	2514
aa) Aufbau und Systematik	2514
bb) Bindungswirkung des DCGK	2518
(1) Allgemeines	2518
(2) Befolgung in der Praxis	2520
d) Erhöhte Anforderungen durch Novellen	2523
aa) Änderungen 2017	2524
bb) Änderungen 2019	2527
II. Anmeldungen durch den Aufsichtsrat	2538
1. Keine originären Anmeldepflichten	2538
2. Mitwirkungspflichten	2540
a) Kapitalerhöhungen	2541
b) Kapitalherabsetzungen	2548
3. Rechtsfolgen bei Verstößen	2551
III. Aufgaben, sonstige besondere Aufgaben, Hauptversammlungsleitung	2552
1. Erfordernis und Bestimmung des Versammlungsleiters	2552
2. Abwahl des Versammlungsleiters, Niederlegung des Amtes	2560
a) Durch die Hauptversammlung gewählter Versammlungsleiter	2561
b) Durch die Geschäftsordnung bestimmter Versammlungsleiter	2562
c) Satzungsmäßig bestimmter Versammlungsleiter	2563
d) Gerichtlich bestimmter Versammlungsleiter	2566
e) Abstimmung über die Abwahl	2567
f) Niederlegung der Versammlungsleitung	2569
3. Die Aufgaben und Kompetenzen des Versammlungsleiters sowie die von ihm bei deren Wahrnehmung zu beachtenden Grundsätze	2571
4. Aufgaben vor der Hauptversammlung	2574
5. Aufgaben in und Ablauf der Hauptversammlung sowie deren Abbildung im Leitfaden (Überblick)	2578
a) Typischer Ablauf der Hauptversammlung	2578
b) Bestimmung und Einhaltung des Zeitrahmens	2586
c) Teilnehmerverzeichnis	2589
d) Unterbrechung der Hauptversammlung	2590
6. Besondere Aufgaben in der (General-)Debatte	2591
a) Bestimmung der Reihenfolge der Behandlung der Tagesordnungspunkte und der Redner in der Debatte	2592
b) Maßnahmen zur Beschleunigung der Debatte	2595
aa) Beschränkung der Rede- und Fragezeit	2596
bb) Schließung der Rednerliste	2600
cc) Vorzeitige Beendigung der Debatte	2601
c) Umgang mit Anträgen von Aktionären	2602
aa) Zusätzliche Sachanträge	2605
bb) Gegenanträge	2606
cc) Geschäftsordnungsanträge	2607
dd) (Keine) Hilfestellung des Versammlungsleiters bei der Antragstellung	2609
ee) Zeitpunkt der Abstimmung	2610

	Rn.
ff) Schließung der (General-)Debatte	2611
7. Aufgaben im Zusammenhang mit der Abstimmung und der Ergebnisverkündung mit Beschlussfeststellung	2614
a) Festlegung der vorzunehmenden Abstimmungen	2615
b) Abstimmungsverfahren	2617
c) Abstimmungsreihenfolge	2620
d) Ergebnisermittlung	2622
e) Ergebnisverkündung, Beschlussfeststellung	2625
8. Schließung der Hauptversammlung	2626
9. Ordnungsmaßnahmen	2628
10. Mögliche Aufgaben des Versammlungsleiters nach der Hauptversammlung (Unterzeichnung der Niederschrift)	2632
11. Haftung des Versammlungsleiters	2633
IV. Mitwirkung des Aufsichtsrats an gerichtlichen Verfahren	2635
1. Verfahren über Anfechtungs- und Nichtigkeitsklagen und damit zusammenhängende Freigabeverfahren	2636
2. Verfahren über die Bestellung oder Auswechslung eines Sonderprüfers	2642
3. Verfahren durch oder gegen vom Aufsichtsrat eingeschaltete (Hilfs-)Personen und über entsprechende Hilfsgeschäfte	2643
V. Mitwirkung an Kapitalerhöhungen aus genehmigtem Kapital	2644
1. Zustimmung über das „Ob" der Kapitalerhöhung	2644
2. Zustimmung über das „Wie" der Kapitalerhöhung	2648
VI. Mitwirkung an Satzungsänderungen	2656
VII. Gespräche mit Investoren	2665
1. Rechtlicher Rahmen	2665
a) Aktienrechtliche Kompetenzordnung	2667
b) Zulässige Gesprächsinhalte	2670
c) Insiderrecht	2677
d) Verschwiegenheitpflicht	2678
e) Gleichbehandlungsgrundsatz	2679
f) Nachinformationsanspruch nach § 131 Abs. 4 AktG	2683
2. Einbindung des Vorstands	2684
3. Unterrichtung des Aufsichtsrats	2686
F. Sonderprüfer	2687
I. Allgemeines	2687
1. Überblick	2687
2. Prüfungsgegenstand	2690
3. Abgrenzung von anderen Prüfungen	2694
a) Informelle „Sonderprüfung"	2694
b) Insolvenzverwaltung	2697
c) Besonderer Vertreter	2698
d) Abschlussprüfung	2699
II. Bestellung des Sonderprüfers	2701
1. Bestellung durch Hauptversammlungsbeschluss, § 142 Abs. 1 AktG	2701
a) Ankündigung in der Tagesordnung und Beschlussvorschlag	2702
b) Antrag und Beschlussfassung	2708
c) Stimmverbote	2711
d) Beschlussinhalt	2720
e) Rechtsfolgen fehlerhafter Beschlüsse	2725
aa) Nichtigkeit	2725
bb) Anfechtbarkeit	2727
2. Gerichtliche Bestellung auf Antrag einer Minderheit, § 142 Abs. 2 AktG	2730
a) Formelle Voraussetzungen	2731
b) Materielle Voraussetzungen	2735
aa) Ablehnender Hauptversammlungsbeschluss	2735
bb) Prüfungsfähiger Vorgang	2737
cc) Unredlichkeit oder grobe Verletzungen	2744
dd) Hinreichender Tatverdacht	2746
ee) Verhältnismäßigkeit	2749
ff) Rechtsmissbrauch	2754
c) Verfahren und Entscheidung des Gerichts	2761
3. Gerichtliche Bestellung eines anderen Sonderprüfers, § 142 Abs. 4 AktG	2765

	Rn.
a) Formelle Voraussetzungen	2766
b) Materielle Voraussetzungen	2770
c) Verfahren und Entscheidung des Gerichts	2771
4. Neubestellung bei nachträglichem Wegfall des Sonderprüfers	2774
a) Von der Hauptversammlung bestellter Sonderprüfer	2774
b) Vom Gericht bestellter Sonderprüfer	2778
5. Widerruf der Bestellung	2780
a) Von der Hauptversammlung bestellter Sonderprüfer	2780
b) Vom Gericht bestellter Sonderprüfer	2783
III. Stellung des Sonderprüfers	2785
1. Rechtsstellung	2785
2. Person des Sonderprüfers, § 143 AktG	2787
a) Eignung als Sonderprüfer, § 143 Abs. 1 AktG	2787
b) Rechtsfolgen bei Verstößen gegen § 143 Abs. 1 AktG	2789
aa) Bestellung durch die Hauptversammlung	2789
bb) Bestellung durch das Gericht	2790
c) Bestellungsverbote, § 143 Abs. 2 AktG	2793
d) Rechtsfolgen bei Verstößen gegen § 143 Abs. 2 AktG	2795
aa) Bestellung durch die Hauptversammlung	2795
bb) Bestellung durch das Gericht	2799
3. Verantwortlichkeit des Sonderprüfers, § 144 AktG	2802
4. Vergütung des Sonderprüfers	2804
IV. Durchführung der Sonderprüfung	2809
1. Rechte des Sonderprüfers	2810
a) Einsichts- und Prüfungsrecht, § 145 Abs. 1 AktG	2811
aa) Gestattungs- und Unterstützungspflicht	2811
bb) Reichweite und Grenzen	2813
b) Auskunftsrecht, § 145 Abs. 2 AktG	2819
aa) Auskunftspflichtige Personen	2820
bb) Reichweite und Grenzen	2823
cc) Auskunftspflicht des Aufsichtsrats?	2828
2. Durchsetzung der Prüferrechte	2831
a) Klage	2832
b) Zwangsgeld	2833
c) Schadensersatz	2835
3. Sonderprüfungsbericht	2836
a) Berichtsinhalt	2836
b) Pflichten des Vorstands	2843
V. Kosten	2846
1. Kostentragung der Gesellschaft im Außenverhältnis	2846
a) Kosten der Sonderprüfung	2846
b) Verfahrenskosten	2847
2. Ersatzansprüche der Gesellschaft im Innenverhältnis	2849
G. Besonderer Vertreter (§ 147 AktG)	2852
I. Grundlagen	2852
1. Ersatzansprüche der Gesellschaft	2853
2. Geltendmachungsbeschluss	2858
3. Pflicht zur Geltendmachung	2862
II. Bestellung eines besonderen Vertreters	2864
1. Person des besonderen Vertreters	2864
2. Bestellung durch Hauptversammlung	2865
3. Gerichtliche Bestellung	2867
a) Voraussetzungen	2867
b) Verfahren	2869
c) Entscheidung	2871
d) Beschwerde	2873
III. Rechtsstellung des besonderen Vertreters	2874
1. Organstellung	2874
2. Vertragsverhältnis	2878
3. Aufgaben	2881
a) Ermittlung des Sachverhalts	2881
b) Prüfung der Ersatzansprüche	2882

	Rn.
c) Durchsetzung	2883
d) Anspruchsabwehr	2884
e) Keine Befugnis zur Erhebung von Anfechtungs- und Nichtigkeitsklagen	2885
4. Rechte	2887
a) Ermittlungsbefugnisse: Auskunfts- und Einsichtsrecht	2887
b) Vertretungsbefugnis	2893
c) Teilnahme an Hauptversammlung	2894
d) Vergütung und Ersatz von Auslagen	2895
aa) Gerichtlich bestellter besonderer Vertreter	2895
bb) Von der Hauptversammlung bestellter besonderer Vertreter	2898
cc) Einzelne Auslagen	2900
5. Pflichten	2902
a) Sorgfaltspflichten	2902
b) Treuepflichten	2903
c) Berichts- und Auskunftspflichten	2904
d) (Keine) Weisungsabhängigkeit	2908
e) Haftung	2909
6. Beendigung der Bestellung	2910
a) Niederlegung	2911
b) Abberufung durch die Hauptversammlung	2912
c) Abberufung durch das Gericht	2914
d) Automatische Beendigungsgründe	2917
e) Gleichzeitige Beendigung des Geschäftsbesorgungsverhältnisses	2920
H. Externes Monitorship	2922
I. Vorbemerkung	2922
II. US-Monitorship	2925
1. Rechtlicher Rahmen	2929
2. Vergleiche mit US-Behörden	2930
a) Strafrechtlicher Vergleich	2930
b) Zivilrechtlicher Vergleich	2935
c) Vereinbarung eines US-Monitorship im Vergleich	2937
3. Abgrenzung zum Auditor	2939
4. Auswahl des Monitors	2940
a) Anforderungsprofil	2940
b) Auswahlverfahren	2941
5. Beziehung zwischen Monitor und Unternehmen	2946
a) Ziele des Monitorship	2951
b) Befugnisse des Monitors	2954
c) Vertraulichkeit der Monitor-Berichte	2959
d) Pflichten des Unternehmens	2962
aa) Kooperation	2962
bb) Kosten	2963
6. Möglicher Ablauf eines US-Monitorship	2965
a) Laufzeit	2965
b) Phasen	2968
aa) Work Plan	2969
bb) Initial Review	2970
cc) Initial Review Report	2971
dd) Follow-Up Reviews & Follow-Up Review Reports	2972
ee) Certification Report & Certification	2974
c) Arbeitsweise eines Monitors	2975
aa) Aktivitäten	2976
bb) Empfehlungen	2982
7. Folgen bei Erfolg und Scheitern des *Monitorship*	2985
III. US-Monitorship in der deutschen Aktiengesellschaft	2991
1. Stellung des Monitors im gesellschaftsrechtlichen Gefüge der AG	2991
a) Verhältnis zu Vorstand und Aufsichtsrat	2992
b) Abgrenzung zum aktienrechtlichen Sonderprüfer, besonderen Vertreter sowie aufsichtsrechtlichen Sonderbeauftragen	2996
c) Rolle des Aufsichtsrats	2999
d) Haftung	3003
2. Aufbau einer Monitorship-Struktur	3004

	Rn.
3. Konfliktpotenzial	3006
a) Betriebliche Spannungsfelder	3006
aa) Operatives Geschäft	3006
bb) Integration und Akzeptanz des Monitorteams	3007
cc) Kosten	3008
b) Umsetzung der Monitor-Empfehlungen	3009
aa) Umsetzung von Empfehlungen des Monitors als Ermessensentscheidung	3011
bb) Einzelfälle	3012
(1) Kündigungen	3012
(2) Mitwirkungspflichten der Mitarbeiter	3015
(3) Herausgabe von Daten an den Monitor und die US-Behörden	3017
IV. Exkurs: „Sachkundige Stelle" im deutschen Verbandssanktionsrecht	3023
1. Sachkundige Stelle gemäß § 13 Abs. 2 VerSanG-E	3026
2. Vergleich zum US-Monitorship	3028
3. Fazit	3029

A. Überwachungskompetenz

I. Grundlagen der Zuständigkeit des Aufsichtsrats

1. § 111 Abs. 1 AktG

In § 111 Abs. 1 AktG wird dem Aufsichtsrat die allgemeine Pflicht zur Überwachung der Geschäftsführung auferlegt. Der Vorstand hat die Gesellschaft unter eigener Verantwortung zu leiten. Aus § 76 Abs. 1 AktG, aber auch aus einer systematischen Zusammenschau des § 77 Abs. 1 AktG, § 111 Abs. 4 S. 1 AktG und § 119 Abs. 2 AktG folgt, dass die Geschäftsführung grundsätzlich dem Vorstand obliegt. Maßnahmen der Geschäftsführung können dem Aufsichtsrat grundsätzlich nicht übertragen werden (§ 111 Abs. 4 S. 1 AktG → Rn. 381 ff.). Zweck von § 111 Abs. 1 AktG ist die umfassende Überwachung der Tätigkeit des Vorstands durch den Aufsichtsrat. Gleichzeitig trifft die gesamte Vorschrift des § 111 AktG eine Aussage, die den Gehalt des Abs. 1 insoweit überlagert: Sie ist Ausdruck der **Abgrenzung von Kompetenzen** des Aufsichtsrats gegenüber Vorstand und Hauptversammlung.[1] „Überwachung" darf nicht mit „Kontrolle" verwechselt werden und kann sich nicht von vornherein auf sämtliche Geschäftsführungsmaßnahmen erstrecken.[2] Andernfalls könnte der Aufsichtsrat das Kompetenzgefüge unzulässig verschieben, indem er sämtliche Aktivitäten des Vorstands kontrolliert und dadurch faktisch die Leitungsfunktion übernimmt.[3] Die Grenze des § 111 Abs. 4 S. 1 AktG wäre überschritten. Unter diesen Gesichtspunkten ist der Begriff der Geschäftsführung hier einschränkend auszulegen (→ Rn. 10). Die Überwachung beschränkt sich also nur **auf Leitungsmaßnahmen** und wesentliche Einzelmaßnahmen.[4]

Dieser Verpflichtung muss der Aufsichtsrat nicht nur von Fall zu Fall nachkommen, sondern laufend.[5] Ihm kommt durch die kontinuierliche Überwachungsfunktion ein **Dauerauftrag** zu, der – abgesehen von Ausnahmen wie der ruhenden Gesellschaft – insoweit im Gleichlauf mit der Geschäftsführungsfunktion ist.[6]

Zwar überträgt das Gesetz ausdrücklich nur dem Aufsichtsrat als Organ die Pflicht zur Überwachung. Gemeint ist aber, dass **alle Aufsichtsratsmitglieder** zur **Umsetzung** dieser Aufgabe im Sinne des Unternehmenswohls kraft ihrer Mitgliedschaft im Aufsichtsrat und der dadurch entstehenden kooperationsrechtlichen Beziehung zur Gesellschaft verpflichtet sind.[7] Eine Verletzung dieser Pflicht kann eine Haftung nach Maßgabe der § 116 S. 1 AktG, § 93 AktG zur Folge haben.

---

[1] MüKoAktG/*Habersack* AktG § 111 Rn. 1; Hüffer/Koch/*Koch* AktG § 111 Rn. 1.
[2] BGHZ 69, 207 (213) = NJW 1977, 2312; OLG München ZIP 2009, 2001 (2002); OLG Stuttgart ZIP 2012, 1965 (1967 f.); BeckOGK/*Spindler* AktG § 111 Rn. 8; MHdB AG/*Hoffmann-Becking* § 29 Rn. 29.
[3] BeckOGK/*Spindler* AktG § 111 Rn. 8.
[4] OLG München ZIP 2009, 2001 (2002); OLG Stuttgart ZIP 2012, 1965 (1967 f.); implizit auch BGHZ 135, 244 = NJW 1997, 1926 – ARAG/Garmenbeck, s. dazu *Henze* NJW 1998, 3309.
[5] MüKoAktG/*Habersack* AktG § 111 Rn. 18; Kölner Komm AktG/*Mertens/Cahn* AktG § 111 Rn. 16; Semler/v. Schenck/*Schütz* AktG § 111 Rn. 170.
[6] MüKoAktG/*Habersack* AktG § 111 Rn. 18; Semler/v. Schenck/*Schütz* AktG § 111 Rn. 170.
[7] MüKoAktG/*Habersack* AktG § 101 Rn. 67; Hüffer/Koch/*Koch* AktG § 101 Rn. 2.

2. Bedeutung der Überwachungsaufgabe

4　Die Aufzählung der Aufgaben und Rechte des Aufsichtsrats in § 111 AktG ist nicht abschließend zu verstehen.[8] Vielmehr wird hier nur ein Teil der Rechte und Pflichten geregelt, wobei Abs. 1 die Überwachungsaufgabe systematisch voranstellt. Neben der in § 84 AktG normierten Personalkompetenz (→ Rn. 499 ff.) ist die Überwachung **Hauptaufgabe** des Aufsichtsrats.[9] Das wird zum einen aus dem kompetenzabgrenzenden Charakter der Vorschrift deutlich, die insoweit das Äquivalent zu § 76 Abs. 1 AktG bildet (→ Rn. 1). Zum anderen leiten sich wesentliche Rechte und Pflichten aus der Überwachungsaufgabe des Aufsichtsrats ab, wie die Beratungskompetenz (→ Rn. 9, 181, 381 ff.) oder die Prüfungs- und Berichtspflicht gem. § 171 AktG (→ Rn. 103 ff.).

3. Einfluss des Aufsichtsrats

5　Für die Sicherung der Überwachungsaufgabe steht dem Aufsichtsrat eine Reihe von Mitteln der Einflussnahme zur Verfügung. Angesichts der unterschiedlichen Zielsetzungen ist zwischen primär **reaktiven** und primär oder ausschließlich **präventiven** Mitteln zu differenzieren (zu den Einzelheiten → Rn. 179 ff.).[10]

6　Präventive Maßnahmen sollen auf **künftiges Verhalten** des Vorstands Einfluss zu nehmen. Zu nennen sind hier vor allem
  – die Beratung des Vorstands,
  – das Recht zur Prüfung und Einsicht (§ 111 Abs. 2 S. 1 AktG),
  – die Einführung von Zustimmungsvorbehalten (§ 111 Abs. 4 S. 2 AktG) und
  – der Erlass einer Geschäftsordnung (§ 77 Abs. 2 S. 1 AktG).

7　Reaktive Maßnahmen beschränken sich vornehmlich auf eine **vergangenheitsbezogene** Aufarbeitung. Dazu gehören:
  – die Äußerung von Bedenken und Kritik gegenüber dem Vorstand,
  – die Abberufung von Vorstandsmitgliedern (§ 84 Abs. 3 S. 1 AktG), insbesondere durch Einberufung der Hauptversammlung (§ 111 Abs. 3 AktG) zum Zwecke der Abberufung durch Vertrauensentzug nach § 84 Abs. 3 S. 2 AktG,
  – die Prüfung des Jahresabschlusses und Lageberichts (§ 171 Abs. 1 AktG), ggf. die Verweigerung der Billigung gem. § 171 Abs. 2 S. 4 AktG (→ Rn. 119),
  – die Haftungsanspruchsprüfung und Vertretungskompetenz zur Geltendmachung von Schadensersatzansprüchen der Gesellschaft gegen Vorstandsmitglieder (§ 112 AktG, § 93 Abs. 2 AktG)[11] (→ Rn. 2339 ff.).

8　Dabei werden Äußerungen jeder Art und Anregungen – insbesondere die Beanstandung im Pflichtbericht gem. § 171 Abs. 2 S. 2 AktG (→ Rn. 120) – als probates Mittel der Einflussnahme in der Praxis am häufigsten verwendet. Solche Beanstandungen sind **rechtlich unverbindlich,** zwingen den Vorstand aber, sich mit ihnen auseinanderzusetzen und Stellung zu beziehen.[12] Dagegen ist der Vorstand nicht verpflichtet, den Äußerungen Folge zu leisten. Ein **Weisungsrecht** des Aufsichtsrats besteht – unbesehen der Ausnahmen gem. § 32 MitbestG, § 15 MitbestErgG und im Konzern – nicht.[13] Der Vorstand leitet unter eigener Verantwortung. Demnach können reaktive Maßnahmen sowohl vergangenheitsbezogen als auch zukunftsorientiert sein. Besonders augenscheinlich wird das beim Aufsichtsrat in seiner Rolle als Berater (→ Rn. 181, 384 ff.).

4. Beratung als Teil der Überwachung

9　(→ Rn. 384 ff.)
Zwar kommt der Aufarbeitung abgeschlossener Sachverhalte als Teil der Überwachung große Bedeutung zu. Es haftet aber selbst ihr eine vorausschauende Komponente an, wenn sie die zukünftige Vermeidung vergangener Fehler zum Ziel erklärt. Von überragender Bedeutung ist daher die Überwachung mit Blick in die **Zukunft des Unternehmens.**[14] Fehler sollen schon gar nicht zur Entstehung gelangen und durch vorbeugende Maßnahmen möglichst verhindert werden. Dafür unabdingbar ist die Möglichkeit des Aufsichtsrats, frühzeitig Anstöße zu geben, Bedenken zu äußern und dadurch in ständigen Dialog mit

---

[8] BegrRegE *Kropff* AktG 1965 S. 154.
[9] BeckOGK/*Spindler* AktG § 111 Rn. 1; MüKoAktG/*Habersack* AktG § 111 Rn. 1.
[10] *Henze* BB 2005 165; MüKoAktG/*Habersack* AktG § 111 Rn. 31.
[11] BGHZ 135, 244 (254) = NJW 1997, 1926 – ARAG/Garmenbeck.
[12] MHdB AG/*Hoffmann-Becking* § 29 Rn. 50; Kölner Komm AktG/*Mertens/Cahn* AktG § 111 Rn. 37; *Lutter/Krieger/Verse* AR Rn. 110.
[13] MüKoAktG/*Habersack* AktG § 111 Rn. 12; Kölner Komm AktG/*Mertens/Cahn* AktG § 111 Rn. 38.
[14] Dazu auch *Simon* FS Seibert, 2019, 847.

dem Vorstand zu treten.[15] Die vom Aufsichtsrat getroffenen Äußerungen wird der Vorstand – trotz rechtlicher Unverbindlichkeit – im Unternehmensinteresse zur Kenntnis nehmen und in seine Erwägungen einbeziehen. Insofern wird der Aufsichtsrat durch seinen Einfluss als dauernder Gesprächspartner des Vorstands auch zwangsläufig beratend tätig. Davon geht auch Grundsatz 6 Abs. 1 DCGK (Ziff. 5.1.1 DCGK aF) aus. Als **Teil der Überwachungsaufgabe** ist die Beratung „deshalb das vorrangige Mittel der in die Zukunft gerichteten Kontrolle des Vorstands".[16]

II. Gegenstand und zeitlicher Umfang

1. Die Geschäftsführung als Überwachungsgegenstand

a) Begriff der Geschäftsführung

Der weite Begriff der „Geschäftsführung" in § 77 Abs. 1 S. 1 AktG ist nicht mit dem aus § 111 Abs. 1 AktG identisch, sondern enger zu verstehen. Bei der Überwachung ist der Aufsichtsrat darauf beschränkt, **Leitungsmaßnahmen** zu überprüfen. Inhaltlich entspricht „Geschäftsführung" hier also eher dem Begriff der „Leitung" in § 76 Abs. 1 AktG.[17] Historisch wird diese Annahme durch Art. 225 ADHGB und § 246 HGB in seiner geltenden Fassung bis 1937 bestätigt, die noch eine Überwachung der Geschäftsführung „in allen Zweigen der Verwaltung" vorsahen.

Darüber hinaus fallen unter Geschäftsführung auch **Einzelmaßnahmen**, sofern sie für die Lage und Entwicklung des Unternehmens von Bedeutung sind.[18] Als Ausgangspunkt kann § 90 Abs. 1 S. 1 AktG (→ Rn. 24 ff.) herangezogen werden: alle Vorstandsmaßnahmen, die Grundlage der Berichtspflicht sind oder sein können, sind auch Gegenstand der Prüfung des Aufsichtsrats.[19] Andernfalls liefe die Überwachungsaufgabe – die unter anderem durch die Berichtspflicht sichergestellt werden soll – ins Leere. Insgesamt umfasst die Geschäftsführung als Gegenstand der Überwachung damit alle **wesentlichen Leitungsmaßnahmen** des Vorstands.

b) Überwachung der wesentlichen Leitungsmaßnahmen des Vorstands

Zu den wesentlichen Leitungsmaßnahmen zählen nur die originären und unveräußerlichen Führungsaufgaben des Vorstands.[20] Besonders bedeutsam sind Maßnahmen hinsichtlich der marktstrategischen Lage, Ausrichtung, Planung und Entwicklung des Unternehmens und seiner Geschäfte. Überdies können auch Personalentscheidungen des Vorstands Gegenstand der Überwachung sein, soweit sie die **Organisation** – als originäre Führungsaufgabe – insgesamt betreffen (→ Rn. 88).[21] Darunter fällt auch die Ausgestaltung von Überwachungs- und Compliance-Systemen iSd § 91 Abs. 2 AktG, § 107 Abs. 3 S. 2 AktG.[22] Zwar gehört die Errichtung als solche zur Aufgabe der Geschäftsführung,[23] der Aufsichtsrat hat aber über deren ordnungsgemäße Einrichtung zu wachen.[24] Die Überprüfung der Systeme kann einem Prüfungsausschuss übertragen werden (→ Rn. 150 ff.). Bei den Aufgaben des Vorstands sind zwei Aspekte zu unterscheiden: Er muss einerseits den Aufsichtsrat durch die Vorlage von Berichten und die Darstellung der eingerichteten Systeme in den Stand versetzen, seine Überwachungsaufgabe hinsichtlich der Compliance-Systeme wahrnehmen zu können. Andererseits obliegt es aber auch dem Vorstand sicherzustellen, dass der Aufsichtsrat seine Überwachungsaufgabe ordnungsgemäß wahrnimmt, sodass sich ein System gegenseitiger Überwachung etabliert.[25] Speziell die Compliance-Verantwortung stand in den letzten Jahren immer wie-

---

[15] BGHZ 114, 127 (130) = NJW 1991, 1830.
[16] EinhM, BGHZ 114, 127 (129 f.) = NJW 1991, 1830.
[17] BeckOGK/*Spindler* AktG § 111 Rn. 7; MHdB AG/*Hoffmann-Becking* § 29 Rn. 28.
[18] MüKoAktG/*Habersack* AktG § 111 Rn. 19; OLG München ZIP 2009, 2001 (2002).
[19] So implizit auch BGHZ 135, 244 = NJW 1997, 1926 – ARAG/Garmenbeck, s. dazu *Henze* NJW 1998, 3309; MüKoAktG/*Habersack* AktG § 111 Rn. 22 mwN.
[20] MüKoAktG/*Habersack* AktG § 111 Rn. 20; GroßkommAktG/*Hopt/Roth* AktG § 111 Rn. 112; MHdB AG/*Hoffmann-Becking* § 29 Rn. 28; Semler/v. Schenck/*Schütz* AktG § 111 Rn. 174.
[21] Unstr. MüKoAktG/*Habersack* AktG § 111 Rn. 20 mwN.
[22] LG München I NZG 2014, 345 – Siemens/Neubürger; dazu *Fleischer* NZG 2014, 321; *M. Arnold* in Marsch-Barner/Schäfer Börsennotierte AG-HdB Rn. 19.22.
[23] Grundlegend *U.H. Schneider* ZIP 2003, 645 (647 f.); *W. Goette* ZHR 175 (2011), 388 (392); *Fleischer* in Fleischer VorstandsR-HdB § 7 Rn. 4 ff.
[24] Eing. *Lutter* FS Hüffer, 2010, 617 (618 ff.).
[25] Eing. zur Überwachung des Aufsichtsrats durch den Vorstand *M. Arnold* FS Krieger, 2020, 41; *M. Arnold* ZGR 2014 76 (86); vgl. auch *Potinecke/Block* in Knierim/Rübenstahl/Tsambikakis, Internal Investigations, 2016, Kap. 2 Rn. 11; ferner *Koch* ZHR 180 (2016), 578.

der im Mittelpunkt intensiver Diskussionen.[26] Als Ausprägung des Legalitätsprinzips[27] hat der Aufsichtsrat auch schon präventiv dafür zu sorgen, dass er dieser Verantwortung durch Überwachung des Vorstands nachkommt (→ Rn. 219 ff.).

13 Die Überwachung der Vorstandstätigkeit beschränkt sich nicht nur auf getroffene Maßnahmen. Der Aufsichtsrat hat den Vorstand auch dahin zu überwachen, ob erforderliche **Maßnahmen unterlassen** wurden. Dabei hat er zu fragen, ob das Nichthandeln noch dem Maßstab von § 93 Abs. 1 S. 1 AktG genügt.[28]

2. Personelle Reichweite der Überwachung

a) Vorstandsmitglieder

14 Der Aufsichtsrat überwacht den Vorstand. Ein Trugschluss ist die Annahme, nur der Vorstand als Organ unterliege der Überwachung. Auch die einzelnen Vorstandsmitglieder sind zu überwachen. Auch wenn im Rechtssinne immer eine Entscheidung des Vorstands als Organ vorliegt, geht die Entscheidungsgewalt von seinen Mitgliedern aus. Bezugspunkt der Überwachung ist damit stets das **Handeln der Vorstandsmitglieder**.[29]

15 Die Vorstandsmitglieder haben sich auch gegenseitig zu überwachen. Die hinreichende Erfüllung dieser, aus der **Gesamtverantwortung** der Vorstandsmitglieder herzuleitenden Pflicht, hat hingegen der Aufsichtsrat zu überwachen.[30] Hat er sich davon vergewissert, kann er seine Arbeit auf eine allgemeine Überwachung der Gesamtheit der Vorstandsmitglieder reduzieren. Es gilt das **Vertrauensprinzip.** Bestehen Zweifel an der ordnungsgemäßen Selbstüberwachung, ist der Aufsichtsrat gehalten, Handlungen einzelner Vorstandsmitglieder näher zu untersuchen. Fragen und Beanstandungen hat er zunächst an den Vorstand als Gesamtorgan zu richten.[31] Bleibt das erfolglos, ist der Aufsichtsrat befugt und verpflichtet, an das einzelne Vorstandsmitglied direkt heranzutreten.

b) Leitende Angestellte

16 Über die Frage, ob Geschäftsführungsmaßnahmen nachgeordneter Ebenen der Überwachung durch den Aufsichtsrat unterliegen, herrscht **kein Einvernehmen.** Ungeachtet zahlreicher Nuancen lässt sich das Meinungsspektrum in zwei große Lager aufteilen.[32] Teilweise wird unter Berufung auf eine unzulässige Kompetenzausweitung eine solche Überwachung grundsätzlich abgelehnt.[33] Dagegen wird angeführt, dass der Aufsichtsrat andernfalls seiner Überwachungsaufgabe nicht effektiv nachkommen könne.[34] **Stellungnahme:** In der Praxis kommt es auf diese Frage nicht an. Der Aufsichtsrat prüft ohnehin, ob die Delegation durch den Vorstand einer **zweckmäßigen Organisation** entspricht.[35] Dazu gehört auch die erforderliche Eignung des Angestellten sowie dessen hinreichende Instruktion und Überwachung zu prüfen.[36]

3. Sitzungshäufigkeit und zeitliche Anforderungen

17 Der Aufsichtsrat ist grundsätzlich verpflichtet, zwei Sitzungen im Kalenderhalbjahr abzuhalten, § 110 Abs. 3 S. 1 AktG. Nichtbörsennotierte Gesellschaften können gem. § 110 Abs. 3 S. 2 AktG durch einfachen Mehrheitsbeschluss[37] davon abweichen. Für börsennotierte Gesellschaften hat die Vorschrift dagegen **halbzwingenden Charakter:** Die gesetzliche Mindestanzahl von zwei Sitzungen pro Kalenderhalbjahr

---

[26] *M. Arnold* ZGR 2014, 76 (79 ff.), 86 ff.); *W. Goette* ZHR 175 (2011), 389; *Fleischer* in Fleischer VorstandsR-HdB § 7 Rn. 4 ff.; *Habersack* AG 2014, 1.
[27] *Fleischer* CCZ 2008, 1 (2); BeckOGK/*Fleischer* AktG § 91 Rn. 50 mwN.
[28] MüKoAktG/*Habersack* AktG § 111 Rn. 20.
[29] MüKoAktG/*Habersack* AktG § 111 Rn. 23; BeckOGK/*Spindler* AktG § 111 Rn. 9; Kölner Komm AktG/*Mertens/ Cahn* AktG § 111 Rn. 24.
[30] MüKoAktG/*Habersack* AktG § 111 Rn. 23; Semler/v. Schenck/*Schütz* AktG § 111 Rn. 189.
[31] MüKoAktG/*Habersack* AktG § 111 Rn. 24; Kölner Komm AktG/*Mertens/Cahn* AktG § 111 Rn. 26. *Lutter/Krieger/ Verse* AR Rn. 69.
[32] Vgl. Kölner Komm AktG/*Mertens/Cahn* AktG § 111 Rn. 26.
[33] OLG Köln AG 1978, 17 (21); MHdB AG/*Hoffmann-Becking* § 29 Rn. 31; *Lutter/Krieger/Verse* AR Rn. 71; einschränkend MüKoAktG/*Habersack* AktG § 111 Rn. 21, 25.
[34] GroßkommAktG/*Hopt/Roth* AktG § 111 Rn. 238; BeckOGK/*Spindler* AktG § 111 Rn. 9; K. Schmidt/Lutter AktG/ *Drygala* AktG § 111 Rn. 13; Grigoleit/*Grigoleit/Tomasic* AktG § 111 Rn. 36.
[35] BGHZ 75, 120 (133) = NJW 1979, 1879 – Herstatt, unter Zugrundelegung einer falschen Prämisse, dazu klarstellend *Henze* NJW 1998, 3309 (3310).
[36] *Henze* NJW 1998, 3309 (3310); *Henze* BB 2000, 209 (214); MüKoAktG/*Habersack* AktG § 111 Rn. 25; GroßkommAktG/*Hopt/Roth* AktG § 111 Rn. 243; *v. Schenck* in Semler/v. Schenck AR-HdB § 7 Rn. 34.
[37] MüKoAktG/*Habersack* AktG § 110 Rn. 41; BeckOGK/*Spindler* AktG § 110 Rn. 46; Hüffer/Koch/*Koch* AktG § 110 Rn. 10; anders noch der Vorschlag der Regierungskommission für eine Zustimmung aller Mitglieder, vgl. *Baums*, Bericht der Regierungskommission Corporate Governance, 2001, Rn. 57.

kann zwar erhöht, nicht aber gesenkt werden.[38] Das geht aus Sinn und Zweck der Norm hervor, die Überwachungsfunktion des Aufsichtsrats zu effektivieren.[39]

Die Festsetzung der Sitzungstermine innerhalb eines Kalenderhalbjahres liegt seit der Reform von § 110 Abs. 3 AktG durch Art. 1 Nr. 8 TransPuG im freien Ermessen des Aufsichtsrats.[40] Indem § 110 Abs. 1 S. 1 AktG die **Einberufung** der Sitzungen primär dem **Aufsichtsratsvorsitzenden** auferlegt, liegt die Wahl der Sitzungstermine bei ihm. Er hat darauf zu achten, dass zwischen den Sitzungen eine angemessene Zeitspanne liegt.[41]

Über den gesetzlichen Mindestturnus hinaus kann der Aufsichtsrat auch zu häufigeren Sitzungen verpflichtet sein. Das freie Ermessen des **Aufsichtsratsvorsitzenden** kann sich zu einer **Pflicht zur Einberufung** verdichten, wenn es das Wohl der Gesellschaft erfordert. Besonders die wirtschaftliche Lage und Entwicklung der Gesellschaft etwa bei Marktturbulenzen und Umstrukturierungen können zu einer erhöhten Sitzungsanzahl zwingen.[42] Das gilt erst recht, wenn sich die Gesellschaft in der **Krise** befindet oder Hinweise zur Verdichtung einer solchen zu Tage treten.[43] Von einer Pflicht des Aufsichtsratsvorsitzenden zur Einberufung einer außerordentlichen Aufsichtsratssitzung geht auch Grundsatz 16 DCGK aus.[44] Schließlich muss der Aufsichtsrat dann öfter zusammentreten, um Maßnahmen beraten und treffen zu können. Nur so kann er seiner Überwachungsaufgabe ordnungsgemäß nachkommen. Der Vorsitzende ist also immer dann zur **Einberufung** verpflichtet, wenn das zur ordnungsgemäßen Erfüllung der Aufgaben des Aufsichtsrats erforderlich ist.[45] Das ist etwa der Fall, wenn:
– der Aufsichtsrat über eine zustimmungsbedürftige Maßnahme des Vorstands nach § 111 Abs. 4 S. 2 AktG zu entscheiden hat (→ Rn. 413 ff.) und bis zur nächsten turnusmäßigen Sitzung nicht gewartet werden kann,[46]
– der Vorsitzende Kenntnis von bevorstehenden oder bereits begangenen Compliance-Verstößen, wie etwa satzungswidrigen Zahlungen des Vorstands an Aufsichtsratsmitglieder, erlangt,[47]
– der Vorsitzende von einem wichtigen Grund erfährt, der die Abberufung eines Vorstandsmitglieds nach § 84 Abs. 3 AktG rechtfertigt und für die Kündigung des Anstellungsvertrags die Einhaltung der Zweiwochenfrist nach § 626 Abs. 2 BGB (→ Rn. 1696 ff.) abzulaufen droht.[48]

Daneben sind uU auch die einfachen **Aufsichtsratsmitglieder verpflichtet**, vom Vorsitzenden die Einberufung einer Sitzung zu verlangen (§ 110 Abs. 1 S. 1 AktG) und bei dessen Weigerung selbst eine Sitzung einzuberufen (§ 110 Abs. 2 Var. 1 AktG).[49]

Nicht jedes Zusammentreffen der Aufsichtsratsmitglieder kann als Sitzung berücksichtigt werden. Für die Mindestanzahl sind nur solche Sitzungen bedeutsam, die auch angerechnet werden können. Dafür muss eine Sitzung zunächst **stattgefunden** haben. Das ist bei zwar ordnungsgemäß einberufenen, aber wieder abgesetzten Sitzungen nicht der Fall.[50] Die abgehaltene Sitzung muss auch inhaltlichen Anforderungen genügen. Nach dem Zweck des § 110 Abs. 3 AktG setzt das Vorliegen einer Sitzung zumindest die inhaltliche **Diskussion im gesamten Aufsichtsrat** voraus. Deshalb kann eine Ausschusssitzung keine Sitzung im Sinne sein. Der Aufsichtsrat muss sich gegenständlich mit Angelegenheiten der Gesellschaft befassen und darüber beraten.[51] Eine Beschlussfassung des Plenums ist nicht erforderlich. Auch das Vorliegen einer Tagesordnung ist keine zwingende Voraussetzung. Umgekehrt ist eine reine Beschlussfassung (§ 108 Abs. 4 AktG) ohne Sitzung und Diskussion auch nicht anrechenbar.[52]

Mit Gesetzesänderung durch das TransPuG wird der Gesetzgeber dem 21. Jahrhundert gerecht. Er stellt klar, dass die physische Anwesenheit aller Mitglieder nicht mehr erforderlich ist.[53] Für das Abhalten einer Sitzung genügt eine **Telefon- oder Videokonferenz.** Die Beteiligung jedes Mitglieds am gesam-

---

[38] MüKoAktG/*Habersack* AktG § 110 Rn. 4, 41 f.; BeckOGK/*Spindler* AktG § 110 Rn. 46; MHdB AG/*Hoffmann-Becking* § 31 Rn. 36; Hüffer/Koch/*Koch* AktG § 110 Rn. 1.
[39] BegrRegE BT-Drs. 14/8769, 16.
[40] § 110 Abs. 3 AktG idF bis zum 26.7.2002 sah vor, dass der Aufsichtsrat einmal im Kalendervierteljahr zusammentreten sollte.
[41] BeckOGK/*Spindler* AktG § 110 Rn. 47.
[42] GroßkommAktG/*Hopt/Roth* AktG § 110 Rn. 73.
[43] OLG München AG 2008, 638 (639); LG München I AG 2007, 827 (828).
[44] MHdB AG/*Hoffmann-Becking* § 31 Rn. 36; MüKoAktG/*Habersack* AktG § 110 Rn. 42; Lutter/Krieger/*Verse* AR Rn. 690.
[45] GroßkommAktG/*Hopt/Roth* AktG § 110 Rn. 71, 73.
[46] MüKoAktG/*Habersack* AktG § 110 Rn. 7; Hölters/Hambloch-Gesinn/*Gesinn* AktG § 110 Rn. 5.
[47] OLG Braunschweig AG 2013, 47 (49).
[48] BeckOGK/*Spindler* AktG § 110 Rn. 29; Lutter/Krieger/*Verse* AR Rn. 430.
[49] OLG Braunschweig AG 2013, 47 (49); MüKoAktG/*Habersack* AktG § 110 Rn. 22.
[50] BegrRegE BT-Drs. 13/9712, 16.
[51] MüKoAktG/*Habersack* AktG § 110 Rn. 44; GroßkommAktG/*Hopt/Roth* AktG § 110 Rn. 72.
[52] *Götz* NZG 2002, 599 (601); MüKoAktG/*Habersack* AktG § 110 Rn. 44; BeckOGK/*Spindler* AktG § 110 Rn. 48; GroßkommAktG/*Hopt/Roth* AktG § 110 Rn. 77.
[53] BegrRegE BT-Drs. 14/8769, 17.

ten Sitzungeschehen ist sicherzustellen.[54] Nur dann kann auf die Präsenz aller Mitglieder verzichtet werden. Darauf soll aber nur in begründeten Ausnahmefällen zurückgegriffen werden. Im Grundsatz soll es bei einer Präsenzsitzung verbleiben (vgl. D.8 S. 2 DCGK).[55] Nehmen einzelne Aufsichtsratsmitglieder ausschließlich per Telefon- oder Videokonferenz teil, könnten sie sich dem Schein der nachlässigen Erfüllung ihrer Aufgaben aussetzen.[56] Daher ist trotz des Mehraufwands und der bezweckten Internationalisierung **eine Präsenzsitzung pro Kalenderhalbjahr** ratsam.[57] In Betracht kommt dafür insbesondere die Bilanzsitzung nach § 171 Abs. 1 S. 2 AktG, da zur ordnungsgemäßen Wahrnehmung der Überwachung ein persönlicher Austausch mit dem Abschlussprüfer geboten erscheint.[58] Um Klarheit zu schaffen, empfiehlt es sich, die Einzelheiten in der Satzung oder Geschäftsordnung zu regeln (zur Geschäftsordnung des Aufsichtsrats → § 3 Rn. 168 ff.). Im Übrigen kann es auch längere Phasen geben, in denen nur Telefon- oder Videokonferenzen abgehalten werden können, etwa in Zeiten einer Pandemie (→ § 10 Rn. 9 ff.).

22 Eine **unmittelbare Sanktion** ordnet das Gesetz bei Unterschreiten des gesetzlichen oder satzungsmäßigen Mindestturnus nicht an.[59] Ein Unterschreiten kann eine Sorgfaltspflichtverletzung der Mitglieder oder des Vorsitzenden mit einer Haftung gem. § 116 S. 1 AktG, § 93 AktG begründen. Das gilt auch für die unterlassene Einberufung in Krisenzeiten (→ Rn. 19). Daher haben alle Aufsichtsratsmitglieder für die Einhaltung der Mindestanzahl zu sorgen. Ferner ist bei einer Unterschreitung die **Anfechtbarkeit des Entlastungsbeschlusses** möglich, weil der unzureichende Zeiteinsatz einen schweren Pflichtenverstoß darstellen und die Entlastungsentscheidung auf diese Weise angreifbar machen kann.[60]

III. Inhalt der Überwachungspflicht

23 Während § 111 AktG bewusst auf eine umfassende Aufzählung aller Aufgaben verzichtet,[61] erhebt die Vorschrift gleichwohl die Überwachung der Geschäftsführung zur **Hauptaufgabe** des Aufsichtsrats (→ Rn. 4).[62] Diese daraus erwachsende Überwachungspflicht umfasst vergangene wie auch zukünftige Sachverhalte und setzt eine weitreichende Information des Aufsichtsrats durch den Vorstand voraus.[63]

1. Berichte des Vorstands an den Aufsichtsrat als Grundlage der Überwachung (§ 90 AktG)

a) Allgemeines

24 Die Pflicht des Aufsichtsrats, die Geschäftsführung zu überwachen, korrespondiert mit der aus § 90 Abs. 1 AktG folgenden Pflicht des Vorstands, dem Aufsichtsrat Bericht zu erstatten.[64] Die Pflicht zur Berichterstattung soll eine **Grundlage** für die **Überwachungstätigkeit** des Aufsichtsrats schaffen und „[…] verhindern, dass sich ein Aufsichtsratsmitglied auf seine Unkenntnis berufen kann, wenn es wegen einer Pflichtverletzung auf Schadensersatz in Anspruch genommen wird"[65] (zur Haftung von Aufsichtsratsmitgliedern → § 5 Rn. 184 ff.). Dabei stellt § 90 AktG keineswegs eine abschließende Regelung zu den Unterrichtungspflichten des Vorstands dar, sondern allenfalls einen Ausschnitt; weitere Berichtspflichten können sich für den Vorstand immer dann ergeben, wenn er einen Aufsichtsratsbeschluss herbeiführen will oder muss (→ Rn. 386 ff.).[66]

25 § 90 AktG stellt für die Effektivität der Überwachungstätigkeit sicher, dass der Aufsichtsrat über die Entwicklung der Gesellschaft informiert bleibt. Die Vorschrift gibt ihm auch die Möglichkeit den Informationsfluss zu steuern. Demgemäß lassen sich die Pflichten des Vorstands zur **Berichterstattung in**

---

[54] *Miettinen/Villeda* AG 2007, 346 (348); *Wagner* NZG 2002, 57 (59); Kölner Komm AktG/*Mertens/Cahn* AktG § 108 Rn. 20, § 110 Rn. 33; BeckOGK/*Spindler* AktG § 110 Rn. 48.
[55] BegrRegE BT-Drs. 14/8769, 17.
[56] MüKoAktG/*Habersack* AktG § 110 Rn. 45; Hüffer/Koch/*Koch* AktG § 110 Rn. 11.
[57] Handelsrechtsausschuss DAV NZG 2002, 115 (116); *Bosse* DB 2002, 1592 (1593); MüKoAktG/*Habersack* AktG § 110 Rn. 45; Hüffer/Koch/*Koch* AktG § 110 Rn. 11.
[58] *Neuling* AG 2002, 610; GroßkommAktG/*Hopt/Roth* AktG § 110 Rn. 76; so im Grundsatz auch BeckOGK/*Spindler* AktG § 110 Rn. 35; MüKoAktG/*Habersack* AktG § 110 Rn. 45.
[59] Krit. *Knigge* WM 2002, 1729 (1732).
[60] MüKoAktG/*Habersack* AktG § 110 Rn. 43; Semler/v. Schenck/*Gittermann* AktG § 110 Rn. 60; *Rubner/Granrath* NJW-Spezial 2014, 719 (720).
[61] BegrRegE *Kropff* AktG 1965 S. 154.
[62] MüKoAktG/*Habersack* AktG § 111 Rn. 1, 12.
[63] *Hüffer* NZG 2007, 47; Hölters/*Hambloch-Gesinn/Gesinn* AktG § 111 Rn. 10.
[64] Vgl. Hüffer/Koch/*Koch* AktG § 90 Rn. 1; BeckOGK/*Fleischer* AktG § 90 Rn. 1.
[65] BegrRegE *Kropff* AktG 1965 S. 116; *Hüffer* NZG 2007, 47 (48); vgl. MüKoAktG/*Spindler* AktG § 90 Rn. 1.
[66] MüKoAktG/*Spindler* AktG § 90 Rn. 3; BeckOGK/*Fleischer* AktG § 90 Rn. 14.

zwei **Kategorien** unterteilen: die Pflicht zur regelmäßigen Berichterstattung, die turnusmäßig oder anlassbezogen sein kann, und die Pflicht, auf Verlangen des Aufsichtsrats Bericht zu erstatten.

Zwar liefert § 90 AktG ein ausdifferenziertes System zu den Gegenständen und der Periodizität der Berichterstattung durch den Vorstand. Allein aufgrund der Komplexität und des Facettenreichtums der Gesellschaften hat sich aber eine bedarfsgerechte Informationsversorgung des Aufsichtsrats an den konkreten Gegebenheiten zu orientieren. Hierfür hat der Aufsichtsrat die Befugnis, die Berichtspflichten des Vorstands zu präzisieren und seinen Bedürfnissen anzupassen, indem er etwa eine **Informationsordnung** erlässt (→ Rn. 195 ff.).

aa) Schuldner der Unterrichtungspflicht. Nach der Anordnung des § 90 AktG ist der Vorstand Schuldner der Berichtspflicht. Diese Pflicht trifft somit den **Gesamtvorstand** als Organ der Gesellschaft, die Unterrichtung stellt einen Akt der **Geschäftsführung** dar.[67] Damit kann keine andere Stelle in der Gesellschaft an den Aufsichtsrat berichten und den Gesamtvorstand von seiner Verpflichtung zur Berichterstattung befreien.[68] Das gilt insbesondere für einzelne Vorstandsmitglieder. Eine Berichterstattung kann nur dann den Anforderungen des § 90 AktG genügen, wenn sie vom Gesamtvorstand als Kollegialorgan herrührt.[69]

Trägt ein einzelnes Vorstandsmitglied aufgrund der Geschäftsverteilung innerhalb des Vorstands **Verantwortung** für ein bestimmtes **Ressort,** bleibt es trotzdem bei der Verantwortlichkeit des Gesamtvorstands.[70] Im Innenverhältnis zwischen den Vorstandsmitgliedern kann ein Mitglied für die Erstellung eines Teilbereichs verantwortlich sein, nicht aber im Außenverhältnis gegenüber dem Aufsichtsrat.[71] Ohne **Abstimmung** und Koordination **im Gesamtvorstand** ist ein Bericht nicht erfüllungstauglich.[72] Jedes Vorstandsmitglied ist verpflichtet, daran mitzuwirken.[73]

Inhaltlich beschränken sich die Berichte des Vorstandes nicht nur auf eine Wiedergabe vergangener Ereignisse. Auch **subjektiv** geprägte **Bewertungen** und Ausblicke finden Eingang in die Berichte.[74] Diese subjektiven Aspekte werden in einem mehrköpfigen Vorstand nicht selten Nährboden für **Konflikte** sein. Das ist dann wenig problematisch, wenn durch Satzung der Gesellschaft vom Prinzip der Einstimmigkeit der Vorstandsentscheidungen aus § 77 Abs. 1 AktG abgewichen wird.[75] Ein Konflikt innerhalb des Vorstands über den Berichtsinhalt, kann dann per **Mehrheitsbeschluss** überwunden werden.

Der Konflikt kann aber auch so tiefgreifend sein, dass kein Berichtsentwurf eine Mehrheit findet. Auch und gerade dann, wenn der Vorstand nicht mehr konsensfähig ist, muss der Aufsichtsrat überwachen und beraten können.[76] Davon ausgehend hat der Vorstand seine Pflicht zur Berichterstattung dann dergestalt zu erfüllen, dass dem Aufsichtsrat die **divergierenden Meinungen vorzutragen** sind.[77] Genügt der Informationsgehalt einer so geratenen Berichterstattung den Ansprüchen des Aufsichtsrats nicht, kann der Aufsichtsrat von seinem Recht aus § 90 Abs. 3 AktG Gebrauch machen und weitere Informationen vom Vorstand fordern (→ Rn. 63 ff.).[78]

bb) Gläubiger der Unterrichtungspflicht. Nach dem Wortlaut des § 90 Abs. 1 AktG sind die Berichte **dem** Aufsichtsrat zu erstatten. Parallel zum Schuldner ist einzig der Aufsichtsrat als Organ **Gläubiger** der Berichtspflicht.[79] Eine Berichterstattung ausschließlich an den Aufsichtsratsvorsitzenden genügt nicht. Das folgt aus der Ausnahmevorschrift des § 90 Abs. 1 S. 3 AktG.[80] Eine Berichterstattung ausschließlich an den Aufsichtsratsvorsitzenden ist nur bei besonders wichtigem Anlass zulässig (→ Rn. 60 ff.). Erst recht ist die Unterrichtung eines einzelnen Aufsichtsratsmitglieds nicht ausreichend, auch wenn es gem. § 90 Abs. 3 S. 2 AktG einen außerordentlichen Bericht verlangt hat (→ Rn. 63 ff.).[81] Gläubiger und Adressat der Unterrichtungspflicht bleibt stets der gesamte Aufsichtsrat als Organ der Gesellschaft.

---

[67] *Manger* NZG 2010, 1255 (1256); MüKoAktG/*Spindler* AktG § 90 Rn. 6, 7; BeckOGK/*Fleischer* AktG § 90 Rn. 8.
[68] *Lutter* Information und Vertraulichkeit Rn. 211.
[69] Vgl. *Lutter* Information und Vertraulichkeit Rn. 214; BeckOGK/*Fleischer* AktG § 90 Rn. 8; GroßkommAktG/*Kort* AktG § 90 Rn. 7.
[70] *Lutter* Information und Vertraulichkeit Rn. 215.
[71] Vgl. MüKoAktG/*Spindler* AktG § 90 Rn. 6; GroßkommAktG/*Kort* AktG § 90 Rn. 5; BeckOGK/*Fleischer* AktG § 90 Rn. 8.
[72] *Lutter* Information und Vertraulichkeit Rn. 214.
[73] BeckOGK/*Fleischer* AktG § 77 Rn. 8.
[74] *Lutter* Information und Vertraulichkeit Rn. 218.
[75] BeckOGK/*Fleischer* AktG § 77 Rn. 12; Henssler/Strohn/*Dauner-Lieb* AktG § 77 Rn. 8.
[76] Eing. *Lutter* Information und Vertraulichkeit Rn. 220 f.
[77] GroßkommAktG/*Kort* AktG § 90 Rn. 8; MüKoAktG/*Spindler* AktG § 90 Rn. 7.
[78] Vgl. *Lutter* Information und Vertraulichkeit Rn. 222; BeckOGK/*Fleischer* AktG § 90 Rn. 9; MüKoAktG/*Spindler* AktG § 90 Rn. 7.
[79] *Manger* NZG 2010, 1255 (1256); *Lutter* Information und Vertraulichkeit Rn. 182; Kölner Komm AktG/*Mertens/Cahn* AktG § 90. Rn. 24; BeckOGK/*Fleischer* AktG § 90 Rn. 11.
[80] Vgl. *Burgard/Heimann* AG 2014, 360 (365); *Lutter* Information und Vertraulichkeit Rn. 182.
[81] *Manger* NZG 2010, 1255 (1256); *Lutter* Information und Vertraulichkeit Rn. 182.

32　Davon ist die Frage zu unterscheiden, unter welchen Voraussetzungen der Vorstand durch die Berichterstattung von seiner Verpflichtung frei wird. Hier sind **mündliche von schriftlichen** Berichten zu unterscheiden.

33　Eine **mündliche Berichterstattung** durch den Vorstand ist ausnahmsweise denkbar, allerdings nur in einer förmlichen Sitzung. § 90 Abs. 4 S. 2 AktG erklärt die Textform für Berichte zum Regelfall, schreibt sie aber nicht zwingend vor. Im Ausnahmefall kann in einer förmlichen Sitzung des Aufsichtsrats ein Bericht nach § 90 Abs. 1 AktG mündlich erstattet werden.[82] Ein **Ausnahmefall** kann vorliegen, wenn eine unverzügliche Berichterstattung notwendig wird oder die Geheimhaltung es erfordert.[83]

34　Den Regelfall bildet die Berichterstattung in **Textform.** Seit der Novelle des § 90 Abs. 4 S. 2 AktG durch das TransPuG 2002 ist die Textform für die Berichte ausreichend.[84] Der Vorstand kann sich elektronischer Übermittlungswege bedienen.[85]

35　Der Vorstand genügt seiner Pflicht durch Zuleitung in Textform an den Aufsichtsratsvorsitzenden.[86] Der **Aufsichtsratsvorsitzende** tritt in seiner Funktion als **Vertreter des gesamten Aufsichtsrats** nach außen hin auf. Ab dem Zeitpunkt der Zuleitung ist er selbst verpflichtet, die Aufsichtsratsmitglieder über den Inhalt der Berichte zu informieren.[87] Somit richtet sich der Auskunftsanspruch gem. § 90 Abs. 5 S. 1 AktG jedes Aufsichtsratsmitglieds unmittelbar gegen den Aufsichtsratsvorsitzenden (→ Rn. 78).[88] Der Anspruch besteht auch dann, wenn nach § 90 Abs. 1 S. 3 AktG ausnahmsweise ausschließlich dem Aufsichtsratsvorsitzenden zu berichten ist.[89] In diesem Zusammenhang ist auf § 90 Abs. 5 S. 2 Hs. 1 AktG hinzuweisen: Nach dieser Vorschrift kann der Aufsichtsrat per Beschluss festlegen, dass einzelne zugeleitete Berichte nicht weitergereicht werden dürfen. Das soll bei besonders vertraulichen Sachlagen Diskretion gewährleisten.[90] Das Recht der Aufsichtsratsmitglieder auf Kenntnisnahme wird dadurch aber nicht beschnitten; ein Zugang zu der betreffenden Information muss möglich sein.[91] Das kann sich aber in der bloßen Möglichkeit erschöpfen, Berichte in den Geschäftsräumen, in Anwesenheit des Aufsichtsratsvorsitzenden oder in dessen Auftrag in Anwesenheit von Beratern des Aufsichtsrats zu lesen. Das würde auch das Recht ausschließen, Kopien anzufertigen.[92] **Vertraulichkeit** spielt in der Praxis eine immer größere Rolle, sodass von dieser Möglichkeit zunehmend Gebrauch gemacht wird (→ Rn. 79).

b) Regelmäßige Berichterstattung durch den Vorstand (§ 90 Abs. 1 AktG)

36　Ausweislich des § 90 Abs. 1 AktG betrifft die **Berichtspflicht inhaltlich vier Themenfelder.** So ist über die beabsichtige Geschäftspolitik (§ 90 Abs. 1 S. 1 Nr. 1 AktG), die Rentabilität der Gesellschaft (§ 90 Abs. 1 S. 1 Nr. 2 AktG), den Gang der Geschäfte (§ 90 Abs. 1 S. 1 Nr. 3 AktG), anlassbezogen über Geschäfte von erheblicher Bedeutung für die Rentabilität und Liquidität der Gesellschaft (§ 90 Abs. 1 S. 1 Nr. 4 AktG) oder sonst aus wichtigem Anlass (§ 90 Abs. 1 S. 3 AktG) zu berichten. Wie regelmäßig der Vorstand dem Aufsichtsrat Berichterstattung schuldet, bestimmt sich nach Art und Gegenstand des Berichts, § 90 Abs. 2 AktG.

37　**aa) Beabsichtigte Geschäftspolitik und grundsätzliche Fragen der Unternehmensplanung § 90 Abs. 1 S. 1 Nr. 1 AktG.** Die beabsichtigte Geschäftspolitik und andere grundsätzliche Fragen der Unternehmensplanung betreffen die **in der Zukunft liegenden Fragen** der Unternehmensführung. Daraus lässt sich für die Aufgaben des Aufsichtsrats zweierlei ableiten: er hat den Vorstand zu beraten und ihm dabei seine Sachkunde nutzbar zu machen (→ Rn. 9, 384f.) sowie seine Kontrolle auch auf zukünftige Akte der Geschäftsführung zu erstrecken.[93]

38　Dabei ist die exakte Reichweite der von § 90 Abs. 1 S. 1 Nr. 1 AktG genannten Berichtsgegenstände der **„beabsichtigten Geschäftspolitik"** und der **„grundsätzlichen Fragen der Unternehmensplanung"** auch nach der Novellierung der Norm durch das KonTraG unklar.[94] Teilweise wird zwischen beiden Begriffen nicht trennscharf unterschieden.

---

[82] *Lutter* Information und Vertraulichkeit Rn. 186; MüKoAktG/*Spindler* AktG § 90 Rn. 11.
[83] Mit weiteren Beispielen: *Pentz* in Fleischer VorstandsR-HdB § 16 Rn. 54; MüKoAktG/*Spindler* AktG § 90 Rn. 11.
[84] MüKoAktG/*Spindler* AktG § 90 Rn. 11; BeckOGK/*Fleischer* AktG § 90 Rn. 51.
[85] MüKoAktG/*Spindler* AktG § 90 Rn. 11, 46; Hüffer/Koch/*Koch* AktG § 90 Rn. 13.
[86] *Pentz* in Fleischer VorstandsR-HdB § 16 Rn. 56; Hüffer/Koch/*Koch* AktG § 90 Rn. 14.
[87] Eing. *Lutter* Information und Vertraulichkeit Rn. 187 f.
[88] *Lutter* Information und Vertraulichkeit Rn. 189; BeckOGK/*Fleischer* AktG § 90 Rn. 59.
[89] *Lutter* Information und Vertraulichkeit Rn. 183, 184; Hüffer/Koch/*Koch* AktG § 90 Rn. 8.
[90] *Pentz* in Fleischer VorstandsR-HdB § 16 Rn. 56; MüKoAktG/*Spindler* AktG § 90 Rn. 45, 46.
[91] *Pentz* in Fleischer VorstandsR-HdB § 16 Rn. 56; BeckOGK/*Fleischer* AktG § 90 Rn. 62; vgl. auch MüKoAktG/*Spindler* AktG § 90 Rn. 10.
[92] BeckOGK/*Fleischer* AktG § 90 Rn. 62; GroßkommAktG/*Kort* AktG § 90 Rn. 156.
[93] BegrRegE *Kropff* AktG 1965 S. 116; vgl. MüKoAktG/*Habersack* AktG § 111 Rn. 50.
[94] Vgl. Henssler/Strohn/*Dauner-Lieb* AktG § 90 Rn. 4; BeckOGK/*Fleischer* AktG § 90 Rn. 17; MüKoAktG/*Spindler* AktG § 90 Rn. 17 f.

So begreift *Lutter* die beabsichtigte Geschäftspolitik als die konkrete Planung des Vorstands für das **be-** 39
vorstehende Geschäftsjahr. Andere grundsätzliche Fragen der Unternehmensplanung beträfen die auf einen Zeitraum von vier bis fünf Jahren ausgedehnte **mittelfristige Planung**.[95] Die Berichterstattung an den Aufsichtsrat dürfe sich dann nicht in floskelhaften Absichtsbekundungen erschöpfen, sondern erfordere vielmehr unter Zuhilfenahme der Mittel der Betriebswirtschaftslehre entwickelte Teil- und Gesamtziele, die in Form von ausführlichen Planrechnungen dem Aufsichtsrat vorzulegen seien.[96]

Andere wollen dagegen unter dem Begriff der beabsichtigten Geschäftspolitik nur die Themen fassen, 40
die die **allgemeine unternehmensstrategische Konzeption** des Vorstands und die **Grundzüge der operativen Mittel zur Umsetzung** derselben betreffen.[97] Anstelle der dauerhaften Mitteilung von Einzelheiten sei der Vorstand nur verpflichtet, über die grundsätzliche Ausrichtung der Unternehmenspolitik zu berichten.[98] Die Vorlage jeder Planrechnung sei deswegen gerade nicht erforderlich.[99]

Stellungnahme: Die zweitgenannte Sichtweise verdient hier den Vorzug, da sie dem Kompetenzge- 41
füge innerhalb der Gesellschaft besser gerecht wird. So bestimmt § 76 Abs. 1 AktG, dass es sich bei der Geschäftsführung um die exklusive Aufgabe des Vorstands handelt.[100] Verpflichtete man den Vorstand, über jede Einzelheit seiner Planungen zu berichten, bände man dem Aufsichtsrat dauerhaft die laufende Geschäftsführung ein und verschöbe die Grenzen der Zuständigkeiten dieser Organe (→ Rn. 1). Dieser Befund lässt sich auch am Gesetz festmachen: § 90 Abs. 1 S. 1 Nr. 1 AktG verpflichtet den Vorstand explizit **nicht** zum Vortrag **jedweder** Planung.

Verlangte man überbordende Berichterstattung, könnte die **Funktionsfähigkeit** des Aufsichtsrats und 42
nicht zuletzt die des Vorstands auf dem Spiel stehen. Beides sind wichtige Güter, die in jüngerer Zeit immer weiter strapaziert wurden und Grenzen erreicht haben. § 90 Abs. 1 S. 1 AktG ist damit nur die Pflicht des Vorstandes zu entnehmen, dem Aufsichtsrat seine strategische **Konzeption** und die beabsichtigen **Mittel** zur Umsetzung derselben mitzuteilen. Daran vermag auch eine vom Aufsichtsrat zur Konkretisierung der Berichtspflicht erlassene Informationsordnung nichts zu ändern (→ Rn. 195 ff.). Die Reichweite dieser Pflicht hängt auch von der konkreten Lage und Situation der Gesellschaft ab.

In diesem Zusammenhang ist die Frage anzutreffen, ob der Vorstand zur Einführung eines umfassen- 43
den **Management-Informations-Systems** verpflichtet ist.[101] Ein solches EDV-gestütztes System soll Unternehmensdaten wie auch andere Umweltdaten möglichst vollständig zusammenfassen. Das bezweckt, das Management benutzerfreundlich bei der Findung von Führungsentscheidungen zu unterstützen.[102] Zur Professionalisierung in großen Gesellschaften ist die Einführung eines unterstützenden Systems sinnvoll. Eine dahingehende Pflicht des Vorstands besteht aber nicht.[103] Der Vorstand muss nur zu grundsätzlichen Fragen der Unternehmensplanung berichten. Wie der Vorstand dem nachkommt, obliegt ihm im Rahmen seines Selbstorganisationsrechts. Auch unter Hinweis auf die Ermöglichung einer effizienteren und schnelleren Berichterstattung an den Aufsichtsrat oder gar einer eigenen Zugriffsmöglichkeit auf ein eingerichtetes System[104] lässt sich keine Pflicht begründen.

Seit der Novellierung des § 90 Abs. 1 S. 1 Nr. 1 AktG hat der Vorstand unter Angabe von Gründen 44
auf Abweichungen der tatsächlichen Entwicklungen von früher berichteten Zielen einzugehen. Damit gehört die **„Follow-up-Berichterstattung"** ausdrücklich zum Pflichtenprogramm des Vorstands.[105] Auch vor der Novellierung dieser Vorschrift wird ein professionell und verantwortungsvoll berichtender Vorstand auf vergangene Zielsetzungen und deren Erreichen eingegangen sein.[106] Praktisch hat sich die Novellierung daher kaum ausgewirkt.[107] Eine ordnungsgemäße Berichterstattung ohne einen **„Ist-Soll-Vergleich"** ist nahezu unvorstellbar. Dennoch sah sich die Regierungskommission bei der Novellierung zur Klarstellung veranlasst.[108]

---

[95] *Lutter* Information und Vertraulichkeit Rn. 49.
[96] *Lutter* Information und Vertraulichkeit Rn. 45, 54.
[97] Vgl. Kölner Komm AktG/*Mertens/Cahn* AktG § 90 Rn. 31.
[98] *Hoffmann/Preu* Aufsichtsrat Rn. 259; MHdB AG/*Hoffmann-Becking* § 25 Rn. 67; BeckOGK/*Fleischer* AktG § 90 Rn. 17.
[99] Kölner Komm AktG/*Mertens/Cahn* AktG § 90 Rn. 31; MüKoAktG/*Spindler* AktG § 90 Rn. 18.
[100] Ähnlich MüKoAktG/*Spindler* AktG § 90 Rn. 18.
[101] Zur Diskussion der betriebswirtschaftlichen und rechtswissenschaftlichen Ansätze vgl. *Theisen* ZGR 2013, 1.
[102] Zum Begriff GroßkommAktG/*Kort* AktG § 90 Rn. 36.
[103] Ebenso Kölner Komm AktG/*Mertens/Cahn* AktG § 90 Rn. 6; Hüffer/Koch/*Koch* AktG § 90 Rn. 4b; MüKoAktG/*Spindler* AktG § 90 Rn. 19; BeckOGK/*Fleischer* AktG § 90 Rn. 23.
[104] Zur fehlenden Zugriffsbefugnis des Aufsichtsrats vgl. MüKoAktG/*Spindler* AktG § 90 Rn. 39; Hüffer/Koch/*Koch* AktG § 90 Rn. 11.
[105] Vgl. BT-Drs. 14/8769, 13.
[106] Vgl. *Götz* NZG 2002, 599 (600).
[107] Vgl. MüKoAktG/*Spindler* AktG § 90 Rn. 21; Kölner Komm AktG/*Mertens/Cahn* AktG § 90 Rn. 35.
[108] BT-Drs. 14/8769, 13.

45 Zum Turnus schreibt § 90 Abs. 2 Nr. 1 AktG vor, dass die Berichte nach § 90 Abs. 1 S. 1 Nr. 1 AktG **mindestens einmal jährlich** zu erstatten sind. „Mindestens" bringt dabei zum Ausdruck, dass der Vorstand zu den Themen auch öfter berichten kann.

46 Unabhängig von dieser regelmäßigen Berichtspflicht hat der Vorstand nach § 90 Abs. 2 Nr. 1 Hs. 2 AktG **unverzüglich Bericht** zu erstatten, wenn Änderungen der Lage und neue Fragen es gebieten. Hierbei handelt es sich um wesentliche Veränderungen der wirtschaftlichen Lage der Gesellschaft und andere, auch rechtliche, Fragen.[109]

47 In welchem **Zeitpunkt** die Pflicht zur unverzüglichen Berichterstattung entsteht, kann dem Gesetz nicht unmittelbar entnommen werden. Die Norm lässt sich dahin interpretieren, dass der Vorstand immer dann unverzüglich zu berichten hat, wenn Veränderungen eintreten oder sich neue Fragen stellen. Ausgehend vom Wortlaut soll die Pflicht aber auch davon abhängen, ob unverzügliche Berichterstattung geboten ist.

48 In einer viel beachteten, aber auch umstrittenen Entscheidung überlässt das OLG Frankfurt a. M. es dem **Ermessen des Vorstands** festzustellen, ob unverzügliche Berichterstattung gem. § 90 Abs. 2 Nr. 1 Hs. 2 AktG geboten sein soll.[110] Das überzeugt nicht. Das Gesetz macht hinreichend deutlich, dass es sich bei der Norm nicht um eine „Kann-Vorschrift" handelt.[111] Bei einem bedeutenden Anlass iSd § 90 Abs. 2 Nr. 1 Hs. 2 AktG **muss** der Vorstand den Aufsichtsrat also **unverzüglich** informieren. Dass dem Vorstand dabei aber auch ein Beurteilungsspielraum zustehen muss, folgt aus der Relativierung durch das Erfordernis der Gebotenheit.[112] Das kann aber nur die pflichtgemäße Feststellung des Vorstands umfassen, dass ein bedeutender Anlass besteht oder nicht. Beim Bestehen des Anlasses bleibt es bei dem Grundsatz, dass der Aufsichtsrat vom Vorstand nicht vor vollendete Tatsachen gestellt werden darf.[113]

49 **bb) Rentabilität der Gesellschaft § 90 Abs. 1 S. 1 Nr. 2 AktG.** Nach § 90 Abs. 1 S. 1 Nr. 2 AktG hat der Vorstand regelmäßig über die **Rentabilität** der Gesellschaft zu berichten. Das hängt mit seiner Pflicht zur **Billigung** des **Jahresabschlusses** (§ 172 AktG) zusammen.[114] Pflichtmäßig kann die Billigung des Jahresabschlusses nur sein, wenn der Aufsichtsrat zu einer reflektierten Prüfung desselben überhaupt in der Lage ist. Dafür sieht § 90 Abs. 1 S. 1 Nr. 2 AktG vor, dass der Vorstand insbesondere über die Rentabilität des Eigenkapitals – als bedeutendste Kennzahlen des wirtschaftlichen Erfolgs der Gesellschaft – zu berichten hat.[115] Demgemäß ist der Rentabilitätsbericht gem. § 90 Abs. 2 Nr. 2 AktG in der Sitzung des Aufsichtsrats zu erstatten, in der über den Jahresabschluss verhandelt wird; zur eingehenden Prüfung bietet sich allerdings schon eine frühere Berichterstattung an.[116]

50 Inhaltlich soll die Berichterstattung zur Rentabilität iSd § 90 Abs. 1 Nr. 2 AktG eine Beurteilung des wirtschaftlichen Erfolgs der Gesellschaft erlauben.[117] Deshalb muss der Bericht Angaben zum **Cash-Flow**, der **Rentabilität** des Gesamtkapitals, des **Umsatzes**, der wesentlichen **Investitionen**, sowie – bei Aktiengesellschaften – **Gewinn pro Aktie** enthalten.[118] „Insbesondere" fordert das Gesetz Informationen zur Rentabilität des Eigenkapitals, also zur Verzinsung.[119] Die Gesetzesbegründung will das „Eigenkapital" dabei als das Grundkapital zusammen mit den offenen Rücklagen abzüglich etwaiger Gegenposten verstanden wissen.[120] Damit ist die Summe der auf der Passivseite der Bilanz gem. § 266 Abs. 3 lit. A HGB auszuweisenden Beträge gemeint.[121]

51 Ausgehend vom dargestellten Zweck des Rentabilitätsberichts reicht eine bloße Wiedergabe von Kennzahlen nicht aus; vielmehr hat der Vorstand auch **Erläuterungen** beizufügen, die eine Beurteilung der vorgetragenen Informationen ermöglichen.[122] Auf dieser Basis hat der Aufsichtsrat dann über die Billigung des Jahresabschlusses zu befinden.

52 **cc) Gang der Geschäfte § 90 Abs. 1 S. 1 Nr. 3 AktG.** Am bedeutsamsten für die laufende Überwachungstätigkeit des Aufsichtsrats sind die Berichte zum Gang der Geschäfte gem. § 90 Abs. 1 S. 1 Nr. 3

---

[109] *Burgard/Heimann* AG 2014, 360 (361); GroßkommAktG/*Kort* AktG § 90 Rn. 78.
[110] OLG Frankfurt a. M. NZG 2014, 1017; eing. zur Kritik *Burgard/Heimann* AG 2014, 360.
[111] MüKoAktG/*Spindler* AktG § 90 Rn. 24.
[112] Hüffer/Koch/*Koch* AktG § 90 Rn. 9.
[113] Vgl. Hüffer/Koch/*Koch* AktG § 90 Rn. 10.
[114] Vgl. MüKoAktG/*Hennrichs/Pöschke* AktG § 172 Rn. 1 f.
[115] BegrRegE *Kropff* AktG 1965 S. 117; *Pentz* in Fleischer VorstandsR-HdB § 16 Rn. 66; MüKoAktG/*Spindler* AktG § 90 Rn. 26; GroßkommAktG/*Kort* AktG § 90 Rn. 49.
[116] Vgl. *Pentz* in Fleischer VorstandsR-HdB § 16 Rn. 66.
[117] GroßkommAktG/*Kort* AktG § 90 Rn. 49.
[118] *Lutter* Information und Vertraulichkeit Rn. 57; *Pentz* in Fleischer VorstandsR-HdB § 16 Rn. 68; MüKoAktG/*Spindler* AktG § 90 Rn. 26; BeckOGK/*Fleischer* AktG § 90 Rn. 26.
[119] BeckOGK/*Fleischer* AktG § 90 Rn. 26.
[120] BegrRegE *Kropff* AktG 1965 S. 117.
[121] GroßkommAktG/*Kort* AktG § 90 Rn. 48; Hölters/*Müller-Michaels* AktG § 90 Rn. 7.
[122] *Pentz* in Fleischer VorstandsR-HdB § 16 Rn. 66; GroßkommAktG/*Kort* AktG § 90 Rn. 51.

AktG **(Quartalsberichte).** Entsprechend der üblichen Sitzungshäufigkeit des Aufsichtsrats gem. § 110 Abs. 3 AktG (→ Rn. 17) sind die Berichte nach § 90 Abs. 2 Nr. 3 AktG **vierteljährlich** zur erstatten. Auch mit Zustimmung des Aufsichtsrats ist eine längere Berichtsperiode nicht zulässig. Freilich können die Satzung der Gesellschaft oder die Geschäftsordnung des Vorstands engere Intervalle vorsehen, wenn es zweckmäßig erscheint.[123] Dass der Aufsichtsrat zum Zeitpunkt der Erstattung des Berichts auch tatsächlich tagt, ist aber nicht erforderlich.[124]

Ziel der Quartalsberichte ist es, den Aufsichtsrat umfassend zur **Entwicklung** der Geschäfte seit der 53 letzten Berichterstattung ins Bild zu setzen. Demgemäß muss der Bericht – abhängig von den individuellen Gegebenheiten – stets Informationen zum **Umsatz,** der **Ertragsentwicklung,** der **Liquidität,** der **Markt-** und **Auftragslage** und sonstiger ähnlich bedeutsamer Umstände enthalten.[125] Letztere sind, ohne vom Gesetz ausdrücklich genannt zu werden, Bestandteil der Berichtspflicht, weil auch sie unter den Begriff „Gang der Geschäfte" zu fassen sind. So hat der Vorstand im Quartalsbericht auch über den etwaigen Verlust wichtiger Märkte, von Arbeitskämpfen, von der Kündigung wichtiger Mitarbeiter oder vergleichbaren für das Unternehmen bedeutsamen Ereignissen, zu berichten.[126] Das kann etwa politische oder gesellschaftliche Umstände (bis hin zu „Corona" → § 10) einschließen. Das gilt losgelöst von der Pflicht zur unverzüglichen Berichterstattung aus wichtigem Anlass nach § 90 Abs. 1 S. 1 Nr. 1, Abs. 2 Nr. 1 AktG (→ Rn. 46 ff.).

Um der laufenden Information des Aufsichtsrats gerecht zu werden, müssen die Quartalsberichte be- 54 sonderen **inhaltlichen** Anforderungen genügen. So ist der Umsatz im Periodenvergleich und sortiert nach Sparten oder Produktgruppen darzustellen.[127] Außerdem müssen die im Quartalsbericht ausgewiesenen Posten mit dem entsprechenden **Zahlenwerk** versehen sein.[128] Das schließt, anders als bei den Berichten nach § 90 Abs. 1 S. 1 Nr. 1 AktG (→ Rn. 37 ff.), für die sachgemäße Beurteilung auch die Vorlage von ausführlichen Planrechnungen mit ein.[129] Daneben gelten – ohne dass der Gesetzgeber auch an dieser Stelle entsprechenden Konkretisierungsbedarf ausgemacht hätte – die obigen Ausführungen zur Follow-up-Berichterstattung (→ Rn. 44) sinngemäß auch für die Quartalsberichte.[130] Auch hier muss sich der Vorstand mit seinen früher gesteckten Zielen befassen.

dd) Anlassbezogene Sonderberichte § 90 Abs. 1 S. 1 Nr. 4, S. 3 AktG. Sonderberichte nach § 90 55 Abs. 1 S. 1 Nr. 4, S. 3 AktG bilden eine eigene Kategorie. Sie sind im Gegensatz zu den Regelberichten nicht in festgelegten Perioden, sondern beim Vorliegen eines entsprechenden **Anlasses** zu erstatten. Einer Aufforderung zur Berichterstattung bedarf es nicht. Eine Berichtspflicht besteht bei Geschäften von erheblicher Bedeutung oder sonstigen wichtigen Anlässen.

(1) Geschäfte von erheblicher Bedeutung § 90 Abs. 1 S. 1 Nr. 4 AktG. Einen Anlass zur Berichter- 56 stattung sieht das Gesetz in § 90 Abs. 1 S. 1 Nr. 4 AktG darin, dass Geschäfte anstehen, die für die **Rentabilität** und die **Liquidität** der Gesellschaft von **erheblicher Bedeutung** sein können. Stets ohne Belang für die Berichtspflicht ist die Frage, ob das Geschäft tatsächlich erhebliche Bedeutung hat. Schon nach dem Wortlaut der Norm **(„könnte")** kommt es nur auf die **Möglichkeit** einer erheblichen Bedeutung an.[131] Keineswegs beschränkt sich die Berichtspflicht auf Geschäfte mit potentiell negativen Folgen. Auch bei positiven Prognosen ist zu berichten.[132]

Ab wann ein Geschäft die Schwelle zur erheblichen Bedeutung überschreitet, hat der Gesetzgeber be- 57 wusst offengelassen. Nach der Gesetzesbegründung und der hM soll darüber nur im **Einzelfall** entschieden werden.[133] Eine ziffermäßige Abgrenzung der berichtspflichtigen Geschäfte von den nicht berichtspflichtigen sei als Begrenzung zu schematisch und könne die unterschiedlichen Verhältnisse in den einzelnen Geschäftszweigen nicht berücksichtigen.[134] Einen Anhaltspunkt für die Bestimmung der Erheblichkeit könnte in einer Parallele zu den zustimmungspflichtigen Rechtsgeschäften gem. § 111 Abs. 4 S. 2

---

[123] *Lutter* Information und Vertraulichkeit Rn. 34 f.; MüKoAktG/*Spindler* AktG § 90 Rn. 28.
[124] *Pentz* in Fleischer VorstandsR-HdB § 16 Rn. 70.
[125] *Lutter* Information und Vertraulichkeit Rn. 35–44; MüKoAktG/*Spindler* AktG § 90 Rn. 28; BeckOGK/*Fleischer* AktG § 90 Rn. 28.
[126] *Lutter* Information und Vertraulichkeit Rn. 43; BeckOGK/*Fleischer* AktG § 90 Rn. 28.
[127] *Lutter* Information und Vertraulichkeit Rn. 37.
[128] MüKoAktG/*Spindler* AktG § 90 Rn. 28; Henssler/Strohn/*Dauner-Lieb* AktG § 90 Rn. 12.
[129] MüKoAktG/*Spindler* AktG § 90 Rn. 28; Hölters/*Müller-Michaels* AktG § 90 Rn. 8.
[130] *Lutter* Information und Vertraulichkeit Rn. 38; Henssler/Strohn/*Dauner-Lieb* AktG § 90 Rn. 12; BeckOGK/*Fleischer* AktG § 90 Rn. 28; Hüffer/Koch/*Koch* AktG § 90 Rn. 6.
[131] *Pentz* in Fleischer VorstandsR-HdB § 16 Rn. 73; GroßkommAktG/*Kort* AktG § 90 Rn. 61.
[132] *Pentz* in Fleischer VorstandsR-HdB § 16 Rn. 73; Henssler/Strohn/*Dauner-Lieb* AktG Rn. 14; GroßkommAktG/*Kort* AktG § 90 Rn. 61.
[133] BegrRegE *Kropff* AktG 1965 S. 117; zur hM, *Barzen/Kampf* BB 2011, 3011 (3013); MüKoAktG/*Spindler* AktG § 90 Rn. 29; BeckOGK/*Fleischer* AktG § 90 Rn. 29; Hölters/*Müller-Michaels* AktG § 90 Rn. 9.
[134] BegrRegE *Kropff* AktG 1965 S. 117.

AktG zu erblicken sein. Dem ist nicht zu folgen. Denn es unterscheiden sich hier die Ausgangslagen: § 90 Abs. 1 S. 1 Nr. 4 AktG fordert erhebliche Bedeutung für Rentabilität und Liquidität, wohingegen die Entscheidung über die Zustimmung zu einem Rechtsgeschäft gänzlich anderen Maßstäben folgen kann.[135]

58 In Ermangelung fester Größen ist für jedes Geschäft im **Einzelfall** festzustellen, ob die Schwelle zur Erheblichkeit überschritten werden könnte. Zur Beurteilung sind die **Größe,** der **Gegenstand** und die **Lage** des Unternehmens, wie auch **Umfang und Art** des fraglichen Geschäfts ausschlaggebend.[136] Beispiele für berichtpflichtige Geschäfte können der Erwerb oder die Veräußerung eines Betriebs, die Übernahme eines größeren Auftrags, ein Fusionsvorhaben, Abschluss eines langfristigen Vertrags oder größere Investitionen sein.[137] Die Feststellung bedarf einer vernünftigen kaufmännischen Prognose.[138]

59 Als anlassbezogener Sonderbericht entsteht die Berichtspflicht aus § 90 Abs. 1 S. 1 Nr. 4 AktG zusammen mit dem entsprechenden Anlass. Das Gesetz will mit § 90 Abs. 2 Nr. 4 AktG dem Aufsichtsrat **Gelegenheit zur Stellungnahme** einräumen, weshalb die Berichte möglichst **rechtzeitig** zu erstatten sind. Mit der Gelegenheit zur Stellungnahme hat der Aufsichtsrat nur ein Mitspracherecht, nicht aber ein Mitentscheidungsrecht.[139] Sollte ein Geschäft unaufschiebbar sein, ist der Vorstand deshalb nicht gezwungen, mit der Vornahme bis zur Stellungnahme zuzuwarten. Das folgt schon aus dem Wortlaut der Norm („möglichst"). Im Falle der Unaufschiebbarkeit ist vom Vorstand aber zu verlangen, dass er zunächst versucht, den Aufsichtsratsvorsitzenden oder dessen Stellvertreter zu unterrichten oder das unverzüglich nachzuholen.[140]

60 **(2) Bericht aus wichtigem Anlass § 90 Abs. 1 S. 3 AktG.** Eine weitere Pflicht zur Sonderberichterstattung regelt § 90 Abs. 1 S. 3 AktG. Im Unterschied zu § 90 Abs. 1 S. 1 Nr. 4 AktG reicht eine Berichterstattung **gegenüber** dem **Aufsichtsratsvorsitzenden** aus.

61 Wann ein sonstiger wichtiger Anlass vorliegt, ist im Einzelfall vom Vorstand nach **pflichtgemäßem Ermessen** zu entscheiden.[141] Die Gesetzesbegründung benennt als wichtige Anlässe beispielhaft erhebliche Betriebsstörungen, wesentliche Verluste und die Gefährdung größerer Außenstände. In diesen Sondersituationen bedarf die Berichterstattung gem. § 90 Abs. 4 S. 2 AktG auch nicht der Textform.

62 Hinsichtlich der **Anwendbarkeit** gilt § 90 Abs. 1 S. 1 Nr. 4 AktG vorrangig. Das folgt schon aus dem Wortlaut der S. 3 der Norm, der die Berichtspflicht nur bei „sonstigen" Anlässen vorsieht. Daneben unterscheiden sich auch die maßgeblichen Anlässe. So behandelt § 90 Abs. 1 S. 3 AktG Einwirkungen auf die Gesellschaft von außen. § 90 Abs. 1 S. 1 Nr. 4 AktG betrifft dagegen nur interne Ereignisse, die regelmäßig auf die Geschäftsführung zurückführbar sind.[142] Die Berichtspflicht nach § 90 Abs. 1 S. 3 AktG ist aber nicht dadurch ausgeschlossen, dass ein Gegenstand inhaltlich den Regelberichten unterfällt.[143]

c) Berichte auf Verlangen des Aufsichtsrats (§ 90 Abs. 3 AktG)

63 Das Gesetz sorgt mit den verschiedenen Berichtstypen und -zyklen für eine fortwährende Informationsversorgung des Aufsichtsrats. Die gesetzlich geregelten Berichtstypen zeichnen sich dadurch aus, dass der Vorstand über den genauen Inhalt der Berichterstattung befindet und das mitteilt, was er im Rahmen seiner Pflichten selbst für wichtig oder erforderlich hält. Wäre der Aufsichtsrat einzig auf die vom Vorstand handverlesenen Informationen verwiesen, stünde die **Effektivität der Überwachung** zur Disposition. Zur Schaffung eines Ausgleichs gibt § 90 Abs. 3 AktG dem Aufsichtsrat Mittel an die Hand, die zu berichtenden Inhalte, die er als für seine Überwachungstätigkeit notwendig erachtet, selbst zu bestimmen und einzufordern.[144] Damit ist auch der Vertrauensgrundsatz abgesichert. Solange keine besonderen Umstände bestehen, darf sich der Aufsichtsrat darauf beschränken, die Regelberichte auszuwerten. Gebieten es die Umstände, hat der Aufsichtsrat gem. § 90 Abs. 3 AktG die notwendigen Rechte zur Verfügung.

---

[135] MüKoAktG/*Spindler* AktG § 90 Rn. 29; BeckOGK/*Fleischer* AktG § 90 Rn. 29.
[136] BegrRegE *Kropff* AktG 1965 S. 117; MüKoAktG/*Spindler* AktG § 90 Rn. 29; Henssler/Strohn/*Dauner-Lieb* AktG § 90 Rn. 14.
[137] Beispiele aus *Pentz* in Fleischer VorstandsR-HdB § 16 Rn. 73; BegrRegE *Kropff* AktG 1965 S. 117; GroßkommAktG/*Kort* AktG § 90 Rn. 61; vgl. auch OLG Frankfurt a. M. NZG 2014, 1017; *Burgard/Heimann* AG 2014, 360.
[138] GroßkommAktG/*Kort* AktG § 90 Rn. 61; BeckOGK/*Fleischer* AktG § 90 Rn. 29; Hüffer/Koch/*Koch* AktG § 90 Rn. 7.
[139] *Lutter* Information und Vertraulichkeit Rn. 62.
[140] BegrRegE *Kropff* AktG 1965 S. 117; *Lutter* Information und Vertraulichkeit Rn. 63; *Pentz* in Fleischer VorstandsR-HdB § 16 Rn. 72; Kölner Komm AktG/*Martens/Cahn* AktG § 90 Rn. 38.
[141] MüKoAktG/*Spindler* AktG § 90 Rn. 31.
[142] GroßkommAktG/*Kort* AktG § 90 Rn. 67.
[143] Vgl. MüKoAktG/*Spindler* AktG § 90 Rn. 31.
[144] Vgl. BegrRegE *Kropff* AktG 1965 S. 118; Spinder/Stilz/*Fleischer* AktG § 90 Rn. 38: „Push- and Pull-Prizip".

aa) Verlangen des Aufsichtsrats. Dem Zweck entsprechend finden sich in § 90 Abs. 3 AktG, anders als **64** bei den regelmäßig vom Vorstand zu erstattenden Berichten, keine vergleichbaren **inhaltlichen Vorgaben** zum Gegenstand der Anforderungsberichte. Der **Aufsichtsrat** kann **frei** bestimmen, zu welchen Angelegenheiten der Gesellschaft er informiert werden möchte; das kann auch organisatorische Fragen erfassen.[145] Inhaltlich muss es sich stets um Angelegenheiten der Gesellschaft handeln. So ist der Vorstand etwa grundsätzlich nicht verpflichtet, über die allgemeine volkswirtschaftliche Entwicklung zu berichten.[146] Das kann aber nur insoweit gelten, als sich diese allgemeine Entwicklung nicht konkret auf die Gesellschaft auswirken kann. Andernfalls – zu denken ist an Corona (→ § 10) – muss § 90 Abs. 3 AktG auch allgemeine Entwicklungen erfassen.

Der von § 90 Abs. 3 AktG verwendete Begriff der Angelegenheiten der Gesellschaft ist weit auszulegen und deckt sich mit § 131 Abs. 1 AktG.[147] Die Reichweite des Auskunftsanspruchs und die Vielzahl der möglichen Berichtsgegenstände lässt sich darauf zurückführen, dass dem Aufsichtsrat die Überwachung der **Geschäftsführung im Ganzen** obliegt (→ Rn. 10f.).[148] Dementsprechend ist auch eine vollumfängliche Informationsversorgung erforderlich. Nach diesem **weiten** Verständnis sind alle möglichen Angelegenheiten erfasst, solange sie nur einen Bezug zu der Gesellschaft oder eines verbundenen Unternehmens haben. Dazu zählen auch die rechtlichen und geschäftlichen Beziehungen zu diesen Unternehmen.[149] Ausschließlich für verbundene Unternehmen ordnet § 90 Abs. 3 S. 1 AktG einschränkend an, dass eine Berichtspflicht nur besteht, soweit die Lage der Gesellschaft erheblich beeinflusst werden könnte. Der Umstand, dass die angeforderten Informationen inhaltlich zu den Gegenständen der Regelberichte gehören, schließt ein Anforderungsrecht des Aufsichtsrats nicht aus.[150] **65**

Zur Anforderung eines Berichts bedarf es eines entsprechenden **Aufsichtsratsbeschlusses** nach § 108 **66** AktG.[151] In entsprechender Anwendung des § 78 Abs. 2 S. 2 AktG reicht es aus, dass das Berichtsverlangen einem beliebigen Vorstandsmitglied zugeht.[152]

Ein Anspruch auf Auskunft kann aber nur bestehen, wenn der Aufsichtsrat seine **Frage** hinreichend **67** **präzise** formuliert hat.[153] Zu einer zeitlichen Begrenzung des Auskunftsverlangens schweigt das Gesetz. Dementsprechend ist das Auskunftsverlangen jederzeit zulässig. Das setzt den Vorstand in die Lage, sich laufend über die Angelegenheiten der Gesellschaft informiert halten zu müssen, um zur Berichterstattung fähig zu sein.[154] Wie zeitnah die Berichte nach dem Zugang der Aufforderung zu erstatten sind, muss abhängig von der gestellten Frage im Einzelfall bestimmt werden.[155]

bb) Verlangen einzelner Aufsichtsratsmitglieder. Nach dem gesetzlichen Regelfall entstammt das **68** Auskunftsverlangen dem gesamten Aufsichtsrat. Daneben kann aber auch ein **einzelnes Aufsichtsratsmitglied** gem. § 90 Abs. 3 S. 2 AktG Berichte vom Vorstand anfordern. Gläubiger der Berichterstattung bleibt stets der gesamte Aufsichtsrat (→ Rn. 31). Berichterstattung lediglich an das die Auskunft begehrende Aufsichtsratsmitglied ist daher nicht statthaft. Davon zu unterscheiden sind aber Verständnisfragen oder Erläuterungen, die nicht die **Qualität** eines „Berichts" mit neuen Informationen haben. Die Abgrenzung kann im Einzelfall schwierig sein. In der Praxis kann es sich daher anbieten, im Leitfaden des Aufsichtsratsvorsitzenden für die nächste Aufsichtsratssitzung solche individuellen Informationsanfragen aufzunehmen und die Antworten damit allen Aufsichtsratsmitgliedern zugänglich zu machen. Hinsichtlich der möglichen Berichtsgegenstände bestehen keine Unterschiede zwischen § 90 Abs. 3 S. 1 AktG und § 90 Abs. 3 S. 2 AktG.[156]

Das individuelle Auskunftsrecht ist ein **pflichtgebundenes Recht.** So obliegt die Pflicht zur Überwachung der Geschäftsführung nicht nur dem Aufsichtsrat als Organ, sondern auch jedem einzelnen Mitglied.[157] Kommen die Aufsichtsratsmitglieder dieser Verpflichtung nicht nach, sind sie persönlich haftbar (§§ 93, 116 AktG → § 5 Rn. 184ff.). Das Berichtssystem des § 90 AktG dient deshalb auch dem Zweck zu verhindern, dass sich Aufsichtsratsmitglieder mit der Begründung der Haftung entziehen, sie seien in **69**

---

[145] MüKoAktG/*Spindler* AktG § 90 Rn. 34.
[146] *Lutter* Information und Vertraulichkeit Rn. 73; BeckOGK/*Fleischer* AktG § 90 Rn. 41.
[147] GroßkommAktG/*Kort* AktG § 90 Rn. 88; BeckOGK/*Fleischer* AktG § 90 Rn. 41; Grigoleit/*Grigoleit*/*Tomasic* AktG § 90 Rn. 24.
[148] MüKoAktG/*Spindler* AktG § 90 Rn. 34.
[149] BeckOGK/*Fleischer* AktG § 90 Rn. 41; Henssler/Strohn/*Dauner-Lieb* AktG § 90 Rn. 19.
[150] GroßkommAktG/*Kort* AktG § 90 Rn. 93; MüKoAktG/*Spindler* AktG § 90 Rn. 34; BeckOGK/*Fleischer* AktG § 90 Rn. 39.
[151] BeckOGK/*Fleischer* AktG § 90 Rn. 41; Hüffer/Koch/*Koch* AktG § 90 Rn. 11.
[152] *Elsing*/*Schmidt* BB 2002, 1705 (1706); *Pentz* in Fleischer VorstandsR-HdB § 16 Rn. 90; Hüffer/Koch/*Koch* AktG § 90 Rn. 11; GroßkommAktG/*Kort* AktG § 90 Rn. 87; MüKoAktG/*Spindler* AktG § 90 Rn. 38.
[153] OLG Köln AG 1987, 24 (25); GroßkommAktG/*Kort* AktG § 90 Rn. 86; MüKoAktG/*Spindler* AktG § 90 Rn. 34.
[154] MüKoAktG/*Spindler* AktG § 90 Rn. 36.
[155] BeckOGK/*Fleischer* AktG § 90 Rn. 43; MüKoAktG/*Spindler* AktG § 90 Rn. 36.
[156] GroßkommAktG/*Kort* AktG § 90 Rn. 104; MüKoAktG/*Spindler* AktG § 90 Rn. 40.
[157] *Elsing*/*Schmidt* BB 2002, 1705 (1706); Hüffer/Koch/*Koch* AktG § 90 Rn. 12.

Unkenntnis gewesen (→ Rn. 24). Deshalb räumt § 90 Abs. 3 S. 2 AktG dem einzelnen Mitglied das **individuelle Recht** ein, Informationen anzufordern. Ist die Überwachungsaufgabe mit den vorhandenen Informationen nicht wahrnehmbar, kommt eine Inanspruchnahme des Mitglieds auf Schadensersatz in Betracht, wenn es die Anforderung von Berichten unterlässt.[158]

70   Nach früherem Recht konnte ein um Auskunft ersuchendes Aufsichtsratsmitglied auf die Mitwirkung eines anderen Mitglieds verwiesen sein, wenn der Vorstand die Berichterstattung verweigert hatte.[159] Mit der Novellierung der Norm durch das TransPuG entfiel diese Einschränkung. Eine derartige Schwächung der Stellung des Aufsichtsratsmitglieds werde der gleichen Verantwortung und auch Verantwortlichkeit aller Aufsichtsratsmitglieder nicht gerecht.[160] Die Lockerung birgt aber auch die Gefahr, dass der individuelle Auskunftsanspruch **missbraucht** wird. Aufgrund der Reichweite der Berichterstattungspflicht könnte theoretisch jede Information vom Vorstand verlangt werden. Besteht Anlass zur Annahme, dass ein Mitglied sein Auskunftsrecht zu missbrauchen versucht – etwa um die Informationen in gesellschaftswidriger Weise, nur im eigenen Interesse oder dem einer bestimmten Gruppe (zB der Arbeitnehmer) zu verwenden – kann der **Vorstand** das Ersuchen **zurückweisen.**[161] Der Aufsichtsrat kann bei drohendem Missbrauch auch dergestalt tätig werden, dass er gem. § 90 Abs. 5 S. 2 AktG die Weitergabe eines missbräuchlich geforderten Berichts verweigert (→ Rn. 35, 79).

71   cc) **Durchgriff auf Angestellte.** Bei der Informationsversorgung des Aufsichtsrats zur Ermöglichung seines Überwachungsauftrags wird vor allem im Zusammenhang mit Compliance-Untersuchungen diskutiert, ob es dem Aufsichtsrat über die in § 111 Abs. 2 S. 1 AktG geregelten Fälle hinaus erlaubt ist, sich **am Vorstand vorbei** im Unternehmen durch **Zugriff auf Mitarbeiter** der Gesellschaft, etwa den Compliance-Officer (→ Rn. 362) oder Leitung Rechnungswesen,[162] etwa in Form von **Interviews** zu informieren. Die hM lehnt diese Befugnis zutreffend im Grundsatz ab.[163] Aus der gesetzgeberischen Tendenz, die vorstandsunabhängige Information des Aufsichtsrats in regulierten Branchen zu stärken, kann nicht auf das Gegenteil geschlossen werden. Bei § 25d Abs. 8 S. 7 KWG, der ein direktes Auskunftsrecht des Aufsichtsratsvorsitzenden beim Leiter der Internen Revision und beim Leiter des Risikocontrollings vorsieht, handelt es sich um eine **Ausnahmevorschrift.** Die Vorschrift ist nicht in das allgemeine Aktienrecht übertragbar, sondern zeigt vielmehr, dass der Aufsichtsrat nach der Auffassung des Gesetzgebers ohne spezielle gesetzliche Grundlage nicht unmittelbar auf Mitarbeiter der Gesellschaft zugreifen darf.[164]

72   Im Lager derer, die dem Aufsichtsrat entgegen der hM in unterschiedlichem Umfang eine vorstandsunabhängige Informationsquelle zugestehen wollen, wird insbesondere dessen Überwachungsauftrag und eine sich wandelnde Unternehmensstruktur zur Begründung ins Feld geführt.[165] Die **Befragung** von Mitarbeitern soll unter den jeweiligen **Voraussetzungen** des § 111 Abs. 2 S. 2 AktG,[166] des § 109 Abs. 1 S. 2 AktG,[167] oder vereinzelt unter Heranziehung der in § 84 AktG verankerten Personalkompetenz des Aufsichtsrats hinsichtlich künftiger Vorstandmitglieder[168] möglich sein.

73   Mit Blick auf die gesetzliche Konzeption ist diese Sichtweise mit der hM **nicht** zu teilen. So hat der Gesetzgeber mit der Zuweisung der Berichtspflicht gem. § 90 AktG für den Vorstand ein grundsätzliches „**Informationsvermittlungsmonopol**" geschaffen.[169] Die Gegenansicht lässt sich auch nicht mit der gesetzlichen **Kompetenzverteilung** innerhalb der Gesellschaft in Einklang bringen. Der Aufsichtsrat darf, bis auf wenige Ausnahmen, nicht in die Geschäftsführung des Vorstands eingreifen.[170] Informiert sich der Aufsichtsrat „am Vorstand vorbei" unmittelbar in der Gesellschaft, sind auch die erheblichen Beein-

---

[158] *Elsing/Schmidt* BB 2002, 1705 (1706); GroßkommAktG/*Kort* AktG § 90 Rn. 105; MüKoAktG/*Spindler* AktG § 90 Rn. 40.
[159] Vgl. *Elsing/Schmidt* BB 2002, 1705 (1706); Hüffer/Koch/*Koch* AktG § 90 Rn. 12.
[160] BT-Drs. 14/8769, 14.
[161] *Götz* NZG 2002, 599 (601); *Manger* NZG 2010, 1255 (1257); Hüffer/Koch/*Koch* AktG § 90 Rn. 12a.
[162] *M. Arnold* FS Krieger, 2020, 41 (46); ferner zum Compliance Officer *M. Arnold* ZGR 2014, 76 (99).
[163] *Scheffler* ZGR 2003, 236 (254f.); *Hoffmann-Becking* ZGR 2011, 136 (152f.); Kölner Komm AktG/*Mertens/Cahn* AktG § 90 Rn. 52, § 109 Rn. 24; Hüffer/Koch/*Koch* AktG § 90 Rn. 11; MüKoAktG/*Spindler* AktG § 90 Rn. 39; offengelassen BeckOGK/*Fleischer* AktG § 90 Rn. 44.
[164] *M. Arnold/Rudzio* FS Wegen, 2015, 93 (100); vgl. Kölner Komm AktG/*Mertens/Cahn* AktG § 111 Rn. 55.
[165] Vgl. *Kropff* NZG 2003, 346 (348f.); *Kropff* FS Raiser, 2005, 225 (242); *Habersack* AG 2014, 1 (6f.); *Roth* AG 2004, 1 (8f.); K. Schmidt/Lutter AktG/*Drygala* AktG § 109 Rn. 11.
[166] Vgl. MüKoAktG/*Habersack* AktG § 111 Rn. 80; Henssler/Strohn/*Henssler* AktG § 111 Rn. 11.
[167] Vgl. *Eicher/Höller* AG 2011, 885 (889); *Dreher* FS Ulmer, 2003, 87 (97f.); MüKoAktG/*Habersack* AktG § 109 Rn. 11; K. Schmidt/Lutter AktG/*Drygala* AktG § 109 Rn. 10f.
[168] *Dreher* FS Ulmer, 2003, 87 (99ff.).
[169] Vgl. *Eichner/Höller* AG 2011, 885 (889); Kölner Komm AktG/*Mertens/Cahn* AktG § 90 Rn. 52; Hüffer/Koch/*Koch* AktG § 90 Rn. 11; **aA** unter Ablehnung eines Informationsmonopols *Kropff* NZG 2003, 346 (348f.); *Kropff* FS Raiser, 2005, 225 (238f.).
[170] Vgl. *Bicker* AG 2012, 542 (545); ähnlich *Möllers* ZIP 1995, 1725 (1728).

trächtigungen der **Autorität des Vorstands** und nicht zuletzt des Vertrauensverhältnisses zwischen Vorstand und Aufsichtsrat zu berücksichtigen.[171]

In **Ausnahme** dazu sind aber Fälle anzuerkennen, in denen sich der Aufsichtsrat dennoch vorstandsunabhängig informieren darf. Das ist anzunehmen, wenn der Aufsichtsrat Anhaltspunkte dafür hat, dass ihm Informationen vorenthalten werden, der Vorstand sich in erheblicher Weise pflichtwidrig verhalten hat oder wenn das Vertrauensverhältnis zwischen Vorstand und Aufsichtsrat nachhaltig gestört ist.[172]

Losgelöst von der grundsätzlichen Befugnis des Aufsichtsrats zur vorstandsunabhängigen Informationsbeschaffung im Unternehmen sind auch entsprechende Regelungen in einer **Informationsordnung** denkbar (→ Rn. 195 ff.). Der Aufsichtsrat hat gem. § 77 Abs. 2 S. 1 AktG die Kompetenz, dem Vorstand eine Geschäftsordnung zu geben. Eine Geschäftsordnung kann unter dem Schlagwort „Informationsordnung" auch Regelungen zur Ausgestaltung der Berichtspflichten des Vorstands enthalten. Im Einvernehmen mit dem Vorstand kann im Rahmen der Informationsordnung auch vorgesehen werden, unter welchen Voraussetzungen der Aufsichtsrat sich unmittelbar bei Angestellten informieren darf.[173] In diesem Zusammenhang könnte die Informationsordnung beispielhaft auch vorsehen, dass der Leiter der internen Revision an Aufsichtsratssitzungen teilnimmt.[174]

d) Ordnungsgemäße Berichterstattung (§ 90 Abs. 4 AktG)

Die Berichtsgegenstände und -zyklen sind im Gesetz detailliert geregelt. Zur Ausführung der Berichterstattung ist dagegen in § 90 Abs. 4 S. 1 AktG nur generalklauselartig vorgegeben, dass die Berichte einer **gewissenhaften** und **getreuen Rechenschaft** entsprechen müssen. Ob eine Berichterstattung diesen Anforderungen genügt, ist anhand dieser Formel nur schwer bestimmbar. Was ordnungsgemäß ist, hat sich am Zweck der Berichterstattung zu orientieren. Die Berichte müssen derart präzise und erhellend sein, dass der Aufsichtsrat fähig ist, die Geschäftsführung durch den Vorstand zu beurteilen.[175] Dementsprechend ist dem Vorstand aufgetragen, die Berichte logisch zu **gliedern** und sie **inhaltlich zutreffend** und **vollständig** zu verfassen.[176] Der Vorstand hat seine Werturteile immer deutlich von seinem Tatsachenvortrag zu trennen.[177] Ein Zuviel an Information ist der Überwachungstätigkeit ebenso wenig dienlich wie ein Zuwenig. So entspricht der Vorstand seiner Verpflichtung nicht, wenn er dem Aufsichtsrat ganze Datenkonvolute ohne stichhaltige Zusammenfassung und Analyse vorlegt.[178] Erforderlich ist eine Aufbereitung, die den Aufsichtsrat in die Lage versetzt, die Berichte auch auszuwerten.

Nach § 90 Abs. 4 S. 2 AktG sollen die Berichte in **Textform** verfasst (→ Rn. 32 ff.) und möglichst rechtzeitig erstattet werden. Diese sehr offene Regelung zum allgemeinen Zeitpunkt der Berichterstattung verschafft dem Vorstand mehr Flexibilität und macht es von Art und Situation abhängig, wann die Berichte zu erstatten sind.[179] **Rechtzeitig** ist die Berichterstattung im Einzelfall dann, wenn die Mitglieder des Aufsichtsrats noch die Gelegenheit haben, die Berichte vorab zu lesen und zu erfassen. Umfangreiche und komplexe Berichte sind dementsprechend früher einzureichen.[180] Bis auf Situationen mit Gefahr im Verzug sollte dem Aufsichtsrat immer ausreichend **Gelegenheit zur Reaktion** verbleiben.[181]

e) Informationsrecht des einzelnen Aufsichtsratsmitglieds (§ 90 Abs. 5 AktG)

Die Wahrnehmung der Überwachungsaufgabe des Aufsichtsrats obliegt jedem Aufsichtsratsmitglied **persönlich** (→ Rn. 69). Konsequenterweise räumt § 90 Abs. 5 S. 1 AktG jedem Mitglied deshalb das Recht ein, von den Berichten Kenntnis zu nehmen. Dieses Recht umfasst nicht nur die Regelberichte (→ Rn. 36 ff.), sondern auch die Sonderberichte (→ Rn. 55 ff.).[182] Sobald die Berichte dem Aufsichtsrat

---

[171] Vgl. *Eicher/Höller* AG 2011, 885 (889); *Roth* ZGR 2012, 343 (373); Kölner Komm AktG/*Mertens/Cahn* AktG § 90 Rn. 52, § 109 Rn. 24; MüKoAktG/*Spindler* AktG § 90 Rn. 39; K. Schmidt/Lutter AktG/*Sailer-Coceani* AktG § 90 Rn. 39.
[172] Eing. *M. Arnold* ZGR 2014, 76 (90 ff.) mwN; *M. Arnold/Rudzio* FS Wegen, 2015, 93.
[173] Vgl. *Velte* NZG 2011, 1401 (1403).
[174] *Velte* NZG 2011, 1401 (1403); vgl. *Kropff* NZG 2003, 346 (350); MüKoAktG/*Habersack* AktG § 111 Rn. 80.
[175] Vgl. *Elsing/Schmidt* BB 2002, 1705 (1707).
[176] Spinder/Stilz/*Fleischer* AktG § 90 Rn. 48; GroßkommAktG/*Kort* AktG § 90 Rn. 122; MüKoAktG/*Spindler* AktG § 90 Rn. 50.
[177] Spinder/Stilz/*Fleischer* AktG § 90 Rn. 48; GroßkommAktG/*Kort* AktG § 90 Rn. 122; Grigoleit/*Grigoleit/Tomasic* AktG § 90 Rn. 8.
[178] *Säcker/Rehm* DB 2008, 2814 (2820); *Hasselbach* NZG 2012, 41 (42); MüKoAktG/*Spindler* AktG § 90 Rn. 50.
[179] BT-Drs. 14/8769, 15.
[180] BT-Drs. 14/8769, 15; BeckOGK/*Fleischer* AktG § 90 Rn. 52; GroßkommAktG/*Kort* AktG § 90 Rn. 128.
[181] Vgl. *Pentz* in Fleischer VorstandsR-HdB § 16 Rn. 54.
[182] BeckOGK/*Fleischer* AktG § 90 Rn. 59.

79 Den Aufsichtsratsmitgliedern ist eine möglichst gründliche Prüfung der Berichte zu ermöglichen. Deshalb sieht § 90 Abs. 5 S. 2 AktG vor, dass die Berichte auf Verlangen auch übermittelt werden müssen.[184] Wurden die Berichte also elektronisch zugeleitet, sind sie auch dem Mitglied persönlich weiterzugeben. Eine Übermittlung kann bei besonders vertraulichem Berichtsinhalt **per Beschluss** gem. § 90 Abs. 5 S. 2 Hs. 2 AktG **ausgeschlossen** sein.[185] Das kann aus Gründen der Vertraulichkeit erfolgen. Nach hM kann ein **Übermittlungsverbot** durch entsprechende Regelung der Geschäftsordnung sogar für sämtliche Berichte angeordnet werden.[186] Der Ausschluss der Übermittlung will nur verhindern, dass entsprechende Informationen in Umlauf geraten.[187] Das Recht auf Kenntnisnahme der Aufsichtsratsmitglieder kann auf diese Weise aber keinesfalls beschnitten werden. So ist zB dafür zu sorgen, dass die Berichte am Tagungsort eingesehen werden können (→ Rn. 35).[188] Über den Inhalt von **Sonderberichten** aus wichtigem Anlass gem. § 90 Abs. 1 S. 3 AktG sind die Mitglieder **spätestens** in der nächsten Sitzung aufzuklären (§ 90 Abs. 5 S. 3 AktG). Besteht der Anlass zur Sonderberichterstattung in akuten Risiken für die gesamte Gesellschaft, hat der Aufsichtsratsvorsitzende nach pflichtgemäßem Ermessen zu entscheiden, ob die übrigen Mitglieder sogar unverzüglich zu unterrichten sind.[189]

f) Verstoß gegen die Berichtspflicht

80 Verstöße gegen die Berichtspflicht sind von Seiten des Vorstands und von Seiten des Aufsichtsratsvorsitzenden denkbar. Kommt der Vorstand seiner aus § 90 AktG folgenden Verpflichtung zur Berichterstattung nicht nach, kann er vom Registergericht gem. § 407 Abs. 1 S. 1 AktG durch Festsetzung eines **Zwangsgeldes** zur Erfüllung seiner Verpflichtung angehalten werden.[190] Funktionell zuständig ist der Rechtspfleger gem. § 3 Nr. 2d RPflG. Das Verfahren wird von Amts wegen betrieben, weshalb die Aufsichtsratsmitglieder ein solches allenfalls anregen können.[191] Ein gleiches Vorgehen gegen den Aufsichtsratsvorsitzenden scheidet aus. § 407 Abs. 1 AktG benennt als Normadressaten ausschließlich Vorstandsmitglieder und Abwickler.[192] Verletzt der **Aufsichtsratsvorsitzende** den Anspruch eines Mitglieds aus § 90 Abs. 5 AktG, ist die Gesellschaft, vertreten durch den Vorstand, in Anspruch zu nehmen, auch wenn es sich formal um einen Streit innerhalb des Aufsichtsrats handelt.[193]

81 Streit besteht hinsichtlich der Möglichkeit, die **Pflichterfüllung** aus § 90 Abs. 1–3 AktG **gerichtlich** einzufordern. Nach hM hat hierfür der Aufsichtsrat als Vertreter der Gesellschaft gem. § 112 AktG gegen die Vorstandsmitglieder als notwendige Streitgenossen auf Erfüllung der Berichtspflichten zu klagen.[194] Andere wollen den Umweg über eine Klage des Aufsichtsrats als Vertreter der Gesellschaft nicht gehen und dem Aufsichtsrat, unter Verweis auf seine eigene Rechtsposition aus § 90 AktG, eine eigene Klagemöglichkeit einräumen.[195] Dieser Standpunkt ist aber, mit der hM, abzulehnen, weil die Konstruktion der Mindermeinung der Einführung eines Organstreitverfahrens innerhalb der Gesellschaft gleichkäme, die im Aktienrecht für den Aufsichtsrat gerade nicht vorgesehen ist.[196]

82 Große praktische Bedeutung wird diese Streitfrage aber kaum haben, da eine zufriedenstellende Berichterstattung durch einen Vorstand, der eben diese zuvor verweigerte, auch nach einer gerichtlichen Verpflichtung fernliegend ist.[197] Ohnehin wird es in der Praxis immer eine **Verständigung** geben.

83 Daneben kann ein Vorstandmitglied, das seine Auskunftspflichten verletzt (→ Rn. 27), nach § 93 Abs. 2 AktG zum **Schadensersatz** verpflichtet sein, wenn der Gesellschaft dadurch ein Schaden entstan-

---

[183] Kölner Komm AktG/*Mertens/Cahn* AktG § 90 Rn. 57; BeckOGK/*Fleischer* AktG § 90 Rn. 59; GroßkommAktG/*Kort* AktG § 90 Rn. 145.
[184] BegrRegE *Kropff* AktG 1965 S. 120.
[185] Vgl. BegrRegE *Kropff* AktG 1965 S. 120.
[186] BeckOGK/*Fleischer* AktG § 90 Rn. 61; GroßkommAktG/*Kort* AktG § 90 Rn. 154; Kölner Komm AktG/*Mertens/Cahn* AktG § 90 Rn. 58; Grigoleit/*Grigoleit/Tomasic* AktG § 90 Rn. 7.
[187] Vgl. Kölner Komm AktG/*Mertens/Cahn* AktG § 90 Rn. 58.
[188] Vgl. BeckOGK/*Fleischer* AktG § 90 Rn. 62.
[189] K. Schmidt/Lutter AktG/*Sailer-Coceani* AktG § 90 Rn. 67; MüKoAktG/*Spindler* AktG § 90 Rn. 47.
[190] *Pentz* in Fleischer VorstandsR-HdB § 16 Rn. 169; BeckOGK/*Fleischer* AktG § 90 Rn. 65.
[191] BeckOGK/*Fleischer* AktG § 90 Rn. 65; GroßkommAktG/*Kort* AktG § 90 Rn. 182; MüKoAktG/*Spindler* AktG § 90 Rn. 59.
[192] BeckOGK/*Fleischer* AktG § 90 Rn. 66; GroßkommAktG/*Kort* AktG § 90 Rn. 185.
[193] MüKoAktG/*Spindler* AktG § 90 Rn. 64; Kölner Komm AktG/*Mertens/Cahn* AktG § 90 Rn. 66; Hüffer/Koch/*Koch* AktG § 90 Rn. 23.
[194] *Pentz* in Fleischer VorstandsR-HdB § 16 Rn. 169; BeckOGK/*Fleischer* AktG § 90 Rn. 69; MüKoAktG/*Spindler* AktG § 90 Rn. 61; zurückhaltend MHdB AG/*Hoffmann-Becking* § 25 Rn. 84.
[195] Eing. *Harnos* FS Seibert, 2019, 309 mwN; GroßkommAktG/*Kort* AktG § 90 Rn. 183.
[196] So auch MüKoAktG/*Spindler* AktG § 90 Rn. 61; Kölner Komm AktG/*Mertens/Cahn* AktG vor § 76 Rn. 4, § 90 Rn. 66.
[197] Vgl. Kölner Komm AktG/*Mertens/Cahn* AktG § 90 Rn. 66.

den ist (→ Rn. 2386 ff.).[198] Parallel dazu ist auch eine Schadensersatzpflicht des Aufsichtsratsvorsitzenden über §§ 116, 93 Abs. 2 AktG denkbar, wenn er seinen Informationspflichten aus § 90 Abs. 5 AktG gegenüber den einzelnen Aufsichtsratsmitgliedern (→ Rn. 35, 78 f.) nicht nachkommt.

Im Übrigen kann ein gravierender **Verstoß** eines Vorstandsmitglieds gegen seine Verpflichtung aus § 90 AktG auch zu Personalmaßnahmen führen (zum Widerruf der Bestellung ausführlich → Rn. 682 ff.).[199]

2. Sorgfaltsmaßstab bei der Überwachung

Der Aufsichtsrat hat bei der Leitung des Unternehmens durch den Vorstand über die Einhaltung der Sorgfaltsmaßstäbe nach § 93 Abs. 1 AktG zu wachen.[200] Die Überwachung orientiert sich an vier grundlegenden Kriterien: **Rechtmäßigkeit, Ordnungsmäßigkeit, Wirtschaftlichkeit** und **Zweckmäßigkeit.**[201] Darüber hinaus ist angesichts der zunehmenden Bedeutung der Corporate Social Responsibility[202] (CSR) auch die Wahrnehmung der in § 289c Abs. 2, 3 HGB genannten Belange zu überprüfen (→ Rn. 116). Ob die Wahrnehmung sozialer Belange einen eigenen Überwachungsmaßstab darstellt, bedarf daher keiner Klärung.[203]

a) Rechtmäßigkeit

Der Aufsichtsrat hat dafür zu sorgen, dass in der Gesellschaft das **Legalitätsprinzip** gewahrt ist und der Vorstand keine rechtswidrigen Maßnahmen durchführt.[204] Werden dem Aufsichtsrat Umstände bekannt, die zu einem Rechtsverstoß führen können, ist er verpflichtet einzuschreiten.[205] Um ein verbotswidriges Handeln des Vorstands zu unterbinden und auf dessen Rechtmäßigkeit hinzuwirken, hat der Aufsichtsrat alle ihm zur Verfügung stehenden Mitteln einzusetzen.[206]

Das umfasst auch die Einhaltung des durch Satzung begrenzten **Unternehmensgegenstands.** Insbesondere hat der Aufsichtsrat darauf zu achten, dass der Vorstand im Rahmen seiner Geschäftstätigkeit nicht über den Unternehmensgegenstand hinaus geht.[207] Der Vorstand darf den Unternehmensgegenstand aber auch nicht dauerhaft **unterschreiten,** sondern ist zu seiner Ausfüllung verpflichtet.[208] Auch das hat der Aufsichtsrat zu überwachen.

b) Ordnungsmäßigkeit

Unter Ordnungsmäßigkeit fällt in erster Linie die **sinnvolle Organisation** der Gesellschaft, insbesondere das Planungs- und Rechnungswesen.[209] Der Aufsichtsrat hat sich damit auseinanderzusetzen, ob der Vorstand richtig besetzt, die Organisation seiner Arbeitsweise sachgerecht und die Verteilung der Aufgaben und Arbeitsbereiche zweckmäßig ist.[210] Von besonderer Relevanz ist die Prüfung der Gesamtkonzeption des Compliance-Systems, das der Vorstand einrichtet. Der Vorstand muss sein Ermessen ordnungsgemäß betätigt und geeignete Vorkehrungen zur Schaffung einer angemessenen Compliance-Organisation (→ Rn. 229 ff.) getroffen haben.[211] Um das zu überprüfen, kann der Aufsichtsrat vom Vorstand entsprechende Berichte verlangen (→ Rn. 63 ff.).[212]

---

[198] MüKoAktG/*Spindler* AktG § 90 Rn. 65; BeckOGK/*Fleischer* § 90 Rn. 67; Hüffer/Koch/*Koch* AktG § 90 Rn. 15.
[199] BeckOGK/*Fleischer* AktG § 90 Rn. 68; GroßkommAktG/*Kort* AktG § 90 Rn. 188; MüKoAktG/*Spindler* § 90 Rn. 65.
[200] MüKoAktG/Habersack AktG § 111 Rn. 53; GroßkommAktG/*Hopt/Roth* AktG § 111 Rn. 288; MHdB AG/*Hoffmann-Becking* § 29 Rn. 33; Kölner Komm AktG/*Mertens/Cahn* AktG § 111 Rn. 14.
[201] AllgM, BGHZ 114, 127 (129 f.) = NJW 1991, 1830; GroßkommAktG/*Hopt/Roth* AktG § 111 Rn. 288 mwN.
[202] Allgemein zu CSR-bezogenen Pflichten des Aufsichtsrats *Paefgen* FS K. Schmidt, Band II, 2019, 105; *Bachmann* ZGR 2018, 231 (240 ff.); *Hommelhoff* NZG 2017, 1361 (1364 ff.).
[203] Tendenziell Hüffer/Koch/*Koch* AktG § 111 Rn. 14; dagegen MüKoAktG/*Habersack* AktG § 111 Rn. 53.
[204] Hüffer/Koch/*Koch* AktG § 111 Rn. 14; BeckOGK/*Spindler* AktG § 111 Rn. 15; K. Schmidt/Lutter AktG/*Drygala* AktG § 111 Rn. 20.
[205] OLG Karlsruhe WM 2009, 1147 (1149); BeckOGK/*Spindler* AktG § 111 Rn. 15; Kölner Komm AktG/*Mertens/Cahn* AktG § 111 Rn. 14.
[206] BGHZ 187, 60 (63) = NJW 2011, 221; BGH NJW 2009, 2454 (2455); BGHZ 69, 207 (214) = NJW 1977, 2311; OLG Karlsruhe WM 2009, 1147 (1149).
[207] OLG Düsseldorf AG 2010, 126 (127 f.); BeckOGK/*Spindler* AktG § 111 Rn. 15; Kölner Komm AktG/*Mertens/Cahn* AktG § 111 Rn. 14.
[208] OLG Köln AG 2009, 416 (417 f.); OLG Stuttgart AG 2005, 693 (695 f.); OLG Stuttgart AG 2003, 527 (532); ausführlich zum Ganzen *Priester* ZGR 2017, 474.
[209] *Semler* ZGR 1983, 1 (16 ff.); *Semler* Leitung und Überwachung Rn. 184; Hüffer/Koch/*Koch* AktG § 111 Rn. 14; BeckOGK/*Spindler* AktG § 111 Rn. 21.
[210] Grdl. *Semler* Leitung und Überwachung Rn. 184.
[211] *Habersack* AG 2014, 1 (4 f.); *Habersack* FS Stilz, 2014, 191 (192 ff.); *Paefgen* WM 2016, 433 (439).
[212] *M. Arnold* ZGR 2014, 76 (87); *Bicker* AG 2012, 542 (545).

89 Zusätzlich schuldet der Aufsichtsrat die **Überwachung** der[213]
- Einhaltung der für den Vorstand geltenden Bestimmungen der Geschäftsordnung,
- Entsprechung der Unternehmensplanung, des Rechnungs- und Berichtswesens auf die konkreten Bedürfnisse des Unternehmens,
- Erfüllung der Erfordernisse der Berichterstattung an den Aufsichtsrat,
- sorgfältigen Erarbeitung bevorstehender Leitungsentscheidungen des Vorstands.

c) Wirtschaftlichkeit

90 Aus dem Gebot der Wirtschaftlichkeit[214] folgt für den Aufsichtsrat eine entsprechende Überwachungspflicht. Er hat zu prüfen, ob der Vorstand die Geschäfte im Dienste des Bestandes und der **dauerhaften Rentabilität** führt.[215] Das erfasst die getroffenen Prognoseentscheidungen und deren Umsetzung.[216] Dafür hat er sich einen Überblick über die erforderlichen Zahlen zu verschaffen und die Maßnahmen des Vorstands dahin zu prüfen, ob sie ertragreich sind.[217] Besonders wichtige Kriterien sind dabei die Sicherung der **Liquidität** der Gesellschaft, ihre angemessene **Finanzierung,** ihre **Ertragskraft** und ihre **Stellung** am Markt.[218] Ferner hat der Aufsichtsrat den Vorstand davor zu bewahren, seine Leitungsmacht in einer die Prosperität der Gesellschaft gefährdenden Weise auszuüben.

d) Zweckmäßigkeit

91 Im engen Zusammenhang mit der Wirtschaftlichkeit steht die Zweckmäßigkeit. Maßnahmen werden ergebnisorientiert auf ihre **Plausibilität** und optimale **Effizienz** untersucht. So sind vom Vorstand stets diejenigen Maßnahmen zu treffen, die langfristig den größtmöglichen Erfolg versprechen.[219] Als Handlungsmaxime hat sich der Aufsichtsrat vom **Unternehmensinteresse**[220] leiten zu lassen.[221] Dem Vorstand kommt bei der Geschäftsführung ein weiter Ermessens- und **Beurteilungsspielraum** zu, da insbesondere unternehmerischen Entscheidungen stets ein gewisses Risikopotential innewohnt.[222] Dieser Gedanke findet sich in § 93 Abs. 1 S. 2 AktG *(Business Judgment Rule)* wieder.[223] Die Norm ist im Nachgang zur ARAG/Garmenbeck-Entscheidung des II. Zivilsenats des BGH geschaffen worden und hat damit die Judikatur anerkannt. Auch dem Aufsichtsrat kommt grundsätzlich ein weiter Ermessens- und Beurteilungsspielraum zu, wenn er wie zB im Falle des § 111 Abs. 4 AktG unternehmerische Entscheidungen trifft. Jedoch hat er bei Ausübung seiner Überwachungstätigkeit den Handlungsspielraum des Vorstands zu respektieren.[224] In seiner Beraterfunktion kann er aber jederzeit Gegenauffassungen hinsichtlich bestimmter Vorstandsmaßnahmen zur Sprache bringen (→ Rn. 384 f.).[225] Ein Weisungsrecht besteht nicht (→ Rn. 8).

92 Die Zweckmäßigkeit einer Maßnahme hat sich stets an der generellen Unternehmensplanung zu messen. Diese Bewertung erfordert eine **Abwägung** durch den Aufsichtsrat. Abzuwägen sind die Bedeutung des angestrebten Erfolgs unter Einbeziehung der Verhältnismäßigkeit des Mittelaufwands, der damit verbundenen Risiken und Erfolgswahrscheinlichkeiten.[226]

3. Art und Intensität der Überwachung

93 Die Art und Intensität der Überwachung haben sich der **Lage der Gesellschaft** anzupassen.[227]

---

[213] *Semler* Leitung und Überwachung Rn. 184; *Henze* BB 2000, 209 (215); *Henze* BB 2001, 53 (59).
[214] RG JW 1924, 1145 (1147), wobei hier von „Richtigkeit der Geschäftsführung" die Rede ist; darauf Bezug nehmend BGHZ 75, 120 (133) = NJW 1979, 1879 – Herstatt; BGHZ 114, 127 (134) = NJW 1991, 1830 unter Nennung der „Wirtschaftlichkeit".
[215] MüKoAktG/*Habersack* AktG § 111 Rn. 53; Hüffer/Koch/*Koch* AktG § 111 Rn. 14; GroßkommAktG/*Hopt/Roth* AktG § 111 Rn. 294.
[216] *Semler* Leitung und Überwachung Rn. 191; *Henze* BB 2000, 209 (215); *Henze* BB 2001, 53 (59); BeckOGK/*Spindler* AktG § 111 Rn. 19; GroßkommAktG/*Hopt/Roth* AktG § 111 Rn. 294.
[217] Vgl. *Semler* Leitung und Überwachung Rn. 191; GroßkommAktG/*Hopt/Roth* AktG § 111 Rn. 294.
[218] Lutter/Krieger/*Verse* AR Rn. 89.
[219] *Semler* Leitung und Überwachung Rn. 191; *Henze* BB 2000, 209 (215); *Henze* BB 2001, 53 (59).
[220] StRspr, vgl. BGHZ 36, 296 (306, 310) = WM 1962, 296; 64, 325 (331) = NJW 1975, 1412; 106, 54 (65) = NJW 1989, 979; 136, 133 (139) = NJW 1997, 2815.
[221] Krit. zum Begriff des Unternehmensinteresses *W. Goette* FS 50 Jahre BGH, 2000, 123 (127).
[222] Dazu vgl. BGHZ 135, 244 = NJW 1997, 1926 – ARAG/Garmenbeck; *Semler* FS Ulmer, 2003, 627 (627 f.).
[223] BegrRegE BT-Drs. 15/5092, 11.
[224] Vgl. BGHZ 135, 244 = NJW 1997, 1926 – ARAG/Garmenbeck.
[225] MüKoAktG/*Habersack* AktG § 111 Rn. 54.
[226] *Semler* Leitung und Überwachung Rn. 191; *Henze* BB 2000, 53 (59); *Henze* BB 2001, 209 (215); GroßkommAktG/*Hopt/Roth* AktG § 111 Rn. 293.
[227] EinhM, grdl. *Semler* Leitung und Überwachung Rn. 231; MüKoAktG/*Habersack* AktG § 111 Rn. 55 mwN; **aA** *Claussen* WPg 1981, 454.

a) Normallage

Bei gewöhnlichem Geschäftsgang erschöpft sich seine Aufgabe in einer **allgemeinen Kontrolle** der Vor- 94
standstätigkeit auf Grundlage der ihm zu erstattenden Berichte. Von außerordentlich großer Bedeutung ist hier die Prüfung der Regelberichte nach § 90 AktG (→ Rn. 24 ff.). In Anbetracht der Informationspflicht des Aufsichtsrats tritt hier ein weiterer Zweck der Berichterstattung zutage: Der Aufsichtsrat und seine Mitglieder sollen daran gehindert werden, sich auf ihre Unkenntnis berufen zu können.[228] Er hat also darauf zu achten, das notwendige Mindestmaß an Selbstinformation nicht zu unterschreiten.[229] Im anschließenden Austausch mit dem Vorstand über die Berichte rückt die **Beratung** als Teil der Überwachungsaufgabe besonders in den Vordergrund. Sofern der Vorstand seiner Berichterstattungspflicht nicht ordnungsgemäß (→ Rn. 76 f.) nachkommt, ist der Aufsichtsrat gehalten, ergänzende Berichte zu verlangen oder eigene Nachforschungen anzustellen.

b) Sonderlage

Droht eine Verschlechterung der Lage des Unternehmens, muss der Aufsichtsrat seine Überwachung **in-** 95
tensivieren.[230] Bereits bei begründetem Verdacht pflichtwidriger Vorstandshandlungen hat er seine Bemühungen zu erhöhen und kann sich im Nachhinein weder auf Unkenntnis noch Untätigkeit berufen.[231] Praktische Relevanz erlangen vor allem die Berichte zum Konzern- und Jahresabschluss (→ Rn. 105 ff.), da hier die erhöhte Gefahr einer beschönigenden Berichterstattung durch den Vorstand besteht.[232]

Die **Überwachungsdichte** ist anhand der **Branche** und der damit verbundenen **Risikolage** für das 96
konkrete Unternehmen zu ermitteln. Aber auch alle anderen individuellen Umstände und Faktoren im Rahmen des Risikoprofils (zur Risikoanalyse → Rn. 247 ff.) des Unternehmens sind zu berücksichtigen. Seiner **gesteigerten Überwachungspflicht** kommt der Aufsichtsrat nach, indem er zusätzliche Berichte anfordert, sich mit ihnen auseinandersetzt und zB die Einführung von Zustimmungsvorbehalten prüft und ggf. umsetzt.[233]

In Fällen drohender oder bestehender **Krise** der Gesellschaft hat sich die Überwachungsarbeit des Auf- 97
sichtsrats nochmals zu erhöhen.[234] Dabei ist er gehalten, die ihm nach § 90 Abs. 3 AktG und § 111 Abs. 2 AktG zur Verfügung stehenden Erkenntnisquellen auszuschöpfen. Zu weit ginge es, die Ausschöpfung aller Erkenntnisquellen zu fordern.[235] Zum Zwecke der Ursachenanalyse und Lösungsfindung muss er idR Sachverständige einschalten, um beispielsweise Sanierungspläne des Vorstands zu überprüfen.[236] Werden ihm Tatsachen bekannt, aus denen sich die Zahlungsunfähigkeit (§ 17 InsO) oder Überschuldung (§ 19 InsO) der Gesellschaft ergeben, hat er auf die rechtzeitige Stellung eines Insolvenzantrags gem. § 15a InsO hinzuwirken.[237] Nach Eintritt der Insolvenzreife ist darauf zu achten, dass Zahlungen nur in Vereinbarkeit mit § 92 Abs. 2 AktG geleistet werden.[238] Von überragender Bedeutung in Zeiten der Krise ist die **Ausübung der Personalkompetenz.** Zunächst beschränkt sich die Prüfung darauf, ob der Vorstand in seiner konkreten Besetzung und Geschäftsverteilung überhaupt in der Lage ist, die Krise zu bewältigen. Bestehen begründete Zweifel hieran, kann der Aufsichtsrat als ultima ratio einzelne Vorstandsmitglieder nach § 84 Abs. 3 S. 1 AktG abberufen.[239] Wichtiger Grund wird in diesen Fällen vor allem die Unfähigkeit zur ordnungsgemäßen Geschäftsführung nach § 84 Abs. 3 S. 2 AktG sein. Dem Aufsichtsrat steht dann die Möglichkeit offen, ein neues Vorstandsmitglied nach § 84 Abs. 1 S. 1 AktG zu bestellen, gerichtlich nach § 85 Abs. 1 AktG bestellen zu lassen oder eines seiner Mitglieder temporär nach § 105 Abs. 2 AktG in den Vorstand zu delegieren.

Einer erhöhten Überwachungspflicht hat der Aufsichtsrat nicht nur in Krisensituationen nachzukom- 98
men. Vielmehr muss er seine Bemühungen auch dann intensivieren, wenn **Vorstandsentscheidungen** außerhalb der gewöhnlichen Geschäftstätigkeit getroffen werden, deren Umfang, Risikopotential oder strategische Funktion für die Gesellschaft **besonders bedeutsam** sind.[240] Dabei kann sich der Aufsichtsrat

---

[228] BegrRegE *Kropff* AktG 1965 S. 116.
[229] K. Schmidt/Lutter AktG/*Drygala* AktG § 111 Rn. 27; MüKoAktG/*Habersack* AktG § 111 Rn. 58.
[230] EinhM, BGH NJW-RR 2007, 1483 (1486); OLG Düsseldorf AG 2015, 434 (437); OLG Düsseldorf AG 2013, 171 (173); OLG Stuttgart ZIP 2012, 1965 (1967 f.).
[231] BGH NJW-RR 2007, 390; OLG Hamm BeckRS 2008, 06654 Rn. 31.
[232] LG München I AG 2007, 417; OLG Stuttgart AG 2006, 379.
[233] MüKoAktG/*Habersack* AktG § 111 Rn. 56; GroßkommAktG/*Hopt/Roth* AktG § 111 Rn. 302.
[234] *Simon* FS Seibert, 2019, 847 (850 f.).
[235] Vgl. BGH NJW 2009, 2454 Rn. 15, zur Missinterpretation der Entscheidung: *W. Goette* DStR 2016, 1754 Fn. 85.
[236] Vgl. dazu *W. Goette* DStR 2016, 1684 ff. (1752 ff.).
[237] BGH NJW 2009, 2454 Rn. 15; OLG Brandenburg AG 2009, 662 (664).
[238] BGHZ 187, 60 (63) = NJW 2011, 221 – Doberlug; BGH NJW 2009, 2454 (2455); OLG Düsseldorf AG 2013, 171 (172); OLG Brandenburg AG 2009, 662 (664).
[239] BGH NJW 2009, 2454 (2455).
[240] OLG Stuttgart AG 2012, 298 (300) – Piëch/Sardinien-Äußerungen.

nicht mehr auf eine bloße Entgegennahme von Informationen durch den Vorstand beschränken, sondern ist gehalten, eine eigenständige Risikobewertung vorzunehmen.[241] Hierfür hat er den relevanten **Sachverhalt** vollständig sowie zutreffend zu erfassen und sich ein **eigenes Urteil** zu bilden (→ Rn. 100).[242] Das gilt auch in Ausnahmefällen wie der Neugründung[243] einer Gesellschaft, einem Vorstandswechsel[244] oder bei unüberwindbaren Interessenkonflikten innerhalb des Vorstands.[245] Angesichts der Fülle denkbarer Einzelfälle kann für die Anforderungen der Überwachung nur zwischen **Normal- und Sonderlage** differenziert werden.[246] Sobald Anhaltspunkte oder Verdachtsmomente vorliegen, die das Eintreten einer Sonderlage nahelegen, hat der Aufsichtsrat seine Überwachung nach den soeben genannten Grundsätzen zu intensivieren.

99 Allerdings bedeutet erhöhte Überwachung nicht Überwachung um **jeden Preis**. Der Aufsichtsrat hat auch in der Krise die dem Aktienrecht systemimmanente Kompetenzordnung zu respektieren.[247] Vereinzelten Stimmen, die sich besonders in Zeiten der Krise für eine **„gestaltende Überwachung"**[248] iS einer vorübergehenden Unternehmensführung[249] durch den Aufsichtsrat aussprechen, ist eine klare **Absage** zu erteilen.[250] In keinem Fall darf sich der Aufsichtsrat zum Leitungsorgan der Gesellschaft aufschwingen. Das stellt § 111 Abs. 4 S. 1 AktG unmissverständlich klar und gilt auch für Krisenzeiten.

4. Vergangenheitsbezogene Überwachung

a) Ermittlung des Sachverhalts

100 Erforderlich zur Überprüfung abgeschlossener Sachverhalte ist zunächst das **Erfassen** des tatsächlichen **Geschehens**. Grundlage dafür bilden die Berichte des Vorstands (→ Rn. 24 ff.). Dennoch unterliegen die darin getroffenen Sachverhaltsfeststellungen grundsätzlich der vollen Überprüfbarkeit, sodass der Aufsichtsrat bei Zweifeln an deren Richtigkeit **eigene Ermittlungen** anstrengen und ggf. zu einer abweichenden Würdigung kommen kann. Zu diesem Zwecke kann er nach freiem Ermessen auch andere Wege der Tatsachenermittlung einschlagen und ist nicht an die vom Vorstand gewählten Mittel und Methoden gebunden.[251] Besonders bei schwierigen und komplexen Fragen kann die Hinzuziehung von Sachverständigen angezeigt sein. Leitmotiv seines Handelns ist allein die Ermittlung des richtigen Sachverhalts, da nur dieser hinreichend Grundlage für eine legitimierte Entscheidung bilden kann.[252] Zu betonen ist auch hier das **Vertrauensprinzip**.

b) Beurteilung des Sachverhalts

101 Wurde der Sachverhalt zutreffend ermittelt, folgt dessen Beurteilung. Diese Beurteilung umfasst auch die Frage, ob der Vorstand bei seinen Ermittlungen **recht-** und **zweckmäßig** handelte. Dabei gilt es zu beachten, dass die Entscheidung über Art und Weise der Sachverhaltsermittlung auch stets eine unternehmerische ist, sodass dem Vorstand ein weiter Beurteilungs- und Ermessensspielraum zukommt. Zwar kann und muss sich der Aufsichtsrat ein **eigenes Urteil** über die Zweckmäßigkeit der Vorstandsmaßnahmen bilden. Gleichwohl hat er den Handlungsspielraum des Vorstands zu respektieren und kann dessen Entscheidung nicht deshalb beanstanden, weil er unter eigenen Zweckmäßigkeitserwägungen anders gehandelt hätte (→ Rn. 86 f., 91 f.).[253]

c) Unterrichtung des Vorstands

102 Schließlich bleibt dem Aufsichtsrat zu prüfen, ob er den Vorstand über das Resultat seiner Beurteilungen zu **unterrichten** hat. De lege lata ist er dazu ausdrücklich **nicht verpflichtet**. Ein entsprechender Entwurf, der eine Pflicht zur Stellungnahme vorsah, wurde nicht übernommen.[254] Immerhin wird der Aufsichtsrat bei Meinungsverschiedenheiten zur Erfüllung seiner Überwachungsaufgabe an einer weiterfüh-

---

[241] OLG Stuttgart AG 2012, 298 (301) – Piëch/Sardinien-Äußerungen.
[242] OLG Stuttgart AG 2012, 298 (301) – Piëch/Sardinien-Äußerungen mwN.
[243] BGH AG 1980, 109 (110); OLG Düsseldorf AG 1984, 273 (275).
[244] MüKoAktG/*Habersack* AktG § 111 Rn. 57.
[245] OLG München ZIP 2009, 2001 (2002); Hüffer/Koch/*Koch* AktG § 111 Rn. 15.
[246] OLG Düsseldorf AG 2015, 434 (437); MüKoAktG/*Habersack* AktG § 111 Rn. 57; GroßkommAktG/*Hopt/Roth* AktG § 111 Rn. 303.
[247] LG Düsseldorf AG 1991, 70 (71).
[248] *Semler,* Leitung und Überwachung Rn. 234; *Henze* BB 2000, 209 (214).
[249] Hüffer/Koch/*Koch* AktG § 111 Rn. 15.
[250] BeckOGK/*Spindler* AktG § 111 Rn. 27; MüKoAktG/*Habersack* AktG § 111 Rn. 57; GroßkommAktG/*Hopt/Roth* AktG § 111 Rn. 304; K. Schmidt/Lutter AktG/*Drygala* AktG § 111 Rn. 23.
[251] Vgl. *M. Arnold* ZGR 2014, 76 (88 ff.); *Semler* FS Ulmer, 2003, 627 (632).
[252] *Semler* FS Ulmer, 2003, 627 (632).
[253] MüKoAktG/*Habersack* AktG § 111 Rn. 29; *Semler* FS Ulmer, 2003, 627 (635).
[254] BegrRegE *Kropff* AktG 1965 S. 120.

renden Aufklärung interessiert und zum Austausch mit dem Vorstand verpflichtet sein.[255] Eine gesetzliche Normierung dieser Pflicht hätte also ohnehin nur deklaratorischen Charakter und kann sich daher erübrigen.[256]

5. Prüfungs- und Berichtspflicht gem. § 171 AktG

§ 111 AktG bildet das Fundament des Aufsichtsrats im Kompetenzgefüge der Gesellschaft, indem die Norm ihm als Organ die Überwachung der Geschäftsführung auferlegt (→ Rn. 1 ff.). § 171 AktG **ergänzt** und konkretisiert diese allgemeine Überwachungspflicht dahin, dass der Aufsichtsrat die Abschlussunterlagen zu prüfen und dazu Stellung zu beziehen hat.[257] Zum Prüfungsprogramm zählen somit ausdrücklich der Jahresabschluss, der Lagebericht, der Gewinnverwendungsvorschlag, ggf. der Konzernabschluss und Konzernlagebericht, wie auch der Rentabilitätsbericht gem. § 90 Abs. 1 S. 1 Nr. 2 AktG (→ Rn. 49 ff.).[258] Die Prüfung hat zum **Ziel**, dass der Aufsichtsrat die **Rechtmäßigkeit und Zweckmäßigkeit** der vom Vorstand vorgelegten Unterlagen untersucht, darüber beschließt und der Hauptversammlung über den Vorgang berichtet.[259] Inhaltlich ist das Prüfungsprogramm des Aufsichtsrats keinen Beschränkungen unterworfen, weil eine dem § 317 HGB vergleichbare Regelung, die dem Abschlussprüfer seinen Prüfungsrahmen bezüglich der Abschlussunterlagen vorgibt, nicht besteht.[260] Auch bezweckt das Gesetz, dass zwischen Aufsichtsrat und Vorstand ein offener **Dialog** stattfindet, und gibt dem Aufsichtsrat vereinzelt, etwa mit der Möglichkeit, die Billigung des Jahresabschlusses zu verweigern (→ Rn. 206 ff.), entsprechende Druckmittel zur Durchsetzung eigener Vorstellungen an die Hand.[261] Insgesamt prägend für diesen Prüfungsvorgang ist das Zusammenwirken mit dem **Abschlussprüfer** (ausführlich zum Abschlussprüfer → Rn. 2160 ff. und zur Zusammenarbeit bei der Überwachungstätigkeit mit dem Aufsichtsrat → Rn. 169 ff.).

Die Prüfungspflicht liegt auch hinsichtlich der Abschlussunterlagen beim **Gesamtaufsichtsrat** als Plenum.[262] Daraus folgt gleichzeitig, dass jedes einzelne Aufsichtsratsmitglied persönlich verpflichtet ist, an der Prüfung mitzuwirken.[263] Einerseits zur Vorbereitung der Prüfung und andererseits zur Vorbereitung der nachfolgenden Beschlüsse kann der Aufsichtsrat einen Prüfungsausschuss einrichten oder einen sachverständigen Dritten zur Beratung heranziehen (→ Rn. 150 ff.).[264] Die Befassung eines solchen Prüfungsausschusses kann das einzelne, nicht im Ausschuss aktive Aufsichtsratsmitglied freilich nicht von seiner Verpflichtung zur Mitwirkung entbinden. So dürfen sich die Mitglieder die Erkenntnisse des Ausschusses nicht unbesehen zu eigen machen, vielmehr müssen sie sich ein **eigenes Urteil** bilden und ihre Ergebnisse anschließend im Gesamtaufsichtsrat für eine gemeinsame Meinungsbildung fruchtbar machen.[265] Werden vom Ausschuss dagegen keine Bedenken hinsichtlich des Abschlusses geäußert, ist eine zu tiefgreifende eigene Prüfung des Aufsichtsratsmitglieds nicht zu fordern.[266] Das kann allerdings nicht mehr gelten, wenn der Ausschuss bei seiner Prüfung nicht mit der erforderlichen Sorgfalt agiert. Dann macht die Pflicht zur eigenen Urteilsbildung eine tiefergehende Prüfung durch die übrigen Aufsichtsratsmitglieder wieder erforderlich.

a) Jahresabschluss

Die Prüfung des Jahresabschlusses ist von zentraler Bedeutung. So bildet sie den Ausgangspunkt für den Beschluss des Aufsichtsrats über die **Billigung des Jahresabschlusses.** Sie hat regelmäßig die Feststellung des Jahresabschlusses zur Folge, wenn sie nicht gem. § 172 S. 1 Hs. 2 AktG der Hauptversammlung überlassen wird. Verweigert der Aufsichtsrat die Billigung, liegt die Feststellung des Jahresabschlusses gem. § 173 Abs. 1 AktG bei der Hauptversammlung (→ Rn. 206 ff.).

---

[255] MüKoAktG/*Habersack* AktG § 111 Rn. 30.
[256] So auch *Semler* Leitung und Überwachung Rn. 197.
[257] *Rabenhorst* in Marsch-Barner/Schäfer Börsennotierte AG-HdB Rn. 55.33; *ADS* AktG § 171 Rn. 1.
[258] MüKoAktG/*Hennrichs*/*Pöschke* AktG § 171 Rn. 1; BeckOGK/*Euler*/*Klein* AktG § 171 Rn. 62.
[259] *Buhleier*/*Krowas* DB 2010, 1165.
[260] Vgl. MHdB AG/*Hoffmann-Becking* § 45 Rn. 14; *Buhleier*/*Krowas* DB 2010, 1165 (1168); *ADS* AktG § 171 Rn. 17; GroßkommAktG/*E. Vetter* AktG § 171 Rn. 36.
[261] *Buhleier*/*Krowas* DB 2010, 1165 (1168); MüKoAktG/*Hennrichs*/*Pöschke* AktG § 171 Rn. 30.
[262] MüKoAktG/*Hennrichs*/*Pöschke* AktG § 171 Rn. 81.
[263] Vgl. BGHZ 85, 293 (295 f.) = NJW 1983, 991; *Rabenhorst* in Marsch-Barner/Schäfer Börsennotierte AG-HdB Rn. 55.34; *ADS* AktG § 171 Rn. 7; Hüffer/*Koch*/*Koch* AktG § 171 Rn. 9.
[264] *Buhleier*/*Krowas* DB 2010, 1165; *Rabenhorst* in Marsch-Barner/Schäfer Börsennotierte AG-HdB Rn. 55.34.
[265] *Rabenhorst* in Marsch-Barner/Schäfer Börsennotierte AG-HdB Rn. 55.34; *ADS* AktG § 171 Rn. 7; Bürgers/Körber/ *Schulz* AktG § 171 Rn. 2.
[266] *Ranzinger*/*Blies* AG 2001, 455 (459); *Langenbucher*/*Blaum* DB 1994, 2197 (2204); BeckOGK/*Spindler* AktG § 107 Rn. 162.

106 Der Prüfungsvorgang wird dadurch **in Gang gesetzt,** dass der Vorstand den Jahresabschluss unverzüglich gem. § 170 Abs. 1 S. 1 AktG nach dessen Aufstellung dem Aufsichtsrat **vorlegt.** Fraglich ist dabei, ob die Prüfung des Abschlussprüfers zum Zeitpunkt der Vorlage schon abgeschlossen sein muss oder nicht. Genauer ist danach zu fragen, in welchem Zustand sich der Jahresabschluss bei der Vorlage an den Aufsichtsrat befinden muss. In diesem Zusammenhang unproblematisch ist, dass spätestens im Zeitpunkt der Beschlussfassung des Aufsichtsrats über die Billigung des Jahresabschlusses die Prüfung des Abschlussprüfers mit Vorlage des unterzeichneten Prüfungsberichts und schriftlichen Bestätigungsvermerks beendet sein muss.[267] Indem § 170 Abs. 1 AktG einzig die Aufstellung des Abschlusses zur Voraussetzung für die Pflicht zur unverzüglichen Vorlage erhebt, scheint die abgeschlossene Prüfung des Abschlussprüfers weder für die Vorlage noch für den Beginn des Prüfungsvorgangs im Aufsichtsrat notwendig zu sein. Dem Aufsichtsrat könnte eine vollkommen autarke Prüfung obliegen. Teilweise wird eine derartige (Vorab-)Prüfung als sinnvoll angesehen: So könne sich der Aufsichtsrat vorab für wichtige **Themen sensibilisieren** und in Kenntnis der Details des Jahresabschlusses besser von seiner Möglichkeit Gebrauch machen, dem Abschlussprüfer bestimmte Prüfungsschwerpunkte vorzugeben, vgl. D.3 DCGK (Ziff. 5.3.2 aF).[268]

107 Demgegenüber wird mit Recht aber überwiegend davon ausgegangen, dass dem Aufsichtsrat die bereits vom **Abschlussprüfer geprüfte Fassung** des Jahresabschlusses für seinen eigenen Prüfungsvorgang vorzulegen sei.[269] Schon der Systematik des Gesetzes kann entnommen werden, dass die Prüfung des Abschlussprüfers schon stattgefunden haben muss, bevor der Aufsichtsrat seine eigene Prüfung durchführt.[270] Das zeigt sich an § 170 Abs. 3 AktG, der jedem Aufsichtsratsmitglied das Recht auf Kenntnisnahme des Prüfberichts einräumt. Wird der Jahresabschluss ohne Zugang zum Prüfbericht gebilligt, handelt es sich um eine Verletzung von Beteiligungsrechten der Aufsichtsratsmitglieder, die gem. § 256 Abs. 1 Nr. 2 AktG die **Nichtigkeit** desselben zur Folge haben kann.[271] Das unterstreicht, dass der Prüfbericht und damit die Abschlussprüfung Mittel zur **Urteilsbildung** der Aufsichtsratsmitglieder sein müssen. Nicht ohne Grund wird der Abschlussprüfer, dem sein Prüfungsauftrag gem. § 111 Abs. 2 S. 3 AktG vom Aufsichtsrat erteilt wird, auch als Hilfsperson des Aufsichtsrats bei seiner Überwachungsaufgabe bezeichnet (→ Rn. 169 ff.).[272] Damit ist dem Gesamtaufsichtsrat der Jahresabschluss in der durch den Abschlussprüfer geprüften Form vorzulegen. Unter Heranziehung der Erkenntnisse des Abschlussprüfers hat der Aufsichtsrat den Abschluss zu prüfen und über die Billigung Beschluss zu fassen.

108 Von weit größerer Bedeutung, auch für einen eingerichteten Prüfungsausschuss, ist die **Phase** bis zur endgültigen **Aufstellung** des Jahresabschlusses. Hier liegt es beim Aufsichtsrat, die Aufstellung zu begleiten und auf Grundlage der regelmäßigen Berichterstattung durch den Vorstand sensible Themen zu identifizieren, die dann zu Prüfungsschwerpunkten für den Abschlussprüfer zu erklären sind. Der Standpunkt, der Aufsichtsrat habe sich durch den fertig aufgestellten, aber ungeprüften Jahresabschluss zu sensibilisieren, greift deshalb zu kurz. Ein professionell agierender Aufsichtsrat wird bei gegebenem Anlass die Aufstellung des Jahresabschlusses und die Prüfung durch den Abschlussprüfer **bereits im Vorfeld** überwachend und beratend begleiten und im Anschluss daran die Ergebnisse des Aufstellungsprozesses wie auch der Abschlussprüfung untersuchen, um über die Billigung des Jahresabschlusses zu befinden.

109 Inhaltlich setzt sich der Jahresabschluss zusammen aus der **Bilanz,** der **Gewinn- und Verlustrechnung** gem. § 242 HGB und dem **Anhang** gem. § 264 Abs. 1 S. 1, § 284 HGB. Erweiterungen sind zB bei kapitalmarktorientierten Kapitalgesellschaften denkbar, die gem. § 264 Abs. 1 S. 2 HGB dem Jahresabschluss noch eine Kapitalflussrechnung und einen Eigenkapitalspiegel beizufügen haben. Diese Erweiterungen müssen vom Aufsichtsrat dann ebenfalls einer Prüfung unterzogen werden.[273]

110 Der Jahresabschluss wird vom Aufsichtsrat zunächst auf seine **Rechtmäßigkeit,** also darauf überprüft, ob er den gesetzlichen Vorgaben und der Satzung entspricht.[274] Die gesetzlichen Vorgaben zur Rechtmäßigkeit des Jahresabschlusses finden sich vornehmlich in den §§ 238 ff. HGB, wie auch vereinzelt im AktG.[275] Zu Letzteren zählen die §§ 150, 152, 158, 160, 261, 300 und 324 AktG.[276] Weiter obliegt dem Aufsichtsrat auch die Prüfung der **Zweckmäßigkeit** des Jahresabschlusses. Dabei hat er, entsprechend der

---

[267] MüKoAktG/*Hennrichs/Pöschke* AktG § 170 Rn. 18.
[268] Vgl. *Buhleier/Krowas* DB 2010, 1165 (1167); MüKoAktG/*Hennrichs/Pöschke* AktG § 170 Rn. 18.
[269] Vgl. BeckOGK/*Euler/Klein* AktG § 170 Rn. 8; GroßkommAktG/*E. Vetter* AktG § 171 Rn. 45, § 170 Rn. 9; K. Schmidt/Lutter AktG/*Drygala* AktG § 171 Rn. 4.
[270] *Bormann* DStR 2011, 368 (369).
[271] *Bormann* DStR 2011, 368 (368 f.); MüKoAktG/*J. Koch* AktG § 256 Rn. 21; BeckOGK/*Jansen* AktG § 256 Rn. 33; ADS AktG § 256 Rn. 17.
[272] *Bormann* DStR 2011, 368 (369); *Hommelhoff* BB 1998, 2567 (2568).
[273] BeckOGK/*Euler/Klein* AktG § 171 Rn. 41; MüKoAktG/*Hennrichs/Pöschke* AktG § 170 Rn. 29.
[274] *Grigoleit/Grigoleit/Zellner* AktG § 171 Rn. 2; BeckOGK/*Euler/Klein* AktG § 171 Rn. 42; MüKoAktG/*Hennrichs/Pöschke* AktG § 171 Rn. 32.
[275] Vgl. MüKoAktG/*Hennrichs/Pöschke* AktG § 171 Rn. 32.
[276] BeckOGK/*Euler/Klein* AktG § 171 Rn. 42; GroßkommAktG/*E. Vetter* AktG § 171 Rn. 42 ff.; MüKoAktG/*Hennrichs/Pöschke* AktG § 171 Rn. 32, Fn. 52.

Ziele und der Ausrichtung der Gesellschaft, zu untersuchen, ob der Vorstand die bilanzpolitischen Entscheidungen zweckmäßig getroffen hat.[277] Das betrifft zB die Ermessensentscheidungen des Vorstandes über die Ausübung von bilanziellen Wahlrechten, Abschreibungsmethoden, Rückstellungen und der Bildung stiller Reserven.[278]

b) Lagebericht

Zu den vom Aufsichtsrat zu untersuchenden Abschlussunterlagen gehört nach § 171 Abs. 1 AktG auch der **Lagebericht.** Im Unterschied zum Jahresabschluss muss der Lagebericht aber weder gebilligt noch festgestellt werden.[279] Der Lagebericht iSd § 289 HGB muss gem. § 264 Abs. 1 S. 1 HGB vom Vorstand erstellt werden und dient, unter Darstellung des Geschäftsverlaufs und der Lage der Gesellschaft, dem Zweck, ein den tatsächlichen Verhältnissen entsprechendes Bild zu vermitteln.[280] Indem der Lagebericht auch Informationen zum **wirtschaftlichen Gesamtbild** der Gesellschaft liefert, lässt sich die Geschäftsführung des Vorstands anhand dieses Berichts deutlich besser beurteilen als nur anhand des Jahresabschlusses.[281]

111

Im Rahmen seiner Prüfung hat der Aufsichtsrat den Lagebericht darauf zu untersuchen, ob er die Anforderungen des Gesetzes und der Satzung erfüllt und insbesondere mit dem Inhalt des Jahresabschlusses in Einklang steht.[282] Aufgrund der gesteigerten Aussagekraft des Lageberichts hat der Aufsichtsrat bei der Prüfung der Zweckmäßigkeit ferner zu prüfen, ob der Bericht die tatsächliche Lage der Gesellschaft **zutreffend und zweckgerecht** wiedergibt und ob die **Aufmachung und Darstellung** des Berichts dem Interesse der Gesellschaft entsprechen.[283] Ob die Darstellung der wirtschaftlichen Gesamtbeurteilung der Gesellschaft durch den Vorstand der Realität entspricht, sollte der Aufsichtsrat aufgrund seiner fortwährenden Informationsversorgung iRd § 90 AktG beurteilen können (Zu den Berichtpflichten → Rn. 23 ff.).[284] Da der Lagebericht keiner Billigung bedarf, fehlt dem Aufsichtsrat im Vergleich zum Jahresabschluss ein wirksamer Hebel zur Einwirkung auf den Vorstand, sollten sich die Vorstellungen des Aufsichtsrats zu den wirtschaftlichen Verhältnissen von deren Darstellung im Lagebericht unterscheiden. Neben Anregungen zur Änderung des Berichts kann der Aufsichtsrat letztlich nur seine divergierenden Vorstellungen im Bericht an die Hauptversammlung kundtun (dazu → Rn. 117 ff.).[285]

112

c) Vorschlag für die Verwendung des Bilanzgewinns

Neben den genannten Abschlussunterlagen hat der Vorstand gem. § 170 Abs. 2 AktG auch die Pflicht, dem Aufsichtsrat seinen Vorschlag zur **Verwendung** des im Jahresabschluss **ausgewiesenen Bilanzgewinns** vorzulegen. Wie der Lagebericht bedarf auch der Verwendungsvorschlag des Vorstands nicht der Billigung oder Feststellung des Aufsichtsrats; § 174 Abs. 1 AktG überträgt den Beschluss über die Gewinnverwendung der Hauptversammlung. Obwohl der Gewinnverwendungsvorschlag nicht der Prüfungspflicht des Abschlussprüfers unterliegt, wird er teilweise dennoch in seinem Bericht zu dem Vorschlag Stellung beziehen.[286] So wird der Aufsichtsrat nicht zwangsläufig einem zuvor ungeprüften Dokument begegnen.

113

Zum Prüfungsauftrag des Aufsichtsrats zählt neben der Untersuchung der Rechtmäßigkeit des Gewinnverwendungsvorschlags auch eine Würdigung dessen Zweckmäßigkeit. Hinsichtlich der **Rechtmäßigkeit** ist die Übereinstimmung mit den Vorgaben von **Satzung und Gesetz** zu kontrollieren.[287] Verstöße liegen etwa dann vor, wenn der Vorschlag nicht der Gliederung des § 170 Abs. 2 AktG entspricht, ohne Satzungsermächtigung eine Sachausschüttung oder eine Ausschüttung an Nichtaktionäre vorgesehen ist.[288] Bedeutsamer ist aber die Prüfung der **Zweckmäßigkeit** des Gewinnverwendungsvorschlags. Von Relevanz ist dabei insbesondere, ob der Vorschlag zur Gewinnverteilung an die Aktionäre, zur Einstellung von Gewinnrücklagen und zum Gewinnvortrag den wirtschaftlichen Gegebenheiten der Gesellschaft – in

114

---

[277] Grigoleit/*Grigoleit/Zellner* AktG § 171 Rn. 4; BeckOGK/*Euler/Klein* AktG § 171 Rn. 43.
[278] Vgl. zu diesen und weiteren Prüfungsgegenständen: MHdB AG/*Hoffmann-Becking* § 45 Rn. 14; Hüffer/Koch/*Koch* AktG § 171 Rn. 7 f.; MüKoAktG/*Hennrichs/Pöschke* AktG § 171 Rn. 36.
[279] BeckOGK/*Euler/Klein* AktG § 171 Rn. 47; MüKoAktG/*Hennrichs/Pöschke* AktG § 171 Rn. 54, 61.
[280] MüKoHGB/*Lange* HGB § 289 Rn. 1.
[281] *ADS* AktG § 171 Rn. 39; MüKoHGB/*Lange* HGB § 289 Rn. 2.
[282] Vgl. BeckOGK/*Euler/Klein* AktG § 171 Rn. 47.
[283] *ADS* AktG § 171 Rn. 38; BeckOGK/*Euler/Klein* AktG § 171 Rn. 47.
[284] Vgl. MüKoAktG/*Hennrichs/Pöschke* AktG § 171 Rn. 56; *ADS* AktG § 171 Rn. 39.
[285] BeckOGK/*Euler/Klein* AktG § 171 Rn. 48; MüKoAktG/*Hennrichs/Pöschke* AktG § 171 Rn. 60.
[286] Vgl. LG Frankfurt v. 15.12.2016 – 3-5 O 154/16, Juris Rn. 95; zur Frage der Einbeziehung des Abschlussprüfers in die Prüfung des Gewinnverwendungsvorschlags: *Velte* DB 2014, 673 (677); vgl. auch MüKoAktG/*Hennrichs/Pöschke* AktG § 171 Rn. 63; Bürgers/Körber/*Schulz* AktG § 171 Rn. 4a.
[287] Vgl. BeckOGK/*Euler/Klein* AktG § 171 Rn. 52 f.
[288] *Velte* DB 2014, 673 (676); MüKoAktG/*Hennrichs/Pöschke* AktG § 171 Rn. 63; *ADS* AktG § 171 Rn. 40.

Gestalt ihrer Liquidität und Strategie[289] – ausreichend Rechnung trägt.[290] Das Interesse der Aktionäre an einer Ausschüttung des Gewinns und die Finanzierungsnotwendigkeiten des Unternehmens müssen in einem **angemessenen Verhältnis** zueinander stehen.[291] Besonderes Augenmerk ist daneben geboten, wenn das Unternehmen für Führungskräfte ein Stock-Options-Programm vorhält.[292] Die Prüfung des Aufsichtsrats kann dem bösen Schein einseitig getroffener Entscheidungen des Vorstands von Beginn an die Grundlage entziehen.

115 Dem Umstand geschuldet, dass eine Billigung des Gewinnverwendungsvorschlags durch den Aufsichtsrat nicht erforderlich ist, **fehlt** es abermals an einer direkten **Einwirkungsmöglichkeit** des Aufsichtsrats, sollte er nach seiner Prüfung nicht mit dem unterbreiteten Vorschlag einverstanden sein.[293] Da der Vorstand hinsichtlich des Gewinnverwendungsvorschlags aber keine Entscheidungsprärogative hat, kann der Aufsichtsrat in einem solchen Fall gem. § 124 Abs. 3 S. 1 AktG der Hauptversammlung einen **eigenen Vorschlag** unterbreiten.[294] Die dieses Vorgehen begründenden Meinungsverschiedenheiten können der Hauptversammlung in dem Bericht gem. § 171 Abs. 2 AktG mitgeteilt werden (→ Rn. 117 ff.).[295] Allerdings wird schon aufgrund der Außenwirkung in den allermeisten Fällen ein gemeinsamer Gewinnverwendungsvorschlag von Aufsichtsrat und Vorstand anzutreffen sein.[296] Abweichende Vorschläge können nur die Ausnahme sein. Der Zweck der Vorschrift des § 170 Abs. 2 AktG wird somit vornehmlich darin liegen, den erforderlichen Dialog zwischen Aufsichtsrat und Vorstand über den Gewinnverwendungsvorschlag zu institutionalisieren.

d) CSR-Bericht

116 Der Aufsichtsrat hat den CSR-Bericht, als **Teil des Lageberichts** gem. § 171 Abs. 1 S. 1 AktG oder als gesonderten Bericht gem. § 171 Abs. 1 S. 4 AktG, zu überprüfen. Umstritten ist, welchen Maßstab der Aufsichtsrat bei der Überprüfung des CSR-Berichts anzulegen hat. Teilweise wird angenommen, dass der Aufsichtsrat den CSR-Bericht wie den Jahresabschluss vollumfänglich auf seine Rechtmäßigkeit prüfen muss.[297] Allerdings kann sich der Aufsichtsrat hier im Unterschied zum Jahresabschluss nicht auf einen inhaltlich geprüften Bericht des Abschlussprüfers stützen. Nach § 317 Abs. 2 S. 4 HGB hat der Abschlussprüfer lediglich zu prüfen, ob die nichtfinanzielle Erklärung abgegeben wurde (→ Rn. 2174). Ohne sachkundigen Dialogpartner (→ Rn. 169 ff.) kann vom Aufsichtsrat grundsätzlich aber nur eine **Plausibilitätsprüfung** erwartet werden.[298] Gemeint ist damit eine weniger intensive Prüfung der Rechtmäßigkeit und Zweckmäßigkeit als beim Jahresabschluss (→ Rn. 114). Eine dem Abschlussprüfer vergleichbare Expertise ist vom Aufsichtsrat weder zu leisten noch zu verlangen. Er ist auch nicht verpflichtet, eine externe inhaltliche Überprüfung der nichtfinanziellen Erklärungen gem. § 111 Abs. 2 S. 4 AktG einzuholen.[299] Die Zusatzprüfung nach **§ 111 Abs. 2 S. 4 AktG** ist freiwillig und liegt im Ermessen des Aufsichtsrats.[300] Insoweit handelt es sich um eine klarstellende Regelung zu § 111 Abs. 2 S. 2 AktG (→ Rn. 132 ff.). Daher genügt es, wenn die Aufsichtsratsmitglieder den CSR-Bericht kritisch lesen, anhand eigener Erfahrungen und Kenntnisse aus sonstiger Aufsichtsratstätigkeit auf Plausibilität prüfen, aktiv Fragen stellen und bei Unklarheiten oder Widersprüchen auf Klärung drängen.[301] Angesichts der bisher noch ungeklärten Mindestanforderungen an die CSR-Berichterstattung sollte – jedenfalls derzeit – kein allzu strenger Maßstab angelegt werden.[302]

e) Berichtspflicht über das Ergebnis schriftlich an die Hauptversammlung

117 Der Prüfung des Aufsichtsrats schließt sich gem. § 171 Abs. 2 S. 1 AktG die Pflicht an, der Hauptversammlung schriftlich zu berichten. So ist der Aufsichtsrat nicht stets in der Rolle des Berichtsgläubigers,

---

[289] Vgl. GroßkommAktG/*E. Vetter* AktG § 171 Rn. 97.
[290] *Velte* DB 2014, 673 (677); ADS AktG § 171 Rn. 41; MüKoAktG/*Hennrichs/Pöschke* AktG § 171 Rn. 64.
[291] MüKoAktG/*Hennrichs/Pöschke* AktG § 171 Rn. 64.
[292] Kölner Komm AktG/*Ekkenga* AktG § 171 Rn. 28.
[293] Vgl. ADS AktG § 171 Rn. 41.
[294] GroßkommAktG/*E. Vetter* AktG § 171 Rn. 99; Kölner Komm AktG/*Ekkenga* AktG § 171 Rn. 28.
[295] BeckOGK/*Euler/Klein* AktG § 171 Rn. 54; Kölner Komm AktG/*Ekkenga* AktG § 171 Rn. 28.
[296] Vgl. MüKoAktG/*Hennrichs/Pöschke* AktG § 171 Rn. 65.
[297] *Lutter/Krieger/Verse* AR Rn. 138; *Gundel* WPg 2018, 108 (110 ff.); *Klene* WM 2018, 308 (313); *Mock* ZIP 2017, 1195 (1201); *Kirsch/Huter* WPg 2017, 1017 (1021 ff.).
[298] Hüffer/Koch/*Koch* AktG § 171 Rn. 8a; *Hennrichs* ZGR 2018, 206 (222 f.); *Hennrichs* NZG 2017, 841 (845 ff.); *E. Vetter* FS Seibert, 2019, 1007 (1014); *E. Vetter* FS Marsch-Barner, 2018, 559 (567 ff.); *Hommelhoff* FS Seibert, 2019, 371 (381); krit. zum Begriff der „Plausibilitätsprüfung" *Ekkenga* FS E. Vetter, 2019, 115 (119 ff.).
[299] Hüffer/Koch/*Koch* AktG § 111 Rn. 24a; *Hennrichs* ZGR 2018, 206 (223); *Ekkenga* FS E. Vetter, 2019, 115 (131).
[300] Vgl. Beschlussempfehlung und Bericht des Ausschusses für Recht und Verbraucherschutz zu dem Gesetzesentwurf der Bundesregierung zum CSR-Richtlinie-Umsetzungsgesetz, BT-Drs. 18/11450, 47.
[301] *Hennrichs* NZG 2017, 841 (845 f.); *Hecker/Bröcker* AG 2017, 761 (766).
[302] Hüffer/Koch/*Koch* AktG § 171 Rn. 8a aE.

sondern gegenüber der Hauptversammlung in der des Berichtsschuldners. Diese, den Lagebericht des Vorstands ergänzende, Berichterstattung dient einerseits der **Information von Aktionären und Öffentlichkeit,** da der Aufsichtsrat über die Ergebnisse seiner Prüfung der Abschlussunterlagen zu informieren hat, und andererseits erfüllt sie die Funktion einer **Rechenschaft des Aufsichtsrats,** weil er sich über Art und Umfang seiner, über das abgelaufene Geschäftsjahr ausgeübten, Überwachung der Geschäftsführung des Vorstands erklären muss.[303]

Im Einzelfall kann der Berichtspflicht angesichts der Veröffentlichung nach § 325 Abs. 1 S. 1 Nr. 2 HGB die **Pflicht zur Geheimhaltung** (§ 116 S. 2 AktG) entgegenstehen.[304] Dann ist der in § 131 Abs. 3 AktG normierte Maßstab anzulegen: Soweit der Hauptversammlung die Auskunft verweigert werden dürfte, ist auch die Information im Bericht entbehrlich.[305] Das kann besonders bei der Berichtspflicht von Interessenkonflikten iSd Empfehlung E.1 S. 2 DCGK relevant werden (→ Rn. 123).[306]

aa) Inhaltliche Anforderungen. Den Funktionen entsprechend besteht der Bericht aus **fünf** Elementen:
– Nach § 171 Abs. 2 S. 1 AktG muss der Aufsichtsrat die **Ergebnisse seiner Prüfungen** von Jahresabschluss, des Lagebericht und Gewinnverwendungsvorschlag mitteilen. Die Ausführlichkeit der Berichterstattung zu den Prüfungsergebnissen hängt vom Grad der Übereinstimmung von Aufsichtsrat und Vorstand ab. Bestehen seitens des Aufsichtsrats keine Einwendungen hinsichtlich des Jahresabschlusses, ist die Mitteilung von stattgefundener Prüfung und Billigung ausreichend.[307] Ausführlicher muss der Bericht ausfallen, wenn der Aufsichtsrat aufgrund von Meinungsverschiedenheiten die Billigung des Jahresabschlusses verweigert. Dann hat er seine abweichende Auffassung so detailliert darzulegen, dass die Hauptversammlung in der Lage ist, sich ein eigenes Bild zu verschaffen um gem. § 173 AktG über die Feststellung des Jahresabschlusses beschließen zu können.[308] Gehen die Einschätzungen von Aufsichtsrat und Vorstand zum Inhalt des Lageberichts und des Gewinnverwendungsvorschlags auseinander, hat der Aufsichtsrat die Gründe hierfür darzulegen, insbesondere, wenn er der Hauptversammlung einen eigenen Gewinnverwendungsvorschlag unterbreitet (→ Rn. 115).[309]
– Wie § 171 Abs. 2 S. 2 AktG zu entnehmen ist, hat der Aufsichtsrat im Bericht an die Hauptversammlung auch **Rechenschaft** über die Erfüllung der ihm gem. § 111 AktG obliegenden Pflicht zur **Überwachung der Geschäftsführung** des Vorstands abzulegen. Wie der Aufsichtsrat seiner Prüfungsverpflichtung nachgekommen ist, ist für die Hauptversammlung insbesondere deshalb von Interesse, weil sie einerseits über die Entsendung eines Vertreters der Anteilseigner in den Aufsichtsrat und andererseits über die Entlastung des Aufsichtsrats gem. § 120 AktG zu entscheiden hat.[310] Genauer Inhalt und erforderlicher Umfang der Berichterstattung haben sich, neben der Anordnung des § 171 Abs. 2 S. 2 AktG, wonach der Aufsichtsrat über Art und Umfang seiner Überwachungshandlungen zu berichten habe, an diesem Informations- und Entscheidungsinteresse der Hauptversammlung zu orientieren. Floskelhafte und oberflächliche Bemerkungen genügen nicht.[311]

Jedenfalls folgende Fragen sind zu beantworten: Hat der Vorstand seine **Berichtspflichten** iSd § 90 AktG ausreichend erfüllt und wurde vom Anforderungsrecht des Aufsichtsrats gem. § 90 Abs. 3 AktG Gebrauch gemacht? Wie wurde die Rechtmäßigkeit der **Unternehmensführung** des Vorstands untersucht und wurden dabei Unregelmäßigkeiten festgestellt? Wurden dem Abschlussprüfer bestimmte Prüfungsschwerpunkte vorgegeben? Wie beurteilt der Aufsichtsrat das gem. § 91 Abs. 2 AktG einzurichtende **Risikomanagementsystem?** Hat der Aufsichtsrat von seinem **Einsichtsrecht** gem. § 111 Abs. 2 AktG Gebrauch gemacht? Hat der Aufsichtsrat vorgelegten **zustimmungspflichtigen** Geschäften zugestimmt?[312]

Die **Ausführlichkeit** und Detailtiefe dieser Berichterstattung haben sich dabei an den Anforderungen an die Überwachungstätigkeit zu orientieren.[313] Wird in Krisenzeiten eine tiefgreifende Überwachung

---

[303] BGH NZG 2010, 943 (945); MüKoAktG/*Hennrichs/Pöschke* AktG § 171 Rn. 181, 183f.
[304] Hüffer/Koch/*Koch* AktG § 171 Rn. 18.
[305] Kölner Komm AktG/*Ekkenga* AktG § 171 Rn. 69.
[306] Näher dazu Hüffer/Koch/*Koch* AktG § 171 Rn. 23 mwN.
[307] *ADS* AktG § 171 Rn. 64; zur aA, die auch bei Konsens mehr Detailangaben verlangt: K. Schmidt/Lutter AktG/ *Drygala* AktG § 171 Rn. 19 mwN.
[308] BeckOGK/*Euler/Klein* AktG § 171 Rn. 78; MüKoAktG/*Hennrichs/Pöschke* AktG § 171 Rn. 187; *ADS* AktG § 171 Rn. 64; K. Schmidt/Lutter AktG/*Drygala* AktG § 171 Rn. 19.
[309] Vgl. MüKoAktG/*Hennrichs/Pöschke* AktG § 171 Rn. 189, 190; *ADS* AktG § 171 Rn. 65.
[310] *Lutter* AG 2008, 1 (5); BeckOGK/*Euler/Koch* AktG § 171 Rn. 75.
[311] Vgl. *Lutter* AG 2008, 1 (5); MüKoAktG/*Hennrichs/Pöschke* AktG § 171 Rn. 193.
[312] Zu den Mindestbestandteilen ähnlich: *Lutter* AG 2008, 1 (5f.); *ADS* AktG § 171 Rn. 67; MüKoAktG/*Hennrichs/ Pöschke* AktG § 171 Rn. 194.
[313] Vgl. Hüffer/Koch/*Koch* AktG § 171 Rn. 20; MüKoAktG/*Hennrichs/Pöschke* AktG § 171 Rn. 196.

123 Eine klare Aussage zum Mindestinhalt des Berichts trifft das Gesetz in § 171 Abs. 2 S. 2 Hs. 2 AktG nur für **börsennotierte Gesellschaften,** wonach anzugeben ist, welche Ausschüsse gebildet wurden, sowie in welcher Anzahl die Sitzungen von Aufsichtsrat und den Ausschüssen stattfanden. Nach der Empfehlung D.8 S. 1 DCGK (anders noch Ziff. 5.4.7 S. 1 DCGK aF) soll im Bericht auch angegeben werden, an wie vielen Sitzungen des Aufsichtsrats und der Ausschüsse die Mitglieder jeweils teilgenommen haben. Darüber hinaus soll der Aufsichtsrat nach der Empfehlung E.1 S. 2 DCGK (Ziff. 5.5.3 S. 1 DCGK aF) über aufgetretene **Interessenkonflikte** und deren Behandlung berichten. Dafür genügt es, wenn der Konflikt als solcher ohne konkrete Einzelheiten offengelegt wird, da interessierte Aktionäre in der Hauptversammlung Auskunft verlangen können.[315]

124 – Wenn die Gesellschaft prüfungspflichtig ist, muss der Bericht an die Hauptversammlung gem. § 171 Abs. 2 S. 3 AktG auch eine **Stellungnahme zum Ergebnis** der Prüfung des Jahresabschlusses durch den **Abschlussprüfer** enthalten. Bezugspunkt der Stellungnahme ist nicht der ausführliche Prüfbericht des Abschlussprüfers, sondern der Bestätigungsvermerk iSd § 322 HGB.[316] Die bloße Wiedergabe des Ergebnisses des Abschlussprüfers genügt nicht. Vielmehr muss der Aufsichtsrat seine **eigene Meinung** darlegen und sich mit der Meinung des Abschlussprüfers auseinandersetzen.[317] Erteilt der Abschlussprüfer den Bestätigungsvermerk und teilt der Aufsichtsrat, der den Jahresabschluss auch einer eigenen Prüfung unterzogen hat (→ Rn. 110), die darin zum Ausdruck gekommene Auffassung des Abschlussprüfers, reicht eine knappe Mitteilung im Bericht aus.[318] Andere Anforderungen an die **Ausführlichkeit** der Berichterstattung sind dagegen zu stellen, wenn der Abschlussprüfer den Bestätigungsvermerk **einschränkt** oder gar **versagt.** In einem solchen Fall hat sich der Aufsichtsrat inhaltlich mit diesem Ergebnis auseinanderzusetzen und seine Sicht der Dinge darzulegen.[319] Dabei kann der Aufsichtsrat im Rahmen der Geheimhaltungsinteressen der Gesellschaft, auch auf den ausführlichen, nicht öffentlichen Prüfbericht Bezug nehmen oder aus ihm zitieren.[320]

125 – § 171 Abs. 2 S. 4 AktG verpflichtet den Aufsichtsrat, in seiner Berichterstattung an die Hauptversammlung anzugeben, ob nach dem abschließenden Ergebnis seiner Prüfung **Einwendungen** zu erheben sind. Der Begriff der Einwendung darf hier nicht als schlichte Beanstandung missverstanden werden. Erfasst sind hier vielmehr nur die Einwendungen, die, als Bestandteil der abschließenden Erklärung, so **gewichtig** sind, dass der Abschlussprüfer seinen Bestätigungsvermerk **einzuschränken,** wenn nicht zu **versagen** hätte.[321] Darüber hinaus sind auch solche, nicht unter diese Definition fallenden, Einwendungen erfasst, die im abweichenden Prüfungsrahmen des Aufsichtsrats vergleichbares Gewicht haben.[322] Treten bei der Untersuchung der Zweckmäßigkeit finanzpolitischer Entscheidungen, wie zB zur Bildung und Auflösung von Rücklagen oder sonstiger Akte der Geschäftsführung, bedeutende Divergenzen zwischen Aufsichtsrat und Vorstand zu Tage, sind auch sie gem. § 171 Abs. 2 S. 4 AktG dem Bericht beifügbar.[323]

126 – Die Mitteilung der erhobenen Einwendungen fällt in die nach § 171 Abs. 2 S. 4 AktG abzugebende **Schlusserklärung.** In ihr hat der Aufsichtsrat zu erklären, ob er den vom Vorstand aufgestellten Jahresabschluss billigt oder nicht. Die Schlusserklärung umfasst somit eine **Zusammenfassung** der Prüfergebnisse und die Feststellung die **Billigung** oder Nichtbilligung. Die Billigung des Jahresabschlusses führt zu dessen Feststellung (→ Rn. 105).

127 bb) **Formale Anforderungen.** Die Berichterstattung des Aufsichtsrats ist von wesentlicher Bedeutung, weil sie nicht zuletzt den Ausgangspunkt für die Entscheidung der Hauptversammlung bildet, die Mitglieder des Vorstands und des Aufsichtsrats zu **entlasten.**[324] Dem Rechnung tragend und zur Herstellung von

---

[314] Vgl. GroßkommAktG/*E. Vetter* AktG § 171 Rn. 212; Kölner Komm AktG/*Ekkenga* AktG § 171 Rn. 67.
[315] BGHZ 194, 14 (Rn. 32) = NJW 2012, 3235.
[316] Kölner Komm AktG/*Ekkenga* AktG § 171 Rn. 80; MüKoAktG/*Hennrichs/Pöschke* AktG § 171 Rn. 205; *ADS* AktG § 171 Rn. 70.
[317] BegrRegE *Kropff* AktG 1965 S. 278.
[318] Vgl. *Sünner* AG 2008, 411 (415); MüKoAktG/*Hennrichs/Pöschke* AktG § 171 Rn. 206; Kölner Komm AktG/*Ekkenga* AktG § 171 Rn. 81.
[319] MüKoAktG/*Hennrichs/Pöschke* AktG § 171 Rn. 207; *ADS* AktG § 171 Rn. 72; Hüffer/Koch/*Koch* AktG § 171 Rn. 22; vgl. auch Kölner Komm AktG/*Ekkenga* AktG § 171 Rn. 81.
[320] *ADS* AktG § 171 Rn. 73; MüKoAktG/*Hennrichs/Pöschke* AktG § 171 Rn. 207.
[321] MüKoAktG/*Hennrichs/Pöschke* AktG § 171 Rn. 191; *ADS* AktG § 171 Rn. 76.
[322] Vgl. *Sünner* AG 2008, 411 (415); Hüffer/Koch/*Koch* AktG § 171 Rn. 24; MüKoAktG/*Hennrichs/Pöschke* AktG § 171 Rn. 191; *ADS* AktG § 171 Rn. 76; Kölner Komm AktG/*Ekkenga* AktG § 171 Rn. 82.
[323] MüKoAktG/*Hennrichs/Pöschke* AktG § 171 Rn. 191; vgl. *ADS* AktG § 171 Rn. 76; vgl. Kölner Komm AktG/*Ekkenga* AktG § 171 Rn. 76.
[324] BGH AG 2010, 632 (Rn. 13); Hüffer/Koch/*Koch* AktG § 171 Rn. 17; BeckOGK/*Euler/Klein* AktG § 171 Rn. 75; GroßkommAktG/*E. Vetter* AktG § 171 Rn. 204.

Rechtssicherheit, hat der Aufsichtsrat nicht nur konkludent, sondern **förmlich im Plenum** über die Feststellung des Berichts zu beschließen, § 108 Abs. 1 AktG.[325] Eine gesetzliche Bestimmung der Zuständigkeit für die Erstellung eines Berichtsentwurfs besteht nicht. Letztlich wird die Verantwortung hierfür beim Aufsichtsratsvorsitzenden oder, dessen Einrichtung vorausgesetzt, beim Prüfungsausschuss zu suchen sein;[326] denkbar wird auch nicht unüblich ist auch die Vorbereitung des Entwurfs durch eine andere Stelle im Unternehmen außerhalb des Aufsichtsrats.[327] Hat sich der Aufsichtsrat den Berichtsentwurf zu eigen gemacht und darüber ordnungsgemäß Beschluss gefasst, ist er vom Aufsichtsratsvorsitzenden **eigenhändig** oder, bei dessen Verhinderung, von seinem Stellvertreter zu **unterzeichnen** und mit dem Tag der Bilanzsitzung zu **datieren.**[328] Der Bericht kann auch ein späteres Datum ausweisen, wenn die Feststellung des Berichts bei der Beschlussfassung an eine Bedingung geknüpft wurde; maßgeblich ist dann das Datum des Bedingungseintritts, das aber vor dem Termin der Hauptversammlung liegen muss.[329]

Der nach § 171 Abs. 2 S. 1 AktG schriftlich zu erstattende Bericht ist gem. § 175 Abs. 2 AktG von der Einberufung der Hauptversammlung an in den Geschäftsräumen der Gesellschaft **auszulegen** und gem. § 325 Abs. 1, 2 HGB **bekannt** zu machen. Zuvor aber hat der Aufsichtsrat gem. § 171 Abs. 3 S. 1 AktG innerhalb eines Monats nach vollständiger Zuleitung der Abschlussunterlagen durch den Vorstand seinen Bericht an die Hauptversammlung an den Vorstand zu übermitteln.[330] Kommt der Aufsichtsrat dem nicht nach, kann ihm nach S. 2 der Norm eine Nachfrist gesetzt werden, bei deren Verstreichen die Billigung des Jahresabschlusses nach S. 3 der Norm als durch den Aufsichtsrat verweigert gilt. Die gesetzliche Konstruktion von Nachfrist und Annahme der Verweigerung der Billigung des Jahresabschlusses stellen sicher, dass die Einberufung der Hauptversammlung nicht an der fehlenden Erklärung des Aufsichtsrats zum Jahresabschluss scheitern kann; die Kompetenz zur Feststellung des Jahresabschlusses liegt dann gem. § 173 AktG bei der Hauptversammlung.[331]

6. Errichtung eines Risikoüberwachungssystems durch den Vorstand, § 91 Abs. 2 AktG

Die Errichtung von Risikoüberwachungssystemen ist Aufgabe des Vorstands.[332] Das resultiert bereits aus der allgemeinen Leitungsaufgabe des Vorstands und nicht erst aus – dem nur klarstellenden – § 91 Abs. 2 AktG.[333] Ungeachtet abweichender Stimmen aus der Betriebswirtschaftslehre[334] ist § 91 Abs. 2 AktG dahin zu verstehen, dass der Vorstand **Früherkennungssysteme** zu etablieren hat, die bestandsgefährdende Entwicklungen frühzeitig identifizieren.[335] Darunter fallen auch Compliance-Systeme (→ Rn. 223 ff.). Hierfür hat der Vorstand ein System einzurichten, das Risiken rechtzeitig erfasst, dokumentiert[336] und an ihn weiterleitet. Um das in größeren Gesellschaften sicherzustellen, sind eigene **Organisationseinheiten** im Bereich interner Revision und Controlling damit zu betrauen.[337]

Aufgabe des Aufsichtsrats ist wiederum die **Überwachung der internen Systeme.** Im Einzelnen hat er zu prüfen, ob die eingerichteten Systeme in ihrer Arbeitsweise und Effizienz hinreichend auf die Bedürfnisse der Gesellschaft zugeschnitten sind, um Risiken erkennen und bewältigen zu können. Zu berücksichtigende Faktoren sind vor allem Größe, Branche, Struktur und Kapitalmarktzugang der Gesellschaft.[338] Dabei können auch Häufigkeit und Schwere bereits aufgetretener Verstöße indizierende Bedeutung haben.[339] In gleicher Weise hat der Aufsichtsrat beim Fehlen entsprechender Systeme zu prüfen, ob der Vorstand damit noch seinen Pflichten in der nach § 93 Abs. 1 S. 1 AktG erforderlichen Weise genüge getan hat.[340] Nicht selten wird der Aufsichtsrat einen **Prüfungsausschuss** einrichten, der sich

---

[325] BGH AG 2010, 632 (Rn. 13 f.); *Peltzer* NZG 2010, 976; GroßkommAktG/*E. Vetter* AktG § 171 Rn. 260; MüKo-AktG/*Hennrichs/Pöschke* AktG § 171 Rn. 212.
[326] GroßkommAktG/*E. Vetter* AktG § 171 Rn. 261; BeckOGK/*Euler/Klein* AktG § 171 Rn. 76; MüKoAktG/*Hennrichs/Pöschke* AktG § 171 Rn. 215.
[327] *Gernot/Wernicke* NZG 2010, 531 (533); GroßkommAktG/*E. Vetter* AktG § 171 Rn. 261.
[328] *Peltzer* NZG 2010, 976; *Gernot/Wernicke* NZG 2010, 531 (533); GroßkommAktG/*E. Vetter* AktG § 171 Rn. 266; MüKoAktG/*Hennrichs/Pöschke* AktG § 171 Rn. 213.
[329] *Gernot/Wernicke* NZG 2010, 531 (533); GroßkommAktG/*E. Vetter* AktG § 171 Rn. 266; MüKoAktG/*Hennrichs/Pöschke* AktG § 171 Rn. 213.
[330] *Gernot/Wernicke* NZG 2010, 531 (533); BeckOGK/*Euler/Klein* AktG § 171 Rn. 85.
[331] Vgl. MüKoAktG/*Hennrichs/Pöschke* AktG § 171 Rn. 218; BeckOGK/*Euler/Klein* AktG § 171 Rn. 87, 89.
[332] *U.H. Schneider* ZIP 2003, 645 (647 f.); *W. Goette* ZHR 175 (2011), 388 (392); *Fleischer* in Fleischer VorstandsR-HdB § 7 Rn. 4 ff.
[333] BegrRegE BT-Drs. 13/9712, 15.
[334] Vgl. *Brebeck/Herrmann*, WPg 1997, 381; *Kromschröder/Lück* DB 1998, 1573.
[335] EinhM Hüffer/Koch/*Koch* AktG § 111 Rn. 8 f. mwN.
[336] LG München I AG 2007, 417 (418).
[337] *Claussen/Korth* FS Lutter, 2000, 327 (330).
[338] BegrRegE BT-Drs. 13/9712, 15.
[339] Hüffer/Koch/*Koch* AktG § 111 Rn. 22.
[340] *Habersack* AG 2014, 1 (4).

eben mit diesen Fragen auseinandersetzt (→ Rn. 150 ff.). An der unveräußerlichen Überwachungsverantwortung des Aufsichtsrats ändert das nichts. Überdies arbeiten Aufsichtsrat und **Abschlussprüfer** bei der Überwachung eng zusammen (→ Rn. 169 ff.).

7. Einholung von Rechtsrat und Sachverständigengutachten

131 Oftmals bedient sich der Aufsichtsrat zur Erfüllung seiner Aufgaben externer Sachverständiger. Dabei ist zwischen der Beauftragung gem. § 111 Abs. 2 S. 2 AktG und der Beauftragung außerhalb des Anwendungsbereichs der Norm zu **unterscheiden**.[341] Darunter kann auch die Einholung eines schriftlichen Sachverständigengutachtens fallen.

a) Beauftragung gem. § 111 Abs. 2 S. 2 AktG

132 **aa) Bestellung.** Nach § 111 Abs. 2 S. 2 AktG kann der Aufsichtsrat für bestimmte Aufgaben im Zusammenhang mit dem Einsichts- und Prüfungsrecht (Abs. 2 S. 1 → Rn. 182 ff.) Sachverständige wie etwa Rechtsanwälte, Wirtschaftsprüfer, Unternehmensberater, aber auch den Abschlussprüfer beauftragen. Darüber hat der Aufsichtsrat selbst oder ein von ihm hierzu ermächtigter Ausschuss (vgl. § 107 Abs. 3 S. 7 AktG) durch **Beschluss** zu entscheiden.[342] Dagegen kann ein Beschluss grundsätzlich nicht durch Entscheidung eines Aufsichtsratsmitglieds ersetzt werden. Zulässig ist es aber, den **Vorsitzenden** des Aufsichtsrats oder des Ausschusses mit der Durchführung des Beschlusses zu betrauen.[343] Im Rahmen seiner Sitzungsleitung kann der Vorsitzende im Vorfeld Sachverständige beauftragen, die an der Sitzung beratend teilnehmen (→ § 3 Rn. 100 ff., zur Vertretungskompetenz → Rn. 2301 ff.). Der Vorstand hat keinen Anspruch, vor der Beauftragung gehört zu werden oder an ihr mitzuwirken.[344]

133 Bei genauer Betrachtung räumt der Wortlaut von § 111 Abs. 2 S. 2 AktG dem Aufsichtsrat nur die Geschäftsführungsbefugnis im Innenverhältnis ein.[345] Der II. Zivilsenat hat nunmehr klargestellt, dass § 111 Abs. 2 S. 2 AktG auch die **Vertretungsmacht des Aufsichtsrats** im Außenverhältnis umfasst.[346] Demnach kann der Aufsichtsrat die Gesellschaft auch für Hilfsgeschäfte vertreten, die er zur Wahrnehmung seiner Aufgaben abzuschließen hat.[347] Das geht soweit, dass die Gesellschaft bei gerichtlicher Auseinandersetzung mit dem Sachverständigen vertritt (→ Rn. 2301).[348]

134 Zur Wahrung des unveräußerlichen Überwachungsauftrags kann der Aufsichtsrat Sachverständige nur mit konkreten Fragen zu **bestimmten Einzelangelegenheiten** beauftragen.[349] Die Prüfungsaufgabe muss sachlich und zeitlich begrenzt werden.[350] Sowohl die Einsetzung eines Sachverständigen als ständigen Berater als auch die generelle Übertragung der Einsichts- und Prüfungsrechte ist daher unzulässig.[351] Hintergrund ist, dass die Aufsichtsratsmitglieder ihre Aufgaben grundsätzlich selbstständig wahrnehmen und dabei über die entsprechende Expertise verfügen müssen (§ 111 Abs. 6 AktG).

135 Dem Aufsichtsrat ist bei der Entscheidung, ob er einen Sachverständigen beauftragt, **weites Ermessen** eingeräumt.[352] Damit verträgt es sich nicht, wenn die Beauftragung von Sachverständigen als ultima ratio[353] verstanden wird. Im Gegenteil verbleibt dem Aufsichtsrat die Befugnis zur Beauftragung auch dann, wenn er zur erforderlichen Prüfung selbst in der Lage war.[354] Zur Absicherung von Entscheidungen sind auch Zweiteinschätzungen zulässig und in der Praxis weit verbreitet. Bei der Ermessensentscheidung muss sich der Aufsichtsrat ausschließlich am **Gesellschaftsinteresse** orientieren.[355]

136 Der Aufsichtsrat hat nicht nur die der Gesellschaft durch die Beauftragung entstehenden Kosten, sondern auch die Wahrung der Autorität des Vorstands sowie dessen Vertrauensverhältnis zum Aufsichtsrat zu berücksichtigen.[356] Denn der Vorstand könnte die Bestellung von Sachverständigen „über seinen Kopf

---

[341] So ausdrücklich nur *Hoffmann-Becking* ZGR 2011, 136; vgl. auch *J. W. Flume* ZGR 2018, 928 (930 f.).
[342] *Hoffmann-Becking* ZGR 2011, 136 (143); MüKoAktG/*Habersack* AktG § 111 Rn. 86.
[343] Kölner Komm AktG/*Mertens/Cahn* AktG § 111 Rn. 61; GroßkommAktG/*Hopt/Roth* AktG § 111 Rn. 412.
[344] MüKoAktG/*Habersack* AktG § 111 Rn. 86; Bürgers/Körber/*Israel* AktG § 111 Rn. 14.
[345] So wohl auch BGHZ 218, 122 Rn. 16 = NJW-RR 2018, 800; wie hier *E. Vetter* ZGR 2020, 35 (40).
[346] BGHZ 218, 122 Rn. 16 = NJW-RR 2018, 800.
[347] BGHZ 218, 122 Rn. 15 = NJW-RR 2018, 800.
[348] BGHZ 218, 122 Rn. 18 ff. = NJW-RR 2018, 800.
[349] AllgM, MüKoAktG/*Habersack* AktG § 111 Rn. 88 mwN.
[350] MüKoAktG/*Habersack* AktG § 111 Rn. 88.
[351] BGHZ 85, 293 (296) = NJW 1983, 991 – Hertie.
[352] *E. Vetter* ZGR 2020, 35 (49); MüKoAktG/*Habersack* AktG § 111 Rn. 88.
[353] *Steinbeck* Überwachungspflicht und Einwirkungsmöglichkeiten des Aufsichtsrats in der Aktiengesellschaft 1992, 128 f.; Lutter/Krieger/*Verse* AR Rn. 244.
[354] MüKoAktG/*Habersack* AktG § 111 Rn. 88; BeckOGK/*Spindler* AktG § 111 Rn. 52; Bürgers/Körber/*Israel* AktG § 111 Rn. 14; **aA** *Lutter* Information und Vertraulichkeit Rn. 304 (letztlich aber relativierend in Rn. 305).
[355] MüKoAktG/*Habersack* AktG § 111 Rn. 88; *Kropff* NZG 2003, 346 (348); *Kropff* FS Raiser, 2005, 225 (239).
[356] *M. Arnold* ZGR 2014, 76 (95); vgl. MüKoAktG/*Habersack* AktG § 111 Rn. 88.

hinweg" als Misstrauensbekundung und Infragestellen seiner Autorität deuten.[357] Zu weit geht aber, dem Aufsichtsrat deshalb aufzuerlegen, von diesem Recht nur zurückhaltend Gebrauch zu machen. Der Aufsichtsrat hat sich, als Ausdruck seines Selbstorganisationsrechts, lediglich der Folgen seines Handelns auch im Verhältnis zum Vorstand bewusst zu sein und das im Rahmen seiner Abwägung zu berücksichtigen.[358] Es muss **kein konkreter Anlass** gegeben sein, damit der Aufsichtsrat externe Berater nach § 111 Abs. 2 S. 2 AktG hinzuziehen darf.[359]

bb) Auswahl und Befugnisse. Grundsätzlich verfügt der Aufsichtsrat auch bei der **Auswahl** des Sachverständigen über weites Ermessen.[360] Dabei hat er sich besonders sorgfältig über die **Fachkunde und Integrität** der Person für die betreffende Aufgabe zu vergewissern. Da dem Sachverständigen potentiell zahlreiche vertrauliche Informationen zur Verfügung gestellt werden, hat der Aufsichtsrat ihn zur **Verschwiegenheit** zu verpflichten, falls sich nicht schon aus seiner amtlichen oder beruflichen Stellung ergibt. In Mandaten, in denen mögliche Rechtsverstöße amtierender Vorstandsmitglieder untersucht werden sollen, ist auf die Unabhängigkeit des Beraters gegenüber dem Vorstand zu achten.[361] Zu denken ist etwa an eine Erklärung des Beraters zu den sonst für das Unternehmen (vertreten durch den Vorstand) bestehenden Mandaten. 137

Die **Befugnisse** des Sachverständigen entsprechen denen eines beauftragten Aufsichtsratsmitglieds.[362] Ein nach § 111 Abs. 2 S. 2 Var. 1 AktG beauftragtes Mitglied hat – begrenzt auf den konkreten Prüfungsauftrag – dieselben Einsichts-, Prüfungs-, und Fragerechte wie der Aufsichtsrat.[363] Erforderlichenfalls ist dem Sachverständigen sogar Einsicht in die Bücher und Schriften iSv § 111 Abs. 2 S. 1 AktG zu gewähren, soweit es der Erfüllung seiner Aufgaben dient. Daher empfiehlt es sich, die Befugnisse des Sachverständigen schon im Vorfeld durch den Bestellungsbeschluss weitgehend zu konkretisieren und zu beschränken.[364] Die Befragung von Angestellten am Vorstand vorbei ist dem Sachverständigen, nicht anders als dem Aufsichtsrat, nur in Ausnahmefällen möglich (→ Rn. 360ff.).[365] Zur Teilnahme an Ausschuss- oder Aufsichtsratssitzungen sind Sachverständige grundsätzlich nur nach Maßgabe von § 109 Abs. 1 S. 2 AktG berechtigt. Etwas anderes gilt für den durch den Vorsitzenden im Rahmen seiner Sitzungsleitung zur Beratung beauftragten Sachverständigen (→ § 3 Rn. 100ff.). 138

cc) Kontrolle und Vergütung. Wurde ein Sachverständiger beauftragt, obliegt es dem Aufsichtsrat, dessen Arbeit **fortlaufend zu überwachen.**[366] Vor allem hat er sich vom Verfahren und den gewählten Methoden des Sachverständigen zu überzeugen.[367] Trotzdem kann der Aufsichtsrat zur nochmaligen Überprüfung verpflichtet sein, soweit es sich um Aspekte handelt, die nicht Gegenstand der Beauftragung waren.[368] Beispielsweise entbindet die Beauftragung eines Sachverständigen mit der Prüfung von Recht- und Ordnungsmäßigkeit eines bestimmten Geschäftsvorgangs den Aufsichtsrat nicht davon, sich selbst von Zweckmäßigkeit und Wirtschaftlichkeit zu überzeugen. In diesem Zusammenhang kann sich der Aufsichtsrat seiner Verantwortung nur insoweit entledigen, als die fachliche Qualifikation und die dem Sachverständigen übertragene Aufgabe reicht.[369] In großen Gesellschaften wird sich der Aufsichtsrat bei der laufenden Überwachung des Sachverständigen von einem **Aufsichtsratsbüro unterstützen** lassen (→ § 6 Rn. 167ff.). Für die Einrichtung eines solchen Büros ist der Aufsichtsrat kraft Annexkompetenz zuständig (→ Rn. 142, 145ff.).[370] Zulässig ist es sogar, dem Aufsichtsratsbüro die Befugnis zur Mandatierung von Sachverständigen zu übertragen.[371] 139

---

[357] *Kropff* FS Raiser, 2005, 225 (241); *Lutter* Information und Vertraulichkeit Rn. 303; Kölner Komm AktG/*Mertens/Cahn* AktG § 111 Rn. 61.
[358] MüKoAktG/*Habersack* AktG § 111 Rn. 78; Hüffer/Koch/*Koch* AktG § 111 Rn. 20; Semler/v. Schenck/*Schütz* AktG § 111 Rn. 404.
[359] EinhM, MüKoAktG/*Habersack* AktG § 111 Rn. 78 mwN.
[360] MüKoAktG/*Habersack* AktG § 111 Rn. 88.
[361] *Ott/Lüneborg* CCZ 2019, 71 (75).
[362] Kölner Komm AktG/*Mertens/Cahn* AktG § 111 Rn. 64; MüKoAktG/*Habersack* AktG § 111 Rn. 88; GroßkommAktG/*Hopt/Roth* AktG § 111 Rn. 415; **aA** BeckOGK/*Spindler* AktG § 111 Rn. 52.
[363] MüKoAktG/*Habersack* AktG § 111 Rn. 85; Kölner Komm AktG/*Mertens/Cahn* AktG § 111 Rn. 60.
[364] Vgl. MüKoAktG/*Habersack* AktG § 111 Rn. 85.
[365] *M. Arnold/Rudzio* FS Wegen, 2015, 93 (99ff.); vgl. auch *Hoffmann-Becking* ZGR 2011, 136 (152).
[366] BGHZ 218, 122 Rn. 22 = BGH NJW-RR 2018, 800.
[367] MüKoAktG/*Habersack* AktG § 111 Rn. 89; GroßkommAktG/*Hopt/Roth* AktG § 111 Rn. 417.
[368] Vgl. RGZ 161, 129 (140); GroßkommAktG/*Hopt/Roth* AktG § 111 Rn. 417; Kölner Komm AktG/*Mertens/Cahn* AktG § 111 Rn. 67.
[369] RG WarnJ 1930, 195; GroßkommAktG/*Hopt/Roth* AktG § 111 Rn. 417; Kölner Komm AktG/*Mertens/Cahn* AktG § 111 Rn. 67.
[370] Vgl. *Strohn* FS K. Schmidt, 2019, Band II, 461 (462f., 469); *Plagemann* NZG 2016, 211 (214).
[371] *Drinhausen/Marsch-Barner* AG 2014, 337 (350); *Plagemann* NZG 2016, 211 (216).

140 Unabdingbar bleibt dagegen Pflicht des Aufsichtsrats, sich abschließend ein eigenes Urteil über den Prüfungsgegenstand zu bilden.[372] Doch selbst dann ist eine Haftung der Mitglieder nicht ausgeschlossen. Der II. Zivilsenat hat in seiner **Ision-Rechtsprechung** hohe Anforderungen an eine haftungsrechtliche Entlastung bei Einholung externen Rechtsrats gestellt.[373] Jedenfalls darf der Aufsichtsrat dem Sachverständigen nicht blind vertrauen, sondern hat den erteilten Ratschlag einer **Plausibilitätsprüfung** zu unterziehen.[374] (→ Rn. 2396 f., 2398 ff.).

141 Vertragsparteien des Geschäftsbesorgungsverhältnisses nach § 675 Abs. 1 BGB sind der **Sachverständige** und die **Gesellschaft**.[375] Dabei tritt der Aufsichtsrat oder, nach entsprechendem Beschluss der Vorsitzende, als Vertreter auf, womit sich etwaige Vergütungsansprüche gegen die Gesellschaft als Vertretene richten.[376] Wer dafür zuständig ist, die Rechnungen des Sachverständigen zu prüfen, freizugeben und die Zahlung anzuweisen, ist andernorts zu klären (→ Rn. 2304 ff.). Ob ein **Aufsichtsratsbudget** eingerichtet werden darf, ist umstritten (→ § 6 Rn. 197 ff.).

b) Beauftragung außerhalb von § 111 Abs. 2 S. 2 AktG

142 Sachverständige werden zu unterschiedlichsten Zwecke beauftragt und zwar oftmals auch, ohne dass eine unternehmensinterne Untersuchung nach § 111 Abs. 2 S. 1 AktG stattfindet. Demzufolge gründet nicht jede Inanspruchnahme eines Sachverständigen auf § 111 Abs. 2 S. 2 AktG. Daneben findet sich im Gesetz nur noch in § 109 Abs. 1 S. 2 AktG die Befugnis zur Hinzuziehung von Beratern. Darüber hinaus ist anerkannt, dass dem Aufsichtsrat im Rahmen seiner Organisationsautonomie auch das allgemeine Recht zur Beauftragung von Sachverständigen als **Annex** seiner gesetzlichen Befugnisse und Aufgaben zusteht.[377] Die Annexkompetenz des Aufsichtsrats sichert damit primär die effektive Wahrnehmung der Überwachungsaufgabe ab.[378]

143 Insoweit ist § 112 AktG nicht abschließend zu verstehen (→ Rn. 2269).[379] Andererseits ist die Hinzuziehung Dritter ausgehend vom gesetzlichen Leitbild des „autarken Aufsichtsrats"[380] durch den Grundsatz der **persönlichen Amtsführung** (§ 111 Abs. 6 AktG) begrenzt. Erst bei Fragen, deren Beantwortung mehr als die vom Gesetz vorausgesetzte Mindestqualifikation des einzelnen Mitglieds erfordert, ist er zur Bestellung eines Beraters befugt oder sogar verpflichtet.[381] Das kann etwa der Fall sein, wenn der konkrete Verdacht eines Rechtsverstoßes besteht und die rechtliche Wertung die erforderliche Expertise der Mitglieder übersteigt. Besonders hier kann die Einholung eines schriftlichen Sachverständigengutachtens angezeigt sein.

144 Für die Bestellung und Auswahl des Beraters gelten die gleichen Maßstäbe wie im Rahmen von § 111 Abs. 2 S. 2 AktG (→ Rn. 132 ff.). Die Hinzuziehung eines Beraters hat sich auf eine konkrete Einzelangelegenheit zu beschränken; die Wahrnehmung durch einen ständigen Berater ist unzulässig (dazu schon → Rn. 134). Schließlich sind auch **Geheimhaltungsinteressen** zu berücksichtigen,[382] beispielsweise schon durch sorgfältige Auswahl des Beraters[383] oder Verschwiegenheitsvereinbarungen (→ Rn. 137). Vertrauliche Informationen, die der Verschwiegenheitspflicht eines Aufsichtsratsmitglieds unterliegen, schließen per se keine Beratung durch Dritte aus.[384] Doch hat das einzelne Mitglied eine Abwägung zwischen Notwendigkeit und Ertrag seiner Beratung für die Unternehmensinteressen und den mit der Informationspreisgabe einhergehenden Gefahren für die Gesellschaft vorzunehmen, wobei etwaige Risiken möglichst niedrig zu halten sind.[385]

145 Da die Beauftragung von Beratern in erster Linie der effektiven Überwachung dient, ergeben sich die meisten Annexkompetenzen in diesem Aufgabenbereich des Aufsichtsrats. Darüber hinaus ist die Hinzuziehung von Beratern aber auch als **Annex aller übrigen Aufgaben** des Aufsichtsrats zulässig.[386] Das umfasst sowohl seine retrospektiven als auch seine in die Zukunft gerichteten Überwachungsaufgaben und andere Kompetenzen, wie zB seine Personalkompetenz (dazu zB → Rn. 149). In Anbetracht der

---

[372] RG WarnJ 1930, 195; *Semler* Leitung und Überwachung Rn. 168; MüKoAktG/*Habersack* AktG § 111 Rn. 89; GroßkommAktG/*Hopt/Roth* AktG § 111 Rn. 417; Kölner Komm AktG/*Mertens/Cahn* AktG § 111 Rn. 67.
[373] BGH AG 2011, 876 (877 f.) – Ision.
[374] BGH AG 2015, 535 (536 f.); eing. zur Plausibilitätsprüfung *Buck-Heeb* BB 2016, 1347.
[375] BGHZ 218, 122 Rn. 16 = NJW-RR 2018, 800; Hüffer/Koch/*Koch* AktG § 111 Rn. 24.
[376] BGHZ 218, 122 Rn. 16 = NJW-RR 2018, 800.
[377] Ausführlich *Fleischer/Wedemann* GmbHR 2010, 449 (451 ff.).
[378] Zutr. *J. W. Flume* ZGR 2018, 928 (933 f.); *E. Vetter* ZGR 2020, 35 (49 f.).
[379] BGHZ 218, 122 Rn. 15 = NJW-RR 2018, 800.
[380] *Hommelhoff* ZGR 1983, 551 (556 f.).
[381] BGHZ 85, 293 (295 f.) = NJW 1983, 991 – Hertie.
[382] BGHZ 85, 293 (300) = NJW 1983, 991 – Hertie.
[383] BGHZ 64, 325 (332) = NJW 1975, 1412.
[384] MüKoAktG/*Habersack* AktG § 111 Rn. 159; Kölner Komm AktG/*Mertens/Cahn* AktG § 111 Rn. 123.
[385] GroßkommAktG/*Hopt/Roth* AktG § 111 Rn. 804; Kölner Komm AktG/*Mertens/Cahn* AktG § 111 Rn. 123.
[386] Anschaulich anhand einzelner Aufgabenfelder des Aufsichtsrats *E. Vetter* ZGR 2020, 35 (49 ff.).

Vielzahl denkbarer Einzelfälle kann sich die Darstellung nur auf einen Ausschnitt der in der Praxis wiederkehrenden Fälle beschränken.

Immer häufiger ist die Hinzuziehung externer Berater bei **komplexen Sachverhalten** zu beobachten. 146 Durch die zunehmende Internationalisierung und Digitalisierung werden ökonomische und juristische Fragen selbst für ein Aufsichtsratsmitglied mit erheblichem Vorwissen nahezu unüberschaubar. Das offenbart sich darin, dass eingereichte Vorstandsunterlagen ergänzend schon im Vorfeld durch Sachverständige erfasst und erst im Anschluss dem Aufsichtsrat erläutert werden. Gewiss bietet sich für die nachfolgende Prüfung und Beurteilung dann die Unterstützung desselben Beraters an. Nicht unüblich bei schwierigen Sachverhalten ist die Beauftragung eines gemeinsamen Beraters durch Vorstand und Aufsichtsrat. Indes ist zur Vermeidung von Interessenkollisionen – namentlich bei Haftungsfragen der Mitglieder des jeweils anderen Organs – eine unabhängige Beauftragung empfehlenswert.[387] Trotzdem kann in diesen Fällen eine Abstimmung und Zusammenarbeit der verschiedenen Berater oder die Beauftragung eines zusätzlichen gemeinsamen Beraters für bestimmte Bereiche opportun sein. Bei Letzterem haben Vorstand und Aufsichtsrat in Mandatsvereinbarungen oder ergänzenden Abreden sicherzustellen, dass der gemeinsame Berater gegenüber beiden Organen berichtspflichtig und von beiden Organen weisungsabhängig ist.[388] Ein wichtiger Grund für die zunehmende Inanspruchnahme externer Berater ist die haftungsrechtliche Entlastung der Aufsichtsratsmitglieder. Dafür gelten nach **Ision-Rechtsprechung** hohe Anforderungen (→ Rn. 2396f., 2398ff.).

Eng damit verzahnt sind die Fälle, in denen Rechtsanwälte, Steuerberater, Wirtschaftsprüfer oder sons- 147 tige fachlich qualifizierten Dritte mit der Prüfung von **Insolvenzgründen**[389] oder der Beurteilung eines Sanierungskonzepts[390] beauftragt wurden. Gerade in Fällen der Befolgung falscher oder sich als falsch herausstellender Ratschläge kommt eine Enthaftung des Aufsichtsrats nach Maßgabe der soeben genannten Rechtsprechung in Frage. Kommt es trotz allem zur Haftung eines Aufsichtsratsmitglieds, ist an einen Regressanspruch gegen den Sachverständigen nach Grundsätzen des Vertrags mit Schutzwirkung zugunsten Dritter zu denken.[391]

Enorm praxisrelevant ist die Einschaltung von Externen zur Aufklärung von **Compliance-Verstößen** 148 durch Internal Investigations (zu Internal Investigations → Rn. 354 ff.). Insbesondere die Zulässigkeit gesellschaftsinterner Befragungen führt bei Unternehmen mangels klarer rechtlicher Vorgaben zu großer Rechtsunsicherheit (→ Rn. 71 ff.). Zur Absicherung werden zunehmend spezialisierte Rechtsanwälte und Kanzleien mit der Durchführung von Interviews betraut.[392]

Aus demselben Grund ist aktuell ein Anstieg von Beauftragungen rund um Fragen der Vorstandsvergü- 149 tung (→ Rn. 1821 ff.) zu verzeichnen. Dafür werden sog. Vergütungsberater beauftragt. Aber auch rund um andere Personalfragen des Vorstands beauftragen Aufsichtsräte in **Annex** ihrer **Personalkompetenz** (→ Rn. 537) zunehmend Personalberater und Head-Hunter.[393] Das ist zulässig und gleichermaßen bei der Suche nach geeigneten Kandidaten für den Wahlvorschlag an die Hauptversammlung nach § 124 Abs. 3 S. 1 AktG zu beobachten.[394]

8. Prüfungsausschuss

a) Allgemein

Zur **Selbstorganisation** kann der Aufsichtsrat Ausschüsse einrichten und Aufgaben an diese übertragen 150 (→ § 3 Rn. 200 ff.). Welche Ausschüsse eingerichtet werden und welche Aufgaben von den Ausschüssen wahrzunehmen sind, entscheidet der Aufsichtsrat. Eine Verpflichtung zur Einrichtung bestimmter Ausschüsse besteht nicht und kann auch nicht von der Satzung der Gesellschaft wirksam vorgegeben werden.[395] Damit kommt dem Aufsichtsrat eine weitreichende Selbstorganisationshoheit zu.

Von besonderer Bedeutung ist der Prüfungsausschuss. Der Ausschuss ähnelt dem „Audit Committee" 151 angloamerikanischer Gesellschaften, kann damit aber nicht gleichgesetzt werden.[396] Seine Einrichtung wird von § 107 Abs. 3 S. 2 AktG vorgesehen und ist für börsennotierte Gesellschaften empfohlen, Empfehlung D.3 S. 1 DCGK (Ziff. 5.3.2. DCGK aF). Eine **Pflicht zur Einrichtung** folgt auch daraus

---

[387] *M. Arnold* ZGR 2014, 76 (105); vgl. auch *Knauer* ZWH 2012, 81 (82).
[388] *M. Arnold* ZGR 2014, 76 (105).
[389] BGH NZG 2012, 672; BGH NJW 2007, 2118; OLG Stuttgart NZG 2010, 141.
[390] Vgl. *Scheffler* BB 2014, 2859 (2862f.); *W. Goette* DStR 2016, 1684ff., 1752ff.
[391] BGHZ 193, 297 = BGH NJW 2012, 3165 mAnm *Keller*.
[392] Eing. *Krug/Skoupil* NJW 2017, 2374.
[393] Vgl. *Strohn* FS K. Schmidt, 2019, Band II, 461 (462).
[394] *E. Vetter* ZGR 2020, 35 (52).
[395] Vgl. BT-Drs. 16/10067, 102; Hüffer/Koch/*Koch* AktG § 107 Rn. 18, 22; GroßkommAktG/*Hopt/Roth* AktG § 107 Rn. 501; zur Satzungsfestigkeit: *E. Vetter* ZGR 2010, 751 (758); BGHZ 83, 106 (115) = NJW 1982, 1525; MüKo-AktG/*Habersack* § 107 Rn. 96; Kölner Komm AktG/*Mertens/Cahn* AktG § 107 Rn. 106.
[396] Zur Abgrenzung KBLW/*Kremer* Rn. 1291 f.

nicht.[397] Sieht der Aufsichtsrat einer börsennotierten Gesellschaft von der Einrichtung des Prüfungsausschusses ab, hat er nur die Gründe dafür darzulegen, § 161 AktG („comply or explain").[398] In kleinen Aufsichtsräten mit drei bis sechs Mitgliedern kann bei einem Verzicht auf den Prüfungsausschuss vom Erfordernis nach § 161 AktG abgesehen werden.[399] Die Einrichtung eines Prüfungsausschusses wäre wenig praktikabel. Anders verhält es sich nur bei kapitalmarktorientierten Kapitalgesellschaften iSd § 264d HGB. Nach § 324 Abs. 1 S. 1 HGB sind diese Gesellschaften zur Einrichtung eines Prüfungsausschusses verpflichtet.

152 Bei vielköpfigen Aufsichtsräten größerer Gesellschaften ist die Einrichtung eines Prüfungsausschusses zweckmäßig und dient der Steigerung der **Effizienz** und **Professionalität** und der **Entlastung** des Gesamtaufsichtsrats.[400] Befassen sich nur wenige Mitglieder mit einzelnen Themenkomplexen der Prüfung und Überwachung, mit denen sie besonders vertraut sind, können diese Aufgaben professioneller, schneller und konzentrierter wahrgenommen werden, als durch das insgesamt „schwerfälligere" Plenum.[401]

b) Aufgaben

153 § 107 Abs. 3 S. 2 AktG und Empfehlung D.3 S. 1 DCGK zählen verschiedene Aufgabenbereiche des Prüfungsausschusses auf. Dazu zählen die Überwachung des **Rechnungslegungsprozesses,** der Wirksamkeit des internen **Kontrollsystems,** des **Risikomanagementsystems,** des internen **Revisionssystems,** der **Abschlussprüfung,** der **Compliance** und der Auswahl und Unabhängigkeit des **Abschlussprüfers.** Darüber hinaus sieht die neu eingeführte Empfehlung D.11 DCGK vor, dass der Prüfungsausschuss auch die Qualität der Abschlussprüfung beurteilen soll.

154 Hinsichtlich der Aufgaben eines eingerichteten Prüfungsausschusses stellen diese Vorgaben aber nur eine **Richtschnur** für die Mindestausstattung des Aufgabenprogramms dar. Es liegt einzig in der Kompetenz des Aufsichtsrats, neben dem „Ob" der Einrichtung des Ausschusses auch über das „Wie" seiner Tätigkeit zu entscheiden. Abhängig von den Eigenheiten der konkreten Gesellschaft kann der Aufsichtsrat weitere Aufgaben für den Ausschuss vorsehen oder einzelne von § 107 Abs. 3 S. 2 AktG bezeichnete Aufgaben auch an andere Ausschüsse übertragen.[402] Das Spektrum möglicher Aufgaben des Prüfungsausschusses ist damit sehr weit. Begrenzt wird es vom **Delegationsverbot** des § 107 Abs. 3 S. 7 AktG, das die Wahrnehmung bestimmter Aufgaben durch einen Ausschuss untersagt. Zu den nicht delegierbaren Aufgaben sind auch die Kernkompetenzen des Aufsichtsrats zu zählen.[403] Diese **Kernkompetenzen** sind zwingend vom Gesamtplenum wahrzunehmen. Bei den nicht delegierbaren Aufgaben erlangt der Prüfungsausschuss vor allem durch eingehende Vorbereitungen und Empfehlungen Bedeutung.[404]

155 Neben den Entscheidungen über die Einrichtung des Prüfungsausschusses und den zu erfüllenden Aufgaben, liegt auch die Bestimmung der **Ausschussmitglieder** und der **Mitgliederzahl** beim Aufsichtsrat. Gesetzliche Vorgaben zur fachlichen Qualifikation der Ausschussmitglieder bestehen grundsätzlich nicht. Einschlägige Kenntnisse des Steuerrechts, der Rechnungslegung und der Compliance sind aber wünschenswert. Einzig bei Unternehmen von öffentlichem Interesse erhebt das Gesetz fachliche Anforderungen an die Ausschussmitglieder. Bei Unternehmen iSd § 107 Abs. 4 AktG müssen die Voraussetzungen des § 100 Abs. 5 AktG erfüllt sein. Daraus folgt, dass die Mitglieder des Prüfungsausschusses mit dem Sektor, in dem die Gesellschaft agiert, vertraut sein müssen. Außerdem muss ein Mitglied des Ausschusses – regelmäßig der Ausschussvorsitzende – **Finanzexperte** sein. Das erfordert Kenntnisse der Rechnungslegung und Abschlussprüfung (→ § 2 Rn. 75 ff.).[405]

156 Die vom Prüfungsausschuss wahrzunehmenden Aufgaben können vom Aufsichtsrat **beweglich** bestimmt werden. Es liegt im Ermessen des Aufsichtsrats, dem Prüfungsausschuss weitere Aufgaben zu übertragen. Zu den in der Praxis anzutreffenden Aufgaben des Ausschusses gehören auch die Überwachung von **Hinweisgebersystemen** im Unternehmen und der Umgang mit **Whistleblower**-Meldungen, wie auch seine Funktion als Ansprechpartner für den Abschlussprüfer und die interne Revision.[406]

---

[397] E. Vetter ZGR 2010, 751 (758); BT-Drs. 16/10067, 102; GroßkommAktG/Hopt/Roth AktG § 107 Rn. 500; MüKoAktG/Habersack AktG § 107 Rn. 112; BeckOGK/Spindler AktG § 107 Rn. 149.
[398] GroßkommAktG/Hopt/Roth AktG § 107 Rn. 500.
[399] Str. KBLW/Kremer Rn. 1290.
[400] KBLW/Kremer Rn. 1288.
[401] BT-Drs. 16/10067, 102; Link/Vogt BB 2011, 1899 (1901); vgl. Peltzer NZG 2002, 593 (599); GroßkommAktG/Hopt/Roth AktG § 107 Rn. 509; BeckOGK/Spindler AktG § 107 Rn. 149.
[402] BT-Drs. 16/10067, 102; MüKoAktG/Habersack AktG § 107 Rn. 112; BeckOGK/Spindler AktG § 107 Rn. 149; K. Schmidt/Lutter AktG/Drygala AktG § 107 Rn. 60.
[403] Bürgers/Körber/Israel AktG § 107 Rn. 22.
[404] Vgl. BeckOGK/Spindler AktG § 107 Rn. 93; Bürgers/Körber/Israel AktG § 107 Rn. 22.
[405] Vgl. Buhleier/Krowas DB 2010, 1165 (1166); MüKoAktG/Habersack AktG § 107 Rn. 120, 122.
[406] Vgl. Hüffer/Koch/Koch AktG § 107 Rn. 22.

Trotz fehlender Verbindlichkeit lassen sich für den eingerichteten Prüfungsausschuss entsprechend 157
§ 107 Abs. 3 S. 2 AktG und der Empfehlung D.3 S. 1 DCGK **regelmäßig vier Aufgabenfelder** identifizieren:
- Überwachung des Rechnungslegungsprozesses und eine vorbereitende Prüfung der Abschlussunterlagen
- Empfehlung zur Auswahl des Abschlussprüfers, dessen Überwachung und Zusammenarbeit mit dem Aufsichtsrat
- Überwachung der Wirksamkeit der internen Kontroll- und Überwachungssysteme
- Beurteilung der Qualität der Abschlussprüfung

aa) Überwachung des Rechnungslegungsprozesses und vorbereitende Prüfung von Jahres- und 158
Konzernabschluss. § 107 Abs. 3 S. 2 AktG spricht von der Überwachung des Rechnungslegungsprozesses. Eine ausdrückliche Bestimmung dieses Begriffs ist weder dem Gesetz noch der Gesetzesbegründung zu entnehmen. Aus der Formulierung wird aber hinreichend deutlich, dass es sich beim Aufgabengegenstand nicht um die Prüfung der Abschlussunterlagen selbst handelt.[407] Die Aufgabe des Prüfungsausschusses liegt darin, den **Gesamtprozess der Rechnungslegung** zu überwachen. Das erfordert nicht die Prüfung der einzelnen Prozesse bis hin zur Erstellung des Jahresabschlusses. Vielmehr sind die Abläufe und unternehmensinterne Kontrollinstrumente der Rechnungslegung in Augenschein zu nehmen. Gegenstand der Prüfung des Rechnungslegungsprozesses ist folglich eine **Systemprüfung,**[408] wobei die Grundsätze des Verfahrens und die zugehörigen Sicherungsvorkehrungen zu überwachen sind.[409]

Dass dem Ausschuss in Bezug auf den Rechnungslegungsprozess nicht nur eine überwachende Funktion 159
zukommt, unterstreicht § 107 Abs. 3 S. 3 AktG. Trotz der alleinigen Zuständigkeit des Vorstands für die Ausgestaltung des Prozesses soll der Prüfungsausschuss Empfehlungen und Vorschläge zur Gewährleistung der **Integrität des Rechnungslegungsprozesses** unterbreiten.[410] Das Aufgabenspektrum des Ausschusses endet demgemäß nicht mit der Feststellung von Mängeln oder Risiken des Prozesses.

Eng verknüpft mit der Überwachung des Rechnungslegungsprozesses ist die **Prüfung der Abschluss-** 160
unterlagen, wie auch die Vorbereitung der Beschlüsse. Das stellt seit jeher die klassische Aufgabe des Prüfungsausschusses dar.[411]

Die Beschlussfassung zur Feststellung des Jahres- bzw. Konzernabschlusses kann nicht auf den Prü- 161
fungsausschuss übertragen werden (→ Rn. 104). Eine **Befassung des Gesamtaufsichtsrats** und damit letztlich jeden einzelnen Mitglieds ist immer erforderlich, § 107 Abs. 3 S. 7 AktG.[412] Die eingehende Prüfung der Abschlussunterlagen findet aber im Ausschuss statt. Aufgrund der gesteigerten Vertrautheit der Ausschussmitglieder mit der Materie und der Beratung mit dem Abschlussprüfer im Ausschuss kann im Plenum des Aufsichtsrats auf eigene Prüfungsvorgänge weitgehend verzichtet werden.[413] Ausreichend ist dann, dass sich der Aufsichtsrat mit den vom Ausschuss zu erstattenden Berichten und den daraus folgenden Konsequenzen **auseinandersetzt.**[414] Das gilt nicht, wenn die Ausschussmitglieder Mängel der Abschlussunterlagen monieren (→ Rn. 104 ff.).[415]

bb) Empfehlungen zur Wahl des Abschlussprüfers, dessen Überwachung und Zusammenarbeit 162
mit dem Aufsichtsrat. Die Aufgaben des Prüfungsausschusses rund um den Abschlussprüfer sind **vielfältig.** So hat sich der Ausschuss nach § 107 Abs. 3 S. 2 AktG zunächst mit der **Auswahl** des Abschlussprüfers zu beschäftigen (ausführlich zur Auswahl → Rn. 2176 ff.). Im Zuge dessen erarbeitet der Ausschuss einen **Wahlvorschlag,** den der Aufsichtsrat der Hauptversammlung zur Wahl des Abschlussprüfers unterbreitet, § 124 Abs. 3 S. 2 AktG (→ Rn. 2255 ff.).[416] Nach der Bestellung befasst sich der Prüfungsausschuss mit der **Beauftragung** des Abschlussprüfers, wie auch damit, ihm Prüfungsschwerpunkte vorzugeben (ausführlich zur Beauftragung → Rn. 2259 ff.). Weiter hat sich der Prüfungsausschuss mit der **Unabhängigkeit** des Abschlussprüfers (→ Rn. 2180 f.), mit der Zustimmung zu **sonstigen Leistungen**

---

[407] *E. Vetter* ZGR 2010, 751 (766); *Lanfermann/Röhricht* BB 2009, 887 (889); vgl. ausführlich zum Begriff des Rechnungslegungsprozesses *Strieder* BB 2009, 1002 (1003).
[408] So auch *E. Vetter* ZGR 2010, 751 (767); vgl. auch BeckOGK/*Spindler* AktG § 107 Rn. 160 f.
[409] MüKoAktG/*Habersack* AktG § 107 Rn. 114.
[410] Vgl. BT-Drs. 18//7219, 57; *Meyer/Mattheus* DB 2016, 695 (696); Hüffer/Koch/*Koch* AktG § 107 Rn. 125a; MüKoAktG/*Habersack* AktG § 107 Rn. 114.
[411] *Scheffler* ZGR 2003, 236 (248), *E. Vetter* ZGR 2010, 751 (762).
[412] *E. Vetter* ZGR 2010, 751 (764); *Scheffler* ZGR 2003, 236 (249); MüKoAktG/*Habersack* AktG § 107 Rn. 157; BeckOGK/*Spindler* AktG § 107 Rn. 162.
[413] Hüffer/Koch/*Koch* AktG § 107 Rn. 22.
[414] *Dreher/Hoffmann* ZGR 2016, 445 (460 f.).
[415] *Ranzinger/Blies* AG 2001, 455 (459); *Scheffler* ZGR 2003, 236 (249); *E. Vetter* ZGR 2010, 751 (763).
[416] *Scheffler* ZGR 2003, 236 (249); *Nonnenmacher/Wemmer/v. Werder* DB 2016, 2826 (2831); MüKoAktG/*Habersack* AktG § 107 Rn. 117.

des Abschlussprüfers,⁴¹⁷ dessen **Leistungsfähigkeit** und der Überwachung der Wirksamkeit der Abschlussprüfung insgesamt zu befassen.⁴¹⁸

163 cc) **Überwachung der Wirksamkeit der internen Kontroll- und Überwachungssysteme. (1) Gegenstand der Überwachung.** Zu den Aufgaben eines eingerichteten Prüfungsausschusses zählt regelmäßig auch die dauerhafte Überwachung der **Wirksamkeit** der verschiedenen **Kontroll- und Überwachungssysteme.**⁴¹⁹ Die wichtigsten zu überwachenden Teilsysteme sind dabei gem. § 107 Abs. 3 S. 2 AktG das interne Kontrollsystem, das Risikomanagementsystem und das interne Revisionssystem. Doch auch wenn die im Gesetz verwendeten Begriffe der verschiedenen Systeme feststehend anmuten, sind eine einheitliche Definition, wie auch eine klare Abgrenzung und Hierarchie der Systeme zueinander, vergeblich zu suchen.⁴²⁰ Tatsächlich werden sich die genannten Systeme auch nie trennscharf voneinander unterscheiden lassen und sind nicht ihrer Bezeichnung, sondern ihrem Zweck entsprechend einzuordnen. Ohne das Bedürfnis nach einer präzisen Definition lassen sich die Systeme pauschal als interne Kontrollsysteme beschreiben,⁴²¹ die zusammen ein **einheitliches Governance-System** bilden.⁴²²

164 Zur inhaltlichen Zuordnung können verallgemeinernd zumindest einige Eckpunkte abgesteckt werden: Unter dem Begriff des **Risikomanagementsystems** lassen sich allgemein Mittel zur Identifikation und Steuerung von Risiken für das Unternehmen versammeln.⁴²³ Systeme zu dem von § 107 Abs. 3 S. 2 AktG verwendeten Schlagwort des **internen Kontrollsystems** werden Verfahren und Umsetzung von Managemententscheidungen betreffen.⁴²⁴ Demgegenüber einem **internen Revisionssystem** zuzuordnen ist die Frage, ob innerhalb der Gesellschaft in Entsprechung der Satzung, der Vorstandsentscheidungen, Richtlinien und Gesetze gehandelt wurde.⁴²⁵

165 Abseits der Suche nach einer rechtlichen Konturierung der Kontrollsysteme hat die Aufzählung in § 107 Abs. 3 S. 2 AktG grundsätzlich **nicht** zur Folge, dass der Vorstand zu deren Einrichtung **verpflichtet** wäre.⁴²⁶ Es liegt in der Verantwortung des Vorstands, im Rahmen seiner Geschäftsführung für die Einrichtung der erforderlichen Kontrollsysteme zu sorgen.⁴²⁷ Danach bestimmt sich auch, welche Systeme ein eingerichteter Prüfungsausschuss überwachen wird, was freilich auch eine entsprechende Beauftragung des Ausschusses durch den Gesamtaufsichtsrat voraussetzt. Frei ist der Vorstand in der Entscheidung über die Einrichtung der Kontrollsysteme aber nicht. Abhängig von der Größe des Unternehmens kann sich aus der Aufgabe zur Geschäftsführung die Pflicht zur Einführung entsprechender Systeme ergeben. Erkennt der Prüfungsausschuss bei seiner Überwachung Ergänzungsbedarf, hat der Aufsichtsrat den Vorstand zur Einführung der erforderlichen Systeme anzuhalten.

166 Auch wenn die **Compliance** nicht von § 107 Abs. 3 S. 2 AktG genannt wird, sind die sie betreffenden Vorkehrungen thematisch der Gruppe der internen Kontrollsysteme zu zählen. Aufgrund ihrer überragenden Bedeutung in modernen, international agierenden Gesellschaften und Konzernen ist die Compliance auch für den Überwachungsauftrag des Aufsichtsrats und damit für den Prüfungsausschuss relevant.⁴²⁸ Das Bedürfnis nach einer effizienten und stichhaltigen Überwachung des Vorstands bei der Compliance in der Gesellschaft besteht und wird von Empfehlung D.3 S. 1 DCGK zur Befassung des Prüfungsausschusses empfohlen. Neben der thematischen Nähe der Compliancesysteme zur Revision und dem Risikomanagement⁴²⁹ bietet sich die Beauftragung des Prüfungsausschusses an, weil sich so eine weitgehende Vertraulichkeit am besten gewährleisten lässt.⁴³⁰ Auch die Einrichtung eines eigenen **Compliance-Ausschusses** ist zu erwägen.⁴³¹ (Ausführlich zur Compliance → Rn. 213 ff.).

---

⁴¹⁷ *E. Vetter* ZGR 2010, 751 (776); vgl. auch *Schäfer* ZGR 2004, 416 (427); MüKoAktG/*Habersack* AktG § 107 Rn. 117.
⁴¹⁸ MüKoAktG/*Habersack* AktG § 107 Rn. 117; eing. zur Wirksamkeit der Abschlussprüfung *Nonnenmacher/Wemmer/v. Werder* DB 2016, 2826 (2832).
⁴¹⁹ GroßkommAktG/*Hopt/Roth* AktG § 107 Rn. 533; K. Schmidt/Lutter AktG/*Drygala* AktG § 107 Rn. 78.
⁴²⁰ Vgl. *Lanfermann/Röhricht* BB 2009, 887 (889); GroßkommAktG/*Hopt/Roth* AktG § 107 Rn. 526; K. Schmidt/Lutter AktG/*Drygala* AktG § 107 Rn. 62.
⁴²¹ Vgl. GroßkommAktG/*Hopt/Roth* AktG § 107 Rn. 527; MüKoAktG/*Habersack* AktG § 107 Rn. 115.
⁴²² So auch *Dreher/Hoffmann* ZGR 2016, 445 (466).
⁴²³ *Gesell* ZGR 2011, 361 (371); GroßkommAktG/*Hopt/Roth* AktG § 107 Rn. 531.
⁴²⁴ GroßkommAktG/*Hopt/Roth* AktG § 107 Rn. 530; K. Schmidt/Lutter AktG/*Drygala* AktG § 107 Rn. 65.
⁴²⁵ *Dreher/Hoffmann* ZGR 2016, 445 (474); K. Schmidt/Lutter AktG/*Drygala* AktG § 107 Rn. 67.
⁴²⁶ MüKoAktG/*Habersack* AktG § 107 Rn. 116; GroßkommAktG/*Hopt/Roth* AktG § 107 Rn. 529; K. Schmidt/Lutter AktG/*Drygala* AktG § 107 Rn. 70.
⁴²⁷ *Lanfermann/Röhricht* BB 2009, 887 (889); vgl. auch *E. Vetter* ZGR 2010, 751 (770); MüKoAktG/*Habersack* AktG § 107 Rn. 116.
⁴²⁸ Vgl. *Lutter* FS Hüffer, 2010, 617 (618).
⁴²⁹ Vgl. KBLW/*Kremer* Rn. 1295.
⁴³⁰ *M. Arnold* ZGR 2014, 76 (97); *Lutter* FS Hüffer, 2010, 617 (620); *Bürgers* ZHR 179 (2015), 173 (191 f.).
⁴³¹ Vgl. *Blassl* WM 2017, 992 (998); Hölters/*Hambloch-Gesinn/Gesinn* AktG § 107 Rn. 112a; BeckOGK/*Spindler* AktG § 107 Rn. 163.

(2) Art der Überwachung. Indem § 107 Abs. 3 S. 2 AktG dem Prüfungsausschuss die **Überwachung der Wirksamkeit** der entsprechenden Kontrollsysteme überantwortet, wird deutlich, wie der Prüfungsauftrag zu verstehen ist. So soll der Ausschuss nicht, etwa dem Abschlussprüfer gleich, eine Systemprüfung durchführen, sondern konkret die **Wirksamkeit** der eingerichteten Systeme untersuchen. Ein zu betonender Unterschied mag hier auf den ersten Blick nicht auszumachen sein. In der Tat aber umfasst die Untersuchung sowohl die Frage nach der generellen als auch der konkreten Wirksamkeit des Systems.[432] Die Funktionsfähigkeit und das tatsächliche Funktionieren sind demnach die verschiedenen zu beleuchtenden Aspekte.[433] 167

dd) Beurteilung der Qualität der Abschlussprüfung. Nach der Empfehlung D.11 DCGK soll der Prüfungsausschuss die **Qualität der Abschlussprüfung** beurteilen. Dafür hat er sich ex ante ein Bild von der Wirksamkeit laufender sowie bereits durchgeführter Abschlussprüfungen zu machen. Der Beurteilungsmaßstab für durchgeführte Prüfungen beschränkt sich auf die Würdigung objektiv beurteilbarer Indikatoren (sog. Audit Quality Indicators) und, soweit verfügbar, auf Ergebnisse der Inspektion durch die Abschlussprüferaufsicht.[434] 168

9. Zusammenarbeit mit dem Abschlussprüfer

Grundsätzlich muss bei Aktiengesellschaften wegen § 316 Abs. 1 S. 1 HGB der Jahresabschluss und der Lagebericht durch den Abschlussprüfer geprüft werden. Das Gleiche gilt bei einem nach den §§ 290 ff. HGB erforderlichen Konzernabschluss und Konzernlagebericht, § 316 Abs. 2 HGB. Nach **§ 111 Abs. 2 S. 3 AktG** ist der Aufsichtsrat für den Abschluss des Geschäftsbesorgungsvertrags (§ 675 Abs. 1 BGB) mit dem Abschlussprüfer zuständig. Er kann aber auch den Prüfungsausschuss zur Erteilung des Prüfungsauftrags ermächtigen (vgl. § 107 Abs. 3 S. 7 AktG). Besonderes Augenmerk ist auf eine **zulässige Honorarvereinbarung** zu legen (→ Rn. 2262). 169

Der Abschlussprüfer wird durch verbindliche Teilnahme an der Bilanzsitzung und seinen Bericht über wesentliche Schwächen des Risikoüberwachungssystems bezogen auf den Rechnungslegungsprozess gem. § 171 Abs. 1 S. 2 AktG in die Überwachung **eingebunden**. Er ist gem. § 321 Abs. 5 S. 2 HGB zur Vorlage der Berichte an den Aufsichtsrat und gem. § 170 Abs. 3 S. 2 AktG zur Übermittlung der Berichte an die Mitglieder verpflichtet. Als **sachkundiger Dialogpartner** erleichtert er die Arbeit des Aufsichtsrats zur Überprüfung und Feststellung des Jahresabschlusses nach § 171 Abs. 1 S. 1 AktG, § 172 Abs. 1 S. 1 AktG (→ Rn. 205 ff.). Im Rahmen der Sitzung können die Aufsichtsratsmitglieder Fragen an ihn richten.[435] 170

Seine Stellung als **Gehilfe des Aufsichtsrats** tritt besonders bei börsennotierten Gesellschaften zum Vorschein und geht so weit, dass sich der Aufsichtsrat auf dessen Sonderbericht zur Beurteilung des Risikoüberwachungssystems nach § 321 Abs. 4 HGB, 317 Abs. 4 HGB stützen kann.[436] Auch in übrigen nicht börsennotierten Aktiengesellschaften überwacht der Aufsichtsrat in enger Zusammenarbeit mit dem Abschlussprüfer, der zumindest darüber zu berichten hat, ob nach § 317 Abs. 2 S. 2 HGB die Risiken der künftigen Entwicklung zutreffend im Lagebericht dargestellt wurden. 171

Zudem soll der Aufsichtsrat nach **Empfehlung D.9 DCGK** (Ziff. 7.2.3. Abs. 1 aF) vereinbaren, dass der Abschlussprüfer über alle überwachungsrelevanten Feststellungen und Vorkommnisse unverzüglich berichte, die bei Durchführung der Abschlussprüfung zu seiner Kenntnis gelangen. Diese **Empfehlung** ist im Sinne einer engeren Zusammenarbeit zwischen Aufsichtsrat und Abschlussprüfer begrüßenswert. Des Weiteren soll eine Vereinbarung darüber getroffen werden, wonach der Abschlussprüfer den Aufsichtsrat über Tatsachen unterrichtet bzw. im Prüfungsbericht vermerkt, die eine **Unrichtigkeit** der vom Vorstand und Aufsichtsrat nach § 161 AktG abgegebenen **Erklärung** zum Kodex ergeben. 172

IV. Form der Erfüllung der Überwachungsaufgabe durch den Aufsichtsrat

Zur Erfüllung seiner Überwachungsaufgabe sind dem Gesamtaufsichtsrat und damit nicht zuletzt auch seinen Mitgliedern verschiedene Mittel an die Hand gegeben, die ihm die **Einwirkung** auf den Vorstand und dessen Geschäftsführung wie auch vereinzelt die **Mitwirkung** an den Vorgängen innerhalb der Gesellschaft erlauben. 173

---

[432] E. *Vetter* ZGR 2010, 751 (769).
[433] Anschaulich *Dreher/Hoffmann* ZGR 2016, 445 (491): „Systeme müssen auch gelebt werden".
[434] Begr. D.11 DCGK.
[435] *M. Arnold* ZGR 2014, 76 (88); *Winter* FS Hüffer, 2010, 1103 (1117); GroßkommAktG/*Hopt/Roth* AktG § 111 Rn. 130.
[436] *Hommelhoff/Mattheus* AG 1998, 249 (252 f.).

1. Teilhaberechte und -pflichten der einzelnen Aufsichtsratsmitglieder an der Meinungsbildung im Aufsichtsrat

174 Die Überwachung der Geschäftsführung ist die Kernkompetenz des Aufsichtsrats im Gesamtgefüge der Gesellschaft. Die Eigenschaft als Hauptaufgabe hat dabei zur Folge, dass die Überwachung nicht **vollumfänglich** an einen **Ausschuss** delegiert oder **Dritten** übertragen werden kann und somit vom Gesamtaufsichtsrat als Organ wahrzunehmen ist, vgl. § 107 Abs. 3 S. 7 AktG.[437] Ausschüsse oder Dritte können hier allenfalls unterstützend zuarbeiten (→ Rn. 104, 161). Gleiches gilt freilich für die Ausübung der dem Aufsichtsrat obliegenden Ein- und Mitwirkungsrechte. Final zuständig ist und bleibt der Gesamtaufsichtsrat. Aus dieser exklusiven Zuständigkeit ergeben sich für die einzelnen Aufsichtsratsmitglieder individuelle Teilnahmerechte und – trotz des Nebentätigkeitscharakters ihrer Mandatsausübung – auch nicht unbeachtliche Teilnahmepflichten.

175 Ausgangspunkt der Überwachung durch den Aufsichtsrat ist immer die Informationsversorgung durch die Vorstandsberichte gem. § 90 AktG (→ Rn. 24 ff.). Dass das einzelne Aufsichtsratsmitglied nicht nur **stiller Begutachter** der vom Vorstand vorgelegten Informationen ist, ergibt sich schon aus dem individuellen Recht eines jeden Aufsichtsratsmitglieds, nach seinem Ermessen weitere Berichte an den Aufsichtsrat zu fordern. Kommt das Mitglied also zur Erkenntnis, dass eine stichhaltige Überwachung auf dem Boden der vom Vorstand ausgewählten Information nicht möglich ist, kann es weitere Informationen anfordern (→ Rn. 68 ff.). Dieses Recht kann sich je nach Lage der Gesellschaft zur Pflicht verdichten und das Aufsichtsratsmitglied einer Pflicht zum Schadensersatz aussetzen.[438] Nicht ohne Grund ist hier von einem Pflichtrecht die Rede.[439]

176 Neben dem Recht eines einzelnen Mitglieds, Berichterstattung an den Aufsichtsrat zu fordern, hat jedes Mitglied gem. § 90 Abs. 5 AktG auch den Anspruch, von jeder **Information** an den Aufsichtsrat **Kenntnis** zu nehmen (→ Rn. 78 f.). Sieht etwa die Informationsordnung als Teil der Geschäftsordnung des Vorstands vor, dass bestimmte Berichte ausschließlich dem Prüfungsausschuss zugehen, hat das einzelne Aufsichtsratsmitglied dennoch den Anspruch auch von diesen Berichten Kenntnis zu nehmen. Gleiches gilt für Berichte, die aufgrund ihrer inhaltlichen Brisanz per Beschluss des Aufsichtsrats nicht allen Mitgliedern ausgehändigt werden (→ Rn. 79). Das Recht auf Kenntnisnahme kann auch durch einen derartigen Beschluss nicht umgangen werden. Im Zweifel ist also dafür Sorge zu tragen, dass die Aufsichtsratsmitglieder etwa durch Auslage der betreffenden Berichte in den Geschäfts- oder Tagungsräumen Einsicht nehmen können. Im Falle der unverzüglichen Sonderberichterstattung aus wichtigem Anlass (→ Rn. 60 ff.) an den Aufsichtsratsvorsitzenden gem. § 90 Abs. 1 S. 3 AktG richtet sich der Anspruch des einzelnen Mitglieds dann unmittelbar gegen den Aufsichtsratsvorsitzenden. In jeder Lage haben die Aufsichtsratsmitglieder einen Anspruch auf Kenntnisnahme der Berichte.

177 Im Hinblick auf die Rechte des einzelnen Aufsichtsratsmitglieds verhält es sich aber bei dem Einsichts- und Prüfungsrecht nach § 111 Abs. 2 AktG anders. Dieses Recht steht nur dem Gesamtaufsichtsrat als Organ zu, weshalb nicht jedes einzelne Mitglied Einsicht in die Bücher und Schriften der Gesellschaft verlangen kann.[440] Die Initiative zur Wahrnehmung des Einsichts- und Prüfungsrechts muss vom **Gesamtaufsichtsrat per Beschluss** ergriffen werden, wobei auch einzelne Aufsichtsratsmitglieder mit der Vornahme von Prüfungshandlungen beauftragt werden können.[441] Die Zuständigkeit des Plenums befreit das einzelne Mitglied dabei nicht von seiner eigenen Verpflichtung. Wird ein Zugriff auf die Kompetenz aus § 111 Abs. 2 AktG notwendig, hat das einzelne Mitglied auf einen entsprechenden Beschluss des Gesamtaufsichtsrats hinzuwirken und sich bei Ablehnung ggf. dagegen zur Wehr zu setzen.[442]

178 Die Mandatsausübung der Aufsichtsratsmitglieder erschöpft sich aber nicht darin, sich selbst und den Gesamtaufsichtsrat informiert zu halten. Vielmehr haben sie aktiv an der Wahrnehmung der Überwachungsaufgabe zu partizipieren. Wesentliches Forum der nicht im eingerichteten Prüfungsausschuss aktiven Aufsichtsratsmitglieder sind die **Aufsichtsratssitzungen.** Die einzelnen Aufsichtsratsmitglieder sind dabei nicht nur berechtigt an den Sitzungen teilzunehmen. Sie haben vielmehr auch das Recht, gem. § 110 Abs. 1 AktG die Einberufung einer Sitzung zu verlangen, wobei sie gem. § 110 Abs. 2 AktG die Einberufung sogar selbst veranlassen können – wozu sie abhängig von der Lage der Gesellschaft auch

---

[437] GroßkommAktG/*Hopt/Roth* AktG § 107 Rn. 395 f.; MüKoAktG/*Habersack* AktG § 107 Rn. 147; BeckOGK/*Spindler* AktG § 107 Rn. 96.
[438] Vgl. BegrRegE *Kropff* AktG 1965 S. 116; MüKoAktG/*Spindler* AktG § 90 Rn. 40.
[439] Hüffer/Koch/*Koch* AktG § 90 Rn. 12; MüKoAktG/*Spindler* AktG § 90 Rn. 40; GroßkommAktG/*Kort* AktG § 90 Rn. 105.
[440] *Leuering* NJW-Spezial 2007, 123; MüKoAktG/*Spindler* AktG § 90 Rn. 44.
[441] *Leuering* NJW-Spezial 2007, 123; BeckOGK/*Spindler* AktG § 111 Rn. 49; MüKoAktG/*Habersack* AktG § 111 Rn. 73.
[442] Vgl. MüKoAktG/*Habersack* AktG § 111 Rn. 73.

verpflichtet sein können (zur Einberufung → § 3 Rn. 390 ff.).[443] Bezogen auf die Ausfüllung ihres Mandats haben sich die Aufsichtsratsmitglieder dann aktiv an der Meinungsbildung innerhalb des Gesamtaufsichtsrats zu beteiligen (→ Rn. 104).

2. Ein- und Mitwirkungsrechte des Aufsichtsrats

Die Einteilung von Ein- und Mitwirkungsrechten in präventive und reaktive Maßnahmen ist deshalb von Bedeutung, weil dem Aufsichtsrat nach ARAG/Garmenbeck-Grundsätzen (→ Rn. 2425 ff.) **kein** umfassendes **unternehmerischen Ermessen** zusteht, sondern nur dann, wenn er in Wahrnehmung gesetzlich übertragener unternehmerischer Aufgaben tätig wird.[444] Angenommen wird ein solches Ermessen, soweit der Aufsichtsrat die unternehmerische Tätigkeit des Vorstands im Sinne einer präventiv-zukunftsorientierten Überwachung begleitend mitgestaltet.[445] Hingegen kann der Aufsichtsrat im Rahmen seiner nachträglich-vergangenheitsbezogenen Kontrolle grundsätzlich kein Ermessen beanspruchen, sodass ihm beim Vorwurf der Untätigkeit der Einwand einer Entscheidungsprärogative a limine abgeschnitten ist.[446]

a) Präventive Ein- und Mitwirkungsrechte des Aufsichtsrats

Man mag darüber streiten, ob der Aufsichtsrat im Rahmen seiner zukunftsbezogenen Tätigkeit lediglich Teilhabe an der Leitungsaufgabe des Vorstands hat oder schon als (mit-)unternehmerisches Leitungs-, Entscheidungs- oder Führungsorgan zu qualifizieren ist.[447] Unbestritten bleibt allerdings sein **Einfluss** auf die Führung der Gesellschaft durch Wahrnehmung seiner Rechte und Pflichten.[448] Im Zuge dessen ist besonderes Augenmerk auf die Einhaltung der Kompetenzordnung zu legen, die der Aufsichtsrat als Grenze seiner Einflussmöglichkeiten zu respektieren hat.

aa) Beratung des Vorstands als präventive Überwachung. Beratung bedeutet zukunftsorientierte und präventive Überwachung des Vorstands (→ Rn. 9, 384 f.).[449] Gleichwohl der Rolle des heutigen Aufsichtsrats nicht gerecht würde dessen Zuordnung als bloßer Kontrolleur. Vielmehr übt er durch ständige Diskussion **Einfluss** auf die zukünftige **Gestaltung** des Unternehmens aus. Dabei hat er sich am allgemeinen Sorgfaltsmaßstab zu orientieren, wobei ihm weites Ermessen eingeräumt wird (→ Rn. 85 ff.). Besonders die Planung und Vorschläge des Vorstands hat er auf Plausibilität zu untersuchen und ggf. auf ein anderes zweckmäßigeres Vorgehen hinzuweisen.[450] Dennoch hat er eine abweichende Ermessensentscheidung des Vorstands zu respektieren und kann sich nicht über dessen Leitungshoheit hinwegsetzen; ein Weisungsrecht besteht grundsätzlich nicht (zu den Ausnahmen → § 7 Rn. 295 ff., § 8 Rn. 41, 45). Freilich ist der Aufsichtsrat nicht befugt, sich zu jeder Frage – im Sinne einer umfassenden Beratung – zu äußern, sondern auf überwachungsbedürftige Vorstandsmaßnahmen beschränkt. Parallel zum Überwachungsgegenstand kann sich die Beratung nur auf Fragen der **Unternehmenspolitik** und -**planung** iSv § 90 Abs. 1 S. 1 Nr. 1 AktG erstrecken, dagegen grundsätzlich nicht auf das **operative** Geschäft oder andere unbedeutende Angelegenheiten (→ Rn. 12 f.).[451] Soll der Vorstand seiner Aufgabe der eigenverantwortlichen Leitung (§ 76 Abs. 1 AktG) gerecht werden, ist er vor „aufgedrängter Beratung"[452] außerhalb der überwachungsrelevanten Tätigkeit zu schützen.[453] Indes kommt eine weitergehende Beratungstätigkeit in Betracht, sobald ein Umschlagen von Normal- in Sonderlage droht (→ Rn. 93 ff.). Äußerste Grenze ist und bleibt stets die unveräußerliche Leitungskompetenz des Vorstands.

bb) Einsichts- und Prüfungsrecht nach § 111 Abs. 2 S. 1 AktG. Grundlage ordnungsgemäßer Überwachung ist eine hinreichende Informationsversorgung. In erster Linie trägt das Gesetz dem durch die Berichtspflicht des Vorstands (§ 90 AktG) Rechnung (→ Rn. 23 ff.). Um der Stellung des Aufsichtsrats als Informationsgläubiger Nachdruck zu verleihen, eröffnet ihm § 111 Abs. 2 S. 1 AktG die Möglichkeit einer eigenständigen und **aktiven Informationsbeschaffung.** Im Gleichlauf mit seiner passiven Rolle in § 90 AktG ist nur der Aufsichtsrat als Gesamtorgan zur Einsicht und Prüfung berechtigt.

---

[443] *Potthoff/Trescher* AR-Mitglied 5. Aufl. 2001, S. 159 f.; Hüffer/Koch/*Koch* AktG § 110 Rn. 6; BeckOGK/*Spindler* AktG § 110 Rn. 38, § 116 Rn. 42; MüKoAktG/*Habersack* AktG § 110 Rn. 39.
[444] BGHZ 135, 244 (254) = NJW 1997, 1926 – ARAG/Garmenbeck.
[445] BGHZ 135, 244 (255) = NJW 1997, 1926 – ARAG/Garmenbeck.
[446] BGHZ 135, 244 (255) = NJW 1997, 1926 – ARAG/Garmenbeck.
[447] GroßkommAktG/*Hopt/Roth* AktG § 111 Rn. 85 mwN.
[448] So trotz aller Kritik auch Kölner Komm AktG/*Mertens/Cahn* AktG § 111 Rn. 14.
[449] BGHZ 114, 127 (130) = NJW 1991, 1830.
[450] Habersack/Henssler/*Habersack* § 25 Rn. 51; *Lutter/Krieger/Verse* AR Rn. 103; K. Schmidt/Lutter AktG/*Drygala* AktG § 111 Rn. 19.
[451] *Boujong* AG 1995, 203 (205); *Lutter/Kremer* ZGR 1992, 87 (90); BeckOGK/*Spindler* AktG § 111 Rn. 10.
[452] *Mertens* AG 1980, 67 (68).
[453] *Lutter/Kremer* ZGR 1992, 87 (90); *Lutter/Krieger/Verse* AR Rn. 108.

183 Die Aufzählung der einzelnen Gegenstände ist nicht abschließend, sondern nur exemplarisch.[454] Vielmehr ist das Recht im Hinblick auf den Gegenstand der Einsichtnahme und Prüfung denkbar weit zu verstehen: Es umfasst den gesamten Datenbestand der Gesellschaft, insbesondere alle Unterlagen in **körperlicher** oder **elektronischer Form** wie etwa Emails.[455] Selbst Berichte der internen Revision[456] sowie Berichte der Risikomanagement- und Compliance-Abteilung sind erfasst.[457] Da der Aufsichtsrat nicht Dritter iSv Art. 4 Nr. 10 DSGVO ist, hat er sogar Zugriff auf personenbezogene Daten.[458] Er ist gem. § 111 Abs. 2 S. 1 AktG befugt, alle **im Besitz der Gesellschaft** befindlichen Vermögensgegenstände zu prüfen. Insoweit steht dem Aufsichtsrat kein Informationserzeugungsrecht, sondern lediglich ein Einsichts- und Prüfungsrecht in den Bestand der Gesellschaft zu. Darunter fällt das Betreten sämtlicher Geschäftsräume im In- oder Ausland, solange die Gesellschaft dort nur Aktivitäten entfaltet.[459] Im Gegensatz zu § 111 Abs. 2 S. 2 AktG ist das Recht nach § 111 Abs. 2 S. 1 AktG grundsätzlich zeitlich unbegrenzt. Bei der Ausübung hat sich der Aufsichtsrat aber am **Gesellschaftsinteresse** zu orientieren (→ Rn. 187).

184 Damit der Aufsichtsrat seinen Prüfungsauftrag effektiv wahrnehmen kann, hat der Vorstand eine **Duldungs- und Kooperationspflicht**. Ihn trifft vor allem die Pflicht in Zusammenarbeit mit dem Aufsichtsrat beabsichtigte Prüfungsmaßnahmen zu ermöglichen und zu erleichtern.[460] Dazu gehört das Recht des Aufsichtsrats, den Vorstand zu befragen und um **Stellungnahme** zu bitten, soweit ein Zusammenhang zum Prüfungsgegenstand besteht.[461] Der Vorstand hat den Aufsichtsrat aber nur dabei zu unterstützen, Einsicht in Unterlagen zu bekommen, die der Gesellschaft schon gehören (§ 111 Abs. 2 S. 1 AktG). Unterlagen **im Besitz Dritter** hat der Vorstand dem Aufsichtsrat nicht zugänglich zu machen. Selbst wenn der Gesellschaft ein Anspruch gegen den Dritten zusteht, kann der Aufsichtsrat den Vorstand über § 111 Abs. 2 S. 1 AktG nicht dazu zwingen, die Herausgabe zu fordern. Das entspricht insoweit den Befugnissen des Sonderprüfers aus § 145 Abs. 1 AktG, die nahezu wortgleich an § 111 Abs. 2 S. 1 AktG angelehnt sind (→ 2810ff.).

185 Dem Vorstand steht unter Berufung auf Geheimhaltungsinteressen – unbeschadet strafrechtlicher oder sonstiger Vorschriften[462] – **kein Verweigerungsrecht** gegenüber dem Aufsichtsrat zu. Das Gesetz hält den Aufsichtsrat, der ebenso wie der Vorstand zur Verschwiegenheit verpflichtet ist (→ § 3 Rn. 492ff.), für gleichermaßen vertrauenswürdig, sodass auch vertrauliche Angelegenheiten seiner Überwachung unterliegen.[463] Selbst bei drohender Verletzung von Geheimhaltungspflichten durch Aufsichtsratsmitglieder kann der Vorstand die Einsicht und Prüfung nicht verwehren.[464] Auf der anderen Seite wird der Aufsichtsrat in Erfüllung seiner Überwachungspflicht dann regelmäßig zur Delegation nach § 111 Abs. 2 S. 2 AktG verpflichtet sein (→ Rn. 132ff.). Soweit der Aufsichtsrat einen zur Verschwiegenheit verpflichteten Sachverständigen ordnungsgemäß beauftragt hat, darf der Vorstand die Einsichtnahme nicht mit der Begründung verweigern, der Sachverständige sei unzuverlässig.[465] In großen Aufsichtsräten kann es sich anbieten, die Ausübung der Einsichts- und Prüfungsrechte an den **Prüfungsausschuss** zu delegieren, um einen höheren Grad an Vertraulichkeit sicherzustellen. Besonders bei Compliance-Untersuchungen wird ein Ausschuss mit weniger Mitgliedern auch effizienter als der Gesamtaufsichtsrat arbeiten können (→ Rn. 220). Die Ausübung der Einsichts- und Prüfungsrechte erfordert einen **Aufsichtsratsbeschluss** nach § 108 Abs. 1 AktG.[466]

186 Trotz der enormen gegenständlichen Reichweite ist das Prüfungsrecht **nicht** als **grenzloses** Allzweckmittel der Informationsbeschaffung im Sinne einer das Tagesgeschäft kontrollierenden Innenrevision zu sehen.[467] In erster Linie dient die Ausübung des Einsichts- und Prüfungsrechts der ordnungsgemäßen Erfüllung der Überwachungsaufgabe.[468] Hier kommt wiederholt die Leitungskompetenz des Vorstands ins Spiel, die dem Handlungsspielraum des Aufsichtsrats Grenzen setzt.

---

[454] Hüffer/Koch/*Koch* AktG § 111 Rn. 19; MüKo/AktG/*Habersack* AktG § 111 Rn. 74.
[455] AllgM Hüffer/Koch/*Koch* AktG § 111 Rn. 19; Kölner Komm AktG/*Mertens/Cahn* AktG § 111 Rn. 53.
[456] Vgl. *Baums*, Bericht der Regierungskommission Corporate Governance, 2001, Rn. 58.
[457] GroßkommAktG/*Hopt/Roth* AktG § 111 Rn. 386.
[458] GroßkommAktG/*Hopt/Roth* AktG § 111 Rn. 393 mwN.
[459] Vgl. OLG Düsseldorf WM 1984, 1080 (1085); GroßkommAktG/*Hopt/Roth* AktG § 111 Rn. 386.
[460] GroßkommAktG/*Hopt/Roth* AktG § 111 Rn. 389; Kölner Komm AktG/*Mertens/Cahn* AktG § 111 Rn. 55.
[461] MüKoAktG/*Habersack* AktG § 111 Rn. 76; Kölner Komm AktG/*Mertens/Cahn* AktG § 111 Rn. 55.
[462] Dazu GroßkommAktG/*Hopt/Roth* AktG § 111 Rn. 400.
[463] MüKoAktG/*Habersack* AktG § 111 Rn. 79; GroßkommAktG/*Hopt/Roth* AktG § 111 Rn. 399; Kölner Komm AktG/*Mertens/Cahn* AktG § 111 Rn. 52.
[464] Vgl. BGHZ 20, 239 (246) = WM 1956, 631; MüKoAktG/*Habersack* AktG § 111 Rn. 79.
[465] MüKoAktG/*Habersack* AktG § 111 Rn. 79.
[466] MüKoAktG/*Habersack* AktG § 111 Rn. 73 mwN.
[467] MüKoAktG/*Habersack* AktG § 111 Rn. 77; Hölters/*Hambloch-Gesinn/Gesinn* AktG § 111 Rn. 43; Kölner Komm AktG/*Mertens/Cahn* AktG § 111 Rn. 52.
[468] MüKoAktG/*Habersack* AktG § 111 Rn. 78; zur Informationsbeschaffung für andere Zwecke: *Hoffmann-Becking* ZGR 2011, 136 (143f.).

Richtigerweise kann er von seinen Rechten nach § 111 Abs. 2 S. 1 AktG erst dann Gebrauch machen, wenn ein **konkreter Anlass** besteht.[469] Ein solcher Anlass ist namentlich gegeben, wenn Hinweise für Unregelmäßigkeiten der Geschäftsführung oder eine nicht ordnungsgemäße Information durch den Vorstand vorliegen.[470] Bestätigt wird dieser Befund durch die gesetzliche Konzeption, nach der kein Gleichrang zwischen vorstandsunabhängiger (§ 111 Abs. 2 AktG) und vorstandsabhängiger Information (§ 90 AktG) besteht. Weist das Gesetz dem Vorstand das „Informationsvermittlungsmonopol" (→ Rn. 73) zu, so geht hieraus seine **primäre Verantwortlichkeit** für die Informationen des Aufsichtsrats hervor.[471] Davon geht nunmehr auch Grundsatz 15 S. 1 DCGK ausdrücklich aus. Der Aufsichtsrat darf und muss sich daher grundsätzlich auf die Richtigkeit und Vollständigkeit der Vorstandsberichte verlassen können **(Vertrauensgrundsatz)** und ist bei seiner eigenen Informationsversorgung vorrangig auf den Vorstand angewiesen.[472] Dem nachgelagert darf der Aufsichtsrat zur Informationsbeschaffung nur auf sein Einsichts- und Prüfungsrecht zurückgreifen, wenn er das nach sorgfältiger **Abwägung** im **Gesellschaftsinteresse** für erforderlich hält, um vornehmlich seiner Überwachungsaufgabe nachzukommen.[473] In die Abwägung hat er einzubeziehen, dass die Ausübung der Rechte bei Vorstand, Unternehmensangehörigen und Öffentlichkeit als Eingriff in das für eine **kooperative Zusammenarbeit** zwischen Vorstand und Aufsichtsrat erforderliche Vertrauensverhältnis und als die Autorität des Vorstands beeinträchtigende Misstrauensbekundung angesehen werden könnte.[474] Darüber hinaus muss der Aufsichtsrat auch berücksichtigen, ob der Gesellschaft durch seine Sachverhaltsermittlung zusätzliche Kosten oder sonstige negative Auswirkungen entstehen.[475] Kommt der Aufsichtsrat zum Ergebnis, sein Einsichts- und Prüfungsrecht auszuüben, darf er nur in einer die Vorstandsautorität möglichst schonenden Weise auf Informationen zugreifen, um die Leitungskompetenz des Vorstands nicht oder möglichst geringfügig zu beeinträchtigen.[476]

Auf diesem Verständnis beruhend ist anerkannt, dass sich der Aufsichtsrat auch durch **Stichproben** von der Ordnungsmäßigkeit der Geschäftsführung überzeugen kann. Das ist ausnahmsweise auch **ohne konkreten Anlass** zulässig.[477] Ein Recht zur Befragung von Mitarbeitern lässt sich § 111 Abs. 2 AktG dagegen nicht entnehmen (→ Rn. 360 ff.).[478]

Gänzlich offenbart sich das immer wieder aufgeworfene Kompetenzproblem bei der besonders heiklen Frage, ob auch **Vorstandsprotokolle** der Einsicht und Prüfung durch den Aufsichtsrat unterliegen können. Immerhin ist die Teilnahme an Vorstandssitzungen als Ort unabhängiger Meinungsbildung allein dem Vorstand und seinen Mitgliedern vorbehalten. Auch wenn es in vielen Unternehmen üblich ist, dass jedenfalls der Aufsichtsratsvorsitzende an Vorstandssitzungen teilnimmt, besteht kein Teilnahmeanspruch des Aufsichtsrats.[479] Andererseits tragen Vorstandsprotokolle oftmals zur Aufklärung schwieriger Sachverhalte – insbesondere „von etwaigen Pflichtwidrigkeiten des Vorstands"[480] – bei und können daher der Prüfung durch den Aufsichtsrat nicht vollkommen entzogen sein. Als Kompromiss zwischen Informationsbedürfnis und Leitungsautorität des Vorstands erscheint das Erfordernis eines konkreten Anlasses auch hier sachgerecht.[481] Liegt ein Anlass vor, ist selbstverständlich die Einsicht in die Vorstandsprotokolle der erste Schritt einer Untersuchung.

cc) Zustimmungsvorbehalte § 111 Abs. 4 S. 2 AktG. Neben der Beratung stellt die Einführung von **Zustimmungsvorbehalten** gem. § 111 Abs. 4 S. 2 AktG ein zentrales Instrument der präventiven Überwachung dar.[482] In bewusster Abweichung vom Geschäftsführungsverbot (§ 111 Abs. 4 S. 1 AktG) gewährt das Gesetz dem Aufsichtsrat die Möglichkeit an der unternehmerischen Tätigkeit des Vorstands

---

[469] Vgl. *Winter* FS Hüffer, 2010, 1103 (1122); Hölters/Hambloch-Gesinn/Gesinn AktG § 111 Rn. 43; enger Lutter/Krieger/Verse AR Rn. 243; **aA** MüKoAktG/Habersack AktG § 111 Rn. 78.
[470] *Hoffmann-Becking* ZGR 2011, 136 (146 f.).
[471] *M. Arnold* NZG 2014, 76 (90 f.); *Hoffmann-Becking* ZGR 2011, 136 (145 f.); Kölner Komm AktG/Mertens/Cahn AktG § 111 Rn. 52; aA, *Roth* AG 2004, 1 (7); *Leyens* Information des Aufsichtsrats 2006, 158 ff., 172 ff.; GroßkommAktG/Hopt/Roth AktG § 111 Rn. 373.
[472] *Winter* FS Hüffer, 2010, 1103 (1112 f., 1121 f.).
[473] Vgl. MüKoAktG/Habersack AktG § 111 Rn. 72.
[474] *Lutter* Information und Vertraulichkeit Rn. 303: „demonstrative Misstrauensbekundung"; MüKoAktG/Habersack AktG § 111 Rn. 78; Kölner Komm AktG/Mertens/Cahn AktG § 111 Rn. 52; Lutter/Krieger/Verse AR Rn. 244.
[475] Vgl. *W. Goette* FS Hoffmann-Becking, 2013, 377 (390); *W. Goette* ZHR 176 (2012), 588 (611).
[476] *Kropff* NZG 2003, 346 (349).
[477] MüKoAktG/Habersack AktG § 111 Rn. 78; Kölner Komm AktG/Mertens/Cahn AktG § 111 Rn. 52; Hölters/Hambloch-Gesinn/Gesinn AktG § 111 Rn. 43; **aA** *Hoffmann-Becking* ZGR 2011, 136 (147).
[478] Eing. *M. Arnold/Rudzio* FS Wegen, 2015, 93 (97 f.).
[479] Vgl. *Hoffmann-Becking* ZGR 2011, 136 (149); MüKoAktG/Habersack AktG § 111 Rn. 78.
[480] *Lutter* Information und Vertraulichkeit Rn. 297.
[481] *Hoffmann-Becking* ZGR 2011, 136 (149); MüKoAktG/Habersack AktG § 111 Rn. 28; Kölner Komm AktG/Mertens/Cahn AktG § 111 Rn. 53; Hüffer/Koch/Koch AktG § 111 Rn. 19.
[482] BGHZ 219, 193 Rn. 17 = NJW 2018, 3574 mzustAnm *M. Goette* ZGR 2019, 324 (327).

begleitend mitzuwirken.⁴⁸³ Daraus folgt, dass der Aufsichtsrat über § 116 S. 1 AktG für sich selbst unternehmerisches Ermessen nach § 93 Abs. 1 S. 2 AktG *(Business Judgment Rule)* in Anspruch nehmen kann.⁴⁸⁴ Hingegen statuiert die Vorschrift weder ein Weisungs- noch Initiativrecht des Aufsichtsrats, sondern vermittelt ihm lediglich ein zunächst aufschiebend wirkendes **Vetorecht**.⁴⁸⁵ Daran anknüpfend lässt sich ein enges Zusammenspiel von Zustimmungsvorbehalt und Beratung erblicken¹⁸⁶: Soweit Vorbehalte bestehen, setzen sie den Vorstand unter faktischen Begründungszwang, den Aufsichtsrat von seinen Vorhaben zu überzeugen. Indem der Aufsichtsrat hierzu Stellung nimmt, wird ihm eine weitere Möglichkeit der Beratung eingeräumt.⁴⁸⁷ Dabei versteht sich von selbst, dass er das Recht zur Einführung von Zustimmungsvorbehalten in einer die aktienrechtliche Machtbalance⁴⁸⁸ austarierenden Weise auszuüben verpflichtet ist (→ Rn. 386 ff.). Seit Art. 1 Nr. 9 TransPuG „kann" der Aufsichtsrat nicht mehr bloß, sondern „hat" Zustimmungsvorbehalte einzuführen.⁴⁸⁹

191 **dd) Erlass einer Geschäftsordnung für den Vorstand § 77 Abs. 2 AktG.** Zu den präventiven Mitteln, die dem Aufsichtsrat für die Wahrnehmung seiner Überwachungsaufgabe an die Hand gegeben sind, ist im weiteren Sinne auch seine aus § 77 Abs. 2 S. 1 AktG folgende Kompetenz zum Erlass einer Geschäftsordnung für den Vorstand zu zählen (dazu ausführlich → Rn. 2047 ff.). Diese Kompetenzzuordnung ist im ersten Moment befremdlich, da es im Grundsatz dem Charakter einer Geschäftsordnung entspricht, ein Werkzeug zur Selbstorganisation eines Organs zu sein.⁴⁹⁰ Nach § 77 Abs. 2 S. 1 AktG obliegt dieses **Selbstorganisationsrecht** dem Vorstand abhängig von der Satzung und dem Agieren des Aufsichtsrat aber **nur subsidiär.** Die Übertragung der Erlasskompetenz auf ein von den Regelungen der Geschäftsordnung nicht betroffenes Organ passt somit nicht zum Selbstorganisationscharakter einer Geschäftsordnung. Der Bruch dieses gesellschaftsrechtlichen Grundsatzes ist aber gewollt und dient der Sicherstellung der Rechtsposition des Aufsichtsrats – allem voran seiner **Personalkompetenz** – aber auch seiner Überwachungsaufgabe.

192 Abstrakt lässt sich die Geschäftsordnung als Regelwerk zu dem vom Vorstand bei seiner Tätigkeit einzuhaltenden Verfahren beschreiben, indem sie die „Spielregeln" für die Zusammenarbeit der Vorstandsmitglieder vorgibt.⁴⁹¹ Zu den **klassischen Regelungsgegenständen** zählt dabei auch die Zuweisung der verschiedenen Ressorts zu einzelnen Vorstandsmitgliedern und damit verbunden auch **Vorgaben zur Geschäftsverteilung**, vgl. Ziffer 4.2.1. DCGK aF.⁴⁹² Derweil obliegt das ausschließliche Recht zur Bestellung von Vorstandsmitgliedern und zur Ausgestaltung der Anstellungsverträge dem Aufsichtsrat (zum Anstellungsvertrag ausführlich → Rn. 1183 ff.).⁴⁹³ Läge es nun einzig in der Hand des Vorstands, mit Hilfe von Regelungen in der Geschäftsordnung darüber zu bestimmen, welches Vorstandsmitglied für welches Ressort verantwortlich zeichnet, wären die personellen Entscheidungen des Aufsichtsrats hinsichtlich der Auswahl der Vorstandsmitglieder und deren Tätigkeitsfeld leicht zu konterkarieren.⁴⁹⁴ Der Aufsichtsrat kann sein Recht zur Bestellung von Vorstandsmitgliedern somit nur dann sinnvoll ausfüllen, wenn ihm auch die Befugnis verbleibt, den Tätigkeitsbereich des Vorstandsmitglieds zu bestimmen.⁴⁹⁵ Nach der Gesetzesbegründung soll das zwar schon durch das Einstimmigkeitserfordernis des § 77 Abs. 2 S. 3 AktG sichergestellt sein.⁴⁹⁶ Das kann die Rechtsposition des Aufsichtsrats aber nicht in erforderlichem Maße erhalten.⁴⁹⁷

193 Der Erlass einer Geschäftsordnung durch den Aufsichtsrat bewegt sich im Spannungsfeld der **Kompetenzen** der verschiedenen Organe. So liegt die Geschäftsführung einzig in der Verantwortung des Vorstands, wohingegen dem Aufsichtsrat eine unmittelbare Mitwirkung an der Geschäftsführung verboten ist (vgl. → Rn. 99). Mit der Kompetenz zum Erlass einer Geschäftsordnung hat der Aufsichtsrat durch die Schaffung von entsprechenden Regelungen grundsätzlich die Möglichkeit, aktiv auf die Unternehmenspolitik Einfluss zu nehmen, indem etwa durch die Einrichtung von Vorstandsausschüssen für spezielle

---

⁴⁸³ Vgl. BGHZ 219, 193 Rn. 50 = NJW 2018, 3574; BGHZ 135, 244 (254 f.) = NJW 1997, 1926.
⁴⁸⁴ BGHZ 219, 193 Rn. 50 = NJW 2018, 3574 mwN mzustAnm *M. Goette* ZGR 2019, 324 (333).
⁴⁸⁵ *W. Goette* FS Baums, Band I, 2017, 475 (478).
⁴⁸⁶ Vgl. *W. Goette* FS Baums, Band I, 2017, 475 (478 ff.).
⁴⁸⁷ Vgl. MüKoAktG/*Habersack* AktG § 111 Rn. 114; GroßkommAktG/*Hopt/Roth* AktG § 111 Rn. 637.
⁴⁸⁸ BGHZ 135, 48 (53) = NJW 1997, 1985.
⁴⁸⁹ Vgl. BegrRegE BT-Drs. 14/8769, 17.
⁴⁹⁰ Zum Grundsatz vgl. BegrRegE *Kropff* AktG 1965 S. 99; MüKoAktG/*Spindler* AktG § 77 Rn. 41; BeckOGK/*Fleischer* AktG § 77 Rn. 77; GroßkommAktG/*Kort* AktG § 77 Rn. 64.
⁴⁹¹ Anschaulich *Hoffmann-Becking* ZGR 1998, 497 (499).
⁴⁹² *Hoffmann-Becking* ZGR 1998, 497 (499); GroßkommAktG/*Kort* AktG § 77 Rn. 64.
⁴⁹³ MüKoAktG/*Spindler* AktG § 77 Rn. 46; BeckOGK/*Fleischer* AktG § 77 Rn. 77.
⁴⁹⁴ *Hoffmann-Becking* ZGR 1998, 497 (502).
⁴⁹⁵ *Krieger*, Personalentscheidungen des Aufsichtsrats, 1981, 193 f.; MüKoAktG/*Spindler* AktG § 77 Rn. 46; BeckOGK/*Fleischer* AktG § 77 Rn. 77.
⁴⁹⁶ BegrRegE *Kropff* AktG 1965 S. 99.
⁴⁹⁷ Eing. dazu *Hoffmann-Becking* ZGR 1998, 497 (502); *Krieger*, Personalentscheidungen des Aufsichtsrats, 1981, 193 ff.

Themen oder durch besondere Ressortzuschnitte Tätigkeitsschwerpunkte geschaffen werden.[498] Eine Einwirkung auf die eigenverantwortliche Geschäftsführung des Vorstands wäre möglich. Damit es auch hier nicht zu Verschiebungen innerhalb des Kompetenzgefüges der Gesellschaft kommt, kann der Aufsichtsrat – bei grundsätzlicher Gestaltungsfreiheit[499] – nur solche Regelungen schaffen, die die Zusammenarbeit mit dem Aufsichtsrat und die rechtliche **Organisation** und **Effizienz** der Geschäftsführung, nicht aber deren Inhalt betreffen; die zwingende Aufgabenzuweisung an die Organe bleibt unberührt.[500] Die Überwachungsaufgabe des Aufsichtsrats kommt bei der Gestaltung der Geschäftsordnung dementsprechend vor allem dann ins Spiel, wenn es um die Zusammenarbeit und Informationsflüsse innerhalb des Vorstands, aber auch zwischen Vorstand und Aufsichtsrat geht.

Nach § 77 Abs. 2 S. 1 AktG bleibt es im Grundsatz bei der **Kompetenz des Vorstands,** sich selbst eine Geschäftsordnung zu geben. Das gilt dann nicht mehr, wenn die Satzung der Gesellschaft vorsieht, dass der Aufsichtsrat für den Erlass zuständig ist oder er von seiner, auch ohne eine Regelung in der Satzung bestehenden, Befugnis zum Erlass einer Geschäftsordnung Gebrauch gemacht hat.[501] Eine Übertragung der primären Erlasskompetenz mittels der Satzung auf den Vorstand ist nicht möglich, da es sich insoweit um zwingendes Recht handelt.[502] Sieht die Satzung ausdrücklich einen Erlass durch den Aufsichtsrat vor, kann der Vorstand auch dann keine Geschäftsordnung erlassen, wenn der Aufsichtsrat untätig bleibt.[503] Daneben wird eine bereits bestehende, vom Vorstand erlassene Geschäftsordnung durch den Erlass des Aufsichtsrats in vollem Umfang abgelöst, unabhängig davon, ob die spätere Geschäftsordnung inhaltlich hinter dem Regelungskatalog der abgelösten Ordnung zurückbleibt.[504] Einigkeit besteht in dem Punkt, dass es dem Aufsichtsrat nicht zusteht, eine bestehende Geschäftsordnung des Vorstands punktuell zu ändern.[505] Ihm wird aber zugestanden, sich die Fragmente jener zu ändernden Geschäftsordnung zu eigen zu machen, weshalb es sich hier bei Lichte besehen um eine eher theoretische Diskussion handeln dürfte.

ee) Erlass einer Informationsordnung zur Sicherstellung einer ausreichenden Informationsversorgung. (1) Allgemein. Ausgangspunkt der Überwachungstätigkeit des Aufsichtsrats ist seine Informationsversorgung durch die vom Vorstand zu erstattenden Berichte (→ Rn. 23 ff.). § 90 AktG liefert für diese Informationsversorgung **nur ein Gerüst,** indem die Norm regelmäßige und anlassbezogene Berichtspflichten ebenso festlegt, wie die verschiedenen Themenkomplexe, über die Bericht zu erstatten ist.

Mit diesen vergleichsweise starren Vorgaben kann das tatsächliche Informationsbedürfnis innerhalb der Gesellschaft nicht immer befriedigt werden. Schon aufgrund der Komplexität und dem Facettenreichtum der Gesellschaften werden sich die exakten Anforderungen an die Informationsversorgung des Aufsichtsrats oft nur individuell bestimmen lassen.[506] Dieser Erkenntnis verschloss sich auch der Gesetzgeber nicht. So weist er in der Begründung zum KonTraG darauf hin, dass der Erlass einer Informationsordnung, die die Berichtspflichten des Vorstands einzeln regelt, **sinnvoll und geboten** sein könne, ohne dass es hierfür einer gesetzlichen Regel bedürfe.[507] Parallel dazu empfahl auch DCGK Ziffer 3.4. Abs. 1 S. 3 aF die Einführung einer Informationsordnung. Im neuen DCGK findet die Informationsordnung keine ausdrückliche Erwähnung mehr. Vielmehr hebt DCGK Grundsatz 15 nF nunmehr hervor, dass die Information dem Vorstand obliegt. Diese Änderung unterstreicht das Verständnis der Berichterstattung als **Bringschuld** des Vorstands und nicht als Holschuld des Aufsichtsrats.[508] Gleichwohl hat der Aufsichtsrat die Effektivität seiner Überwachungstätigkeit sicherzustellen. Daraus folgt, wenn auch **zweitrangig,** eine **Holschuld** des Aufsichtsrats.[509] Der Erlass eine Informationsordnung bleibt damit angezeigt.

Zur bedarfsgerechten **Feinjustierung** des Informationsflusses zwischen Vorstand und Aufsichtsrat ist eine Informationsordnung folglich das Mittel der Wahl. Die Kompetenz des Aufsichtsrats zur Regelung dieser Frage lässt sich einerseits aus seiner umfangreichen Rechtsstellung als Gläubiger der Berichtspflich-

---

[498] Vgl. *Hoffmann-Becking* ZGR 1998, 497 (503).
[499] GroßkommAktG/*Kort* AktG § 77 Rn. 80.
[500] MüKoAktG/*Spindler* AktG § 77 Rn. 35, 46; BeckOGK/*Fleischer* AktG § 77 Rn. 74; Kölner Komm AktG/*Mertens/Cahn* AktG § 77 Rn. 51; Hölters/*Weber* AktG § 77 Rn. 46.
[501] Vgl. BegrRegE *Kropff* AktG 1965 S. 99; MüKoAktG/*Spindler* AktG § 77 Rn. 47; GroßkommAktG/*Kort* AktG § 77 Rn. 65.
[502] Hölters/*Weber* AktG § 77 Rn. 46; Hüffer/Koch/*Koch* AktG § 77 Rn. 19; Kölner Komm AktG/*Mertens/Cahn* AktG § 77 Rn. 59.
[503] Hüffer/Koch/*Koch* AktG § 77 Rn. 19; Kölner Komm AktG/*Mertens/Cahn* AktG § 77 Rn. 58; GroßkommAktG/*Kort* AktG § 77 Rn. 65.
[504] *Kropff* AktG 1965 S. 99; MüKoAktG/*Spindler* AktG § 77 Rn. 48; BeckOGK/*Fleischer* AktG § 77 Rn. 78.
[505] Hüffer/Koch/*Koch* AktG § 77 Rn. 22; Kölner Komm AktG/*Mertens/Cahn* AktG § 77 Rn. 60; MüKoAktG/*Spindler* AktG § 77 Rn. 49; Hölters/*Weber* AktG § 77 Rn. 46.
[506] Vgl. *Lutter* Information und Vertraulichkeit Rn. 100.
[507] BT-Drs. 13/9712, 15; krit. zur fehlenden Verbindlichkeit *Hommelhoff/Mattheus* AG 1998, 249 (254).
[508] Hüffer/Koch/*Koch* AktG § 90 Rn. 1a.
[509] Vgl. Hüffer/Koch/*Koch* AktG § 90 Rn. 1a.

ten aus § 90 AktG und andererseits aus seiner aus § 77 Abs. 2 S. 1 AktG folgenden primären Befugnis eine Geschäftsordnung für den Vorstand zu bestimmen, ableiten.[510] Die Informationsordnung wird dementsprechend einen Teil der Geschäftsordnung iSd § 77 Abs. 2 S. 1 AktG darstellen.[511]

198 **(2) Inhaltliche Gestaltung.** Inhaltlich sind verschiedenste Ausgestaltungen denkbar. Allerdings haben sich die Regelungen der Informationsordnung in dem von § 90 AktG vorgegebenen Rahmen zu halten. Somit sind Präzisierungen und Verschärfungen möglich, grundlegende Abweichungen dagegen nicht, weshalb es weiterhin bei dem Grundsatz bleibt, dass der Vorstand von sich aus nicht zum Vortrag jedweder Planung verpflichtet ist (→ Rn. 41).[512] Lohnend sind Regelungen zu den genauen **Adressaten** der Berichte, zum jeweiligen **Berichtsinhalt**, zur **Aufbereitung** der Informationen, zur **Periodizität** und zum **genauen Zeitpunkt** der Berichterstattung.[513] Ratsam sind auch Regelungen zu den Berichtspflichten im Falle von **Krisensituationen**. Denkbar sind dabei Vorgaben zu einer gesteigerten Berichtsintensität, zu kürzeren Intervallen oder zum genauen Vorgehen in Sonderfällen, wenn eine unverzügliche Berichterstattung notwendig wird.[514] In der Praxis bieten sich insbesondere folgende Gestaltungen an:

199 – Angezeigt ist zunächst die **Zusammenstellung** des gesetzlichen Pflichtenprogramms des Vorstands zur Berichterstattung. Das umfasst alle aus dem AktG unmittelbar folgenden Berichtspflichten (→ Rn. 36 ff.), die zwischen den **pflichtbegründenden Anlässen** und Zeitpunkten unterscheidet. Gleiches gilt für die Widergabe der vorgesehenen Form der Berichterstattung (→ Rn. 32 ff.).

200 – Sinnvoll sind außerdem Bestimmungen dazu, welcher Stelle die einzelnen Berichte jeweils **zuzuleiten** sind. Das ändert nichts an dem Grundsatz, dass der Gesamtaufsichtsrat als Organ der Gläubiger der Berichtspflicht ist (→ Rn. 31 f.). Hat der Aufsichtsrat **Ausschüsse** zur Erfüllung bestimmter Aufgaben eingesetzt (allgemein zur Delegation an Ausschüsse → § 3 Rn. 231 f.), ist es nur zweckdienlich festzulegen, dass Berichte, die zu einem von einem Ausschuss zu erledigenden Themenkreis gehören, diesem unmittelbar zugeleitet werden. Davon zu trennen ist die Festlegung, welche Berichte ausnahmsweise unmittelbar an den **Aufsichtsratsvorsitzenden** erstattet werden können (→ Rn. 60 ff.).

201 – Von größter Bedeutung innerhalb der Informationsordnung sind **inhaltliche Konkretisierungen.** Bei den Regelberichten kann der Aufsichtsrat zB näher definieren, welche Aspekte unter dem Begriff der „beabsichtigten Geschäftspolitik" iSd § 90 Abs. 1 S. 1 Nr. 1 AktG zu behandeln sind (→ Rn. 37 ff.). Das betrifft auch die sog. **„Follow-up"-Berichterstattung.** Hier ist es aus der Perspektive des Aufsichtsrats besonders bedeutsam herauszustellen, welche Details aus vorangegangenen Berichten und tatsächlich eingetretenen Entwicklungen zur Überprüfung gegenübergestellt werden sollen (→ Rn. 44, 54). Zu konkretisieren sind dabei auch schärfere Kriterien, die eine Pflicht zu **Sonderberichterstattung** auslösen sollen. Beispielsweise ist bei Berichten iSd § 90 Abs. 1 Nr. 4 AktG über Geschäfte mit erheblicher Bedeutung für die Rentabilität und Liquidität der Gesellschaft (→ Rn. 56 ff.) die Vorgabe von **Schwellenwerten** (zB zum Kapitaleinsatz) denkbar.

202 – Zudem besteht im Rahmen der Informationsordnung die Möglichkeit, Regelungen zu schaffen, nach denen der Aufsichtsrat zur Informationsbeschaffung auch unmittelbar auf **Angestellte** zugehen kann.[515] Unabhängig von der grundsätzlichen Befugnis des Aufsichtsrats sich am Vorstand vorbei zu informieren (→ Rn. 71 ff.), sind solche Vorgaben in der Informationsordnung mit der ausdrücklichen Zustimmung des Vorstands nicht zu beanstanden.[516]

b) Reaktive Ein- und Mitwirkungsrechte des Aufsichtsrats

203 Nach klassischem Verständnis der deutschen Aktienrechtsverfassung bedeutet Überwachung in erster Linie vergangenheitsbezogene Kontrolle.[517] Zwar ist die zunehmende Bedeutung der **zukunftsorientierten Überwachung** heute nahezu unbestritten.[518] Der praktischen Relevanz nachträglicher Kontrolle hat das keinen Abbruch getan, stellt doch die Überprüfung abgeschlossener Sachverhalte durch reaktive Maßnahmen fortwährend einen wesentlichen Teil der Überwachungstätigkeit deutscher Aufsichtsräte dar. Der

---

[510] Vgl. *Hommelhoff/Mattheus* AG 1998, 249 (253f.); *Gernoth* DStR 2001, 299 (308); *Pentz* in Fleischer VorstandsR-HdB § 16 Rn. 64; GroßkommAktG/*Hopt/Roth* AktG § 111 Rn. 137.
[511] *Lutter* Information und Vertraulichkeit Rn. 101, der vor Erlass die Wichtigkeit der Abstimmung zwischen Aufsichtsrat und Vorstand betont.
[512] Vgl. *Kropff* NZG 1998, 613 (614); GroßkommAktG/*Kort* AktG § 90 Rn. 34; vgl. MüKoAktG/*Spindler* AktG § 90 Rn. 9.
[513] Vgl. zu den möglichen Inhalten *Götz* AG 1995, 337 (349); GroßkommAktG/*Hopt/Roth* AktG § 111 Rn. 139, 142; MüKoAktG/*Spindler* AktG § 90 Rn. 9; BeckOGK/*Fleischer* AktG § 90 Rn. 13; K. Schmidt/Lutter AktG/*Sailer-Coceani* AktG § 90 Rn. 24, 73.
[514] *Hasselbach* NZG 2012, 41 (44); GroßkommAktG/*Hopt/Roth* AktG § 111 Rn. 138.
[515] GroßkommAktG/*Kort* AktG § 90 Rn. 35a; BeckOGK/*Fleischer* AktG § 90 Rn. 45.
[516] Vgl. GroßkommAktG/*Hopt/Roth* AktG § 111 Rn. 137, 503f.; MüKoAktG/*Habersack* AktG § 111 Rn. 80.
[517] Vgl. KBLW/*Lutter* DCGK Rn. 507.
[518] BGHZ 114, 127 (130) = NJW 1991, 1830; BGHZ 135, 244 (255) = NJW 1997, 1926; *Hüffer* NZG 2007, 47.

präventiven Überwachung ist mit Eintreten von Fehlentwicklungen zumindest ein teilweises Versagen zu attestieren. Freilich endet die Verantwortung des Aufsichtsrats damit nicht, sondern geht nahtlos in die vergangenheitsbezogene Kontrolle über, mit dem Ziel, die eingetretenen Missstände möglichst rasch zu beseitigen und etwaige Schäden der Gesellschaft zu minimieren.[519] Dabei darf nicht verkannt werden, dass die reaktive Überwachung auch in die Zukunft wirkt, weil die getroffenen Maßnahmen verhaltenssteuernd für ähnliche Vorgänge Bedeutung haben.

aa) Beanstandungen und Kritik. Trotz der rechtlichen **Unverbindlichkeit** von Beanstandungen und kritischen Aussagen hat sich das Vorstandsmitglied mit ihnen auseinanderzusetzen, da es sonst Gefahr läuft, wegen pflichtwidrigen Verhaltens haften zu müssen, ihm die Entlastung versagt wird oder es anderen Personalmaßnahmen ausgesetzt wird.[520] Die Nichtbeachtung von Äußerungen trägt besonders dann ein enormes Haftungsrisiko in sich, wenn ein professionell arbeitender Aufsichtsrat mit hoher Fachkunde auf etwaige Um- und Missstände hinweist. Indes kann hieraus nicht der Umkehrschluss gezogen werden, der Vorstand dürfe den Beanstandungen des Aufsichtsrats unbesehen Folge leisten, ohne einer Haftung ausgesetzt zu sein.[521] Letztlich trifft der Vorstand als Leitungsorgan die endgültige Entscheidung und hat auch dafür einzustehen. Seiner Leitungsverantwortung (§ 76 Abs. 1 AktG) kann sich der Vorstand nicht entledigen.[522] Um sich schadlos zu halten, hat er unter Beachtung seiner Sorgfaltspflichten (§ 93 Abs. 1 S. 1 AktG) die geäußerten Bedenken in den Entscheidungsfindungsprozess einfließen zu lassen, sodass der Aufsichtsrat abermals in der Rolle des Beraters tätig wird.

bb) Abberufung der Vorstandsmitglieder. Zur Erfüllung seiner Überwachungsaufgabe kann der Aufsichtsrat im Rahmen seiner Personalkompetenz Vorstandsmitglieder abberufen. Die Abberufung, die präziser als Widerruf der Bestellung zu bezeichnen ist, stellt eine einschneidende Maßnahme dar und bedarf eines **wichtigen Grundes** (ausführlich zum Widerruf der Bestellung eines Vorstandsmitglieds → Rn. 682 ff.). Als wichtige Gründe kommen im Zusammenhang mit der Überwachungsaufgabe des Aufsichtsrats vor allem Verstöße gegen die **Berichtspflichten** des Vorstands aus § 90 AktG und den Grundsatz der Pflicht zur rückhaltlosen **Offenheit** in Betracht (zu den Folgen eines Verstoßes gegen die Berichtspflichten des Vorstands → Rn. 80 ff.).[523]

cc) Verweigerung der Billigung des Jahresabschlusses. Zu den Einwirkungsmöglichkeiten des Aufsichtsrats gegenüber dem Vorstand ist auch die **Verweigerung** der Billigung des Jahresabschlusses zu zählen. Nach dem gesetzlichen Ablauf hat der Vorstand den Jahresabschluss aufzustellen und dem Aufsichtsrat zur eigenen Prüfung vorzulegen, §§ 170, 171 AktG (zur Prüfung des Jahresabschlusses → Rn. 105 ff.). Der Aufsichtsrat hat dann über die Billigung Beschluss zu fassen, womit er gem. § 172 S. 1 AktG gleichzeitig festgestellt ist, wenn nicht der Hauptversammlung die Feststellung überlassen sein soll – was freilich die absolute Ausnahme darstellen wird. Die Entscheidung über die Billigung des Jahresabschlusses wird durch den Gesamtaufsichtsrat beschlossen und ist nicht an einen Ausschuss übertragbar.[524]

Eine Möglichkeit auf die Gestaltung des Jahresabschlusses einzuwirken, hat der Aufsichtsrat nur dadurch, dass er dessen **Billigung insgesamt ablehnen** kann. Insbesondere steht es ihm nicht zu, den Jahresabschluss zu ändern, weil es sich bei der Aufstellung um eine Geschäftsführungsaufgabe handelt.[525] Bei der Entscheidung über die Billigung ist der Aufsichtsrat nicht gebunden, sodass er seine Entscheidungskompetenz auch dann **eigenverantwortlich** ausüben kann, wenn der Abschlussprüfer uneingeschränkt testiert.[526] Diese Entscheidungsfreiheit hat aber keinesfalls zur Folge, dass der Aufsichtsrat die Billigung jederzeit nach seinem Gutdünken verweigern könnte. So steht dem Aufsichtsrat mit der Verweigerung der Billigung kein allgemeines Druckmittel zur Einwirkung auf den Vorstand zur Verfügung.[527] Vielmehr muss die Entscheidung über die Billigung ihren Ausgangspunkt immer in der Gestaltung des Jahresabschlusses und dabei vornehmlich in den vom Vorstand getroffenen bilanzpolitischen Entscheidungen haben.

---

[519] *Hüffer* NZG 2007, 47.
[520] Vgl. *Lutter/Krieger/Verse* AR Rn. 110.
[521] MüKoAktG/*Habersack* AktG § 111 Rn. 32; Kölner Komm AktG/*Mertens/Cahn* AktG § 111 Rn. 38; *Lutter/Krieger/Verse* AR Rn. 110.
[522] Vgl. Kölner Komm AktG/*Mertens/Cahn* AktG § 111 Rn. 38; *Lutter/Krieger/Verse* AR Rn. 110.
[523] Vgl. *Lutter* Information und Vertraulichkeit Rn. 252; *Lutter/Krieger/Verse* AR Rn. 134; MüKoAktG/*Spindler* AktG § 90 Rn. 49.
[524] MHdB AG/*Hoffmann-Becking* § 46 Rn. 2; Hüffer/Koch/*Koch* AktG § 172 Rn. 4; MüKoAktG/*Hennrichs/Pöschke* AktG § 172 Rn. 27.
[525] ADS AktG § 171 Rn. 43; Grigoleit/*Grigoleit/Zellner* AktG § 171 Rn. 6; GroßkommAktG/*E. Vetter* AktG § 171 Rn. 60; MüKoAktG/*Hennrichs/Pöschke* AktG § 171 Rn. 53, § 172 Rn. 30.
[526] GroßkommAktG/*E. Vetter* AktG § 171 Rn. 57; BeckOGK/*Euler/Klein* AktG § 171 Rn. 46; MüKoAktG/*Hennrichs/Pöschke* AktG § 171 Rn. 53.
[527] Ebenso GroßkommAktG/*E. Vetter* AktG § 171 Rn. 58; MüKoAktG/*Habersack* AktG § 111 Rn. 33.

208 Ist der Aufsichtsrat mit dem vorgelegten Jahresabschluss nicht einverstanden, wird er – ggf unter Androhung der Ablehnung der Billigung – auf eine Änderung durch den Vorstand drängen.[528] Führt auch ein Dialog zwischen Aufsichtsrat und Vorstand **nicht zu einem Konsens** über den genauen Inhalt des Jahresabschlusses, kann die Billigung verweigert werden. Dann liegt die Feststellungskompetenz bei der **Hauptversammlung,** § 173 Abs. 1 S. 1 Hs. 2 AktG. In der Praxis werden die entscheidenden Weichen allerdings schon im Verlauf der Aufstellung des Jahresabschlusses zu stellen sein, weshalb der Aufsichtsrat seine möglicherweise divergierenden Vorstellungen bereits im Vorfeld anbringen kann. Die Verweigerung der Billigung des Jahresabschlusses ist daher selten.

209 Während der Aufsichtsrat nach einhelliger Auffassung nicht selbst zur Änderung des vorgelegten Jahresabschlusses befugt ist, wird diskutiert, ob er seine **Billigungsentscheidung unter Auflagen oder Bedingungen** treffen kann. So soll er einerseits über den Jahresabschluss mit der Auflage beschließen können, dass der Vorstand der Überlassung der Feststellung durch die Hauptversammlung zustimmt, oder andererseits seine Billigung von der Bedingung der Änderung des Abschlusses abhängig machen können.[529] Es bestehe keine Rechtsunsicherheit, wenn die Änderungswünsche so eindeutig bezeichnet werden, dass „[...] auch der ungeübte Bilanzleser unter den Aktionären erkennen kann, ob Änderungen vorgenommen worden sind."[530] Das **überzeugt nicht.** Es muss für die Hauptversammlung eindeutig feststehen, ob sie zur Feststellung des Jahresabschlusses oder aber nur zur Entgegennahme des bereits festgestellten Jahresabschlusses einberufen wird.[531] Ob und in wie weit der unter der Bedingung der Änderung gebilligte Jahresabschluss dann tatsächlich geändert worden ist, kann für die Hauptversammlung schwer erkennbar sein, womit zwangsläufig auch Unklarheit darüber bestehen wird, ob der Jahresabschluss bereits festgestellt wurde oder nicht.[532] Ein bedingter oder mit Auflagen verbundener Beschluss über die Billigung des Jahresabschlusses ist damit stets abzulehnen.[533]

210 dd) **Gerichtliche Durchsetzung der Vorstandspflichten.** Bei den Einwirkungsmöglichkeiten des Aufsichtsrats stellt sich die Frage, ob sich die Pflichten des Vorstands auf Betreiben des Aufsichtsrats auch gerichtlich durchsetzen lassen. Bezogen auf die Überwachungstätigkeit kann sich das Bedürfnis nach einer **gerichtlichen Erzwingung** der Vorstandspflichten etwa dann ergeben, wenn die Berichtspflichten aus § 90 AktG nicht oder nur schlecht erfüllt werden oder es zu Kompetenzüberschreitungen durch den Vorstand kommt, etwa durch Nichtbeachtung vorgegebener Zustimmungsvorbehalte. Im größeren Kontext werden Klagemöglichkeiten allgemein bei rechtswidrigem Vorstandshandeln diskutiert.[534] Ein gerichtliches Vorgehen des Aufsichtsrats im Sinne einer **Organstreitigkeit innerhalb der Gesellschaft** ist dabei ausgeschlossen und der Aufsichtsrat auf seine, im AktG abschließend vorgegebenen und ausreichenden, Einwirkungsmöglichkeiten verwiesen (zur gerichtlichen Durchsetzung der Berichtspflicht → Rn. 80 ff.).[535] Wo dem Gesamtaufsichtsrat als Organ eine eigene Klagemöglichkeit fehlt, kann sie auch dem einzelnen Aufsichtsratsmitglied im Sinne einer actio pro socio nicht zustehen.[536] In Betracht kommt einzig eine gerichtliche Einwirkungsmöglichkeit des Aufsichtsrats als Organ bei Missachtung eines Zustimmungsvorbehalts (→ Rn. 430 ff.).

211 ee) **Schadensersatzforderungen.** Zu den Einwirkungsmöglichkeiten des Aufsichtsrats zählt auch die **Geltendmachung** von Schadensersatzansprüchen gegen Vorstandsmitglieder. Verstoßen Vorstandsmitglieder gegen die ihnen obliegenden Pflichten, liegt es beim Aufsichtsrat, die Ansprüche aufgrund eines entstandenen Schadens für die Gesellschaft geltend zu machen. Ausführlich zur Anspruchsverfolgung gegenüber Vorstandsmitgliedern → Rn. 2339 ff.

212 ff) **Einberufung der Hauptversammlung.** Besonders in Kombination mit der **Personalkompetenz** kann der Aufsichtsrat das Recht, die **Hauptversammlung** einzuberufen, auch als Instrument der Überwachung fruchtbar machen.[537] Dabei hat er die Möglichkeit, in Reaktion auf pflichtwidriges Vorstands-

---

[528] Vgl. *ADS* AktG § 171 Rn. 43.
[529] *ADS* AktG § 172 Rn. 18; Bürgers/Körber/*Schulz* AktG § 172 Rn. 4; zum Vorbehalt der Übertragung der Feststellung auf die Hauptversammlung Kölner Komm AktG/*Ekkenga* AktG § 172 Rn. 15.
[530] *ADS* AktG § 172 Rn. 18.
[531] Vgl. Hüffer/Koch/*Koch* AktG § 172 Rn. 4.
[532] Vgl. MüKoAktG/*Hennrichs/Pöschke* AktG § 172 Rn. 30.
[533] HM K. Schmidt/Lutter AktG/*Drygala* § 172 Rn. 15; Hüffer/Koch/*Koch* § 172 Rn. 4; MüKoAktG/*Hennrichs/Pöschke* AktG § 172 Rn. 29f.; BeckOGK/*Euler/Klein* § 172 Rn. 11.
[534] Vgl. MüKoAktG/*Habersack* AktG § 111 Rn. 33, 112 mwN.
[535] Vgl. *Pentz* in Fleischer VorstandsR-HdB § 16 Rn. 169f.; Kölner Komm AktG/*Mertens/Cahn* AktG § 111 Rn. 43; MüKoAktG/*Habersack* AktG § 111 Rn. 112, MüKoAktG/*Spindler* AktG vor § 76 Rn. 60; GroßkommAktG/*Hopt/Roth* § 111 Rn. 329ff.
[536] Vgl. Hüffer/Koch/*Koch* AktG § 111 Rn. 16, § 90 Rn. 20; MüKoAktG/*Spindler* AktG vor § 76 Rn. 64, MüKoAktG/*Habersack* AktG § 111 Rn. 112.
[537] Vgl. MüKoAktG/*Habersack* AktG § 111 Rn. 103.

handeln die Hauptversammlung zum Zwecke des Vertrauensentzugs gem. § 84 Abs. 3 S. 2 Var. 3 AktG einzuberufen, um damit eine Abberufung gem. § 84 Abs. 3 S. 1 AktG (→ Rn. 205) zu ermöglichen.[538] Im Übrigen ist eine Einberufung der Hauptversammlung durch den Aufsichtsrat zum Zwecke der Erörterung von Geschäftsführungsfragen mit Blick auf § 119 Abs. 2 AktG grundsätzlich für unzulässig zu erachten.[539] Die Hauptversammlung kann nur durch Beschluss (§ 108 Abs. 1 AktG) mit einfacher Mehrheit (§ 111 Abs. 3 S. 2 AktG) des Aufsichtsrats als Organ und nach Maßgabe der §§ 121 Abs. 3 und Abs. 4 AktG, §§ 123 ff. AktG einberufen werden. Dafür kann er kraft **Annexkompetenz** einen Hauptversammlungsdienstleister im Namen der Gesellschaft beauftragen.[540] Die Kosten der vom Aufsichtsrat einberufenen Hauptversammlung trägt die Gesellschaft.

V. Compliance Verantwortung und Internal Investigation

1. Einleitung

a) Begriff

Wenige andere rechtliche Themen sind durch ständige mediale Berichterstattung so im Bewusstsein der Öffentlichkeit wie „**Compliance**". Der Begriff ist seit vielen Jahren auch in der deutschen Wirtschaft ein Schlüsselwort. Er hat seine Wurzeln im amerikanischen Recht und ist inzwischen in fast allen Bereichen des deutschen und internationalen Wirtschaftsrechts zu finden.[541] Zwar ist der Begriff Compliance selbst nicht im Gesetz geregelt. Explizit erwähnt wird Compliance aber im „**Deutschen Corporate Governance Kodex**" **(DCGK)** (→ § 4 Rn. 2449 ff.). In seinem Grundsatz 5 DCGK definiert der Kodex Compliance als „Einhaltung der gesetzlichen Bestimmungen und der internen Richtlinien" und das Hinwirken auf deren Beachtung. 213

Dem englischen Verb „to comply" – „befolgen, einhalten", entsprechend, geht es bei Compliance zunächst um die Beachtung der gesetzlichen Vorschriften **(enger Compliance Begriff)**. Die Compliance Pflicht folgt aus der allgemeinen **Leitungsaufgabe** des Vorstands, §§ 76, 93 AktG.[542] Mit dieser Leitungsaufgabe geht die Pflicht einer, sich im Unternehmensinteresse an die Gesetze und die Satzung zu halten **(Legalitätspflicht)**. Der Vorstand muss sich darum kümmern, wie die Einhaltung der Gesetze und Regelungen im Unternehmen sichergestellt werden kann. Er ist aber im Rahmen seiner Leitungsaufgabe nicht nur verpflichtet, selbst Rechtsverstöße zu vermeiden, sondern hat auch dafür zu sorgen, dass Unternehmensangehörige Regelverstöße unterlassen **(Legalitätskontrollpflicht)**.[543] Diese Pflicht ist Bestandteil des **weiten Compliance Begriffs**. Um diese Legalitätskontrollpflicht erfüllen zu können, ist in der Regel ein Compliance-Management-System (→ Rn. 229 ff.) notwendig. 214

Der Begriff „Compliance" umfasst sowohl **präventive** als auch **repressive** (reaktive) **Compliance**. Präventive Compliance versucht, Verstöße von Vornherein zu vermeiden und dazu geeignete Instrumente bereitzustellen (→ Rn. 223 ff.). Die repressive Compliance beschäftigt sich mit dem Umgang mit bereits begangenen Verstößen und hat Aufklärungs-, Abhilfe-, und Sanktionskomponenten (→ Rn. 284 ff.). 215

b) Zweck

Bei Compliance geht es um die **Sicherstellung** der Einhaltung bestehender Gesetze und Regelungen. Dieses Ziel soll durch die **Bereitstellung** geeigneter Systeme und Instrumente für die zukünftige Regeleinhaltung erreicht werden.[544] 216

Primär geht es der Gesellschaft darum, durch die Einhaltung von Gesetzen eine **Haftung** zu **vermeiden**. Gesetzesverstöße können Bußgelder, Schadensersatzverpflichtungen für die Gesellschaft und deren Organmitglieder[545] oder Mitarbeiter oder sogar deren Strafbarkeit zur Folge haben.[546] Selbst wenn es der Gesellschaft trotz Bemühungen um Compliance nicht gelingt, Gesetzesverstöße vollständig zu verhindern, setzt die Rechtsprechung einen Anreiz zu guter Compliance[547]: Erst jüngst hat der BGH bei der Bemes- 217

---

[538] EinhM MüKoAktG/*Habersack* AktG § 111 Rn. 105 mwN; zurückhaltend nur Kölner Komm AktG/*Mertens/Cahn* AktG § 111 Rn. 74.
[539] EinhM Hüffer/Koch/*Koch* AktG § 111 Rn. 31 mwN; **aA** K. Schmidt/Lutter AktG/*Drygala* AktG § 111 Rn. 46.
[540] LG Frankfurt a. M. NZG 2014, 1232 mAnm *Rahlmeyer/Groh*.
[541] *Unmuth* AG 2017, 249 (250); Hüffer/Koch/*Koch* AktG § 76 Rn. 11.
[542] Hölters/*Weber* AktG § 76 Rn. 28; BeckOGK/*Fleischer* AktG § 91 Rn. 63; *M. Arnold* ZGR 2014, 76 (80); *Bicker* AG 2012, 542 (544).
[543] *Verse* ZHR 175 (2011), 401 (404); BeckOGK/*Fleischer* AktG § 91 Rn. 47.
[544] Ähnlich Hauschka/Moosmayer/Lösler Corporate Compliance § 1 Rn. 4.
[545] LG München I NZG 2014, 345 – Siemens/Neubürger.
[546] BGH NZG 2015, 792 Rn. 27; BGH NJW 2013, 1958 Rn. 22.
[547] BGH NZG 2018, 36.

sung einer Geldbuße für die Gesellschaft gemäß § 30 Abs. 1 OWiG entschieden, dass angemessene proaktive und präventive Compliance-Bemühungen zu Haftungsmilderungen führen können.[548] Von Bedeutung ist, inwieweit der Pflicht genügt wurde, Rechtsverletzungen aus der Sphäre des Unternehmens zu unterbinden und ein effizientes Compliance-Management-System installiert wurde, das auf die Vermeidung von Rechtsverstößen ausgelegt ist.[549] Eine ähnliche Richtung geht auch das geplante **Verbandssanktionengesetz (VerSanG)**[550] (→ Rn. 293 ff.). Bisher kennt das deutsche Recht kein Unternehmensstrafrecht. Der Gesetzentwurf des Bundesministeriums für Justiz und Verbraucherschutz vom 16.6.2020 zu einem „Gesetz zur Stärkung der Integrität in der Wirtschaft" hält eine Sanktionierung über das Ordnungswidrigkeitenrecht aber nicht mehr für ausreichend. Bestandteil des Gesetzentwurfs ist daher das „Gesetz zur Sanktionierung von verbandsbezogenen Straftaten" – „Verbandssanktionengesetz" (VerSanG). Das VerSanG will neben erweiterten Sanktionsmöglichkeiten auch **Anreize** für Compliance schaffen. Dazu stellt es **Sanktionsmilderungen** in Aussicht, wenn der Verband „wesentlich dazu beitragen" hat, unter anderem die Verbandstat aufzuklären. Mittel dazu sind interne Untersuchungen. Näher dazu → Rn. 290 ff.

218 Aber auch der **Reputationserhalt** ist ein wichtiges Anliegen von Compliance. Das Ansehen des Unternehmens und das Vertrauen seiner Stakeholder werden bedroht, wenn Gesetzesverstöße öffentlich werden. Mitarbeiter, Investoren und Geschäftspartner sanktionieren Compliance-Verstöße, indem sie sich vom Unternehmen abwenden und beispielsweise keine Aufträge mehr an das Unternehmen erteilen. Durch verlorenes Vertrauen in der Öffentlichkeit ist der Stand am Kapitalmarkt gefährdet. Zudem drohen Konsequenzen wie Umsatzeinbußen und der Verlust von Markenwert.

2. Überwachung der Geschäftsführung nach § 111 AktG

a) Allgemeine Zuständigkeit des Aufsichtsrats für Überwachung

219 Die **Hauptaufgabe** des Aufsichtsrats liegt nach § 111 Abs. 1 AktG darin, die Geschäftsführung zu überwachen. Einzelheiten bei (→ Rn. 23 ff.). Sicherzustellen, dass im Unternehmen Rechtsverstöße vermieden werden, gehört zur Leitungsaufgabe des Vorstands und ist Teil seiner **Legalitätskontrollpflicht** (→ Rn. 214). Damit ist Compliance Teil der „Geschäftsführung" iSd § 111 Abs. 1 AktG. Es ist deshalb **Aufgabe des Aufsichtsrats** zu überwachen, ob der Vorstand die nötigen Maßnahmen ergriffen hat, um insoweit seiner Verantwortung nachzukommen.[551] Welche Maßnahmen im Einzelnen nötig sind, ist eine Frage des konkreten Unternehmens, seiner Struktur und seiner Anfälligkeit für Regelverstöße. Näheres unter → Rn. 229 ff.

b) Organinterne Wahrnehmung

220 **Der Aufsichtsrat** ist zur Überwachung der Compliance verpflichtet. Gemeint ist das **Gesamtorgan**. Eine vollständige **Delegation** der Überwachungsaufgabe an sich auf Ausschüsse oder einzelne Mitglieder ist **unzulässig**.[552]

221 Davon zu unterscheiden und **zulässig** ist die Übertragung **einzelner Compliance-Aufgaben** auf Ausschüsse. Das ergibt sich schon aus § 107 Abs. 3 S. 2 AktG, wonach die Bestellung eines Prüfungsausschusses für das interne Kontrollsystem, das Risikomanagementsystem und das interne Revisionssystem zulässig ist. Noch weiter geht die Empfehlung D.3 DCGK, die explizit einen Prüfungsausschuss des Aufsichtsrats empfiehlt, der sich mit Compliance befasst. Der Aufsichtsratsvorsitzende soll nach der Empfehlung D.4 S. 2 DCGK nicht den Vorsitz des Prüfungsausschusses innehaben. Die Delegation von Compliance-Aufgaben auf einen **Ausschuss** kann **sinnvoll** sein, um das Aufsichtsratsplenum zu entlasten. Dadurch kann die Professionalisierung und Effizienz der Aufsichtsratsarbeit gesteigert werden. Ein entsprechender Ausschuss dient außerdem der Vermeidung von Interessenkonflikten und kann einen höheren Grad an Vertraulichkeit gewährleisten.[553]

222 Ist die Befassung mit Compliance an einen Ausschuss delegiert, hat der Ausschuss die **Aufgabe** zu prüfen, ob der Vorstand seine Aufgaben wahrnimmt und seinen Pflichten nachkommt. Es handelt sich in der Regel nicht um ein beschließendes Gremium. Vielmehr unterstützt der Prüfungsausschuss den Aufsichtsrat, indem er Berichte vom Vorstand anfordert und prüft sowie Verhandlungen und Beschlüsse vorbereitet. Der Ausschuss hat das Aufsichtsratsplenum über seine Arbeit zu **informieren** (§ 107 Abs. 3 S. 5

---

[548] BGH NZG 2018, 36; *Baur/Holle* NZG 2018, 14; BeckOGK/*Fleischer* AktG § 91 Rn. 47.
[549] BGH NZG 2018, 36.
[550] Abrufbar unter https://www.bmjv.de/SharedDocs/Gesetzgebungsverfahren/Dokumente/RefE_Staerkung_Integritaet_Wirtschaft.pdf?__blob=publicationFile&v=1 (zuletzt abgerufen am 20.10.2020).
[551] *M. Arnold* ZGR 2014, 76 (85); Hölters/*Weber* AktG § 76 Rn. 28; Hüffer/Koch/*Koch* AktG § 76 Rn. 12.
[552] Hüffer/Koch/*Koch* AktG § 76 Rn. 12; MüKoAktG/*Habersack* AktG § 111 Rn. 60.
[553] *M. Arnold* ZGR 2014, 76 (97); *Bürgers* ZHR 179 (2015), 173 (191).

AktG). Das Aufsichtsratsplenum muss sich im Gegenzug vergewissern, ob der Ausschuss seine Aufgabe ordnungsgemäß erfüllt.

3. Präventive Compliance-Pflicht des Vorstands

Präventive Compliance ist Teil der gesellschaftsrechtlichen Leitungsaufgabe und stellt damit eine **Pflicht des Vorstands** dar. Zur Organisationspflicht im Rahmen dieser Leitungsaufgabe gehört es, Strukturen bereitzustellen, um der Gefahr von Normverstößen aus der Unternehmenssphäre zu begegnen.[554]

Ziel der präventiven Compliance ist, das Risiko von Rechtsverstößen im Unternehmen zu analysieren und auf Grundlage dieser Analyse ein System zu schaffen, das Rechtsverstößen vorbeugt, sog. **Compliance-Management-System** (CMS). Das Compliance-Management-System dient der Sicherstellung der Einhaltung rechtlicher Vorschriften im gesamten Unternehmen durch organisatorische und personelle Maßnahmen. Dieses Ziel lässt sich durch drei Grundelemente charakterisieren: die **Vermeidung von Fehlverhalten**, die **Aufdeckung von Rechtsverstößen** sowie die angemessene Reaktion hierauf, also das **Abstellen und die Ahndung** solcher Verstöße.

Nicht einheitlich wird beurteilt, ob die Einrichtung eines Compliance-Management-Systems in jedem Unternehmen verpflichtend ist.[555] Eine **Regelung** im Aktiengesetz gibt es dazu **nicht**. Teilweise sehen Spezialgesetze die Pflicht vor, einzelne Elemente eines Compliance-Management-Systems einzuführen. So haben zB Kreditinstitute nach § 23a Abs. 1 S. 6 Nr. 3 KWG ein Whistleblowing System einzurichten.

Hinsichtlich der Frage des „Ob" der Compliance-Pflicht gilt das Legalitätsprinzip. Es besteht also **kein Ermessen**. Das bedeutet aber nicht, dass eine **generelle Pflicht** zur Errichtung eines umfassenden CMS besteht. Vielmehr steht den Unternehmen bei der Frage nach dem „Wie", also bei der konkreten **Ausgestaltung** der Compliance-Maßnahmen, ein **unternehmerisches Ermessen** zu.[556] Nur mit dieser Unterscheidung kann sichergestellt werden, dass die Grundlage für präventive Compliance gelegt wird, gleichzeitig aber die notwendige unternehmerische Flexibilität erhalten bleibt. Insbesondere bei kleinen Unternehmen, etwa mit wenigen Mitarbeitern, kann es ausreichen, sich auf wenige gezielte Einzelmaßnahmen zu beschränken.[557] Für große Gesellschaften dagegen ist die Errichtung eines CMS wohl aber verpflichtend. Bei größeren Unternehmen gehört die Errichtung eines CMS, unabhängig vom Bestehen einer Rechtspflicht, inzwischen zum Standard.[558]

Die **konkrete Ausgestaltung** des Compliance-Management-Systems wiederum hängt von einer Vielzahl von Faktoren ab: Größe, Branchenzugehörigkeit, (De)Zentralität, Auslandsbezug, Marktpräsenz, Mitarbeiterstruktur und vielem mehr.[559] Näher dazu → Rn. 229 ff.

Zu den Pflichten des Vorstands gehört es, nicht nur einmalig ein Compliance-Management-System einzurichten. Vielmehr muss der Vorstand das System fortwährend auf Effektivität kontrollieren und es gegebenenfalls **anpassen** und **weiterentwickeln**.[560]

4. Mindestanforderungen an eine Compliance-Organisation

Trotz weitem Ermessen haben sich gewisse **Kernelemente** herausgebildet, die zumindest ab einer gewissen Unternehmensgröße und Risikolage Bestandteile einer guten Compliance Organisation sein sollten.

a) Prüfungsstandards für eine Compliance Organisation

Aufgrund einer Vielzahl von Faktoren und Unterschiedlichkeiten in der Compliance-Organisation fällt es schwer, die **Wirksamkeit** eines Compliance-Management-Systems im Unternehmen abstrakt zu messen.

Inzwischen wurden einige Versuche unternommen, Standards für Compliance-Management-Systeme zu entwickeln, die allerdings allesamt nicht geeignet sind, Vorstand und Aufsichtsrat von ihrer Verantwortung zu entbinden. Allen voran hat das Institut der Wirtschaftsprüfer für Deutschland den **Standard IDW PS 980** (Stand: 11.3.2011) entwickelt. Neben den vom IDW entwickelten Grundsätzen ordnungsmäßiger Prüfung von Compliance-Management-Systemen stellen mittlerweile weitere privatrechtliche Institutionen Standards für Compliance-Organisationen[561] zur Verfügung. Auch das U.S. Department of

---

[554] *Reichert/Ott* NZG 2014, 241 (242); Hölters/*Weber* AktG § 76 Rn. 28.
[555] BeckOGK/*Fleischer* AktG § 91 Rn. 48; Hüffer/Koch/*Koch* AktG § 76 Rn. 13; Hauschka/Moosmayer/Lösler Corporate Compliance § 1 Rn. 30.
[556] Ähnlich *Winter* FS Hüffer, 2010, 1003 (1005).
[557] *W. Goette* ZHR 175 (2011), 388 (396 f.).
[558] *Böttcher* NZG 2011, 1054 (1056).
[559] Hauschka/Moosmayer/Lösler Corporate Compliance § 1 Rn. 31.
[560] *Hoffmann/Schieffer* NZG 2017, 401 (402).
[561] ZB ISO 19600, ICC Toolkit zur kartellrechtlichen Compliance 2014.

232 Ein solcher Standard kann hilfreich sein, um sinnvolle Compliance-Maßnahmen für das jeweilige Unternehmen und dessen relevante Risiken zu identifizieren. Er kann als **Orientierung** dafür dienen, was in typischen Fällen sinnvollerweise Bestandteil einer Compliance-Organisation sein sollte und welche Elemente sich zu Kernelementen einer Compliance-Organisation entwickeln könnten.[563] In der Praxis lässt rund die Hälfte (47%) der Unternehmen eine Zertifizierung nach dem Standard IDW PS 980 oder ISO 19600 durchführen.[564]

Justice veröffentlicht einen Leitfaden zur „Evaluation of Corporate Compliance Programs", der zuletzt im Juni 2020 aktualisiert wurde.[562]

233 Rechtlich **verbindliche Vorgaben** machen diese Standards aber **nicht**. Aus der Orientierung an IDW PS 980 kann nicht unmittelbar der Schluss gezogen werden, ein Unternehmen verfüge über eine gesellschaftsrechtlich ordnungsgemäße Compliance-Organisation.[565] Insbesondere ersetzt ein solcher Standard keine individuelle und sachgerechte **Risikoanalyse**. Wird die individuelle Situation des Unternehmens nicht ausreichend berücksichtigt und kommt es zu einer Pflichtverletzung, wirkt die Einhaltung des Prüfungsstandards weder exkulpierend noch sanktionsmindernd.[566] Selbst bei einer Zertifizierung eines Compliance-Management-Systems nach einem solchen Prüfungsstandard darf sich das Unternehmen nicht in Sicherheit wiegen.

b) Zuordnung von Verantwortlichkeiten

234 Ein funktionsgerechtes Compliance-System erfordert eine **klare und eindeutige Zuweisung von Zuständigkeiten** im Hinblick auf die Einhaltung der Rechtsvorschriften, die das Unternehmen treffen. Der Vorstand muss verhindern, dass Aufgaben nicht erfüllt werden, weil unklar ist, wer dafür zuständig ist.[567] Zwar kann die **Compliance-Verantwortung** als solche nicht delegiert werden, das bedeutet aber nicht, dass keine Delegation einzelner **Compliance-Aufgaben möglich** ist. Regelmäßig ist sie sogar geboten.

235 Für Compliance-Aufgaben ist eine Delegation sowohl innerhalb des Vorstands **(horizontale Delegation)**, als auch auf Mitarbeiter unterhalb der Vorstandsebene **(vertikale Delegation)** zulässig.[568] Bei der Entscheidung, welche Aufgaben delegiert werden sollen, handelt es sich um eine **unternehmerische Entscheidung** des Vorstands bzw. des Aufsichtsrats. Dabei besteht ein **Entscheidungsspielraum**, § 93 Abs. 1 S. 2 AktG *(Business Judgment Rule)*.

236 Bei einer Delegation verbleibt jedoch die Pflicht zur ordnungsgemäßen **Überwachung** und **Kontrolle** des Delegationsempfängers beim zuständigen Vorstandsmitglied bzw. dem Gesamtvorstand. Im Fall der vertikalen Delegation hat der Vorstand außerdem die Pflicht zur sorgfältigen Auswahl und Instruktion der betroffenen Mitarbeiter (sog. **Residualpflichten**).[569]

237 **aa) Horizontale Delegation. (1) Allgemeines.** Werden im Vorstand **verschiedene Ressorts** gebildet, handelt es sich um einen Fall der **horizontalen Delegation,** also einer Aufteilung der Leitungs- und Geschäftsführungsaufgabe (§§ 76, 77 AktG) auf derselben Hierarchieebene. Auch die Zuständigkeit für Compliance kann und sollte einem Vorstandsmitglied zugewiesen werden.

238 Die übrigen Vorstandsmitglieder genügen dann ihrer Compliance-Pflicht, wenn sie das zuständige Vorstandsmitglied überwachen und sich regelmäßig von der Angemessenheit und Wirksamkeit des Compliance-Management-Systems überzeugen. Die Intensität der Vorstandsüberwachung ist vergleichbar mit dem **„abgestuften Überwachungssystem"** des Aufsichtsrats (→ Rn. 93 ff.). Grundsätzlich reicht es aus, sich auf die **Berichte** des primär zuständigen Vorstandsmitglieds zu verlassen, stichprobenartig Aufsicht über die Tätigkeit des jeweils zuständigen Vorstandsmitglieds zu nehmen und ggf. nachzufragen und sich Vorgänge etc. erläutern lassen.[570] Es gilt insofern der **Vertrauensgrundsatz.** Der Gesamtvorstand darf sich grundsätzlich darauf verlassen, dass die Vorstandskollegen ihre Aufgaben pflichtgemäß erfüllen.[571] Liegen jedoch Anhaltspunkte für Defizite des Compliance-Management-Systems oder dessen Nichtbeachtung vor, müssen Vorstandsmitglieder ihre Überwachungsfunktion verstärken und gegebenenfalls selbst tätig werden.[572]

---

[562] Abrufbar unter: https://www.justice.gov/criminal-fraud/page/file/937501/download (zuletzt abgerufen am 20.10.2020).
[563] *Nietsch/Hastenrath* CB 2015, 221 (222); *Kasten/Traugott* CCZ 2015, 157.
[564] *PwC* Wirtschaftskriminalität 2018, S. 37, abrufbar unter: https://www.pwc.de/de/risk/pwc-wikri-2018.pdf (zuletzt abgerufen am 20.10.2020).
[565] *Fleischer* NZG 2014, 321 (325).
[566] *Hüffer/Koch/Koch* AktG § 76 Rn. 17 f.; *Böttcher* NZG 2011, 1054 (1058).
[567] LG München I NZG 2014, 345 – Siemens/Neubürger.
[568] BeckOGK/*Fleischer* AktG § 91 Rn. 68 ff.; *W. Goette* ZHR 175 (2011), 388 (394).
[569] BGH AG 1997, 37 (39) zur GmbH; MüKoAktG/*Spindler* AktG § 91 Rn. 71; *Schmidt-Husson* in Hauschka/Moosmayer/Lösler Corporate Compliance § 6 Rn. 12; *M. Arnold* ZGR 2014, 76 (80).
[570] *Klahold/Kremer* ZGR 2010, 113 (125); *Hauschka* NJW 2004, 259; MüKoAktG/*Spindler* AktG § 77 Rn. 59.
[571] MüKoAktG/*Spindler* AktG § 93 Rn. 174.
[572] *W. Goette* ZHR 175 (2011), 388 (395).

(2) Geschäftsverteilung auf Vorstandsebene. Die Compliance-Pflichten können und sollten auf Vorstandsebene durch eine **Geschäftsverteilung** klar zugeordnet werden.[573] Die frühere Kodex-Empfehlung, dass eine Geschäftsordnung die Ressortzuständigkeit einzelner Vorstandsmitglieder regeln soll, wurde allerdings mit der Kodex-Reform 2020 aufgegeben.[574] Grundsätzlich ist für die **Geschäftsverteilung auf Vorstandsebene** der **Aufsichtsrat** zuständig, der eine Geschäftsordnung nach § 77 Abs. 2 S. 1 AktG für den Vorstand erlassen kann.[575] Der Aufsichtsrat kann in diesem Rahmen auch die Zuteilung der Compliance-Aufgaben vornehmen. Das kann vorteilhaft sein, um den Gesamtvorstand zu entlasten und für den Bereich der Compliance-Organisation einen spezifischen Ansprechpartner im Vorstand zu haben.[576] Der Aufsichtsrat ist aber nicht gezwungen, eine alle Einzelfragen regelnde Geschäftsordnung zu erlassen. Möglich ist auch der Erlass einer Art **Rahmenordnung,** deren Konkretisierung dem Vorstand überlassen wird.[577] Dem Vorstand ist zu empfehlen, dass er die ergänzenden Regelungen vom Aufsichtsrat billigen lässt.[578] Unzulässig ist dagegen eine Geschäftsordnung, die lediglich auf punktuelle Einzelregelungen beschränkt ist.[579] 239

Der Vorstand kann sich **selbst eine Geschäftsordnung geben,** sofern der Erlass nicht dem Aufsichtsrat durch die Satzung zugewiesen ist oder der Aufsichtsrat (noch) keinen Gebrauch von seiner Erlasskompetenz gemacht hat (§ 77 Abs. 2 S. 1 AktG). Nach § 77 Abs. 2 S. 3 AktG muss der Beschluss des Vorstands über die Geschäftsordnung einstimmig gefasst werden. Ob der Vorstand dazu die Ermächtigung des Aufsichtsrats braucht, hängt davon ab, wie genau der Aufsichtsrat die Geschäftsverteilung im Übrigen vorgenommen hat (→ Rn. 191 ff.). 240

Bisher umstritten war die Frage, ob es zu einer wirksamen Zuweisung einer **schriftlichen Fixierung** bedarf. Das hatte der BFH in einem Grundsatzurteil von 1984[580] so gesehen. In jüngerer Rechtsprechung hat der BGH jedoch jedenfalls für die GmbH entschieden, dass die Aufgabenzuweisung **nicht zwingend** schriftlich geschehen muss.[581] Ungeachtet dessen ist es aus Beweisgründen uneingeschränkt **empfehlenswert,** die Geschäftsverteilung schriftlich festzuhalten. Bei einer in einer Geschäftsordnung geregelten Ressortzuweisung ist das ohnehin der Fall (→ Rn. 191 ff.). 241

Es gibt keine gesetzlichen Vorgaben, wie viele Bereiche und Unternehmensfunktionen ein einzelnes Vorstandsmitglied übernehmen darf. Die Aufteilung muss aber gewährleisten, dass das einzelne Vorstandsmitglied die ihm übertragenen Verantwortlichkeiten stets **angemessen wahrnehmen** kann. Wird die Verantwortung für einen bestimmten Bereich oder eine Unternehmensfunktion auf ein Vorstandsmitglied übertragen, muss zudem gewährleistet sein, dass das Vorstandsmitglied über die erforderlichen persönlichen und fachlichen Voraussetzungen für die Wahrnehmung der mit dem Geschäftsbereich verbundenen Verantwortung verfügt.[582] 242

Man wird die Geschäftsverteilung auch dann für **unsachgemäß** halten müssen, wenn ein Vorstandsmitglied wegen einer Vielzahl weiterer, ihm übertragener Verantwortungsbereiche den Aufgaben nicht mit der erforderlichen Sorgfalt gerecht werden kann. Bei der Übertragung der Aufgaben muss der Aufsichtsrat deshalb genau **abwägen,** welche und wie viele Bereiche er welchem Vorstandsmitglied überträgt und warum. Er hat dabei die individuellen Kenntnisse und Erfahrungen der jeweiligen Vorstandsmitglieder zu berücksichtigen und einzuschätzen, welcher Aufwand mit den Aufgaben einhergeht. 243

bb) Vertikale Delegation. Das Vorstandsmitglied mit der Ressortzuständigkeit „Compliance" kann ab einer gewissen Unternehmensgröße nicht mehr die Legalitätskontrolle im gesamten Unternehmen selbst wahrnehmen. Das Vorstandsmitglied ist dann darauf angewiesen, Compliance-Aufgaben an nachgeordnete Mitarbeiter zu delegieren. In diesem Bereich muss das Vorstandsmitglied dafür sorgen, dass ein rechtmäßiges Verhalten der ausgewählten Mitarbeiter durch geeignete organisatorische Maßnahmen gewährleistet ist.[583] Bei ihm verbleiben bspw. **Residualpflichten** (→ Rn. 236) zur **ordnungsgemäßen Auswahl, Einweisung, Überwachung und Kontrolle.** Es muss dabei nicht nur darauf achten, dass die Zuständigkeiten für die zu treffenden Überwachungsmaßnahmen **klar und eindeutig** verteilt sind, sondern auch darauf, dass die Delegationsempfänger mit ihrer Überwachungsaufgabe nicht erkennbar überfordert sind.[584] 244

---

[573] LG München I NZG 2014, 345 (348) – Siemens/Neubürger.
[574] Vgl. zuvor Ziff. 4.2.1 S. 2 DCGK 2017.
[575] Hüffer/Koch/*Koch* AktG § 77 Rn. 19; MüKoAktG/*Spindler* AktG § 77 Rn. 46 f.
[576] *Klahold/Kremer* ZGR 2010, 113 (125).
[577] *Hoffmann-Becking* ZGR 1998, 497 (501); BeckOGK/*Fleischer* AktG § 77 Rn. 79; Hölters/*Weber* AktG § 77 Rn. 46.
[578] Hölters/*Weber* AktG § 77 Rn. 46; *Hoffmann-Becking* ZGR 1998, 497 (504).
[579] BeckOGK/*Fleischer* AktG § 77 Rn. 79; Hölters/*Weber* AktG § 77 Rn. 46.
[580] BFH BStBl. II 1984, 776 (778).
[581] BGH NZG 2019, 225.
[582] *Fleischer* NZG 2003, 449 (453).
[583] *Fleischer* NZG 2003, 449 (452).
[584] BGH WuW/E BGH 2148; OLG Düsseldorf NStZ-RR 1999, 151 (152).

245 Für Compliance-Aufgaben auf einer dem Vorstand nachgeordneten Ebene bietet sich die Einsetzung einer **Compliance-Abteilung** oder eines **Compliance-Beauftragten** oder (Chief) Compliance Officer an. Bei der Auswahl der für Compliance zuständigen Stelle oder Person handelt sich um eine **unternehmerische Entscheidung**. Es liegt deshalb im Ermessen des Vorstands, wem er die Zuständigkeit für Aufgaben in der Gesellschaft zuweist, solange die Grundsätze ordnungsgemäßer Delegation beachtet werden. Insbesondere muss der Vorstand die Mitarbeiter **sorgfältig** auswählen. Hinsichtlich der konkreten persönlichen Anforderungen bei der **Auswahl** eines Compliance-Beauftragten wird man dessen **Integrität** und **Sachkunde** als entscheidend ansehen müssen.[585] Der Compliance-Beauftragte muss nicht zwingend Jurist sein.[586] Gewisse juristische Kenntnisse in der Compliance-Abteilung sind jedoch in der Regel empfehlenswert.[587]

246 Der Vorstand muss die jeweiligen Mitarbeiter über die gesetzlichen Pflichten belehren, sie darüber fortlaufend unterrichten und die Verantwortlichkeit der jeweiligen Mitarbeiter klar abgrenzen. Nicht erforderlich ist hierfür, dass die Mitarbeiter, denen Aufgaben zugewiesen werden, einer bestimmten **Hierarchieebene** angehören („substance over form"). Dabei ist aber darauf zu achten, dass – schon aus Effizienzgesichtspunkten – zu lange Berichtswege zum Vorstand hin zu vermeiden sind.[588] Näher dazu → Rn. 251 ff. Zudem muss der Vorstand ausreichend Personal und die erforderlichen Sachmittel zur Erfüllung der delegierten Aufgaben zur Verfügung stellen.

c) Risikoanalyse als Informationsgrundlage

247 Die Ausgestaltung eines angemessenen Compliance-Management-Systems unterliegt grundsätzlich als unternehmerische Entscheidung der *Business Judgment Rule* (§ 93 Abs. 1 S. 2 AktG).[589] Der Vorstand muss die Entscheidungen darüber auf angemessener **Informationsgrundlage** treffen. Die relevanten Informationen können durch eine umfassende **Risikoanalyse** erlangt werden. Nur wenn bekannt ist, welche Compliance-Risiken bestehen, kann ein maßgeschneidertes Compliance-Management-System implementiert werden.[590]

248 Die Risiken der Geschäftsfelder müssen in **rechtlicher** und **tatsächlicher** Hinsicht analysiert werden. In rechtlicher Hinsicht muss der Vorstand die für die Gesellschaft einschlägigen gesetzlichen Regelungen kennen. In tatsächlicher Hinsicht muss er bewerten, wie groß das **Risiko** ist, dass es im Geschäftsfeld des Unternehmens zu Verstößen kommt und welche Konsequenzen aus solchen Verstößen drohen.

249 Für die Bewertung dieser Faktoren spielt beispielsweise eine Rolle, ob viele **öffentliche Aufträge** bestehen, in welchen Ländern das Unternehmen tätig ist und wie **korruptionsanfällig** diese sind.[591] Aber auch die eigene **Unternehmenskultur** in der Gegenwart und Vergangenheit ist Indiz für das Risiko.[592]

250 Maßgeblich für die Risikobewertung ist die **„ex-ante"-Sicht**, also wie der Vorstand die Situation im Zeitpunkt der Entscheidung über die Ausgestaltung des Compliance-Management-Systems einschätzen durfte.[593]

d) Berichtssystem

251 **aa) Berichtssystem und Informationspflichten.** Wurden die relevanten Risiken identifiziert, sind **organisatorische Vorkehrungen** zu treffen, durch die die festgestellten Risiken abgedeckt werden. Auch hier ist **Informationserhalt** ein Kernelement. Die Gesellschaft muss so organisiert sein, dass relevante Informationen in der Organisation abgefragt werden (**Informationsabfragepflicht**) und unverzüglich an die verantwortlichen Personen weitergegeben werden (**Informationsweiterleitungspflicht**).[594] Der Vorstand muss sicherstellen, dass ein **Berichtssystem** eingerichtet wird, das eine regelmäßige und anlassbezogene Berichterstattung sicherstellt.

252 Dazu gehört insbesondere die Festlegung **klarer Berichtslinien**. Dazu müssen sowohl auf horizontaler Ebene im Vorstand, als auch vertikal im Verhältnis zu den einzelnen Bereichen, Berichtswege und

---

[585] *Schmidt-Husson* in Hauschka/Moosmayer/Lösler Corporate Compliance § 6 Rn. 29; *W. Goette* ZHR 175 (2011), 388 (395).
[586] So aber *Hüffer/Schneider* ZIP 2010, 55.
[587] *Harbarth* ZHR 179 (2015), 136 (166).
[588] *Harbarth* ZHR 179 (2015), 136 (166).
[589] *Hoffmann/Schieffer* NZG 2017, 401 (404).
[590] *Unmuth* CB 2017, 177 (178).
[591] *W. Goette* ZHR 175 (2011), 388 (397); *Klahold/Kremer* NZG 2010, 113 (120 f.).
[592] *Unmuth* CB 2017, 177 (178); *Moosmayer* Compliance Rn. 71.
[593] *M. Arnold/Rudzio* KSzW 2016, 231 (239); *Unmuth* AG 2017, 249; MüKoAktG/*Spindler* AktG § 93 Rn. 25.
[594] *Buck-Heeb* in Hauschka/Moosmayer/Lösler Corporate Compliance § 2 Rn. 36 ff.

Informationspflichten festgelegt werden. Wird das versäumt, begeht der Vorstand eine Pflichtverletzung.[595]

Auf Vorstandsebene müssen Informationen, die ein anderes Ressort betreffen, die ressortübergreifende Bedeutung haben oder die in die Gesamtverantwortung des Vorstands fallen, zwischen den Vorstandsmitgliedern weitergegeben werden **(horizontales Berichtssystem).** 253

Ein **vertikales Berichtssystem** muss sicherstellen, dass relevante Informationen den Vorstand erreichen. Wie das Berichtssystem ausgestaltet wird, liegt im Ermessen des jeweiligen Vorstandsmitglieds. Dabei liegt es in seiner Verantwortung, die Organisation so auszugestalten, dass er Informationen auch von unteren Hierarchieebenen erhält. Die an den Vorstand weitergegebenen Informationen dürfen aber einen Umfang nicht übersteigen, der es dem Vorstand erlaubt, die Information vollständig wahrzunehmen und sinnvoll zu behandeln. Zum konzernweiten Berichtssystem → Rn. 275 ff. 254

bb) Insbesondere: Whistleblowing-System. (1) Allgemeines. Bestandteil eines vertikalen Berichtssystems ist auch, dass für Mitarbeiter die Möglichkeit geschaffen wird, Verdachtsfälle zu **melden.** 255

In der Praxis sind solche **Hinweisgebersysteme,** auch „Whistleblowing-System" genannt, mittlerweile bei vielen großen Unternehmen Bestandteil des Compliance-Management-Systems und können jedenfalls ab einer gewissen Unternehmensgröße als „best practice" bezeichnet werden. Ein solches Hinweissystem sieht auch die Empfehlung A.2 S. 2 des Deutschen Corporate Governance Kodex ausdrücklich vor.[596] Nach einer Studie von PricewaterhouseCoopers (PwC) aus dem Jahr 2018 haben 86 % der in die Studie einbezogenen Unternehmen ein Hinweisgebersystem.[597] 256

Das Aktiengesetz kennt bislang **keine Pflicht** zur Einrichtung eines solchen Hinweisgebersystems. Lediglich Kreditinstitute und Finanzdienstleistungsinstitute und Versicherungsunternehmen müssen nach § 23a Abs. 1 S. 6 Nr. 3 KWG bzw. § 23 Abs. 6 VAG ein ähnliches System bereithalten. 257

Das könnte sich aber bald ändern. Am 16. 4. 2019 hat die EU die „Richtlinie zum Schutz von Personen, die Verstöße gegen das Unionsrecht melden"[598] verabschiedet, auch **„EU-Hinweisgeberrichtlinie"** oder **„Whistelblowing-Richtlinie".** Sie ist am 16. 12. 2019 in Kraft getreten, hat aber bis zur Umsetzung in nationales Recht noch keine unmittelbare Wirkung. Die Mitgliedstaaten haben bis zum 17. 12. 2021 Zeit, die Richtlinie in nationales Recht umzusetzen, Art. 26 RL. 258

Ziel der Richtlinie ist es, Hinweisgeber besser vor Sanktionen zu schützen.[599] Die Richtlinie sieht vor, dass juristische Personen mit über 50 Beschäftigten (Art. 8 Abs. 1, 3 RL) ein **Meldesystem** für bestimmte Verstöße gegen Unionsrecht, zB Umweltschutz oder Verbraucherschutz, errichten müssen. Für interne Meldungen sieht Art. 9 Abs. 1 lit. f RL einen Rückmeldungsrahmen von maximal drei Monaten vor, in dem der Hinweisgeber über Folgemaßnahmen zu seiner Meldung informiert werden muss. 259

Die Einführung eines Hinweisgebersystems liegt bisher noch im **Ermessen des Vorstands.** Nach Umsetzung der Richtlinie in nationales Recht werden Unternehmen, die in den Anwendungsbereich des künftigen Gesetzes fallen, ein den Anforderungen des künftigen Gesetzes genügendes Meldesystem neu schaffen oder ihr bestehendes System gegebenenfalls an die neuen Anforderungen anpassen müssen. Durch ein Whistleblowing-System ist es möglich, eine **klare Berichtslinie** über Hierarchiestufen hinweg zu etablieren. Vermutet oder beobachtet ein Mitarbeiter einen Regelverstoß seines direkten Vorgesetzten, ist eine Meldung an eine **separate Anlaufstelle** wahrscheinlicher als eine Mitteilung an den mutmaßlichen Delinquenten. Darüber hinaus besteht der positive Effekt, dass Hinweise auf Fehlverhalten **unternehmensintern** gehalten werden und nicht nach außen dringen und damit die Unternehmensreputation gefährden.[600] 260

Die Effektivität des Systems hängt maßgeblich von der **Mitarbeiterkommunikation** ab.[601] Der Mitarbeiter muss von vornherein wissen, an **wen** genau er sich wenden kann und **wie** diese Person oder das System erreichbar ist. Aus Mitarbeitersicht relevant und damit essentiell für den Erfolg des Systems ist, dass dem Mitarbeiter entweder **Anonymität** ermöglicht wird oder die Person des Hinweisgebers **vertraulich** behandelt wird. 261

(2) Ausgestaltungsmöglichkeiten. Will man das Hinweisgebersystem vor allem **unternehmensintern** halten, sollte die Whistleblowing-Stelle im **Verantwortungsbereich** des **Vorstands** verortet werden, da dort auch die **Compliance-Verantwortung** liegt (→ Rn. 223 ff.). Dort bietet sich eine Anbindung an die – soweit vorhanden – Compliance-Abteilung, alternativ an die Rechts- oder Revisionsabteilung oder 262

---

[595] LG München I NZG 2014, 345 (348) – Siemens/Neubürger.
[596] *Baur/Holle* AG 2017, 379 (380).
[597] *PwC* Wirtschaftskriminalität 2018, S. 44, abrufbar unter: https://www.pwc.de/de/risk/pwc-wikri-2018.pdf (zuletzt abgerufen am 20. 10. 2020).
[598] Im Folgenden als „RL" abgekürzt.
[599] *Frieden/Hölsken* AnwZert HaGesR 15/2019 Anm. 1.
[600] *Buchert* in Hauschka/Moosmayer/Lösler Corporate Compliance § 42 Rn. 78; *Baur/Holle* AG 2017, 379 (380).
[601] *Miege* CCZ 2018, 45 (46); *Moosmayer* Compliance Rn. 181.

die Personalabteilung an.[602] Zwar ist auch eine Anbindung beim Aufsichtsrat oder dem Prüfungsausschuss theoretisch denkbar. Angesichts der Kontrollfunktion des Aufsichtsrats und der Primärverantwortung des Vorstands dürfte dies in der Regel jedoch nicht zweckmäßig sein.[603] Dennoch sollte sichergestellt sein, dass in **Ausnahmefällen** eine Berichterstattung an den Aufsichtsrat möglich ist. Das gilt vor allem für Fälle, in denen es unmittelbar um Hinweise auf Fehlverhalten von Vorstandsmitgliedern geht.[604]

263 Bei einer externen Anbindung kommt vor allem eine **Ombudsperson** in Betracht. Dabei handelt es sich in der Regel um eine Rechtsanwältin oder einen Rechtsanwalt, die die Informationen des Hinweisgebers an das Unternehmen weitergibt.[605] Durch die Zwischenschaltung des „Dritten" – der Ombudsperson – kann die Anonymität des Hinweisgebers leichter gewahrt werden. Allerdings besteht bei solchen externen Ombudspersonen nach neuerer Rechtsprechung **kein Beschlagnahmeschutz**[606] (→ Rn. 306 ff.).

264 Die **personelle Reichweite** kann unterschiedlich weit gefasst werden: Das Hinweisgebersystem kann beispielsweise nur Mitarbeitern des Unternehmens geöffnet werden. Deutlich weiter geht aber die Empfehlung A.2 S. 2 Hs. 2 DCGK, nach der das Hinweissystem „auch **Dritten**" gegenüber geöffnet werden soll. In der Begründung zur Empfehlung nennt die Kommission beispielhaft **Kunden** und **Lieferanten** als „Dritte". Eine Öffnung für gänzlich unbeteiligte Personen erhöht die Missbrauchsgefahren im Verhältnis zum Nutzen zu stark, sodass davon abgesehen werden sollte.[607]

e) Unternehmenskultur und Bewusstsein für Compliance

265 Die Unternehmens- und **Compliance-Kultur** stellt die Grundlage für die Angemessenheit und Wirksamkeit einer (Compliance-)Organisation dar. Sie beeinflusst die Wertschätzung, die jeder einzelne Mitarbeiter der Bedeutung von Regeln beimisst und damit auch die Bereitschaft zu regelkonformem Verhalten.[608]

266 **aa) Bekenntnis der Unternehmensführung zu Compliance („tone from the top").** Eine unangemessene Unternehmenskultur kann dazu führen, dass Mitarbeiter Compliance-Verstöße begehen. Um das zu vermeiden, muss der Vorstand Maßnahmen ergreifen, die ein gesetzeskonformes Verhalten der Mitarbeiter einfordern und die Unternehmenskultur verbessern. Hierzu ist anerkannt, dass sich die Unternehmensleitung dazu **bekennen** muss, die **Gesetze einzuhalten.**[609]

267 Dabei muss der Vorstand erkennbar und mit voller Überzeugung zum Ausdruck bringen, dass Gesetze unbedingt einzuhalten sind, auch wenn dadurch Nachteile entstehen oder kurzfristige Geschäftschancen nicht wahrgenommen werden können, sog. **„tone from the top".**[610] Eine solche „zero-tolerance Politik" darf nicht nur auf dem Papier stehen, sondern beginnt schon damit, dass der Vorstand sich selbst intensiv mit Compliance beschäftigt. Diese Einstellung muss er vorleben und stetig neu von allen Mitarbeitern einfordern. Entscheidend für die erfolgreiche Vermittlung ist eine glaubwürdige **Kommunikation** an die Mitarbeiter.[611] Die gelebte Kultur zeigt sich durch die konsequente Ahndung von Verstößen, die Berücksichtigung von Compliance bei Großprojekten und die stetige Weiterentwicklung des Systems durch den Vorstand.

268 **bb) Verhaltensanweisung an Mitarbeiter (Verhaltenskodex).** Unmittelbar mit dem Bekenntnis der Unternehmensführung hängen umsetzbare und klar verständliche **Verhaltensanweisungen** an die Mitarbeiter zusammen. Empfehlenswert ist deshalb, unternehmensinterne Compliance-Richtlinien oder einen **Verhaltenskodex** zu entwerfen. Darin wird das Compliance-System des Unternehmens leicht verständlich, übersichtlich und prägnant dargestellt. Diese Anweisungen sollten **unternehmensweit** gelten.[612] Dabei ist wichtig, dass ein **Kommunikationsplan** erstellt und dokumentiert wird, in welcher Weise der Verhaltenskodex an Mitarbeiter aller Hierarchiestufen vermittelt wird.

269 **cc) Schulungen.** Besonders nachhaltige Lerneffekte der Belegschaft können durch **Trainingsprogramme** und **Schulungen** zu Compliance-Themen erreicht werden. Empfehlenswert ist, dass der Programminhalt nicht nur passiv von den Teilnehmern aufgenommen wird, sondern in Form von **Workshops** oder

---

[602] *Klahold/Kremer* NZG 2010, 113 (133 f.); krit. *Buchert* in Hauschka/Moosmayer/Lösler Corporate Compliance § 42 Rn. 15.
[603] *Buchert* in Hauschka/Moosmayer/Lösler Corporate Compliance § 42 Rn. 15.
[604] *Baur/Holle* AG 2017, 379 (380); *Buchert* in Hauschka/Moosmayer/Lösler Corporate Compliance § 42 Rn. 15.
[605] *Moosmayer* Compliance Rn. 186; *Miege* CCZ 2018, 45 (46); *Klahold/Kremer* NZG 2010, 113 (134).
[606] LG Bochum BeckRS 2016, 15626.
[607] *Baur/Holle* NZG 2017, 170 (173).
[608] IDW PS 980, S. 5.
[609] *Reichert/Ott* ZIP 2009, 2173 (2176) mwN.
[610] BeckOGK/*Fleischer* AktG § 91 Rn. 62; *Reichert/Ott* ZIP 2009, 2173 (2174).
[611] *Moosmayer* Compliance Rn. 144; *Bicker* AG 2012, 542 (546).
[612] *Moosmayer* Compliance Rn. 144; *Bicker* AG 2012, 542 (546).

Case Studies Eigeninitiative und Teilnahme gezeigt werden müssen.[613] Das steigert die Motivation zur Teilnahme und dient dazu, die Inhalte besser zu verinnerlichen. Eher zweitrangig ist dabei die Frage, ob die Veranstaltungen **Präsenzveranstaltungen** oder **E-Learning** – also webbasierte Trainings – sind. Gleiches gilt bezüglich der Frage, ob es sich um **externe** Veranstalter oder **internes** Know-How, etwa durch den Compliance-Beauftragten (→ Rn. 362) handelt.

Entscheidend ist vielmehr, die Programme und Inhalte an die Zielgruppen anzupassen.[614] Dazu bietet sich eine Differenzierung anhand von Personengruppen an. Nützlich sind verschiedene und spezielle Schulungen für die Führungsebenen und Mitarbeiter, die in besonders risikobehafteten Bereichen tätig sind. Bei den Mitarbeitern muss ein **Problembewusstsein** – gerade auf ihr Aufgabenfeld bezogen – geschaffen werden.[615]

dd) Überprüfung und Weiterentwicklung der Organisation. (1) Überprüfung der Organisation. Es gehört zur Compliance-Verantwortung des Vorstands, sowohl **anlassbezogen** als auch **regelmäßig** die **Organisationsabläufe** zu bewerten und Veränderungen der organisatorischen Aufstellung zu **prüfen**.

Anlassbezogen kann eine Überprüfung der Organisation zB geboten sein, wenn sich die gesetzlichen Rahmenbedingungen ändern, Compliance-Verstöße aufgedeckt oder wirtschaftliche Fehlentwicklungen in einzelnen Bereichen erkannt werden. Wenn es erforderlich ist, hat der Vorstand die Organisation anzupassen oder fortzuentwickeln. Sonst begeht er eine Pflichtverletzung.[616]

Bestandteil einer **kontinuierlichen** Überprüfung der Organisation können insbesondere regelmäßige **Compliance-Audits** sein. Dabei handelt es sich um wiederkehrende, systematische Überprüfungen von Compliance-Strukturen anhand von bestimmten Untersuchungskriterien, die auf das Risikoprofil des Unternehmens abgestimmt sind.[617] Weiterer Bestandteil sollte die Durchführung von unangekündigten und verdachtsunabhängigen **Stichproben** sein, die auch in Form von Probedurchsuchungen stattfinden können.[618] Die Überprüfung der Organisation kann intern oder durch spezialisierte **externe Berater** durchgeführt werden.

(2) Anpassung und Weiterentwicklung der Organisation. Parallel zu Veränderungen im Unternehmen stellen sich auch stets neue Anforderungen an die Compliance. Diesem Wandel entsprechend, ist es Aufgabe des Vorstands, dafür zu sorgen, dass die Compliance-Organisation kontinuierlich **angepasst** und **weiterentwickelt** wird.[619] Grundlage dafür sind die durch die Risikoanalyse (→ Rn. 247 ff.) erlangten Informationen.

5. Compliance im Konzern

a) Konzernweite Compliance

Compliance ist Leitungsaufgabe des Vorstands (→ Rn. 223). Nach zutreffender Auffassung trifft den Vorstand einer Muttergesellschaft aber keine umfassende **Konzernleitungspflicht**,[620] sodass sich auch die Compliance-Pflicht nicht ohne weiteres auf die Tochter- oder Enkelgesellschaften erstreckt.[621] Mit Blick auf die Obergesellschaft besteht jedoch eine **Pflicht** des Vorstands, einen **Schaden** von der Gesellschaft **abzuwenden**.[622] Solche Schäden können zum Beispiel dadurch entstehen, dass wegen Pflichtverletzungen der Tochtergesellschaften **Geldbußen** gegen die Obergesellschaft verhängt werden. Näher dazu → § 8 Rn. 52 ff. Auch durch **Image- und Reputationsverlust der Konzerngesellschaften** drohen der Obergesellschaft mittelbare Vermögenseinbußen. Deshalb resultiert aus der Leitungsverantwortung des Vorstands für die Muttergesellschaft, dass er versuchen muss, compliancewidrige Vorgänge in Tochtergesellschaften im Rahmen seiner gesellschaftsrechtlichen Möglichkeiten zu verhindern.[623] Sollten ihm Complianceverstöße bekanntwerden, ist er gehalten, sie **aufzuklären** und zu **sanktionieren**. Es braucht

---

[613] *Lochen* in Hauschka/Moosmayer/Lösler Corporate Compliance § 37 Rn. 60; *Lampert* BB 2002, 2237 (2241).
[614] Näher *Pauthner/de Lamboy* CCZ 2011, 146; *Lochen* in Hauschka/Moosmayer/Lösler Corporate Compliance § 37 Rn. 62; *Moosmayer* Compliance Rn. 178.
[615] *Seibt/Cziupka* AG 2015, 93 (97).
[616] LG München I NZG 2014, 345 (348) – Siemens/Neubürger; K. Schmidt/Lutter AktG/*Sailer-Coceani* AktG § 93 Rn. 8; *Veltins* in Hauschka/Moosmayer/Lösler Corporate Compliance § 23 Rn. 48.
[617] *Klahold/Kremer* NZG 2010, 113 (132); *Lampert* BB 2002, 2237 (2242).
[618] *Lampert* BB 2002, 2237 (2242).
[619] BeckOGK/*Fleischer* AktG § 91 Rn. 60; *Lochen* in Hauschka/Moosmayer/Lösler Corporate Compliance § 37 Rn. 9; *Harbarth* ZHR 179 (2015), 136 (158); *Reichert/Ott* ZIP 2009, 2173 (2177).
[620] *Schockenhoff* ZHR 180 (2016), 197 (201 f.); Str., MüKoAktG/*Spindler* AktG § 76 Rn. 46, 49 mwN; Kölner Komm AktG/*Mertens/Cahn* AktG § 76 Rn. 56.
[621] *M. Arnold/Geiger* BB 2018, 2306 (2307); *Schockenhoff* ZHR 180 (2016), 197 (202).
[622] Hüffer/Koch/*Koch* AktG § 76 Rn. 21; *Bicker* AG 2012, 542 (548); *Habersack* AG 2014, 1 (3).
[623] *Paefgen* WM 2016, 433 (441); *Habersack* AG 2014, 1 (3); *M. Arnold/Geiger* BB 2018, 2306 (2307).

also ein Compliance System, das **konzernweit** Überwachungsmaßnahmen gewährleisten kann. Der Deutsche Corporate Governance Kodex empfiehlt dementsprechend ein **konzernweites Compliance-Management-System** in A.2 S. 1 iVm Präambel Abs. 5 DCGK.

276 Welche genauen Anforderungen an die Ausgestaltung konzernweiter Compliance zu stellen sind, ist noch weitgehend ungeklärt. Das liegt zum einen daran, dass der Vorstand der Konzernobergesellschaft ein weites Ermessen hat, wie er im Konzern ausgestaltet, etwa zentral oder dezentral gesteuert. Deshalb sind auch die angemessenen Compliance-Maßnahmen **einzelfallabhängig.** Zum anderen steht dem Konzernvorstand auch bei der Ausgestaltung des Compliance-Management-Systems selbst ein weiter **Ermessenspielraum** zu.[624]

277 Gleichwohl zeichnen sich gewisse **Mindestanforderungen** an ein konzernweites Compliance- Management-System ab: Notwendig ist zunächst eine **klare Zuständigkeitsverteilung** in vertikaler und horizontaler Form. Im Konzern wird es ferner einhellig als **Pflicht** angesehen, ein **konzernweites Berichts- und Überwachungssystem** einzurichten.[625] Im Hinblick auf die Meldung festgestellter Compliance-Verstöße – insbesondere mit konzernweiter Bedeutung –, ergriffener Gegenmaßnahmen und der allgemeinen Einschätzung konzerninterner Compliance-Risiken, ist ein solches System dringend zu empfehlen.

278 Wichtig für den Konzern ist außerdem der **„tone from the top"** (→ Rn. 266 f.), durch den ein konzernweites Bekenntnis zu Compliance an die Mitarbeiter kommuniziert wird. Untermauert werden sollte das durch einen **konzernweiten Verhaltenskodex,** der an alle Mitarbeiter ausgegeben wird.

279 Das Compliance System kann entweder **zentral** bei der Muttergesellschaft oder **dezentral** bei den Tochtergesellschaften organisiert sein.[626] Ist das Compliance-System vor allem **zentral** bei der Obergesellschaft angegliedert, trifft die Geschäftsleitung der Tochtergesellschaft eine Verantwortung für die korrekte Umsetzung.[627] Bei einem **dezentral** organisierten Compliance-Management-System kann sich die Konzernobergesellschaft auf organisatorische und überwachende Grundaufgaben beschränken. Das Verhältnis zwischen Compliance der Ober- und Tochtergesellschaft lässt sich zusammenfassend so beschreiben: Je stärker die Kontrolle durch die Konzernspitze ausfällt, desto mehr kann sich die Leitung der Tochtergesellschaft auf reine Umsetzungs- und Überwachungsfunktionen beschränken. Sinkt dagegen die Kontrolle durch die Konzernspitze, steigen die Anforderungen an die Tochtergesellschaft.[628]

280 Das Vorhandensein eines konzernweiten Compliance-Management-Systems entbindet aber die **Geschäftsleiter der Tochtergesellschaften** nie vollständig von der Compliance-Pflicht bezüglich „ihrer" Gesellschaft. Reicht das konzernweite System nicht aus, um spezifische Risiken der Tochtergesellschaft adäquat abzudecken, müssen sie ggf. ergänzende Maßnahmen ergreifen.

b) Die Rolle des Aufsichtsrats bei konzernweiter Compliance

281 **aa) Allgemeines.** Die Rolle des Aufsichtsrats in Bezug auf die Compliance-Verantwortung ändert sich im Konzern, verglichen mit der konzernfreien Gesellschaft, nicht. § 111 AktG unterscheidet nicht nach Konzernverhältnissen. Die Aufgaben des Aufsichtsrats bleiben also im Grundsatz die gleichen (→ Rn. 323 ff.).

282 Ein deutscher Konzern ist keine „rechtliche Einheit", sondern besteht stets aus einzelnen, selbstständigen Gesellschaften. Den Vorstand der Obergesellschaft trifft keine Konzernleitungspflicht dergestalt, dass er sich um alle Einzelheiten sämtlicher Konzerngesellschaften kümmern müsste. Demnach trifft auch den Aufsichtsrat **keine generelle Konzernüberwachungspflicht.** Die Überwachungspflicht des Aufsichtsrats bezieht sich allein auf die Geschäftsführung des Vorstands der „eigenen" Gesellschaft, nicht aber auf die Geschäftsführung der Geschäftsleiter der Tochtergesellschaften.[629] Weil der Vorstand im Konzern aber – um Schaden von der Konzernobergesellschaft abzuwenden – ein **konzernweites Compliance-System** einrichten muss, erstreckt sich die Überwachungspflicht des Aufsichtsrats auch darauf.[630] Insoweit trifft also auch den Aufsichtsrat eine Pflicht zur **konzernweiten Compliance-Überwachung.**

283 **bb) Instrumente.** Im Konzern stehen dem Aufsichtsrat einige zusätzliche Instrumente zur Überwachung des Vorstands zur Verfügung. Gemäß § 171 AktG ist er verpflichtet, den **Konzernabschluss** mindestens jährlich zu prüfen und über das Ergebnis jährlich der Hauptversammlung zu berichten. Nach Empfehlung D.4 DCGK soll der Vorsitzende des zuständigen Prüfungsausschusses dafür über besondere Kenntnisse und Erfahrungen im Bereich der Rechnungslegung verfügen. Außerdem steht es dem Aufsichtsrat frei

---

[624] BeckOGK/*Fleischer* AktG § 91 Rn. 75; *Fleischer* CCZ 2008, 1 (6).
[625] *Verse* ZHR 175 (2011), 401 (416 f.); *Bicker* AG 2012, 542 (550); *Fleischer* CCZ 2008, 1 (6) mwN.
[626] BeckOGK/*Fleischer* AktG § 91 Rn. 75; *Fleischer* CCZ 2008, 1 (6).
[627] *Bicker* AG 2012, 542 (551).
[628] BeckOGK/*Fleischer* AktG § 91 Rn. 76; *Bicker* AG 2012, 542 (551).
[629] Vgl. nur MüKoAktG/*Habersack* AktG § 111 Rn. 63 mwN.
[630] Hüffer/Koch/*Koch* AktG § 111 Rn. 18.

– und ist empfehlenswert – die Berichte der internen **Konzern-Revision** und des **Konzern-Controllings** vom Vorstand anzufordern. Wichtiges Instrument ist auch das Aufstellen von **Zustimmungsvorbehalten** gemäß § 111 Abs. 4 S. 2 AktG, die sich auch auf unternehmerische Maßnahmen der Tochter- oder Enkelgesellschaften beziehen können.[631] Näheres unter → Rn. 347, § 8 Rn. 56 ff.

6. Repressive Compliance-Pflicht des Vorstands

Auch das beste Compliance-Management-System kann nicht mit absoluter Sicherheit ausschließen, dass es zu Rechtsverstößen kommt. Für den Vorstand folgt aus seiner Leitungsverantwortung, §§ 76, 93 AktG, die **Pflicht**, bei Verdachtsmomenten zu handeln. Unterlässt er das, läuft er Gefahr, wegen Vernachlässigung seiner Organpflichten selbst haftbar gemacht zu werden.[632]

Dabei ist ein aktienrechtlicher Dreischritt anerkannt: **Aufklären, Abstellen, Ahnden.**[633]

a) Untersuchungs- und Aufklärungspflicht

aa) Allgemeines. Hinsichtlich des „Ob" der Aufklärung besteht für den Vorstand **kein Ermessensspielraum**. Sobald Verdachtsmomente bestehen, muss er aufklären. Die Art und Weise, also das **„Wie"** der Aufklärung, ist dagegen eine **unternehmerische Entscheidung.**[634] Es kann aber vorkommen, dass sich das unternehmerische Ermessen so verdichtet, dass nur noch ein Mittel gewählt werden kann, wenn sonst ein Aufklärungserfolg nicht möglich scheint.[635]

Teilweise wird vertreten, es sei immer eine umfassende und lückenlose Aufklärung erforderlich.[636] Dem ist in dieser Absolutheit nicht zuzustimmen. Die **Grenze der Aufklärungspflicht** kann dort erreicht sein, wo eine weitere Aufklärung nicht mehr im Unternehmensinteresse ist.[637] Zumindest in Grundzügen muss der Sachverhalt aber in jedem Fall aufgeklärt werden. Häufig ist das schon deshalb unerlässlich, weil sonst gesetzliche Pflichten – etwa bei der steuerlichen Berichtigungspflicht, § 153 AO – nicht erfüllt werden können.[638] Auch unabhängig davon kann der Vorstand aber nur dann auf angemessener Informationsgrundlage entscheiden, die Aufklärung nicht weiter zu führen, wenn er einen groben Überblick über den relevanten Sachverhalt hat.

In zeitlicher Hinsicht muss der Vorstand „**mit der gebotenen Schnelligkeit**" handeln.[639] Er sollte also unverzüglich tätig werden.

Der Sachverhaltsaufklärung kommt auch **präventiver Charakter** zu. Den Mitarbeitern wird vermittelt, dass Rechtsverstöße nicht sanktionslos hingenommen werden. Insofern wird zu einer besseren Unternehmenskultur und einem guten **„tone from the top"** (→ Rn. 266 f.) beigetragen.

bb) Sachverhaltsaufklärung durch Internal Investigations. (1) Allgemeines. Für die Aufklärung bieten sich **interne Untersuchungen** (engl. „internal investigations") an. Mit dem Begriff ist zunächst nur beschrieben, dass das Unternehmen selbst – und nicht etwa staatliche Behörden – zur Aufklärung tätig werden.[640] Zur Durchführung kann sich der Vorstand der Hilfe **externer Berater** bedienen, etwa externer Rechtsanwälte oder Wirtschaftsprüfer.[641] In der Praxis geschieht das häufig, wenn eine hohe Komplexität erwartet wird.[642]

Unternehmensintern ist es aufgrund einer Vielzahl von arbeitsrechtlichen und datenschutzrechtlichen[643] Fragen sinnvoll, zumindest die Personalabteilung und die Rechtsabteilung einzubinden.[644] Die **Intensität der Untersuchungen** steht im Ermessen des Vorstands. Lässt sich der Sachverhalt bereits durch ein einfaches Gespräch mit Mitarbeitern aufklären, ist keine aufwändige Internal Investigation notwendig.

Hinsichtlich des **Untersuchungsgangs** bietet sich ein Dreischritt an. Zunächst werden Beweise gesichert, die in einem zweiten Schritt ausgewertet werden. Anschließend wird entschieden, wie mit dem

---

[631] *Lutter* AG 2006, 517 (520); *Schneider* FS Hadding, 2004, 621 (630).
[632] BeckOGK/*Fleischer* AktG § 91 Rn. 57; *M. Arnold* ZGR 2014, 76 (81); *Moosmayer* Compliance Rn. 311.
[633] LG München I NZG 2014, 345 (347); BeckOGK/*Fleischer* AktG § 91 Rn. 57.
[634] *Fuhrmann* NZG 2016, 881 (882); *Reichert/Ott* ZIP 2009, 2173 (2176 f.).
[635] BeckOGK/*Fleischer* AktG § 91 Rn. 57; *Reichert/Ott* NZG 2014, 241 (243).
[636] Vgl. *Reichert/Ott* ZIP 2009, 2173 (2176); *Hauschka/Greeve* BB 2007, 165 (170 f.).
[637] *M. Arnold* ZGR 2014, 76 (84); *Wagner* CCZ 2009, 8 (17).
[638] *Reichert/Ott* NZG 2014, 241 (243); *M. Arnold* ZGR 2014, 76 (84).
[639] LG München I NZG 2014, 345 (348) – Siemens/Neubürger.
[640] *Fuhrmann* NZG 2016, 881 (882).
[641] BeckOGK/*Fleischer* AktG § 91 Rn. 57; *M. Arnold* ZGR 2014, 76 (81); *Seibt/Cziupka* AG 2015, 93 (101).
[642] Vgl. dazu *Habbe/Peltz/Nietsch* Internal Investigations 2019, S. 15, abrufbar unter: https://www.noerr.com/de/newsroom/news/aufsichtsratinderpraxisnurseltenaninternenermittlungenbeteiligtcompliancestudievonnoerrundebslawscho (zuletzt abgerufen am 20.10.2020).
[643] Vgl. dazu *Ströbel/Böhm/Breunig/Wybitul* CCZ 2018, 14; *Stück* ArbRAktuell 2019, 216.
[644] *M. Arnold* ZGR 2014, 76 (83).

gefundenen Ergebnis umgegangen wird.⁶⁴⁵ Bei der Beweissicherung geht es darum, alle relevanten **Dokumente und Unterlagen zu sichern.** Dazu zählen unter anderem E-Mails, Festplatten, SMS und handschriftliche Notizen. Auch Befragungen von Mitarbeitern können Aufschluss über die Vorgänge geben. Dabei ist stets darauf zu achten, dass **Arbeitnehmerrechte** nicht zu stark eingeschränkt werden.⁶⁴⁶ Gelegentlich werden auch sog. **Amnestieprogramme** aufgesetzt. Sie dienen dazu, die Auskunftsbereitschaft der Belegschaft zu erhöhen. Dafür werden den Mitarbeitern im Gegenzug für Informationen Sanktionsminderungen oder -erlass versprochen.⁶⁴⁷

293 **(2) Regierungsentwurf eines Verbandssanktionengesetzes.** Im Juni 2020 stellte das Bundesministerium für Justiz und Verbraucherschutz den Gesetzentwurf für das „Gesetz zur Stärkung der Integrität in der Wirtschaft" vor. Kernbestandteil des Gesetzentwurfs ist das „Gesetz zur Sanktionierung von verbandsbezogenen Straftaten", das Verbandssanktionengesetz (VerSanG) (→ Rn. 2923).⁶⁴⁸ Wichtige Elemente stellen dabei die **Einführung des Legalitätsprinzips** – also die staatsanwaltschaftliche Verfolgungspflicht –, und ausführliche **Regelungen und Anreize für Compliance Maßnahmen** dar.⁶⁴⁹ Das Gesetz soll unter anderem auch einen rechtssicheren **Rahmen für verbandsinterne Untersuchungen,** also Internal Investigations (→ Rn. 290 ff.), schaffen.

294 Das **Sanktionsinstrumentarium,** verglichen mit dem geltenden Ordnungswidrigkeitenrecht, soll erweitert werden. Neben der Verbandsgeldsanktion ist auch eine Verwarnung mit Verbandsgeldsanktionsvorbehalt vorgesehen, § 8 VerSanG-E. Ferner ist eine erhebliche Erhöhung des **Sanktionsrahmens** von derzeit 10 Millionen Euro auf bis zu zehn Prozent des Gruppenumsatzes geplant, § 9 Abs. 2 VerSanG-E.

295 Es werden jedoch auch **Sanktionsmilderungen** ermöglicht. Anreize für **präventive Compliance** werden geschaffen, indem Vorkehrungen zur Vermeidung und Aufdeckung von „Verbandstaten" bei der Verbandsgeldsanktionsbemessung berücksichtigt werden können, § 15 Abs. 3 Nr. 7 VerSanG-E. Ferner ist davon auszugehen, dass die mildere Sanktion der Verwarnung mit Verbandsgeldsanktionsvorbehalt bei einem grundsätzlich soliden Compliance-Management-System eher Anwendung finden wird.

296 Größere Bedeutung wird voraussichtlich aber der Sanktionsmilderung aufgrund **interner Untersuchungen** zukommen. Die Verbandssanktion soll demnach gemildert werden, wenn der Verband hohe qualitative Anforderungen an die Aufarbeitung des Sachverhalts im Wege interner Untersuchungen in Kooperation mit den Strafverfolgungsbehörden erfüllt, § 17 Abs. 1 Nr. 1–5 VerSanG-E. Besonders hervorzuheben sind die Anforderungen aus § 17 Abs. 1 Nr. 5 lit. a–c VerSanG-E, die hohe Anforderungen an **Mitarbeiterbefragungen** stellen. Ausführlicher → Rn. 360 ff. Werden diese Anforderungen erfüllt, reduziert sich nach § 18 VerSanG-E das vorgesehene Höchstmaß der Verbandsgeldsanktion um die Hälfte und das vorgesehene Mindestmaß entfällt. Die Anordnung der öffentlichen Bekanntmachung der Verurteilung des Verbands, die § 14 VerSanG-E unter bestimmten Voraussetzungen vorsieht, ist dann ausgeschlossen.

297 Außerdem regelt der Entwurf strafprozessuale Fragen im Rahmen von **StPO Änderungen,** die insbesondere den **Beschlagnahmeschutz** betreffen⁶⁵⁰ (→ Rn. 306 ff.).

298 **cc) Sachverhaltsaufklärung durch Initiierung behördlicher Ermittlungsverfahren.** Neben einer internen Sachverhaltsaufklärung kann auch das Stellen einer Strafanzeige oder eines Strafantrags erwogen werden. Die **Initiierung staatlicher Ermittlungen** hat den Vorteil, dass den Behörden weitreichende hoheitliche Befugnisse zur Sachverhaltsaufklärung zur Verfügung stehen. Zudem kann die Mitwirkung bei der Aufklärung der Tat zu einer Verringerung der Geldbuße führen.⁶⁵¹ Insbesondere im Kartellrecht ist hier auch an die **Kronzeugenregelung** zu denken, die bei einer Kooperation mit den Behörden einen erheblichen oder gänzlichen Strafnachlass ermöglicht.

299 Die rein **interne Sachverhaltsaufklärung** bietet hingegen die Chance, den Sachverhalt vor der Öffentlichkeit verborgen zu halten und die Reputation des Unternehmens zu schützen. Zudem ist die Dauer von behördlichen Ermittlungen häufig schwer einzuschätzen, sodass das Unternehmen sein Interesse an einer raschen Sachverhaltsaufklärung oft nur durch eigene Ermittlungen befriedigen kann.

300 Laufen bereits behördliche Untersuchungen, besteht bei mangelnder Koordination paralleler Ermittlungen die Gefahr, dass Ressourcen unnötig in Anspruch genommen werden. Daraus darf man aber nicht

---

[645] Näher *Wessing* in Hauschka/Moosmayer/Lösler Corporate Compliance § 46 Rn. 103; *Moosmayer* Compliance Rn. 313 f.
[646] Dazu *Fuhrmann* NZG 2016, 881 (887 f.); *Klengel/Mückenberger* CCZ 2009, 81 (82 ff.).
[647] *Breßler/Kuhnke/Schulz/Stein* NZG 2009, 721 (722); *Schneider* NZG 2010, 1201 (1204).
[648] Abrufbar unter https://www.bmjv.de/SharedDocs/Gesetzgebungsverfahren/Dokumente/RegE_Staerkung_Integritaet_Wirtschaft.pdf;jsessionid=02598D9C279921C39479DA798B145EE5.2_cid297?__blob=publicationFile&v=2 (zuletzt abgerufen am 20.10.2020).
[649] *Baur/Holle* ZRP 2019, 186.
[650] Ausführlich *Traub* AG 2019, 813.
[651] *Moosmayer* Compliance Rn. 355; *Hugger* ZHR 179 (2015), 214 (222); *Wettner/Mann* DStR 2014, 655.

schließen, dass die Pflicht von Vorstand und ggf. Aufsichtsrat zur Sachverhaltsaufklärung erlischt (zur Sachverhaltsermittlung des AR → Rn. 354 ff.). Die Untersuchungen dienen unterschiedlichen Zwecken. Die eigene, **gesellschaftsrechtliche Pflicht** zur Sachverhaltsaufklärung **entfällt** durch ein behördliches Verfahren **nicht**.[652]

dd) Koordination paralleler Ermittlungen. (1) Allgemeines. Um Ressourcen bei parallelen Ermittlungen von Unternehmen und Behörden nicht unnötig zu belasten, sollte eine **Koordination** der Ermittlungen stattfinden. Die Kommunikation mit Behörden gehört zur Geschäftsführungspflicht des Vorstands.[653] Ein Austausch kann sich zB darauf beziehen, ob die Behörde Einwände gegen die Befragung von Mitarbeitern hat und wie die Informationen gegenseitig ausgetauscht werden.[654] **301**

Eine **Anzeigepflicht** besteht, außerhalb der in § 138 StGB aufgeführten – und für Compliance-Fälle irrelevanten – Katalogstraftaten, für das Unternehmen **nicht**. Das folgt schon daraus, dass sich niemand selbst bezichtigen muss.[655] **302**

Allerdings gibt es **spezialgesetzliche Vorschriften,** die eine Anzeige gegenüber der Behörde fordern.[656] Im Geldwäschegesetz regeln das §§ 11, 43 GwG, im Wertpapierhandelsrecht § 23 WpHG und im Subventionsrecht § 3 SubVG. Auch im Steuerrecht begründet § 153 AO eine Anzeige- und Berichtigungspflicht, wenn nachträglich die Unrichtigkeit einer Steuererklärung erkannt wurde oder wenn die Voraussetzungen für eine Steuervergünstigung nachträglich wegfallen.[657] Im Datenschutzrecht sei auf die Meldepflicht gemäß Art. 33, 34 DSGVO hingewiesen, die bei der Verletzung des Schutzes personenbezogener Daten entsteht. **303**

Weisen die Vorfälle **Auslandsbezug** auf, muss die Rechtslage in verschiedenen Rechtsordnungen analysiert werden. Das erfordert regelmäßig spezielle Expertise.[658] **304**

Aus Ressourcenschonungs- und Strafminderungsgründen (→ Rn. 354 ff.) kann es sinnvoll sein, die Behörden über **Verdachtsmomente** im Unternehmen zu informieren. Ggf. kann auch eine Strafanzeige erhoben werden. Will das Unternehmen auf die Ermittlungsergebnisse der Behörden zugreifen, kann ihm ein **Akteneinsichtsrecht** nach § 406e StPO (als „Verletzter") zustehen. Richten sich die Ermittlungen im Ordnungswidrigkeitenverfahren auch gegen das Unternehmen selbst, weil ihm eine Aufsichtspflichtverletzung gemäß §§ 130, 30 OWiG vorgeworfen wird, besteht für das Unternehmen als „Betroffener" ein Einsichtsrecht nach § 49 Abs. 1 OWiG. Das Unternehmen kann auch als Drittbetroffener nach § 475 StPO Einsicht verlangen, wenn kein schutzwürdiges Interesse des Beschuldigten oder anderer Personen besteht.[659] **305**

(2) Beschlagnahmeverbote (insbes. bei externen Rechtsanwälten). Wurden die Strafverfolgungsbehörden aufgrund eines Anfangsverdachts bereits von sich aus tätig und haben Durchsuchungen durchgeführt und Unterlagen **beschlagnahmt,** fragt sich, wie mit dieser Situation umzugehen ist und ob die Unterlagen in einem Verfahren verwertet werden dürfen. Besonders problematisch stellt sich die Lage dar, wenn sich die Unterlagen bei einem externen Berater, etwa den Rechtsanwälten des Unternehmens, befinden. Die Behörden greifen dann in das vermeintlich sichere und besonders geschützte Vertrauensverhältnis zwischen Rechtsanwalt und Mandant ein. Es gelten die Vorschriften der StPO zum Umfang der Durchsuchung (§ 103 StPO) und zur Beschlagnahme und Sicherstellung von Unterlagen (§§ 94, 95 StPO). Zu solchen Unterlagen können auch Untersuchungsberichte oder Interviewprotokolle gehören, die im Rahmen von internen Untersuchungen angefertigt wurden.[660] **306**

Lange Zeit uneinheitlich beurteilt wurde, ob ein **Beschlagnahmeverbot** bei externen Rechtsanwälten gemäß § 97 Abs. 1 Nr. 3 StPO gilt.[661] Das Bundesverfassungsgericht hat in diesem Zusammenhang im Jahr 2018 eine Entscheidung des LG München gebilligt: Es hielt die Beschlagnahme bzw. Sicherstellung von Unterlagen aus internen Untersuchungen, die sich bei einer **externen Anwaltskanzlei** befanden, für rechtmäßig.[662] Dem Fall lag allerdings die Besonderheit zugrunde, dass **kein Mandatsverhältnis** zwischen Rechtsanwaltskanzlei und Unternehmen bestand.[663] Allein die Muttergesellschaft war Mandantin der Kanzlei. Insofern stellte das BVerfG also vor allem fest, dass bei **Konzernunternehmen** ein **307**

---

[652] Hüffer/Koch/*Koch* AktG § 76 Rn. 16c; *Reichert/Ott* NZG 2014, 241 (243); *Seibt/Cziupka* AG 2015, 93 (101).
[653] *M. Arnold* ZGR 2014, 76 (81).
[654] *Moosmayer* Compliance Rn. 351.
[655] *Schockenhoff* NZG 2015, 409 (410, 414); *Rieder/Menne* CCZ 2018, 203 (207); *Wettner/Mann* DStR 2014, 655.
[656] Vgl. *Zimmer/Weigl* CCZ 2019, 21 (22) mwN.
[657] *Hugger* ZHR 179 (2015), 214 (222); *Schockenhoff* NZG 2015, 409 (410); *Wettner/Mann* DStR 2014, 655.
[658] *Moosmayer* Compliance Rn. 354; *Hugger* ZHR 179 (2015), 214 (220 f.).
[659] *Wettner/Mann* DStR 2014, 655 (660).
[660] *Haefcke* CCZ 2014, 39.
[661] Verneinend LG Hamburg NJW 2011, 942; bejahend LG Mannheim NZWist 2012, 424.
[662] BVerfG NJW 2018, 2385 (2388).
[663] *Rieder/Menne* CCZ 2018, 203 (205).

308 Schutz über § 97 Abs. 1 Nr. 3 StPO nicht für die verbundenen Unternehmen besteht.[664] Ob und inwieweit Beschlagnahmeschutz für Unterlagen besteht, die sich bei einer von der Gesellschaft selbst mit einer internen Untersuchung beauftragten Rechtsanwaltskanzlei befinden, wurde nicht entschieden.

308 Im Regierungsentwurf des **Verbandssanktionengesetzes** (→ Rn. 293 ff.) ist ua auch eine Änderung des **Beschlagnahmeschutzes** vorgesehen. Bisher unterschiedlich beurteilt wurde die Frage, ob ein **Vertrauensverhältnis** zwischen dem Beschuldigten und dem Berufsgeheimnisträger Voraussetzung ist, um das Beschlagnahmeverbot des § 97 Abs. 1 Nr. 3 StPO zu begründen. Der überwiegenden Rechtsprechung[665] folgend, hält der Entwurf ein solches Vertrauensverhältnis für notwendig und regelt dieses Erfordernis explizit in § 97 Abs. 1 Nr. 3 StPO. Offen lässt er allerdings, bei welchen Unterlagen und wann ein solches Vertrauensverhältnis konkret besteht. Klar ist aber wohl, dass „**Rohprodukte**" wie **Geschäftsunterlagen keinem Beschlagnahmeschutz** unterliegen sollen. Dagegen können **Arbeitsprodukte** – also etwa im Rahmen von internen Untersuchungen angefertigte Interviewprotokolle oder Berichte – dem Beschlagnahmeschutz unterfallen, sofern sie mit der **Verteidigung** des Unternehmens im Rahmen seiner Beschuldigtenstellung zusammenhängen. Da der Entwurf eine **Trennung** von Verteidigung und Mandatierung zur internen Untersuchung vorsieht, ist jedoch zweifelhaft, ob der Beschlagnahmeschutz auch für Arbeitsprodukte aus internen Untersuchungen gilt.[666]

309 Es kann durchaus auch im **Unternehmensinteresse** liegen, die Ermittlungen zu beschleunigen, indem Akten **freiwillig** herausgegeben werden.[667] Die Entscheidung darüber liegt grundsätzlich beim Vorstand (zum AR → Rn. 354 ff.).

310 Das US-amerikanische **legal privilege**, insbesondere das **attorney-client privilege,** bietet dagegen umfangreichen Schutz der Kommunikation zwischen Mandaten und Anwalt. Das attorney-client privilege umfasst sowohl mündliche als auch schriftliche Kommunikation. Bei der Kommunikation mit internen Anwälten muss jedoch deren überwiegender Zweck in der Rechtsberatung liegen.[668]

b) Abstellen des Compliance-Verstoßes

311 Wurden Compliance-Verstöße erkannt und ihr Hergang ermittelt, muss in einem nächsten Schritt das Verhalten, das zum Verstoß führte, unverzüglich abgestellt werden, sofern es sich nicht bereits erledigt hat.[669] Dabei steht dem Vorstand **kein Ermessen** bezüglich der Frage zu, ob der Verstoß abgestellt wird. Bestehen mehrere Möglichkeiten, so kommt ihm aber bei der Frage, **wie** der Verstoß abgestellt wird, ein **Auswahlermessen** zu.[670]

c) Sanktionierung von Fehlverhalten (Arbeitsrechtliche Maßnahmen)

312 **aa) Allgemeines.** Zur repressiven Compliance-Pflicht des Vorstands gehört insbesondere die **Ahndung** des Verstoßes und die Sanktionierung der betroffenen Personen. Ein Compliance-Management-System ist nur dann effektiv, wenn auf Verstöße spezial- und allgemeinpräventiv reagiert wird.[671] Bleibt eine Sanktionierung aus, kann das sogar als konkludente Duldung des Gesetzesverstoßes gewertet werden.[672] Der Vorstand muss deshalb disziplinarische Maßnahmen androhen und diese zur Ahndung von Verstößen auch tatsächlich ergreifen, um Fehlverhalten zu vermeiden.[673]

313 **bb) Herleitung der Pflicht.** Aus **arbeitsrechtlicher** Sicht besteht grundsätzlich **keine Rechtspflicht,** Pflichtverstöße von Mitarbeitern zu sanktionieren. Lediglich im Rahmen der Schutzpflicht gegenüber den übrigen Mitarbeitern kann sich aus § 12 Abs. 3 AGG – beispielsweise bei Mobbing oder sexueller Belästigung – eine Handlungspflicht ergeben.[674] Das **Gesellschaftsrecht** kann jedoch unter bestimmten Umständen eine Handlungspflicht begründen. Zwar steht dem Vorstand auch mit Blick auf die Sanktionierung ein **Ermessen** zu. Bei schwerwiegenden Verstößen kann sich das Ermessen mit Rücksicht auf das Unternehmensinteresse jedoch zu einer **Handlungspflicht** verdichten. Insbesondere wenn erhebliche finanzielle Verluste drohen, ist der Vorstand zum Handeln verpflichtet.[675]

---

[664] BVerfG NJW 2018, 2385 Rn. 104.
[665] LG Hamburg NJW 2011, 942; LG Braunschweig NStZ 2016, 308; LG Bochum NStZ 2016, 500.
[666] Begr. VerSanG-E S. 100; näher *Traub* AG 2019, 813.
[667] *Moosmayer* Compliance Rn. 350; *Wettner/Mann* DStR 2014, 655 (655, 657 ff.).
[668] *Rieder/Menne* CCZ 2018, 203 (206).
[669] *Reichert/Ott* NZG 2014, 241 (242); *Hoffmann/Schiefer* NZG 2017, 401; *Seibt/Cziupka* AG 2015, 93 (104).
[670] BeckOGK/*Fleischer* AktG § 91 Rn. 57.
[671] *Mengel* in Hauschka/Moosmayer/Lösler Corporate Compliance § 39 Rn. 109.
[672] *Eufinger* RdA 2017, 223; *Seibt/Cziupka* AG 2015, 93 (106).
[673] *Harbarth* ZHR 179 (2015), 136 (158); *Klahold/Kremer* ZGR 2010, 113 (135), auch IDW PS 980 A20.
[674] *Mengel* CCZ 2008, 85 (88); *Mengel* in Hauschka/Moosmayer/Lösler Corporate Compliance § 39 Rn. 110.
[675] *Schockenhoff* NZG 2015, 409 (411); *Mengel* CCZ 2008, 85 (88).

Aus diesem Grund ist die **schriftliche Fixierung** klarer Verhaltenspflichten, beispielsweise in einem 314
Verhaltenskodex (→ Rn. 268), essentiell. So kann eine Pflichtverletzung bei Compliance-Verstößen regelmäßig schnell bejaht werden und muss nicht als allgemeine Nebenpflicht aus dem Arbeitsverhältnis abgeleitet werden.[676]

cc) Einzelheiten zu den Maßnahmen. Bei der **Auswahl der Sanktionsmittel** sind die Umstände des 315
Einzelfalls zu berücksichtigen. Der Arbeitgeber hat hierbei einen Ermessensspielraum.[677]

Mögliche **arbeitsrechtliche Maßnahmen** sind grundsätzlich Ermahnungen, Abmahnungen, Verlust 316
freiwilliger/variabler Entgeltbestandteile, Versetzungen in eine andere Funktion oder sogar die Kündigung.[678]

Bei der Beurteilung, welche Maßnahme angemessen ist, ist stets die **Schwere** des Pflichtverstoßes und 317
die **Häufigkeit** in die Abwägung einzubeziehen. Zudem ist zu berücksichtigen, dass der Mitarbeiter nach einer Kündigung nicht mehr an der Sachverhaltsaufklärung mitwirken muss und somit uU als Informationsquelle entfällt.[679]

Es ist also am Vorstand, eine **Abwägungsentscheidung** vorzunehmen. Er muss zwischen dem Interesse 318
des Unternehmens an einem effizienten und glaubwürdigen Compliance-System einerseits und dem Schutz der Gesellschaft vor Schäden andererseits abwägen. Das kann dazu führen, dass von einer **Sanktion abgesehen** wird, wenn die Offenlegung des Compliance-Verstoßes nachteiliger wäre als die Nichtsanktionierung.[680]

d) Anspruchsprüfung/ -abwehr

Durch Compliance-Verstöße sieht sich die Gesellschaft oft Schadensersatzansprüchen Dritter ausgesetzt. 319
Es ist **Vorstandsaufgabe,** solche Ansprüche **abzuwehren** und sich durch die Bildung von Rückstellungen auf eine Inanspruchnahme **vorzubereiten**[681] (zum AR → Rn. 354 ff.).

Zur Sorgfaltspflicht des Vorstands gehört es auch, **Ansprüche der Gesellschaft** gegen (ehemalige) 320
Mitarbeiter, Aufsichtsratsmitglieder und Dritte zu prüfen und – ggf. gerichtlich – **durchzusetzen.**[682] Das bedeutet nicht, dass eine unbedingte Pflicht zur Verfolgung besteht. Der Vorstand hat einen **Ermessensspielraum.** Gründe für die Nichtverfolgung können beispielsweise sehr zweifelhafte Erfolgsaussichten, Vermögenslosigkeit des Schädigers oder Amnestieprogramme (→ Rn. 290 ff.) sein.[683] Bei Ansprüchen gegenüber Aufsichtsratsmitgliedern besteht aber eine grundsätzliche **Verfolgungspflicht,** von der nur in den engen Grenzen der ARAG/Garmenbeck Rechtsprechung (→ Rn. 2425 ff.) abgewichen werden kann.[684]

Die Geltendmachung von Ansprüchen gegen Arbeitnehmer ist wegen der Grundsätze der **Arbeitneh-** 321
merhaftung häufig wenig erfolgversprechend.[685] Beispielsweise scheidet eine Haftung des Arbeitnehmers bei einfacher Fahrlässigkeit aus. Allerdings geht es bei der Inanspruchnahme nicht allein um die Kompensation, sondern auch um einen angemessenen „tone from the top", der sich in der konsequenten Ahndung von Verstößen zeigt.[686]

e) Änderung/Verbesserung des Compliance-Systems

Zur Gewährleistung der Effektivität des Compliance-Management-Systems gehört schon auf präventiver 322
Ebene eine ständige **Überprüfung und Verbesserung** (→ Rn. 271 ff.). Wenn Rechtsverstöße auftreten sollte das System in jedem Fall überprüft werden.[687] Dabei bietet es sich an, **zweistufig** vorzugehen. Zunächst müssen die Defizite klar **identifiziert** werden. In einem zweiten Schritt kann dann geprüft werden, welche **Verbesserungen und Anpassungen** vorgenommen werden müssen, um künftig Verstöße dieser Art zu vermeiden.[688]

---

[676] *Mengel* in Hauschka/Moosmayer/Lösler Corporate Compliance § 39 Rn. 109.
[677] BAG NZA 2015, 294 (296); BAG NZA 2008, 223 (226); *Eufinger* RdA 2017, 223.
[678] *Moosmayer* Compliance Rn. 339.
[679] *Eufinger* RdA 2017, 223; *Mengel* in Hauschka/Moosmayer/Lösler Corporate Compliance § 39 Rn. 111; *Moosmayer* Compliance Rn. 343.
[680] *Schockenhoff* NZG 2015, 409 (411); BeckOGK/*Fleischer* AktG § 91 Rn. 58.
[681] *M. Arnold* ZGR 2014, 76 (81 f.); *Fuhrmann* NZG 2016, 881 (886).
[682] *M. Arnold* ZGR 2014, 76 (81 f.); *Eufinger* CCZ 2017, 130 (131).
[683] Kölner Komm AktG/*Mertens/Cahn* AktG § 93 Rn. 89; BeckOGK/*Fleischer* AktG § 93 Rn. 88; *Fuhrmann* NZG 2016, 881 (886).
[684] BeckOGK/*Spindler* AktG § 116 Rn. 146; *Thum/Klofat* NZG 2010, 1087.
[685] Vgl. nur MüKoBGB/*Wagner* BGB § 823 Rn. 128 ff.; *Eufinger* CCZ 2017, 130 (133 f.).
[686] *Eufinger* CCZ 2017, 130 (133).
[687] *Seibt/Cziupka* AG 2015, 93 (98).
[688] *Moosmayer* Compliance Rn. 344; *M. Arnold* ZGR 2014, 76 (81); *Habersack* AG 2014, 1 (5); *Winter* FS Hüffer, 2010, 1103 (1106 f.).

7. Die Überwachungspflicht des Aufsichtsrats

a) Inhalt

323 Bereits zuvor (→ Rn. 219) wurde dargelegt, dass Compliance Teil der Leitungsaufgabe des Vorstands ist und damit auch Überwachungsgegenstand des Aufsichtsrats. Genau wie die Vorstandsaufgabe eine präventive und repressive Komponente hat, hat auch die Überwachungsaufgabe des Aufsichtsrats zwei Anknüpfungspunkte. Einerseits ist sie **zukunftsbezogen** mit Blick auf Vermeidungsstrategien. Andererseits ist sie **vergangenheitsbezogen,** wenn es um die Ahndung begangener Verstöße geht.[689]

324 Die Überwachungspflicht des Aufsichtsrats umfasst grundsätzlich die **Rechtmäßigkeit, Ordnungsmäßigkeit, Zweckmäßigkeit** und **Wirtschaftlichkeit** der Geschäftsführung (→ Rn. 85 ff.). In der **Rechtmäßigkeitsprüfung** wird geprüft, ob das Handeln des Vorstands rechtskonform ist. Der Prüfungsmaßstab ist hier sowohl „Recht und Gesetz" als auch die Satzung und Unternehmensrichtlinien. Erweist sich das Handeln des Vorstands als rechtmäßig, ist anschließend dessen **Zweckmäßigkeit** und **Wirtschaftlichkeit** zu prüfen. Hierbei hat der Aufsichtsrat jedoch den Ermessensspielraum des Vorstands zu beachten.[690]

325 **aa) Überwachung der präventiven Compliance.** Der Aufsichtsrat hat zunächst zu überprüfen, ob ein **Compliance System besteht.** Besteht ein solches nicht, obwohl es nach dem Risikoprofil (zur Ermittlung → Rn. 247 ff.) des Unternehmens notwendig wäre, hat der Aufsichtsrat darauf hinzuwirken, dass der Vorstand ein Compliance-Management-System etabliert. Besteht ein Compliance-Management-System, muss sich der Aufsichtsrat vergewissern, dass die **Ausgestaltung** mit Blick auf die Unternehmensstruktur angemessen ist. Er muss sicherstellen, dass die Elemente des Systems ausreichend **effizient** und geeignet sind, um eine wirksame Compliance zu gewährleisten.[691] Dabei kann er sich an den Mindestanforderungen orientieren, die Rechtsprechung und Literatur entwickelt haben (→ Rn. 229 ff.).

326 Aufgrund der strikten Trennung zwischen Geschäftsleitung und deren Überwachung im dualistischen System des Aktiengesetzes hat der Aufsichtsrat **kein Initiativ- oder Weisungsrecht** gegenüber dem Vorstand. Er kann jedoch in seiner Funktion als Berater **Empfehlungen** aussprechen.[692]

327 **bb) Überwachung der repressiven Compliance.** Der Aufsichtsrat überwacht, ob der Vorstand seiner repressiven Compliance-Pflicht nachkommt. Er prüft, ob der Vorstand den Sachverhalt ordnungsgemäß ermittelt, die Verstöße aufgearbeitet und, sofern dies notwendig ist, das Compliance-Management-System nachgebessert hat.[693] Der Aufsichtsrat muss insbesondere prüfen, ob die Sachverhaltsaufklärung **unbeeinflusst von Interessenkonflikten** und **in ausreichender Tiefe** durchgeführt wird. Auch hier gilt, dass der Aufsichtsrat den **Ermessensspielraum** des **Vorstands** zu respektieren hat. Insbesondere in Anbetracht der Rechtsprechung, die in letzter Zeit erhöhte Anforderungen an den Aufsichtsrat in Krisensituationen stellt und sogar eine Garantenpflicht nach § 13 StGB zur Verhinderung unternehmensbezogener Straftaten angenommen hat, sollten die Compliance-Pflichten des Aufsichtsrats bei der Aufdeckung von Rechtsverstößen aber keinesfalls unterschätzt werden.[694]

328 Um seine Überwachungspflichten erfüllen zu können, muss der Aufsichtsrat über die Durchführung und das Ergebnis der internen Untersuchungen ausreichend informiert werden. Hierzu kann sich eine **Informationsordnung** (→ Rn. 337 ff.) anbieten.

b) Intensität der Überwachung

329 Die Überwachungsintensität ist immer **situationsabhängig.**[695] Der erste Faktor, der die Intensität der Überwachung bestimmt, ist das **Risikoprofil** des Unternehmens. Das Risikoprofil wird durch die Unternehmensgröße, Tätigkeitsfelder, Historie und viele anderen Faktoren bestimmt, vgl. → Rn. 247 ff.

330 Ausgehend vom jeweiligen Risikoprofil besteht eine sog. **„gestufte Überwachungspflicht"**[696] des Aufsichtsrats:

331 **aa) Laufende Überwachung.** Im **Regelfall,** also wenn keine besonderen Anhaltspunkte für Defizite bestehen, genügt eine **laufende Strukturüberwachung.** Es reicht also aus, wenn der Aufsichtsrat sich regelmäßig über Compliance-Sachverhalte berichten lässt und aufgedeckte Verstöße sowie deren Sanktio-

---

[689] GroßkommAktG/*Hopt/Roth* AktG § 111 Rn. 261; *Hölters/Hambloch-Gesinn/Gesinn* AktG § 111 Rn. 10.
[690] *Hölters/Hambloch-Gesinn/Gesinn* AktG § 111 Rn. 28; *Siepelt/Pütz* CCZ 2018, 78; *Bürgers* ZHR 179 (2015), 173.
[691] GroßkommAktG/*Hopt/Roth* AktG § 111 Rn. 199; *W. Goette* CCZ 2014, 49.
[692] *Siepelt/Pütz* CCZ 2018, 78 (79).
[693] *M. Arnold* ZGR 2014, 76 (85 f.); *Reichert/Ott* NZG 2014, 241 (245).
[694] OLG Stuttgart NZG 2012, 1150; 2012, 425; vgl. auch BGH NZG 2013, 339; *Reichert/Ott* NZG 2014, 241 (247).
[695] *Hüffer/Koch/Koch* AktG § 111 Rn. 5.
[696] *Fleischer* CCZ 2008, 1 (2); *Siepelt/Pütz* CCZ 2018, 78 (79); *Reichert/Ott* NZG 2014, 241 (245).

nierung mit dem Vorstand berät.[697] Dabei darf der Aufsichtsrat grundsätzlich auf die **Vorstandsberichte vertrauen.** Daneben besteht lediglich die Pflicht zu einer **Plausibilitätskontrolle** in Bezug auf die grundlegenden Entscheidungen zum Compliance-Management-System durch den Vorstand.

Der Aufsichtsrat sollte auch erwägen, bestimmte Entscheidungen des Vorstands einem **Zustimmungsvorbehalt** zu unterwerfen, § 111 Abs. 4 S. 2 AktG. Dies kann sowohl generell geschehen, beispielsweise indem der Aufsichtsrat grundlegende Umgestaltungen des Compliance-Management-Systems in seinen Zustimmungskatalog aufnimmt, als auch **ad hoc**, zB bei einzelnen Geschäften, die Compliance-Risiken bergen. Näher → Rn. 190. 332

bb) Intensivierte Überwachung. Ergeben sich **konkrete Anhaltspunkte** für **Defizite** oder erhöhte **Risiken,** wie zB die Häufung von Compliance-Fällen oder lückenhafte Vorstandsberichte, hat der Aufsichtsrat seine Überwachungstätigkeit zu intensivieren. Eine intensivere Überwachung ist auch notwendig bei Geschäften, die wegen der mit ihnen verbundenen Risiken oder strategischen Funktion besondere Bedeutung für die Gesellschaft haben.[698] In all diesen Fällen ist der Aufsichtsrat verpflichtet, den Sachverhalt **selbst aufzuklären** (→ Rn. 354 ff.).[699] Der Aufsichtsrat muss seine Sitzungsfrequenz erhöhen und häufigere und detailliertere Berichte vom Vorstand anfordern. Es ist also an ihm, sich weitere Informationen zu beschaffen. Dafür ist er gehalten, eine **Ursachen-Analyse** der Compliance-Fälle vorzunehmen. Der Aufsichtsrat hat gegebenenfalls eine **Compliance-Management-System-Prüfung** durch **Externe** einzuleiten, wenn Systemmängel naheliegend sind. Es können sich angepasste und erweiterte **Zustimmungsvorbehalte** anbieten, um in der angespannten Unternehmenssituation effizienter überwachen zu können, vgl. schon → Rn. 347. 333

Bei den Anforderungen an den Aufsichtsrat ist zu beachten, dass das Aufsichtsratsamt als **Nebenamt** ausgestaltet ist. Die Anforderungen an das einzelne Aufsichtsratsmitglied dürfen daher nicht überspannt werden.[700] 334

cc) Anlassbezogene, gestaltende Überwachung. Spitzt sich die Situation noch weiter zu und werden gravierende Compliance-Fälle bekannt oder zeigt der Vorstand mangelnden Kooperationswillen, intensiviert sich die Überwachungstätigkeit noch weiter. Neben einer weiteren Erhöhung der Sitzungsfrequenz und intensiveren Berichterstattung durch den Vorstand, kann es nötig werden, die **Ressortverteilung** des Vorstands zu überprüfen. Auch die **Abberufung** eines oder mehrerer Vorstandsmitglieder kann eine Option sein, wenn grobe Pflichtverletzungen vorliegen (→ Rn. 349).[701] Bei Pflichtverletzungen des Vorstands muss der Aufsichtsrat prüfen, ob gegen Vorstandsmitglieder Ersatzansprüche geltend zu machen sind (→ Rn. 350 ff.). 335

Der Aufsichtsrat muss ferner **offensichtliche Pflichtverletzungen** des Vorstands unterbinden. Das sind insbesondere solche, die im Katalog des § 93 Abs. 3 AktG aufgeführt sind und Grundprinzipien des Aktienrechts verletzen.[702] Relevant wird das vor allem mit Blick auf Zahlungen des Vorstands nach Zahlungsunfähigkeit oder Überschuldung, § 93 Abs. 3 Nr. 7 AktG, § 92 Abs. 2 S. 1 AktG. Der Aufsichtsrat muss in solchen Fällen darauf hinwirken, dass der Vorstand einen Insolvenzantrag stellt und keine Zahlungen veranlasst.[703] 336

c) Instrumente im Einzelnen

aa) Berichtspflichten. Grundvoraussetzung für ein angemessenes Compliance-Management-System ist, dass **klare Berichtswege** etabliert werden (→ Rn. 251 ff.). Dies schließt Berichtswege an den Aufsichtsrat ein. 337

Die **primäre Informationsquelle** des Aufsichtsrats sind die **Vorstandsberichte** nach § 90 Abs. 1 und Abs. 3 AktG. Ausführlich dazu → Rn. 24 ff. Nach § 90 Abs. 1 AktG muss der Vorstand dem Aufsichtsrat regelmäßig berichten über grundsätzliche Fragen wie die **Geschäftspolitik,** die **Unternehmensplanung,** die Rentabilität der Gesellschaft und Informationen über Geschäfte, die für die Rentabilität und Liquidität der Gesellschaft von erheblicher Bedeutung sein können. Empfehlenswert ist, dass Aufsichtsrat und Vorstand diese **Regelberichte** intensiv erörtern.[704] Auch aus sonstigen wichtigen Anlässen ist dem Aufsichtsratsvorsitzenden nach § 90 Abs. 1 S. 3 AktG zu berichten. Gegenüber dem Auf- 338

---

[697] *Reichert/Ott* NZG 2014, 241 (245).
[698] OLG Stuttgart AG 2012, 298; *Reichert/Ott* NZG 2014, 241 (246); GroßkommAktG/*Hopt/Roth* AktG § 111 Rn. 136.
[699] OLG Stuttgart AG 2012, 298 (300 f.).
[700] *Winter* FS Hüffer, 2010, 1103 (1111).
[701] Vgl. nur MüKoAktG/*Spindler* AktG § 84 Rn. 133.
[702] Hüffer/Koch/*Koch* AktG § 111 Rn. 15.
[703] BGH NJW 2009, 2454 Rn. 14 ff.; OLG Brandenburg AG 2009, 662 (664 f.).
[704] MüKoAktG/*Habersack* AktG § 111 Rn. 55; *Winter* FS Hüffer, 2010, 1103 (1130).

sichtsrat kann der Vorstand sich nicht auf seine Verschwiegenheitspflicht berufen.[705] Ändert sich die Lage der Gesellschaft oder entwickelt sich eine neue Risikosituation, sollte der Aufsichtsrat Berichte gemäß § 90 Abs. 3 AktG auch **aktiv einfordern.** Dieses Recht steht gemäß § 90 Abs. 3 S. 2 AktG jedem Aufsichtsratsmitglied zu. Eine Berichterstattung kann jedoch nur an das Gremium verlangt werden.

339 Neben den Berichten des Vorstands bietet es sich auch an, dass – in **Abstimmung mit dem Vorstand** – Mitarbeiter des Unternehmens, insbesondere der **Compliance-Beauftragte,** regelmäßig an den Aufsichtsrat berichten.[706]

340 Der Aufsichtsrat sollte außerdem in regelmäßigen Abständen und bei entsprechenden Anlässen von seinem **Einsichts- und Prüfungsrecht** aus § 111 Abs. 2 S. 1 AktG Gebrauch machen.

341 Auch der **Abschlussprüfer,** der nach § 171 Abs. 1 S. 2 AktG an der Verhandlung des Aufsichtsrats über die Rechnungslegung teilnimmt, kann eine Informationsquelle sein. Der Abschlussprüfer berichtet dem Aufsichtsrat über die wesentlichen Ergebnisse seiner Prüfung. Dazu gehören insbesondere die wesentlichen Schwächen des internen Kontroll- und Risikomanagementsystems bezogen auf den Rechnungslegungsprozess. Die Aufsichtsratsmitglieder dürfen dem Abschlussprüfer in diesem Zusammenhang Fragen stellen.[707]

342 Grundsätzlich kann sich der Aufsichtsrat auf Jahres- und Konzernabschlussberichte sowie auf Regel- und Jahresberichte verlassen und auf deren Richtigkeit vertrauen. Wenn aber etwa der Vorstandsbericht erkennbar unvollständig oder widersprüchlich ist, trifft den Aufsichtsrat die Pflicht, den Bericht zu hinterfragen. Er muss dann weitere Nachforschungen anstellen, etwa in Form von intensiveren Gesprächen mit dem Vorstand oder indem er Zusatzberichte anfordert.[708] Insoweit trifft den Aufsichtsrat also eine **„Holschuld".**[709] Ein weiteres effektives Mittel, um Informationsaustausch zu gewährleisten, ist es, Compliance-Themen als **regelmäßigen Tagesordnungspunkt** für Aufsichtsratssitzungen festzulegen.[710]

343 Wie wichtig der Informationsfluss zwischen Vorstand und Aufsichtsrat nach Ansicht der Regierungskommission ist, zeigt auch die Neufassung des DCGK, der unter D. II. 3. DCGK ein eigenes Unterkapitel zur **Informationsversorgung** einführt.

344 **bb) Beratung.** Zur Überwachungstätigkeit des Aufsichtsrats gehört auch die **Beratung** des Vorstands. Zu grundsätzlichen Fragen der laufenden Geschäftsführung sollte ein **ständiger Dialog** mit dem Vorstand stattfinden.[711] Die Beratung umfasst hierbei, angesichts der Aufsichtsratstätigkeit als Nebenamt, nur die wesentlichen Fragen der Geschäftsführung. Einzel- oder Detailfragen sind nicht umfasst. Das wird auch durch § 90 Abs. 1 AktG gestützt, wonach der Vorstand dem Aufsichtsrat nur über grundsätzliche Fragen zu berichten hat.[712]

345 Im Rahmen der **intensivierten Überwachung** müssen Vorstand und Aufsichtsrat aber gemeinsam analysieren und beraten, ob die Compliance-Maßnahmen ausreichend und angemessen sind. Im Rahmen einer angemessenen Aufgabenverteilung wird diese Aufgabe in der Praxis häufig an den **Prüfungsausschuss** delegiert.[713]

346 Auch der DCGK setzt in Grundsatz 13 S. 2 für eine gute Unternehmensführung eine **„offene Diskussion"** zwischen Vorstand und Aufsichtsrat voraus.

347 **cc) Zustimmungsvorbehalte.** Zustimmungsvorbehalte gemäß § 111 Abs. 4 S. 2 AktG sind eines der **wirksamsten Mittel** präventiver Compliance. Insbesondere wenn sich wesentliche Veränderungen in der Risikostruktur ergeben, ist es erforderlich, auch die Zustimmungsvorbehalte neu zu bewerten. Der Aufsichtsrat kann aus seiner Sicht notwendige Änderungen anregen und – wenn entsprechende Zustimmungsvorbehalte bestehen oder geschaffen werden – unter Hinweis auf sein Vetorecht auch praktisch durchsetzen.[714] Die Grenze ist hier stets § 111 Abs. 4 S. 1 AktG: Der Aufsichtsrat darf **keine Geschäftsführungsmaßnahmen** übernehmen. Dem Vorstand muss bei seinem unternehmerischen Handeln ein Gestaltungsspielraum bleiben. Selbst in der Krise darf der Aufsichtsrat den Handlungsspielraum des Vorstands nicht über Gebühr einengen.[715]

---

[705] BGHZ 135, 48 (56) = NJW 1997, 1985; BGHZ 20, 239 (246) = NJW 1956, 906; *Winter* FS Hüffer, 2010, 1103 (1114 f.); *M. Arnold* ZGR 2014, 76 (87 f.).
[706] *Wiedmann/Greubel* CCZ 2019, 88 (90).
[707] *M. Arnold* ZGR 2014, 76 (88); *Winter* FS Hüffer, 2010, 1103 (1117).
[708] *Winter* FS Hüffer, 2010, 1103 (1110).
[709] BGH NZG 2009, 550 (551); *M. Arnold* ZGR 2014, 76 (87) mwN.
[710] *Hüffer* NZG 2007, 47 (52); *Winter* FS Hüffer, 2010, 1103 (1116).
[711] BGHZ 114, 127 (130) = NJW 1991, 1830; BGHZ 126, 340 (344) = NJW 1994, 2484; BeckOGK/*Fleischer* AktG § 111 Rn. 10; Hüffer/Koch/*Koch* AktG § 111 Rn. 15; *M. Arnold* ZGR 2014, 76 (85).
[712] *Lutter/Kremer* ZGR 1992, 87 (90).
[713] *Siepelt/Pütz* CCZ 2018, 78 (80).
[714] *Habersack* AG 2014, 1 (4); *Seibt/Cziupka* AG 2015, 93 (96); *Hüffer* NZG 2007, 47 (52).
[715] *Hasselbach* NZG 2012, 41 (47).

8. Originäre Compliance-Pflicht des Aufsichtsrats

Neben der Überwachung des Vorstands hat der Aufsichtsrat auch **originäre Compliance-Pflichten.** Sie werden bedeutsam, wenn der Verdacht besteht, dass der **Vorstand** selbst an einem **Compliance-Verstoß** beteiligt war, seine Organisationspflicht verletzt hat, seiner Aufklärungspflicht nicht ordnungsgemäß nachgekommen ist oder den Aufsichtsrat nicht informiert hat. Aus Aufsichtsratssicht ist diese Lage – die oft mit Krisensituationen im Unternehmen einhergeht – herausfordernd: Um sich selbst nicht haftbar zu machen, muss er die richtigen Maßnahmen treffen, die aber wiederum oft negative Folgen für die Vorstandsmitglieder haben. Andererseits ist es wichtig, dass Vorstand und Aufsichtsrat gerade in der Krise zusammenrücken und eng zusammenarbeiten.[716]   348

a) Personelle Maßnahmen

Besonders in Krisensituationen kommt der **Personalkompetenz** des Aufsichtsrats eine gesteigerte Bedeutung zu. Der Aufsichtsrat muss dafür sorgen, dass der Vorstand in seiner Gesamtheit so zusammengesetzt ist, dass jedes einzelne Vorstandsmitglied die notwendigen Fähigkeiten mitbringt, damit die Gesellschaft die Krise bewältigen kann.[717] Dazu kann es einerseits erforderlich werden, dass die **Kompetenzen** innerhalb des Vorstands **neu zugeordnet** werden. Andererseits kann der Aufsichtsrat auch einzelne oder mehrere Vorstandsmitglieder **abberufen** oder neu bestellen. Als Abberufungsgrund kommt insbesondere § 83 Abs. 3 S. 2 AktG – die Unfähigkeit zur ordnungsgemäßen Geschäftsführung – in Betracht.[718]   349

b) Geltendmachung von Schadensersatzansprüchen

Kommen Pflichtverletzungen des Vorstands in Betracht, ist es Aufgabe des Aufsichtsrats, **Schadensersatzansprüche** gegen die Vorstandsmitglieder zu prüfen. Näher → Rn. 2339 ff.   350

Es gelten die **ARAG/Garmenbeck**-Grundsätze zur grundsätzlichen Verfolgungspflicht (→ Rn. 2425 ff.) des Aufsichtsrats.[719] Dabei hat der Aufsichtsrat eine zweistufige Prüfung vorzunehmen. Auf erster Stufe ist der Aufsichtsrat **verpflichtet,** den Sachverhalt zu prüfen und rechtlich zu bewerten. Ein Ermessen steht ihm dabei nicht zu.[720]   351

Im Grundsatz besteht dann auch auf zweiter Stufe eine **Verfolgungspflicht** des Aufsichtsrats, von der er nur ausnahmsweise absehen kann.[721] Maßgebliches Kriterium für die Entscheidung über das Absehen von der Verfolgung ist das **Unternehmenswohl.** Nach neuester Rechtsprechung ist die mögliche **Selbstbezichtigung** von Aufsichtsratsmitgliedern, die mit der Verfolgung einhergehen kann, **kein Grund,** von einer Verfolgung abzusehen.[722]   352

Verfolgt der Aufsichtsrat Pflichtverletzungen des Vorstands nicht, machen sich seine Mitglieder unter Umständen selbst **schadensersatzpflichtig,** § 116 AktG. Die **Verjährung** von Schadensersatzansprüchen gegen Aufsichtsratsmitglieder beginnt erst in dem Zeitpunkt, in dem Ansprüche gegen Vorstandsmitglieder verjähren (→ Rn. 2437 f.).[723]   353

c) Eigene Sachverhaltsermittlung

Grundsätzlich stellen **Internal Investigations** eine **Geschäftsführungsmaßnahme** dar, von der der Aufsichtsrat nach § 111 Abs. 4 S. 1 AktG ausgeschlossen ist. Insbesondere unter zwei Gesichtspunkten ist der Aufsichtsrat aber selbst berechtigt und häufig auch **verpflichtet, eigene** interne Untersuchungen durchzuführen.   354

aa) Voraussetzungen. Eine Pflicht zur eigenen Sachverhaltsermittlung ergibt sich zum einen dann, wenn dem Aufsichtsrat nur **ungenügende Informationen** vorliegen, um die Vorstandsarbeit zu beurteilen und seiner Überwachungsaufgabe nachzukommen. Das kann daraus folgen, dass der Vorstand nicht offen berichtet, oder, dass der Aufsichtsrat sogar an seiner Selbstinformation gehindert wird.[724]   355

---

[716] *Hasselbach* NZG 2012, 41 (46).
[717] K. Schmidt/Lutter AktG/*Drygala* AktG § 111 Rn. 26; *Hasselbach* NZG 2012, 41 (46).
[718] K. Schmidt/Lutter AktG/*Drygala* AktG § 111 Rn. 26.
[719] BGHZ 135, 244 = NJW 1997, 1927 – ARAG/Garmenbeck; bestätigt durch BGH NZG 2018, 1301 – Easy Software.
[720] BGH NZG 2018, 1301 (1302) – Easy Software; BGHZ 135, 244 (252 f.) = NJW 1997, 1926 – ARAG/Garmenbeck.
[721] BGH NZG 2018, 1301 (1304) – Easy Software; BGHZ 135, 244 (255) = NJW 1997, 1926 – ARAG/Garmenbeck.
[722] BGH NZG 2018, 1301 (1304) – Easy Software.
[723] BGH NZG 2018, 1301 (1302 f.) – Easy Software.
[724] *M. Arnold* ZGR 2014, 76 (102).

356 Zum anderen kann der Aufsichtsrat zur eigenen Aufklärung verpflichtet sein, wenn der Verdacht besteht, dass **Vorstandsmitglieder** selbst **Compliance-Verstöße** begangen haben[725] oder der Vorstand Verstößen nicht sachgerecht nachgegangen ist und somit einen neuen Verstoß begangen hat. Der Verdacht muss dabei aber hinreichend konkret sein, um die primäre Aufklärungspflicht des Vorstands nicht zu unterlaufen. Die abstrakte Möglichkeit, dass ein Vorstandsmitglied involviert sein könnte, reicht nicht aus.[726] Eine Pflichtverletzung kann sowohl in Form von **Organisationspflichtverletzungen,** die Compliance-Verstöße auf nachgeordneter Ebene erst ermöglicht haben, als auch in Form von **originären Pflichtverletzungen** des Vorstands vorliegen.[727]

357 Richtet sich der Verdacht von Pflichtverletzungen nur gegen **einzelne Vorstandsmitglieder,** wird teilweise vertreten, die Aufklärungspflicht verbleibe beim restlichen Vorstand.[728] Zwar kann es tatsächlich Aufgabe des Vorstands sein, Pflichtverstöße – auch mit Vorstandsbeteiligung – zu untersuchen, um die Vorstandspflichten – etwa Verteidigung des Unternehmens oder Nachbesserung der Organisation – erfüllen zu können. Gleichzeitig muss dem Aufsichtsrat aber zugebilligt werden, selbst Aufklärungsmaßnahmen vorzunehmen, sobald bei ihm der Eindruck entsteht, nur so könne er seiner Überwachungsverantwortung und Verfolgungsaufgabe gerecht werden.[729]

358 bb) Instrumente. (1) Prüfungs- und Einsichtsrecht. Zentrales Instrument der Aufklärung durch den Aufsichtsrat ist sein **Einsichts- und Prüfungsrecht** in Bücher, Schriften und Vermögensgegenstände der Gesellschaft nach § 111 Abs. 2 AktG. Dafür ist ein Beschluss des Aufsichtsrats erforderlich, § 108 AktG. Die Einsicht muss der Aufsichtsrat nicht als Gesamtorgan vornehmen, sondern kann einzelne Aufsichtsratsmitglieder oder Dritte damit beauftragen. Der Gegenstand der Einsichtnahme und Prüfung ist hierbei denkbar weit zu verstehen und umfasst grundsätzlich den **gesamten Datenbestand** des Unternehmens.[730]

359 Der Aufsichtsrat muss bei der Inanspruchnahme seines Einsichts- und Prüfungsrechts aber stets das **Unternehmensinteresse** im Blick behalten und seine Entscheidung sorgfältig abwägen. Es gilt der Grundsatz, dass die Information des Aufsichtsrats durch den Vorstand Vorrang gegenüber der vorstandsunabhängigen Information hat. Der Aufsichtsrat darf sich grundsätzlich auf die Richtigkeit der Vorstandsberichte verlassen **(Vertrauensprinzip).** Von dem Akteneinsichts- und Prüfungsrecht nach § 111 Abs. 2 S. 1 AktG sollte er daher nur zurückhaltend Gebrauch machen. Anlass dazu besteht vor allem, wenn konkrete Anhaltspunkte für Unregelmäßigkeiten oder eine nicht ordnungsgemäße Information durch den Vorstand vorliegen.[731] Bei seiner **Abwägungsentscheidung** hat der Aufsichtsrat zu beachten, dass bei leichtfertigem Umgang mit seinem Recht – beim Vorstand, aber auch bei der Öffentlichkeit – der Eindruck von Misstrauen zwischen den Organen entstehen kann.[732]

360 (2) Direkte Mitarbeiterbefragung. Grundsätzlich ist die **Mitarbeiterbefragung** Sache des Vorstands. Uneinigkeit herrscht darüber, ob der Aufsichtsrat Mitarbeiter im Rahmen seiner eigenen Untersuchungen direkt befragen darf. Wirklich relevant wird diese Problematik aber nur, wenn der Vorstand mit einer Befragung nicht einverstanden ist. Mit Blick auf die grundsätzliche Kompetenzverteilung des dualistischen Systems ist es mit der herrschenden Auffassung im Grundsatz unzulässig, Mitarbeiter gegen den Willen des Vorstands zu befragen.[733] Nur, wenn das Vertrauen zwischen Vorstand und Aufsichtsrat – etwa wegen Vorenthaltung von Informationen – so nachhaltig gestört ist, dass eine vertrauensvolle Zusammenarbeit unmöglich ist, wird man dem Aufsichtsrat zugestehen müssen, die Mitarbeiter „am Vorstand vorbei" zu befragen.[734] Sonst wird es dem Aufsichtsrat unmöglich gemacht, seine Überwachungstätigkeit gewissenhaft auszuüben.

361 In der Praxis stellt sich dieses Problem regelmäßig nicht. Eine direkte Befragung der Mitarbeiter durch den Aufsichtsrat ist unzweifelhaft zulässig, sofern der **Vorstand** damit **einverstanden** ist. Da auch der Vorstand dem Unternehmensinteresse verpflichtet ist, wird er nur selten Einwände dagegen haben.

362 Der Vorstand ist der direkte Ansprechpartner des **Compliance-Beauftragten** (Compliance Officer). Allerdings ist die regelmäßige Teilnahme des Compliance Officer an Aufsichtsratssitzungen gängige Pra-

---

[725] *M. Arnold* ZGR 2014, 76 (102 f.); *Fett/Habbe* AG 2018, 257 (260); *Fuhrmann* NZG 2016, 881 (888); *Habbe* CCZ 2019, 27 (29).
[726] *Reichert/Ott* NZG 2014, 241 (249).
[727] *Habbe* CCZ 2019, 27 (28); *Fett/Habbe* AG 2018, 257 (261); *M. Arnold* ZGR 2014, 76 (102).
[728] *Wagner* CCZ 2009, 8 (15).
[729] *M. Arnold* ZGR 2014, 76 (91 f.).
[730] *Siepelt/Pütz* CCZ 2018, 78 (81); *M. Arnold* ZGR 2014, 78 (79); *Reichert/Ott* NZG 2014, 241 (248 f.).
[731] *M. Arnold* ZGR 2014, 76 (89 f.).
[732] *M. Arnold* ZGR 2014, 76 (89 f.).
[733] Str. Hüffer/Koch/*Koch* AktG § 90 Rn. 11; Kölner Komm AktG/*Mertens/Cahn* AktG § 90 Rn. 52; *Winter* FS Hüffer, 2010, 1103 (1116); *M. Arnold* ZGR 2014, 76 (90 f.); aA MüKoAktG/*Habersack* AktG § 111 Rn. 80 f.; *Habbe* CCZ 2019, 27 (32); *Siepelt/Pütz* CCZ 2018, 78 (81).
[734] *M. Arnold* ZGR 2014, 76 (92); *Krieger/Günther* NZA 2010, 367 (372).

xis.⁷³⁵ Direkte Fragen des Aufsichtsrats an den Compliance Officer sind dann unproblematisch möglich. Dasselbe gilt, wenn der Vorstand den Compliance Officer zu einer direkten Information an den Aufsichtsrat anweist.⁷³⁶ Ohne einen solchen **geordneten Informationsweg** oder eine Anweisung durch den Vorstand bleibt es beim Grundsatz, dass der Compliance Officer nicht direkt an den Aufsichtsrat berichtet. Es gelten dieselben Ausnahmen wie bei der direkten Befragung sonstiger Mitarbeiter (→ Rn. 292). Im Fall eines Verdachts von Compliance-Verstößen gegen Vorstandsmitglieder oder bei fehlender Reaktion auf die Anfrage nach einem Bericht durch den Compliance Officer, ist die direkte Befragung denkbar.⁷³⁷

363 Der Regierungsentwurf des Verbandssanktionengesetzes (→ Rn. 293 ff.) sieht in § 17 Abs. 1 VerSanG-E **Milderungsmöglichkeiten** für Verbandssanktionen vor. Er knüpft diese Möglichkeit an einen Katalog von Anforderungen, die die Qualität von internen Untersuchungen betreffen. § 17 Abs. 1 Nr. 5 lit. a–c VerSanG-E stellt Anforderungen an Mitarbeiterbefragungen auf. Danach muss der Mitarbeiter vor der Befragung darauf hingewiesen werden, dass die Auskünfte gegen ihn verwendet werden können. Es muss ihm darüber hinaus rechtlicher oder betriebsratlicher Beistand gewährt werden. Die bedeutendste Anforderung ist aber wohl, dass ihm ein **Aussageverweigerungsrecht** eingeräumt werden muss, um die Möglichkeit zur Sanktionsmilderung zu bekommen. Viele der Anforderungen werden in der Praxis bereits heute befolgt.

364 Für konkrete, zeitlich und sachlich begrenzte **Angelegenheiten** kann der Aufsichtsrat einen **Sachverständigen** nach § 111 Abs. 2 S. 2 AktG beauftragen. Ausführlich dazu → Rn. 2301 ff. Die Beauftragung ist **Ermessensentscheidung.** Hierbei hat der Aufsichtsrat die Kosten, das Vertrauensverhältnis zwischen Aufsichtsrat und Vorstand, sowie die Wahrung der Autorität des Vorstands zu berücksichtigen. Eine eigene Prüfung nach § 111 Abs. 2 S. 1 AktG wird regelmäßig weniger beeinträchtigend wirken.⁷³⁸ Allerdings ist der Aufsichtsrat zunehmend mit so komplexen und schwierigen Problemen konfrontiert, dass es unerlässlich ist, zusätzlichen ökonomischen oder rechtlichen Sachverstand in Form von externen Beratern einzuschalten, um seine Aufgaben gewissenhaft wahrzunehmen.⁷³⁹

365 **cc) Datenschutzrecht bei internen Untersuchungen durch den Aufsichtsrat.**⁷⁴⁰ Führt der Aufsichtsrat selbst interne Untersuchungen durch, muss er sicherstellen, dass die durch das Datenschutzrecht gezogenen Grenzen bei der Durchführung der Untersuchung eingehalten werden.

366 Typische Untersuchungsmaßnahmen, die mit einer Verarbeitung von personenbezogenen Daten einhergehen, sind die Sichtung von E-Mails und sonstigen Dokumenten sowie Befragungen von Vorstandsmitgliedern, Mitarbeitern und anderen möglichen Zeugen. Soweit Gegenstand der Untersuchung die Aufklärung der Verletzung vertraglicher oder gesetzlicher Pflichten von Vorstandsmitgliedern ist, kann die Verarbeitung der personenbezogenen Daten dieser betroffenen Vorstandsmitglieder auf Art. 6 Abs. 1 lit. b DS-GVO gestützt werden (Erforderlichkeit zur Vertragsdurchführung und ggf. -beendigung). Für die Aufklärung des Fehlverhaltens von Beschäftigten unterhalb der Vorstandsebene kommt § 26 Abs. 1 BDSG in Betracht. § 26 Abs. 1 S. 2 BDSG enthält eine explizite Regelung für die Aufklärung des Verdachts von Straftaten. Für die Untersuchung von Pflichtverletzungen unterhalb der Strafbarkeitsschwelle gilt § 26 Abs. 1 S. 1 BDSG.⁷⁴¹ Zulässigkeitsvoraussetzung für die Datenverarbeitung ist in jedem Fall ein durch tatsächliche Anhaltspunkte begründeter und **dokumentierter Anfangsverdacht** für das Vorliegen eines Fehlverhaltens.⁷⁴²

367 Die Verarbeitung der Daten von Personen, die nicht selbst im Fokus der Untersuchung stehen, sondern nur als **Wissensträger bzw. Zeugen** von Interesse sind, kann auf Art. 6 Abs. 1 lit. f DS-GVO gestützt werden. Im Rahmen der von dieser Vorschrift geforderten Abwägung muss den schutzwürdigen Interessen der betroffenen Personen an der Wahrung ihrer Persönlichkeitsrechte ausreichend Rechnung getragen werden.

368 Schwierigkeiten bereitet in der Praxis regelmäßig die **Auswertung der E-Mail-Postfächer** von Beschäftigten und Organmitgliedern, wenn im Unternehmen die **private Nutzung** der betrieblichen E-Mail-Zugänge nicht explizit ausgeschlossen ist.⁷⁴³ Das Interesse der Mitarbeiter an der Vertraulichkeit der Inhalte und Umstände ihrer privaten Kommunikation genießt rechtlich einen hohen Stellenwert. Die

---

⁷³⁵ *Siepelt/Pütz* CCZ 2018, 78 (81).
⁷³⁶ Vgl. nur BeckOGK/*Spindler* AktG § 111 Rn. 36.
⁷³⁷ *Krieger/Günther* NZA 2010, 367 (372); *Bürgers* ZHR 179 (2015), 173 (203 f.).
⁷³⁸ *M. Arnold* ZGR 2014, 76 (95 f.).
⁷³⁹ *Hasselbach* NZG 2012, 41 (45).
⁷⁴⁰ Besonderer Dank gilt Herrn Dr. Christian Hamann, Partner bei Gleiss Lutz, für seinen sachverständigen Beitrag zu den datenschutzrechtlichen Ausführungen.
⁷⁴¹ *Ströbel/Böhm/Breunig/Wybitul* CCZ 2018, 14 (18); *Kort* NZA-RR 2018, 449 (451 f.); BAG NJW 2017, 2853 (2855 ff.).
⁷⁴² BeckOK DatenschutzR/*Riesenhuber*, 28. Ed. 1. 5. 2019, BDSG § 26 Rn. 129 ff. mwN.
⁷⁴³ *Plath/Stamer/Kuhnke*, DSGVO/ BDSG, 3. Aufl. 2018, BDSG § 26 Rn. 89 ff.; *Fuhrmann* NZG 2016, 881 (888).

Datenschutzaufsichtsbehörden sind sogar der Auffassung, dass bei einer gestatteten Privatnutzung der E-Mail-Zugänge der Schutz des Telekommunikationsgeheimnisses nach § 88 TKG mit der Folge greift, dass dem Arbeitgeber jeder Zugriff auf die E-Mail-Postfächer der Mitarbeiter verboten ist.[744] Auch wenn man dem im Einklang mit der inzwischen wohl herrschenden Meinung[745] nicht folgt, ist eine klare Regelung der Nutzung der betrieblichen E-Mail-Zugänge in jedem Fall zwingend erforderlich und gehört zu der vom Aufsichtsrat zu überwachenden IT-Governance der Gesellschaft. Auch eine geeignete Organisation der Untersuchungsmaßnahmen ist sicherzustellen, dass private E-Mails nicht erfasst und ausgewertet werden.

369 Die **Einwilligung** der betroffenen Personen (Art. 6 Abs. 1 lit. a DS-GVO) kommt als Rechtsgrundlage für die Verarbeitung von personenbezogenen Daten im Rahmen von Untersuchungsmaßnahmen regelmäßig nicht in Betracht. Soweit es um die Verarbeitung der Daten von abhängig Beschäftigten geht, wird regelmäßig schon die Freiwilligkeit der Einwilligung nicht zu gewährleisten sein, weil die Betroffenen im Falle der Verweigerung der Einwilligung Nachteile befürchten. Zudem besteht bei Einwilligungen jederzeit die Gefahr eines Widerrufs durch die betroffene Person (Art. 7 Abs. 3 DS-GVO).[746]

370 Grundsätzlich gilt, dass die von Untersuchungsmaßnahmen betroffenen Personen bei der Erhebung ihrer Daten oder vor Beginn der Untersuchungsmaßnahmen über die beabsichtigte Verarbeitung und ihre Datenschutzrechte zu **informieren** sind (Art. 13, 14 DS-GVO). Ausnahmen greifen, wenn eine (zu frühzeitige) Information zu Zwecke der Untersuchung und/oder der Geltendmachung, Ausübung oder Verteidigung zivilrechtlicher Ansprüche beeinträchtigen würde (Art. 14 Abs. 5 lit. b DS-GVO, § 32 Abs. 1 Nr. 4 BDSG; § 33 Abs. 1 Nr. 2a BDSG).[747] Die Gründe für das Unterlassen der Information sind zu dokumentieren. Es sind „geeignete Maßnahmen zum Schutz der berechtigten Interessen der betroffenen Person" zu treffen (Art. 14 Abs. 5 lit. b DS-GVO, § 32 Abs. 2 BDSG; § 33 Abs. 2 BDSG). Dazu kann auch ein Nachholen der Information gehören, wenn der Grund für das Unterlassen der Informationserteilung später entfällt, zB weil die Untersuchungsmaßnahmen abgeschlossen und alle Beweise gesichert sind; vgl. § 32 Abs. 3 BDSG.

371 **dd) Verhältnis zu internen Untersuchungen des Vorstands.** Auch wenn der Aufsichtsrat den Sachverhalt selbst aufklärt, bleibt die Pflicht des Vorstands zur Sachverhaltsaufklärung bestehen.[748] Das wird regelmäßig der Fall sein, wenn es um Pflichtverletzungen von nur einzelnen Vorstandsmitgliedern geht, siehe bereits → Rn. 357. Folgt nun für den Vorstand (aus seiner Leitungsaufgabe) und für den Aufsichtsrat (aus seiner Überwachungsaufgabe) eine Aufklärungspflicht, entsteht eine **Doppelzuständigkeit**.[749]

372 Naturgemäß besteht bei solchen **doppelten Untersuchungen** die Gefahr, unnötig viele Ressourcen in Anspruch zu nehmen. Nicht nur der finanzielle und personelle Aufwand spielt dabei eine Rolle, sondern auch das Signal, das an die Belegschaft vermittelt wird: Unruhen und Unsicherheiten durch doppelte Befragungen können sich schnell auf die Motivation der Mitarbeiter auswirken und damit die Effizienz gefährden.[750] Das würde dem Unternehmensinteresse zuwiderlaufen, dem beide Organe verpflichtet sind. Empfehlenswert ist daher ein **gemeinsamer Untersuchungsansatz** von Vorstand und Aufsichtsrat. Um dabei effizient vorzugehen, sollte die gemeinsame Arbeit entsprechend koordiniert werden. Dazu sollten zunächst **organisatorische Vereinbarungen** getroffen werden. So können der zeitliche Ablauf, der Ablauf der Berichterstattung und die genaue Aufgabenverteilung für Befragungen etc. geregelt werden.[751] Diese organisatorische Klärung kann und sollte ferner verhindern, dass die Organe sich bei ihrer Arbeit gegenseitig beeinflussen oder behindern.

9. Aufsichtsratsinterne Compliance

373 Der Aufsichtsrat muss nicht nur den Vorstand überwachen. Auch innerhalb des Aufsichtsrats selbst können Compliance-Risiken bestehen. Zur Erfüllung seiner Überwachungspflicht aus § 111 Abs. 1 AktG hat der Aufsichtsrat daher **organintern** dafür zu sorgen, dass er seine Arbeit ordnungsgemäß erledigt und sich

---

[744] Vgl. *Brink/Schwab* ArbRAktuell 2018, 111 (112) Diese Konsequenz kann dadurch vermieden werden, dass die Gestattung der Privatnutzung von der Einwilligung des Mitarbeiters, Datenzugriffe des Arbeitgebers in dem Umfang abhängig gemacht wird, der auch bei einer Untersagung der Privatnutzung zulässig wäre, vgl. dazu BeckOK DatenschutzR-*Riesenhuber*, 28. Ed. 1.5.2019, BDSG § 26 Rn. 171 f.
[745] Plath/*Stamer/Kuhnke*, DSGVO/ BDSG, 3. Aufl. 2018, BDSG § 26 Rn. 98 ff. mwN.
[746] Zur Einwilligung im Beschäftigtenverhältnis: *Kamps/Bonanni*. Die datenschutzrechtliche Einwilligung im Beschäftigungsverhältnis nach der DSGVO, ArbRB 2018, 50 ff.; *Franzen* ZfA 2019, 18 (29); Fälle aus der Praxis der Datenschutzbehörden: *Gola* RDV 2018, 85.
[747] Vgl. *Ströbel/Böhm/Breunig/Wybitul* CCZ 2018, 14 (16).
[748] *M. Arnold* ZGR 2014, 76 (100).
[749] *Fuhrmann* NZG 2016, 881 (883); *Habbe* CCZ 2019, 27 (30 f.); *Reichert/Ott* NZG 2014, 241 (250).
[750] *Reichert/Ott* NZG 2014, 241 (250).
[751] Dazu ausführlich *M. Arnold* ZGR 2014, 76 (104).

a) Interessenkollision

Schon aus der Natur des Aufsichtsratsmandats ergibt sich ein Compliance-relevanter Gesichtspunkt. Weil 374 das Aufsichtsratsmandat regelmäßig als Nebenamt ausgestaltet wird, üben Aufsichtsratsmitglieder häufig noch einen Hauptberuf oder andere Aufsichtsratsmandate aus. Die damit einhergehende Gefahr von **Interessenkonflikten** erkennt auch der „Deutsche Corporate Governance Kodex", wenn er sich in einem eigenen Kapitel damit befasst. In Grundsatz 19 DCGK weist der Kodex darauf hin, dass der Aufsichtsrat dem Unternehmensinteresse verpflichtet ist und keine persönlichen Interessen oder Geschäftschancen für sich nutzen darf. Nach der Empfehlung E.1 DCGK soll der Aufsichtsrat Interessenkonflikte unverzüglich offenlegen und der Hauptversammlung darüber berichten. Bei besonders wesentlichen und nicht nur vorübergehenden Konflikten soll das Mandat sogar niedergelegt werden. In der Praxis ist zu empfehlen, dass Aufsichtsratsmitglieder, die einem Interessenkonflikt unterliegen, an den betreffenden Beratungen und Beschlussfassungen im Aufsichtsrat nicht teilnehmen.

b) Rechtswidrige Beschlüsse

aa) Allgemeines. Anerkannt ist, dass die Aufsichtsratsmitglieder untereinander die **Pflicht** trifft, sich 375 **wechselseitig zu überwachen**.[753] Bestehen keine anderen Möglichkeiten, sorgfaltswidriges Verhalten der anderen Mitglieder abzustellen, geht die Pflicht sogar so weit, auf die Abberufung einzelner Mitglieder nach § 103 Abs. 3 AktG hinzuwirken.[754] Teil dieser Pflicht ist es auch, auf die **Ordnungsmäßigkeit** von **Aufsichtsratsbeschlüssen** hinzuwirken. Formell oder materiell fehlerhafte Beschlüsse sind zu verhindern.[755] An das einzelne Aufsichtsratsmitglied werden dabei **hohe Verhaltensanforderungen** gestellt. Es reicht nicht aus, sich bei einem solchen Beschluss lediglich zu enthalten. Vielmehr wird erwartet, dass das Aufsichtsratsmitglied gegen den Beschluss stimmt. Zusätzlich sollte das Aufsichtsratsmitglied unmissverständlich gegenüber den anderen Mitgliedern zum Ausdruck bringen, dass und warum es den Beschluss für rechtswidrig hält.[756] Für das Aufsichtsratsmitglied empfiehlt es sich darauf hinzuwirken, dass die von ihm geäußerten Bedenken und sein negatives Votum im Protokoll der Sitzung dokumentiert werden.[757]

bb) Insbesondere: Wahlvorschläge. Bei Aufsichtsratswahlen schlägt der Aufsichtsrat der Hauptver- 376 sammlung geeignete Kandidaten zur Wahl vor, § 124 Abs. 3 AktG. Bei dem Vorschlag ist darauf zu achten, dass der Kandidat die persönlichen und fachlichen **Qualifikationen** mitbringt. Zudem sind die Anforderungen aus § 100 AktG zwingend zu beachten (→ § 2 Rn. 38 ff.), sonst droht die Anfechtbarkeit oder Nichtigkeit des Wahlbeschlusses der Hauptversammlung.[758]

Bei börsennotierten Gesellschaften hat der Aufsichtsrat zudem die **Empfehlungen des DCGK** zu 377 berücksichtigen, beispielsweise zu Diversität, der Ausfüllung des Kompetenzprofils oder zur Unabhängigkeit.

c) Beraterverträge

Dienst- und Werkverträge der Gesellschaft mit Aufsichtsratsmitgliedern bedürfen gemäß §§ 114, 115 378 AktG der Zustimmung des Aufsichtsrats. Mit diesen Vorschriften sollen abstrakte Interessenkonflikte vermieden werden und damit die Unabhängigkeit und Effizienz der Überwachungsarbeit des Aufsichtsrats gestärkt werden.[759] Im Rahmen der internen Compliance sind aber **keine proaktiven** Maßnahmen des Aufsichtsrats notwendig. Eine regelmäßige Überprüfung, ob solche Verträge bestehen, ist nicht erforderlich. Das folgt schon daraus, dass regelmäßig der Vorstand am Abschluss beteiligt ist und der Aufsichtsrat grundsätzlich auf dessen ordnungsgemäßes Handeln vertrauen darf.[760]

---

[752] *Vetter* Liber Amicorum Winter, 2011, 701 (703); *Vetter* FS Graf von Westphalen, 2010, 719 (736).
[753] MüKoAktG/*Habersack* AktG § 111 Rn. 34 f.; GroßkommAktG/*Hopt/Roth* AktG § 116 Rn. 87.
[754] Hölters/*Hambloch-Gesinn/Gesinn* AktG § 116 Rn. 19 mwN.
[755] *Vetter* Liber Amicorum Winter, 2011, 701 (714); *Siepelt/Pütz* CCZ 2018, 78 (83).
[756] *Vetter* Liber Amicorum Winter, 2011, 701 (714); *Siepelt/Pütz* CCZ 2018, 78 (83).
[757] *Siepelt/Pütz* CCZ 2018, 78 (83).
[758] *Vetter* Liber Amicorum Winter, 2011, 701 (714).
[759] MüKoAktG/*Habersack* AktG § 114 Rn. 1 f.; Hölters/*Hambloch-Gesinn/Gesinn* AktG § 116 Rn. 1 f.
[760] *Vetter* Liber Amicorum Winter, 2011, 701 (714).

10. Berichtspflicht in der Hauptversammlung

379 Der Aufsichtsrat muss gemäß § 171 Abs. 2 S. 2 AktG der Hauptversammlung berichten, in welcher Art und in welchem Umfang er die Geschäftsführung im Berichtsjahr geprüft hat. Dem Bericht kommen im Wesentlichen zwei Funktionen zu: eine **Informationsfunktion** zur Lage der Gesellschaft und eine **Rechenschaftsfunktion** über die eigene Arbeit.[761] Näher zur Berichtspflicht → Rn. 117 ff. Teil der Rechenschaftsfunktion ist eine Erklärung über die eigene Überwachungstätigkeit. Zu dieser **Überwachungstätigkeit** gehört auch eine Erklärung darüber, wie der Aufsichtsrat die Legalitätspflicht des Vorstands überwacht. Mit anderen Worten: Der Bericht sollte auch eine Erklärung über die Compliance des Unternehmens enthalten.[762]

380 In der Praxis haben sich dafür weitgehend **Standardformulierungen** eingeprägt, die in Kurzform darüber berichten, dass und wie überwacht wurde. Befindet sich das Unternehmen in einer normalen Situation, werden keine erhöhten Anforderungen an diesen Bericht gestellt.[763] Sollte sich das Unternehmen aber wegen Compliance-Fällen in einer verschlechterten Situation befinden, sollte der Aufsichtsrat die **einzelnen Überwachungsmaßnahmen,** die er vorgenommen hat, näher darlegen.[764]

B. Einwirkungs- und Beratungskompetenz

I. Ausgangspunkt: Geschäftsführungsverbot, § 111 Abs. 4 S. 1 AktG

381 § 111 Abs. 4 S. 1 AktG stellt im Grundsatz klar, dass dem Aufsichtsrat **keine Maßnahmen der Geschäftsführung** übertragen werden können. Die Vorschrift schreibt die dem Vorstand in § 76 Abs. 1 AktG zugewiesene Leitungsaufgabe fort und dient – genauso wie § 119 Abs. 2 AktG für die Hauptversammlung – damit der **Kompetenzabgrenzung.** Diese Kompetenzordnung kann der Aufsichtsrat nicht durch Satzung oder Beschluss umgehen. Auch steht es nicht zur Disposition des Vorstands, Geschäftsführungsmaßnahmen an den Aufsichtsrat zu delegieren.[765] Das Geschäftsführungsverbot gilt gleichermaßen für **alle Aufsichtsratsmitglieder,** insbesondere auch den Aufsichtsratsvorsitzenden.[766]

382 Die im Ausgangspunkt strenge Trennung von Geschäftsführung und Überwachung wird an einigen Stellen **aufgeweicht:** Einerseits durch Gesetz beispielsweise in § 111 Abs. 4 S. 2 AktG (→ Rn. 386 ff.), § 111 Abs. 2 S. 3 AktG (→ Rn. 2259 ff.), § 112 AktG (→ Rn. 2267 ff.), § 161 AktG (→ Rn. 2449 ff.), § 246 Abs. 2 S. 2 AktG, § 32 MitbestG (→ § 7 Rn. 295 ff.);[767] andererseits durch die in § 111 Abs. 1 AktG enthaltene Beratungsaufgabe (→ Rn. 384 f.) sowie durch ungeschriebene Annexkompetenzen des Aufsichtsrats, etwa bei der Außenkommunikation am Kapitalmarkt (→ Rn. 2667 ff.) oder der Beauftragung eines Hauptversammlungs-Dienstleisters[768] oder anderen Hilfspersonen und Sachverständigen außerhalb von § 111 Abs. 2 S. 2 AktG (→ Rn. 142 ff.).

383 Trotz all der Ausnahmen lässt sich § 111 Abs. 4 S. 1 AktG aber eine zentrale Aussage entnehmen: Dem Aufsichtsrat steht in Fragen der Geschäftsführung **weder ein Weisungsrecht noch ein Initiativrecht** zu (zu den Ausnahmen → § 7 Rn. 295 ff.; → § 8 Rn. 5 f.).[769] Das gilt es sowohl bei der Einwirkung als auch der Mitwirkung des Aufsichtsrats in Geschäftsführungsangelegenheiten zu achten. Abgesichert wird dieser Befund durch § 76 Abs. 1 AktG, wonach der Vorstand die Gesellschaft unter eigener Verantwortung zu leiten hat.

II. Einwirkung durch Beratung

384 Schon § 90 Abs. 1 S. 1 Nr. 1 AktG (→ Rn. 37 ff.) ist Beleg für das moderne Verständnis der Überwachungsaufgabe, nicht bloß als „Kontrolle" der Vergangenheit, sondern auch **Beratung der Zukunft.** Noch deutlicher rückt § 90 Abs. 2 Nr. 4 AktG die Beratung in den Vordergrund, wenn darin der möglichst rechtzeitige Bericht nach § 90 Abs. 1 S. 1 Nr. 4 AktG in aller Selbstverständlichkeit als notwendige

---

[761] MüKoAktG/*Hennrichs/Pöschke* AktG § 171 Rn. 183 f.
[762] *Lutter* FS Hüffer, 2010, 617 (624); GroßkommAktG/*E. Vetter* AktG § 171 Rn. 236.
[763] Hüffer/Koch/*Koch* AktG § 90 Rn. 11.
[764] GroßkommAktG/*E. Vetter* AktG § 171 Rn. 236.
[765] *Koch* AG 2017, 129 (134 f.); *Grunewald* ZIP 2016, 2009 (2010).
[766] *Grunewald* ZIP 2016, 2009 (2010).
[767] Umfassend MüKoAktG/*Habersack* AktG § 111 Rn. 113.
[768] LG Frankfurt AG 2015, 252.
[769] MüKoAktG/*Habersack* AktG § 111 Rn. 12, 111.

Grundlage für die Stellungnahme des Aufsichtsrats deklariert wird. Beratung bedeutet demnach Mitsprache in **bereits laufenden** sowie **künftigen Angelegenheiten** der Gesellschaft.[770] Um sachgerecht beraten zu können, ist der Vorstand gehalten, dem Aufsichtsrat seine Planungsvorhaben, -ziele, -umsetzung und -strategie in einer die Berichtspflicht nach § 90 AktG genügenden Weise (→ Rn. 76 f.) zu präsentieren.[771] Der Aufsichtsrat hat anhand der Informationen wiederum zu prüfen, ob die Vorschläge des Vorstands plausibel und umsetzungsfähig sind oder ein anderes Vorgehen zweckmäßiger wäre.[772] Sollte der Aufsichtsrat bei seiner Bewertung zu einem anderen Ergebnis gelangen, hat er dies in üblich beratender Manier offenzulegen und Divergenzen mit dem Vorstand zu erörtern. Gleichermaßen wie den Aufsichtsrat die Pflicht zur Beratung trifft, ist der Vorstand verpflichtet, sich **beraten zu lassen** und der Diskussion zu stellen.[773] Davon unberührt bleibt das Initiativ- und Planungsrecht des Vorstands als Teil seiner unverrückbaren Leitungsbefugnis, was sich darin äußert, dass der Aufsichtsrat **keine endgültige Alternativplanung** aufstellen darf.[774]

Zwei Aspekte der Beratungsaufgabe des Aufsichtsrats sind hervorzuheben: Zum einen kann sich durch den frühzeitigen Dialog mit dem Aufsichtsrat der Vorstand die **Expertise des Aufsichtsrats** schon im Stadium der Unternehmensplanung zu Nutze machen und in seine Erwägungen einbeziehen. Indem der Vorstand seine Pläne selbstkritisch hinterfragen und seine Vorstellungen dem Aufsichtsrat überzeugend und plausibel darlegen muss, kommt ergänzend noch der Gedanke der **Selbstevaluation** zum Tragen. Gelingt es ihm, den Aufsichtsrat zu überzeugen, kann er sich auf dessen notwendigen **Rückhalt** verlassen, was im Sinne eines vertrauensvollen Miteinanders beider Organe in der Praxis von unschätzbarem Wert ist.[775] Trotz allem erweist sich die Beratung als „vorrangiges Mittel"[776] der präventiven Überwachung letztlich als stumpfes Schwert, fehlt ihr doch die rechtliche Verbindlichkeit. 385

III. Einwirkung durch Zustimmungsvorbehalte, § 111 Abs. 4 S. 2 AktG

1. Grundlagen

Gem. § 111 Abs. 4 S. 2 AktG „hat"[777] die Satzung oder der Aufsichtsrat zu bestimmen, dass bestimmte Arten von Geschäften nur mit Zustimmung des Aufsichtsrats vorgenommen werden dürfen. In Wahrnehmung seiner „leitungsbezogenen Verantwortung"[778] gibt das Gesetz dem Aufsichtsrat mit § 111 Abs. 4 S. 2 AktG ein Mittel **rechtsverbindlicher Einwirkung**[779] in die Hand, das wohl als bedeutendstes und einschneidendstes Überwachungsinstrument zu qualifizieren ist.[780] Hingegen reicht diese Ausnahme des Geschäftsführungsverbots gem. § 111 Abs. 4 S. 1 AktG nicht so weit, dass dem Aufsichtsrat ein die Geschäftsleitung übernehmendes Gestaltungs- und Initiativrecht eingeräumt wird. Indem der Aufsichtsrat bestimmte Arten von Geschäften an seine Zustimmung bindet, kann er gewisse Vorhaben durch Ausdruck seiner Ablehnung im Sinne eines **Vetorechts** unterbinden. Aktiver Initiator und Leiter der Geschäftsführungsmaßnahmen bleibt stets der Vorstand, der selbst nach Erteilung der Zustimmung von der beabsichtigten Maßnahme absehen kann, sofern das im Einklang mit § 93 Abs. 1 S. 1 AktG steht.[781] Nur ein so verstandenes System der **Checks and Balances** verträgt sich mit den kompetenzabgrenzenden Regelungen in § 76 Abs. 1 AktG und § 111 Abs. 4 S. 1 AktG.[782] 386

---

[770] MüKoAktG/*Habersack* AktG § 111 Rn. 50.
[771] *M. Arnold* FS Krieger, 2020, 41 (44).
[772] Vgl. Habersack/Henssler/*Habersack* MitbestG § 25 Rn. 51; *Lutter/Krieger/Verse* AR Rn. 103; K. Schmidt/Lutter AktG/*Drygala* AktG § 111 Rn. 19.
[773] MüKoAktG/*Habersack* AktG § 111 Rn. 51; *Lutter/Krieger/Verse* AR Rn. 104.
[774] Hölters/*Hambloch-Gesinn/Gesinn* AktG § 111 Rn. 27.
[775] Zutr. *Simon* FS Seibert, 2019, 847 (852 f.).
[776] BGHZ 114, 127 (130) = NJW 1991, 1830.
[777] Zuvor „kann", geändert durch das Gesetz zur weiteren Reform des Aktien- und Bilanzrechts, zu Transparenz und Publizität (Transparenz- und Publizitätsgesetz – TransPuG) vom 19.7.2002, BGBl. 2002 I 2681.
[778] *Hüffer* NZG 2007, 47.
[779] Hölters/*Hambloch-Gesinn/Gesinn* AktG § 111 Rn. 34; *Lutter/Krieger/Verse* AR Rn. 112.
[780] Vgl. *Habersack* FS Hüffer, 2010, 259 (260); Hüffer/Koch/*Koch* AktG § 111 Rn. 35.
[781] *Habersack* ZHR 178 (2014), 131 (132); MHdB AG/*Hoffmann-Becking* § 29 Rn. 58.
[782] Vgl. Hüffer/Koch/*Koch* AktG § 111 Rn. 34.

2. Begründung von Zustimmungsvorbehalten

387 Sowohl Satzung als auch Aufsichtsrat müssen ausweislich des eindeutigen Wortlauts von § 111 Abs. 4 S. 2 AktG bestimmte Arten von Geschäften an die Zustimmung des Aufsichtsrats binden. Demzufolge sind Hauptversammlung und Aufsichtsrat unabhängig voneinander zur **Einrichtung** von Zustimmungsvorbehalten **verpflichtet.** Auf diese Weise soll das Ziel, den Aufsichtsrat rechtzeitig in grundlegende Entscheidungen der Gesellschaft einzubinden, praktisch umgesetzt werden.[783] Damit im Einklang steht § 107 Abs. 3 S. 7 AktG, der die Delegation an einen Ausschuss zur Einführung von Zustimmungsvorbehalten für unzulässig erklärt. Die Festlegung eines Vorbehalts erfordert stets einen **Beschluss des Gesamtorgans** (§ 108 Abs. 1 AktG), der dem **Vorstand bekannt zu geben** ist.[784] Dem wird er in der Praxis in der Regel dadurch gerecht, dass er den anschließenden Zustimmungskatalog in seine oder die für den Vorstand erlassene Geschäftsordnung aufnimmt.[785] Das ist freilich nicht zwingend, sondern folgt in erster Linie aus einer einfachen **Praktikabilitätserwägung:** Die Änderung der Geschäftsordnung ist einfacher zu bewerkstelligen als eine formelle Satzungsänderung.[786] Sie ist damit – anders als die der Registerpublizität unterliegende Satzung – auch nicht zwingend transparent, was als Gestaltungsvariante interessant sein kann. In der Praxis – insbesondere Empfehlung D.1 DCGK folgend – finden sich Geschäftsordnungen aber zunehmend auf der jeweiligen Website. Aber auch eine Aufnahme in die Geschäftsordnung ist nicht zwingend. Der Aufsichtsratsbeschluss genügt.

388 Da der Aufsichtsrat nicht zugleich Satzungsgeber ist, offenbart § 111 Abs. 4 S. 2 AktG eine grundsätzliche **Konkurrenzproblematik,** die anhand der gesetzlichen Konzeption aufzulösen ist. Hierfür kann der Vorschrift zunächst entnommen werden, dass es dem Satzungsgeber freisteht, bei Festsetzung der Vorbehalte auch gänzlich untätig zu bleiben. Dann liegt es aber am Aufsichtsrat, der Pflicht aus § 111 Abs. 4 S. 2 AktG nachzukommen und entsprechende Zustimmungsvorbehalte einzuführen, da die gesetzliche Intention andernfalls verfehlt würde.[787] Aus der übergeleiteten Verantwortung zur hilfsweisen Wahrnehmung dieser Pflicht lässt sich daher eine **Auffangzuständigkeit des Aufsichtsrats** ableiten.[788] Konsequent bedeutet das, dass soweit statutarische Zustimmungsvorbehalte bestehen, der Aufsichtsrat daran gebunden ist und sie weder entschärfen noch aufheben noch durch Generalzustimmung faktisch leerlaufen lassen kann.[789] Andererseits kann die Satzung das Recht des Aufsichtsrats zur Begründung weiterer Zustimmungsvorbehalte auch nicht beschränken oder ausschließen.[790] Folgt man dem Gedanken der nachgelagerten Zuständigkeit des Aufsichtsrats, bleibt ihm ferner unbenommen, satzungsmäßig bestehende **Vorbehalte zu verschärfen,** beispielsweise durch Herabsetzung der den Vorbehalt auslösenden Wertgrenze (→ Rn. 407).[791]

389 Die Entscheidung darüber, ob und welche Geschäfte der Aufsichtsrat an seine Zustimmung bindet, hat er nach **pflichtgemäßen Ermessen** zu treffen.[792] Dabei hat er die individuellen Bedürfnisse sowie die Risikolage, Größe und Organisationsstruktur der Gesellschaft zu berücksichtigen.[793] Die **Schaffung** von Zustimmungsvorbehalten ist eine **unternehmerische Entscheidung,**[794] sodass der Aufsichtsrat bei pflichtgemäßer Informationsgrundlage und sorgfältiger Abwägung in den Genuss der *Business Judgment Rule* nach § 116 S. 1 AktG, § 93 Abs. 1 S. 2 AktG kommt.[795] In Übereinstimmung mit der hM kann ihm jedoch nicht die Pflicht auferlegt werden, sämtliche Geschäfte von grundlegender Bedeutung (→ Rn. 403) zu katalogisieren.[796] Einen allumfassenden Katalog aufzustellen, ist ex ante schon gar nicht möglich und eine entsprechende Pflicht hierzu demnach weder geboten noch zielführend.[797] Denn zur effektiven Wahrnehmung seiner präventiven Überwachungsaufgabe gibt ihm die Möglichkeit des **Ad-**

---

[783] BegrRegE BT-Drs. 14/8769, 17.
[784] OLG Düsseldorf AG 2016, 410 (411); Hüffer/Koch/*Koch* AktG § 111 Rn. 38; BeckOGK/*Spindler* AktG § 111 Rn. 84; K. Schmidt/Lutter AktG/*Drygala* AktG § 111 Rn. 52.
[785] MüKoAktG/*Habersack* AktG § 111 Rn. 119.
[786] Vgl. MHdB AG/*Hoffmann-Becking* § 29 Rn. 59; BeckOGK/*Spindler* AktG § 111 Rn. 82.
[787] OLG Düsseldorf AG 2016, 410 (411).
[788] MüKoAktG/*Habersack* AktG § 111 Rn. 117; *E. Vetter* in Marsch-Barner/Schäfer Börsennotierte AG-HdB Rn. 26.33.
[789] AllgM Hüffer/Koch/*Koch* AktG § 111 Rn. 38; MüKoAktG/*Habersack* AktG § 111 Rn. 117.
[790] EinhM, MüKoAktG/*Habersack* AktG § 111 Rn. 117 mwN.
[791] MüKoAktG/*Habersack* AktG § 111 Rn. 117; vgl. auch BeckOGK/*Spindler* AktG § 111 Rn. 83.
[792] BGHZ 124, 111 (127) = NJW 1994, 520; MüKoAktG/*Habersack* AktG § 111 Rn. 122 mwN.
[793] *E. Vetter* in Marsch-Barner/Schäfer Börsennotierte AG-HdB Rn. 26.34.
[794] *E. Vetter* ZGR 2020, 35 (56); *Schnorbus/Ganzer* BB 2020, 386 (390 f.); *Hopt* ZGR 2019, 507 (524); *Lieder* ZGR 2018, 523 (535 ff.); *W. Goette* FS Baums, Band I, 2017, 475 (481 f.); **aA** *Habersack* NZG 2020, 881 (883 f.); MüKoAktG/*Habersack* AktG § 111 Rn. 122; K. Schmidt/Lutter AktG/*Drygala* AktG § 111 Rn. 55, die iErg aber dennoch einen der gerichtlichen Kontrolle entzogenen Beurteilungsspielraum annehmen.
[795] BGHZ 219, 193 Rn. 54 = NJW 2018, 3574.
[796] MüKoAktG/*Habersack* AktG § 111 Rn. 123 mwN; **aA** *Lange* DStR 2003, 376 (380); *Götz* NZG 2002, 599 (602 f.).
[797] Hüffer/Koch/*Koch* AktG § 111 Rn. 36.

hoc-Vorbehalts (→ Rn. 391) die nötige Flexibilität.[798] Der Aufsichtsrat ist verpflichtet, in den Grenzen seines Ermessens grundlegende Geschäfte unternehmensbezogen zu konkretisieren[799] sowie fortlaufend zu überprüfen, ob der Katalog den aktuellen Gegebenheiten der Gesellschaft entspricht oder einer **Fortschreibung** bedarf.[800] Angesichts der schnelllebigen Wirtschaftsbranche ist grundsätzlich ein **mehrjähriger Überprüfungsturnus** angemessen.[801] Das entspricht der Empfehlung D.13 DCGK (Ziff. 5.6 DCGK aF), wonach sich der Aufsichtsrat „regelmäßig" selbst evaluieren soll.[802] Dagegen ist unter normalen Umständen eine jährliche Gesamtprüfung weder wirtschaftlich vertretbar noch sinnvoll.[803] Bei außergewöhnlichen Geschäften (zB Veräußerung von Unternehmensteilen) kann es erforderlich sein, den Katalog kurzfristig zu überprüfen und anzupassen.[804] Aufgrund der gewöhnlich größeren Detail- und Sachkenntnis trifft besonders den **Aufsichtsratvorsitzenden** die Pflicht für einen angemessenen Katalog an Zustimmungsvorbehalten zu sorgen und sofern Ergänzungsbedarf besteht, darauf hinzuweisen und auf eine Komplettierung hinzuwirken.

Nimmt der Aufsichtsrat diese aus § 111 Abs. 4 S. 2 AktG abzuleitende Aufgabe nicht ordnungsgemäß wahr, setzt er sich der Gefahr einer Haftung gem. § 116 S. 1 AktG aus, wobei § 93 Abs. 1 S. 2 AktG zu beachten ist (→ Rn. 389).[805] Dabei hat der Aufsichtsrat aktiv dafür zu sorgen, dass er die erforderlichen Informationen erhält, die er für eine sorgfältige Entscheidung benötigt (→ Rn. 93 ff.). So hat er beispielsweise beim Erwerb eines Unternehmens darauf zu achten, dass ihm die damit verbundenen Chancen und Risiken angemessen dargelegt werden und der Erwerb sich in die **Unternehmensstrategie einfügt,** die dem Aufsichtsrat durch die mittel- und langfristige Unternehmensplanung bekannt sein sollte.[806] Dazu gehört vor allem zu prüfen, wie das Geschäft finanziert werden soll und ob selbst im *worst case* eine **existenzielle Bedrohung** des eigenen Unternehmens **ausgeschlossen** ist.[807] Der Aufsichtsrat hat sich zu diesem Zweck einen Überblick über die vorhandenen Mittel der Gesellschaft zu verschaffen, um sowohl positive als auch negative Ertragsentwicklung abschätzen zu können. Typischerweise hat er sich darüber zu vergewissern, inwieweit der Vorstand risikominimierende Vorkehrungen wie zB Gewährleistungsvereinbarungen[808] getroffen hat, um die Gesellschaft vor Schäden zu bewahren. In der Praxis wird der Vorstand im Rahmen einer **Due Diligence** oftmals eine Wirtschaftsprüfungsgesellschaft und Anwaltskanzlei damit beauftragen, ein **Bewertungsgutachten** über das begehrte Unternehmen oder eine rechtliche Stellungnahme zu erstellen und dessen Ergebnis dem Aufsichtsrat vorzulegen (→ Rn. 411).[809] Freilich darf sich der Aufsichtsrat nicht unbesehen auf das Gutachten verlassen, sondern hat es zu plausibilisieren. Die ISION-Grundsätze finden Anwendung. Mit der Ausübung und – vorgelagert – Schaffung von Zustimmungsvorbehalten nimmt der Aufsichtsrat an der unternehmerischen Verantwortung über die Geschäftsführungsmaßnahmen teil (→ Rn. 386 ff.).

Im Einzelfall kann sich das Ermessen des Aufsichtsrats auf Null reduzieren und somit zu einer **Handlungspflicht** („Interventionspflicht")[810] verdichten, infolgedessen auch der Beschluss eines **Ad-hoc-Vorbehalts** für Einzelmaßnahmen zwingend erforderlich sein kann.[811] Eine solche Pflicht wird angenommen, wenn der Vorstand eine gesetzeswidrige Maßnahme durchzuführen beabsichtigt, die der Aufsichtsrat nur noch durch Anordnung eines Zustimmungsvorbehalts verhindern kann.[812] Folgerichtig hat das zur Wahrung der **Rechtmäßigkeit,** namentlich des Legalitätsprinzips (→ Rn. 87) auch für satzungswidrige Geschäftsführungsmaßnahmen, sowie für alle Maßnahmen zu gelten, bei denen erkennbar ein Verstoß gegen Sorgfaltspflichten droht.[813] Da dem Vorstand in aller Regel weites unternehmerisches Ermessen einge-

---

[798] *Habersack* NZG 2020, 881 (886); Hüffer/Koch/*Koch* AktG § 111 Rn. 36.
[799] OLG Düsseldorf AG 2016, 410 (411).
[800] MüKoAktG/*Habersack* AktG § 111 Rn. 121; Hüffer/Koch/*Koch* AktG § 111 Rn. 36.
[801] *Rodewig* in Semler/v. Schenck AR-HdB Anlage § 8–1 Fn. 2: mehrjährig; *Fonk* ZGR 2006, 841 (857): alle zwei bis drei Jahre; weitergehend MHdB AG/*Hoffmann-Becking* § 31 Rn. 7: einmal während der Amtsperiode; **aA** *Seebach* AG 2012, 70 (71); *Grooterhorst* NZG 2011, 921 (923); *Lutter/Krieger/Verse* AR Rn. 655: jährlich.
[802] Näher dazu JIG/*H. Schäfer* DCGK Empf. D.13 Rn. 6ff.
[803] Jew. zu Ziff. 5.6 DCGK aF Fuhrmann/Linnerz/Pohlmann/*Bicker/Preute* DCGK Ziff. 5 Rn. 316; BeckHdB AG/*von der Linden* § 25 Rn. 85; KBLW/*von Werder* DCGK Rn. 1500.
[804] *Schnorbus/Ganzer* BB 2020, 386 (390).
[805] *Lieder* ZGR 2018, 523 (535 ff.); *W. Goette* FS Baums, Band I, 2017, 475 (481 f.); *Rodewig* in Semler/v. Schenck AR-HdB § 8 Rn. 43; **aA** MüKoAktG/*Habersack* AktG § 111 Rn. 122.
[806] *Lutter/Krieger/Verse* AR Rn. 131; *Rodewig* in Semler/v. Schenck AR-HdB § 8 Rn. 79; *Semler* Leitung und Überwachung Rn. 211.
[807] *Rodewig* in Semler/v. Schenck AR-HdB § 8 Rn. 78.
[808] Auch heute noch relevant zu den Risiken beim gesetzlichen Gewährleistungsrecht *Loges* DB 1997, 965.
[809] *Rodewig* in Semler/v. Schenck AR-HdB § 8 Rn. 75 ff.
[810] *Habersack* NZG 2020, 881 (886 f.); Grigoleit/*Grigoleit/Tomasic* AktG § 111 Rn. 87.
[811] Wohl allgM, BGHZ 124, 111 (127) = NJW 1994, 520; MüKoAktG/*Habersack* AktG § 111 Rn. 130 mwN.
[812] BGHZ 124, 111 (127) = NJW 1994, 520 noch zu § 111 Abs. 4 S. 2 AktG aF vor Inkrafttreten des TransPuG, wobei sich in der Sache nichts geändert hat, dazu *Wirth* ZGR 2005, 327 (337).
[813] *Habersack* NZG 2020, 881 (886 f.); vgl. auch *Henze* NJW 1998, 3309 (3312); *Boujong* AG 1995, 203 (205 f.).

räumt ist, kann das aber nur die Ausnahme sein. Sollte es trotzdem einmal dazu kommen, dass der Aufsichtsrat einen Ad-hoc-Vorbehalt einführen muss, empfiehlt es sich, die Zustimmung in derselben Sitzung zu verweigern, in der der Ad-hoc-Vorbehalt beschlossen werden soll.

3. Inhaltliche Ausgestaltung
a) Reichweite und Grenzen von Zustimmungsvorbehalten

392 Erklärt der Gesetzgeber das „ob" der Begründung von Zustimmungsvorbehalten noch zur Pflicht, schweigt er zur Frage, „wie" solche Vorbehalte inhaltlich auszugestalten sind und für welche Geschäfte sie gelten sollen.[814] Der Verzicht auf inhaltliche Vorgaben ist bewusst und aus der zutreffenden Erwägung gewählt worden, dass ein gesetzlicher Mindestkatalog für das jeweilige Unternehmen gar nicht allen Einzelbelangen ausreichend Rechnung tragen kann.[815] Dennoch forciert der Gesetzgeber mit der dem Aufsichtsrat auferlegten Pflicht die **Schaffung eines Mindestkatalogs** in den jeweiligen Gesellschaften, um die präventive Überwachung sicherzustellen.[816]

393 Zur Bestimmung der Reichweite und Grenzen von Zustimmungsvorbehalten liefert zunächst die **Wortlautauslegung** wichtige Hinweise, die es dann durch systematische, historische und teleologische Erwägungen zu präzisieren gilt.[817]

394 Bei der Aufstellung eines Vorbehaltskatalogs geht schon aus der Norm – die nur **„bestimmte"** Arten von Geschäften erfassen will – hervor, dass der Aufsichtsrat nicht vollkommen frei ist, sondern in einer die Leitungsverantwortung des Vorstands respektierenden Weise vorzugehen hat.[818] Dem Gesetzestext sind vielmehr die Forderung nach **eindeutiger Bezeichnung** der zustimmungsbedürftigen Maßnahmen sowie das **Verbot generalklauselartiger Formulierungen** zu entnehmen.[819] Unzulässig und damit nichtig sind beispielsweise Bestimmungen, die „alle bedeutenden Geschäfte" oder „alle außergewöhnlichen Geschäfte" unter Zustimmungsvorbehalt stellen, mit der Folge, dass dem Vorstand seine grundsätzlich uneingeschränkte Geschäftsführungsbefugnis verbleibt.[820] Gleichermaßen unbestimmt sind auch sog. **Auffangklauseln** am Ende der Vorbehaltskataloge, die häufig in Anlehnung an Ziff. 3.3 DCGK aF Zustimmungsvorbehalte auf „sonstige Maßnahmen der Geschäftsführung, die die Vermögens-, Finanz- und Ertragslage des Unternehmens grundlegend verändern" zu erstrecken versuchen.[821] Dagegen können sich allgemein gehaltene Klauseln durch eine anschließend **beispielhafte Aufzählung** konkreter Maßnahmen als hinreichend bestimmt erweisen, sofern sie dem Vorstand eine ausreichende Orientierungshilfe bei der Auslegung vergleichbarer Maßnahmen vorgeben.[822] Nur auf diese Weise kann sich der Vorstand die **erforderliche Klarheit** darüber verschaffen, inwieweit er in seiner Geschäftsführungsautonomie beschränkt ist. Diesem zwingenden **Bestimmtheitserfordernis** hat jeder Zustimmungsvorbehalt Rechnung zu tragen.

395 Ferner stellt die Vorschrift klar, dass Zustimmungsvorbehalte für bestimmte **„Arten"** von Geschäften nach generellen Merkmalen und nicht einzelfallbezogen festgelegt werden sollen. Damit soll ausgeschlossen werden, dass Zustimmungsvorbehalte auf Maßnahmen des gewöhnlichen Geschäftsbetriebs ausgeweitet werden.[823] Ungeachtet dessen ist mittlerweile – entsprechend dem gesetzgeberischen Willen, den Aufsichtsrat hinreichend und frühzeitig einzubinden[824] – allgemein anerkannt, dass Zustimmungsvorbehalte auch für **Einzelmaßnamen** sowohl in Satzung und Geschäftsordnung als auch ad-hoc beschlossen (→ Rn. 391) werden können.[825] Dabei hat sich in der Literatur die Auffassung durchgesetzt, dass Einzelgeschäfte nur bei „herausragender oder grundlegender Bedeutung"[826] für die Gesellschaft einem Zustimmungsvorbehalt zugänglich seien. Vornehmlich stützt sich die herrschende Ansicht auf ein Urteil des II. Zivilsenats des BGH, das zwar die Zulässigkeit eines ad-hoc-Vorbehalts und die Pflicht zur Einführung

---

[814] Vgl. *Hopt* ZGR 2019, 507 (524); K. Schmidt/Lutter AktG/*Drygala* AktG § 111 Rn. 55.
[815] BegrRegE BT-Drs. 14/8769, 17.
[816] Vgl. BegrRegE BT-Drs. 14/8769, 17; BGH AG 2007, 167 (168); ferner *W. Goette* FS Baums, Band I, 2017, 475 (480); MüKoAktG/*Habersack* AktG § 111 Rn. 116.
[817] Vgl. *W. Goette* FS Baums, Band I, 2017, 475 (482).
[818] *W. Goette* FS Baums, Band I, 2017, 475 (482); *Pentz* in Fleischer VorstandR-HdB § 16 Rn. 115.
[819] AllgM, vgl. BGH NZG 2016, 703 (715) – Nürburgring; *Habersack* NZG 2020, 881 (884) mwN.
[820] *Fleischer* BB 2013, 835 (842 f.); *Brouwer*, Zustimmungsvorbehalte des Aufsichtsrats im Aktien- und GmbH-Recht, 2008, 123 f.; *Altmeppen* FS K. Schmidt, 2009, 23 (29 ff.); *Habersack* NZG 2020, 881 (884).
[821] *Brouwer*, Zustimmungsvorbehalte des Aufsichtsrats im Aktien- und GmbH-Recht, 2008, 123; Hüffer/Koch/*Koch* AktG § 111 Rn. 41; **aA** GroßkommAktG/*Hopt/Roth* AktG § 111 Rn. 683.
[822] *Brouwer*, Zustimmungsvorbehalte des Aufsichtsrats im Aktien- und GmbH-Recht, 2008, 123; *Fleischer* BB 2013, 835 (842 f.).
[823] AllgM *Habersack* NZG 2020, 881 (885) mwN.
[824] BegrRegE BT-Drs. 14/8769, 17.
[825] BGHZ 124, 111 (127) = NJW 1994, 520; Hüffer/Koch/*Koch* AktG § 111 Rn. 39 mwN.
[826] MüKoAktG/*Habersack* AktG § 111 Rn. 120; *Lutter/Krieger/Verse* AR Rn. 119; gleichbedeutend mit abw. Terminologie MHdB AG/*Hoffmann-Becking* § 29 Rn. 62; K. Schmidt/Lutter AktG/*Drygala* AktG § 111 Rn. 59.

eines solchen in Fällen gesetzeswidriger Einzelgeschäfte postuliert.[827] Daraus geht aber nicht hervor, dass Einzelmaßnahmen nur dann unter Zustimmungsvorbehalt gestellt werden können, wenn es sich um ein besonders bedeutsames Geschäft handelt.[828] Vielmehr sind einzelne Maßnahmen unter den **gleichen Voraussetzungen** wie bestimmte Arten von Geschäften einem Vorbehalt zugänglich (→ Rn. 404 f.).[829] Die von der herrschenden Ansicht befürwortete Einschränkung würde letztlich auch nicht zur Stärkung der Leitungsautonomie des Vorstands beitragen, sondern ihr sogar abträglich sein, würde der Aufsichtsrat doch dazu verleitet, den Vorbehaltskatalog schon im Vorfeld weit zu fassen, um seine präventiven Überwachungsbefugnisse abzusichern.[830]

„Geschäfte" in § 111 Abs. 4 S. 2 AktG meint bezugnehmend auf den Vorsatz alle **Maßnahmen der** 396 **Geschäftsführung.** Im Unterschied zu § 111 Abs. 1 AktG beschränkt sich § 111 Abs. 4 S. 2 AktG nicht nur auf Maßnahmen des Vorstands (→ Rn. 10 f.), sondern erfasst viel weiter sämtliche Vorgänge innerhalb und außerhalb der Gesellschaft unabhängig auf welcher Führungsebene.[831] Neben Rechtsgeschäften fallen darunter grundsätzlich auch alle gesellschaftsinternen Maßnahmen und Entscheidungen wie beispielsweise Änderungen der Geschäftsverteilung oder Organisation (zB Ressortbildung, Berichtswege) auf Vorstandsebene.[832] Dabei wird kontrovers diskutiert, ob Zustimmungsvorbehalte auch für die **gesamte Unternehmensplanung** als zulässig zu erachten sind. Ein beachtlicher Teil des Schrifttums bejaht das unter Berufung auf die wesentliche Bedeutung der Planung für die Zukunft der Gesellschaft, an deren Gestaltung der Aufsichtsrat teilzunehmen habe.[833] Das ergäbe sich systematisch aus der Neufassung der Berichtspflichten in § 90 Abs. 1 S. 1 Nr. 1 AktG und der daraus abzuleitenden zukunftsorientierten Überwachungs- und Beratungspflicht, zu der gerade auch Zustimmungsvorbehalte als Instrument präventiver Überwachung zählen.[834] Demgegenüber wird der Einwand erhoben, dass darin ein unzulässiger Eingriff in den Kernbereich der Leitungskompetenz des Vorstands läge und die Unternehmensplanung in ihrer Gesamtheit als zustimmungsbedürftige Maßnahme nicht dem Bestimmtheitserfordernis genügen könne.[835]

Eine sachgerechte Lösung erfordert die Unterscheidung **zweier grundlegender Fragen.**[836] Erstens: 397 Hält der Zustimmungsvorbehalt formell den Bestimmungsanforderungen stand? Und zweitens: Ist er auch materiell mit § 76 Abs. 1 AktG vereinbar? **Formell** ist die gesamte Unternehmensplanung als Gegenstand des Zustimmungsvorbehalts nicht konkret genug, um dem Bestimmtheitserfordernis von § 111 Abs. 4 S. 2 AktG zu entsprechen. Damit der Vorstand stets Klarheit darüber hat, inwieweit er in seiner Geschäftsführungsautonomie beschränkt ist, muss er die zustimmungsbedürftigen Maßnahmen eindeutig identifizieren können. „Die Unternehmensplanung" als solche lässt nicht klar erkennen, für welche Geschäfte der Vorstand die Zustimmung des Aufsichtsrats einzuholen hat und ist demnach **zu unbestimmt.**[837] **Materiell** hat sich die „Unternehmensplanung" als Gegenstand des Zustimmungsvorbehalts an § 76 Abs. 1 AktG zu messen. Würde die gesamte Unternehmensplanung der Zustimmung unterworfen, wäre der Vorstand in sämtlichen Fragen der zukünftigen Gestaltung vom Aufsichtsrat abhängig und somit im unantastbaren **Kernbereich seiner Leitungsfreiheit** betroffen.[838] Auch § 90 Abs. 1 S. 1 Nr. 1 AktG mag nichts daran ändern, dass dieser Bereich der Ein- und Mitwirkung des Aufsichtsrats entzogen ist. Als Gegenstand eines Zustimmungsvorbehalts ist die „Unternehmensplanung" damit sowohl formell als auch materiell unzuläs-

---

[827] BGHZ 124, 111 (127) = NJW 1994, 520.
[828] Vgl. *Brouwer*, Zustimmungsvorbehalte des Aufsichtsrats im Aktien- und GmbH-Recht, 2008, 125 f.
[829] Zutr. *Brouwer*, Zustimmungsvorbehalte des Aufsichtsrats im Aktien- und GmbH-Recht, 2008, 125 ff.; *Götz* ZGR 1990, 633 (643); Hüffer/Koch/*Koch* AktG § 111 Rn. 39.
[830] *W. Goette* FS Baums, Band I, 2017, 475 (479); Hüffer/Koch/*Koch* AktG § 111 Rn. 39.
[831] *Brouwer*, Zustimmungsvorbehalte des Aufsichtsrats im Aktien- und GmbH-Recht, 2008, 93; vgl. MüKoAktG/*Habersack* AktG § 111 Rn. 120.
[832] MüKoAktG/*Habersack* AktG § 111 Rn. 124; Hüffer/Koch/*Koch* AktG § 111 Rn. 41.
[833] *Habersack* FS Hüffer, 2010, 259 (268); *Brouwer*, Zustimmungsvorbehalte des Aufsichtsrats im Aktien- und GmbH-Recht, 2008, 113 ff.; *Kropff* NZG 1998, 613 (615 f.); *Semler* ZGR 1983, 1 (20 f.); MüKoAktG/*Habersack* AktG § 111 Rn. 127; Bürgers/Körber/*Israel* AktG § 111 Rn. 24; MHdB AG/*Hoffmann-Becking* § 29 Rn. 62; Lutter/Krieger/*Verse* AR Rn. 120; *Rodewig* in Semler/v. Schenck AR-HdB § 8 Rn. 31 ff.
[834] MüKoAktG/*Habersack* AktG § 111 Rn. 127; Semler/v. Schenck/*Schütz* AktG § 111 Rn. 526; *Rodewig* in Semler/v. Schenck AR-HdB § 8 Rn. 31.
[835] *W. Goette* FS Baums, 2017, Band I, 475 (483); BeckOGK/*Spindler* AktG § 111 Rn. 79; Kölner Komm AktG/*Mertens/Cahn* AktG § 111 Rn. 86; Hüffer/Koch/*Koch* AktG § 111 Rn. 41; Grigoleit/*Grigoleit/Tomasic* AktG § 111 Rn. 79.
[836] *Altmeppen* FS K. Schmidt, 2009, 23 (30); ähnlich *Semler* ZGR 1983, 1 (20).
[837] BeckOGK/*Spindler* AktG § 111 Rn. 79; Hüffer/Koch/*Koch* AktG § 111 Rn. 41; Grigoleit/*Grigoleit/Tomasic* AktG § 111 Rn. 79.
[838] BeckOGK/*Spindler* AktG § 111 Rn. 79; Hüffer/Koch/*Koch* AktG § 111 Rn. 41; Kölner Komm AktG/*Mertens/Cahn* AktG § 111 Rn. 86.

sig. Gleichermaßen ungeeignet sind begriffliche Abwandlungen wie „Mehrjahresplanung", „Langfristplanung" oder „Finanz- und Investitionsplanung", sofern sie **nicht näher konkretisiert** sind.[839]

398 Um die „Unternehmensplanung" in zulässiger Weise der Zustimmung des Aufsichtsrats zu unterwerfen, erfordert es einer **gegenständlichen oder zeitlichen Konkretisierung**.[840] Weitgehend anerkannt ist daher die Einführung von Zustimmungsvorbehalten für konkret bezeichnete Einzelmaßnahmen der Unternehmensplanung. Es ist daher konsequent, dass Zustimmungsvorbehalte auch für Maßnahmen und Entscheidungen der Jahresplanung, namentlich der **jährlichen Budgetplanung zulässig** sind.[841]

399 Darüber hinaus können bloße **Unterlassungen** nicht an die Zustimmung des Aufsichtsrats gem. § 111 Abs. 4 S. 2 AktG gebunden werden.[842] Andernfalls wäre er durch Verweigerung der Zustimmung in der Lage, den Vorstand zum Handeln zu verpflichten und damit die Geschäftsführung an sich zu ziehen. Das ist weder mit § 76 Abs. 1 AktG noch § 111 Abs. 4 S. 1 AktG zu vereinbaren und daher entschieden abzulehnen. Ferner sind Maßnahmen, zu deren Durchführung der Vorstand **gesetzlich verpflichtet** ist, mangels rechtmäßiger Handlungsalternativen einem Zustimmungsvorbehalt nicht zugänglich.[843] Zu nennen sind hier vor allem § 15a InsO, § 92 Abs. 1 AktG, § 121 Abs. 1 AktG, §§ 242, 264, 312 HGB sowie die Erfüllung allgemeiner **Publizitätspflichten** gegenüber Behörden oder dem Kapitalmarkt.[844] Denkbar sind auch Pflichten durch eine behördliche Verfügung oder ein Gerichtsurteil.[845]

400 Grundsätzlich können auch Maßnahmen, die der **Zuständigkeit der Hauptversammlung** unterliegen, einem Zustimmungsvorbehalt gem. § 111 Abs. 4 S. 2 AktG unterstellt werden.[846] Davon ausgenommen sind Maßnahmen, die der Vorstand auf Beschluss der Hauptversammlung nach § 83 Abs. 2 AktG auszuführen hat.[847] In diesem Zusammenhang besonders praxisrelevant ist der Abschluss von Unternehmens- oder Verschmelzungsverträgen, deren Wirksamkeit nach § 293 Abs. 1 AktG und §§ 13, 65 UmwG von der **Zustimmung der Hauptversammlung** abhängt. Bei Außenrechtsgeschäften ist demnach maßgeblich, ob die **Initiative** vom Vorstand oder der Hauptversammlung herrührt.[848] Nur für den Fall, dass die Initiative gem. § 83 AktG von der Hauptversammlung ausgeht, besteht für einen Zustimmungsvorbehalt kein Platz.[849] Außerdem kann der Aufsichtsrat nach Verweigerung der Zustimmung nicht das Ersuchen des Vorstands um Zustimmung der Hauptversammlung (§ 111 Abs. 4 S. 3 AktG) wiederum an seine Zustimmung binden.[850]

401 Auch die Einführung eines Zustimmungsvorbehalts für **freiwillige Vorlagen** des Vorstands an die Hauptversammlung gem. § 119 Abs. 2 AktG ist unzulässig.[851] Andernfalls stünde die gesetzliche Möglichkeit der Haftungsbefreiung gem. § 93 Abs. 4 S. 1 AktG zugunsten des Vorstands zur Disposition des Aufsichtsrats.[852] Hinzukommt, dass der Aufsichtsrat einen etwaigen Beschluss der Hauptversammlung bereits

---

[839] BeckOGK/*Spindler* AktG § 111 Rn. 79; Hüffer/Koch/*Koch* AktG § 111 Rn. 41; Kölner Komm AktG/*Mertens*/*Cahn* AktG § 111 Rn. 86; *Altmeppen* FS K. Schmidt, 2009, 23 (30); *Fonk* ZGR 2006, 841 (849f.); **aA** MüKoAktG/*Habersack* AktG § 111 Rn. 127; *Rodewig* in Semler/v. Schenck AR-HdB § 8 Rn. 32; *Lutter/Krieger/Verse* AR Rn. 122.

[840] Vgl. Hüffer/Koch/*Koch* AktG § 111 Rn. 41.

[841] MüKoAktG/*Habersack* AktG § 111 Rn. 127; BeckOGK/*Spindler* AktG § 111 Rn. 79; trotz Bedenken auch Kölner Komm AktG/*Mertens*/*Cahn* AktG § 111 Rn. 86; **aA** *W. Goette* FS Baums, Band I, 2017, 475 (483); Grigoleit/*Grigoleit*/*Tomasic* AktG § 111 Rn. 79.

[842] OLG Stuttgart AG 2013, 599 (603); Hüffer/Koch/*Koch* AktG § 111 Rn. 37; MüKoAktG/*Habersack* AktG § 111 Rn. 128 mwN; **aA** *Lange* DStR 2003, 376 (377).

[843] MüKoAktG/*Habersack* AktG § 111 Rn. 128; GroßkommAktG/*Hopt*/*Roth* AktG § 111 Rn. 679; Kölner Komm AktG/*Mertens*/*Cahn* AktG § 111 Rn. 88; *W. Goette* FS Baums, Band I, 2017, 475 (482f.).

[844] MüKoAktG/*Habersack* AktG § 111 Rn. 128.

[845] *Brouwer*, Zustimmungsvorbehalte des Aufsichtsrats im Aktien- und GmbH-Recht, 2008, 115f.; *Götz* ZGR 1990, 633 (641).

[846] MüKoAktG/*Habersack* AktG § 111 Rn. 129; *Streyl*/*Schaper* ZIP 2017, 410 (412); *Martens* ZHR 147 (1983), 377 (386); **aA** *Timm* DB 1980, 1201 (1203ff.); im Ausgangspunkt auch Kölner Komm AktG/*Mertens*/*Cahn* AktG § 111 Rn. 89.

[847] MüKoAktG/*Habersack* AktG § 111 Rn. 129; Kölner Komm AktG/*Mertens*/*Cahn* § 111 Rn. 89; **aA** *Timm* DB 1980, 1201 (1204f.).

[848] *Streyl*/*Schaper* ZIP 2017, 410 (412); MüKoAktG/*Habersack* AktG § 111 Rn. 129; Kölner Komm AktG/*Mertens*/*Cahn* AktG § 111 Rn. 90; gänzlich abl. *Timm* DB 1980, 1201 (1203ff.).

[849] Speziell für den Unternehmensvertrag, wie hier Hüffer/Koch/*Koch* AktG § 293 Rn. 25; MüKoAktG/*Altmeppen* AktG § 293 Rn. 11; Kölner Komm AktG/*Koppensteiner* AktG § 293 Rn. 7; *Martens* ZHR 147 (1983), 377 (386); **aA** Henssler/Strohn/*Paschos* AktG § 293 Rn. 14; BeckOGK/*Veil*/*Walla* AktG § 293 Rn. 5; MHdB AG/*Krieger* § 71 Rn. 14; *Timm* DB 1980, 1201 (1204f.).

[850] AllgM MüKoAktG/*Habersack* AktG § 111 Rn. 129; Hüffer/Koch/*Koch* AktG § 111 Rn. 44; Kölner Komm AktG/*Mertens*/*Cahn* AktG § 111 Rn. 89.

[851] Hüffer/Koch/*Koch* AktG § 111 Rn. 44; Kölner Komm AktG/*Mertens*/*Cahn* AktG § 111 Rn. 89; *Brouwer*, Zustimmungsvorbehalte des Aufsichtsrats im Aktien- und GmbH-Recht, 2008, 119f.; **aA** MüKoAktG/*Habersack* AktG § 111 Rn. 129; Grigoleit/*Grigoleit*/*Tomasic* AktG § 111 Rn. 83.

[852] Hüffer/Koch/*Koch* AktG § 111 Rn. 44; *Brouwer*, Zustimmungsvorbehalte des Aufsichtsrats im Aktien- und GmbH-Recht, 2008, 120.

durch Beschlussvorschlag gem. § 124 Abs. 3 S. 1 AktG hinreichend beeinflussen kann, sodass § 111 Abs. 4 S. 2 AktG als weiteres Instrument der präventiven Überwachung nicht zwingend erforderlich ist. Indes spielt die Streitfrage für die Praxis kaum noch eine Rolle, seit der II. Zivilsenat[853] die Begründung **ungeschriebener Hauptversammlungskompetenzen** ausdrücklich nicht mehr auf § 119 Abs. 2 AktG stützt und die Kriterien einer Vorlagepflicht des Vorstands in einschränkender Weise klargestellt hat.[854]

Um Reichweite und Grenzen des Zustimmungsvorbehalts präzise ausloten zu können, wird im Schrifttum allzu häufig nicht zwischen **Zustimmungsvorbehaltspflichtigkeit** und **Zustimmungsvorbehaltsfähigkeit** einer Maßnahme unterschieden.[855] Gleichwohl trägt diese Einordnung erheblich zur erforderlichen Transparenz im praktischen Umgang mit Zustimmungsvorbehalten bei:

aa) Zustimmungsvorbehaltspflichtige Geschäfte. Für die Frage, welche Vorstandsmaßnahmen der Aufsichtsrat einen Zustimmungsvorbehalt zu unterstellen verpflichtet ist, kann auf die Regierungsbegründung zum **TransPuG** zurückgegriffen werden.[856] Ein Blick darin zeigt, dass vornehmlich grundlegende Entscheidungen betreffend Unternehmensstrategie und bedeutsamer Investitionen, die die Ertragsaussichten und Risikoexposition der Gesellschaft existenziell zu verändern geeignet sind, zu einer **Einführungspflicht** gem. § 111 Abs. 4 S. 2 AktG führen sollen.[857] Ähnlich hält Ziff. 3.3 DCGK aF Zustimmungsvorbehalte für verpflichtend bei Maßnahmen, die die Vermögens-, Finanz-, oder Ertragslage des Unternehmens grundlegend verändern. Sowohl Gesetzesbegründung als auch Grundsatz 6 Abs. 2 DCGK decken sich im Ausgangspunkt mit dem Verständnis der hM, die ungeachtet der Formulierungsunterschiede letztlich einig darüber ist, dass nur Geschäfte von **grundlegender Bedeutung** vorbehaltspflichtig sind.[858] In diesem Zusammenhang kann von einem **Untermaßverbot** gesprochen werden, das der Aufsichtsrat zu beachten hat.[859] Ob ein grundlegendes Geschäft vorliegt, hat der Aufsichtsrat unternehmensbezogen zu beurteilen.[860]

bb) Zustimmungsvorbehaltsfähige Geschäfte. Für die Beurteilung der Frage, ob ein Geschäft überhaupt einem Zustimmungsvorbehalt unterworfen werden kann, lässt sich der Regierungsbegründung zum TransPuG nichts entnehmen.[861] Hingegen kann die Befugnis des Aufsichtsrats, Zustimmungsvorbehalte zu erlassen, **nicht schrankenlos** bestehen. Vielmehr ist zu berücksichtigen, dass die Einführung von Zustimmungsvorbehalten im Spannungsfeld von Leitungsverantwortung des Vorstands (§ 76 Abs. 1 AktG) und Geschäftsführungsverbot (§ 111 Abs. 4 S. 1 AktG) steht und daher teleologisch durch die **aktienrechtliche Kompetenzordnung** begrenzt ist.[862] Demnach ist der Aufsichtsrat nicht in der Lage, Zustimmungsvorbehalte dergestalt festzulegen, dass er eine das Tagesgeschäft beherrschende Stellung einnimmt und damit die Leitungsautonomie des Vorstands aushöhlt.[863] Insoweit kann von einem **Übermaßverbot** gesprochen werden, auf dessen Einhaltung der Aufsichtsrat zu achten hat.[864] Zustimmungsvorbehalte, die dagegen verstoßen, sind **nichtig**.[865]

Die entscheidende Frage ist nun allerdings, welche **Kriterien** bei der Entscheidung darüber, ob eine Maßnahme mit einem Zustimmungsvorbehalt beschwert werden darf, heranzuziehen sind. Zutreffend ist in Anlehnung an § 116 Abs. 2 HGB darauf abzustellen, ob die Maßnahme ein **außergewöhnliches Geschäft** für die Gesellschaft darstellt.[866] Negativ formuliert ist der Aufsichtsrat demnach nicht befugt, Maß-

---

[853] BGHZ 159, 30 = NJW 2004, 1860 = DStR 2004, 922 mAnm *W. Goette* und BGH NZG 2004, 575 – Gelatine.
[854] Hüffer/Koch/*Koch* AktG § 119 Rn. 13; Hölters/*Hölters* AktG § 93 Rn. 294; *Dietz-Vellmer* NZG 2014, 721; zum Ganzen *M. Arnold* ZIP 2005, 1573.
[855] Grdl. zur Unterscheidung und Terminologie: *Brouwer*, Zustimmungsvorbehalte des Aufsichtsrats im Aktien- und GmbH-Recht, 2008, 91 ff.; zust. *Schnorbus/Ganzer* BB 2020, 386 (387 ff.); *Fleischer* BB 2013, 835 (839); Hüffer/Koch/*Koch* AktG § 111 Rn. 42; *Fleischer* BB 2013, 835 (839).
[856] *Thiessen* AG 2013, 573 (578); Hüffer/Koch/*Koch* AktG § 111 Rn. 42.
[857] BegrRegE BT-Drs. 14/8769, 17.
[858] *Hüffer* NZG 2007, 47 (53); Hüffer/Koch/*Koch* AktG § 111 Rn. 42, 45; MüKoAktG/*Habersack* AktG § 111 Rn. 120; Grigoleit/*Grigoleit/Tomasic* AktG § 111 Rn. 80.
[859] *Seebach* AG 2012, 70 (71); *Fleischer* BB 2013, 835 (839); K. Schmidt/Lutter AktG/*Drygala* AktG § 111 Rn. 56.
[860] OLG Düsseldorf AG 2016, 410 (411).
[861] *Thiessen* AG 2013, 573 (578); Hüffer/Koch/*Koch* AktG § 111 Rn. 42; aA *Fleischer* BB 2013, 835 (840).
[862] Vgl. *W. Goette* FS Baums, Band I, 2017, 475 (482); *Brouwer*, Zustimmungsvorbehalte des Aufsichtsrats im Aktien- und GmbH-Recht, 2008, 102; Hüffer/Koch/*Koch* AktG § 111 Rn. 42; *Lutter/Krieger/Verse* AR Rn. 121.
[863] MüKoAktG/*Habersack* AktG § 111 Rn. 120; *Brouwer*, Zustimmungsvorbehalte des Aufsichtsrats im Aktien- und GmbH-Recht, 2008, 102.
[864] *Fleischer* BB 2013, 835 (840); *Seebach* AG 2012, 70 (71); BeckOGK/*Spindler* AktG § 111 Rn. 78; relativierend *Habersack* NZG 2020, 881 (886); K. Schmidt/Lutter AktG/*Drygala* AktG § 111 Rn. 56.
[865] *Altmeppen* FS K. Schmidt, 2009, 23 (29 ff.); *Brouwer*, Zustimmungsvorbehalte des Aufsichtsrats im Aktien- und GmbH-Recht, 2008, 122.
[866] *Brouwer*, Zustimmungsvorbehalte des Aufsichtsrats im Aktien- und GmbH-Recht, 2008, 104 ff.; Hüffer/Koch/*Koch* AktG § 111 Rn. 42; auf „bedeutsame Geschäfte" abstellend BeckOGK/*Spindler* AktG § 111 Rn. 78; K. Schmidt/Lutter AktG/*Drygala* AktG § 111 Rn. 59; *Lutter/Krieger/Verse* AR Rn. 118, 121.

nahmen des gewöhnlichen Geschäftsbetriebs an seine Zustimmung zu binden.[867] Ob ein außergewöhnliches Geschäft vorliegt, ist anhand der zu § 90 Abs. 1 S. 1 Nr. 4 AktG[868] (→ Rn. 56 ff.) und § 116 Abs. 2 HGB[869] entwickelten Grundsätze zu beurteilen. Den Verhältnissen der jeweiligen Gesellschaft entsprechend sind **Inhalt, Umfang und Häufigkeit** des Geschäfts in die Bewertung einzubeziehen. In der Praxis wird es oftmals darauf ankommen, wie **regelmäßig** das Geschäft in der konkreten Gesellschaft getätigt wird.[870] Ein weiteres Indiz kann darin liegen, ob der Gesamtvorstand sich gesellschaftsintern mit der Maßnahme befasst. Wird die Entscheidung über das Geschäft **unterhalb des Vorstands** getroffen, liegt regelmäßig kein außergewöhnliches Geschäft vor.[871] Trotz der vorgegebenen Kriterien gestaltet sich die rechtliche Bewertung in der Realität oftmals problematisch. Im Sinne einer praktischen Handhabe ist es daher zulässig, zustimmungsbedürftige Maßnahmen nach allgemeinen Merkmalen wie zB **Geschäftstypen** zu bestimmen und dabei ggf. auch konkrete **Schwellenwerte** oder Betragsgrenzen vorzusehen.[872]

b) Zulässige Gegenstände

406 Zustimmungsvorbehalte dürfen festgelegt werden für Arten von Geschäften wie:[873]
– den Erwerb und die Veräußerung von Unternehmen, Beteiligungen oder Unternehmensteilen,
– Grundstücks- und Kreditgeschäfte,
– die Gründung von Tochtergesellschaften oder Niederlassungen,
– die Errichtung neuer Betriebsstätten,
– die Aufnahme von Anleihen,
– die Bestellung von Sicherheiten,
– den Abschluss von Unternehmensverträgen sowie
– die Aufnahme oder Aufgabe von Produktlinien oder Geschäftsbereichen.

407 Dennoch gilt auch für die genannten Geschäftstypen, dass sie außergewöhnliche Bedeutung für die Gesellschaft haben müssen, um einem Zustimmungsvorbehalt unterworfen werden zu können. Dem Erfordernis, nur außergewöhnliche Geschäfte zu erfassen, kann Rechnung getragen werden, indem man durch Festlegung von **Schwellenwerten** den Umfang der betroffenen Geschäfte präzisiert und dadurch sowohl dem formellen Bestimmtheitsgebot als auch der durch § 76 Abs. 1 AktG gezogenen Grenzen genügt (→ Rn. 397).[874] Davon wird in der Praxis häufig Gebrauch gemacht. Da die wirtschaftlichen Folgen von Transaktionen oftmals unabsehbar sind, erweist sich die Festlegung von Betragsgrenzen nicht immer als sachdienlich. In diesen Fällen reicht es aus, bestimmte und klar definierte Arten von Geschäften mit der Einschränkung, dass sie **„über den gewöhnlichen Geschäftsbetrieb hinausgehen"**, an die Zustimmung des Aufsichtsrats zu binden.[875]

408 Daneben bietet es sich auch an, **betriebswirtschaftliche Kriterien** und Größen wie etwa die Bilanzsumme, das Grund- oder Eigenkapital, den Gewinn oder Umsatz als maßgebliche Bezugsgröße zu benennen.[876] Darüber hinaus kann ein Zustimmungsvorbehalt vor allem bei Umstrukturierungen – selbst im nicht mitbestimmten Aufsichtsrat – an die Zahl der betroffenen **Arbeitnehmer,** genauer noch an den **Personalaufwand** geknüpft werden.[877]

409 Grundsätzlich kann der Aufsichtsrat auch außergewöhnliche **Personalentscheidungen des Vorstands** einem Zustimmungsvorbehalt unterstellen.[878] Hingegen ist er nicht befugt, sämtliche Entscheidungen in Bezug auf leitende Angestellte an seine Zustimmung zu binden. Das würde einen Eingriff in die Personalhoheit des Vorstands und damit in den Kernbereich seiner Leitungsautonomie bedeuten.[879]

---

[867] *Habersack* NZG 2020, 881 (885); MHdB AG/*Hoffmann-Becking* § 29 Rn. 63; Kölner Komm AktG/*Mertens/Cahn* AktG § 111 Rn. 84.
[868] *Götz* NZG 2002, 599 (602); *Brouwer,* Zustimmungsvorbehalte des Aufsichtsrats im Aktien- und GmbH-Recht, 2008, 105 f.; vgl. ferner *W. Goette* FS Baums, Band I, 2017, 475 (483).
[869] Eing. *Brouwer,* Zustimmungsvorbehalte des Aufsichtsrats im Aktien- und GmbH-Recht, 2008, 107 f.; zust. Hüffer/Koch/*Koch* AktG § 111 Rn. 42.
[870] Ähnlich *Schnorbus/Ganzer* BB 2020, 386 (388).
[871] *Schnorbus/Ganzer* BB 2020, 386 (388).
[872] OLG Düsseldorf AG 2016, 410 (411); ferner Hüffer/Koch/*Koch* AktG § 111 Rn. 42.
[873] Vgl. MüKoAktG/*Habersack* AktG § 111 Rn. 125; Hüffer/Koch/*Koch* AktG § 111 Rn. 43.
[874] Vgl. Hüffer/Koch/*Koch* AktG § 111 Rn. 43.
[875] MüKoAktG/*Habersack* AktG § 111 Rn. 125; *Rodewig* in Semler/v. Schenck AR-HdB § 8 Rn. 28; *Fleischer* BB 2013, 835 (842 f.); *Fonk* ZGR 2006, 841 (848); **aA** Hüffer/Koch/*Koch* AktG § 111 Rn. 43; Kölner Komm AktG/*Mertens/Cahn* AktG § 111 Rn. 85; *Lange* DStR 2003, 376 (379).
[876] *Fleischer* BB 2013, 835 (842).
[877] HM, *Thiessen* AG 2013, 573 (573 f., 579 ff.); *Habersack* ZHR 178 (2014), 131 (145 ff.); Hüffer/Koch/*Koch* AktG § 111 Rn. 43 mwN; **aA** *Fleischer* BB 2013, 835 (841).
[878] Heute allgM MüKoAktG/*Habersack* AktG § 111 Rn. 126 mwN; **aA** *Martens* ZfA 1980, 611 (629 f.).
[879] MüKoAktG/*Habersack* AktG § 111 Rn. 126; Kölner Komm AktG/*Mertens/Cahn* AktG § 111 Rn. 87.

Der Aufsichtsrat kann daher nur für die Einstellung von **unmittelbar unter dem Vorstand** untergeordneten **leitenden Angestellten** einen Zustimmungsvorbehalt einführen.[880]

Außerdem kann er die Erteilung von Prokuren und Generalvollmachten, den Abschluss von Beratungsverträgen insbes. mit dem Abschlussprüfer (→ Rn. 2259 ff.), Pensionszusagen sowie den Abschluss von **Kollektivverträgen** namentlich Haustarifverträgen und Betriebsvereinbarungen[881] seiner Zustimmung unterwerfen. 410

Da die Durchführung einer **Due-Diligence-Prüfung**[882] die Offenlegung empfindlicher Informationen der Gesellschaft zur Folge hat, ist sie als außergewöhnliches Geschäft einzustufen und kann somit an die Zustimmung des Aufsichtsrats gebunden werden.[883] Die Durchführung einer solchen Prüfung wird bei großen Unternehmenskäufen im Schrifttum[884] sowie tendenziell auch in der Rspr.[885] mittlerweile als **grundsätzlich verpflichtend** angesehen. Möglich, wenn auch in der Praxis selten, ist es Vereinbarungen wie ein „Investor Agreement" oder „Business Combination Agreement" im Vorfeld der öffentlichen Übernahme an die Zustimmung des Aufsichtsrats zu binden.[886] 411

Schließlich können auch **öffentlichkeitsbezogene Maßnahmen** einem Zustimmungsvorbehalt unterworfen werden. Dazu zählen vor allem unentgeltliche Geschäfte wie Spenden und Sponsoring, aber auch etwa die Einrichtung von Stiftungen.[887] Von besonderem medialem Interesse und damit für die Gesellschaft bedeutsam sind sowohl die Festlegung, Entwicklung und Änderung ethischer, konfessioneller oder politischer Standards als auch beschäftigungspolitischer Leitlinien der Gesellschaft wie etwa die Einführung von **Geschlechterquoten**.[888] 412

4. Erteilung der Zustimmung

Wurde ein Geschäft unter Zustimmungsvorbehalt gestellt, ist der Vorstand verpflichtet, die Zustimmung des Aufsichtsrats einzuholen, **bevor rechtliche Bindungen** für die Gesellschaft eintreten.[889] Bis zur Erteilung der Zustimmung ist die Durchführung der Maßnahme zurückzustellen.[890] Damit soll zur **Sicherung der präventiven Überwachungsaufgabe** verhindert werden, dass der Aufsichtsrat vor vollendete Tatsachen gestellt wird.[891] 413

a) Zuständigkeit

Grundsätzlich ist der Aufsichtsrat als Organ für die Erteilung der Zustimmung zuständig. Anders als die Festlegung zustimmungspflichtiger Geschäfte (§ 107 Abs. 3 S. 7 AktG) kann die Entscheidung über die Erteilung aber auch an einen **Ausschuss** delegiert werden.[892] Besonders bei wiederkehrenden, vertraulichen und eilbedürftigen Geschäften wird davon in der Praxis Gebrauch gemacht. Hingegen ist bei der Übertragung der Zustimmungsbefugnis im Hinblick auf Maßnahmen der **Unternehmensplanung** Vorsicht geboten, da teilweise ein Verstoß gegen den Grundsatz der Unveräußerlichkeit der allgemeinen Überwachungsaufgabe im Raum stehen kann.[893] Dieser Konflikt lässt sich freilich vermeiden, wenn man die zustimmungspflichtige Maßnahme der Unternehmensplanung von vornherein gegenständlich oder zeitlich konkretisiert (→ Rn. 416–419). Ferner kann die Zustimmungserteilung weder dem **Aufsichtsratsvorsitzenden**[894] noch einem Mitglied oder gar Dritten überantwortet werden.[895] Unzulässig ist schließlich auch, die Zustimmung an die Erklärung eines Dritten zu binden.[896] 414

---

[880] MüKoAktG/*Habersack* AktG § 111 Rn. 126; GroßkommAktG/*Hopt/Roth* AktG § 111 Rn. 696; *Lutter/Krieger/Verse* AR Rn. 132.
[881] EinhM MüKoAktG/*Habersack* AktG § 111 Rn. 126 mwN; **aA** *Fonk* ZGR 2006, 841 (851).
[882] Dazu immer noch hilfreich sind die due-diligence-Checklisten von *Wegen* WiB 1994, 291 ff., 532 ff.
[883] MüKoAktG/*Habersack* AktG § 111 Rn. 126; Grigoleit/*Grigoleit/Tomasic* AktG § 111 Rn. 83; *Lutter* Information und Vertraulichkeit Rn. 687; *J. Hüffer* FS Hüffer, 2010, 365 (371 ff.); **aA** Semler/v. Schenck/*Schütz* AktG § 111 Rn. 38; *Schiessl* FS Hoffmann-Becking, 2013, 1019 (1024).
[884] *Böttcher* NZG 2005, 49 mwN; *Böttcher* NZG 2007, 481 (482 f.); **aA** *Fleischer/Körber* BB 2001, 841 (847); *Loges* DB 1997, 965 (968).
[885] OLG Oldenburg NZG 2007, 434 (435 ff.).
[886] *Schiessl* FS Hoffmann-Becking, 2013, 1019 (1024); *Seibt* FS Hoffmann-Becking, 2013, 1119 (1130).
[887] *Habersack* ZHR 178 (2014), 131 (145).
[888] *Habersack* ZHR 178 (2014), 131 (145).
[889] Eing. am Bsp. einer M&A-Transaktion *J. Hüffer* FS Hüffer, 2010, 365 (374 ff.); vgl. auch GroßkommAktG/*Hopt/Roth* AktG § 111 Rn. 706; **aA** *Rodewig* in Semler/v. Schenck AR-HdB § 8 Rn. 54.
[890] Im Ansatz einhM MüKoAktG/*Habersack* AktG § 111 Rn. 140 mwN; **aA** *Hoffmann/Preu* Aufsichtsrat Rn. 302; wohl auch GroßkommAktG/*Hopt/Roth* AktG § 111 Rn. 728 f.
[891] BGHZ 219, 193 Rn. 17 = NJW 2018, 3574 mwN mzustAnm *M. Goette* ZGR 2019, 324 (326 f.).
[892] AllgM vgl. OLG Hamburg AG 1996, 84.
[893] MüKoAktG/*Habersack* AktG § 111 Rn. 142; Kölner Komm AktG/*Mertens/Cahn* AktG § 111 Rn. 110.
[894] BGHZ 219, 193 Rn. 22 = NJW 2018, 3574.
[895] MüKoAktG/*Habersack* AktG § 111 Rn. 142; BeckOGK/*Spindler* AktG § 111 Rn. 85.

b) Entscheidung über die Zustimmung

415 Der Aufsichtsrat entscheidet über Erteilung oder Versagung der Zustimmung durch **Beschluss**, § 108 Abs. 1 AktG. Dem Beschluss liegt eine **unternehmerische Entscheidung** nach § 93 Abs. 1 S. 2 AktG *(Business Judgment Rule)* zu Grunde, sodass den Aufsichtsratsmitgliedern über § 116 S. 1 AktG Ermessen eingeräumt ist.[896] Besonders in die Entscheidung einbezogen werden muss die Frage, ob das beabsichtigte Geschäft im Interesse der Gesellschaft liegt. Dabei kann sich der Aufsichtsrat auf eine **Vertretbarkeitsprüfung** beschränken.[898] Erachtet er das vom Vorstand gewollte Geschäft als vertretbar, steht es ihm frei, darüber zu entscheiden, ob er seine Zustimmung versagt oder trotz etwaiger Bedenken erteilt.[899] Dagegen besteht ausnahmsweise eine **Pflicht zur Zustimmung,** wenn sich die unternehmerischen Erwägungen des Aufsichtsrats gemessen am Gesellschaftszweck als unvertretbar herausstellen und die Unterlassung des Geschäfts eine Schädigung der Gesellschaft zur Folge hätte.[900] Spiegelbildlich hat der Aufsichtsrat seine Zustimmung zu versagen, wenn ihm kein unternehmerisches Ermessen mehr zukommt, namentlich dann, wenn die Durchführung des Geschäfts einen Gesetzes- oder Satzungsverstoß bedeuten würde.[901] Es bleibt aber dabei: Der Aufsichtsrat nimmt bei der Entscheidung über die Zustimmung an der unternehmerischen Entscheidung teil. Dabei trifft er eine **eigene Entscheidung.**

416 Eine Berufung auf unternehmerisches Ermessen setzt ausweislich des Wortlauts von § 93 Abs. 2 S. 1 AktG eine **angemessene Informationsgrundlage** voraus.[902] Dennoch ist bei der Beurteilung zu berücksichtigen, dass der Aufsichtsrat den Geschäften ferner steht als der Vorstand und gerade auf dessen Berichte (→ Rn. 24 ff.) angewiesen ist. Bereits das Informationsvermittlungsmonopol des Vorstands (→ Rn. 73, 187) lässt also darauf schließen, dass vom Aufsichtsrat nicht ein dem Vorstand entsprechendes **Informationsniveau** verlangt werden kann.[903] Zwar ist der Aufsichtsrat verpflichtet, eine angemessen Informationsgrundlage für seine Entscheidung zu schaffen, indem er selbst aktiv wird und sich um die erforderlichen Informationen bemüht. Über die Verweisung in § 116 S. 1 AktG trifft ihn diese Pflicht im Verhältnis zum Vorstand aber nur „sinngemäß". Hier wird der gesetzlich vorgesehene **Nebenamtscharakter** des Aufsichtsratsmandats besonders deutlich.[904] Der Aufsichtsrat handelt nicht pflichtwidrig, wenn er vernünftigerweise annehmen durfte, mit seiner Zustimmungsentscheidung auf der Grundlage angemessener Information zum Wohle der Gesellschaft zu handeln.[905] Aufsichtsratsmitglieder haben jedenfalls bei Geschäften mit erheblichen Risiken dafür zu sorgen, in dem Umfang informiert zu sein, dass sie zu einer **eigenständigen Risikoanalyse** in der Lage sind.[906]

417 Seine Entscheidung hat der Aufsichtsrat in erster Linie anhand der **vom Vorstand überlassenen Informationen** zu treffen, wobei er sich – bei Fehlen anderweitiger Anhaltspunkte – auf Vollständigkeit und Richtigkeit verlassen darf (→ Rn. 187).[907] Den Aufsichtsratsmitgliedern obliegt es dann, den Antrag für das zustimmungspflichtige Geschäft und auch etwaige Unterlagen dazu – wie beispielsweise ein Bewertungsgutachten – gewissenhaft zu lesen, Unklarheiten durch Nachfragen auszuräumen und Bedenken zu äußern. Aufsichtsrat und Vorstand sollten dann bestehende Bedenken konstruktiv miteinander diskutieren und erörtern. Eine gute **Kommunikation und Zusammenarbeit** beider Organe hat maßgeblichen Einfluss auf die Qualität und Quantität der Informationsversorgung.[908] Einerseits sollte der Aufsichtsrat daher bestrebt sein, ein vertrauensvolles Verhältnis zum Vorstand zu pflegen, um möglichst umfassend informiert zu werden. Andererseits wird auch der Vorstand ein Interesse an der informatorischen Einbindung des Aufsichtsrats haben: Stehen dem Aufsichtsrat von vornherein die erforderlichen Informationen zur Verfügung, ist er nicht im selben Maße darauf angewiesen, seine präventive Überwachungsaufgabe durch einen weiten Zustimmungsvorbehaltskatalog abzusichern, sodass dem Vorstand mehr Handlungsfreiheit verbleibt.[909] In der Praxis wird sich regelmäßig der **Aufsichtsratsvorsitzende** mit dem Vorstand über die Informationsversorgung abstimmen. Die **Wechselwirkung** zwischen Infor-

---

[896] BeckOGK/*Spindler* AktG § 111 Rn. 85.
[897] EinhM BGHZ 219, 193 Rn. 50 = NJW 2018, 3574 mwN.
[898] Grigoleit/Grigoleit/*Tomasic* AktG § 111 Rn. 94; MüKoAktG/*Habersack* AktG § 111 Rn. 144; Kölner Komm AktG/ *Mertens/Cahn* AktG § 111 Rn. 111; *Lutter/Krieger/Verse* AR Rn. 126.
[899] MüKoAktG/*Habersack* AktG § 111 Rn. 144; Grigoleit/Grigoleit/*Tomasic* AktG § 111 Rn. 94; *Lutter/Krieger/Verse* AR Rn. 126.
[900] BGHZ 219, 193 Rn. 52 = NJW 2018, 3574.
[901] BGHZ 219, 193 Rn. 52 = NJW 2018, 3574.
[902] BGHZ 219, 193 Rn. 54 = NJW 2018, 3574.
[903] MüKoAktG/*Habersack* AktG § 111 Rn. 144; *Säcker/Rehm* DB 2008, 2814 (2819 f.) *Fonk* ZGR 2006, 841 (861 ff.); **aA** tendenziell OLG Zweibrücken DB 1990, 1401 mzustAnm *Theisen; Schlitt* DB 2005 (2007).
[904] OLG Düsseldorf BeckRS 2012, 8418; MüKoAktG/*Habersack* AktG § 111 Rn. 144 und § 116 Rn. 2, 16, 47.
[905] BGHZ 219, 193 Rn. 50 = NJW 2018, 3574.
[906] OLG Stuttgart AG 2012, 298 (301) – Piëch/Sardinien-Äußerungen; bestätigt von BGH NZG 2013, 339.
[907] Vgl. OLG Düsseldorf AG 2008, 666; *Winter* FS Hüffer, 2010, 1103 (1112 f.; 1121 f.).
[908] *Fonk* ZGR 2006, 841 (863); vgl. auch *Kropff* FS Raiser, 2005, 225 (235).
[909] Zutr. *Lieder* ZGR 2018, 523 (561); *W. Goette* FS Baums, Band I, 2017, 475 (479).

mation und Zustimmungsvorbehalten wird hier besonders augenscheinlich. Können trotz alledem Zweifel nicht ausgeräumt werden, sind die einzelnen Aufsichtsratsmitglieder berechtigt ergänzende Berichte zu verlangen (→ Rn. 63 ff., 68 ff.) und ggf. den Abschlussprüfer oder Sachverständige (→ Rn. 132 ff.) zu beauftragen.

Von der Entscheidung des Aufsichtsrats bleibt das **Leitungsermessen** des Vorstands unberührt.[910] 418 Vielmehr ist er in seiner Entscheidung, das Geschäft auch trotz erbetener und erteilter Zustimmung des Aufsichtsrats vorzunehmen, frei.[911] Er hat die Vornahme des Geschäfts **selbstständig** zu prüfen und kann davon absehen, wenn die begründete Annahme vorliegt, dass die Durchführung nicht mehr im Interesse der Gesellschaft ist.[912] Hier zeigt sich, dass der Aufsichtsrat eben kein Organ der Geschäftsführung, sondern durch das § 111 Abs. 4 S. 2 AktG begründete Vetorecht Überwachungsorgan ist und bleibt. Ferner lässt die Erteilung oder Versagung der Zustimmung durch den Aufsichtsrat auch die **Verantwortlichkeit des Vorstands** unverändert.[913] Das betont das Gesetz in § 93 Abs. 4 S. 2 AktG nachdrücklich.

Teilweise wird sich der Aufsichtsrat bei seiner Entscheidung über die Zustimmung mit noch **nicht** 419 **entscheidungsreifen Geschäften** konfrontiert sehen. Das kann etwa in Fällen von Unternehmens- oder Beteiligungskäufen vorkommen, sodass es dem Aufsichtsrat gestattet ist, seine Zustimmung an eine **Auflage oder Bedingung** zu knüpfen.[914] Beispielsweise kann er seine Zustimmung unter die aufschiebende Bedingung stellen, dass eine Due-Diligence-Prüfung keine Bedenken ergibt. Mit Blick auf das Geschäftsführungsverbot in **§ 111 Abs. 4 S. 1 AktG** ist allerdings Vorsicht bei Bedingungen und Auflagen geboten, die den Vorstand zu einem bestimmten Verhalten veranlassen sollen.[915] Werden vom Aufsichtsrat Bedingungen oder Auflagen beschlossen, muss er mit Blick auf die Wirksamkeit bzw. Reichweite seiner Zustimmung auch darüber wachen, dass sie erfüllt werden. Das kann ggf. einen weiteren Aufsichtsratsbeschluss erfordern, dem ein Nachweis zu den „Nebenbedingungen" der ursprünglich erteilten Zustimmung zugrunde liegt.

Es kommt nicht selten vor, dass der Aufsichtsrat seine Zustimmung zu einer bestimmten Maßnahme 420 verweigert und vom Vorstand stattdessen **Anpassungen** verlangt. Teilweise wird bezweifelt, dass der Aufsichtsrat dem Vorstand Änderungen oder gar eigene Alternativen vorschlagen darf.[916] Mit Blick auf § 76 Abs. 1 AktG und § 111 Abs. 4 S. 1 AktG könne der Aufsichtsrat die Maßnahme nur so akzeptieren oder ablehnen, wie der Vorstand sie geplant und angelegt hat.[917] Diese strenge Sichtweise verstellt aber den Blick auf die gesetzgeberisch intendierte frühzeitige Einbindung des Aufsichtsrats (→ Rn. 395) sowie dessen **Abstimmung mit dem Vorstand** im Vorfeld geplanter Entscheidungen.[918] Dabei werden sich beide Organe über verschiedene Alternativen miteinander besprechen und austauschen. Legt der Vorstand nun ein Geschäft vor, das der Aufsichtsrat ablehnt, wäre es reiner Formalismus, dem Aufsichtsrat zu verbieten, seine zuvor diskutierte und letztlich favorisierte Option dem Vorstand mitzuteilen.[919] Zulässig und praktisch erwägenswert ist es daher, die Zustimmung unter der **aufschiebenden Bedingung** zu erteilen, dass die entsprechenden Anpassungen vorgenommen werden.[920] Deshalb sollte auf eine **hinreichende Informationsgrundlage** schon vor der Aufsichtsratssitzung geachtet werden, damit der Aufsichtsrat seine bedingte Zustimmung noch in der **ersten Sitzung** erteilen kann.[921] Darin ist kein Verstoß gegen die aktienrechtliche Kompetenzordnung zu sehen: Dem Vorstand steht es frei, die Vorschläge des Aufsichtsrats umzusetzen. Er kann die Vorgaben aber auch unverwirklicht lassen und anderweitig auf einen Kompromiss mit dem Aufsichtsrat drängen.

c) Zeitpunkt der Zustimmung

Dem Charakter von § 111 Abs. 4 S. 2 AktG als Instrument präventiver Überwachung entsprechend ist die 421 Zustimmung – abweichend vom Sprachgebrauch des BGB – grundsätzlich als **vorherige Zustimmung** im Sinne einer Einwilligung zu verstehen.[922] Denn im Gegensatz zu den §§ 183, 184 BGB sind Geschäfte, die der Vorstand unter Missachtung eines Zustimmungsvorbehalts vornimmt, nicht schwebend unwirksam. Das Zustimmungserfordernis vermag nichts an der Stellung des Vorstands als eigenmächtiges

---

[910] Vgl. MüKoAktG/*Habersack* AktG § 111 Rn. 145; Hüffer/Koch/*Koch* AktG § 111 Rn. 48.
[911] LG Bonn BeckRS 2016, 20911; MüKoAktG/*Habersack* AktG § 111 Rn. 145 mwN.
[912] Hölters/Hambloch-Gesinn/*Gesinn* AktG § 111 Rn. 79; MHdB AG/*Hoffmann-Becking* § 29 Rn. 58.
[913] BGHZ 219, 193 Rn. 52 = NJW 2018, 3574.
[914] Vgl. MüKoAktG/*Habersack* AktG § 111 Rn. 143; *Fonk* ZGR 2006, 841 (869).
[915] *M. Goette* ZGR 2019, 324 (327); MüKoAktG/*Habersack* AktG § 111 Rn. 143.
[916] Vgl. *Säcker/Rehm* DB 2008, 2814 (2817f.); Kölner Komm AktG/*Mertens/Cahn* AktG § 111 Rn. 111.
[917] *Henze* BB 2005, 165 (166), der am Wortlaut haftend die Beratungsaufgabe des Aufsichtsrats verkennt.
[918] BeckHdB AG/*Kolb* § 7 Rn. 81.
[919] Zutr. *Schnorbus/Ganzer* BB 2020, 451 (453) anhand eines konkreten Beispiels.
[920] *Schnorbus/Ganzer* BB 2020, 451 (453).
[921] *Schnorbus/Ganzer* BB 2020, 451 (454).
[922] BGHZ 219, 193 Rn. 17 = NJW 2018, 3574.

Leitungsorgan und Vertreter der Gesellschaft gem. § 78 Abs. 1 S. 1 AktG, § 82 Abs. 1 AktG zu ändern und entfaltet daher **keine Außenwirkung**.[923] Führt der Vorstand ein Geschäft ohne die erforderliche Zustimmung des Aufsichtsrats durch, ist das Geschäft daher **uneingeschränkt wirksam**.

422 Ein pflichtbewusster Vorstand wird bei größeren Projekten regelmäßig bemüht sein, den Aufsichtsrat oder jedenfalls den Vorsitzenden **frühzeitig** in seine Vorhaben **einzubinden**. Bereits im Vorfeld der konkreten Maßnahme können erhebliche Kosten und Aufwendungen zulasten der Gesellschaft anfallen. Sieht der Vorstand davon ab, sich mit dem Aufsichtsrat darüber auszutauschen und abzustimmen, läuft er Gefahr, dass der Aufsichtsrat seine Zustimmung zur Vornahme des Geschäfts verweigert. Der Vorstand riskiert damit in extremen Fällen, für die **entstandenen Kosten zu haften**.[924] Wann der Vorstand den Aufsichtsrat über seine Pläne informiert, steht in seinem Ermessen. Er hat aber darauf zu achten, dem Aufsichtsrat genügend **Zeit zur Einarbeitung und Entscheidungsfindung** einzuräumen.[925] Sobald der Vorstand den Aufsichtsrat über eine anstehende wesentliche Entscheidung unterrichtet, sind die Aufsichtsratsmitglieder gehalten, ihre Termine so einzuteilen, dass sie in angemessener Zeit über die Zustimmung zu der Maßnahme entscheiden können.[926]

d) Reichweite der Zustimmung

423 Hat der Aufsichtsrat seine Zustimmung erteilt, darf der Vorstand das Geschäft nur innerhalb des durch die Zustimmung gedeckten Rahmens vornehmen.[927] Sieht sich der Vorstand veranlasst, den vom Aufsichtsrat vorgegebenen Rahmen zu überschreiten, muss er ihm das mitteilen und um **erneute Zustimmung** ersuchen.[928] Das gilt jedenfalls bei „**wesentlicher inhaltlicher Änderungen**" des beabsichtigten Geschäfts.[929] Zwar gibt es keine verbindlichen Vorgaben darüber, wann solche Umstände anzunehmen sind.[930] In Fällen, in denen die Zustimmung an Schwellenwerte geknüpft ist, wird aber eine erneute Zustimmungspflicht zumindest dann erforderlich sein, wenn die Mehrkosten die den Zustimmungsvorbehalt auslösenden Grenzwert (nochmals) überschreiten.[931] Schließlich handelt es sich dann um einen **anderen Gegenstand**.[932] Das gilt ebenso, wenn der Aufsichtsrat dem Abschluss eines Vertrags zugestimmt hat und sich nachträglich der Vertragspartner ändert.[933]

424 Geschäfte, die **lediglich positiv** für die Gesellschaft sind, bedürfen keiner erneuten Zustimmung. Zu denken ist etwa an die Fälle, in denen der Aufsichtsrat dem Kauf oder Verkauf zu einem bestimmten Preis zugestimmt hat, der Vorstand aber nachträglich in der Lage war, einen besseren Preis zu erzielen.[934]

425 Um Mehrfachbeschlüsse bei nachträglichen Änderungen zu vermeiden, kann der Aufsichtsrat dem Vorstand in seiner Zustimmung einen flexiblen Spielraum einräumen.[935] Er kann etwa bestimmten Geschäften innerhalb gewisser **Wertgrenzen** und **Preisrahmen** zustimmen.

e) Eilbedürftige Geschäfte

426 Keine Einigkeit besteht darüber, ob am Grundsatz vorheriger Zustimmung auch bei eilbedürftigen Geschäften festzuhalten ist, wenn weder Satzung noch Aufsichtsratsbeschluss eine **nachträgliche Zustimmung** vorsehen.[936] Da der Vorstand mit Durchführung der Maßnahme vollendete Tatsachen schaffe und somit die präventive Überwachung des Aufsichtsrats unterliefe, wird die Möglichkeit nachträglicher Zustimmung vereinzelt ausnahmslos verneint.[937] Dieser generell ablehnenden Ansicht kann nicht gefolgt werden, verkennt sie doch, dass der Überwachungsaufgabe in Ausnahmefällen anderweitig Rechnung getragen werden kann. **Ausnahmsweise** zulässig ist eine nachträgliche Zustimmung daher, wenn der Vorstand zuvor vergeblich alle zumutbaren Mittel ausgeschöpft hat, um eine Entscheidung des Aufsichtsrats herbeizuführen, und von einer mehrheitlichen Zustimmung im Aufsichtsrat ausgehen durfte.[938] Zu be-

---

[923] AllgM BGHZ 219, 193 Rn. 17 = NJW 2018, 3574.
[924] Vgl. *Schnorbus/Ganzer* BB 2020, 386 (392).
[925] *Schnorbus/Ganzer* BB 2020, 386 (393).
[926] *Schnorbus/Ganzer* BB 2020, 386 (393).
[927] MüKoAktG/*Habersack* AktG § 111 Rn. 146.
[928] BGHZ 219, 193 Rn. 14 = NJW 2018, 3574.
[929] BGHZ 219, 193 Rn. 14 = NJW 2018, 3574 mzustAnm *Fleischer* DB 2018, 2619 (2621).
[930] Einen möglichen Ansatz zur Konkretisierung bietet *C. Schäfer* FS E. Vetter, 2019, 645 (652 ff.).
[931] *C. Schäfer* FS E. Vetter, 2019, 645 (654); strenger MüKoAktG/*Habersack* AktG § 111 Rn. 146.
[932] Zutr. *Wicke* FS E. Vetter, 2019, 907 (908).
[933] Etwa für den Fall des Unternehmensverkaufs *J. Hüffer* FS Hüffer, 2010, 365 (378 f.).
[934] Vgl. *Schnorbus/Ganzer* BB 2020, 451.
[935] *Schnorbus/Ganzer* BB 2020, 451 (452).
[936] Offenlassend BGHZ 219, 193 Rn. 18 = NJW 2018, 3574.
[937] MüKoAktG/*Habersack* AktG § 111 Rn. 141; wohl auch K. Schmidt/Lutter AktG/*Drygala* AktG § 111 Rn. 61.
[938] *Wicke* FS E. Vetter, 2019, 907 (915 f.); *E. Vetter* in Marsch-Barner/Schäfer Börsennotierte AG-HdB Rn. 26.37; Grigoleit/*Grigoleit/Tomasic* AktG § 111 Rn. 100; Kölner Komm AktG/*Mertens/Cahn* AktG § 111 Rn. 106; *Lutter/Krieger/Verse* AR Rn. 124; zu weitgehend *C. Schäfer* FS E. Vetter, 2019, 645 (649 ff.).

B. Einwirkungs-und Beratungskompetenz

achten ist aber, dass der Vorstand erst dann alle zumutbaren Bemühungen unternommen hat, wenn er zumindest versucht hat, den **Aufsichtsratsvorsitzenden** oder seinen Stellvertreter in Kenntnis zu setzen.[939] Das bedeutet keinesfalls, dass der Aufsichtsratsvorsitzende die Zustimmung des Aufsichtsrats ersetzen kann.[940] Signalisiert der Vorsitzende aber, dass er mit der Vornahme des Geschäfts nicht einverstanden ist, muss der Vorstand davon absehen, weil er dann nicht mit der Zustimmung des Aufsichtsratsgremiums rechnen darf.[941]

Angesichts **moderner Kommunikationsformen** (Telefon, Fax, E-Mail) sowie der Möglichkeit fernmündlicher Beschlussfassung (§ 108 Abs. 4 AktG) und schriftlicher Stimmabgabe (§ 108 Abs. 3 AktG) ist der Aufsichtsrat regelmäßig imstande, auch **Eilentscheidungen** rechtzeitig zu treffen, sodass sich die Frage nachträglicher Zustimmung nur in eng begrenzten Ausnahmefällen stellt.[942] Hinzu kommt, dass in der Praxis häufig ein **Ausschuss** (oftmals das Aufsichtsratspräsidium) mit der Zustimmung in Eilfällen betraut wird und rechtzeitig entscheiden kann. Als Zeichen guter Unternehmensführung sollte in der Satzung oder durch den Aufsichtsrat im Zustimmungskatalog innerhalb der Geschäftsordnung des Vorstands (vgl. § 77 Abs. 2 S. 1 AktG) eine **klärende Regelung** vorgesehen werden.[943] Nach wie vor unzulässig ist aber, die Zustimmungserteilung allein dem Aufsichtsratsvorsitzenden zu überlassen.[944] Hingegen bietet es sich besonders hier an, das angemessene Maß an Information über die zustimmungspflichtigen Geschäfte durch eine Konkretisierung der Berichtspflichten, etwa innerhalb der Informationsordnung (→ Rn. 195 ff.), sicherzustellen.[945]

f) Generalzustimmung

Bei Zustimmungsvorbehalten, die der Aufsichtsrat **selbst festgelegt** hat, kann er seine Zustimmung abstrakt-generell für einen bestimmten Kreis zustimmungspflichtiger Geschäfte – beispielsweise bis zu einer bestimmten Wertgrenze – im Voraus erteilen.[946] Durch entsprechenden Plenumsbeschluss kann auch ein Ausschuss dazu ermächtigt werden.[947] Hingegen ist bei **satzungsmäßigen Zustimmungsvorbehalten** eine Generalzustimmung grundsätzlich unzulässig, da der Aufsichtsrat jedes einzelne Geschäft zu prüfen und gesondert Beschluss zu fassen hat.[948] Nur ausnahmsweise zulässig ist eine Generalzustimmung, wenn sie in der Satzung vorgesehen ist.[949]

g) Nicht zustimmungspflichtige Geschäfte

Um sich abzusichern, wird der Vorstand bei Unklarheiten im Katalog der Zustimmungsvorbehalte eine **freiwillige Vorlage** an den Aufsichtsrat erwägen. Dem Aufsichtsrat steht es dann frei, dem Geschäft zuzustimmen. Hier ist jedoch Vorsicht geboten: Mit seiner Zustimmung übernimmt der Aufsichtsrat eine **Mitverantwortung** für das Geschäft. Die Aufsichtsratsmitglieder setzen sich damit ggf. unnötig potentiellen Haftungsrisiken aus. Ratsamer ist es daher in bestimmten Fällen, den Vorstand darauf hinzuweisen, dass der Aufsichtsrat nicht zur Befassung mit dem Gegenstand verpflichtet ist und sich mit dieser Begründung einer **Entscheidung zu enthalten**.[950] Das kommt freilich nicht mehr in Frage, wenn der Aufsichtsrat zur Einführung eines ad-hoc-Vorbehalts verpflichtet ist (→ Rn. 391).

5. Versagung der Zustimmung

a) Wirkung der Versagung

Aufgrund seines unternehmerischen Handlungsspielraums kann der Aufsichtsrat eine **andere geschäftspolitische Auffassung** vertreten als der Vorstand, sodass die jeweiligen Entscheidungen beider Organe auseinander fallen können.[951] Versagt der Aufsichtsrat seine Zustimmung, ist der Vorstand im **Innenver-**

---

[939] *Semler* Leitung und Überwachung Rn. 215; *E. Vetter* in Marsch-Barner/Schäfer Börsennotierte AG-HdB § 26 Rn. 37; Hüffer/Koch/*Koch* AktG § 111 Rn. 47; Grigoleit/*Grigoleit/Tomasic* AktG § 111 Rn. 100; Kölner Komm AktG/*Mertens/Cahn* AktG § 111 Rn. 106.
[940] BGHZ 219, 193 Rn. 22 = NJW 2018, 3574.
[941] Zutr. Kölner Komm AktG/*Mertens/Cahn* AktG § 111 Rn. 106.
[942] *Wicke* FS E. Vetter, 2019, 907 (916); Grigoleit/*Grigoleit/Tomasic* AktG § 111 Rn. 100.
[943] *Wicke* FS E. Vetter, 2019, 907 (916); Seebach AG 2012, 70 (75); Hüffer/Koch/*Koch* AktG § 111 Rn. 47.
[944] BGHZ 219, 193 Rn. 22 = NJW 2018, 3574.
[945] Seebach AG 2012, 70 (75).
[946] Vgl. BGH NZG 2016, 703 (715) mwN.
[947] *Lutter/Krieger/Verse* AR Rn. 128.
[948] MüKoAktG/*Habersack* AktG § 111 Rn. 143.
[949] BGH NZG 2016, 703 (715) mwN.
[950] Vgl. *Schnorbus/Ganzer* BB 2020, 386 (394).
[951] BGHZ 219, 193 Rn. 50 = NJW 2018, 3574.

hältnis verpflichtet, das Geschäft zu unterlassen. Nach außen besteht die Vertretungsmacht des Vorstands unbeschadet fort, sodass er die Maßnahme wirksam vornehmen kann.[952]

431 Eine Ausnahme davon besteht lediglich in Fällen des **Missbrauchs der Vertretungsmacht**.[953] Das ist der Fall, wenn der Vorstand seine gesellschaftsinternen Schranken überschreitet und der Vertragspartner das wusste oder es sich ihm hätte aufdrängen müssen. Die bloße Erkennbarkeit reicht nicht aus. Der Vertragspartner muss in Kenntnis oder grob fahrlässiger Unkenntnis über das Bestehen der internen Zustimmungspflicht und der Versagung der Zustimmung sein.[954] Denkbar ist etwa, dass der Aufsichtsrat den Vertragspartner darüber informiert, dass das Geschäft seiner Zustimmung unterliegt und er sie verweigert hat.[955] Angesichts des so nach außen getragenen Konflikts mit dem Vorstand wird das aber selten vorkommen und stellt für die Praxis allenfalls einen gedanklichen Extremfall dar. Im Übrigen ist eine solche offene Misstrauensbekundung von Seiten des Aufsichtsrats nicht erforderlich, um der Versagung seiner Zustimmung nach außen Wirkung zu verleihen: In der Praxis ist regelmäßig vorgesehen, dass der Vertrag nur zustande kommt, wenn der Aufsichtsrat zustimmt. Insoweit kann von einer „mittelbaren Außenwirkung" der Versagung gesprochen werden.

432 Setzt sich der Vorstand über das Zustimmungserfordernis oder die versagte Zustimmung hinweg, handelt er **pflichtwidrig**. Das gilt auch dann, wenn die Versagung durch den Aufsichtsrat ihrerseits pflichtwidrig und damit nichtig war.[956] Selbst wenn der Vorstand das erkennt, ist er an die Entscheidung des Aufsichtsrats gebunden und auf den Weg über die Hauptversammlung nach § 111 Abs. 4 S. 3 AktG verwiesen. Daher kann der Aufsichtsrat die Pflicht des Vorstands zur Unterlassung auch nicht im Wege einer **Organklage** durchsetzen.[957] Immerhin hält das Gesetz mit der Abberufung (§ 84 Abs. 3 AktG) sowie der drohenden Haftung der Vorstandsmitglieder (§ 93 Abs. 2 AktG) ausreichend Einwirkungsmöglichkeiten für den Aufsichtsrat bereit.

433 Setzt der Vorstand die Maßnahme trotz verweigerter Zustimmung um, hat er sich auf Verlangen des Aufsichtsrats um Rückgängigmachung zu bemühen und nach Maßgabe von § 93 Abs. 2 AktG den durch die Missachtung des Zustimmungserfordernisses verursachten Schaden zu ersetzen. Auf ein Ermessen nach § 93 Abs. 1 S. 2 AktG kann sich der Vorstand nicht berufen, da eine **Rechtspflicht** bestand.[958] Dagegen sind die Grundsätze der Vorteilsausgleichung[959] sowie der Einwand **rechtmäßigen Alternativverhaltens**[960] zu berücksichtigen (dazu und zur Beweislast → Rn. 2418, 2421 ff.). In der Missachtung des Zustimmungsvorbehalts kann auch eine grobe Pflichtverletzung liegen, sodass Vorstandsmitglieder auch mit dem Widerruf ihrer Bestellung gem. § 84 Abs. 3 AktG zu rechnen haben.

b) Ersetzung der Zustimmung durch die Hauptversammlung

434 Verweigert der Aufsichtsrat seine Zustimmung, kann der Vorstand verlangen, dass die Hauptversammlung gem. § 111 Abs. 4 S. 3 AktG über die Zustimmung beschließt. Das erteilte Veto hat daher zunächst nur aufschiebende Wirkung, weil die Hauptversammlung mit einer **zwingenden Dreiviertel-Mehrheit** der abgegebenen Stimmen (§ 111 Abs. 4 S. 4 AktG) die versagte Zustimmung des Aufsichtsrats ersetzen kann. Da die Anrufung der Hauptversammlung nach § 111 Abs. 4 S. 3 AktG den Konflikt zwischen Vorstand und Aufsichtsrat an die **Öffentlichkeit** tragen würde, wird von dieser Möglichkeit in der Praxis selten Gebrauch gemacht. Besteht ein Beherrschungsvertrag kann die Zustimmung des Aufsichtsrats durch **Wiederholung der Weisung** des Vorstands des herrschenden Unternehmens gem. § 308 Abs. 3 AktG ersetzt werden (→ § 8 Rn. 125 f.).

IV. Exkurs: Zustimmungsvorbehalte bei Related Party Transactions

435 In Umsetzung des Art. 9c Aktionärsrechte-RL[961] (ARRL) sehen die §§ 111a ff. AktG nunmehr bei Geschäften mit nahestehenden Personen – sog. Related Party Transactions (RPT) – einen **zwingenden Zustimmungsvorbehalt zugunsten** des Aufsichtsrats sowie eine **Veröffentlichungspflicht** vor. Sinn

---

[952] BGHZ 219, 193 Rn. 17 = NJW 2018, 3574.
[953] Eing. dazu MüKoAktG/*Spindler* AktG § 82 Rn. 58 ff.
[954] Vgl. im Fall einer GmbH BGHZ 220, 354 Rn. 39 = NZG 2019, 695 mAnm *Götze* NZG 2019, 695 (696 f.).
[955] *Schnorbus/Ganzer* BB 2020, 451 (455).
[956] Grigoleit/*Grigoleit/Tomasic* AktG § 111 Rn. 97; MüKoAktG/*Habersack* AktG § 111 Rn. 147.
[957] Hüffer/Koch/*Koch* AktG § 111 Rn. 49; Grigoleit/*Grigoleit/Tomasic* AktG § 111 Rn. 98; MHdB GesR VII/*Koch* § 30 Rn. 95 f.; **aA** MüKoAktG/*Habersack* AktG § 111 Rn. 112 aE mwN.
[958] BGHZ 219, 193 Rn. 52 = NJW 2018, 3574; *Seebach* AG 2012, 70 (72).
[959] Unstr., implizit BGHZ 219, 193 Rn. 54 = NJW 2018, 3574; ausdrücklich BGH NJW 2013, 1958 Rn. 26.
[960] Str., nunmehr dafür BGHZ 219, 193 Rn. 38 ff. = NJW 2018, 3574 mwN auch zur Gegenansicht.
[961] Richtlinie (EU) 2017/828 des Europäischen Parlaments und des Rates v. 17.5.2017 zur Änderung der Richtlinie 2007/36/EG im Hinblick auf die Förderung der langfristigen Mitwirkung der Aktionäre, ABl. EU 2017 L 132, 1.

und Zweck der Neuregelung ist es, den Risiken einer Schädigung der Gesellschaft entgegenzutreten, die dadurch verwirklicht wird, dass vor allem Führungskräfte oder kontrollierende Aktionäre ihren Einfluss auf die Gesellschaft ausnutzen, um sich zu Lasten der Gesellschaft Vermögensvorteile zu verschaffen (sog. *Tunneling*[962]).[963] Dabei sollten die europäischen Vorgaben möglichst **schonend** ins deutsche Aktienrecht implementiert werden, um Friktionen und zusätzlichen Bürokratieaufwand für die betroffenen Unternehmen gering zu halten.[964] Trotz dieser Intention ist die Neuregelung mit mehr Arbeit für Aufsichtsräte verbunden. Das neue Pflichtenprogramm löst Beratungsbedarf aus, auf den sich Berater einzustellen haben. Wie sich im Folgenden zeigen wird, handelt es sich um ein besonders wichtiges Beschäftigungsprogramm für die Beratungspraxis.

1. Geschäfte mit nahestehenden Personen, § 111a Abs. 1 AktG

Adressat der Neuregelung sind gem. § 111b Abs. 1 AktG ausschließlich **börsennotierte Gesellschaften** 436 iSv § 3 Abs. 2 AktG, dh neben der AG auch die SE sowie über § 278 Abs. 3 AktG die KGaA.[965] Die Voraussetzungen für das Vorliegen einer RPT sowie sämtliche Ausnahmen finden sich in § 111a AktG.

a) Geschäft

Mit Geschäften *(transactions)* als Gegenstand der neuen RPT-Anforderungen sind sämtliche Rechtsgeschäf- 437 te und Maßnahmen (§ 111a Abs. 1 S. 1 AktG) gemeint, die potenziell nachteilig für die Gesellschaft sein können. Dieses **weite Verständnis** beruht auf einem Parallelverweis der Regierungsbegründung auf den Geschäftsbegriff in § 285 Nr. 21 HGB.[966] Abgesehen von den in § 111a Abs. 1 S. 1 Nr. 1 AktG genannten Übertragungsvorgängen und Nutzungsüberlassungen fallen beispielsweise auch Dienstleistungen, Sicherungsgeschäfte oder Produktions- und Investitionsabsprachen darunter.[967] Neben Verträgen sind auch einseitige Rechtsgeschäfte wie Anfechtung, Kündigung, Aufrechnung, Ausübung von Optionen und Beschlussfassungen erfasst.[968] Dagegen werden **Unterlassungen** (→ Rn. 399) ausdrücklich gem. § 111a Abs. 1 S. 3 AktG davon ausgeschlossen.[969]

Zwar umfasst „Geschäft" grundsätzlich sowohl das schuldrechtliche als auch das dingliche Rechtsge- 438 schäft. Es besteht aber Einvernehmen darüber, dass eine **einmalige Zustimmung** zu dem schuldrechtlichen Verpflichtungsgeschäft ausreicht.[970] Die nochmalige Zustimmung zu dem jeweils entsprechenden Verfügungsgeschäft hätte einen gerade nicht beabsichtigten Verwaltungsaufwand für die Unternehmen zur Folge, der auch zu keinem Transparenzgewinn beitragen, sondern lediglich zu Verwirrung führen würde.[971] Diese Lösung ist auch **richtlinienkonform,** da das europäische Recht kein Abstraktionsprinzip kennt und demnach nur von einem einheitlichen (zustimmungs- und veröffentlichungsbedürftigen) Geschäft ausgeht.[972] Das gilt ebenso für Dauerschuldverhältnisse wie Gebrauchsüberlassungs-, Dienstleistungs- oder Versicherungsverträge.[973] **Unwesentliche Änderungen** von bereits abgeschlossenen Geschäften sind nicht als RPT zu qualifizieren und lösen daher keine erneute Zustimmungs- oder Veröffentlichungspflicht nach §§ 111b, 111c AktG aus.[974]

b) Nahestehende Person

Das Gesetz definiert das Kriterium der nahestehenden Person *(related party)* nicht selbst, sondern bedient 439 sich in § 111a Abs. 1 S. 2 AktG einer **dynamischen Verweisung** auf die internationalen Rechnungslegungsstandards, der IAS-Verordnung.[975] Nach aktuellem Stand sind primär **IAS 24.9** iVm IAS 28.3 und 28.5 sowie IAS 24.11 maßgeblich. Die davon in Bezug genommenen Standards IFRS 10 und IFRS 11 können zur weiteren Konkretisierung herangezogen werden.[976] Vorteil dieser auf den ersten Blick kom-

---

[962] *Johnson/La Porta/Lopez-de-Silanes/Shleifer* The American Economic Review 90 (2000), 22; *Atanasov/Black/Ciccotell,* The Journal of Corporation Law 37 (2011), 1.
[963] *Grigoleit* ZGR 2019, 412 (462); *Tärde* NZG 2019, 488; vgl. auch *Tröger/Roth/Strenger* BB 2018, 2946.
[964] BegrRegE eines Gesetzes zur Umsetzung der zweiten Aktionärsrechterichtlinie (ARUG II), BT-Drs. 19/9739, 35.
[965] BegrRegE ARUG II, BT-Drs. 19/9739, 79; speziell zur KGaA *Backhaus/Brouwer* AG 2019, 287.
[966] BegrRegE ARUG II, BT-Drs. 19/9739, 79.
[967] BegrRegE ARUG II, BT-Drs. 19/9739, 79.
[968] *J. Vetter* AG 2019, 853 (854); zust. Hüffer/Koch/*Koch* AktG § 111a Rn. 2.
[969] Krit. *Grigoleit* ZGR 2019, 412 (419f.); Emmerich/Habersack/*Habersack* AktG § 311 Rn. 100.
[970] BegrRegE ARUG II, BT-Drs. 19/9739, 79; *Grigoleit* ZGR 2019, 412 (420); *Kleinert/Mayer* EuZW 2019, 103 (105); *J. Schmidt* NZG 2018, 1201 (1209); *Lieder/Wernert* ZIP 2018, 2441 (2443); *Paschos/Goslar* AG 2018, 857 (867).
[971] BegrRegE ARUG II, BT-Drs. 19/9739, 79; vgl. ferner *J. Schmidt* NZG 2018, 1201 (1209).
[972] *J. Schmidt* NZG 2018, 1201 (1209); *Lieder/Wernert* ZIP 2018, 2441 (2443).
[973] BegrRegE ARUG II, BT-Drs. 19/9739, 79.
[974] BegrRegE ARUG II, BT-Drs. 19/9739, 79.
[975] VO (EG) Nr. 1126/2008; VO (EG) Nr. 1606/2002, zuletzt geändert durch die VO (EU) 2018/519.
[976] BegrRegE ARUG II, BT-Drs. 19/9739, 79f.

pliziert erscheinenden Verweisungstechnik ist, dass sie einen klaren, einheitlichen sowie etablierten Maßstab vorgibt und eine ständige Anpassung des AktG in Folge von Änderungen der internationalen Rechnungslegungsstandards vermeidet.[977] Wie in § 111a Abs. 1 S. 2 AktG und IAS 24.9 vorgesehen, ist zwischen natürlichen Personen und Unternehmen zu unterscheiden.

440 Eine natürliche Person ist nach IAS 24.9 lit. a *related party*, wenn sie das Unternehmen beherrscht *(control)* oder an seiner gemeinschaftlichen Führung beteiligt ist *(joint control)*, einen maßgeblichen Einfluss auf das Unternehmen hat *(significant influence)* oder im Management des Unternehmens oder eines Mutterunternehmens eine Schlüsselposition *(key management personnel)* bekleidet.[978] Als „Mindestschwelle" kommt dem Kriterium des „maßgeblichen Einflusses" in IAS 24.9 lit. a (ii) besondere Bedeutung zu.[979] Ein derartiger Einfluss wird laut Definition in IAS 28.3 angenommen, wenn die **Möglichkeit** besteht, dass die Person an den finanz- und geschäftspolitischen Entscheidungen mitwirkt. Ab einem Halten von **20% der Stimmrechte** wird ein maßgeblicher Einfluss nach IAS 28.5 **widerleglich vermutet**. Spiegelbildlich wird bei einer Beteiligung unter 20% widerleglich vermutet, dass kein maßgeblicher Einfluss besteht.[980]

441 Legaldefinitionen in IAS 24.9 lit. a (i):
1) **Beherrschen** konkretisiert IFRS 10.5 ff. als Möglichkeit, das beherrschte Unternehmen hinsichtlich seiner operativen und strategischen Geschäftstätigkeit und Ausrichtung zu bestimmen.
2) **Gemeinschaftliche Führung** konkretisiert IFRS 11.7 als vertraglich vereinbarte Einstimmigkeit über gemeinsam ausgeübte Führung einer Vereinbarung der Parteien.
IAS 24.9 lit. a (iii):
Schlüsselposition: Personen, die direkt oder indirekt für die Planung, Leitung und Überwachung der Tätigkeiten des Unternehmens zuständig und verantwortlich sind; dies schließt Mitglieder der Geschäftsführungs- und Aufsichtsratsorgane ein (IAS 24.9).

442 Zu den nahestehenden Personen zählen auch die **nahen Familienangehörigen** der Personen, die eine der vorstehenden Verbindungen aufweisen.[981] Darunter fallen nach IAS 24.9 Ehegatten oder Lebenspartner sowie die Kinder der einflussreichen Person und ihrer Ehegatten oder Lebenspartner. Ferner kommen als „abhängige" Angehörige **Verwandte** in Betracht, die unterhaltsberechtigt oder haushaltszugehörig sind.[982] Entscheidend ist demnach, ob der Angehörige bei seinen Transaktionen mit dem Unternehmen auf die Person Einfluss nehmen oder von ihr beeinflusst werden kann.

443 Unternehmen sind laut IAS 24.9 lit. b nahestehend, wenn sie auf die Gesellschaft mittelbar oder unmittelbar Einfluss nehmen oder ihrem Einfluss ausgesetzt sein können, was besonders bei Zugehörigkeit zum **selben Konzern** relevant werden kann, IAS 24.9 lit. b (i). Für das Kriterium des maßgeblichen Einflusses in IAS 24.9 lit. b (vii) gilt das soeben Gesagte (→ Rn. 441).

444 Schließlich enthält IAS 24.11 noch einen **Negativkatalog,** wonach ein Näheverhältnis nicht schon allein deshalb vorliegen soll, weil dasselbe Organmitglied in beiden Unternehmen eine Schlüsselposition einnimmt oder beide Unternehmen ein Gemeinschaftsunternehmen betreiben. Darüber hinaus sind auch Kapitalgeber, Gewerkschaften, öffentliche Versorgungsunternehmen und Behörden lediglich aufgrund ihrer **gewöhnlichen Geschäftsbeziehungen** zur Gesellschaft noch nicht als nahestehende Person anzusehen, selbst wenn sie den Handlungsspielraum der Gesellschaft einengen oder am Entscheidungsprozess mitwirken können.[983] Das gilt freilich nicht mehr, wenn die Person faktisch einen gesellschaftergleichen Einfluss auf die Geschicke der Gesellschaft ausübt.[984]

445 Bei der Beurteilung des Nahestehens ist eine **wirtschaftliche Betrachtung** maßgeblich.[985] Daraus ergibt sich, dass eine faktische Einflussmöglichkeit nicht nur bei Abschluss des Geschäfts besteht. In die Bewertung einzubeziehen sind vielmehr auch Einflusspositionen **sechs Monate vor und nach** Abschluss des Geschäfts („Vor- und Nachwirkung des Näheverhältnis").[986]

c) Ausnahme für reguläre Geschäfte, § 111a Abs. 2 AktG

446 Die § 111a Abs. 2 AktG und § 111a Abs. 3 AktG normieren eine Vielzahl von Geschäften, die nicht als RPT einzustufen sind. Der Gesetzgeber hat damit im Interesse einer **schonenden Implementierung** der europäischen Vorgaben und größtmöglichen Entlastung der Unternehmen die Ausnahmeoptionen des Art. 9 lit. c Abs. 5 und 6 ARRL ausgeschöpft.

---

[977] *J. Schmidt* NZG 2018, 1201 (1208) Fn. 127; *Lieder/Wernert* ZIP 2018, 2441 (2444).
[978] *J. Schmidt* NZG 2018, 1201 (1208).
[979] *Grigoleit* ZGR 2019, 412 (428).
[980] BegrRegE ARUG II, BT-Drs. 19/9739, 80.
[981] BegrRegE ARUG II, BT-Drs. 19/9739, 80.
[982] BegrRegE ARUG II, BT-Drs. 19/9739, 80.
[983] BegrRegE ARUG II, BT-Drs. 19/9739, 80.
[984] BegrRegE ARUG II, BT-Drs. 19/9739, 80.
[985] BegrRegE ARUG II, BT-Drs. 19/9739, 80.
[986] BegrRegE ARUG II, BT-Drs. 19/9739, 80.

B. Einwirkungs- und Beratungskompetenz

§ 111a Abs. 2 S. 1 AktG sieht eine **Bereichsausnahme** für Geschäfte vor, die im ordentlichen Geschäftsgang **und** zu marktüblichen Bedingungen abgeschlossen wurden. Allerdings ist die Ausnahmeregelung nicht zwingend, sondern kann nach § 111a Abs. 2 S. 3 AktG durch Satzung abbedungen werden (→ Rn. 463 ff.). 447

aa) Reguläre Geschäfte, § 111a Abs. 2 S. 1 AktG. Die Bestimmung, ob ein Geschäft zu **marktüblichen Bedingungen** abgeschlossen wurde, ist mit Hilfe der zu § 285 Nr. 21 HGB entwickelten Grundsätze im Wege eines **Drittvergleichs** festzustellen.[987] Dafür können auch die Grundsätze zur Nachteilsfeststellung (§ 311 Abs. 1 AktG) herangezogen werden, die nach hM wiederum entsprechend den Leitlinien zu § 57 AktG zu bestimmen sind.[988] Dagegen ist das Privileg des zeitlich **gestreckten Nachteilsausgleichs** im faktischen Konzern (§ 311 Abs. 2 AktG) im Rahmen der §§ 111a ff. AktG nicht anzuerkennen.[989] Die spätere Bestimmung einer Ausgleichsleistung ist mit der Bewertung der Marktüblichkeit vor Geschäftsabschluss (→ Rn. 460) unvereinbar.[990] Dadurch würde der Zustimmungsvorbehalt als Mittel präventiver Überwachung völlig entwertet.[991] Etwas anderes kann aber dann gelten, wenn die Ausgleichsleistung schon gewährt oder verbindlich zugesichert wurde.[992] 448

Im Wege des Drittvergleichs ist zu fragen, ob das Geschäft mit den zugrundeliegenden Konditionen auch mit einem unabhängigen Dritten zustande gekommen wäre. Das ist unter Zugrundelegung der tatsächlichen **Marktbedingungen** zu beantworten, wobei oftmals der Marktpreis relevant sein wird. Lässt sich ein solcher nicht ermitteln, kann auch auf **Schätzwerte** zurückgegriffen werden.[993] 449

Außerdem ist erforderlich, dass das Geschäft im ordentlichen Geschäftsgang abgeschlossen wurde, um außergewöhnliche Geschäfte von der Bereichsausnahme auszuschließen.[994] Zur Beurteilung kann daher auf die zu § 116 Abs. 2 HGB entwickelten Grundsätze zurückgegriffen werden (→ Rn. 405).[995] Mit Geschäften im ordentlichen Geschäftsgang sind vor allem branchentypische oder sich wiederholende **Alltagsgeschäfte** des konkreten Unternehmens gemeint.[996] Die Beurteilung hat Inhalt, Umfang und Häufigkeit des Geschäfts mit Blick auf die individuellen Verhältnisse und den Geschäftsbetrieb der Gesellschaft zu berücksichtigen. Obwohl es sich um eine Ausnahmevorschrift handelt, ist § 111a Abs. 2 S. 1 AktG aber nicht zu eng auszulegen.[997] Deshalb können grundsätzlich auch Geschäfte hierunter fallen, die selten oder bloß einmal mit einer nahestehenden Personen abgeschlossen werden, wenn sie nach Inhalt und Umfang zum ordentlichen Geschäftsbetrieb gehören. Allein die Häufigkeit eines Geschäfts kann ausweislich der Gesetzesbegründung[998] nicht maßgeblich sein.[999] 450

In Anbetracht der immer noch erheblichen 1,5%-Hürde[1000] (→ 473 ff.) unterfallen Einzelgeschäfte, die den Schwellenwert erreichen, aufgrund ihres Volumens in aller Regel nicht mehr dem ordentlichen Geschäftsgang. Damit wird der Ausnahmetatbestand allenfalls bei der **Aggregation** (→ Rn. 479 f.) einer Vielzahl regulärer Geschäfte relevant.[1001] Da derartig enge Geschäftsbeziehungen in dieser Größenordnung **regelmäßig nur in Konzernverhältnissen** anzutreffen sind und der Anwendungsbereich der RPT-Regulierung im Konzernrecht – insbesondere durch § 111a Abs. 3 AktG – wiederum begrenzt ist (→ Rn. 464 ff.), lässt sich die **praktische Relevanz** der Ausnahme des § 111a Abs. 2 S. 1 AktG insgesamt bezweifeln.[1002] 451

Grundsätzlich können selbst konzerninterne Geschäfte unter die Ausnahme des § 111a Abs. 2 S. 1 AktG fallen, soweit sie im Vergleich zu Konditionen in anderen Unternehmensgruppen als marktüblich einzustufen und im ordentlichen Geschäftsgang abgeschlossen worden sind. Das gilt ausweislich der Ge- 452

---

[987] BegrRegE ARUG II, BT-Drs. 19/9739, 81.
[988] Hüffer/Koch/*Koch* AktG § 111a Rn. 12.
[989] *Tarde* NZG 2019, 488 (495); *H.F. Müller* ZGR 2019, 97 (122); *H.F. Müller* FS E. Vetter, 2019, 479 (487); Hüffer/Koch/*Koch* AktG § 111a Rn. 12; **aA** *J. Vetter* ZHR 179 (2015), 273 (313).
[990] *Tarde* NZG 2019, 488 (495).
[991] *H.F. Müller* FS E. Vetter, 2019, 479 (487).
[992] *H.F. Müller* FS E. Vetter 2019, 479 (487).
[993] BegrRegE ARUG II, BT-Drs. 19/9739, 81.
[994] BegrRegE ARUG II, BT-Drs. 19/9739, 81.
[995] *Lieder/Wernert* ZIP 2018, 2441 (2445); *H.F. Müller* FS E. Vetter, 2019, 479 (480); zu § 116 HGB EBJS/*Drescher* HGB § 116 Rn. 6 f.; für Orientierung an § 52 Abs. 9 AktG: Hüffer/Koch/*Koch* AktG § 111a Rn. 10; BeckOGK/*Spindler/Seidel* AktG § 111a Rn. 26.
[996] BegrRegE ARUG II, BT-Drs. 19/9739, 81.
[997] *Backhaus* NZG 2020, 695 (697); *Heldt* AG 2018, 905 (915); *Bungert/Berger* DB 2018, 2860 (2861); **aA** *Lanfermann* BB 2018, 2859 (2860).
[998] BegrRegE ARUG II, BT-Drs. 19/9739, 81.
[999] *Backhaus* NZG 2020 695 (697).
[1000] Der RegE sah noch einen Schwellenwert von 2,5% vor, siehe BegrRegE ARUG II, 94.
[1001] Zutr. *Grigoleit* ZGR 2019, 412 (435); *Tarde* NZG 2019, 488 (490).
[1002] So auch *Grigoleit* ZGR 2019, 412 (435).

setzesbegründung[1003] auch für **Cash-Pooling-Systeme**.[1004] Feststeht, dass jedenfalls Geschäfte innerhalb eines bestehenden Cash-Pools unter den Ausnahmetatbestand fallen können. In der Praxis sind solche Geschäfte in aller Regel marktüblich und gewöhnlich iSv § 111a Abs. 2 S. 1 AktG. Dagegen ergibt sich aus der Gesetzesbegründung nicht eindeutig, ob auch die Einrichtung eines Cash-Pooling-Systems selbst unter §§ 111a ff. AktG fallen kann, wenn der Schwellenwert erreicht ist. Angesichts der Bedeutung für die Finanzlage und Bonität einer Gesellschaft können im Einzelfall gute Gründe dafür sprechen, dass der Abschluss eines Cash-Pooling-Vertrags überhaupt kein marktübliches und gewöhnliches Geschäft sein kann.[1005] Dagegen scheint die Gesetzesbegründung eher von einer generellen Privilegierung auszugehen.[1006] Zu weit ginge es daher, das von vornherein auszuschließen. Der Abschluss eines Cash-Pooling-Vertrags kann marktüblich sein, wenn seine Konditionen mit den der anderen konzerninternen Cash-Pooling-Verträge vergleichbar sind. Darüber wird vor allem die Höhe der Verzinsung entschieden.[1007]

453 **bb) Internes Verfahren, § 111a Abs. 2 S. 2 AktG.** Um regelmäßig zu überprüfen, ob die Voraussetzungen in Satz 1 vorliegen, ist nach § 111a Abs. 2 S. 2 AktG ein **internes Verfahren** einzurichten. Nähere Vorgaben für das Verfahren sind weder aus dem Gesetz noch der Begründung ersichtlich. Lediglich für die faktisch konzernierte AG kann und soll an das Verfahren zur Vorbereitung des Abhängigkeitsberichts (§ 312 AktG) angeknüpft werden.[1008]

454 **(1) Zuständigkeit.** Nach § 111a Abs. 2 S. 2 AktG hat „die börsennotierte Gesellschaft" ein internes Verfahren einzurichten. Unklar bleibt allerdings, welches Organ für die Einrichtung des internen Verfahrens **zuständig** ist. Auf den ersten Blick lassen sich gute Gründe für eine Zuständigkeit des Aufsichtsrats anführen: Die ARRL differenziert zwischen Verwaltungs-, Leitungs-, und Aufsichtsorgan. Nach Art. 9c Abs. 5 der reformierten ARRL hat nur das „Verwaltungs- oder Aufsichtsorgan der Gesellschaft" ein internes Kontrollverfahren einzurichten. Das Leitungsorgan wird nicht genannt. In der dualistisch organisierten AG könnte das darauf schließen lassen, dass allein der Aufsichtsrat für die Einrichtung eines internen Verfahrens nach § 111a Abs. 2 S. 2 AktG zuständig sei.

455 Bei der Frage nach der Zuständigkeit ist zu **differenzieren**. Die Einführung der §§ 111a ff. AktG bedeutet auch für den Vorstand mehr Verantwortung. Er muss allgemein dafür sorgen, dass alle Vorschriften eingehalten werden (Legalitätskontrollpflicht) und zu diesem Zweck organisatorische Maßnahmen (**Compliance-Organisation** → Rn. 229 ff.) treffen. Dabei liegt es primär in seiner Verantwortung, ob und wie er bestimmte Verfahren und Systeme einrichtet.[1009] Im Rahmen der §§ 111a ff. AktG hat der Vorstand etwa die Vorlage zustimmungspflichtiger Geschäfte an den Aufsichtsrat nach § 111b AktG und die Veröffentlichung aller relevanten Geschäfte nach § 111c AktG sicherzustellen. Dafür hat er sich mit den erforderlichen Informationen zu versorgen und vor allem den Schwellenwert (→ Rn. 473 ff.) regelmäßig zu überwachen. Insoweit kann von einer **„RPT-Monitoring-Pflicht"** gesprochen werden, für die der Vorstand verantwortlich ist.

456 Die allgemeine Monitoring-Pflicht ist streng von der speziellen Pflicht zur Einrichtung eines internen Verfahrens nach § 111a Abs. 2 S. 2 AktG zu trennen. Es würde aber der gesetzlichen **Aufgabenverteilung** beider Organe widersprechen, wenn allein der Aufsichtsrat für die Einrichtung eines solchen Verfahrens zuständig sein soll.[1010] Das ist auch nicht mit dem Gebot der richtlinienkonformen Auslegung hinzunehmen,[1011] zumal zweifelhaft ist, ob der RL-Gesetzgeber eine derartige Abweichung von der Kompetenzordnung im deutschen Aktienrecht überhaupt vor Augen hatte. Schließlich wäre es weder zweckmäßig noch praktikabel, wenn ausschließlich der Aufsichtsrat für das Verfahren nach § 111a Abs. 2 S. 2 AktG verantwortlich wäre. Denn um bewerten zu können, ob ein Geschäft marktüblich und dem ordentlichen Geschäftsgang zuzuordnen ist, braucht der Aufsichtsrat **Informationen**. Die Informationen kann er sich durch Ausübung seiner Informationsrechte (→ Rn. 63 ff., 182 ff.) vom Vorstand beschaffen. Dieser Weg birgt Konfliktpotential und ist daher zu vermeiden, wenn eine einvernehmliche Lösung zwischen Vorstand und Aufsichtsrat möglich ist. Denkbar ist etwa, dass der Vorstand sämtliche Informationen aus dem Geschäftsbetrieb mit potenziellen nahestehenden Personen freiwillig an den Aufsichtsrat weitergibt. Das wäre aber mit der Arbeit des Aufsichtsrats kaum kompatibel und ist daher fernliegend. Realisti-

---

[1003] BegrRegE ARUG II, BT-Drs. 19/9739, 81; *J. Vetter* AG 2019, 853 (859).
[1004] Zu den zahlreichen Fragen, die der Cash-pool im deutschen Kapitalgesellschaftsrecht aufwirft, siehe etwa BGHZ 166, 8 = NZG 2006, 344 – Cash-Pool I; BGHZ 180, 38 = NZG 2009, 463 – QIVIVE; BGHZ 182, 103 = NZG 2009, 944 – Cash-Pool II; näher dazu *W. Goette/M. Goette* Die GmbH § 2 Rn. 22 ff.
[1005] *Tarde* NZG 2019, 488 (490); *Grigoleit* ZGR 2019, 412 (431 f.); *Barg* AG 2020, 149 Rn. 26.
[1006] Hüffer/*Koch*/*Koch* AktG § 111a Rn. 11; BeckOGK/*Spindler*/*Seidel* AktG § 111a Rn. 27.
[1007] *J. Vetter* AG 2019, 853 (859 f.); *H.F. Müller* ZIP 2019, 2429 (2432); vgl. *Backhaus* AG 2020, 695 (699).
[1008] BegrRegE ARUG II, BT-Drs. 19/9739, 81.
[1009] MüKoAktG/*Habersack* AktG § 107 Rn. 116.
[1010] Das eingestehend *Florstedt* ZHR 184 (2020), 10 (35); *Backhaus* NZG 2020, 695 (701); **aA** *Barg* AG 2020, 149 (154).
[1011] So aber *Florstedt* ZHR 184 (2020), 10 (35).

scher ist, dass der Aufsichtsrat nur die Informationen vom Vorstand erhält, die erforderlich sind, um beurteilen zu können, ob eine Ausnahme nach § 111a Abs. 2 S. 1 AktG vorliegt. Um die relevanten Informationen herauszufiltern und dem Aufsichtsrat vorzulegen, müsste der Vorstand ein eigenes internes Verfahren einrichten. Das wäre aber mit einem nicht unerheblichen bürokratischen Aufwand verbunden, den der nationale Gesetzgeber gerade vermeiden wollte.[1012]

Aber auch eine ausschließliche Zuständigkeit des Vorstands zur Einrichtung eines Verfahrens nach § 111a Abs. 2 S. 2 AktG verfängt nicht, da sie **missbrauchsanfällig** wäre.[1013] Mit dem internen Verfahren sollen Geschäfte, die der Vorstand abschließt, dahin geprüft werden, ob sie unter den Ausnahmetatbestand nach § 111a Abs. 2 S. 1 AktG fallen und damit nicht einem (gesetzlichen) Zustimmungsvorbehalt und der Veröffentlichungspflicht unterliegen. Wäre allein der Vorstand für die Ausgestaltung dieses Verfahrens zuständig, würde man den Überwachten zugleich zum Überwachenden machen. 457

Vorzugswürdig ist daher ein **vermittelnder Ansatz**. In erster Linie bleibt der Vorstand dafür zuständig, das interne Verfahren einzurichten und zu steuern. Der Vorstand hat ein System zu entwickeln, um festzulegen, welche RPTs er für marktüblich und im ordentlichen Geschäftsgang abgeschlossen ansieht. Dabei hat er den Aufsichtsrat **einzubeziehen,** indem er sich mit ihm berät und abstimmt. Insbesondere zu Fragen der Informationsweitergabe kann sich eine einvernehmliche Lösung zwischen Vorstand und Aufsichtsrat anbieten (→ Rn. 456), die etwa so aussehen kann, dass der Aufsichtsrat mit Zustimmung des Vorstands auf Mitarbeiter der Rechts- und Controlling-Abteilungen „zugreifen" und diesen auch Weisungen erteilen kann.[1014] Schließlich hat der Aufsichtsrat auf Grundlage der so zusammengetragenen Informationen stichprobenartig (→ Rn. 460 f.) zu prüfen, ob ein Geschäft unter den Ausnahmetatbestand nach § 111a Abs. 2 S. 1 AktG fällt. Um abzusichern, dass er das erforderliche Mindestmaß an Information erhält, hat der Aufsichtsrat auch zu beurteilen, ob das vom Vorstand betriebene Verfahren effektiv ist.[1015] In Einzelfällen kann es zulässig sein, den konkreten Verfahrensablauf, insbesondere die Informationsweitergabe und die interne Aufgabenverteilung vorab **schriftlich festzuhalten.**[1016] Insgesamt hat dieser Ansatz den Vorteil, dass er sich nicht in Widerspruch zur aktienrechtlichen Kompetenzordnung setzt und zugleich die erforderliche Objektivität des internen Verfahrens durch Beteiligung des Aufsichtsrats gewährleistet. 458

(2) Reichweite. Unklar ist, ob die Pflicht ein internes Verfahren einzurichten, nur Geschäfte der jeweiligen Gesellschaft umfasst (**„eindimensional"**) oder sich im Fall einer Muttergesellschaft auch auf Geschäfte von Tochtergesellschaften erstreckt (**„konzerndimensional"**). Es sprechen zunächst gute Gründe dafür, dass das Verfahren eindimensional auszurichten ist: Der Wortlaut von § 111a Abs. 2 S. 2 AktG verpflichtet nur „die Gesellschaft" zur Einrichtung eines internen Verfahrens. Außerdem lässt der Vergleich mit § 314 Abs. 1 Nr. 13 HGB – der ausdrücklich konzerndimensional ausgestaltet ist – auf einen eindimensionalen Bezug schließen.[1017] Nicht zuletzt streitet die Systematik der §§ 111a–111c AktG für diese Annahme. Bis auf die Ausnahme in **§ 111c Abs. 4 AktG** liegt den Vorschriften ein eindimensionales Verständnis zugrunde.[1018] Dagegen lässt sich aus der fehlenden Verweisung in § 111c Abs. 4 AktG auf § 111a AktG – insbesondere Abs. 2 S. 2 – kein Argument für eine eindimensionale Ausrichtung herleiten.[1019] § 111c Abs. 4 AktG regelt nur, dass eine Muttergesellschaft nicht nur ihre eigenen nach § 111b Abs. 1 AktG (iVm Abs. 3 AktG) zustimmungspflichtigen Geschäfte zu veröffentlichen hat, sondern auch Geschäfte von Tochtergesellschaften mit der Muttergesellschaft nahestehenden Personen.[1020] Was Geschäfte mit nahestehenden Personen sind, legt § 111a AktG verbindlich für § 111b AktG und § 111c AktG fest, ohne dass es einer Verweisung bedarf.[1021] Vielmehr stellt sich doch umgekehrt die Frage, warum gerade § 111a Abs. 2 S. 2 AktG – der ua dazu dient, den Kreis nahestehender Personen richtig abzustecken – im Rahmen von § 111c AktG nicht gelten solle. Dafür ist nichts ersichtlich.[1022] Art. 9c Abs. 7 S. 3 ARRL ist sogar eher dahin zu deuten, dass ein internes Verfahren auch auf Drittgeschäfte von Tochtergesellschaften – also konzerndimensional – auszurichten ist.[1023] Die aktuelle Rechtslage hierzu ist noch mit 459

[1012] Dazu *Seibert* FS E. Vetter, 2019, 749 (760).
[1013] AA *Heldt* AG 2018, 905 (915); *Lanfermann* BB 2018, 2859 (2861); wohl auch *Kleinert/Mayer* EuZW 2019, 103 (105).
[1014] Vgl. *Backhaus* NZG 2020, 695 (702); *Redeke/Schäfer/Troidl* AG 2020, 159 (164).
[1015] K. Schmidt/Lutter AktG/*J. Vetter* AktG § 111a Rn. 178.
[1016] Vgl. K. Schmidt/Lutter AktG/*J. Vetter* AktG § 111a Rn. 174.
[1017] *Redeke/Schäfer/Troidl* AG 2020, 159 (163).
[1018] *Backhaus* NZG 2020, 695 (699 f.) auch zu weiteren Argumenten für eindimensionales Verständnis.
[1019] AA *Redeke/Schäfer/Troidl* AG 2020, 159 (163).
[1020] BeckOGK/*Spindler/Seidel* AktG § 111c Rn. 20.
[1021] *Backhaus* NZG 2020, 695 (700); vgl. K. Schmidt/Lutter AktG/*J. Vetter* AktG § 111a Rn. 172.
[1022] AA *Redeke/Schäfer/Troidl* AG 2020, 159 (163).
[1023] Weitergehend *Backhaus* NZG 2020, 695 (700).

vielen Unsicherheiten behaftet. Aus juristischer Vorsicht empfiehlt es sich daher, das interne Verfahren (zumindest vorerst) **konzerndimensional** auszugestalten.

460 **(3) Kontrollintensität.** Weitere Frage der Ausgestaltung ist, ob das einzurichtende Verfahren die Prüfung aller **Einzelfälle** sicherstellen muss oder ein **stichprobenartiges** Kontrollverfahren ausreicht. Feststeht, dass eine umfassende Einzelfallprüfung auch durch Zusammenwirken von Vorstand und Aufsichtsrat nicht leistbar wäre.[1024] Diese praktische Erwägung wird durch einen Vergleich mit **§ 312 Abs. 1 AktG** gestützt, demzufolge im Abhängigkeitsbericht *alle* Geschäfte und Maßnahmen aufzuführen sind. Hätte der Gesetzgeber das im Rahmen des internen Verfahrens gewollt, hätte er § 111a Abs. 2 S. 2 AktG entsprechend strenger formuliert, insbesondere weil der Gesetzgeber die Vorschriften zum faktischen Konzern (§§ 311 ff. AktG) bei der Umsetzung der ARRL stets im Blick hatte.[1025] Vor diesem Hintergrund ist eher davon auszugehen, dass der Gesetzgeber bewusst darauf verzichtet hat und keine Einzelfallprüfung beabsichtigte. Das deckt sich mit seiner Intention, durch die §§ 111a Abs. 2 und Abs. 3 AktG eine „größtmögliche Entlastung der Unternehmen" zu schaffen.[1026] Es genügt daher ein **stichprobenartiges Kontrollverfahren**.[1027]

461 Die Entscheidung, welche Geschäfte geprüft und wie häufig Stichproben gemacht werden, treffen Aufsichtsrat und Vorstand nach pflichtgemäßem **Ermessen**. § 111a Abs. 2 S. 2 AktG gibt nur vor, dass die Ausnahme nach § 111a Abs. 2 S. 1 AktG regelmäßig bewertet werden muss. In Anlehnung an § 111b Abs. 1 AktG sprechen gute Gründe dafür, dass grundsätzlich ein **jährlicher** Turnus genügt.[1028] Eine engmaschigere Kontrolle kann aber angezeigt sein, wenn das Überschreiten des Schwellenwerts (→ Rn. 473 ff.) naheliegt.[1029] Jedenfalls nicht zu prüfen sind Geschäfte, die ohnehin keine RPT sind, weil sie unter einen Ausnahmetatbestand nach § 111a Abs. 3 AktG fallen. Im Übrigen kann sich möglicherweise ein **risikoorientiertes** Vorgehen anbieten, bei dem Risikogruppen gebildet und vor allem Geschäfte in den Blick genommen werden, deren Wert – allein oder mit anderen RP-Transaktionen zusammengerechnet – dem Schwellenwert nahekommen.[1030] Geschäfte der Gesellschaft mit Organmitgliedern würden nach diesem risikobasierten Ansatz im Rahmen des Verfahrens nach § 111a Abs. 2 S. 2 AktG regelmäßig nicht mehr geprüft. Angesichts der unsicheren Rechtslage ist aber **Zurückhaltung** geboten. Es trifft zu, besonders risikoreiche Geschäfte bei der Auswahl zu berücksichtigen. Das sollte unter Umständen aber nicht der einzige Gesichtspunkt bei der Auswahlentscheidung sein und nicht dazu führen, dass bestimmte Geschäfte – abgesehen von den Geschäften, die unter § 111a Abs. 3 AktG fallen – von vornherein für das interne Verfahren außer Betracht bleiben. Das gilt auch für Geschäfte mit einer nahestehenden Person, bei denen sicher davon auszugehen ist, dass sie nach Aggregation den Schwellenwert nicht erreichen werden.[1031] Aus Vorsichtsgründen ist im Ansatz davon auszugehen, dass **alle Geschäfte** für das Kontrollverfahren in Frage kommen können. Andernfalls könnte ein unerwünschtes Umgehungspotential geschaffen werden.

462 Der Aufsichtsrat kann sich bei der Überprüfung, ob bestimmte Geschäfte marktüblich und dem ordentlichen Geschäftsgang zuzuordnen sind, durch Hinzuziehung **externer Berater** nach § 111 Abs. 2 S. 2 AktG unterstützen lassen (→ Rn. 132 ff.). Ferner steht es ihm frei, einen **Ausschuss** mit der Beurteilung der Geschäfte zu betrauen (vgl. § 107 Abs. 3 S. 7 AktG). Für die Besetzung dieses Ausschusses gilt § 107 Abs. 3 S. 6 AktG nicht (zum RPT-Ausschuss → § 3 Rn. 313 ff.). Es ist aber stets darauf zu achten, dass keine Person in die Überprüfung eines Geschäfts involviert ist, an dem sie selbst als *related party* beteiligt ist (§ 111a Abs. 2 S. 2 aE AktG).[1032] Schließlich muss der Aufsichtsrat in seinem **Bericht** an die Hauptversammlung Rechenschaft darüber ablegen, in welcher Art und welchem Umfang er die Geschäftsführung des Vorstands während des Geschäftsjahrs geprüft hat (§ 171 Abs. 2 S. 2 Hs. 1 AktG). Mit Blick auf § 111a Abs. 2 S. 2 AktG hat er im Bericht kurz auszuführen, wie er Geschäfte danach geprüft hat, ob sie unter § 111a Abs. 2 S. 1 AktG fallen und wie er das vom Vorstand betriebene Verfahren überwacht hat (→ Rn. 120 ff.).[1033] Dabei muss der Aufsichtsrat aber nicht alle Geschäfte aufführen, die marktüblich und im ordentlichen Geschäftsgang abgeschlossen worden sind.[1034]

[1024] Vgl. *Backhaus* NZG 2020, 695 (700).
[1025] Insbesondere BegrRegE ARUG II, BT-Drs. 19/9739, 81; ferner die Neuregelung in § 311 Abs. 3 AktG.
[1026] BegrRegE ARUG II, BT-Drs. 19/9739, 80.
[1027] HM *Bungert/Wansleben* DB 2017, 1190 (1197 f.); *Kleinert/Mayer* EuZW 2018, 314 (322); *Paschos/Goslar* AG 2018, 857 (868); **aA** *T. Roth*, Related Party Transactions auf dem Prüfstand, 2018, 151 f., 311 ff.
[1028] *Backhaus* NZG 2020, 695 (701).
[1029] *Redeke/Schäfer/Troidl* AG 2020, 159 (164).
[1030] *Backhaus* NZG 2020, 695 (701); *Redeke/Schäfer/Troidl* AG 2020, 159 (163 f.).
[1031] AA Backhaus NZG 2020, 695 (696).
[1032] BegrRegE ARUG II, BT-Drs. 19/9739, 81; weitergehend *Grigoleit* ZGR 2019, 412 (433 f.).
[1033] *Florstedt* ZIP 2020, 1 (8); *Backhaus* NZG 2020, 695 (701); *Redeker/Schäfer/Troidl* AG 2020, 159 (163).
[1034] *Florstedt* ZIP 2020, 1 (8); *Redeke/Schäfer/Troidl* AG 2020, 159 (164).

(4) Satzungsdispens, § 111a Abs. 2 S. 3 AktG. Der Anwendungsbereich der Ausnahme nach § 111a 463
Abs. 2 S. 1 AktG kann durch eine Bestimmung in der Satzung ausgeschlossen werden (§ 111a Abs. 2 S. 3 AktG). Durch diesen Satzungsdispens entfällt auch die Pflicht, ein internes Verfahren einzurichten. In diesen Fällen können alle Geschäfte, die im ordentlichen Geschäftsgang und zu marktüblichen Bedingungen abgeschlossen werden, Geschäfte mit einer nahestehenden Person sein und bei Überschreiten des Schwellenwerts (ggf. nach Aggregation → Rn. 479) einem Zustimmungsvorbehalt (§ 111b AktG) und der Veröffentlichungspflicht (§ 111c AktG) unterfallen. Aufgrund des damit verbundenen **bürokratischen Mehraufwands** sowie der Gefahr eines *information overload*[1035] ist in der Praxis davon abzuraten, durch Satzungsbestimmung auf den Ausnahmetatbestand in § 111a Abs. 2 S. 1 AktG zu verzichten („**opt-out**").[1036] Allenfalls bei (kleineren) Gesellschaften, in denen absehbar ist, dass trotz uneingeschränkter Aggregation der Schwellenwert nicht erreicht wird, kann sich der Gebrauch dieser Opt-out-Möglichkeit anbieten.[1037]

d) Ausnahmen im Konzern, § 111a Abs. 3 AktG

Wesentliche Einschränkungen des Anwendungsbereichs finden sich im Ausnahmekatalog in § 111a Abs. 3 464
AktG wieder. Grund dafür ist, dass ein besonderer Minderheitenschutz aufgrund der konkreten Umstände hier nicht erforderlich oder bereits auf andere Weise sichergestellt ist. Die Aufzählung ist **grundsätzlich abschließend,** aber nach allgemeinen Regeln **auslegungsfähig.**[1038]

Praktisch besonders wichtig ist die **Freistellung des Vertragskonzerns** gem. § 111a Abs. 3 Nr. 3 465
lit. a AktG sowie der verschiedenen Konstellationen bei Geschäften mit Tochterunternehmen gem. § 111a Abs. 3 Nr. 1 AktG. Hingegen sind keine speziellen Ausnahmen für Geschäfte im Rahmen faktischer Konzerne vorgesehen. Vielmehr stellt **§ 311 Abs. 3 AktG** nunmehr ausdrücklich klar, dass die §§ 111a–111c AktG auch im faktischen AG-Konzern gelten. Damit kommt es bei der Untergesellschaft im faktischen Konzern durch die gleichzeitige Anwendung der §§ 311 ff. AktG als auch der §§ 111a ff. AktG zu einer **Doppelregulierung.**[1039] (zu den Anforderungen im Konzern für den Aufsichtsrat einer Obergesellschaft → § 8 Rn. 62 ff.; für den Aufsichtsrat einer Untergesellschaft → § 8 Rn. 128 ff.).

aa) Geschäfte mit Tochterunternehmen, § 111a Abs. 3 Nr. 1 AktG. In § 111a Abs. 3 Nr. 1 AktG 466
sind **vier Varianten** von Geschäften mit Tochterunternehmen enthalten, die von § 111a Abs. 1 AktG ausgenommen sind. Der Begriff „Tochterunternehmen" ist nach Maßgabe der internationalen Rechnungslegungsstandards zu bestimmen, aktuell also nach IFRS 10 Anhang A Konzernabschlüsse.[1040] Trotz des **Umgehungspotentials** bei Geschäften mit Töchtern, hat der Gesetzgeber diese Ausnahmen bewusst in den Katalog aufgenommen.[1041] Hinzu kommt, dass ein gewisser Mindestschutz durch die Veröffentlichungspflicht nach § 111c Abs. 4 AktG gewährleistet ist.[1042]

Geschäfte mit Tochterunternehmen, die **unmittelbar oder mittelbar in 100%igen Anteilsbesitz** 467
der Gesellschaft stehen, sind gem. § 111a Abs. 3 Nr. 1 **Var. 1 und Var. 2** vom Anwendungsbereich der §§ 111a ff. AktG ausgeschlossen. Mittelbare Beteiligung umfasst auch Enkel- und Urenkelgesellschaften.[1043] Dann muss aber auch an den **zwischengeschalteten Gesellschaften** 100%iger Anteilsbesitz bestehen.[1044] Ist die Anteilsquote niedriger, kommt eine Ausnahme nach § 111a Abs. 3 Nr. 1 Var. 3 AktG in Betracht. Die Ausnahmetatbestände in § 111a Abs. 3 Nr. 1 Var. 2 AktG und § 111a Abs. 3 Nr. 1 Var. 3 AktG können sich überschneiden, wenn das Tochterunternehmen nicht im 100%igen Anteilsbesitz ist und die restlichen Anteile von einer anderen Tochter gehalten werden.[1045]

Außerdem sind gem. § 111a Abs. 3 Nr. 1 **Var. 3** AktG Geschäfte mit Tochterunternehmen ausgenommen, an denen **keine andere nahestehende Person** beteiligt ist, da hier kein Tunneling-Risiko 468
(→ Rn. 435) durch Dritte besteht.[1046] Daraus folgt, dass das Geschäft für die Muttergesellschaft nicht den RPT-Anforderungen unterliegt. Sofern aber die Tochtergesellschaft börsennotiert ist, gelten die §§ 111a ff. AktG für sie. Etwaige Ausnahmen nach § 111a Abs. 3 AktG sind dann aus ihrer Perspektive zu prüfen. Ist neben dem Dritten noch eine weitere Tochtergesellschaft beteiligt, die als nahestehende Person Anteile

---

[1035] *Redeke/Schäfer/Troidl* AG 2020, 159 (164 f.) mwN.
[1036] AA *Tröger/Roth/Strenger* BB 2018, 2946 (2950).
[1037] BegrRegE ARUG II, BT-Drs. 19/9739, 82; vgl. auch *DAV-Handelsrechtsausschuss* NZG 2019, 12 Rn. 57.
[1038] BegrRegE ARUG II, BT-Drs. 19/9739, 81.
[1039] Dazu *H.F. Müller* ZGR 2019, 97 (119).
[1040] BegrRegE ARUG II, BT-Drs. 19/9739, 82.
[1041] *Grigoleit* ZGR 2019, 412 (439 f.); krit. *H.F. Müller* ZGR 2019, 97 (113 f.).
[1042] BegrRegE ARUG II, BT-Drs. 19/9739, 82.
[1043] BegrRegE ARUG II, BT-Drs. 19/9739, 82.
[1044] Hüffer/Koch/*Koch* AktG § 111a Rn. 18.
[1045] BegrRegE ARUG II, BT-Drs. 19/9739, 82.
[1046] *Grigoleit* ZGR 2019, 412 (440).

hält, kommt eine **teleologische Extension** der Vorschrift in Betracht.[1047] Das gilt ebenso für Gemeinschaftsunternehmen oder assoziierte Unternehmen nach IAS-Standards, an denen keine andere nahestehende Person beteiligt ist.[1048]

469 Schließlich sind gem. § 111a Abs. 3 Nr. 1 **Var. 4** AktG Geschäfte mit Tochterunternehmen ausgeschlossen, die ihren **Sitz in einem EU-Mitgliedstaat** haben und deren **Aktien dort zum geregelten Handel** zugelassen sind. Grund für die Ausnahme ist, dass die Tochter ohnehin den jeweiligen nationalen Umsetzungsvorschriften sowie den sonstigen gesellschafts- und kapitalmarktrechtlichen Harmonisierungsmaßnahmen unterliegt, sodass ein Tunneling nicht zu befürchten sei. Das mag bei der börsennotierten Tochtergesellschaft zutreffen. Bei der Muttergesellschaft ist das Tunneling-Risiko dagegen nach wie vor gegeben.[1049]

470 bb) **Hauptversammlungszuständigkeit, § 111a Abs. 3 Nr. 2 und 3 AktG.** Geschäfte, die der **Zustimmung oder Ermächtigung der Hauptversammlung** unterliegen, sind gem. § 111a Abs. 3 Nr. 2 AktG von den RPT-Anforderungen ausgenommen. Diese Ausnahme erstreckt sich nach § 111a Abs. 3 Nr. 3 AktG auch auf sämtliche in Umsetzung der Hauptversammlungszuständigkeit vorgenommenen Geschäfte und Maßnahmen. Der bezweckte Minderheitenschutz wird bereits durch die Mitwirkung der Hauptversammlung sowie besondere Mehrheitserfordernisse, Informationspflichten und das Beschlussmängelrecht sichergestellt.[1050] Einige wichtige Beispiele werden in § 111a Abs. 3 Nr. 3 AktG aufgezählt. Darüber hinaus ist auch ein in der Satzung festgelegter Sondervorteil nach § 26 AktG von der Ausnahme umfasst.[1051] Geschäfte, die auf einer Zustimmung der Hauptversammlung nach **§ 119 Abs. 2 AktG** beruhen, werden hingegen nicht umfasst, da andernfalls die Regelungen der §§ 111a-111c AktG umgangen werden könnten.[1052]

471 Die Bereichsausnahme in § 111a Abs. 3 Nr. 3 lit. a AktG für Unternehmensverträge (§§ 291–307 AktG) und solche Geschäfte Grundlage von Unternehmensverträgen ist von enormer praktischer Bedeutung für den **Vertragskonzern.** Zweifel an der europarechtlichen Konformität sind unberechtigt, da die komplexen Schutzmechanismen des deutschen Vertragskonzernrechts den vorgesehenen Schutzstandards der Richtlinie genügen.[1053] Wie weit der Ausnahmetatbestand reicht, hängt entscheidend vom **Vertragstyp** ab. Bei einem Beherrschungsvertrag ist der Anwendungsbereich der Ausnahme besonders weit, da alle Geschäft umfasst werden, die ihre „Grundlage in dem vertraglichen Konzernverhältnis" haben.[1054] Damit sind praktisch alle konzerninternen Geschäfte erfasst, unabhängig davon, ob das Geschäft auf einer Weisung nach § 308 Abs. 1 S. 1 AktG beruht.[1055] Bei anderen Verträgen ohne Beherrschungselement, etwa dem Gewinnabführungsvertrag (§ 291 Abs. 1 S. 1 Var. 2 AktG), dürfte der Anwendungsbereich der Ausnahme sehr beschränkt sein. Im Fall des isolierten Gewinnabführungsvertrags (vgl. § 316 AktG) ist allenfalls denkbar, dass die Gewinnabführung unter die Ausnahme fällt.[1056]

472 cc) **Weitere Ausnahmetatbestände, § 111a Abs. 3 Nr. 4–6 AktG.** Vergütungsbezogene Geschäfte mit Vorstands- oder Aufsichtsratsmitgliedern nach § 113 Abs. 3 AktG oder § 87a Abs. 2 AktG sind nach § 111a Abs. 3 Nr. 4 AktG auch ausgenommen, weil hier andere Schutzmechanismen greifen (→ § 6 Rn. 76). Aufgrund des übergeordneten Ziels der Finanzmarktstabilität normiert § 111a Abs. 3 Nr. 5 AktG eine spezielle Ausnahme für Geschäfte von **Kreditinstituten.** Schließlich nimmt § 111a Abs. 3 Nr. 6 AktG Geschäfte von RPT-Anforderungen aus, die **allen Aktionären unter gleichen Bedingungen angeboten** werden. Zu denken ist hier etwa an Dividendenzahlungen und Bezugsrechtsemissionen, die regelmäßig auch schon unter § 111a Abs. 3 Nr. 2 und 3 AktG fallen.[1057]

e) Schwellenwert

473 Um den RPT-Anforderungen zu unterfallen, muss gem. § 111b Abs. 1 AktG der **Schwellenwert von 1,5 %** aus der Summe des Anlage- und Umlaufvermögens nach § 266 Abs. 2 lit. A und B HGB im zuletzt festgestellten Jahresabschluss einer Gesellschaft überschritten werden (für Konzernmutterunterneh-

---

[1047] Hüffer/Koch/*Koch* AktG § 111a Rn. 19.
[1048] Hüffer/Koch/*Koch* AktG § 111a Rn. 19.
[1049] Krit. *Grigoleit* ZGR 2019, 412 (441); zust. Hüffer/Koch/*Koch* AktG § 111a Rn. 19; anders wohl *J. Schmidt* EuZW 2019, 261 (262); *Engert/Florstedt* ZIP 2019, 493 (502).
[1050] BegrRegE ARUG II, BT-Drs. 19/9739, 82.
[1051] BegrRegE ARUG II, BT-Drs. 19/9739, 82.
[1052] BegrRegE ARUG II, BT-Drs. 19/9739, 82.
[1053] BegrRegE ARUG II, BT-Drs. 19/9739, 82; so auch *H.F. Müller* ZGR 2019, 97 (110 ff.); *Grigoleit* ZGR 2019, 412 (437); **aA** *Tarde* NZG 2019, 488 (491); *Tröger/Roth/Strenger* BB 2018, 2946 (2451 f.).
[1054] BegrRegE ARUG II, BT-Drs. 19/9739, 82.
[1055] BegrRegE ARUG II, BT-Drs. 19/9739, 82.
[1056] K. Schmidt/Lutter AktG/*J. Vetter* AktG § 111a Rn. 236.
[1057] *Tarde* NZG 2019, 488 (491).

men → Rn. 478). Die teilweise als zu hoch kritisierte[1058] Schwelle von 2,5% im RegE wurde demnach abgesenkt.

474 Die Bestimmung des wirtschaftlichen Werts eines Geschäfts gestaltet sich in der Praxis oft schwierig. Ausgangspunkt ist der **Verkehrswert** des übertragenen Gegenstands, ohne dabei die Gegenleistung zu berücksichtigen.[1059] Der Verkehrswert bemisst sich maßgeblich nach der aus Sicht der Gesellschaft zu erbringenden Leistung auf Grundlage einer **steuerlichen Nettobetrachtung.**[1060] Mit dem Geschäft oder der Leistung unmittelbar verbundene Steuern bleiben daher grundsätzlich unberücksichtigt.[1061] Die Übernahme von Nebenverpflichtungen oder Garantien etwa einer Gewährleistung oder Freistellung wirft besondere Probleme auf, da sie erst künftig bei Hinzutreten bestimmter Umstände zu erfüllen sind.[1062] Hier ist auf Grundsätze der Rechnungslegung und Bilanzierung zurückzugreifen: Ungewisse Verbindlichkeiten sind nicht im Wege eines theoretischen Maximalrisikos in Abzug zu bringen, sondern danach, ob das Bestehen oder Entstehen der Verbindlichkeit und der Inanspruchnahme **objektiv wahrscheinlich** ist.[1063]

475 Besonders relevant und umstritten ist die Wertbestimmung von **unbefristeten Dauerschuldverhältnissen.** Teilweise wird dafür plädiert, die marktüblichen Vertragslaufzeiten oder die Nachhaftungsbegrenzung von fünf Jahren analog § 26 Abs. 1 HGB, § 160 Abs. 1 HGB, § 327 Abs. 4 AktG heranzuziehen.[1064] Dagegen spricht aber, dass übliche Laufzeiten praktisch kaum zu ermitteln sind und der Fünf-Jahres-Zeitraum angesichts der vielen denkbaren Vertragstypen allzu pauschal erscheint.[1065] Plausibler ist es daher, als Wert zunächst den Zeitwert bis zur **erstmöglichen Kündigung** anzusetzen.[1066] Die Befürchtung, die Konzernmutter könne bei konzerninternen Verträgen leicht Einfluss darauf nehmen kann, dass die Tochtergesellschaft ihr Kündigungsrecht nicht ausübt, steht dem nicht entgegen.[1067] Wird die Kündigungsmöglichkeit nicht genutzt, ist ein nachträgliches Überschreiten des Schwellenwerts – einschließlich der damit verbundenen Rechtsfolgen (→ Rn. 481 ff.) – ausnahmsweise zu berücksichtigen.[1068]

476 Um zu wissen, ob die Zustimmung des Aufsichtsrats nach § 111b Abs. 1 AktG eingeholt werden muss, ist es **Aufgabe des Vorstands,** den Wert eines Geschäfts festzustellen und zu beurteilen. Der Aufsichtsrat hat den Vorgang und das Ergebnis der Bewertung zu überwachen. Dafür genügt grundsätzlich eine Plausibilitätsprüfung.[1069] Darüber hinaus hat auch der Aufsichtsrat, den wirtschaftlichen Wert relevanter Geschäfte zu bestimmen. Er ist dabei nicht zur Einholung eines Gutachtens verpflichtet, sondern kann sich auf eine **realistische Schätzung** verlassen.[1070] Gleichwohl empfiehlt es sich, in Zweifelsfällen externen Rat einzuholen, um Haftungsfolgen zu vermeiden.[1071] Vorstand und Aufsichtsrat ist bei der Wertbestimmung ein weiter **Beurteilungsspielraum** einzuräumen.[1072] In Grenzfällen ist es angezeigt, eine Zustimmung einzuholen.[1073] Außerdem steht es Gesellschaften jederzeit offen, das Zustimmungsverfahren auch für Geschäfte unterhalb der Wesentlichkeitsschwelle freiwillig zu durchlaufen.[1074] Davon ist mit Blick auf § 111c AktG aber abzusehen, wenn ein Interesse der Gesellschaft daran besteht, die Details eines Geschäfts unter Verschluss zu halten.[1075]

477 Trotz Herabsetzung der Wesentlichkeitsschwelle wird eine **einzelne Transaktion** nur selten 1,5% des bilanziellen Aktivvermögens ausmachen, sodass viele Unternehmen nicht von den RPT-Anforderungen betroffen sein werden. Führt man sich den Schwellenwert am Beispiel großer Dax-Unternehmen vor Augen, erreichen grundsätzlich erst Geschäfte im Milliardenbereich den Schwellenwert. Selbst bei den übrigen börsennotierten Gesellschaften handelt es sich bereits um mehrstellige Millionenbeträge. Daraus wird deutlich, dass die RPT-Anforderungen überwiegend **Konzernsachverhalte** betreffen werden.[1076]

[1058] *Engert/Florstedt* ZIP 2019, 493 (501 ff.); *Tröger/Roth/Strenger* BB 2018, 2946 (2948 f.); **aA** *J. Schmidt* EuZW 2019, 261; *Lieder/Wernert* ZIP 2018, 2441 (2444); *DAV* Stellungnahme 56/2018 Rn. 65.
[1059] *J. Vetter* AG 2019, 853 (856); *Grigoleit* ZGR 2019, 412 (423).
[1060] *J. Vetter* AG 2019, 853 (857).
[1061] *J. Vetter* AG 2019, 853 (857).
[1062] *J. Vetter* AG 2019, 853 (856).
[1063] *J. Vetter* AG 2019, 853 (856 f.); zust. Hüffer/Koch/*Koch* AktG § 111b Rn. 3.
[1064] *J. Vetter* AG 2019, 853 (858).
[1065] So zu Recht Hüffer/Koch/*Koch* AktG § 111b Rn. 4; BeckOGK/*Spindler/Seidel* AktG § 111b Rn. 6.
[1066] Zutr. *Tarde* NZG 2019, 488 (489).
[1067] So aber *J. Vetter* AG 2019, 853 (858).
[1068] *Tarde* NZG 2019, 488 (489); zust. Hüffer/Koch/*Koch* AktG § 111b Rn. 4; BeckOGK/*Spindler/Seidel* AktG § 111b Rn. 6.
[1069] Vgl. K. Schmidt/Lutter AktG/*J. Vetter* AktG § 111b Rn. 63.
[1070] BegrRegE ARUG II, BT-Drs. 19/9739, 83.
[1071] *Tarde* NZG 2019, 488 (489); *Markworth* AG 2020, 166 (175).
[1072] *Lieder/Wernert* ZIP 2019, 989 (991 f.); zust. Hüffer/Koch/*Koch* AktG § 111b Rn. 5; offenlassend iErg aber gleich *J. Vetter* AG 2019, 853 (870).
[1073] BegrRegE ARUG II, BT-Drs. 19/9739, 83 f.; zust. *DAV Handelsrechtsausschuss* NZG 2019, 12 Rn. 68.
[1074] BegrRegE ARUG II, BT-Drs. 19/9739, 84.
[1075] K. Schmidt/Lutter AktG/*J. Vetter* AktG § 111b Rn. 66.
[1076] *H.F. Müller* FS E. Vetter, 2019, 479 (480); *Tarde* NZG 2019, 488 (489).

Dagegen sind großzügige Transaktionen zugunsten nahestehender natürlicher Personen in dieser Größenordnung kaum zu erwarten.[1077]

478 Für die **Schwellenwertberechnung im Konzern** ist die spezielle Vorschrift in § 111b Abs. 3 AktG zu beachten. Ist die Gesellschaft Mutterunternehmen iSv § 290 Abs. 1 und 2 HGB und nicht nach § 290 Abs. 5 HGB oder §§ 291–293 HGB von der Konzernrechnungslegungspflicht befreit, tritt an die Stelle der Summe des Anlage- und Umlaufvermögens der Gesellschaft die durch den zuletzt gebilligten Konzernabschluss ausgewiesene Summe der entsprechenden Konzernvermögenswerte nach § 298 Abs. 1 HGB iVm § 266 Abs. 2 lit. A und B HGB.[1078] In den Fällen des § 315e HGB ist auf die Summe aus den entsprechenden Vermögenswerten des Konzernabschlusses nach den internationalen Rechnungslegungsstandards abzustellen. Da die nationalen Werte nicht mit den Werten in den internationalen Rechnungslegungsstandards übereinstimmen, kann dabei etwa auf die Summe aus den lang- und kurzfristigen Vermögenswerten oder die Bilanzsumme abgestellt werden.[1079] Dass sich aufgrund der unterschiedlichen Bilanzierungsprinzipien auch unterschiedliche Schwellenwerte ergeben können, ist zwar misslich, aber praktisch unvermeidbar.[1080]

479 Um eine Umgehung der RPT-Pflichten durch künstliche Aufspaltung von Transaktionen zu vermeiden,[1081] sieht § 111b Abs. 1 AktG vor, alle Geschäfte mit **derselben** nahestehenden Person zu **aggregieren,** die innerhalb des laufenden Geschäftsjahres bis zu diesem Zeitpunkt abgeschlossen wurden. Im Falle des Missbrauchs sind die allgemeinen Umgehungsgrundsätze anzuwenden.[1082] Aggregiert werden ausschließlich Geschäfte, die mit **demselben Rechtsträger** abgeschlossen werden.[1083] Für Geschäfte mit verschiedenen nahestehenden Personen ist die Schwellenüberschreitung jeweils getrennt zu ermitteln. Selbst Geschäfte einer Tochtergesellschaft mit nahestehenden Personen der börsennotierten Muttergesellschaft bleiben für die Berechnung der Zustimmungsschwelle (der Muttergesellschaft) außer Betracht.[1084]

480 Von der Aggregation ausgenommen sind Geschäfte, die unter eine der Ausnahmen nach § 111a Abs. 2 und 3 AktG fallen sowie Geschäfte, für die bereits eine Zustimmung erteilt worden ist.[1085] Zwar unterliegen gem. § 111c Abs. 1 S. 2 AktG im Fall einer Schwellenüberschreitung alle aggregierten Geschäfte der Veröffentlichungspflicht. Im Gegensatz dazu unterliegt aber nur das letzte, **schwellenüberschreitende Geschäft** gem. § 111b Abs. 1 AktG einem Zustimmungsvorbehalt. Wurde bereits die Zustimmung für ein Geschäft erteilt, beginnt die Aggregation von neuem bis zum Ablauf des Geschäftsjahres.[1086]

2. Rechtsfolgen

a) Zustimmungsvorbehalt, § 111b Abs. 1 AktG

481 Wird der Schwellenwert überschritten, bedarf das Geschäft nach § 111b Abs. 1 AktG der Zustimmung des Aufsichtsrats. Anders als noch im RefE[1087] vorgesehen, steht es in seinem Ermessen, gem. § 107 Abs. 3 S. 4 AktG dafür einen **beschließenden Ausschuss** einzurichten.

b) Zustimmungsverfahren

482 aa) Anforderungen im Gesamtaufsichtsrat, § 111b Abs. 2 AktG. Entscheidet der Aufsichtsrat über die Zustimmung, ist zu beachten, dass § 111b Abs. 2 AktG einen **Stimmrechtsausschluss** für Mitglieder normiert, die an dem Geschäft als nahestehende Person beteiligt sind oder bei denen aufgrund ihrer Beziehungen zu der nahestehenden Person Anlass zur Besorgnis eines Interessenkonflikts besteht. Ob ein Interessenkonflikt vorliegt, ist **objektiv** zu bestimmen. Entscheidend ist, ob aus Sicht eines vernünftig und objektiv urteilenden Dritten, der mit sämtlichen potenziell schädlichen Beziehungen vertraut ist, die begründete Besorgnis besteht, dass das Aufsichtsratsmitglied nicht in der Lage sein wird, sein Stimmrecht **unbefangen, unparteiisch und unbeeinflusst** von jeder Rücksichtnahme auf die Interessen der nahestehenden Person wahrzunehmen.[1088] Ein Interessenkonflikt ist dennoch anzunehmen, wenn Gründe vorliegen, aufgrund derer das Aufsichtsratsmitglied seine Entscheidung nicht allein am **Unternehmensinteresse,** sondern auch an dem Interesse der nahestehenden Person orientieren könnte. Es kann sich bei den

---

[1077] Vgl. *H.F. Müller* ZGR 2019, 97 (102).
[1078] BegrRegE ARUG II, BT-Drs. 19/9739, 85.
[1079] BegrRegE ARUG II, BT-Drs. 19/9739, 85.
[1080] BegrRegE ARUG II, BT-Drs. 19/9739, 85.
[1081] *Tarde* NZG 2019, 488 (489); *J. Schmidt* NZG 2018, 1201 (1210).
[1082] Speziell dazu *H.F. Müller* ZGR 2019, 97 (114).
[1083] *J. Vetter* AG 2019, 853 (861); **aA** *Grigoleit* ZGR 2019, 412 (425 f.); *Barg* AG 2020, 149 Rn. 20.
[1084] BegrRegE ARUG II, BT-Drs. 19/9739, 84.
[1085] BegrRegE ARUG II, BT-Drs. 19/9739, 84.
[1086] BegrRegE ARUG II, BT-Drs. 19/9739, 84.
[1087] Dieser sah nur die Möglichkeit eines vorbereitenden Ausschusses vor, Begr. RefE ARUG II, 70, 74.
[1088] BegrRegE ARUG II, BT-Drs. 19/9739, 76 f.

Gründen insbesondere um **Beziehungen geschäftlicher, finanzieller oder persönlicher Art** handeln, die das Bestehen eines Interessenkonflikts indizieren. Darüber kann der Aufsichtsrat bei Würdigung der Umstände des Einzelfalls nur hinweggehen, wenn in Ansehung des konkreten Geschäfts gute Gründe für die Neutralität des betroffenen Mitglieds sprechen.[1089] Dadurch soll bereits der **bloße Anschein** einer Beeinflussung der Entscheidung durch nahestehende Personen vermieden werden. Die bloße Wahl eines Aufsichtsratsmitglieds mit den Stimmen des Mehrheitsgesellschafters begründet jedenfalls noch keine schädliche Beziehung. Dagegen werden die in den Aufsichtsrat einer Tochtergesellschaft entsandten Angestellten der Muttergesellschaft regelmäßig wegen der Besorgnis eines Konflikts nicht über Geschäfte mit ihr abstimmen können.[1090]

Die Regierungsbegründung enthält ausführliche und praxisrelevante Vorgaben dafür, wann ein Interessenkonflikt vorliegen soll.[1091] Dem Aufsichtsrat steht es aber auch frei, die für einen Interessenkonflikt sprechenden Kriterien **selbst zu präzisieren**.[1092] Dabei kann er sich an den EU-Empfehlungen zur Unabhängigkeit von Aufsichtsratsmitgliedern[1093] und zur Unabhängigkeit des Abschlussprüfers[1094] orientieren. Damit wurde der Empfehlung des Handelsrechtsausschusses, nach der sich die Beurteilung der Unabhängigkeit der Aufsichtsratsmitglieder primär am DCGK orientieren sollte,[1095] eine klare Absage erteilt. Letztlich hat der Aufsichtsrat bei jeder Beurteilung die konkreten **Umstände des Einzelfalls** zu würdigen und darf die Kriterien nicht schematisch anwenden.[1096]

483

Die Beurteilung, ob die Besorgnis eines Interessenkonflikts besteht, ist **keine unternehmerische Entscheidung.** Ob ein Aufsichtsratsmitglied einem Stimmrechtsausschluss unterlag, ist damit gerichtlich voll überprüfbar.[1097] Bei fehlerhafter Beurteilung kann sich der Aufsichtsrat nicht auf die *Business Judgment Rule* berufen. Stellt sich heraus, dass ein Mitglied über ein Geschäft abgestimmt hat, bei dem es nicht hätte mitstimmen dürfen, kommt eine Haftung dieses Mitglieds nach § 116 S. 1 AktG, § 93 Abs. 2 AktG in Betracht. Das gilt auch für die übrigen Mitglieder (insbesondere den Aufsichtsratsvorsitzenden), soweit die Besorgnis des Interessenkonflikts für sie erkennbar war.[1098] Grundsätzlich besteht aber **keine Pflicht** des Aufsichtsrats oder seiner Mitglieder, die Beziehungen von anderen Mitgliedern zu nahestehenden Personen zu erforschen. Erst bei **offensichtlichen Anhaltspunkten** für schädliche Beziehungen eines Aufsichtsratsmitglieds kann eine Pflicht zur sorgfältigen Ermittlung einer Tatsachengrundlage bestehen.[1099] Darüber hinaus ergibt sich aus der Treuepflicht des einzelnen Aufsichtsratsmitglieds eine **Offenlegungspflicht** gegenüber dem Aufsichtsrat oder dessen Vorsitzenden bei Vorliegen von Gründen für einen potenziellen Interessenkonflikt (vgl. auch E.1 DCGK → § 3 Rn. 490 f.).[1100]

484

bb) Anforderungen im Ausschuss, §§ 107 Abs. 3 S. 4–6 AktG. Der Aufsichtsrat kann einen beschließenden Ausschuss sowohl ad hoc als auch als ständigen Ausschuss einrichten (allgemein zu Ausschüssen → § 3 Rn. 198 ff.). Die Einrichtung eines exklusiven „RPT-Ausschusses" ist jedoch nicht erforderlich. Vielmehr kann auch ein bereits **bestehender Ausschuss** mit dieser Aufgabe betraut werden. Angesichts der Sachnähe bietet sich dafür der Ausschuss an, dem bereits die reguläre Zustimmung nach § 111 Abs. 4 S. 2 AktG überantwortet ist. Die Zustimmung wird regelmäßig an Schwellenwerte geknüpft sein, die den Schwellenwert unterschreiten, sodass der Ausschuss lediglich über Geschäfte zu befinden hat, die aufgrund ihrer Aggregation den Schwellenwert überschreiten.[1101] Unzulässig ist dagegen, die Entscheidung über die Zustimmung an einen Unterausschuss zu übertragen.[1102]

485

Entscheidet sich der Aufsichtsrat zur Einrichtung eines Ausschusses, kann das Gremium nicht mit einer am Geschäft beteiligten nahestehenden Person besetzt werden, § 107 Abs. 3 S. 5 AktG. Anders als beim Gesamtaufsichtsrat ist das befangene Aufsichtsratsmitglied also nicht bloß vom Stimmrecht, sondern schon von der **Mitgliedschaft im Ausschuss ausgeschlossen.** Ob ein Interessenkonflikt vorliegt, ist objektiv zu beurteilen (→ Rn. 482).

486

[1089] BegrRegE ARUG II, BT-Drs. 19/9739, 77.
[1090] *Tarde* NZG 2019, 488 (492).
[1091] BegrRegE ARUG II, BT-Drs. 19/9739, 77 f.
[1092] BegrRegE ARUG II, BT-Drs. 19/9739, 77.
[1093] Empfehlung der Kommission vom 15.2.2005 zu den Aufgaben von nicht geschäftsführenden Direktoren/Aufsichtsratsmitgliedern börsennotierter Gesellschaften sowie zu den Ausschüssen des Verwaltungs-/Aufsichtsrats – 2005/162/EG.
[1094] Empfehlung der Kommission vom 16.5.2002 – 2002/590/EG.
[1095] *DAV Handelsrechtsausschuss* NZG 2019, 12 Rn. 49.
[1096] BegrRegE ARUG II, BT-Drs. 19/9739, 77.
[1097] BegrRegE ARUG II, BT-Drs. 19/9739, 85, 76.
[1098] BegrRegE ARUG II, BT-Drs. 19/9739, 85, 78.
[1099] BegrRegE ARUG II, BT-Drs. 19/9739, 77.
[1100] BegrRegE ARUG II, BT-Drs. 19/9739, 77.
[1101] *Grigoleit* ZGR 2019, 412 (445); *Markworth* AG 2020, 166 (168).
[1102] BegrRegE ARUG II, BT-Drs. 19/9739, 76.

487 Im Gegensatz zu § 111b Abs. 2 AktG sind Aufsichtsratsmitglieder, bei denen die Besorgnis eines Interessenkonflikts (→ Rn. 484) besteht, nicht vom Stimmrecht ausgeschlossen. Erforderlich ist gem. § 107 Abs. 3 S. 6 AktG nur, dass der Ausschuss **mehrheitlich** aus Mitgliedern zusammengesetzt ist, bei denen **keine Besorgnis** eines Interessenkonflikts besteht. Diese **Privilegierung** soll Anreiz schaffen, einen solchen Ausschuss einzurichten, in dem die Argumente aller Seiten ausgetauscht werden können.[1103]

488 Angesichts der immer wiederkehrenden Frage nach der Befangenheit der Ausschussmitglieder ist die vorsorgliche Einrichtung eines **ständigen Ausschusses** nicht immer opportun. Eine ordnungsgemäße Ausschussbesetzung wird häufig daran scheitern, dass nicht abzusehen ist, wer die nahestehende Person ist, mit der später ein wesentliches Geschäft abgeschlossen werden soll. Im **faktischen Konzern** kann ein ständiger Ausschuss aber ratsam sein, da regelmäßig Geschäfte zwischen Konzerngesellschaften abgeschlossen werden und Interessenkonflikte (zB mit Großaktionären) absehbar sind.[1104] Bei mitbestimmten Gesellschaften kann es sich anbieten, die in den Aufsichtsrat entsandten Arbeitnehmervertreter als dauerhafte Mitglieder des Ausschusses einzusetzen.[1105] Wurde ein ständiger Ausschuss eingerichtet, hat der Aufsichtsrat dessen personelle Besetzung **geschäftsabhängig zu überprüfen** und bei Bedarf ad hoc **nachzujustieren**.[1106] Zur Vorbeugung einer Fehlbesetzung können auch **Ersatzmitglieder** vom Aufsichtsrat bestellt werden, die allerdings nicht automatisch, sondern erst durch entsprechenden Beschluss in den Ausschuss nachrücken.[1107]

489 Bei **fehlerhafter Besetzung** kann kein ordnungsgemäßer Beschluss gefasst werden. In diesem Fall hat der Gesamtaufsichtsrat zu entscheiden.[1108] Die durch einen fehlerhaft besetzten Ausschuss getroffene Zustimmungsentscheidung ist dennoch im **Außenverhältnis wirksam**.[1109] Es droht dann potentiell eine Haftung aller Aufsichtsratsmitglieder nach § 116 S. 1 AktG, § 93 Abs. 2 AktG. Doch ist auch hier zu beachten, dass keine generelle Pflicht der Mitglieder besteht, die Beziehungen anderer Mitglieder zu nahestehenden Personen ständig zu untersuchen (→ Rn. 484). Die Aufgabe der Aufsichtsratsmitglieder wird also regelmäßig darauf beschränkt sein, sich von der **ordnungsgemäßen Arbeit** des Ausschusses zu überzeugen. Das Haftungsrisiko wird primär bei den Mitgliedern liegen, die ihre Offenlegungspflicht treuwidrig verletzt haben (→ Rn. 484). Die Entscheidung darüber, ob die Mitglieder mehrheitlich unbefangen sind, ist **gerichtlich voll überprüfbar**.[1110]

490 cc) **Entscheidung über die Erteilung der Zustimmung.** Die Zustimmung des Aufsichtsrats oder des Ausschusses muss gem. § 111b Abs. 1 AktG **vor Abschluss** des Verpflichtungsgeschäfts erteilt oder als aufschiebende Bedingung vereinbart werden (→ Rn. 420).[1111] Allerdings sollten Vorstände zur Förderung einer guten Corporate Governance von der zuletzt genannten Möglichkeit absehen und den Aufsichtsrat möglichst **frühzeitig einbinden**.

491 Die Erteilung oder Versagung der Zustimmung ist eine **unternehmerische Entscheidung.** Dafür gelten die in § 111 Abs. 4 S. 2 AktG dargelegten Grundsätze. Insbesondere ist die Entscheidung anhand der vom Vorstand überlassenen Informationen zu treffen (→ Rn. 415 ff.).

492 Das Gesetz nennt **keinen inhaltlichen Maßstab**, an dem die Entscheidung über die Zustimmung auszurichten ist. Ein systematischer Vergleich mit der Veröffentlichungspflicht aus § 111c Abs. 2 S. 3 AktG zeigt aber, dass die Zustimmung am Kriterium der Angemessenheit auszurichten ist.[1112] Der Aufsichtsrat hat seine Zustimmung also davon abhängig zu machen, ob die Bedingungen der Transaktion **angemessen** sind. Zur Beurteilung gelten im Wesentlichen die in § 111a Abs. 2 S. 1 AktG aufgestellten Grundsätze (→ Rn. 446 ff.).[1113]

493 dd) **Ersetzung durch die Hauptversammlung, § 111b Abs. 4 AktG.** Das Zustimmungserfordernis hat nur **interne Wirkung,** sodass ein ohne Zustimmung des Aufsichtsrats abgeschlossenes Geschäft **im Außenverhältnis wirksam** ist (→ Rn. 430).[1114] Kommt der Aufsichtsrat oder der Ausschuss zur Entscheidung, seine Zustimmung (→ Rn. 434) zu versagen, kann der Vorstand gem. § 111b Abs. 4 S. 1 AktG verlangen, dass die Hauptversammlung über die Zustimmung beschließt. Das entspricht der Regelung in § 111 Abs. 4 S. 3 AktG, allerdings ohne dass § 111 Abs. 4 S. 4 AktG Anwendung findet

---

[1103] BegrRegE ARUG II, BT-Drs. 19/9739, 76; krit. *Tröger/Roth/Strenger* BB 2019, 2946 (2949 f.) *Tarde* NZG 2019, 488 (492); *Markworth* AG 2020, 166 (170).
[1104] *Bungert/Berger* DB 2018, 2860 (2865); *Tarde* NZG 2019, 488 (492).
[1105] *Markworth* AG 2020, 166 (167).
[1106] BegrRegE ARUG II, BT-Drs. 19/9739, 76; *Markworth* AG 2020, 166 (167).
[1107] BegrRegE ARUG II, BT-Drs. 19/9739, 76; *Markworth* AG 2020, 166 (167).
[1108] BegrRegE ARUG II, BT-Drs. 19/9739, 76.
[1109] *H.F. Müller* ZGR 2019, 97 (105); *Markworth* AG 2020, 166 (170).
[1110] BegrRegE ARUG II, BT-Drs. 19/9739, 76.
[1111] BegrRegE ARUG II, BT-Drs. 19/9739, 83.
[1112] *H.F. Müller* FS E. Vetter, 2019, 479 (481); zust. Hüffer/Koch/*Koch* AktG § 111b Rn. 7.
[1113] Hüffer/Koch/*Koch* AktG § 111b Rn. 7; vgl. *H.F. Müller* FS E. Vetter, 2019, 479 (483 ff.).
[1114] BegrRegE ARUG II, BT-Drs. 19/9739, 84; **aA** *Tröger/Roth/Strenger* BB 2019, 2946 (2952).

c) Veröffentlichungspflicht, § 111c AktG

Liegt eine RPT vor, trifft das Unternehmen gem. § 111c Abs. 1 S. 1 AktG eine Veröffentlichungspflicht. Dafür ist der **Vorstand** zuständig. Das Geschäft **und** solche Geschäfte, die aggregiert zur Überschreitung der Wesentlichkeitsschwelle führen (§ 111b Abs. 1 S. 2 AktG), sind „unverzüglich" nach Abschluss des zustimmungspflichtigen Geschäfts bekanntzumachen, wofür in Anlehnung an § 33 Abs. 1 WpHG in der Regel noch eine Veröffentlichung innerhalb von **vier Handelstagen** genügt.[1117] Da der Aufsichtsrat vor Abschluss des Geschäfts zustimmen muss, ist eine Veröffentlichung grundsätzlich nicht vor der Zustimmungserteilung nach § 111b AktG erforderlich. Die näheren Anforderungen an die Veröffentlichung regelt § 111c Abs. 2 AktG.

Stellt der Abschluss eines an sich veröffentlichungspflichtigen Geschäfts zugleich eine **Insiderinformation** iSv Art. 7 Abs. 1 MAR (→ § 5 Rn. 17 ff.) dar, sind die nach § 111c Abs. 2 AktG erforderlichen Angaben in die Ad-hoc-Mitteilung nach Art. 17 MAR (→ § 5 Rn. 28 ff.) aufzunehmen und die Veröffentlichungspflicht nach § 111c Abs. 2 AktG entfällt. § 111c Abs. 3 AktG regelt das Verhältnis der beiden Publizitätspflichten und geht im Grundsatz davon aus, beide Veröffentlichungen aus praktischen Gründen zu einer einzigen zu verbinden.[1118] Soweit die vorrangigen zeitlichen Vorgaben der Ad-hoc-Publizität gewahrt bleiben, sollen die Angaben sogar über dieselben Medien veröffentlicht werden.[1119] Das hat zur Folge, dass die Gesellschaft die Angaben nach § 111c Abs. 2 AktG nicht mehr innerhalb von vier Handelstagen, sondern **unverzüglich iSv Art. 17 MAR** zu veröffentlichen hat (→ § 5 Rn. 28 ff.).

In der Praxis ist es üblich, zustimmungspflichtige Geschäfte unter der **aufschiebenden Bedingung** abzuschließen, dass der Aufsichtsrat dem zustimmt. Geht man mit dem Gesetzgeber davon aus, dass die Veröffentlichung nach § 111c Abs. 1 AktG grundsätzlich erst nach Zustimmungserteilung vorzunehmen ist, kann das im Rahmen der verbundenen Veröffentlichung mit dem Zeitpunkt der Ad-hoc-Mitteilungspflicht auseinanderfallen. Die Veröffentlichungspflicht nach Art. 17 Abs. 1 MAR erfasst auch wesentliche Zwischenschritte iSv Art. 7 Abs. 2 S. 2 MAR, sodass der Abschluss eines Geschäfts auch schon vor Zustimmung des Aufsichtsrats veröffentlichungspflichtig sein kann. Damit die Ad-hoc-Mitteilung zugleich die nach § 111c Abs. 2 AktG erforderlichen Angaben enthält, kann es sich in diesen Fällen anbieten, die Veröffentlichung nach **Art. 17 Abs. 4 MAR** aufzuschieben.[1120] Die Selbstbefreiungsregelungen nach Art. 17 Abs. 4 und Abs. 5 MAR gelten zum Schutz sensibler Informationen sinngemäß (§ 111c Abs. 3 S. 3 AktG) und unabhängig davon, ob ein Fall des § 111c Abs. 3 S. 1 AktG vorliegt. Die Gesetzesbegründung stellt klar, dass Art. 17 Abs. 4 und Abs. 5 MAR auch in den übrigen Fällen des § 111c AktG anwendbar ist.[1121]

3. Bedeutung und Folgen für die Praxis

In der Praxis werden Geschäfte oftmals an einen **Schwellenwert** geknüpft, der in der Satzung oder im Katalog der zustimmungspflichtigen Gegenstände festgelegt ist (→ Rn. 407) und in aller Regel den RPT-Schwellenwert unterschreitet.[1122] Daher fallen Einzelgeschäfte, die diese 1,5 %-Schwelle überschreiten, regelmäßig schon unter den **regulären Zustimmungsvorbehalt** nach § 111 Abs. 4 S. 2 AktG. Darüber hinaus ist der Aufsichtsrat berechtigt und ggf. sogar verpflichtet (→ Rn. 391), einen Zustimmungsvorbehalt ad hoc einzuführen. Die RPT-Schwelle überschreitende Einzelgeschäfte sind jedenfalls von herausragender Bedeutung für die Gesellschaft und können damit zweifelsohne ad hoc unter Zustimmungsvorbehalt gestellt werden (→ Rn. 394). Für Einzelgeschäfte im Anwendungsbereich des RPT-Regimes ergibt sich praktisch hinsichtlich der Zustimmungspflicht daher häufig nichts Neues.[1123] Das gilt umso mehr, wenn man sich vor Augen führt, dass der Vorstand bei derart großvolumigen Geschäften zu zeitnaher Berichter-

---

[1115] BegrRegE ARUG II, BT-Drs. 19/9739, 85.
[1116] *H.F. Müller* FS E. Vetter, 2019, 479 (485).
[1117] BegrRegE ARUG II, BT-Drs. 19/9739, 86.
[1118] BegrRegE ARUG II, BT-Drs. 19/9739, 87.
[1119] BegrRegE ARUG II, BT-Drs. 19/9739, 87.
[1120] *Paschos/Goslar* AG 2019, 365 /372); BeckOGK/*Spindler/Seidel* AktG § 111c Rn. 16.
[1121] BegrRegE ARUG II, BT-Drs. 19/9739, 87; krit. dazu *Tarde* NZG 2019, 488 (493 f.).
[1122] *Grigoleit* ZGR 2019, 412 (445); *Markworth* AG 2020, 166 (168).
[1123] Ähnlich *Grigoleit* ZGR 2019, 412 (445).

498 Trotz alledem birgt die Neuregelung zusätzlichen Aufwand und Haftungsrisiken für Aufsichtsräte und ihre Mitglieder. Das gilt besonders für die **Einrichtung eines internen Verfahrens** nach § 111a Abs. 2 S. 2 AktG. Außerdem ist die Einführung gesetzlicher Zustimmungsvorbehalte für den Aufsichtsrat nicht nur einseitig mit zusätzlichen Überwachungsmöglichkeiten verbunden. Neue Überwachungsbefugnisse bedeuten über kurz oder lang auch immer neue Überwachungspflichten.[1125] Um ordnungsgemäß über die Zustimmung entscheiden zu können, bedarf es einer angemessenen **Informationsgrundlage,** für die der Aufsichtsrat auch selbst zu sorgen hat (→ Rn. 416). Andernfalls können sich die Mitglieder im Falle drohender Haftung nicht auf die *Business Judgment Rule* (§ 116 S. 1 AktG, § 93 Abs. 1 S. 2 AktG) berufen. Zum Zweck der Haftungsvermeidung für Vorstands- sowie Aufsichtsratsmitglieder muss daher ein **System zur Identifizierung von RPT** eingerichtet oder in bestehende Risikoüberwachungssysteme integriert (→ Rn. 129 f.) werden.[1126] Darüber hinaus ist die Erarbeitung eines internen und gesetzeskonformen Zustimmungsverfahrens für die unter Umständen fehleranfällige Ausschussbildung (→ Rn. 485 ff.) durch den dafür zuständigen Vorstand empfehlenswert. Aufgabe des Aufsichtsrats ist es dann, das ordnungsgemäß zu überwachen.

C. Personalkompetenz

499 Der Aufsichtsrat hat die **ausschließliche** Personalkompetenz für **Vorstandsangelegenheiten** (§ 84 Abs. 1 AktG). Zur Personalkompetenz gehören insbes. die Bestellung von Vorstandsmitgliedern (→ Rn. 500 ff.) und der Widerruf der Bestellung (→ Rn. 682 ff.), die Ernennung eines Vorstandsmitglieds zum Vorsitzenden des Vorstands (→ Rn. 874 ff.) und der Widerruf der Ernennung (→ Rn. 895 ff.), der Abschluss und die Beendigung von Anstellungsverträgen mit Vorstandsmitgliedern einschließlich der damit zusammenhängenden Vergütungsentscheidungen (→ Rn. 1183 ff.) sowie die Organisation der Arbeit des Vorstands, insbes. durch den Erlass einer Geschäftsordnung (→ Rn. 2047 ff.). Die Entscheidungen des Aufsichtsrats aufgrund seiner Personalkompetenz beeinflussen den wirtschaftlichen Erfolg und die geschäftspolitische Ausrichtung der AG idR maßgeblich. Sie gehören daher zu den wichtigsten Aufgaben des Aufsichtsrats. Eng verbunden mit der Personalkompetenz ist die Pflicht des Aufsichtsrats, der Hauptversammlung – ebenso wie der Vorstand – Beschlussvorschläge für die **Entscheidung über die Entlastung** der Vorstands- und Aufsichtsratsmitglieder zu machen (§ 124 Abs. 3 S. 1 Alt. 1 AktG, § 120 Abs. 1 S. 1 AktG; → Rn. 1058 ff.).

I. Organstellung

1. Bestellung der Vorstandsmitglieder (§ 84 Abs. 1 AktG)

500 Die Bestellung ist der **„korporationsrechtliche Akt"**, mit dem der Bestellte die **Rechtsstellung als Vorstandsmitglied** und die damit verbundenen Rechte und Pflichten erlangt, insbes. die Pflicht, die AG unter eigener Verantwortung zu leiten (§ 76 Abs. 1 AktG), ihre Geschäfte zu führen (§ 77 AktG), sie organschaftlich zu vertreten (§ 78 AktG) und die gesetzlichen Mindestaufgaben wahrzunehmen.[1127] Die Bestellung begründet eine **organisationsrechtliche gesellschaftsrechtliche** Beziehung zwischen dem Bestellten und der AG.[1128] Eine **schuldrechtliche** Beziehung begründet separat der Anstellungsvertrag, auf dessen Grundlage der Bestellte die Vorstandstätigkeit erbringt (§ 84 Abs. 1 S. 5 AktG; → Rn. 1183).[1129] Die Beziehungen sind **voneinander zu trennen** (§ 84 Abs. 1 S. 1 und S. 5, Abs. 3

[1124] *Grigoleit* ZGR 2019, 412 (445 f.).
[1125] Zutr. *Koch* ZHR 180 (2016), 578 (579).
[1126] Vgl. *Kleinert/Mayer* EuZW 2019, 103 (107).
[1127] BGHZ 3, 90 (92) = NJW 1951, 881; Hölters/*Weber* AktG § 84 Rn. 3; Hüffer/Koch/*Koch* AktG § 84 Rn. 9; MüKoAktG/*Spindler* AktG § 84 Rn. 9; BeckOGK/*Fleischer* AktG § 84 Rn. 5.
[1128] GroßkommAktG/*Kort* AktG § 84 Rn. 16 f.; MüKoAktG/*Spindler* AktG § 84 Rn. 9; Kölner Komm AktG/*Mertens/Cahn* AktG § 84 Rn. 2; BeckOGK/*Fleischer* AktG § 84 Rn. 5; K. Schmidt/Lutter AktG/*Seibt* AktG § 84 Rn. 6; BeckOGK/*Fleischer* AktG § 84 Rn. 5; MHdB AG/*Wentrup* § 20 Rn. 13.
[1129] Sog. Trennungstheorie; zum GmbH-Geschäftsführer BGH NJW 2003, 351; BGHZ 89, 48 (52) = NJW 1984, 733; BGHZ 79, 38 (41) = NJW 1981, 757; BeckOGK/*Fleischer* AktG § 84 Rn. 7; Henssler/Strohn/*Dauner-Lieb* AktG § 84 Rn. 14; Hüffer/Koch/*Koch* AktG § 84 Rn. 2; MüKoAktG/*Spindler* AktG § 84 Rn. 10; aA (sog. Einheitstheorie), aber nicht durchgesetzt, *Baums*, Geschäftsleitervertrag, 1987, 7 ff.

a) Rechtsnatur der Bestellung

Die Rechtsnatur der Bestellung ist umstritten. Nach hA ist sie eine *„mitwirkungsbedürftige Maßnahme der* **501** *organschaftlichen Selbstverwaltung"*.[1131] Nach der Gegenauffassung soll es sich um einen Vertrag[1132] oder *„zwei einseitige, aber inhaltlich aufeinander bezogene Rechtsgeschäfte"*[1133] handeln. Nach allen Ansichten wird die Bestellung nur wirksam, wenn der Bestellte sie **„annimmt"**.[1134] Für die Praxis ist der Streit über die Rechtsnatur daher bedeutungslos.[1135]

b) Zwingende Zuständigkeit des Plenums

Zuständig für die Entscheidung über die Bestellung ist zwingend das Plenum: Nach § 107 Abs. 3 S. 7 **502** AktG kann der Aufsichtsrat Entscheidungen gemäß § 84 Abs. 1 S. 1 AktG **nicht einem Ausschuss übertragen**.[1136] Die Besetzung des Vorstands gehört zu den Entscheidungen, die für die AG so wichtig sind, dass *„alle Aufsichtsratsmitglieder das Recht haben müssen, an ihnen mitzuwirken"*.[1137]

Die Zuständigkeit für die Bestellung kann **weder einem anderen Organ noch Dritten übertragen** **503** werden, weder in der Satzung (§ 23 Abs. 5 AktG) noch anderweitig.[1138] Der Aufsichtsrat kann auch **nicht auf seine Bestellungskompetenz verzichten,**[1139] und einzelne Aufsichtsratsmitglieder können ihr Recht und ihre Pflicht, an Bestellungsentscheidungen mitzuwirken, nicht anderen Personen übertragen (§ 111 Abs. 6 AktG). Der Aufsichtsrat und seine Mitglieder dürfen sich bei der Entscheidung über die Bestellung auch **inhaltlich** beeinflussen lassen. Wo im Einzelnen die Grenzen verlaufen, ist nicht abschließend geklärt (→ Rn. 521).

Der Aufsichtsrat **bleibt** nach ganz hA für die Bestellung **zuständig,** wenn über das Vermögen der AG **504** ein **Insolvenzverfahren eröffnet** ist.[1140] Wird die **AG abgewickelt** und sollen nicht die Vorstandsmitglieder *„die Abwicklung besorgen"* (§ 265 Abs. 1 AktG), kann zwar die Satzung oder die Hauptversammlung durch Beschluss andere Personen als Abwickler bestellen (§ 265 Abs. 2 S. 1 AktG). Die Eröffnung eines Insolvenzverfahrens über das Vermögen **führt** aber **nicht unmittelbar dazu,** dass die AG abgewickelt wird (§ 264 Abs. 1 AktG), sondern zunächst nur dazu, dass sie aufgelöst wird (§ 262 Abs. 1 Nr. 3 AktG).[1141] Wird die Eröffnung eines Insolvenzverfahrens **mangels Masse rechtskräftig abgelehnt,** wird die AG zwar ebenfalls aufgelöst (§ 262 Abs. 1 Nr. 4 AktG). In diesem Fall wird die AG aber **abgewickelt** (§ 264 Abs. 1 AktG). Abwickler sind dann die Vorstandsmitglieder (§ 265 Abs. 1 AktG). Die Satzung oder die Hauptversammlung – nicht der Aufsichtsrat – kann andere Personen als Abwickler bestellen (§ 265 Abs. 2 AktG).[1142]

c) Vorbereitung der Entscheidung

Dass der Aufsichtsrat Bestellungsentscheidungen nicht einem Ausschuss übertragen kann, bedeutet nicht, **505** dass das Plenum den gesamten Auswahlprozess selbst erledigen muss. Nach soweit ersichtlich allgemeiner

Ansicht ist es zulässig, die Vorbereitung einem Ausschuss – idR dem Präsidium oder einem Personalausschuss – zu übertragen.[1143] Das ist auch üblich und erleichtert es, **vertraulich** nach Kandidaten zu suchen, und der Auswahlprozess ist regelmäßig deutlich **effizienter**.[1144]

506 **aa) Koordination zwischen Plenum, Ausschuss und „Verhandlungsführer".** Nach Auffassung des BGH und der hA im Schrifttum ist es zulässig, dass ein Ausschuss den **gesamten Auswahlprozess** übernimmt und dem Plenum nur **einen Kandidaten** für die Besetzung einer vakanten Vorstandsposition vorschlägt.[1145] Nach der Gegenansicht soll eine so weitreichende Vorbereitung mit dem Verbot der Delegation der Bestellungsentscheidung (§ 107 Abs. 3 S. 7 AktG) nicht vereinbar und unzulässig sein.[1146]

507 **Stellungnahme:** Dem BGH und der hA im Schrifttum ist zu folgen. Es genügt, wenn das **Entscheidungsrecht über die Bestellung** beim Plenum verbleibt. Das ist auch der Fall, wenn der Ausschuss dem Plenum nur einen Kandidaten vorschlägt: Das Plenum darf und muss sorgfältig prüfen, ob der Vorgeschlagene geeignet ist.[1147] Rechtlich steht es dem Plenum frei, den Vorgeschlagenen abzulehnen und einen neuen Auswahlprozess zu beginnen. Es ist danach nicht per se rechtlich unzulässig, dass das Plenum einem Ausschuss den gesamten Auswahlprozess für vakante Vorstandspositionen überträgt. Davon zu trennen ist, ob Aufsichtsratsmitglieder in einem solchen Fall pflichtgemäß handeln. Der Aufsichtsrat muss den Auswahlprozess so organisieren, dass die bestmöglichen Kandidaten für vakante Vorstandspositionen gefunden werden.[1148] Danach kann es erforderlich oder zumindest angezeigt sein, dass das Plenum zunächst ein **Anforderungsprofil** beschließt, bevor es den weiteren Auswahlprozess einem Ausschuss überlässt.[1149] Das kommt insbes. in Betracht, wenn der Kandidat Aufgaben übernehmen soll, die bisher keinem Vorstandsmitglied zugewiesen waren, etwa, weil ein Geschäftsbereich neu geschaffen werden soll.

508 Auch ein für die Vorbereitung zuständiger Ausschuss spricht grds. nicht als Gremium mit möglichen Kandidaten, um auszuloten, ob sie bereit wären, ein Vorstandsamt zu übernehmen, und verhandelt dann über die Konditionen. Vielmehr beauftragt der Ausschuss hierzu idR ein Mitglied. Sofern nicht bereits das Plenum ein Anforderungsprofil beschlossen oder den Auswahlprozess anderweitig konkretisiert hat, sollte der Ausschuss in seinem **„Beauftragungsbeschluss"** Vorgaben für Kandidaten und einen Rahmen für Konditionen festlegen (**„Auswahl- und Verhandlungsmandat"**).[1150] Das beauftragte Aufsichtsratsmitglied sollte sich eng mit dem Ausschuss oder Plenum abstimmen.

509 Auch unabhängig von einem konkreten „Verhandlungsmandat" oder einer konkreten Vakanz ist es Aufsichtsratsmitgliedern **nicht per se verwehrt,** Kontakt mit Personen aufzunehmen, die sie als Vorstandsmitglied für geeignet halten, oder „gelegentlich" eines Kontakts mit potenziellen Kandidaten „vorzufühlen", ob sie ein Vorstandsamt zu übernehmen. Der Aufsichtsrat kann Mitgliedern nicht untersagen, eigene Kandidatenvorschläge zu unterbreiten. Grundsätzlich ist aber darauf zu achten, den Kontakt mit potenziellen Kandidaten beim Aufsichtsratsvorsitzenden oder einem vom Aufsichtsrat beauftragten Aufsichtsratsmitglied zu konzentrieren. Andere Aufsichtsratsmitglieder müssen sich grds. auf einen „Erstkontakt" beschränken. Andernfalls droht, dass potenzielle Kandidaten „verprellt werden". Konkretisieren sich die Planungen auf einen Kandidaten, sollte der Beauftragte die im Aufsichtsrat vertretenen Interessengruppen idR **frühzeitig einbinden**.

510 **bb) Informationsweitergabe an das Plenum.** Ein Ausschuss, der Personalentscheidungen des Aufsichtsrats vorbereitet, muss dem Plenum im Rahmen seiner allgemeinen Berichtspflichten (§ 107 Abs. 3 S. 5 AktG) über seine Tätigkeit berichten. Der Ausschuss muss dem Plenum zwar nicht von sich aus alle im Ausschuss vorhandenen Informationen übermitteln. Das Plenum ist aber grds. berechtigt, auf Verlangen alle im Ausschuss vorhandenen Informationen über vorgeschlagene Kandidaten zu erhalten.[1151] So-

---

[1143] *Mertens* ZGR 1983, 189 (195); BeckOGK/*Fleischer* AktG § 84 Rn. 9; Hölters/*Weber* AktG § 84 Rn. 6; MüKoAktG/*Spindler* AktG § 84 Rn. 19; MHdB AG/*Wentrup* § 20 Rn. 19; vgl. auch Ziff. 5.1.2 Abs. 1 S. 5 DCGK aF.
[1144] *Behme/Zickgraf* AG 2015, 841 (842); Hölters/*Weber* AktG § 84 Rn. 6; MüKoAktG/*Spindler* AktG § 84 Rn. 19; KBLW/*Kremer* DCGK Rn. 1245; *Seyfarth* VorstandsR § 3 Rn. 30; *Beiner/Braun* Vorstandsvertrag Rn. 2.
[1145] BGHZ 122, 342 (359 f.) = NJW 1993, 2307; Hölters/*Weber* AktG § 84 Rn. 6; *Behme/Zickgraf* AG 2015, 841 (842) mit zahlreichen Nachweisen zum Meinungsstand.
[1146] *Götz* AG 1995, 337 (348), außer, der vorgeschlagene Kandidat sei „*eindeutig überlegen*" und das Plenum habe vorab das Anforderungsprofil festgelegt; *Krieger,* Personalentscheidungen des AR, 1981, 72 ff.
[1147] *Behme/Zickgraf* AG 2015, 841 (843); GroßkommAktG/*Hopt/Roth* AktG § 116 Rn. 108; MüKoAktG/*Habersack* AktG § 116 Rn. 32.
[1148] Vgl. *Behme/Zickgraf* AG 2015, 841 (842).
[1149] *Behme/Zickgraf* AG 2015, 841 (842); *Krieger,* Personalentscheidungen des AR, 1981, 74 f.; ausf. zur Ausgestaltung eines Anforderungsprofils *Fonk* in Semler/v. Schenck AR-HdB § 10 Rn. 8 ff.; vgl. ferner *Kubis* in Semler/Peltzer/Kubis Vorstands-HdB § 2 Rn. 9.
[1150] Vgl. auch *Kubis* in Semler/Peltzer/Kubis Vorstands-HdB § 2 Rn. 8 f.; *Drinhausen/Marsch-Barner* AG 2014, 337 (346).
[1151] OLG Hamburg AG 1984, 248 (251); *Behme/Zickgraf* AG 2015, 841 (844); *Lutter* Information und Vertraulichkeit im AR § 12 Rn. 379.

weit nicht zuvor das Plenum das **Anforderungsprofil** und die **Auswahlkriterien** für den Kandidaten festgelegt hat (→ Rn. 507), kann das Plenum insbes. Auskunft darüber verlangen, welche Kriterien der Ausschuss seiner Suche zugrunde gelegt und wie er den Auswahlprozess organisiert hat (wie viele Kandidaten wurden einbezogen, in welchem Verfahren wurden Kandidaten „aussortiert", wie viele Gespräche wurden geführt etc.). Wann das Plenum welche Informationen über vorgeschlagene Kandidaten erhält, entscheidet der Aufsichtsratsvorsitzende (→ § 3 Rn. 76).

Umstritten ist, ob der vorbereitende Ausschuss auf Verlangen des Plenums Informationen über Kandidaten weitergeben muss, die der Ausschuss **nicht** zur Bestellung vorschlägt. Nach hA unterliegen die Mitglieder des vorbereitenden Ausschusses gegenüber dem Plenum zumindest dann **keiner Verschwiegenheitspflicht,** wenn das Plenum eine Information durch Mehrheitsbeschluss verlangt.[1152] Das Plenum könne jederzeit Ausschüsse auflösen oder übertragene Aufgaben wieder an sich ziehen und dadurch die Vertraulichkeit „„außer Kraft […] setzen"".[1153] Im Übrigen seien alle Aufsichtsratsmitglieder zur Vertraulichkeit verpflichtet.[1154] Nach der Gegenansicht muss der Ausschuss dem Plenum **keine Informationen** weitergeben, die die Identität „aussortierter" Kandidaten offenlegen.[1155] Für eine Bestellungsentscheidung reiche es aus, das Plenum über nicht vorgeschlagene Kandidaten und deren Fähigkeiten lediglich anonymisiert zu unterrichten. Falls das Plenum erwäge, vom Ausschuss aussortierte Kandidaten doch zu bestellen, dürfe der Ausschuss dem Plenum Informationen nur überlassen, wenn sich der Kandidat vorab damit **einverstanden erklärt** habe.[1156]

Stellungnahme: Der Gegenansicht ist zu folgen. **Vertraulichkeitsgesichtspunkte** können es rechtfertigen, dass ein Ausschuss dem Plenum Informationen vorenthält, die für dessen Entscheidung nicht relevant sind. Das verdeutlicht die Möglichkeit, Aufsichtsratsmitglieder von Sitzungen und damit vom unmittelbaren Zugang zu Unterlagen eines Ausschusses auszuschließen, dem sie nicht angehören (§ 109 Abs. 2 AktG; → § 3 Rn. 366). Kandidaten lassen sich evtl. nur auf ein Auswahlverfahren ein, wenn sie sicher sein können, dass ihre Bewerbung vertraulich bleibt.[1157] Das Interesse, dass sich qualifizierte Kandidaten überhaupt am Auswahlverfahren beteiligen, überwiegt idR das gegenläufige Interesse, dass das Plenum sämtliche Kandidaten kennt, die der Ausschuss iRd Auswahlverfahrens aussortiert hat. Hält das Plenum aussortierte Kandidaten auf Grundlage der anonymisierten Beschreibung für so interessant, dass die für eine Bestellung erforderliche Mehrheit sie kennenlernen möchte, muss der Ausschuss sie bitten, dass er die Anonymisierung aufheben darf.

cc) Kann der vorbereitende Ausschuss über den Umgang mit (möglichen) Insiderinformationen entscheiden? In börsennotierten Gesellschaften können Personalentscheidungen des Aufsichtsrats **Insiderinformationen** sein und **kapitalmarktrechtliche Folgepflichten** auslösen. Emittenten müssen Insiderinformationen, die sie unmittelbar betreffen, unverzüglich der Öffentlichkeit bekannt geben (sog. **Ad-hoc-Publizitätspflicht,** Art. 17 Abs. 1 MAR, (→ § 5 Rn. 28). Der Emittent muss daher bei entsprechenden Anhaltspunkten prüfen, ob eine Insiderinformation vorliegt. Liegt eine Insiderinformation vor, kann der Emittent die unverzügliche Offenlegung auf eigene Verantwortung **aufschieben,** sofern (i) die unverzügliche Offenlegung geeignet wäre, seine berechtigten Interessen zu beeinträchtigen, (ii) die Aufschiebung der Offenlegung nicht geeignet wäre, die Öffentlichkeit irrezuführen, und (iii) er die Geheimhaltung der Insiderinformation sicherstellen kann (sog. **Selbstbefreiung,** Art. 17 Abs. 4 MAR; → § 5 Rn. 29 ff.). Es ist anerkannt, dass der Emittent in Fällen, in denen er Zweifel hat, ob bereits eine Insiderinformation vorliegt, „vorsorglich" eine solche Selbstbefreiung vornehmen kann (→ § 5 Rn. 53).

(1) Kapitalmarktrechtliche Zuständigkeit des Aufsichtsrats – Auffassungswechsel der BaFin. Die Bundesanstalt für Finanzdienstleistungen (BaFin) ging bisher davon aus, dass **ausschließlich** der **Vorstand** zuständig ist zu prüfen, ob eine Insiderinformation vorliegt und ggf. zu entscheiden, ob die AG die Insiderinformation veröffentlicht oder die Veröffentlichung aufschiebt. An Entscheidungen über den Aufschub musste stets mindestens ein Vorstandsmitglied beteiligt sein. Das galt auch in Fällen, in denen eine (mögliche) Insiderinformation Aufgaben betraf, für die – auch oder ausschließlich – der Aufsichtsrat zuständig war.[1158] Schrifttum und Praxis hatten bereits seit einiger Zeit gefordert, sofern eine (mögliche) Insiderinformation im Zusammenhang mit Aufgaben des Aufsichtsrats entstehe, müsse der Aufsichtsrat

---

[1152] *Behme/Zickgraf* AG 2015, 841 (844); Semler/v. Schenck/*Mutter* AktG § 107 Rn. 377; MüKoAktG/*Habersack* AktG § 107 Rn. 171; *Hasselbach/Seibel* AG 2012, 114 (123).
[1153] *Hasselbach/Seibel* AG 2012, 114 (123); dazu auch LG München I NZG 2008, 348 Rn. 84 f.
[1154] *Behme/Zickgraf* AG 2015, 841 (844).
[1155] *Lutter* Information und Vertraulichkeit im AR § 12 Rn. 379; *Gittermann* in Semler/v. Schenck AR-HdB § 6 Rn. 104; vgl. auch GroßkommAktG/*Hopt/Roth* AktG § 107 Rn. 469, 472, 474: Personalausschuss darf bei geheimhaltungsbedürftigen Informationen die Auskunft an das Plenum verweigern.
[1156] *Lutter* Information und Vertraulichkeit im AR § 12 Rn. 378 f.
[1157] Ebenso *Fonk* in Semler/v. Schenck AR-HdB § 10 Rn. 24.
[1158] Emittentenleitfaden, 4. Aufl. 2013, Ziff. IV.3.

auch für die kapitalmarktrechtlichen Pflichten der AG zuständig sein und ggf. über den Aufschub entscheiden können (→ § 5 Rn. 81).[1159] Dem ist die BaFin nun **gefolgt**.[1160]

515 **(2) Zulässigkeit der Übertragung der Entscheidungskompetenz an einen Ausschuss.** Eine Insiderinformation kommt bei Personalentscheidungen nicht erst in Betracht, wenn das Plenum sie final getroffen hat. Vielmehr können in einem zeitlich gestreckten Vorgang auch **„Zwischenschritte"** Insiderinformationen sein (→ § 5 Rn. 34). Vorbereitende Handlungen des Personalausschusses – zB der Beschluss, eine Personalentscheidung vorzuschlagen – können Insiderinformationen sein, insbes., wenn „Meinungsführer" der im Aufsichtsrat vertretenen Interessengruppen im Ausschuss vertreten sind (→ § 5 Rn. 75f.). Es stellt sich daher die Frage, ob der Personalausschuss in solchen Fällen auch entscheiden kann, wie die AG mit einer (möglichen) Insiderinformation umgeht. Nach dem Konsultationsentwurf des Emittentenleitfadens Modul C würde die **BaFin** die von einem Ausschuss getroffene Entscheidung über den Aufschub der Veröffentlichung einer (möglichen) Insiderinformation **aufsichts- bzw. kapitalmarktrechtlich** offenbar akzeptieren. Dazu, ob ein Ausschuss **aktienrechtlich** über den Aufschub entscheiden kann, äußert sich die BaFin nicht.[1161] Im **Schrifttum** ist die Frage **umstritten.** Nach einer Ansicht ist zu unterscheiden: Bei der Befugnis, über einen Aufschub zu entscheiden, handele es sich um eine Annexkompetenz zur jeweiligen *„Primärzuständigkeit des Aufsichtsrats"*. Ein Ausschuss könne daher nur entscheiden, wenn die Insiderinformation mit einer Aufgabe zusammenhänge, über die der Ausschuss **abschließend entscheiden könne.**[1162] Ist die **Personalkompetenz** betroffen, könne ein Ausschuss daher **nicht über einen Aufschub** entscheiden. Nach der – nicht begründeten – Gegenansicht soll ein Ausschuss auch mit Blick auf die Personalkompetenz über einen Aufschub entscheiden können.[1163] Allerdings soll aufsichts- bzw. kapitalmarktrechtlich nach wie vor der Vorstand in die Entscheidung über den Aufschub einzubeziehen sein, es sei denn eine Einbeziehung sei ausnahmsweise *„aufgrund der Vertraulichkeit bzw. Sensibilität der betreffenden Insiderinformation im Einzelfall"* nicht möglich;[1164] argumentiert wird insofern damit, dass für die Veröffentlichung von Ad hoc-Mitteilungen jedenfalls der Vorstand zuständig ist.

516 **Stellungnahme:** Auch ein vorbereitender Ausschuss kann über einen Aufschub entscheiden. Die Grenze, ab der ein vorbereitender Ausschuss unzulässig in die ausschließliche Entscheidungskompetenz des Plenums eingreift, ist erreicht, wenn der Ausschuss eine Entscheidung **rechtlich** oder **zumindest faktisch „vorwegnimmt",** weil Vorbereitungshandlungen zu einer „Vorabbindung" des Plenums führen.[1165] Entsprechend kann der Aufsichtsrat einem Ausschuss die Vorbereitung von Aufgaben im Zusammenhang mit der Personalkompetenz übertragen – insbes. die Vorbereitung von Entscheidungen über die Bestellung und deren Widerruf –, soweit die Vorbereitung nicht dazu führt, dass das Plenum nicht mehr frei entscheiden kann (→ Rn. 521). Entscheidet ein vorbereitender (Personal-)Ausschuss über einen Aufschub, nimmt er damit zwar Entscheidungsbefugnisse wahr. Der Ausschuss nimmt aber **nicht** die Entscheidung über die Personalangelegenheit **vorweg,** mit der die Insiderinformation zusammenhängt. Im Gegenteil: Indem der Ausschuss sicherstellt, dass eine (mögliche) Insiderinformation vertraulich bleibt, stellt er idR zugleich sicher, dass das Plenum nicht vorgebunden wird, weil sich etwa bereits eine „öffentliche Meinung" gebildet oder ein Kandidat von seiner möglichen Bestellung Abstand genommen hätte (→ § 5 Rn. 79; → § 5 Rn. 85). Umgekehrt wäre zumindest bei großen Aufsichtsräten zweifelhaft, ob sie überhaupt (noch) einen Aufschub beschließen könnten, wenn nach ihrer Einschätzung bei einer Personalmaßnahme eine Insiderinformation vorliegt. Ein Aufschub ist möglichst schnell zu beschließen, nachdem die (mögliche) Insiderinformation entstanden ist. Zudem erscheint es zB bei einem 20köpfigen Aufsichtsrat zweifelhaft, ob die erforderliche Geheimhaltung im Zeitpunkt der Entscheidung noch gewahrt wäre und weiter gewahrt werden könnte.

517 Ist der (Personal-)Ausschuss für die Entscheidung über einen Aufschub zuständig, muss er bei entsprechenden Anhaltspunkten zunächst **prüfen,** ob eine **Insiderinformation vorliegt.** Liegt nach Einschätzung des Ausschusses eine Insiderinformation vor, muss er weiter prüfen, ob die **Voraussetzungen für einen Aufschub** vorliegen (→ § 5 Rn. 29ff.; → § 5 Rn. 79). Ist das der Fall, **muss** der Ausschuss – auch

---

[1159] *Mülbert* FS Stilz, 2014, 411 (422); Klöhn/*Klöhn* MAR Art. 17 Rn. 193; *Niermann/Venter* in Szesny/Kuthe Kapitalmarkt Compliance Rn. 81.
[1160] Emittentenleitfaden Modul C, Ziff. I.3.3.1.1.
[1161] Konsultationsentwurf Emittentenleitfaden Modul C, Ziff. I.3.3.1.1.
[1162] Klöhn/*Klöhn* MAR Art. 17 Rn. 194; *Mülbert* FS Stilz, 2014, 411 (423).
[1163] *Merkner/Sustmann/Retsch* AG 2019, 621 (632); *Merkner/Sustmann/Retsch* AG 2020, 477 (482).
[1164] *Merkner/Sustmann/Retsch* AG 2020, 477 (481f.); *Merkner/Sustmann/Retsch* AG 2019, 621 (632f.).
[1165] Vgl. zur Genossenschaft BGHZ 32, 114 = NJW 1960, 1006; ferner K. Schmidt/Lutter AktG/*Drygala* AktG § 107 Rn. 43; Semler/v. Schenck/*Mutter* AktG § 107 Rn. 319. Zur Abgrenzung der Vorbereitungskompetenz eines Ausschusses und der Entscheidungskompetenz des Plenums im Zusammenhang mit der Bestellung und deren Widerruf BGHZ 83, 144 (150f.) = NJW 1982, 1528; BGHZ 122, 342 (359ff.) = NJW 1993, 2307; vgl. zur Genossenschaft auch BGHZ 79, 38 (40ff.) = NJW 1981, 757; ferner Hüffer/Koch/*Koch* AktG § 107 Rn. 27f.; *Meier/Pech* DStR 1995, 1195 (1196); Kölner Komm AktG/*Mertens/Cahn* AktG § 107 Rn. 153.

um die Entscheidung des Plenums nicht vorwegzunehmen – grds. einen Aufschub beschließen. Ein Ermessen besteht nur, wenn ausnahmsweise keine Vorabbindung des Plenums droht. Beschließt der Ausschuss einen Aufschub, muss er grds. möglichst schnell eine Entscheidung des Plenums über die Personalangelegenheit herbeiführen, auf die sich die Insiderinformation bezieht. In allen Fällen muss der Ausschuss seine Entscheidung sorgfältig dokumentieren (→ § 5 Rn. 89).

Generell sollte der Aufsichtsrat **nur einem einzigen Ausschuss** die Kompetenz zur Entscheidung 518 über den Umgang mit möglichen Insiderinformationen übertragen, damit stets dieselben Aufsichtsratsmitglieder, die über entsprechende kapitalmarktrechtliche Expertise verfügen, entscheiden. Da (mögliche) Insiderinformationen überwiegend Personalangelegenheiten betreffen, sollte der Aufsichtsrat die Kompetenz dem Personalausschuss übertragen, und zwar aus Gründen der Rechtssicherheit **ausdrücklich.** Hat der Aufsichtsrat weder dem Personal- noch einem anderen Ausschuss die Kompetenz ausdrücklich übertragen, ist davon auszugehen, dass er sie als Annexkompetenz zusammen mit den Aufgaben übertragen hat, bei deren Wahrnehmung eine (mögliche) Insiderinformation entsteht.

Abzulehnen ist die Auffassung, dass nach wie vor grds. der **Vorstand** in Aufschubentscheidungen 519 einzubeziehen sei, für die der Aufsichtsrat zuständig ist. Die Kompetenzverteilung zwischen Aufsichtsrat und Vorstand gilt auch mit Blick auf kapitalmarktrechtliche „Annexpflichten". Dass für die Veröffentlichung einer Ad-hoc-Mitteilung auch dann der Vorstand zuständig ist, wenn Insiderinformationen mit einer Aufgabe des Aufsichtsrats zusammenhängen,[1166] ändert daran nichts. Auch die BaFin gibt nicht zu erkennen, dass – „soweit möglich" – grds. doch nach wie vor stets auch der Vorstand einzubeziehen sein soll.

Die BaFin hält es kapitalmarktrechtlich sogar für zulässig, die Entscheidung über einen möglichen Auf- 520 schub **einem einzelnen Aufsichtsratsmitglied zu übertragen.**[1167] Das ist gesellschaftsrechtlich **abzulehnen.**[1168] Der Aufsichtsrat kann seinen Willen nur durch Beschluss des Plenums oder eines Ausschusses bilden (§ 108 Abs. 1 AktG; → § 5 Rn. 84). Einzelne Aufsichtsratsmitglieder können diese Willensbildung lediglich vorbereiten, aber nicht ersetzen.[1169]

d) Entschließungsfreiheit

§ 84 AktG setzt voraus, dass der Aufsichtsrat Personalentscheidungen betreffend den Vorstand **eigenstän-** 521 **dig** und **unabhängig** treffen, dh im Rahmen seines unternehmerischen Ermessens **frei** und **souverän** handeln muss (sog. Entschließungsfreiheit).[1170] Vorbereitende Besprechungen und offene Probeabstimmungen im Aufsichtsrat sind auch mit Blick auf die Entschließungsfreiheit des Aufsichtsrats bei Bestellungsentscheidungen **zulässig.**[1171]

aa) Rechtsgeschäftliche Bindungen. Rechtsgeschäftliche Bindungen, die die Entschließungsfreiheit des 522 Aufsichtsrats oder einzelner Aufsichtsratsmitglieder unzulässig einschränken, sind **nichtig** (§ 134 BGB).[1172]

(1) Stimmbindungen und Weisungen. Nichtig sind zB Stimmbindungen **gegenüber der AG oder** 523 **Dritten.**[1173] Auch mit **entsandten Aufsichtsratsmitgliedern** vereinbarte rechtsgeschäftliche Bindungen, die ihre Entschließungsfreiheit bei Personalentscheidungen einschränken, sind nichtig.[1174] **Weisungen** an Aufsichtsratsmitglieder – etwa aufgrund eines Arbeits- oder Dienstvertrags, der mit dem Entsendungsberechtigten oder einem Aktionär besteht – sind **generell nichtig,** soweit sie die Ausübung des Aufsichtsratsamts betreffen.[1175]

[1166] Emittentenleitfaden Ziff. I.3.3.1.1.
[1167] Emittentenleitfaden Ziff. I.3.3.1.1.; „in engen Grenzen" zust. Merkner/Sustmann/Retsch AG 2020, 477 (482).
[1168] Krit. auch Kiefner/Krämer/Happ DB 2020, 1386 (1392); Krämer/Kiefner Der Aufsichtsrat 2020, 72.
[1169] BGHZ 219, 193 Rn. 22 = NZG 2018, 1189 – Schloss Eller.
[1170] OLG München AG 2017, 750 (752); OLG Düsseldorf NZG 2015, 1115 Rn. 61; MüKoAktG/Spindler AktG § 84 Rn. 15; Hüffer/Koch/Koch AktG § 84 Rn. 5; Kölner Komm AktG/Mertens/Cahn AktG § 84 Rn. 8; BeckOGK/Fleischer AktG § 84 Rn. 9f.
[1171] Hölters/Weber AktG § 84 Rn. 12; Thüsing in Fleischer VorstandsR-HdB § 4 Rn. 21; BeckOGK/Fleischer AktG § 84 Rn. 10; MüKoAktG/Spindler AktG § 84 Rn. 17; aA zu offenen Probeabstimmungen Krieger, Personalentscheidungen des AR, 1981, 53ff.
[1172] Hüffer/Koch/Koch AktG § 84 Rn. 5; Grigoleit/Grigoleit AktG § 84 Rn. 7; MüKoAktG/Spindler AktG § 84 Rn. 15; Kölner Komm AktG/Mertens/Cahn AktG § 84 Rn. 8; Hölters/Weber AktG § 84 Rn. 9.
[1173] MüKoAktG/Spindler AktG § 84 Rn. 15; Hölters/Weber AktG § 84 Rn. 9; GroßkommAktG/Kort AktG § 84 Rn. 52.
[1174] Allgemein zur Gleichstellung entsandter und gewählter Aufsichtsratsmitglieder BGHZ 36, 296 (304ff.) = NJW 1962, 864; MüKoAktG/Spindler AktG § 84 Rn. 15; K. Schmidt/Lutter AktG/Seibt AktG § 84 Rn. 13.
[1175] BGHZ 36, 296 (304ff.) = NJW 1962, 864; Raiser ZGR 1978, 391 (400); MüKoAktG/Habersack AktG § 101 Rn. 51; Hüffer/Koch/Koch AktG § 84 Rn. 12; BeckOGK/Fleischer AktG § 84 Rn. 9f.; MHdB AG/Hoffmann-Becking § 30 Rn. 63.

524 **(2) Business Combination Agreements (BCAs), Investorenvereinbarungen.** Investoren drängen häufig darauf, dass in einem Business Combination Agreement (BCA) – einer Absprache zwischen der AG und einem künftigen Investor, die die Aktivitäten des Investors und der AG koordiniert[1176] – oder einer Investorenvereinbarung – einer Absprache über strategische Beteiligungen unterhalb der Ebene eines Zusammenschlusses[1177] – Vereinbarungen über die künftige Besetzung des Vorstands getroffen werden sollen (sog. **Gremienklauseln**). Inhalt einer Gremienklausel kann sowohl sein, dass der Vorstand neu besetzt werden, als auch, dass die aktuelle Besetzung für einen bestimmten Zeitraum bestehen bleiben soll.[1178] Beide Varianten sind nichtig, soweit sie die künftige Besetzung **verbindlich** regeln sollen, weil sie in diesem Fall die **Entschließungsfreiheit unzulässig** einschränken. Hat ausschließlich der Vorstand die Gremienklausel vereinbart, ist die Gremienklausel zudem nichtig, weil sie gegen die aktienrechtliche Kompetenzordnung als Verbotsgesetz iSv § 134 BGB verstößt.[1179]

525 Nach Auffassung des OLG München sind Gremienklauseln im Fall eines **Verstoßes gegen die aktienrechtliche Kompetenzordnung unheilbar nichtig.**[1180] Das Schrifttum ist gespalten. Verbreitet wird zwar vertreten, dass je nach Art des Verstoßes hinsichtlich der sich ergebenden Rechtsfolgen zu unterscheiden sei. Fehle lediglich die erforderliche Zustimmung eines anderen Organs, soll die Vereinbarung nicht nichtig, sondern wegen Missbrauchs der Vertretungsmacht schwebend unwirksam (§§ 177 ff. BGB analog) sein[1181] oder eine Sorgfaltspflichtverletzung des Vorstands (§ 93 Abs. 1 AktG) begründen[1182]. Vom Vorstand abgeschlossene Vereinbarungen, die die Personalkompetenz des Aufsichtsrats betreffen, hält aber auch diese Ansicht für unheilbar nichtig, weil dem Vorstand jede Vertretungsbefugnis fehle bzw. es sich um einen Verstoß gegen die aktienrechtliche Kompetenzordnung handle.[1183] Eine andere Ansicht möchte stets die Grundsätze zum Missbrauch der Vertretungsmacht anwenden, da § 134 BGB keine Differenzierung im Einzelfall ermögliche.[1184] Das ist **abzulehnen**. Möchte der Aufsichtsrat ein vom Vorstand kompetenzwidrig abgeschlossenes Geschäft „für die Gesellschaft gelten lassen", muss er es erneut nach den insofern geltenden Regeln abschließen.

526 Sog. **Bemühensverpflichtungen**, bei denen sich die Parteien eines BCA verpflichten, ausschließlich **faktisch Einfluss** auf Entscheidungen des Aufsichtsrats zur Besetzung des Vorstands zu nehmen bzw. das zu versuchen, sind nach herrschender und zutreffender Ansicht grds. zulässig.[1185] Die Bemühensverpflichtung darf allerdings nicht dazu führen, dass der Verpflichtete und Aufsichtsratsmitglieder, auf die er Einfluss nehmen soll, unter vergleichbarem Entscheidungsdruck stehen, wie wenn sie sich doch rechtlich verbindlich verpflichtet hätten, eine bestimmte Besetzung des Vorstands herbeizuführen. Unkritisch sind danach Vereinbarungen, bei denen es dem Verpflichteten völlig frei steht, wie intensiv er sich „bemüht". Je mehr Intensität dem Verpflichteten abverlangt wird und je mehr ein Erfolg geschuldet sein soll – indiziert durch Formulierungen wie „dafür sorgen" oder „gewährleisten" statt lediglich „bemühen" oder „hinwirken" –, desto kritischer ist die Vereinbarung zu bewerten.[1186] Jedenfalls unzulässig ist es, eine Vertragsstrafe nicht nur daran zu knüpfen, dass der Verpflichtete ein bestimmtes „Bemühen" unterlässt, sondern daran, dass eine bestimmte Vorstandsbesetzung nicht erreicht wird.[1187] Zulässig ist es, Dritten **unverbindliche Vorschlagsrechte** für die Neubesetzung des Vorstands einzuräumen.[1188]

[1176] *Heß*, Investorenvereinbarungen, 2014, 5; MüKoAktG/*Spindler* AktG § 76 Rn. 30; *Hippeli/Diesing* AG 2015, 185; *Reichert* ZGR 2015, 1 (3).
[1177] *Heß*, Investorenvereinbarungen, 2014, 1; *Hippeli/Diesing* AG 2015, 185 (189); *Reichert* ZGR 2015, 1 (3); MüKoAktG/*Spindler* AktG § 76 Rn. 31.
[1178] *Reichert* ZGR 2015, 1 (24); *Reichert/Ott* FS Goette, 2011, 397 (399).
[1179] OLG München NZG 2013, 459 (462); siehe auch bereits LG München I NZG 2012, 1152 (1154).
[1180] OLG München NZG 2013, 459 (462); LG München I NZG 2012, 1152 (1154).
[1181] *Reichert* ZGR 2015, 1 (18 f.); *Kuntz* AG 2016, 101 (105 f.).
[1182] *Oppenhoff* in Paschos/Fleischer Übernahmerecht nach WpÜG-HdB § 9 Rn. 56 f.; *Paschos* NZG 2012, 1142 (1144).
[1183] *Oppenhoff* in Paschos/Fleischer Übernahmerecht nach WpÜG-HdB § 9 Rn. 36, 38, 56; *Reichert* ZGR 2015, 1 (18 f.); *Heß*, Investorenvereinbarungen, 2014, 124; *Kiefner* ZHR 178 (2014), 547 (573 ff.).
[1184] *Kiefner* ZHR 178 (2014), 547 (574 f.); *Hippeli/Diesing* AG 2015, 185 (194); *Beisel* in Beisel/Klumpp Der Unternehmenskauf § 1 Rn. 112.
[1185] *Oppenhoff* in Paschos/Fleischer Übernahmerecht nach WpÜG-HdB § 9 Rn. 38, 117; *Reichert* ZGR 2015, 1 (29 f.); MüKoAktG/*Spindler* AktG § 84 Rn. 15; *Reichert/Ott* FS Goette, 2011, 397 (401); aA *Heß*, Investorenvereinbarungen, 2014, 152 f.: lediglich Bemühensverpflichtung des Investors.
[1186] *Reichert/Ott* FS Goette, 2011, 397 (404); *Reichert* ZGR 2015, 1 (29 f.); *Oppenhoff* in Paschos/Fleischer Übernahmerecht nach WpÜG-HdB § 9 Rn. 38.
[1187] *Heß*, Investorenvereinbarungen, 2014, 149 f.; *Reichert/Ott* FS Goette, 2011, 397 (405); *Oppenhoff* in Paschos/Fleischer Übernahmerecht nach WpÜG-HdB § 9 Rn. 40; *Reichert* ZGR 2015, 1 (30).
[1188] *Oppenhoff* in Paschos/Fleischer Übernahmerecht nach WpÜG-HdB § 9 Rn. 117.

Der **Aufsichtsrat** kann im Rahmen eines BCA **ausschließlich die AG** verpflichten, für eine bestimmte Besetzung des Vorstands zu sorgen,[1189] **nicht sich selbst als Organ,** da er jedenfalls im Verhältnis zu Dritten nicht rechtsfähig ist.[1190] Entsprechende Vereinbarungen mit einzelnen Aufsichtsratsmitgliedern sind ebenfalls unwirksam (§ 134 BGB), weil sie gegen die Pflicht zur persönlichen Amtswahrnehmung verstoßen (§ 111 Abs. 6 AktG).[1191] Ungeachtet der Frage, welche Klauseln in BCAs oder Investorenvereinbarungen zulässig sind, handelt der Aufsichtsrat bei der Vereinbarung einer Klausel nur pflichtgemäß, wenn die Klausel **im Unternehmensinteresse** ist. 527

(3) Begründung von Zahlungspflichten gegenüber potenziellen Kandidaten. Soll ein Kandidat **abgeworben werden,** kann die Situation eintreten, dass der Aufsichtsrat ihn noch nicht zum Vorstandsmitglied bestellen kann[1192], weil aufgrund der vertraglichen Situation – laufender Anstellungsvertrag, nachvertragliches Wettbewerbsverbot – nicht absehbar ist, wann er als Vorstandsmitglied zur Verfügung steht. In einem solchen Fall fordert der Kandidat evtl. bereits im Vorfeld seiner möglichen Bestellung Zahlungen, die sicherstellen, dass ihm keine Nachteile entstehen, falls ihn sein bisheriger Dienstherr freistellt, nachdem er seine Wechselabsichten mitgeteilt hat. Denkbar ist ferner, dass der Kandidat Sicherheit dafür fordert, dass er eine mögliche Verlängerung beim bisherigen Dienstherrn ablehnt und sich für eine mögliche Bestellung bei der AG „bereithält". Zahlungspflichten, die der Aufsichtsrat in diesen Fällen begründet, könnten sich als unzulässige Einschränkung der Entschließungsfreiheit darstellen. Das **BAG** hielt mit Blick auf die Entschließungsfreiheit bei einer möglichen Wiederbestellung einen (Arbeits-)Vertrag für unwirksam, dem zufolge ein Vorstandsmitglied nach Ablauf seines Anstellungsvertrags zu unveränderten Konditionen als Arbeitnehmer weiterbeschäftigt werden sollte (→ Rn. 658).[1193] Das Schrifttum ordnet vertragliche Abreden danach als unzulässig ein, wenn die mit der Abrede für die AG verbundenen Folgen iErg dazu führen, dass es für die AG die *„wirtschaftlich sinnvollste Maßnahme"*[1194] ist, den Vertragspartner (erneut) zum Vorstandsmitglied zu bestellen. Durch solche Abreden würde der Aufsichtsrat faktisch gebunden und seine Entschließungsfreiheit unzulässig eingeschränkt. Ausgleichs-, Entschädigungs- oder Antrittszahlungen an einen Kandidaten, um ihn zu bewegen, eine spätere Bestellung zu ermöglichen, könnten danach unzulässig sein, wenn sich die spätere Bestellung als *„wirtschaftlich sinnvollste Maßnahme"* darstellt, um zu vermeiden, dass die Zahlungen **„frustrierte Aufwendungen"** werden. 528

Stellungnahme: Entscheidend für die Zulässigkeit eines Zahlungsversprechens unter dem Gesichtspunkt der Entschließungsfreiheit ist dessen Höhe. Zahlungen bis zum Wert von **zwei Jahresvergütungen** erscheinen grds. hinnehmbar: Die Empfehlung G.13 S. 1 DCGK geht davon aus, dass der Aufsichtsrat durch Zahlungspflichten bis zu dieser Höhe nicht maßgeblich in seiner Entschließungsfreiheit eingeschränkt wird, wer Vorstandsmitglied der AG bleiben soll. Der Aufsichtsrat muss zudem prüfen, ob die Zahlung im Fall der späteren Bestellung unter Berücksichtigung der weiteren Vorstandsvergütung **angemessen** iSd § 87 Abs. 1 AktG ist. Dabei sind – wie generell iRd § 87 Abs. 1 AktG – insbes. die Bedeutung der Aufgaben, die dem designierten Vorstandsmitglied zugewiesen werden sollen, die individuellen Leistungen, die wirtschaftliche Lage der AG und ihre erwartete Entwicklung, das Verhältnis zur üblichen Vergütung und die Ausrichtung der Vergütung auf eine nachhaltige und langfristige Unternehmensentwicklung zu berücksichtigen.[1195] Welche Vergütung bei Ausgleichszahlungen üblich ist, hängt davon ab, welche Zahlungen in vergleichbaren Fällen zum Ausgleich von Einkommenseinbußen gewährt werden. Der Aufsichtsrat kann ferner berücksichtigen, welche Entwicklungsmöglichkeiten das abgeworbene Vorstandsmitglied beim bisherigen Dienstherrn aufgibt und welche Unsicherheiten es mit dem möglichen Wechsel eingeht. Die Ausgleichszahlung muss zudem im **Interesse** der AG sein. Finanzielle Belastungen bei einer Personalentscheidung können im Unternehmensinteresse sein, wenn sie erforderlich und angemessen sind, um geeignete Führungskräfte zu gewinnen. Es kann im Unternehmensinteresse sein, geeignete Führungskräfte für eine erst künftig anstehende Besetzung von Vorstandsämtern „zu 529

[1189] *Oppenhoff* in Paschos/Fleischer Übernahmerecht nach WpÜG-HdB § 9 Rn. 37, 116; *Heß*, Investorenvereinbarungen, 2014, 14 f., 128; zur Organrechtsfähigkeit des Aufsichtsrats BGHZ 218, 122 Rn. 15 = NZG 2018, 629; BGHZ 122, 342 (343) = NJW 1993, 2307.
[1190] Gegen eine Rechtsfähigkeit von Vorstand und Aufsichtsrat MüKoAktG/*Spindler* AktG § 93 Rn. 166; MüKoAktG/ *M. Arnold* AktG § 136 Rn. 79; Hüffer/Koch/*Koch* AktG § 136 Rn. 26; Hölters/*Hölters* AktG § 161 Rn. 8; für eine Teilrechtsfähigkeit des Aufsichtsrats *Hommelhoff* ZHR 143 (1979), 288 (303 ff.); *Bork* ZGR 1989, 1 (15 ff.); *Szalai/ Marz* DStR 2010, 809 (812); Übersicht zum Meinungsstand bei *Heß*, Investorenvereinbarungen, 2014, 14.
[1191] *Oppenhoff* in Paschos/Fleischer Übernahmerecht nach WpÜG-HdB § 9 Rn. 37; *Reichert* ZGR 2015, 1 (27 f.); *Heß*, Investorenvereinbarungen, 2014, 128 ff.
[1192] Nach zutr. Ansicht gilt § 84 Abs. 1 S. 3 AktG bei der erstmaligen Bestellung nicht analog, dh der Aufsichtsrat kann Vorstandsmitglieder früher als ein Jahr vor Beginn der ersten Amtszeit bestellen (→ Rn. 665).
[1193] BAGE 132, 27 Rn. 27 ff. = NZA 2009, 1205.
[1194] GroßkommAktG/*Kort* AktG § 84 Rn. 585a; MüKoAktG/*Spindler* AktG § 84 Rn. 88; *Rasmussen-Bonne/Raif* GWR 2010, 181 (183).
[1195] GroßkommAktG/*Kort* AktG § 84 Rn. 51 mwN.

verpflichten". Der Aufsichtsrat muss abwägen, ob die Möglichkeit, dass die AG „frustrierte Aufwendungen" hat, durch die Option aufgewogen wird, den Kandidaten zu einem späteren Zeitpunkt bestellen zu können. Dabei muss er insbes. berücksichtigen, welcher Zeitraum bis zur endgültigen Entscheidung über die Bestellung voraussichtlich vergeht und ob der Kandidat voraussichtlich auch dann noch der am besten geeignete für die Position ist. **Nicht zulässig** ist es, dem Kandidaten eine **Entschädigung** für den Fall zu versprechen, dass der Aufsichtsrat ihn **nicht** bestellt. Zulässig ist es hingegen, eine Entschädigung für den Fall zu versprechen, dass der Aufsichtsrat innerhalb eines bestimmten – großzügig bemessenen – Zeitraums nicht über die Bestellung entscheidet. Eine Verpflichtung, zu entscheiden, ohne dass faktischer Druck hinsichtlich der Richtung der Entscheidung besteht, schränkt die Entschließungsfreiheit nicht in unzulässiger Weise ein.

530   Bei **börsennotierten Gesellschaften** darf der Aufsichtsrat Ausgleichszahlungen nur vereinbaren, wenn sich diese Möglichkeit hinreichend bestimmt aus einem der **Hauptversammlung** vorgelegten, anwendbaren Vorstandsvergütungssystem ergibt (§ 87a Abs. 2 S. 1 AktG, → Rn. 1337).

531   **(4) Rechtsgeschäftliche Bindung nach pflichtgemäßer Ermessensausübung?** Im Schrifttum wird vertreten, dass sich der Aufsichtsrat mit Blick auf eine **konkrete Entscheidungssituation** hinsichtlich der Bestellung oder des Widerrufs der Bestellung eines bestimmten Vorstandsmitglieds gegenüber Dritten rechtsgeschäftlich binden könne, **nachdem** er sein Ermessen pflichtgemäß ausgeübt habe. **Unzulässig** sei hingegen eine der Ermessensausübung nachfolgende rechtsgeschäftliche Bindung, die sich auf eine allgemeine Entscheidung beziehe, zB „*in mittlerer oder ferner Zukunft*" Vorstandsmitglieder zu bestellen oder ihre Bestellung zu widerrufen.[1196] Dem wird entgegengehalten, eine rechtsgeschäftliche Bindung des Aufsichtsrats sei auch unzulässig, nachdem er sein Ermessen zwar bereits pflichtgemäß ausgeübt habe, seine Bestellungsentscheidung aber noch einseitig wieder ändern könnte, also solange die Bestellung dem Kandidaten noch nicht zugegangen ist und er sie noch nicht angenommen hat. Im Übrigen wird bezweifelt, dass eine entsprechende Vereinbarung „*sinnhaft*" sei.[1197]

532   Eine der pflichtgemäßen Ermessensausübung nachfolgende rechtsgeschäftliche Bindung ist grds. **zulässig** und kann durchaus **sinnvoll** sein, etwa um Planungen eines (potenziellen) Investors oder Personalvermittlers abzusichern. Der Schutz der Entschließungsfreiheit soll sicherstellen, dass der Aufsichtsrat in einer konkreten Entscheidungssituation keinen Einflussnahmen Dritter unterliegt; dieser Schutz bleibt gewährleistet, wenn die rechtsgeschäftliche Bindung der konkreten Entscheidungssituation erst nachfolgt. Auch wenn sich die konkrete Entscheidungssituation nicht ändert, könnte eine rechtsgeschäftliche Bindung zwar unzulässig sein, weil ein später anders zusammengesetzter Aufsichtsrat in derselben konkreten Entscheidungssituation bestehende Spielräume evtl. anders ausgeübt hätte und die Entscheidung rückgängig machen würde. Im Zusammenhang mit der vorzeitigen einvernehmlichen Amtsbeendigung und anschließender Wiederbestellung sieht der BGH und ihm folgend die hA im Schrifttum aber auch unter dem Gesichtspunkt, dass der Aufsichtsrat einen neuen Aufsichtsrat „vor vollendete Tatsachen stellt", **keinen Rechtsmissbrauch** (→ Rn. 663). Aufgrund der zwingenden Verknüpfung mit der konkreten Entscheidungssituation werden die Bindung des Aufsichtsrats und der Schutz des Dritten ohnehin beschränkt sein. In der Regel wird nur ein kurzer Zeitraum zwischen dem Bestellungsbeschluss und seiner Übermittlung an den Bestellten liegen. Nachdem der Bestellte die Bestellung angenommen hat, ist der Aufsichtsrat ihm gegenüber gebunden, weil er die Bestellung nur aus wichtigem Grund widerrufen kann (§ 84 Abs. 3 S. 1 AktG); die rechtsgeschäftliche Bindung des Aufsichtsrats kann sich nicht darauf erstrecken, die wirksam gewordene Bestellung nicht zu widerrufen, weil insofern eine neue Entscheidungssituation vorläge.

533   **bb) Faktische Einflussnahme. Zulässig** sind Versuche, bei Personalentscheidungen faktisch auf Aufsichtsratsmitglieder Einfluss zu nehmen, etwa durch **Ratschläge und Anregungen**.[1198] Die Sonderregeln zur faktischen Abhängigkeit (§§ 311 ff. AktG) setzen voraus, dass ein herrschendes Unternehmen faktisch Einfluss auf Personalentscheidungen des Aufsichtsrats der faktisch abhängigen AG nimmt.[1199]

534   **cc) Einbeziehung des Vorstands.** Der Aufsichtsrat muss geeignete Kandidaten für ein Vorstandsamt innerhalb und außerhalb des Unternehmens sichten und eine langfristige Personalplanung für den Vorstand betreiben.[1200] Den Vorstand darf der Aufsichtsrat bei der Suche und Auswahl grds. beteiligen. Der DCGK empfiehlt, dass der Aufsichtsrat gemeinsam mit dem Vorstand für eine **langfristige Nachfolgeplanung** sorgt und „*die Vorgehensweise in der Erklärung zur Unternehmensführung beschrieben*" wird (Empfehlung B.2

[1196] *Schockenhoff* ZIP 2017, 1785 (1791 f.).
[1197] MüKoAktG/*Spindler* AktG § 84 Rn. 15.
[1198] Hölters/*Weber* AktG § 84 Rn. 12; MüKoAktG/*Spindler* AktG § 84 Rn. 17; *Thüsing* in Fleischer VorstandsR-HdB § 4 Rn. 21; krit. *Krieger*, Personalentscheidungen des AR, 1981, 53 ff.
[1199] Vgl. MüKoAktG/*Altmeppen* AktG § 311 Rn. 413; Henssler/Strohn GesR/*Bödeker* AktG § 311 Rn. 35; Emmerich/ Habersack/*Habersack* AktG § 311 Rn. 81; MüKoAktG/*Habersack* AktG § 111 Rn. 137.
[1200] OLG München AG 2017, 750 (752); K. Schmidt/Lutter AktG/*Seibt* AktG § 84 Rn. 14.

DCGK). In der Regel tauschen sich im ersten Schritt insbes. der Vorstands- und der Aufsichtsratsvorsitzende aus; im zweiten Schritt sollte der für die Vorbereitung von Personalentscheidungen zuständige Ausschuss einbezogen werden.

Soll ein **interner Kandidat** zur Bestellung vorgeschlagen werden, liegt die Einschätzungsprärogative 535 idR zwangsläufig beim Vorstand, weil er interne Kandidaten grds. besser kennt als der Aufsichtsrat.[1201] Der Aufsichtsrat muss sich hingegen mehr oder weniger darauf beschränken, zu plausibilisieren, wie der Vorstand die fachliche und charakterliche Eignung des internen Kandidaten beurteilt.[1202] Der Aufsichtsrat sollte aber grds. so früh wie möglich in die Überlegungen einbezogen werden und sie aktiv begleiten. Das kann geschehen, indem er sich iRd langfristigen Nachfolgeplanung mit Personen beschäftigt, die als Kandidaten in Betracht kommen oder aufgebaut werden sollen. Eine Besonderheit gilt für die **Ernennung eines neuen Vorstandsvorsitzenden:** Wird ein interner Kandidat vorgeschlagen, handelt es sich idR um ein bereits amtierendes Vorstandsmitglied, das den Aufsichtsratsmitgliedern bekannt ist. Es gibt dann keinen Grund, den Vorstand insgesamt einzubeziehen, insbes. wenn evtl. mehrere Mitglieder die Ernennung zum Vorsitzenden anstreben.[1203]

Soll ein **externer Kandidat** bestellt werden, ist der Vorstand idR weniger intensiv eingebunden.[1204] 536 Auch in diesem Fall darf sich der Aufsichtsrat mit dem Vorstand aber abstimmen.[1205] Der Vorstand kann zB seine Einschätzung abgeben, welche Eigenschaften und Qualifikationen das Gremium mit Blick auf die Unternehmensstrategie sinnvoll ergänzen würden.[1206] Der Vorstand darf auch Kandidaten vorschlagen.[1207] Er hat aber keinen Anspruch, dass er am Auswahlprozess beteiligt wird. Insbesondere darf er nicht eigenmächtig, ohne sich mit dem Aufsichtsrat abzustimmen, nach Kandidaten suchen oder Kandidaten „absagen". **Herr des Auswahlverfahrens** muss stets der **Aufsichtsrat** sein.

dd) Beauftragung von Personalberatern. Der Aufsichtsrat darf **Personalberater** beauftragen, solange 537 der Aufsichtsrat final entscheidet.[1208] Der Aufsichtsrat kann sich ggf. zunächst im Hintergrund halten.[1209] Ein Personalberater kann dazu beitragen, dass der Aufsichtsrat auf angemessener Informationsgrundlage entscheidet (§ 116 S. 1 AktG iVm § 93 Abs. 1 S. 2 AktG). Der Aufsichtsrat beauftragt ggf. den Personalberater und verpflichtet die AG unmittelbar (§ 111 Abs. 2 S. 2 AktG).[1210]

ee) Institutionalisierte Vorschlags- oder Konsultationsrechte. Umstritten ist, ob „unverbindliche 538 Vorschlags- oder Konsultationsrechte" zugunsten von Vorstand, Hauptversammlung, einzelnen Aktionären oder Dritten institutionalisiert werden dürfen, indem in der Satzung oder anderweitig schuldrechtliche Verpflichtungen des Aufsichtsrats oder einzelner Aufsichtsratsmitglieder geregelt werden. Eine **verbreitete Ansicht** hält institutionalisierte Vorschlags- oder Konsultationsrechte auch für unzulässig, wenn sie unverbindlich ausgestaltet sind, weil sie dennoch einen gewissen Druck auf die Entscheidung des Aufsichtsrats ausüben könnten.[1211] Die **Gegenansicht** verweist darauf, dass rein faktische, rechtlich nicht bindende Einflussnahmen auf Personalentscheidungen des Aufsichtsrats gesetzlich nicht ausgeschlossen seien.[1212] Einigkeit besteht darüber, dass die Bestellung **auch wirksam** ist, wenn der Aufsichtsrat oder einzelne Aufsichtsratsmitglieder ein Vorschlags- oder Konsultationsrecht **übergehen**.[1213]

[1201] Zur Unterscheidung zwischen in- und externen Kandidaten *Kubis* in Semler/Peltzer/Kubis Vorstands-HdB § 2 Rn. 2 ff.
[1202] Vgl. *Kubis* in Semler/Peltzer/Kubis Vorstands-HdB § 2 Rn. 4.
[1203] Vgl. *Kubis* in Semler/Peltzer/Kubis Vorstands-HdB § 2 Rn. 5.
[1204] Vgl. *Kubis* in Semler/Peltzer/Kubis Vorstands-HdB § 2 Rn. 7 ff.
[1205] Hölters/*Weber* AktG § 84 Rn. 10; BeckOGK/*Fleischer* AktG § 84 Rn. 10; GroßkommAktG/*Kort* AktG § 84 Rn. 12; *Lutter/Krieger/Verse* AR Rn. 336; *Semler* FS Lutter, 2000, 721 (722 f.).
[1206] Wilsing/*Wilsing* DCGK 5.1.2 Rn. 8; *Martens,* FS Fleck, 1988, 191 (203); *Beiner/Braun* Vorstandsvertrag Rn. 7; K. Schmidt/Lutter AktG/*Seibt* AktG § 84 Rn. 9; *Seyfarth* VorstandsR § 3 Rn. 33.
[1207] Zu einem unverbindlichen Vorschlag von Vertretern der Mehrheitsaktionärin OLG Stuttgart AG 2007, 873 (876); GroßkommAktG/*Kort* AktG § 84 Rn. 9; Hüffer/Koch/*Koch* AktG § 84 Rn. 5; zu Publikumsgesellschaften Kölner Komm AktG/*Mertens/Cahn* AktG § 84 Rn. 9.
[1208] *Witte/Indenhuck* BB 2014, 2563 (2567 f.); *Semler* NZG 2013, 771 (772); *Seyfarth* VorstandsR § 3 Rn. 30; *Kubis* in Fleischer VorstandsR-HdB § 2 Rn. 10 ff.; *Peltzer* in Wellhöfer/Peltzer/Müller Haftung § 18 Rn. 14; eingehend *Kubis* in Semler/Peltzer/Kubis Vorstands-HdB § 2 Rn. 10 ff.
[1209] Ausf. dazu *Beiner/Braun* Vorstandsvertrag Rn. 9 ff.; *Seyfarth* VorstandsR § 3 Rn. 30; *Fonk* in Semler/v. Schenck AR-HdB § 10 Rn. 28.
[1210] Vgl. *Hasselbach/Rauch* DB 2018, 1713 (1714 f.); Hüffer/Koch/*Koch* AktG § 111 Rn. 24; *v. Schenck* in Semler/v. Schenck AR-HdB § 1 Rn. 304.
[1211] Kölner Komm AktG/*Mertens/Cahn* AktG § 84 Rn. 9; BeckOGK/*Fleischer* AktG § 84 Rn. 10; *Lutter/Krieger/Verse* AR Rn. 335; GroßkommAktG/*Kort* AktG § 84 Rn. 44.
[1212] MüKoAktG/*Spindler* AktG § 84 Rn. 16; Hölters/*Weber* AktG § 84 Rn. 11; Henssler/Strohn GesR/*Dauner-Lieb* AktG § 84 Rn. 6; K. Schmidt/Lutter AktG/*Seibt* AktG § 84 Rn. 13.
[1213] Hölters/*Weber* AktG § 84 Rn. 11; MüKoAktG/*Spindler* AktG § 84 Rn. 16.

539 **Stellungnahme:** Der zweiten Ansicht ist zu folgen. Institutionalisierte Vorschlags- oder Konsultationsrechte sind nicht primär deshalb bedenklich, weil sie ungeachtet ihrer Unverbindlichkeit faktisch Druck auf den Aufsichtsrat oder einzelne Aufsichtsratsmitglieder ausüben könnten, der mit der Entschließungsfreiheit nicht vereinbar wäre. Aufsichtsratsmitglieder müssen in der Lage sein, tatsächlichem Druck standzuhalten, der mit einem unverbindlichen Vorschlags- oder Konsultationsrecht verbunden sein mag und sich ungeachtet eines Vorschlags oder einer Meinungsäußerung fragen, welche Entscheidung im Unternehmensinteresse ist. Um im Unternehmensinteresse bestmögliche Personalentscheidungen treffen zu können, darf sich der Aufsichtsrat ohnehin von sich aus fragen, welche Stakeholder er zu welchem Zeitpunkt evtl. einbeziehen, um ihre Gedanken zu Gesichtspunkten zu erfahren, die mit anstehenden Personalentscheidungen zusammenhängen. Institutionalisierte Vorschlags- oder Konsultationsrechte sind aber insbes. aus Gründen der **Vertraulichkeit** (§ 116 S. 2, S. 1 AktG iVm § 93 Abs. 1 S. 3 AktG), der **Gleichbehandlung der Aktionäre** (§ 53a AktG) und bei börsennotierten Gesellschaften wegen **insiderrechtlicher Vorgaben** bedenklich. Grundsätzlich weniger problematisch sind danach institutionalisierte unverbindliche Vorschlags- oder Konsultationsrechte zugunsten des Vorstands. Den Vorstand wird der Aufsichtsrat aber idR ohnehin einbeziehen (→ Rn. 534ff.).

540 **ff) Einflussnahme im Konzern.** Ist die AG als **abhängige Gesellschaft** in einen Konzern eingebunden, ist ebenfalls ausschließlich ihr Aufsichtsrat für Personalentscheidungen zuständig, die den Vorstand betreffen.[1214] Auch auf Grundlage eines Beherrschungsvertrags kann das herrschende Unternehmen den Aufsichtsrat der abhängigen AG **nicht verbindlich** anweisen, wen er zum Vorstandsmitglied bestellen soll. Das herrschende Unternehmen kann in allen Konzernkonstellationen lediglich versuchen, durch rechtlich unverbindliche „Veranlassung" auf Bestellungsentscheidungen des Aufsichtsrats der vertraglich oder faktisch abhängigen AG Einfluss zu nehmen.[1215]

541 Auch **Zustimmungsvorbehalte zugunsten des Aufsichtsrats der Muttergesellschaft** bei der Besetzung von Vorstandspositionen einer Tochter-AG sind **unzulässig**. Zwar wird im Schrifttum diskutiert, ob der Aufsichtsrat der Muttergesellschaft sogar nach § 112 AktG für die Bestellung von Vorstandsmitgliedern zu Organmitgliedern von Tochtergesellschaften zuständig sei, und mit Blick auf bestehende Unsicherheiten eine vorsorgliche Zustimmung des Aufsichtsrats der Muttergesellschaft empfohlen.[1216] Eine Zustimmung des Aufsichtsrats der Muttergesellschaft kommt aber allenfalls in Betracht, wenn der Geschäftsleiter der Muttergesellschaft bei der Bestellung zum Organmitglied in der Tochtergesellschaft Stimmrechte der Muttergesellschaft ausübt.[1217] Das ist aber bei der Bestellung von Vorstandsmitgliedern in der Tochter-AG nicht der Fall. Auch der gesetzliche Zustimmungsvorbehalt des § 32 MitbestG bezieht sich ungeachtet der weiten Formulierung „*Bestellung [...] von Verwaltungsträgern*" nicht auf die Bestellung von Vorstandsmitgliedern der Tochter-AG.[1218] Die Entschließungsfreiheit von Aufsichtsratsmitgliedern, die gleichzeitig Vorstandsmitglied der Obergesellschaft sind, kann nicht eingeschränkt werden, indem sie für ihre Entscheidung im Aufsichtsrat der Tochter zunächst die Zustimmung des Aufsichtsrats der Mutter bedürfen, und ebenso wenig kann die höchstpersönliche, weisungsunabhängige Amtsführung der Aufsichtsratsmitglieder der Tochter-AG beschränkt werden.[1219] Generell dürfen Doppelmandatsträger im Aufsichtsrat der Tochter Interessen der Mutter allenfalls berücksichtigen, wenn sie nicht dem Interesse der Tochter widersprechen.[1220]

542 **gg) Folgen bei Beachtung vermeintlicher Bindungen.** Beachten Aufsichtsratsmitglieder bei Personalentscheidungen vermeintliche Bindungen ungeachtet ihrer Nichtigkeit, üben sie ihr **Ermessen nicht pflichtgemäß** aus. Wirken sich vermeintliche Bindungen auf das Ergebnis der Entscheidung aus – insbes., wenn Stimmen von Aufsichtsratsmitgliedern, die sich für gebunden halten, für das Abstimmungsergebnis kausal sind –, beruht der Beschluss auf sachfremden Erwägungen und ist **nichtig**.[1221]

[1214] OLG Düsseldorf NZG 2015, 1115 Rn. 59; *Lutter/Krieger/Verse* AR Rn. 490; MHdB AG/*Krieger* § 70 Rn. 38, 41.
[1215] Kölner Komm AktG/*Koppensteiner* AktG § 308 Rn. 3; GroßkommAktG/*Hirte* AktG § 308 Rn. 15; Hüffer/Koch/ *Koch* AktG § 308 Rn. 7; MüKoAktG/*Habersack* AktG § 111 Rn. 137; Hölters/*Leuering/Goertz* AktG § 308 Rn. 44; *Fonk* ZGR 2006, 841 (854); aA *v. Falkenhausen* ZIP 2014, 1205 (1206f.).
[1216] Hüffer/Koch/*Koch* AktG § 112 Rn. 6; *Schiller* GWR 2019, 102 (103).
[1217] Auch der Entscheidung des LG Berlin (NJW-RR 1997, 1534), das eine Zuständigkeit des Aufsichtsrats der Mutter-AG nach § 112 AktG annahm, lag die Bestellung eines Vorstandsmitglieds der Mutter-AG zum Geschäftsführer einer Tochter-GmbH durch deren Gesellschafterversammlung zugrunde.
[1218] Habersack/Henssler/*Henssler* MitbestG § 32 Rn. 12 mwN.
[1219] Vgl. zu § 32 MitbestG Habersack/Henssler/*Henssler* MitbestG § 32 Rn. 12.
[1220] Kölner Komm AktG/*Mertens/Cahn* AktG § 111 Rn. 94; Grigoleit/*Grigoleit/Tomasic* AktG § 111 Rn. 104; *Semler* Leitung und Überwachung Rn. 435ff.; ähnlich *Löbbe*, Unternehmenskontrolle im Konzern, 2003, 312ff. Für eine ausschließliche Bindung an die Interessen der abhängigen AG MüKoAktG/*Habersack* AktG § 111 Rn. 137; *Hoffmann-Becking* ZGR 1995, 325 (344); ähnlich *Lutter* FS Fischer, 1979, 419 (430); für eine Interessensbindung an das herrschende Unternehmen GroßkommAktG/*Hopt/Roth* AktG § 111 Rn. 692.
[1221] Zu Stimmbindungen MüKoAktG/*Spindler* AktG § 84 Rn. 15.

e) Zusammensetzung des Vorstands

aa) Zahl der Mitglieder. Nach dem Aktiengesetz kann der Vorstand aus **einer** oder aus **mehreren** Personen bestehen (§ 76 Abs. 2 S. 1 AktG). Ein „Einzelvorstand" kommt aber kaum vor. Ziff. 4.2.1 S. 1 DCGK aF empfahl für börsennotierte Gesellschaften: *„Der Vorstand soll aus mehreren Personen bestehen […]."* Bei Aktiengesellschaften mit einem **Grundkapital von mehr als drei Millionen EUR** erhöht sich die Mindestzahl auf **zwei Personen,** wenn die Satzung nicht einen Einzelvorstand vorsieht (§ 76 Abs. 3 S. 2 AktG). Dafür reicht es aus, dass die Satzung es dem Aufsichtsrat überlässt, die Mitgliederzahl zu bestimmen, und der Aufsichtsrat die Zahl der Vorstandsmitglieder auf eins beschränkt.[1222] Der Vorstand muss zudem zwingend aus **mindestens zwei Personen** bestehen, wenn aufgrund mitbestimmungsrechtlicher Regelungen (§ 33 MitbestG; § 13 Abs. 1 MontanMitbestG; § 13 MitbestErgG) ein **Arbeitsdirektor** zu bestellen ist (→ § 7 Rn. 241). Auch in regulierten Bereichen muss der Vorstand teilweise aus mindestens zwei Personen bestehen.[1223]

543

Die Zahl der Vorstandsmitglieder muss sich **aus der Satzung** ergeben (§ 23 Abs. 3 Nr. 6 AktG). Die Satzung muss aber keine konkrete Zahl festlegen. Sie kann eine Mindest- oder Höchstzahl festlegen, die Entscheidung dem Aufsichtsrat oder der Hauptversammlung übertragen oder eine Regel formulieren, nach der sich die Zahl bestimmt.[1224] Stellvertretende Vorstandsmitglieder zählen für die festgelegte Zahl mit (§ 94 AktG).[1225] Legt die Satzung **keine konkrete Zahl** fest, kann der Aufsichtsrat den Vorstand jederzeit nach pflichtgemäßem Ermessen **erweitern** oder **verkleinern.** Zuständig ist insofern ausschließlich das Plenum: Es handelt sich um eine Frage der Organisation des Vorstands, die der Aufsichtsrat ebenso wie Entscheidungen zur Geschäftsordnung für den Vorstand (→ Rn. 2062) nicht einem Ausschuss übertragen kann.[1226] Beschließt der Aufsichtsrat den Vorstand zu verkleinern, liegt darin nicht zwingend ein wichtiger Grund, der zum Widerruf der Bestellung eines Vorstandsmitglieds berechtigt (→ Rn. 729).[1227] Der Aufsichtsrat kann aber entscheiden, für ein ausgeschiedenes kein Vorstandsmitglied neu zu bestellen.

544

bb) Über- und Unterbesetzung. Sind weniger Vorstandsmitglieder vorhanden, als es der nach Gesetz, Satzung oder Entscheidung von Aufsichtsrat oder Hauptversammlung **geregelten Mindest- oder Festzahl** entspricht, ist der Vorstand unterbesetzt. Sind mehr Vorstandsmitglieder vorhanden, als es der Fest- oder Höchstzahl entspricht, ist der Vorstand überbesetzt. Zu einer Über- oder Unterbesetzung kann es insbes. kommen, wenn die Bestellung oder deren Widerruf unwirksam ist. Im Hinblick auf die Rechtsfolgen ist zu unterscheiden:

545

Ist der Vorstand **unterbesetzt,** kann er nach einer Entscheidung des **BGH** alle Handlungen nicht wirksam vornehmen, die **zwingend der Gesamtvorstand vornehmen** muss (→ Rn. 993).[1228] Hierzu zählt insbes. die Feststellung des Jahresabschlusses (§ 172 AktG). Der Aufsichtsrat muss danach unverzüglich ein Vorstandsmitglied bestellen oder die gerichtliche Bestellung beantragen (§ 85 Abs. 1 AktG).[1229] Das **Schrifttum** lehnt die Auffassung des BGH teilweise ab.[1230] Sie stehe im Widerspruch zur Möglichkeit, einen Einzelvorstand zu bestellen, und widerspreche dem Interesse von AG, Aktionären und Gläubigern.[1231] Teilweise wird angenommen, der unterbesetzte Vorstand könne zumindest Realhandlungen (zB Berichte an den Aufsichtsrat, § 90 AktG; Buchführung, § 91 AktG), innergesellschaftliche Verfahrenshandlungen ohne rechtsgeschäftlichen Charakter (zB Einberufung der Hauptversammlung, § 121 Abs. 2 AktG; Vorlage des Jahresabschlusses, § 170 Abs. 1 AktG) und Anträge, die im öffentlichen Interesse liegen

546

[1222] BGH NZG 2002, 817 (818); Hölters/*Weber* AktG § 76 Rn. 64; BeckOGK/*Fleischer* AktG § 76 Rn. 121; MüKoAktG/*Spindler* AktG § 76 Rn. 117.
[1223] ZB bei Investmentaktiengesellschaften mit veränderlichem Kapital (§ 119 Abs. 1 S. 1 KAGB) und bei Kredit- und Finanzdienstleistungsinstituten (§ 33 Abs. 1 S. 1 Nr. 5 KWG).
[1224] Zur Mindest- und Höchstzahl LG Köln AG 1999, 137; zur Bestimmung durch den Aufsichtsrat BGH NZG 2002, 817 (818); zur Bestimmung durch die Hauptversammlung BeckOGK/*Fleischer* AktG § 76 Rn. 120; GroßkommAktG/*Kort* AktG § 76 Rn. 237; Kölner Komm AktG/*Mertens/Cahn* AktG § 76 Rn. 105; allgemein zur Festlegung durch die Satzung BT-Drs. 8/1678, 12; Hüffer/Koch/*Koch* AktG § 23 Rn. 31; MüKoAktG/*Pentz* AktG § 23 Rn. 144ff.; Hölters/*Weber* AktG § 76 Rn. 62.
[1225] *Seyfarth* VorstandsR § 3 Rn. 20; MüKoAktG/*Pentz* AktG § 23 Rn. 143; BeckOGK/*Fleischer* AktG § 76 Rn. 120; Hölters/*Solveen* AktG § 23 Rn. 27.
[1226] Vgl. auch GroßkommAktG/*Kort* AktG § 76 Rn. 238; Kölner Komm AktG/*Mertens/Cahn* AktG § 76 Rn. 105.
[1227] OLG Frankfurt a. M. NZG 2015, 514; LG Frankfurt a. M. NZG 2014, 706 (707); Hüffer/Koch/*Koch* AktG § 84 Rn. 35; vgl. auch BeckOGK/*Fleischer* AktG § 84 Rn. 123.
[1228] BGHZ 149, 158 (161) = NJW 2002, 1128 – Sachsenmilch III; siehe auch die Vorinstanzen OLG Dresden AG 2000, 43 (44f.); LG Dresden AG 1999, 46 (47); ebenso bereits LG Heilbronn AG 2000, 373.
[1229] BGHZ 149, 158 (161f.) = NJW 2002, 1128 – Sachsenmilch III; MüKoAktG/*Spindler* AktG § 76 Rn. 118f.; Kölner Komm AktG/*Mertens/Cahn* AktG § 76 Rn. 110.
[1230] Kölner Komm AktG/*Mertens/Cahn* AktG § 76 Rn. 111; GroßkommAktG/*Kort* AktG § 76 Rn. 242; *Götz* ZIP 2002, 1745 (1748ff.).
[1231] Hölters/*Weber* AktG § 76 Rn. 67; Kölner Komm AktG/*Mertens/Cahn* AktG § 76 Rn. 111.

(zB Insolvenzantrag, § 92 Abs. 2 AktG), vornehmen.[1232] Nur inhaltliche Entscheidungen könne der unterbesetzte Vorstand mit Blick auf die erhöhte Richtigkeitsgewähr von Kollegialentscheidungen nicht wirksam treffen, da ein ordnungsgemäß besetzter Vorstand evtl. anders entschieden hätte.[1233]

547 Mit Blick auf die Rechtsprechung des BGH ist Aufsichtsräten **dringend zu raten,** eine Unterbesetzung **möglichst rasch zu beseitigen.** Hat der Aufsichtsrat die Mindest- oder Festzahl festgelegt, kann er sie jederzeit ändern. Für Geschäftsführungs- und Vertretungsmaßnahmen, die lediglich von einer bestimmten Zahl an Vorstandsmitgliedern vorzunehmen sind, ist der Vorstand trotz Unterbesetzung handlungsfähig, wenn die für die konkrete Aufgabe geschäftsführungs- (§ 77 AktG) bzw. vertretungsberechtigte Zahl an Vorstandsmitgliedern (§ 78 AktG) handelt.[1234]

548 Ist der Vorstand **überbesetzt,** sind die Bestellung des Vorstandsmitglieds, die zur Überbesetzung führte, sowie dessen Rechtshandlungen gegenüber Dritten **wirksam.**[1235] Nur so wird der Rechtsverkehr effektiv geschützt.[1236] Die Überbesetzung kann aber einen **wichtigen Grund für den Widerruf der Bestellung** des Vorstandsmitglieds darstellen, dessen Bestellung zur Überbesetzung führte. Ob der Aufsichtsrat die Bestellung widerrufen darf oder sogar muss, hängt davon ab, ob der Widerruf im Interesse der AG ist. Das kann insbes. davon abhängen, welche Folgen sich im Fall eines Widerrufs für den Anstellungsvertrag des Vorstandsmitglieds ergeben.[1237]

549 cc) **Frauenanteil (§ 111 Abs. 5 AktG). (1) Festlegung einer Zielgröße und einer Frist für deren Erreichung.** Der Aufsichtsrat einer **börsennotierten oder mitbestimmten AG** ist gesetzlich verpflichtet, eine Zielgröße für den Frauenanteil im Vorstand festzulegen (§ 111 Abs. 5 S. 1 AktG). Die Mitbestimmung kann sich aus dem DrittelbG, dem MitbestG, dem MontanMitbestG, dem MitbestErgG oder dem MgVG ergeben.[1238] Maßgeblich ist, ob der Aufsichtsrat **tatsächlich mitbestimmt** ist (Ist-Zustand), nicht, ob er mitbestimmt sein müsste (Soll-Zustand);[1239] es muss daher zumindest bereits aufgrund eines abgeschlossenen Statusverfahrens feststehen (§ 97 Abs. 2 AktG, § 98 Abs. 4 AktG), dass die AG der Mitbestimmung unterliegt. Mit der Festlegung der Zielgröße muss der Aufsichtsrat gleichzeitig eine **Frist** festlegen, innerhalb der die festgelegte Zielgröße erreicht werden soll. Diese Frist darf nicht länger als **fünf Jahre** sein (§ 111 Abs. 5 S. 3, S. 4 AktG). Grundsatz 9 S. 2 DCGK beschränkt sich darauf, die Gesetzeslage wiederzugeben.

550 Der Aufsichtsrat muss lediglich eine Zielgröße für den **Frauen**anteil festlegen. Sind Männer im Vorstand quotal unterrepräsentiert, muss der Aufsichtsrat daher keine Zielgröße für den Männeranteil festlegen.[1240] Der Aufsichtsrat kann die Zielgröße **geschlechtsneutral formulieren,** sofern eindeutig erkennbar ist, wie die Zielgröße für den Frauenanteil lautet (zB *„im Vorstand sollen jeweils zumindest […] % Frauen und Männer vertreten sein").*[1241]

551 Der Aufsichtsrat hat **grds. Ermessen,** welchen Frauenanteil er als Zielgröße festlegt.[1242] Liegt der bestehende Frauenanteil unter 30 %, darf die Zielgröße den Status quo allerdings nicht unterschreiten (§ 111 Abs. 5 S. 2 AktG). Insofern besteht ein **Verschlechterungsverbot.** Zur Berechnung der 30 %-Schwelle und der Zielgröße ist – soweit erforderlich – entsprechend § 96 Abs. 2 S. 4 AktG *„auf volle Personenzahlen mathematisch auf- beziehungsweise abzurunden".*[1243] Maßgeblich für die Berechnung ist der Frauenanteil im **Zeitpunkt der Entscheidung über die Festlegung.**[1244] Bei der Berechnung sind ausschließlich Vorstandsmitglieder zu berücksichtigen, deren **Amtszeit bereits begonnen** hat, nicht hingegen solche, die aufschiebend befristet bestellt sind.[1245]

[1232] Henssler/Strohn/*Dauner-Lieb* AktG § 76 Rn. 14; Hüffer/Koch/*Koch* AktG § 76 Rn. 56; MüKoAktG/*Spindler* AktG § 76 Rn. 119; BeckOGK/*Fleischer* AktG § 76 Rn. 124 f.
[1233] *C. Schäfer* ZGR 2003, 147 (153).
[1234] LG Berlin AG 1991, 244 (245); MüKoAktG/*Spindler* AktG § 76 Rn. 118; Hüffer/Koch/*Koch* AktG § 76 Rn. 56; Henssler/Strohn/*Dauner-Lieb* AktG § 76 Rn. 14; Hölters/*Weber* AktG § 76 Rn. 67.
[1235] Henssler/Strohn/*Dauner-Lieb* AktG § 76 Rn. 13; Hölters/*Weber* AktG § 76 Rn. 65; Hüffer/Koch/*Koch* AktG § 76 Rn. 56; MüKoAktG/*Spindler* AktG § 76 Rn. 120.
[1236] BeckOGK/*Fleischer* AktG § 76 Rn. 123; Kölner Komm AktG/*Mertens/Cahn* AktG § 76 Rn. 109.
[1237] Hölters/*Weber* AktG § 76 Rn. 65; BeckOGK/*Fleischer* AktG § 76 Rn. 123; Kölner Komm AktG/*Mertens/Cahn* AktG § 76 Rn. 109.
[1238] Hüffer/Koch/*Koch* AktG § 76 Rn. 67.
[1239] Hüffer/Koch/*Koch* AktG § 76 Rn. 67; K. Schmidt/Lutter AktG/*Seibt* AktG § 76 Rn. 71; BeckOGK/*Fleischer* AktG § 76 Rn. 151; Hölters/*Weber* AktG § 76 Rn. 83; *Fromholzer/Simons* AG 2015, 457 (458).
[1240] MüKoAktG/*Habersack* AktG § 111 Rn. 153; Hüffer/Koch/*Koch* AktG § 111 Rn. 56; *Junker/Schmidt-Pfitzner* NZG 2015, 929 (933); *Seyfarth* VorstandsR § 3 Rn. 25.
[1241] GroßkommAktG/*Hopt/Roth* AktG § 111 Rn. 775; *Fromholzer/Simons* AG 2015, 457 (461).
[1242] BT-Drs. 18/3784, 123; BeckOGK/*Spindler* AktG § 111 Rn. 100 iVm § 76 Rn. 155; Henssler/Strohn/*Henssler* AktG § 111 Rn. 25; Hüffer/Koch/*Koch* AktG § 111 Rn. 57; MüKoAktG/*Habersack* AktG § 111 Rn. 153.
[1243] Hölters/*Hambloch-Gesinn/Gesinn* AktG § 111 Rn. 83j; *Fromholzer/Simons* AG 2015, 457 (460); GroßkommAktG/*Hopt/Roth* AktG § 111 Rn. 783; MüKoAktG/*Spindler* AktG § 76 Rn. 151.
[1244] Hölters/*Hambloch-Gesinn/Gesinn* AktG § 111 Rn. 83b.
[1245] *Schulz/Ruf* BB 2015, 1155 (1161); *Junker/Schmidt-Pfitzner* NZG 2015, 929 (934).

Der Aufsichtsrat kann die **Zielgröße prozentual oder als absolute Zahl** (zB zwei Vorstandsmitglieder) festlegen.[1246] Eine absolute Zahl soll sich anbieten, wenn absehbar ist, dass die Zahl der Vorstandsmitglieder erhöht werden soll: Der Aufsichtsrat soll die Zielgröße ggf. auch dann ohne Verstoß gegen das Verschlechterungsverbot beibehalten können, wenn sich die Zahl der Frauen prozentual verringert, weil sich die Zahl der Vorstandsmitglieder erhöht.[1247] Ob das dem Gesetz entspricht, erscheint zweifelhaft: Das Gesetz spricht nur für das Verschlechterungsverbot in § 111 Abs. 5 S. 2 AktG von einem Frauen**anteil**, sondern auch für die Festlegung der Zielgröße in § 111 Abs. 5 S. 1 AktG. Nach zutreffender Ansicht ist es auch zulässig, dass der Aufsichtsrat eine **Bandbreite** für den Frauenanteil festlegt, also zB „zwischen 40 und 50 %"; in diesem Fall ist für das Verschlechterungsverbot die Untergrenze der Bandbreite maßgeblich.[1248] Die Gegenansicht hält eine Bandbreite für unzulässig. Nach Sinn und Zweck des Gesetzes solle die interessierte Öffentlichkeit in der Lage sein, zu prüfen, ob die festgelegte Zielgröße erreicht wurde; das sei im Fall einer Bandbreite nicht ohne weiteres möglich.[1249] Das trifft nicht zu: Es lässt sich feststellen, ob die erreichte Zielgröße in der Bandbreite liegt oder zumindest ihre Untergrenze erreicht wurde. Legt der Aufsichtsrat eine Bandbreite fest, dokumentiert er, dass er grds. bestrebt ist, mehr als lediglich die Untergrenze der Bandbreite zu erreichen.

Auch eine **Zielgröße von 0 %** ist nach zutreffender Ansicht zulässig, sofern der Frauenanteil im Zeitpunkt der Festlegung 0 % oder mindestens 30 % beträgt.[1250] Die Vertreter der Gegenansicht, die eine „Nullquote" für unzulässig hält, argumentieren, der Begriff „Zielgröße" drücke aus, der erreichte Zustand genüge nicht[1251] oder verweisen auf den Gesetzeszweck, den Frauenanteil in Führungspositionen zu steigern.[1252] Aus dem Gesetzeswortlaut ergibt sich aber lediglich ein Verschlechterungsverbot, solange der Frauenanteil im Zeitpunkt der Festlegung weniger als 30 % beträgt. Den Begriff „Zielgröße" anders auszulegen abhängig davon, ob ein Frauenanteil von 30 % bereits erreicht ist oder nicht, kommt nicht in Betracht. Auch die Gesetzesbegründung erkennt zumindest für „besondere Konstellationen" ausdrücklich an, eine Zielgröße von 0 % sei zulässig.[1253] Dass im Jahr 2019 etwa 70 % der Unternehmen eine Zielgröße von null Frauen festgelegt hatten, führte zum Referentenentwurf eines „Gesetzes zur Ergänzung und Änderung der Regelungen für die gleichberechtigte Teilhabe von Frauen an Führungspositionen in der Privatwirtschaft und im öffentlichen Dienst" (Zweites Führungspositionen-Gesetz – FüPoG II), der Regelungen enthält, die die Teilhabe von Frauen in Vorständen stärken sollen.[1254] Für Gesellschaften, die sowohl börsennotiert als auch paritätisch mitbestimmt sind, soll ein Mindestbeteiligungsgebot eingeführt werden: Besteht der Vorstand einer solchen Gesellschaft aus mehr als drei Mitgliedern, muss mindestens ein Vorstandsmitglied eine Frau sein (zur verbindlichen Frauenquote für Aufsichtsräte (§ 96 Abs. 2 S. 1 AktG → § 2 Rn. 25)). Eine Bestellung von Vorstandsmitgliedern unter Verstoß gegen dieses Beteiligungsgebot soll nichtig sein.[1255] Im Übrigen soll eine Zielgröße Null für den Frauenanteil im Vorstand zwar zulässig bleiben. Der Aufsichtsrat muss den Beschluss zur Festlegung einer Zielgröße Null aber „klar und allgemein verständlich" begründen und ausführlich die Erwägungen darlegen, die seiner Entscheidung zugrunde liegen.[1256] Die Begründung für die Festlegung einer Zielgröße Null muss zudem in die Erklärung

---

[1246] Henssler/Strohn/*Henssler* AktG § 111 Rn. 25; Hölters/Hambloch-Gesinn/*Gesinn* AktG § 111 Rn. 83d; Hüffer/Koch/*Koch* AktG § 111 Rn. 57; *Stüber* DStR 2015, 947 (953); GroßkommAktG/Hopt/*Roth* AktG § 111 Rn. 778.
[1247] Vgl. Junker/*Schmidt-Pfitzner* NZG 2015, 929 (936); GroßkommAktG/Hopt/*Roth* AktG § 111 Rn. 784.
[1248] GroßkommAktG/Hopt/*Roth* AktG § 111 Rn. 778; *Herb* DB 2015, 964 (970); *Weber/Fischer/Empen/Velte* DB 2020, 966 (967).
[1249] *Mense/Klie* GWR 2015, 441 (445).
[1250] Vgl. MüKoAktG/*Habersack* AktG § 111 Rn. 153; *Schulz/Ruf* BB 2015, 1155 (1161); *Weber/Fischer/Empen/Velte* DB 2020, 966 (967); zu einem Frauenanteil von 0 % im Zeitpunkt der Festlegung *Wasmann/Rothenburg* DB 2015, 291 (295); zu einem Frauenanteil von mehr als 30 % im Zeitpunkt der Festlegung der Praxisleitfaden „Zielsicher – Mehr Frauen in Führung" des BMFSFJ und des BMJV, 8, 16; zu einem Frauenanteil von mindestens 30 % im Zeitpunkt der Festlegung *Stüber* BB 2015, 2243 (2245); allgemein zur Zulässigkeit einer Zielgröße von 0 % wohl auch K. Schmidt/Lutter AktG/*Drygala* AktG § 111 Rn. 74.
[1251] *Teichmann/Rüb* BB 2015, 898 (902 f.); Hölters/Hambloch-Gesinn/*Gesinn* AktG § 111 Rn. 83b.
[1252] *Weller/Benz* AG 2015, 467 (471).
[1253] BT-Drs. 18/3784, 123.
[1254] Krit. zu einem früheren Gesetzesentwurf des Bundesministeriums für Familie, Senioren, Frauen und Jugend sowie des Bundesministeriums der Justiz und für Verbraucherschutz https://www.sueddeutsche.de/wirtschaft/frauen-vorstaende-unternehmen-dax-giffey-1.4762702 (zuletzt abgerufen am 28.10.2020); *Thüsing* Der Aufsichtsrat 2020, 111. Der Anteil börsennotierter Unternehmen (DAX, MDAX, SDAX), die eine Zielgröße von null Frauen festgelegt haben, liegt nach einer Studie der Allbright Stiftung (Stand 1.9.2019) bei 36,25 %, siehe https://static1.squarespace.com/static/5c7e8528f4755a0bedc3f8f1/t/5d87daa5692c75f103f5978ff/1569184438389/AllBrightBericht_Herbst2019_Entwicklungsland.pdf (zuletzt abgerufen am 28.10.2020); empirische Untersuchung zum Frauenanteil bei *Weber/Fischer/Empen/Velte* DB 2020, 966. Zu einer möglichen Regelung der EU zur Geschlechterbalance in den Leitungsorganen von Unternehmen *J. Schmidt* BB 2020, 1794 (1799).
[1255] § 76 Abs. 3a AktG-E; vgl. RefE FüPoG II S. 29.
[1256] § 111 Abs. 5 S. 3, 4 AktG-E; vgl. RefE FüPoG II S. 30.

zur Unternehmensführung aufgenommen werden.[1257] Eine börsennotierte und paritätisch mitbestimmte Gesellschaft, die zwar mehr als drei Vorstandsmitglieder hat, unter denen aber keine Frau ist, weil seit Geltung des Mindestbeteiligungsgebots noch kein Vorstandsmitglied neu bestellt wurde, muss in die Erklärung zur Unternehmensführung Angaben zu den Gründen aufnehmen, weshalb das Mindestbeteiligungsgebot nicht eingehalten ist.[1258]

554 Der Aufsichtsrat darf die festgelegte Zielgröße während der für die Zielerreichung festgelegten Frist **ändern**.[1259] Der Aufsichtsrat darf ferner die Art und Weise ändern, wie er die Zielgröße angibt; der Aufsichtsrat kann also eine Zielgröße zunächst prozentual und später als absolute Zahl angeben.[1260] Auch die ursprünglich **festgelegte Frist** kann er im Nachhinein ändern.[1261]

555 **(2) Publizität.** Börsennotierte Aktiengesellschaften müssen in der **Erklärung zur Unternehmensführung** die festgelegte Zielgröße, die festgelegte Frist und zudem aufnehmen, „*ob die festgelegten Zielgrößen während des Bezugszeitraums erreicht worden sind, und wenn nicht, Angaben zu den Gründen*" (§ 289f Abs. 2 Nr. 4 HGB). Nach der Gesetzesbegründung zu den vom Vorstand nach § 76 Abs. 4 AktG festzulegenden Zielgrößen für den Frauenanteil in den beiden Führungsebenen unterhalb des Vorstands ist in Fällen der Nichterreichung nachvollziehbar darzulegen, was unternommen wurde und weshalb es keinen Erfolg hatte.[1262] Nimmt man an, dass der Aufsichtsrat als Zielgröße **eine absolute Zahl** festlegen und beibehalten darf, wenn der Vorstand vergrößert wird und weitere Männer hinzukommen (→ Rn. 552) kommt es für die Angaben ausschließlich darauf an, ob die festgelegte absolute Zahl an Frauen im Vorstand erreicht ist. Unerheblich wäre in diesem Fall, ob sich der Anteil an Frauen relativ ändert, weil sich die Zahl der Vorstandsmitglieder erhöht.

556 Die Erklärung zur Unternehmensführung ist in den **Lagebericht** aufzunehmen (§ 289f Abs. 1 S. 1 AktG) oder auf der Internetseite der AG öffentlich zugänglich zu machen und ggf. in den Lagebericht eine Bezugnahme aufzunehmen, die die Angabe der Internetseite enthält (§ 289f Abs. 1 S. 2, 3 HGB).

557 **(3) Entscheidung des Aufsichtsrats.** Bei der Festlegung der Zielgröße und der Frist für deren Erreichung hat der Aufsichtsrat **Ermessen**. Mit der Festlegung ist eine Außenwirkung verbunden, da Zielgröße und Frist zu veröffentlichen sind. Der Aufsichtsrat muss prognostizieren, wie viele Vorstandspositionen innerhalb der Frist neu zu besetzen sein werden und ob bereits absehbar bzw. wie wahrscheinlich es ist, Vorstandspositionen neu mit Frauen besetzen zu können. Der Aufsichtsrat muss zudem berücksichtigen, inwieweit es sich negativ auf die Reputation der AG auswirken würde,[1263] wenn in der Erklärung zur Unternehmensführung mitzuteilen wäre, dass und warum die Zielgröße nicht erreicht wurde. Bereitet ein Ausschuss die Bestellung vor und erwägt, Kandidaten vorzuschlagen, deren Bestellung mit einer Abweichung von der festgelegten Zielgröße verbunden wäre, sollte er möglichst frühzeitig ausloten, ob im Plenum ungeachtet der Abweichung die erforderliche Mehrheit zustande käme.

558 Ob der Aufsichtsrat die Entscheidung über die Festlegung der Zielgröße sowie der Frist für deren Erreichung einem **Ausschuss** übertragen kann, ist umstritten. Gegen die Übertragbarkeit wird angeführt, die Festlegung greife Bestellungsentscheidungen vor, die der Aufsichtsrat nicht einem Ausschuss übertragen kann.[1264] Nach **zutreffender** Ansicht kann der Aufsichtsrat die Entscheidung einem Ausschuss übertragen. Der Gesetzgeber hat sie nicht in den Katalog der Aufgaben aufgenommen, die das Plenum nicht einem Ausschuss übertragen kann (§ 107 Abs. 3 S. 7 AktG).[1265] Die Festlegung greift Bestellungsentscheidungen auch nicht vor: Bestellungen sind nicht unwirksam, wenn sie nicht der Zielgröße entsprechen. Das Plenum handelt auch nicht allein deshalb pflichtwidrig, weil eine Bestellung dazu führt, dass die Zielgröße nicht erreicht wird. Das Plenum muss vielmehr die Zielgröße lediglich im Rahmen seines breiten Ermessens berücksichtigen (→ Rn. 521 ff.). Der mit der Zielgröße evtl. verbundene „faktische Druck" begründet noch **keinen „Vorgriff der Bestellungsentscheidung"**, zumal das Plenum eine festgelegte Zielgröße innerhalb der für die Zielerreichung festgelegten Frist jederzeit ändern kann (→ Rn. 554). Grundsätzlich ist aber nicht zu empfehlen, dass ein Ausschuss die Zielgröße für den Frauenanteil festlegt.

[1257] § 289f Abs. 2 Nr. 4 HGB-E; vgl. RefE FüPoG II S. 26.
[1258] § 289f Abs. 2 Nr. 5a HGB-E; vgl. RefE FüPoG II S. 26.
[1259] Hölters/Hambloch-Gesinn/Gesinn AktG § 111 Rn. 83d; Henssler/Strohn/Henssler AktG § 111 Rn. 25; Herb DB 2015, 964 (970); Fromholzer/Simons AG 2015, 457 (464).
[1260] GroßkommAktG/Hopt/Roth AktG § 111 Rn. 784.
[1261] Fromholzer/Simons AG 2015, 457 (464); Herb DB 2015, 964 (970).
[1262] BegrRegE BT-Drs. 18/3784, 120; näher zur Darstellung in der Erklärung zur Unternehmensführung GroßkommAktG/Hopt/Roth AktG § 111 Rn. 787 mwN; zur Begründung der Festlegung einer Zielgröße Null nach dem RefE FüPoG II (→ Rn. 553).
[1263] Vgl. GroßkommAktG/Hopt/Roth AktG § 111 Rn. 788; Weller/Benz AG 2015, 467 (472).
[1264] MüKoAktG/Habersack AktG § 111 Rn. 154; E. Vetter AG 2017, 288; Seyfarth VorstandsR § 3 Rn. 28.
[1265] So Fromholzer/Simons AG 2015, 457 (459); BeckOGK/Spindler AktG § 111 Rn. 99; ohne weitere Begründung GroßkommAktG/Hopt/Roth AktG § 111 Rn. 780.

(4) Folgen bei Nichterreichung der Zielgröße. Wird die festgelegte Zielgröße nicht erreicht, ist damit unmittelbar **keine Sanktion** verbunden. Insbesondere hängt die **Wirksamkeit einer Bestellung nicht** davon ab, ob sie der festgelegten Zielgröße entspricht. Der Aufsichtsrat muss die Zielgröße lediglich bei seinen Bestellungsentscheidungen als Abwägungsgesichtspunkt im Rahmen seines breiten Ermessens berücksichtigen.[1266] Der Aufsichtsrat muss der Erreichung der festgelegten Zielgröße keinen Vorrang vor anderen Entscheidungskriterien einräumen. Maßstab der Entscheidung ist stets das Unternehmensinteresse und daher vor allem die fachliche und persönliche Eignung der Kandidaten. Der Aufsichtsrat muss in der Erklärung zur Unternehmensführung ggf. angeben, dass und weshalb die Zielgröße im jeweils abgelaufenen Bezugszeitraum der Erklärung nicht erreicht wurde (§ 289f Abs. 2 Nr. 4 HGB). Durch den damit verbundenen möglichen **öffentlichen Druck** verspricht sich der Gesetzgeber eine Verhaltenssteuerung.[1267] Verstöße gegen die Pflicht, Angaben zur festgelegten Zielgröße, zur festgelegten Frist für deren Erreichung und ggf. die Begründung für eine Zielgröße Null (→ Rn. 553) in die Erklärung zur Unternehmensführung aufzunehmen, sollen künftig als Ordnungswidrigkeit bußgeldbewehrt sein.[1268]

Im Schrifttum wird darauf hingewiesen, bei fehlender oder nicht angemessener Zielgröße komme eine **Verweigerung der Entlastung** in Betracht.[1269] Die Hauptversammlung kann die Entlastung allerdings im Rahmen ihres freien Ermessens auch ohne besonderen sachlichen Grund verweigern (→ Rn. 1140). Pflichtverletzungen, die so „eindeutig und schwerwiegend" sind, dass eine von der Hauptversammlung erteilte Entlastung anfechtbar wäre (→ Rn. 1142 ff.),[1270] kommen allenfalls in Betracht, wenn in der Erklärung zur Unternehmensführung die erforderlichen Angaben nicht oder nicht zutreffend gemacht wurden.[1271] Für eine **Schadensersatzpflicht** von Aufsichtsratsmitgliedern fehlt es idR an einem nachweisbaren zurechenbaren Schaden (Reputationsverlust?).[1272]

dd) Diversität (Vielfalt). Aufsichtsräte börsennotierter Gesellschaften, bei denen es sich um große Kapitalgesellschaften nach § 267 Abs. 3 S. 1, Abs. 4 bis 5 HGB handelt, müssen im Hinblick auf die Zusammensetzung des Vorstands entweder ein Diversitätskonzept **verfolgen** oder in der Erklärung zur Unternehmensführung erläutern, falls sie das nicht tun (§ 289f Abs. 2 Nr. 6, Abs. 5 HGB). Als Gesichtspunkte eines Diversitätskonzepts nennt das Gesetz „*beispielsweise Alter, Geschlecht, Bildungs- oder Berufshintergrund*". Das Diversitätskonzept sowie seine Ziele, die „*Art und Weise seiner Umsetzung*" und die „*im Geschäftsjahr erreichten Ergebnisse*" sind in der Erklärung zur Unternehmensführung zu beschreiben (§ 289f Abs. 2 Nr. 6 HGB). Auch B.1 DCGK empfiehlt, dass der Aufsichtsrat bei der Zusammensetzung des Vorstands „*auf die Diversität achten*" soll. Die Kodex-Kommission verweist in ihrer Begründung auf die gesetzliche Regelung zum Diversitätskonzept und ergänzt, Diversität könne auch durch Internationalität definiert werden.[1273] Hintergrund der Regelung und der Empfehlung zur Diversität ist die Annahme, dass größere Vielfalt zu breiterem Sachverstand, Meinungspluralität und mehr Aufgeschlossenheit gegenüber Innovationen führt und damit zu einer erfolgreicheren Unternehmensführung beiträgt.[1274]

Bei der Festlegung eines **Diversitätskonzepts** hat der Aufsichtsrat **Ermessen.** Anders als bei der Frauenquote muss der Aufsichtsrat keine Frist festlegen, innerhalb der bestimmte Ziele erreicht werden sollen. Allerdings ist **jährlich** über die „*im Geschäftsjahr erreichten Ergebnisse*" **zu berichten** (§ 289f Abs. 2 Nr. 6 HGB). Das spricht dafür, dass der Aufsichtsrat den Status quo ermittelt und Diversitätsziele auch von der Prognose abhängig macht, wie viele Vorstandspositionen in den nächsten Jahren neu zu besetzen sein werden. Mit Blick auf die Beteiligung von Frauen genügt es iRd Diversitätskonzepts, auf die festgelegte Zielgröße und die Frist zu deren Erreichung zu verweisen; der Aufsichtsrat sollte grds. insofern auch nichts Abweichendes festlegen. Die **EU-Kommission** hat **unverbindliche Leitlinien** zu Form und Umfang der Berichterstattung zur Diversität erlassen.[1275] Danach „*sollte der Art und der Komplexität der Geschäftstätigkeit des Unternehmens ebenso Rechnung getragen werden wie dem gesellschaftlichen und sozialen Umfeld, in dem das Unternehmen tätig ist. Die Diversitätsaspekte sollten im Allgemeinen das Alter, das Geschlecht, den Bildungsstand und den beruflichen Hintergrund umfassen. Je nach geografischer Präsenz und Wirtschaftszweig eines*

[1266] Tendenziell strenger GroßkommAktG/*Hopt/Roth* AktG § 111 Rn. 787: „*Bemühenspflicht*"; *Weller/Benz* AG 2015, 467 (472); ähnlich K. Schmidt/Lutter AktG/*Drygala* AktG § 111 Rn. 75: „*Handlungsauftrag*".
[1267] BegrRegE BT-Drs. 18/3784, 119.
[1268] § 334 Abs. 1 Nr. 3a HGB-E; vgl. RefE FüPoG II S. 27.
[1269] GroßkommAktG/*Hopt/Roth* AktG § 111 Rn. 787; *Fromholzer/Simons* AG 2015, 457 (466) mwN.
[1270] Grundlegend BGHZ 153, 47 (51) = NJW 2003, 1032 – Macrotron; BGHZ 160, 385 (388) = NJW 2005, 828 – ThyssenKrupp; BGHZ 194, 14 Rn. 9 = NZG 2012, 1064 – Fresenius; BGH AG 2010, 79; NZG 2012, 347; NZG 2013, 783.
[1271] Vgl. auch GroßkommAktG/*Hopt/Roth* AktG § 111 Rn. 787.
[1272] Ebenso GroßkommAktG/*Hopt/Roth* AktG § 111 Rn. 787 mwN.
[1273] Begründung DCGK, Empfehlung A.1, S. 6.
[1274] Erwägungsgrund 18 RL 2014/95/EU (sog. „CRS-Richtlinie"); *Needham/Müller* IRZ 2018, 345 (346); BeckHdB AG/*von der Linden* § 25 Rn. 25, 27.
[1275] „Leitlinien zur Methode der Berichterstattung über nichtfinanzielle Informationen" (2017/C 215/01), S. 19 f.

Unternehmens sollten auch Faktoren wie geografische Herkunft, internationale Erfahrung, Sachkenntnis in einschlägigen Nachhaltigkeitsfragen, Arbeitnehmervertretung und weitere Aspekte wie der sozioökonomische Hintergrund einbezogen werden."

563 Der Aufsichtsrat kann die Aufgabe, ein Diversitätskonzept für die Zusammensetzung des Vorstands festzulegen, einem **Ausschuss** übertragen (zum Frauenanteil → Rn. 558). Allerdings ist eine solche Übertragung grds. **nicht zu empfehlen**.

564 Die **Wirksamkeit** der Bestellung eines Vorstandsmitglieds hängt nicht davon ab, ob sie dem Diversitätskonzept entspricht. Der Aufsichtsrat muss das Diversitätskonzept vielmehr lediglich bei seinen Bestellungsentscheidungen als Abwägungsgesichtspunkt im Rahmen seines breiten Ermessens berücksichtigen. Auch der DCGK-Empfehlung, bei der Besetzung des Vorstands auf die Diversität zu achten, entspricht der Aufsichtsrat bereits dann, wenn er diesen Gesichtspunkt in seine Überlegungen mit einbezieht und im Entscheidungsprozess mit abwägt.[1276] Der Aufsichtsrat muss der Diversität nicht Vorrang vor anderen Entscheidungskriterien einräumen. Maßstab ist stets das Unternehmensinteresse, weshalb der Aufsichtsrat vor allem die fachliche und persönliche Eignung der Kandidaten berücksichtigen muss.[1277] Der Aufsichtsrat kann das Diversitätskonzept auch jederzeit ändern.

565 Im Hinblick auf mögliche **Pflichtverletzungen** von Aufsichtsratsmitgliedern im Zusammenhang mit dem Diversitätskonzept gelten die Ausführungen zur Festlegung der Zielgröße für den Frauenanteil im Vorstand entsprechend (→ Rn. 549 ff.). Pflichtverletzungen, die so „eindeutig und schwerwiegend" sind, dass eine von der Hauptversammlung erteilte Entlastung anfechtbar wäre (→ Rn. 1140 ff.),[1278] kommen allenfalls in Betracht, wenn in der Erklärung zur Unternehmensführung erforderliche Angaben nicht oder nicht zutreffend gemacht wurden. Für eine Schadensersatzpflicht von Aufsichtsratsmitgliedern fehlt es idR an einem nachweisbaren zurechenbaren Schaden (Reputationsverlust?).

f) Persönliche Voraussetzungen

566 **aa) Gesetzliche Mindestvoraussetzungen.** Vorstandsmitglied können nur **natürliche, unbeschränkt geschäftsfähige** Personen sein (§ 76 Abs. 3 S. 1 AktG), nicht hingegen **juristische Personen** und **Personengesellschaften**.[1279] Ob eine natürliche Person **unbeschränkt geschäftsfähig** ist, beurteilt sich nach ihrem **Heimatstatut** (Art. 7 Abs. 1 EGBGB). Personen, die deutschem Recht unterliegen und danach minderjährig sind (§ 106 BGB), können nicht Vorstandsmitglied sein; Personen, die nach deutschem Recht minderjährig, nach ihrem Heimatstatut aber unbeschränkt geschäftsfähig sind, können hingegen Vorstandsmitglied sein.[1280] Die **Staatsangehörigkeit** spielt keine Rolle.[1281] Vorstandsmitglieder können, müssen aber nicht zugleich **Aktionär** sein.[1282] Ist ein Vorstandsmitglied Aktionär, sind beide Rechtsverhältnisse zu trennen.

567 Vorstandsmitglied können Personen sein, die **keinen Wohnsitz im Inland** haben. Vor Inkrafttreten des MoMiG wurde verbreitet für erforderlich gehalten, Mitglieder des Geschäftsleitungsorgans einer AG oder GmbH müssten jederzeit in der Lage sein, nach Deutschland einzureisen.[1283] Insofern hat sich der Meinungsstand „gedreht": Nach inzwischen herrschender und zutreffender Ansicht können auch Personen Vorstandsmitglied sein, die **nicht berechtigt** sind, **jederzeit nach Deutschland einzureisen;** auch eine Aufenthalts- oder Arbeitserlaubnis für die Bundesrepublik Deutschland ist nicht erforderlich.[1284] Der Aufsichtsrat muss aber prüfen, ob es im Interesse der AG ist, eine Person zu bestellen, die nicht oder jedenfalls nicht sicher in der Lage ist, sich – zumindest kurzzeitig – in Deutschland aufzuhalten. Das dürf-

---

[1276] Mense/Rosenhäger GWR 2010, 311 (313); Schubert/Jacobsen WM 2011, 726 (730); BeckHdB AG/von der Linden § 25 Rn. 27.
[1277] KBLW/Kremer DCGK Rn. 1240; Sünner CCZ 2009, 185 (186); Mense/Rosenhäger GWR 2010, 311 (313); Schubert/Jacobsen WM 2011, 726 (730); Lutter/Krieger/Verse AR Rn. 345.
[1278] Grundlegend BGHZ 153, 47 (51) = NJW 2003, 1032 – Macrotron; BGHZ 160, 385 (388) = NJW 2005, 828 – ThyssenKrupp; BGHZ 194, 14 Rn. 9 = NZG 2012, 1064 – Fresenius; BGH AG 2010, 79; NZG 2012, 347; NZG 2013, 783.
[1279] MüKoAktG/Spindler AktG § 76 Rn. 124.
[1280] Erdmann NZG 2002, 503 (504); MüKoAktG/Spindler AktG § 76 Rn. 125; Hölters/Weber AktG § 76 Rn. 70; BeckOGK/Fleischer AktG § 76 Rn. 128; K. Schmidt/Lutter AktG/Seibt AktG § 76 Rn. 60.
[1281] Hüffer/Koch/Koch AktG § 76 Rn. 59; MüKoAktG/Spindler AktG § 76 Rn. 125; Hölters/Weber AktG § 76 Rn. 70.
[1282] MüKoAktG/Spindler AktG § 76 Rn. 127.
[1283] So jew. zur GmbH OLG Köln GmbHR 1999, 182 (183); OLG Hamm NZG 1999, 1004 (1005); LG Rostock NZG 2004, 532; aA OLG Düsseldorf BeckRS 1977, 01586. Übersicht zum Meinungsstand vor dem MoMiG bei OLG Frankfurt a. M. BB 2001, 852 (853).
[1284] Zu GmbH-Geschäftsführern OLG Frankfurt a. M. NJW 1977, 1595; OLG Zweibrücken FGPrax 2010, 310; OLG München NZG 2010, 157; OLG Düsseldorf NZG 2009, 678 (679); zu Vorstandsmitgliedern MüKoAktG/Spindler AktG § 76 Rn. 125; Hüffer/Koch/Koch AktG § 76 Rn. 59; Hölters/Weber AktG § 76 Rn. 70; aA nach wie vor Seyfarth VorstandsR § 3 Rn. 13; K. Schmidt/Lutter AktG/Seibt AktG § 76 Rn. 60: Einreisemöglichkeit erforderlich.

te grds. unproblematisch sein, wenn sich der Verwaltungssitz der AG – was zulässig ist[1285] – im Ausland befindet.[1286] Im Übrigen ist zwar davon auszugehen, dass ein im Ausland ansässiges Vorstandsmitglied durch moderne Kommunikationsmittel an der Leitung und Geschäftsführung der AG mitwirken kann. Vorstandsmitglieder müssen aber – nach derzeitigem Stand – persönlich an Hauptversammlungen teilnehmen und den Aktionären Auskunft erteilen (§ 118 Abs. 3 S. 1 AktG, § 131 AktG).[1287] Das gilt auch für virtuelle Hauptversammlungen nach dem COVMG;[1288] allerdings kann das „Gebot sozialer Distanz" grds. rechtfertigen, dass Vorstandsmitglieder nicht persönlich teilnehmen.

Besondere **spezialgesetzliche Anforderungen** gelten für Geschäftsleiter im Finanz- und Versicherungsbereich. Geschäftsleiter von Kredit- und Finanzdienstleistungsinstituten müssen *„fachlich geeignet und zuverlässig sein und der Wahrnehmung ihrer Aufgaben ausreichend Zeit widmen"*[1289] (§ 25c Abs. 1 S. 1 KWG). Leiter von Versicherungsunternehmen müssen *„zuverlässig und fachlich geeignet sein"* (§ 24 Abs. 1 S. 1 VAG).[1290] 568

Ist bereits **bei der Bestellung** eine aktienrechtliche Mindestvoraussetzung (§ 76 Abs. 3 S. 1 AktG) nicht erfüllt, ist die Bestellung **nichtig** (§ 134 BGB).[1291] Fällt **nach der Bestellung** eine aktienrechtliche Mindestvoraussetzung weg, verliert das Vorstandsmitglied sofort **ipso iure** sein Amt, ohne dass der Aufsichtsrat die Bestellung widerrufen muss.[1292] 569

bb) Gesetzliche Bestellungshindernisse. (1) Betreuung, Berufs- oder Gewerbeverbot, Verurteilung wegen „Katalog-Straftat" (§ 76 Abs. 3 AktG). Aktienrechtliche Bestellungshindernisse sind eine **Betreuung mit Einwilligungsvorbehalt** in Vermögensangelegenheiten (§ 76 Abs. 3 S. 2 Nr. 1 AktG iVm § 1903 BGB), ein rechtskräftiges bzw. vollziehbares **Berufs- oder Gewerbeverbot** im Bereich des Unternehmensgegenstands (§ 76 Abs. 3 S. 2 Nr. 2 AktG) sowie eine **Verurteilung** wegen bestimmter vorsätzlich begangener **„Katalog-Straftaten"** (§ 76 Abs. 3 S. 2 Nr. 3 AktG), zB Insolvenzverschleppung (§§ 283 ff. StGB), Betrug (§ 263 StGB) und Untreue (§ 266 StGB). 570

Ein Bestellungshindernis besteht nach Ansicht des **BGH** auch, wenn ein Kandidat nicht als Täter (§ 25 StGB), sondern **als Teilnehmer** (§§ 26, 27 StGB) verurteilt wurde.[1293] Der BGH verweist auf den Wortlaut sowie den Zweck der Vorschrift: Der Gesetzgeber lehne sich mit der Formulierung *„wegen […] Straftaten […] verurteilt worden ist"* an den Begriff der *„strafgerichtlichen Verurteilung"* in § 3 Nr. 1 BZRG, § 4 Nr. 1 BZRG an, der beide Begehungsformen erfasse.[1294] Der Schutzzweck des Bestellungshindernisses, fremdes Vermögen zu schützen, sei auch berührt, wenn eine Person lediglich Teilnehmer einer Katalog-Straftat sei.[1295] 571

Im Fall einer **Verurteilung** gilt das Bestellungshindernis für **fünf Jahre** seit der Rechtskraft des Urteils, wobei Haftzeiten nicht mitzählen (§ 76 Abs. 3 S. 2 Nr. 3 AktG aE). Ein Bestellungshindernis besteht auch für Personen, die **im Ausland** wegen einer Tat verurteilt wurden, die mit einer Katalog-Straftat vergleichbar ist (§ 76 Abs. 2 S. 3 AktG).[1296] 572

Liegt bereits **bei der Bestellung** ein aktienrechtliches Bestellungshindernis nach § 76 Abs. 3 S. 2, S. 3 AktG vor, ist die Bestellung **nichtig** (§ 134 BGB).[1297] Entsteht **nach der Bestellung** ein aktienrechtli- 573

[1285] Siehe zur Streichung des § 5 Abs. 2 AktG aF die RegBegr MoMiG, BT-Drs. 6/6140, 29. Zur GmbH OLG Düsseldorf NZG 2009, 678 (679); OLG München NZG 2010, 157 (158); zur AG MüKoAktG/*Spindler* AktG § 76 Rn. 125; Hüffer/Koch/*Koch* AktG § 5 Rn. 1; Hölters/*Weber* AktG § 76 Rn. 70.
[1286] Vgl. Hüffer/Koch/*Koch* AktG § 76 Rn. 59.
[1287] Eingehend *Unmuth* NZG 2020, 448; Hölters/*Weber* AktG § 76 Rn. 70.
[1288] *Herb/Merkelbach* DStR 2020, 811 (816); *Noack/Zetzsche* AG 2020, 265 (268); iErg auch *Simons/Hauser* NZG 2020, 488 (492).
[1289] Ausf. dazu *Behme/Zickgraf* AG 2015, 841 (846); MüKoAktG/*Spindler* AktG § 76 Rn. 142.
[1290] Näher hierzu Hüffer/Koch/*Koch* AktG § 76 Rn. 78 f.
[1291] MüKoAktG/*Spindler* AktG § 76 Rn. 126; Henssler/Strohn/*Dauner-Lieb* AktG § 76 Rn. 16; BeckOGK/*Fleischer* AktG § 76 Rn. 130.
[1292] Zu GmbH-Geschäftsführern BGHZ 115, 78 (80) = NJW 1991, 2566; zu Vorstandsmitgliedern MüKoAktG/*Spindler* AktG § 76 Rn. 126; BeckOGK/*Fleischer* AktG § 76 Rn. 130; Henssler/Strohn/*Dauner-Lieb* AktG § 76 Rn. 16.
[1293] Zur wortgleichen Regelung für GmbH-Geschäftsführer (§ 6 Abs. 2 S. 2 Nr. 3 GmbHG) BGH ZIP 2020, 73; ebenso bereits Henssler/Strohn/*Oetker* GmbHG § 6 Rn. 26; *Weiß* GmbHR 2013, 1076 (1077); aA *Ahlbrecht* wistra 2018, 241: Bestellungshindernis aufgrund Teilnahme an Katalog-Straftat ist unverhältnismäßiger Eingriff in die Berufsfreiheit (Art. 12 GG); vgl. auch Baumbach/Hueck/*Beurskens* GmbHG § 6 Rn. 16.
[1294] BGH ZIP 2020, 73 Rn. 14.
[1295] BGH ZIP 2020, 73 Rn. 16.
[1296] Zu verfassungsrechtlichen Bedenken MüKoAktG/*Spindler* AktG § 76 Rn. 128.
[1297] MüKoAktG/*Spindler* AktG § 76 Rn. 126; Henssler/Strohn/*Dauner-Lieb* AktG § 76 Rn. 16; jew. zu GmbH-Geschäftsführern OLG Hamm GmbHR 2011, 307 (308); OLG Naumburg GmbHR 2000, 378 (380); zu Vorstandsmitgliedern *Seyfarth* VorstandsR § 3 Rn. 10; GroßkommAktG/*Kort* AktG § 76 Rn. 265.

574 Vor der Bestellung muss der Aufsichtsrat **prüfen**, dass **keine Bestellungshindernisse** vorliegen.[1299] Dazu lässt er sich regelmäßig ein **Führungszeugnis** gem. § 30 Abs. 1 Bundeszentralregistergesetz (BZRG) vorlegen (vgl. § 76 Abs. 3 S. 2 Nr. 3 AktG). Ob diese Praxis mit der seit dem 25.5.2018 geltenden DS-GVO vereinbar ist, ist allerdings nicht geklärt.[1300] Nach Art. 10 S. 1 DS-GVO dürfen Daten über strafrechtliche Verurteilungen und behördlich oder gerichtlich festgestellte Straftaten nur noch unter behördlicher Aufsicht oder auf der Grundlage einer spezifischen Norm des EU-Rechts oder des Rechts des jeweiligen Mitgliedstaats verarbeitet werden, die geeignete Datenschutzgarantien vorsieht.[1301] Eine Regelung, die die Verarbeitung von Informationen über strafrechtliche Verurteilungen von Vorstandsmitgliedern und -kandidaten durch den Aufsichtsrat ausdrücklich vorsieht, ist nicht ersichtlich. Allerdings ist die Verarbeitung straftatbezogener Daten im Beschäftigungskontext als rechtmäßig anerkannt, soweit sie sich im Rahmen des Fragerechts des Arbeitgebers bewegt.[1302] Das soll sich auch auf die Einholung eines Führungszeugnisses erstrecken, jedenfalls wenn für die fragliche Arbeitsstelle allgemeine Gesetzestreue relevant ist.[1303] Bei Vorstandsmitgliedern strengere Maßstäbe anzulegen als bei regulären Beschäftigten, wäre sinnwidrig und entspräche nicht dem Willen des Gesetzgebers.[1304] Der Wortlaut des § 26 BDSG, auf dessen Grundlage die Einholung von Führungszeugnissen gegenüber Arbeitnehmern für zulässig gehalten wird, rechtfertigt dieses Vorgehen mit Blick auf die Anforderungen von Art. 10 DS-GVO nicht eindeutiger als es sich gegenüber Vorstandsmitgliedern auf Art. 6 Abs. 1 lit. b) DS-GVO iVm § 76 Abs. 3 AktG stützen lässt.

575 **(2) Unvereinbarkeit der Mitgliedschaft in Aufsichtsrat und Vorstand (§ 105 Abs. 1 AktG).** Ein besonderes aktienrechtliches Bestellungshindernis ist die **Inkompatibilitätsregelung** des § 105 Abs. 1 AktG: Danach kann ein Aufsichtsratsmitglied grds. **nicht** zugleich Vorstandsmitglied derselben AG sein (eine Ausnahme besteht für Stellvertreter von Vorstandsmitgliedern, → Rn. 912 ff.). Diese Inkompatibilitätsregelung soll die Sphärentrennung zwischen Vorstand und Aufsichtsrat sicherstellen: Kein Mitglied des Geschäftsleitungsorgans darf zugleich Mitglied des Organs sein, das die Geschäftsführung überwacht (§ 111 Abs. 1 AktG).[1305]

576 Mit Blick auf die Unvereinbarkeit von Aufsichtsrats- und Vorstandsamt gilt der sog. **Prioritätsgrundsatz**. Danach bleibt das zuerst begründete Amtsverhältnis wirksam, die rechtsgeschäftlichen Erklärungen, die das spätere Amtsverhältnis begründen sollen, sind **nichtig**.[1306] Ein Wechsel vom Aufsichtsrat in den Vorstand ist danach möglich, sofern das Aufsichtsratsmandat beendet ist, **bevor** die Amtszeit als Vorstandsmitglied beginnt.[1307] Soll ein Aufsichtsratsmitglied zum Vorstandsmitglied bestellt werden, ist das Amt als Aufsichtsratsmitglied so zu beenden, dass es zumindest eine juristische Sekunde vor Beginn des Amts als Vorstandsmitglied endet. Solange das Amt als Aufsichtsratsmitglied nicht wirksam beendet ist – bei einer befristeten Niederlegung also die Frist noch nicht abgelaufen ist –, ist die Bestellung zum Vorstandsmitglied **schwebend unwirksam.**

577 Ist das Amt als Aufsichtsratsmitglied im Zeitpunkt des Beginns des Amts als Vorstandsmitglied nicht beendet, ist die Bestellung zum Vorstandsmitglied **endgültig nichtig**.[1308] Auch die **Grundsätze über**

[1298] Zu GmbH-Geschäftsführern BGHZ 115, 78 (80) = NJW 1991, 2566; zu Vorstandsmitgliedern MüKoAktG/*Spindler* AktG § 76 Rn. 126; BeckOGK/*Fleischer* AktG § 76 Rn. 130; Henssler/Strohn/*Dauner-Lieb* AktG § 76 Rn. 16.
[1299] Hölters/*Weber* AktG § 84 Rn. 7.
[1300] Zum Fragerecht des Arbeitgebers nach Vorstrafen im Bereich des § 26 BDSG BeckOK DatenschutzR/*Riesenhuber* BDSG § 26 Rn. 81 ff.; *von dem Bussche/Voigt*, Konzerndatenschutz, Kapitel 1. Datenschutzrecht und Compliance Rn. 55.
[1301] Gola DS-GVO/*Gola* DS-GVO Art. 10 Rn. 12.
[1302] Kort NZA-Beilage 2016, 62, (68); Küttner/*Griese* Personalbuch 2020 D. Rn. 22, Simitis/Hornung/Spiecker gen. Döhmann/*Seifert* DSGVO Art. 88 Rn. 80; aA Schaub/*Linck* Arbeitsrechts-Handbuch § 26 Rn. 13; *Schwarz* ZD 2018, 353, (354).
[1303] Simitis/Hornung/Spiecker gen. Döhmann/*Seifert* DSGVO Art. 88 Rn. 102.
[1304] Vgl. BT-Drs. 18/11325, S. 97, wonach § 26 Abs. 1 S. 1, Abs. 5 BDSG auch Art. 10 DS-GVO umsetzen soll. Arbeitgeber sollen befähigt werden, sicherzustellen, dass ihre Beschäftigten keinem gesetzlichen Beschäftigungsverbot – nach § 25 Jugendarbeitsschutzgesetz – unterliegen.
[1305] *Kropff* AktG 1965 S. 146; Hüffer/Koch/*Koch* AktG § 105 Rn. 1; MüKoAktG/*Habersack* AktG § 105 Rn. 1; GroßkommAktG/*Hopt/Roth* AktG § 105 Rn. 6.
[1306] Hüffer/Koch/*Koch* AktG § 105 Rn. 6; Kölner Komm AktG/*Mertens/Cahn* AktG § 105 Rn. 7; K. Schmidt/Lutter AktG/*Drygala* AktG § 105 Rn. 9.
[1307] Hüffer/Koch/*Koch* AktG § 105 Rn. 2; MüKoAktG/*Habersack* AktG § 105 Rn. 18, 20; Hölters/*Simons* AktG § 105 Rn. 3; Kölner Komm AktG/*Mertens/Cahn* AktG § 105 Rn. 9.
[1308] Henssler/Strohn/*Henssler* AktG § 105 Rn. 6; BeckOGK/*Spindler* AktG § 105 Rn. 17, Hölters/*Simons* AktG § 105 Rn. 26; Hüffer/Koch/*Koch* AktG § 105 Rn. 6; MüKoAktG/*Habersack* AktG § 105 Rn. 20.

die fehlerhafte Bestellung zum Vorstandsmitglied sind dann **nicht anwendbar.**[1309] Im Zweifel ist aber davon auszugehen, dass mit der Annahme der Bestellung zum Vorstandsmitglied konkludent das Amt als Aufsichtsratsmitglied niedergelegt wurde,[1310] und zwar so, dass es eine juristische Sekunde vor Beginn der Amtszeit enden soll.

Eine **„Cooling-off-Periode"** wie beim Wechsel vom Vorstand in den Aufsichtsrat einer börsennotierten AG (§ 100 Abs. 2 S. 1 Nr. 4 AktG) gibt es beim umgekehrten Wechsel vom Aufsichtsrat in den Vorstand **nicht,** obwohl die mit der Cooling-off-Periode verknüpften Bedenken grds. auch insofern bestehen; insbes. muss der Vorstand den Aufsichtsrat überwachen und ggf. entscheiden, ob die AG Ersatzansprüche gegen amtierende und ehemalige Aufsichtsratsmitglieder verfolgt.[1311] 578

Nicht ausgeschlossen ist es grds., **Aufsichtsratsmitglieder einer Konzerngesellschaft** zu Vorstandsmitgliedern anderer Konzerngesellschaften zu bestellen.[1312] Eine Ausnahme gilt nach § 100 Abs. 2 S. 1 Nr. 2 AktG: Gesetzliche Vertreter eines von der AG abhängigen Unternehmens können nicht zugleich Aufsichtsratsmitglied der AG sein. Möchte eine abhängige AG ein Aufsichtsratsmitglied des herrschenden Unternehmens zum Vorstandsmitglied bestellen, muss der Kandidat das Aufsichtsratsmandat im herrschenden Unternehmen rechtzeitig beenden, bevor das Vorstandsamt in der abhängigen AG beginnt. Unterbleibt das, endet das Amt als Aufsichtsratsmitglied des herrschenden Unternehmens automatisch mit Beginn des Amts als Vorstandsmitglied der abhängigen AG.[1313] 579

(3) Bestellungshindernisse außerhalb des Aktiengesetzes. Außerhalb des Aktiengesetzes sind weitere Bestellungshindernisse und Vorgaben geregelt. Der **Bundespräsident** (Art. 55 Abs. 2 GG), der **Bundeskanzler** und die **Bundesminister** (Art. 66 GG) **dürfen nicht** Vorstandsmitglied sein; dasselbe gilt nach den Landesverfassungen für Mitglieder der Landesregierungen.[1314] **Bundesbeamte** benötigen eine vorherige **beamtenrechtliche Genehmigung** (§ 99 Abs. 1 S. 1 BBG), für Landesbeamte sind die Landesbeamtengesetze zu beachten.[1315] Fehlt eine erforderliche vorherige Genehmigung, ist die Bestellung zwar wirksam, für den Bestellten können sich aber disziplinarische Sanktionen ergeben.[1316] 580

Für **Mitglieder bestimmter Berufsgruppen** sind besondere **standesrechtliche Regelungen** zu beachten (zB für Steuerberater § 57 StBerG, für Wirtschaftsprüfer § 43 Abs. 3 WPO). 581

Für **Geschäftsleiter im Finanz- und Versicherungsbereich** bestehen besondere Bestellungshindernisse. Zum Geschäftsleiter eines Versicherungsunternehmens kann nicht bestellt werden, „*wer bereits bei zwei Versicherungsunternehmen, Pensionsfonds, Versicherungs-Holdinggesellschaften oder Versicherungs-Zweckgesellschaften als Geschäftsleiter tätig ist*" (§ 24 Abs. 3 S. 1 VAG). Für Geschäftsleiter von Kredit- und Finanzdienstleistungsinstituten gelten ebenfalls besondere Beschränkungen für die Zahl der Mandate (§ 25c Abs. 2 KWG). Auch in diesen Fällen ist nach dem Prioritätsgrundsatz jeweils die letzte Bestellung nichtig, mit der die zulässige Zahl an Mandaten überschritten wird (→ § 2 Rn. 58). 582

cc) Doppel- und Mehrfachmandate, Nebentätigkeiten. (1) Weitere Geschäftsleitermandate (§ 88 AktG). Aktienrechtlich ist es **nicht ausgeschlossen,** dass Vorstandsmitglieder neben ihrem Vorstandsamt weitere Geschäftsleitungsmandate wahrnehmen, auch weitere Vorstands- und sonstige Mandate, insbes. Aufsichtsratsmandate, und zwar sowohl innerhalb desselben Konzerns als auch außerhalb (§ 88 Abs. 1 S. 2 AktG).[1317] Das Aktiengesetz **beschränkt** die Zahl von Geschäftsleitungsmandaten **nicht,** und auch der DCGK enthält hierzu keine Vorgabe. Zulässig und verbreitet ist es insbes., dass Vorstandsmitglieder einer Konzernobergesellschaft zugleich Geschäftsleiter weiterer Konzerngesellschaften sind (sog. Doppel- oder Mehrfachmandate).[1318] 583

[1309] MüKoAktG/*Habersack* AktG § 105 Rn. 20; K. Schmidt/Lutter AktG/*Drygala* AktG § 105 Rn. 12; aA BeckOGK/*Spindler* AktG § 105 Rn. 22: Gegenüber Dritten seien die Grundsätze über die fehlerhafte Bestellung anzuwenden, wenn nicht § 15 Abs. 3 HGB oder allgemeine Rechtsscheingrundsätze eingriffen.
[1310] Hüffer/Koch/*Koch* AktG § 105 Rn. 6; Kölner Komm AktG/*Mertens/Cahn* AktG § 105 Rn. 10; BeckOGK/*Spindler* AktG § 105 Rn. 17; MüKoAktG/*Habersack* AktG § 105 Rn. 20.
[1311] *Habersack* NZG 2016, 321; GroßkommAktG/*Hopt/Roth* AktG § 93 Rn. 178; *Bachmann* ZHR 180 (2016), 563, (574 f.).
[1312] Hölters/*Simons* AktG § 105 Rn. 10; GroßkommAktG/*Hopt/Roth* AktG § 105 Rn. 32; BeckOGK/*Spindler* AktG § 105 Rn. 7; MüKoAktG/*Habersack* AktG § 105 Rn. 10.
[1313] Hüffer/Koch/*Koch* AktG § 100 Rn. 30; MüKoAktG/*Habersack* AktG § 100 Rn. 65.
[1314] Auflistung der landesrechtlichen Vorschriften bei MüKoAktG/*Spindler* AktG § 76 Rn. 141 Fn. 689.
[1315] MüKoAktG/*Spindler* AktG § 76 Rn. 141 Fn. 691.
[1316] MüKoAktG/*Spindler* AktG § 76 Rn. 141; Kölner Komm AktG/*Mertens/Cahn* AktG § 76 Rn. 125; GroßkommAktG/*Kort* AktG § 76 Rn. 264.
[1317] Speziell zu Vorstands-Doppelmandaten BGH NZG 2009, 744 Rn. 14 ff.; *Aschenbeck* NZG 2000, 1015; BeckOGK/*Fleischer* AktG § 76 Rn. 114; *Lutter/Krieger/Verse* AR Rn. 480; zu Mandaten innerhalb eines Konzerns GroßkommAktG/*Hopt/Roth* AktG § 105 Rn. 32; allgemein *Leuering/Rubner* NJW-Spezial 2008, 495; *Fonk* in Semler/v. Schenck AR-HdB § 10 Rn. 75 f.
[1318] MüKoAktG/*Spindler* AktG § 76 Rn. 54; Hüffer/Koch/*Koch* AktG § 76 Rn. 53; Kölner Komm AktG/*Mertens/Cahn* AktG § 88 Rn. 3; MHdB AG/*Wentrup* § 19 Rn. 43 f., § 20 Rn. 10.

584 Vorstandsdoppelmandate sind zulässig, wenn die Aufsichtsräte beider Aktiengesellschaften **einwilligen**, dass der Kandidat das jeweils andere Vorstandsamt ausüben darf (§ 88 Abs. 1 S. 2 AktG). Das zeitlich spätere Vorstandsamt **darf** der Kandidat danach nur antreten, wenn beide beteiligten Aufsichtsräte **vorher**[1319] zugestimmt haben (§ 183 BGB). Bei Vorstandsdoppelmandaten im Konzern spielt es keine Rolle, ob zuerst ein Vorstandsmandat in der Untergesellschaft bestand und dann in der Obergesellschaft („Besetzung von unten nach oben") oder zuerst in der Ober- und dann in der Untergesellschaft („Besetzung von oben nach unten").[1320] Ebenfalls ausschließlich mit Einwilligung des Aufsichtsrats übernehmen oder fortführen dürfen Vorstandsmitglieder den Betrieb eines Handelsgewerbes, Geschäfte im Geschäftszweig der AG auf eigene oder fremde Rechnung und die Stellung als persönlich haftender Gesellschafter einer anderen Handelsgesellschaft. Die Satzung oder der Anstellungsvertrag (→ Rn. 1591) kann das Wettbewerbsverbot des § 88 Abs. 1 AktG in Grenzen erweitern und einschränken.[1321]

585 Ob der Aufsichtsrat die Einwilligung erteilt, entscheidet er **durch Beschluss** (§ 108 Abs. 1 AktG). Der Aufsichtsrat kann die Entscheidung über die Übernahme oder Fortführung anderer Geschäftsleitungsmandate **einem Ausschuss übertragen** (vgl. § 107 Abs. 3 S. 7 AktG). Die Einwilligung muss nicht ausdrücklich als solche bezeichnet sein, sondern kann sich durch Auslegung des Beschlusses ergeben.[1322] Beschließt der Aufsichtsrat die Bestellung, ist der Beschluss grds. dahin auszulegen, dass der Aufsichtsrat in die Fortführung aller im Zeitpunkt des Bestellungsbeschlusses ausgeübten Geschäftsleitermandate einwilligt, von denen er **Kenntnis** hat.[1323] Der Aufsichtsrat sollte aber die Einwilligung ausdrücklich in den Bestellungsbeschluss aufnehmen. Der Aufsichtsrat kann die Wirksamkeit der Bestellung darauf bedingen, dass die Einwilligung einer anderen Gesellschaft vor Beginn der Amtszeit vorliegt.

586 Erwägt der Aufsichtsrat, eine Person zum Vorstandsmitglied zu bestellen, die bereits in einer anderen Gesellschaft Vorstandsmitglied oder Geschäftsführer ist, muss er prüfen, ob es mit dem **Unternehmensinteresse** vereinbar ist, den Kandidaten dennoch zu bestellen und dabei zugleich in die Fortführung der anderen Geschäftsleitungstätigkeit einzuwilligen.[1324] Der Aufsichtsrat muss insbes. prüfen, ob der Kandidat **genügend Zeit** für seine Tätigkeit als Vorstandsmitglied hat,[1325] inwieweit aufgrund der bereits ausgeübten Geschäftsleitertätigkeit **Interessenkonflikte** im Rahmen seiner Tätigkeit als Vorstandsmitglied auftreten könnten und ob etwaige Interessenkonflikte beherrschbar oder schwerwiegend und dauerhaft und mit dem Amt als Vorstandsmitglied unvereinbar wären[1326] sowie ob das **Ansehen der AG** aufgrund der anderen Tätigkeit in einem Ausmaß beeinträchtigt würde, das objektiv nicht hinnehmbar wäre.[1327] Dieselben Erwägungen muss der Aufsichtsrat der AG anstellen, in der bereits ein Vorstandsamt besteht.

587 **(2) Vorstandsdoppelmandate im Konzern.** Bei Vorstandsdoppelmandaten innerhalb eines Konzerns ist kaum vorstellbar, dass das **Ansehen** einer Konzerngesellschaft durch die zusätzliche Übernahme des Mandats in einer anderen Konzerngesellschaft in einer Art und Weise beeinträchtigt werden könnte, die der Übernahme des weiteren Vorstandsmandats entgegenstehen könnte. Häufig wird die Ausübung der Mandate „zusammengehören", dh die Wahrnehmung des Vorstandsmandats in einer Konzerngesellschaft gehört zur Amtstätigkeit in der anderen Konzerngesellschaft. Das kann zB der Fall sein, wenn ein Geschäftsleitungsmitglied der (Holding-)Konzernspitze zugleich Vorstandsmitglied einer operativ tätigen AG werden soll, um dort die Konzernleitung effektiv durchzusetzen, oder wenn umgekehrt das Vorstandsmitglied einer operativ tätigen Gesellschaft Geschäftsleitungsmitglied der (Holding-)Konzernspitze werden

---

[1319] *Leuering/Rubner* NJW-Spezial 2008, 495; Hüffer/Koch/*Koch* AktG § 88 Rn. 5; MüKoAktG/*Spindler* AktG § 88 Rn. 25; BeckOGK/*Fleischer* AktG § 88 Rn. 26; GroßkommAktG/*Kort* AktG § 88 Rn. 55.
[1320] BGH NZG 2009, 744 Rn. 15 aE.
[1321] MüKoAktG/*Spindler* AktG § 88 Rn. 28; BeckOGK/*Fleischer* AktG § 88 Rn. 30 f.; Wilsing/*Goslar* DCGK 4.3.1 Rn. 17; zu vertraglichen Ergänzungen K. Schmidt/Lutter AktG/*Seibt* AktG § 88 Rn. 16; aA – keine Einschränkung oder Erweiterung des Wettbewerbsverbots durch die Satzung – Hölters/*Weber* AktG § 88 Rn. 13; Kölner Komm AktG/*Mertens/Cahn* AktG § 88 Rn. 8.
[1322] MüKoAktG/*Spindler* AktG § 88 Rn. 25; BeckOGK/*Fleischer* AktG § 88 Rn. 27; Hölters/*Weber* AktG § 88 Rn. 12; K. Schmidt/Lutter AktG/*Seibt* AktG § 88 Rn. 9; GroßkommAktG/*Kort* AktG § 88 Rn. 57; Kölner Komm AktG/*Mertens/Cahn* AktG § 88 Rn. 16.
[1323] BeckOGK/*Fleischer* AktG § 88 Rn. 27; GroßkommAktG/*Kort* AktG § 88 Rn. 57; MüKoAktG/*Spindler* AktG § 88 Rn. 25; Kölner Komm AktG/*Mertens/Cahn* AktG § 88 Rn. 16; K. Schmidt/Lutter AktG/*Seibt* AktG § 88 Rn. 9.
[1324] Kölner Komm AktG/*Mertens/Cahn* AktG § 88 Rn. 2; KBLW/*Bachmann* DCGK Rn. 1132.
[1325] Jeweils zur Entscheidung über die Einwilligung zur Übernahme von Nebentätigkeiten KBLW/*Bachmann* DCGK Rn. 1132; Kölner Komm AktG/*Mertens/Cahn* AktG § 88 Rn. 2; K. Schmidt/Lutter AktG/*Seibt* AktG § 88 Rn. 10.
[1326] Zur Entscheidung über die Einwilligung zur Übernahme von Nebentätigkeiten KBLW/*Bachmann* DCGK Rn. 1132; Kölner Komm AktG/*Mertens/Cahn* AktG § 93 Rn. 97; zu Loyalitätskonflikten bei Vorstandsdoppelmandaten im Konzern BGH NZG 2009, 744 Rn. 16; MHdB AG/*Wentrup* § 19 Rn. 45; *Hoffmann-Becking* ZHR 150 (1986), 570 (575 ff.); *Passarge* NZG 2007, 441; *Schneider* NZG 2009, 1413; zur Vertretungskompetenz bei Mehrfachmandaten *Schiller* GWR 2019, 102.
[1327] Zur Entscheidung über die Einwilligung zur Übernahme von Nebentätigkeiten KBLW/*Bachmann* DCGK Rn. 1132.

soll, um dort die Interessen der Tochtergesellschaft zu vertreten.[1328] Gehört die Übernahme eines weiteren Konzern-Vorstandsmandats zur Amtstätigkeit iRd bestehenden Vorstandsmandats, wird der Übernahme idR auch nicht entgegenstehen, dass für die Ausübung der beiden Mandate nicht **genügend Zeit** verbleibt.

Bei **Interessenkonflikten** darf der Vorstandsdoppelmandatsträger auch im Konzern grds. ausschließlich die Interessen der AG verfolgen, für die er gerade tätig wird,[1329] in der abhängigen AG also deren Interessen. Handelt der Vorstandsdoppelmandatsträger in der abhängigen AG und kollidieren deren Interessen mit denen des herrschenden Unternehmens, darf der Vorstandsdoppelmandatsträger aber den Interessen des herrschenden Unternehmens den Vorzug geben, soweit es je nach der Form der Konzernierung – faktischer AG-Konzern, ggf. mit Gewinnabführungsvertrag, oder Beherrschungsvertrag – rechtlich zulässig ist. Der Untergesellschaft droht ggf. aber eine **Schädigung** und der Obergesellschaft sowie dem Vorstandsdoppelmandatsträger entsprechend eine **Haftung**.[1330] Der **Aufsichtsrat der abhängigen AG** muss daher in die Entscheidung einbeziehen, wie er die Gefahr einschätzt, dass der Vorstandsdoppelmandatsträger Konzerninteressen über die Interessen der abhängigen AG stellt. Dabei spielt auch eine Rolle, zu welchen Bedingungen er den Doppelmandatsträger anstellt und wie die Doppelmandatsträger auf Ebene der abhängigen AG und des herrschenden Unternehmens jeweils incentiviert wird (zur Festsetzung der Vergütung von Doppelmandatsträgern im Konzern auf Ebene der abhängigen AG → Rn. 1260 ff.). Eventuell kann der Aufsichtsrat durch die Geschäftsverteilung sicherstellen, dass die Bestellung nicht zu einem „strukturellen latenten Dauer-Nachteil" wird. Bei Bestehen eines **Beherrschungsvertrags** kann das herrschende Unternehmen die Interessen der vertraglich abhängigen AG umfassend auf Konzerninteressen ausrichten. Der Vorstand der vertraglich abhängigen AG darf Weisungen des herrschenden Unternehmens aber nur nachkommen, solange es seine Verlustausgleichspflicht erfüllen kann.[1331] Ob der Aufsichtsrat den Vorstand insofern intensiver überwachen muss, wenn Doppelmandatsträger bestellt sind, ist eine Frage des Einzelfalls. Dabei spielen insbes. die Lage des herrschenden Unternehmens und der abhängigen AG eine Rolle.

Der **Aufsichtsrat des herrschenden Unternehmens** muss einschätzen, welche (Haftungs-)Risiken für das herrschende Unternehmen voraussichtlich damit verbunden sind, wenn er ein Vorstandsmitglied der abhängigen AG auch zum Vorstandsmitglied des herrschenden Unternehmens bestellt oder wenn er einwilligt, dass ein Vorstandsmitglied des herrschenden Unternehmens auch Vorstandsmitglied einer abhängigen AG wird. Soll ein Vorstandsmitglied der abhängigen AG auch zum Vorstandsmitglied des herrschenden Unternehmens bestellt werden, steht idR der Gesichtspunkt im Vordergrund, dass es die Interessen der abhängigen AG im Vorstand des herrschenden Unternehmens vertreten soll. Das spricht dafür, dass (Haftungs-)Risiken in diesem Fall eine geringe Rolle spielen.

(3) Berücksichtigung sonstiger Nebentätigkeiten bei der Bestellung. Der DCGK geht über das Wettbewerbsverbot des § 88 Abs. 1 AktG hinaus: Danach sollen Vorstandsmitglieder generell „*Nebentätigkeiten, insbes. konzernfremde Aufsichtsratsmandate*", nur mit Zustimmung des Aufsichtsrats übernehmen (Empfehlung E.3 DCGK). Der Begriff „Nebentätigkeiten" wird insofern **weit verstanden.** Es spielt insbes. keine Rolle, ob es sich um eine entgeltliche oder unentgeltliche Tätigkeit handelt. Keine „Nebentätigkeiten" iSd DCGK sollen lediglich „*reine Freizeitbeschäftigungen*" wie „*Sport und die Verfolgung von Hobbies*" sein. Die Übernahme von politischen Ämtern und Funktionen in Interessenverbänden soll hingegen „Nebentätigkeit" iSd DCGK sein (zur Regelung von Nebentätigkeiten im Anstellungsvertrag → Rn. 1638).[1332]

Nicht abschließend geklärt ist, ob **Mandate in Gremien konzerninterner Unternehmen,** Vereinen oder Stiftungen (Aufsichtsrat, Beirat, Kuratorium etc.) „Nebentätigkeiten" iSd DCGK sind.[1333] Dass sich Vorstandsmitglieder weitere Vergütungen verschaffen wollen, indem sie sich in Konzerngremien wählen lassen, ist zwar nicht zu befürchten, wenn der Aufsichtsrat eine Grundsatzentscheidung getroffen hat, dass solche Vergütungen auf die Vorstandsvergütung anzurechnen sind; G.15 DCGK empfiehlt eine solche Anrechnung für konzerninterne Aufsichtsratsmandate. Auch konzerninterne Mandate wirken sich aber

---
[1328] Vgl. *Noack* FS Hoffmann-Becking, 2013, 847.
[1329] BGHZ 180, 105 Rn. 16 = NZG 2009, 744; Hüffer/Koch/*Koch* AktG § 76 Rn. 54; GroßkommAktG/*Kort* AktG § 76 Rn. 230; K. Schmidt/Lutter AktG/*Seibt* AktG § 76 Rn. 52; MüKoAktG/*Spindler* AktG § 76 Rn. 54.
[1330] Dazu eingehend *Noack* FS Hoffmann-Becking, 2013, 847 (850 ff.).
[1331] Vgl. Emmerich/Habersack/*Emmerich* AktG § 308 Rn. 64; MüKoAktG/*Altmeppen* AktG § 310 Rn. 15 mwN.
[1332] Vgl. KBLW/*Bachmann* DCGK Rn. 1129; Fuhrmann/Linnerz/Pohlmann/*Fuhrmann/Linnerz/Pohlmann* DCGK Ziff. 4.3.4 Rn. 294.
[1333] Keine Unterscheidung zwischen konzerninternen und -externen Mandaten bei KBLW/*Bachmann* DCGK Rn. 1129 und Geßler/*Käpplinger* AktG Anh 8a Rn. 65; dafür, dass die Empfehlung der Ziff. 4.3.4 DCGK aF – die E.3 DCGK entspricht – ausschließlich für konzernexterne Mandate ein Zustimmungserfordernis empfahl Wilsing/*Goslar* DCGK Ziff. 4.3.4 Rn. 6 aE.

darauf aus, wie viel Zeit dem Vorstandsmitglied für seine Haupttätigkeit bleibt. Das spricht dafür, dass der Aufsichtsrat das Zustimmungserfordernis auf konzerninterne Mandate erstreckt.

592 Soweit ersichtlich wird nicht diskutiert, ob die Empfehlung E.3 DCGK ein weiteres Zustimmungserfordernis auslöst, wenn ein Vorstandsmitglied in einem **konzernfremden Aufsichtsratsmandat** den **Vorsitz** übernehmen möchte. Aus dem Wortlaut der Empfehlung E.3 DCGK ergibt sich hierzu nichts. Mit dem Aufsichtsratsvorsitz ist grds. ein deutlich höherer Zeitaufwand verbunden als mit dem Amt als einfaches Aufsichtsratsmitglied. C.5 DCGK empfiehlt, dass niemand gleichzeitig Aufsichtsratsvorsitzender und Vorstandsmitglied börsennotierter Gesellschaften ist, die nicht dem gleichen Konzern angehören. Das spricht dafür, dass der Aufsichtsrat die Übernahme eines konzernfremden Aufsichtsratsvorsitzes ebenfalls von seiner Zustimmung abhängig macht. Sind beide Gesellschaften börsennotiert, muss zwar lediglich die AG eine Abweichung von C.5 DCGK erklären, in der die Person den Aufsichtsratsvorsitz ausübt und nicht die AG, in der das Vorstandsmandat besteht (→ Rn. 594). Die Abweichung wird aber öffentlich und kann sich auf die Wahrnehmung der Vorstandstätigkeit auswirken. Zumindest erwägenswert erscheint es, auch die Übernahme des Vorsitzes im Prüfungsausschuss eines konzernfremden Aufsichtsrats an die Zustimmung des Aufsichtsrats zu binden.

593 Mit Blick auf sonstige **Nebentätigkeiten,** etwa Mandate in Aufsichtsräten und Beiräten, die ein Kandidat bereits ausübt und die er mit dem Beginn seiner Amtszeit als Vorstandsmitglied nicht aufgeben möchte, trifft den Aufsichtsrat dasselbe Prüfprogramm wie mit Blick auf weitere Geschäftsleitermandate: Steht ausreichend Zeit für das Vorstandsamt zur Verfügung? Inwieweit drohen Interessenkonflikte? Wie wirkt sich die Nebentätigkeit auf das Ansehen der AG aus? Nebentätigkeiten, die ein Kandidat bereits im Konzern ausübt, sind dabei weniger problematisch als konzernexterne Tätigkeiten: Überschneiden sich konzerninterne Tätigkeiten, ist der Zeitaufwand geringer als er es für ein vergleichbares konzernexternes Mandat wäre. Davon gehen auch das Aktiengesetz und der DCGK aus, indem konzerninterne Mandate nicht auf die Höchstzahl an Mandaten anzurechnen sind (§ 100 Abs. 2 S. 2 AktG; C.4, 5 DCGK). Interessenkonflikte spielen bei konzerninternen eine geringere Rolle als bei konzernexternen Mandaten, soweit Eigeninteressen der Konzernunternehmen iRd bestehenden konzernrechtlichen Rahmens durch Konzerninteressen überlagert werden können.

594 Für **Vorstandsmitglieder einer börsennotierten AG** empfiehlt C.5 DCGK lediglich, dass sie *„insgesamt nicht mehr als zwei Aufsichtsratsmandate in konzernexternen börsennotierten Gesellschaften oder vergleichbare Funktionen und keinen Aufsichtsratsvorsitz in einer konzernexternen börsennotierten Gesellschaft wahrnehmen".* Systematisch bezieht sich diese Empfehlung auf den Grundsatz 12 DCGK, dem zufolge **jedes Aufsichtsratsmitglied** darauf achtet, *„dass ihm für die Wahrnehmung seiner Aufgaben genügend Zeit zur Verfügung steht".* Die Empfehlung soll danach sicherstellen, dass der Person für die Wahrnehmung der Aufgaben in den **Aufsichtsrats**mandaten genügend Zeit zur Verfügung steht, nicht aber für das Vorstandsmandat. Eine Abweichung von C.5 DCGK müssen daher lediglich die Gesellschaften erklären, in denen Aufsichtsratsmandate bestehen, nicht die AG, in der das Vorstandsmandat besteht. Ungeachtet dessen muss der Aufsichtsrat der AG, der ein Vorstandsmitglied bestellen möchte oder in der das Vorstandsmandat besteht, bei der Zustimmung zur Fortführung oder Übernahme von Aufsichtsratsmandaten in konzernexternen börsennotierten Gesellschaften oder vergleichbaren Funktionen besonders sorgfältig prüfen, ob ausreichend Zeit für die Vorstandstätigkeit zur Verfügung steht und wie sich die konzernexternen Mandate auf die Wahrnehmung des Vorstandsamts auswirken. Für die Wahrnehmung zumindest **eines** konzernexternen Aufsichtsratsmandats oder einer vergleichbaren Funktion spricht, dass Vorstandsmitglieder Kontakte, Informationen und Impulse erhalten können, die sich positiv auf die Vorstandstätigkeit auswirken.

595 **dd) Benachteiligungsverbot des Allgemeinen Gleichbehandlungsgesetzes (AGG).** Das Allgemeine Gleichbehandlungsgesetz (AGG) gilt auch für Organmitglieder, soweit es den *„Zugang zur Erwerbstätigkeit sowie den beruflichen Aufstieg betrifft"* (§ 6 Abs. 3 AGG).[1334] Der Aufsichtsrat darf daher bei seiner Auswahlentscheidung Kandidaten nicht *„aus Gründen der Rasse oder wegen der ethnischen Herkunft, des Geschlechts, der Religion oder Weltanschauung, einer Behinderung, des Alters oder der sexuellen Identität"* benachteiligen (§ 7 Abs. 1 AGG iVm § 1 AGG).

596 Ein **Verstoß gegen das Benachteiligungsverbot** des AGG führt nach zutreffender Ansicht **nicht** zur Nichtigkeit des Bestellungsbeschlusses.[1335] Eine mögliche Benachteiligung iSd § 7 Abs. 1 AGG liegt

---

[1334] Zu GmbH-Geschäftsführern BGHZ 193, 110 Rn. 19 = NZA 2012, 797; zu Vorstandsmitgliedern *Behme/Zickgraf* AG 2015, 841 (846); *Seyfarth* VorstandsR § 3 Rn. 19; BeckHdB AG/*Liebscher* § 6 Rn. 23b; *Hey/Forst/Hey/Forst* AGG § 6 Rn. 21; krit. *Bauer/C. Arnold* NZG 2012, 921 (922).
[1335] *Bauer/C. Arnold* AG 2007, 807; *Reufels/Molle* NZA-RR 2011, 281 (285); *Diller/Krieger/C. Arnold* NZA 2006, 887 (891 f.); *Kort* WM 2013, 1049 (1056); aA *Krause* AG 2007, 392 (395): Aufsichtsratsbeschlüsse, die gegen das gesetzliche Verbot des § 7 Abs. 1 AGG verstoßen, seien nichtig.

nicht darin, dass der Aufsichtsrat einen anderen Kandidaten bestellt hat, sondern dass er den möglicherweise benachteiligten Bewerber nicht bestellt hat.

Ein benachteiligter Bewerber hat unter den weiteren Voraussetzungen des § 15 AGG **Schadensersatzansprüche**. Ein Verstoß gegen das Benachteiligungsverbot begründet aber **keinen Anspruch** des Benachteiligten, doch als Vorstandsmitglied **bestellt zu werden** (§ 15 Abs. 6 AGG). 597

ee) Satzungsvorgaben für die Auswahl von Vorstandsmitgliedern. (1) Beachtlichkeit von Satzungsvorgaben und Einzelfälle. Ob und ggf. inwieweit die Satzung rechtlich verbindliche Vorgaben für die Auswahl von Vorstandsmitgliedern aufstellen kann, ist **umstritten**. Bedenken bestehen mit Blick auf die Entschließungsfreiheit des Aufsichtsrats (→ Rn. 521) und das Mitbestimmungsrecht. Nach **einer** Ansicht haben Satzungsvorgaben lediglich den **Charakter von Sollvorschriften**. Der Aufsichtsrat soll sich über Satzungsvorgaben jederzeit nach pflichtgemäßem Ermessen hinwegsetzen dürfen.[1336] Er könne im Bestellungszeitpunkt besser beurteilen als der Satzungsgeber, welche Eignungsvoraussetzungen für ein bestimmtes Vorstandsmandat notwendig seien.[1337] Im Übrigen würden sachwidrige Auswahlentscheidungen vermieden, weil die Aufsichtsratsmitglieder ihr Auswahlermessen pflichtgemäß orientiert am Unternehmensinteresse auszuüben hätten; gesonderte Eignungsvoraussetzungen in der Satzung seien daneben nicht erforderlich.[1338] Nach **überwiegender** Ansicht sind rechtlich verbindliche und vom Aufsichtsrat daher grds. zu beachtende Satzungsvorgaben **zulässig,** wenn sie das **Auswahlermessen** des Aufsichtsrats **nicht aufheben** oder unverhältnismäßig einengen, **sachlich gerechtfertigt** und im **Interesse der AG** sind.[1339] 598

Stellungnahme: Der überwiegenden Ansicht ist zuzustimmen. Der Satzungsgeber bestimmt den Unternehmensgegenstand (§ 23 Abs. 3 Nr. 2 AktG) und kann **grobe Leitlinien** vorgeben, nach denen die Vorstandsmitglieder auszuwählen sind, die den Unternehmensgegenstand verwirklichen müssen.[1340] Der Aufsichtsrat muss aber in der Lage bleiben, eine freie Auswahlentscheidung zu treffen, ohne durch die Satzungsvorgaben auf bestimmte Personen festgelegt zu sein;[1341] andernfalls ist die Satzungsvorgabe unwirksam und der Aufsichtsrat muss und darf sie nicht beachten. 599

Die Satzung kann danach zB einen **inländischen Wohnsitz** bzw. einen Wohnsitz am Ort der Geschäftsleitung fordern;[1342] durch eine solche Vorgabe wird der Aufsichtsrat ohnehin nicht bei der Suche eingeschränkt, sondern lediglich verpflichtet, Kandidaten nur zu bestellen, wenn sie sich darauf einlassen, einen entsprechenden Wohnsitz zu begründen. Vorgaben für bestimmte **berufliche und/oder persönliche Qualifikationen,** zB Auslandserfahrung, sowie eine bestimmte Berufserfahrung sind ebenfalls zulässig, soweit sie hinsichtlich der konkret in Rede stehenden Vorstandsposition das Auswahlermessen des Aufsichtsrats nicht aufheben oder unverhältnismäßig einengen, sachlich gerechtfertigt und im Interesse der AG sind.[1343] Vorgaben zur Herkunft und Familienzugehörigkeit kommen hingegen allenfalls bei „Familien-Aktiengesellschaften" und als im Verhältnis zur fachlichen Eignung untergeordnetes Kriterium in Betracht.[1344] 600

Auch wirksame Satzungsvorgaben darf der Aufsichtsrat nicht „blind befolgen", sondern muss **im Einzelfall** prüfen, ob sie nach wie vor sachlich gerechtfertigt und im Interesse des Unternehmens sind. Gelangt der Aufsichtsrat zur Überzeugung, dass das nicht (mehr) der Fall ist, darf er Vorgaben nicht befolgen und muss ggf. darauf hinwirken, dass die Hauptversammlung sie ändert. 601

Bei **paritätisch** mitbestimmten Gesellschaften gelten nach überwiegender und zutreffender Ansicht weitere Einschränkungen für Satzungsvorgaben: Der Aufsichtsrat muss hier auch **Arbeitnehmerinteres-** 602

[1336] *Behme/Zickgraf* AG 2015, 841 (846 f.); *Hommelhoff* BB 1977, 322 (326); Kölner Komm AktG/*Mertens/Cahn* AktG § 76 Rn. 116, § 84 Rn. 10.
[1337] *Behme/Zickgraf* AG 2015, 841 (846); Kölner Komm AktG/*Mertens/Cahn* AktG § 76 Rn. 116.
[1338] *Behme/Zickgraf* AG 2015, 841 (846 f.); *Hommelhoff* BB 1977, 322 (326); Kölner Komm AktG/*Mertens/Cahn* AktG § 76 Rn. 116.
[1339] Hüffer/Koch/*Koch* AktG § 23 Rn. 38, § 76 Rn. 60; *Beiner/Braun* Vorstandsvertrag Rn. 84; BeckOGK/*Fleischer* AktG § 76 Rn. 135 ff.; MHdB AG/*Wentrup* § 20 Rn. 6; Grigoleit/*Grigoleit* AktG § 76 Rn. 116; zum Auswahlermessen ferner MüKoAktG/*Spindler* AktG § 84 Rn. 30.
[1340] MüKoAktG/*Spindler* AktG § 76 Rn. 129.
[1341] MüKoAktG/*Spindler* AktG § 84 Rn. 30; GroßkommAktG/*Kort* AktG § 76 Rn. 274, § 84 Rn. 47; BeckOGK/*Fleischer* AktG § 76 Rn. 135; *Overlack* ZHR 141 (1977), 125 (130, 132).
[1342] GroßkommAktG/*Kort* AktG § 76 Rn. 273; BeckOGK/*Fleischer* AktG § 76 Rn. 137; Hölters/*Weber* AktG § 76 Rn. 76; K. Schmidt/Lutter AktG/*Seibt* AktG § 76 Rn. 61.
[1343] *Seyfarth* VorstandsR § 3 Rn. 16; K. Schmidt/Lutter AktG/*Seibt* AktG § 76 Rn. 61; Habersack/Henssler/*Habersack* MitbestG § 31 Rn. 15.
[1344] GroßkommAktG/*Kort* AktG § 76 Rn. 273, § 84 Rn. 48; BeckOGK/*Fleischer* AktG § 76 Rn. 137; Habersack/Henssler/*Habersack* MitbestG § 31 Rn. 15; weniger streng wohl Hölters/*Weber* AktG § 76 Rn. 76; K. Schmidt/Lutter AktG/*Seibt* AktG § 76 Rn. 61.

sen bei Bestellungsentscheidungen ausreichend einbringen können.[1345] Nach dem Drittelbeteiligungsgesetz mitbestimmte Gesellschaften werden im Schrifttum zwar nicht erwähnt. Auch insofern muss der Aufsichtsrat aber in der Lage bleiben, Arbeitnehmerinteressen zu berücksichtigen, wenn auch in im Vergleich zu paritätisch mitbestimmten Gesellschaften reduziertem Umfang. Auswahlrichtlinien dürfen in mitbestimmten Gesellschaften danach **nicht dazu führen,** dass der Aufsichtsrat **zumindest mittelbar auf Kandidaten festgelegt** wird, deren Bestellung ausschließlich im Anteilseignerinteresse liegt. Auch in „Familien-Aktiengesellschaften" sind danach Vorgaben unzulässig, die nicht sachbezogen sind, sondern auf die Herkunft oder Familienangehörigkeit abstellen.[1346] **Abzulehnen** ist die Annahme, in der Satzung geregelte Eignungsvoraussetzungen seien in paritätisch mitbestimmten Gesellschaften **generell unzulässig.**[1347] Das Mitbestimmungsrecht ist gegenüber allgemeinen gesellschaftsrechtlichen Grundsätzen nicht generell vorrangig.[1348] Abzulehnen ist auch die Annahme, Satzungsvorgaben bänden nur die Anteilseigner- und nicht die Arbeitnehmervertreter:[1349] Auch im paritätisch mitbestimmten Aufsichtsrat haben sämtliche Aufsichtsratsmitglieder dieselben Rechte und Pflichten.[1350]

603 **(2) Altersgrenzen.** Satzungsvorgaben müssen so formuliert sein, dass sie nicht gegen das **Benachteiligungsverbot des AGG** verstoßen.[1351] Praktisch relevant wird das Benachteiligungsverbot insbes. bei Altersgrenzen. Regelungen, denen zufolge Kandidaten nicht (mehr) bestellt werden dürfen, wenn sie ein **bestimmtes Lebensalter** erreicht haben oder denen zufolge sie nur bestellt werden dürfen, bis sie ein bestimmtes Lebensalter erreicht haben, sind weit verbreitet. Der **DCGK** empfiehlt sogar, dass für Vorstandsmitglieder eine **Altersgrenze** festgelegt und in der Erklärung zur Unternehmensführung angegeben wird (Empfehlung B.5 DCGK). Sofern nicht bereits die Satzung eine Altersgrenze festlegt, richtet sich diese Empfehlung an den **Aufsichtsrat.** Zum DCGK wird vertreten, die Empfehlung, eine Altersgrenze festzulegen, bezwecke, dass die Altersgrenze unterhalb der allgemeinen Pensionsgrenze festgelegt werde, um den erheblichen Belastungen Rechnung zu tragen, die mit einer Vorstandstätigkeit verbunden sein könnten.[1352] Dass nur eine Altersgrenze unterhalb der allgemeinen Pensionsgrenze der Empfehlung B.5 DCGK entspricht, lässt sich deren Wortlaut aber nicht entnehmen. Häufig werden sog. „Regelaltersgrenzen" festgelegt: Danach darf eine bestimmte Altersgrenze „in der Regel" nicht überschritten werden. Solche Regelaltersgrenzen entsprechen der Empfehlung B.5 DCGK.[1353] Eine Abweichung von der Empfehlung B.5 DCGK ist ggf. erst zu erklären, wenn der Aufsichtsrat in der Mehrzahl der Fälle von der festgelegten Regel abweicht. Eine Abweichung ist hingegen nicht zu erklären, wenn der Aufsichtsrat im begründeten Einzelfall von der festgelegten Regelaltersgrenze abweicht, auch wenn es sich dabei um den ersten praktisch relevanten Fall handeln sollte.

604 Das AGG verbietet Altersgrenzen **nicht pauschal,** sie sind aber **rechtfertigungsbedürftig.** Nach hA sind Altersgrenzen für Vorstandsmitglieder grds. zulässig.[1354] Die Ansichten im Schrifttum gehen allerdings weit auseinander, welche Altersgrenzen im Einzelfall zulässig sind. Im Wesentlichen besteht Einigkeit darüber, dass eine Altersgrenze nicht gegen das AGG verstößt, wenn sie sich am allgemeinen Renteneintrittsalter orientiert (derzeit 65 bis 67 Jahre).[1355] Auch eine niedrigere Altersgrenze (zB Untergrenze 58 Jahre) wird für zulässig gehalten,[1356] teilweise unter der Einschränkung, dass zugleich eine Versorgungs-

---

[1345] *Beiner/Braun* Vorstandsvertrag Rn. 88; Hüffer/Koch/*Koch* AktG § 76 Rn. 60; MüKoAktG/*Spindler* AktG § 84 Rn. 37; GroßkommAktG/*Kort* AktG § 76 Rn. 274, § 84 Rn. 46; GroßkommAktG/*Oetker* MitbestG § 31 Rn. 4; aA Hölters/*Weber* AktG § 76 Rn. 78; K. Schmidt/Lutter AktG/*Seibt* AktG § 76 Rn. 63: Keine Besonderheiten für paritätisch mitbestimmte Gesellschaften.
[1346] GroßkommAktG/*Kort* AktG § 76 Rn. 274.
[1347] So aber MüKoAktG/*Annuß* MitbestG § 31 Rn. 6; *Säcker* DB 1977, 1791 (1792 f.).
[1348] MüKoAktG/*Spindler* AktG § 76 Rn. 130; Habersack/Henssler/*Habersack* MitbestG § 31 Rn. 6 mwN.
[1349] So aber *Mertens* ZGR 1977, 270 (287 f.); Kölner Komm AktG/*Mertens/Cahn* AktG Vor § 76 Rn. 16, § 76 Rn. 116.
[1350] GroßkommAktG/*Kort* AktG § 76 Rn. 39; MüKoAktG/*Spindler* AktG § 76 Rn. 130; Habersack/Henssler/*Habersack* MitbestG § 31 Rn. 10.
[1351] *Seyfarth* VorstandsR § 3 Rn. 16; Hüffer/Koch/*Koch* AktG § 76 Rn. 60; MüKoAktG/*Spindler* AktG § 84 Rn. 31; GroßkommAktG/*Kort* AktG § 84 Rn. 45.
[1352] KBLW/*Kremer* DCGK Rn. 1253; MüKoAktG/*Spindler* AktG § 84 Rn. 35; BeckOGK/*Fleischer* AktG § 76 Rn. 133.
[1353] Zu Ziff. 5.1.2 DCGK aF (Altersgrenze für Vorstandsmitglieder) *Kliemt* RdA 2015, 4; Lutter/Krieger/*Verse* AR Rn. 346. Zu Ziff. 5.4.1 DCGK aF (Altersgrenze für Aufsichtsratsmitglieder) OLG München AG 2009, 294 (295) mAnm *Kocher/Bedkowski* BB 2009, 232; *Kort* AG 2008, 137 (146).
[1354] MüKoAktG/*Spindler* AktG § 84 Rn. 34 ff.; KBLW/*Kremer* DCGK Rn. 1256; Hüffer/Koch/*Koch* AktG § 76 Rn. 65; *Seyfarth* VorstandsR § 3 Rn. 16 f.; *Beiner/Braun* Vorstandsvertrag Rn. 88; *M. Arnold/Günther* in Marsch-Barner/Schäfer Börsennotierte AG-HdB Rn. 20.81.
[1355] KBLW/*Kremer* DCGK Rn. 1256; MüKoAktG/*Spindler* AktG § 84 Rn. 34; *Bauer/C. Arnold* ZIP 2008, 993 (1000); *Lutter* BB 2007, 725 (727, 729); *Reufels/Molle* NZA-RR 2011, 281 (284); krit. GroßkommAktG/*Kort* AktG § 76 Rn. 268 f.; *Kort* WM 2013, 1049 (1052).
[1356] *Thüsing/Stiebert* NZG 2011, 641 (644); BeckOGK/*Fleischer* AktG § 76 Rn. 133; Hümmerich/Reufels/*Reufels* Gestaltung von Arbeitsverträgen § 3 Rn. 353; *Bauer/C. Arnold* NZG 2012, 921 (925); KBLW/*Kremer* DCGK

zusage der AG für das Vorstandsmitglied eingreift.[1357] Für Erstbestellungen wird sogar eine **Höchstaltersgrenze** von 50 Jahren für AGG-konform gehalten: Führungskontinuität sei für die Handlungsfähigkeit der AG von wesentlicher Bedeutung, und mit einem Eintrittsalter von maximal 50 Jahren könnten Personen zumindest zweimal wiederbestellt werden, bevor sie das Regelrenteneintrittsalter erreichten.[1358]

(3) Rechtsfolgen im Fall eines Verstoßes gegen Satzungsvorgaben. Eine **Minderansicht** ordnet 605 Satzungsvorgaben lediglich als unverbindliche „Ermessensleitlinien" ein. Danach soll auf den Einzelfall abzustellen und dabei insbes. zu berücksichtigen sein, ob dem Aufsichtsrat bekannt war, dass der Bestellte eine Satzungsvorgabe nicht erfüllte und weshalb sich der Aufsichtsrat ggf. über die Satzungsvorgabe hinwegsetzte.[1359] Nach einer **weiteren Minderansicht** soll ein Verstoß gegen Satzungsvorgaben ausnahmsweise zur Nichtigkeit der Bestellung führen, wenn der Bestellte Satzungsvorgaben von Anfang an nicht erfüllt, die Satzung die Nichtigkeit ausdrücklich anordnet und der Satzungsverstoß offensichtlich ist.[1360] Nach **ganz herrschender und zutreffender Ansicht** ist und bleibt die **Bestellung** auch **wirksam**, wenn der Bestellte Satzungsvorgaben von Anfang an oder nach Beginn der Amtszeit nicht (mehr) erfüllt.[1361] Ein Verstoß gegen Satzungsvorgaben stellt aber idR einen **wichtigen Grund** zum Widerruf der Bestellung dar, zumindest, wenn der Verstoß *„von einigem Gewicht"* ist.[1362] Ob der Aufsichtsrat dann die Bestellung widerruft, liegt in seinem Ermessen. Bei schwerwiegenden Verstößen soll der Aufsichtsrat die Bestellung widerrufen müssen.[1363]

ff) Persönliche und fachliche Qualifikationen. Das Aktiengesetz schreibt – abgesehen von den unter 606 (→ Rn. 566 ff.) angeführten – keine persönlichen und fachlichen Anforderungen für Vorstandsmitglieder vor. Der Aufsichtsrat muss aber im Unternehmensinteresse insbes. darauf achten, dass Kandidaten die für das Vorstandsamt erforderlichen **persönlichen** und **fachlichen** Qualifikationen haben.[1364] Es geht darum, für den jeweiligen Posten „die Beste oder den Besten" zu finden.[1365] Kandidaten müssen insbes. fachlich und persönlich geeignet sein, ein **Unternehmen zu leiten** (§ 76 Abs. 1 AktG).[1366] Dazu gehört, unternehmerisch zu handeln und **grundlegende wirtschaftliche Zusammenhänge** der Tätigkeit der AG zu erfassen,[1367] ferner Personalführungskompetenzen und **Grundkenntnisse in der Rechnungslegung**.[1368] Der Aufsichtsrat muss darauf achten, dass die Vorstandsmitglieder **auch in Krisensituationen belastbar** sind.[1369] Die weiteren Anforderungen hängen vom Einzelfall ab, insbes. vom konkreten Aufgabenbereich, von der Branche und vom Geschäftsmodell, von der Organisation des Vorstands, der Größe und der Lage des Unternehmens.[1370] Die Aufsichtsratsmitglieder handeln **pflichtwidrig,** wenn sie ein Vorstandsmitglied bestellen, das nicht über ein Mindestmaß an fachlicher Qualifikation verfügt;[1371] die Bestellung ist aber **wirksam.** Ob der Aufsichtsrat interne oder externe Kandidaten sucht, hängt vom Einzelfall ab.[1372] Mit externen Kandidaten können zB „frischer Schwung", neue Impulse oder eine besondere persönliche oder fachliche Eignung verbunden sein.

Rn. 1256: zumindest 60 Jahre; K. Schmidt/Lutter AktG/*Seibt* AktG § 76 Rn. 62: 58 Jahre; *Lutter* BB 2007, 725 (730): 58 Jahre.
[1357] Zum Anstellungsvertrag eines GmbH-Geschäftsführers mit einer Altersgrenze von 60 Jahren OLG Hamm NZG 2017, 1065 Rn. 32; Hüffer/Koch/*Koch* AktG § 76 Rn. 65; MüKoAktG/*Spindler* AktG § 84 Rn. 34; *Bauer/C. Arnold* ZIP 2012, 597 (601).
[1358] *Bauer/C. Arnold* ZIP 2012, 597 (601).
[1359] Kölner Komm AktG/*Mertens/Cahn* AktG § 84 Rn. 10; *Lutter/Krieger/Verse* AR Rn. 360.
[1360] *Thüsing* in Fleischer VorstandsR-HdB § 4 Rn. 18.
[1361] MHdB AG/*Wentrup* § 20 Rn. 9; *Seyfarth* VorstandsR § 3 Rn. 16; MüKoAktG/*Spindler* AktG § 84 Rn. 38; Kölner Komm AktG/*Mertens/Cahn* AktG § 84 Rn. 10; ausf. GroßkommAktG/*Kort* AktG § 76 Rn. 277.
[1362] MHdB AG/*Wentrup* § 20 Rn. 9; GroßkommAktG/*Kort* AktG § 76 Rn. 277; MüKoAktG/*Spindler* AktG § 84 Rn. 38.
[1363] GroßkommAktG/*Kort* AktG § 76 Rn. 277.
[1364] OLG München AG 2017, 750 (752); *Behme/Zickgraf* AG 2015, 841 (847); MüKoAktG/*Spindler* AktG § 76 Rn. 143, § 84 Rn. 41; *Schaefer/Missling* NZG 1998, 441 (445).
[1365] *Kubis* in Semler/Peltzer/Kubis Vorstands-HdB § 2 Rn. 9.
[1366] OLG München AG 2017, 750 (752); ausf. dazu *Behme/Zickgraf* AG 2015, 841 (847); *Beiner/Braun* Vorstandsvertrag Rn. 25; MüKoAktG/*Spindler* AktG § 76 Rn. 143, § 84 Rn. 41.
[1367] MüKoAktG/*Spindler* AktG § 84 Rn. 41.
[1368] *Behme/Zickgraf* AG 2015, 841 (849); MüKoAktG/*Spindler* AktG § 76 Rn. 143; siehe dazu auch BFH GmbHR 2000, 1211 (1212 f.): Sorgfaltspflichtverletzung des Geschäftsführers durch Annahme der Bestellung trotz Fehlens grundlegender steuer- und handelsrechtlicher Kenntnisse.
[1369] MüKoAktG/*Spindler* AktG § 84 Rn. 41.
[1370] OLG München AG 2017, 750 (752 f.); *Behme/Zickgraf* AG 2015, 841 (847); *Beiner/Braun* Vorstandsvertrag Rn. 26; MüKoAktG/*Spindler* AktG § 84 Rn. 41; vgl. auch *Schaefer/Missling* NZG 1998, 441 (445).
[1371] OLG München AG 2017, 750 (752 f.); *Behme/Zickgraf* AG 2015, 841 (847).
[1372] Dazu *Kubis* in Semler/Peltzer/Kubis Vorstands-HdB § 2 Rn. 6.

607 **gg) Background-Checks.** Aufsichtsräte führen inzwischen regelmäßig sog. „Background-Checks" von Kandidaten durch. Dabei werden nicht nur die fachliche Eignung, sondern auch das **Verhalten** und die **Integrität** bewertet.[1373] Inwieweit solche Background-Checks zulässig sind, wird vorrangig im Hinblick auf Arbeitnehmer diskutiert. Arbeitsrechtlich werden Background-Checks insoweit für zulässig gehalten, als der Arbeitgeber ein entsprechendes Fragerecht hätte.[1374] Grundsätzlich sind Fragen erlaubt, an deren Beantwortung der Arbeitgeber ein berechtigtes, billigenswertes und schutzwürdiges Interesse hat.[1375] Der Arbeitgeber darf nur solche Fragen stellen und Recherchen anstellen, die in einem sachlichen und inneren Zusammenhang mit dem zu besetzenden Arbeitsplatz stehen und für die Tätigkeit im Unternehmen bedeutsam sind. Ob die **arbeitsrechtlichen Grundsätze** auf Vorstandskandidaten uneingeschränkt übertragbar sind, ist **nicht geklärt.** Für die Übertragbarkeit spricht, dass auch das **Persönlichkeitsrecht von Vorstandskandidaten** zu schützen ist. Welche Informationen der Aufsichtsrat iRd Background-Checks von Kandidaten erheben darf, hängt danach davon ab, welche **Anforderungen an die zu besetzende Stelle** gestellt werden. Zulässig erscheint bei Vorstandsmitgliedern neben der fachlichen Qualifikation die Überprüfung von **Vorstrafen, wettbewerbs- oder kartellrechtlichen Verstößen oder vergangenen Insolvenzen,** die zwar kein gesetzliches Bestellungshindernis darstellen (→ Rn. 570 ff.), aber Rückschlüsse auf die persönliche Eignung des Kandidaten geben können. Ob eine Zustimmung des Vorstandskandidaten zu einem Background-Check erforderlich ist, hängt – soweit der Vorstandskandidat nicht ohnehin an dem Background-Check mitwirkt – davon ab, wie vertraulich die iRd Background-Checks erhobenen Informationen sind. Grundsätzlich zulässig ist es auch, dass der Aufsichtsrat von einem Vorstandskandidaten eine Erklärung verlangt, dass er bestimmte, für das Unternehmen besonders bedeutsame Compliance-Regeln in der Vergangenheit befolgt hat (zB keine kartellrechtlichen Verstöße).

608 Abgesehen von der Beschränkung durch das Persönlichkeitsrecht ist fraglich, ob **datenschutzrechtlich** Art. 6 Abs. 1 lit. b DS-GVO eine Rechtsgrundlage für das Einholen von **Hintergrundinformationen** bietet. Dafür spricht, dass angesichts der herausgehobenen Position der Vorstandsmitglieder auch Informationen über persönliche Eigenarten sowie gesellschaftliche Aktivitäten und allgemein der „Leumund" eine wesentliche Rolle bei der Auswahl spielen. Allerdings legen Aufsichtsbehörden und Teile des Schrifttums den Begriff der „Erforderlichkeit" in Art. 6 Abs. 1 lit. b DS-GVO sehr eng aus und sehen nur Datenverarbeitungen als erfasst an, ohne die es objektiv nicht möglich wäre, einen Kandidaten zum Vorstandsmitglied zu bestellen bzw. das Amt wahrzunehmen.[1376] Auf Grundlage dieser Ansicht können Backgroundchecks nur auf die **Interessenabwägungsklausel** des Art. 6 Abs. 1 lit. f DS-GVO gestützt werden.[1377] Danach ist zu prüfen, ob die konkrete Datenverarbeitung zur Wahrung der berechtigten Unternehmensinteressen erforderlich ist, und sind die Interessen der AG mit den schutzwürdigen Interessen des Kandidaten im Sinn einer Verhältnismäßigkeitsprüfung abzuwägen. Die praktischen Auswirkungen der unterschiedlichen Ansichten zur datenschutzrechtlichen Rechtsgrundlage für Background Checks sind gering. Im Ergebnis müssen Vorstandskandidaten zwar eine deutlich intensivere Prüfung ihres persönlichen Hintergrunds hinnehmen als Arbeitnehmer; auch bei ihnen ist aber ein Kernbereich der Privatsphäre zu respektieren.

609 **hh) Gesundheits-Checks.** Mit der Vorstandstätigkeit sind idR besondere körperliche und geistige Anforderungen verbunden. Die Gesundheit eines Kandidaten muss der Aufsichtsrat daher in seine Auswahlentscheidung einbeziehen.[1378] Dabei sind das Recht des Kandidaten auf informationelle Selbstbestimmung und datenschutzrechtliche Vorgaben zu berücksichtigen. Nach der Rechtsprechung des BAG sind gegenüber Arbeitnehmern **gesundheitsbezogene Fragen** des Arbeitgebers zulässig, die mit der Eignung des Bewerbers für die konkret zu besetzende Stelle zusammenhängen.[1379] Im Schrifttum wird zutreffend darauf hingewiesen, dass solche Fragen gegenüber Kandidaten für ein Vorstandsamt mit Blick auf die insofern bestehenden Anforderungen und das geringere Schutzniveau im allgemeinen Dienstrecht erst recht zulässig sein müssen.[1380] Der Aufsichtsrat sollte daher grds. zumindest leicht feststellbare Gesundheitsrisiken ausschließen. Konkreten Anhaltspunkten für gesundheitliche Risiken muss er grds. nachgehen. Er kann

---

[1373] *Pelz* in Hauschka/Moosmayer/Lösler Corporate Compliance-HdB § 20 Rn. 3.
[1374] *Hohenstatt/Stamer/Hinrichs* NZA 2006, 1065; *Thum/Szczesny* BB 2007, 2405; *Schwarz* ZD 2018, 353.
[1375] StRspr des BAG, vgl. nur BAG NJW 1996, 2323 (2324) mwN.
[1376] EDSA, Guidelines 2/2019 on the processing of personal data under Art. 6 (1) (b) GDPR in the context of provision of online services to data subjects, 9. 4. 2019, version for public consultation; Art. 29 Working Party Opinion 6/2014 on the notion of legitimate interests of the data controller under Art. 7 of Directive 95/46/EC, WP 217, 16; vgl. Ehmann/Selmayr/*Heberlein* DS-GVO Art. 6 Rn. 13; Gola/*Schulz* DS-GVO Art. 6 Rn. 38; Paal/Pauly/*Frenzel* DS-GVO Art. 6 Rn. 14; Taeger/Gabel/*Taeger* DS-GVO Art. 6 Rn. 49 ff.
[1377] Zu Backgroundchecks bei Arbeitnehmern *Kort* NZA-Beilage 2016, 62 (70); *Schwarz* ZD 2018, 353 (354 f.).
[1378] *Fonk* in Semler/v. Schenck AR-HdB § 10 Rn. 17; *Schnorbus/Klormann* WM 2018, 1069.
[1379] BAG NJW 1985, 645.
[1380] *Schnorbus/Klormann* WM 2018, 1069 (1070).

danach zunächst eine oberflächliche und bei entsprechenden Anhaltspunkten eine vertiefte medizinische Eignungsuntersuchung anordnen.[1381]

Eine **Aufklärungspflicht** des Kandidaten nahm das OLG Brandenburg unter Verweis auf die Rechtsprechung des BAG zu Arbeitnehmern an, wenn der Kandidat „*damit rechnen muss, infolge einer bereits vorliegenden Krankheit seiner Arbeitspflicht im Zeitpunkt des Beginns des Arbeitsverhältnisses nicht nachkommen zu können*".[1382] Zudem soll eine Aufklärungspflicht bestehen, wenn „*von dem Standpunkt eines objektiven und informierten Beobachters bei Vertragsabschluss erkennbar war, dass die Erkrankung den* [Kandidaten] *in seiner Leistungsfähigkeit bei den von ihm wahrzunehmenden Aufgaben in kürzester Zeit erheblich einschränken würde*".[1383] Verletzt ein Kandidat eine Aufklärungspflicht, können der Abschluss des Anstellungsvertrags[1384] und die Bestellung wegen arglistiger Täuschung anfechtbar sein (§ 123 Abs. 1 BGB). 610

g) Beschlussfassung im Aufsichtsrat

Die Bestellung von Vorstandsmitgliedern setzt einen **ausdrücklichen Beschluss** des Aufsichtsrats voraus (§ 108 Abs. 1 AktG). Eine **konkludente Bestellung** – zB indem der Aufsichtsrat eine faktische Vorstandstätigkeit duldet – ist **nichtig**. Der Betroffene ist nicht fehlerhaft bestellt, sondern gar nicht; anwendbar ist daher nicht die Lehre von der fehlerhaften Organstellung, sondern sind die Grundsätze für faktisch wie ein Vorstandsmitglied handelnde Personen (→ Rn. 679).[1385] Der Beschluss muss den Bestellten **namentlich** bezeichnen und ihm die Organfunktion „Vorstandsmitglied" zuweisen.[1386] Eine **besondere Form** (zB notarielle Beurkundung) ist für den Beschluss gesetzlich nicht vorgeschrieben. Die Satzung kann zwar Formvorgaben regeln. Die Bestellung ist aber auch wirksam, wenn solche Satzungsvorgaben nicht beachtet werden; es handelt sich ggf. um **bloße Ordnungsvorschriften**.[1387] 611

aa) Einberufung, Tagesordnung, Unterlagen. Für die Beschlussfassung gelten die allgemeinen Regeln (→ § 3 Rn. 432 ff.). Dazu gehört, dass jedes Aufsichtsratsmitglied sich angemessen auf die Entscheidung vorbereiten können muss.[1388] Die Bestellung ist daher als **eigener Tagesordnungspunkt** anzukündigen. Die Bezeichnungen „Vorstandsangelegenheiten", „Verschiedenes" oder „personelle Veränderungen des Vorstands" sind nach der Rechtsprechung zu anderen Gesellschaftsformen und der wohl hA im Schrifttum nicht hinreichend bestimmt.[1389] Nicht zwingend soll es hingegen sein, den Kandidaten bereits in der Einberufung namentlich zu benennen.[1390] Die Frist für die Einberufung einer Sitzung kann – vorbehaltlich spezieller Regelungen in der Satzung oder der Geschäftsordnung für den Aufsichtsrat – auch kürzer als drei Tage[1391] bemessen sein,[1392] insbes. bei Verwendung moderner Kommunikationsmittel und sofern sich der Aufsichtsratsvorsitzende besonders bemüht, dass sämtliche Aufsichtsratsmitglieder vorbereitet an der Entscheidung teilnehmen können. 612

Welche **Unterlagen** bis spätestens wann vor einer geplanten Bestellungsentscheidung zur Verfügung zu stellen sind, ist – vorbehaltlich spezieller Regelungen in der Satzung oder der Geschäftsordnung für den Aufsichtsrat – Sache des **Einzelfalls**. Entscheidend ist, wie **umfangreich** und **komplex** die in den Un- 613

[1381] *Schnorbus/Klormann* WM 2018, 1069 (1070), auch zu Drogentests und psychologischen Leistungstests.
[1382] OLG Brandenburg AG 2007, 590 (591); zust. *Schnorbus/Klormann* WM 2018, 1069 (1070).
[1383] OLG Brandenburg AG 2007, 590 (591).
[1384] OLG Brandenburg AG 2007, 590 (591); *Schnorbus/Klormann* WM 2018, 1069 (1070).
[1385] BGHZ 41, 282 (286) = NJW 1964, 1367; GroßkommAktG/*Kort* AktG § 84 Rn. 40, 80; Hölters/*Weber* AktG § 84 Rn. 13; Hüffer/Koch/*Koch* AktG § 84 Rn. 5, § 108 Rn. 4; K. Schmidt/Lutter AktG/*Seibt* AktG § 84 Rn. 11; MHdB AG/*Wentrup* § 20 Rn. 21.
[1386] K. Schmidt/Lutter AktG/*Seibt* AktG § 84 Rn. 11; MüKoAktG/*Spindler* AktG § 84 Rn. 23; Henssler/Strohn/*Dauner-Lieb* AktG § 84 Rn. 5.
[1387] Hölters/*Weber* AktG § 84 Rn. 13; BeckOGK/*Fleischer* AktG § 84 Rn. 11; MHdB AG/*Wentrup* § 20 Rn. 25; Kölner Komm AktG/*Mertens/Cahn* AktG § 84 Rn. 29.
[1388] *Bauer/Krieger* ZIP 2004, 1247 (1250); BeckOGK/*Spindler* AktG § 110 Rn. 19; Hüffer/Koch/*Koch* AktG § 110 Rn. 4; MüKoAktG/*Habersack* AktG § 110 Rn. 18; *Seyfarth* VorstandsR § 3 Rn. 34.
[1389] BGH NJW-RR 2000, 1278 zum Verwaltungsrat einer Sparkasse zur fristlosen Kündigung eines Vorstandsmitglieds; ebenfalls zum Verwaltungsrat einer Sparkasse OLG Naumburg NZG 2001, 901 (902); zum Aufsichtsrat einer Genossenschaft OLG Stuttgart DB 2003, 932; zum Aufsichtsrat einer GmbH OLG Stuttgart BB 1985, 879 (880); zur AG MüKoAktG/*Habersack* AktG § 110 Rn. 19; *Bauer/Krieger* ZIP 2004, 1247 (1250); *Seyfarth* VorstandsR § 3 Rn. 34. Großzügiger Hölters/*Hambloch-Gesinn/Gesinn* AktG § 110 Rn. 14: Abwägung gegen Schutzinteressen der AG und der betroffenen Personen im Einzelfall; MHdB AG/*Hoffmann-Becking* § 31 Rn. 42 hält die Bezeichnung „Vorstandsangelegenheiten" je nach den Umständen für ausreichend.
[1390] *Seyfarth* VorstandsR § 3 Rn. 34 mit Formulierungsvorschlägen für die Tagesordnung.
[1391] Auf die Dreitagesfrist abstellend BeckOGK/*Spindler* AktG § 110 Rn. 23; ebenso GroßkommAktG/*Hopt/Roth* AktG § 110 Rn. 23; Hölters/*Hambloch-Gesinn/Gesinn* AktG § 110 Rn. 22; vgl. ferner MüKoAktG/*Habersack* AktG § 110 Rn. 16: „*Einberufung binnen weniger Tage*".
[1392] Das OLG Frankfurt a. M. (AG 2014, 373 (375)) sah keine der Entlastung entgegenstehende Pflichtverletzung des Aufsichtsratsvorsitzenden, der den Aufsichtsratsmitgliedern die Unterlagen zur grundsätzlichen Zustimmung des Aufsichtsrats zu einem Fusionsvorhaben erst einen Tag vor der Sitzung übermittelte.

terlagen enthaltenen Informationen sowie ob und ggf. inwieweit die Aufsichtsratsmitglieder bereits **vorinformiert** sind. Eine Pflicht, die für die Bestellungsentscheidung erforderlichen Unterlagen den Aufsichtsratsmitgliedern bereits mit der Tagesordnung zuzuleiten, besteht nicht.[1393] Vereinzelt wird zwar unter Verweis auf die Regierungsbegründung zu Berichten des Vorstands an den Aufsichtsrat (§ 90 Abs. 2 Nr. 4 AktG) vertreten, Unterlagen seien den Aufsichtsratsmitgliedern jedenfalls dann zuzuleiten, wenn sie final feststehen.[1394] Das trifft aber nicht zu. Die Regierungsbegründung zu § 90 Abs. 2 Nr. 4 AktG führt lediglich aus: „*Je umfangreicher die Unterlagen sind und je länger sie bereits vor der Sitzung feststehen, desto früher sollten sie auch übermittelt werden.*"[1395] Im Zusammenhang mit der Bestellung geht es idR um Informationen, die für sich genommen **nicht umfangreich** und **komplex** sind (Person des Kandidaten, Dauer der Bestellung). Über den Anstellungsvertrag muss der Aufsichtsrat nicht zwingend mit der Bestellung entscheiden, tut das aber idR insoweit, als nicht ein Ausschuss zuständig ist (→ Rn. 1222). Informationen zum Anstellungsvertrag sind ebenfalls nicht zwingend umfangreich und komplex, etwa, wenn sich der Anstellungsvertrag nicht von Anstellungsverträgen amtierender Vorstandsmitglieder unterscheidet. Es ist auch nicht zwingend erforderlich, den Anstellungsvertrag insgesamt vorzulegen; vielmehr genügt es grds., eine **Zusammenfassung** der Konditionen vorzulegen. Das Plenum – nicht ein einzelnes Aufsichtsratsmitglied – kann aber verlangen, dass der Anstellungsvertrag vorgelegt wird.[1396]

614 Ob **Vertraulichkeitsgesichtspunkte** es rechtfertigen können, die Einberufung, die Tagesordnung und Unterlagen eher spät zu übermitteln, ist **umstritten**. Nach einer Ansicht können Vertraulichkeitsgesichtspunkte aufgrund der für alle Aufsichtsratsmitglieder bestehenden strafbewehrten Verschwiegenheitspflicht nicht berücksichtigt werden.[1397] Die Gegenansicht hält Vertraulichkeitsgesichtspunkte bei Berichten des Vorstands an den Aufsichtsrat[1398] und insbes. bei Personalangelegenheiten im Verhältnis zwischen dem Plenum und einem vorbereitenden Ausschuss für berücksichtigungsfähig[1399]. Dem ist zu folgen (→ § 3 Rn. 509). Dass Aufsichtsratsmitglieder unter Schadensersatz- und Strafdrohung zur Vertraulichkeit verpflichtet sind (§ 116 S. 2, S. 1 AktG iVm § 93 Abs. 1 S. 3, Abs. 2 AktG, § 404 AktG), ändert nichts daran, dass das Risiko eines „Vertraulichkeits-Leaks" ungeachtet moderner technischer Sicherheitsvorkehrungen umso größer wird, je mehr Personen eine Information zugänglich ist. Die Vertraulichkeit ist auch einer der Gründe, die die Errichtung von Ausschüssen rechtfertigen, um Informationen zunächst „im kleinen Kreis" zu halten.[1400] Entsprechend kann der Aufsichtsratsvorsitzende Aufsichtsratsmitglieder mit Blick auf Vertraulichkeitsgesichtspunkte von Sitzungen eines Ausschusses ausschließen, dem sie nicht angehören (§ 109 Abs. 2 AktG).[1401] Die Vertraulichkeit – die insbes. bei einer Insiderinformation im Fall einer Aufschubentscheidung zu gewährleisten ist[1402] – kann es daher rechtfertigen, Unterlagen erst **kurz vor der Beschlussfassung** zu übermitteln. Kandidaten erklären sich idR auch nur bereit, sich zu bewerben, wenn sie sicher sind, dass die Vertraulichkeit gewahrt bleibt.[1403]

615 bb) **Verfahren.** Über die Bestellung kann das Plenum iRe **Telefon- oder Videokonferenz** entscheiden.[1404] Telefon- und Videokonferenzen sind **Präsenzsitzungen gleichwertig;** Aufsichtsratsmitglieder sind daher **nicht** nach § 108 Abs. 4 AktG berechtigt, der Beschlussfassung **zu widersprechen.**[1405]

616 Ebenfalls grds. **zulässig** ist eine Beschlussfassung **im schriftlichen Umlaufverfahren.**[1406] Es ist zwar zunehmend üblich, aber nicht zwingend, dass sich Kandidaten persönlich im Plenum vorstellen. Möchte ein Aufsichtsratsmitglied weitere Informationen, kann es der Beschlussfassung im schriftlichen Umlaufverfahren widersprechen, sofern die Satzung oder die Geschäftsordnung für den Aufsichtsrat das Wider-

---

[1393] AA MüKoAktG/*Habersack* AktG § 110 Rn. 18.
[1394] Wilsing/*Johannsen-Roth* DCGK Ziff. 3.4 Rn. 22.
[1395] RegBegr zum TransPuG, BT-Drs. 14/8769, 15.
[1396] GroßkommAktG/*Hopt/Roth* AktG § 107 Rn. 474; *Gittermann* in Semler/v. Schenck AR-HdB § 6 Rn. 128.
[1397] MüKoAktG/*Habersack* AktG § 110 Rn. 20; KBLW/*Lutter* DCGK Rn. 539 mit Fn. 54.
[1398] Hüffer/Koch/*Koch* AktG § 90 Rn. 3; *Rieger/Rothenfußer* NZG 2014, 1012 (1014); vgl. auch GroßkommAktG/*Kort* AktG § 90 Rn. 166; RegBegr zum TransPuG, BT-Drs. 14/8769, 15 zu § 90 Abs. 2 Nr. 4 AktG.
[1399] GroßkommAktG/*Hopt/Roth* AktG § 107 Rn. 469, 472, 474, § 110 Rn. 24, 29; *Gittermann* in Semler/v. Schenck AR-HdB § 6 Rn. 128; *Cahn* AG 2014, 525 (533); allgemein auch Hüffer/Koch/*Koch* AktG § 110 Rn. 4.
[1400] GroßkommAktG/*Hopt/Roth* AktG § 107 Rn. 300; MüKoAktG/*Habersack* AktG § 107 Rn. 93; Hüffer/Koch/*Koch* AktG § 107 Rn. 18; *Möllers* ZIP 1995, 1725 (1731); *Hasselbach/Seibel* AG 2012, 114 (121 ff.).
[1401] LG München I NZG 2008, 348 Rn. 79; GroßkommAktG/*Hopt/Roth* AktG § 109 Rn. 82; K. Schmidt/Lutter AktG/*Drygala* AktG § 109 Rn. 17; BeckOGK/*Spindler* AktG § 109 Rn. 35; Hüffer/Koch/*Koch* AktG § 109 Rn. 6; *Hasselbach/Seibel* AG 2012, 114 (121).
[1402] Vgl. GroßkommAktG/*Hopt/Roth* AktG § 110 Rn. 23.
[1403] Ebenso *Fonk* in Semler/v. Schenck AR-HdB § 10 Rn. 24.
[1404] MüKoAktG/*Habersack* AktG § 108 Rn. 16; BeckOGK/*Spindler* AktG § 108 Rn. 65; K. Schmidt/Lutter AktG/*Drygala* AktG § 108 Rn. 24.
[1405] Hüffer/Koch/*Koch* AktG § 108 Rn. 22; Hölters/*Hambloch-Gesinn/Gesinn* AktG § 108 Rn. 9; Kölner Komm AktG/*Mertens/Cahn* AktG § 108 Rn. 39.
[1406] Hüffer/Koch/*Koch* AktG § 108 Rn. 21; BeckOGK/*Spindler* AktG § 108 Rn. 63; *Lutter/Krieger/Verse* AR Rn. 728.

spruchsrecht nicht ausgeschlossen hat (§ 108 Abs. 4 AktG; → § 3 Rn. 458). Der Aufsichtsratsvorsitzende muss **pflichtgemäß abwägen,** welches Beschlussverfahren er wählt.

Jedes Aufsichtsratsmitglied darf **Kandidaten** für Vorstandspositionen **vorschlagen.**[1407] Liegen für **eine vakante Position mehrere Vorschläge** vor, muss der Aufsichtsratsvorsitzende pflichtgemäß abwägen, welchen Vorschlag er zuerst zur Abstimmung stellt.[1408]   **617**

Sind **mehrere Vorstandspositionen vakant,** soll nach soweit ersichtlich einhelliger Ansicht zwingend **für jede Position gesondert** abzustimmen, eine **Block- oder Listenentscheidung** also **unzulässig** sein. Das soll auch gelten, wenn sämtliche Aufsichtsratsmitglieder mit einer solchen Entscheidung einverstanden wären.[1409] Dafür spricht, dass die Aufsichtsratsmitglieder jeden Kandidaten eigenständig beurteilen müssen. Sie dürfen nicht einen Kandidaten bestellen, den sie isoliert betrachtet nicht für hinreichend geeignet halten, der aber „im Block" mit anderen Kandidaten bestellt werden soll, die gut geeignet erscheinen. Dass über mehrere vakante Positionen gemeinschaftlich abgestimmt wird, ist hingegen zulässig (→ § 7 Rn. 200).   **618**

cc) Mehrheitserfordernis, Stimmrechtsausschluss. Für den Bestellungsbeschluss genügt die **einfache Mehrheit.** Die **Satzung** kann die Entschließungsfreiheit nach ganz herrschender und zutreffender Ansicht **nicht einschränken,** indem sie ein anderes Mehrheitserfordernis anordnet.[1410] In **paritätisch mitbestimmten** Gesellschaften ist eine **Mehrheit von zwei Dritteln** der Aufsichtsratsmitglieder (Ist-Stärke)[1411] erforderlich (§ 31 Abs. 2 MitbestG). Zudem gilt ein mehrstufiges Bestellungsverfahren (§ 31 Abs. 3, 4 MitbestG; → § 7 Rn. 199 ff.).[1412]   **619**

Ob ein **Aufsichtsratsmitglied** bei der Entscheidung über seine Bestellung zum Vorstandsmitglied **mitstimmen** darf, ist umstritten. Im Schrifttum wird verbreitet vertreten, der Betroffene unterliege analog §§ 34, 181 BGB einem Stimmrechtsausschluss.[1413] Es könne nicht erwartet werden, dass seine Interessen denen der AG unterordne. Nach zutreffender Ansicht besteht **kein Stimmrechtsausschluss.**[1414] Es ist anerkannt, dass für die Selbstwahl in Ämter kein Stimmrechtsausschluss für den Kandidaten besteht.[1415] Es ist auch nicht ersichtlich, weshalb der Betroffene bei der Entscheidung über seine Bestellung stets einem Interessenkonflikt unterliegen soll, der einen Stimmrechtsausschluss begründet. Weshalb sollte zB der Mehrheitsaktionär, dessen Vermögen im Wesentlichen aus seiner Beteiligung an der AG besteht, ein Interesse haben, vom Aufsichtsrat in den Vorstand zu wechseln, wenn er nicht überzeugt wäre, dass damit dem Interesse des Unternehmens – und damit seinem Vermögen – am besten gedient ist? Liegt doch eine Interessenkollision vor, kann der Betroffene entscheiden, ob er sich für befangen hält und an der Beratung und Beschlussfassung nicht teilnimmt; ggf. kann der Aufsichtsrat den Betroffenen auch ausschließen.[1416] Bestünde ein Stimmrechtsausschluss, müsste der Betroffene im Fall einer erwartet knappen Entscheidung abwägen, ob er sein Amt als Aufsichtsratsmitglied niederlegt, um die Bestellung eines Nachfolgers zu ermöglichen, der für seine Bestellung zum Vorstandsmitglied stimmt.   **620**

[1407] Habersack/Henssler/*Habersack* MitbestG § 31 Rn. 17; MüKoAktG/*Habersack* AktG § 108 Rn. 17; Hölters/*Hambloch-Gesinn/Gesinn* AktG § 108 Rn. 11; Henssler/Strohn/*Henssler* AktG § 108 Rn. 4.
[1408] Allgemein zu den Pflichten des Aufsichtsratsvorsitzenden, wenn für einen Gegenstand verschiedene Beschlussvorschläge vorliegen, Kölner Komm AktG/Mertens/*Cahn* AktG § 108 Rn. 23; K. Schmidt/Lutter AktG/*Drygala* AktG § 108 Rn. 7.
[1409] Habersack/Henssler/*Habersack* MitbestG § 31 Rn. 17; lediglich zur Blockabstimmung *Seyfarth* VorstandsR § 3 Rn. 37; MüKoAktG/*Annuß* MitbestG § 31 Rn. 7; GroßkommAktG/*Oetker* MitbestG § 31 Rn. 6; Lutter/Krieger/*Verse* AR Rn. 348: „Beschränkung der Auswahlfreiheit"; *Fonk* in Semler/v. Schenck AR-HdB § 10 Rn. 46: keine Bestellung von Kandidaten mit dem kleinsten gemeinsamen Nenner.
[1410] GroßkommAktG/*Kort* AktG § 84 Rn. 33; BeckOGK/*Fleischer* AktG § 84 Rn. 11; Grigoleit/*Grigoleit* AktG § 84 Rn. 7; K. Schmidt/Lutter AktG/*Seibt* AktG § 84 Rn. 12; MHdB AG/*Wentrup* § 20 Rn. 21; MüKoAktG/*Habersack* AktG § 84 Rn. 22; Kölner Komm AktG/Mertens/*Cahn* AktG § 84 Rn. 12; aA *Jürgenmeyer* ZGR 2007, 112 (136 f.).
[1411] Habersack/Henssler/*Habersack* MitbestG § 31 Rn. 19 mwN.
[1412] Hüffer/Koch/*Koch* AktG § 84 Rn. 5; Kölner Komm AktG/Mertens/*Cahn* AktG § 84 Rn. 12.
[1413] Hüffer/Koch/*Koch* AktG § 108 Rn. 9; MüKoAktG/*Spindler* AktG § 84 Rn. 21; K. Schmidt/Lutter AktG/*Seibt* AktG § 84 Rn. 12; Hölters/*Weber* AktG § 84 Rn. 13; MHdB AG/*Wentrup* § 20 Rn. 22; grundlegend *Ulmer* NJW 1982, 2288.
[1414] GroßkommAktG/*Oetker* MitbestG § 31 Rn. 7; Lutter/Krieger/*Verse* AR Rn. 348; Kölner Komm AktG/Mertens/*Cahn* AktG § 108 Rn. 67; *Mertens* ZGR 1983, 189 (203 ff.); MHdB AG/*Hoffmann-Becking* § 31 Rn. 70.
[1415] Vgl. nur BeckOGK BGB/*Notz* BGB § 34 Rn. 34; *Wiedemann/Kögel* in Beirat und Aufsichtsrat im Familienunternehmen § 10 Rn. 22 jeweils mwN sowie aus der Rspr. RGZ 60, 172 (173); RGZ 74, 276 (279 f.); OLG Düsseldorf ZIP 1989, 1554 (1555); OLG Hamm OLGZ 1978, 184 (187); OLG Hamm NJW-RR 2007, 161; für die Gegenansicht *Ulmer* NJW 1982, 2288; *Fischbach* BB 2017, 1283 (1285); zu § 47 Abs. 4 GmbHG BGHZ 18, 205 (210) = NJW 1955, 1716; BGHZ 190, 45 Rn. 15 = NJW-RR 2011, 1117.
[1416] *Koch* ZGR 2014, 697 (719 ff.); *Diekmann/Fleischmann* AG 2013, 141 (146 f.); zum Ausschluss eines einem Interessenkonflikt unterliegenden Vorstandsmitglieds durch den Vorstand Hüffer/Koch/*Koch* AktG § 93 Rn. 26; generell dagegen, dass Vorstand oder Aufsichtsrat befangene Mitglieder ausschließen können, *Schäfer* ZGR 2014, 731 (747).

h) Befristete und bedingte Bestellung

621 Eine **aufschiebend bedingte** oder/und **befristete Bestellung** ist nach herrschender und zutreffender Ansicht zulässig.[1417] In der Regel soll die Amtszeit nicht sofort mit der Annahme der Bestellung beginnen, sondern zu einem späteren Zeitpunkt. Ist als Beginn der Amtszeit lediglich ein Datum genannt, beginnt die Amtszeit im Zweifel mit dem Beginn (0:00 Uhr) des genannten Tags. Nicht zulässig ist es, den Beginn der Amtszeit bei der Bestellung noch offen zu lassen.

622 aa) Maximaler Zeitraum der Befristung bei der Erstbestellung. Nach verbreiteter Ansicht im Schrifttum kann der Zeitraum zwischen Bestellungsbeschluss und dem Beginn der ersten Amtszeit **maximal ein Jahr** betragen.[1418] Der Rechtsgedanke des § 84 Abs. 1 S. 3 AktG – ein Beschluss über die Verlängerung kann frühestens ein Jahr vor Ablauf der laufenden Amtszeit gefasst werden – sei auf die erstmalige Bestellung zu übertragen: Die Jahresfrist für die Verlängerung solle generell vorzeitige Bindungen verhindern und passe daher auch auf die erstmalige Bestellung.[1419] Nach der Gegenansicht kann zwischen dem Beschluss zur erstmaligen Bestellung und dem Beginn der Amtszeit mehr als ein Jahr liegen, wenn zwischen dem Zeitpunkt, zu dem die erstmalige Bestellung vor dem Beginn der Amtszeit beschlossen wird, und dem Ende der Amtszeit ein Zeitraum **von insgesamt nicht mehr als sechs Jahren** liegt.[1420]

623 Stellungnahme: Der Gegenansicht ist zu folgen. Nach dem Gesetzeswortlaut gilt die Begrenzung des Zeitraums zwischen Bestellungsbeschluss und Beginn der Amtszeit nur für Verlängerungen, nicht für die erstmalige Bestellung. Auch der Zweck der Begrenzung des Zeitraums zwischen einem Verlängerungsbeschluss und dem Beginn der erneuten Amtszeit greift im Fall einer erstmaligen Bestellung nicht ein. Die Begrenzung soll **verhindern,** dass der Zeitraum zwischen zwei Bestellungsentscheidungen ausgedehnt und damit der **Zweck der Begrenzung der Amtszeit auf fünf Jahre umgangen** werden kann.[1421] Die Begrenzung auf fünf Jahre bezweckt, dass der Aufsichtsrat regelmäßig die Arbeit des Vorstands beurteilt und über eine weitere Zusammenarbeit entscheidet.[1422] Das Zusammenspiel zwischen der Begrenzung der Amtszeit auf fünf Jahre und der Begrenzung des Zeitraums zwischen einem Verlängerungsbeschluss und dem Beginn der erneuten Amtszeit auf ein Jahr stellt sicher, dass der Aufsichtsrat **spätestens nach sechs Jahren** die Möglichkeit hat, neu über die Bestellung zu entscheiden. Liegt zwischen dem Erstbestellungsbeschluss und dem Beginn der Amtszeit mehr als ein Jahr, muss daher (lediglich) die erste Amtszeit entsprechend verringert werden.[1423] Im Übrigen wird zwar teilweise vertreten, die Begrenzung des Zeitraums zwischen einem Verlängerungsbeschluss und dem Beginn der erneuten Amtszeit solle auch gewährleisten, dass der Aufsichtsrat seine Bestellungsentscheidungen „*zeitnah und nicht auf der Grundlage eines Informationsstandes trifft, der bei Amtsantritt [...] nicht mehr aktuell ist*".[1424] Die **Informationsgrundlage** kann sich aber auch während der Amtszeit fortlaufend verändern, und dennoch lässt das Gesetz eine Bestellung für fünf Jahre zu. Zudem kann der Kandidat bereits bekannt sein, zB weil er schon früher im Unternehmen war.

624 Ob der Aufsichtsrat ein Vorstandsmitglied mit der Maßgabe erstmals bestellt, dass zwischen der Bestellung und dem Beginn der Amtszeit mehr als ein Jahr liegt, muss er **nach pflichtgemäßem Ermessen beurteilen.** Der Aufsichtsrat muss insbes. berücksichtigen, ob es im Interesse der AG ist, sich auf die „Wartezeit" und das Risiko einzulassen, dass der Kandidat bei Amtsantritt womöglich nicht mehr „optimal" erscheint. Je länger der Beginn der Amtszeit hinausgeschoben werden soll, umso höhere Anforderungen sind an die Rechtfertigung zu stellen.[1425] Ein Bedürfnis, Kandidaten eine gewisse Zeit vor Amtsantritt zu bestellen, kann insbes. bestehen, wenn sie einem nachvertraglichen Wettbewerbsverbot unterliegen.

625 bb) Aufschiebend bedingte Bestellung. Bei der Formulierung einer aufschiebenden Bedingung ist darauf zu achten, dass der Bedingungseintritt **eindeutig objektiv nachweisbar** ist, damit rechtssicher

---

[1417] BeckOGK/*Fleischer* AktG § 84 Rn. 5; GroßkommAktG/*Kort* AktG § 84 Rn. 37; Kölner Komm AktG/*Mertens/Cahn* AktG § 84 Rn. 14; Hölters/*Weber* AktG § 84 Rn. 16. In älteren Stellungnahmen wurde es für unzulässig gehalten, die Bestellung an eine Bedingung zu knüpfen, dass ein anderes Vorstandsmitglied ausscheidet oder verhindert ist, dazu *Frels* VersR 1963, 898 (899 f.); GroßkommAktG/*Meyer-Landrut* AktG, 3. Aufl. 1973; § 94 Anm. 1 aE; dagegen eing. *Krieger*, Personalentscheidungen des AR, 1981, 238 ff.
[1418] MüKoAktG/*Spindler* AktG § 84 Rn. 42; Kölner Komm AktG/*Mertens/Cahn* AktG § 84 Rn. 14.
[1419] MüKoAktG/*Spindler* AktG § 84 Rn. 42; Kölner Komm AktG/*Mertens/Cahn* AktG § 84 Rn. 15; GroßkommAktG/*Kort* AktG § 84 Rn. 37, 59; vgl. auch BeckOGK/*Fleischer* AktG § 84 Rn. 5; *Thüsing* in Fleischer VorstandsR-HdB § 4 Rn. 23; K. Schmidt/Lutter AktG/*Seibt* AktG § 84 Rn. 15; *Fonk* in Semler/v. Schenck AR-HdB § 10 Rn. 36.
[1420] Hölters/*Weber* AktG § 84 Rn. 17; *Bauer/C. Arnold* DB 2007, 1571 (1572); *Seyfarth* VorstandsR § 3 Rn. 39.
[1421] BGH NZG 2012, 1027 Rn. 27 ff.; *Kropff* AktG 1965 S. 105.
[1422] BGHZ 10, 187 (195) = NJW 1953, 1465; *Bauer/C. Arnold* DB 2007, 1571; GroßkommAktG/*Kort* AktG § 84 Rn. 57; MüKoAktG/*Spindler* AktG § 84 Rn. 3; Hüffer/Koch/*Koch* AktG § 84 Rn. 6.
[1423] *Seyfarth* VorstandsR § 3 Rn. 39; *Bauer/C. Arnold* DB 2007, 1571 (1572); Hölters/*Weber* AktG § 84 Rn. 17.
[1424] Kölner Komm AktG/*Mertens/Cahn* AktG § 84 Rn. 15.
[1425] Hölters/*Weber* AktG § 84 Rn. 18; *Bauer/C. Arnold* DB 2007, 1571 (1572).

feststellbar ist, ob die Bestellung wirksam wurde. Auch gegenüber dem Registergericht ist bei der Anmeldung der Bestellung zur Eintragung (→ Rn. 646) nachzuweisen, dass die Bedingung eingetreten ist. Denkbar ist zB, an die Registereintragung einer Maßnahme anzuknüpfen. Soll die aufschiebende Bedingung sicherstellen, dass die Bestellung erst wirksam wird, nachdem feststeht, dass **Gründe aus der Sphäre des Kandidaten** der Bestellung nicht entgegenstehen, kann als Bedingung auf ein bestätigendes Schreiben des Kandidaten, des bisherigen Dienstherrn oder auch einer Behörde abgestellt werden. Soll die aufschiebende Bedingung sicherstellen, dass **Gründe aus der Sphäre der AG** der Bestellung nicht entgegenstehen (zB das Ergebnis eines Background-Checks; → Rn. 607 f.), kann der Aufsichtsrat zB den Vorsitzenden ermächtigen, dem Kandidaten den Bedingungseintritt zu bestätigen.

Eine Bedingung kann so formuliert sein, dass ein **Beurteilungsspielraum** verbleibt bei der Einschätzung, ob die Bedingung eingetreten ist, etwa, weil ein Background-Check kein 100%ig eindeutiges Ergebnis geliefert hat. In diesem Fall muss erneut das **Plenum** entscheiden, ob die Bedingung eingetreten ist oder nicht. Nach zutreffender, wohl im Vordringen befindlicher Ansicht kann der Aufsichtsrat einem Mitglied als seinem Vertreter auch einen gewissen eigenen Entscheidungsspielraum einräumen.[1426] Ein eigener Entscheidungs- oder Beurteilungsspielraum kann einem Vertreter aber nicht übertragen werden, soweit es darum geht, ob eine Bedingung eingetreten ist und infolgedessen die Bestellung wirksam wird; auch einem Ausschuss kann der Aufsichtsrat insofern keinen Entscheidungsspielraum übertragen (§ 107 Abs. 3 S. 7 AktG). Der Kandidat muss die Bestellung ggf. noch einmal annehmen. 626

Die aufschiebende Bedingung muss nicht zwingend spätestens bis zum Ablauf eines Jahrs nach dem Bestellungsbeschluss eintreten (→ Rn. 622 ff.). Der Aufsichtsrat sollte aber den **Zeitraum begrenzen,** in dem die aufschiebende Bedingung eintreten kann. In der Regel wird eine aufschiebend bedingte Bestellung mit einer aufschiebenden Befristung kombiniert, bis zu der die Bedingung eingetreten sein muss. Die Dauer der Amtszeit kann der Aufsichtsrat bis zur Höchstgrenze von fünf Jahren variabel gestalten, je nachdem, welcher Zeitraum zwischen der Bestellungsentscheidung und dem Bedingungseintritt und damit dem Beginn der Amtszeit liegt. 627

cc) Beseitigung oder Änderung einer Bedingung oder Befristung. Auf eine vereinbarte Bedingung kann die Partei **einseitig verzichten,** in deren Interesse die Bedingung vereinbart war.[1427] Lässt sich nicht rechtssicher feststellen, ob eine Bedingung im Interesse der AG vereinbart war und hat der Bestellte die Bestellung angenommen, kann der Aufsichtsrat versuchen, die Bedingung oder Befristung einvernehmlich zu beseitigen. Lässt sich der Bestellte darauf nicht ein, kann der Aufsichtsrat prüfen, ob er die Bestellung insgesamt widerruft. 628

dd) Unwirksame Bedingung. Nicht diskutiert wird bisher – soweit ersichtlich –, unter welchen Voraussetzungen eine aufschiebende Bedingung unwirksam sein kann und wie sich eine unwirksame Bedingung auf die Bestellung zum Vorstandsmitglied auswirkt. Allgemein anerkannt ist, dass die Nichtigkeit einer aufschiebenden Bedingung zur **Nichtigkeit des gesamten Rechtsgeschäfts** führt.[1428] Begründet wird das überwiegend damit, dass die aufschiebende Bedingung nicht selbstständiger Teil, sondern untrennbarer Bestandteil des Hauptgeschäfts sei, sodass es beim Wegfall der Bedingung nicht nach § 139 BGB fortbestehen könne. Eine Aufspaltung des Rechtsgeschäfts in einen wirksamen und einen nichtigen Teil nach § 139 BGB sei ausgeschlossen.[1429] 629

Gründe, die zur **Nichtigkeit einer aufschiebenden Bedingung** und damit des gesamten Rechtsgeschäfts führen, sind Verstöße gegen ein gesetzliches Verbot (§ 134 BGB), die guten Sitten (§ 138 BGB)[1430] sowie die Unmöglichkeit des Bedingungseintritts.[1431] Nichtig soll das Rechtsgeschäft auch sein, wenn die 630

[1426] *Cahn* FS Hoffmann-Becking, 2013, 247 (254 ff.); Hüffer/Koch/*Koch* AktG § 112 Rn. 8 mwN.
[1427] BGHZ 138, 195 (203 f.) = NJW 1998, 2360; BGH NJW-RR 1989, 291 (292 f.); MüKoBGB/*Westermann* BGB, § 158 Rn. 44; krit. *Pohlmann* NJW 1999, 190 (191 f.).
[1428] BGH NJW 1999, 351 zu einer nach § 313 BGB aF (§ 311b Abs. 1 BGB) formnichtigen Bedingung; MüKoBGB/*Westermann* BGB § 158 Rn. 46; Palandt/*Ellenberger* BGB Vor § 158 Rn. 11; BeckOGK BGB/*Reymann* BGB § 158 Rn. 101 ff.; Erman/*Armbrüster* BGB Vor § 158 Rn. 9; Soergel/*Wolf* BGB § 158 Rn. 32; Staudinger/*Bork* BGB Vor § 158 Rn. 12; *Flume* BGB AT II, 692.
[1429] BGH NJW 1999, 351 zu einer nach § 313 BGB aF (§ 311b Abs. 1 BGB) formnichtigen Bedingung; MüKoBGB/*Westermann* BGB § 158 Rn. 46; Palandt/*Ellenberger* BGB Vor § 158 Rn. 11; BeckOGK BGB/*Reymann* BGB § 158 Rn. 105 ff.; Erman/*Armbrüster* BGB Vor § 158 Rn. 9; Soergel/*Wolf* BGB § 158 Rn. 32; *Flume* BGB AT II, 692; iErg ebenso, jedoch mit abweichender dogmatischer Begründung BeckOGK BGB/*Reymann* BGB § 158 Rn. 105.1: Auslegung des Parteiwillens ergibt iRd § 139 BGB fehlenden Rechtsbindungswillen bzgl. eines unbedingten Hauptgeschäfts; Staudinger/*Bork* BGB Vor § 158 Rn. 12.
[1430] MüKoBGB/*Westermann* BGB § 158 Rn. 45 f.; Palandt/*Ellenberger* BGB Vor § 158 Rn. 11; Erman/*Armbrüster* BGB Vor § 158 BGB Rn. 9; Soergel/*Wolf* BGB § 158 Rn. 32; BeckOGK BGB/*Reymann* BGB § 158 Rn. 105.1; Staudinger/*Bork* BGB Vor § 158 Rn. 33.
[1431] Staudinger/*Bork* BGB Vor § 158 Rn. 33; Palandt/*Ellenberger* BGB Vor § 158 Rn. 11; BeckOGK BGB/*Reymann* BGB § 158 Rn. 102.1; MüKoBGB/*Westermann* BGB § 158 Rn. 48; Erman/*Armbrüster* BGB Vor § 158 Rn. 8.

aufschiebende Bedingung – auch nach Auslegung – unverständlich oder widersinnig ist.[1432] Entsprechendes dürfte für eine Bedingung gelten, die so **unbestimmt** formuliert ist, dass sich auch durch Auslegung nicht rechtssicher ermitteln lässt, unter welchen Voraussetzungen vom Eintritt der Bedingung auszugehen ist.

631 Die Möglichkeit, ein nichtiges bedingtes Rechtsgeschäft nach § 140 BGB in **ein wirksames unbedingtes Rechtsgeschäft umzudeuten,** wird nur äußerst zurückhaltend diskutiert.[1433] Zutreffend wird darauf hingewiesen, dass das unbedingte nicht ohne Weiteres im bedingten Rechtsgeschäft enthalten sei.[1434] Zudem sei regelmäßig nicht davon auszugehen, dass ein bedingtes Rechtsgeschäft bei Kenntnis seiner Nichtigkeit als unbedingtes Rechtsgeschäft gewollt wäre.[1435]

632 **ee) Rechte und Pflichten des aufschiebend bedingt oder befristet bestellten Vorstandsmitglieds, Einarbeitung.** Im Schrifttum wird vertreten, Vorstandsmitglieder, die zwar bestellt sind, deren Amtszeit aber noch nicht begonnen hat, weil eine Befristung oder Bedingung noch nicht eingetreten ist, könnten bereits **Treuepflichten** gegenüber der AG treffen, insbes. die Verschwiegenheitspflicht (§ 93 Abs. 1 S. 3 AktG). Ebenso wie die nachwirkende Verschwiegenheitspflicht nach dem Ausscheiden aus dem Amt sei auch eine solche vorwirkende Verschwiegenheitspflicht anzuerkennen.[1436] Die Vertraulichkeit stehe daher grds. nicht entgegen, dass sich designierte Vorstandsmitglieder bereits vor Amtsantritt „einarbeiten", Gesellschaftsunterlagen einsehen und an Vorstandssitzungen teilnehmen (→ Rn. 2131), um ein möglichst vollständiges Bild von der AG und ihrer bisherigen Entwicklung zu erhalten.[1437] Designierte Vorstandsmitglieder dürften auch mit Führungskräften und Stakeholdern sprechen, solange nicht der Eindruck entsteht, sie befänden sich bereits im Amt. Amtierende Vorstands- oder Aufsichtsratsmitglieder sollten an solchen Gesprächen teilnehmen.[1438] Insofern ist aber Zurückhaltung geboten.

633 Im Schrifttum wird vertreten, designierte Vorstandsmitglieder könnten sogar einen **Anspruch** haben, bereits vor Amtsantritt **Gesellschaftsunterlagen einzusehen** und an **Vorstandssitzungen teilzunehmen.**[1439] Nach Amtsantritt bestehe keine Einarbeitungszeit im Sinne einer haftungsrechtlichen „Schonfrist".[1440] Vorstandsmitglieder müssten den an sie gestellten objektiven Sorgfaltsanforderungen des § 93 Abs. 1 S. 1 AktG daher „ab Tag 1" ihrer Amtszeit gerecht werden. Könnten sich Vorstandsmitglieder vor Amtsantritt einarbeiten, werde im Interesse der AG und der designierten Vorstandsmitglieder die Gefahr verringert, dass sie Sorgfaltspflichten verletzen. Spiegelbildlich handle der Vorstand pflichtwidrig, wenn er designierten Vorstandsmitgliedern ohne sachlichen Grund die Teilnahme an Vorstandssitzungen versage oder keine Einsicht gewähre, denn es gehöre zu seiner Sorgfaltspflicht, für eine reibungslose Amtsübergabe zu sorgen.[1441] Weigere sich der Vorstand, designierten Vorstandsmitgliedern eine sachgerechte Einarbeitung zu ermöglichen, müsse der Aufsichtsrat auf den Vorstand einwirken, etwa indem er die Weigerung beanstande.[1442] Die **Gegenansicht** lehnt einen Anspruch designierter Vorstandsmitglieder auf Einsicht- und Teilnahme vor Amtsantritt ab.[1443] **Dem ist zu folgen.** Vorstand und Aufsichtsrat müssen zwar dafür sorgen, dass neu bestellte Vorstandsmitglieder ihre Tätigkeit möglichst rasch bestmöglich ausüben können. Wie sie das tun, liegt aber in ihrem Ermessen. Der Aufsichtsrat darf insbes. ein Vorstandsmitglied so kurzfristig bestellen, dass bis zum Amtsantritt keine relevante oder gar keine Einarbeitungszeit besteht. Ebenfalls in Betracht kommt, dem Vorstandsmitglied für einen Einarbeitungszeitraum noch nicht den an sich vorgesehenen, sondern zunächst noch keinen Geschäftsbereich zuzuweisen (→ Rn. 2098).

634 **ff) Eintragung eines aufschiebend befristet bestellten Vorstandsmitglieds in das Handelsregister?** Es ist zulässig, ein aufschiebend befristet – nicht aufschiebend bedingt – bestelltes Vorstandsmitglied be-

---

[1432] Staudinger/*Bork* BGB Vor § 158 Rn. 31; Erman/*Armbrüster* BGB Vor § 158 Rn. 11; BeckOGK BGB/*Reymann* BGB § 158 Rn. 107 f.; *Flume* BGB AT II, 691.
[1433] Erman/*Armbrüster* BGB Vor § 158 Rn. 9; MüKoBGB/*Westermann* BGB § 158 Rn. 46.
[1434] *Flume* BGB AT II, 692; BeckOGK BGB/*Reymann* BGB § 158 Rn. 110; MüKoBGB/*Westermann* BGB § 158 Rn. 46.
[1435] BeckOGK BGB/*Reymann* BGB § 158 Rn. 110; Erman/*Armbrüster* BGB Vor § 158 Rn. 9.
[1436] MüKoAktG/*Spindler* AktG § 84 Rn. 42 aE; Seibt/*Ph. Scholz* AG 2016, 557 (559 ff.): organisationsrechtlicher Bestellungsakt und Einverständnis des Betroffenen genügen als Grundlage für die Geltung der Treuepflicht; zurückhaltend Hüffer/Koch/*Koch* AktG § 84 Rn. 9.
[1437] Seibt/*Ph. Scholz* AG 2016, 557 (558 ff.); MüKoAktG/*Spindler* AktG § 77 Rn. 23.
[1438] Seibt/*Ph. Scholz* AG 2016, 557 (561).
[1439] Seibt/*Ph. Scholz* AG 2016, 557 (561 f.); MüKoAktG/*Spindler* AktG § 84 Rn. 42: Rechtsstellung designierter entspricht hinsichtlich Rechte und Pflichten der Rechtsstellung amtierender Vorstandsmitglieder.
[1440] Seibt/*Ph. Scholz* AG 2016, 557 (560): Notwendigkeit einer Einarbeitungszeit könne beim Verschulden berücksichtigt werden; ebenso Hüffer/Koch/*Koch* AktG § 84 Rn. 9; für eine „Schonfrist" wohl GroßkommAktG/*Hopt/Roth* AktG § 93 Rn. 59.
[1441] Seibt/*Ph. Scholz* AG 2016, 557 (562); MüKoAktG/*Spindler* AktG § 77 Rn. 23.
[1442] Seibt/*Ph. Scholz* AG 2016, 557 (562 f.).
[1443] Hüffer/Koch/*Koch* AktG § 84 Rn. 9.

reits vor Eintritt der Befristung in das **Handelsregister** einzutragen und dabei den Eintritt der Befristung, also den Beginn der Amtszeit, **zu vermerken**.[1444]

gg) Auflösend bedingte Bestellung? Auflösend bedingt kann der Aufsichtsrat Vorstandsmitglieder grds. **nicht** bestellen.[1445] Für Geschäftsführer einer GmbH hat der BGH zwar eine auflösend bedingte Bestellung anerkannt.[1446] Diese Entscheidung ist aber auf die Bestellung von Vorstandsmitgliedern nicht übertragbar, da der Widerruf der Bestellung eines GmbH-Geschäftsführers keinen wichtigen Grund voraussetzt (§ 38 Abs. 1 GmbHG), der Widerruf der Bestellung von Vorstandsmitgliedern hingegen schon (§ 84 Abs. 3 S. 1 AktG). Hierdurch wird die Leitungsautonomie des Vorstands (§ 76 Abs. 1 AktG) abgesichert.[1447] Dieser Schutzmechanismus würde unterlaufen, wenn der Aufsichtsrat die Bestellung auflösend bedingen könnte.[1448] Es ist daher zB nicht möglich, die Bestellung zum Vorstandsmitglied mehrerer Konzerngesellschaften mit einer auflösenden Bedingung in dem Sinn zu verknüpfen, dass das Ende der Bestellung in einer Konzerngesellschaft aufgrund einer auflösenden Bedingung zur Beendigung der Bestellung in anderen Konzernunternehmen führt.[1449] Ist ein Vorstandsmitglied unter einer unzulässigen auflösenden Bedingung bestellt, ist **lediglich die auflösende Bedingung unwirksam,** die Bestellung hingegen als unbedingte Bestellung wirksam.[1450] **Ausnahmsweise zulässig** ist eine auflösend bedingte Bestellung als Ersatz für ein Vorstandsmitglied, dessen Bestellung der Aufsichtsrat zwar widerrufen, das die Wirksamkeit des Widerrufs aber gerichtlich angegriffen hat. In diesem Fall kann der Aufsichtsrat ein neues Vorstandsmitglied unter der auflösenden Bedingung bestellen, dass das Gericht rechtskräftig feststellt, der Widerruf der Bestellung des anderen Vorstandsmitglieds sei wirksam.[1451]

i) Begrenzung der Amtszeit

Der Aufsichtsrat kann Vorstandsmitglieder für **maximal fünf Jahre** bestellen (§ 84 Abs. 1 S. 1 AktG; Dasselbe gilt für die Laufzeit des Anstellungsvertrags → Rn. 1225). Die fünf Jahre werden vom Beginn der Amtszeit an berechnet und nicht ab dem Bestellungsbeschluss[1452] oder dem Wirksamwerden der Bestellung. Die Begrenzung der Amtszeit auf maximal fünf Jahre bezweckt, dass der Aufsichtsrat regelmäßig die Arbeit des Vorstands beurteilt und über eine weitere Zusammenarbeit entscheidet.[1453] In der **SE** ist die Amtsdauer in der Satzung festzulegen[1454] und darf **sechs Jahre** nicht überschreiten (Art. 46 Abs. 1 SE-VO).

Ob der Aufsichtsrat die vollen fünf Jahre ausschöpft oder das Vorstandsmitglied für einen kürzeren Zeitraum bestellt, liegt in seinem **Ermessen** (zur Erstbestellung → Rn. 641).[1455] Maßgeblich sind die Umstände des Einzelfalls – für welches Ressort soll der Kandidat bestellt werden, wie ist die Geschäftslage, die Struktur des Vorstands, die Erwartung des Kandidaten und etwaiger weiterer Kandidaten etc. Die fünf Jahre sind eine **Höchstfrist** und **keine Regelfrist** – bestellt der Aufsichtsrat ein Vorstandsmitglied für weniger als fünf Jahre, ist die kürzere Amtszeit daher nicht rechtfertigungsbedürftig.[1456] Die Satzung kann weder eine bestimmte Amtsdauer vorschreiben noch eine Wiederbestellung ausschließen.[1457]

Legt der Aufsichtsrat die Amtsdauer **nicht ausdrücklich** fest, ist der Bestellungsbeschluss idR dahin auszulegen, dass das Vorstandsmitglied für die zulässige Höchstdauer von fünf Jahren bestellt wurde.[1458]

[1444] Ebenso GroßkommAktG/*Kort* AktG § 84 Rn. 60; MüKoAktG/*Spindler* AktG § 84 Rn. 42.
[1445] BeckOGK/*Fleischer* AktG § 84 Rn. 15; Kölner Komm AktG/*Mertens/Cahn* AktG § 84 Rn. 25; *Thüsing* in Fleischer VorstandsR-HdB § 4 Rn. 40; MHdB AG/*Wentrup* § 20 Rn. 18; GroßkommAktG/*Kort* AktG § 84 Rn. 139.
[1446] BGH NZG 2006, 62.
[1447] Hüffer/Koch/*Koch* AktG § 84 Rn. 34; Grigoleit/*Grigoleit* AktG § 84 Rn. 36; GroßkommAktG/*Kort* AktG § 84 Rn. 71.
[1448] MHdB AG/*Wentrup* § 20 Rn. 18; BeckOGK/*Fleischer* AktG § 84 Rn. 15; Kölner Komm AktG/*Mertens/Cahn* AktG § 84 Rn. 25; *Schnorbus/Klormann* WM 2018, 1113 (1119).
[1449] MüKoAktG/*Spindler* AktG § 84 Rn. 44.
[1450] Kölner Komm AktG/*Mertens/Cahn* AktG § 84 Rn. 25.
[1451] Kölner Komm AktG/*Mertens/Cahn* AktG § 84 Rn. 25; GroßkommAktG/*Kort* AktG § 84 Rn. 139.
[1452] MHdB AG/*Wentrup* § 20 Rn. 36; GroßkommAktG/*Kort* AktG § 84 Rn. 59; MüKoAktG/*Spindler* AktG § 84 Rn. 42; BeckOGK/*Fleischer* AktG § 84 Rn. 15; Hüffer/Koch/*Koch* AktG § 84 Rn. 7.
[1453] Kölner Komm AktG/*Mertens/Cahn* AktG § 84 Rn. 13; K. Schmidt/Lutter/*Seibt* AktG § 84 Rn. 3; MüKoAktG/*Spindler* AktG § 84 Rn. 3; Hüffer/Koch/*Koch* AktG § 84 Rn. 7.
[1454] *Hoffmann/Becking* ZGR 2004, 355 (364); BeckOGK/*Eberspächer* SE-VO Art. 46 Rn. 1; MüKoAktG/*Reichert/Brandes* SE-VO Art. 46 Rn. 3; Lutter/Hommelhoff/Teichmann/ Art. 46 Rn. 3.
[1455] *Lieder* ZGR 2018, 523 (534); BeckOGK/*Fleischer* AktG § 84 Rn. 16; GroßkommAktG/*Kort* AktG § 84 Rn. 64; MüKoAktG/*Spindler* AktG § 84 Rn. 46.
[1456] Ebenso GroßkommAktG/*Kort* AktG § 84 Rn. 63a; aA Lutter/Krieger/*Verse* AR Rn. 355; *Krieger*, Personalentscheidungen des AR, 1981, 118 f.
[1457] MüKoAktG/*Spindler* AktG § 84 Rn. 46; GroßkommAktG/*Kort* AktG § 84 Rn. 64; Kölner Komm AktG/*Mertens/Cahn* AktG § 84 Rn. 17.
[1458] OLG Stuttgart AG 2013, 599 (600); MüKoAktG/*Spindler* AktG § 84 Rn. 46; Hüffer/Koch/*Koch* AktG § 84 Rn. 7; Grigoleit/*Grigoleit* AktG § 84 Rn. 9; Kölner Komm AktG/*Mertens/Cahn* AktG § 84 Rn. 16.

Sieht der Bestellungsbeschluss eine längere Amtsdauer als fünf Jahre vor, ist die Bestellung zwar wirksam, die Amtszeit endet aber ipso iure mit Ablauf der fünf Jahre.[1459]

639 aa) Mindestamtsdauer. Das Gesetz regelt keine Mindestbestelldauer. Der Aufsichtsrat ist bei der Festlegung daher „nach unten" **nicht per se** eingeschränkt. Eine zu kurze Bestelldauer kann aber pflichtwidrig sein.[1460] Im Schrifttum wird zu Recht als Richtwert eine Mindestbestelldauer von **einem Jahr** für erforderlich gehalten, sofern kein begründeter Ausnahmefall vorliegt (zur Mindestlaufzeit des Anstellungsvertrags → Rn. 1227).[1461] Der Vorstand muss die AG unabhängig leiten (§ 76 Abs. 1 AktG) und eine Strategie entwickeln, und das sichert das Gesetz insbes. ab, indem der Aufsichtsrat die Bestellung nur aus wichtigem Grund widerrufen kann. Diese gesetzliche Konzeption könnte umgangen werden, wenn sich ein Vorstandsmitglied nach kurzer Zeit um seine Wiederbestellung „bewerben müsste".[1462] Die Bestellung für eine pflichtwidrig kurze Amtszeit bleibt aber **wirksam** und verlängert sich auch **nicht** auf einen angemessenen Zeitraum.[1463]

640 Ein **begründeter Ausnahmefall**, in dem der Aufsichtsrat vom Richtwert der Mindestbestelldauer von einem Jahr abweichen darf, liegt insbes. vor, wenn er einen Interims-Manager[1464] bestellt, zB als *Chief Restructuring Officer* für konkrete Einzelprojekte wie kurzfristige Sanierungs- oder Restrukturierungsmandate[1465] oder um eine kurzzeitige Vakanz bis zum Amtsantritt eines „regulären" Vorstandsmitglieds zu überbrücken.[1466] Der Vorteil eines Interims-Managers gegenüber der Bestellung eines Aufsichtsratsmitglieds zum Stellvertreter des Vorstandsmitglieds (§ 105 Abs. 2 AktG) besteht darin, dass sich die Mehrheitsverhältnisse im Plenum des Aufsichtsrats nicht verschieben (→ Rn. 942).[1467]

641 bb) Erstbestelldauer. Wird ein Vorstandsmitglied erstmals bestellt, besteht ein **Risiko**, dass es sich als „**personeller Fehlgriff**" erweist. Je länger die Restlaufzeit der Bestellung und des Anstellungsvertrags im Zeitraum einer Trennung sind, desto höhere Abfindungskosten muss die AG idR tragen. Insbesondere bei Erstbestellungen muss der Aufsichtsrat daher sorgfältig abwägen, welche Amtszeit er dem Kandidaten anbietet. Ziff. 5.1.2 Abs. 2 S. 1 DCGK aF regte an, dass bei Erstbestellungen *„die maximal mögliche Bestelldauer von fünf Jahren nicht die Regel sein* [sollte]". B.3 DCGK empfiehlt nun, dass bei Erstbestellungen die **Amtszeit *„längstens drei Jahre"*** betragen soll. Die Begründung der DCGK-Novelle sieht den DCGK insofern *„im Einklang mit verbreiteter Praxis"*.[1468] Im Schrifttum wurde bereits vor der DCGK-Novelle bei erstmaliger Bestellung verbreitet eine Bestelldauer von drei Jahren empfohlen.[1469] Eine gut zu begründende Abweichung von der Empfehlung kommt insbes. in Betracht, wenn der Kandidat bekannt ist, etwa weil er (zusätzlich) zum Vorstandsmitglied eines anderen Konzernunternehmens bestellt werden soll oder bereits früher im Unternehmen war.

j) Ermessen

642 Der Aufsichtsrat muss die bestmöglichen Kandidaten für Vorstandspositionen finden. Dabei muss er die gesetzlichen Vorgaben und etwaige Vorgaben der Satzung (→ Rn. 598 ff.) beachten. Zudem muss er bei der Auswahl auf die fachliche Eignung achten (→ Rn. 606). Bei seiner Auswahl trifft der Aufsichtsrat

---

[1459] MüKoAktG/*Spindler* AktG § 84 Rn. 46; Grigoleit/*Grigoleit* AktG § 84 Rn. 9; Kölner Komm AktG/*Mertens/Cahn* AktG § 84 Rn. 13.

[1460] MüKoAktG/*Spindler* AktG § 84 Rn. 45; Kölner Komm AktG/*Mertens/Cahn* AktG § 84 Rn. 24; GroßkommAktG/*Kort* AktG § 84 Rn. 66.

[1461] MüKoAktG/*Spindler* AktG § 84 Rn. 45; BeckOGK/*Fleischer* AktG § 84 Rn. 14; Hölters/*Weber* AktG § 84 Rn. 20; Kölner Komm AktG/*Mertens/Cahn* AktG § 84 Rn. 24; krit. *Lutter/Krieger/Verse* AR Rn. 356: nur in Ausnahmefällen.

[1462] Hölters/*Weber* AktG § 84 Rn. 20; BeckOGK/*Fleischer* AktG § 84 Rn. 14; Hüffer/Koch/*Koch* AktG § 84 Rn. 7; MüKoAktG/*Spindler* AktG § 84 Rn. 45; Kölner Komm AktG/*Mertens/Cahn* AktG § 84 Rn. 24; MHdB AG/*Wentrup* § 20 Rn. 37; *Fonk* in Semler/v. Schenck AR-HdB § 10 Rn. 38.

[1463] OLG München AG 2017, 750 (752); Hüffer/Koch/*Koch* AktG § 84 Rn. 7; MüKoAktG/*Spindler* AktG § 84 Rn. 45; MHdB AG/*Wentrup* § 20 Rn. 37; BeckOGK/*Fleischer* AktG § 84 Rn. 14; Hölters/*Weber* AktG § 84 Rn. 20; aA *Miller* BB 1973, 1088 (1089): grds. Verlängerung auf unbestimmte Zeit; Grigoleit/*Grigoleit* AktG § 84 Rn. 10: Das Vorstandsmitglied könne verlangen, dass der Aufsichtsrat die Amtszeit angemessen verlängert.

[1464] Zum Begriff *Krieger* FS Hoffmann-Becking, 2013, 711; *Haag/Tiberius* NZA 2004, 190 (191); *Buschbaum/Klösel* NJW 2012, 1482; *Kort* AG 2015, 535.

[1465] Hüffer/Koch/*Koch* AktG § 84 Rn. 7; *Buschbaum/Klösel* NJW 2012, 1482; zu einem Kosteneinsparungsprogramm K. Schmidt/Lutter AktG/*Seibt* AktG § 84 Rn. 16; GroßkommAktG/*Kort* AktG § 84 Rn. 67.

[1466] *Krieger* FS Hoffmann-Becking, 2013, 711 (725); K. Schmidt/Lutter AktG/*Seibt* AktG § 84 Rn. 16; GroßkommAktG/*Kort* AktG § 84 Rn. 67; Hüffer/Koch/*Koch* AktG § 84 Rn. 7; *Fonk* in Semler/v. Schenck AR-HdB § 10 Rn. 39.

[1467] *Heidbüchel* WM 2004, 1317 (1323).

[1468] Begründung DCGK, Empfehlung B.3, S. 7.

[1469] Hölters/*Weber* AktG § 84 Rn. 20; BeckOGK/*Fleischer* AktG § 84 Rn. 16; *Fonk* in Semler/v. Schenck AR-HdB § 10 Rn. 39.

eine unternehmerische Entscheidung, bei der er ein breites, eigenes unternehmerisches Ermessen nach Maßgabe der **Business Judgment Rule** hat.[1470] Wie generell bei unternehmerischen Entscheidungen muss der Aufsichtsrat zunächst eine **angemessene Informationsgrundlage** schaffen, dh ermitteln, welche Gesichtspunkte im Interesse der AG für und gegen zur Auswahl stehende Kandidaten sprechen. Insofern ist idR insbes. auf die vom vorbereitenden Ausschuss – evtl. zusammen mit einem Personalberater (→ Rn. 537) – erstellten Unterlagen zurückzugreifen. Die ermittelten Gesichtspunkte müssen die Aufsichtsratsmitglieder orientiert am Interesse der AG gewichten und gegeneinander abwägen. Im Rahmen der Bindung an das Interesse der AG dürfen Aufsichtsratsmitglieder Interessen von Unternehmen, Verbänden oder Gruppen berücksichtigen, die das Interesse der AG mitbestimmen oder ihm zumindest nicht entgegenstehen.[1471]

k) Zuweisung eines Geschäftsbereichs

643 In der Regel bestellt der Aufsichtsrat ein Vorstandsmitglied, damit es einen bestimmten Geschäftsbereich übernimmt. Die Zuweisung eines Geschäftsbereichs ist allerdings **nicht** Bestandteil der Bestellung. Die **Geschäftsverteilung** wird in der Geschäftsordnung für den Vorstand festgelegt (→ Rn. 2081 ff.).[1472] Es ist aber zulässig und üblich, die Bestellung und die Zuweisung eines Geschäftsbereichs zu verbinden, ggf. in einem einheitlichen Beschluss. Die „Zuweisung eines Geschäftsbereichs" betrifft aber materiell nicht die Bestellung, sondern ändert die Geschäftsordnung (→ Rn. 2115). Es ist zulässig, im **Anstellungsvertrag** zu vereinbaren, für welchen Geschäftsbereich das Vorstandsmitglied zuständig sein soll. Die Geschäftsverteilung ist zwar auch wirksam, wenn sie die anstellungsvertragliche Zusage nicht beachtet; das Vorstandsmitglied kann aber ggf. berechtigt sein, sein Amt niederzulegen und den Anstellungsvertrag außerordentlich zu kündigen (→ Rn. 2122). Da der Aufsichtsrat Beschlüsse zur Geschäftsordnung nicht einem Ausschuss übertragen kann (§ 107 Abs. 3 S. 7 AktG), kann ein Ausschuss auch nicht über eine anstellungsvertraglich vereinbarte Zuweisung eines Geschäftsbereichs entscheiden.[1473]

644 Eine **Ausnahme** besteht in paritätisch mitbestimmten Gesellschaften für den **Arbeitsdirektor** (→ § 7 Rn. 253). Seine Bestellung ist „**ressortgebunden**": Der Aufsichtsrat muss ihm mit der Bestellung zwingend einen „*Kernbereich von Zuständigkeiten in Personal- und Sozialfragen*" zuweisen.[1474] Diese Zuweisung ist formell **Bestandteil der Bestellung** (zum Verfahren der Bestellung → § 7 Rn. 251). Die Geschäftsordnung für den Vorstand kann an dieser Zuweisung nichts ändern, sondern sie lediglich deklaratorisch nachvollziehen.[1475] Es ist aber zulässig, in der Geschäftsordnung einzelne Personal- oder Sozialfragen anderen Vorstandsmitgliedern als dem Arbeitsdirektor zuzuweisen, soweit der „Kernbereich", für den er zuständig ist, nicht ausgehöhlt wird (→ Rn. 2082).[1476]

l) Annahme der Bestellung

645 Die Bestellung wird wirksam, wenn der **Beschluss** dem Bestellten **mitgeteilt** wird, er der Bestellung **zustimmt**, dh sie annimmt, und die Annahme dem Aufsichtsrat **zugeht**,[1477] wobei der Zugang bei einem Aufsichtsratsmitglied genügt (§ 112 S. 2 AktG iVm § 78 Abs. 2 S. 2 AktG). Hat sich der Bestellte iRd Sitzung vorgestellt, in der der Aufsichtsrat über die Bestellung entschieden hat, kann der Aufsichtsrat ihm die Bestellung sofort mitteilen und der Bestellte sie sofort annehmen. Ist der Bestellte nicht anwesend, kann der Aufsichtsrat ein Mitglied, idR den Vorsitzenden, beauftragen und ermächtigen, ihm die Bestellung mitzuteilen. Eine **besondere Form** (zB notarielle Beurkundung) ist für die Mitteilung der Bestellung und die Annahme gesetzlich nicht geregelt. Die Satzung kann zwar Formvorgaben regeln. Die Bestellung ist aber auch wirksam, wenn solche Satzungsvorgaben nicht beachtet werden; es handelt sich

---

[1470] OLG München AG 2017, 750 (752 f.); OLG Düsseldorf NZG 2015, 1115 Rn. 61; *Lieder* ZGR 2018, 523 (534); MüKoAktG/*Habersack* AktG § 116 Rn. 39; *Schäfer* ZIP 2005, 1253 (1258); *Seyfarth* VorstandsR § 3 Rn. 18.
[1471] *Reichert* ZGR 2015, 1 (29 f.); MüKoAktG/*Habersack* AktG Vor § 95 Rn. 13; zu Arbeitnehmervertretern BeckOGK/*Spindler* AktG § 116 Rn. 99; *Raiser* ZGR 1978, 391 (396).
[1472] Hüffer/Koch/*Koch* AktG § 84 Rn. 3; Kölner Komm AktG/*Mertens/Cahn* AktG § 84 Rn. 3; BeckOGK/*Fleischer* AktG § 84 Rn. 6; GroßkommAktG/*Kort* AktG § 84 Rn. 30; *Mertens* ZGR 1983, 189 (196 ff.); aA *Krieger*, Personalentscheidungen des AR, 1981, 199 f.
[1473] Hüffer/Koch/*Koch* AktG § 84 Rn. 15; MüKoAktG/*Spindler* AktG § 84 Rn. 72; MHdB AG/*Wentrup* § 21 Rn. 22; *Lutter/Krieger/Verse* AR Rn. 391.
[1474] Vgl. BT-Drs. 7/4845, 9; BGHZ 89, 48 (58 ff.) = NJW 1984, 733; vgl. BVerfGE 50, 290 (378) = NJW 1979, 699; Habersack/Henssler/*Henssler* MitbestG § 33 Rn. 9; Kölner Komm AktG/*Mertens/Cahn* AktG § 84 Rn. 3; Hüffer/Koch/*Koch* AktG § 84 Rn. 3; MHdB AG/*Wentrup* § 20 Rn. 14; BeckOGK/*Fleischer* AktG § 84 Rn. 6.
[1475] Habersack/Henssler/*Henssler* MitbestG § 33 Rn. 9; GroßkommAktG/*Oetker* MitbestG § 33 Rn. 21.
[1476] Habersack/Henssler/*Henssler* MitbestG § 33 Rn. 9; MHdB AG/*Hoffmann-Becking* § 24 Rn. 14; MüKoAktG/*Annuß* MitbestG § 33 Rn. 24.
[1477] BGHZ 52, 316 (321) = NJW 1970, 33; OLG Nürnberg NZG 2014, 222 (225); MüKoAktG/*Spindler* AktG § 84 Rn. 24; Hüffer/Koch/*Koch* AktG § 84 Rn. 3; BeckOGK/*Fleischer* AktG § 84 Rn. 5.

ggf. um **bloße Ordnungsvorschriften.**[1478] Der Bestellte kann das Amt auch **konkludent annehmen,** indem er seine Tätigkeit aufnimmt.[1479] Häufig nimmt der Kandidat seine Bestellung schon vor dem Bestellungsbeschluss an und diese **antizipierte Annahme** liegt dem Aufsichtsrat bei seiner Bestellungsentscheidung vor; die Bestellung wird dann mit dem Zugang der Bestellungserklärung beim Vorstandsmitglied wirksam.[1480]

m) Publizität (Handelsregister, Geschäftsbriefe, Rechnungslegung)

646 Der **Vorstand** muss *„jede Änderung des Vorstands und seiner Vertretungsbefugnis"*, also jede Bestellung, unverzüglich **zur Eintragung in das Handelsregister anmelden** (§ 81 Abs. 1 AktG). Anzugeben und einzutragen sind Familiennamen, Vornamen, Geburtsdatum und Wohnort (§ 43 Nr. 4 S. 1 lit. b HRV). Die **Dauer der Bestellung** wird nicht eingetragen und ist daher nicht anzumelden.[1481] Ist ein Vorstandsmitglied **aufschiebend befristet** bestellt, kann der Vorstand die Bestellung sofort anmelden, muss dabei aber das Datum des geplanten Amtsantritts nennen.[1482] Den Aufsichtsrat treffen keine originären Anmelde-, aber Mitwirkungspflichten (→ Rn. 2538 ff.).

647 Auf den **Geschäftsbriefen** der AG **müssen** alle Vorstandsmitglieder mit dem Familiennamen und mindestens einem ausgeschriebenen Vornamen **angegeben werden** (§ 80 Abs. 1 S. 1 AktG). Auch im **Anhang des Jahresabschlusses** sind sämtliche Vorstandsmitglieder mit dem Familiennamen und mindestens einem ausgeschriebenen Vornamen anzugeben (§ 285 Nr. 10 HGB).

648 Grundsätzlich **nicht offengelegt** werden muss **die Bestelldauer:** Weder das Aktienrecht noch Regelungen zur Rechnungslegung regeln eine entsprechende Offenlegungspflicht. Auch **in das Handelsregister** wird die Dauer der Amtszeit **nicht** eingetragen.[1483] Im Vorstandsvergütungssystem börsennotierter Gesellschaften sind zwar *„hinsichtlich vergütungsbezogener Rechtsgeschäfte"*, dh hinsichtlich der Anstellungsverträge, die Laufzeiten anzugeben (§ 87a Abs. 1 S. 2 Nr. 8 lit. a AktG), und die Laufzeit des Anstellungsvertrags entspricht idR der Bestelldauer. Insofern genügt es aber, allgemeine Grundsätze anzugeben, die der Aufsichtsrat bei der Vereinbarung der Vertragslaufzeiten zugrunde legt.[1484] Eine Offenlegungspflicht kann sich in Ausnahmefällen iRd Ad-hoc-Publizitätspflicht ergeben, zB wenn die Marktteilnehmer erwarten, dass ein bedeutendes Vorstandsmitglied für eine weitere Amtszeit von fünf Jahren bestellt wird, die weitere Amtszeit aber tatsächlich kürzer ist. In der Hauptversammlung sind Fragen zur Dauer der Amtszeit grds. zu beantworten (§ 131 Abs. 1 S. 1 AktG).

n) Datenschutzrechtliche Vorgaben

649 Bei der Auswahl geeigneter Kandidaten und evtl. auch bei Entscheidungen über die Verlängerung oder den Widerruf der Bestellung verarbeitet der Aufsichtsrat **personenbezogene Daten,** wenn er sich mit personenbezogenen Angaben zum beruflichen und persönlichen Werdegang, Qualifikationen, Referenzen etc. befasst. Rechtsgrundlage für die Verarbeitung personenbezogener Daten von Vorstandsmitgliedern und -kandidaten ist zunächst Art. 6 Abs. 1 lit. b DS-GVO. Diese Vorschrift erlaubt die Datenverarbeitung, soweit es *„für die* **Erfüllung eines Vertrages,** *dessen Vertragspartei die betroffene Person ist, oder zur* **Durchführung vorvertraglicher Maßnahmen** *erforderlich [ist], die auf Anfrage der betroffenen Person erfolgen"*. Erfasst sind danach alle Angaben über das (potenzielle) Vorstandsmitglied, ohne deren Kenntnis der Aufsichtsrat nicht über die Bestellung, deren Verlängerung oder Widerruf oder über den Anstellungsvertrag entscheiden kann. Dazu zählen die üblichen Personenstammdaten (Name, Geschlecht, Geburtsdatum, Wohnort etc.), Lebensläufe, Zeugnisse, Tätigkeitsnachweise, Bankverbindung etc.

650 Personenbezogene Daten, die der Aufsichtsrat im Rahmen seiner Personalkompetenz nicht mehr benötigt, sind zu **löschen,** sofern nicht gesetzliche Aufbewahrungspflichten (→ § 3 Rn. 567 ff.) oder andere legitime Zwecke ihre weitere Verarbeitung rechtfertigen, zB im Fall rechtlicher Auseinandersetzungen mit abgelehnten Vorstandskandidaten oder ehemaligen Vorstandsmitgliedern (vgl. Art. 6 Abs. 4 DS-GVO iVm § 24 Abs. 1 Nr. 2 BDSG).[1485]

[1478] Hölters/*Weber* AktG § 84 Rn. 13; BeckOGK/*Fleischer* AktG § 84 Rn. 11; MHdB AG/*Wentrup* § 20 Rn. 25.
[1479] BeckOGK/*Fleischer* AktG § 84 Rn. 5; Hüffer/Koch/*Koch* AktG § 84 Rn. 4; GroßkommAktG/*Kort* AktG § 84 Rn. 39; MüKoAktG/*Spindler* AktG § 84 Rn. 25; Hölters/*Weber* AktG § 84 Rn. 3.
[1480] Hüffer/Koch/*Koch* AktG § 84 Rn. 4; MüKoAktG/*Spindler* AktG § 84 Rn. 25; Hölters/*Weber* AktG § 84 Rn. 3.
[1481] MüKoAktG/*Spindler* AktG § 81 Rn. 6; Kölner Komm AktG/*Mertens/Cahn* AktG § 81 Rn. 4.
[1482] *Frels* AG 1967, 227; GroßkommAktG/*Kort* AktG § 84 Rn. 37; Kölner Komm AktG/*Mertens/Cahn* AktG § 81 Rn. 3; MüKoAktG/*Spindler* AktG § 81 Rn. 5; BeckOGK/*Fleischer* AktG § 81 Rn. 4.
[1483] MüKoAktG/*Spindler* AktG § 81 Rn. 6; Kölner Komm AktG/*Mertens/Cahn* AktG § 81 Rn. 4.
[1484] *C. Arnold/Herzberg/Zeh* AG 2020, 313 (319).
[1485] Gola/Heckmann/*Heckmann/Scheurer* BDSG § 24 Rn. 14; allgemein zu Löschfristen *Faas/Henseler* BB 2018, 2292; in der Personalverwaltung *Haußmann/Karwatzki/Ernst* BB 2018, 2697.

2. Wiederbestellung und Verlängerung der Amtszeit (§ 84 Abs. 1 S. 2 AktG)

Der Aufsichtsrat kann Vorstandsmitglieder **beliebig oft** für eine weitere Amtszeit von jeweils maximal fünf Jahren bestellen (§ 84 Abs. 1 S. 2 AktG; zu Altersgrenzen → Rn. 603f.). Das Gesetz unterscheidet zwischen **„Wiederbestellung"** und **„Verlängerung der Amtszeit"**. Bei einer Verlängerung wird die laufende Amtszeit fortgesetzt, bei einer Wiederbestellung wird das Vorstandsmitglied nach Ablauf der vorherigen Amtszeit erneut bestellt.[1486] Rechtlich liegt bei einer Wiederbestellung zumindest eine juristische Sekunde zwischen der vorherigen und der neuen Amtszeit. Weitere rechtliche Konsequenzen sind damit aber nicht verbunden. Das Vorstandsmitglied ist auch bei einer Wiederbestellung nur im Handelsregister aus- und später erneut einzutragen, wenn ein Zeitraum von mehr als einem Monat zwischen den Amtszeiten liegt. Der Einfachheit wird nachfolgend lediglich der Begriff Wiederbestellung verwendet.

a) Entscheidung über die Wiederbestellung

Für eine Wiederbestellung gelten grds. dieselben Regeln wie für die erstmalige Bestellung. Erforderlich ist ein **Beschluss** des Aufsichtsrats (§ 108 Abs. 1 AktG), den **nicht ein Ausschuss** fassen kann (§ 107 Abs. 3 S. 7 AktG). Bei seiner Entscheidung hat der Aufsichtsrat Ermessen nach Maßgabe der **Business Judgment Rule**. Das Benachteiligungsverbot des AGG (→ Rn. 595 ff.) **greift bei der Bewerbung** für eine erneute Bestellung ein.[1487]

Den Beschluss kann der Aufsichtsrat **frühestens ein Jahr vor Ablauf der laufenden Amtszeit** fassen (§ 84 Abs. 1 S. 3 AktG). Diese Jahresfrist soll ebenso wie die Begrenzung der Amtszeit auf maximal fünf Jahre absichern, dass der Aufsichtsrat spätestens nach fünf oder, falls er die Jahresfrist voll ausschöpft, sechs Jahren entscheiden kann, dass sich die AG ohne wichtigen Grund für den Widerruf und damit ohne Abfindung von einem Vorstandsmitglied trennt.[1488] Dabei sichert die Jahresfrist ab, dass der Aufsichtsrat nicht die maximale Dauer der Amtszeit von fünf Jahren umgeht, indem er kurz nach der Erstbestellung für fünf Jahre eine weitere Bestellung für weitere fünf Jahre beschließen und damit iErg die AG für nahezu zehn Jahre binden kann. Die Jahresfrist ist ab dem **Beginn der laufenden Amtszeit** zu berechnen, nicht ab dem Zeitpunkt, in dem die laufende Bestellung beschlossen, wirksam oder im Handelsregister eingetragen wurde.[1489]

Bei der Wiederbestellung ist der Aufsichtsrat, wie bei der Erstbestellung, grds. verpflichtet, eine Amtszeit von **mindestens einem Jahr** vorzusehen (→ Rn. 639).[1490] Die Unabhängigkeit des Vorstandsmitglieds ist bei der Wiederbestellung ebenso zu sichern wie bei der Erstbestellung. Eine kürzere Amtszeit kann aber zB pflichtgemäß sein, wenn die Initiative vom Vorstandsmitglied ausgeht, etwa weil es seine Amtszeit an sich nicht mehr verlängern will, oder wenn es darum geht, einen Übergangszeitraum zu überbrücken, bis ein Nachfolger zur Verfügung steht, oder wenn das Vorstandsmitglied bereits ein Alter von mehr als 60 Jahren[1491] erreicht hat.

b) Verbot einer unzulässigen Vorabbindung des Aufsichtsrats

aa) Wiederbestellungszusage. Die **Entschließungsfreiheit** kann auch mit Blick auf die Wiederbestellung **nicht eingeschränkt** werden.[1492] Der Aufsichtsrat kann einem Vorstandsmitglied daher grds. **nicht bindend zusagen,** dass er es wiederbestellt; eine entsprechende Vereinbarung ist **nichtig** (§ 134 BGB).[1493]

Für zulässig gehalten wird im Schrifttum teilweise, dass der Aufsichtsrat einem Vorstandsmitglied, das er zunächst für weniger als fünf Jahre bestellt, zusagt, die Amtszeit **bis zu einer Gesamtzeit von fünf**

[1486] GroßkommAktG/*Kort* AktG § 84 Rn. 100; Kölner Komm AktG/*Mertens/Cahn* AktG § 84 Rn. 18.
[1487] Zu GmbH-Geschäftsführern BGHZ 193, 110 Rn. 20 = NZA 2012, 797; zust. *Bauer/C. Arnold* NZG 2012, 921 (922f.); *Kliemt* RdA 2015, 232 (234f.); MAH ArbR/*Moll/Eckhoff* § 81 Rn. 25; BeckHdB AG/*Liebscher* § 6 Rn. 23b; *Kort* NZG 2013, 601 (602). Für die Geltung des AGG bereits vor der Entscheidung des BGH *Bauer/C. Arnold* ZIP 2012, 597 (603); ErfK/*Schlachter* AGG, 12. Aufl. 2012, § 6 Rn. 6; MüKoBGB/*Thüsing* AGG, 6. Aufl. 2012, § 2 Rn. 7; aA *Eßer/Baluch* NZG 2007, 321 (329); *Krause* AG 2007, 392 (394); *Lutter* BB 2007, 725 (728f.); *Löw* GmbHR 2010, R305 (R306).
[1488] *Kropff* AktG 1965 S. 105; GroßkommAktG/*Kort* AktG § 84 Rn. 104ff.; MüKoAktG/*Spindler* AktG § 84 Rn. 50, 3.
[1489] Kölner Komm AktG/*Mertens/Cahn* AktG § 84 Rn. 24; MüKoAktG/*Spindler* AktG § 84 Rn. 51; MHdB AG/*Wentrup* § 20 Rn. 36; Hüffer/Koch/*Koch* AktG § 84 Rn. 7.
[1490] Vgl. OLG Karlsruhe AG 1973, 310; ohne Unterscheidung zwischen Erst- und Wiederbestellung MüKoAktG/*Spindler* AktG § 84 Rn. 45; BeckOGK/*Fleischer* AktG § 84 Rn. 14; GroßkommAktG/*Kort* AktG § 84 Rn. 66; K. Schmidt/Lutter AktG/*Seibt* AktG § 84 Rn. 16; Hüffer/Koch/*Koch* AktG § 84 Rn. 7.
[1491] *Fonk* in Semler/v. Schenck AR-HdB § 9 Rn. 38; *Kubis* in Semler/Peltzer/Kubis Vorstands-HdB § 2 Rn. 50.
[1492] MHdB AG/*Wentrup* § 20 Rn. 26; MüKoAktG/*Spindler* AktG § 84 Rn. 54; Kölner Komm AktG/*Mertens/Cahn* AktG § 84 Rn. 20f.
[1493] MüKoAktG/*Spindler* AktG § 84 Rn. 54, 57; BeckOGK/*Fleischer* AktG § 84 Rn. 18; Hölters/*Weber* AktG § 84 Rn. 21; wohl auch Hüffer/Koch/*Koch* AktG § 84 Rn. 6.

Jahren zu verlängern. Dabei wird argumentiert, der Aufsichtsrat hätte das Vorstandsmitglied sofort für fünf Jahre bestellen können.[1494] Das ist mit der Gegenansicht **abzulehnen.**[1495] Der Aufsichtsrat muss im Zeitpunkt der Bestellung entscheiden, welche Amtszeit er iRd Fünfjahreszeitraums für vertretbar hält oder ob er unter den Voraussetzungen des § 84 Abs. 1 S. 4 AktG vorsieht, dass sich die Amtszeit ohne Beschluss automatisch verlängern kann (→ Rn. 669 ff.).

657 **bb) Ruhegehalt, Übergangsgeld.** Mit Blick auf die Entschließungsfreiheit ist es auch unzulässig, einem Vorstandsmitglied unangemessene Leistungen für die Zeit **nach seinem Ausscheiden** zu versprechen.[1496] Ebenfalls unzulässig sind Abreden, die den Aufsichtsrat veranlassen sollen, ein Vorstandsmitglied wiederzubestellen, damit die AG nicht neben der Vergütung eines neuen Vorstandsmitglieds Beträge an das bisherige Vorstandsmitglied bezahlen muss.[1497] Unwirksam sind daher Vereinbarungen, denen zufolge ein Vorstandsmitglied nach seinem Ausscheiden seine Vergütung weiter beziehen oder ein Übergangsgeld erhalten soll, das zumindest nahezu seiner Vorstandsvergütung entspricht.[1498] Zulässig ist es hingegen, ein **im konkreten Einzelfall angemessenes** Ruhegehalt (→ Rn. 1775) oder Übergangsgeld (→ Rn. 1750) zu vereinbaren.[1499]

658 **cc) Weiterbeschäftigung auf anderer Grundlage.** Diskutiert wird, ob der Aufsichtsrat mit Blick auf seine Entschließungsfreiheit einem Vorstandsmitglied für die Zeit nach der Beendigung des Vorstandsamts eine **weitere Beschäftigung** zusagen kann, zB als (leitender) Angestellter oder als freier Berater. Eine solche Zusage wird für zulässig gehalten, soweit die für die Anschlussbeschäftigung in Aussicht gestellte Vergütung „*deutlich unter der Vorstandsvergütung*" liege.[1500]

659 **Stellungnahme:** Eine Zusage zur Weiterbeschäftigung als Angestellter schränkt nicht die Entschließungsfreiheit des Aufsichtsrats ein, ob er das Vorstandsmitglied wiederbestellt, sondern könnte den **Maximalzeitraum für die Amtszeit von fünf Jahren umgehen,** wenn sich die Weiterbeschäftigung der Sache nach wie eine Fortsetzung des Vorstandsamts darstellt. Es ist daher darauf zu achten, dass die weitere Tätigkeit nicht der eines Vorstandsmitglieds entspricht. Nicht entscheidend ist demgegenüber, dass die Vergütung „deutlich unter der Vorstandvergütung" liegt. Im Übrigen ist für eine Weiterbeschäftigungszusage der **Vorstand zuständig,** sofern das Vorstandsmitglied im Anschluss an seine Vorstandstätigkeit nicht ausschließlich den Aufsichtsrat beraten soll (→ § 6 Rn. 226). Der Vorstand muss mit besonderer Sorgfalt prüfen, ob es im Interesse der AG ist, einem Vorstandsmitglied während seiner Amtszeit eine Weiterbeschäftigung zuzusagen. Das kann der Fall sein, weil die AG die Fähigkeiten und die Persönlichkeit des Vorstandsmitglieds und umgekehrt das Vorstandsmitglied das Unternehmen kennt. Zu prüfen ist, ob im – hinsichtlich des Eintrittszeitpunkts evtl. ungewissen – „Weiterbeschäftigungsfall" Bedarf besteht, das Vorstandsmitglied in der entsprechenden Position zu beschäftigen. Der Aufsichtsrat muss die vom Vorstand beschlossene Zusage mit besonderer Sorgfalt prüfen, evtl. aufgrund eines für solche Fälle begründeten Zustimmungsvorbehalts. Die Konditionen müssen mit Blick auf die konkrete Beschäftigung angemessen und marktüblich sein. Im Übrigen muss eine Weiterbeschäftigung grds. ausgeschlossen sein, wenn der Aufsichtsrat die Bestellung aus wichtigem Grund widerruft und/oder den Anstellungsvertrag aus wichtigem Grund außerordentlich kündigt. Diese Grundsätze gelten auch für Wiedereinstellungszusagen anderer Konzernunternehmen.

660 **dd) Vertragliche Verpflichtung eines Aktionärs gegenüber einem Vorstandsmitglied.** Ein Aktionär kann sich gegenüber einem Vorstandsmitglied vertraglich verpflichten, nach Ablauf seiner Amtszeit für eine Wiederbestellung zu sorgen **(Stimmbindungsvertrag).**[1501] Ein solcher Vertrag ist nicht nach § 136 Abs. 2 AktG nichtig, weil § 136 Abs. 2 AktG lediglich verbietet, dass sich ein Aktionär verpflichtet, seine Stimmrechte nach Weisung des Gesamtvorstands oder nach Weisung einzelner Vorstandsmitglieder auszu-

---

[1494] MüKoAktG/*Spindler* AktG § 84 Rn. 57; MHdB AG/*Wentrup* § 20 Rn. 39; *Lutter/Krieger/Verse* AR Rn. 357; *Beiner/Braun* Vorstandsvertrag Rn. 125.
[1495] GroßkommAktG/*Kort* AktG § 84 Rn. 111; Kölner Komm AktG/*Mertens/Cahn* AktG § 84 Rn. 20.
[1496] BGH WM 1968, 1041; Kölner Komm AktG/*Mertens/Cahn* AktG § 84 Rn. 21; GroßkommAktG/*Kort* AktG § 84 Rn. 55; *Martens* ZHR 169 (2005), 124 (139 ff.).
[1497] Kölner Komm AktG/*Mertens/Cahn* AktG § 84 Rn. 21; *Hoffmann-Becking* ZHR 169 (2005), 155, (168).
[1498] BAGE 132, 27 Rn. 27 ff. = NZA 2009, 1205; Kölner Komm AktG/*Mertens/Cahn* AktG § 84 Rn. 21; GroßkommAktG/*Kort* AktG § 84 Rn. 55.
[1499] Zur Zulässigkeit von Pensionszusagen zu § 75 AktG aF BGH NJW 1953, 740 (742); BGH NJW 1957, 1278 (1279); Hölters/*Weber* AktG § 84 Rn. 21; MüKoAktG/*Spindler* AktG § 84 Rn. 58, 85; Hüffer/Koch/*Koch* AktG § 84 Rn. 22; GroßkommAktG/*Kort* AktG § 84 Rn. 55; Kölner Komm AktG/*Mertens/Cahn* AktG § 84 Rn. 21; MHdB AG/*Wentrup* § 20 Rn. 27; *Fonk* in Semler/v. Schenck AR-HdB / § 10 Rn. 246 f.; K. Schmidt/Lutter AktG/*Seibt* AktG § 84 Rn. 20; *Beiner/Braun* Vorstandsvertrag Rn. 491.
[1500] So GroßkommAktG/*Kort* AktG § 84 Rn. 55; vgl. auch BAGE 132, 27 Rn. 30 = NZA 2009, 1205; OLG Nürnberg AG 1991, 446 (447); MüKoAktG/*Spindler* AktG § 84 Rn. 88; Kölner Komm AktG/*Mertens/Cahn* AktG § 84 Rn. 21; *Rasmussen-Bonne/Raif* GWR 2010, 181 (182 ff.).
[1501] *Niewiarra* BB 1998, 1961 (1963).

üben, die im Namen der Gesamtheit der Vorstandsmitglieder handeln.[1502] Handelt das Vorstandsmitglied hingegen lediglich für sich selbst, ist ein Stimmbindungsvertrag eines Aktionärs nur dann gemäß § 136 Abs. 2 AktG unwirksam, wenn sich aus den Gesamtumständen ergibt, dass § 136 Abs. 2 AktG umgangen werden soll oder das weisungsbefugte Vorstandsmitglied den Willen des Gesamtvorstands bestimmen kann.[1503]

ee) Nichtigkeit unzulässiger Zusagen. Anstellungsvertragliche Leistungs- oder sonstige Zusagen an Vorstandsmitglieder, die die Entschließungsfreit des Aufsichtsrats mit Blick auf die Wiederbestellung unzulässig einschränken, sind **nichtig** (§ 134 BGB).[1504]   661

c) Einvernehmliche vorzeitige Aufhebung der Bestellung und Wiederbestellung

Nach § 84 Abs. 1 S. 3 AktG kann der Aufsichtsrat Vorstandsmitglieder frühestens ein Jahr vor dem Ende der Amtszeit wiederbestellen (→ Rn. 652 ff.). Nach dem **BGH** und der inzwischen herrschenden und zutreffenden Ansicht liegt **keine Umgehung** dieser Regelung vor und ist es grds. zulässig, dass der Aufsichtsrat und das Vorstandsmitglied die Bestellung bereits früher als ein Jahr vor dem Ende der Amtszeit **einvernehmlich** beenden und der Aufsichtsrat das Vorstandsmitglied anschließend für bis zu fünf Jahre **wiederbestellt.**[1505] Ein wichtiger Grund bzw. eine **sachliche Rechtfertigung** ist für die Zulässigkeit einer solchen vorzeitigen Wiederbestellung **nicht erforderlich.** Der Zweck der Begrenzung der Amtszeit auf fünf Jahre und der Frist für die Entscheidung über eine Wiederbestellung auf ein Jahr vor dem Ende der laufenden Amtszeit – eine Entscheidung über eine Wiederbestellung spätestens nach sechs Jahren zu ermöglichen (→ Rn. 653) – wird durch eine vorzeitige Wiederbestellung nicht beeinträchtigt.   662

Der Wiederbestellungsbeschluss kann nach dem BGH aber **nichtig** sein, wenn der Aufsichtsrat – im Einvernehmen mit dem wiederbestellten Vorstandsmitglied – „*Motive verfolgt, die sich vor dem Hintergrund seiner Treuepflicht der Gesellschaft gegenüber als rechtsmissbräuchlich erweisen*"[1506]. Als Konstellationen, in denen eine vorzeitige Wiederbestellung **rechtsmissbräuchlich** sein könne, werden insbes. diskutiert: Die vorzeitige Wiederbestellung dient allein dazu, Abfindungszahlungen eines Vorstandsmitglieds für den Fall seines späteren Ausscheidens frühzeitig sicherzustellen;[1507] der Aufsichtsrat beginnt, Vorstandsmitglieder in einem rollierenden Verfahren jährlich auf fünf Jahre wieder zu bestellen und setzt sich unter Druck, dieses Verfahren fortlaufend zu praktizieren;[1508] die vorzeitige Wiederbestellung wird als Mittel gegen ein feindliches Übernahmeangebot eingesetzt.[1509] Erwogen wird ferner, es könne treupflichtwidrig und damit rechtsmissbräuchlich sein, wenn der aktuelle einen kurze Zeit später neu zusammengesetzten Aufsichtsrat „vor vollendete Tatsachen" stellt und Vorstandsmitglieder „noch schnell" im Zusammenhang mit einer einvernehmlichen Amtsbeendigung für eine neue volle Amtszeit wiederbestellt.[1510] Der BGH hat allerdings in seiner Entscheidung ausdrücklich festgehalten, es sei zulässig, dass der aktuelle einen künftigen, neu zusammengesetzten Aufsichtsrat bis zu knapp sechs Jahre an die vorgefundene Zusammensetzung des Vorstands binde.[1511] Vor diesem Hintergrund ist es im Rahmen einer vorzeitigen einvernehmlichen Amtsbeendigung mit Wiederbestellung auch nicht rechtsmissbräuchlich, die Amtsbeendigung und die Wieder-   663

[1502] *Niewiarra* BB 1998, 1961 (1963); MüKoAktG/*M. Arnold* AktG § 136 Rn. 79; Hüffer/Koch/*Koch* AktG § 136 Rn. 26; K. Schmidt/Lutter AktG/*Spindler* AktG § 136 Rn. 41.
[1503] MüKoAktG/*M. Arnold* AktG § 136 Rn. 79 mwN.
[1504] GroßkommAktG/*Kort* AktG § 84 Rn. 56; MüKoAktG/*Spindler* AktG § 84 Rn. 47; *Rasmussen-Bonne/Raif* GWR 2010, 181 (183).
[1505] BGH NZG 2012, 1027 Rn. 21 ff. mAnm *Wilsing/Paul* BB 2012, 2455; zust. *Paschos/von der Linden* AG 2012, 736 (738 ff.); *Bürgers/Theusinger* NZG 2012, 1218 (1220 f.); *Besse/Heuser* DB 2012, 2385 (2386 f.); Hüffer/Koch/*Koch* AktG § 84 Rn. 8; *Lutter/Krieger/Verse* AR Rn. 358; abl. GroßkommAktG/*Kort* AktG § 84 Rn. 114 ff.; BeckHdB AG/*Liebscher* § 6 Rn. 28. Vor der Entscheidung des BGH war umstritten, ob ein solches Vorgehen als unzulässige Umgehung des § 84 Abs. 1 S. 3 AktG einzuordnen war; dafür OLG Zweibrücken NZG 2011, 433 (434 f.); AG Duisburg NZI 2008, 621 (622); *Lücke* BB 2011, 1039 (1042); *Götz* AG 2002, 305 (306 f.); Kölner Komm AktG/*Mertens/Cahn* AktG § 84 Rn. 23; dagegen *Bauer/C. Arnold* DB 2006, 260 (261); *Fleischer* AG 2006, 429 (437); *Bosse/Hinderer* NZG 2011, 605 (607 ff.).
[1506] BGH NZG 2012, 1027 Rn. 31 f.
[1507] *Wedemann* ZGR 2013, 316 (326); *Fleischer* DB 2011, 861 (864); Grigoleit/*Grigoleit* AktG § 84 Rn. 12; *Hölters/Weber* AG 2005, 629 (631); GroßkommAktG/*Kort* AktG § 84 Rn. 114a; BeckOGK/*Fleischer* AktG § 84 Rn. 21; MüKoAktG/*Spindler* AktG § 84 Rn. 52.
[1508] *Fleischer* DB 2011, 861 (864); Grigoleit/*Grigoleit* AktG § 84 Rn. 12; MHdB AG/*Wentrup* § 20 Rn. 29; BeckOGK/*Fleischer* AktG § 84 Rn. 21; abl. insofern *Wedemann* ZGR 2013, 316 (324 f.); MüKoAktG/*Spindler* AktG § 84 Rn. 52.
[1509] *Wedemann* ZGR 2013, 316 (326); *Fleischer* DB 2011, 861 (864); Grigoleit/*Grigoleit* AktG § 84 Rn. 12; GroßkommAktG/*Kort* AktG § 84 Rn. 114b; Hüffer/Koch/*Koch* AktG § 84 Rn. 8; MüKoAktG/*Spindler* AktG § 84 Rn. 52; BeckOGK/*Fleischer* AktG § 84 Rn. 21.
[1510] *Wedemann* ZGR 2013, 316 (325 f.); *Liebscher* LMK 2012, 339148; MüKoAktG/*Spindler* AktG § 84 Rn. 52; BeckOGK/*Fleischer* AktG § 84 Rn. 21; BeckHdB AG/*Liebscher* § 6 Rn. 28.
[1511] BGH NZG 2012, 1027 Rn. 29; ebenso *Fleischer* DB 2011, 861 (863).

bestellung aufschiebend zu befristen, sofern die neue Amtszeit spätestens ein Jahr nach der Beschlussfassung des Aufsichtsrats beginnt (vgl. § 84 Abs. 1 S. 3 AktG).

664 Von der Frage, ob die einvernehmliche Amtsbeendigung mit vorzeitiger Wiederbestellung rechtlich zulässig ist, ist die Frage zu trennen, ob der Aufsichtstrat ggf. **pflichtgemäß** handelt. B.4 DCGK empfiehlt, dass der Aufsichtsrat „*nur bei Vorliegen besonderer Umstände*" eine laufende Bestellung einvernehmlich aufhebt und das Vorstandsmitglied wiederbestellt. Nach überwiegender und zutreffender Ansicht im Schrifttum handelt der Aufsichtsrat auch nur bei Vorliegen besonderer Umstände pflichtgemäß.[1512] Ein **besonderer Umstand** kann insbes. vorliegen, wenn der Vorstand umstrukturiert, zB die Ressortzuständigkeit geändert, der Betreffende zum Vorstandsvorsitzenden ernannt[1513] oder ein wichtiges Vorstandsmitglied längerfristig an die AG gebunden werden soll, zB im Fall eines Abwerbeversuchs.[1514] Liegt ein besonderer Umstand vor, ist **keine Abweichung** von der Empfehlung B.4 DCGK zu erklären.[1515] Im Übrigen muss der Aufsichtsrat die Gesamtumstände berücksichtigen, also insbes., wie lang die Amtszeit noch gedauert hätte, wie lang die neue Amtszeit dauern soll etc.

d) Aufschiebend bedingte oder befristete Wiederbestellung

665 Die Wiederbestellung kann der Aufsichtsrat unter einer aufschiebenden Bedingung oder Befristung beschließen. Den **Beschluss** kann er **frühestens ein Jahr** vor Ablauf der Amtszeit fassen (§ 84 Abs. 1 S. 3 AktG). Unerheblich ist, wann die Bedingung oder Befristung eintreten soll. Eine aufschiebende Bedingung oder Befristung ist auch zulässig, wenn der Aufsichtsrat die Bestellung einvernehmlich aufhebt und das Vorstandsmitglied vorzeitig wiederbestellt (→ Rn. 662).

e) Zuweisung des Geschäftsbereichs, Geschäftsleitungsmandate und Nebentätigkeiten, Handelsregister

666 Die Zuweisung eines Geschäftsbereichs ist an die **laufende Amtszeit** geknüpft (→ Rn. 2072). Hat der Aufsichtsrat die Geschäftsverteilung festgelegt, muss er grds. auch entscheiden, ob er dem wiederbestellten Vorstandsmitglied erneut den bisherigen Geschäftsbereich zuweist. Allerdings ist insofern **kein ausdrücklicher separater Beschluss erforderlich:** Der Beschluss über die Wiederbestellung ist zugleich als Beschluss über die erneute Zuweisung des bisherigen Geschäftsbereichs auszulegen, sofern der Aufsichtsrat nichts Abweichendes bestimmt. Zur Einwilligung in die Ausübung von Geschäftsleitertätigkeiten gemäß § 88 AktG ist anerkannt, dass der Aufsichtsrat die Einwilligung erteilen kann, indem er das Vorstandsmitglied in Kenntnis der von ihm ausgeübten anderen Geschäftsleitertätigkeiten bestellt.[1516] Hat der **Vorstand** bisher den Geschäftsbereich zugewiesen, liegt in der konkludenten, von sämtlichen Vorstandsmitgliedern gebilligten Fortsetzung der bisherigen Geschäftsverteilung die erneute Zuweisung des bisherigen Geschäftsbereichs an das betreffende Vorstandsmitglied. Der Vorstand kann auch konkludent Beschlüsse fassen, indem er tatsächlich handelt;[1517] insbes. sind Vorstandsbeschlüsse anders als Aufsichtsratsbeschlüsse (§ 107 Abs. 2 S. 2 AktG) nicht zwingend zu protokollieren. Eine Ausnahme gilt für den **Arbeitsdirektor:** Hier ist die Zuweisung des „Kernbereichs von Zuständigkeiten in Personal- und Sozialfragen" Bestandteil der Bestellung (→ Rn. 644; § 7 Rn. 261 ff.). Soll der Arbeitsdirektor nach seiner Wiederbestellung Arbeitsdirektor bleiben, muss **der Aufsichtsrat** das ausdrücklich in den Wiederbestellungs- oder Verlängerungsbeschluss aufnehmen.

667 Die Entscheidung, ein Vorstandsmitglied in Kenntnis bereits ausgeübter **Geschäftsleitungsmandate** (§ 88 AktG; → Rn. 583 ff.) und **Nebentätigkeiten** (→ Rn. 590 ff.) wiederzubestellen, umfasst grds. auch die Zustimmung, diese Mandate fortzuführen. Eine Ausnahme kann für Mandate gelten, die das Vorstandsmitglied bisher nicht angezeigt hat. Der Aufsichtsrat kann erwägen, die Wiederbestellung davon abhängig zu machen, dass das Vorstandsmitglied Mandate zum nächstmöglichen Zeitpunkt beendet.

[1512] Hölters/*Weber* AktG § 84 Rn. 28; Hölters/*Weber* AG 2005, 629 (634); *Bauer*/C. *Arnold* DB 2006, 260 (261); *Priester* ZIP 2012, 1781 (1784 f.); siehe bereits Ziff. 5.1.2 Abs. 2 S. 2 DCGK aF; aA *Bürgers*/*Theusinger* NZG 2012, 1218 (1221): Keine Rechtfertigung für eine Gestaltung erforderlich, die grds. mit den Vorstellungen des Gesetzgebers übereinstimmt.

[1513] OLG Zweibrücken NZG 2011, 433 (435); Hölters/*Weber* AktG § 84 Rn. 28; *Seibt* AG 2003, 465 (467); *Lutter*/*Krieger*/*Verse* AR Rn. 358; Wilsing/*Wilsing* DCGK, Ziff. 5.1.2 Rn. 11; KBLW/*Kremer* DCGK Rn. 1252.

[1514] Hölters/*Weber* AktG § 84 Rn. 28; Hölters/*Weber* AG 2005, 629 (634); *Lutter*/*Krieger*/*Verse* AR Rn. 358; *Bauer*/C. *Arnold* DB 2006, 260 (261).

[1515] AA offenbar *Bürgers*/*Theusinger* NZG 2012, 1218 (1221); *Liebscher* LMK 2012, 339148; MüKoAktG/*Spindler* AktG § 84 Rn. 53; K. Schmidt/Lutter AktG/*Seibt* AktG § 84 Rn. 18.

[1516] BeckOGK/*Fleischer* AktG § 88 Rn. 27; GroßkommAktG/*Kort* AktG § 88 Rn. 57; MüKoAktG/*Spindler* AktG § 88 Rn. 25; Kölner Komm AktG/*Mertens*/*Cahn* AktG § 88 Rn. 16; K. Schmidt/Lutter AktG/*Seibt* AktG § 88 Rn. 9.

[1517] OLG Frankfurt a. M. AG 1986, 233; GroßkommAktG/*Kort* AktG § 77 Rn. 9; Kölner Komm AktG/*Mertens*/*Cahn* AktG § 77 Rn. 33; BeckOGK/*Fleischer* AktG § 77 Rn. 22.

Wird ein Vorstandsmitglied wieder bestellt und schließen die Amtszeiten unmittelbar aneinander an, ist **keine erneute Anmeldung** zur Eintragung in das Handelsregister erforderlich.[1518]

3. Automatische Verlängerung der Amtszeit (§ 84 Abs. 1 S. 4 AktG)

Bestellt der Aufsichtsrat ein Vorstandsmitglied für weniger als fünf Jahre, kann er vorsehen, dass sich die Amtszeit **ohne neuen Beschluss** verlängert, sofern dadurch die gesamte Amtszeit **nicht mehr als fünf Jahre** beträgt (§ 84 Abs. 1 S. 4 AktG; zur automatischen Verlängerung des Anstellungsvertrags → Rn. 1228). Es ist daher zB zulässig, ein Vorstandsmitglied zunächst für ein Jahr zu bestellen und vorzusehen, dass sich die Amtszeit um einen weiteren, bereits festgelegten Zeitraum von maximal vier Jahren verlängert. Unzulässig ist es hingegen, ein Vorstandsmitglied zunächst für zwei Jahre mit der Maßgabe zu bestellen, dass sich die Amtszeit um weitere vier Jahre oder „um jeweils zwei Jahre" verlängert, falls der Aufsichtsrat die Bestellung nicht vorher widerruft.[1519] Der Aufsichtsrat kann aber vorsehen, dass sich die Amtszeit nur automatisch verlängert, wenn er nicht bis zu einem bestimmten Zeitpunkt vor Eintritt der Verlängerung eine abweichende Entscheidung trifft.[1520] Die **Ernennung zum Vorstandsvorsitzenden** kann der Aufsichtsrat ebenso wie die Bestellung automatisch gemäß § 84 Abs. 1 S. 4 AktG verlängern.

Der Aufsichtsrat kann die Amtszeit iRd Maximaldauer von fünf Jahren von vornherein **mehrfach automatisch verlängern.** Allerdings ist es grds. nicht pflichtgemäß, die „Verlängerungszeiträume" auf weniger als ein Jahr zu befristen, weil das die Unabhängigkeit des Vorstandsmitglieds zu sehr in Frage stellt (zur Mindestbestelldauer → Rn. 639 f.).

Bestellt der Aufsichtsrat ein Vorstandsmitglied **lediglich für einen vergleichsweise kurzen Zeitraum,** könnten Arbeitnehmer, Geschäftspartner etc. damit die Annahme verbinden, die Position des Vorstandsmitglieds sei nicht gefestigt („lame duck"). Auch wenn die Dauer der Amtszeit grds. nicht offenzulegen ist (→ Rn. 648), kann ein Bedürfnis bestehen, eine kurze Amtszeit zu vermeiden. Allerdings muss die AG grds. Abfindungszahlungen leisten, wenn das Amt beendet werden soll, obwohl die Bestellung noch läuft. Ein Kompromiss kann ggf. eine automatische Verlängerung der Amtszeit sein: In diesem Fall könnte der Aufsichtsrat mitteilen, dass er das Vorstandsmitglied für den Zeitraum („bis zu") bestellt hat, der sich ergibt, wenn sich die Amtszeit tatsächlich automatisch verlängert. Möchte der Aufsichtsrat die Amtszeit dann vor Eintritt der automatischen Verlängerung doch nicht verlängern, kann er einen entsprechenden Beschluss fassen, ohne dass die Voraussetzungen für einen Widerruf der Bestellung vorliegen müssen.

4. Fehlerhafte Bestellung und faktisch wie ein Vorstandsmitglied handelnde Personen

Die Bestellung zum Vorstandsmitglied kann an einem **Wirksamkeitsmangel** leiden. Der Beschluss des Aufsichtsrats kann wegen eines Verfahrensfehlers nichtig oder vernichtbar sein oder es kann ein Ausschuss an Stelle des Plenums beschlossen haben. Häufig geht es um Fälle, in denen am Beschluss Personen mitwirkten, deren Bestellung zum Aufsichtsratsmitglied sich später als unwirksam herausstellt (zu Verfahrensfehlern → § 3 Rn. 465). Denkbar ist auch, dass der Bestellte Bestellungsvoraussetzungen nicht oder nicht mehr erfüllt (§ 76 Abs. 3 S. 1 AktG) oder Bestellungshindernisse vorliegen (§ 76 Abs. 3 S. 2 AktG; → Rn. 570 ff.).[1521]

a) Lehre von der fehlerhaften Organstellung

Nach der Lehre von der fehlerhaften Organstellung wird – vergleichbar mit der Lehre von der fehlerhaften Gesellschaft – die an Wirksamkeitsmängeln leidende Bestellung zum Vorstandsmitglied unter bestimmten Voraussetzungen als **vorläufig wirksam** behandelt (zur Lehre vom fehlerhaften Anstellungsverhältnis → Rn. 1270).

Die Anwendbarkeit der Lehre von der fehlerhaften Organstellung hat **drei Voraussetzungen:** Erstens muss der Aufsichtsrat erkennbar den **Willen geäußert** haben, eine bestimmte Person zum Vorstandsmitglied **zu bestellen** und die Person muss erkennbar – evtl. konkludent – den Willen geäußert haben, das Amt auszuüben (zwei übereinstimmende Willensakte).[1522] Zweitens muss die Person die Tätigkeit als Vorstandsmitglied tatsächlich aufgenommen haben, dh, das Amtsverhältnis muss **in Vollzug gesetzt** worden

---

[1518] MüKoAktG/*Spindler* AktG § 81 Rn. 6 mwN.
[1519] MüKoAktG/*Spindler* AktG § 84 Rn. 56; Hölters/*Weber* AktG § 84 Rn. 25.
[1520] MüKoAktG/*Spindler* AktG § 84 Rn. 55; Hüffer/Koch/*Koch* AktG § 84 Rn. 6; Hölters/*Weber* AktG § 84 Rn. 25; Kölner Komm AktG/*Mertens/Cahn* AktG § 84 Rn. 19.
[1521] Zur Genossenschaft RGZ 144, 384 (386); BeckOGK/*Fleischer* AktG § 84 Rn. 22; GroßkommAktG/*Kort* AktG § 84 Rn. 81a; MüKoAktG/*Spindler* AktG § 84 Rn. 241.
[1522] Hüffer/Koch/*Koch* AktG § 84 Rn. 13; Hölters/*Weber* AktG § 84 Rn. 30; GroßkommAktG/*Kort* AktG § 84 Rn. 83; *Bayer/Lieder* NZG 2012, 1 (3).

sein.[1523] Und drittens dürfen **keine höherrangigen Schutzinteressen der Allgemeinheit oder Einzelner** entgegenstehen, die unwirksame Bestellung vorläufig als wirksam zu behandeln.[1524] Dass dem Aufsichtsrat oder dem vermeintlich Bestellten der Wirksamkeitsmangel bekannt ist, ist hingegen unerheblich. Die Lehre von der fehlerhaften Organstellung greift daher grds. **nicht** ein, wenn ein Geschäftsunfähiger oder ein beschränkt Geschäftsfähiger zum Vorstandsmitglied bestellt wird (vgl. auch § 76 Abs. 3 S. 1 AktG).[1525] Die Lehre von der fehlerhaften Organstellung greift nach herrschender Ansicht ferner nicht ein, wenn der vermeintlich Bestellte aus anderen Gründen aktienrechtlich nicht Vorstandsmitglied sein kann (§ 76 Abs. 3 AktG; dazu → Rn. 570 ff.).[1526] Handelt eine Person, die nicht Vorstandsmitglied sein kann, im Außenverhältnis als Vorstandsmitglied und ist sie als Vorstandsmitglied in das Handelsregister eingetragen, ist die handelsrechtliche Rechtsscheinhaftung des § 15 HGB anwendbar.[1527]

675 Ist die Lehre von der fehlerhaften Organstellung anwendbar, ist das fehlerhaft bestellte einem fehlerfrei bestellten Vorstandsmitglied **vorläufig vollumfänglich gleichgestellt.** Es hat im Innen- und im Außenverhältnis dieselben Rechte und Pflichten wie ein fehlerfrei bestelltes Vorstandsmitglied, insbes. Geschäftsführungsbefugnis und Vertretungsmacht. Der Rechtsverkehr ist nicht lediglich nach Rechtsscheingrundsätzen (§ 15 Abs. 1, 3 HGB, Anscheins- und Duldungsvollmacht) geschützt, sondern die Vertretungsmacht ist rechtlich wirksam.[1528] Das fehlerhaft bestellte Vorstandsmitglied hat sämtliche Sorgfalts- und Treuepflichten (§ 93 Abs. 1 AktG), die Insolvenzantragspflicht (§ 15a InsO), es wirkt an Vorstandsentscheidungen mit, muss den Jahresabschluss unterzeichnen (§ 245 HGB) und haftet bei Pflichtverletzungen (§ 93 Abs. 2, 3 AktG).[1529]

676 Im Fall einer fehlerhaften Bestellung kann auch der **Anstellungsvertrag** mit Mängeln behaftet sein; zwingend ist das mit Blick auf die Trennung von gesellschaftsrechtlicher Bestellung und schuldrechtlicher Anstellung aber nicht.[1530] Ist auch der Anstellungsvertrag mit Mängeln behaftet, beurteilen sich die sich daraus ergebenden Rechte und Pflichten des Vorstandsmitglieds – insbes. der Vergütungsanspruch – nach der Lehre vom fehlerhaften Anstellungsvertrag (→ Rn. 1270).[1531]

677 Der Aufsichtsrat kann die fehlerhafte Bestellung **jederzeit mit Wirkung ex nunc beenden,** aber nicht rückwirkend.[1532] Ein wichtiger Grund ist für den Widerruf der fehlerhaften Bestellung anders als bei fehlerfrei bestellten Vorstandsmitgliedern nicht erforderlich, weil der Fehler der Bestellung bereits der wichtige Grund ist. Aus Gründen der Rechtssicherheit ist für die Beendigung einer nach der Lehre von der fehlerhaften Organstellung vorläufig als wirksam behandelten Bestellung ein **Beschluss des Plenums** erforderlich (§ 107 Abs. 3 S. 7 AktG analog).[1533] § 31 MitbestG ist in paritätisch mitbestimmten Gesellschaften nicht anwendbar. Die Erwägung, dass die Bestellung und ihr Widerruf in paritätisch mitbestimmten Gesellschaften von einer breiten Mehrheit getragen werden sollen, greift bei der Beendigung

---

[1523] Hölters/*Weber* AktG § 84 Rn. 30; GroßkommAktG/*Kort* AktG § 84 Rn. 86; Hüffer/Koch/*Koch* AktG § 84 Rn. 13; *Bayer/Lieder* NZG 2012, 1 (3).

[1524] Hölters/*Weber* AktG § 84 Rn. 30; Hüffer/Koch/*Koch* AktG § 84 Rn. 13; MHdB AG/*Wentrup* § 20 Rn. 42; GroßkommAktG/*Kort* AktG § 84 Rn. 87; wohl großzügiger *Bayer/Lieder* NZG 2012, 1 (3): nur bei grundlegenden Wertentscheidungen der Rechtsordnung.

[1525] GroßkommAktG/*Kort* AktG § 84 Rn. 87, 89, auch zu möglichen Ausnahmen; MüKoAktG/*Spindler* AktG § 84 Rn. 243 f.

[1526] Hölters/*Weber* AktG § 84 Rn. 30; Hüffer/Koch/*Koch* AktG § 84 Rn. 13; Grigoleit/*Grigoleit* AktG § 84 Rn. 15; Kölner Komm AktG/*Mertens/Cahn* AktG § 84 Rn. 31; aA *Bayer/Lieder* NZG 2012, 1 (4).

[1527] MüKoAktG/*Spindler* AktG § 76 Rn. 139; GroßkommAktG/*Kort* AktG § 76 Rn. 265; BeckOGK/*Fleischer* AktG § 76 Rn. 149; Hölters/*Weber* AktG § 76 Rn. 79; nach Grigoleit/*Grigoleit* AktG § 76 Rn. 112 sind bei Bestellungshindernissen (§ 76 Abs. 3 AktG) auch die Grundsätze der allgemeinen Rechtsscheinhaftung anwendbar.

[1528] *Höpfner* ZGR 2016, 505 (514 f.); GroßkommAktG/*Kort* AktG § 84 Rn. 93; MüKoAktG/*Spindler* AktG § 84 Rn. 242; BeckOGK/*Fleischer* AktG § 84 Rn. 22; Hüffer/Koch/*Koch* AktG § 84 Rn. 13; *Bayer/Lieder* NZG 2012, 1 (2 f.); aA LG Heidelberg AG 2019, 804 (808); K. Schmidt/Lutter AktG/*Seibt* AktG § 84 Rn. 24: Im Außenverhältnis gelte bei fehlerhafter Bestellung des § 15 HGB oder – wenn eine ursprünglich bestellte Person nach Ende der Amtszeit weiterhin als Vorstandsmitglied handelt – § 15 Abs. 1 HGB; die Lehre von der fehlerhaften Organstellung betreffe lediglich den innergesellschaftlichen Bereich.

[1529] BGHZ 41, 282 (287) = NJW 1964, 1367; BGHZ 47, 341 (343) = NJW 1967, 1711; Hölters/*Weber* AktG § 84 Rn. 30; GroßkommAktG/*Kort* AktG § 84 Rn. 83; Hüffer/Koch/*Koch* AktG § 84 Rn. 12; Kölner Komm AktG/*Mertens/Cahn* AktG § 84 Rn. 30; MHdB AG/*Wentrup* § 20 Rn. 41; *Bayer/Lieder* NZG 2012, 1 (5).

[1530] GroßkommAktG/*Kort* AktG § 84 Rn. 300.

[1531] Nach GroßkommAktG/*Kort* AktG § 84 Rn. 94 soll sich ein Vergütungsanspruch auch unabhängig vom (fehlerhaften) Anstellungsvertrag „*nach billigem Ermessen aus den Umständen ergeben*" können.

[1532] GroßkommAktG/*Kort* AktG § 84 Rn. 96; MHdB AG/*Wentrup* § 20 Rn. 42: Fehlerhafte Bestellung ist ein wichtiger Grund für den Widerruf der Bestellung iSv § 84 Abs. 3 AktG; *Bayer/Lieder* NZG 2012, 1 (5).

[1533] Hölters/*Weber* AktG § 84 Rn. 31; GroßkommAktG/*Kort* AktG § 84 Rn. 98; MüKoAktG/*Spindler* AktG § 84 Rn. 249; BeckOGK/*Fleischer* AktG § 84 Rn. 23; *Bayer/Lieder* NZG 2012, 1 (5).

einer fehlerhaften Bestellung nicht ein;[1534] vielmehr **muss** der Aufsichtsrat grds. handeln, wenn Zweifel an der Wirksamkeit der Bestellung bestehen (→ Rn. 678). Der Aufsichtsrat muss dem fehlerhaft bestellten Vorstandsmitglied den Widerruf des fehlerhaften Bestellungsverhältnisses **bekannt geben.**

Erkennt der Aufsichtsrat, dass ein Vorstandsmitglied fehlerhaft bestellt ist oder zumindest Zweifel bestehen, dass die Bestellung wirksam ist, **muss** er **grds. unverzüglich handeln.**[1535] Möchte der Aufsichtsrat das Vorstandsmitglied im Amt halten, kann er beschließen, die fehlerhafte Bestellung für die Zukunft zu bestätigen und ihm diesen Beschluss bekannt geben. Die Bestätigung und die Bestellung werden wirksam, wenn das Vorstandsmitglied sie annimmt. Der Aufsichtsrat kann auch beschließen, die fehlerhafte Bestellung zu widerrufen und das fehlerhaft bestellte Vorstandsmitglied gleichzeitig für eine Amtszeit von bis zu fünf Jahren bestellen. Der Aufsichtsrat und das fehlerhaft bestellte Vorstandsmitglied können das fehlerhafte Bestellungsverhältnis auch einvernehmlich beenden. Möchte das Vorstandsmitglied ein nach seiner Auffassung fehlerhaftes Bestellungsverhältnis einseitig beenden, muss es eine Erklärung entsprechend den Regeln der **Amtsniederlegung** (→ Rn. 782) abgeben. 678

b) Faktisch wie ein Vorstandsmitglied handelnde Personen

Liegt **kein Bestellungsbeschluss** vor und handelt eine Person dennoch faktisch wie ein Vorstandsmitglied, handelt sie nicht als fehlerhaft bestelltes Vorstandsmitglied.[1536] Die faktisch wie ein Vorstandsmitglied handelnde Person hat – anders als das fehlerhaft bestellte (→ Rn. 673 ff.) – **nicht die Rechte und Pflichten eines fehlerfrei bestellten Vorstandsmitglieds.** Ob die faktisch wie ein Vorstandsmitglied handelnde Person die AG wirksam vertritt, richtet sich nach den Grundsätzen über die Anscheins- und Duldungsvollmacht sowie nach § 15 HGB.[1537] 679

Jedes Vorstands- und Aufsichtsratsmitglied der AG **darf und muss** dafür sorgen, dass die faktisch wie ein Vorstandsmitglied handelnde Person ihre **Tätigkeit beendet.** Ein Beschluss ist hierfür nicht erforderlich. Soll die AG gegenüber einer faktisch wie ein Vorstandsmitglied handelnden Person rechtlich handeln, vertritt der Aufsichtsrat die AG.[1538] 680

c) Fortsetzung der Tätigkeit eines wirksam bestellten Vorstandsmitglieds

Setzt ein zunächst wirksam bestelltes Vorstandsmitglied sein Amt **nach Ablauf der Amtszeit** fort, obwohl der Aufsichtsrat keine Wiederbestellung beschlossen hat und die Fortsetzung der Tätigkeit auch **nicht billigt,** handelt sie **faktisch wie ein Vorstandsmitglied** (→ Rn. 679).[1539] Setzt ein Vorstandsmitglied seine Tätigkeit nach Ende der Amtszeit **mit Billigung des Aufsichtsrats** fort, handelt es sich um ein **fehlerhaft bestelltes Vorstandsmitglied** (→ Rn. 673 ff.). Der Aufsichtsrat kann die Wiederbestellung zwar nicht konkludent durch Billigung beschließen. Es ist aber sachgerecht, den Betreffenden insbes. im Innenverhältnis nach den Grundsätzen der Lehre vom fehlerhaften Bestellungsverhältnis zu behandeln. 681

5. Widerruf der Bestellung (§ 84 Abs. 3 AktG)

a) Wirkung des Widerrufs

Der Aufsichtsrat kann die Amtszeit des Vorstandsmitglieds **vorzeitig** beenden, indem er die Bestellung widerruft (§ 84 Abs. 3 S. 1 AktG; der Widerruf der Bestellung wird auch als „Abberufung" bezeichnet). Der Widerruf ist das Gegenstück zur Bestellung und beendet die **organschaftliche Stellung** als Vorstandsmitglied.[1540] Das Gesetz sieht zwar ausschließlich den Widerruf der Bestellung vor, um die Organstellung vorzeitig zu beenden. Es ist aber anerkannt, dass Vorstandsmitglieder ihr Amt auch einseitig durch Niederlegung (→ Rn. 782 ff.) oder im Einvernehmen mit dem Aufsichtsrat beenden können (→ Rn. 805 ff.). 682

Sobald der Widerruf der Bestellung wirksam ist, ist das Vorstandsmitglied nicht mehr zur Geschäftsführung und Vertretung der AG berechtigt und verpflichtet. Einzelne Organpflichten wie die Verschwiegen- 683

[1534] Kölner Komm AktG/*Mertens/Cahn* AktG § 84 Rn. 32; MüKoAktG/*Spindler* AktG § 84 Rn. 249; iErg auch Hölters/*Weber* AktG § 84 Rn. 31; *Thüsing* in Fleischer VorstandsR-HdB § 4 Rn. 48; *Lutter/Krieger/Verse* AR Rn. 361; BeckOGK/*Fleischer* AktG § 84 Rn. 23; aA GroßkommAktG/*Kort* AktG § 84 Rn. 98.
[1535] Hölters/*Weber* AktG § 84 Rn. 31; BeckOGK/*Fleischer* AktG § 84 Rn. 23; *Thüsing* in Fleischer VorstandsR-HdB § 4 Rn. 48; *Lutter/Krieger/Verse* AR Rn. 361.
[1536] *Strohn* DB 2011, 158; GroßkommAktG/*Kort* AktG § 84 Rn. 84; BeckOGK/*Fleischer* AktG § 84 Rn. 25.
[1537] Hölters/*Weber* AktG § 84 Rn. 32; MüKoAktG/*Spindler* AktG § 84 Rn. 243; *Thüsing* in Fleischer VorstandsR-HdB § 4 Rn. 47.
[1538] Kölner Komm AktG/*Mertens/Cahn* AktG § 84 Rn. 33; GroßkommAktG/*Kort* AktG § 84 Rn. 92.
[1539] Hölters/*Weber* AktG § 84 Rn. 32; GroßkommAktG/*Kort* AktG § 84 Rn. 84.
[1540] Hüffer/Koch/*Koch* AktG § 84 Rn. 32; K. Schmidt/Lutter AktG/*Seibt* AktG § 84 Rn. 49; Hölters/*Weber* AktG § 84 Rn. 79; BeckOGK/*Fleischer* AktG § 84 Rn. 100; Grigoleit/*Grigoleit* AktG § 84 Rn. 34.

heitspflicht bestehen über das Ende der Organstellung hinaus fort (→ Rn. 1671).[1541] Der Widerruf führt grds. **nicht** dazu, dass auch das **Anstellungsverhältnis** endet.[1542] Im Anstellungsvertrag können aber sog. **„Kopplungsklauseln"** vereinbart sein, denen zufolge der Widerruf in bestimmten Fällen zugleich als Kündigung des Anstellungsvertrags wirkt (→ Rn. 1680).

b) Zwingende Zuständigkeit des Plenums

684 Über den Widerruf der Bestellung muss, wie über die Bestellung, zwingend der Aufsichtsrat entscheiden. Die Zuständigkeit kann **weder in der Satzung noch anderweitig** – etwa durch Beschluss des Aufsichtsrats – anderen Organen oder Dritten übertragen werden. Der Aufsichtsrat kann die Zuständigkeit auch **nicht einem Ausschuss übertragen** (§ 107 Abs. 3 S. 7 AktG). Nach hA ist es daher auch nicht zulässig, im Anstellungsvertrag – über den abgesehen von der Festsetzung der Gesamtbezüge ein Ausschuss entscheiden kann (→ Rn. 1222 f.) – eine Vertragsstrafe für den Fall eines unbegründeten Widerrufs zu vereinbaren.[1543]

685 Der Aufsichtsrat bleibt auch **nach Eröffnung eines Insolvenzverfahrens** grds. zuständig für die Entscheidung über den Widerruf.[1544] Wird die AG allerdings abgewickelt – etwa, weil die Eröffnung eines Insolvenzverfahrens mangels Masse rechtskräftig abgelehnt wird –, sind zunächst zwar die Vorstandsmitglieder Abwickler (§ 265 Abs. 1 AktG; → Rn. 504). In diesem Fall kann aber die Hauptversammlung und nicht der Aufsichtsrat Vorstandsmitglieder jederzeit als Abwickler abberufen (§ 265 Abs. 5 S. 1 AktG).

c) Ad hoc-Publizitätspflicht

686 Sowohl das mögliche **Ausscheiden des Vorstandsmitglieds** als auch der **Grund,** auf dem es beruht, kann eine Ad hoc-Publizitätspflicht auslösen. Für die Entscheidung über den Aufschub ist ggf. der Aufsichtsrat zuständig. Auch ein Ausschuss kann entscheiden, ob die AG die Veröffentlichung einer (möglichen) Insiderinformation aufschiebt (→ Rn. 515 f.).

d) Wichtiger Grund

687 Der Aufsichtsrat kann die Bestellung nur widerrufen, wenn ein wichtiger Grund für den Widerruf vorliegt (§ 84 Abs. 3 S. 1 AktG). Auf diese Weise soll die **unabhängige** und **eigenverantwortliche** Leitung der AG durch den Vorstand (§ 76 Abs. 1 AktG) sichergestellt werden.[1545] Liegt **kein wichtiger Grund** vor, ist zwar der Beschluss des Aufsichtsrats über den Widerruf wirksam, der erklärte Widerruf hingegen **unwirksam**.[1546]

688 Das Erfordernis eines wichtigen Grunds ist **zwingend** und kann nicht ausgeschlossen oder modifiziert werden, weder in der Satzung noch in einer Geschäftsordnung, im Bestellungsbeschluss oder Anstellungsvertrag (→ § 7 Rn. 220).[1547] Vorstandsmitglieder können **nicht darauf verzichten,** dass der Aufsichtsrat ihre Bestellung ausschließlich aus wichtigem Grund widerrufen kann,[1548] und zwar weder abstrakt-generell noch bezogen auf einen konkreten Fall.[1549] Es ist ferner nicht zulässig, über die in § 84 Abs. 3 S. 2 AktG genannten Beispielsfälle hinaus bestimmte Umstände abstrakt als wichtige, gerichtlich nicht überprüfbare Widerrufsgründe festzulegen. Umgekehrt ist es nicht zulässig, das Widerrufsrecht auf bestimmte Umstände zu begrenzen.[1550] Die **Entschließungsfreiheit** des Aufsichtsrats kann – wie bei der

---

[1541] MüKoAktG/*Spindler* AktG § 93 Rn. 149; Hüffer/Koch/*Koch* AktG § 93 Rn. 31; BeckOGK/*Fleischer* AktG § 93 Rn. 194; Henssler/Strohn/*Dauner-Lieb* GesR § 93 Rn. 149.
[1542] OLG Düsseldorf AG 2012, 511 (512); Hüffer/Koch/*Koch* AktG § 84 Rn. 32; MüKoAktG/*Spindler* AktG § 84 Rn. 10; BeckOGK/*Fleischer* AktG § 84 Rn. 100.
[1543] Kölner Komm AktG/*Mertens/Cahn* AktG § 84 Rn. 123; K. Schmidt/Lutter AktG/*Seibt* AktG § 84 Rn. 50; MüKoAktG/*Spindler* AktG § 84 Rn. 120; Hölters/*Weber* AktG § 84 Rn. 65; mit Einschränkungen BeckOGK/*Fleischer* AktG § 84 Rn. 103: Ausnahme bei vorsätzlichem Fehlverhalten denkbar; *Thüsing* in Fleischer VorstandsR-HdB § 5 Rn. 3: Verbot nur bei schuldlos unbegründetem Widerruf; aA *Schürnbrand* NZG 2008, 609 (611 f.).
[1544] GroßkommAktG/*Kort* AktG § 84 Rn. 29; MüKoAktG/*Spindler* AktG § 84 Rn. 235; *K. Schmidt* AG 2011, 1 (2 ff.); aA *Klöckner* AG 2010, 780 (781 ff.).
[1545] OLG Frankfurt a. M. NZG 2015, 514 Rn. 20; *Kropff* AktG 1965 S. 106; MüKoAktG/*Spindler* AktG § 84 Rn. 128; Hüffer/Koch/*Koch* AktG § 84 Rn. 34; K. Schmidt/Lutter AktG/*Seibt* AktG § 84 Rn. 52; Grigoleit/*Grigoleit* AktG § 84 Rn. 36.
[1546] BGH WM 1962, 811; Hölters/*Weber* AktG § 84 Rn. 69; MüKoAktG/*Spindler* AktG § 84 Rn. 128.
[1547] BeckOGK/*Fleischer* AktG § 84 Rn. 107; MüKoAktG/*Spindler* AktG § 84 Rn. 128; Hölters/*Weber* AktG § 84 Rn. 69; *Seyfarth* VorstandsR § 20 Rn. 13.
[1548] BeckOGK/*Fleischer* AktG § 84 Rn. 107; GroßkommAktG/*Kort* AktG § 84 Rn. 138.
[1549] GroßkommAktG/*Kort* § 84 Rn. 138.
[1550] Hölters/*Weber* AktG § 84 Rn. 69; BeckOGK/*Fleischer* AktG § 84 Rn. 122; GroßkommAktG/*Kort* AktG § 84 Rn. 137; MüKoAktG/*Spindler* AktG § 84 Rn. 128 f.

Bestellung von Vorstandsmitgliedern – nicht eingeschränkt werden.[1551] Bei Bestehen eines **Beherrschungs- oder Gewinnabführungsvertrags** gelten die Ausführungen zu einer möglichen Einflussnahme des herrschenden Unternehmens auf die Bestellungsentscheidung entsprechend (→ Rn. 540).

aa) Allgemeine Anforderungen an einen wichtigen Grund. Ein wichtiger Grund liegt vor, wenn der AG eine **Fortsetzung des Organverhältnisses** bis zum Ende der Amtszeit des Vorstandsmitglieds **unzumutbar** ist.[1552] Dabei kommt es auf die Umstände des Einzelfalls an (zum wichtigen Grund für die außerordentliche Kündigung des Anstellungsvertrags → Rn. 1700).[1553] Ein grds. bedeutsamer Gesichtspunkt ist die **verbleibende Amtszeit:** Je kürzer sie ist, desto eher ist der AG grds. zuzumuten, dass das Vorstandsmitglied bis zum Ende der Amtszeit im Amt bleibt.[1554]

Ein **Verschulden** ist nicht erforderlich,[1555] wird aber bei der Interessenabwägung berücksichtigt (→ Rn. 691f.). Der wichtige Grund muss nicht in der Person des Vorstandsmitglieds liegen.[1556] Auch ein Verhalten des Vorstandsmitglieds außerhalb[1557] oder vor[1558] seiner Bestellung oder dem Beginn seiner Amtstätigkeit kann einen wichtigen Grund darstellen.

bb) Interessenabwägung? Nach der Rechtsprechung sind bei der Beurteilung, ob der AG die Fortsetzung des Organverhältnisses unzumutbar ist, die Interessen der AG und die des Vorstandsmitglieds **gegeneinander abzuwägen.**[1559] Das entspricht einer verbreiteten Ansicht im Schrifttum.[1560] Der Widerruf könne sich erheblich auf die berufliche Zukunft des Vorstandsmitglieds auswirken. Aufgrund der Treuepflichten der AG seien iRd Unzumutbarkeitsbeurteilung daher auch seine Interessen zu berücksichtigen.[1561] Da das Erfordernis eines wichtigen Grunds für den Widerruf die Unabhängigkeit der Vorstandsmitglieder sichern soll, seien zudem die **amtsbezogenen Interessen des Vorstandsmitglieds** zu

---

[1551] MüKoAktG/*Spindler* AktG § 84 Rn. 130.
[1552] BGH NZG 2007, 189 Rn. 2; OLG Frankfurt a. M. NZG 2015, 514 Rn. 18; OLG Stuttgart AG 2003, 211 (212); Hüffer/Koch/*Koch* AktG § 84 Rn. 34; Henssler/Strohn/*Dauner-Lieb* GesR § 84 Rn. 31; Kölner Komm AktG/*Mertens/Cahn* AktG § 84 Rn. 121; MüKoAktG/*Spindler* AktG § 84 Rn. 131; GroßkommAktG/*Kort* AktG § 84 Rn. 140; BeckOGK/*Fleischer* AktG § 84 Rn. 108.
[1553] BGH WM 1962, 811 (812); BGH NZG 2007, 189 Rn. 2; OLG Stuttgart AG 2003, 211 (212 f.); OLG München AG 2007, 361 (363); OLG Düsseldorf AG 2012, 511 (512); OLG Stuttgart AG 2013, 599 (603); OLG München AG 2016, 592 (593 f.); LG Berlin AG 2002, 682 (683 f.); LG München I AG 2015, 717 (719); zum Vertrauensentzug BGH NJW 1989, 2683; BGH NZG 2017, 261 Rn. 11; OLG Celle AG 2016, 721 Rn. 19; BeckOGK/*Fleischer* AktG § 84 Rn. 108; Hölters/*Weber* AktG § 84 Rn. 73; MüKoAktG/*Spindler* AktG § 84 Rn. 131; Hüffer/Koch/*Koch* AktG § 84 Rn. 36; MHdB AG/*Wentrup* § 20 Rn. 50.
[1554] Vgl. BGH WM 1962, 811 (812): keine geringeren Anforderungen an den wichtigen Grund, wenn sich die Amtszeit ihrem Ende nähert (konkret drei Wochen); OLG Stuttgart AG 2013, 599 (603): Bisherige Amtszeit von etwa eineinhalb Jahren stellt iRd Interessenabwägung keinen gewichtigen Aspekt zugunsten des Vorstandsmitglieds dar; OLG München AG 2012, 753 (755): verbleibende Amtszeit von ca. zweieinhalb Jahren ist das gestörten Vertrauensverhältnis zwischen Vorstandsmitglied und Aufsichtsrat unzumutbar (das Vorstandsmitglied hatte Fragen des Aufsichtsratsvorsitzenden zu Nebentätigkeiten nicht beantwortet); zur Kündigung des Anstellungsvertrags LG München I AG 2015, 717 (719): Kündigung wirksam bei einer Restlaufzeit von etwa zwei Jahren angesichts massiven Vertrauensbruchs durch Erstattung privater Ausgaben auf Geschäftskonten; zur Kündigung des Anstellungsvertrags OLG Jena NZG 1999, 1069 (1070): kein wichtiger Grund für außerordentliche Kündigung bei verbleibender Amtszeit von vier Tagen, von denen die beiden letzten auf ein Wochenende fielen und wobei sich das Vorstandsmitglied bis zum Ende der regulären Vertragslaufzeit im Erholungsurlaub befand; ferner BeckOGK/*Fleischer* AktG § 84 Rn. 108; *Fleischer* AG 2006, 429 (438); MüKoAktG/*Spindler* AktG § 84 Rn. 131; Hüffer/Koch/*Koch* AktG § 84 Rn. 34.
[1555] Zur Kündigung des Anstellungsverhältnisses BGH WM 1955, 1222; BGH BB 1992, 802 (803); OLG Stuttgart AG 2013, 599 (603); OLG Stuttgart AG 2003, 211 (212); *Fleischer* AG 2006, 429 (438 f.); *Lücke* in Mandatshandbuch Vorstand § 2 Rn. 38; BeckOGK/*Fleischer* AktG § 84 Rn. 108. Hüffer/Koch/*Koch* AktG § 84 Rn. 35; MüKoAktG/*Spindler* AktG § 84 Rn. 132.
[1556] OLG München AG 2006, 337 (339); Hüffer/Koch/*Koch* AktG § 84 Rn. 35; GroßkommAktG/*Kort* AktG § 84 Rn. 153; MüKoAktG/*Spindler* AktG § 84 Rn. 132; Hölters/*Weber* AktG § 84 Rn. 70.
[1557] BGH WM 1956, 865; MüKoAktG/*Spindler* AktG § 84 Rn. 132; Bürgers/Körber/*Bürgers* AktG § 84 Rn. 28; K. Schmidt/Lutter AktG/*Seibt* AktG § 84 Rn. 53; *Seyfarth* VorstandsR § 19 Rn. 22; *Beiner/Braun* Vorstandsvertrag Rn. 147.
[1558] Zum Anstellungsvertrag BGHZ 15, 71 (76) = NJW 1954, 1841; MüKoAktG/*Spindler* AktG § 84 Rn. 132; K. Schmidt/Lutter AktG/*Seibt* AktG § 84 Rn. 53; *Beiner/Braun* Vorstandsvertrag Rn. 147.
[1559] BGH NZG 2007, 189 Rn. 2; BGH WM 1962, 811 (812); OLG Frankfurt a. M. NZG 2015, 514 Rn. 19; OLG Stuttgart AG 2013, 599 (603); OLG Stuttgart AG 2003, 211 (212); KG AG 2007, 745 (746); für den Widerruf der Bestellung eines GmbH-Geschäftsführers BGH NZG 2017, 700 Rn. 17; OLG Stuttgart NJW-RR 1995, 295 (296); OLG Hamburg GmbHR 1992, 43 (45).
[1560] Hüffer/Koch/*Koch* AktG § 84 Rn. 34; Kölner Komm AktG/*Mertens/Cahn* AktG § 84 AktG Rn. 121; GroßkommAktG/*Kort* AktG § 84 Rn. 140; Bürgers/Körber/*Bürgers* AktG § 84 Rn. 28; *Janzen* NZG 2003, 468 (470); *Grumann/Gillmann* DB 2003, 770 (771); *Ihrig/Schäfer* Rechte und Pflichten des Vorstands Rn. 132; Henssler/Strohn/*Dauner-Lieb* GesR § 84 Rn. 31.
[1561] BGH WM 1962, 811 (812); *Tschöpe/Wortmann* NZG 2009, 161 (162); Hüffer/Koch/*Koch* AktG § 84 Rn. 34; Kölner Komm AktG/*Mertens/Cahn* AktG § 84 Rn. 121; *Janzen* NZG 2003, 468 (470).

berücksichtigen.[1562] Dabei wird teilweise vertreten, das Interesse der AG sei stärker zu gewichten als das des Vorstandsmitglieds, weil sein Interesse bereits durch seinen Anstellungsvertrag geschützt sei.[1563] Die im Schrifttum wohl herrschende **Gegenansicht** stellt für die Beurteilung der Unzumutbarkeit ausschließlich auf das **Interesse** der AG ab.[1564] Das Interesse des Vorstandsmitglieds werde bereits durch seinen Anstellungsvertrag hinreichend geschützt. Die gesetzlichen Beispielsfälle für Widerrufsgründe (§ 84 Abs. 3 S. 2 AktG) berücksichtigten ausschließlich das Interesse der AG. Auch von der Verfolgung von Ersatzansprüchen dürfe der Aufsichtsrat nach der ARAG/Garmenbeck-Rechtsprechung grds. nur aus gewichtigen Gründen des Gesellschaftswohls absehen. Im Übrigen könne die Bestellung von GmbH-Geschäftsführern jederzeit widerrufen werden, ohne dass deren Eigeninteresse zu berücksichtigen sei.[1565]

692 **Stellungnahme:** Das Interesse des Vorstandsmitglieds spielt bei der Beurteilung, ob die Fortsetzung des Organverhältnisses für die AG unzumutbar ist, keine Rolle. Das folgt zwar nicht aus der ARAG/Garmenbeck-Rechtsprechung, weil bei der Entscheidung über die Verfolgung von Ersatzansprüchen der AG der Schutz des Gesellschaftsvermögens im Vordergrund steht. Das Interesse des Vorstandsmitglieds ist aber bereits in seinem **Anstellungsvertrag** hinreichend berücksichtigt. Die gesetzlichen Beispielsfälle für wichtige Widerrufsgründe (§ 84 Abs. 3 S. 2 AktG) berücksichtigen ausschließlich das Interesse der AG. Ungeachtet dessen sollte der Aufsichtsrat mit Blick auf die Rechtsprechung grds. das **Interesse** des Vorstandsmitglieds **berücksichtigen** und seine **Interessenabwägung dokumentieren**. Die Rechtsprechung äußert sich bisher nicht dazu, **welche amtsbezogenen Interessen** des Vorstandsmitglieds berücksichtigt werden sollen. Der BGH stellt zu § 75 Abs. 3 AktG aF für die Anforderungen an einen wichtigen Grund im Wesentlichen darauf ab, wie sich ein Widerruf für den Betroffenen auswirkt, insbes. auf dessen **Außenwirkung** und **berufliches Fortkommen**.[1566] Auch im Schrifttum werden insbes. die Folgen für die berufliche Zukunft[1567] und amtsbezogene Verdienste[1568] des Vorstandsmitglieds berücksichtigt. Dagegen sollen rein vermögens- und versorgungsrechtliche Interessen nur bei der Beendigung des Anstellungsvertrags zu berücksichtigen sein.[1569]

693 **cc) Gesetzliche Beispielsfälle für wichtige Gründe (§ 84 Abs. 3 S. 2 AktG).** Das Gesetz nennt als wichtige Gründe „namentlich *grobe Pflichtverletzung, Unfähigkeit zur ordnungsmäßigen Geschäftsführung oder Vertrauensentzug durch die Hauptversammlung*" (§ 84 Abs. 3 S. 2 AktG). Die Aufzählung ist nicht abschließend, sondern **beispielhaft** („*namentlich*").[1570] Auch andere als die genannten Umstände können einen Widerruf rechtfertigen, wenn sie in ihrem Gewicht mit den genannten Fällen **vergleichbar** sind.[1571] Eine Pflichtverletzung, die nicht als „grob" zu beurteilen ist, ist danach zB kein wichtiger Grund.[1572] Liegt ein Fall vor, der einer der drei Fallgruppen zuzuordnen ist, liegt idR ein wichtiger Grund für einen Widerruf vor, ohne dass zusätzlich sämtliche Umstände des Einzelfalls zu ermitteln, zu gewichten und abzuwägen wären.[1573] Allerdings handelt es sich bei den Begriffen der „groben Pflichtverletzung" und der „Unfähigkeit zur ordnungsgemäßen Geschäftsführung" um **unbestimmte Rechtsbegriffe**.[1574] Die Grenzen zwi-

---

[1562] OLG Frankfurt a. M. NZG 2015, 514 Rn. 19; *Janzen* NZG 2003, 468 (470); *Tschöpe/Wortmann* NZG 2009, 161 (162); Bürgers/Körber/*Bürgers* AktG § 84 Rn. 28; vgl. auch GroßkommAktG/*Kort* AktG § 84 Rn. 140: Beendigung von Dauerschuldverhältnissen aus wichtigem Grund erfordert stets eine Abwägung der Interessen aller Beteiligten.
[1563] KG AG 2007, 745 (746); *Grumann/Gillmann* DB 2003, 770 (771); Hüffer/Koch/*Koch* AktG § 84 Rn. 34; GroßkommAktG/*Kort* AktG § 84 Rn. 141; Kölner Komm AktG/*Mertens/Cahn* AktG § 84 Rn. 121; *Ihrig/Schäfer* in Rechte und Pflichten des Vorstands Rn. 132.
[1564] BeckOGK/*Fleischer* AktG § 84 Rn. 109 f.; *Schockenhoff* ZIP 2017, 1785 (1798); K. Schmidt/Lutter AktG/*Seibt* AktG § 84 Rn. 53; Lutter/Krieger/*Verse* AR Rn. 366; *Seyfarth* VorstandsR § 19 Rn. 16; *Hoffmann-Becking* ZIP 2007, 2101 (2102); *Fleischer* AG 2006, 429 (439); *Schmolke* AG 2014, 377 (383, 387); MüKoAktG/*Spindler* AktG § 84 Rn. 131; MHdB AG/*Wentrup* § 20 Rn. 50; Grigoleit/*Grigoleit* AktG § 84 Rn. 36; *Thüsing* in Fleischer VorstandsR-HdB § 5 Rn. 9; tendenziell auch *Habersack* DB 2015, 787 (789).
[1565] Eingehend BeckOGK/*Fleischer* AktG § 84 Rn. 110; zur freien Widerruflichkeit der Bestellung von GmbH-Geschäftsführern Roth/Altmeppen/*Altmeppen* GmbHG § 38 Rn. 2; Baumbach/Hueck/*Beurskens* GmbHG § 38 Rn. 2; Henssler/Strohn/*Oetker* GesR § 38 Rn. 5.
[1566] BGH WM 1962, 811 (812).
[1567] Kölner Komm AktG/*Mertens/Cahn* AktG § 84 Rn. 121; Hüffer/Koch/*Koch* AktG § 84 Rn. 34; *Janzen* NZG 2003, 468 (470); *Tschöpe/Wortmann* NZG 2009, 161 (162); *Beiner/Braun* Vorstandsvertrag Rn. 149.
[1568] *Tschöpe/Wortmann* NZG 2009, 161 (162); *Beiner/Braun* Vorstandsvertrag Rn. 149; BeckHdB AG/*Liebscher* § 6 Rn. 49.
[1569] *Janzen* NZG 2003, 468 (470).
[1570] BeckOGK/*Fleischer* AktG § 84 Rn. 122; Hüffer/Koch/*Koch* AktG § 84 Rn. 35; GroßkommAktG/*Kort* AktG § 84 Rn. 151.
[1571] Vgl. OLG Hamm AG 1991, 399 (400 f.); BeckOGK/*Fleischer* AktG § 84 Rn. 122; *Fleischer* AG 2006, 429 (442); MHdB AG/*Wentrup* § 20 Rn. 60.
[1572] *Fleischer* AG 2006, 429 (442); BeckOGK/*Fleischer* AktG § 84 Rn. 122; MHdB AG/*Wentrup* § 20 Rn. 55.
[1573] GroßkommAktG/*Kort* AktG § 84 Rn. 152.
[1574] GroßkommAktG/*Kort* AktG § 84 Rn. 152.

schen einer „groben Pflichtverletzung", der „Unfähigkeit zur ordnungsgemäßen Geschäftsführung" und einem sonstigen wichtigen Grund sind fließend. Aus Gründen der Rechtssicherheit sollte der Aufsichtsrat daher auch in Fällen, die nicht eindeutig als „grobe Pflichtverletzung" oder „Unfähigkeit zur ordnungsgemäßen Geschäftsführung" eingeordnet werden können, eine **Interessenabwägung vornehmen.**

dd) Grobe Pflichtverletzung. Mit dem Widerruf wegen grober Pflichtverletzung reagiert der Aufsichtsrat in erster Linie auf „erhebliche Verfehlungen" oder „grobe Nachlässigkeiten"[1575], die womöglich bereits einen Schaden der AG herbeigeführt haben.[1576] Ein Verschulden des Vorstandsmitglieds ist wie generell für den wichtigen Grund nicht erforderlich (→ Rn. 690). Mit Blick auf die Terminologie zu arbeitsrechtlichen Kündigungsgründen handelt es sich um einen **„verhaltensbedingten Widerruf".**[1577]

Zum Widerrufsgrund „grobe Pflichtverletzung" existiert umfangreiche Rechtsprechung. Als Widerrufsgrund wurden anerkannt die Verletzung **grundlegender Gesetzes- oder Organpflichte,** zB die Aneignung von Gesellschaftsvermögen[1578] (etwa durch unberechtigte Scheckentnahmen,[1579] Manipulationen der Bilanz oder des Inventars im Warenlager,[1580] die Fälschung von Belegen[1581]), grobe Nachlässigkeiten im kaufmännischen Bereich (etwa die bewusste Nichtbedienung einer fälligen Darlehensrate der AG,[1582] die unterlassene Einrichtung eines Risikofrüherkennungssystems (§ 91 Abs. 2 AktG)[1583] oder der Verstoß gegen die „Grundsätze ordnungsgemäßen Wirtschaftens"[1584]), die Vornahme verbotener Insidergeschäfte[1585], Bestechlichkeit[1586], (versuchte) Steuerhinterziehung[1587], die Teilnahme an *unehrenhaften* oder *riskanten* Geschäften (zB Spekulationsgeschäften, weil dadurch der gute Ruf der AG geschädigt wird[1588]), die Wahrnehmung von Geschäftschancen der AG oder die Ausnutzung des Vorstandsamts für persönliche Vorteile[1589], der Einsatz von Mitarbeitern für private Belange[1590], private Anschaffungen auf Kosten der AG[1591] und die Verletzung von **Pflichten gegenüber anderen Organen** (zB mangelnde Offenheit gegenüber dem Aufsichtsrat[1592], die Verletzung der Berichtspflicht (§ 90 AktG)[1593], die alleinige Erstellung und Einreichung des Jahresabschlusses zum Handelsregister[1594], die Missachtung eines Zustimmungsvorbehalts (§ 111 Abs. 4 S. 2 AktG)[1595], die Nichtbeachtung von Schranken im Innenverhältnis und die Nichtbeteiligung von Gremien[1596], vorsätzliche Täuschung der Vorstandskollegen über erhebliche Tatsachen[1597], wiederholte Übergriffe in den Kompetenzbereich anderer Vorstandsmitglieder[1598], verbale oder tätliche Angriffe gegen Aktionäre, insbes. in Räumen der AG oder in Gegenwart Betriebsangehöriger[1599]. **Öffentliche Äußerungen,** die die AG schädigen können, können gerechtfertigt sein, wenn das Vorstandsmitglied Interessen der AG wahrnimmt, die die Gefahr der möglichen Schädigung der AG überwiegen,

---

[1575] Vgl. *Kropff* AktG 1965 S. 106.
[1576] BeckOGK/*Fleischer* AktG § 84 Rn. 112; *Grumann/Gillmann* DB 2003, 770 (771); *Seyfarth* VorstandsR § 20 Rn. 22, 26.
[1577] BeckOGK/*Fleischer* AktG § 84 Rn. 112; *Thüsing* in Fleischer VorstandsR-HdB § 5 Rn. 10.
[1578] Zum GmbH-Geschäftsführer BGH WM 1984, 29; zur Ausstellung überhöhter Auszahlungsbelege durch einen GmbH-Geschäftsführer OLG Hamm GmbHR 1985, 119; siehe auch KG AG 2007, 745 (746).
[1579] OLG Stuttgart AG 2003, 211 (213).
[1580] OLG Düsseldorf WM 1992, 14 (19).
[1581] Zur GmbH OLG Hamm GmbHR 1985, 119.
[1582] OLG Stuttgart AG 2013, 599 (602).
[1583] Zur Kündigung des Anstellungsverhältnisses LG Berlin AG 2002, 682 (683f.); zur Abberufung eines Geschäftsleiters nach § 87 Abs. 6 VAG aF iVm § 8 Abs. 1 S. 1 Nr. 1 VAG aF iVm § 7a Abs. 1 VAG aF VG Frankfurt a. M. AG 2005, 264 (265f.).
[1584] BGH AG 1998, 519.
[1585] KG AG 2007, 745 (746).
[1586] Zur Kündigung des Anstellungsverhältnisses eines GmbH-Geschäftsführers BGH WM 1967, 679; KG AG 2007, 745 (747).
[1587] Zur Kündigung des Anstellungsverhältnisses LG Köln AG 2004, 570 (570f.); zur Steuerhinterziehung eines GmbH-Geschäftsführers durch Warenlager- und Bilanzmanipulation OLG Düsseldorf WM 1992, 14 (19).
[1588] RGZ 53, 266 (267); zur Kündigung des Anstellungsverhältnisses BGH WM 1956, 865 (867); KG AG 2007, 745 (746).
[1589] BGH WM 1956, 865; 1967, 679; zum GmbH-Geschäftsführer BGH ZIP 1985, 1484; KG AG 2007, 745 (747).
[1590] Zur Kündigung des Anstellungsverhältnisses OLG Düsseldorf AG 2012, 511 (512).
[1591] Zur Kündigung des Anstellungsverhältnisses LG München I AG 2015, 717 (718f.).
[1592] BGHZ 20, 239 (246) = WM 1956, 631; zur Kündigung des Anstellungsverhältnisses BGH AG 1998, 519; OLG München AG 2012, 753 (755); OLG München AG 2016, 592 (594).
[1593] LG München I AG 2005, 131 (132), aus Gründen der Verhältnismäßigkeit aber regelmäßig nur nach vorheriger Abmahnung.
[1594] Zum GmbH-Geschäftsführer OLG Hamm GmbHR 1992, 805 (806f.).
[1595] BGH AG 1998, 519; OLG Stuttgart AG 2013, 599 (602f.).
[1596] OLG München AG 2005, 776 (777).
[1597] BGH AG 1998, 519 (519f.); OLG Düsseldorf AG 1982, 225.
[1598] BGH AG 1998, 519; OLG Düsseldorf AG 1982, 225; zum erheblichen Verstoß eines GmbH-Geschäftsführers gegen die Kompetenzordnung der GmbH OLG München DB 2009, 1231 (1233).
[1599] Zur GmbH BGH DStR 1994, 1746 (1747f.).

oder wenn die Wahrnehmung anderer berechtigter fremder oder eigener Interessen das Vorgehen rechtfertigt. In jedem Fall darf das Vorstandsmitglied durch öffentliche Äußerungen das Interesse der AG nicht stärker beeinträchtigen, als es zur Wahrnehmung der anderweitigen Interessen der AG oder der berechtigten Interessen Dritter unvermeidlich ist.[1600] Hat das Vorstandsmitglied bei **unklarer Rechtslage** zwar ex post betrachtet eine rechtswidrige Entscheidung getroffen, dabei aber die Vorgaben beachtet, die der BGH für das Handeln bei unklarer Rechtslage aufgestellt hat,[1601] handelt das Vorstandsmitglied nach Auffassung des BGH zwar pflichtwidrig.[1602] Eine solche Pflichtverletzung ist aber grds. nicht grob iSd § 84 Abs. 3 S. 2 AktG.[1603]

696 Die Weigerung des Vorstandsmitglieds einer **beherrschungsvertraglich abhängigen** oder **eingegliederten AG**, eine Weisung zu befolgen (§ 308 Abs. 2 S. 1 AktG, § 323 Abs. 1 S. 2 AktG), ist grds. nur dann eine grobe Pflichtverletzung, wenn der abhängigen oder eingegliederten AG durch die Weigerung Vertragspflichten gegenüber dem herrschenden Unternehmen oder der Hauptgesellschaft verletzt und ihr infolgedessen erhebliche Nachteile drohen. Nach Ansicht des OLG München können aber bei Vorstandsdoppelmandatsträgern Pflichtverletzungen gegenüber einer Konzerngesellschaft auch zum Widerruf der Bestellung in der anderen Konzerngesellschaft berechtigen.[1604]

697 „**Straftaten** oder **sonstige Verfehlungen im privaten Bereich**" sollen als Widerrufsgrund „grobe Pflichtverletzung" in Betracht kommen, wenn sich Rückschlüsse ziehen lassen, dass das Vorstandsmitglied für seine Tätigkeit nicht geeignet ist oder ein Bezug zwischen der „privaten Straftat oder Verfehlung" und der Vorstandstätigkeit besteht.[1605] Besteht kein solcher Bezug, soll ein Widerruf nur ausnahmsweise in Betracht kommen, wenn der AG durch das Bekanntwerden der Straftat ein schwerer **Imageschaden** in der Öffentlichkeit droht.[1606] Die Überschuldung eines Vorstandsmitglieds soll nach Rechtsprechung und Schrifttum ebenfalls als Widerrufsgrund in Betracht kommen, wenn sie die Kreditfähigkeit der AG nachteilig beeinflusst,[1607] die Erfüllung der Geschäftsführungsaufgaben gefährdet,[1608] Übergriffe auf das Gesellschaftsvermögen befürchten lässt[1609] oder geeignet ist, den Ruf der AG erheblich zu beeinträchtigen.[1610] In beiden Fällen – private Straftat oder Verfehlung, Überschuldung – liegt es jedoch näher, nicht von einer groben Pflichtverletzung gegenüber der AG auszugehen,[1611] sondern entweder von Unfähigkeit zur ordnungsgemäßen Geschäftsführung – zB wenn ein erheblicher Imageschaden der AG droht[1612] – oder von einem sonstigen wichtigen Grund.

698 Eine grobe Pflichtverletzung kommt in Betracht, wenn das Vorstandsmitglied **dauerhaft untätig** ist oder sein Amt **vernachlässigt**. Die (Mindest-)Anforderungen an das Tätigwerden beurteilen sich insbes. nach Art und Größe des Unternehmens, der Zahl der Beschäftigten, den zu erfüllenden Aufgaben und der Konjunkturlage.[1613] Generell sind an Vorstandsmitglieder insoweit zwar hohe Anforderungen zu stellen[1614] und die gesetzlichen Mindestaufgaben müssen sie wahrnehmen. Darüber hinaus ist es aber grds. schwer, die Schwelle zu bestimmen, ab der Untätigkeit eine grobe Pflichtverletzung darstellt, die zum Widerruf berechtigt.

[1600] OLG Stuttgart AG 2012, 298 (300 ff.) – Sardinien-Äußerungen (zu Pflichtverletzungen, die der Entlastung entgegenstehen könnten).
[1601] BGH NZG 2011, 1271 Ls. 2 und Rn. 16 ff. – Ision.
[1602] BGH NZG 2015, 792 Rn. 28; ebenso Hüffer/Koch/*Koch* AktG § 93 Rn. 19 mwN; aA – Vorstandsmitglieder handeln ggf. bereits nicht pflichtwidrig – MüKoAktG/*Spindler* AktG § 93 Rn. 97; BeckOGK/*Fleischer* AktG § 93 Rn. 39 mwN.
[1603] *Harnos*, Geschäftsleiterhaftung bei unklarer Rechtslage, 2013, 150 ff.; *Holle* AG 2016, 270 (277); *Verse* ZGR 2017, 174 (192).
[1604] Zur Kündigung des Anstellungsverhältnisses aus wichtigem Grund OLG München AG 2020, 260 (261).
[1605] BeckOGK/*Fleischer* AktG § 84 Rn. 113; GroßkommAktG/*Kort* AktG § 84 Rn. 156; *Fleischer* AG 2006, 429 (440); *Thüsing* in Fleischer VorstandsR-HdB § 5 Rn. 19; ohne diese Einschränkung MüKoAktG/*Spindler* AktG § 84 Rn. 131 mit Fn. 516; Hüffer/Koch/*Koch* AktG § 84 Rn. 36; K. Schmidt/Lutter AktG/*Seibt* AktG § 84 Rn. 54.
[1606] *Fleischer* AG 2006, 429 (440); BeckOGK/*Fleischer* AktG § 84 Rn. 113; *Thüsing* in Fleischer VorstandsR-HdB § 5 Rn. 19.
[1607] Zur GmbH BGH WM 1960, 289 (291) und OLG Hamburg BB 1954, 978; vgl. ferner BeckOGK/*Fleischer* AktG § 84 Rn. 113, der Überschuldung aber als personenbedingten Widerrufsgrund einordnet; Grigoleit/*Grigoleit* AktG § 84 Rn. 42.
[1608] BeckOGK/*Fleischer* AktG § 84 Rn. 113; zum GmbH-Geschäftsführer Baumbach/Hueck/*Zöllner*/*Noack* GmbHG § 38 Rn. 14.
[1609] BeckOGK/*Fleischer* AktG § 84 Rn. 113; *Thüsing* in Fleischer VorstandsR-HdB § 5 Rn. 23.
[1610] BeckOGK/*Fleischer* AktG § 84 Rn. 113 mwN; *Fleischer* NJW 2006, 3239 (3240); Grigoleit/*Grigoleit* AktG § 84 Rn. 42; *Thüsing* in Fleischer VorstandsR-HdB § 5 Rn. 23; MHdB/*Wentrup* § 20 Rn. 56.
[1611] Vgl. insofern auch MüKoAktG/*Spindler* AktG § 84 Rn. 134 mit Fn. 517.
[1612] Zur Überschuldung ebenso BeckOGK/*Fleischer* AktG § 84 Rn. 113.
[1613] GroßkommAktG/*Hopt*/*Roth* AktG § 93 Rn. 58; BeckOGK/*Fleischer* AktG § 93 Rn. 55.
[1614] Vgl. OLG Frankfurt a. M. AG 2008, 453 (454); *Böttcher* NZG 2009, 1047 (1050); MüKoAktG/*Spindler* AktG § 93 Rn. 25.

ee) Unfähigkeit zur ordnungsmäßigen Geschäftsführung. Der Widerruf wegen „Unfähigkeit zur 699 ordnungsgemäßen Geschäftsführung" zielt in erster Linie darauf ab, zukünftige Schäden von der AG abzuwenden.[1615] Die Unfähigkeit kann auf **tatsächlichen** oder auf **rechtlichen** Gründen beruhen.[1616] Ein Verschulden des Vorstandsmitglieds ist nicht erforderlich (→ Rn. 690). Eine trennscharfe Abgrenzung zur groben Pflichtverletzung ist nicht immer möglich.

Auch zum Widerrufsgrund „Unfähigkeit zur ordnungsmäßigen Geschäftsführung" existiert umfangrei- 700 che Rechtsprechung: Die Unfähigkeit kann im **Fehlen erforderlicher (fachlicher) Kenntnisse**[1617] – auch zur Bewältigung besonderer (Krisen-)Situationen wie einer Sanierung[1618] – liegen, wobei ein einmaliges Versagen bei der Erarbeitung eines von mehreren Sanierungskonzepten nicht ausreichen soll, wenn es sich um ein bisher erfolgreiches Vorstandsmitglied handelt[1619]. Auch eine **persönliche Unzuverlässigkeit** im gewerberechtlichen Sinn kann den Widerruf rechtfertigen, wenn die Unzuverlässigkeit die Durchführung von Geschäften beeinträchtigt, weil der AG öffentlich-rechtliche Genehmigungen versagt werden.[1620] Auch **mangelnde Eignung zur Personalführung** kann Unfähigkeit zur ordnungsgemäßen Geschäftsführung begründen.[1621]

Mögliche **tatsächliche Gründe** sind insbes. lange Krankheit[1622], Alkohol-, Medikamenten- oder Dro- 701 genabhängigkeit.[1623] Auch geänderte Anforderungen nach einer Betriebsumstellung oder Fusion[1624] oder der Wegfall satzungsmäßiger Eignungsvoraussetzungen (→ Rn. 598 ff.)[1625] können Unfähigkeit zur ordnungsgemäßen Geschäftsführung begründen, ferner der Antritt einer **Haftstrafe** oder eine bereits seit einem gewissen Zeitraum andauernde Untersuchungshaft, deren Ende nicht absehbar ist, etwa, weil bereits eine Haftbeschwerde abgelehnt wurde.

Auch **Streitigkeiten oder ein Zerwürfnis zwischen Vorstandsmitgliedern** können einen wichti- 702 gen Grund für den Widerruf darstellen, wenn der Konflikt so schwer wiegt, dass er eine kollegiale Zusammenarbeit gefährdet oder ausschließt, die ordnungsgemäße Geschäftsführung behindert und damit die AG gefährdet.[1626] Dabei muss der Konflikt ein **erhebliches Ausmaß** erreicht haben: Die Rechtsprechung bejaht einen wichtigen Grund bei einem „*unheilbaren Zerwürfnis*"[1627], einem „*zerrütteten Vertrauensverhältnis*"[1628], „*dauernde[m] Unfriede[n]*"[1629] oder „*wenn eine [konstruktive] Zusammenarbeit […] nicht mehr möglich ist*"[1630]. Dagegen rechtfertigen bloße Meinungsverschiedenheiten oder unterschiedliche Auffassungen, ernsthafte Kritik oder Auseinandersetzung keinen Widerruf.[1631] Der Aufsichtsrat muss abwägen, ob der Konflikt so erheblich ist, dass es der AG nicht zumutbar ist, die bisherige Zusammensetzung des Vorstands unverändert beizubehalten.[1632]

Bei **Streitigkeiten oder einem Zerwürfnis zwischen dem Aufsichtsrat und Vorstandsmitglie-** 703 **dern** liegt ein Widerrufsgrund nach hA vor, wenn es sich um „*unüberbrückbare Differenzen in grundlegen-*

[1615] *Grumann/Gillmann* DB 2003, 770 (771); *Seyfarth* VorstandsR § 20 Rn. 22, 26.
[1616] BeckOGK/*Fleischer* AktG § 84 Rn. 114; GroßkommAktG/*Kort* AktG § 84 Rn. 158.
[1617] Zum GmbH-Geschäftsführer OLG Stuttgart GmbHR 1957, 59 (60); zu mangelnder fachlicher oder persönlicher Eignung OLG Naumburg NZG 2001, 901 (902).
[1618] OLG München AG 2006, 337; zur Kündigung des Anstellungsverhältnisses LG Berlin AG 2002, 682 (683 f.).
[1619] Zum GmbH-Geschäftsführer OLG Köln WM 1988, 974 (979).
[1620] OLG Stuttgart AG 2003, 211 (212 f.). Keine behördliche Erlaubnis zur gewerblichen Versteigerung fremder Grundstücke (§ 34b Abs. 1, 4 GewO) und Unternehmensgegenstand sind ua Grundstücksauktionen.
[1621] BeckOGK/*Fleischer* AktG § 84 Rn. 114; die Entscheidung BAG NZA 1996, 581, auf die *Fleischer* verweist, betraf allerdings eine Kindergartenleiterin.
[1622] BeckOGK/*Fleischer* AktG § 84 Rn. 114 mwN; die Entscheidung BAG NJW 1968, 1693 (1694), auf die *Fleischer* verweist, betraf allerdings einen Arbeitnehmer.
[1623] BeckOGK/*Fleischer* AktG § 84 Rn. 114; *Fleischer* NZG 2010, 561 (565 f.); Hüffer/Koch/*Koch* AktG § 84 Rn. 36; GroßkommAktG/*Kort* AktG § 84 Rn. 158.
[1624] Bürgers/Körber/*Bürgers* AktG § 84 Rn. 30; MüKoAktG/*Spindler* AktG § 84 Rn. 135.
[1625] BeckOGK/*Fleischer* AktG § 84 Rn. 114; Hölters/*Weber* AktG § 84 Rn. 75; MüKoAktG/*Spindler* AktG § 84 Rn. 135; Bürgers/Körber/*Bürgers* AktG § 84 Rn. 30.
[1626] BGH AG 1998, 519 (520); BGH WM 1984, 29; OLG München AG 2016, 592 (594); LG Stuttgart AG 2003, 53; zum „*unheilbaren Zerwürfnis(ses)* mit einem Mitgesellschafter" im GmbH BGH NZG 2009, 386 (388); zur Kündigung des Gesellschafter-Treuhänders wegen „*tiefgreifende[r] Meinungsverschiedenheiten*" OLG Köln ZIP 1987, 1120 (1124); OLG Karlsruhe NZG 2000, 264 (265 f.): „*Persönliches Zerwürfnis*" zwischen beiden alleinvertretungsberechtigten Geschäftsführern einer GmbH; Kölner Komm AktG/*Mertens/Cahn* AktG § 84 Rn. 126; GroßkommAktG/*Kort* AktG § 84 Rn. 176; *Reichard* GWR 2017, 52.
[1627] BGH AG 1998, 519 (520); OLG München AG 2016, 592 (594); zur GmbH ferner BGH BB 1992, 802 (803); *Reichard* GWR 2017, 52; GroßkommAktG/*Kort* AktG § 84 Rn. 176: „*Unüberbrückbare Differenzen*".
[1628] OLG München AG 2016, 592 (594), dazu *Reichard* GWR 2017, 52.
[1629] LG Stuttgart AG 2003, 53.
[1630] Zur GmbH BGH BB 1992, 802 (803) und OLG Karlsruhe NZG 2000, 264 (265); OLG München AG 2016, 592 (594); LG Stuttgart AG 2003, 53.
[1631] OLG München AG 2016, 592 (594); LG Stuttgart AG 2003, 53 (55); BeckOGK/*Fleischer* AktG § 84 Rn. 114; GroßkommAktG/*Kort* AktG § 84 Rn. 176; Henssler/Strohn/*Dauner-Lieb* AktG § 84 Rn. 32.
[1632] OLG München AG 2016, 592 (594).

den Fragen der Geschäftspolitik" handelt.¹⁶³³ Dabei soll es nach teilweise vertretener Ansicht nicht zwingend darauf ankommen, dass Vorstandsmitglieder ihr unternehmerisches Ermessen überschreiten oder der Aufsichtsrat die Sicherheit und Zukunft des Unternehmens durch die Geschäftspolitik des Vorstands gefährdet sieht, sondern genügen, dass die ausgearbeitete Strategie die angemessene Renditeerwartung des Unternehmens gefährdet und sich Aufsichtsrat und Vorstand auch nach ausführlichen Beratungen nicht auf die grundlegende Ausrichtung der Strategie einigen können.¹⁶³⁴ Nach der Gegenansicht liegt kein Widerrufsgrund vor, solange sich Vorstandsmitglieder im Rahmen ihres unternehmerischen Ermessens bewegen.¹⁶³⁵

704 **Stellungnahme:** Mit Blick auf die Leitungsautonomie des Vorstands (§ 76 Abs. 1 AktG) reichen bloße Meinungsverschiedenheiten mit dem Aufsichtsrat in Strategiefragen – seien sie auch unüberwindbar – nicht aus, um den Widerruf der Bestellung zu rechtfertigen. Der Aufsichtsrat kann auf die Geschäftsführung und Strategie nur insoweit rechtlich verbindlich Einfluss nehmen, als er in den ebenfalls durch die Leitungsautonomie des Vorstands gezogenen Grenzen Zustimmungsvorbehalte erlässt (§ 111 Abs. 4 S. 1, 2 AktG). Seine Personalkompetenz darf der Aufsichtsrat hingegen nicht nutzen, um gegenüber dem Vorstand eigene Zweckmäßigkeitserwägungen in Strategiefragen durchzusetzen. Ein Widerruf der Bestellung kommt danach nur in Betracht, wenn der Vorstand sein unternehmerisches Ermessen überschreitet und eine Strategie verfolgt, die die Existenz des Unternehmens gefährdet. Können sich Vorstand und Aufsichtsrat unterhalb dieser Schwelle in grundlegenden Fragen der Verwaltung der AG nicht verständigen, kann sowohl der Vorstand als auch der Aufsichtsrat die Hauptversammlung einberufen (§ 111 Abs. 3 S. 1 AktG, § 121 Abs. 1 AktG).¹⁶³⁶ Die Hauptversammlung kann dann einzelnen Vorstandsmitgliedern das Vertrauen entziehen¹⁶³⁷ oder Aufsichtsratsmitglieder abberufen (§ 103 AktG).

705 **Öffentliche Äußerungen zum Nachteil anderer Vorstands- oder Aufsichtsratsmitglieder** können mit Blick auf eine Zerrüttung des Vertrauensverhältnisses einen wichtigen Grund für den Widerruf der Bestellung darstellen, es sei denn das Vorstandsmitglied nimmt berechtigte Interessen wahr und es liegt ein notstandsähnlicher Fall vor, in dem es ihm als ultima ratio gestattet war, etwaige Missstände nicht (weiter) intern zu besprechen, sondern die Öffentlichkeit zu mobilisieren.¹⁶³⁸

706 **ff) Vertrauensentzug durch die Hauptversammlung.** Der BGH hat aus der **Stellung der Vorstandsmitglieder als Treuhänder der Aktionäre** abgeleitet, dass die Befugnisse der Vorstandsmitglieder ihre innere Rechtfertigung verlieren, wenn Vorstandsmitglieder nicht mehr das Vertrauen der Hauptversammlung haben.¹⁶³⁹ Diesen Gedanken hat der Gesetzgeber in § 84 Abs. 3 S. 2 AktG aufgenommen.¹⁶⁴⁰ Danach liegt ein Widerrufsgrund vor, wenn die Hauptversammlung einem Vorstandsmitglied das Vertrauen entzogen hat, *„es sei denn das Vertrauen wurde aus offenbar unsachlichen Gründen entzogen"*.

707 **(1) Vertrauensentzug als Widerrufsgrund.** Der BGH hat die Einzelheiten zum Widerruf wegen eines Vertrauensentzugs durch die Hauptversammlung im Jahr 2017¹⁶⁴¹ zusammengefasst und konkretisiert. Der Vertrauensentzug bildet für sich bereits einen Widerrufsgrund. Eine **Pflichtverletzung** oder ein **Verschulden** des Vorstandsmitglieds oder ein wichtiger Grund für den Vertrauensentzug sind **nicht erfor-**

---

¹⁶³³ BeckOGK/*Fleischer* AktG § 84 Rn. 115; *Beiner/Braun* Vorstandsvertrag Rn. 156; *Lutter/Krieger/Verse* AR Rn. 366; K. Schmidt/Lutter AktG/*Seibt* AktG § 84 Rn. 54; *Seyfarth* VorstandsR § 19 Rn. 28; MüKoAktG/*Spindler* AktG § 84 Rn. 135; Kölner Komm AktG/*Mertens/Cahn* AktG § 84 Rn. 126; *Thüsing* in Fleischer VorstandsR-HdB § 5 Rn. 24; *Kropff* NZG 1998, 613 (617).
¹⁶³⁴ *Seibt* FS Bergmann, 2018, 693 (707); *Semler* ZGR 1983, 1 (28f.); *Seyfarth* VorstandsR § 19 Rn. 28; *Fonk* in Semler/v. Schenck AR-HdB § 10 Rn. 303; *Beiner/Braun* Vorstandsvertrag Rn. 156; K. Schmidt/Lutter AktG/*Seibt* AktG § 84 Rn. 57; *Thüsing* in Fleischer VorstandsR-HdB § 5 Rn. 24, jew. mwN; wohl strenger BeckOGK/*Fleischer* AktG § 84 Rn. 115: Aufsichtsrat sieht durch von ihm nicht gebilligte Geschäftspolitik die Zukunft des Unternehmens als gefährdet an.
¹⁶³⁵ *W. Goette* FS 50 Jahre BGH, 2000, 123 (129); Hüffer/Koch/*Koch* AktG § 84 Rn. 36.
¹⁶³⁶ Zum Recht des Aufsichtsrats, die Hauptversammlung einzuberufen, um ihr Gelegenheit zu einem Vertrauensentzug zu geben, Hüffer/Koch/*Koch* AktG § 111 Rn. 30; *Lutter/Krieger/Verse* AR Rn. 137; MüKoAktG/*Habersack* AktG § 111 Rn. 105; K. Schmidt/Lutter AktG/*Drygala* AktG § 111 Rn. 45; BeckOGK/*Spindler* AktG § 111 Rn. 67; Hölters/*Hambloch-Gesinn/Gesinn* AktG § 111 Rn. 68; zum Recht des Aufsichtsrats, die Hauptversammlung bei *„grundlegenden und erheblichen Meinungsverschiedenheiten"* zwischen Vorstand und Aufsichtsrat einzuberufen GroßkommAktG/*Hopt/Roth* AktG § 111 Rn. 544; skeptisch *Semler* Leitung und Überwachung der AG § 6 Rn. 220.
¹⁶³⁷ Vgl. insofern auch GroßkommAktG/*Kort* AktG § 84 Rn. 176; krit. MHdB AG/*Wiesner*, 3. Aufl. 2007, § 20 Rn. 48.
¹⁶³⁸ OLG Stuttgart AG 2012, 298 (300ff.) – Sardinien-Äußerungen (zu Pflichtverletzungen, die der Entlastung entgegenstehen könnten).
¹⁶³⁹ BGHZ 13, 188 (192f.) = NJW 1954, 998.
¹⁶⁴⁰ *Kropff* AktG 1965 S. 106; BeckOGK/*Fleischer* AktG § 84 Rn. 117; MHdB AG/*Wentrup* § 20 Rn. 58.
¹⁶⁴¹ BGH NZG 2017, 261.

derlich.¹⁶⁴² Es ist auch nicht erforderlich, dass ein sachlicher Grund für den Vertrauensentzug feststellbar ist – im Streit über die Wirksamkeit des Widerrufs darf das Gericht lediglich prüfen, ob das Vorstandsmitglied Tatsachen dargelegt und bewiesen hat, aus denen sich umgekehrt ergibt, dass ihm die Hauptversammlung das Vertrauen aus *„offenbar unsachlichen Gründen"* entzogen hat.¹⁶⁴³

(2) „Offenbar unsachliche Gründe" für den Vertrauensentzug. *„Offenbar unsachlich"* sind Gründe für einen Vertrauensentzug nur, wenn die *„Unsachlichkeit **auf der Hand liegt**"*.¹⁶⁴⁴ Das ist der Fall, wenn das Vertrauen erkennbar nur als Vorwand für einen Widerruf entzogen wird¹⁶⁴⁵ oder der Vertrauensentzug *„willkürlich [...], haltlos [...] oder wegen des damit verfolgten Zwecks sittenwidrig [...], treuwidrig [...] oder sonstwie rechtswidrig [...]" ist*.¹⁶⁴⁶ Die Hauptversammlung muss den Vertrauensentzug nicht konkret begründen. Der BGH stellt zutreffend fest, dass ein Hauptversammlungsbeschluss grds. **keiner Begründung** bedarf, zumal bei einem Mehrheitsbeschluss, der auf vielfältigen Gründen beruhen kann, nicht immer eine Begründung möglich wäre.¹⁶⁴⁷ Auch zum Schutz des Vorstandsmitglieds sei keine Begründung erforderlich. Das Gesetz verlange keine Begründung, sondern stelle darauf ab, ob *offenbar* unsachliche Gründe vorliegen. Gründe, die sich erst aus der Überprüfung einer – möglicherweise nur vorgeschobenen – Begründung ergäben, seien nicht offenbar unsachlich.¹⁶⁴⁸ Legt die Hauptversammlung „überobligatorisch" doch Gründe dar und erweisen sie sich als unzutreffend, führt das nicht dazu, dass es sich um „offenbar unsachliche Gründe" handelt, wenn die Hauptversammlung ohne Willkür davon ausgehen durfte, dass die dargelegten Gründe zutreffen.¹⁶⁴⁹

„Offenbar unsachlich" sollen Gründe sein, in deren Kenntnis die Hauptversammlung dem Vorstand **zuvor Entlastung** erteilt hat.¹⁶⁵⁰ Zum selben Ergebnis kommt die Ansicht, die den Vertrauensentzug wegen widersprüchlichen Verhaltens (venire contra factum proprium, § 242 BGB) für unwirksam hält, wenn er auf Vorgänge aus der Entlastungsperiode gestützt wird und die Hauptversammlung dem Vorstandsmitglied zuvor Entlastung erteilt hat.¹⁶⁵¹ Das ist der **abzulehnen**: Der Vertrauensentzug muss **nicht** auf einem Fehlverhalten des Vorstandsmitglieds oder sonstigen Gründen „aus der **Sphäre des Vorstandsmitglieds**" beruhen. Der Aktionärskreis kann sich seit der Entlastungsentscheidung geändert haben, und der aktuelle Aktionärskreis kann sein Vertrauen zum Vorstandsmitglied mit Blick auf vergangenes Verhalten anders als eine frühere Hauptversammlung bewerten. Ein Vertrauensentzug kann daher allenfalls widersprüchlich sein, wenn **dieselbe Hauptversammlung** unmittelbar zuvor die Entlastung erteilt hat und seitdem keine neuen Umstände bekannt wurden oder sich aus dem Verhalten des Vorstandsmitglieds seit der Entlastungsentscheidung ergeben.¹⁶⁵² Auch in einem solchen Fall begründet eine erteilte Entlastung **kein widersprüchliches Verhalten** mit Blick auf einen späteren Vertrauensentzug, weil mit der Entlastung **generell keine Rechtswirkungen** verbunden sind.¹⁶⁵³ In derselben Hauptversammlung können sich die vertretenen Stimmrechte oder die Auffassung der Hauptversammlungsmehrheit ebenfalls ohne neue Umstände auf Grundlage der Diskussion ändern und die Hauptversammlung neu beurteilen, ob sie Vertrauen in die Amtsführung hat. Möchte der Aufsichtsrat rechtssicher einen Vertrauensentzug herbeiführen, sollte er aber mit Blick auf den bestehenden Meinungsstand **nicht zugleich die Entlastung des Vorstandsmitglieds vorschlagen** oder sie auf die Billigung der vergangenen Verwaltungstätigkeit beschränken (→ Rn. 1088). Hat die Hauptversammlung in engem zeitlichem Zusammenhang mit dem

---

¹⁶⁴² BGH NZG 2017, 261 Rn. 12; BGH AG 1975, 242 (244); ebenso OLG Celle AG 2016, 721 (722); zust. MüKo-AktG/*Spindler* AktG § 84 Rn. 140: objektiv vorwerfbarer Pflichtenverstoß nicht erforderlich; ebenso *Seyfarth* VorstandsR § 19 Rn. 36; Hölters/*Weber* AktG § 84 Rn. 76; K. Schmidt/Lutter AktG/*Seibt* AktG § 84 Rn. 55; MHdB AG/*Wentrup* § 20 Rn. 59.
¹⁶⁴³ BGH NZG 2017, 261 Rn. 12; zust. MüKoAktG/*Spindler* AktG § 84 Rn. 140.
¹⁶⁴⁴ BGH NZG 2017, 261 Rn. 14; Hüffer/Koch/*Koch* AktG § 84 Rn. 37; ferner GroßkommAktG/*Kort* AktG § 84 Rn. 162; MüKoAktG/*Spindler* AktG § 84 Rn. 140; Kölner Komm AktG/*Mertens/Cahn* AktG § 84 Rn. 127.
¹⁶⁴⁵ BGHZ 13, 188 (193) = NJW 1954, 998; zu einem auf Vertrauensentzug gerichteten Ergänzungsverlangen KG AG 2003, 500 (503); *Schrader/Felsmann* GWR 2017, 393 (394); MHdB AG/*Wentrup* § 20 Rn. 59; BeckOGK/*Fleischer* AktG § 84 Rn. 118; MüKoAktG/*Spindler* AktG § 84 Rn. 142.
¹⁶⁴⁶ BGH NZG 2017, 261 Rn. 15; BGHZ 13, 188 (193) = NJW 1954, 998; MüKoAktG/*Spindler* AktG § 84 Rn. 140; Kölner Komm AktG/*Mertens/Cahn* AktG § 84 Rn. 127; GroßkommAktG/*Kort* AktG § 84 Rn. 166a.
¹⁶⁴⁷ BGH NZG 2017, 261 Rn. 16.
¹⁶⁴⁸ BGH NZG 2017, 261 Rn. 17.
¹⁶⁴⁹ BGH NZG 2017, 261 Rn. 15.
¹⁶⁵⁰ Zur Genossenschaft BGH WM 1974, 131 (133); LG Darmstadt AG 1987, 318 (320); Kölner Komm AktG/*Mertens/Cahn* AktG § 84 Rn. 127; GroßkommAktG/*Kort* AktG § 84 Rn. 166a; MüKoAktG/*Spindler* AktG § 84 Rn. 142.
¹⁶⁵¹ GroßkommAktG/*Mülbert* AktG § 120 Rn. 55; MHdB AG/*Bungert* § 35 Rn. 34; MüKoAktG/*Kubis* AktG § 120 Rn. 32; *Begemann/Laue* BB 2009, 2442 (2445).
¹⁶⁵² Vgl. insofern auch BeckOGK/*Hoffmann* AktG § 120 Rn. 30; Hölters/*Drinhausen* AktG § 120 Rn. 26; GroßkommAktG/*Mülbert* AktG § 120 Rn. 55.
¹⁶⁵³ Tendenziell auch Hölters/*Drinhausen* AktG § 120 Rn. 26.

Vertrauensentzug bereits die Entlastung beschlossen, kann der Aufsichtsrat erwägen, ob er vorschlägt, zunächst die erteilte **Entlastung zu widerrufen** (→ Rn. 1179).

710 Nicht *„offenbar unsachlich"* ist der **Vertrauensentzug** eines Bieters, der die AG übernommen hat und nun den Vorstand „auswechseln" möchte.[1654] *„Offenbar unsachlich"* soll ein Vertrauensentzug sein, wenn er darauf beruht, dass sich das Vorstandsmitglied *„rechtswidrigen* Weisungen der Hauptversammlung"[1655] oder einem **die AG schädigenden Verlangen** eines Großaktionärs widersetzt hat – das Vorstandsmitglied sei hierzu verpflichtet gewesen.[1656] Diese Aussage ist **einzuschränken** für den Fall, dass es sich um eine nach § 311 AktG zulässige Veranlassung handelt: Darf der Vorstand der faktisch abhängigen AG davon ausgehen, dass ein Nachteil nach Maßgabe des § 311 AktG ausgeglichen wird, handelt er auch pflichtgemäß, wenn er der Veranlassung des herrschenden Unternehmens nachkommt; ggf. muss er sich nicht widersetzen. Hat die Hauptversammlung einem Vorstandsmitglied das Vertrauen entzogen, weil es sich einer zulässigen Veranlassung widersetzt hat, darf der Aufsichtsrat die Bestellung danach widerrufen.

711 Die **Darlegungs- und Beweislast**, dass die Hauptversammlung das Vertrauen aus *„offenbar unsachlichen Gründen"* entzogen hat, trägt das Vorstandsmitglied.[1657] Der BGH hat lediglich offen gelassen, ob iRd **sekundären Darlegungslast** die AG – insbes. eine Einpersonen-AG –, *„etwa vorhandene Gründe für den Vertrauensentzug zu offenbaren und eine Begründung nachträglich abzugeben"* hätte.[1658] Im Ergebnis wird ein Vorstandsmitglied, dessen Bestellung der Aufsichtsrat wegen eines Vertrauensentzugs der Hauptversammlung widerrufen hat, kaum einmal erfolgreich geltend machen können, der Widerruf sei unwirksam, weil ihm die Hauptversammlung das Vertrauen aus *„offenbar unsachlichen Gründen"* entzogen habe.

712 **(3) Hauptversammlungsbeschluss über den Vertrauensentzug.** Der Vertrauensentzug setzt einen Hauptversammlungsbeschluss voraus, für den die einfache Stimmenmehrheit (§ 133 Abs. 1 AktG) genügt.[1659] Ein Vertrauensentzug **außerhalb** der Hauptversammlung **genügt nicht**, auch nicht in der Einpersonen-AG.[1660] Die Hauptversammlung kann aber als Vollversammlung (§ 121 Abs. 6 AktG) stattfinden.[1661] Die Hauptversammlung muss das Vertrauen **endgültig** und **uneingeschränkt** entziehen; es genügt nicht, dass sie einzelne Maßnahmen missbilligt.[1662]

713 Da der Vertrauensentzug den Widerrufsgrund darstellt, muss die Hauptversammlung den Vertrauensentzug **vor dem Beschluss des Aufsichtsrats über den Widerruf** beschließen. Es genügt nicht, dass die Hauptversammlung einen Widerruf – wegen Vertrauensentzugs oder aus anderem Grund –„genehmigt", indem sie nachträglich einen Vertrauensentzug beschließt.[1663] Der Aufsichtsrat muss aber prüfen, ob er aufgrund des späteren Vertrauensentzugs (noch einmal) die Bestellung widerruft.[1664] Ein Vertrauensentzug, den die Hauptversammlung **„nachschiebt"**, weil sie befürchtet, dass andere Gründe, auf die der Aufsichtsrat den Widerruf zunächst gestützt hat, „nicht halten", ist nicht per se *„offenbar unsachlich"*;[1665] Der Vertrauensentzug muss nicht begründet werden (→ Rn. 708).

714 Dass eine Entlastungsverweigerung „idR" oder womöglich stets zugleich einen Vertrauensentzug darstellt, wird – soweit ersichtlich – nicht mehr vertreten.[1666] Umstritten ist, ob mit einer **Entlastungsverweigerung** überhaupt zugleich ein **Vertrauensentzug** verbunden sein kann. Eine Ansicht hält das zumindest grds. für möglich und argumentiert, der Vertrauensentzug setze *„kein formalisiertes*

[1654] MüKoAktG/*Spindler* AktG § 84 Rn. 142; *Beiner/Braun* Vorstandsvertrag Rn. 162.
[1655] KG AG 2003, 500, (503); Kölner Komm AktG/*Mertens/Cahn* AktG § 84 Rn. 127.
[1656] MüKoAktG/*Spindler* AktG § 84 Rn. 142.
[1657] BGH NZG 2017, 261 Rn. 12; GroßkommAktG/*Kort* AktG § 84 Rn. 209; Hüffer/Koch/*Koch* AktG § 84 Rn. 37; aA *Mielke* BB 2014, 1035 (1037 f.).
[1658] BGH NZG 2017, 261 Rn. 17; dazu GroßkommAktG/*Kort* AktG § 84 Rn. 166, 209. Für eine sekundäre Darlegungslast der AG *„gerade bei kleineren Gesellschaften mit einem Allein- oder Mehrheitsaktionär"* Knapp DStR 2017, 555 (557); ausf. zur (sekundären) Beweislast *Mielke* BB 2014, 1035.
[1659] Hüffer/Koch/*Koch* AktG § 84 Rn. 38; MüKoAktG/*Spindler* AktG § 84 Rn. 140; BeckOGK/*Fleischer* AktG § 84 Rn. 119.
[1660] BGH WM 1962, 811; *Fleischer* AG 2006, 429 (441); BeckOGK/*Fleischer* AktG § 84 Rn. 119; MüKoAktG/*Spindler* AktG § 84 Rn. 141; Hüffer/Koch/*Koch* AktG § 84 Rn. 38; GroßkommAktG/*Kort* AktG § 84 Rn. 163; aA *Säcker* FS Gerhard Müller, 1981, 745 (751 Fn. 13).
[1661] *Fleischer* AG 2006, 429 (441); MüKoAktG/*Spindler* AktG § 84 Rn. 141; BeckOGK/*Fleischer* AktG § 84 Rn. 119; Hüffer/Koch/*Koch* AktG § 84 Rn. 38; GroßkommAktG/*Kort* AktG § 84 Rn. 163.
[1662] BeckOGK/*Fleischer* AktG § 84 Rn. 117, 119; MüKoAktG/*Spindler* AktG § 84 Rn. 14; *Beiner/Braun* Vorstandsvertrag Rn. 161; GroßkommAktG/*Kort* AktG § 84 Rn. 161.
[1663] KG AG 2007, 745 (746); BeckOGK/*Fleischer* AktG § 84 Rn. 119; MüKoAktG/*Spindler* AktG § 84 Rn. 141; Hölters/*Weber* AktG § 84 Rn. 76.
[1664] Vgl. OLG Hamm AG 2010, 789 (793).
[1665] Ebenso OLG Hamm AG 2010, 789 (793); MHdB AG/*Wentrup* § 20 Rn. 59; Hüffer/Koch/*Koch* AktG § 84 Rn. 37; aA – unter unzutreffendem Verweis auf BGHZ 13, 188 (192) = NJW 1954, 998 – Kölner Komm AktG/*Mertens/Cahn* AktG § 84 Rn. 127; enger wohl auch GroßkommAktG/*Kort* § 84 Rn. 203, 166a.
[1666] So aber noch GroßkommAktG/*Hopt/Wiedemann* AktG, 4. Aufl. 2009, § 84 Rn. 165 und *Weber* BB 1994, 1088.

Misstrauensvotum" voraus.[1667] Innerhalb dieser Ansicht bestehen Unterschiede, unter welchen Voraussetzungen eine Entlastungsverweigerung gleichzeitig einen Vertrauensentzug darstellen soll.[1668] Nach der Gegenansicht kann eine Entlastungsverweigerung nie zugleich einen Vertrauensentzug darstellen.[1669] Zum selben Ergebnis müssen die Vertreter der Ansicht kommen, der zufolge unter dem Tagesordnungspunkt „Entlastung des Vorstands" grds. kein Vertrauensentzug beschlossen werden kann (→ Rn. 715).

Stellungnahme: Eine Entlastungsverweigerung kann **per se keinen** Vertrauensentzug darstellen. Bei der Entlastung entscheidet die Hauptversammlung in erster Linie, ob sie *„die Verwaltung der Gesellschaft durch die Mitglieder des Vorstands und des Aufsichtsrats"* im abgelaufenen Geschäftsjahr billigt (§ 120 Abs. 2 S. 1 AktG). Die Hauptversammlung entscheidet zwar zudem, ob die Verwaltungsmitglieder *„in der Unternehmensführung eine ‚glückliche Hand' bewiesen haben und ihnen das Vertrauen auch für ihre künftige Tätigkeit auszusprechen ist".*[1670] Es ist zudem möglich, bei der Entlastungsentscheidung zwischen der vergangenheitsbezogenen Billigung der Verwaltung und der zukunftsbezogenen Vertrauenskundgabe zu unterscheiden (→ Rn. 1088). Ein Vertrauensentzug, der den Aufsichtsrat zum Widerruf der Bestellung berechtigt, hat aber eine andere Rechtsqualität als eine Entlastungverweigerung. Die Entscheidung über die Entlastung ist regelmäßiger Tagesordnungspunkt der ordentlichen Hauptversammlung (§ 120 Abs. 1 S. 1 AktG), während ein Vertrauensentzug ein außergewöhnlicher Vorgang ist, mit dem ein Aktionär nicht ohne Weiteres rechnen muss.[1671] Ein Beschluss über einen Vertrauensentzug ist daher auch ausschließlich **unter einem entsprechend bekanntgemachten Tagesordnungspunkt** zulässig (§ 124 Abs. 4 S. 1 AktG).[1672] Ist ein entsprechender Tagesordnungspunkt nicht bekanntgemacht, kann die Hauptversammlung daher nur als Vollversammlung (§ 121 Abs. 6 AktG) rechtssicher „spontan" einen Vertrauensentzug beschließen.

Da die Entscheidung über einen Vertrauensentzug nicht mit einer Entscheidung über die Entlastung gleichzusetzen ist, ist das **Stimmrecht aus Aktien**, die dem betroffenen Vorstandsmitglied gehören, **nicht** nach § 136 Abs. 1 AktG **ausgeschlossen**.[1673] Auch ein Stimmrechtsausschluss im Weg einer Einzelanalogie zu § 136 Abs. 1 AktG ist nicht angezeigt.[1674] Die Entscheidung über einen Vertrauensentzug berührt nicht das Verbot des Richtens in eigener Sache, sondern die nicht justiziable Frage, ob Aktionäre Vertrauen in die künftige Amtsführung eines Vorstandsmitglieds haben, dem sie Vermögen anvertraut haben.

Der Hauptversammlungsbeschluss über einen Vertrauensentzug ist nach allgemeinen Regeln **anfechtbar**. In Betracht kommt vor allem eine Anfechtbarkeit wegen formeller Mängel. Dass ein Beschluss, mit dem die Hauptversammlung einen Vertrauensentzug beschließt, wegen einer Treuepflichtverletzung der Hauptversammlungsmehrheit erfolgreich anfechtbar sein könnte, erscheint praktisch ausgeschlossen.[1675]

Vereinzelt wird vertreten, weder Vorstand noch Aufsichtsrat, sondern lediglich **Aktionäre** könnten einen Vertrauensentzug als Gegenstand auf die **Tagesordnung** einer Hauptversammlung setzen.[1676] Nach ganz herrschender und zutreffender Ansicht liegt mit Blick auf den Vertrauensentzug aber einer der „Pa-

---

[1667] Kölner Komm AktG/*Mertens/Cahn* AktG § 84 Rn. 127; Hüffer/Koch/*Koch* AktG § 84 Rn. 38; GroßkommAktG/*Kort* AktG § 84 Rn. 165; Hölters/*Weber* AktG § 84 Rn. 76; iErg auch NK-AktR/*Oltmanns* AktG § 84 Rn. 24; *Zimmermann* FS Rowedder, 1994, 593 (595); wohl ebenfalls *Grumann/Gillmann* DB 2003, 770 (771).
[1668] KG AG 2007, 745 (746): Entlastungsverweigerung *kann*, nicht muss Vertrauensentzug enthalten; ebenso Hüffer/Koch/*Koch* AktG § 84 Rn. 38; MüKoAktG/*Spindler* AktG § 84 Rn. 141; GroßkommAktG/*Kort* AktG § 84 Rn. 165; Hölters/*Weber* AktG § 84 Rn. 76; Kölner Komm AktG/*Mertens/Cahn* AktG § 84 Rn. 127.
[1669] BeckOGK/*Fleischer* AktG § 84 Rn. 119; MHdB AG/*Wentrup* § 20 Rn. 58; *Fleischer* AG 2006, 429 (441).
[1670] BGH AG 2005, 87 (88); BGH NJW 1986, 129 (130); OLG Köln NZG 2009, 1110 (1111); OLG München NZG 2001, 616 (617); OLG Düsseldorf NJW-RR 1996, 1252 (1253); OLG Frankfurt a. M. OLGR 2008, 769 (770).
[1671] LG München I NZG 2005, 818.
[1672] LG München I NZG 2005, 818; MHdB AG/*Bungert* § 35 Rn. 37; BeckOGK/*Rieckers* AktG § 124 Rn. 74; Hölters/*Weber* AktG § 84 Rn. 76; GroßkommAktG/*Butzke* AktG § 124 Rn. 113; Hölters/*Drinhausen* AktG § 124 Rn. 24; MüKoAktG/*Kubis* AktG § 124 Rn. 67; *Kocher* AG 2013, 406 (409); aA – Vertrauensentzug nach § 124 Abs. 4 S. 2, 2. Fall AktG als sachlich ergänzender Antrag iRd Entlastung möglich – Bürgers/Körber/*Reger* AktG § 124 Rn. 26; Hüffer/Koch/*Koch* AktG § 124 Rn. 29; Kölner Komm AktG/*Noack/Zetzsche* AktG § 124 Rn. 105; K. Schmidt/Lutter AktG/*Ziemons* AktG § 124 Rn. 91: wenn der Vertrauensentzug auf Vorgänge im Entlastungszeitraum gründe; *Butzke* HV der AG I. Rn. 43; *Schlitt* in Semler/Volhard/Reichert HV-HdB § 4 Rn. 170.
[1673] Hölters/*Weber* AktG § 84 Rn. 76; Hüffer/Koch/*Koch* AktG § 84 Rn. 38; Bürgers/Körber/*Bürgers* AktG § 84 Rn. 32; K. Schmidt/Lutter AktG/*Seibt* AktG § 84 Rn. 56; MüKoAktG/*Spindler* AktG § 84 Rn. 141; eingehend *Zimmermann* FS Rowedder, 1994, 594 (596 ff.).
[1674] Im Ergebnis auch *Zimmermann* FS Rowedder, 1994, 594 (600 ff.). Eine generelle Erweiterung des Stimmrechtsausschlusses gemäß § 136 Abs. 1 AktG kommt ohnehin nicht in Betracht, OLG Düsseldorf AG 2006, 202 (206); Hüffer/Koch/*Koch* AktG § 136 Rn. 18 mwN.
[1675] Vgl. auch OLG Hamm AG 2010, 789 (793). Entgegen *Mielke* (BB 2014, 1035 (1038)) hat das OLG Hamm nicht festgestellt, dass Beschlüsse über einen Vertrauensentzug per se nicht anfechtbar seien.
[1676] *Mielke* BB 2014, 1035 (1036 f.).

radefälle" vor, in denen der **Aufsichtsrat** eine Hauptversammlung einberufen und den Vertrauensentzug auf die Tagesordnung setzen darf (§ 111 Abs. 3 S. 1 AktG).[1677]

719 Auch der **Vorstand** darf einen Vertrauensentzug auf die Tagesordnung einer Hauptversammlung setzen, und zwar sowohl auf Vorschlag des Aufsichtsrats als auch auf eigene Initiative. Beruft der Vorstand ohnehin eine Hauptversammlung ein, wäre es nicht im Interesse der AG, wenn er einen Vertrauensentzug nicht auf Vorschlag des Aufsichtsrats auf die Tagesordnung setzen könnte, sondern der Aufsichtsrat eine zusätzliche Hauptversammlung einberufen müsste. Es kann auch aus Sicht des Vorstands pflichtgemäß sein, dass er der Hauptversammlung Gelegenheit gibt, über einen Vertrauensentzug zu entscheiden, etwa wenn der Aufsichtsrat ein Zerwürfnis im Vorstand nicht löst. Dass sich der Vorstand eine ihm nicht zustehende Personalkompetenz anmaßt,[1678] ist nicht ersichtlich. Es steht der Hauptversammlung frei, ob sie den Vertrauensentzug beschließt und welchem Vorstandsmitglied sie im Fall eines Zerwürfnisses das Vertrauen entzieht oder ob sie zB Aufsichtsratsmitglieder abberuft. Wird der Hauptversammlung bei der Bekanntmachung des Tagesordnungspunkts „Vertrauensentzug" vorgeschlagen, wegen eines Zerwürfnisses zwischen zwei Vorstandsmitgliedern einem der beiden das Vertrauen zu entziehen, kann die Hauptversammlung grds. auch dem anderen Vorstandsmitglied das Vertrauen entziehen. Zudem muss der Aufsichtsrat eigenverantwortlich über den Widerruf entscheiden.

720 Setzt der Vorstand oder der Aufsichtsrat den Vertrauensentzug auf die Tagesordnung, müssen beide einen **Beschlussvorschlag** machen (§ 124 Abs. 3 S. 1 AktG → Rn. 1160). Ist der Vertrauensentzug auf der Tagesordnung, weil Aktionäre es verlangt haben (§ 122 Abs. 2 AktG), sind Vorstand und Aufsichtsrat **nicht verpflichtet,** aber **berechtigt,** hierzu einen Beschlussvorschlag zu machen (§ 124 Abs. 3 S. 2 Hs. 2 AktG). Das betroffene Vorstandsmitglied unterliegt bei der Entscheidung über den Beschlussvorschlag des Vorstands **keinem Stimmrechtsausschluss:** Selbst bei der Entscheidung der Hauptversammlung über den Vertrauensentzug besteht kein Stimmrechtsausschluss (→ Rn. 716). Auch bei der Entscheidung über Beschlussvorschläge zur eigenen Entlastung besteht grds. kein Stimmrechtsausschluss (→ Rn. 1166 ff.).

721 Im Anwendungsbereich des **§ 32 MitbestG** kann der Vorstand der Obergesellschaft deren Stimmrechte in der Hauptversammlung der Untergesellschaft bei der Entscheidung über einen Vertrauensentzug nur mit **Zustimmung des Aufsichtsrats** wirksam ausüben.[1679]

722 **(4) Eigenverantwortliche Entscheidung des Aufsichtsrats.** Hat die Hauptversammlung einem Vorstandsmitglied das Vertrauen entzogen, muss sich der Aufsichtsrat eingehend damit **befassen**[1680] und in **eigener Verantwortung** entscheiden, ob er aus diesem Grund die Bestellung widerruft. Der Aufsichtsrat sollte auch dann durch Beschluss entscheiden, wenn er zu der Einschätzung gelangt, dass er die Bestellung nicht widerruft. Der Aufsichtsrat muss insbes. prüfen, ob die Hauptversammlung das Vertrauen aus „offenbar unsachlichen Gründen" entzogen hat (→ Rn. 708).[1681] Gibt die Hauptversammlung keinen Grund für den Vertrauensentzug an, muss der Aufsichtsrat auch nicht nachträglich einfordern, dass die Hauptversammlung den Vertrauensentzug begründet, auch nicht, wenn der Vertrauensentzug auf den Stimmen eines Allein- oder Mehrheitsaktionärs beruht.[1682] Beruht der Vertrauensentzug erkennbar auf einem bestimmten Grund und hat der Aufsichtsrat Anhaltspunkte, dass dieser Grund lediglich vorgeschoben ist, um einen unsachlichen Grund zu verdecken, muss der Aufsichtsrat den Sachverhalt idR weiter aufklären. Das gilt auch, wenn der Aufsichtsrat Anhaltspunkte hat, dass der von der Hauptversammlung zugrunde gelegte Grund nicht zutrifft, wobei es nicht darauf ankommt, ob die Hauptversammlung dies wusste oder nicht.[1683] Zur Aufklärung der Hintergründe des Vertrauensentzugs, aber auch zur Aufklärung weiterer Gesichtspunkte, die für die Abwägungsentscheidung des Aufsichtsrats bedeutsam sind, ist der Aufsichtsrat berechtigt, jedoch grds. nicht verpflichtet, das betroffene Vorstandsmitglied und evtl. auch andere Vorstandsmitglieder **anzuhören.** Eine Anhörung ist jedenfalls keine Voraussetzung für die Wirksamkeit des Widerrufs (→ Rn. 737).[1684]

[1677] Hüffer/Koch/*Koch* AktG § 111 Rn. 30; GroßkommAktG/*Hopt/Roth* AktG § 111 Rn. 544; MüKoAktG/*Habersack* AktG § 111 Rn. 105; K. Schmidt/Lutter AktG/*Drygala* AktG § 111 Rn. 45; BeckOGK/*Spindler* AktG § 111 Rn. 67; Hölters/*Hambloch-Gesinn/Gesinn* AktG § 111 Rn. 68; Lutter/Krieger/*Verse* AR Rn. 137; zurückhaltend Kölner Komm AktG/*Mertens/Cahn* AktG § 111 Rn. 74: Dass der Aufsichtsrat die Hauptversammlung einberuft, wird nur in seltenen Fällen erforderlich sein.
[1678] So *Mielke* BB 2014, 1035 (1036 f.).
[1679] Habersack/Henssler/*Habersack* MitbestG § 32 Rn. 12; MHdB AG/*Hoffmann-Becking* § 29 Rn. 83.
[1680] Kölner Komm AktG/*Mertens/Cahn* AktG § 84 Rn. 129.
[1681] BGH NZG 2017, 261 Rn. 17; BGHZ 13, 188 (196) = NJW 1954, 998; OLG München BeckRS 2015, 116979 Rn. 18; MüKoAktG/*Spindler* AktG § 84 Rn. 142; Kölner Komm AktG/*Mertens/Cahn* AktG § 84 Rn. 129.
[1682] Insofern zutr. *Graewe/von Harder* NZG 2020, 926 (927 f.).
[1683] Vgl. auch *Graewe/von Harder* NZG 2020, 926 (928 ff.), die mit Blick auf die Aufklärung durch den Aufsichtsrat aber eine (zu) weitgehende Pflicht annehmen, das betroffene Vorstandsmitglied anzuhören.
[1684] BGH NZG 2017, 261 Rn. 18; *Graewe/von Harder* NZG 2020, 926 (930); Henssler/Strohn/*Dauner-Lieb* AktG § 84 Rn. 32; GroßkommAktG/*Kort* AktG § 84 Rn. 131; *Beiner/Braun* Vorstandsvertrag Rn. 145; BeckOGK/*Fleischer* AktG § 84 Rn. 136; Kölner Komm AktG/*Mertens/Cahn* AktG § 84 Rn. 112.

Hat die Hauptversammlung das Vertrauen aus „offenbar unsachlichen Gründen" entzogen, **darf der** 723 **Aufsichtsrat** die Bestellung wegen des Vertrauensentzugs **nicht widerrufen.** Hat die Hauptversammlung das Vertrauen nicht aus „offenbar unsachlichen Gründen" entzogen, muss der Aufsichtsrat nicht per se die Bestellung widerrufen, sondern prüfen, ob es trotz des Vertrauensentzugs im Interesse der AG ist, das Vorstandsmitglied im Amt zu belassen.[1685] Der Aufsichtsrat sollte – wie generell – im eigenen Interesse sorgfältig dokumentieren, dass er die relevanten Gesichtspunkte ermittelt, gewichtet und gegeneinander abgewogen hat. In der Regel wird das die Frage betreffen, ob die Hauptversammlung einen Grund für den Vertrauensentzug angegeben hat und dieser Grund offenbar unsachlich war sowie wie der Aufsichtsrat die Folgen eines nicht offenbar unsachlichen Vertrauensentzugs für die Leitung der Gesellschaft, den Verlust des Vorstandsmitglieds mit Blick auf dessen Fähigkeiten und Kenntnisse etc., die Möglichkeit, kurzfristig adäquaten Ersatz zu finden sowie die finanziellen Folgen für die Gesellschaft einschätzt. Hat die Hauptversammlung einen sachlichen Grund angegeben und stellt sich heraus, dass die dem Grund zugrundeliegenden Tatsachen nicht zutreffen, liegt zwar kein offenbar unsachlicher Grund vor (→ Rn. 708). In einem solchen Fall muss der Aufsichtsrat aber versuchen, das Missverständnis wenn möglich aufzuklären. Gelingt das zB wegen eines großen Aktionärskreises nicht, muss der Aufsichtsrat das Missverständnis bei seiner Abwägung berücksichtigen.[1686]

(5) Vertrauensentzug im faktischen AG-Konzern. Kam der Hauptversammlungsbeschluss zum Ver- 724 trauensentzug mit den Stimmen eines faktisch herrschenden Unternehmens zustande, liegt in dem Beschluss unmittelbar noch keine „Veranlassung" iSd §§ 311 ff. AktG. Der Vertrauensentzug ist **keine Frage der Geschäftsführung** und **keine Strukturmaßnahme,** bei denen ein Beschluss der Hauptversammlung Veranlassung iSd §§ 311 ff. AktG sein könnte.[1687] Der Vertrauensentzug führt auch nicht unmittelbar eine Rechtsfolge herbei, weil der Aufsichtsrat eigenverantwortlich entscheiden muss, ob er aufgrund des Vertrauensentzugs die Bestellung widerruft. **Einflussnahmen** eines faktisch herrschenden Unternehmens auf die Entscheidung des Aufsichtsrats, ob er aufgrund des Vertrauensentzugs die Bestellung widerruft, können aber Veranlassung iSd §§ 311 ff. AktG sein. Auch wenn der Widerruf nach Einschätzung des Aufsichtsrats zB wegen einer dadurch ausgelösten Abfindung für die faktisch abhängige AG nachteilig iSd §§ 311 ff. AktG wäre, darf er den Widerruf daher beschließen, wenn iErg kein Nachteil entsteht, weil das herrschende Unternehmen die Abfindung übernimmt.

(6) Amtsniederlegung und Kündigung durch das Vorstandsmitglied. Das Vorstandsmitglied kann 725 aufgrund des Vertrauensentzugs von sich aus sein Amt niederlegen und seinen Anstellungsvertrag kündigen. Es wird vertreten, im Fall einer Amtsniederlegung und Kündigung nach einer Entlastungsverweigerung kämen Ansprüche des Vorstandsmitglieds gegen die AG auf Ersatz des durch die Beendigung des Dienstverhältnisses entstandenen Schadens in Betracht, wenn die Hauptversammlung unberechtigt – willkürlich – die Entlastung verweigert habe.[1688] Entsprechend könnten **Schadensersatzansprüche** in Betracht kommen, wenn die Hauptversammlung das Vertrauen aus „offenbar unsachlichen Gründen" entzogen hat. Das ist **abzulehnen,** weil andernfalls das freie Ermessen der Hauptversammlung bei der Entscheidung über den Vertrauensentzug mittelbar eingeengt würde. Die gegenteilige Rechtsprechung des BGH zur Entlastungsverweigerung in der GmbH ist auf Vorstandsmitglieder nicht übertragbar, weil die Entlastung in der AG anders als in der GmbH keine rechtliche Bedeutung hat (→ Rn. 1100).

Auch wenn der Vertrauensentzug auf der Stimmrechtsmehrheit eines faktisch herrschenden Unterneh- 726 mens beruht, ist eine dadurch ausgelöste Amtsniederlegung **nicht „veranlasst" iSd §§ 311 ff. AktG.** Eine Veranlassung muss sich auf ein Handeln der bzw. für die faktisch abhängige AG beziehen. Das Vorstandsmitglied, das sein Amt niedergelegt hat, hat aber nicht für die faktisch abhängige AG gehandelt, sondern für sich persönlich.

gg) Sonstige unbenannte Widerrufsgründe. Außerhalb der benannten Fallgruppen sind als mögliche 727 Widerrufsgründe insbes. hervorzuheben:

[1685] BGH NZG 2017, 261 Rn. 17; BGHZ 13, 188 (193) = NJW 1954, 998; MüKoAktG/*Spindler* AktG § 84 Rn. 142; GroßkommAktG/*Kort* AktG § 84 Rn. 167; *Seyfarth* VorstandsR § 19 Rn. 4; Kölner Komm AktG/*Mertens/Cahn* AktG § 84 Rn. 129.
[1686] Vgl. insofern auch *Graewe/von Harder* NZG 2020, 926 (929 f.).
[1687] Vgl. MüKoAktG/*Altmeppen* AktG § 311 Rn. 117 ff.; Emmerich/Habersack/*Habersack* AktG § 311 Rn. 29. Dafür, dass grds. jeder Hauptversammlungsbeschluss „Veranlassung" iSd §§ 311 ff. AktG sein kann, hingegen BeckOGK/ *H.F. Müller* AktG § 311 Rn. 81; *H.F. Müller* FS Stilz, 2014, 427 (429); NK-AktR/*Schatz/Schödel* AktG § 311 Rn. 51.
[1688] Zu GmbH-Geschäftsführern BGH NJW 1986, 129 (130); zuvor schon *K. Schmidt* ZGR 1978, 425 (439); zu Vorstandsmitgliedern BeckOGK/*Hoffmann* AktG § 120 Rn. 43; MHdB AG/*Bungert* § 35 Rn. 37; Hölters/*Drinhausen* AktG § 120 Rn. 30; *Butzke* HV der AG I. Rn. 44.

728 Nach ganz hA im Schrifttum kann der **bloße Verdacht** eines Fehlverhaltens einen wichtigen Grund für den Widerruf bilden (sog. **„Verdachtswiderruf"**).[1689] Auch der BGH hat den Verdachtswiderruf obiter dictum „anerkannt".[1690] Mit Blick auf die Voraussetzungen orientiert sich das Schrifttum im Wesentlichen an den Voraussetzungen einer arbeitsrechtlichen Verdachtskündigung. Der Verdacht muss auf konkreten, objektiv nachprüfbaren Tatsachen beruhen.[1691] Das Vorstandsmitglied ist nach hA **vorab anzuhören.**[1692] Der Gegenstand, auf den sich der Verdacht bezieht, muss – wenn er erwiesen wäre – den Widerruf rechtfertigen.[1693] In der Regel bezieht sich der Verdacht auf eine grobe Pflichtverletzung.[1694]

729 **Betriebsbedingte Gründe,** die nicht in der Person des Vorstandsmitglieds liegen, können einen Widerruf zwar rechtfertigen.[1695] Um die Leitungsautonomie des Vorstands zu bewahren, sind an einen „betriebsbedingten Widerruf" aber hohe Anforderungen zu stellen. Er ist nur zulässig, wenn es der AG aus betrieblichen oder wirtschaftlichen Gründen nicht zumutbar ist, bis zum Ablauf der Amtszeit an der Bestellungsentscheidung festzuhalten.[1696] Beschließt der Aufsichtsrat, den Vorstand zu **verkleinern,** folgt daraus nicht automatisch ein wichtiger Grund für den Widerruf.[1697] Ein wichtiger Grund besteht vielmehr nur, wenn die Verkleinerung Teil einer grundlegenden Umstrukturierung ist und hinreichend gewichtige Gründe für diese Umstrukturierung sprechen,[1698] die es der AG unzumutbar machen, die Bestellung bis zum Ablauf der Amtszeit aufrecht zu erhalten. Ein wichtiger Grund liegt vor, wenn der Vorstand **überbesetzt** ist (→ Rn. 548).

730 **Druck Dritter** kann einen wichtigen Grund für den Widerruf darstellen.[1699] Das gilt jedenfalls, wenn eine Aufsichtsbehörde den Widerruf verlangt (vgl. etwa § 36 KWG, § 303 Abs. 2 VAG).[1700] Im Übrigen darf Druck Dritter nicht dazu führen, die unabhängige Leitung der AG durch den Vorstand – die durch das Erfordernis des wichtigen Grunds abgesichert wird – in Frage zu stellen. Zudem darf der Aufsichtsrat bei der Entscheidung über den Widerruf ausschließlich Gesellschaftsinteressen berücksichtigen.[1701] Mit Blick auf das Gesellschaftsinteresse wird ein Widerruf auf Druck Dritter für zulässig gehalten, wenn die angedrohten Nachteile für die AG existenzgefährdend sind und auf andere Weise keine Abhilfe geschaffen werden kann.[1702] Das gilt zB für Druck von Arbeitnehmern[1703], Auftraggebern und Lieferanten[1704] sowie Banken und anderen Kreditgebern[1705], grds. nicht hingegen für Druck von Finanzanalysten.[1706]

[1689] BGH NZG 2017, 261 Rn. 18; zur GmbH OLG Jena 20.12.2000 – 4 U 574/00, juris Rn. 64; Hüffer/Koch/*Koch* AktG § 84 Rn. 36; MüKoAktG/*Spindler* AktG § 84 Rn. 134; Henssler/Strohn/*Dauner-Lieb* AktG § 84 Rn. 31; Hölters/*Weber* AktG § 84 Rn. 74; MHdB AG/*Wentrup* § 20 Rn. 54; GroßkommAktG/*Kort* AktG § 84 Rn. 156, 157; Grigoleit/*Grigoleit* AktG § 84 Rn. 42; ausf. *Schmolke* AG 2014, 377 (382 f.; 387); *Rieder/Schoenemann* NJW 2011, 1169 (1170); *Fleischer* RIW 2006, 481 (484).

[1690] BGH NZG 2017, 261 Rn. 18; zur Verdachtskündigung des Anstellungsvertrags eines GmbH-Geschäftsführers BGH ZIP 1984, 1113 (1114); BGH DStR 1997, 1053 (1054).

[1691] BeckOGK/*Fleischer* AktG § 84 Rn. 121; Hüffer/Koch/*Koch* AktG § 84 Rn. 36; *Schmolke* AG 2014, 377 (384).

[1692] Offen gelassen in BGH NZG 2017, 261 Rn. 18; Hüffer/Koch/*Koch* AktG § 84 Rn. 36; BeckOGK/*Fleischer* AktG § 84 Rn. 121; Grigoleit/*Grigoleit* AktG § 84 Rn. 42; *Schmolke* AG 2014, 377 (386); *Tschöpe/Wortmann* NZG 2009, 161 (163); *Fleischer* RiW 2006, 481 (484 f.).

[1693] BeckOGK/*Fleischer* AktG § 84 Rn. 121; Hüffer/Koch/*Koch* AktG § 84 Rn. 36; *Schmolke* AG 2014, 377 (385).

[1694] *Seyfarth* VorstandsR § 19 Rn. 32 hält auch einen Widerruf wegen des Verdachts der Unfähigkeit zu ordnungsgemäßer Geschäftsführung für möglich; vgl. ferner *Schmolke* AG 2014, 377 (387); BeckOGK/*Fleischer* AktG § 84 Rn. 121.

[1695] LG Frankfurt a. M. NZG 2014, 706 (707); BeckOGK/*Fleischer* AktG § 84 Rn. 111; *Thüsing* in Fleischer VorstandsR-HdB § 5 Rn. 25; *Fleischer* AG 2006, 429 (440).

[1696] Vgl. BGH NZG 2007, 189; LG Frankfurt a. M. NZG 2014, 706 (707); *Fleischer* DStR 2006, 1507 (1512).

[1697] OLG Frankfurt a. M. NZG 2015, 514 Rn. 20 ff.; LG Frankfurt a. M. NZG 2014, 706; GroßkommAktG/*Kort* AktG § 84 Rn. 175a; MHdB AG/*Wentrup* § 20 Rn. 57.

[1698] *Habersack* DB 2015, 787 (789); Hüffer/Koch/*Koch* AktG § 84 Rn. 35; MHdB AG/*Wentrup* § 20 Rn. 57; vgl. BeckOGK/*Fleischer* AktG § 84 Rn. 123; GroßkommAktG/*Kort* AktG § 84 Rn. 175a: grundlegende Umstrukturierung, zB Verschmelzung oder sonstige Umwandlung, auch Betriebsänderung oder (Teil-) Betriebseinstellung.

[1699] Zur Abberufung eines GmbH-Geschäftsführers BH DStR 1999, 1537 mAnm *W. Goette*; OLG Frankfurt a. M. NZG 2015, 514 Rn. 19; Kölner Komm AktG/*Mertens/Cahn* AktG § 84 Rn. 131; Grigoleit/*Grigoleit* AktG § 84 Rn. 44; zurückhaltender MüKoAktG/*Spindler* AktG § 84 Rn. 139; ausf. BeckOGK/*Fleischer* AktG § 84 Rn. 124 und *Fleischer* DStR 2006, 1507.

[1700] Kölner Komm AktG/*Mertens/Cahn* AktG § 84 Rn. 130; BeckOGK/*Fleischer* AktG § 84 Rn. 128; MüKoAktG/*Spindler* AktG § 84 Rn. 139; *Tschöpe/Wortmann* NZG 2009, 161 (165); *Thüsing* in Fleischer VorstandsR-HdB § 5 Rn. 23.

[1701] *Kropff* AktG 1965 S. 106; MüKoAktG/*Spindler* AktG § 84 Rn. 128; Hüffer/Koch/*Koch* AktG § 84 Rn. 34; BeckOGK/*Fleischer* AktG § 84 Rn. 125; K. Schmidt/Lutter AktG/*Seibt* AktG § 84 Rn. 53; Grigoleit/*Grigoleit* AktG § 84 Rn. 36.

[1702] OLG München AG 2006, 337 (340); *Tschöpe/Wortmann* NZG 2009, 161 (165). Nach *Fleischer* (BeckOGK/*Fleischer* AktG § 84 Rn. 126; *Fleischer* DStR 2006, 1507 (1512)) soll es genügen, einen „*schweren, unmittelbar bevorstehenden Schaden*" abzuwenden, wobei der „schwere Schaden" nicht existenzgefährdend sein müsse, sondern ein „*unter Berücksichtigung von Größe und Finanzkraft der Gesellschaft beachtlich(er)*" Schaden ausreiche; zust. GroßkommAktG/*Kort* AktG § 84 Rn. 173a.

Forderungen aktivistischer Aktionäre, die Bestellung zu widerrufen, genügen generell nicht[1707]: 731
Aktionäre sind darauf verwiesen zu versuchen, über die Hauptversammlung einen Vertrauensentzug zu erreichen. Das gilt auch für ein vertraglich oder faktisch herrschendes Mutterunternehmen **im Konzern:** Spannungen zwischen Vorstands- oder Aufsichtsratsmitgliedern des Mutterunternehmens und dem Vorstandsmitglied einer Tochtergesellschaft und infolgedessen ausgeübter Druck des Mutterunternehmens sind per se kein wichtiger Grund für den Widerruf. Auch das Mutterunternehmen ist auf den Vertrauensentzug in der Hauptversammlung verwiesen. Allerdings kann bei Spannungen mit dem Mutterunternehmen zB ein Zerwürfnis mit dem vom Mutterunternehmen besetzten Aufsichtsrat des Tochterunternehmens vorliegen (→ Rn. 703 f.). Für möglich gehalten wird ein wichtiger Grund ferner, wenn berechtigte Zweifel bestehen, dass das Vorstandsmitglied sein Leitungsermessen unter loyaler Berücksichtigung unternehmenskonformer Interessen der Aktionärsmehrheit ausübt.[1708] Mit Blick auf die Unabhängigkeit des Vorstands sind insofern aber **strenge Maßstäbe** anzulegen.

Nach der Rechtsprechung können auch mehrere Gründe, die für sich betrachtet nicht für einen Widerruf der Bestellung ausreichen, **in einer Gesamtabwägung** den Widerruf aus wichtigem Grund rechtfertigen.[1709] 732

e) Kein Beurteilungsspielraum, aber Ermessen

Ob ein wichtiger Grund vorliegt, unterliegt nach hA keinem Beurteilungsspielraum des Aufsichtsrats; 733
vielmehr soll seine Beurteilung **gerichtlich vollumfänglich überprüfbar** sein, um die Unabhängigkeit der Vorstandsmitglieder effektiv zu sichern.[1710] Das ist einzuschränken, wenn der wichtige Grund **auf unternehmerischen, insbes. betriebsbedingten Gründen beruht** (→ Rn. 729). Insoweit ist die gerichtliche Kontrolle darauf beschränkt, ob der Aufsichtsrat die unternehmerischen Gesichtspunkte vertretbar im Unternehmensinteresse gewichtet und abgewogen hat.[1711] Der Aufsichtsrat ist bei seiner Beurteilung an **Einschätzungen von Behörden, Gerichten** etc. **nicht gebunden.** Dass zB die Staatsanwaltschaft eine Straftat eines Vorstandsmitglieds als erwiesen ansieht, bedeutet schon wegen der im Strafprozess geltenden Unschuldsvermutung nicht, dass sich der Aufsichtsrat diese Einschätzung zu eigen machen müsste. Er muss sich aber grds. mit derartigen Einschätzungen befassen und sie bei seiner Entscheidung berücksichtigen. Je mehr Gewicht die Einschätzung von Behörden, Gerichten etc. hat, desto intensiver muss sich der Aufsichtsrat mit dieser Einschätzung befassen. Ist gegen das Vorstandsmitglied zB eine Untersuchungshaft angeordnet oder bereits Anklage erhoben, ist grds. eine intensivere Befassung geboten, als wenn die Staatsanwaltschaft lediglich ein Ermittlungsverfahren eingeleitet hat.

Ob der Aufsichtsrat die Bestellung **widerrufen muss,** wenn nach seiner Beurteilung ein wichtiger 734
Grund vorliegt, ist **umstritten.** Nach einer Minderansicht soll eine entsprechende Pflicht des Aufsichtsrats bestehen.[1712] Liege nach Beurteilung des Aufsichtsrats ein wichtiger Grund vor, sei das Verbleiben im Amt bis zum Ende der Amtszeit offensichtlich „unzumutbar" und der Aufsichtsrat müsse daher Schaden

---

[1703] BGH BB 1961, 498; BGH BB 1961, 547; OLG München AG 2006, 337 (340); Fleischer DStR 2006, 1507 (1513); BeckOGK/*Fleischer* AktG § 84 Rn. 130; Großkomm AktG/*Spindler* AktG § 84 Rn. 173 f.; Hölters/*Weber* AktG § 84 Rn. 139; Kölner Komm AktG/*Mertens/Cahn* AktG § 84 Rn. 131; Hölters/*Weber* AktG § 84 Rn. 75.
[1704] Zur GmbH BGH DStR 1999, 1537 (1538); BeckOGK/*Fleischer* AktG § 84 Rn. 131; *Fleischer* DStR 2006, 1507 (1513 f.); Hölters/*Weber* AktG § 84 Rn. 75.
[1705] BGH DStR 2007, 262 mAnm *W. Goette*; ebenso die Vorinstanz OLG München AG 2006, 337 (340); BeckOGK/*Fleischer* AktG § 84 Rn. 134; Hölters/*Weber* AktG § 84 Rn. 75; Kölner Komm AktG/*Mertens/Cahn* AktG § 84 Rn. 131; Großkomm AktG/*Kort* AktG § 84 Rn. 173b.
[1706] BeckOGK/*Fleischer* AktG § 84 Rn. 133; *Fleischer* DStR 2006, 1507 (1514); Großkomm AktG/*Kort* AktG § 84 Rn. 173; grds. auch MüKoAktG/*Spindler* AktG § 84 Rn. 139: außer wenn der AG durch anhaltende Auseinandersetzung irreparable Schäden drohen; ebenso *Beiner/Braun* Vorstandsvertrag Rn. 158; aA Hölters/*Weber* AktG § 84 Rn. 75: wichtiger Grund auch bei Druck von Finanzanalysten.
[1707] *Schockenhoff* ZIP 2017, 1785 (1787 ff.); Hüffer/Koch/*Koch* AktG § 84 Rn. 35; allgemein BeckOGK/*Fleischer* AktG § 84 Rn. 129.
[1708] MüKoAktG/*Spindler* AktG § 84 Rn. 138; Kölner Komm AktG/*Mertens/Cahn* AktG § 84 Rn. 128 für den Wechsel der Zusammensetzung der Aktionäre, wenn sich das Vorstandsmitglied in außergewöhnlichem Maß mit der alten Mehrheit identifiziert hatte; aA Großkomm AktG/*Kort* AktG § 84 Rn. 178: gestörtes Verhältnis muss sich in weiteren Tatsachen manifestieren, die ihrerseits wichtige Gründe bilden können.
[1709] OLG Stuttgart NZG 2002, 971, (974); vgl. auch OLG Köln 6.2.2015 – 18 U 146/13, juris Rn. 67; zur Abberufung des GmbH-Geschäftsführers BGH NZG 2009, 386 Rn. 10ff.; BGH DStR 1994, 1746 mAnm *W. Goette*; BGH NJW-RR 1992, 292 (295); zur Kündigung des Anstellungsvertrags aus wichtigem Grund BAG NZA 2006, 1046 (1047, 1049); BGH NZG 2002, 46, (48).
[1710] OLG Frankfurt a. M. NZG 2015, 514 Rn. 18; Hüffer/Koch/*Koch* AktG § 84 Rn. 34; Kölner Komm AktG/*Mertens/Cahn* AktG § 84 Rn. 122; Großkomm AktG/*Kort* AktG § 84 Rn. 145; MüKoAktG/*Spindler* AktG § 84 Rn. 130; *Lieder* ZGR 2018, 523 (541); aA Lutter/Krieger/*Verse* AR Rn. 374; *Vollmer* GmbHR 1984, 5 (9).
[1711] *Schockenhoff* ZIP 2017, 1785 (1786 f.); Habersack DB 2015, 787 (788 f.).
[1712] Habersack/Henssler/*Habersack* MitbestG § 31 Rn. 32; *Schaefer/Missling* NZG 1998, 441 (445); *Janzen* NZG 2003, 468 (471).

von der AG abwenden.[1713] **Nach herrschender und zutreffender Ansicht** hat der Aufsichtsrat **grds. Ermessen,** ob er die Bestellung widerruft.[1714] Dafür spricht bereits der **Wortlaut** des Gesetzes („*kann … widerrufen"*). Zum Vertrauensentzug hat der BGH ausdrücklich festgestellt, dass der Aufsichtsrat ungeachtet des Beschlusses der Hauptversammlung eigenverantwortlich prüfen muss, ob er die Bestellung widerruft (→ Rn. 722). Die in der Rechtsprechung und im Schrifttum entwickelte Definition des wichtigen Grunds berücksichtigt lediglich Gesichtspunkte, die aus Sicht der AG dafür sprechen, die Amtszeit vorzeitig zu beenden, weil sie es für die AG „unzumutbar" machen, die Amtszeit fortzuführen. Die Definition des wichtigen Grunds bildet also lediglich den „Teil der Interessenabwägung" ab, der gerichtlich grds. **voll überprüfbar** ist (→ Rn. 733).[1715] Auf Ebene der AG können aber **weitere Gesichtspunkte** bestehen, die nicht das Verhältnis der AG zum Vorstandsmitglied betreffen, die der Aufsichtsrat bei seiner Entscheidung aber ebenfalls berücksichtigen muss. Der Gesichtspunkt, die Bedeutung von Compliance gegenüber anderen Organmitgliedern und Mitarbeitern der AG zu betonen („*tone from the top"*), kann zB dafür sprechen, die Bestellung zu widerrufen, auch wenn der Complianceverstoß das Verhältnis unmittelbar zwischen AG und Vorstandsmitglied nicht stark belastet. Folgerisiken, die damit verbunden sein können, wenn Complianceverstöße eines Vorstandsmitglieds öffentlich bekannt werden (Reputationsverlust, behördliche Verfahren, Klagen von Geschäftspartnern, Kunden, Anlegern etc.), können dafür sprechen, die Bestellung nicht zu widerrufen. Auch ein Interesse der AG, das Vorstandsmitglied nicht an einen Wettbewerber zu verlieren, kann es rechtfertigen, die Bestellung nicht zu widerrufen. Gesichtspunkte, die nicht das Verhältnis der AG zum Vorstandsmitglied betreffen, muss der Aufsichtsrat im Rahmen einer Ermessensentscheidung abwägen. Der Aufsichtsrat muss daher eine **unternehmerische Entscheidung** treffen, ob der Betreffende unter Berücksichtigung der relevanten Umstände Vorstandsmitglied bleiben soll.[1716] Hätte der Aufsichtsrat bei der Entscheidung bereits dann kein Ermessen, wenn nach seiner **Beurteilung** ein wichtiger Grund vorliegt, wäre auch fraglich, wie **Prozessrisiken** zu berücksichtigen wären. Der Erfolg in einem gerichtlichen Verfahren lässt sich idR nicht mit 100%iger Wahrscheinlichkeit vorhersagen. Im Prozess trägt die AG die **Darlegungs- und Beweislast,** dass ein wichtiger Grund vorliegt.[1717] Es wäre nicht im Interesse der AG, den Aufsichtsrat ungeachtet von Prozessrisiken zu zwingen, die Bestellung zu widerrufen, ohne dass er den Widerruf gegen andere Handlungsoptionen abwägen könnte, insbes. eine einvernehmliche Amtsbeendigung. Liegt ein wichtiger Grund für den Widerruf der Bestellung eines Vorstandsmitglieds vor, ist der Aufsichtsrat nach allem zwar verpflichtet, sich damit zu befassen und zu prüfen, ob er die Bestellung widerruft, er ist aber nicht per se zum Widerruf verpflichtet.

735 Bei seiner Ermessensentscheidung gelten für den Aufsichtsrat die **Vorgaben der Business Judgment Rule.**[1718] Die Ermessensbindung nach Maßgabe der „ARAG/Garmenbeck"-Rechtsprechung[1719] bei der Entscheidung über die Verfolgung von Ersatzansprüchen (→ Rn. 692) ist auf die Entscheidung über den Widerruf nicht zu übertragen.[1720] Lässt sich nach Einschätzung des Aufsichtsrats ein **wichtiger Grund „gerichtsfest" darlegen und beweisen,** übt er sein Ermessen idR **pflichtgemäß** aus, wenn er die Bestellung widerruft, sofern keine besonderen Umstände gegen den Widerruf sprechen.[1721] Bei der Entscheidung über den Widerruf aufgrund eines Vertrauensentzugs ist das Ermessen des Aufsichtsrats grds. breiter als in anderen Fällen, insbes., weil sich das Interesse der Hauptversammlungsmehrheit nicht zwingend mit dem Unternehmensinteresse, evtl. nicht einmal mit dem Interesse der Mehrheit der Aktionäre deckt.[1722]

[1713] Habersack/Henssler/*Habersack* MitbestG § 31 Rn. 32.
[1714] OLG Frankfurt a. M. NZG 2015, 514 Rn. 18; OLG Stuttgart NZG 2002, 971 (972); Hölters/*Weber* AktG § 84 Rn. 72; MüKoAktG/*Spindler* AktG § 84 Rn. 130; GroßkommAktG/*Kort* AktG § 84 Rn. 146 ff.; MHdB AG/*Wentrup* § 20 Rn. 62; *Lieder* ZGR 2018, 523 (541); Kölner Komm AktG/*Mertens/Cahn* AktG § 84 Rn. 105, 122; wohl auch BeckHdB AG/*Liebscher* § 6 Rn. 52.
[1715] Vgl. insbes. Kölner Komm AktG/*Mertens/Cahn* AktG § 84 Rn. 105, 122.
[1716] Vgl. insofern auch *Lieder* ZGR 2018, 523 (543).
[1717] BGH AG 2007, 446; GroßkommAktG/*Kort* AktG § 84 Rn. 209; Hölters/*Weber* AktG § 84 Rn. 82; Grigoleit/*Grigoleit* AktG § 84 Rn. 54; *Seyfarth* VorstandsR § 19 Rn. 64; *Beiner/Braun* Vorstandsvertrag Rn. 172; BeckHdB AG/*Liebscher* § 6 Rn. 59.
[1718] Vgl. *Lieder* ZGR 2018, 523 (541).
[1719] BGHZ 135, 244 = NJW 1997, 1926 – ARAG/Garmenbeck.
[1720] AA offenbar *Thümmel* ZHR 172 (2008), 115 (116).
[1721] Hölters/*Weber* AktG § 84 Rn. 72; GroßkommAktG/*Kort* AktG § 84 Rn. 147 ff.
[1722] GroßkommAktG/*Kort* AktG § 84 Rn. 148; Kölner Komm AktG/*Mertens/Cahn* AktG § 84 Rn. 122; speziell zur Anhörungspflicht im Fall eines Vertrauensentzugs durch die Hauptversammlung *Graewe/Harder* NZG 2020, 926 (928 ff.), dazu (→ Rn. 722).

Liegt **gleichzeitig bei mehreren Vorstandsmitgliedern** ein wichtiger Grund für den Widerruf vor 736
– etwa im Fall eines Zerwürfnisses zwischen Vorstandsmitgliedern – liegt es im Ermessen des Aufsichtsrats, wessen Bestellung(en) er widerruft.[1723]

f) Anhörung?

Außer im Fall eines **Verdachtswiderrufs** (→ Rn. 728) ist eine Anhörung **grds. nicht erforderlich**.[1724] 737
Das Erfordernis einer Anhörung wurde im Arbeitsrecht entwickelt, und auch arbeitsrechtlich ist die Anhörung eines Arbeitnehmers ausschließlich im Fall der Verdachtskündigung des Arbeitsvertrags erforderlich.[1725] Vorstandsmitglieder sind keine Arbeitnehmer (→ Rn. 1190) und der Widerruf der Bestellung zum Vorstandsmitglied ist ohnehin nicht mit der Kündigung eines Arbeitsvertrags vergleichbar. Es kann aber erforderlich sein, dass der Aufsichtsrat das Vorstandsmitglied anhört, damit er auf *„angemessener Informationsgrundlage"* (§ 93 Abs. 1 S. 2 AktG) über den Widerruf entscheiden kann.[1726]

Hat der Aufsichtsrat das Vorstandsmitglied **nicht angehört**, obwohl eine Anhörung für eine angemes- 738
sene Informationsgrundlage erforderlich gewesen wäre, ist bei der Entscheidung über den Widerruf die **Business Judgment Rule nicht anwendbar.** Der Widerruf ist dann zwar nicht schon deshalb unwirksam, weil das Vorstandsmitglied nicht angehört wurde. Erklärt ein Gericht den Widerruf aber aufgrund von Umständen für unwirksam, die der Aufsichtsrat im Rahmen einer Anhörung ermitteln hätte können, droht den Aufsichtsratsmitgliedern eine Schadensersatzhaftung insbes. hinsichtlich der Kosten des Rechtsstreits über die Wirksamkeit des Widerrufs. Im Übrigen legt der **Grundsatz der vertrauensvollen Zusammenarbeit** zwischen Vorstand und Aufsichtsrat es idR nahe, dem Vorstandsmitglied Gelegenheit zur Stellungnahme zu geben.[1727]

g) Benachteiligungsverbot des Allgemeinen Gleichbehandlungsgesetzes (AGG)

Die Vorschriften des AGG schützen Organmitglieder nur hinsichtlich des *„Zugangs zur Erwerbstätigkeit"* 739
und ihres *„beruflichen Aufstiegs"* (§ 6 Abs. 3 AGG).[1728] Bei der **Beendigung der Bestellung** greift das Benachteiligungsverbot daher **nicht** ein.[1729] Auch die neue Rechtsprechung des BGH, der zufolge der **Fremdgeschäftsführer einer GmbH** im Hinblick auf die Kündigung seines Dienstvertrags in europarechtskonformer Auslegung von § 6 Abs. 1 S. 1 Nr. 1 AGG als Arbeitnehmer anzusehen ist,[1730] ist auf Vorstandsmitglieder nicht zu übertragen.[1731] Der BGH legt für Fremdgeschäftsführer einer GmbH die vom EuGH zum unionsrechtlichen Arbeitnehmerbegriff entwickelten Kriterien zugrunde, denen zufolge ein Arbeitsverhältnis ein Unterordnungsverhältnis voraussetzt.[1732] Nach der Rechtsprechung des EuGH kann auch *„ein Mitglied der Unternehmensleitung einer Kapitalgesellschaft"* Arbeitnehmer iSd Unionsrechts sein, wenn es *„seine Tätigkeit nach der Weisung oder unter der Aufsicht eines anderen Organs dieser Gesellschaft ausübt und […] jederzeit ohne Einschränkung von seinem Amt abberufen werden kann"*.[1733] Der Aufsichtsrat kann die Bestellung der Vorstandsmitglieder aber nur aus **wichtigem Grund** widerrufen (§ 84 Abs. 3 S. 1

[1723] BGH NZG 1998, 726 (727); zu GmbH-Geschäftsführern BGH BB 1992, 802 (803); OLG Stuttgart NZG 2002, 971 (972); MüKoAktG/*Spindler* AktG § 84 Rn. 130; *Lieder* ZGR 2018, 523 (541); Kölner Komm AktG/*Mertens/Cahn* AktG § 84 Rn. 122; GroßkommAktG/*Kort* AktG § 84 Rn. 149.
[1724] BGH NZG 2017, 261 Rn. 18; GroßkommAktG/*Kort* AktG § 84 Rn. 131; Hüffer/Koch/*Koch* AktG § 84 Rn. 33; Kölner Komm AktG/*Mertens/Cahn* AktG § 84 Rn. 112; MüKoAktG/*Spindler* AktG § 84 Rn. 125.
[1725] BAG NZA 2005, 1056 (1058); BAG NJW 2008, 1097 Rn. 30; *Werner* GmbHR 2020, 1056 (1059).
[1726] MüKoAktG/*Spindler* AktG § 84 Rn. 125; Kölner Komm AktG/*Mertens/Cahn* AktG § 93 Rn. 32 f.; BeckOGK/*Fleischer* AktG § 84 Rn. 136.
[1727] BeckOGK/*Fleischer* AktG § 84 Rn. 136; GroßkommAktG/*Kort* AktG § 84 Rn. 131.
[1728] Zu GmbH-Geschäftsführern BGHZ 193, 110 Rn. 19 = NZA 2012, 797; zu Vorstandsmitgliedern *Behme/Zickgraf* AG 2015, 841 (846); *Seyfarth* VorstandsR § 3 Rn. 19; BeckHdB AG/*Liebscher* § 6 Rn. 23b; Hey/Forst/*Hey/Forst* AGG § 6 Rn. 21; krit. *Bauer/C. Arnold* NZG 2012, 921 (922).
[1729] BGHZ 193, 110 Rn. 21 = NZA 2012, 797; Hümmerich/Reufels/*Reufels* Gestaltung von Arbeitsverträgen § 3 Rn. 72; MAH ArbR/*Moll/Eckhoff* § 81 Rn. 25; *Kliemt* RdA 2015, 232 (234).
[1730] BGHZ 221, 325 = NZA 2019, 706; dazu *Lunk* NJW 2019, 2086; *C. Arnold* ArbRAktuell 2019, 281; *Stiegler* GWR 2019, 193; *Kothe-Heggemann* GmbHR 2019, 659. Nach dem Leitsatz ist der Fremdgeschäftsführer einer GmbH bei europarechtskonformer Auslegung jedenfalls insoweit Arbeitnehmer iSv § 6 Abs. 1 Nr. 1 AGG, als bei einer Kündigung seines Dienstvertrags der sachliche Anwendungsbereich des AGG über § 2 Abs. 1 Nr. 2 AGG eröffnet ist. Die Entscheidungsgründe lassen aber vermuten, dass Fremdgeschäftsführer in Zukunft grds. Arbeitnehmer iSd AGG sein könnten, *C. Arnold/Romero* NZG 2019, 930 (932); *Mohr/Bourazeri* NZA 2019, 870.
[1731] *C. Arnold/Romero* NZG 2019, 930 (932); MüKoAktG/*Spindler* AktG § 84 Rn. 60; Hümmerich/Reufels/*Hümmerich* Gestaltung von Arbeitsverträgen § 3 Rn. 28; *Kort* NZG 2013, 601 (606 ff.) mwN.
[1732] EuGH Slg. 2010, I-11435 = NZA 2011, 143 Rn. 39 – Danosa; NZA 2015, 861 Rn. 34 – Balkaya; NZA 2016, 183 Rn. 41 – Holterman Ferho Exploitatie ua; Slg. 1986, 2121 Rn. 16 f. = NVwZ 1987, 41 – Lawrie-Blum; BGHZ 221, 325 Rn. 31 = NZA 2019, 706.
[1733] EuGH Slg. 2010, I-11435 = NZA 2011, 143 Rn. 47 – Danosa; NZA 2015, 861 Rn. 38 – Balkaya; BGHZ 221, 325 Rn. 32 = NZA 2019, 706; *C. Arnold/Romero* NZG 2019, 930 (931 f.).

AktG). Zudem leiten Vorstandsmitglieder die AG weisungsfrei unter eigener Verantwortung (§ 76 Abs. 1 AktG).

h) Verwirkung

740 Für den Widerruf der Bestellung gibt es **keine Ausschlussfrist**.[1734] Es gelten lediglich die allgemeinen Grenzen der Verwirkung.[1735] Hat der Aufsichtsrat **Kenntnis von Umständen,** die einen wichtigen Grund für den Widerruf bilden, erklärt er den Widerruf aber dennoch über einen entsprechend langen Zeitraum nicht, kann das Widerrufsrecht verwirkt sein (Zeit- und Umstandsmoment).[1736] Das Widerrufsrecht kann ferner hinsichtlich solcher Widerrufsgründe verwirkt sein, die der Aufsichtsrat im Zeitpunkt der Widerrufserklärung kannte, auf die er den Widerruf aber nicht stützte.[1737] Die Grundsätze für die Kenntnis bzw. das Kennenmüssen des Aufsichtsrats hinsichtlich eines wichtigen Grunds, der die außerordentliche Kündigung des Anstellungsvertrags rechtfertigt (→ Rn. 1711 ff.), gelten entsprechend. Bekannte, bisher nicht berücksichtigte Gründe können **ungeachtet einer möglichen Verwirkung** als Hilfstatsachen Widerrufsgründe „unterfüttern", auf die der Aufsichtsrat den Widerruf gestützt hat (zur Erforderlichkeit eines weiteren Beschlusses → Rn. 765).[1738] Grundsätzlich besteht aber ohnehin Zeitdruck, weil der Aufsichtsrat nicht nur über den Widerruf, sondern auch über die **außerordentliche Kündigung des Anstellungsvertrags** entscheiden muss: Für die außerordentliche Kündigung des Anstellungsvertrags läuft ab dem Zeitpunkt, ab dem der Aufsichtsrat Kenntnis von einem Kündigungsgrund hat, eine Ausschlussfrist von zwei Wochen (§ 626 Abs. 2 BGB), innerhalb der die Kündigungserklärung dem Vorstandsmitglied ggf. zugehen muss; andernfalls ist die außerordentliche Kündigung bereits aus diesem Grund unwirksam (→ Rn. 1709 f.).

i) Entschließungsfreiheit

741 Die **Entschließungsfreiheit** des Aufsichtsrats kann bei der Entscheidung über den Widerruf nicht eingeschränkt werden;[1739] die Ausführungen zur Bestellung gelten entsprechend.

j) Beschlussfassung im Aufsichtsrat

742 Der Aufsichtsrat entscheidet über den Widerruf durch Beschluss **mit einfacher Mehrheit** (§ 108 Abs. 1 AktG).[1740] Die Satzung kann die **Entschließungsfreiheit** nicht einschränken, indem sie ein anderes Mehrheitserfordernis regelt (→ Rn. 619). Für das **Beschlussverfahren** gelten die allgemeinen Regeln: Der Aufsichtsrat kann auch in einer Telefon- oder Videokonferenz oder im Umlaufverfahren über den Widerruf entscheiden.[1741] Allerdings ist abzuwägen, ob das Verfahren den Anforderungen an die Beratungsmöglichkeit gerecht wird.[1742] Ist bei der Entscheidung über den Widerruf voraussichtlich eine intensive Beratung erforderlich, ist grds. eine Präsenzsitzung zu empfehlen. Zur Frist für die Einberufung und Tagesordnung, die Benennung des Tagesordnungspunkts sowie der Vorlage von Unterlagen gelten die Ausführungen zur Bestellung entsprechend (→ Rn. 612 ff.). Aus dem Beschluss muss sich ergeben, dass der Aufsichtsrat die Bestellung zum Vorstandsmitglied beenden möchte und wessen Bestellung betroffen ist. Für die rechtliche Wirksamkeit des Widerrufs der Bestellung ist es zwar **nicht zwingend** erforderlich,

---

[1734] MHdB AG/*Wentrup* § 20 Rn. 48; *Janzen* NZG 2003, 468 (469); *Tschöpe/Wortmann* NZG 2009, 85 (90).
[1735] OLG Frankfurt a. M. NZG 2015, 514 Rn. 15; MüKoAktG/*Spindler* AktG § 84 Rn. 124; Hüffer/Koch/*Koch* AktG § 84 Rn. 36; Hölters/*Weber* AktG § 84 Rn. 68; *Janzen* NZG 2003, 468 (469).
[1736] Vgl. BGHZ 13, 188 (194 ff.) = NJW 1954, 998; zur Kündigung des Anstellungsvertrags BGH WM 1962, 109 (111); OLG Stuttgart AG 2013, 599 (601); Grigoleit/*Grigoleit* AktG § 84 Rn. 49.
[1737] Zur Kündigung des Anstellungsvertrags vgl. BGH WM 1962, 109 (111); OLG Stuttgart AG 2013, 599 (601); zur Verwirkung für den Fall, dass der Aufsichtsrat der Hauptversammlung in Kenntnis von Widerrufsgründen die Entlastung des Vorstandsmitglieds vorschlägt, LG Darmstadt AG 1987, 318 (320); zum Widerruf der Bestellung K. Schmidt/Lutter AktG/*Seibt* AktG § 84 Rn. 59; BeckOGK/*Fleischer* AktG § 84 Rn. 143; Hüffer/Koch/*Koch* AktG § 84 Rn. 42; MHdB AG/*Wentrup* § 20 Rn. 66. Für eine Verwirkung im Einzelfall nach Treu und Glauben Seyfarth VorstandsR § 19 Rn. 63; Kölner Komm AktG/*Mertens/Cahn* AktG § 84 Rn. 140; NK-AktR/*Oltmanns* AktG § 84 Rn. 27; vgl. GroßkommAktG/*Kort* AktG § 84 Rn. 198.
[1738] Zur Abberufung eines GmbH-Geschäftsführers BGH NJW-RR 1992, 292 (293); OLG Karlsruhe NZG 2000, 264 (268); GroßkommAktG/*Kort* AktG § 84 Rn. 198; zurückhaltend Kölner Komm AktG/*Mertens/Cahn* AktG § 84 Rn. 140; MüKoAktG/*Spindler* AktG § 84 Rn. 148.
[1739] MüKoAktG/*Spindler* AktG § 84 Rn. 130.
[1740] BeckOGK/*Fleischer* AktG § 84 Rn. 104; MHdB AG/*Wentrup* § 20 Rn. 46; Hüffer/Koch/*Koch* AktG § 84 Rn. 33; *Tschöpe/Wortmann* NZG 2009, 85 (88).
[1741] BeckOGK/*Spindler* AktG § 108 Rn. 63; Kölner Komm AktG/*Mertens/Cahn* AktG § 108 Rn. 39.
[1742] BeckOGK/*Spindler* AktG § 108 Rn. 65.

dass der Aufsichtsrat seine **Entscheidung im Beschluss begründet**.[1743] Dem Vorstandsmitglied sind aber die Gründe für den Widerruf auf Verlangen mitzuteilen (§ 626 Abs. 2 S. 3 BGB in entsprechender Anwendung).[1744] Ob ein wichtiger Grund vorliegt und sich der Beschluss des Aufsichtsrats auf diesen wichtigen Grund stützt, unterliegt zudem der gerichtlichen Kontrolle, sofern das Vorstandsmitglied den Widerruf seiner Bestellung gerichtlich angreift. Im Ergebnis ist es daher grds. notwendig, dass der Aufsichtsrat die Gründe für den Widerruf sorgfältig im Widerrufsbeschluss dokumentiert.[1745] Das Gericht darf bei der Prüfung, ob ein wichtiger Grund vorliegt, nur Gründe berücksichtigen, auf denen der Widerrufsbeschluss beruht.[1746]

In **paritätisch mitbestimmten Gesellschaften** gelten die Mehrheitserfordernisse und das Abstimmungsverfahren des § 31 Abs. 2–4 MitbestG auch für die Entscheidung über den Widerruf (§ 31 Abs. 5 MitbestG, → § 7 Rn. 223). Zu Recht wird verbreitet kritisiert, dass das dreistufige Abstimmungsverfahren zur Entscheidung über den Widerruf nicht passt.[1747] Falls bei der Entscheidung über den Widerruf nicht die erforderliche Mehrheit von zwei Dritteln der Mitglieder des Aufsichtsrats (§ 31 Abs. 2 MitbestG; Ist-Stärke[1748]) zustande kommt, hat der nach § 27 Abs. 3 MitbestG zu bildende Vermittlungsausschuss einen Monat Zeit, dem Plenum einen Vermittlungsvorschlag zu machen (§ 31 Abs. 3 S. 1 MitbestG). Diese Monatsfrist kollidiert mit der zweiwöchigen Ausschlussfrist, innerhalb der der Aufsichtsrat über die Kündigung des Anstellungsvertrags entscheiden muss (§ 626 Abs. 2 BGB). Nach wohl hA ist diese Kollision dahin aufzulösen, dass die **Kündigungsfrist gehemmt** ist, solange das Verfahren über den Widerruf noch nicht beendet ist (→ Rn. 1715).[1749] Im Übrigen kann der Vermittlungsausschuss das Vermittlungsverfahren vor Ablauf der Monatsfrist beenden (→ § 7 Rn. 223). 743

k) Widerrufserklärung, Befristung, Bedingung

Der Widerruf der Bestellung ist eine **einseitige empfangsbedürftige Willenserklärung**. Eine besondere **Form** ist grds. nicht erforderlich.[1750] Die Satzung, eine Geschäftsordnung oder der Anstellungsvertrag können eine besondere Form für die Widerrufserklärung regeln;[1751] entsprechende Regelungen sind aber unüblich. Regelt der Aufsichtsrat ein Formerfordernis in der Geschäftsordnung, handelt es sich lediglich um eine Selbstbindung, die er durchbrechen und auf die sich das Vorstandsmitglied nicht mit der Begründung berufen kann, der Widerruf seiner Bestellung sei nicht wirksam, weil der Aufsichtsrat die Selbstbindung nicht beachtet habe. 744

Ein **aufschiebend befristeter** Widerruf ist **zulässig**.[1752] Eine **aufschiebende Bedingung** ist bei einseitigen Gestaltungserklärungen wie dem Widerruf generell **unzulässig** und **unwirksam**.[1753] 745

[1743] Vgl. LG Frankfurt a. M. NZG 2014, 706 (708); Hölters/*Weber* AktG § 84 Rn. 77; BeckOGK/*Fleischer* AktG § 84 Rn. 135; Kölner Komm AktG/*Mertens/Cahn* AktG § 84 Rn. 106; *Fonk* in Semler/v. Schenck AR-HdB § 10 Rn. 308.
[1744] Hölters/*Weber* AktG § 84 Rn. 77; BeckOGK/*Fleischer* AktG § 84 Rn. 135; Kölner Komm AktG/*Mertens/Cahn* AktG § 84 Rn. 106, 112; *Fonk* in Semler/v. Schenck AR-HdB § 10 Rn. 308.
[1745] Ebenso *Fonk* in Semler/v. Schenck AR-HdB § 10 Rn. 308; Hölters/*Weber* AktG § 84 Rn. 77.
[1746] MüKoAktG/*Spindler* AktG § 84 Rn. 124; Kölner Komm AktG/*Mertens/Cahn* AktG § 84 Rn. 139; K. Schmidt/Lutter AktG/*Seibt* AktG § 84 Rn. 59; strenger evtl. GroßkommAktG/*Kort* AktG § 84 Rn. 197 f.: nur Berücksichtigung der im Aufsichtsratsbeschluss *angegebenen* Gründe, andere Gründe als Hilfstatsachen.
[1747] Kölner Komm AktG/*Mertens/Cahn* AktG § 84 Rn. 10; Habersack/Henssler/*Habersack* MitbestG § 31 Rn. 27; *Mertens* ZGR 1983, 189 (202 f.): „*Gesetzgeberische Fehlleistung*"; *Raiser* BB 1976, 145 (148); Raiser/Veil/Jacobs/*Raiser* MitbestG § 31 Rn. 33; Wißmann/Kleinsorg/Schubert/*Schubert* MitbestG § 31 Rn. 53.
[1748] Habersack/Henssler/*Habersack* MitbestG § 31 Rn. 19 mwN.
[1749] BeckOGK/*Fleischer* AktG § 84 Rn. 104; Hüffer/Koch/*Koch* AktG § 84 Rn. 33; MüKoAktG/*Spindler* AktG § 84 Rn. 124; GroßkommAktG/*Oetker* § 31 MitbestG Rn. 27; Hölters/*Weber* AktG § 84 Rn. 106; MHdB AG/*Wentrup* § 21 Rn. 141; aA LG Ravensburg EWiR 1985, 415; Kölner Komm AktG/*Mertens/Cahn* AktG § 84 Rn. 174; Habersack/Henssler/*Habersack* MitbestG § 31 Rn. 33; GroßkommAktG/*Kort* AktG § 84 Rn. 525; MüKoAktG/*Annuß* § 31 MitbestG Rn. 26.
[1750] Hölters/*Weber* AktG § 84 Rn. 119; BeckOGK/*Fleischer* AktG § 84 Rn. 135.
[1751] Zur Satzung *Beiner/Braun* Vorstandsvertrag Rn. 144; BeckOGK/*Fleischer* AktG § 84 Rn. 135; MHdB AG/*Hoffmann-Becking* § 30 Rn. 93; zur Zulässigkeit von Satzungsregelungen für die Amtsniederlegung von Aufsichtsratsmitgliedern GroßkommAktG/*Hopt/Roth* AktG § 103 Rn. 105.
[1752] Vgl. LG Frankfurt a. M. NZG 2014, 706 (707); *Thüsing* in Fleischer VorstandsR-HdB § 5 Rn. 2; MüKoAktG/*Spindler* AktG § 84 Rn. 143; K. Schmidt/Lutter AktG/*Seibt* AktG § 84 Rn. 52, 16.
[1753] Zur Amtsniederlegung von Aufsichtsratsmitgliedern MüKoAktG/*Habersack* AktG § 103 Rn. 18; Hüffer/Koch/*Koch* AktG § 103 Rn. 59 ff.; GroßkommAktG/*Hopt/Roth* AktG § 103 Rn. 105; BeckOGK/*Spindler* AktG § 103 Rn. 68; zur Kündigung des Anstellungsvertrags BeckOGK/*Fleischer* AktG § 84 Rn. 156; *Thüsing* in Fleischer VorstandsR-HdB § 5 Rn. 54; *Beiner/Braun* Vorstandsvertrag Rn. 702.

l) Zugang der Widerrufserklärung beim Vorstandsmitglied

746 Der Widerruf wird erst wirksam, wenn er dem Vorstandsmitglied **zugeht** (§ 130 Abs. 1 S. 1 BGB).[1754] War das Vorstandsmitglied bei der Beschlussfassung des Aufsichtsrats anwesend, ist es nicht erforderlich, ihm den Widerruf gesondert mitzuteilen.[1755]

747 **aa) Erklärungsvertreter und Erklärungsbote.** Der Aufsichtsrat muss **als Organ** über den Widerruf der Bestellung entscheiden. Mit der **Übermittlung des Widerrufs** an das Vorstandsmitglied beauftragt der Aufsichtsrat idR eines seiner Mitglieder. Dogmatisch wird dabei unterschieden, ob der Beauftragte den Widerruf übermittelt, indem er eine vom Aufsichtsrat bereits gebildete Willenserklärung als Bote abgibt („*Das Aufsichtsratsmitglied X wird beauftragt und ermächtigt, dem Vorstandsmitglied Y den vom Aufsichtsrat erklärten Widerruf der Bestellung zu übermitteln.*")[1756] oder ob er als sog. Erklärungsvertreter eine eigene Willenserklärung abgibt, auf deren Inhalt er keinen Einfluss nimmt[1757] („*Das Aufsichtsratsmitglied X wird beauftragt und bevollmächtigt, dem Vorstandsmitglied Y den Widerruf der Bestellung zu erklären.*"). **Nicht-Aufsichtsratsmitglieder** können zwar **nicht Erklärungsvertreter** sein, weil eine Vertretung durch Dritte nicht damit vereinbar ist, dass Aufsichtsratsmitglieder ihr Amt höchstpersönlich wahrnehmen müssen (§ 111 Abs. 6 AktG).[1758] Nicht-Aufsichtsratsmitglieder kommen aber als **Erklärungsbote** in Betracht, der den vom Aufsichtsrat erklärten Widerruf überbringt.[1759] Auch ein Vorstandsmitglied kann Erklärungsbote sein.[1760] Soweit es andere Möglichkeiten gibt, ist davon allerdings abzuraten – das Vorstandsmitglied bestimmt andernfalls de facto darüber, ob der Widerruf wirksam wird.[1761]

748 **bb) Nachweis der Befugnis zur Erklärung oder Übermittlung des Widerrufs.** Nach hA ist der Widerruf der Bestellung grds. **unwirksam,** wenn die Person, die ihn im Namen der AG als Erklärungsvertreter erklärt oder die Erklärung der AG als Erklärungsbote übergibt, nicht durch eine entsprechende Urkunde nachweist, dass sie vom Aufsichtsrat ermächtigt ist, und das Vorstandsmitglied die Erklärung des Widerrufs aus diesem Grund **unverzüglich zurückweist** (§ 174 S. 1 BGB in entsprechender Anwendung).[1762] Der Nachweis soll dem Vorstandsmitglied Gewissheit darüber verschaffen, ob der Erklärende wirklich zur Abgabe der Widerrufserklärung ermächtigt ist und die AG die Erklärung gegen sich geltend lassen muss.[1763]

749 **(1) Befugnis in der Satzung.** Das Vorstandsmitglied kann den Widerruf jedenfalls **nicht zurückweisen,** wenn sich die Ermächtigung des Erklärenden – idR des Aufsichtsratsvorsitzenden – aus der **Satzung** ergibt (§ 174 S. 2 BGB), da in diesem Fall keine Unsicherheit über die Befugnis des Erklärenden und damit auch kein Schutzbedürfnis des Vorstandsmitglieds bestehen (vgl. § 174 S. 2 BGB).[1764] Die Satzung kann allerdings nicht ausschließen, dass der Aufsichtsrat ein anderes Aufsichtsratsmitglied ermächtigt.[1765]

[1754] OLG Frankfurt a. M. NZG 2015, 1112 Rn. 70; MüKoAktG/*Spindler* AktG § 84 Rn. 126; MHdB AG/*Wentrup* § 20 Rn. 63; Hüffer/Koch/*Koch* AktG § 84 Rn. 33; *Bauer/Krieger* ZIP 2004 1247 (1248).

[1755] Hölters/*Weber* AktG § 84 Rn. 67; BeckOGK/*Fleischer* AktG § 84 Rn. 105; *Lutter/Krieger/Verse* AR Rn. 371; *Schockenhoff/Topf* DB 2005, 539.

[1756] OLG Düsseldorf AG 2012, 511; GroßkommAktG/*Kort* AktG § 84 Rn. 179; Hüffer/Koch/*Koch* AktG § 84 Rn. 33; MüKoAktG/*Spindler* AktG § 84 Rn. 126; weitere Formulierungsempfehlungen bei *Schockenhoff/Topf* DB 2005, 539 (544f.).

[1757] Zur Einordnung der Erklärungsvertretung als Rechtsfigur zwischen Stellvertretung und Botenschaft BGH AG 2005, 475; vgl. ferner OLG Düsseldorf AG 2004, 321 (323); *Bauer/Krieger* ZIP 2004, 1247 (1248); zur Einordnung oder als Sonderfall der Vertretung *Cahn* FS Hoffmann-Becking, 2013, 247 (254).

[1758] *Seyfarth* VorstandsR § 19 Rn. 55; GroßkommAktG/*Hopt/Roth* AktG § 111 Rn. 790; Hüffer/Koch/*Koch* AktG § 111 Rn. 59.

[1759] OLG Düsseldorf AG 2012, 511 (512); zur Kündigung des Anstellungsvertrags BGHZ 12, 327 (336) = NJW 1954, 797 sowie MHdB AG/*Wentrup* § 20 Rn. 59; K. Schmidt/Lutter AktG/*Seibt* AktG § 84 Rn. 51; *Seyfarth* VorstandsR § 19 Rn. 55.

[1760] Zur Kündigung des Anstellungsvertrags BGHZ 12, 327 (336) = NJW 1954, 797; OLG Stuttgart AG 2003, 211 (212); *Janzen* NZG 2003, 468 (471); MüKoAktG/*Spindler* AktG § 84 Rn. 126; Hüffer/Koch/*Koch* AktG § 84 Rn. 33; BeckOGK/*Fleischer* AktG § 84 Rn. 105.

[1761] Hüffer/Koch/*Koch* AktG § 84 Rn. 33; MüKoAktG/*Spindler* AktG § 84 Rn. 126; GroßkommAktG/*Kort* AktG § 84 Rn. 180.

[1762] OLG Düsseldorf AG 2004, 321 (323); Hölters/*Weber* AktG § 84 Rn. 67; BeckOGK/*Fleischer* AktG § 84 Rn. 105; *Tschöpe/Wortmann* NZG 2009, 85 (89f.); *Pusch* RdA 2005, 170 (172); MüKoAktG/*Spindler* AktG § 84 Rn. 126. Für eine direkte Anwendung *Leuering* NZG 2004, 120 (121); aA Kölner Komm AktG/*Mertens/Cahn* AktG § 84 Rn. 111: Keine Zurückweisung, wenn der Aufsichtsratsvorsitzende die Erklärung abgibt; *Thüsing* in Fleischer VorstandsR-HdB § 5 Rn. 2; *Bednarz* NZG 2005, 418 (424f.); krit. auch *v. Medem* GWR 2012, 344.

[1763] Vgl. BAG NJW 1993, 1286; OLG Düsseldorf AG 2004, 321 (323); MüKoBGB/*Schubert* BGB § 174 Rn. 1; *Pusch* RdA 2005, 170 (172); *Bednarz* NZG 2005, 418 (423).

[1764] OLG Frankfurt a. M. NZG 2015, 514 Rn. 13; OLG Düsseldorf AG 2004, 321 (324); OLG Düsseldorf AG 2012, 511; aA *Pusch* RdA 2005, 170 (173).

[1765] MüKoAktG/*Habersack* AktG § 107 Rn. 60; Hölters/*Hambloch-Gesinn/Gesinn* AktG § 112 Rn. 14; Kölner Komm AktG/*Mertens/Cahn* AktG § 107 Rn. 51, § 112 Rn. 41; offen gelassen in OLG Frankfurt a. M. AG 1975, 18.

(2) Befugnis in der Geschäftsordnung für den Aufsichtsrat. Ob ein Zurückweisungsrecht des Vor- 750
standsmitglieds ausgeschlossen ist, wenn sich die Ermächtigung des Erklärenden aus der Geschäftsordnung
für den Aufsichtsrat ergibt, ist umstritten. Teilweise wird vertreten, eine Regelung in der Geschäftsordnung für den Aufsichtsrat genüge generell nicht[1766] oder nur, wenn sie dem Vorstand positiv bekannt sei.[1767] **Nach wohl hA** genügt die Regelung in der Geschäftsordnung für den Aufsichtsrat hingegen auch, wenn sie dem Vorstand **nicht positiv bekannt** ist, weil die Vorstandsmitglieder sie **grds. kennen müssen.**[1768]

Stellungnahme: Der hA ist iErg zuzustimmen. Die Geschäftsordnung für den Aufsichtsrat ergibt 751
sich zwar nicht aus dem Handelsregister, und der Aufsichtsrat kann seine Geschäftsordnung jederzeit ändern. In der Regel kennen die Vorstandsmitglieder die Geschäftsordnung für den Aufsichtsrat jedoch oder können das zumindest. Ein hinreichendes „in Kenntnis setzen" der Vorstandsmitglieder iSd § 174 S. 2 BGB liegt insbes. vor, wenn die Geschäftsordnung für den Aufsichtsrat auf der **Internetseite der AG** zugänglich ist,[1769] wie D.1 DCGK empfiehlt. Das Vorstandsmitglied, dem der Widerruf seiner Bestellung erklärt wird, trifft daher die Darlegungs- und Beweislast, dass es die Geschäftsordnung nicht kennen konnte. Der entsprechende Nachweis wird dem Vorstandsmitglied selten gelingen.

(3) Befugnis durch Einzelurkunde, insbes. Sitzungsniederschrift. Der Erklärende kann nachwei- 752
sen, dass ihn der Aufsichtsrat ermächtigt hat, indem er eine von allen Aufsichtsratsmitgliedern unterzeichnete Urkunde[1770] oder die Niederschrift der Sitzung im **Original** übergibt, in der der Aufsichtsrat die Ermächtigung beschlossen hat.[1771] Die Übergabe einer Abschrift oder die Vorlage eines Auszugs der Sitzungsniederschrift reichen nach hA nicht aus.[1772]

(4) Befugnis des Aufsichtsratsvorsitzenden kraft seiner Funktion oder aufgrund konkludenter 753
Ermächtigung? Umstritten ist, ob Besonderheiten gelten, wenn der Aufsichtsratsvorsitzende den Widerruf erklärt. Nach hA ist allein mit der Funktion als Aufsichtsratsvorsitzender nicht per se eine Ermächtigung seitens des Aufsichtsrats als Erklärungsvertreter aufzutreten, sofern der Aufsichtsrat für die Gesellschaft handelt.[1773] Teilweise wird aber vertreten, der Aufsichtsratsvorsitzende sei **grds. konkludent ermächtigt,** umsetzungsbedürftige Beschlüsse des Aufsichtsrats auszuführen und in diesem Zusammenhang erforderliche Willenserklärungen abzugeben oder zu übermitteln, sofern nicht ausdrücklich eine andere Person ermächtigt ist.[1774] Unter den Vertretern, die den Aufsichtsratsvorsitzenden grds. für konkludent ermächtigt halten, ist weiter umstritten, ob Vorstandsmitglieder eine Widerrufserklärung gegenüber dem Aufsichtsratsvorsitzenden zurückweisen dürfen (§ 174 S. 2 BGB).[1775]

Stellungnahme: Mit Blick auf die Stellung und Aufgaben des Aufsichtsratsvorsitzenden ist zwar da- 754
von auszugehen, dass ihn der Aufsichtsrat grds. konkludent ermächtigt hat. Auch gegenüber dem Aufsichtsratsvorsitzenden **dürfen** Vorstandsmitglieder aber die Erklärung des Widerrufs **zurückweisen,** wenn er seine Ermächtigung nicht nachweist. Es ist nicht auszuschließen, dass der Aufsichtsrat eine andere Person ermächtigt hat.[1776] Um nachzuweisen, dass der Aufsichtsratsvorsitzende ermächtigt ist, genügt es zwar, dass er das Original der Niederschrift des Widerrufsbeschlusses vorlegt, aus dem sich ergibt, dass **keine**

[1766] *Pusch* RdA 2005, 170 (173).
[1767] *Schockenhoff/Topf* DB 2005, 539 (542).
[1768] Ebenso *Leuering* EWiR 2003, 679 (680); vgl. auch MHdB AG/*Wentrup* § 20 Rn. 64; *Bauer/Krieger* ZIP 2004, 1247 (1248); BeckOGK/*Fleischer* AktG § 84 Rn. 105; *Lutter/Krieger/Verse* AR Rn. 371. Unklar OLG Düsseldorf AG 2004, 321 (323f.): zumindest „die dem Vorstand bekannte" Geschäftsordnung für den Aufsichtsrat.
[1769] So auch *Schockenhoff/Topf* DB 2005, 539 (542).
[1770] MüKoAktG/*Spindler* AktG § 84 Rn. 126; BeckOGK/*Fleischer* AktG § 84 Rn. 105; Hölters/*Weber* AktG § 84 Rn. 67; MHdB AG/*Wentrup* § 20 Rn. 63; *Tschöpe/Wortmann* NZG 2009, 85 (90).
[1771] OLG Düsseldorf AG 2004, 321 (323); *Schockenhoff/Topf* DB 2005, 539 (543); *Tschöpe/Wortmann* NZG 2009, 85 (90); BeckOGK/*Fleischer* AktG § 84 Rn. 105; MüKoAktG/*Spindler* AktG § 84 Rn. 126. Hölters/*Weber* AktG § 84 Rn. 67; MHdB AG/*Wentrup* § 20 Rn. 63.
[1772] BeckOGK/*Fleischer* AktG § 84 Rn. 105; MüKoAktG/*Spindler* AktG § 84 Rn. 126; Hölters/*Weber* AktG § 84 Rn. 67; aA *Lutter/Krieger/Verse* AR Rn. 371; *Pusch* RdA 2005, 170 (175).
[1773] Zum Abschluss des Anstellungsvertrags BGH NJW 1964, 1367; OLG Düsseldorf AG 2004, 321 (323); MüKoAktG/*Spindler* AktG § 84 Rn. 126; § 107 Rn. 43; Hölters/*Weber* AktG § 84 Rn. 67; BeckOGK/*Fleischer* AktG § 84 Rn. 105; BeckHdB AG/*Kolb* § 7 Rn. 166; *Bauer/Krieger* ZIP 2004, 1247 (1248); Kölner Komm AktG/*Mertens/Cahn* AktG § 84 Rn. 111, § 107 Rn. 52; GroßkommAktG/*Kort* AktG § 84 Rn. 179; *Janzen* NZG 2003, 468 (471); aA *Bednarz* NZG 2005, 418 (421f.); *Lutter/Krieger/Verse* AR Rn. 682; MHdB AG/*Hoffmann-Becking* § 31 Rn. 102; *Thüsing* in Fleischer VorstandsR-HdB § 5 Rn. 2; wohl auch *Schockenhoff/Topf* DB 2005, 539 (540f.).
[1774] Für eine konkludente Ermächtigung Kölner Komm AktG/*Mertens/Cahn* AktG § 84 Rn. 111; GroßkommAktG/*Kort* AktG § 84 Rn. 179; MüKoAktG/*Spindler* AktG § 84 Rn. 126; *Bauer/Krieger* ZIP 2004, 1247 (1248); dagegen OLG Düsseldorf AG 2004, 321 (323); BeckOGK/*Fleischer* AktG § 84 Rn. 105; Hölters/*Weber* AktG § 84 Rn. 67; *Janzen* NZG 2003, 468 (471).
[1775] Gegen ein Zurückweisungsrecht Kölner Komm AktG/*Mertens/Cahn* AktG § 84 Rn. 111; *Bauer/Krieger* ZIP 2004, 1247 (1249); dafür MüKoAktG/*Spindler* AktG § 84 Rn. 126.
[1776] OLG Düsseldorf AG 2004, 321 (323); MüKoAktG/*Spindler* AktG § 84 Rn. 126.

andere Person** ermächtigt wurde.[1777] Ungeachtet dessen sollte der Aufsichtsrat ausdrücklich beschließen, wen er ermächtigt. Auch wenn eine entsprechende Ermächtigung bereits in der Satzung oder der Geschäftsordnung für den Aufsichtsrat enthalten ist, erspart ein solches Vorgehen, neben dem Beschluss weitere Dokumente vorzulegen und nachzuweisen, dass es sich um die aktuelle Fassung der Geschäftsordnung handelt.

m) Rechtsschutz des Vorstandsmitglieds

755   Das Vorstandsmitglied kann **Feststellungsklage** erheben mit dem Ziel, dass das Gericht die Unwirksamkeit des Widerrufs feststellt. Die Klage ist gegen die Gesellschaft, **vertreten durch den Aufsichtsrat** (§ 112 AktG), zu richten.[1778] Dass das Vorstandsmitglied ausschließlich oder in erster Linie gegen den Widerruf seiner Bestellung und nicht gegen die Beendigung seines Anstellungsvertrags vorgeht, spielt insbes. eine Rolle, wenn der Anstellungsvertrag aufgrund einer Kopplungsklausel infolge des Widerrufs endet (→ Rn. 1680).

756   **aa) Zuständigkeit der ordentlichen Gerichte.** Zuständig sind die ordentlichen Gerichte: Vorstandsmitglieder **gelten nicht als „Arbeitnehmer" iSd ArbGG** (§ 5 Abs. 1 S. 3 ArbGG). Das gilt auch, wenn das Vorstandsmitglied zunächst als Arbeitnehmer tätig war und sein Arbeitsvertrag nach der Bestellung stillschweigend um die Vorstandstätigkeit ergänzt wird.[1779] Nach der **Rechtsprechung des BAG zu GmbH-Geschäftsführern** soll § 5 Abs. 1 S. 3 ArbGG, wonach GmbH-Geschäftsführer ebenso wie Vorstandsmitglieder keine Arbeitnehmer iSd ArbGG sind, nicht mehr anwendbar sein, wenn die Bestellung beendet ist.[1780] Mit Blick auf diese Rechtsprechung wird insbes. für GmbH-Geschäftsführer versucht, die arbeitsgerichtliche Zuständigkeit zu begründen.[1781] Das setzt nach § 5 Abs. 1 S. 1, S. 2 ArbGG voraus, dass ein Arbeitsverhältnis vorliegt. Bei GmbH-Geschäftsführern soll ein Arbeitsverhältnis insbes. in Betracht kommen, weil sie den Weisungen der Gesellschafterversammlung unterliegen. Vorstandsmitglieder sollen danach nicht als Arbeitnehmer einzuordnen und der arbeitsgerichtliche Rechtsweg soll nicht eröffnet sein, weil sie keinen Weisungen der Aktionäre unterliegen (§ 76 AktG).[1782] Dem ist iErg zuzustimmen, nicht aber in der Begründung: Greift ein Vorstandsmitglied den Widerruf an, macht es geltend, dass seine Bestellung gerade nicht beendet ist. Es bleibt daher dabei, dass das Vorstandsmitglied insofern nach § 5 Abs. 1 S. 3 ArbGG nicht als Arbeitnehmer gilt.

757   Am Landgericht ist die **Kammer für Handelssachen** zuständig (§ 95 Abs. 1 Nr. 4a GVG). **Örtlich zuständig** ist das Gericht am Sitz der AG (§ 12 ZPO, § 17 Abs. 1 ZPO). Zudem besteht ein besonderer Gerichtsstand nach § 29 ZPO an dem Ort, an dem das Vorstandsmitglied nach seinem Anstellungsvertrag seine Tätigkeit zu erfüllen hat; das muss nicht zwingend der Sitz der AG sein.[1783]

758   Die ordentlichen Gerichte sind auch zuständig, wenn über das Vermögen der AG ein **Insolvenzverfahren eröffnet** ist.[1784]

759   **bb) Schiedsfähigkeit.** Umstritten ist, ob Streitigkeiten über das **(Nicht-)Bestehen des Organverhältnisses** schiedsfähig sind. Eine **verbreitete Ansicht lehnt das ab**.[1785] Schiedsfähig seien lediglich Streitigkeiten, die das Anstellungsverhältnis betreffen. Die Zuordnung von Rechten und Pflichten der Organmitglieder sei zwingend und müsse deshalb der Kontrolle durch die staatlichen Gerichte vorbehalten bleiben.[1786] Das Schiedsgericht entschiede faktisch als viertes Gesellschaftsorgan über das Bestehen von Rechten und Pflichten als Organmitglied. Das durchbreche die zwingende aktienrechtliche Zuständigkeitsordnung und den Grundsatz der Gleichordnung der Gesellschaftsorgane.[1787] Die **im Vordringen be-**

[1777] MüKoAktG/*Spindler* AktG § 84 Rn. 126.
[1778] BGH NJW 1981, 2748 (2749); BGH NZG 2004, 186 (187); BGH NJW-RR 2009, 690 Rn. 7; BGH NJW-RR 2013, 485 Rn. 10; Hüffer/Koch/*Koch* AktG § 84 Rn. 41; MHdB AG/*Wentrup* § 20 Rn. 64; MüKoAktG/ *Spindler* AktG § 84 Rn. 146.
[1779] Zum GmbH-Geschäftsführer BAG AG 2013, 390 Rn. 9, 11; Hüffer/Koch/*Koch* AktG § 84 Rn. 41; GroßkommAktG/*Kort* AktG § 84 Rn. 194; MüKoAktG/*Spindler* AktG § 84 Rn. 61; *Thüsing* in Fleischer VorstandsR-HdB § 5 Rn. 60.
[1780] BAG GmbHR 2011, 1200 Rn. 13 f.; OLG München NZG 2014, 1420 Rn. 7; LAG Rheinland-Pfalz NZG 2012, 1227; Hüffer/Koch/*Koch* AktG § 84 Rn. 41.
[1781] Eingehend *Blöse* WPg 2020, 53 mwN.
[1782] Hüffer/Koch/*Koch* AktG § 84 Rn. 41; Hümmerich/Reufels/*Hümmerich* § 3 Rn. 28.
[1783] AA zum Rechtsstreit über die Beendigung des Anstellungsvertrags GroßkommAktG/*Kort* § 84 Rn. 588: Erfüllungsort iSd § 29 ZPO sei stets der Sitz der AG.
[1784] Zum GmbH-Geschäftsführer BAG AG 2013, 390 Rn. 14; Hüffer/Koch/*Koch* AktG § 84 Rn. 41.
[1785] GroßkommAktG/*Kort* § 84 Rn. 589; BeckOGK/*Fleischer* AktG § 84 Rn. 141; *Seyfarth* VorstandsR § 19 Rn. 61; *Hommelhoff* ZHR 143 (1979), 289 (312).
[1786] GroßkommAktG/*Kort* § 84 Rn. 589.
[1787] *Hommelhoff* ZHR 143 (1979), 288 (312); so auch noch MüKoAktG/*Spindler* AktG, 4. Aufl. 2014, § 84 Rn. 132, der diesen Vorbehalt offenbar aufgegeben hat, MüKoAktG/*Spindler* AktG § 84 Rn. 146a.

findliche **Gegenansicht** hält Streitigkeiten über das Bestehen des Organverhältnisses für schiedsfähig.[1788] Das Schiedsgericht übernehme **keine organschaftliche,** sondern habe wie ein staatliches Gericht **nur streitentscheidende Funktion.** Die Rechtmäßigkeit des Widerrufs sei gerichtlich voll überprüfbar. Die Personalkompetenz des Aufsichtsrats werde daher durch eine schiedsgerichtliche Prüfung nicht in Frage gestellt.[1789] Der BGH habe anerkannt, dass sogar Beschlussmängelstreitigkeiten im Schiedsverfahren entschieden werden könnten, solange ein Mindeststandard an Mitwirkungsrechten für alle Betroffenen gewährleistet sei.[1790] Eine Streitigkeit über das Bestehen des Organverhältnisses betreffe zudem zumindest mittelbar einen **„vermögensrechtlichen Anspruch"** iSv § 1030 Abs. 1 S. 1 ZPO:[1791] Der Widerruf solle die wirtschaftlichen Belange der AG wahren. Auch für das Vorstandsmitglied seien mit Blick auf den Streit über das Bestehen des Organverhältnisses idR wirtschaftliche Konsequenzen verbunden.[1792]

Stellungnahme: Die Schiedsfähigkeit ergibt sich aus § 1030 Abs. 1 S. 2 ZPO. Danach sind auch 760 Streitigkeiten schiedsfähig, über die die Parteien einen **Vergleich** schließen können, und das ist mit Blick auf die Wirksamkeit des Widerrufs der Fall. Es sind keine gesetzlichen Vorschriften ersichtlich – insbes. nicht im Aktiengesetz –, die entgegenstehen, eine Streitigkeit über die Wirksamkeit des Widerrufs einem schiedsrichterlichen Verfahren zu unterwerfen (vgl. § 1030 Abs. 3 ZPO).

Unter den Vertretern der Ansicht, die Streitigkeiten über das Bestehen des Organverhältnisses für 761 schiedsfähig hält, ist umstritten, ob eine Schiedsvereinbarung nur **individualvertraglich** oder auch in der **Satzung** getroffen werden kann. Nach überwiegender Ansicht kann eine Schiedsvereinbarung auch in der Satzung getroffen werden: Der Grundsatz der Satzungsstrenge sei nicht verletzt, weil keine gesetzliche Vorschrift ersichtlich sei, die Auseinandersetzungen über den Bestand des Organverhältnisses zwingend den staatlichen Gerichten zuweist.[1793] Für das Verfahren gelten ggf. die allgemeinen Regeln (vgl. § 1066 ZPO).

Das Schrifttum ordnet das Vorstandsmitglied mit Blick auf seine Tätigkeit als Verbraucher iSd § 13 762 BGB ein, sofern es nicht maßgeblich an der AG beteiligt ist.[1794] Ist das Vorstandsmitglied Verbraucher, ist nach Auffassung des OLG Hamm das **Schriftformerfordernis des § 1031 Abs. 5 ZPO** zu beachten, wenn eine Schiedsvereinbarung individualvertraglich abgeschlossen wird.[1795] Im Schrifttum wird dieses Schriftformerfordernis mit dem Argument abgelehnt, das Vorstandsmitglied werde dadurch häufig um den Erfolg im Schiedsverfahren gebracht.[1796] Das **überzeugt nicht:** Ein Formmangel iSd § 1031 Abs. 5 ZPO wird nur dann nach § 1031 Abs. 6 ZPO geheilt, wenn sich beide Parteien auf die schiedsgerichtliche Verhandlung zur Hauptsache einlassen.[1797] Lässt sich die AG nicht auf die schiedsgerichtliche Verhandlung zur Hauptsache ein, wird der Mangel der Schriftform daher zwar nicht nach § 1031 Abs. 6 ZPO geheilt. Es ist aber nicht ersichtlich, um welchen Erfolg das Vorstandsmitglied ggf. gebracht werden soll: Weist das Schiedsgericht die Schiedsklage als unzulässig ab, bleibt es ihm unbenommen, Rechtsschutz vor den staatlichen Gerichten zu suchen. Versucht das Vorstandsmitglied zunächst erfolglos, ein Schiedsverfahren durchzuführen, dauert es lediglich länger, bis es ein rechtskräftiges Urteil der Zivilgerichte erhält.

cc) Prüfung des Gerichts, „Nachschieben" von Gründen. Das Gericht muss **in formeller Hinsicht** 763 prüfen, ob ein **wirksamer Aufsichtsratsbeschluss** gefasst wurde, und **in materieller Hinsicht,** ob ein **wichtiger Grund** für den Widerruf vorliegt.[1798] Das Gericht muss zunächst die Gründe berücksichtigen, auf denen der Widerruf **beruht.** Der Aufsichtsrat kann im Prozess neue Gründe „nachschieben", die ihm **noch nicht bekannt** waren. Nicht geklärt ist, ob er neue Gründe nur nachschieben kann, wenn sie

---

[1788] Kölner Komm AktG/*Mertens/Cahn* AktG § 84 Rn. 99; K. Schmidt/Lutter AktG/*Seibt* AktG § 84 Rn. 59; MHdB AG/*Wentrup* § 20 Rn. 64; *Fonk* in Semler/v. Schenck AR-HdB § 9 Rn. 229; *Beiner/Braun* Vorstandsvertrag Rn. 686; *Spindler* FS Baums, 2017, 1205 (1206 ff.); *Bauer/C. Arnold/Kramer* AG 2014, 677 (682); *Habersack/Wasserbäch* AG 2016, 2 (11); *Wilske/C. Arnold/Grillitsch* ZIP 2009, 2425 (2428).
[1789] Kölner Komm AktG/*Mertens/Cahn* AktG § 84 Rn. 99; *Fonk* in Semler/v. Schenck AR-HdB § 9 Rn. 229; *Beiner/Braun* Vorstandsvertrag Rn. 686; *Bauer/C. Arnold/Kramer* AG 2014, 677 (682); *Habersack/Wasserbäch* AG 2016, 2 (11).
[1790] Kölner Komm AktG/*Mertens/Cahn* AktG § 84 Rn. 99, 134 unter Verweis BGH NZG 2009, 620 (621).
[1791] Kölner Komm AktG/*Mertens/Cahn* AktG § 84 Rn. 99, 134; *Spindler* FS Baums, 2017, 1205 (1206).
[1792] *Beiner/Braun* Vorstandsvertrag Rn. 686; *Papmehl,* Die Schiedsfähigkeit gesellschaftsrechtlicher Streitigkeiten, 2001, 225; *Habersack/Wasserbäch* AG 2016, 2 (10); den vermögensrechtlichen Charakter verneinend *Seyfarth* VorstandsR § 19 Rn. 61.
[1793] *Bauer/C. Arnold/Kramer* AG 2014, 677 (681 f.); *Beiner/Braun* Vorstandsvertrag Rn. 686; *Habersack/Wasserbäch* AG 2016, 2 (11); *Spindler* FS Baums, 2017, 1205 (1207 f.); aA ohne Begründung GroßkommAktG/*Kort* § 84 Rn. 590.
[1794] BeckOGK/*Fleischer* AktG § 84 Rn. 26 mwN.
[1795] OLG Hamm AG 2007, 910 (911).
[1796] GroßkommAktG/*Kort* § 84 Rn. 590a; Kölner Komm AktG/*Mertens/Cahn* AktG § 84 Rn. 99; Hüffer/Koch/*Koch* AktG § 84 Rn. 25.
[1797] BeckOK ZPO/*Wolf/Eslami* ZPO § 1031 Rn. 25 f.
[1798] Hölters/*Weber* AktG § 84 Rn. 82; BeckOGK/*Fleischer* AktG § 84 Rn. 143.

bereits bei der Beschlussfassung oder ob es genügt, dass sie im Zeitpunkt der Erklärung vorlagen.[1799] Es ist auch nicht per se ausgeschlossen, dass der Aufsichtsrat Gründe nachschiebt, die ihm **bereits bekannt** waren, wobei auch insofern nicht geklärt ist, ob der Grund bereits bei der Beschlussfassung oder erst bei der Erklärung vorgelegen haben muss.[1800]

764　**Stellungnahme:** Generell spricht nichts dagegen, dass der Aufsichtsrat Gründe nachschieben kann, die **nach der Erklärung des Widerrufs bis zum Zugang der Erklärung** entstehen. Der Widerruf wird erst mit dem Zugang der Erklärung wirksam. Es genügt, dass bis zu diesem Zeitpunkt objektiv ein Widerrufsgrund vorliegt.[1801] Es sind dieselben Grundsätze anzuwenden wie im Rechtsstreit über die Kündigung des Anstellungsvertrags (→ Rn. 1729 f.).

765　**Umstritten** ist, ob ein **weiterer Beschluss erforderlich** ist, wenn der Aufsichtsrat einen Grund nachschieben und den bereits erklärten Widerruf auch darauf stützen möchte. Die Rechtsprechung hat das teilweise mit dem Argument verneint, der Aufsichtsrat vertrete die AG im Rechtsstreit zum Widerruf ohnehin allein.[1802] Mit der Gegenansicht[1803] ist ein weiterer Beschluss erforderlich, wenn der Aufsichtsrat einen neuen Widerrufsgrund nachschieben möchte. Ob der neue Grund zum Widerruf berechtigt und vor allem ob der neue Grund in den Rechtsstreit eingeführt werden oder das im Interesse der AG unterbleiben soll, erfordert eine Entscheidung des Plenums (§ 108 Abs. 1 AktG, § 107 Abs. 3 S. 7 AktG). Ebenso ist ein neuer Beschluss erforderlich, wenn der Aufsichtsrat den Widerruf auf Umstände stützt, die nach der Widerrufserklärung eingetreten sind; ggf. liegt ein insgesamt neuer Widerruf vor und nicht lediglich ein Nachschieben von Gründen.[1804] Kein neuer Beschluss ist erforderlich, wenn neue Tatsachen in den Rechtsstreit eingeführt werden sollen, die die Umstände lediglich stützen bzw. weiter ausfüllen, auf die der Aufsichtsrat den Widerruf bereits gestützt hat; insofern ist aber zu beachten, ob der Widerrufsgrund nicht verwirkt ist (dazu → Rn. 740).[1805]

766　**dd) Vorläufige Wirksamkeit des Widerrufs der Bestellung.** Nach § 84 Abs. 3 S. 4 AktG ist der Widerruf wirksam, *„bis seine Unwirksamkeit rechtskräftig festgestellt"* ist. Nach ganz herrschender, inzwischen vom BGH geteilter Ansicht ist die **vorläufige** Wirksamkeit gemäß § 84 Abs. 3 S. 4 AktG ungeachtet des weiten Wortlauts beschränkt auf die Frage, ob ein **wichtiger Grund** für den Widerruf vorliegt.[1806] Die Bestellung bleibt daher wirksam und das Vorstandsmitglied im Amt, wenn der Aufsichtsratsbeschluss zum Widerruf (auch) wegen eines Verfahrensfehlers unwirksam ist oder insgesamt fehlt,[1807] oder wenn der Aufsichtsrat den Widerruf nicht wirksam erklärt hat (zu den Pflichten des Vorstandsmitglieds, das sich

---

[1799] Auf die Erklärung abstellend Hüffer/Koch/*Koch* AktG § 84 Rn. 42; BeckOGK/*Fleischer* AktG § 84 Rn. 143; Grigoleit/*Grigoleit* AktG § 84 Rn. 60; BeckHdB AG/*Liebscher* § 6 Rn. 58; auf den Beschluss abstellend OLG Stuttgart AG 2013, 599 (601); GroßkommAktG/*Kort* AktG § 84 Rn. 198; K. Schmidt/Lutter AktG/*Seibt* AktG § 84 Rn. 59; ebenso Kölner Komm AktG/*Mertens*/*Cahn* AktG § 84 Rn. 140, denen zufolge der Aufsichtsrat Gründe nur nachschieben kann, wenn es nicht nur um die Feststellung geht, dass der Widerruf unwirksam war, sondern auch darum, das Amt wieder auszuüben, weil die Amtszeit noch läuft.

[1800] Zum GmbH-Geschäftsführer auf die Erklärung abstellend BGH NJW-RR 1992, 292 (293 f.); *Ihrig*/*Schäfer* Rechte und Pflichten des Vorstands Rn. 136; auf den Beschluss abstellend GroßkommAktG/*Kort* AktG § 84 Rn. 198; Kölner Komm AktG/*Mertens*/*Cahn* AktG § 84 Rn. 140; *Seyfarth* VorstandsR § 19 Rn. 63; K. Schmidt/Lutter AktG/*Seibt* AktG § 84 Rn. 59; MüKoAktG/*Spindler* AktG § 84 Rn. 148, der es grds. für unerheblich hält, ob der nachgeschobene Grund bereits beim ersten Beschluss vorlag oder erst später eintrat; aA – kein Nachschieben von Gründen, die im Zeitpunkt des Widerrufs bekannt waren – LG München I AG 2005, 131 (132), allerdings ohne Begründung; MHdB AG/*Wentrup* § 20 Rn. 66; *Thüsing* in Fleischer VorstandsR-HdB § 5 Rn. 16; NK-AktR/*Oltmanns* AktG § 84 Rn. 27; BeckHdB AG/*Liebscher* § 6 Rn. 58.

[1801] Vgl. zum Kündigungsrecht MüKoBGB/*Henssler* § 626 BGB Rn. 357.

[1802] BGH AG 1998, 519 (520); OLG Düsseldorf AG 2012, 511 Rn. 61 mAnm v. *Medem* GWR 2012, 344; *Thüsing* in Fleischer VorstandsR-HdB § 5 Rn. 16; *Seyfarth* VorstandsR § 19 Rn. 63; tendenziell *Ihrig*/*Schäfer* Rechte und Pflichten des Vorstands Rn. 136.

[1803] BGH WM 1961, 569 (574); OLG Hamm AG 2010, 789 (792); OLG Stuttgart AG 2013, 599 (601); K. Schmidt/Lutter AktG/*Seibt* AktG § 84 Rn. 59; GroßkommAktG/*Kort* AktG § 84 Rn. 198; BeckOGK/*Fleischer* AktG § 84 Rn. 143; MüKoAktG/*Spindler* AktG § 84 Rn. 132, 148; Hüffer/Koch/*Koch* AktG § 84 Rn. 42; MHdB AG/*Wentrup* § 20 Rn. 66; BeckHdB AG/*Liebscher* § 6 Rn. 58; zur Genossenschaft BGHZ 60, 333 (336) = NJW 1973, 1122; zur GmbH BGH NJW-RR 1992, 292 (294).

[1804] OLG Hamm AG 2010, 789 (792); Hüffer/Koch/*Koch* AktG § 84 Rn. 42; GroßkommAktG/*Kort* AktG § 84 Rn. 200.

[1805] GroßkommAktG/*Kort* AktG § 84 Rn. 197 f.; MüKoAktG/*Spindler* AktG § 84 Rn. 148; Kölner Komm AktG/*Mertens*/*Cahn* AktG § 84 Rn. 139.

[1806] BGH NZG 2019, 861 Rn. 40; OLG Köln AG 2008, 458; OLG Stuttgart ZIP 1985, 539 (540); Hüffer/Koch/*Koch* AktG § 84 Rn. 39; MüKoAktG/*Spindler* AktG § 84 Rn. 145; MHdB CL/*Koch* § 30 Rn. 105; Hölters/*Weber* AktG § 84 Rn. 79; BeckOGK/*Fleischer* AktG § 84 Rn. 140; Kölner Komm AktG/*Mertens*/*Cahn* AktG § 84 Rn. 116; GroßkommAktG/*Kort* AktG § 84 Rn. 188; Wachter/*Link* AktG § 84 Rn. 60; K. Schmidt/Lutter AktG/*Seibt* AktG § 84 Rn. 60; Grigoleit/*Grigoleit* AktG § 84 Rn. 56; aA Ph. *Scholz* ZIP 2019, 2338 (2340 ff.): § 84 Abs. 3 S. 4 AktG sei beim Widerruf uneingeschränkt anwendbar.

[1807] Hölters/*Weber* AktG § 84 Rn. 79; BeckOGK/*Fleischer* AktG § 84 Rn. 140; MüKoAktG/*Spindler* AktG § 84 Rn. 145; Grigoleit/*Grigoleit* AktG § 84 Rn. 56.

darauf beruft, der Widerruf seiner Bestellung sei (auch) aus formellen Gründen unwirksam und es sei daher noch im Amt, sowie zu den Pflichten der anderen Vorstandsmitglieder sowie zu den Pflichten der Aufsichtsratsmitglieder → Rn. 777 f.).

ee) Klage des Vorstands- oder eines Aufsichtsratsmitglieds gegen den Widerruf der Bestellung. 767
Klagt das Vorstandsmitglied gegen den Widerruf seiner Bestellung, ist **zu unterscheiden,** ob es geltend macht, es liege **kein wichtiger Grund** vor, oder ob es ausschließlich oder zusätzlich geltend macht, der Widerruf sei **formell unwirksam.** Auch Aufsichtsratsmitglieder können die Unwirksamkeit des Widerrufs der Bestellung geltend machen.

(1) Berufung ausschließlich auf fehlenden wichtigen Grund. Stützt das Vorstandsmitglied die Klage 768 ausschließlich darauf, es liege **kein wichtiger Grund für den Widerruf** vor, handelt es sich um eine **Gestaltungsklage,** weil die durch den vorläufig wirksamen Widerruf beendete Bestellung rückwirkend wiederhergestellt werden soll (§ 84 Abs. 3 S. 4 AktG, → Rn. 766).[1808] Stellt das Gericht die Bestellung **rückwirkend** wieder her, weil kein wichtiger Grund für den Widerruf vorlag, folgt daraus aber nicht, dass das Vorstandsmitglied im Zeitraum vom Zugang der Widerrufserklärung bis zur gerichtlichen Wiederherstellung der Bestellung die Vorstandspflichten wahrnehmen und zB den Jahresabschluss unterzeichnen oder an Vorstandsbeschlüssen mitwirken musste. Es ist daher nicht erforderlich, ein Vorstandsmitglied, dessen Bestellung der Aufsichtsrat widerrufen hat und das diesen Widerruf ausschließlich mit dem Argument gerichtlich angreift, es liege kein wichtiger Grund vor, zu Vorstandssitzungen einzuladen, den Jahresabschluss unterzeichnen zu lassen etc. Das Gestaltungsurteil stellt zwar rückwirkend die Bestellung wieder her und **fingiert,** die Bestellung sei nie widerrufen worden. Diese Fiktionswirkung beseitigt aber nicht, dass der Widerruf nach § 84 Abs. 3 S. 4 AktG für den Zeitraum bis zur rechtskräftigen gerichtlichen Entscheidung **wirksam** war bzw. als **wirksam fingiert** wurde; die Fiktionswirkung des § 84 Abs. 3 S. 4 AktG geht der Fiktionswirkung des Gestaltungsurteils vor.

(2) Berufung auch auf formelle Mängel. Ist der Beschluss des Aufsichtsrats über den Widerruf der 769 Bestellung **aus formellen Gründen fehlerhaft,** ist der Widerruf von Anfang an **unwirksam.**[1809] Dasselbe gilt, wenn die Widerrufserklärung unwirksam ist, zB weil sie dem Vorstandsmitglied nicht wirksam zuging oder der Erklärende seine Erklärungsbefugnis nicht wirksam nachweist (→ Rn. 748). Die Unwirksamkeit des Widerrufsbeschlusses und der Widerrufserklärung kann das Vorstandsmitglied jederzeit geltend machen. Auch Aufsichtsratsmitglieder können geltend machen, dass das Aufsichtsratsvotum über den Widerruf der Bestellung unwirksam ist.[1810] Manche (Verfahrens-)Fehler des Widerrufsbeschlusses – zB Verstöße gegen Vorschriften über Ort und Zeit der Sitzung[1811] oder die Einberufung[1812] – können ohnehin ausschließlich Aufsichtsratsmitglieder rügen; im Fall einer solchen Rüge sind der Widerrufsbeschluss und damit der Widerruf bereits aus diesem Grund unwirksam (zur Fehlerhaftigkeit von Beschlüssen des Aufsichtsrats → § 3 Rn. 463 ff.).[1813] Macht das Vorstandsmitglied oder ein Aufsichtsratsmitglied geltend, der Widerruf sei ausschließlich oder auch **formell unwirksam,** handelt es sich um eine **Feststellungsklage,** da das Organverhältnis nicht wirksam beendet wurde.[1814] Im Prozess wird ggf. im Nachhinein deklaratorisch erkannt, dass das Vorstandsamt nie beendet war (zum Umgang mit dem Schwebezustand bis zur gerichtlichen Feststellung der Unwirksamkeit oder einer „Neuvornahme" des Widerrufs → Rn. 777 f.).

Macht das Vorstandsmitglied oder ein Aufsichtsratsmitglied geltend, der Widerruf sei (auch) wegen 770 formeller Mängel unwirksam, ist das Vorstandsmitglied nach seinem eigenen Vortrag oder dem des Aufsichtsratsmitglieds **nach wie vor im Amt** und muss an sich seine Organpflichten erfüllen. Die verbliebenen Vorstandsmitglieder müssen das Vorstandsmitglied an sich in die Arbeit des Vorstands einbeziehen. Sowohl für das betroffene Vorstandsmitglied als auch für die anderen Vorstandsmitglieder ergeben sich

---

[1808] OLG Stuttgart AG 2013, 599 (600); OLG Stuttgart NZG 2002, 971 (972); Hüffer/Koch/*Koch* AktG § 84 Rn. 42; MüKoAktG/*Spindler* AktG § 84 Rn. 146b; Hölters/*Weber* AktG § 84 Rn. 81.
[1809] OLG Stuttgart ZIP 1985, 539; OLG Köln NZG 2008, 635; BeckOGK/*Fleischer* AktG § 84 Rn. 104; MüKoAktG/ *Spindler* AktG § 84 Rn. 145; Hüffer/Koch/*Koch* AktG § 84 Rn. 39; K. Schmidt/Lutter AktG/*Seibt* AktG § 84 Rn. 51.
[1810] OLG Stuttgart ZIP 1985, 539; GroßkommAktG/*Kort* AktG § 84 Rn. 185; Kölner Komm AktG/*Mertens/Cahn* AktG § 84 Rn. 116.
[1811] GroßkommAktG/*Kort* AktG § 108 Rn. 180; Lutter/Krieger/*Verse* AR Rn. 741; aA MüKoAktG/*Habersack* AktG § 108 Rn. 78.
[1812] GroßkommAktG/*Kort* AktG § 108 Rn. 180; MüKoAktG/*Habersack* AktG § 108 Rn. 78; BeckOGK/*Spindler* AktG § 108 Rn. 78; Lutter/Krieger/*Verse* AR Rn. 741; MHdB AG/*Hoffmann-Becking* § 31 Rn. 117.
[1813] Bei Verfahrensfehlern, die nur einzelne Aufsichtsratsmitglieder betreffen, ist umstritten, ob ausschließlich betroffene Aufsichtsratsmitglieder oder jedes Aufsichtsratsmitglied den Fehler rügen kann, dazu GroßkommAktG/*Hopt/Roth* AktG § 108 Rn. 186 ff. mwN zum Meinungsstand.
[1814] OLG Stuttgart AG 2003, 211 (212); Grigoleit/*Grigoleit* AktG § 84 Rn. 63; Hölters/*Weber* AktG § 84 Rn. 81; Hüffer/Koch/*Koch* AktG § 84 Rn. 42.

Haftungsrisiken, wenn das betroffene Vorstandsmitglied nicht an Entscheidungen des Gesamtvorstands teilnimmt. Das betroffene Vorstandsmitglied soll daher gehalten sein, so schnell wie möglich – ggf. im Weg einstweiligen Rechtsschutzes – durchzusetzen, dass es seinen Pflichten nachkommen kann. Die anderen Vorstandsmitglieder sollen gehalten sein, das betroffene Vorstandsmitglied so zu behandeln, als sei seine Bestellung nicht widerrufen.[1815] Der Aufsichtsrat kann aber berücksichtigen, wie er die Wahrscheinlichkeit einschätzt, dass der Widerruf tatsächlich aus formellen Gründen unwirksam sein könnte. Hierzu kann der Vorstand oder der Aufsichtsrat Rechtsrat einholen. Besteht ein Risiko, dass der Widerruf aus formellen Gründen unwirksam ist, kann der Aufsichtsrat versuchen, den Mangel zu beheben oder mit dem Vorstandsmitglied eine **einvernehmliche** Lösung suchen (→ Rn. 805).

771 Als „**Hilfserwägung**" wird vertreten, sofern das Vorstandsmitglied nicht gegen den Widerruf vorgehe, aber seine Tätigkeit einstelle, sei davon auszugehen, es habe sein Amt konkludent aus wichtigem Grund niedergelegt. Es sei daher jedenfalls aus seinem Amt ausgeschieden und es träfen keine Pflichten mehr.[1816] Ob diese Auslegung den Interessen des Vorstandsmitglieds gerecht wird, ist fraglich. Zuzustimmen ist, dass für die anderen Vorstandsmitglieder ein entschuldigender Rechtsirrtum oder der Einwand rechtmäßigen Alternativverhaltens in Betracht kommt, wenn sie das betroffene Vorstandsmitglied nicht mehr in die Vorstandsarbeit einbeziehen.[1817]

772 **ff) Erledigung in der Hauptsache.** Einen formell fehlerhaften Widerrufsbeschluss kann der Aufsichtsrat mit Wirkung ex nunc (entsprechend § 244 S. 2 AktG)[1818] **heilen,** indem er den ursprünglichen durch einen neuen, fehlerfreien Beschluss **bestätigt** (§ 244 AktG analog; → § 3 Rn. 463 ff.).[1819] Auch die Erklärung kann der Aufsichtsrat erneut abgeben. Eine Rückwirkung gemäß § 184 Abs. 1 BGB ist bei einseitigen Gestaltungserklärungen generell nicht möglich.[1820] Der Rechtsstreit erledigt sich in der Hauptsache, wenn die **Unwirksamkeit** des Beschlusses oder der Erklärung **nachträglich geheilt** wird.[1821]

773 Die Klageerhebung gegen den Widerruf hat **keine aufschiebende Wirkung**[1822] und unterbricht die ursprüngliche Bestelldauer nicht.[1823] Endet die Amtszeit während des Prozesses, erledigt sich der Rechtsstreit in der Hauptsache. Das Vorstandsmitglied kann den **Prozess aber fortsetzen** und die **Feststellung begehren,** dass der Widerruf unwirksam war, wenn es daran ein Rechtsschutzinteresse hat.[1824] Das gilt auch, wenn das Vorstandsmitglied geltend macht, dass ein wichtiger Grund für den Widerruf fehlt: In diesem Fall ist die Gestaltungsklage (→ Rn. 768) auf eine Feststellungsklage umzustellen („Fortsetzungsfeststellungsklage").[1825]

774 **gg) Einstweiliger Rechtsschutz.** Nach ganz herrschender und zutreffender Ansicht kann das Vorstandsmitglied eine auf seine Weiterbeschäftigung gerichtete **einstweilige Verfügung** (§§ 935, 940 ZPO) beantragen, wenn es sich (auch) darauf beruft, dass der **Aufsichtsratsbeschluss fehlerhaft** zustande gekommen ist **oder** insgesamt **fehlt.**[1826] Da die Klageerhebung gegen den Widerruf keine aufschiebende Wirkung hat (→ Rn. 773), muss das Vorstandsmitglied grds. eine solche einstweilige Verfügung beantragen, wenn es sein Amt fortsetzen möchte (→ Rn. 776).

[1815] *Ph. Scholz* ZIP 2019, 2338 (2343).
[1816] *Ph. Scholz* ZIP 2019, 2338 (2342 f.).
[1817] *Ph. Scholz* ZIP 2019, 2338 (2342 f.).
[1818] BGH NJW 1972, 1320 (1321); BGHZ 157, 206 (211) = NJW 2004, 1165; BeckOGK/*Drescher* AktG § 244 Rn. 6; *Tschöpe/Wortmann* NZG 2009, 85 (88); Hölters/*Weber* AktG § 84 Rn. 66.
[1819] OLG Stuttgart AG 2003, 211 (212); *Tschöpe/Wortmann* NZG 2009, 85 (88); MüKoAktG/*Spindler* AktG § 84 Rn. 123, 147; GroßkommAktG/*Kort* AktG § 84 Rn. 186; Hölters/*Weber* AktG § 84 Rn. 82; MHdB AG/*Wentrup* § 20 Rn. 64; Hüffer/Koch/*Koch* AktG § 84 Rn. 42; K. Schmidt/Lutter/*Seibt* AktG § 84 Rn. 51. Auch einen fehlenden Beschluss kann der Aufsichtsrat analog § 244 AktG „bestätigen", vgl. OLG Stuttgart AG 2003, 211 (212); *Seyfarth* VorstandsR § 19 Rn. 47; Bürgers/Körber/*Bürgers* AktG § 84 Rn. 26.
[1820] BGH NJW 1991, 2552 (2553); Kölner Komm AktG/*Mertens/Cahn* AktG § 84 Rn. 111.
[1821] MüKoAktG/*Spindler* AktG § 84 Rn. 147; Hölters/*Weber* AktG § 84 Rn. 82; MHdB AG/*Wentrup* § 20 Rn. 64.
[1822] Hölters/*Weber* AktG § 84 Rn. 81; MüKoAktG/*Spindler* AktG § 84 Rn. 146b.
[1823] MüKoAktG/*Spindler* AktG § 84 Rn. 151; Hölters/*Weber* AktG § 84 Rn. 81.
[1824] Zur Erledigung wegen des Endes der Amtszeit Kölner Komm AktG/*Mertens/Cahn* AktG § 84 Rn. 28, 135; GroßkommAktG/*Kort* AktG § 84 Rn. 73; Hüffer/Koch/*Koch* AktG § 84 Rn. 42; aA insofern MüKoAktG/*Spindler* AktG § 84 Rn. 151: Der Feststellung der Unwirksamkeit des Widerrufs komme „keine rückwirkende Kraft zu", daher könne sie nach dem Ende der Amtszeit nicht mehr festgestellt werden; rechtlich möglich sei es aber, feststellen zu lassen, dass der Anstellungsvertrag noch bis zum Ende der Amtszeit bestand.
[1825] OLG Hamm AG 2010, 789 (791); Kölner Komm AktG/*Mertens/Cahn* AktG § 84 Rn. 135; *Thüsing* in Fleischer VorstandsR-HdB § 5 Rn. 48; Hüffer/Koch/*Koch* AktG § 84 Rn. 42; *Fonk* in Semler/v. Schenck AR-HdB § 9 Rn. 314.
[1826] OLG Köln NZG 2008, 635; OLG Stuttgart ZIP 1985, 539; *Seyfarth* VorstandsR § 19 Rn. 65; Hölters/*Weber* AktG § 84 Rn. 84; einschränkend GroßkommAktG/*Kort* AktG § 84 Rn. 206: nur bei besonders schweren Verfahrensfehlern; eingehend zum einstweiligen Rechtsschutz und zu typischen von der hA erfassten Fällen *Jaenicke* AG 2020, 200 (204 f.); aA *Schürnbrand* NZG 2008, 609 (611): Eine einstweilige Verfügung sei beim Widerruf generell nicht zulässig, auch nicht, wenn kein Beschluss vorliege oder er an formellen Fehlern leide.

Nach ebenfalls ganz herrschender und zutreffender Ansicht ist ein Antrag auf einstweilige Verfügung 775 hingegen **unzulässig,** wenn das Vorstandsmitglied ihn ausschließlich darauf stützt, dass **kein wichtiger Grund für den Widerruf** vorliegt.[1827] Aus § 84 Abs. 3 S. 4 AktG – der Widerruf ist wirksam, bis seine Unwirksamkeit **rechtskräftig** festgestellt ist – ergibt sich, dass die Frage, ob die Bestellung wirksam ist oder nicht, nicht vorläufig geregelt werden soll: Die Gerichte sollen sich nicht auf Grundlage der im einstweiligen Rechtsschutz summarischen Prüfung in die Widerrufsentscheidung einmischen, die der Aufsichtsrat nach seinem Ermessen aufgrund der ihm vorliegenden Informationen getroffen hat.[1828] Der Meinungsstreit, mit Blick auf welche behaupteten Fehler des Beschlusses eine einstweilige Verfügung in Betracht kommt, entspricht daher dem Meinungsstreit, welche Fehler § 84 Abs. 3 S. 4 AktG erfasst. Insofern hat sich der BGH der Ansicht angeschlossen, der zufolge sich § 84 Abs. 3 S. 4 AktG lediglich auf den wichtigen Grund für den Widerruf bezieht, nicht aber auf formelle Fehler des Beschlusses (→ Rn. 766).[1829] Der Beschluss des Aufsichtsrats begründet für die Zeit bis zur gerichtlichen Entscheidung in der Hauptsache die Wirksamkeit der Suspendierung des Amts als Vorstandsmitglied. Ausnahmsweise **zulässig** ist eine einstweilige Verfügung wegen Fehlens eines wichtigen Grunds, wenn sich der Widerruf als **evident missbräuchlich** oder **willkürlich** darstellt.[1830] Das kann der Fall sein, wenn sich der Aufsichtsrat gar nicht damit befasst hat, ob ein wichtiger Grund vorliegt, oder den Widerruf auf Tatsachen stützt, die offensichtlich nicht als wichtiger Grund in Betracht kommen. Insofern sind aber strenge Anforderungen zu stellen.[1831]

Den **Verfügungsantrag** kann das Vorstandsmitglied bereits vor dem Beschluss über den Widerruf stellen,[1832] und zwar gegen die AG, vertreten durch den Aufsichtsrat.[1833] Eine einstweilige Verfügung gegen ein einzelnes Aufsichtsratsmitglied, die auf ein bestimmtes Abstimmungsverhalten gerichtet ist, ist hingegen unbegründet, weil die Einwirkung auf das Abstimmungsverhalten nur eines Aufsichtsratsmitglieds nicht geeignet ist, einen mehrheitlichen Beschluss zu verhindern und daher keinen effektiven Rechtsschutz bietet.[1834] Der **Verfügungsgrund** folgt daraus, dass sich die Überprüfung des Widerrufs im ordentlichen Verfahren durch drei Instanzen über mehrere Jahre erstrecken kann[1835] und dann die Amtszeit idR abgelaufen ist. Auch Aufsichtsratsmitglieder können in den unter (→ Rn. 774 f.) genannten Fällen eine einstweilige Verfügung gerichtet auf Weiterbeschäftigung eines Vorstandsmitglieds beantragen, dessen Bestellung der Aufsichtsrat widerrufen hat.[1836]

n) Umgang mit einem Schwebezustand

aa) Erneute Bestellung. Nach § 84 Abs. 3 S. 4 AktG ist der Widerruf mit Blick auf den wichtigen 777 Grund wirksam, solange nicht **rechtskräftig** festgestellt ist, dass der Widerruf unwirksam ist, weil doch kein wichtiger Grund vorlag (→ Rn. 766). Die AG kann den Widerruf daher **nicht einseitig** zurücknehmen, falls das Vorstandsmitglied sein Amt doch fortsetzen soll.[1837] Der Aufsichtsrat kann das Vorstandsmitglied aber **erneut zum Vorstandsmitglied** bestellen.[1838]

bb) Außergerichtlicher Vergleich. Soll das Amt **rechtssicher beendet** werden, kann die AG einen 778 außergerichtlichen Vergleich abschließen, in dem sich das Vorstandsmitglied verpflichtet, den Widerruf

---

[1827] OLG Stuttgart ZIP 1985, 539; OLG Hamm NZG 2002, 50 (51); LG Frankfurt a. M. AG 2014, 509 (510); BeckOGK/*Fleischer* AktG § 84 Rn. 139; MüKoAktG/*Spindler* AktG § 84 Rn. 153; MHdB AG/*Wentrup* § 20 Rn. 65; Hölters/*Weber* AktG § 84 Rn. 84; *Beiner/Braun* Vorstandsvertrag Rn. 173; Kölner Komm AktG/*Mertens/Cahn* AktG § 84 Rn. 115; GroßkommAktG/*Kort* AktG § 84 Rn. 192, 206; Hüffer/Koch/*Koch* AktG § 84 Rn. 40; Grigoleit/*Grigoleit* AktG § 84 Rn. 56.
[1828] OLG Hamm NZG 2002, 50 (51); Kölner Komm AktG/*Mertens/Cahn* AktG § 84 Rn. 115; Hüffer/Koch/*Koch* AktG § 84 Rn. 40; MüKoAktG/*Spindler* AktG § 84 Rn. 144; BeckOGK/*Fleischer* AktG § 84 Rn. 139; *Jaenicke* AG 2020, 200 (203) mwN.
[1829] BGH NZG 2019, 861 Rn. 40.
[1830] *Jaenicke* AG 2020, 200 (202); *Beiner/Braun* Vorstandsvertrag Rn. 173; GroßkommAktG/*Kort* AktG § 84 Rn. 189; BeckOGK/*Fleischer* AktG § 84 Rn. 139; Hüffer/Koch/*Koch* AktG § 84 Rn. 40; Kölner Komm AktG/*Mertens/Cahn* AktG § 84 Rn. 28, 119; MüKoAktG/*Spindler* AktG § 84 Rn. 143 mwN.
[1831] Kölner Komm AktG/*Mertens/Cahn* AktG § 84 Rn. 28; MüKoAktG/*Spindler* AktG § 84 Rn. 143 mwN.
[1832] Hölters/*Weber* AktG § 84 Rn. 84; GroßkommAktG/*Kort* AktG § 84 Rn. 206; Hüffer/Koch/*Koch* AktG § 84 Rn. 42. Für eine entsprechende Pflicht des Vorstandsmitglieds *Ph. Scholz* ZIP 2019, 2338 (2343).
[1833] OLG München NZG 2014, 66 (67).
[1834] OLG München NZG 2014, 66 (67); Hüffer/Koch/*Koch* AktG § 84 Rn. 42; *Seyfarth* VorstandsR § 19 Rn. 65.
[1835] OLG Stuttgart ZIP 1985, 539; Hüffer/Koch/*Koch* AktG § 84 Rn. 42; Hölters/*Weber* AktG § 84 Rn. 84; MHdB AG/*Wentrup* § 20 Rn. 65.
[1836] OLG Stuttgart ZIP 1985, 539; GroßkommAktG/*Kort* AktG § 84 Rn. 185; Kölner Komm AktG/*Mertens/Cahn* AktG § 84 Rn. 116.
[1837] MüKoAktG/*Spindler* AktG § 84 Rn. 151.
[1838] Dazu MüKoAktG/*Spindler* AktG § 84 Rn. 151.

nicht gerichtlich anzugreifen.[1839] Dabei vertritt der Aufsichtsrat die AG.[1840] Hat der Aufsichtsrat Zweifel, ob der Grund, auf den er den Widerruf gestützt hat, als wichtiger Grund anerkannt wird, kann er die Hauptversammlung einberufen (§ 111 Abs. 3 AktG) und vorschlagen, dass sie dem Vorstandsmitglied das Vertrauen entzieht.

779 **cc) Bestellung eines neuen Vorstandsmitglieds.** Für die AG kann ein Bedürfnis bestehen, an Stelle des Vorstandsmitglieds, dessen Bestellung widerrufen ist, ein neues Vorstandsmitglied zu bestellen, **bevor** rechtskräftig geklärt ist, dass der Widerruf wirksam ist. Stellt das Gericht dann fest, dass der Widerruf unwirksam ist, hat die AG allerdings ein Vorstandsmitglied „zu viel". Teilweise wird im Schrifttum vertreten, in diesem Fall liege ein **wichtiger Grund** für den Widerruf der Bestellung des neu bestellten Vorstandsmitglieds vor, wenn das Nebeneinander beider Vorstandsmitglieder nach Gesetz oder Satzung ausgeschlossen oder für die AG unzumutbar sei.[1841] Die Gegenansicht lehnt das ab.[1842]

780 **Stellungnahme:** Der Gegenansicht ist **im Grundsatz zu folgen.** Ein Verstoß gegen ein gesetzliches Bestellungshindernis führte dazu, dass die Bestellung nichtig wäre oder ipso iure würde (→ Rn. 573). Welches gesetzliche Bestellungshindernis eingreifen sollte, wenn ein Vorstandsmitglied „zu viel" ist, ist aber nicht ersichtlich. Ein Verstoß gegen Satzungsvorgaben kann zwar einen wichtigen Grund für den Widerruf darstellen (→ Rn. 605). Der wichtige Grund sichert allerdings die Unabhängigkeit des Vorstandsmitglieds ab. Dem widerspricht es, wenn auch ein wichtiger Grund vorläge, obwohl der Aufsichtsrat „sehenden Auges" das Risiko einging, dass die Bestellung gegen Satzungsvorgaben zur Zahl der Vorstandsmitglieder verstößt, falls der Widerruf der Bestellung eines anderen Vorstandsmitglieds für unwirksam erklärt wird. Eine Ausnahme kommt in Betracht, wenn der Aufsichtsrat das neu bestellte Vorstandsmitglied über das Risiko informiert. „Unzumutbar" ist das Nebeneinander beider Vorstandsmitglieder für die AG grds. nicht. Möchte der Aufsichtsrat ein solches Nebeneinander vermeiden, kann er zB einen Interims-Manager bestellen. In Betracht kommt ferner, dass der Aufsichtsrat das neue Vorstandsmitglied unter der **auflösenden Bedingung** bestellt, dass der Widerruf der Bestellung des Vorgängers gerichtlich für unwirksam erklärt oder die Unwirksamkeit festgestellt wird (→ Rn. 635).[1843] Ob dieser Weg gangbar ist, hängt maßgeblich davon ab, ob sich ein Kandidat auf eine solche auflösende Bestellung einlässt. Die auflösende Bedingung wäre nicht in das Handelsregister einzutragen.

o) Publizität (Handelsregister, Geschäftsbriefe, Rechnungslegung)

781 Der **Vorstand** muss das Ausscheiden des Vorstandsmitglieds, dessen Bestellung widerrufen ist, zur Eintragung in das Handelsregister anmelden (§ 81 Abs. 1 AktG). Da der Widerruf gem. § 84 Abs. 3 S. 4 AktG mit Blick auf die Frage, ob ein wichtiger Grund vorliegt, bis zur rechtskräftigen Feststellung seiner Unwirksamkeit wirksam ist, ist der Vorstand auch zur Eintragung verpflichtet, wenn das (ehemalige) Vorstandsmitglied gerichtlich gegen den Widerruf vorgeht,[1844] es sei denn, der Widerruf ist formal evident unwirksam. Auch auf Geschäftsbriefen (§ 80 Abs. 1 S. 1 AktG) und in der Rechnungslegung ist das Vorstandsmitglied entsprechend nicht mehr anzugeben.

6. Amtsniederlegung

782 Es ist allgemein anerkannt, dass Vorstandsmitglieder ihr Amt durch **einseitige empfangsbedürftige Erklärung** (Niederlegung) beenden können.[1845]

a) Form, Inhalt

783 Eine besondere Form ist für die Amtsniederlegung nach dem Gesetz **nicht erforderlich.**[1846] Die Satzung, eine Geschäftsordnung oder der Anstellungsvertrag können zwar eine besondere Form regeln;[1847] entsprechende Regelungen sind aber unüblich.

[1839] BGH NJW 1958, 419; MüKoAktG/*Spindler* AktG § 84 Rn. 151; BeckOGK/*Fleischer* AktG § 84 Rn. 142.
[1840] BGH NJW 1958, 419; MüKoAktG/*Spindler* AktG § 84 Rn. 151; BeckOGK/*Fleischer* AktG § 84 Rn. 142.
[1841] Kölner Komm AktG/*Mertens/Cahn* AktG § 84 Rn. 133, 142; BeckOGK/*Fleischer* AktG § 84 Rn. 145; *Beiner/Braun* Vorstandsvertrag Rn. 175.
[1842] MüKoAktG/*Spindler* AktG § 84 Rn. 154; GroßkommAktG/*Kort* AktG § 84 Rn. 211; K. Schmidt/Lutter AktG/*Seibt* AktG § 84 Rn. 61.
[1843] MüKoAktG/*Spindler* AktG § 84 Rn. 154.
[1844] Vgl. MüKoAktG/*Spindler* AktG § 81 Rn. 4; Kölner Komm AktG/*Mertens/Cahn* AktG § 81 Rn. 15.
[1845] Zu GmbH-Geschäftsführern BGHZ 78, 82 (84) = NJW 1980, 2415 und BGH NZG 2011, 907 Rn. 8 ff.; zu Vorstandsmitgliedern MüKoAktG/*Spindler* AktG § 84 Rn. 160; Hüffer/Koch/*Koch* AktG § 84 Rn. 44; Großkomm AktG/*Kort* § 84 Rn. 22; Hölters/*Weber* AktG § 84 Rn. 86; Kölner Komm AktG/*Mertens/Cahn* AktG § 84 Rn. 199.
[1846] Zu GmbH-Geschäftsführern BGH NZG 2011, 907 Rn. 8; zu Vorstandsmitgliedern K. Schmidt/Lutter AktG/*Seibt* AktG § 84 Rn. 62; *Beiner/Braun* Vorstandsvertrag Rn. 182; Hölters/*Weber* AktG § 84 Rn. 86; zumindest gegen ein

Aus der Erklärung muss sich **eindeutig** und **unmissverständlich** ergeben, dass das Vorstandsmitglied 784
sein Amt beenden möchte. Teilt es lediglich Überlegungen mit oder äußert den Wunsch, sein Amt einvernehmlich zu beenden, liegt keine Niederlegungserklärung vor.[1848] Auch bloße Erwägungen können
aber in einer börsennotierten AG bereits kapitalmarktrechtliche Publizitätspflichten auslösen (→ § 5
Rn. 73).[1849] Bestehen Anhaltspunkte, dass es sich bei Erwägungen um eine Insiderinformation handeln
könnte (→ § 5 Rn. 17 ff., 66 ff.), muss jedes Aufsichtsratsmitglied, das davon Kenntnis erhält, unverzüglich
das Verfahren zur Erfüllung der kapitalmarktrechtlichen Pflichten einleiten.

b) Befristung, Bedingung

Eine **aufschiebend befristete** Amtsniederlegung ist **zulässig**.[1850] Sie kann sicherstellen, dass das Vor- 785
standsmitglied nicht pflichtwidrig handelt. Es ist zu empfehlen, das Amtsende in der Erklärung genau zu
bezeichnen. Befristet das Vorstandsmitglied das Amtsende auf ein bestimmtes Datum, aber nicht auf eine
bestimmte Uhrzeit, endet das Amt im Zweifel mit dem Ablauf des betreffenden Tags.

Eine **aufschiebend bedingte** Amtsniederlegung ist wie generell bei einseitigen Gestaltungserklärun- 786
gen **grds. unzulässig**.[1851] Eine zulässige aufschiebende Bedingung ist lediglich die Eintragung des Ausscheidens in das Handelsregister. Ohne eine solche Verknüpfung kann das Vorstandsmitglied sein Ausscheiden nicht selbst zur Eintragung in das Handelsregister anmelden.[1852] Eine unzulässig aufschiebend
bedingte Amtsniederlegung kann als Angebot des Vorstandsmitglieds auszulegen sein, sein Amt einvernehmlich unter der aufschiebenden Bedingung (→ Rn. 805) zu beenden.

c) Zugang

Die Niederlegungserklärung muss der AG zugehen, wobei der Aufsichtsrat die AG als Erklärungsempfän- 787
ger vertritt.[1853] Es genügt der Zugang bei **(irgend-)einem Aufsichtsratsmitglied**.[1854] Das Gesetz regelt
seit 2008 ausdrücklich, in den Fällen, in denen der Aufsichtsrat die AG vertritt, ausreicht, wenn eine
Willenserklärung nur (irgend-)einem Aufsichtsratsmitglied zugeht (§ 112 S. 2 AktG iVm § 78 Abs. 2 S. 2
AktG).[1855] Der BGH hatte bereits zuvor zur Amtsniederlegung eines GmbH-Geschäftsführers auf § 78
Abs. 2 S. 2 AktG als Bestätigung des allgemeinen Grundsatzes verwiesen, dass bei Gesamtvertretung der
Zugang bei einem Gesamtvertreter genügt.[1856] Der nach wie vor geführte Meinungsstreit, ob diese
Rechtsprechung des BGH auf die Amtsniederlegung eines Vorstandsmitglieds zu übertragen ist und ob
danach der Zugang bei (irgend-)einem Aufsichtsratsmitglied genügt[1857] oder ob sie dem Vorsitzenden[1858]
zugehen muss, ist **überholt**.[1859] Nach herrschender und zutreffender Ansicht können die Satzung und der
Aufsichtsrat die Einzelvertretungsbefugnis jedes Aufsichtsratsmitglieds zur Entgegennahme von Willenser-

---

Schriftformerfordernis MüKoAktG/*Spindler* AktG § 84 Rn. 160; BeckOGK/*Fleischer* AktG § 84 Rn. 151; *Fonk* in
Semler/v. Schenck AR-HdB § 10 Rn. 313; *Seyfarth* VorstandsR § 19 Rn. 70.

[1847] Zu Satzungsregelungen *Beiner/Braun* Vorstandsvertrag Rn. 182. Zu Satzungsregelungen zur Amtsniederlegung von
Aufsichtsratsmitgliedern GroßkommAktG/*Hopt/Roth* § 103 Rn. 105; MHdB AG/*Hoffmann-Becking* § 30 Rn. 81;
MüKoAktG/*Habersack* AktG § 103 Rn. 61.

[1848] GroßkommAktG/*Kort* AktG § 84 Rn. 223a; Hüffer/Koch/*Koch* AktG § 84 Rn. 46.

[1849] EuGH NJW 2012, 2787 Rn. 27 ff. – Daimler/Schrempp; BGH NJW 2013, 2114 Rn. 15 ff. – Daimler/Schrempp;
OLG Frankfurt a. M. NJW 2009, 1520; Hüffer/Koch/*Koch* AktG § 84 Rn. 46; krit. dazu GroßkommAktG/*Kort*
AktG § 84 Rn. 223a.

[1850] Für den Verein jurisPK-BGB/*Otto* BGB § 27 Rn. 27; für die GmbH *Lohr* in Gosch/Schwedhelm/Spiegelberger,
GmbH-Beratung, 55. Lieferung 7.2019, Geschäftsführer.

[1851] *Seyfarth* VorstandsR § 19 Rn. 71. Zur Amtsniederlegung von Aufsichtsratsmitgliedern MüKoAktG/*Habersack* AktG
§ 103 Rn. 18; Hüffer/Koch/*Koch* AktG § 103 Rn. 17; GroßkommAktG/*Hopt/Roth* § 103 Rn. 105; BeckOGK/*Spindler* AktG § 103 Rn. 68; für die Zulässigkeit aufschiebend bedingter Amtsniederlegungen von Aufsichtsratsmitgliedern in Übernahmesituationen *Rieckers/Leyendecker-Langner* NZG 2013, 167 (170 f.).

[1852] Zu GmbH-Geschäftsführern OLG Bamberg NZG 2012, 1106; zu Vorstandsmitgliedern Hüffer/Koch/*Koch* AktG
§ 84 Rn. 44.

[1853] Hölters/*Weber* AktG § 84 Rn. 86; Hüffer/Koch/*Koch* AktG § 84 Rn. 44; MüKoAktG/*Spindler* AktG § 84 Rn. 160;
MHdB AG/*Wentrup* § 20 Rn. 67.

[1854] So auch BeckOGK/*Fleischer* AktG § 84 Rn. 151; Hüffer/Koch/*Koch* AktG § 84 Rn. 44; Hölters/*Weber* AktG § 84
Rn. 86; MHdB AG/*Wentrup* § 20 Rn. 67.

[1855] § 112 S. 2 AktG wurde eingeführt durch Art. 5 Nr. 13 des Gesetzes zur Modernisierung des GmbH-Rechts und
zur Bekämpfung von Missbräuchen (MoMiG) vom 28.10.2008 (BGBl. 2008 I 2026).

[1856] BGH NZG 2002, 43 (44).

[1857] Dafür BeckOGK/*Fleischer* AktG § 84 Rn. 151; Hüffer/Koch/*Koch* AktG § 84 Rn. 44; Hölters/*Weber* AktG § 84
Rn. 86; MHdB AG/*Wentrup* § 20 Rn. 67.

[1858] Dafür Kölner Komm AktG/*Mertens/Cahn* AktG § 84 Rn. 201; NK-AktR/*Oltmanns* AktG § 84 Rn. 30; MüKoAktG/*Spindler* AktG § 84 Rn. 160 Fn. 659; wohl auch GroßkommAktG/*Kort* AktG § 84 Rn. 223.

[1859] Ebenso MüKoAktG/*Habersack* AktG § 112 Rn. 25; GroßkommAktG/*Hopt/Roth* AktG § 112 Rn. 84; BeckOGK/
Spindler AktG § 112 Rn. 41.

klärungen und damit auch Niederlegungserklärungen nicht wirksam ausschließen oder beschränken (§ 23 Abs. 5 AktG).[1860]

788 Jedes Aufsichtsratsmitglied, das eine Niederlegungserklärung erhält, muss sie unverzüglich dem Aufsichtsratsvorsitzenden **weiterleiten,** der die anderen Aufsichtsratsmitglieder informieren muss. Bestehen in einer börsennotierten AG Anhaltspunkte, dass es sich bei der Amtsbeendigung um eine Insiderinformation handeln könnte (→ § 5 Rn. 17 ff.; → § 5 Rn. 68 ff.), muss jedes Aufsichtsratsmitglied unverzüglich das Verfahren zur Erfüllung der kapitalmarktrechtlichen Pflichten des Aufsichtsrats einleiten. Ungeachtet dieser Weiterleitungspflicht handelt das Vorstandsmitglied **uU pflichtwidrig,** wenn es die Niederlegungserklärung nicht an den Aufsichtsratsvorsitzenden adressiert.[1861] In Extremfällen kommt in Betracht, dass sich das Vorstandsmitglied nicht darauf berufen kann, die Zweiwochenfrist für die außerordentliche Kündigung seines Anstellungsvertrags (§ 626 Abs. 2 BGB) sei abgelaufen.

d) Wichtiger Grund als Wirksamkeitsvoraussetzung?

789 **Umstritten** ist, ob die Wirksamkeit der Amtsniederlegung davon abhängt, dass ein wichtiger Grund für die Niederlegung vorliegt. Eine Ansicht leitet aus der Treuepflicht des Vorstandsmitglieds ab, es sei zur Amtsniederlegung nur berechtigt, wenn ein wichtiger Grund vorliege, der es ihm unzumutbar mache, sein Amt bis zum Ende der Amtszeit auszuüben (§ 84 Abs. 3 S. 1 AktG in entsprechender Anwendung).[1862] Nach herrschender und zutreffender Ansicht ist die Niederlegung **auch wirksam,** wenn **kein wichtiger Grund** für die Niederlegung vorliegt.[1863] Nach § 888 Abs. 3 ZPO ist die Leistung von Diensten aus einem Anstellungsvertrag nicht mit Zwangsmitteln durchsetzbar.[1864] Es wäre auch nicht sinnvoll, ein Vorstandsmitglied gegen dessen Willen zur Amtsausübung zu zwingen.[1865] Das Erfordernis eines wichtigen Grunds für den Widerruf der Bestellung durch den Aufsichtsrat soll die Leitungsautonomie des Vorstands schützen (→ Rn. 687).[1866] Dieser Schutz ist nicht erforderlich, wenn ein Vorstandsmitglied von sich aus sein Amt beenden möchte. Das Vorstandsmitglied muss sich daher bei der Amtsniederlegung weder auf einen wichtigen Grund berufen noch einen wichtigen Grund nennen.[1867]

790 Nach ganz hA soll die Amtsniederlegung auch dann **sofort mit Zugang** der Niederlegungserklärung **vorläufig wirksam** sein (§ 84 Abs. 3 S. 4 AktG analog), wenn **tatsächlich kein wichtiger Grund** vorliegt[1868] oder sie nicht auf einen angeblich wichtigen Grund gestützt ist[1869]. Dem stimmen auch Vertreter der Ansicht zu, der zufolge die endgültige Wirksamkeit der Amtsniederlegung davon abhängen soll, dass ein wichtiger Grund vorliegt.[1870] Selbst wenn man einen wichtigen Grund für erforderlich hielte, würde die Niederlegung danach nur unwirksam und das Amt lebte wieder auf, wenn die AG eine entsprechende rechtskräftige Feststellung erreicht hätte. Der Aufsichtsrat muss daher dafür sorgen, dass der Vorstand das Ausscheiden unverzüglich zur Eintragung in das Handelsregister anmeldet und uU Geschäftspartner informiert. Ob ein wichtiger Grund für die Amtsniederlegung vorliegt, ist insbes. mit Blick auf den Anstellungsvertrag relevant (→ Rn. 793 ff.).

[1860] Zum Zugang von Willenserklärungen bei Vorstandsmitgliedern BeckOGK/*Fleischer* AktG § 78 Rn. 27; K. Schmidt/Lutter AktG/*Seibt* AktG § 78 Rn. 21; Hölters/*Weber* AktG § 78 Rn. 1, 28; GroßkommAktG/*Habersack/Foerster* AktG § 78 Rn. 54; MüKoAktG/*Spindler* AktG § 78 Rn. 83; vgl. auch Hüffer/Koch/*Koch* AktG § 23 Rn. 36; GroßkommAktG/*Röhricht/Schall* AktG § 23 Rn. 185 ff.; BeckOGK/*Limmer* AktG § 23 Rn. 48; MüKoAktG/*Pentz* AktG § 23 Rn. 163.

[1861] Auch schuldrechtliche Regelungen dazu, wer für die AG zuständig ist, Willenserklärungen entgegenzunehmen, sind zulässig, vgl. GroßkommAktG/*Habersack/Foerster* AktG § 78 Rn. 54 iVm Rn. 3.

[1862] Hölters/*Weber* AktG § 84 Rn. 86; *Deilmann* NZG 2005, 54 (55); GroßkommAktG/*Kort* AktG § 84 Rn. 224; *Thüsing* in Fleischer VorstandsR-HdB § 5 Rn. 35.

[1863] Zu GmbH-Geschäftsführern BGHZ 121, 257 (261) = NJW 1993, 1198; zu Vorstandsmitgliedern Hüffer/Koch/*Koch* AktG § 84 Rn. 45; MüKoAktG/*Spindler* AktG § 84 Rn. 160; Grigoleit/*Grigoleit* AktG § 84 Rn. 66; BeckOGK/*Fleischer* AktG § 84 Rn. 152 f.; MHdB AG/*Wentrup* § 20 Rn. 68; *Raiser/Veil* Recht der Kapitalgesellschaft § 14 Rn. 44; Kölner Komm AktG/*Mertens/Cahn* AktG § 84 Rn. 199.

[1864] Kölner Komm AktG/*Mertens/Cahn* AktG § 84 Rn. 199; *Grobys/Littger* BB 2002, 2292.

[1865] Hüffer/Koch/*Koch* AktG § 84 Rn. 45; *Raiser/Veil* KapGesR § 14 Rn. 44; Kölner Komm AktG/*Mertens/Cahn* AktG § 84 Rn. 199.

[1866] MüKoAktG/*Spindler* AktG § 84 Rn. 128; Hüffer/Koch/*Koch* AktG § 84 Rn. 34; K. Schmidt/Lutter AktG/*Seibt* AktG § 84 Rn. 52; Grigoleit/*Grigoleit* AktG § 84 Rn. 36.

[1867] BGH NJW 1993, 1198 (1199); GroßkommAktG/*Kort* AktG § 84 Rn. 224; MüKoAktG/*Spindler* AktG § 84 Rn. 160; Kölner Komm AktG/*Mertens/Cahn* AktG § 84 Rn. 200.

[1868] Jeweils zu GmbH-Geschäftsführern BGHZ 78, 82 (84) = NJW 1980, 2415; OLG Düsseldorf GmbHR 2001, 144 (145); OLG Frankfurt a. M. ZIP 2015, 478; zur Genossenschaft BGH WM 1984, 532; zu Vorstandsmitgliedern Hüffer/Koch/*Koch* AktG § 84 Rn. 45; BeckOGK/*Fleischer* AktG § 84 Rn. 152.

[1869] Jeweils zu GmbH-Geschäftsführern BGHZ 121, 257 (260) = NJW 1993, 1198; BGH NJW 1995, 2850; OLG Düsseldorf GmbHR 2001, 144 (145); OLG Frankfurt a. M. ZIP 2015, 478; zu Vorstandsmitgliedern Kölner Komm AktG/*Mertens/Cahn* AktG § 84 Rn. 199; MüKoAktG/*Spindler* AktG § 84 Rn. 160; BeckOGK/*Fleischer* AktG § 84 Rn. 152; Hüffer/Koch/*Koch* AktG § 84 Rn. 45.

[1870] Hölters/*Weber* AktG § 84 Rn. 86; GroßkommAktG/*Kort* AktG § 84 Rn. 225.

e) Unwirksamkeit bei Rechtsmissbrauch

Unwirksam ist eine Amtsniederlegung, wenn sie rechtsmissbräuchlich ist.[1871] Das soll der Fall sein, wenn das Vorstandsmitglied sie zur „Unzeit"[1872] vornimmt, zB weil die AG **handlungsunfähig** wird,[1873] oder wenn sie nur dazu dient, eine **vorzeitige Wiederbestellung** oder günstigere Bedingungen im Anstellungsvertrag **durchzusetzen**.[1874] An die Handlungsunfähigkeit stellt die Rechtsprechung **hohe Anforderungen**. Eine rechtsmissbräuchliche Amtsniederlegung wurde zwar in einem Fall angenommen, in dem der einzige Geschäftsführer einer GmbH nach Eröffnung des Insolvenzverfahrens sein Amt niederlegte und gleichzeitig als Alleingesellschafter keinen neuen Geschäftsführer bestellte.[1875] Die Amtsniederlegung des einzigen Vorstandsmitglieds soll hingegen auch dann nicht rechtsmissbräuchlich sein, wenn nur noch ein Aufsichtsratsmitglied vorhanden ist: Die AG sei handlungsfähig, weil das Aufsichtsratsmitglied und jeder Aktionär die gerichtliche Ergänzung des Aufsichtsrats beantragen könnten (§ 104 Abs. 1 S. 1 AktG) und der Aufsichtsrat dann ein neues Vorstandsmitglied bestellen könne.[1876]

Auch eine rechtsmissbräuchliche Amtsniederlegung ist **vorläufig wirksam,** bis die Unwirksamkeit rechtskräftig festgestellt ist (§ 84 Abs. 3 S. 4 AktG analog). Erwägenswert ist ferner, eine rechtsmissbräuchliche Amtsniederlegung generell als wirksam zu behandeln, wenn hierfür ein wichtiger Grund vorliegt (§ 723 Abs. 2 BGB analog).[1877]

f) Auswirkungen auf den Anstellungsvertrag

aa) Berechtigte und unberechtigte Amtsniederlegung. Bezieht sich die Niederlegungserklärung ausschließlich auf die Organstellung als Vorstandsmitglied, bleibt der Anstellungsvertrag **zunächst wirksam,** sofern er nicht eine Klausel enthält, die in diesem Fall zur Beendigung des Anstellungsvertrags führt (→ Rn. 1681). Das Vorstandsmitglied muss seinen Anstellungsvertrag auch nicht zum selben Zeitpunkt beenden, zu dem sein Vorstandsamt enden soll.[1878] Liegt ein **wichtiger Grund** für die Amtsniederlegung vor, ist sie berechtigt, und das Vorstandsmitglied kann sein Amt beenden, ohne zugleich seine Vertragsrechte aufzugeben.[1879] Liegt **kein wichtiger Grund** für die Amtsniederlegung vor, ist sie allerdings **unberechtigt** und das Vorstandsmitglied verstößt gegen wesentliche Vertragspflichten, weil es seine Vorstandsaufgaben nicht mehr wahrnehmen kann (→ Rn. 1702).[1880] Die Amtsniederlegung kann unberechtigt sein, wenn zwar ein wichtiger Grund vorliegt, er aber **verwirkt** ist.[1881]

Ist die Amtsniederlegung unberechtigt, kann die AG, vertreten durch den Aufsichtsrat, den Anstellungsvertrag aus wichtigem Grund **außerordentlich kündigen** (§ 626 BGB).[1882] Zudem **haftet** das Vorstandsmitglied der AG für den entstandenen Schaden.

Ist die Amtsniederlegung **berechtigt** und hat die AG die **Umstände zu vertreten,** aus denen sich die Unzumutbarkeit der weiteren Amtstätigkeit ergibt, kann die AG den Anstellungsvertrag **nicht** au-

---

[1871] OLG Hamburg NZG 2016, 1070 Rn. 9; zu GmbH-Geschäftsführern OLG Frankfurt a. M. ZIP 2015, 478; OLG Düsseldorf GmbHR 2001, 144 (145); Hüffer/Koch/*Koch* AktG § 84 Rn. 45; BeckOGK/*Fleischer* AktG § 84 Rn. 153; MüKoAktG/*Spindler* AktG § 84 Rn. 160; Hölters/*Weber* AktG § 84 Rn. 86; Kölner Komm AktG/*Mertens/Cahn* AktG § 84 Rn. 199; aA *Schockenhoff* ZIP 2015, 1785 (1792): unzeitige Amtsniederlegung ist wirksam, aber rechtsmissbräuchlich; wohl auch *Grobys/Littger* BB 2002, 2292.
[1872] BeckOGK/*Fleischer* AktG § 84 Rn. 153; MüKoAktG/*Spindler* AktG § 84 Rn. 160; K. Schmidt/Lutter AktG/*Seibt* AktG § 84 Rn. 62. Einschränkend GroßkommAktG/*Kort* AktG § 84 Rn. 229: Nicht jede Amtsniederlegung zur Unzeit ist rechtsmissbräuchlich.
[1873] OLG Düsseldorf NJW-RR 2001, 609 (610); GroßkommAktG/*Kort* AktG § 84 Rn. 229; BeckOGK/*Fleischer* AktG § 84 Rn. 153; *Thüsing* in Fleischer VorstandsR-HdB § 5 Rn. 37.
[1874] MüKoAktG/*Spindler* AktG § 84 Rn. 160; *Karlsfeld* ArbRB 2012, 353 (354); GroßkommAktG/*Kort* AktG § 84 Rn. 229; K. Schmidt/Lutter AktG/*Seibt* AktG § 84 Rn. 62.
[1875] OLG Frankfurt a. M. ZIP 2015, 478; OLG München GmbHR 2012, 796; GmbHR 2011, 486; OLG Düsseldorf GmbHR 2001, 144.
[1876] OLG Hamburg NZG 2016, 1070 Rn. 11 f.; dazu *Daghles/Haßle* GWR 2016, 358; krit. *Wachter* EWiR 2017, 199 (200): Der Vorstand habe pflichtwidrig keinen Antrag auf Ergänzung des Aufsichtsrats gestellt und erscheine daher nicht schutzwürdig. Die AG sei führungslos und die gerichtliche Bestellung von Aufsichtsrats-, ggf. auch Vorstandsmitgliedern praktisch oft schwierig.
[1877] So GroßkommAktG/*Kort* AktG § 84 Rn. 229.
[1878] Hölters/*Weber* AktG § 84 Rn. 86; Hüffer/Koch/*Koch* AktG § 84 Rn. 45; MüKoAktG/*Spindler* AktG § 84 Rn. 160; Kölner Komm AktG/*Mertens/Cahn* AktG § 84 Rn. 200.
[1879] Hüffer/Koch/*Koch* AktG § 84 Rn. 45; eingehend MüKoAktG/*Spindler* AktG § 84 Rn. 160; Kölner Komm AktG/*Mertens/Cahn* AktG § 84 Rn. 200.
[1880] LG München I AG 2018, 499, (501).
[1881] Vgl. LG München I AG 2018, 499 (502 f.): kein wichtiger Grund, wenn Vorgänge im Zeitpunkt der Niederlegungserklärung mindestens acht Monate zurückliegen.
[1882] Zur Kündigung nach § 626 BGB LG München I AG 2018, 499 (501); Hölters/*Weber* AktG § 84 Rn. 87; Hüffer/Koch/*Koch* AktG § 84 Rn. 45; Kölner Komm AktG/*Mertens/Cahn* AktG § 84 Rn. 200; *Karlsfeld* ArbRB 2012, 353 (354).

ßerordentlich kündigen. Das ehemalige Vorstandsmitglied behält seinen Vergütungsanspruch; allerdings muss es sich einen anderweitigen Verdienst anrechnen lassen (§ 615 S. 2 BGB; → Rn. 1287).[1883] **Kündigt** das Vorstandsmitglied seinen Anstellungsvertrag aus einem wichtigen Grund, den die AG zu vertreten hat, kann es Schadensersatzansprüche gegen die AG haben (zur unberechtigten Entlastungsverweigerung → Rn. 1104; zu offenbar unsachlichen Gründen für einen Vertrauensentzug → Rn. 708). Keine Ansprüche des Vorstandsmitglieds bestehen, wenn die AG den wichtigen Grund für die Amtsniederlegung und Kündigung des Anstellungsvertrags nicht zu vertreten hat (zB im Fall einer Untersuchungshaft; → Rn. 1289).

796 bb) **Wichtiger Grund für die Amtsniederlegung.** Ein wichtiger Grund für die Amtsniederlegung liegt vor, wenn es dem Vorstandsmitglied **unzumutbar** ist, sein Amt bis zum Ablauf der Amtszeit auszuüben, es die Umstände aber **nicht zu vertreten hat,** aus denen sich die Unzumutbarkeit ergibt.[1884] Die Ausführungen zum wichtigen Grund für den Widerruf der Bestellung gelten entsprechend (→ Rn. 687 ff.). Maßgeblich ist insbes., wie lang die verbleibende Amtszeit noch dauert. Ein der AG zuzurechnender Pflichtverstoß ist nicht erforderlich.[1885]

797 Ein wichtiger Grund kann eine dem Anstellungsvertrag erheblich widersprechende **(Neu-) Regelung der Geschäftsordnung** sein (→ Rn. 2098),[1886] eine betriebliche oder gesellschaftsrechtliche Umstrukturierung,[1887] ein Zerwürfnis mit dem Aufsichtsrat[1888] oder im Vorstand oder eine unbegründete Suspendierung[1889]. Im Fall eines offenbar unsachlichen Vertrauensentzugs oder einer offenbar unsachlichen Entlastungsverweigerung ist die Amtsniederlegung zwar berechtigt, das Vorstandsmitglied hat aber keine Vergütungs- und Schadensersatzansprüche (→ Rn. 708; → Rn. 1104). **Kein wichtiger Grund** liegt vor, wenn das Vorstandsmitglied meint, der Aufsichtsrat habe einen Kandidaten für ein Vorstandsamt einem anderen, besser geeigneten Kandidaten vorgezogen.[1890] Dass **keine D&O-Versicherung** besteht, kommt nur als wichtiger Grund in Betracht, wenn eine D&O-Versicherung vertraglich zugesichert ist und das Vorstandsmitglied erfolglos eine Frist für den Abschluss einer D&O-Versicherung gesetzt hat (§ 314 Abs. 2 BGB analog).[1891]

798 **Pflichtwidriges Verhalten anderer Vorstands- oder Aufsichtsratsmitglieder** kann einen wichtigen Grund für eine berechtigte Amtsniederlegung darstellen. Allerdings muss das Vorstandsmitglied zunächst iRd ihm zur Verfügung stehenden Mittel versuchen, das pflichtwidrige Verhalten abzustellen; andernfalls drohen ihm Konsequenzen, insbes. im Umfang seiner Verantwortung eine (Mit-)Haftung für einen Schaden, der durch das pflichtwidrige Verhalten anderer Vorstands- oder Aufsichtsratsmitglieder entsteht. Das Vorstandsmitglied muss insbes. versuchen, im Vorstand eine Beschlussfassung zu dem pflichtwidrigen Verhalten herbeizuführen oder darauf dringen, dass der Aufsichtsrat einschreitet. Die Amtsniederlegung ist idR berechtigt, wenn solche Versuche erfolglos bleiben und die Pflichtwidrigkeit nicht abgestellt wird.[1892] Im Extremfall kann das Vorstandsmitglied verpflichtet sein, externe Maßnahmen zu ergreifen, zB Gerichte oder Behörden einschalten, „an die Öffentlichkeit gehen". Vorstandsmitglieder sind – anders als Aufsichtsratsmitglieder – umfassend verpflichtet, Schaden von der AG abzuwenden.[1893]

g) Auswirkungen auf andere Konzernmandate

799 Bei **Mehrfachmandaten im Konzern** führt die Niederlegung eines Amts nicht automatisch zur Beendigung weiterer Ämter. Eine Pflicht zur Beendigung weiterer Konzernämter kann sich aber aus dem Anstellungsvertrag oder aus (nach-)organschaftlichen Treuepflichten ergeben. Legt ein Vorstandsmitglied sein Amt bei einer Konzerntochter unberechtigt nieder, kann die Niederlegung auch im Verhältnis zur Konzernmutter unberechtigt sein, wenn der Anstellungsvertrag mit der Konzernmutter zur Ausübung des Tochtermandats verpflichtet.

[1883] Vgl. Kölner Komm AktG/*Mertens/Cahn* AktG § 84 Rn. 200; GroßkommAktG/*Kort* AktG § 84 Rn. 418 f., 563.
[1884] GroßkommAktG/*Kort* AktG § 84 Rn. 224a; Hölters/*Weber* AktG § 84 Rn. 86; *Deilmann* NZG 2005, 54 (55).
[1885] GroßkommAktG/*Kort* AktG § 84 Rn. 224a.
[1886] Kölner Komm AktG/*Mertens/Cahn* AktG § 77 Rn. 64; GroßkommAktG/*Kort* AktG § 77 Rn. 93a.
[1887] GroßkommAktG/*Kort* AktG § 84 Rn. 224a. Für eine differenzierte Betrachtung in der betrieblichen Krise *Link,* Die Amtsniederlegung durch Gesellschaftsorgane, 2003, 159 ff.
[1888] GroßkommAktG/*Kort* AktG § 84 Rn. 224a.
[1889] *Meyer-Landrut* FS R. Fischer, 1979, 477 (482).
[1890] LG München I AG 2018, 499 (503).
[1891] Hüffer/*Koch* AktG § 84 Rn. 45; MüKoAktG/*Spindler* AktG § 84 Rn. 160; GroßkommAktG/*Kort* AktG § 84 Rn. 224a; ohne Hinweis auf eine Fristsetzung *Deilmann* NZG 2005, 54 (55).
[1892] Zu Aufsichtsratsmitgliedern *Scholderer/v. Werder* ZGR 2017, 865 (897 ff., 913); ferner *E. Vetter* DB 2004, 2623 (2627).
[1893] Vgl. *Scholderer/v. Werder* ZGR 2017, 865 (910). Aufsichtsratsmitglieder sind demgegenüber grds. nur im Rahmen ihrer Überwachungs- und Beratungsaufgaben verpflichtet, Schaden von der Gesellschaft abzuwenden, vgl. *Scholderer/v. Werder* ZGR 2017, 865 (910 f.); vgl. ferner Kölner Komm AktG/*Mertens/Cahn* AktG § 116 Rn. 41.

h) Pflichten des Aufsichtsrats

Der Aufsichtsrat muss entscheiden, wie er mit der Niederlegung und der eingetretenen Vakanz umgeht (außerordentliche Kündigung des Anstellungsvertrags, Berufung auf Rechtsmissbrauch, Änderung der Geschäftsverteilung, Bestellung eines Interims-Managers, Nachfolgesuche). Nennt das Vorstandsmitglied keinen wichtigen Grund, muss der Aufsichtsrat rasch ermitteln, ob ein wichtiger Grund vorliegt, damit er vor Ablauf der Zweiwochenfrist entscheiden kann, ob er den Anstellungsvertrag außerordentlich kündigt (§ 626 Abs. 2 BGB). Ob die AG geltend machen kann, die Amtsniederlegung sei rechtsmissbräuchlich, ist **nur das Plenum** entscheiden (§ 107 Abs. 3 S. 7 AktG iVm § 84 Abs. 3 AktG analog). In **paritätisch mitbestimmten** Gesellschaften gelten die Mehrheitserfordernisse und das Verfahren des § 31 MitbestG. 800

Legt das Vorstandsmitglied sein Amt **aufschiebend befristet** nieder, muss der Aufsichtsrat sicherstellen, dass die **Geheimhaltungsinteressen** der AG **gewahrt** werden, sofern das Vorstandsmitglied sein Amt weiter ausübt. Vorstandsmitglieder müssen zwar auch nach ihrem Ausscheiden Stillschweigen über vertrauliche Angaben und Geheimnisse der AG bewahren.[1894] Dennoch kann es angezeigt sein, das Vorstandsmitglied unverzüglich vom Zugang zu besonders sensiblen Informationen auszuschließen. Das gilt insbes., wenn das Vorstandsmitglied zu einem Wettbewerber wechseln möchte. Es kann ggf. geboten sein, dass der Aufsichtsrat die Berichtswege zu dem betreffenden Vorstandsmitglied und seine Zuständigkeiten ändert.[1895] Zudem kann es geboten sein, das Vorstandsmitglied von Vorstandssitzungen auszuschließen, sofern vertrauliche Themen behandelt werden[1896] oder mit Blick auf die künftige Tätigkeit Interessenkonflikte vorliegen können. Der Ausschluss von Vorstandssitzungen kann auch im Interesse des ausscheidenden Vorstandsmitglieds und der anderen Vorstandsmitglieder sein, da die Voraussetzungen der Business Judgment Rule nur rechtssicher erfüllt sind, wenn an Entscheidungen kein Vorstandsmitglied teilnimmt, das einem Interessenkonflikt unterliegt.[1897] Vorstandsentscheidungen, an denen ein möglicherweise befangenes Vorstandsmitglied mitwirkte, muss der Aufsichtsrat besonders kritisch prüfen. 801

i) Verpflichtung zur Amtsniederlegung?

Im Verhältnis zur AG sind Vorstandsmitglieder lediglich in Ausnahmefällen aufgrund ihrer Treuepflicht verpflichtet, ihr Amt niederzulegen. Eine Pflicht zur Amtsniederlegung besteht, wenn das Vorstandsmitglied nicht mehr in der Lage ist, seinen Pflichten ordnungsgemäß nachzukommen (vgl. § 84 Abs. 3 S. 2, Var. 2. AktG) oder wenn die Fortsetzung seines Amts die Interessen der AG erheblich beeinträchtigen würde. Das kommt insbes. in Betracht, wenn sich das Vorstandsmitglied bei seiner Amtsausübung in einem wesentlichen und nicht nur vorübergehenden Interessenkonflikt befindet.[1898] Beruht der Interessenkonflikt darauf, dass das Vorstandsmitglied ein weiteres Amt ausübt, kann es entweder das Amt bei der AG oder das andere Amt niederlegen. Ist das Vorstandsmitglied wegen eines pflichtwidrigen Verhaltens anderer Verwaltungsmitglieder berechtigt, sein Amt niederzulegen, ist es **nicht verpflichtet,** sein Amt niederzulegen.[1899] Auch wenn das Vorstandsmitglied zur Amtsniederlegung verpflichtet ist, ist die Amtsniederlegung aber nur berechtigt, wenn das Vorstandsmitglied die Umstände nicht zu vertreten hat, aus denen sich die Pflicht zur Amtsniederlegung ergibt (→ Rn. 793). Hat das Vorstandsmitglied zB die Umstände herbeigeführt, aus denen sich der wesentliche und nicht nur vorübergehende Interessenkonflikt ergibt, der das Vorstandsmitglied zur Amtsniederlegung verpflichtet, ist die Amtsniederlegung unberechtigt. 802

Eine Vereinbarung, mit der sich Vorstandsmitglieder schuldrechtlich **gegenüber einem Aktionär oder Dritten** verpflichten, ihr Amt (unter bestimmten Voraussetzungen) niederzulegen, ist **zulässig**.[1900] Es handelt sich um eine einseitige Entscheidung des Vorstandsmitglieds, die die aktienrechtliche Kompetenzordnung nicht berührt. Ob das Vorstandsmitglied durch eine Vereinbarung über eine (vorzeitige) 803

[1894] GroßkommAktG/*Kort* AktG § 93 Rn. 308; MüKoAktG/*Spindler* AktG § 93 Rn. 149; Kölner Komm AktG/*Mertens/Cahn* AktG § 93 Rn. 122.
[1895] Zur Übernahme weiterer Mandate durch Aufsichtsratsmitglieder *Semler/Stengel* NZG 2003, 1 (4).
[1896] Zur Übernahme weiterer Mandate durch Aufsichtsratsmitglieder *Semler/Stengel* NZG 2003, 1 (4).
[1897] Für den Ausschluss der Business Judgment Rule für nicht befangene Vorstandsmitglieder *Lutter* FS Canaris, 2007, 245 (248 ff.); *Blasche* AG 2010, 692 (696); zurückhaltender MüKoAktG/*Spindler* AktG § 93 Rn. 64; gegen den Ausschluss Kölner Komm AktG/*Mertens/Cahn* AktG § 93 Rn. 29; Hölters/*Hölters* AktG § 93 Rn. 38; eingehend *Koch* ZGR 2014, 697 (708 ff.) mwN.
[1898] Vgl. insofern für Aufsichtsratsmitglieder E.1 S. 3 DCGK; zu Vorstandsmitgliedern MüKoAktG/*Spindler* AktG § 76 Rn. 57; BeckOGK/*Fleischer* AktG § 76 Rn. 118; GroßkommAktG/*Kort* AktG § 76 Rn. 230.
[1899] Zu Aufsichtsratsmitgliedern *Scholderer/v. Werder* ZGR 2017, 865 (900).
[1900] OLG Nürnberg NZG 2014, 222 (225); MüKoAktG/*Spindler* AktG § 84 Rn. 161; *Schockenhoff* ZIP 2017, 1785 (1792); aA *Schmolke* ZIP 2014, 897 (904): Verpflichtung zur Amtsniederlegung sei nur zulässig, wenn ein wichtiger Grund für die Niederlegung iSd § 84 Abs. 3 S. 1 AktG vorliege; krit. auch Hüffer/*Koch*/*Koch* AktG § 84 Rn. 47; GroßkommAktG/*Kort* AktG § 84 Rn. 56.

Amtsniederlegung Pflichten aus seinem Anstellungsvertrag verletzt, ist für die Wirksamkeit der Vereinbarung unerheblich.

804 **Unwirksam** ist eine **Verpflichtung zur Amtsniederlegung,** wenn die Amtsniederlegung rechtsmissbräuchlich (→ Rn. 791) ist.[1901] Eine schuldrechtliche Verpflichtung zur Amtsniederlegung kann **insbes. bei Mehrfachmandaten im Konzern** bestehen, wenn das Vorstandsmitglied im Anstellungsvertrag mit der Konzernmutter verpflichtet ist, im Fall der Beendigung des Amts bei der Konzernmutter auch das Amt bei der Konzerntochter niederzulegen.

7. Einvernehmliche Amtsbeendigung

a) Zulässigkeit

805 Der Aufsichtsrat kann **jederzeit** im Einvernehmen mit dem Vorstandsmitglied dessen Organstellung beenden. Ein **wichtiger Grund** ist nicht erforderlich.[1902]

806 **Unwirksam** ist eine einvernehmliche Amtsbeendigung, wenn sie **rechtsmissbräuchlich** ist.[1903] Insofern bestehen aber **hohe Anforderungen.** Eine einvernehmliche Amtsbeendigung, die ermöglichen soll, das Vorstandsmitglied vorzeitig für eine längere als die derzeit laufende Amtszeit wiederzubestellen, ist grds. nicht rechtsmissbräuchlich (→ Rn. 663).[1904]

b) Verfahren

807 Für eine einvernehmliche Amtsbeendigung gelten dieselben Verfahrensvorschriften wie für den Widerruf der Bestellung (→ Rn. 742). Erforderlich ist ein **Beschluss des Plenums** (§ 108 Abs. 1 AktG). Das Plenum kann die Entscheidung **nicht einem Ausschuss** übertragen.[1905] In **paritätisch mitbestimmten** Gesellschaften gelten die Mehrheitserfordernisse und das Verfahren des § 31 MitbestG.[1906] Es ist zu empfehlen, das Amtsende genau zu bezeichnen. Wird das Amtsende auf ein bestimmtes Datum, aber nicht auf eine bestimmte Uhrzeit aufschiebend befristet, endet das Amt im Zweifel mit dem Ablauf des betreffenden Tags.

c) Entscheidung des Aufsichtsrats

808 Einvernehmliche Amtsbeendigungen sind üblich, wenn iRe **Aufhebungsvereinbarung** gleichzeitig die Organstellung und der Anstellungsvertrag beendet werden sollen. Das Vorstandsmitglied stimmt einer einvernehmlichen Amtsbeendigung idR nur zu, wenn es für die Beendigung des Anstellungsvertrags eine angemessene Abfindung erhält. Die Beendigung des Anstellungsvertrags kann der Aufsichtsrat anders als die Beendigung der Bestellung – mit Ausnahme vergütungsrelevanter Aspekte – einem Ausschuss übertragen (→ Rn. 1689).[1907] Ist für die Beendigung des Anstellungsvertrags ein Ausschuss zuständig, ist darauf zu achten, dass der Ausschuss nicht der Entscheidung des Plenums vorgreift, ob die Bestellung enden soll.[1908] Um dem Registergericht bei der Anmeldung der Eintragung der Amtsbeendigung in das Handelsregister die Amtsbeendigung leicht nachweisen zu können, ohne die Aufhebungsvereinbarung vorzulegen, kann das Vorstandsmitglied zusätzlich eine Amtsniederlegung erklären.

809 Der Aufsichtsrat muss **abwägen,** ob es im Interesse der AG ist, die Bestellung vorzeitig zu beenden.[1909] Geht die Initiative für die Amtsbeendigung vom Vorstandsmitglied aus, kann gegen eine Zustimmung des

---

[1901] *Schockenhoff* ZIP 2017, 1785 (1792).
[1902] Vgl. BGH NZG 2012, 1027 Rn. 31; OLG Karlsruhe AG 1996, 224 (227); Hüffer/Koch/*Koch* AktG § 84 Rn. 47; GroßkommAktG/*Kort* AktG § 84 Rn. 230; MüKoAktG/*Spindler* AktG § 84 Rn. 162; Hölters/*Weber* AktG § 84 Rn. 88; Henssler/Strohn/*Dauner-Lieb* GesR § 84 Rn. 36.
[1903] BGH NZG 2012, 1027 Rn. 30 ff.; *Wedemann* ZGR 2013, 316 (322); *Fleischer* DB 2011, 861 (864); *Fastrich* FS H. Buchner, 2009, 209 (217 f.).
[1904] BGH NZG 2012, 1027 Rn. 30 ff.; Hölters/*Weber* AktG § 84 Rn. 26 ff.; Hüffer/Koch/*Koch* AktG § 84 Rn. 8; Bürgers/Theusinger NZG 2012, 1218 (1220 f.); *Paschos/von der Linden* AG 2012, 736 (738 ff.); strenger *Wedemann* ZGR 2013, 316 (325): Rechtsmissbrauch kann sich unabhängig von Motiven aus objektiven Umständen ergeben; nach wie vor aA GroßkommAktG/*Kort* AktG § 84 Rn. 114 b f.; Kölner Komm AktG/*Mertens/Cahn* AktG § 84 Rn. 23: Unzulässige Umgehung des Gesetzes.
[1905] MüKoAktG/*Spindler* AktG § 84 Rn. 162; Hölters/*Weber* AktG § 84 Rn. 88; Hüffer/Koch/*Koch* AktG § 84 Rn. 47; MHdB AG/*Wentrup* § 20 Rn. 69.
[1906] MHdB AG/*Wentrup* § 20 Rn. 69; Hüffer/Koch/*Koch* AktG § 84 Rn. 47; BeckOGK/*Fleischer* AktG § 84 Rn. 154.
[1907] BGHZ 79, 38 (40) = NJW 1981, 757; Hüffer/Koch/*Koch* AktG § 84 Rn. 49; vgl. MüKoAktG/*Spindler* AktG § 84 Rn. 20; Kölner Komm AktG/*Mertens/Cahn* AktG § 84 Rn. 151.
[1908] BGHZ 79, 38 (41 f.) = NJW 1981, 757; Hüffer/Koch/*Koch* AktG § 84 Rn. 49; BeckOGK/*Fleischer* AktG § 84 Rn. 156; Hümmerich/Lücke/Mauer/*Regh* ArbR § 4 Rn. 335; Grigoleit/*Grigoleit* AktG § 84 Rn. 73.
[1909] BeckOGK/*Fleischer* AktG § 84 Rn. 154; GroßkommAktG/*Kort* AktG § 84 Rn. 232; MHdB AG/*Wentrup* § 20 Rn. 69.

Aufsichtsrats sprechen, dass das Vorstandsmitglied zu einem Wettbewerber wechseln möchte.[1910] Geht die Initiative vom Aufsichtsrat aus, weil er zur Einschätzung gelangt ist, dass es grds. im Interesse der AG ist, das Amt zu beenden, muss er abwägen, bis zu welcher Höhe die AG Zahlungspflichten eingehen soll. Ist die einvernehmliche eine von mehreren Handlungsoptionen für die Amtsbeendigung, muss der Aufsichtsrat die Vor- und Nachteile der Handlungsoptionen ermitteln, im Unternehmensinteresse gewichten und gegeneinander abwägen. Mit einer einvernehmlichen Amtsbeendigung sind für die AG grds. höhere Zahlungspflichten verbunden als mit einem Widerruf der Bestellung und einer außerordentlichen Kündigung des Anstellungsvertrags. Geht das Vorstandsmitglied aber gerichtlich gegen den Widerruf und die außerordentliche Kündigung vor, bestehen Prozessrisiken. Zudem besteht eine Öffentlichkeitswirkung, mit der weitere Nachteile für die AG verbunden sein können (Image, Bekanntwerden von Compliance-Verstößen etc). Bei der Abwägung hat der Aufsichtsrat **Ermessen**.

8. Suspendierung

In der Praxis besteht ein Bedürfnis, in bestimmten Fällen die Bestellung zunächst **nicht endgültig zu beenden,** sondern ein Vorstandsmitglied lediglich vorübergehend *„von seinen Aufgaben zu entbinden".*[1911] Für eine solche vorübergehende Entbindung eines Vorstandsmitglieds von seinen Aufgaben hat sich im Schrifttum der Begriff **„Suspendierung"** etabliert.[1912]

Das Aktiengesetz regelt **nicht**, ob und ggf. unter welchen Voraussetzungen eine solche Suspendierung zulässig ist und welche Rechtsfolgen mit ihr verbunden sind. Auch höchstrichterliche Rechtsprechung gibt es dazu nicht. Im Schrifttum wird unterschieden, ob der Aufsichtsrat die Suspendierung **einseitig** ausspricht oder sich mit dem Vorstandsmitglied **einvernehmlich** einigt.

a) Einseitige Suspendierung

aa) Meinungsstand. Zur einseitigen Suspendierung haben sich **drei Ansätze** herausgebildet, die sich danach unterscheiden, ob eine einseitige Suspendierung im Vergleich zum Widerruf der Bestellung überhaupt als eigenständiges Rechtsinstitut in Betracht kommen und wie sie sich ggf. in ihren Voraussetzungen und/oder Rechtsfolgen vom Widerruf der Bestellung unterscheiden soll: Nach einer **ersten Ansicht** ist eine einseitige Suspendierung **kein eigenständiges Rechtsinstitut,** sondern als Widerruf der Bestellung zu behandeln. Danach müssen die Voraussetzungen für einen Widerruf der Bestellung vorliegen, insbes. ein wichtiger Grund.[1913] Hebt der Aufsichtsrat die „Suspendierung" von sich aus auf, bestellt er das Vorstandsmitglied neu, und diese Neubestellung wird nur wirksam, wenn das Vorstandsmitglied sie annimmt. Eine so verstandene einseitige Suspendierung unterscheidet sich vom Widerruf der Bestellung nur dadurch, dass der Aufsichtsrat vorab signalisiert, das Vorstandsmitglied uU neu bestellen zu wollen.[1914] Eine **zweite Ansicht** geht davon aus, dass für die Suspendierung zwar **dieselben Voraussetzungen** gelten wie für den Widerruf der Bestellung.[1915] Die Rechtsfolgen sollen aber hinter denen eines Widerrufs zurückbleiben: Das suspendierte Vorstandsmitglied soll formal im Amt bleiben und es lediglich zeitweise nicht ausüben. Nach einer **dritten Ansicht** sollen bei einer einseitigen Suspendierung nicht nur die von der zweiten Ansicht angenommenen im Verhältnis zum Widerruf der Bestellung „abgeschwächten" Rechtsfolgen eintreten, sondern auch die **Anforderungen an den „wichtigen Grund"** sollen **geringer** sein: Ein schwerwiegender Verdacht eines wichtigen Grunds soll genügen.[1916]

bb) Stellungnahme. Der letztgenannten **dritten Ansicht ist zu folgen.** Es ist kein Grund ersichtlich, der es ausschließen würde, dem praktischen Bedürfnis nach einer Suspendierung Rechnung zu tragen, die

---

[1910] MHdB AG/*Wiesner*, 4. Aufl. 2015, § 20 Rn. 68.
[1911] *Dörrwächter* NZG 2018, 54. Vgl. etwa die Fälle VW AG, AUDI AG, HSH Nordbank AG, Kreditanstalt für Wiederaufbau, Landesbank Sachsen und EWE AG.
[1912] Siehe MüKoAktG/*Spindler* AktG § 84 Rn. 157; Hüffer/Koch/*Koch* AktG § 84 Rn. 43; K. Schmidt/Lutter AktG/*Seibt* AktG § 84 Rn. 65; *Beiner/Braun* Vorstandsvertrag Rn. 176; Hölters/*Weber* AktG § 84 Rn. 89; BeckHdB AG/*Liebscher* § 6 Rn. 54; BeckOGK/*Fleischer* AktG § 84 Rn. 146.
[1913] LG München I AG 1986, 142 und als Folgeinstanz OLG München AG 1986, 234 (235): Einseitige Suspendierung ist als im Verhältnis zum Widerruf der Bestellung *„weniger schwerwiegende Maßnahme jedenfalls dann zulässig […], wenn ein wichtiger Grund vorliegt, der auch die endgültige Abberufung rechtfertigen würde";* offenlassend KG DB 1983, 2026; MüKoAktG/*Spindler* AktG § 84 Rn. 158; Übersicht zum Meinungsstand bei *Dörrwächter* NZG 2018, 54 (55) und Hüffer/Koch/*Koch* AktG § 84 Rn. 43.
[1914] *Dörrwächter* NZG 2018, 54 (55).
[1915] *Krieger*, Personalentscheidungen des AR, 1981, 155; in diesem Sinn wohl auch Hüffer/Koch/*Koch* AktG § 84 Rn. 43 aE; Habersack/Henssler/*Habersack* MitbestG § 31 Rn. 32; Raiser/Veil/Jacobs/*Raiser* MitbestG § 31 Rn. 43; *Hoffmann/Lehmann/Weinmann* MitbestG § 31 Rn. 51.
[1916] GroßkommAktG/*Kort* AktG § 84 Rn. 238; BeckOGK/*Fleischer* AktG § 84 Rn. 146 f.; MHdB AG/*Wentrup* § 20 Rn. 74; vgl. Kölner Komm AktG/*Mertens/Cahn* AktG § 84 Rn. 189 f.; Wißmann/Kleinsorge/Schubert/*Schubert* MitbestG § 31 Rn. 54; ähnlich K. Schmidt/Lutter AktG/*Seibt* AktG § 84 Rn. 65: *„geringere Anforderungen".*

sich in ihren Rechtsfolgen vom Widerruf der Bestellung unterscheidet und es ermöglicht, die Amtsausübung zwar zeitweise zu unterbinden, aber das Amt formal nicht zu beenden. Die Möglichkeit der Vertretung „verhinderter" Vorstandsmitglieder durch Aufsichtsratsmitglieder (§ 105 Abs. 2 AktG) zeigt, dass das Aktiengesetz anerkennt, dass Organmitglieder für einen **begrenzten Zeitraum** formal im Amt bleiben, ohne im (Innen-)Verhältnis zur AG die mit dem Amt verbundenen Rechte und Pflichten wahrzunehmen (→ Rn. 837). Dass die Anforderungen für den Widerruf der Bestellung nicht unterlaufen werden und die Unabhängigkeit des Vorstands gewährleistet bleibt, wird erreicht, weil der Zeitraum der Suspendierung begrenzt (→ Rn. 833 f.) und ein **wichtiger Grund erforderlich** ist.

814 **(1) Wichtiger Grund.** Aufgrund der zeitlichen Begrenzung der Suspendierung sind an den wichtigen Grund für eine einseitige Suspendierung **geringere Anforderungen** zu stellen als an den wichtigen Grund für einen Widerruf der Bestellung. Ein wichtiger Grund liegt vor, wenn es der AG nicht zumutbar ist, dass das Vorstandsmitglied sein Amt ungeachtet der vorliegenden Umstände uneingeschränkt ausübt. Ob ein wichtiger Grund vorliegt, ist – wie beim Widerruf der Bestellung (→ Rn. 733) – gerichtlich **voll überprüfbar.** Ein wichtiger Grund liegt insbes. vor, wenn ein **begründeter Verdacht** besteht, dass das Vorstandsmitglied eine grobe Pflichtverletzung begangen hat oder unfähig zur ordnungsgemäßen Geschäftsführung ist (vgl. § 84 Abs. 3 S. 2 AktG).

815 **(2) Begründeter Suspendierungsanlass.** Zusätzlich zum wichtigen Grund ist ein begründeter Suspendierungsanlass erforderlich; andernfalls ist die einseitige Suspendierung **rechtsmissbräuchlich.** Ein begründeter Suspendierungsanlass liegt vor, wenn der Aufsichtsrat bei pflichtgemäßer Beurteilung davon ausgehen darf, dass es möglich ist, den Suspendierungszeitraum **im Interesse der AG** zu nutzen, etwa um den Verdacht einer groben Pflichtverletzung des Vorstandsmitglieds aufzuklären.[1917] Der Aufsichtsrat hat insofern eine Einschätzungsprärogative. Das Gericht darf lediglich prüfen, ob die Beurteilung des Aufsichtsrats nach Maßgabe der Business Judgment Rule **vertretbar** ist. Liegt ein begründeter Suspendierungsanlass vor, ist es **nicht ausgeschlossen,** das Vorstandsmitglied einseitig zu suspendieren, obwohl das Ende der Amtszeit kurz bevorsteht oder die Suspendierung bis zum Ende der Amtszeit läuft.[1918]

816 Teilweise wird vertreten, eine einseitige Suspendierung sei unzulässig oder pflichtwidrig, wenn nach Einschätzung des Aufsichtsrats bereits ein **wichtiger Grund** für den **Widerruf der Bestellung** vorliegt.[1919] Nach der Gegenansicht soll auch in diesem Fall eine einseitige Suspendierung zulässig sein, etwa um die Bedingungen eines einvernehmlichen Ausscheidens festzulegen.[1920] Der **Gegenansicht** ist **zuzustimmen.** Verhandeln der Aufsichtsrat und das Vorstandsmitglied bereits die Bedingungen eines einvernehmlichen Ausscheidens, kommt aber idR ohnehin eine einvernehmliche Suspendierung in Betracht. Der Aufsichtsrat muss ggf. sicherstellen, dass sich die Zweiwochenfrist für die außerordentliche Kündigung des Anstellungsvertrags (§ 626 Abs. 2 BGB) entsprechend dem Suspendierungszeitraum verlängert.

817 Unzulässig ist eine einseitige Suspendierung, wenn sich der Aufsichtsrat lediglich Klarheit darüber verschaffen möchte, ob es **zweckmäßig** ist, die Bestellung zu widerrufen. Hingegen ist eine einseitige Suspendierung zulässig, um zu klären, wie schwer ein dem Grunde nach feststehender Vorwurf wiegt oder ob es Umstände gibt, die das Vorstandsmitglied entlasten.[1921]

818 Eine einseitige Suspendierung soll unzulässig sein, wenn nach Einschätzung des Aufsichtsrats bereits ein wichtiger Grund für den Widerruf der Bestellung vorliegt, der Aufsichtsrat aber den **Verdacht weiteren Fehlverhaltens** aufklären möchte.[1922] Dem ist **nicht** uneingeschränkt zu folgen. Kommt der Aufsichtsrat zur Einschätzung, dass er die Bestellung aufgrund des bereits feststehenden wichtigen Grunds nicht widerrufen möchte und kommt mit Blick auf das weitere Fehlverhalten, für das lediglich ein Verdacht vorliegt, ein Widerruf in Betracht, liegt ein begründeter Suspendierungsanlass vor, wenn der Aufsichtsrat den Suspendierungszeitraum zur Aufklärung nutzen kann. **Kein** begründeter Suspendierungsanlass liegt vor, wenn das Vorstandsmitglied durch die Suspendierung für ein bereits abschließend festgestelltes Fehlverhalten **sanktioniert** werden soll.

819 Handelt es sich um eine **abhängige AG im Konzern,** kommt eine „Veranlassung" des herrschenden Unternehmens, ein Vorstandsmitglied zeitweise in ein verbundenes Unternehmen zu „entsenden" (**„Secondment"), nicht** als Suspendierungsanlass für eine einseitige Suspendierung in Betracht (zur einvernehmlichen Suspendierung → Rn. 824).

[1917] Vgl. insofern auch GroßkommAktG/*Kort* AktG § 84 Rn. 242: Grund für die einseitige Suspendierung liegt vor, wenn Umstände für einen wichtigen Grund für die endgültige Beendigung des Amts sprechen.
[1918] AA *Lutter/Krieger/Verse* AR Rn. 381: Suspendierung bis zum Ende der Amtszeit ist unzulässig und stellt „*echten Widerruf der Bestellung*" dar; wohl ebenfalls aA, allerdings möglicherweise mit Blick auf den maximal zulässigen Zeitraum einer einseitigen Suspendierung, BeckOGK/*Fleischer* AktG § 84 Rn. 147.
[1919] Vgl. GroßkommAktG/*Kort* AktG § 84 Rn. 246.
[1920] Kölner Komm AktG/*Mertens/Cahn* AktG § 84 Rn. 190; *Dörrwächter* NZG 2018, 54 (57).
[1921] GroßkommAktG/*Kort* AktG § 84 Rn. 247 f.; Kölner Komm AktG/*Mertens/Cahn* AktG § 84 Rn. 191.
[1922] GroßkommAktG/*Kort* AktG § 84 Rn. 249.

cc) Keine „Selbstsuspendierung" durch das Vorstandsmitglied. Nicht zulässig wäre eine Selbst- 820
suspendierung durch das Vorstandsmitglied: Eine Suspendierung kommt nur in Betracht, wenn der Aufsichtsrat ihr zustimmt, nachdem er geprüft hat, ob die Zulässigkeitsvoraussetzungen vorliegen und sie im Interesse der AG ist (→ Rn. 815).

dd) Stay on Board-Initiative – Anspruch auf Ruhenlassen des Amts? Diskutiert wird unter den 821
Stichworten „Stay on Board", Vorstandsmitgliedern börsennotierter Gesellschaften eine **„Familienauszeit" zu ermöglichen**.[1923] Danach sollen Vorstandsmitglieder ein subjektives Recht erhalten, einseitig ihr Amt in bestimmten, gesetzlich abschließend festgelegten Fällen (längere Krankheit oder Umstände, die Arbeitnehmer zu Mutterschutz, Elternzeit oder Pflegezeit berechtigten würden) für eine gesetzlich festgelegte Höchstdauer von zB bis zu sechs Monaten vorübergehend ruhen zu lassen.[1924] Voraussetzung des Rechts auf Auszeit soll sein, dass das Vorstandsmitglied die gewünschte Auszeit rechtzeitig ankündigt. Die Interessen der Gesellschaft sollen gewahrt werden, indem kein Anspruch auf die Auszeit besteht, wenn ein Ausnahmetatbestand (zB Krise des Unternehmens) vorliegt. Die Auszeit und der Zeitraum der Auszeit sollen in das Handelsregister einzutragen sein. Während der Auszeit soll jede Verantwortlichkeit des Vorstandsmitglieds ausgeschlossen sein, und nach der Auszeit soll das Amt automatisch wieder aufleben. Nach diesem Vorschlag würden sich die Rechtsfolgen einer Familienauszeit von denen einer Suspendierung (→ Rn. 836 ff.) dadurch unterscheiden, dass das Amt als Vorstandsmitglied im Fall einer Familienauszeit tatsächlich – vorübergehend – nicht besteht. Auch wenn eine solche Familienauszeit als subjektives Recht von Vorstandsmitgliedern geregelt wird, bleibt daneben sowohl mit Blick auf den Anwendungsbereich als auch die Rechtsfolgen ein praktisches Bedürfnis für eine Suspendierung bestehen.

b) Einvernehmliche Suspendierung

Rechtsprechung zur einvernehmlichen Suspendierung existiert nicht. Im Schrifttum wird sie als **eigen-** 822
ständiges Rechtsinstitut für **zulässig** gehalten.[1925] **Umstritten** ist, ob auch für die einvernehmliche Suspendierung ein **wichtiger Grund erforderlich** ist. **Einige Autoren** halten einen wichtigen Grund **nicht** für erforderlich.[1926] Sogar die endgültige Beendigung der Bestellung sei einvernehmlich ohne wichtigen Grund zulässig. Die Suspendierung müsse daher erst recht ohne wichtigen Grund zulässig sein. Erforderlich sei aber, dass die **Handlungsfähigkeit** des Vorstands gewahrt bleibe. Zudem dürfe die einvernehmliche Suspendierung **nicht rechtsmissbräuchlich** sein. Eine einvernehmliche Suspendierung könne insbes. gerechtfertigt sein, wenn sie Sachverhaltsermittlungen und dadurch eine fundierte Entscheidung des Aufsichtsrats über den Widerruf der Bestellung eines Vorstandsmitglieds ermöglichen solle.[1927] Nach der **Gegenansicht** ist eine einvernehmliche Suspendierung nur zulässig, wenn ein wichtiger Grund für die Suspendierung vorliegt.[1928] Begründet wird diese Forderung zumeist nicht. Vereinzelt wird argumentiert, ein wichtiger Grund sei *„wegen der fehlenden Publizität einer Suspendierung"* erforderlich.[1929] Der wichtige Grund müsse aber nicht so schwer wiegen, dass er berechtigen würde, die Bestellung zum Vorstandsmitglied endgültig zu widerrufen. Vielmehr soll *„der schwerwiegende Verdacht des Vorliegens von Umständen […], die einen wichtigen Grund für den Widerruf der Bestellung bilden würden"*, ausreichen.[1930]

[1923] Vgl. Eckpunktepapier der Initiative „#stayonboard", siehe https://stayonboard.org/, zuletzt abgerufen am 28.10.2020; befürwortend der Genderausschuss des Deutschen Anwaltvereins, DAV-Stellungnahme Nr. 70/2020, siehe https://anwaltverein.de/de/newsroom?newscategories=3, zuletzt abgerufen am 28.10.2020; ablehnend *Apfelbacher/Hemeling/Hoffmann-Becking/Kremer/Krieger/Löbbe/Maier-Reimer* NZG 2020, 1281 (1282, 1283): Gesetzlicher Anspruch des Vorstandsmitglieds auf Ruhenlassen des Mandats schränkt die Bestellungskompetenz des Aufsichtsrats und die pflichtgemäße Ermessensentscheidung zur Lösung einer Verhinderungssituation zu stark ein; vorzugswürdig ist eine einvernehmliche Suspendierung oder eine einvernehmliche Amtsbeendigung mit aufschiebend befristeter Wiederbestellung bei fortdauerndem Anstellungsvertrag; die de lege lata bestehenden Möglichkeiten für ausreichend haltend auch *Ph. Scholz* AG 2021, 9, aber mit Regelungsvorschlägen zu einem Anspruch des Vorstandsmitglieds auf Ruhenlassen sowie zu einem einvernehmlichen Ruhenlassen des Mandats.
[1924] Vgl. Antrag der FDP Fraktion BT-Drs. 19/20780, 2 mit der Aufforderung an die Bundesregierung, einen entsprechenden Gesetzentwurf vorzulegen.
[1925] Hüffer/Koch/*Koch* AktG § 84 Rn. 43 aE; GroßkommAktG/*Kort* AktG § 84 Rn. 257; BeckOGK/*Fleischer* AktG § 84 Rn. 150; MHdB AG/*Wentrup* § 20 Rn. 77; *Apfelbacher/Hemeling/Hoffmann-Becking/Kremer/Krieger/Löbbe/Maier-Reimer* NZG 2020, 1281 (1282).
[1926] MüKoAktG/*Spindler* AktG § 84 Rn. 157; Hüffer/Koch/*Koch* AktG § 84 Rn. 43; *Thüsing* in Fleischer VorstandsR-HdB § 5 Rn. 47; wohl auch *Fonk* in Semler/v. Schenck AR-HdB § 10 Rn. 299.
[1927] *Dörrwächter* NZG 2018, 54 (58); vgl. auch *Krieger*, Personalentscheidungen des AR, 1981, 159.
[1928] BeckOGK/*Fleischer* AktG § 84 Rn. 150; *Lutter/Krieger/Verse* AR Rn. 380, 383; GroßkommAktG/*Kort* AktG § 84 Rn. 258; *Meyer-Landrut* FS R. Fischer, 1979, 477 (484).
[1929] *Lutter/Krieger/Verse* AR Rn. 383; *Beiner/Braun* Vorstandsvertrag Rn. 180.
[1930] GroßkommAktG/*Kort* AktG § 84 Rn. 258; *Beiner/Braun* Vorstandsvertrag Rn. 177, 180; MHdB AG/*Wentrup* § 20 Rn. 77, 74; Kölner Komm AktG/*Mertens/Cahn* AktG § 84 Rn. 196; BeckOGK/*Fleischer* AktG § 84 Rn. 147, 150: „Der auf gewichtige Anhaltspunkte gestützte Verdacht eines Abberufungsgrundes [sollte] ausreichen".

823 **Stellungnahme:** Ein wichtiger Grund ist für eine einvernehmliche Suspendierung **nicht erforderlich.** Die Unabhängigkeit des Vorstands ist nicht in Frage gestellt, weil das Vorstandsmitglied mit seiner Suspendierung einverstanden ist. Die einvernehmliche Suspendierung ist kein „Minus" zur einseitigen Amtsbeendigung, sondern zur einvernehmlichen Beendigung der Organstellung, für die kein wichtiger Grund erforderlich ist (→ Rn. 805). Es kommt auch nicht darauf an, ob die Initiative bzw. das Angebot, eine einvernehmliche Suspendierung zu vereinbaren, vom Vorstandsmitglied oder vom Aufsichtsrat ausging. Weshalb ein wichtiger Grund wegen der „fehlenden Publizität einer Suspendierung" erforderlich sein soll, erschließt sich nicht. Ein suspendiertes Vorstandsmitglied behält formal sein Amt und seine Vertretungsbefugnis; der fortbestehende Handelsregistereintrag vermittelt daher insofern keinen falschen Eindruck. Ob ein Vorstandsmitglied tatsächlich seine gesetzlichen Organpflichten wahrnimmt, könnten Dritte dem Handelsregister auch dann nicht entnehmen, wenn ein wichtiger Grund für die einvernehmliche Suspendierung vorläge. Der Rechtsverkehr ist hinreichend geschützt, weil die einvernehmliche Suspendierung unzulässig ist, wenn sie **rechtsmissbräuchlich** ist.[1931] Die einvernehmliche ist ebenso wie die einseitige Suspendierung nicht rechtsmissbräuchlich, wenn und solange ein **begründeter Suspendierungsanlass** vorliegt.[1932] Die AG ist geschützt, weil der Aufsichtsrat und Vorstandsmitglieder eine Suspendierung nur vereinbaren dürfen, wenn und solange **im Interesse der AG** ist.

824 Da die Unabhängigkeit des Vorstands nicht in Frage gestellt ist, sind an den begründeten Suspendierungsanlass **geringere Anforderungen** zu stellen als bei einer einseitigen Suspendierung.[1933] Der Aufsichtsrat und das Vorstandsmitglied haben eine Einschätzungsprärogative hinsichtlich des Suspendierungsanlasses. Das Gericht darf lediglich prüfen, ob die Beurteilung nach Maßgabe der Business Judgment Rule **vertretbar** ist. Suspendierungsanlass kann auch eine Sanktionierung des Vorstandsmitglieds oder der Wunsch eines Vorstandsmitglieds nach einer **„Auszeit"** (**„Sabbatical"** → Rn. 1657 ff.) sein (zum Interesse der Gesellschaft in diesem Fall → Rn. 848), ferner die iRd Stay on Board-Initiative diskutierten Fälle der Mutterschaft, Elternzeit, Pflege in der Familie oder längere Krankheit (→ Rn. 821).[1934] Eine **vom herrschenden Unternehmen** veranlasste zeitweise Entsendung in ein verbundenes Unternehmen (**„Secondment"**), kommt im Rahmen einer einvernehmlichen Suspendierung ebenfalls als Suspendierungsanlass in Betracht. Auch insofern ist aber der maximale Suspendierungszeitraum von drei bis sechs Monaten zu beachten (→ Rn. 833 f.). Zudem muss der Aufsichtsrat einer abhängigen AG prüfen, ob das Secondment für die abhängige AG per Saldo nicht nachteilig iSd §§ 311 ff. AktG ist. Ein Nachteil kann ausgeschlossen sein, wenn das Konzernunternehmen, zu dem das Vorstandsmitglied secondieren soll, für den Zeitraum des Secondments seine Vergütung übernimmt und die marktübliche Vergütung für die Zurverfügungstellung eines Interims-Managers bezahlt (→ Rn. 834).

c) Verfahren für die einseitige und die einvernehmliche Suspendierung

825 Eine einseitige und eine einvernehmliche Suspendierung erfordern einen **Beschluss des Plenums** (§ 108 Abs. 1 AktG). Das Plenum kann die Entscheidung **nicht** einem Ausschuss übertragen.[1935] In **paritätisch mitbestimmten** Gesellschaften ist ein Beschluss mit einer Mehrheit von zwei Dritteln sämtlicher amtierender Aufsichtsratsmitglieder erforderlich (§ 31 Abs. 5, Abs. 2 MitbestG in entsprechender Anwendung).[1936] Kommt die Zweidrittelmehrheit nicht zustande, soll sich nach hA wie im Fall des Widerrufs der Bestellung ein Vermittlungsverfahren anschließen (§ 31 Abs. 3, 4 MitbestG in entsprechender Anwendung).[1937] Das ist **abzulehnen.** Das Vermittlungsverfahren passt schon nicht für den Widerruf der Bestellung (→ Rn. 743). Ob ein Vorstandsmitglied suspendiert wird, ist schnell zu entscheiden. Kommt bei der ersten Abstimmung keine Zweidrittelmehrheit zustande, schließt sich ohne Vermittlungsverfahren unmittelbar eine zweite und dritte Abstimmung iSv § 31 Abs. 3 S. 2, Abs. 4 MitbestG an.

826 Soll ein Vorstandsmitglied **einseitig** wegen des Verdachts von Umständen suspendiert werden, die einen wichtigen Grund für den Widerruf der Bestellung bilden könnten, ist es **anzuhören.**[1938]

827 Die **einseitige** Suspendierung ist eine **einseitige, empfangsbedürftige Willenserklärung.** Für den Zugang gelten die Ausführungen zum Zugang der Widerrufserklärung entsprechend (→ Rn. 746 ff.).

[1931] So auch zur einvernehmlichen Amtsbeendigung BGH NZG 2012, 1027 Rn. 31.
[1932] Vgl. insofern auch GroßkommAktG/*Kort* AktG § 84 Rn. 258.
[1933] Vgl. insofern auch *Dörnvächter* NZG 2018, 54 (58): Rechtsmissbrauch erst „*wenn offensichtlich kein Grund für eine – einvernehmliche – Suspendierung des Vorstandsmitglieds vorliegt*".
[1934] Vgl. auch *Apfelbacher/Hemeling/Hoffmann-Becking/Kremer/Krieger/Löbbe/Maier-Reimer* NZG 2020, 1281 (1282).
[1935] GroßkommAktG/*Kort* AktG § 84 Rn. 240, 257; BeckOGK/*Fleischer* AktG § 84 Rn. 148, 150; MHdB AG/*Wentrup* § 20 Rn. 76; Kölner Komm AktG/*Mertens/Cahn* AktG § 84 Rn. 194, 196; Hüffer/Koch/*Koch* AktG § 84 Rn. 43.
[1936] BeckOGK/*Fleischer* AktG § 84 Rn. 148, 150; Kölner Komm AktG/*Mertens/Cahn* AktG § 84 Rn. 194, 196; MHdB AG/*Wentrup* § 20 Rn. 76; GroßkommAktG/*Kort* AktG § 84 Rn. 241, 257; *Lutter/Krieger/Verse* AR Rn. 382.
[1937] BeckOGK/*Fleischer* AktG § 84 Rn. 148, 150; *Lutter/Krieger/Verse* AR Rn. 382; MHdB AG/*Wentrup* § 20 Rn. 76; GroßkommAktG/*Kort* AktG § 84 Rn. 241, 257.
[1938] GroßkommAktG/*Kort* AktG § 84 Rn. 239.

Eine **einvernehmliche Suspendierung** wird wirksam, wenn die Entscheidung des Aufsichtsrats dem Vorstandsmitglied und das Einverständnis des Vorstandsmitglieds (irgend-)einem Aufsichtsratsmitglied zugeht. Ging die Initiative vom Vorstandsmitglied aus und hat der Aufsichtsrat eine andere Befristung oder Bedingung der Suspendierung (→ Rn. 824) beschlossen, als das Vorstandsmitglied vorgeschlagen hatte, wird die einvernehmliche Suspendierung nur wirksam, wenn das Vorstandsmitglied mit der vom Aufsichtsrat beschlossenen Suspendierung einverstanden ist (§ 150 Abs. 2 BGB). Sein Einverständnis kann das Vorstandsmitglied konkludent erklären, indem es zB seine Tätigkeit ruhen lässt. 828

Eine **aufschiebende Befristung oder Bedingung** des Eintritts der Suspendierung ist **nicht zulässig**: Ein begründeter Suspendierungsanlass besteht nur, wenn er aktuell bereits vorliegt. 829

d) Zeitliche Grenzen einer zulässigen Suspendierung

aa) Meinungsstand zum zulässigen Suspendierungszeitraum. Es wird überwiegend für zulässig gehalten, die Suspendierung **nicht** von vornherein auf einen **bestimmten Zeitpunkt** zu befristen. Die Suspendierung diene häufig dazu, einen Sachverhalt aufzuklären, der uU den Widerruf der Bestellung begründen könne. In diesen Fällen sei es oft nicht möglich, von vornherein einen bestimmten Zeitpunkt festzulegen, zu dem die Suspendierung enden soll. Es sei dann zulässig, die Suspendierung bis zur Aufklärung des in Rede stehenden Sachverhalts zu befristen, ohne einen genauen Zeitpunkt festzulegen.[1939] Es besteht aber Einigkeit, dass eine Suspendierung – einseitig und einvernehmlich – als Ausnahmefall nur für einen **begrenzten Zeitraum** in Betracht kommt. Ungeklärt ist, wie lang der Zeitraum maximal sein kann: 830

Für **einseitige Suspendierungen** wird als *„Richtwert für den Regelfall"* überwiegend ein **Zeitraum von einem Monat** angegeben.[1940] Zumindest *„in besonderen Ausnahmefällen"* soll es aber nach Auffassung einiger Autoren zulässig sein, einseitige Suspendierungen länger als einen Monat aufrechtzuerhalten. Ein „besonderer Ausnahmefall" soll *„etwa bei schwieriger Klärung von Verdachtsmomenten"* vorliegen.[1941] 831

Einvernehmliche Suspendierungen sollen nach überwiegender Ansicht ebenso wie einseitige nur in einem *„engen zeitlichen Rahmen möglich"* sein.[1942] Begründet wird das überwiegend nicht. Nur vereinzelt wird auf die auch bei einvernehmlichen Suspendierungen fehlende Publizität der Suspendierung verwiesen.[1943] Nach Auffassung von *Thüsing* sollen einvernehmliche Suspendierungen dagegen ohne zeitliche Grenzen zulässig sein, solange der Vorstand handlungsfähig sei. Sei das Vorstandsmitglied mit seiner Suspendierung einverstanden, bleibe seine Unabhängigkeit gewahrt. Dass die einvernehmliche Suspendierung nicht im Handelsregister ersichtlich sei, rechtfertige keine zeitliche Grenze.[1944] 832

bb) Stellungnahme. Der zulässige Suspendierungszeitraum ist **einzelfallabhängig**. Die Suspendierung **wird rechtsmissbräuchlich**, sobald der Suspendierungsanlass wegfällt.[1945] Aus Gründen der Rechtssicherheit endet die Suspendierung aber grds. nicht automatisch in dem Zeitpunkt, in dem sie rechtsmissbräuchlich wird. Vielmehr hat der Aufsichtsrat – im Fall einer einvernehmlichen Suspendierung gemeinsam mit dem Vorstandsmitglied – im Voraus mit Blick auf den begründeten Suspendierungsanlass wenn möglich einen **Zeitpunkt**, uU eine **Bedingung**, festzulegen, bei dessen bzw. deren Eintritt die Suspendierung endet. Die Suspendierung endet ggf., wenn der festgelegte Zeitpunkt erreicht wird oder die Bedingung eintritt. Der Aufsichtsrat kann auch regeln, dass er nach Ablauf eines bestimmten Zeitraums **entscheidet**, ob die Suspendierung **fortgesetzt** werden soll. Das kommt in Betracht, wenn die Suspendierung dazu dient, einen Sachverhalt aufzuklären: Es hängt dann von der Beurteilung des Aufsichtsrats ab, ob er den Sachverhalt für hinreichend aufgeklärt hält. Legt der Aufsichtsrat keinen Zeitpunkt und keine Bedingung fest, ist die Suspendierung von vornherein **unzulässig** und läuft nicht etwa bis zur maximalen Obergrenze. 833

[1939] GroßkommAktG/*Kort* AktG § 84 Rn. 243 f.; *Lutter/Krieger/Verse* AR Rn. 380; aA wohl MHdB AG/*Wentrup* § 20 Rn. 75: *„Die Suspendierung ist aus Gründen der Rechtssicherheit befristet auszusprechen."*
[1940] GroßkommAktG/*Kort* AktG § 84 Rn. 244; MüKoAktG/*Spindler* AktG § 84 Rn. 159; Kölner Komm AktG/*Mertens/Cahn* AktG § 84 Rn. 189; *Dörrwächter* NZG 2018, 54, (57); *Krieger*, Personalentscheidungen des AR, 1981, 153; *Seyfarth* VorstandsR § 19 Rn. 81; *Lutter/Krieger/Verse* AR Rn. 381; MHdB AG/*Wentrup* § 20 Rn. 75; *Beiner/Braun* Vorstandsvertrag Rn. 178; *Kubis* in Semler/Peltzer/Kubis Vorstands-HdB § 2 Rn. 131; *Bauer/Krieger/C. Arnold* Arbeitsrechtliche Aufhebungsverträge D Rn. 51; Hölters/*Weber* AktG § 84 Rn. 89; vgl. auch BeckOGK/*Fleischer* AktG § 84 Rn. 147, der aber betont, dass es auf den Einzelfall ankomme.
[1941] GroßkommAktG/*Kort* AktG § 84 Rn. 244; *Seyfarth* VorstandsR § 19 Rn. 81; *Beiner/Braun* Vorstandsvertrag Rn. 178.
[1942] GroßkommAktG/*Kort* AktG § 84 Rn. 258; *Dörrwächter* NZG 2018, 54, (58); BeckOGK/*Fleischer* AktG § 84 Rn. 147, 150; *Lutter/Krieger/Verse* AR Rn. 381, 383; MHdB AG/*Wentrup* § 20 Rn. 77.
[1943] *Lutter/Krieger/Verse* AR Rn. 381, 383; *Beiner/Braun* Vorstandsvertrag Rn. 180.
[1944] *Thüsing* in Fleischer VorstandsR-HdB § 5 Rn. 47.
[1945] GroßkommAktG/*Kort* AktG § 84 Rn. 243; Kölner Komm AktG/*Mertens/Cahn* AktG § 84 Rn. 189.

834 Unabhängig davon, ob noch ein begründeter Suspendierungsanlass besteht, ist die Suspendierung als „Ausnahmefall" maximal für einen begrenzten Zeitraum zulässig. Die Befristung oder Bedingung ist daher so festzulegen, dass diese **maximale zeitliche Obergrenze** eingehalten wird. Der im Schrifttum insbes. für die einseitige Suspendierung diskutierte „Richtwert" von einem Monat als maximale zeitliche Obergrenze hat **keine gesetzliche Grundlage**. Bei der Aufklärung komplexer Sachverhalte wird ein Monat häufig nicht genügen. Das Gesetz lässt im Fall der Stellvertretung von Vorstandsmitgliedern zu, dass die „formale und die tatsächliche Organstellung" für bis zu ein Jahr auseinanderfallen (§ 105 Abs. 2 S. 1 AktG; → Rn. 922). Ein derart langer Zeitraum ist allerdings auch im Fall einer einvernehmlichen Suspendierung nicht vertretbar, weil die Vorstandsposition anders als im Fall der Stellvertretung vakant bleibt. Vertretbar ist als maximale zeitliche Obergrenze sowohl für die einseitige als auch für die einvernehmliche Suspendierung ein Zeitraum von **drei, in Ausnahmefällen bis zu sechs Monaten:** Ein solcher Zeitraum lässt sich grds. durch ein Interimsmanagement überbrücken und entspricht der gesetzlichen (Mindest-)Sitzungsfrequenz des Aufsichtsrats (§ 110 Abs. 3 AktG). Auch für das Ruhenlassen des Amts iRd Stay on Board-Initiative wird ein Zeitraum von maximal sechs Monaten diskutiert (→ Rn. 821).

835 cc) **Rechtsfolgen bei Überschreitung des maximal zulässigen Suspendierungszeitraums.** Wird der maximal zulässige Suspendierungszeitraum überschritten, **endet** die Suspendierung **ohne weiteres.**[1946] Das Vorstandsmitglied ist dann wieder im Amt, ohne dass die Folgen einer Suspendierung (→ Rn. 836 ff.) eingreifen. Die Aufsichtsratsmitglieder und uU das betroffene Vorstandsmitglied sowie die anderen Vorstandsmitglieder handeln **pflichtwidrig,** wenn sie die Suspendierung weiter praktizieren. Dass **Vorstandsbeschlüsse** nichtig sind, an denen das suspendierte Vorstandsmitglied nach Ablauf des maximal zulässigen Suspendierungszeitraums nicht mitwirkte, kann ausschließlich das suspendierte Vorstandsmitglied geltend machen.[1947] Es verwirkt sein Rügerecht, wenn es die Nichtigkeit nicht unverzüglich geltend macht.[1948]

e) Rechtsfolgen einer zulässigen Suspendierung

836 aa) **Amtsstellung, Publizität.** Das suspendierte Vorstandsmitglied bleibt **formal im Amt.** Es bleibt daher in das **Handelsregister eingetragen.** Ein „Suspendierungszusatz" kann nicht in das Handelsregister eingetragen werden.[1949] Das suspendierte Vorstandsmitglied ist auf den **Geschäftsbriefen** der AG (§ 80 Abs. 1 S. 1 AktG) und im **Anhang des Jahresabschlusses** (§ 285 S. 1 Nr. 10 HGB) als Vorstandsmitglied zu nennen.[1950] Vorstand und Aufsichtsrat können daher verpflichtet sein, die Suspendierung Geschäftspartnern und evtl. öffentlich bekannt zu machen, um die AG vor Nachteilen zu bewahren.

837 bb) **Rechte, Pflichten und Verantwortlichkeit des suspendierten Vorstandsmitglieds. (1) Verbot der Wahrnehmung der Rechte und Pflichten als Vorstandsmitglied.** Das suspendierte Vorstandsmitglied ist **im Verhältnis zur AG** weder berechtigt noch verpflichtet, seine Rechte und Pflichten als Vorstandsmitglied wahrzunehmen:[1951] Es **darf und muss** die Geschäfte **nicht** führen, es darf und muss nicht an Maßnahmen mitwirken, für die zwingend der Gesamtvorstand zuständig ist oder die einen einstimmigen Vorstandsbeschluss voraussetzen,[1952] und es darf und muss die AG nicht gegenüber Dritten vertreten.

838 Da das suspendierte Vorstandsmitglied formal im Amt bleibt, kann es die AG zwar weiterhin **wirksam vertreten.**[1953] Es verstößt ggf. aber gegen das aus der Suspendierung folgende **Vertretungsverbot** gegenüber der AG und haftet auf Ersatz eines ihr dadurch entstehenden Schadens.[1954] Bereits der Verstoß gegen das Vertretungsverbot ist pflichtwidrig. Es kommt daher nicht darauf an, ob die vorgenommene Maßnahme auch pflichtwidrig gewesen wäre, wenn das Vorstandsmitglied nicht suspendiert gewesen

---

[1946] Zur einseitigen Suspendierung GroßkommAktG/*Kort* AktG § 84 Rn. 244; *Lutter/Krieger/Verse* AR Rn. 381; *Bauer/Krieger/C. Arnold* Arbeitsrechtliche Aufhebungsverträge D Rn. 51; *Fonk* in Semler/v. Schenck AR-HdB § 10 Rn. 298; Kölner Komm AktG/*Mertens/Cahn* AktG § 84 Rn. 189.
[1947] MüKoAktG/*Spindler* AktG § 77 Rn. 29; *Bayer* ZGR-Sonderheft 19 (2015), 199 (219 f.); *Ihrig/Schäfer* Vorstand § 28 Rn. 522; GroßkommAktG/*Kort* AktG § 77 Rn. 18; Kölner Komm AktG/*Mertens/Cahn* AktG § 77 Rn. 47.
[1948] MüKoAktG/*Spindler* AktG § 77 Rn. 29; Kölner Komm AktG/*Mertens/Cahn* AktG § 77 Rn. 47.
[1949] GroßkommAktG/*Kort* AktG § 84 Rn. 253.
[1950] MHdB AG/*Wentrup* § 20 Rn. 75; GroßkommAktG/*Kort* AktG § 84 Rn. 255; *Seyfarth* VorstandsR § 19 Rn. 85.
[1951] GroßkommAktG/*Kort* AktG § 84 Rn. 253; Kölner Komm AktG/*Mertens/Cahn* AktG § 84 Rn. 192; BeckOGK/*Fleischer* AktG § 84 Rn. 149; MHdB AG/*Wentrup* § 20 Rn. 75; *Dörrwächter* NZG 2018, 54 (58).
[1952] Kölner Komm AktG/*Mertens/Cahn* AktG § 84 Rn. 192; GroßkommAktG/*Kort* AktG § 84 Rn. 251.
[1953] GroßkommAktG/*Kort* AktG § 84 Rn. 253; Kölner Komm AktG/*Mertens/Cahn* AktG § 84 Rn. 193; MHdB AG/*Wentrup* § 20 Rn. 75; *Dörrwächter* NZG 2018, 54 (58).
[1954] Vgl. auch GroßkommAktG/*Kort* AktG § 84 Rn. 254.

wäre.[1955] Zudem kommen ein Widerruf der Bestellung und eine außerordentliche Kündigung des Anstellungsvertrags in Betracht.

Das suspendierte Vorstandsmitglied hat für die Dauer der Suspendierung **kein Stimmrecht** im Vorstand, muss nicht zu Sitzungen eingeladen werden und darf nicht bei der Beschlussfähigkeit berücksichtigt werden.

(2) Pflichten im öffentlichen Interesse. Im Schrifttum wird angenommen, ein suspendiertes Vorstandsmitglied müsse nach wie vor die Pflichten erfüllen, die Vorstandsmitgliedern **im öffentlichen Interesse auferlegt** sind.[1956] Dazu sollen insbes. zwingende gesetzliche Pflichten zählen, die an die formale Stellung als Vorstandsmitglied anknüpfen, wie zB die Insolvenzantragspflicht[1957] oder ein im öffentlichen Interesse auferlegtes Pflichtenprogramm für Geschäftsleiter regulierter Unternehmen (zB § 25a KWG für Kredit- und Finanzdienstleistungsinstitute).[1958]

Stellungnahme: Die AG kann nicht über Pflichten disponieren, die Vorstandsmitgliedern im öffentlichen Interesse auferlegt sind. Das mit der Suspendierung verbundene Verbot, die Geschäfte der AG zu führen, erstreckt sich daher nicht auf diese Pflichten. Handlungspflichten können das suspendierte Vorstandsmitglied aber nur insoweit treffen, als es über Informationen verfügt, die eine Handlungspflicht auslösen. Die anderen Vorstandsmitglieder müssen dem suspendierten Vorstandsmitglied daher grds. Informationen zukommen lassen, aus denen sich Handlungspflichten im Rahmen gesetzlicher Pflichten ergeben können, die im öffentlichen Interesse auferlegt sind; zB im Zusammenhang mit der Insolvenzantragspflicht kann das Informationen betreffen, die der Gesamtvorstand regelmäßig zur Zahlungsfähigkeit und zur bilanziellen Situation erhält. Weitere Informationen muss das suspendierte Vorstandsmitglied nur bei entsprechenden Anhaltspunkten von sich aus nachfragen. Umgekehrt muss das suspendierte Vorstandsmitglied den anderen Vorstandsmitgliedern aber ein etwaiges Sonderwissen weitergeben, insbes. soweit das Sonderwissen im öffentlichen Interesse bestehende Pflichten betrifft. Soweit das suspendierte Vorstandsmitglied über bestimmte Informationen nicht verfügt, weil ihm verboten ist, die Geschäfte zu führen, ist eine mit den betreffenden Informationen an sich verbundene Handlungspflicht auch mit Blick auf im öffentlichen Interesse bestehende Pflichten aufgrund einer **subjektiven Unmöglichkeit aus rechtlichen Gründen** ausgeschlossen (§ 275 Abs. 1 Alt. 1 BGB).[1959] Beruht die Suspendierung zB auf einer Erkrankung oder einer (Untersuchungs-)Haft des Vorstandsmitglieds, kann es unter Umständen überhaupt keine Informationen erhalten; ggf. kann dadurch auch ein Fall der subjektiven Unmöglichkeit aus tatsächlichen Gründen eintreten. Das Vorstandsmitglied muss in diesen Fällen auch im öffentlichen Interesse bestehende Pflichten nicht erfüllen.

Die Pflicht, **Jahresabschlüsse und Halbjahresfinanzberichte** sowie **Konzern- bzw. IFRS-Abschlüsse** zu unterzeichnen, die grds. sämtliche Vorstandsmitglieder trifft (vgl. für den Jahresabschluss § 245 HGB, für den Konzernabschluss § 298 Abs. 1 HGB, für den IFRS-Abschluss § 315a Abs. 1 HGB), besteht nicht für suspendierte Vorstandsmitglieder.[1960] Die Unterzeichnungspflicht sämtlicher Vorstandsmitglieder folgt im Verhältnis zur AG aus der Gesamtverantwortung des Vorstands für die Buchführung und Rechnungslegung (§ 91 AktG). Ein suspendiertes Vorstandsmitglied darf und muss aber nicht an Maßnahmen mitwirken, die in die Zuständigkeit des Gesamtvorstands fallen. Auch im Außenverhältnis muss das suspendierte Vorstandsmitglied im öffentlichen Interesse bestehende Rechnungslegungspflichten nicht wahrnehmen (→ Rn. 841). Ein suspendiertes Vorstandsmitglied muss daher auch nicht am sog. „**Bilanzeid**" für den Jahresabschluss (§ 264 Abs. 2 S. 3 HGB) oder für den Halbjahresfinanzbericht (§ 115 Abs. 2 Nr. 3 WpHG, § 264 Abs. 2 S. 3 HGB) mitwirken. Halbjahresfinanzberichte und unterjährige Zwischenmitteilungen müssen die Vorstandsmitglieder ohnehin nicht unterzeichnen.

(3) Verantwortlichkeit. Die Verantwortlichkeit des suspendierten Vorstandsmitglieds **gemäß § 93 AktG** kann die Suspendierung **nicht einschränken**.[1961] Darf das Vorstandsmitglied aber mit der Organstellung verbundene Rechte nicht wahrnehmen, handelt es gegenüber der AG nicht pflichtwidrig und kann daher auch nicht auf Schadensersatz haften. Auch eine Haftung wegen eines Unterlassens, die anderen Vorstandsmitglieder zu überwachen, droht nicht, weil diese Überwachungspflicht während der Suspendierung nicht besteht.[1962]

[1955] So aber *Dörrwächter* NZG 2018, 54 (59).
[1956] Kölner Komm AktG/*Mertens/Cahn* AktG § 84 Rn. 192; GroßkommAktG/*Kort* AktG § 84 Rn. 255; MAH ArbR/*Moll/Eckhoff* § 81 Rn. 65.
[1957] MAH ArbR/*Moll/Eckhoff* § 81 Rn. 65.
[1958] Dazu *Schnorbus/Klormann* WM 2018, 1113 (1116 f.).
[1959] Dazu allgemein MüKoBGB/*Ernst* BGB § 275 Rn. 59.
[1960] Zum Jahresabschluss Beck Bil-Komm/*Winkeljohann/Schellhorn* HGB § 245 Rn. 2; *Adler/Düringer/Schmaltz* Rechnungslegung und Prüfung der Unternehmen HGB § 245 Rn. 14; aA Bilanzrecht/*Schüppen* HGB § 245 Rn. 20.
[1961] Dazu *Dörrwächter* NZG 2018, 54 (58 f.).
[1962] *Dörrwächter* NZG 2018, 54 (59).

844 Soweit das suspendierte Vorstandsmitglied im öffentlichen Interesse bestehende Pflichten nicht treffen (→ Rn. 841 f.), kommt eine **Direkthaftung gegenüber Dritten** wegen der Verletzung solcher Pflichten – zB der Insolvenzantragspflicht[1963] – **nicht** in Betracht.[1964] Umgekehrt handelt das suspendierte Vorstandsmitglied gegenüber der AG nicht bereits pflichtwidrig, weil es ungeachtet der Suspendierung für die AG handelt, wenn es dabei im öffentlichen Interesse bestehende Pflichten wahrnimmt (→ Rn. 841).

845 **(4) Pflichten nach dem Ende der Suspendierung.** Nach dem Ende der Suspendierung muss sich das Vorstandsmitglied so schnell wie möglich über den Geschäftsverlauf insgesamt und in dem ihm zugewiesenen Geschäftsbereich während der Suspendierung **informieren**. Gelangt es aufgrund der Kenntnis „seines Geschäftsbereichs" zur Einschätzung, dass während der Suspendierung getroffene Maßnahmen nicht im Interesse der AG sind, muss es sie aufheben und geeignete Maßnahmen einleiten.[1965]

846 **(5) Anstellungsvertrag.** Der Anstellungsvertrag des suspendierten Vorstandsmitglieds bleibt grds. **unberührt** (zu den Auswirkungen der Suspendierung auf die **Vergütungsansprüche** → Rn. 1283 ff.).

f) Entscheidung über die Suspendierung, Pflichten von Aufsichtsrat und Vorstand

847 Der Aufsichtsrat und im Fall einer einvernehmlichen Suspendierung das betroffene Vorstandsmitglied müssen prüfen, ob die Voraussetzungen einer einseitigen oder einvernehmlichen Suspendierung vorliegen.[1966] Sie müssen ferner prüfen, ob eine Suspendierung und ggf. welcher zulässige Suspendierungszeitraum **im Interesse der AG** ist. Maßgeblich sind insofern insbes. der Suspendierungsanlass, welche weiteren Optionen als die Suspendierung bestehen – liegt (noch) kein wichtiger Grund für den Widerruf der Bestellung vor, kann der Aufsichtsrat grds. nur versuchen, eine einvernehmliche Amtsbeendigung zu erreichen – und wie sich die Suspendierung auf die Arbeit des Vorstands auswirkt. Je länger eine Suspendierung dauern soll, desto kritischer ist zu prüfen, ob sie im Interesse der AG ist.

848 Ist der Suspendierungsanlass der Wunsch des Vorstandsmitglieds nach einem **Sabbatical,** muss der Aufsichtsrat insbes. abwägen, wie lang das Vorstandsmitglied bereits im Amt ist, wie lang die aktuelle Amtszeit noch dauert und wie das Interesse der AG zu bewerten ist, das Vorstandsmitglied langfristig zu behalten. Ziel eines Sabbaticals ist insbes., dass sich das Vorstandsmitglied regenerieren kann, aber auch, dass es neue Impulse, Ideen und Motivation gewinnt. Das Sabbatical eines Vorstandsmitglieds kann danach im Interesse der Gesellschaft sein, wenn sie ein Interesse an der Weiterbeschäftigung des Vorstandsmitglieds hat. Sabbaticals sind im Übrigen bei Führungskräften zunehmend üblich. Es kann daher auch im Interesse der Gesellschaft sein, mit einem Kandidaten bereits bei Abschluss des Anstellungsvertrags die Möglichkeit eines Sabbaticals zu vereinbaren, um die besten Kandidaten überhaupt zu gewinnen. Eine einvernehmliche Suspendierung **bis zum Ende der laufenden Amtszeit** kommt grds. nur in Betracht, wenn das Vorstandsmitglied wiederbestellt werden soll oder bereits ist.

849 Der Aufsichtsrat, bei einer einvernehmlichen Suspendierung auch das suspendierte Vorstandsmitglied, muss bzw. müssen **fortlaufend** prüfen, ob die Voraussetzungen der Suspendierung vorliegen und sicherstellen, dass der maximal zulässige Suspendierungszeitraum nicht überschritten wird.

850 Der Aufsichtsrat muss sicherstellen, dass der **Vorstand** ohne das suspendierte Vorstandsmitglied **handlungsfähig** ist und seine Leitungs- und Geschäftsführungsaufgaben wahrnehmen kann. Der Aufsichtsrat muss grds. die Vertretung regeln oder dafür sorgen, dass der Vorstand die Vertretung regelt. Während der Suspendierung muss der Aufsichtsrat **mit besonderer Sorgfalt überwachen,** ob der Vorstand seine Aufgaben effektiv erfüllen kann.[1967]

851 Die sachliche Rechtfertigung für eine Suspendierung als „Ausnahmefall" ist der begründete Suspendierungsanlass. Der Aufsichtsrat und ggf. das suspendierte Vorstandsmitglied müssen daher den **Suspendierungsanlass „umsetzen",** also den Verdacht eines Fehlverhaltens des Vorstandsmitglieds aufklären, über eine Aufhebungsvereinbarung verhandeln etc. Je nach Suspendierungsanlass kann der Aufsichtsrat verpflichtet sein, sich fortlaufend mit der Suspendierung zu befassen. Es kann sich anbieten, diese Aufgabe einem Ausschuss zu übertragen. Je länger die Suspendierung bereits andauert, desto engmaschiger muss sich der Aufsichtsrat damit befassen. Wird der Suspendierungsanlass nicht umgesetzt, kann die Suspendierung aus diesem Grund rechtsmissbräuchlich werden.

[1963] Zur Haftung von Vorstandsmitgliedern gegenüber Dritten Hüffer/Koch/*Koch* AktG § 93 Rn. 65 ff.
[1964] AA insofern *Dörnwächter* NZG 2018, 54 (59): Die Haftung gegenüber Dritten könne der Aufsichtsrat durch die Suspendierung nicht einschränken, sie liege aber nicht nahe.
[1965] Vgl. zur einvernehmlichen Dienstbefreiung Schnorbus/Klormann WM 2018, 1113 (1116).
[1966] Von einer (einvernehmlichen) Suspendierung „*aufgrund der mit ihr verbundenen Rechtsunsicherheit [...] in der Praxis insgesamt eher* [abratend]" *Schnorbus/Klormann* WM 2018, 1113 (1117); vgl. auch Grigoleit/*Grigoleit* AktG § 84 Rn. 68; BeckHdB AG/*Liebscher* § 6 Rn. 54.
[1967] Zur intensivierten Überwachungspflicht bei Personalwechseln und Änderungen der Geschäftsordnung MüKoAktG/ *Habersack* AktG § 111 Rn. 57.

Nimmt das Vorstandsmitglied **im Konzern** weitere Mandate wahr, muss für jedes Mandat das jeweils 852
zuständige Organ der jeweiligen Konzerngesellschaft **eigenständig prüfen und entscheiden,** ob ebenfalls die Voraussetzungen einer Suspendierung vorliegen und es ggf. ebenfalls eine Suspendierung ausspricht oder einvernehmlich vereinbart. Sind mit dem Mandat als Vorstandsmitglied der Konzernmutter im Anstellungsvertrag weitere Konzernmandate verknüpft, berechtige idR bereits die berechtigte Suspendierung bei der Konzernmutter die zuständigen Organe der Konzerngesellschaften, einseitig Suspendierungen zu erklären.

g) Reaktionsmöglichkeiten des Vorstandsmitglieds bei einseitiger Suspendierung

Die Suspendierungsentscheidung ist **wirksam,** bis sie gerichtlich aufgehoben wird. Es ist **nicht erforderlich,** 853
§ 84 Abs. 3 S. 4 AktG, der den Widerruf der Bestellung auch dann als vorläufig wirksam fingiert, wenn sich später im Gerichtsverfahren herausstellen sollte, dass kein wichtiger Grund für den Widerruf vorliegt, auf eine einseitige Suspendierung **analog** anzuwenden;[1968] ein wichtiger Grund für die Suspendierung und ein begründeter Suspendierungsanlass müssen nicht bis zur rechtskräftigen Entscheidung fingiert werden. Das Vorstandsmitglied kann danach versuchen, durch eine **einstweilige Verfügung** zu erzwingen, dass es seine Tätigkeit ungeachtet der einseitigen Suspendierung fortsetzen darf.[1969] Mit Blick auf das Vorliegen eines begründeten Suspendierungsanlasses darf das Gericht aber lediglich prüfen, ob die Beurteilung des Aufsichtsrats nach Maßgabe der Business Judgment Rule **vertretbar** ist (→ Rn. 815).

Legt das Vorstandsmitglied **sein Amt aufgrund einer einseitigen Suspendierung nieder,** ist zu 854
unterscheiden: Ist die Suspendierung unwirksam, ist die Amtsniederlegung berechtigt. Ist die Suspendierung wirksam und vom Vorstandsmitglied zu vertreten, ist die Amtsniederlegung unberechtigt (zu den sich jeweils ergebenden Folgen → Rn. 793 ff.).

h) Suspendierung der Ernennung zum Vorstandsvorsitzenden

Grundsätzlich zulässig ist auch, isoliert die Ernennung zum Vorstandsvorsitzenden – einseitig oder einvernehmlich – zu suspendieren, nicht aber die Bestellung zum Vorstandsmitglied. Im Fall der einseitigen 855
Suspendierung ist ein **wichtiger Grund** erforderlich, der sich – ebenso wie beim Widerruf (→ Rn. 896) – (lediglich) auf die Ernennung zum Vorstandsvorsitzenden beziehen muss. Die Anforderungen an den begründeten **Suspendierungsanlass** sind **geringer** als bei der Suspendierung der Bestellung. Der Vorstandsvorsitzende ist zwar auf allen Geschäftsbriefen als solcher zu bezeichnen (§ 80 Abs. 1 S. 2 AktG). Das Gesetz weist ihm aber keine besonderen Aufgaben zu. Insbesondere wenn die isolierte Suspendierung der Ernennung zum Vorstandsvorsitzenden „nach außen" mitgeteilt wurde, kann der maximal zulässige Suspendierungszeitraum im Einzelfall auch **mehr** als maximal drei bis sechs Monate betragen. Die Vergütung ist für den Zeitraum der Suspendierung an die eines ordentlichen Vorstandsmitglieds anzupassen.

9. Einvernehmliche Freistellung/Dienstbefreiung

Für den Fall, dass Vorstandsmitglieder für längere Zeit nicht in der Lage sind, der AG ihre Arbeitskraft in 856
vollem Umfang zur Verfügung zu stellen, wird im Schrifttum die Möglichkeit diskutiert, sie **einvernehmlich vom Dienst zu befreien.**[1970]

a) Inhalt, Zulässigkeit und Voraussetzungen

aa) Meinungsstand. Einvernehmliche Dienstbefreiungen sollen sich von einvernehmlichen Suspendierungen dadurch unterscheiden, dass Vorstandsmitglieder lediglich **von Tätigkeitspflichten entbunden** 857
werden, aber nicht von den Rechten und Pflichten, die in die Gesamtverantwortung des Vorstands fallen.[1971] Das Schrifttum hält einvernehmliche Dienstbefreiungen für zulässig, wenn Vorstandsmitglieder zwar (teilweise) verhindert sind, ihre Dienstpflichten in vollem Umfang auszuüben, aber zumindest noch

---

[1968] GroßkommAktG/*Kort* AktG § 84 Rn. 256; BeckOGK/*Fleischer* AktG § 84 Rn. 148; *Lutter/Krieger/Verse* AR Rn. 382.
[1969] Kölner Komm AktG/*Mertens/Cahn* AktG § 84 Rn. 195; BeckOGK/*Fleischer* AktG § 84 Rn. 148; *Lutter/Krieger/Verse* AR Rn. 382; GroßkommAktG/*Kort* AktG § 84 Rn. 258; *Fonk* in Semler/v. Schenck AR-HdB § 10 Rn. 299.
[1970] *Schnorbus/Klormann* WM 2018, 1113; BeckOGK/*Fleischer* AktG § 84 Rn. 150; *Fleischer* NZG 2010, 561 (566); Kölner Komm AktG/*Mertens/Cahn* AktG § 84 Rn. 197; MHdB AG/*Wentrup* § 20 Rn. 78; GroßkommAktG/*Kort* AktG § 84 Rn. 258.
[1971] MHdB AG/*Wentrup* § 20 Rn. 78; BeckOGK/*Fleischer* AktG § 84 Rn. 150; *Fleischer* NZG 2010, 561 (566); Kölner Komm AktG/*Mertens/Cahn* AktG § 84 Rn. 197; *Schnorbus/Klormann* WM 2018, 1113 (1114); aA *Apfelbacher/Hemeling/Hoffmann-Becking/Kremer/Krieger/Löbbe/Maier-Reimer* NZG 2020, 1281 (1282): Auch Pflichten, die in die Gesamtverantwortung des Vorstands fallen, bestehen nicht mehr.

in der Lage, die Aufgaben wahrzunehmen, die in die **Gesamtverantwortung des Vorstands** fallen.[1972] Als Anlass für einvernehmliche Dienstbefreiungen sollen insbes. eine Erkrankung, die Pflege naher Angehöriger oder Strafverfahren in Betracht kommen.[1973]

858 Einvernehmliche Dienstbefreiungen sollen **für einen längeren Zeitraum** zulässig sein als einvernehmliche Suspendierungen.[1974]

859 Der Aufsichtsrat soll einer einvernehmlichen Dienstbefreiung nur zustimmen dürfen, wenn die AG ein **erhebliches Interesse** daran hat, das Vorstandsmitglied **auf längere Sicht zu behalten** und wenn aufgrund einer Prognose absehbar ist, dass es seine Dienstpflichten wieder in vollem Umfang ausüben können wird.[1975] Aus der Fürsorge- und Treuepflicht der AG soll sich uU sogar ein Anspruch von Vorstandsmitgliedern auf eine einvernehmliche Dienstbefreiung ergeben können.[1976]

860 **bb) Stellungnahme.** Solange ein Vorstandsmitglied noch die ihn iRd Gesamtverantwortung des Vorstands treffenden Pflichten wahrnehmen kann, ist es **zulässig**, das Vorstandsmitglied von Dienstpflichten zu entbinden, die es aufgrund seines Anstellungsvertrags schuldet. Eine einvernehmliche Dienstbefreiung betrifft primär den Anstellungsvertrag. Die Organstellung bleibt unberührt, lediglich die zugewiesenen **Zuständigkeiten** werden **zeitweise verringert**. Eine solche Änderung der Geschäftsverteilung ist zulässig (zu Zölibatsklauseln → Rn. 2096 ff.).

861 Da Vorstandsmitglieder bei einer einvernehmlichen Dienstbefreiung anders als bei einer Suspendierung nicht nur formal im Amt bleiben, sondern die **Organstellung** insgesamt **unberührt** bleibt, ist kein begründeter Dienstbefreiungsanlass erforderlich, damit die einvernehmliche Dienstbefreiung nicht rechtsmissbräuchlich und damit aktienrechtlich unzulässig ist. Der Aufsichtsrat darf aber einer einvernehmlichen Dienstbefreiung nur zustimmen, wenn sie **im Interesse der AG** ist. Das setzt neben einer Rechtfertigung für die Dienstbefreiung idR entsprechend den Forderungen im Schrifttum ein „erhebliches Interesse der AG an der Weiterbeschäftigung" voraus.

862 Da die Organstellung dienstbefreiter Vorstandsmitglieder unberührt bleibt, besteht für einvernehmliche Dienstbefreiungen anders als für einvernehmliche Suspendierungen **kein maximal zulässiger Zeitraum**. Eine einvernehmliche Dienstbefreiung bis zum Ende der laufenden Amtszeit kommt aber nur in Betracht, wenn das Vorstandsmitglied wiederbestellt werden soll oder bereits ist.

b) Verfahren

863 In der Regel erfordert eine einvernehmliche Dienstbefreiung eine Änderung der Geschäftsordnung für den Vorstand[1977] und eine Änderung der Gesamtbezüge des Vorstandsmitglieds (→ Rn. 1294). Beide Entscheidungen kann der Aufsichtsrat **nicht** einem Ausschuss übertragen (§ 107 Abs. 3 S. 7 AktG, § 77 Abs. 2 S. 1 AktG, § 87 Abs. 1 AktG).[1978] Erforderlich ist daher ein **Beschluss des Plenums** (§ 108 AktG). Eine einvernehmliche Dienstbefreiung wird wirksam, wenn die Entscheidung des Aufsichtsrats dem Vorstandsmitglied und das Einverständnis des Vorstandsmitglieds (irgend-)einem Aufsichtsratsmitglied **zugeht**.

864 Es wird vertreten, in **paritätisch mitbestimmten** Gesellschaften seien die Mehrheitserfordernisse und das Verfahren des § 31 MitbestG anwendbar.[1979] Das ist **abzulehnen**:[1980] § 31 MitbestG ist nicht anwendbar, da die Bestellung des dienstbefreiten Vorstandsmitglieds unberührt bleibt.

c) Rechte und Pflichten des dienstbefreiten Vorstandsmitglieds

865 **aa) Verbleibende Aufgaben.** Bei der einvernehmlichen Dienstbefreiung wird lediglich die Zuständigkeit des dienstbefreiten Vorstandsmitglieds für den ihm zugewiesenen Geschäftsbereich zeitweise aufgehoben, nicht aber die **zwingend in die Gesamtverantwortung des Vorstands fallenden Zuständigkeiten**. Das dienstbefreite Vorstandsmitglied darf und muss daher grds. an **Sitzungen und Beschlussfassungen**

[1972] Kölner Komm AktG/*Mertens/Cahn* AktG § 84 Rn. 197; MHdB AG/*Wentrup* § 20 Rn. 78; GroßkommAktG/*Kort* AktG § 84 Rn. 258; *Fleischer* NZG 2010, 561 (566).
[1973] Kölner Komm AktG/*Mertens/Cahn* AktG § 84 Rn. 197; GroßkommAktG/*Kort* AktG § 84 Rn. 258; *Fleischer* NZG 2010, 561 (566).
[1974] BeckOGK/*Fleischer* AktG § 84 Rn. 150; Kölner Komm AktG/*Mertens/Cahn* AktG § 84 Rn. 197; GroßkommAktG/*Kort* AktG § 84 Rn. 258; *Schnorbus/Klormann* WM 2018, 1113 (1114): „längere[r] (mittelfristigen) Zeitraum".
[1975] Kölner Komm AktG/*Mertens/Cahn* AktG § 84 Rn. 197; GroßkommAktG/*Kort* AktG § 84 Rn. 258; *Fleischer* NZG 2010, 561 (566); *Schnorbus/Klormann* WM 2018, 1113 (1114).
[1976] *Fleischer* NZG 2010, 561 (566); *Hoffmann/Preu* Aufsichtsrat Rn. 217.
[1977] Ebenso *Schnorbus/Klormann* WM 2018, 1113 (1116).
[1978] GroßkommAktG/*Kort* AktG § 84 Rn. 257; *Schnorbus/Klormann* WM 2018, 1113 (1114).
[1979] Kölner Komm AktG/*Mertens/Cahn* AktG § 84 Rn. 197.
[1980] Ebenso GroßkommAktG/*Kort* AktG § 84 Rn. 258.

des Gesamtvorstands teilnehmen.[1981] Das dienstbefreite Vorstandsmitglied ist zu Sitzungen einzuladen und zählt für die Beschlussfähigkeit mit. Insbesondere im Fall einer Erkrankung kommen zB eine Teilnahme per Video oder Telefon oder Stimmbotschaften in Betracht. Zu Sitzungen des Aufsichtsrats kann das dienstbefreite Vorstandsmitglied eingeladen werden (§ 109 Abs. 1 S. 1 AktG) und muss ggf. grds. teilnehmen.

Das dienstbefreite Vorstandsmitglied bleibt verpflichtet, alle den Gesamtvorstand treffenden Pflichten wahrzunehmen, insbes. die anderen **Vorstandsmitglieder** bei der Wahrnehmung der ihnen zugewiesenen Geschäftsführungsaufgaben **zu überwachen.**[1982] Das dienstbefreite Vorstandsmitglied muss daher die Berichte über die Geschäftsbereiche der anderen Vorstandsmitglieder zur Kenntnis nehmen und Hinweisen auf Fehlentwicklungen oder Rechtsverstöße nachgehen. Es ist zu empfehlen, im Vorfeld zu regeln, wie der **Informationsaustausch** mit dem dienstbefreiten Vorstandsmitglied sichergestellt werden soll.[1983] 866

Da die Organstellung des dienstbefreiten Vorstandsmitglieds insgesamt unberührt bleibt, bleibt es verpflichtet, **Jahresabschlüsse etc. zu unterzeichnen.** 867

bb) Pflichten nach dem Ende der Dienstbefreiung. Nach seiner Rückkehr muss sich das dienstbefreite Vorstandsmitglied so schnell wie möglich über den Geschäftsverlauf in dem ihm dann wieder zugewiesenen Geschäftsbereich während der Dauer der Dienstbefreiung **informieren.** Gelangt es aufgrund der Kenntnis „seines Geschäftsbereichs" zur Einschätzung, dass während der Dienstbefreiung getroffene Maßnahmen nicht im Interesse der AG sind, muss es sie aufheben und geeignete Maßnahmen einleiten.[1984] 868

cc) Anstellungsvertrag. Die einvernehmliche Dienstbefreiung erfordert idR einen **Nachtrag** zum Anstellungsvertrag. Insbesondere die **Vergütung** ist grds. an den verringerten Arbeitsumfang anzupassen (→ Rn. 1661).[1985] 869

d) Pflichten von Aufsichtsrat und Vorstand

Der **Aufsichtsrat** muss prüfen, ob die Voraussetzungen einer Dienstbefreiung (→ Rn. 860 ff.) vorliegen. Der Aufsichtsrat muss ferner gemeinsam mit dem Vorstand sicherstellen, dass der **Vorstand** ohne das dienstbefreite Vorstandsmitglied **handlungsfähig** ist und alle Leitungs- und Geschäftsführungsaufgaben wahrnehmen kann. In diesem Zusammenhang ist es idR erforderlich, die Geschäftsordnung, insbes. die Geschäftsverteilung und die Regelung zur Beschlussfähigkeit, für den Zeitraum der einvernehmlichen Dienstbefreiung zu ändern. 870

Während der einvernehmlichen Dienstbefreiung muss der Aufsichtsrat **mit besonderer Sorgfalt überwachen,** ob der Vorstand seine Aufgaben effektiv erfüllt.[1986] Der Aufsichtsrat muss fortlaufend prüfen, ob die Voraussetzungen der einvernehmlichen Dienstbefreiung vorliegen. Ändert sich zB die Erkrankung des dienstbefreiten Vorstandsmitglieds oder die Lage der AG, kann der Aufsichtsrat verpflichtet sein, die Vertretung anders zu regeln.[1987] 871

Der Aufsichtsrat und das dienstbefreite Vorstandsmitglied müssen sicherstellen, dass das dienstbefreite Vorstandsmitglied die Aufgaben erfüllen kann, die nicht von der Dienstbefreiung umfasst sind. Es muss insbes. in **Notfällen kurzfristig erreichbar** und in der Lage sein, erforderliche Mitwirkungshandlungen vorzunehmen. Je weiter sich das Vorstandsmitglied aus seiner Tätigkeit zurückziehen möchte, umso größere Risiken sind für das Vorstandsmitglied damit verbunden. Für ein Sabbatical, bei dem das Vorstandsmitglied tatsächlich eine „Auszeit" hat, erscheint eine einvernehmliche Suspendierung für einen Zeitraum von drei bis sechs Monaten (→ Rn. 833 f.) daher besser geeignet als eine Dienstbefreiung (zu anstellungsvertraglichen und sonstigen Regelungen bei einem Sabbatical auf Grundlage einer einvernehmlichen Dienstbefreiung → Rn. 1660 ff.). 872

Möchte **im Konzern** das herrschende Unternehmen eine einvernehmliche Dienstbefreiung veranlassen, um etwa ein „Secondment" des Vorstandsmitglieds zu ermöglichen, gelten die Ausführungen unter (→ Rn. 824) entsprechend, abgesehen davon, dass für die einvernehmliche Dienstbefreiung keine maximale zeitliche Obergrenze gilt. 873

[1981] *Schnorbus/Klormann* WM 2018, 1113 (1114).
[1982] *Schnorbus/Klormann* WM 2018, 1113 (1115); aA *Apfelbacher/Hemeling/Hoffmann-Becking/Kremer/Krieger/Löbbe/Maier-Reimer* NZG 2020, 1281 (1282).
[1983] *Schnorbus/Klormann* WM 2018, 1113 (1115).
[1984] *Schnorbus/Klormann* WM 2018, 1113 (1116).
[1985] Kölner Komm AktG/*Mertens/Cahn* AktG § 84 Rn. 197.
[1986] Zur intensivierten Überwachungspflicht bei Personalwechseln im Vorstand und bei Änderungen der Geschäftsordnung MüKoAktG/*Habersack* AktG § 111 Rn. 57.
[1987] *Schnorbus/Klormann* WM 2018, 1113 (1116).

10. Vorsitzender des Vorstands (§ 84 Abs. 2 AktG)

a) Keine zwingende Satzungsvorgabe

874 Besteht der Vorstand aus mindestens zwei Personen, **kann** der Aufsichtsrat ein Vorstandsmitglied zum Vorsitzenden ernennen (§ 84 Abs. 2 AktG). Die Satzung kann nicht verbieten[1988] und nach hA auch nicht anordnen, dass der Aufsichtsrat einen Vorstandsvorsitzenden ernennt[1989], auch nicht, indem sie einen Vorstandsvorsitzenden vorsieht (§ 77 Abs. 2 S. 2 AktG). Ob der Aufsichtsrat einen Vorstandsvorsitzenden ernennt, liegt nach § 84 Abs. 2 AktG **ausschließlich in seinem Ermessen,** das er unter Berücksichtigung der konkreten Zusammensetzung des Vorstands ausüben muss.[1990] Der Aufsichtsrat übt sein Ermessen idR pflichtgemäß aus, wenn er einen Vorstandsvorsitzenden ernennt. Der DCGK enthielt früher noch eine Empfehlung, dass der Vorstand *„einen Vorsitzenden oder Sprecher haben"* soll (Ziffer 4.2.1. S. 1 Hs. 2 DCGK aF). Inzwischen setzt der DCGK *„als schiere Selbstverständlichkeit"*[1991] voraus, dass der Vorstand einer börsennotierten AG einen Vorsitzenden bzw. Sprecher hat, der die Arbeit der Vorstandsmitglieder koordiniert (Grundsatz 1 S. 3 DCGK).

b) Verfahren

875 Die Ernennung zum Vorstandsvorsitzenden ist ein **eigenständiger korporationsrechtlicher Akt,** der von der Bestellung zum Vorstandsmitglied zu trennen ist. Der Aufsichtsrat kann ein amtierendes Vorstandsmitglied zum Vorsitzenden ernennen, ohne die Bestellung zum Mitglied „zu bestätigen".

876 Für die Ernennung eines Vorstandsvorsitzenden ist ein **Beschluss des Plenums** erforderlich, für den die **einfache Mehrheit** genügt (§ 108 Abs. 1 AktG).[1992] Ist die AG nicht paritätisch mitbestimmt, kann die Satzung qualifizierte Mehrheitserfordernisse vorsehen.[1993] Der Aufsichtsrat kann die Entscheidung über die Ernennung eines Vorstandsvorsitzenden oder den Widerruf der Ernennung **nicht einem Ausschuss** übertragen (§ 107 Abs. 3 S. 7 AktG). In **paritätisch mitbestimmten** Gesellschaften gelten für die Ernennung zum Vorstandsvorsitzenden **nicht** die Mehrheitserfordernisse und das Verfahren des § 31 MitbestG; vielmehr genügt stets ein Beschluss mit einfacher Mehrheit (§ 29 MitbestG).[1994]

877 Die Ernennung zum Vorstandsvorsitzenden wird wirksam, wenn das Vorstandsmitglied sie **annimmt.**[1995] Beschließt der Aufsichtsrat die Bestellung zum Vorstandsmitglied und die Ernennung zum Vorsitzenden als zusammenhängende Entscheidung, kann der Adressat die Bestellung zum Vorstandsmitglied nur annehmen, wenn er auch die Ernennung zum Vorsitzenden annimmt.

878 Ist das Vorstandsmitglied, das der Aufsichtsrat zum Vorsitzenden ernennen möchte, auch **Vorstandsmitglied einer anderen AG,** stellt sich die Frage, ob es analog § 88 Abs. 1 S. 2 AktG für die Ernennung zum Vorsitzenden auch dann die Einwilligung des Aufsichtsrats der anderen AG benötigt, wenn er bereits in die Übernahme des Amts als Vorstandsmitglied eingewilligt hat. Gute Gründe sprechen dafür, dass das der Fall ist: Das Einwilligungserfordernis soll insbes. sicherstellen, dass der Aufsichtsrat prüfen kann, ob das Vorstandsmitglied trotz der mit der anderen Tätigkeit verbundenen Mehrbelastung und sich evtl. ergebenden Interessenkonflikten seine Aufgaben ordnungsgemäß erfüllen kann (→ Rn. 583).[1996] Wird ein Vorstandsmitglied zum Vorsitzenden ernannt, ist damit idR eine Mehrbelastung verbunden. Auch Interessenkonflikte sind mit der herausgehobenen Position des Vorsitzenden eher verbunden als mit dem Amt als einfaches Vorstandsmitglied. Der Aufsichtsrat sollte daher einplanen, dass das Vorstandsmitglied die Einwilligung des Aufsichtsrats der anderen AG einholt, bevor seine Ernennung zum Vorsitzenden wirksam wird.

[1988] MüKoAktG/*Spindler* AktG § 84 Rn. 115; MHdB AG/*Hoffmann-Becking* § 24 Rn. 3; *Lutter/Krieger/Verse* AR Rn. 479; BeckOGK/*Fleischer* AktG § 84 Rn. 95; GroßkommAktG/*Kort* AktG § 84 Rn. 120.
[1989] MüKoAktG/*Spindler* AktG § 84 Rn. 115; BeckOGK/*Fleischer* AktG § 84 Rn. 95; Hölters/*Weber* AktG § 84 Rn. 57; GroßkommAktG/*Kort* AktG § 84 Rn. 120; MHdB AG/*Hoffmann-Becking* § 24 Rn. 3; aA *Dose*, Rechtsstellung der Vorstandsmitglieder einer AG, 1975, 28 ff.; *Krieger*, Personalentscheidungen des AR, 1981, 252 f.
[1990] Kölner Komm AktG/*Mertens/Cahn* AktG § 84 Rn. 101.
[1991] RegE DCGK 25.10.2018, 57.
[1992] GroßkommAktG/*Kort* AktG § 84 Rn. 116; MüKoAktG/*Spindler* AktG § 84 Rn. 116; Hüffer/Koch/*Koch* AktG § 84 Rn. 28; Hölters/*Weber* AktG § 84 Rn. 57.
[1993] MüKoAktG/*Spindler* AktG § 84 Rn. 116; Hölters/*Weber* AktG § 84 Rn. 57; GroßkommAktG/*Kort* AktG § 84 Rn. 116.
[1994] Hüffer/Koch/*Koch* AktG § 84 Rn. 28; GroßkommAktG/*Kort* AktG § 84 Rn. 116; MüKoAktG/*Spindler* AktG § 84 Rn. 116; BeckHdB AG/*Liebscher* § 6 Rn. 18. Nach K. Schmidt/Lutter AktG/*Seibt* AktG § 84 Rn. 44 soll das auch gelten, wenn die Ernennung zum Vorsitzenden mit der Vorstandsbestellung sachlich oder zeitlich zusammenfällt.
[1995] Hölters/*Weber* AktG § 84 Rn. 57; Hüffer/Koch/*Koch* AktG § 84 Rn. 28; BeckOGK/*Fleischer* AktG § 84 Rn. 96; MüKoAktG/*Spindler* AktG § 84 Rn. 116.
[1996] *Kropff* AktG 1965 S. 110; Hüffer/Koch/*Koch* AktG § 84 Rn. 1.

c) Dauer und Verlängerung der Ernennung, aufschiebende Bedingung und Befristung, automatische Verlängerung

§ 84 Abs. 2 AktG regelt nichts zur **maximalen Dauer** der Ernennung sowie zur **wiederholten Ernennung** oder deren **Verlängerung** und verweist insofern auch nicht auf die Regelungen zur Bestellung. Das Schrifttum geht ohne Weiteres davon aus, dass *„dieselben formellen und materiellen Voraussetzungen"*[1997] und für die maximale Dauer dieselben Regeln wie für die Bestellung zum Vorstandsmitglied gelten.[1998] 879

Die **maximale Dauer von fünf Jahren** (§ 84 Abs. 1 S. 1, 2 AktG) gilt auch für die Ernennung zum Vorstandsvorsitzenden. Der Aufsichtsrat kann die Ernennung nur widerrufen, wenn insofern ein wichtiger Grund vorliegt (§ 84 Abs. 3 S. 1 AktG). Das Gesetz schützt danach die Unabhängigkeit der Funktion als Vorstandsvorsitzender ebenso wie die Unabhängigkeit des Vorstands. Mit dem besonderen Schutz der Unabhängigkeit wäre es nicht vereinbar, wenn der Aufsichtsrat länger als fünf Jahre an einen Vorstandsvorsitzenden gebunden wäre. Die vom Gesetzgeber für die Begrenzung der Bestelldauer getroffenen Erwägungen, insbes. dass der Aufsichtsrat regelmäßig die Eignung zur Leitung der AG überprüfen muss,[1999] gelten ebenfalls. Mit Blick auf die Unabhängigkeit der Funktion als Vorstandsvorsitzender gilt für die Ernennung ebenso wie für die Bestellung zum Vorstandsmitglied als Richtwert eine **Mindestdauer von einem Jahr** (→ Rn. 639f.). Aufgrund der Entschließungsfreiheit des Aufsichtsrats (→ Rn. 521) sind Verpflichtungen unwirksam, eine Person zum Vorstandsvorsitzenden zu ernennen.[2000] 880

Der Aufsichtsrat kann die Ernennung zum Vorstandsvorsitzenden **aufschiebend bedingen und befristen**. Die ernannte Person muss im Zeitpunkt, in dem die Ernennung wirksam werden soll, wirksam zum Vorstandsmitglied bestellt sein. Der Aufsichtsrat kann daher eine Person, die noch nicht Vorstandsmitglied ist, zum Vorsitzenden ernennen, sofern die Ernennung erst mit der Bestellung zum Vorstandsmitglied wirksam wird. 881

Fraglich ist, **wie lang vor Antritt** des Vorsitzes der Aufsichtsrat die Ernennung beschließen kann. Die laufende Amtszeit kann der Aufsichtsrat frühestens ein Jahr vor Ablauf der bisherigen Amtszeit verlängern (§ 84 Abs. 1 S. 3 AktG). Ob der Aufsichtsrat entsprechend den Beschluss zur erstmaligen Bestellung **nicht früher als ein Jahr vor Amtsantritt** fassen kann, ist umstritten. Nach zutreffender Ansicht ist das abzulehnen: Entscheidend ist, dass sich der Aufsichtsrat insgesamt nicht mehr als sechs Jahre bindet (→ Rn. 622ff.). Das gilt erst recht für die erstmalige Ernennung zum Vorsitzenden, die rechtlich ein „Weniger" ist als die Bestellung zum Vorstandsmitglied. Der Aufsichtsrat kann daher eine Person mehr als ein Jahr vor Amtsantritt zum Vorstandsmitglied bestellen und gleichzeitig zum Vorsitzenden ernennen, sofern er die Amtszeit und die Dauer der Ernennung ausgehend von einer Maximaldauer von jeweils fünf Jahren um den Zeitraum kürzt, um den er den Beschluss mehr als ein Jahr vor dem Wirksamwerden der Bestellung und Ernennung fasst. Der Aufsichtsrat kann beschließen, dass die Bestellung zum Vorstandsmitglied zwar zeitnah, die Ernennung zum Vorstandsvorsitzenden aber **erst mehr als ein Jahr** nach dem Wirksamwerden der Bestellung wirksam werden soll. Der Aufsichtsrat muss aber prüfen, ob es im Interesse der AG ist, dass sie sich mit Blick auf die Funktion des Vorstandsvorsitzenden für einen langen Zeitraum im Voraus bindet. Soll der Vorlauf der Bestellung zum Vorstandsmitglied als „Probezeit" hinsichtlich der Ernennung zum Vorsitzenden dienen, kann der Aufsichtsrat die Ernennung nicht nur aufschiebend befristen, sondern ferner insofern aufschiebend bedingen, dass sie nicht wirksam wird, wenn das Vorstandsmitglied die „Probezeit" nicht besteht". 882

Es ist üblich, aber **rechtlich nicht zwingend,** dass die Dauer der Ernennung zum Vorsitzenden **gleichläuft** mit der Amtszeit als Vorstandsmitglied.[2001] Regelt der Aufsichtsrat nichts zur Dauer der Ernennung, ist im Zweifel davon auszugehen, dass die Ernennung für den gleichen Zeitraum gilt wie die Bestellung zum Vorstandsmitglied. 883

Soweit ersichtlich nicht diskutiert wird, ob der Aufsichtsrat die Ernennung zum Vorsitzenden **über die laufende Amtszeit** als Vorstandsmitglied **hinaus** befristen kann mit der Folge, dass die Ernennung „nahtlos weiterläuft", wenn der Aufsichtsrat die Amtszeit als Vorstandsmitglied verlängerte. Dass eine „weiterlaufende" Ernennung die Entschließungsfreiheit des Aufsichtsrats bei der Entscheidung über die Verlängerung der Amtszeit unzulässig einschränkt, ist nicht ersichtlich. In Betracht kommt eher, dass der Aufsichtsrat die Amtszeit nicht verlängern würde, wenn er die betreffende Person nicht mehr als Vorsitzenden möchte, aber keine Möglichkeit sieht, die weiterlaufende Ernennung isoliert zu widerrufen. In 884

[1997] MüKoAktG/*Spindler* AktG § 84 Rn. 116; Hölters/*Weber* AktG § 84 Rn. 57; BeckOGK/*Fleischer* AktG § 84 Rn. 96; K. Schmidt/Lutter AktG/*Seibt* AktG § 84 Rn. 44; vgl. auch Hüffer/Koch/*Koch* AktG § 84 Rn. 28.
[1998] Hölters/*Weber* AktG § 84 Rn. 57; MüKoAktG/*Spindler* AktG § 84 Rn. 116; BeckHdB AG/*Liebscher* AktG § 84 Rn. 18; Hüffer/Koch/*Koch* AktG § 84 Rn. 28; Bürgers/Körber/*Bürgers* AktG § 84 Rn. 28; K. Schmidt/Lutter AktG/*Seibt* AktG § 84 Rn. 44; Grigoleit/*Grigoleit* AktG § 84 Rn. 31.
[1999] *Kropff* AktG 1965 S. 105f.
[2000] GroßkommAktG/*Kort* AktG § 84 Rn. 283.
[2001] K. Schmidt/Lutter AktG/*Seibt* AktG § 84 Rn. 44; Hölters/*Weber* AktG § 84 Rn. 57.

diesem Fall kann sich die betreffende Person überlegen, ob sie lieber auf den Vorsitz verzichtet, um zumindest die Verlängerung als Vorstandsmitglied zu erhalten.

885 Der Aufsichtsrat kann die Ernennung zum Vorsitzenden bis zu einer maximalen Gesamtdauer von fünf Jahren **automatisch gemäß § 84 Abs. 1 S. 4 AktG verlängern,** indem er im Ernennungsbeschluss vorsieht, dass sich die Ernennung verlängert, sofern er bis zum Ablauf einer festgelegten Frist nichts Abweichendes beschließt (→ Rn. 669 ff.).

d) Publizität (Handelsregister, Geschäftsbriefe und Rechnungslegung)

886 Der Vorstand muss die Ernennung eines Vorstandsvorsitzenden **nicht zur Eintragung in das Handelsregister anmelden,**[2002] kann das aber tun; ggf. ist der Vorstandsvorsitzende als solcher im Handelsregister zu bezeichnen (§ 43 Nr. 4 S. 1 lit. b HRV). Auf **Geschäftsbriefen** (§ 80 Abs. 1 S. 2 AktG) und im **Anhang zum Jahresabschluss** (§ 285 Nr. 10 S. 2 HGB) ist der Vorstandsvorsitzende als solcher zu bezeichnen.

e) Aufgaben des Vorstandsvorsitzenden

887 **aa) Organisation, Koordinierung, Repräsentation.** Das Aktiengesetz regelt die Aufgaben, Rechte und Pflichten des Vorstandsvorsitzenden nicht. Entsprechende Regelungen kann die Satzung und die Geschäftsordnung treffen. Enthalten die Satzung oder die Geschäftsordnung keine besonderen Regelungen, hat der Vorstandsvorsitzende die üblichen **organisatorischen Aufgaben** eines Gremienvorsitzenden sowie die damit verbundenen Rechte und Pflichten: Er bereitet die Vorstandssitzungen vor, beruft sie ein und legt die vorläufige Tagesordnung fest, leitet sie und setzt beschlossene Maßnahmen um.[2003] Über die allgemeine Überwachungspflicht hinaus, die alle Vorstandsmitglieder trifft, trifft ihn eine besondere Pflicht, die Arbeit im Vorstand zu **koordinieren** und zu **überwachen.**[2004] Der Vorsitzende **repräsentiert** den Vorstand und ist idR erster Ansprechpartner für Investoren, Aktionäre und den Aufsichtsrat.[2005] D.6 DCGK empfiehlt, dass der Aufsichtsratsvorsitzende insbes. mit dem Vorstandsvorsitzenden regelmäßig Kontakt hält und mit ihm „*Fragen der Strategie, der Geschäftsentwicklung, der Risikolage, des Risikomanagements und der Compliance des Unternehmens*" berät. In der Geschäftsordnung kann zudem geregelt werden, dass der Vorsitzende des Vorstands über bestimmte anstehende Geschäftsführungsmaßnahmen aus anderen Geschäftsbereichen vorab informiert wird, damit er ggf. auf die Entscheidung Einfluss nehmen kann.[2006]

888 **bb) Besondere Entscheidungsrechte.** Die Praxis verbindet mit der Funktion des Vorstandsvorsitzenden zunehmend eine besondere Führungsfunktion mit weitreichenden Befugnissen.[2007] Vorbild ist das angloamerikanische Recht, wo der **Chief Executive Officer (CEO)** eine starke Stellung einnimmt.[2008] Eine umfassende Führungsrolle, womöglich verbunden mit einem Weisungsrecht gegenüber anderen Vorstandsmitgliedern, lässt sich für den Vorstandsvorsitzenden im deutschen Recht aber nicht schaffen.[2009]. Nach deutschem Recht handelt es sich bei einem mehrköpfigen Vorstand vielmehr um ein Kollegialorgan mit gleichberechtigten Mitgliedern, die grds. gemeinsam die Gesamtverantwortung für sämtliche Leitungs- und Geschäftsführungsaufgaben haben (§ 77 Abs. 1 S. 1 AktG). Die Satzung oder die Geschäftsordnung kann einzelnen Vorstandsmitgliedern aber weitreichende Rechte und Kompetenzen einräumen. Besteht der Vorstand aus **mehr als zwei Personen,** kann vorgesehen werden, dass die Stimme des Vorstandsvorsitzenden bei Stimmengleichheit den Ausschlag gibt **(Stichentscheid).** Nach herrschender und zutreffender Ansicht ist ein Recht zum Stichentscheid auch in paritätisch mitbestimmten Gesellschaften zulässig. Im **zweiköpfigen Vorstand** ist ein Recht zum Stichentscheid hingegen **nicht zulässig,** weil es darauf hinausliefe, dass der Betreffende Entscheidungen allein herbeiführen könnte (insgesamt → Rn. 2140 ff.).

[2002] Hölters/*Weber* AktG § 84 Rn. 58; GroßkommAktG/*Kort* AktG § 77 Rn. 49; MHdB AG/*Hoffmann-Becking* § 24 Rn. 1.
[2003] BeckOGK/*Fleischer* AktG § 84 Rn. 97; MüKoAktG/*Spindler* AktG § 84 Rn. 117; Henssler/Strohn/*Dauner-Lieb* AktG § 84 Rn. 26.
[2004] MüKoAktG/*Spindler* AktG § 84 Rn. 117; Hölters/*Weber* AktG § 84 Rn. 59; MHdB AG/*Hoffmann-Becking* § 24 Rn. 4; ausführlich *Simons/Hanloser* AG 2010, 641 (643 f.); zurückhaltend Kölner Komm AktG/*Mertens/Cahn* AktG § 84 Rn. 102 aE.
[2005] MüKoAktG/*Spindler* AktG § 84 Rn. 117; BeckOGK/*Fleischer* AktG § 84 Rn. 97; Hölters/*Weber* AktG § 84 Rn. 59; Henssler/Strohn/*Dauner-Lieb* AktG § 84 Rn. 26.
[2006] GroßkommAktG/*Kort* AktG § 77 Rn. 84; *Happ/Ludwig* in Happ/Groß AktR 8.01 Rn. 9.1.
[2007] BeckOGK/*Fleischer* AktG § 84 Rn. 98; GroßkommAktG/*Kort* AktG § 84 Rn. 124; *Hoffmann-Becking* NZG 2003, 745; Hölters/*Weber* AktG § 84 Rn. 42.
[2008] Hüffer/Koch/*Koch* AktG § 84 Rn. 29; Hölters/*Weber* AktG § 84 Rn. 61; GroßkommAktG/*Kort* AktG § 84 Rn. 124; Henssler/Strohn/*Dauner-Lieb* AktG § 84 Rn. 26.
[2009] Hölters/*Weber* AktG § 84 Rn. 62; MHdB AG/*Hoffmann-Becking* § 24 Rn. 4; Hüffer/Koch/*Koch* AktG § 84 Rn. 29; MüKoAktG/*Spindler* AktG § 84 Rn. 119.

Ist die AG **nicht paritätisch mitbestimmt,** kann dem Vorstandsvorsitzenden nach herrschender und zutreffender Ansicht grds. ein **endgültiges Vetorecht** zugesprochen werden. Unzulässig ist ein endgültiges Vetorecht bei Entscheidungen, die auf ein Unterlassen gerichtet sind (→ Rn. 2145). Nach ebenfalls herrschender und zutreffender Ansicht kann dem Vorstandsvorsitzenden das Recht eingeräumt werden, zu verlangen, dass eine Entscheidung bis zu einer weiteren Vorstandssitzung vertagt wird **(aufschiebendes Vetorecht).** Der Vorstandsvorsitzende kann zudem faktisch Entscheidungen aufschieben, indem er von seiner aus seiner Sitzungsleitungs- und Verfahrenskompetenz folgenden Befugnis Gebrauch macht, die Behandlung von Gegenständen **zu vertagen.**[2010] Das Gremium kann eine Vertagung allerdings mit einfacher Mehrheit verhindern.[2011] In **paritätisch mitbestimmten Gesellschaften** ist ein **endgültiges Vetorecht** des Vorstandsvorsitzenden nicht mit der besonders geschützten Stellung des Arbeitsdirektors vereinbar und deshalb nach herrschender und zutreffender Ansicht unzulässig. Ein lediglich **aufschiebendes Vetorecht** ist dagegen zulässig (insgesamt → Rn. 2140 ff.).

889

f) Arbeitsdirektor als Vorstandsvorsitzender?

Umstritten ist im Schrifttum, ob der Aufsichtsrat dem Arbeitsdirektor die Funktion des Vorsitzenden übertragen kann (→ § 7 Rn. 267). Nach einer **Minderansicht** darf der Aufsichtsrat dem Arbeitsdirektor keine Aufgaben über den „Kernbereich von Zuständigkeiten in Personal- und Sozialfragen" hinaus und insbes. nicht den Vorsitz übertragen.[2012] Nach **hA** darf der Aufsichtsrat dem Arbeitsdirektor Aufgaben aus anderen Geschäftsbereichen[2013] und den Vorsitz übertragen.[2014]

890

Stellungnahme: Der hA ist **zuzustimmen.** Aus dem Wortlaut des § 33 MitbestG ergibt sich nicht, dass dem Arbeitsdirektor keine weiteren Aufgaben zugewiesen werden dürften. Aus der Entstehungsgeschichte[2015] und dem Sinn und Zweck des § 33 MitbestG – im Vertretungsorgan ist zwingend der Bereich Personales und Soziales zu verankern[2016] – ergibt sich keine abweichende Beurteilung. Der Aufsichtsrat darf den Regelungszweck lediglich nicht umgehen, indem er „pro forma" einen Arbeitsdirektor bestellt und ihm dann so viele andere Aufgaben zuweist, dass er den ihm zugewiesenen „Kernbereich von Zuständigkeiten in Personal- und Sozialfragen" nicht effektiv wahrnehmen kann.[2017] Solange das nicht der Fall ist, kann der Arbeitsdirektor den Vorsitz wahrnehmen. Das kommt zB in Betracht, wenn eine vorübergehende Vakanz beseitigt werden soll[2018] oder wenn der bei der Konzernobergesellschaft bestellte Arbeitsdirektor Aufgaben in Vertretungsorganen der Tochtergesellschaften wahrnimmt, weil die Konzernobergesellschaft nur wenige Arbeitnehmer beschäftigt (zB weil es sich um eine Holding handelt) und das Erfordernis eines Arbeitsdirektors bei der Konzernobergesellschaft allein auf der Zurechnungsnorm des § 5 MitbestG beruht.[2019]

891

[2010] Vgl. auch *Simons/Hanloser* AG 2010, 641 (647); Hüffer/Koch/*Koch* AktG § 77 Rn. 12.
[2011] Entgegen *Simons/Hanloser* AG 2010, 641 (647) und Hüffer/Koch/*Koch* AktG § 77 Rn. 12 ist die Vertagungsbefugnis des Vorstandsvorsitzenden daher nicht vollständig mit einem aufschiebenden Vetorecht gleichzusetzen.
[2012] *Reich/Lewerenz* AuR 1976, 353 (368); ErfK/*Oetker* MitbestG § 33 Rn. 14.
[2013] LG Frankfurt a. M. AG 1984, 276 (277); *Henssler* FS Säcker, 2011, 365 (374); Habersack/Henssler/*Henssler* MitbestG § 33 Rn. 42; Wißmann/Kleinsorge/Schubert/*Schubert* MitbestG § 33 Rn. 50; Raiser/Veil/Jacobs/*Raiser* MitbestG § 33 Rn. 22; Kölner Komm AktG/*Mertens/Cahn* AktG Anh. § 117 B § 33 MitbestG Rn. 16; *Säcker* DB 1977, 1993 (1995); *Hoffmann* BB 1977, 17 (21); MüKoAktG/*Annuß* MitbestG § 33 Rn. 23.
[2014] Habersack/Henssler/*Henssler* MitbestG § 33 Rn. 42; Wißmann/Kleinsorge/Schubert/*Schubert* MitbestG § 33 Rn. 53; Raiser/Veil/Jacobs/*Raiser* MitbestG § 33 Rn. 22; MüKoAktG/*Annuß* MitbestG § 33 Rn. 23; GK-MitbestG/*Rumpff*, Stand: September 1977, MitbestG § 33 Rn. 22; *Hoffmann* BB 1977, 17 (21); Henssler/Willemsen/Kalb ArbR/*Seibt* MitbestG § 33 Rn. 22; ebenso GroßkommAktG/*Oetker* MitbestG § 33 Rn. 26, der aber in ErfK/*Oetker* MitbestG § 33 Rn. 14 die Gegenansicht vertritt.
[2015] Im Regierungsentwurf war noch folgende Regelung (§ 30 RegE, BT-Drs. 7/2172, 11) enthalten: „Ein Mitglied des zur gesetzlichen Vertretung des Unternehmens befugten Organs muss vorwiegend für Personal- und Sozialangelegenheiten zuständig sein." Diese Regelung wurde aber nicht Gesetz. Dazu auch MüKoAktG/*Annuß* MitbestG § 33 Rn. 23; Habersack/Henssler/*Henssler* MitbestG § 33 Rn. 42; Kölner Komm AktG/*Mertens/Cahn* AktG Anh. § 117 B § 33 MitbestG Rn. 16.
[2016] Habersack/Henssler/*Henssler* MitbestG § 33 Rn. 2.
[2017] MüKoAktG/*Annuß* MitbestG § 33 Rn. 23; Habersack/Henssler/*Henssler* MitbestG § 33 Rn. 42; Kölner Komm AktG/*Mertens/Cahn* AktG Anh. § 117 B § 33 MitbestG Rn. 16; Raiser/Veil/Jacobs/*Raiser* MitbestG § 33 Rn. 22; GroßkommAktG/*Oetker* MitbestG § 33 Rn. 25.
[2018] GroßkommAktG/*Oetker* MitbestG § 33 Rn. 26.
[2019] GroßkommAktG/*Oetker* MitbestG § 33 Rn. 26; *Hoffmann* BB 1977, 17 (21); *Säcker* DB 1977, 1993 (1995); Wißmann/Kleinsorge/Schubert/*Schubert* MitbestG § 33 Rn. 56.

g) Zwei Vorstandsvorsitzende?

892 Nach **überwiegender Ansicht** kann der Aufsichtsrat zwei Vorstandsvorsitzende als Doppelspitze („Co-Vorsitzende") ernennen.[2020] Die Gegenansicht lehnt das ab, weil es nicht mit dem Wortlaut des § 84 Abs. 2 AktG vereinbar und unpraktisch sei.[2021]

893 **Stellungnahme:** Wortlaut, Systematik, Normzweck und Entstehungsgeschichte des § 84 Abs. 2 AktG stützen weder eindeutig die überwiegende noch die Gegenansicht.[2022] Das spricht dafür, dass es nicht per se aktienrechtlich unzulässig ist, zwei Vorstandsvorsitzende zu ernennen. Die AG ist geschützt, weil der Aufsichtsrat sein **Ermessen pflichtgemäß ausüben** muss. Das gilt auch, wenn die Satzung zwei Vorstandsvorsitzende vorsieht. Im Unternehmensinteresse und damit pflichtgemäß ist es nur in Ausnahmefällen, zwei Vorstandsvorsitzende zu ernennen, etwa, wenn es sich um ein großes Unternehmen mit zahlreichen Vorstandsmitgliedern handelt und entsprechend hoher Bedarf besteht, die Arbeit des Vorstands zu organisieren und das Unternehmen nach außen zu repräsentieren, zudem wenn nach einer Fusion verschiedene Unternehmen zu einem Gesamtunternehmen zusammenzuführen sind und bisher separate Geschäftsleitungen nun einen gemeinsamen Vorstand bilden und beide zuvor selbstständigen Unternehmensteile in der Führungsspitze vertreten sein sollen. Eine Doppelspitze führt aber zu einem erhöhten Abgrenzungs- und Koordinierungsbedarf.[2023] Zudem muss der Aufsichtsrat berücksichtigen, dass er die Ernennung zum Vorstandsvorsitzenden nur aus wichtigem Grund widerrufen kann (§ 84 Abs. 3 AktG). Sieht der Aufsichtsrat die Ernennung eines zweiten Vorstandsvorsitzenden nicht von vornherein lediglich für einen „Übergangszeitraum" vor, kann es sich daher anbieten, dass er die Ernennung zunächst befristet. Der Richtwert für die Mindestdauer der Ernennung von einem Jahr (→ Rn. 639) gilt nicht für einen zweiten Vorstandsvorsitzenden. Nicht im Gesetz geregelt, aber ebenfalls zulässig ist es, dass der Aufsichtsrat einen oder mehrere **stellvertretende Vorstandsvorsitzende** ernennt.[2024]

h) Beendigung der Ernennung

894 Die Beendigung der Ernennung zum Vorstandsvorsitzenden ist von der Beendigung der Bestellung zum Vorstandsmitglied **zu trennen.**

895 **aa) Isolierter Widerruf der Ernennung.** Der Aufsichtsrat kann die Ernennung zum Vorstandsvorsitzenden **isoliert widerrufen.** Formell ist ein **Beschluss des Plenums** erforderlich (§ 108 Abs. 1 AktG). Für den Beschluss genügt die **einfache Mehrheit** (→ Rn. 742). Der Aufsichtsrat kann die Entscheidung **nicht einem Ausschuss übertragen** (§ 107 Abs. 3 S. 7 AktG).

896 Materiell ist ein **wichtiger Grund** erforderlich. Ob ein wichtiger Grund vorliegt, ist mit Blick auf die Funktion des Vorstandsvorsitzenden zu bestimmen. Die in § 84 Abs. 3 S. 2 AktG beispielhaft angeführten wichtigen Gründe für den Widerruf der Bestellung können – übertragen auf die Funktion als Vorstandsvorsitzender – als Anhaltspunkte dienen. In Betracht kommt danach insbes., dass der Vorstandsvorsitzende Pflichten grob verletzt hat, die ihn spezifisch in dieser Funktion treffen, oder dass er unfähig ist, die spezifischen Aufgaben als Vorsitzender wahrzunehmen.[2025] Ein wichtiger Grund für den Widerruf der Ernennung zum Vorsitzenden muss kein wichtiger Grund für den Widerruf der Bestellung zum Vorstandsmitglied sein.[2026] Vielmehr genügen für den Widerruf der Ernennung zum Vorsitzenden Gründe, die noch nicht den Widerruf der Bestellung zum Vorstandsmitglied rechtfertigen würden. Dass der Aufsichtsrat „isoliert" die Ernennung zum Vorsitzenden widerruft, nicht jedoch die Bestellung zum Vorstandsmitglied, ist selten.[2027] Der isolierte Widerruf kann aber ein Mittel sein, die Person dazu zu bewegen, die Bestellung zum Vorstandsmitglied zu beenden.

897 Beruht der Widerruf der Ernennung auf einem **formell wirksamen Beschluss**, ist der Widerruf unabhängig davon, ob tatsächlich ein wichtiger Grund vorliegt, **sofort wirksam,** *„bis seine Unwirksamkeit rechtskräftig festgestellt ist"* (§ 84 Abs. 3 S. 4 AktG).

[2020] BeckOGK/*Fleischer* AktG § 84 Rn. 95; *Seyfarth* VorstandsR § 3 Rn. 44; Hüffer/Koch/*Koch* AktG § 84 Rn. 28; MHdB AG/*Hoffmann-Becking* § 24 Rn. 2; GroßkommAktG/*Kort* AktG § 77 Rn. 49; GroßkommAktG/*Kort* AktG § 84 Rn. 122; *Seyfarth* VorstandsR § 9 Rn. 22; *Happ/Ludwig* in Happ/Groß AktR 8.01 Rn. 13.1.
[2021] Lutter/Krieger/*Verse* AR Rn. 476 Fn. 515; MüKoAktG/*Spindler* AktG § 84 Rn. 115.
[2022] Ausführlich *Bachmann* FS Baums, 2017, 107.
[2023] *Seyfarth* VorstandsR § 9 Rn. 22.
[2024] Hölters/*Weber* AktG § 84 Rn. 57; BeckOGK/*Fleischer* AktG § 84 Rn. 95.
[2025] GroßkommAktG/*Kort* AktG § 84 Rn. 218; Hölters/*Weber* AktG § 84 Rn. 63; *Seyfarth* VorstandsR § 19 Rn. 66; MüKoAktG/*Spindler* AktG § 84 Rn. 156.
[2026] *Ihrig/Schäfer* Rechte und Pflichten Vorstand § 9 Rn. 42; GroßkommAktG/*Kort* AktG § 84 Rn. 219; *Seyfarth* VorstandsR § 19 Rn. 66; Hölters/*Weber* AktG § 84 Rn. 63; vgl. K. Schmidt/Lutter AktG/*Seibt* AktG § 84 Rn. 48.
[2027] GroßkommAktG/*Kort* AktG § 84 Rn. 219.

Der **Anstellungsvertrag** sieht idR die Ernennung zum Vorstandsvorsitzenden und insbes. eine ent- 898
sprechende Vergütung vor. Widerruft der Aufsichtsrat isoliert die Ernennung, kann der ehemalige Vorstandsvorsitzende berechtigt sein, seinen Anstellungsvertrag zu kündigen.

bb) Isolierte Niederlegung der Ernennung, einvernehmliche isolierte Beendigung. Der Vor- 899
standsvorsitzende kann isoliert seine Ernennung **niederlegen**; die Ausführungen zur Niederlegung der Bestellung zum Vorstandsmitglied gelten entsprechend (→ Rn. 782 ff.). Der **Aufsichtsrat** muss prüfen, ob die Niederlegung unberechtigt oder rechtsmissbräuchlich ist, welche Folgen sich entsprechend mit Blick auf den Anstellungsvertrag ergeben und wie die AG ggf. reagieren soll (→ Rn. 791 f., 793 ff.). Die unberechtigte Niederlegung der Ernennung kann den Aufsichtsrat berechtigen, die **Bestellung zum Vorstandsmitglied** zu widerrufen: Die unberechtigte Niederlegung kann eine grobe Pflichtverletzung des Vorstandsmitglieds darstellen oder seine Unfähigkeit zur ordnungsgemäßen Geschäftsführung, wenn es gerade als Vorsitzender bestellt worden ist (zur außerordentlichen Kündigung des Anstellungsvertrags → Rn. 1702).

Der Vorstandsvorsitzende und der Aufsichtsrat können die Ernennung **einvernehmlich beenden.** Die 900
Ausführungen zur einvernehmlichen Beendigung des Amts als Vorstandsmitglied gelten entsprechend (→ Rn. 805 ff.).

i) Vorstandssprecher

aa) Begriff, Aufgaben und Befugnisse. Die Funktion eines Vorstandssprechers ist ein „Minus" gegen- 901
über der Funktion des Vorsitzenden. Dem Sprecher können daher nicht sämtliche Aufgaben und Befugnisse übertragen werden, die ein Vorsitzender hat.[2028] Ein Sprecher darf danach **sitzungsleitende und repräsentative Aufgaben** wahrnehmen und als Ansprechpartner des Aufsichtsrats(vorsitzenden) fungieren.[2029] Ein Sprecher darf hingegen **nicht** die Vorstandsarbeit sachlich wie ein Vorsitzender führen und koordinieren.[2030] Überschreitet der Sprecher diese Grenzen, muss der Aufsichtsrat weitere Überschreitungen unterbinden oder den Sprecher zum Vorsitzenden ernennen. Ob ein Vorsitzender oder ein Sprecher ernannt wird, hängt zwar häufig in erster Linie von Branchengewohnheiten ab.[2031] Einen Sprecher, der die Aufgaben und Befugnisse eines Vorsitzenden hat, darf es aber aus Gründen der Rechtssicherheit nicht geben.[2032] Die Aufgaben und Befugnisse eines Vorstandssprechers kann der Aufsichtsrat und subsidiär der Vorstand in der Geschäftsordnung für den Vorstand regeln.

bb) „Ernennung". Die Befugnis, einen Vorstandssprecher zu „ernennen", folgt aus der Kompetenz, 902
eine Geschäftsordnung für den Vorstand zu erlassen.[2033] Die primäre Kompetenz hat insofern der **Aufsichtsrat** (→ Rn. 2048 ff.). Er kann daher als „Minus" zu einem Vorstandsvorsitzenden einen oder mehrere Vorstandssprecher vorsehen und „ernennen". Erforderlich ist ein **Beschluss des Plenums** (§ 108 Abs. 1 AktG). Es handelt sich um einen Beschluss zur Geschäftsordnung. Es genügt daher die **einfache Mehrheit** und der Aufsichtsrat kann die Entscheidung **nicht einem Ausschuss** übertragen (§ 107 Abs. 3 S. 7 AktG).

Solange der Aufsichtsrat keinen Vorstandsvorsitzenden und keinen Vorstandssprecher ernannt hat, kann 903
der **Vorstand** aufgrund seiner im Verhältnis zum Aufsichtsrat subsidiären Geschäftsordnungskompetenz (§ 77 Abs. 2 S. 1 AktG; → Rn. 2051 ff.)[2034] aus seiner Mitte einen Sprecher ernennen.[2035] Der Aufsichtsrat kann es dem Vorstand in dessen Geschäftsordnung überlassen, einen Sprecher zu ernennen.[2036] Möchte der Vorstand einen Sprecher ernennen, ist ein **einstimmiger Beschluss** erforderlich, denn es handelt

---

[2028] MüKoAktG/*Spindler* AktG § 84 Rn. 118; Hüffer/Koch/*Koch* AktG § 84 Rn. 30; Grigoleit/*Grigoleit* AktG § 84 Rn. 33; GroßkommAktG/*Kort* AktG § 84 Rn. 126.
[2029] Hüffer/Koch/*Koch* AktG § 84 Rn. 30; MüKoAktG/*Spindler* AktG § 84 Rn. 118; BeckOGK/*Fleischer* AktG § 84 Rn. 99.
[2030] MüKoAktG/*Spindler* AktG § 84 Rn. 118; BeckOGK/*Fleischer* AktG § 84 Rn. 99; Hüffer/Koch/*Koch* AktG § 84 Rn. 30; *Simons/Hanloser* AG 2010, 641 (644 ff.); *Hoffmann-Becking* ZGR 1998, 497 (517).
[2031] BeckOGK/*Fleischer* AktG § 84 Rn. 99; *Fonk* in Semler/v. Schenck AR-HdB § 10 Rn. 63.
[2032] BeckOGK/*Fleischer* AktG § 84 Rn. 99; Hölters/*Weber* AktG § 84 Rn. 60.
[2033] Vgl. Lutter/Krieger/*Verse* AR Rn. 480; GroßkommAktG/*Kort* AktG § 77 Rn. 57; Hüffer/Koch/*Koch* AktG § 84 Rn. 30; MüKoAktG/*Spindler* AktG § 84 Rn. 118, zurückhaltend Rn. 91; MHdB AG/*Hoffmann-Becking* § 24 Rn. 5.
[2034] BeckOGK/*Fleischer* AktG § 84 Rn. 99; Hölters/*Weber* AktG § 84 Rn. 60.
[2035] Hüffer/Koch/*Koch* AktG § 84 Rn. 30; BeckOGK/*Fleischer* AktG § 84 Rn. 99; MüKoAktG/*Spindler* AktG § 84 Rn. 118; BeckOGK/*Fleischer* AktG § 84 Rn. 99; MHdB AG/*Hoffmann-Becking* § 24 Rn. 5.
[2036] Wohl enger MHdB AG/*Hoffmann-Becking* § 24 Rn. 5 und GroßkommAktG/*Kort* AktG § 77 Rn. 57: Einsetzung eines Vorstandssprechers durch den Vorstand kommt nicht in Betracht, wenn der Aufsichtsrat eine Geschäftsordnung für den Vorstand erlassen hat, die Regelungen zum Vorstandssprecher enthält, denn dann sei die Ernennung des Vorstandssprechers Sache des Aufsichtsrats.

sich um einen Beschluss über die Geschäftsordnung (§ 77 Abs. 2 S. 3 AktG).[2037] Das Mitglied, das der Vorstand zum Sprecher ernennen möchte, unterliegt bei dem Beschluss keinem Stimmrechtsausschluss.[2038]

904 Sieht die **Satzung** vor, dass der Aufsichtsrat *„ein Vorstandsmitglied zum Vorsitzenden ernennen kann"*, schließt das nicht aus, dass der Aufsichtsrat oder subsidiär der Vorstand ein Vorstandsmitglied „lediglich" zum Sprecher ernennt: Eine solche Satzungsregelung gibt die gesetzliche Regelung wieder (§ 84 Abs. 2 AktG) und regelt keinen Ausschluss eines Vorstandssprechers.

905 **cc) Handelsregister, Geschäftsbriefe.** In das **Handelsregister** kann die Funktion als Vorstandssprecher **nicht** eingetragen werden. Ein Vorstandssprecher **kann** auf Geschäftsbriefen angegeben werden, muss es aber anders als der Vorstandsvorsitzende (§ 80 Abs. 1 S. 2 AktG) nicht.

906 **dd) Verlängerung der „Ernennung".** Wird die Amtszeit des zum Sprecher bestellten Vorstandsmitglieds verlängert, ist zu entscheiden, ob es erneut zum Sprecher ernannt werden soll. Insofern ist **kein separater Beschluss** des Aufsichtsrats oder des Vorstands erforderlich (→ Rn. 666): Hat der Aufsichtsrat bisher das Vorstandsmitglied zum Sprecher ernannt, liegt im Beschluss über die Verlängerung der Amtszeit die erneute Ernennung zum Vorstandssprecher, sofern der Aufsichtsrat nichts Abweichendes bestimmt. Es ist anerkannt, dass der Aufsichtsrat die Einwilligung in die Ausübung anderer Geschäftsleitertätigkeiten gemäß § 88 AktG erteilen kann, indem er das Vorstandsmitglied in Kenntnis der anderen Tätigkeiten bestellt.[2039] Hat der Vorstand bisher das Vorstandsmitglied zum Sprecher ernannt, liegt in der konkludenten, von sämtlichen Vorstandsmitgliedern gebilligten Fortsetzung der bisherigen Tätigkeit die erneute Ernennung zum Sprecher. Der Vorstand kann ohnehin konkludent Beschlüsse fassen, indem er tatsächlich handelt.[2040]

907 **ee) Beendigung der „Ernennung".** Der Aufsichtsrat kann **jederzeit** die „Ernennung" zum Vorstandssprecher **widerrufen,** indem er die Geschäftsordnung ändert. Da die Geschäftsordnungskompetenz des Vorstands subsidiär gegenüber der des Aufsichtsrats ist, gilt das auch, wenn der Vorstand den Sprecher „ernannt" hat. Der Vorstand kann die „Ernennung" widerrufen, wenn er sie vorgenommen hat; erforderlich ist ein einstimmiger Beschluss (§ 77 Abs. 2 S. 2 AktG), bei dem der Sprecher keinem Stimmrechtsausschluss unterliegt (→ Rn. 903). Ein **wichtiger Grund** ist für den Widerruf der „Ernennung" **nicht erforderlich.**

908 Das Amt des Sprechers **endet automatisch,** wenn der Aufsichtsrat ein Vorstandsmitglied zum Vorsitzenden ernennt. Ein Nebeneinander von Sprecher und Vorsitzendem ist nicht möglich.[2041]

909 Ist dem Vorstandsmitglied die Sprecher-Funktion **anstellungsvertraglich zugesagt,** liegt regelmäßig ein wichtiger Grund zur Kündigung des Anstellungsvertrags durch das Vorstandsmitglied vor, wenn der Aufsichtsrat die Funktion ohne sachlichen Grund beendet (→ Rn. 1700 ff.).[2042] Dasselbe gilt, wenn der Vorstand der Ernennung beendet, was allerdings voraussetzt, dass der Sprecher nicht an der Beschlussfassung teilnimmt (→ Rn. 907).

910 Möchte das Vorstandsmitglied die Funktion als Sprecher beenden, muss es eine entsprechende **Änderung der Geschäftsordnung** herbeiführen. Isoliert „niederlegen" kann es die Funktion als Sprecher nicht.

11. Arbeitsdirektor

911 In paritätisch und nach dem Mitbestimmungs-Ergänzungsgesetz mitbestimmten Gesellschaften muss der Aufsichtsrat einen Arbeitsdirektor bestellen (§ 33 Abs. 1 S. 1 MitbestG, § 13 Abs. 1 S. 1 MontanMitbestG, § 13 S. 2 MitbestErgG; zum Arbeitsdirektor → § 7 Rn. 236 ff.). Der Aufsichtsrat muss dem Arbeitsdirektor mit der Bestellung einen **„Kernbereich von Zuständigkeiten in Personal- und Sozialfragen"** zuweisen (→ § 7 Rn. 261);[2043] er ist daher zB für Arbeitsschutz, Gesundheit und Altersfürsorge zustän-

---

[2037] Kölner Komm AktG/*Mertens/Cahn* AktG § 84 Rn. 103.
[2038] Zur Teilnahme des Kandidaten für den Aufsichtsratsvorsitz an der Beschlussfassung des Aufsichtsrats MüKoAktG/ *Habersack* AktG § 107 Rn. 19, § 108 Rn. 32 mwN; zum allg. Grundsatz, dass für die Selbstwahl in Ämter kein Stimmrechtsausschluss für den Kandidaten besteht, BeckOGK BGB/*Notz* BGB § 34 Rn. 34 mwN sowie aus der Rspr. RGZ 60, 172 (173); RGZ 74, 276 (279 f.); OLG Düsseldorf ZIP 1989, 1554 (1555); OLG Hamm OLGZ 1978, 184 (187); OLG Hamm NJW-RR 2007, 161.
[2039] BeckOGK/*Fleischer* AktG § 88 Rn. 27; GroßkommAktG/*Kort* AktG § 88 Rn. 57; MüKoAktG/*Spindler* AktG § 88 Rn. 25; Kölner Komm AktG/*Mertens/Cahn* AktG § 88 Rn. 16; K. Schmidt/Lutter AktG/*Seibt* AktG § 88 Rn. 9.
[2040] MüKoAktG/*Spindler* AktG § 77 Rn. 24; zur Regelung der Geschäftsverteilung durch „bloße Billigung" zur GmbH BGHZ 220, 162 Rn. 18 ff. = NJW 2019, 1067, näher → Rn. 2071, 2106.
[2041] *Simons/Hanloser* AG 2010, 641 (642); GroßkommAktG/*Kort* AktG § 84 Rn. 220; *Kubis* in Semler/Peltzer/Kubis Vorstands-HdB § 2 Rn. 75; MHdB AG/*Hoffmann-Becking* § 24 Rn. 7.
[2042] MHdB AG/*Hoffmann-Becking* § 24 Rn. 7.
[2043] Habersack/Henssler/*Henssler* MitbestG § 33 Rn. 9; Kölner Komm AktG/*Mertens/Cahn* AktG § 84 Rn. 3; Hüffer/ Koch/*Koch* AktG § 84 Rn. 3; BeckOGK/*Fleischer* AktG § 84 Rn. 6; MHdB AG/*Hoffmann-Becking* § 24 Rn. 12.

dig.²⁰⁴⁴ Der Arbeitsdirektor ist gleichberechtigtes Vorstandsmitglied und hat dieselben Rechte und Pflichten wie die anderen Vorstandsmitglieder.²⁰⁴⁵ Der Arbeitsdirektor vertritt in besonderer Weise die **Interessen der Arbeitnehmer.** Trotzdem muss der Aufsichtsrat nicht zwingend eine Person bestellen, der die Arbeitnehmer ihr Vertrauen ausgesprochen haben.²⁰⁴⁶ Die Arbeitnehmervertreter haben auch **kein Vorschlagsrecht.**²⁰⁴⁷ Es ist aber sinnvoll, dass der Arbeitsdirektor einen gewissen Rückhalt in der Arbeitnehmerschaft hat. Im Übrigen muss der Aufsichtsrat eine Person bestellen, die in der Lage ist, im Vorstand Arbeitnehmerinteressen besonders bewusst zu machen und Möglichkeiten aufzuzeigen, wie Arbeitnehmerinteressen iRd Unternehmensinteresses berücksichtigt werden können. Hierzu muss der Kandidat über Kenntnisse und Erfahrungen im Personal- und Sozialwesen verfügen (zu den besonderen Anforderungen an den Arbeitsdirektor → § 7 Rn. 245).²⁰⁴⁸

12. Stellvertreter von Vorstandsmitgliedern (§ 94 AktG)

a) Begriff, Hintergrund, Ermessen des Aufsichtsrats

Nach § 94 AktG gelten sämtliche Vorschriften für Vorstandsmitglieder auch für „Stellvertreter von Vorstandsmitgliedern". Stellvertreter von Vorstandsmitgliedern werden häufig als **„stellvertretende Vorstandsmitglieder"** bezeichnet. Diese Bezeichnung ist irreführend, da Stellvertreter von Vorstandsmitgliedern nach denselben Grundsätzen bestellt werden und dieselben gesetzlichen Rechte und Pflichten haben wie „ordentliche" Vorstandsmitglieder.²⁰⁴⁹ Stellvertretende Vorstandsmitglieder haben lediglich **in der internen Hierarchie** des Vorstands nach Maßgabe der Geschäftsordnung eine niedrigere Position als ordentliche Vorstandsmitglieder.²⁰⁵⁰ Stellvertretende Vorstandsmitglieder haben insbes. häufig nur eine beschränkte Geschäftsführungsbefugnis, zB indem sie nur an Stelle eines verhinderten ordentlichen Vorstandsmitglieds geschäftsführungsbefugt sind („stellvertretende Ressortzuständigkeit").²⁰⁵¹

Hintergrund der hierarchischen Herabstufung sind idR Gesichtspunkte wie Alter, Amtsdauer, Aufgabenbereich oder Erfahrung. Zu stellvertretenden Vorstandsmitgliedern bestellt der Aufsichtsrat häufig Personen, die **erstmals** zum Vorstandsmitglied bestellt werden und sich – vergleichbar mit einer **Probezeit** – erst noch bewähren sollen. In der Regel bestellt der Aufsichtsrat stellvertretende für eine **kürzere Amtszeit** als ordentliche Vorstandsmitglieder, weist ihnen einen kleineren Geschäftsbereich zu und gewährt ihnen eine geringere Vergütung.²⁰⁵²

Ob und zu welchen Bedingungen der Aufsichtsrat stellvertretende Vorstandsmitglieder bestellt, liegt in seinem **Ermessen.** Die **Satzung** kann weder ausschließen noch anordnen, dass der Aufsichtsrat stellvertretende Vorstandsmitglieder bestellt.²⁰⁵³ Regelt die Satzung eine Mindest- oder Höchstzahl an Vorstandsmitgliedern, zählen stellvertretende Vorstandsmitglieder mit.²⁰⁵⁴

b) Aufgaben und Befugnisse, Bestellung zum Arbeitsdirektor

Der Aufsichtsrat kann ordentlichen **kein Weisungsrecht** gegenüber stellvertretenden Vorstandsmitgliedern einräumen.²⁰⁵⁵ Aufgaben, die zwingend in die Gesamtverantwortung des Vorstands fallen, zB die Überwachung der anderen Vorstandsmitglieder, kann der Aufsichtsrat stellvertretenden Vorstandsmitgliedern nicht entziehen.²⁰⁵⁶ Zwingende Organpflichten, zB die Insolvenzantragspflicht (§ 15a Abs. 1 S. 1

---

²⁰⁴⁴ MüKoAktG/*Annuß* MitbestG § 33 Rn. 24; Hüffer/Koch/*Koch* AktG § 84 Rn. 3; MHdB AG/*Hoffmann-Becking* § 24 Rn. 12; Habersack/Henssler/*Henssler* MitbestG § 33 Rn. 46.
²⁰⁴⁵ MüKoAktG/*Spindler* AktG § 76 Rn. 123; Hüffer/Koch/*Koch* AktG § 76 Rn. 57; MHdB AG/*Hoffmann-Becking* § 24 Rn. 18; BeckHdB AG/*Liebscher* § 6 Rn. 19.
²⁰⁴⁶ Habersack/Henssler/*Henssler* MitbestG § 33 Rn. 15; ErfK/*Oetker* MitbestG § 33 Rn. 2; GroßkommAktG/*Oetker* MitbestG § 33 Rn. 7; MHdB AG/*Hoffmann-Becking* § 24 Rn. 11.
²⁰⁴⁷ MüKoAktG/*Annuß* MitbestG § 33 Rn. 8; *Fonk* in Semler/v. Schenck AR-HdB § 10 Rn. 68; Kölner Komm AktG/*Mertens/Cahn* AktG Anh. § 117 B AktG § 33 MitbestG Rn. 5.
²⁰⁴⁸ Habersack/Henssler/*Henssler* MitbestG § 33 Rn. 14.
²⁰⁴⁹ MHdB AG/*Hoffmann-Becking* § 24 Rn. 20; BeckHdB AG/*Liebscher* § 6 Rn. 20; MüKoAktG/*Spindler* AktG § 94 Rn. 1.
²⁰⁵⁰ MHdB AG/*Hoffmann-Becking* § 24 Rn. 20; MüKoAktG/*Spindler* AktG § 94 Rn. 1; BeckHdB AG/*Liebscher* § 6 Rn. 20.
²⁰⁵¹ BeckOGK/*Fleischer* AktG § 94 Rn. 6; Henssler/Strohn/*Dauner-Lieb* AktG § 94 Rn. 2; MüKoAktG/*Spindler* AktG § 94 Rn. 9.
²⁰⁵² MHdB AG/*Hoffmann-Becking* § 24 Rn. 20; BeckOGK/*Fleischer* AktG § 94 Rn. 3.
²⁰⁵³ Hölters/*Müller-Michaels* AktG § 94 Rn. 1; K. Schmidt/Lutter AktG/*Sailer-Coceani* AktG § 94 Rn. 1; GroßkommAktG/*Habersack/Foerster* AktG § 94 Rn. 12.
²⁰⁵⁴ Hölters/*Müller-Michaels* AktG § 94 Rn. 2; MüKoAktG/*Spindler* AktG § 94 Rn. 2; *Seyfarth* VorstandsR § 3 Rn. 20; BeckOGK/*Fleischer* AktG § 76 Rn. 120.
²⁰⁵⁵ BeckOGK/*Fleischer* AktG § 94 Rn. 6; Hüffer/Koch/*Koch* AktG § 94 Rn. 2.
²⁰⁵⁶ MüKoAktG/*Spindler* AktG § 94 Rn. 8; Hölters/*Müller-Michaels* AktG § 94 Rn. 3; BeckOGK/*Fleischer* AktG § 94 Rn. 6; Kölner Komm AktG/*Mertens/Cahn* AktG § 94 Rn. 4.

InsO), treffen stellvertretende Vorstandsmitglieder unabhängig davon, welche Geschäftsführungsaufgaben ihnen zugewiesen sind.[2057]

916 Die **Vertretungsbefugnis** stellvertretender Vorstandsmitglieder können Satzung und Aufsichtsrat nicht mit Wirkung für das Außenverhältnis beschränken (§ 82 Abs. 1 AktG).[2058] Müssen zwingend sämtliche Vorstandsmitglieder für die AG handeln, zB bei der Unterzeichnung des Jahresabschlusses (§ 245 HGB), müssen stellvertretende Vorstandsmitglieder an der Handlung teilnehmen.[2059]

917 Nach herrschender und zutreffender Ansicht kann der Aufsichtsrat als **Arbeitsdirektor** ein stellvertretendes Vorstandsmitglied bestellen, sofern **sachliche Gründe,** zB (Dienst-)Alter, Erfahrung oder Betriebszugehörigkeit, es rechtfertigen, dass die betreffende Person hierarchisch tiefer gestuft ist (→ § 7 Rn. 247). Ggf. liegt kein Verstoß gegen das Gleichbehandlungsgebot des § 33 Abs. 1 S. 1 MitbestG vor.[2060]

c) „Hoch-" und „Herabstufung"

918 Für die **„Hochstufung"** zum ordentlichen und für die **„Herabstufung"** zum stellvertretenden Vorstandsmitglied ist nach **ganz hA** ausschließlich das Plenum zuständig und kann diese Aufgabe **nicht einem Ausschuss** übertragen.[2061] Nach der **Gegenansicht** kann ein Ausschuss entscheiden, da es sich lediglich um einen „internen Organisationsakt" handele, der sich auf die Rechtsstellung des Vorstandsmitglieds kaum auswirke.[2062]

919 **Stellungnahme:** Es spricht mehr dafür, dass der Aufsichtsrat die Entscheidung über eine Hoch- oder Herabstufung einem Ausschuss übertragen kann, weil ihre Auswirkungen weit hinter denen einer Bestellung oder deren Widerruf zurückbleiben. Der Meinungsstreit kann aber dahinstehen, wenn der Aufsichtsrat zugleich die **Geschäftsführungsbefugnis** und/oder **Geschäftsverteilung** ändern möchte: Insofern ist zwingend das Plenum zuständig (§ 107 Abs. 3 S. 7 AktG iVm § 77 Abs. 2 S. 1 AktG). Es entspricht im Übrigen zwar nicht dem Charakter als Probezeit, ist aber nicht ausgeschlossen, ein stellvertretendes Vorstandsmitglied nach Ablauf eines festgelegten Zeitraums automatisch hochzustufen. Umgekehrt kann ein ordentliches Vorstandsmitglied nach Ablauf eines festgelegten Zeitraums automatisch herabgestuft werden.

920 Teilweise wird vertreten, in **paritätisch mitbestimmten** Gesellschaften seien für die Hochstufung zum ordentlichen und für die Herabstufung zum stellvertretenden Vorstandsmitglied das **Verfahren und die Mehrheitserfordernisse der § 31 Abs. 2–4 MitbestG** einzuhalten.[2063] Das ist mit der Gegenansicht **abzulehnen**[2064]: Die § 31 Abs. 2–4 MitbestG bezwecken, dass für die Bestellung und deren Widerruf eine möglichst breite Mehrheit im Aufsichtsrat zu bilden ist.[2065] Die Auswirkungen einer Hoch- oder Herabstufung bleiben aber weit hinter denen einer Bestellung oder deren Widerruf zurück.

d) Publizität (Handelsregister, Geschäftsbriefe, Rechnungslegung)

921 Der Vorstand muss stellvertretende Vorstandsmitglieder zur Eintragung in das Handelsregister **anmelden** (§ 39 Abs. 1 S. 1 AktG, § 81 Abs. 1 AktG). Ein **Stellvertreterzusatz** darf nicht eingetragen werden.[2066] Stellvertretende Vorstandsmitglieder sind auf Geschäftsbriefen **anzugeben** (§ 80 Abs. 1 S. 1 AktG). Nach wohl hA darf auf Geschäftsbriefen aus europarechtlichen Gründen **kein Stellvertreterzusatz** aufgenom-

---

[2057] BeckOGK/*Fleischer* AktG § 94 Rn. 6; MüKoAktG/*Spindler* AktG § 94 Rn. 12; GroßkommAktG/*Habersack/Foerster* AktG § 94 Rn. 8; K. Schmidt/Lutter AktG/*Sailer-Coceani* AktG § 94 Rn. 2.

[2058] BeckOGK/*Fleischer* AktG § 94 Rn. 7; Hüffer/Koch/*Koch* AktG § 94 Rn. 2; MüKoAktG/*Spindler* AktG § 94 Rn. 8; Hölters/*Müller-Michaels* AktG § 94 Rn. 3; Kölner Komm AktG/*Mertens/Cahn* AktG § 94 Rn. 3.

[2059] BeckOGK/*Fleischer* AktG § 94 Rn. 7; MüKoAktG/*Spindler* AktG § 94 Rn. 7; Kölner Komm AktG/*Mertens/Cahn* AktG § 94 Rn. 2; GroßkommAktG/*Habersack/Foerster* AktG § 94 Rn. 4.

[2060] Kölner Komm AktG/*Mertens/Cahn* AktG § 94 Rn. 9; GroßkommAktG/*Habersack/Foerster* AktG § 94 Rn. 14; Hüffer/Koch/*Koch* AktG § 94 Rn. 4; MüKoAktG/*Spindler* AktG § 94 Rn. 14; aA Hanau/Ulmer/*Hanau,* 1983, MitbestG § 33 Rn. 23: Gleich- und vollwertige Verankerung des Personal- und Sozialbereichs werde abgeschwächt.

[2061] Hüffer/Koch/*Koch* AktG § 94 Rn. 3; Henssler/Strohn/*Dauner-Lieb* AktG § 94 Rn. 3; GroßkommAktG/*Habersack/Foerster* AktG § 94 Rn. 13; vgl. auch BeckOGK/*Fleischer* AktG § 94 Rn. 4: „allgemeine[r] Meinung".

[2062] MüKoAktG/*Spindler* AktG § 94 Rn. 10; Kölner Komm AktG/*Mertens/Cahn* AktG § 94 Rn. 9.

[2063] GroßkommAktG/*Oetker* MitbestG § 31 Rn. 5; *Krieger,* Personalentscheidungen des AR, 1981, 221 ff. mwN.

[2064] Hüffer/Koch/*Koch* AktG § 94 Rn. 4; BeckOGK/*Fleischer* AktG § 94 Rn. 5; GroßkommAktG/*Habersack/Foerster* AktG § 94 Rn. 13.

[2065] Habersack/Henssler/*Habersack* MitbestG § 31 Rn. 1; GroßkommAktG/*Oetker* MitbestG § 31 Rn. 1; ErfK/*Oetker* MitbestG § 31 Rn. 1; *Lutter/Krieger/Verse* AR Rn. 489 mwN.

[2066] BGH NJW 1998, 1071; zum stellvertretenden Geschäftsführer einer GmbH BayObLGZ 1997, 107 (110 ff.); BeckOGK/*Fleischer* AktG § 94 Rn. 8; MüKoAktG/*Spindler* AktG § 94 Rn. 10; Hölters/*Müller-Michaels* AktG § 94 Rn. 4; *Grigoleit/Grigoleit/Tomasic* AktG § 94 Rn. 3; GroßkommAktG/*Habersack/Foerster* AktG § 94 Rn. 3, 15; aA noch OLG Düsseldorf NJW 1969, 1259 und OLG Stuttgart NJW 1960, 2150.

C. Personalkompetenz

men werden.[2067] Dasselbe gilt für den Anhang des Jahresabschlusses: Stellvertretende Vorstandsmitglieder sind aufzunehmen (§ 285 Nr. 10 HGB), aber ohne Stellvertreterzusatz.[2068]

13. Aufsichtsratsmitglieder als Stellvertreter von Vorstandsmitgliedern (§ 105 Abs. 2 AktG)

a) Normzweck

Aufsichtsratsmitglieder können nicht zugleich Vorstandsmitglied derselben AG sein (§ 105 Abs. 1 AktG, **Inkompatibilität;** → Rn. 575). Der Aufsichtsrat kann aber *„für einen im Voraus begrenzten Zeitraum, höchstens für ein Jahr"* Aufsichtsratsmitglieder zu Stellvertretern von Vorstandsmitgliedern bestellen, die *„fehlen"* oder *„verhindert sind"* (§ 105 Abs. 2 AktG). Dadurch soll der Aufsichtsrat im Fall einer vakanten Vorstandsposition **ausreichend Zeit** erhalten, ohne Überstürzung einen geeigneten Kandidaten auszuwählen[2069] oder den Zeitraum zu überbrücken, solange ein Vorstandsmitglied erkrankt oder anderweitig an der Amtsausübung verhindert ist oder ein Kandidat sein Amt noch nicht antreten kann, zB wegen eines Wettbewerbsverbots.[2070] 922

b) Voraussetzungen

aa) Enge oder weite Auslegung? Das Schrifttum – Rechtsprechung existiert nicht – legt die Voraussetzungen des § 105 Abs. 2 AktG überwiegend **großzügig** aus. Vereinzelt wird vertreten, die Voraussetzungen des § 105 Abs. 2 AktG seien **eng auszulegen**, weil die Bestellung von Aufsichtsratsmitgliedern zu Stellvertretern wegen der damit verbundenen Interessenkonflikte ein Fremdkörper im Corporate Governance-Gefüge und daher auf Notsituationen beschränkt sei.[2071] 923

Stellungnahme: Die enge Auslegung ist **abzulehnen**. Zwar drohen grds. Interessenkonflikte. Das ist aber nicht zwingend und drohende Interessenkonflikte sind grds. beherrschbar. Es genügt daher, wenn der Aufsichtsrat im Einzelfall prüft, ob Interessenkonflikte drohen und ggf. beherrschbar sind. Abzulehnen ist auch die Annahme, die Bestellung eines Aufsichtsratsmitglieds zum Stellvertreter sei subsidiär gegenüber der Bestellung gemäß § 84 Abs. 1 AktG[2072]: § 105 Abs. 2 AktG betrifft Fälle, in denen eine ordentliche Bestellung gerade vermieden werden soll. 924

bb) „Fehlendes" oder „verhindertes" Vorstandsmitglied. (1) Fehlen eines Vorstandsmitglieds. Ein Vorstandsmitglied „fehlt", wenn die nach Gesetz, Satzung oder Geschäftsordnung vorgeschriebene **Fest- oder Mindestanzahl** nicht vorhanden ist.[2073] Das kommt in Betracht, wenn ein Vorstandsmitglied aus seinem Amt ausgeschieden ist oder wenn die vorgeschriebene Fest- oder Mindestanzahl noch nicht vorhanden ist. Ein Vorstandsmitglied kann auch fehlen, wenn es regulär ausgeschieden ist.[2074] Ein Vorstandsmitglied „fehlt" ferner, wenn eine nach der Satzung oder der aktuellen Beschlusslage des Aufsichtsrats oder der **Hauptversammlung**[2075] vorgesehene Vorstandsposition nicht besetzt ist.[2076] Ein Vorstandsmitglied kann daher auch „fehlen", wenn **oberhalb einer Mindestanzahl** oder **unterhalb einer Höchstanzahl** eine Vorstandsposition nicht besetzt ist. Ein Vorstandsmitglied fehlt hingegen nicht, wenn der Aufsichtsrat beschließt, dass nach dem Ausscheiden eines Vorstandsmitglieds dessen Position nicht 925

[2067] BeckOGK/*Fleischer* AktG § 94 Rn. 9; MüKoAktG/*Spindler* AktG § 94 Rn. 10; GroßkommAktG/*Habersack/Foerster* AktG § 94 Rn. 16; K. Schmidt/Lutter AktG/*Sailer-Coceani* AktG § 94 Rn. 2; Hüffer/Koch/*Koch* AktG § 80 Rn. 3; MHdB AG/*Hoffmann-Becking* § 24 Rn. 23; aA Hölters/*Müller-Michaels* AktG § 94 Rn. 4: Stellvertreterzusatz nicht zwingend, aber möglich.
[2068] BeckOGK/*Fleischer* AktG § 94 Rn. 9; MHdB AG/*Hoffmann-Becking* § 24 Rn. 23; aA Hölters/*Müller-Michaels* AktG § 94 Rn. 4: Stellvertreterzusatz nicht zwingend, aber möglich; Beck Bil-Komm/*Grottel* HGB § 285 Rn. 335 mwN: Bezeichnung üblich und empfohlen.
[2069] *Kropff* AktG 1965 S. 146; MüKoAktG/*Habersack* AktG § 105 Rn. 2; Hüffer/Koch/*Koch* AktG § 105 Rn. 7; Hölters/*Simons* AktG § 105 Rn. 11; BeckOGK/*Spindler* AktG § 105 Rn. 5.
[2070] Zur Praxis der Bestellung von Aufsichtsratsmitglieder zu Stellvertretern *Bulgrin/Wolf* AG 2020, 109.
[2071] *Bulgrin/Wolf* AG 2020, 109 (111 ff.).
[2072] So aber *Bulgrin/Wolf* AG 2020, 109 (112).
[2073] Hölters/*Simons* AktG § 105 Rn. 13; GroßkommAktG/*Hopt/Roth* AktG § 105 Rn. 57; Henssler/Strohn/*Henssler* AktG § 105 Rn. 8; Hüffer/Koch/*Koch* AktG § 105 Rn. 7; MüKoAktG/*Habersack* AktG § 105 Rn. 24.
[2074] Hölters/*Simons* AktG § 105 Rn. 13; BeckOGK/*Spindler* AktG § 105 Rn. 24; *Seyfarth* VorstandsR § 3 Rn. 50; krit. *Heidbüchel* WM 2004, 1317 (1318): Die Bestellung sei zwar wirksam, aber idR pflichtwidrig.
[2075] Dazu, dass die Satzung die Hauptversammlung ermächtigen kann, mit einfachem Beschluss über die Zahl der Vorstandsmitglieder zu entscheiden; BeckOGK/*Fleischer* AktG § 76 Rn. 120; GroßkommAktG/*Kort* AktG § 76 Rn. 237; Kölner Komm AktG/*Mertens/Cahn* AktG § 76 Rn. 105.
[2076] *Kropff* AktG 1965 S. 146; *Heidbüchel* WM 2004, 1317 (1318); MüKoAktG/*Habersack* AktG § 105 Rn. 24; BeckOGK/*Spindler* AktG § 105 Rn. 24; Hölters/*Simons* AktG § 105 Rn. 13; aA *Bulgrin/Wolf* AG 2020, 109 (112) wegen der befürworteten engen Auslegung der Voraussetzungen des § 105 Abs. 2 AktG (→ Rn. 923).

mehr bestehen soll. Unerheblich ist, wie lang eine Vorstandsposition bereits nicht besetzt ist.[2077] Auch ein Vorstandsmitglied, das eine „Familienauszeit" auf Grundlage des derzeit vorgeschlagenen Entwurfs nimmt und danach vorübergehend aus seinem Amt ausscheidet (→ Rn. 821), „fehlt" für den betreffenden Zeitraum.

926   Auch für eine **neu geschaffene Vorstandsposition** kann der Aufsichtsrat sofort ein Aufsichtsratsmitglied zum Stellvertreter bestellen.[2078] Es wird vertreten, der Aufsichtsrat handele ggf. grds. nur pflichtgemäß, wenn hierfür ein wichtiger Grund vorliegt: Das Vorgehen widerspreche dem Willen der Hauptversammlung oder der Arbeitnehmer, die den Stellvertreter zum Aufsichtsratsmitglied bestellt hätten und nicht zum Vorstandsmitglied.[2079] Dem ist **nicht zuzustimmen.** Jedes Aufsichtsratsmitglied kann ohne „Einverständnis seiner Wähler" grds. jederzeit sein Amt beenden und sich zum Vorstandsmitglied bestellen lassen. Es spricht daher auch nichts dagegen, dass sich ein Aufsichtsratsmitglied vorübergehend zum Stellvertreter bestellen lässt, ohne sein Amt als Aufsichtsratsmitglied endgültig aufzugeben. Die Bestellung zum Stellvertreter eines Vorstandsmitglieds muss ohnehin im Interesse der AG sein und der Aufsichtsrat muss insofern die mit der Bestellung verbundenen Auswirkungen berücksichtigen (→ Rn. 924). Ein darüber hinausgehender wichtiger Grund ist nicht erforderlich.

927   Ein Vorstandsmitglied „fehlt" auch, wenn seine **Bestellung nichtig** ist.[2080] Hat an der Bestellung ein Aufsichtsratsmitglied mitgewirkt, dessen Wahl angegriffen ist, darf der Aufsichtsrat erst ein Aufsichtsratsmitglied zum Stellvertreter bestellen, nachdem rechtskräftig festgestellt ist, dass der angegriffene Wahlbeschluss der Hauptversammlung nichtig ist (§ 241 Nr. 5 AktG). Die Bestellung zum Stellvertreter darf nicht der Entscheidung vorgreifen, ob die Wahl des Aufsichtsratsmitglieds und damit die Bestellung des Vorstandsmitglieds nichtig ist.[2081] Steht rechtskräftig fest, dass die Wahl des Aufsichtsratsmitglieds nichtig ist und ist infolgedessen auch die Bestellung eines Vorstandsmitglieds nichtig, beurteilt sich das Handeln des unwirksam bestellten Vorstandsmitglieds nach der Lehre von der fehlerhaften Organstellung (→ Rn. 673 ff.).

928   **(2) Verhinderung eines Vorstandsmitglieds.** Ein Vorstandsmitglied ist „verhindert", wenn es zwar noch im Amt, aber **nicht nur vorübergehend nicht in der Lage** ist, sein Amt auszuüben.[2082] In Betracht kommen insbes. Krankheit, ferner zB ein Sabbatical oder (Untersuchungs-)Haft. Ein Vorstandsmitglied kann auch verhindert sein, wenn nach der Geschäftsordnung andere Vorstandsmitglieder seine Aufgaben im Verhinderungsfall übernehmen.[2083]

929   **Kein Verhinderungsfall** soll nach überwiegender Ansicht vorliegen, wenn ein Vorstandsmitglied aus rechtlichen oder tatsächlichen Gründen lediglich **an einzelnen Rechtsgeschäften oder Beschlüssen** nicht mitwirken kann.[2084] Das ist in dieser Pauschalität **abzulehnen:** Ist die Teilnahme eines weiteren Vorstandsmitglieds **erforderlich** und liegt ein **dringender Fall vor,** kann der Aufsichtsrat auch für einzelne Rechtsgeschäfte oder Beschlüsse ein Aufsichtsratsmitglied zum Stellvertreter bestellen. Ob die Teilnahme erforderlich ist und ein dringender Fall vorliegt, beurteilt sich wie bei der gerichtlichen Bestellung von Vorstandsmitgliedern (→ Rn. 991 ff.).[2085]

930   **(3) Maßstab für das Fehlen oder die Verhinderung.** Die Bestellung eines Aufsichtsratsmitglieds zum Stellvertreter ist nach ganz überwiegender Ansicht nur zulässig, wenn das Vorstandsmitglied im Zeitpunkt der Bestellung **bereits** fehlt oder verhindert ist oder das Fehlen oder die Verhinderung zumindest mit

---

[2077] MüKoAktG/*Habersack* AktG § 105 Rn. 24; *Seyfarth* VorstandsR § 3 Rn. 51; Semler/v. Schenck/*Gasteyer* AktG § 105 Rn. 61.
[2078] MüKoAktG/*Habersack* AktG § 105 Rn. 24; *Seyfarth* VorstandsR § 3 Rn. 51; Hölters/*Simons* AktG § 105 Rn. 13.
[2079] Semler/v. Schenck/*Gasteyer* AktG § 105 Rn. 61.
[2080] Zur gerichtlichen Bestellung von Vorstandsmitgliedern GroßkommAktG/*Kort* AktG § 85 Rn. 10; Hüffer/Koch/*Koch* AktG § 85 Rn. 2; *Beiner/Braun* Vorstandsvertrag Rn. 47.
[2081] Zur gerichtlichen Bestellung von Vorstandsmitgliedern OLG Frankfurt a. M. AG 2008, 419 (421); GroßkommAktG/*Kort* AktG § 85 Rn. 10; Kölner Komm AktG/*Mertens/Cahn* AktG § 85 Rn. 2; BeckOGK/*Fleischer* AktG § 85 Rn. 5; Hüffer/Koch/*Koch* AktG § 85 Rn. 2; Hölters/*Weber* AktG § 85 Rn. 2; *Seyfarth* VorstandsR § 3 Rn. 77; *Beiner/Braun* Vorstandsvertrag Rn. 47.
[2082] MüKoAktG/*Habersack* AktG § 105 Rn. 25; Hölters/*Simons* AktG § 105 Rn. 14; BeckOGK/*Spindler* AktG § 105 Rn. 25; Henssler/Strohn/*Henssler* AktG § 105 Rn. 8.
[2083] *Heidbüchel* WM 2004, 1317 (1318); Hölters/*Simons* AktG § 105 Rn. 14; Hüffer/Koch/*Koch* AktG § 105 Rn. 7; GroßkommAktG/*Hopt/Roth* AktG § 105 Rn. 58; MHdB AG/*Hoffmann-Becking* § 24 Rn. 24; aA Geßler/ *Geßler* AktG § 105 Rn. 26; *Bulgrin/Wolf* AG 2020, 109 (113).
[2084] MüKoAktG/*Habersack* AktG § 105 Rn. 25; Henssler/Strohn/*Henssler* AktG § 105 Rn. 8; Hölters/*Simons* AktG § 105 Rn. 14; *Bulgrin/Wolf* AG 2020, 109 (113).
[2085] Tendenziell auch GroßkommAktG/*Hopt/Roth* AktG § 105 Rn. 59: Bestellung von Aufsichtsratsmitgliedern zu Stellvertretern wie bei der gerichtlichen Bestellung von Aufsichtsratsmitgliedern nach § 104 Abs. 2 S. 2 AktG jedenfalls dann, wenn ein dringender Fall vorliegt.

hinreichender Sicherheit fest- und **unmittelbar** bevorsteht.[2086] Eine „vorsorgliche" Bestellung zum Stellvertreter sei unzulässig. Danach wäre eine **aufschiebend befristete Bestellung** zum Stellvertreter **zulässig,** eine aufschiebend bedingte Bestellung zum Stellvertreter hingegen nicht.

Stellungnahme: Das ist abzulehnen. Eine aufschiebend bedingte Bestellung zum Stellvertreter ist **nicht per se unzulässig.**[2087] Es genügt, die Aufsichtsratsmitglieder in die Pflicht zu nehmen, die Möglichkeit, Aufsichtsratsmitglieder zu Stellvertretern zu bestellen, entsprechend dem gesetzlichen Zweck nur in „Notfällen" und nur in Anspruch zu nehmen, wenn es im Interesse der AG ist. Es ist idR pflichtwidrig, ein Aufsichtsratsmitglied ohne konkreten Anlass „präventiv" zum Stellvertreter zu bestellen. Der Aufsichtsrat muss bei seiner Entscheidung ferner berücksichtigen, wie es sich auf die Amtsführung des noch nicht fehlenden oder verhinderten Vorstandsmitglieds auswirkt, dass ein Stellvertreter aufschiebend bedingt bestellt ist. Die Bestellung zum Stellvertreter kann zB pflichtwidrig sein, wenn sie „wie ein Damoklesschwert" über der Amtsführung des (noch) nicht verhinderten oder fehlenden Vorstandsmitglieds „hängt". 931

cc) Dauer der Bestellung zum Stellvertreter. Der Bestellungszeitraum muss **im Voraus begrenzt** werden und kann **höchstens ein Jahr** betragen (§ 105 Abs. 2 S. 1 AktG). Aus dem Bestellungsbeschluss muss sich ergeben, zu welchem konkreten oder konkret bestimmbaren Datum die Bestellung endet. Eine Bestellung ohne Befristung oder pauschal für die Dauer der Verhinderung oder des Fehlens ist unzulässig.[2088] Ein entsprechender Bestellungsbeschluss ist **nichtig.**[2089] Der Aufsichtsrat muss einschätzen, für welchen Zeitraum das Vorstandsmitglied voraussichtlich fehlt oder verhindert ist. 932

Eine **Verlängerung der Amtszeit** als Stellvertreter ist zulässig, solange die Amtszeit insgesamt ein Jahr nicht übersteigt (§ 105 Abs. 2 S. 2 AktG). Wird die Jahresfrist überschritten, ist die Bestellung bis zum Ablauf der Jahresfrist wirksam und ab dann unwirksam.[2090] 933

Die Höchstfrist von einem Jahr bezieht sich auf **einen konkreten Fehlens- oder Verhinderungsfall.** Ist das Vorstandsmitglied später erneut verhindert, kann der Aufsichtsrat erneut ein Aufsichtsratsmitglied zum Stellvertreter dieses Vorstandsmitglieds bestellen. Es gilt erneut die volle Jahresfrist,[2091] auch wenn der Aufsichtsrat dasselbe Aufsichtsratsmitglied zum Stellvertreter bestellt wie im ersten Fehlens- oder Verhinderungsfall.[2092] Dasselbe gilt, wenn eine ursprünglich „fehlende Vorstandsposition" besetzt war und später erneut nicht besetzt ist.[2093] 934

Teilweise wird vertreten, im Rahmen desselben „Fehlens- oder Verhinderungsfalls" könnten **verschiedene Aufsichtsratsmitglieder nacheinander** über die Jahresgrenze hinaus zum Stellvertreter bestellt werden.[2094] Das ist mit der überwiegenden Gegenansicht **abzulehnen.**[2095] Die Bestellung zum Stellvertreter ist als „Übergangslösung" konzipiert. Ist ein Vorstandsmitglied nach Ablauf eines Jahrs immer noch verhindert, ist es nicht mehr hinnehmbar, dieses Vorstandsmitglied formal im Amt und im Handelsregister eingetragen zu belassen. 935

Der Aufsichtsrat kann auch einen Stellvertreter bestellen, wenn die Verhinderung **voraussichtlich länger** dauert als ein Jahr:[2096] Der Aufsichtsrat kann ggf. die Stellvertretung zur Überbrückung nutzen, um ein neues Konzept zu entwickeln. Der Aufsichtsrat kann auch gleichzeitig **mehrere Aufsichtsratsmitglieder** zu Stellvertretern verschiedener Vorstandsmitglieder bestellen. 936

[2086] MüKoAktG/*Habersack* AktG § 105 Rn. 29; *Seyfarth* VorstandsR § 3 Rn. 51; GroßkommAktG/*Hopt/Roth* AktG § 105 Rn. 58; Semler/v. Schenck/*Gasteyer* AktG § 105 Rn. 65; BeckOGK/*Spindler* AktG § 105 Rn. 27; Kölner Komm AktG/*Mertens/Cahn* AktG § 105 Rn. 23. Strenger *Bulgrin/Wolf* AG 2020, 109 (113): Das Fehlen oder die Verhinderung müsse bereits konkret eingetreten sein.
[2087] Ebenso *Krieger,* Personalentscheidungen des AR, 1981, 240 f.
[2088] MüKoAktG/*Habersack* AktG § 105 Rn. 29; Kölner Komm AktG/*Mertens/Cahn* AktG § 105 Rn. 24; GroßkommAktG/*Hopt/Roth* AktG § 105 Rn. 55; BeckOGK/*Spindler* AktG § 105 Rn. 28.
[2089] *Heidbüchel* WM 2004, 1317 (1319); Kölner Komm AktG/*Mertens/Cahn* AktG § 105 Rn. 24; vgl. BeckOGK/*Spindler* AktG § 105 Rn. 29; vgl. MHdB AG/*Hoffmann-Becking* § 24 Rn. 25.
[2090] BeckOGK/*Spindler* AktG § 105 Rn. 29; MüKoAktG/*Habersack* AktG § 105 Rn. 30; Kölner Komm AktG/*Mertens/Cahn* AktG § 105 Rn. 24; *Bulgrin/Wolf* AG 2020, 109 (113).
[2091] Ebenso Hölters/*Simons* AktG § 105 Rn. 17; MüKoAktG/*Habersack* AktG § 105 Rn. 31; BeckOGK/*Fleischer* AktG § 105 Rn. 29; Grigoleit/*Tomasic* AktG § 105 Rn. 11.
[2092] AA insofern Kölner Komm AktG/*Mertens/Cahn* AktG § 105 Rn. 25: Vertritt ein Aufsichtsratsmitglied verschiedene Vorstandsmitglieder, sind die Zeiten nicht zu addieren; vertritt ein Aufsichtsratsmitglied ein Vorstandsmitglied mehrmals, sind die Zeiten zu addieren.
[2093] MüKoAktG/*Habersack* AktG § 105 Rn. 31; Hölters/*Simons* AktG § 105 Rn. 17.
[2094] Kölner Komm AktG/*Mertens/Cahn* AktG § 105 Rn. 25; GroßkommAktG/*Hopt/Roth* AktG § 105 Rn. 66; Semler/v. Schenck/*Gasteyer* AktG § 105 Rn. 71.
[2095] MüKoAktG/*Habersack* AktG § 105 Rn. 31; *Heidbüchel* WM 2004, 1317 (1319); *Seyfarth* VorstandsR § 3 Rn. 48; Hüffer/Koch/*Koch* AktG § 105 Rn. 7; BeckOGK/*Spindler* AktG § 105 Rn. 29; MHdB AG/*Hoffmann-Becking* § 24 Rn. 25; *Bulgrin/Wolf* AG 2020, 109 (113).
[2096] Hölters/*Simons* AktG § 105 Rn. 17.

937 **dd) Bestellung zum Stellvertreter des Vorstandsmitglieds einer Tochter-AG?** § 100 Abs. 2 S. 1 Nr. 2 AktG schließt aus, dass Aufsichtsratsmitglieder der Konzernmutter gleichzeitig gesetzlicher Vertreter einer Konzerntochter sein können. Die wohl überwiegende Ansicht hält es dennoch für zulässig, dass im Konzern der Aufsichtsrat einer Tochter-AG ein Aufsichtsratsmitglied der Mutter-AG analog § 105 Abs. 2 AktG **zum Stellvertreter eines Vorstandsmitglieds der Tochter-AG bestellt.** Erforderlich soll sein, dass der Aufsichtsrat der Tochter-AG vor seiner Bestellungsentscheidung die Zustimmung des Aufsichtsrats der Mutter-AG einholt.[2097] Nach der Minderansicht soll eine solche Bestellung entgegen dem Organisationsgefälle gesetzlich nicht vorgesehen und mit Blick auf § 100 Abs. 2 S. 1 Nr. 2 AktG ausgeschlossen sein.[2098]

938 **Stellungnahme:** Der wohl überwiegenden Ansicht ist zuzustimmen. Dass ein gesetzlicher Vertreter der Tochter-AG nicht gleichzeitig Aufsichtsratsmitglied der Mutter-AG sein kann (§ 100 Abs. 2 S. 1 Nr. 2 AktG), steht nicht entgegen, da das Amt als Aufsichtsratsmitglied der Mutter-AG während der Dauer der Stellvertretung ruht (§ 105 Abs. 2 S. 2 AktG analog). Die „Konfliktlage" ist beim vorübergehenden Wechsel vom Aufsichtsrat der Mutter-AG in den Vorstand der Tochter-AG nicht größer als beim vorübergehenden Wechsel vom Aufsichtsrat in den Vorstand derselben AG.

c) Wirkungen der Stellvertretung, Rechte und Pflichten des Stellvertreters

939 **aa) Rechte und Pflichten als Stellvertreter, Vorstandsvergütung.** Der Stellvertreter tritt vollständig **in die Rechtsstellung des vertretenen Vorstandsmitglieds** ein. Der Stellvertreter kann daher stellvertretendes Vorstandsmitglied (§ 94 AktG)[2099] oder Vorstandsvorsitzender[2100] werden. Der Stellvertreter hat dieselbe Geschäftsführungs- und Vertretungsbefugnis sowie Ressortzuständigkeit wie das vertretene Vorstandsmitglied. Der Aufsichtsrat kann aber im Bestellungsbeschluss Abweichendes bestimmen.[2101] Für die Feststellung der Beschlussfähigkeit im Vorstand tritt der Stellvertreter an die Stelle des vertretenen Vorstandsmitglieds. Im Übrigen hat der Stellvertreter **alle gesetzlichen Rechte und Pflichten** eines Vorstandsmitglieds.[2102] Eine Ausnahme gilt für das **Wettbewerbsverbot des § 88 AktG:** Es gilt für Stellvertreter nicht hinsichtlich solcher Wettbewerbsverhältnisse, die im Zeitpunkt der Übernahme des Amts als Stellvertreter bereits bestanden (§ 105 Abs. 2 S. 4 AktG).[2103] Es ist daher zB nicht erforderlich, dass der Aufsichtsrat iRd Bestellung einwilligt, dass der Stellvertreter bestehende Vorstands- und Geschäftsführermandate weiterhin ausüben darf. Möchte der Stellvertreter hingegen **nach Amtsübernahme** Wettbewerbshandlungen vornehmen, ist § 88 AktG anwendbar.

940 Der Stellvertreter hat nach überwiegender und zutreffender Ansicht Anspruch auf eine **Vorstandsvergütung.**[2104] Die Vergütung muss der Aufsichtsrat nach § 87 AktG festsetzen, in börsennotierten Gesellschaften in Übereinstimmung mit einem Vorstandsvergütungssystem, das der Hauptversammlung vorlag (§ 87a Abs. 2 S. 1 AktG); zudem ist über die Vergütung im Vergütungsbericht zu berichten (§ 162 AktG). Bei der Festsetzung der Vergütung muss der Aufsichtsrat die **Besonderheiten der Stellvertretung** berücksichtigen, insbes. die Dauer der Stellvertretung und den zeitlichen Einsatz, falls der Stellvertreter weiter seiner bisherigen Haupttätigkeit nachgeht. Bei der Entscheidung des Aufsichtsrats über die Vergütung besteht für den designierten Stellvertreter **kein Stimmrechtsausschluss.**[2105] Aus Gründen guter Corporate Governance ist aber zu empfehlen, dass der Stellvertreter an der Diskussion und Beschlussfassung über seine Vergütung nicht teilnimmt.

[2097] Hüffer/Koch/*Koch* AktG § 105 Rn. 8; MüKoAktG/*Habersack* AktG § 105 Rn. 27.
[2098] *Bulgrin/Wolf* AG 2020, 109 (113); GroßkommAktG/*Hopt/Roth* AktG § 105 Rn. 62.
[2099] MüKoAktG/*Habersack* AktG § 105 Rn. 34; Kölner Komm AktG/*Mertens/Cahn* AktG § 105 Rn. 29; GroßkommAktG/*Hopt/Roth* AktG § 105 Rn. 74.
[2100] Hölters/*Simons* AktG § 105 Rn. 23; MHdB AG/*Hoffmann-Becking* § 24 Rn. 29; GroßkommAktG/*Hopt/Roth* AktG § 105 Rn. 55, 73.
[2101] Hölters/*Simons* AktG § 105 Rn. 23; *Seyfarth* VorstandsR § 3 Rn. 54; MüKoAktG/*Habersack* AktG § 105 Rn. 34; BeckOGK/*Spindler* AktG § 105 Rn. 36; Kölner Komm AktG/*Mertens/Cahn* AktG § 105 Rn. 29.
[2102] Hölters/*Simons* AktG § 105 Rn. 18; Kölner Komm AktG/*Mertens/Cahn* AktG § 105 Rn. 30; BeckOGK/*Spindler* AktG § 105 Rn. 36.
[2103] Hölters/*Simons* AktG § 105 Rn. 19; BeckOGK/*Spindler* AktG § 105 Rn. 38; GroßkommAktG/*Hopt/Roth* AktG § 105 Rn. 76; K. Schmidt/Lutter AktG/*Drygala* AktG § 105 Rn. 20.
[2104] Semler/v. Schenck/*Gasteyer* AktG § 105 Rn. 82; MüKoAktG/*Habersack* AktG § 105 Rn. 34; Bürgers/Körber/*Israel* AktG § 105 Rn. 11; GroßkommAktG/*Hopt/Roth* AktG § 105 Rn. 78; Hölters/*Simons* AktG § 105 Rn. 18; aA Kölner Komm AktG/*Mertens/Cahn* AktG § 105 Rn. 31: Die Aufsichtsratsvergütung bleibe grds. bestehen, der Stellvertreter könne aber eine Vergütung für die Vorstandstätigkeit vereinbaren; *Heidbüchel* WM 2004, 1317 (1321): Vergütung für die Vorstandstätigkeit sei frei verhandelbar.
[2105] BGHZ 18, 205 (210) = WM 1955, 1447: kein Stimmrechtsausschluss eines GmbH-Gesellschafters bei der Entscheidung über eine ihm als Geschäftsführer gewährte Pensionszusage; RGZ 74, 276 (279 f.): kein Stimmrechtsausschluss eines GmbH-Gesellschafters bei der Regelung seiner Bezüge; aA *Heidbüchel* WM 2004, 1317 (1321): Stimmenthaltung, um ein Insichgeschäft analog § 34 BGB zu vermeiden.

bb) Auswirkungen auf das Amt als Aufsichtsratsmitglied. Das **Aufsichtsratsamt ruht** während der 941 Stellvertretung. Die Rechte und Pflichten eines Aufsichtsratsmitglieds treffen den Stellvertreter während der Stellvertretung danach nicht (§ 105 Abs. 2 S. 3 AktG). Auch die **Mitgliedschaft des Stellvertreters in Ausschüssen ruht** und wird nicht (konkludent) beendet.[2106] Der Aufsichtsrat kann Ausschüsse aber jederzeit – zeitweise – neu besetzen.

Der Stellvertreter hat **kein Stimmrecht** mehr im Aufsichtsrat und ist nicht mehr als Aufsichtsratsmit- 942 glied zu Sitzungen des Aufsichtsrats und seiner Ausschüsse zu laden. Nimmt der Stellvertreter dennoch an Beschlussfassungen des Aufsichtsrats teil, ist seine **Stimmabgabe nichtig.**[2107] Für die **Beschlussfähigkeit** des Aufsichtsrats (§ 108 Abs. 2 S. 2 AktG; § 28 MitbestG; § 10 MontanMitbestG) und **erforderliche Stimmenmehrheiten** (zB § 31 Abs. 2 MitbestG, § 32 Abs. 1 S. 2 MitbestG) ist der Stellvertreter **nicht zu berücksichtigen.** Der Aufsichtsrat ist aber – wie generell – beschlussunfähig, wenn weniger als drei Mitglieder an der Beschlussfassung teilnehmen (§ 108 Abs. 2 S. 3 AktG). Dass der Aufsichtsrat ohne den designierten Stellvertreter nicht mehr beschlussfähig wäre[2108] oder sich das Sitzverhältnis zwischen Anteilseigner- und Arbeitnehmerseite verschiebt (§ 108 Abs. 2 S. 3, 4 AktG), steht der Bestellung aber nicht entgegen.[2109]

Nach ganz herrschender und zutreffender Ansicht kann anstelle des Stellvertreters ein Aufsichtsrats- 943 mitglied in entsprechender Anwendung des § 104 AktG **gerichtlich bestellt** werden, obwohl das Aufsichtsratsamt des Stellvertreters lediglich ruht und daher keine Lücke besteht, sondern „nur" ein stimmberechtigtes Mitglied fehlt.[2110] Für die gerichtliche Bestellung gelten die Vorgaben des § 104 AktG.

Ein **Vergütungsanspruch als Aufsichtsratsmitglied** besteht während des Zeitraums der Stellvertre- 944 tung nach überwiegender und zutreffender Ansicht **nicht,** auch, wenn die Satzung oder ein Hauptversammlungsbeschluss das nicht ausdrücklich regelt.[2111]

Die Funktionen als **Vorsitzender oder stellvertretender Vorsitzender des Aufsichtsrats** enden 945 **nicht automatisch,** wenn der Aufsichtsrat das betreffende Aufsichtsratsmitglied zum Stellvertreter bestellt.[2112] Soll der Vorsitzende des Aufsichtsrats zum Stellvertreter bestellt werden, nimmt der stellvertretende Vorsitzende während der Stellvertretung die Rechte und Pflichten als Vorsitzender wahr (§ 107 Abs. 3 S. 1 AktG). Der Aufsichtsrat kann aber jederzeit beschließen, diese Funktionen während der Stellvertretung oder generell neu zu besetzen. Das ist insbes. zu erwägen, wenn der stellvertretende Vorsitzende des Aufsichtsrats zum Stellvertreter bestellt werden soll.

Pflichten, die **an die Stellung als Aufsichtsratsmitglied anknüpfen,** insbes. Treuepflichten, gelten 946 nach Übernahme des Amts als Stellvertreter weiter.[2113] Untersagt der Aufsichtsrat zB seinen Mitgliedern – entsprechend der Empfehlung C.12 DCGK – Organfunktionen oder Beratungsaufgaben bei wesentlichen Wettbewerbern des Unternehmens, darf der Stellvertreter solche Funktionen auch während der Stellvertretung nicht wahrnehmen oder muss sein Amt als Aufsichtsratsmitglied niederlegen.

d) Rechte und Pflichten des vertretenen Vorstandsmitglieds

Das vertretene Vorstandsmitglied bleibt **formal im Amt,** seine organschaftlichen Rechte und Pflichten 947 sind aber für die Dauer der Stellvertretung **suspendiert** (die Ausführungen zu den Rechten und Pflichten eines suspendierten Vorstandsmitglieds gelten entsprechend, → Rn. 837 ff.).[2114] Die **anstellungsver-**

[2106] GroßkommAktG/*Hopt/Roth* AktG § 105 Rn. 77, § 107 Rn. 379, anders aber offenbar Rn. 81; Kölner Komm AktG/*Mertens/Cahn* AktG § 105 Rn. 32; MüKoAktG/*Habersack* AktG § 105 Rn. 37.
[2107] *Heidbüchel* WM 2004, 1317 (1321); Hölters/*Simons* AktG § 105 Rn. 21; BeckOGK/*Spindler* AktG § 105 Rn. 35; MüKoAktG/*Habersack* AktG § 105 Rn. 35; GroßkommAktG/*Hopt/Roth* AktG § 105 Rn. 68.
[2108] Kölner Komm AktG/*Mertens/Cahn* AktG § 105 Rn. 26; GroßkommAktG/*Hopt/Roth* AktG § 105 Rn. 63; *Heidbüchel* WM 2004, 1317 (1320f.); K. Schmidt/Lutter AktG/*Drygala* AktG § 105 Rn. 18, jew. mwN.
[2109] Hölters/*Simons* AktG § 105 Rn. 21; *Heidbüchel* WM 2004, 1317 (1321 f.).
[2110] Hölters/*Simons* AktG § 105 Rn. 21; *Seyfarth* VorstandsR § 3 Rn. 57; Kölner Komm AktG/*Mertens/Cahn* AktG § 105 Rn. 27; BeckOGK/*Spindler* AktG § 105 Rn. 34; GroßkommAktG/*Hopt/Roth* AktG § 105 Rn. 69; K. Schmidt/Lutter AktG/*Drygala* AktG § 105 Rn. 18; MHdB AG/*Hoffmann-Becking* § 24 Rn. 29, § 29 Rn. 14; aA MHdB AG/*Wiesner*, 4. Aufl. 2015, § 24 Rn. 33.
[2111] MüKoAktG/*Habersack* AktG § 105 Rn. 35; GroßkommAktG/*Hopt/Roth* AktG § 105 Rn. 78; BeckOGK/*Spindler* AktG § 105 Rn. 36; Semler/v. Schenck/*Gasteyer* AktG § 105 Rn. 83: Die Vergütung wird für die Tätigkeit im Aufsichtsrat gewährt und nicht für die Zugehörigkeit. Differenzierend Hölters/*Simons* AktG § 105 Rn. 18: Nur der tätigkeitsgebundene Teil der Vergütung sei suspendiert; aA – keine Suspendierung der Aufsichtsratsvergütung – Kölner Komm AktG/*Mertens/Cahn* AktG § 105 Rn. 31 und *Heidbüchel* WM 2004, 1317 (1321), die es aber für zulässig halten, dass die Satzung die Vergütung für die Dauer der Stellvertretung ausschließt.
[2112] Kölner Komm AktG/*Mertens/Cahn* AktG § 105 Rn. 32; Hölters/*Simons* AktG § 105 Rn. 21; MüKoAktG/*Habersack* AktG § 105 Rn. 37.
[2113] Hölters/*Simons* AktG § 105 Rn. 19; MüKoAktG/*Habersack* AktG § 105 Rn. 34.
[2114] Hölters/*Simons* AktG § 105 Rn. 22; *Seyfarth* VorstandsR § 3 Rn. 57; *Schnorbus/Klormann* WM 2018, 1113 (1118): Das verhinderte Vorstandsmitglied verliert sämtliche Rechte und Pflichten, einschließlich seiner Teilhabe an der Gesamtverantwortung.

traglichen Rechte und Pflichten des vertretenen Vorstandsmitglieds hängen davon ab, ob und ggf. welche Regelungen der Anstellungsvertrag für den Verhinderungsfall enthält.[2115]

e) Rechtsfolgen bei Nicht-Vorliegen der Voraussetzungen für die Bestellung zum Stellvertreter

948 Liegen die Voraussetzungen des § 105 Abs. 2 AktG nicht vor, ist die Bestellung zum Stellvertreter **nichtig**.[2116] Handelt das Aufsichtsratsmitglied dennoch als Vorstandsmitglied, sind die Grundsätze über die fehlerhafte Bestellung von Vorstandsmitgliedern anwendbar (→ Rn. 672 ff.).[2117] Wird der Stellvertreter als fehlerhaft bestelltes Vorstandsmitglied behandelt, ruht sein Aufsichtsratsamt (→ Rn. 941).[2118]

949 Aufsichtsratsmitglieder, die an der nichtigen Bestellung zum Stellvertreter mitwirken, können insofern **Pflichten verletzen** (§ 116 S. 1 AktG iVm § 93 Abs. 2 AktG). Es geht aber zu weit, Aufsichtsratsmitgliedern iRd damit evtl. verbundenen Haftung sämtliche Schäden zuzurechnen, die der AG entstehen, weil der Stellvertreter aufgrund von Interessenkonflikten pflichtwidrig handelt.[2119]

f) Entscheidung des Aufsichtsrats

950 **aa) Verfahren.** Für die Bestellung ist ein Beschluss des Aufsichtsrats **mit einfacher Mehrheit** erforderlich (§ 108 Abs. 1 AktG). Im Beschluss ist zu bezeichnen, welches Aufsichtsratsmitglied zum Stellvertreter für welches Vorstandsmitglied bestellt werden soll. Ist die AG **paritätisch mitbestimmt**, soll nach vereinzelter Auffassung § 31 MitbestG anwendbar und für die Bestellung insbes. eine Zweidrittelmehrheit erforderlich sein.[2120] Nach ganz hA soll hingegen ein Beschluss des Aufsichtsrats mit einfacher Mehrheit genügen (§ 29 MitbestG).[2121] Das in § 31 MitbestG vorgesehene Verfahren sei umfangreich, zeitaufwändig und daher mit dem Zweck der Bestellung eines Stellvertreters als „Notmaßnahme zur kurzzeitigen Lückenfüllung" nicht vereinbar.[2122] Zudem nehme § 31 MitbestG nur auf §§ 84, 85 AktG Bezug und nicht auf § 105 Abs. 2 AktG.[2123]

951 **Stellungnahme:** Es ist zu unterscheiden. Das mehrstufige Verfahren des § 31 Abs. 3, Abs. 4 MitbestG – Vermittlungsausschuss etc. (→ § 7 Rn. 199 ff.) – widerspricht dem Zweck der Stellvertretung als kurzfristiger Übergangslösung. Ungeachtet dessen ist eine **Zweidrittelmehrheit erforderlich** (§ 31 Abs. 2 MitbestG; Ist-Stärke[2124]). Es besteht kein Grund, auch dieses Mehrheitserfordernis teleologisch zu reduzieren. Auch bei der Bestellung des Stellvertreters muss ein breiter Konsens, auch zwischen den Bänken, erzielt werden.[2125] Bestellt werden können **sowohl Anteilseigner- als auch Arbeitnehmervertreter**.[2126]

952 Teilweise wird vertreten, das Aufsichtsratsmitglied, das zum Stellvertreter bestellt werden soll, unterliege bei der Entscheidung **einem Stimmrechtsausschluss**.[2127] Das ist mit der Gegenansicht **abzulehnen**.[2128] Es besteht ein allgemeiner Grundsatz, dass für die Selbstwahl in Ämter kein Stimmrechtsausschluss für den Kandidaten besteht.[2129] Es ist auch nicht ersichtlich, weshalb der Betroffene bei der Entscheidung im Einzelfall, geschweige denn stets einem Interessenkonflikt unterliegen soll, der einen Stimmrechtsausschluss begründet. Liegt doch eine Interessenkollision vor, kann der Betroffene entschei-

---

[2115] Hölters/*Simons* AktG § 105 Rn. 22; zur Gehaltsfortzahlung des Vorstandsmitglieds bei Verhinderung *Beiner/Braun* Vorstandsvertrag Rn. 343 f.
[2116] *Bulgrin/Wolf* AG 2020, 109 (114); GroßkommAktG/*Hopt/Roth* AktG § 105 Rn. 56.
[2117] *Bulgrin/Wolf* AG 2020, 109 (114).
[2118] *Bulgrin/Wolf* AG 2020, 109 (114).
[2119] So aber *Bulgrin/Wolf* AG 2020, 109 (114).
[2120] Hölters/*Simons* AktG § 105 Rn. 16.
[2121] MüKoAktG/*Habersack* AktG § 105 Rn. 28; *Seyfarth* VorstandsR § 3 Rn. 53; Kölner Komm AktG/*Mertens/Cahn* AktG § 105 Rn. 18; Hüffer/Koch/*Koch* AktG § 105 Rn. 9; BeckOGK/*Spindler* AktG § 105 Rn. 33; MHdB AG/*Hoffmann-Becking* § 24 Rn. 27; GroßkommAktG/*Hopt/Roth* AktG § 105 Rn. 64; *Heidbüchel* WM 2004, 1317 (1319); Habersack/Henssler/*Habersack* MitbestG § 31 Rn. 6; ausführlich *Krieger*, Personalentscheidungen des AR, 1981, 228 ff.
[2122] *Heidbüchel* WM 2004, 1317 (1319); K. Schmidt/Lutter AktG/*Drygala* AktG § 105 Rn. 16a; *Krieger*, Personalentscheidungen des AR, 1981, 230.
[2123] BeckOGK/*Spindler* AktG § 105 Rn. 33; *Krieger*, Personalentscheidungen des AR, 1981, 229.
[2124] Habersack/Henssler/*Habersack* MitbestG § 31 Rn. 19 mwN.
[2125] Ebenso Hölters/*Simons* AktG § 105 Rn. 16.
[2126] MüKoAktG/*Habersack* AktG § 105 Rn. 22; *Seyfarth* VorstandsR § 3 Rn. 53; *Heidbüchel* WM 2004, 1317 (1321).
[2127] *Seyfarth* VorstandsR § 3 Rn. 53 iVm Rn. 40; GroßkommAktG/*Hopt/Roth* AktG § 105 Rn. 64; MüKoAktG/*Habersack* AktG § 105 Rn. 28.
[2128] *Heidbüchel* WM 2004, 1317 (1319); Kölner Komm AktG/*Mertens/Cahn* AktG § 105 Rn. 18; BeckOGK/*Spindler* AktG § 105 Rn. 31; Hölters/*Simons* AktG § 105 Rn. 16; BeckOGK BGB/*Notz* BGB § 34 Rn. 17.
[2129] Vgl. BeckOGK BGB/*Notz* BGB § 34 Rn. 34 mwN sowie aus der Rspr. RGZ 60, 172 (173); RGZ 74, 276 (279 f.); OLG Düsseldorf ZIP 1989, 1554 (1555); OLG Hamm OLGZ 1978, 184 (187); OLG Hamm NJW-RR 2007, 161.

den, ob er sich für befangen hält und an der Beratung und Beschlussfassung nicht teilnimmt; ggf. kann der Aufsichtsrat ihn auch ausschließen.[2130]

Teilweise wird vertreten, der Aufsichtsrat könne die Bestellung von Stellvertretern einem **Ausschuss** 953 **übertragen.**[2131] Das ist mit der Gegenansicht[2132] **abzulehnen.** Ein Ausschuss, dem die Aufgabe übertragen ist, die Bestellung von Vorstandsmitgliedern vorzubereiten, kann dem Plenum aber vorschlagen, ein konkret bezeichnetes Aufsichtsratsmitglied zum Stellvertreter zu bestellen. Der Gesetzgeber hat die Übertragbarkeit an einen Ausschuss zwar nach § 107 Abs. 3 S. 7 AktG ausgeschlossen. Auch bei der Bestellung eines Stellvertreters entscheidet der Aufsichtsrat aber über die Besetzung des Vorstands, wenn auch nur für einen Übergangszeitraum.[2133] Hinzu kommt, dass die Entscheidung, ob das Aufsichtsratsamt des Stellvertreters ruhen soll, die grundlegende Organisation und Arbeitsweise des Aufsichtsrats betrifft, und solche Entscheidungen kann nur das Plenum treffen.[2134] Solange das Aufsichtsratsamt ruht, können sich die Mehrheitsverhältnisse im Plenum verschieben und die Beschlussfähigkeit wegfallen. Zudem sind evtl. Ausschüsse vorübergehend neu zu besetzen.

bb) Ermessen. Bei der Entscheidung, ob und ggf. für welchen Zeitraum der Aufsichtsrat ein Mitglied 954 zum Stellvertreter bestellt, hat er **Ermessen nach Maßgabe der Business Judgment Rule.** Maßgebliche Gesichtspunkte sind grds., ob ein geeignetes Aufsichtsratsmitglied als Stellvertreter für die vakante Vorstandsposition für den entsprechenden Zeitraum zur Verfügung steht und für welchen Zeitraum die Stellvertretung benötigt wird. Soll das Aufsichtsratsmitglied neben der Stellvertretung einer anderen Haupttätigkeit nachgehen, muss der Aufsichtsrat besonders prüfen, ob das Aufsichtsratsmitglied genügend Zeit für die Stellvertretung hat. Der Aufsichtsrat muss ferner prüfen, inwieweit **Interessenkonflikte** drohen, wenn das Aufsichtsratsmitglied zunächst in den Vorstand und anschließend wieder zurück in den Aufsichtsrat wechselt, und ob sie beherrschbar sind.[2135]

Führt die Stellvertretung zur **Beschlussunfähigkeit des Aufsichtsrats** oder besteht insofern ein Risi- 955 ko (→ Rn. 942), muss der Aufsichtsrat pflichtgemäß abwägen, ob die Stellvertretung dennoch im Interesse der AG ist. Das kommt in Betracht, wenn die Stellvertretung lediglich über einen sehr kurzen Zeitraum bestehen soll, etwa für einzelne Rechtsgeschäfte oder Beschlüsse des Vorstands, oder ein Ersatz zur Verfügung steht, der für den Zeitraum der Stellvertretung kurzfristig gerichtlich zum Aufsichtsratsmitglied bestellt werden kann.

g) Annahme, Beginn und Ende der Stellvertretung

Die Bestellung zum Stellvertreter **wird wirksam,** wenn sie dem Aufsichtsratsmitglied bekanntgegeben 956 wird und es **die Bestellung annimmt.**

Das Amt als Stellvertreter **endet** mit Ablauf des im Bestellungsbeschluss bestimmten Zeitraums oder 957 dem Erreichen der Höchstfrist von einem Jahr. Das Amt als Stellvertreter kann zudem wie ein gewöhnliches Vorstandsamt beendet werden, dh durch Amtsniederlegung, Widerruf der Bestellung oder einvernehmliche Amtsbeendigung.[2136] Für den Widerruf der Bestellung ist ein **wichtiger Grund** erforderlich (§ 84 Abs. 3 AktG).[2137] Für die Anforderungen an den wichtigen Grund ist die besondere Situation der Stellvertretung zu berücksichtigen.

Teilweise wird vertreten, das Amt als Stellvertreter **ende** bereits vor Ablauf des Bestellungszeitraums 958 ipso iure, sobald der **Grund für die Stellvertretung wegfällt,** also kein Vorstandsmitglied mehr „fehlt" oder „verhindert" ist.[2138] Das ist mit der Gegenansicht[2139] **abzulehnen:** Aus Gründen der **Rechtssicher-**

[2130] Koch ZGR 2014, 697 (719 ff.); Diekmann/Fleischmann AG 2013, 141 (146 f.); zum Ausschluss eines einem Interessenkonflikt unterliegenden Vorstandsmitglieds durch den Vorstand Hüffer/Koch/Koch AktG § 93 Rn. 26; generell dagegen, dass Vorstand und Aufsichtsrat befangene Mitglieder ausschließen können, Schäfer ZGR 2014, 731 (747).
[2131] Hüffer/Koch/Koch AktG § 105 Rn. 9; Kölner Komm AktG/Mertens/Cahn AktG § 105 Rn. 18; MHdB AG/Hoffmann-Becking § 24 Rn. 27.
[2132] MüKoAktG/Habersack AktG § 105 Rn. 28; BeckOGK/Spindler AktG § 105 Rn. 32; GroßkommAktG/Hopt/Roth AktG § 105 Rn. 64; K. Schmidt/Lutter AktG/Drygala AktG § 105 Rn. 16; Krieger, Personalentscheidungen des AR, 1981, 230 f.; Bulgrin/Wolf AG 2020, 109 (116).
[2133] BeckOGK/Spindler AktG § 105 Rn. 32; GroßkommAktG/Hopt/Roth AktG § 105 Rn. 64.
[2134] BeckOGK/Spindler AktG § 105 Rn. 32; MüKoAktG/Habersack AktG § 105 Rn. 28; Krieger, Personalentscheidungen des AR, 1981, 231.
[2135] Eingehend dazu Bulgrin/Wolf AG 2020, 109 (115 f.).
[2136] MüKoAktG/Habersack AktG § 105 Rn. 36; Hölters/Simons AktG § 105 Rn. 17; zur Amtsniederlegung und zum Widerruf ferner Kölner Komm AktG/Mertens/Cahn AktG § 105 Rn. 33; BeckOGK/Spindler AktG § 105 Rn. 37.
[2137] BeckOGK/Spindler AktG § 105 Rn. 37; MHdB AG/Hoffmann-Becking § 24 Rn. 28; MüKoAktG/Habersack AktG § 105 Rn. 36; Kölner Komm AktG/Mertens/Cahn AktG § 105 Rn. 33; aA Krieger, Personalentscheidungen des AR, 1981, 232.
[2138] GroßkommAktG/Hopt/Roth AktG § 105 Rn. 80; MüKoAktG/Habersack AktG § 105 Rn. 35; Hölters/Simons AktG § 105 Rn. 17; Krieger, Personalentscheidungen des AR, 1981, 231 f.
[2139] Kölner Komm AktG/Mertens/Cahn AktG § 105 Rn. 33; BeckOGK/Spindler AktG § 105 Rn. 30.

heit ist durch **ausdrücklichen Rechtsakt** zu bestimmen, wann die Stellvertretung endet und die Rechte und Pflichten als Aufsichtsratsmitglied sowie die Rechte und Pflichten des verhinderten Vorstandsmitglieds wieder aufleben. Dass Dritte bereits durch § 15 HGB ausreichend geschützt werden[2140], ändert nichts daran, dass allgemein und „im Innenverhältnis" ein Interesse besteht, rechtssicher zu bestimmen, wer zu welchem Zeitpunkt Vorstands- und Aufsichtsratsmitglied mit den damit verbundenen Rechten und Pflichten ist.

959 In der Regel legt der Stellvertreter sein Amt **ausdrücklich nieder** oder vereinbart mit dem Aufsichtsrat eine einvernehmliche Amtsbeendigung. Ist der Stellvertreter nicht bereit, die Stellvertretung „freiwillig" zu beenden, kann der Aufsichtsrat die Bestellung zum Stellvertreter widerrufen: Dass der Grund für die Stellvertretung wegfällt, ist ein **wichtiger Grund** für den Widerruf der Bestellung zum Stellvertreter.[2141] Im Fall der Verhinderung muss der Aufsichtsrat zudem mit dem verhinderten Vorstandsmitglied vereinbaren, zu welchem Zeitpunkt es sein Amt wieder aufnimmt. Bestellt der Aufsichtsrat ein neues Vorstandsmitglied, kann er die Beendigung der Stellvertretung und die Bestellung verbinden.

960 Die Stellvertretung endet grds. **ipso iure**, sobald das Amt als Aufsichtsratsmitglied endet.[2142] Die Stellvertretung endet daher nach herrschender und zutreffender Ansicht auch ipso iure, wenn der Stellvertreter **als Aufsichtsratsmitglied abberufen** wird (§ 103 AktG).[2143] Teilweise wird zwar bezweifelt, ob Stellvertreter während der Stellvertretung überhaupt nach § 103 Abs. 1 AktG als Aufsichtsratsmitglied und damit mittelbar auch als Stellvertreter abberufen werden können.[2144] Ein Ausschluss der Abberufung als Aufsichtsratsmitglied geht aber zu weit, um die Unabhängigkeit der Vorstandsfunktion des Stellvertreters zu schützen. Hierfür genügt, dass der Aufsichtsrat die Bestellung zum Stellvertreter nur aus wichtigem Grund (§ 84 Abs. 3 AktG) vorzeitig widerrufen kann.

961 Nach der Konzeption des Gesetzes können **nur Aufsichtsratsmitglieder** Stellvertreter sein. Der Aufsichtsrat kann nichts Abweichendes bestimmen.[2145] Ist der Aufsichtsrat der Auffassung, dass der vormalige Stellvertreter ungeachtet der Beendigung des Aufsichtsratsmandats Vorstandsmitglied sein soll, kann er ihn „regulär" zum Vorstandsmitglied bestellen. Dabei ist grds. eine Mindestbestelldauer von einem Jahr zu beachten (→ Rn. 639). Wird der vormalige Stellvertreter mit zeitlichem Abstand neu zum Aufsichtsratsmitglied bestellt, rückt er auch dann nicht automatisch wieder in die Stellvertretung ein, wenn der ursprüngliche „Stellvertretungszeitraum" noch nicht abgelaufen ist. Wird der Stellvertreter hingegen „lückenlos" neu zum Aufsichtsratsmitglied bestellt, bleibt die Stellvertretung „lückenlos" bestehen; die Höchstgrenze von einem Jahr gilt aber auch in diesem Fall.[2146]

962 Endet die Stellvertretung, lebt das **Aufsichtsratsmandat ipso iure** wieder auf. Vorgaben, die für den Wechsel vom Vorstand in den Aufsichtsrat gelten (insbes. § 100 Abs. 2 S. 1 Nr. 4 AktG – „Cooling-off-Periode" bei börsennotierten Gesellschaften und C.11 DCGK – dem Aufsichtsrat sollen nicht mehr als zwei ehemalige Vorstandsmitglieder angehören), sind **nicht anwendbar**.[2147]

963 Die Hauptversammlung entscheidet „im gewöhnlichen Geschäftsgang" über die **Entlastung** des Stellvertreters,[2148] für den Zeitraum der Stellvertretung als Vorstandsmitglied, für den übrigen Zeitraum der Entlastungsperiode als Aufsichtsratsmitglied.

h) Publizität (Handelsregister, Geschäftsbriefe, Rechnungslegung, Liste der Aufsichtsratsmitglieder)

964 Die Bestellung zum Stellvertreter – erstmals, wiederholend oder verlängernd – und das Ende der Stellvertretung muss der Vorstand zur Eintragung in das Handelsregister anmelden (§ 81 AktG). Nach einer Ansicht ist auch die **Dauer der Bestellung** in das Handelsregister einzutragen.[2149] Die Vertretungsverhältnis-

---

[2140] So der Hinweis von GroßkommAktG/*Hopt/Roth* AktG § 105 Rn. 80.
[2141] *Heidbüchel* WM 2004, 1317 (1320); BeckOGK/*Spindler* AktG § 105 Rn. 30; MHdB AG/*Hoffmann-Becking* § 24 Rn. 28.
[2142] Hölters/*Simons* AktG § 105 Rn. 17; Kölner Komm AktG/*Mertens/Cahn* AktG § 105 Rn. 33; GroßkommAktG/*Hopt/Roth* AktG § 105 Rn. 79.
[2143] *Heidbüchel* WM 2004, 1317 (1320); GroßkommAktG/*Hopt/Roth* AktG § 105 Rn. 79; Kölner Komm AktG/*Mertens/Cahn* AktG § 105 Rn. 33; *Krieger*, Personalentscheidungen des AR, 1981, 233.
[2144] BeckOGK/*Spindler* AktG § 105 Rn. 37.
[2145] AA GroßkommAktG/*Hopt/Roth* AktG § 105 Rn. 79; Hölters/*Simons* AktG § 105 Rn. 17: Im Bestellungsbeschluss kann geregelt werden, dass der Stellvertreter auch bei Ausscheiden aus dem Aufsichtsrat Stellvertreter bleibt.
[2146] MüKoAktG/*Habersack* AktG § 105 Rn. 30; GroßkommAktG/*Hopt/Roth* AktG § 105 Rn. 66; Kölner Komm AktG/*Mertens/Cahn* AktG § 105 Rn. 25.
[2147] Hölters/*Simons* AktG § 105 Rn. 21; GroßkommAktG/*Hopt/Roth* AktG § 105 Rn. 81; MüKoAktG/*Habersack* AktG § 105 Rn. 37.
[2148] Ebenso GroßkommAktG/*Hopt/Roth* AktG § 105 Rn. 81: *„Einer vorherigen Entlastung bedarf es nicht."*
[2149] Hüffer/*Koch/Koch* AktG § 105 Rn. 10; GroßkommAktG/*Hopt/Roth* AktG § 105 Rn. 70; K. Schmidt/Lutter AktG/*Drygala* AktG § 105 Rn. 19; MHdB AG/*Hoffmann-Becking* § 24 Rn. 30; wohl auch BGH AG 1998, 137 (138).

se müssten aus dem Handelsregister ersichtlich sein. Nach der Gegenansicht ist wie generell bei der Eintragung von Vorstandsmitgliedern gemäß § 81 AktG die Dauer der Bestellung nicht einzutragen.[2150] Das Vertrauen auf die fortbestehende Vertretungsbefugnis des eingetragenen Stellvertreters sei durch § 15 HGB hinreichend geschützt.

Stellungnahme: Generell wird die Dauer der Bestellung zum Vorstandsmitglied **nicht** in das Handelsregister eingetragen.[2151] Der Vorstand ist aber nicht gehindert, bei der Anmeldung die Dauer der Bestellung zum Stellvertreter mitzuteilen. Trägt das Registergericht die Dauer der Bestellung nicht ein, muss der Vorstand eine erneute Bestellung zum Stellvertreter nicht erneut anmelden, sofern die Stellvertretung noch eingetragen ist.[2152] Der Vorstand muss ggf. rechtzeitig anmelden, wann die Stellvertretung endet. Der Aufsichtsrat muss darauf achten, dass der Vorstand dem nachkommt.

Das **Registergericht** muss **prüfen,** ob die Voraussetzungen für die Bestellung zum Stellvertreter vorliegen, dh ob das vertretene Vorstandsmitglied fehlt oder verhindert ist, ob der Bestellungsbeschluss des Aufsichtsrats wirksam ist, der Stellvertreter die Bestellung angenommen hat und die Dauer der Stellvertretung auf maximal ein Jahr begrenzt ist. Grundsätzlich darf das Registergericht davon ausgehen, dass die Angaben zum Fehlen oder zur Verhinderung des vertretenen Vorstandsmitglieds zutreffen. Hat es Zweifel, kann es weitere Nachweise verlangen.[2153] Zum **vertretenen Vorstandsmitglied** ist **nichts** in das Handelsregister einzutragen.[2154] Sowohl der Stellvertreter als auch das vertretene Vorstandsmitglied sind auf Geschäftsbriefen (§ 80 Abs. 1 S. 1 AktG) und im Anhang des Jahresabschlusses anzugeben (§ 285 Nr. 10 HGB).

Ob der Vorstand eine neue **Liste der Aufsichtsratsmitglieder** zum Handelsregister einreichen muss (§ 106 AktG), die das Ruhen des Aufsichtsratsmandats des Stellvertreters ausweist, ist **umstritten.**[2155] Da der Vorstand ohnehin die Stellvertretung zur Eintragung in das Handelsregister anmelden muss, spricht nichts dagegen, dass er zugleich eine Liste der Aufsichtsratsmitglieder einreicht, die die Stellvertretung ausweist.

i) Modifikationen oder Ausschluss der Möglichkeit, Aufsichtsratsmitglieder zum Stellvertreter zu bestellen?

Nach soweit ersichtlich einheliger und zutreffender Ansicht kann das Recht des Aufsichtsrats, Aufsichtsratsmitglieder zum Stellvertreter zu bestellen, **nicht erweitert werden,** und zwar weder durch die Satzung noch durch einen Beschluss der Hauptversammlung, des Aufsichtsrats oder des Vorstands. Insbesondere kann die Höchstfrist von einem Jahr, für das der Aufsichtsrat „pro Verhinderungs- oder Fehlens-Fall" Stellvertreter bestellen kann, nicht verlängert werden.[2156]

Umstritten ist, ob das Recht des Aufsichtsrats, Stellvertreter zu bestellen, **eingeschränkt** – etwa die Höchstdauer von einem Jahr verkürzt – oder insgesamt **ausgeschlossen** werden kann. Eine Ansicht hält derartige Einschränkungen durch die Satzung für zulässig.[2157] Die Satzung könne Vorschriften des Aktiengesetzes ergänzen und somit auch einschränken, sofern das Aktiengesetz keine abschließende Regelung enthält (§ 23 Abs. 5 S. 2 AktG). Nach der **zutreffenden Gegenansicht** sind Einschränkungen in der Satzung unzulässig.[2158] Einschränkungen sind keine Ergänzungen des Aktiengesetzes iSd § 23 Abs. 5 S. 2 AktG; andernfalls müssten Erweiterungen des Rechts zur Bestellung von Stellvertretern ebenfalls zulässig sein. Satzungsregelungen, die vom Aktiengesetz abweichen, sind nur zulässig, wenn das Aktiengesetz es ausdrücklich zulässt (§ 23 Abs. 5 S. 1 AktG). Das ist in § 105 Abs. 2 AktG nicht der Fall.

[2150] MüKoAktG/*Habersack* AktG § 105 Rn. 33; Hölters/*Simons* AktG § 105 Rn. 20; BeckOGK/*Spindler* AktG § 105 Rn. 39; *Seyfarth* VorstandsR § 3 Rn. 58; Kölner Komm AktG/*Mertens/Cahn* AktG § 105 Rn. 28: Die Dauer der Stellvertretung ist nicht eintragungsfähig, die Verlängerung ist hingegen zur Eintragung anzumelden.
[2151] MüKoAktG/*Spindler* AktG § 81 Rn. 6; Kölner Komm AktG/*Mertens/Cahn* AktG § 81 Rn. 4.
[2152] AA offenbar Kölner Komm AktG/*Mertens/Cahn* AktG § 105 Rn. 28.
[2153] MüKoAktG/*Habersack* AktG § 105 Rn. 32; Kölner Komm AktG/*Mertens/Cahn* AktG § 105 Rn. 28, jew. mwN.
[2154] Hölters/*Simons* AktG § 105 Rn. 22.
[2155] Für eine entsprechende Pflicht MüKoAktG/*Habersack* AktG § 105 Rn. 33, 35, § 106 Rn. 7; *Seyfarth* VorstandsR § 3 Rn. 57; dagegen Hölters/*Simons* AktG § 106 Rn. 4; GroßkommAktG/*Hopt/Roth* AktG § 106 Rn. 16: keine „Änderung in den Personen".
[2156] BeckOGK/*Spindler* AktG § 105 Rn. 3 mwN.
[2157] GroßkommAktG/*Hopt/Roth* AktG § 105 Rn. 13; Kölner Komm AktG/*Mertens/Cahn* AktG § 105 Rn. 3; K. Schmidt/Lutter AktG/*Drygala* § 105 Rn. 2; Henssler/Strohn/*Henssler* AktG § 105 Rn. 1.
[2158] Lutter/Krieger/*Verse* AR Rn. 471; BeckOGK/*Spindler* AktG § 105 Rn. 3; MüKoAktG/*Habersack* AktG § 105 Rn. 3; vgl. auch Hüffer/Koch/*Koch* AktG § 105 Rn. 1: Zulässigkeit von Einschränkungen *fragwürdig*.

14. Der erste Vorstand (§ 30 Abs. 4 AktG)

a) Bestellung

970 Wird eine AG **gegründet,** müssen die Gründer zunächst die Mitglieder des ersten Aufsichtsrats bestellen (§ 30 Abs. 1 AktG). Der erste Aufsichtsrat bestellt dann die Mitglieder des ersten Vorstands (§ 30 Abs. 4 AktG). Diese Zuständigkeit ist **zwingend.** Eine Bestellung der Mitglieder des ersten Vorstands durch die Gründer ist **unzulässig und nichtig.**[2159]

971 Für das Bestellungsverfahren gelten bereits die allgemeinen Regelungen **für die eingetragene AG.**[2160] Der Aufsichtsrat entscheidet durch Beschluss (§ 108 Abs. 1 AktG) mit **einfacher Mehrheit.**[2161] Die Satzung kann keine qualifizierte Mehrheit vorschreiben.[2162] Eine **besondere Form** ist für den Beschluss **nicht erforderlich.**[2163] Der Beschluss muss insbes. nicht notariell beurkundet werden, denn § 30 Abs. 1 S. 2 AktG ordnet die notarielle Beurkundung ausschließlich für die Bestellung der Mitglieder des ersten Aufsichtsrats an.[2164] Bei der Anmeldung der AG ist eine Niederschrift nach § 107 Abs. 2 AktG über die Sitzung des ersten Aufsichtsrats zur Bestellung der Mitglieder des ersten Vorstands einzureichen (§ 37 Abs. 4 Nr. 3 AktG). Fehlt die Urkunde, muss das Registergericht die Eintragung ablehnen (§ 38 Abs. 1 S. 2 AktG).[2165]

972 Die **Anzahl der Mitglieder** des ersten Vorstands richtet sich nach § 76 Abs. 2 AktG und der Satzung.[2166] Die Mitglieder des ersten Vorstands müssen grds. ebenso wenig wie die Mitglieder des ersten Aufsichtsrats zu den Gründern gehören; die Satzung kann es aber anordnen.[2167]

973 Ein **Arbeitsdirektor** kann nicht bestellt werden:[2168] Im ersten Aufsichtsrat sind noch keine Arbeitnehmervertreter vorhanden (§ 30 Abs. 2 AktG), und es widerspräche der Mitbestimmung, wenn ein nicht mitbestimmter Aufsichtsrat den Arbeitsdirektor bestellte.[2169] Der Aufsichtsrat muss einen Arbeitsdirektor bestellen, sobald ein nach dem MitbestG, MontanMitbestG oder MitbestErgG zusammengesetzter Aufsichtsrat besteht.[2170]

974 Bevor der erste Aufsichtsrat nicht den ersten Vorstand bestellt hat, kann die AG **nicht eingetragen** werden (§ 37 Abs. 4 Nr. 3 AktG, § 38 Abs. 1 AktG).[2171] Denn auch der Vorstand muss den Gründungshergang prüfen (§ 33 Abs. 1 AktG) und die AG zur Eintragung in das Handelsregister anmelden (§ 36 Abs. 1 AktG).[2172] Die Mitglieder des ersten Aufsichtsrats müssen alles für die Eintragung der AG Erforderliche tun, und dazu gehört die Bestellung der Mitglieder des ersten Vorstands.[2173] Bestellt der erste Aufsichtsrat pflichtwidrig (§ 30 Abs. 4 AktG) nicht die Mitglieder des ersten Vorstands, soll den Gründern nur die Möglichkeit bleiben, die Mitglieder des ersten Aufsichtsrats abzuberufen und neue Mitglieder zu bestellen. Eine **gerichtliche Bestellung** der Mitglieder des ersten Vorstands soll nach ganz hA nicht in Betracht kommen, weil § 85 AktG auf die Verhältnisse einer bereits eingetragenen AG zugeschnitten sei.[2174] Das ist **abzulehnen.** In begründeten Fällen spricht nichts dagegen, Mitglieder des ersten Vorstands gerichtlich bestellen zu lassen.[2175] Es ist nicht zwingend, dass die Gründer hinreichend schnell neue Mitglieder des ersten Aufsichtsrats bestellen können.

[2159] MüKoAktG/*Pentz* AktG § 30 Rn. 37.
[2160] MüKoAktG/*Pentz* AktG § 30 Rn. 38; GroßkommAktG/*Röhricht/Schall* AktG § 30 Rn. 30; Hölters/*Solveen* AktG § 30 Rn. 15.
[2161] MüKoAktG/*Pentz* AktG § 30 Rn. 38; Kölner Komm AktG/*A. Arnold* AktG § 30 Rn. 31; Hüffer/Koch/*Koch* AktG § 30 Rn. 12; Hölters/*Solveen* AktG § 30 Rn. 15.
[2162] Hölters/*Solveen* AktG § 30 Rn. 15; BeckOGK/*Gerber* AktG § 30 Rn. 23; Hüffer/Koch/*Koch* AktG § 30 Rn. 12, § 108 Rn. 8.
[2163] Kölner Komm AktG/*A. Arnold* AktG § 30 Rn. 31; GroßkommAktG/*Röhricht/Schall* AktG § 30 Rn. 30; Hüffer/Koch/*Koch* AktG § 30 Rn. 12; Hölters/*Solveen* AktG § 30 Rn. 15.
[2164] MüKoAktG/*Pentz* AktG § 30 Rn. 38; Hüffer/Koch/*Koch* AktG § 30 Rn. 12.
[2165] Hüffer/Koch/*Koch* AktG § 30 Rn. 12; Grigoleit/*Vedder* AktG § 30 Rn. 18.
[2166] GroßkommAktG/*Röhricht/Schall* AktG § 30 Rn. 32; Hüffer/Koch/*Koch* AktG § 30 Rn. 12; MüKoAktG/*Pentz* AktG § 30 Rn. 38.
[2167] GroßkommAktG/*Röhricht/Schall* AktG § 30 Rn. 32; Bürgers/Körber/*Lohse* AktG § 30 Rn. 6.
[2168] *Kropff* AktG 1965 S. 51; GroßkommAktG/*Röhricht/Schall* AktG § 30 Rn. 32; MüKoAktG/*Pentz* AktG § 30 Rn. 39; Hüffer/Koch/*Koch* AktG § 30 Rn. 12; MHdB AG/*Hoffmann-Becking* § 4 Rn. 25.
[2169] AG Bremen AG 1979, 207; MüKoAktG/*Pentz* AktG § 30 Rn. 39.
[2170] *Kropff* AktG 1965 S. 51; MüKoAktG/*Pentz* AktG § 30 Rn. 39.
[2171] Hüffer/Koch/*Koch* AktG § 30 Rn. 12; MüKoAktG/*Pentz* AktG § 30 Rn. 37; Hölters/*Solveen* AktG § 30 Rn. 15; BeckOGK/*Gerber* AktG § 30 Rn. 23; GroßkommAktG/*Röhricht/Schall* AktG § 30 Rn. 33; Kölner Komm AktG/*A. Arnold* AktG § 30 Rn. 32; Grigoleit/*Vedder* AktG § 30 Rn. 18.
[2172] MüKoAktG/*Pentz* AktG § 30 Rn. 37.
[2173] MüKoAktG/*Pentz* AktG § 30 Rn. 37, § 36 Rn. 15.
[2174] OLG Frankfurt a. M. Beschluss vom 21.8.1995 – 20 W 580/94, juris Rn. 4; Hüffer/Koch/*Koch* AktG § 30 Rn. 12; Hölters/*Solveen* AktG § 30 Rn. 15; BeckOGK/*Gerber* AktG § 30 Rn. 23; GroßkommAktG/*Röhricht/Schall* AktG § 30 Rn. 33; Kölner Komm AktG/*A. Arnold* AktG § 30 Rn. 32; Grigoleit/*Vedder* AktG § 30 Rn. 18.
[2175] MüKoAktG/*Pentz* AktG § 30 Rn. 37, § 41 Rn. 33.

b) Annahme der Bestellung, Dauer der Amtszeit, Widerruf

Die Bestellung wird **wirksam,** wenn der Bestellte sie annimmt. Die Annahme kann ausdrücklich und konkludent – zB durch Aufnahme der Vorstandstätigkeit – erklärt werden.[2176]

Die Dauer der Amtszeit richtet sich nach § 84 AktG. Der erste Aufsichtsrat kann die Mitglieder des ersten Vorstands bereits im Gründungsstadium für **bis zu fünf Jahre** bestellen (§ 84 Abs. 1 AktG). Der Fünfjahreszeitraum beginnt mit dem **Beginn der Amtszeit,** nicht erst mit der Eintragung der AG in das Handelsregister.[2177]

Nach § 84 Abs. 3 S. 3 AktG gelten die Vorschriften über den Widerruf der Bestellung auch für die Mitglieder des ersten Vorstands. Für den Widerruf ist daher ein **wichtiger Grund** erforderlich.[2178] Auch für die Kündigung des Anstellungsvertrags sind die allgemeinen Regeln anwendbar (→ dazu Rn. 1696 ff.).[2179]

c) Aufgaben und Verantwortlichkeit

Der erste Vorstand hat besondere **gründungsspezifische Aufgaben.** Die Mitglieder des ersten Vorstands müssen „*den Hergang der Gründung*" prüfen (§ 33 Abs. 1 AktG). Sämtliche Mitglieder des ersten Vorstands müssen zusammen mit den Gründern die AG zur Eintragung in das Handelsregister anmelden (§ 36 Abs. 1 AktG). Rechtzeitig vor Ablauf der Amtszeit der Mitglieder des ersten Aufsichtsrats muss der erste Vorstand bekanntmachen, nach welchen gesetzlichen Vorschriften der Aufsichtsrat nach seiner Ansicht künftig zusammenzusetzen ist (§ 30 Abs. 3 S. 2 AktG, § 31 Abs. 3 S. 1 AktG). Für Pflichtverletzungen iRd Gründung **haften** die Mitglieder des ersten Vorstands gegenüber der AG nach § 48 AktG.

Daneben **leitet** der Vorstand bereits im Gründungsstadium die Geschäfte der Vor-AG (§ 76 AktG) und **vertritt** sie nach außen (§ 78 AktG). Das ist insbes. bedeutsam, wenn die AG ein übernommenes Handelsgeschäft für Rechnung der AG fortführt.[2180] Die Haftung für Pflichtverletzungen richtet sich insoweit schon vor der Eintragung nach § 93 AktG.[2181]

d) Vergütung

Die Vergütung der Mitglieder des ersten Vorstands richtet sich nach dem **Anstellungsvertrag.** Der erste Aufsichtsrat vertritt die Vor-AG bei dessen Abschluss (§ 112 AktG).[2182] Der Anstellungsvertrag bindet nach der Eintragung die AG; eine eigenständige Vertragsübernahme ist nicht erforderlich.[2183] Das folgt nach überwiegender und zutreffender Ansicht daraus, dass die Vor-AG mit der eingetragenen AG identisch ist.[2184]

Der erste Aufsichtsrat setzt die Vergütung **nach Maßgabe des § 87 AktG** fest.[2185] Die Vor-AG ist nicht börsennotiert; § 87a AktG ist daher für die Festsetzung der Vergütung nicht anwendbar. Ist in naher Zukunft ein Börsengang geplant, zB weil ein existierendes Unternehmen in die AG eingebracht wird, kann es pflichtgemäß sein, Anstellungsverträge mit kurzen Laufzeiten abzuschließen.

Nach § 26 Abs. 2 AktG ist der „*Gesamtaufwand, der zu Lasten der Gesellschaft an Aktionäre oder an andere Personen als Entschädigung oder als Belohnung für die Gründung oder ihre Vorbereitung gewährt wird,* [...] *in der Satzung gesondert festzusetzen*". Es ist umstritten, ob den Mitgliedern des ersten Vorstands für den Zeitraum bis zur Eintragung auch ein Vergütungsanspruch zusteht, wenn er **nicht** nach § 26 Abs. 2 AktG in der Satzung als Gründungsaufwand **festgesetzt** ist. Nach Auffassung des BGH und der inzwischen ganz hA im Schrifttum haben die Mitglieder des ersten Vorstands unabhängig von der Festsetzung als Gründungsaufwand in der Satzung einen Vergütungsanspruch.[2186] Dem ist **zuzustimmen.** Die Vorstandsvergütung ist nicht als Gründungsaufwand iSd § 26 Abs. 2 AktG einzuordnen, wenn der Vorstand die Geschäftsaufnahme vorbereitet oder die Geschäfte der AG bereits führt.[2187] Zudem gestaltet sich die Suche nach qualifizierten außenstehenden Mitgliedern des ersten Vorstands schwieriger, wenn sie in der Gründungsphase keine Vergütung erhalten.[2188] Für die Mitglieder des ersten Aufsichtsrats regelt § 113 Abs. 2 AktG, dass ihnen die Hauptversammlung erst im Zusammenhang mit der Beschlussfassung über ihre Entlastung eine Vergütung bewilligen kann, und eine vergleichbare Regelung gibt es für die Mitglieder des ersten Vorstands nicht.[2189] Nach einer **differenzierenden Ansicht** sollen mit Blick auf den Wortlaut des § 26 Abs. 2 AktG die gründungsspezifischen Aufgaben (→ Rn. 978) weiterhin nur unter der Voraussetzung des § 26 Abs. 2 AktG zu vergüten und allein die Vergütung für Leitungsaufgaben von der Satzungspublizität des § 26 Abs. 2 AktG auszunehmen sein.[2190] Diese Aufteilung ist **abzulehnen.** Sie führt zu Abgrenzungsschwierigkeiten, ist unnötig kompliziert und nicht erforderlich: Die Satzungspublizität zielt darauf ab, transparent zu machen, welchen Teil des Gründungsaufwands die AG selbst tragen soll. Dass die Tätigkeit der Mitglieder des ersten Vorstands zu vergüten ist und sie an der Gründung mitwirken, ist selbstverständlich und muss nicht besonders bekanntgemacht werden. Die (Vor-)AG ist vor einer überhöhten Vergütung – wie generell – dadurch geschützt, dass den Aufsichtsratsmitgliedern eine Haftung droht, wenn sie eine überhöhte Vergütung festsetzen (§ 116 S. 3 AktG, § 87 AktG). Sind Schadensersatzansprüche gegen Aufsichtsratsmitglieder vollwertig, erledigt sich der Hinweis des BGH, die Vereinbarung einer überhöhten Vergütung könne zwar das aufgebrachte oder noch einzubringende Kapital aushöhlen, das könne aber auch durch sonstigen Personalaufwand oder Mietzahlungen geschehen.[2191]

15. Gerichtliche Bestellung von Vorstandsmitgliedern (§ 85 AktG)

a) Regelungszweck

983 Nach § 85 AktG ist ein Vorstandsmitglied auf Antrag gerichtlich zu bestellen, wenn ein *„erforderliches Vorstandsmitglied fehlt"* und es sich um einen dringenden Fall handelt. Die Regelung soll sicherstellen, dass die AG schnell wieder **handlungs- und prozessfähig** wird, wenn sie nicht mehr über die für Vertretungs- oder Geschäftsführungsmaßnahmen erforderliche Anzahl an Vorstandsmitgliedern verfügt.[2192] Grundsätzlich muss der **Aufsichtsrat** fehlende Vorstandsmitglieder bestellen und dafür sorgen, dass der Vorstand arbeitsfähig ist. Bestellt der Aufsichtsrat ein fehlendes, aber erforderliches Vorstandsmitglied nicht – etwa, weil der Aufsichtsrat nicht beschlussfähig ist oder sich die Aufsichtsratsmitglieder nicht auf einen Kandidaten einigen –, handeln die Aufsichtsratsmitglieder zwar uU pflichtwidrig und können infolgedessen haften (§ 116 S. 1 AktG iVm § 93 Abs. 2 AktG) und abberufen werden (§ 103 AktG).[2193] Die AG bliebe aber handlungs- und prozessunfähig. § 85 AktG ist als spezielle und abschließende Regelung **vorrangig** gegenüber § 29 BGB, der die gerichtliche Notbestellung von Vorstandsmitgliedern eines Vereins regelt.[2194]

b) Bestellungsvoraussetzungen

984 Die gerichtliche Bestellung setzt voraus, dass ein Vorstandsmitglied „**fehlt**", aber „**erforderlich**" ist und ein „**dringender Fall**" vorliegt.

985 **aa) „Fehlen" eines Vorstandsmitglieds.** Ein Vorstandsmitglied „fehlt", wenn der Vorstand nach § 76 Abs. 2 S. 2 AktG aus mindestens zwei Personen bestehen muss, tatsächlich aber nur ein Vorstandsmitglied vorhanden ist.[2195] Ein Vorstandsmitglied „fehlt" ferner, wenn weniger Vorstandsmitglieder vorhanden sind als es der **Mindest- oder Festzahl** entspricht. Dabei wird auf die **Satzung**[2196] abgestellt. Ein Vorstandsmitglied fehlt aber auch, wenn der Aufsichtsrat die Mindest- oder Festzahl in der Geschäftsordnung festgelegt hat. Nach der Gesetzesbegründung „fehlt" ein Vorstandsmitglied, wenn eine neu geschaffene Vor-

---

AktG § 30 Rn. 15; K. Schmidt/Lutter AktG/*Bayer* AktG § 30 Rn. 24; aA *Drygala* EWiR 2004, 783 (784) sowie die früher hA, vgl. Kölner Komm AktG/*Kraft* AktG, 2. Aufl. 1986, § 30 Rn. 43 mwN.
[2187] Kölner Komm AktG/*A. Arnold* AktG § 30 Rn. 37; MüKoAktG/*Pentz* AktG § 30 Rn. 41; GroßkommAktG/*Röhricht/Schall* AktG § 30 Rn. 35.
[2188] GroßkommAktG/*Röhricht/Schall* AktG § 30 Rn. 35.
[2189] GroßkommAktG/*Röhricht/Schall* AktG § 30 Rn. 35; MüKoAktG/*Pentz* AktG § 30 Rn. 41.
[2190] MüKoAktG/*Pentz* AktG § 30 Rn. 41.
[2191] BGH NJW 2004, 2519 (2520); wie hier Kölner Komm AktG/*A. Arnold* AktG § 30 Rn. 37.
[2192] GroßkommAktG/*Kort* AktG § 85 Rn. 1; MüKoAktG/*Spindler* AktG § 85 Rn. 1; BeckOGK/*Fleischer* AktG § 85 Rn. 1; Kölner Komm AktG/*Mertens/Cahn* AktG § 85 Rn. 1; Hölters/*Weber* AktG § 85 Rn. 1; Bürgers/Körber/*Bürgers* AktG § 85 Rn. 1; Grigoleit/*Grigoleit* AktG § 85 Rn. 1.
[2193] MüKoAktG/*Spindler* AktG § 85 Rn. 3; GroßkommAktG/*Kort* AktG § 85 Rn. 3.
[2194] MüKoAktG/*Spindler* AktG § 85 Rn. 3; GroßkommAktG/*Kort* AktG § 85 Rn. 87; Kölner Komm AktG/*Mertens/Cahn* AktG § 85 Rn. 1; Hölters/*Weber* AktG § 85 Rn. 1; Hüffer/Koch/*Koch* AktG § 85 Rn. 1.
[2195] BeckOGK/*Fleischer* AktG § 85 Rn. 5; Hüffer/Koch/*Koch* AktG § 105 Rn. 2; MHdB AG/*Wentrup* § 20 Rn. 30.
[2196] Vgl. insofern *Thüsing* in Fleischer VorstandsR-HdB § 4 Rn. 28.

standsstelle zu besetzen ist.[2197] Eine neue Vorstandsstelle schafft idR nicht die Satzung, sondern der Aufsichtsrat, indem er durch Beschluss die Geschäftsordnung für den Vorstand ändert. Nach der Gesetzesbegründung ist das „Fehlen" im Übrigen ebenso auszulegen wie bei der Bestellung eines Aufsichtsratsmitglieds zum Stellvertreter.[2198] Ein Vorstandsmitglied „fehlt" daher auch, wenn die Satzung oder die Geschäftsordnung eine **Höchstzahl** an Vorstandsmitgliedern regelt und eine vom Aufsichtsrat iRd Höchstzahl geschaffene Vorstandsstelle nicht besetzt ist (→ Rn. 925).[2199]

Das „Fehlen" kann auf **tatsächlichen** oder **rechtlichen Gründen** beruhen.[2200] Ein Vorstandsmitglied 986 „fehlt", wenn eine bisher besetzte Vorstandsstelle nicht mehr besetzt ist, weil das Vorstandsmitglied verstorben[2201] oder geschäftsunfähig[2202] geworden ist oder wenn sein Amt durch Ablauf der Amtszeit,[2203] Widerruf der Bestellung, Amtsniederlegung[2204] oder einvernehmliche Amtsbeendigung endet.

Ein Vorstandsmitglied „fehlt" auch, wenn seine **Bestellung nichtig** ist.[2205] Hat an der Bestellung ein 987 Aufsichtsratsmitglied mitgewirkt, dessen Wahl angegriffen ist, darf das Gericht erst ein Vorstandsmitglied bestellen, nachdem rechtskräftig festgestellt ist, dass der angegriffene Wahlbeschluss der Hauptversammlung nichtig ist (§ 241 Nr. 5 AktG). Die gerichtliche Bestellung darf nicht der Entscheidung vorgreifen, ob die Wahl des Aufsichtsratsmitglieds und damit die Bestellung des Vorstandsmitglieds nichtig ist.[2206] Wird die möglicherweise nichtige Bestellung des Vorstandsmitglieds hingegen vorzeitig wirksam beendet, kann anschließend sofort beantragt werden, die betreffende oder eine andere Person gerichtlich zu bestellen.

Ist ein Vorstandsmitglied nur **vorübergehend verhindert,** soll es nicht „fehlen". Das ergibt sich aus 988 der Gesetzesbegründung und wird von der ganz hA übernommen.[2207] In § 85 AktG werde zwar nicht ausdrücklich ausgesprochen, dass nur für endgültig aus ihrem Amt ausgeschiedene Vorstandsmitglieder gerichtlich ein neues Vorstandsmitglied bestellt werden könne. Das Gesetz unterscheide aber in § 105 Abs. 2 AktG zwischen „fehlenden" und „verhinderten" Vorstandsmitgliedern, während § 85 Abs. 1 S. 1 AktG ausschließlich auf „fehlende" Vorstandsmitglieder abstelle.[2208] Eine langfristige Krankheit oder Abwesenheit soll daher nicht dazu führen, dass das Vorstandsmitglied „fehlt".[2209] Für eine gerichtliche Bestellung soll kein Bedürfnis bestehen, weil der Aufsichtsrat ein Aufsichtsratsmitglied zum Stellvertreter des verhinderten Vorstandsmitglieds bestellen könne (§ 105 Abs. 2 AktG).[2210]

Stellungnahme: Auch wenn Vorstandsmitglieder vorübergehend verhindert sind, kann die Hand- 989 lungs- und Prozessfähigkeit der AG in Frage gestellt sein, wenn der Aufsichtsrat kein Aufsichtsratsmitglied zum Stellvertreter bestellt oder bestellen kann, obwohl – was § 85 Abs. 1 S. 1 AktG voraussetzt – ein „dringender Fall" vorliegt.[2211] Es ist angezeigt, dass Antragsberechtigte auch in diesem Fall die Handlungs- und Prozessfähigkeit sicherstellen können. Nach der Gesetzesbegründung führt die gerichtliche Bestel-

---

[2197] *Kropff* AktG 1965 S. 108; Kölner Komm AktG/*Mertens/Cahn* AktG § 85 Rn. 2; MüKoAktG/*Spindler* AktG § 85 Rn. 4.
[2198] Vgl. *Kropff* AktG 1965 S. 108.
[2199] Zu § 105 Abs. 2 AktG MüKoAktG/*Habersack* AktG § 105 Rn. 24; BeckOGK/*Spindler* AktG § 105 Rn. 24; Hüffer/Koch/*Koch* AktG § 105 Rn. 7; häufig wird, allerdings wohl zu Unrecht, *Heidbüchel* WM 2004, 1317 (1318) als Gegenansicht genannt.
[2200] GroßkommAktG/*Kort* AktG § 85 Rn. 10; BeckOGK/*Fleischer* AktG § 85 Rn. 5.
[2201] GroßkommAktG/*Kort* AktG § 85 Rn. 10; MüKoAktG/*Spindler* AktG § 85 Rn. 4; BeckOGK/*Fleischer* AktG § 85 Rn. 5; MHdB AG/*Wentrup* § 20 Rn. 30; Hüffer/Koch/*Koch* AktG § 85 Rn. 2; Hölters/*Weber* AktG § 85 Rn. 2; Grigoleit/*Grigoleit* AktG § 85 Rn. 3; *Thüsing* in Fleischer VorstandsR-HdB § 4 Rn. 28.
[2202] GroßkommAktG/*Kort* AktG § 85 Rn. 10.
[2203] GroßkommAktG/*Kort* AktG § 85 Rn. 10; Hölters/*Weber* AktG § 85 Rn. 2; *Thüsing* in Fleischer VorstandsR-HdB § 4 Rn. 28.
[2204] GroßkommAktG/*Kort* AktG § 85 Rn. 10; MüKoAktG/*Spindler* AktG § 85 Rn. 4; BeckOGK/*Fleischer* AktG § 85 Rn. 5; MHdB AG/*Wentrup* § 20 Rn. 30; Hüffer/Koch/*Koch* AktG § 85 Rn. 2; Hölters/*Weber* AktG § 85 Rn. 2; Grigoleit/*Grigoleit* AktG § 85 Rn. 3; *Thüsing* in Fleischer VorstandsR-HdB § 4 Rn. 28.
[2205] GroßkommAktG/*Kort* AktG § 85 Rn. 10; Hüffer/Koch/*Koch* AktG § 85 Rn. 2; *Beiner/Braun* Vorstandsvertrag Rn. 47.
[2206] OLG Frankfurt a. M. AG 2008, 419 (421); GroßkommAktG/*Kort* AktG § 85 Rn. 10; Kölner Komm AktG/*Mertens/Cahn* AktG § 85 Rn. 2; BeckOGK/*Fleischer* AktG § 85 Rn. 5; Hüffer/Koch/*Koch* AktG § 85 Rn. 2; Hölters/*Weber* AktG § 85 Rn. 2; *Seyfarth* VorstandsR § 3 Rn. 77; *Beiner/Braun* Vorstandsvertrag Rn. 47.
[2207] *Kropff* AktG 1965 S. 108; GroßkommAktG/*Kort* AktG § 85 Rn. 13; MüKoAktG/*Spindler* AktG § 85 Rn. 4; BeckOGK/*Fleischer* AktG § 85 Rn. 5; Hüffer/Koch/*Koch* AktG § 85 Rn. 2; K. Schmidt/Lutter AktG/*Seibt* AktG § 85 Rn. 2; Hölters/*Weber* AktG § 85 Rn. 2; Grigoleit/*Grigoleit* AktG § 85 Rn. 3; *Götz* ZIP 2002, 1745 (1747).
[2208] *Kropff* AktG 1965 S. 108; MüKoAktG/*Spindler* AktG § 85 Rn. 4; Kölner Komm AktG/*Mertens/Cahn* AktG § 85 Rn. 2; Hölters/*Weber* AktG § 85 Rn. 2; GroßkommAktG/*Kort* AktG § 85 Rn. 13; Grigoleit/*Grigoleit* AktG § 85 Rn. 3.
[2209] *Kropff* AktG 1965 S. 108; Kölner Komm AktG/*Mertens/Cahn* AktG § 85 Rn. 2; MüKoAktG/*Spindler* AktG § 85 Rn. 4.
[2210] *Kropff* AktG 1965 S. 108; Kölner Komm AktG/*Mertens/Cahn* AktG § 85 Rn. 2.
[2211] Vgl. insofern auch MHdB AG/*Wiesner*, 4. Aufl. 2015, § 20 Rn. 28.

lung bei vorübergehend verhinderten Vorstandsmitgliedern zu Schwierigkeiten, *„wenn die Satzung eine bestimmte Zahl von Vorstandsmitgliedern vorschreibt".*[2212] Das ist aber selten der Fall. Dass es schwierig ist, kurzfristig einen geeigneten Kandidaten als „Übergangslösung" zu finden, und den Bedenken der Gesetzesbegründung kann Rechnung getragen werden, indem § 85 AktG und § 105 Abs. 2 AktG **kombiniert** werden: Danach kann das Gericht ein Aufsichtsratsmitglied zum Stellvertreter eines vorübergehend verhinderten Vorstandsmitglieds bestellen, wenn die Voraussetzungen des § 85 Abs. 1 S. 1 AktG vorliegen, das Interesse der AG nicht entgegensteht und es der Aufsichtsrat hierzu angehört hat. Zu berücksichtigen ist insbes., ob der Aufsichtsrat beschlussfähig bleibt und Interessenkonflikte drohen (→ Rn. 954f.). Die Amtszeit muss das Gericht unter Berücksichtigung der Dauer der vorübergehenden Verhinderung bis zur Höchstdauer von einem Jahr festlegen (§ 105 Abs. 2 S. 1, 2 AktG; → Rn. 932).

990   Eine **dauerhafte Verhinderung** zur Amtsausübung ist als „Fehlen" einzuordnen,[2213] zB im Fall einer langfristigen Erkrankung oder einer dauerhaften Abwesenheit.[2214] Als Richtwert kann – orientiert an der Höchstgrenze für die Bestellung eines Aufsichtsratsmitglieds zum Stellvertreter (§ 105 Abs. 2 AktG) – ein Verhinderungszeitraum von einem Jahr herangezogen werden. Ist im Rahmen einer „informierten Prognoseentscheidung" absehbar, dass ein Vorstandsmitglied sein Amt länger als ein Jahr nicht mehr ausüben kann oder will, „fehlt" es bereits im Zeitpunkt dieser Prognoseentscheidung.[2215] Auch ein Vorstandsmitglied, das sich **dauerhaft** pflichtwidrig **weigert**, sein **Amt auszuüben**, „fehlt" iSd § 85 AktG.[2216] In allen Fällen besteht ein Bedürfnis, dass die AG möglichst schnell wieder handlungs- und prozessfähig wird.

991   bb) **„Erforderlichkeit"** des fehlenden Vorstandsmitglieds. Dass weniger Vorstandsmitglieder bestellt sind als es der Höchstzahl entspricht, führt nicht zwingend dazu, dass ein Vorstandsmitglied „erforderlich" ist.[2217] „Erforderlich" ist ein Vorstandsmitglied vielmehr nur, wenn es für eine wirksame **Vertretungs- oder Geschäftsführungsmaßnahme** erforderlich ist.[2218] Das ist jedenfalls der Fall, wenn das **einzige** Vorstandsmitglied der AG fehlt.[2219] Im Übrigen kommt es darauf an, ob die vorhandenen Vorstandsmitglieder für anstehende Maßnahmen vertretungs- oder geschäftsführungsbefugt sind. Mit Blick auf die Geschäftsführungsbefugnis ist ein fehlendes Vorstandsmitglied grds. stets erforderlich, wenn weniger Vorstandsmitglieder vorhanden sind, als es der Mindest- oder Festzahl entspricht.

992   Für eine **Vertretungsmaßnahme** erforderlich ist ein fehlendes Vorstandsmitglied, sofern die vorhandenen Vorstandsmitglieder **nicht** nach § 78 Abs. 2, 3 AktG **einzeln** oder **gemeinschaftlich zur Vertretung befugt** sind.[2220] Nach einer differenzierenden Ansicht können die vorhandenen Vorstandsmitglieder die AG auf Grundlage einer *„Notvertretungsbefugnis"* zwar wirksam vertreten. Dennoch soll eine gerichtliche Bestellung gemäß § 85 Abs. 1 AktG in Betracht kommen.[2221]

993   Mit Blick auf die Erforderlichkeit für **Geschäftsführungsmaßnahmen** ist eine Grundsatzentscheidung des **BGH** zu berücksichtigen: Danach ist ein Vorstand, dem nur ein Mitglied angehört, obwohl es nach § 76 Abs. 2 S. 2 AktG mindestens zwei sein müssten, jedenfalls für solche Leitungsaufgaben **handlungsunfähig**, die zwingend dem **Gesamtvorstand** zugewiesen sind. Das einzige Vorstandsmitglied darf solche Aufgaben nicht ausführen.[2222] Zwingend dem Gesamtvorstand zugewiesen sind insbes. die Aufstellung des Jahresabschlusses[2223], die Einberufung der Hauptversammlung[2224], die Errichtung einer Zweigniederlassung[2225] und der Erwerb oder die Veräußerung einer Unternehmenssparte[2226]. Untergerichte und zahlreiche Vertreter im Schrifttum sind der Ansicht des BGH gefolgt.[2227] Dabei soll der Vorstand auch

---

[2212] *Kropff* AktG 1965 S. 108.
[2213] GroßkommAktG/*Kort* AktG § 85 Rn. 11; Hölters/*Weber* AktG § 85 Rn. 2; K. Schmidt/Lutter AktG/*Seibt* AktG § 85 Rn. 2.
[2214] GroßkommAktG/*Kort* AktG § 85 Rn. 11; K. Schmidt/Lutter AktG/*Seibt* AktG § 85 Rn. 2.
[2215] K. Schmidt/Lutter AktG/*Seibt* AktG § 85 Rn. 2.
[2216] GroßkommAktG/*Kort* AktG § 85 Rn. 12.
[2217] *Seyfarth* VorstandsR § 3 Rn. 77.
[2218] *Kropff* AktG 1965 S. 107; Kölner Komm AktG/*Mertens/Cahn* AktG § 85 Rn. 3; MüKoAktG/*Spindler* AktG § 85 Rn. 5; BeckOGK/*Fleischer* AktG § 85 Rn. 7; K. Schmidt/Lutter AktG/*Seibt* AktG § 85 Rn. 2; Hölters/*Weber* AktG § 85 Rn. 2.
[2219] GroßkommAktG/*Kort* AktG § 85 Rn. 15; *Götz* ZIP 2002, 1745 (1747).
[2220] LG Berlin AG 1991, 244 (245); Hölters/*Weber* AktG § 85 Rn. 3; Hüffer/Koch/*Koch* AktG § 76 Rn. 56; Kölner Komm AktG/*Mertens/Cahn* AktG § 76 Rn. 110.
[2221] GroßkommAktG/*Kort* AktG § 85 Rn. 18; GroßkommAktG/*Kort* AktG § 76 Rn. 243; Kölner Komm AktG/*Mertens/Cahn* AktG § 76 Rn. 111; *Götz* ZIP 2002, 1745 (1750).
[2222] BGHZ 149, 158 (160f.) = NJW 2002, 1128.
[2223] BeckOGK/*Fleischer* AktG § 85 Rn. 7; MüKoAktG/*Spindler* AktG § 85 Rn. 6; Hölters/*Weber* AktG § 85 Rn. 3.
[2224] BGHZ 149, 158 (160f.) = NJW 2002, 1128; Hölters/*Weber* AktG § 85 Rn. 3.
[2225] MüKoAktG/*Spindler* AktG § 85 Rn. 6; BeckOGK/*Fleischer* AktG § 85 Rn. 7; Hölters/*Weber* AktG § 85 Rn. 3.
[2226] Hölters/*Weber* AktG § 85 Rn. 3.
[2227] KG AG 2011, 299 (301); OLG Dresden AG 2000, 43 (44); *Schäfer* ZGR 2003, 147 (150f.); MHdB AG/*Wentrup* § 19 Rn. 52; *Ihrig/Schäfer* Vorstand § 6 Rn. 91.

handlungsunfähig sein, wenn dem Vorstand weniger Mitglieder angehören als die nach der Satzung vorgeschriebene Mindestzahl.[2228] Eine differenzierende Ansicht hält zwar die verbliebenen Vorstandsmitglieder für befugt, die Geschäfte zu führen. Ungeachtet dieser *„partiellen Geschäftsführungsbefugnis des Restvorstands"* soll aber eine gerichtliche Bestellung gemäß § 85 Abs. 1 AktG in Betracht kommen.[2229]

Regelt die Satzung oder die Geschäftsordnung eine **Höchstzahl** an Vorstandsmitgliedern und ist eine vom Aufsichtsrat iRd Höchstzahl geschaffene Vorstandsstelle nicht besetzt, ist zu unterscheiden: Ist ausnahmsweise Gesamtgeschäftsführungsbefugnis geregelt (§ 77 Abs. 1 S. 1 AktG), ist das fehlende Vorstandsmitglied „erforderlich".[2230] Ist das fehlende Vorstandsmitglied für einen bestimmten Geschäftsbereich zuständig und hat es insofern Einzelgeschäftsführungsbefugnis, besteht zwar insofern ipso iure Gesamtgeschäftsführungsbefugnis der vorhandenen Vorstandsmitglieder. Genau genommen wäre das fehlende Vorstandsmitglied daher nicht erforderlich, um Geschäftsführungsmaßnahmen vorzunehmen, die den ihm zugewiesenen Geschäftsbereich betreffen. Das fehlende Vorstandsmitglied ist aber auch in diesem Fall erforderlich:[2231] Der Aufsichtsrat wollte den anderen Vorstandsmitgliedern die Zuständigkeit für Maßnahmen nicht übertragen, die den Geschäftsbereich des fehlenden Vorstandsmitglieds betreffen. 994

Ein fehlendes Vorstandsmitglied soll nicht „erforderlich" sein[2232] oder es soll kein „dringender Fall" vorliegen[2233], wenn für seinen Wirkungskreis ein **Abwesenheitspfleger nach § 10 Abs. 1 Nr. 2 ZustErgG** bestellt ist.[2234] Die Möglichkeit, einen Abwesenheitspfleger zu bestellen, zielte auf Konstellationen ab, die mit der Aufteilung Deutschlands in Besatzungszonen nach dem Ende des Zweiten Weltkriegs zusammenhingen. Da seit der Wiedervereinigung Deutschlands kein Anwendungsbereich mehr bestand, wurde § 10 Abs. 1 Nr. 2 ZustErgG im Jahr 2006 aufgehoben.[2235] Die Aussagen zur gerichtlichen Bestellung im Fall eines bestellten Abwesenheitspflegers sind danach **überholt**. 995

cc) **Dringender Fall.** Vorstandsmitglieder dürfen nur in dringenden Fällen gerichtlich bestellt werden (§ 85 Abs. 1 S. 1 AktG). Liegt kein dringender Fall vor, ist die gerichtliche Bestellung zwar **wirksam**, aber mit der Beschwerde erfolgreich **angreifbar** (→ Rn. 1052). 996

Die Dringlichkeit setzt zunächst voraus, dass der Aufsichtsrat für ein fehlendes kein neues Vorstandsmitglied und kein Aufsichtsratsmitglied zum Stellvertreter bestellt (§ 105 Abs. 2 AktG), weil der Aufsichtsrat nicht möchte oder nicht kann.[2236] Zudem muss eine gerichtliche Bestellung erforderlich sein, um **Nachteile abzuwehren,** die der AG, ihren Gläubigern, Aktionären oder Dritten drohen, oder es muss die Gefahr bestehen, dass **kurzfristig erforderliche Handlungen** nicht vorgenommen werden könnten.[2237] Weitere Kriterien, wann ein dringender Fall vorliegt, haben Rechtsprechung und Schrifttum bisher nicht entwickelt. Vereinzelt wird darauf hingewiesen, es komme auf den **Einzelfall** an.[2238] Zudem wird vertreten, eine gerichtliche Bestellung komme erst in Betracht, wenn sich *„Initiativen zum Tätigwerden* [des Aufsichtsrats] *als erfolglos erwiesen* [hätten]". Zunächst solle versucht werden, das Problem auf Organebene zu lösen.[2239] 997

Stellungnahme: Ein dringender Fall liegt nicht vor, solange der Aufsichtsrat vor erforderlichen Maßnahmen noch genügend Zeit hat und sich nicht bereits endgültig weigert, für einen handlungsfähigen Vorstand zu sorgen. Bei **wiederkehrenden Maßnahmen,** zB der Aufstellung des Jahresabschlusses, ist zu 998

[2228] *Ihrig/Schäfer* Vorstand § 6 Rn. 91; MHdB AG/*Wentrup* § 19 Rn. 52.
[2229] GroßkommAktG/*Kort* AktG § 85 Rn. 18, 24; GroßkommAktG/*Kort* AktG § 76 Rn. 243; Kölner Komm AktG/ *Mertens/Cahn* AktG § 76 Rn. 111; *Götz* ZIP 2002, 1745 (1750).
[2230] Vgl. insofern auch GroßkommAktG/*Kort* AktG § 85 Rn. 25.
[2231] Vgl. insofern ohne weitere Problematisierung auch GroßkommAktG/*Kort* AktG § 85 Rn. 25.
[2232] GroßkommAktG/*Kort* AktG § 85 Rn. 34; Hölters/*Weber* AktG § 85 Rn. 3; *Beiner/Braun* Vorstandsvertrag Rn. 47; vgl. auch noch KG AG 2005, 846.
[2233] K. Schmidt/Lutter AktG/*Seibt* AktG § 85 Rn. 3; Hüffer/Koch/*Koch* AktG § 85 Rn. 3; Grigoleit/*Grigoleit* AktG § 85 Rn. 6. Offen lassend MüKoFamFG/*Krafka* FamFG § 375 Rn. 34: *„in der Regel"* kein Grund für ein Vorgehen nach § 85 AktG.
[2234] Unklar K. Schmidt/Lutter AktG/*Seibt* AktG § 85 Rn. 3, der auf einen nach § 1911 Abs. 1 BGB bestellten Abwesenheitspfleger abstellt. Ein Abwesenheitspfleger kann aber nach einhelliger Ansicht nicht nach § 1911 Abs. 1 BGB bestellt werden, wenn es um Vermögensangelegenheiten juristischer Personen geht, MüKoBGB/*Schwab* BGB § 1911 Rn. 1; Palandt/*Götz* BGB § 1911 Rn. 2.
[2235] BT-Drs. 16/47, 12, 59; dazu auch MüKoBGB/*Schwab* BGB § 1911 Rn. 25.
[2236] MüKoAktG/*Spindler* AktG § 85 Rn. 6; GroßkommAktG/*Kort* AktG § 85 Rn. 27; K. Schmidt/Lutter AktG/*Seibt* AktG § 85 Rn. 3; Hüffer/Koch/*Koch* AktG § 85 Rn. 3; Hölters/*Weber* AktG § 85 Rn. 4; *Seyfarth* VorstandsR § 3 Rn. 78; *Beiner/Braun* Vorstandsvertrag Rn. 48.
[2237] Zur gerichtlichen Bestellung eines GmbH-Notgeschäftsführer analog § 29 BGB BayObLG NZG 1998, 73 (74); zu § 85 AktG GroßkommAktG/*Kort* AktG § 85 Rn. 27; Kölner Komm AktG/*Mertens/Cahn* AktG § 85 Rn. 4; MüKoAktG/*Spindler* AktG § 85 Rn. 7; Hüffer/Koch/*Koch* AktG § 85 Rn. 3; BeckOGK/*Fleischer* AktG § 85 Rn. 8; MHdB AG/*Wentrup* § 20 Rn. 32; Hölters/*Weber* AktG § 85 Rn. 4; K. Schmidt/Lutter AktG/*Seibt* AktG § 85 Rn. 3.
[2238] MüKoAktG/*Spindler* AktG § 85 Rn. 7.
[2239] MHdB AG/*Wentrup* § 20 Rn. 32 unter Verweis auf OLG Zweibrücken NZG 2012, 424 (425).

beurteilen, wie sich die Umsetzung „im gewöhnlichen Geschäftsgang" darstellt. Liegt eine nicht wiederkehrende Maßnahme im **Ermessen** des Vorstands, liegt ein dringender Fall vor, wenn das Ermessen auf „Null" reduziert ist oder der AG ein erheblicher Nachteil droht. Ebenso wie bei der gerichtlichen Bestellung von Aufsichtsratsmitgliedern liegt ein dringender Fall vor, wenn eine Entscheidung ansteht, die für den Bestand und die Struktur der AG von wesentlicher Bedeutung ist,[2240] zB eine Umwandlung, eine Übernahme oder ein Übernahmeangebot, eine krisenhafte Zuspitzung der Vermögenslage oder drohende Insolvenz.

999 Fehlen **sowohl Vorstands- als auch Aufsichtsratsmitglieder,** wird die gerichtliche Bestellung erforderlicher Vorstandsmitglieder einhellig als dringlich eingeordnet, weil die Aktionäre darauf angewiesen seien, dass gerichtlich bestellte Vorstandsmitglieder die Hauptversammlung einberufen.[2241] Zunächst Aufsichtsratsmitglieder gerichtlich zu bestellen, die dann fehlende und erforderliche Vorstandsmitglieder bestellen könnten, sei ein Umweg, der die Dringlichkeit nicht entfallen lasse.[2242] Eine Aktionärsminderheit gerichtlich zu ermächtigen, die Hauptversammlung einzuberufen (§ 122 Abs. 3 AktG), führt zwar grds. dazu, dass eine Hauptversammlung schneller stattfinden könnte als über eine gerichtliche Bestellung von Vorstandsmitgliedern. Dennoch soll die gerichtliche Bestellung vorrangig gegenüber der gerichtlichen Ermächtigung einer Aktionärsminderheit sein; eine Ausnahme soll lediglich bestehen, wenn für die Hauptversammlung eine besondere Dringlichkeit bestehe.[2243]

1000 Ist ein Vorstandsmitglied erforderlich, um die AG in einem gegen sie geführten Rechtsstreit zu vertreten, ist ein dringender Fall **nicht** bereits ausgeschlossen, weil nach § 57 ZPO ein **Prozesspfleger** bestellt werden kann.[2244] Ist bereits ein Prozesspfleger bestellt, ist ein fehlendes Vorstandsmitglied nicht mehr „erforderlich", soweit die Befugnisse des Prozesspflegers reichen.[2245]

c) Verfahren

1001 aa) Antrag eines Beteiligten. Die gerichtliche Bestellung eines Vorstandsmitglieds setzt nach § 85 Abs. 1 S. 1 AktG einen verfahrenseinleitenden **Antrag** (§ 23 FamFG) *„eines Beteiligten"* voraus (vgl. § 25 FamFG).[2246] Eine Bestellung von Amts wegen ist ausgeschlossen.[2247]

1002 (1) Antragsberechtigung. *„Beteiligter"* iSd § 85 Abs. 1 S. 1 AktG und damit antragsberechtigt ist nach Rechtsprechung und Schrifttum zu § 85 AktG jeder, der ein **eigenes schutzwürdiges Interesse** an der Bestellung hat.[2248] Ein Antragsrecht für jedermann wegen drohender Schäden der Allgemeinheit besteht nicht.[2249]

1003 Mögliche Antragsteller sind **Vorstands- und Aufsichtsratsmitglieder**[2250], ausgeschiedene Vorstands- und Aufsichtsratsmitglieder[2251], Aktionäre[2252], Gläubiger der AG[2253] und sonstige Dritte[2254], denen wegen

---

[2240] OLG Hamm AG 2011, 384 (386); AG Wuppertal DB 1971, 764; Kölner Komm AktG/*Mertens/Cahn* AktG § 104 Rn. 17; MüKoAktG/*Habersack* AktG § 104 Rn. 27; Hüffer/Koch/*Koch* § 104 Rn. 10.
[2241] BGH AG 1990, 78; AG 1986, 290; AG 1985, 53; MüKoAktG/*Spindler* AktG § 85 Rn. 7; Kölner Komm AktG/*Mertens/Cahn* AktG § 85 Rn. 4; GroßkommAktG/*Kort* AktG § 85 Rn. 31; *Beiner/Braun* Vorstandsvertrag Rn. 48.
[2242] OLG Celle NJW 1964, 112 (113f.); GroßkommAktG/*Kort* AktG § 85 Rn. 29, 31; MüKoAktG/*Spindler* AktG § 85 Rn. 7; BeckOGK/*Fleischer* AktG § 85 Rn. 8; Hölters/*Weber* AktG § 85 Rn. 4; K. Schmidt/Lutter AktG/*Seibt* AktG § 85 Rn. 3.
[2243] BeckOGK/*Fleischer* AktG § 85 Rn. 8; MüKoAktG/*Spindler* AktG § 85 Rn. 7; Hölters/*Weber* AktG § 85 Rn. 4.
[2244] OLG Celle NJW 1965, 504 (505); GroßkommAktG/*Kort* AktG § 85 Rn. 30; MüKoAktG/*Spindler* AktG § 85 Rn. 8; BeckOGK/*Fleischer* AktG § 85 Rn. 8; Hüffer/Koch/*Koch* AktG § 85 Rn. 5; K. Schmidt/Lutter AktG/*Seibt* AktG § 85 Rn. 3; *Seyfarth* VorstandsR § 3 Rn. 78. Zur gerichtlichen Bestellung von Vereins-Vorstandsmitgliedern nach § 29 BGB ist die Frage umstritten, vgl. MüKoBGB/*Leuschner* BGB § 29 Rn. 10.
[2245] Dafür, dass dann kein „dringender Fall" mehr vorliegt, GroßkommAktG/*Kort* AktG § 85 Rn. 30; MüKoAktG/*Spindler* AktG § 85 Rn. 8; BeckOGK/*Fleischer* AktG § 85 Rn. 8; K. Schmidt/Lutter AktG/*Seibt* AktG § 85 Rn. 3; *Ihrig/Schäfer* Vorstand § 6 Rn. 92.
[2246] Keidel/*Sternal* FamFG § 23 Rn. 10.
[2247] GroßkommAktG/*Kort* AktG § 85 Rn. 38; K. Schmidt/Lutter AktG/*Seibt* AktG § 85 Rn. 4; MüKoAktG/*Spindler* AktG § 85 Rn. 9; Hüffer/Koch/*Koch* AktG § 85 Rn. 4; Hölters/*Weber* AktG § 85 Rn. 5.
[2248] KG AG 2007, 400; GroßkommAktG/*Kort* AktG § 85 Rn. 39; MüKoAktG/*Spindler* AktG § 85 Rn. 9; BeckOGK/*Fleischer* AktG § 85 Rn. 9; K. Schmidt/Lutter AktG/*Seibt* AktG § 85 Rn. 4. Wohl enger das Schrifttum zu § 23 FamFG, vgl. Keidel/*Sternal* FamFG § 23 Rn. 7 und MüKoFamFG/*Ulrici* FamFG § 23 Rn. 17: Antragsberechtigt ist, wer durch das Verfahren unmittelbar in seinen Rechten betroffen werden kann.
[2249] GroßkommAktG/*Kort* AktG § 85 Rn. 40; MüKoAktG/*Spindler* AktG § 85 Rn. 9; *Thüsing* in Fleischer VorstandsR-HdB § 4 Rn. 31.
[2250] GroßkommAktG/*Kort* AktG § 85 Rn. 39; MüKoAktG/*Spindler* AktG § 85 Rn. 9; Hüffer/Koch/*Koch* AktG § 85 Rn. 4; K. Schmidt/Lutter AktG/*Seibt* AktG § 85 Rn. 4.
[2251] GroßkommAktG/*Kort* AktG § 85 Rn. 39; MüKoAktG/*Spindler* AktG § 85 Rn. 9; K. Schmidt/Lutter AktG/*Seibt* AktG § 85 Rn. 4.
[2252] GroßkommAktG/*Kort* AktG § 85 Rn. 39; MüKoAktG/*Spindler* AktG § 85 Rn. 9; BeckOGK/*Fleischer* AktG § 85 Rn. 9; MHdB AG/*Wentrup* § 20 Rn. 33.

des Fehlens erforderlicher Vorstandsmitglieder ein Nachteil droht. **Aktionäre** haben ein schutzwürdiges Interesse an der gerichtlichen Bestellung, wenn eine Wertminderung ihrer Beteiligung zu befürchten ist.[2255] Insbesondere wenn in einer paritätisch mitbestimmten AG ein Arbeitsdirektor fehlt, können nach herrschender und zutreffender Ansicht auch **Arbeitnehmer** als Gesellschaftsgläubiger[2256] und der **Betriebsrat**[2257] antragsberechtigt sein: Sowohl Arbeitnehmer als auch der Betriebsrat können ein schutzwürdiges Interesse haben, dass der Vorstand in der Lage ist, mit ihnen zu verhandeln und Vereinbarungen abzuschließen (→ Rn. 911).[2258]

Der Antragsteller muss die Voraussetzungen des § 85 Abs. 1 S. 1 AktG – Vorstandsmitglied fehlt, ist erforderlich und es liegt ein dringender Fall vor – **glaubhaft** machen,[2259] ebenso seine Antragsberechtigung.[2260] Stellt ein **Gläubiger** einen Antrag, damit er einen behaupteten Anspruch gerichtlich gegen die AG geltend machen kann, darf das Gericht die Erfolgsaussichten des Verfahrens nicht prüfen, sondern **muss** davon ausgehen, dass der behauptete Anspruch besteht.[2261]

(2) Vorschlag, mehrere Anträge. Der Antragsteller kann vorschlagen, wen das Gericht bestellen soll. Das Gericht ist an einen Vorschlag zwar **nicht gebunden**.[2262] In der Regel folgen Gerichte aber dem Vorschlag, sofern nicht offensichtliche Gründe dagegen sprechen. Ein Vorschlag kann das Verfahren beschleunigen, ebenso eine Erklärung zur Eignung des Vorgeschlagenen und zur Annahme der Bestellung.[2263] Liegen mehrere Anträge und verschiedene Vorschläge vor, muss das Gericht nach **pflichtgemäßem Ermessen** entscheiden, ob es einen der Vorgeschlagenen bestellt und ggf. welchen.[2264]

(3) Antragspflicht? Vorstands- und Aufsichtsratsmitglieder können **verpflichtet** sein, die gerichtliche Bestellung zu beantragen. Für Vorstandsmitglieder kann sich eine solche Pflicht aus ihrer **Geschäftsführungspflicht** ergeben, für Aufsichtsratsmitglieder aus der **Personalkompetenz** des Aufsichtsrats (→ Rn. 499).[2265] Eine Pflicht zur Antragstellung besteht aber lediglich in **Ausnahmefällen**. Eine Pflicht einzelner Aufsichtsratsmitglieder, „am Gesamtaufsichtsrat vorbei" die gerichtliche Bestellung eines Vorstandsmitglieds zu beantragen, kann die vertrauensvolle Zusammenarbeit im Aufsichtsrat belasten. Aufsichtsratsmitglieder müssen in erster Linie darauf hinwirken, dass der Aufsichtsrat ein fehlendes und erforderliches Vorstandsmitglied bestellt.[2266] Darüber hinaus müssen Aufsichtsratsmitglieder die gerichtliche Bestellung nur beantragen, wenn der Aufsichtsrat ein fehlendes und erforderliches Vorstandsmitglied willkürlich ohne sachlichen Grund nicht bestellt oder nicht bestellen kann[2267] und der AG ein erheblicher, evtl. existenzgefährdender Schaden droht.[2268]

[2253] GroßkommAktG/*Kort* AktG § 85 Rn. 39; MüKoAktG/*Spindler* AktG § 85 Rn. 9; BeckOGK/*Fleischer* AktG § 85 Rn. 9; K. Schmidt/Lutter AktG/*Seibt* AktG § 85 Rn. 4.
[2254] GroßkommAktG/*Kort* AktG § 85 Rn. 39; MüKoAktG/*Spindler* AktG § 85 Rn. 9; MHdB AG/*Wentrup* § 20 Rn. 33.
[2255] GroßkommAktG/*Kort* AktG § 85 Rn. 39; Kölner Komm AktG/*Mertens/Cahn* AktG § 85 Rn. 7.
[2256] MüKoAktG/*Spindler* AktG § 85 Rn. 9; Hölters/*Weber* AktG § 85 Rn. 5; einschränkend *Thüsing* in Fleischer VorstandsR-HdB § 4 Rn. 31: kein eigenes Antragsrecht aufgrund des Arbeitnehmerstatus. Gegen ein Antragsrecht von Arbeitnehmern GroßkommAktG/*Kort* AktG § 85 Rn. 39: Insofern sei ggf. der Betriebsrat zuständig.
[2257] MüKoAktG/*Spindler* AktG § 85 Rn. 9; GroßkommAktG/*Kort* AktG § 85 Rn. 39; K. Schmidt/Lutter AktG/*Seibt* AktG § 85 Rn. 4; MHdB AG/*Wentrup* § 20 Rn. 33; aA *Thüsing* in Fleischer VorstandsR-HdB § 4 Rn. 31: Dem Betriebsrat drohen keine eigenen Nachteile und er tritt nicht als Sachwalter der Arbeitnehmer auf.
[2258] MüKoAktG/*Spindler* AktG § 85 Rn. 9.
[2259] KG NZG 2007, 475; Kölner Komm AktG/*Mertens/Cahn* AktG § 85 Rn. 7; K. Schmidt/Lutter AktG/*Seibt* AktG § 85 Rn. 4; MüKoAktG/*Spindler* AktG § 85 Rn. 17. Nach GroßkommAktG/*Kort* AktG § 85 Rn. 43 soll es offenbar genügen, glaubhaft zu machen, dass ein erforderliches Vorstandsmitglied fehlt.
[2260] KG NZG 2007, 475; Kölner Komm AktG/*Mertens/Cahn* AktG § 85 Rn. 7; MüKoAktG/*Spindler* AktG § 85 Rn. 17; BeckOGK/*Fleischer* AktG § 85 Rn. 9; K. Schmidt/Lutter AktG/*Seibt* AktG § 85 Rn. 4.
[2261] Zur Genossenschaft OLG Hamm OLGZ 1965, 329 (331); zu § 85 AktG Hüffer/Koch/*Koch* AktG § 85 Rn. 4; BeckOGK/*Fleischer* AktG § 85 Rn. 9; vgl. auch GroßkommAktG/*Kort* AktG § 85 Rn. 40, 43; unklar K. Schmidt/Lutter AktG/*Seibt* AktG § 85 Rn. 4.
[2262] GroßkommAktG/*Kort* AktG § 85 Rn. 44; BeckOGK/*Fleischer* AktG § 85 Rn. 9; Hölters/*Weber* AktG § 85 Rn. 5.
[2263] GroßkommAktG/*Kort* AktG § 85 Rn. 44; MüKoFamFG/*Krafka* FamFG § 375 Rn. 34.
[2264] Zur gerichtlichen Bestellung von Aufsichtsratsmitgliedern bei sich widersprechenden Kandidatenvorschlägen BayObLGZ 1997, 262 (264f.); LG Wuppertal BB 1978, 1380; Kölner Komm AktG/*Mertens/Cahn* AktG § 104 Rn. 22; Hölters/*Simons* AktG § 104 Rn. 30.
[2265] GroßkommAktG/*Kort* AktG § 85 Rn. 41 stellt für Aufsichtsratsmitglieder auf die Überwachungspflicht des Aufsichtsrats ab; MüKoAktG/*Spindler* AktG § 85 Rn. 10.
[2266] Zum möglichen Vorgehen einzelner Aufsichtsratsmitglieder *Scholderer/v. Werder* ZGR 2017, 865 (889ff.).
[2267] MüKoAktG/*Spindler* AktG § 85 Rn. 10; vgl. ferner GroßkommAktG/*Hopt/Roth* AktG § 105 Rn. 63 zur Konstellation, dass der Aufsichtsrat beschlussunfähig ist, weil er ein Aufsichtsratsmitglied zum Stellvertreter bestellt hat – die gerichtliche Bestellung eines Vorstandsmitglieds würde es in diesem Fall dem Stellvertreter ermöglichen, zurück in den Aufsichtsrat zu wechseln und dessen Beschlussfähigkeit wiederherzustellen.
[2268] Vgl. *E. Vetter* DB 2004, 2623 (2626); ferner *Scholderer/v. Werder* ZGR 2017, 865 (894ff.) zu Maßnahmen von Mitgliedern bei nach ihrer Auffassung pflichtwidrigen Entscheidungen des Aufsichtsrats. Auch nach *Scholderer/v. Werder*

1007 **bb) Zuständiges Gericht. Sachlich zuständig** für die gerichtliche Bestellung von Vorstandsmitgliedern ist das **Amtsgericht** (§ 23a Abs. 1 Nr. 2, Abs. 2 Nr. 4 GVG iVm § 375 Nr. 3 FamFG, § 376 FamFG). Die **örtliche Zuständigkeit** richtet sich nach dem **Sitz der AG** (§ 377 Abs. 1 FamFG iVm § 14 AktG).[2269]

1008 **cc) Verfahrensbeteiligte; Anhörung.** Verfahrensbeteiligter ist der **Antragsteller** (§ 7 Abs. 1 FamFG).[2270] Als Beteiligter hinzuzuziehen ist ferner, wessen **Recht** durch das Verfahren **unmittelbar betroffen** wird (§ 7 Abs. 2 Nr. 1 FamFG), sowie, wer aufgrund einer gesetzlichen Sonderregelung von Amts wegen oder auf Antrag als Beteiligter hinzuzuziehen ist (§ 7 Abs. 2 Nr. 2 FamFG). „Notwendige Beteiligte" sind danach die **AG**[2271], vertreten durch den Aufsichtsrat[2272], und die vorhandenen **Vorstandsmitglieder**[2273], ferner ein bestellter **Insolvenzverwalter**[2274] und die **zu bestellende Person.** Nach verbreiteter Ansicht sollen auch die **Mitglieder des Aufsichtsrats** „notwendig" Beteiligte sein.[2275] Das ist **abzulehnen:** Weder der Aufsichtsrat als Organ noch die einzelnen Aufsichtsratsmitglieder sind durch die gerichtliche Bestellung eines Vorstandsmitglieds unmittelbar in einem eigenen, gegenüber der AG abgrenzbaren Recht betroffen.

1009 Es wird vertreten, die AG[2276], die Vorstandsmitglieder[2277], die Aufsichtsratsmitglieder[2278] und der Aufsichtsrat als Organ[2279] seien vor der gerichtlichen Bestellung **„anzuhören".** In diesem Zusammenhang wird teilweise § 34 FamFG zitiert,[2280] also offenbar von einem persönlichen Anhörungsrecht des jeweiligen Beteiligten ausgegangen. Im Übrigen bleibt unklar, ob die Anhörung die Sachverhaltsaufklärung durch das Gericht betreffen oder zur Gewährung rechtlichen Gehörs erforderlich sein soll.

1010 **Stellungnahme:** Jedenfalls **abzulehnen** ist ein Anhörungs**recht** des Aufsichtsrats und einzelner Aufsichtsratsmitglieder neben der Anhörung des Aufsichtsrats in seiner Funktion als Vertreter der AG. Sofern Aufsichtsratsmitglieder mit der vom Aufsichtsrat geplanten Stellungnahme nicht einverstanden sind, können sie dem Gericht ihre persönliche Auffassung zukommen lassen. Dem Antragsteller sind auch die Einlassungen der anderen Verfahrensbeteiligten zuzustellen und ihm ist Gelegenheit zu geben, dazu Stellung zu nehmen. Die **zu bestellende Person** ist ebenfalls **anzuhören** und es ist festzustellen, ob sie die Voraussetzungen des § 76 Abs. 3 S. 1 AktG und etwaige Satzungsvorgaben erfüllt, ob Bestellungshindernisse vorliegen (§ 76 Abs. 3 S. 2 AktG) und ob sie die Bestellung annimmt.[2281]

1011 Zur gerichtlichen Bestellung von Aufsichtsratsmitgliedern wird diskutiert, ob **weiteren Antragsberechtigten,** womöglich sämtlichen Aktionären, **Gelegenheit zur Stellungnahme** zu geben ist (zB durch öffentliche Zustellung).[2282] Das ist abzulehnen: Das Verfahren ist auf eine schnelle Entscheidung

---

müssen Aufsichtsratsmitglieder Behörden nur einschalten, nachdem interne Maßnahmen erfolglos blieben (903) und wenn der AG ein erheblicher Schaden droht (910f.).

[2269] GroßkommAktG/*Kort* AktG § 85 Rn. 37; Grigoleit/*Grigoleit* AktG § 85 Rn. 7; MüKoAktG/*Spindler* AktG § 85 Rn. 9.
[2270] BeckOK FamFG/*Otto* FamFG § 375 Rn. 40.
[2271] Zu § 145 FGG OLG Frankfurt a. M. AG 2008, 419 (420); MüKoAktG/*Spindler* AktG § 85 Rn. 12; GroßkommAktG/*Kort* AktG § 85 Rn. 42; Kölner Komm AktG/*Mertens/Cahn* AktG § 85 Rn. 7; K. Schmidt/Lutter AktG/*Seibt* AktG § 85 Rn. 6; Hölters/*Weber* AktG § 85 Rn. 6; MüKoFamFG/*Krafka* FamFG § 375 Rn. 34; BeckOK FamFG/*Otto* FamFG § 375 Rn. 41.
[2272] Zu § 145 FGG OLG Frankfurt a. M. AG 2008, 419 (420); MüKoFamFG/*Krafka* FamFG § 375 Rn. 34; BeckOK FamFG/*Otto* FamFG § 375 Rn. 41.
[2273] MüKoFamFG/*Krafka* FamFG § 375 Rn. 34; K. Schmidt/Lutter AktG/*Seibt* AktG § 85 Rn. 6; Hölters/*Weber* AktG § 85 Rn. 6; MüKoAktG/*Spindler* AktG § 85 Rn. 12; vgl. auch GroßkommAktG/*Kort* AktG § 85 Rn. 42: Organmitglieder der AG; ebenso Kölner Komm AktG/*Mertens/Cahn* AktG § 85 Rn. 7.
[2274] Noch zum Konkursverwalter BayObLG NJW 1988, 929 (931); GroßkommAktG/*Kort* AktG § 85 Rn. 42; Kölner Komm AktG/*Mertens/Cahn* AktG § 85 Rn. 7.
[2275] MüKoAktG/*Spindler* AktG § 85 Rn. 12; Hölters/*Weber* AktG § 85 Rn. 6; K. Schmidt/Lutter AktG/*Seibt* AktG § 85 Rn. 6; Kölner Komm AktG/*Mertens/Cahn* AktG § 85 Rn. 7: Organmitglieder der AG; ebenso GroßkommAktG/*Kort* AktG § 85 Rn. 42.
[2276] Zu § 145 FGG OLG Frankfurt a. M. AG 2008, 419 (420).
[2277] Zu § 145 FGG OLG Frankfurt a. M. AG 2008, 419 (420); BeckOGK/*Fleischer* AktG § 85 Rn. 11; Hölters/*Weber* AktG § 85 Rn. 6; MHdB AG/*Wentrup* § 20 Rn. 33; abgeschwächt K. Schmidt/Lutter AktG/*Seibt* AktG § 85 Rn. 6: Anhörung „in der Regel [...] zweckmäßig"; GroßkommAktG/*Kort* AktG § 85 Rn. 42: „in der Regel"; MüKoAktG/*Spindler* AktG § 85 Rn. 12: „meist [...] zweckmäßig"; Kölner Komm AktG/*Mertens/Cahn* AktG § 85 Rn. 11: „soweit möglich".
[2278] BeckOGK/*Fleischer* AktG § 85 Rn. 11; GroßkommAktG/*Kort* AktG § 85 Rn. 42.
[2279] Kölner Komm AktG/*Mertens/Cahn* AktG § 85 Rn. 11; Hölters/*Weber* AktG § 85 Rn. 6; MHdB AG/*Wentrup* § 20 Rn. 33; K. Schmidt/Lutter AktG/*Seibt* AktG § 85 Rn. 6; MüKoAktG/*Spindler* AktG § 85 Rn. 12.
[2280] GroßkommAktG/*Kort* AktG § 85 Rn. 42; MüKoAktG/*Spindler* AktG § 85 Rn. 12.
[2281] MüKoFamFG/*Krafka* FamFG § 375 Rn. 36.
[2282] MüKoAktG/*Habersack* AktG § 104 Rn. 40; Kölner Komm AktG/*Mertens/Cahn* AktG § 104 Rn. 25; K. Schmidt/Lutter AktG/*Drygala* AktG § 104 Rn. 8a, 10; Fett/Theusinger AG 2010, 425 (434f.); wohl aA BeckOGK/*Spindler* AktG § 104 Rn. 27; Hüffer/Koch/*Koch* AktG § 104 Rn. 6; BayVerfGH NZG 2006, 25 (26).

gerichtet, um die Handlungs- und Prozessfähigkeit der AG rasch wiederherzustellen. Einen Anspruch auf Gewährung rechtlichen Gehörs hat zudem nur, wer von dem Verfahren rechtlich unmittelbar betroffen wird, ohne dass es auf eine formale Stellung als Beteiligter iSd § 7 FamFG ankommt.[2283] Die gerichtliche Bestellung eines Vorstandsmitglieds greift aber nicht unmittelbar nachteilig in die Rechtsstellung der Aktionäre ein, sondern betrifft sie allenfalls mittelbar (→ Rn. 1055).[2284]

dd) Prüfung des Gerichts. Das Gericht darf nur eine für das Vorstandsamt **geeignete Person** bestellen.[2285] Es muss bei seiner Entscheidung in erster Linie die **gesetzlichen** Bestimmungen für Vorstandsmitglieder beachten, insbes. die gesetzlichen Mindestanforderungen und Bestellungshindernisse nach § 76 Abs. 3 AktG;[2286] künftig ggf. auch das Mindestbeteiligungsgebot für Frauen im Vorstand von Gesellschaften, die börsennotiert und paritätisch mitbestimmt sind (→ Rn. 553).[2287] Im Zusammenhang mit anderen Fällen gerichtlicher Bestellung (Sonderprüfer, Aufsichtsratsmitglied) wird überwiegend vertreten, dass Bestellungsbeschlüsse, die gegen gesetzliche Vorschriften verstoßen, zwar fehlerhaft und mit der Beschwerde erfolgreich anfechtbar sein, aber wirksam bleiben sollen, wenn sie rechtskräftig sind.[2288] Ist der Beschluss zur Bestellung eines Vorstandsmitglieds rechtskräftig, wäre die Bestellung danach auch wirksam, wenn in der Person des Bestellten Voraussetzungen des § 76 Abs. 3 S. 1 AktG nicht oder wenn Bestellungshindernisse vorliegen (§ 76 Abs. 3 S. 2 AktG). Nach § 47 FamFG aE können gerichtliche Beschlüsse allerdings *„von Anfang an unwirksam"* sein. Das gilt auch für Beschlüsse zur Bestellung von Organmitgliedern.[2289] Neben prozessualen Fehlern[2290] können auch materiell-rechtliche Verstöße zur Unwirksamkeit des Beschlusses führen, etwa wenn er die vom Gericht gewollte Wirkung aus materiell-rechtlichen Gründen nicht herbeiführen kann.[2291] Als Beispiel wird insbes. die Bestellung eines Geschäftsunfähigen zum Vormund genannt.[2292] Nach diesen Grundsätzen ist davon auszugehen, dass jedenfalls die gerichtliche Bestellung eines nicht unbeschränkt Geschäftsfähigen zum Vorstandsmitglied unter Verstoß gegen § 76 Abs. 3 S. 1 AktG von Anfang an unwirksam ist; die Bestellung kann auch nicht wirksam werden, weil der Bestellungsbeschluss nicht materiell rechtskräftig werden kann. Im Übrigen sind Bestellungsentscheidungen des Aufsichtsrats generell unwirksam, wenn sie gegen § 76 Abs. 3 AktG verstoßen, und die Lehre von der fehlerhaften Organstellung ist dann generell nicht anwendbar (→ Rn. 673 ff.). Danach ist es konsequent, dass auch die gerichtliche Bestellung generell von Anfang an unwirksam ist, wenn sie gegen § 76 Abs. 3 AktG verstößt.

Es wird vertreten, das Gericht dürfe sich im Rahmen seines Auswahlermessens über **Satzungsvorgaben** für Vorstandsmitglieder hinwegsetzen.[2293] Nach wohl herrschender und zutreffender Ansicht **muss** das Gericht Satzungsvorgaben **beachten.**[2294] Satzungsvorgaben sind für den vorrangig für die Bestellung zuständigen Aufsichtsrat in aller Regel verbindlich (→ Rn. 599 ff.).[2295] Bei seiner Entscheidung handelt

---

[2283] BVerfG NJW 2009, 138; BVerfGE 75, 201 (215) = NJW 1988, 125; BVerfGE 60, 7 (13) = NJW 1982, 1635.
[2284] GroßkommAktG/*Kort* AktG § 85 Rn. 66; Hüffer/Koch/*Koch* AktG § 85 Rn. 4; MüKoAktG/*Spindler* AktG § 85 Rn. 20.
[2285] MüKoAktG/*Spindler* AktG § 85 Rn. 13; GroßkommAktG/*Kort* AktG § 85 Rn. 45.
[2286] GroßkommAktG/*Kort* AktG § 85 Rn. 45; BeckOGK/*Fleischer* AktG § 85 Rn. 11; Bürgers/Körber/*Bürgers* AktG § 85 Rn. 5; MüKoAktG/*Spindler* AktG § 85 Rn. 13.
[2287] § 85 Abs. 1a AktG-E; vgl. RefE FüPoG II S. 30.
[2288] Zur gerichtlichen Bestellung von Sonderprüfern MüKoAktG/*M. Arnold* AktG § 143 Rn. 29; GroßkommAktG/*Verse* AktG § 143 Rn. 57; Hölters/*Hirschmann* AktG § 143 Rn. 11; BeckOGK/*Mock* AktG § 143 Rn. 43 f.; Grigoleit/*Grigoleit/Rachlitz* AktG § 143 Rn. 10; vgl. insoweit auch Keidel/*Engelhardt* FamFG § 47 Rn. 9: *„Liegen die Voraussetzungen der Bestellung eines Vormunds oder Betreuers nicht vor, ist die Bestellung nicht nichtig, sondern nur ungerechtfertigt und daher anfechtbar"*; aA Hüffer/Koch/*Koch* AktG § 143 Rn. 6; Kölner Komm AktG/*Rieckers/J. Vetter* AktG § 143 Rn. 168; K. Schmidt/Lutter AktG/*Spindler* AktG § 143 Rn. 33. Zur gerichtlich bestellten Aufsichtsratsmitgliedern GroßkommAktG/*Hopt/Roth* AktG § 104 Rn. 103; MüKoAktG/*Habersack* AktG § 104 Rn. 45; Kölner Komm AktG/*Mertens/Cahn* AktG § 104 Rn. 29.
[2289] Zur gerichtlichen Bestellung eines Vereinsvorstands gem. § 29 BGB Musielak/Borth/*Borth/Grandel* FamFG § 47 Rn. 2.
[2290] Insbesondere funktionelle Unzuständigkeit, zB bei Entscheidung durch den Rechtspfleger anstelle des Richters, Keidel/*Engelhardt* FamFG § 47 Rn. 9; BeckOK FamFG/*Obermann* § 47 Rn. 11; Bumiller/Harders/Schwamb/*Bumiller* FamFG § 47 Rn. 4; Haußleiter/*Gomille* FamFG § 47 Rn. 6.
[2291] Keidel/Kuntze/*Zimmermann* FGG § 32 Rn. 8.
[2292] Keidel/*Engelhardt* FamFG § 47 Rn. 9; Bassenge/Roth/*Gottwald* FamFG/RpflG § 47 Rn. 5; vgl. ferner BT-Drs. 16/6308, 198 mit Verweis auf Keidel/Kuntze/*Zimmermann* FGG § 32 Rn. 8.
[2293] Kölner Komm AktG/*Mertens/Cahn* AktG § 85 Rn. 13 f.; iErg wohl auch Grigoleit/*Vedder*, 1. Aufl. 2013, AktG § 85 Rn. 6 mit Fn. 7, der Auswahlrichtlinien in der Satzung generell für unzulässig hält, dazu § 76 Rn. 54.
[2294] MüKoAktG/*Spindler* AktG § 85 Rn. 13; GroßkommAktG/*Kort* AktG § 85 Rn. 46; K. Schmidt/Lutter AktG/*Seibt* AktG § 85 Rn. 6; *Seyfarth* VorstandsR § 3 Rn. 80.
[2295] GroßkommAktG/*Kort* AktG § 76 Rn. 176; Hüffer/Koch/*Koch* AktG § 76 Rn. 60; Ihrig/Schäfer Vorstand § 7 Rn. 110; Grigoleit/*Grigoleit* AktG § 76 Rn. 116; aA Kölner Komm AktG/*Mertens/Cahn* AktG § 76 Rn. 116; Grigoleit/*Vedder*, 1. Aufl. 2013, AktG § 76 Rn. 54.

das Gericht an Stelle des Aufsichtsrats. Das Gericht darf sich über Satzungsvorgaben hinwegsetzen, wenn ein **besonders dringender** Fall für die gerichtliche Bestellung vorliegt.[2296]

1014 **Umstritten** ist, ob ein Verstoß gegen Satzungsvorgaben zur **Angreifbarkeit** der gerichtlichen Bestellung führen kann. Eine Ansicht lehnt das ab.[2297] Nach der zutreffenden Gegenansicht ist die gerichtliche Bestellung eines Vorstandsmitglieds, das Satzungsvorgaben nicht erfüllt, jedenfalls ermessensfehlerhaft und erfolgreich mit der Beschwerde **angreifbar,** wenn das Gericht auch eine Person bestellen hätte können, die den Satzungsvorgaben entspricht.[2298]

1015 Über **vom Aufsichtsrat festgelegte Vorgaben** darf sich der Aufsichtsrat zwar hinwegsetzen. Das Gericht muss aber auch solche Vorgaben grds. berücksichtigen, es sei denn, der Aufsichtsrat nimmt iRd Anhörung davon Abstand oder sachliche Gründe sprechen dafür, die Vorgaben nicht zu beachten. Vorgaben, die Empfehlungen des DCGK zur Zusammensetzung des Vorstands umsetzen, sind idR zu beachten.

1016 **ee) Beschluss, Bekanntgabe, Annahme der Bestellung.** Liegen die Voraussetzungen des § 85 Abs. 1 S. 1 AktG vor, **muss** das Gericht ein Vorstandsmitglied bestellen. Das Gericht hat insofern **kein Ermessen.**[2299] Das Gericht entscheidet über die Bestellung durch begründeten[2300] Beschluss (§ 38 FamFG).

1017 Nach § 40 Abs. 1 FamFG wird der Beschluss **wirksam** *„mit Bekanntgabe an den Beteiligten, für den er seinem wesentlichen Inhalt nach bestimmt ist".* Vereinzelt wird vertreten, der Beschluss werde erst mit Bekanntgabe (§ 41 FamFG) an den **Antragsteller,** den **Bestellten** und die **AG** wirksam (§ 40 FamFG).[2301] Nach herrschender und zutreffender Ansicht genügt es, wenn der Beschluss der bestellten Person bekanntgegeben ist.[2302] Die Bestellung wird **wirksam,** wenn der Bestellte sie **annimmt.**[2303]

1018 **ff) Handelsregister.** Der **Vorstand** muss die Bestellung zur Eintragung in das Handelsregister anmelden (§ 81 Abs. 1 AktG).[2304] Nach herrschender und zutreffender Ansicht kann die Eintragung ausnahmsweise unterbleiben, wenn das Vorstandsmitglied lediglich für einzelne Rechtshandlungen bestellt ist.[2305] Das Vorstandsmitglied kann sich ggf. durch ein Zeugnis über seine gerichtliche Bestellung, etwa den Bestellungsbeschluss, ausweisen.[2306]

d) Besondere Vorstandsmitglieder

1019 **aa) Vorstandsvorsitzender.** Ein Vorstandsmitglied kann nach einhelliger Ansicht **nicht** gerichtlich zum Vorstandsvorsitzenden **ernannt** (§ 84 Abs. 2 AktG) werden. Das soll auch gelten, wenn die Satzung einen Vorstandsvorsitzenden vorsieht;[2307] vorschreiben kann sie ihn ohnehin nicht (→ Rn. 874). Dem ist **zuzustimmen.** § 85 Abs. 1 AktG sieht die Ernennung eines Vorstandsvorsitzenden nicht vor. Die AG wird auch nicht handlungs- oder prozessunfähig, weil kein Vorstandsvorsitzender ernannt ist.

1020 **bb) Arbeitsdirektor.** Hat eine paritätisch mitbestimmte AG keinen Arbeitsdirektor, obwohl sie hierzu verpflichtet wäre (vgl. § 76 Abs. 2 S. 3 AktG), „fehlt" die Funktion „Arbeitsdirektor". Ein „fehlender" Arbeitsdirektor ist nach zutreffender Ansicht **stets „erforderlich"** iSd § 85 Abs. 1 AktG.[2308] Nach wohl

---

[2296] MüKoAktG/*Spindler* AktG § 85 Rn. 13; Hölters/*Weber* AktG § 85 Rn. 6; ähnlich Bürgers/Körber/*Bürgers* AktG § 85 Rn. 5; tendenziell wohl auch GroßkommAktG/*Kort* AktG § 85 Rn. 46.
[2297] MüKoAktG/*Spindler* AktG § 85 Rn. 14; K. Schmidt/Lutter AktG/*Seibt* AktG § 85 Rn. 6.
[2298] GroßkommAktG/*Kort* AktG § 85 Rn. 47; Kölner Komm AktG/*Mertens/Cahn* AktG § 85 Rn. 13, 14; *Thüsing* in Fleischer VorstandsR-HdB § 4 Rn. 34; MüKoAktG/*Spindler* AktG § 85 Rn. 13.
[2299] GroßkommAktG/*Kort* AktG § 85 Rn. 48; Kölner Komm AktG/*Mertens/Cahn* AktG § 85 Rn. 11; MüKoAktG/*Spindler* AktG § 85 Rn. 17; K. Schmidt/Lutter AktG/*Seibt* AktG § 85 Rn. 7.
[2300] GroßkommAktG/*Kort* AktG § 85 Rn. 56; BeckOGK/*Fleischer* AktG § 85 Rn. 11.
[2301] BeckOK FamFG/*Otto* FamFG § 375 Rn. 41.
[2302] Für gerichtlich bestellte Vereins-Vorstandsmitglieder zu § 16 FGG KG OLGZ 65, 332 (334); für gerichtlich bestellte GmbH-Notgeschäftsführer zu § 16 FGG tendenziell ebenso, iErg aber offen lassend BGHZ 6, 232 (235) = NJW 1952, 1009; MüKoAktG/*Spindler* AktG § 85 Rn. 17; BeckOGK/*Fleischer* AktG § 85 Rn. 11; zur Bestellung eines GmbH-Notgeschäftsführers analog § 29 BGB Keidel/*Meyer-Holz* FamFG § 40 Rn. 22; aA ohne Begründung GroßkommAktG/*Kort* AktG § 85 Rn. 56: zusätzlich Bekanntgabe an den Antragsteller erforderlich.
[2303] GroßkommAktG/*Kort* AktG § 85 Rn. 57; BeckOGK/*Fleischer* AktG § 85 Rn. 11; Grigoleit/*Grigoleit* AktG § 85 Rn. 7; Hüffer/Koch/*Koch* AktG § 85 Rn. 4.
[2304] GroßkommAktG/*Kort* AktG § 85 Rn. 60; MüKoAktG/*Spindler* AktG § 85 Rn. 18; BeckOGK/*Fleischer* AktG § 85 Rn. 12; K. Schmidt/Lutter AktG/*Seibt* AktG § 85 Rn. 7; MHdB AG/*Wentrup* § 20 Rn. 33; *Thüsing* in Fleischer VorstandsR-HdB § 4 Rn. 33.
[2305] MüKoAktG/*Spindler* AktG § 85 Rn. 18; Kölner Komm AktG/*Mertens/Cahn* AktG § 85 Rn. 12; BeckOGK/*Fleischer* AktG § 85 Rn. 12; Bürgers/Körber/*Bürgers* AktG § 85 Rn. 4; K. Schmidt/Lutter AktG/*Seibt* AktG § 85 Rn. 7; MüKoFamFG/*Krafka* FamFG § 375 Rn. 36; aA GroßkommAktG/*Kort* AktG § 85 Rn. 61: Eintragung „zum Schutz der Rechtssicherheit geboten".
[2306] MüKoAktG/*Spindler* AktG § 85 Rn. 18.
[2307] MüKoAktG/*Spindler* AktG § 85 Rn. 6; Hölters/*Weber* AktG § 85 Rn. 3; K. Schmidt/Lutter AktG/*Seibt* AktG § 85 Rn. 2; *Seyfarth* VorstandsR § 3 Rn. 77; *Beiner/Braun* Vorstandsvertrag Rn. 46.
[2308] MüKoAktG/*Spindler* AktG § 85 Rn. 5; BeckOGK/*Fleischer* AktG § 85 Rn. 7; Hüffer/Koch/*Koch* AktG § 85 Rn. 2.

hA im Schrifttum soll zudem **stets**[2309] oder **zumindest idR**[2310] ein **dringender Fall** vorliegen. Einschränkend wird vertreten, ein Arbeitsdirektor sei nicht erforderlich[2311] oder es liege kein dringender Fall vor[2312], wenn der Vorstand in absehbarer Zeit nicht über Arbeit und Soziales entscheiden müsse. Gegebenenfalls liegt zwar in der Tat kein dringender Fall vor. Allerdings ist kaum denkbar, dass sich glaubhaft machen lässt, der Vorstand müsse in absehbarer Zeit nicht über Arbeit und Soziales entscheiden.

Hinsichtlich des möglichen Vorgehens ist zu unterscheiden: **Fehlt** nicht nur die Funktion des Arbeitsdirektors, sondern ein **Vorstandsmitglied,** muss das Gericht ein weiteres Vorstandsmitglied bestellen.[2313] Das Gericht hat Ermessen, ob es ein amtierendes oder das gerichtlich bestellte Vorstandsmitglied zum Arbeitsdirektor bestellt. Fehlt kein Vorstandsmitglied, sondern **lediglich** die **Funktion** des **Arbeitsdirektors,** muss das Gericht ein amtierendes Vorstandsmitglied zum Arbeitsdirektor bestellen (falls vorhanden das für „Personal" zuständige Vorstandsmitglied).[2314]

cc) **Erster Vorstand.** Eine gerichtliche Bestellung der Mitglieder des ersten Vorstands ist entgegen der ganz hA in begründeten Fällen **zulässig,** zB wenn in die neu gegründete AG ein Unternehmen eingebracht wird (→ Rn. 974).

e) Organpflichten, Vertretungs- und Geschäftsführungsbefugnis

Gerichtlich bestellte haben **dieselben** Rechte und Pflichten wie vom Aufsichtsrat bestellte Vorstandsmitglieder.[2315] Das gilt insbes. hinsichtlich der Geschäftsführungs- und Vertretungsbefugnis, der Sorgfaltspflichten und der Haftung bei der Verletzung von Organpflichten (§ 93 AktG).[2316]

aa) **Vertretungsbefugnis.** Die gerichtlich bestellte Person rückt in die **Stellung des fehlenden Vorstandsmitglieds** ein und hat dieselbe Vertretungsbefugnis wie das ersetzte Vorstandsmitglied.[2317] Das Gericht darf die Art der Vertretung (Allein- oder Gesamtvertretung) **nicht ändern.**[2318] Besteht zB in einem zweiköpfigen Vorstand Gesamtvertretung, darf das Gericht nicht für das vorhandene oder das gerichtlich bestellte Vorstandsmitglied Einzelvertretung anordnen. Sieht die Satzung einen mehrköpfigen Vorstand mit Gesamtvertretungsbefugnis vor und fehlen mehrere Vorstandsmitglieder, muss das Gericht, sofern genügend geeignete Kandidaten vorhanden sind,[2319] so viele Vorstandsmitglieder bestellen, wie zu der zur Vertretung erforderlichen Zahl fehlen.[2320] Bestellt das Gericht ggf. dennoch nur eine Person, ist die Bestellung nach herrschender und zutreffender Ansicht als rechtsgestaltende Erklärung dennoch wirksam; die bestellte Person hat auch ohne ausdrückliche Anordnung im Bestellungsbeschluss bis zur Bestellung eines weiteren Vorstandsmitglieds Alleinvertretungsbefugnis.[2321] Andernfalls wäre die AG nicht handlungsfähig und der Regelungszweck des § 85 AktG würde verfehlt.[2322]

[2309] Kölner Komm AktG/*Mertens/Cahn* AktG § 85; MHdB AG/*Wentrup* § 20 Rn. 32; aA K. Schmidt/Lutter AktG/*Seibt* AktG § 85 Rn. 3: die Zuständigkeit des Arbeitsdirektors kann vorübergehend ein anderes Vorstandsmitglied wahrnehmen; ebenso *Hoffmann* BB 1977, 17 (20); Henssler/Willemsen/Kalb/*Seibt* MitbestG § 33 Rn. 2: dringender Fall „nur ausnahmsweise", wenn der Vorstand insgesamt seine Aufgaben nicht ordnungsgemäß erfüllen kann, weil der Arbeitsdirektor fehlt.
[2310] MüKoAktG/*Spindler* AktG § 85 Rn. 7; *Beiner/Braun* Vorstandsvertrag Rn. 48; GroßkommAktG/*Kort* AktG § 85 Rn. 28: dringender Fall „eher anzunehmen als bei einem sonstigen Vorstandsmitglied"; Habersack/Henssler/*Habersack* MitbestG § 37 Rn. 20: „grds. zu bejahen".
[2311] *Thüsing* in Fleischer VorstandsR-HdB § 4 Rn. 30.
[2312] GroßkommAktG/*Kort* AktG § 85 Rn. 28.
[2313] Vgl. *Mertens* AG 1979, 334 (344).
[2314] Vgl. *Mertens* AG 1979, 334 (344); Habersack/Henssler/*Habersack* MitbestG § 37 Rn. 20; wohl auch GroßkommAktG/*Kort* AktG § 85 Rn. 238.
[2315] GroßkommAktG/*Kort* AktG § 85 Rn. 62; MüKoAktG/*Spindler* AktG § 85 Rn. 23; BeckOGK/*Fleischer* AktG § 85 Rn. 14; Hüffer/Koch/*Koch* AktG § 85 Rn. 5; Hölters/*Weber* AktG § 85 Rn. 9; Grigoleit/*Grigoleit* AktG § 85 Rn. 8.
[2316] *Krause* BB 2009, 1370 (1371); MüKoAktG/*Spindler* AktG § 85 Rn. 23.
[2317] GroßkommAktG/*Kort* AktG § 85 Rn. 50; BeckOGK/*Fleischer* AktG § 85 Rn. 14; Hüffer/Koch/*Koch* AktG § 85 Rn. 5; Hölters/*Weber* AktG § 85 Rn. 6.
[2318] MüKoAktG/*Spindler* AktG § 85 Rn. 15; Hölters/*Weber* AktG § 85 Rn. 6; vgl. auch GroßkommAktG/*Kort* AktG § 85 Rn. 49; Kölner Komm AktG/*Mertens/Cahn* AktG § 85 Rn. 15: Das Gericht kann die Art der Vertretung nicht ändern.
[2319] MüKoAktG/*Spindler* AktG § 85 Rn. 15.
[2320] MüKoAktG/*Spindler* AktG § 85 Rn. 15; BeckOGK/*Fleischer* AktG § 85 Rn. 14; Kölner Komm AktG/*Mertens/Cahn* AktG § 85 Rn. 15; Hölters/*Weber* AktG § 85 Rn. 6.
[2321] Zum Verein KG OLGZ 65, 332 (334); BeckOGK/*Fleischer* AktG § 85 Rn. 14; Kölner Komm AktG/*Mertens/Cahn* AktG § 85 Rn. 15; GroßkommAktG/*Kort* AktG § 85 Rn. 52; Bürgers/Körber/*Bürgers* AktG § 85 Rn. 6; *Thüsing* in Fleischer VorstandsR-HdB § 4 Rn. 35; aA MüKoAktG/*Spindler* AktG § 85 Rn. 23: Bestellung nur einer Person ist ggf. unwirksam, „da dies den Willen der Gesellschafter missachten würde."
[2322] Bürgers/Körber/*Bürgers* AktG § 85 Rn. 6.

1025 Die gerichtliche **Bestellung** ist auch **wirksam,** wenn das Gericht eine andere Art der Vertretung anordnet als sie das fehlende Vorstandsmitglied hatte oder die Art der Vertretung vorhandener Vorstandsmitglieder ändert. Die **Anordnung** der abweichenden Art der **Vertretung** ist aber **fehlerhaft** und der Bestellungsbeschluss insoweit durch Beschwerde **angreifbar** und aufzuheben.

1026 Die Vertretungsbefugnis kann das Gericht **gegenüber Dritten** nicht wirksam beschränken: Auch die Vertretungsbefugnis gerichtlich bestellter Vorstandsmitglieder ist gemäß § 82 Abs. 1 AktG **unbeschränkbar.**[2323]

1027 **bb) Geschäftsführungsbefugnis.** Ob das Gericht befugt ist, die Geschäftsführungsbefugnis gerichtlich bestellter Vorstandsmitglieder gegenüber der des ersetzten Vorstandsmitglieds einzuschränken, ist umstritten. Nach einer **Ansicht** soll das Gericht generell eine entsprechende Befugnis haben.[2324] Nach der **Gegenansicht** soll eine Beschränkung nur zulässig sein, wenn die gerichtliche Bestellung lediglich erforderlich sei, um **eine** oder **einzelne Rechtshandlungen** vorzunehmen, zB eine Kündigung zu erklären, einen Vertrag abzuschließen oder eine Bilanz aufzustellen.[2325] Bestelle das Gericht ein Vorstandsmitglied nur zu einem bestimmten Zweck, sei damit zugleich eine Beschränkung der Geschäftsführungsbefugnis verbunden, an die sich der Bestellte halten müsse.[2326] Der Gegenansicht ist **zuzustimmen.** Das Gericht darf die Geschäftsführungsbefugnis auch nicht abweichend von den Vorgaben des Aufsichtsrats regeln: Dass der Aufsichtsrat ein fehlendes und erforderliches Vorstandsmitglied nicht bestellt, bedeutet nicht, dass er die Geschäftsführungsbefugnis nicht pflichtgemäß regelt. Insofern kann auch die Hauptversammlung eingreifen, indem sie die Geschäftsführungsbefugnis in der Satzung regelt (§ 77 Abs. 1 S. 2 Hs. 1, Abs. 2 S. 2 AktG). Beschränkt das Gericht die Geschäftsführungsbefugnis doch, ist der Beschluss fehlerhaft[2327] und insoweit erfolgreich mit der Beschwerde angreifbar.

1028 Einhellig abgelehnt wird eine Befugnis des Gerichts, die Geschäftsführungsbefugnis gerichtlich bestellter Vorstandsmitglieder gegenüber der des ersetzten Vorstandsmitglieds einzuschränken, wegen der umfassenden Leitungs- und Geschäftsführungsaufgaben des Vorstands jedenfalls, wenn über das Vermögen einer AG ein **Insolvenzverfahren eröffnet** ist.[2328]

f) Amtsdauer, Befristung

1029 Das Amt gerichtlich bestellter Vorstandsmitglieder *„erlischt in jedem Fall, sobald der Mangel behoben ist"* (§ 85 Abs. 2 AktG). „**Behoben**" ist der Mangel, wenn der Aufsichtsrat für das fehlende ein Vorstandsmitglied bestellt und es die Bestellung angenommen hat.[2329] Das Amt des gerichtlich bestellten Vorstandsmitglieds erlischt dann **kraft Gesetzes** ohne weiteren Rechtsakt.[2330] Dass **kein dringender Fall** mehr für die gerichtliche Bestellung vorliegt, ist keine „Behebung des Mangels" und führt daher nicht zur Amtsbeendigung.[2331]

1030 Vereinzelt wird vertreten, das Amt eines **nur** für eine **bestimmte Aufgabe** gerichtlich bestellten Vorstandsmitglieds (→ Rn. 1027) ende automatisch, sobald diese Aufgabe erledigt sei.[2332] Die hA lehnt das zu Recht ab.[2333] Der Zeitpunkt, in dem das Amt endet, muss aus Rechtssicherheitsgründen genau bestimm-

---

[2323] BayObLG AG 1988, 301 (303f.); LG Berlin AG 1986, 52 (53); GroßkommAktG/*Kort* AktG § 85 Rn. 49; Kölner Komm AktG/*Mertens/Cahn* AktG § 85 Rn. 15; K. Schmidt/Lutter AktG/*Seibt* AktG § 85 Rn. 9; BeckOGK/*Fleischer* AktG § 85 Rn. 14.
[2324] BeckOGK/*Fleischer* AktG § 85 Rn. 15; Kölner Komm AktG/*Mertens/Cahn* AktG § 85 Rn. 15; Hüffer/Koch/*Koch* AktG § 85 Rn. 5; *Beiner/Braun* Vorstandsvertrag Rn. 52; krit. Hölters/*Weber* AktG § 85 Rn. 6: *„Beschränkung [...] kaum einmal sachgerecht."*
[2325] MüKoAktG/*Spindler* AktG § 85 Rn. 16; GroßkommAktG/*Kort* AktG § 85 Rn. 53f.
[2326] MüKoAktG/*Spindler* AktG § 85 Rn. 16; Hölters/*Weber* AktG § 85 Rn. 6; GroßkommAktG/*Kort* AktG § 85 Rn. 54.
[2327] Vgl. BayObLG AG 1988, 301 (303f.): Gericht *„darf"* Geschäftsführungsbefugnis nicht beschränken; GroßkommAktG/*Kort* AktG § 85 Rn. 53; unklar Kölner Komm AktG/*Mertens/Cahn* AktG § 85 Rn. 15: *„kann"*; MüKoAktG/*Spindler* AktG § 85 Rn. 16.
[2328] Für den Fall des Einpersonen-Vorstands BayObLG NJW-RR 1988, 929 (932); MüKoAktG/*Spindler* AktG § 85 Rn. 16; GroßkommAktG/*Kort* AktG § 85 Rn. 55; Kölner Komm AktG/*Mertens/Cahn* AktG § 85 Rn. 15; BeckOGK/*Fleischer* AktG § 85 Rn. 15; Grigoleit/*Grigoleit* AktG § 85 Rn. 8; *Beiner/Braun* Vorstandsvertrag Rn. 52.
[2329] GroßkommAktG/*Kort* AktG § 85 Rn. 72.
[2330] GroßkommAktG/*Kort* AktG § 85 Rn. 73; MüKoAktG/*Spindler* AktG § 85 Rn. 21; Hüffer/Koch/*Koch* AktG § 85 Rn. 5; K. Schmidt/Lutter AktG/*Seibt* AktG § 85 Rn. 10.
[2331] GroßkommAktG/*Kort* AktG § 85 Rn. 73; Kölner Komm AktG/*Mertens/Cahn* AktG § 85 Rn. 17; BeckOGK/*Fleischer* AktG § 85 Rn. 16; MüKoAktG/*Spindler* AktG § 85 Rn. 21; Bürgers/Körber/*Bürgers* AktG § 85 Rn. 7; *Thüsing* in Fleischer VorstandsR-HdB § 4 Rn. 37; *Beiner/Braun* Vorstandsvertrag Rn. 50; *Seyfarth* VorstandsR § 3 Rn. 83.
[2332] Ohne Begründung MüKoAktG/*Spindler* AktG § 85 Rn. 21; *Thüsing* in Fleischer VorstandsR-HdB § 4 Rn. 37.
[2333] GroßkommAktG/*Kort* AktG § 85 Rn. 72; Hölters/*Weber* AktG § 85 Rn. 10; BeckOGK/*Fleischer* AktG § 85 Rn. 16; Kölner Komm AktG/*Mertens/Cahn* AktG § 85 Rn. 17; *Beiner/Braun* Vorstandsvertrag Rn. 50.

bar sein. Wann die Aufgabe erledigt ist, für die das Vorstandsmitglied bestellt wurde, lässt sich idR aber nicht rechtssicher bestimmen.[2334]

Vereinzelt wird vertreten, das Amt ende automatisch, wenn der **Grund weggefallen** sei, aus dem es „erforderlich" war, das Vorstandsmitglied gerichtlich zu bestellen. Wurde zB ein Vorstandsmitglied gerichtlich bestellt, weil der Vorstand nach der Satzung unterbesetzt war, endete das Amt danach automatisch, wenn der Vorstand aufgrund einer Satzungsänderung auch ohne das gerichtlich bestellte Vorstandsmitglied nicht mehr unterbesetzt wäre.[2335] Das ist vertretbar, sofern sich – wie im Fall der Eintragung einer Satzungsänderung – eindeutig bestimmen lässt, wann das Amt endet. In anderen Fällen muss ggf. das Gericht entscheiden, ob die gerichtliche Bestellung zu widerrufen ist (→ Rn. 1034). Der Aufsichtsrat kann und muss evtl. den Widerruf beantragen (→ Rn. 1037). 1031

Nach überwiegender und zutreffender Ansicht ist es sachgerecht, dass das Gericht die Bestellung **nicht befristet**.[2336] Das Amt endet ohnehin sofort, wenn der Aufsichtsrat den Mangel behebt (→ Rn. 1029). Befristet das Gericht die Bestellung, ist sie aber nach ganz herrschender und zutreffender Ansicht wirksam.[2337] Die Amtszeit endet dann **spätestens** zum festgelegten Zeitpunkt.[2338] Befristet das Gericht die Bestellung nicht, endet die Amtszeit entsprechend § 84 Abs. 1 S. 1 AktG **spätestens fünf Jahre** nach ihrem Beginn. 1032

§ 85 Abs. 2 AktG ist **zwingend**.[2339] „Zusagen" zur Dauer der Amtszeit sind daher,[2340] und weil sonst die Entschließungsfreiheit des Aufsichtsrats unzulässig eingeschränkt würde (→ Rn. 521), **unverbindlich**. 1033

g) Widerruf der Bestellung

Die gerichtliche Bestellung kann **nur gerichtlich** widerrufen werden.[2341] Hierzu ist ein neues Verfahren nach § 48 Abs. 1 S. 2 FamFG in der ersten Instanz einzuleiten. Der **Aufsichtsrat** kann die gerichtliche Bestellung hingegen **nicht** nach § 84 Abs. 3 S. 1 AktG widerrufen.[2342] Er kann sie aber jederzeit beenden, indem er stattdessen ein neues Vorstandsmitglied nach § 84 Abs. 1 AktG bestellt (→ Rn. 1029). 1034

aa) Wichtiger Grund. Voraussetzung für den Widerruf ist nach ganz herrschender und **zutreffender** Ansicht ein wichtiger Grund.[2343] Für die gerichtliche Abberufung gerichtlich bestellter Aufsichtsratsmitglieder soll zwar nach teilweise vertretener Ansicht kein wichtiger Grund erforderlich sein, weil die gerichtliche Bestellung lediglich **vorläufig** sei.[2344] Nach hA setzt aber auch die Abberufung gerichtlich bestellter Aufsichtsratsmitglieder entsprechend § 103 Abs. 3 S. 1 AktG einen wichtigen Grund voraus.[2345] Für gerichtlich bestellte Vorstandsmitglieder kommt hinzu, dass sie die AG unabhängig leiten müssen (§ 76 Abs. 1 AktG). Diese Unabhängigkeit ist auch bei der nur vorläufigen gerichtlichen Bestellung zu schützen, indem für den Widerruf ein wichtiger Grund erforderlich ist. 1035

Welche Umstände als wichtiger Grund in Betracht kommen, ist grds. ebenso zu beurteilen wie nach § 84 Abs. 3 AktG für den Widerruf der Bestellung durch den Aufsichtsrat. Mit Blick auf die Besonderheiten der gerichtlichen Bestellung sind allerdings grds. **geringere Anforderungen** zu stellen. Wichtige 1036

[2334] GroßkommAktG/*Kort* AktG § 85 Rn. 72; Kölner Komm AktG/*Mertens/Cahn* AktG § 85 Rn. 17; aA MüKoAktG/*Spindler* AktG § 85 Rn. 21.
[2335] Grigoleit/*Grigoleit* AktG § 85 Rn. 8; aA *Seyfarth* VorstandsR § 3 Rn. 83.
[2336] Kölner Komm AktG/*Mertens/Cahn* AktG § 85 Rn. 17; MüKoAktG/*Spindler* AktG § 85 Rn. 21; GroßkommAktG/*Kort* AktG § 85 Rn. 80: Befristung *„in der Regel unangebracht, aber nicht unzulässig"*.
[2337] Kölner Komm AktG/*Mertens/Cahn* AktG § 85 Rn. 17; MüKoAktG/*Spindler* AktG § 85 Rn. 21; GroßkommAktG/*Kort* AktG § 85 Rn. 80; aA ohne Begründung *Thüsing* in Fleischer VorstandsR-HdB § 4 Rn. 38.
[2338] MüKoAktG/*Spindler* AktG § 85 Rn. 21; Kölner Komm AktG/*Mertens/Cahn* AktG § 85 Rn. 17; GroßkommAktG/*Kort* AktG § 85 Rn. 80.
[2339] GroßkommAktG/*Kort* AktG § 85 Rn. 75.
[2340] GroßkommAktG/*Kort* AktG § 85 Rn. 75; Kölner Komm AktG/*Mertens/Cahn* AktG § 85 Rn. 19.
[2341] GroßkommAktG/*Kort* AktG § 85 Rn. 76; Kölner Komm AktG/*Mertens/Cahn* AktG § 85 Rn. 18; MüKoAktG/*Spindler* AktG § 85 Rn. 22; BeckOGK/*Fleischer* AktG § 85 Rn. 17; K. Schmidt/Lutter AktG/*Seibt* AktG § 85 Rn. 10; Bürgers/Körber/*Bürgers* AktG § 85 Rn. 7; Hölters/*Weber* AktG § 85 Rn. 10; Hüffer/Koch/*Koch* AktG § 85 Rn. 5; MHdB AG/*Wentrup* 20 Rn. 34.
[2342] GroßkommAktG/*Kort* AktG § 85 Rn. 76; Kölner Komm AktG/*Mertens/Cahn* AktG § 85 Rn. 18; BeckOGK/*Fleischer* AktG § 85 Rn. 17; aA zum gerichtlich bestellten GmbH-Notgeschäftsführer *Hommelhoff* GmbHR 2002, 158 (162): Auch die Gesellschafterversammlung kann nach § 38 GmbHG widerrufen.
[2343] MüKoAktG/*Spindler* AktG § 85 Rn. 22; BeckOGK/*Fleischer* AktG § 85 Rn. 17; K. Schmidt/Lutter AktG/*Seibt* AktG § 85 Rn. 10; *Beiner/Braun* Vorstandsrecht Rn. 51; *Thüsing* in Fleischer VorstandsR-HdB § 4 Rn. 38; unklar GroßkommAktG/*Kort* AktG § 85 Rn. 76; NK-AktG/*Oltmanns* AktG § 85 Rn. 6; aA ohne Begründung MHdB AG/*Wentrup* 20 Rn. 34.
[2344] MüKoAktG/*Habersack* AktG § 104 Rn. 48, 54; vgl. auch AG Charlottenburg AG 2005, 133.
[2345] BeckOGK/*Spindler* AktG § 104 Rn. 56; GroßkommAktG/*Kort* AktG § 104 Rn. 143; Hüffer/Koch/*Koch* AktG § 104 Rn. 15; MHdB AG/*Hoffmann-Becking* § 30 Rn. 99 f.; Hölters/*Simons* AktG § 104 Rn. 35; Grigoleit/*Grigoleit/Tomasic* AktG § 104 Rn. 25; *Fett/Theusinger* AG 2010, 425 (426 f.); *E. Vetter* DB 2005, 875 (877); NK-AktG/*Breuer/Fraune* AktG § 104 Rn. 18.

Gründe für den Widerruf sind auch, dass kein „dringender Fall" iSd § 85 Abs. 1 S. 1 AktG mehr vorliegt, dass die Aufgabe erledigt ist, für die das Vorstandsmitglied gerichtlich bestellt wurde, oder dass ein fehlendes Vorstandsmitglied nicht mehr „erforderlich" ist. Kein wichtiger Grund sind Umstände, aufgrund derer Beschwerdebefugte bereits die gerichtliche Bestellung angreifen hätten können, zB dass das Gericht Satzungsvorgaben für Vorstandsmitglieder nicht beachtete (→ Rn. 1013).

1037 **bb) Antragserfordernis.** Nach hA soll das Gericht die Bestellung **von Amts wegen** widerrufen können.[2346] **Umstritten** ist, ob der Aufsichtsrat – angesichts der Kompetenzordnung der AG nicht aber andere Beteiligte – den Widerruf **beantragen** kann.[2347] Verbreitet wird angenommen, der **Aufsichtsrat** habe „*in sinngemäßer Anwendung von § 112 [AktG]*"[2348] ein Antragsrecht.[2349] Lehne das Gericht auf entsprechenden Antrag hin den Widerruf ab, könne der Aufsichtsrat für die AG Beschwerde einlegen.[2350] Die Gegenansicht lehnt eine Antragsbefugnis des Aufsichtsrats ab.[2351] § 112 AktG regle keine Antragsbefugnisse. Zudem könne der Aufsichtsrat die Amtszeit durch Bestellung eines Vorstandsmitglieds beenden (§ 85 Abs. 2 AktG).[2352]

1038 **Stellungnahme:** Der gerichtliche Widerruf setzt schon **in prozessualer Hinsicht** nach § 48 Abs. 1 S. 2 **FamFG zwingend einen Antrag voraus.** Nach § 48 Abs. 1 S. 2 FamFG kann das Gericht nur auf Antrag „*eine rechtskräftige Endentscheidung mit Dauerwirkung aufheben oder ändern*". Nach herrschender und zutreffender Ansicht haben gerichtliche Bestellungsbeschlüsse eine Dauerwirkung iSd § 48 Abs. 1 S. 2 FamFG.[2353] Zur gerichtlichen Abberufung gerichtlich bestellter Aufsichtsratsmitglieder wird zwar vertreten, § 48 Abs. 1 S. 2 FamFG sei nicht anwendbar, weil das Gericht nicht die rechtskräftige Bestellungsentscheidung ändere, sondern als neue Maßnahme die Bestellung widerrufe.[2354] Dass der Widerruf der Bestellung eine „neue Maßnahme" ist, ändert aber nichts daran, dass er zugleich die rechtskräftige Bestellungsentscheidung ändert. Eine „nachträgliche Änderung der Sach- oder Rechtslage" iSd § 48 Abs. 1 S. 2 FamFG muss ohnehin vorliegen, weil für den Widerruf der Bestellung ein wichtiger Grund erforderlich ist (→ Rn. 1035 f.). Den erforderlichen Antrag **kann nur der Aufsichtsrat stellen.** Dass die gerichtliche Bestellung nur auf Antrag des Aufsichtsrats widerrufen werden kann, ist auch sachgerecht. Zur gerichtlichen Abberufung gerichtlich bestellter Aufsichtsratsmitglieder wird zwar argumentiert, ein Antrag sei nicht erforderlich, weil die gerichtliche Bestellung lediglich „vorläufigen Charakter" habe.[2355] Der „vorläufige Charakter" steht aber der Dauerwirkung nicht entgegen und rechtfertigt auch nicht, dass das Gericht noch weiter in die Personalkompetenz des Aufsichtsrats sowie die Unabhängigkeit des Vorstandsmit-

---

[2346] MüKoAktG/*Spindler* AktG § 85 Rn. 22; BeckOGK/*Fleischer* AktG § 85 Rn. 17; Kölner Komm AktG/*Mertens/Cahn* AktG § 85 Rn. 18; Hölters/*Weber* AktG § 85 Rn. 10; K. Schmidt/Lutter AktG/*Seibt* AktG § 85 Rn. 10; *Beiner/Braun* Vorstandsrecht Rn. 51; *Thüsing* in Fleischer VorstandsR-HdB § 4 Rn. 38; Bürgers/Körber/*Bürgers* AktG § 85 Rn. 7; GroßkommAktG/*Kort* AktG § 85 Rn. 76; so wohl auch Hüffer/Koch/*Koch* AktG § 85 Rn. 5; NK-AktG/*Oltmanns* AktG § 85 Rn. 6; MüKoFamFG/*Krafka* FamFG § 375 Rn. 36.
[2347] GroßkommAktG/*Kort* AktG § 85 Rn. 78; Kölner Komm AktG/*Mertens/Cahn* AktG § 85 Rn. 18; *Thüsing* in VorstandsR-HdB § 4 Rn. 38. Auch mit Blick auf GmbH-Notgeschäftsführer geht die hA davon aus, dass der Kreis der Antragsberechtigten für den Widerruf der Bestellung nicht identisch ist mit dem Kreis der Antragsberechtigten für die Bestellung, KG NJW 1967, 933; *Bauer*, Der Notgeschäftsführer in der GmbH, 2006, 300 mwN; aA Soergel/*Hadding* BGB § 29 Rn. 16.
[2348] Kölner Komm AktG/*Mertens/Cahn* AktG § 85 Rn. 18.
[2349] Kölner Komm AktG/*Mertens/Cahn* AktG § 85 Rn. 18; BeckOGK/*Fleischer* AktG § 85 Rn. 17; Hölters/*Weber* AktG § 85 Rn. 10; Bürgers/Körber/*Bürgers* AktG § 85 Rn. 7; *Thüsing* in Fleischer VorstandsR-HdB § 4 Rn. 38; *Beiner/Braun* Vorstandsvertrag Rn. 51. Unklar MüKoAktG/*Spindler* AktG § 85 Rn. 22.
[2350] Kölner Komm AktG/*Mertens/Cahn* AktG § 85 Rn. 18; MüKoAktG/*Spindler* AktG § 85 Rn. 22; BeckOGK/*Fleischer* AktG § 85 Rn. 17; Hölters/*Weber* AktG § 85 Rn. 10. Zur Beschwerdeberechtigung der Gesellschafter einer GmbH, wenn das Gericht ihren Antrag auf Widerruf der Bestellung eines analog § 29 BGB gerichtlich bestellten GmbH-Notgeschäftsführers zurückweist, OLG Düsseldorf NJW-RR 1997, 1398 sowie BayObLGZ 1978, 243 (247); zur Beschwerdeberechtigung eines Vereinsmitglieds KG NJW 1967, 933.
[2351] GroßkommAktG/*Kort* AktG § 85 Rn. 77.
[2352] GroßkommAktG/*Kort* AktG § 85 Rn. 77.
[2353] Zu gerichtlich bestellten Vereinsvorstandsmitgliedern Haußleiter/*Gomille* FamFG § 48 Rn. 2; zur Anwendbarkeit des § 18 Abs. 1 FGG aF – der Vorgängernorm zu § 48 Abs. 1 FamFG, die aber kein Antragserfordernis regelte – auf den Widerruf der gerichtlichen Bestellung eines GmbH-Notgeschäftsführers *Bauer*, Der Notgeschäftsführer in der GmbH, 2006, 303; zu Betreuern, Pflegern und Testamentsvollstreckern BeckOK FamFG/*Obermann* FamFG § 48 Rn. 6a und Keidel/*Engelhardt* FamFG § 48 Rn. 6; zu nach § 142 Abs. 2 AktG gerichtlich bestellten Sonderprüfern OLG Celle 28.4.2020 – 9 W 69/19, juris Rn. 11 ff.; GroßkommAktG/*Verse/Gaschler* AktG § 144 Rn. 344; Kölner Komm AktG/*Rieckers/J. Vetter* AktG § 143 Rn. 37; K. Schmidt/Lutter AktG/*Spindler* AktG § 142 Rn. 76; MHdB CL/*Lieder* § 26 Rn. 146; NK-AktR/*von der Linden* AktG § 142 Rn. 45; tendenziell aA zu gerichtlich bestellten Sonderprüfern *Slavik* WM 2017, 1684 (1690); aA zu gerichtlich bestellten Vereinsvorstandsmitgliedern MüKoFamFG/*Ulrici* FamFG § 48 Rn. 11.
[2354] Kölner Komm AktG/*Mertens/Cahn* AktG § 104 Rn. 36 sowie GroßkommAktG/*Hopt/Roth* AktG § 104 Rn. 143. Anders für einen gerichtlichen Widerruf gerichtlich bestellter Sonderprüfer K. Schmidt/Lutter AktG/*Spindler* AktG § 142 Rn. 76.
[2355] AG Charlottenburg AG 2005, 133; MüKoAktG/*Habersack* AktG § 104 Rn. 48.

glieds eingreift und die Bestellung von Amts wegen widerruft. Das Vorstandsmitglied ist vor einem willkürlichen Vorgehen des Aufsichtsrats geschützt, weil für den Widerruf ein wichtiger Grund erforderlich ist und jedenfalls das Gericht über den Widerruf entscheidet. Lehnt das Gericht den Antrag ab, kann der Aufsichtsrat für die AG Beschwerde einlegen.[2356] Dass § 112 AktG nach seinem Wortlaut keine Antragsbefugnisse regelt, steht einem Antrag des Aufsichtsrats nicht entgegen: Aus § 112 AktG und § 84 AktG ergibt sich allgemein, dass der Aufsichtsrat die AG vertritt, sofern es um Rechte der AG im Zusammenhang mit der Personalkompetenz hinsichtlich des Vorstands geht. Der Aufsichtsrat kann die Amtszeit zwar auch beenden, indem er ein neues Vorstandsmitglied bestellt. Der Aufsichtsrat kann aber zur Einschätzung gelangen, dass ein wichtiger Grund vorliegt und die gerichtliche Bestellung zu widerrufen ist, kann sich aber evtl. nicht auf einen Kandidaten einigen. Gegebenenfalls muss er den Antrag auf Widerruf mit dem Antrag verbinden, eine andere Person zum Vorstandsmitglied zu bestellen.

Ist die AG **paritätisch mitbestimmt,** ist für den Antrag ein Beschluss mit einer Mehrheit von mindestens zwei Drittel der Stimmen der Mitglieder des Aufsichtsrats erforderlich (§ 31 Abs. 5 MitbestG). **1039**

Jedem steht es im Übrigen frei, dem Bestellungsgericht **Umstände anzuzeigen,** aus denen sich nach seiner Einschätzung ein wichtiger Grund für den Widerruf ergibt. Das Gericht muss ggf. das Vorstandsmitglied, die AG – vertreten durch den Aufsichtsrat –, die anderen Vorstandsmitglieder und den Anzeigenden **anhören.** Im Rahmen seiner Anhörung muss der Aufsichtsrat entscheiden, ob er den Widerruf beantragt. Stellt der Aufsichtsrat keinen Antrag und halten die anderen Vorstandsmitglieder oder Aktionäre diese Entscheidung für pflichtwidrig, können sie versuchen, geeignete Maßnahmen zu ergreifen (Abberufung von Aufsichtsratsmitgliedern etc.). **1040**

cc) Pflicht zum Widerruf. Gelangt das Gericht zur Einschätzung, dass ein wichtiger Grund für den Widerruf vorliegt, **muss** es die gerichtliche Bestellung widerrufen. Liegen die Voraussetzungen für die gerichtliche Bestellung eines Vorstandsmitglieds immer noch vor, muss das Gericht **zugleich** ein **neues Vorstandsmitglied** gerichtlich bestellen; hierzu ist kein neuer Antrag erforderlich (→ Rn. 1045). Steht derzeit kein geeigneter Kandidat zur Verfügung, kann das Gericht verpflichtet sein, zunächst lediglich die gerichtliche Bestellung zu widerrufen. Das Gericht muss aber berücksichtigen, welche Folgen mit einem isolierten Widerruf verbunden wären.[2357] **1041**

dd) Rechtsmittel gegen die gerichtliche Entscheidung über den Widerruf. Das **Vorstandsmitglied** kann gegen den Widerruf seiner Bestellung **Beschwerde** einlegen.[2358] Der **Aufsichtsrat** kann gegen die Entscheidung, die gerichtliche Bestellung entgegen einem entsprechenden Antrag **nicht** zu widerrufen, **Beschwerde** einlegen. **1042**

h) Sonstige Beendigungsgründe

Das gerichtlich bestellte Vorstandsmitglied kann sein **Amt** einseitig **niederlegen.**[2359] Es gelten die allgemeinen Grundsätze (→ Rn. 782 ff.).[2360] Als wichtiger Grund kommt insbes. in Betracht, dass kein „dringender Fall" iSd § 85 Abs. 1 S. 1 AktG mehr vorliegt[2361] oder die Aufgabe erledigt ist, für die das Vorstandsmitglied gerichtlich bestellt wurde[2362]. Ein wichtiger Grund liegt auch vor, wenn kein fehlendes Vorstandsmitglied mehr erforderlich ist (→ Rn. 1036). **1043**

Das gerichtliche bestellte Vorstandsmitglied und der Aufsichtsrat können das Amt **einvernehmlich beenden** (→ Rn. 856 ff.). **1044**

i) Weitere Bestellung bei fortbestehender Dringlichkeit

Endet das Amt, kann und **muss** das Gericht **von Amts wegen** erneut ein Vorstandsmitglied bestellen, wenn die Voraussetzungen des § 85 Abs. 1 AktG noch vorliegen.[2363] Endet das Amt aufgrund der Befris- **1045**

[2356] Dazu auch OLG Düsseldorf NJW-RR 1997, 1398.
[2357] Zum GmbH-Notgeschäftsführer analog § 29 BGB insofern enger OLG Düsseldorf NJW-RR 1997, 1398: Widerruf der Bestellung „bei fortbestehender Notlage […] überhaupt nur in Verbindung mit der gleichzeitigen Neubestellung eines anderen Notgeschäftsführers".
[2358] GroßkommAktG/*Kort* AktG § 85 Rn. 79; BeckOGK/*Fleischer* AktG § 85 Rn. 17; Kölner Komm AktG/*Mertens/Cahn* AktG § 85 Rn. 19; Bürgers/Körber/*Bürgers* AktG § 85 Rn. 7.
[2359] Kölner Komm AktG/*Mertens/Cahn* AktG § 85 Rn. 16; GroßkommAktG/*Kort* AktG § 85 Rn. 81; MüKoAktG/*Spindler* AktG § 85 Rn. 22.
[2360] Dazu, dass die Wirksamkeit der Amtsbeendigung nicht vom Vorliegen eines wichtigen Grunds abhängt, MüKoAktG/*Spindler* AktG § 85 Rn. 22; BeckOGK/*Fleischer* AktG § 85 Rn. 17; GroßkommAktG/*Kort* AktG § 85 Rn. 81.
[2361] GroßkommAktG/*Kort* AktG § 85 Rn. 81; Kölner Komm AktG/*Mertens/Cahn* AktG § 85 Rn. 16.
[2362] Kölner Komm AktG/*Mertens/Cahn* AktG § 85 Rn. 16.
[2363] GroßkommAktG/*Kort* AktG § 85 Rn. 81a; anders BeckOGK/*Fleischer* AktG § 85 Rn. 17; MüKoAktG/*Spindler* AktG § 85 Rn. 22: Das Gericht kann (nicht: muss) von Amts wegen erneut ein Vorstandsmitglied bestellen. Dafür

tung der Bestellung, kann das Gericht das zuvor bestellte Vorstandsmitglied erneut bestellen. Dasselbe gilt, wenn das Amt endet, weil die maximale Amtsdauer von fünf Jahren erreicht wurde. Ein neuer Antrag ist aber auch nicht erforderlich, wenn das Gericht eine andere Person bestellt, da sich der ursprüngliche Antrag nicht auf die Bestellung einer bestimmten Person bezog.[2364] Das Gericht muss die AG, vertreten durch den Aufsichtsrat, die Vorstandsmitglieder und den Antragsteller vor der weiteren Bestellung **anhören.**

j) Kein Austausch ohne vorherige Aufhebung oder Beendigung der Bestellung

1046 **Nicht zulässig** ist es, ein gerichtlich bestelltes Vorstandsmitglied **auszutauschen,** ohne dass zuvor die Bestellung mit Wirkung ex tunc aufgehoben oder ex nunc beendet wurde. Leidet die Bestellung an einem Mangel, können Beschwerdebefugte sie innerhalb eines Monats mit der Beschwerde angreifen (→ Rn. 1052). Nach Ablauf der Beschwerdefrist kann die Bestellung mit Wirkung ex nunc widerrufen werden, wenn ein wichtiger Grund vorliegt.

k) Auslagenersatz und Vergütung (§ 85 Abs. 3 AktG)

1047 Nach § 85 Abs. 3 S. 1 AktG hat das Vorstandsmitglied Anspruch auf Ersatz angemessener barer Auslagen und auf Vergütung seiner Tätigkeit. Einigen sich das Vorstandsmitglied und die AG, vertreten durch den Aufsichtsrat, nicht, setzt nach § 85 Abs. 3 S. 2 AktG **das Gericht** die Auslagen und die Vergütung fest. Daraus lässt sich ableiten: Die gerichtliche Bestellung begründet **keinen Anstellungsvertrag** zwischen der AG und dem Vorstandsmitglied.[2365] Vielmehr entsteht ein Schuldverhältnis sui generis, das sich an die Regeln zum Anstellungsvertrag anlehnt.[2366] Das Vorstandsmitglied hat auch **keinen Anspruch** auf Abschluss eines Anstellungsvertrags.[2367] Vereinzelt wird vertreten, der Aufsichtsrat müsse zumindest über einen Anstellungsvertrag **verhandeln.**[2368] Dem Gesetz lässt sich aber lediglich entnehmen, dass der Aufsichtsrat über die Vergütung und den Auslagenersatz verhandeln muss (vgl. § 85 Abs. 3 S. 2 AktG).[2369] Trifft der Aufsichtsrat mit dem Vorstandsmitglied keine Vereinbarung, hat das Vorstandsmitglied einen **gesetzlichen Anspruch** auf Ersatz angemessener barer Auslagen und auf Vergütung (§ 85 Abs. 3 S. 1 AktG). Im Schrifttum wird zwar auf eine mögliche Schadensersatzpflicht hingewiesen, wenn der Aufsichtsrat nicht über die Vergütung verhandelt.[2370] Ein Schaden liegt aber fern: Verhandelt der Aufsichtsrat nicht, setzt das Gericht die Vergütung fest. Setzt das Gericht eine unangemessene Vergütung fest, kann der Aufsichtsrat gegen die Festsetzung Beschwerde einlegen und die Unangemessenheit geltend machen.

1048 Die **Vergütung** richtet sich nach **Art** und **Umfang** der Tätigkeit.[2371] Dabei kann sich der Aufsichtsrat oder das Gericht an den Gesamtbezügen der anderen Vorstandsmitglieder orientieren.[2372] In **börsennotierten** Gesellschaften muss der Aufsichtsrat oder das Gericht die Vergütung nicht in Übereinstimmung mit einem der Hauptversammlung vorgelegten Vorstandsvergütungssystem festsetzen (§ 87a Abs. 2 S. 1 AktG): § 85 Abs. 3 S. 1 AktG stellt auf die „Vergütung für seine Tätigkeit" ab, nicht auf die Gesamtbezüge des § 87 Abs. 1 AktG. Unter Umständen kann es sich empfehlen, einen Vergütungsberater hinzuzuziehen. Diese Ausführungen können auch hilfreich sein, wenn das Gericht die Vergütung festsetzt (→ Rn. 1047).[2373]

1049 **Verschlechtert sich die Lage der AG** nach der Festsetzung der Vergütung so, dass die Weitergewährung der Bezüge unbillig für die AG wäre, sollen die Bezüge des gerichtlich bestellten Vorstandsmitglieds auf die angemessene Höhe **herabgesetzt** werden (§ 87 Abs. 2 S. 2 AktG; → Rn. 1328). Zuständig, die Vergütung nachträglich herabzusetzen, ist nach dem Wortlaut des § 87 Abs. 2 S. 1 AktG, der pauschal auf § 85 Abs. 3 AktG verweist, allein das Gericht auf Antrag des Aufsichtsrats. Das Schrifttum geht aber zutreffend davon aus, dass für die Zuständigkeit zur Herabsetzung als actus contrarius zur Festsetzung danach zu unterscheiden ist, wer die Vergütung ursprünglich festgesetzt hat: Hat der Aufsichtsrat die Vergütung

---

dass im Fall einer Amtsbeendigung kein Antrag nach § 48 Abs. 1 FamFG erforderlich ist, Mock AG 2020, 536 (538) (zum Sonderprüfer).

[2364] GroßkommAktG/*Kort* AktG § 85 Rn. 81a.
[2365] MüKoAktG/*Spindler* AktG § 85 Rn. 24; GroßkommAktG/*Kort* AktG § 85 Rn. 64; Hölters/*Weber* AktG § 85 Rn. 11; BeckOGK/*Fleischer* AktG § 85 Rn. 18; MHdB AG/*Wentrup* § 20 Rn. 35.
[2366] GroßkommAktG/*Kort* AktG § 85 Rn. 82; Kölner Komm AktG/*Mertens*/*Cahn* AktG § 85 Rn. 16.
[2367] GroßkommAktG/*Kort* AktG § 85 Rn. 82.
[2368] *Thüsing* in Fleischer VorstandsR-HdB § 4 Rn. 36.
[2369] Vgl. insofern auch GroßkommAktG/*Kort* AktG § 85 Rn. 82.
[2370] Vgl. insofern auch GroßkommAktG/*Kort* AktG § 85 Rn. 82.
[2371] Vgl. auch *Thüsing* in Fleischer VorstandsR-HdB § 4 Rn. 36: „Die Angemessenheit der Vergütung beurteilt sich nach den gleichen Regeln wie bei § 87 AktG."
[2372] GroßkommAktG/*Kort* AktG § 85 Rn. 84.
[2373] Vgl. K. Schmidt/Lutter AktG/*Seibt* AktG § 85 Rn. 11: Vorlage von Stellungnahmen Sachverständiger oder Auszüge aus Vergütungstabellen von Personalberatungsunternehmen; GroßkommAktG/*Kort* AktG § 85 Rn. 85.

des gerichtlich bestellten Vorstandsmitglieds vereinbart, ist er zuständig, über die Herabsetzung gemäß § 87 Abs. 2 AktG zu entscheiden. Hat das Gericht die Vergütung nach § 85 Abs. 3 S. 2 AktG festgesetzt, kann nur das Gericht auf Antrag des Aufsichtsrats sie nachträglich herabsetzen.[2374]

Für die **Auslagen** gilt ebenfalls der für die anderen Vorstandsmitglieder anzulegende Maßstab. Hat der Aufsichtsrat allgemein konkretisiert, welche Auslagen angemessen sind, muss sich das Gericht daran orientieren, sofern die Konkretisierung nicht unangemessen ist. 1050

Gegen die Festsetzung können das Vorstandsmitglied und die AG **Beschwerde** einlegen (§ 85 Abs. 3 S. 3 AktG); die AG vertritt dabei der Aufsichtsrat (§§ 112, 84 AktG). Die rechtskräftige Festsetzung ist ein **Vollstreckungstitel** iSd ZPO (§ 85 Abs. 3 S. 4 AktG). Das Vorstandsmitglied kann die Annahme der Bestellung davon abhängig machen, dass die AG ihm einen **Vorschuss zahlt.**[2375] **Der Vergütungsbericht** (§ 162 AktG) börsennotierter Gesellschaften muss **keine** Angaben zur Vergütung gerichtlich bestellter Vorstandsmitglieder enthalten. 1051

I) Rechtsmittel gegen die gerichtliche Entscheidung über einen Bestellungsantrag

Gegen die Entscheidung über einen Bestellungsantrag ist die **Beschwerde statthaft** (§ 85 Abs. 1 S. 2 AktG, §§ 58 ff. FamFG). Die Beschwerde ist „binnen einer Frist von einem Monat einzulegen" (§ 63 Abs. 1 FamFG). Die Frist beginnt jeweils mit der schriftlichen Bekanntgabe des Beschlusses an den Beteiligten (§ 63 Abs. 3 S. 1 FamFG). Die Beschwerde kann neben fehlender Erforderlichkeit oder Dringlichkeit auch darauf gestützt werden, dass das Gericht **Eignungsvoraussetzungen** der Satzung **nicht beachtet** hat (→ Rn. 1013).[2376] 1052

Lehnt das Gericht die Bestellung **ab**, ist **allein** der **Antragsteller** beschwerdeberechtigt (§ 59 Abs. 2 FamFG). Aus verfahrensökonomischen Gründen ist bei mehreren Antragsberechtigten auch jeder beschwerdeberechtigt, der den Antrag zwar nicht gestellt hat, ihn aber ursprünglich hätte stellen können und noch im Zeitpunkt der Beschwerde wirksam stellen könnte.[2377] Generell soll vermieden werden, dass aus rein formalen Gründen ein neuer Antrag gestellt werden muss, sich „zwecklose und zeitraubende" abweisende Entscheidungen häufen und unnötige Kosten entstehen.[2378] 1053

Bestellt das Gericht ein Vorstandsmitglied, ist **jeder beschwerdeberechtigt,** der durch die Bestellung in seinen Rechten beeinträchtigt ist (§ 59 Abs. 1 S. 1 FamFG).[2379] Die Rechtsbeeinträchtigung ist ebenso zu beurteilen wie bei der Frage, wer Beteiligter iSd § 7 Abs. 2 Nr. 1 FamFG ist.[2380] Beschwerdeberechtigt sind danach insbes. sämtliche Vorstandsmitglieder und die AG;[2381] die AG vertritt dabei der Aufsichtsrat. Im Übrigen sollen unabhängig von der Funktion als Vertreter der AG auch der Aufsichtsrat[2382] und alle Aufsichtsratsmitglieder[2383] beschwerdeberechtigt sein. Das ist **abzulehnen.** Der Aufsichtsrat entscheidet als Gesamtorgan für die AG, ob sie die Bestellung angreift. Die Entscheidung kann das Plenum nicht einem Ausschuss übertragen, weil es sich um einen Annex zur Personalkompetenz handelt, für die zwingend das Plenum zuständig ist (vgl. § 107 Abs. 3 S. 7 AktG). Es wäre nicht sachgerecht, wenn einzelne Aufsichtsratsmitglieder, die mit der Entscheidung des Plenums nicht einverstanden sind, an dieser Entscheidung „vorbei" die gerichtliche Bestellung angreifen könnten. 1054

Vereinzelt wird vertreten, auch **Aktionäre** seien beschwerdeberechtigt: Sie seien möglicherweise in ihren Rechten beeinträchtigt, wenn Vorstandsmitglieder gerichtlich bestellt werden und nicht von Aufsichtsratsmitgliedern, die sie gewählt haben.[2384] Das ist mit der hA **abzulehnen.** Aktionäre können zwar die gerichtliche Bestellung beantragen (→ Rn. 1003). Die Bestellung betrifft die Aktionäre aber allenfalls mittelbar.[2385] Beschwerdeberechtigt ist nur, in wessen Rechtsstellung die gerichtliche Entscheidung un- 1055

[2374] GroßkommAktG/*Kort* AktG § 87 Rn. 438; MüKoAktG/*Spindler* AktG § 87 Rn. 216; Kölner Komm AktG/*Mertens/Cahn* AktG § 87 Rn. 101; Hölters/*Weber* AktG § 87 Rn. 52.
[2375] GroßkommAktG/*Kort* AktG § 85 Rn. 83; Grigoleit/*Grigoleit* AktG § 85 Rn. 8; Hüffer/Koch/*Koch* AktG § 85 Rn. 5; K. Schmidt/Lutter AktG/*Seibt* AktG § 85 Rn. 11.
[2376] *Thüsing* in Fleischer VorstandsR-HdB § 4 Rn. 34; Kölner Komm AktG/*Mertens/Cahn* AktG § 85 Rn. 13.
[2377] *Jäning/Leißring* ZIP 2010, 110 (117).
[2378] Noch zum FGG BGH NJW 1993, 662.
[2379] MüKoAktG/*Spindler* AktG § 85 Rn. 20; *Seyfarth* VorstandsR § 3 Rn. 81.
[2380] BGH NJW 2017, 1480 (1481); Keidel/*Sternal* FamFG § 7 Rn. 17; MüKoFamFG/*Pabst* FamFG § 7 Rn. 7.
[2381] GroßkommAktG/*Kort* AktG § 85 Rn. 65f.; Hüffer/Koch/*Koch* AktG § 85 Rn. 4; BeckOGK/*Fleischer* AktG § 85 Rn. 13; Hölters/*Weber* AktG § 85 Rn. 8; K. Schmidt/Lutter AktG/*Seibt* AktG § 85 Rn. 8; Grigoleit/*Grigoleit* AktG § 85 Rn. 7.
[2382] K. Schmidt/Lutter AktG/*Seibt* AktG § 85 Rn. 8; GroßkommAktG/*Kort* AktG § 85 Rn. 66; Hüffer/Koch/*Koch* AktG § 85 Rn. 4; Grigoleit/*Grigoleit* AktG § 85 Rn. 7; *Seyfarth* VorstandsR § 3 Rn. 81.
[2383] GroßkommAktG/*Kort* AktG § 85 Rn. 66.
[2384] Kölner Komm AktG/*Mertens/Cahn* AktG § 85 Rn. 13.
[2385] GroßkommAktG/*Kort* AktG § 85 Rn. 66; Hüffer/Koch/*Koch* AktG § 85 Rn. 4; MüKoAktG/*Spindler* AktG § 85 Rn. 20; allgemein zur Beschwerdeberechtigung der Aktionäre OLG Frankfurt a. M. NJW 1955, 1929.

mittelbar nachteilig eingreift.[2386] Eine Beschwerde des bestellten Vorstandsmitglieds ist ebenfalls unzulässig: Es kann die Annahme der Bestellung verweigern; ihm fehlt daher das Rechtsschutzbedürfnis.[2387]

1056 Gegen die Entscheidung des Beschwerdegerichts ist die **Rechtsbeschwerde zum BGH** (§ 133 GVG) statthaft, wenn das Beschwerdegericht sie zugelassen hat (§ 70 FamFG; dazu im Zusammenhang mit dem Statusverfahren → § 7 Rn. 574).[2388] Nach § 75 FamFG ist auch eine Sprungrechtsbeschwerde zum BGH möglich. Für die Rechtsbeschwerdeberechtigung gilt § 59 FamFG entsprechend.[2389] Hat das Beschwerdegericht die Beschwerde des Antragstellers verworfen oder zurückgewiesen, ist nur der Antragsteller rechtsbeschwerdeberechtigt.[2390] Im Übrigen ist der rechtsbeschwerdeberechtigt, dessen eigene Beschwerde zurückgewiesen oder als unzulässig verworfen wurde (formelle Beschwer, § 59 Abs. 2 FamFG), sowie der, der durch die Beschwerdeentscheidung in einem eigenen subjektiven Recht beeinträchtigt ist (materielle Beschwer, § 59 Abs. 1 FamFG). Ist der Rechtsweg erschöpft, ist die Entscheidung **rechtskräftig** und damit verbindlich.

1057 Heben das Beschwerdegericht oder der BGH die Bestellungsentscheidung auf, endet die Bestellung zwar mit Wirkung ex tunc. Das hat aber **keinen Einfluss** auf die Wirksamkeit von oder gegenüber dem gerichtlich bestellten Vorstandsmitglied bis dahin vorgenommenen Rechtshandlungen (§ 47 FamFG).[2391] Das **Beschwerdegericht** muss grds. eine **eigene Sachentscheidung** treffen und ggf. selbst ein Vorstandsmitglied bestellen (§ 69 Abs. 1 S. 1 FamFG) (→ Rn. 1045).[2392] Nur in Ausnahmefällen darf das Beschwerdegericht die Sache unter Aufhebung des angefochtenen Beschlusses an das Ausgangsgericht zurückverweisen. Von Amts wegen ist die Zurückverweisung zulässig, wenn das Ausgangsgericht noch nicht in der Sache entschieden hat (§ 69 Abs. 1 S. 2 FamFG), etwa weil es den Antrag aus verfahrensrechtlichen Gründen zurückgewiesen,[2393] eine Sachentscheidung allein wegen fehlender Dringlichkeit abgelehnt,[2394] oder einen Beteiligten iSd § 7 FamFG fehlerhaft nicht hinzugezogen hat.[2395] Im Übrigen darf das Beschwerdegericht die Sache nur auf Antrag eines Beteiligten zurückverweisen, soweit das Verfahren an einem wesentlichen Mangel leidet und zur Entscheidung eine umfangreiche oder aufwändige Beweiserhebung notwendig wäre (§ 69 Abs. 1 S. 3 FamFG). Der **BGH** kann ausnahmsweise selbst ein Vorstandsmitglied bestellen, wenn ein Kandidat vorhanden ist, dessen Eignung feststeht (vgl. § 74 Abs. 6 S. 1 FamFG). Andernfalls verweist der BGH unter Aufhebung des angefochtenen Beschlusses das Verfahren zur anderweitigen Behandlung und Entscheidung an das Beschwerdegericht oder, wenn es aus besonderen Gründen geboten erscheint, an das Gericht des ersten Rechtszugs zurück (§ 74 Abs. 6 S. 2 FamFG).

16. Beschlussvorschlag an die Hauptversammlung zur Entlastung der Vorstands- und Aufsichtsratsmitglieder (§§ 120, 119 Abs. 1 Nr. 4 AktG)

1058 Die **Hauptversammlung** beschließt über die Entlastung der Mitglieder des Vorstands und des Aufsichtsrats (§ 120 Abs. 1 S. 1 AktG, § 119 Abs. 1 Nr. 4 AktG).

a) Entlastungsentscheidung der Hauptversammlung

1059 **aa) Bedeutung der Entlastung.** Die Entscheidung über die Entlastung ist zunächst **vergangenheitsbezogen:** *„Durch die Entlastung billigt die Hauptversammlung die Verwaltung der Gesellschaft durch die Mitglieder des Vorstands und des Aufsichtsrats"* (§ 120 Abs. 2 S. 1 AktG). Nach der Rechtsprechung hat die Entscheidung zudem einen **Zukunftsbezug:** Die Hauptversammlung entscheidet, ob die Verwaltungsmitglieder

---

[2386] Haußleiter/*Haußleiter* FamFG § 59 Rn. 2f.; Bumiller/Harders/Schwamb/*Bumiller* FamFG § 59 Rn. 4; zur Beschwerdeberechtigung von Aktionären auch OLG Frankfurt a. M. FG Prax 2009, 179; Bumiller/Harders/Schwamb/*Bumiller* FamFG § 59 Rn. 31.
[2387] Zum Verein OLG Düsseldorf NZG 2016, 698 (699); Hüffer/Koch/*Koch* AktG § 85 Rn. 4.
[2388] GroßkommAktG/*Kort* AktG § 85 Rn. 69; *Seyfarth* VorstandsR § 3 Rn. 81; Grigoleit/*Grigoleit* AktG § 85 Rn. 7.
[2389] BGH NJW 2016, 250 (251); BeckOK FamFG/*Obermann* FamFG § 74 Rn. 7; Keidel/*Meyer-Holz* FamFG § 74 Rn. 6.
[2390] Keidel/*Meyer-Holz* FamFG § 74 Rn. 7.
[2391] GroßkommAktG/*Kort* AktG § 85 Rn. 70; MüKoAktG/*Spindler* AktG § 85 Rn. 20; vgl. auch MüKoFamFG/*Ulrici* FamFG § 47 Rn. 6.
[2392] BGHZ 24, 47 (54) = NJW 1957, 832; GroßkommAktG/*Kort* AktG § 85 Rn. 68; Hölters/*Weber* AktG § 85 Rn. 8; MüKoAktG/*Spindler* AktG § 85 Rn. 20; Kölner Komm AktG/*Mertens/Cahn* AktG § 85 Rn. 13.
[2393] MüKoFamFG/*A. Fischer* FamFG § 69 Rn. 70; Keidel/*Sternal* FamFG § 69 Rn. 14.
[2394] OLG Düsseldorf AG 2010, 368 zur gerichtlichen Bestellung eines Aufsichtsratsmitglieds; Keidel/*Sternal* FamFG § 69 Rn. 14.
[2395] Keidel/*Sternal* FamFG § 69 Rn. 14; OLG Köln BeckRS 2010, 28637.

"in der Unternehmensführung eine ‚glückliche Hand' bewiesen haben und ihnen das Vertrauen auch für ihre künftige Tätigkeit auszusprechen ist".[2396]

Unmittelbare rechtliche Folgen hat die Entlastungsentscheidung nicht. Der Gesetzgeber hat insbes. klargestellt, dass die Entlastung – anders als in der GmbH[2397] – **keinen Verzicht** auf Ersatzansprüche der AG bewirkt (§ 120 Abs. 2 S. 2 AktG). Zudem wirken sich weder die Entlastung noch ihre Verweigerung unmittelbar auf die Amtsstellung der Verwaltungsmitglieder aus (→ Rn. 1097 ff.).[2398] Die Entlastungsentscheidung hat aber große **tatsächliche** Bedeutung: Mit der Entlastungsverweigerung als „Ausnahmefall" sind grds. ein Prestigeverlust für das betroffene Verwaltungsmitglied und eine Signalwirkung für Geschäftspartner (Lieferanten, Kreditgeber, Kunden), Arbeitnehmer, Anleger, Kapitalmarkt, evtl. Behörden und bei großen Unternehmen idR ferner mediale Aufmerksamkeit verbunden.[2399]

Aktionäre nutzen den Tagesordnungspunkt „Entlastung", um Kritik an der Unternehmenspolitik oder dem Handeln der Verwaltung zu äußern und machen in diesem Zusammenhang teilweise ausufernd von ihrem **Auskunftsrecht** (§ 131 AktG) bzw. der bei virtuellen Hauptversammlungen bestehenden Fragemöglichkeit (§ 1 Abs. 2 UAbs. 1 Nr. 3 COVMG) Gebrauch.[2400] Die Entlastung ist häufig Gegenstand von Beschlussmängelklagen.[2401]

bb) Gesamt- und Einzelentlastung. Zu entscheiden ist über die Entlastung sämtlicher **im Entlastungszeitraum** amtierenden Vorstands- und Aufsichtsratsmitglieder. Grundsätzlich entscheidet die Hauptversammlung insofern jeweils **en bloc** (**Gesamtentlastung;** § 120 Abs. 1 S. 2 AktG). Die Entscheidung erstreckt sich ggf. auf alle im Entlastungszeitraum amtierenden Vorstands- bzw. Aufsichtsratsmitglieder.[2402] Die Hauptversammlung kann auch über die Entlastung **verstorbener** Verwaltungsmitglieder entscheiden. Eine Gesamtentlastung erfasst ohne Weiteres verstorbene Mitglieder des entlasteten Organs. Zwingend ist eine Entscheidung über die Entlastung verstorbener Verwaltungsmitglieder aber nicht.[2403]

Nicht zulässig ist es, über die Entlastung der Vorstands- und Aufsichtsratsmitglieder **gemeinsam** abzustimmen.[2404] Ein entsprechender Beschluss ist anfechtbar.[2405] Erwägenswert erscheint, dass die Anfechtbarkeit ausscheidet, wenn kein Aktionär einem solchen Beschluss widersprochen hat.[2406] Auch eine gruppenbezogene Entlastung, zB eine getrennte Abstimmung über Anteilseigner- und Arbeitnehmervertreter, ist unzulässig[2407] und ein entsprechender Beschluss anfechtbar.

Die Hauptversammlung muss über die Entlastung von Verwaltungsmitgliedern gesondert abstimmen (**Einzelentlastung,** § 120 Abs. 1 S. 2 AktG), wenn eine Minderheit, deren Anteile zusammen 10 % des Grundkapitals oder den anteiligen Betrag von einer Million erreichen, es verlangt (§ 120 Abs. 1 S. 2 Var. 2 AktG). Ein solches Minderheitsverlangen ist in die Niederschrift der Hauptversammlung aufzuneh-

---

[2396] BGHZ 160, 385 (388) = NJW 2005, 828 – ThyssenKrupp; zur GmbH BGHZ 94, 324 = NJW 1986, 129; OLG Frankfurt a. M. OLGR 2008, 769 (770); OLG Köln NZG 2009, 1110 (1111); OLG München NZG 2001, 616 (617); OLG Düsseldorf NJW-RR 1996, 1252 (1253).
[2397] BGHZ 94, 324 = NJW 1986, 129; OLG München NJW-RR 1993, 1507 (1508); OLG München GmbHR 2013, 813 (815); OLG Hamm GmbHR 1992, 802 (803).
[2398] Neuerdings wird gefordert, de lege ferenda solle eine Nichtentlastung ausdrücklich als Abberufung von Aufsichtsrats- und Vorstandsmitgliedern wirken oder zumindest einen wichtigen Grund für den Widerruf der Bestellung von Vorstandsmitgliedern bilden, *Redenius-Hövermann/Siemens* Der Aufsichtsrat 2020, 52 (53 f.). Das ist abzulehnen. Die Hauptversammlung kann auf andere Weise – Vertrauensentzug bei Vorstandsmitgliedern (§ 84 Abs. 3 S. 2 AktG), Abberufung bei Aufsichtsratsmitgliedern (§ 103 Abs. 1 AktG) – Einfluss auf die Amtsstellung nehmen. Diese Entscheidungen sind nicht mit der Entlastung zu vermischen, bei der die Hauptversammlung im Sinne eines „Pauschalurteils" ihre Zufriedenheit mit der vergangenen Amtstätigkeit und ihr Vertrauen in die künftige Amtstätigkeit ausdrückt.
[2399] OLG Düsseldorf NJW-RR 1996, 1252 (1254); Hüffer/Koch/*Koch* AktG § 120 Rn. 2; BeckOGK/*Hoffmann* AktG § 120 Rn. 36; MHdB AG/*Bungert* § 35 Rn. 38; MüKoAktG/*Kubis* AktG § 120 Rn. 2; *Beuthien* GmbHR 2014, 682 (686) mwN: Nichtentlastung als „*Warnsignal für die Anleger, das Management und die Öffentlichkeit*"; Beispiele aus der Praxis bei *Redenius-Hövermann/Siemens* Der Aufsichtsrat 2020, 52.
[2400] Hüffer/Koch/*Koch* AktG § 120 Rn. 33; GroßkommAktG/*Mülbert* AktG § 120 Rn. 23; vgl. auch BeckOGK/*Hoffmann* AktG § 120 Rn. 1; MüKoAktG/*Kubis* AktG § 120 Rn. 2, § 131 Rn. 53.
[2401] *Bayer/Hoffmann* AG 2019, R 113; *Ek* Praxisleitfaden HV Rn. 507; GroßkommAktG/*Mülbert* AktG § 120 Rn. 140.
[2402] Hölters/*Drinhausen* AktG § 120 Rn. 21; Hüffer/Koch/*Koch* AktG § 120 Rn. 8; GroßkommAktG/*Mülbert* AktG § 120 Rn. 118; *Butzke* HV der AG I. Rn. 18; *Seyfarth* VorstandsR § 1 Rn. 73.
[2403] Dazu *Punte/Stefanink* NZG 2019, 575.
[2404] OLG München AG 2006, 592 (593); Hölters/*Drinhausen* AktG § 120 Rn. 11; Hüffer/Koch/*Koch* AktG § 120 Rn. 8; MHdB AG/*Bungert* § 35 Rn. 24; MüKoAktG/*Kubis* AktG § 120 Rn. 7; K. Schmidt/Lutter AktG/*Spindler* AktG § 120 Rn. 21; GroßkommAktG/*Mülbert* AktG § 120 Rn. 148 (inhaltlicher Fehler).
[2405] OLG München AG 2006, 592 (593); Hölters/*Drinhausen* AktG § 120 Rn. 11; Hüffer/Koch/*Koch* AktG § 120 Rn. 8; MüKoAktG/*Kubis* AktG § 120 Rn. 7; K. Schmidt/Lutter AktG/*Spindler* AktG § 120 Rn. 21.
[2406] BeckOGK/*Hoffmann* AktG § 120 Rn. 15.
[2407] MüKoAktG/*Kubis* AktG § 120 Rn. 8; K. Schmidt/Lutter AktG/*Spindler* AktG § 120 Rn. 22; Grigoleit/*Herrler* AktG § 120 Rn. 8; GroßkommAktG/*Mülbert* AktG § 120 Rn. 119; aA BeckOGK/*Hoffmann* AktG § 120 Rn. 18.

men (§ 130 Abs. 1 S. 2 AktG). Die Hauptversammlung kann zudem beschließen, dass sie im Weg der Einzelentlastung entscheidet (§ 120 Abs. 1 S. 2 Var. 1 AktG). Jeder Aktionär sowie jedes Verwaltungsmitglied können eine solche Entscheidung beantragen.[2408] Teilweise wird vertreten, der Versammlungsleiter müsse einen abgelehnten Antrag auf Einzelentlastung zugleich als Minderheitsverlangen für eine Einzelentlastung und alle für den Antrag abgegebenen Stimmen als Unterstützung des Minderheitsverlangens behandeln.[2409] Das ist mit der Gegenansicht[2410] abzulehnen. Ein Minderheitsverlangen ist ausdrücklich als solches zu stellen, und Aktionäre, die sich an einem Minderheitsverlangen beteiligen wollen, müssen sich ausdrücklich entsprechend äußern. In einer virtuellen Hauptversammlung gemäß § 1 Abs. 2 COVMG können Aktionäre nach der Konzeption des Gesetzes keine Anträge stellen. In der Praxis werden vorab eingereichte Sachanträge ungeachtet dessen mit Blick auf Art. 6 Abs. 1 lit. b der Aktionärsrechterichtlinie[2411] verbreitet per Fiktion als gestellt behandelt (→ § 10 Rn. 31); für verfahrensbezogene Anträge wie ein Minderheitsverlangen auf Einzelentlastung ist ein entsprechendes Vorgehen aber europarechtlich keinesfalls geboten.

1065   Eine Gesamtentlastung ist **anfechtbar,** wenn der Versammlungsleiter einen Antrag, im Weg der Einzelentlastung abzustimmen, nicht zur Abstimmung stellt[2412] oder wenn ein Minderheitsverlangen das erforderliche Quorum erreicht hat. Anfechtbar soll die Entlastung auch sein, wenn die Hauptversammlung die von einem Aktionär beantragte Einzelentlastung **abgelehnt** hat, obwohl sie sachlich angemessen gewesen wäre, weil große Unterschiede bei der Beurteilung der Tätigkeit einzelner Verwaltungsmitglieder bestehen.[2413] Ohne den Antrag eines Aktionärs auf Einzelentlastung soll hingegen auch eine sachlich nicht angemessene – missbräuchliche – Gesamtentlastung nicht anfechtbar sein.[2414] Dem ist zuzustimmen, weil als Anfechtungsgrund nur eine Treuepflichtverletzung der Hauptversammlungsmehrheit gegenüber der Hauptversammlungsminderheit in Betracht kommt.

1066   Nach herrschender und zutreffender Ansicht kann der Versammlungsleiter kraft seiner originären Leitungsbefugnis eine Einzelentlastung auf **eigene Initiative** anordnen,[2415] sofern nicht bereits ein Aktionär beantragt hat, dass die Hauptversammlung entscheidet, ob sie im Weg der Einzelentlastung entscheiden soll.[2416] Ein **sachlicher Grund** ist für eine Einzelentlastung **nicht erforderlich.**[2417] Eine Einzelentlastung kann insbes. sinnvoll und angezeigt sein, wenn die Hauptversammlung die Gesamtentlastung verweigert hat, wenn die Beschlussvorschläge des Vorstands und des Aufsichtsrats voneinander abweichen oder die Verantwortung der Verwaltungsmitglieder unterschiedlich zu beurteilen ist.[2418] Die Hauptversammlung kann auch für einzelne Verwaltungsmitglieder im Weg der Einzelentlastung abstimmen und für die übrigen Verwaltungsmitglieder gemeinsam entscheiden.[2419]

1067   **Lehnt** die Hauptversammlung die **Gesamtentlastung eines Verwaltungsorgans ab,** kann jedes Mitglied des Organs verlangen, dass die Hauptversammlung über seine Entlastung im Weg der Einzelentlastung entscheidet. Der Versammlungsleiter **muss** einen solchen Antrag zur Abstimmung stellen.[2420]

[2408] OLG München NJW-RR 1996, 159 (160); MüKoAktG/*Kubis* AktG § 120 Rn. 8; Hölters/*Drinhausen* AktG § 120 Rn. 12; Grigoleit/*Herrler* AktG § 120 Rn. 9; GroßkommAktG/*Mülbert* AktG § 120 Rn. 121.
[2409] GroßkommAktG/*Mülbert* AktG § 120 Rn. 141; MüKoAktG/*Kubis* AktG § 120 Rn. 9; *Rollin* NZG 2004, 804 (805 f.); MHdB AG/*Bungert* § 35 Rn. 27; BeckOGK/*Hoffmann* AktG § 120 Rn. 20.
[2410] OLG Frankfurt a. M. AG 2007, 672 (674); *v. Ruckteschell* AG 2007, 736 (737); K. Schmidt/Lutter AktG/*Spindler* AktG § 120 Rn. 26; Hüffer/Koch/*Koch* AktG § 120 Rn. 9; Grigoleit/*Herrler* AktG § 120 Rn. 10; *Butzke* HV der AG I. Rn. 25.
[2411] Richtlinie 2007/36/EG des Europäischen Parlaments und des Rates vom 11.7.2007 über die Ausübung bestimmter Rechte von Aktionären in börsennotierten Gesellschaften.
[2412] GroßkommAktG/*Mülbert* AktG § 120 Rn. 141; *Butzke* HV der AG I. Rn. 47; Hölters/*Drinhausen* § 120 Rn. 39; MüKoAktG/*Kubis* AktG § 120 Rn. 54.
[2413] MüKoAktG/*Kubis* AktG § 120 Rn. 54; vgl. auch GroßkommAktG/*Mülbert* AktG § 120 Rn. 148, der diesen Fall als inhaltlichen Verstoß einordnet.
[2414] MüKoAktG/*Kubis* AktG § 120 Rn. 54; GroßkommAktG/*Mülbert* AktG § 120 Rn. 148.
[2415] BGHZ 182, 272 Rn. 12 ff. = NZG 2009, 1270 – Umschreibungsstopp; Hüffer/Koch/*Koch* AktG § 120 Rn. 10; MHdB AG/*Bungert* § 35 Rn. 27; BeckOGK/*Hoffmann* AktG § 120 Rn. 12; *Kubis* NZG 2005, 791 (793). Generell gegen die Zulässigkeit der Anordnung auf eigene Initiative des Versammlungsleiters *Stützle/Walgenbach* ZHR 155 (1991), 516 (533 f.): § 120 Abs. 1 AktG enthalte eine ausdrückliche gesetzliche Kompetenzzuweisung an die Hauptversammlung, aus der eine abschließende Zuständigkeit abzuleiten sei.
[2416] Zu dieser Einschränkung auch GroßkommAktG/*Mülbert* AktG § 120 Rn. 127, 129; Hölters/*Drinhausen* AktG § 120 Rn. 17.
[2417] BGHZ 182, 272 Rn. 14 = NZG 2009, 1270 – Umschreibungsstopp; Henssler/Strohn/*Liebscher* AktG § 120 Rn. 6; Hüffer/Koch/*Koch* AktG § 120 Rn. 9 f.; GroßkommAktG/*Mülbert* AktG § 120 Rn. 128; BeckOGK/*Hoffmann* AktG § 120 Rn. 16.
[2418] MüKoAktG/*Kubis* AktG § 120 Rn. 12; Hüffer/Koch/*Koch* AktG § 120 Rn. 10; *Butzke* HV der AG I. Rn. 29; *Rollin* NZG 2004, 804; GroßkommAktG/*Mülbert* AktG § 120 Rn. 127.
[2419] MHdB AG/*Hoffmann-Becking* § 37 Rn. 74; Hölters/*Drinhausen* AktG § 120 Rn. 12; MüKoAktG/*Kubis* AktG Rn. 8; BeckOGK/*Hoffmann* AktG § 120 Rn. 17 f.
[2420] GroßkommAktG/*Mülbert* AktG § 120 Rn. 131.

Umstritten ist, wie es sich auf die Entlastung der anderen Organmitglieder auswirkt, wenn die **Gesamtentlastung angefochten** wird und ein Gericht zur Auffassung gelangt, die Entlastung eines von der Gesamtentlastung erfassten Organmitglieds sei inhaltlich fehlerhaft und anfechtbar. Nach einer Ansicht soll die Gesamtentlastung ggf. regelmäßig **insgesamt nichtig** sein (§ 139 BGB). Dass die Entlastung für die anderen Verwaltungsmitglieder aufrecht erhalten bleibe, soll nur in Betracht kommen, wenn davon auszugehen sei, den anderen Organmitgliedern wäre auch dann sicher die Entlastung erteilt worden, wenn dem Organmitglied, dessen Entlastung anfechtbar ist, die Entlastung nicht erteilt worden wäre.[2421] Nach einer Gegenansicht soll die Gesamtentlastung nur insgesamt nichtig sein, wenn die Entlastung sämtlicher Organmitglieder inhaltlich fehlerhaft ist. Zwischen den durch die Gesamtentlastung formal verbundenen einzelnen Entlastungsentscheidungen bestehe kein innerer Zusammenhang.[2422] 1068

Stellungnahme: Der **Gegenansicht** ist zu **folgen.** Dass die Entlastung formal in einem Beschluss zusammengefasst ist, führt nicht dazu, dass sich die Verantwortlichkeit eines von der Gesamtentlastung erfassten Organmitglieds auf andere Organmitglieder erstrecken würde. Ist zu erwarten, dass Aktionäre die Entlastung insgesamt oder hinsichtlich einzelner Organmitglieder angreifen, weil der Verdacht im Raum steht, sie hätten Pflichten verletzt, spricht jedoch viel dafür, dass der Versammlungsleiter im Weg der Einzelentlastung abstimmen lässt. Weder der Aufsichtsrat noch der Vorstand noch beide gemeinsam können eine Einzelentlastung aber rechtlich erzwingen. 1069

cc) Entscheidung in den ersten acht Monaten des Geschäftsjahrs. Die Hauptversammlung muss in den ersten acht Monaten des Geschäftsjahrs über die Entlastung beschließen (§ 120 Abs. 1 S. 1 AktG). Die Entscheidung über die Entlastung ist grds. Bestandteil der **ordentlichen Hauptversammlung:**[2423] Auch die „ordentliche Hauptversammlung", der die Rechnungslegung für das abgelaufene Geschäftsjahr vorzulegen ist, muss in den ersten acht Monaten des Geschäftsjahrs stattfinden (§ 175 Abs. 1 S. 2 AktG; zur Ausnahme nach § 1 Abs. 5, Abs. 6 COVMG → § 10 Rn. 48ff.). Die Verhandlung über die Entlastung soll mit der „*Verhandlung über die Verwendung des Bilanzgewinns verbunden werden"* (§ 120 Abs. 3 AktG), die wiederum mit der Vorlage der Rechnungslegung verbunden ist. Durch die Rechnungslegung legen Vorstand und Aufsichtsrat Rechenschaft über das vergangene Geschäftsjahr ab, sodass es zweckmäßig ist, zugleich über die Entlastung zu entscheiden.[2424] 1070

Die Achtmonatsfrist berechnet sich nach §§ 187 ff. BGB. Nach wohl hA kann die Satzung die Achtmonatsfrist für die Entlastung ebenso wie die Achtmonatsfrist für die ordentliche Hauptversammlung **nicht verkürzen oder verlängern.**[2425] Die Gegenansicht hält eine Verkürzung beider Fristen durch die Satzung für zulässig.[2426] Mit Blick auf den Zusammenhang zwischen Entlastung und Rechnungslegung erscheint es jedenfalls nicht sinnvoll, die Frist zu verkürzen. 1071

Grundsätzlich beruft der Vorstand die Hauptversammlung ein (§ 121 Abs. 2 S. 1 AktG). Die Überschreitung der Achtmonatsfrist berechtigt den **Aufsichtsrat** nicht, eine **Hauptversammlung einzuberufen** (§ 111 Abs. 3 S. 1 AktG).[2427] Der Aufsichtsrat ist aber berechtigt und verpflichtet, eine Hauptversammlung einzuberufen, wenn der Vorstand innerhalb der Achtmonatsfrist keine ordentliche Hauptversammlung einberuft, ohne dass hierfür ein sachlicher Grund im Interesse der AG besteht.[2428] 1072

Ein Entlastungbeschluss ist **nicht nichtig oder anfechtbar,** weil er nach Ablauf der Achtmonatsfrist gefasst wurde.[2429] Die Überschreitung der Achtmonatsfrist für die Entlastung ist für sich genommen auch **nicht zwangsgeldbewehrt.** Das Registergericht kann aber ein Zwangsgeld gegen Vorstandsmitglieder festsetzen, wenn die Achtmonatsfrist des § 175 Abs. 1 S. 2 AktG für die ordentliche Hauptversammlung 1073

[2421] OLG Stuttgart ZIP 2012, 625 (635) – Sardinien-Äußerungen; MüKoAktG/*Kubis* AktG § 120 Rn. 18.
[2422] *Ph. Scholz* AG 2017, 612 (616); *Bayer/Ph. Scholz* ZHR 181 (2017), 861 (882); Hüffer/Koch/*Koch* AktG § 120 Rn. 8; vgl. ferner Henssler/Strohn/*Drescher* AktG § 241 Rn. 45.
[2423] Zum Begriff und den in der ordentlichen Hauptversammlung behandelten Gegenständen Hüffer/Koch/*Koch* AktG § 175 Rn. 1; Johannsen-Roth/Illert/Ghassemi-Tabar/*Simons* DCGK Grds. 8 Rn. 9f.
[2424] *Seyfarth* VorstandsR § 1 Rn. 71; Hüffer/Koch/*Koch* AktG § 120 Rn. 14; Hölters/*Drinhausen* AktG § 120 Rn. 31; GroßkommAktG/*Mülbert* AktG § 120 Rn. 10; *Beuthien* GmbHR 2014, 682 (687).
[2425] Zu § 120 Abs. 1 S. 2 AktG *Seyfarth* VorstandsR § 1 Rn. 74; GroßkommAktG/*Mülbert* AktG § 120 Rn. 183f.; MüKoAktG/*Kubis* AktG § 120 Rn. 57; Hüffer/Koch/*Koch* AktG § 120 Rn. 6; zur Verkürzung Henssler/Strohn/*Liebscher* AktG § 120 Rn. 4; zu § 175 Abs. 1 S. 2 AktG Hüffer/Koch/*Koch* AktG § 175 Rn. 4; Kölner Komm AktG/*Ekkenga* AktG § 175 Rn. 11; GroßkommAktG/*E. Vetter* AktG § 175 Rn. 32.
[2426] Zu § 120 Abs. 1 S. 2 AktG *Butzke* HV der AG I. Rn. 8; Hölters/*Drinhausen* AktG § 120 Rn. 43; zu § 175 Abs. 1 S. 2 AktG Hölters/*Drinhausen* AktG § 175 Rn. 10; K. Schmidt/Lutter AktG/*Drygala* AktG § 175 Rn. 7; Grigoleit/*Grigoleit/Zellner* AktG § 175 Rn. 5; Bürgers/Körber/*Reger* AktG § 175 Rn. 4; MHdB AG/*Bungert* § 35 Rn. 79; zurückhaltend MüKoAktG/*Hennrichs/Pöschke* AktG § 175 Rn. 11.
[2427] MüKoAktG/*Kubis* AktG § 120 Rn. 5 Fn. 12.
[2428] Vgl. MüKoAktG/*Hennrichs/Pöschke* AktG § 175 Rn. 11, 18; BeckOGK/*Euler/Klein* AktG § 175 Rn. 14ff.; Hölters/*Drinhausen* AktG § 175 Rn. 6, 12.
[2429] Grigoleit/*Herrler* AktG § 120 Rn. 4; BeckOGK/*Hoffmann* AktG § 120 Rn. 6; Hölters/*Drinhausen* AktG § 120 Rn. 20; GroßkommAktG/*Mülbert* AktG § 120 Rn. 70.

überschritten wird (§ 407 Abs. 1 AktG). Die Verwaltungsmitglieder handeln zudem **grds. pflichtwidrig,** wenn sie nicht fristgerecht Entlastungsentscheidungen ermöglichen. Eine Pflichtverletzung liegt aber nicht vor, wenn es vertretbar ist, dass die Verwaltungsmitglieder Entscheidungen erst nach dem Achtmonatszeitraum ermöglichen. Die Entlastungsentscheidung muss zwar nicht zwingend Bestandteil der ordentlichen Hauptversammlung sein (→ Rn. 1087). Ist es pflichtgemäß und vertretbar, dass die ordentliche Hauptversammlung erst nach dem Achtmonatszeitraum stattfindet,[2430] ist es jedoch grds. auch pflichtgemäß und vertretbar, die Entlastungsentscheidungen erst nach dem Achtmonatszeitraum zu ermöglichen. Es ist zwar nach zutreffender Ansicht nicht zwingend, aber sinnvoll, die Entlastungsentscheidungen mit der Vorlage der Rechnungslegung zu verbinden (→ Rn. 1087). Zudem überwiegt das Interesse, mit Blick auf Kosten und Aufwand, die mit einer Hauptversammlung zumindest bei Publikumsgesellschaften mit breitem Aktionärskreis verbunden sind, nicht zwei Hauptversammlungen abhalten zu müssen, idR das Interesse, innerhalb der Achtmonatsfrist die Entlastungsentscheidungen zu ermöglichen. Mit der Entlastung sind insbes. keine unmittelbaren Rechtsfolgen verbunden. Eine mittelbare Rechtsfolge ist mit der Entlastungsentscheidung zwar verbunden, wenn die Amtszeit eines Aufsichtsratsmitglieds endet, weil die gesetzliche Höchstdauer erreicht ist (vgl. § 102 Abs. 1 S. 1 AktG). Nach der Rechtsprechung des BGH würde die Amtszeit mit Ablauf der Achtmonatsfrist für die Entlastungsentscheidung automatisch enden.[2431] Auch diese mittelbare Rechtsfolge zwingt aber nicht dazu und ist auch kein wichtiger Gesichtspunkt, Entlastungsentscheidungen innerhalb der Achtmonatsfrist zu ermöglichen. Betroffene Aufsichtsratsmitglieder können ihr Amt rechtzeitig niederlegen und gerichtlich wiederbestellt werden oder es kann ein neues Aufsichtsratsmitglied gerichtlich bestellt werden (§ 104 AktG). Auch um Prüfer für die prüferische Durchsicht eines Halbjahresfinanz- oder Zwischenberichts zu wählen, muss nicht zwingend eine Hauptversammlung einberufen werden: Die Prüfer können nach zutreffender Ansicht gerichtlich bestellt werden, wenn absehbar ist, dass bis zum Ablauf des Prüfungszeitraums keine Hauptversammlung stattfindet, die den Prüfer wählen könnte (§ 115 Abs. 7, Abs. 5 S. 2 WpHG iVm § 318 Abs. 4 S. 1 HGB).[2432]

1074 Nach § 1 Abs. 5, Abs. 6 COVMG kann der Vorstand mit Zustimmung des Aufsichtsrats entscheiden, dass die ordentliche Hauptversammlung abweichend von § 175 Abs. 1 S. 2 AktG **innerhalb des Geschäftsjahrs** stattfindet (→ § 10 Rn. 48). Ob sich ggf. **auch die Achtmonatsfrist des § 120 Abs. 1 S. 2 AktG entsprechend verlängert,** ergibt sich aus dem COVMG nicht ausdrücklich. Bedeutsam ist das insbes. für die Frage, ob sich die Amtszeit von Aufsichtsratsmitgliedern verlängert, wenn die gesetzliche Höchstdauer erreicht ist. Eine Ansicht lehnt das ab und verweist darauf, dass das COVMG das Problem ablaufender Amtszeiten von Organmitgliedern gesehen und für andere Gesellschaftsformen geregelt habe, nicht aber für Aufsichtsratsmitglieder von Aktiengesellschaften.[2433] Nach der zutreffenden Gegenansicht ist mit Blick auf Sinn und Zweck der Verlängerung der Achtmonatsfrist für die ordentliche Hauptversammlung davon auszugehen, dass sich auch die Achtmonatsfrist für die Entlastung und entsprechend die Amtszeit von Aufsichtsratsmitgliedern verlängert.[2434] Die Entlastungsentscheidung ist ein „Standard-Gegenstand" der ordentlichen Hauptversammlung und zwar nicht zwingend, aber sinnvollerweise mit der Vorlage der Rechnungslegung zu verbinden. Es ist kein Grund ersichtlich, weshalb die Entlastungsentscheidung nicht zusammen mit der ordentlichen Hauptversammlung verschoben werden sollte. Sinn und Zweck der gesetzlichen Höchstdauer ist, dass die Hauptversammlung regelmäßig überdenkt, ob sie das

---

[2430] Dazu MüKoAktG/*Hennrichs/Pöschke* AktG § 175 Rn. 18; BeckOGK/*Euler/Klein* AktG § 175 Rn. 18; Hölters/*Drinhausen* AktG § 175 Rn. 12; Bürgers/Körber/*Reger* § 175 Rn. 5; Henssler/Strohn/*E. Vetter* AktG § 175 Rn. 3.

[2431] BGH NZG 2002, 916 (917); OLG München AG 2010, 87; MüKoAktG/*Habersack* AktG § 102 Rn. 18; GroßkommAktG/*Hopt/Roth* AktG § 102 Rn. 14 f.; differenzierend *Gärtner* NZG 2013, 652 (653 ff.): Kein automatisches Ende bei berechtigter Verzögerung der Vorlage der Rechnungslegung; aA Köln Komm AktG/*Mertens/Cahn* AktG § 102 Rn. 7: Amtszeit endet mit der Hauptversammlung, die über die Entlastung zu beschließen hat; findet keine solche Hauptversammlung statt, nach Ablauf der Achtmonatsfrist; zust. BeckOGK/*Spindler* AktG § 102 Rn. 8; aA Raiser/Veil/*Raiser* MitbestG § 6 Rn. 33: Amtszeit endet mit Ablauf des fünften Geschäftsjahrs nach dem Beginn der Amtszeit, das Jahr des Amtsantritts mitgerechnet; aA Hölters/*Simons* AktG § 102 Rn. 7: Amtszeit endet erst mit tatsächlicher Sachentscheidung. Gegen ein automatisches Ende der Amtszeit bei Gesellschaften in Abwicklung OLG Hamburg AG 2003, 643 (644).

[2432] OLG Karlsruhe NZG 2016, 64 (66); Schwark/Zimmer/*Heidelbach/Doleczik* WpHG § 115 Rn. 44; Assmann/Schneider/Mülbert/*Hönsch* WpHG § 115 Rn. 40; *Wasmann/Harzenetter* NZG 2016, 97 (99); aA *Schockenhoff/Culmann* AG 2016, 23 (29).

[2433] *Mayer/Jenne/Miller* BB 2020, 1282 (1283); *Mayer/Jenne* BB 2020, 835 (843); *E. Vetter/Tielmann* NJW 2020, 1175; *Herb/Merkelbach* DStR 2020, 811 (815); *Römermann/Gupe* Leitfaden für Unternehmen in der Covid-19-Pandemie Rn. 56 f.

[2434] Grigoleit/*Herrler* AktG § 120 Rn. 4a; *Atta* WM 2020, 1047 (1048); *Bücker/Kulenkamp/Schwarz/Seibt/v. Bonin* DB 2020, 775 (778); *Götze/Roßkopf* DB 2020, 768 (773); *Noack/Zetzsche* AG 2020, 265 (275); *Wicke* DStR 2020, 885 (889 Fn. 48); iErg auch *Gärtner* NZG 2013, 652 (653 ff.): Amtszeit reicht bei berechtigter Verzögerung der Vorlage der Rechnungslegung über Achtmonatszeitraum.

Aufsichtsratsmitglied im Amt belässt.[2435] Es ist nicht ersichtlich, dass eine Verlängerung der Amtszeit von Aufsichtsratsmitgliedern bis zum Ende des Geschäftsjahrs damit nicht vereinbar ist.

Ist die Überschreitung der Achtmonatsfrist pflichtwidrig, kann diese Pflichtverletzung einen **wichtigen Grund** für den Widerruf der Bestellung und/oder die Kündigung des Anstellungsverhältnisses von Vorstandsmitgliedern und/oder die gerichtliche Abberufung von Aufsichtsratsmitgliedern darstellen.[2436] In Betracht kommt ferner eine **Schadensersatzpflicht.** Durch eine verspätete Entlastungsentscheidung entsteht für die AG aber grds. kein Vermögensschaden,[2437] es sei denn auf Verlangen einer Minderheit nach § 122 AktG muss eine außerordentliche Hauptversammlung einberufen werden, um die Entlastungsentscheidung nachzuholen.[2438]

dd) Mehrheitserfordernis, Stimmrechtsausschlüsse. Die Hauptversammlung entscheidet über die Entlastung mit **einfacher Stimmenmehrheit** (§ 133 Abs. 1 AktG). **Aktionäre,** die zugleich Verwaltungsmitglied sind, können bei der Entscheidung über ihre Entlastung weder für sich noch für andere Stimmrechte ausüben (§ 136 Abs. 1 S. 1 AktG). Um das Stimmverbot nicht zu unterlaufen, kann auch eine Drittgesellschaft, die die Aktien hält, ihre Stimmrechte bei der Entlastung nicht ausüben, wenn das Verwaltungsmitglied, um dessen Entlastung es geht, auf die Stimmrechtsausübung der Drittgesellschaft bei der Entscheidung über seine Entlastung als Gesellschafter[2439] oder Organmitglied[2440] der Drittgesellschaft maßgeblichen Einfluss ausüben kann. Auch **Dritte** können aus Aktien von Verwaltungsmitgliedern bei der Entscheidung über deren Entlastung keine Stimmrechte ausüben (§ 136 Abs. 1 S. 2 AktG). Im Fall der **Gesamtentlastung** gilt der Stimmrechtsausschluss für die Beschlussfassung über sämtliche Mitglieder des jeweiligen Organs.[2441]

Umstritten ist, inwieweit im Fall der **Einzelentlastung** ein Stimmrechtsausschluss besteht. Nach einer Minderansicht soll ein Stimmrechtsausschluss bei der Entscheidung über die Entlastung aller anderen Verwaltungsmitglieder bestehen, die ebenfalls Aktionär sind. Nur auf diese Weise lasse sich wirksam verhindern, dass gemeinsam begangene bzw. wechselseitig bekannte Pflichtverletzungen durch gegenseitige Entlastung verschleiert würden.[2442] Nach einer weiteren Minderansicht soll ein Stimmrechtsausschluss bei der Entscheidung über die Entlastung aller anderen Verwaltungsmitglieder bestehen, unabhängig davon, ob sie ebenfalls Aktionär sind.[2443] Nach hA besteht ein Stimmrechtsausschluss für ein Verwaltungsmitglied, das Aktien hält, bei der Entscheidung über die Entlastung anderer Verwaltungsmitglieder nur, wenn es an einem Vorgang beteiligt war, bei dem andere Verwaltungsmitglieder möglicherweise pflichtwidrig gehandelt haben.[2444] Die generalisierende Betrachtung der Minderansichten beschränke die materiellen Mitgliedschaftsrechte zu weitgehend. Tatsächlich werde die unterstellte Mitverantwortung in vielen Fällen nicht bestehen. Nach einer weiteren Ansicht soll bei der Entscheidung über die Entlastung anderer Verwaltungsmitglieder nie ein Stimmrechtsausschluss bestehen:[2445] Die Entlastung eines anderen Verwaltungsmitglieds wirke sich weder direkt noch indirekt auf die eigene Entlastung aus.

Stellungnahme: Der hA ist zu folgen. Bei der Entscheidung über die Entlastung aller anderen Verwaltungsmitglieder oder zumindest der Verwaltungsmitglieder, die ebenfalls Aktionär sind, besteht nicht stets ein abstrakter Interessenkonflikt, der einen Stimmrechtsausschluss rechtfertigen würde. Das gilt ins-

---

[2435] Zu Sinn und Zweck der Höchstdauer der Amtszeit von Aufsichtsratsmitgliedern BGH NZG 2002, 916 (917).
[2436] Ebenso GroßkommAktG/*Mülbert* AktG § 120 Rn. 70; *Butzke* HV der AG I. Rn. 6; K. Schmidt/Lutter AktG/*Spindler* AktG § 120 Rn. 17; Grigoleit/*Herrler* AktG § 120 Rn. 4; Hölters/*Drinhausen* AktG § 120 Rn. 20; enger MüKoAktG/*Kubis* AktG § 120 Rn. 5: „in Extremfällen"; aA BeckOGK/*Hoffmann* AktG § 120 Rn. 6: Widerruf der Bestellung wegen Überschreitung der Achtmonatsfrist erscheint angesichts der geringen Wirkungen der Entlastung fragwürdig.
[2437] Grigoleit/*Herrler* AktG § 120 Rn. 4; GroßkommAktG/*Mülbert* AktG § 120 Rn. 70; BeckOGK/*Hoffmann* AktG § 120 Rn. 6; *Butzke* HV der AG I. Rn. 6.
[2438] BeckOGK/*Hoffmann* AktG § 120 Rn. 6; GroßkommAktG/*Mülbert* AktG § 120 Rn. 70.
[2439] BGH NZG 2012, 625 Rn. 17; BGH NZG 2009, 1310 Rn. 5; BGHZ 49, 183 (193 f.) = NJW 1968, 743; MüKoAktG/*M. Arnold* AktG § 136 Rn. 45; GroßkommAktG/*Grundmann* AktG § 136 Rn. 24; Hüffer/Koch/*Koch* AktG § 136 Rn. 10 f.; K. Schmidt/Lutter AktG/*Spindler* AktG § 136 Rn. 14; *Petersen/Schulz De la Cruz* NZG 2012, 453 (455).
[2440] BGHZ 51, 209 (219) = NJW 1969, 841; OLG Karlsruhe AG 2001, 93; MüKoAktG/*M. Arnold* AktG § 136 Rn. 47; GroßkommAktG/*Grundmann* AktG § 136 Rn. 24; Hüffer/Koch/*Koch* AktG § 136 Rn. 14; K. Schmidt/Lutter AktG/*Spindler* AktG § 136 Rn. 16 f.; *Petersen/Schulz De la Cruz* NZG 2012, 453 (455 ff.).
[2441] Zur GmbH BGHZ 108, 21 (25 f.) = NJW 1989, 2694 (2695); zur AG BeckOGK/*Hoffmann* AktG § 120 Rn. 22; GroßkommAktG/*Mülbert* AktG § 120 Rn. 134; *Petersen/Schulz De la Cruz* NZG 2012, 453 (454); *Heckschen* GmbHR 2016, 897 (899); BeckOGK BGB/*Notz* BGB § 34 Rn. 39.
[2442] GroßkommAktG/*Mülbert* AktG § 120 Rn. 134.
[2443] Kölner Komm AktG/*Tröger* AktG § 136 Rn. 26.
[2444] BGHZ 182, 272 Rn. 15 = NZG 2009, 1270 – Umschreibungsstopp; Hüffer/Koch/*Koch* AktG § 136 Rn. 20; MüKoAktG/*M. Arnold* AktG § 136 Rn. 9; K. Schmidt/Lutter AktG/*Spindler* AktG § 120 Rn. 22; BeckOGK/*Rieckers* AktG § 136 Rn. 8 mwN.
[2445] BeckOGK/*Hoffmann* AktG § 120 Rn. 21.

bes. mit Blick auf das jeweils andere Organ: Der von den Minderansichten behauptete abstrakte Interessenkonflikt besteht nicht, und zwar unabhängig davon, ob Mitglieder des anderen Verwaltungsorgans ebenfalls Aktien halten oder nicht. Im Übrigen ist einem Verwaltungsmitglied evtl. nicht einmal bekannt, ob ein anderes Verwaltungsmitglied Aktien mit einem Stimmgewicht hält, mit dem ein Anreiz verbunden sein könnte, für die Entlastung des anderen Verwaltungsmitglieds zu stimmen, um im Gegenzug dessen Stimmen zu erhalten. Es wäre nicht sachgerecht, zB den Großaktionär bei sämtlichen Entlastungsentscheidungen auszuschließen oder gegenüber Verwaltungsmitgliedern, die evtl. wenige Aktien halten. Wird im Weg der Einzelentlastung abgestimmt, beschränkt sich der Stimmrechtsausschluss auf die Abstimmung über die eigene Entlastung.

1079 Mit Blick auf einen Stimmrechtsausschluss aufgrund der Beteiligung an einer Pflichtverletzung eines anderen Verwaltungsmitglieds ist nach der Rechtsprechung zu unterscheiden: Waren beide Verwaltungsmitglieder an **derselben Pflichtverletzung beteiligt,** soll ein Stimmrechtsausschluss bestehen; hat ein Verwaltungsmitglied Aufsichtspflichten verletzt, weil es die Pflichtverletzung des anderen Verwaltungsmitglieds nicht verhindert hat, soll kein Stimmrechtsausschluss bestehen.[2446] Gegen diese Unterscheidung spricht, dass auch das Verwaltungsmitglied, das eine Aufsichtspflicht verletzt hat – im Fall eines Aufsichtsratsmitglieds zB bei der Überwachung von Vorstandsmitgliedern –, grds. ein Interesse daran hat, die „Ausgangs-Pflichtverletzung" zu verbergen.[2447]

1080 Ist der **Alleinaktionär** Verwaltungsmitglied, soll per se ein Stimmrechtsausschluss bei der Entscheidung über seine Entlastung bestehen.[2448] Zudem sei § 120 Abs. 1 AktG hinsichtlich des Alleinaktionärs teleologisch zu reduzieren,[2449] weil eine Entlastung nichts brächte, sondern lediglich ein *„beschlussförmiges Selbstlob"*[2450] bzw. eine *„funktionslose bloße Selbstbelobigung"*[2451] wäre. Als Konsequenz soll es ausschließlich möglich sein, über die Entlastung der anderen Mitglieder des Organs, dem der Alleinaktionär angehört, im Weg der Einzelentlastung zu entscheiden.[2452]

1081 **Stellungnahme:** Die Entlastung des Alleinaktionärs als Verwaltungsmitglied scheitert nicht an einem Stimmrechtsausschluss, weil der Alleinaktionär nie einem Stimmrechtsausschluss unterliegt. § 136 Abs. 1 AktG ist für den Alleinaktionär unstreitig teleologisch zu reduzieren, weil in einer Einpersonengesellschaft kein Interessenkonflikt bei der Beschlussfassung der Aktionäre bestehen kann.[2453] Deshalb gibt es keinen Anlass für eine teleologische Reduktion des § 120 Abs. 1 AktG: Kann der Alleinaktionär über seine Entlastung als Verwaltungsmitglied beschließen, ist es möglich, im Weg der Gesamtentlastung über die Entlastung der Mitglieder des betreffenden Organs zu entscheiden. Zudem müssen Vorstand und Aufsichtsrat Beschlussvorschläge zur Entlastung machen (§ 124 Abs. 3 S. 1 AktG). Beide Organe können – und müssen – auch gegenüber dem Alleinaktionär durch ihren Beschlussvorschlag zum Ausdruck bringen, wie sie seine Amtsführung im Entlastungszeitraum beurteilen und welches Vertrauen sie haben, dass er künftig „eine glückliche Hand" bei seiner Amtsführung hat. Beschließt der Alleinaktionär eine Gesamtentlastung des Organs, dem er selbst angehört, ist sie als Entlastung der anderen Organmitglieder einzuordnen.[2454]

1082 Für Aktionäre, die ein Mitglied in den Aufsichtsrat **entsandt** haben (§ 101 Abs. 2 AktG), besteht **kein Stimmrechtsausschluss** beim Beschluss über die Entlastung des Entsandten.[2455]

1083 Sind Stimmen wegen eines Stimmrechtsausschlusses möglicherweise nichtig, ist der **Versammlungsleiter** berechtigt, näher zu prüfen, ob ein Stimmrechtsausschluss vorliegt;[2456] ist ein Stimmrechtsausschluss evident, ist er verpflichtet, die nichtigen Stimmen bei der Beschlussfeststellung nicht zu berücksichti-

---

[2446] Zum GbR-Gesellschafter BGH NZG 2012, 625 Rn. 20; zum GmbH-Gesellschafter BGH NZG 2009, 1309 Rn. 11.
[2447] Vgl. BeckOGK BGB/*Notz* BGB § 34 Rn. 39.
[2448] Hüffer/Koch/*Koch* AktG § 120 Rn. 5; Hölters/*Drinhausen* AktG § 120 Rn. 7; K. Schmidt/Lutter AktG/*Spindler* AktG § 120 Rn. 14.
[2449] GroßkommAktG/*Mülbert* AktG § 120 Rn. 136; vgl. ferner MüKoAktG/*M. Arnold* AktG § 136 Rn. 18; K. Schmidt/Lutter AktG/*Spindler* AktG § 120 Rn. 14; MüKoAktG/*Kubis* AktG § 120 Rn. 3; Grigoleit/*Herrler* AktG § 120 Rn. 4.
[2450] Hüffer/Koch/*Koch* AktG § 120 Rn. 5.
[2451] GroßkommAktG/*Mülbert* AktG § 120 Rn. 136.
[2452] GroßkommAktG/*Mülbert* AktG § 120 Rn. 136; MüKoAktG/*Kubis* AktG § 120 Rn. 3; K. Schmidt/Lutter AktG/*Spindler* AktG § 120 Rn. 14; Grigoleit/*Herrler* AktG § 120 Rn. 4; BeckOGK/*Hoffmann* AktG § 120 Rn. 4.
[2453] BGH NZG 2011, 950 Ls. – HVB/UniCredit; MüKoAktG/*M. Arnold* AktG § 136 Rn. 18; BeckOGK/*Rieckers* AktG § 136 Rn. 23 mwN.
[2454] Ebenso BeckOGK/*Hoffmann* AktG § 120 Rn. 4.
[2455] Zu § 114 Abs. 5 S. 1 AktG aF (1937) BGHZ 36, 296 (306 ff.) = NJW 1962, 864; Grigoleit/*Herrler* AktG § 120 Rn. 5; Hüffer/Koch/*Koch* AktG § 120 Rn. 7; GroßkommAktG/*Mülbert* AktG § 120 Rn. 138; K. Schmidt/Lutter AktG/*Spindler* AktG § 120 Rn. 22.
[2456] Kölner Komm AktG/*Noack/Zetzsche* AktG § 130 Rn. 189; Hüffer/Koch/*Koch* AktG § 130 Rn. 22; *Drinhausen*/ *Marsch-Barner* AG 2014, 757 (760).

gen.²⁴⁵⁷ Werden von einem Stimmrechtsausschluss erfasste Stimmen abgegeben und sind sie für das Beschlussergebnis **kausal,** ist der Beschluss anfechtbar.²⁴⁵⁸

Der Stimmrechtsausschluss betrifft ausschließlich die **Sachentscheidung** über die Entlastung, nicht eine Vorabentscheidung, ob die Hauptversammlung im Weg der Gesamt- oder Einzelentlastung entscheidet.²⁴⁵⁹ Bei der Entscheidung, ob die Entscheidung über die Entlastung **vertagt** werden soll (→ Rn. 1091 ff.), besteht nach herrschender und zutreffender Ansicht ein Stimmrechtsausschluss, da die Vertagung verhindert, dass die Hauptversammlung die Entlastung verweigern kann.²⁴⁶⁰

ee) Entlastungszeitraum. Die mit der Entlastungsentscheidung verbundene Billigung der Verwaltung bezieht sich auf den Zeitraum, den der bekanntgemachte Tagesordnungspunkt festlegt. Das ist idR das **abgelaufene Geschäftsjahr,** weil die Entlastung mit der Verhandlung über die Verwendung des Bilanzgewinns verbunden werden soll (§ 120 Abs. 3 S. 1 AktG). Der Entlastungszeitraum kann auf **weiter zurückliegende Zeiträume** erstreckt werden, für die die Hauptversammlung noch keine Sachentscheidung getroffen hat oder für die eine Sachentscheidung aufgrund einer Anfechtungs- oder Nichtigkeitsklage (→ Rn. 1140 ff.) oder durch Widerruf aufgehoben wurde (→ Rn. 1107 ff.). Bei der mit der Entlastungsentscheidung verbundenen Vertrauenskundgabe für die Zukunft kann die Hauptversammlung unabhängig von dem im bekanntgemachten Tagesordnungspunkt festgelegten Zeitraum auch erst jetzt bekannt gewordene Sachverhalte berücksichtigen, die Rückschlüsse auf die persönliche Eignung des betroffenen Verwaltungsmitglieds zulassen.

Eine Entlastungsentscheidung für **Teilabschnitte** eines laufenden Geschäftsjahrs soll nach verbreiteter Ansicht daran scheitern, dass die Hauptversammlung nur eine Entlastungsentscheidung treffen könne, wenn ihr die Rechnungslegung für den Entlastungszeitraum vorgelegt werde,²⁴⁶¹ wobei ein Zwischenabschluss nicht genüge.²⁴⁶² Nach dieser Ansicht muss die Hauptversammlung die Entlastungsentscheidung vertagen, solange noch keine ordnungsgemäße Rechnungslegung vorliegt.²⁴⁶³ Nach der Gegenansicht könne die Hauptversammlung unter Verzicht auf die Vorlage der Rechnungslegung über die Entlastung für einen kürzeren Zeitraum beschließen; § 120 Abs. 1 S. 1 AktG schließe zusätzliche Entlastungsbeschlüsse nicht aus.²⁴⁶⁴

Stellungnahme: Der **Gegenansicht** ist zu **folgen.** Der Gesetzgeber des ARUG I hat die Pflicht gestrichen, der Hauptversammlung, die über die Entlastung entscheidet, die Rechnungslegung vorzulegen (§ 120 Abs. 3 S. 2, 3 AktG aF). Im Schrifttum wird zwar überwiegend vertreten, die Pflicht zur Vorlage der Rechnungslegung bestehe nach wie vor in analoger Anwendung des § 175 AktG.²⁴⁶⁵ Die Gesetzesbegründung deutet in der Tat darauf hin, dass der Gesetzgeber den Zusammenhang zwischen der (Sach-) Entscheidung über die Entlastung und der Vorlage der Rechnungslegung nicht beseitigen wollte: *„Die Bestimmungen können aufgehoben werden, weil sie bereits in § 175 [AktG] (für die Zeit von der Einberufung bis*

---

²⁴⁵⁷ Kölner Komm AktG/*Noack/Zetzsche* AktG § 130 Rn. 189; Hüffer/Koch/*Koch* AktG § 130 Rn. 22; *Drinhausen/Marsch-Barner* AG 2014, 757 (760).
²⁴⁵⁸ Vgl. BGHZ 167, 204 (213) = NZG 2006, 505 zu § 20 Abs. 7 S. 1 AktG; zum Entlastungsbeschluss Großkomm-AktG/*Mülbert* AktG § 120 Rn. 142. Zu § 136 AktG MüKoAktG/*M. Arnold* AktG § 136 Rn. 56; *Petersen/Schulze De la Cruz* NZG 2012, 453 (455); BeckOGK/*Rieckers* AktG § 136 Rn. 43; Kölner Komm AktG/*Noack/Zetzsche* AktG § 243 Rn. 76, 78.
²⁴⁵⁹ OLG München AG 1995, 381 (382); MüKoAktG/*Kubis* AktG § 120 Rn. 8; Hüffer/Koch/*Koch* AktG § 120 Rn. 9; *Petersen/Schulze De la Cruz* NZG 2012, 453 (454); MüKoAktG/*M. Arnold* AktG § 136 Rn. 10; BeckOGK/*Rieckers* AktG § 136 Rn. 8; Bürgers/Körber/*Holzborn* AktG § 136 Rn. 4; aA GroßkommAktG/*Grundmann* AktG § 136 Rn. 32; krit. Kölner Komm AktG/*Tröger* AktG § 136 Rn. 26a.
²⁴⁶⁰ *Butzke* HV der AG I. Rn. 33; MüKoAktG/*M. Arnold* AktG § 136 Rn. 23; Bürgers/Körber/*Holzborn* § 136 Rn. 10; GroßkommAktG/*Mülbert* AktG § 120 Rn. 139; siehe auch BeckOGK BGB/*Notz* BGB § 34 Rn. 60; aA – kein Stimmrechtsausschluss bei der Entscheidung über die Vertagung – Grigoleit/*Herrler* AktG § 136 Rn. 12; BeckOGK/*Rieckers* AktG § 136 Rn. 19.
²⁴⁶¹ GroßkommAktG/*Mülbert* AktG § 120 Rn. 117; MüKoAktG/*Kubis* AktG § 120 Rn. 20; *Butzke* HV der AG I. Rn. 8, 14; MHdB AG/*Bungert* § 35 Rn. 35; K. Schmidt/Lutter AktG/*Spindler* AktG § 120 Rn. 38; Bürgers/Körber/*Reger* AktG § 120 Rn. 10.
²⁴⁶² GroßkommAktG/*Mülbert* AktG § 120 Rn. 117; MüKoAktG/*Kubis* AktG § 120 Rn. 20; Bürgers/Körber/*Reger* AktG § 120 Rn. 10: Zwischenbilanz (§ 63 Abs. 1 Nr. 3 UmwG) genügt nicht; *Butzke* HV der AG I. Rn. 8 mit Fn. 16: Zwischenabschlüsse reichen idR nicht für die Beurteilung aus.
²⁴⁶³ K. Schmidt/Lutter AktG/*Spindler* AktG § 120 Rn. 43; GroßkommAktG/*Mülbert* AktG § 120 Rn. 73; aA MüKoAktG/*Kubis* AktG § 120 Rn. 27: Unterlassene Feststellung oder Vorlage des Jahresabschlusses ist kein zwingender Vertagungsgrund (anders noch 2. Aufl. 2004, § 120 Rn. 25).
²⁴⁶⁴ Hölters/*Drinhausen* AktG § 120 Rn. 25; MHdB AG/*Semler*, 3. Aufl. 2007, § 34 Rn. 27.
²⁴⁶⁵ GroßkommAktG/*Mülbert* AktG § 120 Rn. 75; vgl. auch K. Schmidt/Lutter AktG/*Spindler* AktG § 120 Rn. 43; Hüffer/Koch/*Koch* AktG § 120 Rn. 15; BeckHdB AG/*Reichert* § 5 Rn. 13; MüKoAktG/*Kubis* AktG § 120 Rn. 20: Der Entlastungsbeschluss muss mit der Rechnungslegung verbunden werden, die den entlastungsrelevanten Zeitabschnitt abdeckt, anders aber MüKoAktG/*Kubis* AktG § 124 Rn. 53: Nichtvorlage der Rechnungslegung begründet nach der Streichung der gesetzlichen Vorlagepflicht keine Anfechtbarkeit des Entlastungsbeschlusses.

zur Hauptversammlung) und § 176 [AktG] (für die Versammlung) enthalten sind."[2466] Es ist häufig auch nicht sinnvoll, über die Entlastung zu entscheiden, solange die Rechnungslegung nicht vorliegt, zumal die Amtszeit von Aufsichtsratsmitgliedern enden kann, die noch an der Rechnungslegung mitwirken sollten.[2467] Die im Zusammenspiel des § 120 Abs. 1 S. 1, Abs. 3 AktG und des § 175 Abs. 1 S. 2 AktG zum Ausdruck kommende Vorstellung, dass idR die ordentliche Hauptversammlung aufgrund der Rechnungslegung über die Verwendung des Bilanzgewinns und über die Entlastung beschließt, zwingt aber nicht dazu, eine Entlastungsentscheidung per se auszuschließen, solange keine ordnungsgemäße Rechnungslegung vorliegt. Die gegenteilige Auffassung überbewertet die mit der Entlastung verbundene „Billigung der Verwaltung" und unterbewertet die mit der Entlastung verbundene „Vertrauenskundgabe". Die Aktionäre haben zudem insbes. ihr Auskunftsrecht (§ 131 AktG) als Informationsmöglichkeit. Im Zusammenhang mit (möglichen) Compliance-Verstößen, die der Entlastung entgegenstehen könnten, ist die Rechnungslegung idR ohnehin nicht die maßgebliche Informationsquelle der Aktionäre. Zudem kann die Hauptversammlung die Entlastung im Rahmen ihres freien Ermessens verweigern, weil (noch) keine ordnungsgemäße Rechnungslegung vorliegt. Der Vorstand oder ausnahmsweise der Aufsichtsrat (§ 111 Abs. 3 AktG) müssen **nach pflichtgemäßem Ermessen** abwägen, ob sie eine Sachentscheidung über die Entlastung auf die Tagesordnung setzen, obwohl für den Entlastungszeitraum noch keine ordnungsgemäße Rechnungslegung vorliegt.

1088 **ff) Sachliche und zeitliche Beschränkungen der Entlastung.** Die Hauptversammlung kann die Entlastung auf die vergangenheitsbezogene „Billigung der Verwaltung im Entlastungszeitraum" **beschränken** und die zukunftsbezogene Vertrauenskundgabe weglassen oder ausdrücklich verweigern.[2468] Dass die Entlastung ausschließlich eine vergangenheitsbezogene Billigung enthält, kann sich aus den Umständen ergeben, etwa wenn das Organmitglied bereits ausgeschieden ist oder mit Ablauf der Entlastungsperiode ausscheidet,[2469] wenn ihm das Vertrauen für die Zukunft bereits entzogen wurde[2470] oder bei entsandten Aufsichtsratsmitgliedern[2471] und Arbeitnehmervertretern, die nicht (mittelbar) von der Hauptversammlung gewählt werden und deren weitere Amtsausübung daher nicht vom Vertrauen der Hauptversammlung abhängt.[2472] Das Vertrauen in die zukünftige Amtsführung kann aber eine Rolle spielen, wenn ein Organmitglied in das andere Organ gewechselt ist.[2473] Die Hauptversammlung kann umgekehrt einem Verwaltungsmitglied für die Zukunft das **Vertrauen aussprechen,** obwohl sie seine Tätigkeit im Entlastungszeitraum nicht billigt oder darüber nicht entscheidet.

1089 Nach herrschender und zutreffender Ansicht kann die Hauptversammlung die Entlastung **nicht** unter einem **Vorbehalt** oder einer **Bedingung** erteilen, also zB nicht vom Ausgang einer andauernden Untersuchung abhängig machen.[2474]

1090 Eine **Teilentlastung** ist nach herrschender und zutreffender Ansicht **zulässig,** wenn die Bereiche, auf die sich die Entlastung nicht beziehen soll, klar abgrenzbar sind und nicht den Kernbereich der Geschäftsführung betreffen.[2475] Eine solche Teilentlastung passt zwar nicht zum Charakter der Entlastung als „Pauschal-Billigung" der Verwaltungstätigkeit als *„im Großen und Ganzen gesetzes- und satzungskonform"*[2476] und als pauschaler, zukunftsbezogener Vertrauenskundgabe. Es ist aber kein Grund ersichtlich, der einer Teilentlastung zwingend entgegenstünde. Unzulässig ist es nach herrschender und zutreffender Ansicht je-

---

[2466] RegBegr BT-Drs. 16/11642, 27.
[2467] *Gärtner* NZG 2013, 652 (654 f.).
[2468] Zur GmbH BGHZ 94, 324 (326) = NJW 1986, 129; zur KG BGH DStR 1991, 1355; zur AG GroßkommAktG/*Mülbert* AktG § 120 Rn. 35 ff.; vgl. auch Henssler/Strohn/*Liebscher* AktG § 120 Rn. 2.
[2469] Zur GmbH BGHZ 94, 324 (326) = NJW 1986, 129; zur AG OLG Düsseldorf NJW-RR 1996, 1252 (1253); *Weitemeyer* ZGR 2005, 280 (305); GroßkommAktG/*Mülbert* AktG § 120 Rn. 35, 103.
[2470] *Weitemeyer* ZGR 2005, 280 (305).
[2471] BGHZ 36, 296 (306 ff.) = WM 1962, 236; *Weitemeyer* ZGR 2005, 280 (305); GroßkommAktG/*Mülbert* AktG § 120 Rn. 35, 103.
[2472] GroßkommAktG/*Mülbert* AktG § 120 Rn. 37, 103; *Weitemeyer* ZGR 2005, 280 (305).
[2473] OLG Düsseldorf NJW-RR 1996, 1252 (1253).
[2474] OLG Düsseldorf NJW-RR 1996, 1252 (1253); MHdB AG/*Bungert* § 35 Rn. 33; Grigoleit/*Herrler* AktG § 120 Rn. 16; BeckOGK/*Hoffmann* AktG § 120 Rn. 8; MüKoAktG/*Kubis* AktG § 120 Rn. 25; K. Schmidt/Lutter AktG/*Spindler* AktG § 120 Rn. 42; aA *E. Koch* AG 1969, 1 (5): keine Bedingungsfeindlichkeit mangels Rechtsbedeutung der Entlastung; ebenso *Grunewald* AG 1990, 133 (137).
[2475] Vgl. OLG Düsseldorf NJW-RR 1996, 1252 (1253); zum Verein OLG Celle NJW-RR 1994, 1545 (1546); GroßkommAktG/*Mülbert* AktG § 120 Rn. 104; Hüffer/Koch/*Koch* AktG § 120 Rn. 12a; MHdB AG/*Bungert* § 35 Rn. 33; Henssler/Strohn/*Liebscher* AktG § 120 Rn. 8; Grigoleit/*Herrler* AktG § 120 Rn. 16; zurückhaltend MüKoAktG/*Kubis* AktG § 120 Rn. 24: nur bei sachlich klar abgrenzbaren Einzelvorgängen, sofern sie eher von nebensächlicher Bedeutung sind und nicht den Kern der Amtsführung betreffen; aA – generell keine Teilentlastung – *Seyfarth* VorstandsR § 1 Rn. 72; BeckOGK/*Hoffmann* AktG § 120 Rn. 8.
[2476] OLG Stuttgart ZIP 2012, 625 (626) – Sardinien-Äußerungen; BeckOGK/*Hoffmann* AktG § 120 Rn. 52.

doch, die Entlastung ausschließlich auf **Einzelmaßnahmen** zu beziehen.[2477] Beschließt die Hauptversammlung eine Teilentlastung und vertagt sie die Entlastung für den Entlastungszeitraum im Übrigen nicht, ist die Entlastung insoweit verweigert.

gg) Vertagung der Entlastungsentscheidung. Nach ganz herrschender und zutreffender Ansicht kann die Hauptversammlung die Entlastungsentscheidung vertagen.[2478] Ob eine Vertagung an eine Voraussetzung geknüpft ist, wird nicht erörtert. Erforderlich ist ein **sachlicher Grund**. Das Gesetz geht davon aus, dass die Hauptversammlung eine Sachentscheidung trifft (§ 120 Abs. 1 S. 1 AktG: „*die Hauptversammlung beschließt [...] über die Entlastung*"). Trifft die Hauptversammlung keine Sachentscheidung, kann damit Unsicherheit verbunden sein, wann die Amtszeit von Aufsichtsratsmitgliedern endet: Die Amtszeit von Aufsichtsratsmitgliedern ist mit der Entscheidung über die Entlastung verknüpft (vgl. § 102 Abs. 1 S. 1 AktG).[2479] An den sachlichen Grund sind jedoch keine hohen Anforderungen zu stellen. Ein sachlicher Grund kann insbes. darin bestehen, die Amtsführung im Entlastungszeitraum näher aufzuklären, zB durch einen Sonderprüfer. Eine Vertagung entspricht ggf. idR der Erwartung der Aktionäre.[2480] Dass noch keine ordnungsgemäße Rechnungslegung vorliegt, ist ebenfalls ein sachlicher Grund. Eine **Vertagungspflicht** besteht hingegen nicht; weder, wenn noch keine Rechnungslegung vorliegt (→ Rn. 1086 f.), noch wenn eine Sonderprüfung andauert.[2481] Die Hauptversammlung kann im Rahmen ihres freien Ermessens auch auf unsicherer Grundlage über die Entlastung entscheiden. Auch wenn ausnahmsweise die Feststellung des Jahresabschlusses der Hauptversammlung überlassen (§ 173 AktG) und vertagt oder wenn die Gewinnverwendungsentscheidung vertagt wird, besteht keine Pflicht, die Entlastungsentscheidung zu vertagen.[2482] Die Verknüpfung der Gewinnverwendungsentscheidung mit der Entlastungsentscheidung ist lediglich als Sollvorschrift ausgestaltet (§ 120 Abs. 3 AktG). 1091

Der sachliche Grund muss die Beurteilung der **vergangenen Amtsführung** betreffen. Die Beurteilung der vergangenen Amtsführung kann sich zwar auf das Vertrauen in die künftige Amtsführung auswirken, das ist aber nicht zwingend. Es ist daher zulässig, dass die Hauptversammlung lediglich die Entscheidung über die Billigung der vergangenen Amtstätigkeit vertagt und dem Verwaltungsmitglied das Vertrauen in die künftige Amtstätigkeit ausspricht (→ Rn. 1088). 1092

Liegt **kein sachlicher Grund** vor, können Verwaltungsmitglieder, die die Vertagung vorgeschlagen haben, insofern pflichtwidrig gehandelt haben.[2483] Anfechtbar ist der Vertagungsbeschluss aber nicht – es fehlt das Rechtsschutzbedürfnis, weil Aktionäre keine über die Nichtigerklärung des Vertagungsbeschlusses (§ 241 Nr. 5 AktG) hinausgehenden Rechtsfolgen herbeiführen könnten.[2484] 1093

Vereinzelt wird vertreten, die Hauptversammlung könne die Entscheidung über die Entlastung nur innerhalb der ersten acht Monate des auf den Entlastungszeitraum folgenden Geschäftsjahrs vertagen, weil das Gesetz in diesem Zeitraum eine Sachentscheidung verlange. Notfalls müsse sie die Entlastung verweigern und könne später abweichend entscheiden.[2485] Diese Ansicht wird der Signalwirkung der Entlastung nicht gerecht. Es wäre nicht sachgerecht, die Hauptversammlung zu einer Sachentscheidung „zu zwingen", obwohl eine sachliche Rechtfertigung vorliegt, dass sie noch keine Sachentscheidung trifft. Eine zweite – bei Publikumsgesellschaften aufwändige und teure – Hauptversammlung innerhalb des Achtmonatszeitraums abzuhalten, nur um in der Sache über die Entlastung zu entscheiden, wäre ebenfalls nicht sachgerecht. Eine mittelbare Rechtsfolge ist mit der Sachentscheidung zwar verbunden, wenn ggf. die Amtszeit eines Aufsichtsratsmitglieds endet, weil die gesetzliche Höchstdauer erreicht ist (vgl. § 102 Abs. 1 1094

[2477] OLG Düsseldorf NJW-RR 1996, 1252 (1254); GroßkommAktG/*Mülbert* AktG § 120 Rn. 106; BeckOGK/*Hoffmann* AktG § 120 Rn. 8; Hüffer/Koch/*Koch* AktG § 120 Rn. 12a; Hölters/*Drinhausen* AktG § 120 Rn. 24; *Butzke* HV der AG I. Rn. 14; aA wohl OLG Stuttgart AG 1995, 233 (234); zur GmbH *Beuthien* GmbHR 2014, 682 (692); MHLS/*Römermann* GmbHG § 46 Rn. 271.

[2478] BGH BB 2002, 1822 (1823): Vertagung üblich bei Sonderprüfung; OLG Düsseldorf NJW-RR 1996, 1252 (1253); MHdB AG/*Bungert* § 35 Rn. 35; Hölters/*Drinhausen* AktG § 120 Rn. 9, 25; MüKoAktG/*Kubis* AktG § 120 Rn. 27; GroßkommAktG/*Mülbert* AktG § 120 Rn. 109; Bürgers/Körber/*Reger* AktG § 120 Rn. 4; K. Schmidt/Lutter AktG/*Spindler* AktG § 120 Rn. 43; *Pöschke* in Semler/Volhard/Reichert HV-HdB § 16 Rn. 12. Einschränkend BeckOGK/*Hoffmann* AktG § 120 Rn. 7, → Rn. 1094.

[2479] Dazu, wie sich eine Vertagung der Entlastungsentscheidung insofern auswirkt, → § 2 Rn. 155.

[2480] BGH BB 2002, 1822 (1823): Vertagung der Entlastung üblich bei Sonderprüfung; OLG Düsseldorf NJW-RR 1996, 1252 (1253); GroßkommAktG/*Mülbert* AktG § 120 Rn. 109; Hölters/*Drinhausen* AktG § 120 Rn. 25; MüKoAktG/*Kubis* AktG § 120 Rn. 27; K. Schmidt/Lutter AktG/*Spindler* AktG § 120 Rn. 43, vgl. auch S. 17 der Richtlinien des Stimmrechtsberaters Glass Lewis für das Jahr 2020, https://www.glasslewis.com/wp-content/uploads/2016/12/Guidelines_Germany.pdf (zuletzt abgerufen am 28.10.2020).

[2481] MüKoAktG/*Kubis* AktG § 120 Rn. 27; GroßkommAktG/*Mülbert* AktG § 120 Rn. 78, 109; Hölters/*Drinhausen* AktG § 120 Rn. 25; aA *Koch* AG 1969, 1 (4f.).

[2482] MüKoAktG/*Kubis* AktG § 120 Rn. 27; GroßkommAktG/*Mülbert* AktG § 120 Rn. 73.

[2483] Vgl. *Leuering* NJW-Spezial 2017, 591 (592).

[2484] GroßkommAktG/*Mülbert* AktG § 129 Rn. 175 iVm Vor § 118 Rn. 35.

[2485] BeckOGK/*Hoffmann* AktG § 120 Rn. 7.

S. 1 AktG). Die Amtszeit kann aber durch eine Vertagung nicht beliebig verlängert werden, weil sie nach dem BGH ohne Weiteres mit Ablauf der Achtmonatsfrist des § 120 Abs. 1 S. 2 AktG endet, wenn bis dahin keine Sachentscheidung über die Entlastung getroffen ist (→ Rn. 1073). Liegt ein sachlicher Grund vor, kann die Hauptversammlung die Entlastungsentscheidung vertagen, bis der sachliche Grund weggefallen ist. Es gibt insofern **keine zeitliche Obergrenze**.[2486] Es ist auch nicht erforderlich, im Vertagungsbeschluss anzugeben, bis zu welchem Zeitpunkt die Entscheidung vertagt werden soll. Vorstand und/oder Aufsichtsrat sollten aber mitteilen, weshalb sie die Vertagung vorschlagen.

1095 Die Vertagung der Entlastung können Aktionäre stets unter dem Tagesordnungspunkt „Entlastung" beantragen, auch erst in der Hauptversammlung.[2487] Über einen Antrag auf Vertagung ist zwingend **vor einer Sachentscheidung** zu entscheiden.[2488]

1096 Eine vertagte Entlastungsentscheidung **kann** die Hauptversammlung jederzeit **nachholen**. Es ist insbes. möglich, eine spätere Entscheidung auf den Zeitraum zu erweitern, für den die Entscheidung vertagt ist.[2489] Das setzt voraus, dass die Hauptversammlung die aktuelle und die nachgeholte Entscheidung mit demselben Inhalt treffen möchte. Aus dem Beschluss muss sich eindeutig ergeben, dass er sich auch auf den Zeitraum beziehen soll, für den die Entscheidung vertagt war. Verwaltungsmitglieder können **verlangen**, dass Vorstand und Aufsichtsrat der Hauptversammlung vorschlagen, eine vertagte Entlastungsentscheidung nachzuholen, sobald der sachliche Grund für die Vertagung weggefallen ist. Eine Sachentscheidung der Hauptversammlung können Verwaltungsmitglieder aber generell nicht erzwingen.

1097 **hh) Rechtsfolgen von Entlastung, Entlastungsverweigerung und Vertagung. (1) Erteilung der Entlastung.** Die **Bestellung** von Vorstands- und Aufsichtsratsmitgliedern kann ungeachtet einer ihnen erteilten Entlastung widerrufen werden (§ 84 Abs. 3 S. 1 AktG, § 103 Abs. 1 AktG).[2490] Nach verbreiteter Ansicht soll die Entlastung von Vorstandsmitgliedern zwar dazu führen, dass ein späterer Vertrauensentzug wegen **widersprüchlichen Verhaltens** unwirksam sei, wenn er auf Vorgänge aus der Entlastungsperiode gestützt wird und die Hauptversammlung dem Vorstandsmitglied zuvor Entlastung erteilt hat (venire contra factum proprium, § 242 BGB),[2491] wobei teilweise nur dann ein widersprüchliches Verhalten angenommen wird, wenn dieselbe Hauptversammlung zunächst die Entlastung erteilt hat, ohne sie auf die Billigung der Verwaltung im abgelaufenen Geschäftsjahr zu beschränken, und anschließend das Vertrauen entziehen möchte, ohne dass seit der Entlastung neue Umstände bekannt wurden oder sich aus dem Verhalten des Vorstandsmitglieds ergeben.[2492] Das ist abzulehnen. Ein Vertrauensentzug ist nie wegen einer zuvor erteilten Entlastung unwirksam. Die Hauptversammlung ist frei, ihre Auffassung auf Grundlage der Diskussion jederzeit zu ändern und neu zu beurteilen, ob sie Vertrauen in die Amtsführung eines Vorstandsmitglieds hat (→ Rn. 709).

1098 Die Entlastung bewirkt **keinen Verzicht auf Ersatzansprüche** der AG (§ 120 Abs. 2 S. 2 AktG). Der Ausschluss der Präklusionswirkung bezieht sich nicht nur auf Schadensersatzansprüche, sondern auch auf alle sonstigen Ansprüche, etwa wegen ungerechtfertigter Bereicherung.[2493] Die AG kann auf Ersatzansprüche gegen Verwaltungsmitglieder ohnehin erst drei Jahre nach der Entstehung des Anspruchs mit Zustimmung der Hauptversammlung verzichten (§ 93 Abs. 4 S. 3 AktG, § 116 S. 1 AktG). Für die Entscheidung der Hauptversammlung über die Zustimmung ist ein eigener Tagesordnungspunkt erforderlich[2494] und Aktionäre, deren Anteile mindestens 10% des Grundkapitals erreichen, können den Verzicht verhindern, indem sie zur Niederschrift der Hauptversammlung Widerspruch erheben. Auch wenn die Hauptversammlung aufgrund einer Vertagung über die Entlastung erst so spät beschließt, dass diese dreijährige Sperrfrist abgelaufen ist, ist mit der Entlastung keine Zustimmung zu einem Verzicht gemäß § 93 Abs. 4 S. 3 AktG verbunden, weil andernfalls das Widerspruchsrecht der Minderheit leerliefe. Und selbst wenn sämtliche Aktionäre nach Ablauf der dreijährigen Sperrfrist für die Entlastung stimmen, ist damit kein

---

[2486] So grds. auch GroßkommAktG/*Mülbert* AktG § 120 Rn. 110: Allenfalls eine willkürliche Vertagung auf einen weit in der Zukunft liegenden Zeitpunkt könnte missbräuchlich sein.
[2487] GroßkommAktG/*Mülbert* AktG § 120 Rn. 109; GroßkommAktG/*Butzke* AktG § 124 Rn. 111; MüKoAktG/*Kubis* AktG § 120 Rn. 27; BeckOGK/*Rieckers* AktG § 124 Rn. 75.
[2488] GroßkommAktG/*Mülbert* AktG § 120 Rn. 109; MüKoAktG/*Kubis* AktG § 120 Rn. 27; Hölters/*Drinhausen* AktG § 120 Rn. 25.
[2489] MHdB AG/*Bungert* § 35 Rn. 35; MüKoAktG/*Kubis* AktG § 120 Rn. 20; K. Schmidt/Lutter AktG/*Spindler* AktG § 120 Rn. 37; GroßkommAktG/*Mülbert* AktG § 120 Rn. 116; *Volhard* in Semler/Volhard/Reichert HV-HdB § 16 Rn. 13.
[2490] GroßkommAktG/*Mülbert* AktG § 120 Rn. 49 f.; MHdB AG/*Bungert* § 35 Rn. 34; Hölters/*Drinhausen* AktG § 120 Rn. 26; zum Aufsichtsrat BeckOGK/*Hoffmann* AktG § 120 Rn. 32.
[2491] So wohl MHdB AG/*Bungert* § 35 Rn. 34; MüKoAktG/*Kubis* AktG § 120 Rn. 32; *Begemann/Laue* BB 2009, 2442 (2445).
[2492] BeckOGK/*Hoffmann* AktG § 120 Rn. 30; Hölters/*Drinhausen* AktG § 120 Rn. 26; GroßkommAktG/*Mülbert* AktG § 120 Rn. 55.
[2493] GroßkommAktG/*Mülbert* AktG § 120 Rn. 45.
[2494] So auch MüKoAktG/*Kubis* AktG § 120 Rn. 30.

Verzicht auf Ersatzansprüche der AG verbunden, weil der Verzicht **unter einem eigenen Tagesordnungspunkt beschlossen** werden muss, damit sich alle Aktionäre der Wirkung des Beschlusses bewusst sind.[2495] Der Entlastungsbeschluss kann auch nicht als Zusage ausgelegt werden, dass die Hauptversammlung künftig einem Verzicht auf Ersatzansprüche zustimmt.[2496] Der Entlastungsbeschluss kann ferner nicht als Beschluss der Hauptversammlung ausgelegt werden, der, wenn er gesetzmäßig ist und eine Handlung von Verwaltungsmitgliedern auf ihm beruhen würde, eine Ersatzpflicht von Verwaltungsmitgliedern gegenüber der AG von vornherein ausschließen würde (§ 93 Abs. 4 S. 1 AktG, § 116 S. 1 AktG).[2497]

Bestehen Anhaltspunkte, dass Verwaltungsmitglieder pflichtwidrig gehandelt haben, regelt § 93 Abs. 2 S. 2 AktG im Fall einer Inanspruchnahme durch die AG eine abgestufte **Darlegungs- und Beweislast:** Die AG trifft zunächst die Darlegungs- und Beweislast, dass ihr durch ein möglicherweise pflichtwidriges Verhalten des Vorstandsmitglieds ein Schaden entstanden ist. Gelingt dieser Nachweis, trifft dann das Vorstandsmitglied die Darlegungs- und Beweislast, dass es nicht pflichtwidrig gehandelt hat oder dass es kein Verschulden trifft oder dass der Schaden auch bei pflichtgemäßem Alternativverhalten eingetreten wäre.[2498] Auch auf diese Darlegungs- und Beweislast wirkt es sich nach zutreffender Ansicht nicht aus, wenn die Hauptversammlung Entlastung erteilt hat.[2499] § 120 Abs. 2 S. 2 AktG schließt jede Auswirkung der Entlastung auf die Durchsetzbarkeit möglicher Ersatzansprüche aus. 1099

(2) Verweigerung der Entlastung. Mit der Verweigerung der Entlastung ist gegenüber **Vorstandsmitgliedern** kein Vertrauensentzug (§ 84 Abs. 3 S. 2 Var. 3 AktG) und kein sonstiger wichtiger Grund (§ 84 Abs. 3 S. 1 AktG) verbunden, der den Aufsichtsrat berechtigen würde, ihre Bestellung zu **widerrufen** (→ Rn. 714 f.). 1100

Gegenüber **Aufsichtsratsmitgliedern** ist mit einer Entlastungsverweigerung keine Abberufung aus dem Amt verbunden, und zwar auch dann nicht, wenn die Verweigerung mit der für eine Abberufung grds. erforderlichen Mehrheit von mindestens drei Vierteln der abgegebenen Stimmen (§ 103 Abs. 1 S. 2 AktG) beschlossen wurde. Mit der Entscheidung über die Entlastung trifft die Hauptversammlung keine Aussage zur Organstellung.[2500] Bei der Entlastungsentscheidung können andere Motive eine Rolle spielen als bei einer Entscheidung über die Abberufung. Auch aus Gründen der Rechtssicherheit kann die Hauptversammlung über eine Abberufung nur aufgrund eines entsprechenden **Tagesordnungspunkts** beschließen.[2501] 1101

Umstritten ist, ob jede[2502] oder lediglich eine unberechtigte[2503] Entlastungsverweigerung dazu führt, dass eine daran geknüpfte **Amtsniederlegung** von Verwaltungsmitgliedern berechtigt und damit nicht pflichtwidrig ist. Ebenfalls umstritten ist, was daraus hinsichtlich der **Vergütung von Vorstandsmitgliedern** folgt. Auch die Vertreter der Ansicht, die eine Amtsniederlegung bei jeder Entlastungsverweigerung für berechtigt halten, vertreten offenbar nicht, Vorstandsmitglieder dürften sogar im Fall einer berechtigten Entlastungsverweigerung ihre Vergütung behalten. Nach einer Ansicht sollen Vorstandsmitglieder im Fall einer Amtsniederlegung aufgrund einer unberechtigten Entlastungsverweigerung ihre Vergütung weiter erhalten können, weil sie nicht verpflichtet seien, ihren Anstellungsvertrag zu kündigen und die AG nicht zur Kündigung berechtigt sei.[2504] Nach der Gegenansicht sollen Vorstandsmitglieder im Fall einer unberechtigten Entlastungsverweigerung verpflichtet sein, ihren Anstellungsvertrag aus wichtigem Grund zu kündigen (§ 626 BGB), aber von der AG den Schaden ersetzt verlangen können, der ihnen durch die Beendigung des Dienstverhältnisses entsteht (§ 628 Abs. 2 BGB).[2505] Auch die meisten Vertreter der Ansicht, die Vorstandsmitglieder nicht für verpflichtet halten, den Anstellungsvertrag im Fall einer unberech- 1102

[2495] Vgl. insgesamt MüKoAktG/*Kubis* AktG § 120 Rn. 30; GroßkommAktG/*Mülbert* AktG § 120 Rn. 46 ff.
[2496] MüKoAktG/*Kubis* AktG § 120 Rn. 30; GroßkommAktG/*Mülbert* AktG § 120 Rn. 50.
[2497] MüKoAktG/*Kubis* AktG § 120 Rn. 30; GroßkommAktG/*Mülbert* AktG § 120 Rn. 51.
[2498] BGHZ 152, 280 (284 f.) = NJW 2003, 358; vgl. auch MüKoAktG/*Spindler* AktG § 93 Rn. 208 f.
[2499] Ebenso OLG Düsseldorf ZIP 1996, 503 (504); MüKoAktG/*Spindler* AktG § 93 Rn. 211. Für eine Umkehr der Darlegungs- und Beweislast iRd § 93 Abs. 2 S. 2 AktG hingegen *Beuthien* GmbHR 2014, 682 (687 ff.).
[2500] Hölters/*Simons* AktG § 103 Rn. 6; Hüffer/Koch/*Koch* AktG § 103 Rn. 3.
[2501] MüKoAktG/*Kubis* AktG § 120 Rn. 38; GroßkommAktG/*Mülbert* AktG § 120 Rn. 59; BeckOGK/*Hoffmann* AktG § 120 Rn. 35; iErg auch Hüffer/Koch/*Koch* AktG § 103 Rn. 3, § 120 Rn. 17.
[2502] So MüKoAktG/*Kubis* AktG § 120 Rn. 37; K. Schmidt/Lutter AktG/*Spindler* AktG § 120 Rn. 48; MüKoAktG/*Spindler* AktG § 84 Rn. 160.
[2503] So Hölters/*Drinhausen* AktG § 120 Rn. 30; BeckOGK/*Hoffmann* AktG § 120 Rn. 42; GroßkommAktG/*Mülbert* AktG § 120 Rn. 58; GroßkommAktG/*Kort* AktG § 84 Rn. 547; Hüffer/Koch/*Koch* AktG § 84 Rn. 45; Kölner Komm AktG/*Mertens/Cahn* AktG § 84 Rn. 200.
[2504] MüKoAktG/*Kubis* AktG § 120 Rn. 37; Hüffer/Koch/*Koch* AktG § 120 Rn. 16; iErg auch Hölters/*Drinhausen* AktG § 120 Rn. 30; Bürgers/Körber/*Reger* AktG § 120 Rn. 14.
[2505] BeckOGK/*Hoffmann* AktG § 120 Rn. 42 f.

tigten Entlastungsverweigerung zu kündigen, halten Vorstandsmitglieder zumindest für **berechtigt,** zu kündigen und dann Schadensersatz zu verlangen.[2506]

1103 **Stellungnahme:** Eine Amtsniederlegung ist nur berechtigt, wenn die Entlastungsverweigerung unberechtigt ist. Das ist der Fall, wenn die Hauptversammlung dem Verwaltungsmitglied aus **offenbar unsachlichen Gründen** die Entlastung verweigert hat. Dass die Hauptversammlung dem Verwaltungsmitglied die Entlastung verweigert und damit nicht das Vertrauen ausspricht, muss das Verwaltungsmitglied „aushalten", solange dem keine offenbar unsachlichen Gründe zugrunde liegen.

1104 Auch wenn Vorstandsmitglieder ihr Amt aufgrund einer unberechtigten Entlastungsverweigerung berechtigt niederlegen, haben sie entgegen der überwiegenden Ansicht weder Vergütungs- noch Schadensersatzansprüche gegen die AG. Sofern kein eindeutiger und schwerwiegender Gesetzes- oder Satzungsverstoß eines Vorstandsmitglieds festgestellt ist (→ Rn. 1142 ff.), hat die Hauptversammlung bei der Entscheidung über die Entlastung ein **freies, nicht justiziables Ermessen** (→ Rn. 1140 f.). Dem widerspräche es, iRd Klage eines Vorstandsmitglieds über die Fortzahlung seiner Vergütung oder über Schadensersatz nach einer Amtsniederlegung darüber zu streiten, ob eine Entlastungsverweigerung berechtigt oder unberechtigt war.[2507] Dabei ist zu berücksichtigen, dass die Entlastungsverweigerung kein Vertrauensentzug ist, der zum Widerruf der Bestellung berechtigen würde. Der BGH hat zur GmbH zwar festgestellt, dass Geschäftsführer zur Amtsniederlegung, zur fristlosen Kündigung und zum Schadensersatz nach § 628 BGB berechtigt sein könnten, wenn sie *„aus offenbar unsachlichen Gründen, also willkürlich"* nicht entlastet würden und daher das Dienstverhältnis verletzt werde.[2508] Das ist aber auf die AG **nicht übertragbar**: In der AG hat die Entlastung anders als in der GmbH rechtlich keine unmittelbare Bedeutung. Zudem entscheidet in der GmbH die Gesellschafterversammlung nicht nur über die Entlastung, sondern hat grds. auch die Personalkompetenz gegenüber den Geschäftsführern. Die Hauptversammlung hat demgegenüber keine Personalkompetenz gegenüber dem Vorstand. Der Aufsichtsrat muss bewerten, wie mit einer Entlastungsverweigerung umzugehen ist. Gelangt er zur Einschätzung, dass es im Interesse der AG ist, das Amt aufgrund der Entlastungsverweigerung zu beenden, kommt idR nur eine einvernehmliche Amtsbeendigung in Betracht, bei der das Vorstandsmitglied versuchen kann, seine (Vermögens-) Interessen zu wahren.

1105 **Verweigert die Hauptversammlung** einem Vorstandsmitglied die Entlastung, muss sich der Aufsichtsrat damit grds. unverzüglich – idR unmittelbar nach der Hauptversammlung – **befassen,** insbes., wenn er die Entlastung vorgeschlagen hatte. Möchte der Aufsichtsrat an dem Vorstandsmitglied festhalten, ist es idR geboten, möglichst rasch eine geeignete Erklärung zu veröffentlichen, um Spekulationen vorzubeugen. Verweigert die Hauptversammlung einem **Aufsichtsratsmitglied** die Entlastung, muss sich der Aufsichtsrat damit ebenfalls unverzüglich befassen, weil er zuständig ist zu entscheiden, ob er bei Gericht die Abberufung des Aufsichtsratsmitglieds aus wichtigem Grund beantragt (§ 103 Abs. 3 AktG). Bei seiner Entscheidung, ob er beantragt, das Aufsichtsratsmitglied gerichtlich abzuberufen, muss der Aufsichtsrat insbes. berücksichtigen, weshalb die Hauptversammlung dem Aufsichtsratsmitglied die Entlastung verweigert, es aber nicht selbst abberufen hat (§ 103 Abs. 1 AktG), obwohl für eine Abberufung durch die Hauptversammlung einmal ein wichtiger Grund erforderlich ist. Rechtfertigen die Gründe für die Entlastungsverweigerung auch als wichtiger Grund iSd § 103 Abs. 3 S. 1 AktG eine Abberufung, wurden sie aber erst bekannt, nachdem die Frist abgelaufen war, bis zu der die Entscheidung über die Abberufung auf die Tagesordnung gesetzt werden hätte können, kann das dafür sprechen, dass der Aufsichtsrat die gerichtliche Abberufung beantragt. Bezieht sich die Entlastungsverweigerung darauf, dass die Hauptversammlungsmehrheit die Tätigkeit des Aufsichtsratsmitglieds im Entlastungszeitraum „für unglücklich hält", liegt kein wichtiger Grund für eine gerichtliche Abberufung vor. Auch die Entlastungsverweigerung selbst ist kein wichtiger Grund für die gerichtliche Abberufung (→ § 2 Rn. 185).

1106 **(3) Vertagung der Entscheidung über die Entlastung.** Vertagt die Hauptversammlung die Entscheidung über die Entlastung, sind damit **keine Folgen** verbunden. Insbesondere kommt nicht in Betracht, eine Vertagung als Vertrauensentzug gegenüber Vorstandsmitgliedern oder als Grund für eine berechtigte Amtsniederlegung einzuordnen.[2509] Vertagt die Hauptversammlung die Entscheidung über die Entlastung eines Verwaltungsmitglieds, ohne dass ein entsprechender Beschlussvorschlag des Vorstands und/oder des Aufsichtsrats zugrunde lag, ist es aber geboten, dass sich der Aufsichtsrat rasch mit der Entscheidung befasst.

[2506] MHdB AG/*Bungert* § 35 Rn. 37; Hölters/*Drinhausen* AktG § 120 Rn. 30; *Butzke* HV der AG I. Rn. 44; aA MüKoAktG/*Kubis* AktG § 120 Rn. 36: unzulässige mittelbare Einschränkung des freien Ermessens der Hauptversammlung bei der Entlastungsentscheidung.
[2507] Vgl. insofern zum Schadensersatz auch MüKoAktG/*Kubis* AktG § 120 Rn. 36 f.
[2508] BGH NJW 1986, 129 (130).
[2509] Vgl. auch *Butzke* HV der AG I. Rn. 45: In der Vertagung der Entlastung ist (noch) keine Missbilligung des Verhaltens des Verwaltungsorgans bzw. des Verwaltungsmitglieds zu sehen.

ii) Widerruf der Entlastung und neue Sachentscheidung. Die Hauptversammlung kann eine erteilte Entlastung widerrufen, wenn **kein schutzwürdiges Vertrauen** des betroffenen Verwaltungsmitglieds entgegensteht.[2510] Ein Widerruf ist danach zulässig, wenn nachträglich Tatsachen bekannt werden, die die Verwaltungstätigkeit betreffen[2511], oder die AG bei der Entlastung Informationspflichten verletzte.[2512] Nach hA kann nur die nächstfolgende Hauptversammlung nach Bekanntwerden der neuen Tatsachen die Entlastung widerrufen, oder die ursprüngliche Hauptversammlung, wenn neue Tatsachen noch in derselben Hauptversammlung bekannt werden, die die Entlastung erteilt hat.[2513] Nach der Gegenansicht ist auf den Einzelfall abzustellen.[2514] Der Gegenansicht ist **zuzustimmen**. Es kann zulässig sein, länger als bis zur nächstfolgenden Hauptversammlung abzuwarten, bis neu bekannt gewordene Umstände vollständig aufgeklärt sind oder ein Prozess beendet ist etc.

Im Schrifttum wird vertreten, für die Entscheidung über den Widerruf der Entlastung sei nach § 124 Abs. 4 S. 2 Var. 2 AktG keine gesonderte Bekanntmachung erforderlich, da es sich um einen sachlich ergänzenden Antrag zum Tagesordnungspunkt „Entlastung" handele.[2515] Das ist **abzulehnen**. Die Hauptversammlung kann den Widerruf nur beschließen, wenn ein entsprechender Beschlussantrag **ordnungsgemäß bekanntgemacht** wurde (§ 124 Abs. 4 S. 1 AktG). Es handelt sich um einen ungewöhnlichen Vorgang, mit dem Aktionäre nicht rechnen müssen. Auch Vorstand und Aufsichtsrat müssen sich auf eine entsprechende Beschlussfassung und damit zusammenhängende Auskunftsrechte vorbereiten können. Beschließt die Hauptversammlung den Widerruf, ist damit automatisch die Entlastung für den betroffenen Zeitraum verweigert.

Hat die Hauptversammlung ursprünglich Gesamtentlastung erteilt und betreffen neu bekanntgewordene Tatsachen ausschließlich **ein** Verwaltungsmitglied, kann sie die Entlastung **einzeln widerrufen** (§ 120 Abs. 1 S. 2 AktG analog).[2516]

Wurde einem Verwaltungsmitglied die Entlastung verweigert, kann die Hauptversammlung nach einer Ansicht ohne Weiteres **aufgrund einer neuen Entscheidung Entlastung erteilen.** Sogar im Fall einer erteilten Entlastung soll eine neue Entscheidung unabhängig von deren Widerruf zulässig sein.[2517] Nach der Gegenansicht kommt eine neue Entscheidung nur in Betracht, wenn zuvor die bisherige Entscheidung widerrufen oder aufgrund einer Anfechtungs- oder Nichtigkeitsklage für nichtig erklärt wurde.[2518] Der **Gegenansicht** ist zu **folgen**. Hat die Hauptversammlung eine Entscheidung getroffen, steht im Fall einer erteilten Entlastung das schutzwürdige Vertrauen der Organmitglieder und generell die Entscheidungshoheit der konkreten Hauptversammlung entgegen, dass die Hauptversammlung ohne neue Tatsachen erneut über die Entlastung entscheidet.

jj) Entlastung im Zusammenhang mit Umwandlungsvorgängen. Wurde die AG aufgrund eines Umwandlungsvorgangs Rechtsnachfolgerin einer AG oder GmbH und hat deren Haupt- oder Gesellschafterversammlung **vor Wirksamwerden** der Umwandlung nicht über die Entlastung der Verwaltungsmitglieder entschieden, stellt sich die Frage, ob die Hauptversammlung über die Entlastung dieser Verwaltungsmitglieder entscheiden kann oder muss.

(1) Verschmelzung. Im Fall einer Verschmelzung erlischt der übertragende Rechtsträger, sobald die Verschmelzung wirksam wird (§ 20 Abs. 1 Nr. 2 S. 1 UmwG). Die Haupt- oder Gesellschafterversammlung des übertragenden Rechtsträgers kann daher **nicht mehr** über die Entlastung von dessen Verwaltungsmitgliedern entscheiden.[2519] Ob stattdessen die Hauptversammlung **der übernehmenden AG** über die Entlastung der Verwaltungsmitglieder des übertragenden Rechtsträgers für den Zeitraum vor der Ver-

---

[2510] Hölters/*Drinhausen* AktG § 120 Rn. 28; MHdB AG/*Bungert* § 35 Rn. 33; MüKoAktG/*Kubis* AktG § 120 Rn. 28; BeckOGK/*Hoffmann* AktG § 120 Rn. 10; *Butzke* HV der AG I. Rn. 40.
[2511] BeckOGK/*Hoffmann* AktG § 120 Rn. 10; siehe auch Hölters/*Drinhausen* AktG § 120 Rn. 28; K. Schmidt/Lutter AktG/*Spindler* AktG § 120 Rn. 44; MüKoAktG/*Kubis* AktG § 120 Rn. 28; GroßkommAktG/*Mülbert* AktG § 120 Rn. 111.
[2512] Hölters/*Drinhausen* AktG § 120 Rn. 28; BeckOGK/*Hoffmann* AktG § 120 Rn. 10; MüKoAktG/*Kubis* AktG § 120 Rn. 28; einschränkend GroßkommAktG/*Mülbert* AktG § 120 Rn. 112: Fehler, die einen Anfechtungsgrund darstellen, berechtigen nur zum Widerruf der Entlastung, wenn sie im Zeitpunkt der Beschlussfassung nicht erkennbar waren, was nur in Einzelfällen denkbar sein werde.
[2513] MüKoAktG/*Kubis* AktG § 120 Rn. 28; Hölters/*Drinhausen* AktG § 120 Rn. 28; GroßkommAktG/*Mülbert* AktG § 120 Rn. 113; K. Schmidt/Lutter AktG/*Spindler* AktG § 120 Rn. 44.
[2514] BeckOGK/*Hoffmann* AktG § 120 Rn. 10.
[2515] BeckOGK/*Hoffmann* AktG § 120 Rn. 13.
[2516] BeckOGK/*Hoffmann* AktG § 120 Rn. 12.
[2517] MüKoAktG/*Kubis* AktG § 120 Rn. 36.
[2518] GroßkommAktG/*Mülbert* AktG § 120 Rn. 99; BeckOGK/*Hoffmann* AktG § 120 Rn. 9.
[2519] Kölner Komm UmwG/*Simon* UmwG § 20 Rn. 6; Habersack/Wicke/*Rieckers/Cloppenburg* UmwG § 20 Rn. 85; Lutter/*Grunewald* UmwG § 20 Rn. 29; *Butzke* HV der AG I. Rn. 13; Henssler/Strohn/*Heidinger* AktG § 20 Rn. 34.

schmelzung entscheiden kann, ist umstritten.[2520] Eine verbreitete Ansicht lehnt das ab.[2521] Die Hauptversammlung habe keine Kenntnis über die Geschäftstätigkeit vor der Verschmelzung. Zudem seien die Verwaltungsmitglieder des übertragenden Rechtsträgers bis zum Wirksamwerden der Verschmelzung verpflichtet, ausschließlich die Interessen des übertragenden Rechtsträgers wahrzunehmen, insbes. bei der Verhandlung des Verschmelzungsvertrags. Eine Ausnahme soll in Betracht kommen, wenn die Verwaltungsmitglieder des übertragenden Rechtsträgers zugleich Verwaltungsmitglieder der übernehmenden AG würden, weil in diesem Fall das „*Zukunftsmoment*" die mit der Entlastungsentscheidung verbundene Vertrauenskundgabe überwiege.[2522] Nach der **Gegenansicht** geht die Kompetenz, über die Entlastung der Verwaltungsmitglieder des übertragenden Rechtsträgers für die Zeit vor der Umwandlung zu entscheiden, iRd Gesamtrechtsnachfolge auf die übernehmende AG über, und zwar unabhängig davon, ob Verwaltungsmitglieder des übertragenden Rechtsträgers nach der Verschmelzung Verwaltungsmitglieder der übernehmenden AG werden.[2523] Die übernehmende AG sei auch zuständig, ggf. Schadensersatzansprüche gegen ehemalige Verwaltungsmitglieder des übertragenden Rechtsträgers geltend zu machen.[2524] Eine Entlastung sei im Interesse der Verwaltungsmitglieder, da es sonst zu einer „*Entlastungslücke*" komme; die Verwaltungsmitglieder hätten ein Recht auf eine Entlastungsentscheidung.[2525] Die AG habe ein Interesse, über die Entlastung zu entscheiden, weil die Ergebnisse der Geschäftstätigkeit des übertragenden Rechtsträgers in ihren Jahresabschluss einfließen.[2526]

1113 **Stellungnahme:** Der **Gegenansicht** ist **zuzustimmen**. Die Hauptversammlung der übernehmenden AG entscheidet über die Entlastung der Verwaltungsmitglieder des übertragenden Rechtsträgers für den Zeitraum bis zum Wirksamwerden der Verschmelzung. Das Auskunftsrecht der Hauptversammlung bezieht sich auch auf die Verwaltungstätigkeit für den übertragenden Rechtsträger,[2527] sodass insofern kein Informationsdefizit besteht. Dass Verwaltungsmitglieder wegen der „Hoffnung auf Entlastung" durch den übernehmenden Rechtsträger die Interessen des übertragenden Rechtsträgers nicht hinreichend wahrnehmen, liegt fern, zumal für die rechtlichen Wirkungen der Entlastung die aktienrechtlichen Regeln gelten und daher mit der Entlastung keine unmittelbaren Rechtsfolgen verbunden sind. Interessenkonflikten ist durch die allgemeinen Regeln zu begegnen und nicht, indem keine Entscheidung über die Entlastung möglich wäre oder nur, wenn die Verwaltungsmitglieder des übertragenden Rechtsträgers Verwaltungsmitglieder der übernehmenden AG werden.

1114 Die **rechtlichen Wirkungen** der Entlastungsentscheidung richten sich nach dem **Aktienrecht**. Entlastet die Hauptversammlung Geschäftsführer und Aufsichtsratsmitglieder einer GmbH für ihre Verwaltungstätigkeit vor dem Wirksamwerden der Verschmelzung, ist damit kein Verzicht auf Ersatzansprüche verbunden (§ 120 Abs. 2 S. 2 AktG).

1115 **(2) Formwechsel.** Beim Formwechsel einer GmbH in eine AG ändern sich lediglich das „Rechtskleid" und die Struktur des Rechtsträgers.[2528] Aufsichtsratsmitglieder können sogar im Amt bleiben (§ 203 UmwG). Die Hauptversammlung kann in diesem Fall – im Vergleich zur Verschmelzung erst recht – über die Entlastung der Verwaltungsmitglieder der **vormaligen GmbH** entscheiden.[2529]

1116 Nach herrschender und zutreffender Ansicht richten sich die Modalitäten für einen Verzicht auf Ersatzansprüche nach dem Wirksamwerden des Formwechsels einer GmbH in eine AG nach dem Aktienrecht, nicht nach dem GmbH-Recht.[2530] Auch die **rechtlichen Wirkungen** der Entlastungsentscheidung

---

[2520] Ausdrücklich offen gelassen in BGHZ 160, 385 (388) = NJW 2005, 828 – ThyssenKrupp.
[2521] OLG München NZG 2001, 616 (617); Kölner Komm UmwG/*Simon* UmwG § 20 Rn. 6; MHdB AG/*Bungert* § 35 Rn. 36; BeckOGK/*Hoffmann* AktG § 120 Rn. 4; *Butzke* HV der AG I. Rn. 13; Henssler/Strohn/*Heidinger* AktG § 20 Rn. 34; grds. auch MüKoAktG/*Kubis* AktG § 120 Rn. 21.
[2522] MüKoAktG/*Kubis* AktG § 120 Rn. 21.
[2523] OLG Hamburg NZG 2005, 218 (220); *Martens* AG 1986, 57 (58 f.); GroßkommAktG/*Mülbert* AktG § 120 Rn. 117; Kallmeyer/*Marsch-Barner* UmwG § 20 Rn. 17; Habersack/Wicke/*Rieckers/Cloppenburg* UmwG § 20 Rn. 85; Semler/Stengel/*Leonard* UmwG § 20 Rn. 20; Maulbetsch/Klumpp/Rose/*Kierstein* UmwG § 20 Rn. 5.
[2524] Habersack/Wicke/*Rieckers/Cloppenburg* UmwG § 20 Rn. 85; Semler/Stengel/*Leonard* UmwG § 20 Rn. 20.
[2525] OLG Hamburg NZG 2005, 218 (220); Kallmeyer/*Marsch-Barner* UmwG § 20 Rn. 17; nach MüKoAktG/*Kubis* AktG § 120 Rn. 21 ist die „*Entlastungslücke*" als „*geringeres Übel hinzunehmen*".
[2526] OLG Hamburg NZG 2005, 218 (220); Lutter/*Priester* UmwG § 24 Rn. 4, 23.
[2527] BGHZ 160, 385 (388) = BGH NJW 2005, 828 – ThyssenKrupp; BeckOGK/*Hoffmann* AktG § 120 Rn. 4; Hüffer/Koch/*Koch* AktG § 131 Rn. 34.
[2528] Henssler/Strohn/*Drinhausen/Keinath* AktG § 202 UmwG Rn. 3; Schmitt/Hörtnagl/Stratz/*Winter* UmwG § 202 Rn. 5; Habersack/Wicke/*Simons* UmwG § 202 Rn. 10.
[2529] So iErg auch Habersack/Wicke/*Simons* UmwG § 202 Rn. 22; Mayer/Widmann/*Vossius* UmwG § 202 Rn. 111.
[2530] *Habersack/Schürnbrand* NZG 2007, 81 (87); Habersack/Wicke/*Simons* UmwG § 202 Rn. 23; Lutter/*Decher/Hoger* UmwG § 202 Rn. 31.

richten sich daher ausschließlich nach dem **Aktienrecht,** dh mit der Entlastung ist insbes. – anders als in der GmbH[2531] – kein Verzicht auf Ersatzansprüche verbunden.

b) Kein Anspruch auf Entlastung

Verwaltungsmitglieder haben keinen Anspruch, entlastet zu werden.[2532] Daher können sie nach herrschender und zutreffender Ansicht **keine „Entlastungsklage"** gegen die AG erheben, wenn die Hauptversammlung ihnen die Entlastung verweigert[2533] oder die Entscheidung vertagt. Ein Beschluss, mit dem die Hauptversammlung die Entlastung verweigert, ist generell nicht wegen eines inhaltlichen Mangels anfechtbar.[2534] Im Übrigen können Verwaltungsmitglieder zwar verlangen, dass Vorstand und Aufsichtsrat der Hauptversammlung eine Sachentscheidung vorschlagen, wenn kein sachlicher Grund für eine Vertagung vorliegt, sie können aber keine Sachentscheidung der Hauptversammlung erzwingen (→ Rn. 1096).

c) Informationspflichten

aa) Vorlage- und Erläuterungspflichten. Entscheidet – wie idR – die ordentliche Hauptversammlung über die Entlastung, muss der Vorstand der Hauptversammlung die **Rechnungslegung zugänglich machen** (§ 176 Abs. Abs. 1 S. 1 AktG). Es ist aber nicht zwingend, die ordentliche Hauptversammlung mit der Entlastung zu befassen. Entgegen der ganz hA sind Entlastungsbeschlüsse nicht anfechtbar, wenn der Vorstand der Hauptversammlung nicht die Rechnungslegung zugänglich macht (→ Rn. 1087).[2535] Dass die Entlastung nicht mit der Entscheidung über die **Gewinnverwendung verbunden** wird, begründet ebenfalls keinen Anfechtungsgrund, da es sich bei dem entsprechenden Gebot lediglich um eine Soll-Vorschrift handelt (§ 120 Abs. 3 AktG).[2536] Legen Vorstand und Aufsichtsrat die Rechnungslegung zwar vor, erläutern sie sie aber pflichtwidrig nicht, folgt daraus ebenfalls nicht die Anfechtbarkeit der Entlastung, da es sich auch insofern lediglich um Soll-Vorschriften handelt (§ 176 Abs. 1 S. 2 AktG).[2537] In welchem Umfang der Vorstand und der Aufsichtsratsvorsitzende die jeweiligen Vorlagen erläutern und worauf sie schwerpunktmäßig eingehen, liegt im Ermessen des Vorstands bzw. des Aufsichtsratsvorsitzenden.[2538] Die Entlastung ist zudem nicht anfechtbar, wenn Vorstand und/oder Aufsichtsrat der Hauptversammlung andere als die in den § 175 Abs. 2 AktG, § 176 Abs. 1 S. 1 AktG genannten Unterlagen nicht zugänglich machen, etwa den Bericht einer internen Untersuchung, den Vergleich mit einer Behörde etc. Vorstand und Aufsichtsrat sind nicht verpflichtet, der Hauptversammlung zur Entlastung über die Erläuterung der vom Vorstand vorgelegten Vorlagen sowie den Bericht des Aufsichtsrats hinaus von sich aus weitere Informationen zu geben.[2539] In Betracht kommt, dass die Entlastung anfechtbar ist, wenn Erläuterungen bewusst unrichtig oder über das weite Ermessen hinaus unvollständig sind. Ebenfalls in Betracht kommt eine Anfechtbarkeit der Entlastung von Verwaltungsmitgliedern für das aktuelle Geschäftsjahr, wenn die bewusst unrichtige oder unvollständige Erläuterung eine eindeutige und schwerwiegende Pflichtverletzung ist.

Ist die Rechnungslegung entgegen gesetzlichen Vorgaben **unvollständig oder unrichtig** und betrifft ein solcher Mangel eine Information, die „*ein objektiv urteilender Aktionär [...] als wesentliche Voraussetzung für die sachgerechte Wahrnehmung seiner Teilnahme- und Mitgliedschaftsrechte angesehen hätte*" (§ 243 Abs. 4 S. 1

[2531] MüKoGmbHG/*Liebscher* GmbHG § 46 Rn. 144; BeckOGK GmbHG/*Schindler* GmbHG § 46 Rn. 66; Michalski/Heidinger/Leible/J. Schmidt/*Ziemons* GmbHG § 43 Rn. 544 mwN.
[2532] *Kropff* AktG 1965 S. 167; MHdB AG/*Bungert* § 35 Rn. 39; Grigoleit/*Herrler* AktG § 120 Rn. 21; Hölters/*Drinhausen* AktG § 120 Rn. 32; Hüffer/Koch/*Koch* AktG § 120 Rn. 19.
[2533] Zur GmbH BGHZ 94, 324 (326 f.) = NJW 1986, 129; BeckOGK/*Hoffmann* AktG § 120 Rn. 37; K. Schmidt/Lutter AktG/*Spindler* AktG § 120 Rn. 51; Hölters/*Kubis* AktG § 120 Rn. 39; Hüffer/Koch/*Koch* AktG § 120 Rn. 18; Grigoleit/*Herrler* AktG § 120 Rn. 21. Differenzierend *Weitemeyer* ZGR 2005, 280 (305) und Großkomm-AktG/*Mülbert* AktG § 120 Rn. 61 f.: Klage auf Entlastungserteilung ist zulässig, wenn es bei der Entlastungsentscheidung allein um die Billigung der Geschäftsführung für die Vergangenheit geht.
[2534] BeckOGK/*Hoffmann* AktG § 120 Rn. 47; MüKoAktG/*Kubis* AktG § 120 Rn. 52.
[2535] Ebenso MüKoAktG/*Kubis* AktG § 120 Rn. 53 mit Darstellung des Meinungsstands zur Rechtslage vor dem 1. 9. 2009. Dagegen die nach wie vor ganz hA, siehe nur BeckOGK/*Hoffmann* AktG § 120 Rn. 48; Großkomm-AktG/*Butzke* AktG § 120 Rn. 144; Grigoleit/*Herrler* AktG § 120 Rn. 24; K. Schmidt/Lutter AktG/*Spindler* AktG § 120 Rn. 35; wohl auch Hüffer/Koch/*Koch* AktG § 120 Rn. 15.
[2536] GroßkommAktG/*Mülbert* AktG § 120 Rn. 143; Hüffer/Koch/*Koch* AktG § 120 Rn. 14; MüKoAktG/*Kubis* AktG § 120 Rn. 42; MHdB AG/*Bungert* § 35 Rn. 30; Hölters/*Drinhausen* AktG § 120 Rn. 31.
[2537] OLG München NZG 2013, 622 (624); MüKoAktG/*Hennrichs/Pöschke* AktG § 176 Rn. 22 ff.; BeckOGK/*Euler/Klein* AktG § 176 Rn. 20; Hüffer/Koch/*Koch* AktG § 176 Rn. 6; K. Schmidt/Lutter AktG/*Drygala* AktG § 176 Rn. 14; *Butzke* HV der AG D. Rn. 26.
[2538] Zum Vorstand MüKoAktG/*Hennrichs/Pöschke* AktG § 176 Rn. 12; BeckOGK/*Euler/Klein* AktG § 176 Rn. 11; zum Aufsichtsratsvorsitzenden MüKoAktG/*Hennrichs/Pöschke* AktG § 176 Rn. 21; Hüffer/Koch/*Koch* AktG § 176 Rn. 4.
[2539] OLG Stuttgart ZIP 2012, 625 (633) – Sardinien-Äußerungen; OLG Frankfurt a. M. AG 2007, 329 (330); *Butzke* HV der AG G. Rn. 3 ff.

AktG), ist die Entlastung wegen eines Informationsmangels anfechtbar.[2540] Anfechtbar ist die Entlastung der Verwaltungsmitglieder, auf die sich der Informationsmangel bezieht. Einen der Hauptversammlung vorgelegten Bericht des Aufsichtsrats hat das OLG Stuttgart nur als hinreichend angesehen, wenn der Bericht Angaben über *„die Schwerpunkte und zentralen Fragestellungen der Überwachungs- und Beratungstätigkeit"* enthält.[2541] Handelt es sich bei dem Informationsmangel um eine bewusste Fehlinformation, kann insofern eine eindeutige und schwerwiegende Pflichtverletzung der Verwaltungsmitglieder vorliegen, denen die bewusste Fehlinformation zurechenbar ist. Die Entlastung dieser Verwaltungsmitglieder für das aktuelle Geschäftsjahr kann daher auch anfechtbar sein, wenn es sich nicht um einen wesentlichen Informationsmangel handelt.[2542]

1120 Verbreitet wird im Schrifttum vertreten, im Zusammenhang mit einer **unrichtigen Entsprechenserklärung zum DCGK** (§ 161 AktG) kämen Informationsmängel in Betracht, die die Anfechtbarkeit der Entlastung begründen könnten.[2543] Das ist auf Grundlage der Auffassung des BGH, dass die Pflicht zur Abgabe der Entsprechenserklärung keine *„hauptversammlungsbezogen ausgestaltet[e]"* Informationspflicht, sondern an den Kapitalmarkt gerichtet sei,[2544] abzulehnen. Zudem ist nach einer Entscheidung des OLG Celle bei einer unrichtigen Entsprechenserklärung kein *„sich im Entlastungsbeschluss niederschlagendes Informationsdefizit [...] gegeben, wenn die abstimmenden Aktionäre alle relevanten, aber in der Entsprechenserklärung nicht angeführten Informationen anderweitig aus allgemeinen Quellen erlangen können".*[2545] Pflichtverletzungen im Zusammenhang mit der Entsprechenserklärung können aber eindeutig und schwerwiegend sein und so die Anfechtbarkeit der Entlastung begründen (→ Rn. 1143).

1121 bb) Auskunftsrecht. Die AG muss Auskünfte erteilen (§ 131 Abs. 1 S. 1 AktG), die Aktionäre in der Hauptversammlung in einem mündlichen Beitrag verlangen.[2546] Das Auskunftsrecht bezieht sich auf *„Angelegenheiten der Gesellschaft"* (§ 131 Abs. 1 S. 1 AktG), ihre *„rechtlichen und geschäftlichen Beziehungen [...] zu einem verbundenen Unternehmen"* (§ 131 Abs. 1 S. 2 AktG) sowie die Lage des Konzerns und der in den Konzernabschluss einbezogenen Unternehmen (§ 131 Abs. 4 S. 1 AktG). Um Missbräuche zu verhindern[2547], besteht das Auskunftsrecht nur, *„soweit die Auskunft zur sachgemäßen Beurteilung des Gegenstands der Tagesordnung erforderlich ist"* (§ 131 Abs. 1 S. 1 AktG). Maßstab ist nach der Rechtsprechung *„der Standpunkt eines **objektiv urteilenden Aktionärs** [...], der die Gesellschaftsverhältnisse nur aufgrund allgemein bekannter Tatsachen kennt und daher die begehrte Auskunft als nicht nur unwesentliches Beurteilungselement benötigt."*[2548] Die Reichweite des Auskunftsrechts hängt vom Tagesordnungspunkt ab.[2549] Ein loser Zusammenhang genügt nicht.[2550]

[2540] BeckOGK/*Hoffmann* AktG § 120 Rn. 49; Hölters/*Drinhausen* AktG § 120 Rn. 37; Grigoleit/*Herrler* AktG § 120 Rn. 24.
[2541] OLG Stuttgart NZG 2006, 472; dazu BeckOGK/*Hoffmann* AktG § 120 Rn. 50.
[2542] Vgl. auch BeckOGK/*Hoffmann* AktG § 120 Rn. 49.
[2543] *Goslar/von der Linden* NZG 2009, 1337 (1339); *Bayer/Ph. Scholz* ZHR 181 (2017), 861 (882 ff.); *Kiefner* NZG 2011, 201 (204); GroßkommAktG/*Mülbert* AktG § 120 Rn. 145; MüKoAktG/*W. Goette* AktG § 161 Rn. 91 f.; MHdB AG/*Bungert* § 35 Rn. 41; Hüffer/Koch/*Koch* AktG § 161 Rn. 32; eingehend *Kleefass* NZG 2019, 298; aA BeckOGK/*Drescher* AktG § 243 Rn. 132: kein Informationsmangel, unzutreffende Entsprechenserklärung kann aber Inhaltsfehler darstellen. Generell gegen die Anfechtbarkeit im Fall eines Verstoßes gegen § 161 AktG *Krieger* ZGR 2012, 202 (221 ff.).
[2544] BGH NZG 2019, 262 Rn. 36. Dem BGH zust. *Herfs/Rowold* DB 2019, 712 (714 ff.); *Tröger* WuB 2019, 230 (233 f.); *Ph. Scholz* ZIP 2019, 407 (410); *Punte/Stefanink* GWR 2019, 67 (68); ähnlich bereits *Krieger* ZGR 2012, 202 (222): Bezug zu „Teilnahme- und Mitgliedschaftsrechten" der Aktionäre erforderlich. Die Auffassung des BGH ablehnend *Lutter/Gröntgen* ZGR 2020, 569 (578 f.); *Habersack* NJW 2019, 669 (675 f.); BeckOGK/*Bayer/Ph. Scholz* AktG § 161 Rn. 135 ff.; noch vor der Entscheidung des BGH *Kleefass* NZG 2019, 298 (299); *Bayer/Ph. Scholz* ZHR 181 (2017), 861 (883 f.): Zwar kein spezifischer Hauptversammlungsbezug, ein solcher ist aber für die Anfechtbarkeit nicht erforderlich; *Mülbert/Wilhelm* ZHR 176 (2012), 286 (299): partieller Hauptversammlungsbezug, da Teil der Erklärung zur Unternehmensführung; ebenso Hüffer/Koch/*Koch* AktG § 161 Rn. 32: Hauptversammlungsbezug wird zumindest über § 289f Abs. 2 Nr. 1 HGB hergestellt.
[2545] OLG Celle NZG 2018, 904 – VW.
[2546] Grigoleit/*Herrler* AktG § 131 Rn. 8; K. Schmidt/Lutter AktG/*Spindler* AktG § 131 Rn. 20; MüKoAktG/*Kubis* AktG § 131 Rn. 24 f.; Hüffer/Koch/*Koch* AktG § 131 Rn. 9.
[2547] *Kropff* AktG 1965 S. 185.
[2548] BGH NZG 2014, 423 Rn. 26 – Porsche SE; NZG 2014, 27 Rn. 20; BGHZ 160, 385 (389) = NJW 2005, 828 – ThyssenKrupp; BGHZ 149, 158 (164) = NJW 2002, 1128 – Sachsenmilch III; BGHZ 180, 9 Rn. 39 = NZG 2009, 342 – Kirch/Deutsche Bank; OLG Stuttgart AG 2012, 377 (378).
[2549] BGHZ 119, 1 (13 ff.) = NJW 1992, 2760 – Asea/BBC; OLG Stuttgart BayObLG NJW-RR 1996, 679 (680); OLG Frankfurt a. M. NJW-RR 1994, 104 (105); MüKoAktG/*Kubis* AktG § 131 Rn. 39; K. Schmidt/Lutter AktG/*Spindler* AktG § 131 Rn. 30; Bürgers/Körber/*Reger* AktG § 131 Rn. 11a.
[2550] OLG Frankfurt a. M. AG 2011, 36 Rn. 132; KG AG 1996, 421 (423); OLG Düsseldorf AG 1992, 34 (36); OLG Düsseldorf WM 1986, 1435 (1436); Hüffer/Koch/*Koch* AktG § 131 Rn. 21; Bürgers/Körber/*Reger* AktG § 131 Rn. 8.

(1) Reichweite des Auskunftsrechts bei der Entlastung. Mit Blick auf die Entlastung muss die geforderte Auskunft relevant sein für die Beurteilung, ob die Tätigkeit der Verwaltungsmitglieder im abgelaufenen Geschäftsjahr gebilligt werden kann, sie in der Unternehmensführung eine „glückliche Hand" bewiesen haben und ihnen das Vertrauen für ihre künftige Tätigkeit auszusprechen ist.[2551] In **zeitlicher** Hinsicht beschränkt sich das Auskunftsrecht grds. auf **Vorgänge im Entlastungszeitraum.**[2552] Das Auskunftsrecht erfasst aber auch Fragen, die darauf abzielen, ob ein zeitlich nicht sicher fixierbarer Vorgang dem Entlastungszeitraum zuzuordnen ist.[2553] Das Auskunftsrecht kann sich auf Vorgänge außerhalb des Entlastungszeitraums erstrecken, wenn sie in den Entlastungszeitraum hinein fortwirken oder es sich um neue Gesichtspunkte handelt, die einen zurückliegenden Vorgang in einem neuen Licht erscheinen lassen.[2554] Eine bloße Dauerwirkung (zB eine periodisch wiederkehrende Leistungspflicht) reicht für sich genommen nicht für ein Fortwirken in den Entlastungszeitraum aus.[2555] Ob ein Vorgang bereits Gegenstand der Debatte einer früheren Hauptversammlung war, ist unerheblich.[2556] Auskünfte zu Vorgängen, die sich **nach dem Entlastungszeitraum** ereignet haben, können im Hinblick auf die mit der Entlastung verbundene Vertrauenskundgabe für die Zukunft erforderlich sein.[2557]

Nach zutreffender Auffassung gilt für die Erforderlichkeit von Auskünften iRd Tagesordnungspunkts Entlastung **ein strenger Maßstab.**[2558] Die Beschränkung auf erforderliche Auskünfte soll verhindern, dass das Auskunftsrecht missbraucht wird und dadurch einen ordnungsgemäßen Ablauf der Hauptversammlung gewährleisten.[2559] Einigkeit besteht danach, dass sich das Auskunftsbegehren auf Vorgänge von einigem Gewicht richten muss, die für die Beurteilung der Vertrauenswürdigkeit der Verwaltung bedeutsam sind.[2560] Das ist sachgerecht: Nicht selten ist der Tagesordnungspunkt Entlastung das „Einfallstor" für umfangreiche Auskunftsverlangen, auch um gezielt die Anfechtbarkeit begründende Informationsmängel zu provozieren.

Für **erforderlich** erachtet hat die **Rechtsprechung** insbes. Auskünfte zu möglichen Pflichtverletzungen und Vergütungsfragen, zB zu Darlehen an Verwaltungsmitglieder[2561], Gesamtbezügen eines *„Group Executive Committee"*[2562], Grundstücksgeschäften von erheblichem Wert mit Verwaltungsmitgliedern[2563], konzernfremden Aufsichtsratsmandaten und sonstigen Nebentätigkeiten[2564], Fehlleistungen im Zusammenhang mit einer Verschmelzung, wenn Verwaltungsmitglieder der entstandenen AG mit denen der übertragenden Gesellschaft personenidentisch sind[2565], zur Gesamthöhe des Spendenaufkommens der AG im abgelaufenen Geschäftsjahr[2566], zur Offenlegung der von der AG und von verbundenen Unternehmen gehaltenen Anteile ab einem gewissen Umfang, die außer der AG selbst in die Berechnung des Deut-

---

[2551] BGH NZG 2014, 27 Rn. 39; BGHZ 194, 14 Rn. 37 = NZG 2012, 1064 – Fresenius; OLG Stuttgart AG 2020, 307 (309) – Porsche SE; OLG Düsseldorf NZG 2015, 1194 (1196).
[2552] OLG Stuttgart AG 2016, 370 (379); OLG Stuttgart 17.11.2010 – 20 U 2/10, juris Rn. 614; BayObLG NZG 2001, 608 (610) zur Planung für das laufende Geschäftsjahr; LG Frankfurt a. M. AG 2014, 869 Rn. 113; NZG 2016, 622 (623); MüKoAktG/*Kubis* AktG § 131 Rn. 55; Bürgers/Körber/*Reger* AktG § 131 Rn. 12.
[2553] MüKoAktG/*Kubis* AktG § 131 Rn. 55.
[2554] BGHZ 160, 385 (388) = NJW 2005, 828 – Thyssen/Krupp; OLG Stuttgart AG 2020, 307 (309) – Porsche SE; OLG Frankfurt a. M. OLGR 2008, 769 (771); OLG Stuttgart AG 2012, 377 (379) – Porsche SE; OLG Stuttgart 17.11.2010 – 20 U 2/10, juris Rn. 615; OLG München NZG 2002, 187 (188); OLG Zweibrücken WM 1990, 185 (186); GroßkommAktG/*Decher* AktG § 131 Rn. 150; MüKoAktG/*Kubis* AktG § 131 Rn. 55.
[2555] Vgl. OLG Zweibrücken WM 1990, 185 (186); K. Schmidt/Lutter AktG/*Spindler* AktG § 131 Rn. 32a; MHdB AG/*Hoffmann-Becking* § 38 Rn. 27; GroßkommAktG/*Decher* AktG § 131 Rn. 151.
[2556] MüKoAktG/*Kubis* AktG § 131 Rn. 55.
[2557] OLG München AG 2009, 121 (122); GroßkommAktG/*Decher* AktG § 131 Rn. 151; K. Schmidt/Lutter AktG/*Spindler* AktG § 131 Rn. 32; für eine großzügige Handhabung MHdB AG/*Hoffmann-Becking* § 38 Rn. 27; mit Einschränkungen MüKoAktG/*Kubis* AktG § 131 Rn. 55: nur Fragen, die sicherstellen sollen, dass im abgelaufenen Geschäftsjahr nicht die Ursache für aktuelle Vorgänge zu suchen ist. Für die Erforderlichkeit von Auskünften zum laufenden Geschäftsjahr zu § 112 AktG aF RGZ 167, 151 (166); BGHZ 32, 159 (164 f.) = NJW 1960, 1150.
[2558] OLG Hamburg NJW-RR 1994, 618 (619); OLG Düsseldorf 17.7.1991 – 19 W 2/91, juris Rn. 86; Hüffer/Koch/*Koch* AktG § 131 Rn. 22 fordert speziell für die Entlastung einen *„strengeren Maßstab"*; für eine Beschränkung des Auskunftsrechts über das Merkmal der Erforderlichkeit Bürgers/Körber/*Reger* AktG § 131 Rn. 29; GroßkommAktG/*Decher* AktG § 131 Rn. 188; MüKoAktG/*Kubis* AktG § 131 Rn. 53.
[2559] *Kropff* AktG 1965 S. 185.
[2560] BGHZ 160, 385 (389 f.) = BGH NJW 2005, 828 – ThyssenKrupp; OLG Stuttgart AG 2012, 377 (378); 2011, 93 (97); LG Köln BeckRS 2013, 199439 Rn. 10; OLG Düsseldorf NZG 2015, 1194 Rn. 25 ff.; GroßkommAktG/*Decher* AktG § 131 Rn. 151; MüKoAktG/*Kubis* AktG § 131 Rn. 53.
[2561] BGHZ 32, 159 (166) = NJW 1960, 1150; da solche Darlehen inzwischen ohnehin im Anhang anzugeben sind (§ 285 Nr. 9c HGB), ist eine Auskunft hierzu in der Hauptversammlung nicht zwingend erforderlich.
[2562] OLG Frankfurt a. M. NZG 2007, 74 (75).
[2563] OLG Hamburg NZG 2005, 218 (219); BayObLG NZG 1999, 554.
[2564] KG NJW-RR 1996, 1060 (1063 f.).
[2565] BGHZ 160, 385 (389 f.) = BGH NJW 2005, 828 – ThyssenKrupp.
[2566] OLG Frankfurt a. M. NJW-RR 1994, 104 (105).

schen Aktienindex eingehen[2567], zur Behandlung etwaiger Ersatzansprüche gegen ehemalige Verwaltungsmitglieder[2568] und zu Personalentscheidungen einer Tochtergesellschaft iRv Überwachungsaufgaben des Aufsichtsrats der Mutter[2569]. Für **nicht erforderlich** gehalten hat die Rechtsprechung zB Auskünfte über die Tagesordnung von Aufsichtsratssitzungen[2570], Aufsichtsratsprotokolle[2571], Stimmberechtigungen von Aktionären[2572], die Einzelvergütung von Mitarbeitern[2573] oder Einzelbezüge von Vorstandsmitgliedern[2574].

1125 Auskunftsverlangen, die darauf abzielen, Pflichtverletzungen von Verwaltungsmitgliedern aufzudecken, sind grds. in weitem Umfang erforderlich. Je begründeter der Verdacht von Pflichtverletzungen ist, der sich auf Tatsachen stützen lässt, die einem objektiven Durchschnittsaktionär in der Hauptversammlung bekannt sind, desto eher können Detailfragen hierzu erforderlich sein. Mit Blick auf **ausgeschiedene Verwaltungsmitglieder** hat der BGH[2575] allerdings zutreffend festgestellt, dass bei der Abwägung iRd Auskunftsverweigerungsrechts kein Aufklärungsinteresse der Gesamtheit der Aktionäre und der AG besteht (→ Rn. 1130). Entsprechend sind bei ausgeschiedenen Verwaltungsmitgliedern Auskünfte auch bereits in geringerem Umfang erforderlich als bei amtierenden. Insofern können aber Auskünfte erforderlich sein, ob die Verwaltungsorgane Anhaltspunkten für Pflichtverletzungen ausgeschiedener Verwaltungsmitglieder pflichtgemäß nachgehen und prüfen, ob Ersatzansprüche der AG zu sichern oder zu verfolgen sind (→ Rn. 1133).[2576]

1126 Schlägt die Verwaltung vor, die Entlastung zu **vertagen,** besteht nach zutreffender Auffassung des BGH[2577] bei der Abwägung iRd Auskunftsverweigerungsrechts kein Aufklärungsinteresse der Gesamtheit der Aktionäre und der AG (→ Rn. 1130), und entsprechend sind insofern allenfalls in geringem Umfang Auskünfte erforderlich. Machen Vorstand und/oder Aufsichtsrat zur Entlastung Beschlussvorschläge, die zwischen einzelnen Verwaltungsmitgliedern voneinander **abweichen,** sind Auskünfte grds. erforderlich, die die Unterscheidung für einen objektiven Durchschnittsaktionär nachvollziehbar machen. Machen Vorstand und Aufsichtsrat zur Entlastung von Verwaltungsmitgliedern unterschiedliche Beschlussvorschläge, sind Auskünfte grds. erforderlich, die diese Unterscheidung nachvollziehbar machen.

1127 In der **virtuellen Hauptversammlung** besteht **kein Auskunftsrecht.** Vielmehr muss der Vorstand den Aktionären lediglich eine **Fragemöglichkeit** einräumen und eingegangene Fragen „*nach pflichtgemäßem, freiem Ermessen*" beantworten (§ 1 Abs. 2 UAbs. 1 Nr. 3, UAbs. 2 COVMG). Der Vorstand muss aber der Fragenbeantwortung in der virtuellen Hauptversammlung denselben Zeitraum einräumen wie in einer Präsenz-Hauptversammlung und darf Fragen nicht aus sachwidrigen Erwägungen nicht beantworten (→ § 10 Rn. 25 ff.).[2578]

1128 **(2) Auskunftsverweigerungsrecht.** Auch wenn ein Auskunftsrecht besteht, darf der Vorstand eine Auskunft verweigern, wenn einer der in § 131 Abs. 3 S. 1 Nr. 1–7 AktG **abschließend** (§ 131 Abs. 3 S. 2 AktG) genannten Gründe vorliegt. Auch in der **virtuellen Hauptversammlung** ist die Nichtbeantwortung von Fragen jedenfalls nicht ermessensfehlerhaft, soweit ein Auskunftsverweigerungsrecht nach § 131 Abs. 3 S. 1 AktG besteht.[2579] Der Vorstand darf regelmäßig die Auskunft verweigern, wenn sich das Auskunftsverlangen auf **vertrauliche Vorgänge** in Sitzungen des Aufsichtsrats oder vom Aufsichtsrat bestellter Ausschüsse richtet, weil in diesen Fällen das Geheimhaltungsinteresse des Unternehmens das Informationsinteresse der Aktionäre überwiegt.[2580] Andernfalls würden die vertrauensvolle Zusammenarbeit und offene Diskussion zwischen den Organen gefährdet.[2581]

[2567] KG NJW-RR 1994, 162 (163).
[2568] OLG Düsseldorf NZG 2015, 1194 Rn. 31 ff.
[2569] OLG Düsseldorf NZG 2015, 1115 Rn. 59.
[2570] LG Mannheim AG 2005, 780 (781).
[2571] So wohl obiter BGHZ 135, 48 (54) = NJW 1997, 1985.
[2572] OLG Karlsruhe NZG 1999, 604.
[2573] KG NJW-RR 1995, 98 (103).
[2574] OLG Düsseldorf NJW 1988, 1033 (1035); LG Berlin AG 1991, 34 (36): nur, wenn ganz besondere Umstände für eine Pflichtverletzung des Aufsichtsrats vorliegen.
[2575] BGH NZG 2014, 423 Rn. 53 – Porsche SE.
[2576] OLG Düsseldorf 18. 2. 2013 – I-26 W 21/12, juris Rn. 50, 61.
[2577] BGH NZG 2014, 423 Rn. 53 – Porsche SE.
[2578] *Götze/Roßkopf* DB 2020, 768 (771); *Mayer/Jenne/Miller* BB 2020, 1282 (1290); *Noack/Zetzsche* AG 2020, 265 (271); *Schäfer* NZG 2020, 481 (487); *Danwerth* AG 2020, 418 (423 f.); *Herrler* DNotZ 2020, 468 (491 ff.).
[2579] *Herrler* DNotZ 2020, 468 (492); *Stelmaszczyk/Forschner* Konzern 2020, 221 (231) mwN.
[2580] BVerfG NJW 2000, 349 (351); BGH NZG 2014, 27 Rn. 47; OLG Frankfurt a. M. NZG 2013, 23 (25). Dabei ist umstritten, ob sich das Auskunftsverweigerungsrecht in diesem Fall aus § 131 Abs. 3 S. 1 Nr. 1 AktG ergibt (dafür Kölner Komm AktG/*Kersting* AktG § 131 AktG Rn. 244, 374; Bürgers/Körber/*Reger* AktG § 131 Rn. 20; *Reger* NZG 2013, 48; wohl auch BeckOGK/*Siems* AktG § 131 Rn. 38; *Lieder* NZG 2014, 601 (606); ausdrücklich offen gelassen in BGH NZG 2014, 27 Rn. 47) oder ein eigenständiges Recht darstellt (dafür K. Schmidt/Lutter AktG/*Drygala* AktG, 2. Aufl. 2010, § 171 Rn. 15; vgl. auch BVerfG NJW 2000, 349 (351): keine „*Angelegenheit der Gesellschaft*" iSv § 131 Abs. 1 S. 1 AktG; OLG Stuttgart AG 1995, 234 (235); wohl auch Hüffer/Koch/*Koch* AktG § 131 Rn. 14).

Der wichtigste Grund für eine Auskunftsverweigerung ist, dass „*die Erteilung der Auskunft nach vernünftiger kaufmännischer Beurteilung geeignet ist, der Gesellschaft oder einem verbundenen Unternehmen einen nicht unerheblichen Nachteil zuzufügen*" (§ 131 Abs. 3 S. 1 Nr. 1 AktG). Der Nachteil muss nicht zwingend als Folge der Auskunft zu erwarten sein; es genügt, dass die Auskunft konkret **geeignet ist,** den **Nachteil** zu verursachen.[2582] Dass Dritten – zB Verwaltungsmitgliedern – Nachteile drohen, rechtfertigt die Auskunftsverweigerung nicht.[2583] Ein Nachteil, der eine Auskunftsverweigerung rechtfertigt, kann insbes. darin bestehen, dass der AG eine Haftung droht, wenn Pflichtverletzungen von Verwaltungsmitgliedern öffentlich bekannt werden,[2584] oder dass Nachteile in behördlichen Verfahren drohen. Dazu kann gehören, dass Verhandlungen oder ein erzieltes Verhandlungsergebnis in behördlichen Verfahren beeinträchtigt werden können, wenn die AG die Auskunft gibt. Im Anfechtungsprozess genügt die AG ihrer Darlegungs- und Beweislast, wenn sie die Nachteile **plausibel darlegt,** die das Auskunftsverweigerungsrecht begründen.[2585] Dabei sind die Anforderungen nicht so hoch zu setzen, dass die AG Informationen offenlegen müsste, die sie an sich zurückhalten dürfte.[2586] Ob Nachteile vorliegen, die eine Auskunftsverweigerung rechtfertigen, ist aber gerichtlich voll überprüfbar.[2587]

Drohen der AG Nachteile, ist abzuwägen, ob mit einer offenen Antwort **Vorteile für die Gesamtheit der Aktionäre** und die AG zu erwarten sind, die die drohenden Nachteile aufwiegen.[2588] Gelingt es der AG, die drohenden Nachteile zu plausibilisieren, obliegt es dem anfechtenden Aktionär, die Umstände darzulegen, aus denen sich ergibt, dass dennoch ein vorrangiges Aufklärungsinteresse der Gesamtheit der Aktionäre und der AG besteht.[2589] Ob ein Auskunftsverweigerungsrecht besteht, hängt allein von der **objektiven Sachlage** ab.[2590] Die AG kann im Anfechtungsprozess **Gründe nachschieben,** die drohende Nachteile belegen.[2591] Das gilt auch, wenn auf Verlangen des auskunftsbegehrenden Aktionärs die Gründe, aus denen die AG die Auskunft verweigert hat, in die Niederschrift der Hauptversammlung aufgenommen wurden: § 131 Abs. 5 AktG regelt lediglich eine Dokumentationspflicht in der Hauptversammlung, nicht aber die Folgen eines Begründungsmangels.[2592] Ein **überwiegendes Aufklärungsinteresse** der Gesamtheit der Aktionäre oder der AG kann bestehen, wenn Zweifel an der Ordnungsmäßigkeit der Verwaltung bestehen – insbes. ein objektiv begründeter Verdacht schwerwiegender Pflichtverletzungen –, die begehrte Auskunft für die Beurteilung der Amtsführung maßgeblich und nicht schon ein wirksames Eingreifen des Aufsichtsrats zu erwarten ist: In diesem Fall könnte sich die Hauptversammlung „*vernünftigerweise veranlasst sehen [...], der Verwaltung die Entlassung zu verweigern oder dem Vorstand das Vertrauen zu*

[2581] BGH ZIP 2014, 671 Rn. 76; *Drygala* AG 2007, 381 (384).
[2582] OLG Stuttgart AG 2012, 377 (381); AG 2011, 93 (99); lediglich auf die Eignung, aber nicht auf eine konkrete Eignung abstellend LG Saarbrücken NZG 2004, 1012 (1013); Hüffer/Koch/*Koch* AktG § 131 Rn. 55; MüKoAktG/*Kubis* AktG § 131 Rn. 115.
[2583] *Lieder* NZG 2014, 601 (604); Hüffer/Koch/*Koch* AktG § 131 Rn. 55; MüKoAktG/*Kubis* AktG § 131 Rn. 115; K. Schmidt/Lutter AktG/*Spindler* AktG § 131 Rn. 73.
[2584] Das OLG Düsseldorf (18.2.2013 – I-26 W 21/12, juris Rn. 43 ff.) hat ein Auskunftsverweigerungsrecht lediglich abgelehnt, weil die AG nicht hinreichend substantiiert dargelegt hatte, dass ihr eine Haftung drohte.
[2585] BGH NZG 2014, 423 Rn. 42 – Porsche SE; OLG Düsseldorf AG 1992, 34 (35); OLG Stuttgart AG 2012, 377 (381); AG 2011, 93 (99); *Grigoleit/Herrler* AktG § 131 Rn. 43; Hüffer/Koch/*Koch* AktG § 131 Rn. 56; aA LG Heilbronn NJW 1967, 1715 (1717): Der Aktionär trage die Beweislast, dass der AG keine erheblichen Nachteile entstehen können.
[2586] OLG Stuttgart AG 2012, 377 (381); AG 2011, 93 (99); Kölner Komm AktG/*Kersting* AktG § 131 Rn. 510; Bürgers/Körber/*Reger* AktG § 131 Rn. 20.
[2587] *Kropff* AktG 1965 S. 189; OLG Stuttgart AG 2011, 93 (99); OLG Düsseldorf AG 1992, 34 (35); MüKoAktG/*Kubis* AktG § 131 Rn. 115; Kölner Komm AktG/*Kersting* AktG § 131 Rn. 508; MHdB AG/*Hoffmann-Becking* § 38 Rn. 44; enger wohl BayObLG NJW-RR 1996, 994 (995): Gerichtlich überprüfbar ist lediglich, ob der Vorstand pflichtgemäß über die Auskunftsverweigerung entschieden hat, nicht ob tatsächlich ein Verweigerungsgrund vorlag.
[2588] BGH NZG 2014, 423 Rn. 28 – Porsche SE; BGHZ 86, 1 = NJW 1983, 878; BGHZ 180, 9 Rn. 43 = NZG 2009, 342 – Kirch/Deutsche Bank; Hüffer/Koch/*Koch* AktG § 131 Rn. 58; MüKoAktG/*Kubis* AktG § 131 Rn. 116; Hölters/*Drinhausen* AktG § 131 Rn. 30.
[2589] BGH NZG 2014, 423 Rn. 42 – Porsche SE; siehe auch BGHZ 180, 9 Rn. 43 = NZG 2009, 342 – Kirch/Deutsche Bank; BGHZ 86, 1 (20) = NJW 1983, 878; Kölner Komm AktG/*Kersting* AktG § 131 Rn. 512; Bürgers/Körber/*Reger* AktG § 131 Rn. 20.
[2590] BGH NZG 2014, 423 Rn. 43 – Porsche SE; *Lieder* NZG 2014, 601 (603); Kölner Komm AktG/*Kersting* AktG § 131 Rn. 507; MüKoAktG/*Kubis* AktG § 131 Rn. 113, 118 aE; BeckOGK/*Siems* AktG § 131 Rn. 36; K. Schmidt/Lutter AktG/*Spindler* AktG § 131 Rn. 73.
[2591] BGH NZG 2014, 423 Rn. 43 – Porsche SE; *Lieder* NZG 2014, 601 (603); Kölner Komm AktG/*Kersting* AktG § 131 Rn. 507; K. Schmidt/Lutter AktG/*Spindler* AktG § 132 Rn. 19; aA NK-AktR/*Heidel* AktG § 131 Rn. 60 mit Verweis auf das Recht aus § 131 Abs. 5 AktG; *Hommelhoff* ZHR 151 (1987), 493 (511 f.): Die Sanktionslosigkeit der Aussageverweigerung sei unvereinbar mit den Teilhaberechten des Aktionärs.
[2592] BGH NZG 2014, 423 Rn. 43 – Porsche SE; zust. *Lieder* NZG 2014, 601 (602 f.); BeckOGK/*Siems* AktG § 131 Rn. 86.

entziehen und dadurch zum Nutzen der Gesellschaft einen Wechsel in der Geschäftsleitung herbeizuführen".[2593] Ein überwiegendes Aufklärungsinteresse besteht nicht, wenn sich der Verdacht pflichtwidrigen Verhaltens auf **ausgeschiedene Verwaltungsmitglieder** bezieht:[2594] In diesem Fall kann sich die Entlastung nicht mehr darauf beziehen, betroffenen Verwaltungsmitgliedern das Vertrauen für die künftige Amtsführung auszusprechen. Ein überwiegendes Aufklärungsinteresse besteht auch nicht, wenn die Beschlussvorschläge von Aufsichtsrat und Vorstand vorsehen, die Entlastung der Verwaltungsmitglieder zu **vertagen,** auf die sich der Verdacht pflichtwidrigen Verhaltens bezieht.[2595]

1131 Das Auskunftsrecht kann ausgeschlossen sein, wenn der Nachteil im Verhältnis zum Aufklärungsinteresse **besonders gewichtig** ist. Befindet sich die AG zB in Verhandlungen mit Strafverfolgungs- oder sonstigen Behörden, sind die der AG im Fall eines förmlichen Verfahrens drohenden Sanktionen voraussichtlich um ein Vielfaches höher als Zahlungen, zu denen sich die AG in „konsensualen Verhandlungen" verpflichtet. Der drohende Nachteil überwiegt ggf. idR das Interesse der AG und der Gesamtheit der Aktionäre, bereits jetzt öffentlich aufzuklären, ob Verwaltungsmitglieder im Zusammenhang mit dem Vorwurf, der Gegenstand der Verhandlungen ist, Pflichten verletzten. Die AG und die Gesamtheit der Aktionäre müssen nicht hinnehmen, dass Strafverfolgungsbehörden uU ein förmliches Verfahren einleiten, damit Aktionäre auf Grundlage der vollständigen Information entscheiden könnten, dass die AG Verwaltungsmitglieder in Anspruch nimmt (§§ 147, 148 AktG).[2596] Ein solches Ergebnis widerspräche den Interessen der AG und der Gesamtheit der Aktionäre: Es ergibt keinen Sinn, zunächst das Risiko einzugehen, einen Milliardenschaden zu erleiden, um dann die Möglichkeit zu haben, evtl. einen Bruchteil dieses Schadens von Verwaltungsmitgliedern und dem D&O-Versicherer als Schadensersatz zu erhalten.

1132 Ein Auskunftsrecht kann ferner ausgeschlossen sein, wenn keine Anhaltspunkte bestehen, dass das zuständige Organ den Verdacht von Pflichtverletzungen **nicht hinreichend aufklärt** und mit festgestellten Pflichtverletzungen nicht pflichtgemäß umgeht. Besteht der Verdacht von Pflichtverletzungen von Vorstandsmitgliedern, kann ein überwiegendes Aufklärungsinteresse danach ausgeschlossen sein, wenn die AG darlegen kann, dass und ggf. wie der Aufsichtsrat den Verdacht aufklärt und mit festgestellten Pflichtverletzungen umgeht sowie dass und ggf. wie der Aufsichtsrat die Überwachung des Vorstands im relevanten Bereich verstärkt hat. Generell ist iRd Auskunftsrechts zum Tagesordnungspunkt Entlastung zu berücksichtigen, dass mit der Entscheidung über die Entlastung keine unmittelbaren rechtlichen Folgen verbunden sind, insbes. kein Verzicht auf Schadensersatzansprüche (→ Rn. 1098).[2597] **Im Zweifel überwiegt** daher das im Interesse sämtlicher Aktionäre bestehende **Geheimhaltungsinteresse** der AG das Interesse einzelner Aktionäre an der Aufklärung angeblicher Pflichtverletzungen.[2598] Der Aufsichtsrat unterliegt dem strengen Pflichtenmaßstab der „ARAG/Garmenbeck"-Rechtsprechung[2599], wenn ihm der Verdacht von Pflichtverletzungen von Vorstandsmitgliedern bekannt wird. Sogar nach diesem strengen Maßstab kann es pflichtgemäß sein, dass der Aufsichtsrat Ansprüche nicht verfolgt, weil gewichtige Gründe des Gesellschaftswohls – insbes. Vertraulichkeitsinteressen – entgegenstehen. Diese Abwägung darf nicht durch ein zu weitgehendes Auskunftsrecht iRd Entlastung „vorweggenommen" werden.

1133 Im Beschlussmängelklageverfahren obliegt es dem anfechtenden Aktionär, Umstände, die für das Aufklärungsinteresse sprechen, so substantiiert **darzulegen,** dass es wahrscheinlich erscheint, dass die betroffenen Verwaltungsmitglieder pflichtwidrig handelten; ein „Anfangsverdacht" für eine „mögliche Pflichtverletzung" genügt insofern nicht.[2600] Sind Pflichtverletzungen von Verwaltungsmitgliedern bereits festgestellt – etwa im schriftlichen Bericht eines Sonderprüfers (§ 145 Abs. 6 AktG) –, soll grds. kein Auskunftsverweigerungsrecht gegenüber einem Auskunftsverlangen bestehen, ob und inwieweit die AG sich für sie daraus ergebende Ersatzansprüche verfolgt.[2601]

1134 **(3) Entscheidung über die Erteilung und Verweigerung von Auskünften.** Zuständig für die Auskunftserteilung ist **ausschließlich der Vorstand** (§ 131 Abs. 1 S. 1 AktG). Das gilt auch für Informationen, die „in der Sphäre des Aufsichtsrats entstehen". Der Vorstand ist verpflichtet, solche Informationen

---

[2593] BGH NZG 2014, 423 Rn. 28, 52 – Porsche SE; BGHZ 86, 1 (19 f.) = NJW 1983, 878; vgl. auch OLG Düsseldorf AG 1992, 34 (37): Offenlegung kann geeignet sein, Missstände zu beseitigen; Lieder NZG 2014, 601 (605); Hüffer/Koch/*Koch* AktG § 131 Rn. 58; MüKoAktG/*Kubis* AktG § 131 Rn. 116.
[2594] BGH NZG 2014, 423 Rn. 53 – Porsche SE; Hüffer/Koch/*Koch* AktG § 131 Rn. 55.
[2595] BGH NZG 2014, 423 Rn. 53 – Porsche SE.
[2596] So aber LG Stuttgart NZG 2018, 665 Rn. 205 – Porsche SE.
[2597] Gegen die Berücksichtigung der mittelbaren rechtlichen Bedeutung der Entlastung MüKoAktG/*Kubis* AktG § 131 Rn. 53.
[2598] OLG Stuttgart AG 2011, 93.
[2599] BGHZ 135, 244 (252 ff.) = NJW 1997, 1926 – ARAG/Garmenbeck.
[2600] BGHZ 180, 9 Rn. 43 = NZG 2009, 342 – Kirch/Deutsche Bank; BGHZ 86, 1 (20 ff.) = NJW 1983, 878; OLG Stuttgart AG 2012, 377 (383); Hüffer/Koch/*Koch* AktG § 131 Rn. 55.
[2601] OLG Düsseldorf NZG 2015, 1194 Rn. 26 ff.

beim Aufsichtsrat abzufragen.[2602] Im Übrigen ist es üblich, dass Aufsichtsratsmitglieder – idR der Aufsichtsratsvorsitzende – Fragen beantworten, die „in die Sphäre des Aufsichtsrats fallen", also zB zu Vorstands-Personalentscheidungen oder zur Aufklärung des Verdachts von Pflichtverletzungen von Vorstandsmitgliedern.[2603] In diesem Fall liegt nach hA allerdings nur eine Auskunft iSd § 131 AktG vor, wenn sich der Vorstand die Antwort des Aufsichtsrats zu eigen macht oder den Aufsichtsrat zur Beantwortung – auch konkludent – ermächtigt.[2604]

Auch das Auskunftsverweigerungsrecht richtet sich **ausschließlich** an den **Vorstand** (§ 131 Abs. 3 S. 1 AktG). Betrifft eine Information die Sphäre des Aufsichtsrats, muss aber primär der Aufsichtsrat entscheiden, ob eine verlangte Auskunft erteilt wird. Der Vorstand kann den Aufsichtsrat **nicht zwingen**, eine Auskunft zu geben, auch wenn er der Auffassung ist, dass sie gegeben werden soll, insbes. wenn es sich um Informationen handelt, die ausnahmsweise auch im Verhältnis zum Vorstand vertraulich sind.[2605] Umgekehrt kann der Vorstand eine Auskunft theoretisch verweigern, obwohl der Aufsichtsrat sie „freigegeben hat". Auch in einer **virtuellen Hauptversammlung** ist ausschließlich der Vorstand zuständig für die Beantwortung von Fragen und trifft die Ermessensentscheidung, welche vorab von Aktionären eingereichten Fragen er wie beantwortet (vgl. § 1 Abs. 2 UAbs. 2 COVMG, → § 10 Rn. 55).[2606] Dabei ist umstritten, ob es erforderlich ist, dass der Aufsichtsrat „allgemeinen Ermessensleitlinien" zustimmt, die der Vorstand festlegt (→ Rn. § 10 Rn. 55).[2607] Eine Zustimmungsentscheidung des Aufsichtsrats erscheint jedenfalls angezeigt, wenn Fragen nicht beantwortet werden sollen, die in die Sphäre des Aufsichtsrats fallen. Beantwortet der Aufsichtsrat in der virtuellen Hauptversammlung Fragen, die in seine Sphäre fallen, muss der Aufsichtsrat ebenfalls die Ermessensleitlinien des Vorstands beachten und hat nicht etwa ein eigenes Ermessen.[2608] Der Vorstand kann in seinen Ermessensleitlinien den Aufsichtsrat auch gleich ermächtigen, die in seine Sphäre fallenden Fragen zu beantworten.

Der **Vorstand** muss über die Auskunftserteilung durch **Beschluss** entscheiden. Den Beschluss kann er konkludent fassen.[2609] Ein konkludenter Beschluss des Vorstands liegt insbes. vor, wenn der Vorstandsvorsitzende oder das nach der Geschäftsverteilung zuständige Vorstandsmitglied die Auskunft erteilt.[2610] Der **Aufsichtsrat** kann hingegen ausschließlich durch **ausdrücklichen Beschluss** entscheiden (§ 108 Abs. 1 AktG); eine konkludente Beschlussfassung des Aufsichtsrats gibt es nicht (→ § 3 Rn. 434 f.).[2611] Ist zu erwarten, dass „kritische Fragen" gestellt werden, die in die Sphäre des Aufsichtsrats fallen, kann es sich empfehlen, dass der Aufsichtsrat vorab beschließt, in welchen „groben Linien" Auskunft gegeben oder verweigert werden soll. Eine „Auskunftslinie" kann sich aus Unterlagen ergeben, die der Aufsichtsrat im Vorfeld der Hauptversammlung prüft oder über die er beschließt, zB aus dem Bericht des Aufsichtsrats und dem Lagebericht.

(4) Anfechtbarkeit nur bei wesentlichen Informationsmängeln. Anfechtbar sind Hauptversammlungsbeschlüsse wegen Informationsmängeln (§ 243 Abs. 1 AktG, § 131 Abs. 1 AktG) nur, wenn *„ein objektiv urteilender Aktionär die Erteilung der Information als wesentliche Voraussetzung für die sachgerechte Wahrnehmung seiner Teilnahme- und Mitgliedschaftsrechte angesehen hätte"* (§ 243 Abs. 4 S. 1 AktG). Welche Auskünfte *„erforderlich"* (§ 131 Abs. 1 S. 1 AktG) und welche Informationen *„wesentlich"* (§ 243 Abs. 4 S. 1 AktG) sind, ist zwar **nicht deckungsgleich**.[2612] Ist die Auskunft zur sachgerechten Beurteilung erforderlich, ist

---

[2602] MüKoAktG/*Kubis* AktG § 131 Rn. 22.
[2603] *Hoffmann-Becking* NZG 2017, 281 (285); *Merkner/Schmidt-Bendun* AG 2011 734 (737); dagegen *Pöschke/Vogel* in Semler/Volhard/Reichert HV-HdB § 11 Rn. 19: Der Vorstand muss sämtliche Fragen beantworten, auch solche, die Angelegenheiten des Aufsichtsrats darstellen.
[2604] BVerfG NJW 2000, 349 (351); ausführlich MüKoAktG/*Kubis* AktG § 131 Rn. 22; Hüffer/Koch/*Koch* AktG § 131 Rn. 7; *Schlitt* in Semler/Volhard/Reichert HV-HdB § 11 Rn. 19; *Pöschke/Vogel* in Semler/Volhard/Reichert HV-HdB § 11 Rn. 19; aA *Hoffmann-Becking* NZG 2017, 281 (285): Unnötig kompliziert und wird der Rolle des Aufsichtsrats nicht gerecht; *Merkner/Schmidt-Bendun* AG 2011 734 (737); *Steiner*, Die Hauptversammlung der Aktiengesellschaft, 1995, § 11 Rn. 7.
[2605] Vgl. BeckOGK/*Siems* AktG § 131 Rn. 17; *Merkner/Schmidt-Bendun* AG 2011, 734 (739); *Hoffmann-Becking* NZG 2017, 281 (285).
[2606] *Simons/Hauser* NZG 2020, 488 (498).
[2607] Dafür *Bücker/Kulenkamp/Schwarz/Seibt/v. Bonin* DB 2020, 775 (782); *Mayer/Jenne/Miller* BB 2020, 1282 (1291); *Noack/Zetzsche* AG 2020, 265 (272); *Simons/Hauser* NZG 2020, 488 (497); *Tröger* BB 2020, 1091 (1096); *Wicke* DStR 2020, 885 Fn. 5; *Herrler* DNotZ 2020, 468 (494 f.); dagegen *Götze/Roßkopf* DB 2020, 768 (771).
[2608] *Simons/Hauser* NZG 2020, 488 (498).
[2609] *Merkner/Schmidt-Bendun* AG 2011, 734 (736); MüKoAktG/*Kubis* AktG § 131 Rn. 20; MHdB AG/*Hoffmann-Becking* § 38 Rn. 6; Kölner Komm AktG/*Kersting* AktG § 131 Rn. 75, 503; Hölters/*Drinhausen* AktG § 131 Rn. 6.
[2610] LG München I AG 2011, 211 (218) – HRE; K. Schmidt/Lutter AktG/*Spindler* AktG § 131 Rn. 17; BeckOGK/*Siems* AktG § 131 Rn. 16; Kölner Komm AktG/*Kersting* AktG § 131 Rn. 75; MüKoAktG/*Kubis* AktG § 131 Rn. 20; Bürgers/Körber/*Reger* AktG § 131 Rn. 19.
[2611] BGH NJW-RR 2010, 1339 Rn. 14; BGHZ 10, 187 (194) = NJW 1953, 1465; *Kropff* AktG 1965 S. 151; Hüffer/Koch/*Koch* AktG § 108 Rn. 4; Bürgers/Körber/*Israel* AktG § 108 Rn. 2; BeckOGK/*Spindler* AktG § 108 Rn. 11.
[2612] *Leyens* ZGR 2019, 544 (550); Hüffer/Koch/*Koch* AktG § 243 Rn. 46.

sie aber nach hA zugleich wesentlich iSv § 243 Abs. 4 S. 1 AktG.[2613] Wegen einer Verletzung des Auskunftsrechts ist ein Entlastungsbeschluss anfechtbar, *"wenn das nicht oder nicht ausreichend beantwortete Auskunftsbegehren auf Vorgänge von einigem Gewicht gerichtet ist, die für die Beurteilung der Vertrauenswürdigkeit der Verwaltung von Bedeutung sind"*[2614] und *"ein objektiv urteilender Aktionär die Informationserteilung als Voraussetzung für die sachgerechte Wahrnehmung seines Teilnahme- und Mitgliedschaftsrechts ansähe"*[2615].

1138 Die Anfechtbarkeit der Entlastung wegen einer Auskunftsrechtsverletzung ist bedeutsam, weil die Entlastung inhaltlich nur anfechtbar ist, wenn eindeutige und schwerwiegende Pflichtverletzungen von Verwaltungsmitgliedern **in tatsächlicher Hinsicht** im Zeitpunkt der Beschlussfassung der Hauptversammlung aus der Perspektive eines objektiven Durchschnittsaktionärs mit hinreichender Sicherheit **festgestellt** sind (→ Rn. 1147). Ist das nicht der Fall, weil der Vorstand das Auskunftsrecht nicht pflichtgemäß erfüllte, kann die Entlastung aus diesem Grund anfechtbar sein.[2616]

1139 **Nicht anfechtbar** ist die Entlastung wegen einer Verletzung des Auskunftsrechts, wenn sich die verweigerte Auskunft auf Vorgänge bezieht, die sich **nach dem Entlastungszeitraum** ereignet haben, auch wenn die Auskunft im Hinblick auf die mit der Entlastung regelmäßig verbundene **Vertrauenskundgabe für die Zukunft** erforderlich sein sollte. Die Entlastung ist nicht anfechtbar, weil die Hauptversammlungsmehrheit angeblich „zu Unrecht das Vertrauen für die Zukunft ausgesprochen hat". In Betracht kommt insofern lediglich, dass Verwaltungsmitglieder im Zusammenhang mit der Auskunftspflichtverletzung eindeutig und schwerwiegend Pflichten verletzten und aus diesem Grund ihre Entlastung für das aktuelle Geschäftsjahr anfechtbar ist (→ Rn. 1142 ff.).[2617] Aufsichtsratsmitglieder sind zwar nicht unmittelbar zur Auskunft verpflichtet, können aber pflichtwidrig handeln, wenn sie dem Vorstand Informationen nicht geben, die er benötigt, um Auskunftspflichten erfüllen zu können, oder wenn sie dem Vorstand unzutreffende oder unvollständige Informationen geben.

d) Inhaltliche Bindung der Hauptversammlung

1140 Ob die Hauptversammlung die Entlastung erteilt oder nicht, liegt grds. in ihrem **freien Ermessen**. Vereinzelt wird vertreten, dieses Ermessen unterliege keinen Einschränkungen.[2618] Nach der in der „Macrotron-Entscheidung" begründeten Auffassung des BGH und der ganz hA im Schrifttum ist die von der Hauptversammlung bei der Entlastungserteilung ausgesprochene Vertrauenskundgabe für die Zukunft gerichtlich nicht überprüfbar, ebenso wenig die Entscheidung, den Verwaltungsmitgliedern zu bescheinigen, sie hätten *„in der Unternehmensführung eine ‚glückliche Hand' bewiesen"*. Eingeschränkt gerichtlich überprüfbar ist aber die mit der Entlastung verbundene *„Billigung des Verwaltungshandelns als im Großen und Ganzen gesetzes- und satzungsgemäß"*[2619]. Die Entlastung ist anfechtbar, wenn die Hauptversammlung ihr breites Ermessen in einer Weise überschritten hat, dass sich die Entlastung als **Treuepflichtverletzung der Hauptversammlungsmehrheit** gegenüber der gegen die Entlastung stimmenden Hauptversammlungsminderheit darstellt (§ 243 Abs. 1 AktG). Eine solche die Anfechtbarkeit begründende, treupflichtwidrige Ermessensüberschreitung liegt vor, wenn die Hauptversammlungsmehrheit die Entlastung beschließt, obwohl ein *„eindeutiger und schwerwiegender Pflichtverstoß"* des entlasteten Verwaltungsmitglieds festgestellt ist.[2620] Grundlage der Anfechtbarkeit ist die Treuepflichtverletzung der Hauptversammlungsmehrheit

---

[2613] OLG Stuttgart AG 2011, 93 (97); zur bereits vor der Neufassung des § 243 Abs. 4 S. 1 AktG durch das UMAG anerkannten Relevanztheorie BGHZ 160, 385 (390) = NJW 2005, 828 – ThyssenKrupp; *Leyens* ZGR 2019, 544 (550); MüKoAktG/*Hüffer/Schäfer* AktG § 243 Rn. 117; *Hölters/Englisch* AktG § 243 Rn. 89; einschränkend Hüffer/Koch/*Koch* AktG § 243 Rn. 46b: Dem Gesetzgeber sei es darum gegangen, die Gerichte zu ermutigen, das „Wesentlichkeitsmerkmal" *„beherzter anzuwenden"*; aA OLG Frankfurt a. M. AG 2011, 36 Rn. 133: Eine wesentliche Information liege vor, wenn sich ein objektiv urteilender Aktionär ohne die Information keine sachgerechte Meinung zur Beschlussvorlage bilden könnte. Das Kriterium der „Wesentlichkeit" soll die Anfechtbarkeit daher nur im Fall einer Verletzung anderer Informationspflichten als des Auskunftsrechts einschränken, vgl. *Leyens* ZGR 2019, 544 (550); MüKoAktG/*Hüffer/Schäfer* AktG § 243 Rn. 117, 121. Eine Verletzung von Vorlage- und Erläuterungspflichten führt aber ohnehin nicht zur Anfechtbarkeit der Entlastung (→ Rn. 1118).
[2614] BGHZ 194, 14 Rn. 37 = NZG 2012, 1064 – Fresenius; BGHZ 160, 385 (389) = NZG 2005, 77.
[2615] BGH NZG 2013, 783; BGHZ 194, 14 Rn. 28 = NZG 2012, 1064 – Fresenius; BGHZ 182, 272 Rn. 18 = NZG 2009, 1270 – Umschreibungsstopp.
[2616] OLG Stuttgart ZIP 2012, 625 (633) – Sardinien-Äußerungen; AG 2011, 93 (94); BeckOGK/*Hoffmann* AktG § 120 Rn. 52.
[2617] BGHZ 153, 47 (51) = NJW 2003, 1032 – Macrotron.
[2618] MüKoAktG/*Kubis* AktG § 120 Rn. 17; *Kubis* NZG 2005, 791 (793 ff.); *Hölters/Drinhausen* AktG § 120 Rn. 18.
[2619] BGHZ 153, 47 (51) = NJW 2003, 1032 – Macrotron; OLG München AG 2009, 121 (123); OLG München NZG 2001, 616 (617); OLG Nürnberg AG 2007, 295 (298).
[2620] Grundlegend BGHZ 153, 47 (51) = NJW 2003, 1032 – Macrotron; BGHZ 160, 385 (388) = NJW 2005, 828 – ThyssenKrupp; BGHZ 194, 14 Rn. 9 = NZG 2012, 1064 – Fresenius; BGH AG 2010, 79; NZG 2012, 347; NZG 2013, 783; OLG Stuttgart AG 2016, 370 (373); OLG Köln NZG 2013, 548 (549); OLG Stuttgart ZIP 2012, 625 (626) – Sardinien-Äußerungen; OLG München AG 2009, 450 (451); OLG Celle AG 2008, 858; OLG Frankfurt a. M. OLGR 2008, 769 (770); OLG Stuttgart NZG 2006, 472 (473); LG Stuttgart 28.5.2010 – 31 O 56/09, juris

gegenüber der Hauptversammlungsminderheit, nicht die Pflichtverletzung des entlasteten Verwaltungsmitglieds: Überprüft wird ausschließlich das Handeln der Hauptversammlung, nicht das Handeln der Verwaltungsmitglieder.[2621] **Nicht** wegen einer Treuepflichtverletzung der Hauptversammlungsmehrheit **anfechtbar** ist die **Entlastungsverweigerung**.[2622]

Dass die Entlastung nur unter engen Voraussetzungen gerichtlich überprüfbar ist, ist sachgerecht, weil mit der Entlastung keine unmittelbaren rechtlichen Folgen verbunden sind, insbes. kein Verzicht der AG auf Ersatzansprüche (§ 120 Abs. 2 S. 2 AktG).[2623] Eine Beschlussmängelklage gegen die Entlastung ist kein Ansatzpunkt für Minderheitsaktionäre, mit dem sie **umfassend gerichtlich überprüfen** lassen können, ob entlastete Verwaltungsmitglieder zweck- und rechtmäßig handelten.[2624] Minderheitsaktionäre, die meinen, der Vorstand oder der Aufsichtsrat klärten den Verdacht von Pflichtverletzungen von Verwaltungsmitgliedern nicht pflichtgemäß auf oder entschieden nicht pflichtgemäß über die Verfolgung von Ersatzansprüchen der AG, sind insbes. darauf verwiesen zu versuchen, ein Sonderprüfungs- (§ 142 AktG) oder Klagezulassungsverfahren (§ 148 AktG) durchzusetzen. 1141

aa) Schwerwiegender Gesetzes- oder Satzungsverstoß. Ob ein Gesetzes- oder Satzungsverstoß „*schwerwiegend*" ist, ist aufgrund einer **wertenden Gesamtbetrachtung** zu beurteilen. Ein Verstoß ist nicht schwerwiegend, wenn es objektiv noch vertretbar ist, das in Rede stehende Verhalten als „*im Großen und Ganzen gesetzes- und satzungskonform*" zu beurteilen.[2625] Bei der Beurteilung der Schwere eines Verstoßes sind insbes. die Auswirkungen auf die AG zu berücksichtigen.[2626] Jedenfalls bei erheblichen Pflichtverletzungen kann dahinstehen, ob der AG ein Schaden entstanden ist.[2627] Strafrechtlich relevante Handlungen zulasten der AG, insbes. Vermögensdelikte, wiegen grds. eher schwer.[2628] Mehrere isoliert betrachtet nicht schwerwiegende Pflichtverletzungen können in der Gesamtschau schwer wiegen.[2629] 1142

In den bisher bekannt gewordenen Fällen wurde die Anfechtung der Entlastung häufig auf Pflichtverletzungen im Zusammenhang mit der **Rechnungslegung** gestützt. Dabei bejahten die Gerichte einen schwerwiegenden Verstoß zB bei der Verletzung der Pflicht des Aufsichtsrats, in seinem Bericht an die Hauptversammlung über das Ergebnis der Prüfung des Abhängigkeitsberichts zu berichten (§ 314 Abs. 2 AktG),[2630] bei einer fehlerhaften Konzernkapitalflussrechnung,[2631] bei einem Bericht des Aufsichtsrats an die Hauptversammlung, in dem der Aufsichtsrat nicht über die Berufungsrücknahme der AG gegen ein Urteil erster Instanz informiert hatte, in dem die Aufsichtsratswahl einer vorangegangenen Hauptversammlung für nichtig erklärt wurde (§ 171 Abs. 2 AktG),[2632] bei der Nichtvorlage eines nach der Satzung erforderlichen Lageberichts,[2633] bei der Empfehlung, einen nichtigen Jahresabschluss zu beschließen,[2634] ferner beim Unterlassen einer eigenen Risikoanalyse durch ein Aufsichtsratsmitglied bei besonders bedeutsamen Geschäften,[2635] bei einem Treuepflichtverstoß eines Aufsichtsratsmitglieds durch kreditgefährdende öffentliche Äußerungen,[2636] bei der unterbliebenen Dokumentation eines Risikofrüherkennungssystems durch den Vorstand,[2637] im Zusammenhang mit der Abgabe einer **unrichti-** 1143

Rn. 174; *Bayer* FS K. Schmidt, 2009, 85 (102); Grigoleit/*Herrler* AktG § 120 Rn. 14; BeckOGK/*Hoffmann* AktG § 120 Rn. 52ff.; Hüffer/Koch/*Koch* AktG § 120 Rn. 11f.; Bürgers/Körber/*Reger* AktG § 120 Rn. 5; K. Schmidt/Lutter AktG/*Spindler* AktG § 120 Rn. 33.

[2621] OLG Stuttgart ZIP 2012, 625 (626) – Sardinien-Äußerungen; OLG Köln NZG 2009, 1110 (1111); *Lorenz* NZG 2009, 1138 (1139); K. Schmidt/Lutter AktG/*Spindler* AktG § 120 Rn. 33.
[2622] BeckOGK/*Hoffmann* AktG § 120 Rn. 47; MüKoAktG/*Kubis* AktG § 120 Rn. 52.
[2623] OLG Stuttgart AG 2011, 93; LG Stuttgart 17.5.2011 – 31 O 30/10, juris Rn. 203; LG Hannover 14.9.2017 – 21 O 24/16, nv, S. 62; GroßkommAktG/*Mülbert* AktG § 120 Rn. 91.
[2624] OLG Stuttgart AG 2016, 370 (374); K. Schmidt/Lutter AktG/*Spindler* AktG § 120 Rn. 33 („*äußerst restriktiv*").
[2625] OLG Stuttgart ZIP 2012, 625 (626) – Sardinien-Äußerungen; BeckOGK/*Hoffmann* AktG § 120 Rn. 52.
[2626] BeckOGK/*Hoffmann* AktG § 120 Rn. 52.
[2627] OLG Stuttgart ZIP 2012, 625 (632) – Sardinien-Äußerungen, zu öffentlichen kreditgefährdenden Äußerungen.
[2628] BeckOGK/*Hoffmann* AktG § 120 Rn. 52; *Volhard/Weber* NZG 2003, 351; *Reichard* GWR 2015, 377 (378); *von der Linden* ZIP 2013, 2343 (2345); *Litzenberger* NZG 2010, 854 (856).
[2629] BeckOGK/*Hoffmann* AktG § 120 Rn. 52.
[2630] BGHZ 153, 47 (51) = NJW 2003, 1032 – Macrotron.
[2631] LG München I AG 2012, 386 (388).
[2632] LG München I AG 2006, 762 (763f.).
[2633] OLG Nürnberg AG 2007, 295 (297f.).
[2634] OLG Stuttgart NZG 2003, 778 (780f.).
[2635] BGH ZIP 2012, 2438 (2439) – Sardinien-Äußerungen; siehe auch bereits die Vorinstanz OLG Stuttgart ZIP 2012, 625 (627ff.).
[2636] BGH ZIP 2012, 2438 (2439) – Sardinien-Äußerungen; siehe auch bereits die Vorinstanz OLG Stuttgart ZIP 2012, 625 (629ff.).
[2637] LG München I BB 2007, 2170 (2172).

gen Entsprechenserklärung zum DCGK (§ 161 AktG; → Rn. 639),[2638] bei Vergütungszahlungen aus einem Beratungsvertrag an ein Aufsichtsratsmitglied ohne vorherige Zustimmung des Aufsichtsrats[2639] und beim Fehlen organisatorischer Vorkehrungen im Risikomanagementsystem einer Konzernmutter, die sicherstellen, dass im (faktischen AG-)Konzern bestandsgefährdende Risikopotentiale, die von Tochtergesellschaften herrühren und sich auf die Vermögens-, Finanz- und Ertragslage des Konzerns wesentlich auswirken, konzernweit identifiziert werden.[2640] Künftig könnten auch Fehler im Zusammenhang mit dem Vergütungsbericht (§ 162 AktG) eine schwerwiegende Pflichtverletzung begründen.

1144 Im Zusammenhang mit der Abgabe einer **unrichtigen Entsprechenserklärung** zum DCGK (§ 161 AktG) nahm die Rechtsprechung einen schwerwiegenden Verstoß an, wenn eine Entsprechenserklärung insgesamt fehlt oder wenn die Unrichtigkeit *„über einen Formalverstoß* [hinausgeht] *und auch im konkreten Einzelfall Gewicht* [hat]*".*[2641] Der BGH nahm danach zB eine Anfechtbarkeit an, wenn der Aufsichtsrat entgegen der Empfehlung E.1 S. 2 DCGK (Ziff. 5.3.3 S. 1 DCGK aF) in seinem Bericht an die Hauptversammlung nicht *„über aufgetretene Interessenkonflikte und deren Behandlung"* informierte.[2642] Der BGH hat zwar inzwischen entschieden, dass die Pflicht zur Abgabe der Entsprechenserklärung keine *„hauptversammlungsbezogen ausgestaltet*[e]*"* Informationspflicht, sondern an den Kapitalmarkt gerichtet sei.[2643] Eine unrichtige Entsprechenserklärung führt danach nicht dazu, dass Entlastungsbeschlüsse wegen eines damit etwa verbundenen **Informationsmangels** anfechtbar sind (→ Rn. 1120). Die Entlastung kann aber nach wie vor anfechtbar sein, wenn Verwaltungsmitglieder im Zusammenhang mit der Abgabe oder Nicht-Ergänzung der Entsprechenserklärung eindeutig und schwerwiegend Pflichten verletzten.[2644] Besteht die Pflichtverletzung darin, dass der Aufsichtsrat die Hauptversammlung zunächst nicht über aufgetretene Interessenkonflikte informierte und dann keine Abweichung von der entsprechenden Empfehlung erklärte, ist allerdings erst im Folgejahr die Entlastung für das Geschäftsjahr anfechtbar, in dem die Hauptversammlung nicht informiert wurde.[2645] Eine schwerwiegende Pflichtverletzung liegt nicht vor, wenn die Verwaltung bei einer Empfehlung einen **breiten Beurteilungsspielraum** hat.[2646]

1145 Gesetzes- oder Satzungsverstöße **in anderen Konzernunternehmen** stehen der Entlastung nur entgegen, wenn sie sich **im Verhältnis zur „eigenen" AG** als eindeutige und schwerwiegende Pflichtverletzung darstellen. Entscheidet der Aufsichtsrat im Fall eines Mehrfachmandatsträgers nicht nur über den Beschlussvorschlag zur Entlastungsentscheidung der Hauptversammlung der eigenen AG, sondern nach § 32 MitbestG über die Stimmrechtsausübung bei der Entlastungsentscheidung der Hauptversammlung eines Beteiligungsunternehmens der AG (→ § 7 Rn. 307), können die Entscheidungen daher unterschiedlich ausfallen.

1146 **bb) Rechtlich eindeutiger Gesetzes- oder Satzungsverstoß.** Die Gerichte prüften bisher überwiegend, ob ein Gesetzes- oder Satzungsverstoß in rechtlicher Hinsicht eindeutig ist.[2647] Dabei definierten sie die Eindeutigkeit negativ: Nach der Rechtsprechung ist ein Gesetzes- oder Satzungsverstoß in rechtlicher Hinsicht **nicht** eindeutig, wenn die **Rechtslage umstritten** ist und sich das betreffende Verwaltungsmit-

---

[2638] BGH NZG 2013, 783 (784); BGHZ 182, 272 Rn. 16 = NZG 2009, 1270 – Umschreibungsstopp; BGHZ 180, 8 Rn. 19 = NZG 2009, 342 – Kirch/Deutsche Bank; OLG Celle NZG 2018, 904; OLG München NZG 2008, 337 (338 f.).
[2639] OLG Köln NZG 2013, 548 (550).
[2640] LG Stuttgart NZG 2018, 665 Rn. 215 – PSE.
[2641] BGH NZG 2013, 783 (784); BGHZ 182, 272 Rn. 16 = NZG 2009, 1270 – Umschreibungsstopp; BGHZ 180, 8 Rn. 19 = NZG 2009, 342 – Kirch/Deutsche Bank; OLG Celle NZG 2018, 904; OLG München NZG 2008, 337 (338 f.).
[2642] BGHZ 182, 272 Rn. 16 = NZG 2009, 1270 – Umschreibungsstopp; BGHZ 180, 8 Rn. 19 = NZG 2009, 342 – Kirch/Deutsche Bank.
[2643] BGH NZG 2019, 262 Rn. 36. Das Urteil ist auf deutliche Kritik gestoßen. Insbesondere verlange die Anfechtbarkeit nach § 243 Abs. 4 S. 1 AktG keinen Hauptversammlungsbezug; mit Blick auf einen verständigen Aktionär liege aber bei Erklärungen nach § 161 AktG ein Hauptversammlungsbezug vor, *Lutter/Gröntgen* ZGR 2020, 569 (578 f.); *Habersack* NJW 2019, 669 (675 f.); BeckOGK/*Bayer/Ph. Scholz* AktG § 161 Rn. 136.
[2644] Ebenso *Herfs/Rowold* DB 2019, 712 (716); *Ph. Scholz* ZIP 2019, 407 (410).
[2645] Zutr. *Ph. Scholz* ZIP 2019, 407 (410).
[2646] Vgl. OLG Celle NZG 2018, 904 (906 ff.) – VW: keine Anfechtbarkeit wegen des Vorwurfs, dem Aufsichtsrat hätten angeblich weniger iSv Ziff. 5.4.2 S. 2 DCGK aF unabhängige Aufsichtsratsmitglieder angehört, als es der nach Einschätzung des Aufsichtsrats angemessenen und vom Aufsichtsrat festgelegten Anzahl entsprach (Ziff. 5.4.2 S. 1 DCGK aF). Der BGH hat die gegen die Entscheidung des OLG Celle erhobene Nichtzulassungsbeschwerde gemäß § 544 Abs. 4 S. 2 Hs. 2 ZPO ohne Begründung zurückgewiesen (II ZR 273/18).
[2647] BGHZ 194, 14 Rn. 23 = NZG 2012, 1064 – Fresenius; BGH NZG 2013, 339; AG 2010, 79; OLG Stuttgart AG 2011, 93 (94); OLG München NZG 2008, 631 (632); OLG Köln NZG 2009, 1110 (1111); OLG Stuttgart ZIP 2012, 625 (626) – Sardinien-Äußerungen: Ein Gesetzes- oder Satzungsverstoß ist nur „eindeutig", wenn festgestellt ist, dass der Verstoß eindeutig rechtswidrig ist; aus dem Schrifttum K. Schmidt/Lutter AktG/*Spindler* AktG § 120 Rn. 33.

glied daher nicht über eine zweifelsfreie Rechtslage hinweggesetzt hat.[2648] Teilweise lässt die Rechtsprechung die Eindeutigkeit bereits entfallen, wenn die Rechtslage nicht geklärt ist und verschiedene Auffassungen vertreten werden (können). Nach Auffassung des OLG Frankfurt a. M. ist ein möglicher Gesetzes- oder Satzungsverstoß nicht eindeutig, wenn ein Gutachten ein bestimmtes Verhalten in vertretbarer Weise für rechtmäßig erklärt, auch wenn eine andere vertretbare Beurteilung ebenfalls in Frage kommt.[2649] Ist die Rechtslage nicht obergerichtlich oder höchstrichterlich geklärt, ist nach Auffassung des OLG Stuttgart ein möglicher Gesetzes- oder Satzungsverstoß nicht eindeutig, wenn er *„nach maßgeblichen Stimmen in der Literatur"* zulässig ist.[2650]

cc) In tatsächlicher Hinsicht festgestellter Gesetzes- oder Satzungsverstoß. Ein schwerwiegender und in rechtlicher Hinsicht eindeutiger Gesetzes- oder Satzungsverstoß kann der Entlastung nur entgegenstehen, wenn der Verstoß auch in tatsächlicher Hinsicht mit hinreichender Sicherheit festgestellt ist: Nur dann kann ein Entschluss der Hauptversammlungsmehrheit, das Verhalten eines Verwaltungsmitglieds trotz einer eindeutigen und schwerwiegenden Pflichtverletzung zu billigen, gegen die gegenüber der Hauptversammlungsminderheit bestehende **Treuepflicht** verstoßen.

In tatsächlicher Hinsicht eindeutig festgestellt ist ein Verstoß, wenn der Sachverhalt, aus dem sich der Verstoß ergeben soll, **unstreitig** ist. Eine in tatsächlicher Hinsicht eindeutige Pflichtverletzung liegt nach Auffassung des OLG Stuttgart auch vor, wenn sich ein festgestellter Sachverhalt zwar unterschiedlich interpretieren lässt, sich aber in jeder möglichen Interpretation eine schwerwiegende Pflichtverletzung des entlasteten Verwaltungsmitglieds ergibt.[2651] Dem ist zuzustimmen. Die Möglichkeit einer solchen Wahlfeststellung zeigt, dass es bei der Entlastung nicht um die Vorbereitung von Ersatzansprüchen gegen Verwaltungsmitglieder geht, weil dann genau festzustellen wäre, welche Pflicht das Verwaltungsmitglied verletzt hat.

Maßgeblich für die in tatsächlicher Hinsicht eindeutige Feststellung eines Verstoßes, der die Anfechtbarkeit der Entlastung begründen soll, ist der **Zeitpunkt der Beschlussfassung der Hauptversammlung.** Ein Entlastungsbeschluss ist nicht anfechtbar, wenn ein schwerwiegender und eindeutiger Gesetzes- oder Satzungsverstoß erst im Anfechtungsprozess in tatsächlicher Hinsicht eindeutig festgestellt wird.[2652] **Nach der Hauptversammlung** bekanntwerdende Umstände, die Rückschlüsse auf Gesetzes- oder Satzungsverstöße im Entlastungszeitraum belegen sollen, sind im Prozess über die Anfechtung der Entlastung unbeachtlich.[2653] Das LG Stuttgart hat treffend ausgeführt, dass *„der Prozess um die Anfechtung eines Entlastungsbeschlusses auch nicht das geeignete und dazu bestimmte Forum* [ist]*, auf dem behauptete oder vermutete Pflichtverstöße von Organen erst aufgeklärt und bewiesen* […] *werden"*.[2654] Das Mittel, mit dem Aktionäre vermutete Pflichtverletzungen von Verwaltungsmitgliedern aufklären lassen können, ist die Bestellung eines Sonderprüfers (§ 142 AktG).

Dass der Hauptversammlung sämtliche Umstände bekannt sind, aus denen sich ein eindeutiger und schwerwiegender Gesetzes- oder Satzungsverstoß in tatsächlicher Hinsicht mit hinreichender Sicherheit ergibt, ist für die Anfechtbarkeit der Entlastung nicht erforderlich. Eine Treuepflichtverletzung der Hauptversammlungsmehrheit gegenüber der Hauptversammlungsminderheit liegt vor, wenn für die Hauptversammlung im Zeitpunkt der Beschlussfassung mit hinreichender Sicherheit **erkennbar** ist, dass ein eindeutiger und schwerwiegender Gesetzes- oder Satzungsverstoß festgestellt ist.[2655] Ob das der Fall ist, ist aus der Perspektive eines **objektiven,** in der Hauptversammlung anwesenden **Durchschnittsaktionärs** zu beurteilen.[2656]

Haben Aktionäre lediglich einen **Verdacht,** dass Verwaltungsmitglieder eindeutig und schwerwiegend gegen Gesetz oder Satzung verstoßen haben, können sie ihr Auskunftsrecht geltend machen (§ 131 AktG; → Rn. 1121). Verweigert der Vorstand die Auskunft, ohne dass er hierzu berechtigt wäre, und wird der Hauptversammlung aus diesem Grund nicht erkennbar, dass eindeutige und schwerwiegende Gesetzes- oder Satzungsverstöße von Verwaltungsmitgliedern in tatsächlicher Hinsicht mit hinreichender Sicherheit

---

[2648] BGH NJW 2012, 3235 (3237); NZG 2013, 339 (340); AG 2010, 79; OLG Stuttgart AG 2011, 93 (94); OLG Stuttgart ZIP 2012, 625 (627, 631) – Sardinien-Äußerungen; OLG München NZG 2008, 631 (633).
[2649] OLG Frankfurt a. M. OLGR 2008, 769 (770).
[2650] OLG Stuttgart ZIP 2012, 625 (627, 631) – Sardinien-Äußerungen.
[2651] OLG Stuttgart ZIP 2012, 625 (632) – Sardinien-Äußerungen.
[2652] OLG Celle NZG 2018, 904 (907) – VW; OLG Stuttgart ZIP 2012, 625 (634) – Sardinien-Äußerungen; OLG Düsseldorf NJW-RR 1996, 1252.
[2653] OLG Stuttgart ZIP 2012, 625 (634) – Sardinien-Äußerungen.
[2654] LG Stuttgart 17.5.2011 – 31 O 30/10, juris Rn. 203.
[2655] OLG Stuttgart ZIP 2012, 625 (633) – Sardinien-Äußerungen; OLG Köln NZG 2009, 1110 (1111); K. Schmidt/Lutter AktG/*Spindler* AktG § 120 Rn. 33.
[2656] OLG Köln NZG 2009, 1110 (1111); OLG Stuttgart ZIP 2012, 625 (632 f.) – Sardinien-Äußerungen; BeckOGK/*Hoffmann* AktG § 120 Rn. 52.

festgestellt sind, kann die Entlastung wegen der Verletzung des Auskunftsrechts anfechtbar sein.[2657] Der Sachverhalt, aus dem sich eine der Entlastung entgegenstehende Pflichtverletzung ergeben soll, muss nicht durch den Vorstand oder den Aufsichtsrat „in die Hauptversammlung eingeführt" werden. Ist der Sachverhalt unstreitig, aus dem sich der Verstoß ergeben soll, genügt es, dass ein Aktionär diesen Sachverhalt in seinem Redebeitrag in die Hauptversammlung einführt.[2658]

1152 Haben **Verwaltungsmitglieder, die Aktionäre sind,** aufgrund ihrer Verwaltungstätigkeit Kenntnis von eindeutigen und schwerwiegenden Pflichtverletzungen, begründet das keine hinreichende Kenntnis der Hauptversammlung: Ein objektiver Durchschnittsaktionär ist nicht Verwaltungsmitglied.

1153 Besteht im Zeitpunkt der Entlastungsentscheidung ein Verdacht für Pflichtverletzungen, ist der **Sachverhalt** insofern aber **noch unklar,** ist die Hauptversammlung nach überwiegender und zutreffender Ansicht in Rechtsprechung und Literatur nicht verpflichtet, die Entscheidung über die Entlastung zu **vertagen.**[2659] Das Ermessen der Hauptversammlung, ob sie die Entlastung erteilt, verweigert oder keine Sachentscheidung trifft, ist nicht eingeschränkt, nur weil für einen objektiven Durchschnittsaktionär der Verdacht erkennbar ist, dass Verwaltungsmitglieder eindeutig und schwerwiegend gegen Gesetz oder Satzung verstoßen haben. Einen Verdacht kann die Hauptversammlung bei der Ausübung ihres Ermessens berücksichtigen.

1154 Im Zusammenhang mit **gegen Verwaltungsmitglieder geführten Strafverfahren** ist eine eindeutige und schwerwiegende Pflichtverletzung in tatsächlicher Hinsicht nicht zwingend mit der für eine Anfechtbarkeit der Entlastung hinreichenden Sicherheit festgestellt, nur weil die Staatsanwaltschaft ein Ermittlungsverfahren oder das Gericht ein Hauptverfahren eröffnet.[2660] Die Staatsanwaltschaft kann ein Ermittlungsverfahren und das Gericht kann ein Hauptverfahren bereits eröffnen, wenn lediglich eine bestimmte Verdachtsschwelle überschritten ist.[2661]

1155 dd) **Gesetzes- oder Satzungsverstoß im Entlastungszeitraum.** Nach hA in Rechtsprechung und Schrifttum steht ein **früheres Fehlverhalten** vor dem Entlastungszeitraum der Entlastung nicht entgegen.[2662] Dabei soll es nicht darauf ankommen, ob die entlastungsrelevanten Umstände vergangenen Hauptversammlungen bekannt waren.[2663] Vereinzelt wird im Schrifttum vertreten, früheres Fehlverhalten sei zu berücksichtigen, wenn es im Entlastungszeitraum **fortwirke** (zB in Form von Schäden, die im Entlastungszeitraum entstehen).[2664] Diese Ansicht stützt sich auf Rechtsprechung des BGH zum Umfang des Auskunftsrechts der Aktionäre iRd Entlastungsentscheidung: Das Auskunftsrecht erstrecke sich auf Vorgänge vor dem betreffenden Geschäftsjahr, *„wenn diese Vorgänge sich erst jetzt ausgewirkt haben oder bekannt geworden sind, oder es um neue Gesichtspunkte geht, die einen zurückliegenden Vorgang in einem neuen Licht erscheinen lassen."*[2665]

1156 **Stellungnahme: Der hA ist zu folgen.** Aus der Rechtsprechung des BGH zum Auskunftsrecht iRd Entlastungsentscheidung folgt nicht, dass Gesetzes- oder Satzungsverstöße aus früheren Entlastungszeiträumen der Entlastung entgegenstehen. Das Auskunftsrecht ist nicht nur darauf gerichtet, eindeutige und schwerwiegende Gesetzes- oder Satzungsverstöße zu ermitteln, die eine Entlastung als treuwidrig erscheinen lassen könnten. Vielmehr haben Aktionäre grds. Anspruch auf sämtliche Auskünfte, die bei der Abwägung eine Rolle spielen können, ob die Hauptversammlung die Entlastung erteilen soll oder nicht. Das betrifft die Erwartung der Hauptversammlungsmehrheit, ob sich die Verwaltungsmitglieder in der Zukunft pflichtgemäß verhalten und bei der Geschäftsführung *„eine glückliche Hand beweisen"* werden (→ Rn. 1059). Im Rahmen dieser Abwägung darf die Hauptversammlung ein Fehlverhalten berücksichti-

---

[2657] BGH NZG 2005, 77 (78); OLG Frankfurt a. M. AG 2011, 713 (715); OLG Stuttgart AG 2011, 93 (97); KG NZG 2001, 803 (804 f.); OLG Karlsruhe NZG 1999, 604 (605); Hüffer/Koch/*Koch* AktG § 120 Rn. 15; MüKoAktG/*Kubis* AktG § 120 Rn. 16, jew. mwN.
[2658] OLG Stuttgart ZIP 2012, 625 (633 ff.). – Sardinien-Äußerungen.
[2659] OLG Düsseldorf NJW-RR 1996, 1252 (1253); *Decher* FS Hopt, 2010, 499 (508 f.); Hölters/*Drinhausen* AktG § 120 Rn. 25; MüKoAktG/*Kubis* AktG § 120 Rn. 27; GroßkommAktG/*Mülbert* AktG § 120 Rn. 109.
[2660] OLG Stuttgart AG 2016, 370 (376).
[2661] Zur Einleitung eines Ermittlungsverfahrens BeckOK StPO/*Beukelmann* StPO § 152 Rn. 4 ff.; Karlsruher Komm StPO/*Diemer* StPO § 152 Rn. 7; MüKoStPO/*Peters* StPO § 152 Rn. 34 ff., jew. mwN; zur Eröffnung eines Hauptverfahrens BeckOK StPO/*Ritscher* StPO § 203 Rn. 4 ff.; Karlsruher Komm StPO/*Schneider* StPO § 203 Rn. 3 ff.; MüKoStPO/*Wenske* StPO § 203 Rn. 6 ff.
[2662] OLG Stuttgart AG 2016, 370 (374); AG 2011, 93; zur Anfechtung der Entlastung wegen eines Vorgangs aus einem früheren Geschäftsjahr LG Frankfurt a. M. AG 2005, 51 (52); LG Stuttgart 28.5.2010 – 31 O 56/09, juris Rn. 175; *von der Linden* ZIP 2013, 2343 (2345); *Leuering/Simon* NJW-Spezial 2007, 171; *Linnerz* BB 2015, 2258 (2259); offenlassend *Henze* BB 2005, 165 (169).
[2663] OLG Stuttgart BeckRS 2015, 14340 Rn. 262; LG Stuttgart 28.5.2010 – 31 O 56/09, juris Rn. 175.
[2664] *Burgard/Heimann* NZG 2016, 166 (167); *Reichard* GWR 2015, 377 (379); ähnlich Bürgers/Körber/*Reger* AktG § 120 Rn. 11; *Weber* NZG 2003, 351 (353).
[2665] BGHZ 160, 385 (388) = NJW 2005, 828 – ThyssenKrupp; dem BGH folgend OLG Frankfurt a. M. OLGR 2008, 769 (771).

gen, das zwar frühere Entlastungszeiträume betrifft, aber im maßgeblichen Entlastungszeitraum fortwirkt. Es ist hingegen weder sachgerecht noch erforderlich, dass eindeutige und schwerwiegende Gesetzes- oder Satzungsverstöße aus früheren Entlastungszeiträumen die aktuelle Entlastung als treuwidrig und damit unzulässig erscheinen lassen könnten: Werden nachträglich eindeutige und schwerwiegende Gesetzes- oder Satzungsverstöße aus früheren Entlastungszeiträumen bekannt, kann die Hauptversammlung die früher erteilte Entlastung widerrufen (→ Rn. 1107 ff.).

Einen Sonderfall stellen **Dauerverstöße** dar, die sich, wie zB Organisationspflichtverletzungen, über mehrere Geschäftsjahre erstrecken. Eindeutige und schwerwiegende Dauerverstöße können der Entlastung ebenso wie „punktuelle" Gesetzes- oder Satzungsverstöße entgegenstehen, sofern sie in den Entlastungszeitraum fallen. Die Beurteilung eines Dauerverstoßes kann sich während der Dauer des Verstoßes ändern: Dass ein Dauerverstoß in früheren Entlastungszeiträumen (noch) nicht als eindeutig und schwerwiegend zu beurteilen war, steht nicht entgegen, dass der Dauerverstoß im Entlastungszeitraum als eindeutig und schwerwiegend zu beurteilen sein kann. Eine veränderte Beurteilung kann zB darauf beruhen, dass im Entlastungszeitraum neue Erkenntnisse zu Tage treten. Ein Dauerverstoß könnte ferner gerade unter der Berücksichtigung seiner im Vergleich zu früheren Entlastungszeiträumen längeren Dauer als schwerwiegend einzuordnen sein. 1157

ee) Darlegungs- und Beweislast in Beschlussmängelklageverfahren. Die Darlegungs- und Beweislast für sämtliche Voraussetzungen für die Anfechtbarkeit der Entlastung – schwerwiegender, rechtlich eindeutiger und in tatsächlicher Hinsicht aus der Perspektive eines objektiven, in der Hauptversammlung anwesenden Durchschnittsaktionärs mit hinreichender Sicherheit festgestellter Gesetzes- oder Satzungsverstoß im Entlastungszeitraum – trägt nach allgemeinen zivilprozessualen Grundsätzen **der Anfechtungskläger.**[2666] Eine **Umkehr der Darlegungs- und Beweislast** zulasten oder eine sekundäre Darlegungslast der AG kommt nicht in Betracht. Das folgt bereits daraus, dass Umstände, die für einen objektiven Durchschnittsaktionär nicht erkennbar waren, die Anfechtbarkeit der erteilten Entlastung per se nicht begründen können (→ Rn. 1150). Umstände, die die AG aufgrund einer Umkehr der Darlegungs- und Beweislast oder nach den Grundsätzen der sekundären Darlegungslast erst im Anfechtungsprozess vorzutragen hätte, die aber für einen objektiven Durchschnittsaktionär im Zeitpunkt der Entscheidung über die Entlastung nicht erkennbar waren, sind danach im Verfahren über die Anfechtung der Entlastung irrelevant.[2667] Im Übrigen könnten Beweiserleichterungen zugunsten klagender Aktionäre Auskunftsverweigerungsrechte (§ 131 Abs. 3 S. 1 AktG) aushebeln, die zugunsten der AG bestehen. Werden Auskunftspflichten verletzt, weil Informationen pflichtwidrig nicht oder unzutreffend erteilt werden, kann eine solche Auskunftspflichtverletzung die Anfechtbarkeit der Entlastung begründen (→ Rn. 1137 ff.). Auch eine Auskunftspflichtverletzung führte allerdings nicht dazu, dass die AG eine erweiterte Darlegungs- und Beweislast träfe.[2668] 1158

Mit **Spekulationen, Mutmaßungen und Behauptungen „ins Blaue" hinein** – etwa aufgrund von Medienberichten – genügt der Anfechtungskläger seiner Darlegungs- und Beweislast nicht. Das gilt auch, wenn sie in der Hauptversammlung geäußert wurden und die Verwaltung ihnen nicht ausdrücklich entgegengetreten ist, es sich aber aus der Perspektive eines objektiven Durchschnittsaktionärs erkennbar um bloße Spekulationen handelt. Es genügt, wenn die AG Spekulationen im Anfechtungsprozess bestreitet; der Anfechtungskläger trägt dann die Darlegungs- und Beweislast für Tatsachen, die die Anfechtbarkeit der Entlastung begründen sollen.[2669] 1159

e) Beschlussvorschlag des Aufsichtsrats für die Entlastungsentscheidung (§ 124 Abs. 3 S. 1 AktG)

Der Aufsichtsrat **muss** der Hauptversammlung grds. für jeden Gegenstand der Tagesordnung, über den die Hauptversammlung beschließen soll, einen Beschlussvorschlag machen (§ 124 Abs. 3 S. 1 Var. 1 AktG). Die Beschlussvorschläge sind zusammen mit der Tagesordnung bekannt zu machen (§ 124 Abs. 3 S. 1 AktG). Sie sollen dazu beitragen, dass sich Aktionäre sachgemäß vorbereiten können.[2670] Viele Aktionäre nehmen nicht persönlich an der Hauptversammlung teil, sondern lassen sich vertreten. Aufgrund der 1160

[2666] OLG Stuttgart ZIP 2012, 625 (634) – Sardinien-Äußerungen; OLG Stuttgart AG 2009, 124 (127); BeckOGK/*Drescher* AktG § 243 Rn. 247.
[2667] OLG Stuttgart BeckRS 2015, 14340 Rn. 186, 203, 239; LG Hannover 14.9.2017, 21 O 24/16, nv, S. 62.
[2668] LG Stuttgart 17.5.2011 – 31 O 30/10, juris Rn. 202.
[2669] OLG Stuttgart 8.7.2015 – 20 U 2/14, juris Rn. 248 ff.
[2670] MüKoAktG/*Kubis* AktG § 124 Rn. 30; Hüffer/Koch/*Koch* AktG § 124 Rn. 16; Bürgers/Körber/*Reger* AktG § 124 Rn. 1.

Beschlussvorschläge können sie vorab Weisungen erteilen, wie ihre Stimmrechte ausgeübt werden sollen.[2671]

1161 **Fehlt** ein erforderlicher Beschlussvorschlag, ist der Beschluss **nach ganz hA anfechtbar** (§ 243 Abs. 1 AktG, § 124 Abs. 4 S. 1 AktG).[2672] Im Schrifttum wird vertreten, die Anfechtbarkeit sei ausgeschlossen, wenn zu Tagesordnungspunkten, zu denen der Aufsichtsrat **und** der Vorstand einen Beschlussvorschlag machen müssen, zumindest eines der beiden Organe einen Beschlussvorschlag gemacht hat.[2673] Die Vorbereitungsfunktion sei ggf. erfüllt. Zudem seien Aktionäre besonders sensibilisiert, wenn der Beschlussvorschlag eines Organs fehle. Jedenfalls mit Blick auf die Entlastungsentscheidung ist diese Auffassung einzuschränken: Der Beschluss zur Entlastung von Vorstandsmitgliedern ist stets anfechtbar, wenn kein Beschlussvorschlag des Aufsichtsrats vorliegt. Die Einschätzung der Tätigkeit der Vorstandsmitglieder durch den Aufsichtsrat ist für die Aktionäre bedeutsamer als die Selbsteinschätzung des Vorstands. Zudem kann der Aufsichtsrat besser beurteilen, ob Vorstandsmitglieder Pflichten verletzten. Dasselbe gilt entsprechend für die Beschlussvorschläge des Vorstands zur Entlastung der Aufsichtsratsmitglieder.

1162 **aa) Kann der Aufsichtsrat vorschlagen, die Entlastung zu verweigern?** Beschlussvorschläge müssen so formuliert sein, dass sie in der Hauptversammlung als Antrag zur Abstimmung gestellt werden könnten.[2674] Es ist **umstritten,** ob ein Antrag, dass die Hauptversammlung beschließt, die Entlastung zu verweigern oder nicht zu erteilen, zur Abstimmung gestellt werden kann. Eine Ansicht schließt aus dem Gesetzeswortlaut (*„die Hauptversammlung beschließt über die Entlastung"*, § 120 Abs. 1 S. 1 AktG), ausschließlich ein auf Erteilung der Entlastung gerichteter Beschlussantrag sei zulässig.[2675] Zudem ergäbe sich eine widersprüchliche Beschlusslage, wenn sowohl ein auf Verweigerung als auch ein auf Erteilung der Entlastung gerichteter Antrag mit Stimmengleichheit abgelehnt würden.[2676] Eine Verweigerung der Entlastung ergebe sich ausschließlich daraus, dass der auf Erteilung gerichtete Antrag nicht die erforderliche Mehrheit erhalte. Nach der **Gegenansicht** ist auch ein Antrag zulässig, die Entlastung zu verweigern oder nicht zu erteilen.[2677]

1163 **Stellungnahme:** Der **Gegenansicht** ist **zuzustimmen.** Aus dem Gesetzeswortlaut ergibt sich lediglich, dass die Hauptversammlung (irgend-)eine (Sach-)Entscheidung über die Entlastung treffen muss. Die Entlastungserteilung kann treuwidrig und anfechtbar sein (→ Rn. 1140 ff.). Hielte man einen auf Verweigerung der Entlastung gerichteten Beschlussantrag für unzulässig, müssten der Aufsichtsrat und/oder der Vorstand auch in einem solchen Fall einen auf die Erteilung der Entlastung gerichteten Beschlussvorschlag machen und könnten lediglich durch eine entsprechende „Begleitkommunikation" mitteilen, dass sie nur das Gegenteil – Verweigerung der Entlastung – für rechtmäßig halten. Ein solches Vorgehen wäre verwirrend. Eine widersprüchliche Beschlusslage droht nicht: Erhält zunächst der auf Verweigerung und anschließend der auf Erteilung der Entlastung gerichtete Antrag keine Mehrheit, ist die Entlastung nicht erteilt. Auch ein „Gegenantrag", die Entlastung zu verweigern, ist nicht mehr zur Abstimmung zu stellen, sondern bereits erfolgreich, wenn der Antrag auf Erteilung der Entlastung nicht die erforderliche Mehrheit erhält.

1164 **bb) Eventual- oder Alternativvorschläge?** Nach ganz hA sollen Beschlussvorschläge als Eventual- oder Alternativvorschläge formuliert werden können.[2678] Um einen Alternativvorschlag handelt es sich, wenn zwei gleichwertige Optionen vorgeschlagen werden.[2679] Ein Eventualvorschlag liegt vor, wenn abhängig von bestimmten Umständen nur einer von mehreren Vorschlägen in der Hauptversammlung als Antrag

---

[2671] GroßkommAktG/*Butzke* AktG § 124 Rn. 57; Hüffer/Koch/*Koch* AktG § 124 Rn. 16; Kölner Komm AktG/ *Noack*/*Zetsche* AktG § 124 Rn. 2; MüKoAktG/*Kubis* AktG § 120 Rn. 30.
[2672] BGHZ 149, 158 (165) = NJW 2002, 1128 – Sachsenmilch III; BGHZ 153, 32 (35) = NJW 2003, 970; OLG Rostock AG 2013, 768 zu § 124 Abs. 2 AktG; Hüffer/Koch/*Koch* AktG § 124 Rn. 27; Hölters/*Drinhausen* AktG § 124 Rn. 20; MüKoAktG/*Kubis* AktG § 124 Rn. 52; aA *K.-S. Scholz* AG 2008, 11 (12 f.): Beschlussvorschläge seien keine Voraussetzung für eine ordnungsgemäße Bekanntmachung iSv § 124 Abs. 4 S. 1 AktG.
[2673] Hölters/*Drinhausen* AktG § 124 Rn. 17; MüKoAktG/*Kubis* AktG § 124 Rn. 59; BeckOGK/*Rieckers* AktG § 124 Rn. 64; *Rottnauer* NZG 2000, 414 (418); *Kocher* AG 2013, 406 (412).
[2674] Hüffer/Koch/*Koch* AktG § 124 Rn. 17; Kölner Komm AktG/*Noack*/*Zetsche* AktG § 124 Rn. 61; GroßkommAktG/*Butzke* AktG § 124 Rn. 57; *Grigoleit*/*Herrler* AktG § 124 Rn. 13.
[2675] Hölters/*Drinhausen* AktG § 120 Rn. 10; GroßkommAktG/*Mülbert* AktG § 120 Rn. 99; BeckOGK/*Hoffmann* AktG § 120 Rn. 7.
[2676] GroßkommAktG/*Mülbert* AktG § 120 Rn. 99.
[2677] Bürgers/Körber/*Reger* AktG § 120 Rn. 4; MüKoAktG/*Kubis* AktG § 120 Rn. 6; K. Schmidt/Lutter AktG/*Spindler* AktG § 120 Rn. 20; Kölner Komm AktG/*Zöllner* AktG § 120 Rn. 40.
[2678] GroßkommAktG/*Butzke* AktG § 124 Rn. 59 f.; BeckOGK/*Rieckers* AktG § 124 Rn. 52; Henssler/Strohn/*Liebscher* AktG § 124 Rn. 5; Hölters/*Drinhausen* AktG § 124 Rn. 15.
[2679] GroßkommAktG/*Butzke* AktG § 124 Rn. 60; BeckOGK/*Rieckers* AktG § 124 Rn. 52; MüKoAktG/*Kubis* AktG § 124 Rn. 40.

gestellt werden soll.[2680] Generell sollen für Beschlussvorschläge zur Entlastung zwar keine Besonderheiten bestehen.[2681] Dass der Aufsichtsrat pflichtgemäß handelt, wenn er zur Entlastung Alternativvorschläge macht, ist aber **nicht vorstellbar**. Auch Eventualvorschläge, etwa die Entlastung zu erteilen, sofern sich bis zur Hauptversammlung keine weiteren Erkenntnisse über einen bestimmten Sachverhalt ergeben, sind **nicht pflichtgemäß**. Der Aufsichtsrat muss einen unbedingten Beschlussvorschlag machen und anpassen, falls er neue Erkenntnisse erhält (→ Rn. 1180).

cc) Verfahren. Der Aufsichtsrat entscheidet über seine Beschlussvorschläge **durch Beschluss** (§ 108 Abs. 1 AktG). Er kann die Entscheidung **einem Ausschuss übertragen** (§ 107 Abs. 3 S. 7 AktG). 1165

(1) Stimmrechtsausschluss? Verwaltungsmitglieder, die **Aktien halten**, unterliegen bei der Entscheidung der Hauptversammlung über ihre Entlastung einem Stimmrechtsausschluss (§ 136 Abs. 1 AktG; → Rn. 1076). Im Schrifttum wird vertreten, dieser **Stimmrechtsausschluss** schlage **nicht** auf die Entscheidung über den Beschlussvorschlag zur eigenen Entlastung durch.[2682] Dem ist **zuzustimmen**. Es ist nicht erkennbar, weshalb ein Mitglied mehr als andere Mitglieder des Organs daran interessiert sein sollte, der Hauptversammlung die eigene Entlastung vorzuschlagen, nur weil es Aktionär ist. Dass Verwaltungsmitglieder generell bei der Entscheidung über den Vorschlag zur eigenen Entlastung bzw. der Entlastung des Organs, dem sie angehören, einem abstrakten Interessenkonflikt unterliegen, hat der Gesetzgeber als „systemimmanent" hingenommen, indem er angeordnet hat, dass jedes Verwaltungsorgan auch für die Entscheidung über die Entlastung der Mitglieder des eigenen Organs einen Beschlussvorschlag machen muss. Selbst wenn das Organ über die Beschlussvorschläge zur Entlastung der „eigenen" Mitglieder separat ohne das jeweils betroffene Mitglied entscheiden würde, wäre ein genereller, abstrakter Interessenkonflikt nicht auszuschließen, weil wechselseitige Überwachungspflichten bestehen und der Aufsichtsrat als Gesamtorgan entscheidet und handelt. 1166

Da kein Stimmrechtsausschluss besteht, ist es **nicht erforderlich**, dass der Aufsichtsrat über Beschlussvorschläge zur Entlastung seiner Mitglieder, die Aktien halten, jeweils **separat** ohne das betroffene Mitglied abstimmt. Die Situation entspricht nicht der im Anwendungsbereich des § 32 MitbestG, wenn Aufsichtsratsmitglieder gleichzeitig Aufsichtsratsmitglieder eines Beteiligungsunternehmens sind: Nach § 32 MitbestG beschließt der Aufsichtsrat nicht nur über Beschlussvorschläge, sondern wie der Vorstand die Stimmrechte der AG in der Hauptversammlung des Beteiligungsunternehmens ausüben muss (→ § 7 Rn. 306). 1167

In Betracht kommt ein Stimmrechtsausschluss für Aufsichtsratsmitglieder, bei denen der **konkrete Verdacht individueller Pflichtverletzungen** im Raum steht, insbes. wenn sie eindeutig und schwerwiegend sein könnten.[2683] Das gilt auch für Aufsichtsratsmitglieder, die vom Vorstand in den Aufsichtsrat gewechselt sind, bei der Entscheidung des Aufsichtsrats über den Beschlussvorschlag zu ihrer Entlastung als Vorstandsmitglied. Der Beschlussvorschlag soll die Aktionäre über den Beschlussgegenstand informieren.[2684] Steht bei Aufsichtsratsmitgliedern ein entsprechender Verdacht im Raum, können sie sich in einer abstrakten Interessenkollision befinden. Unabhängig davon, ob schon ein Stimmrechtsausschluss besteht, ist zu empfehlen, dass Aufsichtsratsmitglieder ggf. an der Beratung und Beschlussfassung über den Beschlussvorschlag zu ihrer eigenen Entlastung nicht teilnehmen. Eine Ausnahme gilt, wenn sämtliche Aufsichtsratsmitglieder in gleicher Weise von einem Verdacht betroffen sind oder zumindest so viele, dass der Aufsichtsrat ohne sie nicht beschlussfähig wäre: Der Aufsichtsrat **muss** Beschlussvorschläge zur Entlastung der Verwaltungsmitglieder machen. Sind ein oder zwei Aufsichtsratsmitglieder nicht betroffen, müssen die anderen an der Beschlussfassung teilnehmen, damit der Aufsichtsrat beschlussfähig ist, können sich aber der Stimme enthalten.[2685] Sind alle Aufsichtsratsmitglieder gleich betroffen, besteht kein Stimmrechtsausschluss.[2686] 1168

[2680] BeckOGK/*Rieckers* AktG § 124 Rn. 52; GroßkommAktG/*Butzke* AktG § 124 Rn. 59; MüKoAktG/*Kubis* AktG § 124 Rn. 40.
[2681] MüKoAktG/*Kubis* AktG § 124 Rn. 45.
[2682] Ohne Argumentation MüKoAktG/*Kubis* AktG § 124 Rn. 45 und GroßkommAktG/*Butzke* AktG § 124 Rn. 67; auf die „*relativ geringe*" Einflussnahme des Beschlussvorschlags auf die Entscheidung der Hauptversammlung hinweisend *Matthießen*, Stimmrecht und Interessenkollision im Aufsichtsrat, 1989, 199.
[2683] Zurückhaltend zu einem Stimmrechtsausschluss bei Beschlussvorschlägen des Aufsichtsrats zur Bestellung von Sonderprüfern GroßkommAktG/*Butzke* AktG § 124 Rn. 67: Auch wenn bei der Beschlussfassung über die Bestellung eines Sonderprüfers ein Stimmverbot für alle Aufsichtsratsmitglieder besteht (vgl. § 142 Abs. 1 S. 2 AktG), folgt daraus kein Interessenkonflikt, der nur gelöst werden kann, indem Aufsichtsratsmitglieder nicht an der Entscheidung über den Beschlussvorschlag teilnehmen.
[2684] GroßkommAktG/*Butzke* AktG § 124 Rn. 1; MüKoAktG/*Kubis* AktG § 124 Rn. 30, 1; K. Schmidt/Lutter AktG/*Ziemons* AktG § 124 Rn. 2 f.; Hölters/*Drinhausen* AktG § 124 Rn. 15; Hüffer/Koch/*Koch* AktG § 124 Rn. 1.
[2685] Vgl. BGH NZG 2007, 516 Rn. 13; Hüffer/Koch/*Koch* AktG § 108 Rn. 16 mwN.
[2686] Vgl. OLG Brandenburg BeckRS 2016, 111779; *Braunfels* MittRhNotK 1994, 233 (240); *Armbrüster/Witsch* NZG 2018, 361 (367); Hüffer/Koch/*Koch* AktG § 136 Rn. 5 mwN.

1169 **(2) Abfolge der Entscheidungen von Aufsichtsrat und Vorstand.** Auch der Vorstand muss Beschlussvorschläge zur Entlastung jedes Verwaltungsmitglieds machen. Vorstand und Aufsichtsrat müssen insofern **eigenständig** entscheiden. Für die Entscheidungen von Vorstand und Aufsichtsrat besteht **keine zwingende Reihenfolge**. Steht der Verdacht von **Pflichtverletzungen eines Aufsichtsratsmitglieds** im Raum, ist zwar der Vorstand zuständig, diesen Verdacht aufzuklären.[2687] Der Aufsichtsrat muss mit der Entscheidung über seinen Beschlussvorschlag zur Entlastung des betreffenden Aufsichtsratsmitglieds aber nicht warten, bis der Vorstand über seinen Beschlussvorschlag entschieden hat.

1170 **dd) Individuelle Beurteilung.** Der Aufsichtsrat muss für jedes zur Entlastung anstehende Verwaltungsmitglied **individuell beurteilen**, welche Entlastungsentscheidung er vorschlägt.[2688] Die Hauptversammlung kann jederzeit im Weg der Einzelentlastung beschließen, auch wenn der Aufsichtsrat die (Gesamt-)Entlastung sämtlicher Vorstands- und/oder Aufsichtsratsmitglieder vorschlägt. Schlägt der Aufsichtsrat „Gesamtentlastung" eines Organs vor, schlägt er die Entlastung jedes Organmitglieds vor. Der Beschlussvorschlag zur Entlastung muss **hinreichend bestimmt** sein. Ein Vorschlag, der allgemein auf „die Entlastung des Vorstands" gerichtet ist, ist hinreichend bestimmt, wenn sich der Entlastungszeitraum – idR das abgelaufene Geschäftsjahr – eindeutig bestimmen lässt.[2689]

1171 **ee) Vorschlag zu inhaltlich rechtmäßigem Beschluss der Hauptversammlung.** Nach herrschender und zutreffender Ansicht müssen Beschlussvorschläge darauf abzielen, dass die Hauptversammlung einen inhaltlich rechtmäßigen Beschluss fasst.[2690] Das folgt bereits aus der **Legalitätspflicht.** Der Aufsichtsrat darf keine Beschlussvorschläge machen, die zu einem nichtigen Hauptversammlungsbeschluss führen würden. Beschlussvorschläge, die zu einem lediglich anfechtbaren Hauptversammlungsbeschluss führen würden, sollen nach vereinzelt vertretener Auffassung pflichtgemäß sein, wenn das vorschlagende Organ bei pflichtgemäßer Einschätzung davon ausgehen durfte, der Beschluss werde nicht angefochten und damit endgültig wirksam.[2691] Auch das ist mit Blick auf die Legalitätspflicht abzulehnen.[2692] Die Entlastung eines Verwaltungsmitglieds ist anfechtbar, wenn aus Sicht eines objektiven Durchschnittsaktionärs im Zeitpunkt der Entlastungsentscheidung eindeutig und schwerwiegende Pflichtverletzungen im Entlastungszeitraum festgestellt wären (→ Rn. 1150). Wäre der Entlastungsbeschluss nach Einschätzung des Aufsichtsrats danach anfechtbar, darf er die Entlastung auch dann nicht vorschlagen, wenn er davon ausgehen dürfte, der Beschluss werde nicht angefochten. Der Aufsichtsrat darf ferner Entlastungsentscheidungen nicht unzulässig zusammenfassen (→ Rn. 1171). Sind nach Einschätzung des Aufsichtsrats „lediglich" „einfache" Pflichtverletzungen festgestellt, hat der Aufsichtsrat bei der Abwägung der für seinen Beschlussvorschlag ermittelten Gesichtspunkte **Ermessen** nach Maßgabe der Business Judgment Rule, das nicht nach Maßgabe der ARAG/Garmenbeck-Entscheidung eingeschränkt ist, weil die Entscheidung nicht das Gesellschaftsvermögen betrifft.

1172 Werden dem Aufsichtsrat Umstände, aus denen sich eindeutige und schwerwiegende Pflichtverletzungen ergeben, bekannt, **nachdem** sein Beschlussvorschlag bekanntgemacht ist, muss der Aufsichtsrat seinen Beschlussvorschlag **anpassen** (→Rn. 1180).

1173 **ff) Vorbereitung des Beschlussvorschlags.** Liegen Anhaltspunkte vor, dass ein Verwaltungsmitglied Pflichtverletzungen begangen hat, muss der Aufsichtsrat den zugrundeliegenden Sachverhalt auch aufklären, um seine Beschlussvorschläge zur Entlastung aufzuklären. Auch aus anderen Gründen – Kooperation mit Behörden, öffentliche Wahrnehmung etc. – ist es häufig geboten, Anhaltspunkte für Pflichtverletzungen aufzuklären. Stehen verschiedene Pflichtverletzungen im Raum und droht nicht, dass kurzfristig mögliche Schadensersatzansprüche der AG verjähren, sollte der Aufsichtsrat mit Blick auf anstehende Beschlussvorschläge zur Entlastung grds. zunächst primär in Bereichen aufklären, in denen schwerwiegende Pflichtverletzungen vorliegen könnten. Selbst wenn der Aufsichtsrat Pflichtverletzungen von Vorstandsmitgliedern nicht pflichtgemäß aufklären und danach für seine Beschlussvorschläge zur Entlastung ein Informationsdefizit vorliegen sollte, wären Beschlüsse des Aufsichtsrats zu seinen Beschlussvorschlägen aus

---

[2687] OLG Stuttgart AG 2016, 370 (375); GroßkommAktG/*Hopt/Roth* AktG § 116 Rn. 281; MüKoAktG/*Habersack* AktG § 116 Rn. 8, 77; Kölner Komm AktG/*Mertens/Cahn* AktG § 116 Rn. 72; K. Schmidt/Lutter AktG/*Drygala* AktG § 116 Rn. 55; *Koch* ZHR 180 (2016), 578 (596 ff.); *Thum/Klofat* NZG 2010, 1087.
[2688] Vgl. OLG München NZG 2001, 616 (618 f.); *Rollin* NZG 2004, 804 (806); *Meyer-Landrut/Wendel* Satzungen und Hauptversammlungsbeschlüsse der AG, 2006, Rn. 686.
[2689] MüKoAktG/*Kubis* AktG § 124 Rn. 45.
[2690] LG Frankfurt a. M. NZG 2004, 672 (674); *Bayer* FS K. Schmidt, 2009, 85 (101); MüKoAktG/*Kubis* AktG § 124 Rn. 42; BeckOGK/*Rieckers* AktG § 124 Rn. 51; grds. auch GroßkommAktG/*Butzke* AktG § 124 Rn. 75. AA *K.-S. Scholz* AG 2008, 11 (16): § 124 Abs. 3 S. 1 AktG verlange lediglich, dass die Einberufung überhaupt Beschlussvorschläge enthält.
[2691] GroßkommAktG/*Butzke* AktG § 124 Rn. 75.
[2692] Im Ergebnis ebenso MüKoAktG/*Kubis* AktG § 124 Rn. 42: Ein Beschlussvorschlag, der zu einem anfechtbaren Beschluss führen würde, sei unzulässig und daher seinerseits anfechtbar.

diesem Grund aber nicht nichtig, weil es sich insofern nicht um einen schwerwiegenden Mangel handelt.[2693] Die Entlastungsbeschlüsse wären daher auch nicht aus diesem Grund anfechtbar.

Ob eine eindeutige und schwerwiegende Pflichtverletzung in tatsächlicher Hinsicht mit hinreichender Sicherheit festgestellt ist, muss der Aufsichtsrat auf Grundlage der zum Zeitpunkt der Entscheidung über seinen Beschlussvorschlag vorhandenen Informationen **objektiv** nach den Grundsätzen der zivilrechtlichen Beweiswürdigung beurteilen. Anders als iRd Organhaftung (→ § 4 Rn. 2421) gibt es insofern **keine Beweislastumkehr** zulasten des Verwaltungsmitglieds. Der Aufsichtsrat ist auch nicht an die Beurteilung von Behörden, zB einer Staatsanwaltschaft oder Verwaltungsbehörde, gebunden, sondern muss autonom auf Grundlage des ihm vorliegenden Sachverhalts beurteilen, ob eine eindeutige und schwerwiegende Pflichtverletzung in tatsächlicher Hinsicht mit hinreichender Sicherheit festgestellt ist. Auch die Eröffnung eines Hauptverfahrens oder eine gerichtliche Verurteilung präjudiziert den Aufsichtsrat nicht zwingend (→ Rn. 1154). Der Aufsichtsrat muss solche Beurteilungen aber in seine Beurteilung einbeziehen. 1174

gg) Abwägung des Aufsichtsrats. Ist nach Einschätzung des Aufsichtsrats keine eindeutige und schwerwiegende Pflichtverletzung festgestellt, muss er unter Berücksichtigung der relevanten Gesichtspunkte abwägen, welcher Beschlussvorschlag im Interesse der AG ist. Nach Maßgabe der Business Judgment Rule (vgl. § 93 Abs. 1 S. 2 AktG) muss der Aufsichtsrat zunächst ermitteln, welche **Auswirkungen** mit seinem Beschlussvorschlag **verbunden** sind **("angemessene Informationsgrundlage")**. Bei der Abwägung der ermittelten Gesichtspunkte hat der Aufsichtsrat Ermessen, das grds. so weit reicht wie das der Hauptversammlung. Bestehen keine besonderen Anhaltspunkte für Pflichtverletzungen und keine Zweifel an der Zweckmäßigkeit des Handelns, ist der Vorschlag, die Entlastung zu erteilen, als „Regelfall" pflichtgemäß. 1175

Der Aufsichtsrat muss darauf achten, dass sein Beschlussvorschlag zur Entlastung **konsistent** mit seinem sonstigen Vorgehen ist. Das betrifft zB den Umgang mit Pflichtverletzungen von Verwaltungsmitgliedern in der Rechnungslegung oder bei der Festsetzung der Vorstandsvergütung. Je schwerwiegender der einem objektiven Durchschnittsaktionär bekannte Verdacht von Pflichtverletzungen ist, desto intensiver muss der Aufsichtsrat ermitteln, welche **Folgen** für die AG mit seinem Beschlussvorschlag verbunden sind. Mit dem Beschlussvorschlag ist grds. eine **Öffentlichkeitswirkung** verbunden. Schlägt der Aufsichtsrat trotz öffentlich bekannter Verdachtsmomente für Pflichtverletzungen von Vorstandsmitgliedern deren Entlastung vor, kann das Zweifel an seinem Aufklärungswillen hervorrufen. Das kann sich negativ auf das Vertrauen von Anlegern und Geschäftspartnern auswirken. Solchen Zweifeln kann der Aufsichtsrat durch eine „Begleitkommunikation" entgegentreten. Schlägt der Aufsichtsrat hingegen vor, die Entlastung zu vertagen oder zu verweigern, ist damit für die Öffentlichkeit grds. das Signal verbunden, dass schwerwiegende Pflichtverletzungen vorliegen und/oder kein Vertrauen in amtierende Verwaltungsmitglieder besteht. Ist ein Verwaltungsmitglied bereits ausgeschieden, spielt es hingegen keine Rolle mehr, ob der Aufsichtsrat und die Hauptversammlung noch Vertrauen in die künftige Amtstätigkeit haben. 1176

Schlägt der Aufsichtsrat trotz öffentlich bekannter Verdachtsmomente für Pflichtverletzungen von Verwaltungsmitgliedern deren Entlastung vor, treffen die AG grds. **weiterreichende Auskunftspflichten** gegenüber der Hauptversammlung als wenn er die Vertagung vorschlagen würde (→ Rn. 1091 ff.). Im Übrigen treffen die AG weiterreichende Auskunftspflichten, wenn der Aufsichtsrat keinen einheitlichen Entlastungsvorschlag für sämtliche Verwaltungsmitglieder macht, sondern zwischen Verwaltungsmitgliedern unterscheidet (→ Rn. 1064). Je weniger Auskünfte die Hauptversammlung erhält, desto eher könnten Aktionäre geneigt sein, Auskunftserzwingungs- (§ 132 AktG) oder Sonderprüfungsverfahren (§ 142 AktG) einzuleiten oder Entlastungsbeschlüsse wegen nicht hinreichender Auskunftserteilung anzufechten. Auch Zweifel, ob der Aufsichtsrat den Verdacht von Pflichtverletzungen pflichtgemäß aufklärt, könnten entsprechende Reaktionen auslösen. Umgekehrt könnten sich öffentlich bekanntwerdende Informationen in Verfahren, die gegen die AG geführt werden, negativ für die AG auswirken. Der Aufsichtsrat muss insbes. sorgfältig im Interesse der AG abwägen, welche weiteren als insbes. durch seinen Bericht (§ 171 Abs. 2 AktG) bereits öffentlich bekannten Informationen er der Hauptversammlung proaktiv iRd Erläuterungen des Aufsichtsratsvorsitzenden (§ 176 Abs. 1 S. 2 AktG) sowie auf Verlangen (§ 131 Abs. 1 AktG) gibt. 1177

Wechselwirkungen können mit **Verfahren** bestehen, die Behörden, Anleger, Kunden etc. gegen die AG eingeleitet haben und in denen die Verantwortlichkeit der AG mit der Verantwortlichkeit von Verwaltungsmitgliedern zusammenhängt. Ein Vorschlag des Aufsichtsrats, die Entlastung zu vertagen oder zu verweigern, könnte sich als „Schuldeingeständnis" negativ für die AG auswirken. Ein solches Signal könnte durch eine begleitende Kommunikation abgemildert werden. Sofern es sich um Verfahren mit 1178

[2693] LG München I, 28.8.2008 – 5 HKO 12861/07, juris Rn. 428; K. Schmidt/Lutter AktG/*Ziemons* AktG § 124 Rn. 31; MüKoAktG/*Kubis* AktG § 124 Rn. 37.

Auslandsbezug handelt, ist aber zu berücksichtigen, ob die Bedeutung der Entlastungsentscheidung und des Beschlussvorschlags hierzu im Ausland vermittelbar ist. Wechselwirkungen können zudem mit **Personalentscheidungen** bestehen: Der Aufsichtsrat ist zwar rechtlich nicht gehindert, Vorstandsbestellungen zu verlängern oder in den Aufsichtsrat vorzuschlagen, obwohl er nicht die Entlastung des betreffenden Verwaltungsmitglieds vorschlägt. In beiden Fällen muss der Aufsichtsrat seine Entscheidung oder einen gerichtlichen Antrag aber besonders begründen. Wechselwirkungen bestehen idR mit Blick auf die künftige Amtstätigkeit und das voraussichtliche Verhalten des betroffenen **Verwaltungsmitglieds selbst** und evtl. das gesamte Verwaltungsorgan. Schlägt der Aufsichtsrat vor, die Entlastung zu vertagen oder zu verweigern, können amtierende Verwaltungsmitglieder das als Misstrauensvotum auffassen, insbes., wenn der Aufsichtsrat zwischen Verwaltungsmitgliedern unterscheidet. Auch die voraussichtliche **Reaktion der Belegschaft** kann zu berücksichtigen sein.

1179 **hh) Berücksichtigung von Pflichtverletzungen aus früheren Geschäftsjahren.** Der Aufsichtsrat darf bei Beschlussvorschlägen zur Entlastung Gesetzes- oder Satzungsverstöße von Verwaltungsmitgliedern **aus früheren Geschäftsjahren** jedenfalls berücksichtigen, wenn die Voraussetzungen vorliegen, unter denen die Hauptversammlung sogar eine bereits erteilte Entlastung widerrufen dürfte (→ Rn. 1107 ff.). Auch wenn die Voraussetzungen für einen Widerruf einer bereits erteilten Entlastung nicht vorliegen, darf der Aufsichtsrat neue Erkenntnisse aus früheren Geschäftsjahren berücksichtigen, wenn die Erkenntnisse nicht unwesentlich sind und ihre Berücksichtigung im Interesse der AG ist. Das gilt vor allem mit Blick auf die mit der Entlastung verbundene Vertrauenskundgabe für die Zukunft.

1180 **ii) Nachträgliche Anpassung von Beschlussvorschlägen.** Unter welchen Voraussetzungen **bekanntgemachte Beschlussvorschläge geändert** und in der Hauptversammlung abweichende Anträge gestellt werden dürfen, ist umstritten. Nach inzwischen wohl herrschender und zutreffender Ansicht ist eine Abweichung zulässig, wenn sie im Interesse der AG ist.[2694] Die Gegenansicht stellt darauf ab, ob seit der Bekanntmachung neue Tatsachen entstanden oder bekannt wurden oder aus sonstigen „sachlichen" Gründen eine neue Beurteilung erforderlich wurde.[2695] Ergeben sich nach der Bekanntmachung neue Erkenntnisse zu Pflichtverletzungen, ist der Aufsichtsrat nach beiden Ansichten berechtigt, Beschlussvorschläge zur Entlastung zu ändern. In jedem Fall muss sich der Aufsichtsrat **damit befassen,** ob er an seinen ursprünglichen Beschlussvorschlägen **festhält.** Weicht der Aufsichtsrat ab, gehen allerdings die Stimmen von Briefwählern ins Leere, die auf die bekanntgemachten Beschlussvorschläge ausgerichtet sind;[2696] zudem enthalten sich oft Bevollmächtigte, die nicht streng an Weisungen gebunden sind und unvorbereitet mit einem neuen Antrag konfrontiert werden.[2697] Diese Gesichtspunkte muss der Aufsichtsrat in seine Abwägung einbeziehen.[2698] Je früher der Aufsichtsrat Beschlussvorschläge ändert, desto eher können Aktionäre noch ihr Abstimmungsverhalten ändern. Bei einer virtuellen Hauptversammlung werden zwar sämtliche Stimmen per Briefwahl oder über die Stimmrechtsvertreter der Gesellschaft abgegeben (vgl. § 1 Abs. 2 UAbs. 1 Nr. 2 COVMG). Aktionäre können die Stimmabgabe aber idR auch noch kurzfristig während der Hauptversammlung elektronisch ändern.

f) Anträge von Aktionären (§ 122, § 126 AktG)

1181 Aktionäre, deren Anteile 5% des Grundkapitals oder den anteiligen Betrag von EUR 500.000 erreichen, können verlangen, dass eine **Hauptversammlung einberufen** wird, um über die Entlastung zu entscheiden, oder dass die Entscheidung über die Entlastung auf die **Tagesordnung gesetzt** wird (§ 122 Abs. 1, Abs. 2 AktG). Vor Ablauf der Achtmonatsfrist des § 120 Abs. 1 S. 2 AktG können Vorstand und Aufsichtsrat einem Einberufungsverlangen idR entgegenhalten, dass sie die Entlastungsentscheidung rechtzeitig ermöglichen werden. Mit Blick auf die Treuepflicht der Aktionäre können Verlangen zurückgewiesen werden, bei denen ein Zuwarten bis zur nächsten Hauptversammlung zumutbar ist.[2699] Eine

---

[2694] OLG Hamm AG 2005, 361 (363); Hüffer/Koch/*Koch* AktG § 124 Rn. 17; BeckOGK/*Rieckers* AktG § 124 Rn. 35; *Kocher* AG 2013, 406 (410); *Kocher* BB 2014, 2317 (2319); K.-S. *Scholz* AG 2008, 11 (16); *Marsch-Barner* in Marsch-Barner/Schäfer Börsennotierte AG-HdB Rn. 32.57; MHdB AG/*Bungert* § 36 Rn. 83; *Schlitt* in Semler/Volhard/Reichert HV-HdB § 4 Rn. 211; GroßkommAktG/*Butzke* AktG § 124 Rn. 80; grds. auch Kölner Komm AktG/*Noack*/*Zetzsche* AktG § 124 Rn. 62, Ausnahme: Wurde bereits per Briefwahl abgestimmt, sei ein „triftiger Grund" erforderlich.
[2695] OLG Stuttgart AG 1994, 411 (415); MüKoAktG/*Kubis* AktG § 124 Rn. 59; K. Schmidt/Lutter AktG/*Ziemons* AktG § 124 Rn. 94; Grigoleit/*Herrler* AktG § 124 Rn. 14; Hölters/*Drinhausen* AktG § 124 Rn. 22a.
[2696] K. Schmidt/Lutter AktG/*Ziemons* AktG § 124 Rn. 95; GroßkommAktG/*Butzke* AktG § 124 Rn. 78; *Kocher* AG 2013, 406 (410).
[2697] GroßkommAktG/*Butzke* AktG § 124 Rn. 78; K. Schmidt/Lutter AktG/*Ziemons* AktG § 124 Rn. 95; *Kocher* AG 2013, 406 (410).
[2698] Vgl. GroßkommAktG/*Butzke* AktG § 124 Rn. 80.
[2699] OLG Stuttgart AG 2009, 169 (170).

besondere Dringlichkeit liegt bei der Entlastungsentscheidung nicht vor, weil mit ihr keine unmittelbaren rechtlichen Folgen verbunden sind.[2700] Wird die **Achtmonatsfrist nicht eingehalten,** ist ein Aktionärsverlangen hingegen nur unzulässig, wenn es ausnahmsweise rechtsmissbräuchlich ist.[2701] Ein Rechtsmissbrauch liegt nicht vor, wenn die Verwaltung Versammlungstermine wiederholt kurzfristig absagt.[2702] Ist eine Entlastungsentscheidung zeitnah vorgesehen, dürfte aber auch bei Überschreitung der Achtmonatsfrist ein Zuwarten zumutbar sein, insbes. wenn die Überschreitung vertretbar ist.

Aktionäre können vor der Hauptversammlung **Anträge zu Gegenständen der Tagesordnung** übersenden. Die AG muss solche Gegenanträge zugänglich machen, wenn sie die in § 126 AktG genannten Voraussetzungen erfüllen. Das gilt auch bei einer virtuellen Hauptversammlung (→ § 10 Rn. 31). Die Verwaltung kann – nicht muss – zu solchen Anträgen Stellung nehmen (§ 126 Abs. 1 S. 1 AktG). Übersenden Aktionäre den Antrag, entgegen dem Beschlussvorschlag des Aufsichtsrats die Entlastung zu verweigern, muss der Aufsichtsrat abwägen, ob er hierzu Stellung nimmt. In der Regel ist es pflichtgemäß, darauf zu verweisen, dass der Aufsichtsrat an seinem Beschlussvorschlag festhält. Unter Umständen kann es sich anbieten, dass der Aufsichtsrat ergänzt, wie er zu seinem Beschlussvorschlag kam. Ein „echter" Gegenantrag ist ein auf Verweigerung der Entlastung gerichteter Antrag ohnehin nicht, wenn es sich lediglich um das kontradiktorische Gegenteil der Entlastung handelt und die Verwaltung nicht ausnahmsweise die Vertagung der Entlastung vorgeschlagen hat. Ist ein auf Vertagung gerichteter Gegenantrag[2703] zugänglich zu machen, kann es sich anbieten, dass der Aufsichtsrat darlegt, weshalb eine Vertagung nach seiner Einschätzung nicht im Interesse der AG oder nicht zulässig ist. 1182

II. Anstellungsverhältnis

1. Begriff und Rechtsnatur

a) Anstellungsvertrag

Der Anstellungsvertrag ist der Vertrag zwischen der Gesellschaft und dem Vorstandsmitglied, durch den die **schuldrechtliche Beziehung** ausgestaltet wird. Für das hauptamtliche Vorstandsmitglied ergibt sich hieraus insbesondere der Anspruch auf Zahlung der vereinbarten Vergütung (→ Rn. 1281). Sofern die Tätigkeit ausnahmsweise unentgeltlich übernommen wird, handelt es sich um einen Auftrag gem. § 662 BGB,[2704] ansonsten um einen **Dienstvertrag, der eine Geschäftsbesorgung iSd §§ 611 ff., 675 Abs. 1 BGB zum Gegenstand hat** (zur Abgrenzung vom Arbeitsvertrag → Rn. 1188 ff.).[2705] 1183

b) Abgrenzung zur Bestellung zum Organmitglied

Vom Anstellungsvertrag zu trennen ist die Bestellung zum Organmitglied. Durch die Bestellung (→ Rn. 500) erhält das Vorstandsmitglied die Organstellung im Innen- und Außenverhältnis sowie die damit verbundenen **organschaftlichen Rechte und Pflichten.**[2706] 1184

Hinsichtlich der Entstehung und Beendigung sind die beiden Rechtsverhältnisse getrennt voneinander zu bewerten (sog. **Trennungstheorie**).[2707] Beispielsweise lassen Unwirksamkeitsgründe des einen Rechtsverhältnisses das andere grundsätzlich unberührt. Eine Amtsniederlegung durch das Vorstandsmitglied oder ein Widerruf der Bestellung durch die Gesellschaft führt demnach nicht zu einem automatischen Ende des Anstellungsvertrags (zu **Koppelungsklauseln** → Rn. 1680). Diese Trennung ist im Aktiengesetz angelegt, das zwischen der Bestellung einerseits (§ 84 Abs. 1 S. 1–4, Abs. 3 S. 1–4 AktG) und dem Anstellungsvertrag andererseits (§ 84 Abs. 1 S. 5, Abs. 3 S. 5 AktG) unterscheidet. 1185

Trotzdem bestehen zwischen Bestellung und Anstellung **rechtliche und tatsächliche Zusammenhänge,** die zu Auswirkungen der beiden Rechtsverhältnisse aufeinander führen. Beispielsweise muss ein 1186

[2700] Für eine besondere Dringlichkeit hingegen bei der Geltendmachung von Schadenersatzansprüchen OLG Karlsruhe ZIP 2015, 125 (126).
[2701] MüKoAktG/*Kubis* AktG § 122 Rn. 21.
[2702] OLG München AG 2010, 84 (86).
[2703] Der Antrag auf Vertagung tritt der Beschlussfassung als solcher entgegen und stellt damit einen Gegenantrag iSd § 126 AktG dar, MüKoAktG/*Kubis* AktG § 126 Rn. 13; BeckOGK/*Rieckers* AktG § 126 Rn. 13; Hüffer/Koch/*Koch* AktG § 126 Rn. 2; aA K. Schmidt/Lutter AktG/*Ziemons* AktG § 126 Rn. 9.
[2704] MüKoAktG/*Spindler* AktG § 84 Rn. 59; BeckOGK/*Fleischer* AktG § 84 Rn. 26; GroßkommAktG/*Kort* AktG § 84 Rn. 271a.
[2705] BGH NJW 1962, 340 (343); NJW 1953, 1465; Grigoleit/*Grigoleit* AktG § 84 Rn. 18; Hüffer/Koch/*Koch* AktG § 84 Rn. 14.
[2706] BeckOGK/*Fleischer* AktG § 84 Rn. 5; *Seyfarth* VorstR § 3 Rn. 85.
[2707] BGH NJW 1984, 733 (734); BeckOGK/*Fleischer* AktG § 84 Rn. 7; K. Schmidt/Lutter/*Seibt* AktG § 84 Rn. 5; Hüffer/Koch/*Koch* AktG § 84 Rn. 2; Hölters/*Weber* AktG § 84 Rn. 34; GroßkommAktG/*Kort* AktG § 84 Rn. 16; vgl. zur GmbH BGH NJW 2003, 351.

Vorstandsmitglied, das den Widerruf seiner Bestellung verschuldet, mit der fristlosen Kündigung seines Anstellungsvertrags rechnen.[2708] Auch eine unberechtigte Amtsniederlegung kann die Gesellschaft zur außerordentlichen Kündigung des Anstellungsvertrags berechtigen (→ Rn. 1702). Die Verbindung zwischen den Rechtsverhältnissen zeigt sich zudem darin, dass die Maximaldauer für das Vorstandsamt von 5 Jahren auch für den – zwingend zu befristenden – Anstellungsvertrag gilt (vgl. § 84 Abs. 1 S. 5 AktG → Rn. 1225).[2709]

1187 Die Bedeutung der Organstellung für die Leitung und Vertretung der Aktiengesellschaft führt letztlich dazu, dass ihr im Interesse des Unternehmens **Vorrang gegenüber dem Anstellungsvertrag** eingeräumt wird.[2710] Von zwingenden korporationsrechtlichen Bestimmungen in Gesetz, Satzung oder Geschäftsordnung kann durch den Anstellungsvertrag nicht in bindender Weise abgewichen werden.[2711] Deshalb kann sich der Aufsichtsrat auch nicht durch eine Regelung des wahrzunehmenden Ressorts im Anstellungsvertrag selbst binden.[2712] Eine solche Regelung verletzt die dem Vorstand gemäß § 77 Abs. 2 S. 1 AktG oder dem Gesamtaufsichtsrat gem. § 107 Abs. 3 AktG zustehende Geschäftsordnungskompetenz.[2713] Eine Änderung der Ressortverteilung in der Geschäftsordnung für den Vorstand wird darum auch unabhängig davon wirksam, ob im Anstellungsvertrag die ausschließliche Zuweisung eines bestimmten Ressorts enthalten ist.[2714] Allerdings kann das Vorstandsmitglied zur außerordentlichen Kündigung berechtigt sein, wenn eine Neuregelung des Ressorts in der Geschäftsordnung von dem zugewiesenen Bereich im Anstellungsvertrag erheblich abweicht (zum wichtigen Grund bei der außerordentlichen Kündigung → Rn. 1700 ff.). Für die Organstellung ebenfalls irrelevant sind anstellungsvertragliche Zusagen, die mit der Entschließungsfreiheit des dafür zuständigen Organs nicht vereinbar sind, zB Zusagen betreffend der Bestellung zum Vorstandsmitglied oder der Ernennung zum Vorstandsvorsitzenden.[2715] Sollte eine entsprechende Klausel jedoch wirksam vereinbart worden sein und wird der Vertragspartner nicht zum Vorstandsmitglied bestellt bzw. Vorsitzenden ernannt oder die Ernennung wird isoliert widerrufen, ist dies eine Vertragsverletzung von Seiten der Gesellschaft, die den Vertragspartner zur außerordentlichen Kündigung berechtigt.

c) Vorstandsmitglieder als Arbeitnehmer?

1188 Der Anstellungsvertrag ist regelmäßig als **Dienstvertrag mit Geschäftsbesorgungscharakter** einzuordnen (→ Rn. 1183). Dennoch stellt sich die Frage, ob Vorstandsmitgliedern ausnahmsweise der Status eines Arbeitnehmers zukommen kann. Die Frage erlangt vor allem für die Anwendbarkeit arbeitsrechtlicher Schutzvorschriften Bedeutung. Ob Organmitglieder zugleich Arbeitnehmer sein können, wird bisher überwiegend im Zusammenhang mit der Qualifikation von (Fremd-)Geschäftsführern bei der GmbH diskutiert[2716] und wurde vom BGH jüngst in Bezug auf das AGG bejaht.[2717] Doch auch in Bezug auf Vorstandsmitglieder einer Aktiengesellschaft treten vergleichbare Fragestellungen auf.

1189 **aa) Keine Arbeitnehmereigenschaft.** Arbeitnehmer ist nach dem **allgemeinen Arbeitnehmerbegriff,** wer aufgrund eines privatrechtlichen Vertrags im Dienste eines Anderen zur Leistung weisungsgebundener, fremdbestimmter Arbeit in persönlicher Abhängigkeit verpflichtet ist (vgl. § 611a Abs. 1 S. 1 BGB). Maßgebliches Kriterium zur Abgrenzung vom Rechtsverhältnis eines freien Dienstnehmers ist der **Grad der persönlichen Abhängigkeit,** in der sich der zur Dienstleistung Verpflichtete befindet. Arbeitnehmer ist danach derjenige Mitarbeiter, der nicht im Wesentlichen frei seine Tätigkeit gestalten und seine Arbeitszeit bestimmen kann (vgl. § 84 Abs. 1 S. 2, Abs. 2 HGB).[2718]

1190 Der BGH und die herrschende Ansicht in der Literatur gehen zutreffend davon aus, dass das Vorstandsmitglied einer Aktiengesellschaft **kein Arbeitnehmer** sein kann.[2719] Maßgebliches Argument hierfür ist die Tatsache, dass das Gesetz dem Vorstand in § 76 Abs. 1 AktG die Leitung der Aktiengesellschaft

---

[2708] BGH WM 1966, 968; vgl. auch BGH NJW 1978, 1435 (1436); WM 1970, 1394 (1397).
[2709] BeckOGK/*Fleischer* AktG § 84 Rn. 8; *K. Schmidt* GesR § 28 II. 2. e.
[2710] BGH NJW 1989, 2683; GroßkommAktG/*Kort* AktG § 84 Rn. 22; MHdB AG/*Wentrup* § 20 Rn. 16.
[2711] *Seyfarth* VorstR § 4 Rn. 2; GroßkommAktG/*Kort* AktG § 84 Rn. 283 f.
[2712] MHdB AG/*Hoffmann-Becking* § 22 Rn. 29.
[2713] MHdB AG/*Wentrup* § 21 Rn. 22.
[2714] MüKoAktG/*Spindler* AktG § 77 Rn. 50; MHdB AG/*Hoffmann-Becking* § 22 Rn. 29.
[2715] *Beiner/Braun* Der Vorstandsvertrag Rn. 256; *Seyfarth* VorstR § 4 Rn. 2; GroßkommAktG/*Kort* AktG § 84 Rn. 283; Kölner Komm AktG/*Mertens/Cahn* AktG § 84 Rn. 43 f.
[2716] *Boemke* RdA 2018, 1 (2 ff.); *Commandeur/Kleinebrink* NZA-RR 2017, 449; *Reinfelder* RdA 2016, 87; *Forst* EuZW 2015, 664; *Preis/Sagan* ZGR 2013, 26 (27 ff.).
[2717] BGH NJW 2019, 2086; *C. Arnold* ArbRAktuell 2019, 281.
[2718] BAG NZA 2018, 448 Rn. 23; NZA 2017, 1463 Rn. 17.
[2719] StRspr BGH NZA 2003, 439 (441); NJW 2002, 3104 (3105); NJW 1978, 1435 (1437); NJW 1962, 340 (343); NJW 1954, 505 (507 f.); NJW 1953, 1465; BeckOGK/*Fleischer* AktG § 84 Rn. 27 f.; MüKoAktG/*Spindler* AktG § 84 Rn. 66; *Hüffer/Koch* AktG § 84 Rn. 14 ff.

"unter eigener Verantwortung" und damit unter **Weisungsfreiheit** überträgt. Vorstandsmitglieder stehen nicht auf Arbeitnehmer-, sondern auf Arbeitgeberseite, da sie als oberste Entscheidungsträger Arbeitgeberfunktion ausüben. Bei GmbH-Geschäftsführern sieht der BGH die Einordnung als Arbeitnehmer ebenfalls als nicht mit der Organstellung vereinbar an.[2720] Im Gegensatz hierzu kann nach der Rechtsprechung des BAG das Anstellungsverhältnis eines GmbH-Geschäftsführers in „extremen Ausnahmefällen"[2721] als Arbeitsverhältnis einzustufen sein.[2722] Eine solche Ausnahme besteht in Bezug auf Vorstandsmitglieder nach dem derzeitigen (und zutreffenden!) Stand der Rechtsprechung nicht.

bb) Unionsrechtlicher Arbeitnehmerbegriff. Die dargestellte Rechtslage zur Arbeitnehmereigenschaft, insbesondere die Rechtsprechung des BGH, bezieht sich auf das nationale Verständnis des Arbeitnehmerbegriffs (sog. **nationaler Arbeitnehmerbegriff**). Hinzugetreten ist in jüngerer Zeit eine Diskussion über die Reichweite des Arbeitnehmerbegriffs iSd Unionsrechts (sog. **unionsrechtlicher Arbeitnehmerbegriff**). Ursprünglich hat der EuGH einen einheitlichen Arbeitnehmerbegriff für das Primärrecht formuliert, nach dem das wesentliche Merkmal des Arbeitsverhältnisses ist, dass eine Person während einer bestimmten Zeit für eine andere nach deren Weisung Leistungen erbringt, für die sie als Gegenleistung eine Vergütung erhält.[2723] Diese Begriffsbestimmung hat der EuGH im Anschluss mehrfach zur autonomen und einheitlichen Auslegung des Arbeitnehmerbegriffs iRd Sekundärrechts (vgl. Art. 288 AEUV) herangezogen.[2724] Insoweit wurde etwa ein vertretungsberechtigtes Mitglied des Leitungsorgans einer lettischen Aktiengesellschaft als Arbeitnehmerin iSd Mutterschutzrichtlinie (RL 92/85/EWG)[2725] sowie der **Fremdgeschäftsführer einer GmbH** nach deutschem Recht als Arbeitnehmer iSd der Massenentlassungsrichtlinie (RL 98/59/EG)[2726] angesehen.

Inhaltlich ist die Eigenschaft als **Mitglied der Unternehmensleitung einer Kapitalgesellschaft** als solche nicht geeignet, die Arbeitnehmereigenschaft iSd Unionsrechts auszuschließen. Der EuGH prüft vielmehr die Bedingungen, unter denen das Mitglied des Leitungsorgans bestellt wurde, die Art der ihm übertragenen Aufgaben, den Rahmen, in dem diese Aufgaben ausgeführt werden, den Umfang der Befugnisse des Mitglieds und die Kontrolle, der es innerhalb der Gesellschaft unterliegt, sowie die Umstände, unter denen es abberufen werden kann.[2727] Ein Mitglied der Unternehmensleitung ist daher unionsrechtlich Arbeitnehmer, wenn es gegenüber der Gesellschaft, die es zum Organ bestellt hat und in die es eingegliedert ist, Leistungen gegen Entgelt erbringt und seine Tätigkeit dabei unter **Weisung oder Aufsicht eines anderen Organs** der Gesellschaft ausübt und dabei **jederzeit ohne Einschränkung abberufen** werden kann.[2728] In diesem Zusammenhang stellt der EuGH zudem auf den Besitz von Anteilen an der Gesellschaft und die damit gegebenenfalls verbundene Einflussmöglichkeit der Leitungsperson auf deren Willensbildung ab.[2729]

Der unionsrechtliche Arbeitnehmerbegriff weist somit zum Teil erhebliche **Unterschiede zum nationalen Arbeitnehmerbegriff** (→ Rn. 1191) auf. Das nationale Verständnis knüpft an die Weisungsgebundenheit im Hinblick auf Inhalt, Durchführung, Zeit und Ort der Arbeitsleistung an (vgl. § 611a Abs. 1 S. 2 BGB, § 106 S. 1 GewO). Soweit man ein Arbeitsverhältnis als Grundlage der Organtätigkeit nicht dem Grunde nach für ausgeschlossen hält, setzt ein solches voraus, dass die Gesellschaft arbeitsbegleitende und verfahrensorientierte Weisungen erteilen und auf diese Weise die konkreten Modalitäten der Leistungserbringung bestimmen kann. Auf die Kompetenzen des Organmitglieds im Innenverhältnis zur Gesellschaft und das Bestehen eines gesellschaftsrechtlichen bzw. unternehmerischen Weisungsrechts kommt es in diesem Zusammenhang nicht an.[2730] Im Unterschied hierzu lässt das unionsrechtliche Verständnis des Arbeitnehmerbegriffs eine weitere, rein faktische Weisungsabhängigkeit oder Unterordnung genügen.[2731]

Vor diesem Hintergrund besteht weitestgehend Einigkeit, dass **Fremdgeschäftsführer** sowie **Minderheitsgesellschafter-Geschäftsführer ohne Sperrminorität einer GmbH** regelmäßig unter den

---

[2720] BGH NJW 2010, 2343 Rn. 7; NJW-RR 2002, 173; NJW 1984, 2528; NJW 1981, 1270; NJW 1968, 396; vgl. aber auch BGH NZA 2003, 439.
[2721] BAG NZA 2019, 490 Rn. 24; 2006, 366 Rn. 18.
[2722] BAG NZA 2017, 572 Rn. 22; 2015, 101 Rn. 25; 2013, 54 Rn. 18; GmbHR 2013, 253 Rn. 14; NJW 1999, 3731; anders noch BAG NZA 1986, 68.
[2723] EuGH Slg. 1986, 2121 Rn. 17 – Lawrie-Blum.
[2724] Vgl. zur entsprechenden Begriffsbestimmung iRd Sekundärrechts EuGH Slg. 2011, I-2761 Rn. 22 – May.
[2725] EuGH NZA 2011, 143 – Danosa.
[2726] EuGH NZA 2015, 861 – Balkaya.
[2727] EuGH NZA 2015, 861 Rn. 38 – Balkaya; NZA 2011, 143 Rn. 47 – Danosa.
[2728] EuGH NZA 2015, 861 Rn. 39 – Balkaya; NZA 2011, 143 Rn. 51 – Danosa.
[2729] EuGH NZA 2016, 183 Rn. 47 – Holterman; NZA 2015, 861 Rn. 40 – Balkaya.
[2730] BAG NZA 2019, 490 Rn. 24; NZA 2006, 366 Rn. 18; NJW 1999, 3731 (3732); *Oberthür* RdA 2018, 286 (288) jew. zur Arbeitnehmereigenschaft eines GmbH-Geschäftsführers.
[2731] MHdB ArbR/*Schneider* § 18 Rn. 54.

unionsrechtlichen Arbeitnehmerbegriff fallen.[2732] Dagegen ist nach der zutreffenden hM das **Vorstandsmitglied einer Aktiengesellschaft** deutschen Rechts unabhängig von seiner Beteiligung an der Gesellschaft kein Arbeitnehmer iSd Unionsrechts, weil die vom EuGH aufgestellten Voraussetzungen nicht erfüllt werden.[2733]

1195 Zum einen besteht die Möglichkeit einer jederzeitigen, grundlosen **Abberufbarkeit** bei dem Vorstandsmitglied einer Aktiengesellschaft nicht.[2734] Nach § 84 Abs. 3 AktG erfordert die Abberufung stets einen **wichtigen Grund** (→ Rn. 687). Die gesetzliche Anordnung der Wirksamkeit der Abberufung bis zur rechtskräftigen Feststellung ihrer Unwirksamkeit gem. § 84 Abs. 3 S. 4 AktG ändert daran in der Sache nichts.[2735] Das Erfordernis eines wichtigen Grundes wird auch nicht insoweit entwertet, als dafür gem. § 84 Abs. 3 S. 2 AktG der Entzug des Vertrauens durch Beschluss der Hauptversammlung ausreicht. Eine Abberufung unter dieser Voraussetzung ist nicht mit der jederzeitigen Widerruflichkeit der Bestellung des Geschäftsführers einer GmbH (vgl. § 38 Abs. 1 GmbHG) vergleichbar.[2736]

1196 Zum anderen ist das Vorstandsmitglied grundsätzlich gem. § 76 Abs. 1 AktG **frei von Weisungen** tätig. Daran ändert auch die Überwachung durch den Aufsichtsrat gem. § 111 Abs. 1 AktG nichts. Denn weder die Hauptversammlung noch der Aufsichtsrat sind berechtigt, dem Vorstandsmitglied Weisungen zu erteilen.[2737] Ein anderes Ergebnis wird zum Teil für den Vorstand einer abhängigen Aktiengesellschaft im Vertragskonzern aufgrund des Weisungsrechts des herrschenden Unternehmens gem. § 308 AktG vertreten.[2738] Nach zutreffender Ansicht ist dieses Weisungsrecht jedoch nicht geeignet, die Arbeitnehmereigenschaft gegenüber der abhängigen Aktiengesellschaft zu begründen, weil es lediglich das konzernrechtliche Verhältnis zum herrschenden Unternehmen betrifft[2739] und es für die Abberufung des Vorstandsmitglieds bei dem Erfordernis eines wichtigen Grundes gem. § 84 Abs. 3 AktG verbleibt[2740]. Genauso wenig zwingt im Übrigen der Zustimmungsvorbehalt des § 111 Abs. 4 AktG zur Annahme der Weisungsabhängigkeit des Vorstands.[2741]

1197 **cc) Das Vorstandsmitglied als arbeitnehmerähnliche Person?** In verschiedenen Gesetzen unterliegen nicht nur Arbeitnehmer, sondern auch arbeitnehmerähnliche Personen einem besonderen Schutz. Vom Arbeitnehmer unterscheidet sich die arbeitnehmerähnliche Person durch ein **wesentlich geringeres Maß der persönlichen Abhängigkeit,** das in der Regel an ihrer fehlenden oder geringeren Weisungsgebundenheit, oft auch an ihrer fehlenden oder geringeren Eingliederung in eine betriebliche Organisation liegt.[2742] An die Stelle der persönlichen Abhängigkeit tritt für die Feststellung der Arbeitnehmerähnlichkeit das Merkmal der **wirtschaftlichen Abhängigkeit oder wirtschaftlichen Unselbstständigkeit** (vgl. § 12a Abs. 1 Nr. 1 TVG, § 5 Abs. 1 S. 2 ArbGG, § 2 Abs. 2 Nr. 3 ArbSchG, § 2 S. 2 BUrlG, § 6 Abs. 1 S. 1 Nr. 3 AGG, § 1 Abs. 2 S. 2 Nr. 7 MuSchG; § 7 Abs. 1 Nr. 3 PflegeZG). Die wirtschaftlich abhängige Person muss außerdem ihrer gesamten sozialen Stellung nach einem Arbeitnehmer vergleichbar **sozial schutzbedürftig** sein.[2743] Diese Beurteilung berücksichtigt die Umstände des Einzelfalls und die Verkehrsanschauung. Entscheidend ist, ob das Maß der Abhängigkeit einen solchen Grad erreicht, wie er

---

[2732] *Oberthür* RdA 2018, 286 (288); *Jutzi* AuA 2018, 348 (350); *Boemke* RdA 2018, 1 (6); *Lunk/Hildebrand* NZA 2016, 129 (135); *Lunk* NZA 2015, 917 (918); *Preis/Sagan* ZGR 2013, 26 (43); MHdB ArbR/*Richter* § 22 Rn. 17; *Bauer/Krieger/Arnold* Arbeitsrechtliche Aufhebungsverträge D. Rn. 9; zur abw. Beurteilung bei paritätisch mitbestimmter GmbH vgl. *Hohenstatt/Naber* EuZA 2016, 22 (27); *C. Arnold* NJW 2015, 2484; *Forst* EuZW 2015, 664 (666) *Preis/Sagan* ZGR 2013, 26 (45); insoweit a *Weber/Zimmer* EuZA 2016, 224 (238).

[2733] *Lunk/Hildebrand* NZA 2016, 129 (135); *Gräf* GPR 2016, 148 (150); *C. Arnold* NJW 2015, 2484; *Forst* EuZW 2015, 664 (667); *Dzida/Klopp* ArbRB 2015, 303 (305); *Hohenstatt/Naber* ZIP 2012, 1989 (1990); *Hoefs/Rentsch* DB 2012, 2733 (2738); *Bauer/C. Arnold* ZIP 2012, 597 (599); *Bauer/von Medem* NZA 2012, 945 (952); *Wilsing/Meyer* NJW 2012, 3211 (3212); *Lunk/Rodenbusch* GmbHR 2012, 188 (190); *Baeck/Winzer* NZG 2011, 101; *Reufels/Molle* NZA-RR 2011, 281 (283); *Krause* AG 2007, 392 (394); MHdB ArbR/*Richter* § 22 Rn. 25; BeckOGK/*Fleischer* AktG § 84 Rn. 60; Henssler/Strohn/*Dauner-Lieb* AktG § 84 Rn. 15; für den Regelfall zust. *Commandeur/Kleinebrink* NZA-RR 2017, 449 (460); *Kliemt* RdA 2015, 232 (238); krit. *Leopold* ZESAR 2011, 362 (366); aA *Giesen* ZfA 2016, 47 (57); *Ziemons* KSzW 2013, 19 (20); *Fischer* NJW 2011, 2329 (2331).

[2734] *Bauer/C. Arnold* ZIP 2012, 597 (599); *Lunk/Rodenbusch* GmbHR 2012, 188 (190); BeckOGK/*Fleischer* AktG § 84 Rn. 27.

[2735] *Kliemt* RdA 2015, 232 (237); *Kort* NZG 2013, 601 (605); *Bauer/C. Arnold* ZIP 2012, 597 (599).

[2736] *Kort* NZG 2013, 601 (606); mit Ausnahme von „Extremkonstellationen" zust. *Kliemt* RdA 2015, 232 (238); aA *Ziemons* KSzW 2013, 19 (20).

[2737] *Hohenstatt/Naber* EuZA 2016, 22 (27); *Kliemt* RdA 2015, 232 (237).

[2738] *Ziemons* KSzW 2013, 19 (20); *Oberthür* NZA 2011, 253 (254); offengelassen *Junker* NZA 2011, 950 (951).

[2739] *Forst* EuZW 2015, 664 (667); *Kort* NZG 2013, 601 (606); *Kruse/Stenslik* NZA 2013, 596 (601); *Reinhard/Bitsch* ArbRB 2011, 241 (243).

[2740] *Bauer/C. Arnold* ZIP 2012, 597 (599) dort Fn. 13; *Bauer/Krieger/Arnold* Arbeitsrechtliche Aufhebungsverträge D. Rn. 9; ähnlich *Schubert* ZESAR 2013, 5 (8); siehe auch *Forst* GmbHR 2012, 821 (826) dort Fn. 55.

[2741] *Kliemt* RdA 2015, 232 (237); *Kort* NZG 2013, 601 (606).

[2742] BAG NZA 2019, 490 Rn. 31; MüKoBGB/*Spinner* BGB § 611a Rn. 130.

[2743] Grundlegend BAGE 12, 158 (163) = NJW 1962, 1125.

im Allgemeinen nur in einem Arbeitsverhältnis vorkommt, und die geleisteten Dienste nach ihrer sozialen Typik mit denen eines Arbeitnehmers vergleichbar sind.[2744]

Weil die persönliche Abhängigkeit für die Einordnung gerade keine Rolle spielt, wird in der Literatur zum Teil vertreten, dass (Fremd- und Minderheitsgesellschafter-)Organmitglieder von Kapitalgesellschaften arbeitnehmerähnliche Personen sein können.[2745] Davon ist auch der BGH in Bezug auf GmbH-Geschäftsführer ausgegangen.[2746] Das **Vorstandsmitglied einer Aktiengesellschaft** weist allerdings in der Regel **keine soziale Schutzbedürftigkeit** auf.[2747] Gegen die Annahme sozialer Schutzbedürftigkeit spricht nach der Rechtsprechung zunächst die Gewährung einer hohen Vergütung.[2748] So hat das BAG eine wirtschaftlich abhängige Person unter Hinweis auf deren **Bezüge in einer für Geschäftsführer oder Vorstandsmitglieder typischen Höhe,** ergänzt um weitreichende Ansprüche bei Krankheit, Berufsunfähigkeit und Alter, als nicht sozial schutzbedürftig angesehen.[2749] Schwierigkeiten bereitet unter Umständen die Einschätzung, ob ein solches Vergütungsniveau erreicht wird. In der Literatur wird insoweit eine Orientierung an der Jahresarbeitsentgeltgrenze der gesetzlichen Krankenversicherung gem. § 6 Abs. 6, Abs. 7 SGB V oder dem Zwei- bzw. Dreifachen der Bezugsgröße nach § 18 SGB IV vorgeschlagen.[2750] Das BAG hat das Kriterium der Entgelthöhe allerdings nicht einmal erwähnt, obwohl das Gehalt des Organmitglieds dort bei EUR 175.000 zzgl. variabler Vergütung iHv EUR 20.000 lag.[2751]

Unabhängig davon fehlt es nach der zutreffenden Rechtsprechung des BAG an der sozialen Schutzbedürftigkeit, wenn die wirtschaftlich abhängige Person die **wesentlichen Arbeitgeberfunktionen** wahrnimmt.[2752] Vor diesem Hintergrund wurden die Dienste einer GmbH-Geschäftsführerin nach ihrer sozialen Typik aufgrund der mit dem Amt verbundenen Rechtsstellung sowie der entsprechenden dienstvertraglichen Regelungen nicht mit denen eines Arbeitnehmers für vergleichbar gehalten.[2753] Der Geschäftsführer einer GmbH nehme Arbeitgeberfunktionen wahr und sei deshalb keine arbeitnehmerähnliche, sondern eine **arbeitgebergleiche Person,** im Fall des Fremdgeschäftsführers jedenfalls eine **arbeitgeberähnliche Person.** Durch die gesetzlichen und nach außen nicht beschränkbaren Vertretungsbefugnisse unterscheide er sich grundlegend von anderen leitenden oder nichtleitenden Arbeitnehmern.[2754] Diese Erwägungen treffen erst recht auf Vorstandsmitglieder einer Aktiengesellschaft zu. Der BGH hat wiederholt ausgeführt, dass dieser den Arbeitgeber repräsentiert bzw. Arbeitgeberfunktionen ausübt und seine Rechtsstellung daher nicht arbeitnehmer-, sondern arbeitgeberähnlich ausgestaltet ist.[2755] Dafür spricht zudem die begriffliche Unterscheidung zwischen arbeitnehmerähnlichen Personen und Organmitgliedern in einzelnen Gesetzen (vgl. § 6 Abs. 1 S. 1 Nr. 3 und Abs. 3 AGG).

dd) Anwendung arbeitsrechtlicher Vorschriften. Das Fehlen der Arbeitnehmereigenschaft und der Arbeitnehmerähnlichkeit schließt es nicht zwingend aus, dass **einzelne arbeitsrechtliche Vorschriften** (entsprechend) auf Vorstandsmitglieder anzuwenden sind. Im Allgemeinen ist dafür erforderlich, dass deren wirtschaftliche Existenz sowie ein entsprechendes Schutzbedürfnis im Vordergrund stehen und die Anwendung mit der arbeitnehmerschützenden Vorschrift sowie der Organstellung vereinbar ist.[2756] Bei dieser Feststellung ist jedoch im Grundsatz Zurückhaltung geboten:[2757]

Nach herrschender Ansicht sind die **Mindestkündigungsfristen des § 622 BGB,** der seinem Wortlaut nach für Arbeitsverhältnisse gilt, entsprechend auf die ordentliche Kündigung des Anstellungsvertrags anzuwenden[2758]; das BAG hat dagegen jüngst entschieden, dass jedenfalls für den Fremdgeschäftsführer einer GmbH § 621 BGB gilt, die Kündigungsfrist also davon abhängt, für welchen Zeitraum die Vergü-

---

[2744] BAG NZA 2019, 490 Rn. 36; NJOZ 2006, 3821 Rn. 14; BGH NJW-RR 2003, 277 (280); NZA 1999, 110 (112).
[2745] *Lembke* NZA-RR 2019, 65 (68); Landmann/Rohmer/*Wiebauer* GewO ArbSchG § 2 Rn. 48; zum GmbH-Geschäftsführer *Boemke* RdA 2018, 1 (4 f.).
[2746] BGH NJW-RR 1990, 1313; siehe auch BGH NZA 2003, 439 (441).
[2747] Die Argumentation des BAG in der aktuellen Entscheidung zum GmbH-Geschäftsführer (NZA 2019, 490) scheint keine Ausnahmen von diesem Ergebnis zuzulassen.
[2748] BAG BeckRS 1998, 13924; NZA 1991, 239 (240); BAGE 12, 158 (164) = NJW 1962, 1125; siehe auch BGH NZA 1999, 53 (56); aA *Hase/Lembke* BB 1997, 1095 (1096).
[2749] BAG EzS 130/447.
[2750] Vgl. *Willemsen/Müntefering* NZA 2008, 193 (199); *Hromadka* NZA 2007, 838 (841).
[2751] BAG NZA 2019, 490.
[2752] BAG EzS 130/447.
[2753] BAG NZA 2019, 490 Rn. 39 f.
[2754] BAG NZA 2019, 490 Rn. 39.
[2755] BGH NZA 2003, 439 (441); NJW 1978, 1435 (1437); NJW 1962, 340 (343); NJW 1954, 505 (507).
[2756] BGH NJW 1981, 2465 (2466); *Beiner/Braun* Der Vorstandsvertrag Rn. 241; MHdB AG/*Wentrup* § 21 Rn. 9.
[2757] *Seyfarth* VorstR § 4 Rn. 8; *Thüsing* in Fleischer VorstR-HdB § 4 Rn. 55; ähnlich Kölner Komm AktG/*Mertens/Cahn* AktG § 84 Rn. 37 („grundsätzlich unangebracht").
[2758] BGH NJW 1989, 2683 (2684); NJW 1981, 2748 (2749); NJW 1981, 1270 (1271); *Bauer/Diller* GmbHR 1998, 809 (813); MHdB AG/*Wentrup* § 21 Rn. 13; BeckOGK/*Fleischer* AktG § 84 Rn. 30; krit. Fleischer/*Thüsing* VorstR § 4 Rn. 56.

tung bezahlt wird.[2759] Auf die Dienstbezüge des Vorstandsmitglieds sind die **Pfändungsschutzregelungen der §§ 850 ff. ZPO** jedenfalls dann anwendbar, wenn das Vorstandsmitglied nicht oder nicht wesentlich an der Gesellschaft beteiligt ist.[2760] Die Regelungen des **BetrAVG** finden gem. § 1 Abs. 1 S. 1 BetrAVG ebenfalls grundsätzlich auf die betriebliche Altersversorgung der Arbeitnehmer Anwendung. Allerdings erweitert § 17 Abs. 1 S. 2 BetrAVG den Anwendungsbereich auf Personen, die nicht Arbeitnehmer sind, sofern ihnen die Versorgung aus Anlass ihrer Tätigkeit für ein Unternehmen zugesagt wurde. Dies trifft regelmäßig auf Vorstandsmitglieder zu, solange diese nicht maßgeblich an der Gesellschaft beteiligt sind (→ Rn. 1779).[2761] Bei Beendigung des Anstellungsvertrags kommt für das Vorstandsmitglied ein Zeugnisanspruch aus § 630 BGB in Betracht.[2762] Nach dem Zweck der Norm erfasst der Zeugnisanspruch wie beim GmbH-Geschäftsführer[2763] jedenfalls solche Vorstandsmitglieder, die nicht oder nicht maßgeblich an der Gesellschaft beteiligt sind (→ Rn. 1666).[2764]

1202　Bei anderen Gesetzen ist die Anwendung auf Mitglieder des Vertretungsorgans juristischer Personen ausdrücklich ausgeschlossen. Dies gilt zunächst gem. § 5 Abs. 1 S. 3 ArbGG für das **ArbGG** oder gem. § 14 Abs. 1 Nr. 1 KSchG für den **allgemeinen Kündigungsschutz** (→ Rn. 1731). Eine Geltung des Kündigungsschutzes nach dem KSchG kann aber nach Auffassung des BGH im Anstellungsvertrag vereinbart werden.[2765] Hinsichtlich des **BetrVG** werden Vorstandsmitglieder aufgrund der Bereichsausnahme in § 5 Abs. 2 Nr. 1 BetrVG nicht wie Arbeitnehmer vom Betriebsrat vertreten. Die in § 5 Abs. 2 BetrVG bezeichneten Personen wie Vorstandsmitglieder sind gem. § 3 Abs. 1 S. 2 MitbestG nicht vom **MitbestG** erfasst. Für die Mitbestimmung nach dem **DrittelbG** gilt gem. § 3 Abs. 1 DrittelbG dasselbe.[2766]

1203　Abzulehnen ist ferner die Anwendung der auf Arbeitnehmer und gerade nicht auf Repräsentanten des Arbeitgebers ausgerichteten Institute der **betrieblichen Übung** und des **arbeitsrechtlichen Gleichbehandlungsgrundsatzes**.[2767] Eine Pflicht zur Gleichbehandlung von Vorstandsmitgliedern untereinander kommt jedoch unter dem Gesichtspunkt von Treu und Glauben gem. § 242 BGB bzw. der Treu- und Fürsorgepflicht der Gesellschaft in Betracht, zB bei der Gewährung von Ruhegehältern (→ Rn. 1775).[2768] Eine bestehende betriebliche Übung kann außerdem bei der Auslegung anstellungsvertraglicher Vereinbarungen zu berücksichtigen sein.[2769] Die Haftungsprivilegierung für Arbeitnehmer nach den **Grundsätzen des innerbetrieblichen Schadensausgleichs** gilt nach der zutreffenden hM nicht für Vorstandsmitglieder (→ Rn. 2394).[2770]

1204　Die Berufung auf den **besonderen Kündigungsschutz für schwerbehinderte Menschen gem. § 168 ff. SGB IX** scheidet aus.[2771] Aus Sicht der Gesellschaft ist die Beschäftigung schwerbehinderter Vorstandsmitglieder nicht bei der Erfüllung der Pflichtquote gem. § 154 Abs. 1 SGB IX, § 156 SGB IX zu berücksichtigen.[2772] Im Grundsatz ebenfalls abzulehnen ist die unmittelbare oder analoge Anwendung der **§§ 74 ff. HGB** über nachvertragliche Wettbewerbsverbote (→ Rn. 1617).[2773] Dasselbe gilt für die un-

---

[2759] BAG NJW 2020, 2824.
[2760] BGH NJW 1981, 2465 (2466); NJW 1978, 756; anders noch BGH NJW 1964, 1367.
[2761] BGH NZA 1999, 380; NJW 1980, 2254 (2255 f.); *Thüsing/Granetzny* NZG 2010, 449 (450); *Beiner/Braun* Der Vorstandsvertrag Rn. 242; BeckOGK/*Fleischer* AktG § 84 Rn. 30.
[2762] OLG Frankfurt a. M. AG 2009, 335 (336); *Beiner/Braun* Der Vorstandsvertrag Rn. 242; BeckOGK/*Fleischer* AktG § 84 Rn. 30; krit. Hüffer/Koch/*Koch* AktG § 84 Rn. 25; aA Grobys/Panzer-Heemeier/*Middendorf* StichwKomm ArbR Zeugnis Rn. 4.
[2763] BGH NJW 1968, 396; für eine umfassende Anwendung auf Gesellschafter-Geschäftsführer dagegen *Brötzmann* GmbHR 2016, R97.
[2764] Prütting/Wegen/Weinreich/*Lingemann* BGB § 630 Rn. 1; Erman/*Belling/Riesenhuber* BGB § 630 Rn. 3; Henssler/Willemsen/Kalb ArbR/*Gäntgen* BGB § 630 Rn. 2.
[2765] BGH NZA 2010, 889 (890); aA *Bauer/C. Arnold* ZIP 2010, 709 (712 f.).
[2766] Habersack/Henssler/*Henssler* DrittelbG § 3 Rn. 3; WKS/*Kleinsorge* DrittelbG § 3 Rn. 6; ErfK/*Oetker* DrittelbG § 3 Rn. 1.
[2767] BGH NZG 2020, 64 – zu dem arbeitsrechtlichen Gleichbehandlungsgrundsatz; *Beiner/Braun* Der Vorstandsvertrag Rn. 242; *Thüsing* in Fleischer VorstR-HdB § 4 Rn. 56.
[2768] BGH NJW 1955, 501; BeckOGK/*Fleischer* AktG § 84 Rn. 30 MüKoAktG/*Spindler* AktG § 84 Rn. 69; GroßkommAktG/*Kort* AktG § 84 Rn. 281, 356, 467; aA *Seyfarth* VorstR § 4 Rn. 11.
[2769] BGH NZG 2020, 64; BGH NJW-RR 1995, 796; Hüffer/Koch/*Koch* AktG § 84 Rn. 24.
[2770] BGH WM 1975, 467 (469); OLG Düsseldorf NJW-RR 1995, 1371 (1377); *E. Vetter* NZG 2014, 921 (922); *Schöne/Petersen* AG 2012, 700 (704); BeckOGK/*Fleischer* AktG § 93 Rn. 241; GroßkommAktG/*Hopt/Roth* AktG § 93 Rn. 395 ff.; zum GmbH-Geschäftsführer OLG Koblenz BeckRS 2008, 2728 Rn. 125; KG NZG 1999, 400 (402); *Joussen* RdA 2006, 129 (134 f.). aA *Wilhelmi* NZG 2017, 681 (684); Hüffer/Koch/*Koch* AktG § 93 Rn. 51.
[2771] BGH NJW 1978, 1435 (1437); GroßkommAktG/*Kort* AktG § 84 Rn. 460; zum GmbH-Geschäftsführer OLG Düsseldorf GmbHR 2012, 1347 (1348 ff.); OLG Hamm ZIP 1987, 121.
[2772] *Edenfeld* NZA 2006, 126 (127); Neumann/Pahlen/Greiner/Winkler/Jabben/*Greiner* SGB IX § 156 Rn. 4.; Dau/Düwell/Joussen/*Joussen* SGB IX § 156 Rn. 29.
[2773] BGH NJW 1984, 2366; *Beiner/Braun* Der Vorstandsvertrag Rn. 243; BeckOGK/*Fleischer* AktG § 84 Rn. 31; zum GmbH-Geschäftsführer OLG Schleswig NZG 2000, 894; OLG Köln NZG 2000, 740 (741); aA *Lembke* NZA-RR 2019, 65 (68).

mittelbare oder analoge Anwendung des Gesetzes über Arbeitnehmererfindungen (ArbNErfG).[2774] Das **EFZG** ist nach herrschender Ansicht ebenfalls nicht auf Vorstandsmitglieder anwendbar.[2775] Regelt der Anstellungsvertrag eine Pflicht zur Fortzahlung der Bezüge nicht, kommt im Krankheitsfall ein Anspruch aus § 616 BGB in Betracht (→ Rn. 1288). Auch die Regelungen des **PflegeZG** gelten nur für Beschäftigte iSv § 7 Abs. 1 PflegeZG und finden auf Vorstandsmitglieder keine Anwendung.[2776] Entsprechendes gilt für das **FPfZG** aufgrund der Verweisung in § 2 Abs. 3 FPfZG.

Arbeitnehmerschützende Vorschriften, die in den Anwendungsbereich des Unionsrechts fallen, sind nach zutreffender Ansicht grundsätzlich nicht auf Vorstandsmitglieder anzuwenden, da diese weder unter den nationalen noch unter den unionsrechtlichen Arbeitnehmerbegriff fallen (→ Rn. 1189 ff.). Anders als auf GmbH-Geschäftsführerinnen ohne beherrschenden Einfluss war das **MuSchG** aus diesem Grund bislang nicht auf weibliche Vorstandsmitglieder anzuwenden.[2777] Inzwischen knüpft § 1 Abs. 2 S. 1 MuSchG nF für den Anwendungsbereich des Gesetzes an das Vorliegen einer Beschäftigung iSv § 7 Abs. 1 SGB IV an. Da Vorstandsmitglieder nach zutreffender Ansicht auch nicht in einem solchen Beschäftigungsverhältnis stehen (→ Rn. 1212), findet das MuSchG weiterhin keine Anwendung.[2778] Durch die Neuregelung wollte der Gesetzgeber mit Blick auf den unionsrechtlichen Arbeitnehmerbegriff insbesondere Fremdgeschäftsführerinnen und Minderheitsgesellschafter-Geschäftsführerinnen einer GmbH erfassen.[2779] Im Kontext anzeigepflichtiger Entlassungen gem. **§§ 17 ff. KSchG** sind Vorstandsmitglieder nicht als Arbeitnehmer anzusehen, sodass es insoweit bei der Regelung in § 17 Abs. 5 Nr. 1 KSchG verbleibt.[2780] Vorstandsmitglieder fallen aus demselben Grund nicht in den Anwendungsbereich des **TzBfG**.[2781] Im Falle eines Betriebsübergangs gilt **§ 613a BGB** für sie weder unmittelbar noch analog.[2782] Die Tätigkeit des Vorstandsmitglieds unterliegt außerdem nicht den Grenzen des **ArbZG**.[2783] Zwar findet das **BUrlG** keine unmittelbare Anwendung, ein Urlaubsanspruch folgt jedoch auch ohne besondere Vereinbarung regelmäßig aus der Fürsorgepflicht der Gesellschaft (→ Rn. 1656).[2784] Zur Inanspruchnahme von Elternzeit nach den Regelungen des **BEEG** sind Vorstandsmitglieder nicht berechtigt.[2785] Nicht auf das Anstellungsverhältnis anwendbar ist darüber hinaus das **NachwG**.[2786]

Die umfassende Anwendung des **AGG** auf Vorstandsmitglieder ist trotz des klaren Wortlauts des § 6 Abs. 3 AGG, der eine Anwendung nur auf die Bedingungen für den Zugang zur Erwerbstätigkeit sowie den beruflichen Aufstieg vorsieht, umstritten. Nach zutreffender Ansicht ist eine darüberhinausgehende Anwendung jedoch abzulehnen (→ Rn. 1234 f.).[2787]

d) Sozialversicherungsrechtliche Behandlung

aa) Renten- und Arbeitslosenversicherung. Nach § 2 Abs. 2 Nr. 1 SGB IV sind Personen, die gegen Arbeitsentgelt beschäftigt sind, grundsätzlich in allen Zweigen der Sozialversicherung versichert. Die Stellung der Vorstandsmitglieder ist in den besonderen Vorschriften für die einzelnen Versicherungszweige zum Teil explizit geregelt. In der **Arbeitslosenversicherung** besteht für Mitglieder des Vorstands einer Aktiengesellschaft in dem Unternehmen, dessen Vorstand sie angehören, gem. § 27 Abs. 1 Nr. 5 SGB III

[2774] *Seyfarth* VorstR § 4 Rn. 10; MHdB AG/*Wentrup* § 21 Rn. 12; BeckOGK/*Fleischer* AktG § 84 Rn. 31; zum GmbH-Geschäftsführer BGH GRUR 1990, 193 (194); OLG Düsseldorf GRUR 2000, 49 (50).
[2775] *Fleischer* NZG 2010, 561 (565); *Beiner/Braun* Der Vorstandsvertrag Rn. 243; MüKoAktG/*Spindler* AktG § 84 Rn. 95; Henssler/Strohn/*Dauner-Lieb* AktG § 84 Rn. 21; Bürgers/Körber/*Bürgers* AktG § 84 Rn. 17; aA GroßkommAktG/*Kort* AktG § 84 Rn. 416.
[2776] *Fröhlich* ArbRB 2008, 84 (85).
[2777] *Baeck/Winzer* NZG 2011, 101; *Bauer* GWR 2010, 586; wohl auch *Beiner/Braun* Der Vorstandsvertrag Rn. 241 mit Fn. 564; MHdB AG/*Wentrup* § 21 Rn. 11.
[2778] AA Rancke/*Pepping* Hk-MuSchG/BEEG MuSchG § 1 Rn. 42; Gallner/Mestwerdt/Nägele/*Böhm* Hk-KSchR MuSchG § 17 Rn. 2.
[2779] BT-Drs 18/8963, 48; krit. zur Neufassung *Knorr* WzS 2018, 99 (100); *Roos* Ausschussdrucksache 18(13)87g, 6; Rancke/*Pepping* Hk-MuSchG/BEEG MuSchG § 1 Rn. 27.
[2780] *Weber/Zimmer* EuZA 2016, 224 (237); *Lunk/Hildebrand* NZA 2016, 129 (135); *Dzida/Klopp* ArbRB 2015, 303 (305); GroßkommAktG/*Kort* AktG § 84 Rn. 455.
[2781] Meinel/Heyn/Herms/*Herms* TzBfG § 1 Rn. 5; BeckOGK/*Fleischer* AktG § 84 Rn. 31; Grigoleit/*Grigoleit* AktG § 84 Rn. 24.
[2782] BAG NZA 2003, 552 (554); *Seyfarth* VorstR § 4 Rn. 10; BeckOGK/*Fleischer* AktG § 84 Rn. 31.
[2783] Henssler/Willemsen/Kalb ArbR/*Gäntgen* ArbZG § 2 Rn. 10; MHdB ArbR/*Koberski* § 182 Rn. 52; GroßkommAktG/*Kort* AktG § 84 Rn. 457; Kölner Komm AktG/*Mertens/Cahn* AktG § 84 Rn. 39.
[2784] OLG Düsseldorf GmbHR 2000, 278 (281); *Beiner/Braun* Der Vorstandsvertrag Rn. 243; Hölters/*Weber* AktG § 84 Rn. 49.
[2785] BeckOGK/*Fleischer* AktG § 84 Rn. 31; Grigoleit/*Grigoleit* AktG § 84 Rn. 24; zum GmbH-Geschäftsführer MAH ArbR/*Jacobsen* § 28 Rn. 4; siehe auch *Mävers* ArbRAktuell 2019, 58 (59).
[2786] *Beiner/Braun* Der Vorstandsvertrag Rn. 270; GroßkommAktG/*Kort* AktG § 84 Rn. 296, 464.
[2787] *Kort* NZG 2013, 601 (605); *Hohenstatt/Naber* ZIP 2012, 1989 (1990); *Seyfarth* VorstR § 4 Rn. 10; aA *Ziemons* KSzW 2013, 19 (22 ff.).

Versicherungsfreiheit. In Anlehnung daran bestimmt § 1 S. 3 SGB VI für die **gesetzliche Rentenversicherung,** dass die Mitglieder des Vorstands einer Aktiengesellschaft in dem Unternehmen, dessen Vorstand sie angehören, nicht versicherungspflichtig beschäftigt sind. Beide Sonderregelungen sehen vor, dass Konzernunternehmen iSd § 18 AktG als ein Unternehmen gelten. Die Anwendung setzt die Eintragung der Aktiengesellschaft[2788] und des Vorstandsmitglieds[2789] in das Handelsregister voraus.

1208 Wie § 27 Abs. 1 Nr. 5 SGB III knüpft § 1 S. 3 SGB VI in der seit 1.1.2004 geltenden Fassung nicht (mehr) an die Person des Vorstandsmitglieds an. Die Ausnahmen von der Versicherungspflicht sind beschränkt auf **Tätigkeiten für die Aktiengesellschaft oder konzernangehörige Gesellschaften.**[2790] Sie umfassen jedoch nicht nur die Vorstandstätigkeit als solche, sondern alle Beschäftigungen innerhalb des Konzerns. Wird das Vorstandsmitglied zB gleichzeitig als Geschäftsführer einer konzernangehörigen GmbH sowie als Abteilungsleiter in einer konzernangehörigen KG beschäftigt, unterliegt es insoweit nicht der Versicherungspflicht.[2791] Außerhalb der Aktiengesellschaft oder des Konzerns ausgeübte Beschäftigungen oder selbständige Tätigkeiten unterliegen gegebenenfalls der Versicherungspflicht in der Renten- und Arbeitslosenversicherung.[2792] Der Ausschluss von der Versicherungspflicht erfasst nicht nur die ordentlichen Mitglieder des Vorstands, sondern auch die **stellvertretenden Vorstandsmitglieder** iSv § 94 AktG.[2793] Darüber hinaus sind die Sonderregelungen entsprechend auf Vorstandsmitglieder eines „großen" VVaG[2794] und einer dualistischen SE[2795] sowie – entgegen der Auffassung der Deutschen Rentensicherung[2796] – auf Mitglieder des Verwaltungsrats einer monistisch organisierten SE[2797] anzuwenden, weil diese dem Vorstand einer Aktiengesellschaft rechtlich gleichgestellt sind. In Bezug auf Vorstandsmitglieder anderer juristischer Personen ist die entsprechende Anwendung dagegen idR abzulehnen.[2798]

1209 Zur Begründung eines Versicherungspflichtverhältnisses auf Antrag in der Arbeitslosenversicherung sind Vorstandsmitglieder gem. § 28a Abs. 2 S. 1 SGB III aufgrund der Anordnung der Versicherungsfreiheit nach § 27 Abs. 1 Nr. 5 SGB III nicht berechtigt.[2799] Vorstandsmitglieder können sich daher nicht „freiwillig" in der Arbeitslosenversicherung gegen Arbeitslosigkeit versichern. In der gesetzlichen Rentenversicherung steht die Herausnahme der Vorstandsmitglieder dem Recht auf Antragspflichtversicherung für Selbständige gem. § 4 Abs. 2 SGB VI allerdings nicht entgegen.[2800] Im Übrigen kommt eine § 7 SGB VI eine freiwillige Versicherung in der gesetzlichen Rentenversicherung in Betracht. Zulässig ist die Zahlung von Zuschüssen durch die Gesellschaft zu einer solchen freiwilligen Versicherung des Vorstandsmitglieds. Derartige Zuschüsse sind nach der Rechtsprechung des BFH Arbeitslohn iSv § 19 Abs. 1 S. 1 Nr. 1 EStG und nicht als Zukunftssicherungsleistung gem. § 3 Nr. 62 EStG steuerfrei.[2801]

1210 **bb) Kranken-, Pflege- und Unfallversicherung.** Für den Zweig der **gesetzlichen Krankenversicherung** fehlt es an einer Vorstandsmitglieder betreffenden Sonderregelung. Das regelmäßige Jahresarbeitsentgelt eines Vorstandsmitglieds übersteigt allerdings üblicherweise die Jahresarbeitsentgeltgrenze, was gem. § 6 Abs. 1 Nr. 1, Abs. 4, Abs. 6, Abs. 7 SGB V zur Versicherungsfreiheit führt. In diesem Fall besteht auch keine Versicherungspflicht in der **sozialen Pflegeversicherung** gem. § 20 Abs. 1 SGB XI.[2802] Unter den Voraussetzungen von § 9 SGB V kann sich das Vorstandsmitglied freiwillig in der gesetzlichen Krankenversicherung versichern. In Betracht kommt dies vor allem bei Ausscheiden aus der Versicherungspflicht und Erfüllung der Vorversicherungszeit gem. § 9 Abs. 1 S. 1 Nr. 1 SGB V oder bei erstmali-

---

[2788] BSG NZS 2007, 372 Rn. 9; LSG Hessen BeckRS 2011, 75086.
[2789] BSG BeckRS 2014, 71159 Rn. 20; KassKomm/*Guttenberger* SGB VI § 1 Rn. 33.
[2790] Dazu und zum Übergangsrecht nach § 229 Ia SGB VI ausführlich BSG NZG 2007, 32 Rn. 16 ff.; *Küffner/Zugmaier* DStR 2003, 2235.
[2791] Gagel/*Schneil* SGB III § 27 Rn. 8; Brand/*Brand* SGB III § 27 Rn. 9; NK-SGB III/*Scheidt* SGB III § 27 Rn. 17; krit. *Reuter* NZS 2018, 687 (688 ff.).
[2792] *Seyfarth* VorstR § 11 Rn. 5; Figge/*Minn* SozvHdB Beitragsrecht 2.12.1; KassKomm/*Zieglmeier* SGB IV § 7 Rn. 146.
[2793] BSG NJW 1974, 208; Figge/*Minn* SozvHdB Beitragsrecht 2.12.1.
[2794] BSG VersR 1980, 1168.
[2795] *Hinrichs/Plitt* DB 2011, 1692 (1693).
[2796] Besprechung des GKV-Spitzenverbandes, 2009, Versicherungsrechtliche Beurteilung in Deutschland beschäftigter Mitglieder von Organen einer SE, DB0426090.
[2797] BSG vom 7.7.2020 – B 12 R 27/18 R, nv.
[2798] Zu eingetragenen Genossenschaften, in der Rechtsform einer Anstalt des öffentlichen Rechts geführten Sparkassen sowie eingetragenen Vereinen vgl. BSG NZG 2007, 32 (34); zu Organmitgliedern ausländischer Kapitalgesellschaften vgl. BSG NJOZ 2011, 1653; BeckRS 2011, 65179; ZIP 2008, 2231.
[2799] BSG NZS 2011, 75 Rn. 11 ff.; im Ergebnis auch *Beiner/Braun* Der Vorstandsvertrag Rn. 245; Gagel/*Schneil* SGB III § 28a Rn. 7; NK-SGB III/*Scheidt* § 28a Rn. 21.
[2800] BSG NZA 1990, 668 (670); KassKomm/*Guttenberger* SGB VI § 1 Rn. 35; Kreikebohm/*Segebrecht* SGB VI § 4 Rn. 16.
[2801] BFH NZA-RR 2014, 84.
[2802] KassKomm/*Peters* SGB XI § 20 Rn. 9; Krauskopf/*Baier* SGB XI § 20 Rn. 5; Udsching/Schütze/*Wiegand* SGB XI § 20 Rn. 10.

ger Aufnahme einer Inlandsbeschäftigung gem. § 9 Abs. 1 S. 1 Nr. 3 SGB V.[2803] Für freiwillige Mitglieder der gesetzlichen Krankenversicherung besteht gem. § 20 Abs. 3 SGB XI wiederum Versicherungspflicht in der sozialen Pflegeversicherung. Die Befreiung zugunsten einer privaten Pflegeversicherung richtet sich in diesem Fall nach § 22 SGB XI. Ist das Vorstandsmitglied nicht gesetzlich krankenversichert, unterliegt es gem. § 193 Abs. 3 VVG der Versicherungspflicht in der **privaten Krankenversicherung**. Privat krankenversicherte Vorstandsmitglieder sind gem. § 23 Abs. 1, Abs. 2 SGB XI dazu verpflichtet, sich ebenfalls privat gegen Pflegebedürftigkeit zu versichern.

Vor diesem Hintergrund kommt der Frage, ob Vorstandsmitglieder in einem **sozialversicherungsrechtlichen Beschäftigungsverhältnis** iSv § 7 Abs. 1 SGB IV stehen, eine untergeordnete Bedeutung zu. Im Wesentlichen hängt davon die Versicherungspflicht in der gesetzlichen Unfallversicherung gem. § 2 Abs. 1 Nr. 1 SGB VII ab. In der gesetzlichen Krankenversicherung und der sozialen Pflegeversicherung kommt es darauf gem. § 5 Abs. 1 Nr. 1 SGB V und § 20 Abs. 1 SGB XI an, wenn dort die Jahresarbeitsentgeltgrenze ausnahmsweise nicht überschritten wird. Ob ein versicherungspflichtiges Beschäftigungsverhältnis vorliegt, können die Beteiligten im **Anfrageverfahren** gem. § 7a I SGV IV feststellen lassen. Die Statusentscheidung der Deutschen Rentenversicherung Bund entfaltet nach richtiger Ansicht jedoch keine Bindungswirkung in der gesetzlichen Unfallversicherung, weil deren Beiträge gem. § 28d S. 1 SGB IV nicht zum Gesamtsozialversicherungsbetrag zählen.[2804] 1211

Beschäftigung ist gem. § 7 Abs. 1 S. 1 SGB IV die **nichtselbständige Arbeit**, „insbesondere" in einem Arbeitsverhältnis. Dass Vorstandsmitglieder nicht in einem Arbeitsverhältnis zur Aktiengesellschaft stehen (→ Rn. 1190), steht der Sozialversicherungspflicht also nicht zwingend entgegen. Anhaltspunkte für eine Beschäftigung sind gem. § 7 Abs. 1 S. 2 SGB IV eine Tätigkeit nach Weisungen und eine Eingliederung in die Arbeitsorganisation des Weisungsgebers. Nach der Rechtsprechung des 4. und des 12. Senats des BSG üben Vorstandsmitglieder regelmäßig nichtselbständige Arbeit bzw. eine abhängige Beschäftigung aus, weil diese bei hochqualifizierten Mitarbeitern auch dort noch vorliege, wo sie sich zur funktionsgerecht dienenden Teilhabe am Arbeitsprozess verfeinert hat.[2805] Dies trägt der Unabhängigkeit und Eigenverantwortlichkeit des Vorstandsmitglieds jedoch nicht hinreichend Rechnung. Zutreffend lehnen deshalb der für das Unfallversicherungsrecht zuständige 2. Senat des BSG sowie ein weiter Teil der Literatur das Bestehen eines Beschäftigungsverhältnisses grundsätzlich ab.[2806] In der **gesetzlichen Unfallversicherung** besteht jedenfalls deshalb keine Versicherungspflicht, weil Vorstandsmitglieder einer Aktiengesellschaft von § 6 Abs. 1 Nr. 2 SGB VII erfasst werden und daher nur eine freiwillige Versicherung begründen können.[2807] 1212

Beschäftigte, die nur wegen Überschreitens der Jahresarbeitsentgeltgrenze versicherungsfrei sind, haben bei freiwilliger Mitgliedschaft in der gesetzlichen Krankenversicherung gem. § 257 Abs. 1 S. 1 SGB V oder bei privater Krankenversicherung gem. § 257 Abs. 2 S. 1 SGB V Anspruch auf einen **Beitragszuschuss** gegen ihren Arbeitgeber. In der Pflegeversicherung regelt § 61 Abs. 1 S. 1, Abs. 2 S. 1 SGB XI für freiwillige Mitglieder der gesetzlichen Krankenversicherung bzw. Privatversicherte ebenfalls einen Anspruch auf Beitragszuschuss. Da Vorstandsmitglieder nach richtiger Ansicht keine abhängige Beschäftigung ausüben, besteht kein Anspruch gegen die Gesellschaft auf Zahlung von Beitragszuschüssen.[2808] Sollen aus Sicht der Gesellschaft trotzdem Beitragszuschüsse geleistet werden, empfiehlt sich eine ausdrückliche Regelung im Anstellungsvertrag.[2809] Die Steuerfreiheit der Beitragszuschüsse hängt gem. § 3 Nr. 62 S. 1 EStG davon ab, ob der Arbeitgeber zu diesen Ausgaben nach den sozialversicherungsrechtlichen Vorschriften verpflichtet ist.[2810] Dabei entfalten die Entscheidungen der Sozialversicherungsträger jedenfalls 1213

[2803] *Seyfarth* VorstR § 11 Rn. 18.
[2804] LSG Baden-Württemberg DStR 2013, 1489 (1491); Krauskopf/*Stäbler* SGB IV § 7a Rn. 13; KassKomm/*Zieglmeier* SGB IV § 7a Rn. 29; krit. *Plagemann* FD-SozVR 2013, 345289.
[2805] BSG NJOZ 2011, 1653 Rn. 14; BeckRS 2011, 65179 Rn. 18; ZIP 2008, 2231 Rn. 16; NZS 2002, 199 (200); NZA 1990, 668 (669); so auch LSG Sachsen NZS 2016, 110 Rn. 34; LSG Berlin-Brandenburg DStR 2013, 2779 (2782); KassKomm/*Guttenberger* SGB VI § 1 Rn. 32; BeckOK SozR/*Ulmer* SGB III § 27 Rn. 1.
[2806] BSG NZS 2018, 985 Rn. 15; AG 2000, 361 (362f.); *Dünchheim/Joppich/Hermann* DB 2013, 2210; *Sagan/Hübner* AG 2011, 852 (853); *Grambow* AG 2010, 477 (478); *Seyfarth* VorstR § 11 Rn. 11; *Beiner/Braun* Der Vorstandsvertrag Rn. 248; MHdB AG/*Wentrup* § 21 Rn. 20; KassKomm/*Zieglmeier* SGB IV § 7 Rn. 145; Krauskopf/Stäbler SGB IV § 7 Rn. 14; BeckOGK/*Fleischer* AktG § 84 Rn. 33; MüKoAktG/*Spindler* AktG § 84 Rn. 65.
[2807] BSG NZS 2018, 985 Rn. 21; AG 2000, 361 (363); *Grimm* DB 2012, 175 (178); *Seyfarth* VorstR § 11 Rn. 10; BeckOGK/*Fleischer* AktG § 84 Rn. 33.
[2808] *Grambow* AG 2010, 477 (479f.); *Seyfarth* VorstR § 11 Rn. 12; *Beiner/Braun* Der Vorstandsvertrag Rn. 248; Krauskopf/*Baier* SGB XI § 61 Rn. 3; GroßkommAktG/*Kort* AktG § 84 Rn. 472; aA Hauck/Noftz/*Noftz* SGB V § 257 Rn. 14; Hauck/Noftz/*Didong* SGB XI § 61 Rn. 5.
[2809] *Beiner/Braun* Der Vorstandsvertrag Rn. 248.
[2810] Vgl. dazu BMF-Schreiben vom 22. 2. 1996, IV B 6 – S 2333-2/96, abgedruckt in BB 1996, 885.

insofern Bindungswirkung, als sie ein Prüfungsrecht der Finanzverwaltung und -gerichtsbarkeit iRd § 3 Nr. 62 EStG regelmäßig ausschließen.[2811]

2. Begründung des Anstellungsverhältnisses

a) Vertragsschluss und Zuständigkeit

1214 **aa) Allgemeines.** Der Anstellungsvertrag zwischen der Gesellschaft und dem Organmitglied kommt nach den **allgemeinen Grundsätzen** zustande.[2812] Für das Wirksamwerden maßgeblich ist demnach gem. § 130 Abs. 1 S. 1 BGB der Zugang der Annahmeerklärung des Vorstandsmitglieds beim Aufsichtsrat.[2813] Ebenso kann das Vorstandsmitglied der Gesellschaft ein Angebot unterbreiten und der Aufsichtsrat muss für die Gesellschaft die Annahme erklären, die dem Vorstandsmitglied auch zugehen muss. Für den Anstellungsvertrag existiert **kein gesetzliches Formerfordernis.** Gleichwohl ist die Einhaltung der Schriftform üblich und zu Beweiszwecken mit Blick auf die Sorgfaltspflicht aus § 116 AktG zu empfehlen.[2814] Besondere Bedeutung kommt der Einhaltung der Schriftform zu, wenn eine bislang als Arbeitnehmer der Gesellschaft beschäftigte Person zum Vorstandsmitglied „befördert" wird (→ Rn. 1274). Dennoch bleibt ein mündlicher oder **konkludenter Vertragsschluss** im Ausgangspunkt zulässig.[2815] Ob mit der Vorstandsbestellung konkludent ein Anstellungsvertrag zustande kommt, ist in der obergerichtlichen Rechtsprechung unterschiedlich beurteilt worden.[2816] In der Literatur wird teilweise ein konkludenter Vertragsschluss mit Tätigwerden des Vorstandsmitglieds anerkannt.[2817] Aufgrund der Bedeutung des Anstellungsvertrags ist bei der Annahme konkludenten Handelns in diesem Zusammenhang allerdings Zurückhaltung geboten.[2818]

1215 Spätestens nach erfolgter Bestellung ist der Aufsichtsrat verpflichtet, auf eine Einigung über einen angemessenen Anstellungsvertrag hinzuwirken. Bleibt diese innerhalb einer angemessenen Frist aus, ist das Vorstandsmitglied berechtigt, sein Amt niederzulegen.[2819] Vor diesem Hintergrund besteht häufig das Bedürfnis, bereits vor der Bestellung eine Einigung über die Anstellungsbedingungen zu erzielen. Allerdings sind schlichte **Absprachen über die Anstellungsbedingungen,** die im Vorfeld etwa mit dem Aufsichtsratsvorsitzenden getroffen werden, im Grundsatz rechtlich unverbindlich.[2820] Daher kommt insbesondere ein Vertragsschluss unter der **aufschiebenden Bedingung** der späteren Zustimmung des Aufsichtsrats in Betracht (→ Rn. 1224).

1216 Grundsätzlich anwendbar sind die Grundsätze über das **Verschulden bei Vertragsverhandlungen (culpa in contrahendo)** gem. § 280 Abs. 1 BGB, § 311 Abs. 2 BGB, § 241 Abs. 2 BGB.[2821] Eine Schadensersatzpflicht der Gesellschaft aufgrund des Abbruchs der Vertragsverhandlungen besteht aber nicht, wenn ein Aufsichtsratsmitglied den Bewerber für das Vorstandsamt auf das bisherige Fehlen eines Aufsichtsratsbeschlusses für dessen Bestellung hingewiesen hat.[2822]

1217 **bb) Zuständigkeit des Aufsichtsrats.** Zuständig für die **Vereinbarung** und die **Änderung** des Anstellungsvertrags einschließlich der Vereinbarung der Vergütung ist gem. § 84 Abs. 1 S. 5 AktG iVm § 84 Abs. 1 S. 1 AktG der Aufsichtsrat.[2823] Er ist gem. § 112 S. 1 AktG der Vertreter der Aktiengesellschaft gegenüber den Vorstandsmitgliedern (→ Rn. 2267 ff.). Über den Vertragsschluss entscheidet der Auf-

---

[2811] BFH NZS 2011, 64 Rn. 19; DStR 2002, 2072 (2073).
[2812] MüKoAktG/*Spindler* AktG § 84 Rn. 59; Hölters/*Weber* AktG § 84 Rn. 34; Hüffer/Koch/*Koch* AktG § 84 Rn. 14.
[2813] MüKoAktG/*Spindler* AktG § 84 Rn. 59; K. Schmidt/Lutter/*Seibt* AktG § 84 Rn. 23; Henssler/Strohn/*Dauner-Lieb* AktG § 84 Rn. 15.
[2814] BeckOGK/*Fleischer* AktG § 84 Rn. 41; Hölters/*Weber* AktG § 84 Rn. 42; GroßkommAktG/*Kort* AktG § 84 Rn. 296.
[2815] Hölters/*Weber* AktG § 84 Rn. 42; Henssler/Strohn/*Dauner-Lieb* AktG § 84 Rn. 15.
[2816] Ablehnend OLG Frankfurt a. M. AG 2011, 790 (791); OLG Schleswig NZG 2001, 275 (276); bejahend OLG Stuttgart AG 2003, 211 (213).
[2817] MüKoAktG/*Spindler* AktG § 84 Rn. 77; K. Schmidt/Lutter/*Seibt* AktG § 84 Rn. 27; dazu krit. *Fonk* in Semler/v. Schenk AR-HdB § 10 Rn. 83 dort Fn. 210.
[2818] MHdB AG/*Wentrup* § 21 Rn. 24; *Seyfarth* VorstR § 4 Rn. 31; BeckOGK/*Fleischer* AktG § 84 Rn. 41; GroßkommAktG/*Kort* AktG § 84 Rn. 298; aA MüKoAktG/*Spindler* AktG § 84 Rn. 77; Kölner Komm AkG/*Mertens/Cahn* AktG § 84 Rn. 5.
[2819] OLG München AG 2017, 750 (753); MHdB AG/*Wentrup* § 20 Rn. 17; BeckOGK/*Fleischer* AktG § 84 Rn. 8; Kölner Komm AktG/*Mertens/Cahn* AktG § 84 Rn. 5.
[2820] *Hoffmann-Becking* FS Stimpel, 1985, 589 (596); *Beiner/Braun* Der Vorstandsvertrag Rn. 260.
[2821] LG München I NZG 2013, 260 (261); *Seyfarth* VorstR § 4 Rn. 30.
[2822] LG München I NZG 2013, 260 (261); MüKoAktG/*Spindler* AktG § 84 Rn. 59; GroßkommAktG/*Kort* AktG § 84 Rn. 295a.
[2823] *Beiner/Braun* Der Vorstandsvertrag Rn. 252; Hüffer/Koch/*Koch* AktG § 84 Rn. 15; Hölters/*Weber* AktG § 84 Rn. 36; BeckOGK/*Fleischer* AktG § 84 Rn. 36.

sichtsrat gem. § 108 AktG durch **Beschluss**.[2824] Dieser muss aus Gründen der Rechtssicherheit ausdrücklich gefasst werden. Eine stillschweigende oder konkludente Beschlussfassung ist unzulässig, weil diese die unerlässlichen Feststellungen darüber, inwieweit Beschlussfähigkeit, Zustimmung, Ablehnung und Stimmenthaltungen gegeben sind, nicht erlaubt.[2825] Nicht ausgeschlossen ist jedoch eine über den ausdrücklichen Wortlaut eines Beschlusses hinausgehende Auslegung dahingehend, dass dieser zugleich Ausdruck des Willens ist, über den Anstellungsvertrag zu entscheiden.[2826] Allein der Beschluss über die Bestellung kann ohne weitere Anhaltspunkte aber nicht so gedeutet werden, dass er zugleich ein Angebot auf Abschluss des Anstellungsvertrags enthält.[2827]

Für die Beschlussfassung bedarf es entsprechend § 32 Abs. 1 S. 3 BGB der **Mehrheit der abgegebenen Stimmen.**[2828] Gem. § 29 Abs. 1 MitbestG bedürfen Beschlüsse eines paritätisch mitbestimmten Aufsichtsrat im Grundsatz ebenfalls der einfachen Mehrheit der abgegebenen Stimmen. Ein abweichendes Beschlussverfahren regelt § 31 Abs. 2–4 MitbestG für die Bestellung von Vorstandsmitgliedern (→ § 7 Rn. 199 ff.). Diese Besonderheiten gelten jedoch nicht zugleich für den Beschluss über den Anstellungsvertrag, sodass es insoweit bei dem Erfordernis einer einfachen Mehrheit nach § 29 Abs. 1 MitbestG verbleibt (→ § 7 Rn. 233).[2829]

Der Beschluss über den Anstellungsvertrag bedarf als Akt der internen Willensbildung der rechtsgeschäftlichen Umsetzung gegenüber dem Vorstandsmitglied. Die **Vertretung der Gesellschaft** obliegt gem. § 112 AktG dem Aufsichtsrat.[2830] Zur Abgabe der Willenserklärung darf der Aufsichtsrat ein einzelnes Mitglied, zB den Aufsichtsratsvorsitzenden, ermächtigen. Fehlt es an einer solchen **Vertretungsermächtigung,** wird die Aktiengesellschaft vom Aufsichtsrat in seiner Gesamtheit vertreten.[2831] Die Ermächtigung wird entweder durch die Geschäftsordnung des Aufsichtsrats, die Satzung oder einen Beschluss des Aufsichtsrats erteilt.[2832] Davon abgesehen soll nach verbreiteter Auffassung allein die Amtsstellung des Aufsichtsratsvorsitzenden nicht zur wirksamen Vertretung des Aufsichtsrats ausreichen.[2833] Nach zutreffender Ansicht ist im Zweifel allerdings von einer konkludenten Ermächtigung des Vorsitzenden in dem Beschluss auszugehen.[2834] Aus Gründen der Rechtssicherheit ist zu empfehlen, die Frage im Beschlussweg ausdrücklich aufzugreifen.

Der Aufsichtsratsbeschluss hat neben der Person des Vorstandsmitglieds **alle wesentlichen Vertragsbestandteile** zu enthalten. Dazu zählen zB die Vertragsdauer und die Vergütungshöhe einschließlich Ruhegehalt.[2835] Nicht zwingend – wenn aber aus Rechtssicherheitsgründen empfehlenswert[2836] – ist, dass dem Aufsichtsrat bei der Beschlussfassung der komplette Vertragsentwurf vorgelegt werden muss. Es spricht daher nichts dagegen, wenn diesem vor der Beschlussfassung nur eine Zusammenstellung (**sog. „Konditionenblatt")** mit den wesentlichen Vertragsbedingungen vorgelegt wird, die beispielsweise der bevollmächtigte Aufsichtsratsvorsitzende zuvor mit dem neuen Vorstandsmitglied ausgehandelt hat. Jedenfalls erforderlich ist aber, dass diese Zusammenstellung geeignet ist, den Aufsichtsrat ausreichend zu informieren, damit er seiner Beschlusskompetenz auch sachgerecht nachkommen kann.

Für diese Auffassung spricht eine Parallele zur Angebotsabgabe und -annahme. Auch hinsichtlich der Abgabe und Entgegennahme der Willenserklärungen gerichtet auf Abschluss des Anstellungsvertrages ist grundsätzlich der Aufsichtsrat als Organ zuständig, § 112 AktG. Zulässig ist es aber, ein Aufsichtsratsmitglied – sinnvollerweise den Aufsichtsratsvorsitzenden – zu ermächtigen, den Beschluss des Aufsichtsrats zu

---

[2824] LG München I NZG 2013, 260 (261); *Köhler* NZG 2008, 161; BeckOGK/*Fleischer* AktG § 84 Rn. 36; Grigoleit/ *Grigoleit* AktG § 84 Rn. 19.
[2825] BGH NJW 1989, 1928 (1929); NJW 1964, 1367; NJW 1953, 1465 (1466).
[2826] BGH NJW 1989, 1928 (1929); siehe auch BGH NZG 2002, 817 (818).
[2827] OLG Frankfurt a. M. AG 2011, 790 (791); OLG Schleswig NZG 2001, 275 (276); *Beiner/Braun* Der Vorstandsvertrag Rn. 262; MHdB AG/*Wentrup* § 20 Rn. 17.
[2828] BeckOGK/*Spindler* AktG § 108 Rn. 24; Henssler/Strohn/*Henssler* AktG § 108 Rn. 5.
[2829] *Seyfarth* VorstR § 4 Rn. 25; Habersack/Henssler/*Habersack* MitbestG § 31 Rn. 37, 41; WKS/*Schubert* MitbestG § 31 Rn. 96; Raiser/Veil/Jacobs/*Raiser* MitbestG § 31 Rn. 28; MüKoAktG/*Annuß* MitbestG § 31 Rn. 25; Großkomm-AktG/*Oetker* MitbestG § 31 Rn. 24.
[2830] *Köhler* NZG 2008, 161 (162); BeckOGK/*Fleischer* AktG § 84 Rn. 40; Hüffer/Koch/*Koch* AktG § 84 Rn. 15.
[2831] BGH NJW-RR 2008, 1488 Rn. 11; NJW 1964, 1367.
[2832] *Leuering* NZG 2004, 120 (122); *Janzen* NZG 2003, 468 (471); *Fonk* in Semler/v. Schenck AR-HdB § 10 Rn. 84; BeckOGK/*Fleischer* AktG § 84 Rn. 40; MüKoAktG/*Spindler* AktG § 84 Rn. 76.
[2833] OLG Düsseldorf NZG 2004, 141 (143); *Bauer/Krieger* ZIP 2004, 1247 (1248); *Beiner/Braun* Der Vorstandsvertrag Rn. 266; aA Bednarz NZG 2005, 418 (422); Steiner BB 1998, 1910 (1911); *Seyfarth* VorstR § 4 Rn. 29; MHdB AG/*Hoffmann-Becking* § 31 Rn. 102.
[2834] *Bauer/Krieger* ZIP 2004, 1247 (1248); *Lutter/Krieger/Verse* AR Rn. 682; MüKoAktG/*Habersack* AktG § 112 Rn. 28; Kölner Komm AktG/*Mertens/Cahn* AktG § 107 Rn. 47; § 112 Rn. 29; aA *Beiner/Braun* Der Vorstandsvertrag Rn. 266; BeckOGK/*Fleischer* AktG § 84 Rn. 40.
[2835] MHdB AG/*Wentrup* § 21 Rn. 23.
[2836] MüKoAktG/*Spindler*AktG § 84 Rn. 74.

vollziehen und die notwendigen Erklärungen abzugeben.[2837] Dem Bevollmächtigten ist es dabei nach hM zwar nicht erlaubt, hinsichtlich wesentlicher Punkte Änderungen im Vertrag vorzunehmen.[2838] Der Bevollmächtigte kann aber nach vorzugswürdiger Ansicht im Aufsichtsratsbeschluss ermächtigt werden, die Gesellschaft bei der Regelung von **offenen Einzelfragen** zu vertreten, soweit es sich um technische Einzelheiten **ohne materielle Bedeutung** handelt.[2839] Daraus kann man den Rückschluss ziehen, dass zumindest bezüglich solcher Punkte auch **keine detaillierte Offenlegung** gegenüber dem Aufsichtsrat bei Beschlussfassung notwendig ist.

1222 **cc) Übertragung auf einen Ausschuss.** § 107 Abs. 3 S. 7 AktG benennt Aufgaben des Aufsichtsrats, die nicht auf Ausschüsse übertragen werden können. Davon wird § 84 Abs. 1 S. 1 und 3, Abs. 2 und Abs. 3 S. 1 AktG erfasst. Diese Regelungen betreffen aber lediglich die Bestellung des Vorstandsmitglieds. Daraus folgt im Umkehrschluss, dass die Übertragung der **Entscheidung über den Anstellungsvertrag** auf einen Ausschuss im Grundsatz zulässig ist.[2840] Ein solcher Ausschuss muss sich aus mindestens drei Personen zusammensetzen. Durch dieses Erfordernis wird eine Umgehung des § 108 Abs. 2 S. 3 AktG, wonach mindestens drei Mitglieder an der Beschlussfassung des Aufsichtsrats teilnehmen müssen, verhindert.[2841] Aus der Delegation der Aufgabe folgt nicht zwingend zugleich die **Vertretungsbefugnis** des Ausschusses gem. § 112 AktG für den Abschluss des Anstellungsvertrags. Die erforderliche Ermächtigung kann in diesem Fall mit dem Einsetzungsbeschluss verbunden werden.[2842]

1223 Von der Übertragbarkeit nach § 107 Abs. 3 S. 7 AktG ausgenommen sind die **Festlegung und Herabsetzung von Vorstandsbezügen** gem. § 87 Abs. 1 und Abs. 2 S. 1 und 2 AktG. Dabei ist der Begriff der Gesamtbezüge iSd § 87 Abs. 1 S. 1 AktG weit zu verstehen und umfasst alle Leistungen, die Vergütungscharakter aufweisen (→ Rn. 1294). Die Entscheidung über die entsprechenden Vertragsbestimmungen ist somit zwingend vom Gesamtaufsichtsrat zu treffen. Die Zulässigkeit einer Übertragung hinsichtlich der übrigen Anstellungsbedingungen wird dadurch nach der zutreffenden hM jedoch nicht beseitigt.[2843]

1224 Im Fall der Delegation sind zunächst die Beschlüsse über die Bestellung und die Vergütung durch den Gesamtaufsichtsrat zu fassen, bevor sich der Ausschuss mit dem Anstellungsvertrag im Übrigen befasst.[2844] In Betracht kommt aber auch die umgekehrte Verfahrensweise. Der Ausschuss darf die Bestellungsentscheidung des Gesamtaufsichtsrats mit Blick auf dessen Entschließungsfreiheit aber nicht präjudizieren.[2845] Der Ausschuss hat in diesem Fall den Anstellungsvertrag gem. § 158 Abs. 1 BGB unter der **aufschiebenden Bedingung** der Bestellung zu schließen, was rechtlich zulässig ist.[2846] Entsprechendes gilt für die Entscheidung über die Vorstandsbezüge.[2847] Dieses stufenweise Vorgehen erscheint aber nicht immer zweckmäßig. Daher wird üblicherweise die Beschlussfassung über den Anstellungsvertrag einheitlich im Plenum vorgenommen.[2848] In jedem Fall darf ein Ausschuss auch in Vergütungsfragen zumindest durch Vorbereitungshandlungen oder den Entwurf eines Entscheidungsvorschlags tätig werden.[2849]

[2837] BeckOGK/*Spindler* AktG § 108 Rn. 6; BeckHdB AG/*Drinhausen*/*Eckstein* § 6 Rn. 34; Hopt/Wiedemann/*Hopt*/*Wiedemann* AktG § 84 Rn. 294.
[2838] MüKoAktG/*Spindler* AktG § 84 Rn. 74; Hölters/*Weber* AktG § 84 Rn. 39.
[2839] MHdB AG/*Wentrup* § 21 Rn. 23; MüKoAktG/*Spindler* § 84 Rn. 74 „Präzisierungen oder Reformulierungen".
[2840] BGH NJW 1982, 1528 (1530); 1981, 757 (758); 1976, 145; 1964, 1367; *Seyfarth* VorstR § 4 Rn. 25; Hüffer/Koch/*Koch* AktG § 84 Rn. 15.
[2841] BGH NJW 1976, 145 (146); Bürgers/Körber/*Bürgers* AktG § 84 Rn. 15; BeckOGK/*Fleischer* AktG § 84 Rn. 39.
[2842] *Beiner*/*Braun* Der Vorstandsvertrag Rn. 266; MüKoAktG/*Spindler* AktG § 84 Rn. 73.
[2843] *Wettich* AG 2013, 374 (378); *Scholderer* NZG 2011, 528; *Habersack* ZHR 174 (2010), 2 (10); *Seibert* WM 2009, 1489 (1491) *Spindler* NJOZ 2009, 3282 (3289); *Beiner*/*Braun* Der Vorstandsvertrag Rn. 257; Hüffer/Koch/*Koch* AktG § 107 Rn. 28; aA *Beuthien* NZG 2010, 333 (334); *Gaul*/*Janz* NZA 2009, 809 (813).
[2844] *Spindler* NJOZ 2009, 3282 (3289); *Hoffmann-Becking* FS Stimpel, 1985, 589 (596); *Beiner*/*Braun* Der Vorstandsvertrag Rn. 260.
[2845] BGH NJW 1982, 1528 (1530); NJW 1981, 757 (759); *Seyfarth* VorstR § 4 Rn. 28; MüKoAktG/*Spindler* AktG § 84 Rn. 72.
[2846] *Hoffmann-Becking* FS Stimpel, 1985, 589 (597); *Seyfarth* VorstR § 4 Rn. 28; *Thüsing* in Fleischer VorstR-HdB § 4 Rn. 65; MüKoAktG/*Spindler* AktG § 84 Rn. 72; GroßkommAktG/*Kort* AktG § 84 Rn. 332; Bürgers/Körber/*Bürgers* AktG § 84 Rn. 15; aA *Fonk* in Semler/v. Schenk AR-HdB § 10 Rn. 82.
[2847] *Beiner*/*Braun* Der Vorstandsvertrag Rn. 260.
[2848] *Hoffmann-Becking*/*Krieger* NZG 2009, Beil. zu Heft 26, 1 (9); *Seyfarth* VorstR § 4 Rn. 27; *Beiner*/*Braun* Der Vorstandsvertrag Rn. 258.
[2849] *Wettich* AG 2013, 374 (378); *Ihrig*/*Wandt*/*Wittgens* ZIP 2012, Beil. zu Heft 40, 1 (27); *Spindler* NJOZ 2009, 3282 (3288); *Annuß*/*Theusinger* BB 2009, 2434 (2439); *Hoffmann-Becking*/*Krieger* NZG 2009, Beil. zu Heft 26, 1 (9); GroßkommAktG/*Hirte*/*Mülbert*/*Roth* AktG § 107 Rn. 584; Hüffer/Koch/*Koch* AktG § 107 Rn. 28; Hölters/*Weber* AktG § 84 Rn. 37; MüKoAktG/*Habersack* AktG § 107 Rn. 155.

b) Vertragsdauer

Gem. § 84 Abs. 1 S. 5 iVm S. 1 AktG darf der Anstellungsvertrag **nicht für eine längere Zeit als fünf** **1225** **Jahre** geschlossen werden, was der zulässigen Höchstdauer für die Bestellung entspricht. Sofern im Anstellungsvertrag eine darüber hinausgehende Dauer vereinbart wurde, bleibt der Vertrag zwar wirksam, endet aber gleichwohl nach fünf Jahren.[2850] Fehlt eine Regelung über die Vertragsdauer gänzlich, ist der Vertrag im Regelfall dahingehend auszulegen, dass der Zeitraum dem der Bestellung entspricht.[2851] Davon abgesehen ist es jedoch nicht zwingend erforderlich, dass die vereinbarte Dauer des Anstellungsvertrags derjenigen der Bestellung entspricht.[2852] Es existiert zudem keine gesetzliche Regel, nach welcher der Anstellungsvertrag ohne Weiteres zusammen mit der Organstellung sein Ende findet (→ Rn. 1677).[2853] (Zur Begrenzung der Amtszeit → Rn. 636 ff.).

Sinn und Zweck der gesetzlich festgelegten **Höchstdauer des Anstellungsvertrags** ist die Sicherung **1226** der Entscheidungsfreiheit des Aufsichtsrats in Bezug auf die Wiederbestellung des jeweiligen Vorstandsmitglieds.[2854] Es soll verhindert werden, dass zwar die höchstens fünfjährige Amtszeit des Vorstandsmitglieds abläuft, der Anstellungsvertrag aber weiterhin Bestand hat. Die dann fortbestehende Vergütungspflicht wäre geeignet, die Entscheidung des Aufsichtsrats zugunsten einer Wiederbestellung zu beeinflussen.[2855] Die Höchstdauer dient damit dem Interesse der Gesellschaft, die Besetzung des Vorstands in erster Linie an der fortdauernden Eignung zu deren Leitung auszurichten.[2856]

Eine **Mindestlaufzeit des Anstellungsvertrags** sieht § 84 Abs. 1 AktG nicht vor. Wie bei der Be- **1227** stellung (→ Rn. 639) ist für die Dauer des Anstellungsvertrags jedoch zu beachten, dass eine vernünftige und eigenverantwortliche Leitung der Gesellschaft eine gewisse Mindestdauer voraussetzt.[2857] Sehr kurze Laufzeiten sind geeignet, das Erfordernis eines wichtigen Grundes auszuhöhlen.[2858] Insofern wird – mit Ausnahme etwa von Überbrückungsmandaten – eine Mindestdauer von einem Jahr für den Anstellungsvertrag zutreffend als Richtschnur angesehen.[2859] Die Wirksamkeit der Befristungsabrede wird durch eine zu kurze Laufzeit nach richtiger Ansicht jedoch nicht berührt.[2860] Der Anstellungsvertrag verlängert sich in diesem Fall weder auf die angemessene Laufzeit noch bis zum Ablauf der gesetzlichen Höchstfrist[2861] oder der Bestellung. Die Vereinbarung einer unangemessen kurzen Vertragsdauer stellt aber gegebenenfalls eine Pflichtwidrigkeit des Aufsichtsrats dar.[2862] Die Vereinbarung eines **Anstellungsvertrags auf Probe** ist nach hM nicht möglich.[2863]

Gem. § 84 Abs. 1 S. 5 Hs. 2 AktG ist es zulässig, im Anstellungsvertrag zu vereinbaren, dass dieser für **1228** den Fall einer Verlängerung der Amtszeit bis zu deren Ablauf weitergelten soll (sog. **Verlängerungsklausel**). In diesem Fall verlängert sich der Vertrag gleichlaufend mit einer etwaigen Verlängerung der Bestellung.[2864] Ist eine solche Klausel nicht vereinbart worden, bedarf es eines weiteren Beschlusses des Aufsichtsrats hinsichtlich der **Vertragsverlängerung**.[2865] Ein solcher Beschluss darf entsprechend § 84 Abs. 1 S. 3 AktG frühestens ein Jahr vor Ablauf der bisherigen Anstellung gefasst werden.[2866] Mit Blick auf die Rechtsprechung des BGH zur vorzeitigen Wiederbestellung[2867] (→ Rn. 662) ist es jedoch grundsätzlich

---

[2850] BAG NZA 2009, 1205 Rn. 14; GroßkommAktG/*Kort* AktG § 84 Rn. 332; Hüffer/Koch/*Koch* AktG § 84 Rn. 20.
[2851] MüKoAktG/*Spindler* AktG § 84 Rn. 83; GroßkommAktG/*Kort* AktG § 84 Rn. 332; K. Schmidt/Lutter/*Seibt* AktG § 84 Rn. 28.
[2852] *Seyfarth* VorstR § 4 Rn. 32; MüKoAktG/*Spindler* AktG § 84 Rn. 81; BeckOGK/*Fleischer* AktG § 84 Rn. 44; GroßkommAktG/*Kort* AktG § 84 Rn. 332; Hölters/*Weber* AktG § 84 Rn. 43; aA *Ziemons* in Ziemons/Binnewies HdB AG I. Rn. 8.279.
[2853] K. Schmidt GesR § 28 II 2 e.
[2854] K. Schmidt/Lutter/*Seibt* AktG § 84 Rn. 28; MüKoAktG/*Spindler* AktG § 84 Rn. 81.
[2855] MüKoAktG/*Spindler* AktG § 84 Rn. 81.
[2856] Vgl. BGH NJW 1981, 166 (167).
[2857] *Grobys/Littger* BB 2002, 2292 (2294); *Beiner/Braun* Der Vorstandsvertrag Rn. 273; MHdB AG/*Wentrup* § 21 Rn. 26.
[2858] *Bauer/von Medem* NZA 2014, 238 (239).
[2859] *Beiner/Braun* Der Vorstandsvertrag Rn. 273; BeckOGK/*Fleischer* AktG § 84 Rn. 44; GroßkommAktG/*Kort* AktG § 84 Rn. 334; Kölner Komm AktG/*Mertens/Cahn* AktG § 84 Rn. 24, 54; für eine Mindestdauer von regelmäßig zwei Jahren NomosFormulare ArbR/*Hümmerich/Lücke/Mauer* § 1 Rn. 573.
[2860] Zur Wirksamkeit der Bestellung OLG München BeckRS 2017, 100878 Rn. 36; *Fleischer* AG 2006, 429 (435); aA *Miller* BB 1973, 1089.
[2861] So aber *Miller* BB 1973, 1089.
[2862] Kölner Komm AktG/*Mertens/Cahn* AktG § 84 Rn. 24; *Bauer/von Medem* NZA 2014, 238 (239) dort Fn. 12; MHdB AG/*Wentrup* § 21 Rn. 26.
[2863] OLG Karlsruhe BB 1973, 1088; *Seyfarth* VorstR § 4 Rn. 34; BeckOGK/*Fleischer* AktG § 84 Rn. 44; GroßkommAktG/*Kort* AktG § 84 Rn. 335; aA *Miller* BB 1973, 1089.
[2864] GroßkommAktG/*Kort* AktG § 84 Rn. 336; Hölters/*Weber* AktG § 84 Rn. 43.
[2865] Bürgers/Körber/*Bürgers* AktG § 84 Rn. 16; K. Schmidt/Lutter/*Seibt* AktG § 84 Rn. 28.
[2866] MüKoAktG/*Spindler* AktG § 84 Rn. 82; GroßkommAktG/*Kort* AktG § 84 Rn. 333.
[2867] BGH NZG 2012, 1027.

zulässig, den Anstellungsvertrag außerhalb der Jahresfrist aufzuheben und sodann unter Beachtung der gesetzlichen Höchstdauer neu zu vereinbaren.[2868]

1229 Dagegen sind Klauseln, die eine Verlängerung des Anstellungsvertrags daran knüpfen, dass bis zu einem bestimmten Termin keine Kündigung erfolgt ist (sog. **Fortgeltungs- oder Fortsetzungsklauseln**) jedenfalls dann unwirksam, wenn sich dadurch der Anstellungsvertrag über die Höchstdauer von fünf Jahren verlängern würde.[2869] Die anstellungsvertragliche **Vereinbarung eines Arbeitsverhältnisses** über Anstellungsvertrag und Organstellung hinaus ist nicht generell ausgeschlossen. Nichtig gem. § 134 BGB ist eine solche Vereinbarung jedoch, wenn sie mit Beendigung der Organstellung die unveränderte Weiterführung des Anstellungsverhältnisses als Arbeitsverhältnis über die Fristen des § 84 Abs. 1 AktG hinaus vorsieht.[2870]

1230 Nur ausnahmsweise kann eine **konkludente Vertragsverlängerung** dem Beschluss über die Wiederbestellung im Wege der ergänzenden Auslegung zu entnehmen sein.[2871] Inwiefern sonst die Regelung des § 625 BGB zur **stillschweigenden Verlängerung** des Dienstverhältnisses auf Anstellungsverträge von Vorstandsmitgliedern Anwendung findet, wurde in der Rechtsprechung bislang offen gelassen.[2872] Soweit die Literatur § 625 BGB heranzieht, wird entweder eine Verlängerung des Anstellungsvertrags über die Dauer der (Wieder-)Bestellung[2873] oder – ohne gleichzeitige Verlängerung der Bestellung – über die gesetzliche Höchstdauer von fünf Jahren hinaus[2874] abgelehnt. Nach richtiger Ansicht ist die Norm bereits generell unanwendbar, da sie durch die speziellen Regelungen des § 84 Abs. 1 AktG verdrängt wird.[2875] Aus Sicht des Aufsichtsrats ist in einem solchen Fall die vorsorgliche Erklärung des Widerspruchs in Betracht zu ziehen. Im Übrigen liegt ein unverzüglicher Widerspruch in der Aufnahme von Verhandlungen über den Neuabschluss eines befristeten oder inhaltlich geänderten Anstellungsvertrags kurz vor oder sofort nach Ablauf der Dienstzeit.[2876]

c) Schutz des Organmitglieds

1231 aa) **AGB-Kontrolle, §§ 305 ff. BGB.** Auf das Anstellungsverhältnis finden die Vorschriften der §§ 305 ff. BGB über **Allgemeine Geschäftsbedingungen** grundsätzlich Anwendung.[2877] Bei den Anstellungsverträgen der Vorstandsmitglieder handelt es sich nach zutreffender Ansicht nicht um Verträge auf dem Gebiet des Gesellschaftsrechts iSd Bereichsausnahme des § 310 Abs. 4 S. 1 BGB.[2878] Nach § 310 Abs. 4 S. 2 BGB sind bei der Anwendung auf Arbeitsverträge die **im Arbeitsrecht geltenden Besonderheiten** angemessen zu berücksichtigen; § 305 Abs. 2 und 3 BGB sind nicht anzuwenden. Da der Vorstand nicht in einem Arbeitsverhältnis zur Gesellschaft steht (→ Rn. 1190), ist die Norm auf den Anstellungsvertrag nicht unmittelbar anwendbar.[2879] Allerdings erscheint es nicht richtig, Anstellungsverträge von Vorstandsmitgliedern einer strengeren Kontrolle als Arbeitsverträge zu unterziehen. Um Wertungswidersprüche zu vermeiden, kommt nach zutreffender Ansicht die teleologische Reduktion bestimmter Klauselverbote oder die analoge Anwendung von § 310 Abs. 4 S. 2 BGB in Betracht, soweit arbeits- und dienstvertragliche Besonderheiten übereinstimmen.[2880]

[2868] *Beiner/Braun* Der Vorstandsvertrag Rn. 276; MüKoAktG/*Spindler* AktG § 84 Rn. 84; *Bauer/C. Arnold* DB 2006, 260 (261).
[2869] BGH WM 1978, 109 (111); NJW 1976, 145 (147); GroßkommAktG/*Kort* AktG § 84 Rn. 337; BeckOGK/*Fleischer* AktG § 84 Rn. 46.
[2870] BAG NZA 2009, 1205 m. zust. Anm. *Diller* AP AktG § 84 Nr. 2; MüKoAktG/*Spindler* AktG § 84 Rn. 88; NK-ArbR/*Pusch/Daub* AktG § 84 Rn. 41; Hüffer/Koch/*Koch* AktG § 84 Rn. 20.
[2871] *Beiner/Braun* Der Vorstandsvertrag Rn. 275; BeckOGK/*Fleischer* AktG § 84 Rn. 45.
[2872] BAG NZA 2009, 1205 Rn. 32; BGH NJW 1997, 2319 (2320); WM 1967, 540; OLG Karlsruhe AG 1996, 224 (227).
[2873] *Seyfarth* VorstR § 4 Rn. 33; *Beiner/Braun* Der Vorstandsvertrag Rn. 275; MHdB AG/*Wentrup* § 21 Rn. 25; dazu tendiert auch OLG Karlsruhe AG 1996, 224 (227).
[2874] *Kort* NZG 2020, 121 (122); *Bauer* DB 1992, 1413 (1414); MüKoBGB/*Henssler* BGB § 625 Rn. 6; Erman/*Belling/Riesenhuber* BGB § 625 Rn. 2; Henssler/Willemsen/Kalb ArbR/*Bittner/Tiedemann* BGB § 615 Rn. 12.
[2875] GroßkommAkt/*Kort* AktG § 84 Rn. 340; MüKoAktG/*Spindler* AktG § 84 Rn. 83; K. Schmidt/Lutter/*Seibt* AktG § 84 Rn. 28; Hüffer/Koch/*Koch* AktG § 84 Rn. 25; NK-AktR/*Oltmanns* AktG § 84 Rn. 14; Kölner Komm AktG/*Mertens/Cahn* AktG § 84 Rn. 53; KR/*Fischermeier/Krumbiegel* BGB § 625 Rn. 1; aA *Bauer* DB 1992, 1413; Prütting/Wegen/Weinreich/*Lingemann* BGB § 625 Rn. 1.
[2876] BGH WM 1967, 540; *Bauer* DB 1992, 1413 (1414); *Beiner/Braun* Der Vorstandsvertrag Rn. 275.
[2877] OLG Frankfurt a. M. AG 2018, 852 (853); *Bauer/C. Arnold* ZIP 2006, 2337 (2338); *Seyfarth* VorstR § 4 Rn. 19.
[2878] *Löw* AG 2018, 837 (838); *Bauer/C. Arnold* ZIP 2006, 2337 (2338); *Bauer* FS Wank, 2014, 1; Palandt/*Grüneberg* BGB § 310 Rn. 49; differenzierend *Mülbert* FS Goette, 2011, 333 (344).
[2879] *Seyfarth* VorstR § 4 Rn. 20; MüKoBGB/*Basedow* BGB § 310 Rn. 143; *Kort* NZG 2020, 121 (123).
[2880] *Bauer/C. Arnold* ZIP 2006, 2337 (2338); *Bauer* FS Wank, 2014, 1 (2); siehe auch *Bauer/Baeck/v. Medem* NZG 2010, 721 (723); für eine teleologische Reduktion der AGB-Kontrolle unter Hinweis auf den Wertungswiderspruch zu § 310 Abs. 4 S. 2 BGB: *Herresthal* ZIP 2014, 345 (350 f.) mit Fn. 82.

Sofern der Vertrag nicht einseitig von der Gesellschaft gestellt wird oder nur zur einmaligen Verwendung bestimmt ist, hängt die Anwendbarkeit der §§ 305 ff. BGB im Wesentlichen davon ab, ob das Vorstandsmitglied bei Vertragsschluss als Verbraucher iSv § 13 BGB anzusehen ist. Liegt ein **Verbrauchervertrag** vor, gilt der Vertrag gem. § 310 Abs. 3 Nr. 1 BGB als vom Unternehmer gestellt und es kommt gem. § 310 Abs. 3 Nr. 2 BGB nicht mehr auf die Absicht zur mehrfachen Verwendung an. Darüber hinaus sind gem. § 310 Abs. 3 Nr. 3 BGB bei der Beurteilung einer unangemessenen Benachteiligung nach § 307 Abs. 1 und 2 BGB die konkreten **Begleitumstände des Vertragsschlusses** zu berücksichtigen. So wird man bei Vorstandsmitgliedern regelmäßig von einer gewissen Geschäftserfahrung ausgehen können.[2881] Vorstandsmitglieder befinden sich typischerweise nicht in einer unterlegenen Verhandlungssituation. Die Verhandlungen sind beim Anstellungsvertrag regelmäßig von einem gleichrangigen Kräfteverhältnis geprägt.[2882]

Verbraucher ist gem. § 13 BGB jede natürliche Person, die ein Rechtsgeschäft zu Zwecken abschließt, die überwiegend weder ihrer gewerblichen noch ihrer selbständigen beruflichen Tätigkeit zugerechnet werden können. Ob Vorstandsmitglieder von Aktiengesellschaften bei der Vereinbarung des Anstellungsvertrags als **Verbraucher** einzustufen sind, ist höchstrichterlich bislang nicht entschieden worden.[2883] Jedenfalls der Geschäftsführer einer GmbH bei der Beurteilung einer unangemessenen Benachteiligung ohne beherrschenden Einfluss auf die Gesellschaft wird von der Rechtsprechung als Verbraucher angesehen.[2884] Danach ist Voraussetzung einer selbständigen beruflichen Tätigkeit neben der weitgehenden Freiheit von Weisungen, dass die Tätigkeit im eigenen Namen, auf eigene Rechnung und im eigenen Verantwortungsbereich ausgeübt wird, sodass das wirtschaftliche Risiko der Tätigkeit unmittelbar selbst getragen wird. Auf die sozialversicherungsrechtliche Einordnung als Selbständiger oder die arbeitgeberähnliche Stellung des Vorstandsmitglieds kommt es nicht an.[2885] Eine dementsprechende Einordnung als Verbraucher ist ebenfalls in Bezug auf Vorstandsmitglieder einer Aktiengesellschaft zu erwarten.[2886]

bb) Diskriminierungsschutz, § 6 Abs. 3 AGG. Vorstandsmitglieder unterfallen dem Schutz durch die diskriminierungsrechtlichen Benachteiligungsverbote nicht bereits nach § 6 Abs. 1 S. 1 Nr. 1 AGG, da sie keine Arbeitnehmer der Aktiengesellschaft sind (→ Rn. 1190). Der Schutz von Organmitgliedern vor Benachteiligungen ist in § 6 Abs. 3 AGG explizit geregelt. Danach gelten die §§ 7–18 AGG insbesondere für Vorstandsmitglieder entsprechend, soweit die Bedingungen für den **Zugang zur Erwerbstätigkeit** sowie den **beruflichen Aufstieg** betroffen sind. Unter den Zugang zur Erwerbstätigkeit iSv § 2 Abs. 1 Nr. 1 AGG fallen nach der Rechtsprechung des BGH sowohl die Vereinbarung des Anstellungsvertrags als auch die Bestellung des Vorstands.[2887] Hinsichtlich der Bestellung ist dies jedoch zweifelhaft, weil Vergütungsansprüche lediglich aus dem Anstellungsverhältnis erwachsen.[2888]

Als **Entlassungsbedingungen** iSv § 2 Abs. 1 Nr. 2 AGG nicht von § 6 Abs. 3 AGG erfasst sind die Beendigung der Bestellung und des Anstellungsvertrags von Organmitgliedern.[2889] Bei einer Neubesetzung ist jedoch ein ausgeschiedenes Vorstandsmitglied, das sich wiederum um die Stelle bewirbt, nach Auffassung des BGH (zum GmbH-Geschäftsführer) wie die übrigen Bewerber gem. § 6 Abs. 3 AGG geschützt.[2890] Für die Kündigungsentscheidung gelten im Übrigen lediglich die Grenzen der Sittenwidrigkeit und des Grundsatzes von Treu und Glauben.[2891] Aus den Vorgaben des Unionsrechts folgt kein umfassenderer Schutz des Vorstandsmitglieds. Das gilt auch mit Blick auf die Entscheidung des BGH vom 26.3.2019[2892], nach der Fremdgeschäftsführer einer GmbH in Bezug auf die Kündigung des Anstellungsvertrags bei unionsrechtskonformer Auslegung als Arbeitnehmer iSv § 6 Abs. 1 Nr. 1 AGG anzusehen sind. Die Entscheidung lässt sich nicht auf Vorstandsmitglieder einer Aktiengesellschaft übertra-

---

[2881] *Bauer/C. Arnold* ZIP 2006, 2337 (2339); *Bauer* FS Wank, 2014, 1 (2).
[2882] *Bauer/Baeck/v. Medem* NZG 2010, 721 (723).
[2883] Die Verbrauchereigenschaft bejahend OLG Frankfurt a. M. AG 2018, 852 (853); OLG Hamm AG 2007, 910.
[2884] BAG NJW 2010, 2827 Rn. 21 ff.; zu Verbraucherkreditgeschäften vgl. BGH NJW-RR 2007, 1673 Rn. 17; NJW 2004, 3039 (3040); NJW 1996, 2156 (2158).
[2885] *Bauer/C. Arnold/Kramer* AG 2014, 677 (678).
[2886] *V. Westphalen* BB 2015, 834 (836); *Bauer/C. Arnold/Kramer* AG 2014, 677 (679); *Wilsing/Meyer* DB 2011, 341 (344); *Bauer/C. Arnold* ZIP 2006, 2337 (2339); *Bauer* FS Wank, 2014, 1 (2); dagegen *Mülbert* FS Goette, 2011, 333 (337 ff.); *Seyfarth* VorstR § 4 Rn. 17 ff.; krit. auch *Thüsing* in Fleischer VorstR-HdB § 4 Rn. 101 ff.
[2887] BGH NZA 2012, 797 Rn. 19; zust. *Kort* NZG 2013, 601 (605); *Wilsing/Meyer* DB 2011, 341 (342); MHdB ArbR/ *Oetker* § 16 Rn. 38; ErfK/*Schlachter* AGG § 6 Rn. 7.
[2888] *Mohr/Bourazeri* NZA 2019, 870 (875); *Lingemann/Weingarth* DB 2012, 2325 (2327); *Reufels/Molle* NZA-RR 2011, 281 (283); *Bauer/C. Arnold* ZIP 2008, 993 (997); *Bauer/Krieger/Günther* AGG § 6 Rn. 27.
[2889] BGH NJW 2019, 2086 Rn. 19; NZA 2012, 797 Rn. 21; *Bauer/C. Arnold* ZIP 2008, 993 (999); aA MüKoBGB/ *Thüsing* AGG § 2 Rn. 7.
[2890] Zum GmbH-Geschäftsführer BGH NZA 2012, 797 Rn. 20; *Bauer/C. Arnold* NZG 2012, 921 (923); MüKoAktG/ *Spindler* AktG § 84 Rn. 33; aA *Bauer/Krieger/Günther* AGG § 6 Rn. 31.
[2891] BGH NZA 2012, 797 Rn. 22; *Bauer/C. Arnold* NZG 2012, 921 (923).
[2892] BGH NJW 2019, 2086.

gen, da diesen nach richtiger Ansicht die Eigenschaft als Arbeitnehmer im unionsrechtlichen Sinne fehlt (→ Rn. 1194).[2893]

1236 Im Anwendungsbereich des AGG sind gem. § 7 Abs. 1 AGG, § 3 Abs. 1, Abs. 2 AGG, § 1 AGG Benachteiligungen aus Gründen der Rasse, wegen der ethnischen Herkunft, des Geschlechts, der Religion oder Weltanschauung, einer Behinderung, des Alters oder der sexuellen Identität unzulässig. Ein Verstoß gegen das Benachteiligungsverbot setzt die Kausalität eines solchen Merkmals für die Benachteiligung voraus. § 6 Abs. 3 AGG verweist für den Diskriminierungsschutz zwar lediglich auf den zweiten Abschnitt des Gesetzes. Richtigerweise wendet der BGH die **Beweislastregelung** des § 22 AGG dennoch auf Organmitglieder an, weil die Norm die prozessuale Durchsetzung der Schutzregeln sicherstellen soll.[2894] Sofern das Vorstandsmitglied also Indizien vortragen kann, die eine Benachteiligung wegen eines in § 1 AGG genannten Grundes vermuten lassen, trägt die Gesellschaft die Beweislast dafür, dass kein Verstoß gegen die Bestimmungen zum Schutz vor Benachteiligung vorgelegen hat.

1237 Besonderheiten bei der Anwendung des § 22 AGG ergeben sich aufgrund der Kompetenz des Aufsichtsrats für den Vertragsschluss. Bei **Gremienentscheidungen** muss das diskriminierende Motiv nach zutreffender Ansicht bei so vielen Mitgliedern vorgelegen haben, wie Stimmen für die Entscheidung notwendig waren.[2895] Unabhängig davon wird die Vermutungswirkung nach Auffassung des BGH sogar dann ausgelöst, wenn der Vorsitzende als Repräsentant des Gremiums die Gründe für die Entscheidung unwidersprochen öffentlich wiedergibt.[2896] Das diskriminierende Merkmal muss dabei nicht alleinige Ursache gewesen sein. Es genügt, wenn es lediglich als Teil eines Motivbündels die Entscheidung beeinflusst hat.[2897] Auf ein schuldhaftes Handeln oder gar eine Benachteiligungsabsicht kommt es in diesem Zusammenhang nicht an.[2898]

1238 Besonders praxisrelevant und bislang nicht abschließend geklärt sind Fragen der **Altersdiskriminierung,** vor allem im Hinblick auf Mindest- und Höchstaltersgrenzen.[2899] Altersgrenzen finden sich bisweilen in Satzungen, Geschäftsordnungen, Anstellungsverträgen oder Stellenausschreibungen. Nach der Empfehlung B.5 DCGK soll für Vorstandsmitglieder eine Altersgrenze festgelegt und in der Erklärung zur Unternehmensführung angegeben werden.

1239 Im Anwendungsbereich des AGG ist die unterschiedliche Behandlung wegen des Alters gem. § 10 S. 1 AGG nur zulässig, wenn sie objektiv, angemessen und durch ein legitimes Ziel gerechtfertigt ist. Die Mittel zur Erreichung dieses Ziels müssen nach § 10 S. 2 AGG angemessen und erforderlich sein. An diesem Maßstab sind – soweit der Zugang zur Erwerbstätigkeit betroffen ist – insbesondere **Höchstaltersgrenzen** für Vorstandsmitglieder zu messen. Diese sehen vor, dass ein Vorstandsmitglied mit dem Erreichen eines bestimmten Lebensalters ausscheidet oder nicht wiederbestellt wird. In Anstellungsverträgen sind Regelungen üblich, nach denen der Vertrag spätestens mit Erreichen der Altersgrenze sein Ende findet. Keine Zweifel bestehen mit Blick auf § 10 S. 3 Nr. 5 AGG an der Zulässigkeit einer Anknüpfung an das **gesetzliche Renteneintrittsalter.**[2900] Weitaus problematischer sind dagegen unter dem gesetzlichen Renteneintrittsalter liegende Altersgrenzen. In der Literatur gab es dazu bislang unterschiedliche Vorschläge.[2901] Typischerweise angemessen erscheint eine Grenzziehung bei einem Alter von 58 Jahren, wobei Besonderheiten des Einzelfalls berücksichtigt werden können.[2902] Dagegen werden bestimmte Altersgrenzen teilweise abgelehnt und eine Rechtfertigung nach § 10 S. 1, S. 2 AGG im jeweiligen Einzel-

---

[2893] *C. Arnold/Romero* NZG 2019, 930 (932).
[2894] BGH NZA 2012, 797 Rn. 26 f.; *Lingemann/Weingarth* DB 2012, 2325 (2328); *Bauer/Krieger/Günther* AGG § 6 Rn. 17; aA *Eßer/Baluch* NZG 2007, 321, 325 f., die die Nichtanwendbarkeit von § 22 AGG auf Organmitglieder annehmen, hierin aber zugleich ein Verstoß gegen Unionsrecht sehen.
[2895] *Bauer/C. Arnold* ZIP 2012, 597 (604); *Thüsing/Stiebert* NZG 2011, 641 (642); *Bauer/C. Arnold* ZIP 2008, 993, 1002; *Bauer/Krieger/Günther* AGG § 7 Rn. 16; MüKoAktG/*Spindler* AktG § 84 Rn. 36; aA *Reufels/Molle* NZA-RR 2011 281 (285); *Eßer/Baluch* NZG 2007, 321 (327); offengelassen BGH NZA 2012, 797 Rn. 36.
[2896] BGH NZA 2012, 797 Rn. 36; aA *Lingemann/Weingarth* DB 2012, 2325 (2328); *Thüsing/Stiebert* NZG 2011, 641 (642).
[2897] BGH NZA 2012, 797 Rn. 37; BAG NZA 2013, 498 Rn. 38; NZA 2009, 945 Rn. 37; *Diller/Krieger/Arnold* NZA 2006, 887 (892).
[2898] BAG NZA 2013, 498 Rn. 38; NZA 2012, 667 Rn. 42.
[2899] Ausführlich hierzu *Bauer/C. Arnold* ZIP 2012, 597.
[2900] *C. Arnold/Romero* NZG 2019, 930 (932); *Hohenstatt/Naber* ZIP 2012, 1989 (1994); *Bauer/C. Arnold* ZIP 2012, 597 (600); *Thüsing/Stiebert* NZG 2011, 641 (643); *Reufels/Molle* NZA-RR 2011, 281 (284); *Wilsing/Meyer* DB 2011, 341 (343); MüKoAkt/*Spindler* AktG § 84 Rn. 34; vgl. auch BAG NZA 2008, 1302 zur sachlichen Rechtfertigung einer tarifvertraglichen Regelung über Altersbefristung auf den Zeitpunkt des Erreichens des Regelrentenalters; vgl. auch EuGH ZIP 2010, 2418 – Rosenbladt.
[2901] Für eine Altersgrenze von 58 Jahren vgl. *Lutter* BB 2007, 725 (729); für eine Altersgrenze von 60 Jahren vgl. *Seyfarth* VorstR § 3 Rn. 16; *Beiner/Braun* Der Vorstandsvertrag Rn. 87.
[2902] *Bauer/C. Arnold* ZIP 2012, 597 (600 f.); *Lutter* BB 2007, 725 (729); *Bauer/Krieger/Günther* AGG § 6 Rn. 36.

fall gefordert.[2903] In diese Richtung geht nun auch die Rechtsprechung des BGH, nach der allgemeine oder hypothetische Ausführungen in Bezug auf unternehmensbezogene Interessen oder das Anforderungsprofil für Unternehmensleiter zur Rechtfertigung einer Altersgrenze nicht ausreichen.[2904]

Betriebs- und unternehmensbezogene Interessen können eine Ungleichbehandlung wegen des Alters jedenfalls insoweit rechtfertigen, wie sie sich als Teil eines sozialpolitischen (Gesamt-)Ziels darstellen.[2905] Die Zulässigkeit einer Höchstaltersgrenze wird dabei unter Umständen durch Vereinbarung eines Übergangs- oder Ruhegehalts beeinflusst. Inwieweit § 10 S. 3 Nr. 5 AGG in diesem Fall analog anzuwenden ist, wurde von der Rechtsprechung noch nicht abschließend geklärt.[2906] Vorstandsmitglieder beziehen aus ihrer Tätigkeit keine gesetzliche Rente. Es liegt daher nahe, eine entsprechende Altersgrenze als gerechtfertigt anzusehen, wenn das Vorstandsmitglied nach seinem Ausscheiden umgehend durch einen Anspruch auf ein Übergangs- oder Ruhegehalt abgesichert ist.[2907] 1240

Davon zu unterscheiden sind **Altersgrenzen für den erstmaligen Zugang** zur Vorstandstätigkeit. Eine Beschränkung auf das gesetzliche Renteneintrittsalter ist hier ebenfalls zulässig.[2908] Würde man darüber hinaus auch bei der Erstbestellung die Altersgrenze bei 58 Jahren ansetzen, könnte ein Vorstandsmitglied die Geschicke der Gesellschaft lediglich für eine ganze Amtszeit von fünf Jahren leiten. Auf der Vorstandsebene ist Führungskontinuität für die Handlungsfähigkeit der Gesellschaft gegebenenfalls von wesentlicher Bedeutung. Das kann im Einzelfall dafür sprechen, dass für den Zugang eine Höchstaltersgrenze von 50 Jahren mit dem AGG zu vereinbaren ist.[2909] Damit kann das Vorstandsmitglied zumindest zweimal wiederbestellt werden, bevor es das Renteneintrittsalter erreicht. Anforderungen an das **Mindestalter** für die erstmalige Bestellung werden regelmäßig leichter zu rechtfertigen sein als bei Arbeitnehmern. Denn das Alter des Vorstands kann Einfluss auf die Akzeptanz durch die Belegschaft sowie auf die Anerkennung durch Dritte, besonders durch Geschäftspartner, haben.[2910] 1241

Verstößt der Arbeitgeber gegen das Benachteiligungsverbot und hat er diese Pflichtverletzung auch zu vertreten, ist er gem. § 15 Abs. 1 AGG **schadensersatzpflichtig.** Nicht-Vermögensschäden können über § 15 Abs. 2 S. 1 AGG ersetzt verlangt werden. Bei Nichteinstellung beträgt die Entschädigung höchstens drei Monatsgehälter, sofern der oder die Beschäftigte auch bei benachteiligungsfreier Auswahl nicht eingestellt worden wäre, § 15 Abs. 2 S. 2 AGG. Für den materiellen Schadensersatzanspruch hingegen bedarf es des Nachweises, dass der Bewerber bei benachteiligungsfreier Auswahl eingestellt bzw. der Anstellungsvertrag verlängert worden wäre.[2911] Einen Anspruch auf Bestellung oder auf den Abschluss eines Anstellungsvertrags hat das Vorstandsmitglied gem. § 15 Abs. 6 AGG nicht. 1242

d) Drittanstellung/Drittvergütung

Der Anstellungsvertrag des Vorstandsmitglieds wird nach der gesetzlichen Grundkonzeption mit der Aktiengesellschaft geschlossen, bei der das Vorstandsmitglied bestellt ist. In der Praxis dagegen verlaufen die Vertragsbeziehungen zu Vorstandsmitgliedern nicht immer bilateral. Vielmehr werden in verschiedenen Konstellationen Dritte involviert. Solche **Drittbeziehungen** sind in vielerlei Hinsicht denkbar, betreffen praktisch jedoch zwei Themenblöcke: Die **Drittanstellung** sowie die **Drittvergütung**. 1243

Wird der Anstellungsvertrag nicht mit der Bestellungsgesellschaft, sondern mit einem Dritten geschlossen, liegt eine sogenannte **Drittanstellung** vor. Bestellung und Anstellung des Vorstandsmitglieds fallen in dieser Situation auseinander (→ Rn. 1247). 1244

Von der Drittanstellung strukturell zu trennen sind Fälle der **Drittvergütung** (→ Rn. 1260). In diesen Konstellationen besteht zwar ein Anstellungsvertrag mit der Bestellungsgesellschaft, das Vorstandsmitglied erhält aber typischerweise eine Vergütungskomponente aus einem aus Sicht der Bestellungsgesellschaft mit einem Dritten bestehenden Vertragsverhältnis, zB einem Aktionär. 1245

Drittanstellung und Drittvergütung können zusammenfallen, müssen jedoch nicht. 1246

aa) Drittanstellungsvertrag. (1) Merkmale. Die Drittanstellung erfasst alle denkbaren Fälle, in denen das Vorstandsmitglied in einem Anstellungsverhältnis **zu einer anderen Gesellschaft** steht als derjenigen, 1247

[2903] *Reufels/Molle* NZA-RR 2011, 281 (284 f.); *Wilsing/Meyer* DB 2011, 341 (343 f.); MüKoAkt/*Spindler* AktG § 84 Rn. 34.
[2904] BGH NJW 2019, 2086 Rn. 39 ff.
[2905] BGH NJW 2019, 2086 Rn. 48.
[2906] Vgl. BGH NJW 2019, 2086 Rn. 45 f.
[2907] *C. Arnold/Romero* NZG 2019, 930 (932); *Bauer/C. Arnold* ZIP 2012, 597 (601); *Jaeger* FS Bauer, 2010, 495 (497 f.); MüKoAkt/*Spindler* AktG § 84 Rn. 34; zurückhaltender *Hohenstatt/Naber* ZIP 2012, 1989 (1996).
[2908] *C. Arnold/Romero* NZG 2019, 930 (932); *Reufels/Molle* NZA-RR 2011, 281 (284).
[2909] *Bauer/C. Arnold* ZIP 2012, 597, 601.
[2910] *Bauer/C. Arnold* ZIP 2008, 993 (1000).
[2911] *Bauer/C. Arnold* ZIP 2012, 597, 605.

von der er zum Organ bestellt wurde. Dabei lassen sich – ohne Anspruch auf Vollständigkeit – folgende Konstellationen unterscheiden[2912]:

1248 Häufig werden Drittanstellungen in Konzernsachverhalten vorgenommen (sog. **Konzernanstellungsvertrag**). Dies betrifft zB den Fall, dass das Vorstandsmitglied einer Tochtergesellschaft den Anstellungsvertrag mit der Konzernmutter schließt. Aus Sicht der Tochtergesellschaft liegt dann ein Drittanstellungsvertrag mit der Muttergesellschaft vor. Der Fall kann aber auch genau umgekehrt liegen. Diesen Konzernkonstellationen kann eine Mehrfachmandatierung im Konzern zugrunde liegen. Das bedeutet, das Vorstandsmitglied ist in mehr als einer Konzerngesellschaft zum Vorstand bestellt, hat jedoch nur mit einer der Gesellschaften ein Anstellungsverhältnis, das jedoch die Vorstandstätigkeit in beiden bzw. allen Gesellschaften regelt. Denkbar ist eine solche Gestaltung jedoch auch ohne Mehrfachmandat, zB wenn das Vorstandsmitglied der Tochtergesellschaft in einem Arbeits- oder Anstellungsverhältnis zur Muttergesellschaft steht.[2913]

1249 Der Drittanstellungsvertrag kann aber auch zu einem Dritten außerhalb des Konzerns bestehen, zB zu einer Restrukturierungs- oder Interim-Manager-Agentur (sog. **Personalleasing**). In diesem Fall wird zwischen den Gesellschaften regelmäßig ein sog. **Vorstandsgestellungsvertrag** über die Vergütung des Dritten für die vorübergehende Stellung des Vorstandsmitglieds und dessen Vorstandstätigkeit geschlossen.[2914] Das Vorstandsmitglied erhält seine Vergütung in diesem Fall üblicherweise aus einem mit dem Dritten bestehenden Anstellungsvertrag. Hier fallen also Drittanstellung und Drittvergütung zusammen.

1250 Zur Drittanstellung kommt es ferner bei der AG & Co. KG, wenn der **Anstellungsvertrag zur Kommanditgesellschaft** besteht.[2915] Drittanstellungsverträge sind außerdem bei kommunalen Versorgungsunternehmen zu finden, bei denen das Vorstandsmitglied den **Anstellungsvertrag mit der mehrheitsbeteiligten öffentlich-rechtlichen Körperschaft** schließt.[2916]

1251 **(2) Rechtliche Zulässigkeit.** Zweifel an der Zulässigkeit von Drittanstellungsverträgen beruhen vor allem auf der Gefahr von **Interessenkonflikten**, wenn das Vorstandsmitglied mehreren Gesellschaften gegenüber verpflichtet ist. Zudem können Konflikte mit der grundsätzlich zwingenden Kompetenzordnung des Aktienrechts entstehen, wenn der Anstellungsvertrag nicht auch von dem bestellenden Aufsichtsrat abgeschlossen wurde.[2917]

1252 Bei der GmbH werden Mehrfachmandatierungen sowie Drittanstellungsverträge von Geschäftsführern von Rechtsprechung und Literatur grundsätzlich für zulässig erachtet.[2918] Inwiefern dies für Vorstandsmitglieder einer Aktiengesellschaft gilt, ist bislang nicht abschließend geklärt. Trotz möglicher Interessenkonflikte lehnt der BGH ein Verbot der Mehrfachmandatierung, auch und gerade im Falle personeller Verflechtungen im Aktienkonzern, im Ergebnis ab.[2919] Er begründet dies mit der Regelung des § 88 Abs. 1 S. 2 AktG, der für die Vorstandsmitgliedschaft in einer anderen Handelsgesellschaft die Zustimmung des Aufsichtsrats voraussetzt. Die **Zulässigkeit eines Vorstandsdoppelmandats** hängt danach von der Zustimmung beider Aufsichtsräte der beteiligten Gesellschaften gem. § 84 Abs. 1 AktG, § 88 Abs. 1 AktG zu der Doppeltätigkeit ab (→ Rn. 1599).[2920] Der Vorstand hat als Doppelmandatsträger stets die Interessen des jeweiligen Pflichtenkreises wahrzunehmen.[2921]

1253 Nach Auffassung des BGH fällt der Abschluss eines die Vergütung des Vorstandsmitglieds betreffenden Vertrags auch dann gem. § 84 Abs. 1 S. 5 iVm S. 1 AktG, §§ 87, 112 AktG in die Zuständigkeit des Aufsichtsrats, wenn er von der Gesellschaft nicht mit dem Vorstandsmitglied selbst, sondern einem Dritten geschlossen wird und mit dem Dritten eine Vergütung für die Vorstandstätigkeit vereinbart wird.[2922] Dies betrifft insbesondere Vorstandsgestellungsverträge. Zur vorgelagerten Frage der **aktienrechtlichen Zulässigkeit eines Drittanstellungsvertrags** hat der BGH jedoch nicht explizit Stellung bezogen. Er scheint die Zulässigkeit in der Entscheidung jedoch unausgesprochen vorauszusetzen.[2923] In diese Rich-

---

[2912] Vgl. zu den unterschiedlichen Konstellationen auch *Uffmann* DB 2019, 2281 (2282).
[2913] *Seyfarth* VorstR § 7 Rn. 32.
[2914] Vgl. BGH DB 2015, 1459 Rn. 24, wonach dieser unter den Begriff der „Drittanstellungsverträge" fällt.
[2915] *Seyfarth* VorstR § 7 Rn. 33; *Beiner/Braun* Der Vorstandsvertrag Rn. 234; BeckOGK/*Fleischer* AktG § 84 Rn. 42.
[2916] *Niewarra* BB 1998, 1961; *Seyfarth* VorstR § 7 Rn. 33; *Beiner/Braun* Der Vorstandsvertrag Rn. 234.
[2917] Vgl. überblicksartig zu den Einwänden gegen die Zulässigkeit der Drittanstellung bei *Uffmann* DB 2019, 2281 mit zahlreichen weiterführenden Nachweisen zum Streitstand.
[2918] BGH NJW 1980, 595; BAG NZA 2008, 168 Rn. 15; NZA 2003, 552 (555); NJW 2000, 3732 (3733); NJW 1998, 260 (261); NJW 1996, 1076; *Deilmann/Dornbusch* NZG 2016, 201 (204); *Bauer/C. Arnold* DB 2008, 350 (351); Baumbach/Hueck/*Zöllner/Noack* GmbHG § 35 Rn. 165; aA im Anwendungsbereich des MitbestG MüKoGmbHG/*Jaeger/Steinbrück* GmbHG § 35 Rn. 252 mwN.
[2919] BGH NZG 2009, 744.
[2920] BGH NZG 2009, 744 Rn. 14; *Reuter* AG 2011, 274 (276).
[2921] BGH NZG 2009, 744 Rn. 16; *Reuter* AG 2011, 274 (276).
[2922] BGH NZG 2015, 792 Rn. 24.
[2923] *Deilmann/Dornbusch* NZG 2016, 201 (202); *C. Arnold* DB 2015, 1650 (1651); *Theiselmann* ZIP 2015, 1712; *Kort* AG 2015, 531 (532); *E. Vetter* NZG 2015, 889 (891); *Stenzel* Der Konzern 2015, 356 (357); *Seyfarth* VorstR § 7 Rn. 34;

tung deutet auch die obergerichtliche Rechtsprechung[2924] zur Wirksamkeit derartiger Gestellungs- oder Beraterverträge der Aktiengesellschaft mit Dritten, welche die Vergütung zu überlassender Vorstandsmitglieder zum Gegenstand haben.[2925] Da es aber nach wie vor an einer abschließenden Klärung der Zulässigkeit durch die Rechtsprechung fehlt, wird für die Praxis zum Teil von Drittanstellungsverträgen abgeraten.[2926]

Im Schrifttum sind Dritt- und Konzernanstellungsverträge bei Vorstandsmitgliedern weiterhin **umstritten.** Eine verbreitete Ansicht sieht Drittanstellungsverträge generell als unzulässig an, weil eine nach § 76 AktG unabhängige und pflichtgemäße Geschäftsleitung angesichts der schuldrechtlichen Verpflichtungen gegenüber Dritten nicht sichergestellt werden könne.[2927] Das Vorstandsmitglied könne nicht „Diener zweier Herren" sein.[2928] Außerdem werde die zwingende Kompetenzordnung des Aktienrechts missachtet, wenn der Anstellungsvertrag mit einer anderen Gesellschaft als der Bestellungsgesellschaft geschlossen wird.[2929] Die Gegenansicht geht dagegen zu Recht von der grundsätzlichen Zulässigkeit der Drittanstellung aus.[2930] Hinsichtlich der **Kompetenzordnung** ist bereits zweifelhaft, ob § 84 Abs. 1 S. 5 AktG überhaupt eine ausschließliche Zuständigkeit des Aufsichtsrats der Bestellungsgesellschaft gegenüber Dritten für den Anstellungsvertrag vorgibt.[2931] Der so verstandenen Personalkompetenz des Aufsichtsrats wäre aber jedenfalls dadurch Rechnung zu tragen, dass sich der Aufsichtsrat vor der Bestellung mit dem Drittanstellungsvertrag befasst und diesem zustimmt.[2932]

Nichts Anderes gilt vor dem Hintergrund möglicher **Interessenkonflikte.** Dies folgt zunächst daraus, dass nach der Rechtsprechung des BGH zur Zulässigkeit von Vorstandsdoppelmandaten sogar mehrere (kollidierende) Organpflichten nebeneinander bestehen können.[2933] Stehen die organschaftlichen Pflichten des Vorstands im Widerspruch zu den Pflichten aus dem Drittanstellungsvertrag, ist der Konflikt nach richtiger Ansicht zugunsten der organschaftlichen Pflichten aufzulösen (zum Vorrang der Organstellung ggü. dem Anstellungsverhältnis → Rn. 1187).[2934] Folgt man dem nicht, wird eine Regelung über die Weisungsfreiheit von der Anstellungsgesellschaft als Voraussetzung für die Drittanstellung anzusehen sein.[2935] Zu Recht wird darauf hingewiesen, dass die Weisungsfreiheit durch eine Aufgabenbeschreibung, die die Übernahme des Vorstandsamts in eigener Verantwortung bei der Bestellungsgesellschaft vorsieht, umgesetzt werden kann.[2936] Möglich ist darüber hinaus, die Eigenverantwortlichkeit des Vorstandsmitglieds gegebenenfalls durch eine entsprechende Regelung im Gestellungsvertrag abzusichern.[2937]

Besonderen Bedenken wegen der eigenverantwortlichen Leitung beim **Personalleasing** ist außerdem entgegenzuhalten, dass die Agentur aus dem Vorstandsgestellungsvertrag die Nebenpflicht trifft, sich jeglicher Einflussnahme zu enthalten.[2938] Sofern sichergestellt ist, dass der Interimsvorstand Einflüssen Dritter nicht ausgesetzt ist und der Aufsichtsrat wie beschrieben beteiligt wird, ist das Personalleasing zulässig. Um Widersprüche zwischen den Voraussetzungen für die Abberufung nach § 84 Abs. 3 S. 1 AktG und der Kündigung des Gestellungsvertrags zu vermeiden, ist es für die Aktiengesellschaft gegebenenfalls

---

Hüffer/Koch/*Koch* AktG § 84 Rn. 17; krit. zur dahingehenden Deutung der Entscheidungsgründe MüKoAktG/*Spindler* AktG § 84 Rn. 79.

[2924] OLG München AG 2017, 750 (753); OLG Celle AG 2012, 41 (42); KG NZG 2011, 865 (866).
[2925] *Theiselmann* ZIP 2015, 1712; *Seyfarth* VorstR § 7 Rn. 35; *Beiner/Braun* Der Vorstandsvertrag Rn. 236; zurückhaltender *Diekmann/Punte* WM 2016, 681 (684).
[2926] *Kort* AG 2015, 531 (532); *Beiner/Braun* Der Vorstandsvertrag Rn. 238; *Lutter/Krieger/Verse* AR Rn. 438.
[2927] *Kort* AG 2015, 531 (532); *Fonk* NZG 2010, 368 (370); MAH AktR/*Nehls* § 22 Rn. 140; Kölner Komm AktG/*Mertens/Cahn* AktG § 84 Rn. 56; MüKoAktG/*Spindler* AktG § 84 Rn. 79; GroßkommAktG/*Kort* AktG § 84 Rn. 321.
[2928] MüKoAktG/*Spindler* AktG § 84 Rn. 79.
[2929] *Fonk* NZG 2010, 368 (370); *Niewiarra* BB 1998, 1961 (1962); MAH AktR/*Nehls* § 22 Rn. 140; Kölner Komm AktG/*Mertens/Cahn* AktG § 84 Rn. 56; MüKoAktG/*Spindler* AktG § 84 Rn. 79; vgl. auch KG NZG 2011, 865.
[2930] *Diekmann/Punte* WM 2016, 681 (684f.); *C. Arnold* DB 2015, 1650 (1651); *Theiselmann* ZIP 2015, 1712 (1713); *Reuter* AG 2011, 274 (276ff.); *Jooß* NZG 2011, 1130; MHdB AG/*Wentrup* § 21 Rn. 5; K. Schmidt/Lutter/*Seibt* AktG § 84 Rn. 26; Hüffer/Koch/*Koch* AktG § 84 Rn. 17.
[2931] Dagegen *Reuter* AG 2011, 274 (276, 278f.); *Jooß* NZG 2011, 1130; *E. Vetter* FS Hoffmann-Becking, 2013, 1297 (1303).
[2932] Die Zustimmung für erforderlich halten *Deilmann/Dornbusch* NZG 2016, 201 (202); *Austmann* ZGR 2009, 277 (288); *Seyfarth* VorstR § 7 Rn. 37; *Lutter/Krieger/Verse* AR Rn. 439; MHdB AG/*Wentrup* § 21 Rn. 5 Hölters/*Weber* AktG § 84 Rn. 41; *G. Krieger* FS Hoffmann-Becking, 2013, 711 (718).
[2933] *Reuter* AG 2011, 274 (277).
[2934] *Reuter* AG 2011, 274 (278); *E. Vetter* FS Hoffmann-Becking, 2013, 1297 (1305f.).
[2935] *Deilmann/Dornbusch* NZG 2016, 201 (202); *Seyfarth* VorstR § 7 Rn. 36; MHdB AG/*Wentrup* § 21 Rn. 5; Hölters/*Weber* AktG § 84 Rn. 41; ähnlich K. Schmidt/Lutter/*Seibt* AktG § 84 Rn. 26: aA GroßkommAktG/*Kort* AktG § 84 Rn. 321a.
[2936] So *Seyfarth* VorstR § 7 Rn. 36.
[2937] Vgl. OLG Celle AG 2012, 41 (42).
[2938] *G. Krieger* FS Hoffmann-Becking, 2013, 711 (715); GroßkommAktG/*Kort* AktG § 84 Rn. 330a; Hüffer/Koch/*Koch* AktG § 84 Rn. 18.

trotzdem ratsam, einen eigenständigen Anstellungsvertrag mit dem Interimsvorstand abzuschließen.[2939] Die Leistung der Agentur besteht dann lediglich in der Vermittlung des jeweiligen Vorstands.[2940]

1257 Beim **Konzernanstellungsvertrag** mit der Konzernobergesellschaft im Vertrags- oder Eingliederungskonzern treten die Bedenken hinsichtlich § 76 AktG dagegen in den Hintergrund. In diesen Fällen ist das herrschende Unternehmen gem. §§ 308, 323 AktG ohnehin berechtigt, dem Vorstand der Bestellungsgesellschaft Weisungen zu erteilen. Interessenkonflikte treten in dieser Situation nicht auf, sodass Drittanstellungsverträge – auch ohne die beschriebenen Einschränkungen – als zulässig anzusehen sind.[2941]

1258 Gerade in Konzernsachverhalten kommt es vor, dass ein Vorstandsmitglied über mehrere Anstellungsverträge verfügt (sog. **Parallelverträge**). Sofern der Aufsichtsrat der jeweiligen Gesellschaft die Parallelverträge kennt und ihnen zugestimmt hat, ist diese Gestaltung nach zutreffender Ansicht rechtlich zulässig.[2942] Dies folgt schon aus der Zulässigkeit von Vorstandsdoppelmandaten, auf deren Grundlage Parallelverträge typischerweise zustande kommen. Allerdings stellt das Nebeneinander vertraglicher Regelungen besondere Anforderungen an die Vertragsgestaltung. Die einzelnen Anstellungsbedingungen (zB Vertragsdauer, Arbeitszeit, Vergütung, Urlaub) bedürfen einer sorgfältigen Abstimmung, um Rechtsunsicherheiten zu vermeiden.[2943]

1259 Regelungsbedürftig ist in Fällen der Dritt- oder Konzernanstellungsverträge typischerweise die Vergütung des Vorstandsmitglieds. Zwischen dem Vorstandsmitglied und der Anstellungsgesellschaft besteht gerade kein Vertragsverhältnis, aus dem sich die Vergütungspflicht ergeben könnte. Häufig trägt in der Praxis die Bestellungsgesellschaft die Vorstandsvergütung vollständig oder zumindest teilweise bzw. verpflichtet sich gegenüber der Anstellungsgesellschaft zum Ausgleich der Vergütungszahlungen. Dies kann durch eine sog. **Erstattungs- oder Kostenübernahmevereinbarung** erreicht werden.[2944] Gerade im Konzern kann diese Abrede Bestandteil einer umfassenden **Umlagevereinbarung** sein.[2945] Denkbar ist schließlich, dass die Bestellungsgesellschaft schuldbefreiend für die Anstellungsgesellschaft direkt an das Vorstandsmitglied leistet, sodass es keiner Verrechnung mehr bedarf.[2946] Etwaige Erstattungs- oder Umlagevereinbarungen fallen gem. § 107 Abs. 3 S. 7 AktG, § 87 Abs. 1 und Abs. 2 S. 1 und S. 2 AktG in die **Zuständigkeit des Aufsichtsrats** der Bestellungsgesellschaft.[2947] Auch bei Erstattungs- und Umlagevereinbarungen, die die Vergütung aus zukünftigen Anstellungsverträgen umfassen, ist ausschließlich der Aufsichtsrat der jeweiligen Gesellschaft zuständig.[2948]

1260 **bb) Drittvergütung.** Neben den Fällen der Drittanstellung, die regelmäßig auch die Frage der Drittvergütung aufwerfen, gibt es Konstellationen, in denen unabhängig von der Frage, ob eine Drittanstellung vorliegt oder nicht, die Vergütung oder einzelne Komponenten von einem Dritten gezahlt werden. In diesen Fällen sollen die Kosten von der Anstellungsgesellschaft auf Grundlage des Anstellungsvertrags oder aber von einem Dritten, der selbst keinen Anstellungsvertrag mit dem Vorstandsmitglied hat, getragen werden (sog. **echte Drittvergütung**).[2949]

1261 Von Drittvergütung ist auch die Rede, wenn die umstrittene Konstruktion eines Drittanstellungsvertrags gerade vermieden werden soll. Der Anstellungsvertrag besteht in diesem Fall mit der Bestellungsgesellschaft. Neben dem Anstellungsvertrag existiert eine **separate Abrede mit einem Dritten,** zB einem Großaktionär der Gesellschaft, nach der dem Vorstandsmitglied für bestimmte Erfolge eine (zusätzliche) variable Vergütung gewährt wird.[2950]

1262 Die aktienrechtliche **Zulässigkeit der Drittvergütung** ist nicht abschließend geklärt. Die Erwähnung in § 162 Abs. 2 Nr. 1 AktG legt jedoch nahe, dass die Drittvergütung nicht generell ausgeschlossen ist.[2951] Die Diskussion betrifft in erster Linie die Vergütungskompetenz des Aufsichtsrats und das Angemessenheitserfordernis gem. § 87 AktG. Nach teilweise vertretener Ansicht soll § 87 AktG auf Leistungen

---

[2939] *G. Krieger* FS Hoffmann-Becking, 2013, 711 (726 f.); GroßkommAktG/*Kort* AktG § 84 Rn. 330c.
[2940] *G. Krieger* FS Hoffmann-Becking, 2013, 711 (732); BeckOGK/*Fleischer* AktG § 84 Rn. 43.
[2941] *Diekmann/Punte* WM 2016, 681 (685); *Theiselmann* ZIP 2015, 1712 (1713); Hüffer/Koch/*Koch* AktG § 84 Rn. 18; für die Zulässigkeit der Drittanstellung lediglich in diesen Fällen GroßkommAktG/*Kort* AktG § 84 Rn. 329; aA Kölner Komm AktG/*Mertens/Cahn* AktG § 84 Rn. 56.
[2942] *Seyfarth* VorstR § 7 Rn. 51.
[2943] Vgl. *Fonk* NZG 2010, 368 (373 f.); *Seyfarth* VorstR § 7 Rn. 51.
[2944] *Seyfarth* VorstR § 7 Rn. 40.
[2945] *Reuter* AG 2011, 274 (275).
[2946] *Seyfarth* VorstR § 7 Rn. 40.
[2947] *Seyfarth* VorstR § 7 Rn. 41; *Deilmann/Dornbusch* NZG 2016, 201 (203).
[2948] So *Reuter* AG 2011, 274 (276), der auch bei einer „pauschalen Konzernumlage", die ua die Vorstandsvergütung regelt, für die Abschlusszuständigkeit des Aufsichtsrats plädiert.
[2949] *Seyfarth* VorstR § 7 Rn. 45.
[2950] *Bauer/C. Arnold* DB 2006, 260 (265).
[2951] So noch vor dem ARUG II zu § 285 Abs. 1 Nr. 9 lit. a HGB aF und § 314 Abs. 1 Nr. 6 lit a HGB aF *Diekmann/Punte* WM 2016, 681 (685); *Seyfarth* VorstR § 7 Rn. 46; Hölters/*Weber* AktG § 87 Rn. 12.

Dritter keine Anwendung finden, weil diese die Gesellschaft nicht belasten.[2952] Etwas anderes wird für den Fall vertreten, dass die Aktiengesellschaft aufgrund der getroffenen Vereinbarungen bei wirtschaftlicher Betrachtung die Kosten der Vergütung trägt.[2953] Richtigerweise ist § 87 AktG auch in Fällen der (echten) Drittvergütung im Ausgangspunkt anwendbar.[2954] Die Drittvergütung ist danach in die Entscheidung über die **Angemessenheit der Bezüge** einzubeziehen (→ Rn. 1291). Die Vergütung umfasst alle Leistungen, die dem Vorstandsmitglied mit Rücksicht auf seine Tätigkeit für die Gesellschaft gewährt werden, wozu auch Leistungen von Dritten zählen, die nicht aus dem Gesellschaftsvermögen stammen.[2955] Das ist richtig, weil das vom Aufsichtsrat im Interesse der Gesellschaft gewählte Vergütungsmodell nicht durch zusätzliche Leistungen von Dritten unterlaufen werden darf.[2956] Wird die Vorstandsvergütung von einem Dritten, zB beim Personalleasing, gezahlt, muss der Aufsichtsrat die aufgeschlüsselte Vergütung beurteilen und dabei eingeständig bewerten, ob sie mit den Anforderungen des § 87 AktG konform geht.[2957]

Die Kompetenz zur Festlegung der Vergütung liegt beim Aufsichtsrat, sodass es zwingend der **Zustimmung des Aufsichtsrats** zur Drittvergütung bedarf.[2958] Dies gilt umso mehr, als durch die Neufassung des § 87 AktG durch das VorstAG dem Aufsichtsrat eine erhöhte Verantwortung zugewiesen wurde.[2959] Dadurch wird die Vereinbarkeit der Drittvergütung mit den Gesellschaftsinteressen sichergestellt. Die Drittvergütung begegnet hinsichtlich der **Leitungsfunktion des Vorstands** insofern ähnlichen Bedenken wie die Drittanstellung. Daher muss ebenfalls sichergestellt sein, dass das Vorstandsmitglied die Aktiengesellschaft gem. § 76 AktG unabhängig leiten kann und keinen fremden Einflüssen ausgesetzt ist.[2960] Vor diesem Hintergrund sind zumindest Aktienoptionen oder der günstigere Erwerb von Aktien der Aktiengesellschaft als variable Drittvergütung unbedenklich, zumal eine positive Entwicklung des Aktienkurses stets im Interesse der Gesellschaft ist.[2961] Aber auch Aktienoptionen bzw. „stock appreciation rights" oder „phantom stocks" von Dritten als variable Vergütung sind nicht wegen eines Verstoßes gegen § 76 AktG unzulässig, da das Gesellschaftsinteresse durch die erforderliche Zustimmung des Aufsichtsrats abgesichert wird.[2962]

e) Mängel bei Vertragsschluss und deren Rechtsfolgen

aa) Typisierung möglicher Mängel. Zuständig für den Vertragsabschluss sowie für jede Vertragsänderung ist der **Aufsichtsrat** als Vertreter der Aktiengesellschaft oder ein Ausschuss, auf den der Aufsichtsrat die Zuständigkeit – soweit zulässig – übertragen hat (→ Rn. 1217 ff.). Werden diese Zuständigkeiten nicht befolgt, liegt ein **Zuständigkeitsmangel** vor. Praktisch relevant sind hier insbesondere Fälle, in denen ein Aufsichtsratsmitglied (in der Regel der Vorsitzende) in dem Glauben, dies zu dürfen, allein handelt, oder eine unzulässige Delegation auf einen Ausschuss stattgefunden hat. Ebenso kommt als Mangel eine fehlerhafte **Beschlussfassung** des Aufsichtsrats in Betracht (→ § 3 Rn. 463). Hier liegt die Fehlerquelle nicht in der Person des Handelnden, sondern im Vorfeld.

Neben diesen auf die Besonderheiten des Aufsichtsrats zugeschnittenen Mängeln sind bei Vertragsschluss alle aus der **allgemeinen Rechtsgeschäftslehre** bekannten Mängel denkbar: Verstößt der Anstellungsvertrag inhaltlich etwa gegen ein gesetzliches Verbot iSd § 134 BGB oder ist er gem. § 138 BGB sittenwidrig, ist er **nichtig.** Wenn der Vertrag beispielsweise regelt, dass das Anstellungsverhältnis auch nach Beendigung der Organstellung über die Fristen des § 84 Abs. 1 AktG Bestand haben soll, stellt das eine objektive Gesetzesumgehung und damit einen Verstoß gegen ein gesetzliches Verbot iSd § 134 BGB dar.[2963] Als sittenwidrig wurde etwa die Missachtung von Richtlinien des Bundesversicherungsamtes bezüglich der Höhe von Vorstandsgehältern angesehen.[2964]

[2952] *Kalb/Fröhlich* NZG 2014, 167 (169); *Reuter* AG 2011, 274 (280); *Traugott/Grün* AG 2007, 761 (769); *Lutter/Krieger/Verse* AR § 7 Rn. 396.
[2953] *Kalb/Fröhlich* NZG 2014, 167 (169 f.).
[2954] *Bauer/C. Arnold* DB 2006, 260 (265); *Seyfarth* VorstR § 7 Rn. 48.
[2955] *Bauer/C. Arnold* DB 2006, 260 (265); *Hölters/Weber* AktG § 87 Rn. 13.
[2956] *Mayer-Uellner* AG 2011, 193 (199); *Bauer/C. Arnold* DB 2006, 260 (265); *G. Krieger* FS Hoffmann-Becking, 2013, 711 (719).
[2957] So richtigerweise *Uffmann* DB 2019, 2281 (2287), im Ergebnis so auch *Seyfarth* VorstR § 7 Rn. 47; *Kort* AG 2015, 531 (533).
[2958] *Kort* AG 2015, 531 (533); *Mayer-Uellner* AG 2011, 193 (199); *Bauer/C. Arnold* DB 2006, 260 (265); *Seyfarth* VorstR § 7 Rn. 47; aA *Kalb/Fröhlich* NZG 2014, 167 (169).
[2959] Vgl. *Uffmann* DB 2019, 2281 (2287).
[2960] *Kort* AG 2015, 531 (533); *Mayer-Uellner* AG 2011, 193 (195 f.); *Bauer/C. Arnold* DB 2006, 260 (265); *Seyfarth* VorstR § 7 Rn. 46.
[2961] *Bauer/C. Arnold* DB 2006, 260 (265).
[2962] *Bauer/C. Arnold* DB 2006, 260 (265).
[2963] BAG NZA 2009, 1205.
[2964] LG Itzehoe 24.2.2011 – 6 O 209/09.

1266 Andere Mängel führen dagegen nach §§ 119 ff. BGB zur **Anfechtbarkeit** des Anstellungsvertrags. Zur Berücksichtigung dieser Mängel bedarf es eines Tätigwerdens der Parteien durch Anfechtungserklärung. Zu beachten ist, dass aufgrund des Trennungsprinzips (→ Rn. 1185) die Fehlerhaftigkeit des Bestellungsverhältnisses nicht automatisch zur Anfechtbarkeit des Anstellungsverhältnisses führt. Etwas anderes gilt aber, wenn Fehleridentität des jeweiligen Mangels vorliegt.[2965] Eine solche Fehleridentität ist beispielsweise denkbar, wenn das Vorstandsmitglied die Aktiengesellschaft bei der Bestellung und beim Abschluss des Anstellungsvertrags getäuscht hat und eine Anfechtungsmöglichkeit gem. § 123 BGB besteht.[2966]

1267 **bb) Mängelfolgen.** In Bezug auf die **Rechtsfolgen von Zuständigkeitsfehlern und Beschlussmängeln** ist umstritten, ob eine nachträgliche Genehmigung des Aufsichtsrats iSv § 184 Abs. 1 BGB den Mangel heilen kann, der Anstellungsvertrag also nur schwebend unwirksam iSd § 177 BGB ist, oder ob der Mangel unheilbar und der Vertrag somit nach § 134 BGB nichtig ist.

1268 Für eine Nichtigkeit wird angeführt, dass § 177 BGB von § 112 AktG iVm § 134 BGB überlagert werde.[2967] Im Übrigen würde der Aufsichtsrat bei einer Anwendung des § 177 BGB im Zweifel immer genehmigen, um das handelnde Aufsichtsratsmitglied vor einer Haftung aus § 179 BGB zu schützen – er wäre in seiner Entscheidung daher nur formal frei, faktisch allerdings nicht.[2968]

1269 Überwiegend wird dagegen angenommen, dass der Anstellungsvertrag gem. § 177 BGB **schwebend unwirksam** ist, weshalb der Mangel durch einen wirksamen Aufsichtsratsbeschluss **nachträglich geheilt** werden kann.[2969] Die prinzipielle **Genehmigungsmöglichkeit** des Vertrags ist vom BGH in einer älteren Entscheidung als selbstverständlich vorausgesetzt worden und wird teilweise von der Rechtsprechung der Oberlandesgerichte weiter vertreten.[2970] In neueren Entscheidungen haben Bundesgerichte diese Frage allerdings ausdrücklich offen gelassen.[2971] Eine generelle Überlagerung des § 177 BGB ist abzulehnen. § 177 BGB stärkt vielmehr gerade die Entschlussfreiheit, indem dem Aufsichtsrat die zusätzliche Option der Genehmigung offensteht.[2972] Auch das Entgehen einer Haftung aus § 179 BGB stellt keine aktienrechtliche Besonderheit dar und kann die Nichtanwendung der §§ 177 ff. BGB nicht rechtfertigen.[2973]

1270 Ist der Anstellungsvertrag nicht wirksam zustande gekommen, sei es wegen anfänglicher Nichtigkeit (zB wegen § 134 BGB, § 138 BGB) oder in Folge fehlender nachträglicher Genehmigung, finden die **Grundsätze des fehlerhaften oder faktischen Anstellungsverhältnisses** Anwendung, wenn der Vertrag durch die Aufnahme der Tätigkeit bereits in Vollzug gesetzt worden ist.[2974] Auf das fehlerhafte Anstellungsverhältnis werden die Grundsätze des fehlerhaften Arbeitsverhältnisses entsprechend angewandt.[2975] Wird das Vorstandsmitglied auf der Grundlage seines fehlerhaften Anstellungsvertrags mit Wissen des Aufsichtsrats (oder eines anderen Mitglieds) tätig, ist für diesen Zeitraum der Anstellungsvertrag so zu behandeln, **als wäre er wirksam.**[2976] Demnach treffen das Vorstandsmitglied alle Pflichten aus dem Anstellungsvertrag, im Gegenzug hat es aber auch die Rechte aus dem Vertragsverhältnis, insbesondere den Anspruch auf Vergütung einschließlich etwaiger Versorgungsansprüche.[2977] Folgt die Unwirksamkeit allerdings gerade aus einer nichtigen (etwa sittenwidrigen) Vergütungsvereinbarung, so ist diese auch im fehlerhaften Anstellungsverhältnis nicht anwendbar.[2978]

[2965] GroßkommAktG/*Kort* AktG § 84 Rn. 300; BeckOGK/*Fleischer* AktG § 84 Rn. 92.
[2966] Vgl. *Bauer* DB 1992, 1413 (1415).
[2967] OLG Stuttgart AG 1993, 85.
[2968] *Köhler* NZG 2008, 161 (162); MüKoAktG/*Spindler* AktG § 84 Rn. 251 stützt die Einschränkung der Entscheidungsfreiheit aber darauf, dass der Aufsichtsrat genehmigen werde, „um den für die Gesellschaft Handelnden nicht zu desavouieren".
[2969] *Köhler* NZG 2008, 161 (162 f.) BeckOGK/*Fleischer* AktG § 84 Rn. 93; GroßkommAktG/*Kort* AktG § 84 Rn. 317b; differenzierend danach, ob Aufsichtsrat selbst (dann § 177 BGB) oder anderes Organ (dann § 134 BGB) gehandelt hat: MüKoAktG/*Spindler* AktG § 84 Rn. 251.
[2970] Vgl. BGH NJW 1967, 1711 (1712); ähnlich OLG Karlsruhe AG 1996, 224 (225), das jedenfalls §§ 177 ff. BGB für anwendbar erklärt, wenn der Aufsichtsratsvorsitzende einen Vertrag mit einem Vorstandsmitglied schließt.
[2971] BGH NJW-RR 2008, 1488 (1489); BAG NZG 2017, 69 (79).
[2972] *Köhler* NZG 2008, 161 (163).
[2973] *Köhler* NZG 2008, 161 (163).
[2974] BGH NJW 1964, 1367; entsprechend für die GmbH: NJW 2000, 2983; Hölters/*Weber* AktG § 84 Rn. 56.
[2975] BGH NJW 2000, 2983; BGH NJW 1998, 3567; BGH NJW 1991, 1727; BGH NJW 1964, 1367; OLG Schleswig AG 2001, 651 (653); MHdB AG/*Wentrup* § 21 Rn. 33; Kölner Komm AktG/*Mertens/Cahn* AktG § 84 Rn. 57; Hüffer/Koch/*Koch* AktG § 84 Rn. 27; aA wohl MüKoAktG/*Spindler* AktG § 84 Rn. 250, der einen Verweis auf das fehlerhafte Arbeitsverhältnis für überflüssig hält und eine Anwendung aus konkreten Interessenlage herleiten will.
[2976] Vgl. nur BGH NJW 2000, 2983 f.; *Bauer*/C. *Arnold* DB 2006, 260 (261).
[2977] K. Schmidt/Lutter/*Seibt* AktG § 84 Rn. 38; Hüffer/Koch/*Koch* AktG § 84 Rn. 27; MüKoAktG/*Spindler* AktG § 84 Rn. 250; *Bauer*/C. *Arnold* DB 2006, 260 (261).
[2978] *Bayer*/*Lieder* NZG 2012, 1 (6); *Thüsing* in Fleischer VorstR-HdB § 4 Rn. 137; BeckOGK/*Fleischer* AktG § 84 Rn. 86.

1271 Trotz seines Vollzuges bleibt das Anstellungsverhältnis jedoch fehlerhaft.[2979] Das bedeutet, dass das Anstellungsverhältnis **jederzeit** sowohl vom Vorstandsmitglied als auch von der Aktiengesellschaft ohne wichtigen Grund für die Zukunft beendet werden kann.[2980] Dies gilt auch für den Fall der Anfechtung: Ausnahmsweise entfaltet die Anfechtung in diesem Fall nicht gem. § 142 Abs. 1 BGB ex tunc Wirkung, sondern wirkt nur **ex nunc** für die Zukunft. Eine Rückabwicklung findet damit nicht statt.

1272 Sind nur einzelne Vertragsabreden unwirksam, findet § 139 BGB im Zweifel keine Anwendung. Das führt dazu, dass aus einer unwirksamen Vertragsabrede **keine Gesamtnichtigkeit** des Anstellungsvertrags folgt. Der fehlerhafte Teil ist vielmehr im Wege ergänzender Vertragsauslegung anzupassen.[2981]

f) Auswirkung auf ein bereits bestehendes Arbeitsverhältnis

1273 Nicht selten steigen Personen in das Vorstandsamt auf, die zuvor als Arbeitnehmer der Gesellschaft – regelmäßig in der Position eines leitenden Angestellten – beschäftigt waren. In diesen Fällen stellt sich die Frage, welche Auswirkungen der Abschluss des Anstellungsvertrags auf das bestehende Arbeitsverhältnis hat. In seiner früheren Rechtsprechung zu GmbH-Geschäftsführern ging das BAG davon aus, dass das Arbeitsverhältnis für die Zeit der Anstellung im Zweifel ruhend gestellt wird und nach der Abberufung wieder auflebt.[2982] Diesen Standpunkt hat das BAG inzwischen aufgegeben. Es nimmt nunmehr in ständiger Rechtsprechung an, dass bei Fehlen anderweitiger Vereinbarungen im Abschluss des Anstellungsvertrags im Zweifel die konkludente **Aufhebung des Arbeitsvertrags** liegt.[2983] Eine andere Auslegung kommt nur in Ausnahmefällen in Betracht, für die deutliche Anhaltspunkte vorliegen müssen.[2984] Diese Grundsätze lassen sich auf Vorstandsmitglieder einer Aktiengesellschaft übertragen.[2985]

1274 Gem. § 623 BGB setzt die Aufhebung des früheren Arbeitsverhältnisses im Anstellungsvertrag die Einhaltung der **Schriftform** iSv § 126 BGB voraus.[2986] Nach der sog. Andeutungstheorie genügt es, dass der gewünschte Erklärungssinn in der formgerechten Erklärung seinen Ausdruck gefunden hat, wenn auch nur unvollkommen oder versteckt.[2987] Die Schriftform wird grundsätzlich durch den **schriftlichen Anstellungsvertrag** gewahrt.[2988] Fehlt es an einer schriftlichen Vereinbarung, ist die Aufhebung des Arbeitsvertrags gem. § 125 S. 1 BGB wegen Formmangels nichtig. Wird der Arbeitnehmer lediglich aufgrund einer formlosen Abrede zum Vorstand bestellt, bleibt das frühere Arbeitsverhältnis folglich bestehen.[2989] Bei Unsicherheiten über die Aufhebung des (ruhenden) Arbeitsverhältnisses kommt dessen **vorsorgliche Kündigung** in Betracht.[2990]

1275 Neben der Frage der Form stellt sich die Frage der **Zuständigkeit** für die Aufhebung des bisherigen Arbeitsvertrags. Gem. § 78 Abs. 1 S. 1 AktG vertritt der Vorstand die Gesellschaft gerichtlich und außergerichtlich, was die Beendigung von Arbeitsverträgen mit Arbeitnehmern einschließt. Für den Anstellungsvertrag und die Bestellung des Vorstands hingegen liegt die Zuständigkeit gem. § 84 Abs. 1 AktG, § 112 AktG beim Aufsichtsrat (→ Rn. 1217). Dasselbe Problem betrifft bei der GmbH die Abgrenzung der Zuständigkeit des Geschäftsführers von der Zuständigkeit der Gesellschafterversammlung bzw. des Aufsichtsrats gem. § 46 Nr. 5 GmbHG, § 52 GmbHG. Das BAG hat in diesem Zusammenhang den Vertragsschluss durch den Vorsitzenden des Aufsichtsrats und nicht durch einen weiteren Geschäftsführer der GmbH gem. § 52 GmbHG iVm § 112 AktG als zutreffend angesehen.[2991] Konsequenterweise steht bei der Aktiengesellschaft der Anstellungsvertragsschluss durch den Aufsichtsrat der damit verbundenen Aufhebung des bisherigen Arbeitsverhältnisses nicht entgegen.[2992] Einer Genehmigung des Vertragsschlusses

---

[2979] MüKoAktG/*Spindler* AktG § 84 Rn. 250.
[2980] Vgl. BGH NJW 2000, 2983 f.; Grigoleit/*Grigoleit* AktG § 84 Rn. 29; *Bauer/C. Arnold* DB 2006, 260 (261); BeckOGK/*Fleischer* AktG § 84 Rn. 94; NK-AktG/*Oltmanns* § 84 Rn. 15; aA gegen die Notwendigkeit einer Kündigung K. Schmidt/Lutter/*Seibt* AktG § 84 Rn. 38.
[2981] Vgl. BAG ZIP 1987, 595; MHdB AG/*Wentrup* § 21 Rn. 34; GroßkommAktG/*Kort* AktG § 84 Rn. 303.
[2982] BAG NZA 1986, 792 (793).
[2983] BAG NZA 2014, 540 Rn. 24; NJW 2011, 2684 Rn. 11; NZA 2009, 669 (670); NZA 2008, 1002 Rn. 22; NZA 2006, 1154 Rn. 18; NJW 2003, 918 (919); NZA 2000, 1013 (1015); NZA 1994, 212 (213).
[2984] BAG NZA 2014, 540 Rn. 24; NZA 2009, 669 (670); NZA 2006, 1154 Rn. 18.
[2985] Vgl. *Thüsing* in Fleischer VorstR-HdB § 4 Rn. 60; *Kauffmann-Lauven* NZA 2000, 799; krit. *Rasmussen-Bonne/Reif* GWR 2010, 181 (184).
[2986] BAG NJW 2011, 2684 Rn. 12 mwN; aA *Jooß* RdA 2008, 285 (286 f.), der im Anstellungsvertrag einen Änderungsvertrag sieht, der nicht dem Schriftformerfordernis unterfällt; *Niebler/Schmiedl* NZA-RR 2001, 281 (285 f.).
[2987] BAG NZA 2008, 403 Rn. 14; NZA 2008, 348 Rn. 19; *Bauer/Krieger/Arnold* Arbeitsrechtliche Aufhebungsverträge D. Rn. 162; ErfK/*Müller-Glöge* BGB § 623 Rn. 5a.
[2988] BAG NJW 2011, 2684 Rn. 12; NZA 2009, 669 Rn. 8; NJW 2007, 3228 Rn. 23; MüKoAktG/*Spindler* AktG § 84 Rn. 61.
[2989] Vgl. zum GmbH-Geschäftsführer BAG GmbHR 2013, 253 Rn. 14; NZA 2013, 54 Rn. 18; DB 2011, 2386 Rn. 14.
[2990] *Bauer/Krieger/Arnold* Arbeitsrechtliche Aufhebungsverträge D. Rn. 178.
[2991] BAG NZA 2009, 669 (670); krit. *Arens* DStR 2010, 115 (116); APS/*Greiner* BGB § 623 Rn. 31.
[2992] AA wohl *Fischer* NJW 2003, 2417 (2419).

durch den Vorstand gem. § 177 BGB bedarf es zur Begründung dieses Ergebnisses entgegen einer teilweise vertretenen Ansicht[2993] nicht. Hinsichtlich der Aufhebung besteht nach zutreffender Ansicht bereits eine **Annex-Kompetenz des Aufsichtsrats** zur Zuständigkeit für den Anstellungsvertrag.[2994] Dies trägt den Gesellschaftsinteressen Rechnung, indem die Gefahr des Missbrauchs von Befugnissen durch die (bereits im Amt stehenden) Vorstandsmitglieder beseitigt wird.[2995] Vorsorglich ist es zu erwägen, den Anstellungsvertrag sowohl unter Beteiligung des Aufsichtsrat als auch des Vorstands zu schließen.[2996]

1276 Anstelle der Aufhebung kann mit dem Vorstandsmitglied eine **Ruhensvereinbarung** geschlossen werden, nach der das bisherige Arbeitsverhältnis nach dem Ausscheiden aus dem Vorstandsamt wieder auflebt.[2997] Um Auslegungsprobleme zu vermeiden, ist es empfehlenswert, je nach Interessenlage das Ruhen oder die Aufhebung des Arbeitsverhältnisses im Falle der Aufnahme einer Vorstandstätigkeit explizit im Arbeitsvertrag zu regeln.[2998] Zulässig ist es außerdem, den bestehenden Arbeitsvertrag ausdrücklich zur Grundlage der Vorstandstätigkeit zu erklären, sodass das Arbeitsverhältnis nicht ruht oder aufgehoben wird, sondern fortan die **Rechtsgrundlage für die Vorstandstätigkeit** darstellt.[2999]

1277 Dass das Arbeitsverhältnis nicht wirksam beendet wurde oder nach Ausscheiden aus dem Amt wiederauflebt, ist für Vorstandsmitglieder durchaus von finanziellem Wert. Im Gegensatz zum Anstellungsvertrag ist das Arbeitsverhältnis regelmäßig unbefristet und fällt in den Anwendungsbereich des KSchG. Daher besteht die Gefahr, dass das Vorstandsmitglied nach seinem Ausscheiden **Kündigungsschutzklage** vor dem Arbeitsgericht erhebt und gegebenenfalls **Ansprüche aus dem Arbeitsverhältnis** geltend macht.[3000] Auf diese Folge sollte der Aufsichtsrat unbedingt hingewiesen werden. Um die Weiterbeschäftigungspflicht zu verhindern, kommt es nicht selten zu Abfindungszahlungen durch die Gesellschaft für die ausdrückliche Aufhebung des Arbeitsverhältnisses.[3001]

1278 Weitere Probleme stellen sich bei sog. **vorgeschalteten Arbeitsverhältnissen**. Bei unternehmensfremden Anwärtern auf das Vorstandsamt besteht für die Gesellschaft gegebenenfalls das Bedürfnis, deren Eignung zunächst in einem Arbeitsverhältnis als leitender Angestellter zu überprüfen. Dafür können Vereinbarungen vorsehen, dass zunächst eine Anstellung als leitender Angestellter erfolgt, ein „Aufstieg" zum Vorstandsmitglied nach einer bestimmten Zeit aber explizit nur rudimentär geregelt ist.[3002] Eine einheitliche Behandlung in Bezug auf ein Schriftformerfordernis bei der Beendigung des vorgeschalteten Arbeitsverhältnisses durch die Rechtsprechung ist hierbei nicht zu erkennen.[3003] Teils wird vertreten, dass sich das Arbeitsverhältnis automatisch in ein Dienstverhältnis umwandelt, also keine Auflösung vorliegt, die eine Schriftform verlangt. Teils wird es als formbedürftige Beendigung angesehen.

1279 Besonderheiten ergeben sich in Konzernsachverhalten, wenn ein Arbeitnehmer etwa als Vorstandsmitglied einer **konzernabhängigen Gesellschaft** angestellt wird. Im Grundsatz gilt wie beim GmbH-Geschäftsführer, dass allein in der Bestellung zum Organmitglied bei der konzernabhängigen Gesellschaft keine (stillschweigende) Aufhebung des Arbeitsverhältnisses mit der Obergesellschaft liegt.[3004] Hinzu kommt, dass ein schriftlicher Anstellungsvertrag mit einer vom Arbeitgeber verschiedenen Gesellschaft nicht das Formerfordernis des § 623 BGB wahrt, weil es an einem schriftlichen Rechtsgeschäft zwischen Arbeitgeber und Arbeitnehmer fehlt.[3005] Zur wirksamen Aufhebung des Arbeitsverhältnisses genügt es in

---

[2993] *Hümmerich/Schmidt-Westphal* DB 2007, 222 (223 ff.); ErfK/*Müller-Glöge* BGB § 620 Rn. 8a.
[2994] *Bauer/C. Arnold* DB 2008, 350 (354); *Sasse/Schnitger* BB 2007, 154 (155); *Bauer/Krieger/Arnold* Arbeitsrechtliche Aufhebungsverträge D. Rn. 164; *Thüsing* in Fleischer VorstR-HdB § 4 Rn. 60; MüKoAktG/*Spindler* AktG § 84 Rn. 61; für Annex-Kompetenz der Gesellschafterversammlung bei Aufstieg zum GmbH-Geschäftsführer LAG Hessen BeckRS 2011, 74346; *Moll* GmbHR 2008, 1024 (1028); *Bauer/Krieger* ZIP 2004, 1247; *Bauer/Baeck/Lösler* ZIP 2003, 1821 (1824).
[2995] *Bauer/Krieger/Arnold* Arbeitsrechtliche Aufhebungsverträge D. Rn. 164 ff; *Bauer/Krieger* ZIP 2004, 1247; *Bauer/Baeck/Lösler* ZIP 2003, 1821 (1825).
[2996] Vgl. zum Geschäftsführerdienstvertrag *Goll-Müller/Langenhan-Komus* NZA 2008, 687 (689); *Bauer/Baeck/Lösler* ZIP 2003, 1821 (1826).
[2997] BAG NZG 2009, 1435 Rn. 26; *Rasmussen-Bonne/Raif* GWR 2010, 181 (184); *Thüsing* in Fleischer VorstR-HdB § 4 Rn. 60; GroßkommAkt/*Kort* AktG § 84 Rn. 587.
[2998] *Raif* GWR 2009, 432; *Seyfarth* VorstR § 4 Rn. 13; *Thüsing* in Fleischer VorstR-HdB § 4 Rn. 60; BeckOGK/*Fleischer* AktG § 84 Rn. 35; MHdB AG/*Wentrup* § 21 Rn. 32.
[2999] BAG GmbHR 2013, 253 Rn. 14, 20; NZA 2013, 397 Rn. 13; NZA 2013, 54 Rn. 18 jew. zum GmbH-Geschäftsführer; *Bauer/Krieger/Arnold* Arbeitsrechtliche Aufhebungsverträge D. Rn. 160.
[3000] Vgl. BAG NZA 2013, 54 Rn. 17 f.; DB 2011, 2386 Rn. 13 f. jew. zum GmbH-Geschäftsführer; *Seyfarth* VorstR § 4 Rn. 12.
[3001] *Bauer/Krieger/Arnold* Arbeitsrechtliche Aufhebungsverträge D. Rn. 158.
[3002] *Bauer/Krieger/Arnold* Arbeitsrechtliche Aufhebungsverträge D. Rn. 167.
[3003] LAG Rheinland-Pfalz BeckRS 2012, 65344; LAG Berlin-Brandenburg BeckRS 2007, 47851; *Bauer/Krieger/Arnold* Arbeitsrechtliche Aufhebungsverträge D. Rn. 167.
[3004] BAG NJW 1996, 1076 zum GmbH-Geschäftsführer; *Bauer/Krieger/Arnold* Arbeitsrechtliche Aufhebungsverträge D. Rn. 170.
[3005] BAG NZA 2014, 540 Rn. 24 f.

diesem Fall jedoch, wenn der Anstellungsvertrag als **dreiseitige Vereinbarung** zwischen bisherigem Arbeitgeber, dem Vorstandsmitglied und der Gesellschaft geschlossen wird.[3006] Der bisherige Arbeitgeber kann bei dem Vertragsschluss zwecks Beendigung des Arbeitsverhältnisses durch die Gesellschaft gem. **§§ 164 ff. BGB** vertreten werden. Zur Wahrung der Schriftform ist dabei erforderlich, dass der Vertretungswille in der Vertragsurkunde, wenn auch nur unvollkommen, Ausdruck gefunden hat.[3007] Für eine solche Vertretung wird iRd Auslegung insbesondere die gesellschaftsrechtliche Verbindung (Mehrheits- oder Alleinbeteiligung) des bisherigen Arbeitgebers mit der Gesellschaft zu berücksichtigen sein. Daher sollte die Gesellschaft bei der Beendigung des bisherigen Arbeitsverhältnisses ausdrücklich als Vertreterin des bisherigen Arbeitgebers auftreten.[3008]

Wird ein Arbeitnehmer zu einem anderen Konzernunternehmen entsandt und dort auf der Grundlage eines Anstellungsvertrags zum Vorstandsmitglied bestellt, stellt sich die Frage, wie sich **Pflichtverletzungen** im Anstellungsverhältnis auf das ruhende Arbeitsverhältnis auswirken. Nach der Rechtsprechung des BAG zum GmbH-Geschäftsführer schlagen Pflichtverletzungen im Organverhältnis nicht schon aufgrund der Konzerneinbindung auf das Arbeitsverhältnis durch. Danach hängt es in erster Linie von den getroffenen Vereinbarungen ab, ob und inwieweit die Pflichtverletzungen im Organverhältnis zugleich als arbeitsvertragsverletzungen kündigungsrelevant werden können.[3009] Das BAG unterscheidet hierbei zwischen Leistungs- und Vertrauensbereich. Während Pflichtverletzungen im Leistungsbereich grundsätzlich keinen Arbeitsvertragsverstoß indizieren, kann ein Verhalten, das Einfluss auf die Zuverlässigkeit als Arbeitnehmer hat, im Einzelfall eine außerordentliche Kündigung rechtfertigen.[3010] Im Übrigen bestehen auch im ruhenden Arbeitsverhältnis die Rücksichtnahmepflichten gem. § 241 Abs. 2 BGB fort.[3011] 1280

3. Vergütung

Die Regelungen der Vergütung stellen regelmäßig das **Herzstück des Anstellungsvertrags** dar. Diskussionen über eine angemessene Vorstandsvergütung stehen nicht nur im Fokus europäischer Reformüberlegungen, sie sind auch für die Gewährleistung einer funktionierenden Corporate Governance unerlässlich.[3012] 1281

a) Allgemeine Vorschriften

aa) §§ 275, 326 BGB. Der Anspruch auf Dienstleistung und der Vergütungsanspruch stehen im **Synallagma**, so dass grundsätzlich die Vorschriften über gegenseitige Verträge nach §§ 326 ff. BGB gelten. Das Vorstandsmitglied hat demnach keinen Anspruch auf Vergütung, wenn die Erbringung seiner Dienste im Sinne des § 275 BGB unmöglich wird (§ 326 Abs. 1 BGB). Die Erbringung der Dienstleistung wird zB unmöglich, wenn das Vorstandsmitglied sein Amt niederlegt oder die Gesellschaft die Bestellung widerruft. Genauso können aber auch tatsächliche Umstände, wie zB eine Untersuchungshaft, dazu führen, dass das Vorstandsmitglied seiner Dienstverpflichtung nicht nachkommen kann. Im Grundsatz entfällt damit der Vergütungsanspruch nach § 326 Abs. 1 BGB. Dies gilt dann nicht, wenn eine lohnerhaltende Norm greift. Bei Dienstverträgen sind hier insbesondere § 615 BGB (→ Rn. 1283) und § 616 BGB (→ Rn. 1288) zu beachten. 1282

bb) § 615 BGB. Befindet sich die Gesellschaft dem Vorstandsmitglied gegenüber in **Annahmeverzug**, ist sie gem. § 615 S. 1 BGB, § 326 Abs. 2 S. 1 BGB zur Fortzahlung der Vergütung verpflichtet. Gleiches gilt, wenn die Gesellschaft die vom Vorstandsmitglied angebotenen Dienste aus Gründen, die zu ihrem **Betriebsrisiko** gehören, unverschuldet nicht annehmen kann und das Risiko nicht im Einflussbereich des Vorstandsmitglieds liegt (§ 615 S. 3 iVm S. 1 BGB).[3013] Die Pflicht zur Weitervergütung erfasst neben dem Fixgehalt auch variable Vergütungsbestandteile sowie vereinbarte Nebenleistungen jeder Art.[3014] 1283

In Annahmeverzug gerät die Gesellschaft gem. § 615 iVm §§ 293 ff. BGB, wenn zwischen ihr und dem Vorstandsmitglied ein wirksamer **Anstellungsvertrag** besteht und sie ein **Angebot** des Vorstandsmitglieds zur Diensterbringung **nicht annimmt**.[3015] Welche Anforderungen an das Angebot zu stellen 1284

[3006] BAG NZA 2014, 540 Rn. 26; LAG Hessen BeckRS 2013, 70290.
[3007] BAG NZA 2017, 783 Rn. 20; NZA 2014, 540 Rn. 26; NZA 2008, 348 Rn. 22 ff.; LAG Hessen BeckRS 2013, 70290.
[3008] *C. Arnold* ArbRAktuell 2014, 255.
[3009] BAG NZA 2009, 671 Rn. 25; siehe auch LAG Hessen BeckRS 2015, 70418 Rn. 50.
[3010] BAG NZA 2009, 671 Rn. 36 ff.
[3011] BAG NZA 2009, 671 Rn. 35; LAG Hessen BeckRS 2015, 70418 Rn. 51.
[3012] Vgl. *Velte* NZG 2016, 294 (299).
[3013] BeckOGK/*Fleischer* AktG § 84 Rn. 50.
[3014] BeckOGK/*Fleischer* AktG § 84 Rn. 50; MüKoAktG/*Spindler* AktG § 84 Rn. 94.
[3015] BeckMandatsHdB Vorstand AG/*Lücke* § 2 Rn. 294.

sind, wird nicht einheitlich beantwortet. Teilweise wird hier ein wörtliches Angebot gefordert[3016], andere lassen einen deutlichen Widerspruch genügen[3017] und stellenweise wird das Angebot in Anlehnung an die BAG Rechtsprechung zum fristlos gekündigten Arbeitsverhältnis als gänzlich entbehrlich erachtet.[3018]

1285 Der BGH lässt offen, ob er ein wörtliches Angebot für erforderlich hält. Ein wörtlich konkludentes Angebot liege jedoch bereits in der Einforderung von Vergütungsansprüchen. Darüber hinaus stellte er klar, dass im Falle einer unberechtigten Abberufung und zwischenzeitlichen Neubestellung eines anderen Vorstandsmitglieds ein Angebot ganz entbehrlich sein soll, weil die Gesellschaft hierdurch deutlich zum Ausdruck bringt, dass sie unter keinen Umständen bereit ist, das abberufene Vorstandsmitglied weiter zu beschäftigen[3019]

1286 Das Risiko, in **Annahmeverzug** zu geraten, besteht für die Gesellschaft insbesondere dann, wenn mit dem Vorstandsmitglied bereits ein Anstellungsvertrag abgeschlossen wurde, das **Vorstandsmitglied** aber **nicht bestellt** wird und daher an der Ausübung seiner Vorstandtätigkeit gehindert ist.[3020] In der Praxis wird daher meist der Anstellungsvertrag zeitlich erst nach dem Beschluss des Aufsichtsrats über die Bestellung zum Vorstandsmitglied geschlossen oder durch die wirksame Bestellung aufschiebend bedingt. Auch bei **vorzeitiger Abberufung** des Vorstandsmitglieds ist die Gesellschaft grundsätzlich in Annahmeverzug, solange der zugehörige Anstellungsvertrag nicht auch beendet wird.[3021]

1287 Das Vorstandsmitglied muss sich im Falle des Annahmeverzugs Ersparnisse und anderweitigen Verdienst bzw. böswilliges Unterlassen anderweitigen Verdiensts **anrechnen** lassen (§ 326 Abs. 2 S. 2 BGB, § 615 S. 2 BGB).[3022] Eine Kürzung der Bezüge nach den Grundsätzen von Treu und Glauben gem. § 242 BGB ist grundsätzlich unzulässig.[3023]

1288 cc) § 616 BGB. § 616 BGB regelt die Pflicht der Gesellschaft zur **Vergütungsfortzahlung bei vorübergehender Verhinderung** des Vorstandsmitglieds.[3024] Praktisch relevant wird die Vorschrift vor allem im Falle der Arbeitsunfähigkeit des Vorstandsmitglieds infolge von Krankheit und der sich daran anschließenden Frage nach Entgeltfortzahlung.[3025] Auf Vorstandsmitglieder findet das **Entgeltfortzahlungsgesetz (EFZG) keine Anwendung.** Für eine Vergütungsfortzahlung im Krankheitsfall ist somit allein § 616 BGB maßgeblich, sofern keine anderweitige vertragliche Vereinbarung getroffen wurde.[3026] Das Vorstandsmitglied erhält seine Vergütung nach § 616 S. 1 BGB weiterhin, wenn es für eine verhältnismäßig nicht erhebliche Zeit durch einen in seiner Person liegenden Grund ohne sein Verschulden an der Erbringung der Leistung gehindert wird. Welche Zeit **verhältnismäßig nicht erheblich** ist, ist unter Berücksichtigung aller Umstände des Einzelfalls zu bestimmen.[3027] Allgemein wird von einer Dauer von **drei Tagen bis zwei Wochen** ausgegangen.[3028] Selbst bei schwerwiegender Krankheit und langjährigem Vertragsverhältnis hat das Vorstandsmitglied auch nach § 616 BGB maximal zwei bis drei Wochen Anspruch auf Entgeltfortzahlung.[3029] Aufsichtsrat und Vorstandsmitglied sollten daher die Gehaltsfortzahlung im Krankheitsfall ausdrücklich im Anstellungsvertrag regeln.[3030] Üblicherweise wird eine Entgeltfortzahlung für **drei bis zwölf Monate vereinbart.**[3031] Sollte eine vertragliche Vereinbarung bestehen, muss sie angemessen iSd § 87 AktG sein (→ Rn. 1291).[3032]

1289 Ein weiterer Anwendungsfall des § 616 BGB kann die Dienstverhinderung wegen (**Untersuchungs-**)**Haft** sein. Die (Untersuchungs-)Haft stellt einen in der Person des Dienstleistungsverpflichteten liegenden Grund dar.[3033] Bei der Strafhaft nimmt die Rechtsprechung auch ein Verschulden des Dienstverpflichteten

---

[3016] *Fonk* in Semler/v. Schenck AR-HdB § 9 Rn. 334.
[3017] MüKoAktG/*Spindler* AktG § 84 Rn. 94; Hölters/*Weber* AktG § 84 Rn. 48.
[3018] *Pröpper* BB 2003, 202 (203).
[3019] BGH NJW 2001, 287 (288) – für einen GmbH-Geschäftsführer; MüKoAktG/*Spindler* AktG § 84 Rn. 94.
[3020] MAH ArbR/*Moll/Eckhoff* § 81 Rn. 51.
[3021] BeckOGK/*Fleischer* AktG § 84 Rn. 50; MAH ArbR/*Moll/Eckhoff* § 81 Rn. 51.
[3022] MüKoAktG/*Spindler* AktG § 84 Rn. 94; MAH ArbR/*Moll/Eckhoff* § 81 Rn. 51.
[3023] BGH WM 1968, 611 (613); MüKoAktG/*Spindler* AktG § 84 Rn. 94; GroßkommAktG/*Kort* AktG § 84 Rn. 418.
[3024] BeckOK ArbR/*Joussen* BGB Vor. § 616.
[3025] Kölner Komm AktG/*Mertens/Cahn* AktG § 84 Rn. 62.
[3026] *Thüsing* in Fleischer VorstR-HdB § 4 Rn. 78; MüKoAktG/*Spindler* AktG § 84 Rn. 95; BeckOGK/*Fleischer* AktG § 84 Rn. 51; aA GroßkommAkt/*Kort* AktG § 84 Rn. 416, der von einer sinngemäßen Anwendung des EntgeltfortzahlungsG ausgeht.
[3027] Hölters/*Weber* AktG § 84 Rn. 47; MHdB AG/*Wentrup* § 21 Rn. 89; Kölner Komm AktG/*Mertens/Cahn* AktG § 84 Rn. 62; BeckOGK/*Fleischer* AktG § 84 Rn. 51.
[3028] MüKoAktG/*Spindler* AktG § 84 Rn. 95; K. Schmidt/Lutter/*Seibt* AktG § 84 Rn. 30; MAH ArbR/*Moll/Eckhoff* § 81 Rn. 51.
[3029] Hölters/*Weber* AktG § 84 Rn. 47.
[3030] Ebenso Hölters/*Weber* AktG § 84 Rn. 47; MHdB AG/*Wentrup* § 21 Rn. 89; BeckOGK/*Fleischer* AktG § 84 Rn. 51; Grigoleit/*Grigoleit* AktG § 84 Rn. 24, 28.
[3031] BeckOGK/*Fleischer* AktG § 84 Rn. 51; MAH ArbR/*Moll/Eckhoff* § 81 Rn. 51.
[3032] MüKoAktG/*Spindler* AktG § 84 Rn. 95; Hölters/*Weber* AktG § 84 Rn. 47; MAH ArbR/*Moll/Eckhoff* § 81 Rn. 51.
[3033] MüKoBGB/*Henssler* BGB § 616 Rn. 57.

an.³⁰³⁴ Bei der Untersuchungshaft ist jedoch zu beachten, dass zugunsten des Beschuldigten die **Unschuldsvermutung** gilt. Aus diesem Grund kann wegen der Untersuchungshaft nicht automatisch ein Verschulden bejaht werden, sondern nur, wenn der Verdacht der Straftat sich bestätigt und das Vorstandsmitglied den Anlass für die Inhaftierung nicht verschuldet hat.³⁰³⁵ Betrachtet man die sonstigen typischen Fälle des § 616 BGB (eigene Eheschließung, Todesfälle von Verwandten), wird deutlich, dass jedenfalls bei einer mehrmonatigen Untersuchungshaft nicht mehr von einem nicht unerheblichen Zeitraum gesprochen werden kann. Bei Untersuchungshaft scheidet ferner auch der Annahmeverzug der Gesellschaft nach § 615 BGB aus, da das Vorstandsmitglied seine Leistung nicht anbieten kann (§ 297 BGB). Das Vorstandsmitglied hat in diesen Situationen also in der Regel keinen Lohnanspruch.

dd) Gleichbehandlungsanspruch. Der arbeitsrechtliche **Gleichbehandlungsgrundsatz** gilt nur für Arbeitnehmer.³⁰³⁶ Entsprechend ist dieser auf Vorstandsmitglieder **nicht anwendbar** (→ Rn. 1190). Werden einzelne Vorstandsmitglieder, beispielsweise bei der Festsetzung des individuellen Bonusfaktors oder bei Versorgungszusagen, gegenüber anderen Vorstandsmitgliedern benachteiligt, können diese, durch Berufung auf den arbeitsrechtlichen Gleichbehandlungsgrundsatz, keine Angleichung nach oben erreichen. Auch eine Gleichbehandlung mit Arbeitnehmern oder leitenden Angestellten kann vom Vorstandsmitglied nicht verlangt werden.³⁰³⁷ Eine abgeschwächte Form des Gleichbehandlungsgrundsatzes soll jedoch entsprechend dem Grundsatz von Treu und Glauben gem. § 242 BGB bzw. der Treu- und Fürsorgepflicht der Gesellschaft im Verhältnis der Vorstandsmitglieder untereinander bei der **gleichmäßigen Zusage** von **Ruhegehältern** zu berücksichtigen sein (→ Rn. 1775).³⁰³⁸

b) Gesetzliche Vorgaben zur Vorstandsvergütung

aa) Angemessenheit der Vorstandsvergütung. Dem Aufsichtsrat steht bei der Festsetzung der Vorstandsvergütung ein weiter Beurteilungs- und Ermessensspielraum zu, der allerdings durch § 87 AktG begrenzt wird.³⁰³⁹ Nach § 87 Abs. 1 S. 1 AktG hat der Aufsichtsrat sicherzustellen, dass die **Gesamtbezüge** des einzelnen Vorstandsmitglieds in einem **angemessenen Verhältnis** zu den Aufgaben und Leistungen des Vorstandsmitglieds sowie zur Lage der Gesellschaft stehen und die übliche Vergütung nicht ohne besondere Gründe übersteigen. Diese Vorgaben gelten nach § 87 Abs. 1 S. 4 AktG sinngemäß auch für Ruhegehalt, Hinterbliebenenbezüge und Leistungen verwandter Art. Rechtsdogmatisch ist das Angemessenheitsgebot eine **Ausgestaltung der Sorgfaltspflicht** und Verantwortlichkeit des Aufsichtsrats nach §§ 116, 93 AktG³⁰⁴⁰, was sich in dem bei Festsetzung unangemessen hoher Bezüge bestehenden Risiko einer Schadensersatzpflicht des Aufsichtsrats widerspiegelt. Einzelheiten zu den Folgen der Festsetzung unangemessener Bezüge unten (→ Rn. 1322 ff.).

Ob neben den im Gesetz ausdrücklich genannten Bezugspunkten **weitere Kriterien** Berücksichtigung finden dürfen, wird in der Literatur unterschiedlich beurteilt. Aus dem Wortlaut der Vorschrift lässt sich nicht ableiten, dass der Katalog der Angemessenheitskriterien abschließend ist. Berücksichtigungsfähig sollen zB die Qualifikation, die allgemeine Erfahrung und der Marktwert eines Vorstandsmitglieds, seine konkrete Verhandlungsposition sowie das Auftreten und die Wirkung in der Öffentlichkeit sein.³⁰⁴¹ Nicht berücksichtigen darf der Aufsichtsrat „sachfremde Erwägungen", die keinen Bezug zur Tätigkeit oder Leistung des Vorstandsmitglieds haben.³⁰⁴²

Maßgeblicher Zeitpunkt für die Beurteilung der Angemessenheit der Vorstandsbezüge ist der **Zeitpunkt der Festsetzung** der Vergütung durch den Aufsichtsrat, der nicht notwendigerweise mit dem (erstmaligen) Abschluss des Anstellungsvertrags zusammenfallen muss.³⁰⁴³ Einer erneuten Prüfung der Angemessenheit der Gesamtbezüge durch den Aufsichtsrat bedarf es auch bei einer späteren Anpassung der Bezüge sowie bei einer Verlängerung des Anstellungsvertrags.³⁰⁴⁴

[3034] LAG Hessen BeckRS 2017, 141329.
[3035] MüKoBGB/*Henssler* BGB § 616 Rn. 57.
[3036] BGH NZG 2020, 64(68); LG Frankfurt BeckRS 2017, 147662; *Kort* NZG 2020, 121 (125); *Beiner/Braun* Der Vorstandsvertrag Rn. 242.
[3037] BeckOGK/*Fleischer* AktG § 84 Rn. 30; *Thüsing* in Fleischer VorstR-HdB § 4 Rn. 56; gegen eine generelle Anwendung MüKoAktG/*Spindler* AktG § 84 Rn. 69.
[3038] BGH NJW 1955, 501; MüKoAktG/*Spindler* AktG § 84 Rn. 69; Großkomm AktG/*Kort* § 84 Rn. 281; BeckOGK/*Fleischer* AktG § 84 Rn. 30; *Thüsing* in Fleischer VorstR-HdB § 4 Rn. 56; MHdB AG/*Wentrup* § 21 Rn. 12; Kölner Komm AktG/*Mertens/Cahn* AktG § 84 Rn. 41; aA *Seyfarth* VorstR § 4 Rn. 11.
[3039] BGH NJW 2006, 522; *Bauer/C. Arnold* AG 2009, 717 (718); *Kort* NJW 2005, 333 (334); *Peltzer* FS Lutter, 571 (577).
[3040] K. Schmidt/Lutter/*Seibt* AktG § 87 Rn. 2; Hüffer/Koch/*Koch* AktG § 87 Rn. 1; Hölters/*Weber* AktG § 87 Rn. 1.
[3041] BeckOGK/*Fleischer* AktG § 87 AktG Rn. 25; *C. Arnold/Schansker* KSzW 2012, 39 (42).
[3042] *C. Arnold/Schansker* KSzW 2012, 39 (42).
[3043] *Spindler* DStR 2004, 36 (42); Hüffer/Koch/*Koch* AktG § 87 Rn. 8; K. Schmidt/Lutter/*Seibt* AktG § 87 Rn. 8.
[3044] MüKoAktG/*Spindler* AktG § 87 Rn. 125; GroßkommAktG/*Kort* AktG § 87 Rn. 106.

1294 **(1) Gesamtbezüge. Bezugsgröße** für die Angemessenheit der Vorstandsvergütung ist nicht ein einzelner Vergütungsbestandteil, sondern – wie sich aus dem Wortlaut des § 87 Abs. 1 S. 1 AktG ergibt – die **Gesamtheit der dem Vorstandsmitglied gewährten Bezüge.** Zu den Gesamtbezügen zählen alle Leistungen, die dem Vorstandsmitglied im Zusammenhang mit seiner Vorstandstätigkeit von der Gesellschaft gewährt werden.[3045] Das Gesetz definiert die Gesamtbezüge durch Aufzählung einzelner Vergütungsbestandteile, wobei es sich um keine abschließende Aufzählung handelt.[3046] Zu den ausdrücklich im Gesetz genannten Vergütungsbestandteilen gehören Gehalt, Gewinnbeteiligungen, Aufwandsentschädigungen, Versicherungsentgelte, Provisionen, anreizorientierte Vergütungszusagen, wie zB Aktienbezugsrechte, und Nebenleistungen jeder Art. Diese Legaldefinition der Gesamtbezüge entspricht im Wesentlichen derjenigen in § 285 Nr. 9 lit. a HGB, § 314 Abs. 1 Nr. 6 lit. a HGB.[3047] Daneben hat der Aufsichtsrat auch andere Leistungen, wie beispielsweise nachträgliche Sonderzahlungen oder Abfindungen, in die Angemessenheitsprüfung einzubeziehen.[3048]

1295 **(2) Aufgaben und Leistungen des Vorstandsmitglieds.** Die **Aufgaben des Vorstandsmitglieds** werden durch den Anstellungsvertrag, die Satzung, die Geschäftsverteilung im Vorstand und durch die faktische Handhabung bestimmt.[3049] Berücksichtigt werden kann neben Art und Umfang der übertragenen Aufgaben auch die **Bedeutung des jeweiligen Ressorts** für das Unternehmensergebnis.[3050] Daneben hat der Aufsichtsrat das mit den einzelnen Aufgaben verbundene **Maß an Verantwortung**[3051] des jeweiligen Vorstandsmitglieds in seine Prüfung einzubeziehen. Daraus folgt letztlich, dass die Vergütungen der einzelnen Vorstandsmitglieder gleich hoch sein können, aber nicht müssen. Unterschiede können im Einzelfall gerechtfertigt sein; insbesondere der Vorstandsvorsitzende und sein Stellvertreter erhalten regelmäßig eine höhere Vergütung als die übrigen Vorstandsmitglieder.[3052]

1296 Neben den Aufgaben hat der Aufsichtsrat bei der Vergütungsfestsetzung **auch die Leistung des Vorstandsmitglieds** zu berücksichtigen. Das Leistungskriterium wird in der Praxis vornehmlich bei einer **Verlängerung des Anstellungsvertrags** relevant, da dem Aufsichtsrat in diesem Fall eine Bewertung der vom Vorstandsmitglied in der Vergangenheit erbrachten Leistungen möglich ist.[3053] Herausragende Leistungen des Vorstandsmitglieds in der Vergangenheit können als Indiz für die vom Aufsichtsrat zu treffende Prognose über die zukünftig zu erwartenden Leistungen dienen und letztlich eine hohe Vergütung für die Zukunft rechtfertigen.[3054] Kaum Anhaltspunkte kann das Leistungskriterium hingegen bei einer **Erstbestellung** des Vorstandsmitglieds liefern. Hier können allenfalls – meist wenig aussagekräftige – Berichte von ehemaligen Vorgesetzten im selben Unternehmen oder Drittunternehmen herangezogen werden.[3055] Diese Schwierigkeiten führen dazu, dass Aufsichtsräte dem Leistungskriterium im Falle der Erstbestellung regelmäßig nur bei der Gestaltung der variablen Vergütungsbestandteile besondere Beachtung schenken.[3056]

1297 Mit Blick auf das in § 87 Abs. 1 S. 2 AktG verankerte Nachhaltigkeits- und Langfristigkeitsgebot hat der Aufsichtsrat zur Feststellung der Leistung des Vorstandsmitglieds eine **am langfristigen Erfolg orientierte Betrachtungsweise** vorzunehmen.[3057] Abzustellen ist nicht auf eine kurzfristige Verbesserung der wirtschaftlichen Kennzahlen, sondern vielmehr auf Kriterien wie beispielsweise eine langfristige Steigerung des Aktienkurses oder der Profitabilität, die Sicherung von Marktanteilen, das Erreichen strategischer Ziele, Innovationserfolge oder die Erhaltung von Arbeitsplätzen.[3058] Auch Kriterien, die an das **Verhalten des einzelnen Vorstandsmitglieds innerhalb des Gesamtgremiums** anknüpfen, zB

[3045] Bürgers/Körber/*Bürgers* AktG § 87 Rn. 3; MüKoAktG/*Spindler* AktG § 87 Rn. 24; Hölters/*Weber* AktG § 87 Rn. 5; str., ob Abschluss einer D&O Versicherung für das Vorstandsmitglied Vergütungscharakter besitzt, dazu ausführlich GroßkommAktG/*Kort* AktG § 87 Rn. 153 ff.
[3046] MüKoAktG/*Spindler* AktG § 87 Rn. 24; Hölters/*Weber* AktG § 87 Rn. 16.
[3047] *Bauer*/*C. Arnold* AG 2009, 717 (718); *Hohenstatt* ZIP 2009, 1349 (1350); MüKoAktG/*Spindler* AktG § 87 Rn. 24; *Behme* BB 2019, 451 (453).
[3048] MüKoAktG/*Spindler* AktG § 87 Rn. 24.
[3049] Grigoleit/*Schwennicke* AktG § 87 Rn. 8; MAH ArbR/*Moll*/*Eckhoff* § 81 Rn. 44; Hölters/*Weber* AktG § 87 Rn. 19.
[3050] MüKoAktG/*Spindler* AktG § 87 Rn. 45.
[3051] Grigoleit/*Schwennicke* AktG § 87 Rn. 8; MAH ArbR/*Moll*/*Eckhoff* § 81 Rn. 44; GroßkommAktG/*Kort* AktG § 87 Rn. 109; für den GmbH-Geschäftsführer: BGH NJW 1992, 2894 (2896); WM 1976, 1226 (1227).
[3052] *Bauer*/*C. Arnold* AG 2009, 717 (718); *Kort* NJW 2005, 333; BeckOGK/*Fleischer* AktG § 87 Rn. 16.
[3053] Hölters/*Weber* AktG § 87 Rn. 21; GroßkommAktG/*Kort* AktG § 87 Rn. 56.
[3054] GroßkommAktG/*Kort* AktG § 87 Rn. 56, 58; *Lindemann*/*Heim* JuS 2018, 1121 (1123).
[3055] *Bauer*/*C. Arnold* AG 2009, 717 (718); MüKoAktG/*Spindler* AktG § 87 Rn. 50.
[3056] BeckOGK/*Fleischer* AktG § 87 Rn. 19; MAH ArbR/*Moll*/*Eckhoff* § 81 Rn. 44; Grigoleit/*Schwennicke* AktG § 87 Rn. 9; *Bauer*/*C. Arnold* AG 2009, 717 (718).
[3057] MüKoAktG/*Spindler* AktG § 87 Rn. 48; GroßkommAktG/*Kort* AktG § 87 Rn. 59.
[3058] GroßkommAktG/*Kort* AktG § 87 Rn. 59; MüKoAktG/*Spindler* AktG § 87 Rn. 48.

Teamfähigkeit und Kooperationsbereitschaft, dürfen berücksichtigt werden.[3059] Hingegen sollen die Anzahl der geleisteten Arbeitsstunden sowie der Führungsstil des Vorstandsmitglieds nicht zu berücksichtigen sein.[3060]

Nicht abschließend geklärt ist, ob neben der individuellen Leistung des Vorstandsmitglieds auch auf die **Leistung des Gesamtgremiums** abgestellt werden kann.[3061] Der Wortlaut des § 87 Abs. 1 S. 1 AktG spricht von Leistungen „*des Vorstandsmitglieds*". Die Frage wird relevant, wenn das Unternehmen erwägt, an seine Vorstandsmitglieder eine einheitliche Festvergütung zu zahlen und sich die variable Vergütung ausschließlich an unternehmensbezogenen Leistungskriterien (zB Jahresergebnis, Performance im Verhältnis zu Wettbewerbern) orientieren soll, ohne dass die individuelle Leistung bewertet und unmittelbar vergütungsrelevant wird. In der Praxis ist es – zumindest bei größeren Aktiengesellschaften – (noch) **üblich,** in Anstellungsverträgen bei der Bemessung der variablen Vergütung **ein individuelles Leistungselement aufzunehmen,** sei es in Form eines rechnerisch definierten Zielerreichungsbonus oder als diskretionärer Faktor. Zwingend ist dies aber nicht. In der Rechtsprechung ist die Frage, ob ein **nicht-individualisiertes Vergütungssystem** zulässig ist, zwar bislang nicht behandelt. Ein solches System ist aber nicht zu beanstanden.[3062] Die Gesamtverantwortung der Vorstandsmitglieder und die von ihnen als Gesamtgremium erbrachten Leistungen und erzielten Erfolge können taugliche Anknüpfungspunkte für eine einheitliche Vergütungsfestsetzung sein.[3063] 1298

Das Erfordernis eines individuellen Leistungselements lässt sich weder dem Aktiengesetz noch dem DCGK entnehmen. Der im Zuge von ARUG II neu eingeführte § 87a AktG spricht zwar davon, dass das vom Aufsichtsrat zu beschließende Vergütungssystem für Vorstandsmitglieder Angaben zu „*finanziellen und nicht finanziellen Leistungskriterien für die Gewährung variabler Vergütungsbestandteile*" enthalten muss, das Erfordernis eines persönlichen Leistungselements wird aber nicht erwähnt. Gleiches gilt für S. 2 der Empfehlung G.7 DCGK, nach der der Aufsichtsrat festlegen soll, „*in welchem Umfang individuelle Ziele der einzelnen Vorstandsmitglieder oder Ziele für alle Vorstandsmitglieder zusammen maßgebend sind*". Es kann dem pflichtgemäßen Ermessen des Aufsichtsrats entsprechen, nicht jedem einzelnen Vorstandsmitglied individuelle Ziele vorzugeben, sondern der Gesamtverantwortung des Vorstands entsprechend eine einheitliche Festvergütung und eine einheitliche, unternehmensbezogene variable Vergütung ohne individuelle Unterschiede festzusetzen. Voraussetzung für eine Vereinbarkeit mit § 87 Abs. 1 AktG ist jedoch, dass der Aufsichtsrat nach pflichtgemäßer Beurteilung (auf Basis einer individuellen Leistungsbeurteilung) zu dem Ergebnis gekommen ist, dass die einheitliche Vergütung auch **in Anbetracht der erwarteten Leistungen** (unter Berücksichtigung der gezeigten Leistungen) **nicht unangemessen** ist. 1299

Auch eine **reine Fixvergütung** ohne variable Vergütungselemente ist prinzipiell zulässig[3064], in der Praxis jedoch selten anzutreffen. Dies hängt auch damit zusammen, dass eine derartige Vergütungsregelung bereits der früheren maßgeblichen Empfehlung in Ziff. 4.2.3 Abs. 2 S. 2 DCGK 2017 widersprochen hat, sowohl fixe als auch variable Vergütungselemente zu implementieren.[3065] Auch der aktuelle DCGK geht davon aus, dass die Gesamtvergütung fixe und variable Vergütungsbestandteile enthält, vgl. Empfehlung G.1 DCGK. 1300

(3) Lage der Gesellschaft. Die Gesamtbezüge müssen gem. § 87 Abs. 1 S. 1 AktG auch in einem angemessenen Verhältnis zur **Lage der Gesellschaft** stehen. Unter der Lage der Gesellschaft ist ihre **wirtschaftliche Gesamtsituation** zu verstehen, die die gegenwärtige Vermögens-, Finanz- und Ertragslage sowie die zukünftige Entwicklung einschließt.[3066] Bezugspunkt ist die Lage der Gesellschaft **insgesamt,** dh der Aufsichtsrat darf sich bei der Festsetzung der Vorstandsvergütung nicht lediglich am Erfolg einzelner Geschäftsbereiche orientieren.[3067] Die Vorstandsmitglieder sind auch dann, wenn sie lediglich einen bestimmten Geschäftsbereich betreuen, für das Wohl des gesamten Unternehmens verantwortlich. 1301

Die Orientierung an der wirtschaftlichen Gesamtsituation der Gesellschaft bedeutet jedoch nicht, dass **wirtschaftliche Krisenzeiten der Gesellschaft** zwangsläufig zur Vereinbarung einer geringeren Vor- 1302

[3059] BeckOGK/*Fleischer* AktG § 87 AktG Rn. 18; Hölters/*Weber* AktG § 87 Rn. 20; MüKoAktG/*Spindler* AktG § 87 Rn. 48; *Fleischer* NZG 2009, 801 (802); *Annuß/Theusinger* BB 2009, 2434.
[3060] *C. Arnold/Schansker* KSzW 2012, 39 (40); *Kling* DZWIR 2010, 221 (223).
[3061] BeckOGK/*Fleischer* AktG § 87 AktG Rn. 18; *Bauer/C. Arnold* AG 2009, 717 (719).
[3062] *Bauer/C. Arnold* AG 2009, 717 (719); Hölters/*Weber* AktG § 87 Rn. 21.
[3063] *C. Arnold/Schansker* KSzW 2012, 39 (41); *Bauer/C. Arnold* AG 2009, 717 (719); Hölters/*Weber* AktG § 87 Rn. 21.
[3064] MüKoAktG/*Spindler* AktG § 87 Rn. 50; *C. Arnold/Schansker* KSzW 2012, 39 (41); *Hoffmann-Becking/Krieger* NZG 2009, Beil. zu Heft 26, 1 (2); *Kling* DZWIR 2010, 221 (223f.); *Wagner* AG 2010, 774 (779); GroßkommAktG/*Kort* AktG § 87 Rn. 60.
[3065] MüKoAktG/*Spindler* AktG § 87 Rn. 51; Henssler/Strohn/*Dauner-Lieb* AktG § 87 Rn. 27.
[3066] Hölters/*Weber* AktG § 87 Rn. 25; BeckOGK/*Fleischer* AktG § 87 Rn. 20; *C. Arnold/Schansker* KSzW 2012, 39 (41); Grigoleit/*Schwennicke* AktG § 87 Rn. 10.
[3067] *Goslar* in Wilsing, Deutscher Corporate Governance Kodex, 2012, 319; Hölters/*Weber* AktG § 87 Rn. 25; Kölner Komm AktG/*Mertens/Cahn* AktG § 87 Rn. 10.

standsvergütung führen müssen. Sogar das Gegenteil kann der Fall sein. Gerade in finanziell schwierigen Zeiten mag es notwendig erscheinen, besonders qualifizierte Personen zu Vorstandsmitgliedern zu berufen, um das Unternehmen wieder wettbewerbsfähig zu machen.[3068] Zur Gewinnung entsprechend qualifizierter Personen muss es dem Aufsichtsrat möglich sein, den (hohen) Vergütungswünschen des potentiellen Vorstandsmitglieds zu entsprechen. In der Praxis führt eine wirtschaftliche Schieflage der Gesellschaft allerdings meist dazu, dass Aufsichtsrat und Vorstandsmitglied niedrigere Bezüge vereinbaren.[3069]

1303 Verschlechtert sich die Lage der Gesellschaft nach der Festsetzung in einer Weise, die die Weitergewährung der Bezüge unbillig für die Gesellschaft macht, soll der Aufsichtsrat nach § 87 Abs. 2 S. 1 AktG die Bezüge **auf die angemessene Höhe herabsetzen.** Der Anstellungsvertrag selbst wird durch die Herabsetzungen nicht berührt, was § 87 Abs. 2 S. 3 AktG feststellt. Das Vorstandsmitglied kann jedoch gem. § 87 Abs. 2 S. 4 AktG seinen Anstellungsvertrag für den Schluss des nächsten Kalendervierteljahres mit einer Kündigungsfrist von sechs Wochen kündigen (→ Rn. 1334).

1304 **(4) Übliche Vergütung.** Die Vergütung der Vorstandsmitglieder darf die **übliche Vergütung** nicht ohne besondere Gründe übersteigen. Die übliche Vergütung bildet damit die **Obergrenze für die Angemessenheit** der Vorstandsbezüge.[3070] Eine höhere als die übliche Vergütung bedarf der besonderen Rechtfertigung. Aus der Üblichkeit der Vergütung lässt sich nicht zwingend auch ihre Angemessenheit ableiten; sie kann aber vom Aufsichtsrat als Indiz für die Angemessenheit herangezogen werden.[3071] Der Aufsichtsrat hat bei seiner Vergütungsentscheidung im Rahmen des Kriteriums der Üblichkeit eine **zweistufige Prüfung** vorzunehmen: Zunächst hat er zu untersuchen, ob sich die Vorstandsvergütung im Rahmen des „Üblichen" hält. Stellt der Aufsichtsrat eine Überschreitung des üblichen Rahmens fest, hat er sodann zu prüfen, ob eine Ausnahmesituation vorliegt („besondere Gründe"), die die Höhe der Vergütung im Einzelfall rechtfertigt.[3072]

1305 Um die Üblichkeit zu bestimmen, bedarf es eines **Vergleichsmaßstabs.** Als Vergleichsgrößen kommen zum einen vergleichbare Unternehmen (sog. horizontale Vergleichbarkeit), zum anderen das Lohn- und Gehaltsgefüge im eigenen Unternehmen (sog. vertikale Vergleichbarkeit) in Betracht.[3073]

1306 Mit der **horizontalen Vergleichbarkeit** wird auf die **Branchen-, Größen- und Landesüblichkeit** Bezug genommen.[3074] Vergleichsgruppe sind – grundsätzlich inländische – Unternehmen derselben Branche, ähnlicher Größe und Komplexität.[3075] Diese Kriterien können in der Praxis nur einen groben Anhaltspunkt liefern. Welche Unternehmen als vergleichbar anzusehen sind, obliegt letztlich der pflichtgemäßen **Einschätzung des Aufsichtsrats.**[3076] Nach Empfehlung G.3 DCGK soll der Aufsichtsrat zur Beurteilung der Üblichkeit der konkreten Gesamtvergütung der Vorstandsmitglieder im Vergleich zu anderen Unternehmen eine geeignete Vergleichsgruppe anderer Unternehmen heranziehen, deren Zusammensetzung er offenlegt (→ Rn. 1397 ff.).

1307 Gerade große deutsche börsennotierte Unternehmen kämpfen mit der Schwierigkeit, dass es in Deutschland keine vergleichbar großen Unternehmen derselben Branche gibt. Dasselbe gilt – unabhängig von der Größe – für Unternehmen mit Alleinstellungsmerkmalen, in kleineren Branchen, mit speziellen Geschäftsmodellen oder überwiegend internationalen Wettbewerbern. Insoweit bleibt notgedrungen – und über die Vorstellung des Gesetzgebers des VorstAG von 2009 hinaus – die Lösung über eine internationale Vergleichsgruppe. Der Gesetzgeber des VorstAG ist im Jahr 2009 davon ausgegangen, dass sich ein Üblichkeitsvergleich **auf deutsche Gesellschaften beschränken** sollte, um zu vermeiden, dass das in anderen Jurisdiktionen, vor allem in den USA, deutlich höhere Vergütungsniveau zu einer „Anpassung nach oben" in Deutschland führt.[3077] Dennoch lässt sich nicht verkennen, dass gerade der vom Gesetzgeber geschaffene Üblichkeitsvergleich mit anderen Gesellschaften in der Praxis dazu führt, dass Vergütungen eher nach oben angepasst werden. Kaum ein Vorstand und auch kaum ein Aufsichtsrat möchte sich

---

[3068] C. Arnold/Schansker KSzW 2012, 39 (41); Hoffmann-Becking NZG 1999, 797 (798), der von einer „Sanierungsprämie" spricht; Hölters/Weber AktG § 87 Rn. 26; GroßkommAktG/Kort AktG § 87 Rn. 77.
[3069] C. Arnold/Schansker KSzW 2012, 39 (41); Thüsing ZGR 2003, 457 (470); MüKoAktG/Spindler AktG § 87 Rn. 55; Hölters/Weber AktG § 87 Rn. 26.
[3070] Bauer/C. Arnold AG 2009, 717 (719); MüKoAktG/Spindler AktG § 87 Rn. 56.
[3071] MüKoAktG/Spindler AktG § 87 Rn. 56; BeckOGK/Fleischer AktG § 87 Rn. 21; Thüsing AG 2009, 517 (518); Fleischer NZG 2009, 801 (802); Hölters/Weber AktG § 87 Rn. 24.
[3072] K. Schmidt/Lutter/Seibt AktG § 87 AktG Rn. 10; Bauer/C. Arnold AG 2009, 717 (719).
[3073] K. Schmidt/Lutter/Seibt AktG § 87 AktG Rn. 10.
[3074] BT-Drs. 16/12278,5; BT-Drs. 16/13433, 10; Hölters/Weber AktG § 87 Rn. 22; Grigoleit/Schwennicke AktG § 87 Rn. 11; MüKoAktG/Spindler AktG § 87 Rn. 57.
[3075] BT-Drs. 16/12278, 6; BT-Drs. 16/13433, 15; MüKoAktG/Spindler AktG § 87 Rn. 57; Hölters/Weber AktG § 87 Rn. 22; Behme BB 2019, 451 (454).
[3076] K. Schmidt/Lutter/Seibt AktG § 87 AktG Rn. 10; MüKoAktG/Spindler AktG § 87 Rn. 57.
[3077] BT-Drs. 16/13433, 10.

mit der Feststellung begnügen, dass das Vergütungsniveau bei der jeweiligen Gesellschaft zB „unterhalb des Medians" vergleichbarer Unternehmen liegt.

Trotz der entgegenstehenden Vorstellung des Gesetzgebers des VorstAG von 2009 kann der Aufsichtsrat im Einzelfall auch ein höheres oder niedrigeres **ausländisches Vergütungsniveau** zur Beurteilung der Üblichkeit heranziehen,[3078] und sei es nur im Rahmen der zweiten Stufe bei der Prüfung „besonderer Gründe".[3079] Dies gilt zumindest in den Fällen, in denen das betreffende Vorstandsmitglied ein konkretes Auslandsangebot vorweisen kann oder aufgrund seiner besonderen Qualifikationen mit einem entsprechenden – höher dotierten – Auslandsangebot rechnen kann.[3080] Hier empfiehlt sich eine **umfassende Dokumentation** durch den Aufsichtsrat. Auch international tätige Unternehmen können ausländische Vergütungsniveaus berücksichtigen.[3081] Nicht außer Acht gelassen werden dürfen bei einem internationalen Vergleich die mit der Wahrnehmung eines ausländischen Vorstandsmandats verbundenen Nachteile, wie beispielsweise erhöhte Haftungsrisiken, einfachere Kündigungsmöglichkeiten oder kürzere Vertragslaufzeiten, oder Vorteile.[3082]

1308

Bei der Prüfung der **vertikalen Üblichkeit** ist die Vorstandsvergütung mit dem insgesamt im Unternehmen bestehenden **Lohn- und Gehaltsgefüge** zu vergleichen.[3083] Nach der Beschlussempfehlung des Rechtsausschusses ist darauf zu achten, dass „die Vergütungsstaffelung im Unternehmen beim Vorstand nicht Maß und Bezug zu den Vergütungsgepflogenheiten und dem Vergütungssystem im Unternehmen im Übrigen verliert".[3084] Mit der **Empfehlung G.4** konkretisiert der **DCGK** den vertikalen Vergütungsvergleich. Der Kodex empfiehlt, dass der Aufsichtsrat das Verhältnis der Vorstandsvergütung zur Vergütung des oberen Führungskreises und der Belegschaft berücksichtigen soll. Dem Aufsichtsrat obliegt die Bestimmung, wer dem oberen Führungskreis oder der relevanten Belegschaft angehört. Er kann hierzu auf bereits vorhandene unternehmensinterne Definitionen zurückgreifen (→ Rn. 1401 ff.). Im Falle eines **Konflikts** zwischen den Ergebnissen des horizontalen und des vertikalen Vergleichs gebührt dem horizontalen Vergleich der Vorrang.[3085] Der vertikale Vergleich wird daher nur selten entscheidungserheblich sein.[3086]

1309

Ob die Vergütung im Ergebnis angemessen ist oder nicht, kann durchaus schwierig zu beurteilen sein. In der Praxis ist daher die Unterstützung durch einen **externen Vergütungsberater** verbreitet. Auf diese Weise wollen sich Aufsichtsräte vor einer möglichen Haftung bei unangemessener Vergütungsfestsetzung schützen (→ Rn. 1322).

1310

Kommt der Aufsichtsrat zu dem Ergebnis, dass die Höhe der Vorstandsvergütung den üblichen Rahmen im Einzelfall überschreitet, hat er im nächsten Schritt das **Vorliegen „besonderer Gründe"** sorgfältig zu prüfen und zu dokumentieren. Worin besondere Gründe bestehen können, bestimmt das Gesetz nicht. Dem Aufsichtsrat steht insoweit ein **erheblicher Einschätzungs- und Beurteilungsspielraum** zu.[3087] Je weiter die Vergütung von einer marktüblichen abweicht, desto höher wird allerdings die Begründungslast für den Aufsichtsrat.[3088] Besondere Gründe im Sinne des § 87 Abs. 1 S. 1 AktG können sich **aus den anderen Angemessenheitskriterien,** also aus den besonderen Aufgaben und Leistungen des Vorstandsmitglieds, sowie aus der Lage der Aktiengesellschaft ergeben.[3089] Als mögliche besondere Gründe kommen zB die Aussicht des Vorstandsmitglieds auf ein lukrativeres Stellenangebot,[3090] außergewöhnliche Kenntnisse und Fähigkeiten[3091], sowie überragende Leistungen in der Vergangenheit, insbesondere bei Aufgaben mit besonders hohen Anforderungen und Risiken in Betracht.[3092]

1311

[3078] *Bauer/C. Arnold* AG 2009, 717 (720).
[3079] MüKoAktG/*Spindler* AktG § 87 Rn. 58; *C. Arnold/Schansker* KSzW 2012, 39 (42).
[3080] *Fleischer* NZG 2009, 801 (802); *Bauer/C. Arnold* AG 2009, 717 (720); MüKoAktG/*Spindler* AktG § 87 Rn. 59; Hölters/*Weber* AktG § 87 Rn. 22; GroßkommAktG/*Kort* AktG § 87 Rn. 95; aA *Wagner/Wittgens* BB 2009, 906 (907).
[3081] MüKoAktG/*Spindler* AktG § 87 Rn. 58; K. Schmidt/Lutter/*Seibt* AktG § 87 Rn. 10.
[3082] Hölters/*Weber* § 98 AktG Rn. 22; K. Schmidt/Lutter/*Seibt* AktG § 87 Rn. 10.
[3083] BT-Drs. 16/13433, 10.
[3084] BT-Drs. 16/13433, 10.
[3085] NK-ArbR/*Pausch/Daub* AktG § 87 Rn. 18; *Goslar* in Wilsing, Deutscher Corporate Governance Kodex, 2012, 321.
[3086] *Bauer/C. Arnold* AG 2009, 717 (720); K. Schmidt/Lutter/*Seibt* AktG § 87 Rn. 10; GroßkommAktG/*Kort* AktG § 87 Rn. 91, der die vertikale Üblichkeit als „allenfalls zweitrangig" ansieht und Bedenken äußert, dass ein solcher Vergleichsmaßstab zu „relative caps über die Hintertür" führen könne; Grigoleit/*Schwennicke* AktG § 87 Rn. 11, der die vertikale Vergleichbarkeit als Anknüpfungspunkt generell verneint.
[3087] *Goslar* in Wilsing, Deutscher Corporate Governance Kodex, 2012, 321; *Annuß/Theusinger* BB 2009, 2434 (2435).
[3088] Hölters/*Weber* AktG § 87 Rn. 24; MüKoAktG/*Spindler* § 87 AktG Rn. 41.
[3089] Hölters/*Weber* AktG § 87 Rn. 24; GroßkommAktG/*Kort* AktG § 87 Rn. 94.
[3090] GroßkommAktG/*Kort* AktG § 87 Rn. 95; MüKoAktG/*Spindler* AktG § 87 Rn. 59; BeckOGK/*Fleischer* AktG § 87 Rn. 22.
[3091] NK-AktG/*Oltmanns* AktG § 87 Rn. 5.
[3092] Hölters/*Weber* AktG § 98 AktG Rn. 24; Goslar in Wilsing, Deutscher Corporate Governance Kodex, 2012, 321; NK-ArbR/*Pausch/Daub* AktG § 87 Rn. 20.

1312 **(5) Nachhaltige und langfristige Entwicklung.** Das Gesetz erweitert mit § 87 Abs. 1 S. 2 und S. 3 AktG für **Aufsichtsräte börsennotierter Aktiengesellschaften** die bei der Festsetzung der Vorstandsvergütung zu beachtenden Kriterien.[3093] Zwar sollen auch nicht-börsennotierte Aktiengesellschaften nach der Vorstellung des VorstAG 2009 ihre Vergütungsstrukturen an dem „Nachhaltigkeitsgedanken" ausrichten,[3094] rechtlich zwingend ist dies aber nicht. Mit dem VorstAG hat der Gesetzgeber in § 87 Abs. 2 S. 2 AktG das Gebot der „Nachhaltigkeit" in die Gestaltung der Vergütungsstruktur von Vorstandsmitgliedern und börsennotierten Aktiengesellschaften eingeführt. Im Zuge des ARUG II hat der Gesetzgeber den Wortlaut modifiziert. Während § 87 Abs. 1 S. 1 AktG aF davon sprach, dass börsennotierte Gesellschaften ihre Vergütungsstruktur an einer „nachhaltigen Unternehmensentwicklung" auszurichten haben, ist nunmehr der zusätzliche Gedanke der „Langfristigkeit" eingeführt worden. Der Regierungsentwurf sah zunächst eine Ersetzung der Wörter „nachhaltige Unternehmensentwicklung" durch die Wörter „langfristige Entwicklung der Gesellschaft" vor und stellte klar, dass mit dieser redaktionellen Anpassung des Wortlauts keine inhaltliche Änderung verbunden sei.[3095] Der Ausschuss für Recht und Verbraucherschutz hat in seiner abschließenden Sitzung allerdings eine weitere Änderung vorgenommen. Nunmehr spricht § 87 Abs. 1 S. 2 AktG von der „nachhaltigen und langfristigen Entwicklung der Gesellschaft". Zu dieser auf den ersten Blick tautologisch klingenden Begriffsdoppelung stellt der Ausschuss klar, dass „der Aufsichtsrat bei der Festsetzung der Vergütung, insbesondere der Wahl der Vergütungsanreize auch soziale und ökologische Gesichtspunkte in den Blick zu nehmen" habe.[3096] Der Ausschuss möchte sich gegen das bisher von „Praxis und Literatur ganz überwiegend" iS einer „langfristigen Entwicklung" verstandenen Merkmal der „Nachhaltigkeit" wenden.[3097] Nach Auffassung des Ausschusses sollen folglich Aufsichtsräte börsennotierter Gesellschaften bei der Gestaltung der Vergütungsstruktur sowohl die „Nachhaltigkeit" als auch die „Langfristigkeit" der Vergütungsanreize berücksichtigen.

1313 Unter Geltung des § 87 Abs. 1 S. 2 AktG idF des ARUG II stellt sich damit die Frage, welche Anforderungen an die „Nachhaltigkeit" einerseits und an die „Langfristigkeit" andererseits zu stellen sind. Der Begriff der „Nachhaltigkeit" im Zusammenhang mit der Vorstandsvergütung war auf Grundlage der Fassung des § 87 Abs. 1 S. 2 AktG nach dem VorstAG 2009 nicht geklärt und hat seit seiner Einführung in der Literatur weitläufig Kritik erfahren.[3098] Ausweislich der Entwurfsbegründung des VorstAG 2009 sollten angesichts der Finanzmarktkrise **Vergütungsstrukturen verhindert** werden, die beim **Eingehen unverantwortlicher Risiken** verleiten, den nachhaltigen Unternehmenserfolg vernachlässigen und damit letztlich den Bestand des Unternehmens gefährden.[3099] Die Gesellschaft soll keine Verhaltensanreize setzen, die die Vorstandsmitglieder dazu animiert, Entscheidungen zu treffen, die zwar zu einer kurzfristigen Steigerung des Aktienkurses führen, letztlich aber risikobehaftet sind und für die Gesellschaft unter Umständen existenzbedrohende Auswirkungen haben.[3100] Derartige „Strohfeuer" sollen mit Blick auf die langfristige Stabilität des Unternehmens vermieden werden.[3101] Positiv gesprochen hat der Aufsichtsrat nach den Vorstellungen des VorstAG 2009 das Vorstandsvergütungssystem – zumindest auch – an langfristigen (Unternehmens-)Zielen auszurichten, die geeignet sind, Verhaltensweisen der Vorstandsmitglieder zu fördern, die das dauerhafte Bestehen der Gesellschaft sichern und zu einer langfristigen Rentabilität beitragen.[3102]

1314 Dieses Verständnis entspricht nicht mehr dem des Gesetzgebers des ARUG II. Durch die Wiedereinführung des Begriffs der „Nachhaltigkeit" durch den Ausschuss stellt der Gesetzgeber klar, dass die Vermeidung unverantwortlicher Risiken eher dem Begriff der „Langfristigkeit" zugeordnet wird. Unter „Nachhaltigkeit" sind eher sonstige Aspekte, ua die vom Ausschuss genannten **„sozialen und ökologischen Gesichtspunkte"** zu verstehen. Dieses Begriffsverständnis entspricht der bereits seit vielen Jahren vertretenen Sichtweise von Investoren und Stimmrechtsberatern. Sie empfehlen Aufsichtsräten börsennotierter Gesellschaften seit Langem, sogenannte **„ESG-Ziele"** im Rahmen der Vorstandsvergütung zu berücksichtigen. „ESG" steht dabei für „Environment, Social, Governance". Über die vom Ausschuss genannten „sozialen und ökologischen Gesichtspunkte" sind damit auch vor allem interne und externe Unternehmensführung angesprochen, zB Mitarbeiterzufriedenheit und ein Compliance-orientiertes Arbeitsumfeld (beispielsweise diskriminierungsfreie Arbeitsbedingungen). Durch den neuen Wortlaut des

---

[3093] *C. Arnold/Schansker* KSzW 2012, 39 (44).
[3094] BT-Drs. 16/13433, 10.
[3095] RegE ARUG II, 80.
[3096] BT-Drs. 19/15153, 62.
[3097] BT-Drs. 19/15153, 62.
[3098] *Bauer/C. Arnold* AG 2009, 717 (721); *Fleischer* NZG 2009, 801 (802); *Röttgen/Kluge* NJW 2013, 900; vgl. auch *Velte* NZG 2016, 294 (296); GroßkommAktG/*Kort* AktG § 87 Rn. 120, der von einem „Modebegriff" spricht.
[3099] BT-Drs. 16/13433, 1; MüKoAktG/*Spindler* AktG § 87 Rn. 79; BeckOGK/*Fleischer* AktG § 87 Rn. 35.
[3100] *Bauer/C. Arnold* AG 2009, 717 (721); *Grigoleit/Schwennicke* AktG § 87 Rn. 17; Hölters/*Weber* AktG § 87 Rn. 30.
[3101] *Fleischer* NZG 2009, 801 (802); *C. Arnold/Schansker* KSzW 2012, 39 (43).
[3102] *Wagner* AG 2010, 774 (776); *C. Arnold/Schansker* KSzW 2012, 39 (43).

§ 87 Abs. 1 S. 2 AktG stellt der Gesetzgeber klar, dass er sich solche Sichtweisen zu eigen machen möchte.[3103]

Fraglich und zweifelhaft ist jedoch, inwiefern der neue Wortlaut des § 87 Abs. 1 S. 2 AktG Aufsichtsräte börsennotierter Gesellschaften zwingt, den modifizierten Gedanken der „Nachhaltigkeit" direkt im Vorstandsvergütungssystem abzubilden. Der Ausschuss selbst spricht davon, dass der Aufsichtsrat solche Gesichtspunkte **„in den Blick zu nehmen hat"**.[3104] Das Gesetz schreibt damit nicht zwingend vor, dass sogenannte ESG-Ziele unmittelbar als Leistungs- und Erfolgskriterien in die Vorstandsvergütung, insbesondere die variablen Vergütungskomponenten integriert werden.[3105] Dies ist zwar eine Möglichkeit, die gesetzgeberischen Vorstellungen umzusetzen. Es bleibt Aufsichtsräten börsennotierten Aktiengesellschaften aber unbenommen, ESG-Ziele auch **über andere finanzielle und nicht-finanzielle Leistungs- und Erfolgskriterien abzubilden** und in die Gesamtbetrachtung miteinzubeziehen. ESG-Ziele müssen daher auch in Zukunft keine unmittelbare Relevanz für die Höhe der festen oder variablen Vergütung haben. Eine Berücksichtigung des Börsenkurses kann beispielsweise auch einen Bezug zu ESG-Zielen haben, da die Märkte das Ansehen von Aktiengesellschaften mit Blick auf die nach innen und außen gelebte Governance sowie ökologische Aspekte der Unternehmensstrategie und Unternehmensführung abbilden. Dabei kann sich der Abbau von Umweltrisiken auch unmittelbar auf finanzielle Erfolgskriterien auswirken, beispielsweise durch die Auflösung von Rückstellungen für Umweltrisiken. 1315

Die gesetzliche Vorgabe, die Vergütungsstrukturen an einer langfristigen Unternehmensentwicklung auszurichten, macht die Vereinbarung einer kurzfristigen variablen Vergütung nicht per se unzulässig. Langfristige Verhaltensanreize müssen jedoch **dominieren.**[3106] Das bedeutet, dass die dem Vorstandsmitglied gewährte Festvergütung zusammen mit dem Langzeitbonus mehr als die Hälfte der Gesamtvergütung betragen sollte.[3107] Entscheidend ist letztlich, dass die **Vergütung insgesamt geeignet** ist, **langfristige Verhaltensanreize** zu setzen (vergleiche hierzu auch DCGK G 6 → Rn. 1411 ff.). Eine solche Vergütungsstruktur zu entwickeln, ist Aufgabe des Aufsichtsrats.[3108] Hierfür kann sich der Aufsichtsrat der gängigen Berechnungsparameter wie dem Aktienkurs, dem Total Shareholder-Return, dem Economic Value added (EVA), EBT, EBIT[3109], ROIC oder ROCE bedienen, solange er daneben dem langfristigen Interesse der Gesellschaft Beachtung schenkt.[3110] 1316

Die Fokussierung auf den wirtschaftlichen Erfolg der Gesellschaft darf nicht den Blick dafür verstellen, dass neben dem Wertzuwachs auch **„weiche" Faktoren** Teil von Nachhaltigkeits- und Langfristigkeitserwägungen des Aufsichtsrats sein können. Der Aufsichtsrat soll nach Empfehlung G.1 DCGK bei der Aufstellung des Vorstandsvergütungssystems festlegen, von welchen finanziellen und **nicht finanziellen Leistungs- und Erfolgskriterien** die Berechnung und damit die Höhe des jeweiligen variablen Vergütungsbestandteils abhängt. Auch die Änderungsrichtlinie (EU) 2017/828 sieht die Berücksichtigung nicht finanzieller Leistungskriterien vor.[3111] Beispielhaft werden in der Literatur Kriterien genannt wie Innovation, **Kunden- und Mitarbeiterzufriedenheit,** Investitionen in Forschung und Entwicklung, die Verbesserung von Corporate Governance und **Compliance** sowie die Energieeffizienz und Umweltverträglichkeit.[3112] Gerade Compliance-Aspekte spielen in der Praxis eine immer größere Rolle bei der Festsetzung der Vorstandsvergütung und finden ihren Niederschlag in Dienstverträgen beispielsweise durch Vereinbarung von Malus- und Clawback-Klauseln. 1317

Dem Wortlaut des **§ 87 Abs. 1 S. 3 AktG** („daher") lässt sich entnehmen, dass Aufsichtsräte dem Gebot der Langfristigkeit insbesondere durch Festsetzung variabler Vergütungsbestandteile mit **mehrjähriger Bemessungsgrundlage** entsprechen können. Weder im Gesetz noch in seiner Begründung wird konkretisiert, was unter Mehrjährigkeit zu verstehen ist. Die Ansichten in der Literatur reichen von 1318

[3103] *Velte* NZG 2020, 12 (14); *Zipperle/Lingen* BB 2020, 131.
[3104] BT-Drs. 19/15153, 62.
[3105] In diese Richtung auch *Grimm/Freh* ArbRB 2020, 192 (193); aA *Velte* NZG 2020, 12 (14 f.) „zwingend", wenn auch nur ein „Nebenfaktor".
[3106] *Lindemann/Heim* JuS 2018, 1121 (1125); GroßkommAktG/*Kort* AktG § 87 Rn. 122; *M. Arnold/Günther* in Marsch-Barner/Schäfer Börsennotierte AG-HdB Rn. 20.32, 20.39.; vgl. auch BeckOGK/*Fleischer* AktG § 87 Rn. 37; K. Schmidt/Lutter/*Seibt* AktG § 87 Rn. 12a; Grigoleit/*Schwennicke* AktG § 87 Rn. 20.
[3107] BeckOGK/*Fleischer* AktG § 87 Rn. 42.
[3108] K. Schmidt/Lutter/*Seibt* AktG § 87 Rn. 13.
[3109] Vgl. KG AG 2018, 275, wonach in Zweifelsfragen der bereinigte EBIT zugrunde zu legen ist.
[3110] *C. Arnold/Schansker* KSzW 2012, 39 (43); vgl. *M. Arnold/Günther* in Marsch-Barner/Schäfer Börsennotierte AG-HdB Rn. 20.34, 20.39.
[3111] Richtlinie (EU) 2017/828 zur Änderung der Richtlinie 2007/36/EG Artikel 9a Abs. 6, 3. Abschnitt; vgl. auch *Velte* NZG 2016, 294 (295).
[3112] Für die Berücksichtigung sozialer, ökonomischer und ökologischer Gesichtspunkte *Röttgen/Kluge* NJW 2013, 900 (901); dem folgend und zur Problematik der Einbeziehung nichtfinanzieller Leistungsindikatoren ausführlich *Velte* NZG 2016, 294 ff.; *Velte* NZG 2020, 12 (13); *M. Arnold/Günther* in Marsch-Barner/Schäfer Börsennotierte AG-HdB Rn. 20.33; für ein rein zeitliches Verständnis des Nachhaltigkeitsbegriffs *Louven/Ingwersen* BB 2013, 1219; MüKoAktG/*Spindler* AktG § 87 Rn. 79.

zwei[3113] über drei bis zu fünf Jahren.[3114] Auch die Kommissionsempfehlung nennt einen Zeitraum von **drei bis fünf Jahren.**[3115] Der DCGK nennt in Empfehlung G.10 einen Zeitraum von vier Jahren (→ Rn. 1428). Häufig fassen Gesellschaften in Anlehnung an § 193 Abs. 2 Nr. 4 AktG eine Zeitspanne von vier Jahren ins Auge, wobei auch drei Jahre nicht unüblich sind. Der Blick richtet sich dabei entweder retrospektiv auf wirtschaftliche Kennzahlen in den vergangenen drei bzw. vier Geschäftsjahren oder aber prospektiv für den entsprechenden Zeitraum in der Zukunft. Auch negativen Entwicklungen soll durch die Vergütungsstruktur Rechnung getragen werden, sodass allein ein Fälligkeitszeitpunkt in der Zukunft, dh das Hinausschieben des Auszahlungszeitpunkts, nicht die Anforderungen an eine „mehrjährige Bemessungsgrundlage" erfüllt.[3116]

1319 Wie die Vergütungsstruktur **inhaltlich** ausgestaltet und vertraglich umgesetzt werden soll, ist nicht geregelt. Der Aufsichtsrat hat im Rahmen des rechtlich Zulässigen umfassende Gestaltungsfreiheit. In der Entwurfsbegründung des VorstAG 2009 werden beispielhaft zwei mögliche Vertragsgestaltungen genannt: **Bonus-Malus-Systeme** sowie eine **Performance-Betrachtung über die Gesamtlaufzeit.**[3117] Denkbar ist auch die Ergänzung des Vergütungssystems durch sog. **Share Ownership Guidelines** oder die aktuell vieldiskutierten **Clawback-Klauseln** (→ Rn. 1511 ff.)[3118]

1320 **(6) Begrenzungsmöglichkeit für außerordentliche Entwicklungen.** Nach § 87 Abs. 1 S. 3 Hs. 2 AktG soll der Aufsichtsrat bei einer börsennotierten Aktiengesellschaft eine **Begrenzungsmöglichkeit für außerordentliche Entwicklungen** vereinbaren. Dies betrifft nicht etwa den Fall, dass die Gesellschaft unerwartet mit wirtschaftlichen Schwierigkeiten zu kämpfen hat.[3119] Hierfür sieht § 87 Abs. 2 AktG die Möglichkeit zur Herabsetzung der Vorstandsvergütung vor. Vielmehr betrifft die Vorgabe den umgekehrten Fall. Ausweislich der Entwurfsbegründung soll das Vorstandsmitglied an einer **positiven Entwicklung** der variablen Vergütung zu Grunde liegenden Parameter partizipieren, soweit die Wertsteigerung auf dem **regulären Geschäftsbetrieb** beruht; von außergewöhnlichen Entwicklungen der Gesellschaft soll das Vorstandsmitglied hingegen nicht ohne Beschränkungsmöglichkeiten profitieren.[3120] Außergewöhnliche – vom Normalfall abweichende – Entwicklungen sind insbesondere bei Unternehmensübernahmen, Veräußerung von Unternehmensteilen, Hebung stiller Reserven oder bei externen Einflüssen denkbar.[3121] Sog. **„windfall profits"** sollen nicht bzw. nicht in vollem Umfang in der Bemessung der variablen Vergütung ihren Niederschlag finden.[3122]

1321 Bei der **Ausgestaltung der Begrenzungsmöglichkeit** ist der Aufsichtsrat frei.[3123] Feste Obergrenzen (**„Caps"**), wie sie im DCGK (Empfehlung G.10) empfohlen werden, sieht das Aktiengesetz zwar nicht vor, sie erfüllen aber die gesetzlichen Anforderungen einer Begrenzungsmöglichkeit. In der Praxis ist die Aufnahme eines Caps in den Anstellungsvertrag üblich, da es Transparenz und Rechtssicherheit bietet. Der Aufsichtsrat kann aber zulässigerweise auch vereinbaren, dass ihm im Falle außerordentlicher Entwicklungen das Recht zusteht, durch einseitige Ermessensentscheidung die variable Vergütung zu kürzen.[3124] Es finden sich aber auch Kombinationen von Caps und einseitigen Kürzungsmöglichkeiten, wenn Caps allein als nicht ausreichend angesehen werden und daher das Bedürfnis nach einem zusätzlichen Korrektiv besteht.

1322 **(7) Folgen bei Vereinbarung unangemessener Bezüge.** Die Vereinbarung einer unangemessenen Vorstandsvergütung **lässt die Wirksamkeit des Anstellungsvertrags** nach hM grundsätzlich **unberührt,** führt also nicht zur Nichtigkeit der Vergütungsabrede oder gar des gesamten Vertrags.[3125] Mit der Begründung, § 87 Abs. 1 AktG setze inhaltliche Grenzen für die Vergütungsabrede und bedürfe einer

---

[3113] Unter Berufung auf den Wortlaut *Bauer/C. Arnold* AG 2009, 717 (722 f.); *Hohenstatt/Kuhnke* ZIP 2009, 1981 (1985); Hölters/*Weber* AktG § 87 Rn. 37.
[3114] *Thüsing* AG 2009, 517 (521), der sich auf die Höchstbestellungsdauer aus § 84 Abs. 1 AktG bezieht; *M. Arnold/Günther* in Marsch-Barner/Schäfer Börsennotierte AG-HdB Rn. 20.37.
[3115] Kommissionsempfehlung vom 30. 4. 2009 (2009/385/EG).
[3116] BT-Drs. 16/13433, S. 10; *M. Arnold/Günther* in Marsch-Barner/Schäfer Börsennotierte AG-HdB Rn. 20.38; Grigoleit/*Schwennicke* AktG § 87 Rn. 22.
[3117] BT-Drs. 16/13433, 10.
[3118] *Bauer/C. Arnold* AG 2009, 717 (723).
[3119] *C. Arnold /Schansker* KSzW 2012, 39 (44).
[3120] BT-Drs. 16/13433, 10; *C. Arnold /Schansker* KSzW 2012, 39 (44).
[3121] BT-Drs. 16/13433, 10.
[3122] MüKoAktG/*Spindler* AktG § 87 Rn. 96; *Stenzel* BB 2020, 970 (974); *Seibert* WM 2009, 1489 (1490); *Bauer/C. Arnold* AG 2009, 717 (723); *Thüsing* AG 2009, 517 (522); K. Schmidt/Lutter/*Seibt* AktG § 87 Rn. 12b.
[3123] BT-Drs. 16/13433, 10; *C. Arnold /Schansker* KSzW 2012, 39 (44).
[3124] MüKoAktG/*Spindler* AktG § 87 Rn. 97; *Bauer/C. Arnold* AG 2009, 717 (724); vgl. auch *Hohenstatt/Kuhnke* ZIP 2009, 1981 (1988).
[3125] MüKoAktG/*Spindler* AktG § 87 Rn. 142; *C. Arnold /Schansker* KSzW 2012, 39 (45); GroßkommAktG/*Kort* AktG § 87 Rn. 331 f.; Hüffer/Koch/*Koch* AktG § 87 Rn. 45; Lutter/Krieger/*Verse* AR Rn. 395; *Brandes* ZIP 2013, 1107 (1109).

effektiven Durchsetzung, wird zwar vereinzelt angenommen, bei § 87 Abs. 1 AktG handele es sich um ein **Verbotsgesetz iSd § 134 BGB**.[3126] Dem ist allerdings entgegenzuhalten, dass § 87 Abs. 1 AktG schon seinem Wortlaut nach ein Gebot und kein Verbot enthält.[3127] Die Vorgabe der Festsetzung einer angemessenen Vergütung begründet lediglich eine Pflicht des Aufsichtsrats und begrenzt insoweit das ihm bei Vergütungsentscheidungen zustehende Ermessen.[3128] Eine Nichtigkeit der Vergütungsabrede kommt nur unter den Voraussetzungen des **§ 138 Abs. 1 BGB** in Betracht, wobei ein vorsätzlicher Verstoß gegen das Angemessenheitsgebot des § 87 Abs. 1 AktG allein noch keine **Sittenwidrigkeit** begründet.[3129] Die Sittenwidrigkeit nach § 138 Abs. 1 BGB bedarf weiterer außergewöhnlicher Umstände.[3130] Allerdings kann ein Verstoß gegen § 87 Abs. 1 AktG, wie der BGH im „Mannesmann-Urteil" festgestellt hat, zur **Strafbarkeit** der Aufsichtsratsmitglieder wegen **Untreue** nach § 266 StGB führen.[3131]

Eine Unwirksamkeit der Vergütungsabrede ergibt sich grundsätzlich auch nicht aus den Regelungen zur Vertretungsmacht. Durch einen Verstoß gegen § 87 Abs. 1 AktG überschreitet der Aufsichtsrat nicht seine Vertretungsbefugnis im Außenverhältnis.[3132] Nach § 112 AktG ist die **Vertretungsmacht** des Aufsichtsrats gegenüber dem Vorstand **unbeschränkt und unbeschränkbar.** § 87 Abs. 1 AktG stellt lediglich eine Beschränkung der Vertretungsmacht im Innenverhältnis dar, deren Verletzung die Wirksamkeit der Vereinbarung unberührt lässt.[3133] Nur ausnahmsweise kann nach den allgemeinen Grundsätzen über den **Missbrauch der Vertretungsmacht** die Unwirksamkeit der Vergütungsvereinbarung bzw. das Bestehen einer Einrede gem. § 242 BGB angenommen werden.[3134] Voraussetzung hierfür ist, dass der Aufsichtsrat die ihm durch § 87 Abs. 1 AktG gesetzten Grenzen bewusst überschreitet und das Vorstandsmitglied dies weiß oder es sich ihm hätte aufdrängen müssen.[3135] Der BGH spricht in ständiger Rechtsprechung von einer „massive Verdachtsmomente voraussetzenden objektiven Evidenz des Missbrauchts".[3136] Wann diese Schwelle im Verhältnis von Vorstand und Aufsichtsrat einer Aktiengesellschaft überschritten ist, hängt von den Umständen des Einzelfalls ab. Dabei ist stets auf den Kenntnisstand des Vorstandsmitglieds in der aktuellen Situation abzustellen.[3137] Bei **erstmaligem Abschluss des Anstellungsvertrags** hat das zukünftige Vorstandsmitglied regelmäßig keine detaillierten Kenntnisse der wirtschaftlichen Lage des Unternehmens und somit keine ausreichende Grundlage zur Beurteilung der Angemessenheit.[3138] Anderes kann im Einzelfall gelten, wenn das zukünftige Vorstandsmitglied Einsicht in ein vom Aufsichtsrat eingeholtes Vergütungsgutachten erhält. Auch die darin enthaltenen Analysen lassen jedoch keinen zwingenden Schluss auf die Angemessenheit der eigenen Vergütung zu, da besondere Gründe im Einzelfall auch Abweichungen rechtfertigen können. Wird die **Vergütung eines amtierenden Vorstandsmitglieds** beispielsweise im Rahmen einer Vertragsverlängerung angepasst, hat dieses oftmals selbst umfangreiche Kenntnisse über die Gesellschaft und deren zukünftige Entwicklung[3139], wobei auch dies allein nicht zwingend zur Evidenz der Unangemessenheit der Vergütung oder gar zu deren Kenntnis führt.

Abgesehen von den genannten Ausnahmefällen (Sittenwidrigkeit und Missbrauch der Vertretungsmacht) hat das Vorstandsmitglied auch bei einem Verstoß gegen § 87 Abs. 1 AktG einen wirksamen **Anspruch auf die vereinbarte Vergütung.** Nur im seltenen Fall der Nichtigkeit der Vergütungsabrede kann das Vorstandsmitglied nach den **Grundsätzen über den fehlerhaften Dienstvertrag** lediglich einen Anspruch auf eine angemessene Vergütung geltend machen, und zwar sowohl für die Vergangenheit als auch für die Zukunft.[3140]

Diskutiert wird zuweilen eine **Schadensersatzpflicht des Vorstandsmitglieds** aus § 93 Abs. 2 AktG wegen Verletzung der ihm obliegenden Treuepflichten gegenüber der Gesellschaft für den Fall, dass es sich unangemessene Bezüge versprechen lässt oder annimmt.[3141] Das Vorstandsmitglied treffen grundsätzlich organschaftliche Treuepflichten, aufgrund derer die eigenen Interessen im Konfliktfall zurückzustellen

---

[3126] *Säcker/Stenzel* JZ 2006, 1151 (1152 ff.); zust. wohl NK-AktG/*Oltmanns* AktG § 87 Rn. 6.
[3127] GroßkommAktG/*Kort* AktG § 87 Rn. 331.
[3128] MüKoAktG/*Spindler* AktG § 87 Rn. 142.
[3129] MüKoAktG/*Spindler* AktG § 87 Rn. 142; Hüffer/Koch/*Koch* AktG § 87 Rn. 45; Hölters/*Weber* AktG § 87 Rn. 46.
[3130] MüKoAktG/*Spindler* AktG § 87 Rn. 142.
[3131] BGH NJW 2006, 522.
[3132] So aber *Säcker/Stenzel* JZ 2006, 1151 (1154).
[3133] GroßkommAktG/*Kort* AktG § 87 Rn. 335; *Brandes* ZIP 2013, 1107 (1110).
[3134] Vgl. zu den Rechtsfolgen GroßkommAktG/*Kort* AktG § 87 Rn. 342; MüKoAktG/*Spindler* AktG § 87 Rn. 145.
[3135] Kölner Komm AktG/*Mertens/Cahn* AktG § 87 Rn. 5; GroßkommAktG/*Kort* AktG § 87 Rn. 336 ff.; Hüffer/Koch/*Koch* AktG § 87 Rn. 45; *Brandes* ZIP 2013, 1107 (1109).
[3136] BGH NJW-RR 1992, 1135; NJW 1995, 250; NJW-RR 2004, 1637.
[3137] MüKoAktG/*Spindler* AktG § 87 Rn. 144.
[3138] Vgl. MüKoAktG/*Spindler* AktG § 87 Rn. 144.
[3139] Vgl. GroßkommAktG/*Kort* AktG § 87 Rn. 337 ff.; *Spindler* AG 2011, 725 (729 f.).
[3140] *C. Arnold/Schansker* KSzW 2012, 39 (45); *Spindler* AG 2011, 725 (730 f.).
[3141] Vgl. *Lutter* ZIP 2006, 733 (735).

sind. Da diese Pflichten allerdings erst bestehen, wenn das Vorstandsmitglied eine Organstellung innehat, können sie durch eine bereits **vor der Bestellung** abgeschlossene Vergütungsvereinbarung nicht verletzt werden.[3142] Aus demselben Grund scheidet auch grundsätzlich eine vorvertragliche Haftung nach § 311 Abs. 2 BGB aus.[3143] In diesem Stadium kann eine Haftung des Vorstandsmitglieds nur in Betracht kommen, wenn dieses die Entscheidung des Aufsichtsrats aktiv beeinflusst hat, beispielsweise durch Fehlinformationen.[3144] **Nach der Bestellung** allerdings gehen Teile der Literatur von der uneingeschränkten Anwendung der Treuepflicht aus, sodass im Falle einer unangemessenen Vergütung das Vorstandsmitglied hafte.[3145] Die Gegenauffassung weist darauf hin, dass das Vorstandsmitglied bei Aushandlung der eigenen Vergütung berechtigt sei, seine eigenen Interessen zu wahren, und daher etwaige Treuepflichten nicht greifen könnten.[3146] Dies entspreche auch der Wertung des Gesetzes, welches die Festsetzung der Vorstandsvergütung ausdrücklich dem Aufsichtsrat – und nicht etwa dem Vorstandsmitglied selbst – zugewiesen hat.[3147] Richtigerweise dürften Treuepflichten bei Vertragsverhandlungen zwar nicht grundsätzlich ausgeschlossen sein. Sie treten jedoch in aller Regel hinter das berechtigte Eigeninteresse des Vorstandsmitglieds zurück. Auch eine Schadensersatzpflicht des Vorstandsmitglieds nach der Bestellung zum Organ – beispielsweise bei Vertragsverlängerungen – wird man deshalb nur **ausnahmsweise** in besonders gelagerten Fällen annehmen können.[3148]

1326 Die Gesellschaft kann daher in aller Regel – bei Vorliegen der weiteren Voraussetzungen – nur **Organhaftungsansprüche gegen die Aufsichtsratsmitglieder** geltend machen, die im Falle der Festsetzung einer unangemessenen Vergütung nach **§ 116 S. 1, 3 AktG iVm § 93 Abs. 2 AktG** eine Schadensersatzpflicht trifft. § 116 S. 3 AktG ist dabei lediglich deklaratorischer Natur.[3149] Im Rahmen des § 116 AktG haftet jedes Aufsichtsratsmitglied, unabhängig von einer unmittelbaren Beteiligung an der Vergütungsentscheidung.[3150]

1327 Nach der **Beweislastverteilung** gem. § 116 S. 1 AktG, § 93 Abs. 2 S. 2 AktG muss das Aufsichtsratsmitglied das Fehlen einer schuldhaften Pflichtverletzung darlegen und beweisen, während die Gesellschaft die Beweislast bzgl. des Bestehens und der Höhe eines Schadens sowie der Kausalität zwischen Pflichtverletzung und Schaden trifft.[3151] Der **Schaden der Gesellschaft** bestimmt sich nach den allgemeinen Vorschriften der §§ 249 ff. BGB und liegt grundsätzlich in der Differenz zwischen gewährter und angemessener Vergütung.[3152] Hinsichtlich der Pflichtverletzung stellt sich die Frage, inwieweit dem Aufsichtsrat bei der Festsetzung der Vergütung ein **Beurteilungsspielraum** zusteht. § 116 AktG verweist auf § 93 AktG und damit auch auf die in § 93 Abs. 1 S. 2 AktG geregelte **Business Judgment Rule.** Deren Anwendbarkeit wird allerdings zuweilen verneint mit dem Hinweis, die Entscheidung über die Vergütung sei durch den unbestimmten Rechtsbegriff der „Angemessenheit" rechtlich gebunden und falle demnach nicht unter den Begriff der von § 93 Abs. 1 S. 2 AktG vorausgesetzten „unternehmerischen Entscheidung".[3153] Dem Aufsichtsrat komme also lediglich ein gewisser Beurteilungsspielraum im Rahmen der „Angemessenheit" iSd § 87 Abs. 1 AktG zu, aber kein darüber hinausgehendes unternehmerisches Ermessen.[3154] Nach der zutreffenden hM greift diese Auffassung zu kurz.[3155] Wesentliches Kennzeichen der unternehmerischen Entscheidung iSd § 93 Abs. 1 S. 2 AktG ist ihr **Prognosecharakter**.[3156] Auch die Entscheidung über Vergütungshöhe und -bestandteile sowie deren Gewichtung beruhen auf einer Prognose, da zum Zeitpunkt der Vereinbarung unklar ist, ob eine nachhaltige Unternehmensentwicklung gefördert und Anreize richtig gesetzt werden.[3157] Daher ist die Business Judgment Rule auch in solchen Fällen anwendbar.[3158] Um in den Genuss des Haftungsprivilegs des § 93 Abs. 1 S. 2 AktG zu kommen, muss der Aufsichtsrat seine Entscheidung auf Grundlage ausreichender Informationen treffen, wozu auch die Einholung eines Vergütungsgutachtens zählen kann, aber nicht notwendigerweise muss.[3159] Eine

---

[3142] GroßkommAktG/*Kort* AktG § 87 Rn. 350; *Spindler* AG 2011, 725 (728); *Brandes* ZIP 2013, 1107 (1108 f.).
[3143] GroßkommAktG/*Kort* AktG § 87 Rn. 350.
[3144] *Spindler* AG 2011, 725 (728).
[3145] Vgl. *Fleischer* ZIP 2015, 1901 (1903); GroßkommAktG/*Kort* AktG § 87 Rn. 350.
[3146] Hüffer/Koch/*Koch* AktG § 87 Rn. 46; *Brandes* ZIP 2013, 1107 (1108 f.).
[3147] *Brandes* ZIP 2013, 1107 (1108 f.).
[3148] So auch GroßkommAktG/*Kort* AktG § 87 Rn. 350.
[3149] Hüffer/Koch/*Koch* AktG § 116 Rn. 18; GroßkommAktG/*Kort* AktG § 87 Rn. 348.
[3150] Hüffer/Koch/*Koch* AktG § 116 Rn. 19; MüKoAktG/*Spindler* AktG § 87 Rn. 131.
[3151] BGH NZG 2003, 81; GroßkommAktG/*Kort* AktG § 87 Rn. 348.
[3152] GroßkommAktG/*Kort* AktG § 87 Rn. 348; Hüffer/Koch/*Koch* AktG § 116 Rn. 19; *Spindler* AG 2011, 725 (727).
[3153] MüKoAktG/*Habersack* AktG § 116 Rn. 43; *Schäfer* ZIP 2005, 1253 (1258).
[3154] MüKoAktG/*Habersack* AktG § 116 Rn. 43; Hüffer/Koch/*Koch* AktG § 116 Rn. 19; *Schäfer* ZIP 2005, 1253 (1258).
[3155] MüKoAktG/*Spindler* AktG § 87 Rn. 139; *Seyfarth* VorstR § 5 Rn. 83.
[3156] MüKoAktG/*Spindler* AktG § 87 Rn. 138.
[3157] MüKoAktG/*Spindler* AktG § 87 Rn. 139.
[3158] MüKoAktG/*Spindler* AktG § 87 Rn. 138 f.; Hölters/*Hambloch-Gesinn*/*Gesinn* AktG § 116 Rn. 47; *Seyfarth* VorstR § 5 Rn. 83; für eine unternehmerische Entscheidung auch der BGH im „Mannesmann-Urteil" NJW 2006, 522.
[3159] Hölters/*Hambloch-Gesinn*/*Gesinn* AktG § 116 Rn. 48.

Pflicht zur Ausschöpfung sämtlicher Informationsquellen besteht hingegen nicht, vielmehr kann der Aufsichtsrat eine Kosten-Nutzen-Abwägung anstellen.[3160]

bb) Nachträgliche Herabsetzung der Vorstandsvergütung. Nach dem Grundsatz „pacta sunt servanda" sind die Vertragsparteien prinzipiell an die Verpflichtungen gebunden, die sie durch Vertrag eingegangen sind. § 87 Abs. 2 AktG stellt eine Durchbrechung dieses Grundsatzes dar, indem er dem Aufsichtsrat eine **Herabsetzung der Vorstandsbezüge** in Ausnahmefällen zubilligt.[3161] Hierzu bedarf es einer **Verschlechterung der Lage der Gesellschaft,** die nach Festsetzung der Vergütung auftritt und die zur **Unbilligkeit** der Weitergewährung der Bezüge für die Gesellschaft führt. Dabei ist die Gesellschaft und nicht etwa der Konzern maßgeblicher Bezugspunkt.[3162] Liegen diese Voraussetzungen vor, soll der Aufsichtsrat die Bezüge auf die angemessene Höhe herabsetzen. Die Herabsetzungsmöglichkeit kann weder durch Satzung (vgl. § 23 Abs. 5 AktG) oder durch Vertrag mit dem Vorstandsmitglied abbedungen oder beschränkt werden noch kann der Aufsichtsrat einseitig auf sie verzichten.[3163] Vereinbart werden kann hingegen, dass die Anpassungsmöglichkeit unter weniger engen Voraussetzungen möglich sein soll.[3164] Auch wenn der Gesetzgeber durch das VorstAG in 2009 erreichen wollte, dass die Vorschrift an Bedeutung gewinnt[3165], ist die Bedeutung in der Praxis nach wie vor gering. 1328

Eine **Verschlechterung der Lage der Gesellschaft** soll vorliegen, wenn die Gesellschaft Entlassungen oder Lohnkürzungen vornehmen muss und keine Gewinne mehr ausschütten kann.[3166] Bei Insolvenz oder einer unmittelbaren Krise soll stets von einer Verschlechterung der Lage auszugehen sein, wobei derartige Ausnahmesituationen nicht notwendig seien, um die Voraussetzung zu erfüllen.[3167] Die Anknüpfung an Entlassungen und Lohnkürzungen ist in der Literatur zu Recht auf Kritik gestoßen. § 87 Abs. 2 AktG ist vor dem Hintergrund des Grundsatzes „pacta sunt servanda" und der Art. 2 Abs. 1 GG, Art. 14 Abs. 1 GG **restriktiv auszulegen.**[3168] Nicht immer sind Entlassungen und Lohnkürzungen auf eine Verschlechterung der Lage der Gesellschaft zurückzuführen. Derartige Maßnahmen können auch auf bewussten unternehmerischen Entscheidungen beruhen. So kann es zur Verbesserung der Wettbewerbsfähigkeit der Gesellschaft beispielsweise angebracht sein, Kosten durch eine effizientere Gestaltung der Mitarbeiterstruktur einzusparen.[3169] Für eine restriktive Auslegung spricht auch, dass die variable Vergütung in der Praxis meist an den Unternehmenserfolg gekoppelt ist und die Vorstandsbezüge bei Verschlechterung der wirtschaftlichen Lage der Gesellschaft ohnehin geringer ausfallen.[3170] Angesichts der restriktiven Auslegung der Vorschrift sowie der Tatsache, dass dem Aufsichtsrat bei der Festlegung der Vergütung ein weiter Ermessensspielraum zukommt, ist über den Wortlaut hinaus eine gewisse **Erheblichkeit der Verschlechterung** erforderlich.[3171] Eine Verschlechterung der Lage kommt letztlich nur dann in Betracht, wenn sich die Gesellschaft – neben notwendigen Entlassungen oder Lohnkürzungen – außerstande sieht, Gewinne auszuschütten[3172] und dies im Ergebnis dazu führt, dass die Vorstandsvergütung in der aktuellen Form vom Aufsichtsrat nicht mehr rechtmäßig beschlossen werden könnte.[3173] 1329

Maßgeblicher Betrachtungszeitraum ist gem. § 87 Abs. 2 AktG die Verschlechterung der Lage „nach der Festsetzung" der Vorstandsbezüge. Die Verschlechterung muss also zeitlich nach Abschluss des Anstellungsvertrags eingetreten und darf bei Abschluss noch nicht vorhersehbar gewesen sein.[3174] Wirtschaftliche Schwierigkeiten, die dem Aufsichtsrat bereits bei Festsetzung der Vergütung bekannt waren 1330

[3160] MüKoAktG/*Spindler* AktG § 87 Rn. 133 ff.
[3161] BeckMandatsHdB AG/*Liebscher* § 6 Rn. 73d; Kölner Komm AktG/*Mertens/Cahn* AktG § 87 Rn. 104; GroßkommAktG/*Kort* AktG § 87 Rn. 415.
[3162] Bauer/*C. Arnold* AG 2009, 717 (725); MüKoAktG/*Spindler* AktG § 87 Rn. 169; GroßkommAktG/*Kort* AktG § 87 Rn. 398.
[3163] BeckOGK/*Fleischer* AktG § 87 Rn. 69.
[3164] MüKoAktG/*Spindler* AktG § 87 Rn. 167; Hölters/*Weber* AktG § 87 Rn. 48a; BeckOGK/*Fleischer* AktG § 87 Rn. 69; NK-ArbR/*Pusch/Daub* AktG § 87 Rn. 33.
[3165] Bauer/*C. Arnold* AG 2009, 717 (725).
[3166] BT-Drs. 16/12278, 6.
[3167] BT-Drs. 16/12278, 6.
[3168] BGH NZG 2016, 264; *Spindler* DB 2015, 908 (909); Hölters/*Weber* AktG § 87 Rn. 48; *Raitzsch* NZG 2019, 495 (497).
[3169] *C. Arnold/Schansker* KSzW 2012, 39 (45); *Diller* NZG 2009, 1006; BeckOGK/*Fleischer* AktG § 87 Rn. 72; *Weber* DB 2016, 815 (816).
[3170] BeckOGK/*Fleischer* AktG § 87 Rn. 67; Bauer/*C. Arnold* AG 2009, 717 (726); *Diller* NZG 2009, 1006 (1007); Hölters/*Weber* AktG § 87 Rn. 50.
[3171] *C. Arnold/Schansker* KSzW 2012, 39 (45); MHdB AG/*Wentrup* § 21 Rn. 82; *Diller* NZG 2009, 1006 (1007); aA *Fleischer* NZG 2009, 801 (803).
[3172] *C. Arnold/Schansker* KSzW 2012, 39 (45); *Diller* NZG 2009, 1006; Grigoleit/*Schwennicke* AktG § 87 Rn. 33; Hölters/*Weber* AktG § 87 Rn. 48; aA GroßkommAktG/*Kort* AktG § 87 Rn. 403 ff.; Hüffer/Koch/*Koch* AktG § 87 Rn. 51, der kein kumulatives Vorliegen, sondern stattdessen eine „krisenhafte Zuspitzung" verlangt.
[3173] *C. Arnold/Schansker* KSzW 2012, 39 (45).
[3174] Hölters/*Weber* AktG § 87 Rn. 48a; *Weber* DB 2016, 815 (816).

rechtfertigen eine Herabsetzung ebenso wenig wie die nachträgliche Feststellung, dass die vereinbarten Bezüge von Anfang an zu hoch waren.[3175]

1331 Als weitere Voraussetzung muss die **Weitergewährung der Bezüge für die Gesellschaft „unbillig"** sein. Unbilligkeit liegt vor, wenn das Vorstandsmitglied in Bezug auf die Verschlechterung der Lage der Gesellschaft pflichtwidrig gehandelt hat.[3176] Aber auch bei pflichtgemäßem Handeln kann die Weitergewährung der Bezüge unbillig sein, wenn den Vorstandsmitgliedern die Verschlechterung der Lage der Gesellschaft **zurechenbar** ist und **in die Zeit ihrer Vorstandsverantwortung** fällt.[3177] Das Verhalten des Vorstandsmitglieds muss also kausal für die Verschlechterung der Lage der Gesellschaft gewesen sein. Während die Business Judgment Rule gem. § 93 Abs. 1 S. 2 AktG den Vorstand bei unternehmerischen Entscheidungen mit Blick auf die Haftung privilegiert, können auch jene Entscheidungen bei nachgewiesener Kausalität eine Herabsetzung der Vergütung rechtfertigen.[3178] Für die Feststellung der Unbilligkeit sind sämtliche Umstände des Einzelfalls, wie etwa das Maß der wirtschaftlichen Verschlechterung, die Höhe der Vorstandsvergütung sowie die persönlichen Verhältnisse des Vorstandsmitglieds gegeneinander **abzuwägen**.[3179] Eine Unbilligkeit und damit eine Herabsetzung der Bezüge kommt nur dann in Betracht, wenn eine **krasse Unangemessenheit** zwischen der wirtschaftlichen Lage der Gesellschaft und der Höhe der Bezüge besteht.[3180] Dahinter steht der Gedanke, dass die variable Vergütung in der Praxis durch Anknüpfung an den Unternehmenserfolg bereits Erfolge und Misserfolge des Unternehmens widerspiegelt;[3181] die Norm soll nicht als Ausgleich „schlechter" Vorstandsverträge in Krisenzeiten fungieren.[3182]

1332 Folgt man den Vorstellungen des VorstAG 2009, würden lediglich unvorhersehbare, vom Vorstand nicht beeinflussbare Entwicklungen, dh **externe Ursachen,** die zur Verschlechterung der Lage der Gesellschaft führen, als Grund für die Herabsetzung ausscheiden.[3183] Unter Berufung auf die Entstehungsgeschichte der Norm[3184] sowie eine mögliche Störung des sozialen Friedens im Unternehmen[3185] wollen Teile der Literatur dem Aufsichtsrat gestatten, externe Ursachen, wie beispielsweise Wirtschaftskrisen, höhere Gewalt oder auch Entscheidungen der Politik als Herabsetzungsgrund heranzuziehen.[3186]

1333 Die Herabsetzung ist ein einseitiges Gestaltungsrecht der Gesellschaft, das durch **Erklärung des Aufsichtsrats** als Vertreter der Gesellschaft gegenüber dem Vorstandsmitglied ausgeübt wird.[3187] Die Willensbildung des Aufsichtsrats erfolgt durch **Beschluss gem. § 108 Abs. 1 AktG**.[3188] Der Aufsichtsrat kann die Entscheidung über die Herabsetzung nicht an einen Ausschuss übertragen (vgl. § 107 Abs. 3 S. 7 AktG). Ein Ausschuss kann lediglich vorbereitend tätig werden (→ Rn. 1224). Ausnahmsweise ist das Gericht auf Antrag des Aufsichtsrats zuständig, wenn die Bezüge gem. § 85 Abs. 3 AktG durch das Gericht festgesetzt wurden. Macht der Aufsichtsrat von der Möglichkeit zur Herabsetzung Gebrauch, sind die Bezüge auf eine **angemessene Höhe** zu reduzieren. Zur Bestimmung der angemessenen Höhe sind die Maßstäbe des § 87 Abs. 1 S. 1 AktG in der aktuellen Situation anzulegen.[3189] Hierbei ist der bereits genannte Aspekt, dass die Lage der Gesellschaft Auswirkungen auf die variable Vergütung hat, zu beachten. So kann die Herabsetzung deutlich geringer ausfallen, wenn durch die variable Vergütungsstruktur der Misserfolg des Unternehmens bereits wesentliche Berücksichtigung erfahren hat.[3190]

1334 § 87 Abs. 2 S. 1 AktG ist als Soll-Vorschrift ausgestaltet und fordert daher im Regelfall eine **Herabsetzung** der Bezüge.[3191] Nur bei **Vorliegen besonderer Umstände** soll der Aufsichtsrat nach pflichtgemä-

---

[3175] Hölters/*Weber* AktG § 87 Rn. 48a; GroßkommAktG/*Kort* AktG § 87 Rn. 396.
[3176] BT-Drs. 16/12278, 6.
[3177] BT-Drs. 16/12278, 6.
[3178] MüKoAktG/*Spindler* AktG § 87 Rn. 179; *Spindler* DB 2015, 908 (909); *Bauer/C. Arnold* AG 2009, 717 (726) spricht von einem „Vorhof" von § 93 AktG; *Diller* NZG 2009, 1006 (1007).
[3179] BGH NZG 2016, 264 (268); MHdB AG/*Wentrup* § 21 Rn. 83; MüKoAktG/*Spindler* AktG § 87 Rn. 177; Hüffer/Koch/*Koch* AktG § 87 Rn. 50 f.; BeckOGK/*Fleischer* AktG § 87 Rn. 74.
[3180] Henssler/Strohn/*Dauner-Lieb* GesR § 87 Rn. 35; *Diller* NZG 2009, 1006; *Bauer/C. Arnold* AG 2009, 717 (726).
[3181] MHdB AG/*Wentrup* § 21 Rn. 83; *Bauer/C. Arnold* AG 2009, 717 (726); *Jaeger/Balke* ZIP 2010, 1471 (1475); den Sanktionszweck betonend *Seibert* WM 2009, 1489 (1491).
[3182] Vgl. *Bauer/C. Arnold* AG 2009, 717 (726).
[3183] *Bauer/C. Arnold* AG 2009, 717 (726); *Weppner* NZG 2010, 1056 (1057); *Berger* Vorstandsvergütung, 2012, 136; aA MüKoAktG/*Spindler* AktG § 87 Rn. 181; *Koch* WM 2010, 49 (55); *Göcke/Greubel* ZIP 2009, 2086 (2086 f.).
[3184] *Koch* WM 2010, 49 (55); GroßkommAktG/*Kort* AktG § 87 Rn. 411; MüKoAktG/*Spindler* AktG § 87 Rn. 181.
[3185] MüKoAktG/*Spindler* AktG § 87 Rn. 181.
[3186] GroßkommAktG/*Kort* AktG § 87 Rn. 411; MüKoAktG/*Spindler* AktG § 87 Rn. 181; *Koch* WM 2010, 49 (55); *Göcke/Greubel* ZIP 2009, 2086 f.; aA *Weppner* NZG 2010, 1056 (1057); *Kling* DZWIR 2010, 221 (229).
[3187] BeckOGK/*Fleischer* AktG § 87 Rn. 84.
[3188] BeckOGK/*Fleischer* AktG § 87 Rn. 84.
[3189] BT-Drs. 16/12278, 6; OLG Stuttgart NZG 2015, 194 Rn. 35; *C. Arnold/Schansker* KSzW 2012, 39 (45); GroßkommAktG/*Kort* AktG § 87 Rn. 412.
[3190] *C. Arnold/Schansker* KSzW 2012, 39 (45); *Koch* WM 2010, 49 (52).
[3191] *Bauer/C. Arnold* AG 2009, 717 (727).

ßem Ermessen von einer Herabsetzung absehen können.³¹⁹² Solche besonderen Umstände können etwa gegeben sein, wenn der Aufsichtsrat Kenntnis davon hat, dass das Vorstandsmitglied voraussichtlich von seinem **Sonderkündigungsrecht nach § 87 Abs. 2 S. 4 AktG** Gebrauch macht.³¹⁹³ Im Falle der Herabsetzung der Bezüge kann das Vorstandsmitglied seinen Anstellungsvertrag mit einer Kündigungsfrist von sechs Wochen zum Schluss des nächsten Kalendervierteljahres kündigen. Dies kann die Gesellschaft im Einzelfall vor erhebliche Probleme stellen.³¹⁹⁴ Auch die **negative Wirkung in der Öffentlichkeit,** die eine Herabsetzung mit sich bringen könnte, ist vom Aufsichtsrat bei seiner Ermessensentscheidung zu berücksichtigen.³¹⁹⁵ Ist für den Aufsichtsrat im Zeitpunkt seiner Entscheidung bereits absehbar, dass sich die Lage der Gesellschaft in Zukunft wieder stabilisiert, kann er im Einzelfall erwägen, die Vorstandsbezüge nur **zeitlich befristet herabzusetzen.**³¹⁹⁶ Selbst bei zeitlich unbefristeter Herabsetzung hat die Gesellschaft die mit den Vorstandsmitgliedern ursprünglich vereinbarte Vergütung ab dem Zeitpunkt zu leisten, ab dem das Kriterium der Unbilligkeit nicht mehr erfüllt ist.³¹⁹⁷

Ebenso wie die Vergütung der Vorstandsmitglieder können gem. § 87 Abs. 2 S. 2 AktG auch **Ruhegehalt, Hinterbliebenenbezüge und Leistungen verwandter Art** herabgesetzt werden – dies allerdings nur innerhalb der ersten drei Jahre nach Ausscheiden aus der Gesellschaft. Die Frist von drei Jahren gilt einzig für die Herabsetzungsentscheidung, die Herabsetzung selbst kann den gesamten Gewährungszeitraum betreffen.³¹⁹⁸ Entscheidend für das „Ausscheiden" ist nicht etwa das Ende des Anstellungsverhältnisses, sondern das **Ende der Bestellung.**³¹⁹⁹ Die zeitliche Begrenzung soll für Rechtssicherheit sorgen und das Vertrauen auf den Bezug von Ruhegehältern schützen.³²⁰⁰ Vor dem Hintergrund des Vertrauensschutzes ist die Vorschrift mit Blick auf Ruhegehaltszusagen auf massive Kritik gestoßen, die von der Deklarierung als systemwidrig bis hin zur Einschätzung der Vorschrift als verfassungswidrig reicht.³²⁰¹ Ruhegehälter stellen im Alter häufig die einzige Einnahmequelle dar. Außerdem sind Ruhegehälter Gegenleistung für bereits erbrachte Arbeit und genießen daher besonderen Vertrauensschutz. An eine Herabsetzung von Versorgungsansprüchen sind daher richtigerweise höhere Anforderungen zu stellen als an den Eingriff in laufende Bezüge. Ein rückwirkender Eingriff in Versorgungsansprüche ist nur in einer besonderen Notlage möglich.³²⁰² 1335

Hat der Aufsichtsrat die Herabsetzung der Vorstandsbezüge beschlossen, stehen dem einzelnen Vorstandsmitglied verschiedene **Reaktionsmöglichkeiten** offen. Das Vorstandsmitglied kann von seinem in § 87 Abs. 2 S. 4 AktG statuierten **außerordentlichen Kündigungsrecht** Gebrauch machen (→ Rn. 1334). Sofern die Voraussetzungen für eine Herabsetzung nicht gegeben, die Entscheidung des Aufsichtsrats also grob unbillig war, kann das Vorstandsmitglied seinen Anstellungsvertrag aus wichtigem Grund kündigen und sein Amt niederlegen.³²⁰³ Entscheidet sich das Vorstandsmitglied dazu, sein Amt fortzuführen, kann es sich gegen die unberechtigte Herabsetzung der Vergütung auch mittels **Leistungsklage** wehren oder aber auf richterliche Bestimmung einer billigen Herabsetzung nach § 315 Abs. 3 BGB klagen.³²⁰⁴ Ob eine Feststellungsklage auf Feststellung der Unwirksamkeit der Herabsetzung zulässig ist, ist in der Literatur umstritten.³²⁰⁵ 1336

[3192] BT-Drs. 16/13433, 10; so auch *C. Arnold/Schansker* KSzW 2012, 39 (45).
[3193] *Bauer/C. Arnold* AG 2009, 717 (727); *C. Arnold/Schansker* KSzW 2012, 39 (45).
[3194] *C. Arnold/Schansker* KSzW 2012, 39 (45); *Diller* NZG 2009, 1006 (1007).
[3195] *C. Arnold/Schansker* KSzW 2012, 39 (45).
[3196] GroßkommAktG/*Kort* AktG § 87 Rn. 414; Kölner Komm AktG/*Mertens/Cahn* AktG § 87 Rn. 98.
[3197] OLG Frankfurt AG 2011, 790 (792);; BeckOGK/*Fleischer* AktG § 87 Rn. 83.
[3198] *Diller* NZG 2009, 1006 (1008); *Hoffmann-Becking/Krieger* NZG 2009 Beilage zu Heft 26, 5; Hölters/*Weber* AktG § 87 Rn. 55.
[3199] Hölters/*Weber* AktG § 87 Rn. 55.
[3200] BT-Drs. 16/13433, 11; Grigoleit/*Schwennicke* AktG § 87 Rn. 43.
[3201] Hölters/*Weber* AktG § 87 Rn. 55; *Hoffmann-Becking/Krieger* NZG 2009 Beilage zu Heft 26, 5.
[3202] BeckMandatsHdB AG/*Liebscher* § 6 Rn. 73b; ebenso MHdB AG/*Wentrup* § 21 Rn. 86, der für eine „besonders restriktive Auslegung" der „nicht in das System passenden" Norm plädiert; *G. Krieger* FS Winter, 2011, 369 (373f.); aA *Fleischer* NZG 2009, 801 (804), der „durchgreifenden verfassungsrechtlichen Bedenken" sieht; *Weller* NZG 2010, 7 (11), der von einer „noch vertretbaren Ausgestaltungsentscheidung des Gesetzgebers" spricht.
[3203] MHdB AG/*Wentrup* § 21 Rn. 87; BeckOGK/*Fleischer* AktG § 87 Rn. 86; MüKoAktG/*Spindler* AktG § 87 Rn. 220.
[3204] MHdB AG/*Wentrup* § 21 Rn. 87.
[3205] Unter Berufung auf mangelndes Feststellungsinteresse ablehnend: MHdB AG/*Wentrup* § 21 Rn. 87; Kölner Komm AktG/*Mertens/Cahn* AktG § 87 Rn. 100; für ein Feststellungsinteresse: MüKoAktG/*Spindler* AktG § 87 Rn. 215; Hüffer/Koch/*Koch* AktG § 87 Rn. 61; GroßkommAktG/*Kort* AktG § 87 Rn. 436; BeckOGK/*Fleischer* AktG § 87 Rn. 85.

c) Vorstandsvergütungssystem

1337 **aa) Allgemeines.** § 87a AktG setzt die Vorgaben von Art. 9a der 2. ARRL um.[3206] Neben der Festlegung der konkreten Vergütung der Vorstandsmitglieder hat der Aufsichtsrat nunmehr ein **System zur Vergütung der Vorstandsmitglieder** zu beschließen. Damit ist die Einführung eines abstrakt-generellen Systems, auf dessen Grundlage die Vergütung der einzelnen Vorstandsmitglieder festgesetzt wird, zwingend vorgeschrieben.[3207] Der Aufsichtsrat kann die Systematik der Vergütung einzelner Vorstandsmitglieder nicht mehr – wie es nach bisheriger Rechtslage zwar nicht (mehr) üblich, aber zulässig war – „von Fall zu Fall" aushandeln, sondern muss sich bei der Gestaltung der Vergütung an den durch das System vorgegebenen Rahmen halten.[3208]

1338 **(1) Anwendungsbereich.** Die Neuregelungen durch die 2. ARRL gelten ausschließlich für **börsennotierte** Aktiengesellschaften mit Sitz in einem EU-Mitgliedstaat. Betroffen sind in Deutschland alle Gesellschaften iSd § 3 Abs. 2 AktG, also die börsennotierte AG, SE und KGaA.[3209]

1339 Die Neuregelungen zum **Vergütungssystem des Vorstands** (und Vergütungsbericht → Rn. 1555 ff.) sind auf die börsennotierte typische **KGaA** jedoch **nicht anwendbar** (zur Frage, ob für den Komplementär ein System zu erstellen ist → Rn. 1937 f.). Die KGaA hat keinen Vorstand. Vielmehr führt der persönlich haftende Gesellschafter die Geschäfte (vgl. § 278 Abs. 2, 3 AktG). Unklar ist die Rechtslage dagegen bei einer börsennotierten „**atypischen" KGaA**, dh einer KGaA, deren persönlich haftender Gesellschafter eine Aktiengesellschaft oder SE ist (AG bzw. SE & Co. KGaA). Bei einer solchen KGaA stellt sich die Frage, ob § 87a AktG auf das System zur Vergütung der Vorstandsmitglieder der Komplementär-AG/SE anwendbar ist und – falls ja – welches Organ für die Erarbeitung des Vergütungssystems zuständig ist (zur parallelen Frage bei § 120a AktG → Rn. 1939 ff.).

1340 Ist die **Komplementär-AG/SE** selbst **börsennotiert,** unterfällt sie uneingeschränkt dem Anwendungsbereich des § 87a AktG. Dann ist der Aufsichtsrat der Komplementär-AG/SE verpflichtet, ein System zur Vergütung der Vorstandsmitglieder der Komplementär-AG/SE zu beschließen. Ist die **Komplementär-AG/SE** dagegen – wie regelmäßig – **nicht börsennotiert,** ist fraglich, ob die Pflicht aus § 87a AktG den Aufsichtsrat der Komplementär-AG/SE oder den Aufsichtsrat der börsennotierten KGaA trifft oder ob § 87a AktG überhaupt nicht anwendbar ist und damit die Pflicht aus § 87a AktG entfällt.

1341 Nach der wohl herrschenden Meinung ist der **Aufsichtsrat** der Komplementär-AG/SE **allein zuständig** für die Anstellungsverträge und damit auch für die Festsetzung der Vergütung der Vorstandsmitglieder der Komplementär-AG/SE.[3210] Gewichtige Stimmen halten es aber auch für zulässig, dass der Anstellungsvertrag – einschließlich der Regelung zur Vergütung – unmittelbar zwischen der KGaA (entsprechend § 112 AktG vertreten durch den Aufsichtsrat) und den Vorstandsmitgliedern der Komplementär-AG/SE geschlossen werden kann.[3211] Für die Frage, ob § 87a AktG Anwendung findet, ist das aber nicht entscheidend. Maßgebend ist die Überlegung, dass eine börsennotierte KGaA keine „Vorstandsmitglieder", sondern nur einen oder mehrere persönlich haftende Gesellschafter hat. Die Vorstandsmitglieder des persönlich haftenden Gesellschafters sind aber keine Organmitglieder der KGaA. § 87a Abs. 1 S. 1 AktG verlangt nach seinem Wortlaut, dass der Aufsichtsrat „der börsennotierten Gesellschaft" das System zur „Vergütung der Vorstandsmitglieder" beschließt. Börsennotiert ist nur die KGaA, Vorstandsmitglieder hat aber nur die Komplementär-AG/SE. Daher findet **§ 87a AktG** auf die börsennotierte „atypische" **KGaA keine Anwendung.**[3212]

1342 Das bestätigen die Regelungen des Aktiengesetzes. Die Vorschriften, die für die persönlich haftende Gesellschafterin gelten, zählt § 283 AktG in einem Katalog auf. Dieser Katalog enthält nicht die Regelungen zur Vergütung der Vorstandsmitglieder (§ 87 AktG). Daran ändert das ARUG II nichts.[3213] Insbesondere ist **kein Verweis** im Recht der KGaA **auf § 87a AktG** aufgenommen worden. Weder die 2. ARRL noch das ARUG II haben das Ziel, die Kompetenzverteilung zu ändern und können daher nicht zur Herleitung der Vergütungskompetenz des Aufsichtsrats der KGaA herangezogen werden.[3214]

[3206] Richtlinie (EU) 2017/828 des Europäischen Parlaments und des Rates vom 17.5.2017 zur Änderung der Richtlinie 2007/36/EG im Hinblick auf die Förderung der langfristigen Mitwirkung der Aktionäre; RegE ARUG II, 72.
[3207] Vgl. RegE ARUG II, 72; *Löbbe/Fischbach* AG 2019, 373 (376); *Lochner/Beneke* in Heidel/Hirte ARUG II, § 87 Rn. 2.
[3208] *Löbbe/Fischbach* AG 2019, 373 (376); *Spindler* AG 2020, 61 (62); *C. Arnold/Herzberg/Zeh* AG 2020, 313 (320).
[3209] *Florstedt* ZGR 2019, 630 (643); *Bachmann/Pauschinger* ZIP 2019, 1.
[3210] *Vollertsen,* Corporate Governance der börsennotierten KGaA, 2019 317 ff.; GroßkommAktG/*Kort* AktG § 84 Rn. 326.
[3211] MüKoAktG/*Perlitt* AktG § 288 Rn. 82; *Otte* AG & Co. KGaA, S. 93 f., der aufgrund der ohnehin bestehenden Bindung aus Treuepflicht an das Interesse der KGaA durch die zusätzliche schuldrechtliche Bindung keinen Verstoß gegen die aktienrechtliche Organisationsverfassung sieht; MHdB/*Herfs* § 79 Rn. 32.
[3212] *Backhaus* AG 2020, 462 (464 ff.).
[3213] *Vollertsen,* Corporate Governance der börsennotierten KGaA, 2019 318.
[3214] *Vollertsen,* Corporate Governance der börsennotierten KGaA, 2019 318 f.

Auch **Unionsrecht** zwingt nicht zur Anwendung von § 87a AktG auf die börsennotierte KGaA.[3215] **1343** Unionsrechtlich sind nach der ARRL „Mitglieder der Unternehmensleitung" grundsätzlich nur die Mitglieder der „Verwaltungs-, Leitungs- oder Aufsichtsorgane" oder die „Exekutivdirektoren" der börsennotierten Gesellschaft und „sofern von einem Mitgliedstaat so festgelegt, andere Personen, die Funktionen wahrnehmen, die denjenigen ähneln, die nach den Ziffern i oder ii (dh der Verwaltungs-, Leitungs-, Aufsichtsorgane oder Exekutivdirektoren) wahrgenommen werden". Der **deutsche Gesetzgeber** hat aber **nicht festgelegt,** dass die persönlich haftende Gesellschafterin einer börsennotierten KGaA oder deren Vorstandsmitglieder Funktionen wahrnehmen, die einem Verwaltungs-, Leitungs- oder Aufsichtsorgan der börsennotierten KGaA ähneln.

Anwendbar sind die Neuregelungen des ARUG II hinsichtlich der Organvergütung auf die KGaA daher nur, soweit sie die **Aufsichtsratsvergütung** betreffen (→ § 6 Rn. 2). **1344**

(2) Zuständigkeit. Nach dem Wortlaut des § 87a Abs. 1 S. 1 AktG ist der **Aufsichtsrat** berechtigt und **1345** verpflichtet, ein Vergütungssystem auszuarbeiten. Ob der Aufsichtsrat die Zuständigkeit abschließend einem **Ausschuss** (zB Präsidium, Personalausschuss, Vergütungsausschuss) übertragen kann, ist durch das ARUG II nicht ausdrücklich geregelt. Das Gesetz schließt die Übertragung aber nicht aus. § 87a AktG ist – anders als § 87 AktG – in der Aufzählung des § 107 Abs. 3 S. 7 AktG nicht enthalten. Daher ist die Delegation zulässig.[3216] Auch Unionsrecht[3217] steht einer solchen Delegation nicht entgegen, da es keine Vorgaben dazu macht, welches Organ das Vergütungssystem für den Vorstand auszuarbeiten hat.[3218]

In der **Praxis** wird der Beschluss über das Vorstandsvergütungssystem dennoch in aller Regel durch **1346** das **Aufsichtsratsplenum** getroffen. Zum einen sehen Aufsichtsratsmitglieder, insbesondere in paritätisch mitbestimmten Aufsichtsräten, die Definition des abstrakt-generellen Systems als so wesentlich an, dass es im Plenum diskutiert und entschieden werden sollte. Zum anderen ist der Zusammenhang mit der nicht delegierbaren Entscheidung über die Vorstandsvergütung nach § 87 AktG derart eng, dass eine Delegation der Beschlussfassung über das Systems wenig praktikabel erscheint. Dennoch kommt der **Ausschussarbeit** bei Entwicklung des Vorstandsvergütungssystems eine hohe Bedeutung zu. Wegen der Komplexität der heutigen Systeme und der Vielzahl an Einzelfragen, die es zu klären gilt, wird der Beschluss des Plenums über das System üblicherweise intensiv durch einen Ausschuss vorbereitet.

(3) Adressatenleitbild. Nach § 87a Abs. 1 S. 1 AktG soll der Aufsichtsrat börsennotierter Gesellschaften **1347** ein **klares und verständliches System** zur Vergütung der Vorstandsmitglieder beschließen. Verständlich ist das Vorstandsvergütungssystem, wenn es für einen durchschnittlich informierten, situationsadäquat **aufmerksamen und verständigen Aktionär** nachvollziehbar ist.[3219] Das Vergütungssystem muss nicht für jedermann, sondern vielmehr nur für einen mit der Materie entsprechend befassten Personenkreis verständlich sein.[3220] Maßgeblich ist der Verständnishorizont eines durchschnittlichen Anlegers. Einer verbraucherfreundlichen Vereinfachung des Vergütungssystems bedarf es nicht, wohl aber eines Mindestmaßes an Klarheit der Darstellung.[3221] Dazu gehören der Verzicht auf unnötige oder unerklärte Fachbegriffe und auf eine eher verklärende Detailtiefe.[3222] Sofern es zur Übersichtlichkeit zweckdienlich ist, können auch Grafiken und Beispiele verwendet werden.[3223] An die Klarheit und Verständlichkeit sind angesichts der Komplexität jedoch keine überzogenen Anforderungen zu stellen; die Grundsätze zum Transparenzgebot in § 307 Abs. 1 S. 2 BGB sind nicht übertragbar.[3224] Zu beachten ist allerdings, dass der DCGK in der Begründung zu Grundsatz 23 nicht lediglich auf die Klarheit und Verständlichkeit für die Aktionäre, sondern auch für die übrigen Stakeholder und die Öffentlichkeit abstellt.

(4) Reichweite der gesetzlichen Vorgaben. § 87a Abs. 1 S. 2 AktG enthält überwiegend **formale** **1348** **Vorgaben** für die Entwicklung eines Vergütungssystems als **„abstrakte Rahmenvorschrift".**[3225] Kon-

---

[3215] Kritisch dagegen *Vollertsen,* Corporate Governance der börsennotierten KGaA, 2019 319.
[3216] *Florstedt* ZGR 2019, 630 (644) mit Fn. 88; *Bachmann* ZHR 2020, 127 (131); zustimmend, obgleich kritisch angesichts des Delegationsverbots für die finale Festsetzung der konkreten Vergütung (§ 87 AktG) nach § 107 Abs. 3 S. 5 AktG-E *Bachmann/Pauschinger* ZIP 2019, 1 (2); aA Grigoleit/*Grigoleit/Kochendörfer* AktG § 87a Rn. 22.
[3217] Vgl. Erwägungsgrund 28 der ARRL: Die Vergütungspolitik wird „von den zuständigen Gremien innerhalb der Gesellschaft" festgelegt.
[3218] *Florstedt* ZGR 2019, 630 (644) mit Fn. 88, der kurz die Frage aufwirft, ob die Richtlinienintention es nicht erforderte, dass Aktionäre ein selbst entworfenes System zur Abstimmung stellen könnten, im Ergebnis aber den vom RegE gewählten Weg befürwortet.
[3219] RegE ARUG II, 72.
[3220] RegE ARUG II, 72.
[3221] *Florstedt* ZGR 2019, 630 (640 f.); *Spindler* AG 2020, 61 (64).
[3222] *Florstedt* ZGR 2019, 630 (641); *Spindler* AG 2020, 61 (64); *Löbbe/Fischbach* AG 2019, 373 (377); *C. Arnold/Herzberg/Zeh* AG 2020, 313 (314); Grigoleit/*Grigoleit/Kochendörfer* AktG § 87a Rn. 25.
[3223] RegE ARUG II, 73.
[3224] RegE ARUG II, 73; *Spindler* AG 2020, 61 (64).
[3225] RegE ARUG II, 73 f.

krete Vertragsklauseln müssen also nicht geschildert werden. Gesellschaften bleibt es möglich, sensible Informationen geheim zu halten.[3226] Äußerste Grenze der Abstraktheit bildet das Gebot der „Klarheit und Verständlichkeit" (→ Rn. 1347).[3227] In detaillierter Form werden in § 87a Abs. 1 S. 2 AktG Einzelaspekte genannt, zu denen sich das Vorstandsvergütungssystem nach Auffassung des Gesetzgebers mindestens zu äußern hat. Danach müssen sich grundsätzlich alle in § 87a Abs. 1 S. 2 AktG genannten Aspekte im Vergütungssystem wiederfinden.[3228] Eine Ausnahme gilt für Vergütungsbestandteile. Angaben dazu müssen nur gemacht werden, soweit die Vergütungsbestandteile **„tatsächlich vorgesehen"** sind. Gewährt die Gesellschaft ihren Vorstandsmitgliedern bestimmte Vergütungsbestandteile nicht, wie zB einen kurzfristigen Bonus, sind zu diesem Vergütungsbestandteil im Vergütungssystem keine Angaben zu machen.[3229] Insoweit besteht ein Gleichlauf mit der Berichtspflicht im Vergütungsbericht (§ 162 AktG) (→ Rn. 1555). Die Gesellschaft wird hinsichtlich der Ziffern 2 bis 11 nicht verpflichtet, einen neuen Vergütungsbestandteil einzuführen; **materiell-rechtliche Anforderungen** ergeben sich aus diesen Ziffern nicht.[3230] Eine Ausnahme bildet die durch die Empfehlung des Rechtsausschusses vom 13.11.2019 ergänzte Maximalvergütung nach § 87a Abs. 1 S. 2 Nr. 1 AktG. Im Übrigen gilt für die inhaltliche Ausgestaltung der Vergütung weiterhin § 87 AktG (hierzu ausführlich oben → Rn. 1291 ff.).

1349 **bb) Einzelaspekte des Vergütungssystems (Abs. 1 S. 2). (1) Nr. 1: Festlegung einer Maximalvergütung.** Der Aufsichtsrat hat im Vergütungssystem eine **Maximalvergütung** für Vorstandsmitglieder festzulegen (§ 87a Abs. 1 S. 2 Nr. 1 AktG). Die Festlegung einer Maximalvergütung ist ausweislich der Gesetzesbegründung **verpflichtend**.[3231] Es handelt sich folglich nicht um einen Vergütungsbestandteil iSv § 87a Abs. 1 S. 2 AktG, der lediglich anzugeben ist, wenn er tatsächlich vorgesehen ist. Legte der Aufsichtsrat keine Maximalvergütung fest, könnte die Hauptversammlung keinen Beschluss über die Herabsetzung der Maximalvergütung nach § 87 Abs. 4 AktG fassen. Durch die Nichtfestlegung einer Maximalvergütung würde der Aufsichtsrat seine Pflichten verletzen. Sollte der Gesellschaft dadurch ein Schaden entstehen, wäre der Aufsichtsrat nach §§ 93, 116 S. 1 AktG der Gesellschaft zum Ersatz verpflichtet.[3232]

1350 Die Maximalvergütung muss nach § 87a AktG nicht zwingend **für jedes einzelne Vorstandsmitglied** festgelegt werden, sondern kann auch **für den gesamten Vorstand** als Gesamtsumme der von allen Vorstandsmitgliedern gemeinsam maximal erreichbaren Gesamtvergütung definiert werden.[3233] Allerdings wird die Empfehlung G.1 DCGK teilweise so gedeutet, dass die Maximalvergütung für jedes einzelne Vorstandsmitglied festgelegt werden muss.[3234] Der Wortlaut der Empfehlung ist allerdings offen. Überzeugender ist es, die Formulierung „für die einzelnen Vorstandsmitglieder" lediglich auf die Ziel-Gesamtvergütung zu beziehen.[3235]

1351 Die Maximalvergütung muss nach Auffassung des Gesetzgebers in **„konkreten Zahlen"** ausgedrückt werden, lediglich zur Berechnung könne sich der Aufsichtsrat zB an einem Vielfachen der durchschnittlichen Belegschaftsvergütung orientieren.[3236] Die Maximalvergütung kann für variable und fixe Vergütung gemeinsam oder getrennt festgelegt werden.[3237] Das bislang teilweise praktizierte Vorgehen, die Maximalvergütung durch Definition eines bestimmten Prozentsatzes des Zielwerts eines variablen Vergütungsbestandteils anzugeben, soll danach nicht mehr zulässig sein.[3238] Ob sich diese strenge Sichtweise in Rechtsprechung und Praxis durchsetzen wird, ist fraglich. Maßgeblich sollte allein sein, dass die Maximalvergütung so konkret festgelegt ist, dass die Hauptversammlung von ihrem Herabsetzungsrecht nach § 87 Abs. 4 AktG (→ Rn. 1879) Gebrauch machen kann.[3239] Für Aufsichtsratsmitglieder muss keine Maximalvergütung festgelegt werden.

[3226] *Florstedt* ZGR 2019, 630 (645); *Goslar* DB 2020, 937 (938).
[3227] *Florstedt* ZGR 2019, 630 (645); *Grigoleit/Grigoleit/Kochendörfer* AktG § 87a Rn. 28.
[3228] *Florstedt* ZGR 2019, 630 (646).
[3229] RegE ARUG II, 74.
[3230] RegE ARUG II, 74; *Löbbe/Fischbach* AG 2019, 373 (377); *Florstedt* ZGR 2019, 630 (646); *Stöber* DStR 2020, 391 (394); *Needham/Müller* ZCG 2019, 119.
[3231] Beschlussempfehlung, BT-Drs. 19/15153, 56; dazu auch *Habersack* BB 2020, I; *Goslar* DB 2020, 937 (938); *Spindler* AG 2020, 61 (64).
[3232] Zur Schadensberechnung vertiefend *Lochner/Beneke* in Heidel/Hirte ARUG II AktG § 87a Rn. 7; *C. Arnold/Herzberg/Zeh* AG 2020, 313 (315).
[3233] Beschlussempfehlung, BT-Drs. 19/15153, 56.
[3234] *Lochner/Beneke* in Heidel/Hirte ARUG II AktG § 87a Rn. 8; *Spindler* AG 2020, 61 (64); Grigoleit/*Grigoleit/Kochendörfer* AktG § 87a Rn. 41.
[3235] Vertiefend *C. Arnold/Herzberg/Zeh* AG 2020, 313 (315); anders noch Beschlussempfehlung, BT-Drs. 19/15153, 56 f., die sich noch auf die frühere Entwurfsfassung des DCGK vom 9.5.2020 bezog.
[3236] Beschlussempfehlung, BT-Drs. 19/15153, 56.
[3237] Beschlussempfehlung, BT-Drs. 19/15153, 56 f.; *Spindler* AG 2020, 61 (64).
[3238] So auch *Dörrwächter/Leuering* NJW-Spezial 2020, 15 f.; anders wohl *Florstedt* ZIP 2020, 1 (5); *Lochner/Beneke* in Heidel/Hirte ARUG II AktG § 87a Rn. 8.
[3239] *C. Arnold/Herzberg/Zeh* AG 2020, 313 (315).

(2) Nr. 2: Beitrag der Vergütung zur Förderung der Geschäftsstrategie und zur langfristigen **1352**
Entwicklung der Gesellschaft. Der Aufsichtsrat hat im Vorstandsvergütungssystem anzugeben, inwieweit die Vergütung zur Förderung der Geschäftsstrategie und zur **langfristigen Entwicklung der Gesellschaft** einen Beitrag leistet (§ 87a Abs. 1 S. 2 Nr. 2 AktG). Hiermit wird ein Bezug zu § 87 Abs. 1 S. 2 AktG und dem darin enthaltenen Aspekt der Langfristigkeit hergestellt. Angaben hierzu sind zwingend, da es sich nicht um einen Vergütungsbestandteil handelt (→ Rn. 1354). § 87a Abs. 1 AktG macht – mit Ausnahme der Maximalvergütung – rein formale Vorgaben zur Gestaltung des Vergütungssystems. Daher enthält die Ziffer keine inhaltliche Vorgabe, dass das Vergütungssystem insgesamt auf eine nachhaltige Entwicklung der Gesellschaft ausgerichtet werden muss.[3240] Diese Pflicht ergibt sich vielmehr aus § 87 Abs. 1 S. 2, 3 AktG.[3241]

Die Vorschrift führt wegen der nach § 120a AktG zwingenden **Publizität** mittelbar dazu, dass Aufsichtsräte das von ihnen festgelegte Vergütungssystem dahingehend prüfen, ob es zur Förderung der Geschäftsstrategie und zur langfristigen Entwicklung der Gesellschaft beiträgt. Andernfalls lassen sich keine sinnvollen und nachvollziehbaren Angaben zu diesem Aspekt im Rahmen eines Billigungsbeschlusses der Hauptversammlung nach § 120a AktG machen.[3242] Es ist daher keineswegs klar, dass die Norm aufgrund ihrer Vagheit kaum praktische Auswirkungen entfalten wird.[3243] **1353**

(3) Nr. 3: Vergütungsbestandteile. Nach § 87a Abs. 1 S. 2 Nr. 3 AktG sind alle festen und variablen **1354** Vergütungsbestandteile, einschließlich des **relativen Anteils an der Vergütung** anzugeben. Umfasst sind auch die Aufwendungen für die betriebliche Altersversorgung und Nebenleistungen, wie zB die Überlassung von Dienstwagen.[3244] Der Aufsichtsrat kann im Zeitpunkt der Festlegung des Vergütungssystems nicht abschätzen, wie hoch die variable Vergütung letztlich ausfallen wird. Für die Festlegung des relativen Anteils einzelner Vergütungsbestandteile muss der Aufsichtsrat zunächst entscheiden, welchen Bezugspunkt er für die Bestimmung des relativen Anteils wählt. Hierzu muss er festlegen, mit welchem Wert die voraussichtliche variable Vergütung einfließen soll. Der Gesetzgeber räumt dem Aufsichtsrat die Möglichkeit ein, eine „feste Kenngröße" für den variablen Vergütungsbestandteil zu bestimmen und zu benennen.[3245] Den Bezugspunkt der Kenngröße können die Aufsichtsräte nach pflichtgemäßem Ermessen bestimmen; vorgeschlagen wird etwa die Angabe anhand einer zu erreichenden **Ziel- oder Maximalvergütung**.[3246]

Da der Aufsichtsrat nach Empfehlung G.1 des DCGK die relativen Anteile der Festvergütung und der **1355** variablen Vergütungsbestandteile an der **Ziel-Gesamtvergütung** angeben soll, bietet sich hier in der Regel an, auf die Ziel-Gesamtvergütung abzustellen (→ Rn. 1386). Problematisch und von der Gesetzesbegründung nicht adressiert ist die Frage, mit welchem Wert die Aufwendungen für die betriebliche Altersversorgung und die Nebenleistungen anzugeben sind. Bei der betrieblichen Altersversorgung bieten die sog. Servicekosten die beste Möglichkeit, die Aufwendungen anzugeben, die die Gesellschaft tatsächlich jedes Geschäftsjahr für die spätere Altersversorgung trägt. Bei den Nebenleistungen kann auf einen durchschnittlichen Wert aus der Vergangenheit abgestellt werden, falls nicht wesentliche Änderungen bei der Gewährung und Inanspruchnahme von Nebenleistungen für die Zukunft erkennbar sind.

Insgesamt wird man den Aufsichtsrat bei der Angabe der relativen Anteile der einzelnen Vergütungsbestandteile an der Gesamtvergütung nur verpflichten können, einen möglichst **transparenten Rahmen aus ex-ante Sicht** anzugeben.[3247] Das Vergütungssystem regelt keine Vergütungshöhen und soll den Aufsichtsrat bei der Festlegung einer angemessenen Vergütung nach § 87 Abs. 1 AktG auch nicht binden. Würde man den Aufsichtsrat streng an die im Vergütungssystem angegebenen relativen Anteile der Vergütungsbestandteile binden, würde diese Wertung konterkariert. Der Aufsichtsrat könnte zB nicht das Festgehalt erhöhen, ohne eine entsprechende proportionale Erhöhung sämtlicher Vergütungsbestandteile vorzunehmen.[3248] Eine derartige Einschränkung der Entscheidung über Vergütungshöhen folgt aus der Angabe der relativen Anteile an der Vergütung nicht. Vielmehr kann der Aufsichtsrat zB bei Neubestellungen oder der regulären Anpassung der Vergütung im laufenden Anstellungsverhältnis auch nur einzelne Vergütungsbestandteile ändern, ohne dass er daran durch das Vergütungssystem gehindert wäre. **1356**

[3240] So aber *Bachmann/Pauschinger* ZIP 2019, 1 (3); in diese Richtung auch *Anzinger* ZGR 2019, 39 (75): „Diese Regelung(en) könnten als Anknüpfungspunkt einer inneren Ordnung der Vergütungspolitik herangezogen werden".
[3241] *C. Arnold/Herzberg/Zeh* AG 2020, 313 (316); *Grigoleit/Grigoleit/Kochendörfer* AktG § 87a Rn. 43.
[3242] In diese Richtung auch *Florstedt* ZGR 2019, 630 (646); *Anzinger* ZGR 2019, 39 (75).
[3243] So aber *Florstedt* ZGR 2019, 630 (646); *Goslar* DB 2020, 937 (938).
[3244] Vgl. Art. 9a Abs. 6 UAbs. 1 S. 2 2. ARRL; dazu auch *C. Arnold/Herzberg/Zeh* AG 2020, 313 (316); *Florstedt* ZGR 2019, 630 (646).
[3245] RegE ARUG II, 73.
[3246] RegE ARUG II, 73.
[3247] So auch *Lochner/Beneke* in Heidel/Hirte ARUG II AktG § 87a Rn. 11.
[3248] Dazu *C. Arnold/Herzberg/Zeh* AG 2020, 313 (317).

1357 **(4) Nr. 4: Leistungskriterien für die Gewährung variabler Vergütungsbestandteile.** Sieht das Vergütungssystem variable Vergütungsbestandteile vor, sind deren **finanzielle und nichtfinanzielle Leistungskriterien** sowie der Beitrag der Leistungskriterien zur Förderung der Geschäftsstrategie und zur langfristigen Entwicklung der Gesellschaft und die Methoden zur Feststellung der Leistungskriterien anzugeben.[3249] Mit den nichtfinanziellen Leistungskriterien können ua CSR-Aspekte iSv § 289c Abs. 3 Nr. 5 HGB[3250] sowie die im Rahmen des § 87 Abs. 1 AktG diskutierten ESG-Ziele (→ Rn. 1314) gemeint sein. Bei der Festsetzung der finanziellen Leistungskriterien muss der Aufsichtsrat darauf achten, sie nicht so eng festzulegen, dass der Vorstand seine Leitungsbefugnisse nach § 76 Abs. 1 AktG nicht mehr wahrnehmen kann.[3251] Ausreichend ist eine abstrakte Offenlegung; Rückschlüsse auf die strategische Planung und Ausrichtung der Gesellschaft müssen nicht ermöglicht werden.[3252]

1358 Zudem soll angegeben werden, wie die Leistungskriterien **zur Förderung der Vergütungsziele** nach § 87 Abs. 1 S. 2 Nr. 2 AktG beitragen (§ 87a Abs. 1 S. 2 Nr. 4 lit. a AktG) und mit welchen Methoden ihre Erreichung festgestellt wird (§ 87a Abs. 1 S. 2 Nr. 4 lit. b AktG). Insbesondere bei dieser Angabe stellt die Anforderung einer klaren und verständlichen Darstellung eine Herausforderung dar, da die Leistungskriterien und die Methoden zur Messung der Zielerreichung häufig sehr komplex sind. Es ist irrelevant für die Erfüllung von § 87a Abs. 1 S. 2 Nr. 4 lit. b AktG, ob die Methoden zur Zielerreichung tatsächlich geeignet sind.

1359 **(5) Nr. 5: Aufschubzeiten für die Auszahlung von Vergütungsbestandteilen.** Aufschubzeiten sind Zeiten zwischen der Entstehung des Anspruchs auf einen Vergütungsbestandteil und dessen Fälligkeit.[3253] Aufschubzeiten gehören zu Vergütungsbestandteilen und sind damit nur anzugeben, wenn das Vergütungssystem sie vorsieht. Es dürfte ausreichen, wenn ein zeitlicher Rahmen angegeben wird, den der Aufsichtsrat im Einzelfall festlegt.[3254] § 87a Abs. 1 S. 2 Nr. 5 AktG soll extensiv auszulegen sein und auch Sachleistungen oder Rechte erfassen.[3255] Die Vorschrift erfasst nur sog. echte Deferrals, also nicht die Zeiträume zwischen der Gewährung eines variablen Vergütungsbestandteils und Entstehen des Auszahlungsanspruchs.[3256]

1360 **(6) Nr. 6: Rückforderungsmöglichkeiten.** Sofern das Vergütungssystem Rückforderungsmöglichkeiten variabler Vergütungsbestandteile vorsieht, sind auch diese aufzunehmen (§ 87a Abs. 1 S. 2 Nr. 6 AktG).[3257] **Clawback-Klauseln** (→ Rn. 1511 ff.) finden damit erstmalig gesetzgeberische Anerkennung.[3258] Eine Pflicht zur Einführung solcher Klauseln wird damit aber nicht statuiert.[3259] Rückforderungsmöglichkeiten müssen weiterhin nur bedeutende Finanzinstitute nach § 20 Abs. 6 InstitutsVergV vorsehen.[3260] Allerdings empfiehlt der DCGK in G.11 dem Aufsichtsrat, die Möglichkeit der Rückforderung variabler Vergütungsbestandteile im Dienstvertrag vorzusehen, sodass er „in begründeten Fällen" hiervon Gebrauch machen kann (→ Rn. 1435). Die Empfehlung führt letztlich dazu, dass der Aufsichtsrat einen Verzicht auf Clawback-Klauseln zwar nicht im Vergütungssystem anzugeben hat, ihn aber im Rahmen der **Entsprechenserklärung** nach § 161 AktG begründen muss.[3261]

1361 **(7) Nr. 7: Aktienbasierte Vergütung.** Die nach § 87a Abs. 1 S. 2 Nr. 7 lit. a AktG anzugebenden Fristen im Falle einer aktienbasierten Vergütung[3262] erfassen typischerweise **Wartefristen** (Zeitraum bis zur Ausübbarkeit), **Ausübungsfristen** (Zeitraum ab potentieller Ausübbarkeit bis zur tatsächlichen Ausübungsmöglichkeit) sowie **Halte- bzw. Sperrfristen** (Zeitraum zwischen Erwerb und Veräußerung, in dem die Aktie nicht veräußert werden darf).[3263] Nicht genannt werden in der Begründung zum Regierungsentwurf hingegen „Vesting Periods" (Unverfallbarkeitsfristen).[3264] Nach § 87a Abs. 1 S. 2 Nr. 7 lit. b AktG müssen die Bedingungen für das Halten von Aktien nach dem Erwerb angegeben werden und

---

[3249] Dazu vertiefend C. Arnold/Herzberg/Zeh AG 2020, 313 (317).
[3250] Bachmann/Pauschinger ZIP 2019, 1 (2); Grigoleit/Grigoleit/Kochendörfer AktG § 87a Rn. 51.
[3251] Lochner/Beneke in Heidel/Hirte ARUG II AktG § 87a Rn. 13.
[3252] RegE ARUG II, 73; Spindler AG 2020, 61 (66); Stenzel BB 2020, 970 (972).
[3253] Lochner/Beneke in Heidel/Hirte ARUG II AktG § 87a Rn. 15.
[3254] Spindler AG 2020, 61 (66).
[3255] Lochner/Beneke in Heidel/Hirte ARUG II AktG § 87a Rn. 15.
[3256] C. Arnold/Herzberg/Zeh AG 2020, 313 (317).
[3257] Zur Frage, ob Angaben zu Clawback-Klauseln stets zu machen sind oder nur, wenn das System Clawback-Klauseln vorsieht C. Arnold/Herzberg/Zeh AG 2020, 313 (318) mwN.
[3258] RegE ARUG II, 73; Löbbe/Fischbach AG 2019, 373 (377); Spindler AG 2020, 61 (66).
[3259] C. Arnold/Herzberg/Zeh AG 2020, 313 (318); Poelzig NZG 2020, 41 (44); Grigoleit/Grigoleit/Kochendörfer AktG § 87a Rn. 61.
[3260] Löbbe/Fischbach AG 2019, 373 (377).
[3261] Löbbe/Fischbach AG 2019, 373 (377); Redenius-Hövermann/Siemens ZIP 2020, 145 (148).
[3262] Dazu C. Arnold/Herzberg/Zeh AG 2020, 313 (318).
[3263] RegE ARUG II, 73.
[3264] Paschos/Goslar AG 2019, 365 (368).

nach § 87a Abs. 1 S. 2 Nr. 7 lit. c AktG muss erläutert werden, inwiefern so die Vergütungsziele nach § 87a Abs. 1 S. 2 Nr. 2 AktG gefördert werden.

(8) Nr. 8: Vergütungsbezogene Rechtsgeschäfte. In § 87a Abs. 1 S. 2 Nr. 8 AktG wird der Begriff der **vergütungsbezogenen Rechtsgeschäfte** eingeführt. Hiervon sollen alle Rechtsgeschäfte erfasst sein, die die Begründung, Änderung oder Aufhebung der Vergütung oder von Vergütungsbestandteilen betreffen.[3265] Darunter fallen vor allem der Dienstvertrag samt Anlagen sowie die Ruhegehaltszusage.[3266] Anzugeben sind die Laufzeiten[3267] und Voraussetzungen der Beendigung, einschließlich Kündigungsfristen (Nr. 7a)), etwaige Zusagen von Entlassungsentschädigungen (Nr. 7b)) sowie die Hauptmerkmale der Ruhegehalts- und Vorruhestandsregelungen (Nr. 7b)). Der Begriff der Entlassungsentschädigung ist an § 158 Abs. 1 SGB III angelehnt und erfasst damit Abfindungen, Entschädigungen und ähnliche Leistungen.[3268] Dazu gehören beispielsweise auch Entschädigungszahlungen für das Ausscheiden aus dem Vorstand, die auf Basis von **Change-Of-Control-Klauseln** geleistet werden (Zu Change-Of-Control-Klauseln → Rn. 1737).[3269]

(9) Nr. 9: Berücksichtigung der Vergütungs- und Beschäftigungsbedingungen der Arbeitnehmer. Nach § 87a Abs. 1 S. 2 Nr. 9 AktG hat der Aufsichtsrat im Vergütungssystem zu erläutern, wie er die Vergütungs- und Beschäftigungsbedingungen der Arbeitnehmer bei der Festsetzung der Vergütungspolitik berücksichtigt hat und welche Kreis von Arbeitnehmern einbezogen wurde. Ob und wie ein solcher **„vertikaler Vergütungsvergleich"**[3270] durchgeführt wird, soll im Ermessen der Gesellschaft stehen.[3271] Da die Angabe keinen Vergütungsbestandteil betrifft[3272], sind Angaben zwingend zu machen (→ Rn. 1349).[3273] Das bedeutet jedoch nicht, dass ein Vergütungsvergleich mit den Arbeitnehmern zwingend ist. § 87 Abs. 1 S. 2 Nr. 9 AktG macht keine inhaltliche Vorgabe.[3274] Wenn sich der Aufsichtsrat zulässigerweise dagegen entscheidet, die Vergütungs- und Beschäftigungsbedingungen der Arbeitnehmer zu berücksichtigen, hat er allerdings insofern eine **Negativmeldung** abzugeben.[3275] Bezugspunkt für die Vergleichsgruppe können sowohl einzelne Arbeitnehmer der Gesellschaft als auch alle Arbeitnehmer in Deutschland oder konzernweit sein.[3276] Der Begriff der Arbeitnehmer ist dabei weit auszulegen und erfasst auch leitende Angestellte iSd § 5 Abs. 3 BetrVG.[3277]

(10) Nr. 10: Verfahren zur Fest- und zur Umsetzung sowie zur Überprüfung des Vergütungssystems. Ferner schreibt § 87a Abs. 1 S. 2 Nr. 10 AktG vor, dass der Aufsichtsrat im Vergütungssystem das Verfahren zur Fest- und zur Umsetzung sowie zur Überprüfung des Vergütungssystems darstellt. Diese Angabe ist als strukturelle Festlegung zwingend.[3278] An dieser Stelle kann sich der Aufsichtsrat auch **Abweichungsoptionen** vorbehalten.[3279]

(11) Nr. 11: Vorlage eines gemäß § 120a Abs. 3 AktG überprüften Vergütungssystems. Hat die Hauptversammlung das vom Aufsichtsrat beschlossene Vergütungssystem **nicht gebilligt,** muss der Aufsichtsrat dieses überprüfen und der Hauptversammlung nach § 120a Abs. 3 AktG erneut zur Abstimmung vorlegen. In diesem Fall hat der Aufsichtsrat im Vergütungssystem zwingend die **wesentlichen Änderungen zu erläutern** sowie eine Übersicht zu erstellen, inwiefern Abstimmung und Äußerungen der Aktionäre in Bezug auf das Vergütungssystem und die Vergütungsberichte berücksichtigt wurden.[3280] Wann eine Änderung wesentlich ist, wird im Gesetzestext nicht erläutert. Eine wesentliche Änderung liegt erst bei gravierenden Änderungen, wie etwa einer Änderung der Maximalvergütung oder der Leis-

---

[3265] RegE ARUG II, 73 f.
[3266] *C. Arnold/Herzberg/Zeh* AG 2020, 313 (319).
[3267] Zur Frage der Detailtiefe der Angaben *C. Arnold/Herzberg/Zeh* AG 2020, 313 (319).
[3268] RegE ARUG II, 74.
[3269] RegE ARUG II, 74.
[3270] *Löbbe/Fischbach* AG 2019, 373 (377).
[3271] RegE ARUG II, 74; *Schmidt* NZG 2018, 1201 (1203).
[3272] So auch *Spindler* AG 2020, 61 (67); *Lochner/Beneke* in Heidel/Hirte ARUG II AktG § 87a Rn. 21. Die Gesetzesbegründung liest sich zunächst so, als sei die Angabe ein Vergütungsbestandteil, kommt jedoch im Ergebnis auch dazu, dass bei einer Nichtberücksichtigung eine Negativangabe notwendig ist, vgl. RegE ARUG II, 74.
[3273] So explizit Beschlussempfehlung ARUG II, 56; *Spindler* AG 2020, 61 (67).
[3274] RegE ARUG II, 74 f.; Dass auch die „Ob" der Berücksichtigung im Ermessen des Aufsichtsrates steht, soll vor dem Hintergrund des deskriptiven Ansatzes des Vergütungssystems in das „Wie" hineinzulesen sein.
[3275] So an dieser Stelle ausdrücklich RegE ARUG II, 74. Dazu *Löbbe/Fischbach* AG 2019, 373 (377), die in der Hinweispflicht eine Besonderheit sehen; *Spindler* AG 2020, 61 (67).
[3276] RegE ARUG II, 74; zur Europarechtskonformität vgl. Grigoleit/*Grigoleit/Kochendörfer* AktG § 87a Rn. 71.
[3277] RegE ARUG II, 74.
[3278] So explizit Beschlussempfehlung ARUG II, 56.
[3279] *C. Arnold/Herzberg/Zeh* AG 2020, 313 (320).
[3280] RegE ARUG II, 74; *Heldt* AG 2018, 905 (907).

tungskriterien für die variable Vergütung, vor.³²⁸¹ Keinesfalls genügen, wie teilweise vertreten³²⁸², eine deutliche Änderung der Fixvergütung oder der maximalen variablen Vergütungsbestandteile. Das ergibt sich bereits daraus, dass das System die Vergütungshöhen nicht regelt.³²⁸³

1366 cc) **Bindung des Aufsichtsrats an das vorgelegte System (Abs. 2 S. 1).** Nach § 87a Abs. 2 S. 1 AktG hat der Aufsichtsrat die Vorstandsvergütung im Rahmen eines Systems festzusetzen, das der **Hauptversammlung einmal zur Billigung vorgelegt** wurde. Festsetzen bedeutet, dass der Aufsichtsrat anhand der im Vergütungssystem beschriebenen Grundsätze **Dienstvertrag und Vergütungsbedingungen** beschließt und mit den Vorstandsmitgliedern vereinbart.³²⁸⁴ Der Aufsichtsrat kann diese Vollzugsakte auch bereits vor der Hauptversammlung durchführen, dh es bedarf keines weiteren Beschlusses „pro forma".³²⁸⁵ Für die erstmalige Festsetzung durch den Aufsichtsrat nach der Hauptversammlung, in der erstmals ein Vergütungssystem nach § 120a AktG gebilligt wurde, gilt die Zwei-Monats-Frist des § 26j Abs. 1 S. 2 EGAktG.³²⁸⁶

1367 Mit dem Vergütungssystem bindet sich der Aufsichtsrat also – vorbehaltlich der Abweichungsmöglichkeit nach § 87a Abs. 2 S. 2 AktG – selbst.³²⁸⁷ Daher hat das Vergütungssystem trotz der rein formalen Vorgaben in § 87a Abs. 1 S. 2 AktG normative Bindungskraft.³²⁸⁸ Ob die Hauptversammlung das Vergütungssystem gebilligt oder abgelehnt hat, ist unerheblich.³²⁸⁹ Entscheidend ist, dass das System überhaupt vorgelegt wurde. Irrelevant ist auch, welches von mehreren in der Vergangenheit vorgelegten Vergütungssystemen der Aufsichtsrat der Festlegung der Vorstandsvergütung zugrunde legt; es muss nicht das zuletzt vorgelegte System sein.³²⁹⁰ Die Entscheidung hierüber liegt im **pflichtgemäßen Ermessen** des Aufsichtsrats.³²⁹¹ Gerade im Falle einer Ablehnung mag es im Einzelfall sinnvoll sein, auf das zuletzt von der Hauptversammlung gebilligte Vergütungssystem zurückzugreifen.³²⁹² Ein solcher Rückgriff kann sich aber auch verbieten, etwa wenn das bisherige Vergütungssystem Fehlanreize setzt und diese gerade durch ein neues System beseitigt werden sollten.³²⁹³ Entgegen teilweise vertretener Auffassung³²⁹⁴ ist die Möglichkeit, die Vergütung anhand irgendeines früher „vorgelegten" Vergütungssystems festzusetzen, richtlinienkonform.³²⁹⁵

1368 Wird das Vergütungssystem von der Hauptversammlung **abgelehnt,** so ist nach § 120a Abs. 3 AktG spätestens in der darauffolgenden Hauptversammlung ein überprüftes Vergütungssystem zum Beschluss vorzulegen. Vor dieser erneuten Hauptversammlung soll der Aufsichtsrat ein neues oder wesentlich verändertes Vergütungssystem nicht zur Anwendung bringen dürfen.³²⁹⁶ Das überzeugt freilich nicht. Es ist und bleibt die Kompetenz des Aufsichtsrats nach § 87 Abs. 1 AktG zu entscheiden, wie die Vergütung des Vorstands im Unternehmensinteresse festzusetzen ist. Seine Kompetenz, ein neues Vergütungssystem zu entwickeln und mit Wirkung für die Zukunft zur Anwendung zu bringen, wird durch die Nichtbilligung des zuletzt vorgelegten Vergütungssystems durch die Hauptversammlung nicht beschränkt. Der Aufsichtsrat ist nur verpflichtet, auch dieses Vergütungssystem nach § 120a Abs. 3 AktG in der nächsten Hauptversammlung zur Billigung vorzulegen.

1369 dd) **Abweichungen vom Vergütungssystem (Abs. 2 S. 2).** § 87a Abs. 2 S. 2 AktG gestattet dem Aufsichtsrat, von den **Festsetzungen des Vergütungssystems abzuweichen.** Dazu müssen zwei Voraussetzungen erfüllt sein. Die Abweichung muss im Interesse des langfristigen Wohlergehens der Gesellschaft notwendig sein. Dies ist nach der Gesetzesbegründung anzunehmen, wenn die Rentabilität und Tragfä-

---

[3281] *C. Arnold/Herzberg/Zeh* AG 2020, 313 (320); ausführlich zum Begriff der Wesentlichkeit Grigoleit/*Grigoleit/Kochendörfer* AktG § 87a Rn. 79 f.
[3282] *Lutter/Bayer/J. Schmidt,* Europäisches Unternehmens- und Kapitalmarktrecht, § 29 Rn. 29.136; *Lochner/Beneke* in Heidel/Hirte ARUG II AktG § 87a Rn. 24.
[3283] *C. Arnold/Herzberg/Zeh* AG 2020, 313 (320).
[3284] *C. Arnold/Herzberg/Zeh* AG 2020, 313 (320); Grigoleit/*Grigoleit/Kochendörfer* AktG § 87a Rn. 82.
[3285] *C. Arnold/Herzberg/Zeh* AG 2020, 313 (320); *Böcking/Bundle* DK 2020, 15 (17).
[3286] Dazu *C. Arnold/Herzberg/Zeh* AG 2020, 313 (320).
[3287] RegE ARUG II, 72 f.; *Löbbe/Fischbach* AG 2019, 373 (379); *Kell/Barth* GmbHR 2020, R20 (R21); *Böcking/Bundle* DK 2020, 15 (16); Grigoleit/*Grigoleit/Kochendörfer* AktG § 87a Rn. 82.
[3288] RegE ARUG II, 72 f.; *Goslar* DB 2020, 937 (940); *Florstedt* ZIP 2020, 1 (2).
[3289] RegE ARUG II, 72; *Lochner/Beneke* in Heidel/Hirte ARUG II AktG § 87a Rn. 27; *Spindler* AG 2020, 61 (69).
[3290] RegE ARUG II, 74; *Heldt* AG 2018, 905 (909); *Paschos/Goslar* AG 2018, 857 (863); *Spindler* AG 2020, 61 (69).
[3291] RegE ARUG II, 75.
[3292] RegE ARUG II, 75.
[3293] *Löbbe/Fischbach* AG 2019, 373 (379).
[3294] *Bachmann/Pauschinger* ZIP 2019, 1 (6) wollen das Ermessen des Aufsichtsrats angesichts der Zielsetzung der Richtlinie auf das zuletzt vorgelegte System reduzieren, es sei denn, dies stünde in erkennbarem Widerspruch zum aktuellen Aktionärswillen.
[3295] *Spindler* AG 2020, 61 (68).
[3296] *Löbbe/Fischbach* AG 2019, 373 (379); *Heldt* AG 2018, 905 (909); Grigoleit/*Grigoleit/Kochendörfer* AktG § 87a Rn. 88.

higkeit der Gesellschaft auf lange Sicht bedroht wird, zB durch eine Finanz- oder Unternehmenskrise.[3297] In derartigen Situationen soll die Anwerbung eines geeigneten Krisenmanagers möglich sein und nicht an durch das Vergütungssystem ausgeschlossenen finanziellen Anreizen scheitern.[3298] Als weitere Voraussetzung muss das Vergütungssystem das Verfahren des Abweichens sowie die Bestandteile des Vergütungssystems, von denen abgewichen werden kann, benennen.[3299]

Die **Regelung von Abweichungsmöglichkeiten** durch § 87a Abs. 2 S. 2 AktG ist **misslungen**. Insbesondere der restriktive Ansatz der Gesetzesbegründung ist abzulehnen. Es ist bereits zweifelhaft, ob es sich überhaupt noch um Abweichungen im eigentlichen Wortsinn handelt, wenn das Abweichungsverfahren und der Gegenstand der Abweichung schon im Vergütungssystem vorgesehen sein müssen. Überzeugender ist es, Abweichungen allein am Maßstab des Unternehmensinteresses zu messen.[3300] In der Praxis wird man sehr genau darauf achten müssen, potentielle Abweichungsoptionen bereits im System anzulegen, um den formalen Anforderungen des § 87a Abs. 2 S. 2 AktG gerecht zu werden.[3301] Die inhaltlichen Anforderungen wird man jedoch nicht so eng ziehen dürfen, wie die Gesetzesbegründung es vorzugeben scheint. Eine Begrenzung auf Situationen, in denen die Gesamtwirtschaft gefährdet ist, wird den Bedürfnissen der einzelnen Unternehmen nicht gerecht.[3302] 1370

Daher sollte der Aufsichtsrat das Vergütungssystem – zB durch **Einräumung bestimmter Gestaltungsmöglichkeiten** – von vornherein so flexibel ausgestalten, dass „echte" Abweichungen erst gar nicht notwendig werden.[3303] Schwierig kann sich zB die Gewährung sog. **Sign-on-Boni** zur Gewinnung neuer Vorstandsmitglieder – häufig mit dem Ziel, Vergütungsverluste beim früheren Dienstgeber zu kompensieren – gestalten.[3304] Das Vergütungssystem muss diese Sonderzahlungen als potentielle Bestandteile vorsehen, denn das Gewinnen neuer Vorstandsmitglieder wird nur selten die hohen Hürden der Abweichungsmöglichkeit nach § 87a Abs. 2 S. 2 AktG überwinden können. Problematisch wird in vielen Fällen sein, dass der Sign-on-Bonus vollständig durch die Maximalvergütung abgeschöpft wird.[3305] Lösungen können darin bestehen, die Maximalvergütung etwas höher anzusetzen und Sign-on-Boni über mehrere Jahre gestreckt zu gewähren oder eine besondere, einmalig höhere Maximalvergütung vorzusehen.[3306] 1371

Der Aufsichtsrat sollte ferner **Öffnungsklauseln** in das Vergütungssystem einfügen, die es ihm erlauben, von dem Vergütungssystem ohne direkte Neuvorlage an die Hauptversammlung abzuweichen, wenn er damit dem Votum der Hauptversammlung Rechnung tragen will. Das ist trotz des abschließenden Charakters der Ausnahmeregelung in § 87a Abs. 2 S. 2 AktG, der Art. 9a Abs. 4 ARRL umsetzt, vor dem Hintergrund der Zielsetzung der Art. 9a, 9b ARRL (stärkere Aktionärsmitsprache) richtlinienkonform.[3307] 1372

Keine Abweichung vom Vergütungssystem stellt eine Verkleinerung oder **Vergrößerung des Vorstands** dar; für neu hinzutretende Vorstandsmitglieder gilt das bereits beschlossene Vergütungssystem automatisch.[3308] Werden **zwingende** – auch neu eingeführte – **Gesetzesvorgaben** befolgt, so führt auch das nicht zu einem Verstoß gegen das Vergütungssystem iSd § 87a Abs. 2 S. 2 AktG. Denn zwingende Gesetzesvorgaben sind auch ohne besondere Erwähnung stets Bestandteil des Vergütungssystems. Sie müssen im Vergütungssystem nicht wiederholt werden, sondern können als bekannt vorausgesetzt werden.[3309] Das bedeutet, dass zB die Herabsetzung der Vergütung unter den Voraussetzungen des § 87 Abs. 2 AktG stets zulässig bleibt und kein Abweichungsverfahren erfordert, selbst wenn das Vergütungssystem nicht ausdrücklich darauf hinweist.[3310] 1373

Liegen die Voraussetzungen für eine Abweichung nach § 87a Abs. 2 S. 2 AktG nicht vor und ignoriert der Aufsichtsrat bei der Festsetzung der konkreten Vorstandsvergütung dennoch die Vorgaben des vorgelegten Vergütungssystems, führt das **nicht** ohne Weiteres zur **Unwirksamkeit** der Vergütungsregeln im 1374

[3297] RegE ARUG II, 75.
[3298] *Heldt* AG 2018, 905 (909); RegE ARUG, 84.
[3299] Kritisch dazu *Löbbe/Fischbach* AG 2019, 373 (380), die die Frage aufwerfen, ob überhaupt noch eine Abweichung im eigentlichen Wortsinn vorliegt, wenn das Abweichungsverfahren und der Gegenstand der Abweichung schon im Vergütungssystem vorgesehen sein müssen.
[3300] So zu Recht bereits *Löbbe/Fischbach* AG 2019, 373 (380); *Spindler* AG 2020, 61 (69).
[3301] *C. Arnold/Herzberg/Zeh* AG 2020, 313 (321).
[3302] *C. Arnold/Herzberg/Zeh* AG 2020, 313 (321).
[3303] *Löbbe/Fischbach* AG 2019, 373 (380).
[3304] Dazu vertiefend *C. Arnold/Herzberg/Zeh* AG 2020, 313 (321).
[3305] Anders wohl *Dörrwächter/Leuering* NJW-Spezial 2020, 15 (16), die es für möglich halten, Sign-on Boni aus der Maximalvergütung herauszunehmen.
[3306] *C. Arnold/Herzberg/Zeh* AG 2020, 313 (321).
[3307] So zutreffend *Bachmann/Pauschinger* ZIP 2019, 1 (5); aA Grigoleit/*Grigoleit/Kochendörfer* AktG § 87a Rn. 116.
[3308] RegE ARUG II, 75.
[3309] RegE ARUG II, 75.
[3310] RegE ARUG II, 75; *Löbbe/Fischbach* AG 2019, 373 (380); *Anzinger* ZGR 2019, 39 (83); *Paschos/Goslar* AG 2018, 857 (863); *Spindler* AG 2020, 61 (70).

Anstellungsvertrag. Dies ist bei Verstößen gegen § 87 AktG anerkannt[3311] und gilt daher entsprechend bei Verstößen gegen die selbstauferlegten Vorgaben des Vergütungssystems.[3312]

d) Sonstige Vorgaben zur Vorstandsvergütung

1375 **aa) Deutscher Corporate Governance Kodex (DCGK). (1) Allgemeines.** Wesentlichen Einfluss auf die Gestaltung der Vergütung von Vorstandsmitgliedern hat seit seinem Inkrafttreten der **Deutsche Corporate Governance Kodex** (DCGK). Der DCGK enthält eine Vielzahl von Empfehlungen zur Vorstandsvergütung, die regelmäßig Gegenstand von Änderungen und Aktualisierungen sind. Zwar gilt der DCGK nach der gesetzlichen Konzeption nur für börsennotierte Gesellschaften. In der Praxis orientieren sich vielfach jedoch auch Aufsichtsräte nicht-börsennotierter Aktiengesellschaften an den im DCGK definierten Standards guter Corporate Governance.[3313]

1376 Die Einbindung des DCGK in das Aktienrecht stellt § 161 AktG sicher. Danach haben Vorstand und Aufsichtsrat der börsennotierten Gesellschaft jährlich zu erklären, dass den Empfehlungen des DCGK entsprochen wurde und wird oder welche Empfehlungen nicht angewendet wurden und werden und warum nicht. Die Abgabe dieser sog. **Entsprechenserklärung** hat in der Praxis vielfach dazu geführt, dass Aufsichtsräte den Empfehlungen des DCGK bei der Gestaltung der Vorstandsvergütung größere Beachtung schenken als den gesetzlichen Regelungen als solchen.[3314] Dies zeigt sich beispielsweise daran, dass Berater häufig gebeten werden, die Vereinbarkeit des Vorstandsvergütungssystems und der entsprechenden dienstvertraglichen Regelungen mit dem DCGK zu bestätigen, nicht aber die an sich rechtlich maßgebliche Frage nach einer Vereinbarkeit mit dem Gesetz. Aufsichtsräte betrachten die Befolgung der Empfehlungen des DCGK als **„Gütesiegel"** für das von ihnen verabschiedete Vorstandsvergütungssystem.

1377 Diese Praxis ist unter zumindest zwei Gesichtspunkten zweifelhaft. Zum einen lässt bereits die Frage, ob das Vorstandsvergütungssystem alle Empfehlungen des DCGK (in seiner jeweils gültigen Fassung!) erfüllt, außer Betracht, dass der DCGK ausdrücklich einen **„comply or explain"**-Ansatz verfolgt.[3315] Daher ist eine Abweichung von den Empfehlungen des DCGK nicht nur möglich, sondern kann im Einzelfall sinnvoll sein, um Besonderheiten der Gesellschaft oder der Branche Rechnung zu tragen. Zum anderen vermittelt das „Gütesiegel" einer Erfüllung sämtlicher Empfehlungen des DCGK bei der Vorstandsvergütung Aufsichtsräten den trügerischen Eindruck, das System der Vorstandsvergütung erfülle die Erwartungen des „Kapitalmarkts" und werde daher als Ausdruck guter Corporate Governance geschätzt. Gerade dieser Aspekt ist in den vergangenen Jahren mehr und mehr erodiert. Vor allem angloamerikanische Stimmrechtsberater akzeptieren den DCGK nicht mehr als „Gütesiegel". Sie setzen eigene Richtlinien fest, um Vergütungssysteme börsennotierter deutscher Aktiengesellschaften einer Corporate Governance-Prüfung zu unterziehen. Werden diese Richtlinien, die teilweise deutlich über den DCGK hinausgehen oder von ihm abweichen, nicht erfüllt, empfehlen Stimmrechtsberater regelmäßig, dem Vergütungssystem die Billigung zu versagen oder gegen die Entlastung von Aufsichtsrat und Vorstand zu stimmen. Bei der Gestaltung der Vorstandsvergütung sind daher **Richtlinien bedeutender Stimmrechtsberater** ebenso zu berücksichtigen wie die Empfehlungen des DCGK (→ Rn. 1385ff.).

1378 Nicht zuletzt die Befürchtung der Regierungskommission, der DCGK verliere vor allem im Bereich der Vorstandsvergütung mit Blick auf die Praxis der Stimmrechtsberater und der Hauptversammlungsrealität an Bedeutung, hat zu der am 16.12.2019 beschlossenen und am 20.3.2020 in Kraft getretenen **Neufassung des Kodex** geführt. Erklärtes Ziel der umfangreichen Reform war die Schaffung eines den internationalen Standards entsprechenden praxisgerechten Kodex.[3316] Dieser enthält neben einer allgemeinen systematischen Neufassung grundlegende Änderungen im Bereich der Vorstandsvergütung.[3317] Zu der bislang gültigen Fassung des Kodex vom 7.2.2017 sei auf die ausführliche Literatur hierzu verwiesen.[3318]

1379 Im Rahmen der Neufassung des DCGK hat die Regierungskommission ausdrückliche Hinweise zum **Zeitpunkt der Anwendung**[3319] der neuen Empfehlungen gegeben. In Bezug auf Anstellungsverträge weist die Regierungskommission in ihrer Begründung darauf hin, dass die aktuellen Änderungen des DCGK nicht in laufenden Verträgen berücksichtigt werden müssten. Soweit sich der Aufsichtsrat dazu

---

[3311] Für die hM GroßkommAktG/*Kort* AktG § 87 Rn. 332; Hüffer/Koch/*Koch* AktG § 87 Rn. 45; MüKoAktG/*Spindler* AktG § 87 Rn. 142.
[3312] *Bachmann/Pauschinger* ZIP 2019, 1 (6); aA *Zetsche* NZG 2014, 1121 (1130) zum Vorschlag der Europäischen Kommission zur Änderung der Aktionärsrechtsrichtlinie, COM (2014) 213 („Politikwidrige Klauseln sind wegen Gesetzesverstoßes grundsätzlich nichtig").
[3313] Vgl. *C. Arnold/Gralla* NZG 2020, 529.
[3314] *C. Arnold/Gralla* NZG 2020, 529.
[3315] DCGK, Präambel; *C. Arnold/Gralla* NZG 2020, 529.
[3316] Pressemitteilung der Regierungskommission vom 23.1.2020.
[3317] Vgl. JIG/*Johannsen-Roth*, DCGK 2020, Grds. 23 Rn. 1.
[3318] Siehe zB KBLW/*Bachmann* DCGK 4. VII; Wilsing/*Goslar* DCGK S. 313ff.
[3319] Dazu vertiefend *C. Arnold/Gralla* NZG 2020, 529 (529f.).

entschließe, den neuen Empfehlungen zu folgen, ist nach Auffassung der Kommission die damit verbundene Änderung eines bestehenden Anstellungsvertrags erst bei dessen **Verlängerung** nach Inkrafttreten der Neufassung des DCGK erforderlich.[3320] Dies bedeutet in der Konsequenz, dass die neuen Empfehlungen des Kodex – zumindest für Altverträge, die insoweit einem Vertrauensschutz unterliegen[3321] – zunächst nicht relevant sind und eine Abweichung unter Umständen noch für mehrere Jahre in Bezug auf diese Verträge nicht zu erklären ist.[3322] Ob dies auch dann gelten kann, wenn der Anstellungsvertrag umfassend geändert wird, beispielsweise im Rahmen einer grundlegenden Überarbeitung des Vergütungssystems, ist zweifelhaft.[3323] Entscheidet sich der Aufsichtsrat für eine solche Anpassung, ist eine Beachtung der neuen und geänderten Empfehlungen zu empfehlen.[3324]

Zweifelhaft erscheinen die von der Kommission selbst aufgestellten **Übergangsvorschriften.** Im Aktiengesetz findet sich hierzu nichts. Die Übergangsvorschriften zum ARUG II in § 26j EGAktG sehen keine Einschränkungen der Entsprechenserklärung nach § 161 AktG vor. Damit stellt sich die Frage, welche Rechtsqualität Begründungselemente des DCGK für die Abgabe der Entsprechenserklärung nach § 161 AktG haben.[3325] Es ist davon auszugehen, dass der Gesetzgeber die oben geschilderte Auffassung der Kommission als gegeben hinnimmt.[3326] Dem Gesetzgeber war im Zeitpunkt des Inkrafttretens des ARUG II bekannt, welchen Standpunkt die Regierungskommission im Hinblick auf die neuen Vergütungsempfehlungen hat. Dennoch entschied er sich weder für eine Korrektur der Entwurfsfassung noch für eine Anordnung der unmittelbaren Geltung der neuen Empfehlungen im Rahmen der Entsprechenserklärungen.[3327] Damit dürfte – in Übereinstimmung mit den Äußerungen der Regierungskommission – keine unmittelbare Umsetzung der neuen Empfehlungen in laufenden Vorstandsverträgen notwendig sein, um – für den Fall vom Aufsichtsrat beschlossenen Befolgung der neuen Empfehlungen – abweichungsfreie Entsprechenserklärungen abgeben zu können. In der Praxis wird sich die Frage einer vorsorglichen Einschränkung der Entsprechenserklärung mit Sicherheit dennoch stellen. 1380

(2) Grundsatz 23. Im Rahmen der neuen Systematik stellt der DCGK seinen Empfehlungen zunächst einen „Grundsatz" voran, der das Verständnis der Regierungskommission von den wesentlichen rechtlichen Vorgaben wiedergibt und aus dem die Regierungskommission Empfehlungen und Anregungen ableitet.[3328] Für die Vergütung des Vorstands enthält der DCGK nur einen einzigen Grundsatz. **Grundsatz 23** knüpft an die Vorgaben des § 87a Abs. 1 AktG an, wenn er formuliert, dass der Aufsichtsrat ein **klares und verständliches System zur Vergütung der Vorstandsmitglieder** zu beschließen und auf dessen Basis die konkrete Vergütung der einzelnen Vorstandsmitglieder zu bestimmen habe. Desweiteren bezieht sich Grundsatz 23 auf die durch das ARUG II geschaffene neue Zuständigkeit der Hauptversammlung bei der Billigung des vom Aufsichtsrat vorgelegten Vergütungssystems sowie des Vergütungsberichts.[3329] Ferner stellt Grundsatz 23 klar, dass die Vorstandsvergütung der Förderung der Geschäftsstrategie und der langfristigen Entwicklung der Gesellschaft dienen müsse und der Aufsichtsrat börsennotierter Gesellschaften die Vergütungsstruktur auf eine nachhaltige und langfristige Entwicklung der Gesellschaft auszurichten hatte. Letzteres soll laut der Begründung verdeutlichen, dass vom Aufsichtsrat auch soziale und ökologische Gesichtspunkte zu berücksichtigen sind.[3330] 1381

Bislang stellte § 87 AktG zwar Grundsätze für die Ausgestaltung und Bemessung der Vorstandsvergütung dar. Seit Inkrafttreten des VorstAG im August 2009 enthielt § 87 AktG auch spezifische Vorgaben für die Vergütungsgestaltung bei börsennotierten Aktiengesellschaften. Das Aktiengesetz kannte jedoch nicht die Notwendigkeit eines ausgefeilten Vorstandsvergütungssystems. Es war durchaus möglich und zulässig, Vorstandsverträge mit unterschiedlichen Vergütungsregelungen abzuschließen, **ohne** einen **einheitlichen systematischen Ansatz** zu verfolgen. Solange nur jeder Vertrag für sich die Vorgaben des § 87 AktG erfüllte, lag eine rechtlich unbedenkliche Vergütungsregelung vor. Fraglich war allein, ob unterschiedliche Gestaltungen bei der Vorstandsvergütung allgemein den Sorgfaltsanforderungen des Aufsichtsrats genügten und das Unternehmensinteresse verwirklichten. 1382

Durch die Schaffung des **§ 87a AktG** gilt nunmehr für börsennotierte Gesellschaften eine deutlich geänderte Ausgangssituation (weiter dazu → Rn. 1366ff.). Das Gesetz schreibt dem Aufsichtsrat der börsennotierten Gesellschaft vor, einen **systematischen Ansatz** bei der Vorstandsvergütung zu verfolgen 1383

[3320] Begründung des DCGK, G 1, S. 13; dazu vertiefend *C. Arnold/Gralla* NZG 2020, 529 (529 f.).
[3321] Dazu *C. Arnold/Gralla* NZG 2020, 529.
[3322] Vgl. JIG/*Johannsen-Roth,* DCGK 2020, Empf. G.1 Rn. 6.
[3323] *C. Arnold/Gralla* NZG 2020, 529 (530).
[3324] Dazu *C. Arnold/Gralla* NZG 2020, 529 (530).
[3325] *C. Arnold/Gralla* NZG 2020, 529 (530).
[3326] *C. Arnold/Gralla* NZG 2020, 529 (530).
[3327] Vgl. *C. Arnold/Gralla* NZG 2020, 529 (530).
[3328] Begründung des DCGK, Allgemeine Erläuterungen, S. 2.
[3329] Dazu vertiefend JIG/*Johannsen-Roth,* DCGK 2020, Grds. 23 Rn. 4.
[3330] Begründung des DCGK, Grundsatz 23, S. 14.

und Einzelheiten systematisch festzulegen.[3331] Das gilt beispielsweise für den relativen Anteil der festen und variablen Vergütungsbestandteile, die Festlegung von finanziellen und/oder nicht finanziellen Leistungskriterien und Detailregelungen kurz- und langfristiger variabler Vergütungsbestandteile.

1384 Ob ein solcher systembasierter Ansatz der Vorstandsvergütung sinnvoll ist, ist fraglich. So kann es durchaus Sinn machen, zwischen den einzelnen Vorstandsmitgliedern, zB nach Ressorts, zu differenzieren und den Anteil der festen und variablen Vergütung unterschiedlich festzulegen.[3332] Ebenfalls kann es sinnvoll sein, einzelne Vergütungselemente bei einzelnen Vorstandsmitgliedern in den Anstellungsvertrag aufzunehmen und bei anderen nicht (zB die Möglichkeit von Sonderboni). Im Ergebnis darf für die praktische Umsetzung von Vorstandsvergütungssystemen nicht übersehen werden, dass Vorstandsverträge auch und in besonderem Maße **Ergebnis von intensiven Verhandlungen** zwischen (potentiellen) Vorstandsmitgliedern und Aufsichtsräten sind. Die Gewinnung hochqualifizierter Vorstandsmitglieder kann es daher notwendig machen und im Unternehmensinteresse rechtfertigen, Abweichungen zuzulassen, ohne wiederum Vergütungsbestandteile auf andere Vorstandsmitglieder übertragen zu müssen, die diese nie gefordert haben oder aufgrund ihrer Verhandlungsposition nicht durchsetzen könnten. Daher sollte ein Vergütungssystem für Vorstandsmitglieder börsennotierter Gesellschaften ausreichend Spielraum belassen, um Besonderheiten einzelner Vorstandsmitglieder im Unternehmensinteresse Rechnung tragen zu können.[3333]

1385 **(3) Empfehlungen.** Der neue DCGK enthält 15 Empfehlungen und eine Anregung zur Vergütung des Vorstands.[3334] Allerdings bestehen die einzelnen Empfehlungen teilweise aus mehreren Unterempfehlungen. Daher zeichnet sich der DCGK insgesamt im Hinblick auf die Vorstandsvergütung durch einen **hohen Detaillierungsgrad** aus.[3335] Viele der schon bislang bekannten Empfehlungen werden fortgeführt und durch neue ergänzt. Sowohl aus rechtlicher als auch aus praktischer Sicht ist das nicht unproblematisch. Bislang wollten Aufsichtsräte sicherstellen, möglichst weitgehend die vergütungsbezogenen Empfehlungen des DCGK zu erfüllen, um das bereits erwähnte „Gütesiegel" für die vom Aufsichtsrat beschlossene Vorstandsvergütung zu erhalten. In Zukunft könnte es dagegen häufiger Anlass für Aufsichtsräte geben, sich mit den Empfehlungen des DCGK zwar zu befassen, diese aber – aus guten und in der Entsprechenserklärung anzugebenden Gründen – nicht zu befolgen. Es bleibt daher abzuwarten, ob der DCGK bei der Gestaltung der Vorstandsvergütung weiterhin Vorbildwirkung hat oder sich nicht doch die Anzahl und die Bedeutung der Abweichungen in den Entsprechenserklärungen börsennotierter Aktiengesellschaften erhöht.

1386 G.1 Im Vergütungssystem soll insbesondere festgelegt werden,
– wie für die einzelnen Vorstandsmitglieder die Ziel-Gesamtvergütung bestimmt wird und welche Höhe die Gesamtvergütung nicht übersteigen darf (Maximalvergütung),
– welchen relativen Anteil die Festvergütung einerseits sowie kurzfristig variable und langfristig variable Vergütungsbestandteile andererseits an der Ziel-Gesamtvergütung haben,
– welche finanziellen und nichtfinanziellen Leistungskriterien für die Gewährung variabler Vergütungsbestandteile maßgeblich sind,
– welcher Zusammenhang zwischen der Erreichung der vorher vereinbarten Leistungskriterien und der variablen Vergütung besteht,
– in welcher Form und wann das Vorstandsmitglied über die gewährten variablen Vergütungsbeträge verfügen kann.

1387 Die **Empfehlung G.1** ergänzt § 87a AktG.[3336] § 87a Abs. 1 AktG enthält neben der Verpflichtung zur Beschlussfassung über ein klares und verständliches System zur Vergütung der Vorstandsmitglieder bestimmte **Mindestangaben für das Vergütungssystem** (→ Rn. 1349 ff.). Das Gesetz schränkt diese Mindestangaben in Bezug auf Vergütungsbestandteile jedoch insoweit ein, wie diese tatsächlich Bestandteil des Vergütungssystems sind.[3337] Daran knüpfen die einzelnen Empfehlungen unter G.1 des DCGK an.[3338] Die Regierungskommission sieht es als gute Corporate Governance an, wenn die in der Empfehlung beschriebenen Details durch den Aufsichtsrat im Rahmen des Vergütungssystems festgelegt werden.[3339]

[3331] Hüffer/Koch/*Koch* AktG § 87a Rn. 3.
[3332] Vgl. *v. Werder* DB 2019, 41 (47).
[3333] Hüffer/Koch/*Koch* AktG § 87a Rn. 4; *Löbbe/Fischbach* AG 2019, 373 (376).
[3334] *C. Arnold/Gralla* NZG 2020, 529; *Roth* AG 2020, 278 (293).
[3335] JIG/*Johannsen-Roth*, DCGK 2020, Grds. 23 Rn. 1.
[3336] Hüffer/Koch/*Koch* AktG § 87a Rn. 12.
[3337] Hüffer/Koch/*Koch* AktG § 87a Rn. 4; *Spindler* AG 2020, 61 (64); JIG/*Johannsen-Roth,* DCGK 2020, Empf. G.1 Rn. 1.
[3338] Dazu vertiefend JIG/*Johannsen-Roth*, DCGK 2020, Empf. G.1 Rn. 4 ff.
[3339] *Lutter/Krieger/Verse* AR § 7 Rn. 398.

Die Regierungskommission geht selbst laut ihrer Begründung von einer **dreistufigen Vorgehens-** 1388
weise aus.[3340] Als erste Stufe sieht sie die Festlegung des Vergütungssystems im Rahmen des § 87a Abs. 1 S. 2 AktG an, das Gegenstand der Beschlussfassung durch die Hauptversammlung nach § 120a AktG ist. Die zweite Stufe soll in der Festlegung der individuellen konkreten Zielvergütung für das bevorstehende Geschäftsjahr bestehen. Schließlich soll als dritte Stufe die konkrete Festsetzung der Höhe der variablen Vergütungsbestandteile und damit die Ist-Gesamtvergütung für das abgelaufene Geschäftsjahr folgen.

Systematisch und begrifflich weist die neue Empfehlung durchaus einige Schwächen und Unklarheiten 1389
auf. Zum einen erscheint es keineswegs zwingend, börsennotierten Aktiengesellschaften per se ein Vergütungssystem zu empfehlen, das mit Zielvergütungen Festlegungen zum relativen Anteil der einzelnen Vergütungsbestandteile vorsieht. So kann beispielsweise durchaus ein Vergütungssystem angemessen und marktgerecht sein, das die Vorstandsvergütung als Prozent- oder Promillesatz einer Gewinngröße festlegt und die Maximalhöhe begrenzt. In einem solchen System gibt es nicht notwendigerweise eine Zielvergütung, die einer hundertprozentigen Zielerreichung entspricht. Vielmehr gibt es eine Einschätzung des Aufsichtsrats, welche variable Vergütung aus welchem wirtschaftlichen Erfolg der Gesellschaft resultieren soll, allerdings begrenzt auf eine als noch angemessen angesehene obere Grenze. In einem solchen auch als **„profit share"-Modell** bezeichneten Vergütungssystem müsste die Gesellschaft möglicherweise eine Abweichung erklären und begründen.[3341] Etwas anderes könnte gelten, wenn die festgelegte Maximalvergütung zugleich als Zielvergütung angesehen würde. Dann wären Maximalvergütung und „100%-Niveau" gleichbedeutend. Der Begründung der Regierungskommission lässt sich freilich entnehmen, dass ein solches Vergütungssystem gerade nicht ihren Vorstellungen entspricht.

Terminologisch hat sich in den letzten Jahren – vor allem mit Blick auf die bislang allgemein akzep- 1390
tierten DCGK-Vergütungstabellen – ein anerkanntes Verständnis für die Begriffe „gewährte" Vergütung, „Ziel"-Vergütung und „zugeflossene" Vergütung etabliert. Nicht geklärt und nicht allgemein anerkannt waren dagegen Begriffe wie die „Gesamtvergütung", die teilweise nur im Sinne der monetären fixen und variablen Vergütungsbestandteile verstanden wurde, teilweise darüber hinaus auch noch geldwerte Nebenleistungen und teilweise sogar die betriebliche Altersversorgung umfasste. Die neuen Empfehlungen des DCGK, insbesondere Empfehlung G.1 tragen kaum zur Klärung und Festlegung der im Bereich der Vorstandsvergütung verbreiteten Begriffe bei. So wäre es nach bisherigem Begriffsverständnis beispielsweise ungewöhnlich gewesen, davon zu sprechen, welche finanziellen und nichtfinanziellen Leistungskriterien „für die Gewährung variabler Vergütungsbestandteile" maßgeblich sind. Einzeln „gewährt" werden nach bisherigem Verständnis die im Vergütungssystem festgelegten Zielbeträge des jeweiligen Vergütungsbestandteils. Von finanziellen und nicht finanziellen Leistungskriterien hängt dagegen die konkrete Berechnung des jeweiligen variablen Vergütungsbestandteils nach Ablauf seines Bemessungszeitraums ab, dh der letztlich „zufließende" Vergütungsbetrag wird von den Leistungskriterien maßgeblich beeinflusst.

Der Kodex wird im Hinblick auf seine vergütungsbezogenen Empfehlungen, insbesondere Empfeh- 1391
lung G.1, so auszulegen sein, dass **Sinn und Zweck der jeweiligen Empfehlung** im Rahmen des vom Aufsichtsrat verabschiedeten Vergütungssystems erfüllt werden. So wird beispielsweise für die Erfüllung des dritten Spiegelstrichs von Empfehlung G.1 nur die Festlegung notwendig sein, von welchen finanziellen und nichtfinanziellen Leistungs- und Erfolgskriterien die Berechnung und damit die Höhe des jeweiligen variablen Vergütungsbestandteils abhängt (zB Bilanzkennziffer, Aktienkursentwicklung, Total Shareholder Return, Peer Group Vergleich, Kunden- und Mitarbeiterzufriedenheit).

G.2 Auf Basis des Vergütungssystems soll der Aufsichtsrat für jedes Vorstandsmitglied zunächst dessen konkrete 1392
Ziel-Gesamtvergütung festlegen, die in einem angemessenen Verhältnis zu den Aufgaben und Leistungen des Vorstandsmitglieds sowie zur Lage des Unternehmens stehen und die übliche Vergütung nicht ohne besondere Gründe übersteigen.

Empfehlung G.2 betrifft nicht das Vergütungssystem als solches, sondern dessen Anwendung für jedes 1393
einzelne Vorstandsmitglied im Hinblick auf dessen Ziel-Gesamtvergütung.[3342] Die Gesamtvergütung ist nach der Begründung der Kommission die Summe aller für das betreffende Jahr aufgewendeten Vergütungsbeträge einschließlich eines Dienstzeitaufwands nach IAS 19.[3343] Die **Ziel-Gesamtvergütung** ist die Gesamtvergütung für den Fall einer hundertprozentigen Zielerreichung.[3344] Damit erfasst die Ziel-Gesamtvergütung sowohl fixe (insbesondere Festgehalt, Beiträge zur Altersvorsorge und Nebenleistungen) als

---

[3340] Begründung des DCGK, G.1, S. 14; dazu JIG/*Johannsen-Roth,* DCGK 2020, Empf. G.1 Rn. 4.
[3341] Ebenso kritisch zur Bevorzugung eines bestimmten Vergütungssystems *Hohenstatt/Seibt* ZIP 2019, 11 (15 f.); *Dörrwächter* DB 2018, 2977 (2979); vgl. auch *Velte/Obermann* IRZ 2019, 295 (297); *Böcking/Bundle/Schmid/Wagner* DB 2019, 137 (140).
[3342] *Hopt/Leyens* ZGR 2019, 929 (977); JIG/*Johannsen-Roth,* DCGK 2020, Empf. G.2 Rn. 1.
[3343] Begründung des DCGK, G.1, S. 14.
[3344] Begründung des DCGK, G.1, S. 14; vgl. JIG/*Johannsen-Roth,* DCGK 2020, Empf. G.1 Rn. 5; zur Ermittlung der einzelnen Vergütungsbestandteile der Ziel-Gesamtvergütung siehe *C. Arnold/Gralla* NZG 2020, 529 (531 f.).

auch variable leistungsabhängige (insbesondere Short-Term-Bonus und Long-Term-Bonus)[3345] Vergütungsbestandteile.[3346] Im Zusammenhang mit der Festlegung der Ziel-Gesamtvergütung für jedes Vorstandsmitglied zitiert die Regierungskommission in der Empfehlung G.2 auch die bereits nach § 87 Abs. 1 AktG bestehende Pflicht des Aufsichtsrats, die Angemessenheit und Üblichkeit der Vorstandsvergütung sicherzustellen.[3347]

1394 Laut Begründung ist die Regierungskommission der Auffassung, dass der Aufsichtsrat „für das **jeweils bevorstehende Geschäftsjahr**" die Festlegung trifft, „wieviel jedes Vorstandsmitglied über alle Vergütungsbestandteile zusammen als Ziel-Gesamtvergütung erhalten kann".[3348] Die Kommission beschreibt damit ein in der Praxis nicht völlig unbekanntes System der jährlichen Festlegung der Vorstandsvergütung und ihrer Bestandteile. Allgemein üblich ist dieses Vorgehen freilich nicht. Anstellungsverträge von Vorstandsmitgliedern sind befristet auf maximal fünf Jahre abzuschließen (§ 84 Abs. 1 S. 5 AktG). Die Vergütung als im Synallagma stehende Hauptleistungspflicht wird dabei meist für die **gesamte Laufzeit** festgelegt. Jedenfalls einseitige Reduzierungsmöglichkeiten des Aufsichtsrats außerhalb des § 87 Abs. 2 AktG sind dienstvertragsrechtlich zweifelhaft. Häufiger und dienstvertragsrechtlich abgesichert ist dagegen die für eine bestimmte Vertragslaufzeit fest vereinbarte Vergütung. Flexibel ausgestaltet werden können im Rahmen der rechtlichen Vorgaben (§ 315 Abs. 3 BGB) die Leistungs- und Erfolgskriterien, die für die Bemessung der variablen Vergütungsbestandteile relevant sind. Insoweit ist auch eine jährliche Festlegung der Zielkriterien und -höhen (einschließlich Schwellenwerte) durch den Aufsichtsrat zulässig. Die einseitige Festlegung der Vergütung als solche, einschließlich der festen und variablen Bestandteile, wird dagegen nur in Ausnahmefällen rechtlich zulässig sein. Das in der Begründung von der Regierungskommission wiedergegebene Verständnis findet sich auch nicht im Wortlaut der Empfehlung G.2 als solcher.[3349] Die Empfehlung G.2 ist bereits dann erfüllt, wenn der Aufsichtsrat für jedes Vorstandsmitglied über die gesamte Vertragslaufzeit die konkrete Ziel-Gesamtvergütung festlegt. Einer jährlichen Festlegung „für das jeweils bevorstehende Geschäftsjahr" bedarf es für die Erfüllung der Empfehlung nicht.

1395 Keine Aussage trifft Empfehlung G.2 dazu, ob der konkrete Betrag der Ziel-Gesamtvergütung in den einzelnen Anstellungsverträgen zu verankern ist oder ob die Empfehlung auch dadurch erfüllt werden kann, dass der Aufsichtsrat die Ziel-Gesamtvergütung für jedes Vorstandsmitglied (jährlich) **durch Beschluss** festsetzt.[3350] Gerade mit Blick auf die Nebenleistungen, deren Höhe üblicherweise Schwankungen unterworfen ist, fällt es meist schwer, einen konkreten Zielbetrag festzulegen.[3351] In der Praxis war es daher bisher kaum zu beobachten, dass in den Anstellungsverträgen eine Ziel-Gesamtvergütung ausgewiesen war, wohingegen bei einzelnen Vergütungsbestandteile wie Boni regelmäßig ein Zielbetrag angegeben wird.[3352] Ein (jährlicher) Beschluss des Aufsichtsrats zur Festsetzung der Ziel-Gesamtvergütung hat gegenüber der Verankerung im Anstellungsvertrag den Vorteil, dass der Aufsichtsrat so eine unter Umständen unerwünschte fünfjährige Bindung vermeiden kann.[3353] Daher ist auch in Zukunft davon auszugehen, dass Aufsichtsräte keine Ziel-Gesamtvergütung im Anstellungsvertrag vereinbaren, sondern hierzu einen (ggf. jährlichen) Beschluss fassen, beispielsweise im Zusammenhang mit der Festlegung der Zielwerte für die einzelnen Leistungskriterien.[3354]

1396 G.3 Zur Beurteilung der Üblichkeit der konkreten Gesamtvergütung der Vorstandsmitglieder im Vergleich zu anderen Unternehmen soll der Aufsichtsrat eine geeignete Vergleichsgruppe anderer Unternehmen heranziehen, deren Zusammensetzung er offenlegt. Der Peer Group-Vergleich ist mit Bedacht zu nutzen, damit es nicht zu einer automatischen Aufwärtsentwicklung kommt.

1397 **Empfehlung G.3** ergänzt § 87 Abs. 1 AktG,[3355] der festlegt, dass die vom Aufsichtsrat festgesetzte Vergütung die übliche Vergütung nicht ohne besondere Gründe übersteigen darf. Für den in der Praxis inzwischen üblichen sog. **„horizontalen" Vergütungsvergleich** stellt sich seit jeher die Frage, mit welchen anderen Unternehmen die vom Aufsichtsrat festzusetzende Vergütung der Vorstandsmitglieder zu vergleichen ist. Das bereitet durchaus Schwierigkeiten. Der Gesetzgeber des VorstAG ist im Jahr 2009 davon ausgegangen, dass sich ein solcher Üblichkeitsvergleich auf deutsche Gesellschaften beschränken sollte[3356] um zu vermeiden, dass das in anderen Jurisdiktionen, vor allem in den USA, deutlich höhere

---

[3345] Vgl. *Stenzel* BB 2020, 970 (971).
[3346] *Spindler* AG 2020 61, 64; Hüffer/Koch/*Koch* AktG § 87a Rn. 12; *C. Arnold/Gralla* NZG 2020, 529 (531).
[3347] Dazu vertiefend JIG/*Johannsen-Roth*, DCGK 2020, Empf. G.2 Rn. 3ff.
[3348] Begründung des DCGK, G.2, S. 15.
[3349] *C. Arnold/Gralla* NZG 2020, 529 (532).
[3350] Dazu *C. Arnold/Gralla* NZG 2020, 529 (532).
[3351] *C. Arnold/Gralla* NZG 2020, 529 (532); vgl. JIG/*Johannsen-Roth*, DCGK 2020, Empf. G.1 Rn. 6.
[3352] Vgl. *Stenzel* BB 2020, 970 (973).
[3353] *C. Arnold/Gralla* NZG 2020, 529 (532).
[3354] *C. Arnold/Gralla* NZG 2020, 529 (532).
[3355] Hüffer/Koch/*Koch* AktG § 87 Rn. 14; *Hopt/Leyens* ZGR 2019, 929 (978).
[3356] Beschlussempfehlung und Bericht des Rechtsausschusses, BT-Drs. 16/13433, 10.

Vergütungsniveau zu einer „Anpassung nach oben" in Deutschland führt.[3357] Dennoch lässt sich nicht verkennen, dass gerade der vom Gesetzgeber geschaffene Üblichkeitsvergleich mit anderen Gesellschaften in der Praxis dazu führt, dass Vergütungen eher nach oben angepasst werden.[3358] Kaum ein Vorstand und auch kaum ein Aufsichtsrat möchte sich mit der Feststellung begnügen, dass das Vergütungsniveau bei der jeweiligen Gesellschaft zB „unterhalb des Medians" vergleichbarer Unternehmen liegt.

Die Regierungskommission empfiehlt dem Aufsichtsrat insoweit die Heranziehung einer „geeigneten" Vergleichsgruppe anderer Unternehmen. Hierzu erläutert die Kommission, dass für diesen **Peer Group-Vergleich** die Marktstellung des Unternehmens, insbesondere nach Branche, Größe und Land, entscheidend sein soll.[3359] Die Aufzählung ist nicht abschließend, auch weitere Kriterien können zur Bestimmung der Vergleichsgruppe herangezogen werden.[3360] Welche Unternehmen als vergleichbar anzusehen sind, obliegt nach wie vor allein der pflichtgemäßen Einschätzung des Aufsichtsrats.[3361] Gerade große deutsche börsennotierte Unternehmen werden weiterhin die Schwierigkeit haben, dass es in Deutschland keine vergleichbar großen Unternehmen derselben Branche gibt. Insoweit bleibt notgedrungen – und über die Vorstellung des Gesetzgebers des VorstAG von 2009 hinaus – die Lösung über eine internationale Vergleichsgruppe. 1398

Fraglich ist, ob die **Offenlegung der Zusammensetzung** der Vergleichsgruppe auch zur Empfehlung G.3 als solcher gehört.[3362] Nach dem Wortlaut bezieht sich der Empfehlungscharakter („Soll") nur auf das Heranziehen einer geeigneten Vergleichsgruppe. Im Hinblick auf die Offenlegung der Zusammensetzung dieser Gruppe fehlt die Kennzeichnung als eigenständige Empfehlung („offenlegt"). Eindeutig keinen Empfehlungscharakter hat dagegen S. 2 der Empfehlung G.3,[3363] wonach der **Peer Group-Vergleich** – ein Begriff, der wohl die „geeignete Vergleichsgruppe anderer Unternehmen" beschreiben soll – **mit Bedacht zu nutzen** ist, damit es nicht zu einer automatischen Aufwärtsentwicklung der Vorstandsvergütung kommt. Die Regierungskommission verwendet insoweit eine eher juristisch ungewöhnliche Umschreibung der ohnehin nach Aktiengesetz bestehenden Pflicht des Aufsichtsrats, die unternehmerische Entscheidung der Vergütungsfestsetzung nach § 87 Abs. 1 AktG pflichtgemäß, dh im Unternehmensinteresse, vorzunehmen. 1399

G.4 Zur Beurteilung der Üblichkeit innerhalb des Unternehmens soll der Aufsichtsrat das Verhältnis der Vorstandsvergütung zur Vergütung des oberen Führungskreises und der Belegschaft insgesamt und dieses auch in der zeitlichen Entwicklung berücksichtigen. 1400

Empfehlung G.4 findet sich mit weitgehend übereinstimmender Formulierung bereits im DCGK in der Fassung vom 7.2.2017 (dort Ziffer 4.2.2 Abs. 2 S. 3). Mit der Empfehlung G.4 möchte die Regierungskommission den in § 87 Abs. 1 AktG angelegten **vertikalen Vergütungsvergleich** konkretisieren.[3364] Vorstandsvergütung und sonstige Vergütungen innerhalb einer Gesellschaft sollen sich nicht vollkommen unabhängig voneinander entwickeln.[3365] Ziel ist etwa die Einführung starrer Relationen oder eines Maximalabstands der Vorstandsvergütung zu sonstigen Gehältern.[3366] Hierfür fehlt sowohl im DCGK als auch im Gesetz jeglicher Anhaltspunkt.[3367] Vielmehr soll der Aufsichtsrat den Vergleich zwischen den Gehältern lediglich in seinen Entscheidungsprozess einfließen lassen.[3368] Dies mag zu gewissen Dokumentationsobliegenheiten führen, bewahrt aber die Flexibilität des Aufsichtsrats bei der Festlegung der Vergütung.[3369] Führen vertikaler und horizontaler Vergleich zu unterschiedlichen Ergebnissen, soll nach hM letzterer maßgeblich sein.[3370] 1401

Der Kodex empfiehlt, dass der Aufsichtsrat das Verhältnis der Vorstandsvergütung zur Vergütung des **oberen Führungskreises** und der **Gesamtbelegschaft** berücksichtigen soll. Nach der Begründung zum DCGK soll der Aufsichtsrat weiterhin festlegen, wie die Vergleichsgruppen abzugrenzen sind.[3371] Diese Kompetenzzuweisung beschreibt lediglich die gesetzliche Lage. Da es allein dem Aufsichtsrat zusteht, über 1402

[3357] MüKoAktG/*Spindler* AktG § 87 Rn. 58; Hüffer/Koch/*Koch* AktG § 87 Rn. 12.
[3358] *Hohenstatt/Seibt* ZIP 2019, 11 (17).
[3359] Begründung des DCGK, G.3, S. 15.
[3360] JIG/*Johannsen-Roth,* DCGK 2020, Empf. G.3, G.4 Rn. 4.
[3361] *Hopt/Leyens* ZGR 2019, 929 (977); JIG/*Johannsen-Roth,* DCGK 2020, Empf. G.3, G.4 Rn. 4.
[3362] JIG/*Johannsen-Roth,* DCGK 2020, Empf. G.3, G.4 Rn. 6 geht offenbar von einer Empfehlung aus.
[3363] Vgl. JIG/*Johannsen-Roth,* DCGK 2020, Empf. G.3, G.4 Rn. 4 „Hinweis".
[3364] Vgl. hierzu Hüffer/Koch/*Koch* AktG § 87 Rn. 14; *Hopt/Leyens* ZGR 2019, 929 (978).
[3365] KBLW/*Bachmann* DCGK Rn. 977; vgl. JIG/*Johannsen-Roth,* DCGK 2020, Empf. G.3, G.4 Rn. 10.
[3366] Vgl. JIG/*Johannsen-Roth,* DCGK 2020, Empf. G.3, G.4 Rn. 12.
[3367] Vgl. Fuhrmann/Linnerz/Pohlmann/*Fuhrmann* DCGK Ziff. 4 Rn. 165; Wilsing/*Goslar* DCGK 4.2.2 Rn. 25; *Bauer/ C. Arnold* AG 2009, 717 (720).
[3368] *Klein* AG 2013, 733 (739).
[3369] Fuhrmann/Linnerz/Pohlmann/*Fuhrmann* DCGK Ziff. 4 Rn. 165.
[3370] BeckOGK/*Fleischer* AktG § 87 Rn. 24; Hüffer/Koch/*Koch* AktG § 87 Rn. 13; *Bauer/C. Arnold* AG 2009, 717 (720); *Klein* AG 2013, 733 (739); JIG/*Johannsen-Roth,* DCGK 2020, Empf. G.3, G.4 Rn. 13.
[3371] Begründung des DCGK, G.4, S. 15.

die Vergütung des Vorstands zu entscheiden, ist auch allein er für die Anwendung der hierzu vorgegebenen Kriterien berufen.[3372] Zur Abgrenzung des „oberen Führungskreises" kann der Aufsichtsrat auf bereits vorhandene unternehmensinterne Definitionen zurückgreifen oder aber eigene Kriterien zur Bestimmung aufstellen. An einer einmal gewählten Definition sollte er jedoch festhalten.[3373] Sämtliche hiervon nicht erfassten Mitarbeiter können sodann zur „Gesamtbelegschaft" zusammengefasst werden. Häufig wird aber zB auch allein auf die Gruppe der Tarifmitarbeiter abgestellt.[3374]

1403 Wurde das Verhältnis der Vergütungen einmal berücksichtigt, soll dieses nach der Empfehlung auch in der **zeitlichen Entwicklung** beachtet werden. Auch hier liegt die genaue Ausgestaltung im Ermessen des Aufsichtsrats. Die Regierungskommission stellte sich wohl zunächst einen Zeitraum von fünf Jahren vor, wenn sie in ihrer Begründung zur Entwurfsfassung des DCGK vom 9.5.2019 auf § 162 Abs. 1 S. 2 Nr. 2 AktG verwies.[3375] In der finalen Begründung findet sich ein derartiger Hinweis nicht mehr. In der Praxis verbreitet ist – angelehnt an die typische Bestellperiode eines Vorstandsmitglieds – ein Betrachtungszeitraum von drei bis fünf Jahren.[3376]

1404 **G.5** Zieht der Aufsichtsrat zur Entwicklung des Vergütungssystems und zur Beurteilung der Angemessenheit der Vergütung einen externen Vergütungsexperten hinzu, soll er auf dessen Unabhängigkeit vom Vorstand und vom Unternehmen achten.

1405 **Empfehlung G.5** entspricht im Kern der bereits im DCGK in der Fassung vom 7.2.2017 (dort Ziff. 4.2.2 Abs. 3) enthaltenen Empfehlung zur Unabhängigkeit des Vergütungsexperten „vom Vorstand und vom Unternehmen".[3377] Obwohl gesetzlich nicht vorgeschrieben,[3378] holen Aufsichtsräte bei der Festlegung von Vorstandsvergütungen oftmals Rat von externen Beratern ein.[3379] Bislang bezog sich die Empfehlung des DCGK nur auf die „Beurteilung der Angemessenheit" der Vergütung durch einen Vergütungsberater. Nach der Neufassung des DCGK erstreckt sich die Empfehlung nunmehr auch auf die „Entwicklung des Vergütungssystems".[3380] Die Empfehlung soll daher umfassender als bisher für die **Einschaltung externer Vergütungsexperten** gelten. Hierbei soll der Aufsichtsrat auf deren Unabhängigkeit „vom Vorstand und vom Unternehmen" achten. Der Begriff „Unternehmen" bezieht sich nicht nur auf die Gesellschaft selbst, sondern auch auf andere konzernverbundene Unternehmen.[3381] Auf eine Unabhängigkeit gegenüber Aktionären und sonstigen Dritten kommt es nach zutreffender Ansicht nicht an.[3382] Die Aufzählung ist nach dem insoweit eindeutigen Wortlaut abschließend.

1406 Ein Vergütungsexperte ist dann nicht unabhängig, wenn er in einer persönlichen oder geschäftlichen Beziehung zu der Gesellschaft, einer konzernverbundenen Gesellschaft oder dem Vorstand bzw. einem Vorstandsmitglied steht – insbesondere wenn er für letztere Beratungsleistungen erbringt[3383] – und hieraus ein wesentlicher, nicht nur vorübergehender Interessenkonflikt folgen kann.[3384] Zur Frage der Unabhängigkeit der Vergütungsexperten enthält der **„Kodex für unabhängige Vergütungsberatung"** der Vereinigung unabhängiger Vergütungsberater (VUVB) – der den DCGK insoweit präzisiert[3385] – weitere Ausführungen und Empfehlungen für den Aufsichtsrat.

1407 Darüber hinaus sieht die Begründung des DCGK vor, dass der Vergütungsberater zur Sicherung seiner Unabhängigkeit **„von Zeit zu Zeit" gewechselt** werden soll.[3386] Der Kodex lehnt sich damit an den gesetzlich vorgeschriebenen Wechsel des Abschlussprüfers an. Keine Aussage enthält die Begründung allerdings zur Frage, nach welchem Zeitraum ein Wechsel des Vergütungsberaters stattfinden soll. In der Praxis wird sich der Aufsichtsrat hierbei an den gesetzlichen Regelungen zum Wechsel der Abschlussprü-

---

[3372] Vgl. JIG/*Johannsen-Roth,* DCGK 2020, Empf. G.3, G.4 Rn. 8 f.
[3373] Fuhrmann/Linnerz/Pohlmann/*Kayser* DCGK Anh. Ziff. 4 Rn. 118.
[3374] Fuhrmann/Linnerz/Pohlmann/*Kayser* DCGK Anh. Ziff. 4 Rn. 119.
[3375] Begründung des DCGK-Entwurfs vom 9.5.2019, G. 4, S. 29.
[3376] Fuhrmann/Linnerz/Pohlmann/*Kayser* DCGK Anh. Ziff. 4 Rn. 121; für einen fünfjährigen Betrachtungszeitraum JIG/*Johannsen-Roth,* DCGK 2020, Empf. G.3, G.4 Rn. 10.
[3377] Vgl. Hüffer/Koch/*Koch* § 87 Rn. 16; JIG/*Johannsen-Roth,* DCGK 2020, Empf. G.5 Rn. 1, *Spindler* AG 2011, 225 (227).
[3378] JIG/*Johannsen-Roth,* DCGK 2020, Empf. G.5 Rn. 1.
[3379] JIG/*Johannsen-Roth,* DCGK 2020, Empf. G.5 Rn. 3.
[3380] JIG/*Johannsen-Roth,* DCGK 2020, Empf. G.5 Rn. 1.
[3381] DCGK, Präambel; vgl. *Hopt/Leyens* ZGR 2019, 929 (979); JIG/*Johannsen-Roth,* DCGK 2020, Empf. G.5 Rn. 6.
[3382] KBLW/*Bachmann* DCGK Rn. 982a; JIG/*Johannsen-Roth,* DCGK 2020, Empf. G.5 Rn. 6; *Bachmann* ZHR 2020, 127 (131).
[3383] Bei Beratungen lediglich in der Vergangenheit wird die Unabhängigkeit bejaht von Fuhrmann/Linnerz/Pohlmann/*Fuhrmann* DCGK Ziff. 4 Rn. 172; dagegen KBLW/*Bachmann* DCGK Rn. 982; JIG/*Johannsen-Roth,* DCGK 2020, Empf. G.5 Rn. 11.
[3384] Ausführlich zur Unabhängigkeit *Baums* AG 2010, 53 (60 ff.); *Weber-Rey/Buckel* NZG 2010, 761 (763 ff.).
[3385] Kodex für unabhängige Vergütungsberatung, Präambel.
[3386] Kritisch *Hopt/Leyens* ZGR 2019, 929 (979).

fer orientieren können.³³⁸⁷ Die maßgebende EU-Verordnung³³⁸⁸ sieht in Art. 17 Abs. 1 eine externe Rotation des Prüfungsmandats nach zehn Jahren vor. Der verantwortliche Prüfungspartner einer Wirtschaftsprüfungsgesellschaft hat seine Teilnahme an der Abschlussprüfung spätestens nach sieben Jahren zu beenden.³³⁸⁹ Entsprechend könnte sich der Aufsichtsrat bei der Einschaltung externer Vergütungsberater an einem **Turnus von sieben bis zehn Jahren** orientieren. Ob ein solcher Wechsel zur Wahrung der Unabhängigkeit wirklich erforderlich ist, erscheint bei Vergütungsberatern allerdings zweifelhaft. Eine langjährige Beziehung zum Aufsichtsrat stärkt eher die Stellung des Vergütungsberaters, als dass sie Abhängigkeiten, insbesondere zum Vorstand begründet.

Nicht als Vergütungsexperten anzusehen sind Rechtsberater, die ausschließlich eine vorgegebene Vergütung auf ihre Vereinbarkeit mit rechtlichen Vorgaben prüfen und selbst keine Vorschläge einbringen.³³⁹⁰ Es besteht hierbei nicht die Gefahr einer von sonstigen Interessen geleiteten Beratung. Nach umstrittener, aber zutreffender Ansicht soll nach der Empfehlung nur die konkret beratende, **einzelne Person unabhängig** sein; auf die Unabhängigkeit des Beratungsunternehmens, für welches diese Person unter Umständen tätig ist, kommt es nicht an.³³⁹¹ Hierfür sprechen sowohl der Wortlaut der Empfehlung G.5, wonach „dessen" Unabhängigkeit maßgeblich ist als auch die Empfehlungen des Kodex für unabhängige Vergütungsberatung, die von der Unabhängigkeit des „mandatsführenden Vergütungsberaters"³³⁹² sprechen. Aufgrund interner Strukturen kann es im Einzelfall jedoch möglich sein, dass Beratungstätigkeiten anderer Personen im selben Beratungsunternehmen – beispielsweise für den Vorstand – im Einzelfall auch die Unabhängigkeit der konkret beratenen Person ausschließen.³³⁹³ 1408

Zur Umsetzung der Empfehlung sollte sich der Aufsichtsrat daher vor Beauftragung des Experten über Beziehungen **informieren,** die der Unabhängigkeit entgegenstehen könnten.³³⁹⁴ Auch die Einholung einer **Bestätigung** sowohl vom beauftragten Experten als auch vom Vorstand, dass keine der zuvor genannten Konstellationen vorliegt, kann sinnvoll sein.³³⁹⁵ Es obliegt dem Aufsichtsrat, das Vorliegen der Unabhängigkeit im Sinne der Empfehlung selbst zu bewerten. Diese Vorgänge sollten vom Aufsichtsrat ausreichend **dokumentiert** werden.³³⁹⁶ 1409

Die **Mandatierung** als solche soll nach der Begründung des DCGK vom **Aufsichtsratsvorsitzenden** oder vom Vorsitzenden des für die Vorstandsvergütung zuständigen Aufsichtsratsausschusses vorgenommen werden.³³⁹⁷ Die Begründung des DCGK sollte allerdings nicht den Blick dafür verstellen, dass je nach Einordnung dieser Mandatierung ein Beschluss des Aufsichtsrats und des entsprechenden Aufsichtsratsausschusses eingeholt werden sollte.³³⁹⁸ 1410

G.6 Die variable Vergütung, die sich aus dem Erreichen langfristig orientierter Ziele ergibt, soll den Anteil aus kurzfristig orientierten Zielen übersteigen. 1411

Die **Empfehlung G.6** betrifft – auch wenn die Regierungskommission die Formulierung nochmals überarbeitet hat – das Verhältnis zwischen langfristiger und kurzfristiger variabler Vergütung im Rahmen des Vorstandsvergütungssystems.³³⁹⁹ Ob bereits die gesetzliche Vorgabe nach § 87 Abs. 1 AktG, wonach das Vergütungssystem auf die langfristige Entwicklung der Gesellschaft auszurichten ist, einen überwiegenden Anteil der langfristigen variablen Vergütung voraussetzt, ist umstritten (→ Rn. 1316). Mit ihrer neuen Empfehlung schließt sich die Kommission der Rechtsauffassung an, dass ein überwiegender Anteil der an langfristigen Zielen orientierten variablen Vergütung im Verhältnis zur an kurzfristigen Zielen orientierten variablen Vergütung jedenfalls nicht gesetzlich gefordert ist. Dennoch möchte die Kommission mit ihrer Empfehlung darauf hinwirken, dass Vorstandsvergütungssysteme im variablen Bereich **überwiegend langfristig** orientiert sind.³⁴⁰⁰ 1412

---

³³⁸⁷ JIG/*Johannsen-Roth,* DCGK 2020, Empf. G.5 Rn. 11.
³³⁸⁸ Verordnung (EU) Nr. 537/2014.
³³⁸⁹ Art. 17 Abs. 7 Verordnung (EU) Nr. 537/2014; vgl. dazu JIG/*Johannsen-Roth,* DCGK 2020, Empf. G.5 Rn. 11.
³³⁹⁰ Wilsing/*Goslar* DCGK 4.2.2 Rn. 29; JIG/*Johannsen-Roth,* DCGK 2020, Empf. G.5 Rn. 4; aA wohl Fuhrmann/Linnerz/Pohlmann/*Fuhrmann* DCGK Ziff. 4 Rn. 168.
³³⁹¹ Wilsing/*Goslar* DCGK 4.2.2 Rn. 33; KBLW/*Bachmann* DCGK Rn. 983; *Baums* AG 2010, 53 (58); JIG/*Johannsen-Roth,* DCGK 2020, Empf. G.5 Rn. 7; aA Fuhrmann/Linnerz/Pohlmann/*Fuhrmann* DCGK Ziff. 4 Rn. 170.
³³⁹² Kodex für unabhängige Vergütungsberatung, Nr. 4, S. 2.
³³⁹³ Vgl. Wilsing/*Goslar* DCGK 4.2.2 Rn. 36.
³³⁹⁴ Wilsing/*Goslar* DCGK 4.2.2 Rn. 38; *Baums* AG 2010, 53 (61); JIG/*Johannsen-Roth,* DCGK 2020, Empf. G.5 Rn. 12.
³³⁹⁵ Fuhrmann/Linnerz/Pohlmann/*Fuhrmann* DCGK Ziff. 4 Rn. 173.
³³⁹⁶ Vgl. *Weber-Rey*/*Buckel* NZG 2010, 761 (762).
³³⁹⁷ Begründung des DCGK, G.5, S. 15.
³³⁹⁸ Vgl. JIG/*Johannsen-Roth,* DCGK 2020, Empf. G.5 Rn. 13.
³³⁹⁹ Vgl. JIG/*Kießling,* DCGK 2020, Empf. G.6 Rn. 7.
³⁴⁰⁰ Vgl. *Hohenstatt*/*Seibt* ZIP 2019, 11 (13).

1413 In der Begründung stellt der Kodex klar, dass es sich hierbei um einen Vergleich bei **„hundertprozentiger Zielerreichung"** handelt.[3401] Die Kommission möchte damit wohl zum Ausdruck bringen, dass der Zielwert aus der Verfolgung langfristig orientierter Ziele oberhalb des Zielwerts aus der Verfolgung kurzfristig orientierter Ziele liegen soll. In der Praxis dürfte dies regelmäßig dann erfüllt sein, wenn der Zielwert der langfristigen mehr als 50 % des Zielwerts der kurzfristigen variablen Vergütung beträgt.[3402] Auf die tatsächlichen Auszahlungsbeträge kommt es nicht an.[3403] Die Incentivierung des Vorstands ist entscheidend und nicht, aus welchem Vergütungselement der Vorstand letztlich eine höhere Vergütung bezieht. Eine niedrige oder sogar ausfallende langfristige variable Vergütung kann vielmehr Beleg dafür sein, dass dem Vorstand eine langfristige Entwicklung der Gesellschaft nicht gelungen ist. Eine solche Konstellation macht nicht etwa das System der Vorstandsvergütung rechtswidrig, sondern ist die gewünschte Folge einer auf Nachhaltigkeit ausgerichteten Vorstandsvergütung.

1414 **G.7** Der Aufsichtsrat soll für das bevorstehende Geschäftsjahr für jedes Vorstandsmitglied für alle variablen Vergütungsbestandteile die Leistungskriterien festlegen, die sich – neben operativen – vor allem an strategischen Zielsetzungen orientieren sollen. Der Aufsichtsrat soll festlegen, in welchem Umfang individuelle Ziele der einzelnen Vorstandsmitglieder oder Ziele für alle Vorstandsmitglieder zusammen maßgebend sind.

1415 Mit der neuen **Empfehlung G.7** knüpft der Kodex an den dritten Spiegelstrich der Empfehlung G.1 sowie an die gesetzliche Regelung in § 87a Abs. 1 S. 2 Nr. 4 AktG an, die von finanziellen und nichtfinanziellen Leistungskriterien sprechen.[3404] Leistungskriterien können beispielsweise Bilanzkennziffern, Umsatz- und Gewinngrößen, die Entwicklung des Aktienkurses und des Total Shareholder Return oder auch ESG-Ziele („Environment Social Governance") sein. Empfehlung G.7 betrifft die Festlegung der Leistungskriterien für die jeweils bevorstehende Geschäftsjahr für jedes Vorstandsmitglied. Der Wortlaut der Empfehlung deutet an, dass der Aufsichtsrat jährlich tätig werden muss.[3405] Ob es sich um Leistungskriterien für die kurzfristige oder langfristige variable Vergütung handelt, scheint dabei unerheblich zu sein.

1416 Notwendig ist eine jährliche Festlegung für die Erfüllung der neuen Empfehlung G.7 allerdings nicht.[3406] Es reicht aus, wenn der Aufsichtsrat die **Leistungskriterien im Anstellungsvertrag** für die gesamte Laufzeit festlegt.[3407] Dies ist sachgerecht für die nach der Empfehlung G.7 im Vordergrund stehende strategische Zielsetzung. Diese kann und sollte sich nicht jedes Jahr ändern. Vielmehr macht es Sinn, wenn der Aufsichtsrat einer längerfristigen Strategie folgend an längerfristigen Leistungskriterien festhält.[3408] Aus Gründen der Rechtssicherheit kann es aber durchaus empfehlenswert sein, dass der Aufsichtsrat im Anstellungsvertrag bzw. in den Anlagen hierzu festgelegten Leistungskriterien jährlich – rein deklaratorisch – durch Beschluss bestätigt.[3409] Ob er dies vor Beginn des Geschäftsjahres oder aber unmittelbar nach dessen Beginn macht, spielt für die Erfüllung der Empfehlung keine Rolle.[3410]

1417 Der Empfehlung G.7 scheint die Vorstellung zugrunde zu liegen, operative und strategische Zielsetzungen seien Gegensätze. Der Kodex möchte nach seinem Wortlaut erreichen, dass sich der Aufsichtsrat bei der Festlegung der Leistungskriterien **vor allem an strategischen Zielsetzungen** orientiert. Eine strategische Zielsetzung kann aber auch die Verbesserung operativer Kennzahlen sein.[3411] Umgekehrt dürfen strategische Zielsetzungen nicht dazu führen, dass die Gesellschaft operativ geschwächt wird. Daher ist es richtig, wenn die Kommission in der Begründung darlegt, dass es den Aufsichtsräten obliegt zu entscheiden, welche Leistungskriterien nach ihrer Auffassung geeignet sind.[3412] Der Kodex darf diese Verantwortlichkeit der Aufsichtsräte nicht einschränken.

1418 Nicht abschließend geklärt ist, ob der Aufsichtsrat nach der Empfehlung G.7 neben den Leistungskriterien auch die konkreten **Zielwerte** für die einzelnen Teilziele der variablen Vergütung bereits vor Beginn des Geschäftsjahres festgelegen soll. Die in der Praxis in Anstellungsverträgen häufig anzutreffende Regelung, wonach der Aufsichtsrat die Zielwerte in den ersten Monaten des neuen Geschäftsjahres festlegt, würde bei diesem Verständnis die Erfüllung der Empfehlung konterkarieren, selbst wenn die Leistungskriterien im Anstellungsvertrag enthalten sind.[3413] Dem Wortlaut der Empfehlung G.7 lässt sich ein

---

[3401] Begründung des DCGK, G.6, S. 15.
[3402] Vgl. JIG/*Kießling*, DCGK 2020, Empf. G.6 Rn. 7; *Bachmann* ZHR 2020, 127 (134).
[3403] So auch im Ergebnis JIG/*Kießling*, DCGK 2020, Empf. G.6 Rn. 10.
[3404] JIG/*Kießling*, DCGK 2020, Empf. G.7 Rn. 1.
[3405] Vgl. *Bachmann* ZHR 2020, 127 (134).
[3406] Vgl. *C. Arnold/Gralla* NZG 2020, 529 (533); aA offenbar *Bachmann* ZHR 2020, 127 (134 f.).
[3407] AA bei einer abschließenden Festlegung im Dienstvertrag *Stenzel* BB 2020, 970 (973).
[3408] Vgl. *C. Arnold/Gralla* NZG 2020, 529 (533).
[3409] Vgl. JIG/*Kießling*, DCGK 2020, Empf. G.7 Rn. 10.
[3410] *Stenzel* BB 2020, 970 (973).
[3411] Vgl. *Stenzel* BB 2020, 970 (973).
[3412] Begründung des DCGK, G.7, S. 15.
[3413] *C. Arnold/Gralla* NZG 2020, 529 (533).

über die Festlegung der Leistungskriterien hinausgehendes Erfordernis auch der Festlegung der Zielwerte vor Beginn des Geschäftsjahres aber nicht entnehmen. Zudem zeigt Empfehlung G.8, dass der Kodex zwischen Leistungskriterien und Zielwerten unterscheidet. Daher ist allein die Festlegung der Leistungskriterien vor Beginn des Geschäftsjahres oder aber für die Laufzeit des Anstellungsvertrags für die Erfüllung der Empfehlung als ausreichend anzusehen. Die Festlegung der Zielwerte, zB die Höhe des EBIT für eine Zielerreichung von 100%, kann der Aufsichtsrat auch erst nach Beginn des Geschäftsjahres vornehmen, ohne dadurch von der Empfehlung G.7 abzuweichen. Eine Festlegung der Zielwerte nach Beginn des Geschäftsjahres entspricht im Übrigen der bisherigen Praxis (und guter Corporate Governance!), da der Aufsichtsrat in aller Regel den testierten Jahres- oder Konzernabschluss für das abgelaufene Geschäftsjahr abwartet, um auf informierter Basis über die Zielwerte für das laufende Geschäftsjahr zu entscheiden.

Nach **S. 2** der Empfehlung G.7 soll der Aufsichtsrat festlegen, in welchem Umfang individuelle Ziele der einzelnen Vorstandsmitglieder oder Ziele für alle Vorstandsmitglieder zusammen maßgebend sind. Das Gesetz schreibt nicht zwingend vor, dass zum Vorstandsvergütungssystem auch individuelle Leistungskriterien zählen.[3414] Selbstverständlich schließt das nicht aus, Vorstandsmitgliedern individuelle Zielvorgaben zu machen.[3415] Im Einzelfall kann es aber auch pflichtgemäßem Ermessen des Aufsichtsrats entsprechen, nicht jedem einzelnen Vorstandsmitglied individuelle Ziele vorzugeben, sondern der Gesamtverantwortung des Vorstands entsprechend **gemeinsame Ziele für alle Vorstandsmitglieder** festzusetzen. Gerade die Zusammenarbeit der Vorstandsmitglieder und der von ihnen verantworteten Ressorts kann für die Umsetzung strategischer Zielsetzungen von entscheidender Bedeutung sein. In aller Regel wird der Aufsichtsrat die Neuempfehlung dadurch umsetzen, dass er die Bedeutung solcher Ziele im Vorstandsvergütungssystem nach § 87a AktG festlegt. 1419

G.8 Eine nachträgliche Änderung der Zielwerte oder der Vergleichsparameter soll ausgeschlossen sein. 1420

Empfehlung G.8 entspricht weitgehend der Empfehlung in Ziffer 4.2.3 Abs. 2 S. 8 des Kodex in der Fassung vom 7.2.2017.[3416] Anders als bisher ist allerdings nicht mehr von „Erfolgszielen", sondern von „**Zielwerten**" die Rede. Dass damit eine nachträgliche Änderung der Erfolgs- oder Leistungsziele, anders als bisher, zulässig sein soll, ist aber nicht anzunehmen.[3417] Mit der Bezugnahme auf die Werte und nicht die Ziele als solche macht die Regierungskommission deutlich, dass neben der Änderung der Vergleichsparameter auch eine nachträgliche Herauf- oder Herabsetzung der vom Aufsichtsrat festgelegten Zielwerte ausgeschlossen sein soll. „**Nachträglich**" bedeutet im Ausgangspunkt, dass die Zielwerte und Vergleichsparameter nach der entsprechenden Festsetzung durch den Aufsichtsrat grundsätzlich nicht mehr verändert werden sollen. Zeitlich bezieht sich die Empfehlung aber nicht zwingend auf einen Zeitpunkt nach Beginn des jeweils maßgeblichen Bemessungszeitraums für den variablen Vergütungsbestandteil.[3418] Das bedeutet, dass nicht immer eine Abweichung von Empfehlung G.8 vorliegt, wenn der Aufsichtsrat Zielwerte oder Vergleichsparameter erst nach Beginn des jeweils maßgeblichen Bemessungszeitraums festlegt. Trifft der Aufsichtsrat die Entscheidung über Zielwerte und Vergleichsparameter etwa erstmals nach Beginn des Geschäftsjahrs und damit auch nach Beginn des Bemessungszeitraums, ist darin keine Abweichung von Empfehlung G.8 zu sehen. In diesem Fall fehlt es an einer „Änderung" der Festlegungen. Das gilt auch dann, wenn das Vergütungssystem grundsätzlich eine Fortschreibung der bisherigen Festlegungen vorsieht, da es stets auf die konkrete Entscheidung des Aufsichtsrats für den jeweiligen Bemessungszeitraum ankommt. Umgekehrt liegt auch keine Abweichung vor, wenn der Aufsichtsrat festgesetzte Zielwerte noch vor Beginn des Bemessungszeitraum des variablen Vergütungsbestandteils ändert.[3419] In diesem Fall fehlt es an der „Nachträglichkeit" der Änderung. 1421

Hintergrund der Empfehlung ist die nachvollziehbare Auffassung, dass es keiner guten Corporate Governance entspricht, für den Fall, dass nachträglich erkannt wird, dass Ziele verfehlt werden, diese einfach zu Gunsten der Vorstandsmitglieder herabzusetzen oder zu ändern.[3420] Klassischer Fall und Anlass für die Einführung dieser Empfehlung war ein „**Repricing**" von Aktienoptionen, sobald absehbar war, dass diese „unter Wasser", dh sehr wahrscheinlich wertlos sind. Eine auf die langfristige Entwicklung der Gesellschaft ausgerichtete Vergütungsgestaltung kann nur dann Erfolg haben, wenn im Fall einer Zielverfehlung die variable Vergütung reduziert wird oder vollständig ausfällt. 1422

Nicht von der Empfehlung G.8 umfasst sind nach richtiger Auffassung in das Vergütungssystem bzw. in den Anstellungsvertrag aufgenommene **Anpassungsklauseln,** die eine Angemessenheit der Vergütung 1423

[3414] JIG/*Kießling,* DCGK 2020, Empf. G.7, Rn. 14.
[3415] JIG/*Kießling,* DCGK 2020, Empf. G.7, Rn. 14.
[3416] JIG/*Kießling,* DCGK 2020, Empf. G.8, Rn. 1.
[3417] So auch JIG/*Kießling,* DCGK 2020, Empf. G.8, Rn. 5.
[3418] So aber JIG/*Kießling,* DCGK 2020, Empf. G.8, Rn. 6.
[3419] Vgl. JIG/*Kießling,* DCGK 2020, Empf. G.8, Rn. 6.
[3420] *Hopt/Leyens* ZGR 2019, 929 (980); nicht für überzeugend hält dies JIG/*Kießling,* DCGK 2020, Empf. G.8, Rn. 2.

insgesamt oder der variablen Vergütungskomponente sicherstellen sollen.[3421] Solche Klauseln sind üblich und gehören gerade bei langfristigen variablen Vergütungsbestandteilen zum unverzichtbaren Standard der Vertragsgestaltung. Anpassungsklauseln sollen es den Aufsichtsräten ermöglichen, während des Bemessungszeitraums der kurzfristigen oder langfristigen variablen Vergütungskomponente **außerordentlichen bzw. außergewöhnlichen Entwicklungen** Rechnung zu tragen (→ Rn. 1435). Wird beispielsweise während des Bemessungszeitraums einer variablen Vergütungskomponente eine Akquisition oder eine Veräußerung eines Unternehmensteils durchgeführt, kann dieser Umstand Leistungs- und Erfolgskriterien der jeweiligen Vergütungskomponente maßgeblich beeinflussen. Der Aufsichtsrat muss hier die Möglichkeit haben, die neue Situation zu prüfen und gegebenenfalls die Leistungs- und Erfolgskriterien oder die Bemessungsgrundlage, insbesondere Zielwerte und Vergleichsparameter, so anzupassen, dass die ursprüngliche Incentivierung gewahrt bleibt.[3422] Eine solche Anpassung kann bei der langfristigen variablen Vergütung mit mehrjähriger Bemessungsgrundlage auch mehrere oder alle noch laufenden langfristigen Vergütungskomponenten betreffen, zB die Anpassung der Zielwerte aller offener Tranchen eines Long-Term Incentive. Die Anpassung kann sowohl im positiven als auch im negativen Sinne geschehen. Da Zweck solcher Klauseln nicht die Veränderung der Incentivierung zu Gunsten der Vorstandsmitglieder ist, sondern die **Wahrung der ursprünglich beabsichtigten Incentivierung,** stellt weder die Vereinbarung noch die spätere Anwendung solcher Klauseln eine Abweichung von der Empfehlung G.8 dar.

1424 **G.9** Nach Ablauf des Geschäftsjahres soll der Aufsichtsrat in Abhängigkeit von der Zielerreichung die Höhe der individuell für dieses Jahr zu gewährenden Vergütungsbestandteile festlegen. Die Zielerreichung soll dem Grunde und der Höhe nach nachvollziehbar sein.

1425 Auch **Empfehlung G.9** knüpft an Empfehlung G.1 an. Empfehlung G.9 unterstellt, dass der Aufsichtsrat nach Ablauf des Geschäftsjahres (gemeint ist wohl: nach Ablauf des jeweiligen Bemessungszeitraums des variablen Vergütungsbestandteils[3423]) die **Zielerreichung festlegt** und damit die Höhe der zu zahlenden variablen Vergütung individuell für jedes Vorstandsmitglied bestimmen soll.[3424] Terminologisch zeigt Empfehlung G.9 durchaus Unsicherheiten. Jedenfalls nach bisherigem Verständnis wäre nicht die Höhe der für das abgelaufene Geschäftsjahr „zu gewährenden" Vergütung festzulegen, sondern der auszuzahlenden, dh der zufließenden Vergütung. Der Kodex scheint hier begrifflich neue Wege gehen zu wollen. Er steht damit aber nicht allein. Im Zusammenhang mit dem neuen Vergütungsbericht nach § 162 AktG definiert der Ausschuss für Recht und Verbraucherschutz den Begriff „gewährt" als faktischen Zufluss des Vergütungsbestandteils.[3425] Diese Definition steht damit im Einklang mit dem hier zugrunde gelegten Bedeutungsgehalt der Empfehlung.

1426 Sprachliche Unsicherheiten zeigt auch die Begründung der Kommission. Dort wird erwähnt, dass es ausreichend sei, wenn die vom Aufsichtsrat bestimmten **Zielwerte ex post ausgewiesen** würden.[3426] Ob damit tatsächlich die Zielwerte des jeweiligen variablen Vergütungsbestandteils gemeint sind oder die Leistungs- und Erfolgskriterien als solche, ist zweifelhaft. Im Vergütungsbericht haben die Gesellschaften jedenfalls ua Angaben zu machen zur Frage, wie die Leistungskriterien angewendet wurden (§ 162 Abs. 1 S. 2 Nr. 1 AktG). Die Offenlegung der Leistungs- und Erfolgskriterien entspricht gängigen Forderungen aus Investorenkreisen, ist mit dem anerkennungswerten Geheimhaltungsinteresse der Gesellschaften aber oft nur schwer in Einklang zu bringen. Es kann durchaus dem Unternehmenswohl widersprechen, wenn Aufsichtsräte gezwungen würden, die aus der Unternehmensstrategie abgeleiteten Erwartungen an Leistungs- und Erfolgskriterien zu veröffentlichen. Daraus könnte der Wettbewerber ablesen, auf welche Weise und mit welcher Zielrichtung eine Unternehmensstrategie verfolgt wird. Daher würde sich auch nichts dadurch ändern, dass die Leistungs- und Erfolgskriterien erst nach Ablauf des jeweiligen Geschäftsjahres veröffentlich würden. Gerade bei langfristigen Unternehmensstrategien und daraus abgeleiteten Erfolgs- und Leistungskriterien kann hier vorzeitige Transparenz eher schädlich sein als nützen. Dies hat zumindest auch der Gesetzgeber gesehen. In der Begründung zu § 87a Abs. 1 S. 2 Nr. 4a AktG heißt es, dass eine Offenlegung der Kriterien dem Wettbewerber Rückschlüsse auf die strategische Planung der Gesellschaft geben könne und daher nur eine abstrakte Angabe der Kriterien im Vergütungssystem erforderlich sei.[3427] Aufsichtsräte können die Erfüllung der Empfehlung, Grund und Höhe der Zielerreichung nachvollziehbar zu machen, auch auf andere Weise erreichen.

[3421] JIG/*Kießling,* DCGK 2020, Empf. G.8, Rn. 7.
[3422] *Hopt/Leyens* ZGR 2019, 929 (980).
[3423] So wohl auch JIG/*Kießling,* DCGK 2020, Empf. G.9, Rn. 4.
[3424] Vgl. JIG/*Kießling,* DCGK 2020, Empf. G.9, Rn. 1, der von der Errechnung des „(Bar-)Werts" spricht.
[3425] Beschlussempfehlung und Bericht des Ausschusses für Recht und Verbraucherschutz, BT-Drs. 19/15153, 53; siehe dazu *C. Arnold/Gralla* NZG 2020, 529 (533).
[3426] Begründung des DCGK, G. 9, S. 16; hierzu *Hohenstatt/Seibt* ZIP 2019, 11 (17); *Hopt/Leyens* ZGR 2019, 929 (980).
[3427] RegE ARUG II, 82.

1427 Ob die von Empfehlung G.9 angesprochene Festlegung der Zielerreichung und der daraus abzuleitenden individuellen Höhe des jeweiligen variablen Vergütungsbestandteils überhaupt notwendig ist, hängt von der **Gestaltung des Vergütungssystems** ab. Vergütungssysteme können so gestaltet sein, dass für die Feststellung der Zielerreichung keine Entscheidung des Aufsichtsrats mehr notwendig ist. Dies ist beispielsweise dann der Fall, wenn die festgelegten Erfolgs- und Leistungskriterien **allein arithmetisch** aus Bilanzkennziffern, Aktienkursen, Peer Group-Vergleichen und Total Shareholder Return-Werten abzuleiten sind. Der Aufsichtsrat hat hier die Festlegung bereits durch Abschluss entsprechender Anstellungsverträge entschieden. Die von Empfehlung G.9 empfohlene individuelle Festlegung nach Ablauf des jeweiligen Geschäftsjahres wird damit vorweggenommen und ist nicht mehr erforderlich. Es ist daher durchaus vertretbar, die Empfehlung G.9 durch entsprechende Festlegung im Anstellungsvertrag zu erfüllen.

1428 **G.10** Die dem Vorstandsmitglied gewährten variablen Vergütungsbeträge sollen von ihm unter Berücksichtigung der jeweiligen Steuerbelastung überwiegend in Aktien der Gesellschaft angelegt oder entsprechend aktienbasiert gewährt werden. Über die langfristig variablen Gewährungsbeträge soll das Vorstandsmitglied erst nach vier Jahren verfügen können.

1429 Empfehlung G.10 war im Konsultationsverfahren hoch umstritten.[3428] Die Konsultationsfassung schlug die Empfehlung vor, dass langfristige variable Vergütungsbeträge in Aktien der Gesellschaft gewährt werden sollen.[3429] Entsprechende Kritik aus der Praxis hat dazu geführt, dass Empfehlung G.10 nunmehr auch „entsprechend aktienbasiert" gewährte variable Vergütungsbestandteile ausreichen lässt. Ergebnis dieser Änderung von S. 1 der Empfehlung G.10 ist allerdings eine Vermischung ganz unterschiedlicher Vergütungsgestaltungen. Dem 1. Halbsatz liegt – auch ausweislich der Begründung zum Kodex[3430] – die Vorstellung von **Share Ownership Guidelines** zugrunde. Üblicherweise ergänzen solche Share Ownership Guidelines das Vergütungssystem börsennotierter Gesellschaften, indem sie Vorstandsmitglieder verpflichten, aus eigenem Vermögen oder erhaltener Vergütung einen gewissen Mindestbestand von Aktien der Gesellschaft zu erwerben und üblicherweise während der gesamten Bestellung zum Vorstandsmitglied, teilweise sogar noch über diesen Zeitraum hinaus, zu halten.[3431] Share Ownership Guidelines sind daher meist **kein eigenständiges Vergütungselement**,[3432] sondern sollen – über die Anreizsystematik der variablen Vergütungsbestandteile hinaus – einen Gleichklang der Interessen der Vorstandsmitglieder und der Aktionäre erzielen. Der 2. Halbsatz beruht eher auf der Vorstellung einer aktienbasierten oder aktienorientierten variablen Vergütung. Eine **aktienbasierte variable Vergütung** hat nichts mit „echten" Aktien der Gesellschaft zu tun, verwendet aber den Aktienkurs oder einen etwas breiteren Total Shareholder Return-Ansatz als einziges oder jedenfalls wesentliches Erfolgskriterium.[3433]

1430 Auch der neu gefasste **S. 1** von Empfehlung G.10 zeigt die schon bei Empfehlung G.9 angesprochenen **terminologischen Schwächen**. Soweit Share Ownership Guidelines den Erwerb von Aktien der Gesellschaft aus variablen Vergütungsbestandteilen regeln, knüpfen diese üblicherweise an **Auszahlungsbeträge** an, die unter Anwendung der vereinbarten Leistungs- und Erfolgskriterien nach Ablauf des jeweiligen Bemessungszeitraums ausgezahlt und dann von den Vorstandsmitgliedern in einem bestimmten, vertraglich vereinbarten Umfang zum Erwerb von Aktien der Gesellschaft verwendet werden sollen. Alternativ übertragen die Gesellschaften – soweit die gesellschaftsrechtlichen Voraussetzungen vorliegen – einen Teil der Auszahlungsbeträge **unmittelbar in Form von Aktien** an die Vorstandsmitglieder.[3434] Ungewöhnlich ist es dagegen, eine solche Anlage in Aktien der Gesellschaft von „gewährten" langfristigen variablen Vergütungsbeträgen zu verlangen.[3435] Nach traditionellem Verständnis wären dies terminologisch die Beträge, die zu Beginn des jeweiligen Bemessungszeitraums von den Vorstandsmitgliedern „gewährt" werden und erst nach Ablauf des mehrjährigen Bemessungszeitraums zur Auszahlung anstehen.[3436] Der Kodex würde hier unter Zugrundelegung des bisherigen Verständnisses neue Wege gehen, indem das variable Vergütungselement durch Share Ownership Guidelines selbst erfüllt werden kann. Folgt eine Gesellschaft der Empfehlung, über Share Ownership Guidelines „überwiegend" das variable Vergütungselement abzubilden, beschränkt sich die Erfolgsmessung allein auf die Aktie der Gesellschaft einschließlich Dividendenzahlung. Sonstige Erfolgskriterien, wie zB Earnings per Shares (EPS) oder ein Peer-Group-Vergleich der Aktienkursentwicklung mit anderen Gesellschaften, würden ausgeblendet.

[3428] *Hohenstatt/Seibt* ZIP 2019, 11 (15 f.); *v. Werder* DB 2019, 41 (47); *Leuering/Herb* NJW-Spezial 2019, 399 (399).
[3429] Vgl. JIG/*Kießling*, DCGK 2020, Empf. G.10 Rn. 3.
[3430] Begründung des DCGK, G.10, S. 16.
[3431] Dazu *C. Arnold/Gralla* NZG 2020, 529 (534); JIG/*Kießling*, DCGK 2020, Empf. G.10 Rn. 5.
[3432] *Wilsing* GWR 2010, 363 (365); *C. Arnold/Gralla* NZG 2020, 529 (534).
[3433] *C. Arnold/Gralla* NZG 2020, 529 (534).
[3434] Vgl. *Stenzel* BB 2020, 970 (975).
[3435] Dazu vertiefend *C. Arnold/Gralla* NZG 2020, 529 (533).
[3436] *C. Arnold/Gralla* NZG 2020, 529 (533); vgl. auch JIG/*Kießling*, DCGK 2020, Empf. G.10 Rn. 13, der zwischen dem Gewährungszeitpunkt und dem Zeitpunkt des Zuflusses unterscheidet.

Eine solche einseitige Orientierung an der Entwicklung von Aktien wollen Aufsichtsräte üblicherweise vermeiden.

1431 Trotz des unglücklichen Wortlauts steht die Gestaltung der langfristig variablen Vergütung als Performance Share Plan weiterhin im Einklang mit der Empfehlung G.10, zumindest wenn der Bemessungszeitraum vier Jahre oder mehr beträgt.[3437] Daher werden die meisten börsennotierten Aktiengesellschaften wohl weiterhin langfristig variable Vergütungselemente **„entsprechend aktienbasiert"** gewähren.[3438] Anders als noch in der Entwurfsfassung vom 9.5.2019 sieht die in Kraft getretene Fassung des DCGK allerdings nicht mehr vor, dass die „langfristig" variablen Vergütungsbeträge überwiegend in Aktien angelegt oder aktienbasiert gewährt werden sollen.[3439] Wegen des Verzichts auf das Wort „langfristig" gestaltet sich die Bewertung, ob die variable Vergütung **überwiegend** entsprechend aktienbasiert gewährt wurde, in der Praxis schwierig. In Zukunft bedarf es einer genauen Betrachtung der variablen Vergütung sowohl insgesamt als auch in Bezug auf die ihr zugrundeliegenden einzelnen Leistungs- und Erfolgskriterien.[3440] Ein Vergleich der Zielbeträge allein ist nicht ausreichend. Vielmehr kann im Einzelfall relevant sein, ob bereits die kurzfristig variable Vergütung Kriterien enthält, die sich am Aktienkurs der Gesellschaft orientieren und damit zumindest in Teil der kurzfristig variablen Vergütung als „aktienbasiert" eingeordnet werden kann. Soweit dies zu bejahen ist und darüber hinaus auch die langfristig variable Vergütung zu mehr als 50 % „aktienbasiert" ist, ist die Empfehlung erfüllt.[3441] Daran ändert es auch nichts, wenn neben der „Aktienbasierung" – wie bislang üblich – weitere Leistungs- oder Erfolgskriterien in die Betrachtung langfristig variabler Vergütungselemente einbezogen werden.[3442]

1432 Neu ist auch die Empfehlung G.10 **S. 2.** Danach sollen Vorstandsmitglieder über langfristig variable „Gewährungsbeträge" erst nach vier Jahren „verfügen" können. Damit meint der Kodex wohl, dass der **Bemessungszeitraum** des langfristig variablen Vergütungselements **vier Jahre** betragen soll.[3443] Das Gesetzt fordert hingegen in § 87 Abs. 1 S. 2, 3 AktG nach verbreiteter Meinung nur einen Bemessungszeitraum von zwei,[3444] nach anderer Lesart von drei oder sogar fünf Jahren.[3445] In der Praxis finden sich bislang häufig langfristig variable Vergütungselemente von drei- oder vierjähriger Laufzeit. Die neue Empfehlung orientiert sich offenbar an § 193 Abs. 2 Nr. 4 AktG, der für Aktienoptionsprogramme einen mindestens vierjährigen Bemessungszeitraum vorschreibt.[3446] Wirklich zwingende Gründe für die Einführung der neuen Empfehlung sind freilich nicht zu erkennen. Anhaltspunkte, dass die in der Praxis durchaus verbreitete dreijährige Laufzeit zu Fehlanreizen geführt hätte, liegen nicht vor. Es kann daher für Aufsichtsräte durchaus Sinn machen, von der Empfehlung **abzuweichen** und an einem dreijährigen Bemessungszeitraum für langfristig variable Vergütungselemente festzuhalten. Für einen dreijährigen Bemessungszeitraum kann beispielsweise das Geschäftsmodell der Gesellschaft oder die Laufzeit der Strategieplanung sprechen. Es bleibt daher abzuwarten, in welchem Umfang börsennotierte Gesellschaften eine Abweichung von dieser neuen Empfehlung erklären.

1433 In Literatur und Praxis ist die hier vertretene Auffassung nicht unumstritten. Anstelle eines vierjährigen Bemessungszeitraums gehen einige Stimmen davon aus, die Empfehlung G.10 fordere eine vierjährige Verfügungsbeschränkung dergestalt, dass sich an den Bemessungszeitraum der langfristig variablen Vergütung **eine vierjährige Haltefrist** bzw. eine Wartezeit anschließen muss.[3447] Die Umsetzung der Empfehlung G.10 erfordere, dass der „Gewährungsbetrag", der nach Ablauf des in der Regel einjährigen Bemessungszeitraums ermittelt werde,[3448] in Aktien der Gesellschaft angelegt oder aber entsprechend aktienbasiert zu gewähren sei.[3449] Über den Gewährungsbetrag dürfe das Vorstandsmitglied erst nach Ablauf von vier Jahren verfügen, dh dessen Wert realisieren.[3450] Für diese Auslegung wird teilweise der Wortlaut der Empfehlungen G.7, G.9 und G.10 angeführt. Zum einen soll der Aufsichtsrat nach G.7 die Leistungskriterien für „das bevorstehende Geschäftsjahr" und zum anderen die Zielerreichung „nach Ablauf des Geschäftsjahres" festlegen (Empfehlung G.9). Daraus folge, dass der Kodex einen einjährigen Bemessungs-

---

[3437] C. Arnold/Gralla NZG 2020, 529 (534); so wohl auch Stenzel BB 2020, 970 (976).
[3438] Vgl. JIG/Kießling, DCGK 2020, Empf. G.10 Rn. 8.
[3439] Vgl. JIG/Kießling, DCGK 2020, Empf. G.10 Rn. 1; kritisch hierzu Hohenstatt/Seibt ZIP 2019, 11 (15 f.).
[3440] C. Arnold/Gralla NZG 2020, 529 (534).
[3441] C. Arnold/Gralla NZG 2020, 529 (534).
[3442] C. Arnold/Gralla NZG 2020, 529 (534); JIG/Kießling, DCGK 2020, Empf. G.10 Rn. 8.
[3443] C. Arnold/Gralla NZG 2020, 529 (535); vgl. auch Poelzig NZG 2020, 41 (43); aA JIG/Kießling, DCGK 2020, Empf. G.10 Rn. 15.
[3444] Bauer/C. Arnold AG 2009, 717 (722); Hölters/Weber AktG, § 87 Rn. 37.
[3445] BeckOGK/Fleischer AktG, § 87 Rn. 39; Thüsing AG 2009, 517 (521).
[3446] C. Arnold/Gralla NZG 2020, 529 (535).
[3447] Vgl. EY Center for Board Matters ARUG II Neuregelungen zur Organvergütung und Related Party Transactions, S. 15; Stenzel BB 2020, 970 (974 f.).
[3448] Stenzel BB 2020, 970 (974).
[3449] Stenzel BB 2020, 970 (975).
[3450] Stenzel BB 2020, 970 (974); vgl. von der Linden DStR 2019, 1528 (1532).

zeitraum, auch bei der langfristig variablen Vergütung, vorsehe. An diesen solle sich dann entsprechend Empfehlung G.10 S. 2 eine vierjährige Haltefrist anschließen.[3451] Bei diesem Verständnis kann der Begriff „Gewährungsbeträge" nicht im traditionellen Sinn ausgelegt werden. Vielmehr wird hier auf den Netto-Auszahlungsbetrag abgestellt. Dass dem Kodex dieses Begriffsverständnis zugrunde liegen soll, verwundert vor dem Hintergrund, dass die Regierungskommission in ihrer Begründung zu Empfehlung G.7 in der Entwurfsfassung ausdrücklich zwischen „Gewährungsbeträgen" und den „späteren Auszahlungsbeträgen" unterschieden hat.[3452]

Ein erhebliches **Spannungsverhältnis** zwischen den in S. 1 der Empfehlung G.10 erwähnten Share Ownership Guidelines und der Empfehlung in S. 2 ist nicht zu übersehen. Bislang sehen Share Ownership Guidelines überwiegend vor, dass Aktien der Gesellschaft während der gesamten Bestellung des Vorstandsmitglieds oder der Laufzeit des jeweiligen Anstellungsvertrags zu erwerben bzw. zu halten sind.[3453] S. 2 zeigt allerdings, dass die Kommission wohl davon ausgeht, dass Share Ownership Guidelines auch so gestaltet werden könnten und sollten, dass die Vorstandsmitglieder „nach vier Jahren" entsprechende Aktien verkaufen dürfen. Dies könnte beispielsweise dann der Fall sein, wenn jährliche Erwerbsverpflichtungen geregelt werden und dann ab einem bestimmten Zeitraum „überschießende" Aktien **keiner Halteverpflichtung** mehr unterliegen und verkauft werden dürfen. 1434

G.11 Der Aufsichtsrat soll die Möglichkeit haben, außergewöhnlichen Entwicklungen in angemessenem Rahmen Rechnung zu tragen. In begründeten Fällen soll eine variable Vergütung einbehalten oder zurückgefordert werden können. 1435

Satz 1 der neuen **Empfehlung G.11** steht in engem Zusammenhang mit § 87 Abs. 1 S. 3 AktG, wonach der Aufsichtsrat eine Begrenzungsmöglichkeit für außerordentliche Entwicklungen vereinbaren soll.[3454] Dies ergänzt der Kodex um die Empfehlung, dass der Aufsichtsrat „außergewöhnlichen" Entwicklungen in angemessenem Rahmen Rechnung zu tragen habe. Anders als das AktG soll hierbei „Rechnung tragen" nicht nur als Begrenzungsmöglichkeit nach oben zu verstehen sein, sondern ausweislich der Begründung der Regierungskommission auch zu einer Erhöhung der variablen Vergütung führen können.[3455] Die Regierungskommission stellt sich insoweit ein „diskretionäres Element" vor, das „seltenen Sondersituationen" Rechnung tragen soll.[3456] Der Begriff der Angemessenheit wird von der Kommission also nicht nur – wie das Aktiengesetz selbst – als **Höchstgrenze,** sondern auch als **Mindestgrenze** verwendet. In Sondersituationen soll der Aufsichtsrat nach seinem Ermessen[3457] die variable Vergütung so anpassen können, dass die Vorstandsvergütung jedenfalls weitgehend von solchen Sondereinflüssen bereinigt wird. In der Berichterstattung bedarf eine solche Anpassung der „besonderen Begründung".[3458] Dieser Hinweis der Regierungskommission überrascht, da weder der Kodex selbst noch das Gesetz eine entsprechende Offenlegungspflicht statuieren.[3459] Die Vereinbarung und Anwendung einer Anpassungsklausel iSd Empfehlung G.11 stellt keine Abweichung von Empfehlung G.7 dar, es sei denn, der Aufsichtsrat ändert auf Basis dieser Klausel nachträglich gerade die Zielwerte oder Vergleichsparameter iSd Empfehlung G.7 (→ Rn. 1414). 1436

„Außergewöhnlichen Entwicklungen" sind dabei ebenso wie außerordentliche Entwicklungen iSd § 87 Abs. 1 S. 3 AktG zu verstehen.[3460] Erfasst werden sowohl **interne Faktoren,** wie zB Veräußerungen eines Unternehmensteils, Akquisitionen oder wesentliche Änderungen des Geschäftsmodells, als auch **externe Faktoren,** zu denen beispielsweise auch Pandemien, Umweltkatastrophen oder hoheitliche Vorgaben (zB Anforderungen und Auflagen der Finanzaufsicht) zählen.[3461] Ausdrücklich nicht zu berücksichtigen sind allgemein ungünstige Marktentwicklungen.[3462] 1437

Die Erfüllung von Empfehlung G.11 S. 1 kann sich für börsennotierte Gesellschaften als durchaus problematisch erweisen. Gerade diskretionäre Elemente der Vorstandsvergütung sind verbreiteter **Kritik von** 1438

[3451] Vgl. EY Center for Board Matters ARUG II Neuregelungen zur Organvergütung und Related Party Transactions, S. 15; *Stenzel* BB 2020, 970 (974 f.).
[3452] Begründung des DCGK-Entwurf vom 9.5.2019, G. 7, S. 30.
[3453] *C. Arnold/Gralla* NZG 2020, 529 (534).
[3454] JIG/*Kießling,* DCGK 2020, Empf. G.11 Rn. 1; *C. Arnold/Gralla* NZG 2020, 529 (535).
[3455] Begründung des DCGK, G.11, S. 16; Hüffer/Koch/*Koch* AktG § 87 Rn. 38.
[3456] Begründung des DCGK, G.11, S. 16.
[3457] JIG/*Kießling,* DCGK 2020, Empf. G.11 Rn. 5 weist richtigerweise daraufhin, dass G.11 S. 1 nicht empfiehlt, dass der Aufsichtsrat auch tatsächlich von der ihm eingeräumten Möglichkeit zur Anpassung der Vergütung Gebrauch machen muss.
[3458] Begründung des DCGK, G.11, S. 16.
[3459] Dazu vertiefend JIG/*Kießling,* DCGK 2020, Empf. G.11 Rn. 8.
[3460] „Einheitliches Begriffsverständnis" JIG/*Kießling,* DCGK 2020, Empf. G.11 Rn. 2; siehe zu weiteren Beispielen die einschlägige Kommentarliteratur.
[3461] *C. Arnold/Gralla* NZG 2020, 529 (535); *Stenzel* BB 2020, 970 (973).
[3462] Begründung des DCGK, G.11, S. 16.

1439 Investoren und Stimmrechtsberatern ausgesetzt. Sie bestehen üblicherweise darauf, die Vorstandsvergütung an nachvollziehbaren und messbaren Erfolgskriterien auszurichten und typische Ermessenselemente zurückzudrängen oder auszuschalten. Diesen Ermessenselementen wird – zu Recht oder zu Unrecht – unterstellt, „Vergütungswillkür" Tür und Tor zu öffnen. Der Kodex geht hier einen anderen Weg und sieht ein diskretionäres Anpassungselement für Sondersituationen als Teil der guten Corporate Governance an. Es bleibt abzuwarten, welche Sichtweise sich mittelfristig am „Markt" durchsetzen wird.

1439 Ebenfalls vor Herausforderungen wird die Praxis durch die Empfehlung G.11 **S. 2** gestellt. Danach soll eine variable Vergütung „in begründeten Fällen" einbehalten oder zurückgefordert werden können. Der Kodex knüpft insoweit an eine neue Darstellungspflicht solcher Klauseln im Rahmen des Systems zur Vergütung der Vorstandsmitglieder nach § 87a Abs. 1 S. 2 Nr. 6 AktG an. Die Empfehlung betrifft sowohl **Malus-Klauseln** als auch **Clawback-Klauseln** („einbehalten oder zurückgefordert").[3463] Unklar ist allerdings, ob und in welchem Umfang Malus- und/oder Clawback-Klauseln nach der Empfehlung in Anstellungsverträgen vereinbart werden müssen, um die Empfehlung zu erfüllen.[3464] In der Begründung erwähnt die Kommission, dass es „erforderlich" sein kann, dass der Aufsichtsrat entsprechende Vereinbarungen mit Vorstandsmitgliedern trifft.[3465] Dies klingt so, als ob die Empfehlung nicht stets entsprechende Vereinbarungen voraussetzt.[3466] Möglicherweise meint die Kommission, dass auch nur „in begründeten Fällen" solche Vereinbarungen geschlossen werden sollen.

1440 Weder die Empfehlung selbst noch die Begründung der Regierungskommission äußern sich dazu, wann ein **„begründeter Fall"** vorliegt.[3467] Es ist daher nicht davon auszugehen, dass nur Clawback-Klauseln, die an ein Fehlverhalten des Vorstandsmitglieds anknüpfen (sog. Compliance-Clawbacks)[3468] im Einklang mit der Empfehlung stehen. Vielmehr kann auch die Vereinbarung von Rückforderungsklauseln, die an andere Sachverhalte anknüpfen, wie zB an berichtigte Geschäftsergebnisse, zu einer Erfüllung der Empfehlung G.11 S. 1 führen. Dem Aufsichtsrat ist insofern ein Gestaltungsspielraum zuzubilligen.[3469]

1441 Ferner ist unklar, ob für die Erfüllung der Empfehlung bereits eine Malus-Vereinbarung oder zusätzlich eine Clawback-Vereinbarung erforderlich ist. Die Verwendung des Wortes **„oder"** legt nahe, dass die Empfehlung durch die **Vereinbarung einer der beiden Klauseln** bereits erfüllt ist.[3470] Andererseits ist es denkbar, dass dem Aufsichtsrat durch **kumulative Aufnahme** entsprechender Malus- und Clawback-Klauseln in den Anstellungsvertrag die Wahlmöglichkeit im „begründeten" Einzelfall verbleiben soll.[3471] Jedenfalls stellt der Kodex klar, dass von Einbehalten oder Zurückfordern nur variable Vergütungsbestandteile und nicht etwa die feste Vergütung betroffen sein soll.[3472]

1442 **G.12** Im Falle der Beendigung eines Vorstandsvertrags soll die Auszahlung noch offener variabler Vergütungsbestandteile, die auf die Zeit bis zur Vertragsbeendigung entfallen, nach den ursprünglich vereinbarten Zielen und Vergleichsparametern und nach den im Vertrag festgelegten Fälligkeitszeitpunkten oder Haltedauern erfolgen.

1443 **Empfehlung G.12** befasst sich mit der Behandlung noch nicht ausgezahlter variabler Vergütungsbestandteile im Falle der Beendigung des Anstellungsvertrags eines Vorstandsmitglieds. Nach seinem Wortlaut möchte die Empfehlung wohl erreichen, dass sowohl kurz- als auch langfristig variable Vergütungsbestandteile, deren **Bemessungszeitraum im Zeitpunkt der Beendigung** des Anstellungsvertrags **bereits begonnen** hat, weiterhin so abgewickelt werden, als ob der Anstellungsvertrag nicht beendet worden wäre.[3473] Das bedeutet, dass weder der Anstellungsvertrag noch ein Aufhebungsvertrag eine Änderung der Leistungs- und Erfolgskriterien sowie der Fälligkeiten für den Fall der Beendigung des Anstellungsvertrags vorsehen soll. Variable Vergütungsbestandteile, deren Bemessungszeitraum im Zeitpunkt der Beendigung des Anstellungsvertrags noch nicht begonnen hat, sind vom Wortlaut der Empfehlung („die

---

[3463] *C. Arnold/Gralla* NZG 2020, 529 (535).
[3464] Zu den verschiedenen Ausgestaltungsmöglichkeiten der Clawback-Klausel, die der Empfehlung genügen *Hohenstatt/Seibt* ZIP 2019, 11 (18); *Poelzig* NZG 2020, 41 (44); Beispiele für die Formulierung einer Clawback-Klausel finden sich zB bei *Schockenhoff/Nußbaum* AG 2019, 813; *Seyfarth* WM 2019, 569 (575).
[3465] Begründung des DCGK, G. 11, S. 16.
[3466] *Poelzig* NZG 2020, 41 (44) geht unter Hinweis auf die kraft Gesetz bestehende Rückforderungsmöglichkeit nach den §§ 812 ff. BGB davon aus, dass eine vertragliche Vereinbarung nicht zwingend geboten sei.
[3467] *Poelzig* NZG 2020, 41 (44); *Redenius-Hövermann/Siemens* ZIP 2020, 145 (149); *C. Arnold/Gralla* NZG 2020, 529 (535).
[3468] Vertiefend *Seyfarth* WM 2019, 569; *Schockenhoff/Nußbaum* AG 2019, 813; *Poelzig* NZG 2020, 41 (42 ff.); JIG/*Kießling,* DCGK 2020, Empf. G.11 Rn. 14.
[3469] Dazu *C. Arnold/Gralla* NZG 2020, 529 (536); JIG/*Kießling,* DCGK 2020, Empf. G.11 Rn. 13; die Empfehlung eröffne dem Aufsichtsrat „größtmögliche Freiheit" *Bachmann* ZHR 2020, 127 (135).
[3470] So auch JIG/*Kießling,* DCGK 2020, Empf. G.11 Rn. 10.
[3471] Vgl. dazu *C. Arnold/Gralla* NZG 2020, 529 (536).
[3472] Hierzu auch *Hopt/Leyens* ZGR 2019, 929 (983).
[3473] Hüffer/Koch/*Koch* AktG § 87 Rn. 39; *Hopt/Leyens* ZGR 2019, 929 (983).

auf die Zeit bis zur Vertragsbeendigung entfallen") nicht erfasst.[3474] Diese können daher ohne Abweichung von der Empfehlung ausgezahlt oder fortgeschrieben werden.

Praktische Relevanz dürfte die Empfehlung hauptsächlich in Fällen haben, in denen die Vorstandsbestellung (vorzeitig) endet und der Anstellungsvertrag des Vorstandsmitglieds für einen bestimmten Zeitraum oder bis zum ursprünglich vereinbarten Ende der Vertragslaufzeit fortbesteht.[3475] Hier ist auf die **Reichweite der Empfehlung G.12** in besonderem Maße zu achten. Der Wortlaut der Empfehlung bezieht sich nicht auf die Beendigung der Vorstandsbestellung, sondern auf den Anstellungsvertrag als solchen.[3476] Dies spricht dafür, dass die Reichweite der Empfehlung davon abhängt, welche Gestaltung Gesellschaft und Vorstandsmitglied bei vorzeitiger Beendigung der Vorstandstätigkeit wählen. Endet der Anstellungsvertrag zeitnah, können auf den Zeitraum nach Beendigung des Anstellungsvertrags entfallende Vergütungsbestandteile ohne Abweichung von der Empfehlung ausbezahlt werden.[3477] Der Aufsichtsrat hat hier lediglich die Empfehlung G.13 zum Abfindungs-Cap zu beachten.[3478] Läuft der Anstellungsvertrag dagegen weiter, gilt die Empfehlung bis zum im Anstellungsvertrag oder Aufhebungsvertrag vereinbarten Beendigungstermin.

1444

Ausweislich der Begründung der Regierungskommission erfasst die Empfehlung G.12 nicht die Fälle, in denen der Vorstandsvertrag aufgrund des **Todes oder der Invalidität** des Vorstandsmitglieds endet.[3479] Sehen Anstellungsverträge eine entsprechende Vereinbarung vor, wonach zB eine vorzeitige Auszahlung der variablen Vergütung im Falle des Todes des Vorstandsmitglieds an die Erben erfolgt, bedarf es mangels Abweichung von der Empfehlung keiner Einschränkung der Entsprechenserklärung.[3480]

1445

G.13 Zahlungen an ein Vorstandsmitglied bei vorzeitiger Beendigung der Vorstandstätigkeit sollen den Wert von zwei Jahresvergütungen nicht überschreiten (Abfindungs-Cap) und nicht mehr als die Restlaufzeit des Anstellungsvertrags vergüten. Im Falle eines nachvertraglichen Wettbewerbsverbots soll die Abfindungszahlung auf die Karenzentschädigung angerechnet werden.

1446

Auf den ersten Blick knüpft die **Empfehlung G.13** in S. 1 an das bereits seit vielen Jahren in den Kodex aufgenommene „Abfindungs-Cap" an. Bei genauerer Lektüre zeigt sich jedoch ein erheblicher Unterschied. Bislang sah Ziffer 4.2.3 Abs. 4 DCGK 2017 vor, dass „bei Abschluss von Vorstandsverträgen" darauf geachtet werden solle, ein **Abfindungs-Cap** zu vereinbaren. Eine solche Anknüpfung findet sich in S. 1 der Empfehlung G.13 nicht mehr. Bislang entsprach es einhelliger Meinung, dass sich die Empfehlung eines Abfindungs-Caps sowohl auf den erstmaligen Abschluss eines Anstellungsvertrags als auch auf den Neuabschluss im Rahmen einer Wiederbestellung oder Verlängerung der Bestellung eines Vorstandsmitglieds bezog.[3481] Dies sollte auch dann gelten, wenn der Anstellungsvertrag für den Fall einer Wiederbestellung seine unveränderte Verlängerung vorsah. Auch in einem solchen Fall hat der Aufsichtsrat die Möglichkeit, die Wiederbestellung oder Verlängerung der Bestellung von einer Vertragsänderung abhängig zu machen.[3482] In der Praxis wurde die Empfehlung daher häufig durch die Aufnahme einer sich am Wortlaut der Empfehlung orientierenden Klausel in den Anstellungsvertrag des Vorstandsmitglieds erfüllt. Teilweise wurden auch **„modifizierte Kopplungsklauseln"** verwendet.[3483] Die Empfehlung nach Ziff. 4.2.3 Abs. 4 DCGK 2017 war daher schon durch Aufnahme einer entsprechenden Vereinbarung im Anstellungsvertrag des Vorstandsmitglieds erfüllt. Ob es im konkreten Fall einer vorzeitigen Beendigung der Vorstandstätigkeit zu einer Abfindungszahlung kommt, die das Abfindungs-Cap überschreitet, war für die Entsprechenserklärung irrelevant.[3484]

1447

Der neue Wortlaut von **S. 1** der Empfehlung G.13 legt ein gegenteiliges Verständnis nahe. Danach soll es nicht mehr auf die Aufnahme einer entsprechenden Klausel in den Anstellungsvertrag ankommen, sondern nur noch auf die „Zahlungen an ein Vorstandsmitglied bei vorzeitiger Beendigung der Vorstandstätigkeit".[3485] Für die Erfüllung der Empfehlung ist damit nicht mehr die Aufnahme einer Klausel über ein

1448

[3474] Dazu vertiefend C. Arnold/Gralla NZG 2020, 529 (537).
[3475] JIG/Kießling, DCGK 2020, Empf./Anr. G.12 Rn. 3.
[3476] Vgl. JIG/Kießling, DCGK 2020, Empf./Anr. G.12 Rn. 1.
[3477] Vgl. C. Arnold/Gralla NZG 2020, 529 (537).
[3478] C. Arnold/Gralla NZG 2020, 529 (537).
[3479] Begründung des DCGK, G.12, S. 16.
[3480] C. Arnold/Gralla NZG 2020, 529 (537).
[3481] KBLW/Bachmann DCGK Rn. 1024; Bauer/C. Arnold BB 2008, 1692 (1693); Hoffmann-Becking ZIP 2007, 2101 (2105).
[3482] KBLW/Bachmann DCGK Rn. 1024; Hoffmann-Becking ZIP 2007, 2101 (2105); aA Wilsing/Goslar DCGK 4.2.3 Rn. 20.
[3483] Lutter/Krieger/Verse AR § 7 Rn. 422; Beispiel für die Formulierung einer solchen Klausel bei Bauer/C. Arnold BB 2008, 1692 (1695).
[3484] Dörrwächter/Trafkowski NZG 2007, 846 (850); Bauer/C. Arnold BB 2008, 1692 (1693); Hohenstatt/Willemsen NJW 2008, 3462 (3465).
[3485] Dafür, dass nach dem Inhalt der Empfehlung eine entsprechende Klausel vorsorglich in den Vertrag aufzunehmen sei Hüffer/Koch/Koch AktG § 87 Rn. 22.

Abfindungs-Cap in den Anstellungsvertrag des Vorstandsmitglieds erforderlich, sondern die **konkrete Betrachtung der Zahlungen** an ein Vorstandsmitglied bei vorzeitigem Ausscheiden.[3486] Selbstverständlich kann es allerdings auch weiterhin Sinn machen, entsprechende Klauseln in den Anstellungsvertrag aufzunehmen, um – im Rahmen der rechtlichen Möglichkeiten[3487] – eine entsprechende Begrenzung für den Fall des Ausscheidens vorzubereiten.[3488]

1449 Inhaltlich und terminologisch bleibt es weiterhin bei den seit vielen Jahren diskutierten Schwierigkeiten bei der Anwendung des Abfindungs-Caps. Beim Wortlaut fällt insbesondere auf, dass die Kommission weiterhin an die vorzeitige Beendigung der **„Vorstandstätigkeit"** und nicht etwa des „Vorstandsvertrags" oder der „Vorstandsbestellung" anknüpft. Gerade mit Rücksicht auf die neue Empfehlung G.12, die von der „Beendigung eines Vorstandsvertrags" spricht, hätte es nahe gelegen, hier eine terminologische Angleichung vorzunehmen.

1450 Anders als im DCGK 2017 ist die **Bemessungsgrundlage** für die Berechnung des Abfindungs-Caps nicht mehr Bestandteil der Empfehlung. Die Kommission hat lediglich in die Begründung des Kodex aufgenommen, dass für die Berechnung des Abfindungs-Caps auf die Gesamtvergütung des abgelaufenen Geschäftsjahres und gegebenenfalls auf die voraussichtliche Gesamtvergütung für das laufende Geschäftsjahr abzustellen sei.[3489] Aus praktischer Sicht ist die Streichung der entsprechenden Empfehlung sehr zu begrüßen, da sie häufig Schwierigkeiten bei der Gestaltung von Vertragsklauseln für Abfindungs-Caps bereitete. Insbesondere bei der Verwendung einer **„modifizierten Kopplungsklausel"** stellt sich das Problem der Berechenbarkeit der vereinbarten Abfindung. Sobald mit der Kopplungsklausel ein Abfindungsanspruch in Höhe des Abfindungs-Caps (oder darunter) geschaffen wird, bedarf es klarer Regeln über die Berechnung. Hier macht es wenig Sinn, auf „voraussichtliche" Gesamtvergütungen abzustellen, da dann die Berechenbarkeit erst nach Ablauf des Bemessungszeitraums des jeweiligen variablen Vergütungsbestandteils vorliegt, was bei langfristig variablen Vergütungsbestandteilen mehrere Jahre betragen kann. Hier hat die Praxis in Zukunft deutlich höhere Flexibilität, ohne Abweichungen von der Empfehlung erklären zu müssen.

1451 Aufgrund der beschriebenen terminologischen Schwäche stellt sich die Frage, ob die Empfehlung G.13 S. 1 nur die Vereinbarung einer **Abfindung** (also eine Einmal- oder Ratenzahlung anlässlich der Beendigung des Anstellungsvertrags) betrifft oder auch das **Weiterlaufen des Anstellungsvertrags** nach (einseitiger oder einvernehmlicher) Beendigung des Vorstandsamts. Der Wortlaut von Empfehlung G.13 S. 1 ist weit, da nicht von „Abfindung", sondern von „Zahlungen an ein Vorstandsmitglied" die Rede ist. Das könnte dafür sprechen, sämtliche finanziellen Vorteil zu berücksichtigen, die auf den Zeitraum ab der Beendigung des Vorstandsamts entfallen, also sowohl eine Kapitalisierung der Restlaufzeit in Form einer Abfindung als auch eine Fortzahlung der Vergütung unter einem weiterlaufenden Anstellungsvertrag. Allerdings ist die Höhe der Gesamtvergütung bei einem über längere Zeit weiterlaufenden Anstellungsvertrag mit variablen Vergütungskomponenten nicht oder kaum vorhersehbar. Auch wenn die Restlaufzeit des Anstellungsvertrags nach Amtsbeendigung exakt zwei Jahre beträgt (und damit innerhalb der Empfehlung G.13 S. 1 liegt), könnte die Gesamtvergütung während dieser Zeit deutlich über der Gesamtvergütung im abgelaufenen Geschäftsjahr oder im Geschäftsjahr des Ausscheidens liegen. Das würde sich aber erst während der Restlaufzeit des Anstellungsvertrags oder – bei mehrjährigen variablen Vergütungskomponenten – erst einige Jahre nach Beendigung des Anstellungsvertrags herausstellen. Daher sprechen gute Gründe dafür, dass ein Weiterlaufen des Anstellungsvertrags bis zum vereinbarten Befristungsende von Empfehlung G.13 S. 1 nicht erfasst ist.[3490]

1452 Regelungsbedarf im Anstellungsvertrag von Vorstandsmitgliedern kann dagegen die neue Empfehlung in **S. 2** von Empfehlung G.13 auslösen. Danach sollen Abfindungen auf die **Karenzentschädigung** eines nachvertraglichen Wettbewerbsverbots **„angerechnet"** werden. Es ist offenbar ein Anliegen der Kommission, **„Doppelzahlungen"** in Form der Kapitalisierung von Vorstandsvergütung und gleichzeitiger Bezahlung einer Karenzentschädigung **zu vermeiden.**[3491] Ein solches Ergebnis war insbesondere dann nicht ausgeschlossen, wenn der Anstellungsvertrag im Rahmen einer „modifizierten Kopplungsklausel" eine Abfindungszahlung in Höhe des Abfindungs-Caps vorsah und zugleich eine davon unabhängige Regelung eines nachvertraglichen Wettbewerbsverbots mit Karenzentschädigung. In einem solchen Fall kann es zu einer vorzeitigen Kapitalisierung der Restvergütung (bis zu zwei Jahresgesamtvergütungen) kommen und zu einer weiteren Zahlung einer Karenzentschädigung in unmittelbarem Anschluss an den vorzeitig

---

[3486] So auch JIG/*Kießling,* DCGK 2020, Empf. G.13 Rn. 4.
[3487] *Bauer/C. Arnold* BB 2008, 1692.
[3488] JIG/*Kießling,* DCGK 2020, Empf. G.13 Rn. 4.
[3489] Begründung des DCGK, G.13, S. 16.
[3490] Wohl auch JIG/*Kießling,* DCGK 2020, Empf. G.13 Rn. 5.
[3491] Für eine zeitliche Beschränkung der Anrechnung auf den Zeitraum, in dem das Vorstandsmitglied sowohl eine Abfindung als auch eine Karenzentschädigung erhält JIG/*Kießling,* DCGK 2020, Empf. G13 Rn. 6.

beendeten Anstellungsvertrag. In Zukunft soll im Anstellungs- oder Aufhebungsvertrag insoweit klargestellt werden, dass eine solche „Doppelzahlung" ausgeschlossen ist.

G.15 Sofern Vorstandsmitglieder konzerninterne Aufsichtsratsmandate wahrnehmen, soll die Vergütung angerechnet werden. 1453

Empfehlung G.15 befasst sich mit der Frage, ob Vorstandsmitglieder für die Wahrnehmung konzerninterner Aufsichtsratsmandate eine zusätzliche Vergütung erhalten sollen oder ob diese mit der im Anstellungsvertrag vereinbarten Vergütung zu verrechnen ist.[3492] Beide Gestaltungen finden sich derzeit in der Praxis. Wohl überwiegend wird allerdings für die **Wahrnehmung konzerninterner Mandate** keine weitere Vergütung gewährt bzw. wird diese von der Vorstandsvergütung in Abzug gebracht.[3493] Dieser Sichtweise schließt sich die Kommission an und empfiehlt eine entsprechende **Anrechnung**. In der Begründung zum Kodex geht die Kommission noch einen Schritt weiter und empfiehlt konkret, konzerninterne Aufsichtsratsvergütung **auf die „Festvergütung"** für die Vorstandstätigkeit anzurechnen.[3494] Teil der Empfehlung ist eine solche Anrechnung auf die feste Vergütung allerdings nicht. Die Empfehlung G.15 ist also auch dann erfüllt, wenn eine konzerninterne Aufsichtsratsvergütung auf variable Vergütungsbestandteile angerechnet wird.[3495] In diesem Fall muss allerdings sichergestellt werden, dass eine solche Anrechnung auch dann stattfindet, wenn variable Vergütungsbestandteile ausnahmsweise oder jedenfalls insoweit ausfallen, als dass eine vollständige Anrechnung der Vergütung aus konzerninternen Aufsichtsratsmandaten nicht möglich ist.[3496] Hier empfiehlt es sich, eine entsprechende **Anrechnungsklausel im Anstellungsvertrag** zu vereinbaren.[3497] 1454

Die Empfehlung kann allerdings auch dadurch erfüllt werden, dass Vorstandsmitglieder für die Wahrnehmung konzerninterner Aufsichtsratsmandate von vornherein **keine Vergütung erhalten,** sei es durch Satzungsgestaltungen bei konzerninternen Tochtergesellschaften oder Erklärungen der Vorstandsmitglieder gegenüber den jeweiligen Gesellschaften. Falls es von vornherein nichts anzurechnen gibt, muss auch keine Anrechnung in den Anstellungsverträgen der Vorstandsmitglieder zur Erfüllung der Empfehlung vereinbart werden.[3498] 1455

G.16 Bei der Übernahme konzernfremder Aufsichtsratsmandate soll der Aufsichtsrat entscheiden, ob und inwieweit die Vergütung anzurechnen ist. 1456

Im Hinblick auf die Wahrnehmung von Aufsichtsratsmandaten bei **nicht-konzernangehörigen Gesellschaften** sieht der Kodex keine generelle Empfehlung einer Verrechnung vor. Vielmehr empfiehlt er insoweit eine Entscheidung des Aufsichtsrats, ob und inwieweit die Vergütung anzurechnen ist. Eine solche Entscheidung kann der Aufsichtsrat zum einen im Rahmen der allgemeinen **Entscheidung über die Genehmigung von Nebentätigkeiten** treffen.[3499] Dazu kann er eine Regelung in die Geschäftsordnung aufnehmen,[3500] die die Kriterien für die Entscheidung benennt. Um die Empfehlung sicherzustellen, sollte der Aufsichtsrat darüber hinaus – möglichst im Anstellungsvertrag – entsprechende Regelungen über die Zustimmungspflichtigkeit von Nebentätigkeiten regeln. Die Entscheidung, ob und inwieweit angerechnet wird, kann der Aufsichtsrat im konkreten Einzelfall im Unternehmensinteresse treffen.[3501] Auch eine Vorwegnahme der Entscheidung über die Anrechnung der Vergütung für die Wahrnehmung konzernexterner Aufsichtsratsmandate ist möglich, in dem eine entsprechende **Anrechnungsklausel im Anstellungsvertrag** vereinbart wird.[3502] 1457

Einen bestimmten Entscheidungsinhalt gibt die neue **Empfehlung G.16** nicht vor.[3503] Sie ist bereits dann erfüllt, wenn der Aufsichtsrat überhaupt über die Anrechnung von Vergütungen aus konzernfremden Aufsichtsratsmandaten entscheidet. 1458

Weder Empfehlung G.15 noch Empfehlung G.16 erstreckt sich auf **andere Nebentätigkeiten** als auf Aufsichtsratsmandate. Damit ist die Anrechnung bzw. die Entscheidung über die Anrechnung von Vergütungen aus Beirats-, Kuratoriums-, Stiftungs- und Geschäftsführungsmandaten für die Erfüllung der Emp- 1459

[3492] So auch *Hohenstatt/Seibt* ZIP 2019, 11 (19).
[3493] Vgl. *C. Arnold/Gralla* NZG 2020, 529 (536); JIG/*Kießling,* DCGK 2020, Empf. G15, G.16 Rn. 3.
[3494] Begründung des DCGK, G.15, S. 17; kritisch JIG/*Kießling,* DCGK 2020, Empf. G15, G.16 Rn. 3, der eine Verortung der „nicht unwichtigen Klarstellung" in der Empfehlung für sinnvoll erachtet hätte.
[3495] *C. Arnold/Gralla* NZG 2020, 529 (536); JIG/*Kießling,* DCGK 2020, Empf. G15, G.16 Rn. 3.
[3496] *C. Arnold/Gralla* NZG 2020, 529 (536).
[3497] *C. Arnold/Gralla* NZG 2020, 529 (536) mit Beispiel für die Formulierung einer solchen Klausel.
[3498] Vgl. *C. Arnold/Gralla* NZG 2020, 529 (536).
[3499] *C. Arnold/Gralla* NZG 2020, 529 (536); vgl. auch *Bachmann* ZHR 2020, 127 (137).
[3500] *C. Arnold/Gralla* NZG 2020, 529 (536).
[3501] Vgl. Begründung des DCGK, G.16, S. 17; für ein „breites Vergütungsermessen" des Aufsichtsrats und eine Entscheidung im individuellen Einzelfall JIG/*Kießling,* DCGK 2020, Empf. G15, G.16 Rn. 5f.
[3502] Dazu vertiefend mit Formulierungsvorschlag für eine Anrechnungsklausel *C. Arnold/Gralla* NZG 2020, 529 (536).
[3503] Vgl. *Hohenstatt/Seibt* ZIP 2019, 11 (19); *Hopt/Leyens* ZGR 2019, 929 (986).

fehlung irrelevant.[3504] Dasselbe gilt für sonstige Nebentätigkeiten, die nicht in der Wahrnehmung von Aufsichtsratsmandaten bestehen.

1460 **(4) Anregung.** Der DCGK in der Fassung vom 16.12.2019 enthält für den Abschnitt zur Vergütung des Vorstands nur eine einzige Anregung. Diese ist durch Verwendung des Begriffs „sollte" gekennzeichnet. Eine Abweichung von der Anregung müssen börsennotierte Gesellschaften – anders als bei Abweichung von einer Empfehlung – nicht im Rahmen der jährlichen Entsprechenserklärung offenlegen und begründen.[3505]

1461 **G.14** Zusagen für Leistungen aus Anlass der vorzeitigen Beendigung des Anstellungsvertrags durch das Vorstandsmitglied infolge eines Kontrollwechsels (Change of Control) sollten nicht vereinbart werden.

1462 Im DCGK 2017 (dort Nr. 4.2.3 Abs. 5) war für Abfindungszahlungen infolge eines Kontrollwechsels noch die Empfehlung vorgesehen, für diesen Fall Zahlungen in Höhe von max. 150% des Abfindungs-Caps zu vereinbaren. Laut Begründung des DCGK konnte die Regierungskommission insoweit ein verbreitetes **Missverständnis** feststellen.[3506] Angeblich sei die Empfehlung einer Zahlungsobergrenze für den Kontrollwechsel-Fall verbreitet mit der Empfehlung verwechselt worden, solche Leistungen zuzusagen – was nie bezweckt gewesen sei.[3507] Dies veranlasste die Kommission zur Anregung, Zusagen für Leistungen aus Anlass der „vorzeitigen Beendigung des Anstellungsvertrags" durch das Vorstandsmitglied infolge eines Kontrollwechsels **(Change of Control, CoC)** nicht zu vereinbaren. Nach ihrem Wortlaut bezieht sich die neue Anregung also ausschließlich auf den Fall, dass die vorzeitige Beendigung des Anstellungsvertrags „**durch das Vorstandsmitglied**" veranlasst wird.[3508] Keine Aussage trifft die Anregung dagegen zu Leistungszusagen für den Fall, dass nach einem Kontrollwechsel die Gesellschaft eine vorzeitige Beendigung der Vorstandstätigkeit veranlasst.[3509]

1463 Der Kommission ist zuzugeben, dass Aufsichtsräte börsennotierter Gesellschaften in den vergangenen Jahren **Abfindungszusagen für den Fall des Kontrollwechsels** zunehmend **kritisch betrachtet** haben. Hinterfragt wurde insbesondere, ob entsprechende Klauseln durch das Unternehmenswohl gerechtfertigt sind oder nicht vielmehr einseitig das Wohl der Vorstandsmitglieder verfolgen. Solche Überlegungen haben allerdings nicht in allen Fällen dazu geführt, Abfindungsklauseln für Kontrollwechsel-Fälle vollständig zu streichen. Vielfach wurden die **Anforderungen** an das Recht des Vorstandsmitglieds, vorzeitig gegen Abfindung auszuscheiden, **verschärft** und beispielsweise nicht an den Kontrollwechsel-Fall als solchen, sondern an weitere Beeinträchtigungen seiner Position geknüpft oder gar nur auf den Fall des Widerrufs seiner Bestellung nach dem Kontrollwechsel beschränkt. Das von der Kommission beklagte Missverständnis, der DCGK 2017 empfehle die Vereinbarung von Abfindungszusagen für den Kontrollwechsel-Fall, ließ sich in der Praxis jedenfalls nicht generell beobachten.[3510] Dennoch wird die neue Anregung sicherlich zu einer weiteren **Zurückdrängung von Abfindungsklauseln** für den Fall des Kontrollwechsels führen.[3511]

1464 Ebenfalls keine Aussage trifft der Kodex zur Frage, ob Abfindungszusagen bei vorzeitiger Beendigung des Anstellungsvertrags im Fall eines Kontrollwechsels ebenfalls **auf zwei Jahresvergütungen begrenzt** sind, wie es Empfehlung G.13 S. 1 vorsieht, oder die Anregung G.14 insoweit abschließend ist.[3512] Vereinbaren Aufsichtsräte – entgegen der Anregung der Regierungskommission – Change of Control-Klauseln, müssen sie diese Abweichung von Anregung G.14 zwar nicht in der Entsprechenserklärung offenlegen und begründen. Nicht gänzlich ausgeschlossen werden kann aber, dass eine Offenlegung – je nach Ausgestaltung und Höhe der Leistungszusage – wegen Abweichens von Empfehlung G.13 S. 1 geboten ist.[3513]

1465 **bb) „Investorenerwartungen". Professionelle Stimmrechtsberater** haben sich in den letzten Jahren als weitere, nicht im Gesetz geregelte Instanz für die Beurteilung der Vorstandsvergütung börsennotierter Aktiengesellschaft etabliert. Solche Stimmrechtsberater übernehmen für institutionelle Anleger die Prüfung der Tagesordnungen der Hauptversammlung börsennotierter Aktiengesellschaften und machen auf

---

[3504] *C. Arnold/Gralla* NZG 2020, 529 (536).
[3505] DCGK, Präambel.
[3506] Dazu auch JIG/*Kießling*, DCGK 2020, Anr. G.14 Rn. 2.
[3507] Begründung des DCGK, G.14, S. 16.
[3508] Hüffer/Koch/*Koch* AktG § 87 Rn. 24; *Bachmann* ZHR 2020, 127 (137); *C. Arnold/Gralla* NZG 2020, 529 (537).
[3509] Dazu vertiefend *C. Arnold/Gralla* NZG 2020, 529 (537).
[3510] *Hohenstatt/Seibt* ZIP 2019, 11 (19); *von der Linden* DStR 2019, 1528 (1532).
[3511] Kritisch zur Abweichung von der „bewährten Praxis" JIG/*Kießling*, DCGK 2020, Anr. G.14 Rn. 2; Hohenstatt/Seibt ZIP 2019, 11 (19).
[3512] Dazu *C. Arnold/Gralla* NZG 2020, 529 (537).
[3513] Gegen eine Pflicht zur Offenlegung Hopt/*Leyens*, ZGR 2019, 929 (985), die die Gewährung von Abfindungsbeträgen für den Fall eines Kontrollwechsels bei Angemessenheit auch über einen Betrag von 150% des Abfindungscaps hinaus für zulässig und nicht begründungsbedürftig halten; auch JIG/*Kießling*, DCGK 2020, Anr. G.14 Rn. 6 scheint davon auszugehen, dass Empfehlung G.13 bei CoC-Zusagen nicht zu beachten ist.

Basis ihrer Abstimmungsrichtlinien („Voting Policy") Vorschläge zum Stimmverhalten. In den Voting Policies sind ua Vorgaben zur Vorstandsvergütung beschrieben, die als Voraussetzung für die Empfehlung einer Zustimmung zu einem Hauptversammlungsbeschluss zum Vergütungssystem bzw. zu einer Entlastung des Aufsichtsrats gelten.

Aufsichtsräte börsennotierter Aktiengesellschaften nehmen Stimmrechtsberater als relevante „Marktteilnehmer" wahr, seit es Stimmrechtsberatern gelungen ist, in einigen Hauptversammlungen die **Ablehnung neuer Vorstandsvergütungssysteme** durchzusetzen. Betroffen waren zB prominente deutsche Gesellschaften wie die Merck KGaA und die ProSiebenSat.1 Media SE. Besonders bei Gesellschaften mit erheblichem Streubesitz und erheblichen Anteilen von institutionellen Anlegern können negative Voten von Stimmrechtsberatern ohne Weiteres dazu führen, dass Vorstandsvergütungssysteme in den Hauptversammlungen „durchfallen". Zudem befürchten Aufsichtsräte, dass Stimmrechtsberater gegen ihre Entlastung stimmen mit der Begründung, die vom Aufsichtsrat entschiedene Vorstandsvergütung widerspreche guter Corporate Governance.

Zwar ist die Berücksichtigung des „Kapitalmarkts" oder der „Investoren" nicht neu. Schon bislang haben Aufsichtsräte, insbesondere deren Vorsitzende, entsprechend der Empfehlung des DCGK das Gespräch mit Investoren gesucht und auch deren Meinung zur Vorstandsvergütung und zu dem bestehenden oder einem zu reformierenden Vorstandsvergütungssystem eingeholt. Durch die verstärkte Tätigkeit von Stimmrechtsberatern hat allerdings die Berücksichtigung solcher „Investorenerwartungen" in der Praxis **ganz erheblich an Bedeutung gewonnen.** Es ist daher durchaus üblich, dass Aufsichtsräte börsennotierter Gesellschaften bei der Neufassung der Vorstandsvergütungssysteme nicht nur das Aktiengesetz und den DCGK, sondern auch die Voting Policies bedeutender Stimmrechtsberater berücksichtigen und mit Stimmrechtsberatern den Dialog suchen, wenn sie befürchten, dass Einzelheiten des Vergütungssystems gegen Richtlinien verstoßen und zu einer Ablehnung in der Hauptversammlung führen könnten. Zum Teil gründen aus diesem Grund Stimmrechtsberater Schwester- oder Tochtergesellschaften, die Aktiengesellschaften Beratungsleistungen anbieten, um Abweichungen von den durch Stimmrechtsberater aufgestellten Erwartungen zu vermeiden. Solche Beratungsgesellschaften treten in der Praxis dann neben oder in Konkurrenz zu den bislang am Markt vertretenen Vergütungsberatern.

Erheblichen Einfluss am Markt haben Stimmrechtsberater wie Institutional Shareholder Services (ISS) und Glass Lewis oder Investoren wie BlackRock. Sie aktualisieren und veröffentlichen regelmäßig ihre Voting Policies, die gerade in jüngerer Zeit immer detailliertere **Anforderungen zur Vorstandsvergütung** börsennotierter Aktiengesellschaften enthalten. Typische Themen sind:
– Transparenz des Vorstandsvergütungssystems und Offenlegung der einzelnen Vergütungselemente[3514]
– Angemessene Vergütungsstruktur mit Schwerpunkt auf langfristigem Shareholder Value[3515]
– Keine variable Vergütung bei schlechter Performance des Vorstands (sog. „Pay for Failure")[3516]
– Berücksichtigung der Performance vergleichbarer Unternehmen (sog. „Peer Group") bei fester und variabler Vergütung[3517]
– Begrenzung von Abfindungszahlungen[3518]

Zudem stellt zB Glass Lewis in Aussicht, die Nicht-Entlassung des Aufsichtsrats zu empfehlen, wenn der Hauptversammlung kein Beschluss nach § 120 Abs. 4 AktG aF unterbreitet wurde und sich die Vorstandsvergütung im vergangenen Jahr wesentlich geändert hat oder auf erheblichen Widerstand bei den Aktionären traf.[3519]

In jüngster Zeit betonen Stimmrechtsberater zudem die Bedeutung sog. **ESG-Ziele** („Environment Social Governance"). Allen voran steht dabei der Beitrag zum Klimaschutz und die Berücksichtigung allgemeiner Umweltziele. Diese sollen bei der Bemessung der Vorstandsvergütung von den Aufsichtsräten mitberücksichtigt werden.

Viele Aufsichtsräte börsennotierter Gesellschaften nehmen die Voting Policies, insbesondere Empfehlungen der Stimmrechtsberater zur Vorstandsvergütung, ernst. Vorsitzende von Aufsichtsräten suchen regelmäßig den Kontakt und den **Dialog mit den lokal zuständigen Repräsentanten** der Stimmrechtsberater. Allerdings tun sich Aufsichtsräte – das kann nicht verkannt werden – durchaus schwer, sämtliche

---

[3514] Glass Lewis Proxy Paper Guidelines 2019, 14; ISS Continental Europe Proxy Voting Guidelines Dezember 2018, 20 f.; Black Rock: Proxy voting guidelines for European, Middle Eastern, and African securities Januar 2019, 14.
[3515] Glass Lewis Proxy Paper Guidelines 2019, 14; ISS Continental Europe Proxy Voting Guidelines Dezember 2018, 21; Black Rock: Proxy voting guidelines for European, Middle Eastern, and African securities Januar 2019, 14.
[3516] ISS Continental Europe Proxy Voting Guidelines Dezember 2018, 21; Black Rock: Proxy voting guidelines for European, Middle Eastern, and African securities Januar 2019, 15.
[3517] ISS Continental Europe Proxy Voting Guidelines Dezember 2018, 21; Black Rock: Proxy voting guidelines for European, Middle Eastern, and African securities Januar 2019, 11.
[3518] Glass Lewis Proxy Paper Guidelines 2019, 14; ISS Continental Europe Proxy Voting Guidelines Dezember 2018, 21.
[3519] Glass Lewis Proxy Paper Guidelines 2019, 14 f.

Überlegungen der Stimmrechtsberater nachzuvollziehen und ein Vorstandsvergütungssystem zu berücksichtigen. Dies beruht zum einen darauf, dass die Sichtweise professioneller Stimmrechtsberater durch angloamerikanische Überlegungen und Grundstrukturen der Vorstandsvergütung bestimmt werden. Zum anderen sind die Voting Policies der Stimmrechtsberater durchaus detailliert und gehen teilweise deutlich über das Aktiengesetz, aber auch über den DCGK hinaus. Gerade die jüngste Entwicklung, über das eigentliche Unternehmensinteresse hinausgehende ESG-Ziele zu berücksichtigen, stellt zudem die Frage, inwieweit die Berücksichtigung solcher Ziele im Unternehmensinteresse liegt und dem Unternehmenswohl dient. Im Übrigen steht die Berücksichtigung solcher Ziele in einem deutlichen Spannungsverhältnis zu der ansonsten durch die Stimmrechtsberater erhobenen Forderung, nur klar messbare und möglichst objektive Zielkriterien für die Vorstandsvergütung zu verwenden.

e) Gestaltungsmöglichkeiten

1472 § 87 Abs. 1 S. 1 AktG nennt als Bestandteile der Gesamtvergütung eines Vorstandsmitglieds „Gehalt, Gewinnbeteiligungen, Aufwandsentschädigungen, Versicherungsentgelte, Provisionen, anreizorientierte Vergütungszusagen wie zum Beispiel Aktienbezugsrechte und Nebenleistungen jeder Art". In der Praxis setzt sich die Vorstandsvergütung üblicherweise aus **fixen und variablen Bestandteilen** zusammen. Aus § 87 Abs. 1 S. 3 AktG ergibt sich, dass variable Vergütungsbestandteile bei börsennotierten Aktiengesellschaften eine mehrjährige Bemessungsgrundlage haben sollen.

1473 In der Praxis setzt sich die **variable Vergütung** eines Vorstandsmitglieds in der Regel aus einer kurzfristigen variablen Vergütung (Short Term Incentive, „STI") und einer langfristigen variablen Vergütung (Long Term Incentive, „LTI") zusammen. Häufig ist dabei der Zielbetrag der langfristigen variablen Vergütung höher als derjenige der kurzfristigen variablen Vergütung. Die Aufteilung entspricht bei DAX-Unternehmen oftmals in etwa 25% Fixvergütung, 25% STI, 40% LTI und 10% an Zusatzleistungen wie zB betriebliche Altersversorgung, während sich bei MDax, SDax und TechDax Unternehmen die Festvergütung häufig bei 30–35% bewegt.[3520] Der DCGK empfiehlt börsennotierten Unternehmen in G.6, dass der Anteil der langfristigen variablen Vergütung den Anteil der kurzfristigen variablen Vergütung übersteigt (→ Rn. 1411).

1474 **aa) Zulässigkeit einer reinen Festvergütung.** Trotz der Vorgaben des § 87 Abs. 1 S. 2, 3 AktG ist es auch bei börsennotierten Aktiengesellschaften zulässig, eine **reine Festvergütung** zu vereinbaren.[3521] Dies ergibt sich bereits aus den Gesetzesmaterialien, die die Möglichkeit, eine Festvergütung zu vereinbaren, ausdrücklich erwähnen.[3522] Der Sinn und Zweck des § 87 Abs. 1 S. 2, 3 AktG besteht darin, Fehlanreize durch variable Vergütungsbestandteile zu vermeiden, nicht variable Vergütungsbestandteile zwingend vorzuschreiben.[3523] Das gilt unverändert auch nach Inkrafttreten des ARUG II. Zwar verbindet der Ausschuss mit dem neuen Wortlaut des § 87 Abs. 1 S. 2 AktG die Vorstellung, dass der Aufsichtsrat soziale und ökologische Gesichtspunkte „in den Blick zu nehmen hat"[3524] (zu ESG-Zielen → Rn. 1314). Solche Gesichtspunkte können, müssen aber nicht mit variablen Vergütungsbestandteilen im Vergütungssystem abgebildet werden. Die vagen Ausführungen des Ausschusses zu „sozialen und ökologischen Gesichtspunkten" bedeuten gerade mit Blick auf den Wortlaut des § 87a AktG nicht, dass der Gesetzgeber des ARUG II durch die „Hintertür" den Zwang zur Gewährung variabler Vergütungsbestandteile einführen wollte. Für börsennotierte Unternehmen ist jedoch der DCGK zu beachten, der in seiner Empfehlung G.1 davon ausgeht, dass im Vergütungssystem (zum Vergütungssystem nach § 87a AktG → Rn. 1337) fixe und variable Bestandteile enthalten sind.

1475 **bb) Kurzfristige variable Vergütung.** Der **Bemessungszeitraum** der kurzfristigen variablen Vergütung (häufig auch als Tantieme oder Jahresbonus bezeichnet) beträgt in der Regel ein Jahr. In Branchen, in welchen Umsatz und Gewinn in der Regel von Jahr zu Jahr sehr schwanken, kann es sich jedoch auch anbieten, einen längeren Zeitraum, zB zwei Jahre, zugrunde zu legen.

1476 Der Aufsichtsrat legt zunächst bestimmte **Ziele** fest, die Grundlage für die Bemessung der kurzfristigen variablen Vergütung sein sollen. Dabei kann der Aufsichtsrat sowohl auf finanzielle als auch nichtfinanzielle Ziele zurückgreifen. **Finanzielle Ziele** sind bestimmte Unternehmenskennzahlen (häufig auch als Key Performance Indicators, KPIs bezeichnet), die aus Sicht des Aufsichtsrats besonders gut geeignet dafür sind, den finanziellen Erfolg des Vorstands in einem Geschäftsjahr zu messen. In der Praxis werden bei der kurzfristigen variablen Vergütung zB der Umsatz, der Cash Flow, die Earnings Before Interst and Taxes

---

[3520] Goethe Universität Frankfurt am Main und PwC, Vergütungsstudie 2017, 20 (46).
[3521] BGH NJW 2020, 679 Rn. 33; Bauer/C. Arnold AG 2009, 717 (721 f.); Lingemann BB 2009, 1918 (1919).
[3522] BT-Drs. 16/12278, 5; vgl. auch RegE ARUG II, 73, wonach ein Vergütungssystem nach § 87a AktG keine variablen Vergütungsbestandteile enthalten muss.
[3523] BGH NJW 2020, 679 Rn. 33; Hölters/Weber AktG § 87 Rn. 34; Fleischer NZG 2009, 801 (803).
[3524] BT-Drs. 19/15153, 62.

(„EBIT"), die operative Umsatzrendite, das operative Ergebnis oder die durchschnittliche Kapitalrendite verwendet. Der Aufsichtsrat muss zudem festlegen, welche Gewichtung die einzelnen Unternehmenskennzahlen haben sollen. Daneben berücksichtigen viele Vergütungssysteme **nichtfinanzielle Ziele.** Darunter können die persönliche Leistung des einzelnen Vorstandsmitglieds, die kollektive Leistung des Gesamtvorstands, das Erreichen bestimmter Stakeholder-Ziele sowie sog. ESG-Ziele (→ Rn. 1314) fallen.

Empfehlung G.7 S. 1 gibt vor, dass der Aufsichtsrat die Ziele für das bevorstehende Geschäftsjahr festlegt (→ Rn. 1415 ff.). Sie sollen sich neben operativen vor allem an strategischen Zielsetzungen orientieren. Nach Empfehlung G.7 S. 2 DCGK soll der Aufsichtsrat festlegen, in welchem Umfang individuelle Ziele oder Ziele für alle Vorstandsmitglieder zusammen maßgebend sind (→ Rn. 1419). Eine nachträgliche Änderung der Zielwerte soll nach Empfehlung G.8 DCGK ausgeschlossen sein. Die Planbedingungen sollten ferner festlegen, **welchen Anteil** die finanziellen Ziele und welchen Anteil die nichtfinanziellen Ziele ausmachen. Hierzu finden sich in der Praxis verschiedene Vorgehensweisen: Teilweise wird festgelegt, dass die nichtfinanziellen Ziele einen bestimmten Anteil von zB 20% der Gesamtzielerreichung ausmachen. Andere Unternehmen entscheiden sich, die kurzfristige variable Vergütung zunächst anhand der finanziellen Ziele festzulegen und räumen dem Aufsichtsrat dann die Möglichkeit ein, die kurzfristige variable Vergütung nach pflichtgemäßem Ermessen um zB 20% anzuheben oder zu senken, je nachdem wie zB die persönliche Leistung des Vorstandsmitglieds im betreffenden Geschäftsjahr eingestuft wird. In der Praxis wird zur Berücksichtigung der nichtfinanziellen Ziele häufig ein sog. **Modifier** verwendet, mit welchem die Gesamtzielerreichung als Summe der gewichteten Teilzielerreichungen aus den finanziellen Zielen mit einem Faktor zwischen 0,8 und 1,2 multipliziert werden kann.

Zur Berechnung des Auszahlungsbetrags aus der kurzfristigen variablen Vergütung anhand der festgelegten finanziellen und nichtfinanziellen Ziele sind folgende Festlegungen zu treffen: Zunächst sollten die Planbedingungen einen **Zielbetrag** festlegen, der einer Zielerreichung von 100% (Zielwert) entspricht. Dies ist insbesondere vor dem Hintergrund des neuen DCGK wichtig, da dieser das Festlegen einer Ziel-Gesamtvergütung verlangt (→ Rn. 1392). Die Ziel-Gesamtvergütung lässt sich vom Aufsichtsrat am einfachsten bestimmen, wenn für die variablen Vergütungsbestandteile eine klare Festlegung getroffen ist, welcher Betrag einer Zielerreichung von 100% entspricht. Werden die Ziele vollständig erreicht, erhält das Vorstandsmitglied genau den Zielbetrag. Häufig werden zusätzlich zwei weitere Werte festgelegt: Erstens ein **Schwellenwert,** der erreicht werden muss, damit es überhaupt zu einer Zielerreichung für das Geschäftsjahr kommt. Zweitens legt der Aufsichtsrat in der Regel einen **Maximalwert** für jede Unternehmenskennzahl fest. Wird der Maximalbetrag überschritten, erhöht sich die Zielerreichung in Bezug auf diese Unternehmenskennzahl nicht weiter. Der Maximalwert liegt in der Regel zwischen 180% und 200% des Zielbetrags. Zwischen dem Schwellenwert, dem Zielwert und dem Maximalwert wird die kurzfristige variable Vergütung meist anteilig berechnet (in der Praxis häufig als „lineare Interpolation" bezeichnet). Nach Ablauf des Geschäftsjahres wird der Auszahlungsbetrag berechnet, indem für jede Unternehmenskennzahl und die nichtfinanziellen Ziele die Zielerreichung gemessen wird. Viele Systeme ermitteln dabei eine Zielerreichung in Prozent und multiplizieren diese Zielerreichung dann mit dem vertraglich vereinbarten Zielbetrag, um den Auszahlungsbetrag zu berechnen. Diese Rechenschritte sollten in den Planbedingungen klar festgelegt werden, um Empfehlung G.9 DCGK gerecht zu werden (→ Rn. 1424).

Es ist zu empfehlen, im Rahmen der Planbedingungen das Schicksal der kurzfristigen variablen Vergütung bei einem **unterjährigen Eintritt** und einem **unterjährigen Ausscheiden aus der Gesellschaft** zu regeln. Hier wird es in der Regel angemessen sein, die kurzfristige variable Vergütung anteilig **(pro rata temporis)** im Verhältnis zum Eintritts- bzw. Austrittszeitpunkt zu gewähren. Um Auslegungsstreitigkeiten vorzubeugen, sollte explizit geregelt werden, ob auf den Zeitpunkt des Beginns bzw. des Endes der Bestellung zum Vorstandsmitglied oder auf den Beginn bzw. das Ende des Anstellungsvertrags abzustellen ist. Hier ist zu beachten, dass der DCGK in Empfehlung G.12 die Auszahlung noch offener Vergütungsbestandteile nach den ursprünglich vereinbarten Zielen und nach den vertraglich vereinbarten Fälligkeitsterminen fordert (→ Rn. 1442). Die Planbedingungen sollten also regeln, ob und wie der Zielbetrag oder der Auszahlungsbetrag zu kürzen sind, sie sollten jedoch keine abweichenden Auszahlungszeitpunkte oder Berechnungen vorsehen.

Viele Planbedingungen sehen zudem **Anpassungsmöglichkeiten** des Aufsichtsrats bei besonderen Entwicklungen vor, zB im Falle von Akquisitionen, der Veräußerung eines Unternehmens bzw. von Teilen eines Unternehmens, Änderungen rechtlicher oder regulatorischer Rahmenbedingungen oder wesentlicher Veränderungen des Geschäftsmodells der Gesellschaft. Mit solchen Klauseln behält sich der Aufsichtsrat eine gewisse Flexibilität vor. Zudem erfüllt er Empfehlung G.11 S. 1 DCGK (→ Rn. 1435).

Zuletzt wird üblicherweise die **Fälligkeit** der kurzfristigen variablen Vergütung in den Planbedingungen geregelt. Hier stellt die Praxis in der Regel auf den Monat nach Feststellung des Jahresabschlusses oder Billigung des Konzernabschlusses ab oder legt einen entsprechenden Auszahlungstermin, in der Regel also im Frühjahr des Folgejahres, fest.

1482 **cc) Langfristige variable Vergütung.** Die langfristige variable Vergütung soll nach Empfehlung G.6 DCGK die kurzfristige variable Vergütung übersteigen (→ Rn. 1411). Es bietet sich daher in der Praxis an, den **Zielbetrag** der langfristigen variablen Vergütung, der einer Zielerreichung von 100% entspricht, höher anzusetzen als den Zielbetrag der kurzfristigen variablen Vergütung.

1483 Der **Bemessungszeitraum** (auch sog. **Performance-Periode**) langfristiger variabler Vergütungsbestandteile betrug bislang in der Praxis häufig drei Jahre. Empfehlung G.10 S. 2 gibt nunmehr vor, dass Vorstandsmitglieder über die langfristige variable Vergütung erst nach vier Jahren verfügen können sollen (→ Rn. 1432). In der Praxis dürfte sich daher in Zukunft ein Bemessungszeitraum von vier Jahren etablieren.

1484 **(1) Performance Share Pläne.** Häufig wird die langfristige Vergütung der Vorstandsmitglieder bei börsennotierten Aktiengesellschaften durch einen sog. Performance Share Plan geregelt. **Performance Shares** sind virtuelle Aktien. Sie vermitteln weder Stimmrechte noch Rechte auf eine Dividendenbeteiligung oder sonstige aktienrechtliche Rechte. Performance Shares können nicht veräußert, verpfändet, übertragen, abgetreten oder vererbt werden.

1485 Der **Vorteil** einer Gestaltung durch virtuelle Aktien liegt zum einen darin, dass dadurch auf einfachstem Weg eine möglichst umfassende Konformität mit den Regelungen des DCGK hergestellt werden kann. Nach Empfehlung G.10 S. 1 DCGK sollen die dem Vorstandsmitglied gewährten variablen Vergütungsbestandteile überwiegend in Aktien der Gesellschaft angelegt oder aktienbasiert gewährt werden. Die langfristige variable Vergütung soll zudem die kurzfristige variable Vergütung übersteigen (Empfehlung G.6 DCGK). Wird die langfristige variable Vergütung also über virtuelle Aktien ausgestaltet und liegt der Zielbetrag höher als die kurzfristige variable Vergütung, ist Empfehlung G.10 S. 1 DCGK erfüllt, da dann der überwiegende Anteil der variablen Vergütung aktienbasiert gewährt ist (→ Rn. 1430). Gegenüber einer langfristigen variablen Vergütung durch echte Aktien haben die virtuellen Aktien den Vorteil, dass es keiner Befassung der Hauptversammlung bedarf (§ 193 Abs. 2 Nr. 4 AktG).

1486 Der Aufsichtsrat legt zunächst die **Ziele** fest, die Grundlage für die Bemessung der Zielerreichung sind. Auch im Rahmen der langfristigen variablen Vergütung kann der Aufsichtsrat sowohl auf finanzielle Ziele als auch nichtfinanzielle Ziele zurückgreifen (→ Rn. 1476). In der Praxis besteht eine gewisse Tendenz, nichtfinanzielle Ziele wie die persönliche Leistung eher im Rahmen der kurzfristigen variablen Vergütung zu messen. Bei eher langfristigen Zielen erscheint dagegen gerade der LTI mit seiner mehrjährigen Laufzeit als geeignetes Mittel. Als **finanzielle Ziele** werden bei der langfristigen variablen Vergütung in der Praxis insbesondere der Total Shareholder Return („TSR") im Vergleich zu einer vom Aufsichtsrat festgelegten Vergleichsgruppe oder auch die Earnings Per Share („EPS") verwendet. Der Aufsichtsrat legt bei mehreren Unternehmenskennzahlen ferner ihre Gewichtung zueinander fest. Empfehlung G.7 S. 1 DCGK gibt vor, dass der Aufsichtsrat die Ziele für das bevorstehende Geschäftsjahr festlegt. Bei der langfristigen variablen Vergütung genügt eine Festlegung vor Beginn des vierjährigen Bemessungszeitraums (→ Rn. 1418). Sie sollen sich neben operativen vor allem an strategischen Zielsetzungen orientieren. Eine nachträgliche Änderung der Zielwerte soll nach Empfehlung G.8 DCGK ausgeschlossen sein.

1487 Der **Ablauf eines Performance Share Plans** gestaltet sich in der Regel wie folgt: Zunächst werden zu Beginn der Performance Periode, in der Regel zum 1.1. des ersten Jahres, eine bestimmte Anzahl von Performance Shares zugeteilt. Die Anzahl der zuzuteilenden Performance Shares berechnet sich, indem man den vertraglich vereinbarten Zielbetrag durch den aktuellen Wert der maßgeblichen Aktie am Zuteilungstag bzw. in der Regel einen Durchschnittswert der letzten 20, 30 oder 60 Handelstage vor dem Zuteilungstag, teilt. Während der Performance Periode wird die Zielerreichung für die festgelegten finanziellen und nichtfinanziellen Ziele gemessen. Dabei kann bei einer mehrjährigen Performance Periode sowohl jährlich eine Ermittlung der Zielerreichung stattfinden, wobei die einzelnen Jahresergebnisse addiert werden und ein Durchschnitt über den Bemessungszeitraum gebildet wird. Alternativ kann auch die Verbesserung oder Verschlechterung über den gesamten Zeitraum gemessen werden. Eine Einschränkung ergibt sich hier nicht etwa aus Empfehlung G.9 DCGK, die eine Festlegung der Zielerreichungen nach Ablauf des Geschäftsjahres fordert (→ Rn. 1424). Gemessen wird die Zielerreichung in der Regel, indem der Aufsichtsrat einen Schwellenwert festlegt, der überschritten werden muss (zB bei 50% Zielerreichung), einen Zielwert von 100% Zielerreichung und einen Maximalwert (in der Regel zwischen 180% und 250% Zielerreichung). Zwischen dem Schwellenwert, dem Zielwert und dem Maximalwert wird die kurzfristige variable Vergütung meist anteilig berechnet. Anhand der über die Performance Periode gemessenen Zielerreichung wird die Anzahl der finalen Performance Shares ermittelt. Dazu wird die Anzahl der zu Beginn der Performance Periode zugeteilten virtuellen Aktien mit der Zielerreichung multipliziert. Die finale Anzahl an virtuellen Aktien wird dann wiederum mit dem durchschnittlichen Aktienkurs der letzten 20 oder 60 Handelstage vor dem Ende der Performance Periode multipliziert. Diese

1488 Die Planbedingungen eines Performance Share Plans sollten stets das Schicksal bereits zugeteilter Performance Shares bei einem **Ein- oder Austritt während einer laufenden Performance-Periode** regeln. Gerade bei Performance Share Plänen können ansonsten schwierige Auslegungsprobleme auftreten: Zum einen sollte den Planbedingungen zu entnehmen sein, wann eine Tranche des Performance Share Plans vollständig erdient ist. In der Praxis gibt es grundsätzlich zwei Ansätze: Teilweise muss das Vorstandsmitglied nur das erste Jahr der Laufzeit eines Performance Share Plans vollständig tätig sein, um den vollständigen Plan – nach Ablauf der Performance Periode – ausgezahlt zu bekommen. Teilweise verlangen Unternehmen dagegen, dass das Vorstandsmitglied die ganze Performance-Periode, also zB vier Jahre für das Unternehmen tätig ist, um den vollständigen Plan ausbezahlt zu bekommen. Zum anderen sollte geregelt werden, wann bei einem Ein- oder Austritt während einer laufenden Performance-Periode anteilig *(pro rata temporis)* ausgezahlt wird und wann offene Tranchen vollständig verfallen (→ Rn. 1502). Zu beachten ist Empfehlung G.12 DCGK, die die Auszahlung noch offener Vergütungsbestandteile nach den ursprünglich vereinbarten Zielen und nach den vertraglich vereinbarten Fälligkeitsterminen fordert (→ Rn. 1442). Die Planbedingungen sollten daher regeln, ob und wie der Zielbetrag oder der Auszahlungsbetrag zu kürzen sind, nicht aber abweichenden Auszahlungszeitpunkte oder Berechnungen vorsehen.

1489 Die Planbedingungen sollten zudem **Anpassungsmöglichkeiten** des Aufsichtsrats bei besonderen Entwicklungen vorsehen (→ Rn. 1473).

1490 Zuletzt sollten die Planbedingungen stets die **Fälligkeit** der Leistungen aus dem Performance Share Plan regeln. In der Regel wird hier ein Zeitpunkt im Frühjahr des Jahres, das auf das letzte Jahr der Performance Periode folgt, gewählt. Viele Gesellschaften stellen auch auf den Monat nach der Feststellung des Jahresabschlusses oder der Billigung des Konzernabschlusses im Jahr ab, das auf das letzte Jahr der Performance Periode folgt.

1491 **(2) Performance Cash Pläne.** Bei **nichtbörsennotierten Gesellschaften** kann die langfristige variable Vergütung ähnlich wie bei einem Performance Share Plan (→ Rn. 1484) mit Hilfe eines sog. **Performance Cash Plans** ausgestaltet werden. Hierzu legt der Aufsichtsrat bestimmte finanzielle und/oder nichtfinanzielle Ziele sowie deren Gewichtung fest und misst die Zielerreichung über einen bestimmten mehrjährigen Bemessungszeitraum. Auch hier legt der Aufsichtsrat einen Zielbetrag fest, der einer Zielerreichung von 100% entspricht, sowie einen Schwellen- und Maximalwert (→ Rn. 1486). Verzichtet wird bei der Gestaltung lediglich auf die Gewährung virtueller Aktien und die Berücksichtigung des – nicht vorhandenen – Aktienkurses. Im Übrigen gelten die Ausführungen zum PSP zum Ein- oder Austritt während einer laufenden Performance-Periode (Verweis PSP), Anpassungsmöglichkeiten (Verweis PSP) und Regelungen zur Fälligkeit (Verweis Fälligkeit).

1492 Für **börsennotierte Gesellschaften** ist ein Performance Cash Plan in der Regel nicht empfehlenswert (aber selbstverständlich rechtlich zulässig), da die langfristige variable Vergütung dann nicht aktienbasiert gewährt wird und der Empfehlung G.10 S. 1 DCGK (überwiegende aktienbasierte Gewährung der variablen Vergütung) dann kaum noch entsprochen werden kann.

1493 **(3) Aktien und Aktienoptionen.** Weniger bedeutend ist heute die Vergütung durch Aktienoptionen. Eine Aktienoption gewährt dem Berechtigten das Recht, innerhalb eines bestimmten Zeitraums, der sogenannten **Options- oder Ausübungsfrist,** eine festgelegte Anzahl von Aktien des gewährenden Unternehmens (oder auch dessen Konzernobergesellschaft) gegen Zahlung eines festgelegten **Basispreises** zu erwerben.[3525] Der Basispreis wird regelmäßig dem Börsenpreis am Tag der Optionsgewährung entsprechen, sodass der Berechtigte von künftigen Kurssteigerungen profitiert, indem er die Aktie risikolos zum Basispreis erwerben kann.[3526] So sollen Aktienoptionen das Vorstandsmitglied incentivieren, den Aktienkurs zu steigern. Um sicherzustellen, dass die Kurssteigerung möglichst nachhaltig ist, gilt für die Ausübung der Option durch die Vorstandsmitglieder nach § 193 Abs. 2 Nr. 4 AktG eine vierjährige Sperrfrist. Eine Pflicht zur Optionsausübung besteht nicht. Üblicherweise wird die Optionsausübung an weitere Voraussetzungen, etwa eine Mindestkurssteigerung oder andere Erfolgsziele, geknüpft.[3527] Weiterhin sollen nach § 87 Abs. 1 S. 3 AktG Begrenzungsmöglichkeiten für außergewöhnliche Entwicklungen vereinbart werden.[3528]

[3525] BeckMandatsHdB Vorstand AG/*Lücke* § 2 Rn. 144; NK-Stichwortkommentar ArbR/*Simon/Esskandari* Aktienoptionen Rn. 1.
[3526] *Klasen* AG 2006, 24 (25); Vgl. *Schanz* NZA 2000, 626 (629).
[3527] BeckMandatsHdB Vorstand der AG/*Lücke* § 2 Rn. 146.
[3528] BeckOGK/*Fleischer* AktG § 87 Rn. 49.

1494 In der Praxis gewinnen **virtuelle Aktienoptionsprogramme** ohne tatsächliche Aktienübertragung an Bedeutung.[3529] Bei Stock Appreciation Rights **(SAR)** werden Vorstandsmitglieder so gestellt, als ob ein Stock Options Plan vereinbart worden wäre. Hierbei wird jedoch nur ein schuldrechtlicher Anspruch auf Barauszahlung begründet. Bei sogenannten **Phantom Stocks** wird eine virtuelle Aktie zu in der Regel über den Börsenkurs liegenden Preisen erworben und am Ende der Laufzeit zum aktuellen Kurs ausbezahlt. Auch negative Kursentwicklungen werden hierbei nachvollzogen.[3530] Bei **Restricted Stocks** werden dem Berechtigten Aktien übertragen, die bis zum Ablauf einer bestimmten Sperrfrist bestimmten Bedingungen unterliegen. Die unbeschränkte Verfügungsmöglichkeit kann von der Erreichung bestimmter Leistungsziele abhängig gemacht werden. Solche Gestaltungen sind heute jedoch eher selten. Die Verwendung virtueller Aktien ist deutlich leichter umsetzbar und bietet sich in der Praxis daher an. Eine ähnliche Wirkung wie bei Restricted Stocks lässt sich jedoch über sog. Share Ownership Guidelines erreichen (→ Rn. 1535).

1495 Aktienbezugsrechte für Vorstandsmitglieder werden in § 87 Abs. 1 AktG ausdrücklich genannt, sodass an deren Zulässigkeit keine Zweifel bestehen. Für Aufsichtsratsmitglieder sind sie hingegen nach der Rechtsprechung des BGH unzulässig.[3531] Zuständig für die Durchführung und Ausgestaltung von Aktienoptionsplänen ist die Hauptversammlung, § 193 Abs. 2 Nr. 4 AktG. Ob und in welchem Umfang diese zur Vorstandsvergütung gehören, hat hingegen nach den allgemeinen Grundsätzen allein der Aufsichtsrat zu entscheiden.[3532]

1496 **dd) Malus-, Bad Leaver- und Clawback-Klauseln. (1) Grundsätzliche Einteilung.** Unternehmen haben ein Interesse daran, variable Vergütungsbestandteile in besonderen Fällen, die an ein interessenwidriges Verhalten des Vorstandsmitglieds geknüpft werden, **zurückzuhalten** oder **endgültig nicht auszubezahlen.** Dazu werden in der Praxis Malus-, Bad Leaver und/oder Clawback-Klauseln vereinbart. Die Abgrenzung zwischen den einzelnen Gestaltungsmöglichkeiten ist nicht immer trennscharf und auch die Terminologie wird bisweilen unterschiedlich gehandhabt.[3533]

1497 Die folgende Abbildung soll in groben Zügen veranschaulichen, wie sich diese drei Gestaltungsmechanismen unterscheiden.

1498 **Malus-Klauseln** ermöglichen, im laufenden Anstellungsverhältnis die variable Vergütung vor ihrer Auszahlung im Malus-Fall (im Zweifel bis auf null) zu reduzieren. Sie ermöglichen so also eine verhaltens- oder leistungsgerechte Anpassung der variablen Vergütung, ohne dass es dabei zur Trennung von dem Vorstandsmitglied kommt. **Bad Leaver-Klauseln** knüpfen dagegen an das Ausscheiden des Vorstandsmitglieds an und sehen als Rechtsfolge eine Reduzierung bzw. einen vollständigen Wegfall der betroffenen variablen Vergütungskomponente vor.

1499 Der Unterschied zu **Clawback-Klauseln** liegt im Zeitpunkt, zu dem die variable Vergütung reduziert wird: Bad Leaver- und Malus-Klauseln greifen zu einem Zeitpunkt **vor Fälligkeit** der variablen Vergütung, in der ein Bonus noch nicht ausgezahlt oder Aktienoptionen noch nicht ausgeübt werden können. Clawback-Klauseln dagegen betreffen einen vorher definierten Zeitraum **nach Fälligkeit bzw. Auszahlung,** in dem zB bei einem Fehlverhalten oder der Kenntniserlangung eines früheren Fehlverhaltens bereits ausgezahlte Vergütungsbestandteile zurückverlangt werden können.

1500 **(2) Malus-Klauseln.** Bei Bonus-/Malus-Klauseln werden über einen längeren (mehrjährigen) Betrachtungszeitraum **positive** (Bonus) wie **negative** (Malus) **Erfolgsbeiträge** des Vorstandsmitglieds zu im Voraus definierten Komponenten gesammelt und „verrechnet".[3534] Allerdings gibt es keine allgemeine Definition von Bonus-Malus-Systemen oder auch nur eine gefestigte Handhabung.[3535] Am einfachsten kann eine Malus-Klausel so ausgestaltet werden, dass der anhand der in den Planbedingungen des STI oder LTI festgelegten Ziele ermittelte Auszahlungsbetrag aus dem STI und/oder LTI um bis zu 100% reduziert werden kann, wenn im Bemessungszeitraum ein Malus-Tatbestand festgestellt wurde. Die Entscheidung über die Reduzierung des Auszahlungsbetrags liegt in der Regel sowohl hinsichtlich des „ob" einer Reduzierung als auch der Höhe im billigen Ermessen des Aufsichtsrats. In der Malus-Klausel sollte

---

[3529] Hüffer/Koch/*Koch* AktG § 87 Rn. 42; *Hoppe* NZG 2018, 811 (811).
[3530] BeckMandatsHdB Vorstand der AG/*Lücke* § 2 Rn. 148; MüKoAktG/*Spindler* § 87 AktG Rn. 116.
[3531] BGH NJW 2004, 1109.
[3532] BeckOGK/*Fleischer* AktG § 87 Rn. 49; MüKoAktG/*Spindler* § 87 AktG Rn. 104.
[3533] Gerade bei Bad Leaver-Klauseln ist zwischen gesellschaftsvertraglichen Bad Leaver-Klauseln, die die Auseinandersetzung von Gesellschaftern untereinander betrifft, und Bad Leaver-Klauseln in Anstellungsverträgen von Organmitgliedern zu unterscheiden, vgl. zB *Weitnauer/Grob* GWR 2015, 353.
[3534] Vgl. *Schockenhoff/Nußbaum* AG 2018, 813 (819); *Dzida/Naber* BB 2011, 2613 (2615); zu Bonus-Malus-Systemen mit Rückforderungsvorbehalt *Wettich* AG 2013, 374.
[3535] So *Schockenhoff/Nußbaum* AG 2018, 813 (819); vgl. auch *Schuster* FS Bauer, 2010, 973 (974), die Bonus-Malus-Systeme als Oberbegriff ua auch für Claw Back-Klauseln auffasst.

definiert werden, wann ein Malus-Tatbestand vorliegen kann, zB bei einer schwerwiegenden Pflichtverletzung des Vorstandsmitglieds oder einem Verstoß gegen den Verhaltenskodex der Gesellschaft.

Besondere Schwierigkeiten kann hierbei, neben einer transparenten Gestaltung der Bonus und Malus-Beiträge sowie deren Berechnung, die **angemessene Berücksichtigung** von positiven wie negativen Beiträgen vor dem Hintergrund des § 307 Abs. 1 S. 1 BGB bereiten.[3536] Dabei ist beispielsweise darauf zu achten, dass selbst eine ausschließlich negative Bewertung maximal zu einem vollständigen Verfall der variablen Vergütung, nicht aber zu „Strafzahlungen" führen darf.[3537]

(3) Bad Leaver-Klauseln. Bad Leaver-Klauseln sehen vor, dass das Vorstandsmitglieder Ansprüche auf variable Vergütungsbestandteile wie zB Aktienoptionen oder den Auszahlungsbetrag aus STI und/oder LTI, nur **behält,** wenn er das Unternehmen **für einen bestimmten Zeitraum** nicht bzw. lediglich wegen eines sog. Good Leaver-Falls verlässt.[3538]

In sog. **Good Leaver-Fällen** scheidet das Vorstandsmitglied aus von ihm nicht zu vertretenden Umständen, wie etwa einer längeren Erkrankung oder Berufsunfähigkeit, dem Eintritt in den Ruhestand oder Ablauf der Vertragslaufzeit aus der Gesellschaft aus.[3539] Ein Good Leaver-Fall kann auch vorliegen, wenn das Vorstandsmitglied innerhalb eines Konzerns zu einem verbundenen Unternehmen der Gesellschaft wechselt.[3540]

In **Bad Leaver-Fällen** hat das Vorstandsmitglied dagegen sein Ausscheiden zu vertreten. Typische Fälle sind die Amtsniederlegung durch das Vorstandsmitglied ohne wichtigen Grund oder die außerordentliche Kündigung durch die Gesellschaft.[3541] Vorstandsmitglieder können aber auch aus nicht zu beanstandenden Gründen die Gesellschaft verlassen haben und durch anschließendes Verhalten, etwa dem Verstoß gegen ein Wettbewerbsverbot, zum Bad Leaver werden.[3542] Liegt dieser Verstoß nach dem Auszahlungszeitpunkt und ist die variable Vergütung bereits ausgezahlt, hilft die Bad Leaver-Klausel jedoch nicht weiter – hier kann allenfalls eine Clawback-Klausel greifen.

Die Möglichkeiten der **Ausgestaltung** von Bad Leaver-Klauseln sowie deren **Zulässigkeit** sind bislang kaum in der Rechtsprechung in Erscheinung getreten, sind jedoch – in unterschiedlichen Anwendungsbereichen und unter verschiedenen rechtlichen Blinkwinkeln – vermehrt Diskussionsgegenstand in der Literatur.[3543]

Für **Arbeitnehmerbeteiligungsprogramme** hatte das BAG[3544] 2008 über die Wirksamkeit von Verfallklauseln für Ansprüche einer Führungskraft aus Aktienoptionsplänen zu entscheiden. Im Gegensatz zu seiner sonstigen Rechtsprechung zu Verfallklauseln für Sondervergütung erachtete es diese Verfallklausel als wirksam. Aufgrund des spekulativen Charakters von Aktienoptionsprogrammen stellen Verfallklauseln nach Auffassung des BAG keine unangemessene Benachteiligung gem. § 307 Abs. 1 S. 1 BGB dar. Da eine Aktienoption immer nur eine Gewinnchance darstelle, werde durch die Verfallklausel nicht ein bereits erdienter Vergütungsbestandteil entzogen. § 192 Abs. 2 Nr. 3 AktG, § 193 Abs. 2 Nr. 4 AktG sähen zudem ausdrücklich die Zulässigkeit von Aktienoptionsprogrammen mit einer Wartefrist vor.

Eine Klausel, die die Ausübung der Optionsrechte an den Bestand des Arbeitsverhältnisses binde, entspreche daher gerade der Zielsetzung des § 193 Abs. 2 Nr. 4 AktG. Zweck von Aktienoptionen sei, das Handeln der Bezugsberechtigten auf den langfristigen Unternehmenserfolg auszurichten. Für einen ausgeschiedenen Arbeitnehmer könne dieses Ziel nicht mehr erreicht werden. Dabei differenzierte das BAG nicht zwischen dem Ausscheiden des Arbeitnehmers vor und nach Ablauf der Wartefrist.

Das BAG griff die Frage auf, ob es bei der Bewertung der **Unangemessenheit der Benachteiligung** eine Rolle spiele, wenn die Klausel nicht danach differenziere, ob die Beendigung in den Verantwortungsbereich des Arbeitnehmers oder in den des Arbeitgebers falle. Es kommt zum Ergebnis, dass es darauf nicht ankomme.[3545] Wenn aber eine Verfallklausel, die ohne Ansehung des Grundes für die Beendigung jegliche Ansprüche allein für den Fall der Beendigung ausschließt, wirksam ist, so muss eine Klausel, die darüber hinaus sogar danach differenziert, ob der Beendigungsgrund im Verantwortungsbereich des Arbeitnehmers liegt oder nicht, erst recht wirksam sein. Auch wenn diese Rechtsprechung zu Führungs-

---

[3536] *Dzida/Naber* BB 2011, 2613 (2615).
[3537] *Dzida/Naber* BB 2011, 2613 (2615).
[3538] *Hornung* DB 2019, 1566; *Schönhaar* GWR 2017, 293 (294).
[3539] *Hornung* DB 2019, 1566; *Kästle/Heuterkes* NZG 2005, 289 (290); *Schönhaar* GWR 2017, 293 (294); *Weitnauer/Grob* GWR 2015, 353.
[3540] *Schmitt-Rolfes* in Maschmann/Sieg/Göpfert, Vertragsgestaltung im Arbeitsrecht C.580 Rn. 59.
[3541] *Hohenstatt/Seibt* ZIP 2019, 11 (18); *Hornung* DB 2019, 1566 (1566); *Weitnauer* in Weitnauer Venture Capital-HdB F. III. Rn. 220 zur entsprechenden Diskussion bei Gesellschaftern.
[3542] *Kästle/Heuterkes* NZG 2005, 289 (290) zur entsprechenden Diskussion bei Managern, die an der Gesellschaft beteiligt sind.
[3543] *Schönhaar* GWR 2017, 293.
[3544] BAG NZA 2008, 1066.
[3545] BAG NZA 2008, 1066 Rn. 32.

kräften ergangen ist, die als Arbeitnehmer zu qualifizieren sind, ist eine Schlussfolgerung für Anstellungsverträge von Organmitgliedern möglich. Denn die Interessenlage und die aktienrechtliche Bewertung sind nicht nur vergleichbar. Vielmehr wird man bei der Frage einer unangemessenen Benachteiligung das Interesse der Gesellschaft, die variablen Vergütungsbestandteile zur Steuerung eines Handelns im Gesellschaftsinteresse einsetzen zu können, bei Organmitgliedern einen deutlich höheren Stellenwert zukommen lassen müssen, als dies bei „normalen" Arbeitnehmern der Fall ist.

1509 In der Praxis vereinbaren viele Gesellschaften – insbesondere im Rahmen der langfristigen variablen Vergütung – Bad-Leaver-Klauseln. Bad Leaver-Klauseln sind **Standard** für noch nicht ausgezahlte variable Vergütungen – unabhängig davon[3546], ob es sich um Aktienoptionen handelt oder nicht. Dabei ist ein besonderes Augenmerk auf eine transparente Gestaltung zu legen. Eine Bad Leaver-Klausel für den Fall der außerordentlichen Kündigung könnte wie folgt aussehen:

1510 Beispiel:
Ansprüche auf variable Vergütung aus dem laufenden Bemessungszeitraum verfallen ersatz- und entschädigungslos, wenn das Dienstverhältnis des Vorstandsmitglieds vor Ablauf des Bemessungszeitraumes durch außerordentliche Kündigung aus einem von dem Vorstandsmitglied verschuldeten wichtigen Grund nach § 626 BGB durch die Gesellschaft endet.

1511 **(4) Clawback-Klauseln.** Eine immer prominentere Rolle spielen in der aktuellen Diskussion um die Vergütung von Vorstandsmitgliedern sog. Clawback-Klauseln. Clawback-Klauseln sollen der Gesellschaft die **Rückforderung bereits ausbezahlter variabler Vergütungsbestandteile** ermöglichen.[3547] Sie greifen folglich zeitlich nach der Malus- und der Bad-Leaver-Klausel und stehen nicht in Konkurrenz zu diesen Klauseln. Clawback-Klauseln waren bislang vor allem im U.S.-amerikanischen Recht[3548] und im Bankenbereich verbreitet. Im Zuge von ARUG II und den damit verbundenen Neuregelungen in § 87a Abs. 1 S. 2 Nr. 6 AktG und § 162 Abs. 1 S. 2 Nr. 4 AktG sowie der neuen Empfehlung G.11 DCGK gewinnen Clawback-Klauseln jedoch auch für deutsche börsennotierte Aktiengesellschaften erheblich an Bedeutung.

1512 Clawback-Klauseln haben in Deutschland erstmals durch die Novelle der Institutsvergütungsverordnung (InstitutsVergV) im Jahr 2017 eine **gesetzliche Regelung** erfahren: Gemäß **§ 20 Abs. 6 S. 1 InstitutsVergV** haben bedeutende Finanzinstitute[3549] mit sog. Risikoträgern[3550] (insbesondere den Geschäftsleitern) Clawback-Klauseln zu vereinbaren und in den Fällen des § 18 Abs. 5 S. 3 Nr. 1 und 2 InstitutsVergV eine bereits ausbezahlte variable Vergütung zurückzufordern. Aufgrund des begrenzten Anwendungsbereichs der InstitutsVergV hat diese Regelung keine Relevanz für Anstellungsverträge von Vorstandsmitgliedern außerhalb des Finanzbereichs. Durch das ARUG II werden Clawback-Klauseln jedoch nunmehr branchenunabhängig im Aktiengesetz erwähnt: Nach **§ 87a Abs. 1 S. 2 Nr. 6 AktG** muss das Vergütungssystem Angaben zu Möglichkeiten der Gesellschaft, variable Vergütungsbestandteile zurückzufordern, enthalten, soweit diese tatsächlich vorgesehen sind (→ Rn. 1360). Auch der Vergütungsbericht muss nach **§ 162 Abs. 1 S. 2 Nr. 4 AktG** Angaben dazu enthalten, ob und wie von der Möglichkeit Gebrauch gemacht wurde, variable Vergütungsbestandteile zurückzufordern (→ Rn. 1575). Zudem äußert sich nun auch der DCGK zu Clawback-Klauseln: Nach **Empfehlung G.11 S. 2 DCGK** soll der Aufsichtsrat die Möglichkeit haben, außergewöhnlichen Entwicklungen in angemessenem Rahmen Rechnung zu tragen. In begründeten Fällen soll eine variable Vergütung einbehalten oder zurückgefordert werden können (→ Rn. 1435). Eine unmittelbare Pflicht für Aktiengesellschaften, Clawback-Klauseln zu vereinbaren, resultiert aus den Neuerungen zwar nicht (→ Rn. 1360).[3551] Jedoch scheint der Streit, ob Clawback-Klauseln in Anstellungsverträgen mit Vorstandsmitgliedern grundsätzlich zulässig sind,

---

[3546] *Hohenstatt/Seibt* ZIP 2019, 11 (18).
[3547] *Seyfarth* WM 2019, 569 (570); *Reufels/Volmari* ArbRB 2019, 26; *Johnson* CCZ 2018, 9 (9); *Schuster* FS Bauer, 2010, 973; *Poelzig* NZG 2020, 41 (42).
[3548] Im US-amerikanischen Recht wurden bereits gesetzliche Regelungen zu Clawback-Klauseln im Sarbanes-Oxley Act von 2002 und im Dodd-Frank Act von 2010 aufgenommen. Dazu *Strauch* NZG 2003, 952; *Schmidt-Bendun/Prusko* NZG 2010, 1128; *Siefer* NZG 2013, 691. Ausführliche rechtsvergleichende Hinweise zu Clawback-Klauseln finden sich bei *Seyfarth* WM 2019, 521 (526 f.).
[3549] Ein bedeutendes Institut liegt nach § 17 Abs. 1 InstitutsVergV vor, wenn die Bilanzsumme des Instituts zu den jeweiligen Stichtagen der letzten drei abgeschlossenen Geschäftsjahre im Durchschnitt 15 Milliarden Euro erreicht oder überschritten hat oder das Institut nach § 17 Abs. 2, Abs. 3 InstitutsVergV als bedeutend gilt bzw. erklärt wird.
[3550] Nach § 2 Abs. 8 S. 1 InstitutsVergV sind Risikoträger und Risikoträgerinnen Mitarbeiter und Mitarbeiterinnen, deren berufliche Tätigkeit sich wesentlich auf das Risikoprofil eines Instituts auswirkt.
[3551] Für einen zwingenden Einsatz von Clawback-Klauseln aber *Lochner/Beneke* in Heidel/Hirte ARUG II, § 87a Rn. 17 sowie *Spindler* AG 2020, 61 (66), da der Aufsichtsrat andernfalls einer eigenen Haftung wegen überhöhter Vorstandsvergütungen nach § 116 S. 3 AktG unterliege.

mit der Aufnahme in § 87a AktG geklärt. Fragen um die vertragliche Ausgestaltung der Klauseln werden künftig in den Mittelpunkt der Diskussion rücken.[3552]

Clawback-Klauseln sind im deutschen Recht gesetzlich nicht definiert.[3553] Sie werden überwiegend als **vertragliche Regelungen** verstanden, die eine **Rückforderung bereits ausbezahlter variabler Vergütung** ermöglichen sollen.[3554] Clawback-Klauseln lassen sich dabei ausgehend von den Anknüpfungspunkten für eine Rückforderung im Wesentlichen in zwei Kategorien unterteilen.[3555]

Die erste Kategorie lässt sich unter den Begriff der sog. *Compliance-Clawback-Klausel* fassen. Die Klauseln knüpfen an ein strafrechtliches und/oder **compliance-relevantes Fehlverhalten** an und sollen ein solches sanktionieren. Diese Klauselart hat somit eine Pflichtverletzung des Vorstandsmitglieds zum Gegenstand und rückt Clawback-Klauseln in die Nähe von Schadensersatzansprüchen.[3556]

Eine zweite Kategorie bilden die sog. *Performance-Clawback-Klauseln*. Sie sollen eine Rückforderung bereits ausbezahlter variabler Vergütung für den Fall ermöglichen, dass **Unternehmensziele nicht** oder nicht vollständig **erreicht** wurden. Hierunter fallen auch solche Klauseln, die eine Rückforderung in Fällen vorsehen, in denen die variable Vergütung auf Grundlage falscher Daten berechnet wurde, zB weil die Bilanz nachträglich korrigiert werden musste.[3557] Die zweite Kategorie soll denjenigen Vermögensvorteil des Vorstandsmitglieds abschöpfen, der auf einer zunächst fehlerhaften Ermittlung der Bemessungsgrundlage für die variable Vergütung beruht.[3558] Eine Performance-Clawback-Klausel geht damit nur wenig über die gesetzlichen Rückforderungsansprüche aus Bereicherungsrecht hinaus, indem sie eine vertragliche Grundlage schafft und den Einwand der Entreicherung ausschließt. Ob auch diese Kategorie von Clawback-Klauseln die – grundsätzlich weit gefasste – Empfehlung G.11 DCGK erfüllt, wird in der Praxis aktuell noch unterschiedlich beurteilt. Hier wird man die Entwicklung der Marktpraxis abwarten müssen (→ Rn. 1435).

In Bezug auf die Unmittelbarkeit der Rückforderung können Clawback-Klauseln so ausgestaltet werden, dass der **Rückforderungsanspruch ipso iure** bei Eintritt des in der Klausel festgelegten Ereignisses entsteht. Die Leistung der variablen Vergütung ist in diesem Fall nach § 158 Abs. 2 BGB auflösend bedingt, sodass der Anspruch auf die Bonuszahlung rückwirkend entfällt.[3559] Daneben besteht die Möglichkeit, den Rückgewähranspruch von einer Ermessensentscheidung des Aufsichtsrats abhängig zu machen. In diesem Fall sind die Clawback-Klauseln als **Widerrufsvorbehalt** ausgestaltet, der für die Rückforderung der Bonuszahlung die Ausübung des Widerrufsrechts durch den Aufsichtsrat voraussetzt.[3560] In der Praxis ist die zweite Form der Gestaltung häufiger anzutreffen.

Erste Anhaltspunkte dafür, wie ein solcher Rückforderungsanspruch in rechtlich zulässige Klauseln umgesetzt werden kann, ergeben sich aus der Rechtsprechung des BAG zu arbeitsvertraglichen Rückforderungsklauseln und Widerrufsvorbehalten. **Rückzahlungsklauseln**[3561] sollen das Recht des Arbeitgebers begründen, bereits ausbezahlte Sonderzahlungen zurückzufordern, wenn der Arbeitnehmer vor einem bestimmten Zeitpunkt das Arbeitsverhältnis von sich aus kündigt.[3562] Die Wirksamkeit dieser

---

[3552] So auch *Seyfarth* WM 2019, 569 (570); *Schockenhoff/Nußbaum* AG 2018, 813 (815); *Hohenstatt/Seibt* ZIP 2019, 11 (17); *Habersack* NZG 2018, 127 (133); *Hüffer/Koch/Koch* AktG § 87a Rn. 8; *Spindler* AG 2020, 61 (66); kritisch zur Zweckmäßigkeit von Clawback-Klauseln *Seyfarth* WM 2019, 569 (574f.); *Raitzsch* ZIP 2019, 104 (109).
[3553] *Redenius-Hövermann/Siemens* ZIP 2020, 145; *Seyfarth* WM 2019, 569.
[3554] *Poelzig* NZG 2020, 41 (42); *Seyfarth* WM 2019, 569 (570); *Werner* NZG 2020, 155; *Reufels/Volmari* ArbRB 2019, 26; *Johnson* CCZ 2018, 9; *Schuster* FS Bauer, 2010, 973.
[3555] Zu den verschiedenen Arten von Clawback-Klauseln *Seyfarth* WM 2019, 569 (570f.); *Schockenhoff/Nußbaum* AG 2018, 813 (817ff.); *Poelzig* NZG 2020, 41 (42f.); *Lochner/Beneke* in Heidel/Hirte ARUG II AktG § 87a Rn. 16; zu Performance-Clawbacks bereits *Schuster* FS Bauer, 2010, 973.
[3556] Zur Abgrenzung *Schockenhoff/Nußbaum* AG 2018, 813 (817); Klausel-Beispiele finden sich bei *Seyfarth* WM 2019, 569 (575); *Schockenhoff/Nußbaum* AG 2018, 813 (817, 819); *Schuster* FS Bauer, 2010, 973 (974).
[3557] Dies geht zurück auf eine Empfehlung der EU-Kommission, Empfehlung 2009/385/EG vom 30.4.2009, Erwägungsgrund 6 und Ziff. 3.4.
[3558] In dogmatischer Hinsicht sind *Performance-Clawbacks* mit der Zweckverfehlungskondiktion iSv § 812 Abs. 1 S. 2 Alt. 2 BGB vergleichbar, so auch *Thum* NZA 2017, 1577 (1581); *Schockenhoff/Nußbaum* AG 2018, 813 (819); ähnlich *Poelzig* NZG 2020, 41 (43); aA *Seyfarth* WM 2019, 569 (574) sieht die Grundlage primär in der Störung der Geschäftsgrundlage iSd § 313 Abs. 2 BGB.
[3559] *Poelzig* NZG 2020, 41 (45); *Seyfarth* WM 2019, 569 (570); *Schuster* FS Bauer, 2010, 973 (975); *Werner* NZG 2020, 155 (158). Kritisch *Raitzsch* ZIP 2019, 104 (107).
[3560] *Lindemann/Heim* JuS 2018, 1121 (1127); *Poelzig* NZG 2020, 41 (45); *Seyfarth* WM 2019, 569 (570); *Werner* NZG 2020, 155 (158).
[3561] In Abgrenzung zu Rückzahlungsklauseln betreffen die Stichtagsklauseln die Anspruchsentstehung. Sie knüpfen als Voraussetzung für den Anspruch auf die Sonderzahlung daran an, ob das Arbeitsverhältnis zu einem bestimmten Zeitpunkt noch und gegebenenfalls ungekündigt besteht BAG NZA 2007, 687 (688); *Heins/Leder* NZA 2014, 520 (520); *Salamon* NZA 2013, 590 (591). Die Rechtsprechung des BAG zu den Rückzahlungsklauseln gilt entsprechend auch für die Stichtagsklauseln.
[3562] BAG NZA 2012, 561 (562); ErfK/*Preis* BGB § 611a Rn. 547; zur Sonderzahlung im Arbeitsverhältnis *Günther/Biedrzynska* ArbRAktuell 2014, 66; *Salamon* NZA 2013, 590.

Rückzahlungsklauseln hängt von der Art und dem Entstehungsgrund der Sondervergütung ab. Insofern ist zu differenzieren: Weist die Sondervergütung reinen Entgeltcharakter auf, sind Rückzahlungsklauseln unwirksam.[3563] Eine Rückzahlungspflicht des Arbeitgebers besteht gerade nicht, weil der Arbeitnehmer die erlangte Sondervergütung durch seine Arbeitsleistung verdient hat und andernfalls das arbeitsvertragliche Synallagma zwischen Leistung und Gegenleistung gestört würde.[3564] Verfolgt der Arbeitgeber mit der Sondervergütung hingegen andere, von der Arbeitsleistung unabhängige Zwecke, wie die Honorierung der Betriebstreue oder der Übernahme von Fortbildungskosten,[3565] ist ein Rückforderungsvorbehalt grundsätzlich zulässig.

1518 Auch aus den aus dem Arbeitsrecht bekannten **Widerrufsvorbehalten** lassen sich Rückschlüsse für die Ausgestaltung von Clawback-Klauseln ziehen: Bei Widerrufsvorbehalten behält sich der Arbeitgeber lediglich vor, sich von der Zusage eines Vergütungselements für die Zukunft zu lösen, sodass der Arbeitnehmer zunächst einen Rechtsanspruch auf die Leistung erlangt.[3566] Das BAG hat für Widerrufsvorbehalte konkrete Wirksamkeitsvoraussetzungen aufgestellt: Der im Synallagma stehende widerrufliche Teil der variablen Vergütung muss weniger als 25 % der Gesamtvergütung betragen; das Wirtschaftsrisiko des Unternehmens darf nicht vollständig auf den Arbeitnehmer verlagert werden. Wegen § 307 Abs. 1 S. 2 BGB müssen zudem die Widerrufsgründe in der Klausel angegeben werden.[3567]

1519 Diese Überlegungen aus arbeitsrechtlicher Perspektive können jedoch **nicht unreflektiert** auf Clawback-Klauseln in Vorstandsverträgen **übertragen** werden: Zunächst ist die Interessenlage und Schutzwürdigkeit von Vorstandsmitgliedern im Vergleich zu Arbeitnehmern eine andere, weil Vorstandsmitglieder selbstständig und weisungsfrei arbeiten.[3568] Daher können und sollen Vorstandsmitglieder auch in einem größeren Umfang an dem Unternehmensrisiko beteiligt werden, denn anders als Arbeitnehmer sind sie für die Unternehmensführung und damit auch für den Unternehmenserfolg verantwortlich.[3569]

1520 Ferner ist zu beachten, dass **Clawback-Klauseln** variable Vergütungskomponenten betreffen, die geleistet werden, um die Vorstandsmitglieder zu einer Unternehmensführung zu motivieren, die einem langfristigen und nachhaltigen Unternehmenserfolg dient.[3570] Damit besitzen die variablen Vergütungsbestandteile vorrangig einen **verhaltenssteuernden Charakter,** um die Risikobereitschaft der Unternehmensleitung zu minimieren und letztlich eine gute und verantwortungsvolle Unternehmensführung zu etablieren. Daher empfiehlt es sich, sowohl den verhaltenslenkenden Charakter der variablen Vergütungsbestandteile herauszustellen als auch die Rückforderungsmöglichkeit auf ein angemessenes Maß zu reduzieren, um die Interessen der Vorstandsmitglieder entsprechend zu berücksichtigen.[3571]

1521 Bei der vertraglichen Ausgestaltung von Clawback-Klauseln ergibt sich eine weitere Hürde aus den AGB-rechtlichen Anforderungen[3572] und zwar insbesondere aus der **Angemessenheits- und Transparenzkontrolle** nach § 307 Abs. 1 BGB.[3573] Damit gilt es, Clawback-Klauseln sehr präzise zu formulieren. Für das Vorstandsmitglied muss zunächst erkennbar sein, unter welchen Voraussetzungen eine Rückforderung erfolgen soll und in Anlehnung an die Rechtsprechung zu Widerrufsvorbehalten sollten die Rückforderungsgründe möglichst klar umrissen werden. Hierbei werden sich Schwierigkeiten angesichts der Vielzahl denkbarer Pflichtverletzungen in erster Linie bei Compliance-Clawback-Klauseln ergeben.[3574] Neben den Rückforderungsgründen ist in der Klausel auch festzulegen, in welcher Form und in welcher Höhe die variable Vergütung zurückzuzahlen ist.

1522 **ee) Bonuszahlungen aus bestimmten Anlässen. (1) Allgemeine Anforderungen im Vergütungssystem börsennotierter Aktiengesellschaften. Börsennotierte Aktiengesellschaften** stehen zukünftig vor großen Herausforderungen, wenn es um die wirksame Vereinbarung von Bonuszahlungen aus

---

[3563] BAG NZA 2012, 561 (562); 2007, 687 (688).
[3564] BAG NZA 2011, 1234 (1238).
[3565] BAG NZA 2012, 85 (89); ausführlich zur Rückzahlung von Aus- und Fortbildungskosten siehe *Bettinghausen* NZA-RR 2017, 573; *Dimsic* RdA 2016, 106.
[3566] BAG NZA 2007, 87 (89).
[3567] BAG NZA 2017, 777 (778); 2012, 616 (617); 2007, 87 (89); 2005, 465 (468).
[3568] BGH NJW 1984, 2366 (2367); *Schockenhoff/Nußbaum* AG 2018, 813 (821); *Lindemann/Heim* JuS 2018, 1121 (1127); differenziert *Schuster* FS Bauer, 2010, 973 (982 ff.).
[3569] So auch *Schockenhoff/Nußbaum* AG 2018, 813 (821).
[3570] *Schockenhoff/Nußbaum* AG 2018, 813 (820); *Thum* NZA 2017, 1577 (1581).
[3571] *Schockenhoff/Nußbaum* AG 2018, 813 (821) beschränken die Höhe der Rückforderung in Anlehnung an die BAG-Rechtsprechung auf 50 % der Gesamtvergütung; ähnlich *Schuster* FS Bauer, 2010, 973 (986).
[3572] Ausführlich zur AGB-rechtlichen Kontrolle von Clawback-Klauseln *Seyfarth* WM 2019, 569 (572 ff.); *Werner* NZG 2020, 155 (157 f.); *Poelzig* NZG 2020, 41 (46 ff.); zur AGB-Kontrolle von Vorstandsverträgen *Bauer/C. Arnold* ZIP 2006, 2337.
[3573] § 310 Abs. 4 S. 1 BGB erstreckt die Bereichsausnahme nur auf Verträge aus dem Gebiet des Gesellschaftsrechts, die der Begründung mitgliedschaftlicher- und organschaftlicher Strukturen dienen sollen, dazu MüKoBGB/*Basedow* BGB § 310 Rn. 120; *Bauer/C. Arnold* ZIP 2006, 2337 (2338).
[3574] *Seyfarth* WM 2019, 569 (573, 574); *Spindler* AG 2020, 61 (67).

bestimmten Anlässen geht. Damit solche Zahlungen überhaupt gewährt werden können, muss das **Vergütungssystem** nach § 87a AktG sie als **Vergütungsbestandteil** vorsehen (→ Rn. 1354). Die Gesellschaft muss solche Zahlungen demnach bei der Gestaltung des Systems auch dann vorsehen, wenn aktuell keine Bonuszahlungen aus bestimmten Anlässen vereinbart sind und auch kein Wechsel im Vorstand, keine Transaktion oder kein IPO anstehen, eine solche Situation aber in den nächsten vier Jahren eintreten könnte. Auf die Möglichkeiten zur Abweichung von einem beschlossenen Vergütungssystem nach § 87a Abs. 2 S. 2 AktG wird sich die Gesellschaft nicht verlassen können, da jedenfalls der Gesetzgeber hierfür hohe Hürden sieht (→ Rn. 1369). Daneben müssen börsennotierte Gesellschaften nach § 87a Abs. 1 S. 2 Nr. 1 AktG eine **Maximalvergütung** festlegen. Soll der typischerweise im Verhältnis zur übrigen Vergütung hohe Bonus aus bestimmten Anlässen nicht vollständig von der regulären Vergütung aufgezehrt werden, muss die Maximalvergütung entweder allgemein etwas höher angesetzt werden oder es muss eine besondere Maximalvergütung für das Jahr, in welchem eine Bonuszahlung aus bestimmtem Anlass gewährt werden soll, vereinbart werden (→ Rn. 1349).

(2) Sign-On Bonus. Sign-On Boni (auch Sign-up, Antrittsprämien, Signing oder Welcome Boni genannt) sind einmalige Zahlungen, **die anlässlich eines Vertragsschlusses** gewährt werden. Solche Zahlungen sollen einerseits als Anreiz zum Vertragsschluss dienen und andererseits eventuell ausbleibende bzw. verfallende Zahlungen des alten Arbeit-/Dienstgebers ausgleichen.[3575] So kann der Wechsel des Unternehmens für eine Führungskraft bedeuten, dass beim früheren Arbeit-/Dienstgeber sog. Bad-Leaver-Klauseln greifen (→ Rn. 1502) und die gesamten offenen Tranchen aus kurzfristigen und/oder langfristigen variablen Vergütungsbestandteilen verfallen. Selbst ohne Bad-Leaver-Klauseln, wird es häufig zu einer „Auszahlungslücke" für das Vorstandsmitglied kommen, wenn die variablen Vergütungsbestandteile beim früheren Arbeit-/Dienstgeber anteilig zum Ende des Arbeit-/Dienstverhältnisses oder der Bestellung abgerechnet werden und damit die Auszahlungen aus den variablen Vergütungsbestandteilen in den folgenden Jahren deutlich niedriger ausfallen. Bis beim neuen Dienstgeber insbesondere die meist höhere langfristige variable Vergütung zufließt, vergehen häufig ein paar Jahre. Dementsprechend gleichen viele Gesellschaften diese Lücken durch eine Kompensationszahlung zu Beginn des Dienstverhältnisses aus.

Zu beachten ist bei börsennotierten Gesellschaften ferner § 87 Abs. 1 S. 2 AktG, wonach die Vergütungsstruktur auf eine **langfristige Unternehmensentwicklung** auszurichten ist. Sign-On Boni hingegen werden sofort gewährt und dienen diesem Ziel damit nicht. Gleichwohl werden sie überwiegend als mit § 87 Abs. 1 S. 2 AktG vereinbar erachtet[3576], wobei hier oftmals gefordert wird, dass langfristige Vergütungselemente insgesamt, also auch unter Berücksichtigung des Sign-on-Bonus, überwiegen müssen.[3577] Bei Finanzinstituten sind zusätzlich die Anforderungen des § 5 InstitutsVergV zu beachten.[3578]

Häufig sollen Sign-On Boni an eine bestimmte Mindestverweildauer im Unternehmen geknüpft werden. Bei einem vorzeitigen Ausscheiden des Vorstandsmitglieds ist der Betrag demnach teilweise oder ganz zurückzuzahlen.[3579] Unklar ist, ob solche **Rückzahlungsvereinbarungen** wirksam vereinbart werden können. Höchstrichterliche Rechtsprechung liegt zu dieser Frage nicht vor. Das Arbeitsgericht Berlin hat in einer Entscheidung aus dem Jahr 2012 für ein Arbeitsverhältnis im Wesentlichen die gleichen Grundsätze angewandt, die das BAG zu sonstigen Sonderzahlungen aufgestellt hat.[3580] Demnach müssen Rückzahlungsklauseln transparent iSd § 307 Abs. 1 S. 2 BGB sein und dürfen den Vertragspartner nicht unangemessen benachteiligen, § 307 Abs. 1 S. 1 BGB. Die Klausel muss demnach Art und Berechnungsgrundlage der zu erstattenden Kosten sowie den Bindungszeitraum und die Rückzahlungsvoraussetzungen konkret nennen.[3581] Ferner muss die Rückzahlung auf Fälle begrenzt sein, in denen die Beendigung des Arbeitsverhältnisses aus der Sphäre des Arbeitnehmers stammt. Rückzahlungsklauseln sind nur bei Zahlungen zulässig, die keinen Entgeltcharakter haben, also nur die Betriebstreue honorieren. Leistungen mit Entgeltcharakter bzw. Mischklauseln, die jedenfalls auch die erbrachte Arbeitsleistung vergüten, können nicht zurückgefordert werden.[3582] In der Regel unterliegen auch **Anstellungsverträge** von Vorstandsmitgliedern der AGB-Kontrolle, da sie üblicherweise mehrfach verwendet werden bzw. jedenfalls davon auszugehen ist, dass die Rechtsprechung das Vorstandsmitglied beim Abschluss des Anstellungsvertrags als Verbraucher einordnet (→ Rn. 1233).[3583] Ob jedoch die strengen Kriterien des BAG auch auf Vorstands-

---

[3575] *Löw/Glück* NZA 2015, 137 (139); *C. Arnold/Herzberg/Zeh* AG 2020, 313 (321).
[3576] *Bauer/C. Arnold* AG 2009, 717 (730), K. Schmidt/Lutter/*Seibt* AktG § 87 Rn. 12c; Grigoleit/*Schwennicke* AktG § 87 Rn. 21; aA wohl *Hanau* NJW 2009 1652 (1653).
[3577] *Ihrig/Schäfer* Vergütung des Vorstands § 12 Rn. 242; Hölters/*Weber* AktG § 87 Rn. 33.
[3578] Vgl hierzu *Merkelbach* WM 2014, 1990 (1994); *Poguntke* ZIP 2011, 893 (900).
[3579] Vgl. NK-ArbR/*Peterhänsel* Anhang zu §§ 305–310: Verzeichnis der gebräuchlichsten Vertragsklauseln von A bis Z Rn. 131.
[3580] ArbG Berlin BB 2013, 243.
[3581] BAG NZA 2013, 1361 Rn. 13.
[3582] NK-Stichwortkommentar ArbR/*Schönhöft* Rückzahlungsklausel Rn. 20.
[3583] *Bauer/C. Arnold* ZIP 2006, 2337 (2338 f.).

verträge anzuwenden sind lässt sich mit Blick auf die grundsätzlich bessere Verhandlungsposition im Vergleich zu sonstigen Arbeitnehmern bezweifeln.[3584]

1526 **(3) Transaktionsbonus.** Als **Transaktionsbonus** wird die Gewährung einer Sondervergütung für ein bestimmtes Verhalten in der Transaktionsphase bezeichnet.[3585] Da das Gebot der nachhaltigen Unternehmensentwicklung, § 87 Abs. 1 S. 2 AktG, Vergütungselemente, die auf das Erreichen kurzfristiger Ziele gerichtet sind, nicht grundsätzlich ausschließt (→ Rn. 1316), ist die Gewährung eines einmaligen Transaktionsbonus auch bei börsennotierten Aktiengesellschaften zulässig, wenn sie das Ziel einer nachhaltigen Unternehmensentwicklung nicht gefährdet.[3586]

1527 Bei der Gewährung eines Transaktionsbonus sind jedoch die Vorgaben der **„Mannesmann"-Entscheidung** des 3. Strafsenats des BGH zu beachten (→ Rn. 1540).[3587] Demnach stellt eine nicht vertraglich vereinbarte Sonderzahlung mit ausschließlich belohnendem Charakter, die der Gesellschaft keinen zukunftsbezogenen Nutzen bringen kann, eine treuepflichtwidrige Verschwendung von Gesellschaftsvermögen dar.[3588] Enthält der Anstellungsvertrag eine sog. „Mannesmann"-Klausel, wonach der Aufsichtsrat bei außerordentlichen Leistungen des Vorstandsmitglieds nach billigem Ermessen über eine Sondervergütung entscheidet, kann der Transaktionsbonus unter Umständen darauf gestützt werden.[3589] Fehlt eine solche Sondervergütungsklausel, sollten Aufsichtsrat und Vorstandsmitglied eine Vereinbarung über den Transaktionsbonus treffen, die sicherstellt, dass der Transaktionsbonus den Mannesmann-Voraussetzungen entspricht, also insbesondere der Gesellschaft einen zukunftsbezogenen Nutzen bringt. Dieser kann etwa darin bestehen, dass der Transaktionsbonus die Vorstandsmitglieder incentiviert, die für das Unternehmen sinnvolle Transaktion mit vollem Einsatz und unter Erbringung erheblichen zusätzlichen Arbeitsaufwands voranzutreiben.

1528 Die **Angemessenheit der Höhe** des Transaktionsbonus ist vom Einzelfall abhängig und beurteilt sich unter anderem nach der Höhe des Kaufpreises, der Bedeutung der Transaktion für das Unternehmen sowie der Aufgaben, die das Vorstandsmitglied während der Transaktion wahrgenommen hat.[3590] Zudem muss auch die Gesamtvergütung des betreffenden Vorstandsmitglieds zuzüglich des Transaktionsbonus angemessen sein.

1529 Problematisch ist, ob dem Vorstand der Zielgesellschaft durch Dritte (zB Investor, Bieter) **Transaktionsboni** versprochen werden können.[3591] Empfehlenswert ist in der Praxis, dass der **Verkäufer** den Transaktionsbonus seinen Vorstandsmitgliedern gewährt, um das erfolgreiche Voranbringen der Transaktion zu incentivieren.

1530 **(4) IPO-Bonus.** Ein **IPO-Bonus** ist eine Sonderform des Transaktionsbonus und wird für das erstmalige öffentliche Anbieten von Aktien an der Börse, also den „Börsengang", gewährt. Häufig wird zunächst nur ein Zielwert angegeben und geregelt, in welchem Rahmen sich der IPO-Bonus bewegen kann, zB durch Festlegung eines Schwellen- sowie eines Maximalwerts (Cap). Mögliche Erfolgskriterien, von denen die Höhe des Auszahlungsbetrages abhängt, können unter anderem sein: der Unternehmenswert, der Einführungspreis der Aktie sowie der individuelle Beitrag des jeweiligen Vorstandsmitglieds zu dem Börsengang. Zum Teil wird die Sonderzahlung in zwei Tranchen gewährt, wobei die Höhe der zweiten Tranche von der Entwicklung des Aktienwertes zB innerhalb von 6 oder 12 Monaten nach dem Börsengang abhängig gemacht wird. Es ist üblich, die Auszahlung des Bonus an die Voraussetzung zu knüpfen, dass der Börsengang des Unternehmens bis zu einem bestimmten Stichtag stattgefunden hat.

1531 Die **Form der Auszahlung** des Bonus variiert in der Praxis. Einige Unternehmen gewähren die Sondervergütung in Form von Aktien, für die eine bestimmte Haltefrist vorgeschrieben wird. Andere Unternehmen zahlen den Bonus in Geld. Dies kann mit der Bedingung verknüpft werden, einen Teil der Sondervergütung in Aktien des Unternehmens zu reinvestieren.

1532 ff) Sachleistungen. Vorstandsmitgliedern werden in der Regel eine Reihe von **Nebenleistungen** gewährt. Zu den Nebenleistungen gehören typischerweise Beiträge zu Versicherungen sowie die Gewährung eines Dienstfahrzeugs zur privaten Nutzung. Daneben können je nach Unternehmen auch Flugleistungen, etwa Heimflüge für einen bestimmten Zeitraum nach Dienstantritt oder für die gesamte Vertragslaufzeit, gewährt werden. Weiterhin finden sich häufig Verpflichtungen der Gesellschaft, dem

---

[3584] Vgl. *Lingemann* in Bauer/Lingemann/Diller/Haußmann, Anwalts-Formularbuch Arbeitsrecht Kap. 5 Rn. 34.
[3585] BeckMandatsHdB Vorstand AG/*Hohaus/Weber* § 10 Rn. 3.
[3586] Hölters/*Weber* § 87 AktG Rn. 41; BeckOGK/*Fleischer* AktG § 87 Rn. 37; *Bauer/C. Arnold* AG 2009, 717, (721); Grigoleit/*Schwennicke* § 87 AktG Rn. 21 f.
[3587] *Bauer/C. Arnold* AG 2009, 717 (721); *Hoffmann-Becking/Krieger* NZG-Beil. 2009, 1 (3).
[3588] BGH NZG 2006, 141.
[3589] *Hoffmann-Becking/Krieger* NZG-Beil. 2009, 1 (3); Hölters/*Weber* AktG § 87 Rn. 41.
[3590] BeckMandatsHdB Vorstand AG/*Hohaus/Weber* § 10 Rn. 50.
[3591] Umfassend dazu *Spindler* FS Hopt, 2010, 1407; *Hohaus/Weber* BB 2008, 2358.

Vorstandsmitglied jährliche ärztliche Vorsorgeuntersuchungen zu bezahlen. Daneben können die Kosten einer Immobilie am Dienstort übernommen werden – unter Umständen mit Sicherheitsmaßnahmen und weiteren Zusatzleistungen. Auch ist es in der Praxis nicht untypisch, dass Vorstandsmitgliedern Umzugskosten ersetzt werden oder zB zusätzliche Kosten durch einen Umzug ins oder aus dem Ausland übernommen werden (etwa Kosten für den Besuch einer internationalen Schule für die Kinder). Die Nebenleistungen sind gem. § 87 Abs. 1 S. 1 AktG bei der **Angemessenheit** der Gesamtvergütung zu berücksichtigen. Ferner fallen sie nach Empfehlung G.2 DCGK unter die Ziel-Gesamtvergütung (→ Rn. 1393) und sind auch im Rahmen der Maximalvergütung nach § 87a Abs. 1 Nr. 1 AktG zu berücksichtigen.

Abzugrenzen von den Nebenleistungen sind dienstliche Fürsorgeaufwendungen und Auslagenersatzansprüche, die beide nicht zur Vergütung gehören. **Dienstliche Fürsorgeaufwendungen** sind Aufwendungen seitens der Gesellschaft, die dem Vorstandsmitglied für seine Amtstätigkeit zur Verfügung gestellt werden und dafür sorgen sollen, dass ein angemessen ausgestatteter und hinreichend sicherer infrastruktureller Rahmen besteht.[3592] Beispiele hierfür sind Kraftfahrzeuge, Flugzeuge mit Personal, jeweils rein zur dienstlichen Nutzung, oder Kommunikationseinrichtungen, um die jederzeitige Erreichbarkeit für dienstliche Zwecke zu gewährleisten. Die Abgrenzung zu den vergüteten Nebenleistungen liegt darin, dass dienstliche Fürsorgeaufwendungen gerade nur für die Amtstätigkeit bzw. dienstliche Nutzung gewährt werden, also nicht für die private Nutzung.[3593] Damit sind dienstliche Fürsorgeaufwendungen gerade keine Bezüge iSd § 87 Abs. 1 S. 1 AktG. Ebenso fallen Prämien für die D&O-Versicherung (→ Rn. 1946) nicht unter § 87 Abs. 1 S. 1 AktG, sondern stellen dienstliche Fürsorgeaufwendungen dar.[3594] Diese sind zwar Versicherungsentgelte und als solche in § 87 Abs. 1 S. 1 AktG aufgeführt, allerdings sind damit nur Versicherungen gemeint, die zumindest überwiegend dem privaten Interesse des Vorstandsmitglieds dienen. Die D&O-Versicherung hingegen schützt die Vermögensinteressen der Gesellschaft und nur in geringem Maße das Vorstandsmitglied persönlich.[3595]

1534 **Auslagenersatzansprüche** (→ Rn. 1648) nach §§ 675, 669, 670 BGB sollen dem Vorstandsmitglied finanzielle Lasten abnehmen, die mit seiner Tätigkeit zumindest mittelbar verbunden sind, die Aktiengesellschaft aber nicht direkt übernimmt. In Abgrenzung dazu ist die Vergütung die Gegenleistung für die Tätigkeit des Vorstandsmitglieds.[3596]

1535 **gg) Share Ownership Guidelines („SOG").** Share Ownership Guidelines ergänzen das Vergütungssystem börsennotierter Gesellschaften, indem sie Vorstandsmitglieder verpflichten, aus **eigenem Vermögen oder erhaltener Vergütung einen gewissen Mindestbestand von Aktien zu erwerben** und üblicherweise während der gesamten Bestellung zum Vorstandsmitglied oder darüber hinaus **zu halten**.[3597] Dieser Mindestbestand wird in der Regel in einem Euro-Betrag festgehalten und als sog. SOG-Ziel bezeichnet. Auf diese Weise partizipieren die Vorstandsmitglieder wie jeder andere Aktionär an den Gewinnen und Verlusten des Unternehmens. So soll sichergestellt werden, dass sich die Interessen der Aktionäre und der Vorstandsmitglieder decken und das Interesse der Vorstandsmitglieder an einer nachhaltigen Entwicklung des Unternehmens gesteigert wird.[3598] Share Ownership Guidelines sind – anders als Performance Share Pläne, Aktienoptionen, Phantom Stocks, Stock Appreciation Rights oder Restricted Stocks (→ Rn. 1494) – nicht Vergütungsbestandteil, da sie mit dem Privatvermögen der Vorstandsmitglieder finanziert werden und somit nicht Gegenleistung für geleistete Dienste sind. Entsprechend ist § 87 AktG nicht anzuwenden.[3599]

1536 Share Ownership Guidelines werden in der Praxis in jüngerer Zeit vermehrt vereinbart. Die Aktienwerbsverpflichtungen können dabei vor allem eingesetzt werden, um **Empfehlung G.10 S. 1 DCGK** gerecht zu werden. Diese sieht alternativ zur aktienbasierten Vergütung – die in der Regel am einfachsten über einen sogenannten Performance Share Plan als langfristiges Vergütungselement (→ Rn. 1484) erreicht werden kann – auch die Möglichkeit vor, dass der überwiegende Teil der variablen Vergütung in Aktien der Gesellschaft angelegt wird. So können die Vorstandsmitglieder zB verpflichtet werden, den überwiegenden Teil der Auszahlungsbeträge aus ihrer variablen Vergütung in Aktien der Gesellschaft anzulegen. Die Empfehlung spricht davon, dass die jeweilige Steuerbelastung berücksichtigt werden soll,

---

[3592] *Mertens* AG 2000, 447 (449); Kölner Komm AktG/*Mertens/Cahn* AktG § 87 Rn. 19.
[3593] GroßkommAktG/*Hirte/Mülbert/Roth* AktG § 87 Rn. 46; MHdB AG/*Wentrup* § 21 Rn. 39.
[3594] BeckOGK/*Fleischer* AktG § 87 Rn. 13; MHdB AG/*Wentrup* § 21 Rn. 39. Dazu auch BMF-Rundschreiben FinMin NI v. 25.1.2002 – VV FinMin ND 2002-01-25 S 2332-161-35.
[3595] Kölner Komm AktG/*Mertens/Cahn* AktG § 87 Rn. 20; GroßkommAktG/*Hirte/Mülbert/Roth* AktG § 87 Rn. 155.
[3596] *Dreher* ZHR 165 (2001), 293 (305).
[3597] *Fleischer* NZG 2008, 801 (803); Vgl. *Bauer/C. Arnold* AG 2009, 717 (723).
[3598] *Maschmann/Sieg/Göpfert/Sieg* Vertragsgestaltung im Arbeitsrecht 3. Teil 20 Rn. 23; Vgl. zu Aufsichtsratsmitgliedern *Heldt* AG 2018, 905 (908).
[3599] *Wilsing/Paul* GWR 2010, 363 (364f.); GroßkommAktG/*Kort* AktG § 87 Rn. 48.

was dafür spricht, die SOG-Pflicht an den Nettoauszahlungsbetrag zu knüpfen. Dann ist zumindest bis zur Erreichung des SOG-Ziels auch Empfehlung G.10 S. 1 DCGK entsprochen.

1537 **SOG-Bedingungen** sollten das SOG-Ziel benennen (zB 100 % des Bruttojahresfestgehalts) und festlegen, für welchen Betrag die Vorstandsmitglieder jährlich Aktien der Gesellschaft kaufen sollen. Darüber hinaus wird üblicherweise klargestellt, ob das Vorstandsmitglied die Aktien selbst erwirbt oder die Gesellschaft den Aktienerwerb im Namen des Vorstandsmitglieds übernimmt und ob das Vorstandsmitglied Aktien aus seinem eigenen Bestand anrechnen kann (soll Empfehlung G.10 S. 1 DCGK mit Hilfe der SOG erfüllt werden, ist das eher zu vermeiden). Ferner ist klarzustellen, wie lange das Vorstandsmitglied – insbesondere nach seinem Ausscheiden – die Aktien halten muss. In der Regel sollten zudem Regelungen zu Erwerbshindernissen, etwa aufgrund der Marktmissbrauchsverordnung, getroffen sowie die Nachweispflichten des Vorstandsmitglieds klargestellt werden.

1538 hh) **Nachträgliche Sonderzahlungen. (1) Allgemeines.** Die Bewilligung einer nachträglichen Sonderzahlung (sog. **Anerkennungsprämie**) für dienstvertraglich geschuldete Leistungen an Vorstandsmitglieder ist nicht per se unzulässig und stellt damit zunächst einmal eine unternehmerische Entscheidung des Aufsichtsrats dar. Sonderzahlungen unterliegen jedoch strengen Voraussetzungen. Dies ist zum einen dem Umstand geschuldet, dass Leistungen der Vorstandsmitglieder durch die im Anstellungsvertrag vereinbarte Vergütung im Regelfall bereits abgegolten sind. Zum anderen hat der Aufsichtsrat gerade auch bei Entscheidungen über die Höhe der Vorstandsvergütung seine Vermögensbetreuungspflicht für das Vermögen der Gesellschaft zu beachten.

1539 Der Aufsichtsrat darf grundsätzlich kein Gesellschaftsvermögen weggeben, sofern die Gesellschaft nicht im Gegenzug eine gleichwertige Gegenleistung erhält.[3600] Anderenfalls kann er sich wegen **Untreue** gem. § 266 StGB strafbar machen. Neben den strafrechtlichen Konsequenzen kann die ungerechtfertigte Gewährung einer Sonderzahlung auch zu **Schadensersatzansprüchen** der Gesellschaft gegen die Aufsichtsratsmitglieder (§§ 116, 93 AktG) und gegen die Vorstandsmitglieder (§ 93 AktG) führen. Letztlich führt dies nicht nur zu einer Einschränkung des dem Aufsichtsrat bei der Festlegung der Vergütungshöhe grundsätzlich zustehenden weiten Beurteilungs- und Ermessensspielraums; die Rechtsrisiken führen in der Praxis oft dazu, dass Aufsichtsräte von der Gewährung nachträglicher Sondervergütungen, für die keine dienstvertragliche Grundlage besteht, absehen.

1540 (2) **„Mannesmann"-Rechtsprechung des BGH.** Ausgangspunkt für die Frage, unter welchen Voraussetzungen nachträgliche Sonderzahlungen an Vorstandsmitglieder gewährt werden können, ist das sog. **Mannesmann-Urteil** des 3. Strafsenats des BGH aus dem Jahr 2005.[3601] Entscheidend ist nach der Mannesmann-Rechtsprechung, ob sich in dem jeweiligen Anstellungsvertrag des Vorstandsmitglieds eine vertragliche Grundlage für die nachträgliche Sonderzahlung findet. Der Aufsichtsrat darf nach Auffassung des BGH Leistungen gewähren, die einen bestehenden **dienstvertraglichen Anspruch** erfüllen, sofern der Aufsichtsrat bei der Vergütungsentscheidung nach seiner Einschätzung im Unternehmensinteresse handelt.[3602] Das setze zum einen eine sorgfältige Ermittlung der Entscheidungsgrundlagen voraus. Zum anderen müssten die Gesamtbezüge des bedachten Vorstandsmitglieds angemessen iSd § 87 Abs. 1 S. 1 AktG sein.

1541 Enthält der Anstellungsvertrag **keine Grundlage für Sonderzahlungen,** die über die Festvergütung und Tantieme- oder Bonuszahlungen hinausgehen, dürfe der Aufsichtsrat Vorstandsmitgliedern eine nachträgliche Sonderzahlung nur gewähren, wenn der Gesellschaft gleichzeitig ein **zukunftsbezogener Nutzen** zufließen würde, dh ein Vorteil, der den Vermögensverlust der Gesellschaft kompensiert. Der BGH erkennt nur Vorteile an, die der Gesellschaft nach der Bewilligung einer nachträglichen Sondervergütung entstehen. Nicht zulässig ist die bloße Honorierung einer besonderen Leistung des Vorstandsmitglieds in der Vergangenheit, da diese grundsätzlich mit der im Anstellungsvertrag vereinbarten Vergütung abgegolten wird.[3603] Mit der Mannesmann-Rechtsprechung lässt sich die Gewährung einer nachträglichen Sondervergütung ohne dienstvertragliche Grundlage letztlich nur begründen, wenn das Vorstandsmitglied dazu motiviert werden soll, in Zukunft herausragende, **außergewöhnliche Leistungen** zu erbringen oder die Leistung zukünftigen, potentiellen Vorstandsmitgliedern signalisiert, dass die Gesellschaft außergewöhnlichen Einsatz und Erfolg honoriert. Neben dieser Anreizwirkung soll im Einzelfall auch eine Förderung des Ansehens der Gesellschaft in der Öffentlichkeit als sonstiger Vorteil im Gesellschaftsinteresse in Betracht kommen.[3604] Die Auffassung des BGH wird in der juristischen Literatur teilweise zu Recht

---

[3600] *Lutter/Krieger/Verse* AR § 7 Rn. 401; *Rönnau/Hohn* NStZ 2004, 113 (120).
[3601] BGH NStZ 2006, 214.
[3602] BGH NStZ 2006, 214 (216).
[3603] BGH NStZ 2006, 214 (216); Hüffer/Koch/*Koch* AktG § 87 Rn. 10.
[3604] BGH NStZ 2006, 214 (216).

kritisiert.³⁶⁰⁵ In der Praxis empfiehlt es sich dennoch, die Vorgaben des BGH zu beachten, da sich ein gegebenenfalls mit der Sache befasstes Gericht im Zweifel an der Auffassung des BGH orientieren wird.

Rechtlich besonders problematisch und nur im Ausnahmefall zulässig sind Zahlungen an ein Vorstandsmitglied, das demnächst **aus dem Unternehmen ausscheidet.** Erwägt der Aufsichtsrat trotz Kenntnis vom baldigen Ausscheiden eines Vorstandsmitglieds die Bewilligung einer Sonderzahlung, besteht ein gesteigerter Prüfungsbedarf hinsichtlich der Zulässigkeit der jeweiligen Bonusentscheidung. Der Aufsichtsrat muss – entsprechend den Vorgaben des BGH – im Einzelnen darlegen, inwieweit die gewährte Sondervergütung eine **Anreizwirkung für Dritte,** dh andere aktive Vorstandsmitglieder oder potentielle zukünftige Führungskräfte, entfaltet.

(3) Sondervergütungsklauseln im Anstellungsvertrag. Wie eine Sondervergütungsklausel ausgestaltet sein muss, damit sie den Zweck erfüllt, eine rechtssichere Grundlage für eine nachträgliche Sonderzahlung zu schaffen, ist bislang weder höchstrichterlich noch in der juristischen Literatur abschließend geklärt. Das **Urteil des LG Essen** vom 9.9.2013 in dem Verfahren des Insolvenzverwalters der Arcandor AG i.L. gegen ehemalige Vorstands- und Aufsichtsratsmitglieder ist bislang die einzige veröffentlichte Entscheidung, die sich mit einer Sondervergütungsklausel befasst und inhaltliche Anforderungen formuliert.³⁶⁰⁶ Das LG Essen sieht eine Sondervergütungsklausel nur dann als hinreichende Grundlage für die an die Vorstandsmitglieder gewährten Sonderzahlungen an, wenn die Klausel **als Anspruchsgrundlage formuliert** ist und durch die **Nennung von Kriterien** zumindest ansatzweise regelt, woran sich die Ermessensentscheidung des Aufsichtsrats orientiert. Die bloße Anknüpfung an besondere Leistungen genüge bei solchen Klauseln gerade nicht. Die besonderen Leistungen des Vorstandsmitglieds müssten sich vielmehr in einem **zusätzlichen geschäftlichen Erfolg niedergeschlagen** haben. Um die freie Entscheidung des Aufsichtsrats zu begrenzen, sei ferner eine **Höchstgrenze** für die Sonderzahlung festzusetzen.

Orientiert an der Mannesmann-Rechtsprechung und der insoweit strengeren Entscheidung des LG Essen könnte eine Sondervergütungsklausel wie folgt formuliert werden:

> **Muster einer Sondervergütungsklausel**
> Bei herausragenden, außergewöhnlichen Erfolgen oder Leistungen, die sich für die Gesellschaft signifikant vorteilhaft auswirken, kann der Aufsichtsrat nach billigem Ermessen beschließen, dem Vorstandsmitglied eine angemessene Sonderzahlung zu gewähren, wenn die Sonderzahlung nach Einschätzung des Aufsichtsrats im Unternehmensinteresse liegt. Als außergewöhnlicher Erfolg oder außergewöhnliche Leistung können zB gelten:
>
> [zB Außergewöhnlich hohe Arbeitsbelastung durch große Projekte, insbesondere Transaktionen oder längerfristige Übernahme anderer Vorstandsressorts; Erfolgreiches Management von Krisen; etc.]
>
> Der Aufsichtsrat kann weitere individuelle Beispiele für besondere Umstände oder außergewöhnliche Leistungen vereinbaren, die Grundlage einer Sonderzahlung sein können.
>
> Die Sonderzahlung kann maximal EUR [zB Jahressumme der monatlichen Gehaltszahlungen] betragen. Ferner müssen die Gesamtbezüge von [Name des Vorstandsmitglieds] für das Geschäftsjahr, in dem die Sonderzahlung gewährt wird, auch unter Berücksichtigung der Sonderzahlung angemessen iSd § 87 Abs. 1 AktG sein.

Das strafrechtliche Risiko lässt sich jedoch auch bei Aufnahme einer dienstvertraglichen Regelung nicht vollständig beseitigen.³⁶⁰⁷ Daneben ist zu beachten, dass die Klausel durch die nach dem LG Essen notwendige Nennung von Anwendungsfällen als einseitiges Leistungsbestimmungsrecht gem. § 315 BGB ausgelegt werden könnte, was zu einer **gerichtlichen Billigkeitskontrolle** führt. Das Vorstandsmitglied könnte die Klausel bei seinem Ausscheiden als Druckmittel gegen die Gesellschaft einsetzen, um eine hohe Abfindung zu erhalten.³⁶⁰⁸ Die Sondervergütungsklausel könnte sich letztlich zum Bumerang entwickeln.

(4) Dokumentation der Entscheidung. Für den Aufsichtsrat ist bei der Bewilligung einer nachträglichen Sondervergütung entscheidend, im konkreten Fall **festzustellen und zu dokumentieren,** dass die vom BGH bzw. LG Essen aufgestellten Voraussetzungen vorliegen. Der Aufsichtsrat sollte insbesondere die nicht mit der regulären Vergütung abgegoltenen „herausragenden, außergewöhnlichen Erfolge oder

---

³⁶⁰⁵ GroßkommAktG/*Kort* AktG § 87 Rn. 310; *Fonk* in Semler/von Schenck AR HdB § 10 Rn. 149; *Lutter/Krieger/Verse* AR § 7 Rn. 416; BeckOGK/*Fleischer* AktG § 87 Rn. 57; *Wollburg* ZIP 2004, 646 (651).
³⁶⁰⁶ LG Essen BeckRS 2014, 22313, Berufung anhängig beim OLG Hamm (Az.: 8 U 112/13).
³⁶⁰⁷ *Bauer/C. Arnold* DB 2006, 546 (549).
³⁶⁰⁸ *Bauer/C. Arnold* DB 2006, 546 (547).

Leistungen", deren „wirtschaftlich signifikant vorteilhafte" Auswirkung sowie – soweit einschlägig – die Zuordnung zu einem der in der Klausel genannten Regelbeispiele feststellen und dokumentieren. Der Aufsichtsrat hat sich dabei auch mit der Frage zu befassen, ob es Gründe gibt, die gegen die Bewilligung einer Sonderzahlung sprechen, zB kommunikative oder Compliance-bezogene Aspekte. Da der Aufsichtsrat auch die Angemessenheit der Gesamtvergütung prüfen muss, empfiehlt sich eine Abstimmung mit einem **Vergütungsberater,** der insbesondere aufgrund seiner Marktkenntnis beurteilen kann, ob eine Sonderzahlung und ihre Höhe (auch mit Blick auf die Gesamtvergütung) im Einzelfall iSd § 87 Abs. 1 AktG marktüblich ist.

1547 **(5) Sondervergütungsklauseln nach ARUG II und DCGK 2020.** Sondervergütungsklauseln müssen bei börsennotierten Gesellschaften als Vergütungsbestandteil im **Vergütungssystem** nach § 87a AktG festgelegt werden, wenn der Aufsichtsrat Sondervergütungen leisten will. Auf eine Berücksichtigung bei der Angabe der relativen Anteile der einzelnen Vergütungsbestandteile an der Gesamtvergütung nach § 87a Abs. 1 S. 2 Nr. 3 AktG wird man wohl verzichten können, wenn der Aufsichtsrat bei Erstellung des Vergütungssystems noch keine konkrete Höhe der Sondervergütung festgelegt hat. Zudem handelt es sich um eine Zahlung bei außergewöhnlichen Leistungen und nicht um eine regelmäßige Zahlung. Der Aufsichtsrat kann bei der Festlegung der Anteile der Vergütung an der Gesamtvergütung aus ex-ante Perspektive nur die regelmäßig anfallenden Leistungen berücksichtigen. Zu beachten ist jedoch, dass Sondervergütungen der Maximalvergütung nach § 87a Abs. 1 S. 2 Nr. 1 AktG unterfallen.

1548 Ob Sondervergütungen **Empfehlung G.7 DCGK** entsprechen, ist zumindest zweifelhaft. Kritisiert wird hier, dass bei Sondervergütungsklauseln im Vorfeld die Ziele nicht hinreichend bestimmt sind. Empfehlung G.7 DCGK fordert – im Unterschied zu § 87a Abs. 1 S. 2 Nr. 4 AktG – nicht nur eine abstrakte Beschreibung des Vergütungssystems, sondern eine Festlegung der Leistungskriterien „für das bevorstehende Geschäftsjahr". Damit in unmittelbarem Zusammenhang steht auch die Empfehlung G.8 DCGK, nach der eine nachträgliche Änderung der Zielwerte oder der Vergleichsparameter ausgeschlossen sein soll. Sondervergütungsklauseln knüpfen jedoch an eine außergewöhnliche, herausragende Leistung an. Es ist durchaus denkbar, Sondervergütungsklauseln DCGK-konform zu gestalten, etwa wenn vor Beginn des Geschäftsjahres die Ziele für den Sonderbonus festgelegt werden und der Aufsichtsrat dann nach Ende des Geschäftsjahres über die Zielerreichung befindet. Die Formulierung von Ermessensleitlinien können ebenfalls bewirken, dass der Bonus hinreichend klar „verzielt" ist.

f) Vergütung durch Dritte

1549 Vorstandsmitglieder können grundsätzlich auch durch Dritte, wie zB Aktionäre der Gesellschaft, zulässigerweise Leistungen erhalten, soweit sie in ihrer Leitungsautonomie nicht eingeschränkt werden.[3609] Die Zuständigkeit des Aufsichtsrats für die Festsetzung der Vorstandsbezüge wird hierdurch nicht berührt, er muss die Drittvergütung **billigen** (→ Rn. 1263).[3610]

g) Offenlegung der Vorstandsvergütungen

1550 **aa) Allgemeines.** Aktiengesellschaften sind gesetzlich verpflichtet, die den Mitgliedern des Vorstands und des Aufsichtsrats gewährten Vergütungen im (Konzern-)Jahresabschluss sowie im (Konzern-)Lagebericht offenzulegen. Ziel ist die Schaffung von **Transparenz** im Interesse einer guten Corporate Governance.[3611] Die Neufassung des Aktiengesetzes durch ARUG II und die damit einhergehende Änderung des DCGK sowie der DRS (Deutsche Rechnungslegungs Standards) haben erhebliche praktische Auswirkungen auf die Angabe- und Berichtspflichten der Aktiengesellschaften zur Vergütung von Vorstands- und Aufsichtsratsmitgliedern.

1551 Der aktuelle **DCGK** enthält – anders als der DCGK 2017 (dort Ziffern 4.2.4 und 4.2.5) – keine detaillierten Ausführungen mehr zur Offenlegung der Vergütung von Vorstandsmitgliedern. Auch die in der Praxis allgemein verwendeten **Mustertabellen** wurden nicht beibehalten. In der Begründung zu Grundsatz 25 wird auf § 162 AktG verwiesen, der nunmehr einen aussagekräftigen Vergütungsbericht vorschreibe.

1552 **bb) Pflichtangaben nach HGB.** Durch ARUG II haben sich bei der Offenlegung der Vorstandsvergütung nach den Vorschriften des HGB Änderungen ergeben. Gemäß der **Übergangsvorschrift** in Art. 83 Abs. 1 EGHGB sind die Vorschriften des HGB (§§ 285, 286, 289a, 289f, 291, 314, 315a, 324, 329, 341s HGB) in ihrer ab dem 1.1.2020 gültigen Fassung erstmals auf Jahres- und Konzernabschlüsse sowie Lage- und Konzernlageberichte für das nach dem 31.12.2020 beginnende Geschäftsjahr anzuwenden. Auf das

---

[3609] C. Arnold/Schansker KSzW 2012, 39 (47).
[3610] Bauer/C. Arnold DB 2006, 260 (265); C. Arnold/Schansker KSzW 2012, 39 (47).
[3611] MüKoAktG/Spindler AktG § 87 Rn. 231.

vor dem 1.1.2021 beginnende Geschäftsjahr sind die Vorschriften in ihrer alten Fassung, die bis zum 31.12.2019 gültig war, anzuwenden.

Nach der alten Fassung sind im **(Konzern-)Anhang** Angaben über die den Mitgliedern des Vorstands und des Aufsichtsrats im Geschäftsjahr gewährten **Gesamtbezüge** zu machen (§ 285 Nr. 9 lit. a HGB, § 314 Abs. 1 Nr. 6 lit. a HGB). Daneben müssen börsennotierte Aktiengesellschaften die **Bezüge jedes einzelnen,** namentlich zu benennenden Vorstandsmitglieds, aufgeteilt nach erfolgsunabhängigen und erfolgsbezogenen Komponenten sowie Komponenten mit langfristiger Anreizwirkung, angeben. Gem. § 289a Abs. 2 S. 1 HGB, § 315a Abs. 2 S. 1 HGB ist im **(Konzern-)Lagebericht** bei börsennotierten Aktiengesellschaften ferner auf die **Grundzüge des Vergütungssystems** für die im Konzernanhang genannten Gesamtbezüge der Mitglieder des Vorstands und des Aufsichtsrats einzugehen. 1553

Wurde jedoch für ein vor dem 1.1.2021 beginnendes Geschäftsjahr bereits ein Vergütungsbericht nach § 162 AktG erstellt, sind für dieses Geschäftsjahr die Vorschriften des HGB – ebenso wie für das nach dem 31.12.2020 beginnende Geschäftsjahr – in ihrer ab dem 1.1.2020 gültigen Fassung anzuwenden. Danach sind im **(Konzern-)Anhang** zwar noch Angaben über die den Mitgliedern des Vorstands und des Aufsichtsrats im Geschäftsjahr gewährten **Gesamtbezüge** zu machen (§ 285 Nr. 9 lit. a HGB, § 314 Abs. 1 Nr. 6 lit. a HGB). Jedoch ist die Pflicht entfallen, die Bezüge der Vorstandsmitglieder einzeln anzugeben. Außerdem wurden § 289a Abs. 2 und § 315a Abs. 2 HGB gestrichen, sodass nicht mehr auf die Grundzüge des Vergütungssystems einzugehen ist. Stattdessen regelt § 162 AktG den Vergütungsbericht (→ Rn. 1566). 1554

cc) Vergütungsbericht (§ 162 AktG). Nach § 26j Abs. 2 S. 1 EGAktG ist § 162 AktG in seiner ab dem 1.1.2020 gültigen Fassung erstmals für das nach dem 31.12.2020 beginnende Geschäftsjahr anzuwenden. Damit wird spiegelbildlich zu Art. 83 Abs. 1 EGHGB der **Übergang** zur Erstellung des neuen Vergütungsberichts geregelt. Nach § 26j Abs. 2 S. 2 EGAktG ist § 162 Abs. 1 S. 2 Nr. 2 AktG bis zum Ablauf des fünften Geschäftsjahres, gerechnet ab dem nach dem 31.12.2020 beginnenden Geschäftsjahr, mit der Maßgabe anzuwenden, dass nicht die durchschnittliche Vergütung der letzten fünf Geschäftsjahre in die vergleichende Betrachtung einbezogen wird, sondern lediglich die durchschnittliche Vergütung über den Zeitraum seit dem Geschäftsjahr nach dem 31.12.2020. Andernfalls wären die börsennotierten Gesellschaften gezwungen, Daten aus der Vergangenheit beizubringen, die sie möglicherweise überhaupt nicht erhoben haben.[3612] 1555

(1) Normzweck. Mit Einführung des **§ 162 AktG** verpflichtet der Gesetzgeber Vorstand und Aufsichtsrat **börsennotierter** Gesellschaften, künftig jährlich einen **Vergütungsbericht** über die im letzten Geschäftsjahr jedem einzelnen Mitglied des Vorstands oder des Aufsichtsrats gewährte oder geschuldete Vergütung aufzustellen. Die Verpflichtung trifft Vorstand und Aufsichtsrat der AG und SE. Die KGaA hat keinen Vorstand. Daher muss ihr Bericht nur Angaben zur **Aufsichtsratsvergütung** enthalten (zur Frage des Vergütungssystems für den Vorstand bei der KGaA → Rn. 1942 ff.). 1556

Der Vergütungsbericht ist ein wesentliches **Instrument zur Information der Aktionäre,** Förderung der Unternehmens- und Vergütungstransparenz einschließlich der Überwachung der Vergütung der Mitglieder der Unternehmensleitung sowie zur Sicherstellung der Rechenschaftspflicht der Mitglieder der Unternehmensleitung.[3613] 1557

Die bislang in § 286 Abs. 5 HGB, § 314 Abs. 3 S. 1 HGB aF vorgesehene Möglichkeit, durch Hauptversammlungsbeschluss auf eine individualisierte Offenlegung der Vorstandsvergütung zu verzichten (**„Opt-Out-Klausel"**), ist gestrichen.[3614] Wie lange ein Opt-out-Beschluss nach Inkrafttreten des ARUG II noch wirksam ist, ist gesetzlich nicht geregelt. Es ist aber davon auszugehen, dass es keinen Bestandsschutz für alte Opt-out-Beschlüsse gibt, sobald ein Vergütungsbericht nach § 162 AktG zu erstellen ist. 1558

(2) Zeitliche Vorgaben für die Erstellung des Vergütungsberichts. Die „jährliche" Berichterstattung erfordert grundsätzlich nur, dass der Vergütungsbericht zu irgendeinem Zeitpunkt innerhalb des auf den Berichtszeitraum folgenden Geschäftsjahrs erstellt wird.[3615] Diese Erstellungsfrist wird jedoch faktisch dadurch verkürzt, dass der geprüfte Vergütungsbericht der Hauptversammlung nach § 119 Abs. 1 Nr. 3 AktG, § 120a Abs. 4 AktG zur Billigung bzw. nach § 120a Abs. 5 AktG zur Erörterung vorgelegt werden muss. Bei Einhaltung der Frist nach § 175 Abs. 1 S. 2 AktG ist der Vergütungsbericht also in den ersten acht Monaten des folgenden Geschäftsjahrs zu erstellen und zu prüfen.[3616] 1559

[3612] RegE ARUG II, 136.
[3613] RegE ARUG II, 109 unter Verweis auf Erwägungsgründe 31 und 33 der Änderungsrichtlinie.
[3614] *Florstedt* ZGR 2019, 630 (659 f.); *Rieckers* BOARD 2019, 97 (98); *Needham/Müller* ZCG 2019, 119 (120); *Backhaus* AG 2020, 462 (466).
[3615] *Orth/Oser/Philippsen/Sultana* DB 2019, 1011 (1012).
[3616] *Orth/Oser/Philippsen/Sultana* DB 2019, 1011 (1012).

1560 **(3) Adressatenleitbild.** Der Vergütungsbericht muss ebenso wie das Vergütungssystem nach § 87a AktG (→ Rn. 1337) „**klar und verständlich**" sein. Dies ist der Fall, wenn ein durchschnittlich informierter, situationsadäquat aufmerksamer und verständiger Aktionär die Inhalte verstehen kann.[3617] Anders als noch im Referentenentwurf[3618] vorgesehen, muss er also nicht für jedermann, sondern nur einem mit der Materie entsprechend befassten Personenkreis, verständlich sein, wobei keine überzogenen Anforderungen an die Verständlichkeit zu stellen sind.[3619]

1561 **(4) Zuständigkeit.** § 162 AktG sieht einen **einheitlichen Bericht** für Vorstand und Aufsichtsrat vor. Nach dem ausdrücklichen Willen des Gesetzgebers ist eine gesonderte Berichterstattung für jedes Organ unzulässig. Die beiden Organe haben den Vergütungsbericht als „gemeinsame Aufgabe" zu erstellen, womit eine gegenseitige Kontrolle bezweckt wird.[3620] Eine Ausnahme muss für die KGaA gelten, die keinen Vorstand hat (→ Rn. 1942).

1562 Mit der Zuweisung der internen Zuständigkeit für den Vergütungsbericht an Aufsichtsrat und Vorstand werden andere Gremien und Akteure zugleich von der Erarbeitung ausgeschlossen.[3621] Einhergehend mit der **gemeinschaftlichen Erstellungskompetenz** können Vorstand und Aufsichtsrat **Beschlussvorschläge** gegenüber der Hauptversammlung nach § 124 Abs. 3 S. 1 AktG auch nur zu einem einheitlich ausgearbeiteten Vergütungsbericht machen.[3622]

1563 Jede börsennotierte Gesellschaft muss einen eigenen Vergütungsbericht erstellen, unabhängig davon, ob sie konzernangehörig ist oder nicht. Ein einheitlicher „**Konzernbericht**", der die Angaben für börsennotierte Konzerntöchter enthält, ist unzulässig.[3623] Trotzdem sind Vergütungsbestandteile, die von Unternehmen desselben Konzerns tatsächlich gewährt oder geschuldet werden, im Vergütungsbericht anzugeben.[3624]

1564 **(5) Verhältnis zu handelsrechtlichen Publizitätspflichten.** Die bislang in § 285 Nr. 9 lit. a S. 6 HGB, § 314 Abs. 1 Nr. 6 lit. a S. 6 HGB aF geregelten Angabepflichten für börsennotierte Aktiengesellschaften zu Leistungen, die dem Vorstandsmitglied im Zusammenhang mit der Beendigung der Tätigkeit zugesagt wurden, sind nunmehr in § 162 Abs. 2 AktG enthalten. Um ein „übermäßiges Nebeneinander verschiedener Publizitätspflichten der Gesellschaften im Bereich der Vergütung von Mitgliedern der Unternehmensleitung"[3625] zu vermeiden, wurden die **im HGB enthaltenen Angabepflichten** zur individualisierten Vorstandsvergütung (§ 285 Nr. 9 lit. a S. 5–8 HGB, § 314 Abs. 1 Nr. 6 lit. a S. 5–8 HGB aF) **aufgehoben.**[3626]

1565 Die Inkorporation der Spezialvorschriften für börsennotierte Aktiengesellschaften in das Aktiengesetz und die damit einhergehende Aufhebung der entsprechenden Vorschriften im HGB hat praktisch relevante Auswirkungen für zukünftige Berichterstattungen. **Börsennotierte Aktiengesellschaften** haben die **Bezüge jedes einzelnen,** namentlich zu benennenden Vorstandsmitglieds, künftig im – von der handelsrechtlichen Rechnungslegung unabhängigen[3627] – **Vergütungsbericht anzugeben** und nicht wie bisher im (Konzern-)Anhang. Auch Angaben zu den Grundzügen des Vergütungssystems sind wegen der Aufhebung des § 289a Abs. 2 HGB, § 315a Abs. 2 HGB aF im (Konzern-)Lagebericht künftig entbehrlich.[3628] Unberührt bleibt die Verpflichtung, die den Mitgliedern des Vorstands gewährten Gesamtbezüge im (Konzern-)Anhang anzugeben. Wegen der Einzelheiten der Offenlegungspflichten und dem jeweiligen Standort wird auf die einschlägige Fachliteratur sowie auf die Begründung zum Regierungsentwurf[3629] verwiesen.

1566 **(6) Inhalt des Vergütungsberichts.** § 162 Abs. 1 S. 1 AktG legt den grundsätzlichen Inhalt des Vergütungsberichts fest. Demnach muss sich der Bericht auf **gegenwärtige** und – in den Grenzen der Absätze 5 und 6 – auch auf **frühere** Mitglieder des Vorstands und des Aufsichtsrats beziehen. Die Angaben müssen individualisiert für jedes Organmitglied **unter Namensnennung** gemacht werden. Der Bericht muss die von der Gesellschaft und von Unternehmen desselben Konzerns (§ 290 HGB) gewährte Vergütung angeben. Leistungen Dritter – dazu gehören auch Leistungen von Konzernunternehmen – sind gesondert

---

[3617] RegE ARUG II, 109; *Böcking/Bundle* DK 2020, 15 (18); *Stöber* DStR 2020, 391 (395).
[3618] RefE ARUG II, 99.
[3619] RegE ARUG II, 109.
[3620] RegE ARUG II, 109.
[3621] RegE ARUG II, 109.
[3622] RegE ARUG II, 109.
[3623] RegE ARUG II, 110.
[3624] RegE ARUG II, 110.
[3625] RegE ARUG II, 110.
[3626] RegE ARUG II, 110; *Orth/Oser/Philippsen/Sultana* DB 2019, 230 (231).
[3627] *Orth/Oser/Philippsen/Sultana* DB 2019, 230 (233).
[3628] Vgl. Entwurf Deutscher Rechnungslegungs Änderungsstandard Nr. 9 (E-DRÄS 9) vom 2.7.2019, S. 4.
[3629] RegE ARUG II, 109 ff.

anzugeben. Dadurch sollen Rückschlüsse auf etwaige Interessenkonflikte eines Organmitgliedes ermöglicht und entsprechend der Zielsetzung der 2. ARRL die Transparenz verbessert werden.[3630]

Die **„gewährte"** Vergütung erfasst den tatsächlichen Zufluss, das heißt ggf. auch eine rechtsgrundlos ausgezahlte Vergütung.[3631] Dabei überlässt es der Gesetzgeber der Praxis, den genauen Zeitpunkt zu bestimmen, ab dem die Vergütung in das Vermögen des Organmitglieds übergegangen und damit „zugeflossen" ist.[3632] Mit der **„geschuldeten"** Vergütung ist die fällige, bislang aber nicht tatsächlich zugeflossene Vergütung gemeint.[3633] Der Begriff **„Vergütung"** vereint die beiden unterschiedlichen handelsrechtlichen Definitionen der Gesamtbezüge (§ 285 Nr. 9 lit. a S. 1–3, lit. b S. 1, 2 und § 314 Nr. 6 lit. a S. 1–3, lit. b S. 1 HGB). Durch die weite Auslegung soll entsprechend der Zielsetzung der Richtlinie ein möglichst umfassender Bericht erreicht werden.[3634]

In den Vergütungsbericht sind nur solche Vergütungsbestandteile aufzunehmen, die **tatsächlich vorgesehen** sind. Es müssen also keine „Negativmeldungen" gemacht werden, wenn bestimmte Vergütungsbestandteile nicht gewährt oder geschuldet werden.[3635] Wurden zB keine Aktienoptionen gewährt, braucht der Bericht dazu auch keine Ausführungen zu machen.[3636] Dadurch soll eine verständlichere, knappe und weniger formelhafte Fassung des Vergütungsberichts ermöglicht werden.[3637] Werden einzelne Vergütungsbestandteile aus den Katalogen des § 162 Abs. 1 und 2 AktG nicht im Bericht erwähnt, handelt es sich um „beredtes Schweigen".[3638] Ausnahmsweise erforderlich sind Negativangaben nur in gesetzlich ausdrücklich angeordneten Fällen, so etwa, wenn keine „Clawback-Klauseln" vorgesehen sind (§ 162 Abs. 1 S. 2 Nr. 4 AktG).[3639]

Alle **festen** und **variablen** Vergütungsbestandteile sowie deren relativer Anteil sind im Bericht anzugeben, § 162 Abs. 1 S. 2 Nr. 1 AktG. Im Einzelfall kann es sein, dass zB aufgrund einer mehrjährig angelegten Bemessungsgrundlage die Höhe der variablen Vergütung im Zeitpunkt der Berichtslegung noch nicht feststeht. Dann kann auch das Verhältnis von fester und variabler Vergütung nicht dargestellt werden. In diesen Fällen darf die Gesellschaft die erforderliche „feste Kenngröße" für die variable Vergütung mittels eines ihr geeignet erscheinenden Bezugspunkts angeben. Die Wahl des Bezugspunktes, zB die Ziel- oder Maximalvergütung, liegt im Ermessen der Gesellschaft, ist aber im Vergütungsbericht offenzulegen. Ferner haben Vorstand und Aufsichtsrat in einer **Entsprechenserklärung** darzustellen, wie die Vergütung mit dem von der Hauptversammlung nach § 120a Abs. 1 AktG zur Billigung vorgelegten Vergütungssystem übereinstimmt.[3640] Bei der **Aufsichtsratsvergütung** wird die Verpflichtung angesichts der Regelung in § 113 Abs. 3 AktG leerlaufen. Eine Abweichung ist hier nicht denkbar, ein Bericht wäre daher redundant.[3641]

Der Bericht muss Angaben dazu enthalten, wie die Vergütung die **langfristige Entwicklung der Gesellschaft fördert** und grundsätzlich auch dazu, wie die **Leistungskriterien** für die variable Vergütung angewendet wurden.[3642] Ausnahmsweise ist es zulässig, zum Schutz von Geschäftsgeheimnissen nur abstrakt über die zugrundeliegenden Leistungskriterien zu berichten, wenn dies auch auf Ebene des Vergütungssystems zulässig ist.[3643]

Die jährliche Veränderung der Vergütung ist gemäß § 162 Abs. 1 S. 2 Nr. 2 AktG in Relation zur **Ertragsentwicklung** der Gesellschaft und der **durchschnittlichen Arbeitnehmervergütung** auf Vollzeitäquivalenzbasis über die letzten fünf Geschäftsjahre („Vertikalvergleich")[3644] darzustellen. **„Arbeitnehmer"** im Sinne der Vorschrift sind Beschäftigte der Gesellschaft, die nicht der Unternehmensleitung angehören.[3645] Daher sind Arbeitnehmer, die zugleich auch Mitglieder im Aufsichtsrat sind, nur in ihrer Stellung als Arbeitnehmer erfasst. Leitende Angestellte iSd § 5 Abs. 3 BetrVG sind vom Arbeitnehmerbegriff umfasst, welcher dem des § 96 AktG nachgebildet ist.[3646]

[3630] RegE ARUG II, 110.
[3631] RegE ARUG II, 111; RAusschuss BT-Drs. 19/15153, 53; *Böcking/Bundle* DK 2020, 15 (19); *Grigoleit/Rachlitz* AktG § 162 Rn. 32.
[3632] *Orth/Oser/Philippsen/Sultana* DB 2019, 1011 (1012).
[3633] RAusschuss BT-Drs. 19/15153, S. 53; *Böcking/Bundle* DK 2020, 15 (19); *Grigoleit/Rachlitz* AktG § 162 Rn. 33.
[3634] RegE ARUG II, 111.
[3635] *Löbbe/Fischbach* AG 2019, 373 (383); *Böcking/Bundle* DK 2020, 15 (19); *Needham/Müller* ZCG 2019, 119 (120); *Orth/Oser/Philippsen/Sultana* DB 2019, 1011.
[3636] RegE ARUG II, 126.
[3637] RegE ARUG II, 126.
[3638] *Löbbe/Fischbach* AG 2019, 373 (383).
[3639] *Florstedt* ZGR 2019, 630 (659); *Hüffer/Koch/Koch* AktG § 162 Rn. 7.
[3640] RegE ARUG II, 111.
[3641] RegE ARUG II, 111.
[3642] RegE ARUG II, 111 f.
[3643] RegE ARUG II, 112.
[3644] *Florstedt* ZGR 2019, 630 (660).
[3645] RegE ARUG II, 112 mit Verweis auf Art. 9b Abs. 1 UAbs. 2 lit. b ARRL.
[3646] RegE ARUG II, 112.

1572 Die Gesellschaft kann die **Vergleichsgruppe** zur Ermittlung der durchschnittlichen Arbeitnehmervergütung selbst auswählen, muss sie aber offenlegen.[3647] Es steht der Gesellschaft beispielsweise frei zu entscheiden, ob Arbeitnehmer von Tochterunternehmen einbezogen werden.[3648] Durch den **weiten Ermessensspielraum** soll eine unbürokratische Umsetzung ermöglicht und ausreichend Flexibilität zur Berücksichtigung der Unterschiedlichkeit der Vergütungsstrukturen je nach Branche und Belegschaftsstruktur geschaffen werden. Weil die Unternehmen ihren Tätigkeitsbereich am besten kennen, sollen sie die Vergleichsgruppe selbst auswählen dürfen.[3649]

1573 **Disziplinierende Wirkung** bei der Auswahl der Vergleichsgruppe verspricht sich der Gesetzgeber von der Verpflichtung, die Erläuterungen zur Zusammensetzung der Vergleichsgruppe zusammen mit dem Vergütungsbericht der Hauptversammlung zur Billigung vorzulegen.[3650]

1574 Der Vergütungsbericht muss Angaben zu gewährten und zugesagten **Aktien- und Aktienoptionen** enthalten, § 162 Abs. 1 S. 2 Nr. 3 AktG. Der deutsche Gesetzgeber hat sich in konkretisierender Auslegung der Richtlinie entschieden, statt von „angebotenen" von „zugesagten" Aktien- und Aktienoptionen zu sprechen. Darunter sind alle Vergütungsbestandteile zu verstehen, für die eine Verpflichtung rechtlich besteht, die fällig sein kann, aber nicht muss und die noch nicht erfüllt wurde.[3651]

1575 Nach § 162 Abs. 1 S. 2 Nr. 4 muss aus dem Bericht hervorgehen, ob und wie von der Möglichkeit, variable Vergütungsbestandteile auf Grundlage sog. **„Clawback"-Klauseln** zurückzufordern, Gebrauch gemacht wurde. Dadurch, dass die Möglichkeit, variable Vergütungsbestandteile zurückzufordern, explizit erwähnt wird, erkennt der Gesetzgeber solche Klauseln zugleich grundsätzlich an.[3652]

1576 Alle **Abweichungen vom Vergütungssystem** des Vorstands einschließlich solcher nach § 87a Abs. 2 S. 2 AktG sind unter Angabe der konkreten Bestandteile des Vergütungssystems, von denen abgewichen wurde, anzugeben (§ 162 Abs. 1 S. 2 Nr. 5 AktG). Die Notwendigkeit der Abweichung ist zu erläutern.[3653] Hier ist eine besondere Abstimmung mit dem Vertraulichkeitsschutz nach § 162 Abs. 6 AktG erforderlich, wenn und weil solche Umstände häufig im Zusammenhang mit Krisen der Gesellschaft auftreten.[3654]

1577 Schließlich ist darzustellen, wie der **Beschluss der Hauptversammlung** nach § 120a Abs. 4 AktG oder die Erörterung nach § 120a Abs. 5 AktG berücksichtigt wurden, § 162 Abs. 6 S. 2 AktG.

1578 Für **Vorstandsmitglieder** besteht eine erweiterte Berichtspflicht nach § 162 Abs. 2 AktG, die zuvor in § 285 Nr. 9 lit. a HGB, § 314 Abs. 1 Nr. 6 lit. a HGB aF geregelt war. Die zusätzlichen Angaben sind im Sinne der Knappheit und Verständlichkeit nur darzustellen, wenn sie nicht bereits nach § 162 Abs. 1 AktG gemacht wurden.[3655]

1579 **(7) Prüfung (Abs. 3).** Nach § 162 Abs. 3 AktG ist der Vergütungsbericht von einem Abschlussprüfer zu prüfen. Es handelt sich um eine rein **formelle Prüfung** auf **Vollständigkeit der Pflichtangaben** nach § 162 Abs. 1 und 2 AktG. Eine inhaltliche Überprüfung der Angaben auf materielle Richtigkeit findet nicht statt.[3656] Einer freiwilligen, weitergehenden inhaltlichen Überprüfung steht die Vorschrift jedoch nicht entgegen.[3657] Der Abschlussprüfer erstellt einen Vermerk über die Prüfung. Dadurch soll eine Verwechselung mit dem infolge einer materiellen Prüfung ergehenden Prüfungsbericht des Abschlussprüfers nach handelsrechtlichen Vorschriften verhindert werden.[3658] § 323 HGB, der die Verantwortlichkeit des Abschlussprüfers regelt, ist auf das formelle Prüfungsverfahren des Vergütungsbericht entsprechend anwendbar.

1580 Teilweise wird die **Richtlinienkonformität** der rein formellen Prüfung angezweifelt.[3659] Jedenfalls wird die Entscheidung des Gesetzgebers gegen eine inhaltliche Prüfung als Verschlechterung gegenüber

---

[3647] RegE ARUG II, 112; ausführlich dazu *Florstedt* ZGR 2019, 630 (660f.).
[3648] Grigoleit/*Rachlitz* AktG § 162 Rn. 51.
[3649] RegE ARUG II, 112.
[3650] RegE ARUG II, 112.
[3651] RegE ARUG II, 112; RAusschuss BT-Drs. 19/15153, 53.
[3652] RegE ARUG II, 112. Vgl. *Spindler* AG 2020, 61 (66); Hüffer/Koch/*Koch* AktG § 87a Rn. 8.
[3653] RegE ARUG II, 112.
[3654] So zutreffend *Bachmann/Pauschinger* ZIP 2019, 1 (8).
[3655] RegE ARUG II, 113.
[3656] RegE ARUG II, 113; RAusschuss BT-Drs. 19/15153, 53; kritisch *Orth/Oser/Philippsen/Sultana* DB 2019, 1011 (1013) („Minus an Verlässlichkeit der vermittelten Informationen gegenüber der aktuellen Rechtslage"); *Orth/Oser/Philippsen/Sultana* DB 2019, 230 (234); *Needham/Müller* ZCG 2019, 119 (120); *Paschos/Goslar* AG 2018, 857 (865). Hierzu auch Hüffer/Koch/*Koch* AktG § 162 Rn. 9; Grigoleit/*Rachlitz* AktG § 162 Rn. 66.
[3657] RAusschuss BT-Drs. 19/15153, 53.
[3658] RegE ARUG II, 113.
[3659] Zwar kritisch zur rein formellen Prüfung aber ausgehend von der Richtlinienkonformität *Orth/Oser/Philippsen/Sultana* DB 2019, 1011 (1015); *Bachmann/Pauschinger* ZIP 2019, 1 (8) („Prüfungsintensität wird für die Angaben abgesenkt, die bisher im Anhang zur Bilanz darzustellen waren und nun Teil des Vergütungsberichts sind").

der geltenden deutschen Rechtslage kritisiert.³⁶⁶⁰ Den Adressaten des Vergütungsberichts sei der stark eingeschränkte Prüfungsumfang des Abschlussprüfers ggf. nicht bewusst, sodass „Erwartungslücken" drohten.³⁶⁶¹

Angesichts der strengen **strafrechtlichen Sanktionierung** einer falschen Berichterstattung nach § 400 Abs. 1 Nr. 1 AktG wird teilweise davon ausgegangen, dass der Aufsichtsrat eine inhaltliche Überprüfung durch einen Abschlussprüfer wohl bevorzugen werde, sodass die Frage nach der Prüfungsart relativiert werde.³⁶⁶²

(8) Veröffentlichung (Abs. 4). Die Gesellschaft ist verpflichtet, den Vergütungsbericht zusammen mit dem Vermerk des Abschlussprüfers unverzüglich für einen Zeitraum von mindestens zehn Jahren kostenfrei auf der **Internetseite** der Gesellschaft **öffentlich zugänglich** zu machen, sobald die Hauptversammlung den Beschluss nach § 120a Abs. 4 AktG gefasst hat bzw. der Bericht nach § 120a Abs. 5 AktG der Hauptversammlung zur Erörterung vorgelegt worden ist. Die Veröffentlichung ist **„unverzüglich"**, wenn die 7-Tages-Frist des § 130 Abs. 6 AktG eingehalten wird. Die Auslegung entspricht der bei § 120a Abs. 2 AktG.³⁶⁶³ Ziel der Regelung ist es, die Vergütung über einen längeren Zeitraum nachvollziehbar zu machen.

Zuvor ist der geprüfte Vergütungsbericht bereits im Vorfeld der Hauptversammlung als Teil der **Einberufungsunterlagen** auf der Internetseite bekannt zu machen. Eigenständige Bedeutung hat die Veröffentlichung nach § 162 Abs. 4 AktG daher beispielsweise bei redaktionellen Änderungen zwischen Einberufung der Hauptversammlung und deren Beschlussfassung bzw. Erörterung.³⁶⁶⁴

(9) Datenschutz der Organmitglieder (Abs. 5). Gem. § 162 Abs. 5 AktG stehen die Berichtspflichten unter einem Datenschutzvorbehalt. Die Vorschrift soll einen **Ausgleich** zwischen dem Transparenzinteresse und dem gegenläufigen Interesse der Organmitglieder am Schutz personenbezogener Daten herstellen.³⁶⁶⁵ **Erstens** darf der Bericht daher keine Angaben zur Familiensituation enthalten. So ist zB zwar der Gesamtbetrag von etwaigen, in der Praxis sehr seltenen Familien- oder Kinderzuschlägen im Bericht zu benennen, jedoch der Grund für die Leistung nicht offenzulegen.³⁶⁶⁶ **Zweitens** sind in dem Bericht keine personenbezogenen Daten zu ehemaligen Organmitgliedern anzugeben, die bereits seit zehn Jahren ausgeschieden sind. Spätestens 20 Jahre nach dem Ausscheiden aus der aktiven Tätigkeit sind die personenbezogenen Daten des ehemaligen Organmitglieds damit nicht mehr öffentlich zugänglich.³⁶⁶⁷ Damit geht der deutsche Gesetzgeber über die Vorgaben der Richtlinie hinaus. Das ist aber zulässig.³⁶⁶⁸ Denn andernfalls könnte eine Pflicht zur lebenslangen Berichterstattung bestehen, wenn Altersbezüge bis zum Lebensende gezahlt werden, weil dadurch stets ein neuer angabepflichtiger Tatbestand der Vergütungsgewährung begründet würde. Das stünde aber im Widerspruch zu den in der Richtlinie zum Ausdruck kommenden Wertungen, weshalb von einer planwidrigen Regelungslücke in der ARRL ausgegangen wird.³⁶⁶⁹ **Drittens** sind personenbezogene Daten nach Ablauf von zehn Geschäftsjahren aus Vergütungsberichten zu löschen, falls diese – überobligatorisch – weiterhin auf der Internetseite zugänglich sind.³⁶⁷⁰

(10) Vertraulichkeitsschutz der Gesellschaft (Abs. 6). § 162 Abs. 6 AktG erlaubt der Gesellschaft **punktuelle Abweichungen von der Offenlegungspflicht.** Angaben, die nach „vernünftiger kaufmännischer Beurteilung geeignet sind, der Gesellschaft einen nicht unerheblichen Nachteil zuzufügen", müssen nicht in den Vergütungsbericht aufgenommen werden. Sofern der Grund, der zur Verweigerung der Angabe berechtigt hat, später wegfällt, sind die Angaben in den darauffolgenden Vergütungsbericht aufzunehmen. Der bereits veröffentlichte Bericht ist nicht nachträglich zu ergänzen.³⁶⁷¹ Die Eignung, einen nicht unerheblichen Nachteil zuzufügen, soll sich in Anlehnung an die Formulierungen des § 131 Abs. 3 Nr. 1 AktG und des § 289e HGB nach bewährten aktien- und handelsrechtlichen Maßstäben richten.³⁶⁷² Nach Einschätzung der Literatur dürfte der praktische Anwendungsbereich der Geheimhaltungsklausel

---

³⁶⁶⁰ *Orth/Oser/Philippsen/Sultana* DB 2019, 1011 (1015); *Needham/Müller* ZCG 2019, 119 (120).
³⁶⁶¹ *Orth/Oser/Philippsen/Sultana* DB 2019, 1011 (1015).
³⁶⁶² *Florstedt* ZGR 2019, 630 (663).
³⁶⁶³ RegE ARUG II, 113.
³⁶⁶⁴ RegE ARUG II, 113.
³⁶⁶⁵ RegE ARUG II, 113.
³⁶⁶⁶ RegE ARUG II, 114.
³⁶⁶⁷ *Orth/Oser/Philippsen/Sultana* DB 2019, 1011 (1013).
³⁶⁶⁸ *Paschos/Goslar* AG 2019, 365 (370).
³⁶⁶⁹ RegE ARUG II, 114.
³⁶⁷⁰ RegE ARUG II, 114; zu den Komplikationen bei Berechnung der Zehnjahresfrist vgl. *Grigoleit/Rachlitz* AktG § 162 Rn. 80.
³⁶⁷¹ RegE ARUG II, 114.
³⁶⁷² RegE ARUG II, 114.

gering bleiben.³⁶⁷³ Als denkbarer Anwendungsfall wird aber die Geheimhaltung vergütungsbezogener Sanktionen gegenüber Organmitgliedern (zB ein „Clawback" oder Kürzungen variabler Vergütungsansprüche) genannt, wenn diese aufgrund von Sachverhalten verhängt werden, deren Bekanntwerden für die Gesellschaft schädlich wäre.³⁶⁷⁴

1586 Teilweise werden **Zweifel an der Vereinbarkeit** der Geheimhaltungsklausel mit der ARRL geäußert.³⁶⁷⁵ Eine solche Schutzklausel sei im Richtlinientext nicht enthalten. Der Gesetzgeber stütze sich allein auf **Erwägungsgrund 45**³⁶⁷⁶, wonach Gesellschaften nicht gezwungen werden sollen, solche Informationen offenzulegen, die „ihrer Geschäftsposition […] schwer schaden würden." Aus der Tatsache, dass in vergleichbaren Richtlinien³⁶⁷⁷ Schutzklauseln ausdrücklich im Normtext fixiert seien, ergebe sich im Umkehrschluss, dass Geheimhaltungsklauseln nur zulässig seien, soweit sie in den Artikeln der Richtlinie selbst vorgehen seien.³⁶⁷⁸ Jedenfalls aber dürften **Zahlungen nicht gänzlich verborgen** bleiben, da ansonsten die Ziele der Offenlegungspflicht beeinträchtigt würden und die Geheimhaltung damit auch nach Erwägungsgrund 45 unzulässig sei.³⁶⁷⁹

1587 **dd) DRS und IFRS.** Die gesetzlichen Vorgaben zur Offenlegung der Vergütung von Organmitgliedern von Konzernen werden durch **DRS 17** *Berichterstattung über die Vergütung der Organmitglieder* konkretisiert.³⁶⁸⁰ Die gesetzliche Grundlage für die Aufstellung und Anwendung der Standards findet sich in § 342 HGB. Mit Inkorporation der neuen Transparenzvorschriften zur Vergütung der Organmitglieder in das Aktiengesetz und der Aufhebung der entsprechenden Vorschriften im HGB wurden die zugehörigen Konkretisierungen in DRS 17 (geändert 2010) gegenstandslos. Das DRSC hat daher zunächst den Entwurf eines Änderungsstandards (E-DRÄS 9) vorgelegt³⁶⁸¹ und den Deutschen Rechnungslegungs Änderungsstandard Nr. 9 (DRÄS-9) im Oktober 2019 verabschiedet.

1588 Die Aufsichtsräte kapitalmarktorientierter Mutterunternehmen müssen bei der Offenlegung der Vergütungen nicht nur die Vorschriften des HGB und des Aktiengesetzes beachten; für die Aufstellung des Konzernabschlusses sind daneben (vgl. § 315e HGB) die **International Financial Reporting Standards** (IFRS/IAS) maßgeblich.³⁶⁸² Nach IAS 24.17 hat die Gesellschaft die Vergütung der Mitglieder seines Managements in Schlüsselposition sowohl insgesamt als auch gesondert für jede der folgenden Kategorien anzugeben: kurzfristig fällige Leistung, Leistung nach Beendigung des Arbeitsverhältnisses, andere langfristig fällige Leistungen, Leistungen aus Anlass der Beendigung des Arbeitsverhältnisses und Kapitalbeteiligungsleistungen. Anders als nach den deutschen Vorschriften ist hier keine nach Mitgliedern des Vorstands individualisierte Angabe erforderlich, ausreichend ist die Offenlegung der Summe der Bezüge.³⁶⁸³

4. Wettbewerbs- und Nebentätigkeitsverbote

1589 Ein Wettbewerbsverbot für Vorstandsmitglieder kann auf unterschiedlichen rechtlichen Grundlagen beruhen. Es ist strikt zwischen gesetzlichen und vertraglichen Wettbewerbsverboten zu trennen. Die gesetzlichen Wettbewerbsverbote für Vorstandsmitglieder sind in § 88 AktG geregelt und besonderer Ausdruck der **verantwortlichen Rechtsstellung** und der **Treuepflicht des Vorstandsmitglieds** gegenüber der Gesellschaft.³⁶⁸⁴ Das vertragliche Wettbewerbsverbot findet seine rechtliche Grundlage im Anstellungsvertrag und knüpft an diesen an. Ein Bezug zur organschaftlichen Stellung als Vorstandsmitglied besteht nicht.

a) Die gesetzlichen Wettbewerbsverbote, § 88 AktG

1590 Den Vorstandsmitgliedern ist nach § 88 Abs. 1 AktG der Betrieb eines Handelsgewerbes, das Geschäftemachen im Geschäftszweig der Gesellschaft und die Tätigkeit in einer anderen Handelsgesellschaft als Geschäftsführungsorgan untersagt, sofern der Aufsichtsrat nicht einwilligt. Die Regelung verfolgt einen **dop-**

[3673] *Bachmann/Pauschinger* ZIP 2019, 1 (8); *Bungert/Berger* DB 2018, 2801 (2807) („nicht einfach, ein Beispiel zu bilden").
[3674] *Löbbe/Fischbach* AG 2019, 373 (384).
[3675] *Bachmann/Pauschinger* ZIP 2019, 1 (8).
[3676] RegE ARUG II, 114.
[3677] ZB Art. 9 Abs. 2 ARRL; Art. 18 Abs. 2 Bilanz-RL.
[3678] *Bachmann/Pauschinger* ZIP 2019, 1 (8).
[3679] *Bachmann/Pauschinger* ZIP 2019, 1 (8).
[3680] DRS 17 (geändert 2010), Grundsatz 3.
[3681] Entwurf Deutscher Rechnungslegungs Änderungsstandard Nr. 9 (E-DRÄS 9) vom 2.7.2019.
[3682] Vgl. Art. 4 IAS-Verordnung.
[3683] *Leippe* in Heuser/Theile IFRS-HdB Rn. 54.41 f.
[3684] MüKoAktG/*Spindler* AktG § 88 Rn. 1; GroßkommAktG/*Kort* AktG § 88 Rn. 1; Henssler/Strohn/*Dauner-Lieb* AktG § 88 Rn. 1.

pelten Zweck:[3685] Einerseits soll die Gesellschaft vor Wettbewerbshandlungen der Vorstandsmitglieder geschützt werden. Andererseits soll durch § 88 Abs. 1 AktG der Gesellschaft die Arbeitskraft der Vorstandsmitglieder gesichert werden.[3686] Es hängt jeweils von der verbotenen Tätigkeit ab, welcher Schutzzweck im Vordergrund steht.[3687]

§ 88 Abs. 1 AktG ist **dispositiv.**[3688] Daher kann die Gesellschaft mit dem Vorstandsmitglied inhaltliche Erweiterungen oder Einschränkungen der gesetzlichen Wettbewerbsverbote im Anstellungsvertrag vereinbaren (→ Rn. 1613). Auch eine **Freistellung** des Vorstandsmitglieds von den Wettbewerbsverboten ist möglich, weil § 88 AktG allein dem Schutz der Gesellschaft dient.[3689] Die Freistellung kann jedoch nicht pauschal im Anstellungsvertrag erteilt werden, sondern darf nur für bestimmte Handelsgewerbe oder Handelsgesellschaften oder für bestimmte Arten von Geschäften gem. § 88 Abs. 1 S. 3 AktG gelten. Bei **Erweiterung** des gesetzlichen Wettbewerbsverbots durch eine vertragliche Vereinbarung muss diese aber im Einklang mit der grundgesetzlich garantierten Berufsfreiheit des Vorstandsmitglieds aus Art. 12 Abs. 1 GG stehen.[3690] Eine Möglichkeit zur **Verschärfung** ist, einen Verstoß gegen ein gesetzliches Wettbewerbsverbot mit einer Vertragsstrafe zu verbinden.[3691] Einschränkungen oder Erweiterungen der gesetzlichen Wettbewerbsverbote sind nach überwiegender Ansicht im Schrifttum auch durch **Satzungsregelungen** möglich.[3692] Der Grundsatz der Satzungsstrenge nach § 23 Abs. 5 S. 2 AktG steht dem nicht entgegen, weil die Regelungen über die gesetzlichen Wettbewerbsverbote nicht zwingender Natur sind und daher ein Spielraum für ergänzende Satzungsbestimmungen besteht.[3693] So kann durch die Satzung beispielsweise konkretisiert werden, welche Geschäfte im Geschäftszweig des Unternehmens liegen.[3694] Ein qualifiziertes Mehrheitserfordernis für den Einwilligungsbeschluss des Aufsichtsrats kann jedoch nicht per Satzung festgelegt werden, weil das AktG bezüglich der Mehrheitserfordernisse für Aufsichtsratsbeschlüsse abschließende Regelungen trifft.[3695]

Parallelvorschriften zu den aktienrechtlichen Wettbewerbsverboten befinden sich in §§ 60, 61 HGB für die Handlungsgehilfen, in §§ 112, 113, 161 Abs. 2 HGB für die persönlich haftenden Gesellschafter einer Personenhandelsgesellschaft und in § 284 AktG für die KGaA.[3696] Die Regelungen in § 88 AktG sind im Vergleich zu den Vorschriften im HGB weiter, weil sie nicht nur vor der Konkurrenztätigkeit schützen sollen, sondern auch den Zweck verfolgen, der Gesellschaft die Arbeitskraft des Vorstandsmitglieds zu sichern.[3697] Nach **Grundsatz 19** DCGK unterliegen Vorstandsmitglieder während ihrer Tätigkeit einem umfassenden Wettbewerbsverbot. Die Regelung der Wettbewerbsverbote in Grundsatz 19 DCGK entspricht den Vorgaben aus Ziff. 4.3.1. DGCK 2017 und hat somit keine inhaltliche Änderung erfahren.

aa) Anwendungsbereich. (1) Persönlich. Die Vorschrift des § 88 Abs. 1 AktG ist an alle amtierenden Vorstandsmitglieder einschließlich des stellvertretenden Vorstandsmitglieds gem. § 94 AktG adressiert. Die Wettbewerbsverbote finden auch auf fehlerhaft bestellte Vorstandsmitglieder Anwendung.[3698] Dagegen gilt die Regelung des § 88 Abs. 1 AktG nicht für **Aufsichtsratsmitglieder,** selbst wenn diese in den Vorstand nach § 105 Abs. 2 AktG entsandt sind.[3699] Dies betrifft ebenso Abwickler iSd § 268 Abs. 3 AktG.[3700] Da die Wettbewerbsverbote dem Schutz der Gesellschaft dienen, kommt eine teleologische Reduktion

---
[3685] *Armbrüster* ZIP 1997, 1269 (1270) sieht § 88 Abs. 1 AktG als ein Wettbewerbsverbot und ein Betätigungsverbot zugleich.
[3686] BGH NJW 2001, 2476 (2476); 1997, 2055 (2056); Kölner Komm AktG/*Mertens/Cahn* AktG § 88 Rn. 1; Hölters/ *Weber* AktG § 88 Rn. 1.
[3687] BeckOGK/*Fleischer* AktG § 88 Rn. 1; Hüffer/Koch/*Koch* AktG § 88 Rn. 1; NK-ArbR/*Pusch/Daub* AktG § 88 Rn. 1.
[3688] Kölner Komm AktG/*Mertens/Cahn* AktG § 88 Rn. 8; MüKoAktG/*Spindler* AktG § 88 Rn. 7.
[3689] MüKoAktG/*Spindler* AktG § 88 Rn. 28; aA Kölner Komm AktG/*Mertens/Cahn* AktG § 88 Rn. 8.
[3690] *Fleischer* AG 2005, 336 (345); MüKoAktG/*Spindler* AktG § 88 Rn. 28; NK-ArbR/*Pusch/Daub* AktG § 88 Rn. 2.
[3691] *Kort* ZIP 2008, 717 (718); GroßkommAktG/*Kort* AktG § 88 Rn. 119.
[3692] GroßkommAktG/*Kort* AktG § 88 Rn. 117f.; BeckOGK/*Fleischer* AktG § 88 Rn. 31; aA K. Schmidt/Lutter/*Seibt* AktG § 88 Rn. 2; Kölner Komm AktG/*Mertens/Cahn* AktG § 88 Rn. 8.; diff. nach Einschränkung oder Erweiterung der Wettbewerbsverbote NK-Arbr/*Pusch/Daub* AktG § 88 Rn. 17.
[3693] *Fleischer* AG 2005, 336 (345); *Kort* ZIP 2008, 717 (718); GroßkommAktG/*Kort* AktG § 88 Rn. 115; BeckOGK/ *Fleischer* AktG § 88 Rn. 31.
[3694] *Fleischer* AG 2005, 336 (346); GroßkommAktG/*Kort* AktG § 88 Rn. 116.
[3695] Für mitbestimmte und dem DrittelbG unterliegende AG gilt dies nicht GroßkommAktG/*Kort* AktG § 88 Rn. 117f.
[3696] K. Schmidt/Lutter/*Seibt* AktG § 88 Rn. 2; NK-ArbR/*Pusch/Daub* AktG § 88 Rn. 33.
[3697] MüKoAktG/*Spindler* AktG § 88 Rn. 2; BeckOGK/*Fleischer* AktG § 88 Rn. 4.
[3698] BeckOGK/*Fleischer* AktG § 88 Rn. 7; MüKoAktG/*Spindler* AktG § 88 Rn. 9; Hölters/*Weber* AktG § 88 Rn. 4; NK-ArbR/*Pusch/Daub* AktG§ 88 Rn. 4.
[3699] MüKoAktG/*Spindler* AktG § 88 Rn. 9; Hüffer/Koch/*Koch* AktG § 88 Rn. 2; Grigoleit/*Schwennicke* AktG § 88 Rn. 2; Henssler/Strohn/*Dauner-Lieb* AktG § 88 Rn. 2; *Armbrüster* ZIP 1997, 1269.
[3700] K. Schmidt/Lutter/*Seibt* AktG § 88 Rn. 4.

für den Fall, dass ein Vorstandsmitglied zugleich Alleinaktionär der Gesellschaft ist, nicht in Betracht.[3701] Schließlich müssen die Gesellschafterinteressen nicht stets mit den Interessen der Gesellschaft kongruent sein.[3702]

1594 **(2) Zeitlich.** § 88 Abs. 1 AktG gilt nur für die **Dauer der Amtszeit des Vorstandsmitglieds,** weil die Regelung an die Organstellung anknüpft.[3703] Der Abschluss des Anstellungsvertrags bleibt für die zeitliche Anwendbarkeit der gesetzlichen Wettbewerbsverbote außer Betracht.[3704] Das hat zur Folge, dass § 88 Abs. 1 AktG ab der Bestellung des Vorstandsmitglieds iSd § 84 Abs. 1 AktG (→ Rn. 500) bis zur Beendigung des Vorstandsamtes Anwendung findet.[3705] Dabei spielt die Art der Beendigung grundsätzlich keine Rolle. Ebenso unerheblich ist es, ob sich das Vorstandsmitglied gem. § 84 Abs. 3 S. 4 AktG gegen seine Abberufung gerichtlich wehrt.[3706] Für ein ausgeschiedenes Vorstandsmitglied entfaltet § 88 Abs. 1 AktG keine Bindung mehr.[3707] Probleme ergeben sich in der Übergangsphase (→ Rn. 1612).

1595 **(3) Sachlich.** Die gesetzliche Regelung umfasst drei Verbotstatbestände, die jeweils als **präventives Verbot mit Erlaubnisvorbehalt** ausgestaltet sind.[3708] Die Tätigkeitsvarianten des § 88 Abs. 1 AktG sind somit nicht schlechthin verboten, sondern nur soweit der Aufsichtsrat nicht vor Aufnahme der Tätigkeit zugestimmt hat.[3709]

1596 Nach § 88 Abs. 1 S. 1 Alt. 1 AktG ist Vorstandsmitgliedern während ihrer Amtszeit der **Betrieb eines Handelsgewerbes** untersagt, unabhängig davon, ob das Handelsgewerbe mit der Gesellschaft in Konkurrenz tritt.[3710] Zweck dieses Verbots ist die Erhaltung der Arbeitskraft des Vorstandsmitglieds (**unechtes Wettbewerbsverbot**[3711]).[3712] Ein Gewerbe ist entweder nach seinem Gegenstand gem. § 1 Abs. 2 HGB oder kraft Eintragung gem. §§ 2, 3, 5 HGB als Handelsgewerbe zu qualifizieren.[3713] **Vorbereitende Tätigkeiten** für eine Geschäftstätigkeit nach Ablauf der Amtszeit sind dem Vorstandsmitglied in gewissem Umfang jedoch erlaubt.[3714] Nach allgM ist beispielsweise die Anmietung von Geschäftsräumen noch im Rahmen des Erlaubten, während die konkrete Anbahnung von Geschäftsbeziehungen bereits vom Wettbewerbsverbot des § 88 Abs. 1 S. 1 Alt. 1 AktG umfasst ist.[3715] Noch nicht abschließend geklärt ist die sachliche **Reichweite der Vorschrift.** Teilweise wird eine entsprechende Anwendung des § 88 Abs. 1 S. 1 Alt. 1 AktG auf freiberufliche oder kleingewerbliche Tätigkeiten gefordert.[3716] Dagegen lässt sich zwar anführen, dass das Verbot so seine klare Konturierung verliere.[3717] Letztlich ist zu differenzieren: Entspricht der Arbeitseinsatz dem Umfang eines Handelsgewerbes, erfordert der Gesetzeszweck eine Erstreckung auf freiberufliche oder kleingewerbliche Tätigkeiten über den Wortlaut hinaus.[3718]

1597 § 88 Abs. 1 S. 1 Alt. 2 AktG untersagt den Vorstandsmitgliedern das **Geschäftemachen** für eigene oder fremde Rechnung im Geschäftszweig der Gesellschaft. Damit darf das Vorstandsmitglied auch nicht als **Prokurist, Handelsvertreter, Handelsmakler oder Kommissionär** tätig werden.[3719] Unter den Begriff des **Geschäftemachens** fällt jede, wenn auch nur spekulative, auf Gewinnerzielung gerichtete

---

[3701] Kölner Komm AktG/*Mertens/Cahn* AktG § 88 Rn. 6; MüKoAktG/*Spindler* AktG § 88 Rn. 9; diff. nach Gläubigerinteressen BeckOGK/*Fleischer* AktG § 88 Rn. 7.
[3702] Kölner Komm AktG/*Mertens/Cahn* AktG § 88 Rn. 6; MüKoAktG/*Spindler* AktG § 88 Rn. 9.
[3703] OLG Oldenburg NZG 2000, 1038 (1039); GroßkommAktG/*Kort* AktG § 88 Rn. 108 f.; Hölters/*Weber* AktG § 88 Rn. 5.
[3704] BeckOGK/*Fleischer* AktG § 88 Rn. 8; MüKoAktG/*Spindler* AktG § 88 Rn. 10; Kölner Komm AktG/*Mertens/Cahn* AktG § 88 Rn. 6.
[3705] MüKoAktG/*Spindler* AktG § 88 Rn. 10; Kölner Komm AktG/*Mertens/Cahn* AktG § 88 Rn. 6.
[3706] MüKoAktG/*Spindler* AktG § 88 Rn. 11; NK-Arbr/*Pusch/Daub* AktG § 88 Rn. 5.
[3707] Kölner Komm AktG/*Mertens/Cahn* AktG § 88 Rn. 6; BeckOGK/*Fleischer* AktG § 88 Rn. 9; Hölters/*Weber* AktG § 88 Rn. 5.
[3708] *Fleischer* AG 2005, 336 (344); BeckOGK/*Fleischer* AktG § 88 Rn. 26.
[3709] Hölters/*Weber* AktG § 88 Rn. 1; GroßkommAktG/*Kort* AktG § 88 Rn. 2.
[3710] BeckOGK/*Fleischer* AktG § 88 Rn. 17; MüKoAktG/*Spindler* AktG § 88 Rn. 13; Kölner Komm AktG/*Mertens/Cahn* AktG § 88 Rn. 10.
[3711] *Fleischer* AG 2005, 336 (337); *Verse* in Krieger/Schneider Managerhaftung § 26 Rn. 6; BeckOGK/*Fleischer* AktG § 88 Rn. 1.
[3712] BeckOGK/*Fleischer* AktG § 88 Rn. 17; Kölner Komm AktG/*Mertens/Cahn* AktG § 88 Rn. 10; Hölters/*Weber* AktG § 88 Rn. 6.
[3713] Kölner Komm AktG/*Mertens/Cahn* AktG § 88 Rn. 10; NK-Arbr/*Pusch/Daub* AktG § 88 Rn. 8.
[3714] OLG Frankfurt a. M. AG 2000, 518 (519); MüKoAktG/*Spindler* AktG § 88 Rn. 22; Grigoleit/*Schwennicke* AktG § 88 Rn. 3; *Seyfarth* VorstR § 10 Rn. 15.
[3715] *Verse* in Krieger/Schneider Managerhaftung § 26 Rn. 23; BeckOGK/*Fleischer* AktG § 88 Rn. 25.
[3716] OLG Frankfurt a. M. AG 2000, 518 (519); K. Schmidt/Lutter/*Seibt* AktG § 88 Rn. 6; Kölner Komm AktG/*Mertens/Cahn* AktG § 88 Rn. 10; MüKoAktG/*Spindler* AktG § 88 Rn. 15.
[3717] Hüffer/Koch/*Koch* AktG § 88 Rn. 2; NK-Arbr/*Pusch/Daub* AktG § 88 Rn. 9.
[3718] *Seyfarth* VorstR § 10 Rn. 13; MüKoAktG/*Spindler* AktG § 88 Rn. 12; BeckOGK/*Fleischer* AktG § 88 Rn. 18; Hölters/*Weber* AktG § 88 Rn. 6.
[3719] Henssler/Strohn/*Dauner-Lieb* AktG § 88 Rn. 4.

Teilnahme am geschäftlichen Verkehr, die nicht nur zur Befriedigung eigener privater Bedürfnisse erfolgt, also nicht lediglich persönlichen Charakter hat.³⁷²⁰ Die **Anlage des eigenen Vermögens** in Werte oder Objekte, mit denen auch die Gesellschaft handelt, ist nicht vom Tatbestand der Norm erfasst.³⁷²¹ Die Regelung soll die Gesellschaft vor Konkurrenz schützen, sodass es nicht darauf ankommt, ob die Gesellschaft das jeweilige Geschäft selbst vorgenommen hätte oder ob ihr tatsächlich ein Schaden entstanden wäre (**echtes Wettbewerbsverbot**³⁷²²).³⁷²³ Da die Regelung dem Konkurrenzschutz dient, müssen die Geschäfte in den **Geschäftszweig der Gesellschaft** fallen. Maßgeblich ist dabei nicht der satzungsgemäße Unternehmensgegenstand, sondern der **tatsächliche Tätigkeitsbereich** der Gesellschaft.³⁷²⁴ Für das gesetzliche Wettbewerbsverbot des persönlich haftenden Gesellschafters einer Personenhandelsgesellschaft nach § 112 Abs. 1 HGB hat der BGH entschieden, dass der Unternehmensgegenstand auch durch schlüssiges Verhalten erweitert oder begrenzt werden kann und es somit darauf ankommt, worauf sich die Tätigkeit tatsächlich erstreckt.³⁷²⁵ Es dürfe in diesem Zusammenhang auch nicht außer Acht gelassen werden, dass die wirtschaftliche und technische Entwicklung fortschreite und ein Unternehmen demgemäß gezwungen sein könnte, neue Geschäfte aufzunehmen, um seinen Bestand nicht zu gefährden.³⁷²⁶ Da das Verbot des Geschäftsmachens aus § 88 Abs. 1 S. 1 Alt. 2 AktG wie § 112 Abs. 1 HGB dem Konkurrenzschutz dient, kann die Rechtsprechung des BGH übertragen werden.

Ob das Verbot des Geschäftemachens **konzernweit Geltung** beansprucht, ist bisher höchstrichterlich noch nicht geklärt.³⁷²⁷ In der Literatur wird größtenteils für eine konzerndimensionale Auslegung des Wettbewerbsverbots argumentiert, wobei hinsichtlich der Reichweite Uneinigkeit herrscht.³⁷²⁸ Nach überwiegender Ansicht werden jedenfalls die Geschäftszweige von Unternehmen geschützt, die unter der Konzernleitung der Gesellschaft nach § 18 AktG stehen,³⁷²⁹ weil sich die Amts- und die damit verbundene Treuepflicht der Vorstandsmitglieder auch auf die Konzernleitung erstreckt.³⁷³⁰ Für diese Auslegung spricht außerdem der Sinn und Zweck des Wettbewerbsverbots aus § 88 Abs. 1 S. 1 Alt. 2 AktG. Die Konkurrenztätigkeit soll unterbunden werden, was bei einer engen Auslegung des Wettbewerbsverbots leicht umgangen werden könnte.³⁷³¹ Auch Grundsatz 19 DCGK liegt die konzernweite Geltung des Wettbewerbsverbots zugrunde.³⁷³² Eine Erstreckung des Wettbewerbsverbots in umgekehrter Richtung auf den Geschäftszweig der Muttergesellschaft dürfte jedoch nicht mehr vom Anwendungsbereich des § 88 Abs. 1 S. 1 Alt. 2 AktG erfasst sein.³⁷³³

Auch die Tätigkeit als Vorstandsmitglied, Geschäftsführer oder persönlich haftender Gesellschafter, nicht jedoch als **Aufsichtsratsmitglied**³⁷³⁴ einer anderen Handelsgesellschaft ist den Vorstandsmitgliedern nach § 88 Abs. 1 S. 2 AktG verboten. Die Regelung bezweckt die Sicherung der Arbeitskraft des Vorstandsmitglieds und gilt daher unabhängig vom Vorliegen einer Konkurrenzsituation (**unechtes Wettbewerbsverbot**³⁷³⁵).³⁷³⁶ **Vorstandsdoppelmandate im Konzern** unterliegen auch dem Wettbewerbsverbot nach § 88 Abs. 1 S. 2 AktG.³⁷³⁷ Insofern die Aufsichtsräte beider Gesellschaften jedoch

---

³⁷²⁰ BGH NJW 2001, 2476 (2476); NJW 1997, 2055 (2056).
³⁷²¹ BGH NJW 1997, 2055 (2056); MüKoAktG/*Spindler* AktG § 88 Rn. 14.
³⁷²² *Fleischer* AG 2005, 336 (337); *Verse* in Krieger/Schneider Managerhaftung § 26 Rn. 6; BeckOGK/*Fleischer* AktG § 88 Rn. 1.
³⁷²³ BGH NJW 2001, 2476 (2476); *Fleischer* AG 2005, 336 (342); Kölner Komm AktG/*Mertens/Cahn* AktG § 88 Rn. 12.
³⁷²⁴ OLG Frankfurt a. M. AG 2000, 518 (519); MüKoAktG/*Spindler* AktG § 88 Rn. 16; diff. Kölner Komm AktG/*Mertens/Cahn* AktG § 88 Rn. 13; aA *Verse* in Krieger/Schneider Managerhaftung § 26 Rn. 19.
³⁷²⁵ BGH NJW 1984, 1351 (1353); 1978, 1001; OLG Frankfurt a. M. AG 2000, 518 (519).
³⁷²⁶ BGH NJW 1978, 1001.
³⁷²⁷ *Fleischer* AG 2005, 336 (343); BeckOGK/*Fleischer* AktG § 88 Rn. 23; ablehnend OLG Frankfurt a.M AG 2000, 518 (519).
³⁷²⁸ *Fleischer* AG 2005, 336 (343), *Seyfarth* VorstR § 10 Rn. 25.
³⁷²⁹ *Seyfarth* VorstR § 10 Rn. 25; MüKoAktG/*Spindler* AktG § 88 Rn. 24; BeckOGK/*Fleischer* AktG § 88 Rn. 24.
³⁷³⁰ Kölner Komm AktG/*Mertens/Cahn* AktG § 88 Rn. 13.
³⁷³¹ *Seyfarth* VorstR § 10 Rn. 25; Kölner Komm AktG/*Mertens/Cahn* AktG § 88 Rn. 13.
³⁷³² Dies wird aus dem Wort „umfassend" in Grundsatz 19 des DGCK hergeleitet; noch zum DCGK aF *Fleischer* AG 2005, 336 (343); GroßkommAktG/*Kort* AktG § 88 Rn. 30; MüKoAktG/*Spindler* AktG § 88 Rn. 24; BeckOGK/*Fleischer* AktG § 88 Rn. 23; Kölner Komm AktG/*Mertens/Cahn* AktG § 88 Rn. 13.
³⁷³³ *Seyfarth* VorstR § 10 Rn. 27; *Verse* in Krieger/Schneider Managerhaftung § 26 Rn. 20; Kölner Komm AktG/*Mertens/Cahn* AktG § 88 Rn. 13.
³⁷³⁴ *Armbrüster* ZIP 1997, 1269 (1269); MüKoAktG/*Spindler* AktG § 88 Rn. 20; Hölters/*Weber* AktG § 88 Rn. 11; MHdB AG/*Wentrup* § 21 Rn. 116.
³⁷³⁵ *Fleischer* AG 2005, 336 (337); *Verse* in Krieger/Schneider Managerhaftung § 26 Rn. 6; BeckOGK/*Fleischer* AktG § 88 Rn. 1.
³⁷³⁶ Hüffer/Koch/*Koch* AktG § 88 Rn. 4; Henssler/Strohn/*Dauner-Lieb* AktG § 88 Rn. 6; Kölner Komm AktG/*Mertens/Cahn* AktG § 88 Rn. 15; BeckOGK/*Fleischer* AktG § 88 Rn. 1.
³⁷³⁷ BGH NZG 2009, 744 (745) mAnm *Nodoushani* GWR 2009, 309; *Passarge* NZG 2007, 441 (441); *Aschenbeck* NZG 2000, 1015 (1015); Kölner Komm AktG/*Mertens/Cahn* AktG § 88 Rn. 3 f.; MüKoAktG/*Spindler* AktG §

nach § 88 Abs. 1 S. 3 AktG einwilligen, ist eine Doppeltätigkeit des Vorstandsmitglieds möglich.[3738] Dafür genügen nicht bereits die Bestellungsbeschlüsse in beiden Gesellschaften, die Aufsichtsräte müssen bewusst (→ Rn. 611) in das Vorstandsdoppelmandat des Vorstandsmitglieds einwilligen.[3739] Außerdem ist zu beachten, dass die Vergütung der Vorstandstätigkeit für die jeweilige Gesellschaft zu regeln ist (→ Rn. 1281).[3740]

1600 **bb) Einwilligung des Aufsichtsrats.** Unter der Einwilligung des Aufsichtsrats nach § 88 Abs. 1 S. 3 AktG ist nur die **vorherige Zustimmung** des Aufsichtsrats iSd § 183 BGB zu verstehen.[3741] Eine nachträgliche Genehmigung der Tätigkeit iSd § 184 Abs. 1 BGB durch den Aufsichtsrat kann die Verbote nach § 88 Abs. 1 S. 1 und S. 2 AktG nicht überwinden.[3742] Andernfalls würde der Aufsichtsrat über bereits entstandene Ersatzansprüche der Gesellschaft disponieren, was die Ersatzpflicht nach **§ 93 Abs. 4 S. 2 AktG** unberührt lässt.[3743] Die nachträgliche Billigung einer nach § 88 Abs. 1 S. 1 oder S. 2 AktG verbotenen Tätigkeit kann somit allenfalls Wirkung für die Zukunft entfalten.[3744] Die Einwilligung erfolgt durch **Beschluss des Aufsichtsrats** nach § 108 AktG. Der Beschluss kann auch einem Ausschuss übertragen werden, das ergibt sich aus einem Umkehrschluss von § 107 Abs. 3 S. 7 AktG.[3745] Eine **konkludente Einwilligung** des Aufsichtsrats durch bloße Duldung der Tätigkeit eines Vorstandsmitglieds kommt nicht in Betracht.[3746] Allerdings muss der Beschluss des Aufsichtsrats die Einwilligung nicht ausdrücklich benennen, es ist ausreichend, wenn der Inhalt als Einwilligung iSd § 88 Abs. 1 S. 3 AktG ausgelegt werden kann.[3747] Der Einwilligungsgegenstand muss klar umrissen sein und kann sich nur auf bestimmte Handelsgewerbe, Handelsgesellschaften oder Arten von Geschäften beziehen.[3748] **Pauschale oder Blankett-Einwilligungen** des Aufsichtsrats sind unzulässig.[3749] Es steht grundsätzlich im Ermessen des Aufsichtsrats, ob er die Einwilligung erteilt oder nicht.[3750] Daher kann der Aufsichtsrat die Einwilligung auch unter **Widerrufsvorbehalt** stellen.[3751] Ist die Einwilligung hingegen Bestandteil des Anstellungsvertrags geworden, kann der Aufsichtsrat die Einwilligung grundsätzlich nicht einseitig widerrufen, es sei denn es wurde ein Widerrufsvorbehalt in den Anstellungsvertrag aufgenommen.[3752]

1601 **cc) Rechtsfolgen bei Verstoß gegen die Wettbewerbsverbote.** Verstößt ein Vorstandsmitglied gegen ein gesetzliches Wettbewerbsverbot des § 88 Abs. 1 S. 1 oder S. 2 AktG, regelt § 88 Abs. 2 AktG die Rechtsfolgen. Der Vergütungsanspruch des Vorstandsmitglieds bleibt grundsätzlich unberührt, kann jedoch gegen einen potenziellen Schadensersatzanspruch der Gesellschaft **aufgerechnet** werden.[3753] Der Verstoß gegen ein gesetzliches Wettbewerbsverbot kann zudem einen **wichtigen Grund** zum Widerruf der Bestellung sowie zur Kündigung des Anstellungsvertrags darstellen.[3754]

Rn. 4 f.; K. Schmidt/Lutter/*Seibt* AktG § 88 Rn. 8; zu den Interessenkonflikten bei Vorstandsdoppelmandaten *Kort* ZIP 2008, 717 (719).
[3738] BGH NZG 2009, 744 (745); *Aschenbeck* NZG 2000, 1015 (1015); K. Schmidt/Lutter/*Seibt* AktG § 88 Rn. 8.
[3739] *Seyfarth* VorstR § 7 Rn. 3.
[3740] Dazu auch *Passarge* NZG 2007, 441 (443).
[3741] MüKoAktG/*Spindler* AktG § 88 Rn. 25; GroßkommAktG/*Kort* AktG § 88 Rn. 55; BeckOGK/*Fleischer* AktG § 88 Rn. 26.
[3742] GroßkommAktG/*Kort* AktG § 88 Rn. 55; MüKoAktG/*Spindler* AktG § 88 Rn. 27; NK-ArbR/*Pusch/Daub* AktG § 88 Rn. 15.
[3743] MHdB AG/*Wentrup* § 21 Rn. 116; Henssler/Strohn/*Dauner-Lieb* AktG § 88 Rn. 7.
[3744] *Fleischer* AG 2005, 336 (345); Kölner Komm AktG/*Mertens/Cahn* AktG § 88 Rn. 17; GroßkommAktG/*Kort* AktG § 88 Rn. 55; BeckOGK/*Fleischer* AktG § 88 Rn. 26.
[3745] GroßkommAktG/*Kort* AktG § 88 Rn. 56; K. Schmidt/Lutter/*Seibt* AktG § 88 Rn. 9; NK-ArbR/*Pusch/Daub* AktG § 88 Rn. 16.
[3746] *Seyfarth* VorstR § 10 Rn. 22; *Fleischer* AG 2005, 336 (345); MüKoAktG/*Spindler* AktG § 88 Rn. 25; Kölner Komm AktG/*Mertens/Cahn* AktG § 88 Rn. 16; Hüffer/Koch/*Koch* AktG § 88 Rn. 5.
[3747] GroßkommAktG/*Kort* AktG § 88 Rn. 56; *Verse* in Krieger/Schneider Managerhaftung § 26 Rn. 37; NK-ArbR/*Pusch/Daub* § 88 AktG Rn. 16.
[3748] Hüffer/Koch/*Koch* AktG § 88 Rn. 5; BeckOGK/*Fleischer* AktG § 88 Rn. 26; GroßkommAktG/*Kort* AktG § 88 Rn. 58.
[3749] *Verse* in Krieger/Schneider Managerhaftung § 26 Rn. 35; BeckOGK/*Fleischer* AktG § 88 Rn. 26; K. Schmidt/Lutter/*Seibt* AktG § 88 Rn. 9.
[3750] GroßkommAktG/*Kort* AktG § 88 Rn. 61; BeckOGK/*Fleischer* AktG § 88 Rn. 29.
[3751] Kölner Komm AktG/*Mertens/Cahn* AktG § 88 Rn. 18; aA K. Schmidt/Lutter/*Seibt* AktG § 88 Rn. 10; MüKoAktG/*Spindler* AktG § 88 Rn. 25; diff. *Verse* in Krieger/Schneider Managerhaftung § 26 Rn. 38; *Fleischer* AG 2005, 336 (345).
[3752] *Seyfarth* VorstR § 10 Rn. 24; *Fleischer* AG 2005, 336 (345); BeckOGK/*Fleischer* AktG § 88 Rn. 28; GroßkommAktG/*Kort* AktG § 88 Rn. 60.
[3753] OLG Frankfurt a. M. AG 2000, 518 (519); Kölner Komm AktG/*Mertens/Cahn* AktG § 88 Rn. 19; MüKoAktG/*Spindler* AktG § 88 Rn. 30; MHdB AG/*Wentrup* § 21 Rn. 120.
[3754] Henssler/Strohn/*Dauner-Lieb* AktG § 88 Rn. 11; Hölters/*Weber* AktG § 88 Rn. 20; NK-ArbR/*Pusch/Daub* AktG § 88 Rn. 25.

Nach § 88 Abs. 2 S. 1 AktG kann die Gesellschaft von dem verbotswidrig handelnden Vorstandsmitglied **Schadensersatz** verlangen. Auch wenn der Wortlaut des § 88 Abs. 2 S. 1 AktG dies nicht abbildet, ist ein Verschulden des Vorstandsmitglieds (Vorsatz oder Fahrlässigkeit iSd § 276 Abs. 1 BGB) nach dem im Schadensrecht allgemein geltenden Verschuldensprinzip erforderlich.[3755] Auf das **Verschulden** findet die Beweislastregelung des § 93 Abs. 2 S. 2 AktG Anwendung: Ob § 93 Abs. 2 S. 2 AktG direkt oder – wie nach überwiegender Meinung im Schrifttum – analog angewendet wird, hängt von dem zugrunde liegenden Verhältnis des § 88 Abs. 2 S. 1 AktG zum **organschaftlichen Haftungsanspruch** nach § 93 Abs. 2 S. 1 AktG ab.[3756] Diese rechtsdogmatische Fragestellung hat keine praktische Relevanz, weil das Verschulden des Vorstandsmitglieds in jedem Fall widerleglich vermutet wird. Die Gesellschaft muss das Verschulden somit nicht beweisen, aber das Vorstandsmitglieds kann sich exkulpieren. Die Gesellschaft ist jedoch für den Eintritt und die Höhe des Schadens iSd §§ 249 ff. BGB beweispflichtig.[3757] Der Schaden kann daraus resultieren, dass das Vorstandsmitglied das verbotene Geschäft vorgenommen hat oder die Gesellschaft das Geschäft nicht selbst getätigt hat.[3758] Letzteres kann die Gesellschaft über den **entgangenen Gewinn § 252 BGB** geltend machen.[3759] Um der Gesellschaft den Schadensnachweis zu erleichtern, kann der Verstoß gegen ein Wettbewerbsverbot zusätzlich mit einer Vertragsstrafe im Anstellungsvertrag sanktioniert werden.[3760]

Als Alternative zum Schadensersatzanspruch steht der Gesellschaft ein **Eintrittsrecht** zu.[3761] Gem. § 88 Abs. 2 S. 2 AktG kann die Gesellschaft von dem Vorstandsmitglied verlangen, dass es die für eigene Rechnung gemachten Geschäfte als für Rechnung der Gesellschaft eingegangen gelten lässt und die aus Geschäften für fremde Rechnung bezogene Vergütung herausgibt oder seinen Anspruch auf die Vergütung abtritt. Das Eintrittsrecht stellt einen Fall der **echten Gewinnhaftung** für die Verletzung fiduziarischer Sonderpflichten dar.[3762] Anders als beim Schadensersatz wird bei der Gewinnhaftung nicht der Nachteil einer Rechts- oder Pflichtverletzung ausgeglichen, sondern der Vorteil abgeschöpft, der durch den widerrechtlichen Eingriff in eine fremde Rechtssphäre erlangt wurde.[3763] Aus diesem Grund setzt das Eintrittsrecht als Rechtsfolge auch keinen Schaden voraus, für den die Gesellschaft beweispflichtig wäre.[3764] Umstritten ist hingegen, ob ein **Verschulden des Vorstandsmitglieds** erforderlich ist. Die vorherrschende Meinung im Schrifttum[3765] verlangt auch für das Eintrittsrecht schuldhaftes Handeln (Vorsatz oder Fahrlässigkeit iSd § 276 BGB) des Vorstandsmitglieds und begründet dies hauptsächlich mit dem Wortlaut des § 88 Abs. 2 S. 2 AktG („stattdessen").[3766] Das Eintrittsrecht könne nur anstelle des Schadensersatzanspruchs ausgeübt werden und unterliege daher denselben Voraussetzungen. Diese Auslegung ist allerdings nicht zwingend, weil die Wortwahl auch derart interpretiert werden kann, dass die Gesellschaft das Eintrittsrecht nur alternativ und nicht kumulativ zum Schadensersatzanspruch aus § 88 Abs. 2 S. 1 AktG geltend machen kann.[3767] Gegen die hL spricht außerdem die dogmatische Einordnung als Gewinnhaftung, die lediglich auf die Abschöpfung des erlangten Vorteils ausgerichtet ist und das be-

---

[3755] BeckOGK/*Fleischer* AktG § 88 Rn. 34; Hüffer/Koch/*Koch* AktG § 88 Rn. 6; Henssler/Strohn/*Dauner-Lieb* AktG § 88 Rn. 8.
[3756] Zum dogmatischen Verhältnis GroßkommAktG/*Kort* AktG § 88 Rn. 62; für eine analoge Anwendung des § 93 Abs. 2 S. 2 AktG Hüffer/Koch/*Koch* AktG § 88 Rn. 6; Kölner Komm AktG/*Mertens*/*Cahn* AktG § 88 Rn. 21; NK-ArbR/*Pusch*/*Daub* AktG § 88 Rn. 19; BeckOGK/*Fleischer* AktG § 88 Rn. 34; Hölters/*Weber* AktG § 88 Rn. 15.
[3757] K. Schmidt/Lutter/*Seibt* AktG § 88 Rn. 12; Kölner Komm AktG/*Mertens*/*Cahn* AktG § 88 Rn. 21; GroßkommAktG/*Kort* AktG § 88 Rn. 65; Henssler/Strohn/*Dauner-Lieb* AktG § 88 Rn. 8.
[3758] Kölner Komm AktG/*Mertens*/*Cahn* AktG § 88 Rn. 21; GroßkommAktG/*Kort* AktG § 88 Rn. 64; BeckOGK/*Fleischer* AktG § 88 Rn. 34.
[3759] GroßkommAktG/*Kort* AktG § 88 Rn. 64; K. Schmidt/Lutter/*Seibt* AktG § 88 Rn. 12.
[3760] Seyfarth VorstR § 10 Rn. 62; GroßkommAktG/*Kort* AktG § 88 Rn. 119; K. Schmidt/Lutter/*Seibt* AktG § 88 Rn. 14.
[3761] NK-ArbR/*Pusch*/*Daub* AktG § 88 Rn. 20; GroßkommAktG/*Kort* AktG § 88 Rn. 66; Hüffer/Koch/*Koch* AktG § 88 Rn. 7.
[3762] Seyfarth VorstR § 10 Rn. 55; *Fleischer* AG 2005, 336 (347); BeckOGK/*Fleischer* AktG § 88 Rn. 35; Hölters/*Weber* AktG § 88 Rn. 16; zur Gewinnhaftung wegen „breach of fiduciary duty" Hopt ZGR 2004, 1 (47); HWB-EuP/*Helms* S. 753; *Fleischer* AG 2005, (347).
[3763] HWB-EuP/*Helms* S. 753.
[3764] NK-ArbR/*Pusch*/*Daub* AktG § 88 Rn. 20; GroßkommAktG/*Kort* AktG § 88 Rn. 73; Henssler/Strohn/*Dauner-Lieb* AktG § 88 Rn. 9.
[3765] GroßkommAktG/*Kort* AktG § 88 Rn. 74; MüKoAktG/*Spindler* AktG § 88 Rn. 33; K. Schmidt/Lutter/*Seibt* AktG § 88 Rn. 13; Henssler/Strohn/*Dauner-Lieb* AktG § 88 Rn. 9; Seyfarth VorstR § 10 Rn. 55; NK-ArbR/*Pusch*/*Daub* AktG § 88 Rn. 20; aA *Fleischer* AG 2005, 336 (347); *Hopt* ZGR 2004, 1 (47); BeckOGK/*Fleischer* AktG § 88 Rn. 35; Kölner Komm AktG/*Mertens*/*Cahn* AktG § 88 Rn. 23; Hölters/*Weber* AktG § 88 Rn. 16; Hüffer/Koch/*Koch* AktG § 88 Rn. 7; Grigoleit/*Schwennicke* AktG § 88 Rn. 14.
[3766] GroßkommAktG/*Kort* AktG § 88 Rn. 74 stellt auf Loyalitätspflichtverstöße ab; aA *Hopt* ZGR 2004, 1 (48).
[3767] *Fleischer* AG 2005, 336 (347); GroßkommAktG/*Kort* AktG § 88 Rn. 74; Kölner Komm AktG/*Mertens*/*Cahn* AktG § 88 Rn. 23.

reits vorhandene Vermögen der Vorstandsmitglieder unberührt lässt.[3768] Mithin handelt es sich beim Eintrittsrecht um eine **bereicherungsähnliche Abschöpfung**[3769], sodass ein Verschuldenserfordernis dogmatisch verfehlt wäre. Das Eintrittsrecht stellt zudem für das betroffene Vorstandsmitglied die mildere Rechtsfolge dar, sodass es auch angemessen erscheint, der Gesellschaft einen leichteren Zugang zu ihrem Recht zu gewähren. **Praktische Auswirkung** dürfte die unterschiedliche Einordnung des Verschuldenserfordernisses in dem Fall haben, dass sich das Vorstandsmitglied ausnahmsweise von dem Verschuldensvorwurf exkulpieren kann.[3770]

1604 Das Eintrittsrecht beschränkt sich allerdings auf solche Geschäfte, die die Gesellschaft rechtmäßig hätte tätigen dürfen. Würde das Geschäft gegen ein **gesetzliches Verbot** verstoßen oder wäre es nichtig, kommt ein Eintrittsrecht der Gesellschaft nicht in Betracht.[3771] Macht die Gesellschaft von ihrem Eintrittsrecht Gebrauch, hat dies nicht zur Folge, dass die Gesellschaft in das Vertragsverhältnis mit dem Geschäftspartner des Vorstandsmitglieds einrückt.[3772] Das Eintrittsrecht entfaltet **keine Außenwirkung** zu Dritten, sondern berechtigt und verpflichtet die Gesellschaft nur im Innenverhältnis zu dem jeweiligen Vorstandsmitglied.[3773] Die Gesellschaft tritt in keine Vertragsbeziehung zu dem Geschäftspartner des Vorstandsmitglieds, das Vorstandsmitglied bleibt Vertragspartei.[3774] Das Eintrittsrecht des § 88 Abs. 2 S. 2 AktG wirkt ausschließlich im Innenverhältnis zwischen Gesellschaft und Vorstandsmitglied und begründet ein **auftragsähnliches Rechtsverhältnis**.[3775] Somit ist das Vorstandsmitglied wie ein Beauftragter nach §§ 666, 667 BGB zur Auskunft- und Rechenschaftslegung sowie zur Herausgabe des Erlangten verpflichtet.[3776] Gleichzeitig sind vom Vorstandsmitglied getätigte Aufwendungen zu ersetzen.[3777] Hat das Vorstandsmitglied die Geschäfte gem. § 88 Abs. 1 S. 1 Alt. 2 AktG **auf eigene Rechnung** getätigt, ist das Eintrittsrecht der Gesellschaft auf die Herausgabe der durch die Geschäfte erzielten Gewinne gerichtet.[3778] Wurden die Geschäfte des Vorstandsmitglieds hingegen auf **fremde Rechnung** getätigt, eröffnet § 88 Abs. 2 S. 2 AktG dem Vorstandsmitglied die Möglichkeit, die erlangten Vergütung herauszugeben oder den Vergütungsanspruch an die Gesellschaft abzutreten. Die hM wendet die § 93 Abs. 4 S. 3 und Abs. 5 AktG in diesem Fall entsprechend an.[3779]

1605 Schwierigkeiten bereitet der Wortlaut des Eintrittsrecht, weil § 88 Abs. 2 S. 2 AktG lediglich auf den Fall des Geschäftsmachens für eigene oder fremde Rechnung nach § 88 Abs. 1 S. 1 AktG abstellt und sich nicht auf die anderen Verbotstatbestände bezieht. Es fällt schwer, den **Betrieb eines Handelsgewerbes** bzw. die **Tätigkeit für eine andere Handelsgesellschaft** als „gemachte Geschäfte" iSd § 88 Abs. 2 S. 2 AktG anzusehen.[3780] Während eine Ansicht im Schrifttum die Anwendbarkeit des Eintrittsrecht auf die anderen Verbotstatbestände aus diesem Frund ablehnt,[3781] hat der BGH die Parallelvorschrift des § 113 HGB auch auf die Tätigkeit in einer anderen Handelsgesellschaft iSd § 88 Abs. 1 S. 2 AktG erstreckt.[3782] Würde man der Gesellschaft für die Verbote der § 88 Abs. 1 S. 1 Alt. 1 und S. 2 AktG die Möglichkeit eines Eintrittsrechts versagen, würde dies die Sanktionsmöglichkeiten der Gesellschaft unbillig verkürzen.[3783] Im Vergleich zum Schadensersatz soll das Eintrittsrecht der Gesellschaft gerade einen vereinfachten Rechtsschutz gewähren.[3784] Andererseits kann das Eintrittsrecht nicht ohne Weiteres auf die anderen Wettbewerbsverbote übertragen werden, weil es in den Fällen der unechten Wettbewerbsverbote mangels

---

[3768] *Fleischer* AG 2005, 336 (347).
[3769] BGH NJW 1963, 646 (647); GroßkommAktG/*Kort* AktG § 88 Rn. 74; Kölner Komm AktG/*Mertens/Cahn* AktG § 88 Rn. 23; Hölters/*Weber* AktG § 88 Rn. 16; Grigoleit/*Schwennicke* AktG § 88 Rn. 14; HWB-EuP/*Helms* S. 754.
[3770] Kölner Komm AktG/*Mertens/Cahn* AktG § 88 Rn. 23; zur Beweislastumkehr *Verse* in Krieger/Schneider Managerhaftung § 26 Rn. 45; MüKoAktG/*Spindler* AktG § 88 Rn. 33.
[3771] MüKoAktG/*Spindler* AktG § 88 Rn. 38; GroßkommAktG/*Kort* AktG § 88 Rn. 78; *Verse* in Krieger/Schneider Managerhaftung § 26 Rn. 44.
[3772] BGH NJW 1984, 1351 (1353); *Seyfarth* VorstR § 10 Rn. 58.
[3773] BGH NJW 1984, 1351 (1353); Kölner Komm AktG/*Mertens/Cahn* AktG § 88 Rn. 25; K. Schmidt/Lutter/*Seibt* AktG § 88 Rn. 13.
[3774] *Verse* in Krieger/Schneider Managerhaftung § 26 Rn. 46; GroßkommAktG/*Kort* AktG § 88 Rn. 79; Kölner Komm AktG/*Mertens/Cahn* AktG § 88 Rn. 25.
[3775] Kölner Komm AktG/*Mertens/Cahn* AktG § 88 Rn. 25; GroßkommAktG/*Kort* AktG § 88 Rn. 83; *Seyfarth* VorstR § 10 Rn. 58.
[3776] GroßkommAktG/*Kort* AktG § 88 Rn. 81; *Seyfarth* VorstR § 10 Rn. 58; *Verse* in Krieger/Schneider Managerhaftung § 26 Rn. 46.
[3777] BGH NJW 1984, 1351 (1353); *Verse* in Krieger/Schneider Managerhaftung § 26 Rn. 46; Kölner Komm AktG/*Mertens/Cahn* AktG § 88 Rn. 25; NK-ArbR/*Pusch/Daub* Gesamtes AktG § 88 Rn. 23.
[3778] BGH NJW 1984, 1351 (1353); 1963, 646 (648); GroßkommAktG/*Kort* AktG § 88 Rn. 86.
[3779] MüKoAktG/*Spindler* AktG § 88 Rn. 32; GroßkommAktG/*Kort* AktG § 88 Rn. 93; Kölner Komm AktG/*Mertens/Cahn* AktG § 88 Rn. 21.
[3780] Für die Parallelvorschrift des § 61 HGB schon RG RGZ 73, 423 (425); BeckOGK/*Fleischer* AktG § 88 Rn. 36.
[3781] *Fleischer* AG 2005, 336 (346); BeckOGK/*Fleischer* AktG § 88 Rn. 36; MüKoAktG/*Spindler* AktG § 88 Rn. 37.
[3782] BGH NJW 1984, 1351 (1353); 1963, 646 (647); zustimmend Hüffer/Koch/*Koch* AktG § 88 Rn. 8.
[3783] BGH NJW 1963, 646 (647).
[3784] BGH NJW 1963, 646 (647).

Konkurrenzsituation an einem zu § 88 Abs. 1 S. 1 Alt. 2 AktG vergleichbaren Interessenkonflikt fehlt.[3785] Vor allem kommt ein Eintritt in die Gesellschafterposition des verbotswidrig handelnden Vorstandsmitglieds nicht in Betracht, weil das Eintrittsrecht keine Außenwirkung entfaltet.[3786] Dies wäre zudem mit allgemeinen gesellschaftsrechtlichen Grundsätzen unvereinbar. Daher ist das Eintrittsrecht für die Fälle der § 88 Abs. 1 S. 1 Alt. 1 und S. 2 AktG zu modifizieren: Ist das Handelsgewerbe oder die andere Handelsgesellschaft ebenfalls im Geschäftszweig der Gesellschaft tätig, kann die Gesellschaft von dem Vorstandsmitglied den Gewinn abschöpfen, der dem durch die Beteiligung an dem Konkurrenzunternehmen zugeflossen ist.[3787] Liegt in den Fällen der § 88 Abs. 1 S. 1 Alt. 1 und S. 2 AktG eine Konkurrenzsituation vor, erscheint es sachgerecht, die Wertung des § 88 Abs. 1 S. 1 Alt. 2 AktG zu übertragen.[3788] Wird das Vorstandsmitglied hingegen nicht im Geschäftszweig der Gesellschaft tätig, sondern greift ein Verbotstatbestand des § 88 Abs. 1 AktG, weil es allein um die Erhaltung der Arbeitskraft des Vorstandsmitglieds geht, kann die Gesellschaft das Eintrittsrecht nicht ausüben.[3789] Dies wäre auch unangemessen, weil ein vergleichbarer Interessenkonflikt nicht vorliegt. Die § 88 Abs. 1 S. 1 Alt. 1 und S. 2 AktG bezwecken grundsätzlich nicht den Schutz vor der Konkurrenz, sondern den Erhalt der Arbeitskraft (→ Rn. 1590). Eine über die Konkurrenzbeteiligung hinausgehende Abschöpfung der Tätigkeitsvergütung kommt hingegen nicht in Betracht.[3790]

1606 Da die Gesellschaft von den Rechtsfolgen aus § 88 Abs. 2 AktG nur alternativ Gebrauch machen kann, stellt sich die Frage, ob die Wahl der Rechtsfolge den Aufsichtsrat derart bindet, dass die Gesellschaft später nicht mehr die jeweils andere Rechtsfolge wählen kann. Mit Hinblick auf § 263 Abs. 2 BGB wird eine **Bindungswirkung der Gesellschaft** teilweise bejaht.[3791] Richtigerweise wird das Verhältnis zwischen Schadensersatz und Eintrittsrecht überwiegend jedoch als Form der **elektiven Konkurrenz** bewertet, sodass § 263 Abs. 2 AktG keine Anwendung findet.[3792] Dem ist zuzustimmen. Schadensersatz und Eintrittsrecht sind unterschiedliche Ansprüche, die sich nicht nur in ihren Voraussetzungen unterscheiden, sondern auch eine unterschiedliche dogmatische Grundstruktur aufweisen. Damit entfaltet die Wahl des Aufsichtsrats zwischen Schadensersatz und Eintrittsrecht grundsätzlich keine Bindungswirkung für die Gesellschaft.[3793] Es erscheint daher zweifelhaft, eine Bindung der Gesellschaft – neben einer selbstverständlich möglichen einvernehmlichen Regelung – allein unter **Vertrauensschutzaspekten** anzunehmen.[3794]

1607 Der Gesellschaft steht zudem ein **Anspruch auf Unterlassung** der § 88 Abs. 1 S. 1 oder S. 2 AktG verbotenen Tätigkeit gegen das Vorstandsmitglied zu.[3795] Der Anspruch besteht nach den allgemeinen Grundsätzen, sodass eine besondere gesetzliche Anspruchsgrundlage in § 88 Abs. 2 AktG entbehrlich ist.[3796] Der Unterlassungsanspruch ist **verschuldensunabhängig** und bereits bei der Gefahr der erstmaligen Begehung begründet.[3797] Prozessual kann der Anspruch der Gesellschaft im Wege der Klage nach § 259 ZPO oder durch einstweilige Verfügung nach § 935 ZPO durchgesetzt werden.[3798] Die Gesellschaft wird in diesem Fall gem. § 112 AktG durch den Aufsichtsrat vertreten.

[3785] *Fleischer* AG 2005, 336 (346); BeckOGK/*Fleischer* AktG § 88 Rn. 36; MüKoAktG/*Spindler* AktG § 88 Rn. 37.
[3786] BGH NJW 1984, 1351 (1353).
[3787] BGH NJW 1984, 1351 (1353); Kölner Komm AktG/*Mertens/Cahn* AktG § 88 Rn. 24; K. Schmidt/Lutter/*Seibt* AktG § 88 Rn. 13; Hüffer/Koch/*Koch* AktG § 88 Rn. 8; GroßkommAktG/*Kort* AktG § 88 Rn. 89.
[3788] Hüffer/Koch/*Koch* AktG § 88 Rn. 8; GroßkommAktG/*Kort* AktG § 88 Rn. 89.
[3789] GroßkommAktG/*Kort* AktG § 88 Rn. 91; Hüffer/Koch/*Koch* AktG § 88 Rn. 8; K. Schmidt/Lutter/*Seibt* AktG § 88 Rn. 13; NK-ArbR/*Pusch/Daub* AktG § 88 Rn. 23; aA Kölner Komm AktG/*Mertens/Cahn* AktG § 88 Rn. 24; *Meyer* AG 1988, 259 (260).
[3790] GroßkommAktG/*Kort* AktG § 88 Rn. 91; Hüffer/Koch/*Koch* AktG § 88 Rn. 8; K. Schmidt/Lutter/*Seibt* AktG § 88 Rn. 13; NK-ArbR/*Pusch/Daub* AktG § 88 Rn. 23; aA Kölner Komm AktG/*Mertens/Cahn* AktG § 88 Rn. 24; *Meyer* AG 1988, 259 (260).
[3791] Zur Regelung des § 113 HGB entsprechend MüKoHGB/*Langhein* HGB § 113 Rn. 10; *Verse* in Krieger/Schneider Managerhaftung § 26 Rn. 47 Fn. 1 mwN.
[3792] Bisher hat die höchstrichterliche Rechtsprechung zu der Problematik noch keine Stellung genommen. Für die hL Kölner Komm AktG/*Mertens/Cahn* AktG § 88 Rn. 20; GroßkommAktG/*Kort* AktG § 88 Rn. 95; MüKoAktG/*Spindler* AktG § 88 Rn. 31; BeckOGK/*Fleischer* AktG § 88 Rn. 39; Hüffer/Koch/*Koch* AktG § 88 Rn. 7; *Fleischer* AG 2005, 336 (348).
[3793] Kölner Komm AktG/*Mertens/Cahn* AktG § 88 Rn. 2; BeckOGK/*Fleischer* AktG § 88 Rn. 39; *Verse* in Krieger/Schneider Managerhaftung § 26 Rn. 47.
[3794] So aber GroßkommAktG/*Kort* AktG § 88 Rn. 96; *Fleischer* AG 2005, 336 (348); *Verse* in Krieger/Schneider Managerhaftung § 26 Rn. 47.
[3795] *Seyfarth* VorstR § 10 Rn. 59; *Verse* in Krieger/Schneider Managerhaftung § 26 Rn. 40; BeckOGK/*Fleischer* AktG § 88 Rn. 33.
[3796] Kölner Komm AktG/*Mertens/Cahn* AktG § 88 Rn. 26; *Seyfarth* VorstR § 10 Rn. 59; *Verse* in Krieger/Schneider Managerhaftung § 26 Rn. 40.
[3797] K. Schmidt/Lutter/*Seibt* AktG § 88 Rn. 11; Kölner Komm AktG/*Mertens/Cahn* AktG § 88 Rn. 26; *Seyfarth* VorstR § 10 Rn. 59; *Verse* in Krieger/Schneider Managerhaftung § 26 Rn. 40.
[3798] Kölner Komm AktG/*Mertens/Cahn* AktG § 88 Rn. 26; MüKoAktG/*Spindler* AktG § 88 Rn. 29; K. Schmidt/Lutter/*Seibt* AktG § 88 Rn. 11.

1608 **dd) Verjährung.** § 88 Abs. 3 AktG enthält eine **doppelte Verjährungsregelung.** § 88 Abs. 3 S. 1 AktG sieht eine kurze Verjährungsfrist von drei Monaten vor und knüpft den Fristbeginn an die subjektive Kenntniserlangung der Organmitglieder.[3799] Die Frist beginnt, wenn **alle Vorstands- und Aufsichtsratsmitglieder** Kenntnis von dem Wettbewerbsverstoß erlangt haben oder ohne grobe Fahrlässigkeit erlangt haben müssten.[3800] Auf welche Art und Weise die Organmitglieder Kenntnis von dem Verstoß erlangt haben, ist nicht von Belang.[3801] Hält ein Aufsichtsrat- oder Vorstandsmitglied bewusst Informationen zurück und informiert das Mitglied seine Kollegen nicht, um den Fristablauf zu verzögern, wird die Kenntnis unterstellt.[3802] Durch die kurz bemessene Verjährungsfrist in § 88 Abs. 3 S. 1 AktG sollen die Organmitglieder angehalten sein, Verstöße gegen ein Wettbewerbsverbot und mögliche Ersatzansprüche der Gesellschaft zügig abzuwickeln.[3803] Erlangen die Mitglieder des Vorstands und Aufsichtsrats keine Kenntnis von dem verbotswidrigen Verhalten, verjähren die Ansprüche gem. § 88 Abs. 3 S. 2 AktG in fünf Jahren ab ihrer Entstehung. Die Ansprüche der Gesellschaft aus § 88 Abs. 2 AktG entstehen bereits mit der Zuwiderhandlung eines Wettbewerbsverbots aus § 88 Abs. 1 S. 1 oder S. 2 AktG.[3804] Eine **subjektive Kenntniserlangung** ist in diesem Fall nicht erforderlich. Die doppelte Verjährungsvorschrift findet auch auf etwaige Unterlassungsansprüche der Gesellschaft, Ansprüche aus einer Vertragsstrafe oder der Geschäftschancenlehre Anwendung.[3805] Die Fristberechnung richtet sich nach den §§ 187 ff. BGB.[3806]

1609 **ee) Verhältnis der Wettbewerbsverbote zur Geschäftschancenlehre.** Die gesetzlichen Wettbewerbsverbote sind der aus dem US-amerikanischen Gesellschaftsrecht rezipierten „corporate opportunities doctrine" inhaltlich sehr ähnlich.[3807] Die im deutschen Gesellschaftsrecht als **Geschäftschancenlehre** bekannte Lehre verbietet Vorstandsmitgliedern ohne ausdrückliche Einwilligung im Geschäftszweig der Gesellschaft, Geschäfte für eigene Rechnung zu tätigen, tätigen zu lassen oder den Vollzug bereits von der Gesellschaft abgeschlossener Verträge durch Abwicklung auf eigene Rechnung oder in sonstiger Weise zu beeinträchtigen oder zu vereiteln.[3808] Den dogmatischen Anknüpfungspunkt findet die Geschäftschancenlehre in der **Loyalitäts- und Treuepflicht** der Vorstandsmitglieder zur Gesellschaft.[3809] Auch der DCGK nimmt in Grundsatz 19 Bezug auf die Geschäftschancen der Gesellschaft.[3810] Wann Geschäfte in den Geschäftsbereich der Gesellschaft fallen und dieser aufgrund bestimmter Umstände bereits zugeordnet sind, lässt sich nicht allgemein, sondern nur anhand des konkreten Einzelfalls bestimmen.[3811] Teilweise wird dafür auf die steuerrechtliche Rechtsprechung zur verdeckten Gewinnausschüttung verwiesen.[3812] Nach Ansicht des BGH liegt eine Geschäftschance der Gesellschaft vor, wenn diese den **Vertrag bereits geschlossen** oder jedenfalls soweit vorbereitet hat, dass der **endgültige Vertragsschluss nur noch eine Formsache** ist.[3813] Gleiches gilt, wenn der Geschäftsleiter im Namen der Gesellschaft in Vertragsverhandlungen eingetreten ist oder wenn ihm ein vorteilhaftes Angebot nur mit Rücksicht auf seine Stellung unterbreitet wurde.[3814] Geschäftschancen, die im Tätigkeitsbereich der Gesellschaft liegen, können der Gesellschaft jedenfalls auch über den **Sachzusammenhang der Geschäftstätigkeit** zugeordnet werden.[3815]

1610 Da die Geschäftschancenlehre letztendlich auf einer nicht näher bestimmten Verhaltensanforderung für Vorstandsmitglieder beruht, wird es auf die sorgfältige Prüfung aller Umstände im Einzelfall ankommen.[3816] Auch das **Verhältnis der Geschäftschancenlehre** zu den gesetzlichen Wettbewerbsverboten

---

[3799] *Fleischer* AG 2005, 336 (348); *Hölters/Weber* AktG § 88 Rn. 21; *Seyfarth* VorstR § 10 Rn. 60.
[3800] Dies gilt einschließlich der stellvertretenden Vorstandsmitglieder OLG Köln NZG 1999, 1008 (1009); Kölner Komm AktG/*Mertens/Cahn* AktG § 88 Rn. 30; MüKoAktG/*Spindler* AktG § 88 Rn. 42; GroßkommAktG/*Kort* AktG § 88 Rn. 99.
[3801] MüKoAktG/*Spindler* AktG § 88 Rn. 42; GroßkommAktG/*Kort* AktG § 88 Rn. 99.
[3802] GroßkommAktG/*Kort* AktG § 88 Rn. 21; MüKoAktG/*Spindler* AktG § 88 Rn. 42; NK-ArbR/*Pusch/Daub* AktG § 88 Rn. 26.
[3803] MüKoAktG/*Spindler* AktG § 88 Rn. 42.
[3804] BeckOGK/*Fleischer* AktG § 88 Rn. 41; MüKoAktG/*Spindler* AktG § 88 Rn. 43; diff. *Fleischer* AG 2005, 336 (348).
[3805] Kölner Komm AktG/*Mertens/Cahn* AktG § 88 Rn. 29; *Fleischer* AG 2005, 336 (348); *Seyfarth* VorstR § 10 Rn. 61.
[3806] NK-ArbR/*Pusch/Daub* AktG § 88 Rn. 26.
[3807] *Kübler* FS Werner, 1984, 437 (438); *Seyfarth* VorstR § 10 Rn. 66.
[3808] BGH NJW-RR 2013, 363 (365); K. Schmidt/Lutter/*Seibt* AktG § 88 Rn. 7; GroßkommAktG/*Kort* AktG § 88 Rn. 190.
[3809] *Fleischer* NZG 2003, 985 (985); *Kübler* FS Werner, 1984, 437 (438); Kölner Komm AktG/*Mertens/Cahn* AktG § 88 Rn. 5; GroßkommAktG/*Kort* AktG § 88 Rn. 195.
[3810] *Fleischer* NZG 2003, 985 (985); *Seyfarth* VorstR § 10 Rn. 66.
[3811] BGH NJW-RR 2013, 363 (365); ZIP 1989, 986 (987).
[3812] GroßkommAktG/*Kort* AktG § 88 Rn. 192.
[3813] BGH AG 2017, 547 (550); NJW-RR 2013, 363 (365); ZIP 1989, 986 (987).
[3814] BGH AG 2017, 547 (550); NJW-RR 2013, 363 (365); ZIP 1989, 986 (987).
[3815] BGH AG 2017, 547 (550); *Fleischer* NZG 2003, 985 (987); *Verse* in Krieger/Schneider Managerhaftung § 26 Rn. 31.
[3816] *Fleischer* NZG 2003, 985 (987); *Verse* in Krieger/Schneider Managerhaftung § 26 Rn. 29.

aus § 88 Abs. 1 AktG ist umstritten: Teile der Literatur verstehen die Wettbewerbsverbote als Unterfall der Geschäftschancenlehre.[3817] Um einen Unterfall der Geschäftschancenlehre handelt es sich nicht, weil die Wettbewerbsverbote nicht nur den Konkurrenzschutz, sondern auch die Sicherung der Arbeitskraft des Vorstandsmitglieds bezwecken.[3818] Vielmehr steht die Geschäftschancenlehre als **eigenständiges Rechtsinstitut** neben den Wettbewerbsverboten.[3819] Geschäftschancenlehre und Wettbewerbsverbot wurzeln zwar jeweils in der Treuepflicht des Vorstandsmitglieds; das Wettbewerbsverbot ist jedoch teilweise weiter, teilweise enger als die Geschäftschancenlehre.[3820] Ein wesentlicher Unterschied besteht auch in zeitlicher Hinsicht: Während die gesetzlichen Wettbewerbsverbote grundsätzlich nur während der Bestellung als Vorstandsmitglied Geltung beanspruchen, können die Vorstandsmitglieder über die Geschäftschancenlehre noch nach ihrer Amtszeit an die besonderen Treuepflichten gebunden sein.[3821] Für letzteren Fall wird überwiegend vertreten, § 88 AktG bezüglich der Einwilligungsmöglichkeit, der Verjährungsregelung wie auch der Rechtsfolgen analog auf die Geschäftschancenlehre anzuwenden.[3822] Im Hinblick auf die enge Verknüpfung beider Rechtsinstitute mit der Treuepflicht des Vorstandsmitglieds erscheint dies auch sachgerecht.

b) Wettbewerbsverbote zwischen Abberufung und Ende des Anstellungsvertrags

Da die organschaftliche Bestellung und das schuldrechtliche Anstellungsverhältnis **unabhängig voneinander bestehen,** berührt das Ende der Bestellung nicht den Bestand des Anstellungsvertrags (→ Rn. 1185). Rechtfertigt zB der wichtige Grund zur Abberufung nicht auch die außerordentliche fristlose Kündigung des Anstellungsvertrags, tritt der Fall ein, dass das organschaftliche Rechtsverhältnis zwar beendet wurde, die Parteien jedoch noch schuldrechtlich an den Anstellungsvertrag gebunden sind.

aa) Gesetzliche Wettbewerbsverbote. Die gesetzlichen Wettbewerbsverbote in § 88 Abs. 1 AktG binden das Vorstandsmitglied nur während der Bestellung und entfalten grundsätzlich keine Wirkung nach dem Ende der Organstellung.[3823] Zu Recht wird eine **Nachwirkung der gesetzlichen Wettbewerbsverbote** aber für den besonderen Fall bejaht, dass das Vorstandsmitglied bereits abberufen wurde, der Anstellungsvertrag jedoch noch nicht beendet ist und die Gesellschaft dem Vorstandsmitglied weiterhin seine Bezüge zahlt.[3824] Dagegen wird zum Teil eingewendet, dass eine Nachwirkung der gesetzlichen Wettbewerbsverbote jedenfalls dem Normzweck der unechten Wettbewerbsverbote widerspricht, wenn die Gesellschaft die Arbeitskraft des Vorstandsmitglieds nicht mehr in Anspruch nimmt.[3825] Außerdem knüpfe die Regelung des § 88 Abs. 1 AktG dogmatisch allein an die Organstellung an.[3826] Andererseits spricht eine parallele Wertung zu § 60 HGB für das Fortwirken der Wettbewerbsverbote.[3827] Zudem würde sonst die widersprüchliche Situation entstehen, dass das Vorstandsmitglied Anspruch auf die Fortzahlung seiner Bezüge hätte und gleichzeitig in Konkurrenz zu der Gesellschaft treten könnte.[3828] Beendet das Vorstandsmitglied das Amt von sich aus, kann die Bindungswirkung der gesetzlichen Wettbewerbsverbote ebenfalls bestehen bleiben. Nach der wohl überwiegenden Meinung in der Literatur enden die gesetzlichen Wettbewerbsverbote bei einer **Amtsniederlegung** nur, wenn die Amtsniederlegung berechtigt war und nicht von der Gesellschaft anerkannt wurde.[3829] Diese Ansicht überzeugt. Bestreitet das Vorstandsmitglied die Wirksamkeit des Widerrufs oder die Wirksamkeit der Kündigung des Anstellungsvertrags wird überwiegend ein schutzwürdiges Interesse des Vorstandsmitglieds anerkannt, nicht auf den meist unsicheren Ausgang eines Prozesses warten zu müssen, mit der Folge, dass das Vorstandsmitglied

---

[3817] So *Kübler* FS Werner, 1984, 437 (440); aA Kölner Komm AktG/*Mertens/Cahn* AktG § 88 Rn. 5.
[3818] Kölner Komm AktG/*Mertens/Cahn* AktG § 88 Rn. 5.
[3819] BGH NJW-RR 2013, 363 (365); ZIP 1989, 986 (987).
[3820] *Fleischer* AG 2005, 336 (337 f.); Kölner Komm AktG/*Mertens/Cahn* AktG § 88 Rn. 5.
[3821] *Seyfarth* VorstR § 10 Rn. 70; GroßkommAktG/*Kort* AktG § 88 Rn. 194; Kölner Komm AktG/*Mertens/Cahn* AktG § 88 Rn. 5.
[3822] BGH NJW-RR 2013, 363 (366); *Fleischer* NZG 2003, 985 (986); *Kort* ZIP 2008, 717 (719); *Seyfarth* VorstR § 10 Rn. 70; Kölner Komm AktG/*Mertens/Cahn* AktG § 88 Rn. 5.
[3823] MüKoAktG/*Spindler* AktG § 88 Rn. 10; BeckOGK/*Fleischer* AktG § 88 Rn. 9.
[3824] OLG Frankfurt AG 2000, 518 (519); Kölner Komm AktG/*Mertens/Cahn* AktG § 88 Rn. 7; *Bauer/Diller* Wettbewerbsverbote § 24 Rn. 1028.
[3825] Hüffer/Koch/*Koch* AktG § 88 Rn. 2; BeckOGK/*Fleischer* AktG § 88 Rn. 10; *Fleischer* AG 2005, 336 (340).
[3826] GroßkommAktG/*Kort* AktG § 88 Rn. 109; K. Schmidt/Lutter/*Seibt* AktG § 88 Rn. 5; *Fleischer* AG 2005, 336 (340).
[3827] *Bauer/Diller* Wettbewerbsverbote § 24 Rn. 1028; *Bauer/von Medem* ArbRAktuell 2011, 473 (473).
[3828] *Bauer/Diller* Wettbewerbsverbote § 24 Rn. 1028.
[3829] GroßkommAktG/*Kort* AktG § 88 Rn. 112; MüKoAktG/*Spindler* AktG § 88 Rn. 11; Hüffer/Koch/*Koch* AktG § 88 Rn. 2; *Bauer/Diller* Wettbewerbsverbote § 24 Rn. 1028; aA Kölner Komm AktG/*Mertens/Cahn* AktG § 88 Rn. 7; K. Schmidt/Lutter/*Seibt* AktG § 88 Rn. 5; *Armbrüster* ZIP 1997, 1269 (1271).

nicht mehr an das Wettbewerbsverbot gebunden ist.[3830] Ein vergleichbar schutzwürdiges Interesse des Vorstandsmitglieds besteht bei einer Amtsniederlegung hingegen nicht, weil das Vorstandsmitglied und nicht die Gesellschaft die unsichere Rechtslage herbeigeführt hat.[3831] Damit handelt das Vorstandsmitglied bei der Amtsniederlegung auf eigenes Risiko.[3832] In der **Insolvenz** bleibt das Wettbewerbsverbot zumindest solange bestehen, bis der Widerruf der Bestellung erfolgt.[3833] Das sich aus dem Anstellungsvertrag ergebende Wettbewerbsverbot gilt bis zur Beendigung des Anstellungsvertrags fort. Die Eröffnung des Insolvenzverfahrens lässt die Organstellung der Vorstandsmitglieder unberührt.[3834] Dies hat zur Folge, dass die gesetzlichen Wettbewerbsverbote gem. § 88 Abs. 1 AktG während der Insolvenz bestehen bleiben, bis der Widerruf der Bestellung durch den Aufsichtsrat erfolgt.[3835] Für die Kündigung des Anstellungsvertrags ist der Insolvenzverwalter zuständig.[3836]

1613 **bb) Vertragliches Wettbewerbsverbot.** Bleibt der Anstellungsvertrag des abberufenen Vorstandsmitglieds nach dem Widerruf der Bestellung bestehen, begründet **§ 241 Abs. 2 BGB Rücksichtnahmepflichten** des Vorstandsmitglieds zugunsten der Gesellschaft.[3837] Allerdings ist die Nachwirkung der gesetzlichen Wettbewerbsverbote wie auch die Reichweite vertraglicher Rücksichtnahmepflichten sehr vage und daher schwierig zu konkretisieren.[3838] Daher empfiehlt es sich, neben den gesetzlichen Wettbewerbsverboten ein **vertragliches Wettbewerbsverbot** im Anstellungsvertrag zu vereinbaren. Die Vereinbarung eines vertraglichen Wettbewerbsverbots im Anstellungsvertrag bietet nicht nur den Vorteil, die Regelungen des § 88 AktG modifizieren zu können,[3839] sondern schafft auch Rechtssicherheit für die Zeit zwischen der Abberufung und dem Ende des Anstellungsvertrags.[3840]

1614 Besteht der Anstellungsvertrag nach dem Widerruf der organschaftlichen Bestellung fort, wird das Vorstandsmitglied regelmäßig von der Arbeitsleistung bei voller Bezahlung bis zum Ende des Anstellungsverhältnisses **freigestellt**. Ist das Vorstandsmitglied an ein vertragliches Wettbewerbsverbot gebunden, kann dies im Einzelfall zu einer **jahrelangen beruflichen Untätigkeit** des Vorstandsmitglieds führen, wenn an den Anstellungsvertrag noch ein nachvertragliches Wettbewerbsverbot anschließt.[3841] Eine überlange Untätigkeit kann nicht nur persönlich unbefriedigend sein, sondern auch die grundgesetzlich garantierte berufliche Freiheit des Vorstandsmitglieds aus Art. 12 Abs. 1 GG behindern.[3842] Vertragliche Regelungen, die zu einer überlangen beruflichen Untätigkeit des Organmitglieds führen, sollten bei Gestaltung der Anstellungsverträge vermieden werden. Andernfalls könnte ein nachvertragliches Wettbewerbsverbot (→ Rn. 1615) mangels schutzwürdigem Interesse der Gesellschaft nach § 138 BGB unwirksam sein[3843] oder das Vorstandsmitglied zu einer außerordentlichen Kündigung berechtigen.[3844]

c) Nachvertragliche Wettbewerbsverbote

1615 Für Vorstandsmitglieder stellt § 404 Abs. 1 AktG die unbefugte Offenbarung von Betriebs- und Geschäftsgeheimnissen unter Strafe.[3845] Darüber hinaus sind Vorstandsmitglieder **grundsätzlich frei**, eine Konkurrenztätigkeit nach Beendigung des Anstellungsverhältnisses aufzunehmen. Auch nachwirkende Treuepflichten sowie die Geschäftschancenlehre begründen kein Wettbewerbsverbot nach Ende des Anstellungsvertrags.[3846] Um die Gesellschaft vor dem Einsatz und der Verwendung besonderer Kenntnisse,

---

[3830] OLG Frankfurt AG 2000, 518 (520); MüKoAktG/*Spindler* AktG § 88 Rn. 11; Kölner Komm AktG/*Mertens/Cahn* AktG § 88 Rn. 7; aA für den GmbH-Geschäftsführer *Diller* ZIP 2007, 201 (206) in Anlehnung an BAG NZA 1992, 212 (214).
[3831] *Verse* in Krieger/Schneider Managerhaftung § 26 Rn. 13.
[3832] GroßkommAktG/*Kort* AktG § 88 Rn. 112; MüKoAktG/*Spindler* AktG § 88 Rn. 11; Hüffer/Koch/*Koch* AktG § 88 Rn. 2.
[3833] Kölner Komm AktG/*Mertens/Cahn* AktG § 88 Rn. 7; MüKoAktG/*Spindler* AktG § 88 Rn. 11.
[3834] *Seyfarth* VorstR § 18 Rn. 164; Kölner Komm AktG/*Mertens/Cahn* AktG § 88 Rn. 7; *Büteröwe* GWR 2009, 288 (290).
[3835] OLG Nürnberg NJW-RR 1991, 230 (232); BeckOGK/*Fleischer* AktG § 84 Rn. 9; Hüffer/Koch/*Koch* AktG § 84 Rn. 5.
[3836] Kölner Komm AktG/*Mertens/Cahn* AktG § 88 Rn. 7; MüKoAktG/*Spindler* AktG § 88 Rn. 11.
[3837] *Bauer/von Medem* ArbRAktuell 2011, 473 (474).
[3838] *Bauer/von Medem* ArbRAktuell 2011, 473 (474); Kölner Komm AktG/*Mertens/Cahn* AktG § 88 Rn. 33.
[3839] Dazu ausführlich *Seyfarth* VorstR § 10 Rn. 29–33.
[3840] *Seyfarth* VorstR § 10 Rn. 29.
[3841] *Bauer/Diller* Wettbewerbsverbote § 24 Rn. 1059; *Bauer/von Medem* ArbRAktuell 2011, 473 (474).
[3842] *Bauer/Diller* Wettbewerbsverbote § 24 Rn. 1059.
[3843] *Bauer/Diller* Wettbewerbsverbote § 24 Rn. 1059.
[3844] *Bauer/von Medem* ArbRAktuell 2011, 473 (474).
[3845] Dies gilt auch ohne Geheimhaltungsklauseln im Anstellungsvertrag *Bauer/Diller* Wettbewerbsverbote § 24 Rn. 1029.
[3846] BGH NJW 1991, 699 (700); GmbHR 1977, 43 (44); OLG Düsseldorf GmbHR 1999, 120 (121); *van Kann/Keiluweit* BB 2010, 2050 (2051); MüKoAktG/*Spindler* AktG § 88 Rn. 48.

Erfahrungen und des Know-hows der Vorstandsmitglieder bei Konkurrenzunternehmen zu schützen, werden in den Vorstandsverträgen häufig nachvertragliche Wettbewerbsverbote **vereinbart**.

Nachvertragliche Wettbewerbsverbote können für Vorstandsmitglieder, die keine Gesellschaftsanteile halten (sog. **Fremdorgane**), nur im Anstellungsvertrag vereinbart werden.[3847] Für die Vorstandsmitglieder, die gleichzeitig als Gesellschafter an der Gesellschaft beteiligt sind, können nachvertragliche Wettbewerbsverbote auch im **Gesellschaftsvertrag** geregelt werden.[3848] Insgesamt besteht bei Wettbewerbsverboten in gesellschaftsvertraglichen Vereinbarungen ein größerer Gestaltungsspielraum, besonders im Hinblick auf die zeitlich zulässigen Grenzen.[3849]

aa) Anwendbarkeit der §§ 74 ff. HGB. Die wichtigste und zugleich umstrittenste Frage im Bereich der nachvertraglichen Wettbewerbsverbote betrifft den anzuwendenden Prüfungsmaßstab. Die §§ 74 ff. HGB enthalten nachvertragliche Wettbewerbsverbote für Handlungsgehilfen, die wegen der vergleichbaren Schutzbedürftigkeit auch auf Arbeitnehmer angewendet werden.[3850] Nach der wohl überwiegenden Meinung im Schrifttum finden die **§§ 74 ff. HGB analog** auf Fremdorgane von Aktiengesellschaften Anwendung, weil diese in der Regel wie Arbeitnehmer wirtschaftlich und sozial abhängig sind und damit eine vergleichbare Schutzbedürftigkeit besteht.[3851] Zudem stehe die Organstellung der Vorstandsmitglieder der analogen Anwendung nicht entgegen, weil diese spätestens mit dem Ausscheiden aus der Gesellschaft ende.[3852] Der BGH lehnt eine analoge Anwendung der §§ 74 ff. HGB jedoch in ständiger Rechtsprechung ab.[3853] Zwar erkennt der BGH grundsätzlich eine **vergleichbare wirtschaftliche Abhängigkeit** von Fremdorganmitgliedern an.[3854] Eine Analogie scheitert nach Ansicht des Gerichts aber an **der Stellung und den Wirkungsmöglichkeiten der Organmitglieder** in der Gesellschaft selbst, weil es bei der Anwendung der §§ 74 ff. HGB nicht alleine auf die wirtschaftliche Abhängigkeit ankommt.[3855] Organmitglieder würden weit mehr als sonstige Arbeitnehmer das Unternehmen repräsentieren. Dieser Umstand führe dazu, dass sich die geschäftlichen Beziehungen auf die Person des Vorstandsmitglieds konzentrieren. Dementsprechend begründe auch eine Konkurrenztätigkeit des Vorstandsmitglieds nach dem Ausscheiden aus der Gesellschaft eine größere Gefährdung der Gesellschaftsinteressen als bei sonstigen Arbeitnehmern. Schließlich könne das Organmitglied leicht in den Kundenkreis des Unternehmens einbrechen, dessen Geschäftspartner an sich binden sowie Bezugsquellen des Unternehmens ausnutzen. Da beim Ausscheiden eines Vorstandsmitglieds die Gefahren für die Gesellschaft höher sind und somit das Schutzinteresse des Unternehmens größer ist, können Wettbewerbsverbote für Vorstandsmitglieder regelmäßig weiter gefasst werden.[3856]

Die Grenzen unzulässiger Wettbewerbsverbote sieht der BGH daher erst in der Sittenwidrigkeit gem. **§ 138 BGB iVm Art. 2 und 12 GG**.[3857] Damit setzt auch der BGH den nachvertraglichen Wettbewerbsklauseln Schranken. Unter Heranziehung der in §§ 74 ff. HGB zum Ausdruck kommenden Rechtsgrundsätze könne ein die freie Berufsausübung einschränkendes nachvertragliches Wettbewerbsverbot nur dann als zulässig erachtet werden, wenn es **einem berechtigten Interesse der Gesellschaft diene** und nach **Ort, Zeit und Gegenstand** die wirtschaftliche Betätigung des Vorstandsmitglieds nicht unbillig erschwere.[3858] Diese Linie hat der BGH jedoch in späteren Entscheidungen wieder revidiert und die entsprechende Anwendbarkeit der §§ 74 ff. HGB von den **Zielsetzungen** der einzelnen Vorschriften abhängig gemacht.[3859] Zielen die gesetzlichen Bestimmungen der §§ 74 ff. HGB darauf ab, die Gesellschaft vor der Ausnutzung erlangter geschäftsinterner Kenntnisse zu schützen, bestehe kein Grund, eine entsprechende Anwendung der §§ 74 ff. HGB abzulehnen. Dienen die §§ 74 ff. HGB dagegen dem Schutz und Interesse der Arbeitnehmer, komme eine entsprechende Anwendung auf Organmitglieder nicht in Betracht. Die Wertungen dieser Vorschriften könnten lediglich im Rahmen der Generalklausel des § 138 BGB zur Abwägung der grundrechtlich geschützten Interessen des Vorstandsmitglieds herangezogen wer-

---

[3847] *Bauer/Diller* Wettbewerbsverbote § 24 Rn. 1032.
[3848] *Bauer/Diller* Wettbewerbsverbote § 24 Rn. 1032.
[3849] *Naber* NZA 2013, 870 (871).
[3850] Grundlegend BAG NJW 1970, 626; seit 2003 gilt § 110 S. 2 GewO.
[3851] *Bauer/Diller* Wettbewerbsverbote § 24 Rn. 1038 mit einem Überblick über den Meinungsstand in der Literatur; aA MüKoAktG/*Spindler* AktG § 88 Rn. 48; *Beiner/Braun* Der Vorstandsvertrag Rn. 627; *Seyfarth* VorstR § 10 Rn. 35.
[3852] *Bellstedt* GmbHR 1976, 236 (238 f.); *Bauer/Diller* Wettbewerbsverbote § 24 Rn. 1038.
[3853] BGH NZG 2008, 753.
[3854] BGH NJW 1984, 2366 (2367).
[3855] BGH NJW 1984, 2366 (2367); *Lembke* NZA-RR 2019, 65 (66).
[3856] Kölner Komm AktG/*Mertens/Cahn* AktG § 88 Rn. 34; *Thüsing* NZG 2004, 9 (10).
[3857] BGH NJW 1984, 2366 (2367); Kölner Komm AktG/*Mertens/Cahn* AktG § 88 Rn. 34; MüKoAktG/*Spindler* AktG § 88 Rn. 49.
[3858] BGH NJW 1984, 2366 (2367).
[3859] BGH NJW 1992, 1892 (1893); *Goette* FS Wiedemann, 2002, 873 (877); krit. Kölner Komm AktG/*Mertens/Cahn* AktG § 88 Rn. 33.

den.[3860] Somit ist für jede einzelne Vorschrift der §§ 74 ff. HGB zu prüfen, ob sie nach ihrer Zielrichtung den **Interessen der Gesellschaft** dient und somit entsprechend angewendet werden kann[3861] oder lediglich als Ausdruck allgemeiner Wertung im Rahmen des § 138 BGB zu berücksichtigen ist.[3862]

1619　Im Rahmen ihrer Vertragsfreiheit steht es den Parteien frei, die **Geltung der §§ 74 ff. HGB vertraglich ausdrücklich zu vereinbaren.**[3863] So kann einer gerichtlichen Auseinandersetzung über die Anwendbarkeit einzelner Vorschriften vorgebeugt werden.[3864] Werden nur einzelne Regelungen der §§ 74 ff. HGB vertraglich vereinbart, ist bei der Vertragsgestaltung darauf zu achten, dass keine Widersprüche zwischen dem vertraglichen Regelungsgehalt und dem gesetzlichen Normgehalt entstehen.[3865] Andernfalls könnten die gesetzlichen Regelungen vorrangige Geltung beanspruchen. Soll dieses Ergebnis vermieden werden, ist den Parteien zu raten, das Wettbewerbsverbot zunächst vertraglich zu regeln und „im Übrigen" die Geltung der §§ 74 ff. HGB anzuordnen.[3866]

1620　**bb) Prüfungsmaßstab.** Der BGH prüft die **Zulässigkeit von Wettbewerbsverboten** mit Vorstandsmitgliedern auf **zwei Stufen** nach folgender Formel:[3867] Nachvertragliche Wettbewerbsverbote mit Organmitgliedern sind nur dann als zulässig zu erachten, wenn sie dem Schutz eines berechtigten Interesses der Gesellschaft dienen und nach Ort, Zeit und Gegenstand die Berufsausübung und wirtschaftliche Betätigung des Organmitglieds nicht unbillig erschweren.[3868] Der Prüfungsmaßstab orientiert sich am Wortlaut des § 74a Abs. 1 HGB.[3869] Auf der **ersten Stufe** wird zunächst geprüft, ob das Wettbewerbsverbot dem Schutz eines berechtigten Interesses der Gesellschaft dient.[3870] Kann sich die Gesellschaft auf kein berechtigtes Interesse berufen, ist das Wettbewerbsverbot schon aus diesem Grund gem. § 138 Abs. 1 BGB unwirksam.[3871] Es kommt dann auch nicht darauf an, ob das Vorstandsmitglied tatsächlich durch das Wettbewerbsverbot belastet wird.[3872] Vor allem kann die Unwirksamkeit nicht durch die Zusage einer hohen Karenzentschädigung verhindert werden, weil diese erst im Rahmen einer Gesamtbetrachtung auf der zweiten Stufe berücksichtigt wird.[3873] Liegt hingegen ein berechtigtes Interesse des Unternehmens vor, ist auf der **zweiten Stufe** der Umfang des vereinbarten Wettbewerbsverbots zu prüfen. Im Rahmen einer Gesamtbetrachtung wird anhand der Umstände des Einzelfalls untersucht, ob das Wettbewerbsverbot nach Ort, Zeit und Gegenstand die Berufsausübung und die wirtschaftliche Betätigung des Vorstandsmitglieds unbillig erschwert.[3874] Erst auf dieser Stufe ist zu berücksichtigen, ob eine Karenzentschädigung vorgesehen ist und in welcher Höhe diese zugesagt wurde.[3875]

1621　**cc) Berechtigtes Interesse der Gesellschaft.** Ausgangspunkt eines zulässigen nachvertraglichen Wettbewerbsverbots ist ein **schutzwürdiges Interesse der Gesellschaft** an der Beschränkung der Berufsausübungsfreiheit des Vorstandsmitglieds. Die in Art. 12 Abs. 1 GG zum Ausdruck kommende **Wertentscheidung des GG** für die berufliche Freiheit des Einzelnen muss auch im Privatrecht hinreichend beachtet werden.[3876] Somit darf die Berufsfreiheit des Vorstandsmitglieds durch vertragliche Vereinbarungen nur begrenzt werden, soweit dies notwendig ist, um die Gesellschaft davor zu schützen, dass das ehemalige Vorstandsmitglied die in dem Unternehmen erlangten Kenntnisse und geschäftlichen Verbin-

---

[3860] *Bauer/Diller* Wettbewerbsverbote § 24 Rn. 1037.
[3861] Die entsprechende Anwendung hat der BGH ua verneint für § 74 Abs. 2 HGB siehe BGH NJW 1984, 2366 (2367); für § 74c Abs. 1 HGB BGH NZG 2008, 66.
[3862] *Beiner/Braun* Der Vorstandsvertrag Rn. 627; GroßkommAktG/*Kort* AktG § 88 Rn. 141; krit. Kölner Komm AktG/*Mertens/Cahn* AktG § 88 Rn. 33.
[3863] BGH NJW-RR 1990, 1312 (1313); Kölner Komm AktG/*Mertens/Cahn* AktG § 88 Rn. 37; *Bauer/Diller* Wettbewerbsverbote § 24 Rn. 1039; *Seyfarth* VorstR § 10 Rn. 36; *Bellstedt* GmbHR 1976, 236 (239).
[3864] *Bauer/Diller* Wettbewerbsverbote § 24 Rn. 1039; *Bauer/Diller* BB 1995, 1134 (1135).
[3865] *Jäger* DStR 1995, 724 (726).
[3866] *Seyfarth* VorstR § 10 Rn. 36.
[3867] OLG Nürnberg GmbHR 2010, 141 (142); *Verse* in Krieger/Schneider Managerhaftung § 26 Rn. 56; *Bauer/Diller* Wettbewerbsverbote § 24 Rn. 1047; *Heller* GmbHR 2000, 371 (372); *Bauer/Diller* BB 1995, 1134 (1135); *van Kann/Keiluweit* BB 2010, 2050 (2051).
[3868] BGH NZG 2008,753 (753); NJW 2005, 3061 (3062); 2002, 1875 (1876); 2000, 2584 (2584); 1997, 3089 (3089); 1991, 699 (699); 1986, 2944 (2945); 1984, 2366 (2367).
[3869] Kölner Komm AktG/*Mertens/Cahn* AktG § 88 Rn. 34; *Heller* GmbHR 2000, 371 (372); *Jäger* DStR 1995, 724 (726).
[3870] *Verse* in Krieger/Schneider Managerhaftung § 26 Rn. 56; *Reufels/Schewiola* ArbRB 2008, 57 (57).
[3871] OLG Düsseldorf GmbHR 1999, 120 (122); Kölner Komm AktG/*Mertens/Cahn* AktG § 88 Rn. 34; *Bauer/Diller* BB 1995, 1134 (1136); *Jäger* DStR 1995, 724 (726).
[3872] *Bauer/Diller* Wettbewerbsverbote § 24 Rn. 1047.
[3873] *Verse* in Krieger/Schneider Managerhaftung § 26 Rn. 56; *Bauer/Diller* Wettbewerbsverbote § 24 Rn. 1047; *Thüsing* NZG 2004, 9 (10).
[3874] *Bauer/Diller* BB 1995, 1134 (1136).
[3875] *Verse* in Krieger/Schneider Managerhaftung § 26 Rn. 56; *Bauer/Diller* Wettbewerbsverbote § 24 Rn. 1048; *Bauer/Diller* BB 1995, 1134 (1136).
[3876] BGH NJW 1986, 2944 (2944); 1984, 2366 (2367).

dungen zum Schaden der Gesellschaft ausnutzt.³⁸⁷⁷ Die nachvertraglichen Wettbewerbsverbote dürfen aber nicht dazu eingesetzt werden, das Organmitglied als störenden Wettbewerber für die Zukunft auszuschalten.³⁸⁷⁸ Ein schutzwürdiges Interesse liegt ebenfalls nicht vor, wenn das Wettbewerbsverbot dafür eingesetzt wird, um das Vorstandsmitglied zu bestrafen.³⁸⁷⁹

dd) Umfang des Wettbewerbverbots. Das nachvertragliche Wettbewerbsverbot ist darüber hinaus nur wirksam, wenn es das räumlich, zeitlich und gegenständlich notwendige Maß nicht überschreitet und das Organmitglied nicht unbillig in seinem beruflichen Fortkommen behindert.³⁸⁸⁰ Ob das nachvertragliche Wettbewerbsverbot zu einer unbilligen Beschränkung der Berufsfreiheit des Vorstandsmitglieds führt, wird im Rahmen einer **Gesamtbetrachtung** beurteilt.³⁸⁸¹ Dabei besteht zwischen dem räumlichen, zeitlichen und gegenständlichen Anwendungsbereich der Verbotsklausel eine **Wechselwirkung**.³⁸⁸² Als Faustregel lässt sich festhalten: Je weiter die räumlichen und/oder zeitlichen Grenzen des Wettbewerbsverbots gezogen sind, desto strenger sind die Anforderungen an die gegenständliche Begrenzung des Wettbewerbsverbots. Neben einer Karenzentschädigung können auch das Alter des Organmitglieds sowie die Dauer des Anstellungsverhältnisses im Rahmen der Gesamtbetrachtung berücksichtigt werden.³⁸⁸³

(1) Örtlich. Der **örtliche Geltungsbereich** eines nachvertraglichen Wettbewerbsverbots muss auf das Geschäftsgebiet der Gesellschaft begrenzt bleiben, weil es andernfalls an einem berechtigten Interesse der Gesellschaft fehlt, die Tätigkeit des Organmitglieds in diesem örtlichen Bereich zu begrenzen.³⁸⁸⁴ Je nach Einzelfall können sich die Wettbewerbsverbote auf ganze Regionen, Länder oder Kontinente erstrecken.³⁸⁸⁵ Selbst ein **weltweites Wettbewerbsverbot** kann bei einem international agierenden Unternehmen im Einzelfall zulässig sein.³⁸⁸⁶ In jedem Fall sollte der räumliche Geltungsbereich ausdrücklich geregelt werden, weil das Wettbewerbsverbot sonst als zu weit ausgelegt werden könnte.³⁸⁸⁷ Im Zweifel sollten sog. **Gleitklauseln** vereinbart werden, die den örtlichen Umfang des Verbots auf den tatsächlichen Geschäftsbereich des Unternehmens beschränken.³⁸⁸⁸

(2) Zeitlich. Die nachvertraglichen Wettbewerbsverbote gelten nur für eine angemessene **zeitliche Dauer**. Daran dürfte es regelmäßig fehlen, wenn die Wettbewerbsverbote zeitlich unbefristet oder über einen Zeitraum von mehreren Jahren vereinbart werden.³⁸⁸⁹ Im Rahmen der Interessenabwägung des § 138 Abs. 1 BGB erlangt der § 74a Abs. 1 S. 3 HGB besondere Bedeutung, sodass eine **Befristung von zwei Jahren** überwiegend als zulässig erachtet wird.³⁸⁹⁰ Diese zeitliche Grenze gilt vor allem für Mandanten- und Kundenschutzklauseln, weil anzunehmen ist, dass sich die während der Amtszeit geknüpften Verbindungen typischerweise nach zwei Jahren so gelockert haben, dass danach keine Gefahr mehr für die Gesellschaft besteht.³⁸⁹¹ Je nach räumlicher und gegenständlicher Ausgestaltung der Verbotsklausel kann sich auch eine Frist von zwei Jahren im Einzelfall als unzulässig erweisen.³⁸⁹² Zu der Problematik einer das nachvertragliche Wettbewerbsverbot vorgehenden Freistellung (→ Rn. 1614).

(3) Sachlich. In **gegenständlicher Hinsicht** muss ein **unmittelbarer sachlicher Zusammenhang** zwischen der nachvertraglich verbotenen Geschäftstätigkeit und der während der Amtszeit ausgeübten Tätigkeit sowie den erworbenen Kenntnissen des Vorstandsmitglieds bestehen.³⁸⁹³ Dabei kommt es einerseits auf den **Aufgabenbereich** an, für den das jeweilige Vorstandsmitglied während seiner Bestellung konkret

---

³⁸⁷⁷ BGH NJW 2002, 1875 (1876); 1997, 3089 (3090); 1986, 2944 (2945).
³⁸⁷⁸ BGH NJW 2005, 3061 (3062); 1997, 3089 (3090); OLG Düsseldorf GmbHR 1999, 120 (121); Kölner Komm AktG/*Mertens/Cahn* AktG § 88 Rn. 34; *Jäger* DStR 1995, 724 (726).
³⁸⁷⁹ BGH NJW 2005, 3061 (3062); MüKoAktG/*Spindler* AktG § 88 Rn. 50.
³⁸⁸⁰ BGH NJW 2002, 1875 (1876); 2000, 2584 (2584); 1997, 3089 (3089); 1984, 2366 (2367).
³⁸⁸¹ *Seyfarth* VorstR § 10 Rn. 42; *Beiner/Braun* Der Vorstandsvertrag Rn. 633; *van Kann/Keiluweit* BB 2010, 2050 (2051).
³⁸⁸² *Thüsing* NZG 2004, 9 (10); *Hoffmann-Becking* FS Quack, 1991, 273 (277); *Jäger* DStR 1995, 724 (727) spricht insofern von „Interdependenzen".
³⁸⁸³ GroßkommAktG/*Kort* AktG § 88 Rn. 141; MüKoAktG/*Spindler* AktG § 88 Rn. 50; Kölner Komm AktG/*Mertens/Cahn* AktG § 88 Rn. 35.
³⁸⁸⁴ *Heller* GmbHR 2000, 371 (372); *van Kann/Keiluweit* BB 2010, 2050 (2051).
³⁸⁸⁵ *Thüsing* NZG 2004, 9 (10 f.); ein örtlich weitreichendes nachvertragliches Wettbewerbsverbot für Belgien, Deutschland, Luxemburg und den Niederlanden wurde als zulässig erachtet OLG Celle NZG 2001, 131.
³⁸⁸⁶ *Seyfarth* VorstR § 10 Rn. 40.
³⁸⁸⁷ *Bauer/Diller* Wettbewerbsverbote § 24 Rn. 1060.
³⁸⁸⁸ *Bauer/Diller* Wettbewerbsverbote § 24 Rn. 1060; *Manger* GmbHR 2001, 89 (91); Kölner Komm AktG/*Mertens/Cahn* AktG § 88 Rn. 35.
³⁸⁸⁹ BGH NJW 1997, 3089 (3089); 1986, 2944 (2945); *Beiner/Braun* Der Vorstandsvertrag Rn. 634.
³⁸⁹⁰ *Seyfarth* VorstR § 10 Rn. 39; *Hoffmann-Becking* FS Quack, 1991, 273 (277); *Jäger* DStR 1995, 724 (726).
³⁸⁹¹ BGH NJW 2000, 2584 (2584); 1991, 699 (700); *Bauer/Diller* Wettbewerbsverbote § 24 Rn. 1058.
³⁸⁹² *Seyfarth* VorstR § 10 Rn. 39.
³⁸⁹³ MüKoAktG/*Spindler* AktG § 88 Rn. 51; *Beiner/Braun* Der Vorstandsvertrag Rn. 635; *Seyfarth* VorstR § 10 Rn. 41.

verantwortlich war, sowie anderseits auf den tatsächlich verfolgten **Unternehmensgegenstand**.[3894] Welche Folgen sich daraus für die Vertragsgestaltung ergeben, ist allerdings zweifelhaft. Teilweise wird empfohlen, die nachvertraglich untersagte Tätigkeit des Vorstandsmitglieds in der Verbotsklausel konkret zu benennen und auf das erforderliche Maß zu reduzieren.[3895] **Pauschal formulierte Klauseln,** die dem Vorstandsmitglied jegliche Betätigung in einer bestimmten Branche verbieten, dürften zu weit gehen und damit unzulässig sein.[3896] Diese Auffassung findet sich auch in der Rechtsprechung. So hat das OLG München beispielsweise eine Wettbewerbsklausel für unzulässig erklärt, die das Organmitglied dazu verpflichtete, für die Dauer von einem Jahr nach Beendigung des Anstellungsvertrags weder in selbstständiger noch unselbstständiger Stellung oder **in sonstiger Weise** für ein Konkurrenzunternehmen der Gesellschaft tätig zu werden.[3897] Das Wettbewerbsverbot sei zu weit gefasst, weil dem Organmitglied jede Tätigkeit für ein Konkurrenzunternehmen verboten werde. Darunter falle nach dem Wortlaut der Klausel auch eine Tätigkeit als Hausmeister, die jedoch keinen Bezug zu seiner früheren Tätigkeit habe und damit nicht durch ein schutzwürdiges Interessen der Gesellschaft gerechtfertigt sei.[3898] Diese Auffassung ist abzulehnen. Mit Blick auf die besondere Vertrauensstellung eines (früheren) Vorstandsmitglieds und die daraus resultierende Gefährdung der Gesellschaftsinteressen durch eine spätere Tätigkeit bei Wettbewerben ist ein umfassendes Tätigkeitsverbot („ein unselbständiges, selbständiges und sonstiges Verbot") gerechtfertigt. Das gegenteilige Verständnis würde eine praktische Durchsetzung des Wettbewerbsverbots zudem (noch weiter) erschweren.

1626 Wird das Vorstandsmitglied in einem Konzernunternehmen tätig, stellt sich die Frage, ob das Wettbewerbsverbot konzernweite Geltung beansprucht und sich somit auch auf die Geschäftsfelder aller Konzernunternehmen erstreckt. Die Zulässigkeit **konzernweiter nachvertraglicher Wettbewerbsverbote** war noch nicht Gegenstand höchstrichterlicher Rechtsprechung.[3899] In der obergerichtlichen Rechtsprechung und im Schrifttum wird bisher zwischen der Organmitgliedschaft bei dem herrschenden und dem beherrschten Unternehmen unterschieden.[3900] War das Vorstandsmitglied in dem **herrschenden Unternehmen** tätig, wird ein konzernweites Wettbewerbsverbot für zulässig erachtet.[3901] Als Vorstandsmitglied eines herrschenden Unternehmens habe das Organmitglied regelmäßig Einblick in die Vorgänge der beherrschten Unternehmen und verfüge daher über Insiderkenntnisse.[3902] Für den umgekehrten Fall wird die konzernweite Geltung überwiegend verneint.[3903] Mit der Vorstandstätigkeit in einem **beherrschten Unternehmen** gehe nicht zwangsläufig einher, dass das Vorstandsmitglied Einblick in die Geschäftsvorgänge der Mutter- oder Schwestergesellschaften bekomme.[3904] Es ist im Einzelfall zu entscheiden, ob dem Vorstandsmitglied eines beherrschten Unternehmens weitreichende Kenntnisnahmemöglichkeiten zustehen, die ein konzernweites nachvertragliches Wettbewerbsverbot rechtfertigen.[3905] Besonders in einem diversifizierten Konzern kann die konzernweite Geltung eines nachvertraglichen Wettbewerbsverbots zur Folge haben, dass sich der sachliche Anwendungsbereich erheblich erweitert und sogar auf unterschiedliche Geschäftszweige erstreckt.[3906]

1627 **ee) Karenzentschädigung.** Für Handlungsgehilfen ordnet § 74 Abs. 2 HGB an, dass das Wettbewerbsverbot nur verbindlich ist, wenn sich der Prinzipal verpflichtet, für die Dauer des Verbots eine Entschädigung zu zahlen (sog. **Karenzentschädigung**). In seinem Grundsatzurteil aus dem Jahr 1984 entschied der BGH bereits, dass § 74 Abs. 2 HGB **keine entsprechende Anwendung** auf ein Mandanten- und Kundenschutz ausgerichtetes nachvertragliches Wettbewerbsverbot für Vorstandsmitglieder findet.[3907] Mithin kann für Vorstandsmitglieder ein nachvertragliches Wettbewerbsverbot grundsätzlich, dh bei entsprechender inhaltlicher Beschränkung des Verbots, auch ohne die Vereinbarung einer Karenzentschädigung

---

[3894] *Heller* GmbHR 2000, 371 (372); *Jäger* DStR 1995, 724 (727); *Beiner/Braun* Der Vorstandsvertrag Rn. 635.
[3895] *Verse* in Krieger/Schneider Managerhaftung § 26 Rn. 57; *Seyfarth* VorstR § 10 Rn. 41.
[3896] *Beiner/Braun* Der Vorstandsvertrag Rn. 635.
[3897] OLG München NZA-RR 2019, 82 (83); ähnlich OLG Hamm BeckRS 2016, 13633.
[3898] OLG München NZA-RR 2019, 82 (83); mAnm *Behnke* GmbHR 2018, 1310 (1312 ff.); krit. zur Entscheidung des OLG München *Lembke* NZA-RR 2019, 82.
[3899] *Korkmaz* NJOZ 2014, 481 (481).
[3900] OLG Nürnberg GmbHR 2010, 141 (143); *Korkmaz* NJOZ 2014, 481 (481 f.).
[3901] Kölner Komm AktG/*Mertens/Cahn* AktG § 88 Rn. 35; MüKoAktG/*Spindler* AktG § 88 Rn. 51; *Schneider* GmbHR 1993, 10 (18); *Reufels/Schewiola* ArbRB 2008, 57 (58).
[3902] OLG Nürnberg GmbHR 2010, 141 (143); *Bauer/Diller* Wettbewerbsverbote § 24 Rn. 1056; GroßkommAktG/*Kort* AktG § 88 Rn. 149.
[3903] *Bauer/Diller* Wettbewerbsverbote § 24 Rn. 1056; *Reufels/Schewiola* ArbRB 2008, 57 (58).
[3904] Kölner Komm AktG/*Mertens/Cahn* AktG § 88 Rn. 35; *Korkmaz* NJOZ 2014, 481 (482); *Reufels/Schewiola* ArbRB 2008, 57 (58).
[3905] *Korkmaz* NJOZ 2014, 481 (482); *Schneider* GmbHR 1993, 10 (18).
[3906] *Seyfarth* VorstR § 10 Rn. 41; *Bauer/Diller* Wettbewerbsverbote § 24 Rn. 1056.
[3907] BGH NJW 1984, 2366; dazu ausführlich *Bauer/Diller* Wettbewerbsverbote § 24 Rn. 1074; Kölner Komm AktG/*Mertens/Cahn* AktG § 88 Rn. 38.

zulässig sein.³⁹⁰⁸ Allerdings erlangt die **Zahlung und die Höhe einer Karenzentschädigung** im Rahmen der Gesamtbetrachtung des nachvertraglichen Wettbewerbsverbots Bedeutung. Je mehr das Vorstandsmitglied durch das nachvertragliche Wettbewerbsverbot in seinem beruflichen Fortkommen beschränkt wird, desto eher ist die Zahlung einer Karenzentschädigung erforderlich.³⁹⁰⁹ Daher sollte im Anstellungsvertrag eine Karenzentschädigung vereinbart werden. Vor allem bei räumlich oder zeitlich weit gefassten Tätigkeitsverboten wird eine Karenzentschädigung regelmäßig erforderlich sein, um der Sittenwidrigkeit der Klausel vorzubeugen.³⁹¹⁰ In der Praxis orientiert sich die Höhe der Karenzentschädigung häufig an **§ 74 Abs. 2 HGB** als Obergrenze.³⁹¹¹ Demnach ist für jedes Jahr des Verbots mindestens die Hälfte der zuletzt bezogenen vertragsmäßigen Leistung zu zahlen. In der Praxis finden sich allerdings häufig Karenzentschädigungen, die sich auf die Hälfte der letzten Festbezüge belaufen. Letztlich richtet sich die erforderliche Höhe der Karenzentschädigung aber nach dem Umfang und der Reichweite des Wettbewerbsverbots im Einzelfall.³⁹¹² Da Vorstandsmitglieder sowohl Festbezüge als auch variable Gehaltsbestandteile erhalten, ist zur Streitprävention präzise im Anstellungsvertrag zu regeln, wie sich die Höhe der Karenzentschädigung zusammensetzt.³⁹¹³

Wird eine Karenzentschädigung vereinbart, ist der Gesellschaft zu empfehlen, gleichzeitig die Anrechnung des **anderweitigen Verdienstes** zu regeln. § 74c Abs. 1 HGB, wonach sich der Handlungsgehilfe auf die Karenzentschädigung anrechnen lassen muss, was er durch anderweitige Verwertung seiner Arbeitskraft erlangt hat, ist nach Ansicht des BGH nicht entsprechend auf Vorstandsmitglieder anwendbar.³⁹¹⁴ Der BGH sieht den Zweck der Vorschrift darin, Arbeitnehmer nicht zur Kündigung zu verleiten, damit diese eine Karenzentschädigung beziehen können.³⁹¹⁵ Die Entlastung des Arbeitgebers sei nur ein Reflex dieses Schutzzwecks. Daneben sei die Regelung speziell auf den zwingenden Charakter der Karenzentschädigung des Handlungsgehilfen zugeschnitten und könne daher keine Anwendung auf Vorstandsmitglieder finden, weil die Karenzentschädigung für diese nicht zwingend erforderlich sei. Eine Anrechnung anderweitigen Verdienstes auf die Karenzentschädigung ist daher nur mit einer entsprechenden Vereinbarung im Anstellungsvertrag möglich.³⁹¹⁶ Eine wichtige Neuerung zur Anrechnung vergütungsrelevanter Bestandteile auf die Karenzentschädigung enthält der aktuelle DCGK. Nach der Empfehlung G.13 S. 2 DCGK soll im Falle eines nachvertraglichen Wettbewerbsverbots die **Abfindungszahlung** auf die Karenzentschädigung angerechnet werden (→ Rn. 1446). **Ruhegehaltszahlungen** können eine Karenzentschädigung hingegen nicht ersetzen.³⁹¹⁷ Der Anspruch auf die Zahlung einer betrieblichen Altersvorsorge kompensiert bereits erbrachte Leistungen und nicht künftige Wettbewerbsverbote.³⁹¹⁸

ff) Unbillige Beschränkungen und geltungserhaltende Reduktion. Ergibt sich aus der Gesamtbetrachtung, dass das nachvertragliche Wettbewerbsverbot zu einer unbilligen Beschränkung des beruflichen Fortkommens des Vorstandsmitglieds führt, ist die Klausel sittenwidrig und damit gem. § 138 Abs. 1 BGB nichtig. Für den Fall der Unwirksamkeit stellt sich die Frage, ob ein zu weit gefasstes Wettbewerbsverbot durch eine **geltungserhaltende Reduktion** auf das zulässige Maß reduziert werden kann. Der BGH hält in ständiger Rechtsprechung eine geltungserhaltende Reduktion bei **zeitlich** zu weit gefassten Wettbewerbsverboten für zulässig.³⁹¹⁹ Eine bloß zeitlich zu weitgehende Beschränkung könne von den Gerichten auf das zulässige Maß zurückgeführt werden. Dabei geht der BGH von der Vorstellung aus, dass auf Dauer angelegte Regelungen derart in Teilabschnitte zerlegt werden können, dass sie sich als Teile iSd § 139 BGB darstellen, mit der Folge, dass sie bei Vorliegen eines entsprechenden Parteiwillens mit einer kürzeren Dauer von den Gerichten aufrechterhalten werden können.³⁹²⁰

Fraglich ist, ob eine geltungserhaltende Reduktion auch bei einem **örtlich** zu weit gefassten Wettbewerbsverbot in Betracht kommt. Während der BGH diese Frage bisher weder explizit bejaht noch ver-

---

³⁹⁰⁸ GroßkommAktG/*Kort* AktG § 88 Rn. 153; *Beiner/Braun* Der Vorstandsvertrag Rn. 640; *Seyfarth* VorstR § 10 Rn. 44.
³⁹⁰⁹ *Reufels/Schewiola* ArbRB 2008, 57 (59).
³⁹¹⁰ *Verse* in Krieger/Schneider Managerhaftung § 26 Rn. 59; GroßkommAktG/*Kort* AktG § 88 Rn. 158.
³⁹¹¹ *Beiner/Braun* Der Vorstandsvertrag Rn. 640.
³⁹¹² So auch *Bauer/Diller* Wettbewerbsverbote § 24 Rn. 1077.
³⁹¹³ *Bauer/Diller* Wettbewerbsverbote § 24 Rn. 1077; zur Beschränkung der Karenzentschädigung auf die fixen Bezüge *Hoffmann-Becking* FS Quack, 1991, 273 (278); *Jäger* DStR 1995,724 (729); aA *Thüsing* NZG 2004, 9 (12); *Bauer/Diller* Wettbewerbsverbote § 24 Rn. 1077; *van Kann/Keiluweit* BB 2010, 2050 (2051).
³⁹¹⁴ BGH NZG 2008, 664; aA zu Recht *Bauer/Diller* Wettbewerbsverbote § 24 Rn. 1086; MüKoAktG/*Spindler* AktG § 88 Rn. 58; *Thüsing* NZG 2004, 9 (12).
³⁹¹⁵ BGH NZG 2008, 664 (664); krit. zu der Begründung des BGH GroßkommAktG/*Kort* AktG § 88 Rn. 161.
³⁹¹⁶ *Bauer/von Medem* ArbRAktuell 2011, 474 (475); *Bauer/Diller* Wettbewerbsverbote § 24 Rn. 1087.
³⁹¹⁷ Kölner Komm AktG/*Mertens/Cahn* AktG § 88 Rn. 39; *Thüsing* NZG 2004, 9 (12); GroßkommAktG/*Kort* AktG § 88 Rn. 164.
³⁹¹⁸ *Beiner/Braun* Der Vorstandsvertrag Rn. 641.
³⁹¹⁹ BGH NJW 2000, 2584 (2585); 1997, 3089 (3089f.); OLG München NZA-RR 2019, 82 (83); Kölner Komm AktG/*Mertens/Cahn* AktG § 88 Rn. 36; GroßkommAktG/*Kort* AktG § 88 Rn. 166.
³⁹²⁰ BGH NJW 1997, 3089 (3089f.).

neint hat,[3921] wobei die Terminologie eher für eine Zulässigkeit einer geltungserhaltenden Reduktion auch in örtlicher Hinsicht spricht,[3922] wurde die geltungserhaltende Reduktion für örtlich zu weit gefasste Wettbewerbsverbote von der obergerichtlichen Rechtsprechung befürwortet.[3923] Die Möglichkeit einer geltungserhaltenden Reduktion besteht nach Ansicht des BGH hingegen nicht, wenn das Wettbewerbsverbot schon **gegenständlich** das zulässige Maß überschreitet.[3924] Bei einer nicht bloß quantitativen Überschreitung der zulässigen Grenzen müsse das zuständige Gericht auf den Inhalt der unwirksamen Regelung rechtsgestaltend – also qualitativ – einwirken, um die Sittenwidrigkeit abzuwenden.[3925] Dies überschreite den **Gestaltungsspielraum der Gerichte.**

1631 Ist das Wettbewerbsverbot wegen einer **zu niedrig bemessenen Karenzentschädigung** unbillig, hat dies ebenfalls die Nichtigkeit gem. § 138 Abs. 1 BGB zur Folge.[3926] Einerseits kommt eine Aufstockung der Entschädigung durch die Gerichte nicht in Betracht, weil dies ebenfalls den Gestaltungsspielraum der Gerichte überschreiten würde. Andererseits soll für die Gesellschaft nicht die Möglichkeit bestehen, die Sittenwidrigkeit durch eine nachträgliche Erhöhung der Entschädigung zu heilen. Sonst wäre es sanktions- und risikolos für die Gesellschaft möglich, zu niedrige Karenzentschädigungen in den Vorstandsverträgen zu vereinbaren.

1632 Um Unsicherheiten vorzubeugen, kann durch Verweisung auf § 74a Abs. 1 HGB die geltungserhaltende Reduktion aber vereinbart werden.[3927] Zusätzlich sollte eine **salvatorische Klausel** in den Anstellungsvertrag aufgenommen werden. Diese kehrt nicht nur die Nichtigkeitsvermutung des § 139 BGB um und verändert so die Beweislast zugunsten der Gesellschaft[3928], sondern sieht eine geltungserhaltende Reduktion des Wettbewerbsverbots vor.[3929]

1633 **gg) Maßgeblicher Zeitpunkt.** Grundsätzlich sind bei der gerichtlichen Überprüfung der Sittenwidrigkeit gem. § 138 BGB die **Umstände bei Vertragsschluss** maßgeblich. Es gilt ein ex-ante Ansatz.[3930] In seiner ständigen Rechtsprechung zu nachvertraglichen Wettbewerbsverboten weicht der BGH von diesem Grundsatz ab und prüft die Sittenwidrigkeit anhand der Umstände ex-post.[3931] Die Zulässigkeit nachvertraglicher Wettbewerbsverbote wird somit nach den **Umständen im Zeitpunkt des Ausscheidens** beurteilt.[3932] Dies führt zu einer **äußerst schwierigen Vertragsgestaltung:** Einerseits sollen die Klauseln möglichst konkret und präzise auf das Vorstandsmitglied und dessen Tätigkeitsspektrum zugeschnitten sein, andererseits erfordert der sich stetig ändernde Geschäftsbetrieb des Unternehmens ggf. eine möglichst offene und flexible Formulierung. Daher empfiehlt es sich, die Verbotsklausel bei wesentlichen Änderungen der Geschäftstätigkeit entsprechend anzupassen.[3933]

1634 **hh) Bedingte Wettbewerbsverbote und Verzicht.** Im Anstellungsvertrag wird häufig vereinbart, dass das Organmitglied nach Beendigung des Anstellungsvertrags nicht ohne vorherige schriftliche Zustimmung der Gesellschaft für ein Konkurrenzunternehmen tätig werden darf und die Gesellschaft nur zur Karenzentschädigung verpflichtet sein will, insofern sie dem Organmitglied die Zustimmung versagt hat (sog. **bedingtes Wettbewerbsverbot**).[3934] Die arbeitsgerichtliche Rechtsprechung bewertet bedingte Wettbewerbsverbote als **unverbindlich** für Arbeitnehmer, weil diese durch den unsicheren Schwebezustand in ihrer Arbeitsplatzsuche erheblich behindert werden.[3935] Bedingte Wettbewerbsverbote würden vereinbart, um die gesetzlich vorgesehene Karenzentschädigung für Arbeitnehmer zu umgehen.

1635 Auf Organmitglieder lässt sich die arbeitsgerichtliche Rechtsprechung **nicht übertragen,** weil § 74 Abs. 2 HGB auf Vorstandsmitglieder schon keine entsprechende Anwendung findet und eine Karenzentschädigung gesetzlich nicht zwingend vorgeschrieben ist. Zudem sind Vorstandsmitglieder **weniger**

[3921] BGH NJW 2000, 2584 (2585); *Heller* GmbHR 2000, 371 (3743).
[3922] BGH NJW 1997, 3089, wo lediglich eine geltungserhaltende Reduktion in gegenständlicher Hinsicht verneint wurde.
[3923] So jedenfalls OLG München NZA-RR 2019, 82 (83); *Thüsing* NZG 2004, 9 (13) mwN.
[3924] BGH NJW 1997, 3089 (3090); aA *Bauer/Diller* Wettbewerbsverbote § 24 Rn. 1066f.
[3925] BGH NJW 1997, 3089 (3089f.); zu Recht krit. *Lembke* NZA-RR 2019, 65 (69).
[3926] *Bauer/Diller* BB 1995, 1134 (1137).
[3927] *Bauer/Diller* Wettbewerbsverbote § 24 Rn. 1070.
[3928] So aber *Thüsing* NZG 2004, 9 (14); MüKoAktG/*Spindler* AktG § 88 Rn. 50; GroßkommAktG/*Kort* AktG § 88 Rn. 166.
[3929] *Bauer/Diller* Wettbewerbsverbote § 24 Rn. 1070; *Heller* GmbHR 2000, 371 (373f.); zur AGB-rechtlichen Zulässigkeit von salvatorischen Klauseln in Anstellungsverträgen OLG München NZA-RR 2019, 82.
[3930] *Bauer/Diller* Wettbewerbsverbote § 24 Rn. 1049.
[3931] *Bauer/Diller* Wettbewerbsverbote § 24 Rn. 1049; *Jäger* DStR 1995, 724 (727).
[3932] OLG Celle NZG 2001, 131 (132); Kölner Komm AktG/*Mertens/Cahn* AktG § 88 Rn. 35; *Jäger* DStR 1995, 724 (727).
[3933] So auch *Hoffmann-Becking* FS Quack, 1991, 273 (275); *Jäger* DStR 1995, 724 (727).
[3934] *Bauer/Diller* BB 1995, 1134 (1138); *Hoffmann-Becking* FS Quack, 1991, 273 (279); *Jäger* DStR 1995, 724 (729).
[3935] BAG NJW 1980, 2429; 1978, 1023; *Thüsing* NZG 2004, 9 (11).

schutzbedürftig, sodass ein weniger strenger Maßstab angemessen ist.[3936] Allerdings hat die Gesellschaft innerhalb einer angemessenen Frist von maximal vier Wochen dem Organmitglied die Zustimmung oder Ablehnung mitzuteilen.[3937]

§ 75a HGB bestimmt, dass der Prinzipal vor der Beendigung des Dienstverhältnisses durch schriftliche Erklärung auf das Wettbewerbsverbot verzichten kann. Der **Verzicht** des Arbeitgebers hat zur Folge, dass er mit dem Ablauf eines Jahres seit der Verzichtserklärung von der Verpflichtung zur Zahlung der Karenzentschädigung frei wird. Nach allgM findet § 75a HGB entsprechende Anwendung auf Organmitglieder ohne besondere Verzichtsregelung im Anstellungsvertrag.[3938] Nach ständiger Rechtsprechung des BGH besteht nämlich kein Anlass, die entsprechende Anwendung auf das Verhältnis der Gesellschaft zu ihrem Organmitglied abzulehnen, soweit die gesetzlichen Bestimmungen gerade zum Ziel haben, die besonderen Interessen des Unternehmens zu wahren.[3939] Der BGH zog allerdings in einer Entscheidung zum Verzicht einer GmbH gegenüber dem GmbH-Geschäftsführer nicht § 75a HGB heran, sondern hielt den Verzicht der Gesellschaft aus **Vertrauensgesichtspunkten** für treuwidrig.[3940] Die Entscheidung des BGH von 2002 betrifft zwar einen spezifischen Einzelfall, jedoch dürfen Vertrauensgesichtspunkte nicht außer Acht gelassen werden. Eine differenzierte Betrachtung erscheint daher interessengerecht: Wird der Verzicht mit oder bis zum Ausspruch der Kündigung des Anstellungsvertrags erklärt, entfällt die Karenzentschädigung, weil dem Vorstandsmitglied bis zum Vertragsende ausreichend Zeit verbleibt, seine berufliche Zukunft zu planen.[3941] Wird der Verzicht auf das nachvertragliche Wettbewerbsverbot erst nach Ausspruch der Kündigung erklärt, verbleibt dem Vorstandsmitglied im Einzelfall ein reduzierter Anspruch auf die Karenzentschädigung.[3942] Dabei dürfte entscheidend sein, zu welchem Zeitpunkt der Verzicht erklärt wurde und ob das Vorstandsmitglied bereits Dispositionen für seine berufliche Zukunft getroffen hat.[3943] Der **Kautelarpraxis** ist daher zu raten, eine Verzichtsregelung in den Anstellungsvertrag aufzunehmen. So können die Parteien konkret regeln, unter welchen Voraussetzungen ein Verzicht der Gesellschaft erklärt werden kann und wie sich dieser auf die Karenzentschädigung auswirkt.

ii) Rechtsfolgen. Verstößt das Vorstandsmitglied gegen ein nachvertragliches Wettbewerbsverbot, stehen der Gesellschaft **Schadensersatz- und Unterlassungsansprüche** zu.[3944] Ein **Eintrittsrecht** entsprechend § 88 Abs. 2 AktG kann die Gesellschaft ohne ausdrückliche vertragliche Vereinbarung jedoch nicht geltend machen.[3945] Häufig wird das verbotswidrige Handeln zusätzlich mit einer **Vertragsstrafe** sanktioniert. Die Vereinbarung einer Vertragsstrafe ist für die Gesellschaft insofern vorteilhaft, weil sie in diesem Fall nur den Beweis der Verletzung des Wettbewerbsverbots erbringen muss. Ein zusätzlicher Schadensnachweis ist nicht erforderlich.[3946] Ist die Vertragsstrafe zu hoch angesetzt, kann die Höhe der Strafzahlung gem. § 343 BGB herabgesetzt werden.[3947]

d) Nebentätigkeitsverbote

Nicht selten übernehmen Vorstandsmitglieder während ihrer Amtszeit zusätzliche Ämter oder Funktionen.[3948] Besonders in großen Konzernen bekleiden Vorstandsmitglieder der Konzernobergesellschaft häufig die Geschäftsleitungs- oder Aufsichtsratsmandate verbundener Unternehmen, um dort die Konzerninteressen zu vertreten.[3949] Die Übernahme **konzerninterner Mandate** ist daher oft Teil der Vorstandstätigkeit und in den Anstellungsverträgen ausdrücklich vereinbart. Die Ausübung von Nebentätig-

---

[3936] *Thüsing* NZG 2004, 9 (11); GroßkommAktG/*Kort* AktG § 88 Rn. 176.
[3937] MüKoAktG/*Spindler* AktG § 88 Rn. 56; GroßkommAktG/*Kort* AktG § 88 Rn. 176; diff. *Seyfarth* VorstR § 10 Rn. 49 f.
[3938] Zur entsprechenden Anwendbarkeit des § 75a HGB auf den GmbH-Geschäftsführer BGH GmbHR 1992, 263 (263); zum Schrifttum *Seyfarth* VorstR § 10 Rn. 48; *Goette* FS Wiedemann, 2002, 873 (877); *Bauer/Diller* Wettbewerbsverbote § 24 Rn. 1090; *Hoffmann-Becking* FS Quack, 1991, 273 (281 f.).
[3939] Zu § 75a HGB siehe BGH GmbHR 1992, 263.
[3940] BGH NJW 2002, 1875 (1876).
[3941] Kölner Komm AktG/*Mertens/Cahn* AktG § 88 Rn. 41; *Hoffmann-Becking* FS Quack, 1991, 273 (282); aA *Bauer/Diller* Wettbewerbsverbote § 24 Rn. 1091.
[3942] Ähnlich *Thüsing* NZG 2004, 9 (11), der jedoch von einem ungekürzten Anspruch auf die Karenzentschädigung ausgeht, wenn der Verzicht erst nach dem Ausspruch der Kündigung erklärt wird.
[3943] BGH NJW 2002, 1875 (1876); MüKoAktG/*Spindler* AktG § 88 Rn. 55; Kölner Komm AktG/*Mertens/Cahn* AktG § 88 Rn. 42; *Jäger* DStR 1995, 724 (729).
[3944] Kölner Komm AktG/*Mertens/Cahn* AktG § 88 Rn. 44; *Thüsing* NZG 2004, 9 (14).
[3945] *Verse* in Krieger/Schneider Managerhaftung § 26 Rn. 62; *Thüsing* NZG 2004, 9 (14); *Beiner/Braun* Der Vorstandsvertrag Rn. 652.
[3946] *Jäger* DStR 1995, 724 (730).
[3947] Zu den AGB-rechtlichen Problem vorformulierter Vertragsstrafenabreden *Bauer/Diller* Wettbewerbsverbote § 24 Rn. 1114.
[3948] *Semler* FS Budde, 1995, 599 (607).
[3949] *Beiner/Braun* Der Vorstandsvertrag Rn. 656 f.; *Semler* FS Budde, 1995, 599 (607).

keiten, vor allem außerhalb des Konzerns, muss aber nicht zwangsläufig im **Interesse der Gesellschaft** sein, weil durch die Nebentätigkeit die Arbeitskraft des Vorstandsmitglieds nicht unerheblich beeinträchtigt werden kann.[3950] Durch die Nebentätigkeiten kann zudem eine Bindung des Vorstandsmitglieds entstehen, die mit den Interessen der Gesellschaft nicht oder nur teilweise übereinstimmen.[3951] Namentlich die Wahrnehmung **konzernfremder Mandate** kann dem Unternehmensinteresse entgegenstehen. Grundsätzlich ist das Vorstandsmitglied verpflichtet, seine **ganze Arbeitskraft der Gesellschaft zu widmen**.[3952] In zahlreichen Vorstandsverträgen ist diese Verpflichtung vertraglich vereinbart,[3953] andernfalls ergibt sie sich aus der **Loyalitätspflicht** des Vorstandsmitglieds gegenüber der Gesellschaft und ist Ausdruck seiner verantwortlichen Rechtsstellung als Leiter der Gesellschaft.[3954]

1639 **aa) Einwilligung des Aufsichtsrats.** Unter Nebentätigkeiten versteht man nicht nur geringfügige Tätigkeiten, sondern **jede entgeltliche oder unentgeltliche Tätigkeit,** die außerhalb des vertraglichen Dienstverhältnisses für andere ausgeübt wird.[3955] Demnach können sowohl entgeltliche berufliche Nebentätigkeiten als auch private unentgeltliche Nebentätigkeiten im gesellschaftlichen, sportlichen oder politischen Bereich unter den Begriff der Nebentätigkeiten fallen (→ Rn. 590).

1640 Während ein Ausschluss entgeltlicher beruflicher Nebentätigkeit (zB Autoren- oder Vortragstätigkeiten[3956]) im Anstellungsvertrag ohne Weiteres vereinbart werden kann, würde der pauschale Ausschluss **rein privater Nebentätigkeiten** (zB ehrenamtliche Engagement in Sportvereinen oder Parteien) eine erhebliche Beschränkung des Vorstandsmitglieds bedeuten und könnte einer AGB-rechtlichen Kontrolle gem. § 307 Abs. 1 BGB möglicherweise nicht Stand halten.[3957] Schließlich steht jedem Vorstandsmitglied ein Recht auf Privatsphäre zu, sodass Nebentätigkeitsverbote das Vorstandsmitglied nicht unangemessen in seinem verfassungsrechtlich garantierten Persönlichkeitsrecht einschränken dürfen.[3958] Jedoch ist bei Vorstandsmitgliedern zu berücksichtigen, dass diese weit mehr als sonstige Arbeitnehmer das Unternehmen nach außen repräsentieren und sich daher die geschäftlichen Beziehungen auch auf die Person des Vorstandsmitglieds konzentrieren.[3959] Das private gesellschaftliche Engagement des Vorstandsmitglieds kann durchaus negative Auswirkungen auf das Unternehmen haben oder zu Interessenskonflikten führen.[3960] Zudem können auch ehrenamtlichen Tätigkeiten einen erheblichen Zeitaufwand erfordern, sodass im Einzelfall die Sicherung der vollen Arbeitskraft des Vorstandsmitglieds gefährdet sein kann. Anders als bei Arbeitnehmern hat die Gesellschaft aus diesen Gründen ein schutzwürdiges Interesse an dem Verbot von Nebentätigkeiten auch im privaten Bereich.[3961] Um unbillige Härten zu vermeiden, empfiehlt es sich, im Anstellungsvertrag die Nebentätigkeiten des Vorstandsmitglieds von der vorherigen Einwilligung des Aufsichtsrats abhängig zu machen. So kann die Einwilligung beispielsweise zeitlich befristet oder nur für einen bestimmten Tätigkeitsbereich erteilt werden. Die Kompetenz liegt beim Aufsichtsrat und kann auf einen Ausschuss übertragen werden.[3962] Das Zustimmungsrecht kann hingegen nicht dem Aufsichtsratsvorsitzenden allein übertragen werden, weil § 107 Abs. 3 AktG nur die Übertragung der Beschlusskompetenz auf Ausschüsse vorsieht und einzelnen Aufsichtsratsmitgliedern lediglich vorbereitende Aufgaben übertragen werden können.[3963]

1641 Für den Fall, dass der Anstellungsvertrag **kein Nebentätigkeitsverbot** enthält, wird die Auffassung vertreten, dass aus der organschaftlichen Treuepflicht jedenfalls eine Anzeigepflicht des Vorstandsmitglieds folgt.[3964] Eine bloße Anzeigepflicht wird aber der besonderen Stellung des Vorstandsmitglieds nicht gerecht und berücksichtigt das schutzwürdige Interesse der Gesellschaft nicht ausreichend.[3965] Daher ist zu differenzieren: Bestehen offensichtlich keine Interessenkonflikte der Gesellschaft und ist die beabsichtigte

---

[3950] OLG Düsseldorf BeckRS 1982, 31366824.
[3951] OLG Düsseldorf BeckRS 1982, 31366824.
[3952] OLG Brandenburg AG 2009, 513 (515); OLG Düsseldorf BeckRS 1982, 31366824; BeckOGK/*Fleischer* AktG § 84 Rn. 84; *Seyfarth* VorstR § 4 Rn. 63.
[3953] *Semler* FS Budde, 1995, 599 (607).
[3954] OLG Brandenburg AG 2009, 513 (515); OLG Düsseldorf BeckRS 1982, 31366824; *Seyfarth* VorstR § 4 Rn. 63.
[3955] OLG Brandenburg AG 2009, 513 (515).
[3956] *Seyfarth* VorstR § 4 Rn. 63.
[3957] Kubis/Semler/Peltzer/*Semler* ArbHB Vorstand § 3 Rn. 35; *Beiner/Braun* Der Vorstandsvertrag Rn. 659.
[3958] *Beiner/Braun* Der Vorstandsvertrag Rn. 659.
[3959] BGH NJW 1984, 2366 (2367); insofern kann die organschaftliche Treuepflicht auf den privaten Lebensbereich des Vorstandsmitglieds durchschlagen GroßkommAktG/*Hopt/Roth* AktG § 93 Rn. 239; Kubis/Semler/Peltzer/*Semler* ArbHB Vorstand § 3 Rn. 35.
[3960] MüKoAktG/*Spindler* AktG § 93 Rn. 127; GroßkommAktG/*Hopt/Roth* AktG § 93 Rn. 239.
[3961] Zum Sonderfall der Ausübung eines Bundestagsmandats BGH NJW 1965, 1958; *Konzen* AcP 172, 317.
[3962] *Beiner/Braun* Der Vorstandsvertrag Rn. 658; *Seyfarth* VorstR § 4 Rn. 63.
[3963] So auch *Seyfarth* VorstR § 4 Rn. 63; BeckOGK/*Spindler* AktG § 107 Rn. 193; aA *Semler* in Semler/Peltzer/Kubis ArbHB Vorstand § 3 Rn. 38.
[3964] *Beiner/Braun* Der Vorstandsvertrag Rn. 658.
[3965] So auch *Seyfarth* VorstR § 4 Rn. 63.

Nebentätigkeit nur wenig zeitintensiv, dürfte eine Pflicht des Vorstandsmitglieds zur Anzeige ausreichen, um die Interessen der Gesellschaft zu wahren. Besteht hingegen ein potenzieller Interessenkonflikt oder ist die Nebentätigkeit voraussichtlich zeitintensiv, hat die Gesellschaft ein schutzwürdiges Interesse, die Ausübung der Nebentätigkeit zu begrenzen oder sogar zu untersagen. Im Einzelfall kann somit aus der besonderen organschaftlichen Treuepflicht ein Einwilligungsvorbehalt auch ohne vertragliche Regelung bestehen.

bb) Widerrufsvorbehalt. Der Anstellungsvertrag sollte einen schriftlichen **Widerrufsvorbehalt** für die Zustimmung regeln.[3966] So kann der Aufsichtsrat die Einwilligung zur Nebentätigkeit widerrufen, falls durch die Ausübung der Nebentätigkeit Interessenkonflikte entstehen oder sich die zeitliche Verfügbarkeit des Vorstandsmitglieds aufgrund der zusätzlichen Belastung als nicht ausreichend erweist. Andernfalls könnte die Zustimmung als unwiderruflich ausgelegt werden, falls ein Widerrufsvorbehalt nicht in den Aufsichtsratsbeschluss über die Einwilligung aufgenommen wurde. 1642

cc) Anrechnung der Vergütung und mögliche Kosten. Neben der Zustimmung zur Ausübung von Nebentätigkeiten, ist die Frage der Anrechnung einer etwaigen Vergütung und die Kostentragung von wesentlicher Bedeutung. In erster Linie stehen Honorare und Aufwandsentschädigungen dem Vorstandsmitglied zu, falls keine abweichende Vereinbarung getroffen wird. Das gilt jedoch nicht für konzerninterne Nebentätigkeit. Insoweit ist im Grundsatz davon auszugehen, dass sämtliche Tätigkeiten im Konzern durch die Vergütung im Anstellungsvertrag abgegolten sind und daher etwaige Vergütungen von verbundenen Unternehmen – falls solche zB aufgrund von Satzungsregelungen über Aufsichtsratsvergütungen bezahlt werden – anzurechnen sind. 1643

Das Vorstandsmitglied hat alle anfallenden **Kosten** wie Reisekosten selbst zu tragen.[3967] Erteilt der Aufsichtsrat seine Zustimmung für die Ausübung einer Nebentätigkeit, sollte gleichzeitig eine individuelle Regelung über die Honorare und die Kosten der Nebentätigkeit getroffen werden. 1644

dd) Rechtsfolgen und Vertragsstrafe. Verstößt das Vorstandsmitglied gegen das vertragliche Nebentätigkeitsverbot, liegt eine **Verletzung organschaftlicher Pflichten** gem. § 93 Abs. 2 S. 1 AktG vor, die einen Widerruf der Bestellung und eine außerordentliche Kündigung des Anstellungsvertrags rechtfertigen kann.[3968] Der Gesellschaft steht zudem ein Schadensersatzanspruch zu. Es gilt die Beweislastumkehr aus § 93 Abs. 2 S. 2 AktG.[3969] Problematisch ist jedoch die Feststellung und Höhe des Schadens. Ist das Organmitglied vertraglich dazu verpflichtet, seine Vorstandstätigkeit zu fest vereinbarten Zeiten zu erbringen, errechnet sich der Mindestschaden aus der nicht erbrachten Vorstandstätigkeit.[3970] In der Praxis ist den Vorstandsmitgliedern die inhaltliche Gestaltung und Ausübung ihrer Vorstandstätigkeiten aber weitgehend selbst überlassen.[3971] Anders als Arbeitnehmer sind Vertretungsorgane einer Gesellschaft gerade nicht an bestimmte Arbeitszeiten gebunden, sodass die Feststellung eines Schadens und dessen Höhe in der Praxis mit einigen Schwierigkeiten verbunden ist. Daher empfiehlt es sich im Einzelfall für die Zuwiderhandlungen eine Vertragsstrafe im Anstellungsvertrag zu vereinbaren. 1645

ee) Empfehlungen im DCGK. Der DCGK empfiehlt einen **Zustimmungsvorbehalt** für die Ausübung von Nebentätigkeit.[3972] Um Interessenkonflikte zu vermeiden, sollen Vorstandsmitglieder nach der Empfehlung E.3 DCGK Nebentätigkeiten, besonders konzernfremde Aufsichtsratsmandate, nur mit Zustimmung des Aufsichtsrats übernehmen. Die Hervorhebung konzernfremder Aufsichtsratmandate zeigt, dass der Kodex ein besonderes Konfliktpotenzial bei der Wahrnehmung konzernfremder Mandate anerkennt. 1646

Der DCGK greift die Unterscheidung zwischen **konzerninternen und konzernfremden Aufsichtsratsmandaten** für die Vorstandsvergütung auf (→ Rn. 1453) und empfiehlt bei konzerninternen Mandaten eine Anrechnung der Aufsichtsratsvergütung (Empfehlung G.15 DCGK). Für den Fall eines konzernfremden Aufsichtsratsmandats empfiehlt der DCGK hingegen keine generelle Anrechnung der Vergütung, sondern schlägt eine Entscheidung des Aufsichtsrats im Einzelfall vor (Empfehlung G.16 DCGK). 1647

[3966] *Beiner/Braun* Der Vorstandsvertrag Rn. 658.
[3967] *Semler* FS Budde, 1995, 599 (608); MüKoAktG/*Spindler* AktG § 93 Rn. 126.
[3968] *Lutter* ZHR 166, 523 (536 f.); *Beiner/Braun* Der Vorstandsvertrag Rn. 658.
[3969] BeckOGK/*Fleischer* AktG § 93 Rn. 267; GroßkommAktG/*Hopt/Roth* AktG § 93 Rn. 428.
[3970] BGH NJW-RR 1988, 420 (421).
[3971] BGH NJW-RR 1988, 420 (420); BeckOGK/*Fleischer* AktG § 84 Rn. 84.
[3972] Vgl. Empfehlung E.3 des DCGK 2019.

5. Sonstige Rechte und Pflichten

a) Auslagen- und Kostenersatz

1648 Der Anstellungsvertrag ist ein Dienstvertrag, der auf eine **entgeltliche Geschäftsbesorgung** der Vorstandsmitglieder ausgerichtet ist (→ Rn. 1183). Machen die Vorstandsmitglieder Aufwendungen für die Gesellschaft, steht ihnen daher ein **Aufwendungsersatzanspruch aus § 675 Abs. 1 BGB, § 670 BGB** bzw. ein Freistellungsanspruch aus §§ 675 Abs. 1, 670, 257 S. 1 BGB zu.[3973] Ist ein Anstellungsvertrag mit der Gesellschaft entweder nicht geschlossen oder unwirksam, können etwaige Aufwendungen des Vorstandsmitglieds über § 683 BGB geltend gemacht werden.[3974] Ersatzfähig sind nach § 675 Abs. 1 BGB, § 670 BGB alle Ausgaben, die das Vorstandsmitglied im Rahmen der Unternehmensleitung für **erforderlich** halten durfte.[3975] Über den Aufwendungsersatzanspruch können sowohl **freiwillige Aufwendungen** wie Reise- oder Telekommunikationskosten als auch **unfreiwillige Aufwendungen** wie Geldbußen oder Verfahrens- und Rechtskosten gegenüber der Gesellschaft geltend gemacht werden.[3976] Ist die Gesellschaft zum Aufwendungsersatz verpflichtet, besteht ein Anspruch des Vorstandsmitglieds auf **Vorschussleistung** nach § 669 BGB.[3977]

1649 **aa) Freiwillige Aufwendungen.** Die **Amtsausübung des Vorstandsmitglieds** muss für die Entstehung der Aufwendungen ursächlich sein; rein private Aufwendungen können dem Vorstandsmitglied nicht gem. § 675 Abs. 1 BGB, § 670 BGB erstattet werden.[3978] Die Aufwendungen müssen zudem in einem **angemessenen Verhältnis** zu dem verfolgten Zweck und zur finanziellen Lage der Gesellschaft stehen.[3979] Zu den typischerweise ersatzfähigen Aufwendungen gehören **Reisekosten, Spesen und Repräsentationskosten.**[3980] Dass die Aufwendungen ebenfalls einen Vorteil für das jeweilige Vorstandsmitglied darstellen, steht dem Ersatzanspruch nicht entgegen.[3981] Dem Vorstandsmitglied obliegt es, die Aufwendungen ordnungsgemäß zu belegen.[3982]

1650 In der Praxis bestehen in großen Unternehmen häufig **Richtlinien,** die die Erstattung von Aufwendungen detailliert regeln.[3983] Ob und in welchem Umfang diese Richtlinien auch für Vorstandsmitglieder gelten, ist im Anstellungsvertrag zu bestimmen. Der Vorstand ist nicht selbst für die Erstattung der Aufwendung seiner Mitglieder zuständig. Um Interessenkonflikte zu vermeiden, obliegt diese Aufgabe dem Aufsichtsrat nach § 112 AktG.[3984] Die Kostenerstattung durch die Gesellschaft stellt kein steuerpflichtiges Einkommen iSd § 19 Abs. 1 Nr. 1 EStG dar, sondern **steuerfreien Auslagenersatz** gem. § 3 Nr. 50 2. Alt. EStG, weil das Vorstandsmitglied im ganz überwiegenden Interesse der Gesellschaft Aufwendungen tätigt, die der Arbeitsausführung dienen und die nicht zu einer Bereicherung des Vorstandsmitglieds führen.[3985]

1651 **bb) Unfreiwillige Aufwendungen.** Der Aufwendungsersatzanspruch aus § 675 Abs. 1 BGB, § 670 BGB erstreckt sich ferner auf unfreiwillige Aufwendungen (sog. **Zufallsschäden**), die sich aus einer mit der Vorstandstätigkeit verbundenen Gefahr ergeben haben.[3986] Dafür muss der Schaden in einem **tätigkeitsspezifischen Zusammenhang** mit der Vorstandstätigkeit stehen.[3987] Rein privat veranlasste Schäden des

---

[3973] Kölner Komm AktG/*Mertens/Cahn* AktG § 84 Rn. 89; GroßkommAktG/*Kort* AktG § 84 Rn. 397; BeckOGK/*Fleischer* AktG § 84 Rn. 68; *Beiner/Braun* Der Vorstandsvertrag Rn. 546; *Seyfarth* VorstR § 4 Rn. 72.
[3974] *Seyfarth* VorstR § 4 Rn. 72; *Beiner/Braun* Der Vorstandsvertrag Rn. 546.
[3975] BeckOGK/*Fleischer* AktG § 84 Rn. 68; *Beiner/Braun* Der Vorstandsvertrag Rn. 546; *Seyfarth* VorstR § 4 Rn. 72.
[3976] BeckOGK/*Fleischer* AktG § 84 Rn. 68; GroßkommAktG/*Kort* AktG § 84 Rn. 397; Krieger/Schneider/*Marsch-Barner/Wilk* Managerhaftung § 21 Rn. 6.
[3977] GroßkommAktG/*Kort* AktG § 84 Rn. 397; BeckOGK/*Fleischer* AktG § 84 Rn. 68; *Beiner/Braun* Der Vorstandsvertrag Rn. 546.
[3978] Krieger/Schneider/*Marsch-Barner/Wilk* Managerhaftung § 21 Rn. 11.
[3979] MüKoAktG/*Spindler* AktG § 84 Rn. 106; *Seyfarth* VorstR § 4 Rn. 72.
[3980] BeckOGK/*Fleischer* AktG § 84 Rn. 68; MüKoAktG/*Spindler* AktG § 84 Rn. 106; zu den Repräsentationsaufwendungen von Vorstandsmitgliedern Hölters/*Hölters* AktG § 93 Rn. 121.
[3981] *Beiner/Braun* Der Vorstandsvertrag Rn. 546.
[3982] GroßkommAktG/*Kort* AktG § 84 Rn. 397; BeckOGK/*Fleischer* AktG § 84 Rn. 68; MüKoAktG/*Spindler* AktG 84 Rn. 105.
[3983] *Seyfarth* VorstR § 4 Rn. 72.
[3984] Richtet sich der Aufwendungsersatz der Vorstandsmitglieder nach unternehmensweiten Richtlinien, kann der Vorstand ausnahmsweise selbst die Zahlungen veranlassen, weil in diesem Fall kein Interessenkonflikt droht, dazu *Seyfarth* VorstR § 4 Rn. 72; Hölters/*Hölters* AktG § 93 Rn. 124.
[3985] BFH DStR 2006, 1034 (1035); *Macher* NZA 2006, 838; *Seyfarth* VorstR § 4 Rn. 75.
[3986] *Krieger* FS Bezzenberger, 2000, 212 (212); Krieger/Schneider/*Marsch-Barner/Wilk* Managerhaftung § 21 Rn. 6; GroßkommAktG/*Kort* AktG § 84 Rn. 397; BeckOGK/*Fleischer* AktG § 84 Rn. 68; *Beiner/Braun* Der Vorstandsvertrag Rn. 548.
[3987] Kölner Komm AktG/*Mertens/Cahn* AktG § 84 Rn. 89; Krieger/Schneider/*Marsch-Barner/Wilk* Managerhaftung § 21 Rn. 10.

Vorstandsmitglieds sind nicht ersatzfähig.³⁹⁸⁸ Einem Erstattungsanspruch des Vorstandsmitglieds kann im Falle von unfreiwilligen Aufwendungen ferner das Bestehen von Versicherungsschutz entgegenstehen, den die Gesellschaft zugunsten des Vorstandsmitglieds geschaffen hat. Typische unfreiwillige Aufwendungen, wie zB Verfahrenskosten in Straf-, Ordnungs- und Zivilverfahren, sowie Geldbußen oder Geldstrafen oder sonstige Schadensersatzansprüche werden typischerweise durch D&O-Versicherungen abgedeckt. Soweit diese Deckungsschutz gewähren, ist mit Rücksicht auf die Organpflichten des Vorstandsmitglieds, die Unternehmensressourcen zu schonen, vorrangig auf Leistungen der jeweiligen Versicherung zurückzugreifen. In der Regel geben D&O-Versicherungspolicen Vorstandsmitgliedern in solchen Fällen als versicherte Person direkte Ersatzansprüche gegen die Versicherer (→ Rn. 1992).

1652 Der Anlass des Schadens darf nicht auf ein **pflichtwidriges Verhalten** des Vorstandsmitglieds gegenüber der Gesellschaft zurückzuführen sein.³⁹⁸⁹ Die Dienstpflicht der Vorstandsmitglieder umfasst freilich nicht die Begehung von Ordnungswidrigkeiten oder Straftaten, selbst wenn diese im Interesse der Gesellschaft stehen.³⁹⁹⁰ Im Übrigen scheidet ein Erstattungsanspruch des Vorstandsmitglieds gegenüber der Gesellschaft aus, wenn diese gegebenenfalls selbst über einen **Schadensersatzanspruch gegen das Vorstandsmitglied** wegen schuldhafter Pflichtverletzung gem. § 93 Abs. 2 S. 1 AktG verfügt.³⁹⁹¹ Ob das Verhalten des Vorstandsmitglieds eine Pflichtverletzung im Innenverhältnis begründet, hat der Aufsichtsrat anhand der objektiven Rechtslage zu überprüfen.³⁹⁹²

1653 **Geldbußen oder Geldstrafen** muss das Vorstandsmitglied zunächst selbst tragen (→ Rn. 1407).³⁹⁹³ Diese Aufwendungen kann das Vorstandsmitglied von der Gesellschaft nur verlangen, wenn sie nach den jeweiligen Umständen des Einzelfalls erforderlich waren.³⁹⁹⁴ Die Verurteilung zu einer Straf- oder Ordnungswidrigkeitszahlung indiziert regelmäßig, dass das Vorstandsmitglied gegen seine Dienstpflicht, die Geschäfte der Gesellschaft in Einklang mit Recht und Gesetz zu führen, verstoßen hat.³⁹⁹⁵ Für das Vorliegen einer zivilrechtlichen Pflichtverletzung des Vorstandsmitglieds im Innenverhältnis ist der Ausgang des Straf- oder Ordnungswidrigkeitsverfahrens jedoch nicht bindend.³⁹⁹⁶ Trotz einer gerichtlichen Verurteilung des Vorstandsmitglieds kann in Ausnahmefällen die gesellschaftsinterne Überprüfung des Vorstandshandelns zu dem Ergebnis kommen, dass keine Pflichtverletzung besteht, zB bei **unklarer Rechtslage** oder bei **Verurteilungen im Ausland**.³⁹⁹⁷

1654 Zu den ersatzfähigen Aufwendungen gehören auch **Verfahrenskosten,** die dem Vorstandsmitglied aus **Straf-, Ordnungs- oder Zivilverfahren** entstanden sind.³⁹⁹⁸ Das Vorstandsmitglied kann von der Gesellschaft Ersatz der Verfahrenskosten nur verlangen, wenn die Verfahren nicht durch eine schuldhafte Pflichtverletzung gegenüber der Gesellschaft veranlasst wurden.³⁹⁹⁹ Das Vorstandsmitglied kann vorab eine Vorschussleistung nach § 669 BGB verlangen.⁴⁰⁰⁰ Die endgültige Übernahme der Verfahrenskosten hängt maßgeblich von dem Ausgang des behördlichen oder gerichtlichen Verfahrens und der gesellschaftsinternen Überprüfung der Vorstandstätigkeit ab.⁴⁰⁰¹ Auch im Zusammenhang mit der Erstattung von Verfahrenskosten kommt dem Verfahrensausgang eine nicht unerhebliche Indizwirkung zu. Letztlich richtet sich die Erstattungspflicht jedoch danach, ob das Vorstandsmitglied eine schuldhafte Pflichtverletzung gegenüber der Gesellschaft begangen hat.

[3988] *Krieger/Schneider/Marsch-Barner/Wilk* Managerhaftung § 21 Rn. 11; eine freiwillige Übernahme privater Kosten durch die Gesellschaft ist nach den Grundsätzen des Mannesmann-Urteils nur zulässig, wenn der Gesellschaft durch die Zahlung gleichzeitig Vorteile zufließen, die in einem angemessenen Verhältnis zur Vermögensminderung der Gesellschaft stehen, dazu BGH NJW 2006, 522.
[3989] *Fleischer* WM 2005, 909 (915); *Krieger/Schneider/Marsch-Barner/Wilk* Managerhaftung § 21 Rn. 13.
[3990] Dazu auch DCGK, Grundsatz 4; GroßkommAktG/*Kort* AktG § 84 Rn. 404; Kölner Komm AktG/*Mertens/Cahn* AktG § 84 Rn. 91; MüKoAktG/*Spindler* AktG 84 Rn. 101.
[3991] *Beiner/Braun* Der Vorstandsvertrag Rn. 551; MüKoAktG/*Spindler* AktG 84 Rn. 101; *Krieger/Schneider/Marsch-Barner/Wilk* Managerhaftung § 21 Rn. 13.
[3992] BGH NZG 2014, 1058 (1059); *Krieger/Schneider/Marsch-Barner/Wilk* Managerhaftung § 21 Rn. 13.
[3993] GroßkommAktG/*Kort* AktG § 84 Rn. 402; *Beiner/Braun* Der Vorstandsvertrag Rn. 551; Kölner Komm AktG/*Mertens/Cahn* AktG § 84 Rn. 92.
[3994] Nach ständiger Rechtsprechung des BGH stellt die Bezahlung einer Geldstrafe für einen Dritten keine Strafvereitelung iSd § 258 StGB dar, dazu BGH NJW 1991, 990 (992); *Krieger* FS Bezzenberger, 2000, 212 (213).
[3995] *Krieger/Schneider/Marsch-Barner/Wilk* Managerhaftung § 21 Rn. 34; Hüffer/Koch/*Koch* AktG § 84 Rn. 23.
[3996] Kölner Komm AktG/*Mertens/Cahn* AktG § 84 Rn. 92; *Krieger/Schneider/Marsch-Barner/Wilk* Managerhaftung § 21 Rn. 34.
[3997] *Fleischer* WM 2005, 909 (917); Kölner Komm AktG/*Mertens/Cahn* AktG § 84 Rn. 92.
[3998] Auch die Kosten für individuell vereinbarte Honorare sind erstattungsfähig GroßkommAktG/*Kort* AktG § 84 Rn. 407.
[3999] *Beiner/Braun* Der Vorstandsvertrag Rn. 550; BeckOGK/*Fleischer* AktG § 84 Rn. 74.
[4000] Ausführlich zur Vorschussleistung bei Verfahrenskosten *Krieger/Schneider/Marsch-Barner/Wilk* Managerhaftung § 21 Rn. 14 ff.
[4001] *Krieger/Schneider/Marsch-Barner/Wilk* Managerhaftung § 21 Rn. 21 ff.; zur Erstattungsfähigkeit von Honorarvereinbarungen bei Obsiegen des Vorstandsmitglieds *Beiner/Braun* Der Vorstandsvertrag Rn. 550.

1655 Besteht kein Aufwendungsersatzanspruch des Vorstandsmitglieds gegen die Gesellschaft, weil die Vorstandstätigkeit im Innenverhältnis eine gesellschaftsrechtliche Pflichtverletzung darstellt, kann die Gesellschaft die Aufwendungen unter Umständen freiwillig erstatten, wenn eine Erstattung im Unternehmensinteresse liegt. Pauschal und im Voraus **vereinbarte Erstattungszusagen** der Gesellschaft sind jedoch nach allgM unwirksam.[4002] Eine **freiwillige Übernahme** der Aufwendungen ist ausschließlich nachträglich und innerhalb der Grenzen des § 93 Abs. 4 S. 3 AktG möglich.[4003] Für die Entscheidung über die Kostenerstattung ist nicht alleine der Aufsichtsrat zuständig. Vielmehr muss die **Hauptversammlung** der Kostenübernahme durch die Gesellschaft zustimmen, wenn die Straftat oder Ordnungswidrigkeit gleichzeitig eine Pflichtverletzung gegenüber der Gesellschaft begründet.[4004]

b) Urlaub

1656 Vorstandsmitglieder haben Anspruch auf angemessenen Erholungsurlaub. Mangels Arbeitnehmereigenschaft findet das **BUrlG** jedoch **keine Anwendung** auf Vorstandsmitglieder (→ Rn. 1205)[4005] Der Urlaubsanspruch ergibt sich primär aus dem Anstellungsvertrag.[4006] Enthält der Anstellungsvertrag ausnahmsweise keine Urlaubsregelung, ist dadurch ein Anspruch auf angemessenen Erholungsurlaub nicht ausgeschlossen. Die hM geht zutreffend davon aus, dass sich aus der Treue- und Fürsorgepflicht der Gesellschaft ein **ungeschriebener Urlaubsanspruch** zugunsten des Vorstandsmitglieds ergibt.[4007] Um Rechtssicherheit für die Vertragsparteien zu schaffen, sollten dennoch alle Modalitäten wie die Anzahl der Urlaubstage, die Möglichkeit der finanziellen Abgeltung und der Zeitpunkt des Verfalls für nicht genommene Urlaubstage im Anstellungsvertrag geregelt werden.[4008] In der Praxis werden meist **25 bis 30 Urlaubstage pro Kalenderjahr** mit Vorstandsmitgliedern vereinbart.[4009] Werden die Modalitäten der Urlaubsgewährung nicht im Anstellungsvertrag geregelt, orientieren sie sich in der Regel an den geltenden Urlaubsgrundsätzen für Arbeitnehmer.[4010] Zudem werden die Vorstandsmitglieder häufig vertraglich verpflichtet, eine **Abstimmung mit den anderen Vorstandsmitgliedern** vorzunehmen.[4011] Dies ist aber nicht zwingend erforderlich, weil sich die Pflicht zur internen Abstimmung bereits aus der Treuepflicht der Vorstandsmitglieder gegenüber der Gesellschaft ergibt.[4012] Demnach hat das Vorstandsmitglied auch für eine **adäquate Vertretung** während seiner Abwesenheit zu sorgen.[4013] Das Vorstandsmitglied ist hingegen mangels anderweitiger vertraglicher Regelung nicht verpflichtet, den Urlaub mit dem Aufsichtsrat oder Aufsichtsratsvorsitzenden abzustimmen.[4014] Die Treuepflicht zur Gesellschaft verpflichtet das Vorstandsmitglied ebenfalls, bei wichtigen Entscheidungen des Vorstands während seiner Urlaubszeit mitzuwirken.[4015] Vor der Beendigung des Anstellungsverhältnisses kann das Vorstandsmitglied gem. § 629 BGB angemessene Zeit zu Bewerbungszwecken von der Gesellschaft verlangen.[4016]

c) Sabbatical

1657 Ein Sabbatical ermöglicht Beschäftigten, für eine längere Zeit, häufig drei bis zwölf Monate, aus dem Arbeitsleben auszusteigen und nach dieser Zeit wieder an den Arbeitsplatz zurückzukehren. Die **berufli-**

[4002] Teilweise wird die Unzulässigkeit aus § 93 Abs. 4 AktG und teilweise aus § 138 BGB hergeleitet, dazu Hüffer/Koch/*Koch* AktG § 84 Rn. 23; *Fleischer* WM 2005, 909 (916); Kölner Komm AktG/*Mertens/Cahn* AktG § 84 Rn. 95.
[4003] BGH NZG 2014, 1058 (1059); Kölner Komm AktG/*Mertens/Cahn* AktG § 84 Rn. 94; *Fleischer* WM 2005, 909 (917).
[4004] BGH NZG 2014, 1058 (1059); Krieger/Schneider/*Marsch-Barner/Wilk* Managerhaftung § 21 Rn. 40.
[4005] *Seyfarth* VorstR § 4 Rn. 81; Kölner Komm AktG/*Mertens/Cahn* AktG § 84 Rn. 87; MHdB AG/*Wentrup* § 21 Rn. 113; MüKoAktG/*Spindler* AktG § 84 Rn. 99; aA *Forst* GmbHR 2012, 821 (822).
[4006] MüKoAktG/*Spindler* AktG 84 Rn. 99; MHdB AG/*Wentrup* § 21 Rn. 113; Kölner Komm AktG/*Mertens/Cahn* AktG § 84 Rn. 87.
[4007] GroßkommAktG/*Kort* AktG § 84 Rn. 421; *Beiner/Braun* Der Vorstandsvertrag Rn. 576; *Seyfarth* VorstR § 4 Rn. 81; MüKoAktG/*Spindler* AktG § 84 Rn. 99; MHdB AG/*Wentrup* § 21 Rn. 113.
[4008] *Beiner/Braun* Der Vorstandsvertrag Rn. 576.
[4009] Kubis/Semler/Peltzer/*Kubis* ArbHB Vorstand § 3 Rn. 33; *Seyfarth* VorstR § 4 Rn. 81; *Beiner/Braun* Der Vorstandsvertrag Rn. 576.
[4010] Zur Übertragung der Grundsätze auf den GmbH-Geschäftsführer BGH NJW 1963, 535; GroßkommAktG/*Kort* AktG § 84 Rn. 421; Kölner Komm AktG/*Mertens/Cahn* AktG § 84 Rn. 87; MHdB AG/*Wentrup* § 21 Rn. 113.
[4011] Kubis/Semler/Peltzer/*Kubis* ArbHB Vorstand § 3 Rn. 33; *Seyfarth* VorstR § 4 Rn. 81.
[4012] *Seyfarth* VorstR § 4 Rn. 81; MüKoAktG/*Spindler* AktG § 84 Rn. 99; *Beiner/Braun* Der Vorstandsvertrag Rn. 576; Kölner Komm AktG/*Mertens/Cahn* AktG § 84 Rn. 87.
[4013] *Beiner/Braun* Der Vorstandsvertrag Rn. 576; *Seyfarth* VorstR § 4 Rn. 81; Kölner Komm AktG/*Mertens/Cahn* AktG § 84 Rn. 87.
[4014] MüKoAktG/*Spindler* AktG § 84 Rn. 99; *Beiner/Braun* Der Vorstandsvertrag Rn. 576; *Seyfarth* VorstR § 4 Rn. 81.
[4015] GroßkommAktG/*Kort* AktG § 84 Rn. 424; Kölner Komm AktG/*Mertens/Cahn* AktG § 84 Rn. 87; MüKoAktG/*Spindler* AktG § 93 Rn. 126.
[4016] Kölner Komm AktG/*Mertens/Cahn* AktG § 84 Rn. 87; MüKoAktG/*Spindler* AktG § 84 Rn. 99.

che Auszeit wird meist für die Familienplanung, Reisen oder berufliche Fortbildungen genutzt. Für Vorstandsmitglieder existiert kein gesetzlicher Anspruch auf ein Sabbatical. Somit besteht ein Anspruch nur, wenn ein Sabbatical mit der Gesellschaft im Anstellungsvertrag vereinbart wurde. Für Vorstandsmitglieder stellt sich jedoch die Frage, ob die Vereinbarung eines Sabbatical aktienrechtlich überhaupt zulässig ist, weil die Vorstandsmitglieder **besondere aktienrechtliche Pflichten** treffen. In der Rechtsprechung und der juristischen Literatur wurde die Möglichkeit eines Sabbaticals für Vorstandsmitglieder noch nicht thematisiert (zur Stay on Board-Initiative → Rn. 821).

Die Möglichkeit, Vorstandsmitglieder für einen bestimmten Zeitraum von ihren aktienrechtlichen Rechten und Pflichten zu entbinden, wird bisher vor dem Hintergrund einer Suspendierung oder einer **einvernehmlichen Dienstbefreiung** diskutiert. Eine Dienstbefreiung ist jedenfalls dann aktienrechtlich zulässig, wenn ein Vorstandsmitglied aus **zwingenden Gründen** für einen bestimmten Zeitraum gehindert ist, der Gesellschaft seine Arbeitskraft zur Verfügung zu stellen[4017], zB im Fall einer Erkrankung.[4018] Wird das Sabbatical nicht im Wege einer einvernehmlichen Suspendierung durchgeführt (dazu näher zum Sabbatical durch Suspendierung → Rn. 824, 848), wird das Vorstandsmitglied nicht von seinen aktienrechtlichen Rechten und Pflichten befreit.[4019] Aus diesem Grund muss das Vorstandsmitglied auch während der Dienstbefreiung in der Lage sein, die **Gesamtverantwortung des Vorstands** zu teilen.[4020] 1658

Zwar handelt es sich bei einem Sabbatical um eine **freiwillige Entscheidung** des Vorstandsmitglieds. Der Grund der Verhinderung kann aber für die Zulässigkeit einer Dienstbefreiung nicht entscheidend sein, weil die Folge der Dienstbefreiung für die Gesellschaft stets dieselbe ist. Maßgeblich ist nur, ob ein **Ende der Verhinderung** absehbar ist und ein **erhebliches Interesse der Gesellschaft** an der Befreiung besteht.[4021] 1659

Ein kurzzeitig bemessenes Sabbatical von nur wenigen Monaten dürfte daher aktienrechtlich zulässig sein, weil die Rückkehr des Vorstandsmitglieds von vornherein absehbar ist und im Einzelfall auch ein erhebliches Interesse der Gesellschaft an der Befreiung bestehen könnte. Eine **kurze Auszeit** dürfte die Arbeitsmotivation des Vorstandsmitglieds erhöhen und zu einer langfristigen Identifizierung mit der Gesellschaft führen. Darüber hinaus dürfte ein Sabbatical auf der obersten Managementebene zu einer positiven Wahrnehmung des Unternehmens und der Unternehmensleitung bei bereits angestellten sowie potentiellen Arbeitnehmern und Geschäftspartnern führen. Eine **längere Auszeit,** die über wenige Monate hinausgeht, könnte hingegen in Konflikt mit den aktienrechtlichen Pflichten der Vorstandsmitglieder treten. Zwar ist für den Anstellungsvertrag keine gesetzliche Mindestdauer vorgesehen, eine **vernünftige und verantwortliche Unternehmensführung** setzt aber eine gewisse Mindestdauer der Anstellung voraus.[4022] Diese könnte bei einer langfristigen Auszeit im Einzelfall unterlaufen werden. 1660

Dem Aufsichtsrat kommt bei der Entscheidung über die Befreiung des Vorstandsmitglieds ein Ermessensspielraum zu.[4023] Es sind die positiven und negativen Aspekte eines Sabbaticals für den konkreten Einzelfall gegeneinander abzuwägen. Um die potentiellen Risiken eines Sabbaticals zu minimieren, sollte der Aufsichtsrat eine **vertragliche Vereinbarung** mit dem jeweiligen Vorstandsmitglied über die Dienstbefreiung abschließen. Diese Vereinbarung sollte zunächst eine **Rückholklausel der Gesellschaft** enthalten. Dienstvertraglich kann vereinbart werden, dass der Aufsichtsrat das Vorstandsmitglied vorzeitig aus dem Sabbatical zurückholen darf, wenn die Befreiung mit dem Unternehmensinteresse nicht länger vereinbar ist. Zusätzlich empfiehlt es sich, die zeitliche Lage des Sabbaticals vorab zu vereinbaren, damit die Abwesenheit des Vorstandsmitglieds beispielsweise nicht in die Zeit der Aufstellung des Jahresabschlusses fällt. Das Vorstandsmitglied sollte außerdem verpflichtet werden, sich sowohl regelmäßig als auch anlassbezogen mit seinen Vorstandskollegen auszutauschen und in dringenden Fällen für die Gesellschaft erreichbar zu sein. Um Rechtsklarheit zu schaffen, ist in die Vereinbarung der Hinweis aufzunehmen, dass sich die Vergütung des Vorstandmitglieds entsprechend seiner Dienstbefreiung reduziert.[4024] 1661

Sollte der Aufsichtsrat die Dienstbefreiung beschließen, trifft ihn gleichzeitig die organisatorische Verantwortung sicherzustellen, dass der Vorstand weiterhin seine aktienrechtlichen Pflichten erfüllen kann. Im Einzelfall kann es erforderlich sein, den internen **Geschäftsverteilungsplan** anzupassen, um die Res- 1662

[4017] *Fleischer* NZG 2010, 561 (566).
[4018] MHdB AG/*Wentrup* § 20 Rn. 78; *Beiner/Braun* Der Vorstandsvertrag Rn. 181; BeckOGK/*Fleischer* AktG § 84 Rn. 150.
[4019] MHdB AG/*Wentrup* § 20 Rn. 78.
[4020] GroßkommAktG/*Kort* AktG § 84 Rn. 258; *Seyfarth* VorstR § 19 Rn. 86; *Beiner/Braun* Der Vorstandsvertrag Rn. 181.
[4021] Kölner Komm AktG/*Mertens/Cahn* AktG § 84 Rn. 197; GroßkommAktG/*Kort* AktG § 84 Rn. 258; *Fleischer* NZG 2010, 561 (566).
[4022] MHdB AG/*Wentrup* § 21 Rn. 26; GroßkommAktG/*Kort* AktG § 84 Rn. 65; *Fleischer* AG 2006, 429 (435).
[4023] Zur Zuständigkeit des Aufsichtsrats BeckOGK/*Fleischer* AktG § 84 Rn. 150; GroßkommAktG/*Kort* AktG § 84 Rn. 258; *Beiner/Braun* Der Vorstandsvertrag Rn. 180.
[4024] Kölner Komm AktG/*Mertens/Cahn* AktG § 84 Rn. 197.

sortverantwortung des befreiten Vorstandsmitglieds auf andere Vorstandsmitglieder zu übertragen. Die praktische Umsetzung des Sabbaticals ist aber umso schwerer, je weniger Mitglieder der Vorstand hat. Besteht er beispielsweise nur aus zwei Mitgliedern, wird es nur im Ausnahmefall umsetzbar sein, dem verbleibenden Vorstandsmitglied die Aufgaben vollständig zu übertragen. Auch die Regelungen über die **Beschlussfähigkeit** des Vorstands müssen gegebenenfalls für die Zeit des Sabbaticals modifiziert werden, um zu gewährleisten, dass der Vorstand auch in dieser Zeit beschlussfähig ist. Daher dürfte den Aufsichtsrat während der Dienstbefreiung des Vorstandsmitglieds eine **verstärkte Überwachungspflicht** treffen.

d) Teilzeit

1663 Vorstandsmitglieder sind in aller Regel in Vollzeit für die Gesellschaft tätig. Der Anstellungsvertrag enthält daher meist eine Regelung, nach der das Vorstandsmitglied der Gesellschaft seine **gesamte Arbeitskraft** zur Verfügung zu stellen hat (zu Nebentätigkeiten → Rn. 1639). Vertragliche Begrenzungen der Arbeitszeit, zB auf eine 40 Stunden-Woche, sind selten. Das **ArbZG** findet auf Vorstandsmitglieder **keine Anwendung**. Mit der Vergütung ist daher regelmäßig die gesamte Tätigkeit abgegolten, auch an Wochenenden und Feiertagen.

1664 Die Frage, ob Vorstandsmitglieder in Teilzeit tätig werden dürfen, erscheint vor diesem Hintergrund auf den ersten Blick eher theoretisch. In der Praxis stellt sich diese Frage in jüngerer Zeit aber mit Blick auf weit verbreitete Work-Life-Modelle zunehmend. Hintergrund können insbesondere private Lebensumstände (zB Pflege naher Angehöriger, Betreuung von Kindern), das Lebensalter (zB Reduzierung der Arbeitsbelastung ähnlich einer Altersteilzeit) oder Beeinträchtigungen der Gesundheit sein. **Rechtlich** ist eine solche Teilzeit grundsätzlich **zulässig** und kann im Anstellungsvertrag geregelt werden. Dafür spricht bereits, dass Vorstandsmitglieder **Doppelmandate** ausüben dürfen und deren Zulässigkeit ausschließlich von der Zustimmung der Aufsichtsräte der betroffenen Gesellschaften abhängig ist.[4025] Die Ausübung von Doppelmandaten bedeutet in aller Regel denklogisch, dass jede Vorstandstätigkeit nicht unter voller Ausschöpfung der Arbeitskraft betrieben werden kann. Daher kann auch ohne eine solche zusätzliche Belastung die Arbeitszeit für ein Vorstandsmandat reduziert werden. Wenn es möglich ist, dass das Vorstandsmitglied seine Arbeitskraft zwischen verschiedenen Gesellschaften aufteilt, muss es ihm ebenso möglich sein, die für das Unternehmen aufgewendete Arbeitszeit aus anderen Gründen zu reduzieren.

1665 Eine Teilzeit kann im Anstellungsvertrag so geregelt werden, dass der zeitliche Umfang der Dienstpflicht eingeschränkt wird. Beispielsweise kann das Vorstandsmitglied berechtigt sein, seine Aufgaben innerhalb eines bestimmten Zeitraums (beispielsweise drei Arbeitstage) zu erbringen. Dennoch muss selbstverständlich gewährleistet sein, dass das Vorstandsmitglied seine **Organpflichten vollständig erfüllt** und insbesondere in **Krisensituationen** jederzeit zur Verfügung steht. Der Umfang der hierfür notwendigen Vorkehrungen und Regelungen ist regelmäßig von der Größe und dem Kompetenzspektrum des Vorstands und der Komplexität der Gesellschaft oder des Konzerns abhängig. Im Anstellungsvertrag kann hierzu zB vereinbart werden, dass das Vorstandsmitglied auch in seiner arbeitsfreien Zeit kurzfristig erreichbar sein muss.[4026]

e) Anspruch auf Zeugniserteilung

1666 Nach **§ 630 BGB** haben auch Vorstandsmitglieder Anspruch auf Zeugniserteilung; die arbeitsrechtlichen Grundsätze sind im Zweifel entsprechend anzuwenden.[4027] Zuständig ist der **Aufsichtsrat**.[4028] Anders als bei Arbeitnehmern hat die Zeugniserteilung bei Vorstandsmitgliedern aber kaum praktische Bedeutung, weil die Vorstandsmandate in der Regel nicht nach Zeugnissen vergeben werden.[4029] Vielmehr werden in der Praxis umfassende Referenzen über geeignete Kandidaten eingeholt.

f) Treuepflicht

1667 Vorstandsmitglied und Gesellschaft sind zur gegenseitigen Treue verpflichtet.[4030] Die Treuepflicht der Vorstandsmitglieder gegenüber der Gesellschaft folgt aus der **Organstellung** und der Pflicht der Ge-

---

[4025] BGH NZG 2009, 744.
[4026] Formulierungsbeispiel *Mutter AG 2012*, R 76; ebenso während der Urlaubszeit *Lingemann* in Bauer/Lingemann/Diller/Haußmann Anwalts-Formularbuch Arbeitsrecht M 5.1.
[4027] *Seyfarth* VorstR § 4 Rn. 85; Kölner Komm AktG/*Mertens/Cahn* AktG § 84 Rn. 88.
[4028] Kölner Komm AktG/*Mertens/Cahn* AktG § 84 Rn. 88; *Beiner/Braun* Der Vorstandsvertrag Rn. 586; *Seyfarth* VorstR § 4 Rn. 85.
[4029] *Beiner/Braun* Der Vorstandsvertrag Rn. 586; *Seyfarth* VorstR § 4 Rn. 85.
[4030] MüKoAktG/*Spindler* AktG § 84 Rn. 110; wobei die Treuepflicht der Gesellschaft nicht auf der treuhändischen Bindung beruht, dazu GroßkommAktG/*Hopt/Roth* AktG § 93 Rn. 225.

schäftsleitung zur **treuhänderischen Vermögensverwaltung.**[4031] Eine besondere gesetzliche Ausgestaltung hat die Treuepflicht mit den Wettbewerbsverboten in § 88 AktG erfahren (→ Rn. 1590).[4032] Neben der organschaftlichen Treuepflicht bestehen die allgemeinen vertraglichen Pflichten aus dem Anstellungsvertrag. Besonders die vertragliche Rücksichtnahmepflicht aus § 241 Abs. 2 BGB und die allgemeine Pflicht zur Leistung nach Treu und Glauben nach § 242 BGB rücken in die Nähe der organschaftlichen Treuepflicht, wobei letztere in der Reichweite über die vertraglichen Nebenpflichten hinausgeht.[4033] Von der organschaftlichen Treuepflicht ist die **Sorgfaltspflicht** der Vorstandsmitglieder zu trennen, die in § 93 Abs. 1 AktG ausdrücklich geregelt ist (→ § 3 Rn. 470 ff.).[4034] Die Treuebindung der Vorstandsmitglieder besteht nur zu der Gesellschaft als juristische Person, nicht aber zu den Aktionären oder Arbeitnehmern des Unternehmens.[4035] Daher bestehen auch keine Rechenschaftspflichten der Vorstandsmitglieder gem. § 666 BGB gegenüber einzelnen Aktionären.[4036] Gleichwohl können die **Interessen der Aktionäre und der Arbeitnehmer** bei Unternehmensentscheidungen nicht völlig außer Acht gelassen werden. Durch die besondere Verbundenheit beider Gruppen mit der Gesellschaft sollen die Interessen im Rahmen von Unternehmensentscheidungen berücksichtigt werden.[4037] Für die Arbeitnehmer ist die Mitbestimmung über die **Mitbestimmungsgesetze** (Montan-MitbestG, MitbestG, DrittelbG) gesichert (→ § 7 Rn. 21 ff.). Die organschaftliche Treuepflicht der Vorstandsmitglieder wird durch eine Vielzahl von Einzelpflichten inhaltlich konkretisiert:[4038] Vorrangig verpflichtet die Treuepflicht die Vorstandsmitglieder, sich gegenüber der Gesellschaft loyal zu verhalten (sog. **Loyalitätspflicht**) und die besondere Organstellung nicht für persönliche Interessen zu missbrauchen. Dabei geht es hauptsächlich um die Vermeidung und Offenlegung von Interessenkonflikten.[4039] Im **DCGK** ist die Treubindung der Vorstandsmitglieder in Grundsatz 19 festgehalten. Die Treuepflicht kann über die Beendigung der Organstellung hinaus noch **nachwirkende Pflichten** erzeugen (→ Rn. 1615 zur nachwirkenden Treuepflicht iRd Wettbewerbsverbote).[4040]

aa) Loyalitätspflicht. Die Vorstandsmitglieder sind verpflichtet, mit ihrer gesamten Arbeitskraft sowie den persönlichen Kenntnissen und Fähigkeiten dem Wohle der Gesellschaft zu dienen.[4041] Diese Ausprägung der Treuepflicht gerät häufig in Konflikt mit dem **Recht des Vorstandsmitglieds auf Privatsphäre.**[4042] Im Einzelfall ist eine Abwägung der Interessen der Gesellschaft und der Interessen des Vorstandsmitglieds vorzunehmen. Die Loyalitätspflicht überwiegt, wenn beispielsweise wichtige Entscheidungen oder Belange die Anwesenheit des Vorstandsmitglieds erfordern, sodass das Vorstandsmitglied seinen Urlaub unterbrechen oder abbrechen muss.[4043] Eine Pflicht zu einer gesunden Lebensweise oder dem Verzicht auf risikoreiche Freizeitaktivitäten besteht wohl in der Regel nicht, weil insofern das Recht des Vorstandsmitglieds auf seine Privatsphäre überwiegt.[4044]

bb) Missbrauchsverbot. Die Treuepflicht untersagt den Vorstandsmitgliedern, die Organstellung zu eigennützigen Zwecken auszunutzen. Dieses Verbot umfasst verschiedene Ausprägungen. Im Vordergrund steht der Gedanke, dass die Vorstandsmitglieder ihre besondere Stellung nicht zu Lasten der Gesellschaft einsetzen dürfen, um sich selbst, Familienangehörigen oder nahestehenden Personen einen Vorteil zu verschaffen. So wäre es treuwidrig, wenn ein Vorstandsmitglied **Provisionen oder Schmiergelder** dafür entgegennimmt, dass er auf einen Geschäftsabschluss mit Dritten hinwirkt.[4045] Ob der Gesellschaft dadurch ein **Schaden** entsteht, ist unerheblich.[4046] Den Vorstandsmitgliedern ist es untersagt, Ressourcen der Gesellschaft ohne vorherige Vereinbarung in Anspruch zu nehmen. So ist die Verwendung von Personal oder Sachmitteln zu privaten Zwecken grundsätzlich verboten.[4047] Etwas anderes gilt nur, wenn die kostenlose Nutzung betrieblicher Mittel im Anstellungsvertrag vereinbart ist (zB Nutzung des Dienstwagens für private Fahrten) oder ein angemessenes, dh drittübliches Entgelt dafür entrichtet wird.[4048]

1670 Steht das Vorstandsmitglied der Gesellschaft als **Vertragspartner** gegenüber, ist es grundsätzlich verpflichtet, auf einen angemessenen Interessenausgleich mit der Gesellschaft hinzuwirken.[4049] Entscheidend ist dabei nicht, dass das Vorstandsmitglied auf etwaige Gewinne aus dem Geschäft verzichtet. Es geht vielmehr darum, dass dem Vorstandsmitglied nicht aufgrund seiner Organstellung unberechtigte Vorteile entstehen. Dies ist nicht der Fall, wenn das Geschäft auch mit Dritten in vergleichbarer Weise geschlossen worden wäre (sog. **Drittvergleich** oder „**at arm's length**").[4050] Diese Grundsätze finden hingegen keine Anwendung, wenn das Vorstandsmitglied in Verhandlungen über die Bestimmungen des Anstellungsvertrags und die Vergütung tritt.[4051] Die Vorstandsmitglieder nehmen im Rahmen der Verhandlung keine treuhänderischen Pflichten für die Gesellschaft wahr, weil der Aufsichtsrat für diesen Fall die Gesellschaft vertritt, sodass kein Interessenkonflikt der Vorstandsmitglieder droht.[4052] Vorstandsmitgliedern ist es zudem verboten, **Geschäftschancen der Gesellschaft** an sich zu ziehen.[4053] Die sog. **Geschäftschancenlehre** ist eine wesentliche Ausprägung der organschaftlichen Treuepflicht und besagt, dass Vorstandsmitglieder keine Geschäftschancen, die der Gesellschaft zuzuordnen sind, für sich selbst nutzen dürfen (→ Rn. 1609).[4054]

g) Verschwiegenheitspflicht

1671 Vorstandsmitglieder haben über vertrauliche Angaben und Geheimnisse der Gesellschaft, namentlich Betriebs- oder Geschäftsgeheimnisse, die den Vorstandsmitgliedern durch ihre Tätigkeit im Vorstand bekannt geworden sind, gem. § 93 Abs. 1 S. 3 AktG Stillschweigen zu bewahren (→ Rn. 2359). Die Verschwiegenheitspflicht ist eine gesetzlich normierte **Ausprägung der allgemeinen Treuepflicht** der Vorstandsmitglieder. Sie stellt **zwingendes Recht** dar und kann somit weder durch Satzung, Geschäftsordnung oder vertragliche Regelungen erweitert oder beschränkt werden.[4055] Erläuternde Hinweise etwa in Form von Richtlinien, die die Weitergabe von Informationen für die Vorstandsmitglieder konkretisieren, sind jedoch zulässig.[4056] Die Pflicht bindet alle Vorstandsmitglieder, selbst wenn sie gerichtlich bestellt oder als Aufsichtsratsmitglied in den Vorstand entsendet wurden. Die Verschwiegenheitspflicht besteht auch nach der **Beendigung der Amtszeit** fort.

h) Pflicht zur Weiterarbeit unterhalb der Vorstandsebene

1672 Fraglich ist, ob ein Vorstandsmitglied zur Weiterarbeit unterhalb der Vorstandsebene **verpflichtet** ist, wenn es wirksam abberufen, das Dienstverhältnis jedoch nicht beendet wurde. Der Anstellungsvertrag bleibt auch nach Abberufung in seiner vereinbarten Form bestehen. Grundsätzlich schuldet das Vorstandsmitglied – vorbehaltlich anderweitiger Vereinbarungen – gemäß seines **Anstellungsvertrags nur die Tätigkeit als Vorstand** und nicht eine Tätigkeit auf untergeordneter Ebene.[4057] Der Anstellungsvertrag kann jedoch in ein Arbeitsverhältnis auf untergeordneter Ebene **umgewandelt** werden. Voraussetzung ist eine ausdrückliche oder konkludente Vereinbarung, den bisherigen Vertrag als Arbeitsvertrag fortzusetzen.[4058] Das bloße Verbleiben in der Gesellschaft reicht hierfür nicht aus.[4059] Indessen kann in der

---

[4046] *Fleischer* WM 2003, 1045 (1056); zu den besonderen Verhaltenspflichten des Vorstands in Übernahmesituationen siehe Kölner Komm AktG/*Mertens/Cahn* AktG § 76 Rn. 26; *Fleischer,* WM 2003, 1045 (1056 f.).
[4047] GroßkommAktG/*Hopt/Roth* AktG § 93 Rn. 239; *Fleischer* WM 2003, 1045 (1050).
[4048] Kölner Komm AktG/*Mertens/Cahn* AktG § 93 Rn. 100; GroßkommAktG/*Hopt/Roth* AktG § 93 Rn. 238.
[4049] GroßkommAktG/*Hopt/Roth* AktG § 93 Rn. 241; Kölner Komm AktG/*Mertens/Cahn* AktG § 93 Rn. 107.
[4050] *Fleischer* WM 2003, 1045 (1052); GroßkommAktG/*Hopt/Roth* AktG § 93 Rn. 241; Hölters/*Hölters* AktG § 93 Rn. 123.
[4051] Kölner Komm AktG/*Mertens/Cahn* AktG § 93 Rn. 108; GroßkommAktG/*Hopt/Roth* AktG § 93 Rn. 243.
[4052] *Fleischer* WM 2003, 1045 (1052); GroßkommAktG/*Hopt/Roth* AktG § 93 Rn. 243.
[4053] GroßkommAktG/*Hopt/Roth* AktG § 93 Rn. 250; Kölner Komm AktG/*Mertens/Cahn* AktG § 93 Rn. 105.
[4054] K. Schmidt/Lutter/*Krieger/Sailer-Coceani* AktG § 93 Rn. 21; MüKoAktG/*Spindler* AktG § 93 Rn. 125; *Fleischer* WM 2003, 1045 (1054), *ders.* NZG 2003, 985 (985); *Kübler* FS Werner, 1984, 437 (438); Kölner Komm AktG/*Mertens/Cahn* AktG § 88 Rn. 5; GroßkommAktG/*Kort* AktG § 88 Rn. 195.
[4055] BGH NJW 1975, 1412.
[4056] BGH NJW 1975, 1412; MüKoAktG/*Spindler* AktG § 93 Rn. 131.
[4057] BeckMandatsHdB Vorstand AG/*Lücke* § 2 Rn. 303.
[4058] *Beiner/Braun* Der Vorstandsvertrag Rn. 791.
[4059] *Beiner/Braun* Der Vorstandsvertrag Rn. 791; aA BeckMandatsHdB Vorstand AG/*Lücke* § 2 Rn. 307.

Übernahme neuer Leitungsaufgaben eine konkludente Umwandlung liegen.⁴⁰⁶⁰ Einer Pflicht zur Weiterarbeit unterhalb der Vorstandsebene fehlt daher ohne vertragliche Regelung die Rechtsgrundlage.⁴⁰⁶¹

Entsprechend lehnt der BGH den Anspruch eines abberufenen GmbH-Geschäftsführers auf Weiterbeschäftigung als leitender Angestellter ab.⁴⁰⁶² Konsequenterweise ist spiegelbildlich auch die Pflicht eines Geschäftsführers zur Weiterarbeit auf untergeordneter Ebene auszuschließen. Die dem Urteil zu Grunde liegenden Überlegungen lassen sich auf Vorstandsmitglieder übertragen. In Fällen, in denen das Vorstandsmitglied die Abberufung **selbst verschuldet** hat und die Kündigung des Anstellungsvertrags vermeiden will, soll es jedoch verpflichtet sein können, eine seinen Fähigkeiten entsprechende leitende Stelle anzunehmen.⁴⁰⁶³

Sollten Aufsichtsrat und Vorstandsmitglied im Vorfeld **vereinbart** haben, dass der Anstellungsvertrag nach Beendigung der Organstellung zu gleichen Bedingungen als unbefristeter Arbeitsvertrag fortgeführt wird, kann hierin eine unzulässige Umgehung der Fünf-Jahres Frist des § 84 Abs. 1 AktG gesehen werden, die die Nichtigkeit des Arbeitsvertrags gem. § 134 BGB zur Folge hat.⁴⁰⁶⁴

Wird dem Vorstandsmitglied nach Beendigung seines Vorstandsamts eine leitende Position unterhalb der Vorstandsebene angeboten und lehnt es diese Position ab, könnte nach § 615 S. 2 BGB die **entgangene Vergütung anrechenbar** sein. Hierdurch könnte sich ein zwar nicht rechtlicher, jedoch faktischer Zwang zur Weiterarbeit ergeben. Allerdings wird dem Vorstandsmitglied in der Regel eine Stellung unterhalb der Vorstandsebene **nicht zumutbar** sein. In diesem Fall scheidet ein böswilliges Unterlassen iSd § 615 S. 2 BGB aus.⁴⁰⁶⁵

i) Vergütung nach Amtsniederlegung

Das Vorstandsmitglied ist nach seinem Anstellungsvertrag zur Erbringung von Diensten als Vorstandsmitglied verpflichtet. Legt es sein Amt nieder, hat es diese Stellung nicht mehr inne. Es kann daher die vertraglich geschuldete **Leistung nicht mehr erbringen,** § 275 Abs. 1 BGB. Entsprechend entfällt – vorbehaltlich anderweitiger Vereinbarungen – sein Vergütungsanspruch nach § 326 Abs. 1 S. 1 BGB. Die Gesellschaft kann auch **nicht in Annahmeverzug** geraten, da Annahmeverzug das Angebot der Leistung in der vertraglich geschuldeten Weise voraussetzt und das frühere Vorstandsmitglied mangels Organstellung hierzu nicht mehr in der Lage ist.⁴⁰⁶⁶ In Betracht kommt daher allenfalls ein **Anspruch auf Schadensersatz** für entgangene Vergütung nach § 628 Abs. 2 BGB.⁴⁰⁶⁷ Hat die Gesellschaft die Amtsniederlegung zu vertreten, kann sich das Fortbestehen des Vergütungsanspruchs auch aus § 326 Abs. 2 S. 1 Alt. 1 BGB ergeben. Das Vorstandsmitglied muss sich dann jedoch etwaige anderweitige Verdienste nach § 326 Abs. 2 S. 2 BGB anrechnen lassen.

6. Beendigung des Anstellungsverhältnisses

a) Verhältnis zum Widerruf der Bestellung

Gem. § 84 Abs. 3 S. 1 AktG kann der Aufsichtsrat die Bestellung zum Vorstandsmitglied und die Ernennung zum Vorsitzenden des Vorstands widerrufen, wenn ein wichtiger Grund vorliegt. Als wichtige Gründe nennt das Gesetz die grobe Pflichtverletzung, die Unfähigkeit zur ordnungsgemäßen Geschäftsführung und den Vertrauensentzug durch die Hauptversammlung. Der Widerruf beendet die Organstellung des Vorstandsmitglieds.⁴⁰⁶⁸ Wegen des **Trennungsprinzips**⁴⁰⁶⁹ (→ Rn. 1185) hat der Widerruf der Bestellung keine Auswirkungen auf den Fortbestand des Anstellungsvertrags. Das Vorstandsmitglied behält bei einem Widerruf der Bestellung oder der Ernennung zum Vorstandsvorsitzenden durch die Gesellschaft zunächst insbesondere seine Vergütungsansprüche, da sich die Gesellschaft in der Regel im Annahmeverzug befindet. Soll der Anstellungsvertrag mit dem Ende der Bestellung ebenfalls enden, muss er also separat beendet werden (→ Rn. 1680 zu Koppelungsklauseln).⁴⁰⁷⁰

---

⁴⁰⁶⁰ *Beiner/Braun* Der Vorstandsvertrag Rn. 791.
⁴⁰⁶¹ Vgl. *Bauer/Krieger/Arnold* Arbeitsrechtliche Aufhebungsverträge D. Rn. 188; *Kothe-Heggermann/Schelp* GmbHR 2011, 75 (76 f.).
⁴⁰⁶² BGH NJW 2011, 920.
⁴⁰⁶³ MHdB AG/*Wentrup* § 21 Rn. 31; BGH AG 1966, 366; BGH NJW 1978, 1435.
⁴⁰⁶⁴ BAG NZA 2009, 1205.
⁴⁰⁶⁵ BeckMandatsHdB Vorstand AG/*Lücke* § 2 Rn. 304.
⁴⁰⁶⁶ *Röhrborn* AR 2017, 66 (67).
⁴⁰⁶⁷ Holthausen/Kurschat/*Kurschat* C. 48 Rn. 28; *Röhrborn* AR 2017, 66 (67).
⁴⁰⁶⁸ Vgl. OLG München NZG 2014, 66; BeckOGK/*Fleischer* AktG § 84 Rn. 100; Hüffer/Koch/*Koch* AktG § 84 Rn. 32.
⁴⁰⁶⁹ BGH NZG 2011, 112.
⁴⁰⁷⁰ OLG Düsseldorf AG 2012, 511 (512); Hölters/*Weber* AktG § 84 Rn. 64; MHdB AG/*Wentrup* § 21 Rn. 126; MüKoAktG/*Spindler* AktG § 84 Rn. 122.

b) Beendigungsgründe

1678 Nach § 84 Abs. 3 S. 5 AktG gelten für die Ansprüche aus dem Anstellungsvertrag die allgemeinen Vorschriften. Der Anstellungsvertrag eines Vorstandsmitglieds ist gem. § 84 Abs. 1 S. 5 iVm S. 1 AktG zwingend auf maximal fünf Jahre zu befristen. Aus der Anwendung der allgemeinen Vorschriften folgt daher zunächst, dass der befristete Anstellungsvertrag im Grundsatz nach § 620 Abs. 1 BGB durch Zeitablauf endet. Da der Anstellungsvertrag der Vorstandsmitglieder stets befristet sein muss, findet das gesetzliche ordentliche Kündigungsrecht nach § 620 Abs. 2 iVm §§ 621–623 BGB keine Anwendung. Die Gesellschaft kann jedoch im Anstellungsvertrag ein ordentliches Kündigungsrecht vereinbaren. In der Praxis haben sich insbesondere sogenannte Koppelungsklauseln etabliert, die den Fortbestand des Anstellungsverhältnisses an den Widerruf der Bestellung knüpfen, indem der Gesellschaft entweder im Fall des Widerrufs der Bestellung ein ordentliches Kündigungsrecht nach §§ 621–623 BGB eingeräumt oder vereinbart wird, dass der Anstellungsvertrag im Falle des Widerrufs der Bestellung automatisch mit einer bestimmten Frist endet (→ Rn. 1680 ff.). Unabhängig davon, können Anstellungsverträge mit Vorstandsmitgliedern stets außerordentlich nach § 626 BGB gekündigt werden, sofern ein wichtiger Grund iSv § 626 Abs. 1 BGB vorliegt und die Kündigungserklärungsfrist des § 626 Abs. 2 BGB eingehalten wird (→ Rn. 1696 ff.). Die wohl in der Praxis verbreitetste Beendigungsform ist jedoch der Aufhebungsvertrag, mit welchem häufig sowohl die Bestellung als auch der Anstellungsvertrag einvernehmlich beendet werden (→ Rn. 1689 ff.).

1679 **aa) Zeitablauf.** § 84 Abs. 1 S. 5 iVm S. 1 AktG gibt vor, dass der Anstellungsvertrag für die Dauer von maximal fünf Jahren geschlossen werden darf. Wird dennoch eine längere Vertragslaufzeit oder sogar eine unbestimmte Dauer der Anstellung vereinbart, so endet der Vertrag mit Ablauf der Fünf-Jahres-Frist (→ Rn. 1225).[4071] Dementsprechend endet der Anstellungsvertrag eines Vorstandsmitglieds im Grundsatz durch **Zeitablauf**. Im Anstellungsvertrag kann jedoch geregelt werden, dass der Anstellungsvertrag im Falle einer Verlängerung der Bestellung für eine weitere Amtszeit bis zu deren Ablauf weitergilt. In diesem Fall muss der Aufsichtsrat einen Beschluss zur Verlängerung der Bestellung, aber keinen weiteren Beschluss zur Verlängerung des Anstellungsvertrags fassen.[4072] Im Einzelfall kann auch im Beschluss über die erneute Bestellung eine konkludente Verlängerung des Anstellungsvertrags liegen.[4073] Ob eine stillschweigende Verlängerung nach § 625 BGB möglich ist, wird unterschiedlich beurteilt.[4074]

1680 **bb) „Koppelungsklausel" und Widerruf der Bestellung.** In der Praxis werden häufig sog. **Koppelungsklauseln** oder auch **Gleichlaufklauseln** vereinbart. Mit Koppelungsklauseln soll der aus dem Trennungsprinzip folgende Grundsatz, dass die Beendigung der Bestellung keine Auswirkung auf den Fortbestand des Anstellungsvertrags hat, überwunden werden, indem das Schicksal des Anstellungsvertrags an die Bestellung gekoppelt wird. Rechtstechnisch kann die Koppelung auf verschiedenen Wegen erreicht werden: In der ersten Variante wird der Gesellschaft für den Fall des Widerrufs der Bestellung ein ordentliches Kündigungsrecht eingeräumt. In der zweiten Variante wird vereinbart, dass der Widerruf der Bestellung einen außerordentlichen Kündigungsgrund für die Gesellschaft darstellt. In der dritten Variante wird vereinbart, dass der Anstellungsvertrag bei Widerruf der Bestellung ebenfalls endet.[4075] Der Widerruf der Bestellung wird demnach zur auflösenden Bedingung für das Anstellungsverhältnis (§ 158 BGB) gemacht. Zwingende Voraussetzung der Koppelung ist stets, dass der Widerruf der Bestellung wirksam ist.[4076]

1681 Neben diesen klassischen Formen sind in der Praxis auch Klauseln anzutreffen, die das Anstellungsverhältnis beenden, wenn die Bestellung zum Vorstandsmitglied nicht wegen Widerrufs der Bestellung, sondern aus **sonstigen Gründen** (etwa einer Amtsniederlegung oder einer Umwandlung) endet.[4077] Die Vereinbarung einer Koppelung an die Amtsniederlegung durch das Vorstandsmitglied ist vor dem Hintergrund der Vorschrift des § 622 Abs. 6 BGB zu empfehlen.

1682 Die Vereinbarung einer Koppelung des Anstellungsverhältnisses eines Vorstandsmitglieds an seine Bestellung zum Organ der Gesellschaft ist nach der Rechtsprechung des BGH grundsätzlich zulässig.[4078] Der BGH hat in zwei Grundsatzentscheidungen aus den Jahren 1981 und 1989 klargestellt, dass Koppelungsklauseln nicht gegen das **Trennungsprinzip** des § 84 AktG verstoßen. Aus dem Trennungsprinzip folge nicht, dass eine Verknüpfung von Bestellung und Anstellungsvertrag stets unzulässig sei. Entscheidend sei, dass der Organstellung der Vorrang vor der dienstvertraglichen Regelung gebühre. Die Koppelungsklausel

---

[4071] BeckOGK/*Fleischer* AktG § 84 Rn. 44; Hölters/*Weber* AktG § 84, Rn. 43.
[4072] Henssler/Strohn/*Dauner-Lieb* AktG § 84 Rn. 24; BeckOGK/*Fleischer* AktG § 84 Rn. 45.
[4073] BGH DStR 1997, 932 (933).
[4074] Dazu BeckOGK/*Fleischer* AktG § 84 Rn. 45 mwN.
[4075] Vgl. *S. Krieger*/*Reinecke* KrV 2016, 136 (139).
[4076] *Bauer*/*C. Arnold* ZIP 2006, 2337 (2342).
[4077] Hierzu BeckOGK/*Fleischer* AktG § 84 Rn. 46.
[4078] BGH NJW 1981, 2748; 1989, 2683, Rn. 9 ff.; bestätigt durch OLG Hamm GmbHR 2007, 442 Rn. 29 f. (zum GmbH-Geschäftsführer); LG Essen BeckRS 2016, 3713.

wahre auch den Grundsatz der **Entschließungsfreiheit des Aufsichtsrats,** da der Aufsichtsrat in keine Situation versetzt werde, bei der er sich zu einer Verlängerung der Bestellung gezwungen fühle, weil der Anstellungsvertrag noch laufe.[4079] Auch der Grundgedanke des § 614 BGB decke die Vereinbarung einer Koppelungsklausel, da diese dazu führt, dass auch nur bei Leistung der versprochenen Dienste eine Vergütung gezahlt werde.[4080]

Der BGH hat jedoch auch Grenzen bei der Gestaltung von Koppelungsklauseln aufgezeigt. Da § 84 Abs. 3 S. 5 AktG für Ansprüche aus dem Anstellungsvertrag auf die allgemeinen Vorschriften verweist, müssen die §§ 620 ff. BGB zur Beendigung von Dienstverhältnissen gewahrt werden. Das Dienstvertragsrecht erlaubt die Auflösung eines auf bestimmte Zeit geschlossenen Dienstverhältnisses (§ 620 Abs. 1 BGB) nur bei Vorliegen eines wichtigen Grundes (§ 626 Abs. 1 BGB). Ein auf befristete Zeit geschlossener Anstellungsvertrag mit einem Vorstandsmitglied kann demnach im Grundsatz nur aus einem wichtigen Grund beendet werden, der eine Kündigung nach § 626 Abs. 1 BGB rechtfertigt. Nach Auffassung des BGH kann jedoch im Anstellungsvertrag vereinbart werden, dass der Anstellungsvertrag aus den gleichen Gründen gekündigt werden kann, die einen Widerruf der Bestellung nach § 84 Abs. 3 AktG rechtfertigen.[4081] Damit hat der BGH den Weg dafür geebnet, dass auch der bloße Vertrauensentzug durch die Hauptversammlung bzw. die Unfähigkeit zur ordnungsgemäßen Geschäftsführung, die in der Regel nicht zu einem Kündigungsgrund nach § 626 Abs. 1 BGB führen würden, zur Kündigung des Anstellungsvertrags berechtigen können, wenn die Parteien dies im Anstellungsvertrag vereinbart haben. Der BGH schränkt diese Koppelung im nächsten Schritt aber ein: Die Kündigung des Anstellungsvertrags aus einem Grund, der nach § 84 Abs. 3 AktG zum Widerruf der Bestellung berechtigen würde, aber unterhalb der Schwelle des § 626 Abs. 1 BGB bleibt, ist nur unter Einhaltung der **ordentlichen Kündigungsfrist** nach § 622 Abs. 1 S. 2 BGB zulässig. § 622 BGB ist nach Auffassung des BGH zwingendes Gesetzesrecht, das nach § 84 Abs. 3 S. 5 AktG anwendbar ist und nicht umgangen werden darf.[4082]

Der BGH verweist in seinen Entscheidungen auf die **Mindestkündigungsfrist** des § 622 Abs. 1 S. 2 BGB. Die Entscheidungen ergingen jedoch vor der Neufassung des § 622 BGB im Jahr 1989. Die wohl überwiegende Meinung geht daher heute davon aus, dass die verlängerte, der jeweiligen Dienstzeit entsprechende Kündigungsfrist nach § 622 Abs. 2 BGB anzuwenden ist und nicht lediglich die Mindestkündigungsfrist.[4083] Das BAG hält dagegen § 621 BGB für anwendbar.[4084] Die Instanzgerichte stellen teilweise ebenso auf die einmonatige Frist des § 622 Abs. 2 S. 1 Nr. 1 BGB als Mindestkündigungsfrist ab[4085], teilweise wird jedoch auch die gesetzlich anwendbare Kündigungsfrist je nach Dauer der Betriebszugehörigkeit für einschlägig gehalten.[4086] Wegen der fehlenden höchstrichterlichen Rechtsprechung zu § 622 Abs. 2 BGB empfiehlt es sich, die anwendbare Kündigungsfrist im Anstellungsvertrag explizit zu regeln.

Die jüngere Rechtsprechung des BGH zu Koppelungsklauseln in Geschäftsführerdienstverträgen ist kritischer und sollte auch bei der Gestaltung von Anstellungsverträgen mit Vorstandsmitgliedern beachtet werden.[4087] Auch in der jüngeren Literatur finden sich zunehmend kritischere Stimmen, die insbesondere auf die Grundsätze der **AGB-Kontrolle** verweisen. Die Grundsätze der AGB-Kontrolle sind grundsätzlich auch auf Vorstandsmitglieder anzuwenden (→ Rn. 1231).[4088] Um das **Transparenzgebot** des § 307 Abs. 1 S. 2 BGB zu wahren, muss die Koppelungsklausel klar und verständlich sein.[4089] Da die Verwendung von Koppelungsklauseln in Anstellungsverträgen mit Vorstandsmitgliedern in der Praxis weit verbreitet ist, dürfte es sich bei den hier geschilderten klassischen Klauseln nicht um **überraschende Klauseln** iSv § 305c Abs. 1 BGB handeln.[4090]

Weiterhin wird diskutiert, ob Koppelungsklauseln im **Widerspruch zu § 622 Abs. 6 BGB** stehen, der die Vereinbarung längerer Kündigungsfristen für den Arbeitnehmer als für den Arbeitgeber verbietet. Ob § 622 Abs. 6 BGB auch auf Organmitglieder Anwendung findet, ist bislang nicht höchstrichterlich geklärt.[4091] Es empfiehlt sich daher, in der Praxis die Koppelungsklausel nicht nur zugunsten der Gesellschaft bei einem Widerruf der Bestellung vorzusehen, sondern auch dem Vorstandsmitglied ein entspre-

---

[4079] BGH NJW 1989, 2683 Rn. 10.
[4080] LG Essen BeckRS 2016, 3713.
[4081] BGH WM 1981, 759; BGH NJW 1989, 2683 Rn. 13.
[4082] BGH WM 1981, 759; BGH NJW 1989, 2683 Rn. 13.
[4083] *Bauer/C. Arnold* ZIP 2006, 2337 (2342) mwN.
[4084] BAG NJW 2020, 2824 zum Fremdgeschäftsführer einer GmbH.
[4085] OLG Karlsruhe NZG 2017 226 Rn. 99 ff.
[4086] So OLG Hamm GmbHR 2007, 442 Rn. 31.
[4087] BGH NJW 1998, 1480; NZG 1999, 1215.
[4088] *Bauer/C. Arnold* ZIP 2006, 2337.
[4089] BeckOGK/*Fleischer* AktG § 84 Rn. 46; Hüffer/Koch/*Koch* AktG § 84 Rn. 52; *Seyfarth* VorstR § 20 Rn. 6; *von Westphalen* BB 2015, 834 ff.
[4090] So auch LG Essen BeckRS 2016, 3713; offengelassen aber von OLG Karlsruhe NZG 2017, 226 Rn. 116.
[4091] Dafür *Bauer/von Medem* NZA 2014, 238 (240); offengelassen von OLG Karlsruhe GmbHR 2017, 295 (300).

chendes Kündigungsrecht bzw. eine auflösende Bedingung zugutekommen zu lassen, wenn das Vorstandsmitglied sein Amt wirksam einseitig niederlegt.[4092]

1687 Nicht höchstrichterlich geklärt ist, wie Klauseln zu behandeln sind, die letztlich dazu führen, dass die **Kündigungserklärungsfrist** des § 626 Abs. 2 BGB ausgehebelt wird (→ Rn. 1709 ff.). Dies wird immer dann erreicht, wenn geregelt wird, dass bei Widerruf der Bestellung der Anstellungsvertrag mit sofortiger Wirkung endet, wenn ein wichtiger Grund iSv § 626 Abs. 1 BGB vorliegt. Nach dem Wortlaut führt das bloße Vorliegen eines wichtigen Grundes bereits zur sofortigen Beendigung des Anstellungsvertrags. Auf die Einhaltung der – in der Praxis häufig problematischen – Kündigungserklärungsfrist des § 626 Abs. 2 BGB kommt es dann nicht an. Versteht man § 626 Abs. 2 BGB als eine allgemeine Vorschrift iSd § 84 Abs. 3 S. 5 AktG, wird man mit der Rechtsprechung des BGH davon ausgehen können, dass auch die Kündigungserklärungsfrist nicht durch eine Koppelungsklausel umgangen werden darf. Empfehlenswerter ist daher eine Regelung mit dem Inhalt, dass bei Widerruf der Bestellung wegen grober Pflichtverletzung der Anstellungsvertrag mit der nach § 622 Abs. 2 BGB anwendbaren Frist endet. So wird in den Fällen, in denen eine grobe Pflichtverletzung gegeben ist, aber eine außerordentliche Kündigung mangels Wahrung der Zwei-Wochen-Frist nicht mehr möglich ist, die schnellstmögliche und der Rechtsprechung des BGH entsprechende Beendigung des Anstellungsvertrags erreicht.

1688 Wird eine Koppelungsklausel ohne Verweis auf die gesetzliche Kündigungsfrist des § 622 BGB vereinbart, hält der BGH die Klausel nicht für nichtig. Vielmehr sei eine solche Klausel einschränkend dahingehend auszulegen, dass die Beendigung des Vertrags erst mit Ablauf der Mindestkündigungsfrist erfolge.[4093] Diese Konsequenz wird vor dem Hintergrund des **Verbots der geltungserhaltenden Reduktion** heute sowohl in Literatur als auch in der Rechtsprechung kritisch gesehen.[4094] Der BGH hatte sich 1989 nicht mit dieser Frage beschäftigen müssen, da er der Auffassung war, der damalige Kläger habe die nötigen Voraussetzungen zur Annahme allgemeiner Geschäftsbedingungen nicht hinreichend dargelegt.[4095]

1689 **cc) Aufhebungsvertrag. (1) Zuständigkeit.** Häufig wird das Anstellungsverhältnis in der Praxis einvernehmlich durch einen **Aufhebungsvertrag** beendet.[4096] Da der Aufhebungsvertrag eine Änderung des Anstellungsvertrags darstellt[4097], gelten bei der Frage der Zuständigkeit die gleichen Grundsätze wie beim Abschluss des Anstellungsvertrags (→ Rn. 1217 ff.). So ist grundsätzlich der Aufsichtsrat für den Abschluss eines Aufhebungsvertrags zuständig, kann dies jedoch an einen Ausschuss delegieren.[4098] Dies gilt solange nicht die alleinige Kompetenz des Aufsichtsrats zum Widerruf der Bestellung unterlaufen wird.[4099] Für einen zuständigen Ausschuss besteht die Möglichkeit, den Aufhebungsvertrag unter der aufschiebenden Bedingung des Widerrufs der Bestellung oder zeitlich nach dem Widerruf der Bestellung zu schließen.[4100]

1690 Wegen § 107 Abs. 3 S. 7 iVm § 87 Abs. 1 und Abs. 2 S. 1 und S. 2 AktG können Angelegenheiten mit Vergütungsbezug, wie Abfindungen, Abgeltungsansprüche, Wettbewerbsverbote etc nicht an einen Ausschuss delegiert werden. Sie sind **zwingend vom Plenum** zu entscheiden.[4101] In der Praxis werden daher heute die meisten Aufhebungsverträge vom Aufsichtsratsplenum beschlossen.[4102] Unbeschadet dessen verbleibt die Möglichkeit des Ausschusses, vorbereitende Handlungen vorzunehmen.[4103]

1691 **(2) Inhalt.** Der Inhalt des Aufhebungsvertrags kann zwischen der Gesellschaft und dem Vorstandsmitglied grundsätzlich **frei verhandelt** werden. Im Folgenden werden daher nur einige typische Punkte genannt, deren Regelung im Aufhebungsvertrag **zu empfehlen** ist.

1692 Vereinbaren die Parteien, dass das Anstellungsverhältnis nicht gleichzeitig mit dem Ende der Bestellung endet, sollte die Frage der Beschäftigung bzw. – in den meisten Fällen – der **Freistellung** geregelt werden. Im Fall einer Freistellung sollte die Aufrechterhaltung des vertraglichen Wettbewerbsverbots und die Anrechnung anderweitiger Vergütung nach § 615 S. 2 BGB vereinbart werden.[4104] Eine weitere, in der

---

[4092] Statt aller *Bauer/C. Arnold* ZIP 2006, 2337, 2343 mit Formulierungsvorschlag.
[4093] BGH NJW 1989, 2683 Rn. 17.
[4094] OLG Karlsruhe NZG 2017 226 Rn. 104.
[4095] BGH NJW 1989, 2683 Rn. 18.
[4096] BeckOGK/*Fleischer* AktG § 84 Rn. 183; BeckMandatsHdB Vorstand AG/*Lücke* § 2 Rn. 275 f.
[4097] GroßkommAktG/*Kort* AktG § 84 Rn. 573.
[4098] MüKoAktG/*Spindler* AktG § 84 Rn. 209; *Thüsing* in Fleischer VorstR-HdB § 5 Rn. 70.
[4099] Vgl. BGH NJW 1981, 757 (758); Grigoleit/*Grigoleit* AktG § 84 Rn. 49; Kölner Komm AktG/*Mertens/Cahn* AktG § 84 Rn. 104.
[4100] BeckOGK/*Fleischer* AktG § 84 Rn. 183; GroßkommAktG/*Kort* AktG § 84 Rn. 574.
[4101] Hölters/*Weber* AktG § 84 Rn. 93; MüKoAktG/*Spindler* AktG § 84 Rn. 209; *Hoffmann-Becking/Krieger* NZG 2009, Beilage zu Heft 26, 1, 9.
[4102] *Bauer/Krieger/Arnold* Arbeitsrechtliche Aufhebungsverträge D. Rn. 106.
[4103] Hölters/*Weber* AktG § 84 Rn. 93; *Hoffmann-Becking/Krieger* NZG 2009, Beilage zu Heft 26, 1, 9.
[4104] Vertiefend und mit Formulierungsvorschlag *Bauer/Krieger/Arnold* Arbeitsrechtliche Aufhebungsverträge D. Rn. 187 ff.

Praxis nicht selten anzutreffende Lösung ist die Vereinbarung einer **Beratungstätigkeit** für die Restlaufzeit des Anstellungsvertrags ohne gesonderte Vergütung.

Entscheidender Verhandlungsgegenstand ist in der Regel das Schicksal der **variablen Vergütung**. 1693 Hier stellt sich häufig das Problem, dass insbesondere langfristige, gegebenenfalls zukunftsbezogene variable Vergütungsbestandteile zum Zeitpunkt des Abschlusses des Aufhebungsvertrags noch nicht beziffert werden können. Die Parteien haben dann nur die Möglichkeit, eine abstrakte Regelung zur Abrechnung der offenen Vergütungsbestandteile zu treffen, sodass sich die konkrete Höhe erst bei planmäßiger Abrechnung zu einem Zeitpunkt in der Zukunft beziffern lässt. Hier sollten sich die Parteien möglichst nah an den Vereinbarungen im Anstellungsvertrag orientieren. So empfiehlt der DCGK in Empfehlung G.12 für börsennotierte Gesellschaften auch, dass im Falle der Beendigung des Anstellungsvertrags die offenen Vergütungsbestandteile nach den ursprünglich vereinbarten Zielen und Vergleichsparametern zu den vertraglich vereinbarten Fälligkeitszeitpunkten geleistet werden sollen. Eine häufig von beiden Seiten bevorzugte Herangehensweise besteht darin, anhand von Ziel- und Maximalwerten bzw. – sofern bereits vorhanden – (Durchschnitts-)Werten vorangegangener Geschäftsjahre für jedes variable Vergütungselement einen festen Betrag zu vereinbaren. Der Aufsichtsrat hat hierbei das **Angemessenheitsgebot** des § 87 Abs. 1 AktG zu beachten (→ Rn. 1291). In den Planbedingungen langfristiger Vergütungselemente, sog. Long Term Incentive (LTI), finden sich zudem häufig sog. „Bad-Leaver"-Klauseln. Diese Klauseln sehen in bestimmten Fällen der Beendigung der Bestellung zum Vorstandsmitglied bzw. des Anstellungsvertrags einen vollständigen Verfall bereits gewährter und noch nicht ausbezahlter Vergütungselemente vor. In diesen Fällen wird das Vergütungselement demnach nicht anteilig zum Beendigungszeitpunkt abgerechnet, sondern verfällt vorbehaltlich anderweitiger Vereinbarung komplett.

Ein weiterer zentraler Verhandlungsgegenstand ist in der Regel die Zahlung einer **Abfindung**. Hier 1694 sind die Grundsätze der Mannesmann-Rechtsprechung (→ Rn. 1540) und das Angemessenheitsgebot des § 87 Abs. 1 AktG zu beachten.[4105] Bei börsennotierten Gesellschaften war nach Empfehlung 4.2.3 Abs. 4 DCGK 2017 bereits beim Abschluss des Anstellungsvertrags darauf zu achten, dass eine Abfindung den Wert von zwei Jahresvergütungen nicht überschreitet bzw. nicht mehr als die Restlaufzeit des Anstellungsvertrags vergütet wird. Wird der Anstellungsvertrag aus einem von dem Vorstandsmitglied zu vertretenden wichtigen Grund beendet, sollen keine Zahlungen an das Vorstandsmitglied geleistet werden. Empfehlung G.13 des DCGK behält diese Empfehlung bei.

Weitere typische Regelungsgegenstände umfassen die Vereinbarung oder den Verzicht auf ein nachvertragliches Wettbewerbsverbot (→ Rn. 1615), nachvertragliche Kooperationspflichten, Verschwiegenheitsvereinbarungen sowie die Vereinbarung einer bestimmten Kommunikation des Ausscheidens inner- und außerhalb des Unternehmens, die Herausgabe von Geschäftsfahrzeugen, sonstigen Gegenständen und Unterlagen, die Übernahme von Rechtsberatungskosten im Zusammenhang mit den Verhandlungen des Aufhebungsvertrags, der Schutz durch die D&O-Versicherung der Gesellschaft und das Schicksal der Altersversorgung sowie uU ein Übergangsgeld (→ Rn. 1750).[4106]

dd) Außerordentliche Kündigung. Für den Anstellungsvertrag gelten gem. § 84 Abs. 3 S. 5 AktG die 1696 allgemeinen Vorschriften. Daher kann die Gesellschaft den Anstellungsvertrag des Vorstandsmitglieds außerordentlich nach § 626 BGB kündigen, wenn ein wichtiger Grund iSv § 626 Abs. 1 BGB vorliegt und die Kündigungserklärungsfrist des § 626 Abs. 2 BGB eingehalten wird. Auch das Vorstandsmitglied kann den Anstellungsvertrag jederzeit aus wichtigem Grund außerordentlich kündigen. Das Kündigungsrecht darf weder durch die Satzung noch im Anstellungsvertrag ausgeschlossen oder eingeschränkt werden.[4107] Nach der Rechtsprechung des BGH darf für den Fall der außerordentlichen Kündigung keine Abfindung zugesagt werden.[4108]

(1) Kündigungserklärung. Zuständiges Organ für die Abgabe einer Kündigungserklärung der Gesell- 1697 schaft ist gem. § 84 Abs. 3 S. 5 iVm § 112 AktG der Aufsichtsrat.[4109] Anders als beim Widerruf der Bestellung (→ Rn. 684), kann der Aufsichtsrat die Entscheidung zur Kündigung des Anstellungsvertrags einem Ausschuss übertragen, dem der Aufsichtsrat und dessen Entscheidung über den Widerruf der Bestellung jedoch nicht vorgreifen darf.[4110]

Der Aufsichtsrat entscheidet über die Kündigung durch **Beschluss**, § 108 AktG.[4111] Für die Entschei- 1698 dung genügt die Mehrheit der abgegebenen Stimmen. Das gilt auch für Kündigungen nach § 29 Abs. 1

[4105] Vertiefend *Bauer/Krieger/Arnold* Arbeitsrechtliche Aufhebungsverträge D. Rn. 210 ff.
[4106] Ausführlich zu den Regelungsgegenständen in Aufhebungsverträgen mit Organmitgliedern *Bauer/Krieger/Arnold* Arbeitsrechtliche Aufhebungsverträge D. Rn. 187 ff.
[4107] BeckOGK/*Fleische*r AktG § 84 Rn. 160; MüKoAktG/*Spindler* AktG § 84 Rn. 165.
[4108] Vgl. BGH NZG 2000, 983 (984); BeckOGK/*Fleischer* AktG § 84 Rn. 160.
[4109] Henssler/Strohn/*Dauner-Lieb* AktG § 84 Rn. 39; BeckOGK/*Fleischer* AktG § 84 Rn. 156.
[4110] BeckOGK/*Fleischer* AktG § 84 Rn. 156; Hüffer/Koch/*Koch* AktG § 84 Rn. 39.
[4111] Hölters/*Weber* AktG § 84 Rn. 92; BeckOGK/*Fleischer* AktG § 84 Rn. 158.

MitbestG, da das Verfahren nach § 31 MitbestG nur für den Widerruf der Bestellung gilt.[4112] Nach der Rechtsprechung des BGH kann der Beschluss über den Widerruf der Bestellung auch den Beschluss über die Kündigung enthalten, wenn darin erkennbar ein Vertrauensverlust zum Ausdruck kommt, der die Rechtsbeziehung zu dem Vorstandsmitglied in ihrer Gesamtheit belastet.[4113]

1699 Die **Erklärung der Kündigung** gegenüber dem Vorstandsmitglied obliegt nach § 112 AktG grundsätzlich dem Aufsichtsrat, der sich jedoch eines Erklärungsvertreters oder Erklärungsboten bedienen kann.[4114] Um eine Zurückweisung nach § 174 BGB zu vermeiden, sollte die erteilte Ermächtigung durch Urkunden nachgewiesen werden.[4115] In der Praxis bietet es sich an, mit dem Beschluss über die Kündigung sogleich die Ermächtigung und Bevollmächtigung zB des Aufsichtsratsvorsitzenden zu beschließen, die Kündigung gegenüber dem Vorstandsmitglied zu erklären, falls nicht bereits die Satzung der Gesellschaft ein entsprechendes Recht des Aufsichtsratsvorsitzenden regelt.

1700 **(2) Wichtiger Grund.** Für einen wichtigen Grund iSv § 626 Abs. 1 BGB müssen Tatsachen vorliegen, aufgrund derer der Gesellschaft unter Berücksichtigung aller Umstände des Einzelfalls und unter Abwägung der beiderseitigen Interessen eine Fortsetzung des Anstellungsvertrags bis zu einer ordentlichen Beendigung nicht zugemutet werden kann.[4116] Zunächst muss ein bestimmter Sachverhalt vorliegen, der an sich geeignet ist, einen **wichtigen Grund** abzugeben. Dabei gilt das Prognoseprinzip: Die außerordentliche Kündigung kann nur auf Gründe gestützt werden, die sich – beurteilt nach dem Zeitpunkt des Kündigungszugangs – künftig konkret nachteilig auf das Dienstverhältnis auswirken würden.[4117]

1701 Die Anforderungen an einen außerordentlichen Kündigungsgrund sind demnach höher als die Anforderungen an einen Widerruf der Bestellung nach § 84 Abs. 3 AktG. Es kann daher sein, dass die Bestellung eines Vorstandsmitglieds widerrufen, der Anstellungsvertrag aber nicht mit dem gleichen Grund wirksam nach § 626 BGB außerordentlich gekündigt werden kann.[4118] In der Regel wird eine außerordentliche Kündigung nur in Betracht kommen, wenn **ein in der Person des Vorstandsmitglieds liegender Grund** vorliegt.[4119] Hier kann weitgehend auf die Kategorie der groben Pflichtverletzung im Rahmen des § 84 Abs. 3 AktG verwiesen werden (→ Rn. 687ff.). Zu beachten ist jedoch stets, dass – anders als bei § 84 Abs. 3 AktG – auf zweiter Stufe stets auch die **Interessen des Vorstandsmitglieds** zu berücksichtigen sind. Es kann also festgehalten werden, dass ein wichtiger Grund, der zur Kündigung des Anstellungsvertrags berechtigt, stets auch den Widerruf der Bestellung wegen grober Pflichtverletzung begründen wird, **nicht aber umgekehrt**. Dieser Umstand kann dadurch behoben werden, dass im Anstellungsvertrag eine **Gleichstellung** der wichtigen Gründe des § 84 Abs. 3 AktG mit dem wichtigen Grund iSd § 626 Abs. 1 BGB vereinbart wird. Bei Gründen unterhalb der Schwelle des § 626 Abs. 1 BGB endet der Anstellungsvertrag dann nach der Rechtsprechung des BGH zu Koppelungsklauseln (→ Rn. 1682ff.) erst mit Ablauf der nach § 622 BGB (BAG: § 621 BGB) anwendbaren Kündigungsfrist. Zudem kann in diesen Fällen eine Abfindung gewährt werden.

1702 Die häufigsten Gründe für eine außerordentliche Kündigung eines Vorstandsmitglieds sind **verhaltensbedingte Gründe**. In der Regel werden dem Vorstandsmitglied die Verletzung von Dienstpflichten, etwa die Verletzung von Organisations- und Überwachungspflichten oder mangelhaftes Risikomanagement[4120], Treuepflichtverletzung[4121] oder jüngerer Zeit auch zunehmend strafbare Handlungen vorgeworfen.[4122] Ein Überschreiten der Vertretungsmacht soll nach Auffassung des OLG München für sich genommen nicht genügen, um die Weiterbeschäftigung bis zum vereinbarten Ende des Dienstvertrags unzumutbar zu machen, insbesondere, wenn der Vorstandsvorsitzende die Pflichtverletzung kannte und nicht einschritt.[4123] Auch eine unberechtigte Amtsniederlegung stellt eine Treuepflichtverletzung dar[4124] und kann den Aufsichtsrat unter Umständen zu einer Kündigung des Anstellungsvertrags berechtigen, da das Vorstandsmitglied durch die Niederlegung sein Amt nicht mehr ausüben kann und damit seine Vertragspflichten verletzt (zu weiteren Folgen der unberechtigten Amtsniederlegung → Rn. 794)

[4112] BeckOGK/*Fleischer* AktG § 84 Rn. 158; MüKoAktG/*Spindler* AktG § 8 Rn. 166.
[4113] BGH WM 1973, 639.
[4114] Grigoleit/*Grigoleit* AktG § 84 Rn. 49; BeckOGK/*Fleischer* AktG § 84 Rn. 159.
[4115] BeckOGK/*Fleischer* AktG § 84 Rn. 159; Hölters/*Weber* AktG § 84 Rn. 94.
[4116] Jauernig/*Mansel* BGB § 626 Rn. 6; BAG NJW 2006, 2939; OLG München AG 2020, 260.
[4117] Vgl. OLG München AG 2020, 260 (262) zu Konsequenzen hieraus auf das Nachschieben von Kündigungsgründen im Prozess.
[4118] *Bauer/Krieger/Arnold* Arbeitsrechtliche Aufhebungsverträge D. Rn. 85; BeckOGK/*Fleischer* AktG § 84 Rn. 162.
[4119] *Bauer/Krieger/Arnold* Arbeitsrechtliche Aufhebungsverträge D. Rn. 85.
[4120] BGH WM 1995, 709 (710); LG Berlin AG 2002, 682 (683f.).
[4121] Etwa die verbotene Einlagenrückgewähr OLG Düsseldorf BeckRS 2016, 134138.
[4122] Zu Einzelfällen aus der Rechtsprechung BeckOGK/*Fleischer* AktG § 84 Rn. 165.
[4123] OLG München AG 2020, 260 (262).
[4124] LG München I ZIP 2018, 1292.

Besteht gleichzeitig ein Anstellungsvertrag zur Muttergesellschaft und zu einer **hundertprozentigen** 1703
Tochtergesellschaft, kann eine Pflichtverletzung des Vorstandsmitglieds gegenüber einer Gesellschaft auch einen Kündigungsgrund gegenüber der anderen Gesellschaft begründen.[4125] Es ist nach überzeugender Auffassung des OLG München denkbar, dass das Vertrauen des jeweiligen Aufsichtsrats auch durch Pflichtverletzungen gegenüber der jeweils anderen Gesellschaft erschüttert ist, zumal die Vermögensinteressen der jeweiligen Gesellschaften wirtschaftlich verbunden sind.[4126]

Personenbedingte Kündigungsgründe können fehlende fachliche Eignung oder Befähigung 1704
sein.[4127] Dagegen sind weder die verweigerte Entlastung nach § 120 AktG noch der Vertrauensentzug durch die Hauptversammlung per se wichtige Gründe, die eine außerordentliche Kündigung rechtfertigen können.[4128] Eine **Verdachtskündigung** kommt bei Vorstandsmitgliedern ebenfalls in Betracht[4129] Entsprechend der Rechtsprechung zu Arbeitnehmern und GmbH-Geschäftsführern muss hierfür der Verdacht einer schweren Pflichtverletzung aufgrund konkreter, objektiv nachprüfbarer Tatsachen vorliegen, der das Vertrauensverhältnis zwischen Gesellschaft und Vorstandsmitglied nachhaltig erschüttert, sodass eine Fortsetzung des Dienstverhältnisses nicht mehr zumutbar ist (zum Nachschieben von Kündigungsgründen bei Verdachtskündigungen → Rn. 1730).[4130] Auch bei Vorstandsmitgliedern wird man im Falle der Verdachtskündigung eine Anhörung durch den Aufsichtsrat fordern müssen, um dem Vorstandsmitglied Gelegenheit zu geben, sich zu äußern und die Vorwürfe zu entkräften.[4131] Da die Rechtsprechung sich bislang nicht zur Zulässigkeit der Verdachtsabberufung geäußert hat (zur Verdachtsabberufung → Rn. 728), muss in der Praxis sorgfältig geprüft werden, ob eine Verdachtskündigung in Betracht kommt.

Eine **betriebsbedingte Kündigung** hat der BGH für den Fall angenommen, dass wegen des wirt- 1705
schaftlichen Niedergangs des Unternehmens keine angemessene Beschäftigungsmöglichkeit mehr für das Vorstandsmitglied besteht.[4132] Diskutiert wird zudem die Kündigung von Vorstandsmitgliedern auf Druck von zB Lieferanten oder Äußerungen in Politik und Öffentlichkeit.[4133]

Die Rechtsprechung nimmt eine **Gesamtschau der** vom Kündigenden geltend gemachten **Kündi-** 1706
gungsgründe vor.[4134] Hier berücksichtigt die Rechtsprechung die Anzahl der Pflichtverletzungen sowie deren Schweregrad, die Dauer der Restlaufzeit des Anstellungsvertrags, aber ob bei der Gesellschaft auch an anderer Stelle häufig Pflichtverletzungen begangen werden und inwiefern diese zum Ausspruch von Kündigungen führen.[4135]

(3) Abwägung der Interessen. Auf zweiter Stufe ist eine **Interessensabwägung** vorzunehmen. Im 1707
Rahmen der Interessensabwägung müssen insbesondere die sozialen Folgen für das betroffene Vorstandsmitglied, sein Lebensalter und seine Verdienste für die Gesellschaft berücksichtigt werden.[4136]

(4) Keine Abmahnung. Nach herrschender Meinung und Rechtsprechung setzt die Wirksamkeit der 1708
Kündigung eines Organmitglieds keine vorherige **Abmahnung** voraus, da das Organmitglied keinen Hinweis benötigt, dass es seine organschaftlichen Pflichten zu wahren hat.[4137]

(5) Kündigungserklärungsfrist. In der Praxis bereitet die Einhaltung der **Kündigungserklärungsfrist** 1709
von zwei Wochen nach § 626 Abs. 2 BGB häufig die größten Schwierigkeiten. Nach § 626 Abs. 2 BGB kann die Kündigung nur innerhalb von zwei Wochen erklärt werden, nachdem der zur Kündigung Berechtigte Kenntnis von den für die Kündigung maßgeblichen Tatsachen erlangt hat.

Nach ständiger Rechtsprechung des BGH ist die Zwei-Wochen-Frist des § 626 Abs. 2 BGB auch **auf** 1710
Organmitglieder anzuwenden, und ihre Nichteinhaltung führt stets zur Unwirksamkeit der außerordentlichen Kündigung.[4138] In der Literatur wird die Anwendung des § 626 Abs. 2 BGB kritisiert, da sie nicht auf die Kündigung vertretungsberechtigter Organmitglieder passe. Zum einen berücksichtige die Frist nicht die Komplexität gesellschaftsrechtlicher Entscheidungsprozesse, insbesondere bei paritätisch mitbestimmten Aufsichtsräten. Organmitglieder seien zum anderen grundsätzlich weniger schutzbedürftig

---

[4125] OLG München AG 2020, 260 (261).
[4126] OLG München AG 2020, 260 (261).
[4127] BGH WM 1982, 797 (798).
[4128] BeckOGK/*Fleischer* AktG § 84 Rn. 166; Hölters/*Weber* AktG § 84 Rn. 99.
[4129] BeckOGK/*Fleischer* AktG § 84 Rn. 169; Grigoleit/*Grigoleit* AktG § 84 Rn. 50.
[4130] OLG Celle NZG 2003, 820 zum GmbH-Geschäftsführer; Grigoleit/*Grigoleit* AktG § 84 Rn. 50.
[4131] BGH NZG 2013, 615 zum GmbH-Geschäftsführer; Grigoleit/*Grigoleit* AktG § 84 Rn. 50.
[4132] BGH WM 1975, 761 (762); 1984, 1120 (1121).
[4133] Dazu BeckOGK/*Fleischer* AktG § 84 Rn. 168 mwN.
[4134] BGH DStR 1994, 1746; DStR 2001, 861; NJW-RR 2002, 173.
[4135] OLG München AG 2020, 260 (263 f.).
[4136] Hölters/*Weber* AktG § 84 Rn. 97; MHdB AG/*Wentrup* § 21 Rn. 131.
[4137] BGH NJW-RR 2002, 173; *S. Krieger/Reinecke* KrV 2016, 136 (139); aA Hüffer/Koch/*Koch* AktG § 84 Rn. 51.
[4138] BGH NZG 2013, 615 (616); 2002, 46; 2000, 654; 1998, 634.

als Arbeitnehmer. Da für Organmitglieder aber nicht einmal die Präklusion der §§ 13, 4, 7 KSchG gelte, seien sie letztendlich besser geschützt als Arbeitnehmer. Zu berücksichtigen sei auch, dass bei der Aktiengesellschaft Befristungen der Dienstverträge nach § 84 Abs. 1 S. 5 AktG zwingend seien und damit die ordentliche Kündigung stets ausgeschlossen sei. Werde also kein ordentliches Kündigungsrecht vereinbart, führt ein Versäumnis der Zwei-Wochen-Frist in der Regel zum vollständigen Verlust einer vorzeitigen Beendigungsmöglichkeit.[4139]

1711 Nach herrschender Meinung kommt es für den Fristbeginn auf die **Kenntnis des Aufsichtsrats** als Kollegialorgan an. Demnach genügt die Kenntnis einzelner Aufsichtsratsmitglieder oder die des Aufsichtsratsvorsitzenden nicht. Vielmehr müssen alle Aufsichtsratsmitglieder Kenntnis erlangen.[4140] Entscheidend ist der Zeitpunkt, in dem der Kündigungsgrund den Aufsichtsratsmitgliedern entweder innerhalb einer Sitzung oder im Rahmen einer Beschlussfassung außerhalb der Sitzung unterbreitet wird. Es genügt die Information der anwesenden Aufsichtsratsmitglieder bei Beschlussfähigkeit und ordnungsgemäß einberufener Aufsichtsratssitzung.[4141] Nach der Rechtsprechung des BGH ist es jedenfalls ausreichend, „wenn der maßgebliche Sachverhalt in einer Aufsichtsratssitzung vorgetragen wird, zu der die Mitglieder ordnungsgemäß geladen worden sind und in einer der Beschlussfähigkeit begründenden Zahl und Zusammensetzung zusammengetreten sind."[4142] Unkenntnis von Mitgliedern, die an der betreffenden Sitzung oder Beschlussfassung nicht teilgenommen haben, fällt nicht ins Gewicht.[4143] Außerhalb einer Gremiensitzung erlangtes Wissen genügt nicht. Selbst die tatsächliche Kenntnis aller Mitglieder des Aufsichtsrats setzt die Frist des § 626 Abs. 2 BGB nicht in Gang, wenn diese außerhalb der Gremiensitzung erlangt wurde. Die Mitglieder sind nicht ohne Weiteres in der Lage, aus der Kenntnis dieser Tatsachen die notwendigen Konsequenzen zu ziehen.[4144]

1712 Neben der tatsächlichen Kenntnis setzt auch ein aus der Sphäre des Aufsichtsrats stammendes **schuldhaftes „sich Verschließen"** vor der Kenntnis der kündigungsrelevanten Tatsachen die Zwei-Wochen-Frist in Gang. Nimmt zB der Aufsichtsratsvorsitzende als Erster Kenntnis von den kündigungsrelevanten Umständen, läuft die Frist zwar nicht ab seiner Kenntnis, wohl aber mit dem frühestmöglichen Zeitpunkt, zu dem der Vorsitzende des Aufsichtsrats nach Kenntniserlangung eine Aufsichtsratssitzung hätte einberufen können. Die Rechtsprechung verlangt, dass diejenigen Aufsichtsratsmitglieder, die Kenntnis vom Kündigungsgrund haben, unverzüglich die Einberufung einer Sitzung des Aufsichtsrats oder des für die Kündigung zuständigen Ausschusses veranlassen.[4145] Die Zwei-Wochen-Frist beginnt demnach immer zu dem Zeitpunkt, zu dem die kollektive Willensbildung bei gebotener Beschleunigung frühestens hätte einsetzen können. Dieser Zeitpunkt ist damit der frühestmögliche Sitzungstermin des Aufsichtsrats.[4146] Die Kündigungserklärungsfrist des § 626 Abs. 2 BGB verlängert sich damit immer um den Zeitraum, der für ein unverzügliches Zusammentreten des Gremiums angemessen erscheint.

1713 Ab welchem Zeitpunkt von einer **schuldhaften Verzögerung** auszugehen ist, hat die Rechtsprechung nicht abschließend geklärt. Anhaltspunkte lassen sich der Rechtsprechung einiger Instanzgerichte entnehmen. So hat das Oberlandesgericht München entschieden, dass eine unangemessene Verzögerung vorliegt, wenn der Aufsichtsratsvorsitzende bereits zweieinhalb Monate vor der Einberufung der Aufsichtsratssitzung Kenntnis von den Kündigungsgründen gehabt hat.[4147] Nach Auffassung des OLG Karlsruhe liegt eine unangemessene Verzögerung jedenfalls dann vor, wenn über ein halbes Jahr bis zur entscheidenden Aufsichtsratssitzung vergeht. Das OLG Karlsruhe deutet in diesem Urteil auch an, dass bei großzügigster Betrachtungsweise spätestens nach ca. zwei Monaten eine Befassung im Aufsichtsratsgremium erfolgen muss.[4148] Das Schrifttum billigt dem Aufsichtsratsvorsitzenden in Anlehnung an § 110 Abs. 1 S. 2 AktG eine Überlegungsfrist von höchstens zwei Wochen für die unverzügliche Einberufung der Aufsichtsratssitzung zu. Dabei wird teilweise von einer Gesamtfrist von vier Wochen ausgegangen, bestehend aus einer zweiwöchigen Überlegungsfrist sowie der zweiwöchigen Kündigungserklärungsfrist.[4149] Andere billigen dem Aufsichtsratsvorsitzenden ebenfalls eine Überlegungsfrist von zwei Wochen zu, weisen jedoch auch darauf hin, dass zusätzlich die Einberufungsfristen des Aufsichtsrats nach Satzung oder Geschäftsordnung

---

[4139] *Martens* FS Werner, 1984, 495 (500).
[4140] BGH NJW 1998, 3274 (zur GmbH); OLG München AG 2012, 753; LG Münster BeckRS 2016, 118841; BeckOGK/*Fleischer* § 84 Rn. 170; GroßkommAktG/*Kort* AktG § 84 Rn. 512 f.; *Seyfarth* VorstR § 20 Rn. 36.
[4141] MHdB AG/*Wentrup* § 21 Rn. 139.
[4142] BGH NJW 1981, 166 Rn. 9.
[4143] BGH NJW 1981, 166 Rn. 9 (zur AG); GroßkommAktG/*Kort* AktG § 84 Rn. 516; Kölner Komm AktG/*Mertens/Cahn* AktG § 84 Rn. 176; MHdB AG/*Wentrup* § 21 Rn. 139.
[4144] BGH NZG 1998, 634 Rn. 6 (zur GmbH).
[4145] BGH NZG 1998, 634 Rn. 7 (zur GmbH); GroßkommAktG/*Kort* AktG § 84 Rn. 517; Kölner Komm AktG/*Mertens/Cahn* AktG § 84 Rn. 177; MüKoAktG/*Spindler* AktG § 84 Rn. 175.
[4146] GroßkommAktG/*Kort* AktG § 84 Rn. 518; *Wiesner* BB 1981, 1533 (1538 f.).
[4147] OLG München ZIP 2005, 1781 Rn. 130.
[4148] OLG Karlsruhe AG 2005, 210 Rn. 8.
[4149] MüKoAktG/*Spindler* AktG § 84 Rn. 175; Hölters/*Weber* AktG § 84 Rn. 104.

einzuhalten sind. Ihre Beachtung führe nicht zu einer Vorverlegung des Fristbeginns.[4150] Wieder andere billigen dem Aufsichtsrat insgesamt sechs Wochen zu, bestehend aus der zweiwöchigen Kündigungserklärungsfrist des § 626 Abs. 2 BGB, sowie weiterer vier Wochen ab Kenntnis des Aufsichtsratsvorsitzenden, da zum einen die Ladungsfrist von zwei Wochen nach § 110 Abs. 1 S. 2 AktG eingehalten werden und zum anderen eine zweiwöchige Überlegungsfrist hinzutreten müsse.[4151]

Der BGH hält eine geringfügige Verzögerung der Einberufung des Aufsichtsrats insbesondere dann für unschädlich, wenn das Vorstandsmitglied schon vorläufig seines Amtes enthoben wurde (→ Rn. 810) und daher mit einer endgültigen Abberufung und einer fristlosen Kündigung des Anstellungsvertrags rechnen müsse.[4152] **1714**

In der **mitbestimmten Aktiengesellschaft** kann es zu einem Konflikt zwischen der Zwei-Wochen-Frist und der Monatsfrist des § 31 Abs. 5 iVm Abs. 3 S. 1 MitbestG kommen, da die Kündigung regelmäßig mit einer gleichzeitig erfolgten Abberufung verbunden ist. Ob sich daraus ergibt, dass die Zwei-Wochen-Frist in der mitbestimmten Aktiengesellschaft nicht zu beachten ist, ist umstritten. Durchaus verbreitet wird angenommen, dass die Zwei-Wochen-Frist trotzdem zu wahren ist und in mitbestimmten Gesellschaften nicht erst dann zu laufen beginnt, wenn über die Abberufung Beschluss gefasst worden ist. Anders würde die Gesellschaft über die eigentlich zwingende Frist des § 626 Abs. 2 BGB disponieren können.[4153] Das überzeugt nicht. Nach zutreffender Auffassung beginnt die Frist in der mitbestimmten Aktiengesellschaft erst mit dem Abberufungsbeschluss und ist bis dahin gehemmt. Ansonsten würde die Entscheidung über den Bestellungswiderruf eventuell zu eilig ohne ausreichende Entscheidungsgrundlage getroffen werden.[4154] **1715**

Die Frist beginnt, wenn der Aufsichtsrat positive und sichere **Kenntnis** von allen maßgeblichen Tatsachen hat. Der Aufsichtsrat muss alles in Erfahrung gebracht haben, was als notwendige Grundlage für die Entscheidung über den Fortbestand oder die Auflösung des Anstellungsvertrags anzusehen ist.[4155] Bei mehreren Kündigungsgründen ist auf jeden Kündigungsgrund getrennt abzustellen und nur die Gründe, für die die Frist gewahrt wurde, können beachtet werden.[4156] **1716**

Da der Aufsichtsrat Kenntnis aller maßgeblichen Tatsachen haben muss, ist ihm hinreichend **Gelegenheit zur Sachverhaltsaufklärung** zu geben. Maßnahmen zur Sachverhaltsaufklärung können daher den Beginn der Kündigungserklärungsfrist hinausschieben bzw. den Lauf der **Frist hemmen**.[4157] **1717**

Das BAG räumt dem Arbeitgeber, der gewisse Anhaltspunkte für einen Kündigungsgrund hat, die Möglichkeit ein, **nach pflichtgemäßem Ermessen notwendig erscheinende Ermittlungen durchzuführen,** ohne dass die Zwei-Wochen-Frist zu laufen beginnt.[4158] Für Ermittlungen bestehe nur dann kein Anlass, wenn der Sachverhalt geklärt oder sogar vom Arbeitnehmer zugestanden ist.[4159] Die Hemmung des Fristablaufs setzt voraus, dass die vom Arbeitgeber bzw. vom Aufsichtsrat ergriffenen Maßnahmen zur genauen Sachverhaltsermittlung vom Standpunkt eines verständigen Vertragspartners aus gesehen mit der **gebotenen Eile** erfolgen.[4160] Welche **Ermittlungsmaßnahmen** konkret durchzuführen sind, hängt von den Umständen des Einzelfalls ab. Die Auswahl trifft der Aufsichtsrat nach pflichtgemäßem Ermessen. In der Literatur wird zB die Anhörung des Betroffenen oder von Zeugen sowie das Einsehen von Urkunden genannt.[4161] Die Anhörung des betroffenen Arbeitnehmers muss nach der Rechtsprechung des BAG innerhalb einer Woche erfolgen. Bei Vorliegen besonderer Umstände darf diese Regelfrist jedoch auch überschritten werden.[4162] Erhält der Arbeitgeber zB weder Akteneinsicht in die Strafakte noch Auskünfte des vorübergehend inhaftierten Arbeitnehmers, kann die Frist von einer Woche um ca. einen Monat überschritten werden.[4163] In der Regel gehört die Anhörung des Arbeitnehmers zur Aufklärung des Kündigungssachverhalts, sie ist jedoch – außer bei der Verdachtskündigung (→ Rn. 1704) – keine **1718**

[4150] *Seyfarth* VorstR § 20 Rn. 37.
[4151] Kölner Komm AktG/*Mertens/Cahn* AktG § 84 Rn. 177.
[4152] BGH AG 2007, 446 Rn. 7 (zur Genossenschaft); *Seyfarth* VorstR § 20 Rn. 37.
[4153] GroßkommAktG/*Kort* AktG § 84 Rn. 525; Kölner Komm AktG/*Mertens/Cahn* AktG § 84 Rn. 174; *Seyfarth* VorstR § 20 Rn. 35.
[4154] MüKoAktG/*Spindler* AktG § 84 Rn. 124; Hüffer/Koch/*Koch* § 84 Rn. 33; MHdB AktG/*Wentrup* § 21 Rn. 141.
[4155] BGH ZIP 1996, 636 Rn. 9; MHdB AG/*Wentrup* § 21 Rn. 139.
[4156] Kölner Komm AktG/*Mertens/Cahn* AktG § 84 Rn. 179; MüKoAktG/*Spindler* AktG § 84 Rn. 176.
[4157] GroßkommAktG/*Kort* AktG § 84 Rn. 521; Kölner Komm AktG/*Mertens/Cahn* AktG § 84 Rn. 175; *Seyfarth* VorstR § 20 Rn. 36.
[4158] BAG NZA 2014, 1015 Rn. 14; 2015, 621 Rn. 40; ErfK/*Niemann* BGB § 626 Rn. 209f.; APS/*Vossen* BGB § 626 Rn. 127; Staudinger/*Preis* BGB § 626 Rn. 290.
[4159] BAG NZA 2007, 744 Rn. 19; 2006, 101 Rn. 36; APS/*Vossen* BGB § 626 Rn. 127; Staudinger/*Preis* BGB § 626 Rn. 290.
[4160] BAG NZA 2016, 161 Rn. 54; 2015, 621 Rn. 40; APS/*Vossen* BGB § 626 Rn. 127; Staudinger/*Preis* BGB § 626 Rn. 290; MüKoBGB/*Henssler* BGB § 626 Rn. 329.
[4161] Staudinger/*Preis* BGB § 626 Rn. 290.
[4162] BAG NZA 2015, 621 Rn. 40; Staudinger/*Preis* BGB § 626 Rn. 291.
[4163] LAG Köln NZA-RR 2001, 185; APS/*Vossen* BGB § 626 Rn. 362; MAH ArbR/*Reinartz* § 44 Rn. 125.

Wirksamkeitsvoraussetzung. Diese Rechtsprechung sollte auch für Vorstandsmitglieder beachtet werden. Für die vom Aufsichtsrat ansonsten anzustellenden Ermittlungen gilt dagegen keine Regelfrist. Es ist vielmehr fallbezogen zu beurteilen, ob sie mit der gebotenen Eile betrieben wurde.[4164] Nach Auffassung des LAG Frankfurt am Main und Stimmen in der Literatur soll allerdings eine dreimonatige bzw. zweimonatige Aufklärungsdauer in der Regel zu lang sein.[4165]

1719 Die Rechtsprechung spiegelt bislang kaum die **komplexen Sachverhalte** wider, die sich zumeist bei den Ermittlungen von Pflichtverletzungen von Vorstandsmitgliedern durch den Aufsichtsrat stellen. In den meisten Fällen liegen hier komplexe Sachverhalte zugrunde, die umfassende Untersuchungen, etwa durch Document Review, die Auswertung einer Vielzahl von E-Mails oder Akteneinsichtsgesuche bei der Staatsanwaltschaft durchgeführt werden. Daher wird eine pauschale Beschränkung der Ermittlungen und damit der Fristhemmung für komplexe Sachverhalte auch teilweise abgelehnt. Müssen im Rahmen der Ermittlungsmaßnahmen etwa tausende Dokumente ausgewertet, Millionen von E-Mails überprüft oder Dutzende von Interviews durchgeführt werden, so lassen diese sich unmöglich in zwei bis drei Monaten abschließen.[4166] Das BAG hat in einer Entscheidung auch festgestellt, dass sich ein Arbeitgeber gut zwei Monate Zeit lassen dürfe, als dieser bei der Sachverhaltsaufklärung mehr als 12.000 Rechnungen überprüfen lassen musste.[4167] Richtigerweise sollte daher nicht mit festen Obergrenzen für die Dauer von Ermittlungen gearbeitet werden. Entscheidend ist vielmehr, dass der Aufsichtsrat konsequent, ohne Unterbrechung und mit gebotener Eile alle Ermittlungsmaßnahmen bemüht, die aus seiner Sicht zur Aufklärung des Sachverhalts beitragen und zu denen der Aufsichtsrat aus rechtlicher und tatsächlicher Sicht Zugang erlangen kann. Dem Aufsichtsrat ist in solchen Situationen zu empfehlen, seine Ermittlungsmaßnahmen in einem Protokoll möglichst taggenau nachzuweisen, um in einem etwaigen Prozess eine ununterbrochene Kette von Maßnahmen und damit eine ununterbrochene Fristhemmung nachzuweisen. Insbesondere bei solchen komplexen Compliance-Sachverhalten ist aber der Grundsatz, dass bei mehreren Kündigungsgründen für jeden einzeln die Frist zu laufen beginnt, nicht angemessen. Sonst könnte durch das Geständnis eines Grundes für diesen die Zwei-Wochen-Frist in Gang gesetzt werden, während die Sachverhaltsermittlungen noch ganz am Anfang stehen. Es erscheint sinnvoller, für den Fristbeginn eine Gesamtschau über den Stand der Sachverhaltsermittlungen und die unterschiedlichen Kündigungsgründe vorzunehmen.

1720 Stellt sich die Frage, ob ein Vorstandsmitglied wegen strafbarer Handlungen gekündigt werden soll, kollidiert unter Umständen die Pflicht des Aufsichtsrats zur zügigen Ermittlung des für die Kündigung relevanten Sachverhalts mit strafprozessualen Regelungen. So sieht sich der Aufsichtsrat häufig Problemen ausgesetzt, weil er keine **Einsicht in Ermittlungsakten** erhält bzw. die Staatsanwaltschaft dem Aufsichtsrat verbietet, Erkenntnisse aus unternehmenseigenen Unterlagen zu verwerten, die sich gleichzeitig in den Ermittlungsakten befinden. Die „Aufforderung" der Staatsanwaltschaft, bestimmte, durch Akteneinsicht gewonnene Erkenntnisse nicht zu verwerten, bewirkt nach Ansicht der Rechtsprechung und Literatur allerdings keine Fristhemmung, sofern nicht ein **Verwertungsverbot** besteht. Die Bestimmung des Laufs der Ausschlussfrist sei dem Einfluss Dritter entzogen, und zwar auch dann, wenn es sich dabei um öffentliche Stellen wie die Staatsanwaltschaft handelt. Dies gelte auch für ein „Ersuchen" der Staatsanwaltschaft, durch die Einsicht in eine Ermittlungsakte gewonnene Erkenntnisse zunächst nicht zu verwerten.[4168] Eine Hemmung der Frist kann daher nur dann eintreten, wenn es für die Ablehnung des Akteneinsichtsgesuchs und das Verbot, Erkenntnisse aus eigenen Unterlagen zu verwerten, eine Rechtsgrundlage gibt und die Ermittlungsakte bzw. die gewonnenen Erkenntnisse damit einem Verwertungsverbot unterliegen. Handelt es sich dagegen – wie in dem Fall des LAG Hessen – bloß um eine (unverbindliche) Aufforderung der Staatsanwaltschaft, wird die Frist nicht gehemmt. Da sich der Arbeitgeber nach Ansicht des LAG Hessen auch nicht auf einen Rechtsirrtum berufen kann, sollte die Ablehnung eines Akteneinsichtsgesuchs und/oder das Verbot, Erkenntnisse aus eigenen Unterlagen zu verwerten, zunächst vom Aufsichtsrat mit allen in Betracht kommenden rechtlichen Mitteln überprüft werden.

1721 Der BGH geht davon aus, dass **laufende Vergleichsverhandlungen** mit einem Vorstandsmitglied dazu führen, dass die Zwei-Wochen-Frist so lange als nicht abgelaufen behandelt wird.[4169] Das Gleiche gilt nach Auffassung des LG München I für eine **Vereinbarung zwischen der Gesellschaft und dem**

[4164] BAG NZA 2016, 161 Rn. 54; 1989, 105; APS/*Vossen* BGB § 626 Rn. 127b; Staudinger/*Preis* BGB § 626 Rn. 290.
[4165] LAG Frankfurt DB 1987, 2419; SPV/*Preis* § 22 Rn. 798 (beide für eine dreimonatige Frist); LAG Niedersachsen NZA-RR 2006, 131 Rn. 42 ff.
[4166] So *Dzida* NZA 2014, 809 (812).
[4167] BAG NZA 2007, 744 Rn. 25.
[4168] LAG Hessen NZA 2004, 1160; APS/*Vossen* BGB § 626 Rn. 127c; Gallner/Mestwerdt/Nägele/*Gieseler* Kündigungsschutzrecht BGB § 626 Rn. 120; *Weth* in Herberger/Martinek/Rüßmann/Weth/Würdinger jurisPK-BGB BGB § 626 Rn. 48.
[4169] BGH NJW 1975, 1698 Rn. 17; GroßkommAktG/*Kort* AktG § 84 Rn. 524; BeckOGK/*Fleischer* AktG § 84 Rn. 171; *Seyfarth* VorstR § 20 Rn. 38.

Vorstandsmitglied über die Sachverhaltsaufklärung.[4170] Ebenso wird anerkannt, dass die Frist so lange gehemmt ist wie dem Vorstandsmitglied **Gelegenheit zu Stellungnahme** gegeben wird.[4171] Umstritten ist, ob die **Einholung von Rechtsrat** die Frist hemmt.[4172]

Grundsätzlich abgelehnt wird eine Fristhemmung aus **Gründen**, die **aus der Sphäre der Gesellschaft** stammen, zB wenn die Gesellschaft noch kein qualifiziertes neues Vorstandsmitglied als Ersatz für das ausgeschiedene Vorstandsmitglied gefunden hat.[4173] 1722

Unter bestimmten Umständen kann nach Auffassung des BGH die **Berufung auf den Fristablauf nach § 242 BGB ausgeschlossen** sein, so zB, wenn die Frist nur deswegen verstrichen ist, weil dem Vorstandsmitglied Bedenkzeit eingeräumt wurde, um über eine einvernehmliche Beendigung des erkennbar kündigungsgefährdeten Dienstverhältnisses nachzudenken.[4174] Weiterhin wird in der Literatur vertreten, dass eine Berufung des Vorstandsmitglieds auf das Verstreichen der Frist nach § 242 BGB ausgeschlossen ist, wenn das Vorstandsmitglied selbst das Verstreichen der Frist zu verantworten hat.[4175] 1723

Bei einem **laufenden Ermittlungsverfahren** darf nach Auffassung des BAG der Kündigungsberechtigte den endgültigen Ausgang eines Strafverfahrens abwarten, wenn es ihm auf das Werturteil ankommt, das mit einer Verurteilung des Arbeitnehmers verbunden ist.[4176] Entschließt sich die Gesellschaft dazu, ein laufendes Ermittlungsverfahren abzuwarten, kann sie aber nicht zu einem beliebigen Zeitpunkt das Anstellungsverhältnis kündigen. Vielmehr bedarf es für die Wahl des Kündigungszeitpunkts eines sachlichen Grundes.[4177] Beispielsweise kann der Aufsichtsrat als Kündigungsberechtigter, wenn er neue Tatsachen erfahren oder neue Beweismittel erlangt hat und nun ausreichend Erkenntnisse für eine Kündigung zu haben glaubt, diese Tatsachen und Beweismittel zum Anlass einer Kündigung nehmen.[4178] Der sachliche Grund kann nach Auffassung des BAG in jedem Ereignis liegen, das die Vermutung verstärkt, der zu Kündigende habe die Pflichtverletzung begangen. Das kann etwa auch eine Anklageerhebung sein.[4179] Die Frist beginnt mit dem verdachtstärkenden Ereignis neu zu laufen.[4180] Unerheblich ist, ob die durchgeführten Ermittlungsmaßnahmen tatsächlich zur Aufklärung beigetragen haben.[4181] Geplante, dann aber nicht durchgeführte Ermittlungen sind dagegen nicht geeignet, den Lauf der Frist zu hemmen.[4182] 1724

Soll die Kündigung nicht auf einen einmaligen Vorfall, sondern auf einen **Dauertatbestand** gestützt werden, beginnt die Frist erst mit Ende dieses Zustands. Die Kündigung aufgrund von Dauerzuständen oder eines Gesamtverhaltens des Vorstandsmitglieds ist dann rechtzeitig, wenn während der letzten beiden Wochen Vorfälle bekannt geworden sind, die ein weiteres ausschlaggebendes Glied in der Kette der Ereignisse bilden, die zum Anlass der Kündigung genommen wird.[4183] An dieser Stelle ist jedoch anzumerken, dass **strafbare Handlungen** nach Auffassung der Literatur keinen Dauertatbestand darstellen.[4184] Anders muss das jedoch bei einem noch andauernden strafbaren Unterlassen bewertet werden. 1725

Bei Nichteinhaltung der Zwei-Wochen-Frist ist die Kündigung **unwirksam**.[4185] 1726

(6) Außerordentliche Kündigung durch das Vorstandsmitglied. Selbstverständlich kann auch das **Vorstandsmitglied** den Anstellungsvertrag außerordentlich nach § 626 BGB kündigen. Denkbare Kündigungsgründe sind hier zB ehrverletzende Äußerungen der Gesellschaft, die Zumutung gesetzeswidrigen Verhaltens, aber auch der Widerruf der Bestellung durch die Gesellschaft oder die Freistellung des Vorstandsmitglieds.[4186] Die Fortsetzung des Anstellungsvertrags ist bei fehlender Möglichkeit, die Organposition auszuüben, unzumutbar.[4187] Zweifel an dieser Rechtsprechung bestehen jedoch dann, wenn der Anstellungsvertrag das Schicksal des Anstellungsvertrags durch eine Koppelungsklausel (→ Rn. 1680) explizit 1727

[4170] LG München I AG 2011, 258 Rn. 144; so auch GroßkommAktG/*Kort* AktG § 84 Rn. 523; Hüffer/Koch/*Koch* AktG § 84 Rn. 54.
[4171] BeckOGK/*Fleischer* AktG § 84 Rn. 171; MüKoAktG/*Spindler* AktG § 84 Rn. 180.
[4172] Dagegen: Staudinger/*Preis* BGB § 626 Rn. 290; dafür: ErfK/*Niemann* BGB § 626 Rn. 210; *Dzida* NZA 2014, 809, 812.
[4173] Kölner Komm AktG/*Mertens/Cahn* AktG § 84 Rn. 181.
[4174] BGH NJW 1975, 1698 Rn. 17.
[4175] GroßkommAktG/*Kort* AktG § 84 Rn. 523; Kölner Komm AktG/*Mertens/Cahn* AktG § 84 Rn. 189.
[4176] BAG NZA 2014, 529 Rn. 25; APS/*Vossen* BGB § 626 Rn. 127a.
[4177] APS/*Vossen* BGB § 626 Rn. 127a; Staudinger/*Preis* BGB § 626 Rn. 297.
[4178] BAG NZA 2014, 529 Rn. 24; 2013, 665 Rn. 11; 2006, 101; ErfK/*Niemann* BGB § 626 Rn. 210a; APS/*Vossen* BGB § 626 Rn. 127a.
[4179] BAG NZA-RR 2008, 630; MüKoBGB/*Henssler* BGB § 626 Rn. 330.
[4180] MüKoBGB/*Henssler* BGB § 626 Rn. 345.
[4181] BAG NZA 2015, 621 Rn. 40; 2007, 744 Rn. 19.
[4182] BAG NZA 1994, 934.
[4183] BGH NJW 1995, 2850 (2851) Rn. 14; GroßkommAktG/*Kort* AktG § 84 Rn. 522; *Seyfarth* VorstR § 20 Rn. 38; MüKoAktG/*Spindler* AktG § 84 Rn. 176; Kölner Komm AktG/*Mertens/Cahn* AktG § 84 Rn. 180.
[4184] MüKoBGB/*Henssler* BGB § 626 Rn. 345.
[4185] GroßkommAktG/*Kort* AktG § 84 Rn. 504; Hölters/*Weber* AktG § 84 Rn. 102.
[4186] Vgl. MüKoAktG/*Spindler* AktG § 84 Rn. 202; Grigoleit/*Grigoleit* AktG § 84 Rn. 77.
[4187] Ähnlich MüKoAktG/Spindler § 84 Rn. 163.

regelt. Gleiches gilt für den Fall, dass das Vorstandsmitglied seine Abberufung selbst schuldhaft herbeigeführt hat.[4188] Ein wichtiger Grund zur außerordentlichen Kündigung durch das Vorstandsmitglied kann auch dann vorliegen, wenn diesem durch den Anstellungsvertrag ein Aufgabengebiet zugewiesen war und die Geschäftsordnung ihm ein hiervon abweichendes Ressort zuweist (zum grundsätzlichen Vorrang der Organstellung gegenüber dem Anstellungsvertrag → Rn. 1187). Auch diesbezüglich ist eine gewisse Schwere des Vorwurfs zu verlangen, und die Umstände des Einzelfalls sind zu berücksichtigen. Die Abweichung muss jedenfalls erheblich sein. Dies kann sowohl dann der Fall sein, wenn die Neuzuweisung eine stärkere Arbeitsbelastung mit sich bringt als auch dann, wenn nachträglich Geschäftsführungsbefugnisse eingeengt werden.[4189]

1728 Auch bei **Verschmelzungen und Formwechseln** wird man Vorstandsmitgliedern die außerordentliche Kündigung ihres Anstellungsvertrags ermöglichen müssen. Die Verschmelzung führt nämlich zum Untergang der Organstellung zum Zeitpunkt des Endes der Existenz der früheren Gesellschaft mit der Eintragung in das Handelsregister. Die Anstellungsverträge dagegen bleiben bestehen (§ 20 Abs. 1 Nr. 1 UmwG). Ähnliches gilt nach einem Formwechsel, § 190 UmwG. In dieser Situation muss das Vorstandsmitglied die Möglichkeit haben, sich von seinem Anstellungsvertrag zu lösen.[4190]

1729 **(7) Nachschieben von Kündigungsgründen.** Das **Nachschieben von Kündigungsgründen,** die im Zeitpunkt der Kündigungserklärung bereits objektiv vorlagen, aber dem Aufsichtsrat noch nicht früher als zwei Wochen vor der Kündigungserklärung bekannt waren, ist grundsätzlich zulässig.[4191] Der Aufsichtsrat muss über diese Gründe nicht erneut Beschluss fassen.[4192]

1730 Nach Auffassung des OLG München ist das Nachschieben von Kündigungsgründen bei befristeten Anstellungsverträgen allerdings auf den **Zeitraum bis zum regulären Ende des Anstellungsvertrags** begrenzt.[4193] Voraussetzung einer außerordentlichen Kündigung sei, dass dem Kündigenden das Festhalten am Anstellungsvertrag bis zu dessen ordentlichem Beendigungsdatum nicht zuzumuten ist, weil das nötige Vertrauen in das Vorstandsmitglied zerstört ist. Beim befristeten Anstellungsvertrag könne denknotwendig bei Bekanntwerden von Kündigungsgründen nach dem Ende des Anstellungsvertrags kein Vertrauen in die weitere Zusammenarbeit mehr zerstört werden.[4194] Das gilt nach Auffassung des OLG München insbesondere bei der Verdachtskündigung, die sich vor allem daraus rechtfertigt, dass wegen des Verdachts das Vertrauen in die weitere Zusammenarbeit zerstört ist.[4195] Das überzeugt freilich weder in der Begründung noch im Ergebnis. Die Zulässigkeit des Nachschiebens von Kündigungsgründen beruht auf der Überlegung, dass objektiv bestehende Gründe die Kündigung rechtfertigen können ohne Rücksicht darauf, ob sie vor oder nach Ausspruch der Kündigung bekannt werden. Es soll sich stets die objektiv zutreffende Rechtslage durchsetzen. Daher ist eine Begrenzung des Nachschiebens nur nach den Grundsätzen der **Verwirkung** anzuerkennen.

1731 **(8) Rechtsschutz des Organmitglieds.** Das KSchG und damit insbesondere die Frist der §§ 7, 4 KSchG finden gem. § 14 Abs. 1 Nr. 1 KSchG keine Anwendung auf Vorstandsmitglieder.[4196] Das gekündigte Vorstandsmitglied kann sich gegen die Kündigung mit einer **Feststellungsklage** auf Fortbestehen des Anstellungsverhältnisses wehren. Zuständig sind gem. § 13 GVG die Zivilgerichte.[4197]

1732 **ee) Ordentliche Kündigung.** Da der Anstellungsvertrag stets befristet und damit nicht auf unbestimmte Zeit abgeschlossen ist (→ Rn. 1679), ist eine ordentliche Kündigung nach § 620 Abs. 1, 2 BGB nicht möglich. Die Gesellschaft und das Vorstandsmitglied können jedoch **ein ordentliches Kündigungsrecht im Anstellungsvertrag vereinbaren.**

1733 Die Rechtsprechung und hM verlangt bei einer ordentlichen Kündigung durch die Gesellschaft, dass die **Voraussetzungen eines Widerrufs der Bestellung** vorliegen.[4198] Ansonsten könnten die Voraussetzungen des § 84 Abs. 3 AktG faktisch dadurch umgangen werden, dass der Anstellungsvertrag gekündigt

---

[4188] *Moll* FS Schwerdtner, 2003, 453 (461).
[4189] MüKoAktG/*Spindler* AktG § 77 Rn. 50 u. § 84 Rn. 202; MHdB AG/*Hoffmann-Becking* § 22 Rn. 29.
[4190] *Bauer/Krieger/Arnold* Arbeitsrechtliche Aufhebungsverträge D. Rn. 92.
[4191] BGH WM 1982, 797 (798); OLG München AG 2020, 260 (262); BeckOGK/*Fleischer* AktG § 84 Rn. 180; *Bauer/Krieger/Arnold* Arbeitsrechtliche Aufhebungsverträge D. Rn. 85.
[4192] BGH AG 1998, 519; BeckOGK/*Fleischer* AktG § 84 Rn. 180.
[4193] OLG München AG 2020, 260 (262).
[4194] OLG München AG 2020, 260 (262).
[4195] OLG München AG 2020, 260 (263).
[4196] Anders für den Geschäftsführer der Komplementär-GmbH einer GmbH & Co. KG, der sich als Kläger darauf berufen hat: OLG Hamburg NZG 2013, 831 (833).
[4197] BeckOGK/*Fleischer* AktG § 84 Rn. 179.
[4198] Hölters/*Weber* AktG § 84 Rn. 110.; BeckOGK/*Fleischer* AktG § 84 Rn. 178.

wird und das Vorstandsmitglied gezwungen wird, sein Amt niederzulegen, da eine Ausübung ohne Anstellungsvertrag und insbesondere Vergütung unzumutbar ist.[4199]

1734 Häufig wird ein ordentliches Kündigungsrecht in der Form vereinbart, dass die Gesellschaft bei Widerruf der Bestellung aus einem wichtigen Grund nach § 84 Abs. 3 AktG die Möglichkeit hat, den Anstellungsvertrag unter Wahrung der Kündigungsfrist des § 622 BGB (BAG: § 621 BGB) zu kündigen (zu sog. **Koppelungsklauseln** → Rn. 1680).

1735 Hat die Gesellschaft zwar ein ordentliches Kündigungsrecht, jedoch keine Frist vereinbart, stellt sich die Frage, ob die **Kündigungsfrist** des § 621 Nr. 3 BGB oder die Kündigungsfrist des § 622 BGB auf Vorstandsmitglieder anwendbar ist. Für Vorstandsmitglieder, die aufgrund ihrer Beteiligung die Gesellschaft beherrschen, gilt lediglich § 621 Nr. 3 BGB, wonach die Kündigung spätestens am 15. eines Monats zum Ende des Kalendermonats auszusprechen ist, wenn die Vergütung nach Monaten bemessen ist.[4200] In allen anderen Fällen gilt § 622 BGB,[4201] nach neuerer Rechtsprechung des BAG § 621 BGB.[4202]

1736 Nicht höchstrichterlich geklärt ist, ob bei Vorstandsmitgliedern, auf die § 622 BGB anzuwenden ist, auch die **verlängerten Kündigungsfristen des § 622 Abs. 2 BGB** gelten. Da sich § 622 BGB kaum in einzelne Teile aufspalten lässt und die jüngere Rechtsprechung der Instanzgerichte zu Koppelungsklauseln (→ Rn. 1684) ebenfalls nicht nur die Mindestfrist des § 622 Abs. 1 BGB zur Anwendung bringt, spricht viel dafür, auch die verlängerten Kündigungsfristen des § 622 Abs. 2 BGB auf Vorstandsmitglieder anzuwenden.[4203] Problematisch ist dann, welche **Beschäftigungszeiten** maßgeblich sind, wenn das Vorstandsmitglied bereits zuvor als Arbeitnehmer in der Gesellschaft beschäftigt war. In der Praxis finden sich häufig Vereinbarungen im Anstellungsvertrag, wonach ein bestimmtes Eintrittsdatum in das Unternehmen für die Kündigungsfrist maßgeblich sein soll. In Konzernen stellt sich zusätzlich die Frage, ob und wie – bei Fehlen einer entsprechenden Regelung – Vorbeschäftigungszeiten als Arbeitnehmer oder Vorstandsmitglied in anderen Tochterunternehmen des Konzerns Berücksichtigung finden sollen. Auch hier ist eine explizite Regelung im Anstellungsvertrag unbedingt zu empfehlen, um spätere Auseinandersetzungen zu vermeiden.

1737 ff) **Change in Control/Change of Control-Klauseln.** Mit sogenannten **Change of Control-Klauseln** oder **Change in Control-Klauseln** wird dem Vorstandsmitglied im Anstellungsvertrag ein **Sonderkündigungsrecht** eingeräumt für den Fall, dass ein bestimmtes, in der Klausel spezifiziertes Ereignis (der sogenannte **Kontrollwechsel**) eintritt. Change of Control-Klauseln sollen sicherstellen, dass die Vorstandsmitglieder Übernahmeversuche unbefangen beurteilen, indem sie im Falle eines Kontrollwechsels finanziell abgesichert sind.[4204] Die Zulässigkeit von Change of Control-Klauseln ist daher bisher im Grundsatz allgemein anerkannt (zu Bedenken im Zuge des DCGK → Rn. 1462 ff.).[4205]

1738 Der **Kontrollwechsel** knüpft in der Regel an die Anzeige- oder Mitteilungspflichten bei Erreichung bestimmter Stimmrechtsanteile (§ 29 Abs. 2 WpÜG oder §§ 33, 34 WpHG), an den Abschluss eines Unternehmensvertrags (§§ 291 ff. AktG) oder an einen von der üblichen Hauptversammlungspräsenz abhängigen Kontrollwechsel an.

1739 Aus der Sicht des Aufsichtsrats ist es empfehlenswert, das Kündigungsrecht nicht nur an den Kontrollwechsel, sondern zusätzlich an eine **Beeinträchtigung des Vorstandsmitglieds** (sog. **Double Trigger**) zu knüpfen. Welche Beeinträchtigung des Vorstandsmitglieds als Folge des Kontrollwechsels maßgeblich sein soll, ist in der Klausel selbst festzulegen. Dies kann in der Praxis zu erheblichen Schwierigkeiten führen. Soweit ersichtlich, unterscheiden sich die Anknüpfungspunkte in der Praxis sehr. So kann zum einen ein Widerruf der Bestellung durch die Gesellschaft das Sonderkündigungsrecht (mit Abfindungsanspruch, vgl. → Rn. 1740) auslösen oder aber auch bereits eine wesentliche Veränderung des Zuständigkeitsbereichs, eine wesentliche Änderung der Strategie des Unternehmens oder eine wesentliche Veränderung des Dienstsitzes.

1740 Change of Control-Klauseln räumen dem Vorstandsmitglied in der Regel nicht nur ein ordentliches Kündigungsrecht ein, sondern verbinden das Kündigungsrecht mit einem **Abfindungsanspruch.** Die Abfindungszusage in einer Change of Control-Klausel muss dem **Angemessenheitsgebot des § 87 Abs. 1 AktG** genügen (→ Rn. 1291). Umstritten ist aber, wie das Angemessenheitsgebot zu konkretisieren ist. Vor Inkrafttreten des aktuellen DCGK wurde in der Literatur verbreitet diskutiert, ob mit Blick auf Ziffer 4.2.3 Abs. 5 DCGK 2017 im Falle eines Kontrollwechsels eine Grenze von drei Jahresvergütungen erlaubt oder ob, wie bei der Zusage sonstiger Abfindungen, die Restlaufzeit des Anstellungsvertrags

---

[4199] *Bauer/Krieger/Arnold* Arbeitsrechtliche Aufhebungsverträge D. Rn. 64.
[4200] BGH GmbHR 1984, 312; 1987, 263.
[4201] BGH NZG 2005, 968 (970); vgl. *S. Krieger/Reinecke* KrV 2016, 136 (139).
[4202] BAG NJW 2020, 2824.
[4203] *Bauer* BB 1994, 855; *Bauer/C. Arnold* ZIP 2006, 2337 (2342).
[4204] *Bauer/Krieger/Arnold* Arbeitsrechtliche Aufhebungsverträge D. Rn. 93. Hüffer/Koch/*Koch* AktG § 87 Rn. 23.
[4205] Grigoleit/*Schwennicke* AktG § 87 Rn. 16; BeckOGK/*Fleischer* AktG § 87 Rn. 60.

als weitere Obergrenze zu beachten ist. Teilweise wurde angenommen, dass auch die Grenze der Restlaufzeit des Anstellungsvertrags zu beachten sei.[4206] Die überwiegende Ansicht in der Literatur begrenzte die Abfindung bei einer Change of Control-Klausel dagegen in Orientierung an Ziffer 4.2.3 Abs. 5 DCGK 2017 lediglich auf drei Jahresvergütungen.[4207] Einige Stimmen in der Literatur sprachen sich auch explizit gegen die Restlaufzeit als weitere Obergrenze aus.[4208] Mit der Abschaffung der Empfehlung in Ziffer 4.2.3 Abs. 5 DCGK 2017 und der Einführung der gegenläufigen Anregung G.14 ist die Basis für diese Argumentation entfallen. Aufsichtsräte müssen nach allgemeinen Kriterien prüfen und entscheiden, ob und in welcher Höhe eine Abfindungszusage in einer Change of Control-Klausel durch das Unternehmenswohl gerechtfertigt ist, insbesondere vor dem Hintergrund der von der Abfindung ausgehenden Incentivierung. In der Regel sind Aufsichtsräte gut beraten, jedenfalls keine Abfindung zu vereinbaren, die über eine Kapitalisierung der Restlaufzeit hinausgeht.

1741 Neben dem Angemessenheitsgebot des § 87 AktG müssen Change of Control-Klauseln stets auch die Vorgaben der sogenannten **Mannesmann-Rechtsprechung** (→ Rn. 1540) beachten. Problematisch ist dies insbesondere bei einer **nachträglichen Vereinbarung einer Change of Control-Klausel**. Fehlt es an einer Rechtsgrundlage für die nachträgliche Sonderzahlung im Anstellungsvertrag, verlangt die Mannesmann-Rechtsprechung, dass der Gesellschaft durch die Zahlung eines Vergütungselements ein zukunftsbezogener Nutzen zufließt, der in einem angemessenen Verhältnis zur Minderung des Gesellschaftsvermögens durch die Sonderzahlung steht. In der Literatur wird daher verbreitet angenommen, dass eine Change of Control-Klausel dann unzulässig ist, wenn sich ein Übernahmeversuch, der zum Kontrollwechsel führen könnte, bereits konkret abzeichnet. Aus der Mannesmann-Rechtsprechung ergebe sich, dass entscheidend ist, ob von der Abfindungszahlung eine hinreichende Anreizwirkung ausgeht oder sie sich vielmehr als Verschwendung von Gesellschaftsvermögen darstellt. Wird eine solche Change of Control-Klausel mit Abfindungszusage erst in der Phase eines sich bereits konkret abzeichnenden Übernahmeversuchs vereinbart, lasse sich eine Anreizwirkung nur noch schwer begründen.[4209] Nach einer Gegenauffassung in der juristischen Literatur soll die Vereinbarung einer Change of Control-Klausel auch dann zulässig sein, wenn sich eine Transaktion bereits konkret abzeichnet, die zu einem Kontrollwechsel führen könnte. Diese Gegenauffassung stützt sich darauf, dass auch bei einer sich bereits konkret abzeichnenden Transaktion eine Change of Control-Klausel im Unternehmensinteresse gerechtfertigt werden könne, wenn sie zu einer unvoreingenommenen Bewertung und Förderung der Transaktion durch Vorstandsmitglieder incentiviere.[4210] Folgt man dieser Auffassung, ist jedoch zu beachten, dass diese Incentivierung häufig auch durch einen Transaktionsbonus (→ Rn. 1526) erfolgt. Die Change of Control-Klausel darf nicht den gleichen Anreiz setzen wie ein etwaiger Transaktionsbonus.

1742 Nach der Anregung G.14 **DCGK** (→ Rn. 1461) sollten Zusagen für Leistungen aus Anlass der vorzeitigen Beendigung der Vorstandstätigkeit infolge eines Kontrollwechsels nicht mehr vereinbart werden. Hieraus folgt aber selbstverständlich kein Verbot, Change of Control-Klauseln zu vereinbaren.[4211]

c) Abfindung

1743 Dem Vorstandsmitglied kann grundsätzlich nach Beendigung des Anstellungsverhältnisses ein **Abfindungsanspruch** zustehen. Im Regelfall liegt der Abfindung die Vertragsbeendigung durch einen Aufhebungsvertrag zugrunde. Die Abfindung ist dabei meist der zentrale Punkt des Aufhebungsvertrags. Über die Höhe des Abfindungsanspruchs verhandelt der Aufsichtsrat bei Abschluss des Aufhebungsvertrags mit dem ausscheidenden Vorstandsmitglied. Man unterscheidet zwischen einer **ablösenden Abfindung,** die Ersatz für die Ansprüche des Vorstandsmitglieds für die restliche Laufzeit des Anstellungsvertrags ist, und einer **zusätzlichen Abfindung,** die für die vorzeitige Beendigung entschädigen soll (**„golden handshake"**).[4212]

1744 **aa) Zulässigkeit.** Wenn das Anstellungsverhältnis vorzeitig einvernehmlich durch einen Aufhebungsvertrag beendet wird, ist die Zahlung einer Abfindung **grundsätzlich zulässig** und üblich. Eine Diskussion über die Zulässigkeit von Abfindungszahlungen an ausscheidende Vorstandsmitglieder börsennotierter Aktiengesellschaften wurde durch das VorstAG ausgelöst. Im Mittelpunkt stand dabei der Nachhaltigkeits-

---

[4206] MüKoAktG/*Spindler* AktG § 87 Rn. 160 ff.; nicht eindeutig Kölner Komm AktG/*Mertens/Cahn* AktG § 87 Rn. 85 f.
[4207] Hölders/*Weber* AktG § 87 Rn. 44; BeckOGK/*Fleischer* AktG § 87 Rn. 60; *Traugott/Grün* AG 2007, 761(766); *Kort* BB 2009, 1876 (1879).
[4208] So ausdrücklich *Dörrwächter/Traskowski* NZG 2007, 846 (851).
[4209] MüKoAktG/*Spindler* AktG § 87 Rn. 162; *Kort* AG 2006, 106 (108); BeckOGK/*Fleischer* AktG § 87 Rn. 60; Hüffer/*Koch/Koch* AktG § 87 Rn. 23.
[4210] *Bauer/Krieger/Arnold* Arbeitsrechtliche Aufhebungsverträge D. Rn. 94.
[4211] *C. Arnold/Gralla* NZG 2020, 529 (537); *Kämper/Bost* NJOZ 2019, 561 (566).
[4212] *Seyfarth* VorstR § 21 Rn. 19; *Bauer/Krieger/Arnold* Arbeitsrechtliche Aufhebungsverträge D. Rn. 210.

grundsatz des § 87 Abs. 1 S. 2, 3 AktG. Dessen Sinn ist zu verhindern, dass Vorstandsmitglieder Strategien verfolgen, die langfristig der Entwicklung der Gesellschaft schaden. Bei ausscheidenden Vorstandsmitgliedern greift dieser Gedanke jedoch gerade nicht, da sie längerfristig nicht mehr Teil der Gesellschaft sind.[4213] Dies steht also der Zulässigkeit von Abfindungszahlungen nicht entgegen. Nicht zulässig ist eine Abfindung allerdings, wenn die Beendigung auf einer außerordentlichen Kündigung gem. § 626 BGB beruht. Die Zahlung einer zusätzlichen Abfindungszahlung ist nur dann zulässig, wenn sie durch das Unternehmensinteresse begründet werden kann, also angemessen ist.[4214]

bb) Höhe. Ist die Abfindung zulässig, stellt sich die Frage, wonach deren Höhe zu bemessen ist. Die Zahlung kann sich bis zu der Summe der noch ausstehenden Gesamtbezüge erstrecken. Das ausscheidende Vorstandsmitglied ist daran interessiert, eine Abfindung zu erhalten, die der restlichen Gesamtvergütung möglichst nahekommt, wohingegen die Aktiengesellschaft dies nicht zwangsläufig erfüllen muss. Das Vorstandsmitglied muss sich nämlich mögliche **anderweitige Verdienste** während der restlichen Laufzeit des Anstellungsverhältnisses anrechnen lassen.[4215] Zudem spielt auch hier das **Mannesmann-Urteil** des BGH (→ Rn. 1540) eine begrenzende Rolle. Die Höhe der Abfindung und deren Angemessenheit unterliegen in der Praxis seit diesem Urteil einer genaueren Prüfung als zuvor.

Bei der Bestimmung der Höhe der Abfindung gilt das **Angemessenheitsgebot** des § 87 Abs. 1 S. 1 AktG, da diese unmittelbar mit der Vorstandstätigkeit zusammenhängt.[4216] Somit muss nicht nur der allgemeine Sorgfaltsmaßstab nach §§ 116, 93 AktG beachtet werden. Gegenstand der Ermessenserwägung darf auch die Wirkung der Höhe der Abfindungszahlung auf künftig ausscheidende Vorstandsmitglieder sein. Probleme stellen sich bei **variablen Vergütungen** nach § 87 Abs. 1 S. 3 AktG, weil oftmals die Bemessungsgrundlage aufgrund der vorzeitigen Beendigung des Anstellungsverhältnisses noch nicht vorliegt oder aussagekräftig ist. In diesem Fall muss der Aufsichtsrat auf Grundlage der zu diesem Zeitpunkt vorhandenen Informationen Erwägungen vornehmen, um eine angemessene Höhe festzusetzen.

Zudem stellt sich die Frage, ob Abfindungszahlungen gem. § 87 Abs. 2 AktG nachträglich herabgesetzt werden können, wenn sich die Lage der Gesellschaft verschlechtert. Da auch hier ein unmittelbarer Zusammenhang zur Vorstandstätigkeit besteht, muss eine **Herabsetzung** möglich sein.[4217] Ein ausgeschiedenes Vorstandsmitglied kann schließlich nicht besser stehen als ein noch amtierendes.

Weiterhin kommt eine Abfindung auf Grundlage einer **Change of Control-Klausel** in Betracht (→ Rn. 1740). Das Vorstandsmitglied erhält in diesem Fall einen Anspruch auf die Abfindungszahlung, wenn es im Rahmen eines Kontrollwechsels aus seinem Amt ausscheidet und den Anstellungsvertrag beendet.[4218]

Im Hinblick auf die Höchstgrenze der Abfindung beschreibt der **DCGK** das **Abfindungs-Cap** (→ Rn. 1446) als Empfehlung, wonach Vorstandsmitglieder börsennotierter Aktiengesellschaften keine Abfindungszahlungen erhalten sollen, die mehr als zwei Jahresvergütungen betragen und die die Restlaufzeit des Anstellungsvertrags überschreiten.[4219]

d) Übergangsgeld

Gelegentlich finden sich in Anstellungsverträgen von Vorstandsmitgliedern noch sog. **Überbrückungs-** oder **Übergangsgeldzusagen.** Hierbei verpflichtet sich die Gesellschaft, dem Vorstandsmitglied nach Ausscheiden aus der Gesellschaft eine begrenzte oder auch die gesamte Zeit bis zum Erreichen des Rentenalters durch Zahlung des Übergangsgeldes zu überbrücken.

Übergangsgelder werden, da sie nach Beendigung des Anstellungsverhältnisses gezahlt werden, häufig in der Nähe der Ruhegehaltszusage (→ Rn. 1776) verortet und als **der sog. 3. Pensionsfall** bezeichnet.[4220] Da Übergangsgelder jedoch weder einen Versorgungszweck im Sinne des § 1 BetrAVG verfolgen, noch an eines der biologischen Ereignisse anknüpfen, fallen sie nicht in den Anwendungsbereich des Betriebsrentengesetzes.[4221] Für sie gelten daher völlig andere gesetzliche Rahmenbedingungen als für das Ruhegehalt.

Übergangsgeldzusagen waren früher bei Verträgen von Organmitgliedern verbreitet, sind heute in neueren Vorstandsverträgen aber **kaum noch üblich**.[4222] Eine solche Vereinbarung ist zwar nach wie vor

---

[4213] *Bauer/Krieger/Arnold* Arbeitsrechtliche Aufhebungsverträge D. Rn. 212.
[4214] *Beiner/Braun* Der Vorstandsvertrag Rn. 766; GroßkommAktG/*Hirte/Mülbert/Roth* AktG § 87 Rn. 289.
[4215] *Bauer/Krieger/Arnold* Arbeitsrechtliche Aufhebungsverträge D. Rn. 217.
[4216] MüKoAktG/*Spindler* AktG § 87 Rn. 155; *Seyfarth* VorstR § 21 Rn. 37.
[4217] MüKoAktG/*Spindler* AktG § 87 Rn. 201.
[4218] GroßkommAktG/*Hirte/Mülbert/Roth* AktG § 87 Rn. 294.
[4219] BeckOGK/*Fleischer* AktG § 87 Rn. 53.
[4220] Statt vieler nur BeckOGK/*Fleischer* AktG § 84 Rn. 56, mwN.
[4221] BAG NZA 2010, 248; *Rolfs* in Blomeyer/Rolfs/Otto BetrAVG § 1 Rn. 68; *Diller* NZG 2009, 1006 (1008).
[4222] *Bauer/Krieger/Arnold* Arbeitsrechtliche Aufhebungsverträge D. 274.

rechtlich zulässig.[4223] Mit Blick auf die Belange der Gesellschaft sind Übergangsgelder auch kaum mehr veranlasst: Übergangsgelder begünstigen gerade diejenigen Vorstandsmitglieder, die vorzeitig aus der Gesellschaft ausscheiden oder deren Anstellungsvertrag nicht verlängert wird. Letztlich fallen sie also vor allem bei denjenigen an, die sich in den Diensten der Gesellschaft nicht bewährt haben. Insofern ist die Zusage solcher Leistungen – auch mit Blick auf die immer weiter abnehmende Üblichkeit am Markt – heute nicht mehr empfehlenswert.

1753 Ein besonderes Augenmerk ist auf die vorzeitige Aufhebung von Altverträgen zu legen, die noch eine **Übergangsgeldzusage** enthalten.[4224] Hier sollte der Aufhebungsvertrag eine Regelung zum Übergangsgeld enthalten. Teilweise wird mit dem Aufhebungsvertrag eine Abfindung zugesagt, gleichzeitig aber übersehen, dass auch das Übergangsgeld mit der Beendigung des Vertrags ausgelöst wird. Eine Vereinbarung über eine Anrechnung oder ein Verzicht auf eine der Leistungen ist daher empfehlenswert.

e) Auskunfts- und Herausgabepflichten

1754 Endet das Anstellungsverhältnis eines Organmitglieds, liegt es im Interesse der Gesellschaft, dass die Geschäfte möglichst reibungslos vom Nachfolger bzw. von den im Amt verbleibenden Organmitgliedern fortgeführt werden. Dafür ist es unter anderem von Bedeutung, dass geschäftliche Unterlagen und Daten an die Gesellschaft übergeben und dort unmittelbar weiterverwendet werden können, ohne dass durch den Wechsel in der Besetzung des geschäftsführenden Organs Wissen verloren geht. Regelmäßig befinden sich am Ende des Anstellungsverhältnisses noch Unterlagen und Gegenstände, die das Vorstandsmitglied im Rahmen seiner Tätigkeit für die Gesellschaft erlangt hat, im Besitz des ausscheidenden Organmitglieds. Dies gilt in gleicher Weise für physische Unterlagen wie für elektronische Daten.

1755 Umgekehrt befinden sich möglicherweise in Räumen der Gesellschaft oder auf deren Rechensystemen Unterlagen, an denen das Organmitglied auch nach Austritt aus der Gesellschaft Interesse hat, insbesondere dann, wenn es Organhaftungsansprüche der Gesellschaft befürchtet.

1756 **aa) Auskunftsrecht der Gesellschaft.** Der Anstellungsvertrag der Organmitglieder ist in aller Regel ein Dienstvertrag mit Geschäftsbesorgungscharakter, sodass gemäß § 675 BGB die **Vorschriften über den Auftrag** entsprechend zur Anwendung kommen (→ Rn. 1183). Daher hat die Gesellschaft nach §§ 675, 666 BGB einen Anspruch gegen das Organmitglied, der auf **Auskunft** über die in dessen Besitz gelangten Unterlagen und sonstige Vorteile zu geben ist.[4225] Gegebenenfalls hat das Organmitglied darüber **Rechenschaft** gem. §§ 259 ff. BGB abzulegen.[4226] Das Auskunftsrecht allein wird der Gesellschaft im Zweifel nur als Vorstufe dienen, wenn im Nachgang ein **Herausgabeanspruch** geltend gemacht werden soll. Prozessual ist hier regelmäßig die **Stufenklage** zweckmäßig.

1757 Geht es nicht um die Herausgabe von Unterlagen, sondern um die Herausgabe sonstiger Vorteile, die das Organmitglied im Rahmen seiner Tätigkeit erlangt hat, kommt der Auskunftspflicht eine gesteigerte Bedeutung zu.

1758 **bb) Herausgabeanspruch der Gesellschaft.** Das ausscheidende Organmitglied ist mit dem Ende seines Anstellungsverhältnisses verpflichtet, die Unterlagen und Gegenstände sowie sonstige Vorteile, die es aufgrund seiner Tätigkeit erlangt hat, herauszugeben. Dogmatisch unterscheiden sich die Ansprüche insbesondere danach, was herauszugeben ist.

1759 **(1) Sachenrechtliche Herausgabepflicht.** So bestehen an Gegenständen, die im **Eigentum** der Gesellschaft stehen, wie zB einen Dienstlaptop oder Geschäftshandy, aber regelmäßig auch Geschäftsunterlagen bereits aus der Eigentumsstellung Herausgabepflichten. Spätestens mit dem Ende des Anstellungsvertrages endet das Recht zum Besitz, welches das Organmitglied gegenüber der Gesellschaft zum Besitz dieser Gegenstände berechtigen würde.[4227]

1760 Anders als bei Dienstlaptop oder Geschäftshandy, welches das Organmitglied für sich selbst im Besitz hält, ist bei Geschäftsunterlagen regelmäßig davon auszugehen, dass sachenrechtlich im Rahmen des **Organbesitzes** die Gesellschaft an Geschäftsunterlagen selbst und nicht das Organmitglied Besitz hat,[4228] sodass auch besitzrechtliche Herausgabeansprüche bestehen können. Hält das Organmitglied den Besitz gegenüber der Gesellschaft unrechtmäßig zurück, begeht es verbotene Eigenmacht.[4229]

[4223] Bauer/Baeck/v.Medem NZG 2010, 721 (721 f.); Veltins BB 2013, 1077; vgl. auch BGH NZA 2008, 306.
[4224] Bauer/Krieger/Arnold Arbeitsrechtliche Aufhebungsverträge D. 275.
[4225] BGH NZG 2008, 834 für Aufsichtsratsmitglieder einer AG; BGH BeckRS 1962, 31183056 für den GmbH-Geschäftsführer.
[4226] MüKoBGB/Schäfer BGB § 666 Rn. 29 ff.
[4227] So für einen Arbeitnehmer, LAG Berlin NJW 1986, 2528.
[4228] Vgl. zum Organbesitz BGH NJW 1972, 43; MüKoBGB/Schäfer BGB § 854 Rn. 36 ff.
[4229] Vgl. zB Hümmerich/Reufels/Reufels, Gestaltung von Arbeitsverträgen, § 2 Rn. 762.

Inwiefern sachenrechtliche Herausgabeansprüche auch für vom Organmitglied im Rahmen der Organtätigkeit **erstellte Unterlagen** gilt, hängt von den Umständen des Einzelfalls ab.[4230]

(2) Herausgabeanspruch aus § 667 BGB. Unabhängig von sachenrechtlichen Verhältnissen, besteht aus §§ 675, 667 BGB ein weitgehender Herausgabeanspruch der Gesellschaft gegen das Organmitglied. Danach hat das Organmitglied *„alles was [es] zur Ausführung des Auftrags erhält und was [es] aus der Geschäftsbesorgung erlangt, herauszugeben."* Davon erfasst sind also nicht nur Unterlagen und Gegenstände, die bereits der Gesellschaft gehören, die er also von der Gesellschaft **„erhält",** sondern auch diejenigen, die er im Rahmen der Geschäftsbesorgung **„erlangt".**[4231]

Der Herausgabeanspruch ist nicht auf physische Gegenstände beschränkt, sondern erfasst auch **Rechte** oder **Daten.**[4232] Die Herausgabe ist dann einerseits auf Übermittlung der Daten und Übertragung der Recht gerichtet. Anderseits ist die Herausgabe ist dann erfüllt, wenn das Organmitglied keine Zugriffsmöglichkeiten mehr hat. Der Herausgabeanspruch ist daher auch darauf gerichtet, das es diese zB auf seinen privaten Datenträgern löscht.[4233] Das gilt zB für geschäftliche Unterlagen, aber grundsätzlich aber auch für sonstige Daten, die das Organmitglied erlangt hat wie zB dienstliche E-Mails.

Mit dem Herausgabeanspruch einher geht, dass das ausscheidende Organmitglied nicht berechtigt ist, dienstlich erlangte Daten oder E-Mails ohne Herausgabe zu vernichten oder gar aus einem dienstlich für das Organmitglied eingerichteten Account **zu löschen.** Insoweit besteht im Regelfall eine vertragliche Nebenpflicht.[4234] In diesen Fällen kann sich das ausscheidende Organmitglied gegenüber der Gesellschaft schadensersatzpflichtig machen – jedenfalls dann, wenn das Interesse der Gesellschaft für das Organmitglied erkennbar war.[4235]

Der Herausgabeanspruch richtet sich auch auf andere durch die Tätigkeit erlangte **Rechte.** So hat das Bundesarbeitsgericht entschieden, dass eine Führungskraft auch die seinem privaten Meilenkonto im Rahmen eines Vielfliegerprogramms für von der Gesellschaft bezahlte Flüge gutgeschriebenen Flugmeilen aus § 667 Alt. 2 BGB herauszugeben hat.[4236]

Die Herausgabe ist dagegen stets nur auf solche Unterlagen und Daten gerichtet, die einen **geschäftlichen Bezug** haben. Rein **private** Daten muss das Organmitglied daher nicht herausgeben. Praktisch stellen sich hier jedoch erhebliche Umsetzungsprobleme, insbesondere dann, wenn die Gesellschaft die private Nutzung dienstlicher Geräte oder Accounts für private Zwecke erlaubt hat.

Grundsätzlich erstreckt sich die Herausgabepflicht auch auf **Kopien.**[4237] Abgelehnt wird dagegen teilweise die Herausgabe von Notizen über persönliche Eindrücke oder zur eigenen Information angefertigte Unterlagen.[4238]

(3) Vertragliche Vereinbarungen. Trotz der bereits sehr weitgehenden gesetzlichen Herausgabepflichten- und ansprüche empfiehlt es sich, bei der Vertragsgestaltung auf den Einzelfall zugeschnittene Rechte und Pflichten zu vereinbaren und damit die gesetzlichen Vorgaben zu **konkretisieren,** damit für die Vertragsparteien bei der Beendigung des Anstellungsverhältnis Klarheit herrscht. Häufig sind konkretisierte Herausgabepflichten und deren Abwicklung auch Bestandteil von **Aufhebungsvereinbarungen.**[4239]

Eine vertragliche Vereinbarung erlaubt es den Parteien **abweichende oder klarstellende Regelungen** zu treffen. So sind zB praktisch Vereinbarungen anzutreffen, wonach dem Organmitglied das Recht zur Übernahme des Dienstwagens oder Geschäftshandys eingeräumt wird oder ein konkretes Procedere zur Übergabe von Daten geregelt wird. Vertraglich lassen sich auch Vereinbarungen darüber treffen, wie zB die Trennung von privaten und dienstlichen Daten sichergestellt werden soll.

Grundsätzlich können auch im Einzelfall bestehende **Zurückbehaltungsrechte** (→ Rn. 1774) vertraglich abbedungen werden. In Verbraucherverträgen wäre eine solche Vereinbarung in AGB jedoch wegen § 309 Nr. 2 BGB **unzulässig.**[4240] (Zur Verbrauchereigenschaft des Vorstandsmitglieds → Rn. 1233).

[4230] Hümmerich/Reufels/*Reufels*, Gestaltung von Arbeitsverträgen, § 2 Rn. 761 ff.
[4231] BGH NZG 2008, 834; BGH BeckRS 1962, 31183056; MHdB AG/*Wentrup* § 21 Rn. 125; BeckOGK/*Fleischer* § 84 AktG Rn. 86 ff; v. Westphalen/Thüsing/*Thüsing*, Vertragsrecht und AGB-Klauselwerke, Geschäftsführerverträge, Rn. 227.
[4232] Hümmerich/Reufels/*Reufels*, Gestaltung von Arbeitsverträgen, § 2 Rn. 761; LG Frankfurt BeckRS 2009, 20036.
[4233] LG Frankfurt BeckRS 2009, 20036.
[4234] OLG Dresden NJW-RR 2013, 27 für einen im Rahmen eines Dauerschuldverhältnisses eingerichteten E-Mail Account, auch wenn dieses den umgekehrten Fall erfasst; kritisch für das Verhältnis des Arbeitgebers zu Arbeitnehmer dagegen *Hülbach*, ArbRB 2013, 148 in seiner Anmerkung zu dieser Entscheidung.
[4235] OLG Dresden NJW-RR 2013, 27.
[4236] BAG NZA 2006, 1089.
[4237] BGH NZG 2008, 834; Hümmerich/Reufels/*Reufels*, Gestaltung von Arbeitsverträgen, § 2 Rn. 761.
[4238] Illert/Ghassemi-Tabar/Cordes/*Meyer*, Handbuch Vorstand und Aufsichtsrat, Rn. 466.
[4239] Vgl. zB *Bauer/Krieger/Arnold*, Arbeitsrechtliche Aufhebungsverträge, Rn. 364 ff.
[4240] Fleischer/*Thüsing*, Vorstand, § 4 Rn. 130; vgl. aber MAH ArbR/*Moll/Eckhoff* § 81 Rn. 38, die einen solchen Ausschluss ausdrücklich empfehlen.

1771 **cc) Ansprüche des Organmitglieds.** Im Einzelfall kann das Organmitglied jedoch ein **berechtigtes Interesse** daran haben, dass ihm geschäftliche Unterlagen auch nach dem Ende seines Anstellungsvertrages zur Verfügung stehen. So etwa, wenn der Aufsichtsrat der Gesellschaft beschließen würde, das ausgeschiedene Organmitglied wegen Verletzung seiner Sorgfaltspflichten in Anspruch zu nehmen. In diesem Fall hätte die Gesellschaft nach der Rechtsprechung des BGH dem ausgeschiedenen Organmitglied **Einsicht** in dienstliche Dokumente zu gewähren, soweit das für seine Rechtsverteidigung erforderlich ist.[4241] Dabei ist zu berücksichtigen, dass bei der AG auch das ausgeschiedene Vorstandsmitglied gemäß § 93 Abs. 2 S. 2 AktG die Beweislast dafür trägt, seine Sorgfaltspflichten nicht verletzt zu haben.[4242] Mit dem Einsichtsrecht wird man auch das Recht einräumen müssen, dass sich das Organmitglied **Kopien** der entsprechenden Unterlagen macht.[4243]

1772 Einen Anspruch, dass ihm sämtliche dienstlichen Dokumente ohne Weiteres herausgegeben werden, hätte ein ausgeschiedenes Organmitglied aber auch dann nicht.

1773 Ist bereits absehbar, dass ein Organmitglied gewisse Dokumente nach seinem Ausscheiden für die Abwehr von Haftungsansprüchen benötigen wird oder bereits in Anspruch genommen wurde, so kann die Geltendmachung von Herausgabeansprüchen durch die Gesellschaft im Einzelfall **treuwidrig** sein.[4244]

1774 **dd) Sonstiges. Zurückbehaltungsrechte** werden dem ausscheidenden Organmitglied an Geschäftsunterlagen nur ausnahmsweise zustehen. Der BGH hat zurecht angenommen, dass die Gesellschaft an der Fortführung ihrer Geschäfte ein solch überwiegendes Interesse hat, dass die Geltendmachung eines Zurückbehaltungsrecht des ausgeschiedenen Organmitglieds aus § 273 BGB regelmäßig **treuwidrig** sei.[4245]

f) Ruhegehalt und Ruhegehaltszusage

1775 **aa) Ruhegehalt.** Ein typischer Bestandteil von Anstellungsverträgen von Vorstandsmitgliedern sind Ruhegehaltszusagen. Hierbei handelt es sich um einen vertraglichen Anspruch aus dem Dienstverhältnis. Die Ruhegehaltszusage ist **freiwillig**.[4246] Daher gewähren manche Gesellschaften ihren Vorstandsmitgliedern keine Altersversorgung oder lediglich eine weitere Barkomponente als Vergütungsbestandteil („pension allowance"), die Vorstandsmitglieder für die private Altersversorgung verwenden können, aber nicht müssen. Dagegen enthält in der Praxis der überwiegende Teil der Vorstandsverträge größerer Unternehmen eine Ruhegehaltszusage.[4247] Praktisch handelt es sich um ein wichtiges Element im Gesamtpaket der Vorstandsvergütung. Eine Auswertung der Vergütungsberichte im Jahr 2018 ergab, dass die Ruhegehaltszusage im Schnitt zwischen 15–18 Prozent der gesamten Vorstandsvergütung ausmacht.[4248]

1776 **(1) Abgrenzung von anderen Leistungen.** Die Ruhegeldzusage ist von anderen Leistungen, die mit oder nahe der Beendigung des Dienstverhältnisses einsetzen, zu unterscheiden. Die maßgeblichen Abgrenzungskriterien lassen sich aus der Legaldefinition der betrieblichen Altersversorgung in § 1 Abs. 1 S. 1 BetrAVG ableiten. Die Ruhegehaltszusage hat versicherungsähnlichen Charakter, weil sie an ein **biologisches Ereignis** anknüpft: Das Gesetz umfasst die drei Ereignisse Alter, Invalidität oder Tod. Jedes von ihnen deckt ein sog. biometrisches Risiko ab. Das biologische Ereignis muss die Leistungspflicht auslösen.[4249] Insofern unterscheidet sich die Altersrente von einem Übergangsgeld (→ Rn. 1750), das zwar an das Ende des Dienstverhältnisses anknüpft, aber eben typischerweise nicht durch Vollendung eines bestimmten Lebensalters ausgelöst wird.[4250]

1777 Die Leistung muss gem. § 1 Abs. 1 S. 1 BetrAVG einem Arbeitnehmer aus Anlass eines Arbeitsverhältnisses zugesagt werden. Obwohl Vorstandsmitglieder nicht als Arbeitnehmer gelten, findet diese Vorschrift gem. § 17 Abs. 1 S. 2 BetrAVG auf sie entsprechende Anwendung (→ Rn. 1779). Dementsprechend muss die Zusage **aus Anlass des Dienstverhältnisses** zugesagt werden. Dazu muss sie in Zusammen-

---

[4241] So zB BGH NZG 2008, 834; NJW 2003, 358.
[4242] Vgl. auch *Deilmann/Otte* BB 2011, 1291.
[4243] Illert/Ghassemi-Tabar/Cordes/*Meyer*, Handbuch Vorstand und Aufsichtsrat, Rn. 467.
[4244] BGH NJW 1990, 1289; *Thüsing* in Fleischer VorstR-HdB § 4 Rn. 130; BeckOGK/*Fleischer* AktG § 84 Rn. 87.
[4245] So BGH BeckRS 1968, 31368038 für einen Geschäftsführer, der zur Durchsetzung etwaiger Geldansprüche Geschäftsunterlagen zurückhielt. Siehe auch MHdB AG/Wentrup, § 21 Rn. 125.
[4246] Blomeyer/Rolfs/Otto/*Rolfs* BetrAVG Anh. § 1 Rn. 2.
[4247] Nach einer Studie der Hans-Böckler-Stiftung variiert der Verbreitungsgrad von Ruhegeldzusagen bei Vorstandsmitgliedern je nach Unternehmensgröße von 97 % bei DAX-Unternehmen bis 39 % bei TecDax-Unternehmen, vgl. *Evers*, Die betriebliche Altersversorgung von Vorstandsmitgliedern in großen Börsengesellschaften, Mitbestimmungspraxis Nr. 1, S. 21.
[4248] Presseinformation der Beratungsgesellschaft *Willis Towers Watson* vom 26.6.2019, online abrufbar unter https://www.lbav.de/wp-content/uploads/2019/07/PM_DAX-Vorstandsversorgung-2018_Willis-Towers-Watson-6-19.pdf (zuletzt abgerufen am 1.7.2020).
[4249] BAG NZA 1990, 931.
[4250] *Diller* in Schlewing/Henssler/Schipp/Schnitker, Arbeitsrecht der betrieblichen Altersversorgung Teil 4A Rn. 119.

hang mit einer vertraglich geleisteten Tätigkeit stehen.[4251] Das Kriterium ist denkbar weit gefasst. Abzugrenzen sind davon Fälle, in denen das Ruhegeld nicht aus einer Tätigkeit als Vorstandsmitglied, sondern aus einer Beteiligung an der Gesellschaft herrührt.[4252]

Drittens muss die Leistung einen **Versorgungscharakter** aufweisen.[4253] Darunter sollen Leistungen fallen, die den Lebensstandard des Versorgungsempfängers sichern und erhalten.[4254] Es gibt jedoch keine Mindestgrenze, inwieweit die Versorgung den Lebensstandard decken muss. Schon kleine Beiträge sollen dafür genügen.[4255] Als Filter ist dieses Kriterium kaum geeignet. Letztlich ist der Versorgungscharakter durch Auslegung der Ruhegehaltszusage zu ermitteln. Das Kriterium des Versorgungscharakters ist allerdings gerade bei Ruhegehaltszusagen an Organmitglieder fraglich. Angesichts des Versorgungs- und Vergütungsniveaus stellt sich hier die Frage, inwieweit das Ruhegehalt überhaupt noch zur Sicherung des Lebensstandards dient oder es sich nur noch um die bloße Zuwendung von Vermögenswerten handelt.[4256]

(2) Anwendbarkeit des Betriebsrentengesetzes auf Vorstandsmitglieder. Rechtlich orientieren sich Ruhegehaltszusagen an der betrieblichen Altersversorgung von Arbeitnehmern.[4257] Diese regelt das Betriebsrentengesetz.[4258] Gemäß § 17 Abs. 1 S. 2 BetrAVG gelten die Vorschriften §§ 1–16 BetrAVG entsprechend für andere Personen, wenn ihnen Leistungen der Alters-, Invaliditäts- oder Hinterbliebenenversorgung aus Anlass ihrer Tätigkeit für ein Unternehmen zugesagt worden sind. Hierzu zählen grundsätzlich auch Organmitglieder, soweit sie keine (bestimmende) Unternehmensbeteiligung innehaben **(Fremdorganschaft)**.[4259] Regelmäßig fällt also die Ruhegehaltszusage von Vorstandsmitgliedern als betriebliche Altersversorgung in den Anwendungsbereich des Betriebsrentengesetzes. Für andere Leistungen, wie insbesondere Übergangsgelder (→ Rn. 1750), gelten diese Restriktionen dagegen nicht.[4260]

Anders verhält es sich bei **Unternehmern.** Sie genießen nicht den Schutz des Betriebsrentengesetzes.[4261] Keine Anwendung findet das Gesetz demnach bei Personen, die das Ruhegehalt aufgrund ihrer Beteiligung an der Gesellschaft erhalten. Auf einen kausalen Zusammenhang zwischen der Ruhegehaltszusage und der Kapitalbeteiligung kommt es dabei nicht an. Die Rechtsprechung nimmt auch Organmitglieder von Kapitalgesellschaften aus, wenn sie eine nicht unerhebliche Kapitalbeteiligung an der Gesellschaft halten.[4262] Ab wann eine nicht unerhebliche Kapitalbeteiligung in diesem Sinne vorliegt, ist umstritten.[4263] Jedenfalls soll dafür genügen, wenn das Vorstandsmitglied allein oder zusammen mit anderen Vorstandsmitgliedern über die Mehrheit der Anteile verfügt.

Soweit das Betriebsrentengesetz auf die Ruhegehaltszusage Anwendung findet, gelten die darin angelegten Beschränkungen der Privatautonomie und die besonderen Pflichten für den Zusagengeber. Abweichungen zum Vorteil von Vorstandsmitgliedern sind nach allgemeiner Ansicht möglich. Beispielsweise kann die Unverfallbarkeit vorzeitig durch vertragliche Regelung herbeigeführt werden. Zum Nachteil von Arbeitnehmern kann von den Vorschriften des Betriebsrentengesetzes nur im Rahmen des § 19 BetrAVG abgewichen werden. Mit Rücksicht auf den Wortlaut war lange umstritten, ob eine solche **Abweichung für Organmitglieder** – die keine Arbeitnehmer im Sinne des Gesetzes sind – in Betracht kommt.[4264] Die weitgehende Unabdingbarkeit des Betriebsrentengesetzes beruht im Wesentlichen auf dem Gedanken des sozialen Schutzes für den unterlegenen Verhandlungspartner. Diese Situation besteht bei Organmitgliedern zumindest nicht in dem gleichen Umfang wie bei Arbeitnehmern.[4265] Zudem ist das Betriebsrentengesetz für Arbeitnehmer durch Tarifverträge abdingbar, § 19 Abs. 3 BetrAVG, die für Organmitglieder nicht abgeschlossen werden.[4266] Würde man an einer umfassenden Unabdingbarkeit für

---

[4251] BAG NZA 2005, 927; *Diller* in Schlewing/Henssler/Schipp/Schnitker Arbeitsrecht der betrieblichen Altersversorgung Teil 4A Rn. 16; Blomeyer/Rolfs/Otto/*Rolfs* BetrAVG § 17 Rn. 65 mwN.
[4252] BAG NZA-RR 2015, 208; NZA 2010, 1066.
[4253] StRspr BAG NZA 1993, 25 (26); 2004, 98 (100); 2009, 844 (846).
[4254] BAG NZA-RR 2011, 155; BAG NZA 2009, 844.
[4255] BAG NJOZ 2004, 3640 (3642 f.); *Diller* in Schlewing/Henssler/Schipp/Schnitker Arbeitsrecht der betrieblichen Altersversorgung Teil 4A Rn. 8 mwN.
[4256] Vgl. Vergütungsstudie pwc 2018, S. 26, online abrufbar unter: https://www.pwc.de/aufsichtsraete/verguetungsstudie-2018.pdf.
[4257] *Diller/C. Arnold* DB 2019, 608.
[4258] Gesetz zur Verbesserung der betrieblichen Altersversorgung vom 19.12.1974, BGBl. 1974 I 3610.
[4259] Blomeyer/Rolfs/Otto/*Rolfs* BetrAVG § 17 Rn. 79; vgl. BGH NZA 2001, 266.
[4260] Blomeyer/Rolfs/Otto/*Rolfs* BetrAVG § 1 Rn. 68 f.
[4261] BGH ZIP 2014, 191.
[4262] BGH NJW 1980, 2257.
[4263] Vgl. hierzu im Einzelnen Blomeyer/Rolfs/Otto/*Rolfs* BetrAVG § 17 Rn. 85 ff.
[4264] Kölner Komm AktG/*Mertens/Cahn* AktG § 84 Rn. 71; BeckOGK/*Fleischer* AktG § 84 Rn. 58; Blomeyer/Rolfs/Otto/*Rolfs* BetrAVG § 19 Rn. 57 f.; MHdB AG/*Wentrup* § 21 Rn. 97.
[4265] *Thüsing* AG 2003, 484 (490); *Bauer/Baeck/v.Medem* NZG 2010 721 (724); *Rolfs/Heikel* SAE 2010, 184 (186); *Thüsing/Granetzny* NZG 2010 449 (450); MHdB AG/*Wentrup* § 21 Rn. 97.
[4266] Kölner Komm AktG/*Mertens/Cahn* AktG § 84 Rn. 71; MHdB AG/*Wentrup* § 21 Rn. 98; *Diller/C. Arnold/Kern* GmbHR 2010, 281 ff.

Organmitglieder festhalten, wären sie besser geschützt als Arbeitnehmer, was Sinn und Zweck des Gesetzes widerspricht.[4267] Deshalb kann nach der jüngeren Rechtsprechung von den Vorschriften des Betriebsrentengesetzes individualvertraglich **zum Nachteil von Organmitgliedern abgewichen** werden, soweit eine Abweichung durch Tarifvertrag nach § 19 Abs. 1 BetrAVG möglich wäre.[4268] Erhebliche Unsicherheit für die Praxis besteht aber bei der Frage, wie weit diese Abweichungsbefugnis inhaltlich reicht.[4269] Beispielsweise lässt es § 19 Abs. 1 BetrAVG zu, die Höhe der unverfallbaren Anwartschaft abweichend von § 2 BetrAVG zu bestimmen. Wird die Höhe auf den Wert „0" festgesetzt, würde damit jedoch der Unverfallbarkeitsgrundsatz umgangen, von dem auch § 19 Abs. 1 BetrAVG keine Abweichungen zulässt. Darüber hinaus können sich aus dieser Rechtsprechungslinie ungewollte Wechselwirkungen bei Gesetzesänderungen ergeben.[4270]

1782 **bb) Ruhegehaltszusage.** Die **Ruhegehaltszusage** findet sich entweder direkt im Anstellungsvertrag oder als eigenständige Vereinbarung. Die Wirksamkeit der Ruhegehaltszusage setzt nicht die Einhaltung einer besonderen Form voraus.[4271] Gleichwohl können Rückstellungen für eine Ruhegehaltszusage nur dann steuerrechtlich berücksichtigt werden, wenn die Ruhegehaltszusage in Schriftform abgefasst wurde, § 6a Abs. 1 Nr. 3 EStG. Ohnehin erscheint die Schriftform für eine Ruhegehaltszusage aus praktischen Gründen nahezu zwingend.

1783 Die Unterscheidung zwischen der individuellen Versorgungszusage und einer **Versorgungsordnung,** die abstrakt-generelle Bedingungen für die Versorgung einer Vielzahl von Personen regelt, spielt bei Vorstandsmitgliedern keine nennenswerte Rolle. Angesichts der geringen Zahl von Vorstandsmitgliedern regelt die individuelle Ruhegehaltszusage die Versorgung meist erschöpfend.

1784 Eine Ruhegehaltszusage muss nicht zwingend von der Gesellschaft erteilt werden, bei der das Vorstandsmitglied bestellt ist. Gerade in Konzernkonstellationen kann sie auch **von einem Dritten**, zB der Muttergesellschaft, erteilt werden. In solchen Fällen bestehen keine betriebsrentenrechtlichen Besonderheiten, es stellen sich aber dieselben Fragen wie bei sonstigen Drittvergütungskonstellationen (→ Rn. 1260ff.).[4272]

1785 Der **Umfang** der Ruhegehaltszusage, insbesondere die Höhe der Versorgung, ist Gegenstand vertraglicher Vereinbarung.[4273] Das Ruhegehalt muss dabei allerdings in einem angemessenen Verhältnis zu den Aufgaben und Leistungen des Vorstandsmitglieds und der Lage der Gesellschaft stehen, § 87 Abs. 1 S. 4 AktG (→ Rn. 1291).

1786 **(1) Zusageformen und Durchführungswege.** Versorgungszusagen lassen sich in vielerlei Hinsicht kategorisieren. Das Betriebsrentenrecht unterscheidet zunächst zwischen fünf **Zusageformen.**[4274] Der gesetzliche Regelfall, und bei Versorgungszusagen an Vorstandsmitglieder immer noch weit verbreitet, ist die **reine Leistungszusage,** § 1 Abs. 1 BetrAVG. Hierbei verspricht der Zusagegeber dem Versorgungsempfänger, ab dem Eintritt des Versorgungsfalles eine bestimmte Leistung zu erbringen.[4275] Die Leistungszusage kann sich auf eine, typischerweise monatlich zu zahlende, Rente, ein Einmalkapital oder eine Kombination von beidem erstrecken. Üblicher als von vornherein festgeschriebene Zielbeträge sind bei Versorgungszusagen an Vorstandsmitglieder sog. Endgehaltszusagen. Bei dieser Unterform der Leistungszusage wird bei Eintritt des Versorgungsfalles ein bestimmter Prozentsatz der Aktivenbezüge als Ruhegehalt bestimmt. Typischerweise hängt der Prozentsatz von der Dauer der Dienstzeit ab und wird nach und nach erdient, bis ein Maximalwert erreicht ist. Beispielsweise kann eine Versorgungszusage dem Vorstandsmitglied bei Eintritt zunächst 30 % seiner letzten monatlichen Bezüge als Ruhegehalt versprechen. Mit jedem weiteren Dienstjahr werden weitere 3 % der monatlichen Bezüge versorgungswirksam, höchstens jedoch 60 %. Möglich ist es dabei auch, die versorgungsfähigen Bezüge zu definieren, beispielsweise indem bestimmte Vergütungsbestandteile – etwa eine erfolgsabhängige variable Vergütung – ausgeklammert werden.

[4267] Blomeyer/Rolfs/Otto/*Rolfs* BetrAVG § 19 Rn. 58; *Thüsing* AG 2003, 484 (491); *Rolfs/Heikel* SAE 2010, 184 (186); ErfK/*Steinmeyer* BetrAVG § 19 Rn. 1.
[4268] BAG AP BetrAVG § 1 Beamtenversorgung Nr. 21; BGH NZG 2017, 948.
[4269] *Diller/C. Arnold/Kern* GmbHR 2010, 281 ff.; *Thüsing/Granetzny* NZG 2010, 449 ff.
[4270] Vgl. etwa *Diller/Ernst* BetrAV 2017, 567 zur Unabdingbarkeit der Dynamisierungspflicht unverfallbarer Anwartschaften nach § 2a Abs. 2 BetrAVG; dazu auch *Diller/C. Arnold* DB 2019, 608 (609).
[4271] BGH NJW-RR 1994, 357.
[4272] *Fonk* NZG 2010, 368 (371); *Thüsing* in Fleischer VorstR-HdB § 4 Rn. 68.
[4273] BeckOGK/*Fleischer* AktG § 84 Rn. 58.
[4274] Die Aufzählung im Gesetz ist allerdings deskriptiv und nicht abschließend. Auch im Gesetz nicht genannte Formen der Zusage können dem Betriebsrentengesetz unterliegen, vgl. *Höfer* BetrAVG § 1 Rn. 20.
[4275] *Reinecke* NJW 2001, 3511 (3512).

Da bei dieser Zusageform nur das Ergebnis, nicht aber der dafür erforderliche Versorgungsaufwand des Zusagengebers definiert wird, spricht man hier vom sog. **defined benefit**.[4276] Für das Vorstandsmitglied bieten Leistungszusagen den Vorteil der Leistungstransparenz. Naturgemäß stellt sich das für den Zusagengeber spiegelbildlich als Nachteil heraus: Für ihn sind klassische Leistungszusagen regelmäßig aufwändig zu kalkulieren. Bei externer Durchführungswegen trägt er zudem das Risiko der Verzinsung des Versorgungsaufwands (Anlagerisiko). Bei schlechten Anlageentscheidungen oder anhaltenden Niedrigzinsphasen[4277] müssen finanzielle Mittel nachgeschossen werden. 1787

Der DCGK orientierte sich bisher dennoch an der reinen Leistungszusage. So hieß es dazu in Ziff. 4.2.3 Abs. 3 des DCGK 2017: 1788

*„Bei Versorgungszusagen soll der Aufsichtsrat **das jeweils angestrebte Versorgungsniveau** – auch nach der Dauer der Vorstandszugehörigkeit – festlegen und den daraus abgeleiteten jährlichen sowie den langfristigen Aufwand für das Unternehmen berücksichtigen."*

Da demnach das Versorgungsniveau festgelegt werden musste, waren nach einem besonders engen – im Ergebnis aber unzutreffenden – Verständnis damit alle im Folgenden dargestellten Formen der Beitragsorientierung ausgeschlossen. In der Konsequenz hätte die Gesellschaft also eine Abweichung in diesem Punkt erklären müssen, wenn sie eine von der reinen Leistungszusage abweichende Form der Zusage wählen wollte. Mit der Neufassung des DCGK ist diese Regelung entfallen, womit die Frage nach einer Abweichung von Empfehlungen des DCGK bei einer Ausgestaltung in den Formen der Beitragsorientierung entfallen ist. 1789

Aufgrund der genannten Nachteile für die Gesellschaft ist derzeit bei der Vorstandsversorgung der Trend zu beobachten, auf andere Zusageformen auszuweichen. Im Vordergrund steht hier die **beitragsorientierte Leistungszusage.** Hierbei verspricht der Zusagengeber, bestimmte Beiträge in eine Ruhegehaltsanwartschaft umzuwandeln, § 1 Abs. 2 Nr. 1 BetrAVG. Diese Beiträge können entweder periodisch wiederkehrend (zB monatlich, jährlich) oder einmalig entrichtet werden. Bereits zum Zeitpunkt der Zusage muss sich aus den Beiträgen die Höhe der späteren Leistung berechnen lassen.[4278] Hierdurch zeigt sich, auch wenn die Leistung anders ausgedrückt wird, der Charakter als echte Leistungszusage **(defined benefit).** Die Versorgungszusage kann die Leistung also nicht von ungewissen Ertragsquellen, wie der Entwicklung einer Wertpapieranlage, abhängig machen.[4279] Stattdessen muss der Berechnungsmodus für die Leistung von vornherein vorgegeben sein – regelmäßig folgt er versicherungsmathematischen Grundsätzen.[4280] Er kann sich, der Einfachheit wegen, aber auch in einem fixen Zinssatz ausdrücken. Die beitragsorientierte Leistungszusage bietet dem Zusagengeber damit den Vorteil der größeren Kostentransparenz. Das Anlagerisiko bleibt hier aber unverändert bei der Gesellschaft: Sie schuldet die Leistung, bestehend aus den Beiträgen und den im Berechnungsmodus angelegten Erträgen abzüglich der Kosten. Die Leistungszusage gibt allerdings nur vor, welche Verpflichtung die Gesellschaft gegenüber dem Vorstandsmitglied eingeht. Sie bestimmt nicht, wie die Beiträge tatsächlich angelegt werden müssen. Werden die vertraglich zugesagten Erträge durch Anlage der Beiträge nicht erwirtschaftet, haftet die Gesellschaft für den Fehlbetrag. Umgekehrt steht ihr aber grundsätzlich ein etwaiger Überschuss zu, der über den zugesagten Berechnungsmodus hinaus geht.[4281] In der Praxis kommt es durchaus vor, dass dem Vorstandsmitglied dieser Überschuss mit der Zusage vertraglich zugesichert wird. Aus Sicht der Gesellschaft ergibt sich dann ein Ungleichgewicht in der Chancen-Risiko-Verteilung: Die Gesellschaft übernimmt das volle Anlagerisiko, sichert dem Vorstandsmitglied aber die damit korrespondierenden Anlagechancen. 1790

Eine weitere Form bildet die **Beitragszusage mit Mindestleistung.** Hierbei verspricht der Zusagengeber, einen Beitrag an einen externen Träger zu entrichten, und verzichtet dabei auf die Festlegung des Berechnungsmodus. Er garantiert jedoch zumindest die Summe aller Beiträge als Mindestleistung, § 1 Abs. 2 Nr. 2 BetrAVG. Da somit keine berechenbare Leistung zugesagt wird, spricht man bei diesem Modell von **defined contribution.**[4282] Neben der Kostentransparenz beschränkt diese Zusageform das Anlagerisiko für den Zusagengeber also auf die Summe der von ihm erbrachten Beiträge. Ein etwaiger Misserfolg bei der Anlage wirkt sich, bis zur Grenze der Mindestleistung, zulasten des Vorstandsmitglieds aus. Umgekehrt stehen ihm aber auch die Chancen der Anlage zu, da ihm die Gesellschaft die erwirtschafteten Erträge gewähren muss. Die Beitragszusage mit Mindestleistung setzt dem Gesetzeswortlaut nach eine 1791

[4276] *Reinecke* NJW 2001, 3511 (3512); Kemper/Kisters-Kölkes/Berenz/Huber/Betz-Rehm/*Huber* BetrAVG § 1 Rn. 450.
[4277] Das gilt besonders, da die Leistungszusage durch ihre Garantiewirkung riskante Formen der Geldanlage am Kapitalmarkt faktisch ausschließt.
[4278] BAG AP BetrAVG § 1 Auslegung Nr. 58.
[4279] Blomeyer/Rolfs/Otto/*Rolfs* BetrAVG § 1 Rn. 84.
[4280] *Blomeyer* BetrAV 1996, 308 ff.; Blomeyer/Rolfs/Otto/*Rolfs* BetrAVG § 1 Rn. 84.
[4281] Vgl. BAG NZA-RR 2010, 601.
[4282] *Reinecke* NJW 2001, 3511 (3512); *Rolfs* in Blomeyer/Rolfs/Otto BetrAVG § 1 Rn. 83.

versicherungsförmige Ausgestaltung der Versorgungszusage voraus: Sie kann nur als Direktversicherung, Pensionskasse oder Pensionsfonds vereinbart werden. Eine Durchführung direkt über die Gesellschaft kommt nicht in Betracht.[4283]

1792 Ganz auf eine Leistungskomponente verzichtet dagegen die **reine Beitragszusage.** Hier garantiert der Zusagengeber gar keine Leistung, sondern verpflichtet sich lediglich zur Entrichtung des Versorgungsaufwands. Die reine Beitragszusage wird daher auch als sog. **pay & forget** Lösung bezeichnet. Diese Zusageform ermöglicht eine Anlage des Versorgungsaufwands am Kapitalmarkt im größeren Stile. Sie bietet damit die Chancen einer höheren Kapitalrendite. Das Anlagerisiko wird dabei allerdings vollständig auf den Zusageempfänger verlagert, weshalb die reine Beitragszusage nach dem Betriebsrentengesetz nur durch oder aufgrund eines Tarifvertrags zugesagt werden kann, § 1 Abs. 2 Nr. 2a BetrAVG. Für Organmitglieder, deren Arbeitsbedingungen nicht Gegenstand von Tarifverträgen sind, besteht die Möglichkeit dem Wortlaut nach nicht. Ob das Gesetz für Vorstandsmitglieder eine Ausnahme macht und eine reine Beitragszusage auf privatvertragliche Basis zulässt, ist ungeklärt.

1793 Je weiter man sich von der klassischen Leistungszusage entfernt, umso mehr Unwägbarkeiten werden auf das versorgungsberechtigte Vorstandsmitglied übertragen. Auch wenn mit höherem Risiko höhere Chancen korrespondieren, stößt dieser Wandel nicht selten auf Widerstand. Um die **Akzeptanz** zu erhöhen, wird der Wechsel der Zusageform üblicherweise mit dem Wechsel einer Vorstandsgeneration vollzogen.

1794 Neben der Zusageform unterscheidet man zwischen verschiedenen **Durchführungswegen.**[4284] Für Versorgungszusagen an Organmitglieder sind lediglich zwei nennenswert: Die Direktzusage und die Direktversicherung. **Direktzusagen** sind bei Versorgungszusagen an Vorstandsmitglieder der Regelfall.[4285] Hierbei verspricht der Zusagengeber, die Leistung selbst zu erbringen, § 1 Abs. 1 BetrAVG. Zur Finanzierung der Zusage bildet der Zusagengeber bilanzielle Pensionsrückstellungen, § 6a EStG. Regelmäßig entsprechen diese Rückstellungen aber nicht dem tatsächlichen Wert der Zusage. Zur Finanzierung werden oft Rückdeckungsversicherungen abgeschlossen.

1795 Bei der Durchführung über eine **Direktversicherung** schließt der Zusagengeber eine Lebensversicherung auf das Leben des Vorstandsmitglieds ab und räumt diesem oder seinen Hinterbliebenen ein widerrufliches oder unwiderrufliches Bezugsrecht ein, § 1b Abs. 2 S. 1 BetrAVG. Da es sich bei der Direktversicherung um ein Dreiecksverhältnis mit einem rechtlich eigenständigen Träger handelt, spricht man hier auch von einem externen Durchführungsweg. Externe Durchführungswege, wie die Direktversicherung, verkürzen die Bilanz, da der Versorgungsaufwand an den externen Träger abgeführt wird und bei der Gesellschaft keine Pensionsrückstellungen gebildet werden. Durch den Abfluss der Mittel fehlen allerdings auch die Aktiva, die den Pensionsrückstellungen gegenüberstehen würden. Gegenüber der Direktzusage bietet die Direktversicherung den Vorteil, dass der Versicherer die Verwaltung der Anwartschaften und die Anlage des Versorgungsaufwands übernimmt. Hierdurch lassen sich administrativer Aufwand und vielfach auch Kosten einsparen. Weiter erlaubt die Direktversicherung eine Beitragszusage mit Mindestleistung zu vereinbaren, die bei der direkten Durchführung über die Gesellschaft nicht möglich ist, § 1 Abs. 2 Nr. 2 BetrAVG. Die Schwäche der Direktversicherung liegt in der fehlenden Ertragskraft klassischer Lebensversicherungsverträge in einem Niedrigzinsumfeld. Zudem lassen sich die bilanzverkürzenden Effekte auch auf anderem Weg erreichen (etwa durch einen CTA → Rn. 1810).

1796 **(2) Versorgungsfälle.** Ruhegehaltszusagen umfassen regelmäßig die **drei Versorgungsfälle** Alter, Invalidität und Tod.

1797 Für die **Altersversorgung** wird üblicherweise eine Altersgrenze zur Vollendung des 65. Lebensjahres festgelegt. Zwingend ist das allerdings nicht: Es finden sich in einigen Versorgungszusagen auch abweichende Altersgrenzen, etwa zum 62. oder 63. Lebensjahr.[4286] Niedrigere Altersgrenzen waren früher vereinzelt ebenfalls zu finden. Allerdings bieten sie sich für Versorgungszusagen ab dem 31.12.2011 nicht mehr an, da diese nur noch steuerlich als solche anerkannt werden, wenn sie mindestens auf die Vollendung des 62. Lebensjahres abstellen.[4287] Ist das Dienstverhältnis zu diesem Zeitpunkt noch nicht beendet, setzt die Versorgung erst mit Beendigung des Dienstverhältnisses ein.

1798 Für die **Invaliditätsversorgung** war es früher üblich – wenn auch schon immer problematisch – an den Begriff der Berufsunfähigkeit aus dem Sozialversicherungsrecht anzuknüpfen. Allerdings gelten die Bestimmungen für eine Rente wegen Berufsunfähigkeit nur noch für Versicherte, die vor dem 2.1.1961

[4283] Blomeyer/Rolfs/Otto/*Rolfs* BetrAVG § 1 Rn. 92; aA *Höfer* BetrAVG § 1 Rn. 53.
[4284] Nach dem Gesetz sind dies die Direktzusage, die Pensionskasse, der Pensionsfonds, die Unterstützungskasse und die Direktversicherung.
[4285] *Bauer/Baeck/v.Medem* NZG 2010, 721 unter Verweis auf eine Kienbaum-Studie aus dem Jahr 2004; BeckOGK/ *Fleischer* AktG § 84 Rn. 58.
[4286] Vgl. BeckOGK/*Fleischer* AktG § 84 Rn. 58.
[4287] BMF-Schreiben vom 6.12.2017 Rn. 3.

geboren wurden, § 240 SGB VI. Für alle Jahrgänge danach gilt die reformierte gesetzliche Invaliditätsversorgung in Gestalt der geminderten oder vollen Erwerbsminderung. Die Voraussetzungen für die Berufsunfähigkeit nach dem alten Recht werden durch die gesetzliche Rentenversicherung heute nicht mehr festgestellt.[4288] Ohnehin unterliegen Vorstandsmitglieder regelmäßig nicht der Rentenversicherungspflicht, weshalb die Träger der gesetzlichen Rentenversicherung praktisch auch keine solche Feststellung für sie treffen werden. Verwendet eine Ruhegehaltszusage dennoch den Begriff Berufsunfähigkeit, kann das zu erheblichen Auslegungsproblemen führen.[4289] Die neuen Begriffe der geminderten oder vollständigen Erwerbsminderung unterscheiden sich so grundlegend von dem Prinzip der Berufsunfähigkeit, dass sie inhaltlich als Definition für den Versorgungsfall ungeeignet sind. Überdies bieten sie ohne Feststellung durch die Träger der gesetzlichen Rentenversicherung keine Rechtssicherheit. Insofern muss der Versorgungsfall für die Invaliditätsversorgung durch die Ruhegehaltszusage eigenständig und möglichst präzise definiert werden. Seine Voraussetzungen müssen schließlich durch einen unabhängigen ärztlichen Gutachter festgestellt werden.

Die **Hinterbliebenenversorgung** wird durch den Tod des Vorstandsmitglieds ausgelöst. Teile der Literatur halten eine Verengung des Versorgungsfalles nach dem Todeszeitpunkt für möglich, etwa indem zwischen dem Tod während der Anwartschaftsphase und dem Tod während der Rentenphase differenziert wird.[4290] Höchstrichterliche Judikate existieren dazu allerdings, soweit ersichtlich, nicht. Die Höhe der Hinterbliebenenversorgung hängt regelmäßig von der Höhe der Altersversorgung ab: Ehegatten erhalten in der Regel 60%, Halbwaisen zwischen 10 und 20%, sowie Vollwaisen zwischen 20–30% der Altersversorgung.[4291] Zwingend ist das allerdings nicht, sodass auch völlig andere Beträge gewählt werden können. Es kann auch eine isolierte Ehegattenversorgung ohne Waisenversorgung oder umgekehrt zugesagt werden. Gerade weil die Risiken der Hinterbliebenenversorgung nur schwer zu kalkulieren sind, finden sich hier zahlreiche Gestaltungsformen mit anspruchsbegrenzenden Merkmalen. Verbreitet sind beispielsweise Altersabstandsklauseln[4292] und Spätehenklauseln.[4293] Viele dieser Gestaltungen stehen im Konflikt mit Diskriminierungsverboten des AGG oder der AGB-Kontrolle und sind daher in der Praxis immer wieder Gegenstand von Rechtsstreitigkeiten.[4294]

cc) Gesetzliche Rahmenbedingungen im Überblick. (1) Unverfallbarkeit. Scheidet das Vorstandsmitglied mit einer **unverfallbaren Anwartschaft** aus dem Dienstverhältnis aus, kann ihm das bis dahin erreichte Versorgungsniveau nicht mehr genommen werden. Mit Erreichen der Altersgrenze aus der Ruhegehaltszusage wird die unverfallbare Anwartschaft fällig.

Ruhegehaltsanwartschaften werden unter den Voraussetzungen des § 1b BetrAVG gesetzlich unverfallbar. Die **gesetzliche Unverfallbarkeit** richtet sich nach der Dauer des Dienstverhältnisses und beträgt für Neuzusagen seit dem 1.1.2018 drei Jahre. Die Unverfallbarkeit von Altzusagen richtet sich dagegen nach § 30f BetrAVG. Letztlich ist also immer darauf abzustellen, wann die jeweilige Ruhegehaltszusage erteilt wurde.

Neben der gesetzlichen Unverfallbarkeit kann **Unverfallbarkeit** auch **vertraglich** vereinbart werden. In diesem Fall unterwirft sich der Zusagengeber freiwillig den Vorschriften des BetrAVG.[4295] Aus Sicht der Gesellschaft ist es nicht sinnvoll, eine vertragliche Unverfallbarkeit von vornherein in der Ruhegehaltszusage festzuschreiben. Letztlich hat sich das Vorstandsmitglied bei Erteilung der Ruhegehaltszusage noch nicht bewährt. Insofern hat die Gesellschaft kein Interesse daran, ihm vom ersten Tag an eine Versorgung als eine Art Vertrauensvorschuss zu gewähren. Bei einer schnellen Trennung infolge von Erfolglosigkeit oder gar Fehlverhalten würde das Vorstandsmitglied dann auch noch belohnt und der Gesellschaft entstünden hohe Versorgungskosten. Heute ist diese Frage weniger bedeutsam, da der DCGK eine Erstbestellung auf drei Jahren empfiehlt und es daher zu einem Gleichlauf der Unverfallbarkeitsvorschriften sowie der Dauer der Bestellung kommt.

Häufiger kommen vertragliche Unverfallbarkeitsregelungen daher als **Regelungsgegenstand von Aufhebungsvereinbarungen** bei einer vorzeitigen Trennung von einem Vorstandsmitglied vor: Beispielsweise wenn das Dienstverhältnis im Einvernehmen endet, aber die gesetzliche Unverfallbarkeitsfrist knapp verfehlt wird. Zu beachten ist freilich auch dann die Mannesmann-Rechtsprechung, die die rechtsgrund- bzw. anlasslose Zuwendung von Vermögensvorteilen verbietet.[4296] Zuweilen kommt es auch vor,

---

[4288] Blomeyer/Rolfs/Otto/*Rolfs* BetrAVG Anh. § 1 Rn. 175.
[4289] Blomeyer/Rolfs/Otto/*Rolfs* BetrAVG Anh. § 1 Rn. 174f.
[4290] *Höfer* BetrAVG Kap. 7 Rn. 100; *Diller* BetrAV 2016, 469 (470).
[4291] BeckOGK/*Fleischer* AktG § 84 Rn. 65.
[4292] BAG NZA 2018, 712; 2019, 176.
[4293] BAG NZA 2018, 453; 2019, 991.
[4294] Zum Ganzen *Ernst*, Die Begrenzung von Versorgungsrisiken der betrieblichen Hinterbliebenenversorgung, 2019.
[4295] BGH DStR 2002, 412 mAnm *Goette*.
[4296] BGH NStZ 2006, 214.

dass eine vertragliche Unverfallbarkeitsregelung mit einem Widerrufsvorbehalt in der Versorgungszusage **kollidiert**. In solchen Fällen muss durch Auslegung ermittelt werden, ob sich die vertragliche Unverfallbarkeitsanordnung oder der Widerrufsvorbehalt durchsetzen soll.[4297] Die Parteien tun gut daran, das klar zu regeln.

1804 Die Höhe der unverfallbaren Anwartschaft richtet sich nach § 2 BetrAVG. Scheidet das Vorstandsmitglied vorzeitig aus dem Dienstverhältnis aus, gilt das **Prinzip der ratierlichen Kürzung**, § 2 BetrAVG. Allerdings ist eine abweichende Festlegung der Höhe der unverfallbaren Anwartschaft möglich.[4298] Unklar ist allerdings, wie weit diese Möglichkeit reicht. Zumindest darf die abweichende Festlegung nicht so weit reichen, dass die unverfallbare Anwartschaft wirtschaftlich wertlos und so der Zweck der Unverfallbarkeit unterlaufen wird.[4299]

1805 Sind Anwartschaften einmal unverfallbar, können sie **nur unter engen Voraussetzungen abgefunden** (§ 3 BetrAVG) und **übertragen** (§ 4 BetrAVG) werden. Das Gesetz geht davon aus, dass der Betriebsrentner, der nach dem gesetzlichen Leitbild Arbeitnehmer ist, „vor sich selbst geschützt" werden muss.[4300] Ziel des Gesetzes ist es daher, bei und nach Beendigung des Anstellungsverhältnisses die Anwartschaft bis zum Rentenbeginn und die laufenden Rentenleistungen bis zum Lebensende des Zusageempfängers zu erhalten.[4301] Da schon der entschädigende Verzicht gegen eine Abfindung ausgeschlossen wird, kann auf eine unverfallbare Anwartschaft in Zusammenhang mit der Beendigung auch nicht entschädigungslos verzichtet werden.[4302] Allerdings kann von § 3 BetrAVG und § 4 BetrAVG durch Tarifvertrag und somit bei Vorstandsmitgliedern auch durch vertragliche Vereinbarung abgewichen werden.[4303] Einer Abfindung oder einem Verzicht im laufenden Dienstverhältnis steht § 3 BetrAVG zudem nicht entgegen.[4304]

1806 **(2) Insolvenzsicherung.** Die betriebliche Altersversorgung unterliegt gem. §§ 7 ff. BetrAVG der **gesetzlichen Insolvenzsicherung.** Hierzu meldet der Zusagegeber den Versorgungsberechtigten beim Träger der Insolvenzsicherung, dem Pensionssicherungsverein auf Gegenseitigkeit (PSVaG) mit Sitz in Köln, an und führt für die Insolvenzsicherung Beiträge ab. Kommt es zur Insolvenz des Zusagegebers (Sicherungsfall), tritt der PSVaG nach den Vorschriften des §§ 7 ff. BetrAVG für die Verpflichtungen aus der Versorgungszusage ein. Diese gesetzliche Insolvenzsicherung gilt auch für Ruhegehaltszusagen an Organmitglieder. Allerdings deckt sie hier wegen der Besonderheiten dieser Ruhegehaltszusagen oft nicht jede Versorgungszusage ab:

1807 Zunächst setzt die gesetzliche Insolvenzsicherung einen bereits entstandenen Anspruch (§ 7 Abs. 1 BetrAVG) oder eine unverfallbare Anwartschaft voraus (§ 7 Abs. 2 BetrAVG). Für Anwartschaften vor Erreichen der gesetzlichen Unverfallbarkeit nach § 1b BetrAVG besteht daher kein gesetzlicher Insolvenzschutz. Die bis zum 1.1.2018 geltende Frist für die Unverfallbarkeit von fünf Jahren führte bei Erstbestellungen von unter fünf Jahren (zB typischerweise drei Jahre) dazu, dass die Grenze der gesetzlichen Unverfallbarkeit bei einmaliger Bestellung nicht erreicht und häufig allenfalls eine vertragliche Unverfallbarkeit vereinbart wurde. Bei einer lediglich vertraglich vereinbarten Unverfallbarkeit gilt die gesetzliche Insolvenzsicherung jedoch nicht.[4305] Mit der Verkürzung der Frist für die Unverfallbarkeit auf drei Jahre ist diese Problematik etwas in den Hintergrund gerückt, da die Unverfallbarkeitsgrenze heute in der Regel bei Erstbestellungen (s. auch Empfehlung B.3 DCGK) erreicht wird.[4306] Nach wie vor aktuell ist sie jedoch bei einer vorzeitigen Trennung innerhalb der ersten Bestellperiode.

1808 Zweitens ist die gesetzliche Insolvenzsicherung **der Höhe nach begrenzt.** Der Anspruch gegen den PSVaG beträgt gem. § 7 Abs. 3 BetrAVG monatlich höchstens das Dreifache der monatlichen Bezugsgröße gem. § 18 SGB IV. Der Insolvenzschutz für monatliche Renten ist daher für das Jahr 2020 auf EUR 9.555 in den alten und EUR 9.030 in den neuen Bundesländern begrenzt. Zumindest in größeren Unternehmen beziehen Vorstandsmitglieder aber oft höhere Ruhegehälter, sodass die gesetzliche Insolvenzsicherung hier nicht ausreicht.

1809 Regelmäßig wird die gesetzliche Insolvenzsicherung durch Mechanismen der **privaten Insolvenzsicherung** ergänzt. Dazu besteht freilich keine Pflicht. Gleichwohl wird das von Vorstandsmitgliedern regelmäßig eingefordert. Verbreitet sind dazu zwei Modelle:

[4297] MHdB AG/*Wentrup* § 21 Rn. 106.
[4298] Vgl. auch *Diller/C. Arnold* DB 2019, 608 (609).
[4299] *Diller/C. Arnold/Kern* GmbHR 2010, 281 (283); *Thüsing/Granetzny* NZG 2010, 449 (451), Blomeyer/Rolfs/Otto/*Rolfs* BetrAVG § 2 Rn. 10.
[4300] Blomeyer/Rolfs/Otto/*Rolfs* BetrAVG § 3 Rn. 2 ff.
[4301] BT-Drs. 15/2150, 52.
[4302] BAG NZA 2004, 331; 1988, 470.
[4303] → Rn. 1805; zum Umfang der Abdingbarkeit *Diller/C. Arnold/Kern* GmbHR 2010, 281 (283).
[4304] BAG NZA 2004, 331.
[4305] BAG NJW 1979, 446; *Neufeld/Plössner* in Mohrbutter/Ringstmeier Handbuch Insolvenzverwaltung § 30 Rn. 165.
[4306] Vgl. *Diller/C. Arnold* DB 2019, 608 (608).

Einerseits kann die Gesellschaft einen externen Treuhänder im Rahmen eines sog. **Contractual Trust** 1810
Arrangements (CTA) einschalten, der sie bei der Durchführung der Versorgungszusage unterstützt.[4307]
Dazu wird ein **Treuhänder,** in der Praxis oft in der Rechtsform eines eingetragenen Vereins, eingeschaltet. Zwischen der Gesellschaft als Zusagengeber und dem Treuhänder besteht dann eine **Verwaltungstreuhand:** Der Gesellschaft stehen dabei Weisungsrechte zu, aufgrund derer ihr die auf den Treuhänder übertragenen Vermögenswerte zugerechnet werden. Der Treuhänder kann das Kapital entweder selbst verwalten oder einen externen Vermögensverwalter einschalten. Wird lediglich die Vorstandsversorgung per CTA verwaltet, lohnt sich eine eigenständige Vermögensverwaltung regelmäßig nicht. Zugleich besteht eine **Sicherungstreuhand** zugunsten des Vorstandsmitglieds, das im Insolvenzfall Ansprüche gegen den Treuhänder erwirbt. Bis dahin bestehen rechtlich betrachtet keine Ansprüche des Versorgungsberechtigten gegen den Treuhänder – auch wenn dieser in der Praxis oft die Versorgung von Anfang an durchführt. Ein oft erwünschter Nebeneffekt ist die bilanzverkürzende Wirkung des CTA, da die Pensionsrückstellungen auf den Treuhänder verlagert werden und so aus der Bilanz der Gesellschaft verschwinden.

Die zweite Option bietet eine sog. **Rückdeckungsversicherung.** Hierbei handelt es sich um eine 1811
Lebensversicherung auf das Leben des Versorgungsberechtigten als versicherte Person, § 150 Abs. 1 VVG. Versicherungsnehmer ist der Zusagengeber. Anders als bei der Direktversicherung iSd § 1b Abs. 2 S. 1 BetrAVG wird dem Versorgungsberechtigten jedoch kein Bezugsrecht an der Rückdeckungsversicherung eingeräumt. Die Rechte aus der Rückdeckungsversicherung stehen damit zunächst dem Zusagengeber zu. Die Rückdeckungsversicherung dient also, anders als die Direktversicherung, nicht als Durchführungsweg, sondern ermöglicht dem Zusagengeber zunächst einmal nur die Finanzierung einer Direktzusage. Im Fall der Insolvenz des Zusagengebers fällt der Rückkaufwert der Rückdeckungsversicherung in die Insolvenzmasse.[4308] Um den Versorgungsberechtigten für den Insolvenzfall abzusichern, wird ihm regelmäßig der Leistungsanspruch aus der Rückdeckungsversicherung verpfändet.[4309] Im Umfang seiner Einstandspflicht erwirbt außerdem der PSVaG Ansprüche gegen den Versicherer durch cessio legis nach § 9 Abs. 2 BetrAVG.[4310] Mit Eintritt des Versorgungsfalls erwirbt der Versorgungsberechtigte schließlich Ansprüche gegen den Versicherer äquivalent zur Versorgungsleistung – nicht aber den Rückkaufwert der Versicherung.[4311]

(3) Anpassungsprüfung und Dynamisierung. Laufende Ruhegehälter von Vorstandsmitgliedern, 1812
müssen – soweit die Versorgungszusage nichts Abweichendes regelt – gem. § 16 BetrAVG alle drei Jahre auf eine mögliche **Anpassung an den Kaufkraftverlust** überprüft werden. Hiervon nicht betroffen sind einmalige Kapitalleistungen. Die Anpassungspflicht entfällt gemäß § 16 Abs. 3 Nr. 1 BetrAVG, wenn sich die Gesellschaft verpflichtet, die laufenden Leistungen jährlich um **wenigstens eins vom Hundert** anzupassen. (Zu abweichenden Anpassungsmodellen → Rn. 1817)

Steht die **wirtschaftliche Lage** des Zusagengebers einer Anpassung entgegen, darf die Anpassung unterbleiben. Man spricht dann von einer zu Recht unterbliebenen Anpassung, § 16 Abs. 4 S. 1 BetrAVG. 1813
Der Begriff der wirtschaftlichen Lage im Sinne der Vorschrift ist ein unbestimmter Rechtsbegriff, der durch die Rechtsprechung konkretisiert wird.[4312] Die wirtschaftliche Lage ist demnach eine zukunftsbezogene Größe, die sich an der Eigenkapitalausstattung des Unternehmens und der voraussichtlichen Eigenkapitalverzinsung orientiert.[4313] Ungewisse Entwicklungen, wie ein naher Auf- oder Abschwung sind dagegen, solange sie sich am Stichtag noch nicht in den genannten Kennzahlen niederschlagen, nicht zu berücksichtigen.[4314] Maßgeblich ist zudem nur die tatsächliche Entwicklung der wirtschaftlichen Lage. Unzulässig ist demnach eine fiktive Betrachtung, wie sich das Unternehmen entwickelt hätte, wenn unternehmerische Entscheidungen anders getroffen worden wären.[4315]

Die Anpassungsprüfung nach § 16 Abs. 1 BetrAVG hängt grundsätzlich von der wirtschaftlichen Lage 1814
des jeweiligen Unternehmens, nicht von der des Konzerns ab.[4316] Von diesem Grundsatz gibt es Ausnahmen, in denen ein **Berechnungsdurchgriff** stattfindet.[4317] Ein solcher Berechnungsdurchgriff führt aller-

---

[4307] Hierzu *Wortmann* in Schlewing/Henssler/Schipp/Schnitker Arbeitsrecht der betrieblichen Altersversorgung Teil 16 A Rn. 720 ff.
[4308] BAG NZA-RR 2013, 86.
[4309] Zu den Einzelheiten vgl. *Neufeld/Plössner* in Mohrbutter/Ringstmeier Handbuch Insolvenzverwaltung § 30 Rn. 169 ff.
[4310] BAG NZI 2000, 556; BGH NJW 1998, 312.
[4311] BAG NZA-RR 2013, 86 (89).
[4312] BAG BeckRS 2019, 9210.
[4313] StRspr, BAG NZA-RR 2015, 90; NJOZ 2014, 53; 2015, 1525.
[4314] BAG NJOZ 2014, 53.
[4315] BAG DStR 2014, 2350; NZA-RR 2015, 90; BAG NJOZ 2015, 1525.
[4316] Blomeyer/Rolfs/Otto/*Rolfs* BetrAVG § 16 Rn. 207 ff.; BAG BeckRS 2019, 9210.
[4317] Eingehend zu den einzelnen Fallgruppen BAG NJOZ 2015, 1525, sowie Blomeyer/Rolfs/Otto/*Rolfs* BetrAVG § 16 Rn. 209 ff.

1815 dings nicht zu einer Durchgriffshaftung: Schuldner des angepassten Ruhegehalts bleibt also, auch wenn andere Konzernunternehmen in die Beurteilung der wirtschaftlichen Lage miteinbezogen werden, das zusagende Unternehmen.[4318]

1815 Ist der Zusagengeber zur Anpassung verpflichtet, gibt es nach § 16 BetrAVG **mehrere Möglichkeiten** das Ruhegehalt anzupassen. Die Anpassungsverpflichtung gilt gem. § 16 Abs. 2 BetrAVG als erfüllt, wenn die Anpassung nicht geringer ausfällt als der Verbraucherpreisindex (Nr. 1) oder die Entwicklung der Nettolöhne vergleichbarer Arbeitnehmergruppen des anpassenden Unternehmens (Nr. 2).

1816 Die gesetzliche Anpassungsverpflichtung besteht auch, wenn die Vorstandsversorgung über einen externen Träger, insbesondere in Gestalt einer **Direktversicherung,** durchgeführt wird. Wegen des klaren Wortlauts des § 16 BetrAVG trifft die Anpassungsprüfungspflicht allerdings nicht den externen Träger, sondern den **Zusagengeber selbst.**[4319] Regelmäßig sehen die Versicherungspolicen der Lebensversicherungsunternehmen jedoch eine Anpassung vor. Der Zusagengeber kann seine Pflicht also auch erfüllen, indem er die Anpassung des laufenden Ruhegehalts im Deckungsverhältnis mit dem externen Träger festschreibt.

1817 Typischerweise werden in der Praxis jedoch von § 16 BetrAVG **abweichende Anpassungsmodelle** vereinbart. § 16 BetrAVG zählt zu den für Organmitglieder abdingbaren Vorschriften.[4320] Insofern kann alternativ vereinbart werden, dass die Anpassungspflicht mit Erhöhung um einen gewissen Betrag oder Prozentsatz pauschal als erfüllt gilt. Wie hoch diese Erhöhung ausfällt, ist Verhandlungssache. Da es sich um eine Abweichung vom Gesetzeswortlaut handelt, kann diese Pauschalerhöhung unterhalb der gesetzlichen Grenze nach § 16 Abs. 3 Nr. 1 BetrAVG von 1 % p.a. liegen. Eine pauschale Anpassung kann in wirtschaftlich schwierigen Zeiten problematisch sein, spart jedoch erheblichen Aufwand für die sonst notwendige Anpassungsprüfung.

1818 **dd) Widerruf bestehender Ruhegehaltszusagen.** Im Gegensatz zur Vergütung wird das Ruhegehalt erst nach Beendigung des Dienstverhältnisses fällig. Typischerweise lässt sich aber erst dann überblicken, wie erfolgreich ein Vorstandsmitglied für die Gesellschaft war. Nicht selten kommt es dann zum Streit über das Ruhegehalt, weil man mit der Arbeit des ausscheidenden Vorstandsmitglieds unzufrieden war oder es gar zu einer vorzeitigen Trennung kommt. Vielfach kann es auch Unverständnis unter Aktionären und in der Öffentlichkeit hervorrufen, wenn ein Vorstandsmitglied trotz schlechter Leistungen mit einem – nicht selten hoch dotierten – Ruhegehalt ausscheidet. Das kann **vermeintlich als Honorierung schlechter Dienste** wahrgenommen werden. Übersehen wird dabei allerdings der Charakter des Ruhegehalts als nachgelagerte Form der Vergütung **(Entgeltcharakter).** Das Ruhegehalt ist kein erfolgsabhängiger Vergütungsbestandteil – es ist also keine Anerkennung für herausragende Dienste, sondern eine Gegenleistung für die bereits zurückliegende Dienstzeit. Ebenso wie das Festgehalt hängt es regelmäßig nicht von den erbrachten Leistungen ab. Das Ruhegehalt muss also regelmäßig unterschiedslos gewährt werden, egal ob das Vorstandsmitglied erfolgreich oder erfolglos war. Aus diesem Grund kann die Ruhegehaltszusage nicht ohne Weiteres rückwirkend verändert werden.

1819 Eine einseitige nachträgliche Änderung von Ruhegehaltszusagen ist nur in engen Grenzen möglich. Ein **Widerruf** kommt unter dem Gesichtspunkt des **Rechtsmissbrauchs** in Betracht, wenn das Vorstandsmitglied besonders schwere Pflichtverletzung gegenüber der Gesellschaft, wie etwa die Zufügung eines existenzgefährdenden Schadens, begeht.[4321] Diese Widerrufsmöglichkeit lässt sich auch nicht durch einen entsprechenden Widerrufsvorbehalt in der Versorgungszusage erweitern.[4322]

1820 Ein Sonderfall ist die **Herabsetzung der Versorgungsbezüge aufgrund von § 87 Abs. 2 S. 2 AktG.** Die Vorschrift lässt eine nachträgliche Herabsetzung des Ruhegehalts zu, wenn der Aufsichtsrat dies vor Ablauf von drei Jahren nach Ausscheiden aus der Gesellschaft beschließt.[4323] Ursprünglich bezog sich die Herabsetzungsmöglichkeit nur auf die Vergütung, wurde jedoch später, durch Einfügung des S. 2, auch auf das Ruhegehalt erstreckt.[4324] Die Vorschrift steht im Konflikt mit dem sich aus dem Entgeltcharakter des Ruhegehalts ergebenden Vertrauensschutz und ist daher besonders eng auszulegen.[4325] In Be-

---

[4318] BAG AP BetrAVG § 16 Nr. 116.
[4319] Kemper/Kisters-Kölkes/Berenz/Betz-Rehm/*Huber* BetrAVG § 16 Rn. 18.
[4320] Vgl. BAG NJOZ 2010, 290; *Diller/C. Arnold/Kern* GmbHR 2010, 281. Allgemeiner zu Abweichungsmöglichkeiten von den Vorschriften des BetrAVG für Organmitglieder BGH NZG 2017, 948 sowie → Rn. 1805.
[4321] BGH NJW 1971, 1127; NZA-RR 1997, 147; BGH NZG 2002, 635.
[4322] *Bauer/Baeck/v.Medem* NZG 2010, 721 (728); MüKoAktG/*Spindler* AktG § 84 Rn. 233.
[4323] BGH NZA-RR 1997, 147; MHdB AG/*Wentrup* § 21 Rn. 86; MüKoAktG/*Spindler* AktG § 84 Rn. 232; BeckOGK/*Fleischer* AktG § 84 Rn. 63.
[4324] Gesetz zur Angemessenheit der Vorstandsvergütung (VorstAG) vom 5.8.2009, BGBl. 2009 I 2590.
[4325] MüKoAktG/*Spindler* AktG § 84 Rn. 231; BeckOGK/*Fleischer* AktG § 87 Rn. 78 f.; *Diller* NZG 2009, 1006 (1009); *Bauer/C. Arnold* AG 2009, 717 (728 f.); *Hohenstatt* ZIP 2009, 1349 (1353); Henssler/Strohn/*Dauner-Lieb* AktG § 87 Rn. 42 f.

tracht kommt eine Herabsetzung damit nur bei akuter Existenzgefahr für die Gesellschaft. Von dieser Möglichkeit wird in der Praxis selten Gebrauch gemacht.

III. Exkurs: Votum der Hauptversammlung zum Vorstandsvergütungssystem und zum Vergütungsbericht (§ 120a AktG)

Die zweite Aktionärsrechterichtlinie[4326] (2. ARRL) soll insbes. die Beteiligung der Aktionäre bei der Festlegung der Vergütung der Vorstands- und Aufsichtsratsmitglieder börsennotierter Gesellschaften stärken und die Vergütung transparenter machen.[4327] Die 2. ARRL sieht vor, dass die Hauptversammlung zwingend mit der Vorstandsvergütung zu befassen ist. Für die Ausgestaltung sieht die 2. ARRL insofern aber sowohl eine „weiche Umsetzungsmöglichkeit" vor, bei der das Votum der Hauptversammlung lediglich empfehlenden Charakter hat, als auch eine „harte Umsetzungsmöglichkeit", bei der die Gesellschaft die Vergütung nur gemäß einer von der Hauptversammlung gebilligten Vergütungspolitik gewähren darf (Art. 9a Abs. 2, Abs. 3 2. ARRL). Die Entscheidung zwischen den beiden Umsetzungsmöglichkeiten war Gegenstand einer breiten politischen Diskussion, die auch dazu führte, dass der Gesetzgeber die 2. ARRL nicht fristgemäß umsetzte.[4328] Im Zentrum stand die Frage, ob eher der Aufsichtsrat oder die Hauptversammlung in der Lage sei, sachgerecht über die Vorstandsvergütung zu entscheiden und die „Aufwärtsspirale" der Vorstandsvergütung zu beenden. Als Ergebnis der Diskussion entstand folgender Kompromiss: Die künftig zwingende regelmäßige Befassung der Hauptversammlung mit der Vorstandsvergütung (**„Say on Pay"**) soll – wie bereits auf Grundlage des 2009 eingeführten § 120 Abs. 4 AktG aF – nur „empfehlenden Charakter" haben (§ 120a Abs. 1 S. 2 AktG).[4329] Die Hauptversammlung soll aber die Möglichkeit haben, eine vom Aufsichtsrat festzulegende **Maximalvergütung** der Vorstandsmitglieder verbindlich **herabzusetzen** (§ 87 Abs. 4 AktG). Im Übrigen muss der Aufsichtsrat das Vorstandsvergütungssystem der Hauptversammlung **mindestens alle vier Jahre vorlegen** und darf die Vergütung ungeachtet des lediglich empfehlenden Charakters der Entscheidung der Hauptversammlung über die Billigung ausschließlich **in Übereinstimmung** mit einem **vorgelegten System** festsetzen (§ 120a Abs. 1 S. 1 AktG, § 87a Abs. 2 S. 1 AktG). In Umsetzung der 2. ARRL ist der Hauptversammlung zudem jährlich der künftig aktienrechtlich zwingende **Vergütungsbericht** (→ Rn. 1909) **zur Billigung vorzulegen** (§ 120a Abs. 4 AktG).

Der neue **Deutsche Corporate Governance Kodex** beschränkt sich zum Say on Pay der Hauptversammlung darauf, die gesetzlichen Regelungen wiederzugeben. Grundsatz 8 S. 4 und Grundsatz 23 Abs. 2 DCGK unterscheiden dabei zwar begrifflich zwischen einem *„beratenden"* Votum zum Vorstandsvergütungssystem und einem *„empfehlenden"* Votum zum Vergütungsbericht. Rechtliche Konsequenzen ergeben sich daraus aber nicht.[4330] Die Gesetzesbegründung verwendet die Begriffe offenbar synonym.[4331] Der Deutsche Corporate Governance Kodex greift die Unterscheidung in den Empfehlungen zur Vorstandsvergütung auch nicht weiter auf.

1. Votum zum Vorstandsvergütungssystem (§ 120a Abs. 1 bis 3 AktG, § 119 Abs. 1 Nr. 3 AktG)

a) Zwingende regelmäßige Vorlage des Vorstandsvergütungssystems

Mit Blick auf internationale Gepflogenheiten hatte der Gesetzgeber bereits zum 1.9.2009 eine Regelung eingeführt, der zufolge Hauptversammlungen börsennotierter Aktiengesellschaften über die Billigung des Systems zur Vergütung der Vorstandsmitglieder beschließen konnten, wenn ihnen die Verwaltung einen entsprechenden **Billigungsbeschluss** vorschlug (§ 120 Abs. 4 S. 1 AktG aF). Ob die Verwaltung der

---

[4326] Richtlinie (EU) 2017/828 des Europäischen Parlaments und des Rates vom 17.5.2017 zur Änderung der Richtlinie 2007/36/EG im Hinblick auf die Förderung der langfristigen Mitwirkung der Aktionäre.
[4327] Erwägungsgrund Nr. 33 2. ARRL; RegBegr BT-Drs. 19/9739, 1; *J. Schmidt* NZG 2018, 1201 (1202); *Bayer* DB 2018, 3034 (3035); *Paschos/Goslar* AG 2018, 857.
[4328] *Böcking/Bundle* Konzern 2020, 15; *Florstedt* ZIP 2020, 1; *Noack* DB 2019, 2785.
[4329] Zur rechtspolitischen Diskussion *J. Schmidt* NZG 2918, 1201 (1204); *Florstedt* ZGR 2019, 630 (648); *Löbbe/Fischbach* WM 2013, 1625 (1634f.); Spindler/Stilz/*Hoffmann* AktG § 120 Rn. 56ff.; *Verse* NZG 2013, 921 (923); *Hupka, Das Vergütungsvotum der Hauptversammlung*, 2012, 314ff.
[4330] Ebenso Johannsen-Roth/Illert/Ghassemi-Tabar/*Johannsen-Roth* DCGK Grds. 23 Rn. 4.
[4331] Vgl. insbes. RegBegr BT-Drs. 19/9739, 74: „§ 87a Absatz 2 Satz 1 AktG-E regelt – im Zusammenspiel mit § 120a Absatz 1 bis 3 AktG-E – den **beratenden oder empfehlenden** Charakter des Votums der Hauptversammlung über das System der Vorstandsvergütung." (Hervorhebung nur hier.)

Hauptversammlung einen Billigungsbeschluss vorschlug, lag in ihrem Ermessen;[4332] eine Vorlagepflicht bestand nicht. Nach § 120a Abs. 1 S. 1 AktG ist das Vorstandsvergütungssystem der Hauptversammlung demgegenüber künftig **zwingend** *„bei jeder wesentlichen Änderung des Vergütungssystems, mindestens jedoch alle vier Jahre"* vorzulegen. Der Aufsichtsrat darf die Vergütung der Vorstandsmitglieder ausschließlich in Übereinstimmung mit einem der Hauptversammlung zur Billigung vorgelegten Vorstandsvergütungssystem festsetzen (§ 87a Abs. 2 S. 1 AktG; → Rn. 1847).

1824 **aa) Ausschließliche Zuständigkeit des Aufsichtsrats.** Auf Grundlage des § 120 Abs. 4 AktG aF waren nach hA sowohl der Aufsichtsrat als auch der Vorstand berechtigt, der Hauptversammlung das Vorstandsvergütungssystem zur Billigung **vorzulegen.**[4333] Nach § 120a Abs. 1 S. 1 AktG ist ausschließlich der **Aufsichtsrat** berechtigt und verpflichtet, das Vorstandsvergütungssystem der Hauptversammlung vorzulegen.[4334] Aktionäre können aus eigener Initiative keine Beschlussfassung herbeiführen.[4335] Ein Minderheitsverlangen nach § 122 Abs. 2 AktG ist insofern nicht zulässig. Auch nach der Einberufung kann der Aufsichtsrat darauf **verzichten,** in der Hauptversammlung den Antrag über die Billigung des Systems zur Abstimmung zu stellen.[4336] Aktionäre können dann – anders als bei anderen Beschlussgegenständen[4337] – nicht beantragen, dass die Hauptversammlung doch über die Billigung des Systems entscheidet. Hat der Aufsichtsrat das aktuell angewandte System wesentlich geändert oder lag der Hauptversammlung seit vier Jahren kein System zur Billigung vor, handelt der Aufsichtsrat allerdings **pflichtwidrig,** wenn er den Beschlussantrag zurückzieht und kein anderes System zur Billigung vorlegt: Zur „Vorlage" eines Systems gehört, dass der Aufsichtsrat der Hauptversammlung ermöglicht, über die Billigung des Systems zu entscheiden.

1825 Legt der Aufsichtsrat pflichtwidrig **kein Vorstandsvergütungssystem** vor, sind Aktionäre und der Vorstand darauf verwiesen, mit den „allgemeinen Mitteln" dafür zu sorgen, dass sich die Aufsichtsratsmitglieder pflichtgemäß verhalten (insbes. Abberufung, Verweigerung der Entlastung).

1826 Ausschließlich der **Aufsichtsrat** ist berechtigt und verpflichtet, der Hauptversammlung einen **Beschlussvorschlag** zur Billigung des Vorstandsvergütungssystems zu machen (§ 124 Abs. 3 S. 1, Hs. 2 AktG). Der Vorstand hat insoweit kein Vorschlagsrecht.[4338] Der Aufsichtsrat kann die Entscheidung über seinen Beschlussvorschlag zwar einem **Ausschuss** übertragen (vgl. § 107 Abs. 3 S. 7 AktG).[4339] Auch die Entscheidung über das Vorstandsvergütungssystem kann der Aufsichtsrat nach zutreffender Ansicht einem Ausschuss übertragen (→ Rn. 1345):[4340] Mit Blick auf die Gesetzgebungsgeschichte kann nicht davon ausgegangen werden, dass der Gesetzgeber es übersehen habe, die Entscheidung über das Vergütungssystem (§ 87a AktG) in das Delegationsverbot des § 107 Abs. 3 S. 7 AktG aufzunehmen, und es ist nicht zwingend, dass das System die ausschließlich dem Plenum zukommende Zuständigkeit, die Vergütung festzusetzen (§ 107 Abs. 3 S. 7 AktG, § 87 Abs. 1, Abs. 2 S. 1 AktG), unzulässig einschränkt. Allerdings ist idR nicht zu empfehlen, dass das Plenum die Entscheidung über den Beschlussvorschlag oder das System an einen Ausschuss überträgt (→ Rn. 1346).

1827 **bb) Bekanntmachung des vollständigen Inhalts der Unterlagen.** In der **Einberufung der Hauptversammlung,** der der Aufsichtsrat ein Vorstandsvergütungssystem zur Billigung vorlegt, ist *„der vollständige Inhalt der Unterlagen"* bekanntzumachen (§ 124 Abs. 2 S. 3 AktG). Das System ist daher in der Einberufung vollständig bekannt und *„alsbald nach der Einberufung"* über die Internetseite zugänglich zu machen

---

[4332] GroßkommAktG/*Mülbert* AktG § 120 Rn. 163; MüKoAktG/*Kubis* AktG § 120 Rn. 46; K. Schmidt/Lutter AktG/ *Spindler* AktG § 120 Rn. 58; *Fleischer/Bedkowski* AG 2009, 677 (680).

[4333] GroßkommAktG/*Mülbert* AktG § 120 Rn. 162; Hölters/*Drinhausen* AktG § 120 Rn. 42; unklar Beschlussempfehlung und Bericht des Rechtsausschusses zu § 120 Abs. 4 AktG aF, BT-Drs. 16/13433, 12: „Es besteht *für die Verwaltung* keine Verpflichtung, den Gegenstand auf die Tagesordnung zu setzen." (Hervorhebung nur hier); aA *Bosse* BB 2009, 1650 (1653): Ausschließlich der Aufsichtsrat war zuständig.

[4334] RegBegr BT-Drs. 19/9739, 92.

[4335] *Löbbe/Fischbach* AG 2019, 373 (378); Hüffer/Koch/*Koch* AktG § 120a Rn. 3; iErg so auch BeckOGK AktG/*Hoffmann* AktG § 120a Rn. 20.

[4336] Dazu, dass der Aufsichtsrat darauf verzichten kann, einen bekanntgemachten Beschlussvorschlag als Antrag in der Hauptversammlung zu stellen, OLG Stuttgart AG 1994, 411 (415); *Schlitt* in Semler/Volhard/Reichert HV-HdB § 4 Rn. 211; Hüffer/Koch/*Koch* AktG § 124 Rn. 17; MüKoAktG/*Kubis* AktG § 124 Rn. 48; GroßkommAktG/*Butzke* AktG § 124 Rn. 79; *Marsch-Barner* in Marsch-Barner/Schäfer Börsennotierte AG-HdB Rn. 34.86.

[4337] Dazu MüKoAktG/*Kubis* AktG § 124 Rn. 48; GroßkommAktG/*Butzke* AktG § 124 Rn. 79.

[4338] Dazu, dass kein Vorschlagsrecht des Vorstands zur Wahl von Aufsichtsratsmitgliedern und Prüfern besteht Spindler/ Stilz/*Rieckers* AktG § 124 Rn. 28 mwN; ebenso *Kropff* AktG 1965 S. 174.

[4339] Hüffer/Koch/*Koch* AktG § 107 Rn. 27.

[4340] Ebenso K. Schmidt/Lutter AktG/*Seibt* AktG § 87a Rn. 12; *Bachmann/Pauschinger* ZIP 2019, 1 (2); Hüffer/Koch/ *Koch* AktG § 87a Rn. 3; *Florstedt* ZGR 2019, 630 (644) mit Fn. 88; *Bachmann* ZHR 2020, 127 (131); aA – keine Übertragung der Entscheidung über ein System an einen Ausschuss – Grigoleit/*Grigoleit/Kochendörfer* AktG § 87a Rn. 23; *E. Vetter* NZG 2020, 1161 (1162 ff.).

(§ 124a S. 1 Nr. 1 AktG).[4341] Bisher wurden Systeme verbreitet in Form von Muster-Anstellungsverträgen mit Anlagen zB zu den Bedingungen der variablen Vergütung dargestellt. Ggf. könnten diese Verträge mit sämtlichen Anlagen bekanntzumachen sein. Das spricht dafür, das System abstrakt und aus sich heraus verständlich zu beschreiben.

Ein besonderer **Hinweis** auf das Recht, von Aktionären zu verlangen, dass die Tagesordnung um den Gegenstand „Herabsetzung der Maximalvergütung" ergänzt wird (§ 87 Abs. 4 AktG), ist **nicht erforderlich:** Es handelt sich insofern um ein gewöhnliches Ergänzungsverlangen, und § 87 Abs. 4 AktG wird in § 121 Abs. 3 S. 3 Nr. 3 AktG nicht genannt. 1828

cc) Vorlage bei „jeder wesentlichen Änderung" und „mindestens alle vier Jahre". Die Pflicht, das Vorstandsvergütungssystem der Hauptversammlung vorzulegen, besteht bei jeder wesentlichen Änderung des Systems, mindestens jedoch alle vier **(Geschäfts-, nicht Kalender-)**[4342] **Jahre** (§ 120a Abs. 1 S. 1 AktG). Die Vierjahresfrist bemisst sich **nicht taggenau**[4343]**:** Es genügt, wenn der Aufsichtsrat das System der ordentlichen Hauptversammlung wieder vorlegt, die innerhalb der ersten acht Monate des vierten Geschäftsjahrs nach der ursprünglichen Vorlage stattfindet (§ 175 Abs. 1 S. 2 AktG). Ist es ausnahmsweise vertretbar, dass die ordentliche Hauptversammlung erst nach dem Achtmonatszeitraum des § 175 Abs. 1 Satz 2 AktG stattfindet,[4344] darf der Aufsichtsrat mit der erneuten Vorlage des Vorstandsvergütungssystems aber abwarten, bis die ordentliche Hauptversammlung stattfindet. Der Aufsichtsrat darf ggf. auch das System weiter anwenden. 1829

Weder die Gesetzesbegründung noch die Begründung der 2. ARRL äußern sich dazu, unter welchen Voraussetzungen eine Änderung des Vorstandsvergütungssystems wesentlich ist. Im Schrifttum wird vertreten, das Merkmal der **Wesentlichkeit** dürfe **nicht zu eng** ausgelegt werden.[4345] Wesentlich sollen Änderungen der Höchstvergütungsgrenzen sein.[4346] Der Gesetzgeber hat die festzulegende Maximalvergütung als Teil des Systems geregelt (§ 87a Abs. 1 S. 2 Nr. 1 AktG). Das spricht dafür, dass Änderungen der Maximalvergütung jedenfalls ab einer gewissen Größenordnung wesentlich sind. Auch „*signifikante*" Änderungen der Fixvergütung, Änderungen der maximalen kurz- und langfristigen variablen Vergütungsbestandteile und der Wartefristen für aktienbezogene Vergütungsbestandteile sollen wesentlich sein.[4347] Der allgemeine Maßstab ist, ob ein verständiger „Durchschnitts-Aktionär" davon ausgehen würde, aufgrund einer Änderung des Vorstandsvergütungssystems werde sich die Anreizwirkung der aufgrund des Systems festgesetzten Vergütung ändern.[4348] 1830

Auf Grundlage des Referentenentwurfs wurde im Schrifttum vereinzelt gefordert, in Vorstandsvergütungssystemen solle über § 87a Abs. 2 S. 2 AktG (Abweichung vom System, wenn es im Interesse des langfristigen Wohlergehens der Gesellschaft erforderlich ist) hinaus auch dann eine **Abweichung** ermöglicht werden, wenn der Aufsichtsrat damit der **Kritik von Aktionären** an einem abgelehnten System Rechnung tragen wolle. Jedenfalls sei aber bei Änderungen des Systems, mit denen der Aufsichtsrat auf die Kritik von Aktionären bei der Vorlage an die Hauptversammlung reagiere, an die Wesentlichkeit ein **strengerer Maßstab** anzulegen.[4349] Änderungen, die grds. als wesentlich einzuordnen wären, könnten danach als noch unwesentlich einzuordnen sein, wenn sie auf Kritik von Aktionären zurückgehen. 1831

Das ist **abzulehnen.** Lehnt die Hauptversammlung das System ab, hat der Aufsichtsrat ohnehin spätestens der darauf folgenden ordentlichen Hauptversammlung ein überprüftes System vorzulegen (§ 120a Abs. 3 AktG; → Rn. 1854 ff.). Billigt die Hauptversammlung das System trotz in der Hauptversammlung vorgebrachter Kritik, hat der Aufsichtsrat das System dennoch erneut vorzulegen, wenn er wesentliche Änderungen vornimmt, mit denen er auf Kritik der Aktionäre reagiert.[4350] Auch wenn sich die Kritik auf 1832

[4341] RegBegr BT-Drs. 19/9739, 94; krit. *Noack* DB 2019, 2785 (2790): Einberufungstext wird „*ungebührlich aufgebläht*", Veröffentlichung auf der Internetseite hätte ausgereicht.
[4342] Grigoleit/*Herrler* AktG § 120a Rn. 16; Hüffer/Koch/*Koch* AktG § 120a Rn. 4 mwN.
[4343] So auch *Herrler* ZHR 184 (2020), 408 (416); aA wohl *Noack/Zetzsche* AG 2020, 265 (275): Vierjahresfrist ist „*starr bestimmt*".
[4344] Dazu MüKoAktG/*Hennrichs/Pöschke* AktG § 175 Rn. 18 mwN. In Art. 2 § 1 Abs. 5 COVID19-G ist ausdrücklich vorgesehen, dass der Vorstand mit Zustimmung des Aufsichtsrats entscheiden kann, dass die ordentliche Hauptversammlung nicht im Achtmonatszeitraum, sondern „*innerhalb des Geschäftsjahres*" stattfindet (dazu → § 10 Rn. 48).
[4345] *Herrler* ZHR 184 (2020), 408 (419); *Anzinger* ZGR 2019, 39 (78); *Spindler* AG 2020, 61 (73); Hüffer/Koch/*Koch* AktG § 120a Rn. 4; strenger BeckOGK AktG/*Hoffmann* AktG § 120a Rn. 30: jede inhaltliche Änderung ist „*wesentlich*".
[4346] *Herrler* ZHR 184 (2020), 408 (420); Grigoleit/*Herrler* AktG § 120a Rn. 17; *Anzinger* ZGR 2019, 39 (78 f.); aA Hüffer/Koch/*Koch* AktG § 120a Rn. 1: „*nicht zwangsläufig*".
[4347] Lutter/Bayer/*J. Schmidt* ZGR-Sonderheft 2018 1/1, Rn. 29.136; *Spindler* AG 2020, 61 (73).
[4348] Vgl. auch *Anzinger* ZGR 2019, 39 (78); *Spindler* AG 2020, 61 (73).
[4349] Vgl. *Löbbe/Fischbach* AG 2019, 373 (379 f.); DAV-Handelsrechtsausschuss NZG 2019, 12 (15); dagegen *Paschos/Goslar* AG 2019, 365 (369).
[4350] *Heldt* AG 2018, 905 (908); *Spindler* AG 2020, 61 (68 f.); *Goslar* DB 2020, 937 (940); *Paschos/Goslar* AG 2019, 365 (369); Hüffer/Koch/*Koch* AktG § 87a Rn. 13; Grigoleit/*Herrler* AktG § 120a Rn. 28.

1833 Unabhängig davon, ob der Aufsichtsrat selbst eine Änderung als „wesentlich" iSd § 120a Abs. 1 S. 1 AktG beurteilt, ist grds. zu empfehlen, dass er bei seiner Entscheidung, ob er das Vorstandsvergütungssystem erneut vorlegt, bei entsprechender Zusammensetzung des Aktionärskreises die **Erwartungen** der **Aktionäre** und **institutionellen Stimmrechtsberater** berücksichtigt.[4352]

1834 Durfte der Aufsichtsrat darauf verzichten, das Vorstandsvergütungssystem trotz einer vorgenommenen Änderung der Hauptversammlung vorzulegen, weil die Änderung **nicht „wesentlich"** war, darf er die Vergütung in Übereinstimmung mit dem geänderten System festsetzen, auch wenn das geänderte System in dieser Form nicht der Hauptversammlung vorlag; es handelt sich bei dem System, einschließlich seiner unwesentlichen Änderung, um ein *„der Hauptversammlung nach § 120a Abs. 1 [AktG] zur Billigung vorgelegte[s] Vergütungssystem"* iSd § 87a Abs. 2 S. 1 AktG. Legt der Aufsichtsrat das System der Hauptversammlung zur Bestätigung vor, muss er unwesentliche Änderungen, die er in der Zwischenzeit vorgenommen hat, in die Bekanntmachung in der Einberufung der Hauptversammlung aufnehmen.

1835 **dd) Keine Pflicht zur regelmäßigen Änderung des Vorstandsvergütungssystems (Bestätigung).**
Die Pflicht, der Hauptversammlung spätestens alle vier Jahre ein Vorstandsvergütungssystem vorzulegen, zwingt den Aufsichtsrat nicht, der Hauptversammlung alle vier Jahre ein inhaltlich verändertes System vorzulegen. Der Aufsichtsrat darf vielmehr an einem **bewährten System** festhalten und der Hauptversammlung nach Ablauf der Vierjahresfrist ein bereits vorgelegtes System, das die nach § 87a Abs. 1 S. 2 AktG erforderlichen Angaben enthält, zur Bestätigung vorlegen (§ 120a Abs. 1 S. 4 AktG).[4353] Ein solcher Bestätigungsbeschluss muss nicht alle Angaben zum Vorstandsvergütungssystem wiederholen, sondern darf auf das geltende System Bezug nehmen.[4354] Zwischenzeitliche unwesentliche Änderungen des Systems muss der Aufsichtsrat aber in die Bekanntmachung der Einberufung aufnehmen (→ Rn. 1834). Fällt eine Vorlage wegen einer wesentlichen Änderung mit einer „turnusmäßigen Vorlage" zusammen, muss der Aufsichtsrat offenlegen, dass er eine wesentliche Änderung am System vorgenommen hat. Der Aufsichtsrat muss ein System auch dann nicht ändern, wenn er es erst nach mehr als vier Jahren erneut vorlegt, weil er die Vergütung zwischenzeitlich anhand eines anderen Systems festgesetzt hat.

1836 Hat die Hauptversammlung das geltende Vorstandsvergütungssystem zwar bei der ersten Beschlussfassung gebilligt, **bestätigt** es aber bei der wiederholten Vorlage **nicht,** muss der Aufsichtsrat das System – wie generell bei einer Ablehnung – überprüfen und der Hauptversammlung erneut vorlegen (§ 120a Abs. 3 AktG; → Rn. 1854).[4355]

1837 **ee) Rechtsfolgen bei Verstößen gegen die Vorgaben zur Vorlage des Vorstandsvergütungssystems.** Aus der Gesetzesbegründung ergibt sich nicht, welche **Rechtsfolgen** damit verbunden sind, wenn der Aufsichtsrat die Vorstandsvergütung in Übereinstimmung mit einem Vorstandsvergütungssystem festsetzt, das er der Hauptversammlung nicht gemäß den gesetzlichen Vorgaben vorgelegt, sondern das er seit der letzten Vorlage wesentlich geändert oder das er der Hauptversammlung zuletzt vor mehr als vier Jahren oder womöglich noch gar nicht zur Billigung vorgelegt hat. Vereinzelt wird vertreten, vertragliche Regelungen, die der Aufsichtsrat unter Verstoß gegen das gültige Vorstandsvergütungssystem vereinbart, seien wegen eines Gesetzesverstoßes nichtig.[4356] Entsprechend könnte man annehmen, dass Vergütungsregelungen nichtig seien, die der Aufsichtsrat in Übereinstimmung mit einem System festgesetzt hat, das er der Hauptversammlung nicht gemäß den gesetzlichen Vorgaben vorgelegt hat.

1838 Das ist **abzulehnen:** Das Gesetz formuliert nicht, dass der Aufsichtsrat die Vergütung der Vorstandsmitglieder ausschließlich in Übereinstimmung mit einem System festsetzen *kann*, dass er gemäß den ge-

---

[4351] Vgl. *Spindler* AG 2020, 61 (68 f.).
[4352] Vgl. zB die Glass Lewis Guidelines, S. 15, siehe https://www.glasslewis.com/wp-content/uploads/2016/12/Guidelines_Germany.pdf (zuletzt abgerufen am 26.10.2020): „[…] *we expect companies to submit a say-on-pay proposal to shareholder approval where any significant amendments to management board remuneration were proposed or implemented during the year, or when a say-on-pay proposal was rejected or received significant shareholder opposition at the last AGM.*"; BVI-Analyse-Leitlinien für Hauptversammlungen 2020 Ziff. 1.3, https://www.bvi.de/fileadmin/user_upload/Regulierung/Branchenstandards/ALHV/ALHV_2020_fin.pdf (zuletzt abgerufen am 26.10.2020): „[…] *als kritische Faktoren für die Vergütung und damit sowohl für die Abstimmung über das Vergütungssystem […] sind] anzusehen: mangelnde Transparenz, zB keine Nachbesserung bzw. Stellungnahme bei Zustimmung zum Vergütungssystem für den Vorstand mit weniger als 75 Prozent der in der Hauptversammlung vertretenen Stimmrechte im Vorjahr".
[4353] Die Gesetzesbegründung verweist auf die Parallele zur Aufsichtsratsvergütung in § 113 Abs. 3 S. 2 AktG und führt aus, der Aufsichtsrat könne *„auch das bereits geltende Vergütungssystem neuerlich zur Abstimmung stellen"*, vgl. RegBegr BT-Drs. 19/9739, 93.
[4354] RegBegr BT-Drs. 19/9739, 93.
[4355] RegBegr BT-Drs. 19/9739, 93.
[4356] *Zetzsche* NZG 2014, 1121 (1130); aA *Bachmann/Pauschinger* ZIP 2019, 1 (6); *Florstedt* ZGR 2019, 630 (649).

setzlichen Vorgaben der Hauptversammlung vorgelegt hat, sondern dass er die Vergütung nach diesen Vorgaben festzusetzen *„hat"* (§ 87a Abs. 2 S. 1 AktG). Im Übrigen hat der Beschluss der Hauptversammlung nur empfehlenden Charakter (→ Rn. 1847 ff.). Dass ein System der Hauptversammlung nicht gemäß den gesetzlichen Vorgaben vorlag, beschränkt daher nicht das rechtliche Können des Aufsichtsrats, sondern nur sein rechtliches Dürfen.

Aufsichtsratsmitglieder **handeln pflichtwidrig,** wenn sie eine Vorstandsvergütung festsetzen, die nicht mit einem Vorstandsvergütungssystem übereinstimmt, das der Hauptversammlung gemäß den gesetzlichen Vorgaben vorlag. Eine solche Festsetzung muss die AG nach den Grundsätzen des **Missbrauchs der Vertretungsmacht** nicht gegen sich gelten lassen.[4357] Beschlüsse der Hauptversammlung über die Billigung des Vorstandsvergütungssystems und das System selbst sind auf der Internetseite der Gesellschaft zu veröffentlichen (§ 120a Abs. 2 AktG; → Rn. 1874 ff.). Für Vorstandsmitglieder ist daher grds. **evident,** ob der Aufsichtsrat für sie eine Vergütung festsetzt, die erstens mit einem Vorstandsvergütungssystem übereinstimmt, das der Hauptversammlung gemäß den gesetzlichen Vorgaben vorlag, und zweitens ob das System der Hauptversammlung gemäß den gesetzlichen Vorgaben vorlag. Nicht evidente Abweichungen kommen in Betracht, wenn der Aufsichtsrat unwesentliche Änderungen ohne erneute Vorlage des Systems an die Hauptversammlung vorgenommen hat oder bei der Bekanntmachung des vollständigen Inhalts der Unterlagen (→ Rn. 1827 ff.) oder der Veröffentlichung nach der Beschlussfassung der Hauptversammlung Fehler unterliefen. 1839

b) Entscheidung der Hauptversammlung

aa) Inhalt der Entscheidung. Die Hauptversammlung kann beim Votum zum Vorstandsvergütungssystem in der Sache ausschließlich entscheiden, ob sie das vorgelegte System **billigt oder nicht. Gegenanträge** von Aktionären dahin, dass die Hauptversammlung über ein inhaltlich teilweise oder insgesamt geändertes System beschließen soll, sind **unzulässig.**[4358] Dass Gegenanträge ausgeschlossen sind, kann bei der Angabe der Rechte der Aktionäre in der Einberufung der Hauptversammlung (§ 121 Abs. 3 S. 3 Nr. 3 AktG) berücksichtigt werden. 1840

Ob eine **„Teilbilligung"** des Vorstandsvergütungssystems zulässig ist, bei der sich die Billigung nur auf bestimmte, abgrenzbare Teile bezieht, war zur alten Rechtslage umstritten. Eine Ansicht hielt eine Teilbilligung für zulässig und verwies auf die hA zur ähnlich gelagerten Frage einer Teilentlastung (→ Rn. 1090).[4359] Nach der Gegenansicht konnte die Hauptversammlung das System unter der alten Rechtslage ausschließlich als *„Gesamtpaket"* billigen.[4360] Zum neuen § 120a AktG wird bisher ausschließlich vertreten, eine **Teilbilligung sei unzulässig.**[4361] Die einzelnen Festsetzungen des Systems seien aufeinander abgestimmt. Das System sei insgesamt nicht mehr stimmig, wenn über einzelne Bestandteile gesondert entschieden und dadurch die innere Verknüpfung der einzelnen Bestandteile aufgehoben werde.[4362] 1841

Stellungnahme: Das Argument, das System sei im Fall einer Teilbilligung insgesamt nicht mehr stimmig, schließt eine Teilbilligung bereits deshalb nicht zwingend aus, weil die Entscheidung der Hauptversammlung über die Billigung nicht bindend ist (→ Rn. 1847 ff.). Es ist daher nicht ersichtlich, weshalb der Hauptversammlung nicht ermöglicht werden sollte, punktgenau *„auf[zu]zeigen, wo nachzubessern ist"*.[4363] Im Ergebnis scheidet eine Teilbilligung jedoch deshalb aus, weil kein entsprechender Beschlussantrag gestellt werden wird: Der Aufsichtsrat wird stets vorschlagen, das vorgelegte System insgesamt zu billigen, und Aktionäre können keine Gegenanträge stellen (→ Rn. 1840). Es handelt sich daher um eine **Scheindiskussion.** 1842

[4357] Allgemein zu Verstößen gegen das der konkreten Vergütung zugrunde gelegte Vorstandsvergütungssystem *Florstedt* ZGR 2019, 630 (649); zum VorstKoG *Ziemons* GWR 2013, 283 (284 f.); *Verse* NZG 2013, 921 (928). Vorstandsmitglieder sind nicht schutzwürdig, wenn sie mit dem Aufsichtsrat Abreden trifft, die dem veröffentlichten System und Beschluss widersprechen, vgl. *Zetzsche* NZG 2014, 1121 (1130). Unklar *Spindler* AG 2020, 61 (69): Da der Aufsichtsrat nicht an das Votum der Hauptversammlung gebunden ist, kann allenfalls bei einem gebilligten System überhaupt eine Offenlegung vorliegen(?).

[4358] RegBegr BT-Drs. 19/9739, 92; Hüffer/Koch/*Koch* AktG § 120a Rn. 4; *Löbbe*/*Fischbach* AG 2019, 373 (378); *Paschos*/*Goslar* AG 2019, 857 (863).

[4359] *E. Vetter* ZIP 2009, 2136 (2139); *Döll* WM 2010, 103 (109): Zweckmäßig, weil die Aktionäre ihren Willen so besser zum Ausdruck bringen könnten; tendenziell ebenso, jedoch ohne Parallele zum Entlastungsbeschluss *Thüsing* AG 2009, 517 (525).

[4360] *Fleischer*/*Bedkowski* AG 2009, 677 (683); K. Schmidt/Lutter AktG/*Spindler* AktG § 120 Rn. 62.

[4361] *Florstedt* ZGR 2019, 630 (650); *Bachmann*/*Pauschinger* ZIP 2019, 1 (4 mit Fn. 36); *Spindler* AG 2020, 61 (73); Hüffer/Koch/*Koch* AktG § 120a Rn. 4.

[4362] *Florstedt* ZGR 2019, 630 (650); *Bachmann*/*Pauschinger* ZIP 2019, 1 (4 mit Fn. 36); *Spindler* AG 2020, 61 (73); zu § 120 Abs. 4 AktG aF *Fleischer*/*Bedkowski* AG 2009, 677 (683); K. Schmidt/Lutter AktG/*Spindler* AktG § 120 Rn. 62.

[4363] Vgl. insofern *Florstedt* ZGR 2019, 630 (650).

1843 Die Hauptversammlung kann auch beschließen, die Entscheidung über die Billigung eines ihr vorgelegten Vorstandsvergütungssystems zu **vertagen**.[4364] Das Gesetz geht zwar davon aus, dass die Hauptversammlung grds. eine Sachentscheidung treffen muss (§ 120a Abs. 1 S. 1 AktG: *„die Hauptversammlung beschließt über die Billigung"*). Ebenso wie bei der Entlastung kann die Hauptversammlung aber nicht gezwungen werden, eine Sachentscheidung zu treffen (→ Rn. 1091). Auch wenn die Hauptversammlung keine Sachentscheidung trifft, kann der Aufsichtsrat jedoch ein ihr zur Billigung vorgelegtes System anwenden. Nach dem Gesetzeswortlaut muss der Aufsichtsrat die Vergütung mit einem der Hauptversammlung *„zur Billigung vorgelegten Vergütungssystem"* festsetzen (§ 87a Abs. 2 S. 1 AktG). Dass die Hauptversammlung über die Billigung **entschieden** hat, ist danach nicht erforderlich; es genügt vielmehr, dass die Hauptversammlung die Gelegenheit zu einer Sachentscheidung hatte.[4365] Es wäre auch nicht sachgerecht, wenn die Hauptversammlung durch eine Vertagung die Anwendbarkeit eines Systems verhindern könnte, nicht aber durch eine Verweigerung der Billigung. Liegt evident ein Bekanntmachungs- oder Einberufungsfehler vor, der in anderen Fällen zur Anfechtbarkeit oder Nichtigkeit (§ 241 Nr. 1 AktG) des Beschlusses führen würde, kann der Aufsichtsrat erwägen, ob er von sich aus vorschlägt, die Billigung zu vertagen. Vertagt die Hauptversammlung die Entscheidung über die Billigung, ist der Aufsichtsrat zwar rechtlich nicht verpflichtet, das System zu überprüfen (§ 120a Abs. 3 AktG). Der Aufsichtsrat muss das System aber erneut vorlegen, um der Hauptversammlung eine Sachentscheidung zu ermöglichen. Im Übrigen sollte sich der Aufsichtsrat gut überlegen, ob er das System ungeachtet der Vertagung bereits anwendet.

1844 **bb) Verfahren.** Für die Billigung genügt die **einfache Stimmenmehrheit** (§ 133 Abs. 1 AktG). Für Vorstandsmitglieder besteht dabei **kein Stimmrechtsausschluss**.[4366]

1845 **cc) Billigungsbeschluss als „Veranlassung" iSd §§ 311 ff. AktG?** Kommt der Billigungsbeschluss mit den Stimmen eines faktisch herrschenden Unternehmens zustande, liegt insofern eine Verantwortlichkeit des **herrschenden** Unternehmens nach §§ 311, 317 AktG fern. Dass der Billigungsbeschluss lediglich empfehlenden Charakter hat (→ Rn. 1847 ff.), steht zwar einer Veranlassung iSd §§ 311 ff. AktG nicht entgegen: Gerade eine rechtlich unverbindliche Einflussnahme kann eine Veranlassung iSd §§ 311 ff. AktG sein.[4367] Teilweise wird vertreten, Beschlüsse der Hauptversammlung seien keine (nachteilige) Veranlassung, wenn dem veranlassten Organ bei der ausführenden Maßnahme kein Entscheidungsspielraum zukomme. Beschlüsse der Hauptversammlung, die der Vorstand nach § 83 Abs. 2 AktG ausführen müsse, seien danach keine (nachteilige) Veranlassung.[4368] Der Aufsichtsrat hat jedoch idR einen Entscheidungsspielraum, welche Vergütung er in Übereinstimmung mit dem gebilligten Vorstandsvergütungssystem festsetzt. Eine **Benachteiligung** der faktisch abhängigen AG entsteht ohnehin erst, wenn der Aufsichtsrat die Vergütung festsetzt. Ein nachteiliger Einfluss des herrschenden Unternehmens kommt dann aber insbes. in Betracht, wenn es auf die Ausarbeitung des Systems und/oder auf die Festsetzung der Vergütung in Übereinstimmung mit dem System Einfluss genommen hat.[4369]

1846 **dd) Unanwendbarkeit der Regelungen für Related Party Transactions.** Nach den §§ 111a ff. AktG besteht für Geschäfte börsennotierter Gesellschaften mit nahestehenden Personen (**Related Party Transactions**), deren wirtschaftlicher Wert allein oder zusammen mit den innerhalb des laufenden Geschäftsjahrs vor Abschluss des Geschäfts mit derselben nahestehenden Person getätigten Geschäften 1,5 % der Summe aus dem Anlage- und Umlaufvermögen der Gesellschaft oder des Konzerns übersteigt, ein Zustimmungsvorbehalt zugunsten des Aufsichtsrats und eine Veröffentlichungspflicht. Geschäfte, die die Vorstandsmitglieder *„im Einklang mit [...] § 87a Absatz 2 AktG"* gewährte oder geschuldete Vergütung betreffen, gelten aber nicht als Related Party Transactions (§ 111a Abs. 3 Nr. 4 AktG). Nach der Gesetzesbegründung ist durch die Umsetzung der 2. ARRL *„ein alternativer Schutzmechanismus geschaffen"*.[4370] Hinzu kommt, dass ein Zustimmungsvorbehalt zugunsten des Aufsichtsrats und eine Veröffentlichungspflicht für die ohnehin vom Aufsichtsrat festzusetzende Vorstandsvergütung keinen Sinn ergeben. Die §§ 111a ff. AktG sind auf die Vorstandsvergütung daher auch dann nicht anwendbar, wenn der Aufsichtsrat eine Vorstandsvergütung unter Verstoß gegen §§ 87, 87a AktG festsetzen sollte.[4371] Die Formulierung

---

[4364] AA BeckOGK AktG/*Hoffmann* AktG § 120a Rn. 36: Kein Recht der Hauptversammlung auf Vertagung; eine dennoch beschlossene Vertagung ist als Verweigerung der Billigung zu behandeln.
[4365] AA K. Schmidt/Lutter AktG/*Seibt* AktG § 87a Rn. 23.
[4366] Grigoleit/*Herrler* AktG § 120a Rn. 11; Hüffer/Koch/*Koch* AktG § 120a Rn. 5 mwN; siehe auch → Rn. 1884.
[4367] Hüffer/Koch/*Koch* AktG § 311 Rn. 13 mwN.
[4368] Vgl. Emmerich/Habersack/*Habersack* AktG § 311 Rn. 30 mwN.
[4369] Zu vergleichbaren Überlegungen im Zusammenhang mit dem Gewinnverwendungsbeschluss der Hauptversammlung einer faktisch abhängigen AG MüKoAktG/*Altmeppen* AktG § 311 Rn. 122; Emmerich/Habersack/*Habersack* AktG § 311 Rn. 30a mwN.
[4370] RegBegr BT-Drs. 19/9739, 83.
[4371] Vgl. auch Grigoleit/*Grigoleit* AktG § 111a Rn. 148.

c) Lediglich empfehlender Charakter der Entscheidung der Hauptversammlung

„*im Einklang mit [...] § 87a Absatz 2 AktG*" in § 111a Abs. 3 Nr. 4 AktG verlangt lediglich, dass es sich bei der Leistung an ein Vorstandsmitglied überhaupt um dessen Vergütung handeln soll und der Aufsichtsrat sie festgesetzt hat.

Der Aufsichtsrat darf die Vergütung der Vorstandsmitglieder ausschließlich **in Übereinstimmung** mit einem der Hauptversammlung zur Billigung vorgelegten Vorstandsvergütungssystem festsetzen (§ 87a Abs. 2 S. 1 AktG). Der Aufsichtsrat kann aber „*vorübergehend von dem Vergütungssystem abweichen, wenn dies im Interesse des langfristigen Wohlergehens der Gesellschaft notwendig ist und das Vergütungssystem das Verfahren des Abweichens sowie die Bestandteile des Vergütungssystems, von denen abgewichen werden kann, benennt*" (§ 87a Abs. 2 S. 2 AktG; → Rn. 1369 ff.). Ob die Hauptversammlung das vorgelegte System billigt oder nicht, spielt keine Rolle: Der Aufsichtsrat darf die Vorstandsvergütung auch dann in Übereinstimmung mit einem der Hauptversammlung vorgelegten System festsetzen, wenn die Hauptversammlung das vorgelegte System ablehnt.[4372] Die Entscheidung der Hauptversammlung hat nur empfehlenden Charakter.

Der Beschluss über das System **begründet weder Rechte noch Pflichten** für andere Organe (§ 120a Abs. 1 S. 2 AktG). Der Gesetzgeber hat sich ausdrücklich dagegen entschieden, den Beschluss der Hauptversammlung verbindlich zu gestalten. Ein lediglich beratendes Votum stelle anders als eine „*zwingende Rahmenbeschlussfassung*" der Hauptversammlung die Kernkompetenz des Aufsichtsrats, die Vorstandsvergütung festzusetzen, nicht infrage und füge sich so besser in das deutsche Corporate Governance-System ein.[4373] Insbesondere der über die Mitbestimmung gewährleistete Einfluss der Arbeitnehmervertreter könne „*zusätzlich dazu beitragen, Überlegungen der Stimmigkeit mit der Vergütungsstruktur der gesamten Belegschaft stärker zu berücksichtigen*".[4374] Ohnehin sei auch mit einem unverbindlichen Hauptversammlungsvotum ein großer faktischer Handlungsdruck verbunden, „*da der Aufsichtsrat sich in aller Regel an den Wünschen der Anteilseigner orientieren und auf ein deutliches Votum ihrerseits hören* [werde]".[4375] Lehnt die Hauptversammlung das System ab, **muss** der Aufsichtsrat der Hauptversammlung allerdings ein **überprüftes System** vorlegen (§ 120a Abs. 3 AktG; → Rn. 1855 ff.).

Auch die Satzung kann dem Votum der Hauptversammlung **nicht überobligatorisch** eine Verbindlichkeit beimessen, etwa um institutionelle Anleger zufriedenzustellen.[4376] Dem stehen die Grundsätze der Satzungsstrenge (§ 23 Abs. 5 AktG) und Aufsichtsratsautonomie entgegen.[4377]

Der Beschluss der Hauptversammlung wirkt sich nicht auf die **Wirksamkeit** der **bestehenden Vergütungsregelungen** der Vorstandsmitglieder aus.[4378] Häufig sollen bereits vor der Vorlage des Vorstandsvergütungssystems an die Hauptversammlung Anstellungsverträge in Übereinstimmung mit dem System abgeschlossen werden. Ggf. steht bereits fest, dass die Vorstandsmitglieder das System akzeptieren. Allerdings würde die Hauptversammlung „vor vollendete Tatsachen gestellt". Um das zu vermeiden, wird zB vorgeschlagen, die Vergütungsregelungen in den Anstellungsverträgen an die auflösende **Bedingung** zu knüpfen, dass die Hauptversammlung das System billigt.[4379] Ebenfalls möglich ist ein in den Anstellungsvertrag aufgenommener Vorbehalt, dass der Aufsichtsrat die Vergütung abhängig vom Votum der Hauptversammlung einseitig ändern darf. Ob sich Vorstandsmitglieder hierauf einlassen, erscheint allerdings zweifelhaft.

d) Rechtsfolgen einer Billigung durch die Hauptversammlung

Die **Rechtsfolgen** des Hauptversammlungsbeschlusses über die Billigung des Vorstandsvergütungssystems sollen sich nach der Gesetzesbegründung nicht maßgeblich von denen im Fall einer freiwilligen Vorlage nach § 120 Abs. 4 AktG aF unterscheiden.[4380]

[4372] RegBegr BT-Drs. 19/9739, 92.
[4373] RegBegr BT-Drs. 19/9739, 92.
[4374] RegBegr BT-Drs. 19/9739, 34.
[4375] RegBegr BT-Drs. 19/9739, 92; zust. *Florstedt* ZIP 2020, 1 (2): „[S]o gesehen bestünde die wahre Wirkung eines rechtsbindenden Votums fast nur noch in diffizilen Folgeproblemen (Rechtsunsicherheit, Anfechtungsrisiken)."; *Bachmann/Pauschinger* ZIP 2019, 1 (6); *Paschos/Goslar* AG 2018, 857 (863); *J. Schmidt* NZG 2018, 1201 (1204); *Löbbe/Fischbach* AG 2019, 373 (379); *Heldt* AG 2018, 905 (908); *Zipperle/Lingen* BB 2020, 131 (132); krit. *Anzinger* ZGR 2019, 39 (81).
[4376] Vgl. RegBegr BT-Drs. 19/9739, 74; *Spindler* AG 2020, 61 (62); *Bachmann* ZHR 184 (2020), 127 (132).
[4377] *Bachmann* ZHR 184 (2020), 127 (132); *Herrler* ZHR 184 (2020), 408 (451); Grigoleit/*Herrler* AktG § 120a Rn. 35.
[4378] RegBegr BT-Drs. 19/9739, 93.
[4379] Grigoleit/*Herrler* AktG § 120a Rn. 30; Vgl. auch *Spindler* AG 2020, 61 (74), der von einer Billigung des Systems „als Ganzes" spricht – eine Teilbilligung wird aber ohnehin nicht in Betracht kommen, weil kein entsprechender Beschlussantrag gestellt wird (→ Rn. 1841 f.).
[4380] RegBegr BT-Drs. 19/9739, 93.

1852 Der Aufsichtsrat bleibt ungeachtet einer Billigung durch die Hauptversammlung verpflichtet, die **Vorgaben des § 87 AktG** einzuhalten, wenn er die Vorstandsvergütung festsetzt.[4381] Billigt die Hauptversammlung das vorgelegte System, schließt das eine **Haftung** von **Aufsichtsratsmitgliedern** nicht aus, wenn sie in Übereinstimmung mit dem System eine unangemessene oder anderweitig nicht mit § 87 Abs. 1 AktG vereinbare Vorstandsvergütung festsetzen (§ 116 S. 3 AktG, § 87 Abs. 1 AktG). Die Billigung des Systems durch die Hauptversammlung **indiziert** auch **nicht**, dass eine in Übereinstimmung mit dem System festgesetzte Vergütung angemessen ist[4382] und den weiteren Anforderungen des § 87 Abs. 1 AktG entspricht, also zB auf eine nachhaltige und langfristige Entwicklung der Gesellschaft ausgerichtet ist (§ 87 Abs. 1 S. 2 AktG).[4383]

1853 Handeln Aufsichtsratsmitglieder im Zusammenhang mit dem Beschluss des Aufsichtsrats über das Vorstandsvergütungssystem (§ 87a Abs. 1 S. 1 AktG) pflichtwidrig – etwa, weil das beschlossene System nicht den **Vorgaben des § 87a Abs. 1 AktG** entspricht –, kommt ebenfalls **keine Enthaftung** in Betracht, wenn die Hauptversammlung das System billigt.[4384] Auch wenn die Hauptversammlung ein System gebilligt hat, darf der Aufsichtsrat die Vorstandsvergütung nicht in Übereinstimmung mit diesem System festsetzen, wenn es den gesetzlichen Vorgaben nicht entspricht. Entsteht der Gesellschaft ein Schaden – zB, weil Vorstandsmitglieder ihre Bestellung nicht verlängern oder weil der Aufsichtsrat ein für die AG nachteiliges System weiter anwenden muss oder weil die Reputation der Gesellschaft beeinträchtigt wird –, kommt eine Haftung der Aufsichtsratsmitglieder in Betracht, die das System beschlossen haben. Liegt kein anderes System vor, das der Aufsichtsrat anwenden kann, ist der Aufsichtsrat verpflichtet, der Hauptversammlung so schnell wie möglich ein System vorzulegen. Der Aufsichtsrat kann berechtigt und verpflichtet sein, eine außerordentliche Hauptversammlung einzuberufen (§ 111 Abs. 3 AktG); ggf. können die Kosten einer solchen außerordentlichen Hauptversammlung ein Schaden der Gesellschaft sein, den sie von den Aufsichtsratsmitgliedern ersetzt verlangen kann, die das gesetzwidrige oder nachteilige System beschlossen haben.

e) Rechtsfolgen einer Ablehnung durch die Hauptversammlung

1854 Die Hauptversammlung kann durch ihre Ablehnung des vorgelegten Vorstandsvergütungssystems nicht verhindern, dass der Aufsichtsrat die Vergütung der Vorstandsmitglieder in Übereinstimmung mit dem System festsetzt (→ Rn. 1847). Die Hauptversammlung hat **kein „Vetorecht"**.

1855 **aa) Pflicht des Aufsichtsrats zur Überprüfung des Vergütungssystems.** Die Ablehnung führt nicht dazu, dass die vom Aufsichtsrat im Vorstandsvergütungssystem festgelegte oder in Übereinstimmung mit dem System festgesetzte Vergütung nicht „*angemessen*" iSd § 87 Abs. 1 AktG oder das System **pflichtwidrig** wäre. Die Ablehnung ist auch kein wichtiger Grund, der dazu berechtigen würde, Aufsichtsratsmitglieder gerichtlich abzuberufen (§ 103 Abs. 3 AktG).[4385] Die Ablehnung ist zudem kein wichtiger Grund, der Vorstandsmitglieder[4386] oder den Aufsichtsrat[4387] berechtigen würde, Anstellungsverträge zu kündigen, in denen eine Vergütung in Übereinstimmung mit dem abgelehnten System festgesetzt ist.

1856 Die Ablehnung begründet für den Aufsichtsrat aber eine **Rechtspflicht zum Handeln:** Der Aufsichtsrat muss das Vorstandsvergütungssystem „*überprüfen*" und das überprüfte System spätestens in der darauf folgenden ordentlichen[4388] Hauptversammlung vorlegen (§ 120a Abs. 3 AktG). Das überprüfte Sys-

---

[4381] RegBegr BT-Drs. 19/9739, 93: Eines ausdrücklichen Hinweises entsprechend § 120 Abs. 4 S. 2 AktG aF, dass § 87 AktG unberührt bleibt, bedarf es aufgrund der fehlenden rechtlichen Wirkung des Hauptversammlungsbeschlusses nicht; vgl. auch *Florstedt* ZGR 2019, 630 (650); *Bayer* DB 2019, 3034 (3038); *J. Schmidt* NZG 2018, 1201 (1204); *Spindler* AG 2020, 61 (62); Hüffer/Koch/*Koch* AktG § 120a Rn. 5; aA zum Referentenentwurf *Bungert/Wansleben* DB 2017, 1190 (1192): Die Vergütung eines Vorstandsmitglieds entsprechend einer von der Hauptversammlung gebilligten Vergütungspolitik begründet keine Pflichtverletzung von Aufsichtsratsmitgliedern.
[4382] Vgl. RegBegr BT-Drs. 19/9739, 93; zu § 120 Abs. 4 S. 1 AktG aF Grigoleit/*Herrler* AktG § 120 Rn. 27.
[4383] *Herrler* ZHR 184 (2020), 408 (435); Grigoleit/*Herrler* AktG § 120a Rn. 25.
[4384] Vgl. auch RegBegr BT-Drs. 19/9739, 116: Die Festsetzung einer Vorstandsvergütung entgegen § 87a Abs. 2 S. 1 AktG oder das Unterlassen der Ausarbeitung eines Vergütungssystems ist pflichtwidrig iSd § 93 Abs. 2 AktG, § 116 AktG; *Spindler* AG 2020, 61 (74): Beschluss bewirkt „*keinerlei Haftungsentlastung*"; zu § 120 Abs. 4 S. 1 AktG aF GroßkommAktG/*Mülbert* AktG § 120 Rn. 176; Bürgers/Körber/*Reger* AktG § 120 Rn. 20. Zu § 120a AktG offenlassend *Bachmann/Pauschinger* ZIP 2019, 1 (10).
[4385] Zu § 120 Abs. 4 S. 1 AktG aF MüKoAktG/*Kubis* AktG § 120 Rn. 48; GroßkommAktG/*Mülbert* AktG § 120 Rn. 176.
[4386] Zu § 120 Abs. 4 S. 1 AktG aF MüKoAktG/*Kubis* AktG § 120 Rn. 48; GroßkommAktG/*Mülbert* AktG § 120 Rn. 177.
[4387] Zu § 120 Abs. 4 S. 1 AktG aF GroßkommAktG/*Mülbert* AktG § 120 Rn. 176.
[4388] Die „ordentliche" Hauptversammlung ist nach der Überschrift des Unterabschnitts zu den §§ 175 f. AktG die Hauptversammlung, der die Rechnungslegung vorgelegt wird (§§ 175 f. AktG) und die nach dem Verständnis der Praxis über die Verwendung des Bilanzgewinns (§ 119 Nr. 2 AktG, § 174 AktG), die Entlastung der Vorstands- und

tem muss alle wesentlichen Änderungen erläutern und eine Übersicht enthalten, inwieweit Abstimmung und Äußerungen der Aktionäre in Bezug auf das System und die Vergütungsberichte berücksichtigt wurden (§ 87a Abs. 1 S. 2 Nr. 11 AktG).

Der Aufsichtsrat genügt seiner Überprüfungspflicht auch, wenn er der Hauptversammlung das nicht gebilligte Vorstandsvergütungssystem **unverändert** erneut zur Billigung vorlegt: Die gesetzliche Pflicht zur Überprüfung verlangt **nicht,** dass der Aufsichtsrat das System **„überarbeitet".**[4389] Der deutsche Gesetzgeber ist damit vom Wortlaut der deutschen Fassung der 2. ARRL **abgewichen,** die in Art. 9a Abs. 3 ausdrücklich eine „überarbeitete" Vergütungspolitik verlangt. In der Entwurfsbegründung wird die Abweichung mit einem Verweis auf die englische Fassung der 2. ARRL („revised") gerechtfertigt.[4390] 1857

Dieses Ergebnis wird im Schrifttum grds. **nicht bestritten** und überwiegend begrüßt.[4391] Soweit vereinzelt doch von einer Pflicht zur „Überarbeitung" des Vorstandsvergütungssystems ausgegangen wird, wird darunter nicht zwingend eine inhaltliche Anpassung des Systems an die Vorstellungen der Aktionäre verstanden, sondern bereits die Aufnahme des begründeten Hinweises nach § 87a Abs. 1 S. 2 Nr. 11 AktG, dass der Aufsichtsrat der Ablehnung durch die Hauptversammlung an dem System festhält.[4392] Der zumindest in der Gesetzesbegründung zum Ausdruck gekommenen Entscheidung des Gesetzgebers ist **zuzustimmen.** Wäre der Aufsichtsrat im Fall eines ablehnenden Votums der Hauptversammlung zu inhaltlichen Änderungen am System gezwungen, könnte die Hauptversammlung durch die Ablehnung – jedenfalls für die Zeit nach der folgenden ordentlichen Hauptversammlung – doch verhindern, dass der Aufsichtsrat die Vorstandsvergütung anhand des abgelehnten Systems festsetzen darf. Der ablehnende Hauptversammlungsbeschluss hätte dann den Charakter eines Vetos und nicht den einer Empfehlung.[4393] 1858

Im Schrifttum wird vertreten, der Aufsichtsrat könne **verpflichtet** sein, an dem vorgelegten und abgelehnten Vorstandsvergütungssystem festzuhalten, wenn er im Rahmen seiner Überprüfung zur Einschätzung gelangt, dass das System im Unternehmensinteresse sachgerecht ist.[4394] Eine Pflicht, an „jedem Buchstaben und jeder Zahl" eines bestimmten Systems festzuhalten, erscheint schwer vorstellbar. Der Aufsichtsrat kann aber verpflichtet sein, Kritik von Aktionären nicht umzusetzen, wenn er zur Einschätzung gelangt, dass sie zu einem System führen würde, das nicht im Unternehmensinteresse ist. Insofern kann der Aufsichtsrat jedenfalls berechtigt sein, am bisherigen System festzuhalten. Der Aufsichtsrat muss ggf. im überprüften System erläutern, wie er das Votum der Hauptversammlung berücksichtigt und weshalb er am nicht gebilligten System festgehalten hat (§ 87a Abs. 1 S. 2 Nr. 11 AktG). Es ist aber davon auszugehen, dass der Aufsichtsrat der Hauptversammlung selten ein abgelehntes System unverändert erneut zur Billigung vorlegen wird,[4395] zumal bedeutende Stimmrechtsberater bereits dann, wenn die Hauptversammlung das System mit einer Beschlussmehrheit von weniger als 75% oder 80% billigt, verlangen, dass der Aufsichtsrat das System inhaltlich überarbeitet.[4396] 1859

Der Aufsichtsrat kann das abgelehnte Vorstandsvergütungssystem auch **„verwerfen"** und auf ein anderes System zurückgreifen, das die Hauptversammlung vor weniger als vier Jahren gebilligt hat (→ Rn. 1864 ff.). Der Aufsichtsrat ist dann nicht verpflichtet, spätestens der darauf folgenden ordentlichen Hauptversammlung das abgelehnte System „überprüft" vorzulegen. 1860

bb) Pflicht des Aufsichtsrats zur erneuten Vorlage. Der Aufsichtsrat muss der Hauptversammlung das überprüfte Vorstandsvergütungssystem **spätestens** in der **darauf folgenden ordentlichen** Hauptversammlung zur erneuten Entscheidung über die Billigung vorlegen (§ 120a Abs. 3 AktG). Art. 9a Abs. 3 S. 2 ARRL sieht zwar vor, dass der Aufsichtsrat das überprüfte Vorstandsvergütungssystem in der „darauf folgenden" Hauptversammlung vorlegt. Die abweichende Formulierung des deutschen Gesetzgebers wird aber mit den Zielvorstellungen des europäischen Gesetzgebers für vereinbar und daher richtlinienkonform gehalten[4397] und iErg begrüßt.[4398] Der Aufsichtsrat ist danach nicht verpflichtet, eine nach der Ablehnung eines Vorstandsvergütungssystems zu einem bestimmten Thema einberufene außerordentliche 1861

Aufsichtsratsmitglieder (§ 119 Nr. 4 AktG, § 120 Abs. 1 S. 1, Abs. 3 AktG) sowie die Bestellung des Abschlussprüfers (§ 119 Nr. 5 AktG, § 318 Abs. 1 HGB) beschließt, vgl. Hüffer/Koch/*Koch* AktG § 175 Rn. 1.

[4389] RegBegr BT-Drs. 19/9739, 93.
[4390] RegBegr BT-Drs. 19/9739, 93; auch in der französischen Fassung ist von „révisée" die Rede; krit. zu dieser Argumentation, iErg aber zustimmend BeckOGK AktG/*Hoffmann* AktG § 120a Rn. 31.
[4391] Lutter/Krieger/*Verse* AR Rn. 432; Grigoleit/*Herrler* AktG § 120a Rn. 19; *Löbbe/Fischbach* AG 2019, 373 (378); *Bachmann/Pauschinger* ZIP 2019, 1 (6); zum Referentenentwurf *Paschos/Goslar* AG 2018, 857 (863); *J. Schmidt* NZG 2018, 1201 (1204); *Bayer* DB 2018, 3034 (3038).
[4392] *Anzinger* ZGR 2019, 39 (82).
[4393] *Löbbe/Fischbach* AG 2019, 373 (378); *Spindler* AG 2020, 61 (73).
[4394] *J. Schmidt* NZG 2018, 1201 (1204); *Bachmann/Pauschinger* ZIP 2019, 1 (6).
[4395] RegBegr BT-Drs. 19/9739, 93; *Löbbe/Fischbach* AG 2019, 373 (378); *Bachmann/Pauschinger* ZIP 2019, 1 (6); *Paschos/Goslar* AG 2018, 857 (863); *J. Schmidt* NZG 2018, 1201 (1204).
[4396] Vgl. *Paschos/Goslar* AG 2018, 857 (863).
[4397] *Bachmann/Pauschinger* ZIP 2019, 1 (6).
[4398] *Löbbe/Fischbach* AG 2019, 373 (379); *Bachmann/Pauschinger* ZIP 2019, 1 (6); *Paschos/Goslar* AG 2018, 857 (863).

Hauptversammlung mit Erörterungen zum Vorstandsvergütungssystem „zu belasten".[4399] Der Aufsichtsrat ist aber auch nicht per se gehindert *(„spätestens")*, nach pflichtgemäßem Ermessen schon vor der nächsten ordentlichen Hauptversammlung eine Entscheidung der Hauptversammlung über das überprüfte Vorstandsvergütungssystem herbeizuführen, sei es in einer eigens dafür (§ 111 Abs. 3 AktG) oder in einer aus anderen Gründen einberufenen außerordentlichen Hauptversammlung.[4400] Mit Blick auf die mit einer Hauptversammlung verbundenen Kosten wird es allerdings nur in besonderen Fällen in Betracht kommen, eine Hauptversammlung eigens einzuberufen.

1862 Die Gesetzesbegründung führt an, der Aufsichtsrat könne im Fall der Ablehnung eines Vorstandsvergütungssystems die Abstimmung über ein überprüftes Vorstandsvergütungssystem sogar – *„wenn zulässig"* – zum Gegenstand „*der **gegenwärtigen** Hauptversammlung*" machen.[4401] Im Schrifttum wird darauf hingewiesen, es dürfte mit Blick auf die Komplexität von Vorstandsvergütungssystemen allenfalls in Ausnahmefällen in Betracht kommen, dass der Aufsichtsrat ein System nach dessen Ablehnung in derselben Hauptversammlung überprüft und erneut zur Abstimmung stellt.[4402] Hinzu kommt, dass ggf. die Generaldebatte wieder zu eröffnen wäre, wie mit den Stimmen umzugehen wäre, die über Bevollmächtigte oder im Weg der Briefwahl abgegeben werden.

1863 Lehnt die Hauptversammlung das (überprüfte) Vorstandsvergütungssystem auch bei der Neuvorlage ab, löst die **erneute Ablehnung** wiederum die Pflicht zu einer **(erneuten) Überprüfung** und **Vorlage** spätestens in der darauf folgenden ordentlichen Hauptversammlung aus (§ 120a Abs. 3 AktG). Der Aufsichtsrat muss danach ein abgelehntes Vorstandsvergütungssystem so lange überprüfen, dabei pflichtgemäß entscheiden, ob er es anpasst und dann erneut vorlegt, bis die Hauptversammlung es billigt, es sei denn der Aufsichtsrat verwirft das System insgesamt (→ Rn. 1860). Es ist zwar nach § 120a Abs. 3 AktG zulässig, auch an einem mehrfach abgelehnten Vorstandsvergütungssystem festzuhalten, ohne es iRd Überprüfung zu ändern. Der Aufsichtsrat kann dadurch aber **pflichtwidrig** handeln.[4403]

f) Auswahlermessen des Aufsichtsrats bei mehreren vorgelegten Vorstandsvergütungssystemen

1864 Der Aufsichtsrat kann die Vergütung der Vorstandsmitglieder in Übereinstimmung mit **irgendeinem** der Hauptversammlung vorgelegten Vorstandsvergütungssystem festsetzen, dh der Aufsichtsrat muss nicht per se zwingend auf das zuletzt vorgelegte oder das zuletzt gebilligte System zurückgreifen.[4404] Die Gesetzesbegründung empfiehlt allerdings, dass der Aufsichtsrat die Vorstandsvergütung **im Regelfall** in Übereinstimmung mit dem **zuletzt** von der Hauptversammlung **gebilligten System** festsetzt.[4405] Auch im Schrifttum wird vertreten, es sei nicht sinnvoll, dass der Aufsichtsrat zu einem früheren System zurückkehre, weil er dadurch den Gründen, die für dessen Änderung sprachen, nicht Rechnung tragen könne.[4406] Nach einer strengeren Ansicht soll das Ermessen des Aufsichtsrats darauf beschränkt sein, das System anzuwenden, das die Hauptversammlung zuletzt gebilligt hat oder das ihr zuletzt vorlag,[4407] es sei denn, das stünde in erkennbarem Widerspruch zum aktuellen Aktionärswillen.[4408] Die Gegenansicht lehnt eine solche Einschränkung des Auswahlermessens mit Blick auf den Wortlaut des Art. 9a Abs. 3 2. ARRL ab, der nur von „*einer*" Vergütungspolitik spricht ohne zu konkretisieren, ob es sich um die zuletzt vorgelegte handelt.[4409]

1865 Der Aufsichtsrat hat nach Maßgabe der **Business Judgment Rule (vgl. § 93 Abs. 1 S. 2 AktG)** im Unternehmensinteresse abzuwägen, welches der per se in Betracht kommenden Vorstandsvergütungssysteme er anwendet. Den „aktuellen Willen der Aktionärsmehrheit" muss der Aufsichtsrat dabei allenfalls berücksichtigen, wenn er ihn überhaupt zuverlässig feststellen kann. Das wird nur in Betracht kommen, wenn einer oder überschaubar wenige Aktionäre gemeinsam die Stimmrechtsmehrheit haben. Bei der Gewichtung und Abwägung muss der Aufsichtsrat zudem berücksichtigen, dass die Entscheidung der

---

[4399] RegBegr BT-Drs. 19/9739, 94.
[4400] RegBegr BT-Drs. 19/9739, 94.
[4401] RegBegr BT-Drs. 19/9739, 94 (Hervorhebung nur hier).
[4402] *Paschos/Goslar* AG 2019, 365 (369); *Heldt* AG 2018, 905 (908 f.); *Grigoleit/Herrler* AktG § 120a Rn. 20.
[4403] Vgl. RegBegr BT-Drs. 19/9739, 93: *„Der Aufsichtsrat kann also an seinem Vorschlag festhalten, wenn er der Überzeugung ist, dass es im Interesse des Unternehmens richtig ist. Praktisch relevant wird dies vermutlich nicht werden."*
[4404] RegBegr BT-Drs. 19/9739, 92; *Goslar* DB 2020, 937 (940); BeckOGK AktG/*Hoffmann* AktG § 120a Rn. 31; MHdB AG/*Wentrup* § 21 Rn. 60; *Arnold/Herzberg/Zeh* AG 2020, 313 (320); *Florstedt* ZGR 2019, 630 (651): Es liegt im unternehmerischen Ermessen des Aufsichtsrats, ob er das zuletzt vorgelegte Vorstandsvergütungssystem oder ein älteres mit einer höheren Zustimmungsquote wählt; Hüffer/Koch/*Koch* AktG § 87a Rn. 13.
[4405] RegBegr BT-Drs. 19/9739, 93.
[4406] *Löbbe/Fischbach* AG 2019, 373 (379).
[4407] *Lutter/Krieger/Verse* AR Rn. 399; tendenziell so auch Grigoleit/*Herrler* AktG § 120a Rn. 25.
[4408] Zum Referentenentwurf *Bachmann/Pauschinger* ZIP 2019, 1 (6): Zweifelhaft, ob der Rückgriff auf eine „irgendwann" einmal vorgelegte Vergütungspolitik richtlinienkonform ist.
[4409] *Spindler* AG 2020, 61 (68).

Hauptversammlung nur empfehlenden Charakter hat. Der Aufsichtsrat kann daher andere Gesichtspunkte stärker gewichten als den, welches System die Hauptversammlung zuletzt gebilligt hat oder welches System mutmaßlich aktuell vom Willen der Aktionärsmehrheit getragen wird.

Der Aufsichtsrat darf nur Vorstandsvergütungssysteme anwenden, die der Hauptversammlung **in den letzten vier Jahren vorlagen** und die der Aufsichtsrat seit der Vorlage **nicht wesentlich geändert** hat. Die Vierjahresfrist läuft für ein älteres System auch weiter, wenn der Aufsichtsrat zwischenzeitlich ein anderes System angewandt hat. Möchte der Aufsichtsrat ein System anwenden, das der Hauptversammlung zuletzt vor mehr als vier Jahren zur Billigung vorlag, muss er für dieses System zunächst ein neues Votum der Hauptversammlung herbeiführen. Andernfalls stimmt die festgesetzte Vergütung nicht mit einem „*der Hauptversammlung nach § 120a Abs. 1* [dh innerhalb der letzten vier Jahre] *zur Billigung vorgelegten Vergütungssystem*" überein (§ 87a Abs. 2 S. 1 AktG).[4410] 1866

Umstritten ist, ob der Aufsichtsrat ein System anwenden darf, in dem eine Maximalvergütung festgelegt ist, die den von der Hauptversammlung herabgesetzten Betrag **übersteigt** (→ Rn. 1889 ff.). 1867

Auf ein System, das der Hauptversammlung auf Grundlage des **§ 120 Abs. 4 S. 1 AktG aF** zur Billigung vorlag, darf der Aufsichtsrat **nicht zurückgreifen**, weil es idR nicht den Anforderungen des § 87a Abs. 1 AktG entspricht.[4411] 1868

g) Rechtsmittel gegen das Votum der Hauptversammlung?

Der Hauptversammlungsbeschluss über das Vorstandsvergütungssystem ist **nicht** nach § 243 AktG **anfechtbar** (§ 120a Abs. 1 S. 3 AktG). Der Gesetzgeber sieht wegen des nur empfehlenden Charakters des Beschlusses kein Erfordernis für Anfechtungsklagen.[4412] „Berufsklägern" soll keine neue Angriffsfläche geboten werden.[4413] 1869

Ob **Nichtigkeitsklagen** ausgeschlossen sind, war bereits zu § 120 Abs. 4 AktG aF umstritten.[4414] Der Gesetzgeber hat in Kenntnis des Streits[4415] ausdrücklich nur die Anfechtungsklage ausgeschlossen. Daraus schließt eine Ansicht, Nichtigkeitsklagen seien zulässig.[4416] Nach der **zutreffenden Gegenansicht** sind auch Nichtigkeitsklagen **ausgeschlossen**.[4417] Der Beschluss über die Billigung hat nur empfehlenden Charakter. Selbst wenn der Beschluss für nichtig erklärt würde, könnte der Aufsichtsrat das betreffende Vorstandsvergütungssystem anwenden: Eine Sachentscheidung der Hauptversammlung ist dafür nicht erforderlich (→ Rn. 1918). Lehnt die Hauptversammlung ein vorgelegtes System ab, folgt daraus zwar die Pflicht des Aufsichtsrats, der Hauptversammlung ein überprüftes System vorzulegen. Auch wenn auf die Klage eines Aktionärs hin festgestellt würde, dass ein Billigungsbeschluss der Hauptversammlung nichtig ist, stünde damit nicht fest, dass die Hauptversammlung das System abgelehnt hätte. 1870

[4410] Insofern unklar die RegBegr BT-Drs. 19/9739, 92: „*Für die Festsetzung der Vergütung nach § 87a Absatz 2 Satz 1 AktG-E kommt es lediglich darauf an, dass das* […] *Vergütungssystem der Hauptversammlung* **einmal** *zur Billigung vorgelegen hat.*" (Hervorhebung nur hier.) Diese Aussage bezieht sich wohl nur darauf, dass der Aufsichtsrat ein System auch anwenden darf, wenn es einmal abgelehnt wurde. Dass der Aufsichtsrat ein Vergütungssystem anwenden darf setzt weiter voraus, dass die Entscheidung der Hauptversammlung nicht mehr als vier Jahre zurückliegt.

[4411] RegBegr BT-Drs. 19/9739, 75; Hüffer/Koch/*Koch* AktG § 87a Rn. 13.

[4412] RegBegr BT-Drs. 19/9739, 93; zust. *Löbbe/Fischbach* AG 2019, 373 (378); *Anzinger* ZGR 2019, 39 (81); *Bachmann/Pauschinger* ZIP 2019, 1 (6): Überzeugend, „*da sinnlose Streitereien vermieden und Berufsklägern keine neuen Angriffsflächen geboten werden.*"

[4413] RegBegr BT-Drs. 19/9739, 93; zust. *Bachmann/Pauschinger* ZIP 2019, 1 (6); krit. insofern *Anzinger* ZGR 2019, 39 (81).

[4414] Für einen Ausschluss der Nichtigkeitsklage Henssler/Strohn GesR/*Liebscher* AktG § 120 Rn. 15; Bürgers/Körber/*Reger* AktG § 120 Rn. 20; *Annuß/Theusinger* BB 2009, 2434 (2439); *Begemann/Laue* BB 2009, 2442 (2445). Gegen einen Ausschluss der Nichtigkeitsklage GroßkommAktG/*Mülbert* AktG § 120 Rn. 182; *Fleischer/Bedkowski* AG 2009, 677 (685); *Fleischer* NZG 2009, 801 (805); *Döll* WM 2010, 103 (110). Eine „vermittelnde Ansicht" hielt eine Nichtigkeit zumindest nach § 241 Nr. 3 AktG bei kompetenzüberscheidenden Beschlüssen – zB wenn die Hauptversammlung über die konkrete Vergütung abstimmte – für möglich, Hüffer/Koch/*Koch* AktG, 13. Aufl. 2018, § 120 Rn. 24, MüKoAktG/*Kubis* AktG § 120 Rn. 49; K. Schmidt/Lutter AktG/*Spindler* AktG § 120 Rn. 65; *E. Vetter* ZIP 2009, 2136 (2140).

[4415] So *Bachmann/Pauschinger* ZIP 2019, 1 (6); *Spindler* AG 2020, 61 (74).

[4416] *Bachmann/Pauschinger* ZIP 2019, 1 (6); Grigoleit/*Herrler* AktG § 120a Rn. 31; *Spindler* AG 2020, 61 (74), der allerdings feststellt, dass für einen Ausschluss der Nichtigkeitsklage der Rechtsgedanke des § 120a Abs. 3 AktG sprechen und angesichts des empfehlenden Charakters des Beschlusses ein sachliches Bedürfnis und legitimes Ziel für eine Nichtigkeitsklage fehlen könnte; iErg ebenso *Florstedt* ZGR 2019, 630 (649); BeckOGK AktG/*Hoffmann* AktG § 120a Rn. 26.

[4417] *Goslar* DB 2020, 937 (940); *Löbbe/Fischbach* AG 2019, 373 (378); grds. auch Hüffer/Koch/*Koch* AktG § 120a Rn. 6, allerdings soll eine Nichtigkeit bei kompetenzüberscheidenden Beschlüssen in Betracht kommen, etwa wenn die Hauptversammlung in unzulässiger Weise über einzelne Vergütungen abstimmt; dazu sogleich im Text; differenzierend BeckOGK AktG/*Hoffmann* AktG § 120a Rn. 26: Aktionärsklagen auf Feststellung der Nichtigkeit fehle das Rechtsschutzbedürfnis, Nichtigkeitsfeststellungsklagen des Aufsichtsrats seien hingegen bei kompetenzüberscheidenden Beschlüssen der Hauptversammlung zulässig.

1871 Aktionäre sind durch den Ausschluss von Beschlussmängelklagen nicht schutzlos: **Einberufungs- und Beurkundungsmängel,** die Aktionäre bei anderen Beschlüssen durch eine Nichtigkeitsklage geltend machen könnten (§ 241 Nr. 1, Nr. 2 AktG), oder Mängel beim Beschlussvorschlag des Aufsichtsrats oder der Bekanntmachung der vollständigen Unterlagen begründen in der Regel Pflichtverletzungen von Vorstands- oder Aufsichtsratsmitgliedern. Aktionäre können ggf. die **Entlastung verweigern,** Vorstandsmitgliedern das **Vertrauen entziehen, Aufsichtsratsmitglieder abberufen** etc. Verfolgen Vorstand und Aufsichtsrat mögliche auf solchen Pflichtverletzungen beruhende **Schadensersatzansprüche** nicht pflichtgemäß, können Aktionäre die insofern bestehenden Möglichkeiten ausschöpfen (§§ 142ff. AktG).

1872 Enthält das vorgelegte Vorstandsvergütungssystem die konkreten Vergütungen der Vorstandsmitglieder, soll der Beschluss über die Billigung des Systems **mit dem Wesen der Aktiengesellschaft nicht vereinbar** sein (§ 241 Nr. 3, Var. 1 AktG), weil die Hauptversammlung Kompetenzen erhält, die zwingend der Aufsichtsrat wahrzunehmen hat.[4418] Auch mit Blick auf diesen und andere **inhaltliche Mängel** sind Aktionäre aber durch den Ausschluss von Beschlussmängelklagen nicht schutzlos: Solche Mängel werden in der Regel jedenfalls dann Pflichtverletzungen von Aufsichtsratsmitgliedern begründen, wenn ein solcher Mangel in der Hauptversammlung „aufgedeckt" wird und der Aufsichtsrat ungeachtet dessen die Vorstandsvergütung in Übereinstimmung mit dem System festsetzt. Äußern Aktionäre Zweifel an der Rechtmäßigkeit des vorgelegten Systems, muss sich der Aufsichtsrat damit – ebenso wie mit sachlich berechtigter Kritik an der Ausgestaltung des Systems – pflichtgemäß auseinandersetzen. Gelangt er dabei zur Einschätzung, dass das System tatsächlich inhaltliche Mängel hat und nicht den Vorgaben des § 87a AktG entspricht, muss er das System ändern, bevor er es anwenden darf. Ist die erforderliche Änderung wesentlich, muss der Aufsichtsrat das System auch noch einmal der Hauptversammlung vorlegen. Kommt der Aufsichtsrat diesen Pflichten nicht nach, ist eine aufgrund des inhaltlich mangelhaften Systems festgesetzte Vergütung dennoch wirksam.

1873 Wird ungeachtet des Ausschlusses von Beschlussmängelklagen eine Anfechtungs- oder Nichtigkeitsklage erhoben, ist die Klage **unzulässig.**[4419]

h) Veröffentlichung des Votums der Hauptversammlung (§ 120a Abs. 2 AktG)

1874 Der Beschluss der Hauptversammlung ist zusammen mit dem Vorstandsvergütungssystem unverzüglich auf der Internetseite der Gesellschaft zu veröffentlichen und *„für die **Dauer der Gültigkeit** […], mindestens jedoch für zehn Jahre"* kostenfrei öffentlich zugänglich zu halten (§ 120a Abs. 2 AktG). „Gültig" ist ein Vorstandsvergütungssystem, solange Vorstandsmitglieder eine in Übereinstimmung mit dem System festgesetzte Vergütung erhalten oder der Aufsichtsrat beabsichtigt, eine Vergütung in Übereinstimmung mit dem System festzusetzen.[4420] Hat die Hauptversammlung eine Sachentscheidung über die Billigung vertagt, ist der Vertagungsbeschluss zu veröffentlichen.[4421]

1875 **Unverzüglich** ist die Veröffentlichung nach der Gesetzesbegründung in Anlehnung an § 130 Abs. 6 AktG innerhalb von **sieben Tagen** nach der Beschlussfassung.[4422] Die Sieben-Tages-Frist berechnet sich nach den allgemeinen Vorschriften (§§ 187ff. BGB).[4423] § 121 Abs. 7 S. 1 AktG ist nicht anwendbar, da er nur für Fristen gilt, die von der Versammlung *„zurückberechnet"* werden.[4424] Fällt das Fristende auf einen Sonntag, Sonnabend oder staatlich anerkannten Feiertag, muss der Beschluss daher erst am nächsten Werktag veröffentlicht werden (§ 193 BGB). Auf der Internetseite der Gesellschaft muss erkennbar sein, *„welches der veröffentlichten Vergütungssysteme dasjenige ist, das gerade der Festsetzung der Vorstandsvergütung zugrunde gelegt wird".*[4425] Erhalten verschiedene Vorstandsmitglieder ihre Vergütung auf Grundlage unterschiedlicher Systeme, ist das entsprechend kenntlich zu machen. Ein Hinweis, dass eines von mehreren veröffentlichten Systemen der Vergütung zugrunde gelegt wird, ist aber erst erforderlich, nachdem der Aufsichtsrat tatsächlich eine Vergütung in Übereinstimmung mit dem entsprechenden System festgesetzt hat; beabsichtigt der Aufsichtsrat eine Festsetzung nur, ist noch kein Hinweis erforderlich.

[4418] Vgl. *Spindler* AG 2020, 61 (73f.); insofern auch Hüffer/Koch/*Koch* AktG § 120a Rn. 6. Zu § 120 Abs. 4 S. 1 AktG aF MüKoAktG/*Kubis* AktG § 120 Rn. 49; K. Schmidt/Lutter AktG/*Spindler* AktG § 120 Rn. 65; *E. Vetter* ZIP 2009, 2136 (2140); tendenziell aA insofern *Drinhausen/Keinath* BB 2010, 3 (7); *v. Falkenhausen/Kocher* AG 2010, 623 (629): Materielle Nichtigkeitsgründe nach § 241 Nr. 3, 4 AktG dürften praktisch nie vorliegen. Allgemein dazu, dass kompetenzüberschreitende Hauptversammlungsbeschlüsse gemäß § 241 Nr. 3, Var. 1 AktG nichtig sind, Hüffer/Koch/*Koch* AktG § 241 Rn. 17 mwN.

[4419] Zur Anfechtungsklage Hüffer/Koch/*Koch* AktG § 120a Rn. 6.

[4420] So auch BeckOGK AktG/*Hoffmann* AktG § 120a Rn. 44; zweifelnd *Herrler* ZHR 184 (2020), 408 (424).

[4421] Der Meinungsstreit, ob sich die Veröffentlichungspflicht nach § 130 Abs. 6 AktG auch auf Verfahrensbeschlüsse bezieht (dazu Hüffer/Koch/*Koch* AktG § 130 Rn. 29a), spielt insofern keine Rolle.

[4422] RegBegr BT-Drs. 19/9739, 93f.

[4423] K. Schmidt/Lutter AktG/*Ziemons* AktG § 130 Rn. 85; Hölters/*Drinhausen* AktG § 130 Rn. 46; aA ohne Begründung MüKoAktG/*Kubis* AktG § 130 Rn. 80: Fristberechnung nach § 121 Abs. 7 AktG.

[4424] Hölters/*Drinhausen* AktG § 130 Rn. 46.

[4425] RegBegr BT-Drs. 19/9739, 93.

Zuständig für die Veröffentlichung ist – wie generell bei der Veröffentlichung von Abstimmungsergebnissen der Hauptversammlung (§ 130 Abs. 6 AktG) – **der Vorstand** (§§ 76, 78 AktG).[4426] 1876

Das Vorstandsvergütungssystem ist bereits mit bzw. *„alsbald nach"* der Einberufung der Hauptversammlung auf der Internetseite zu veröffentlichen (§ 124 Abs. 2 S. 3 AktG, § 124a S. 1 Nr. 1 AktG). Das System ist daher nur erneut zu veröffentlichen, wenn der Aufsichtsrat das Vorstandsvergütungssystem **nach der Einberufung redaktionell geändert hat**.[4427] Wird die Veröffentlichungspflicht mit der Einberufung erfüllt, ist darauf zu achten, dass die Einberufung *„für die Dauer der Gültigkeit […], mindestens jedoch für zehn Jahre"* auf der Internetseite zugänglich ist. 1877

Vorstandsmitglieder, die das Votum der Hauptversammlung zum Vorstandsvergütungssystem entgegen § 120a Abs. 2 AktG nicht, nicht richtig, nicht vollständig oder nicht rechtzeitig veröffentlichen, begehen eine **Ordnungswidrigkeit** (§ 405 Abs. 1 Nr. 5 AktG), die mit einer Geldbuße von bis zu 25.000 EUR geahndet werden kann (§ 405 Abs. 4 AktG). In den persönlichen Anwendungsbereich des Bußgeldtatbestands fallen auch Aufsichtsratsmitglieder. Das Votum der Hauptversammlung zum Vorstandsvergütungssystem kann aber ausschließlich der Vorstand veröffentlichen. Eine Ordnungswidrigkeit von Aufsichtsratsmitgliedern kommt daher nur in Betracht, wenn sie es unterlassen, darauf hinzuwirken, dass der Vorstand das Hauptversammlungsvotum entsprechend den gesetzlichen Vorgaben veröffentlicht. 1878

2. Herabsetzung der Maximalvergütung

Der Aufsichtsrat muss im Vorstandsvergütungssystem eine Maximalvergütung für die Vorstandsmitglieder festlegen (§ 87a Abs. 1 Satz 2 Nr. 1 AktG; → Rn. 1349). Die **Hauptversammlung ist berechtigt,** *„auf Antrag nach § 122 Absatz 2 Satz 1 [AktG] die nach § 87a Absatz 1 Satz 2 Nummer 1 [AktG] festgelegte Maximalvergütung* **herabzusetzen***"* (§ 87 Abs. 4 AktG). Während grds. der Aufsichtsrat die Vergütungskompetenz behält, erhält die Hauptversammlung dadurch in einem *„punktuellen Aspekt eine weitere Kontrollbefugnis"*.[4428] 1879

Im Schrifttum wird darauf hingewiesen, aus Sicht internationaler Investoren könne Bedarf bestehen, die Maximalvergütung **anzuheben.**[4429] Nach dem eindeutigen Gesetzeswortlaut ist die Hauptversammlung aber ausschließlich berechtigt, die Maximalvergütung herabzusetzen. Vereinzelt wird vertreten, die Hauptversammlung könne auf Antrag nach § 122 Abs. 2 AktG zwar keinen rechtlich, aber einen **faktisch** verbindlichen Beschluss zur Anhebung der Maximalvergütung fassen.[4430] Das ist **abzulehnen**: Die Hauptversammlung kann generell keine „unverbindlichen Meinungsbeschlüsse" zu Angelegenheiten fassen, für die sie nicht zuständig ist.[4431] Für das Vorstandsvergütungssystem und die „Ausgangshöhe" der Maximalvergütung ist aber ausschließlich der Aufsichtsrat zuständig. Beschlüsse der Hauptversammlung, für die sie nicht zuständig ist, sind nicht mit dem Wesen der Aktiengesellschaft vereinbar und daher **nichtig** (§ 241 Nr. 3, Var. 1 AktG).[4432] Auch (erstmalig) **festlegen** kann die Hauptversammlung eine Maximalvergütung nicht, sofern der Aufsichtsrat entgegen § 87a Abs. 1 S. 2 Nr. 1 AktG keine Maximalvergütung im Vorstandsvergütungssystem festlegt.[4433] 1880

a) Entscheidung der Hauptversammlung

Eine Ansicht hält es für ausreichend, dass Aktionäre eine Herabsetzung der Maximalvergütung unter den Tagesordnungspunkten „Votum zum Vorstandsvergütungssystem" oder „Votum zum Vergütungsbericht" beantragen. Auch in diesen Beschlüssen liege eine Meinungsbildung der Aktionäre zur vom Aufsichtsrat festgelegten Maximalvergütung. Der Wortlaut des § 87 Abs. 4 AktG (*„kann auf Antrag nach § 122 Abs. 1 S. 2 AktG"*) stehe einem Aktionärsantrag auf Herabsetzung der Maximalvergütung ohne Ergänzungsver- 1881

[4426] Kölner Komm AktG/*Noack/Zetzsche* AktG § 130 Rn. 393; MüKoAktG/*Kubis* AktG § 130 Rn. 80.
[4427] Vgl. RegBegr BT-Drs. 19/9739, 94.
[4428] Begr. des Rechtsausschusses BT-Drs. 19/15153, 55. Der tatsächliche Nutzen der Neuregelung wird im Schrifttum teilweise bezweifelt. Weil die Aktionäre ohnehin *„quasiverbindlich"* über das Vorstandsvergütungssystem abstimmen könnten, sei an Fälle *„nachträglicher Unzufriedenheit mit den gebilligten Maximalwerten"* oder *„allgemein an eine abstrakte Drohwirkung eines Aktionärsentscheids"* zu denken, vgl. *Florstedt* ZIP 2020, 1 (5); krit. auch *Mutter* AG 2019, R340.
[4429] *Mutter* AG 2019, R340; dagegen Grigoleit/*Grigoleit/Kochendörfer* AktG § 87a Rn. 120; K. Schmidt/Lutter AktG/*Seibt* AktG § 87 Rn. 50.
[4430] *Zipperle/Lingen* BB 2020, 131 (133 Fn. 23): „[E]*in nicht bindender Beschluss zur Anhebung der Maximalvergütung – auf Antrag gemäß § 122 Abs. 2 AktG – ist jedoch möglich und dürfte den Aufsichtsrat zumindest faktisch binden."*
[4431] Ebenso K. Schmidt/Lutter AktG/*Seibt* AktG § 87 Rn. 51; GroßkommAktG/*Mülbert* AktG § 119 Rn. 214; Spindler/Stilz/*Hoffmann* AktG § 119 Rn. 54. Auch ein Ergänzungsverlangen nach § 122 Abs. 2 AktG kann sich nur auf Gegenstände beziehen, die in die Zuständigkeit der Hauptversammlung fallen, Hölters/*Drinhausen* AktG § 122 Rn. 18; Spindler/Stilz/*Rieckers* AktG § 122 Rn. 35. Tendenziell aA Hölters/*Drinhausen* AktG § 119 Rn. 11: Die Hauptversammlung kann Beschlüsse fassen und damit zur Geschäftsleitung des Vorstands Stellung beziehen.
[4432] Allgemein dazu, dass kompetenzüberschreitende Hauptversammlungsbeschlüsse gemäß § 241 Nr. 3 Var. 1 AktG nichtig sind, Hüffer/Koch/*Koch* AktG § 241 Rn. 17 mwN.
[4433] Eine entsprechende Kompetenz de lege ferenda fordern Hirte/Heidel ARUG II/*Lochner/Beneke* AktG § 87 Rn. 7.

langen nicht entgegen.⁴⁴³⁴ Das ist mit der Gegenansicht **abzulehnen**.⁴⁴³⁵ Das Gesetz geht davon aus, dass Aktionäre einen Antrag auf Ergänzung der Tagesordnung nach § 122 Abs. 2 S. 1 AktG stellen (§ 87 Abs. 4 AktG). Das zeigt, dass nach der Vorstellung des Gesetzgebers ein **eigener Tagesordnungspunkt** erforderlich ist. Das ist auch sachlich gerechtfertigt: Unter der Ankündigung eines unverbindlichen Votums zum Vorstandsvergütungssystem oder Vergütungsbericht müssen Aktionäre nicht damit rechnen, dass die Hauptversammlung verbindlich über die Herabsetzung der Maximalvergütung beschließt, ebenso wie Aktionäre unter der Ankündigung der rechtlich grds. bedeutungslosen Entscheidung über die Entlastung nicht mit der Entscheidung über einen Vertrauensentzug rechnen müssen, der den Aufsichtsrat berechtigt, die Bestellung eines Vorstandsmitglieds zu widerrufen (→ Rn. 1101). Das „*kann*" in § 87 Abs. 4 AktG drückt nur aus, dass es der Hauptversammlung überhaupt rechtlich möglich ist, die Maximalvergütung herabzusetzen.

1882 Im Schrifttum wird darauf hingewiesen, auch die **Verwaltung** könne die Herabsetzung der Maximalvergütung auf die Tagesordnung setzen.⁴⁴³⁶ Das erscheint aber **unrealistisch**. Hält der Aufsichtsrat eine niedrigere Maximalvergütung für angezeigt, kann er entweder schlicht eine geringere Maximalvergütung in den Anstellungsverträgen festlegen oder der Hauptversammlung ein Vorstandsvergütungssystem vorlegen, in dem eine geringere Maximalvergütung festgelegt ist. Aufgrund des Zusammenhangs mit dem Vorstandsvergütungssystem, das ausschließlich der Aufsichtsrat der Hauptversammlung vorlegen kann, ist auch davon auszugehen, dass ausschließlich der Aufsichtsrat entscheiden kann, einen Antrag auf Herabsetzung der Maximalvergütung auf die Tagesordnung zu setzen.

1883 Das **Ergänzungsverlangen** erfordert einen Antrag von Aktionären, deren Anteile zusammen 5 % des Grundkapitals oder am Grundkapital den anteiligen Betrag von 500.000 EUR erreichen (§ 122 Abs. 2 S. 1 AktG).⁴⁴³⁷ Der Antrag muss der Gesellschaft mindestens 30 Tage vor der Versammlung zugehen (§ 122 Abs. 2 S. 3 AktG). § 87 Abs. 4 AktG verweist zwar nur auf einen „*Antrag nach § 122 Abs. 2 Satz 1* [AktG]", für den Antrag gilt aber § 122 Abs. 2 AktG insgesamt.⁴⁴³⁸ Der Vorstand muss das Ergänzungsverlangen mit der Einberufung oder unverzüglich nach Zugang **bekannt** (§ 124 Abs. 1 S. 1 AktG) und über die Internetseite der Gesellschaft **zugänglich machen** (§ 124a S. 1, 2 AktG). Der Aufsichtsrat ist berechtigt, aber nicht verpflichtet, einen Beschlussvorschlag zu einem Aktionärsantrag auf Herabsetzung der Maximalvergütung zu machen (§ 124 Abs. 3 S. 3, 2. Alt. AktG). Ein Beschlussvorschlag des Vorstands ist aufgrund des Zusammenhangs mit dem Vorstandsvergütungssystem ausgeschlossen, zu dem ausschließlich der Aufsichtsrat einen Beschlussvorschlag macht (§ 124 Abs. 3 S. 1 AktG).

1884 Die Hauptversammlung entscheidet über die Herabsetzung der Maximalvergütung mit **einfacher Stimmenmehrheit** (§ 133 Abs. 1 AktG).⁴⁴³⁹ Vorstandsmitglieder unterliegen bei der Entscheidung der Hauptversammlung über die Herabsetzung der Maximalvergütung keinem **Stimmrechtsausschluss**. Der Gesetzgeber des AktG hat den Stimmrechtsausschluss bewusst auf Beschlüsse der Hauptversammlung dazu beschränkt, ob der Betreffende „*von einer Verbindlichkeit zu befreien ist oder ob die Gesellschaft gegen ihn einen Anspruch geltend machen soll*" (§ 136 Abs. 1 S. 1 AktG).⁴⁴⁴⁰ Nach ganz hA ist die Regelung zum Ausschluss des Stimmrechts nicht im Weg einer Gesamtanalogie und nur sehr eingeschränkt im Weg einer Einzelanalogie auf andere Fälle von **Interessenkonflikten** zu erstrecken.⁴⁴⁴¹ Ein relevanter Interessenkonflikt, der einen Stimmrechtsausschluss begründet, liegt bei der Entscheidung über eine Herabsetzung der Maximalvergütung nicht vor: Die Entscheidung führt nicht per se zur Herabsetzung der konkret festgesetzten Vergütung der Vorstandsmitglieder. Selbst zum im Vergleich zu § 136 Abs. 1 AktG weiterreichenden Stimmrechtsausschluss im GmbH-Recht (§ 47 Abs. 4 GmbHG) ist anerkannt, dass ein Gesellschafter-Geschäftsführer in der Gesellschafterversammlung mitstimmen kann, die unmittelbar über seine Vergütung als Geschäftsführer entscheidet.⁴⁴⁴²

1885 Kommt der Herabsetzungsbeschluss mit den Stimmen eines faktisch herrschenden Unternehmens zustande, kann der Herabsetzungsbeschluss in extremen Ausnahmefällen eine **„nachteilige Veranlassung"** gegenüber dem Aufsichtsrat der faktisch abhängigen AG iSd §§ 311 ff. AktG sein, wenn die Herabsetzung treupflichtwidrig ist.⁴⁴⁴³

---

⁴⁴³⁴ Hirte/Heidel ARUG II/*Lochner/Beneke* AktG § 87 Rn. 9.
⁴⁴³⁵ *Bungert* DB 2019, M4/M5; *Zipperle/Lingen* BB 2020, 131 (133).
⁴⁴³⁶ Vgl. Hüffer/Koch/*Koch* AktG § 87 Rn. 67.
⁴⁴³⁷ Nach *Lutter/Krieger/Verse* AR Rn. 434 soll „auch ein Einberufungsverlangen nach § 122 Abs. 1 AktG möglich und ausreichend" sein.
⁴⁴³⁸ *Herrler* ZHR 184 (2020), 408 (445); Grigoleit/*Herrler* AktG § 120a Rn. 4; *Florstedt* ZIP 2020, 1 (6).
⁴⁴³⁹ Begr. des Rechtsausschusses BT-Drs. 19/15153, 55.
⁴⁴⁴⁰ *Kropff* AktG 1965 S. 200.
⁴⁴⁴¹ Hüffer/Koch/*Koch* AktG § 136 Rn. 18 mwN.
⁴⁴⁴² BGH NZG 2011, 902 (Rn. 15 f.); BGHZ 18, 205 (210) = NJW 1955, 1716; MüKoGmbHG/*Drescher* GmbHG § 47 Rn. 165.
⁴⁴⁴³ Vgl. dazu, dass treupflichtwidrige Hauptversammlungsbeschlüsse als nachteilige Veranlassung in Betracht kommen, Emmerich/Habersack/*Habersack* AktG § 311 Rn. 30a mwN.

b) Verhältnis zwischen der Billigung des Vorstandsvergütungssystems und der Herabsetzung der Maximalvergütung

Nach Sinn und Zweck des § 87 Abs. 4 AktG kommt eine Herabsetzung nur bezogen auf eine Maximalvergütung in Betracht, die in einem Vorstandsvergütungssystem festgelegt ist, das der Hauptversammlung schon einmal **zur Billigung vorlag** oder das der Hauptversammlung **vorliegt**, die über die Herabsetzung beschließen soll.[4444] Unerheblich ist, ob eine **frühere Hauptversammlung** das derzeit angewandte Vorstandsvergütungssystem einschließlich der darin festgelegten Maximalvergütung **gebilligt oder abgelehnt hat;** auch eine Billigung des Systems schließt nicht aus, dass die Hauptversammlung die in dem gebilligten System festgelegte Maximalvergütung später herabsetzt.[4445] Auch **dieselbe Hauptversammlung** kann einerseits das Vorstandsvergütungssystem billigen und andererseits die Maximalvergütung herabsetzen.[4446] Das allgemeine Verbot widersprüchlichen Verhaltens steht nicht entgegen, weil das Gesetz der Hauptversammlung das Recht, die Maximalvergütung herabzusetzen, neben dem Recht einräumt, über die Billigung des Systems insgesamt zu entscheiden. Die Situation unterscheidet sich insofern von der, die der Diskussion zum Zusammenhang zwischen der Entlastung eines Vorstandsmitglieds und dem Vertrauensentzug zugrunde liegt: Insofern kann es nach hA gegen das Verbot widersprüchlichen Verhaltens verstoßen, wenn dieselbe Hauptversammlung einem Vorstandsmitglied zunächst die Entlastung erteilt und sie nicht auf die Billigung der Verwaltung im abgelaufenen Geschäftsjahr beschränkt, aber anschließend dem Vorstandsmitglied das Vertrauen entziehen möchte, obwohl seit der Entlastung keine neuen Umstände zum Verhalten des entlasteten Vorstandsmitglieds bekannt wurden oder sich aus dem Verhalten des Vorstandsmitglieds seit der Entlastungsentscheidung ergeben.[4447] Es liegt aber nahe, dass die Hauptversammlung ein System, in dem eine Maximalvergütung festgelegt ist, für deren Herabsetzung sich eine Mehrheit findet, ablehnen wird, solange die Maximalvergütung nicht herabgesetzt ist.

Ob die Hauptversammlung ein Vorstandsvergütungssystem gebilligt oder abgelehnt hat, kann sich ungeachtet des nur empfehlenden Charakters der Entscheidung auf die **Ermessensausübung** des Aufsichtsrats auswirken, welches System er anwendet (→ Rn. 1864 ff.). Im Übergangszeitraum ist zudem zu beachten, dass der Aufsichtsrat erst verpflichtet ist, ein den Vorgaben des § 87a AktG entsprechendes Vorstandsvergütungssystem anzuwenden, wenn die Hauptversammlung ein solches System erstmals gebilligt hat (§ 26j Abs. 1 S. 2 EGAktG).[4448] Kann der Aufsichtsrat im Einzelfall rechtssicher feststellen, dass eine Ablehnung ausschließlich auf der festgelegten Maximalvergütung beruhte und setzt die Hauptversammlung diese Maximalvergütung später herab, kann er das betreffende Vorstandsvergütungssystem wie ein gebilligtes System behandeln. Ob eine Ablehnung ausschließlich darauf beruht, dass die Hauptversammlung mit der festgelegten Maximalvergütung nicht einverstanden war, wird sich aber häufig nicht zweifelsfrei feststellen lassen. Es erscheint daher sachgerecht, dass der Versammlungsleiter in Fällen, in denen sowohl die Beschlussfassung über die Billigung des Vorstandsvergütungssystems als auch über die Herabsetzung der Maximalvergütung auf der Tagesordnung sind, **zuerst** die Beschlussfassung über die Herabsetzung der Maximalvergütung zur Abstimmung stellt. Aus dem Wortlaut des § 87 Abs. 4 AktG – die Hauptversammlung kann „*die nach § 87a Absatz 1 Satz 2 Nummer 1 [AktG] festgelegte Maximalvergütung herabsetzen*" – ergibt sich nicht, dass die Hauptversammlung nur über die Herabsetzung einer Maximalvergütung beschließen kann, die in einem System festgelegt ist, über dessen Billigung sie bereits entscheiden konnte. Beschließt die Hauptversammlung die Maximalvergütung herabzusetzen, kann sie diese Entscheidung bei der anschließenden Beschlussfassung über die Billigung des Vorstandsvergütungssystems berücksichtigen.

Verzichtet der Aufsichtsrat nach der Herabsetzung der Maximalvergütung, den **Antrag** über die Billigung des Vorstandsvergütungssystems zu stellen (→ Rn. 1824), um stattdessen auf ein früheres System zurückzugreifen, geht die Herabsetzung der Maximalvergütung hinsichtlich des betreffenden Systems „ins Leere". Der Aufsichtsrat handelt aber nur pflichtgemäß, wenn das frühere System auch zum jetzigen Zeitpunkt unternehmerisch vertretbar ist.

[4444] Vgl. insofern auch *Böcking/Bundle* Konzern 2020, 15 (23); *Dörrwächter/Leuering* NJW-Spezial 2020, 15 (16); *Florstedt* ZIP 2020, 1 (5).
[4445] Ebenso *Dörrwächter/Leuering* NJW-Spezial 2020, 15 (16); wohl auch *Florstedt* ZIP 2020, 1 (5).
[4446] Ebenso *Dörrwächter/Leuering* NJW-Spezial 2020, 15 (16).
[4447] Vgl. Spindler/Stilz/*Hoffmann* AktG § 120 Rn. 29; Hölters/*Drinhausen* AktG § 120 Rn. 26; GroßkommAktG/*Mülbert* AktG § 120 Rn. 55.
[4448] Ausdrücklich RegBegr BT-Drs. 19/9739, 117 f.; Begr. des Rechtsausschusses BT-Drs. 19/15153, 57; wie hier eingehend *Wandt/Vossen* AG 2020, 705 (707 ff.); BeckOGK/*Fleischer* AktG § 87a Rn. 35 mit Fn. 119; *Arnold/Herzberg/Zeh* AG 2020, 313 (320); aA *Spindler* AG 2020, 61 (69); *Ihrig/Schäfer* Rechte und Pflichten des Vorstands § 12 Rn. 194d; Hirte/Heidel ARUG II/*Lochner/Beneke* AktG § 87a Rn. 26: Der Aufsichtsrat sei verpflichtet, das erste vorgelegte Vergütungssystem auch dann anzuwenden, wenn die Hauptversammlung es abgelehnt hat.

c) Wirkungen einer Herabsetzung

1889 Die von der Hauptversammlung herabgesetzte Maximalvergütung ist für den Aufsichtsrat **verbindlich**.[4449] Zu klären ist, wie weit diese Verbindlichkeit reicht. Nach der Gesetzesbegründung bezieht sich der Herabsetzungsbeschluss „*auf das **konkrete Vergütungssystem** mit der dort festgelegten Maximalvergütung*".[4450] „*Für **künftige**, von der Hauptversammlung neu beschlossene Vergütungssysteme*" soll der Herabsetzungsbeschluss „*naturgemäß*" **nicht gelten.**[4451] **Unklar** bleibt, unter welchen Voraussetzungen ein späteres System von der Hauptversammlung „*neu beschlossen*" sein soll – soll insofern eine Billigung erforderlich sein? Ebenfalls unklar bleibt, ob und ggf. inwiefern der Aufsichtsrat frühere Systeme anwenden darf. Im Schrifttum wird hierzu einerseits vertreten, dass der Aufsichtsrat generell nur noch Systeme anwenden dürfe, in denen keine höhere als die herabgesetzte Maximalvergütung festgelegt ist.[4452] Andererseits wird vertreten, dass sich der Herabsetzungsbeschluss ausschließlich auf das konkrete System auswirke, in dem die herabgesetzte Maximalvergütung festgelegt sei.[4453]

1890 **Stellungnahme:** Dogmatisch lässt sich die Frage aufwerfen, ob ein Herabsetzungsbeschluss der Hauptversammlung unmittelbar ein bestimmtes Vorstandsvergütungssystem ändert – und daher nur für dieses System gilt – oder als separate Entscheidung der Hauptversammlung hinsichtlich der Maximalvergütung alle Systeme „überlagert", bis ein neues anwendbares System vorliegt oder womöglich die Hauptversammlung eine neue Entscheidung zur Maximalvergütung getroffen hat. Welche Deutung zutrifft, lässt sich weder dem Gesetzeswortlaut noch seiner Begründung eindeutig entnehmen. Es spricht mehr dafür, dass die Herabsetzung – wie in der Gesetzesbegründung im Ausgangspunkt formuliert – auf ein **konkretes System** beschränkt ist. Die festgelegte Maximalvergütung ist nicht losgelöst von dem betreffenden System insgesamt zu sehen: Eine hohe Maximalvergütung, die nach der Ausgestaltung des Systems nur sehr schwer zu erreichen ist, ist grds. anders zu bewerten als eine im Vergleich zwar geringere Maximalvergütung, die aber deutlich einfacher zu erreichen ist. Der Aufsichtsrat darf daher **frühere Systeme** anwenden, und zwar entgegen teilweise vertretener Ansicht auch, wenn im früheren System eine höhere als die herabgesetzte Maximalvergütung festgelegt ist. Möchten Aktionäre das verhindern, müssen sie ein weiteres Ergänzungsverlangen stellen, das darauf gerichtet ist, auch die Maximalvergütung des früheren Systems herabzusetzen.

1891 Ein **späteres System** mit einer höheren Maximalvergütung darf der Aufsichtsrat auch anwenden, wenn die Hauptversammlung es nicht gebilligt hat: Andernfalls hätte die Entscheidung über die Billigung entgegen der gesetzlichen Konzeption doch verbindlichen Charakter. Die mit der Herabsetzungsmöglichkeit bezweckte „*weitere Kontrollbefugnis*" kann die Hauptversammlung auch ausüben, wenn der Aufsichtsrat das spätere System wie generell unabhängig von dessen Billigung anwenden darf: Die Hauptversammlung kann auf ein Ergänzungsverlangen hin (→ Rn. 1881 ff.) entscheiden, ob sie auch die in dem späteren System festgelegte Maximalvergütung herabsetzt. Es genügt, dass der Aufsichtsrat das spätere System der Hauptversammlung vorlegt und ihr damit nicht nur die Gelegenheit zur unverbindlichen Entscheidung über die Billigung, sondern auch zur verbindlichen Entscheidung über die Herabsetzung der Maximalvergütung gibt.

1892 Das **konkrete Vorstandsvergütungssystem,** dessen Maximalvergütung die Hauptversammlung herabgesetzt hat, muss der Aufsichtsrat aufgrund der Herabsetzung **nicht** der Hauptversammlung vorlegen, weil die Hauptversammlung die herabgesetzte Maximalvergütung bereits durch den Herabsetzungsbeschluss „gebilligt" hat.

1893 Im **Vergütungsbericht** ist zu erläutern, ob für Vorstandsmitglieder die herabgesetzte Maximalvergütung maßgeblich oder deshalb nicht maßgeblich ist (§ 162 Abs. 1 S. 2 Nr. 7 AktG), weil sie noch einen **Altvertrag** haben (→ Rn. 1899). Im Vergütungsbericht ist auch darzulegen, wie sichergestellt ist, dass die konkrete Vergütung der Vorstandsmitglieder die herabgesetzte Maximalvergütung **nicht übersteigt.** Zur schon von Ziff. 4.2.3 Abs. 2 S. 6 DCGK aF empfohlenen Höchstgrenze für die Gesamtvergütung der Vorstandsmitglieder wurde vertreten, in den Anstellungsverträgen der Vorstandsmitglieder solle geregelt werden, welche Vergütungsbestandteile gekürzt werden, wenn die Höchstgrenze erreicht werde.[4454] IdR ist die Begrenzung später fällig werdender variabler Vergütungsbestandteile vorgesehen.[4455]

[4449] Begr. des Rechtsausschusses BT-Drs. 19/15153, 55.
[4450] Begr. des Rechtsausschusses BT-Drs. 19/15153, 55 (Hervorhebung nur hier).
[4451] Begr. des Rechtsausschusses BT-Drs. 19/15153, 55 (Hervorhebung nur hier).
[4452] *Florstedt* ZIP 2020, 1 (5); K. Schmidt/Lutter AktG/*Seibt* AktG § 87 Rn. 52; Grigoleit/*Grigoleit/Kochendörfer* AktG § 87a Rn. 119; *Herrler* ZHR 184 (2020), 408 (449): unter der Prämisse, dass die Hauptversammlung nur die Maximalvergütung für den Gesamtvorstand herabsetzen könne.
[4453] *Böcking/Bundle* Konzern 2020, 15 (23); wohl auch *Mutter* AG 2019, R340; *Mutter* Der Aufsichtsrat 2020, 10: Setzt die Hauptversammlung die Maximalvergütung herab, ändert sie insoweit das vom Aufsichtsrat beschlossene System.
[4454] Zu Ziff. 4.2.3 Abs. 2 S. 6 DCGK in der Fassung vom 13.5.2013 *Goj* AG 2015, 173 (184); zur wortgleichen Ziff. 4.2.3 Abs. 2 S. 6 DCGK aF KBLW/*Bachmann* DCGK Rn. 1014 f.: Vereinbarung eines Vorab-Verzichts.
[4455] *Goj* AG 2015, 173 (184).

Auch wenn die Hauptversammlung die Maximalvergütung herabgesetzt hat, bleibt nach der Gesetzesbegründung das Recht des Aufsichtsrats unberührt, gemäß § 87a Abs. 2 S. 2 AktG **vorübergehend** vom Vorstandsvergütungssystem **abzuweichen**.[4456] Sofern das System vorsieht, dass der Aufsichtsrat von der im System festgelegten Maximalvergütung abweichen kann und das „*Verfahren des Abweichens*" benennt, kann der Aufsichtsrat vorübergehend über die von der Hauptversammlung herabgesetzte Maximalvergütung **hinausgehen,** „*wenn dies im Interesse des langfristigen Wohlergehens der Gesellschaft notwendig ist*" (§ 87a Abs. 2 S. 2 AktG; → Rn. 1369). Der Aufsichtsrat soll danach in der Lage bleiben, auf Ausnahme- und Krisensituationen zu reagieren und im Einzelfall ein „teureres", aber zur Bewältigung einer Notlage erforderliches Vorstandsmitglied zu gewinnen.[4457]

1894

d) Grenzen der Herabsetzung

Formal kann die Hauptversammlung die Maximalvergütung ausschließlich iRd vom Aufsichtsrat beschlossenen Vorstandsvergütungssystems herabsetzen. Die **inhaltliche Ausgestaltung** der Maximalvergütung durch den Aufsichtsrat – ob eine Maximalvergütung für den Vorstand insgesamt festgelegt ist oder für jedes Vorstandsmitglied gesondert, ob für die Maximalvergütung zwischen verschiedenen Funktionen im Vorstand unterschieden wird (Vorsitzender, Finanzvorstand etc.), ob eine Maximalvergütung für sämtliche Vergütungsbestandteile insgesamt oder für jeden Vergütungsbestandteil gesondert festgelegt ist etc.[4458] – kann die Hauptversammlung **nicht ändern.**[4459] Die Hauptversammlung kann auch nicht beeinflussen, wie die Maximalbeträge auf die einzelnen Vergütungsbestandteile aufgeteilt werden soll,[4460] es sei denn der Aufsichtsrat hat bereits im System Maximalvergütungen für die einzelnen Vergütungsbestandteile festgelegt. Die Hauptversammlung kann die vom Aufsichtsrat aufeinander abgestimmte Struktur des Systems nicht beeinträchtigen[4461] und „durch die Hintertür" einen Gegenentwurf zu dem vom Aufsichtsrat beschlossenen System beschließen, indem sie die Maximalvergütung herabsetzt (→ Rn. 1840).[4462]

1895

Vereinzelt wird im Schrifttum angenommen, die Hauptversammlung könne ausschließlich die Maximalvergütung für den Gesamtvorstand herabsetzen, und zwar auch, wenn der Aufsichtsrat die **Maximalvergütung** individuell **für jedes einzelne Vorstandsmitglied** festgelegt hat.[4463] Das trifft nicht zu. Nach der Gesetzesbegründung bezieht sich der Herabsetzungsbeschluss auf die Maximalvergütung, „*wie sie im System festgelegt ist*"[4464], dh entweder auf den Maximalbetrag für den Gesamtvorstand oder auf individuelle Maximalbeträge einzelner Vorstandsmitglieder oder Funktionen.[4465]

1896

Der Aktionär, der das Ergänzungsverlangen stellt, kann seinem Ergänzungsverlangen **mehrere Beschlussvorschläge** beifügen und in der Hauptversammlung mehrere Anträge zur Abstimmung stellen, die auf unterschiedliche Herabsetzungen der Maximalvergütung gerichtet sind.[4466] **Gegenanträge** anderer Aktionäre zu dem aufgrund des Ergänzungsverlangens bekanntgemachten Tagesordnungspunkt „Herabsetzung der Maximalvergütung" sind zulässig und der Vorstand muss sie nach hA vorab veröffentlichen, wenn sie der Gesellschaft form- und fristgerecht vor der Hauptversammlung zugehen (§ 126 AktG).[4467] In der Hauptversammlung empfiehlt sich für den Versammlungsleiter, den Antrag zuerst zur Abstimmung zu stellen, der nach seiner Einschätzung die größten Erfolgsaussichten hat (→ Rn. 2620).

1897

Materiell begrenzt die **Treuepflicht** der **Aktionäre** die Entscheidungsfreiheit der Hauptversammlung bei der Herabsetzung der Maximalvergütung (→ Rn. 1904).

1898

e) Laufende Anstellungsverträge bleiben unberührt

Laufende Anstellungsverträge berührt der Herabsetzungsbeschluss nicht.[4468] Der Herabsetzungsbeschluss wirkt sich daher unter Umständen erst mit zeitlicher Verzögerung aus.[4469] Die Vergütung aus einem be-

1899

[4456] Begr. des Rechtsausschusses BT-Drs. 19/15153, 55; vgl. auch *Bungert* DB 2019, M4 (M5).
[4457] Vgl. RegBegr BT-Drs. 19/9739, 75.
[4458] Dazu Begr. des Rechtsausschusses BT-Drs. 19/15153, 56. Bezieht sich die festgelegte Maximalvergütung ausschließlich auf die Gesamtvergütung, kann es sich aus Gründen der Rechtssicherheit anbieten, das klarzustellen.
[4459] Begr. des Rechtsausschusses BT-Drs. 19/15153, 55; *Bungert* DB 2019, M4.
[4460] *Grimm* ArbRB 2019, 358.
[4461] Begr. des Rechtsausschusses BT-Drs. 19/15153, 55.
[4462] *Florstedt* ZIP 2020, 1 (5).
[4463] *Florstedt* ZIP 2020, 1 (5); *Herrler* ZHR 184 (2020), 408 (447 f.).
[4464] Begr. des Rechtsausschusses BT-Drs. 19/15153, 55.
[4465] Ohne Begründung so auch *Orlik* HV Magazin 2019, 14 (15).
[4466] Zur Zulässigkeit von Alternativ- oder Eventualvorschlägen zur Verwaltungsorgane Hüffer/Koch/*Koch* AktG § 124 Rn. 17; MüKoAktG/*Kubis* AktG § 124 Rn. 40; *Butzke* HV der AG B. Rn. 84, differenzierend GroßkommAktG/ *Butzke* AktG § 124 Rn. 59: „*eng begrenzte Alternativen*" zulässig, „*unstrukturierte Vielzahl von Beschlussvarianten*" aber wohl ausgeschlossen.
[4467] Hüffer/Koch/*Koch* AktG § 126 Rn. 2 mwN zum Meinungsstand.
[4468] Begr. des Rechtsausschusses BT-Drs. 19/15153, 55.

stehenden Anstellungsvertrag kann ausschließlich der Aufsichtsrat oder bei gerichtlich bestellten Vorstandsmitgliedern das Gericht (§ 85 Abs. 3 AktG) herabsetzen, und zwar nur, wenn sich die Lage der Gesellschaft nach der Festsetzung der Vergütung so verschlechtert, dass die Weitergewährung der Bezüge für die Gesellschaft unbillig wäre (§ 87 Abs. 2 S. 1 AktG; → Rn. 1328). Ein Herabsetzungsbeschluss kann Anlass für den Aufsichtsrat sein zu prüfen, ob die Voraussetzungen für eine Herabsetzung der Bezüge vorliegen.[4470] Im Schrifttum wird vertreten, falls sich ein Anstellungsvertrag aufgrund einer Verlängerung der Amtszeit automatisch verlängert (§ 84 Abs. 1 S. 5 Hs. 2 AktG), solle eine Herabsetzung der Maximalvergütung ab dem Beginn der neuen Amtszeit gelten.[4471] Automatisch kann sich die konkret festgelegte Maximalvergütung allerdings nicht an eine von der Hauptversammlung herabgesetzte Maximalvergütung anpassen; dem steht der Grundsatz *pacta sunt servanda* entgegen. Der Aufsichtsrat ist aber verpflichtet, die Verlängerung der Bestellung davon abhängig zu machen, dass das Vorstandsmitglied einer entsprechenden **Vertragsanpassung** zustimmt.

1900 Hat die Hauptversammlung eine für den **Vorstand insgesamt** festgelegte **Maximalvergütung** herabgesetzt, muss nur die Summe der Maximalvergütungen, die der Aufsichtsrat in den ab diesem Zeitpunkt neu abgeschlossenen Anstellungsverträgen vereinbart, der herabgesetzten „Gesamt-Maximalvergütung" entsprechen. Laufende Vergütungsverpflichtungen sollen nicht beeinträchtigt werden.[4472] Der Aufsichtsrat muss in diesem Fall bei seinen Planungen, wie er die ihm nach der Herabsetzung zur Verfügung stehende Gesamt-Maximalvergütung „verbraucht", berücksichtigen, welchen Teil er bei anstehenden Verlängerungen bestehender Anstellungsverträge benötigt und welcher Spielraum ihm danach für avisierte Neubestellungen bleibt. Amtierende Vorstandsmitglieder sind bei Verlängerungen idR nicht bereit, sich auf schlechtere Vergütungsbedingungen einzulassen.[4473] Die Gesetzesbegründung rät davon ab, dass der Aufsichtsrat eine Gesamt-Maximalvergütung festlegt.[4474] Legt der Aufsichtsrat individuelle **Maximalvergütungen** für **einzelne Vorstandsmitglieder** oder **Funktionen** fest, kann die Hauptversammlung zwar die jeweiligen Maximalbeträge einzeln herabsetzen, aber auch insoweit nicht in laufende Verträge eingreifen.

f) Aufnahme von Änderungsvorbehalten in Neuverträge?

1901 Im Schrifttum wird vertreten, dem Aufsichtsrat sei zumindest aus **Gründen guter Corporate Governance** zu raten, beim Abschluss oder bei der Änderung von Anstellungsverträgen künftig Vorkehrungen zu treffen, damit er im Fall einer Herabsetzung der Maximalvergütung die vertraglich zugesagte Vergütung anpassen kann.[4475] Der Grundsatz *pacta sunt servanda* ist nicht betroffen, wenn sich Vorstandsmitglieder auf entsprechende Klauseln einlassen.[4476] Ein solches Vorgehen würde dazu führen, dass sich die Herabsetzungsmöglichkeit nicht nur als „ferne Drohkulisse" darstellt, sondern sich eine Herabsetzung unmittelbar auswirkt. Ob sich Vorstandsmitglieder darauf einlassen werden, erscheint aber zweifelhaft, ebenso, ob es guter Corporate Governance entspricht, wenn der Aufsichtsrat „vorauseilend" der von ihm festgelegten Maximalvergütung misstraut.

g) Verstöße des Aufsichtsrats gegen die herabgesetzte Maximalvergütung

1902 Geht der Aufsichtsrat bei der Festsetzung der Vergütung über den von der Hauptversammlung herabgesetzten Maximalbetrag hinaus, ohne dass die Voraussetzungen für eine vorübergehende Abweichung vom Vorstandsvergütungssystem vorliegen (§ 87a Abs. 2 S. 2 AktG), überschreitet er zwar sein rechtliches Dürfen, nicht aber sein rechtliches Können (vgl. → Rn. 1323). Entsprechende **Vergütungsregeln** sind daher grds. **wirksam**.[4477] Die AG muss die Regelungen aber nach den Grundsätzen des **Missbrauchs der Ver-**

[4469] *Dörrwächter/Leuering* NJW-Spezial 2020, 15 (16); krit. Hirte/Heidel ARUG II/*Lochner/Beneke* AktG § 87 Rn. 6: Wirksamkeit der Herabsetzungsbefugnis wird entwertet.
[4470] *Mutter* AG 2019, R340; *Mutter* Der Aufsichtsrat 2020, 10; *Zipperle/Lingen* BB 2020, 131 (133): Im Einzelfall sollte der Aufsichtsrat eine Herabsetzung erwägen; wohl auch *Habersack* BB 2020, I; schärfer Hirte/Heidel ARUG II/*Lochner/Beneke* AktG § 87 Rn. 6: „*In jedem Fall kann und muss der Aufsichtsrat ggf. aber die Vorstandsvergütung gemäß [§ 87] Abs. 2 [AktG] herabsetzen.*"
[4471] Hirte/Heidel ARUG II/*Lochner/Beneke* AktG § 87 Rn. 6.
[4472] Begr. des Rechtsausschusses BT-Drs. 19/15153, 55.
[4473] Vgl. *Löbbe/Fischbach* AG 2019, 373 (379).
[4474] Begr. des Rechtsausschusses BT-Drs. 19/15153, 55; aA *Böcking/Bundle* Konzern 2020, 15 (18): Bei Festlegung einer Gesamt-Maximalvergütung kann der Aufsichtsrat den Maximalbetrag auf die einzelnen Positionen und Vorstandsmitglieder verteilen und hat dadurch mehr Flexibilität.
[4475] Hirte/Heidel ARUG II/*Lochner/Beneke* AktG § 87 Rn. 6; *Habersack* BB 2020, I; *Mutter* Der Aufsichtsrat 2020, 10; *Zipperle/Lingen* BB 2020, 131 (133); ähnlich *Böcking/Bundle* Konzern 2020, 15 (23): Damit der Herabsetzungsbeschluss seine volle Wirkkraft entfalten kann „*müsste der Aufsichtsrat den Vorstand wohlwollend zu einer Vertragsänderung bewegen oder dies künftig grds. vertraglich berücksichtigen.*"
[4476] Anders zum Referentenentwurf offenbar *Diekmann* BB 2018, 3010 (3011).
[4477] *Florstedt* ZIP 2020, 1 (6).

h) Anfechtung eines Herabsetzungsbeschlusses

Beschlüsse, mit denen die Hauptversammlung die Maximalvergütung herabsetzt, sind nach § 243 AktG **anfechtbar**.[4479] Anders als beim Beschluss zum Vorstandsvergütungssystem (§ 120a Abs. 1 S. 3 AktG) hat der Gesetzgeber die Anfechtbarkeit nicht ausgeschlossen. Anfechtbar ist ein Herabsetzungsbeschluss jedenfalls aufgrund von **Verfahrensfehlern.** Auch eine Verletzung des Auskunftsrechts ist möglich.

Dass ein Herabsetzungsbeschluss erfolgreich wegen eines **inhaltlichen Gesetzesverstoßes** anfechtbar sei, ist der Gesetzesbegründung zufolge unwahrscheinlich.[4480] Unter welchen Voraussetzungen die Herabsetzung wegen inhaltlicher Gesetzesverstöße überhaupt anfechtbar sein soll, präzisiert die Gesetzesbegründung nicht. In Betracht kommt, dass sich die Herabsetzung als **Treuepflichtverletzung** der Hauptversammlungsmehrheit gegenüber der Hauptversammlungsminderheit und der Gesellschaft darstellt.[4481] Die Hauptversammlung soll mit dem Recht zur Herabsetzung der Maximalvergütung *„in einem punktuellen Aspekt eine weitere Kontrollbefugnis"* erhalten.[4482] **Bezugspunkt** der Kontrollbefugnis ist, ob der Aufsichtsrat die Maximalvergütung im Vorstandsvergütungssystem **pflichtgemäß** und **sachgerecht** festgelegt hat (§ 87a Abs. 1 S. 2 Nr. 1 AktG). Die Hauptversammlungsmehrheit verstößt danach nicht gegen die Treuepflicht gegenüber der Hauptversammlungsminderheit, wenn der Aufsichtsrat pflichtgemäß gehandelt hätte, sofern er die herabgesetzte Maximalvergütung festgelegt hätte. Ab welcher Grenze der Aufsichtsrat pflichtwidrig handelt, weil die festgelegte Maximalvergütung zu gering ist, lässt sich nur schwer bestimmen. Das Angemessenheitsgebot des § 87 Abs. 1 AktG schützt die Gesellschaft, ihre Aktionäre und Gläubiger ausschließlich davor, dass das Gesellschaftsvermögen durch übermäßige Bezüge der Vorstandsmitglieder geschmälert wird,[4483] nicht hingegen davor, dass sie keine geeigneten Vorstandsmitglieder hat, weil der Aufsichtsrat aus Sicht potenzieller Kandidaten keine angemessene Vergütung festsetzen kann. Aus § 87 Abs. 1 AktG ergibt sich nur eine Obergrenze für die Vorstandsvergütung, aber **keine Untergrenze**.[4484] Eine Treuepflichtverletzung kommt in Betracht, wenn der Gesellschaft infolge der Herabsetzung mit großer Wahrscheinlichkeit ein erheblicher **Schaden** droht. Das kann anzunehmen sein, wenn es der AG angesichts der herabgesetzten Maximalvergütung schlechterdings nicht möglich ist, hinreichend qualifizierte Vorstandsmitglieder zu gewinnen. Das hat in einem Anfechtungsprozess der Kläger darzulegen und nachzuweisen. Orientierung kann ein Horizontalvergleich mit der Vergütung der Vorstandsmitglieder vergleichbarer Gesellschaften bieten („übliche Vergütung" iSd § 87 Abs. 1 S. 1 AktG). Hat der Aufsichtsrat einen Peer-Group-Vergleich herangezogen und offengelegt (vgl. die Empfehlung G.3 S. 1 DCGK), kann man sich daran orientieren.

Möchte der Aufsichtsrat **neue Anstellungsverträge** abschließen, solange ein Anfechtungs- oder Nichtigkeitsklageverfahren gegen die Herabsetzung der Maximalvergütung läuft, darf er die ursprüngliche Maximalvergütung vereinbaren, wenn er aufgrund pflichtgemäßer Prüfung zur Einschätzung gelangt, dass die Anfechtungs- oder Nichtigkeitsklage erfolgreich ist[4485] und er durch eine entsprechende vertragliche

---

[4478] Darauf hinweisend auch *Florstedt* ZIP 2020, 1 (6), allerdings mit unzutreffendem Verweis auf den *„Kontext des § 87 AktG",* dazu → Rn. 1323. Zum Missbrauch der Vertretungsmacht BGH NJW 2006, 2776.

[4479] Begr. des Rechtsausschusses BT-Drs. 19/15153, 56; vgl. auch *Bungert* DB 2019, M4 (M5).

[4480] Begr. des Rechtsausschusses BT-Drs. 19/15153, 56.

[4481] Allgemein zur Anfechtbarkeit nach § 243 Abs. 1 AktG wegen Verstoßes gegen die Treuepflicht MüKoAktG/*Hüffer/Schäfer* AktG § 243 Rn. 44; Spindler/Stilz/*Drescher* AktG § 243 Rn. 159. Allgemein zur Treuepflicht der Aktionäre gegenüber der Gesellschaft und den Mitaktionären BGHZ 103, 184 (193f.) = NJW 1988, 1579 – Linotype; BGHZ 129, 136 = NJW 1995, 1739 – Girmes; MüKoAktG/*Hüffer/Schäfer* AktG § 243 Rn. 44; Kölner Komm AktG/*Noack/Zetzsche* AktG § 243 Rn. 250; Hölters/*Englisch* AktG § 243 Rn. 36; K. Schmidt/Lutter AktG/*Schwab* AktG § 243 Rn. 4.

[4482] Begr. des Rechtsausschusses BT-Drs. 19/15153, 56.

[4483] LG Düsseldorf NJW 2004, 3275 (3277); MüKoAktG/*Habersack* AktG § 87 Rn. 1; Hüffer/Koch/*Koch* AktG § 87 Rn. 1; Kölner Komm AktG/*Mertens/Cahn* AktG § 87 Rn. 2; *Fonk* NZG 2005, 248; *Körner* NJW 2004, 2697 (2698).

[4484] Nach § 87 Abs. 1 S. 1 AktG hat der Aufsichtsrat bei der Festsetzung der Gesamtbezüge des einzelnen Vorstandsmitglieds *„dafür zu sorgen, dass diese [...] die übliche Vergütung nicht ohne besondere Gründe* ***übersteigen****.";* vgl. auch LG Düsseldorf NJW 2004, 3275 (3277); *Seyfarth* VorstandsR § 5 Rn. 22; Spindler/Stilz/*Fleischer* AktG § 87 Rn. 1; Kölner Komm AktG/*Mertens/Cahn* AktG § 87 Rn. 4; *Hoffmann-Becking* ZHR 169 (2005), 155 (157); MüKoAktG/*Habersack* AktG § 87 Rn. 1. Die Festsetzung einer geringeren als der angemessenen Vergütung soll dem Aufsichtsrat nach § 87 Abs. 1 AktG gestattet sein, vgl. *Körner* NJW 2004, 2697 (2698).

[4485] Vgl. Beschlussempfehlung, BT-Drs. 19/15153, 56; zu den Pflichten des Vorstands bei der Ausführung angegriffener Hauptversammlungsbeschlüsse allgemein Spindler/Stilz/*Fleischer* AktG § 83 Rn. 12 mwN. Kritisch Hüffer/Koch/

1906 Regelung sicherstellt, dass die herabgesetzte Maximalvergütung maßgeblich ist, sofern die Anfechtungs- oder Nichtigkeitsklage doch nicht erfolgreich sein sollte.[4486]

1906 Ist eine Anfechtungs- oder Nichtigkeitsklage gegen die Herabsetzung der Maximalvergütung **erfolgreich**, gilt ex tunc die **ursprüngliche Maximalvergütung**. Der Aufsichtsrat muss das Vorstandsvergütungssystem nicht wegen des „Rückfalls" zur ursprünglichen Maximalvergütung der Hauptversammlung vorlegen.[4487]

i) Anfechtung der Ablehnung einer Herabsetzung?

1907 Ob ein Beschluss anfechtbar ist, der die von einer Minderheit beantragte Herabsetzung der Maximalvergütung **ablehnt**, erörtert die Gesetzesbegründung nicht. Voraussetzung wäre grds., dass die Anfechtung mit einer **positiven Beschlussfeststellungsklage** (analog § 246 Abs. 1 AktG) verbunden würde. Die isolierte Anfechtung des die Herabsetzung ablehnenden Beschlusses wäre mangels Rechtsschutzbedürfnisses unzulässig.[4488] Wird die Anfechtungs- und Beschlussfeststellungsklage darauf gestützt, dass die Hauptversammlungsmehrheit mit ihrer Stimmrechtsausübung ihre Treuepflicht gegenüber der Hauptversammlungsminderheit und der Gesellschaft verletzt hat, ist die Beschlussfeststellungsklage nur erfolgreich, wenn die Aktionäre für den gestellten Beschlussantrag stimmen mussten.[4489] Andernfalls ist die positive Beschlussfeststellungsklage **nicht spruchreif**.[4490] Ist der vom Aufsichtsrat im Vorstandsvergütungssystem festgelegte Maximalvergütung unangemessen iSd § 87 Abs. 1 AktG, kommt zwar eine Treuepflicht in Betracht, nicht zu verhindern, dass eine angemessene Maximalvergütung festgelegt wird. Dass die Treuepflicht aber so weit reicht, dass Aktionäre gerade dem im Ergänzungsverlangen angegebenen Betrag der Maximalvergütung zuzustimmen hätten, erscheint praktisch ausgeschlossen.

1908 Sind Aktionäre der Auffassung, dass die vom Aufsichtsrat festgelegte Maximalvergütung unangemessen iSd § 87 Abs. 1 AktG ist, sind sie darauf verwiesen, mit den „allgemeinen Mitteln" dafür zu sorgen, dass sich die Aufsichtsratsmitglieder pflichtgemäß verhalten (insbes. Abberufung, Verweigerung der Entlastung, evtl. Bestellung eines Sonderprüfers). Stellte ein Urteil fest, dass die Ablehnung der Herabsetzung nichtig ist, könnte sich zwar aus den Gründen ergeben, dass die vom Aufsichtsrat festgelegte Maximalvergütung das Angemessenheitsgebot des § 87 Abs. 1 AktG verletzt. Mit dieser allenfalls mittelbaren Feststellung als Ergebnis eines Beschlussmängelklageverfahrens wäre aber **kein effektiver Rechtsschutz** verbunden.

3. Votum zum Vergütungsbericht (§ 120a Abs. 4 AktG, § 119 Abs. 1 Nr. 3 AktG)

1909 Die Hauptversammlung **börsennotierter Gesellschaften** beschließt über die Billigung des nach § 162 AktG erstellten und geprüften Vergütungsberichts für das vorausgegangene Geschäftsjahr (§ 120a Abs. 4 S. 1 AktG).[4491] Der Beschluss über die Billigung des Vergütungsberichts ergänzt als **vergangenheitsbezogene Komponente** des **Say on Pay** den zukunftsbezogenen Beschluss über die Billigung des Vorstandsvergütungssystems sowie die Beschlussfassung zur Aufsichtsratsvergütung (§ 113 Abs. 3 AktG).[4492] Durch das Votum zum Vergütungsbericht wird die geleistete Vergütung einer strengeren Kontrolle der Aktionäre unterstellt.[4493]

a) Erstellung, Prüfung und Vorlage des Vergütungsberichts

1910 **aa) Einheitlicher Bericht des Vorstands und des Aufsichtsrats.** Während die Vergütungssysteme für den Vorstand und den Aufsichtsrat systematisch getrennt sind – das Vorstandsvergütungssystem in § 87a AktG mit der Vorlage an die Hauptversammlung gemäß § 120a Abs. 1 AktG, das Aufsichtsratsvergütungs-

---

Koch AktG § 87 Rn. 67; Herrler ZHR 184 (2020), 408 (449): Der Aufsichtsrat darf sich über den Herabsetzungsbeschluss nur bei offensichtlicher Gesetzes- oder Satzungswidrigkeit bzw. dessen Nichtigkeit hinwegsetzen.
[4486] Unklar insofern die Begr. des Rechtsausschusses BT-Drs. 19/15153, 56: „Im unwahrscheinlichen Falle der Anfechtung eines Herabsetzungsbeschlusses ist es Aufgabe des Aufsichtsrats, aber auch ausreichend, nach pflichtgemäßem Ermessen über die Anwendung oder Nichtanwendung der Maximalvergütungshöhe zu entscheiden."; krit. Hüffer/Koch/Koch AktG § 87 Rn. 67: Pragmatische Lösung, die in Beschlussmängeldogmatik allerdings kein tragfähiges Fundament findet.
[4487] Spindler AG 2020, 61 (74).
[4488] Vgl. BGH WM 1964, 1188 (1191): Anfechtung ablehnender Beschlüsse sei zwar nicht ausgeschlossen, es sei aber ein „gewisses schutzwürdiges Interesse" zu verlangen; OLG Stuttgart AG 2016, 370 (371); Spindler/Stilz/Dörr § 246 Rn. 59; MüKoAktG/Hüffer/Schäfer AktG § 246 Rn. 17; Kölner Komm AktG/Noack/Zetzsche AktG § 246 Rn. 57; unklar GroßkommAktG/K. Schmidt AktG § 246 Rn. 100: Rein kassatorische Klage lässt Rechtsschutzanliegen teilweise unerfüllt.
[4489] Vgl. GroßkommAktG/K. Schmidt AktG § 246 Rn. 111.
[4490] GroßkommAktG/K. Schmidt AktG § 246 Rn. 111.
[4491] Die Regelung setzt Art. 9b Abs. 4 Unterabs. 1 S. 1 2. ARRL um.
[4492] RegBegr BT-Drs. 19/9739, 34; vgl. Florstedt ZGR 2019, 630 (656); J. Schmidt NZG 2018, 1201 (1207); Bungert/Berger DB 2018, 2801 (2805).
[4493] Florstedt ZGR 2019, 630 (656).

system in § 113 AktG –, sieht das Gesetz einen einheitlichen Vergütungsbericht für den Vorstand und den Aufsichtsrat vor, den beide Organe als **„gemeinsame Aufgabe"** erstellen müssen. Entsprechend sind beide Organe für die Vorlage an die Hauptversammlung zuständig. Sie können ausschließlich **gleichlautende Beschlussvorschläge** zu einem einheitlich ausgearbeiteten Vergütungsbericht machen und nicht voneinander abweichende Vergütungsberichte zur Abstimmung vorschlagen.[4494] Die Gesetzesbegründung verweist auf eine Parallele zur Entsprechenserklärung zum DCGK (§ 161 AktG).[4495] Der Aufsichtsrat hat aber eine Einschätzungsprärogative zur Darstellung der Vorstandsvergütung.[4496] Können sich der Vorstand und der Aufsichtsrat zu einer Frage nicht einigen, müssen sie ihre abweichenden Auffassungen im Vergütungsbericht darstellen.[4497]

Der Vorstand und der Aufsichtsrat abhängiger börsennotierter Gesellschaften in einem Konzern müssen einen eigenen Vergütungsbericht erstellen. Es gibt **keinen „Konzern-Vergütungsbericht"** der Konzernmutter, in den börsennotierte Tochteruntergesellschaften einbezogen werden könnten.[4498] 1911

bb) Prüfung. Der **Abschlussprüfer** muss den Vergütungsbericht vor der Vorlage an die Hauptversammlung prüfen (§ 162 Abs. 3 S. 1 AktG). Der Abschlussprüfer darf von sich aus **ausschließlich formell** prüfen, ob der Vergütungsbericht **vollständig** ist, dh die erforderlichen Angaben zur gewährten und geschuldeten Vergütung sowie die zwingenden Erläuterungen enthält (§ 162 Abs. 3 S. 2 AktG), nicht hingegen, ob der Vergütungsbericht inhaltlich zutrifft.[4499] Unbenommen bleibt, dass der Aufsichtsrat mit dem Abschlussprüfer vereinbart, den Vergütungsbericht über das gesetzliche Prüfprogramm hinaus auch inhaltlich zu prüfen. Der Abschlussprüfer muss einen Vermerk über die Prüfung des Vergütungsberichts erstellen, dem dem Vergütungsbericht beizufügen ist (§ 162 Abs. 3 S. 3 AktG). In dem Vermerk ist *„festzustellen, ob die Formalien eingehalten wurden und, falls nicht, gegen welche Formalien verstoßen wurde"*.[4500] 1912

cc) Vorlage, Bekanntmachung. Die Hauptversammlung beschließt über die Billigung des nach § 162 AktG erstellten und geprüften Vergütungsberichts für das **vorausgegangene Geschäftsjahr** (§ 120a Abs. 4 S. 1 AktG). Der Vergütungsbericht ist der Hauptversammlung daher innerhalb der auf den Berichtszeitraum folgenden Geschäftsjahrs vorzulegen. Der Vergütungsbericht ist **formal nicht Teil der Rechnungslegung**. Er muss daher nicht zwingend zusammen mit der Rechnungslegung der ordentlichen Hauptversammlung vorgelegt werden, die in den ersten acht Monaten des Geschäftsjahrs stattzufinden hat (§ 175 Abs. 1 S. 1, 2 AktG). Es ist aber davon auszugehen, dass die Vorlage des Vergütungsberichts künftig einer der „Standardgegenstände" der ordentlichen Hauptversammlung wird.[4501] Handelt es sich nicht um eine kleine oder mittelgroße Gesellschaft (→ Rn. 1924 f.) können der Vorstand und der Aufsichtsrat den Vergütungsbericht zusammen mit dem Jahresabschluss und den anderen Rechnungslegungsunterlagen unter dem **Tagesordnungspunkt „Vorlage der Rechnungslegung"** vorlegen. Durch den Billigungsbeschluss ist sichergestellt, dass der Vergütungsbericht neben den anderen Rechnungslegungsunterlagen nicht „untergeht". 1913

Der Vorstand muss den Vergütungsbericht in der Einberufung der Hauptversammlung vollständig **bekannt** (§ 124 Abs. 2 S. 3 AktG) und *„alsbald nach der Einberufung"* über die Internetseite **zugänglich** machen (§ 124a S. 1 Nr. 1 AktG). 1914

b) Entscheidung der Hauptversammlung über die Billigung

aa) Inhalt der Entscheidung. In der Sache kann die Hauptversammlung ausschließlich entscheiden, ob sie den vorgelegten Vergütungsbericht **billigt oder nicht**. Da ausschließlich der Vorstand und der Aufsichtsrat zuständig sind, den Vergütungsbericht zu erstellen, können Aktionäre zur Beschlussfassung über die Billigung des Vergütungsberichts **keine Gegenanträge** stellen und nicht beantragen, dass die Haupt- 1915

[4494] RegBegr BT-Drs. 19/9739, 109.
[4495] RegBegr BT-Drs. 19/9739, 109.
[4496] Vgl. zur Entsprechenserklärung nach § 161 AktG mit Blick auf die Wahrung der aktienrechtlichen Kompetenzordnung Kölner Komm AktG/*Lutter* AktG § 161 Rn. 49; Hüffer/Koch/*Koch* AktG § 161 Rn. 10; Grigoleit/*Grigoleit*/*Zellner* AktG § 161 Rn. 12; *Lutter*/*Krieger*/*Verse* AR Rn. 492; *Fischer* BB 2006, 337 (339).
[4497] Nach hA zur Entsprechenserklärung nach § 161 AktG sind der Vorstand und der Aufsichtsrat gezwungen, einen bestehenden Dissens nach außen zu tragen, Großkomm AktG/*Leyens* AktG § 161 Rn. 234 f.; Hüffer/Koch/*Koch* AktG § 161 Rn. 11; Hölters/*Hölters* AktG § 161 Rn. 20; Spindler/Stilz/*Bayer*/*Ph. Scholz* AktG § 161 Rn. 45. Nach *Seibt* AG 2002, 249 (253) sollen Vorstand und Aufsichtsrat einem Einigungszwang unterliegen. Zudem wird vertreten, angesichts möglicher Imageschäden, die mit einem nach außen getragenen Dissens verbunden sind, könnten Vorstand und Aufsichtsrat auch erklären, dass sie eine bestimmte Empfehlung nicht befolgen, MüKoAktG/*W. Goette* AktG § 161 Rn. 71, 47; *W. Goette* FS Hommelhoff, 2012, 257 (273 f.). Diese Möglichkeit besteht bei der Vorlage des Vergütungsberichts aber nicht.
[4498] RegBegr BT-Drs. 19/9739, 110.
[4499] RegBegr BT-Drs. 19/9739, 113.
[4500] RegBegr BT-Drs. 19/9739, 113.
[4501] Vgl. Johannsen-Roth/Illert/Ghassemi-Tabar/*Simons* DCGK Grds. 8 Rn. 9.

versammlung über die Billigung eines gegenüber dem vorgelegten geänderten Vergütungsberichts beschließt.⁴⁵⁰² Dass Gegenanträge ausgeschlossen sind, kann bei der Angabe der Rechte der Aktionäre in der Einberufung der Hauptversammlung (§ 121 Abs. 3 S. 3 Nr. 3 AktG) berücksichtigt werden.

1916 Eine **Teilbilligung** könnte zwar sinnvoll sein, damit die Hauptversammlung genau zeigen kann, wo sie Verbesserungen möchte. Insbesondere der Teil des Berichts zur Vorstandsvergütung und der Teil des Berichts zur Aufsichtsratsvergütung lassen sich auch separat beurteilen, ohne dass in ein „fein abgestimmtes Gesamtsystem eingegriffen würde" (zu den entsprechenden Bedenken als Argument gegen eine Teilbilligung des Vorstandsvergütungssystems → Rn. 1841). Im Ergebnis scheidet eine Teilbilligung jedoch deshalb aus, weil ein entsprechender Beschlussantrag nicht gestellt werden wird: Vorstand und Aufsichtsrat werden stets vorschlagen, den vorgelegten Vergütungsbericht insgesamt zu billigen, und Aktionäre können keine Gegenanträge stellen (→ Rn. 1840).

1917 Zum Referentenentwurf wurde angemerkt, die Hauptversammlung könne den Vergütungsbericht selbst dann **ablehnen,** wenn sich die gewährte Vorstandsvergütung im Rahmen eines Vorstandsvergütungssystems halte, das die Hauptversammlung **zuvor gebilligt** habe, allerdings seien insofern die Schranken der Treuepflicht zu wahren.⁴⁵⁰³ Eine etwaige Treuepflichtverletzung spielt aber keine Rolle, da der Beschluss über die Billigung ohnehin nicht anfechtbar ist (→ Rn. 1869).

1918 Die Hauptversammlung kann auch beschließen, die Entscheidung über die Billigung eines Vergütungsberichts **zu vertagen.** Das Gesetz geht zwar davon aus, dass die Hauptversammlung grds. eine Sachentscheidung treffen muss (§ 120a Abs. 4 S. 1 AktG: „die Hauptversammlung beschließt über die Billigung"). Mit der Sachentscheidung sind aber keine Rechtsfolgen verbunden, die einer Vertagung entgegenstehen würden. Vertagt die Hauptversammlung die Entscheidung über die Billigung, müssen der Vorstand und der Aufsichtsrat im nächsten Vergütungsbericht erläutern, wie sie die Vertagung berücksichtigt haben (§ 162 Abs. 1 S. 2 Nr. 6 AktG). Es spricht nichts dagegen, dass der Vorstand und der Aufsichtsrat den ursprünglichen Vergütungsbericht anpassen und – ggf. nach erneuter Prüfung durch den Abschlussprüfer – erneut der Hauptversammlung zur Billigung vorlegen.

1919 bb) **Verfahren.** Die Hauptversammlung entscheidet mit **einfacher Stimmenmehrheit** (§ 133 Abs. 1 AktG). Für Vorstands- und Aufsichtsratsmitglieder besteht weder beim Beschlussvorschlag des Vorstands bzw. des Aufsichtsrats noch bei der Entscheidung der Hauptversammlung über die Billigung ein **Stimmrechtsausschluss.**

c) Lediglich empfehlender Charakter der Entscheidung der Hauptversammlung

1920 Der Beschluss der Hauptversammlung über die Billigung des Vergütungsberichts begründet ebenso wie der Beschluss über die Billigung des Vorstandsvergütungssystems weder Rechte noch Pflichten, sondern hat lediglich empfehlenden Charakter (§ 120a Abs. 4 S. 2 iVm Abs. 1 S. 2 AktG). Der Beschluss wirkt sich daher nicht auf **bereits festgesetzte Vergütungen** aus.⁴⁵⁰⁴ Es wird aber erwartet, dass ein den Vergütungsbericht ablehnender Beschluss ebenso wie ein das Vorstandsvergütungssystem ablehnender Beschluss eine starke **faktische Wirkung** entfaltet. Der Aufsichtsrat werde den ablehnenden Beschluss als klaren Hinweis auf die Unzufriedenheit der Eigentümer mit der Vergütungspraxis erkennen und idR mit Änderungen reagieren.⁴⁵⁰⁵

1921 **Billigt** die Hauptversammlung den vorgelegten **Vergütungsbericht nicht,** müssen der Vorstand und der Aufsichtsrat den Vergütungsbericht – anders als ein abgelehntes Vorstandsvergütungssystem (→ Rn. 1855 ff.) **nicht überprüfen und erneut vorlegen.**⁴⁵⁰⁶ Sie müssen aber im darauf folgenden Vergütungsbericht **darauf eingehen,** wie sie den Beschluss der Hauptversammlung berücksichtigt haben (§ 162 Abs. 1 S. 2 Nr. 6 AktG). Die Kritik der Hauptversammlung, die zur Ablehnung des Vergütungsberichts führt, kann sich sowohl auf die Darstellung als auch auf die Festsetzung der Vergütung beziehen. Lehnt die Hauptversammlung den Vergütungsbericht ab, obwohl sich die festgesetzte Vergütung iRd Vorgaben des gebilligten Systems bewegt, soll das darauf hindeuten, dass die Aktionäre mit der praktischen Umsetzung des Systems nicht einverstanden sind oder sich nicht hinreichend transparent informiert fühlen.⁴⁵⁰⁷

---

⁴⁵⁰² RegBegr BT-Drs. 19/9739, 109; *Bungert/Wansleben* BB 2019, 1026 (1027).
⁴⁵⁰³ Vgl. *Bachmann/Pauschinger* ZIP 2019, 1 (8).
⁴⁵⁰⁴ Zu Art. 9b Abs. 4 2. ARRL *Habersack* NZG 2018, 127 (133).
⁴⁵⁰⁵ *Löbbe/Fischbach* AG 2019, 373 (384).
⁴⁵⁰⁶ *Löbbe/Fischbach* AG 2019, 373 (384).
⁴⁵⁰⁷ *Löbbe/Fischbach* AG 2019, 373 (384).

d) Ausschluss der Anfechtbarkeit

Der Hauptversammlungsbeschluss über die Billigung des Vergütungsberichts ist **nicht** nach § 243 AktG **anfechtbar** (§ 120a Abs. 4 S. 2 iVm Abs. 1 S. 3 AktG). Die Gesetzesbegründung argumentiert, auch die Feststellung des Jahresabschlusses sei idR nicht anfechtbar.[4508] Eine **Nichtigkeitsklage** ist ebenfalls **ausgeschlossen**;[4509] die Ausführungen unter → Rn. 1870 ff. gelten entsprechend. Eine dennoch erhobene Anfechtungs- oder Nichtigkeitsklage ist **unzulässig**.[4510]

Mängel des Vergütungsberichts können aber **Pflichtverletzungen** von Vorstands- und Aufsichtsratsmitgliedern darstellen. Solche Pflichtverletzungen können die Anfechtbarkeit der Entlastung begründen (→ Rn. 1143).[4511] Zudem kommen Schadensersatzansprüche in Betracht, etwa wenn aufgrund einer pflichtwidrigen Darstellung im Vergütungsbericht Erstattungsansprüche der Gesellschaft nicht rechtzeitig entdeckt und geltend gemacht werden.[4512]

e) Erleichterung für kleine und mittelgroße Gesellschaften – bloße Erörterung des Vergütungsberichts (§ 120a Abs. 5 AktG)

Bei kleinen und mittelgroßen börsennotierten Gesellschaften iSd § 267 Abs. 1 und 2 HGB (KMU) können der Vorstand und der Aufsichtsrat entscheiden, der Hauptversammlung den Vergütungsbericht nicht zur Billigung, sondern als **eigenen Tagesordnungspunkt** zur Erörterung vorzulegen (§ 120a Abs. 5 AktG; **beschlusslose Erörterung**). Das abweichende Verfahren soll es KMU ermöglichen, ihren Verwaltungsaufwand zu reduzieren.[4513] Mit der Regelung hat der deutsche Gesetzgeber von einem Wahlrecht Gebrauch gemacht, weil die Vorstands- und Aufsichtsratsvergütung bei KMU „*sowohl für deren Aktionäre als auch für die Öffentlichkeit regelmäßig weniger virulent*" sei als bei großen börsennotierten Gesellschaften.[4514]

Der Vorstand und der Aufsichtsrat müssen im darauf folgenden Vergütungsbericht **darlegen**, wie sie die Erörterung der Hauptversammlung – insbes. geäußerte Aktionärskritik – berücksichtigt haben (§ 162 Abs. 1 S. 2 Nr. 6 AktG).[4515] Hat die Hauptversammlung ein vom Aufsichtsrat vorgelegtes Vorstandsvergütungssystem abgelehnt, muss das überprüfte System Angaben enthalten, „*inwieweit Abstimmung und Äußerungen der Aktionäre in Bezug auf das Vergütungssystem und die Vergütungsberichte berücksichtigt wurden*" (§ 87a Abs. 1 S. 2 Nr. 11b AktG).

f) Veröffentlichung des Vergütungsberichts und des Votums zum Vergütungsbericht, handelsrechtliche Offenlegung der Vergütung

Die Gesellschaft muss den Vergütungsbericht zusammen mit dem Vermerk des Abschlussprüfers (§ 162 Abs. 3 AktG) nach dem Beschluss der Hauptversammlung über die Billigung (§ 120a Abs. 4 S. 1 AktG) bzw. bei KMU nach der Vorlage zur Erörterung (§ 120a Abs. 5 AktG) **zehn Jahre** lang auf ihrer Internetseite **kostenfrei öffentlich zugänglich** machen (§ 162 Abs. 4 AktG).[4516] Dadurch soll die Vergütung der Vorstands- und Aufsichtsratsmitglieder über einen längeren Zeitraum nachvollziehbar sein.[4517]

[4508] RegBegr BT-Drs. 19/9739, 94; vgl. insofern auch *Löbbe/Fischbach* AG 2019, 373 (384). Den Ausschluss der Anfechtbarkeit begrüßend *Paschos/Goslar* AG 2019, 365 (370); *Bungert/Wansleben* DB 2019, 1026 (1027); den Ausschluss der Anfechtbarkeit mit Blick auf den Referentenentwurf, der noch keinen Ausschluss vorsah, fordernd *Paschos/Goslar* AG 2018, 857 (865); *Heldt* AG 2018, 905 (912); *Bungert/Berger* DB 2018, 2801 (2807); differenzierend, iErg aber zust. *Bachmann/Pauschinger* ZIP 2019, 1 (9).
[4509] Wohl auch Hüffer/Koch/*Koch* AktG § 120a Rn. 10 mit Verweis auf Rn. 6.
[4510] Wohl auch Hüffer/Koch/*Koch* AktG § 120a Rn. 10 mit Verweis auf Rn. 6.
[4511] DAV-Handelsrechtsausschuss NZG 2019, 12 (20); *Paschos/Goslar* AG 2019, 365 (370); noch zum Referentenentwurf, dem zufolge die Anfechtbarkeit nicht ausgeschlossen war, *Bachmann/Pauschinger* ZIP 2019, 1 (9); *Bungert/Berger* DB 2018, 2801 (2807); *Heldt* AG 2018, 905 (912).
[4512] Vgl. RegBegr BT-Drs. 19/9739, 116.
[4513] RegBegr BT-Drs. 19/9739, 94; zust. *Bachmann/Pauschinger* ZIP 2019, 1 (9); *Bungert/Berger* DB 2018, 2801 (2807); *Anzinger* ZGR 2019, 39 (93): Erspart KMU den Kostenaufschlag einer Abstimmung und bewahrt sie vor atmosphärischen Belastungen einer schwachen Zustimmung oder Ablehnung des Vergütungsberichts; krit. *Paschos/Goslar* AG 2018, 857 (865): Zeitlich fällt ein Abstimmungsvorgang zum Vergütungsbericht regelmäßig nicht sonderlich ins Gewicht.
[4514] RegBegr BT-Drs. 19/9739, 94.
[4515] Dazu *Paschos/Goslar* AG 2018, 857 (865).
[4516] Die Regelung setzt Art. 9b Abs. 5 Unterabs. 1 S. 1 2. ARRL um.
[4517] RegBegr BT-Drs. 19/9739, 113. Nach Erwägungsgrund Nr. 39 2. ARRL ist es „*wichtig, die Vergütung eines Mitglieds der Unternehmensleitung über den gesamten Zeitraum seiner Zugehörigkeit zur Unternehmensleitung einer bestimmten Gesellschaft beurteilen zu können*". Innerhalb der Europäischen Union blieben Mitglieder der Unternehmensleitung nach der 2. ARRL durchschnittlich für einen Zeitraum von sechs, in einigen Mitgliedstaaten von mehr als acht Jahren in der Unternehmensleitung.

1927 Den geprüften Vergütungsbericht muss der Vorstand bereits mit bzw. *„alsbald nach"* der Einberufung der Hauptversammlung auf der Internetseite veröffentlichen (§ 124 Abs. 2 S. 3 AktG, § 124a S. 1 Nr. 1 AktG). Nach der Hauptversammlung muss der Vorstand den Vergütungsbericht daher nur dann erneut veröffentlichen, wenn der bereits veröffentlichte Vergütungsbericht **redaktionell geändert** wurde.[4518] Wird die Veröffentlichungspflicht mit der Einberufung erfüllt, ist darauf zu achten, dass die Einberufung zehn Jahre lang auf der Internetseite zugänglich ist. Ist ausnahmsweise eine erneute Veröffentlichung erforderlich, muss der Vorstand sie nach der Gesetzesbegründung wie bei § 120a Abs. 2 AktG „unverzüglich", dh in Anlehnung an § 130 Abs. 6 AktG **innerhalb von sieben Tagen** nach der Beschlussfassung bzw. Vorlage zur Erörterung vornehmen.[4519] Aus § 162 Abs. 4 AktG und der 2. ARRL ergibt sich eine solche Pflicht zur unverzüglichen Veröffentlichung allerdings nicht.[4520] Eine „nicht unverzügliche" Veröffentlichung von Vergütungsbericht und Vermerk des Abschlussprüfers ist auch keine bußgeldbewehrte Ordnungswidrigkeit iSd § 405 Abs. 1 Nr. 6 AktG.

1928 Vorstandsmitglieder, die den Vergütungsbericht oder den Vermerk des Abschlussprüfers entgegen § 162 Abs. 4 AktG nicht oder nicht mindestens zehn Jahre zugänglich machen, begehen eine **Ordnungswidrigkeit** (§ 405 Abs. 1 Nr. 6 AktG), die mit einer Geldbuße von bis zu 25.000 EUR geahndet werden kann (§ 405 Abs. 4 AktG). Die Ausführungen unter → Rn. 1878 gelten entsprechend.

1929 Für die Veröffentlichung des **Votums zum Vergütungsbericht** sieht das Gesetz keine besondere Regelung vor. Nach § 130 Abs. 6 AktG muss der Vorstand das festgestellte Abstimmungsergebnis einschließlich der nach § 130 Abs. 2 S. 2 AktG erforderlichen Angaben (gültige Stimmen, vertretenes Grundkapital, Ja-, Nein-Stimmen und Enthaltungen) innerhalb von sieben Tagen nach der Hauptversammlung auf der Internetseite veröffentlichen.[4521] Konsequenterweise muss er das Votum wie den Vergütungsbericht, auf den sich das Votum bezieht, **zehn Jahre zugänglich** halten.

1930 Die **handelsrechtliche Offenlegung** der Vorstands- und Aufsichtsratsvergütung wurde mit Blick auf den aktienrechtlichen Vergütungsbericht reduziert: Im **(Konzern-)Anhang** sind nur noch die den Vorstands- und Aufsichtsratsmitgliedern gewährten **Gesamtbezüge** anzugeben (§ 285 Nr. 9 lit. a HGB, § 314 Abs. 1 Nr. 6 lit. a HGB). Börsennotierte Gesellschaften müssen die Bezüge der Vorstandsmitglieder nicht mehr individualisiert und nach Vergütungsbestandteilen getrennt im (Konzern-)Anhang angeben, da die entsprechenden Angaben bereits im Vergütungsbericht nach § 162 AktG enthalten sind. Der **DCGK** enthält keine Empfehlungen mehr zur Berichterstattung über die Vorstands- und Aufsichtsratsvergütung: Die Kodexkommission sieht keinen Anlass, über die Pflichtangaben nach § 162 AktG hinausgehende Inhalte zu empfehlen.[4522]

4. Übergangsrecht

1931 Ein **Vorstandsvergütungssystem,** das den Anforderungen des § 87a AktG genügt, ist erstmals spätestens der **im Jahr 2021** stattfindenden ordentlichen Hauptversammlung zur Billigung vorzulegen (§ 26j Abs. 1 S. 1 EGAktG). Die **erstmalige Billigung** eines der Hauptversammlung vorgelegten Systems löst die Pflicht des Aufsichtsrats aus, die Vorstandsvergütung bis zum Ablauf von zwei Monaten nach der Billigung in Übereinstimmung mit dem gebilligten Vorstandsvergütungssystem **„festzusetzen"** (→ Rn. 1366). Bis zu dieser „Festsetzung" darf der Aufsichtsrat die konkrete Vorstandsvergütung noch *„nach der bestehenden Vergütungspraxis"* festsetzen (§ 26j Abs. 1 S. 2, 3 EGAktG). Vor der „Festsetzung" abgeschlossene Verträge bleiben unberührt (§ 26j Abs. 1 S. 3 Hs. 2 EGAktG). Die Übergangsvorschrift **soll sicherstellen,** dass Aufsichtsräte das erste der Hauptversammlung vorgelegte Vorstandsvergütungssystem nicht für die Vergütungsfestsetzung nach § 87a Abs. 2 S. 1 AktG heranziehen müssen, wenn die Hauptversammlung das System **nicht gebilligt hat.**[4523]

1932 Legte der Aufsichtsrat **freiwillig** bereits der im Jahr 2020 stattfindenden ordentlichen Hauptversammlung ein Vorstandsvergütungssystem vor, musste das System den Anforderungen des § 87a AktG genügen und es kam nur § 120a Abs. 1 AktG als Rechtsgrundlage der Vorlage in Betracht. § 120 Abs. 4 AktG aF wurde mit Wirkung zum 1.1.2020 aufgehoben. Legte der Aufsichtsrat ein Vorstandsvergütungssystem

---

[4518] Vgl. RegBegr BT-Drs. 19/9739, 113. Strenger Hirte/Heidel ARUG II/*Lochner/Beneke* AktG § 162 Rn. 36: Alle Vergütungsberichte der mindestens letzten zehn Jahre müssen in einer eigenen Rubrik auf der Internetseite auffindbar sein; eine Bekanntmachung nur iRd Einberufungsunterlagen nach § 124 Abs. 2 S. 3 iVm § 124a Nr. 1 AktG ist unzureichend.

[4519] RegBegr BT-Drs. 19/9739, 113.

[4520] Ebenso Hirte/Heidel ARUG II/*Lochner/Beneke* AktG § 162 Rn. 37, die de lege ferenda eine Nachbesserung fordern.

[4521] Umstritten ist, ob die Veröffentlichungspflicht nur für Sachentscheidungen gilt oder auch für Verfahrensbeschlüsse, zB einen Vertagungsbeschluss (zur Zulässigkeit → Rn. 1843); vgl. zum Meinungsstand Hüffer/Koch/*Koch* AktG § 130 Rn. 29a mwN.

[4522] Begründung DCGK, Grundsatz 25, S. 18.

[4523] Begr. des Rechtsausschusses BT-Drs. 19/15153, 57; eingehend dazu *Wandt/Vossen* AG 2020, 705 (707 ff.).

dennoch noch nach § 120 Abs. 4 AktG aF vor, ist der Billigungsbeschluss der Hauptversammlung mangels Rechtsgrundlage anfechtbar. Seit dem 1.3.2020 ist das gesamte Vorstandsvergütungssystem in der Einberufung bekanntzumachen (§ 124 Abs. 3 S. 2 AktG; § 26j Abs. 3 EGAktG).

Ein **Vergütungsbericht,** der den Anforderungen des § 162 AktG genügt, ist erstmals für nach dem 31.12.2020 beginnende Geschäftsjahre zu erstellen und dann der ordentlichen Hauptversammlung im darauf folgenden Geschäftsjahr – dh **der im Jahr 2022** stattfindenden ordentlichen Hauptversammlung – zur Billigung vorzulegen (§ 26j Abs. 2 S. 1, S. 3 EGAktG). Sogenannte **„Opt-out-Beschlüsse",** aufgrund derer die Vorstandsvergütung nicht individualisiert offenzulegen war, sofern es die Hauptversammlung mit einer Mehrheit von mindestens drei Viertel des bei der Beschlussfassung vertretenen Grundkapitals für höchstens fünf Jahre beschlossen hatte (§ 286 Abs. 5 HGB aF), werden unbeachtlich, sobald für das nach dem 31.12.2020 beginnende Geschäftsjahr erstmals ein Vergütungsbericht nach den neuen Vorgaben des § 162 AktG zu erstellen ist: In diesem Vergütungsbericht ist die Vorstandsvergütung auch dann individualisiert offenzulegen, wenn noch ein Opt-out-Beschluss vorgelegen hätte. **1933**

Die geänderten **handelsrechtlichen Publizitätsvorschriften** (→ Rn. 1564f.) sind erstmals auf Jahres- und Konzernabschlüsse sowie Lage- und Konzernlageberichte für das **nach dem 31.12.2020** beginnende Geschäftsjahr anzuwenden (Art. 83 Abs. 1 S. 1 EGHGB). Auf das **vor dem 1.1.2021** beginnende Geschäftsjahr sind die Vorschriften in ihrer bis zum 31.12.2019 gültigen Fassung anzuwenden. Wurde bereits für ein vor dem 1.1.2021 beginnendes Geschäftsjahr ein Vergütungsbericht nach § 162 AktG erstellt, sind die geänderten Vorschriften anzuwenden (Art. 83 Abs. 1 S. 2 EGHGB). Aus den Übergangsregelungen ergibt sich nicht, dass zwingend bereits für das nach dem 31.12.2019 beginnende Geschäftsjahr ein den Anforderungen des § 162 AktG genügender Vergütungsbericht zu erstellen ist, nur weil Vorstands- und/oder Aufsichtsratsmitgliedern bereits im Jahr 2020 eine Vergütung in Übereinstimmung mit den Vorgaben der § 87a, § 113 Abs. 3 AktG zugesagt oder gewährt wurde; vielmehr kann über eine solche Vergütung nach den handelsrechtlichen Vorschriften in ihrer bis zum 31.12.2019 gültigen Fassung berichtet werden. **1934**

5. Nicht börsennotierte Gesellschaften

Für nicht börsennotierte Gesellschaften ist § 120a AktG **nicht anwendbar.** Auch § 120 Abs. 4 AktG aF sah einen „freiwilligen Say on Pay"-Beschluss nur für börsennotierte Gesellschaften vor. Nicht börsennotierte Gesellschaften können aber in der Satzung eine § 120a AktG entsprechende Kompetenz der Hauptversammlung regeln, rechtlich unverbindlich über die Billigung des Vorstandsvergütungssystems zu entscheiden[4524] und dem Aufsichtsrat aufgeben, die Vorstandsvergütung in Übereinstimmung mit einem der Hauptversammlung zur Billigung vorgelegten System festzusetzen. Ohne eine entsprechende Satzungsregelung kann sich die Hauptversammlung einer nicht börsennotierten Gesellschaft zwar mit einem System befassen (§ 124 Abs. 4 S. 2, Var. 3 AktG), ein gefasster Billigungsbeschluss ist aber **mangels Rechtsgrundlage anfechtbar.** **1935**

6. Börsennotierte KGaA

Das **ARUG II** regelt nicht ausdrücklich, ob die Vorschriften zum Vorstandsvergütungssystem und zur Beschlussfassung der Hauptversammlung über die Billigung eines Vorstandsvergütungssystems und eines Vergütungsberichts auch für börsennotierte Kommanditgesellschaften auf Aktien gelten. **1936**

a) Vorstandsvergütungssystem

aa) Ist ein „Vorstands"-Vergütungssystem für den Komplementär zu erstellen und der Hauptversammlung vorzulegen? Für Komplementäre einer börsennotierten KGaA ist **kein** „Vorstands"-Vergütungssystem nach § 87a AktG zu erstellen und der Hauptversammlung nach § 120a AktG vorzulegen (zur Erstellung eines Vorstandsvergütungssystems → Rn. 1338ff.).[4525] Die KGaA hat keinen Vorstand. Für die KGaA gelten daher lediglich die für die AG geltenden Vorschriften, die sich nicht auf den Vorstand der AG beziehen. § 283 AktG zählt **abschließend** auf, welche für den Vorstand der AG geltenden Regelungen des Aktiengesetzes sinngemäß für Komplementäre gelten.[4526] Die Regelungen zum Vorstandsvergütungssystem und zum Vergütungsvotum der Hauptversammlung nennt § 283 AktG aber nicht. Auch das Angemessenheitsgebot des § 87 Abs. 1 AktG wird auf eine Tätigkeitsvergütung von Komplementären **1937**

[4524] Hüffer/Koch/*Koch* AktG § 120a Rn. 1; zu § 120 Abs. 4 AktG aF MüKoAktG/*Kubis* AktG § 120 Rn. 58; GroßkommAktG/*Mülbert* AktG § 120 Rn. 160; K. Schmidt/Lutter AktG/*Spindler* AktG § 120 Rn. 57.
[4525] Im Ergebnis so auch *Backhaus* AG 2020, 462 (464).
[4526] BGHZ 134, 392 (394) = NJW 1997, 1923 (1924); GroßkommAktG/*Assmann/Sethe* AktG § 283 Rn. 4; Hüffer/Koch/*Koch* AktG § 283 Rn. 1; Spindler/Stilz/*Bachmann* AktG § 283 Rn. 2; Hölters/*Müller-Michaels* AktG § 283 Rn. 1.

nicht angewandt, weil es in § 283 AktG nicht genannt ist.⁴⁵²⁷ Gegen eine Anwendung des § 87a Abs. 1 AktG auf die börsennotierte KGaA spricht zudem, dass § 278 Abs. 2 AktG für die Tätigkeitsvergütung der Komplementäre auf das HGB verweist.⁴⁵²⁸ Nach der Begründung des Regierungsentwurfs zum ARUG II sollen die neuen Regelungen zum Vorstandsvergütungssystem zwar „*eine für alle börsennotierten Gesellschaften verbindliche Entscheidung*" treffen.⁴⁵²⁹ Dabei wurde aber offenbar nicht bedacht, dass auch eine KGaA börsennotiert sein kann.

1938 Um der **2. ARRL** zu genügen erscheint es auch nicht erforderlich, dass der Gesetzgeber regelt, dass für Komplementäre einer börsennotierten KGaA ein „Vorstands"-Vergütungssystem erstellt werden müsste.⁴⁵³⁰ Nach der 2. ARRL gelten die Vorgaben zum Say on Pay zwar pauschal „*für die Mitglieder der Unternehmensleitung*" (Art. 9a Abs. 1 2. ARRL) jeder börsennotierten Gesellschaft, und als Mitglieder der Unternehmensleitung definiert die 2. ARRL „*jedes Mitglied des Verwaltungs-, Leitungs-, oder Aufsichtsorgans einer Gesellschaft*" (Art. 2i) (i) 2. ARRL). Die Vorgaben der 2. ARRL zum Say on Pay bezwecken aber, die Mitsprache der Aktionäre bei der Vergütung der Mitglieder der Unternehmensleitung zu stärken und die Vergütung transparenter zu machen,⁴⁵³¹ und die Aktionäre einer KGaA haben bereits weiter reichende Einflussmöglichkeiten auf eine Tätigkeitsvergütung von Komplementären als die 2. ARRL vorgibt. Soll Komplementären entgegen dem gesetzlichen Leitbild⁴⁵³² eine Tätigkeitsvergütung gewährt werden (vgl. § 288 Abs. 3 AktG), ist dafür primär die Hauptversammlung zuständig.⁴⁵³³ Der Aufsichtsrat kann die Höhe der Vergütung und die Grundzüge der Bemessung nur festlegen, wenn und soweit die Satzung ihn dazu ermächtigt.⁴⁵³⁴ Ein „zusätzliches Mitspracherecht" der Hauptversammlung in Bezug auf die Tätigkeitsvergütung der Komplementäre ist daher nicht erforderlich, um die Ziele der 2. ARRL zu erreichen. Auch ein Beschluss der Hauptversammlung über die Billigung der Vergütung des Komplementärs nach § 120 Abs. 4 AktG aF wurde entsprechend für nicht sinnvoll gehalten.⁴⁵³⁵ Die Situation ist vergleichbar mit der Vergütung der Aufsichtsratsmitglieder: Es wurde zu Recht darauf hingewiesen, dass es nicht erforderlich sei, die 2. ARRL umzusetzen, um die Beteiligung der Aktionäre an der Festsetzung der Vergütung der Aufsichtsratsmitglieder zu stärken und die Vergütung transparenter zu machen, weil nach deutschem Recht die Aktionäre die Vergütung bereits unmittelbar festsetzen (→ § 6 Rn. 57).

1939 **bb) Muss der Aufsichtsrat der KGaA ein Vergütungssystem für die Vorstandsmitglieder einer Komplementär-AG erstellen und der Hauptversammlung der KGaA vorlegen?** Nach der 2. ARRL sind der Hauptversammlung einer börsennotierten Gesellschaft ein Vergütungssystem und Vergütungsbericht nur **für Organmitglieder der börsennotierten Gesellschaft** vorzulegen. Für andere Personen, die Leitungsaufgaben einer börsennotierten Gesellschaft ausführen, gelten die Regelungen zum Vergütungssystem und zum Vergütungsbericht nur, „*sofern von einem Mitgliedstaat so festgelegt*" (Art. 2i) (iii) 2. ARRL). Der deutsche Gesetzgeber hat nicht festgelegt, dass der Hauptversammlung einer börsennotierten KGaA ein Vergütungssystem und ein Vergütungsbericht für die Vorstandsmitglieder der Komplementär-AG vorzulegen sind. Das ist auch sachgerecht: Handelt es sich beim Komplementär um eine juristische Person, führen deren Geschäftsleiter zwar mittelbar die Geschäfte der KGaA, sind aber **keine Organmitglieder der KGaA**. Das gilt auch, wenn es sich beim Komplementär um eine (börsennotierte) AG handelt („atypische KGaA"; zur Erstellung eines Vorstandsvergütungssystems → Rn. 1339 ff.). Die Sphären der KGaA einerseits und des Komplementärs andererseits sind zu trennen. Über die Vergütung der Vorstandsmitglieder einer Komplementär-AG entscheidet nicht der Aufsichtsrat der KGaA, sondern der Aufsichtsrat der Komplementär-AG.⁴⁵³⁶ Im Schrifttum wird zwar vertreten, die KGaA könne – vertreten durch ihren Aufsichtsrat – einen Anstellungsvertrag direkt mit Vorstandsmitgliedern der Komplementär AG abschließen.⁴⁵³⁷ In einem solchen Fall liegt aber eine gewöhnliche Drittanstellung vor; die betroffene Person wird nicht Organmitglied der börsennotierten KGaA.⁴⁵³⁸ Die Bezüge der Vorstandsmitglieder einer Komplementär-AG können daher nach ganz herr-

---

⁴⁵²⁷ *Backhaus* AG 2020, 462 (463); Spindler/Stilz/*Bachmann* AktG § 288 Rn. 12 mwN; MHdB AG/*Herfs* § 79 Rn. 26.
⁴⁵²⁸ *Backhaus* AG 2020, 462.
⁴⁵²⁹ RegBegr BT-Drs. 19/9739, 74 (Hervorhebung nur hier).
⁴⁵³⁰ Im Ergebnis so auch *Backhaus* AG 2020, 462 (464).
⁴⁵³¹ Vgl. Erwägungsgründe Nr. 31 und Nr. 33 2. ARRL.
⁴⁵³² *Leuering/Simon* NZG 2005, 945 (946).
⁴⁵³³ MHdB AG/*Herfs* § 79 Rn. 24; Spindler/Stilz/*Bachmann* AktG § 288 Rn. 11 mwN.
⁴⁵³⁴ MüKoAktG/*Perlitt* AktG § 281 Rn. 47, 49; MHdB AG/*Herfs* § 79 Rn. 24; GroßkommAktG/*Assmann/Sethe* AktG § 288 Rn. 79; Bürgers/Fett/*Reger* KGaA § 5 Rn. 260; Spindler/Stilz/*Bachmann* AktG § 288 Rn. 11 mwN.
⁴⁵³⁵ Spindler/Stilz/*Bachmann* AktG § 288 Rn. 12; *Bachmann* FS Marsch-Barner, 2018, 14 (17 f.).
⁴⁵³⁶ *Vollertsen*, Corporate Governance der börsennotierten KGaA, 2019, 316; Bürgers/Fett/*Reger* KGaA § 5 Rn. 269; GroßkommAktG/*Kort* AktG § 84 Rn. 326.
⁴⁵³⁷ Dafür MHdB AG/*Herfs* § 79 Rn. 28; *Otte*, Die AG & Co. KGaA, 2011, 93 f.
⁴⁵³⁸ Allgemein zur Trennung von anstellungsvertraglicher und organschaftlicher Ebene Spindler/Stilz/*Fleischer* AktG § 84 Rn. 7 f.; MüKoAktG/*Spindler* AktG § 84 Rn. 10 f. mwN.

schender und zutreffender Ansicht auch nicht analog § 87 Abs. 2 AktG herabgesetzt werden, wenn sich die Lage der KGaA verschlechtert.[4539]

Wirtschaftlich kommt zwar regelmäßig die KGaA für die Vergütung der Vorstandsmitglieder der Komplementär-AG auf, weil eine Haftungs- und Tätigkeitsentschädigungsvereinbarung zwischen der KGaA und der Komplementär-AG besteht.[4540] Auch daraus folgt aber nicht, dass der Aufsichtsrat einer börsennotierten KGaA für Vorstandsmitglieder einer Komplementär-AG ein Vergütungssystem aufstellen und der Hauptversammlung der KGaA vorlegen müsste. Andernfalls würde eine nicht börsennotierte AG „durch die Hintertür" entgegen des Geltungsbereichs der 2. ARRL und des ARUG II als börsennotiert behandelt. Ist die Komplementär-AG selbst börsennotiert, sind ausschließlich **deren Aufsichtsrat** und Hauptversammlung zuständig, ein Vorstandsvergütungssystem aufzustellen und über seine Billigung zu entscheiden. 1940

Soll die Hauptversammlung einer börsennotierten KGaA **freiwillig** über die Billigung eines Systems zur Vergütung der Vorstandsmitglieder der Komplementär-AG beschließen, muss die Satzung der KGaA eine entsprechende Beschlussfassung vorsehen (→ Rn. 1935). Zudem darf die Komplementär-AG nicht ebenfalls börsennotiert sein, weil andernfalls ausschließlich die Hauptversammlung der Komplementär-AG über die Billigung des vom Aufsichtsrat der Komplementär-AG erarbeiteten Vergütungssystems und des gemeinsam mit dem Vorstand der Komplementär-AG erstellten Vergütungsberichts beschließen kann. 1941

b) Vergütungsbericht

Jedenfalls für die Vergütung der **Aufsichtsratsmitglieder** der börsennotierten KGaA ist ein Vergütungsbericht nach § 162 AktG zu erstellen und der Hauptversammlung jährlich zur Billigung, bei kleinen und mittelgroßen Gesellschaften evtl. nur zur beschlusslosen Erörterung (§ 120a Abs. 5 AktG; → Rn. 1924f.), vorzulegen (§ 278 Abs. 3 AktG iVm § 162 AktG, § 120a Abs. 4, 5 AktG; → Rn. 74f.). **Zuständig**, den Vergütungsbericht zu erstellen, der Hauptversammlung vorzulegen und gleichlautende Beschlussvorschläge zu machen, sind der Aufsichtsrat **und** der Komplementär. Die Pflichten des Vorstands, gemeinsam mit dem Aufsichtsrat einen Vergütungsbericht nach § 162 AktG zu erstellen und der Hauptversammlung nach § 120a Abs. 4, 5 AktG vorzulegen, sind zwar für den Komplementär in § 283 AktG nicht als „sinngemäß geltend" genannt. Pflichten des Vorstands, die sich aus die KGaA anwendbaren aktienrechtlichen Regelungen ergeben (hier: § 162 AktG, § 120a Abs. 4, 5 AktG), gelten aber auch dann sinngemäß für den Komplementär, wenn sie nicht in § 283 AktG genannt sind (vgl. § 278 Abs. 3 AktG).[4541] Die Pflicht des Komplementärs, im Fall der Vorlage nach § 120a Abs. 4 AktG einen Beschlussvorschlag zum vorgelegten Vergütungsbericht zu machen, ergibt sich ohnehin unmittelbar aus § 283 Nr. 6 AktG: Die sinngemäße Geltung der Vorschriften über die Einberufung der Hauptversammlung erfasst auch die Pflicht, der Hauptversammlung Beschlussvorschläge zu machen (§ 124 Abs. 3 S. 1 AktG).[4542] 1942

Eine **Vergütung von Komplementären** ist de lege lata im Anhang des Jahresabschlusses anzugeben (§ 286 Abs. 4 AktG iVm § 285 Nr. 9 lit. a, b HGB), nicht im Vergütungsbericht gemäß § 162 AktG.[4543] § 162 AktG bezieht sich nur auf die Vergütung von Vorstandsmitgliedern. Auch die abschließende[4544] Aufzählung der für den Vorstand geltenden Vorschriften, die für Komplementäre einer KGaA sinngemäß gelten, nennt § 162 AktG nicht (§ 283 AktG). Das ARUG II hat im Übrigen das Erfordernis gestrichen, die Vergütung von Vorstandsmitgliedern einer börsennotierten AG individualisiert im Anhang des Jahresabschlusses offenzulegen (§ 285 Nr. 9 lit. a S. 5 bis 8 HGB aF). Der Meinungsstreit, ob entsprechend die Tätigkeitsvergütung von Komplementären börsennotierter Kommanditgesellschaften auf Aktien individualisiert im Anhang des Jahresabschlusses offenzulegen sein könnte,[4545] hat sich danach erledigt. Es spricht jedoch nichts dagegen, die Vergütung von Komplementären auch – ggf. individualisiert – im Vergütungsbericht nach § 162 AktG offenzulegen, sodass die Hauptversammlung der KGaA auch über die 1943

[4539] Bürgers/Fett/*Reger* KGaA § 5 Rn. 270f.; MüKoAktG/*Perlitt* AktG § 288 Rn. 85; Spindler/Stilz/*Bachmann* AktG § 288 Rn. 14; aA zur GmbH & Co. KGaA *A. Arnold*, Die GmbH & Co. KGaA, 2001, 86.
[4540] Dazu MHdB AG/*Herfs* § 79 Rn. 28.
[4541] Vgl. Spindler/Stilz/*Bachmann* AktG § 283 Rn. 2 mwN.
[4542] LG München I AG 2014, 549 (551); K. Schmidt/Lutter AktG/*K. Schmidt* AktG § 283 Rn. 10; vgl. auch Hüffer/Koch/*Koch* AktG § 283 Rn. 2; MüKoAktG/*Perlitt* AktG § 283 Rn. 25.
[4543] AA *Backhaus* AG 2020, 462 (465f.): § 162 AktG sei wie die anderen Transparenzvorschriften des fünften Teils des AktG über § 278 Abs. 3 AktG vollständig und unabhängig von der Existenz eines Vergütungssystems auf die KGaA anwendbar und bei § 162 AktG stehe die Publizität der Vergütung der Geschäftsleitung im Vordergrund, nicht die spezifische Rechtsstellung des Vorstands.
[4544] BGHZ 134, 392 (394) = NJW 1997, 1923 (1924); GroßkommAktG/*Assmann/Sethe* AktG § 283 Rn. 4; Hüffer/Koch/*Koch* AktG § 283 Rn. 1; Spindler/Stilz/*Bachmann* AktG § 283 Rn. 2; Hölters/*Müller-Michaels* AktG § 283 Rn. 1.
[4545] Dagegen Henssler/Strohn GesR/*A. Arnold* AktG § 286 Rn. 5; Bürgers/Körber/*Förl/Fett* AktG § 286 Rn. 9; Spindler/Stilz/*Bachmann* AktG § 286 Rn. 12; *Leuering/Simon* NZG 2005, 945 (946). Dafür MüKoAktG/*Perlitt* AktG § 286 Rn. 96; K. Schmidt/Lutter AktG/*K. Schmidt* AktG § 286 Rn. 14; Grigoleit/*Servatius* AktG § 286 Rn. 8.

1944 Die Vergütung der **Organmitglieder einer Komplementärgesellschaft** einer börsennotierten KGaA ist ebenfalls nicht im Vergütungsbericht gemäß § 162 AktG anzugeben (→ Rn. 1556).[4546] Die Erwägungen zur Trennung der Sphären der KGaA und Komplementär-AG (→ Rn. 1939) gelten insofern entsprechend. Zu der durch das ARUG II gestrichenen Verpflichtung, die Vergütung von Vorstandsmitgliedern einer börsennotierten AG individualisiert im Anhang des Jahresabschlusses offenzulegen (§ 285 Nr. 9 lit. a S. 5 bis 8 HGB aF), war im Übrigen umstritten, ob die Bezüge von Organmitgliedern der Komplementärgesellschaft individualisiert offenzulegen waren.[4547] Geht man davon aus, dass dem Gesetzgeber dieser Meinungsstreit bekannt war, ist anzunehmen, dass er bewusst davon abgesehen hat, eine Pflicht zu regeln, die Vergütung von Komplementären und deren Organmitgliedern individualisiert offenzulegen.

IV. D&O

1. Entscheidungskompetenz für Abschluss der D&O-Versicherung

1945 Welchem Organ der Gesellschaft die Kompetenz zukommt, über den Abschluss einer Directors' and Officers' Liability Insurance – kurz D&O-Versicherungen – zu entscheiden, ist umstritten. Die Frage stellt sich hinsichtlich der Versicherung für Vorstandsmitglieder. Sie stellt sich aber auch nahezu spiegelbildlich bei der D&O von Aufsichtsratsmitgliedern (speziell hierzu → § 6 Rn. 38 ff.). Publizierte Rechtsprechung direkt zu dieser Kompetenzfrage gibt es nicht. Als ausschlaggebend für die Zuständigkeitsfrage wird im Schrifttum vielfach angesehen, ob man die von der Gesellschaft zu zahlenden Versicherungsprämien als Aufwendung für die Gesellschaft im Rahmen einer primär vom Vorstand zu verantwortenden **Risikovorsorge** einordnet **oder** als Bestandteil der **Vorstandsvergütung,** für die der Aufsichtsrat zumindest die interne Entscheidungszuständigkeit hätte.[4548] Die Meinung Prämien seien als Vergütungsbestandteil anzusehen, weil zum einen gemäß § 87 Abs. 1 S. 1 AktG und § 285 Nr. 9a HGB die „Versicherungsentgelte" den „Gesamtbezügen eines Vorstandsmitglieds" zugerechnet werden und zum anderen die D&O-Versicherung überwiegend den Vorstandsmitgliedern zugute. Dem Vorstand verbleibt jedoch auch nach dieser Ansicht die Zuständigkeit, die Gesellschaft beim Abschluss des Vertrags im Außenverhältnis zu vertreten.[4549]

1946 Im Jahr 2002 hat die Finanzverwaltung klargestellt, dass die Prämien für D&O-Versicherungen keine Vergütungsbestandteile und damit auch **keine lohn- oder einkommensteuerrechtlichen Einkünfte** seien.[4550] Für einen Versicherungsabschluss im Gesellschaftsinteresse spricht auch, dass die Gesellschaft bei versicherten Organhaftungsansprüchen im Regelfall über den D&O-Versicherer wesentlich höhere Schäden ersetzt bekommen kann als aus dem Privatvermögen der haftenden Vorstandsmitglieder. Zudem kann das Bestehen einer D&O-Versicherung die Kreditwürdigkeit der Gesellschaft erhöhen. Überdies sind Führungskräfte häufig nur noch bereit, eine Organtätigkeit zu übernehmen, wenn eine D&O-Versicherung besteht. Vor diesem Hintergrund wird im Schrifttum zunehmend vertreten, dass der **Abschluss einer D&O-Versicherung primär der Gesellschaft diene,** die Versicherungsprämien kein Vergütungsbestandteil seien und deshalb der Aufsichtsrat, trotz seiner Kompetenz für Vergütungsfragen, nicht für die Entscheidung über den D&O-Vertrag zuständig sei. Vielmehr habe der Vorstand nach § 76 Abs. 1 AktG nicht nur die formale Abschlussbefugnis als Vertreter der Gesellschaft im Außenverhältnis, sondern sei auch im Innenverhältnis zuständig, über den Abschluss und den Inhalt einer D&O-Versicherung zu entscheiden.[4551]

[4546] AA *Backhaus* AG 2020, 462 (467): Die KGaA komme wirtschaftlich für die Vergütung der Organmitglieder der Komplementärgesellschaft auf.

[4547] Dagegen Spindler/Stilz/*Bachmann* AktG § 286 Rn. 12; Bürgers/Körber/*Förl/Fett* AktG § 286 Rn. 9; Kölner Komm AktG/*Mertens/Chan* AktG § 286 Rn. 44; *Leuering/Simon* NZG 2005, 945 (946). Dafür *Orth/Oser/Philippsen/Sultana* DB 2019, 2814 (2816 f.); MüKoAktG/*Perlitt* AktG § 286 Rn. 96; tendenziell auch K. Schmidt/Lutter AktG/ *K. Schmidt* AktG § 286 Rn. 14.

[4548] Hölters/*Hölters* AktG § 93 Rn. 400.

[4549] Hölters/*Hölters* AktG § 93 Rn. 400.

[4550] Vgl. hierzu BMF-Schreiben zur steuerrechtlichen Behandlung von Prämienzahlungen für D&O-Versicherungen vom 24.1.2002; *Steck/Mack/Schwedhelm* AG 2002, 287 sowie Erlass des Finanzministeriums Niedersachsen vom 25.1.2002 DB 2002, 399; Kölner Komm AktG/*Mertens/Cahn* AktG § 93 Rn. 246 mwN.

[4551] *Dreher* ZHR 165 (2001), 293, 321; *Harzenetter* DStR 2010, 653; *Kort* DStR 2006, 799 (802 f.); *Lange* ZIP 2001, 1524 (1526 ff.); *Lange* D&O-Versicherung und Managerhaftung § 3 Rn. 4; *Notthoff* NJW 2003, 1351 (1354); *Olbrich,* Die D&O-Versicherung in Deutschland, 2003, 193; *Rudzio* Vorvertragliche Anzeigepflichten bei der D&O-

Für eine Entscheidungskompetenz des Vorstands spricht auch, dass D&O-Policen nur in seltenen Fällen ausschließlich Vorstandsmitglieder oder ehemalige Vorstandsmitglieder als **versicherte Personen** schützen. Im Regelfall werden noch **weitere Personen** gegen Haftungsrisiken versichert:[4552] 1947
– Leitende Angestellte mit Kontroll- und Überwachungsaufgaben, die besondere persönliche Haftungsrisiken bergen, zB Chief Compliance Officer, Geldwäschebeauftragter, Sicherheitsbeauftragter etc.
– Aufsichtsratsmitglieder
– Mitglieder der Verwaltungs- oder Aufsichtsorgane von Tochtergesellschaften.

Schließt eine Gesellschaft eine D&O-Gruppenversicherung ab, die in vorstehendem Sinne neben Vorstandsmitgliedern noch **weitere Personen** versichert, sind unzweifelhaft auch **Vorstandskompetenzen betroffen.** Überdies wird deutlich, dass auch der Aufsichtsrat in einem Interessenkonflikt stünde, falls er über den Abschluss einer D&O-Gruppenpolice entschiede, die auch Aufsichtsratsmitglieder oder in den Aufsichtsrat gewechselte ehemalige Vorstandsmitglieder schützt.[4553] Deshalb erscheint es im Ergebnis sachgerecht, den Vorstand zumindest für entscheidungsbefugt anzusehen, sofern die D&O-Versicherung nicht ausschließlich Vorstandsmitglieder oder ehemalige Vorstandsmitglieder deckt. 1948

Für eine Kompetenz des Vorstands spricht zudem, dass die D&O-Versicherung neben dem Haftpflichtschutz für Manager und Aufsichtsratsmitglieder, der sog. „Side A", oft noch andere Seiten des Deckungsschutzes hat: Als „Side B" wird vielfach ergänzend vereinbart, dass die versicherungsnehmende Gesellschaft und die mitversicherten Unternehmen ihrer Unternehmensgruppe, auch Versicherungsschutz genießen, falls ein versichertes Unternehmen einen Manager, der von einem Dritten in Anspruch genommen wird, in rechtlich zulässiger Weise von der Haftung freistellt (sog. „Company Reimbursement").[4554] Mitunter gewähren Versicherer sogar als „Side C" Versicherungsschutz zugunsten der Versicherungsnehmerin, falls die Gesellschaft selbst von Dritten wegen bestimmter Haftpflichtansprüche in Anspruche genommen wird, zB im Zusammenhang mit einem Börsengang oder einer Kapitalerhöhung (sog. „Entity Coverage"). 1949

In den seltenen Fällen, in denen eine D&O-Police nur für ein Vorstandsmitglied abgeschlossen wird oder zur Erfüllung **individueller Regelungen** im Dienstvertrag eines Vorstandsmitglieds besonders ausgestaltet sein muss, besteht die Gefahr, dass der Abschluss der Versicherung nicht mehr als Fürsorgeaufwendung verstanden wird, die primär im Interesse des Unternehmens liegt, sondern als die Erfüllung dienstvertraglich geschuldeter Vergütungsbestandteile. Entscheidet der Vorstand über eine D&O-Police, die nur seine Mitglieder schützt, können Zweifel aufkommen, ob sich der Vorstand bei seiner Beschlussfassung vom „Unternehmenswohl" iSd § 93 Abs. 1 S. 2 AktG leiten ließ oder der Schutz der **Business Judgment Rule** mit Blick auf die individuellen Interessen eines Vorstandsmitglieds versagt. 1950

Die Festlegung eines **Zustimmungsvorbehalts** für den Abschluss einer D&O-Versicherung iSd § 111 Abs. 4 S. 2 AktG ist nicht ausreichend, um Kompetenzprobleme zu lösen: Die rechtlichen Probleme im Zusammenhang mit der Entscheidungskompetenz des Vorstands bestehen fort, weil mit dem Zustimmungsvorbehalt die Anforderungen der Business Judgment Rule an die Vorstandsentscheidung nicht abgesenkt werden. Überdies kann ein Zustimmungsvorbehalt für den Aufsichtsrat zu praktischen Problemen führen: Der Versicherungsschutz endet regelmäßig mit dem Kalenderjahr. Häufig werden die Verhandlungen über eine Verlängerung des Versicherungsschutzes erst Ende Dezember eines Jahres abgeschlossen. Die Einbeziehung des Aufsichtsrats in die Entscheidungsfindung gestaltet sich angesichts des bislang üblichen Verhandlungsgebarens schwierig. 1951

Um rechtliche Grauzonen der Organkompetenz von vornherein zu meiden, empfiehlt sich, dass in die Dienstverträge keine individuellen Bestimmungen zum D&O-Schutz aufgenommen werden, sondern die Dienstverträge gleichlautend auf ein zwischen Aufsichtsrat und Vorstand **abgestimmtes D&O-Konzept** verweisen, das die wesentlichen Essentialia des Versicherungsschutzes festlegt. Lässt sich diese Grauzone unklarer Organzuständigkeit nicht vermeiden, empfiehlt sich, dass Vorstand und Aufsichtsrat unabhängig voneinander über den Abschluss des ausgehandelten D&O-Vertrags entscheiden. 1952

Sollen durch eine D&O-Versicherung (auch) **Aufsichtsratsmitglieder geschützt** werden, ist nach einer Literaturmeinung, den Versicherungsschutz als „Vergütungsbestandteil" einordnet, ein Hauptversammlungsbeschluss nach § 113 Abs. 1 S. 2 AktG erforderlich,[4555] sofern nicht die Satzung bereits eine entsprechende Festsetzung enthält. Nach der zunehmend dominierenden Ansicht ist die D&O-Versicherung – wie bei Vorstandsmitgliedern – aber kein Vergütungsbestandteil, so dass es **keines Beschlusses** 1953

Versicherung der Aktiengesellschaft, 2010, 56 ff.; *Thümmel* Persönliche Haftung von Managern und Aufsichtsräten Rn. 467; MHdB AG/*Wiesner* § 26 Rn. 76.
[4552] *Lange* D&O-Versicherung und Managerhaftung § 3 Rn. 4.
[4553] BeckOGK/*Spindler* AktG § 112 Rn. 29; MüKoAktG/*Habersack* AktG § 113 Rn. 13.
[4554] Vgl. dazu A-3 der „Allgemeine Versicherungsbedingungen für die Vermögensschaden-Haftpflichtversicherung von Aufsichtsräten, Vorständen und Geschäftsführern (AVB D&O)" des GDV (Stand: Mai 2020).
[4555] *Armbrüster* NJW 2016, 897 (900 f.); *Fassbach/Wettich* GWR 2016, 199 (200 ff.); *Henssler* RWS-Forum 20, 2001, 131 (144 ff.); *Seibt* AG 2002, 249 (258); *Ulmer* ZHR 171 (2007), 199 (122).

der **Hauptversammlung** bedarf.[4556] Eine Zuständigkeit der Hauptversammlung würde nur neue Rechtsunsicherheit schaffen, selbst wenn man für die Beschlussfassung ausreichen ließe, dass die Hauptversammlung keinem ausgehandelten Vertrag zustimmt, sondern nur Vertragsessentialia festlegt. Mit dem nahenden Ende des Versicherungsjahres kommt es nämlich häufig zu Ereignissen, zB Umstandsmeldungen der Versicherungsnehmerin, (Änderungs-)Kündigungen des Versicherers, Begehren nach Deckungsausschüssen oder Deckungserweiterungen etc., die wirtschaftlich durchaus wesentlich sind, zu denen aber in der Kürze der Zeit keine Beschlussfassung der Hauptversammlung möglich wäre. Der Vorstand stünde dann vor dem Dilemma, entweder mangels inhaltsgleichen Hauptversammlungsbeschlusses keine Versicherung abschließen zu können oder eine D&O-Police unterschreiben zu müssen, die sich in wichtigen Punkten von dem Versicherungskonzept unterscheidet, das die Hauptversammlung beschlossen hat, oder der Hauptversammlung vorsorglich ein Versicherungskonzept zur Beschlussfassung vorlegen zu müssen, das sehr unbestimmt ist und dem Vorstand letztlich doch weitreichende Gestaltungsfreiheit belässt.

2. Vertretungsbefugnis im Außenverhältnis zum Versicherer

1954 Selbst in Fällen, in denen der Vorstand mit einer individuell gestalteten D&O-Police eine Verpflichtung aus dem Dienstvertrag eines Vorstandsmitglieds erfüllen will, ist der Abschluss des Versicherungsvertrags wirksam: Die **Vertretungsbefugnis** im Außenverhältnis gegenüber dem Versicherer gebührt dem **Vorstand**. § 112 AktG findet sogar dann keine Anwendung, wenn Vorstandsmitglieder als versicherte Personen Begünstigte des Versicherungsverhältnisses sind und mit der D&O-Police eine Verpflichtung aus dem Anstellungsverhältnis erfüllt wird.[4557]

1955 In Extremfällen, in denen das Gesellschaftsinteresse beim Abschluss einer D&O-Versicherung evident missachtet wurde, ist vorstellbar, dass der **Missbrauch der Vertretungsbefugnis** zur **Unwirksamkeit des Versicherungsvertrags** führt.[4558] Sieht die Police beispielsweise überhaupt keinen Selbstbehalt iSd § 93 Abs. 2 S. 3 AktG vor, ist für den Versicherer evident, dass die Organmitglieder, die den Vertrag unterzeichnen, ihre Vertretungsbefugnis überschreiten. Da für eine D&O-Versicherung ohne Selbstbehalt höhere Prämien entstehen, lässt sich auch ein Eigeninteresse des Versicherers am Missbrauch darlegen.

1956 Erhält der Aufsichtsrat Kenntnis davon, dass ein eigentlich vorgesehener **D&O-Versicherungsschutz nicht wirksam** zustande kam, muss er sich Gewissheit über das Bestehen verschaffen: Es liegt zwar im unternehmerischen Ermessen der zuständigen Organe zu entscheiden, ob sie überhaupt eine D&O-Versicherung abschließen (→ Rn. 1964). Wird jedoch eine solche Ermessensentscheidung für den Versicherungsabschluss getroffen, verhalten sich die beteiligten Organe pflichtwidrig, wenn sie die beschlossene Maßnahme nicht wirksam durchführen.

3. Pflicht zum Abschluss einer D&O-Versicherung

1957 Die Zahl der Unternehmen, die eine D&O-Versicherung abgeschlossen haben, ist in den letzten **drei Jahrzehnten** stark gestiegen. Mit der wachsenden Marktdurchdringung stellt sich auch zunehmend die Frage, ob für Gesellschaften mittlerweile sogar eine Pflicht bestehen kann, für entsprechenden Versicherungsschutz zu sorgen.

a) Aufgrund ausdrücklicher Regelung im Dienstvertrag

1958 Immer häufiger finden sich in Dienstverträgen mit Vorstandsmitgliedern oder Geschäftsführern sog. D&O-Verschaffungsklauseln, wonach das Unternehmen eine D&O-Versicherung mit Deckungsschutz für das Organmitglied **abschließen** oder eine bereits abgeschlossene Versicherung **fortführen** muss. Die genaue Ausgestaltung der D&O-Versicherung wird im Dienstvertrag zumeist nicht festgelegt, sofern nicht die Fortführung einer bereits bestehenden Versicherung vereinbart wird.

1959 Eine genau **inhaltsgleiche Fortführung** des derzeitigen Versicherungsschutzes wird vielfach nur mit dem **derzeitigen Versicherer** möglich sein, der die D&O-Police gezeichnet hat. Da Vorstand bzw. Geschäftsführung für den Abschluss einer D&O-Versicherung zuständig sind und der Wechsel des D&O-Versicherers übermäßig erschwert würde, falls der neue Versicherer genau dieselbe Deckung gewähren muss, können dienstvertragliche Bestimmungen regelmäßig teleologisch reduziert so ausgelegt werden, dass keine Fortführung genau dieser D&O-Police vereinbart worden ist, sondern ein aus objektivierter Sicht eines Vorstandsmitglieds oder Geschäftsführers wirtschaftlich gleichwertiger Versicherungsschutz auf-

---

[4556] Hüffer/Koch/*Koch* AktG § 113 Rn. 5; MüKoAktG/*Habersack* AktG § 113 Rn. 16; GroßkommAktG/*Hopt/Roth* § 113 Rn. 70 ff.; Kölner Komm AktG/*Mertens/Cahn* AktG § 113 Rn. 16; *Hemeling* FS Hoffmann-Becking, 2013, 491 (492 f.); MHdB AG/*Hoffmann-Becking* § 33 Rn. 21; *Dreher* ZGR 2009, 31 (48 ff.); *Lange* ZIP 2001, 1524 (1526 ff.); jetzt auch K. Schmidt/Lutter/*Drygala* AktG § 113 Rn. 16; diff. BeckOGK/*Spindler* AktG § 113 Rn. 16.
[4557] Hüffer/Koch/*Koch* AktG § 93 Rn. 58a mwN.
[4558] Vgl. BGH NJW 1994, 2082; NJW-RR 1989, 642; NJW-RR 2016, 1138 (1140); *Sethe* WM 1998, 2309 (2313).

rechterhalten werden soll. In vielen Fällen dienstvertraglicher Regelungen wird der D&O-Schutz aber überhaupt nicht im Einzelnen vertraglich bestimmt, sondern soll – damit kein Dissens vorliegt – dadurch **bestimmbar** sein, dass der Versicherungsschutz als „**marktüblich**", „**branchenüblich**", „risikoadäquat" oÄ beschrieben wird.

b) Aus Fürsorgepflicht oder Treuepflicht gegenüber Organmitglieder

Noch immer enthalten aber viele Dienstverträge von Vorstandsmitgliedern und Geschäftsführern keine Regelungen zum D&O-Versicherungsschutz, selbst wenn das Unternehmen eine Größe hat oder in einer Branche tätig ist, bei der eine D&O-Versicherung üblich ist. Es stellt sich daher die Frage, ob die Fürsorgepflicht oder Treuepflicht des Dienstherrn auch **ohne vertragliche Regelung** gebietet, für Vorstandsmitglieder oder Geschäftsführer eine D&O-Versicherung abzuschließen: 1960

Im juristischen Schrifttum wird erörtert, ob eine Begrenzung der Haftung von Vorstandsmitgliedern und Geschäftsführern bei Unternehmen in besonders haftungsträchtigen Branchen oder bei einem Geschäftsbereich mit ungewöhnlich hohen Risiken oder in einer außergewöhnlich haftungsträchtigen Situation, die ohne Zutun des Organmitglieds entstanden ist (zB durch das Virus SARS-CoV-2), schon de lege lata über den Weg einer entsprechenden Anwendung der **Grundsätze zur Arbeitnehmerhaftung** oder über eine Fürsorge- oder Treuepflicht des Dienstherrn erreicht werden könnte.[4559] Dogmatisch wurde die Beschränkung der Arbeitnehmerhaftung früher vor allem aus der Treue- und Fürsorgepflicht des Arbeitgebers hergeleitet. Mittlerweile hat das BAG aber die Geltung der Grundsätze über die Beschränkung der Arbeitnehmerhaftung für alle durch den Betrieb veranlassten und aufgrund eines Arbeitsverhältnisses geleisteten Arbeiten auf eine entsprechende Anwendung des § 254 Abs. 1 BGB gestützt.[4560] Einer Haftungsbegrenzung käme es wirtschaftlich nahe, wenn Bestandteil der **Fürsorge- oder Treuepflicht** des Unternehmens wäre, eine D&O-Versicherung für die Organmitglieder abzuschließen. Das Organmitglied wäre dann – wirtschaftlich betrachtet – im Wesentlichen nur noch für den Selbstbehalt, die Fälle eines Deckungsausschlusses – insbesondere wissentliche Pflichtverletzung – und bei Schäden oberhalb der Deckungssumme haftbar. 1961

Die D&O-Versicherung ist zwar kein Vergütungsbestandteil, sondern Teil der dienstlichen Fürsorge (→ § 6 Rn. 40). Davon zu unterscheiden ist aber die Frage, ob es für den Dienstherrn auch eine **Pflicht zur Fürsorge** oder eine Treuepflicht gibt, die zum Abschluss einer D&O-Versicherung zwingt. Wenn aber die herrschende Meinung eine auf Fürsorge- oder Treuepflicht gestützte Begrenzung der Vorstandshaftung ablehnt (→ Rn. 2395), so kann erst recht keine Verpflichtung bestehen, Vorstandsmitglieder über eine D&O-Versicherung weitgehend haftungsfrei zu stellen. Denn der Schutz durch eine D&O-Versicherung erfasst im Regelfall auch grob fahrlässig begangene Pflichtwidrigkeiten, wohingegen bei einer analogen Anwendung der Grundsätze zur Arbeitnehmerhaftung bei grober Fahrlässigkeit zumindest ein erheblicher Teil des Schadens vom Haftungsschuldner zu tragen wäre. 1962

Die herrschende Meinung (→ Rn. 2394) lehnt eine solche analoge Haftungsbegrenzung bei Vorstandsmitgliedern und Geschäftsführern mit der Erwägung ab, dass diese Organmitglieder **nicht in einem – Arbeitnehmern vergleichbaren – Weisungsverhältnis** stünden. Auch hat der Gesetzgeber insbesondere in § 93 AktG die Organhaftung und ihre Grenzen sehr detailliert geregelt, so dass für die Gerichte kaum Raum verbleibt, die strengen Haftungsregeln mit dem Argument aufzuweichen, es gebe hinsichtlich einer Haftungsbegrenzung eine **Regelungslücke**, die es unter dem Gesichtspunkt der Fürsorgepflicht zu schließen gilt. Schließlich haben es Vorstand bzw. Geschäftsführung auch selbst in der Hand, als zuständiges Verwaltungsorgan durch den Abschluss einer angemessenen D&O-Versicherung – wirtschaftlich betrachtet – für eine gewichtige Haftungsbegrenzung zu sorgen. Wird keine D&O-Versicherung abgeschlossen und hat das Organmitglied auch aufgrund seines Dienstvertrags keinen Anspruch auf derartigen Versicherungsschutz, kann das Vorstandsmitglied oder der Geschäftsführer im Haftungsfall nicht einwenden, das Unternehmen hätte ihm aufgrund einer Fürsorgepflicht geschuldet, für einen angemessenen D&O-Versicherungsschutz zu sorgen. Teile der Literatur kritisieren ohnehin, dass der Gesetzgeber allein mit der Möglichkeit der gesellschafts-finanzierten D&O-Versicherung eine weitgehende Enthaftung des Vorstands durch die Gesellschaft zulasse und dieses Regelungskonzept angesichts der Strenge der Vorstandshaftung höchst inkonsequent sei. Es konterkariere sowohl den Kompensationszweck, da die 1963

[4559] *Hoffmann* NJW 2012, 1393 (1396 f.); *Bachmann* ZIP 2017, 841; *Wilhelmi* NZG 2017, 681 (682 f.). Vgl. auch *ArbG Essen* NZKart 2014, 193 Rn. 158. Beschränkt auf GmbH-Geschäftsführer: *Brox/Walker* DB 1985, 1469 (1477); *Frisch*, Haftungserleichterung für GmbH-Geschäftsführer nach dem Vorbild des Arbeitsrechts, 1998, 177 ff. Ausnahmsweise bei Weisungsgebundenheit auch Staudinger/*Richardi/Fischinger* BGB § 619a Rn. 71; für nicht organspezifische Tätigkeiten auch MHdB ArbR/*Reichold*, Bd. I, 3. Aufl. 2009, § 51 Rn. 66; Scholz/*Schneider* GmbHG, 11. Aufl. 2014, § 43 Rn. 256 f.; *Pallasch* 338 (349).

[4560] So Großer Senat BAG NJW 1995, 210 (212), der aber auch die Gewährleistung der Berufsfreiheit gem. Art. 12 Abs. 1 GG sowie die allgemeine Handlungsfreiheit nach Art. 2 Abs. 1 GG anführt.

Gesellschaft für ihren eigenen Schaden zahle, als auch die Präventionsfunktion, die nur noch in Höhe des Selbstbehalts verbleibe.[4561]

c) Pflicht zum D&O-Abschluss als Korrelat zur Abschlusskompetenz

1964 Der Abschluss einer D&O-Versicherung dient primär dem **Interesse der Gesellschaft** (→ § 6 Rn. 40): Die Gesellschaft erlangt mit dem Versicherer einen solventen Regressschuldner.[4562] Zudem verbessert sie die Chancen, geeignete Organmitglieder zu gewinnen, die ohne eine entsprechende Versicherung nicht bereit wären, ein Amt mit im Extremfall existenzbedrohenden Risiken zu übernehmen.[4563] Deshalb stellt sich die Frage, ob mit der Kompetenz, eine D&O-Versicherung abzuschließen, auch die Pflicht im Interesse der Gesellschaft einhergeht, für einen angemessene D&O-Deckungsschutz zu sorgen. Selbst wenn solche Versicherungen bei Großunternehmen und in vielen Branchen geschäftsüblicher Standard sind, bleibt es eine **unternehmerische Ermessensentscheidung,** ob und mit welchem Deckungsschutz eine D&O-Versicherung abgeschlossen wird. Folglich kann ein Organmitglied, dass auf Haftung in Anspruch genommen wird, wegen einer fehlenden D&O-Versicherung allenfalls dann bei (anderen) Vorstandsmitgliedern oder Geschäftsführern (Teil-)Regress nehmen, wenn sich Vorstand bzw. Geschäftsführung entweder gar nicht der Entscheidung, eine D&O-Versicherung abzuschließen, gestellt haben oder die Entscheidung nicht den Anforderungen der **Business Judgment Rule** entsprach (→ Rn. 1950).

1965 Der Aufsichtsrat hat nach § 111 Abs. 1 AktG die „Geschäftsführung" zu **überwachen** (→ Rn. 1 ff.). Die Entscheidung über den Abschluss einer D&O-Versicherung und der Vollzug dieser Entscheidung sind wichtige Maßnahmen der Geschäftsführung: Durch eine D&O-Versicherung kann erreicht werden, dass die Gesellschaft bei Schäden, die eine versicherte Person pflichtwidrig verursacht hat, Ersatz aus dem Vermögen des Versicherers erlangt. Mit der wirtschaftlichen Bedeutung, die der Versicherungsschutz für die Gesellschaft haben kann, geht auch eine gesteigerte Verpflichtung des Aufsichtsrats einher, die Tätigkeit des Vorstands im Hinblick auf D&O-Angelegenheiten zu kontrollieren.

4. Verpflichtung zu fortbestehendem D&O-Versicherungsschutz

1966 Haftungsansprüche, die gegen Organmitglieder gerichtet sind, werden vielfach erst nach **Beendigung des Dienstverhältnisses** geltend gemacht. Insbesondere ausgeschiedene Organmitglieder fragen sich deshalb häufig, wie sichergestellt ist, dass die Gesellschaft die D&O-Versicherung auch nach Beendigung ihres Amtes mit einem vergleichbaren Deckungsschutz fortführt:

a) Verhältnis zur Nachmeldung

1967 Das heutzutage wichtigste Mittel, Organmitgliedern D&O-Versicherungsschutz auch über das Ende ihres Amts und die Beendigung ihres Dienstverhältnisses hinaus sicherzustellen, sind Nachmeldefristen. Eine Nachmeldefrist **modifiziert** das **„Claims-made-Prinzip",** wonach sich der Versicherungsschutz nach der D&O-Police bemisst, die zum Zeitpunkt der **Anspruchserhebung** gültig ist. Aus Sicht des Versicherungsnehmers und der versicherten Personen hat das Claims-made-Prinzip den Vorteil, dass die Versicherung grundsätzlich auch Pflichtverstöße deckt, die vor Abschluss des Versicherungsvertrags begangen wurden, dh zu einer prinzipiell unbegrenzten zeitlichen **Rückwärtsversicherung** führt. Demgegenüber gilt in den Haftpflichtversicherungen für spezielle Berufsgruppen zumeist das **„Verstoßprinzip",** dh die den Versicherungsfall auslösende Pflichtverletzung muss in der Versicherungsperiode begangen worden sein. Wird die versicherte Person wegen dieser Pflichtverletzung erst nach Ende der Versicherungsperiode in Anspruch genommen, ist der Schaden grundsätzlich gedeckt. Die versicherte Person kann eine Nachmeldung abgeben, so dass der Versicherer ein erhebliches Spätschadensrisiko zu tragen hat.

1968 Auf der anderen Seite wurde in Rechtsprechung und Literatur darüber nachgedacht, ob das Claims-made-Prinzip die versicherten Personen **unangemessen benachteilige.**[4564] Vor diesem Hintergrund ist zu sehen, dass deutschem Recht unterliegende D&O-Versicherungen, die eigentlich dem Claims-made-Prinzip folgen, Nachmeldefristen vorsehen, die noch dazu im internationalen Vergleich sehr lang sind.

1969 Die Zeiträume, binnen derer ein Versicherungsfall nachgemeldet werden kann, haben sich in den letzten zwei Jahrzehnten stark verlängert. Häufig sehen Versicherungsverträge schon zehnjährige Nachmeldefristen vor. Viele Organmitglieder unterliegen dem Irrtum, dass eine solche zehnjährige Nachmeldefrist in jedem Fall ausreichend sein müsste, weil auch Organhaftungsansprüche nach maximal zehn Jahren ver-

---

[4561] So *Bayer/Scholz* NZG 2014, 926 (928).
[4562] MHdB AG/*Hoffmann-Becking* § 33 Rn. 19; Hüffer/Koch/*Koch* AktG § 113 Rn. 5; Kölner Komm AktG/*Mertens/Cahn* AktG § 113 Rn. 16; *E. Wagner* in Semler/v. Schenck AR-HdB § 11 Rn. 45.
[4563] Kölner Komm AktG/*Mertens/Cahn* AktG § 113 Rn. 16; *Dreher* ZHR 165 (2001), 293 (310); *Notthoff* NJW 2003, 1350 (1354).
[4564] Vgl. OLG München VersR 2009, 1066 (1068). Eingehend hierzu *Koch* VersR 2011, 295 mwN.

jähren. Dabei wird jedoch verkannt, dass die zehnjährige Verjährungsfrist erst mit der **Entstehung des Haftungsanspruchs** zu laufen beginnt und der Haftungsanspruch erst mit dem **Eintritt des ersten Teilschadens** entsteht (→ Rn. 2437). So kann beispielsweise bei verbotenen Kartellabsprachen, bei denen zwischen der Pflichtwidrigkeit und der Entstehung des ersten Teilschadens bereits zehn Jahre verstrichen sind, die Nachmeldefrist zu einem Zeitpunkt ablaufen, zu dem überhaupt erst die zehnjährige Frist zur Anspruchsverjährung zu laufen beginnt. Wird also ein (ausgeschiedenes) Vorstandsmitglied wegen solcher Kartellabsprachen nach annähernd 20 Jahren in Anspruch genommen, sind die üblichen Nachmeldefristen längst abgelaufen.

Auch kann ein Organmitglied aus einer Reihe von Gründen nicht darauf vertrauen, dass der D&O-Vertrag, der während der Amtszeit galt, auch noch mit dem bisherigen Deckungsumfang über Nachmeldefristen schützt, wenn ein Anspruch gegen das Organmitglied erst nach dem Ausscheiden aus dem Amt geltend gemacht wird. Mitunter wird eine Nachmeldefrist nur unter der Voraussetzung gewährt, dass der D&O-Versicherungsvertrag für eine **bestimmte Mindestlaufzeit,** zB drei Jahre, bestanden hat und die Versicherungsnehmerin nicht in Zahlungsverzug geriet.[4565] 1970

Neben allgemeinen Nachmeldefristen, die für alle versicherten Personen gelten, finden sich in vielen Policen auch **persönliche Nachmeldefristen** für ausscheidende Organmitglieder. Diese Nachmeldefristen setzen jedoch zT voraus, dass die versicherte Person ordentlich oder aus gesundheitlichen Gründen ausgeschieden ist. Auch sehen manche Versicherungsbedingungen vor, dass die Länge der Nachmeldefrist gestaffelt und von der Zahlung weiterer Prämien abhängig ist.[4566] 1971

b) Versicherungsschutz im Insolvenzfall der Versicherungsnehmerin

Ein erheblicher Teil der Organhaftungsfälle wird faktisch durch die Insolvenz der Versicherungsnehmerin oder einen nachfolgenden Kontrollwechsel ausgelöst: Erstens wird im Insolvenzfall schneller der Vorwurf laut, das Management hätte pflichtwidrig agiert. Zweitens prüfen **Insolvenzverwalter** auf der Suche nach Vermögenswerten des Insolvenzschuldners – und mittelbar auch mit Blick auf ihre Vergütung – regelmäßig auch Organhaftungsansprüche und machen – mangels langjähriger Zusammenarbeit, Bekanntschaft oder Freundschaft mit den Organmitgliedern – solche Ansprüche auch in unklaren Fällen eher geltend. Und drittens ist ein Organhaftungsanspruch mitunter der einzig erfolgversprechende Vermögenswert, der für **Gläubiger** pfändbar ist, falls sie im Insolvenzverfahren **unbefriedigt** blieben oder gar kein Insolvenzverfahren eröffnet worden ist. 1972

Nur wenn überhaupt ein Insolvenzverfahren eröffnet worden ist, kann der Insolvenzverwalter die **Erfüllung des Versicherungsvertrags** iSd § 103 Abs. 2 S. 2 InsO **wählen** und durch Zahlung der Versicherungsprämien zweifelsfrei sicherstellen, dass der Versicherungsschutz fortbesteht, der für die Werthaltigkeit von Organhaftungsansprüchen häufig entscheidend ist. Der Insolvenzverwalter ist gegenüber Organmitgliedern nicht verpflichtet, den Versicherungsschutz aufrecht zu erhalten.[4567] Lehnt der Insolvenzverwalter die Erfüllung des Versicherungsvertrags ab oder wird mangels Masse kein Insolvenzverfahren eröffnet und keine Versicherungsprämie mehr bezahlt, ist fraglich, in wie weit noch Versicherungsschutz besteht. Grundsätzlich gilt, dass eine Leistungspflicht des Versicherers insoweit besteht als der Versicherungsschutz einschließlich dazugehöriger Nachmeldefristen bereits durch Prämienzahlung erkauft wurde. Ist aber beispielsweise eine verlängerte Nachmeldefrist an die Zahlung einer weiteren Versicherungsprämie geknüpft, führt ein Ruhen der Leistungspflicht des Versicherungsnehmers gem. § 103 InsO oder ein Nichteröffnen außerhalb des Insolvenzverfahrens dazu, dass auch der D&O-Versicherer von seiner **Leistungspflicht frei** wird.[4568] 1973

Selbst im Insolvenzfall steht der **Versicherungsanspruch** in jedem Fall materiell-rechtlich dem Versicherten und nicht dem Versicherungsnehmer zu; er **gehört nicht zur Insolvenzmasse** der versicherungsnehmenden Gesellschaft, sondern zum Vermögen des versicherten Organmitglieds. Versicherte Organmitglieder haben daher ein Recht auf Aussonderung bzw. Ersatzaussonderung gem. §§ 47, 48 InsO.[4569] 1974

Die AVB-AVG sehen überdies in A-5.3 vor, dass das Recht nach Ablauf einer ersten bei Vertragsschluss festgelegten Nachmeldefrist eine **weitere Nachmeldefrist** erwerben zu können, nicht gilt, falls nach einem Antrag auf Eröffnung des Insolvenzverfahrens über das Vermögen des Versicherungsnehmers der **D&O-Vertrag beendet** worden ist. Das gilt auch, wenn eine „Gefahrenerhöhung" eintritt, weil sich, wie häufig, als Folge der Insolvenz – aber selbstverständlich nicht nur dann – die **Beherrschungs-** 1975

[4565] *Baumann* in Bruck/Möller, VVG, Bd. 4, 9. Aufl. 2014, AVB-AVG Ziff. 3 53 ff.
[4566] *Baumann* in Bruck/Möller, VVG, Bd. 4, 9. Aufl. 2014, AVB-AVG Ziff. 3 Rn. 53 ff.
[4567] BGH NZG 2016, 838; MüKoGmbHG/*H.-F. Müller* GmbHG § 64 Rn. 171a; *Finkel/Seitz* in Seitz/Finkel/Klimke D&O-Versicherung Ziff. 3 Rn. 56 f.
[4568] *Finkel/Seitz* in Seitz/Finkel/Klimke D&O-Versicherung Ziff. 3 Rn. 56 f.
[4569] BGH NJW 2020, 1886 (1887); BGH NJW 2014, 3030.

verhältnisse bei der Versicherungsnehmerin ändern. Organmitglieder sollten sich deshalb bewusst sein, dass nicht sichergestellt ist, dass der D&O-Versicherungsschutz im Fall einer Insolvenz oder eines Kontrollwechsels im bisherigen vertraglichen Umfang fortbesteht.

1976 Darüber hinaus sehen die AVB-AVG unter A-5.5 vor, dass der Versicherungsschutz im Fall der Insolvenz der Versicherungsnehmerin oder einer mitversicherten Tochtergesellschaft zeitlich auf Pflichtwidrigkeiten beschränkt ist, die bis zum **Eintritt der Insolvenzreife** iSd § 15a InsO begangen worden sind. In vielen Versicherungsbedingungen fehlt jedoch eine derart weitgehende Einschränkung des Versicherungsschutzes. Es fragt sich überdies, ob ein solche Einschränkung überhaupt wirksam ist oder ob sie die Versicherungsnehmerin und den versicherten Personen nicht **unangemessen benachteiligt**.[4570] Die zur Rechtfertigung der Einschränkung angestellte Überlegung, die Organmitglieder bedürften keines Versicherungsschutzes, weil nach Eintritt der Insolvenzreife der Insolvenzverwalter die Verantwortung für den Geschäftsbetrieb übernimmt, ist in mehrfacher Hinsicht falsch: Erstens ist denkbar, dass Organmitglieder, insbesondere Aufsichtsratsmitglieder, die Insolvenzreife auch bei sorgfaltsgemäßem Verhalten nicht bemerken, weil zB eine Überschuldung durch überhöht bilanzierte Aktiva verschleiert worden ist. Zweitens übernimmt nicht bei jedem insolvenzreifen Unternehmen ein Insolvenzverwalter die Verantwortung, weil in Fällen der Eigenverwaltung und mit einem „schwachen Insolvenzverwalter", vor allem aber auch in Fälle eines mangels Masse nicht eröffneten Insolvenzverfahrens die Organmitglieder in der Verantwortung und damit auch im Haftungsrisiko bleiben. Drittens sind Organmitglieder auch bei einer Regelinsolvenz nicht von allen Pflichten befreit, sondern werden vielfach unter der Führung des Insolvenzverwalters Aufgaben wahrnehmen, bei denen sie sich durch sorgfaltswidriges Verhalten haftbar machen können. Schließlich wäre es auch ein Wertungswiderspruch, wenn einerseits der Versicherungsschutz eines Organmitglieds nach Insolvenzreife entfällt, dem Organmitglied, das wegen des unversicherten Haftungsrisikos sein Amt niederlegt, aber möglicherweise Schadensersatzansprüche drohen, weil diese Amtsniederlegung zur „Unzeit" nämlich in der insolvenzrechtlichen Krise geschieht.

1977 Selbst wenn man Versicherungsbedingungen als unwirksam ansieht, die Pflichtwidrigkeiten nur bis zur Insolvenzreife decken, bergen Insolvenzfälle spezielle Risiken hinsichtlich des Versicherungsschutzes: Dem Versicherer kann ein Kündigungsrecht zustehen, wenn die versicherungsnehmende Gesellschaft unterlassen hat eine **Gefahrerhöhung anzuzeigen** (Ziff. 7.2 AVB-AVG), die auch in einem erheblich gestiegenen Insolvenzrisiko bestehen kann. Überdies sind insolvenzrechtswidrige Zahlungen iSd § 92 Abs. 2 AktG oder § 64 Abs. 2 GmbHG, die Vorstandsmitglieder oder Geschäftsführer veranlasst haben, nicht durch die D&O-Versicherung gedeckt.[4571]

c) Inhaltliche Änderungen des D&O-Versicherungsschutzes

1978 Größere inhaltliche Veränderungen hinsichtlich des D&O-Schutzes ergeben sich meist aus einem **Wechsel des Versicherers.** Einschränkungen des Versicherungsschutzes sind darüber hinaus aber auch ohne Wechsel des Versicherers vorstellbar. Solche Einschränkungen können sich ergeben, wenn der Versicherer ein bestimmtes Risiko nicht länger tragen will, **zB** nach einem ihm gemeldeten Schaden für das nächste Versicherungsjahr darauf besteht, vergleichbare Lebenssachverhalte aus der Deckung auszuschließen.

1979 Eine Reduzierung des Versicherungsschutzes kann aber auch durch Veränderungen in der Sphäre der Gesellschaft motiviert sein, zB wenn ein Unternehmen seine bisherigen operativen Tätigkeiten veräußert und sich künftig auf die Verwaltung des eigenen Vermögens beschränkt. Entscheidet sich das Unternehmen zum Zwecke der Kostenersparnis den D&O-Versicherungsschutz sachlich einzuschränken, zB nach dem Verkauf des US-Geschäfts, keine Deckung für US-Sachverhalte vorzusehen, kann dies zu **Lücken im Deckungsschutz** führen, falls aus der Vergangenheit ein solcher US-Sachverhalt bekannt wird, der zu einem erfolgversprechenden Organhaftungsanspruch führt.

1980 Ein **ausscheidendes Organmitglied** ist in Fällen solcher Einschränkungen des Versicherungsschutzes durch eine Nachmeldemöglichkeit nur dann ausreichend geschützt, wenn nicht auf die jüngste D&O-Police Bezug genommen wird, sondern sich der Deckungsschutz nach der Police bestimmt, die beim Ausscheiden des Organmitglieds galt.

d) Vertragliche Absicherung

1981 Organmitgliedern droht also in mehrfacher Hinsicht, dass ein ursprünglich oder zwischenzeitlich bestehender Versicherungsschutz noch während ihrer Amtszeit oder nach Ausscheiden aus dem Amt entfällt oder zumindest signifikant eingeschränkt wird. Da keine generelle Fürsorgepflicht besteht, Organmitglie-

---

[4570] Prölss/Martin/*Voit,* VVG, 30. Aufl. 2018, Ziff. 3 AVB-AVG 2008 Rn. 18; *Finkel/Seitz* in Seitz/Finkel/Klimke D&O-Versicherung Ziff. 3 Rn. 52. So auch *Baumann* in Bruck/Möller, VVG, Bd. 4, 9. Aufl. 2014, AVB-AVG Ziff. 3 Rn. 63 für Fälle außerhalb des Großrisiko-Bereichs.
[4571] OLG Düsseldorf NZI 2018, 758; OLG Düsseldorf BeckRS 2020, 16192; vgl. *Möhrle* AG 2019, 243.

der durch eine D&O-Versicherung zu schützen, lässt sich aus der **Fürsorgepflicht** erst recht nicht ableiten, dass die Gesellschaft einen bestimmten Umfang des Versicherungsschutzes aufrechterhalten muss.

Wird ein (ehemaliges) Organmitglied von der Gesellschaft wegen Schadensersatzhaftung in Anspruch genommen und besteht der einstmals vorhandene D&O-Versicherungsschutz dann gar nicht mehr oder nicht mehr im früheren Umfang, kann das Organmitglied im Regelfall keinen **Wegfall der Geschäftsgrundlage** einwenden. Zum einen spricht häufig die hohe Regelungsdichte in einem Dienstvertrag dagegen, dass eine dort aber nicht erwähnte Pflicht zur Aufrechterhaltung einer angemessenen D&O-Deckung Geschäftsgrundlage des Dienstverhältnisses sein soll. Zum anderen stützen sich Haftungsansprüche gegen Organmitglieder regelmäßig nicht auf vertragliche Ansprüche, sondern auf die gesetzlichen Organhaftungsansprüche, insbesondere § 93 Abs. 2 AktG, § 116 AktG und § 43 Abs. 1 GmbHG. Diese Normen knüpfen am jeweiligen Amt des Organmitglieds an. Da das Organmitglied selbst dann haftet, wenn kein Dienstvertrag abgeschlossen worden ist oder der Vertrag unwirksam ist, kann das Organmitglied auch nicht einwenden, seine Haftung sei entfallen oder zumindest begrenzt, weil mit dem Versicherungsschutz auch die Grundlage des Dienstverhältnisses weggefallen sei.

Will sich ein Organmitglied davor schützen, dass der Schutz durch eine D&O-Versicherung entfällt oder zumindest signifikant beschränkt wird, sollte es auf einer ausdrücklichen vertraglichen Regelung im Dienstverhältnis bestehen. Erfüllt die Gesellschaft eine solche Verpflichtung nicht, kann ein auf **Innenregress** seitens der Gesellschaft in Anspruch genommene Organmitglied mit einem Schadensersatzanspruch in der Höhe aufrechnen, in der D&O-Versicherungsschutz geschuldet war. Liegt hingegen ein Fall der **Außenhaftung** vor, bei dem nicht der Dienstherr originärer Inhaber der Haftungsansprüche ist, sondern ein Dritter, kann das in Anspruch genommene Organmitglied wegen des nicht verschafften D&O-Versicherungsschutzes lediglich Regressansprüche gegen die Gesellschaft androhen und ihr im Haftungsprozess mit dem Dritten den Streit verkünden. Gerade in den Fällen, in denen der D&O-Versicherungsschutz als Folge einer Insolvenz der Gesellschaft oder wegen nicht bezahlter Versicherungsprämien entfallen oder gemindert ist, hilft auch ein solcher Regressanspruch wegen Verletzung des Dienstvertrags nicht. Einen effektiven Schutz gegen Haftungsansprüche, die von Dritten erhoben werden, kann sich ein (ehemaliges) Organmitglied nur sichern, wenn es eine eigene Versicherung abschließt.

5. Berücksichtigung von D&O-Aspekten im Rahmen der ARAG/Garmenbeck-Doktrin

Bei einer Prüfung nach der ARAG/Garmenbeck-Doktrin (→ Rn. 2425 ff.) haben Aspekte der D&O-Versicherung große – häufig sogar entscheidende – Bedeutung. Sie sind auf verschiedenen **Prüfungsstufen** zu beachten:

a) Erfolgsaussichten hinsichtlich der D&O-Deckung

Bei der Prüfung der Erfolgsaussichten eines Haftungsanspruchs sind neben den **rechtlichen Chancen** und Risiken auch die **wirtschaftlichen Erfolgsaussichten** zu untersuchen. In vielen Fällen ist der Freistellungsanspruch, den ein Haftungsschuldner gegen den D&O-Versicherer haben könnte, der größte Vermögenswert, aus dem Ersatz entstandener Schäden erlangt werden kann. Wirtschaftlich steht hinter vielen Organhaftungsprozessen das Bemühen, einen Schaden der Gesellschaft aus den „tiefen Taschen" der Versicherer erstattet zu bekommen.

aa) Ermittlung der maximalen Deckung. Für die Einschätzung, welchen Vermögenswert man dem **Freistellungsanspruch** des Haftungsschuldners zumessen kann, spielt selbstverständlich die **Deckungssumme** der D&O-Versicherung eine große Rolle.

(1) Doppeldeckung durch Nachmeldung bei früherem Versicherer. Zu prüfen ist dabei auch, ob die entstandenen Schäden nicht nur durch die aktuelle D&O-Police gedeckt sein könnten, sondern möglicherweise auch unter einer früher bestehenden Police nachgemeldet werden können. Der zwischenzeitliche **Wechsel des D&O-Versicherers,** kann dazu führen, dass sich die Deckungssumme faktisch verdoppelt, so dass sogar für einen Schaden, der die in den D&O-Policen fortgeführte Versicherungssumme um 100% übersteigt, Ersatz verlangt werden kann. Die AVB-AVG enthalten zwar in B4-1 eine Regelung zu „**Mehrere Versicherer, Mehrfachversicherung**". Ist jedoch die Deckungssumme der früheren D&O-Versicherung nicht ausreichend, um den Schaden vollständig auszugleichen, kann für den nicht abgedeckten Restbetrag unter der aktuellen D&O-Police Ersatz verlangt werden. Die zeitliche Überlappung durch Nachmelderecht bei der früheren D&O-Versicherung und Rückwärtsdeckung bei der aktuellen D&O-Versicherung ist auch nicht als „**Doppelversicherung**", sondern nur als „**Anschlussversicherung**" dem D&O-Versicherer anzuzeigen. Dass es bei einem Wechsel des D&O, Versicherers zu solchen Überlappungen kommt, ist jedem D&O-Versicherer bekannt. Auch wird wirtschaftlich betrachtet nicht dasselbe Risiko doppelt versichert, sondern ein Teil des Risikos wird vom früheren Versicherer und ein Teil vom aktuellen getragen.

1988 Eine Nachmeldung unter einer früheren D&O-Police setzt regelmäßig voraus, dass der angezeigte Pflichtverstoß vor Ablauf der letzten Versicherungsperiode des betreffenden Versicherers geschah.[4572] Eine sorgfaltsgemäße Untersuchung, die eine Entscheidung nach den Grundsätzen der ARAG/Garmenbeck-Rechtsprechung vorbereiten soll (im Folgenden „Internal Investigation"), darf sich nicht darauf beschränken, eine Pflichtverletzung des Organmitglieds zu ermitteln, die schadensursächlich ist. In Fällen, in denen der Schaden die Deckungssumme zu übersteigen droht, ist auch zu prüfen, ob es frühere Pflichtwidrigkeiten, zB organisatorische Versäumnisse, gab, die es erlauben, einen Haftungsanspruch bei einem anderen D&O-Versicherer **nachzumelden**.

1989 **(2) Deckung in zwei verschiedenen Versicherungsperioden desselben Versicherers.** Werden die deckungsrechtlichen Aspekte bei der Vorbereitung einer Entscheidung nach ARAG/Garmenbeck-Grundsätzen übersehen und wird versäumt, den Haftungsanspruch innerhalb der Nachmeldefrist beim früheren D&O-Versicherer anzuzeigen, **mutiert das Haftungsthema.** Es stellt sich dann die Frage, ob das für die Entscheidung über die Geltendmachung der Ansprüche zuständige Organ – bei einer gegen Vorstandsmitglieder gerichteten Untersuchung der Aufsichtsrat – und seine Berater sorgfaltsgemäß gehandelt haben oder für die verlorene Regressmöglichkeit gegen den früheren D&O-Versicherer haften. Bei einem solchen Haftungsanspruch gegen Aufsichtsratsmitglieder wäre dann wieder der aktuelle D&O-Versicherer zur Deckung verpflichtet. Dass dieser D&O-Versicherer im Beispielsfall bereits mit der vollen Deckungssumme den gegen das Vorstandsmitglied gerichteten **Haftungsanspruch teilerfüllt** und den wirtschaftlichen Schaden zur Hälfte beglichen hat, führt nicht dazu, dass die Ansprüche hinsichtlich des pflichtwidrigen Verhaltens der Aufsichtsratsmitglieder deckungsrechtlich irrelevant würden. Da die Aufsichtsratsmitglieder erst mit dem Versäumen der Nachmeldefrist eine schadensursächliche Pflichtwidrigkeit begingen, fällt der Pflichtverstoß nicht mehr in das **Versicherungsjahr**, in dem der ursprüngliche Vorstandshaftungsfall angezeigt worden ist. Da die Begrenzung der Deckungssumme typischerweise immer nur für die Versicherungswelle eines Versicherungsjahres gilt, droht dem aktuellen D&O-Versicherer, dass er auch noch den zweiten Teil des der Gesellschaft entstandenen Schadens erstatten muss.

1990 **(3) Ausschluss des Bewältigungsmanagements.** Da die Bewältigung von Organhaftungsfällen häufig eine Vielzahl komplexer Rechtsfragen im Gesellschaftsrecht, Zivilrecht, Versicherungsrecht, Bilanzrecht, Steuerrecht, Arbeitsrecht uÄ aufwirft, bergen Entscheidungen über die Geltendmachung von Haftungsansprüchen und die ihnen vorausgehenden Untersuchungen des Sachverhalts für das zur Prüfung verpflichtete Organ erhebliche Haftungsrisiken. Umso überraschter sind die Organmitglieder, wenn sie bemerken, dass sich genau an dieser Stelle eine Lücke im D&O-Deckungsschutz auftut. Denn auch die D&O-Versicherer wissen, dass die Aufarbeitung von Haftungsfällen schadensträchtig ist. Deshalb bestehen sie bei der Erneuerung des D&O-Versicherungsschutzes, die turnusmäßig meist am Ende eines Kalenderjahres ansteht, häufig darauf, dass der Sachverhaltskomplex, der bereits einen Schaden verursacht hat, mit einer weiten Definition vom Versicherungsschutz ausgeschlossen wird und es damit auch keine **Deckung für Fehler beim Bewältigungsmanagement** gibt. Faktisch wird eine **Änderungskündigung** ausgesprochen, gegen die sich der Versicherungsnehmer kaum wehren kann, weil andere D&O-Versicherer scheuen, einem Unternehmen eine Versicherung anzubieten, das derzeit einen großen Haftungsfall bewältigen muss.

1991 **bb) Ermittlung der rechtlichen Risiken.** Die Einschätzung des wirtschaftlichen Wertes des D&O-Anspruchs setzt inzident auch eine Prüfung der rechtlichen Risiken hinsichtlich der D&O-Deckung voraus:

1992 **(1) Versicherte Personen.** Die vom **GDV**, dem **Gesamtverband der Deutschen Versicherungswirtschaft eV** herausgegebenen „Allgemeinen Versicherungsbedingungen für die Vermögensschaden-Haftpflichtversicherung von Aufsichtsräten, Vorständen und Geschäftsführern" (**AVB-AVG**) mit Stand vom Mai 2019 sehen unter A-1 vor, dass Versicherungsschutz gewährt wird, falls „ein gegenwärtiges oder ehemaliges Mitglied des Aufsichtsrates, des Vorstandes oder der Geschäftsführung der Versicherungsnehmerin oder einer Tochtergesellschaft (versicherte Personen) wegen einer bei Ausübung dieser Tätigkeit begangenen Pflichtverletzung aufgrund gesetzlicher Haftpflichtbestimmungen für einen Vermögensschaden auf Schadensersatz in Anspruch genommen wird."

1993 Auf dem D&O-Markt gibt es eine Vielzahl von Bedingungswerken, die von den Musterbedingungen des GDV abweichen. Unter anderem werden häufig Versicherungsbedingungen vereinbart, die den Kreis der **versicherten Personen** erweitern:[4573] Versichert werden häufig auch Mitglieder anderer Organe, zB eines **Beirats** oder eines **Board of Directors**. Begeht beispielsweise ein Vorstandsmitglied in seiner Eigenschaft als Mitglied des Board of Directors einer ausländischen Tochtergesellschaft eine Pflichtwidrigkeit, so ist er in dieser Funktion geschützt. Die Prüfung, ob auch ein Haftungsanspruch besteht, weil es

---

[4572] Langheid/Wandt/*Ihlas* VVG, Bd. 3, 2. Aufl. 2017, D&O 320 Rn. 313.
[4573] *Finkel/Seitz* in Seitz/Finkel/Klimke D&O-Versicherung Ziff. 1 Rn. 44.

(2) Auslegungsgrundsätze hinsichtlich Deckungsumfangs und Deckungsausschüssen. Im Mittelpunkt der rechtlichen Prüfung seitens des Aufsichtsrats stehen zumeist der sachliche Umfang des Versicherungsschutzes und insbesondere die Deckungsausschlüsse. Bei unklaren Versicherungsbedingungen ist zu beachten, dass Risikoausschlussklauseln nach höchstrichterlicher Rechtsprechung grundsätzlich **eng auszulegen** sind. Sie sollen nicht weiter ausgelegt werden als es ihr Sinn unter Beachtung ihres wirtschaftlichen Zwecks und der gewählten Ausdrucksweise erfordert.[4574] Zudem muss der durchschnittliche Versicherungsnehmer nach der Rechtsprechung nicht damit rechnen, dass er Lücken im Versicherungsschutz hat, ohne dass ihm dies hinreichend verdeutlicht wurde.[4575] Da die D&O-Versicherung eine **Versicherung für fremde Rechnung** ist, bei der die Organmitglieder auf Kosten der Gesellschaft (Versicherungsnehmerin) versichert werden, sind die im Versicherungsvertragsrecht zugunsten des Versicherungsnehmers entwickelten Auslegungsgrundsätze bei D&O-Policen auch zugunsten der versicherten Organmitglieder anwendbar.[4576]

(3) Deckungsausschluss wegen Kenntnis beim Vertragsabschluss. Für den Versicherungsschutz unter einer Claims-made-Police ist grundsätzlich der Zeitpunkt der **Anspruchserhebung** maßgeblich und nicht der Zeitpunkt des **Pflichtverstoßes.** Der Pflichtverstoß kann bereits vor dem Abschluss der D&O-Versicherung gelegen haben, so dass die versicherten Personen in den Genuss einer zeitlichen Rückwärtsversicherung kommen. Um den Versicherer davor zu schützen, dass seine Versicherungsnehmerin in Kenntnis einer bereits begangenen Pflichtverletzung eine D&O-Versicherung abschließt, enthalten die Versicherungsbedingungen Regelungen zu **Anzeigepflichten** vor dem Vertragsschluss und bei Erhöhungen der versicherten Gefahr. Nicht angezeigte (Vor)Kenntnis kann eventuell zum Rücktritt oder zur Kündigung des Versicherungsvertrags berechtigen. Ein Verletzungen der Anzeigepflicht kann auch zu einem „**Kenntnisausschluss**" führen, bei dem zwar der Versicherungsvertrag fortbesteht, aber die Deckung zumindest für bestimmte Personen, die (Vor)Kenntnis hatten ausgeschlossen ist. Ein solcher Ausschluss stellt prinzipiell keine unangemessene Benachteiligung der Versicherten dar.[4577]

In der Praxis werden häufig Versicherungsbedingungen vereinbart, die hinsichtlich des **Kenntniszurechnung** nicht so weit reichen wie B3-1.1 der AVB-AVG. Zumeist wird der Kreis der Personen, deren Kenntnis der Versicherungsnehmerin zugerechnet wird und damit schadet, stark limitiert. Gehört der Haftungsschuldner nicht zu diesen für die Kenntnis relevanten Personen, kann er möglicherweise sogar trotz seiner eigenen Kenntnis Deckungsschutz genießen. Oder seine Kenntnis schließt zwar ihn selbst, nicht aber andere Organmitglieder vom Deckungsschutz aus. In einer solchen Situation muss der Aufsichtsrat gegebenenfalls prüfen, ob neben dem Organmitglied, das den Pflichtverstoß zumindest nach Begehung, aber vor Vertragsschluss erkannt hat, noch andere Organmitglieder als Haftungsschuldner in Betracht kommen, zB weil sie **Kontroll- und Überwachungspflichten** verletzt haben. Aus Sicht des Aufsichtsrats kann es also lohnend sein, den Sachverhalt auch hinsichtlich des genauen Wissensstands einzelner Personen zu verschiedenen Zeitpunkten zu ermitteln, um einen Haftungsanspruch zu finden, der nicht am Kenntnisausschluss scheitert.

(4) Deckungsausschluss wegen Vorsatz oder wissentlichen Pflichtverletzungen. Die AVB-AVG sehen in A-7.1 sowohl einen Deckungsausschluss „wegen **vorsätzlicher Schadensverursachung**" wie auch einen Ausschluss wegen **wissentlicher Pflichtverletzung** vor. Dass eine versicherte Person vorsätzlich, dh wissentlich und willentlich, einen Schaden verursacht, kommt eher selten vor. Viel häufiger geschieht es, dass jemand bewusst Pflichten verletzt – oft in der Vorstellung dem Unternehmen dadurch einen Vorteil zu verschaffen. Der Deckungsausschluss wegen wissentlicher Pflichtverletzung ist deshalb der praktisch bedeutsamste: Bei der Vorbereitung einer Entscheidung über die Geltendmachung von Haftungsansprüchen ist dieser Ausschluss regelmäßig schon bei der **Sachverhaltsermittlung** von großem Gewicht.

Hat die Gesellschaft **Kenntnis von einer wissentlichen Pflichtverletzung,** darf sie diese Kenntnis auf ein entsprechendes Auskunftsverlangen des Versicherers nicht in Abrede stellen oder gar im Rahmen eines Deckungsprozesses entsprechenden Sachvortrag des Versicherers bestreiten – und sei es auch „nur" mit vorgeblichem Nichtwissen. Gibt die Gesellschaft eine Untersuchung des Sachverhalts (sog. „Internal Investigation") in Auftrag, der Grund zur Annahme gibt, Organmitglieder hätten Pflichten verletzt, befindet sie sich häufig in einem Zielkonflikt: Die Untersuchungsergebnisse können mittelbar den Schaden der

---

[4574] BGH VersR 2018, 992; VersR 2012, 1253; VersR 2009, 1617; VersR 2003, 454 (455); OLG Frankfurt VersR 2019, 25.
[4575] BGH VersR 2018, 1498; VersR 2018, 992; VersR 2009, 1617.
[4576] Vgl. Ziff. 10.1 AVB-AVG. Hierzu *Finkel/Seitz* in Seitz/Finkel/Klimke D&O-Versicherung Ziff. 10 Rn. 5.
[4577] OLG München VersR 2009, 1066 (1067); Langheid/Wandt/*Ihlas*, VVG, Bd. 3, 2. Aufl. 2017, D&O 320 Rn. 728.

Gesellschaft vergrößern, wenn Behörden oder potentielle Gläubiger von Schadensersatzansprüchen, zB geschädigte Kunden, Wettbewerber oder Aktionäre, gegen die Gesellschaft, von den Untersuchungsergebnissen erfahren. Eine solche Stärkung des potentiellen Klagegegners droht, insbesondere falls die Gesellschaft rechtlich zur Auskunft verpflichtet ist oder die Untersuchungsergebnisse von Behörden beschlagnahmt werden und den Gläubigern Einsicht in die Behördenakten gewährt wird. Die Gefahr, D&O-Deckungsansprüche zu verlieren, ist daher nur eine weitere Ausprägung des Zielkonflikts, dass eine Internal Investigation letztlich zu Ergebnissen führen kann, die den Schaden der Gesellschaft vertiefen und erhoffte wirtschaftliche Regressmöglichkeiten zunichtemachen. Vielfach wird die Gesellschaft diesen Zielkonflikt nicht lösen können, weil sie aufgrund zwingenden Rechts oder durch Kooperationszusagen gegenüber Ermittlungsbehörden oder aufgrund des Drucks der Aktionäre, der Gesellschafter oder der Öffentlichkeit zu einer umfassenden Aufklärung verpflichtet ist. Soweit die Internal Investigation allerdings im Ermessen des Unternehmens liegt, ist es nicht nur legitim, sondern auch geboten, dass die Gesellschaftsorgane, wenn sie die Compliance-Untersuchung beauftragen und deren Umfang festlegen, auch die damit verbundenen Risiken berücksichtigen.

1999 Bei der Risikoabwägung, vor allem aber auch bei der Entscheidung über die Geltendmachung von Haftungsansprüchen muss aber auch berücksichtigt werden, dass die wissentliche Pflichtverletzung eines Vorstandsmitglieds nicht ausschließt, dass ein **anderes Vorstandsmitglied,** das **fahrlässig** handelt, für denselben Schaden mitverantwortlich ist, zB weil **Kontrollpflichten** hinsichtlich des Vorstandskollegen missachtet wurden. Dies führt zu dem für juristische Laien oft nur schwer verständlichen Ergebnis, dass beispielsweise bei Vermögensdelikten nicht der eigentliche Täter verklagt wird, der infolge des Strafverfahrens und seiner Anwaltskosten häufig kein Vermögen mehr besitzt, das einen teuren Haftungsprozess wirtschaftlich sinnvoll erscheinen lässt. Verklagt werden vielmehr die Vorstandskollegen, die ihn nicht ausreichend überwachten und sich häufig selbst als getäuschte Opfer empfinden, die aber durch die D&O-Versicherung Deckungsschutz erhalten.

2000 Die wissentliche Pflichtverletzung eines Vorstandsmitglieds schließt überdies nicht aus, dass genau dieses Vorstandsmitglied für eine frühere oder eine andere Pflichtwidrigkeit, die für einen Teil der Schäden kausal war, Deckungsschutz verlangen kann: Eine anfänglich fahrlässig begangene Pflichtwidrigkeit kann später in eine **wissentliche Pflichtverletzung umschlagen.** Beispielsweise kann der Finanzvorstand einer Gesellschaft eine notwendige Wertberichtigung fahrlässig übersehen haben. Falls er dann aber – vielleicht aus Angst vor den Konsequenzen und in der Hoffnung, der Wertverlust werde sich irgendwie ausgleichen – die falschen Bilanzwerte im nächsten Jahresabschluss erneut ansetzt, geschieht diese Pflichtverletzung wissentlich. Der anfängliche fahrlässige Pflichtverstoß wird aber nicht rückwirkend zu einem „wissentlichen". Überdies werden von einem Vorstandsmitglied oft zeitgleich oder **zeitnah mehrere Pflichtwidrigkeiten** begangen, bei denen wissentliche Pflichtwidrigkeiten mit unwissentlichen fahrlässigen Verstößen einhergehen können.

2001 Im Ergebnis ist der versicherungsrechtliche Teil bei einer Internal Investigation in gewisser Hinsicht komplementär zur Tätigkeit der Ermittlungsbehörden: Während die Ermittlungsbehörden vielfach besonders an vorsätzlichen Pflichtwidrigkeiten interessiert sind, muss mit Blick auf eine D&O-Deckung gerade auch untersucht werden, ob und welche anderen Pflichtwidrigkeiten unwissentlich begangen worden sein könnten, die möglicherweise schadens(mit)ursächlich sind.

2002 **cc) Begrenzung der Klagesumme.** Die Frage nach den wirtschaftlichen Erfolgsaussichten eines Organhaftungsanspruchs lässt sich häufig nicht mit einem schlichten „Ja" oder „Nein" beantworten. Im Zuge der Vorbereitung einer Entscheidung nach den Grundsätzen der ARAG/Garmenbeck-Rechtsprechung sollte deshalb auch die **Klagesumme** ermittelt werden, die für die Gesellschaft das bestmögliche Ergebnis verspricht. Bei der Ermittlung dieser optimalen Klagesumme sind verschiedene Aspekte der D&O-Versicherung zu berücksichtigen: Zumeist wird ein nicht unerheblicher Teil der Versicherungssumme für **Abwehrkosten** aufgewandt, insbesondere zur Zahlung der Honorare für die Rechtsanwälte der beklagten Organmitglieder. Kostenprognosen hierzu sind oft sehr ungenau.

2003 Erschwerend kommt hinzu, dass immer häufiger beklagte Vorstandsmitglieder weiteren Organmitgliedern den **Streit verkünden.** Mitunter wird hierdurch nur ein **Lästigkeitswert** geschaffen, der die Gesellschaft von der Klageerhebung oder der weiteren Prozessführung abbringen soll. Gleichwohl wird dadurch schon die Bewertung der wirtschaftlichen Erfolgsaussichten einer Anspruchserhebung erheblich erschwert, weil sich der Kreis der Verfahrensbeteiligten und damit die Abwehrkosten durch Streitverkündungen schnell erweitern lässt. Gerade die „Haupttäter" setzen zT auf eine Strategie, bei der sie – wirtschaftlich betrachtet – Organmitglieder, die weniger Verantwortung für den Schaden tragen und deshalb vielfach noch ihr Amt innehaben, faktisch androhen, sie in den „Haftungssumpf" zu ziehen. Gibt der Aufsichtsrat auf solche Drohungen mit Streitverkündungen und Regressansprüchen nach, läuft er Gefahr den durch die ARAG/Garmenbeck-Doktrin gesteckten **Entscheidungskorridor** zu verlassen und selbst im Haftungssumpf zu enden.

Bei der Bemessung der Klagesumme muss im Regelfall zudem berücksichtigt werden, ob es in derselben Versicherungsperiode noch **andere Versicherungsfälle** gegeben hat, für deren Regulierung der Versicherer einen Teil der Versicherungssumme verwenden muss. Allerdings gibt es mittlerweile viele D&O-Policen, die es der Versicherungsnehmerin gestatten, nach einem ersten Versicherungsfall gegen Zahlung einer weiteren Versicherungsprämie die Wiederauffüllung des „Deckungstopfs" zu verlangen. Gegebenenfalls kann es auch zu den Überwachungspflichten des Aufsichtsrats gehören, eine Wiederauffüllung des Deckungstopfs durch den Vorstand zu kontrollieren.

b) Entgegenstehende Gründe

Nach der ARAG/Garmenbeck-Doktrin ist auf einer weiteren Stufe zu prüfen, ob es gewichtige Gründe gibt, die einer Geltendmachung der Haftungsansprüche entgegenstehen. Auch bei dieser Prüfungsstufe sind Aspekte mit Bezug zur D&O-Versicherung zu beachten:

aa) Auswirkungen auf andere Haftungsfälle. Der potentielle Haftungsanspruch, der Gegenstand der Internal Investigation ist, kann im Hinblick auf die Versicherungssumme im Wettbewerb zu **anderen möglichen Haftungsfällen** derselben Versicherungsnehmerin stehen. Übersteigen die Haftungsansprüche aus mehreren Fällen in Summe den **maximalen Deckungsbetrag,** sollte der Aufsichtsrat prüfen, ob es möglich ist, einen der potentiellen Haftungsfälle erst im nächsten Jahr geltend zu machen, in dem dann wieder die volle Deckungssumme zur Verfügung stünde. Andernfalls ist eine **Rangfolge der Haftungsansprüche** festzulegen, die ergeben kann, dass ein bestimmter Haftungsanspruch nur zu Teilen oder gar nicht geltend gemacht wird, weil bereits die priorisierten Ansprüche die Versicherungssumme und das Privatvermögen des Haftungsschuldners aufzehren.

bb) Ausschluss des Bewältigungsmanagements. Die Prüfung und Geltendmachung von Organhaftungsansprüchen ist in tatsächlicher wie rechtlicher Hinsicht häufig sehr komplex. Es kann daher leicht geschehen, dass Aufsichtsratsmitglieder, die Organhaftungsansprüche gegen Vorstandsmitglieder untersuchen, ihrerseits Pflichtwidrigkeiten begehen, zB Haftungsansprüche oder Regressmöglichkeiten zu früh als verjährt ansehen. Vielfach wird beispielsweise übersehen, dass der potentielle Haftungsschuldner zur Verschleierung früherer Pflichtwidrigkeiten **sekundäre Pflichtverletzungen** begangen hat, zB eingetretene Verluste durch falsche Bilanzierung verschleiert hat. Folglich ist die Bewältigung eines komplexen Falls der Vorstandshaftung eine für die Mitglieder des Aufsichtsrats haftungsträchtige Aufgabe.

Den D&O-Versicherern ist bewusst, dass bei einer **Umstandsmeldung** über einen komplizierten Fall der Vorstandshaftung häufig auch ein erhöhtes Risiko für die Aufsichtsratsmitglieder besteht, bei der Bewältigung des Vorstandshaftungsfalls eigene Fehler zu begehen. Deshalb muss damit gerechnet werden, dass ein D&O-Versicherer auf eine Schadensanzeige oder Umstandsmeldung mit einer **Kündigung des Versicherungsschutzes** bzw. dem Verlangen reagiert, dass der Lebenssachverhalt, der dem gemeldeten Schadensfall zu Grunde liegt, im nächsten Versicherungsjahr vom **Deckungsschutz ausgeschlossen** wird. Dem Aufsichtsrat droht im Ergebnis, dass er mit der Geltendmachung eines Anspruchs gegen versicherte Vorstandsmitglieder zugleich den eigenen Versicherungsschutz zerstört oder zumindest erheblich einschränkt. Ein **Verlust des Versicherungsschutzes** noch dazu, wenn er durch einen Ausschluss des schadensrelevanten Sachverhalts nur partiell ist, wiegt nicht so schwer, dass er rechtfertigen könnte, einen ansonsten rechtlich und wirtschaftlich erfolgversprechenden Haftungsanspruch geltend zu machen. Selbst eine bloße Verschiebung der Geltendmachung, bis sichergestellt ist, dass der Aufsichtsrat auch nach der Anspruchserhebung Versicherungsschutz genießt, kann schlimmstenfalls den Verdacht einer Untreue iSd § 266 StGB begründen: Nutzt der Haftungsschuldner beispielsweise die gewonnene Zeit, um sein Vermögen zu übertragen, ohne dass dies durch Anfechtung rückgängig gemacht werden kann, droht dem Aufsichtsrat der Vorwurf, eine vermögensbezogene Pflichtwidrigkeit begangen zu haben, bei der eigene Interessen eine Rolle spielten.

cc) Folgen für die Neueindeckung mit D&O-Schutz. Wie auch in anderen Versicherungssparten ist der Schadensverlauf der letzten Jahre aus Sicht der D&O-Versicherer ein wichtiges Kriterium für die Entscheidung, D&O-Deckung zu gewähren. Folgerichtig kann auch der Aufsichtsrat bei einer Internal Investigation bedenken, wie sich die Meldung eines Versicherungsfalls auf die Aussichten auswirken könnte, für die **nächste Versicherungsperiode** eine angemessene D&O-Deckung sicherzustellen. Im Extremfall kann beispielsweise auch gerechtfertigt sein, einen Haftungsanspruch mit vergleichsweise geringer wirtschaftlicher Bedeutung nicht geltend zu machen, wenn er im Kontext mit anderen zuvor gemeldeten Versicherungsfällen befürchten lässt, dass sich aufgrund des Schadensverlaufs kein Versicherer mehr findet, der bereit ist, D&O-Deckung zu gewähren. Auch hier muss jedoch der Verdacht vermieden werden, dass die Organe das Eigeninteresse am Versicherungsschutz aus eigennützigen Gründen übergewichten.

6. Geltendmachung und Sicherung der Deckungsansprüche

2010 Von der Frage, welches Organ der Gesellschaft zur Geltendmachung und damit auch Sicherung der **Haftungsansprüche zuständig** ist, müssen die Fragen unterschieden werden, wer **Deckungsansprüche** gegen den Versicherer geltend machen kann und wer schon vor einer Geltendmachung oder gar Klageerhebung sicherstellen muss, dass sich die rechtlichen Möglichkeiten, Deckungsansprüche zu erheben, nicht verschlechtern.

a) Gefahr der Verschlechterung der Rechtsposition gegenüber dem D&O-Versicherer

2011 Die Gefahr einer solchen Verschlechterung droht, weil sich der Deckungsschutz beim **Claims-made-Prinzip** grundsätzlich nach der D&O-Police bemisst, die zum Zeitpunkt der erstmaligen **Geltendmachung des Haftpflichtanspruchs** besteht. Vor der Geltendmachung eines Haftpflichtanspruchs muss im Regelfall erst eine Internal Investigation durchgeführt werden, die häufig viele Monate braucht und vielfach nicht vor dem Ende des laufenden Versicherungsjahrs abgeschlossen werden kann. Der D&O-Versicherer hätte deshalb die Möglichkeit, zum Ende des Versicherungsjahrs zu erklären, dass er den Versicherungsschutz nur prolongiert, wenn der Sachverhaltskomplex vom Deckungsschutz ausgenommen wird, zu dem derzeit die Internal Investigation stattfindet. Die Versicherungsnehmerin stünde dann vor dem Dilemma, entweder diesen Deckungsausschluss zu akzeptieren oder möglicherweise für einige Zeit ohne D&O-Versicherung arbeiten zu müssen, weil sich in der Kürze der Zeit bis zum Ende des Versicherungsjahres kein anderweitiger D&O-Schutz verhandeln lässt. Die Vorwürfe, die Gegenstand der Internal Investigation sind, könnten bei typischer Vertragsgestaltung nur dann als Versicherungsfall nachgemeldet werden, wenn das Vertragsverhältnis zum gegenwärtigen D&O-Versicherer vollumfänglich endet. Bei einer bloßen **Änderung des Vertragsverhältnisses** durch einen Deckungsausschluss besteht allenfalls eine vergleichsweise kurze Frist, binnen derer ein Versicherungsfall noch unter der D&O-Police des vorangegangenen Versicherungsjahrs geltend gemacht werden kann.

b) Umstandsmeldung

2012 Regelmäßig haben weder die geschädigte Gesellschaft noch der potentielle Haftungsschuldner noch der D&O-Versicherer ein Interesse, dass aus Sorge vor einer Verschlechterung des Deckungsschutzes übereilt Haftpflichtansprüche geltend gemacht werden. Eine Geltendmachung von Haftungsansprüchen im versicherungsrechtlichen Sinne löst bei den Beteiligten zumeist Maßnahmen und damit Kosten aus. Werden solche Ansprüche später dann nicht weiterverfolgt, ist mitunter ein überflüssiger Reputationsschaden entstanden. Aus dem Dilemma, versicherungsrechtliche Positionen zu sichern ohne förmlich einen Anspruch geltend zu machen, kann eine sog. „Umstandsmeldung" befreien. Die AVB-AVG sehen in A-5.4 vor:
„Die **versicherten Personen** *haben die Möglichkeit, dem Versicherer während der Laufzeit des Vertrages* **konkrete Umstände** *in Textform zu melden, die eine Inanspruchnahme der versicherten Personen hinreichend wahrscheinlich erscheinen lassen. [...]"*

2013 Mit dem Merkmal **„konkrete Umstände"** soll verhindert werden, dass weit gefasste Umstandsmeldungen dazu missbraucht werden, eine „ewige Nachmeldefrist" zu schaffen. Umstandsmeldungen sollen keine Option verschaffen, einen erst nach Beendigung der Versicherungsperiode entdeckten möglichen Haftpflichtfall noch nachmelden zu können. In der Praxis steht derjenige, der eine Umstandsmeldung verfasst, vor der Schwierigkeit, dass er einerseits die Meldung konkret genug formulieren muss, andererseits aber antizipieren sollte, dass sich bei einer noch laufenden Internal Investigation weitere Vorwürfe ergeben können, die an der Peripherie des bisherigen Untersuchungsgegenstands liegen. Deshalb wird in der Praxis versucht, mit dem D&O-Versicherer eine Verständigung darüber zu erzielen, dass die Umstandsmeldung als ausreichend konkret akzeptiert wird.

2014 Die Umstandsmeldung liefert regelmäßig die Grundlage, aufgrund derer ein D&O-Versicherer den **Deckungsausschluss für das nächste Versicherungsjahr** formuliert. Droht, dass der durch Umstandsmeldung angezeigte Schadenskomplex die Deckungssumme bereits ausschöpft, kann es aus Sicht der geschädigten Gesellschaft günstig sein, die Umstandsmeldung eng zu fassen. Häufig reagiert der D&O-Versicherer reziprok und formuliert seinen Deckungsausschluss ebenfalls eng. Je kleiner der Deckungsausschluss desto größer sind die Chancen, dass bei Aufdeckung eines zweiten ähnlichen Schadenskomplexes der Deckungsausschluss nicht eingreift, so dass die Versicherungssumme im Folgejahr, in dem dieser **zweite Versicherungsfall** dann angezeigt wird, nochmals in voller Höhe zur Verfügung steht.

2015 Die oben zitierte Ziff. 3.3 der Musterbedingung des GDV sieht vor, dass die **versicherte Person** die Umstandsmeldung abgibt. Mit dieser Aufgabe tun sich versicherte Personen regelmäßig schwer, weil sie zum einen während der laufenden Internal Investigation vielfach noch nicht wissen, welche Vorwürfe ihnen im Einzelnen gemacht werden. Zum anderen soll die versicherte Person Umstände konkretisieren, die gegen sie selbst Haftpflichtansprüche begründen können. Unter der Sorge, gegen sich selbst Belastendes vortragen zu müssen, leidet die Konkretisierung. In der Praxis wird deshalb in Fällen, in denen eine **Innenhaftung** gegenüber der Gesellschaft oder einem mitversicherten Tochterunternehmen untersucht wird, die Umstandsmeldung zumeist von der Versicherungsnehmerin verfasst.

Nicht geklärt ist aber bislang, welches Organ der Versicherungsnehmerin für die Umstandsmeldung zuständig ist. Selbst wenn grundsätzlich der Vorstand die Kompetenz hat, die Gesellschaft im Außenverhältnis und auch beim Abschluss von D&O-Verträgen zu vertreten, sollte das Organ die Umstandsmeldung verantworten, das auch für die Internal Investigation zuständig ist. Untersucht der Aufsichtsrat mögliche Haftpflichtansprüche gegen Vorstandsmitglieder gebührt ihm aufgrund seiner überlegenen Kenntnis der für den Haftungsfall relevanten Umstände auch die **Zuständigkeit für die Umstandsmeldung.**

c) Deckungsklage gegen D&O-Versicherer

Die Frage nach der Organzuständigkeit stellt sich auch, wenn die Versicherungsnehmerin oder eine mitversicherte Tochtergesellschaft Deckungsansprüche gegen den D&O-Versicherer geltend macht. Sowohl der Anspruch gegen den D&O-Versicherer für die Kosten der Abwehr eines begründeten oder unbegründeten Haftpflichtanspruchs aufzukommen **(Abwehranspruch)** wie auch der Anspruch, die versicherte Person von einer Pflicht, dem Haftungsgläubiger Schadensersatz zu leisten, freizustellen **(Freistellungsanspruch)** stehen originär der versicherten Person zu. Obsiegt die Versicherungsnehmerin oder eine mitversicherte Tochtergesellschaft im Haftungsprozess, wird dieser Gesellschaft normalerweise der Freistellungsanspruch gegen den D&O-Versicherer im Wege einer Abtretung oder Pfändung übertragen.

Bei einer Klage gegen den D&O-Versicherer aus einem so erlangten Anspruch stellt sich erneut die Frage, welches Gesellschaftsorgan zuständig ist: Erlangt die Gesellschaft den Freistellungsanspruch eines Managers, der kein Mitglied des Verwaltungsorgans der Gesellschaft ist, gibt es keinen Grund, dem Aufsichtsrat eine Kompetenz bei der Führung des Deckungsprozesses einzuräumen. Das Verwaltungsorgan der Vorstand bzw. die Geschäftsführung ist auch für den Deckungsprozess zuständig, falls es sich um ein sog. **Company Reimbursement** (→ Rn. 1949), eine sog. **Entity Coverage** (→ Rn. 1949) oder eine andere Art der Eigenschadensversicherung handelt.

Die Kompetenz für den Deckungsprozess kann lediglich bei der sog. „Side A" der D&O-Versicherung fraglich sein und dort auch nur insoweit, als es um Freistellungsansprüche gegen (ehemalige) Vorstandsmitglieder oder Geschäftsführer geht: Da der Aufsichtsrat für den Haftungsprozess gegen das (ehemalige) Vorstandsmitglied zuständig ist, fällt auch die Zwangsvollstreckung aus einem obsiegenden Haftungsurteil in seine Kompetenz. Dasselbe gilt, falls der Aufsichtsrat für die Geltendmachung von Ansprüchen gegen den Geschäftsführer einer (mitbestimmten) GmbH zuständig ist. Die Pfändung eines Freistellungsanspruchs gegen den D&O-Versicherer ist nur ein spezieller Fall der Vollstreckung. Dasselbe sollte auch gelten, falls der Freistellungsanspruch nicht durch Vollstreckungsmaßnahme, sondern durch einvernehmliche Abtretung vom in Anspruch genommenen (ehemaligen) Vorstandsmitglied auf die Gesellschaft übertragen wird (vgl. zur sog. Direktklage → Rn. 2023 ff.).

Ein Teil des Schrifttums widerspricht und argumentiert, dass der Abschluss, die Änderung und die Kündigung des D&O-Vertrags in die Kompetenz des Vorstands falle und dieser daher auch für Rechtsstreitigkeiten aus dem Vertragsverhältnis zuständig sei.[4578] Allerdings geht es hier nicht um die Rechtsposition als Versicherungsnehmerin, die in den Verantwortungsbereich des Vorstands fällt. Bei gepfändeten oder abgetretenen Freistellungsansprüchen tritt die Gesellschaft nämlich nicht als Versicherungsnehmer, sondern als Rechtsnachfolger der versicherten Person auf. Im Schrifttum wird als Argument für die Organzuständigkeit des Vorstands für den Deckungsprozess angeführt, dass dieser aufgrund seiner Kompetenz, D&O-Verträge zu schließen, **sachnäher** ist. Eine solche Sachnähe kann beispielsweise relevant werden, falls der Versicherer mit Blick auf **Vorkenntnis des Schadensfalls bei Vertragsschluss** das Bestehen von Deckungsschutz bestreitet.[4579] In einem solchen Fall verliert der Aufsichtsrat nicht seine Organzuständigkeit, sondern muss die vorgesehenen Möglichkeiten nutzen, sich die fehlende Sachinformation zu beschaffen – gegebenenfalls auch durch **Streitverkündung** gegenüber den (ehemaligen) Vorstandsmitgliedern, die für den Abschluss des Versicherungsvertrags verantwortlich waren. Die Sachnähe ist überdies ein zwiespältiges Argument im Kompetenzstreit: Der Aufsichtsrat als das zur Geltendmachung von Vorstandshaftungsansprüchen berufene Organ verfügt nämlich häufig an anderer Stelle seinerseits über eine besondere Sachnähe aufgrund von ihm beauftragten Internal Investigation. Beispielsweise kann der Aufsichtsrat besser erwidern, falls sich der Versicherer auf einen Deckungsausschluss wegen wissentlicher Pflichtverletzung beruft, weil er durch die Untersuchung regelmäßig besser als der amtierende Vorstand weiß, wann die für den Vertragsschluss verantwortlichen Vorstandsmitglieder welche Kenntnisse erlangt haben.

[4578] *Lange*, D&O-Versicherung und Managerhaftung, 2014, § 21 Rn. 36.
[4579] Vgl. *Harzenetter* NZ.G 2016, 728 (731).

2021 Das gewichtigste Argument für die Kompetenz des Aufsichtsrats, auch den Deckungsprozess zu führen, ist jedoch der fortbestehende **Interessenkonflikt auf Vorstandsseite,**[4580] wenn es um die Haftung von (ehemaligen) Vorstandsmitgliedern geht: Auch in Deckungsprozessen kann es zu Konstellationen kommen, bei denen durch die Prozessführung auf Gesellschaftsseite beeinflusst wird, ob und welche (ehemaligen) Vorstandmitglieder eine volle Freistellung erlangen. Das gilt insbesondere dann, wenn im Deckungsprozess über Ausschlussgründe gestritten wird, die einzelne versicherte Personen betreffen, zB den Ausschluss wissentlicher Pflichtverletzung. Eine Nebenintervention der versicherten Person im Deckungsprozess kann einem Interessenkonflikt entgegenwirken. Sie hebt das Argument, der vom Konflikt regelmäßig weniger belastete Aufsichtsrat solle für den Prozess zuständig sein, aber nicht auf.

2022 Angesichts des Meinungsstreits wird im juristischen Schrifttum für die Praxis empfohlen, dass die Gesellschaft in einem **Deckungsrechtsstreit** durch **Vorstand und Aufsichtsrat gemeinsam vertreten** wird.[4581] Dem D&O-Versicherer wird dadurch der Einwand abgeschnitten, der klagenden Gesellschaft fehle durch das Tätigwerden eines unzuständigen Organs die Aktivlegitimation. Der Gesellschaft entstehen auch keine Nachteile in Gestalt doppelter Anwaltskosten, weil nichts gegen eine Vertretung beider Organe durch denselben Anwalt spricht, wie dies zumeist auch bei Anfechtungsklagen gemäß § 246 Abs. 2 S. 2 AktG geschieht.[4582]

d) Direktklagen gegen D&O-Versicherer

2023 Die Frage, welches Organ der Gesellschaft zuständig ist, die Gesellschaft bei der Geltendmachung und (prozessualen) Durchsetzung zu vertreten, stellt sich erst recht, falls eine Direktklage gegen den D&O-Versicherer möglich ist:

2024 **aa) Hintergrund der Diskussion über Direktklagen.** Das deutsche Haftpflichtrecht geht, wie in § 100 VVG zur Ausdruck kommt, vom sog. **Trennprinzip** aus. Unterschieden wird zwischen dem **Haftpflichtverhältnis,** das zwischen dem geschädigten Haftungsgläubiger und dem zum Ersatz verpflichteten Haftungsschuldner besteht sowie dem **Deckungsverhältnis** zwischen dem versicherten Haftungsschuldner und dem Versicherer. Dieses Trennungsprinzip wird durch § 115 Abs. 1 VVG durchbrochen, der dem Schadensersatzgläubiger in bestimmten Fällen einen **Direktanspruch** gegen den Versicherer verschafft. Aus Gründen des **Opferschutzes**[4583] kann der Geschädigte direkt gegen den Versicherer vorgehen, wenn der Haftungsschuldner insolvent oder sein Aufenthalt unbekannt ist. Auch wenn die Versicherung, wie insbesondere die Kfz-Haftpflicht, nach dem Pflichtversicherungsgesetz vorgeschrieben ist, besteht ein Direktanspruch gegen den Versicherer. Im Fall einer D&O-Versicherung hat der Bundesgerichtshof entschieden, dass die versicherungsnehmende Gesellschaft den Versicherungsanspruch einklagen kann, wenn der Versicherer einen Deckungsanspruch abgelehnt hat, die versicherten Personen selbst keinen Versicherungsschutz geltend machen und schützenswerte Interessen des Versicherers einer Geltendmachung des Anspruchs durch den Versicherungsnehmer nicht entgegenstehen.[4584]

2025 Wenn bei D&O-Versicherungsverhältnissen eine Direktklage erwogen wird, geht es hingegen rechtlich betrachtet häufig um den **Täterschutz:** Die Gesellschaft und dort im Regelfall der Aufsichtsrat steht vor dem Dilemma, einerseits auf die Möglichkeit, Ersatz für einen erheblichen Schaden zu erlangen, nicht verzichten zu können oder zumindest zu wollen. Andererseits will man vor allem Vorstandsmitglieder und Geschäftsführer, die außerhalb des Haftungsfalls erfolgreich agiert haben, nicht einem dem Ansehen schädlichen, jedenfalls aber zumindest emotional belastenden Haftungsprozess aussetzen. Dies gilt insbesondere dann, wenn der Haftungsschuldner keine eigennützige Tat beging, sondern beispielsweise durch kartellwidriges Handeln oder durch die Bestechung gewerteter Auftragseingänge dem Unternehmen dienen wollte. Überdies sehen sich viele Haftungsschuldner selbst als „Opfer", insbesondere, wenn durch immer schärfere Kontroll- und Überwachungspflichten in Kombination mit der Pflicht des Vorstandsmitglieds, gem. § 93 Abs. 2 S. 2 AktG die Pflichterfüllung beweisen zu müssen, die Verschuldenshaftung mehr und mehr als **(Miss-)Erfolgshaftung** erscheint. Dass Aufsichtsratsmitglieder in dieser Situation den Wunsch haben, die rechtliche Auseinandersetzung mit der D&O-Versicherung zu führen, ist verständlich.

2026 Obwohl die Gesellschaft Versicherungsnehmerin ist und die Versicherungsprämien zahlt, ist die D&O-Versicherung – anders als beispielsweise bei der **Vertrauensschadenversicherung,** die von Vertrauens-

---

[4580] Vgl. *Harzenetter* NZG 2016, 728 (731). In diesem Sinne auch Bruck/Möller/*Baumann*, Nr. 10 AVGAVB. 2011/2013 Rn. 48; *Grooterhorst/Looman* NZG 2015, 215 (218), die bei der Diskussion des Interessenkonflikts nicht zwischen dem Haftungs- und dem Deckungsverhältnis differenzieren.
[4581] BeckOGK/*Spindler* AktG § 112 Rn. 29.
[4582] Vgl. *Harzenetter* NZG 2016, 728 (732).
[4583] Rüfer/Halbach/*Schimkowski*, HK-VVG/VVG, 3. Aufl. 2019, § 115 Rn. 1.
[4584] BGH NJW 2017, 2466. Vgl. Entscheidungsbesprechungen hierzu: *Rixecker* WuB 2017, 461; *Dreher* EWiR 2017, 369.

personen durch vorsätzliche Handlungen verursachte Schäden der Versicherungsnehmerin deckt[4585] – **keine Eigenschadenversicherung**. Die Eigenschadenversicherung, zB auch die Einbruchsversicherung, geht von einem **Dreipersonenverhältnis** aus: Schädiger – geschädigtes Unternehmen als Versicherungsnehmerin – Versicherer. Demgegenüber liegt der D&O-Versicherung als Versicherung auf fremde Rechnung das Leitbild eines **Vierpersonenverhältnisses** zu Grunde: Geschädigter Dritter (zB Geschäftspartner) – Schädiger – Versicherer – Unternehmen als bloße Versicherungsnehmerin und Dienstherrin. Weil es in den D&O-Schadenfälle aber zumeist um den Innenregress geht, bei dem die Versicherungsnehmerin zugleich Geschädigte ist, stehen die Aufsichtsratsmitglieder in der Gefahr, sich beim Vorgehen gegen den D&O-Versicherer von Vorstellungen leiten zu lassen, die bei anderen Versicherungsformen gelten, und zu verkennen, welche Tücken Direktklagen in D&O-Versicherungsfällen haben können.

bb) Änderung der Rechtslage hinsichtlich des Direktanspruchs. Eine Direktklage gegen den D&O-Versicherer ist selbstverständlich möglich, wenn die geschädigte Gesellschaft einen **Direktanspruch** gegen den D&O-Versicherer hat. Die Bestimmungen des Versicherungsvertragsgesetzes, die nach vormals herrschender Meinung[4586] einem Direktanspruch gegen den D&O-Versicherer entgegenstanden, sind geändert worden.[4587] Einige Versicherungsverträge enthalten bereits Klauseln zu einem Direktanspruch.[4588] 2027

Direktansprüche im Rechtssinn sind jedoch selten; im Mittelpunkt der Betrachtung stehen **„de facto Direktansprüche"**.[4589] Die Bezeichnung ist irreführend: Unter diesem Begriff werden Fälle diskutiert, in denen der Haftungsschuldner als versicherte Person Rechte gegen den Versicherer abtritt. Dass eine solche Abtretung rechtlich zulässig ist, hat der Bundesgerichtshof in zwei Urteilen am 13.4.2016 entschieden.[4590] Die Rechtsprechung hat sich damit der herrschenden Meinung im Schrifttum angeschlossen, dass § 108 Abs. 2 VVG, der verbietet durch allgemeine Versicherungsbedingungen eine Abtretung des Freistellungsanspruchs an Dritte auszuschließen, auch die geschädigte Gesellschaft schützt. Diese sei trotz ihrer Stellung als Versicherungsnehmerin „Dritter" im Hinblick auf das Freistellungsverhältnis zwischen versicherter Person und Versicherer ist.[4591] 2028

Durch die Abtretung wird eine derivative Rechtsposition geschaffen, weil gerade kein originärer Anspruch besteht. Und auch die Gestaltungsvariante, in der die versicherte Person den Haftungsanspruch anerkennt, führt nicht zu einem „de facto-Direktanspruch": Selbst ein solches Anerkenntnis führt nicht dazu, dass der Deckungsanspruch ohne weiteren Rechtsakt in das Vermögen der geschädigten Gesellschaft übergeht. Der Freistellungsanspruch des (haftenden) Organmitgliedes gegen den Versicherer ist Bestandteil des **Vermögens des Haftungsschuldners**, aus dem er durch einen weiteren Rechtsakt in das Vermögen der geschädigten Gesellschaft übertragen werden muss. Erst dadurch wird die Gesellschaft für eine Klage gegen den D&O-Versicherer aktiv legitimiert. Die fehlende Unterscheidung zwischen „Direktklage" und „Direktanspruch" und die Fehlvorstellung, dass ein „de facto Direktanspruch" eine originäre Rechtsposition der geschädigten Gesellschaft bezeichne, birgt die Gefahr, dass die Probleme verkannt werden, die aus den Rechtsgeschäften und rechtsgeschäftsähnlichen Handlungen erwachsen können, die erforderlich sind, damit die Gesellschaft diesen „Direktanspruch" überhaupt erlangt. 2029

cc) Anerkenntnis der versicherten Person. Dem Versicherungsnehmer – und mittelbar auch den versicherten Personen einer D&O-Police – war es nach alter Rechtslage verboten, den Haftungsanspruch ohne Zustimmung des Versicherers anzuerkennen. Für **„Großrisiken"** iSd § 210 VVG ist jedoch auch weiterhin möglich, in den Versicherungsbedingungen ein **Anerkenntnisverbot** zu vereinbaren. In vielen D&O-Policen wäre es möglich, ein Anerkenntnisverbot vorzusehen, weil eine Versicherungsnehmerin schon dann als „Großrisiko" gilt, wenn sie zwei der folgenden Merkmale erfüllt: 2030
– 6.200.000 Euro Bilanzsumme,
– 12.800.000 Euro Nettoumsatzerlöse,
– im Durchschnitt 250 Arbeitnehmer pro Wirtschaftsjahr.

Selbst, wenn von der Möglichkeit, ein Anerkenntnisverbot zu vereinbaren kein Gebrauch gemacht wird oder kein Großrisiko vorliegt, finden sich in den Versicherungsbedingungen regelmäßig Bestimmungen, 2031

[4585] *Ihlas*, D&O Directors & Officers Liability, 2. Aufl. S. 64; Langheid/Wandt/*Ihlas* VVG, Bd. 3, 2. Aufl. 2017, D&O 320 Rn. 452.
[4586] Langheid/Wandt/*Ihlas* VVG, Bd. 3, 2. Aufl. 2017, D&O 320 Rn. 313.
[4587] Nachweise bei: Ihlas, D&O Directors & Officers Liability, 2. Aufl. 2006, S. 406.
[4588] *Ihlas*, D&O Directors & Officers Liability, 2. Aufl. 2006, S. 406.
[4589] *Ihlas*, D&O Directors & Officers Liability, 2. Aufl. 2006, S. 527.
[4590] BGH NZG 2016, 745 und BGH BeckRS 2016, 07881. Hierzu: *C. Arnold* DB 2016, 1365; *Rubin* WuB 2017, 102; *Beckmann* jM 2016, 403.
[4591] *Baumann* r+s 2011, 229 (230); *Koch* r+s 2009, 133 (135 f.); *Lange* r+s 2011,185 (187); *Langheid* NJW 2007, 3745 (3746); *Römer/Langheid/Langheid* VVG, 4. Aufl. 2013, § 108 Rn. 20; *Langheid* VersR 2009, 1043; *Langheid/Goergen* VersPrax 2007, 161 (166); *Klimke* r+s 2014, 105 (114); Schwintowski/Brömmelmeyer/*Retter* VVG § 100 Rn. 33a; Bruck/Möller/*Koch* VVG § 108 Rn. 33; Staudinger/*Richters* DB 2013, 2725 (2726); *Terno* SpV 2014, 2 (5 ff.); *Dreher/Thomas* ZGR 2009, 31 (41 ff.); Prölls/Martin/*Voit* VVG, 29. Aufl. 2015, Ziff. 10 AVB-AVG Rn. 2.

die den Versicherer vor **missbräuchlichen Anerkenntnissen** der versicherten Person schützen. So sehen die AVB-AVG in A-6.1 vor, dass *„Anerkenntnisse und Vergleiche, die von den versicherten Personen ohne Zustimmung des Versicherers abgegeben oder geschlossen worden sind, ... den Versicherer nur (binden), soweit der Anspruch auch ohne Anerkenntnis oder Vergleich bestanden hätte."* Vor diesem Hintergrund wird sich auch heute ein in Anspruch genommenes Organmitglied genau überlegen, ob ein Anerkenntnis abgeben wird, das möglicherweise den Versicherer nicht bindet, aber – ungeachtet seines rechtlichen Charakters als deklaratorisch oder konstitutiv – rechtlich oder faktisch gegen die versicherte Person angeführt werden könnte.

2032 **dd) Wechselseitige Zusagen im Zusammenhang mit Vorbereitung einer Direktklage.** Angesichts der Gefahr, die eigene Position durch ein Anerkenntnis zu verschlechtern, wird die Bereitschaft der versicherten Person einen Haftungsanspruch anzuerkennen, regelmäßig damit verknüpft sein, dass dem Haftungsschuldner auch **Zusagen** gemacht werden, die in einem **synallagmatischen Verhältnis** stehen. Weil diese Zusagen in vielfältiger Hinsicht die Durchsetzung eines Schadensersatzanspruchs berühren, obliegt bei Ansprüchen gegen Vorstandsmitglieder gesellschaftsintern dem Aufsichtsrat die Federführung, Verhandlungen über Zusagen zu führen, die im Gegenzug für ein Anerkenntnis vom Haftungsschuldner gewünscht werden.

2033 **(1) Vollstreckungsverzicht oder Pactum den non petendo.** Eine Zusage, die der Haftungsschuldner typischerweise wünscht, ist, dass wegen des anerkannten Anspruchs nicht – oder allenfalls in einer betragsmäßig sehr limitierten Höhe – auf sein übriges Privatvermögen zugegriffen wird. Solche Vereinbarungen werden häufig als **„Vollstreckungsverzicht"** bezeichnet, obwohl das Anerkenntnis, wenn es nicht ausnahmsweise in notariell beurkundeter Form oder im Rahmen eines gerichtlichen Verfahrens abgegeben wird, überhaupt keinen Vollstreckungstitel schafft, aus dem vollstreckt werden könnte. Zumeist besteht die Gegenleistung der geschädigten Gesellschaft vielmehr in einem **„pactum de non petendo"**, bei dem das haftpflichtige Organmitglied lediglich die Zusage erlangt, dass die Gesellschaft keine (weitergehende) Schadensersatzklage erheben wird oder eine bereits erhobene Klage zurücknimmt, für erledigt erklärt.

2034 **(2) Abtretung des Freistellungsanspruchs.** Die Frage, ob ein Anerkenntnis allein zu einer „de facto Direktklage" berechtigt, wird in der Praxis vermieden, indem der Haftungsschuldner zumindest die ihm als versicherte Person zustehenden Freistellungsansprüche gegen den Versicherer ausdrücklich an die Versicherungsnehmerin oder die geschädigte Tochtergesellschaft **abtritt** – abhängig davon, wer auf Seiten des geschädigten Konzerns als Kläger erfolgsversprechender scheint (→ Rn. 2028). Da die versicherte Person durch Anerkenntnis und Abtretung die eigene Haftungsschuld zumindest teilweise erfüllen will, wird der Freistellungsanspruch nicht nur **erfüllungshalber,** sondern **an Erfüllung statt** übertragen.

2035 **(3) Rechtliches oder wirtschaftliches Scheitern des Freistellungsanspruchs.** Um nicht mit „leeren Händen" dazustehen, falls der **Freistellungsanspruch rechtlich scheitert,** zB wegen Kenntnis beim Abschluss des Versicherungsvertrags oder wissentlicher Pflichtverletzung, wird sich die geschädigte Gesellschaft gegenüber dem Haftungsschuldner regelmäßig nicht auf gesetzliche Rechte, zB Anfechtung der Vereinbarung wegen Täuschung etc., verlassen wollen. Typischerweise sehen solche Vereinbarungen vor, dass die Organhaftungsansprüche wiederaufleben, falls der Regress beim Versicherer aus Gründen scheitert, die in der Sphäre des Haftungsschuldners liegen. Damit zusammenhängend werden noch weitere Regelungen vereinbart, zB zum Verzicht auf die Einrede der Verjährung etc.

2036 Für den Fall eines **wirtschaftlichen Scheiterns des Freistellungsanspruchs** liegt eine Differenzierung nach Risikosphären nahe. Scheitert der Freistellungsanspruch, weil die Deckungssumme durch andere Versicherungsfälle ausgeschöpft wird, für die das anerkennende Organmitglied nicht haftbar ist, wird es zumeist auch die Verantwortung für das wirtschaftliche Scheitern des abgetretenen Freistellungsanspruchs ablehnen. Umgekehrt wird hingegen der Aufsichtsrat den Schutz der Gesellschaft für den Fall bedenken müssen, dass das anerkennende Vorstandsmitglied selbst dazu beiträgt, dass der Versicherer die Erschöpfungseinrede erhebt. Dies kann geschehen, wenn das anerkennende Vorstandsmitglied noch andere Ansprüche, zB externer Haftungsgläubiger anerkennt, die – für die Versicherungsnehmerin unvorhersehbar – die Versicherungssumme ausschöpfen. Vorstellbar ist auch, dass das anerkennenden Vorstandsmitglied Abwehrkosten in ungewöhnlicher Höhe verursacht hat oder noch verursacht, die wirtschaftlich dann den Wert des Freistellungsanspruchs mindern können. Im Regelfall werden nämlich, wie dies auch in AVB-AVG A-6.4 vorgesehen ist, die Abwehrkosten „insbesondere, Anwalts-, Sachverständigen-, Zeugen- und Gerichtskosten" auf die Versicherungssumme angerechnet, so dass sich der für den Schadensausgleich zur Verfügung stehende Betrag mindert.

e) Prozessuale und prozesstaktische Aspekte einer Direktklage

Bei der Entscheidung, ob ein Aufsichtsrat versuchen sollte, Schadensersatzansprüche durch eine Direktklage gegen den D&O-Versicherer geltend zu machen, spielen oft prozessuale und prozesstaktische Aspekte eine wichtige Rolle.

Bei einer Direktklage muss das Gericht inzident prüfen, ob ein Haftpflichtanspruch besteht. Daraus folgt wiederum für den Aufsichtsrat, dass er bei seiner Beurteilung der Erfolgsaussichten berücksichtigen sollte, dass zumindest ein erheblicher Teil der juristischen Literatur die **Beweislastumkehr des § 93 Abs. 2 S. 2 AktG,** die auch im GmbH-Recht analog gilt, nicht anwenden will, falls eine Direktklage gegen den D&O-Versicherer erhoben worden ist.[4592]

Umgekehrt kann eine Direktklage zu einer verbesserten Beweislage führen, weil das beklagte Vorstandsmitglied nicht mehr nur **als „Partei", sondern als Zeuge vernommen** werden darf. Allerdings verschwindet dieser formale Vorteil vielfach in der Praxis durch die freie richterliche Beweiswürdigung, die es erlaubt zu berücksichtigen, dass ein Vorstandsmitglied parteiisch sein könnte, wenn es beispielsweise um das Thema geht, welche Kenntnis und welches Wissen bestand, das einen Deckungsausschluss rechtfertigen könnte.

Die direkt prozessuale Konfrontation des Versicherers mit der geschädigten Gesellschaft kann Vergleichsgespräche mit dem Versicherer erleichtern. Dies gilt insbesondere dann, wenn die Direktklage Organhaftungsansprüche gegen mehrere Vorstandsmitglieder zusammenfasst, deren Verhalten selbst nach dem Klagevortrag in ganz unterschiedlicher Weise für den Schaden ursächlich war. Die taktischen Überlegungen der geschädigten Gesellschaft einerseits und des Versicherers andererseits, den jeweils aus ihrer Sicht günstigsten Fall als **Präzedenzfall** voranzutreiben, werden zumeist obsolet, wenn die Verfahren bei **einer** Kammer oder vor **einem** Senat verhandelt werden.

Dort besteht dann eine verbesserte Chance, dass ein **richterlicher Vergleichsvorschlag** entwickelt wird, der den Gesamtkomplex umfasst. Richterlichen Vergleichsvorschlägen oder zumindest gut begründeten Hinweisbeschlüssen kommt eine besondere Bedeutung zu: Bei hohen Schadensbeträgen scheuen sowohl die Gremien auf Seiten der klagenden Gesellschaft wie auch die Gremien auf Seiten des Versicherers häufig mit Blick auf die eigene Verantwortung, Vergleiche abzuschließen. Ein richterlicher Hinweis oder Vergleichsvorschlag oder ein erstinstanzliches Urteil schafft vielfach die Basis, auf der Gremien auch wirtschaftlich schwerwiegende Entscheidungen treffen können. Ein Vergleich im Rahmen einer Direktklage hat zumeist eine **umfängliche Streiterledigung** zur Folge, weil er regelmäßig sowohl das **Haftpflichtverhältnis** wie auch das **Deckungsverhältnis** betrifft. Überdies sind beide Parteien normalerweise interessiert, eine Gesamterledigung herbeizuführen, die sämtliche Haftpflichtverhältnisse zu allen versicherten Personen in diesem Sachverhaltskomplex umfasst.

f) Zustimmungserfordernisse und rechtliche Risiken hinsichtlich der Wirksamkeit

Dass eine umfängliche Streiterledigung häufig erst in einem späteren Verfahrensstadium stattfindet, ändert nichts daran, dass Vorstandsmitgliedern, die Haftpflichtansprüche anerkennen und/oder Freistellungsansprüche auf die geschädigte Gesellschaft übertragen, im Gegenzug fast immer Zusagen gemacht werden, bei denen die Gesellschaft auf bestimmte Rechte verzichtet. Rechtlich betrachtet handelt es sich somit um einen (Teil-)Vergleich. Derartige Vergleiche in Organhaftungsfällen stehen – abhängig von der jeweiligen Rechtsform – häufig noch unter speziellen Zustimmungsvorbehalten. Besonders hohe Hürden bestehen für Aktiengesellschaften, bei denen die Zustimmung der Hauptversammlung nach § 93 Abs. 4 AktG erforderlich ist. Ein solcher Zustimmungsbeschluss darf frühestens **drei Jahre nach Anspruchsentstehung** gefasst werden (→ Rn. 2345).

Soll die Hauptversammlung über einen Vergleich oder Teilvergleich beschließen, steht den Aktionären grundsätzlich das Recht zu, **Auskünfte** zum Sachverhalt zu verlangen, der den Haftungsansprüchen gegen das Organmitglied zu Grunde liegt, damit sie die Erfolgsaussichten der Ansprüche beurteilen können. Die Gesellschaft befindet sich vor allem dann in der rechtlichen „Grauzone", wenn sie wegen des Sachverhalts, aus dem die Haftungsansprüche resultieren, auch noch in andere rechtliche Auseinandersetzungen beispielsweise mit Geschäftspartnern, Wettbewerbern etc. verwickelt ist und deshalb **Antworten auf Fragen verweigern** will. Die Frage, ob eine Auskunft gemäß § 131 Abs. 3 Nr. 1 AktG wegen drohender nicht unerheblicher Nachteile verweigert werden kann oder ob die Nachteile bei einem unangemessenen Vergleich überwiegen, kann nur im Einzelfall beurteilt werden.[4593]

[4592] Für Beibehaltung der Beweislastumkehr: *Grote/Schneider* BB 2007, 2689 (2699); *Peltzer* NZG 2009, 970 (974); Bruck/Möller/*Baumann* Nr. 10 AVGAVB 2011/2013 Rn. 50. Verneinend: *Dreher/Thomas* ZGR 2009, 31 (43); *Böttcher* NZG 2008, 645 (648 f.). Differenzierend: *Lange* D&O-Versicherung und Managerhaftung § 21 Rn. 47: keine Beweislastumkehr bei Anerkenntnis ohne Zustimmung des Versicherers.

[4593] Vgl. BGH NZG 2014, 423 Rn. 52 f.; Hüffer/Koch/*Koch* AktG § 131 Rn. 55; BeckOGK/*Poelzig* AktG § 131 Rn. 164.

2044 Kritisch ist auch die Verweigerung von Auskünften zu den **Einkommens- und Vermögensverhältnissen des Haftungsschuldners,** wenn ein Vergleich keinen vollständigen Schadensersatz vorsieht, das Privatvermögen des Haftungsschuldners aber ganz oder teilweise verschont bleiben soll. Einen Vergleich in der Hauptversammlung zur Zustimmung vorzuschlagen, bei dem die Gesellschaft trotz guter rechtlicher Erfolgsaussichten auf vollständigen Schadensersatz verzichtet und in Kauf nimmt, dass ein wesentlicher Teile des Privatvermögens des Haftungsschuldners verschont bleibt, birgt vergleichsweise geringe Risiken, wenn er vom Gericht vorgeschlagen wurde: Da von einem Gericht nicht eingefordert werden kann, dass es die Grundlage für seinen Vergleichsvorschlag in allen Einzelaspekten den Parteien offenlegt, kann vom Aufsichtsrat auch nicht erwartet werden, dass ein richterlicher Vergleichsvorschlag in allen Details nachvollziehbar und den Aktionären kommunizierbar ist. Akzeptiert ein Gericht bei einem eigenen Vergleichsvorschlag beispielsweise, dass Einkommens- und Vermögensverhältnisse des Haftungsschuldners nicht oder zumindest nicht vollständig offengelegt werden und hat der Aufsichtsrat auch keinen eigenen Erkenntnismöglichkeiten hierzu, muss der Aktionär hinnehmen, dass seine diesbezüglichen Fragen unbeantwortet bleiben. Selbst wenn die Autorität eines Gerichts erleichtert, die Zustimmung der Hauptversammlung zu einem Vergleichsvorschlag zu erhalten, wird der Aufsichtsrat sich regelmäßig zuerst um eine außergerichtliche Einigung bemühen müssen, weil ein Gerichtsverfahren zumeist erhebliche Nachteile (Kosten, negative Publicity uä) mit sich bringt.

2045 Ein Zustimmungsbeschluss kommt nach § 93 Abs. 4 S. 3 AktG schon gar nicht zustande, wenn 10% der Aktionäre **widersprechen** (→ Rn. 2345). Ein Zustimmungsbeschluss kann überdies nach §§ 245, 246 AktG durch eine **Anfechtungsklage** angegriffen werden (→ Rn. 2022). Ist eine Anfechtungsklage erfolgreich und ist der Zustimmungsbeschluss dann nichtig, fällt regelmäßig auch die Rechtsgrundlage für die Abtretung der Freistellungsansprüche weg. Will der Aufsichtsrat nicht riskieren, dass während des Prozesses über eine Direktklage die Aktivlegitimation der Gesellschaft entfällt, sollte mit der Klageerhebung abgewartet werden, bis die Monatsfrist verstrichen ist, binnen derer eine Anfechtungsklage erhoben werden muss.

2046 Selbst diese Empfehlung kann den Aufsichtsrat aber nicht schützen, falls ein Nichtigkeitsgrund iSd § 241 AktG gegeben ist. Erfolgreiche Nichtigkeitsklagen gegen Vergleichsbeschlüsse in Organhaftungsstreitigkeiten sind jedoch sehr selten. Allerdings macht das bloße Risiko einer solchen Klage das Konzept einer Direktklage bei Publikums-Aktiengesellschaften riskant: Der Aufsichtsrat hat keine Rechtssicherheit, dass nicht möglicherweise auch Jahre nach dem Zustimmungsbeschluss der Hauptversammlung eine Nichtigkeitsklage erhoben wird. Geschieht dies, kann der Versicherer die Direktklage praktisch stoppen, indem er sich damit verteidigt, dass die **Aktivlegitimation** der klagenden Gesellschaft bestritten sei und vom Ausgang der Nichtigkeitsklage abhänge. Unter Umständen kommt dadurch der Prozess mit dem D&O-Versicherer auf Jahre zum Stillstand, weil nicht klar ist, ob die Freistellungsansprüche wirksam von der versicherten Person an die geschädigte Gesellschaft übertragen wurden. Die Vorstellung über eine Direktklage die rechtliche Auseinandersetzung beschleunigen zu können und in einer noch recht frühen Phase der Auseinandersetzung ausgehend von einem zu diesem Zeitpunkt noch gröberen Kenntnisstand eine rasche Gesamterledigung zu versuchen, kann sich also zum **rechtlichen Bumerang** entwickeln. Die Direktklage ist also auch in zeitlicher Hinsicht nicht ohne Risiken.

V. Geschäftsordnung für den Vorstand (§ 77 Abs. 2 AktG)

1. Zuständigkeit

2047 Nach § 77 Abs. 2 S. 1 AktG kann sich der Vorstand selbst eine Geschäftsordnung geben, wenn nicht **entweder** die Satzung den Erlass dem Aufsichtsrat übertragen hat **oder** der Aufsichtsrat eine Geschäftsordnung für den Vorstand erlässt. Unabhängig davon, ob der Aufsichtsrat oder der Vorstand die Geschäftsordnung erlassen hat, kann die **Satzung Einzelfragen** der Geschäftsordnung bindend regeln (§ 77 Abs. 2 S. 2 AktG). Zuständig für die Geschäftsordnung ist danach für Einzelfragen der Satzungsgeber, im Übrigen **primär** der **Aufsichtsrat** und **subsidiär** der **Vorstand.**

a) Unentziehbare Primärzuständigkeit des Aufsichtsrats und Subsidiärzuständigkeit des Vorstands

2048 Der Aufsichtsrat kann **jederzeit** eine Geschäftsordnung für den Vorstand erlassen (§ 77 Abs. 1 S. 2 aE AktG). Die Satzung kann dem Aufsichtsrat den Erlass **zusätzlich ausdrücklich übertragen** (§ 77 Abs. 2 S. 1 AktG). Mit einer solchen Regelung entzieht der Satzungsgeber dem lediglich subsidiär zuständigen **Vorstand das Recht,** sich selbst eine Geschäftsordnung zu geben.[4594] Davon ist aber nur auszugehen,

---
[4594] Instruktiv *Seyfarth* VorstandsR § 2 Rn. 35.

wenn die Satzungsregelung über reine Möglichkeitsformen (zB „*der Aufsichtsrat kann eine Geschäftsordnung für den Vorstand erlassen*") hinausgeht und regelt, dass der Aufsichtsrat eine Geschäftsordnung für den Vorstand „*erlässt*" oder womöglich „*zu erlassen hat*".

Der **Vorstand** hat aufgrund seines **Selbstorganisationsrechts die subsidiäre Kompetenz,** sich eine Geschäftsordnung zu geben; § 77 Abs. 2 S. 1 AktG ist insofern lediglich klarstellend.[4595] Hat sich der **Vorstand** selbst eine Geschäftsordnung gegeben, kann der Aufsichtsrat dennoch eine Geschäftsordnung für den Vorstand erlassen.[4596] Die Geschäftsordnung, die sich der Vorstand gegeben hat, tritt ggf. **außer Kraft.**[4597] Das gilt nach überwiegender Ansicht auch, wenn der Aufsichtsrat eine Geschäftsordnung erlässt, die in ihrer Regelungsdichte hinter der abgelösten Geschäftsordnung zurückbleibt.[4598] Beschließt der Aufsichtsrat hingegen lediglich Regelungen, die ausschließlich der Aufsichtsrat und nicht der Vorstand beschließen kann – etwa einen Katalog zustimmungspflichtiger Geschäfte (§ 111 Abs. 4 S. 2 AktG) oder Berichtspflichten des Vorstands gegenüber dem Aufsichtsrat (vgl. § 90 AktG) – ersetzt er eine vom Vorstand erlassene Geschäftsordnung nicht „verdrängend". Solche Regelungen sind vielmehr **komplementär** zu einer vom Vorstand erlassenen Geschäftsordnung.[4599] Entzieht die **Satzung** dem Vorstand das Recht, sich eine Geschäftsordnung zu geben, wird eine vom Vorstand erlassene Geschäftsordnung unwirksam, sobald die Satzungsregelung in das Handelsregister eingetragen ist (§ 181 Abs. 3 AktG), nicht erst, wenn der Aufsichtsrat eine Geschäftsordnung erlässt. 2049

Statt die subsidiäre Kompetenz des Vorstands ganz zu entziehen, kann die Satzung sie a maiore ad minus dahin beschränken, dass sich der Vorstand seine Geschäftsordnung nur mit **Zustimmung des Aufsichtsrats** geben darf.[4600] Die Satzung kann hingegen nicht ausschließen, dass der Aufsichtsrat eine Geschäftsordnung erlässt. Die **Primärzuständigkeit** des Aufsichtsrats ist **zwingend.** Überwiegend für zulässig gehalten werden Satzungsbestimmungen, denen zufolge Vorstand und Aufsichtsrat gleichberechtigt zuständig sind („alternative Kompetenz"), der Vorstand aber die Zustimmung des Aufsichtsrats benötigt, wenn er die Geschäftsordnung erlassen möchte.[4601] Die Satzung kann hingegen nicht ausschließlich den Vorstand für zuständig erklären,[4602] auch nicht, wenn sie seine Erlasskompetenz von der Zustimmung des Aufsichtsrats abhängig macht.[4603] Der **Aufsichtsrat** kann beschließen, dass der Vorstand seine Geschäftsordnung erlassen darf, hierzu aber der Zustimmung des Aufsichtsrats bedarf.[4604] Er kann zudem den Vorstand ermächtigen, eine vom Aufsichtsrat vorgegebene Rahmen-Geschäftsordnung zu konkretisieren (→ Rn. 2068).[4605] 2050

b) Regelung von Einzelfragen durch die Satzung

Die Satzung kann Einzelfragen der Geschäftsordnung **bindend** regeln (§ 77 Abs. 2 S. 2 AktG) und die inhaltliche Gestaltungsfreiheit von Aufsichtsrat und Vorstand insoweit einschränken.[4606] Nach ganz hA darf die Satzung die Geschäftsordnung für den Vorstand allerdings nicht vollständig regeln oder deren Inhalt weitgehend vorwegnehmen.[4607] Dafür sprechen der Wortlaut „*Einzelfragen der Geschäftsordnung*" 2051

[4595] *Kropff* AktG 1965 S. 99; GroßkommAktG/*Kort* AktG § 77 Rn. 65; Hüffer/Koch/*Koch* AktG § 77 Rn. 2, 19; *Seyfarth* VorstandsR § 2 Rn. 37.
[4596] *Kropff* AktG 1965 S. 99; BeckOGK AktG/*Fleischer* AktG § 77 Rn. 78.
[4597] *Kropff* AktG 1965 S. 99; Kölner Komm AktG/*Mertens/Cahn* AktG § 77 Rn. 58; Bürgers/Körber/*Bürgers* AktG § 77 Rn. 25; MüKoAktG/*Spindler* AktG § 77 Rn. 48; BeckOGK AktG/*Fleischer* AktG § 77 Rn. 78.
[4598] Kölner Komm AktG/*Mertens/Cahn* AktG § 77 Rn. 58; BeckOGK AktG/*Fleischer* AktG § 77 Rn. 78; Grigoleit/*Grigoleit* AktG § 77 Rn. 20; siehe auch *Seyfarth* VorstandsR § 2 Rn. 33; aA wohl *Ziemons* in Ziemons/Binnewies HdB-AG Rn. 8.596; K. Schmidt/Lutter AktG/*Seibt* AktG § 77 Rn. 26: Sperrwirkung lediglich im inhaltlich-sachlichen Anwendungsbereich der vom Aufsichtsrat erlassenen Geschäftsordnung.
[4599] Im Ergebnis wie *Hoffmann-Becking* ZGR 1998, 497 (504).
[4600] *Kropff* AktG 1965 S. 100; MüKoAktG/*Spindler* AktG § 77 Rn. 52; Bürgers/Körber/*Bürgers* AktG § 77 Rn. 25.
[4601] GroßkommAktG/*Kort* AktG § 77 Rn. 66; Hüffer/Koch/*Koch* AktG § 77 Rn. 19; Hölters/*Weber* AktG § 77 Rn. 46; Grigoleit/*Grigoleit* AktG § 77 Rn. 20; BeckOGK AktG/*Fleischer* AktG § 77 Rn. 79. Krit. MüKoAktG/*Spindler* AktG § 77 Rn. 47.
[4602] GroßkommAktG/*Kort* AktG § 77 Rn. 65; Hölters/*Weber* AktG § 77 Rn. 46; Hüffer/Koch/*Koch* AktG § 77 Rn. 19; Kölner Komm AktG/*Mertens/Cahn* AktG § 77 Rn. 59; K. Schmidt/Lutter AktG/*Seibt* AktG § 77 Rn. 27; MüKoAktG/*Spindler* AktG § 77 Rn. 52.
[4603] GroßkommAktG/*Kort* AktG § 77 Rn. 66; Hüffer/Koch/*Koch* AktG § 77 Rn. 19; BeckOGK AktG/*Fleischer* AktG § 77 Rn. 79; MüKoAktG/*Spindler* AktG § 77 Rn. 47.
[4604] BeckOGK AktG/*Fleischer* AktG § 77 Rn. 78; GroßkommAktG/*Kort* AktG § 77 Rn. 66; *Lutter/Krieger/Verse* AR Rn. 465.
[4605] GroßkommAktG/*Kort* AktG § 77 Rn. 68; *Seyfarth* VorstandsR § 2 Rn. 33; MüKoAktG/*Spindler* AktG § 77 Rn. 48; Kölner Komm AktG/*Mertens/Cahn* AktG § 77 Rn. 58; Bürgers/Körber/*Bürgers* AktG § 77 Rn. 25; Grigoleit/*Grigoleit* AktG § 77 Rn. 20.
[4606] Bürgers/Körber/*Bürgers* AktG § 77 Rn. 26; *Seyfarth* VorstandsR § 2 Rn. 39.
[4607] Hüffer/Koch/*Koch* AktG § 77 Rn. 20; GroßkommAktG/*Kort* AktG § 77 Rn. 72; *Seyfarth* VorstandsR § 2 Rn. 40; Kölner Komm AktG/*Mertens/Cahn* AktG § 77 Rn. 61; MüKoAktG/*Spindler* AktG § 77 Rn. 51; *Hoffmann-Becking* ZGR 1998, 497 (505); aA noch v. Godin/H. Wilhelmi/*S. Wilhelmi* AktG § 77 Anm. 10.

und das **Selbstorganisationsrecht** der Verwaltung.[4608] Die Satzung kann zahlreiche Einzelregelungen treffen, solange sie kein Gesamtsystem der Geschäftsleitung und -ordnung schafft. Dem Aufsichtsrat oder dem Vorstand muss ein **Rest** an **Gestaltungsfreiheit** bleiben.[4609] Von Vorstand oder Aufsichtsrat erlassene Regelungen, die später in der Satzung geregelten Einzelfragen widersprechen, treten **außer Kraft**, sobald die Satzungsregelungen in das Handelsregister eingetragen sind (§ 181 Abs. 3 AktG). Über Einzelregelungen der Satzung kann ein herrschendes Unternehmen **im Konzern** Einfluss auf die Gestaltung der Geschäftsordnung für den Vorstand einer abhängigen AG nehmen. Weitergehende Einflussmöglichkeiten eines herrschenden Unternehmens auf den Inhalt der Geschäftsordnung für den Vorstand bestehen weder im faktischen AG- noch im Vertragskonzern.

2052 „*Einzelfragen der Geschäftsordnung*" in der Satzung betreffen typischerweise Mehrheitserfordernisse für Vorstandsentscheidungen,[4610] Bestimmungen über Sitzungen oder die Bildung von Ausschüssen.[4611] Klauseln, dass der Aufsichtsrat einen **Vorstandsvorsitzenden** ernennen darf, haben keinen eigenen Regelungsgehalt, weil der Aufsichtsrat bereits nach dem Gesetz im Rahmen seines Ermessens berechtigt ist, bei einem mehrköpfigen Vorstand ein Mitglied zum Vorsitzenden zu ernennen („*kann*", § 84 Abs. 2 AktG). Nach herrschender und zutreffender Ansicht kann die Satzung daher weder verbieten[4612] noch anordnen, dass der Aufsichtsrat einen Vorstandsvorsitzenden ernennt[4613] (→ Rn. 874). Auch ermessensleitende „Soll-Vorschriften" sind unzulässig.[4614]

2053 Die Satzung kann zwar grds. **Regelungen zur Geschäftsverteilung** enthalten (vgl. § 77 Abs. 1 S. 2 AktG).[4615] Solche Regelungen sind aber unüblich.[4616] Gegebenenfalls ist besonders darauf zu achten, dass dem Aufsichtsrat und dem Vorstand insofern Gestaltungsfreiheit und Möglichkeiten zur Selbstorganisation bleiben. Die Satzung kann daher nur die **groben Züge** der **Geschäftsverteilung** regeln, indem sie zB die Ressorteinrichtung als solche anordnet,[4617] Anzahl und Schwerpunktaufgaben der einzelnen Ressorts regelt oder bestimmte Geschäftsbereiche als „Pflichtressorts" vorgibt (zB Finanzen, Forschung und Entwicklung).[4618] Satzungsregelungen zur Geschäftsverteilung sind auch nicht zu empfehlen: Die Anforderungen an eine sachgerechte Geschäftsverteilung können sich abhängig von der personellen Zusammensetzung des Vorstands, der Entwicklung des Unternehmens und des Marktumfelds kurzfristig ändern. Satzungsregelungen kann nur die Hauptversammlung ändern. Eine kurzfristige Änderung wäre selbst dann nicht möglich, wenn eigens eine außerordentliche Hauptversammlung einberufen würde.[4619] **Üblicherweise** nimmt der **Aufsichtsrat** als das für die Bestellung der Vorstandsmitglieder zuständige Organ die Geschäftsverteilung vor.[4620]

c) Rechtsfolgen bei fehlender Erlasskompetenz

2054 **Beschlüsse des Vorstands** zu Geschäftsordnungsbestimmungen, die nicht von seiner **Erlasskompetenz** gedeckt sind (→ Rn. 2048 ff.), sind **nichtig. Vorstandsmitglieder** können die Nichtigkeit durch **Feststellungsklage** (§ 256 ZPO) geltend machen. Die Klage ist gegen die AG zu richten, die dabei der Aufsichtsrat vertritt (§ 112 AktG).[4621] **Aufsichtsratsmitglieder** sind hingegen nicht befugt, die Nichtigkeit eines Vorstandsbeschlusses gerichtlich geltend zu machen.[4622] Ob der **Aufsichtsrat** als Organ die

---

[4608] Bürgers/Körber/*Bürgers* AktG § 77 Rn. 26; GroßkommAktG/*Kort* AktG § 77 Rn. 72; *Seyfarth* VorstandsR § 2 Rn. 40; Hüffer/Koch/*Koch* AktG § 77 Rn. 20; Grigoleit/*Grigoleit* AktG § 77 Rn. 19.
[4609] MüKoAktG/*Spindler* AktG § 77 Rn. 51; GroßkommAktG/*Kort* AktG § 77 Rn. 72; Kölner Komm AktG/*Mertens/Cahn* AktG § 77 Rn. 61; Hüffer/Koch/*Koch* AktG § 77 Rn. 20; *Seyfarth* VorstandsR § 2 Rn. 40.
[4610] *Hoffmann-Becking* ZGR 1998, 497 (505).
[4611] MüKoAktG/*Spindler* AktG § 77 Rn. 51.
[4612] MüKoAktG/*Spindler* AktG § 84 Rn. 115; MHdB AG/*Hoffmann-Becking* § 24 Rn. 3; Lutter/Krieger/*Verse* AR Rn. 479; BeckOGK AktG/*Fleischer* AktG § 84 Rn. 95; GroßkommAktG/*Kort* AktG § 84 Rn. 120.
[4613] MüKoAktG/*Spindler* AktG § 84 Rn. 115; BeckOGK AktG/*Fleischer* AktG § 84 Rn. 95; Hölters/*Weber* AktG § 84 Rn. 57; GroßkommAktG/*Kort* AktG § 84 Rn. 120; MHdB AG/*Hoffmann-Becking* § 24 Rn. 3; aA *Dose* Rechtsstellung der Vorstandsmitglieder einer AG, 1975, 28 ff.; *Krieger*, Personalentscheidungen des Aufsichtsrats, 1981, 252 f.
[4614] Vgl. Bürgers/Körber/*Bürgers* AktG § 84 Rn. 21; anders offenbar *Hoffmann-Becking* ZGR 1998, 497 (505).
[4615] GroßkommAktG/*Kort* AktG § 77 Rn. 72; MüKoAktG/*Spindler* AktG § 77 Rn. 39; *Langer/Peters* BB 2012, 2575 (2576 f.); Hölters/*Weber* AktG § 77 Rn. 27; *Hoffmann-Becking* ZGR 1998, 497 (505); *Krieger*, Personalentscheidungen des Aufsichtsrats, 1981, 202.
[4616] MüKoAktG/*Spindler* AktG § 77 Rn. 39; *Krieger*, Personalentscheidungen des Aufsichtsrats, 1981, 201.
[4617] GroßkommAktG/*Kort* AktG § 77 Rn. 72.
[4618] *Krieger*, Personalentscheidungen des Aufsichtsrats, 1981, 202; *Hoffmann-Becking* ZGR 1998, 497 (505).
[4619] *Krieger*, Personalentscheidungen des Aufsichtsrats, 1981, 202; *Langer/Peters* BB 2012, 2575 (2576 f.); MüKoAktG/*Spindler* AktG § 77 Rn. 39; Hölters/*Weber* AktG § 77 Rn. 27.
[4620] Vgl. MüKoAktG/*Spindler* AktG § 77 Rn. 39; K. Schmidt/Lutter AktG/*Seibt* AktG § 77 Rn. 17.
[4621] Hölters/*Weber* AktG § 77 Rn. 49 aE.
[4622] BGHZ 106, 54 (62 ff.) = NJW 1989, 979; weitere Nachweise bei *Bayer* ZGR-Sonderheft 19 (2015), 199 (220).

Nichtigkeit eines Vorstandsbeschlusses geltend machen darf, ist umstritten.[4623] Eine Ansicht lehnt eine Klagebefugnis des Aufsichtsrats ab und verweist darauf, der Aufsichtsrat könne die Durchführung eines rechtswidrigen Beschlusses auf andere Weise verhindern, etwa indem er einen Zustimmungsvorbehalt für die Geschäftsführungsmaßnahme beschließt.[4624] Das passt nicht bei Vorstandsbeschlüssen, die eine nichtige, aber vom Vorstand beachtete Geschäftsordnungsbestimmung regeln. Insofern kann auch der Aufsichtsrat die Nichtigkeit durch Feststellungsklage geltend machen.

Beschlüsse des Aufsichtsrats zu Geschäftsordnungsbestimmungen, die nicht von seiner **Erlasskompetenz** gedeckt sind (→ Rn. 2048 ff.), sind ebenfalls **nichtig**. Eine Feststellungsklage kann **jedes Aufsichtsratsmitglied** erheben.[4625] Die Klage ist gegen die AG zu richten, die dabei der Vorstand vertritt.[4626] Klagebefugt sind auch der **Vorstand**[4627] und nach zutreffender Ansicht **jedes Vorstandsmitglied**[4628]; in diesem Fall vertritt der Aufsichtsrat die AG.[4629] 2055

Satzungsregelungen zu „*Einzelfragen der Geschäftsordnung*", die nicht von der Kompetenz des Satzungsgebers gedeckt sind (→ Rn. 2051 ff.), sind **nichtig**.[4630] Nichtig sind danach Satzungsregelungen, die über „Einzelfragen" hinausgehen. Beschließt die Hauptversammlung **nach Eintragung** der AG im Weg der **Satzungsänderung** Geschäftsordnungsbestimmungen, die die Satzung nicht regeln kann, ist der Hauptversammlungsbeschluss nichtig, weil er nicht mit dem Wesen der AG vereinbar ist (§ 241 Nr. 3 Var. 1 AktG)[4631] und unzulässig vom Aktiengesetz abweicht (§ 23 Abs. 5 S. 1 AktG). Klagebefugt sind neben Aktionären der Vorstand und jedes Vorstands- und Aufsichtsratsmitglied (§ 249 Abs. 1 S. 1 AktG). Die Klage ist gegen die AG zu richten. Klagt der Vorstand oder ein Vorstandsmitglied, vertritt der Aufsichtsrat die AG; klagt ein Aufsichtsratsmitglied, vertritt der Vorstand die AG (§ 249 Abs. 1 S. 1 AktG iVm § 246 Abs. 2 S. 3 AktG). Sind die Regelungen in der **Gründungssatzung** enthalten und ist die AG trotz des Satzungsmangels in das Handelsregister eingetragen, wird der Mangel nach der Rechtsprechung des BGH und der ganz hA drei Jahre nach der Eintragung in das Handelsregister **geheilt** (§ 242 Abs. 2 Satz 1 AktG in entsprechender Anwendung).[4632] Auch die Nichtigkeit eines satzungsändernden Hauptversammlungsbeschlusses ist **geheilt**, wenn er seit mehr als drei Jahren in das Handelsregister eingetragen ist (§ 242 Abs. 2 S. 1 AktG). Im Fall der Heilung sind die Regelungen für den Vorstand **verbindlich**. Das Registergericht kann die Regelung aber von Amts wegen löschen, wenn ihre Beseitigung im öffentlichen Interesse erforderlich erscheint (§ 242 Abs. 2 S. 3 AktG iVm § 398 FamFG). Dabei sind auch die Interessen der Gesellschaftsgläubiger und potenziell künftiger Aktionäre zu berücksichtigen.[4633] In der Regel liegen die Löschungsvoraussetzungen vor, wenn eine Geschäftsordnungsbestimmung nicht in die Erlasskompetenz des Satzungsgebers fällt. Ob das Registergericht ein Löschungsverfahren einleitet und durchführt, steht zwar in seinem Ermessen. Liegen die Voraussetzungen für eine Löschung vor, muss das Registergericht aber idR löschen.[4634] Neben Vorstand und Aufsichtsrat[4635] können auch Aktionäre die Löschung beim Registergericht anregen, sie haben aber kein Rechtsmittel, wenn das Registergericht ihre Anregung zurückweist.[4636] 2056

[4623] Gegen die Berechtigung des Aufsichtsrats zur Geltendmachung der Nichtigkeit eines Vorstandsbeschlusses Kölner Komm AktG/*Mertens/Cahn* AktG § 77 Rn. 48; GroßkommAktG/*Kort* AktG § 77 Rn. 18; MüKoAktG/*Spindler* AktG § 77 Rn. 29; BeckOGK AktG/*Fleischer* AktG § 77 Rn. 30 f.; dafür wohl *Pflugradt*, Leistungsklagen zur Erzwingung rechtmäßigen Vorstandsverhaltens, 1990, 57; *Rellermeyer* ZGR 1993, 77 (93 ff.); K. Schmidt/Lutter AktG/*Drygala* AktG § 111 Rn. 16.
[4624] BeckOGK AktG/*Fleischer* AktG § 77 Rn. 31; MüKoAktG/*Spindler* AktG § 77 Rn. 29.
[4625] BGHZ 135, 244 (248) = NJW 1997, 1926 – ARAG/Garmenbeck; *Bayer* ZGR-Sonderheft 19 (2015), 199 (216 f.); MüKoAktG/*Habersack* AktG § 108 Rn. 85; BeckOGK AktG/*Spindler* AktG § 108 Rn. 85; K. Schmidt/Lutter AktG/*Drygala* AktG § 108 Rn. 45; Hüffer/Koch/*Koch* AktG § 108 Rn. 26.
[4626] BGHZ 83, 144 (146) = NJW 1982, 1528; BeckOGK AktG/*Spindler* AktG § 108 Rn. 85; GroßkommAktG/*Hopt/Roth* AktG § 108 Rn. 203; Kölner Komm AktG/*Mertens/Cahn* AktG § 108 Rn. 113.
[4627] *Bayer* ZGR-Sonderheft 19 (2015), 199 (217); GroßkommAktG/*Hopt/Roth* AktG § 108 Rn. 193; Kölner Komm AktG/*Mertens/Cahn* AktG § 108 Rn. 112; BeckOGK AktG/*Fleischer* AktG § 108 Rn. 16.
[4628] GroßkommAktG/*Hopt/Roth* AktG § 108 Rn. 193; Kölner Komm AktG/*Mertens/Cahn* AktG § 108 Rn. 112; BeckOGK AktG/*Spindler* AktG § 108 Rn. 85; *Lutter/Krieger/Verse* AR Rn. 743; einschränkend MüKoAktG/*Habersack* AktG § 108 Rn. 85.
[4629] Kölner Komm AktG/*Mertens/Cahn* AktG § 108 Rn. 113; Hölters/*Hambloch-Gesinn/Gesinn* AktG § 108 Rn. 77.
[4630] Allgemein zur Nichtigkeit von Satzungsregelungen, die entgegen § 23 Abs. 5 AktG vom Gesetz abweichen, *Geßler* ZGR 1980, 427 (442 ff.); K. Schmidt/Lutter AktG/*Seibt* AktG § 23 Rn. 62; MüKoAktG/*Pentz* AktG § 23 Rn. 160 ff.; Kölner Komm AktG/*A. Arnold* AktG § 23 Rn. 136 ff.; Hüffer/Koch/*Koch* AktG § 23 Rn. 35 ff.
[4631] K. Schmidt/Lutter AktG/*Schwab* AktG § 241 Rn. 25.
[4632] BGHZ 144, 365 (368) = NJW 2000, 2819; K. Schmidt/Lutter AktG/*Seibt* AktG § 23 Rn. 62 mwN.
[4633] MüKoFamFG/*Krafka* FamFG § 398 Rn. 9.
[4634] MüKoFamFG/*Krafka* FamFG § 398 Rn. 10.
[4635] Allgemein zur Amtslöschung ursprünglich nichtiger Hauptversammlungsbeschlüsse, deren Nichtigkeit geheilt ist, Hüffer/Koch/*Koch* AktG § 242 Rn. 8 mwN.
[4636] BGH NZG 2014, 1307 (1308).

2. Pflicht zum Erlass einer Geschäftsordnung?

2057 **Weder der Aufsichtsrat noch der Vorstand** sind per se verpflichtet, eine Geschäftsordnung für den Vorstand zu erlassen (§ 77 Abs. 2 S. 1 AktG: *„kann"*).[4637] Auch für den Vorstand **paritätisch mitbestimmter Gesellschaften** muss nach dem Gesetz nicht zwingend eine Geschäftsordnung bestehen. Zwar bestimmen § 33 Abs. 2 S. 2 MitbestG und § 13 Abs. 2 S. 2 MontanMitbestG, dass zu den Aufgaben und Befugnissen des Arbeitsdirektors *„die Geschäftsordnung"* das *„Nähere"* bestimmt. Die Vorschriften setzen aber die Existenz einer Geschäftsordnung voraus und regeln keine Pflicht, eine Geschäftsordnung für den Vorstand zu erlassen.[4638] Existiert keine Geschäftsordnung, richten sich die Aufgaben und Befugnisse des Arbeitsdirektors nach den gesetzlichen Bestimmungen (Gesamtgeschäftsführung mit Einstimmigkeitsprinzip unter Einschluss des Arbeitsdirektors, § 77 Abs. 1 S. 1 AktG).[4639] Eine Geschäftsverteilung muss den „Kernbereich von Zuständigkeiten in Personal- und Sozialfragen" und den Grundsatz der Gleichberechtigung des Arbeitsdirektors beachten (→ Rn. 911 und § 7 Rn. 236 ff.).[4640]

2058 Der Aufsichtsrat muss aufgrund seiner Personalkompetenz für den Vorstand die Arbeit des Vorstands sachgerecht **organisieren**.[4641] Welche Organisation der Aufsichtsrat für sachgerecht hält, ist eine **unternehmerische Entscheidung**.[4642] Der Aufsichtsrat hat insofern **Ermessen** nach Maßgabe der Business Judgment Rule. Der Aufsichtsrat muss insbes. prüfen, ob das „gesetzliche Grundmodell" – Gesamtgeschäftsführung und Einstimmigkeitsgrundsatz – für den Vorstand der konkreten AG geeignet und sinnvoll ist. Bei Gesellschaften mit mehreren Vorstandsmitgliedern und Aufgabenbereichen lassen sich die Geschäftsführungsmaßnahmen idR nicht sinnvoll von sämtlichen Vorstandsmitgliedern gemeinschaftlich wahrnehmen. Es ist dann geboten, die Zuständigkeit für die Geschäftsführung aufzuteilen. Auch unterhalb dieser Schwelle entspricht es „guter Corporate Governance", dass eine Geschäftsordnung für den Vorstand existiert.[4643] Jedenfalls in börsennotierten Gesellschaften gibt es allenfalls in ganz seltenen Ausnahmefällen keine Geschäftsordnung für den Vorstand.[4644] Ziff. 4.2.1 S. 2 DCGK aF **empfahl,** eine Geschäftsordnung für den Vorstand **zu erlassen,** die *„die Arbeit des Vorstands, insbesondere die Ressortzuständigkeiten einzelner Vorstandsmitglieder, die dem Gesamtvorstand vorbehaltenen Angelegenheiten sowie die erforderliche Beschlussmehrheit bei Vorstandsbeschlüssen (Einstimmigkeit oder Mehrheitsbeschluss)"* regelt. Diese Empfehlung wurde im neuen DCGK ersatzlos gestrichen mit der Begründung, es handle sich *„bei den drei Empfehlungen zur Vorstandsorganisation […] um schiere Selbstverständlichkeiten"*.[4645]

2059 Auch wenn die Arbeit des Vorstands grds. durch eine Geschäftsordnung „formal" zu organisieren ist, muss der Aufsichtsrat **nicht** per se selbst tätig zu werden. Überlässt er es dem Vorstand, die Vorstandsarbeit zu organisieren, muss er das Vorgehen des Vorstands **überwachen** und ggf. einschreiten.[4646] Scheitert der Erlass einer Geschäftsordnung oder eine notwendige Änderung am Widerspruch eines Vorstandsmitglieds, kann der Aufsichtsrat verpflichtet sein, eine Geschäftsordnung zu erlassen oder zu ändern.[4647] Hat der Aufsichtsrat eine Geschäftsordnung erlassen, muss er fortlaufend prüfen, ob Anpassungsbedarf besteht. Ordnet die Satzung an, dass der Aufsichtsrat eine Geschäftsordnung für den Vorstand erlässt, folgt daraus keine „Erlasspflicht" des Aufsichtsrats, wenn die Anordnung der Satzung *„ausdrücklich und unmissverständ-*

[4637] *Seyfarth* VorstandsR § 2 Rn. 35; GroßkommAktG/*Kort* AktG § 77 Rn. 64; Grigoleit/*Grigoleit* AktG § 77 Rn. 18; BeckOGK AktG/*Fleischer* AktG § 77 Rn. 73.

[4638] GroßkommAktG/*Kort* AktG § 77 Rn. 94; *Seyfarth* VorstandsR § 2 Rn. 35; K. Schmidt/Lutter AktG/*Seibt* AktG § 77 Rn. 30; Grigoleit/*Grigoleit* AktG § 77 Rn. 18; MüKoAktG/*Spindler* AktG § 77 Rn. 55; vgl. auch Habersack/Henssler/*Henssler* MitbestG § 33 Rn. 44.

[4639] BeckOGK AktG/*Fleischer* AktG § 77 Rn. 85; GroßkommAktG/*Kort* AktG § 77 Rn. 94; MüKoAktG/*Spindler* AktG § 77 Rn. 55.

[4640] Hüffer/Koch/*Koch* AktG § 77 Rn. 23; Grigoleit/*Grigoleit* AktG § 77 Rn. 22; MüKoAktG/*Spindler* AktG § 77 Rn. 55.

[4641] *Lutter/Krieger/Verse* AR Rn. 468; Semler/v. Schenck/*v. Schenck* AktG § 116 Rn. 367; Hölters/*Weber* AktG § 77 Rn. 27; K. Schmidt/Lutter AktG/*Seibt* AktG § 77 Rn. 17; MüKoAktG/*Spindler* AktG § 77 Rn. 46.

[4642] *Lieder* ZGR 2018, 523 (534); MüKoAktG/*Habersack* AktG § 116 Rn. 43; *Lutter* ZIP 2007, 841 (847); zum Erlass einer Geschäftsordnung für den Vorstand als unternehmerische Entscheidung des Aufsichtsrats *Cahn* WM 2013, 1293 (1294); Kölner Komm AktG/*Mertens/Cahn* AktG § 116 Rn. 68.

[4643] Vgl. auch *Ziemons* in Ziemons/Binnewies HdB-AG Rn. 8.591; Hölters/*Weber* AktG § 77 Rn. 27; MHdB AG/*Hoffmann-Becking* § 22 Rn. 17; *Richter* in Semler/Peltzer/Kubis Vorstands-HdB § 5 Rn. 20.

[4644] Vgl. die Ergebnisse einer durch schriftliche Befragung durchgeführten Studie des Berlin Center of Corporate Governance (BCCG) bei *v. Werder/Danilov* DB 2018, 1997 (2001), der zufolge 98,9 % der an der Befragung teilnehmenden Unternehmen (22,6 %) angaben, dass eine Geschäftsordnung für den Vorstand bestehe. In den teilnehmenden DAX-Unternehmen (93,3 %) lag die angegebene Umsetzungsquote bei 100 %; vgl. ferner Begründung DCGK, Empfehlung D.1, S 10.

[4645] RegE DCGK 25.10.2018, S. 57.

[4646] *Lutter/Krieger/Verse* AR Rn. 468; Semler/v. Schenck/*v. Schenck* AktG § 116 Rn. 367.

[4647] GroßkommAktG/*Kort* AktG § 77 Rn. 64; *E. Vetter* in Krieger/U.H. Schneider Managerhaftung-HdB § 18 Rn. 34; wohl auch Kölner Komm AktG/*Mertens/Cahn* AktG § 77 Rn. 62 aE.

lich" ist,[4648] sondern dann, wenn eine Geschäftsordnung erforderlich ist und der Vorstand sie nicht erlassen darf.

3. Verfahren

a) Vorstand

Der Vorstand muss zwingend als **Gesamtvorstand** über die Geschäftsordnung entscheiden, und zwar **einstimmig**, dh mit Zustimmung aller Vorstandsmitglieder (§ 77 Abs. 2 S. 3 AktG).[4649] Auch die **Aufhebung** und jede **Änderung** können nur alle Vorstandsmitglieder einstimmig beschließen.[4650] Der Aufsichtsrat kann nur den Gesamtvorstand, nicht einzelne Vorstandsmitglieder ermächtigen, eine Rahmen-Geschäftsordnung zu konkretisieren.[4651] Der Vorstand muss den Aufsichtsrat von sich aus über den Erlass einer Geschäftsordnung und deren Inhalt informieren.[4652] 2060

Vorstandsbeschlüsse über die Geschäftsordnung, die nicht von der subsidiären Kompetenz gedeckt sind, sich eine Geschäftsordnung zu geben, sind **nichtig**.[4653] Vorstandsmitglieder können die Unwirksamkeit eines Beschlusses durch eine gegen die AG gerichtete allgemeine Feststellungsklage (§ 256 ZPO) geltend machen. Dabei vertritt der Aufsichtsrat die AG (§ 112 AktG).[4654] Auch der Aufsichtsrat kann eine allgemeine Feststellungsklage gegen die AG – dann vertreten durch den Vorstand – erheben, um gerichtlich klären zu lassen, ob ein Vorstandsbeschluss über die Geschäftsordnung nichtig ist. Der Aufsichtsrat kann zudem die Geschäftsordnung neu ohne die Regelungen erlassen, die er für nichtig hält. 2061

b) Aufsichtsrat

Der Aufsichtsrat – und zwar **zwingend** das **Plenum** (§ 107 Abs. 3 S. 7 AktG) – **beschließt** (§ 108 Abs. 1 AktG) die Geschäftsordnung für den Vorstand mit **einfacher Mehrheit**.[4655] Vereinzelt wird – ohne Begründung – vertreten, die **Satzung** könne für Beschlüsse des Aufsichtsrats über die Geschäftsordnung für den Vorstand eine **qualifizierte** Mehrheit vorschreiben.[4656] Das ist **abzulehnen**: In paritätisch mitbestimmten Aufsichtsräten ist die einfache Mehrheit der abgegebenen Stimmen vorbehaltlich gesetzlicher Sonderregelungen[4657] zwingend (§ 29 Abs. 1 MitbestG).[4658] Für nicht paritätisch mitbestimmte Gesellschaften wird zwar unterschieden zwischen „gesetzlich vorgeschriebenen Beschlussfassungen" des Aufsichtsrats – in diesem Fall kann die Satzung keine größere als die einfache Mehrheit vorschreiben[4659] – und Befugnissen, die erst die Satzung dem Aufsichtsrat einräumt – insofern kann die Satzung qualifizierte Mehrheitserfordernisse festlegen.[4660] Der Erlass einer Geschäftsordnung für den Vorstand betrifft jedoch keine Befugnisse, die die Satzung dem Aufsichtsrat einräumt und ist kein „gesetzlich vorgeschriebener Beschluss" (vgl. § 77 Abs. 2 S. 1 AktG; → Rn. 2057 ff.). Die Satzung kann für Entscheidungen des Aufsichtsrats iRd Personalkompetenz zwar in gewissem Umfang einen Rahmen vorgeben, indem sie etwa 2062

[4648] So aber *Seyfarth* VorstandsR § 2 Rn. 35.
[4649] Hüffer/Koch/*Koch* AktG § 77 Rn. 19; BeckOGK AktG/*Fleischer* AktG § 77 Rn. 80; Bürgers/Körber/*Bürgers* AktG § 77 Rn. 25.
[4650] *Kropff* AktG 1965 S. 99; MüKoAktG/*Spindler* AktG § 77 Rn. 41; Kölner Komm AktG/*Mertens/Cahn* AktG § 77 Rn. 62; BeckOGK AktG/*Fleischer* AktG § 77 Rn. 80.
[4651] Kölner Komm AktG/*Mertens/Cahn* AktG § 77 Rn. 58.
[4652] *Seyfarth* VorstandsR § 2 Rn. 38.
[4653] Hölters/*Weber* AktG § 77 Rn. 49.
[4654] Hölters/*Weber* AktG § 77 Rn. 49 mwN.
[4655] *Seyfarth* VorstandsR § 2 Rn. 36.
[4656] *Seyfarth* VorstandsR § 2 Rn. 36; ausführlich zu Satzungsklauseln zu qualifizierten Beschlussmehrheiten *Jürgenmeyer* ZGR 2007, 112.
[4657] ZB § 25 Abs. 1 Nr. 3 S. 2 MitbestG; § 27 MitbestG; § 31 Abs. 2, 3 MitbestG; § 32 MitbestG; § 15 MitbestErgG; § 8 Abs. 1 MontanMitbestG, § 13 Abs. 1 MontanMitbestG; § 124 Abs. 3 S. 5 AktG.
[4658] Habersack/Henssler/*Habersack* MitbestG § 29 Rn. 8; *E. Vetter* in Marsch-Barner/Schäfer Börsennotierte AG-HdB Rn. 27.58. Im MontanMitbestG existiert zwar keine § 29 Abs. 1 MitbestG entsprechende Regelung. Nach ganz hA kann der Grundsatz, dass der Aufsichtsrat Beschlüsse mit einfacher Mehrheit fasst, aber auch hier nicht durch Satzung oder eine Geschäftsordnung für den Aufsichtsrat geändert und ein qualifiziertes Mehrheitserfordernis angeordnet werden, Lutter/Krieger/*Verse* AR Rn. 736; MHdB AG/*Hoffmann-Becking* § 31 Rn. 79; Kölner Komm AktG/*Mertens/Cahn* AktG § 108 Rn. 62; MüKoAktG/*Habersack* AktG § 108 Rn. 23; GroßkommAktG/*Hopt/Roth* AktG § 108 Rn. 43.
[4659] Kölner Komm AktG/*Mertens/Cahn* AktG § 108 Rn. 62; Semler/v. Schenck/*Schütz* AktG § 108 Rn. 134; MüKoAktG/*Habersack* AktG § 108 Rn. 24; Hüffer/Koch/*Koch* AktG § 108 Rn. 8.
[4660] Semler/v. Schenck/*Schütz* AktG § 108 Rn. 134; *E. Vetter* in Marsch-Barner/Schäfer Börsennotierte AG-HdB Rn. 27.58; ohne diese Beschränkung für alle Beschlüsse, die nicht gesetzlich vorgeschrieben sind Lutter/Krieger/*Verse* AR Rn. 735; Kölner Komm AktG/*Mertens/Cahn* AktG § 108 Rn. 62. Großzügiger *Jürgenmeyer* ZGR 2007, 112 (122 ff.): Auch bei gesetzlich vorgeschriebenen Beschlussfassungen sind qualifizierte Mehrheitserfordernisse zulässig.

persönliche Anforderungen an Vorstandsmitglieder (→ Rn. 598 ff.) regelt. Die Satzung kann aber nicht die Anforderungen an das Zustandekommen von Aufsichtsratsbeschlüssen verschärfen.[4661]

4. Formerfordernis

a) Vorstand

2063 § 77 Abs. 2 AktG sieht für die Geschäftsordnung keine bestimmte Form vor. Nach ganz herrschender und zutreffender Ansicht muss der Vorstand die Geschäftsordnung **schriftlich** niederlegen.[4662] Eine lediglich mündlich vereinbarte Geschäftsordnung ist **nichtig**.[4663] Eine eigenhändige Unterschrift der beteiligten Vorstandsmitglieder (Schriftform nach § 126 BGB) ist nach ebenfalls ganz herrschender und zutreffender Ansicht allerdings nicht erforderlich.[4664] Der BGH hat zwar zur GmbH entschieden, dass sich Mitglieder des Geschäftsleitungsorgans bei einer zivilrechtlichen Inanspruchnahme uU darauf berufen können, sie seien aufgrund einer nicht schriftlich fixierten aber „tatsächlich gelebten" Geschäftsverteilung, die allen Anforderungen genügt (→ Rn. 2081 ff.), für einen der AG entstandenen Schaden nicht verantwortlich.[4665] Das kommt insbes. in Betracht, wenn keine Geschäftsordnung existiert und dem ist für die Geschäftsverteilung zwischen Vorstandsmitgliedern einer AG zuzustimmen. Das ändert aber nichts daran, dass die Geschäftsordnung als **„Organisationsstatut"** mit Blick auf die Rechtssicherheit,[4666] ihren Zweck, die Binnenorganisation des Vorstands klar und verbindlich zu regeln,[4667] und ihre Bedeutung für die Vorstandsorganisation[4668] schriftlich zu fixieren ist.

2064 Der Vorstand muss seine Geschäftsordnung nicht zwingend als zusammenhängenden Text beschließen; sie kann sich auch aus einer **Reihe von Beschlüssen** zu einzelnen Gegenständen zusammensetzen.[4669] Einzelbeschlüsse, die die Geschäftsordnung ergänzen oder ändern, sind auch maßgeblich, wenn sie im „Gesamttext" nicht abgebildet sind. Einzelbeschlüsse sollten aber im Gesamttext „nachgezogen" werden. Regelt die Satzung Einzelfragen der Geschäftsordnung (§ 77 Abs. 2 S. 2 AktG), sollten auch diese Regelungen in das Gesamtdokument aufgenommen werden, damit sich die Vorstandsmitglieder über das für ihre Tätigkeit und Pflichten maßgebliche Organisationsstatut auf Grundlage eines **einzigen** Dokuments informieren können.

b) Aufsichtsrat

2065 Beschlüsse des Aufsichtsrats sind **generell schriftlich niederzulegen:** Jeder Beschluss ist mit dem Ort und dem Tag der Sitzung, den Teilnehmern, den Gegenständen der Tagesordnung und den wesentlichen Verhandlungsinhalten in die **Sitzungsniederschrift** aufzunehmen (§ 107 Abs. 2 S. 2 AktG), die der Vorsitzende unterzeichnen muss (§ 107 Abs. 2 S. 1 AktG). Wird gegen diese Vorgaben verstoßen, ist der Beschluss über die Geschäftsordnung allerdings nicht unwirksam (§ 107 Abs. 2 S. 3 AktG); die Sitzungsniederschrift hat nur Beweisfunktion (Beweisurkunde).[4670] Der Aufsichtsrat muss dem Vorstand die erlassene Geschäftsordnung **bekanntgeben.**[4671]

2066 Es wird vertreten, der Aufsichtsrat müsse die Geschäftsordnung als **einheitlichen Text** erlassen.[4672] Dem ist zuzustimmen, wenn sich der maßgebliche Text der Geschäftsordnung aus einer Reihe von Einzelbeschlüssen ergibt: In diesem Fall ist dem Vorstand nicht zuzumuten, die Einzelbeschlüsse zusammenzusuchen und chronologisch zu sortieren.

[4661] Das entspricht der ganz herrschenden und zutreffenden Ansicht zur Bestellung von Vorstandsmitgliedern, MüKoAktG/*Habersack* AktG § 84 Rn. 22; Kölner Komm AktG/*Mertens/Cahn* AktG § 84 Rn. 12; BeckOGK AktG/ *Fleischer* AktG § 84 Rn. 11; K. Schmidt/Lutter AktG/*Seibt* AktG § 84 Rn. 12; Grigoleit/*Grigoleit* AktG § 84 Rn. 7; aA *Jürgenmeyer* ZGR 2007, 112 (136 f.).
[4662] Zur Gesetzesbegründung *Kropff* AktG 1965, S. 100; GroßkommAktG/*Kort* AktG § 77 Rn. 78; BeckOGK AktG/ *Fleischer* AktG § 77 Rn. 82; MüKoAktG/*Spindler* AktG § 77 Rn. 53; *Seyfarth* VorstandsR § 2 Rn. 41; *M. Arnold* in Marsch-Barner/Schäfer Börsennotierte AG-HdB Rn. 19.97.
[4663] GroßkommAktG/*Kort* AktG § 77 Rn. 78; MüKoAktG/*Spindler* AktG § 77 Rn. 53; aA K. Schmidt/Lutter AktG/ *Seibt* AktG § 77 Rn. 28.
[4664] GroßkommAktG/*Kort* AktG § 77 Rn. 78; Bürgers/Körber/*Bürgers* AktG § 77 Rn. 27; Grigoleit/*Grigoleit* AktG § 77 Rn. 24.
[4665] BGHZ 220, 162 Rn. 17, 22 ff. = NJW 2019, 1067 – Weltruf.
[4666] Bürgers/Körber/*Bürgers* AktG § 77 Rn. 27; GroßkommAktG/*Kort* AktG § 77 Rn. 78.
[4667] GroßkommAktG/*Kort* AktG § 77 Rn. 78; *Seyfarth* VorstandsR § 2 Rn. 41; MüKoAktG/*Spindler* AktG § 77 Rn. 53.
[4668] Dazu Bürgers/Körber/*Bürgers* AktG § 77 Rn. 27; Grigoleit/*Grigoleit* AktG § 77 Rn. 24; BeckOGK AktG/*Fleischer* AktG § 77 Rn. 82.
[4669] Kölner Komm AktG/*Mertens/Cahn* AktG § 77 Rn. 56; GroßkommAktG/*Kort* AktG § 77 Rn. 78; Bürgers/Körber/ *Bürgers* AktG § 77 Rn. 27; MüKoAktG/*Spindler* AktG § 77 Rn. 53.
[4670] MüKoAktG/*Habersack* AktG § 107 Rn. 85; Hüffer/Koch/*Koch* AktG § 107 Rn. 15.
[4671] *Seyfarth* VorstandsR § 2 Rn. 41.
[4672] GroßkommAktG/*Kort* AktG § 77 Rn. 79; Bürgers/Körber/*Bürgers* AktG § 77 Rn. 27; *Ziemons* in Ziemons/Binnewies HdB-AG Rn. 8.600.

5. Vorgaben an den Regelungsumfang, Rahmen-Geschäftsordnung

Möchte der Aufsichtsrat oder der Vorstand eine Geschäftsordnung erlassen, muss er grds. eine **vollständige Geschäftsordnung** erlassen und kann – anders als die Satzung (§ 77 Abs. 2 S. 2 AktG) – **nicht nur Einzelfragen regeln.**[4673] Das Regelungswerk muss sich danach als – wenn auch evtl. rudimentäre – Gesamtregelung der Geschäftsführungs- und Geschäftsverteilungsfragen darstellen.

Als zulässig wird erachtet, dass der **Aufsichtsrat** eine **Rahmen-Geschäftsordnung** erlässt und den Vorstand **ermächtigt,** die Bestimmungen der Geschäftsordnung zu konkretisieren,[4674] ungeachtet des Grundsatzes, dass nicht teilweise der Aufsichtsrat und teilweise der Vorstand die Geschäftsordnung erlassen darf (→ Rn. 2067, 2155 f.).[4675] Das ist sachgerecht, allerdings nur zur Ergänzung von Detailregelungen, die der Vorstand aufgrund seiner **größeren Sachnähe** besser beurteilen kann als der Aufsichtsrat. Auch für die vom Vorstand aufgrund einer Ermächtigung erlassenen Detailregelungen muss der Aufsichtsrat die Verantwortung übernehmen, indem er sie **billigt.**[4676] Die Ermächtigung an den Vorstand, innerhalb des vorgegebenen Rahmens Detailregelungen zu treffen, soll der Aufsichtsrat nach teilweise vertretener Ansicht **konkludent** erteilen können.[4677] Eine konkludente Ermächtigung erscheint allerdings problematisch, weil der Vorstand keine Geschäftsordnungsbestimmung mehr beschließen kann, nachdem der Aufsichtsrat eine Geschäftsordnung erlassen hat (Sperrwirkung). Der Aufsichtsrat sollte den Vorstand daher ggf. **ausdrücklich** ermächtigen, die Geschäftsordnung näher auszugestalten. Nach vereinzelt vertretener Ansicht soll der Vorstand auch **ohne** ausdrückliche oder konkludente **Ermächtigung** eine lückenhafte Geschäftsordnung des Aufsichtsrats durch **Verfahrensregeln** konkretisieren dürfen, sofern die Lücken „nicht besonders erheblich sind".[4678] Das ist **abzulehnen.** Erkennt der Vorstand Lücken in einer vom Aufsichtsrat erlassenen Geschäftsordnung für den Vorstand, muss er seine Bedenken mit dem Aufsichtsrat erörtern. Erst wenn der Aufsichtsrat die Bedenken nicht teilt, kommt eine „Lückenfüllungskompetenz" des Vorstands in Betracht, wenn er nur auf diese Weise Schaden von der AG abwenden kann. Einen Rahmen vorzugeben und den Vorstand zu ermächtigen, „Lücken zu füllen", kann insbes. im Zusammenhang mit der **Geschäftsverteilung** sinnvoll sein. Für sämtliche Geschäftsführungsaufgaben, die nicht zweifelsfrei einem Vorstandsmitglied zugewiesen sind, ist der Gesamtvorstand zuständig.[4679] Eine **lückenlose Zuweisung sämtlicher Geschäftsführungsaufgaben** setzt voraus, dass allen Einheiten der dem Vorstand untergeordneten Führungsebene, die **unmittelbar an den Vorstand berichten** (Funktionsbereiche), klar und eindeutig zugewiesen ist, an welches Vorstandsmitglied sie berichten. In großen Unternehmen kann es zahlreiche Funktionsbereiche geben, die sich mit verschiedenen Geschäftsbereichen überschneiden. In der Regel kann der Vorstand in diesen Fällen aufgrund seiner größeren Sachnähe besser beurteilen, welche Zuordnung der Funktionsbereiche sachgerecht ist. Es kann daher empfehlenswert sein, dass der Aufsichtsrat die Geschäftsbereiche zuweist, die wesentlichen Funktionsbereiche zuordnet und den Vorstand ermächtigt, die Funktionsbereiche vollständig zuzuordnen. In engen Grenzen zulässig erscheint auch, dass der Aufsichtsrat eine vom Vorstand erlassene Geschäftsverteilung nur punktuell ändert und den Vorstand gleichzeitig ermächtigt, die Änderungen des Aufsichtsrats seinerseits wieder zu ändern.

6. Geltungsdauer

a) Inkrafttreten

Die Geschäftsordnung für den Vorstand tritt mit dem **Zeitpunkt** in Kraft, der im Beschluss des Aufsichtsrats oder des Vorstands angegeben ist. Ohne eine solche Bestimmung tritt die Geschäftsordnung **im Zweifel sofort** in Kraft.[4680] Bedarf die Geschäftsordnung, die sich der Vorstand gegeben hat, der Zustim-

---

[4673] GroßkommAktG/*Kort* AktG § 77 Rn. 69; *Kort* in Fleischer VorstandsR-HdB § 3 Rn. 35; bezogen auf den Aufsichtsrat BeckOGK AktG/*Fleischer* AktG § 77 Rn. 79: Unzulässig ist punktuelle Regelung von Einzelfragen, die sich nicht einmal als Rahmen- oder Gesamtregelung darstellt; ähnlich wohl Kölner Komm AktG/*Mertens/Cahn* AktG § 77 Rn. 56; aA *Seyfarth* VorstandsR § 2 Rn. 33 mit Fn. 80: „Wenn der Aufsichtsrat eine vollständige Geschäftsordnung erlassen darf, muss er auch das Recht haben, nur einzelne Punkte der Geschäftsordnung zu regeln."
[4674] GroßkommAktG/*Kort* AktG § 77 Rn. 68; Grigoleit/*Grigoleit* AktG § 77 Rn. 20; BeckOGK AktG/*Fleischer* AktG § 77 Rn. 79; Hölters/*Weber* AktG § 77 Rn. 46.
[4675] GroßkommAktG/*Kort* AktG § 77 Rn. 68; zurückhaltend *Hoffmann-Becking* ZGR 1998, 497 (504).
[4676] Vgl. insofern auch *Langer/Peters* BB 2012, 2575 (2577); GroßkommAktG/*Kort* AktG § 77 Rn. 68; *Hoffmann-Becking* ZGR 1998, 497 (504).
[4677] GroßkommAktG/*Kort* AktG § 77 Rn. 68; dagegen Grigoleit/*Grigoleit* AktG § 77 Rn. 20.
[4678] GroßkommAktG/*Kort* AktG § 77 Rn. 68, mit unzutreffendem Verweis auf Kölner Komm AktG/*Mertens/Cahn* § 77 Rn. 58, die Verfahrensregelungen für bestimmte zukünftige Fälle behandeln, die keine dauerhafte Geltung beanspruchen und bei denen es sich daher nicht um Geschäftsordnungsregeln handeln soll.
[4679] Vgl. zur GmbH BGHZ 220, 162 Rn. 20 = NJW 2019, 1067 – Weltruf.
[4680] *Seyfarth* VorstandsR § 2 Rn. 48.

mung des Aufsichtsrats, tritt sie frühestens mit deren Bekanntgabe in Kraft.[4681] Einzelregelungen in der Satzung treten in Kraft, sobald die Satzungsregelung in das Handelsregister eingetragen ist (§ 181 Abs. 3 AktG).

b) Rückwirkung?

2070 Eine Rückwirkung von Geschäftsordnungsregelungen **scheidet aus:** Rechte und Pflichten der Vorstandsmitglieder und Regelungen zur Organisation der Vorstandsarbeit können generell nicht rückwirkend geändert werden.[4682] Auch Zustimmungsvorbehalte zugunsten des Aufsichtsrats – die materiell gar keine Geschäftsordnungsregelungen sind (→ Rn. 2049) – können nicht rückwirkend begründet oder geändert werden. Dasselbe gilt für Änderungen der Vertretungsbefugnis, falls sie – obwohl es sich auch insofern materiell nicht um eine Geschäftsordnungsregelung handelt (→ Rn. 2129) – ausnahmsweise in der Geschäftsordnung geregelt ist. Sind Einzelfragen der Geschäftsordnung, Zustimmungsvorbehalte oder die Vertretungsbefugnis in der Satzung geregelt, ergibt sich der Rückwirkungsausschluss auch daraus, dass das Vertrauen von Dritten und Aktionären auf den Bestand der Satzungsregelungen geschützt ist.[4683] Außerhalb der Satzung sind zumindest die Aktionäre davor geschützt, dass Rechte und Pflichten rückwirkend geändert werden. Wird einem Vorstandsmitglied durch die Satzung oder einen Beschluss des Aufsichtsrats rückwirkend Einzelvertretungsbefugnis erteilt, kann darin eine Genehmigung genehmigungsfähiger Rechtsgeschäfte liegen (§ 177 BGB, § 180 S. 2 BGB, § 184 BGB).[4684]

c) Außerkrafttreten

2071 Die Geschäftsordnung gilt, bis ihre Wirksamkeit durch Fristablauf endet, sie geändert, aufgehoben oder durch eine neue Geschäftsordnung ersetzt wird.[4685] Eine langjährige **faktische Übung**, die der Geschäftsordnung widerspricht, soll sie demgegenüber nicht außer Kraft setzen.[4686] Dem ist zuzustimmen, sofern der Aufsichtsrat die Geschäftsordnung erlassen hat. Der Vorstand kann eine von ihm erlassene Geschäftsordnung auch konkludent ändern, wenn sämtliche Vorstandsmitglieder die faktische Übung mittragen. Im Übrigen kann die der Geschäftsordnung entgegenstehende faktische Übung eine – ggf. mehrfache – Durchbrechung im Einzelfall darstellen (→ Rn. 2153 ff.).

2072 Bestimmungen, die sich ausschließlich auf ein **bestimmtes Vorstandsmitglied** beziehen (personenbezogene Bestimmungen), treten außer Kraft, sobald es aus dem Vorstand ausscheidet.[4687] Personenbezogene Bestimmungen sind vor allem die Zuweisungen der Geschäftsbereiche[4688]; wird ein Vorstandsmitglied wiederbestellt, ist erneut ein Geschäftsbereich – ggf. der bisherige – zuzuweisen (→ Rn. 666 ff.). Ebenso treten Bestimmungen außer Kraft, die sich auf einen **konkreten Geschäftsvorgang** beziehen, wenn der betreffende Geschäftsvorgang abgeschlossen ist.[4689]

d) Auswirkungen personeller Veränderungen

2073 Hat der **Aufsichtsrat** die Geschäftsordnung erlassen, bleibt sie bei einem Mitgliederwechsel im Aufsichtsrat in Kraft.[4690] Der Erlass ist ein **Rechtsakt des Organs,** nicht seiner Mitglieder. Die Geltung der Geschäftsordnung hängt daher nicht vom Mitgliederbestand im Aufsichtsrat ab.[4691]

2074 Hat sich der **Vorstand** selbst eine Geschäftsordnung gegeben und **scheidet** ein **Vorstandsmitglied aus,** das bei dem Beschluss mitgewirkt hat, bleibt die Geschäftsordnung für die übrigen Vorstandsmitglieder in Kraft. Auch insoweit ist die Geschäftsordnung als „abstraktes Regelungsstatut"[4692] bzw. „Organisati-

---

[4681] *Seyfarth* VorstandsR § 2 Rn. 48.
[4682] Enger zur Geschäftsordnung für den Aufsichtsrat GroßkommAktG/*Hopt/Roth* AktG § 107 Rn. 294: keine rückwirkende Änderung, sofern ein Minderheitenrecht besteht und nicht jedes betroffene Aufsichtsratsmitglied zustimmt.
[4683] Hüffer/Koch/*Koch* AktG § 179 Rn. 28; MüKoAktG/*Stein* AktG § 181 Rn. 77, jew. mwN; aA zur rückwirkenden Änderung von Zustimmungsvorbehalten *Dempewolf* NJW 1958, 1212: Vertrauensschutz der Öffentlichkeit wird nicht berührt.
[4684] Vgl. insofern zu rückwirkenden Satzungsänderungen auch *Dempewolf* NJW 1958, 1212.
[4685] Hüffer/Koch/*Koch* AktG § 77 Rn. 22; GroßkommAktG/*Kort* AktG § 77 Rn. 74; *Seyfarth* VorstandsR § 2 Rn. 49.
[4686] *Seyfarth* VorstandsR § 2 Rn. 49.
[4687] *Obermüller* DB 1971, 952; GroßkommAktG/*Kort* AktG § 77 Rn. 75; *Kort* in Fleischer VorstandsR-HdB § 3 Rn. 43; MüKoAktG/*Spindler* AktG § 77 Rn. 50.
[4688] *Obermüller* DB 1971, 952.
[4689] GroßkommAktG/*Kort* AktG § 77 Rn. 75; *Kort* in Fleischer VorstandsR-HdB § 3 Rn. 43; *Obermüller* DB 1971, 952 (953).
[4690] GroßkommAktG/*Kort* AktG § 77 Rn. 76.
[4691] GroßkommAktG/*Kort* AktG § 77 Rn. 75; *Kort* in Fleischer VorstandsR-HdB § 3 Rn. 42; *Seyfarth* VorstandsR § 2 Rn. 49.
[4692] *Seyfarth* VorstandsR § 2 Rn. 49.

onsstatut"[4693] von der konkreten Organbesetzung unabhängig.[4694] Außer Kraft treten lediglich Bestimmungen, die auf das ausgeschiedene Vorstandsmitglied bezogen sind (→ Rn. 2072).

7. Bindungswirkung

Die Geschäftsordnung ist für den Vorstand als Gesamtorgan und die einzelnen Vorstandsmitglieder **bindend.** Die Geschäftsordnung zu beachten gehört zur **Legalitätspflicht** der Vorstandsmitglieder.[4695] Für die Regelungen zur Geschäftsführungsbefugnis ergibt sich das ausdrücklich aus § 82 Abs. 2 AktG. Der Vorstand kann aber die Geschäftsordnung im **Einzelfall durchbrechen,** wenn er sie selbst erlassen oder der Aufsichtsrat der Durchbrechung zugestimmt hat (→ Rn. 2153 ff.).

a) Allgemeine Bestimmungen

Im Ausgangspunkt wird zwischen allgemeinen und personen- sowie objektbezogenen Bestimmungen der Geschäftsordnung unterschieden. Zu den allgemeinen Bestimmungen der Geschäftsordnung gehören zB Regelungen über Modalitäten der Einberufung und Durchführung der **Vorstandssitzungen**[4696] und über Einzelheiten der **Leitung** der AG.[4697] Die allgemeinen Bestimmungen der Geschäftsordnung haben **Normcharakter.**[4698] Das wird daraus abgeleitet, dass die Satzung Einzelfragen der Geschäftsordnung bindend regeln kann (§ 77 Abs. 2 S. 2 AktG).[4699]

Allgemeine Bestimmungen mit Normcharakter gelten **unmittelbar** auch für **neu bestellte Vorstandsmitglieder,** unabhängig davon, ob der Aufsichtsrat oder der Vorstand die Bestimmungen beschlossen hat.[4700] Die Geschäftsordnung kann nur dann eine reibungslose und rationelle Arbeit des Vorstands gewährleisten, wenn sie nicht bei jedem Mitgliederwechsel erneut beschlossen werden muss.[4701] Zudem ist der Beschluss zur Bestellung dahin auszulegen, dass das Vorstandsmitglied auch der Geschäftsordnung für den Vorstand unterworfen sein soll, und dem stimmt das Vorstandsmitglied zu, wenn es die Bestellung annimmt.

Der **Vorstand** kann Beschlüsse über die Geschäftsordnung zwar nur **einstimmig** fassen (§ 77 Abs. 2 S. 3 AktG). Dieses Einstimmigkeitserfordernis bezieht sich nach ganz hA aber nur auf den **Erlass** der Geschäftsordnung, nicht auf ihre Fortgeltung.[4702] Erst **Änderungen** einer vom Vorstand erlassenen Geschäftsordnung, die **nach der Bestellung** eines neuen Vorstandsmitglieds vorgenommen werden, bedürfen eines neuen einstimmigen Beschlusses aller Vorstandsmitglieder einschließlich des neu hinzugetretenen Mitglieds.[4703] Eine solche nachträgliche Änderung ist auch die Zuweisung eines Geschäftsbereichs an das neue Vorstandsmitglied.

b) Personen- und objektbezogene Bestimmungen

Personenbezogene Bestimmungen (→ Rn. 2072) betreffen idR die Geschäftsverteilung. Die Zuweisung eines Geschäftsbereichs bindet zunächst das Vorstandsmitglied, an das sich die Regelung richtet: Es trägt die volle Handlungsverantwortung **(Ressortverantwortung)** für den ihm zugewiesenen Bereich (→ Rn. 2099 ff.). Die Zuweisung von Geschäftsbereichen ändert zudem die Pflichtenlage der anderen Vorstandsmitglieder: Sie trifft keine volle Handlungsverantwortung mehr, sondern eine **Überwachungs- und Kontrollpflicht** (→Rn. 2099 ff.).

[4693] *Kort* in Fleischer VorstandsR-HdB § 3 Rn. 42.
[4694] *Kort* in Fleischer VorstandsR-HdB § 3 Rn. 42; *Seyfarth* VorstandsR § 2 Rn. 49.
[4695] *Bicker* AG 2014, 8; *Rust* ZWeR 2015, 299 (303); BeckOGK AktG/*Fleischer* AktG § 93 Rn. 17, 19.
[4696] *Seyfarth* VorstandsR § 2 Rn. 43; *Obermüller* DB 1971, 952 (953).
[4697] *Obermüller* DB 1971, 952 (953).
[4698] *Hoffmann-Becking* ZGR 1998, 497 (500); ähnlich *Happ/Ludwig* in Happ/Groß AktR 8.01 Rn. 4.4; *Obermüller* DB 1971, 952 (953).
[4699] *Obermüller* DB 1971, 952 (953); *Happ/Ludwig* in Happ/Groß AktR 8.01 Rn. 4.4.
[4700] Zum Erlass durch den Aufsichtsrat Kölner Komm AktG/*Mertens/Cahn* AktG § 77 Rn. 65; GroßkommAktG/*Kort* AktG § 77 Rn. 76; MüKoAktG/*Spindler* AktG § 77 Rn. 45; Hüffer/Koch/*Koch* AktG § 77 Rn. 22; *M. Arnold* in Marsch-Barner/Schäfer Börsennotierte AG-HdB Rn. 19.99; zum Erlass durch den Vorstand Kölner Komm AktG/ *Mertens/Cahn* AktG § 77 Rn. 65; GroßkommAktG/*Kort* AktG § 77 Rn. 75; MüKoAktG/*Spindler* AktG § 77 Rn. 45; MHdB AG/*Hoffmann-Becking* § 22 Rn. 33; *M. Arnold* in Marsch-Barner/Schäfer Börsennotierte AG-HdB Rn. 19.99.
[4701] Ebenso *Obermüller* DB 1971, 952 (953).
[4702] Kölner Komm AktG/*Mertens/Cahn* AktG § 77 Rn. 65; Hüffer/Koch/*Koch* AktG § 77 Rn. 22; MüKoAktG/*Spindler* AktG § 77 Rn. 45; MHdB AG/*Hoffmann-Becking* § 22 Rn. 33; *M. Arnold* in Marsch-Barner/Schäfer Börsennotierte AG-HdB Rn. 19.99.
[4703] *Hoffmann-Becking* ZGR 1998, 497 (500 f.); Kölner Komm AktG/*Mertens/Cahn* AktG § 77 Rn. 65.

c) Persönliche Verhaltenspflichten der Vorstandsmitglieder

2080 Regelungen, die persönliche Verhaltenspflichten der Vorstandsmitglieder begründen – etwa zum Umgang mit Interessenkonflikten oder zur Übernahme von Nebentätigkeiten – können nicht einseitig durch Mehrheitsbeschluss des Aufsichtsrats begründet werden, sondern sind nur gegenüber den Vorstandsmitgliedern verbindlich, die ihnen **zugestimmt** haben.[4704] Im Schrifttum wird darauf hingewiesen, in der Geschäftsordnung geregelte persönliche Verhaltenspflichten der Vorstandsmitglieder müssten durch eine dynamische Verweisung in sämtlichen[4705] Anstellungsverträgen verbindlich gemacht werden.[4706] Das ist überflüssig: Da der Beschluss des Aufsichtsrats zur Bestellung dahin auszulegen ist, dass das bestellte Vorstandsmitglied insgesamt der Geschäftsordnung für den Vorstand unterworfen sein soll, liegt die erforderliche Zustimmung durch die Annahme der Bestellung stets vor. Handlungsvorgaben zum Umgang mit Interessenkonflikten ergeben sich im Übrigen ohnehin aus den allgemeinen Treue- und Sorgfaltspflichten.[4707]

8. Geschäftsverteilung

2081 Nach dem gesetzlichen Regelfall sind bei einem mehrgliedrigen Vorstand sämtliche Mitglieder nur gemeinschaftlich zur Geschäftsführung befugt (§ 77 Abs. 1 S. 1 AktG, **Gesamtgeschäftsführung**). Die Geschäftsordnung kann davon abweichen, indem sie Geschäftsbereiche bildet und Vorstandsmitgliedern zuweist (§ 77 Abs. 1 S. 2 Hs. 1 AktG – Geschäftsverteilung oder **horizontale Delegation**). Dabei sind zwingende Satzungsvorgaben zur Geschäftsführung zu beachten (§ 77 Abs. 1 S. 2 Hs. 1, Abs. 2 S. 2 AktG). **Nicht** in die Geschäftsordnung für den Vorstand **aufgenommen** werden können Regelungen zu „Marken- oder Bereichsvorständen", also zu virtuellen Gremien unterhalb des Vorstands, deren Mitglieder idR nicht als Vorstandsmitglieder im aktienrechtlichen Sinn bestellt werden und bei denen es sich idR um leitende Angestellte handelt.[4708] Für die Einrichtung virtueller Gremien unterhalb des Vorstands ist **ausschließlich** der **Vorstand** zuständig **(vertikale Delegation).**

2082 Zu paritätisch mitbestimmten Gesellschaften wird vereinzelt vertreten, der **Geschäftsbereich** des **Arbeitsdirektors** sei zwingend in die Geschäftsordnung aufzunehmen.[4709] Das ist **abzulehnen.** Die Zuweisung des „Kernbereichs von Zuständigkeiten in Personal- und Sozialfragen" ist Bestandteil der (ressortgebundenen) Bestellung zum Arbeitsdirektor (→ Rn. 644) und folgt für paritätisch mitbestimmte Gesellschaften zwingend aus § 33 MitbestG.[4710] Die Geschäftsordnung kann an dieser Zuweisung nichts ändern, sondern sie lediglich **deklaratorisch** nachvollziehen.[4711] Die Geschäftsordnung kann dem Arbeitsdirektor dessen Mindestzuständigkeitsbereich nicht entziehen, sondern nur zu anderen Ressorts abgrenzen und das Verhältnis von Ressortzuständigkeit und Gesamtverantwortung festlegen.[4712]

a) Grenzen der Geschäftsverteilung

2083 Die Zuständigkeit zur **Leitung** der AG (§ 76 Abs. 1 AktG) kann nicht insgesamt einzelnen Vorstandsmitgliedern oder Dritten übertragen werden. Es ist vielmehr lediglich zulässig, einzelnen Vorstandsmitgliedern **Einzelaufgaben** zu übertragen; dabei soll nur die **Ausführung** der Aufgaben übertragen werden, die **Zuständigkeit** hingegen beim Gesamtvorstand verbleiben.[4713]

2084 **aa) Grundsatz der Gesamtverantwortung.** Der Grundsatz der Gesamtverantwortung bildet eine Schranke jeder Geschäftsverteilung.[4714] Danach trägt bei einem mehrgliedrigen Vorstand jedes Vorstandsmitglied die Pflicht für die Geschäftsleitung im Ganzen[4715] und muss sich dafür einsetzen, „dass der Ge-

---

[4704] Vgl. KBLW/*Lutter* DCGK Rn. 1894; Kölner Komm AktG/*Lutter* AktG § 161 Rn. 121.
[4705] Vgl. KBLW/*Lutter* DCGK Rn. 1894 mwN.
[4706] KBLW/*Lutter* DCGK Rn. 1895; *Kiem* in Habersack/Mülbert/Schlitt Kapitalmarktinformation-HdB § 13 Rn. 43.
[4707] Wilsing/*Goslar* DCGK 4.3.3. Rn. 4; KBLW/*Bachmann* DCGK Rn. 1075; BeckOGK AktG/*Fleischer* AktG § 93 Rn. 143f.
[4708] Dazu GroßkommAktG/*Kort* AktG § 77 Rn. 6; Hüffer/Koch/*Koch* AktG § 77 Rn. 5.
[4709] Hanau/Ulmer/*Hanau* MitbestG, 1. Aufl. 1981, § 33 Rn. 38.
[4710] Dasselbe gilt für Gesellschaften, die dem MontanMitbestG unterliegen: Nach hA sind die Grundsätze, die zur Rechtsstellung und zum Geschäftsbereich des Arbeitsdirektors zum Mitbestimmungsgesetz entwickelt wurden, insoweit zu übertragen; ErfK/*Oetker* MontanMitbestG § 13 Rn. 2; MAH AktR/*Ritter* § 22 Rn. 45; NK-ArbR/*Heither/v. Morgen* MontanMitbestG § 13 Rn. 2.
[4711] Habersack/Henssler/*Henssler* MitbestG § 33 Rn. 9; GroßkommAktG/*Oetker* MitbestG § 33 Rn. 21; aA *Hoffmann* BB 1977, 17 (19): Aus § 33 MitbestG ergebe sich lediglich ein Anspruch des Arbeitsdirektors darauf, dass ihm der Kernbereich zugewiesen werde; die tatsächliche Zuweisung könne in der Geschäftsordnung vorgenommen werden.
[4712] MüKoAktG/*Annuß* MitbestG § 33 Rn. 7; Habersack/Henssler/*Henssler* MitbestG § 33 Rn. 9; *Säcker* DB 1977, 1993 (1994).
[4713] MüKoAktG/*Spindler* AktG § 77 Rn. 63.
[4714] Kölner Komm AktG/*Mertens/Cahn* AktG § 77 Rn. 23; *Schiessl* ZGR 1992, 64 (67); *Fleischer* NZG 2003, 449 (450).
[4715] *Fleischer* NZG 2003, 449 (450).

samtvorstand ordnungsgemäß und rechtmäßig funktioniert".[4716] Der Grundsatz der Gesamtverantwortung wird überwiegend aus § 76 Abs. 1 AktG abgeleitet:[4717] Danach ist die Leitung der AG zwingend[4718] dem Vorstand als Gesamtorgan zugewiesen.[4719] Aufgaben, die zwingend dem Gesamtvorstand zugewiesen sind, können nicht abschließend einzelnen Vorstandsmitgliedern übertragen werden.[4720] Geschäftsführungsaufgaben, die zwingend dem Gesamtvorstand zugewiesen sind (**organschaftliche Mindestzuständigkeit des Vorstands**)[4721], lassen sich in **zwei Gruppen** einteilen: Aufgaben, die gesetzlich dem Gesamtvorstand zugewiesen sind, und Aufgaben, die zum „Kernbereich der Leitung" gehören.

(1) Zuständigkeit des Gesamtvorstands kraft gesetzlicher Zuweisung. Kraft gesetzlicher Zuweisung ist zwingend der Gesamtvorstand zuständig für Aufgaben, die das **Verhältnis** des **Vorstands** zu den **anderen Organen** der AG, Aufsichtsrat und Hauptversammlung, betreffen.[4722] Das betrifft zB das Verlangen, dass die Hauptversammlung über eine Frage der Geschäftsführung entscheidet (§ 119 Abs. 2 AktG),[4723] die Einberufung der Hauptversammlung (§ 121 Abs. 2 AktG),[4724] die Pflicht zur Vorbereitung (etwa § 118 Abs. 2 AktG § 124 Abs. 3 AktG[4725] sowie § 83 Abs. 1 AktG) und Ausführung von Hauptversammlungsbeschlüssen (§ 83 Abs. 2 AktG),[4726] die Geltendmachung der Anfechtbarkeit und der Nichtigkeit von Hauptversammlungsbeschlüssen (§ 245 Nr. 4 AktG, § 249 Abs. 1 S. 1 AktG),[4727] der Vorschlag über die Gewinnverwendung (§ 170 Abs. 2 AktG),[4728] das Sorgen für die gesetzmäßige Zusammensetzung des Aufsichtsrats (§§ 97, 98, 104 AktG)[4729], die Berichterstattung an den Aufsichtsrat (§ 90 AktG)[4730] und die Vorlage zustimmungspflichtiger Geschäfte an den Aufsichtsrat (§ 111 Abs. 4 S. 2 AktG)[4731].

Zuständig kraft gesetzlicher Zuweisung ist der Vorstand zudem für Aufgaben, die ihn vorwiegend im **öffentlichen Interesse** – vor allem dem der Gläubiger[4732] – treffen,[4733] insbes. die Buchführungspflicht (§ 91 Abs. 1 AktG)[4734] und die Einrichtung eines Risikomanagement- und Überwachungssystems (§ 91 Abs. 2 AktG),[4735] die Verlustanzeige (§ 92 Abs. 1 AktG),[4736] die Insolvenzantragspflicht (§ 15a InsO),[4737] die Aufstellung und Vorlage des Jahresabschlusses und des Konzernabschlusses mit dem Lagebericht und dem Konzernlagebericht sowie die Vorlage des Geschäftsberichts (§ 242 HGB, § 246 Abs. 1 HGB),[4738] die Aufstellung und Vorlage des Abhängigkeitsberichts (§ 312 Abs. 1 S. 1 AktG)[4739] und eines gesonderten

---

[4716] Vgl. GroßkommAktG/*Kort* AktG § 77 Rn. 35; Bürgers/Körber/*Bürgers* AktG § 77 Rn. 12.
[4717] GroßkommAktG/*Kort* AktG § 76 Rn. 195; *Fleischer* NZG 2003, 449 (450); *Schiessl* ZGR 1992, 64 (67); *Seyfarth* VorstandsR § 2 Rn. 10.
[4718] Kölner Komm AktG/*Mertens/Cahn* AktG § 76 Rn. 42.
[4719] *Fleischer* NZG 2003, 449 (450).
[4720] *Fleischer* NZG 2003, 449 (450); Hüffer/Koch/*Koch* AktG § 77 Rn. 18.
[4721] *Hoffmann-Becking* ZGR 1998, 497 (508); *v. Hein* ZHR 166 (2002), 464 (485).
[4722] GroßkommAktG/*Kort* AktG § 77 Rn. 35; Hüffer/Koch/*Koch* AktG § 77 Rn. 17; *Happ/Ludwig* in Happ/Groß AktR 8.01 Rn. 6.1; *Hoffmann-Becking* ZGR 1998, 497 (508); *v. Hein* ZHR 166 (2002), 464 (485 f.).
[4723] *Ihrig/Schäfer* Rechte und Pflichten des Vorstands § 16 Rn. 418; Kölner Komm AktG/*Mertens/Cahn* AktG § 77 Rn. 24; MüKoAktG/*Spindler* AktG § 77 Rn. 64; *Happ/Ludwig* in Happ/Groß AktR 8.01 Rn. 11.1.
[4724] *Ihrig/Schäfer* Rechte und Pflichten des Vorstands § 16 Rn. 418; Kölner Komm AktG/*Mertens/Cahn* AktG § 77 Rn. 24; *Happ/Ludwig* in Happ/Groß AktR 8.01 Rn. 11.1.
[4725] BGHZ 149, 158 (160 f.) = NJW 2002, 1128 – Sachsenmilch III; Kölner Komm AktG/*Mertens/Cahn* AktG § 77 Rn. 24; *Fleischer* NZG 2003, 449 (450 f.).
[4726] *Ihrig/Schäfer* Rechte und Pflichten des Vorstands § 16 Rn. 418; MüKoAktG/*Spindler* AktG § 77 Rn. 64.
[4727] *Ihrig/Schäfer* Rechte und Pflichten des Vorstands § 16 Rn. 418; Kölner Komm AktG/*Mertens/Cahn* AktG § 77 Rn. 24; MüKoAktG/*Spindler* AktG § 77 Rn. 64; *Happ/Ludwig* in Happ/Groß AktR 8.01 Rn. 11.1.
[4728] *Ihrig/Schäfer* Rechte und Pflichten des Vorstands § 16 Rn. 418; Kölner Komm AktG/*Mertens/Cahn* AktG § 77 Rn. 24; MüKoAktG/*Spindler* AktG § 77 Rn. 64.
[4729] *Ihrig/Schäfer* Rechte und Pflichten des Vorstands § 16 Rn. 418; Kölner Komm AktG/*Mertens/Cahn* AktG § 77 Rn. 24; *Happ/Ludwig* in Happ/Groß AktR 8.01 Rn. 11.1. Nach *Ihrig/Schäfer* soll auch die Bekanntmachung von Änderungen im Aufsichtsrat (§ 106 AktG) zwingend zur Gesamtverantwortung des Vorstands gehören.
[4730] *Ihrig/Schäfer* Rechte und Pflichten des Vorstands § 16 Rn. 418; Kölner Komm AktG/*Mertens/Cahn* AktG § 77 Rn. 24; MüKoAktG/*Spindler* AktG § 77 Rn. 64; *Happ/Ludwig* in Happ/Groß AktR 8.01 Rn. 11.1.
[4731] *Ihrig/Schäfer* Rechte und Pflichten des Vorstands § 16 Rn. 418; Kölner Komm AktG/*Mertens/Cahn* AktG § 77 Rn. 24; *Hoffmann-Becking* ZGR 1998, 497 (508).
[4732] *Wettich*, Vorstandsorganisation in der Aktiengesellschaft, 2008, 50.
[4733] *Hoffmann-Becking* ZGR 1998, 497 (508); *v. Hein* ZHR 166 (2002), 464 (485 f.).
[4734] *Ihrig/Schäfer* Rechte und Pflichten des Vorstands § 16 Rn. 418; Kölner Komm AktG/*Mertens/Cahn* AktG § 77 Rn. 24; MüKoAktG/*Spindler* AktG § 77 Rn. 64; *Happ/Ludwig* in Happ/Groß AktR 8.01 Rn. 11.1.
[4735] Vgl. VG Frankfurt a. M. AG 2005, 264 (265); Kölner Komm AktG/*Mertens/Cahn* AktG § 77 Rn. 24; *Happ/Ludwig* in Happ/Groß AktR 8.01 Rn. 11.1.
[4736] *Ihrig/Schäfer* Rechte und Pflichten des Vorstands § 16 Rn. 419; Kölner Komm AktG/*Mertens/Cahn* AktG § 77 Rn. 24; MüKoAktG/*Spindler* AktG § 77 Rn. 64; *Happ/Ludwig* in Happ/Groß AktR 8.01 Rn. 11.1.
[4737] *Ihrig/Schäfer* Rechte und Pflichten des Vorstands § 16 Rn. 418; MüKoAktG/*Spindler* AktG § 77 Rn. 64.
[4738] *Ihrig/Schäfer* Rechte und Pflichten des Vorstands § 16 Rn. 418; MüKoAktG/*Spindler* AktG § 77 Rn. 64.
[4739] *Ihrig/Schäfer* Rechte und Pflichten des Vorstands § 16 Rn. 418.

nichtfinanziellen Berichts, eines gesonderten nichtfinanziellen Konzernberichts (§§ 289b, 315b HGB),[4740] die Erklärung zum Deutschen Corporate Governance Kodex (§ 161 AktG)[4741] sowie die Erfüllung steuer- und sozialversicherungsrechtlicher Pflichten der AG.[4742]

2087 Die gesetzliche Zuweisung ist teilweise daran erkennbar, dass das Gesetz **ausdrücklich** einen Vorstandsbeschluss voraussetzt (zB § 121 Abs. 2 S. 1 AktG). Auch wenn der Gesetzgeber vom „Vorstand" spricht, meint er den Gesamtvorstand, es sei denn es geht um den Vorstand als Vertretungsorgan.[4743]

2088 **(2) Kernbereich der Leitung der AG.** In einer **zweiten** Gruppe lassen sich Aufgaben zusammenfassen, für die sich die zwingende Zuständigkeit des Gesamtvorstands nicht aus dem Gesetz ergibt, die jedoch zum **Kernbereich** der Leitung der AG zählen und daher dem Vorstand als Kollegialorgan vorbehalten bleiben müssen **(Prinzip der Gesamtleitung).**[4744] Die **Abgrenzung** zu einfachen Maßnahmen der Geschäftsführung soll sich am Bezug der Maßnahme zum Gesamtunternehmen, der Erheblichkeit der Entscheidung für die Unternehmensentwicklung, der Bedeutung für die Finanz-, Ertrags- und Beschäftigungslage und der Größe des Unternehmens orientieren.[4745]

2089 Zu den Leitungsfragen werden grundlegende Fragen der Unternehmenspolitik,[4746] der Unternehmensplanung, der Unternehmenskoordination und der Unternehmenskontrolle gezählt.[4747] Auch die Besetzung von **Führungsstellen** soll dem Gesamtvorstand vorbehalten bleiben.[4748] Teilweise wird vertreten, nicht nur die Auswahl und Überwachung der obersten, dem Vorstand unmittelbar nachgeordneten Führungsebene sei Sache des Gesamtvorstands, sondern der Gesamtvorstand müsse auch dafür sorgen, dass der Vorstand mit geeigneten Kandidaten ergänzt wird.[4749] Zwar sei der Aufsichtsrat für die Bestellung von Vorstandsmitgliedern zuständig. Der Aufsichtsrat sei aber auf die Vorbereitung durch den Vorstand angewiesen.[4750] Personalentscheidungen unterhalb der dem Vorstand unmittelbar nachgeordneten Führungsebene sollen delegierbar sein, und zwar sowohl an einzelne Vorstandsmitglieder als auch an die Führungsebene unterhalb des Vorstands.[4751]

2090 Auch die Zuständigkeit für **Compliance** zählt zu den Leitungsaufgaben und ist deshalb **zwingend** dem **Gesamtvorstand** zugewiesen.[4752] Grundlegende Entscheidungen über die Einrichtung eines Compliance-Systems muss der Gesamtvorstand treffen und die Wirksamkeit des Systems überwachen.[4753] Nach hA ist es jedoch zulässig und üblich,[4754] im Rahmen einer horizontalen Arbeitsteilung einem einzelnen Vorstandsmitglied den Bereich Compliance als Ressort zuzuweisen.[4755] Dieses Vorstandsmitglied ist dann primär zuständig, die vom Gesamtvorstand festgelegten Grundzüge des Compliance-Systems in konkrete Maßnahmen umzusetzen und deren Durchführung zu überwachen.[4756] Bei Compliance-Aufgaben soll es sich daher um „beschränkt delegierbare" Leitungsaufgaben handeln.[4757]

[4740] Beck Bil-Komm/*Störk/Schäfer/Schönberger* HGB § 289b Rn. 20; *Fleischer* AG 2017, 509 (522); zu Delegationsmöglichkeiten *Bachmann* ZGR 2018, 231 (238).
[4741] *Ihrig/Schäfer* Rechte und Pflichten des Vorstands § 16 Rn. 418; Kölner Komm AktG/*Mertens/Cahn* AktG § 77 Rn. 24.
[4742] Zur GmbH BGH NJW 1997, 130 (131 f.) sowie BFHE 141, 433 (447) = NJW 1985, 93; Kölner Komm AktG/ *Mertens/Cahn* AktG § 77 Rn. 24; GroßkommAktG/*Kort* AktG § 77 Rn. 33.
[4743] *Wettich*, Vorstandsorganisation in der Aktiengesellschaft, 2008, 50.
[4744] *Langer/Peters* BB 2012, 2575 (2579); MüKoAktG/*Spindler* AktG § 77 Rn. 63; Kölner Komm AktG/*Mertens/Cahn* AktG § 77 Rn. 22 f.; GroßkommAktG/*Kort* AktG § 77 Rn. 31; Hüffer/Koch/*Koch* AktG § 77 Rn. 18; Grigoleit/ *Grigoleit* AktG § 77 Rn. 11.
[4745] Hölters/*Weber* AktG § 76 Rn. 11; *Ihrig/Schäfer* Rechte und Pflichten des Vorstands § 16 Rn. 420 f.
[4746] Kölner Komm AktG/*Mertens/Cahn* AktG § 77 Rn. 23; GroßkommAktG/*Kort* AktG § 77 Rn. 32; Hölters/*Weber* AktG § 76 Rn. 8; Hüffer/Koch/*Koch* AktG § 76 Rn. 9; *Langer/Peters* BB 2012, 2575 (2579).
[4747] GroßkommAktG/*Kort* AktG § 77 Rn. 31; MüKoAktG/*Spindler* AktG § 77 Rn. 63; Hüffer/Koch/*Koch* AktG § 77 Rn. 18; Hölters/*Weber* AktG § 77 Rn. 29; Grigoleit/*Grigoleit* AktG § 77 Rn. 11, § 76 Rn. 8; *Ihrig/Schäfer* Rechte und Pflichten des Vorstands § 16 Rn. 419; *Langer/Peters* BB 2012, 2575 (2579).
[4748] MüKoAktG/*Spindler* AktG § 77 Rn. 63; Kölner Komm AktG/*Mertens/Cahn* AktG § 77 Rn. 23; Hüffer/Koch/*Koch* AktG § 77 Rn. 18; Hölters/*Weber* AktG § 77 Rn. 29; *Ihrig/Schäfer* Rechte und Pflichten des Vorstands § 16 Rn. 419; *Langer/Peters* BB 2012, 2575 (2579).
[4749] Kölner Komm AktG/*Mertens/Cahn* AktG § 77 Rn. 23; GroßkommAktG/*Kort* AktG § 77 Rn. 32; zum Zusammenwirken von Aufsichtsrat und Vorstand bei der Auswahl von Kandidaten *Semler* FS Lutter, 2000, 721 (722 f.) und → Rn. 534 ff.
[4750] Kölner Komm AktG/*Mertens/Cahn* AktG § 77 Rn. 23.
[4751] GroßkommAktG/*Kort* AktG § 77 Rn. 31.
[4752] LG München I NZG 2014, 345, (347) – Siemens/Neubürger; GroßkommAktG/*Kort* AktG § 91 Rn. 127; Hüffer/ Koch/*Koch* AktG § 76 Rn. 12; *Fleischer* NZG 2014, 321 (323).
[4753] *Fleischer* NZG 2014, 321 (323); GroßkommAktG/*Kort* AktG § 91 Rn. 127.
[4754] GroßkommAktG/*Kort* AktG § 91 Rn. 127.
[4755] GroßkommAktG/*Kort* AktG § 91 Rn. 127; BeckOGK AktG/*Fleischer* AktG § 91 Rn. 67; *Fleischer* NZG 2014, 321 (323); *Goette* ZHR 175 (2011), 388 (394).
[4756] *Fleischer* NZG 2014, 321 (323); *Goette* ZHR 175 (2011), 388 (394); ausführlich zum Meinungsstand *Nietsch* ZHR 180 (2016), 733 (740 ff.).

Die Pflicht zur **gegenseitigen Überwachung** im Vorstand (→ Rn. 2099 ff.) kann nicht einem einzelnen Mitglied übertragen werden.[4758] Hierzu ist aufgrund der Gesamtverantwortung **jedes** Mitglied individuell im Verhältnis zu jedem anderen Mitglied verpflichtet. Der Gesamtvorstand ist verpflichtet, ein internes **Informationssystem** einzurichten, um sicherzustellen, dass die für die wechselseitige Überwachung erforderlichen Informationen aus sämtlichen Ressorts an die anderen Vorstandsmitglieder weitergeleitet werden.[4759] Zu GmbH-Geschäftsführern hat der BGH entschieden, dass nicht zwingend eine **ausdrückliche** Regelung erforderlich ist; ungeachtet dessen ist eine solche zu empfehlen. Insofern kann insbes. geregelt werden, dass Vorstandsmitglieder den Vorsitzenden oder den Gesamtvorstand im Voraus über wichtige Entscheidungen informieren und anhören müssen und Maßnahmen in ihrem Geschäftsbereich nur mit vorheriger Zustimmung des Gesamtvorstands durchführen dürfen.[4760] Ferner kann geregelt werden, wie sich Vorstandsmitglieder untereinander abstimmen müssen, deren Geschäftsbereiche gleichzeitig von einer bestimmten Maßnahme betroffen sind.[4761] Generell sollten sich die Vorstandsmitglieder regelmäßig in Sitzungen über die wesentlichen Angelegenheiten ihrer Geschäftsbereiche informieren.

(3) Rückfall von Ressortzuständigkeiten an den Gesamtvorstand in Krisensituationen. Tritt in einem Geschäftsbereich eine besondere Krisen- oder Ausnahmesituation ein, soll für den betroffenen Geschäftsbereich ungeachtet einer wirksamen Geschäftsverteilung zwingend der Gesamtvorstand zuständig sein.[4762] Ausgangspunkt der Überlegungen ist die Rechtsprechung des BGH zur strafrechtlichen Produkthaftung in der sog. **„Lederspray-Entscheidung":** Nach Auffassung des BGH fiel die Pflicht, einen Rückruf anzuordnen, ungeachtet der bestehenden Geschäftsverteilung in die Gesamtverantwortung der Geschäftsleitung.[4763] Dogmatisch wird der *„Rückfall von Ressortzuständigkeiten in die originäre Zuständigkeit des Gesamtvorstands"* entweder als gesteigerte Überwachungspflicht hinsichtlich eines „fremden" Geschäftsbereichs, die zu einer Gesamtzuständigkeit des Vorstands erstarkt,[4764] oder als originäre Handlungspflicht eingeordnet.[4765]

Unter welchen Voraussetzungen danach der Gesamtvorstand zuständig ist zu handeln, ist in Rechtsprechung und Schrifttum bisher nicht geklärt. Der BGH sprach in der „Lederspray-Entscheidung" von einem *„ressortübergreifenden Problem"*, bei dem angesichts seiner *„Allgegenwart"* eine ressortinterne, mit den anderen Geschäftsbereichen nicht abgestimmte Lösung des Problems nicht in Betracht komme.[4766] Der Gesamtvorstand soll danach jedenfalls zuständig sein, wenn die **wirtschaftliche Existenz** der AG **bedroht** ist.[4767] Es gehöre zu den zentralen Leitungsaufgaben des Gesamtvorstands, den Fortbestand der AG zu sichern.[4768] Auch bei konkreten und erheblichen Gefahren für die Allgemeinheit oder hochrangige Individualrechtsgüter – etwa wenn die Krise durch Produktfehler verursacht wurde – soll zwingend der Gesamtvorstand zuständig sein, die Krisensituation zu bewältigen.[4769] Tritt eine **Krisensituation unterhalb dieser Schwelle** ein, dh sind weder die Existenz der AG noch die Allgemeinheit oder hochrangige Individualrechtsgüter konkret und erheblich gefährdet, kann der Aufsichtsrat ad hoc klarstellen, ob die bestehende Ressortverteilung im Krisenfall aufrechterhalten werden soll oder ob dann ein Vorstandsmitglied allein oder mehrere Vorstandsmitglieder gemeinsam oder der Gesamtvorstand für die Bewältigung der Krise zuständig sein sollen.[4770] Dabei hat der Aufsichtsrat einzuschätzen, wie die konkrete Krisensitua-

---

[4757] GroßkommAktG/*Kort* AktG § 77 Rn. 31.
[4758] MüKoAktG/*Spindler* AktG § 77 Rn. 63; Hüffer/Koch/*Koch* AktG § 77 Rn. 18; Grigoleit/*Grigoleit* AktG § 77 Rn. 11, § 76 Rn. 84; *Seyfarth* VorstandsR § 2 Rn. 10, 53.
[4759] *Happ/Ludwig* in Happ/Groß AktR 8.01 Rn. 6.1; *Hoffmann-Becking* ZGR 1998, 497 (513); *Schiessl* ZGR 1992, 64 (69); *v. Hein* ZHR 166 (2002), 464 (487); *Seyfarth* VorstandsR § 2 Rn. 10.
[4760] GroßkommAktG/*Kort* AktG § 77 Rn. 84 f.; *E. Vetter* in Krieger/U.H. Schneider Managerhaftung-HdB § 18 Rn. 18.
[4761] GroßkommAktG/*Kort* AktG § 77 Rn. 85; *Langer/Peters* BB 2012, 2575 (2579).
[4762] BeckOGK AktG/*Fleischer* AktG § 77 Rn. 70; *Schmidt-Husson* in Hauschka/Moosmayer/Lösler Corporate Compliance-HdB, § 6 Rn. 25; *Nietsch/Habbe* DB 2019, 409 (415); *Seibt* BB 2019, 2563 (2568); *Emde* FS U.H. Schneider, 2011, 295 (319).
[4763] Zur GmbH BGHSt 37, 106 (124) = NJW 1990, 2560 (2565) – Lederspray.
[4764] *Seibt* BB 2019, 2563 (2568); *Nietsch/Habbe* DB 2019, 409 (415).
[4765] BeckOGK AktG/*Fleischer* AktG § 77 Rn. 70.
[4766] Zur GmbH BGHSt 37, 106 (124) = NJW 1990, 2560 (2565) – Lederspray.
[4767] *Nietsch/Habbe* DB 2019, 409 (415); *Nietsch* ZIP 2013, 1449 (1453); BeckOGK AktG/*Fleischer* AktG § 77 Rn. 71; wohl weniger streng *Seibt* BB 2019, 2563 (2568).
[4768] *Nietsch* ZIP 2013, 1449 (1453); BeckOGK AktG/*Fleischer* AktG § 77 Rn. 70.
[4769] Zur GmbH BGHSt 37, 106 (124) = NJW 1990, 2560 (2565) – Lederspray; *Seibt* BB 2019, 2563 (2568). Unklar *Nietsch* ZIP 2013, 1449 (1454): Lediglich die Ressortaufteilung zwischen Vorstandsmitgliedern soll *„suspendiert"* sein, deren Geschäftsbereiche betroffen sind; nach *Nietsch/Habbe* DB 2019, 409 (415) sollen gesellschaftsrechtliche Überlegungen *„weitgehend obsolet [sein]"*, vielmehr komme *„es zu einer weitgehenden Überlagerung des Gesellschaftsrechts durch das Strafrecht."*
[4770] Vgl. *Nietsch/Habbe* DB 2019, 409 (415).

tion voraussichtlich am schnellsten und wirksamsten bewältigt werden kann.[4771] Ein wichtiger Gesichtspunkt ist, ob das ressortverantwortliche Vorstandsmitglied die Krise mitverursacht hat oder ein entsprechender Verdacht besteht. Insbesondere für die Entscheidung über Produktrückrufe richten Vorstände häufig ein Gremium unterhalb der Ebene des Vorstands ein. Eine Eskalation an den Gesamtvorstand ist ggf. vorzusehen, sobald die angesprochene Schwelle erreicht ist.

2094 bb) **Grundsatz der Gleichberechtigung. (1) Inhalt.** Der Vorstand ist als **Kollegialorgan** konzipiert. Das Schrifttum leitet daraus den sog. Grundsatz der Gleichberechtigung der Vorstandsmitglieder ab.[4772] Der Grundsatz der Gleichberechtigung verpflichtet nicht, die Position jedes Vorstandsmitglieds (annähernd) gleich auszugestalten. Die Geschäftsordnung darf hinsichtlich der Leitungs- und Geschäftsführungsbefugnis sowie der Geschäftsverteilung zwischen den Vorstandsmitgliedern unterscheiden.[4773] In der Regel gelingt es kaum, das Gewicht der einzelnen Geschäftsbereiche vollkommen gleichmäßig auszutarieren. Der Einfluss der Vorstandsmitglieder ist deshalb zwangsläufig unterschiedlich.[4774] Auch besondere Kenntnisse und Fähigkeiten der Vorstandsmitglieder dürfen berücksichtigt werden. **Unzulässig** ist aber eine sog. „**vertikale Vorstandsorganisation**"[4775]: Es darf keine „Vorstandsmitglieder zweiter Klasse" geben.[4776] Bestimmungen der Geschäftsordnung verletzen den Grundsatz der Gleichberechtigung, wenn sie ein „**krasses Ungleichgewicht** der Leitungskompetenzen der Vorstandsmitglieder" bewirken.[4777]

2095 Wo die Grenzen einer noch zulässigen Differenzierung verlaufen, wird lediglich grob umrissen. Nach verbreiteter und zutreffender Ansicht ist es (selbstverständlich) **zulässig,** einem Vorstandsmitglied ein **bedeutsameres Ressort** als anderen Vorstandsmitgliedern zuzuweisen.[4778] Dagegen soll es unzulässig sein, einem Vorstandsmitglied ein besonders großes „Superressort" zuzuweisen, einem anderen hingegen einen völlig belanglosen Aufgabenbereich.[4779] Auch eine solche Geschäftsverteilung erscheint aber nicht per se pflichtwidrig. Vereinzelt wird vertreten, die Gleichberechtigung sei im Wesentlichen schon durch den zwingenden Grundsatz der Gesamtverantwortung und die insofern bestehenden umfassenden Informations- und Interventionsrechte sichergestellt.[4780]

2096 **(2) „Zölibatsklauseln".** Nicht diskutiert wird, ob ein Vorstandsmitglied bestellt werden kann, ohne dass ihm bei bestehender Ressortaufteilung ein eigenes Ressort zugewiesen wird. Ein solches „**ressortloses**" **Vorstandsmitglied** wäre berechtigt und verpflichtet, die Aufgaben wahrzunehmen, die zwingend dem Gesamtvorstand zugewiesen sind (→ Rn. 2084 ff.). Darüber hinaus wäre das ressortlose Vorstandsmitglied von der Geschäftsführung ausgeschlossen. Für die **GmbH** ist weitgehend anerkannt, dass iRd Geschäftsverteilung Regelungen zulässig sind, die einzelnen Geschäftsführern ein Ressort zuweisen und anderen nicht (sog. **Zölibatsklauseln**).[4781] Sie können dazu dienen, auf Geschäftsführungsebene Informations- und Kontrollrechte für einen von der aktiven Geschäftsführung ausgeschlossenen Minderheitsgesellschafter zu begründen[4782] oder einen in der Geschäftsführung zunächst auf das Außenverhältnis beschränkten „Juniorgesellschafter" aufzunehmen.[4783] Voraussetzung einer Zölibatsklausel ist, dass neben dem Zölibatsgeschäftsführer mindestens ein weiterer Geschäftsführer mit Geschäftsführungsbefugnis bestellt ist.[4784] Geschäftsführer, denen keine Geschäftsführungsaufgaben ausdrücklich zugewiesen werden, müssen lediglich

---

[4771] *Nietsch/Habbe* DB 2019, 409 (415).
[4772] *Schwark* ZHR 142 (1978), 203 (218); *Langer/Peters* BB 2012, 2575 (2577); *Hoffmann-Becking* ZGR 1998, 497 (514); Hölters/*Weber* AktG § 77 Rn. 30; MüKoAktG/*Spindler* AktG vor § 76 Rn. 48.
[4773] *Hoffmann-Becking* ZGR 1998, 497 (515); *Langer/Peters* BB 2012, 2575 (2577); *Wicke* NJW 2007, 3755 (3757); *Martens* in FS Fleck, 1988, 191 (205).
[4774] *Hoffmann-Becking* ZGR 1998, 497 (515).
[4775] Krit. *Martens* in FS Fleck, 1988, 191 (205 f.): Ob Unterschiede horizontal oder vertikal verlaufen, lasse sich nur in Evidenzfällen beurteilen. Im Übrigen komme es auf diese Unterscheidung nicht an.
[4776] *Langer/Peters* BB 2012, 2575 (2577); *Hoffmann-Becking* ZGR 1998, 497 (514 f.); GroßkommAktG/*Kort* AktG § 77 Rn. 43; BeckOGK AktG/*Fleischer* AktG § 77 Rn. 48; *Schwark* ZHR 142 (1978), 203 (218).
[4777] *Langer/Peters* BB 2012, 2575 (2577); *Hoffmann-Becking* ZGR 1998, 497 (514); Hölters/*Weber* AktG § 77 Rn. 30.
[4778] *Langer/Peters* BB 2012, 2575 (2581).
[4779] *Langer/Peters* BB 2012, 2575 (2577, 2581); *Wicke* NJW 2007, 3755 (3757); *Hoffmann-Becking* ZGR 1998, 497 (515).
[4780] *Martens* in FS Fleck, 1988, 191 (206).
[4781] OLG Koblenz NZG 2008, 397 (398); OLG Karlsruhe NZG 2000, 264 (269); UHL/*Paefgen* GmbHG § 35 Rn. 180, § 37 Rn. 29 f.; MüKoGmbHG/*Stephan/Tieves* GmbHG § 37 Rn. 68, 94; Scholz/*U.H. Schneider/S.H. Schneider* GmbHG § 37 Rn. 45; *Ulmer* FS Schwark, 2009, 271; von der Zulässigkeit ausgehend, aber krit. Baumbach/Hueck/*Beurskens* GmbHG § 37 Rn. 18; Rowedder/Schmidt-Leithoff/*Baukelmann* GmbHG § 37 Rn. 22: nicht unproblematisch.
[4782] *Ulmer* FS Schwark, 2009, 271; Lutter/Hommelhoff/*Kleindiek* GmbHG § 37 Rn. 39.
[4783] *Ulmer* FS Schwark, 2009, 271; Scholz/*U.H. Schneider/S.H. Schneider* GmbHG § 37 Rn. 45.
[4784] *Ulmer* FS Schwark, 2009, 271; UHL/*Paefgen* GmbHG § 37 Rn. 29; Scholz/*U.H. Schneider/S.H. Schneider* GmbHG § 37 Rn. 45.

die Aufgaben wahrnehmen, die alle Geschäftsführer im Rahmen ihrer Gesamtverantwortung treffen.[4785] Dafür haben sie die erforderlichen Einsichts-, Informations-, Teilhabe- und Interventionsrechte.[4786] Eine Ausnahme soll für den Arbeitsdirektor gelten,[4787] dessen Verantwortlichkeit für den Bereich „Arbeit und Soziales" unmittelbar aus dem Gesetz folgt, mit der Bestellung übertragen wird und ihm nicht durch die Geschäftsverteilung entzogen werden kann (→ Rn. 644).

Die Zulässigkeit von Zölibatsklauseln im GmbH-Recht wird vor allem darauf gestützt, die **Gesellschafter** als „Herren der Gesellschaft"[4788] hätten die **Organisationsautonomie** in Bezug auf das Innenverhältnis.[4789] Sie könnten den Geschäftsführern die Geschäftsführung außerhalb ihrer gesetzlichen Mindestaufgaben weitgehend entziehen und anderen Organen übertragen.[4790] Eigenverantwortliche Leitungsmacht haben GmbH-Geschäftsführer anders als der Vorstand der AG (§ 76 Abs. 1 AktG) nicht.[4791] Zudem gibt es bei der GmbH keinen Grundsatz der Gleichberechtigung der Geschäftsführer.[4792] Angesichts der strukturellen Unterschiede der gesetzlichen Konzeption der Geschäftsführung bei GmbH und AG ergibt sich die Zulässigkeit von Zölibatsklauseln für die AG nicht bereits aus einem Vergleich mit der Rechtslage bei der GmbH.

Hält man aufgrund des Gleichberechtigungsgrundsatzes Regelungen für unzulässig, die einem Vorstandsmitglied zwar ein eigenes, jedoch im Vergleich zu anderen Vorstandsmitgliedern völlig belangloses Ressort zuweisen (→ Rn. 2094 f.), müsste erst recht eine Zölibatsklausel unzulässig sein. Die Übergänge zwischen einer noch zulässig, sachlich gerechtfertigten Differenzierung zwischen Vorstandsmitgliedern und einem Verstoß gegen den Gleichberechtigungsgrundsatz sind aber fließend.[4793] Eine Ressortzuweisung soll gegen den Gleichberechtigungsgrundsatz verstoßen, wenn sie darauf abzielt, das Vorstandsmitglied „herabzuwürdigen", zur Amtsniederlegung zu drängen oder wenn ihr Sanktionscharakter zukommt.[4794] Lässt sich hingegen anhand objektiver Gesichtspunkte nachvollziehen, dass die Ausgestaltung der Geschäftsverteilung einer zweckmäßigen, effizienten und sachgerechten Vorstandsorganisation dient und kein „Zwei-Klassen-Vorstand" etabliert werden soll, ist nicht per se ein Verstoß gegen den Grundsatz der Gleichberechtigung ersichtlich. Die für die GmbH diskutierten Fälle, in denen eine Zölibatsklausel sachlich gerechtfertigt sein kann, werden zwar in einer AG selten vorliegen. Eine sachliche Rechtfertigung für ein ressortloses Vorstandsmitglied kann jedoch in der AG insbes. bei Vorstandsdoppelmandaten im **Konzern** bestehen: **Vorstandsdoppelmandate** (→ Rn. 587 ff.) erleichtern die Durchsetzung der Konzernpolitik in der Tochtergesellschaft und umgekehrt die Berücksichtigung der Interessen der Tochtergesellschaft bei Entscheidungen der Muttergesellschaft.[4795] Nimmt ein Vorstandsdoppelmandatsträger in der Tochtergesellschaft zwar keine operative Verantwortung für einen Geschäftsbereich wahr, bringt aber iRd Gesamtverantwortung die Perspektive der Konzernmutter ein, kann keine Rede davon sein, dass es sich um ein Vorstandsmitglied „zweiter Klasse" handelt. Auch für eine (überschaubare) Einarbeitungszeit kann es zulässig sein, einem Vorstandsmitglied zunächst noch keinen Geschäftsbereich zuzuweisen, bis es dann den ihm zugedachten Geschäftsbereich übernimmt (→ Rn. 632).

b) Verantwortlichkeit und Haftung der Vorstandsmitglieder

Aufgrund einer Geschäftsverteilung hat jedes Vorstandsmitglied die volle Handlungsverantwortung (**Ressortverantwortung**) für den ihm zugewiesenen Geschäftsbereich.[4796] Eine Geschäftsverteilung schließt die Verantwortlichkeit **ressortfremder Vorstandsmitglieder** aber nicht aus.[4797] Der Pflichtenkreis der Vorstandsmitglieder wird lediglich **modifiziert:** Jedes Vorstandsmitglied muss weiterhin die Aufgaben

---

[4785] Lutter/Hommelhoff/*Kleindiek* GmbHG § 37 Rn. 39; Bartl/Bartl/Fichtelmann/*Fichtelmann*/*Schmitt* GmbH-Recht § 37 Rn. 10; ausführlich zu verbleibenden Mindestaufgaben *Ulmer* FS Schwark, 2009, 273 f.
[4786] Lutter/Hommelhoff/*Kleindiek* GmbHG § 37 Rn. 39, vgl. auch Rowedder/Schmidt-Leithoff/*Baukelmann* § 37 Rn. 39.
[4787] UHL/*Paefgen* GmbHG § 35 Rn. 180; Rowedder/Schmidt-Leithoff/*Baukelmann* § 37 Rn. 40.
[4788] *Ulmer* FS Schwark, 2009, 271 (274); Rowedder/Schmidt-Leithoff/*Baukelmann* GmbHG § 37 Rn. 22.
[4789] *Ulmer* FS Schwark, 2009, 271 (272 f.).
[4790] UHL/*Paefgen* GmbHG § 35 Rn. 169; vgl. *Oetker* ZIP 2015, 1461 (1462).
[4791] UHL/*Paefgen* GmbHG § 35 Rn. 169, § 37 Rn. 24 f.; MüKoGmbHG/*Stephan*/*Tieves* § 37 Rn. 5; *Priester* in FS Westermann, 2008, 1281 (1286); *Oetker* ZIP 2015, 1461 (1462).
[4792] Baumbach/Hueck/*Beurskens* GmbHG § 37 Rn. 19; Rowedder/Schmidt-Leithoff/*Baukelmann* GmbHG § 37 Rn. 39.
[4793] So auch *Langer*/*Peters* BB 2012, 2575 (2577).
[4794] Vgl. *Wicke* NJW 2007, 3755 (3757); *Hoffmann-Becking* ZGR 1998, 497 (515).
[4795] *Fonk* NZG 2010, 368 (369); *Aschenbeck* NZG 2000, 1015. Zur Zulässigkeit von Vorstandsdoppelmandaten MüKoAktG/*Spindler* AktG § 76 Rn. 54; Hüffer/Koch/*Koch* AktG § 76 Rn. 54.
[4796] Hölters/*Weber* AktG § 77 Rn. 32; *Seyfarth* VorstandsR § 2 Rn. 11.
[4797] Zur GmbH BGHZ 220, 162 Rn. 15 = NJW 2019, 1067 – Weltruf; BGH NJW 1986, 54 (55); BGH NJW 1995, 2850 (2851); zur Gesamtverantwortung des Vorstands für die Einrichtung eines Compliance-Systems LG München I NZG 2014, 345 (348) – Siemens/Neubürger; allgemein MüKoAktG/*Spindler* AktG § 77 Rn. 58; Hölters/*Weber* AktG § 77 Rn. 34; Hüffer/Koch/*Koch* AktG § 77 Rn. 15; *Hoffmann-Becking* ZGR 1998, 497 (512).

wahrnehmen, die sich aus dem Grundsatz der **Gesamtverantwortung** (→ Rn. 2084 ff.) ergeben. Einzelausprägungen sind die Grundsätze der Gesamtleitung und der gegenseitigen Überwachung.[4798] Nach dem Grundsatz der **Gesamtleitung** muss jedes Vorstandsmitglied ungeachtet der Geschäftsverteilung die Aufgaben wahrnehmen, für die zwingend der Gesamtvorstand zuständig ist. Nach dem Grundsatz der **gegenseitigen Überwachung** muss jedes Vorstandsmitglied seine Vorstandskollegen fortlaufend kontrollieren und überwachen, wie sie ihren Geschäftsbereich führen (sog. **ressortübergreifende Überwachungs- und Kontrollpflicht**).[4799] Hierzu haben alle Vorstandsmitglieder einen **Informationsanspruch** über Angelegenheiten aus anderen Geschäftsbereichen.[4800] Zudem muss jedes Vorstandsmitglied die anderen Vorstandsmitglieder regelmäßig unaufgefordert über bedeutsame Geschäftsvorfälle oder Vorkommnisse im eigenen Geschäftsbereich **informieren**.[4801] Diese Informationspflichten können im Zusammenhang mit der Geschäftsverteilung geregelt werden.[4802] Die wechselseitige Überwachungspflicht der Vorstandsmitglieder entspricht nicht der Aufgabe des Aufsichtsrats, den Vorstand zu überwachen (§ 111 Abs. 1 AktG), sondern bezieht sich auf die Gesamtleitung der AG.[4803]

2100 Wie weit die Überwachungspflicht hinsichtlich der anderen Vorstandsmitglieder reicht, ist eine Frage des Einzelfalls. Zu berücksichtigen sind die Art, Größe und Organisationsstruktur des Unternehmens, die Bedeutung der Geschäftsführungsmaßnahme für das Unternehmen sowie die bisherige Amtsführung des ressortzuständigen Vorstandsmitglieds.[4804] Bei **gewöhnlichem Geschäftsgang** dürfen die Vorstandsmitglieder nach ganz hA davon ausgehen, dass ihre Vorstandskollegen ihre Geschäftsbereiche pflicht- und ordnungsgemäß führen (Grundsatz gegenseitigen Vertrauens).[4805] In Ausnahmesituationen können **gesteigerte Kontroll- und Überwachungspflichten** bestehen. Gibt es Anhaltspunkte für eine sorgfaltswidrige Geschäftsführung eines Vorstandsmitglieds, haben die Vorstandsmitglieder unabhängig von der Geschäftsverteilung ein **Interventionsrecht**,[4806] das es ihnen ermöglicht, zu Angelegenheiten eines anderen Geschäftsbereichs eine Befassung des Gesamtvorstands und eine für das ressortverantwortliche Vorstandsmitglied verbindliche Kollegialentscheidung herbeizuführen.[4807] Bei erheblichen Bedenken zur Geschäftsführung eines Vorstandskollegen kann sich das Interventionsrecht zu einer **Interventionspflicht** verdichten.[4808] Als **„interventionsfähige Maßnahmen"** werden beispielhaft mangelhafte Buchführung oder Unterdrückung von Geschäftsbüchern genannt, zudem ein Verdacht auf Compliance-Mängel.[4809] Als zusätzliche Fallgruppe werden unter Verweis auf eine Entscheidung des BGH „*Bedenken gegen die Rechtmäßigkeit der Wahl eines Kollegen in den Vorstand*" genannt.[4810] Nach der Entscheidung des BGH kann ein Vorstandsmitglied verpflichtet sein, Bedenken zur fachlichen und persönlichen Eignung eines Vorstandskollegen dem Aufsichtsrat mitzuteilen. Eine solche „Intervention" richtet sich jedoch nicht gegen die Geschäftsführungsmaßnahme eines Vorstandskollegen, sondern gegen eine Personalentscheidung des Aufsichtsrats. Das Interventionsrecht **schränkt** ein nach der Satzung oder der Geschäftsordnung bestehendes Recht zur Einzelgeschäftsführung ein.[4811] Es ist **nicht abdingbar**.[4812]

2101 Zusätzlich zum Interventionsrecht kann ein **Widerspruchsrecht** nach dem Vorbild des § 115 Abs. 1 Hs. 2 HGB gegen Maßnahmen der Einzelgeschäftsführung anderer Vorstandsmitglieder geregelt werden.[4813] Ein solches Widerspruchsrecht ergibt sich – anders als das Interventionsrecht – nicht bereits aus

---

[4798] *Fleischer* NZG 2003, 449 (450); *Hoffmann-Becking* ZGR 1998, 487 (512); Hüffer/Koch/*Koch* AktG § 77 Rn. 15.
[4799] GroßkommAktG/*Kort* AktG § 76 Rn. 195; *Seyfarth* VorstandsR § 2 Rn. 13; Hölters/*Weber* AktG § 77 Rn. 34.
[4800] MüKoAktG/*Spindler* AktG § 77 Rn. 58; *Hoffmann-Becking* ZGR 1998, 497 (512); MHdB AG/*Hoffmann-Becking* § 22 Rn. 27.
[4801] *Seyfarth* VorstandsR § 2 Rn. 55; Hölters/*Weber* AktG § 77 Rn. 33.
[4802] *Hoffmann-Becking* ZGR 1998, 497 (499); *Dreher* ZGR 1992, 22 (61 f.).
[4803] *Seyfarth* VorstandsR § 2 Rn. 5; MüKoAktG/*Spindler* AktG § 77 Rn. 58.
[4804] Hölters/*Weber* AktG § 77 Rn. 36; *E. Vetter* in Krieger/U.H. Schneider Managerhaftung-HdB § 18 Rn. 20.
[4805] Hölters/*Weber* AktG § 77 Rn. 36; MüKoAktG/*Spindler* AktG § 77 Rn. 58; *E. Vetter* in Krieger/U.H. Schneider Managerhaftung-HdB § 18 Rn. 18; für GmbH-Geschäftsführer *Buck-Heeb* BB 2019, 584 (586).
[4806] OLG Hamm AG 1995, 512 (513 f.); Kölner Komm AktG/*Mertens/Cahn* AktG § 77 Rn. 28; *Happ/Ludwig* in Happ/Groß AktR Rn. 8.1.
[4807] Kölner Komm AktG/*Mertens/Cahn* AktG § 77 Rn. 28; ebenso, ohne Bezeichnung als „Interventionsrecht" MüKoAktG/*Spindler* AktG § 77 Rn. 33; vgl. ferner die Regelung in Muster-Geschäftsordnungen bei MVHdB GesR/*Rosengarten* V.52 § 3 Abs. 1; *Happ/Ludwig* in Happ/Groß AktR 8.01 § 2 Abs. 1.
[4808] *Seyfarth* VorstandsR § 2 Rn. 5; Hölters/*Weber* AktG § 77 Rn. 36.
[4809] GroßkommAktG/*Kort* AktG § 77 Rn. 38.
[4810] GroßkommAktG/*Kort* AktG § 77 Rn. 38 unter Verweis auf BGH WM 1955, 25 (26).
[4811] GroßkommAktG/*Kort* AktG § 77 Rn. 38; Kölner Komm AktG/*Mertens/Cahn* AktG § 77 Rn. 28; MüKoAktG/*Spindler* AktG § 77 Rn. 33; *Happ/Ludwig* in Happ/Groß AktR 8.01 Rn. 8.1.
[4812] Kölner Komm AktG/*Mertens/Cahn* AktG § 77 Rn. 28; *Happ/Ludwig* in Happ/Groß AktR 8.01 Rn. 8.1.
[4813] GroßkommAktG/*Kort* AktG § 77 Rn. 39; Kölner Komm AktG/*Mertens/Cahn* AktG § 77 Rn. 29 f.; *Meyer* in Illert/Ghassemi-Tabar/Cordes Handbuch Vorstand und Aufsichtsrat § 1 Rn. 81; MüKoAktG/*Spindler* AktG § 77 Rn. 33, 61.

dem Grundsatz der Gesamtverantwortung[4814] und muss daher ggf. explizit in der Satzung oder Geschäftsordnung geregelt werden. Bei Ausübung des Widerspruchs muss die angegriffene Maßnahme unterbleiben.[4815] Ist den Widerspruchsberechtigten Gesamtgeschäftsführung eingeräumt, können sie das Widerspruchsrecht nur gemeinsam ausüben.[4816] Der Widerspruch muss seinerseits den Grundsätzen ordnungsgemäßer Geschäftsführung entsprechen und auf Verlangen **begründet** werden.[4817] Die Geschäftsordnung kann die Rechtsfolgen ausgestalten und zB regeln, ob der Widerspruch durch eine Entscheidung des Gesamtvorstands überwunden werden kann oder die Maßnahme endgültig unterbleiben muss.[4818]

Tritt in einem Geschäftsbereich eine besondere Krisen- oder Ausnahmesituation ein, soll für den Geschäftsbereich ungeachtet einer wirksamen Geschäftsverteilung **zwingend** der **Gesamtvorstand zuständig** sein (→ Rn. 2092 f.).[4819] Die nach der Geschäftsverteilung „ressortunzuständigen" Vorstandsmitglieder sind danach als Teil des Gesamtvorstands zuständig, die zur **Bewältigung** der Krise erforderlichen Handlungen vorzunehmen. Die durch die Geschäftsverteilung bewirkte Haftungs- und Verantwortungsmodifikation wird damit iErg aufgehoben. Jedes Vorstandsmitglied ist zur Mitwirkung und Schadensabwehr verpflichtet.[4820] Nach den Ausführungen des BGH in der sog. „Lederspray-Entscheidung" muss danach ungeachtet der bestehenden Geschäftsverteilung jedes Vorstandsmitglied – auch um einer möglichen strafrechtlichen Unterlassungsverantwortung zu entgehen[4821] – *„unter vollem Einsatz seiner Mitwirkungsrechte das ihm Mögliche und Zumutbare […] tun, um einen Beschluß der Gesamtgeschäftsführung über Anordnung und Vollzug* [der gebotenen Handlung]" (zB einen Produktrückruf) herbeizuführen.[4822] Dagegen dürfen und müssen Vorstandsmitglieder nach den Ausführungen des BGH erforderliche Handlungen nicht „auf eigene Faust" – dh ohne Entscheidung des Gesamtvorstands – anordnen oder vornehmen. „Alleingänge" einzelner Mitglieder seien mit der Zuständigkeit des Gesamtvorstands unvereinbar und müssten unterbleiben, selbst wenn sie Handlungen betreffen, die zwingend erforderlich sind, um Schaden abzuwehren oder zu verringern.[4823] Strafrechtlich ist die aus der Garantenstellung folgende Handlungspflicht darauf beschränkt, auf ein Eingreifen des Gesamtvorstands hinzuwirken.[4824]

c) Voraussetzungen einer wirksamen Geschäftsverteilung

Eine Geschäftsverteilung im Vorstand dient dazu, die Geschäftsführungsaufgaben **sachgerecht aufzuteilen.** Damit verbunden ist für die Vorstandsmitglieder, dass ihr **Pflichtenkreis** und damit ihre **Verantwortlichkeit** auf den ihnen zugewiesenen Geschäftsbereich sowie auf Aufgaben **beschränkt** wird, die zwingend in die Zuständigkeit des Gesamtvorstands fallen und die jedes Vorstandsmitglied zwingend individuell treffen (→ Rn. 2099 ff.). Diese Beschränkung des Pflichtenkreises und der Verantwortlichkeit setzt voraus, dass die Geschäftsverteilung wirksam ist.[4825]

aa) Inhaltliche Anforderungen.
Der BGH hat zur GmbH die Anforderungen an eine wirksame Geschäftsverteilung zusammengefasst und präzisiert. Bei der Geschäftsverteilung zwischen Vorstandsmitgliedern einer AG gelten die Kriterien entsprechend.[4826] Danach bestehen **fünf Voraussetzungen**: (i.) Eine „klare und eindeutige" Zuweisung der Geschäftsführungsaufgaben (ii.) an fachlich und persönlich geeignete Personen, die (iii.) die vollständige Wahrnehmung der Geschäftsführungsaufgaben sicherstellt, die (iv.) die Gesamtverantwortung aller Mitglieder über ihre Ressortverantwortung hinaus wahrt und die ggf. (v.) alle Geschäftsleitungsorganmitglieder mittragen.[4827]

[4814] GroßkommAktG/*Kort* AktG § 77 Rn. 39; *Ihrig/Schäfer* Rechte und Pflichten des Vorstands § 16 Rn. 453; MüKoAktG/*Spindler* AktG § 77 Rn. 33.
[4815] GroßkommAktG/*Kort* AktG § 77 Rn. 39; Kölner Komm AktG/*Mertens/Cahn* AktG § 77 Rn. 29.
[4816] GroßkommAktG/*Kort* AktG § 77 Rn. 39; Kölner Komm AktG/*Mertens/Cahn* AktG § 77 Rn. 29.
[4817] MüKoAktG/*Spindler* AktG § 77 Rn. 33; GroßkommAktG/*Kort* AktG § 77 Rn. 39; Kölner Komm AktG/*Mertens/Cahn* AktG § 77 Rn. 30.
[4818] *Happ/Ludwig* in Happ/Groß AktR 8.01 Rn. 8.1; *Langer/Peters* BB 2012, 2575 (2579).
[4819] BeckOGK AktG/*Fleischer* AktG § 77 Rn. 80.
[4820] Zur GmbH BGHSt 37, 106 (124) = NJW 1990, 2560 (2565) – Lederspray; *Emde* FS U.H. Schneider, 2011, 295 (319).
[4821] Zur GmbH BGHSt 37, 106 (124) = NJW 1990, 2560 (2565) – Lederspray; *Nietsch/Habbe* DB 2019, 409 (415).
[4822] Zur GmbH BGHSt 37, 106 (124) = NJW 1990, 2560 (2565) – Lederspray.
[4823] Zur GmbH BGHSt 37, 106 (124) = NJW 1990, 2560 (2565) – Lederspray.
[4824] Zur GmbH BGHSt 37, 106 (124) = NJW 1990, 2560 (2565) – Lederspray.
[4825] *Buck-Heeb* BB 2019, 584 (586).
[4826] Vgl. Hüffer/Koch/*Koch* AktG § 77 Rn. 14; BeckOGK/*Fleischer* AktG § 77 Rn. 54; K. Schmidt/Lutter AktG/*Seibt* AktG § 77 Rn. 16; *Weber* ZGR 2020, 688 (704).
[4827] BGHZ 220, 162 Rn. 20 = NJW 2019, 1067 – Weltruf. Im Schrifttum wird teilweise angenommen, der BGH verlange darüber hinaus als sechste Voraussetzung einer wirksamen Geschäftsverteilung, dass sie sachgerecht sei (*Weber* ZGR 2020, 688 (699) mit Verweis auf BGHZ 220, 162 Rn. 28 = NJW 2019, 1067; *Backhaus* jurisPR-HaGesR

2105 Für eine **eindeutige** und **klare Aufgabenzuweisung** müssen erstens die einzelnen Aufgaben zweifelsfrei voneinander abgrenzbar sein und zweitens feststehen, welches Vorstandsmitglied für welche Aufgabe zuständig ist.[4828] Die Vorstandsmitglieder, denen Aufgaben zugewiesen werden, müssen für die Erledigung dieser Aufgaben **fachlich und persönlich geeignet** sein. Die Auswahl „fachlich und persönlich geeigneter Personen" ist zunächst Aufgabe des Aufsichtsrats (→ Rn. 606). Weist der Vorstand Geschäftsführungsaufgaben zu, muss auch er darauf achten, dass zuständige Vorstandsmitglieder über die erforderlichen Qualifikationen verfügen. Sicherzustellen, dass die Geschäftsführungsaufgaben **vollständig wahrgenommen** werden, erfordert, dass *„die Geschäftsverteilung oder Ressortaufteilung das Vertrauen darauf rechtfertigt, dass jede Geschäftsführungsaufgabe einem Geschäftsführer zugeordnet ist. Bei dieser Zuordnung dürfen weder Zweifel über die Abgrenzung einzelner Aufgaben entstehen noch über die Person des für die Erledigung Verantwortlichen."*[4829] Erlässt der Aufsichtsrat die Geschäftsordnung, kann er den Vorstand ermächtigen, „Lücken zu füllen" (→ Rn. 2068). Im Übrigen dürfen keinem Vorstandsmitglied mehr Aufgaben zugewiesen werden, als es realistisch bewältigen kann.

2106 Beschließt der **Vorstand** die Geschäftsverteilung, ergibt sich bereits aus § 77 Abs. 2 S. 3 AktG, dass alle Vorstandsmitglieder die Geschäftsverteilung mittragen müssen. Beschließt der **Aufsichtsrat** die Geschäftsordnung, spielt es in der AG für die Wirksamkeit der Geschäftsverteilung zwar keine Rolle, ob alle Vorstandsmitglieder die Geschäftsverteilung mittragen. Ungeachtet dessen sollte sich der Aufsichtsrat bei der Festlegung der Geschäftsverteilung grds. eng mit dem Vorstand abstimmen.

2107 bb) Ist die Geschäftsverteilung zwingend schriftlich zu fixieren? Nach der Rechtsprechung des BFH zu GmbH-Geschäftsführern und Vereins-Vorstandsmitgliedern führt eine Zuweisung steuerlicher Pflichtaufgaben an Geschäftsleitungsorganmitglieder nur dann dazu, dass die Pflichten der anderen Geschäftsleitungsorganmitglieder auf Überwachungs- und Kontrollpflichten beschränkt sind, wenn die Geschäftsverteilung **schriftlich fixiert** ist. Dadurch soll verhindert werden, dass *„im Haftungsfall jeder Geschäftsführer auf die Verantwortlichkeit eines anderen verweist"*.[4830] Das **aktienrechtliche Schrifttum** hat daraus bisher überwiegend abgeleitet, die Geschäftsverteilung sei generell schriftlich zu fixieren.[4831] Das entspricht der hA, der zufolge die Geschäftsordnung insgesamt schriftlich niederzulegen ist (→ Rn. 2063 f.).

2108 Für die GmbH hat der BGH nun entschieden, eine wirksame Geschäftsverteilung sei auch **ohne schriftliche Dokumentation** möglich.[4832] Eine Aufgabenverteilung müsse auch **nicht zwingend ausdrücklich** vereinbart werden;[4833] eine auf **faktischer** Arbeitsteilung oder **stillschweigender** Übereinkunft beruhende Geschäftsverteilung könne den Anforderungen genügen.[4834] Der BGH weist aber darauf hin, eine schriftliche Dokumentation der Geschäftsverteilung sei *„regelmäßig das naheliegende und geeignete Mittel für eine klare Aufgabenzuweisung und sorgfältige Unternehmensorganisation"*.[4835] Jedenfalls für den AG-Vorstand ist **dringend** zu **raten**, die Geschäftsverteilung schriftlich zu fixieren.[4836] Es erscheint zwar nicht per se ausgeschlossen, dass im Haftungsprozess der Entlastungsbeweis offensteht, eine nicht schriftlich dokumentierte Geschäftsverteilung sei wirksam vereinbart gewesen. Auch die Pflicht, Aufsichtsratsbeschlüsse zu protokollieren, dient lediglich Beweiszwecken (§ 107 Abs. 2 S. 3 AktG).[4837] Dem in Anspruch genommenen Vorstandsmitglied obliegt es aber auch, darzulegen und nachzuweisen, dass der Aufsichtsrat die Geschäftsverteilung wirksam beschlossen hat. Ein stillschweigender Aufsichtsratsbeschluss scheidet aus.[4838] Solange der BFH seine Auffassung aufrecht erhält, ist eine schriftliche Dokumentation schon aus

---

4/2019 Anm. 3; vgl. *Buck-Heeb* BB 2019, 584 (586)). Das ist abzulehnen: Sind die vom BGH aufgestellten fünf Voraussetzungen erfüllt, ist davon auszugehen, dass die Geschäftsverteilung auch sachgerecht ist.

[4828] BGHZ 220, 162 Rn. 20 = NJW 2019, 1067 – Weltruf.
[4829] BGHZ 220, 162 Rn. 33 = NJW 2019, 1067 – Weltruf.
[4830] Für die GmbH BFH BStBl II 1984, 776 Rn. 19; 1986, 384 Rn. 11; für den Verein BFH BStBl II 1998, 761 Rn. 20.
[4831] *Happ/Ludwig* in Happ/Groß AktR 8.02 Rn. 6.1; *Fleischer* in Fleischer VorstandsR-HdB § 8 Rn. 11; *Fleischer* NZG 2003, 449 (452 f.); *Seyfarth* VorstandsR § 2 Rn. 41; anders schon bisher MüKoAktG/*Spindler* AktG § 77 Rn. 44: Eine fehlende schriftliche Fixierung der Geschäftsverteilung kann allenfalls ein Indiz für eine mangelhafte Organisation der Vorstandsarbeit sein.
[4832] BGHZ 220, 162 Rn. 17, 22 ff. = NJW 2019, 1067 – Weltruf.
[4833] BGHZ 220, 162 Rn. 17, 22 = NJW 2019, 1067 – Weltruf.
[4834] BGHZ 220, 162 Rn. 24 = NJW 2019, 1067 – Weltruf; zust. *von der Linden* NJW 2019, 1039 (1040 f.); krit. *Fleischer* DB 2019, 472 (475).
[4835] BGHZ 220, 162 Rn. 17, 23 = NJW 2019, 1067 – Weltruf; zust. *Buck-Heeb* BB 2019, 584 (587).
[4836] Zur GmbH *Buck-Heeb* BB 2019, 584 (587); *Fleischer* DB 2019, 472 (475); *von der Linden* NJW 2019, 1039 (1041); *Hülsmann* GmbHR 2019, 209 (214); *Ulrich* GmbHR 2019, R70 (R71).
[4837] MüKoAktG/*Habersack* § 107 Rn. 85 mwN.
[4838] BGHZ 10, 187 (194) = NJW 1953, 1465; BGH NJW 1989, 1928 (1929); *Kropff* AktG 1965 S. 151; MüKoAktG/*Habersack* § 108 Rn. 12 mwN.

steuerlichen Gründen erforderlich.[4839] Der Aufsichtsrat muss zudem **kontrollieren,** ob eine vom Vorstand beschlossene Geschäftsverteilung sachgerecht ist und alle Geschäftsführungsaufgaben abdeckt.

d) Bezeichnung der Geschäftsbereiche

Üblicherweise übernehmen Vorstandsmitglieder als Zuständigkeitsbezeichnung für ihren „Innen- und Außenauftritt" – Internetseite etc. – die vom Aufsichtsrat für ihren Geschäftsbereich gewählte Bezeichnung. Vorstandsmitglieder dürfen aber – etwa aus Marketinggründen – auch eine abweichende Zuständigkeitsbezeichnung verwenden. Eine **Ermächtigung** des Aufsichtsrats ist insofern nicht erforderlich. Die Zuständigkeitsbezeichnung für den Innen- und Außenauftritt ist keine Geschäftsordnungsregelung und ändert nicht die vom Aufsichtsrat festgelegte Geschäftsverteilung. Es ist aber darauf zu achten, dass intern und extern **kein unzutreffender Eindruck** entsteht, für welche Aufgaben das Vorstandsmitglied zuständig ist. Sind dem Geschäftsbereich **Funktionsbereiche** zugeordnet, ist es unproblematisch, wenn das Vorstandsmitglied in die Zuständigkeitsbezeichnung Funktionsbereiche aufnimmt, die ihm zugeordnet sind. Sie dürfen zB **Synonyme** für die vom Aufsichtsrat gewählten Bezeichnungen wählen oder Begriffe, die mit ihrem Geschäftsbereich oder ihnen zugeordneten Funktionsbereichen zusammenhängen, etwa, indem sie den Geschäftsbereich oder einen Funktionsbereich konkretisieren. Im Interesse der Einheitlichkeit sollten die Vorstandsmitglieder aber auch die Bezeichnung ihres Geschäftsbereichs aufnehmen. **Nicht aufnehmen** dürfen Vorstandsmitglieder Geschäfts- oder Funktionsbereiche, für die ein anderes Vorstandsmitglied zuständig ist. Vorstandsmitglieder sollten eine Bezeichnung, die von der vom Aufsichtsrat für den Geschäftsbereich gewählten Bezeichnung abweicht, im Vorstand **abstimmen.** Wählen sie andere Begriffe als der Aufsichtsrat, sollten sie die Bezeichnung zudem mit dem Aufsichtsrat abstimmen.

e) Geschäftsverteilungsplan

Die Geschäftsverteilung ist zwar – wie sich unmittelbar aus § 77 Abs. 1 S. 2 AktG ergibt – materiell Teil der Geschäftsordnung.[4840] Sie kann aber in einem **separaten Dokument** als Anlage der Geschäftsordnung festgehalten werden (Geschäftsverteilungsplan),[4841] in dem die Einteilung der Geschäftsbereiche und die Namen der zuständigen Vorstandsmitglieder niedergelegt sind.[4842] Auch in diesem Fall unterliegt der Geschäftsverteilungsplan den gesetzlichen Bestimmungen, die für die Geschäftsordnung gelten.[4843] Die Geschäftsordnung sollte regeln, wie der Geschäftsverteilungsplan erlassen, geändert und aufgehoben wird.[4844] Für den Geschäftsverteilungsplan ist grds. das Organ zuständig, das für den Erlass der Geschäftsordnung zuständig ist.[4845]

f) Gestaltungsformen der Geschäftsverteilung und Entscheidung des Aufsichtsrats

Mit dem Gesetz sind sowohl eine **funktionale** Geschäftsverteilung nach Sachaufgaben (zB Personal, Finanzen, Produktion etc.) als auch eine **divisionale** Organisation nach produktbezogen (zB PKW, LKW) oder regional definierten **Unternehmenssparten** (zB China, USA) vereinbar.[4846] Beide Regelungsformen können miteinander kombiniert werden **(Matrixorganisation),** solange die **Gleichberechtigung** aller Vorstandsmitglieder erhalten bleibt.[4847] Auf diese Weise kann einem Vorstandsmitglied neben einer Sachaufgabe (zB Finanzen) zusätzlich ein bestimmter geographisch oder produktbezogen abgegrenzter Spartenbereich (zB PKW, China) zugewiesen werden.[4848]

Zum Teil werden Vorstandsaufgaben so eingeteilt, dass einzelne Vorstandsmitglieder vollständig für Marken oder Bereiche des Unternehmens, einschließlich aller damit zusammenhängenden Funktionen zuständig sind (sog. **Marken- oder Bereichsvorstand**), während andere Vorstandsmitglieder Funktionen (zB die Interne Revision) wahrnehmen.[4849] Denkbar ist auch eine sogenannte **„Virtuelle Holding"**-Or-

---

[4839] BeckOGK AktG/*Fleischer* AktG § 77 Rn. 56f.; *Fleischer* DB 2019, 472 (477); *von der Linden* NJW 2019, 1039 (1041). Nach *Buck-Heeb* BB 2019, 584 (587) habe der BFH betont, eine schriftliche Dokumentation der Geschäftsverteilung sei generell und nicht nur bezogen auf steuerliche Pflichtaufgaben erforderlich; ähnlich *Fleischer* DB 2019, 472 (474). Der BGH sieht in seiner Entscheidung keine Abweichung von der Rechtsprechung des BFH, BGHZ 220, 162 Rn. 24 = NJW 2019, 1067 – Weltruf.
[4840] *Happ/Ludwig* in Happ/Groß AktR 8.02 Rn. 2.1; *Hoffmann-Becking* ZGR 1998, 497 (499).
[4841] *Ziemons* in Ziemons/Binnewies HdB-AG Rn. 8.600; *Happ/Ludwig* in Happ/Groß AktR 8.02 Rn. 2.1.
[4842] Muster eines Geschäftsverteilungsplans bei *Happ/Ludwig* in Happ/Groß AktR 8.02.
[4843] Hüffer/Koch/*Koch* AktG § 77 Rn. 21; GroßkommAktG/*Kort* AktG § 77 Rn. 81.
[4844] GroßkommAktG/*Kort* AktG § 77 Rn. 82.
[4845] GroßkommAktG/*Kort* AktG § 77 Rn. 81.
[4846] *Langer/Peters* BB 2012, 2575 (2578); Kölner Komm AktG/*Mertens/Cahn* AktG § 77 Rn. 15.
[4847] Kölner Komm AktG/*Mertens/Cahn* AktG § 77 Rn. 15; MüKoAktG/*Spindler* AktG § 77 Rn. 67; Bürgers/Körber/*Bürgers* AktG § 77 Rn. 16; K. Schmidt/Lutter AktG/*Seibt* AktG § 77 Rn. 20.
[4848] Kölner Komm AktG/*Mertens/Cahn* AktG § 77 Rn. 15; MüKoAktG/*Spindler* AktG § 77 Rn. 67.
[4849] GroßkommAktG/*Kort* AktG § 77 Rn. 24a; MüKoAktG/*Spindler* AktG § 77 Rn. 68.

ganisation, bei der ein Teil der Vorstandsmitglieder für das strategische Geschäft zuständig ist während andere das operative Geschäft führen.[4850] Hier ist insbes. darauf zu achten, dass trotzdem sämtliche Vorstandsmitglieder auf die Unternehmensleitung Einfluss nehmen können.[4851]

2113 Ob und ggf. wie der Aufsichtsrat eine Geschäftsverteilung regelt, ist eine **unternehmerische Entscheidung,** bei der er Ermessen nach Maßgabe der **Business Judgment Rule** hat (§ 116 S. 2 AktG iVm § 93 Abs. 1 S. 2 AktG).[4852] Berührungspunkte und Synergieeffekte können dafür sprechen, miteinander zusammenhängende Aufgaben einem Geschäftsbereich zuzuordnen; Compliance-Gesichtspunkte – insbes. das „Vieraugenprinzip" – können dafür sprechen, miteinander zusammenhängende Aufgaben verschiedenen Geschäftsbereichen zuzuordnen.

2114 Durch die Geschäftsverteilung kann der Aufsichtsrat erheblichen Einfluss auf die **Strategie** sowie deren Umsetzung und allgemein die **Leitung** des Unternehmens nehmen. Für die Leitung des Unternehmens und die Entwicklung der Strategie ist aber – iRd in der Satzung vorgegebenen Unternehmensgegenstands[4853] – der Vorstand zuständig (vgl. § 76 Abs. 1 AktG).[4854] Inwieweit die Leitungsautonomie des Vorstands das unternehmerische Ermessen des Aufsichtsrats bei der Geschäftsverteilung beschränkt, wird bisher nicht diskutiert. Zur Personalkompetenz des Aufsichtsrats wird überwiegend vertreten, unüberbrückbare Differenzen zwischen Vorstand und Aufsichtsrat in grundlegenden Fragen der Geschäftspolitik rechtfertigten den Widerruf der Bestellung.[4855] Danach könnte der Aufsichtsrat ungeachtet der Leitungsautonomie des Vorstands (§ 76 Abs. 1 AktG) in strategischen Fragen „das letzte Wort" haben. Die wohl überwiegende Ansicht zum Widerruf der Bestellung ist aber abzulehnen (→ Rn. 699 ff.). Bei Zustimmungsvorbehalten wird zu Recht darauf hingewiesen, dass der Aufsichtsrat *„die Leitungsverantwortung des Vorstands nicht aushöhlen"*[4856] und *„in Kernbereiche der Unternehmensleitung […] nicht derart eingreifen darf, dass er sich damit zum Obervorstand aufschwingt"*.[4857] Das gilt auch mit Blick auf die Geschäftsverteilung. Es ginge zu weit, wenn der Aufsichtsrat verbindlich festlegen könnte, ob sich die AG zB auf den US-amerikanischen oder den asiatischen Markt konzentriert, indem er entsprechende Geschäftsbereiche schafft und besetzt. Vielmehr kann der Aufsichtsrat insofern lediglich iRd vom Vorstand getroffenen grundlegenden Festlegungen tätig werden.[4858] Generell sollten sich der Aufsichtsrat und der Vorstand bei der Geschäftsverteilung **eng abstimmen.** Das entspricht dem Grundsatz 2 DCGK, wonach der Vorstand *„die strategische Ausrichtung des Unternehmens* [entwickelt]*, […] sie mit dem Aufsichtsrat ab*[stimmt] *und […] für ihre Umsetzung* [sorgt]*".* Die geforderte Abstimmung zwischen Vorstand und Aufsichtsrat soll zwar möglichst zu einem Konsens führen. Das Letztentscheidungsrecht in Strategiefragen muss aber beim Vorstand verbleiben (§ 76 Abs. 1 AktG, § 111 Abs. 4 S. 1 AktG).[4859]

g) Änderung der Geschäftsverteilung

2115 Bei einer Änderung der Geschäftsverteilung handelt es sich um eine Änderung der Geschäftsordnung. **Formell** sind daher die Voraussetzungen für eine **Änderung der Geschäftsordnung** einzuhalten. **Umstritten** ist im Schrifttum, ob für die Änderung der Geschäftsverteilung durch den Aufsichtsrat materielle Anforderungen zu beachten sind. Nach einer Ansicht ist grds. die **Zustimmung** der betroffenen Vorstandsmitglieder erforderlich.[4860] Im Übrigen sei zu unterscheiden: Soll der Aufgabenbereich eines Vorstandsmitglieds **eingeschränkt** oder **entzogen** werden, könne eine fehlende Zustimmung des Vorstandsmitglieds überwunden werden, wenn für die Änderung ein **wichtiger Grund** entsprechend § 84 Abs. 3 AktG vorliegt. Der Unterschied zwischen einem Widerruf der Bestellung und einer Einschränkung des Aufgabenbereichs sei lediglich graduell. Ein wichtiger Grund für die Einschränkung oder Entziehung eines Aufgabenbereichs liege vor, wenn der AG die konkrete Geschäftsverteilung, die geändert werden soll, nicht mehr zumutbar sei. Die **Erweiterung** eines Aufgabenbereichs sei hingegen ausschließlich mit **Zu-**

[4850] K. Schmidt/Lutter AktG/*Seibt* AktG § 77 Rn. 20.
[4851] BeckOGK AktG/*Fleischer* AktG § 77 Rn. 46; K. Schmidt/Lutter AktG/*Seibt* AktG § 77 Rn. 20.
[4852] Vgl. *Lutter* ZIP 2007, 841 (847); *Cahn* WM 2013, 1293 (1294); Kölner Komm AktG/*Mertens/Cahn* AktG § 116 Rn. 68.
[4853] GroßkommAktG/*Kort* AktG § 76 Rn. 45.
[4854] MüKoAktG/*Habersack* AktG § 76 Rn. 14 ff.; GroßkommAktG/*Kort* AktG § 76 Rn. 36a, 43.
[4855] BeckOGK AktG/*Fleischer* AktG § 77 Rn. 115; *Beiner/Braun* Vorstandsvertrag Rn. 156; *Lutter/Krieger/Verse* AR Rn. 366; K. Schmidt/Lutter AktG/*Seibt* AktG § 84 Rn. 54; *Seyfarth* VorstandsR § 19 Rn. 28; MüKoAktG/*Spindler* AktG § 84 Rn. 135; Kölner Komm AktG/*Mertens/Cahn* AktG § 84 Rn. 126; *Thüsing* in Fleischer VorstandsR-HdB § 5 Rn. 24; *Kropff* NZG 1998, 613 (617).
[4856] MüKoAktG/*Habersack* AktG § 111 Rn. 120 mwN.
[4857] Kölner Komm AktG/*Mertens/Cahn* AktG § 111 Rn. 86 mwN.
[4858] Nach *Happ/Ludwig* (in Happ/Groß AktR 8.01 Rn. 5.1 AR) überlässt der Aufsichtsrat es idR dem Vorstand, Fragen der Geschäftsverteilung intern zu regeln. Ob das zutrifft, erscheint zweifelhaft.
[4859] Johannsen-Roth/Illert/Ghassemi-Tabar/*Meyer* DCGK Grds. 2 Rn. 9.
[4860] Eingehend *Krieger,* Personalentscheidungen des Aufsichtsrats, 1981, 204 ff.; *Weber/Hoß/Burmester* Managerverträge-HdB Teil 2 Rn. 105; *Beiner/Braun* Vorstandsvertrag Rn. 602.

stimmung des Vorstandsmitglieds zulässig: Niemandem könnten gegen seinen Willen Organpflichten auferlegt werden.[4861] Die Unabhängigkeit des Vorstands, die auch geschützt werde, indem der Widerruf der Bestellung einen wichtigen Grund voraussetze, dürfe weder mit Blick auf eine Einschränkung oder Entziehung noch mit Blick auf eine Erweiterung des Aufgabenbereichs durch eine unbeschränkte Organisationsautonomie des Aufsichtsrats unterlaufen werden. Eine Ausnahme gelte lediglich für nicht schwerwiegende, zumutbare Einschränkungen oder Erweiterungen: Solche hätten Vorstandsmitglieder nach Treu und Glauben hinzunehmen. Nach der **Gegenansicht** ist für eine Änderung der Geschäftsverteilung die **Zustimmung** betroffener Vorstandsmitglieder **nicht erforderlich.**[4862] Es stellt sich daher auch nicht die Frage, ob eine fehlende Zustimmung im Fall einer Einschränkung des Geschäftsbereichs durch einen wichtigen Grund überwunden werden kann.

Stellungnahme: Der Gegenansicht ist **zu folgen.** Die Unabhängigkeit des Vorstands ist mit Blick auf die **Organisationsautonomie** des Aufsichtsrats bei der Geschäftsverteilung bereits gewahrt, da der Aufsichtsrat die Grundsätze der Gesamtverantwortung und Gleichbehandlung beachten muss (→ Rn. 2083 ff.). Die Zuweisung und Ausgestaltung des Geschäftsbereichs ist nicht Teil der Bestellung (→ Rn. 643 f.). Die vertretenen Einschränkungen der Organisationsautonomie sind sachlich nicht gerechtfertigt und mit Rechtsunsicherheiten verbunden, ob eine noch zumutbare Änderung vorliegt. Auch ob es sich um eine Einschränkung oder Erweiterung des Aufgabenbereichs handelt, lässt sich evtl. nicht eindeutig beantworten; zB ist denkbar, dass mit einer Änderung mehr Personal-, aber weniger Budgetverantwortung verbunden ist. Vorstandsmitglieder können sich schützen, indem sie sich anstellungsvertraglich „absichern" (→ Rn. 643). Im Übrigen muss der Aufsichtsrat das **Unternehmensinteresse** beachten. Eine Änderung der Geschäftsverteilung, nur um ein Vorstandsmitglied aus dem Amt zu drängen, ist grds. nicht pflichtgemäß. Ungeachtet dessen ist dem Aufsichtsrat zu empfehlen, Änderungen der Geschäftsverteilung mit dem Vorstand abzustimmen. 2116

Da für Änderungen des Aufgabenbereichs nicht die Voraussetzungen für einen Widerruf der Bestellung vorliegen müssen, sind in **paritätisch mitbestimmten** Gesellschaften nicht das Verfahren und die Mehrheitserfordernisse des § 31 MitbestG erforderlich.[4863] Eine Besonderheit besteht für den **Arbeitsdirektor:** Die Zuweisung dieser Funktion ist Bestandteil der Bestellung (→ Rn. 643 f.). Möchte der Aufsichtsrat dem Arbeitsdirektor einseitig einen anderen Geschäftsbereich zuweisen, muss er die Bestellung „in die Funktion als Arbeitsdirektor" widerrufen, ggf. nach Maßgabe des § 31 MitbestG; hierfür ist aber kein wichtiger Grund iSv § 84 Abs. 3 AktG erforderlich.[4864] Die Bestellung zum Vorstandsmitglied wird nicht berührt, wenn der Aufsichtsrat „isoliert" lediglich die Bestellung in die Funktion als Arbeitsdirektor widerruft. 2117

h) Rechtsfolgen bei Verstößen gegen gesellschaftsrechtliche oder anstellungsvertragliche Vorgaben

Die Geschäftsverteilung kann sowohl gegen gesellschaftsrechtliche als auch gegen anstellungsvertragliche Vorgaben verstoßen. Hinsichtlich der Frage, ob die Geschäftsverteilung ungeachtet des Verstoßes wirksam ist, ist zu unterscheiden. Werden einem Vorstandsmitglied **mehr Aufgaben zugewiesen, als es realistisch bewältigen kann,** ist die **Zuweisung unwirksam.** Danach ist der Gesamtvorstand für sämtliche Aufgaben zuständig, die dem betreffenden Vorstandsmitglied zugewiesen werden sollen. Die Organmitglieder, die die Zuweisung vornehmen, handeln pflichtwidrig; hat der Vorstand die Geschäftsverteilung vorgenommen, betrifft dies auch das betroffene Vorstandsmitglied. 2118

Werden einem Vorstandsmitglied unter Verstoß gegen den Grundsatz der Gleichbehandlung (→ Rn. 2094 ff.) **zu wenig Aufgaben zugewiesen,** ist die Zuweisung dennoch **wirksam,** es sei denn sie stellt sich als **rechtsmissbräuchlich** dar oder **entzieht** einem Vorstandsmitglied die **gesetzlichen Mindestaufgaben.** Nur in diesen Extremfällen – etwa wenn ein Vorstandsmitglied offensichtlich herab- 2119

[4861] *Krieger,* Personalentscheidungen des Aufsichtsrats, 1981, 208 ff.; *Weber/Hoß/Burmester* Managerverträge-HdB Teil 2 Rn. 105.
[4862] Kölner Komm AktG/*Mertens/Cahn* AktG § 77 Rn. 64; MüKoAktG/*Spindler* AktG § 77 Rn. 50; GroßkommAktG/*Kort* AktG § 77 Rn. 93. *Kort* verweist als Gegenansicht zudem auf MüKoAktG/*Spindler* AktG § 77 Rn. 38 (in der aktuellen Auflage Rn. 40) und *Golling,* Sorgfaltspflicht und Verantwortlichkeit der Vorstandsmitglieder für ihre Geschäftsführung innerhalb der nicht konzerngebundenen Aktiengesellschaft, 1968, 62 ff. Der Verweis trifft nicht zu: Sowohl *Spindler* als auch *Golling* halten die Zustimmung des Vorstandsmitglieds nur auf anstellungsvertraglicher, nicht auf organschaftlicher Ebene für erforderlich, MüKoAktG/*Spindler* AktG § 77 Rn. 50; *Golling,* Sorgfaltspflicht und Verantwortlichkeit der Vorstandsmitglieder für ihre Geschäftsführung innerhalb der nicht konzerngebundenen Aktiengesellschaft, 1968, 62 ff.
[4863] So im Ergebnis auch *Krieger,* Personalentscheidungen des Aufsichtsrats, 1981, 210 f.
[4864] ErfK/*Oetker* MitbestG § 33 Rn. 5; Habersack/Henssler/*Henssler* MitbestG § 33 Rn. 25; NK-ArbR/*Heither/v. Morgen* MitbestG § 33 Rn. 11; MHdB AG/*Hoffmann-Becking* § 24 Rn. 13; Kölner Komm AktG/*Mertens/Cahn* AktG § 84 Rn. 187; *Krieger,* Personalentscheidungen des Aufsichtsrats, 1981, 211 f.; aA MüKoAktG/*Annuß* MitbestG § 33 Rn. 15.

gewürdigt wird, um seine Amtsniederlegung zu erreichen oder ihm Aufgaben übertragen werden, für die es offensichtlich ungeeignet ist, ist der Aufsichtsratsbeschluss hinsichtlich der Zuweisung nichtig.[4865] Verstoßen Aufsichtsratsmitglieder durch die Ausgestaltung der Vorstandsorganisation gegen das Prinzip der Gleichberechtigung, verletzen sie zwar ihre **Pflicht,** für eine zweckmäßige und effiziente **Vorstandsorganisation** zu sorgen.[4866] Ein Schadensersatzanspruch der AG (§§ 116, 93 AktG) dürfte aber regelmäßig daran scheitern, dass sich kein Schaden der AG nachweisen lässt.[4867]

2120 Werden einem Vorstandsmitglied Aufgaben **zugewiesen, für die es nicht geeignet ist,** ist die Zuweisung wirksam. Die an der Zuweisung beteiligten Organmitglieder verletzen aber Pflichten gegenüber der AG.

2121 Dass eine Geschäftsverteilung **gegen die im Anstellungsvertrag** des Vorstandsmitglieds **vereinbarte Aufgabenzuweisung verstößt,** führt nicht zur gesellschaftsrechtlichen Unwirksamkeit der Geschäftsverteilung: Ressortzusagen im Anstellungsvertrag wirken nur schuldrechtlich, nicht gesellschaftsrechtlich.[4868] Regelt der **Aufsichtsrat** die Geschäftsverteilung, ist **keine Zustimmung des Vorstandsmitglieds erforderlich.** Der **Vorstand** soll zwar nach vereinzelt vertretener Ansicht keine Geschäftsverteilung regeln können, die den Anstellungsverträgen widerspricht, weil er mit einer solchen Regelung in die Personalkompetenz des Aufsichtsrats eingreife.[4869] Das ist aber **abzulehnen:** Der Aufsichtsrat hat keine organisationsrechtliche Geschäftsverteilungsregelung getroffen, sondern lediglich eine schuldrechtliche. Hat sich der Vorstand nicht mit dem Aufsichtsrat abgestimmt, kann der Aufsichtsrat eingreifen und eine Geschäftsverteilung regeln, die die Geschäftsverteilung des Vorstands verdrängt. Das betroffene Vorstandsmitglied muss mit der Aufgabenzuweisung ohnehin einverstanden sein, da eine Regelung der Geschäftsverteilung durch den Vorstand nur wirksam ist, wenn sämtliche Vorstandsmitglieder zustimmen (§ 77 Abs. 2 S. 3 AktG). Der Vorstand kann daher nicht gegen den Willen eines Mitglieds dessen anstellungsvertragliche Regelung „überspielen".

2122 **Schuldrechtlich** sind Vorstandsmitglieder **nicht verpflichtet,** ohne ihre Zustimmung Aufgaben zu übernehmen, die sie weder nach der anstellungsvertraglichen Aufgabenbeschreibung[4870] noch nach Treu und Glauben übernehmen müssen. Der Anstellungsvertrag enthält jedoch häufig eine **Klausel,** die das Vorstandsmitglied zur Geschäftsführung nach Maßgabe des „jeweils zugewiesenen Aufgabengebiets" – ggf. auch mit stärkerer Arbeitsbelastung und höherer Verantwortung als der ursprünglich vereinbarte Geschäftsbereich – verpflichtet.[4871] Enthält der Anstellungsvertrag keine solche Klausel, aber eine ausdrückliche Ressortzuweisung, ist das Vorstandsmitglied berechtigt, sein **Amt niederzulegen,** wenn die Ressortzuweisung **erheblich** von der im Anstellungsvertrag vorgesehenen Zuweisung abweicht[4872]; das Vorstandsmitglied kann ggf. entscheiden, seinen Anstellungsvertrag weiterlaufen zu lassen.[4873] Ferner liegt grds. ein **wichtiger Grund** vor, der das **Vorstandsmitglied berechtigt,** seinen Anstellungsvertrag **außerordentlich zu kündigen**[4874] (→ Rn. 1727 f.). Ob das Vorstandsmitglied nach § 628 Abs. 2 BGB Schadensersatz verlangen kann, wenn es seinen Anstellungsvertrag außerordentlich kündigt, ist offen: Der BGH hat den Schadensersatzanspruch eines GmbH-Geschäftsführers nach § 628 Abs. 2 BGB ausgeschlossen, wenn die Geschäftsverteilung nicht gegen den Anstellungsvertrag verstößt.[4875]

[4865] *Langer/Peters* BB 2012, 2575 (2578); Kölner Komm AktG/*Mertens/Cahn* AktG § 77 Rn. 64; vgl. auch *Hoffmann-Becking* ZGR 1998, 496 (515).
[4866] *Langer/Peters* BB 2012, 2575 (2578); MüKoAktG/*Spindler* AktG vor § 76 Rn. 48; *Hoffmann-Becking* ZGR 1998, 497 (515).
[4867] *Langer/Peters* BB 2012, 2575 (2577 f.).
[4868] Kölner Komm AktG/*Mertens/Cahn* AktG § 77 Rn. 64; GroßkommAktG/*Kort* AktG § 77 Rn. 93; *Langer/Peters* BB 2012, 2575 (2578); MüKoAktG/*Spindler* AktG § 77 Rn. 40.
[4869] Kölner Komm AktG/*Mertens/Cahn* AktG § 77 Rn. 64 mit unzutreffendem Verweis auf MüKoAktG/*Spindler* AktG § 77 Rn. 46 und *Hoffmann-Becking* ZGR 1998, 497 (502).
[4870] *Beiner/Braun* Vorstandsrecht Rn. 602; MüKoAktG/*Spindler* AktG § 77 Rn. 40; *Golling,* Sorgfaltspflicht und Verantwortlichkeit der Vorstandsmitglieder für ihre Geschäftsführung innerhalb der nicht konzerngebundenen Aktiengesellschaft, 1968, 67.
[4871] *Weber/Hoß/Burmester* Managerverträge-HdB Teil 2 Rn. 105; MüKoAktG/*Spindler* AktG § 77 Rn. 40; krit. *Golling,* Sorgfaltspflicht und Verantwortlichkeit der Vorstandsmitglieder für ihre Geschäftsführung innerhalb der nicht konzerngebundenen Aktiengesellschaft, 1968, 66: Vorstandsmitglied will sich idR nur verpflichten, einen Geschäftsbereich zu übernehmen, für den es geeignet ist.
[4872] Kölner Komm AktG/*Mertens/Cahn* AktG § 77 Rn. 64; GroßkommAktG/*Kort* AktG § 77 Rn. 93a; *Krieger,* Personalentscheidungen des Aufsichtsrats, 1981, 209 wendet sich insofern eine Umgehung des § 84 Abs. 3 AktG.
[4873] So auch zum Fall eines Verstoßes gegen den Grundsatz der Gleichbehandlung *Hoffmann-Becking* ZGR 1998, 496 (515); nicht abgeneigt auch *Langer/Peters* BB 2012, 2575 (2578).
[4874] GroßkommAktG/*Kort* AktG § 77 Rn. 93a; Kölner Komm AktG/*Mertens/Cahn* AktG § 77 Rn. 64; MüKoAktG/*Spindler* AktG § 77 Rn. 50.
[4875] BGH NZG 2012, 502 Rn. 17 ff. und Leitsatz.

9. Mögliche weitere Regelungsgegenstände

§ 77 Abs. 2 AktG enthält keine Vorgaben für den Inhalt der Geschäftsordnung. Es besteht weitgehend **Gestaltungsfreiheit.** Die Geschäftsordnung kann insbes. die Aufgabenverteilung innerhalb des Vorstands und die Zusammenarbeit mit dem Aufsichtsrat regeln.[4876] Regelt die Satzung Einzelfragen der Geschäftsordnung, kann sie auch das Verhältnis des Vorstands zur Hauptversammlung und zum Abschlussprüfer regeln. Soweit Regelungen frei gestaltbar sind, unterliegt die Geschäftsordnung **keiner richterlichen Inhaltskontrolle.**[4877]

Einschränkungen der Gestaltungsfreiheit ergeben sich aus dem Wesen der Geschäftsordnung als Instrument der Selbstorganisation[4878], den gesetzlichen Bestimmungen der §§ 76 ff. AktG und evtl. der Satzung[4879]. **Unzulässig sind danach Regelungen,** die die Ausrichtung der Unternehmenspolitik inhaltlich bestimmen[4880], die der Satzung vorbehalten sind[4881] – soweit nicht die Satzung Einzelfragen der Geschäftsordnung regelt – oder die gegen zwingende gesetzliche Bestimmungen oder die Satzung verstoßen[4882], etwa indem sie in die Zuständigkeitsverteilung der Organe eingreifen.[4883] Erlässt der Aufsichtsrat die Geschäftsordnung, kann er zB keine Vorgaben zur Leitung der AG machen, weil dafür allein der Vorstand zuständig ist (§ 76 Abs. 1 AktG).[4884] Ebenfalls nicht in die Geschäftsordnungskompetenz des Aufsichtsrats fallen Compliance-Regelungen, die sich an Vorstandsmitglieder richten, etwa zum Umgang mit Geschenken und Einladungen. Zulässig ist allenfalls eine Anordnung, dass sich unter bestimmten Voraussetzungen andere Vorstandsmitglieder oder der Gesamtvorstand mit der Einladung oder einem Geschenkangebot befassen müssen.

Es haben sich Regelungsgegenstände und eine **typische Struktur** für die Geschäftsordnung herausgebildet, die an die Gegebenheiten der jeweiligen AG anzupassen sind.[4885]

a) Geschäftsführungsbefugnis, Zuständigkeit des Gesamtvorstands

Die Geschäftsordnung kann vom Prinzip der Gesamtgeschäftsführung (§ 77 Abs. 1 S. 1 AktG) abweichen und Vorstandsmitgliedern **Einzelgeschäftsführungsbefugnis** erteilen.[4886] Das gilt nicht für Aufgaben, für die zwingend der Gesamtvorstand zuständig ist (→ Rn. 2084 ff.).[4887] Die Geschäftsordnung kann auch **nicht** bestimmen, dass ein Vorstandsmitglied oder mehrere Vorstandsmitglieder Meinungsverschiedenheiten im Vorstand **gegen die Mehrheit** seiner Mitglieder entscheiden können (§ 77 Abs. 1 S. 2 Hs. 2 AktG; zum Recht zum **Stichentscheid** bei Stimmengleichheit oder einem **Vetorecht** → Rn. 2140 ff. sowie Rn. 888 f.).[4888] Zwingende Satzungsregelungen zur Geschäftsführungsbefugnis sind zu beachten (§ 77 Abs. 1 S. 2 Hs. 1, Abs. 2 S. 2 AktG). Üblicherweise wird die Geschäftsführungsbefugnis in der Weise geregelt, dass Vorstandsmitglieder den Geschäftsbereich, den der Geschäftsverteilungsplan ihnen zuweist „unter eigener Verantwortung leiten" (**beschränkte Einzelgeschäftsführungsbefugnis**).[4889] Die Geschäftsordnung kann auch vorsehen, dass Vorstandsmitglieder nur gemeinsam[4890] oder nur gemeinsam mit einem Prokuristen die Geschäfte führen dürfen.[4891] Die Geschäftsordnung kann auch regeln, dass sich

---

[4876] Kölner Komm AktG/*Mertens/Cahn* AktG § 77 Rn. 51; BeckOGK AktG/*Fleischer* AktG § 77 Rn. 74; GroßkommAktG/*Kort* AktG § 77 Rn. 80.
[4877] Hölters/*Weber* AktG § 77 Rn. 49; K. Schmidt/Lutter AktG/*Seibt* AktG § 77 Rn. 24; MüKoAktG/*Spindler* AktG § 77 Rn. 38; GroßkommAktG/*Kort* AktG § 77 Rn. 80.
[4878] Kölner Komm AktG/*Mertens/Cahn* AktG § 77 Rn. 51; *Seyfarth* VorstandsR § 2 Rn. 42.
[4879] Hölters/*Weber* AktG § 77 Rn. 49; Hüffer/Koch/*Koch* AktG § 77 Rn. 21; Grigoleit/*Grigoleit* AktG § 77 Rn. 22; Henssler/Strohn GesR/*Dauner-Lieb* AktG § 77 Rn. 12.
[4880] *Seyfarth* VorstandsR § 2 Rn. 42; Kölner Komm AktG/*Mertens/Cahn* AktG § 77 Rn. 51; GroßkommAktG/*Kort* AktG § 77 Rn. 80.
[4881] Kölner Komm AktG/*Mertens/Cahn* AktG § 77 Rn. 51; GroßkommAktG/*Kort* AktG § 77 Rn. 80.
[4882] *Seyfarth* VorstandsR § 2 Rn. 42; Henssler/Strohn GesR/*Dauner-Lieb* AktG § 77 Rn. 12.
[4883] MüKoAktG/*Spindler* AktG § 77 Rn. 35; Kölner Komm AktG/*Mertens/Cahn* AktG § 77 Rn. 51; GroßkommAktG/*Kort* AktG § 77 Rn. 80; BeckOGK AktG/*Fleischer* AktG § 77 Rn. 74.
[4884] *Seyfarth* VorstandsR § 2 Rn. 42.
[4885] BeckOGK AktG/*Fleischer* AktG § 77 Rn. 74; MüKoAktG/*Spindler* AktG § 77 Rn. 65 f. Muster einer Geschäftsordnung für den Vorstand bei *Happ/Ludwig* in Happ/Groß AktR 8.01.
[4886] GroßkommAktG/*Kort* AktG § 77 Rn. 83.
[4887] GroßkommAktG/*Kort* AktG § 77 Rn. 83; Bürgers/Körber/*Bürgers* AktG § 77 Rn. 7. GroßkommAktG/*Kort* AktG § 77 Rn. 80; MüKoAktG/*Spindler* AktG § 77 Rn. 38.
[4888] Hüffer/Koch/*Koch* AktG § 77 Rn. 11 f.; Grigoleit/*Grigoleit* AktG § 77 Rn. 14; Bürgers/Körber/*Bürgers* AktG § 77 Rn. 9 ff.
[4889] *Langer/Peters* BB 2012, 2575 (2579); GroßkommAktG/*Kort* AktG § 77 Rn. 83; Hölters/*Weber* AktG § 77 Rn. 18; *Meyer* in Illert/Ghassemi-Tabar/Cordes Handbuch Vorstand und Aufsichtsrat § 1 Rn. 80.
[4890] *Happ/Ludwig* in Happ/Groß AktR 8.01 Rn. 7.1; *Langer/Peters* BB 2012, 2575 (2579); MüKoAktG/*Spindler* AktG § 77 Rn. 31; Hüffer/Koch/*Koch* AktG § 77 Rn. 14; Hölters/*Weber* AktG § 77 Rn. 18.
[4891] *Langer/Peters* BB 2012, 2575 (2579); GroßkommAktG/*Kort* AktG § 77 Rn. 83; Hüffer/Koch/*Koch* AktG § 77 Rn. 14; Hölters/*Weber* AktG § 77 Rn. 18.

Vorstandsmitglieder untereinander abstimmen müssen, soweit eine Maßnahme mehrere Geschäftsbereiche gleichzeitig betrifft. Können sich die Vorstandsmitglieder nicht auf ein gemeinsames Vorgehen einigen, soll idR eine Entscheidung des Gesamtvorstands die „Patt-Situation" auflösen.[4892] Verschiedene Abweichungen vom Grundsatz der Gesamtgeschäftsführung können kombiniert werden.[4893]

2127 In der Regel wird vom Prinzip der Gesamtgeschäftsführung abgewichen. Nach Ziff. 4.2.1 S. 2 DCGK aF zählten Angaben zur **Zuständigkeit des Gesamtvorstands** zum **Mindestinhalt** einer Geschäftsordnung. Eine Geschäftsordnung ohne eine Regelung zu den nach Gesetz[4894] und ggf. Satzung zwingend dem Gesamtvorstand vorbehaltenen Angelegenheiten sollte der Empfehlung nicht entsprechen.[4895] Die Geschäftsordnung kann über die zwingend vom Gesamtvorstand wahrzunehmenden Aufgaben hinaus für **weitere Geschäftsführungsmaßnahmen** eine Entscheidung des Gesamtvorstands vorsehen. Teilweise wird empfohlen, Maßnahmen von *„grundsätzlicher Bedeutung für die (künftige) Unternehmenspolitik der AG"* und Geschäfte, die nach § 111 Abs. 4 S. 2 AktG der Zustimmung des Aufsichtsrats bedürfen, dem Gesamtvorstand zuzuweisen.[4896] Nach herrschender und zutreffender Ansicht muss beide Maßnahmen ohnehin zwingend der Gesamtvorstand wahrnehmen (→ Rn. 2088 ff.); eine „Zuweisung" wäre daher lediglich klarstellend. **Einschränken** kann die Geschäftsordnung die organschaftliche Mindestzuständigkeit des Gesamtvorstands **nicht**.[4897]

2128 Die Zuständigkeit des Gesamtvorstands kann auf unterschiedliche Weise geregelt werden. Häufig enthält die Geschäftsordnung eine **Generalklausel,** die durch einen Katalog ergänzt wird, der einzelne Aufgaben beispielhaft benennt oder umfassend aufzählt.[4898] Enthält die Geschäftsordnung einen möglichst abschließenden Katalog,[4899] haben die Vorstandsmitglieder eine **Orientierungshilfe** für die Abgrenzung zwischen Aufgaben aus dem Kernbereich der Leitung und allgemeinen Geschäftsführungsaufgaben. Grundsätzlich bestehen gegen eine Generalklausel unter dem Gesichtspunkt der Bestimmtheit keine Bedenken. Wirft die AG einem Vorstandsmitglied vor, es habe pflichtwidrig ohne Befassung des Gesamtvorstands gehandelt, obwohl nach der Generalklausel der Gesamtvorstand zuständig gewesen sei, trägt die AG die Darlegungs- und Beweislast, dass sich aus der Generalklausel – ggf. im Zusammenhang mit einem als Orientierungshilfe dienenden Beispielskatalog – eine Zuständigkeit des Gesamtvorstands ergibt. Vorstandsmitgliedern steht ggf. der Nachweis offen, der Gesamtvorstand hätte der in Rede stehenden Maßnahme ohnehin zugestimmt.[4900] Einzelne Vorstandsmitglieder oder Ausschüsse (→ Rn. 2146) dürfen Entscheidungen des Gesamtvorstands **vorbereiten**.[4901]

b) Vertretungsbefugnis

2129 Denkbar ist, dass der **Aufsichtsrat** in der Geschäftsordnung die Vertretungsbefugnis regelt, sofern die **Satzung ihn ermächtigt,** vom Grundsatz der Gesamtvertretung (§ 78 Abs. 2 S. 1 AktG) abweichende Regelungen zu treffen (§ 78 Abs. 3 S. 2 AktG). **Materiell** sind Vertretungsregelungen jedoch **kein Bestandteil** der Geschäftsordnung: In der Geschäftsordnung wird grds. die organinterne Arbeit organisiert.[4902] Regelungen zur Vertretung der AG durch den Vorstand betreffen aber das Handeln der Vorstandsmitglieder im Außenverhältnis.[4903] Der **Vorstand** kann seine Vertretungsbefugnis daher nicht regeln, auch nicht, wenn er sich selbst eine Geschäftsordnung gibt: Die Kompetenz des Vorstands, sich (subsidiär) (→ Rn. 2048 ff.) eine Geschäftsordnung zu geben, ermächtigt ihn nicht, die Vertretungsbefugnis des Vorstands zu regeln.[4904]

[4892] *Langer/Peters* BB 2012, 2575 (2579).
[4893] *Happ/Ludwig* in Happ/Groß AktR 8.01 Rn. 7.2 Hölters/*Weber* AktG § 77 Rn. 20; MüKoAktG/*Spindler* AktG § 77 Rn. 31.
[4894] Aufzählung bei → Rn. 2085 ff.
[4895] KBLW/*Bachmann* DCGK Ziff. 4.2.1 Rn. 923; Wilsing/*Goslar* DCGK 4.2.1. Rn. 1. Vgl. auch *Hoffmann-Becking* ZGR 1998, 497 (508 f.); GroßkommAktG/*Kort* AktG § 77 Rn. 86.
[4896] *Ihrig/Schäfer* Rechte und Pflichten des Vorstands § 15 Rn. 380; GroßkommAktG/*Kort* AktG § 77 Rn. 86.
[4897] *Wettich,* Vorstandsorganisation in der Aktiengesellschaft, 2008, 64 f.
[4898] Generalklausel mit Regelbeispielen bei KBLW/*Bachmann* DCGK Ziff. 4.2.1 Rn. 925; vgl. ferner die Musterregelungen in MVHdB GesR/*Rosengarten* V.52 § 3; *Happ/Ludwig* in Happ/Groß AktR 8.01 § 3.
[4899] Das empfehlen GroßkommAktG/*Kort* AktG § 77 Rn. 86; *Hoffmann-Becking* ZGR 1998, 497 (509); *Wettich,* Vorstandsorganisation in der Aktiengesellschaft, 2008, 64 f.; strenger *Seyfarth* VorstandsR § 2 Rn. 10: Geschäftsordnung, mit der das Prinzip der Ressortverantwortung eingeführt wird, muss immer enumerativ aufzählen oder generisch bestimmen, welche Entscheidungen dem Gesamtgremium vorbehalten bleiben.
[4900] Zum Einwand des rechtmäßigen Alternativverhaltens bei Zustimmungsvorbehalten zugunsten des Aufsichtsrats BGHZ 219, 193 Rn. 40 ff. = NZG 2018, 1189 – Schloss Eller.
[4901] *Langer/Peters* BB 2012, 2575 (2579); K. Schmidt/Lutter AktG/*Seibt* AktG § 77 Rn. 19; Hüffer/Koch/*Koch* AktG § 77 Rn. 17; *Ihrig/Schäfer* Rechte und Pflichten des Vorstands § 16 Rn. 415.
[4902] Bürgers/Körber/*Bürgers* AktG § 77 Rn. 24; GroßkommAktG/*Kort* AktG § 77 Rn. 71.
[4903] GroßkommAktG/*Habersack/Foerster* AktG § 78 Rn. 7.
[4904] GroßkommAktG/*Kort* AktG § 77 Rn. 71; MüKoAktG/*Spindler* AktG § 77 Rn. 35.

c) Vorstandssitzungen

Die Geschäftsordnung sieht idR vor, dass der Vorstand **Beschlüsse** in regelmäßig stattfindenden **Sitzungen** fasst, und enthält allgemeine Bestimmungen zur Durchführung der Sitzungen, zB zum Sitzungsturnus, zu Einberufungs- und Abstimmungsmodalitäten, zur Beschlussfähigkeit, zur Leitung der Sitzungen und zur Protokollführung.[4905] Sitzungen können auch virtuell per Telefon- oder Videokonferenz abgehalten werden.[4906] Die Geschäftsordnung kann regeln, ob und ggf. unter welchen Voraussetzungen der Vorstand Beschlüsse außerhalb von Sitzungen fassen kann.[4907] Der Aufsichtsrat kann nicht anordnen, dass der Vorstand bestimmte Gegenstände in Sitzungen behandeln muss. 2130

Die Geschäftsordnung kann festlegen, inwieweit **Dritte** (zB Sachverständige, Auskunftspersonen, Protokollführer) an Vorstandssitzungen **teilnehmen** dürfen. Die Vorschriften für die Teilnahme Dritter an Aufsichtsratssitzungen gelten hierfür entsprechend (§ 109 Abs. 1 AktG; → § 3 Rn. 96 ff.).[4908] **„Designierte" Vorstandsmitglieder** dürfen an Sitzungen teilnehmen, wenn sie bereits unbedingt wirksam zum Vorstandsmitglied bestellt sind und die Bestellung angenommen haben, das Wirksamwerden der Bestellung aber aufschiebend befristet ist (→ Rn. 632 f.). Im Übrigen darf Dritten ein Teilnahmerecht nur eingeräumt werden, wenn ihre Teilnahme für eine ordnungsgemäße Erfüllung der Aufgaben der Vorstandsmitglieder erforderlich ist.[4909] **Sachverständige und Auskunftspersonen** dürfen danach nur zur Beratung über einzelne Gegenstände der Sitzung herangezogen werden und nicht an der Beratung und Beschlussfassung der übrigen Tagesordnungspunkte teilnehmen.[4910] **Aufsichtsratsmitglieder** sind insofern wie **Dritte** zu behandeln;[4911] § 109 Abs. 1 S. 1 AktG ist aufgrund der unterschiedlichen Organfunktionen nicht spiegelbildlich auf die Teilnahme von Aufsichtsratsmitgliedern an Vorstandssitzungen zu übertragen.[4912] Der Aufsichtsrat kann **nicht anordnen,** dass der Vorstand Dritte (zB Organmitglieder abhängiger Konzernunternehmen) zu Sitzungen **hinzuziehen muss**. 2131

d) Beschlussfähigkeit

Bei **„gewöhnlichen" Mehrheitsentscheidungen** ist der Vorstand nach überwiegender Ansicht bereits beschlussfähig, wenn nur **ein Vorstandsmitglied** teilnimmt. Die Satzung oder die Geschäftsordnung kann insofern Abweichendes regeln,[4913] zB dass die Teilnahme einer bestimmten Mindestzahl von Vorstandsmitgliedern (zB die Hälfte) erforderlich, aber auch ausreichend ist.[4914] Das erscheint empfehlenswert und ist in großen Gesellschaften üblich: Regelt die Geschäftsordnung die Beschlussfähigkeit nicht besonders, besteht für Entscheidungen zwar größtmögliche Flexibilität. Es besteht aber ein Risiko, dass Entscheidungen des Gesamtvorstands getroffen werden, die die Mehrheit der Vorstandsmitglieder nicht mitträgt. Ob nicht teilnehmende Vorstandsmitglieder in einem solchen Fall der Umsetzung von Beschlüssen widersprechen oder einen abweichenden Beschluss herbeiführen könnten, hängt davon ab, dass sie rechtzeitig vor der Umsetzung über die Beschlüsse informiert werden. Abgesehen von dringenden Fällen sollte eine Beschlussfassung des Gesamtvorstands zu Angelegenheiten ausgeschlossen sein, die den Geschäftsbereich eines abwesenden Vorstandsmitglieds betreffen, das nicht mit einer Beschlussfassung einverstanden ist. 2132

Ist ein Beschluss des Vorstands **einstimmig** zu fassen, ist der Vorstand nur bei Teilnahme **sämtlicher Mitglieder** beschlussfähig.[4915] Bei unaufschiebbaren Angelegenheiten – „Gefahr im Verzug" – kann er einen Beschluss, für den Einstimmigkeit erforderlich ist, nach zutreffender Ansicht aber ausnahmsweise auch lediglich mit den Stimmen der konkret teilnehmenden Vorstandsmitglieder fassen (§ 115 Abs. 2 HGB, § 744 Abs. 2 BGB analog). Nicht teilnehmende Vorstandsmitglieder sind unverzüglich zu unter- 2133

[4905] GroßkommAktG/*Kort* AktG § 77 Rn. 88; *Ihrig/Schäfer* Rechte und Pflichten des Vorstands § 15 Rn. 384; MüKoAktG/*Spindler* AktG § 77 Rn. 37; Kölner Komm AktG/*Mertens/Cahn* AktG § 77 Rn. 52.
[4906] *Happ/Ludwig* in Happ/Groß AktR 8.01 Rn. 15.1; GroßkommAktG/*Kort* AktG § 77 Rn. 9; *Spindler* ZGR 2018, 17 (30); *Endres* ZHR 163 (1999), 441 (447).
[4907] GroßkommAktG/*Kort* AktG § 77 Rn. 88.
[4908] *Seibt/Ph. Scholz* AG 2016, 557 (558); MüKoAktG/*Spindler* AktG § 77 Rn. 23 mwN.
[4909] GroßkommAktG/*Kort* AktG § 77 Rn. 89; *Ihrig/Schäfer* Rechte und Pflichten des Vorstands § 18 Rn. 38.
[4910] GroßkommAktG/*Kort* AktG § 77 Rn. 89; *Happ/Ludwig* in Happ/Groß AktR 8.01 Rn. 15.4.
[4911] BeckOGK AktG/*Fleischer* AktG § 77 Rn. 75; GroßkommAktG/*Kort* AktG § 77 Rn. 89; MüKoAktG/*Habersack* AktG § 111 Rn. 28.
[4912] GroßkommAktG/*Kort* AktG § 77 Rn. 89.
[4913] Hölters/*Weber* AktG § 77 Rn. 22; MüKoAktG/*Spindler* AktG § 77 Rn. 28; *Seyfarth* VorstandsR § 2 Rn. 21: kein bestimmtes Beschlussquorum erforderlich; unklar Kölner Komm AktG/*Mertens/Cahn* AktG § 77 Rn. 45: anwesende Mitglieder sind als beschlussfähig anzusehen.
[4914] Hölters/*Weber* AktG § 77 Rn. 22.
[4915] Hölters/*Weber* AktG § 77 Rn. 22; MüKoAktG/*Spindler* AktG § 77 Rn. 28; *Richter* in Semler/Peltzer/Kubis Vorstands-HdB § 5 Rn. 85.

e) Beschlussteilnahme abwesender Vorstandsmitglieder

2134 Die Geschäftsordnung sieht häufig vor, dass der Vorstand Beschlüsse in regelmäßig stattfindenden Präsenzsitzungen fasst. Sie kann aber gestatten, dass der Vorstand Sitzungen auch per Telefon- oder Videokonferenz abhält oder seine Beschlüsse außerhalb von Sitzungen fasst (→ Rn. 2138). Zudem können abwesende Vorstandsmitglieder an der Beschlussfassung in einer Präsenzsitzung teilnehmen. Zwar ist eine **Stellvertretung** unzulässig und auch die Satzung oder die Geschäftsordnung kann sie nicht gestatten, weil Entscheidungen zur Geschäftsführung jedes Vorstandsmitglied persönlich treffen muss.[4917] Die Satzung oder die Geschäftsordnung kann aber regeln, dass abwesende Vorstandsmitglieder ihre Stimme durch Boten abgeben können **(Stimmbotschaft):**[4918] Der Bote übermittelt – anders als ein Stellvertreter – die persönliche Entscheidung des abwesenden Vorstandsmitglieds, **ohne** dass er einen eigenen **Entscheidungsspielraum** hat. Das abwesende Vorstandsmitglied überträgt seine persönliche Entscheidung nicht auf den Boten und begibt sich dadurch nicht seiner persönlichen Geschäftsführungsbefugnis.[4919] Enthält die Satzung oder die Geschäftsordnung **keine Regelung** zur **Stimmbotschaft,** ist die Stimmabgabe durch Boten zulässig, wenn alle Vorstandsmitglieder einverstanden sind[4920] oder ein wichtiger Grund (zB Krankheit) vorliegt.[4921] Als Boten kommen ausschließlich Personen in Betracht, die an der Vorstandssitzung teilnehmen dürfen. In der Regel muss das abwesende Vorstandsmitglied daher dafür sorgen, dass ein anderes Vorstandsmitglied die Stimmbotschaft überbringt.[4922] Vereinzelt wird vertreten, auf eine Stimmbotschaft sei die für den Aufsichtsrat geltende Regelung des § 108 Abs. 3 S. 1 AktG analog anzuwenden.[4923] Danach wäre für die Stimmbotschaft zwingend Schriftform erforderlich, und die Satzung oder die Geschäftsordnung könnten davon auch nicht abweichen.[4924] Das ist **abzulehnen:** Für Vorstandsbeschlüsse gelten generell keine formellen Anforderungen (→ Rn. 2138). Aus Gründen der Rechtssicherheit sollte die Geschäftsordnung aber Textform (§ 126b BGB) verlangen, die zB auch eine Stimmbotschaft per E-Mail ermöglicht.

2135 Verbreitet wird vertreten, im **Urlaub** befindliche[4925] und einvernehmlich **vom Dienst befreite**[4926] Vorstandsmitglieder hätten Maßnahmen konkludent zugestimmt, die sich „im Rahmen der üblichen Geschäftsroutine" bewegen.[4927] Eine Generalzustimmung für einen unbeschränkten Kreis von Geschäftsführungsaufgaben im Voraus verstößt hingegen gegen das Prinzip der Gesamtverantwortung und ist nichtig (§ 134 BGB).[4928] Der Aufsichtsrat muss daher prüfen, ob sichergestellt ist, dass auch ungewöhnliche Geschäftsführungsmaßnahmen ungeachtet des Urlaubs der Vorstandsmitglieder und etwaiger einvernehmlicher Dienstbefreiungen mit der gebotenen Geschwindigkeit vorgenommen werden können. Es bietet sich insofern an, in der Geschäftsordnung zu regeln, wie Vorstandsmitglieder ihren Urlaub untereinander und mit dem Aufsichtsrat abstimmen und sicherstellen müssen, dass sie „in Notfällen" erreichbar sind.

[4916] Kölner Komm AktG/*Mertens/Cahn* AktG § 77 Rn. 45; MüKoAktG/*Spindler* AktG § 77 Rn. 28 mwN.
[4917] Kölner Komm AktG/*Mertens/Cahn* AktG § 77 Rn. 36; K. Schmidt/Lutter AktG/*Seibt* AktG § 77 Rn. 9; MüKoAktG/*Spindler* AktG § 77 Rn. 21; GroßkommAktG/*Kort* AktG § 77 Rn. 16; BeckOGK AktG/*Fleischer* AktG § 77 Rn. 24; Hölters/*Weber* AktG § 77 Rn. 24.
[4918] Kölner Komm AktG/*Mertens/Cahn* AktG § 77 Rn. 36; GroßkommAktG/*Kort* AktG § 77 Rn. 16; Hölters/*Weber* AktG § 77 Rn. 24.
[4919] GroßkommAktG/*Kort* AktG § 77 Rn. 16.
[4920] Kölner Komm AktG/*Mertens/Cahn* AktG § 77 Rn. 36.
[4921] GroßkommAktG/*Kort* AktG § 77 Rn. 16: Stimmbotschaft bei „*Notfällen wie Urlaub, Krankheit etc.*" generell zulässig; ebenso MüKoAktG/*Spindler* AktG § 77 Rn. 21; ähnlich K. Schmidt/Lutter AktG/*Seibt* AktG § 77 Rn. 9: Stimmbotschaft generell zulässig bei wichtigem Grund, wobei Abwesenheit und Krankheit ausreichen; Hölters/*Weber* AktG § 77 Rn. 24.
[4922] Vgl. auch *Richter* in Semler/Peltzer/Kubis Vorstands-HdB § 5 Rn. 89; Hölters/*Weber* AktG § 77 Rn. 24; nach BeckOGK AktG/*Fleischer* AktG § 77 Rn. 24 ist das auch der Regelfall.
[4923] *Ziemons* in Ziemons/Binnewies HdB-AG Rn. 8.559.
[4924] Das Erfordernis der Schriftform für Stimmbotschaften von Aufsichtsratsmitgliedern ist nicht dispositiv, vgl. MüKoAktG/*Habersack* AktG § 108 Rn. 52 f.; Henssler/Strohn GesR/*Henssler* AktG § 108 Rn. 15; großzügiger Hüffer/Koch/*Koch* AktG § 108 Rn. 20; BeckOGK AktG/*Spindler* AktG § 108 Rn. 62: eigene Namensunterschrift als Teil der Schriftform des § 126 BGB ist nicht erforderlich, Telefax und E-Mail mit elektronischer Signatur genügen.
[4925] Kölner Komm AktG/*Mertens/Cahn* AktG § 77 Rn. 9; GroßkommAktG/*Kort* AktG § 77 Rn. 12; Hüffer/Koch/*Koch* AktG § 77 Rn. 7; MüKoAktG/*Spindler* AktG § 77 Rn. 24.
[4926] Kölner Komm AktG/*Mertens/Cahn* AktG § 77 Rn. 9.
[4927] GroßkommAktG/*Kort* AktG § 77 Rn. 12; Kölner Komm AktG/*Mertens/Cahn* AktG § 77 Rn. 9; Hüffer/Koch/*Koch* AktG § 77 Rn. 7; enger MüKoAktG/*Spindler* AktG § 77 Rn. 24: sofern nicht nachträglich widersprochen wird.
[4928] Hüffer/Koch/*Koch* AktG § 77 Rn. 7; GroßkommAktG/*Kort* AktG § 77 Rn. 12.

f) Mehrheitserfordernisse

Die Geschäftsordnung kann Gesamtgeschäftsführung beibehalten und bestimmen, dass der Vorstand sämtliche oder ausgewählte Beschlüsse durch Mehrheitsentscheidung trifft[4929], sofern das Gesetz oder die Satzung nicht zwingend einen einstimmigen Beschluss des Vorstands vorsieht (zB § 77 Abs. 2 S. 3 AktG). Die Geschäftsordnung kann die Mehrheitserfordernisse näher spezifizieren und etwa für bestimmte Beschlussgegenstände oder abhängig von der Art der Beschlussfassung **qualifizierte Mehrheitserfordernisse** vorsehen.[4930]

Einstimmigkeits- und Mehrheitsprinzip sowie Einzelgeschäftsführungsbefugnis können **kombiniert** werden.[4931] Regelt die Geschäftsordnung eine Geschäftsverteilung, soll daraus abzuleiten sein, dass im Zweifel das Mehrheitsprinzip gilt.[4932] Um Unklarheiten zu vermeiden, sollte die Geschäftsordnung festlegen, worauf sich die Mehrheit beziehen muss (Mehrheit der abgegebenen Stimmen oder Mehrheit der Stimmen aller amtierenden Vorstandsmitglieder).[4933] Enthält die Geschäftsordnung nur den Begriff „Mehrheit", genügt im Zweifel die einfache Mehrheit der Stimmen der an der Beschlussfassung teilnehmenden Mitglieder.[4934] Auf die Mehrheit der „anwesenden Stimmen" abzustellen[4935] erscheint allenfalls sinnvoll, wenn die Stimmabgabe außerhalb der Präsenzsitzung ausgeschlossen ist (→ Rn. 2138). Zum Stichentscheid und zu Vetorechten (→ Rn. 2140 ff.).

g) Form der Beschlussfassung

Eine bestimmte Form der Beschlussfassung ist **gesetzlich nicht vorgeschrieben**.[4936] Die Satzung oder die Geschäftsordnung kann insofern einschränkende oder konkretisierende Regelungen treffen.[4937] Ohne einschränkende **Regelungen** kann der Vorstand Beschlüsse innerhalb und außerhalb von Sitzungen, mündlich, schriftlich, durch Handzeichen, telefonisch, per E-Mail, Internet- oder Videokonferenz fassen.[4938]

h) Vorstandsvorsitzender, „Vorstandssprecher"

Ausschließlich der Aufsichtsrat kann ein Mitglied des Vorstands (oder auch zwei) zum Vorsitzenden ernennen (§ 84 Abs. 2 AktG; → Rn. 874 ff.) und dessen Aufgaben sowie Rechte und Pflichten in der Geschäftsordnung festlegen.[4939] Trifft der Aufsichtsrat Regelungen zum Vorstandsvorsitzenden, verdrängt er den Vorstand nicht aus dessen Kompetenz, eine Geschäftsordnung zu erlassen. Einen oder mehrere **„Vorstandssprecher"** kann sowohl der **Aufsichtsrat** als auch der **Vorstand** in der Geschäftsordnung vorsehen und dessen bzw. deren Aufgaben und Befugnisse regeln[4940] (→ zu den Aufgaben eines Vorstandsvorsitzenden Rn. 877 ff., zu den Aufgaben eines Vorstandssprechers Rn. 901).

[4929] Grigoleit/*Grigoleit* AktG § 77 Rn. 15; Bürgers/Körber/*Bürgers* AktG § 77 Rn. 8; K. Schmidt/Lutter AktG/*Seibt* AktG § 77 Rn. 10.
[4930] Kölner Komm AktG/*Mertens*/*Cahn* AktG § 77 Rn. 11; Hölters/*Weber* AktG § 77 Rn. 8; Hüffer/Koch/*Koch* AktG § 77 Rn. 11; K. Schmidt/Lutter AktG/*Seibt* AktG § 77 Rn. 10.
[4931] GroßkommAktG/*Kort* AktG § 77 Rn. 21; MüKoAktG/*Spindler* AktG § 77 Rn. 20; Kölner Komm AktG/*Mertens*/*Cahn* AktG § 77 Rn. 11; Grigoleit/*Grigoleit* AktG § 77 Rn. 17; Hölters/*Weber* AktG § 77 Rn. 8.
[4932] Kölner Komm AktG/*Mertens*/*Cahn* AktG § 77 Rn. 11.
[4933] Hölters/*Weber* AktG § 77 Rn. 8; *Meyer* in Illert/Ghassemi-Tabar/Cordes Handbuch Vorstand und Aufsichtsrat § 1 Rn. 75; MHdB AG/*Hoffmann-Becking* § 22 Rn. 8.
[4934] GroßkommAktG/*Kort* AktG § 77 Rn. 21; MüKoAktG/*Spindler* AktG § 77 Rn. 13; BeckOGK AktG/*Fleischer* AktG § 77 Rn. 12; aA K. Schmidt/Lutter AktG/*Seibt* AktG § 77 Rn. 10: Mehrheit der amtierenden Mitglieder als Bezugsgröße; vgl. auch *Hoffmann-Becking* ZGR 1998, 497 (518): einfache Mehrheit der Stimmen aller amtierenden Vorstandsmitglieder bei Auslegung wohl näherliegend.
[4935] So zB MHdB AG/*Hoffmann-Becking* § 22 Rn. 8.
[4936] BGH NJW 1961, 26; Kölner Komm AktG/*Mertens*/*Cahn* AktG § 77 Rn. 33; Hüffer/Koch/*Koch* AktG § 77 Rn. 6; *M. Arnold* in Marsch-Barner/Schäfer Börsennotierte AG-HdB Rn. 19.87; GroßkommAktG/*Kort* AktG § 77 Rn. 9; MüKoAktG/*Spindler* AktG § 77 Rn. 24; BeckOGK AktG/*Fleischer* AktG § 77 Rn. 22; Hölters/*Weber* AktG § 77 Rn. 21.
[4937] Kölner Komm AktG/*Mertens*/*Cahn* AktG § 77 Rn. 33.
[4938] OLG Frankfurt a. M. AG 1986, 233; Kölner Komm AktG/*Mertens*/*Cahn* AktG § 77 Rn. 33; GroßkommAktG/*Kort* AktG § 77 Rn. 9; MüKoAktG/*Spindler* AktG § 77 Rn. 24.
[4939] Kölner Komm AktG/*Mertens*/*Cahn* AktG § 77 Rn. 53; *Ihrig*/*Schäfer* Rechte und Pflichten des Vorstands § 15 Rn. 383.
[4940] Lutter/Krieger/*Verse* AR Rn. 480; GroßkommAktG/*Kort* AktG § 77 Rn. 57; Hüffer/Koch/*Koch* AktG § 84 Rn. 30; MüKoAktG/*Spindler* AktG § 84 Rn. 118; MHdB AG/*Hoffmann-Becking* § 24 Rn. 5; die Regelungskompetenz des Aufsichtsrats anzweifelnd BeckOGK AktG/*Fleischer* AktG § 84 Rn. 99.

i) Stichentscheid, Vetorecht

2140 Die Geschäftsordnung kann weder ein Vorstandsmitglied noch mehrere Vorstandsmitglieder berechtigen, Meinungsverschiedenheiten gegen die Mehrheit zu entscheiden (§ 77 Abs. 1 S. 2 Hs. 2 AktG). Die Geschäftsordnung kann aber regeln, dass bei Mehrheitsbeschlüssen im mehr als zweiköpfigen Vorstand im Fall der **Stimmengleichheit** die Stimme eines Vorstandsmitglieds den Ausschlag gibt (Stichentscheid). Ein solches Recht wird häufig dem Vorstandsvorsitzenden, kann aber auch jedem anderen Vorstandsmitglied eingeräumt werden,[4941] zB dem Vorstandsmitglied, aus dessen Ressort die zu entscheidende Frage stammt.[4942] Ein Recht zum Stichentscheid kann nach ganz herrschender und zutreffender Ansicht auch in **paritätisch mitbestimmten** Gesellschaften geregelt werden.[4943] Im **zweiköpfigen Vorstand** kann ein Recht zum Stichentscheid hingegen nach herrschender und zutreffender Ansicht nicht geregelt werden, weil es praktisch auf ein Alleinentscheidungsrecht des zum Stichentscheid berechtigten Vorstandsmitglieds hinausliefe.[4944] Aus dem Wortlaut des § 77 Abs. 1 S. 2 Hs. 2 AktG ergibt sich das zwar nicht: Danach kann nicht bestimmt werden, dass *„ein oder mehrere Vorstandsmitglieder Meinungsverschiedenheiten im Vorstand gegen die Mehrheit seiner Mitglieder entscheiden"*. Im zweiköpfigen Vorstand kann es aber keine „Mehrheit" geben, gegen die eine Minderheit oder einzelne Vorstandsmitglieder Meinungsverschiedenheiten entscheiden könnten.[4945] Der Gesetzgeber des AktG 1965 wollte mit der Einführung des § 77 Abs. 1 S. 2 Hs. 2 AktG jedoch das Alleinentscheidungsrecht des Vorstandsvorsitzenden nach § 70 Abs. 2 AktG 1937 bewusst zugunsten des Kollegialprinzips aufgeben, auch für den zweiköpfigen Vorstand.[4946]

2141 **Unzulässig** sind Regelungen, die die Entscheidung bei Meinungsverschiedenheiten dem **Aufsichtsrat übertragen**:[4947] Dem Aufsichtsrat können Geschäftsführungsmaßnahmen nicht übertragen werden (§ 111 Abs. 4 S. 1 AktG). Ebenfalls unzulässig sind Regelungen, die Entscheidungen bei Meinungsverschiedenheiten der **Hauptversammlung übertragen**:[4948] Die Hauptversammlung kann nur auf Verlangen des Vorstands über Fragen der Geschäftsführung entscheiden (§ 119 Abs. 2 AktG).[4949] Der Aufsichtsrat darf jedoch bei Meinungsverschiedenheiten vermitteln. Als ultima ratio soll er berechtigt sein, einem Vorstandsmitglied, das eine Beschlussfassung nachhaltig blockiert, den Widerruf der Bestellung in Aussicht zu stellen[4950] oder die Bestellung tatsächlich zu widerrufen.[4951]

2142 Mit Blick auf die Frage, inwieweit die Geschäftsordnung Vorstandsmitgliedern das Recht einräumen kann, eine Mehrheitsentscheidung endgültig oder zumindest vorläufig zu verhindern (Vetorecht), ist zu **unterscheiden:** In **paritätisch mitbestimmten** Gesellschaften ist ein Arbeitsdirektor *„als gleichberechtigtes"* Vorstandsmitglied zu bestellen (§ 33 MitbestG; § 13 Abs. 1 S. 1 MontanMitbestG). Ein *„umfassendes, das gesetzmäßige Ressort des Arbeitsdirektors nicht ausnehmendes"* **endgültiges Vetorecht** zugunsten einzelner Vorstandsmitglieder ist in paritätisch mitbestimmten Gesellschaften nach Auffassung des BGH[4952] und des

---

[4941] *Kropff* AktG 1965 S. 99; zur GmbH BGHZ 89, 48 (59) = NJW 1984, 733 – Reemtsma, Ausführungen zur AG betreffen ein Vetorecht des Vorsitzenden; Kölner Komm AktG/*Mertens/Cahn* AktG § 77 Rn. 12; MüKoAktG/ *Spindler* AktG § 77 Rn. 13; MüKoAktG/*Spindler* AktG § 84 Rn. 117; GroßkommAktG/*Kort* AktG § 77 Rn. 26; Hüffer/Koch/*Koch* AktG § 77 Rn. 11; Hüffer/Koch/*Koch* AktG § 84 Rn. 29; *Happ/Ludwig* in Happ/Groß AktR 8.01 Rn. 17.2; Grigoleit/*Grigoleit* AktG § 77 Rn. 15; Bürgers/Körber/*Bürgers* AktG § 77 Rn. 9 ff.; BeckOGK AktG/*Fleischer* AktG § 84 Rn. 97; MHdB AG/*Hoffmann-Becking* § 24 Rn. 4.
[4942] Kölner Komm AktG/*Mertens/Cahn* AktG § 77 Rn. 12; *Bürkle* AG 2012, 232.
[4943] Zur GmbH BGHZ 89, 48 (59) = NJW 1984, 733 – Reemtsma, Ausführungen zur AG betreffen ein Vetorecht des Vorstandsvorsitzenden; Hüffer/Koch/*Koch* AktG § 77 Rn. 11: Arbeitsdirektor ist nur vor Diskriminierung geschützt, nicht davor, im Gesamtvorstand überstimmt zu werden; MüKoAktG/*Annuß* MitbestG § 33 Rn. 22; GroßkommAktG/*Oetker* MitbestG § 33 Rn. 19; *Langer/Peters* BB 2012, 2575 (2580); GroßkommAktG/*Kort* AktG § 77 Rn. 26a; Grigoleit/*Grigoleit* AktG § 77 Rn. 15; einschränkend *Kort* in Fleischer VorstandsR-HdB 3 Rn. 14: Vorstandsvorsitzender darf Recht zum Stichentscheid nicht ausüben, soweit dadurch zwingende Zuständigkeiten des Arbeitsdirektors in Personal- und Sozialfragen beeinträchtigt werden könnten.
[4944] OLG Hamburg AG 1985, 251; OLG Karlsruhe NZG 2001, 30 (31); GroßkommAktG/*Kort* AktG § 77 Rn. 26; Kölner Komm AktG/*Mertens/Cahn* AktG § 77 Rn. 12; *Happ/Ludwig* in Happ/Groß AktR 8.01 Rn. 17.2; *Langer/Peters* BB 2012, 2575 (2580); BeckOGK AktG/*Fleischer* AktG § 77 Rn. 13; MüKoAktG/*Spindler* AktG § 77 Rn. 14; iErg auch Hüffer/Koch/*Koch* AktG § 77 Rn. 14; der auf die Gefahr einer Lähmung des Unternehmens hinweist, die durch *„anderweitige Satzungsgestaltung im Vorfeld"* verhindert werden soll, wobei unklar bleibt, was geregelt werden soll. Für die Zulässigkeit eines Rechts zum Stichentscheid auch im zweiköpfigen Vorstand *Bürkle* AG 2012, 232.
[4945] Vgl. MüKoAktG/*Spindler* AktG § 77 Rn. 14; *Priester* AG 1984, 253.
[4946] *Kropff* AktG 1965 S. 99; MüKoAktG/*Spindler* AktG § 77 Rn. 14; Kölner Komm AktG/*Mertens/Cahn* AktG § 77 Rn. 12.
[4947] MüKoAktG/*Spindler* AktG § 77 Rn. 27; Kölner Komm AktG/*Mertens/Cahn* AktG § 77 Rn. 49; GroßkommAktG/ *Kort* AktG § 77 Rn. 22; *Schiessl* ZGR 1992, 64 (71 f.).
[4948] MüKoAktG/*Spindler* AktG § 77 Rn. 27.
[4949] MüKoAktG/*Spindler* AktG § 77 Rn. 27.
[4950] Kölner Komm AktG/*Mertens/Cahn* AktG § 77 Rn. 49; GroßkommAktG/*Kort* AktG § 77 Rn. 22a.
[4951] *Schiessl* ZGR 1992, 64 (71 f.); Kölner Komm AktG/*Mertens/Cahn* AktG § 77 Rn. 49.
[4952] Zur GmbH BGHZ 89, 48 (59) = NJW 1984, 733 – Reemtsma.

Schrifttums[4953] unzulässig, weil es nicht mit der Gleichberechtigung des Arbeitsdirektors (§ 33 MitbestG) vereinbar sei. Es räume einem anderen Vorstandsmitglied im „ureigenen" Zuständigkeitsbereich des Arbeitsdirektors eine, wenn auch nur negative, Mitkompetenz ein und höhle das gesetzliche Recht des Arbeitsdirektors aus, seinen Zuständigkeitsbereich im Einvernehmen mit dem Gesamtvorstand eigenverantwortlich wahrzunehmen. Zudem liege im Übergewicht, das der Stimme des Vorstandsmitglieds mit Vetorecht unabhängig von der Meinung anderer Mitglieder des Kollegiums zukomme, im Verhältnis zum Arbeitsdirektor eine verbotene Ungleichbehandlung. Das soll auch gelten, wenn dem Arbeitsdirektor für den Bereich „Arbeit und Soziales" ein eigenes Vetorecht eingeräumt wird.[4954] Jedenfalls zulässig ist hingegen ein lediglich **aufschiebendes Vetorecht,** das berechtigt, eine Entscheidung bis zu einer weiteren Vorstandssitzung zu vertagen, weil es nur vorübergehend wirkt und daher nicht die Gefahr besteht, dass der Arbeitsdirektor im Vorstand zurückgesetzt und seine Stellung ausgehöhlt wird.[4955]

Inwieweit die Geschäftsordnung Vorstandsmitgliedern in **nicht paritätisch mitbestimmten** Gesellschaften ein **endgültiges Vetorecht** einräumen kann, ist **umstritten.** Der BGH hat die Frage bislang offengelassen.[4956] Nach wohl hA ist ein endgültiges Vetorecht **zulässig.**[4957] Das Gesetz gehe von Gesamtgeschäftsführung und Einstimmigkeit als Regelfall aus (§ 77 Abs. 1 S. 1 AktG); dabei habe es jedes einzelne Vorstandsmitglied in der Hand, Geschäftsführungsmaßnahmen durch Widerspruch oder bloße Stimmenthaltung zu blockieren.[4958] Es entspreche dem Kollegialprinzip, dass Beschlüsse an **einer** Gegenstimme scheitern könnten.[4959] Ein Vetorecht zugunsten Einzelner sei daher als „Weniger" zu einem Blockaderecht Aller zulässig. Das Verbot, einzelnen Vorstandsmitgliedern Entscheidungen gegen die Mehrheit zu ermöglichen (§ 77 Abs. 1 S. 2 Hs. 2 AktG), stehe nicht entgegen. Die Vorschrift ziele nur darauf ab zu verhindern, dass eine Minderheit einen **positiven** Beschluss des Vorstands gegen die Mehrheit seiner Mitglieder herbeiführe. Das Vetorecht verhindere aber lediglich das Zustandekommen eines Beschlusses und wirke daher **negativ.**[4960] Zudem folge ein Vetorecht aus dem Rechtsgedanken des § 115 HGB.[4961] Die **Gegenansicht** lehnt ein endgültiges Vetorecht ab.[4962] Der Übergang zwischen positiven und negativen Entscheidungen sei fließend. Müsse zwingend gehandelt werden, wirke bei drei zur Diskussion stehenden Maßnahmen ein Veto gegen zwei dieser Maßnahmen wie eine positive Entscheidung für die dritte.[4963] Ferner sei das Verhindern einer mehrheitlich befürworteten Maßnahme nichts anderes als eine Entscheidung gegen die Mehrheit, die § 77 Abs. 1 S. 2 Hs. 2 AktG aber verbiete.[4964] Werde einzelnen Vorstandsmitgliedern ein Vetorecht eingeräumt, führe das zu einer unzulässigen Ungleichbehandlung.[4965]

Ein Vetorecht **mit aufschiebender Wirkung** ist nach hA in paritätisch mitbestimmten[4966] und sonstigen Gesellschaften[4967] zulässig.

Stellungnahme: Der hA ist grds. zuzustimmen. Dem Gesetz lässt sich nicht entnehmen, dass ein endgültiges Vetorecht per se unzulässig ist. **Unzulässig** ist ein endgültiges Vetorecht allerdings bei Entscheidungen, die auf ein **Unterlassen** gerichtet sind: Das Veto gegen ein Unterlassen führte iErg zu einer Pflicht, die Maßnahme vorzunehmen; § 77 Abs. 1 S. 2 Hs. 2 AktG schließt aber aus, dass eine Minderheit

---

[4953] Kölner Komm AktG/*Mertens/Cahn* AktG § 77 Rn. 14; MüKoAktG/*Spindler* AktG § 77 Rn. 19; GroßkommAktG/*Kort* AktG § 77 Rn. 29.
[4954] Zur GmbH BGHZ 89, 48 (59) = NJW 1984, 733 – Reemtsma; GroßkommAktG/*Kort* AktG § 77 Rn. 29; Hüffer/Koch/*Koch* AktG § 77 Rn. 13; K. Schmidt/Lutter AktG/*Seibt* AktG § 77 Rn. 15.
[4955] *Simons/Hanloser* AG 2010, 641 (647); Hüffer/Koch/*Koch* AktG § 77 Rn. 13; GroßkommAktG/*Kort* AktG § 77 Rn. 29; MüKoAktG/*Spindler* AktG § 77 Rn. 19; Kölner Komm AktG/*Mertens/Cahn* AktG § 77 Rn. 13.
[4956] Zur GmbH BGHZ 89, 48 (59) = NJW 1984, 733 – Reemtsma.
[4957] OLG Karlsruhe NZG 2001, 30 (31); Kölner Komm AktG/*Mertens/Cahn* AktG § 77 Rn. 13; GroßkommAktG/*Kort* AktG § 77 Rn. 27; MüKoAktG/*Spindler* AktG § 77 Rn. 17; MüKoAktG/*Spindler* AktG § 84 Rn. 117; BeckOGK AktG/*Fleischer* AktG § 77 Rn. 16, § 84 Rn. 97; *Langer/Peters* BB 2012, 2575 (2581); Hölters/*Weber* AktG § 84 Rn. 59; *Langer/Peters* BB 2012, 2575 (2581); *Fleischer* BB 2004, 2645.
[4958] BeckOGK AktG/*Fleischer* AktG § 77 Rn. 16; GroßkommAktG/*Kort* AktG § 77 Rn. 27.
[4959] Kölner Komm AktG/*Mertens/Cahn* AktG § 77 Rn. 13.
[4960] BeckOGK AktG/*Fleischer* AktG § 77 Rn. 16; Kölner Komm AktG/*Mertens/Cahn* AktG § 77 Rn. 13; GroßkommAktG/*Kort* AktG § 77 Rn. 27; MüKoAktG/*Spindler* AktG § 77 Rn. 18.
[4961] GroßkommAktG/*Kort* AktG § 77 Rn. 27.
[4962] *Bezzenberger* ZGR 1996, 661 (665 ff.); *Hoffmann-Becking* NZG 2003, 745 (748); *Erle* AG 1987, 7 (8 f.); *Hoffmann-Becking* NZG 2003, 745 (748); *Simons/Hanloser* AG 2010, 641 (645 ff.); krit. Hüffer/Koch/*Koch* AktG § 77 Rn. 12.
[4963] *Bezzenberger* ZGR 1996, 661 (665).
[4964] *Bezzenberger* ZGR 1996, 661 (665).
[4965] *Bezzenberger* ZGR 1996, 661 (665).
[4966] GroßkommAktG/*Kort* AktG § 77 Rn. 29: keine Gefahr der Zurücksetzung des Arbeitsdirektors; K. Schmidt/Lutter AktG/*Seibt* AktG § 77 Rn. 15; Hüffer/Koch/*Koch* AktG § 77 Rn. 12; *Simons/Hanloser* AG 2010, 641 (647); aA *Thüsing* in Fleischer VorstandsR-HdB § 4 Rn. 51: Auch insofern Ungleichgewichtung, die mit Wortlaut und Zweck des § 33 MitbestG nicht vereinbar ist.
[4967] Kölner Komm AktG/*Mertens/Cahn* AktG § 77 Rn. 13; *Langer/Peters* BB 2012, 2575 (2581); *Simons/Hanloser* AG 2010, 641 (647); Hüffer/Koch/*Koch* AktG § 77 Rn. 12; iErg auch *Bezzenberger* ZGR 1996, 661 (668), der zutreffend darauf hinweist, ein „Aufschub" wirke bei unaufschiebbaren Maßnahmen wie ein endgültiges Veto.

positive Entscheidungen gegen die Mehrheit trifft. Ob eine Entscheidung auf ein positives Tun oder ein Unterlassen gerichtet ist, kann schwer abzugrenzen sein. Im Übrigen erscheint zweifelhaft, ob sich eine Blockademöglichkeit einzelner Mitglieder positiv auf die Zusammenarbeit im Vorstand auswirkt. Eher empfehlenswert erscheint, für bedeutsame Entscheidungen den gesetzlich vorgesehenen Einstimmigkeitsgrundsatz zu belassen und damit jedem Mitglied iErg ein Vetorecht einzuräumen. Wird doch ein Vetorecht geregelt, sollten auch die Rechtsfolgen eines Vetos geregelt werden, etwa ob die Maßnahme endgültig unterbleiben muss oder ob sich der Gesamtvorstand mit einem erneuten Beschluss über das Veto hinwegsetzen kann.[4968]

j) Vorstandsausschüsse

2146 Die Geschäftsordnung kann bestimmen, ob und ggf. wie – zB auf Vorschlag des Vorstandsvorsitzenden durch einstimmigen Beschluss – Ausschüsse gebildet werden.[4969] Vorstandsausschüssen können aber lediglich in beschränktem Umfang Kompetenzen eingeräumt werden.[4970] **Grenzen** für die Übertragbarkeit von Aufgaben an Ausschüsse ergeben sich aus dem Prinzip der Gesamtverantwortung[4971] und dem Grundsatz der Gleichberechtigung der Vorstandsmitglieder.[4972] Ausschüsse können Entscheidungen, für die der Gesamtvorstand zuständig ist (→ Rn. 2085 ff.), deshalb **vorbereiten,** dürfen sie aber **nicht vorwegnehmen.**[4973] Möchte der Aufsichtsrat Vorstandsausschüsse einrichten, sollte er sich eng mit dem Vorstand abstimmen.[4974] Detaillierte Satzungsregelungen zu Vorstandsausschüssen sind unzulässig.

k) Berichte des Vorstands (§ 90 AktG)

2147 Häufig regelt die Geschäftsordnung **Berichtspflichten** des Vorstands. Ziff. 3.4 Abs. 1 S. 3 DCGK aF empfahl, dass der Aufsichtsrat die Informations- und Berichtspflichten des Vorstands festlegt, die erforderlich sind, um die angemessene Information des Aufsichtsrats sicherzustellen. Die DCGK-Novelle hat diese Empfehlung zwar gestrichen,[4975] betont aber in der Begründung zu Grundsatz 15 DCGK: *„Eine über die Geschäftsordnungskompetenz [des Aufsichtsrats mit Blick auf den Vorstand] mögliche Informationsordnung kann von Nutzen sein. Einer entsprechenden Kodexempfehlung bedarf es hingegen nicht."*[4976] Häufig beschließt der Aufsichtsrat eine solche **Informationsordnung** als Anlage zur Geschäftsordnung für den Vorstand. Der **Vorstand** kann seine Berichtspflichten gegenüber dem Aufsichtsrat **nicht regeln.** Solche Berichtspflichten können daher nur komplementär zu den Regelungen einer vom Vorstand beschlossenen Geschäftsordnung sein (zu den Berichtspflichten des Vorstands und konkretisierenden Regelungen des Aufsichtsrats (→ § 1 Rn. 39).

l) Umsetzung von Vorgaben des DCGK

2148 Die Geschäftsordnung bietet sich an für die Umsetzung von Empfehlungen und Anregungen des DCGK, die die Arbeitsweise des Vorstands sowie seine Zusammenarbeit mit dem Aufsichtsrat betreffen. Werden Regelungen zu DCGK-Vorgaben in die Geschäftsordnung aufgenommen, dokumentieren Vorstand und Aufsichtsrat, dass sie diesen Regelungen folgen wollen, besondere Bedeutung beimessen und sie langfristig als Bestandteil ihrer Corporate Governance ansehen.[4977] Das betrifft zB die **Berichtspflichten** des Vorstands an den Aufsichtsrat (→ Rn. 2147), den Umgang der Vorstandsmitglieder mit **Interessenkonflikten** (Empfehlung E.2 DCGK) und einen **„Zustimmungsvorbehalt"** zugunsten des Aufsichtsrats zur Übernahme von Nebentätigkeiten durch Vorstandsmitglieder (Empfehlung E.3 DCGK; → Rn. 1646 f.). Eine Regelung, ob und inwieweit bei der Übernahme konzernfremder Aufsichtsratsmandate die Vergütung auf die Vorstandsvergütung anzurechnen ist (Empfehlung G.16 DCGK), ist grds. vorrangig im Anstellungsvertrag zu empfehlen (→ Rn. 1646 f.).

2149 **Nicht zu empfehlen** ist, Vorgaben des DCGK zur **Besetzung des Vorstands**[4978] in die Geschäftsordnung aufzunehmen: Die Besetzung des Vorstands ist Aufgabe des Aufsichtsrats; die insofern zu beach-

---

[4968] GroßkommAktG/*Kort* AktG § 77 Rn. 87.
[4969] GroßkommAktG/*Kort* AktG § 77 Rn. 90; *Ihrig/Schäfer* Rechte und Pflichten des Vorstands § 15 Rn. 385; BeckOGK AktG/*Fleischer* AktG § 77 Rn. 75; Kölner Komm AktG/*Mertens/Cahn* AktG § 77 Rn. 19 ff., 52.
[4970] GroßkommAktG/*Kort* AktG § 77 Rn. 89.
[4971] *Happ/Ludwig* in Happ/Groß AktR 8.01 Rn. 19.1; GroßkommAktG/*Kort* AktG § 77 Rn. 43; Kölner Komm AktG/*Mertens/Cahn* AktG § 77 Rn. 21; Hüffer/Koch/*Koch* AktG § 77 Rn. 21, § 76 Rn. 6; *Hoffmann-Becking* ZGR 1998, 497 (516).
[4972] *Hoffmann-Becking* ZGR 1998, 497 (516).
[4973] GroßkommAktG/*Kort* AktG § 77 Rn. 89.
[4974] Vgl. Kölner Komm AktG/*Mertens/Cahn* AktG § 77 Rn. 52.
[4975] Die Streichung kritisierend *Roth* AG 2020, 278 (284, 287); *Hopt/Leyens* ZGR 2019, 929 (967).
[4976] Begründung DCGK, Grundsatz 15, S. 11.
[4977] Vgl. KBLW/*Lutter* DCGK Rn. 1892 mwN.
[4978] Das betrifft die Empfehlungen B.1 bis B.5 DCGK.

tenden Vorgaben passen daher systematisch besser in die Geschäftsordnung für den Aufsichtsrat. **Nicht zu empfehlen** ist zudem, in der Geschäftsordnung **pauschal** zu regeln, dass die Vorstandsmitglieder die Vorgaben des DCGK **beachten müssen**. Aus einer vom Aufsichtsrat erlassenen Geschäftsordnung können sich ohnehin keine Pflichten ergeben, Vorgaben zu befolgen, die die Geschäftsführung betreffen (§ 111 Abs. 4 S. 1 AktG), wie etwa die Anregung A.5 DCGK, der zufolge der Vorstand im Fall eines Übernahmeangebots eine außerordentliche Hauptversammlung einberufen sollte. Eine „Pauschalverpflichtung auf den DCGK" ist auch nicht sachgerecht: Abs. 4 der Präambel des DCGK betont, dass eine *„gut begründete Abweichung von einer Kodexempfehlung […] im Interesse einer guten Unternehmensführung liegen [kann]"*.

m) „Programmsätze", Wiedergabe und Konkretisierung gesetzlicher Pflichten

Verbreitet enthalten Geschäftsordnungen **„Programmsätze"**, etwa zur Beachtung von Diversitätsgesichtspunkten. Solche Regelungen dokumentieren, dass sich Vorstand und Aufsichtsrat zu den entsprechenden Grundsätzen bekennen. Ebenfalls verbreitet sind **Konkretisierungen** gesetzlicher Pflichten, etwa zur Compliance, zu Verschwiegenheitspflichten (§ 93 Abs. 1 S. 3 AktG), zum Wettbewerbsverbot und zu Geschäftschancen (§ 88 AktG). Solche Regelungen können als „Merkposten" sinnvoll sein. Der Aufsichtsrat kann diese gesetzlichen Pflichten aber aufgrund seiner Geschäftsordnungskompetenz nicht modifizieren und insbes. keine Compliance-Pflichten begründen. 2150

n) Zustimmungsvorbehalte zugunsten des Aufsichtsrats

Zustimmungsvorbehalte zugunsten des Aufsichtsrats (§ 111 Abs. 4 S. 2 AktG) werden häufig in der Geschäftsordnung für den Vorstand geregelt. Der Vorstand kann ggf. „seinem" Organisationsstatut entnehmen, in welchen Fällen er die Zustimmung des Aufsichtsrats einholen muss. Materiell handelt es sich bei Zustimmungsvorbehalten allerdings nicht um Regeln der Geschäftsordnung (→ Rn. 2049). Werden Zustimmungsvorbehalte, die **in der Satzung geregelt** sind, in die Geschäftsordnung **übernommen**, sind sämtliche Zustimmungsvorbehalte in einem Dokument zusammengefasst. 2151

10. Auslegung der Geschäftsordnung

Die Geschäftsordnung ist **objektiv** auszulegen.[4979] **Umstritten** ist, wie der Vorstand vorzugehen hat, wenn **Auslegungszweifel** verbleiben. Nach vereinzelt vertretener Ansicht soll aufgrund seines Selbstorganisationsrechts stets der Vorstand die Auslegungskompetenz über die Geschäftsordnung haben. Bei einer vom Aufsichtsrat erlassenen Geschäftsordnung müsse der Vorstand allerdings den Aufsichtsrat über Auslegungsschwierigkeiten informieren, um ihm Gelegenheit zu geben, die Geschäftsordnung zu ändern.[4980] Nach zutreffender Ansicht ist **zu unterscheiden:** Hat der **Aufsichtsrat** die Geschäftsordnung erlassen, muss sich der Vorstand zuerst an den Aufsichtsrat wenden. Kann sich der Aufsichtsrat nicht mit den Auslegungszweifeln befassen, bevor der Vorstand eine Entscheidung benötigt, muss er versuchen, einen einstimmigen Beschluss aller Vorstandsmitglieder herbeizuführen (§ 77 Abs. 2 S. 3 AktG analog). Gelingt auch das nicht, kann – insbes. während einer Vorstandssitzung – vorbehaltlich einer späteren gerichtlichen Überprüfung der Vorstandsvorsitzende eine bindende Entscheidung über die Auslegung treffen.[4981] Hat der **Vorstand** die Geschäftsordnung erlassen, entfällt der erste Schritt, den Aufsichtsrat einzubeziehen. 2152

11. Änderung und Durchbrechung der Geschäftsordnung

a) Änderung und Durchbrechung durch den Vorstand

Der Vorstand kann die Geschäftsordnung, die **er erlassen hat, einstimmig** (§ 77 Abs. 2 S. 3 AktG) **ändern,** sofern es sich nicht um eine durch die Satzung bindend geregelte Einzelfrage handelt (→ Rn. 2051 ff.).[4982] **Keine Änderung** liegt vor, wenn der Vorstand lediglich beschließt, **im Einzelfall** von einer Bestimmung **abzuweichen**. Eine solche Abweichung (Durchbrechung) ist zulässig, wenn alle Vorstandsmitglieder einverstanden sind (§ 77 Abs. 2 S. 3 AktG) und es sich nicht um eine zwingend durch die Satzung geregelte Einzelfrage handelt.[4983] Da die Geschäftsordnung unberührt bleibt, kann der Vor- 2153

[4979] Hölters/*Weber* AktG § 77 Rn. 49; *Seyfarth* VorstandsR § 2 Rn. 50; BeckOGK AktG/*Fleischer* AktG § 77 Rn. 75; MüKoAktG/*Spindler* AktG § 77 Rn. 38.
[4980] *Seyfarth* VorstandsR § 2 Rn. 50.
[4981] Ebenso MüKoAktG/*Spindler* AktG § 77 Rn. 38; für eine Entscheidungsbefugnis des Vorstandsvorsitzenden ohne vorherige Befassung des Aufsichtsrats oder Vorstands Hölters/*Weber* AktG § 77 Rn. 49; BeckOGK AktG/*Fleischer* AktG § 77 Rn. 75.
[4982] Henssler/Strohn GesR/*Dauner-Lieb* AktG § 77 Rn. 15; GroßkommAktG/*Kort* AktG § 77 Rn. 73.
[4983] Bürgers/Körber/*Bürgers* AktG § 77 Rn. 28; GroßkommAktG/*Kort* AktG § 77 Rn. 77; Grigoleit/*Grigoleit* § 77 Rn. 21; BeckOGK AktG/*Fleischer* AktG § 77 Rn. 80.

stand die Durchbrechung **formlos** beschließen.⁴⁹⁸⁴ Auch ein sachlicher Grund ist nicht erforderlich. Der Vorstand sollte ggf. ausdrücklich klarstellen, dass er die Geschäftsordnung lediglich im Einzelfall durchbrechen wollte.⁴⁹⁸⁵ Eine wirksame Durchbrechung setzt zwar voraus, dass sich der Vorstand **bewusst** ist, die Geschäftsordnung zu durchbrechen. Dass eine Durchbrechung eine Pflichtverletzung der Vorstandsmitglieder begründet, weil ihnen die Durchbrechung nicht bewusst war, liegt fern. Im Übrigen steht Vorstandsmitgliedern im Fall einer Inanspruchnahme auf Schadensersatz der Einwand offen, dass der Vorstand die Durchbrechung auch beschlossen hätte, wenn sie ihm bewusst gewesen wäre.⁴⁹⁸⁶

2154 Eine Geschäftsordnung, die der **Aufsichtsrat** für den Vorstand erlassen hat, kann der Vorstand **nicht ändern**. Eine **Durchbrechung** ist grds. ebenfalls nur zulässig, wenn der Aufsichtsrat zugestimmt hat.⁴⁹⁸⁷ Die Vorstandsmitglieder bleiben aber ungeachtet interner Pflichten, die sich aus der Geschäftsordnung ergeben, dem **Unternehmensinteresse** verpflichtet. Wenn es das Unternehmensinteresse gebietet, können sie daher im Einzelfall sogar gehalten sein, von der Geschäftsordnung abzuweichen, sofern sie eine Zustimmung des Aufsichtsrats oder eine einstimmige Entscheidung des Gesamtvorstands bei pflichtgemäßer Prüfung nicht rechtzeitig einholen können.

b) Änderung durch den Aufsichtsrat

2155 Der **Aufsichtsrat** kann die **von ihm erlassene Geschäftsordnung** jederzeit mit **einfacher Mehrheit** ändern,⁴⁹⁸⁸ sofern es sich nicht um eine durch die Satzung bindend geregelte Einzelfrage handelt (→ Rn. 2051 ff.). Der Aufsichtsrat kann zudem mit einfacher Mehrheit beschließen, dass der Vorstand die Geschäftsordnung im Einzelfall durchbrechen darf (→ Rn. 2153 f.). **Umstritten** ist, ob der Aufsichtsrat eine Geschäftsordnung ändern kann, die **der Vorstand erlassen hat.** Nach hA soll der Aufsichtsrat eine vom Vorstand erlassene Geschäftsordnung nicht ändern, sondern lediglich durch eine neue Geschäftsordnung ersetzen können; diese neue Geschäftsordnung könne Elemente der bisherigen Geschäftsordnung enthalten.⁴⁹⁸⁹ Könnte der Aufsichtsrat einzelne Bestimmungen ändern, bliebe unklar, inwieweit sich der Aufsichtsrat die anderen, nicht geänderten Bestimmungen der Geschäftsordnung zu eigen machen wolle, sodass der Vorstand sie nicht mehr ändern könnte.⁴⁹⁹⁰ Die **Gegenansicht**⁴⁹⁹¹ verweist darauf, die Änderung einzelner Regelungen sei mit dem Erlass einer Rahmen-Geschäftsordnung (→ Rn. 2068) vergleichbar.⁴⁹⁹² Zudem sei es unnötig formalistisch, dass der Aufsichtsrat die Geschäftsordnung insgesamt aufheben und neu erlassen müsse, wenn er lediglich eine Teilregelung ändern wolle.⁴⁹⁹³

2156 **Stellungnahme:** Der hA ist **zuzustimmen**. Aus der Gesetzesbegründung ergibt sich eindeutig, dass sich der Aufsichtsrat entscheiden muss, ob er selbst die Arbeit des Vorstands organisiert und eine Geschäftsordnung erlässt, oder ob er sich darauf beschränkt, die Geschäftsordnung zu prüfen, die sich der Vorstand gegeben hat.⁴⁹⁹⁴ Diese Erwägung kommt zwar im Gesetzeswortlaut nicht klar zum Ausdruck,⁴⁹⁹⁵ sie ist aber ungeachtet dessen sachgerecht: Es muss klar sein, wer die Geschäftsordnung erlassen hat. Erlässt der Aufsichtsrat eine Rahmen-Geschäftsordnung, übernimmt er insoweit die Verantwortung für die Organisation des Vorstands. Während im Fall der „Lückenfüllung" der Vorstand „im Auftrag des Aufsichtsrats" aufgrund seiner größeren Sachnähe Details regelt, würde der Aufsichtsrat im Fall der sachlichen Änderung einzelner Regelungen einseitig isoliert in die Organisation eingreifen, die sich der Vorstand gegeben hat; es wäre nicht gewährleistet, dass die Geschäftsordnung unter Berücksichtigung der Änderungen des Aufsichtsrats auch aus Sicht des Vorstands noch ein sinnvolles Regelungswerk darstellt. Hält

---

⁴⁹⁸⁴ BeckOGK AktG/*Fleischer* AktG § 77 Rn. 83; MüKoAktG/*Spindler* AktG § 77 Rn. 53; Kölner Komm AktG/*Mertens/Cahn* § 77 Rn. 62; GroßkommAktG/*Kort* AktG § 77 Rn. 77.

⁴⁹⁸⁵ Vgl. GroßkommAktG/*Hopt/Roth* AktG § 107 Rn. 294; zur Geschäftsordnung für den Aufsichtsrat BeckOGK AktG/*Fleischer* AktG § 107 Rn. 17.

⁴⁹⁸⁶ Zum Einwand rechtmäßigen Alternativverhaltens bei Zustimmungsvorbehalten zugunsten des Aufsichtsrats BGHZ 219, 193 Rn. 40 ff. = NZG 2018, 1189 – Schloss Eller.

⁴⁹⁸⁷ MüKoAktG/*Spindler* AktG § 77 Rn. 56; *Richter* in Semler/Peltzer/Kubis Vorstands-HdB § 5 Rn. 47; Bürgers/Körber/*Bürgers* AktG § 77 Rn. 28.

⁴⁹⁸⁸ Henssler/Strohn GesR/*Dauner-Lieb* AktG § 77 Rn. 15; GroßkommAktG/*Kort* AktG § 77 Rn. 70; BeckOGK AktG/*Fleischer* AktG § 77 Rn. 83.

⁴⁹⁸⁹ *Kropff* AktG 1965 S. 99; MüKoAktG/*Spindler* AktG § 77 Rn. 49; Hüffer/Koch/*Koch* AktG § 77 Rn. 22; Henssler/Strohn GesR/*Dauner-Lieb* AktG § 77 Rn. 15.

⁴⁹⁹⁰ GroßkommAktG/*Kort* AktG § 77 Rn. 70; Hüffer/Koch/*Koch* AktG § 77 Rn. 22; vgl. auch MüKoAktG/*Spindler* AktG § 77 Rn. 49: „*ungereimtes Zwittergebilde*".

⁴⁹⁹¹ K. Schmidt/Lutter AktG/*Seibt* AktG § 77 Rn. 26; *Seyfarth* VorstandsR § 2 Rn. 33; Grigoleit/*Grigoleit* AktG § 77 Rn. 21; siehe auch Godin/H. Wilhelmi/*S. Wilhelmi* AktG § 77 Anm. 9; *Golling*, Sorgfaltspflicht und Verantwortlichkeit der Vorstandsmitglieder für ihre Geschäftsführung innerhalb der nicht konzerngebundenen Aktiengesellschaft, 1968, 64.

⁴⁹⁹² K. Schmidt/Lutter AktG/*Seibt* AktG § 77 Rn. 26.

⁴⁹⁹³ *Seyfarth* VorstandsR § 2 Rn. 33; Grigoleit/*Grigoleit* AktG § 77 Rn. 21.

⁴⁹⁹⁴ *Kropff* AktG 1965 S. 99.

⁴⁹⁹⁵ Vgl. *Seyfarth* VorstandsR § 2 Rn. 33.

der Aufsichtsrat es für angezeigt, **lediglich einzelne Regelungen** der Geschäftsordnung zu ändern, und ist der Vorstand hierzu im Austausch mit dem Aufsichtsrat nicht bereit, muss der Aufsichtsrat abwägen, ob die Änderung so wichtig ist, dass er ggf. die Verantwortung für die Geschäftsordnung insgesamt übernimmt.

12. Verstöße gegen die Geschäftsordnung

Die Geschäftsordnung wirkt **allein im Innenverhältnis.** Verstöße wirken sich daher nicht auf die Wirksamkeit von Handlungen des Vorstands im Außenverhältnis aus.[4996] Ein Verstoß kann aber einen **wichtigen Grund** für den Widerruf der Bestellung darstellen (§ 84 Abs. 3 AktG).[4997] Verstoßen der Gesamtvorstand oder einzelne Mitglieder gegen die Geschäftsordnung und schädigen sie dadurch die AG, sind sie zum **Schadensersatz** verpflichtet (§ 93 Abs. 2 AktG);[4998] im Fall eines Verstoßes des Gesamtvorstands kommt allerdings eine Durchbrechung der Geschäftsordnung in Betracht (→ Rn. 2153 f.). Der Nachweis, der Gesamtvorstand hätte eine Durchbrechung beschlossen, lässt eine mögliche Haftung entfallen.[4999]

13. Offenlegung der Geschäftsordnung

Im Zug der DCGK-Novelle 2019 wurde die Empfehlung neu eingeführt, der Aufsichtsrat solle „*sich eine Geschäftsordnung geben und diese auf der Internetseite der Gesellschaft zugänglich machen*" (Empfehlung D.1 DCGK). Auf eine Empfehlung, auch die Geschäftsordnung für den Vorstand zugänglich zu machen, hat die Regierungskommission nach der Begründung zur DCGK-Novelle 2019 **bewusst verzichtet,** weil „*diesbezüglich die Checks and Balances schon durch die primäre Kompetenz des Aufsichtsrats für den Erlass einer Geschäftsordnung des Vorstands gegeben sind.*"[5000]

Teilweise wird im Schrifttum vertreten, der Vorstand einer börsennotierten AG sei ohnehin sogar **verpflichtet,** seine Geschäftsordnung offenzulegen.[5001] Das soll aus der für den Vorstand börsennotierter Gesellschaften in § 289f Abs. 2 Nr. 3 Hs. 1 HGB geregelten Pflicht folgen, in die Erklärung zur Unternehmensführung, die Teil des Lageberichts ist (§ 289f Abs. 1 S. 1 HGB), eine „*Beschreibung der Arbeitsweise von Vorstand und Aufsichtsrat*" aufzunehmen. Aus dieser Beschreibungspflicht eine Pflicht abzuleiten, die Geschäftsordnung für den Vorstand zu veröffentlichen, geht allerdings zu weit.

VI. Abschlussprüfer

1. Einleitung: Funktion des Abschlussprüfers, zwingende und freiwillige Prüfungen

Der Abschlussprüfer hat „eine **Hilfsfunktion für den Aufsichtsrat** bei der Bewältigung seiner Kontrolltätigkeit."[5002] Darin erschöpft sich die Bedeutung des Abschlussprüfers allerdings nicht. Vielmehr erfüllt der Abschlussprüfer drei wesentliche Funktionen nicht nur für den Aufsichtsrat, sondern auch für die Aktionäre und den Vorstand der Gesellschaft, ihre Arbeitnehmer, ihre Geschäftspartner und auch für die Öffentlichkeit insgesamt: eine Kontrollfunktion, die er durch die Prüfung erfüllt, eine Informationsfunktion, der er durch seinen Prüfungsbericht nachkommt (§ 321 HGB) sowie eine durch den Bestätigungsvermerk (§ 322 HGB) zu erfüllende Beglaubigungsfunktion.[5003]

Für Unternehmen von öffentlichem Interesse (Public Interest Entity, kurz **PIE**) wurden die Anforderungen an Abschlussprüfer und -prüfung ua durch die Verordnung (EU) Nr. 537/2014 des Europäischen Parlaments und des Rates vom 16.4.2014 (ABl. EU 2014 L 158, 77) (nachfolgend „Abschlussprüfer-VO") erheblich verschärft, gemäß Art. 1 Abschlussprüfer-VO mit dem Ziel, die Unabhängigkeit des Abschlussprüfers und die Vermeidung von Interessenkonflikten zu fördern. Der deutsche Gesetzgeber hat im Abschlussprüfungsreformgesetz (AReG) vom 10.5.2016 (BGBl. 2016 I 1142 ff.) ua die Vorgaben der Ver-

---

[4996] *Seyfarth* VorstandsR § 2 Rn. 52.
[4997] *Bürgers/Körber/Bürgers* AktG § 77 Rn. 28; K. Schmidt/Lutter AktG/*Seibt* AktG § 77 Rn. 29; *Seyfarth* VorstandsR § 2 Rn. 52.
[4998] K. Schmidt/Lutter AktG/*Seibt* AktG § 77 Rn. 29; *Bürgers/Körber/Bürgers* AktG § 77 Rn. 28.
[4999] Zum Einwand rechtmäßigen Alternativverhaltens bei Nichtbeachtung eines Zustimmungsvorbehalts zugunsten des Aufsichtsrats BGHZ 219, 193 Ls. 4 und Rn. 40 ff. = NZG 2018, 1189 – Schloss Eller.
[5000] Begründung DCGK, Empfehlung D.1, S. 10.
[5001] BeckOGK AktG/*Fleischer* AktG § 77 Rn. 86; *Forst* in Thüsing/Giebeler/Hey Handwörterbuch für Aufsichtsräte 847 (850); vgl. auch BeckOK HGB/*v. Kanitz/Hoffmann* HGB § 289f Rn. 8; MüKoHGB/*Lange* HGB § 289a Rn. 12 zum gleichlautenden § 289a Abs. 2 Nr. 3 HGB aF.
[5002] So wörtlich die Begründung zum Gesetzentwurf der Bundesregierung zum KonTraG, BT-Drs. 13/9712, 16; vgl. ferner MüKoAktG/*Habersack* AktG § 111 Rn. 90.
[5003] MüKoHGB/*Ebke*, 3. Aufl. 2012, HGB § 316 Rn. 24 ff. mwN; EBJS/*Böcking/Gros/Rabenhorst* HGB § 316 Rn. 4 ff.; MüKoBilanzR/*Bormann* HGB § 316 Rn. 1 ff.

ordnung umgesetzt. Zu den daraus folgenden zahlreichen Besonderheiten bei PIEs im Zusammenhang mit der Abschlussprüfung, insbesondere zur Auswahl des Abschlussprüfers einschließlich weiterer Ausschlussgründe, zur Erbringung von Nichtprüfungsleistungen, zur Höchstlaufzeit des Prüfungsmandats, zum Wahlvorschlag an die Hauptversammlung und zum Honorar → Rn. 2202–2250, 2252–2254, 2256–2258, 2262 f.

a) Jahresabschluss, Lagebericht, Konzernabschluss, Konzernlagebericht

2162 Gesetzlich zwingend ist gemäß § 316 Abs. 1 HGB die **Abschlussprüfung des Jahresabschlusses und des Lageberichts** der Aktiengesellschaften, die nicht kleine iSd § 267 Abs. 1 HGB sind – bei abhängigen Gesellschaften gemäß § 313 AktG, wenn kein Beherrschungsvertrag besteht, zudem des Abhängigkeitsberichts.[5004] Kleine Gesellschaften sind nur solche, die mindestens zwei der drei nachstehenden Merkmale nicht überschreiten, wobei **kapitalmarktorientierte Gesellschaften** gemäß § 264d HGB – also solche, die mit von ihnen ausgegebenen Wertpapieren einen organisierten Markt (dh nicht nur Freiverkehr) in Anspruch nehmen bzw. dies beantragt haben[5005] – stets große Kapitalgesellschaften sind (§ 267 Abs. 3 S. 2 HGB): (i) EUR 6 Mio. Bilanzsumme, (ii) EUR 12 Mio. Umsatzerlöse in den 12 Monaten vor dem Abschlussstichtag, (iii) im Jahresdurchschnitt 50 Arbeitnehmer.

2163 Hat die Gesellschaft gemäß §§ 290 ff. HGB **Konzernabschluss und Konzernlagebericht** aufzustellen, unterliegen auch diese der Prüfung durch einen Abschlussprüfer, § 316 Abs. 2 HGB.

2164 Mit der Anordnung im 1998 durch das KonTraG[5006] eingeführten § 111 Abs. 2 S. 3 AktG, dass der von der Hauptversammlung (§ 119 Abs. 1 Nr. 5[5007] AktG) gewählte (Konzern-)Abschlussprüfer den **Prüfungsauftrag** für Jahres- und Konzernabschluss **durch den Aufsichtsrat** erhält, also nicht mehr wie früher durch den Vorstand, soll die Unabhängigkeit des Prüfers vom Management unterstrichen werden.[5008] Der Aufsichtsrat ist daher auch für die Erteilung des Prüfungsauftrags zuständig, wenn Jahresabschluss und Lagebericht freiwillig einer Prüfung durch den Abschlussprüfer unterzogen werden.[5009] Weiter unterstrichen wird die Unabhängigkeit des Prüfers vom Management dadurch, dass der Beschlussvorschlag zur Wahl durch die Hauptversammlung nur vom Aufsichtsrat stammen darf, nicht vom Vorstand, § 124 Abs. 3 S. 1 AktG. Wird gleichwohl auch ein Vorstandsvorschlag unterbreitet, ist der Wahlbeschluss nach der Rechtsprechung des BGH selbst dann anfechtbar, wenn der Vorschlag des Vorstands in der Hauptversammlung als Irrtum bezeichnet und daher nicht zur Abstimmung gestellt wird.[5010]

2165 Gemäß § 318 Abs. 2 S. 1 HGB gilt der Abschlussprüfer auch als **Konzernabschlussprüfer,** wenn insoweit kein anderer Prüfer bestellt wird. In der Praxis ist es aber üblich und empfehlenswert, den Konzernabschlussprüfer ausdrücklich zu wählen. Die Wahl des Abschlussprüfers und des Konzernabschlussprüfers können dabei als einheitlicher Beschlussvorschlag zur Abstimmung gestellt werden.[5011]

2166 Ist der Abschlussprüfer bis zum Ablauf des Geschäftsjahres nicht gewählt worden, so hat auf Antrag des Vorstands, des Aufsichtsrats oder eines Aktionärs das **Gericht** (gemäß § 14 AktG, § 23a Abs. 2 Nr. 4 GVG, § 375 Nr. 1 FamFG das Amtsgericht des Sitzes der Gesellschaft) gemäß § 318 Abs. 4 S. 1 HGB den Abschlussprüfer zu bestellen. Gleiches gilt gemäß § 318 Abs. 4 S. 2 HGB, wenn ein gewählter Abschlussprüfer die Annahme des Prüfungsauftrags abgelehnt hat, weggefallen ist oder am rechtzeitigen Abschluss der Prüfung verhindert ist und ein anderer Abschlussprüfer nicht gewählt worden ist. Diese Regelung ist analog anwendbar, wenn die Abschlussprüferwahl angefochten ist.[5012]

b) Halbjahresfinanzberichte, unterjährige Finanzinformationen

2167 Unternehmen, welche als Inlandsemittenten Aktien und Schuldtitel iSd § 2 Abs. 1 Nr. 1 und 3 WpHG an einem organisierten Markt (also nicht nur im Freiverkehr) begeben, sind gemäß § 115 WpHG dazu verpflichtet, für die ersten sechs Monate eines jeden Geschäftsjahres einen **Halbjahresfinanzbericht** zu erstellen und zu veröffentlichen.

[5004] Bei Gesellschaften, die sich in Abwicklung befinden, kann das Gericht gemäß § 270 Abs. 3 AktG von der Prüfung des Jahresabschlusses und des Lageberichts durch einen Abschlussprüfer befreien, wenn die Verhältnisse der Gesellschaft so überschaubar sind, dass eine Prüfung im Interesse der Gläubiger und Aktionäre nicht geboten erscheinen.
[5005] Baumbach/Hopt/*Merkt* HGB § 264d Rn. 1 mwN; MüKoHGB/*Reiner*, 3. Aufl. 2013, HGB § 264d Rn. 3.
[5006] Gesetz zur Kontrolle und Transparenz im Unternehmensbereich, BGBl. 1998 I 786 ff.
[5007] IdF des ARUG II.
[5008] So die Begründung zum Gesetzentwurf der Bundesregierung zum KonTraG, BT-Drs. 13/9712, 16.
[5009] Grigoleit/*Grigoleit/Tomasic* AktG § 111 Rn. 56; MüKoAktG/*Habersack* AktG § 111 Rn. 92; Hüffer/Koch/*Koch* AktG § 111 Rn. 26, jeweils mwN.
[5010] BGH NJW 2003, 970.
[5011] Ausführlich dazu *Simons* WPg 2018, 962 (963 f.).
[5012] OLG Karlsruhe ZIP 2015, 2319 (2320 ff.); *Schockenhoff/Culmann* AG 2016, 23 mwN.

Gemäß § 115 Abs. 5 WpHG kann – muss also nicht – der Halbjahresfinanzbericht einer **prüferischen** 2168 **Durchsicht** unterzogen werden, die auch zu einer vollständigen Abschlussprüfung ausgeweitet werden kann (§ 115 Abs. 5 S. 5 WpHG).

Die Entscheidung, eine prüferische Durchsicht, eine vollständige Überprüfung oder keine Überprü- 2169 fung durchzuführen, liegt im pflichtgemäßen **Ermessen des Vorstands**.[5013]

Gleiches – Entscheidung des Vorstands – gilt für die Frage, ob die Aktiengesellschaft gemäß § 115 2170 Abs. 7 WpHG **unterjährige Finanzinformationen** erstellt und diese, wenn sie den Vorgaben an den Halbjahresfinanzbericht entsprechen (Quartalsfinanzberichte), einer prüferischen Durchsicht oder Prüfung unterzieht;[5014] falls ja, gilt § 115 Abs. 5 WpHG gemäß § 115 Abs. 7 WpHG aE entsprechend.

Soll gemäß § 115 Abs. 5 (oder Abs. 7) WpHG eine prüferische Durchsicht oder gar Abschlussprüfung 2171 des Halbjahres- oder Quartalsfinanzberichts erfolgen, so sind gemäß § 115 Abs. 5 S. 2 WpHG die **Vorschriften für die Bestellung des Abschlussprüfers** entsprechend anzuwenden. Nach zutreffender hM folgt daraus nicht nur die Auswahlkompetenz der Hauptversammlung mit ausschließlichem Beschlussvorschlagsrecht des Aufsichtsrats,[5015] sondern auch die Kompetenz des Aufsichtsrats gemäß § 111 Abs. 2 S. 3 AktG, den Prüfungsauftrag zu erteilen.[5016] Auch insoweit haben Prüfungsausschuss und Aufsichtsrat daher die im Folgenden erörterten Vorgaben zu beachten – einschließlich etwaiger Besonderheiten für Public Interest Entities (PIE).[5017]

Da umstritten ist, ob die Regelung des § 318 Abs. 2 S. 1 HGB, wonach der Abschlussprüfer auch als 2172 Konzernabschlussprüfer gilt, wenn insoweit kein anderer bestellt ist (→ Rn. 2165) bzw. die Fiktion des § 318 Abs. 2 S. 2 HGB, wonach dann, wenn die Einbeziehung in den Konzernabschluss aufgrund eines Zwischenabschlusses erfolgt, der Abschlussprüfer als bestellt gilt, der für die Prüfung des letzten vor dem Konzernabschlussstichtag aufgestellten Jahresabschlusses des Mutterunternehmens bestellt worden ist, auch auf den Prüfer nach § 115 WpHG Anwendung findet,[5018] sollte sich der **Hauptversammlungsbeschluss** ausdrücklich auf diesen erstrecken. Dabei sollte, da der Abschlussprüfer vor Ablauf des Geschäftsjahres gewählt werden soll, auf das sich seine Prüfungstätigkeit erstreckt (§ 318 Abs. 1 S. 3 HGB), dh bei Halbjahresfinanzberichten vor Ablauf des Halbjahres und bei Quartalsfinanzberichten vor Ablauf des Quartals, eine Hauptversammlung aber selten im ersten Quartal des dem Jahresabschluss folgenden Geschäftsjahres stattfindet, der Prüfer für das erste Quartal des Folgejahres in der Hauptversammlung mitgewählt werden.[5019] Auch dieser Beschluss kann mit dem über die Bestellung des Abschlussprüfers verbunden werden (→ Rn. 2165).[5020]

Ob **§ 318 Abs. 4 HGB** (→ Rn. 2166) für den Prüfer nach § 115 WpHG gilt, ist umstritten. Das 2173 OLG Karlsruhe und Teile des Schrifttums halten jedenfalls § 318 Abs. 4 S. 2 HGB, wonach der Abschlussprüfer gerichtlich bestellt werden kann, wenn ein gewählter Abschlussprüfer die Annahme des Prüfungsauftrags abgelehnt hat, weggefallen ist oder am rechtzeitigen Abschluss der Prüfung verhindert ist (im Fall des OLG Karlsruhe wegen anhängiger Anfechtungsklage gegen seine Wahl), für auf den Prüfer gemäß § 115 WpHG analog anwendbar.[5021] Andere Teile des Schrifttums lehnen die analoge Anwendbarkeit des § 318 Abs. 4 HGB allerdings insgesamt ab, weil es wegen der Freiwilligkeit der Prüfung an der von § 318 Abs. 4 HGB vorausgesetzten Notlage fehle.[5022] Vor diesem Hintergrund sollte umso mehr auf eine wirksame Wahl durch die Hauptversammlung geachtet werden.

[5013] Assmann/Schneider/Mülbert/*Hönsch* WpHG § 115 Rn. 36; Kölner Komm WpHG/*Mock* WpHG § 37w Rn. 112; *Simons* WPg 2018, 713 (715), jeweils mwN.
[5014] *Simons/Kallweit* BB 2016, 332 (334) mwN.
[5015] Assmann/Schneider/Mülbert/*Hönsch* WpHG § 115 Rn. 40; Hüffer/Koch/*Koch* AktG § 119 Rn. 5 iVm § 124 Rn. 20; *Simons/Kallweit* BB 2016, 332 (334); *Wasmann/Harzenetter* NZG 2016, 97 (97), jeweils mwN; aA Fuchs/*Zimmermann* WpHG § 37w Rn. 24; Kölner Komm WpHG/*Mock* WpHG § 37w Rn. 117.
[5016] MüKoAktG/*Habersack* AktG § 111 Rn. 92; Assmann/Schneider/Mülbert/*Hönsch* WpHG § 115 Rn. 40; *Simons/Kallweit* BB 2016, 332 (336), jeweils mwN; aA Kölner Komm WpHG/*Mock* WpHG § 37w Rn. 117; Fuchs/*Zimmermann* WpHG § 37w Rn. 24.
[5017] Assmann/Schneider/Mülbert/*Hönsch* WpHG § 115 Rn. 40 ff. mwN.
[5018] Dafür zB *Bedkowski/Kocher* AG 2007, 341 (343 f.); *Mutter/M. Arnold/Stehle* AG 2007, R109 (R113); *Wasmann/Harzenetter* NZG 2016, 97 (98), jeweils mwN; dagegen zB Kölner Komm WpHG/*Mock* WpHG § 37w Rn. 119; *Simons/Kallweit* BB 2016, 332 (336); *Simons,* WPg 2018, 771 (773), jeweils mwN.
[5019] Vgl. dazu *Simons/Kallweit* BB 2016, 332 (335); *Simons* WpG 2018, 771 (774 f.).
[5020] Dazu ausführlich *Simons* WPg 2018, 962 (963 f.).
[5021] OLG Karlsruhe ZIP 2015, 2319 (2321 f.); *Simons/Kallweit* BB 2016, 332 (336); *Wasmann/Harzenetter* NZG 2016, 97.
[5022] Kölner Komm WpHG/*Mock* WpHG § 37w Rn. 122; *Schockenhoff/Culmann* AG 2016, 23 (28 f.); gegen die analoge Anwendung des § 318 Abs. 4 HGB bei freiwilliger Abschlussprüfung nach § 318 HGB in der GmbH BGH NJW-RR 1992, 167.

c) Berichterstattung zur Corporate Social Responsibility

2174 Hat ein kapitalmarktorientiertes Unternehmen (→ Rn. 2162) gemäß § 289b HGB einen **nichtfinanziellen Bericht** bzw. gemäß § 315b HGB einen **nichtfinanziellen Konzernbericht** abgegeben (**CSR-Bericht**), sei es in Erweiterung des (Konzern-)Lageberichts oder in einer gesonderten (Konzern-)Erklärung (vgl. dazu § 289b Abs. 3 HGB, § 315b Abs. 3 HGB), hat der Aufsichtsrat auch diese zu prüfen (§ 171 Abs. 1 S. 4 AktG, → Rn. 116 und § 3 Rn. 288 f.). Sie unterliegen allerdings nicht zwingend der inhaltlichen Prüfung durch den Abschlussprüfer. Dieser hat gemäß § 317 Abs. 2 S. 4 HGB vielmehr nur formell zu prüfen, ob die nichtfinanzielle (Konzern-)Erklärung bzw. der nichtfinanzielle (Konzern-)Bericht vorgelegt wurden. Der Aufsichtsrat kann aber gemäß § 111 Abs. 2 S. 4 AktG – wovon er zu seiner eigenen Absicherung häufig Gebrauch macht – auch eine externe inhaltliche Überprüfung beauftragen, nicht zwingend, aber typischerweise durch den Abschlussprüfer.[5023]

2. Verfahrensablauf zur Bestellung und Beauftragung des Abschlussprüfers

2175 Das **Verfahren für die Beauftragung** des Abschlussprüfers beginnt – soweit vorhanden – im Prüfungsausschuss, welcher einen Abschlussprüfer auswählt und dem (Gesamt-)Aufsichtsrat vorschlägt (→ Rn. 2251 ff.). Dieser beschließt einen Wahlvorschlag für die Hauptversammlung (→ Rn. 2255 ff.). Die Hauptversammlung bestellt dann den Abschlussprüfer. Beauftragt wird der bestellte Abschlussprüfer durch den Prüfungsausschuss bzw. Aufsichtsrat (→ Rn. 2259 ff.).

3. Auswahl des Abschlussprüfers

a) Zuständigkeit des Prüfungsausschusses

2176 Aus § 107 Abs. 3 S. 2 AktG ergibt sich die **Zuständigkeit des Prüfungsausschusses** für die Auswahl des Abschlussprüfers, die Überwachung seiner Unabhängigkeit und die Befassung mit den vom Abschlussprüfer zusätzlich erbrachten Leistungen. Für kapitalmarktorientierte Unternehmen gemäß § 264d HGB (→ Rn. 2162) folgt aus § 124 Abs. 3 S. 2 AktG sowie für PIEs (→ Rn. 2202 f.) aus Art. 16 Abs. 2 Abschlussprüfer-VO, dass der Prüfungsausschuss dem Aufsichtsrat eine Empfehlung zur Wahl des Abschlussprüfers zu geben hat. Aus diesen Bestimmungen folgt allerdings keine Verpflichtung zur Bildung eines solchen Ausschusses. Die Entscheidung, ob er eingerichtet wird, bleibt vielmehr der Gesellschaft selbst überlassen, wobei er bei börsennotierten Gesellschaften nach Ziff. 5.3.2 DCGK idF 7.2.2017 und Empfehlung D.3 DCGK idF vom 16.12.2019 gebildet werden soll (dazu → § 3 Rn. 256 ff.).

b) Geeignete Abschlussprüferkandidaten

2177 Wer als Abschlussprüfer bestellt werden kann, ergibt sich aus den **§§ 318 ff. HGB** sowie, sollte das zu prüfende Unternehmen ein PIE sein, ergänzend aus der Abschlussprüferverordnung (→ Rn. 2202 ff.).

2178 **aa) Anforderungen.** § 319 Abs. 1 S. 1 HGB enthält die grundsätzlichen Anforderungen für die Bestellung zum Abschlussprüfer. Hiernach können bei einer Aktiengesellschaft nur **Wirtschaftsprüfer** und **Wirtschaftsprüfungsgesellschaften** Abschlussprüfer sein. Diese müssen darüber hinaus gemäß § 319 Abs. 1 S. 3 HGB über die Registrierung als gesetzlicher Abschlussprüfer gemäß § 38 Nr. 1 lit. h oder Nr. 2 lit. f WPO verfügen. Die Registrierung dient gemäß § 57a Abs. 2 S. 1 WPO der Qualitätskontrolle und diese der Überwachung, ob die Regelungen zur Qualitätssicherung nach Maßgabe der gesetzlichen Vorschriften und der Berufssatzung eingehalten werden. Wird ein Wirtschaftsprüfer erstmals im Rahmen einer gesetzlich vorgeschriebenen Abschlussprüfung tätig, so verfügt er noch nicht über eine entsprechende Registrierung. Nach Annahme des Prüfungsauftrags muss der Wirtschaftsprüfer daher zunächst – wie dann auch bei jeder weiteren gesetzlich vorgeschriebenen Abschlussprüfung – gemäß § 57a Abs. 1 S. 2 WPO der Wirtschaftsprüferkammer anzeigen, dass er eine gesetzlich vorgeschriebene Abschlussprüfung durchführt. Er muss dann bis spätestens sechs Wochen nach Annahme des Prüfungsauftrags über den Auszug aus dem Berufsregister verfügen, § 319 Abs. 1 S. 3 HGB.

2179 **bb) Nichtigkeit von beschränkenden Vereinbarungen.** § 318 Abs. 1b HGB – und für PIEs auch Art. 16 Abs. 6 Abschlussprüfer-VO – verbietet es, dass **Vereinbarungen mit Dritten** – zB einem Kreditgeber – getroffen werden, welche die Auswahl des Abschlussprüfers beschränken, zB auf die Big-Four-Gesellschaften.[5024]

2180 **cc) Unabhängigkeit des Abschlussprüfers, keine Befangenheit.** Auch wenn der Kandidat ein zugelassener Wirtschaftsprüfer bzw. eine Wirtschaftsprüfungsgesellschaft ist, sind noch weitere Aspekte zu be-

---

[5023] MüKoAktG/*Habersack* AktG § 111 Rn. 101; *Hennrichs* NZG 2017, 841 (844) mwN.
[5024] *Blöink/Kumm* BB 2015, 1067 (1069); BeBiKo/*Schmidt/Heinz* HGB § 318 Rn. 65; Baumbach/Hopt/*Merkt* HGB § 318 Rn. 7.

achten, die eine Bestellung zum Abschlussprüfer ausschließen. So gibt es sowohl im HGB wie auch auf europäischer Ebene mit der unmittelbar geltenden Abschlussprüferverordnung zu beachtende **Ausschlussgründe**. Die Ausschlussgründe des § 319 HGB gelten für jede Aktiengesellschaft, während die Regelungen des § 319a HGB und der Abschlussprüfer-VO nur für PIEs gelten (→ Rn. 2202 ff.). Übergeordneter Grundgedanke aller Ausschlussgründe ist, dass nicht unabhängige, insbesondere also befangene, Wirtschaftsprüfer als Abschlussprüfer nicht in Betracht kommen. Deshalb hat der Abschlussprüfer den Aufsichtsrat von sich aus über Umstände zu informieren, die seine Befangenheit besorgen lassen und über Leistungen, die er zusätzlich zu den Abschlussprüfungsleistungen erbracht hat (§ 171 Abs. 1 S. 3 AktG), und im Prüfungsbericht seine Unabhängigkeit zu bestätigen (§ 321 Abs. 4a HGB).

Bei **PIEs** (→ Rn. 2202 ff.) hat der Abschlussprüfer zudem gemäß Art. 6 Abs. 2 Abschlussprüfer-VO dem Prüfungsausschuss (bzw., wenn es ihn nicht gibt, dem Aufsichtsrat) jährlich schriftlich zu erklären, dass der Abschlussprüfer bzw. die Prüfungsgesellschaft, Prüfungspartner und Mitglieder der höheren Führungsebene und das Leitungspersonal, die die Abschlussprüfung durchführen, unabhängig vom geprüften Unternehmen sind und mit dem Prüfungsausschuss (bzw. Aufsichtsrat) die Gefahren für seine bzw. ihre Unabhängigkeit sowie die zur Verminderung dieser Gefahren angewendeten Schutzmaßnahmen zu erörtern.

dd) Die Ausschlussgründe im Einzelnen. (1) § 319 Abs. 2 HGB. § 319 Abs. 2 HGB enthält den allgemeinen Ausschlussgrund der **Besorgnis der Befangenheit**. Er nennt als Gründe, die die Besorgnis der Befangenheit begründen können, Beziehungen geschäftlicher, persönlicher oder finanzieller Art. Die Gründe für die Besorgnis der Befangenheit müssen während des zu prüfenden Geschäftsjahres oder während der Dauer der Prüfung vorliegen. Eine Befangenheit ist insbesondere dann anzunehmen, wenn genügend objektive Gründe bestehen, die nach Meinung eines ruhig und vernünftig denkenden Dritten die Befürchtung wecken können, der Wirtschaftsprüfer stehe der Sache, in der er tätig werden soll, nicht unvoreingenommen und damit nicht unparteiisch gegenüber.[5025]

(2) § 319 Abs. 3 HGB. § 319 Abs. 3 HGB konkretisiert die Generalklausel des § 319 Abs. 2 HGB zur Befangenheit des Abschlussprüfers. Dazu zählt er eine Reihe von Fällen auf, in denen eine unwiderlegliche gesetzliche Vermutung der Befangenheit besteht.[5026] Wie der Wortlaut (*„insbesondere"*) deutlich macht, handelt es sich aber um keine abschließende Aufzählung von Befangenheitsgründen.[5027] Die konkrete Aufzählung von Ausschlussgründen wirkt im Umkehrschluss allerdings so, dass ein Verhalten, welches einen Katalogtatbestand qualitativ oder quantitativ noch nicht erfüllt, nicht per se als ausreichend für einen Ausschluss nach der Generalklausel in § 319 Abs. 2 HGB angesehen werden kann. Vielmehr müssen für den Ausschluss dann noch weitere Umstände hinzutreten.[5028] Die in § 319 Abs. 3 HGB genannten Gründe schließen einen Wirtschaftsprüfer nicht nur dann aus, wenn er selbst einen der Ausschlussgründe verwirklicht, sondern auch dann, wenn eine Person, mit der er seinen Beruf gemeinsam ausübt, dies tut (sog. Sozietätsklausel).

Die einzelnen Gründe gemäß **§ 319 Abs. 3 S. 1 HGB** sind:
– Nr. 1: direkte und indirekte Beteiligung
  Nr. 1 schließt Wirtschaftsprüfer von der Prüfung aus, die Anteile oder andere nicht nur unwesentliche finanzielle Interessen an der zu prüfenden Kapitalgesellschaft haben. Ebenso reicht eine Beteiligung an einem mit dieser Gesellschaft – gemäß § 271 Abs. 2 HGB (nicht maßgeblich ist § 15 Abs. 1 AktG) –[5029] verbundenen Unternehmen oder einem Unternehmen, welches mehr als 20% der Anteile an der zu prüfenden Gesellschaft hält. Anteile sind die Gesellschaftsanteile, wobei es ausreicht, wenn sie nur treuhänderisch gehalten werden.[5030] Die Höhe des Anteils ist bei der direkten Beteiligung nicht von Belang.[5031] Deshalb schließt bereits das Halten nur einer Aktie der zu prüfenden Gesellschaft die Bestellung als deren Abschlussprüfer aus. Werden Anteile nur mittelbar gehalten, zB über einen Fonds, so liegt darin zwar nicht das Halten von Anteilen; sie können aber gleichwohl ein nicht nur unwesentli-

---

[5025] BVerfGE 82, 30 (38) = NJW 1990, 2457; BGHZ 159, 234 (242) = NZG 2004, 770.
[5026] Baumbach/Hopt/*Merkt* HGB § 319 Rn. 14; Heidel/Schall/*Schüppen* HGB § 319 Rn. 12; BeBiKo/*Schmidt/Nagel* HGB § 319 Rn. 30; MüKoBilanzR/*Bormann* HGB § 319 Rn. 70.
[5027] Heidel/Schall/*Schüppen* HGB § 319 Rn. 12; Koller/Kindler/Roth/Drüen/*Morck/Bach* HGB § 319 Rn. 4; MüKoHGB/*Ebke*, 3. Aufl. 2012, HGB § 319 Rn. 21.
[5028] Heidel/Schall/*Schüppen* HGB § 319 Rn. 12; vgl. auch MüKoBilanzR/*Bormann* HGB § 319 Rn. 40.
[5029] BGHZ 159, 234 (236 ff.) = NZG 2004, 770; MüKoHGB/*Ebke*, 3. Aufl. 2012, HGB § 319 Rn. 51; Baumbach/Hopt/*Merkt* HGB § 319 Rn. 17; MüKoBilanzR/*Bormann* HGB § 319 Rn. 88.
[5030] MüKoHGB/*Ebke*, 3. Aufl. 2012, HGB § 319 Rn. 50; Baumbach/Hopt/*Merkt* HGB § 319 Rn. 17; BeBiKo/*Schmidt/Nagel* HGB § 319 Rn. 35, aber ablehnend für den Fall der Sicherungstreuhand.
[5031] BeckOK HGB/*Poll* HGB § 319 Rn. 22; MüKoHGB/*Ebke*, 3. Aufl. 2012, HGB § 319 Rn. 50; Baumbach/Hopt/*Merkt* HGB § 319 Rn. 17; MüKoBilanzR/*Bormann* HGB § 319 Rn. 84.

ches finanzielles Interesse iSd Nr. 1 begründen. Zu solchen finanziellen Interessen können zB auch das Halten von Schuldverschreibungen und Optionen führen.[5032]

2185 – Nr. 2: personelle Verflechtungen
Nr. 2 betrifft die direkte und indirekte personelle Verflechtung zwischen Abschlussprüfer und zu prüfender Gesellschaft. Es besteht eine Inkompatibilität mit der Stellung als gesetzlicher Vertreter, Mitglied des Aufsichtsrats oder Arbeitnehmer der zu prüfenden Kapitalgesellschaft oder eines Unternehmens, das mit der zu prüfenden Kapitalgesellschaft verbunden ist oder von dieser mehr als 20 % der Anteile besitzt. Dem Aufsichtsrat gleichgestellt sind vergleichbare Gremien mit Überwachungsaufgabe, wie zB ein fakultativer Aufsichts-, Bei- oder Verwaltungsrat.[5033]

2186 – Nr. 3: Verbot der Selbstprüfung
Die einzelnen Fälle der Nr. 3 konkretisieren das Selbstprüfungsverbot, wonach eine Kontrolle der Sachverhalte unterbunden wird, an welchen der Wirtschaftsprüfer selbst oder ein Unternehmen, bei dem der Wirtschaftsprüfer gesetzlicher Vertreter, Arbeitnehmer, Mitglied des Aufsichtsrats oder Gesellschafter, der mehr als 20 % der den Gesellschaftern zustehenden Stimmrechte besitzt, ist, in dem zu prüfenden Geschäftsjahr oder bis zur Erteilung des Bestätigungsvermerks mitgewirkt hat.

2187 Im Einzelnen erfasst sind (a) die Mitwirkung bei der Führung der Bücher oder der Aufstellung des zu prüfenden Jahresabschlusses; (b die Mitwirkung bei der Durchführung der internen Revision in verantwortlicher Position; (c) die Erbringung von Unternehmensleitungs- und Finanzdienstleistungen sowie (d) die Erbringung eigenständiger versicherungsmathematischer oder Bewertungsleistungen, die sich auf den zu prüfenden Jahresabschluss nicht nur unwesentlich auswirken. Insgesamt gilt für lit. a–d, dass die Tätigkeiten der Bestellung nur dann entgegenstehen, wenn sie **nicht von untergeordneter Bedeutung** sind.

2188 – Zu lit. a: Erfasst ist nur das umfängliche **Führen der Bücher** und Mitwirken bei der Aufstellung von Jahresabschluss, Anhang oder Lagebericht; wird hingegen zB im Rahmen der Abschlussprüfung durch den Abschlussprüfer lediglich ein Änderungsverlangen geäußert und der Abschluss entsprechend geändert, fällt dies nicht unter lit. a; vielmehr ist dies Teil der Abschlussprüfung. Erst wenn der Jahresabschluss so unvollständig ist, dass die Änderungen einer Aufstellung gleichkommen, liegt eine der Bestellung entgegenstehende Mitwirkung vor.[5034]

2189 – Zu lit. b: Zur **internen Revision** zählen die Überprüfung der Eignung und die Überwachung der Einhaltung der Regelungen und Anordnungen der gesetzlichen Vertreter und der Ordnungsmäßigkeit von Aufbau und Funktion des internen Kontrollsystems.[5035]

2190 – Zu lit. c: **Unternehmensleitungsleistungen** sind solche Leistungen, die eine verantwortliche, weisungsfreie und weisungsbefugte Interessenwahrnehmung darstellen, was vor allem im Falle der Tätigkeit als Generalbevollmächtigter oder in sonstiger leitender Funktion der Fall sein kann.[5036] Mit **Finanzdienstleistungen** sind Sachverhalte gemeint, in denen der Abschlussprüfer zB als Vermittler für Finanzierungsinstrumente auftritt und somit ein eigenes finanzielles Interesse hat, so dass negative Feststellungen innerhalb der Abschlussprüfung zu finanziellen Einbußen oder einem Ansehensverlust bei ihm führen könnten.[5037]

2191 – Zu lit. d: Erfasst sind auch Leistungen, mit denen der Abschlussprüfer selbstständig Bewertungs- **oder Berechnungsgrundlagen** festlegt und Wahlrechte ausübt, zB in Bezug auf die Berechnung von Pensionsrückstellungen.[5038] Legt das zu prüfende Unternehmen die Berechnungs- bzw. Bewertungsgrundlagen hingegen selbst fest und stellt der Abschlussprüfer nur die Infrastruktur zur Berechnung bzw. Bewertung zur Verfügung, fällt dies nicht unter die Regelung, da in diesem Fall keine Selbstprüfung zu befürchten ist.[5039]

2192 Gemäß **§ 319 Abs. 3 S. 2 HGB** gelten die Ausschlussgründe der Nr. 1–3 auch dann, wenn nicht der Abschlussprüfer selbst sie erfüllt, sondern dessen **Ehe- bzw. Lebenspartner.**

[5032] Vgl. Baumbach/Hopt/*Merkt* HGB § 319 Rn. 17; BeBiKo/*Schmidt/Nagel* HGB § 319 Rn. 36; MüKoHGB/*Ebke*, 3. Aufl. 2012, HGB § 319 Rn. 50; BeckOK HGB/*Poll* HGB § 319 Rn. 22.
[5033] MüKoHGB/*Ebke*, 3. Aufl. 2012, HGB § 319 Rn. 53; BeBiKo/*Schmidt/Nagel* HGB § 319 Rn. 40; BeckOK HGB/*Poll* HGB § 319 Rn. 25; Heidel/Schall/*Schüppen* HGB § 319 Rn. 15.
[5034] OLG Köln BB 1992, 2108; BeckOK HGB/*Poll* HGB § 319 Rn. 28 f.; MüKoHGB/*Ebke*, 3. Aufl. 2012, HGB § 319 Rn. 60; HKMS/*Müller* HGB § 319 Rn. 81.
[5035] IDW PS 321 Rn. 8; MüKoBilanzR/*Bormann* HGB § 319 Rn. 111 f.; MüKoHGB/*Ebke*, 3. Aufl. 2012, HGB § 319 Rn. 63.
[5036] HKMS/*Müller* HGB § 319 Rn. 87.
[5037] MüKoHGB/*Ebke*, 3. Aufl. 2012, HGB § 319 Rn. 66; BeBiKo/*Schmidt/Nagel* HGB § 319 Rn. 60.
[5038] BeckOK HGB/*Poll* HGB § 319 Rn. 32; EBJS/*Böcking/Gros/Rabenhorst* HGB § 319 Rn. 26.
[5039] MüKoHGB/*Ebke*, 3. Aufl. 2012, HGB § 319 Rn. 67; BeBiKo/*Schmidt/Nagel* HGB § 319 Rn. 62 ff.

- Nr. 4: Beschäftigung von ausgeschlossenen Personen bei der Prüfung 2193
  Nr. 4 erweitert die Inkompatibilität dahingehend, dass es auch einen Ausschlussgrund darstellt, wenn bei der Prüfung eine Person beschäftigt wird, die nach den Nummern 1 bis 3 nicht Abschlussprüfer sein darf. Mit „beschäftigen" ist allein die Beteiligung an der Prüfung selbst gemeint.[5040]
- Nr. 5: finanzielle Abhängigkeit 2194
  Nr. 5 geht von einer Inkompatibilität aus, wenn der Abschlussprüfer in den letzten fünf Jahren jeweils mehr als 30% der Gesamteinnahmen aus seiner beruflichen Tätigkeit von der zu prüfenden Kapitalgesellschaft und von Unternehmen, an denen die zu prüfende Kapitalgesellschaft mehr als 20% der Anteile besitzt, bezogen hat und dies auch im laufenden Geschäftsjahr zu erwarten ist. Abzustellen ist auf die Nettovergütung, ohne etwaigen Auslagenersatz.[5041] Wie der Wortlaut zeigt, kann der Ausschlussgrund erst ab dem sechsten Jahr in Folge greifen, sodass bereits ein Jahr unterhalb der 30%-Schwelle den Betrachtungszeitraum von Neuem starten lässt.

(3) § 319 Abs. 4 HGB, § 319b HGB. § 319 Abs. 4 S. 1 HGB erweitert die Ausschlussgründe für Prü- 2195
fungsgesellschaften dahingehend, dass sie auch dann gelten, wenn die Prüfungsgesellschaft selbst, einer ihrer gesetzlichen Vertreter, ein Gesellschafter, der mehr als 20% der den Gesellschaftern zustehenden Stimmrechte besitzt, ein verbundenes Unternehmen, ein bei der Prüfung in verantwortlicher Position beschäftigter Gesellschafter oder eine andere von ihr beschäftigte Person, die das Ergebnis der Prüfung beeinflussen kann, nach § 319 Abs. 2 oder 3 HGB ausgeschlossen sind.

Gemäß **§ 319 Abs. 4 S. 2 HGB** gilt dies auch, wenn ein Mitglied des Aufsichtsrats (der Prüfungsge- 2196
sellschaft) nach § 319 Abs. 3 S. 1 Nr. 2 HGB ausgeschlossen ist oder wenn mehrere Gesellschafter, die zusammen mehr als 20% der den Gesellschaftern zustehenden Stimmrechte besitzen, jeweils einzeln oder zusammen nach § 319 Abs. 2 oder 3 HGB ausgeschlossen sind.

Eine weitere Ausdehnung der Ausschlussgründe auf **Netzwerke** enthält § 319b HGB, wonach ein 2197
Wirtschaftsprüfer ausgeschlossen ist, wenn ein Mitglied seines Netzwerks einen Ausschlussgrund nach § 319 Abs. 2 HGB (→ Rn. 2182), Abs. 3 S. 1 Nr. 1 (→ Rn. 2184), Nr. 2 (→ Rn. 2185) oder Nr. 4 (→ Rn. 2193), Abs. 3 S. 2 (→ Rn. 2192) oder Abs. 4 erfüllt, es sei denn, dass das Netzwerkmitglied auf das Ergebnis der Abschlussprüfung keinen Einfluss nehmen kann, und der Wirtschaftsprüfer jedenfalls dann ausgeschlossen ist, wenn ein Mitglied seines Netzwerks einen Ausschlussgrund nach § 319 Abs. 3 S. 1 Nr. 3 HGB (→ Rn. 2186 ff.) oder – bei PIEs (→ Rn. 2202 ff.) – § 319a Abs. 1 S. 1 Nr. 2 HGB (→ Rn. 2234) oder Nr. 3 (→ Rn. 2235) erfüllt. Ein Netzwerk liegt gemäß § 319b Abs. 1 S. 3 HGB vor, wenn Personen bei ihrer Berufsausübung zur Verfolgung gemeinsamer wirtschaftlicher Interessen für eine gewisse Dauer zusammenwirken, dh wenn es sich – in den Worten von Art. 2 Nr. 7 Abschlussprüfer-RL vom 17.5.2006 (ABl. EG 2006 L157, 87) – um eine breitere Struktur handelt, „die auf Kooperation ausgerichtet ist und der ein Abschlussprüfer oder eine Prüfungsgesellschaft angehört und die eindeutig auf Gewinn- oder Kostenteilung abzielt oder durch gemeinsames Eigentum, gemeinsame Kontrolle oder gemeinsame Geschäftsführung, gemeinsame Qualitätssicherungsmaßnahmen und -verfahren, eine gemeinsame Geschäftsstrategie, die Verwendung einer gemeinsamen Marke oder durch einen wesentlichen Teil gemeinsamer fachlicher Ressourcen miteinander verbunden ist."

(4) Folge einer Verletzung der §§ 319, 319b HGB. Es ist zu unterscheiden zwischen Verstößen gegen 2198
§ 319 Abs. 1 HGB und gegen § 319 Abs. 2–4 HGB:
- Ein Verstoß gegen § 319 Abs. 1 HGB führt zur **Nichtigkeit** der Bestellung, § 241 Nr. 3 AktG, des festgestellten Jahresabschlusses, § 256 Abs. 1 Nr. 3 AktG und auch des Prüfungsvertrags, § 134 BGB.[5042]
- Ein Verstoß gegen § 319 Abs. 2–4 HGB, ggf. iVm § 319b HGB, hat hingegen weder die Anfechtbar- 2199
keit noch gar die Nichtigkeit der Bestellung des Abschlussprüfers zur Folge. Dies ergibt sich aus § 243 Abs. 3 Nr. 3 AktG, wonach eine Anfechtung im Falle der – hier möglichen – gerichtlichen Ersatzbestellung gemäß § 318 Abs. 3 HGB ausgeschlossen ist (dazu sogleich → Rn. 2200). Aus § 256 Abs. 1 Nr. 3 lit. a AktG folgt, dass aus einem Verstoß gegen diese Ausschlussgründe auch **keine Nichtigkeit des festgestellten Jahresabschlusses** resultiert.

Den **Antrag auf gerichtliche Bestellung** eines anderen Abschlussprüfers (gemäß § 14 AktG, § 23a 2200
Abs. 2 Nr. 4 GVG, § 375 Nr. 1 FamFG beim Amtsgericht des Sitzes der Gesellschaft) nach § 318 Abs. 3 HGB bei Vorliegen von Ausschlussgründen können der Vorstand, der Aufsichtsrat oder Gesellschafter

---

[5040] Baumbach/Hopt/*Merkt* HGB § 319 Rn. 24; MüKoHGB/*Ebke*, 3. Aufl. 2012, HGB § 319 Rn. 68; Koller/Kindler/Roth/Drüen/*Morck/Bach* HGB § 319 Rn. 5; BeBiKo/*Schmidt/Nagel* HGB § 319 Rn. 68.
[5041] MüKoHGB/*Ebke*, 3. Aufl. 2012, HGB § 319 Rn. 69; BeBiKo/*Schmidt/Nagel* HGB § 319 Rn. 70.
[5042] Heidel/Schall/*Schüppen* HGB § 319 Rn. 38; MüKoHGB/*Ebke*, 3. Aufl. 2012, HGB § 319 Rn. 16; BeBiKo/*Schmidt/Nagel* HGB § 319 Rn. 92 f.; HKMS/*Müller* HGB § 319 Rn. 116 ff.

2201 Der **schuldrechtliche Vertrag** zwischen der Gesellschaft und dem Prüfer ist gemäß § 134 BGB bei von vornherein gegebenem Ausschlussgrund nichtig.[5043] Tritt die Befangenheit erst nach Vertragsschluss ein, ist der Vertrag, weil bei Vertragsschluss nicht gegen ein gesetzliches Verbot gerichtet, nicht nichtig; der Abschlussprüfer kann aber keine Vergütung jedenfalls für die Tätigkeit verlangen, die er ab seiner Befangenheit – wegen rechtlicher Unmöglichkeit ja nur vermeintlich – erbracht hat.[5044]

stellen, deren Anteile bei Antragstellung 20% der Stimmrechte oder des Grundkapitals oder einen Börsenwert von EUR 500.000,00 erreichen.

4. Bei der Auswahl zu berücksichtigende Besonderheiten für Unternehmen von öffentlichem Interesse (PIEs)

2202 Für PIEs gelten ua aufgrund der **Abschlussprüferverordnung** aus dem Jahr 2014 und des **AReG** verschiedene Besonderheiten hinsichtlich des Abschlussprüfers (vgl. schon → Rn. 2161).

a) PIE

2203 PIEs sind nach § 319a HGB **kapitalmarktorientierte Unternehmen iSd § 264d HGB** (→ Rn. 2162), und zwar ab dem Zeitpunkt, ab dem sie die Zulassung zur Börse beantragt haben, bis zu dem Zeitpunkt, zu dem sie den organisierten Markt verlassen,[5045] ferner CRR-Kreditinstitute und bestimmte Versicherungsunternehmen. Die Besonderheiten für Versicherungsunternehmen und CRR-Kreditinstitute bleiben hier außer Betracht. Innerhalb eines Konzerns ist die PIE-Eigenschaft für jedes Unternehmen einzeln zu bestimmen.[5046] Wenn die Qualifikation als PIE während eines laufenden Geschäftsjahres entfällt, so brauchen bereits für dieses Geschäftsjahr die ergänzenden Vorschriften nicht mehr beachtet zu werden.[5047] Gleiches soll nach allerdings umstrittener Auffassung auch für den Fall gelten, dass die Qualifikation als PIE zwar erst (kurz) nach dem Bilanzstichtag, aber noch während der Erstellung des Jahresabschlusses entfällt.[5048]

b) Einschränkung von Nichtprüfungsleistungen (Art. 5 Abschlussprüfer-VO)

2204 Abschlussprüfern von PIEs sind Nichtprüfungsleistungen (sogleich → Rn. 2205 ff.) in weitem Umfang verboten, **erlaubte Nichtprüfungsleistungen** bedürfen der Billigung des Prüfungsausschusses (bzw., wenn es diesen nicht gibt, des Aufsichtsrats → Rn. 2218 ff.).

2205 **aa) Nichtprüfungsleistungen.** Nichtprüfungsleistungen sind definitionsgemäß nur solche **Leistungen, die nicht Abschlussprüfungsleistungen** sind. Zu den Abschlussprüfungsleistungen zählen auch gesetzliche Erweiterungen der Abschlussprüfung (zB Prüfung des Risikofrüherkennungssystems gemäß § 317 Abs. 4 HGB, Prüfung des Abhängigkeitsberichts nach § 313 AktG, formelle Prüfung des Vergütungsberichts gemäß § 162 Abs. 3 AktG idF des ARUG II).[5049]

2206 **bb) Verbot der Erbringung bestimmter Nichtprüfungsleistungen (sog. Blacklist).** Gemäß Art. 5 Abschlussprüfer-VO darf der Abschlussprüfer oder die Prüfungsgesellschaft eines Unternehmens von öffentlichem Interesse und jedes Mitglied eines Netzwerks (→ Rn. 2197), dem der Abschlussprüfer bzw. die Prüfungsgesellschaft angehört, weder direkt noch indirekt für das geprüfte Unternehmen, dessen Mutterunternehmen oder die von ihm beherrschten Unternehmen in der Europäischen Union nach dem Katalog des Art. 5 Abschlussprüfer-VO **verbotene Nichtprüfungsleistungen (sog. Blacklist)** innerhalb des Zeitraums zwischen dem Beginn des Prüfungszeitraums und der Abgabe des Bestätigungsvermerks erbringen, und hinsichtlich der Gestaltung und Umsetzung interner Kontroll- oder Risikomanagementverfahren, die bei der Erstellung und/oder Kontrolle von Finanzinformationen oder Finanzinformationstechnologiesystemen zum Einsatz kommen (→ Rn. 2211), auch schon nicht innerhalb des Geschäftsjahres, das dem soeben genannten Zeitraum unmittelbar vorausgeht (sogenanntes **Cooling-In**).[5050] Die Überwa-

---

[5043] BeBiKo/*Schmidt*/*Nagel* HGB § 319 Rn. 93; HKMS/*Müller* HGB § 319 Rn. 131; Baumbach/Hopt/*Merkt* HGB § 319 Rn. 32.
[5044] BGH ZIP 2010, 433 (435).
[5045] Vgl. IDW Positionspapier zu Inhalten und Zweifelsfragen der EU-Verordnung und der Abschlussprüferrichtlinie, Stand 23. 5. 2018, S. 16 f.
[5046] BeBiKo/*Schmidt*/*K. Hoffmann* HGB § 264d Rn. 1; HKMS/*Stöber* HGB § 264d Rn. 8.
[5047] BeBiKo/*Schmidt*/*K. Hoffmann* HGB § 264d Rn. 1; HKMS/*Stöber* HGB § 264d Rn. 10; MüKoHGB/*Reiner*, 3. Aufl. 2013, HGB § 267 Rn. 21.
[5048] BeBiKo/*Schmidt*/*K. Hoffmann* HGB § 264d Rn. 1; aA HKMS/*Stöber* HGB § 264d Rn. 10.
[5049] IDW Positionspapier zu Nichtprüfungsleistungen des Abschlussprüfers, Stand 31. 1. 2020, S. 50 f.
[5050] Diese Nichtprüfungsleistungen sind in Art. 5 Abs. 1 Unterabs. 2 lit. e Abschlussprüfer-VO geregelt. In der ursprünglichen Fassung hatte Art. 5 Abs. 1 Unterabs. 1 lit. b Abschlussprüfer-VO für das Cooling-In auf lit. g (statt lit. e) verwiesen. Das wurde aber korrigiert durch Berichtigung im ABl. EG 2014 L 170, 66.

chung der Einhaltung des Verbots trifft zwar in erster Linie den Abschlussprüfer selbst. Da der Prüfungsausschuss (bzw., wenn er nicht besteht, der Aufsichtsrat) aber gemäß § 107 Abs. 3 S. 2 Hs. 2 AktG die Unabhängigkeit und Nichtprüfungsleistungen zu überwachen und gemäß Art. 6 Abs. 2 Abschlussprüfer-VO etwaige Gefahren für die Unabhängigkeit mit dem Abschlussprüfer zu erörtern hat (→ Rn. 2181), hat auch er sich mit der Einhaltung des Verbots zu befassen.[5051] Vor allem hat er schon bei der Auswahl des Abschlussprüfers zu berücksichtigen, dass solche Gesellschaften von vornherein außer Betracht gelassen werden sollten, denen Nichtprüfungsleistungen iSd Art. 5 Abs. 1 Abschlussprüfer-VO übertragen werden sollen. Im Einzelnen sind verbotene Nichtprüfungsleistungen gemäß Art. 5 Abs. 1 Unterabs. 2 Abschlussprüfer-VO:[5052]

— **Steuerberatungsleistungen:** Lit. a enthält eine Auflistung von nicht zulässigen Steuerberatungsleistungen, die unter anderem die Erstellung von Steuererklärungen, Steuerberechnungen, die Lohnsteuer- und Zollberatung, die Ermittlung staatlicher Beihilfen, die Unterstützung bei Betriebsprüfungen sowie die nicht näher definierte „Erbringung von Steuerberatungsleistungen" umfassen.[5053] Art. 5 Abs. 3 Abschlussprüfer-VO gibt den Mitgliedstaaten aber die Möglichkeit, die genannten Leistungen mit Ausnahme der Erbringung von Steuerberatungsleistungen in Zusammenhang mit Lohnsteuer und Zöllen zuzulassen, wenn die Leistungen allein oder kumuliert keine direkte oder nur unwesentliche Auswirkungen auf die geprüften Abschlüsse haben. Davon hat der deutsche Gesetzgeber in § 319a Abs. 1 S. 1 Nr. 2 HGB Gebrauch gemacht und solche Leistungen nur untersagt, wenn sie sich einzeln oder zusammen unmittelbar und nicht nur unwesentlich auf den zu prüfenden Abschluss auswirken (dazu → Rn. 2234). 2207

— Leistungen, mit denen eine **Teilnahme an der Führung oder an Entscheidungen des geprüften Unternehmens** verbunden ist: Lit. b verbietet die aktive inhaltliche Teilnahme an Entscheidungen des geprüften Unternehmens oder die Übernahme einer Managementrolle. Davon erfasst sind auch Teilprozesse im unternehmerischen Entscheidungsprozess, also die Feststellung des Entscheidungsbedarfs und der Entscheidungskriterien, die Auswahl der Entscheidungsalternativen und die Umsetzung von Entscheidungen; die bloße Vorbereitung solcher Entscheidungen, also zB Hinweise zu strategischen oder operativen Fragen und die Aufbereitung von Informationen, fallen hingegen nicht unter das Verbot.[5054] 2208

— **Buchhaltung:** Lit. c verbietet die Buchhaltung und Erstellung von Unterlagen der Rechnungslegung und von Abschlüssen. Im Wesentlichen entspricht dies der Regelung des § 319 Abs. 3 S. 1 Nr. 3 lit. a HGB, sodass auf die Ausführungen dort (→ Rn. 2188) verwiesen werden kann. Im Gegensatz zur Regelung des HGB sieht die VO jedoch keine Wesentlichkeitsgrenze vor, sodass auch untergeordnete Hilfstätigkeiten, wie zB regelmäßige mechanische Buchhaltungsleistungen, unter das Verbot fallen.[5055] 2209

— **Lohn- und Gehaltsabrechnungen:** Lit. d untersagt Leistungen der Lohn- und Gehaltsabrechnungen. Untersagt sind also zB die Ermittlung der Löhne, die Vorbereitung der monatlichen Lohn- und Gehaltsabrechnungen und die Genehmigung von Lohn- und Gehaltsauszahlungen.[5056] Zulässig ist hingegen die Zurverfügungstellung von Dienstleistungen wie einem Datev-Zugang, sofern hiermit keine eigenständige, entscheidungswirksame Leistung verbunden ist.[5057] 2210

— **Gestaltung und Umsetzung interner Kontroll- oder Risikomanagementverfahren:** Lit. e untersagt — auch schon für das dem Prüfungsbericht vorangehende Geschäftsjahr (Cooling-In, → Rn. 2206) — die Gestaltung und Umsetzung interner Kontroll- oder Risikomanagementverfahren, die bei der Erstellung und/oder Kontrolle von Finanzinformationen oder Finanzinformationstechnologiesystemen zum Einsatz kommen. Erfasst sind nur solche Finanzinformationen, die selbst Eingang in den (Konzern-)Abschluss bzw. den (Konzern-)Lagebericht finden oder Grundlage der Verprobung von im (Konzern-)Abschluss oder (Konzern-)Lagebericht enthaltenen Informationen sind.[5058] Dementspre- 2211

[5051] *Hennrichs/Bode* NZG 2016, 1281 (1283).
[5052] Wenn ein Mitglied des Netzwerks für ein Unternehmen mit Sitz in einem Drittland, das von dem geprüften PIE beherrscht wird, nach Abs. 1 verbotene Nichtprüfungsleistungen erbringt, beurteilt der Abschlussprüfer, ob dies seine Unabhängigkeit beeinträchtigt, Art. 5 Abs. 5 Abschlussprüfer-VO. Bejaht er dies, hat er Schutzmaßnahmen zu ergreifen, in den in Abs. 5 enumerativ aufgezählten Fällen (Art. 5 Abs. 1 Unterabs. 2 lit. b, c und e Abschlussprüfer-VO) ist ihm die Fortführung der Prüfung stets untersagt.
[5053] IDW Positionspapier zu Nichtprüfungsleistungen des Abschlussprüfers, Stand 31.1.2020, S. 35; BeBiKo/*Schmidt/Nagel* HGB § 319a Rn. 75; HKMS/*Müller* HGB § 319a Rn. 57.
[5054] IDW Positionspapier zu Nichtprüfungsleistungen des Abschlussprüfers, Stand 31.1.2020, S. 34 f.; BeBiKo/*Schmidt/Nagel* HGB § 319a Rn. 78 ff.; aA HKMS/*Müller* HGB § 319a Rn. 91, welcher im Zweifel auch Vorbereitungs- und Ausführungsmaßnahmen unter das Verbot fallen lassen will.
[5055] BeBiKo/*Schmidt/Nagel* HGB § 319a Rn. 85.
[5056] BeBiKo/*Schmidt/Nagel* HGB § 319a Rn. 87.
[5057] HKMS/*Müller* HGB § 319a Rn. 93.
[5058] IDW Positionspapier zu Nichtprüfungsleistungen des Abschlussprüfers, Stand 31.1.2020, S. 42 f.; BeBiKo/*Schmidt/Nagel* HGB § 319a Rn. 94.

chend sind unter Finanzinformationstechnologiesystemen nur solche manuellen und automatisierten Verfahren zu verstehen, mit denen die Geschäftsvorfälle und sonstige buchführungs- und berichtspflichtige Sachverhalte erfasst, verarbeitet und für unternehmensinterne Zwecke wie auch Zwecke der externen Rechnungslegung aufbereitet werden.[5059] Das Verbot der *Gestaltung und Umsetzung* ist dahin zu verstehen, dass diese nicht, wie der Wortlaut suggeriert, kumulativ vorliegen müssen, sondern die Verwirklichung einer der beiden (also Gestaltung oder Umsetzung) genügt.[5060] Dabei ist aber zu beachten, dass eine tatsächliche Gestaltung oder Umsetzung – erfasst sind entgegen dem Wortlaut allerdings wohl auch Gestaltung oder Umsetzung der Finanzinformationstechnologiesysteme selbst –[5061] durch den Abschlussprüfer stattfinden muss. Eine bloße Beratung fällt also nicht unter das Verbot, wenn das Unternehmen die Umsetzung oder Gestaltung dann selbst vornimmt.[5062]

2212 – **Bewertungsleistungen:** Lit. f verbietet das Erbringen von Bewertungsleistungen einschließlich Leistungen im Bereich der Versicherungsmathematik und zur Unterstützung bei Rechtsstreitigkeiten. Insoweit hat der deutsche Gesetzgeber allerdings ebenfalls von seinem Mitgliedstaatenwahlrecht des Art. 5 Abs. 3 Abschlussprüfer-VO Gebrauch gemacht und solche Leistungen in § 319a Abs. 1 S. 1 Nr. 3 HGB nur untersagt, soweit sich einzeln oder zusammen unmittelbar und nicht nur unwesentlich auf den Jahresabschluss auswirken (→ Rn. 2235).

2213 – **Rechtliche Beratung:** Lit. g untersagt juristische Leistungen im Zusammenhang mit allgemeiner Beratung, Verhandlungen im Namen des geprüften Unternehmens und Vermittlungstätigkeiten in Bezug auf die Beilegung von Rechtsstreitigkeiten. *Juristische Leistungen* sind nur solche Leistungen, die in Deutschland in den Anwendungsbereich des Rechtsdienstleistungsgesetzes (RDG) fallen, dort also nur von zugelassenen Rechtsanwälten und Rechtsanwaltsgesellschaften erbracht werden dürfen.[5063] Das nach dem Wortlaut uferlos erscheinende Verbot der Erbringung *allgemeiner Beratung* ist – wie sich aus einem Vergleich mit der englischen Ursprungsversion des Normtextes *(provision of general counsel)* und dem systematischen Zusammenhang mit den beiden anderen Fällen der lit. g ergibt – einzuschränken:[5064] Es ist so zu verstehen, dass nur solche rechtliche Beratung erfasst ist, die aus einer Managementfunktion heraus im Unternehmen wahrgenommen wird, also zB die Tätigkeit als Justiziar des zu prüfenden Unternehmens oder Rechtsberatung im Rahmen der Führung oder Entscheidungsfindung innerhalb des Unternehmens.[5065] Ebenso missverständlich ist die Wortwahl „*Verhandlungen im Namen des geprüften Unternehmens*". Diese an eine Stellvertretung erinnernde Formulierung ist vielmehr als das Verbot der Verhandlung im Auftrag des Unternehmens zu verstehen.[5066] Dies zeigt auch ein Vergleich mit der englischen Originalfassung, in welcher von „*negotiation on behalf of the audited entity*" die Rede ist. Es geht also um Handlungsweisen, durch die der Mandant ohne dessen aktive Beteiligung zu etwas verpflichtet wird.[5067] Schließlich ist auch die letzte Variante, Vermittlungstätigkeiten in Bezug auf die Beilegung von Rechtsstreitigkeiten, anders als der eigentliche Wortsinn zu verstehen. So zeigt auch hier ein Vergleich mit der englischen Originalversion *("acting in an advocacy role in the resolution of litigation")*, dass nicht (nur) die eigentliche Vermittlungstätigkeit verboten sein soll, sondern die Unterstützung bei der Beilegung von Rechtsstreitigkeiten.[5068]

2214 – **Interne Revision:** Lit. h verbietet Leistungen im Zusammenhang mit der internen Revision des zu prüfenden Unternehmens. Demgemäß sind Leistungen des Abschlussprüfers im Auftrag oder anstelle der internen Revision generell unzulässig.[5069] Das Verbot gilt allerdings nicht für solche Tätigkeiten,

---

[5059] IDW Positionspapier zu Nichtprüfungsleistungen des Abschlussprüfers, Stand 31.1.2020, S. 42 f.; BeBiKo/*Schmidt/Nagel* HGB § 319a Rn. 95.
[5060] IDW Positionspapier zu Nichtprüfungsleistungen des Abschlussprüfers, Stand 31.1.2020, S. 43; BeBiKo/*Schmidt/Nagel* HGB § 319a Rn. 92; aA HKMS/*Müller* HGB § 319a Rn. 66, welcher jedoch selbst meint, dass diese eng am Wortlaut verhaftete Auslegung zu unsinnigen Ergebnissen führe.
[5061] IDW Positionspapier zu Nichtprüfungsleistungen des Abschlussprüfers, Stand 31.1.2020, S. 43 f.; BeBiKo/*Schmidt/Nagel* HGB § 319a Rn. 92.
[5062] IDW Positionspapier zu Nichtprüfungsleistungen des Abschlussprüfers, Stand 31.1.2020, S. 43; BeBiKo/*Schmidt/Nagel* HGB § 319a Rn. 97.
[5063] IDW Positionspapier zu Nichtprüfungsleistungen des Abschlussprüfers, Stand 31.1.2020, S. 37; BeBiKo/*Schmidt/Nagel* HGB § 319a Rn. 105.
[5064] IDW Positionspapier zu Nichtprüfungsleistungen des Abschlussprüfers, Stand 31.1.2020, S. 37 f.
[5065] BeBiKo/*Schmidt/Nagel* HGB § 319a Rn. 107.
[5066] BeBiKo/*Schmidt/Nagel* HGB § 319a Rn. 109.
[5067] IDW Positionspapier zu Nichtprüfungsleistungen des Abschlussprüfers, Stand 31.1.2020, S. 38; BeBiKo/*Schmidt/Nagel* HGB § 319a Rn. 109.
[5068] BeBiKo/*Schmidt/Nagel* HGB § 319a Rn. 110.
[5069] IDW Positionspapier zu Nichtprüfungsleistungen des Abschlussprüfers, Stand 31.1.2020, S. 39 f.; BeBiKo/*Schmidt/Nagel* HGB § 319a Rn. 115 f.; HKMS/*Müller* HGB § 319a Rn. 94.

die gerade notwendiger Teil der Abschlussprüfung sind, also zB die Überprüfung und Beurteilung des internen Revisionssystems.[5070]
- Leistungen im Zusammenhang mit der Finanzierung, der Kapitalstruktur und -ausstattung sowie der Anlagestrategie des geprüften Unternehmens: Lit. i untersagt Leistungen im Zusammenhang mit der Finanzierung, der Kapitalstruktur und -ausstattung sowie der Anlagestrategie des geprüften Unternehmens, ausgenommen die Erbringung von Bestätigungsleistungen im Zusammenhang mit Abschlüssen, einschließlich der Ausstellung von Prüfbescheinigungen (Comfort Letters) im Zusammenhang mit vom geprüften Unternehmen herausgegebenen Prospekten. Due Diligences bleiben zulässig.[5071]

2215

- **Werbung für Handel mit oder Zeichnung von Aktien des geprüften Unternehmens:** Lit. j verbietet die Werbung für den Handel mit oder die Zeichnung von Aktien des geprüften Unternehmens, auch mit Bezugsrechten.[5072]

2216

- **Personaldienstleistungen:** Lit. k untersagt Personaldienstleistungen in Bezug auf Mitglieder der Unternehmensleitung (wohl einschließlich leitender Angestellter),[5073] die in der Position sind, erheblichen Einfluss auf die Vorbereitung der Rechnungslegungsunterlagen oder der Abschlüsse, die Gegenstand der Abschlussprüfung sind, auszuüben, wenn zu diesen Dienstleistungen die Suche nach oder die Auswahl von Kandidaten für solche Positionen oder die Überprüfung der Referenzen von Kandidaten für diese Positionen gehört. Lit. k untersagt außerdem Personaldienstleistungen in Bezug auf den Aufbau der Organisationsstruktur sowie in Bezug auf die Kostenkontrolle.

2217

cc) Billigung erlaubter Nichtprüfungsleistungen. Nichtprüfungsleistungen, die nicht verboten sind, darf der Abschlussprüfer gemäß Art. 5 Abs. 4 VO nur erbringen, wenn der Prüfungsausschuss – oder bei Fehlen dieses Ausschusses der Aufsichtsrat – sie billigt. In der Praxis wird von der in Art. 5 Abs. 4 VO vorgesehenen Möglichkeit, dass das zuständige Gremium (dh der Prüfungsausschuss oder, wenn es ihn nicht gibt, der Aufsichtsrat) dafür **Leitlinien** erstellt, rege in der Form Gebrauch gemacht, dass ein Katalog im Vorhinein gebilligter Nichtprüfungsleistungen aufgestellt wird, der die Billigung weiterer Nichtprüfungsleistungen im Einzelfall zulässt. Dabei ist zu beachten, dass der entgegen Art. 5 Abs. 1 VO gem. Art. 5 Abs. 3 Abschlussprüfer-VO iVm § 319a Abs. 1 S. 1 Nr. 2 HGB in Deutschland zulässigen Erbringung von Steuerberatungsleistungen (→ Rn. 2234) gem. § 319a Abs. 3 HGB vorher zugestimmt werden muss.

2218

Für die Entscheidung über die Billigung ist jeweils abzuwägen, ob die Leistungserbringung die **Unabhängigkeit des Abschlussprüfers** gefährdet und die von ihm angewendeten Schutzmaßnahmen geeignet sind, die Gefährdung auszuschließen. Dies ist eine Daueraufgabe des Prüfungsausschusses (bzw. bei seinem Fehlen des Aufsichtsrats), der jede Billigungsentscheidung selbstständig zu treffen und zu beurteilen hat.[5074]

2219

Vor diesem Hintergrund sollten auch die **Leitlinien selbst einmal jährlich überprüft** und ggf. angepasst werden – zumal der Rechtsausschuss in seinem Bericht zum AREG von zu Beginn des Geschäftsjahres (dh wohl jedes Geschäftsjahres) festzulegenden Leitlinien ausgeht.[5075]

2220

Im **Konzern** haben die Prüfungsausschüsse (bzw. bei dessen Fehlen die Aufsichtsräte) jedes betroffenen PIE die Nichtprüfungsleistung zu billigen, dh bei Tätigkeiten für das Mutter-PIE auch die der Tochter- und Enkel-PIEs und bei Tätigwerden für das Tochter-PIE auch die der Mutter- und der Enkel-PIEs; das schließt konzernweit einheitliche Leitlinien aber nicht aus.[5076]

2221

Darüber hinaus ist bei der Entscheidung über die Billigung zu berücksichtigen, dass dann, wenn ein Abschlussprüfer für drei oder mehr aufeinanderfolgende Geschäftsjahre für ein PIE, dessen Muttergesellschaft oder vom PIE beherrschte Unternehmen erlaubte Nichtprüfungsleistungen erbracht hat, die Gesamthonorare für diese Leistungen, soweit sie nicht nach Unionsrecht oder nationalem Recht erforderlich waren,[5077] gemäß Art. 4 Abs. 2 Abschlussprüfer-VO 70% des Durchschnitts der **Prüfungshonorare** für

2222

[5070] IDW Positionspapier zu Nichtprüfungsleistungen des Abschlussprüfers, Stand 31.1.2020, S. 39 f.; BeBiKo/*Schmidt/Nagel* HGB § 319a Rn. 120; HKMS/*Müller* HGB § 319a Rn. 94.
[5071] IDW Positionspapier zu Nichtprüfungsleistungen des Abschlussprüfers, Stand 31.1.2020, S. 45; BeBiKo/*Schmidt/Nagel* HGB § 319a Rn. 125.
[5072] BeBiKo/*Schmidt/Nagel* HGB § 319a Rn. 130.
[5073] BeBiKo/*Schmidt/Nagel* HGB § 319a Rn. 135; ähnlich IDW Positionspapier zu Nichtprüfungsleistungen des Abschlussprüfers, Stand 31.1.2020, S. 45.
[5074] *Hennrichs/Bode* NZG 2016, 1281 (1283) mwN.
[5075] Beschlussempfehlung und Bericht des Ausschusses für Recht und Verbraucherschutz, BT-Drs. 18/7902, 54; vgl. dazu auch *Lanfermann* BB 2016, 1834 (1835).
[5076] Zu Einzelheiten vgl. *Bode* BB 2017, 491 ff.
[5077] Zu Einzelheiten vgl. APAS, Verlautbarung Nr. 4 (üF) vom 20.12.2018 iVm APAS, Fragen und Antworten zu Verlautbarung 4/1, Stand 20.3.2019 und IDW Positionspapier zu Nichtprüfungsleistungen des Abschlussprüfers, Stand 31.1.2020, S. 49 ff.

die Unternehmensgruppe in den letzten drei aufeinanderfolgenden Geschäftsjahren nicht übersteigen dürfen. Gemäß Art. 4 Abs. 2 Unterabs. 3 Abschlussprüfer-VO iVm § 319a Abs. 1a HGB kann die Abschlussprüferaufsichtsstelle (APAS) auf Antrag des Abschlussprüfers das Cap für ein Geschäftsjahr auf bis zu 140% erhöhen, also verdoppeln.[5078]

2223 **dd) Rechtsfolgen eines Verstoßes gegen Art. 5 Abschlussprüfer-VO.** Ein Vertrag zur Erbringung einer verbotenen Nichtprüfungsleistung ist nichtig (§ 134 BGB).[5079] Der Prüfungsvertrag bleibt demgegenüber wirksam bzw. der Abschlussprüfer kann den Prüfungsauftrag annehmen, wenn die Erbringung der Nichtprüfungsleistung nicht zu seiner **Befangenheit** führt.[5080] Führt der Verstoß demgegenüber zur Befangenheit, darf der Abschlussprüfer den Prüfungsauftrag, wenn er Nichtprüfungsleistungen erbracht hat, nicht mehr annehmen. Tut er dies dennoch, ist auch der Prüfungsvertrag nichtig (→ Rn. 2201). Erbringt er die Nichtprüfungsleistung erst nach Abschluss des Prüfungsvertrags, bleibt der Prüfungsvertrag zwar wirksam, der Abschlussprüfer kann aber jedenfalls für die Tätigkeiten ab Beginn der Befangenheit keine Vergütung mehr beanspruchen (→ Rn. 2201) und liefert einen Grund zu seiner Auswechslung nach § 318 Abs. 3 S. 1 Nr. 1 HGB (→ Rn. 2200). Außerdem kann der Abschlussprüfer dann gemäß Art. 10 Abs. 2 lit. f. Abschlussprüfer-VO nicht im Bestätigungsvermerk erklären, keine verbotenen Nichtprüfungsleistungen erbracht zu haben,[5081] was dessen Wert schmälern kann. Der gleichwohl festgestellte Jahresabschluss bleibt aber wirksam (§ 256 Abs. 1 Nr. 3a, c HGB).[5082] Werden zwar erlaubte Nichtprüfungsleistungen erbracht, aber ohne Billigung durch den Prüfungsausschuss (bzw., wenn dieser nicht eingerichtet ist, den Aufsichtsrat), gilt das Gleiche, was hinsichtlich der gerichtlichen Ersetzungsmöglichkeit in § 318 Abs. 3 S. 1 Nr. 1 HGB ausdrücklich geregelt ist.[5083]

c) Auswahl des Abschlussprüfers des PIEs

2224 **aa) Allgemeines zur Auswahl im PIE.** Das Auswahlverfahren für den Abschlussprüfer des PIE ist in **Art. 16 Abs. 3** Abschlussprüfer-VO detailliert geregelt. Art. 16 Abs. 3 Abschlussprüfer-VO ergänzt die Vorgaben in § 318 HGB und geht diesen vor. Das Auswahlverfahren gemäß Art. 16 Abs. 3 Abschlussprüfer-VO ist allerdings nicht für jedes PIE anzuwenden: Über Art. 16 Abs. 1 Unterabs. 2 Abschlussprüfer-VO sind Versicherungsunternehmen von der Anwendung der Art. 16 Abs. 2–5 Abschlussprüfer-VO ausgenommen. Art. 16 Abs. 4 Abschlussprüfer-VO nimmt überdies solche PIEs von der Verpflichtung zur Durchführung des Auswahlverfahrens aus, welche die Kriterien des Art. 2 Abs. 1 lit. f und t RL 2003/71/EG erfüllen. Das sind solche PIEs, die „kleine und mittlere Unternehmen" sind, also Gesellschaften, die laut ihrem letzten Jahresabschluss bzw. konsolidierten Abschluss zumindest zwei der nachfolgenden drei Kriterien erfüllen: (i) eine durchschnittliche Beschäftigtenzahl im letzten Geschäftsjahr von weniger als 250, (ii) eine Gesamtbilanzsumme von höchstens EUR 43 Mio. und (iii) ein Jahresnettoumsatz von höchstens EUR 50 Mio. (lit. f). Kumulativ hierzu („*f* **und** *t*") müssen es außerdem „Unternehmen mit geringer Marktkapitalisierung" sein, also Unternehmen, deren durchschnittliche Marktkapitalisierung auf der Grundlage der Notierungen zum Jahresende für die vorangegangenen drei Kalenderjahre weniger als EUR 100 Mio. betrug (lit. t). Das Auswahlverfahren des Art. 16 Abs. 3 Abschlussprüfer-VO kann außerdem unterbleiben, wenn lediglich das Prüfungsmandat mit dem bisherigen Abschlussprüfer verlängert wird, vgl. Art. 16 Abs. 3 Abschlussprüfer-VO.

2225 Das Auswahlverfahren ist zwar – soweit vorhanden – dem **Zuständigkeitsbereich des Prüfungsausschusses** zugeordnet. Das bedeutet aber nicht, dass dieser das Verfahren allein und selbstständig durchführen muss. Vielmehr kann sich der Ausschuss (bzw., wenn dieser nicht eingerichtet ist, der Aufsichtsrat) Hilfspersonen bedienen, solange die Verantwortung nicht delegiert wird und beim Ausschuss verbleibt. Dies ergibt sich schon aus dem Wortlaut des Art. 16 Abs. 3 VO, wonach das *geprüfte Unternehmen* das Auswahlverfahren durchführt, nicht also allein der Ausschuss selbst und auch aus Erwägungsgrund 18 der Verordnung, welcher vom unter *seiner* (also des Prüfungsausschusses) *Verantwortung durchgeführten* und vom *Unternehmen organisierten* Verfahren spricht.[5084]

[5078] Zu Einzelheiten vgl. *Kelm/Schmitz-Herkendell* DB 2016, 2365 (2372 f.) und *Bose/Lilienbecker* BB 2019, 746.
[5079] Ausführlich *Schürnbrand* AG 2016, 70 (74); BeBiKo/*Schmidt/Nagel* HGB § 319a Rn. 220.
[5080] *Heidel/Schall/Schüppen* HGB Anh. § 319a Rn. 4 f.; *Probst* Der Aufsichtsrat 2017, 36 (37); IDW Positionspapier zu Nichtprüfungsleistungen des Abschlussprüfers, Stand 31.1.2020, S. 30 f.; aA (Verstoß als unwiderlegliche Vermutung für Befangenheit gemäß § 319 Abs. 2 HGB) *Schürnbrand* AG 2016, 70 (75); mit ihm sympathisierend („spricht viel") *Hennrichs/Bode* NZG 2016, 1281 (1284).
[5081] IDW Positionspapier zu Nichtprüfungsleistungen des Abschlussprüfers, Stand 31.1.2020, S. 31 ff.
[5082] IDW Positionspapier zu Nichtprüfungsleistungen des Abschlussprüfers, Stand 31.1.2020, S. 32; *Hennrichs/Bode* NZG 2016, 1281 (1284).
[5083] *Hennrichs/Bode* NZG 2016, 1281 (1284).
[5084] Vgl. *Bode* BB 2016, 1707 (1708); *Lanfermann* BB 2014, 2348 (2351); *Schüppen* NZG 2016, 247 (251); HKMS/*Müller* HGB § 318 Rn. 12; *Heidel/Schall/Schüppen* HGB Anh. § 318 Rn. 4.

bb) Das Auswahlverfahren des Art. 16 Abs. 3 Abschlussprüfer-VO im Einzelnen: (1) Gemäß 2226 Art. 16 Abs. 3 lit. a Abschlussprüfer-VO hat das zu prüfende Unternehmen Wirtschaftsprüfer zur Angebotsabgabe aufzufordern, wobei es zwei Punkte zu beachten gilt: Zum einen darf der Wirtschaftsprüfer die **Höchstlaufzeit für Mandate** nicht überschreiten, sich also nicht in einer Cooling-off Periode befinden (→ Rn. 2239 f.). Zum anderen dürfen solche Prüfer *in keiner Weise* ausgeschlossen werden, die im betreffenden Mitgliedstaat, also zB in Deutschland, im vorausgegangenen Kalenderjahr weniger als 15% der von PIEs gezahlten Gesamthonorare erhalten haben. Was dies konkret bedeutet, ist unklar. So könnte man einerseits annehmen, dass allein die vom Unternehmen aufgestellten Auswahlkriterien (sogleich → Rn. 2227) nicht zu einem Ausschluss von entsprechenden Wirtschaftsprüfern führen dürfen.[5085] Andererseits könnte man die Regelung aber auch so verstehen, dass zumindest ein unterhalb der 15%-Schwelle liegender Prüfer aktiv angesprochen werden sollte.[5086] Sinn und Zweck, neben den Big-Four-Gesellschaften **auch kleineren Gesellschaften die Möglichkeit zur Abschlussprüfung zu eröffnen** und damit eine größere Unabhängigkeit zu generieren, sprechen für die direkte Ansprache, da nur so überhaupt die Möglichkeit zur Angebotsabgabe eröffnet wird. Allerdings spricht Erwägungsgrund 18 der VO nur davon, dass *„Abschlussprüfer oder Prüfungsgesellschaften mit geringem Marktanteil nicht an der Abgabe von Angeboten [zu] hindern [sind]"*. Somit ist letztlich keine aktive Ansprache verlangt, sondern lediglich ein faktischer Ausschluss durch die Wahl der Kriterien untersagt. Zur Bestimmung, welche Abschlussprüfer betroffen sind, fertigt die APAS jährlich eine Liste, in welcher zum einen alle Abschlussprüfer enthalten sind, welche im betreffenden Kalenderjahr gesetzliche Abschlussprüfungen bei PIEs vorgenommen haben und zum anderen diejenigen Gesellschaften markiert sind, welche mindestens 15% der Honorare erhalten haben. So waren zB in den Kalenderjahren 2017 und 2018 nur zwei der gelisteten Abschlussprüfer oberhalb der 15%-Schwelle (KPMG AG WPG und PWC GmbH WPG).[5087] Im Übrigen sind die Unternehmen frei, welche Wirtschaftsprüfer sie ansprechen.

(2) Lit. b verlangt die **Erstellung von Ausschreibungsunterlagen,** welche es ermöglichen, die Geschäftstätigkeit des geprüften Unternehmens und die Art der durchzuführenden Abschlussprüfung zu erfassen. Weiterhin haben sie transparente und diskriminierungsfreie Auswahlkriterien für die Bewertung der Angebote der Abschlussprüfer zu enthalten. Als diskriminierungsfrei werden wohl solche Kriterien aufzufassen sein, die sach- und kapazitätsbezogen und branchenspezifisch sind sowie auch das Prüfungshonorar selbst als Auswahlkriterium.[5088] Die Festlegung der Auswahlkriterien bewirkt gleichzeitig eine Selbstbindung des Unternehmens an diese Kriterien für die spätere Bewertung der Angebote.[5089] Beispiele für solche Kriterien listet das IDW in seinem Positionspapier zur Ausschreibung der Abschlussprüfung auf S. 16 ff. auf.[5090] Welchen Umfang diesen Anforderungen entsprechende Unterlagen haben müssen, ist eine Frage des Einzelfalls und orientiert sich an Faktoren wie Branche, Größe oder Komplexität des Unternehmens. Die Unterlagen sollten ein möglichst detailliertes Anforderungsprofil an die Prüfungsleistungen enthalten – nur so kann von den Bewerbern eine tatsächlich fundierte Angebotsabgabe ermöglicht werden und nur so auch eine fundierte Auswahl getroffen werden.[5091] 2227

(3) Lit. c gewährt dem Unternehmen die **Freiheit zur individuellen Ausgestaltung des Auswahlverfahrens** und eröffnet ausdrücklich die Möglichkeit, während des Verfahrens mit einzelnen Bietern direkte Verhandlungen zu führen. Diese Gespräche sind aufgrund der Verantwortlichkeit für das Auswahlverfahren unter Beteiligung des Prüfungsausschusses zu führen.[5092] Jedenfalls die in die engere Wahl einbezogenen Bieter sollten sich im Prüfungsausschuss vorstellen. 2228

(4) Lit. d, wonach die zuständige Behörde von Abschlussprüfern und zu prüfenden Gesellschaften die Einhaltung von Qualitätsstandards verlangen kann, spielt für Auswahlverfahren in Deutschland (noch) keine Rolle, da die hier zuständige APAS (bisher) keine **Qualitätsstandards** verlangt.[5093] 2229

(5) Lit. e verlangt die Beurteilung der abgegebenen Gebote der Abschlussprüfer anhand der bereits in den Ausschreibungsunterlagen mitgeteilten **Auswahlkriterien.** Darüber hinaus sind die Erkenntnisse aus von der APAS gemäß Art. 28 lit. d Abschlussprüfer-VO veröffentlichten Kontrollberichten zu berücksich- 2230

[5085] BeBiKo/*Schmidt/Heinz* HGB § 318 Rn. 52.
[5086] Heidel/Schall/*Schüppen* HGB Anh. § 318 Rn. 5.
[5087] Vgl. Verlautbarung Nr. 5 vom 2.7.2018 der APAS und Verlautbarung Nr. 7 vom 10.7.2019; abrufbar unter https://www.apasbafa.bund.de/APAS/DE/Publikationen/Verlautbarungen/verlautbarungen_node.html.
[5088] HKMS/*Müller* HGB § 318 Rn. 14.
[5089] BeBiKo/*Schmidt/Heinz* HGB § 318 Rn. 52; Heidel/Schall/*Schüppen* HGB Anh. § 318 Rn. 5.
[5090] IDW Positionspapier zur Ausschreibung der Abschlussprüfung für Unternehmen von öffentlichem Interesse, Stand 9.1.2018, S. 16 ff.
[5091] Vgl. IDW Positionspapier zur Ausschreibung der Abschlussprüfung für Unternehmen von öffentlichem Interesse, Stand 9.1.2018, S. 14.
[5092] HKMS/*Müller* HGB § 318 Rn. 15.
[5093] HKMS/*Müller* HGB § 318 Rn. 16.

tigen. Diese Berichte beziehen sich auf Schlussfolgerungen und Erkenntnisse aus Inspektionen iSd Art. 26 Abs. 8 Abschlussprüfer-VO.

2231 (6) Lit. f besagt, dass der Prüfungsausschuss für ein **faires** – in Anbetracht von Erwägungsgrund 18 der VO also vor allem transparentes und diskriminierungsfreies – **Auswahlverfahren** Sorge zu tragen hat und das geprüfte Unternehmen in der Lage sein muss, dies auf Verlangen der APAS darzulegen. Insofern ist es ratsam, das gesamte Verfahren durch geeignete Unterlagen zu dokumentieren. Was genau unter „fair" zu verstehen ist, ist nicht klar definiert; am nächstliegenden erscheint die Auslegung dahingehend, dass das Verfahren gemäß den zuvor genannten Voraussetzungen (lit. a–e) durchgeführt worden sein muss.[5094] Aufgrund der Komplexität der Ausschreibung fangen Unternehmen nicht selten bereits eineinhalb Jahre vor Beginn des Geschäftsjahres, für welches der Wechsel vollzogen werden soll, mit den Ausschreibungen an.[5095]

2232 (7) Ein **Verstoß** gegen das in Art. 16 Abs. 3 Abschlussprüfer-VO geregelte Auswahlverfahren hat gemäß § 318 Abs. 3 S. 1 Nr. 2 HGB die Möglichkeit eines gerichtlichen Ersatzbestellungsverfahrens zur Folge, sofern ein entsprechender Antrag gestellt wird (→ Rn. 2200). Ein Verstoß stellt zudem eine **Ordnungswidrigkeit** dar und kann daher eine Geldbuße nach sich ziehen, § 334 Abs. 2a Nr. 2 HGB. Unter den Voraussetzungen des § 333a HGB (Verstoß gegen Erhalt eines Vermögensvorteils oder beharrliche Wiederholung) kann es sich sogar um eine Straftat handeln.

2233 cc) **Weitere Ausschlussgründe nach § 319 HGB für PIEs.** Weitere unwiderlegliche Ausschlussgründe für die Abschlussprüfung bei PIEs enthält **§ 319a HGB,** der auch eingreift, wenn die zur Befangenheit führenden Tätigkeiten von einem Unternehmen ausgeübt werden, bei dem der Wirtschaftsprüfer gesetzlicher Vertreter, Arbeitnehmer, Mitglied des Aufsichtsrats oder Gesellschafter ist, der mehr als 20 % der den Gesellschaftern zuzurechnenden Stimmrechte besitzt, wenn der Ehegatte oder Lebenspartner oder Personen, mit denen der Wirtschaftsprüfer seinen Beruf gemeinsam ausübt, einen der Ausschlussgründe erfüllen; zur Ausdehnung nach §§ 319 Abs. 4, 319b HGB → Rn. 2195 ff.

2234 (1) **Steuerberatungsleistungen.** § 319a Abs. 1 S. 1 Nr. 2 HGB schließt Wirtschaftsprüfer aus, die in dem zu prüfenden Geschäftsjahr über die Prüfungstätigkeit hinaus – erlaubte (→ Rn. 2207) – **Steuerberatungsleistungen** erbracht haben, die sich einzeln oder zusammen unmittelbar und nicht nur unwesentlich auf den zu prüfenden Jahresabschluss auswirken. Steuerberatungsleistungen sind alle Beratungsleistungen, die in den Geltungsbereich des Steuerberatungsgesetzes fallen, vor allem also dort definierte Arten von Hilfeleistungen in steuerrechtlichen Angelegenheiten.[5096] Als nicht nur unwesentlich sieht der Gesetzgeber insbesondere solche Leistungen an, die den für steuerliche Zwecke zu ermittelnden Gewinn im Inland erheblich verkürzen oder einen erheblichen Teil des Gewinns ins Ausland verlagern, ohne dass eine über die steuerliche Vorteilserlangung hinausgehende wirtschaftliche Notwendigkeit für das Unternehmen besteht.

2235 (2) **Bewertungsleistungen.** § 319a Abs. 1 Nr. 3 HGB schließt Wirtschaftsprüfer aus, die in dem zu prüfenden Geschäftsjahr oder bis zur Erteilung des Bestätigungsvermerks über die Prüfungstätigkeit hinaus bei der zu prüfenden oder für die zu prüfende Kapitalgesellschaft – erlaubte (→ Rn. 2212) – **Bewertungsleistungen** vorgenommen haben, die sich einzeln oder zusammen auf den zu prüfenden Jahresabschluss unmittelbar und nicht nur unwesentlich auswirken.

2236 (3) **Rechtsfolgen eines Verstoßes.** Die **Rechtsfolgen** bei einer Bestellung unter Verstoß gegen § 319a HGB sind dieselben wie bei einem Verstoß gegen § 319 Abs. 2–4 HGB[5097] (→ Rn. 2199).

2237 dd) **Besonderheiten im Konzern.** Innerhalb eines Konzerns muss grundsätzlich jedes PIE ein **eigenständiges Verfahren** zur Auswahl des Abschlussprüfers gemäß Art. 16 Abs. 3 Abschlussprüfer-VO durchführen. Der Konzern kann die Ausschreibungen für Abschlussprüfungen jedoch zentral organisieren, ggf. auch mit dem Ziel der einheitlichen Bestellung.[5098] Allerdings ist hierbei folgendes zu beachten: Für jede Konzerngesellschaft bleibt es dabei, dass der jeweilige Prüfungsausschuss (bzw., wenn er nicht eingerichtet ist, der Aufsichtsrat) die Zuständigkeit und Verantwortung für das Auswahlverfahren des Abschlussprüfers innehat und dementsprechend in das jeweilige Verfahren einzubeziehen ist.[5099] Das bedeutet, dass ua die Festlegung der Auswahlkriterien und die Entscheidung letztlich beim Prüfungsausschuss des jeweiligen

---

[5094] HKMS/*Müller* HGB § 318 Rn. 18.
[5095] *Beyer/Herold* BOARD 2018, 222 (223).
[5096] BeBiKo/*Schmidt/Nagel* HGB § 319a Rn. 12; HKMS/*Müller* HGB § 319a Rn. 57.
[5097] BeBiKo/*Schmidt/Nagel* HGB § 319a Rn. 45; HKMS/*Müller* HGB § 319a Rn. 111; Baumbach/Hopt/*Merkt* HGB § 319a Rn. 14.
[5098] *Bode* BB 2016, 1707 (1709); BeBiKo/*Schmidt/Heinz* HGB § 318 Rn. 53.
[5099] IDW Positionspapier zur Ausschreibung der Abschlussprüfung für Unternehmen von öffentlichem Interesse, Stand 9.1.2018, S. 24.

Konzern-PIE liegen muss. Bzgl. der Auswahlkriterien sollte es also eine Abstimmung zwischen den Unternehmen geben, damit am Ende des Prozesses – sofern es gewollt ist – ein einheitlicher Abschlussprüfer bestellt werden kann.[5100] Wie das Verfahren zur Bestellung eines konzerneinheitlichen Abschlussprüfers innerhalb eines PIE-Konzerns (also PIE-Mutter- wie auch PIE-Tochtergesellschaften) auszugestalten ist, ist der Verordnung – und auch dem nationalen Recht – nicht zu entnehmen. Es ist als zulässig anzusehen, dass die Prüfungsausschüsse der Konzernunternehmen gemeinsam über die Bestellung und die für diese zugrunde zu legenden Kriterien beraten und so zu einem gemeinschaftlichen Verfahren finden. Dieses Verfahren darf sogar zentral, zB durchaus auch allein durch Personal des Mutterunternehmens, vorbereitet werden.[5101] Zu beachten bleibt aber stets die geforderte Verantwortungshoheit des jeweiligen Prüfungsausschusses für die Bestellung des jeweils eigenen Abschlussprüfers.

Soweit eine gemeinsame Sitzung der Prüfungsausschüsse gemäß § 109 Abs. 1 S. 1 AktG, wonach Dritte nicht an der Sitzung teilnehmen sollen, für ausgeschlossen gehalten und deshalb die Einrichtung einer gesonderten **Koordinierungsstelle**[5102] oder eines Koordinierungsbüros[5103] vorgeschlagen wird, ist diese Auffassung zu streng. Sie übersieht insbesondere, dass § 109 Abs. 1 S. 2 AktG die Hinzuziehung von Sachverständigen und Auskunftspersonen zulässt, wozu auch Organmitglieder anderer Konzerngesellschaften – hier eben Prüfungsausschuss- (bzw. Aufsichtsrats-)mitglieder – zählen.[5104] 2238

d) Zeitliche Grenzen der Bestellung desselben Abschlussprüfers bei PIEs (Zwang zur externen Rotation)

Art. 17 Abschlussprüfer-VO enthält für Abschlussprüfermandate in PIEs eine **Höchstlaufzeit von zehn Jahren,** sieht aber auch die Möglichkeit der Verlängerung vor. 2239

aa) Grundfall: 10 Jahre. Gemäß Art. 17 Abs. 1 Unterabs. 2 Abschlussprüfer-VO darf ein Mandat nicht länger als zehn Jahre an denselben Abschlussprüfer bzw. dieselbe Prüfungsgesellschaft vergeben werden. Nach Erreichen der Höchstlaufzeit muss der Prüfer eine **Cooling-off-Periode** für das geprüfte Unternehmen beachten, welche den folgenden Vierjahreszeitraum umfasst, Art. 17 Abs. 3 Abschlussprüfer-VO. Die Berechnung für die Höchstlaufzeit startet mit dem Beginn des Geschäftsjahres, für welches der Abschlussprüfer erstmals mandatiert wird, unabhängig vom Zeitpunkt der Bestellung.[5105] Sie endet, auch wenn das Unternehmen sein Geschäftsjahr geändert hat, stets nach Ablauf von 10 Kalenderjahren. 2240

Vom selben Prüfer geprüfte Abschlüsse aus der **Zeit vor der PIE-Qualifikation** werden bei der Berechnung der Höchstlaufzeit nicht berücksichtigt, da Art. 17 Abs. 8 Abschlussprüfer-VO von der Prüfung desselben Unternehmens öffentlichen Interesses spricht.[5106] Zum Neubeginn der Frist führt es, wenn ein Unternehmen zunächst ein PIE war, diese Qualifikation „verliert" und anschließend wieder erlangt – es liegt dann nämlich keine ununterbrochene Mandatierung durch ein PIE vor, wie es Art. 17 Abs. 1 Abschlussprüfer-VO aber verlangt.[5107] Erlangt ein Unternehmen während einer laufenden Abschlussprüfung *(during the course of an audit)* die PIE-Qualifikation, soll die Höchstlaufzeit erst mit dem Geschäftsjahr beginnen, das auf das der Prüfung zugrunde liegenden Geschäftsjahr folgt.[5108] Bei Zusammenschlüssen von Abschlussprüfern bzw. von Abschlussprüfergesellschaften sind die Jahre, für die eine(r) der beiden das Unternehmen schon geprüft hat, zu berücksichtigen, es beginnt also keine neue Zählung.[5109] 2241

Dem Wortlaut von Art. 17 Abs. 1 Abschlussprüfer-VO ist zu entnehmen, dass nach zehn aufeinanderfolgenden Prüfjahren ein Wechsel stattfinden muss. Folglich führt ein Prüferwechsel innerhalb dieser Zehnjahresfrist zu einem **neuen Fristbeginn,** selbst wenn nach einem Jahr der „alte" Prüfer wieder mandatiert wird.[5110] Es werden allerdings Zweifel an der Zulässigkeit dieses Vorgehens geäußert, wenn es zur gezielten Umgehung der Höchstlaufzeit eingesetzt wird.[5111] 2242

[5100] *Bode* BB 2016, 1707 (1709).
[5101] *Bode* BB 2016, 1707 (1709).
[5102] *Gundel/Hommelhoff/Lanfermann* DB 2017, 171.
[5103] *Gundel/Hommelhoff/Lanfermann* DB 2017, 2338.
[5104] MüKoAktG/*Habersack* AktG § 109 Rn. 18; Hüffer/Koch/*Koch* AktG § 109 Rn. 5; *Schnorbus/Ganzer* AG 2013, 445 (448); Grigoleit/*Tomasic* AktG § 109 Rn. 8, jeweils mwN.
[5105] Vgl. IDW Positionspapier zu Inhalten und Zweifelsfragen der EU-Verordnung und der Abschlussprüferrichtlinie, Stand 23.5.2018, S. 20.
[5106] Q&A der Europäischen Kommission, 3.9.2014, S. 6; aA Heidel/Schall/*Schüppen* HGB Anh. § 319a Rn. 32.
[5107] Vgl. IDW Positionspapier zu Inhalten und Zweifelsfragen der EU-Verordnung und der Abschlussprüferrichtlinie, Stand 23.5.2018, S. 23; aA wiederum Heidel/Schall/*Schüppen* HGB Anh. § 319a Rn. 32.
[5108] Additional Q&A der Europäischen Kommission, 31.5.2016, S. 1.
[5109] Vgl. IDW Positionspapier zu Inhalten und Zweifelsfragen der EU-Verordnung und der Abschlussprüferrichtlinie, Stand 23.5.2018, S. 22; Heidel/Schall/*Schüppen* HGB Anh. § 319a Rn. 33.
[5110] Vgl. IDW Positionspapier zu Inhalten und Zweifelsfragen der EU-Verordnung und der Abschlussprüferrichtlinie, Stand 23.5.2018, S. 22.
[5111] Heidel/Schall/*Schüppen* HGB Anh. § 319a Rn. 37.

2243 **bb) Verlängerung der Höchstlaufzeit.** (1) Die Laufzeit des Prüfungsmandats von zehn Jahren kann gemäß Art. 17 Abs. 4 lit. a Abschlussprüfer-VO iVm § 318 Abs. 1a S. 1 HGB **auf 20 Jahre verlängert** werden, wenn eine öffentliche Ausschreibung durchgeführt wird. Diese muss keine öffentliche Ausschreibung im Sinne einer Ausschreibung für öffentliche Aufträge sein.[5112] Dem Unternehmen steht es vielmehr frei, in welcher Form es die Öffentlichkeit der Ausschreibung wahrt,[5113] zB durch die Veröffentlichung im Bundesanzeiger,[5114] wie es mittlerweile gelebte Praxis ist.[5115] Vorgaben, welche diese Ausschreibung zu erfüllen hat, ergeben sich aus Art. 16 Abs. 2–5 Abschlussprüfer-VO und dem dort geregelten Auswahl- und Vorschlagsverfahren (→ Rn. 2224 ff.). Einer solchen öffentlichen Ausschreibung bedarf es nur für die Verlängerung der Laufzeit des Mandats über zehn Jahre hinaus. Wird also innerhalb der zehnjährigen Regeldauer oder an deren Ende eine externe Prüferrotation durchgeführt, ist eine öffentliche Ausschreibung nicht nötig.[5116] Eine öffentliche Ausschreibung für eine Mandatierung während der Regelzeit würde auch nicht zu einer Verlängerung der Höchstlaufzeit von 10 Jahren führen, weil Art. 17 Abs. 4 lit. a Abschlussprüfer-VO lediglich Ausschreibungen betrifft, die **nach** Ablauf der Höchstlaufzeit **wirksam werden,** sodass nur in dieser Konstellation eine Verlängerung der Höchstlaufzeit stattfinden kann.[5117]

2244 (2) Eine weitere Möglichkeit der Verlängerung der Höchstlaufzeit des Prüfungsmandats – und zwar auf **bis zu 24 Jahre** – ist die gemeinsame Bestellung mehrerer (also insgesamt mindestens zwei) Wirtschaftsprüfer zum Abschlussprüfer, das sog. Joint Audit, Art. 17 Abs. 4 lit. b Abschlussprüfer-VO iVm § 318 Abs. 1a S. 2 HGB. Dazu muss ab dem elften Jahr neben dem bisherigen Abschlussprüfer mindestens ein zweiter bestellt werden. Dies hat dann ab dem elften Jahr für jedes der folgenden Jahre zu geschehen, um die Verlängerung der Höchstlaufzeit des Mandats aufrechtzuerhalten. Es muss sich aber nicht zwangsläufig um denselben zweiten Prüfer handeln.[5118] Für die Auswahl des zweiten Prüfers bedarf es keiner öffentlichen Ausschreibung, diese verlangt nur Art. 17 Abs. 4 lit. a Abschlussprüfer-VO. Zu beachten ist allerdings, dass sich die Voraussetzungen zur Auswahl des zweiten Abschlussprüfers nach Art. 16 Abs. 2–5 Abschlussprüfer-VO richten.[5119]

2245 (3) Vom Gesetz nicht ausdrücklich vorgesehen ist die Möglichkeit der **Kombination** beider Verlängerungsmethoden. Jedenfalls dürfte dem Sinn und Zweck entsprechend nichts gegen diese Möglichkeit sprechen.[5120] Es ist daher möglich, zunächst eine Ausschreibung zur Verlängerung auf 20 Jahre vorzunehmen und dann anschließend ein Joint Audit einzurichten, sodass insgesamt 24 Jahre – welche allerdings als absolute Höchstlaufzeit zu beachten sind – derselbe Prüfer mandatiert werden kann.

2246 (4) Gemäß Art. 17 Abs. 6 Abschlussprüfer-VO kann das geprüfte Unternehmen in **Ausnahmefällen** eine Verlängerung der Höchstlaufzeit des Prüfungsmandats um weitere zwei Jahre bei der APAS beantragen. Dies gilt sowohl nach Ablauf der zehnjährigen wie auch nach Ablauf der verlängerten Höchstlaufzeit, vgl. Art. 17 Abs. 6 S. 1 Abschlussprüfer-VO. Ein solcher Ausnahmefall kann zB im Falle eines Zusammenschlusses oder nach einer erfolglosen Ausschreibung vorliegen.[5121]

2247 **cc) Übergangsfristen.** Art. 41 Abschlussprüfer-VO enthält **Übergangsvorschriften** für bereits laufende Prüfungsmandate: Gemäß Art. 41 Abs. 1 Abschlussprüfer-VO dürfen Prüfungsmandate, die zum Inkrafttreten der Verordnung (16.6.2014) bereits seit (mehr als) 20 aufeinanderfolgenden Jahren laufen, ab dem 17.6.2020 nicht mehr verlängert werden. Abs. 2 regelt die Fälle, in denen der Abschlussprüfer zum 16.6.2014 mehr als elf, aber weniger als 20 Jahre in Folge mandatiert wurde. In diesem Falle darf die Mandatierung ab dem 17.6.2023 nicht erneut erfolgen. Abs. 3 erfasst Mandate, die am 16.6.2014 weniger als elf Jahre ununterbrochen laufen (sog. Kurzläufer). Diese Mandate durften noch bis zum 17.6.2016 laufen, darüber hinaus nur, falls die Höchstlaufzeit von zehn Jahren noch nicht erreicht ist. Es gelten allerdings die allgemeinen Regeln zur Verlängerung der Höchstlaufzeit, sodass durch eine öffentliche Ausschreibung des Mandats bzw. ein Joint Audit eine Verlängerung auf bis zu 24 Jahre möglich ist, vgl. Art. 41 Abs. 3 S. 2 Abschlussprüfer-VO.

[5112] *Blöink/Kumm* BB 2015, 1067 (1069); *Baumüller/Nguyen* IRZ 2018, 89 (91).
[5113] *Bode* BB 2016, 1707 (1708).
[5114] IDW Positionspapier zur Ausschreibung der Abschlussprüfung für Unternehmen von öffentlichem Interesse, Stand 9.1.2018, S. 12; *Baumüller/Nguyen* IRZ 2018, 89 (93).
[5115] *Bayer/Herold* BOARD 2018, 222 (223).
[5116] *Bode* BB 2016, 1707 (1708); vgl. auch BeBiKo/*Schmidt/Heinz* HGB § 318 Rn. 52.
[5117] Vgl. IDW Positionspapier zu Inhalten und Zweifelsfragen der EU-Verordnung und der Abschlussprüferrichtlinie, Stand 23.5.2018, S. 23.
[5118] BeBiKo/*Schmidt/Heinz* HGB § 318 Rn. 57.
[5119] HKMS/*Müller* HGB § 318 Rn. 49; vgl. auch IDW Positionspapier zu Inhalten und Zweifelsfragen der EU-Verordnung und der Abschlussprüferrichtlinie, Stand 23.5.2018, S. 25.
[5120] BeBiKo/*Schmidt/Heinz* HGB § 318 Rn. 58.
[5121] IDW Positionspapier zu Inhalten und Zweifelsfragen der EU-Verordnung und der Abschlussprüferrichtlinie, Stand 23.5.2018, S. 26.

dd) Folgen bei Überschreitung der Höchstlaufzeit. Wird ein Abschlussprüfer über die zulässige **2248** Höchstlaufzeit hinaus mandatiert, so ist die Bestellung weder anfechtbar, § 243 Abs. 3 Nr. 3 AktG, noch nichtig.[5122] Ebenso ist der festgestellte Jahresabschluss selbst nicht nichtig, § 256 Abs. 1 Nr. 3 lit. d AktG. Es besteht allerdings die Möglichkeit der **gerichtlichen Ersatzbestellung** nach § 318 Abs. 3 HGB (→ Rn. 2199), wie § 318 Abs. 3 S. 1 Nr. 2 HGB eigens klarstellt. Der Prüfungsvertrag ist wegen Verstoßes gegen ein gesetzliches Verbot gemäß § 134 BGB nichtig.

e) Interne Rotation

Von der externen Rotation ist die **interne Rotation** nach Art. 17 Abs. 7 Unterabs. 1 Abschlussprüfer- **2249** VO zu unterscheiden. Danach hat der verantwortliche Prüfungspartner des mandatierten Abschlussprüfers nach maximal sieben Jahren zu wechseln und dann eine Cooling-off Periode von drei Jahren zu beachten, bevor er wieder persönlich an der Prüfung teilnehmen darf. Es handelt sich also um eine personenbezogene Höchstgrenze. Diese ist auch dann zu beachten, wenn der verantwortliche Prüfungspartner die Prüfungsgesellschaft wechselt und das zu prüfende Unternehmen diesem folgt: die Cooling-off Periode läuft in diesem Fall weiter, sodass auch innerhalb der neuen Prüfungsgesellschaft der bisherige Prüfungspartner nicht an der Prüfung teilnehmen darf.[5123] Verantwortlicher Partner ist, wer den Bestätigungsvermerk unterzeichnet oder von einer Wirtschaftsprüfungsgesellschaft als für die Durchführung einer Abschlussprüfung vorrangig verantwortlich bestimmt worden ist, § 319a Abs. 1 S. 4 HGB.

Ein **Verstoß** gegen die interne Rotation eröffnet gemäß ausdrücklicher Regelung in § 318 Abs. 3 S. 1 **2250** Nr. 2 HGB die Möglichkeit des gerichtlichen Ersatzbestellungsverfahrens (→ Rn. 2199).

5. Vorschlag des Prüfungsausschusses

Der Prüfungsausschuss beendet das Auswahlverfahren mit seiner **Empfehlung an den Aufsichtsrat** für **2251** dessen Wahlvorschlag an die Hauptversammlung, vgl. für kapitalmarktorientierte Unternehmen bzw. PIEs § 124 Abs. 3 S. 2 AktG, Art. 16 Abs. 2 Abschlussprüfer-VO.

Bei PIEs muss die Empfehlung die Erklärung enthalten, dass sie **frei von ungebührlicher Einfluss-** **2252** **nahme** durch Dritte ist und keine die Auswahl beschränkende Klausel iSd Art. 16 Abs. 6 Abschlussprüfer-VO auferlegt wurde (dazu schon → Rn. 2179, 2226), Art. 16 Abs. 2 Unterabs. 3 Abschlussprüfer-VO.

Steht keine bloße Verlängerung des bisherigen Abschlussprüfermandats an, hat der Prüfungsausschuss **2253** des PIE dem Gesamtaufsichtsrat eine begründete Empfehlung mit **zwei Vorschlägen** zu unterbreiten sowie eine – ebenfalls begründete – Präferenz für einen der Vorschläge mitzuteilen, Art. 16 Abs. 2 Unterabs. 2 Abschlussprüfer-VO.

Der **Verstoß** gegen die Vorgaben des Art. 16 Abs. 2 Unterabs. 2 und 3 Abschlussprüfer-VO stellt eine **2254** Ordnungswidrigkeit dar, § 334 Abs. 2a Nr. 2 HGB. Unter den Voraussetzungen des § 333a HGB (Verstoß gegen Erhalt eines Vermögensvorteils oder beharrliche Wiederholung) kann es sich sogar um eine Straftat handeln.

6. Wahlvorschlag des Aufsichtsrats an die Hauptversammlung

Der **Wahlvorschlag** – nur –[5124] des Aufsichtsrats an die Hauptversammlung hat gemäß § 124 Abs. 3 S. 4 **2255** AktG Name, ausgeübten Beruf und Wohnort, dh beim Abschlussprüfer Name bzw. Firma (woraus sich idR zugleich auch der Beruf ergibt) und Sitz des Abschlussprüfers zu nennen.[5125]

Bei einem PIE muss der Wahlvorschlag gemäß Art. 16 Abs. 5 Abschlussprüfer-VO zudem die **Emp-** **2256** **fehlung sowie die Präferenz des Prüfungsausschusses** enthalten. In diesem Zusammenhang ist erstens unklar, ob der Hauptversammlung neben dem Vorschlag zur Bestellung des präferierten Kandidaten auch der unterlegene Kandidat mitgeteilt werden muss und zweitens, ob der Wahlvorschlag des Aufsichtsrats an die Hauptversammlung die Erklärung des Ausschusses gemäß Art. 16 Abs. 2 Unterabs. 3 Abschlussprüfer-VO, dass die Empfehlung frei von ungebührlicher Einflussnahme ist und ihm keine die Auswahl beschränkende Klausel auferlegt wurde (nachfolgend „Erklärung zur Einflussnahme"), wiedergeben muss. Für die Auffassung, die auch die Angabe des unterlegenen Kandidaten für erforderlich hält,[5126] mag der – allerdings alles andere als stets klare – Wortlaut der Abschlussprüfer-VO sprechen, da Art. 16 Abs. 5

[5122] MüKoAktG/*Hüffer/Schäfer*, 4. Aufl. 2016, AktG § 243 Rn. 112; BeckOGK/*Drescher* AktG § 243 Rn. 237; Hüffer/ Koch/*Koch* AktG § 243 Rn. 44b.
[5123] *Kelm/Schmitz-Herkendell* DB 2016, 2365 (2369); HKMS/*Müller* HGB § 319a Rn. 81; BeBiKo/*Schmidt/Nagel* HGB § 319a Rn. 180.
[5124] Vgl. § 124 Abs. 3 Satz 1 AktG.
[5125] Grigoleit/*Herrler* AktG § 124 Rn. 24; Hüffer/Koch/*Koch* AktG § 124 Rn. 25; MüKoAktG/*Kubis*, 4. Aufl. 2018, AktG § 124 Rn. 47, jeweils mwN.
[5126] BeckOGK/*Riekers* AktG § 124 Rn. 47.

Abschlussprüfer-VO nun einmal verlangt, dass der Vorschlag an die Hauptversammlung die Empfehlung des
Prüfungsausschusses enthält, die wiederum gemäß Art. 16 Abs. 2 Unterabs. 2 Abschlussprüfer-VO zwei Vorschläge enthalten muss. Ein Mehrwert ist mit dieser Angabe aber nicht verbunden, zumal der Unterlegene in der Hauptversammlung erfragt werden kann.[5127] Gleiches gilt für die – Selbstverständlichkeit –, dass die Erklärung zur Einflussnahme vorliegt, so dass auch deren Angabe nicht erforderlich sein dürfte.[5128] Jedenfalls entbehrlich ist die Wiedergabe der Begründung des Prüfungsausschusses.[5129]

2257 Der Aufsichtsrat darf gemäß Art. 16 Abs. 5 Unterabs. 2 Abschlussprüfer-VO von der Empfehlung des Prüfungsausschusses zwar **abweichen,** aber nur einen Kandidaten vorschlagen, der am Auswahlverfahren teilgenommen hat; außerdem muss er dann im Beschlussvorschlag die Gründe nennen, weshalb er der Empfehlung nicht folgt.

2258 Ist **kein Prüfungsausschuss** eingerichtet, stellt sich die Frage, ob in diesem Fall der Aufsichtsrat der Hauptversammlung zwei Wahlvorschläge zu unterbreiten hat. Von mehreren Stimmen im Schrifttum wird dies mit Verweis auf die Intention des europäischen Gesetzgebers, eine tatsächliche Auswahlentscheidung zu ermöglichen, bejaht.[5130] Richtigerweise ist die Frage aber zu verneinen, denn das Auswahlverfahren soll dem Aufsichtsrat die Wahlentscheidung erleichtern, nicht der Hauptversammlung.[5131]

7. Beauftragung des Abschlussprüfers

2259 Wie bereits → Rn. 2164, 2175 ausgeführt, wird dem durch die Hauptversammlung gewählten Abschlussprüfer gemäß § 111 Abs. 2 S. 3 AktG der **Prüfungsauftrag durch den Aufsichtsrat** erteilt.

2260 Der Prüfungsauftrag ist **unverzüglich nach der Bestellung** zu erteilen, § 318 Abs. 1 S. 4 HGB. In der Praxis häufig anzutreffen und idR zur Stärkung der Verhandlungsposition geschickter ist es, den Vertrag sogar schon vor der Bestellung zu schließen, dann bedingt durch die – wirksame – Bestellung durch die Hauptversammlung.[5132] Nach heute hM kann der Vertrag auch durch den Prüfungsausschuss geschlossen werden – dass es des Plenums nicht zwingend bedarf, folgt im Umkehrschluss aus § 107 Abs. 3 S. 4 AktG, der insoweit kein Delegationsverbot enthält.[5133] Nach den allgemeinen Regeln (→ Rn. 1219 ff.) genügt es, wenn der vom Ausschuss oder Plenum beschlossene Vertrag von einem dazu ermächtigten Aufsichtsratsmitglied – im Zweifel dem Vorsitzenden des Aufsichtsrats oder des Prüfungsausschusses – unterschrieben wird.[5134]

2261 Zu den zu regelnden **Gegenständen des Vertrags** zählen insbesondere die Reichweite der Prüfung, die Prüfungsdauer, der Vorlagetermin für den Prüfungsbericht und – wie in Ziff. 5.3.2 DCGK idF vom 7.2.2017 (idF vom 16.12.2019 nicht mehr enthalten) und in der Gesetzesbegründung zum KonTraG[5135] eigens erwähnt wird – die Festlegung von Prüfungsschwerpunkten sowie natürlich des Honorars. Gemäß Ziff. 7.2.3 DCGK idF vom 7.2.2017 und Empfehlung D.9, 10 DCGK idF vom 16.12.2019 soll mit dem Abschlussprüfer zudem vereinbart werden, dass der Abschlussprüfer über alle für die Aufgaben des Aufsichtsrats wesentlichen Feststellungen und Vorkommnisse unverzüglich berichtet, die bei der Durchführung der Abschlussprüfung zu seiner Kenntnis gelangen, und dass der Abschlussprüfer den Aufsichtsrat informiert bzw. im Prüfungsbericht vermerkt, wenn er bei Durchführung der Abschlussprüfung Tatsachen feststellt, die eine Unrichtigkeit der von Vorstand und Aufsichtsrat abgegebenen Entsprechenserklärung (zu dieser → Rn. 2449 ff.) ergeben.

2262 Bzgl. des **Honorars** ist für PIEs Art. 4 Abs. 1 Abschlussprüfer-VO zu beachten, wonach Prüfungshonorare nicht ergebnisabhängig sein dürfen. Eine Ergebnisabhängigkeit liegt vor, wenn das Honorar im Hinblick auf den Ausgang oder das Ergebnis einer Transaktion oder das Ergebnis der ausgeführten Arbeiten auf einer vorab festgelegten Basis berechnet wird, Art. 4 Abs. 1 Unterabs. 2 Abschlussprüfer-VO. Gemäß Art. 4 Abs. 3 Unterabs. 1 Abschlussprüfer-VO hat der Abschlussprüfer den Prüfungsausschuss zudem

---

[5127] So zutreffend *Simons* WPg 2018, 771 (777).
[5128] Die Angaben des Unterlegenen und zur Erklärung zur Einflussnahme für entbehrlich haltend auch *Simons* WPg 2018, 771 (777 f.); hinsichtlich des oder der unterlegenen Gegenkandidaten ebenso IDW Positionspapier zu Inhalten und Zweifelsfragen der EU-Verordnung und der Abschlussprüferrichtlinie, Stand 23.5.2018, S. 43; für die Erklärung zur Einflussnahme ebenso BeckOGK/*Riekers* AktG § 124 Rn. 47.
[5129] BeckOGK/*Riekers* AktG § 124 Rn. 47; *Simons* WPg 2018, 771 (777), jeweils mwN.
[5130] *Hoppe* NZG 2017, 361 (366 f.); *Schilha* ZIP 2016, 1316 (1327); *Schüppen* NZG 2016, 247 (251 f.).
[5131] Wie hier *Buhleier/Niehues/Splinter* DB 2016, 1885 (1889 f.); Hüffer/Koch/*Koch* AktG § 124 Rn. 22; BeBiKo/Schmidt/*Heinz* HGB § 318 Rn. 52; *Simons* WPg 2018, 771 (778).
[5132] So auch Grigoleit/Grigoleit/*Tomasic* AktG § 111 Rn. 58; MüKoAktG/*Habersack* AktG § 111 Rn. 94, jeweils mwN.
[5133] Vgl. nur Grigoleit/Grigoleit/*Tomasic* AktG § 111 Rn. 59; MüKoAktG/*Habersack* AktG § 111 Rn. 98, jeweils mwN (auch zur – mittlerweile wohl als veraltet anzusehenden – Gegenauffassung).
[5134] Grigoleit/Grigoleit/*Tomasic* AktG § 111 Rn. 59; MüKoAktG/*Habersack* AktG § 111 Rn. 95, jeweils mwN.
[5135] BT-Drs. 13/9712, 16.

davon in Kenntnis zu setzen, wenn die vom von ihm geprüften PIE an ihn[5136] gezahlten Honorare in jedem der letzten drei aufeinanderfolgenden Geschäftsjahre über 15% seiner insgesamt vereinnahmten Honorare hinausgehen. Er hat mit dem Prüfungsausschuss über die sich daraus ergebenden Gefahren für seine Unabhängigkeit sowie über die zur Verminderung dieser Gefahren eingeleiteten Schutzmaßnahmen zu beraten. Der Prüfungsausschuss hat seinerseits zu erwägen, ob das Prüfungsmandat in dieser Situation vor Erteilung des Bestätigungsvermerks einer auftragsbegleitenden Qualitätssicherungsprüfung durch einen anderen Abschlussprüfer unterzogen werden sollte. Wird die Honorarschwelle von 15% auch nach den ersten drei aufeinanderfolgenden Jahren überschritten, muss der Prüfungsausschuss gemäß **Art. 4 Abs. 3 Unterabs. 2** Abschlussprüfer-VO anhand objektiver Gründe darüber entscheiden, ob das Mandat weiterhin an denselben Abschlussprüfer erteilt werden darf. Dies darf jedoch in keinem Fall für mehr als zwei weitere Jahre geschehen, sodass ein Abschlussprüfer, der mehr als 15% seines Gesamthonorars von einem PIE erhält, dieses maximal fünf Jahre prüfen darf. Für die Bestimmung des Zeitraums, in dem ein Abschlussprüfer über der 15%-Schwelle liegt, sind auch die Jahre zu berücksichtigen, die vor dem Inkrafttreten der Abschlussprüfer-VO liegen,[5137] allerdings immer nur die Jahre, in denen das Unternehmen tatsächlich PIE war bzw. ist.[5138]

Die Folgen eines **Verstoßes** gegen Art. 4 Abs. 3 Unterabs. 2 Abschlussprüfer-VO sind in § 318 Abs. 3 HGB nicht geregelt, sodass von der Möglichkeit der Anfechtungs- oder Nichtigkeitsklage ausgegangen werden könnte. Dies erscheint jedoch nicht gewollt, da die nationale Vorgängerregelung des § 319a Abs. 1 S. 1 Nr. 1 HGB gerade nur die Möglichkeit der gerichtlichen Ersatzbestellung zur Folge hatte.[5139] Auch ein Vergleich mit den sonstigen Verstößen gegen die Mandatshöchstlaufzeit, welche „nur" zur gerichtlichen Ersatzbestellung führen können, spricht für diese Auslegung. Zudem stellt der Verstoß eine Ordnungswidrigkeit dar, § 334 Abs. 2a Nr. 1 HGB, § 405 Abs. 3b AktG. Unter den Voraussetzungen der § 333a HGB, § 404a AktG (Verstoß gegen Erhalt eines Vermögensvorteils oder beharrliche Wiederholung) kann es sich sogar um eine Straftat handeln. Unberührt bleibt im Übrigen der absolute Ausschlussgrund des § 319 Abs. 3 S. 1 Nr. 5 HGB mit den dort genannten Umsatzgrenzen (→ Rn. 2194). 2263

8. Haftung des Abschlussprüfers, Abberufung

Die Verantwortlichkeit und damit Haftung des Abschlussprüfers folgt aus **§ 323 HGB:** Hat der Abschlussprüfer seine Pflichten schuldhaft verletzt, ist er der Kapitalgesellschaft, und wenn ein verbundenes Unternehmen geschädigt worden ist, auch diesem zum Ersatz des daraus entstehenden Schadens verpflichtet. Dabei beschränkt sich die Ersatzpflicht von Personen, die fahrlässig gehandelt haben, auf EUR 1 Mio. für eine Prüfung, bei börsennotierten Aktiengesellschaften abweichend davon auf EUR 4 Mio. für eine Prüfung. Der Abschlussprüfer kann seine Haftung nach § 323 Abs. 4 HGB vertraglich weder ausschließen noch beschränken. 2264

Im Gesetz nicht ausdrücklich geregelt ist, welches Organ für die Geltendmachung von Haftungsansprüchen zuständig ist. Die noch weit verbreitete Auffassung, dass dies der **Vorstand** sei,[5140] steht nicht im Einklang mit der neuen Rechtsprechung des BGH, wonach der Aufsichtsrat auch die Kompetenz für alle Hilfsgeschäfte hat, die mit seinen gesetzlich ausdrücklich geregelten Kompetenzen – hier Beauftragung des Abschlussprüfers – zusammenhängen (dazu im Einzelnen → Rn. 133, 2306 f. und Rn. 2643); zuständig ist demnach allein der Aufsichtsrat.[5141] 2265

Hat die Hauptversammlung den Abschlussprüfer bestellt, kann nur sie den **Bestellungsbeschluss aufheben.** Ist der Prüfungsauftrag erteilt, verbleibt aber nur die Möglichkeit der gerichtlichen Ersatzbestellung nach § 318 Abs. 3 HGB.[5142] Ist gemäß § 318 Abs. 3 HGB dann ein anderer Prüfer bestellt worden, kann durch den Prüfungsausschuss bzw. Aufsichtsrat auch der Prüfungsauftrag des ursprünglichen Prüfers widerrufen (dh der Prüfungsvertrag gekündigt) werden, § 318 Abs. 1 S. 5 HGB. 2266

[5136] Honorare von Netzwerkgesellschaften oder Konzernunternehmen eines Abschlussprüfers bleiben außen vor, Verlautbarung Nr. 6 der APAS vom 10.4.2019; ausführlich dazu auch *Dreher* DB 2019, 1250 ff.
[5137] HKMS/*Müller* HGB § 319a Rn. 32; IDW Positionspapier zu Inhalten und Zweifelsfragen der EU-Verordnung und der Abschlussprüferrichtlinie, Stand 23.5.2018, S. 47.
[5138] HKMS/*Müller* HGB § 319a Rn. 32.
[5139] HKMS/*Müller* HGB § 319a Rn. 31.
[5140] So zB Hölters/*Hambloch-Gesinn/Gesinn* AktG § 111 Rn. 62; Hüffer/Koch/*Koch* AktG § 111 Rn. 29; ausführlich *Schuhknecht* GWR 2015, 316 ff.; wohl widersprüchlich MüKoAktG/*Habersack* AktG § 111 Rn. 95, wonach für die Geltendmachung von Schadensersatzansprüchen der Vorstand zuständig sein soll, für die Vertretung vor Gericht aber der Aufsichtsrat.
[5141] Im Ergebnis wie hier Semler/v. Schenck/*Schütz* AktG § 111 Rn. 471.
[5142] Hüffer/Koch/*Koch* AktG § 119 Rn. 5; ausführlich *Hüffer* FS Hommelhoff, 2012, 483.

D. Vertretungskompetenz

I. Reichweite des § 112 AktG

1. Einleitung

a) Inhalt und Zweck

2267 Nach § 112 AktG vertritt der Aufsichtsrat die Gesellschaft gegenüber den Vorstandsmitgliedern. Die Vorschrift regelt eine Ausnahme vom Grundsatz des § 78 AktG, wonach der Vorstand die Gesellschaft vertritt. Der Aufsichtsrat ist in diesem Zusammenhang nach § 112 AktG **ausschließlich** zur gerichtlichen und außergerichtlichen **Vertretung der Gesellschaft** berechtigt. Für die Passivvertretung ordnet § 112 S. 2 AktG die entsprechende Anwendung des § 78 Abs. 2 S. 2 AktG an. Danach kann ein einzelnes Aufsichtsratsmitglied, unabhängig davon, ob es sich um den Vorsitzenden, den stellvertretenden Vorsitzenden oder ein einfaches Mitglied handelt, Willenserklärungen entgegennehmen.[5143] § 112 AktG dient der **Vermeidung von Interessenkonflikten** innerhalb des Vorstands. Die Norm beruht auf dem Gedanken, dass der an sich zur Vertretung der Gesellschaft berufene Vorstand zu einer unbefangenen Wahrung der Gesellschaftsbelange nicht imstande ist, wenn einzelne seiner Mitglieder an dem in Frage stehenden Rechtsgeschäft beteiligt sind.[5144] Auf eine konkrete Gefährdung der Gesellschaftsbelange kommt es insoweit nicht an, vielmehr genügt bereits eine **abstrakte Interessengefährdung ("typisierende Betrachtungsweise")**.[5145]

b) Normcharakter

2268 **aa) Zwingender Charakter.** Die Vorschrift hat **zwingenden** Charakter. Sie kann nicht durch Satzung oder Geschäftsordnung abbedungen werden.[5146] Die Vertretungsmacht selbst kann nicht auf ein einzelnes Aufsichtsratsmitglied, auch nicht auf den Aufsichtsratsvorsitzenden, übertragen werden.[5147] Wohl aber können der Aufsichtsratsvorsitzende, ein Aufsichtsratsmitglied oder Dritte **ermächtigt** werden, den vom Aufsichtsrat gebildeten Willen kundzutun (→ Rn. 2325).

2269 **bb) Kein abschließender Charakter.** § 112 AktG regelt die Vertretungsbefugnis des Aufsichtsrats nicht abschließend. Der Aufsichtsrat ist auch **in anderen,** gesetzlich geregelten **Fällen** zur Vertretung der Gesellschaft gegenüber Dritten befugt. Hierzu zählen unter anderem Geschäfte, die der Aufsichtsrat zur Erfüllung seiner Aufgaben für nötig hält, wie die Beauftragung von **Sachverständigen** oder eines **Abschlussprüfers** nach § 111 Abs. 2 S. 2–4 AktG sowie als **Annexkompetenz** allgemein die Vornahme von Hilfsgeschäften, die mit den Rechten und Pflichten des Aufsichtsrats aus § 111 Abs. 2 S. 2–4 AktG sowie der Überwachungsaufgabe zusammenhängen.[5148] Zu solchen Hilfsgeschäften zählen beispielsweise die Anmietung von Sitzungsräumen, die Erstattung von Reisekosten für Auswahlgespräche und die Beauftragung von Sachverständigen für einzelne Überwachungsgegenstände. **Nicht erfasst** ist hingegen die dauerhafte Einstellung von Hilfskräften. Für diese Geschäfte ist allein der Vorstand zuständig,[5149] dem die Personalkompetenz für Mitarbeiter unterhalb der Vorstandsebene obliegt.

c) Umfang

2270 § 112 AktG erfasst jedes Rechtsgeschäft zwischen der Gesellschaft und einem Vorstandsmitglied, das einen Bezug zur Vorstandstätigkeit hat.[5150] Bei **amtierenden** Vorstandsmitgliedern ist der Bezug zur Vorstandstätigkeit stets anzunehmen.[5151] Auch Geschäfte des täglichen Lebens sind von § 112 AktG erfasst.[5152] Geschäfte mit **ehemaligen** Vorstandsmitgliedern haben in der Regel ebenfalls einen Bezug zur früheren Vorstandstätigkeit (→ Rn. 13 ff.). Neben der rechtsgeschäftlichen Vertretung umfasst die Norm auch die **gerichtliche Vertretung** der Gesellschaft im Rahmen von Aktiv- und Passivprozessen mit Vorstandsmitgliedern, soweit dem Prozess ein von § 112 erfasstes Rechtsgeschäft oder eine erfasste Rechtshandlung

---

[5143] MüKoAktG/*Habersack* AktG § 112 Rn. 25.
[5144] BGHZ 103, 213 (216) = NJW 1988, 1384; BeckOGK/*Spindler* AktG § 112 Rn. 1.
[5145] BGH NJW-RR 1991, 926; MüKoAktG/*Habersack* AktG § 112 Rn. 1; BeckOGK/*Spindler* AktG § 112 Rn. 1.
[5146] MüKoAktG/*Habersack* AktG § 112 Rn. 3; BeckOGK/*Spindler* AktG § 112 Rn. 2.
[5147] BGH NJW 1964, 1367; BGH NZG 2008, 471; BGH NZG 2013, 792 (794); MüKoAktG/*Habersack* AktG § 112 Rn. 3; BeckOGK/*Spindler* AktG § 112 Rn. 2.
[5148] Hölters/*Hambloch-Gesinn/Gesinn* AktG § 112 Rn. 3; BeckOGK/*Spindler* AktG § 112 Rn. 3.
[5149] BeckOGK/*Spindler* AktG § 112 Rn. 3; *Werner* ZGR 1989, 369 (383 f.).
[5150] MüKoAktG/*Habersack* AktG § 112 Rn. 18; BeckOGK/*Spindler* AktG § 112 Rn. 27; Hüffer/*Koch/Koch* AktG § 112 Rn. 5.
[5151] MüKoAktG/*Habersack* AktG § 112 Rn. 18; Kölner Komm AktG/*Mertens/Cahn* AktG § 112 Rn. 14.
[5152] Hüffer/*Koch/Koch* AktG § 112 Rn. 5.

D. Vertretungskompetenz

zugrunde liegt.[5153] Rechtshandlungen mit Wirksamkeit gegenüber Vorstandsmitgliedern können die Anzeige einer Straftat sowie das Stellen eines Strafantrags bei Antragsdelikten sein.[5154]

d) Konkurrenz zu anderen Vorschriften

aa) § 181 BGB. § 181 Alt. 1 BGB regelt, dass ein Vertreter für den Vertretenen ein Geschäft mit sich selbst grundsätzlich nicht vornehmen kann, es sei denn, dass ihm dies gestattet ist. § 112 AktG geht § 181 Alt. 1 BGB jedoch als **lex specialis** vor.[5155] Ein Vorstandsmitglied kann daher die Gesellschaft bei einem Rechtsgeschäft mit sich selbst nicht vertreten. Eine Befreiung vom Verbot des Selbstkontrahierens ist im Anwendungsbereich des § 112 AktG nicht möglich. Eine Befreiung vom Verbot des § 181 Alt. 2 BGB, der die sogenannte **Mehrvertretung** zum Gegenstand hat, ist indes neben § 112 AktG zulässig.[5156] Einem Vorstandsmitglied kann gestattet sein, als Vertreter der Gesellschaft sowie als Vertreter des Vertragspartners tätig zu werden. Das Vorstandsmitglied selbst ist in diesen Fällen auf keiner der beiden Seiten Vertragspartner. Deshalb handelt es sich nicht um ein Rechtsgeschäft gegenüber einem Vorstandsmitglied gemäß § 112 AktG. Falls eine Befreiung vom Verbot des § 181 Alt. 2 BGB gewünscht ist, muss die Gestattung oder die Möglichkeit der Gestattung (sog. Satzungsermächtigung analog § 78 Abs. 3 S. 2 AktG[5157]) in die Satzung aufgenommen werden.[5158] Die Befreiung vom Mehrvertretungsverbot ist im Handelsregister einzutragen.[5159]

bb) § 147 Abs. 2 AktG. § 147 Abs. 2 AktG sieht vor, dass die Hauptversammlung besondere Vertreter zur Geltendmachung von Ersatzansprüchen bestellen kann. Ersatzansprüche nach § 147 Abs. 1 AktG sind Ansprüche der Gesellschaft aus der Gründung oder aus der Geschäftsführung gegen Vorstands- und Aufsichtsratsmitglieder oder aus § 117 AktG. § 117 AktG regelt eine Schadensersatzpflicht für Dritte, die ihren Einfluss auf Vorstands- oder Aufsichtsratsmitglieder zum Nachteil der Gesellschaft ausnutzen. § 147 Abs. 2 AktG **verdrängt** § 112 AktG (→ Rn. 2346).[5160] Soweit ein besonderer Vertreter (→ Rn. 2852 ff.) für die Geltendmachung von Ersatzansprüchen gegen Vorstandsmitglieder bestellt worden ist, ist allein der besondere Vertreter und nicht mehr der Aufsichtsrat zur Vertretung der Gesellschaft befugt.[5161] Hintergrund ist, dass die Durchsetzung von Ersatzansprüchen gefährdet sein kann, wenn Aufsichtsratsmitglieder aufgrund von Überwachungsversagen selbst ersatzpflichtig sind oder möglicherweise damit rechnen müssen, dass im Prozess Tatsachen zu Tage treten, die sie belasten.[5162] Zur Vertretung der Gesellschaft beim Abschluss des Vertrags mit dem besonderen Vertreter → Rn. 2895 ff.

cc) § 89 AktG. Die Vertretungsbefugnis des Aufsichtsrats für Kreditgewährungen an Vorstandsmitglieder ergibt sich bereits aus § 112 AktG.[5163] Darüber hinaus stellt § 89 AktG zum Schutz der Gesellschaft bestimmte **Formerfordernisse für die Kreditgewährung** auf.[5164] Aus dem in § 89 Abs. 1 S. 1 AktG statuierten Erfordernis eines formellen Beschlusses folgt, dass eine konkludente Entscheidung des Aufsichtsrats über die Gewährung eines Kredits an ein Vorstandsmitglied nicht möglich ist. Ein entsprechender Aufsichtsratsbeschluss darf nicht für eine längere Zeit als drei Monate im Voraus gefasst werden. Auch kann der Beschluss nach § 89 Abs. 1 S. 2 AktG nur für bestimmte Kreditgeschäfte oder Arten von Kreditgeschäften gefasst werden. Er muss daher insbesondere Angaben über Grund und Höhe (oder Höchstgrenze) der Kreditgewährung enthalten.[5165] Verstöße gegen diese Erfordernisse führen jedoch nicht zur Unwirksamkeit des Rechtsgeschäfts.[5166] Auch das Fehlen oder die Mangelhaftigkeit des Beschlusses des

---

[5153] Hüffer/Koch/*Koch* AktG § 112 Rn. 5; MüKoAktG/*Habersack* AktG § 112 Rn. 18; BeckOGK/*Spindler* AktG § 112 Rn. 27; Henssler/Strohn/*Henssler* AktG § 112 Rn. 6.
[5154] BeckOGK/*Spindler* AktG § 112 Rn. 27.
[5155] *Fischer* ZNotP 2002, 297 (298); Hüffer/Koch/*Koch* AktG § 78 Rn. 6; Kölner Komm AktG/*Mertens/Cahn* AktG § 112 Rn. 2; BeckOGK/*Spindler* AktG § 112 Rn. 2; *Cahn* FS Hoffmann-Becking, 2013, 247 (250).
[5156] *Fischer* ZNotP 2002, 297 (298); *Fischer* FS Gruson, 2009, 151 (152); Grigoleit/*Grigoleit/Tomasic* AktG § 112 Rn. 4; Hüffer/Koch/*Koch* AktG § 112 Rn. 2.
[5157] BeckOGK/*Fleischer* AktG § 78 Rn. 12; Hüffer/Koch/*Koch* AktG § 78 Rn. 7; Kölner Komm AktG/*Mertens/Cahn* AktG § 78 Rn. 75.
[5158] *Jenne/Miller* ZIP 2019, 1052 (1053), die einen Aufsichtsratsbeschluss für ausreichend erachten; *Fischer* ZNotP 2002, 297 (298); Hüffer/Koch/*Koch* AktG § 78 Rn. 7; Hölters/*Weber* AktG § 78 Rn. 28.
[5159] *Fischer* ZNotP 2002, 297 (298); *Fischer* FS Gruson, 2009, 151 (152); BeckOGK/*Fleischer* AktG § 78 Rn. 12.
[5160] Hüffer/Koch/*Koch* AktG § 112 Rn. 1; MüKoAktG/*Habersack* AktG § 112 Rn. 5; Grigoleit/*Grigoleit/Tomasic* AktG § 112 Rn. 2.
[5161] MüKoAktG/*Habersack* AktG § 112 Rn. 5; Hölters/*Hambloch-Gesinn/Gesinn* AktG § 112 Rn. 3.
[5162] Hüffer/Koch/*Koch* AktG § 147 Rn. 1.
[5163] Hüffer/Koch/*Koch* AktG § 89 Rn. 4; Henssler/Strohn/*Dauner-Lieb* AktG § 89 Rn. 9.
[5164] MüKoAktG/*Spindler* AktG § 89 Rn. 51.
[5165] Hölters/*Weber* AktG § 89 Rn. 8.
[5166] Hölters/*Weber* AktG § 89 Rn. 16.

Aufsichtsrats macht das Kreditgeschäft nicht nichtig.[5167] Ein Verstoß gegen die Formerfordernisse der § 89 Abs. 1 bis Abs. 4 AktG zieht lediglich einen **Rückzahlungsanspruch** gemäß § 89 Abs. 5 AktG nach sich. Der Rückgewähranspruch entfällt, wenn der Aufsichtsrat die Kreditgewährung nach § 89 Abs. 5 AktG, §§ 177 ff. BGB **genehmigt**.[5168]

2274 Vertritt bei einer Kreditgewährung an ein Vorstandsmitglied der Vorstand entgegen § 112 AktG die Gesellschaft, ist eine Genehmigung über § 89 Abs. 5 AktG durch den Aufsichtsrat nicht möglich. Denn § 89 AktG regelt lediglich die Formerfordernisse im Innenverhältnis und nicht die Zuständigkeitszuweisung über § 112 AktG.[5169] Die Rechtsfolge der Vertretung durch den Vorstand ist umstritten. Einige gehen von der Nichtigkeit des Rechtsgeschäfts gemäß § 134 BGB aus.[5170] Richtiger erscheint es, die **Genehmigungsfähigkeit** des Rechtsgeschäfts gemäß § 177 ff. BGB anzuerkennen (→ Rn. 2336).

2275 Auch bei **Kleinkrediten** gemäß § 89 Abs. 1 S. 5 AktG verbleibt die Vertretungsbefugnis nach § 112 AktG beim Aufsichtsrat.[5171] Der Vorstand ist lediglich für die Durchführung des Geschäfts, zB die Überweisung des Geldbetrags, zuständig.[5172] § 89 AktG ist nicht auf ausgeschiedene Vorstandsmitglieder anwendbar und ebenso wenig auf Kredite, die vor der Bestellung zum Vorstandsmitglied gewährt worden sind.[5173] § 89 Abs. 2 bis Abs. 4 AktG, die die Kreditgewährung an Prokuristen oder der Gesellschaft anderweitig nahestehende Personen regeln, begründen demgegenüber keine Vertretungsbefugnis des Aufsichtsrats. Vielmehr setzen sie lediglich eine **Zustimmungspflicht** des Aufsichtsrats fest.[5174] Die Gesellschaft wird in diesen Fällen vom Vorstand vertreten.

2. Anwendungsbereich

a) Persönlicher Anwendungsbereich

2276 **aa) Vorstandsmitglieder. (1) Aktive Vorstandsmitglieder.** Gegenüber aktiven Vorstandsmitgliedern ist der Aufsichtsrat stets zur Vertretung der Gesellschaft befugt, unabhängig davon, ob das betreffende Geschäft einen Bezug zur Vorstandstätigkeit aufweist.[5175] § 112 AktG ist unabhängig davon anwendbar, ob die Bestellung zum Vorstandsmitglied oder der betreffende Anstellungsvertrag wirksam sind, weil auch bei deren Unwirksamkeit eine Interessenkollision möglich ist.[5176] Ein nicht einmal auf einem **fehlerhaften Bestellungsakt** agierendes „Vorstandsmitglied", also ein „faktisches Vorstandsmitglied", ist hingegen nicht von der Norm erfasst.[5177] Der Aufsichtsrat ist auch für die Geltendmachung von Schadensersatzansprüchen gegenüber Vorstandsmitgliedern zuständig.[5178]

2277 **(2) Zukünftige Vorstandsmitglieder.** Der Aufsichtsrat ist gegenüber **künftigen** Vorstandsmitgliedern zur Vertretung der Gesellschaft befugt.[5179] Er hat die Vertretungsbefugnis auch gegenüber potentiellen künftigen Vorstandsmitgliedern, unabhängig davon, ob der Kandidat später auch tatsächlich zum Vorstandsmitglied bestellt wird.[5180] Es genügt jedenfalls, wenn es um Rechtsgeschäfte geht, die im Vorfeld der beabsichtigten Bestellung abgeschlossen werden und mit der möglichen Bestellung im **Zusammenhang** stehen.[5181] Dazu zählen unter anderem Geschäfte, die im Zusammenhang mit dem Abschluss des Anstellungsvertrags stehen oder Vereinbarungen im Rahmen des Verhandlungsprozesses. So sind etwa die Zusage der Erstattung von Reisekosten oder der Abschluss einer Vertraulichkeitsvereinbarung erfasst, sowie Geschäfte, die im Vorgriff auf die spätere Vorstandstätigkeit ausgeübt werden, etwa der Abschluss eines

---

[5167] GroßkommAktG/*Kort* AktG § 89 Rn. 133.
[5168] GroßkommAktG/*Kort* AktG § 89 Rn. 133.
[5169] *Werner* ZGR 1989, 369 (394) geht hingegen von einer Genehmigung gemäß § 89 Abs. 5 AktG aus.
[5170] MüKoAktG/*Spindler* AktG § 89 Rn. 51; GroßkommAktG/*Kort* AktG § 89 Rn. 133; Grigoleit/*Schwennicke* AktG § 89 Rn. 20; aA *Werner* ZGR 1989, 369 (394), der den Verstoß gegen § 112 AktG gleichzeitig als Verstoß gegen § 89 Abs. 1 AktG wertet und damit als genehmigungsfähig gemäß § 89 Abs. 5 AktG ansieht.
[5171] MüKoAktG/*Spindler* AktG § 89 Rn. 20; BeckOGK/*Fleischer* AktG § 89 Rn. 11; Hölters/*Weber* AktG § 89 Rn. 7.
[5172] BeckOGK/*Fleischer* AktG § 89 Rn. 11.
[5173] MüKoAktG/*Spindler* AktG § 89 Rn. 24; Hölters/*Weber* AktG § 89 Rn. 6.
[5174] Hölters/*Weber* AktG § 89 Rn. 1.
[5175] Kölner Komm AktG/*Mertens/Cahn* AktG § 112 Rn. 14; differenzierend *Theusinger/Guntermann* AG 2017, 798 (803); BeckOGK/*Spindler* AktG § 112 Rn. 7, die bei rechtlich vorteilhaften Geschäften für die AG von einer Vertretungsbefugnis durch den Vorstand ausgehen.
[5176] Hüffer/Koch/*Koch* AktG § 112 Rn. 2; MüKoAktG/*Habersack* AktG § 112 Rn. 10; BeckOGK/*Spindler* AktG § 112 Rn. 7.
[5177] Hölters/*Hambloch-Gesinn/Gesinn* AktG § 112 Rn. 3; MüKoAktG/*Habersack* AktG § 112 Rn. 10; aA Semler/v. Schenck/*v. Schenck* AktG § 112 Rn. 20; *Semler* FS Rowedder, 1994, 441 (448).
[5178] BGHZ 135, 244 (252) = NJW 1997, 1926; *Reichert/Ott* NZG 2014, 241 (248); Hölters/*Hambloch-Gesinn/Gesinn* AktG § 112 Rn. 9; Semler/v. Schenck/*v. Schenck* AktG § 112 Rn. 19.
[5179] MüKoAktG/*Habersack* AktG § 112 Rn. 11; BeckOGK/*Spindler* AktG § 112 Rn. 7; Semler/v. Schenck/*v. Schenck* AktG § 112 Rn. 21.
[5180] MüKoAktG/*Habersack* AktG § 112 Rn. 11; BeckOGK/*Spindler* AktG § 112 Rn. 7.
[5181] BGH NJW 2019, 1677 (1680); *Fischbach* BB 2017, 1283; MüKoAktG/*Habersack* AktG § 112 Rn. 11.

Beratervertrags.[5182] Da der Aufsichtsrat auch gegenüber letztendlich nicht bestellten Vorstandsmitgliedern vertretungsbefugt ist, ist er auch für die Auslagenerstattung gegenüber abgelehnten Bewerbern zuständig.[5183] Wird der Kandidat zum Vorstandsmitglied bestellt, ist der Aufsichtsrat für die Bestellung sowie den Abschluss des Anstellungsvertrags nach § 84 AktG zuständig (→ **Kapitel zu § 84 AktG**).

§ 112 AktG findet auch Anwendung, wenn ein **Arbeitnehmer** in den Vorstand bestellt wird und mit 2278 dem Arbeitnehmer ein Rechtsgeschäft im Zusammenhang mit der Bestellung abgeschlossen wird. Es ist in diesem Rahmen zweckmäßig, Regelungen über das Schicksal des bestehenden Arbeitsverhältnisses zu treffen.[5184] Hierfür kann eine Aufhebungsvereinbarung oder eine sogenannte „Ruhensvereinbarung" abgeschlossen werden.[5185] Die Hauptleistungspflichten werden in diesem Fall für die Dauer der Vorstandsmitgliedschaft des Arbeitnehmers suspendiert und leben zu dem Zeitpunkt wieder auf, in dem die Vorstandsmitgliedschaft endet. Außerdem ist § 112 AktG anwendbar, wenn Schadensersatzansprüche gegen ein Vorstandsmitglied geprüft und gegebenenfalls geltend gemacht werden sollen, die ihren Ursprung in der früheren Tätigkeit als Arbeitnehmer haben. In einzelnen Fällen können sich Unsicherheiten ergeben, ob das Geschäft im Zusammenhang mit der Bestellung steht. Bestehen Zweifel, kann es sich in der Praxis empfehlen, bei bedeutenden Geschäften eine Entscheidung beider Organe – von Aufsichtsrat und Vorstand – einzuholen, um die Wirksamkeit des Geschäfts nicht zu gefährden.[5186] § 112 AktG gilt auch für die Bestellung eines **Aufsichtsratsmitglieds** zum Vorstandsmitglied.[5187]

(3) Ehemalige Vorstandsmitglieder. Die Vertretungsbefugnis des Aufsichtsrats gilt auch im Verhältnis 2279 zu ausgeschiedenen Vorstandsmitgliedern (zu Angehörigen → Rn. 28).[5188] Der Aufsichtsrat ist im Grundsatz für alle Verträge mit ehemaligen Vorstandsmitgliedern zuständig[5189], auch bei Auseinandersetzungen um Pensionszusagen.[5190] Denn es kann bei der gebotenen typisierenden Betrachtung des BGH nicht ausgeschlossen werden, dass sich amtierende Vorstandsmitglieder gegenüber ausgeschiedenen Kollegen solidarisch verhalten und folglich nicht objektiv urteilen können. Der Aufsichtsrat ist vertretungsbefugt, wenn es um eine Angelegenheit geht, die ihren **Ursprung** in der Vorstandstätigkeit des Betroffenen hat.[5191] Bei Beraterverträgen mit ehemaligen Vorstandsmitgliedern ist hiervon in der Regel auszugehen.[5192] Unerheblich ist, worauf das Ausscheiden zurückzuführen ist. § 112 ist daher auch anwendbar, wenn das Vorstandsamt aufgrund eines Formwechsels oder einer sonstigen Umwandlung endet.[5193]

Der Aufsichtsrat ist gegenüber einem Vorstandsmitglied, das nach seinem Ausscheiden aus dem Vor- 2280 stand in den Aufsichtsrat eingetreten ist, insoweit vertretungsbefugt, als es um die Regelung von Fragen geht, die auf das Vorstandsverhältnis zurückzuführen sind.[5194] Dies können Streitigkeiten über Vergütungs- oder Versorgungsansprüche oder Pflichtverletzungen in der Vorstandstätigkeit des in den Aufsichtsrat eingetretenen Vorstandsmitglieds sein.[5195] Hieran wird zwar kritisiert, dass dadurch eine unbefangene Vertretung der Gesellschaft nicht gewährleistet sei. Ein noch größerer Interessenkonflikt bestünde aber, wenn der Vorstand über Pflichtverletzungen eines ehemaligen Kollegen entschiede.[5196] Der Aufsichtsrat ist auch vertretungsbefugt, wenn ein ehemaliges Mitglied des Vorstands **Arbeitnehmer** der Gesellschaft wird oder werden soll oder diese Arbeitnehmereigenschaft beendet werden soll, soweit ein Zusammenhang zur Vorstandstätigkeit besteht.[5197] Erhebt ein Vorstandsmitglied Kündigungsschutzklage aus einem **ruhenden Arbeitsverhältnis** und stehen die Kündigungsgründe in unmittelbarem Zusammenhang mit seiner Tätigkeit als Mitglied des

---

[5182] *Fischbach* BB 2017, 1283 (1284); Kölner Komm AktG/*Mertens/Cahn* AktG § 112 Rn. 15.
[5183] GroßkommAktG/*Hopt/Roth* AktG § 112 Rn. 21; Hüffer/Koch/*Koch* AktG § 112 Rn. 2; MüKoAktG/*Habersack* AktG § 112 Rn. 11; aA Kölner Komm AktG/*Mertens/Cahn* AktG § 112 Rn. 15.
[5184] *Fischbach* BB 2017, 1283 (1284).
[5185] *Fischbach* BB 2017, 1283 (1284); *Moll* GmbHR 2008, 1024 (1027); Hüffer/Koch/*Koch* AktG § 112 Rn. 2.
[5186] *Fischbach* BB 2017, 1283 (1284).
[5187] *Fischbach* BB 2017, 1283 (1284).
[5188] BGH AG 1991, 269; Hölters/*Hambloch-Gesinn/Gesinn* AktG § 112 Rn. 7; Kölner Komm AktG/*Mertens/Cahn* AktG § 112 Rn. 16.
[5189] BGH WM 1993, 1630 (1632), BGH AG 2013, 562 (564); GroßkommAktG/*Hopt/Roth* AktG § 112 Rn. 23.
[5190] GroßkommAktG/*Hopt/Roth* AktG § 112 Rn. 23.
[5191] BAG AG 2002, 458 (459); Kölner Komm AktG/*Mertens/Cahn* AktG § 112 Rn. 16; MüKoAktG/*Habersack* AktG § 112 Rn. 13; Semler/v. Schenck/*v. Schenck* AktG § 112 Rn. 24.
[5192] Kölner Komm AktG/*Mertens/Cahn* AktG § 112 Rn. 16; MüKoAktG/*Habersack* AktG § 112 Rn. 15; differenzierend Semler/v. Schenck/*v. Schenck* AktG § 112 Rn. 34, die bei fehlendem zeitlichem Zusammenhang mit dem Ausscheiden die Vertretungsbefugnis des Aufsichtsrats ablehnen.
[5193] Kölner Komm AktG/*Mertens/Cahn* AktG § 112 Rn. 16; Semler/v. Schenck/*v. Schenck* AktG § 112 Rn. 23.
[5194] Kölner Komm AktG/*Mertens/Cahn* AktG § 112 Rn. 16; Semler/v. Schenck/*v. Schenck* AktG § 112 Rn. 29.
[5195] *Fischbach* BB 2017, 1283 (1288).
[5196] Kölner Komm AktG/*Mertens/Cahn* AktG § 112 Rn. 16.
[5197] *Fischbach* BB 2017, 1283 (1287); MüKoAktG/*Habersack* AktG § 112 Rn. 14.

Vertretungsorgans, ist der Aufsichtsrat vertretungsbefugt.[5198] Bei Unsicherheiten sollte die Gesellschaft sowohl durch den Vorstand als auch durch den Aufsichtsrat vertreten werden.[5199]

2281 Es wird teilweise vertreten, dass es bei der Vertretungsbefugnis des Vorstands gemäß § 78 AktG bleibt, wenn es sich um **neutrale Geschäfte** gegenüber **ehemaligen Vorstandsmitgliedern** handelt.[5200] Geschäfte mit **bereits ausgeschiedenen** Vorstandsmitgliedern seien weniger relevant als Geschäfte mit amtierenden Vorstandsmitgliedern.[5201] Solche Geschäfte hätten ihren Ursprung nicht in der Vorstandstätigkeit. Hierzu zählten neben unentgeltlichen Zuwendungen an die Gesellschaft auch Geschäfte des täglichen Lebens, sofern sie nicht Vergünstigungen enthielten, die mit Rücksicht auf die frühere Vorstandstätigkeit gewährt würden.[5202] Es sei demnach darauf abzustellen, ob das Vorstandsmitglied wie ein gewöhnlicher Dritter gegenüber der Gesellschaft Leistungen oder Waren zu üblichen Konditionen in Anspruch nehme.[5203] Gegen eine Vertretungsbefugnis des Vorstands spricht in diesen Fällen aber, dass § 112 AktG eine solche Einschränkung nicht vorsieht.[5204] Die Grenzziehung, wann neutrale Geschäfte vorliegen und wann nicht, ist schwierig und führt zu Rechtsunsicherheit. Folglich vertritt der Aufsichtsrat die Gesellschaft nach **zutreffender Ansicht** auch bei neutralen Geschäften mit Vorstandsmitgliedern.[5205]

2282 bb) Dritte. (1) **Vertreter von Vorstandsmitgliedern.** § 112 AktG gilt auch dann, wenn sich das Vorstandsmitglied durch einen Dritten, beispielsweise einen **Rechtsanwalt,** vertreten lässt. Die Rechtswirkungen treffen das Vorstandsmitglied als Vertretenen unmittelbar.[5206] Rechtsgeschäfte, die ein Vorstandsmitglied hingegen als Vertreter eines Dritten abschließt, fallen nicht unter § 112 AktG, weil hier die Rechtsfolgen den Dritten als Vertretenen treffen. Sie sind nach § 181 Alt. 2 BGB zu beurteilen, wenn das Vorstandsmitglied als Vertreter für beide Parteien – die Gesellschaft und den Vertragspartner – tätig wird.[5207] Dem Vorstandsmitglied muss die Vertretung der Gesellschaft bei dem jeweiligen Geschäft dann gestattet worden oder eine Vertretungsbefugnis in der Satzung eingeräumt worden sein. Kein Fall der Mehrvertretung nach § 181 Alt. 2 BGB liegt hingegen vor, wenn ein Vorstandsmitglied als Vertreter eines Dritten mit der Gesellschaft kontrahiert, die durch die übrigen Vorstandsmitglieder wirksam vertreten werden kann und vertreten wird.[5208] In solchen Fällen ist die Vertretung des Dritten durch das Vorstandsmitglied zulässig.

2283 (2) **Vorstandsunternehmen.** Die überwiegende Ansicht in der Literatur und obergerichtlichen Rechtsprechung geht davon aus, dass der Aufsichtsrat die Gesellschaft nach § 112 AktG vertritt, wenn der Vertragspartner der Aktiengesellschaft mit einem ihrer Vorstandsmitglieder „**wirtschaftlich identisch**" ist.[5209]

2284 Der klarste Fall einer solchen **wirtschaftlichen Identität** liegt vor, wenn das Vorstandsmitglied zugleich **alleiniger Gesellschafter** des Vertragspartners ist. Nach neuester BGH-Rechtsprechung vertritt der Aufsichtsrat die Aktiengesellschaft dann in erweiternder Auslegung des § 112 AktG.[5210] Dies gilt unabhängig davon, ob das Vorstandsmitglied in der betroffenen Gesellschaft auch Organ (beispielsweise Geschäftsführer) ist.[5211] Ist das Vorstandsmitglied alleiniger Gesellschafter des Vertragspartners, insbesondere bei einer Ein-Personen-GmbH, liegt eine vergleichbare abstrakte Gefährdung der Gesellschaftsinteressen vor wie beim Vertragsschluss mit dem Vorstandsmitglied selbst. Die dem Vorstandsmitglied gehörende Gesellschaft stellt letztlich nur einen organisatorisch verselbständigten Teil seines Vermögens dar. Jede Entscheidung betrifft direkt und unmittelbar auch die persönlichen und wirtschaftlichen Interessen des Vor-

---

[5198] BAG NZG 2002, 392; Hüffer/Koch/*Koch* AktG § 112 Rn. 2; BeckOGK/*Spindler* AktG § 112 Rn. 17; Semler/v. Schenck/*v. Schenck* AktG § 112 Rn. 25.
[5199] C. *Arnold* ArbRAktuell 2017, 15.
[5200] Semler/v. Schenck/*v. Schenck* AktG § 112 Rn. 32.
[5201] *Werner* ZGR 1989, 369 (382); Semler/v. Schenck/*v. Schenck* AktG § 112 Rn. 32.
[5202] Hölters/*Hambloch-Gesinn/Gesinn* AktG § 112 Rn. 11; MüKoAktG/*Habersack* AktG § 112 Rn. 15.
[5203] Hölters/*Hambloch-Gesinn/Gesinn* AktG § 112 Rn. 11; MüKoAktG/*Habersack* AktG § 112 Rn. 15.
[5204] BeckOGK/*Spindler* AktG § 112 Rn. 32.
[5205] BGH AG 1994, 35; BGH AG 269, 270; BeckOGK/*Spindler* AktG § 112 Rn. 32; aA MüKoAktG/*Habersack* AktG § 112 Rn. 15.
[5206] K. Schmidt/Lutter/*Drygala* AktG § 112 Rn. 9; Kölner Komm AktG/*Mertens/Cahn* AktG § 112 Rn. 19; Semler/v. Schenck/*v. Schenck* AktG § 112 Rn. 37.
[5207] Hölters/*Hambloch-Gesinn/Gesinn* AktG § 112 Rn. 4; Kölner Komm AktG/*Mertens/Cahn* AktG § 112 Rn. 19; Semler/v. Schenck/*v. Schenck* AktG § 112 Rn. 38.
[5208] Kölner Komm AktG/*Mertens/Cahn* AktG § 78 Rn. 72; MüKoAktG/*Spindler* AktG § 78 Rn. 124.
[5209] Kölner Komm AktG/*Mertens/Cahn* AktG § 112 Rn. 18; Semler/v. Schenck/*v. Schenck* AktG § 112 Rn. 40.
[5210] BGH NJW 2019, 1677; *Jenne/Miller* ZIP 2019, 1052 (1055); Kölner Komm AktG/*Mertens/Cahn* AktG § 112 Rn. 18; Semler/v. Schenck/*v. Schenck* AktG § 112 Rn. 40; MüKoAktG/*Habersack* AktG § 112 Rn. 9, der auch das Bestehen eines Beherrschungs- oder Gewinnabführungsvertrags zwischen dem Vorstandsmitglied und der von ihm kontrollierten Gesellschaft als wirtschaftliche Identität betrachtet.
[5211] *Jenne/Miller* ZIP 2019, 1052 (1055); differenzierend nach Rechtsform der Drittgesellschaft *Wachter* DB 2019, 951 (956).

standsmitglieds.[5212] Aufgrund zahlreicher Publizitätspflichten im Gesellschafts- und Aktienrecht lässt sich jedenfalls bei deutschen Gesellschaften unschwer feststellen, ob eine Ein-Personen-Gesellschaft vorliegt.[5213] § 112 AktG findet auch Anwendung, wenn die Drittgesellschaft über mehrere Zwischengesellschaften gehalten wird, an denen einzig und allein das betroffene Vorstandsmitglied als Alleingesellschafter beteiligt ist.[5214]

Was abseits dieses eindeutigen Falls unter wirtschaftlicher Identität zu verstehen ist, ist bislang aber ungeklärt.[5215] Es wird mitunter eine **„maßgeblichen Beteiligung"** für die Anwendbarkeit des § 112 AktG gefordert.[5216] Verwiesen wird unter anderem auf die Aktionärsrechterichtlinie vom 17.5.2017 RL (EU) 2017/828, deren Art. 2 lit. h) RL (EU) 2017/828, regelt, ab wann eine Beherrschung eines Unternehmens anzunehmen ist und damit eine klare Abgrenzung liefere.[5217] Eine Anwendung von § 112 AktG bei einer maßgeblichen Beteiligung ist jedoch **abzulehnen.**[5218] Dies gebietet die Rechtssicherheit, weil eine klare Grenzziehung, wann die Beteiligung die Wesentlichkeitsschwelle überschreitet, kaum möglich ist.[5219] 2285

Jedenfalls bei einer **Minderheitsbeteiligung** liegt aber keine wirtschaftliche Identität vor, sodass § 112 AktG nach der allgemeinen Meinung für **nicht** anwendbar gehalten wird.[5220] 2286

Genauso wenig hat der BGH bisher zu der Frage Stellung genommen, ob ein unter § 112 AktG zu fassender Fall wirtschaftlicher Identität auch dann anzunehmen ist, wenn nur eine Treuhandbeteiligung des Vorstandsmitglieds am betreffenden Vertragspartner vorliegt.[5221] Eine **Treuhandbeteiligung** liegt vor, wenn das Vorstandsmitglied nur über sämtliche Vermögens-, nicht aber auch über sämtliche Verwaltungsrechte verfügt.[5222] Ist das Vorstandsmitglied **Treugeber,** behält es zwar im Innenverhältnis die Einflussnahme- und Vermögensrechte. Der Treuhänder tritt jedoch im Außenverhältnis als Gesellschafter auf. Die Anwendung von § 112 AktG ist in diesen Fällen **abzulehnen.** Die Gesellschaftsbeteiligung des Vorstandsmitglieds ist hier kein rechtlich verselbständigter Teil des Vermögens des Vorstandsmitglieds.[5223] Eine wirtschaftliche Identität zu einer natürlichen Person, wie es § 112 AktG fordert, ist nicht gegeben, weil auch die Verwaltungsrechte des Treuhänders Vermögenswerte darstellen und diese gerade nicht beim betroffenen Vorstandsmitglied liegen.[5224] Gleiches gilt für eine Treuhänderstellung des Vorstandsmitglieds. Es ist dann zwar im Außenverhältnis befugt, nicht aber im Innenverhältnis berechtigt.[5225] Selbst wenn die Treuhandbeteiligung als maßgebliche Beteiligung oder beherrschende Einflussnahme anzusehen wäre, genügte dies, wie oben beschrieben, nicht für die Anwendbarkeit von § 112 AktG. 2287

Bis zu einer endgültigen Klärung der Streitfrage durch den BGH sollte jedoch in Konstellationen, in denen es um eine maßgebliche Beteiligung geht oder die wirtschaftliche Identität nicht eindeutig feststellbar ist, vorsorglich eine **Doppelvertretung durch Vorstand und Aufsichtsrat** vorgenommen werden, um nachteilige Rechtsfolgen zu vermeiden.[5226] 2288

Keine Vertretungsbefugnis des Aufsichtsrats besteht bei Geschäften der Gesellschaft mit Beteiligungsunternehmen von Familienangehörigen eines Vorstandsmitglieds.[5227] Doch sollte in solchen Fällen ein Zustimmungsvorbehalt des Aufsichtsrats nach § 111 Abs. 4 AktG erwogen werden.[5228] Seit Einführung der 2289

[5212] BGH NJW 2019, 1677 (1679); *Baetzgen* RNotZ 2005, 193 (216).
[5213] BGH NJW 2019, 1677 (1679); im Einzelnen dazu *Jenne/Miller* ZIP 2019, 1052 (1055).
[5214] *Jenne/Miller* ZIP 2019, 1052 (1055).
[5215] Bewusst offengelassen vom BGH NJW 2019, 1677 (1679) dort Rn. 27.
[5216] *Rupietta* NZG 2007, 801 (804); *Baetzgen* RNotZ 2005, 193 (216); *Mutter* ZIP 2019, 1655 (1656); MüKoAktG/*Habersack* AktG § 112 Rn. 9 hält wohl § 112 AktG dann für anwendbar, wenn das Vorstandsmitglied mit der Dritt-Gesellschaft einen Beherrschungs- und Gewinnabführungsvertrag geschlossen hat.
[5217] *Theusinger/Guntermann* AG 2017, 798 (804); *Mutter* ZIP 2019, 1655 (1656), hält bereits bei einer Beteiligung von mehr als 50% eine Vertretung durch den Aufsichtsrat für erforderlich und orientiert sich dabei an Art. 19 MAR und dessen Konkretisierung durch die Bundesanstalt für Finanzdienstleistungsaufsicht.
[5218] OLG München NZG 2012, 706 (707); vgl. OLG Saarbrücken NZG 2001, 414; *Theusinger/Wolf* NZG 2012, 901 (903); *Wachter* DB 2019, 951 (958); Kölner Komm AktG/*Mertens/Cahn* AktG § 112 Rn. 18; MüKoAktG/*Habersack* AktG § 112 Rn. 9.
[5219] *Theusinger/Wolf* NZG 2012, 901 (903).
[5220] BGH NZG 2013, 496 (497); OLG Saarbrücken NZG 2001, 414; OLG München ZIP 2012, 1024 (1025); *Eßwein* AG 2015, 151 (153); Kölner Komm AktG/*Mertens/Cahn* AktG § 112 Rn. 18; BeckOGK/*Spindler* AktG § 112 Rn. 9; Semler/v. Schenck/*v. Schenck* AktG § 112 Rn. 40.
[5221] Ablehnend *Eßwein* AG 2015, 151 (152) mangels Registerpublizität bei Stimmbindungs- oder Treuhandverträgen; ablehnend auch *Jenne/Miller* ZIP 2019, 1052 (1056).
[5222] *Jenne/Miller* ZIP 2019, 1052 (1056).
[5223] *Jenne/Miller* ZIP 2019, 1052 (1056).
[5224] *Jenne/Miller* ZIP 2019, 1052 (1056).
[5225] *Jenne/Miller* ZIP 2019, 1052 (1056).
[5226] *Paul* EWiR 2009, 397 (398); *Theusinger/Guntermann* AG 2017, 798; *Henne/Dittert* DStR 2019, 1360 (1362); *Wachter* DB 2019, 951 (957); *Fischer* ZNotP 2002, 297 (303); *Jenne/Miller* ZIP 2019, 1052 (1058).
[5227] *Bayer/Scholz* ZIP 2015, 1853 (1859); Kölner Komm AktG/*Mertens/Cahn* AktG § 112 Rn. 17.
[5228] Hüffer/*Koch*/*Koch* AktG § 112 Rn. 2; BeckOGK/*Spindler* AktG § 112 Rn. 13; vgl. E.2 DCGK.

§§ 111a ff. **AktG** durch das **ARUG II** besteht bei wesentlichen Rechtsgeschäften mit Familienangehörigen ab Erreichen bestimmter Schwellenwerte ein gesetzlicher Zustimmungsvorbehalt. Näher zu diesen sog. **„related party transactions"** → Rn. 435 ff.

2290 Die durch das ARUG II für börsennotierte Aktiengesellschaften eingeführten Regelungen zu **Related Party Transactions** begründen auch für bestimmte Geschäfte mit Vorstandsmitgliedern sowie mit Gesellschaften, die durch ein Vorstandsmitglied maßgeblich beherrscht werden, einen gesetzlichen Zustimmungsvorbehalt des Aufsichtsrats.

2291 Während § 112 AktG alle Rechtsgeschäfte umfasst, unabhängig von deren wirtschaftlicher Bedeutung, gilt der **Zustimmungsvorbehalt** nach § 111b Abs. 1 AktG nur für Geschäfte, deren Wert 1,5 % der Summe aus dem Anlage- und Umlaufvermögen der Gesellschaft übersteigt. Davon ausgenommen sind nach § 111a Abs. 2 AktG ua Geschäfte, die im ordentlichen Geschäftsgang und zu marktüblichen Bedingungen getätigt werden,[5229] soweit die Satzung nichts anderes bestimmt.

2292 Im Gegensatz zu § 112 AktG gelten die neuen Regelungen nicht nur gegenüber Vorstandsmitgliedern, sondern gegenüber allen **„nahestehenden Personen"**. Hierunter fallen auch Drittgesellschaften, die von einem Vorstandsmitglied maßgeblich beherrscht werden. Eine maßgebliche Beherrschung und damit ein Nahestehen wird in Anlehnung an IAS 28 ab unmittelbarer oder mittelbarer Beteiligung von 20 % der Stimmrechte widerleglich vermutet.[5230]

2293 Die Gesetzesbegründung enthält keinen Hinweis darauf, wie das **Verhältnis von § 112 AktG zu § 111b AktG** ist. Die Vertretungsbefugnis des Aufsichtsrats gegenüber Vorstandsmitgliedern nach § 112 AktG muss aber unberührt bleiben. § 111b AktG sollte den **Schutz** von Gesellschaften **vor Interessenkollisionen** erhöhen.[5231] Würde man § 112 AktG von § 111b AktG verdrängt ansehen, würde dieser Schutz gerade verringert, weil ein Rechtsgeschäft, das ohne Zustimmung des Aufsichtsrats vorgenommen wird, dennoch im Außenverhältnis wirksam wäre. Hingegen ist ein Rechtsgeschäft, das § 112 AktG unterfällt, schwebend unwirksam und muss vom Aufsichtsrat genehmigt werden, um Wirksamkeit zu entfalten. In der Praxis wird sich die Frage des Verhältnisses selten stellen, weil Geschäfte mit Vorstandsmitgliedern kaum je ein Schwellenwert von 1,5 % der Summe aus Anlage- und Umlaufvermögen erreichen werden.

2294 **(3) Angehörige.** Der Aufsichtsrat vertritt die Gesellschaft grundsätzlich nicht gegenüber Personen, die Vorstandsmitgliedern nahestehen, weil die Gefahr eines Nachteils für die Gesellschaft nicht größer als bei sonstigen Drittgeschäften ist.[5232] Seit Inkrafttreten des ARUG II kann aber auch bei **Geschäften mit Angehörigen** ein Zustimmungsvorbehalt notwendig sein, sofern die übrigen Voraussetzungen des § 111a Abs. 1 AktG erfüllt sind (→ Rn. 2294 und ausführlich dazu → Rn. 435 ff.). § 112 AktG ist jedoch insoweit gegenüber einem Familienangehörigen des Vorstandsmitglieds anwendbar, als es um die Regelung von Fragen geht, die in dem Anstellungsverhältnis des jeweiligen Vorstandsmitglieds begründet sind.[5233] Dies sind insbesondere **Versorgungszusagen** zugunsten von Ehegatten und sonstigen Familienangehörigen.[5234] Hierdurch können Fragen der Pensionsregelung einheitlich vom Aufsichtsrat entschieden werden.[5235]

2295 **(4) D&O-Versicherung.** Der Anwendungsbereich des § 112 AktG erstreckt sich nicht auf den Abschluss einer D&O-Versicherung.[5236] Vielmehr ist nach der herrschenden Meinung der **Vorstand** für den Abschluss des Versicherungsvertrags zuständig.[5237] Die Kompetenz zur Entscheidung über den Abschluss einer D&O-Versicherung hängt von der Frage ab, ob die von der Gesellschaft zu zahlenden Versicherungsprämien als **Vergütungsbestandteil** oder als **Aufwendung** für die Gesellschaft im Rahmen einer Risikovorsorge einzuordnen sind.[5238] Teilweise wird vertreten, dass der Aufsichtsrat über den Abschluss und die Modalitäten der Versicherung beschließen müsse, weil die Prämienzahlung an den Versicherer als

---

[5229] BT-Drs 19/9739, 81.
[5230] BT-Drs. 19/9739, 80; Hüffer/Koch/*Koch* AktG § 111a Rn. 5.
[5231] BT-Drs 19/9739, 83.
[5232] *Theusinger/Guntermann* AG 2017, 798 (804); MüKoAktG/*Habersack* AktG § 112 Rn. 16.
[5233] BGH AG 2007, 86; LG München I AG 1996, 38; Hüffer/Koch/*Koch* AktG § 112 Rn. 3; Hensler/Strohn/*Henssler* AktG § 112 Rn. 4; Kölner Komm AktG/*Mertens/Cahn* AktG § 112 Rn. 17; MüKoAktG/*Habersack* AktG § 112 Rn. 16; Semler/v. Schenck/*v. Schenck* AktG § 112 Rn. 35; aA *Eßwein* AG 2015, 151 (157).
[5234] MüKoAktG/*Habersack* AktG § 112 Rn. 16; Semler/v. Schenck/*v. Schenck* AktG § 112 Rn. 35.
[5235] BGH AG 2007, 86.
[5236] *Eßwein* AG 2015, 151 (155); Hüffer/Koch/*Koch* AktG § 93 Rn. 58a; MüKoAktG/*Habersack* AktG § 112 Rn. 8; BeckOGK/*Spindler* AktG § 112 Rn. 29, § 112 Rn. 28; Semler/v. Schenck/*v. Schenck* AktG § 112 Rn. 10; Hölters/Hambloch-Gesinn/*Gesinn* AktG § 112 Rn. 12; aA *Bayer/Scholz* ZIP 2015, 1853 (1859).
[5237] *Dreher/Thomas* ZGR 2009, 31 (55); Hüffer/Koch/*Koch* AktG § 93 Rn. 58a; K. Schmidt/Lutter/*Sailer-Coceani* AktG § 93 Rn. 56.
[5238] Hölters/*Hölters* AktG § 93 Rn. 400; BeckOGK/*Fleischer* AktG § 93 Rn. 281.

Teil der Vorstandsvergütung im Sinne des § 87 Abs. 1 AktG zu sehen sei.[5239] Der Vertragsabschluss selbst solle aber dem Vorstand obliegen, da die Gesellschaft und nicht der Vorstand Vertragspartner des Versicherers wird.[5240]

Die inzwischen **herrschende Gegenauffassung** sieht die Prämienleistungen allerdings nicht als Vorstandsvergütung an.[5241] Sie hält den Vorstand daher für das vertretungsberechtigte Organ für den Abschluss des Versicherungsvertrags gemäß § 78 AktG.[5242] Grund hierfür ist, dass es zwar im Einzelfall für das einzelne Vorstandsmitglied günstig sein kann, wenn zu seinen Gunsten eine Versicherung abgeschlossen wird. Insgesamt überwiegt aber der Nutzen der Gesellschaft aus der Versicherung, weil sie leichter geeignete Führungskräfte anwerben und ihre Vollstreckungsaussichten bei Innenhaftungsansprüchen absichern kann.[5243] Insbesondere überwiegt das Interesse der Gesellschaft an einem solventen Schuldner, nämlich dem Versicherer, das Eigeninteresse des einzelnen abgesicherten Organmitglieds und führt deshalb zur Vertretung durch den Vorstand.[5244] Im Übrigen handelt es sich beim Abschluss des Versicherungsvertrags nicht um ein Rechtsgeschäft gegenüber einem Vorstandsmitglied. Vielmehr wird der Versicherungsvertrag zwischen Gesellschaft und Versicherung abgeschlossen.[5245] Es ist allerdings die Schaffung eines **Zustimmungsvorbehalts** gemäß § 111 Abs. 4 S. 2 AktG zu erwägen.[5246] 2296

(5) Interim Management Agenturen. In der Unternehmenspraxis der letzten Jahre hat der Einsatz von **Interim Managern** an Bedeutung zugenommen. Hierbei handelt es sich um eine Art Personalleasing, bei der eine dritte Gesellschaft, eine Interim-Management-Agentur, eine Person zur Ausübung der Vorstandstätigkeit bei der AG überlässt. Die AG schließt mit der Agentur einen Vertrag ab, der unter anderem die Stellung einer geeigneten Person vorsieht, die vom Aufsichtsrat zum Vorstandsmitglied bestellt wird. Mit dem Entgelt, das die Gesellschaft an die Beratungsagentur zahlt, ist bereits die Vergütung des Vorstandsmitglieds abgedeckt. Die Gesellschaft wird durch den **Aufsichtsrat** beim Abschluss des Agenturvertrags vertreten, wenn in dem Vertrag zwischen der Gesellschaft und der Agentur, unmittelbar oder mittelbar die Vergütung des Vorstandsmitglieds geregelt ist.[5247] Die Ratio der Zuständigkeit des Aufsichtsrats folgt aus seiner Verantwortung für die Vergütung des Vorstands gemäß § 87 AktG.[5248] Nur dadurch ist der Gleichlauf von **Bestellungs- und Anstellungskompetenz** gewährleistet.[5249] Dies gilt zumindest, sofern der Agenturvertrag nur auf die Stellung eines Vorstandsmitglieds gerichtet ist.[5250] 2297

Ist der Agenturvertrag sowohl auf die Stellung eines Vorstandsmitglieds als auch auf weitere Leistungen, etwa die Stellung von Mitarbeitern oder die Erbringung weiterer Beratungsleistungen gerichtet, beschränkt sich die Zuständigkeit des Aufsichtsrats auf die Regelungen, die die Vorstandstätigkeit betreffen, während im Übrigen der Vorstand zuständig ist.[5251] Deshalb müssen in diesem Fall am Abschluss des Agenturvertrags **Aufsichtsrat und Vorstand** mitwirken.[5252] 2298

(6) Verträge mit Dritten zugunsten eines Vorstandsmitglieds. Es ist möglich, dass die Gesellschaft mit einem Dritten einen Vertrag abschließt, der ein Vorstandsmitglied gemäß § 328 BGB begünstigt. Darunter fallen unter anderem Verträge, in denen mittels doppelseitigen Treuhandabreden Gehaltsansprüche des Vorstandsmitglieds gegen die Insolvenz der Aktiengesellschaft abgesichert werden.[5253] § 112 AktG ist in derartigen Fällen aus Gründen der Rechtssicherheit und Rechtsklarheit **nicht anwendbar**.[5254] Für die Anwendung des § 112 AktG wird teilweise angeführt, dass es wertmäßig keinen Unterschied mache, ob das Vorstandsmitglied selbst unmittelbar am Vertrag beteiligt ist oder ihm ein eigenes Forderungsrecht 2299

[5239] *Armbrüster* NJW 2016, 897 (900); Grigoleit/*Grigoleit/Tomasic* AktG § 93 Rn. 182.
[5240] Grigoleit/*Grigoleit/Tomasic* AktG § 93 Rn. 182.
[5241] *Dreher/Thomas* ZGR 2009, 31 (55); BeckOGK/*Fleischer* AktG § 93 Rn. 281.
[5242] *Dreher/Thomas* ZGR 2009, 31 (55); Hüffer/Koch/*Koch* AktG § 93 Rn. 58a; K. Schmidt/Lutter/*Sailer-Coceani* AktG § 93 Rn. 56.
[5243] BeckOGK/*Fleischer* AktG § 93 Rn. 282.
[5244] Semler/v. Schenck/*v. Schenck* AktG § 112 Rn. 10.
[5245] BeckOGK/*Fleischer* AktG § 93 Rn. 274.
[5246] Hüffer/Koch/*Koch* AktG § 93 Rn. 56; K. Schmidt/Lutter/*Sailer-Coceani* AktG § 93 Rn. 56.
[5247] BGH AG 2015, 535; OLG Celle AG 2012, 41 f.; *Vetter* FS Hoffmann-Becking, 2013, 1297 (1310); *Kort* AG 2015, 531 (533), der zwischen Drittanstellungsverträgen und Agenturverträgen unterscheidet; *Jooß* NZG 2011, 1130 (1132); Hüffer/Koch/*Koch* AktG § 112 Rn. 3; MüKoAktG/*Habersack* AktG § 112 Rn. 17.
[5248] BGH AG 2015, 535 (537); *Vetter* NZG 2015, 889 (891).
[5249] BGH AG 2015, 535; OLG Celle AG 2012, 41 f.; *Vetter* FS Hoffmann-Becking, 2013, 1297 (1310); Hüffer/Koch/*Koch* AktG § 112 Rn. 3; *Bayer/Scholz* ZIP 2015, 1853 (1859); MüKoAktG/*Habersack* AktG § 112 Rn. 17.
[5250] *Krieger* FS Hoffmann-Becking, 2013, 711 (717).
[5251] *Krieger* FS Hoffmann-Becking, 2013, 711 (717); *Vetter* NZG 2015, 889 (892); offen gelassen von BGH AG 2015, 535 (536).
[5252] *Krieger* FS Hoffmann-Becking, 2013, 711 (717); *Vetter* NZG 2015, 889 (892); MüKoAktG/*Habersack* AktG § 112 Rn. 17.
[5253] *Eßwein* AG 2015, 151 (156).
[5254] *Eßwein* AG 2015, 151 (156); *Theusinger/Guntermann* AG 2017, 798 (805); MüKoAktG/*Habersack* AktG § 112 Rn. 8.

aufgrund von § 328 BGB erwächst.[5255] Dies überzeugt jedoch nicht. § 112 AktG ist eng formuliert und regelt nicht jeden denkbaren Interessenkonflikt. Die Gesellschaft ist bei **Verträgen zugunsten Dritter** auch durch die Grundsätze über den Missbrauch der Vertretungsmacht geschützt, wenn die Vertragspartner kollusiv zusammenwirken oder die Überschreitung im Innenverhältnis für den Vertragspartner evident war.[5256] Darüber hinaus besteht für den Vorstand, der sich in einem Interessenkonflikt befindet und Geschäfte zum Nachteil der Aktiengesellschaft abschließt, die Gefahr, sich wegen Verletzung seiner Sorgfalts- und Treuepflichten schadensersatzpflichtig und unter Umständen strafbar (§ 266 StGB) zu machen.[5257] Ein weitergehender Schutz durch § 112 AktG ist daher nicht zwingend erforderlich.

2300 **(7) Aktionäre.** § 112 AktG ist auf die Vertretung der AG gegenüber Aktionären unanwendbar.[5258] Die Vorschrift findet keine Anwendung, wenn Aktionäre, die nicht Vorstandsmitglieder sind, die **Vorstandsbesetzung** zum Gegenstand einer Feststellungsklage machen.[5259] Es steht der Gesellschaft gerade kein Vorstandsmitglied, sondern ein einzelner Aktionär gegenüber. Die gerichtliche Entscheidung entfaltet keine Rechtskraft zwischen dem betroffenen Vorstandsmitglied und der Gesellschaft.[5260] Gleiches gilt nach hM in Bezug auf **Investorenvereinbarungen,** auch soweit es um Vereinbarungen über Personalmaßnahmen nach § 84 AktG geht.[5261] Solche Vereinbarungen bedürfen aber einer **Zustimmung** des Aufsichtsrats.[5262] Entweder der Aufsichtsrat unterwirft den Abschluss generell oder – uU auch auf Bitte des Vorstands – ad hoc seiner Zustimmung.[5263]

2301 **(8) Sachverständige im Rahmen von § 111 Abs. 2 S. 2 AktG.** Dem Aufsichtsrat steht die Vertretungsbefugnis zum Abschluss von Verträgen mit Sachverständigen, die der Erfüllung seiner Überwachungsaufgabe dienen, sowie hinsichtlich der Hinzuziehung von Sachverständigen zu Sitzungen im Rahmen des § 109 Abs. 1 S. 2 AktG zu.[5264] Die Vertretungsbefugnis des Aufsichtsrats gegenüber Sachverständigen ergibt sich nicht aus § 112 AktG. Vielmehr folgt sie aus der **Aufgabenzuweisung** des § 111 Abs. 2 S. 2 AktG; es handelt sich um eine Annex-Kompetenz.[5265] Der Aufsichtsrat ist jedenfalls dann zur Vertretung der Gesellschaft berechtigt, wenn dies zur Erfüllung seiner Kontrolltätigkeit notwendig ist.[5266] Die Beauftragung von Sachverständigen ist nur für bestimmte Aufgaben und zeitlich begrenzt möglich.[5267] Hat der Aufsichtsrat gemäß § 111 Abs. 2 S. 2 AktG einen Sachverständigen beauftragt, hat er auch die Befugnis zur **gerichtlichen Vertretung** der Gesellschaft gegenüber dem Sachverständigen, wenn es sich um eine Streitigkeit aus dem Auftragsverhältnis handelt. Grund dafür ist, dass dann ein in die Aufsichtsratszuständigkeit fallendes Hilfsgeschäft vorliegt.[5268] Zum Ganzen siehe → § 3 Rn. 141 ff., § 6 Rn. 167.

2302 Die Vertretungskompetenz erstreckt sich auch auf die Durchführung von sonstigen **Hilfsgeschäften** wie die Erstattung von Reisekosten für Auswahlgespräche oder die Anmietung von Sitzungszimmern und bezieht sich innerhalb der zugewiesenen Aufgabe auf die Stadien der Vorbereitung und Durchführung der Aufgabenwahrnehmung.[5269] Zu den Hilfsgeschäften zählt unter anderem auch die Auftragserteilung zur Durchführung interner Schulungen für Aufsichtsratsmitglieder.[5270]

2303 Schwierig zu beurteilen ist die Frage, ob und, wenn ja, inwieweit der **Aufsichtsratsvorsitzende** allein befugt ist, die Gesellschaft bei der Mandatierung eines Sachverständigen oder Beraters zu vertreten. Die hM nimmt eine ungeschriebene Vertretungsmacht des Aufsichtsratsvorsitzenden nur für solche **Hilfsgeschäfte** an, die er zur Erfüllung seiner Funktion als Sitzungsleiter vornimmt und die die spätere Durchführung der Sitzung betreffen.[5271] (→ § 3 Rn. 141). Darunter fallen die Anmietung von Sitzungs-

---

[5255] *Bayer/Scholz* ZIP 2015, 1853 (1859); vgl. *Eßwein* AG 2015, 151 (155).
[5256] *Eßwein* AG 2015, 151 (156); *Theusinger/Guntermann* AG 2017, 798 (805).
[5257] *Eßwein* AG 2015, 151 (156); *Theusinger/Guntermann* AG 2017, 798 (805).
[5258] MüKoAktG/*Habersack* AktG § 112 Rn. 8; BeckOGK/*Spindler* AktG § 112 Rn. 14.
[5259] Vgl. BGH NJW 1997, 318 (319); Hüffer/Koch/*Koch* AktG § 112 Rn. 4; MüKoAktG/*Habersack* AktG § 112 Rn. 8; BeckOGK/*Spindler* AktG § 112 Rn. 14; GroßkommAktG/*Hopt/Roth* AktG § 112 Rn. 75.
[5260] BeckOGK/*Spindler* AktG § 112 Rn. 14.
[5261] *Kiem* AG 2009, 301 (307); *Schockenhoff/Culmann* ZIP 2015, 297 (301); GroßkommAktG/*Hopt/Roth* AktG § 112 Rn. 59.
[5262] *Schockenhoff* ZIP 2017, 1785 (1790); *Kiem* AG 2009, 301 (307); GroßkommAktG/*Hopt/Roth* AktG § 111 Rn. 537.
[5263] *Kiem* AG 2009, 301 (307).
[5264] *M. Arnold* ZGR 2014, 76 (96); GroßkommAktG/*Hopt/Roth* AktG § 112 Rn. 56; BeckOKG/*Spindler* AktG § 111 Rn. 49; Hüffer/Koch/*Koch* AktG § 112 Rn. 24.
[5265] BGH AG 2018, 436 (437); Kölner Komm AktG/*Mertens/Cahn* AktG § 112 Rn. 12, 28; MüKoAktG/*Habersack* AktG § 112 Rn. 4; GroßkommAktG/*Hopt/Roth* AktG § 112 Rn. 56.
[5266] BGH AG 2018, 436 (438).
[5267] Kölner Komm AktG/*Mertens/Cahn* AktG § 111 Rn. 52.
[5268] BGH AG 2018, 436 (438).
[5269] BGH AG 2018, 436 (438).
[5270] *Hoffmann-Becking* ZGR 2011, 136 (142).
[5271] *M. Arnold* ZGR 2014, 76 (96); *Hoffmann-Becking* ZGR 2011, 136 (141); Hüffer/Koch/*Koch* AktG § 112 Rn. 24.

räumen, die Einholung von Rechtsrat in begrenztem Umfang oder die Erstattung von Reisekosten des Sachverständigen.[5272] Bei einem darüber hinaus gehenden Beratungsvertrag, der zB die Einholung umfangreicher Gutachten zum Gegenstand hat, ist grundsätzlich ein Beschluss des Aufsichtsratsplenums oder eines zuständigen Ausschusses erforderlich.[5273] Der Aufsichtsrat kann jedoch auch die Auswahl und Beauftragung des Sachverständigen einem einzelnen Mitglied übertragen, zB dem Aufsichtsratsvorsitzenden.[5274]

Es ist umstritten, wer – der Aufsichtsrat oder der Vorstand – zuständig ist, **Rechnungen** von Beratern des Aufsichtsrats inhaltlich und rechnerisch zu prüfen und freizugeben. Richtigerweise ist von einer Zuständigkeit des **Aufsichtsrats** auszugehen (Annexkompetenz).[5275] Gegen eine Zuständigkeit des Vorstands spricht, dass die Gefahr bestünde, dass der Vorstand hierdurch gegebenenfalls vertrauliche Informationen über die Überwachungstätigkeit des Aufsichtsrats erlangte.[5276] Dadurch könnte die Unabhängigkeit des Aufsichtsrats beeinträchtigt werden.[5277] Die **Erfüllung des Vertrags,** also insbesondere die Anweisung von Zahlungen auf Rechnungen, obliegt jedoch dem Vorstand.[5278] Der Vorstand ist sogar verpflichtet, Zahlungen auf Rechnungen anzuweisen, die der Aufsichtsrat geprüft und freigegeben hat. 2304

Von der Beauftragung eines Sachverständigen zu unterscheiden ist die Durchführung einer **internen Untersuchung** unter Hinzuziehung externer Berater. Zur Durchführung einer internen Untersuchung ist der Aufsichtsrat verpflichtet, wenn ein hinreichend konkreter Verdacht einer Pflichtverletzung des Vorstands besteht.[5279] Die Aufklärungspflicht des Aufsichtsrats ergibt sich in diesen Fällen als **Annexkompetenz** zur Geltendmachung von Schadensersatzansprüchen aus § 112 AktG.[5280] Der Aufsichtsrat ist dann nicht nur berechtigt, sondern sogar verpflichtet, in Ausübung seines Einsichts- und Prüfungsrechts nach § 111 Abs. 2 AktG eigene Ermittlungsmaßnahmen durchzuführen, um ein umfassendes und möglichst wahrheitsgetreues Ergebnis zu erzielen (→ Rn. 213 ff.).[5281] 2305

(9) Abschlussprüfer. Nach Grundsatz 17 DCGK unterstützt der Abschlussprüfer den Aufsichtsrat bzw. den Prüfungsausschuss bei der Überwachung der Geschäftsführung. Die Vertretungsbefugnis des Aufsichtsrats gegenüber **Abschlussprüfern** ist zwar nicht explizit in § 112 AktG geregelt, ergibt sich aber aus der Aufgabenzuweisung des § 111 Abs. 2 S. 3 AktG.[5282] Der Aufsichtsrat hat die Vertretungsbefugnis für die Erteilung des Prüfungsauftrags.[5283] Zuständig ist der Aufsichtsrat sowohl für die Erklärung der Beauftragung mit der Abschlussprüfung, als auch für die Vertragsausgestaltung im Einzelnen sowie die damit zusammenhängenden Hilfsgeschäfte.[5284] Die Vertretungsbefugnis des Aufsichtsrats umfasst als Hilfsgeschäft auch die **gerichtliche Vertretung** der Gesellschaft gegenüber dem Prüfer (→ Rn. 2265).[5285] Der Aufsichtsrat verfügt über die spezifischen Informationen im Zusammenhang mit dem Prüfungsauftrag und kann im Rahmen seiner Verantwortung die ordnungsgemäße Erfüllung des mit dem Abschlussprüfer ausgehandelten Prüfungsauftrages sowie die Höhe des vereinbarten Honorars beurteilen.[5286] Darüber hinaus ist nicht auszuschließen, dass im Rahmen des Honorarrechtsstreits ein Vergleich über die Inhalte der Abschlussprüfung unter Beeinträchtigung der Überwachungsaufgabe des Aufsichtsrats und damit zu Lasten der Gesellschaft stattfindet.[5287] 2306

Entgegen der noch weit verbreiteten Auffassung, dass die Geltendmachung von Schadensersatzansprüchen der Gesellschaft gegen den Abschlussprüfer Sache des Vorstands sei,[5288] ist davon auszugehen, dass auch dafür der **Aufsichtsrat** zuständig ist (→ Rn. 2265).[5289] 2307

[5272] *Hoffmann-Becking* ZGR 2011, 136 (141); BeckOGK/*Spindler* AktG § 107 Rn. 48.
[5273] *Hoffmann-Becking* ZGR 2011, 136 (141); BeckOGK/*Spindler* AktG § 107 Rn. 48.
[5274] MüKoAktG/*Habersack* AktG § 111 Rn. 86.
[5275] Semler/v. Schenck/*Schütz* AktG § 111 Rn. 470; MüKoAktG/*Habersack* AktG § 113 Rn. 27, 30.
[5276] *Knoll/Zachert* AG 2011, 309 (312).
[5277] *Knoll/Zachert* AG 2011, 309 (312).
[5278] *M. Arnold* ZGR 2014, 76 (96); *Frhr. Von Falkenhausen* ZIP 2015, 956 (961); MüKoAktG/*Habersack* AktG § 111 Rn. 102.
[5279] *M. Arnold* ZGR 2014, 76 (92).
[5280] *Reichert/Ott* NZG 2014, 241 (248).
[5281] *Reichert/Ott* NZG 2014, 241 (249).
[5282] GroßKommAktG/*Hopt/Roth* AktG § 111 Rn. 448; BeckOGK/*Spindler* AktG § 111 Rn. 56.
[5283] *Schuhknecht* GWR 2015, 316 (317).
[5284] GroßkommAktG/*Hopt/Roth* AktG § 112 Rn. 52; Grigoleit/*Grigoleit/Tomasic* AktG § 112 Rn. 21.
[5285] *Vetter* AG 2019, 595 (597); MüKoAktG/*Habersack* AktG § 111 Rn. 95.
[5286] *Vetter* AG 2019, 595 (597).
[5287] *Vetter* AG 2019, 595 (597).
[5288] *Schuhknecht* GWR 2015, 316; Hüffer/Koch/*Koch* AktG § 111 Rn. 29; wohl widersprüchlich MüKoAktG/*Habersack* AktG § 111 Rn. 95, wonach für die Geltendmachung von Schadensersatzansprüchen der Vorstand zuständig sein soll, für die Vertretung vor Gericht aber der Aufsichtsrat.
[5289] *Vetter* AG 2019, 595 (597); GroßkommAktG/*Hopt/Roth* AktG § 112 Rn. 52.

b) Sachlicher Anwendungsbereich

2308 Die Vertretungsbefugnis des Aufsichtsrats nach § 112 AktG erstreckt sich auf jegliche gerichtliche und außergerichtliche Vertretung gegenüber Vorstandsmitgliedern. Umfasst sind jedenfalls alle Rechtsgeschäfte und Rechtshandlungen zwischen der Gesellschaft und dem Vorstandsmitglied. Maßgeblich ist allein, ob das Rechtsgeschäft seinen Ursprung in der Vorstandstätigkeit hat oder mit dieser im Zusammenhang steht, was bei aktiven Vorstandsmitgliedern stets anzunehmen ist.[5290] Unerheblich ist, ob im Einzelfall tatsächlich eine Interessenkollision zu befürchten ist. Es genügt die **abstrakte Gefahr** der fehlenden Unabhängigkeit der Vorstandsmitglieder. § 112 AktG enthält keine Beschränkung auf wesentliche Rechtsgeschäfte, weshalb auch Bagatellgeschäfte erfasst sind.[5291] Typischerweise ist der Aufsichtsrat für den Abschluss und die Kündigung sämtlicher Anstellungs- und Pensionsverträge der Vorstandsmitglieder sowie für die Erstattung von Auslagen oder die Zurverfügungstellung von Dienstwagen zuständig.[5292] Die Vertretungsbefugnis ist nach dem Wortlaut des § 112 AktG weit zu verstehen. An eine Befassung des Aufsichtsrats – ggf. auch gemeinsam mit dem Vorstand – kann daher auch bei Handlungen zu denken sein, für die typischerweise kein ausdrücklicher Vertrag abgeschlossen wird, die aber trotzdem rechtlich relevant sein können. Ein Beispiel ist die Herausgabe von Unterlagen der Gesellschaft an ein ehemaliges Vorstandsmitglied zum Zweck der optimalen Verteidigung in einem gegen das Vorstandsmitglied persönlich gerichteten Zivil- oder Strafverfahren.

2309 Ebenfalls von § 112 AktG erfasst ist die gerichtliche Vertretung in Rechtsstreitigkeiten aller Art. Das schließt auch die Erklärung einer **Streitverkündung** gegen ein Vorstandsmitglied ein, selbst in Prozessen, in denen die Gesellschaft an sich vom Vorstand vertreten wird.[5293] In der Praxis wird das in Fällen relevant, in denen die Gesellschaft von einem Dritten mit der Behauptung in Anspruch genommen wird, der Vorstand habe dem Dritten durch sein Verhalten Schaden zugefügt. Dann kann die Gesellschaft, vertreten durch den Aufsichtsrat, durch eine Streitverkündung Regressansprüche gegen Vorstandsmitglieder sichern.

2310 Der **Umfang der Vertretungsbefugnis** bestimmt sich nach § 82 Abs. 1 AktG.[5294] Danach hat der Aufsichtsrat im Außenverhältnis unbeschränkte, umfassende Vertretungsmacht. Etwaige Beschränkungen der Vertretungsbefugnis wirken nur im Innenverhältnis, ziehen aber bei Zuwiderhandlung eine Pflichtverletzung nach sich. Auch hat der Aufsichtsrat die **passive** Vertretungsmacht gemäß § 112 S. 2 AktG, der auf § 78 Abs. 2 S. 2 AktG verweist. Hierzu genügt die Erklärung gegenüber einem einzelnen Aufsichtsratsmitglied.[5295]

2311 Eine Erweiterung auf den **Konzern** (→ § 8 Rn. 1 ff.) dergestalt, dass die Gesellschaft durch den Aufsichtsrat vertreten werden muss, wenn ein Vorstandsmitglied zum Geschäftsführer einer Tochtergesellschaft bestellt werden soll, enthält § 112 AktG nicht. Die Frage der Anwendbarkeit des § 112 AktG stellt sich von vornherein nicht bei einer **paritätisch mitbestimmten GmbH,** weil dann der Geschäftsführer nach § 31 MitbestG iVm § 84 Abs. 1 AktG durch den Aufsichtsrat der GmbH, und gerade nicht durch die Gesellschafterversammlung bestellt wird.[5296] In den übrigen Fällen verbleibt die Befugnis zur Vertretung der Muttergesellschaft beim **Vorstand,** wenn das Vorstandsmitglied der Muttergesellschaft zum Geschäftsführer einer Tochter-GmbH bestellt wird.[5297] Für den Abschluss des Anstellungsvertrags mit der Tochtergesellschaft gilt dies entsprechend.[5298] Die Muttergesellschaft wird in diesen Fällen nämlich nicht gegenüber dem Vorstandsmitglied, sondern gegenüber der abhängigen Gesellschaft vertreten.[5299] Ferner stehen bei der Bestellung oder Abberufung des Vorstandsmitglieds als Geschäftsführer der Tochter-GmbH keine Rechte und Pflichten in der Eigenschaft als Vorstandsmitglied in Streit.[5300] Geschäfte der Tochtergesellschaft mit dem Vorstandsmitglied werden somit nicht von § 112 AktG erfasst. Es empfiehlt sich aber, einen **Zustimmungsvorbehalt** des Aufsichtsrats für die Bestellung von Vorstandsmitgliedern

---

[5290] MüKoAktG/*Habersack* AktG § 112 Rn. 18.
[5291] Hüffer/Koch/*Koch* AktG § 112 Rn. 5.
[5292] BeckOGK*Spindler* AktG § 112 Rn. 28.
[5293] BGH NZG 2009, 342 (345); *Schwab* NZG 2013, 521 (524).
[5294] MüKoAktG/*Habersack* AktG § 112 Rn. 19.
[5295] Hüffer/Koch/*Koch* AktG § 112 Rn. 10; Semler/v. Schenck/*v. Schenck* AktG § 112 Rn. 66; BeckOGK/*Spindler* AktG § 112 Rn. 41.
[5296] Kölner Komm AktG/*Mertens/Cahn* AktG § 112 Rn. 4; BeckOGK AktG/*Spindler* AktG § 112 Rn. 23.
[5297] OLG München FGPrax 2012, 175 (176); LG Nürnberg-Fürth AG 2001, 152; *Theusinger/Guntermann* AG 2017, 798 (803); BeckOGK/*Spindler* AktG § 112 Rn. 23; Kölner Komm AktG/*Mertens/Cahn* AktG § 112 Rn. 4; MüKoAktG/*Habersack* AktG § 112 Rn. 7; aA LG Berlin NJW-RR 1997, 1534.
[5298] Kölner Komm AktG/*Mertens/Cahn* AktG § 112 Rn. 5; GroßkommAktG/*Hopt/Roth* AktG § 112 Rn. 74.
[5299] *Cramer* NZG 2012, 765 (766); GroßkommAktG/*Hopt/Roth* AktG § 112 Rn. 69; Hüffer/Koch/*Koch* AktG § 112 Rn. 6.
[5300] GroßkommAktG/*Hopt/Roth* AktG § 112 Rn. 69.

D. Vertretungskompetenz

zu Organmitgliedern von Tochtergesellschaften einzuführen, weil sonst die Gefahr droht, dass sich die Vorstandsmitglieder der Kontrolle durch den Aufsichtsrat entziehen können.[5301]

Bei der Beschlussfassung über die **Geschäftsführerbestellung in der Tochter-GmbH** kann das betroffene Vorstandsmitglied als Gesellschafter Stimmrechte aus den ihm selbst gehörenden Anteilen ausüben, weil in diesem Fall die Regelungen über die Stimmverbote abschließend sind.[5302] § 181 Alt. 1 BGB kommt jedoch zur Anwendung, wenn der zu bestellende Geschäftsführer das Stimmrecht nicht als Gesellschafter, sondern als Vertreter der Muttergesellschaft ausübt,[5303] mit der Folge, dass das betroffene Vorstandsmitglied nicht an der Beschlussfassung in der Tochter-GmbH teilnehmen kann.[5304] Das Vorstandsmitglied kann jedoch von der Beschränkung des § 181 Alt. 1 BGB durch die anderen Vorstandsmitglieder befreit werden.[5305] Die Befreiung muss durch den Aufsichtsrat erklärt werden, wenn der Vorstand hierzu mangels einer ausreichenden Anzahl in einem Interessenkonflikt stehender Vorstandsmitglieder nicht in der Lage ist.[5306] Der Aufsichtsrat ist auch dann nicht vertretungsbefugt, wenn das amtierende oder ehemalige Vorstandsmitglied des herrschenden Unternehmens einen **Beratervertrag** mit der Tochtergesellschaft abschließt.[5307] Auch hier empfiehlt sich aber ein Zustimmungsvorbehalt des Aufsichtsrats.[5308] Wird der Beratervertrag mit der Obergesellschaft abgeschlossen, findet § 112 AktG hingegen Anwendung.[5309]

Bei einem **mehrseitigen Vertrag** zwischen einem Vorstandsmitglied, der Gesellschaft und weiteren Vertragspartnern greift § 112 AktG nicht, wenn die Gesellschaft und das Vorstandsmitglied keine gegenläufigen, sondern gleich gerichtete Willenserklärungen abgeben.[5310] In diesem Fall liegt kein Rechtsgeschäft **gegenüber** dem Vorstandsmitglied vor.

c) Wissenszurechnung

Ob § 78 Abs. 2 S. 2 AktG, der die passive Vertretung regelt, auch zur Folge hat, dass das Wissen eines Aufsichtsratsmitglieds dem Gesamtgremium zugerechnet wird, ist umstritten. Teilweise wird vertreten, die gesetzgeberische Entscheidung für die passive Einzelvertretung habe zur Folge, dass auch das Wissen jedes Aufsichtsratsmitglieds oder zumindest das Wissen des Aufsichtsratsvorsitzenden allen Aufsichtsratsmitgliedern zugerechnet werden müsse.[5311] Eine Wissenszurechnung **einzelner Aufsichtsratsmitglieder** ist aber **abzulehnen**.[5312] Denn der Aufsichtsrat ist ein Kollegialorgan und entscheidet durch Beschluss gemäß § 108 AktG.[5313] Wenn der Aufsichtsrat ausnahmsweise vertretungsbefugt ist, handelt zwingend der Gesamtaufsichtsrat im Gegensatz zu den Vertretungsbefugnissen des Vorstands (§ 78 Abs. 2 AktG). Zudem hat die Aufgabe als Aufsichtsratsmitglied nur Nebencharakter.[5314] Auch ist der Sitzungsturnus des Aufsichtsrats zu berücksichtigen. Ein ständiger Informationsaustausch zwischen den einzelnen Aufsichtsratsmitgliedern findet, anders als im Vorstand, nicht statt.[5315] Wissen des Aufsichtsrats liegt demnach erst dann vor, wenn die relevanten Informationen in die Aufsichtsratssitzung gelangt sind.[5316] Auch das Wissen

---

[5301] GroßkommAktG/*Hopt/Roth* AktG § 112 Rn. 70; Hüffer/Koch/*Koch* AktG § 112 Rn. 6.
[5302] GroßkommAktG/*Hopt/Roth* AktG § 112 Rn. 72; Kölner Komm AktG/*Mertens/Cahn* AktG § 112 Rn. 4.
[5303] BGH DStR 1991, 89; GroßkommAktG/*Hopt/Roth* AktG § 112 Rn. 72; Kölner Komm AktG/*Mertens/Cahn* AktG § 112 Rn. 4.
[5304] *Cramer* NZG 2012, 765 (768); GroßkommAktG/*Hopt/Roth* AktG § 112 Rn. 72; Kölner Komm AktG/*Mertens/Cahn* AktG § 112 Rn. 4; aA Semler/v. Schenck/*v. Schenck* AktG § 112 Rn. 18.
[5305] GroßkommAktG/*Hopt/Roth* AktG § 112 Rn. 73; Henssler/Strohn/*Henssler* AktG § 112 Rn. 7; *Cramer* NZG 2012, 765 (768) und Kölner Komm AktG/*Mertens/Cahn* AktG § 112 Rn. 4, die nur von einer Befreiung durch den Aufsichtsrat ausgehen; *Schemmann* NZG 2008, 89 (92), der eine Eintragung einer Befreiung ins Handelsregister für erforderlich hält.
[5306] GroßkommAktG/*Hopt/Roth* AktG § 112 Rn. 73; Kölner Komm AktG/*Mertens/Cahn* AktG § 112 Rn. 4.
[5307] *Fuhrmann* NZG 2017, 291 (292); Hüffer/Koch/*Koch* AktG § 112 Rn. 6; GroßkommAktG/*Hopt/Roth* AktG § 112 Rn. 74.
[5308] GroßkommAktG/*Hopt/Roth* AktG § 112 Rn. 74.
[5309] Kölner Komm AktG/*Mertens/Cahn* AktG § 112 Rn. 5; GroßkommAktG/*Hopt/Roth* AktG § 112 Rn. 74.
[5310] BGH NZG 2017, 1219 (1221); *Theusinger/Guntermann* AG 2017, 798 (801); MüKoAktG/*Habersack* AktG § 112 Rn. 7.
[5311] *Schwintowski* ZIP 2015, 617; differenzierend *Koch* ZIP 2015, 1757; Kölner Komm AktG/*Mertens/Cahn* AktG § 112 Rn. 34; GroßkommAktG/*Hopt/Roth* AktG § 112 Rn. 43.
[5312] BGH NJW 1981, 166; BGH NZG 2002, 46 (48); vgl. BGH NJW 1998, 3274 zur Kündigung des Anstellungsvertrags eines GmbH-Geschäftsführers durch die Gesellschafterversammlung; *Buck-Heeb* AG 2015, 801 (804); MüKoAktG/*Habersack* AktG § 112 Rn. 27; Hölters/Hambloch-Gesinn/*Gesinn* AktG § 112 Rn. 17; BeckOGK/*Spindler* AktG § 112 Rn. 43.
[5313] Hüffer/Koch/*Koch* AktG § 112 Rn. 10; MüKoAktG/*Habersack* AktG § 112 Rn. 27.
[5314] *Buck-Heeb* AG 2015, 801 (804); MüKoAktG/*Habersack* AktG § 112 Rn. 27.
[5315] BeckOGK/*Spindler* AktG § 112 Rn. 43.
[5316] BGH NJW 1981, 166; BGH NZG 2002, 46 (48); *Buck-Heeb* AG 2015, 801 (804); Hüffer/Koch/*Koch* AktG § 112 Rn. 7.

des Aufsichtsratsvorsitzenden wird dem Kollegialorgan Aufsichtsrat nicht zugerechnet.[5317] Der Aufsichtsratsvorsitzende ist grundsätzlich nicht entscheidungsbefugt, die Vertretungsbefugnis bezieht sich nur auf das Gesamtgremium.[5318]

2315 In der Praxis kommt der Frage der Wissenszurechnung dann besondere Bedeutung zu, wenn ein Aufsichtsratsmitglied Kenntnis von einem außerordentlichen Kündigungsgrund gegen ein Vorstandsmitglied erhält. Eine fristlose Kündigung ist gemäß § 626 Abs. 2 BGB nur innerhalb einer Frist von zwei Wochen nach Kenntnis des Kündigungsgrunds möglich. Bei juristischen Personen ist dabei grundsätzlich die Kenntnis des zur Entscheidung über die fristlose Kündigung berufenen Gremiums der Gesellschaft entscheidend.[5319] Dies ist der Aufsichtsrat als Kollegialorgan bzw. ein Ausschuss, falls dieser entscheidungsbefugt ist.[5320] Die Kenntnis eines einzelnen Organmitglieds bezüglich des Kündigungsgrunds genügt dabei nicht, weil dann dem Aufsichtsrat als Gesamtorgan, der über den Widerruf der Bestellung entscheidet, nicht die entscheidungserheblichen Tatsachen für die Beschlussfassung zur Verfügung stehen. Erst **ab Kenntnis** des Aufsichtsratsplenums läuft die **Zwei-Wochen-Frist** des § 626 Abs. 2 BGB.[5321] Allerdings darf es das einzelne Aufsichtsratsmitglied nicht in der Hand haben, durch unzumutbare Verzögerungen eine Zurechnung an das Aufsichtsratsplenum zu verhindern. Das Wissen wird jedenfalls in dem Zeitpunkt zugerechnet, in dem mit einer Mitteilung an das Kollegialorgan nach Treu und Glauben gemäß § 242 BGB unter zumutbaren Umständen gerechnet werden konnte.[5322] Steht eine Kündigungsfrist gemäß § 626 Abs. 2 BGB in Frage, läuft diese ab dem Tag, an dem die Aufsichtsratssitzung in zumutbarer Weise hätte einberufen werden können.[5323]

2316 Den Aufsichtsratsmitgliedern kann es obliegen, von ihrem Recht aus **§ 110 Abs. 1 AktG** auf **Einberufung** des Aufsichtsrats Gebrauch zu machen, um der Gesellschaft ein Handeln zu ermöglichen.[5324]

3. Ausübung der Vertretungsmacht

2317 Im Rahmen der Ausübung der Vertretungsmacht des Aufsichtsrats ist zwischen der **Willensbildung** und der **Willensäußerung** zu unterscheiden.

a) Willensbildung

2318 **aa) Zuständigkeit.** Die Vertretungsbefugnis im Rahmen der Willensbildung steht dem **Gesamtaufsichtsrat**, also insbesondere nicht einzelnen Aufsichtsratsmitgliedern, zu.[5325] Es wird vertreten, dass einzelne Aufsichtsratsmitglieder oder Angestellte ermächtigt werden können, die Gesellschaft zumindest bei Geschäften des täglichen Lebens bereits bei der Willensbildung zu vertreten.[5326] Dem ist **nicht zu folgen**, weil die Frage, wann ein Geschäft des täglichen Lebens vorliegt, im Einzelfall unterschiedlich beurteilt werden könnte und dies zu Abgrenzungsschwierigkeiten und Rechtsunsicherheit führte.[5327]

2319 Dem Aufsichtsrat ist es allerdings möglich, **Ausschüsse** (→ § 3 Rn. 198 ff.) zu bilden und auf diese die Befugnis, Beschlüsse über die Vertretung der Gesellschaft im Rahmen des § 112 AktG zu fassen, zu delegieren. Dies kann für den Einzelfall, aber auch generell geschehen.[5328] **Ausgenommen** hiervon sind Entscheidungen, die gemäß § 107 Abs. 3 AktG ausdrücklich dem **Plenum vorbehalten** sind, sowie **ungeschriebene Delegationsverbote**. Dazu gehört insbesondere das Verbot, die allgemeine Überwachungsaufgabe des Aufsichtsrats insgesamt zu delegieren, sowie die Selbstorganisation des Aufsichtsrats auf

---

[5317] *Buck-Heeb* AG 2015, 801 (805); Hölters/*Hambloch-Gesinn*/*Gesinn* AktG § 112 Rn. 17; MüKoAktG/*Habersack* AktG § 112 Rn. 27; BeckOGK/*Spindler* AktG § 112 Rn. 43; aA GroßkommAktG/*Hopt*/*Roth* AktG § 112 Rn. 88; Kölner Komm AktG/*Mertens*/*Cahn* AktG § 112 Rn. 34.
[5318] *Buck-Heeb* AG 2015, 801 (804).
[5319] BGH NJW 2013, 2425 (2426); KG NZG 2004, 1165 (1167).
[5320] BGH ZIP 2001, 1957 (1958); Hölters/*Hambloch-Gesinn*/*Gesinn* AktG § 112 Rn. 17; *Stein* ZGR 1999, 264 (282); MüKoAktG/*Spindler* AktG § 84 Rn. 175.
[5321] BGH NZG 2002, 46 (48); Hölters/*Hambloch-Gesinn*/*Gesinn* AktG § 112 Rn. 17.
[5322] BGH NJW 1998, 3274; KG NZG 2004, 1165 (1167); *Buck-Heeb* AG 2015, 801 (805); MüKoAktG/*Habersack* AktG § 112 Rn. 27.
[5323] MüKoAktG/*Habersack* AktG § 112 Rn. 27; MüKoAktG/*Spindler* AktG § 84 Rn. 175.
[5324] MüKoAktG/*Habersack* AktG § 112 Rn. 27; Hölters/*Hambloch-Gesinn*/*Gesinn* AktG § 112 Rn. 17; *Stein* ZGR 1999, 264 (283).
[5325] BGH NJW 1964, 1367; BGH NZG 2008, 471; 2013, 792 (794); Henssler/Strohn/*Henssler* AktG § 112 Rn. 8.
[5326] MüKoAktG/*Habersack* AktG § 112 Rn. 24; Hölters/*Hambloch-Gesinn*/*Gesinn* AktG § 112 Rn. 11; GroßkommAktG/*Hopt*/*Roth* AktG § 112 Rn. 101; Grigoleit/*Grigoleit*/*Tomasic* AktG § 112 Rn. 14; Kölner Komm AktG/*Mertens*/*Cahn* AktG § 112 Rn. 38.
[5327] BeckOGK/*Spindler* AktG § 112 Rn. 38 ff., der die Delegation an einen beschließenden Aufsichtsratsausschuss in diesen Fällen als ausreichend erachtet; *Stein* AG 1999, 28 (40).
[5328] MüKoAktG/*Habersack* AktG § 112 Rn. 23.

Ausschüsse zu übertragen (→ § 3 Rn. 235 ff.).[5329] Dem Ausschuss darf die Ausübung der Vertretungsmacht insbesondere nicht zur ausschließlichen Wahrnehmung übertragen werden.[5330]

Dem **Aufsichtsratsvorsitzenden** steht eine ungeschriebene Vertretungsmacht **für Hilfsgeschäfte** zur Erfüllung seiner Funktionen zu, die er auch auf andere Aufsichtsratsmitglieder übertragen kann.[5331]

bb) Beschluss § 108 AktG. Die Ausübung der Vertretungsbefugnis setzt zunächst im Rahmen der Willensbildung (→ § 3 Rn. 432 ff.) einen Beschluss des Aufsichtsrats nach den allgemeinen Grundsätzen des § 108 AktG voraus.[5332] Es ist ein **ausdrücklicher** Beschluss erforderlich. Konkludente Handlungen genügen nicht.[5333] Der Beschluss muss sich auf die wesentlichen Punkte des späteren Vertrags beziehen.[5334] Ein ehemaliges Vorstandsmitglied unterliegt insoweit einem Stimmverbot, als seine frühere Tätigkeit als Mitglied des Vorstands betroffen ist.[5335]

cc) Beschlussmängel. Bei Beschlussmängeln ist grundsätzlich zwischen dem eigentlichen Beschluss im Innenverhältnis und der Vertretung im Außenverhältnis zu unterscheiden.[5336] Auch im Rahmen des § 112 AktG gelten die Grundsätze über die Abstraktheit der Vertretungsmacht von einem ihrer Erteilung zugrunde liegenden Rechtsgeschäft.[5337] Das kausale Rechtsgeschäft und die Vollmacht sind rechtlich voneinander unabhängig. Für die Wirksamkeit der Vollmacht und damit auch des Rechtsgeschäfts, kommt es nicht auf das Grundgeschäft an.[5338] Grundsätzlich sind Erklärungen des Aufsichtsrats gegenüber außenstehenden **Dritten,** die aufgrund fehlerhafter Beschlüsse abgegeben wurden, wirksam, wenn der Dritte die Nichtigkeit kannte oder kennen musste, weil im Außenverhältnis ein Rechtsschein erteilt wurde.[5339] Dies ist vor allem bei der Beauftragung eines Sachverständigen der Fall, § 111 Abs. 2 S. 2 AktG.

Organmitglieder, insbesondere Vorstandsmitglieder, sind grundsätzlich **keine „Dritten".** Organmitglieder sind häufig nicht schutzwürdig, weil sie die Nichtigkeit kennen oder kennen müssen.[5340] Verfahrensfehler bei der Sitzungsvorbereitung und der Beschlussfassung des Aufsichtsrats sind jedoch auch für amtierende Vorstandsmitglieder nicht stets erkennbar. Folglich dürfen auch in solchen Fällen fehlerhafte Aufsichtsratsbeschlüsse nicht zur Unwirksamkeit einer zu ihrer Umsetzung vorgenommenen Vertretungshandlung führen.[5341] Das gilt unabhängig davon, ob der Aufsichtsratsbeschluss bereits die Willenserklärung ist oder die Willenserklärung durch das Aufsichtsratsplenum dem Beschluss erst zeitlich nachfolgt. Unerheblich ist auch, ob der Beschluss durch einen Erklärungsvertreter kundgetan oder einen Boten übermittelt wird.[5342] Von einem **Durchschlagen** des **Beschlussmangels** ist nur dann auszugehen, wenn dieser für den Erklärungsgegner, das betroffene Vorstandsmitglied oder zB einen Sachverständigen, **erkennbar,** also evident, war.[5343] Die Gesellschaft ist über die Grundsätze über den Missbrauch der Vertretungsmacht und durch die Haftung der Aufsichtsratsmitglieder nach §§ 116, 93 AktG ausreichend vor pflichtwidrigen Willenserklärungen einzelner Aufsichtsratsmitglieder geschützt.[5344]

[5329] MüKoAktG/*Habersack* AktG § 112 Rn. 23; Semler/v. Schenck/*v. Schenck* AktG § 112 Rn. 54.
[5330] Kölner Komm AktG/*Mertens/Cahn* AktG § 112 Rn. 36; Semler/v. Schenck/*v. Schenck* AktG § 112 Rn. 54.
[5331] Kölner Komm AktG/*Mertens/Cahn* AktG § 112 Rn. 30; MüKoAktG/*Habersack* AktG § 107 Rn. 59.
[5332] Hüffer/Koch/*Koch* AktG § 112 Rn. 7; Kölner Komm AktG/*Mertens/Cahn* AktG § 112 Rn. 31; BeckOGK/*Spindler* AktG § 112 Rn. 34.
[5333] MüKoAktG/*Habersack* AktG § 112 Rn. 22; BeckOGK/*Spindler* AktG § 112 Rn. 34; Hölters/*Hambloch-Gesinn/Gesinn* AktG § 112 Rn. 13.
[5334] Hüffer/Koch/*Koch* AktG § 112 Rn. 7.
[5335] MüKoAktG/*Habersack* AktG § 112 Rn. 22; GroßkommAktG/*Hopt/Roth* AktG § 112 Rn. 80.
[5336] BeckOGK/*Spindler* AktG § 112 Rn. 45.
[5337] Kölner Komm AktG/*Mertens/Cahn* AktG § 112 Rn. 32.
[5338] MüKoBGB/*Schubert* BGB § 164 Rn. 22.
[5339] BGH AG 2013, 387 (388); *E. Vetter* ZIP 2012, 701 (710); Semler/v. Schenck/*v. Schenck* AktG § 112 Rn. 85 Fn. 146; GroßkommAktG/*Hopt/Roth* AktG § 108 Rn. 28.
[5340] BGH AG 2013, 387 (388); *E. Vetter* ZIP 2012, 701 (710); Semler/v. Schenck/*v. Schenck* AktG § 112 Rn. 85 Fn. 146.
[5341] *Cahn* FS Hoffmann-Becking, 2013, 247 (281); Kölner Komm AktG/*Mertens/Cahn* AktG § 112 Rn. 32; BeckOGK/*Spindler* AktG § 112 Rn. 45; Hölters/*Hambloch-Gesinn/Gesinn* AktG § 112 Rn. 19; aA *Stein* AG 1999, 28 (32), die danach unterscheidet, ob eine Delegation stattfindet und im Falle fehlender Delegation dem Rechtsgeschäft wegen eines unwirksamen Beschlusses die Wirksamkeit abspricht; auch Semler/v. Schenck/*v. Schenck* AktG § 112 Rn. 82, 85; siehe auch OLG Köln NZG 2008, 635, das bei Widerruf der Bestellung eines Vorstandsmitglieds ohne nähere Begründung davon ausgeht, dass die Nichtigkeit des Aufsichtsratsbeschlusses die Unwirksamkeit des Widerrufs zur Folge hat.
[5342] *Cahn* FS Hoffmann-Becking, 2013, 247 (281).
[5343] Hölters/*Hambloch-Gesinn/Gesinn* AktG § 112 Rn. 19; BeckOGK/*Spindler* AktG § 112 Rn. 45.
[5344] *Cahn* FS Hoffmann-Becking, 2013, 247 (281); differenzierend BeckOGK/*Spindler* AktG § 112 Rn. 45; Hölters/*Hambloch-Gesinn/Gesinn* AktG § 112 Rn. 19, die ein Durchschlagen des Beschlussmangels auf die Willensäußerung annehmen, wenn der Beschlussmangel für den Erklärungsgegner erkennbar war.

2324　　Bei **gesellschaftsinternen Erklärungen** sowie bei Bestellung und Widerruf von Vorstandsmitgliedern schlagen Beschlussmängel hingegen stets auf die Wirksamkeit der Erklärung durch.[5345]

b) Willensäußerung

2325　　Erst die Willensäußerung, also die **Kundgabe des** intern gefassten **Beschlusses** gegenüber dem Erklärungsgegner, führt dazu, dass der Beschluss Rechtswirkungen im Verhältnis zu Dritten entfaltet.[5346] Die Ausführung des Aufsichtsratsbeschlusses, die sogenannte **Erklärungshandlung,** kann auf einzelne Aufsichtsratsmitglieder, Angestellte der AG oder Dritte übertragen werden.[5347] Die Ermächtigung der einzelnen Aufsichtsratsmitglieder, besonders des Aufsichtsratsvorsitzenden, die mit der Kundgabe des Beschlusses betraut werden, kann in der Geschäftsordnung des Aufsichtsrats enthalten sein.[5348] Entsprechende Regelungen in der Satzung sind zwar zulässig, binden aber den Aufsichtsrat oder Ausschuss nicht, weil die Ausübung der Vertretungsmacht seine innere – der Einflussnahme von außen entzogene – Ordnung betrifft. Der Aufsichtsrat kann deshalb von Fall zu Fall oder generell ein anderes Verfahren beschließen.[5349] Für die Delegation der Willensäußerung ist kein Aufsichtsratsbeschluss nötig.[5350] Es genügt, dass sich die Ermächtigung zur Kundgabe aus den Umständen und damit insbesondere auch aus einer entsprechenden dauernden Übung ergibt.[5351]

2326　　Im Rahmen der Willensäußerung ist nicht nur die Einschaltung von **Boten,** sondern auch eine Untervertretung, die zur Einzelvertretung ermächtigt, möglich.[5352] Ein **Erklärungsvertreter** wird tätig, wenn der Beschluss des Aufsichtsrats keine eigene Willenserklärung darstellt. Der Erklärungsvertreter muss die Willensbildung des Aufsichtsrats dann noch in Form einer eigenen Willenserklärung zum Ausdruck bringen.[5353] Ein Bote kommt zum Einsatz, wenn der Beschluss des Aufsichtsrats zugleich die Willenserklärung darstellt.[5354] Dies wird angenommen, wenn eine separate Erklärung nicht erforderlich ist, wenn der Beschlusswortlaut also nicht oder zumindest nicht wesentlich umformuliert werden muss.[5355] Bote kann jede vom Aufsichtsrat benannte Person sein. Erklärungsvertreter können der Aufsichtsratsvorsitzende, ein Aufsichtsratsmitglied oder ein Dritter sein. Ein dem Weisungsrecht des Vorstands unterstehender Angestellter kann nur als Bote eingesetzt werden.[5356] Abschlussvertreter kann nur ein Aufsichtsratsmitglied sein.[5357] **Vorstandsmitglieder** sollten **nicht** als Erklärungsvertreter oder Boten eingesetzt werden, um Interessenkonflikte zu vermeiden.

2327　　Diskutiert wird, ob derjenige, der Beschlüsse des Aufsichtsrats umzusetzen hat (meist der Aufsichtsratsvorsitzende), Willenserklärungen nur entsprechend dem Aufsichtsratsbeschluss kundgeben darf oder ob ihm ein **Entscheidungsspielraum** auch im Hinblick auf den Inhalt der Erklärung zusteht, sog. „Abschlussvertreter".[5358] Dies kann beispielsweise von Bedeutung sein in Bezug auf den Abschluss eines Vergleichs zur Beilegung von Streitigkeiten oder der Gestaltung und dem Abschluss von Anstellungsverträgen

---

[5345] Vgl. BGH AG 2013, 387 (389); OLG Köln NZG 2008, 635; *Cahn* FS Hoffmann-Becking, 2013, 247 (281); Kölner Komm AktG/*Mertens/Cahn* AktG § 112 Rn. 32; BeckOGK/*Spindler* AktG § 108 Rn. 91.
[5346] OLG Düsseldorf NZG 2004, 141 (142); *Leuering* NZG 2004, 120 (121); *Semler* FS Rowedder, 1994, 441 (451); MüKoAktG/*Habersack* AktG § 112 Rn. 21; Hölters/*Hambloch-Gesinn/Gesinn* AktG § 112 Rn. 14.
[5347] MüKoAktG/*Habersack* AktG § 112 Rn. 21; *Semler/v. Schenck/v. Schenck* AktG § 112 Rn. 57; Kölner Komm AktG/*Mertens/Cahn* AktG § 112 Rn. 38.
[5348] *Frhr. von Falkenhausen* ZIP 2015, 956 (961), der sogar eine Eintragung des Aufsichtsratsvorsitzenden in das Handelsregister, um Rechtssicherheit für Dritte zu garantieren, befürwortet; Kölner Komm AktG/*Mertens/Cahn* AktG § 112 Rn. 39; *Bauer/Krieger* ZIP 2004, 1247 (1248); Hölters/*Hambloch-Gesinn/Gesinn* AktG § 107 Rn. 48.
[5349] MüKoAktG/*Habersack* AktG § 112 Rn. 30; BeckOGK/*Spindler* AktG § 107 Rn. 47.
[5350] MüKoAktG/*Habersack* AktG § 107 Rn. 60, § 112 Rn. 28; Kölner Komm AktG/*Mertens/Cahn* AktG § 112 Rn. 39; BeckOGK/*Spindler* AktG § 112 Rn. 39; Hüffer/Koch/*Koch* AktG § 112 Rn. 7; aA *Frhr. von Falkenhausen* ZIP 2015, 956 (960); GroßkommAktG/*Hopt/Roth* AktG § 112 Rn. 98, die allerdings bei einer dauernden Übung einen Beschluss scheinbar für entbehrlich halten; differenzierend *Semler/v. Schenck/v. Schenck* AktG § 112 Rn. 73 sowie Kölner Komm AktG/*Mertens/Cahn* AktG § 112 Rn. 40, die bei der Übertragung auf Dritte einen Beschluss für erforderlich halten.
[5351] MüKoAktG/*Habersack* AktG § 112 Rn. 21; BeckOGK/*Spindler* AktG § 112 Rn. 39; *Bauer/Krieger* ZIP 2004, 1247 (1248).
[5352] *Cahn* FS Hoffmann-Becking, 2013, 247 (251); *Semler/v. Schenck/v. Schenck* AktG § 112 Rn. 57.
[5353] Ein Erklärungsvertreter steht zwischen einem wirklichen Vertreter und einem Boten; *Bednarz* NZG 2005, 418 (420); *Bauer/Krieger* ZIP 2004, 1247 (1248); *Cahn* FS Hoffmann-Becking, 2013, 247 (254); MüKoAktG/*Habersack* AktG § 112 Rn. 28; GroßkommAktG/*Hopt/Roth* AktG § 112 Rn. 93.
[5354] BGH NJW 1954, 797 (798); *Bednarz* NZG 2005, 418 (420); *Bauer/Krieger* ZIP 2004, 1247 (1248); *Cahn* FS Hoffmann-Becking, 2013, 247 (253); GroßkommAktG/*Hopt/Roth* AktG § 112 Rn. 93.
[5355] *Frhr. von Falkenhausen* ZIP 2015, 956 (960); *Cahn* FS Hoffmann-Becking, 2013, 247 (253).
[5356] MüKoAktG/*Habersack* AktG § 112 Rn. 29; Hölters/*Hambloch-Gesinn/Gesinn* AktG § 112 Rn. 15; ohne diese Einschränkung BeckOGK/*Spindler* AktG § 112 Rn. 39.
[5357] *Cahn* FS Hoffmann-Becking, 2013, 247 (257); *Semler/v. Schenck/v. Schenck* AktG § 112 Rn. 59.
[5358] Hierzu *Frhr. von Falkenhausen* ZIP 2015, 956 (958); *Semler* FS Rowedder, 1994, 441 (450); *Semler/v. Schenck/v. Schenck* AktG § 112 Rn. 58.

D. Vertretungskompetenz

mit Vorstandsmitgliedern.[5359] Richtigerweise kann im Einzelfall ein eng begrenzter Entscheidungsspielraum zugestanden werden, allerdings nur Aufsichtsratsmitgliedern als Vertretern, um Interessenkollisionen zu vermeiden.[5360] Der zugrundeliegende Aufsichtsratsbeschluss hat dann einen engen Rahmen vorzugeben, innerhalb dessen der Vertreter ein Ermessen hinsichtlich des Inhalts der von ihm abzugebenden Erklärung hat.[5361] Ein weiter Entscheidungsspielraum darf allerdings nicht gewährt werden, andernfalls würde die Aufgabe des Aufsichtsrats aus § 112 AktG ausgehöhlt.

c) Nachweis

Grundsätzlich verlangt das Gesetz keinen Nachweis der Vertretungsmacht. Bei einseitigen Rechtsgeschäften des Aufsichtsrats kann ein Nachweis allerdings im Rahmen von § 174 BGB erforderlich werden. Bei der fristlosen Kündigung eines Vorstandsmitglieds, die durch ein einzelnes Aufsichtsratsmitglied als Erklärungsvertreter vorgenommen wird, kann das Vorstandsmitglied nach § 174 BGB analog die Kündigung **unverzüglich zurückweisen,** wenn das Aufsichtsratsmitglied keine Vollmachtsurkunde vorlegt.[5362] Dies hat zur Folge, dass das Rechtsgeschäft unwirksam ist. Lehnt man eine Erklärungsvertretung ab und geht von einer Vertretung gem. §§ 164 ff. BGB aus, ist § 174 BGB unmittelbar anzuwenden.[5363] Das Rechtsgeschäft ist auch dann nach § 174 BGB bei unverzüglicher Zurückweisung unwirksam, wenn lediglich ein Bote auftritt, der seine Botenmacht nicht nachweist.[5364] Empfehlenswert ist daher, dass der Bevollmächtigte seine Vertretungsbefugnis durch **Vorlage** des entsprechenden **Aufsichtsratsprotokolls,** eine Ausfertigung des Aufsichtsratsbeschlusses oder die **Geschäftsordnung** nachweist.[5365] Möglich ist auch eine von allen Aufsichtsratsmitgliedern unterzeichnete Vollmacht oder Urkunde.[5366] Ein Nachweis in der Satzung genügt hingegen nicht, weil eine Ermächtigung in der Satzung eine anderweitige Einzelermächtigung der Erklärungsempfänger nicht ausschließt und daher keine Gewissheit über die Ermächtigung bietet.[5367] Bei Verträgen tritt die Wirkung des § 174 BGB nicht ein, weil es sich nicht um einseitige Rechtsgeschäfte handelt. Dennoch kann es **empfehlenswert** sein, Vereinbarungen einen Auszug der Niederschrift über die entsprechende Sitzung des Aufsichtsrats beizufügen, um den Vertragspartner über die Vertretungsmacht zu informieren.[5368] Im **Grundbuch- und Handelsregisterverfahren** muss die Vertretungsmacht in öffentlich beglaubigter Form nachgewiesen werden.[5369] Dies kann durch notarielle Beurkundung des Aufsichtsratsbeschlusses oder eine Beglaubigung der Unterschrift des Aufsichtsratsvorsitzenden, der die Niederschrift nach § 107 Abs. 2 AktG unterzeichnet hat, geschehen.[5370]

Teilweise wird daneben auch der **Nachweis der Zugehörigkeit** des handelnden Aufsichtsratsmitglieds zum Aufsichtsrat für erforderlich gehalten.[5371] Dieser Nachweis lasse sich für börsennotierte Gesellschaften nach § 130 Abs. 1 S. 1 AktG mit der notariell beurkundeten Niederschrift der Wahl durch die Hauptversammlung führen.[5372] Ist eine notarielle Niederschrift über die Hauptversammlung gemäß § 130 Abs. 1 S. 3 AktG nicht erforderlich, genüge eine vom Aufsichtsratsvorsitzenden unterzeichnete Niederschrift des Beschlusses über die Wahl in den Aufsichtsrat und die Beglaubigung seiner Unterschrift.[5373] Ein derartiger

2328

[5359] *Cahn* FS Hoffmann-Becking, 2013, 247 (255); Kölner Komm AktG/*Mertens/Cahn* AktG § 112 Rn. 38; Semler/ v. Schenck/*v. Schenck* AktG § 112 Rn. 58.
[5360] *Cahn* FS Hoffmann-Becking, 2013, 247 (257); Semler/v. Schenck/*v. Schenck* AktG § 112 Rn. 59; aA BeckOGK/ *Spindler* AktG § 112 Rn. 40.
[5361] *Cahn* FS Hoffmann-Becking, 2013, 247 (258); *Semler* FS Rowedder, 1994, 441 (450); Hüffer/Koch/*Koch* AktG § 112 Rn. 8; *Frhr. von Falkenhausen* ZIP 2015, 956 (960), der eine Entscheidung mit Ermessensspielraum allerdings davon abhängig macht, dass bereits die Willensbildung delegiert werden könne.
[5362] OLG Düsseldorf NZG 2004, 141; Hüffer/Koch/*Koch* AktG § 112 Rn. 11; MüKoAktG/*Habersack* AktG § 112 Rn. 28; Henssler/Strohn/*Henssler* AktG § 112 Rn. 8.
[5363] *Leuering* NZG 2004, 120 (123).
[5364] BGH WM 2007, 313 (315); MüKoBGB/*Schubert* BGB § 174 Rn. 4; Palandt/*Ellenberger* BGB § 174 Rn. 3.
[5365] Ein Bote hat entsprechend seine Botenmacht nachzuweisen; *Semler* FS Rowedder, 1994, 441 (452); Kölner Komm AktG/*Mertens/Cahn* AktG § 112 Rn. 42; MüKoAktG/*Habersack* AktG § 112 Rn. 31; Hüffer/Koch/*Koch* AktG § 112 Rn. 11.
[5366] MüKoAktG/*Habersack* AktG § 112 Rn. 31; BeckOGK/*Spindler* AktG § 112 Rn. 48.
[5367] MüKoAktG/*Habersack* AktG § 112 Rn. 31.
[5368] *Semler* FS Rowedder, 1994, 441 (452); MüKoAktG/*Habersack* AktG § 112 Rn. 31; Semler/v. Schenck/*v. Schenck* AktG § 112 Rn. 105.
[5369] *Steiner* BB 1998, 1910 (1912); MüKoAktG/*Habersack* AktG § 112 Rn. 32.
[5370] GroßkommAktG/*Hopt/Roth* AktG § 112 Rn. 111; Grigoleit/*Grigoleit/Tomasic* AktG § 112 Rn. 18.
[5371] MüKoAktG/*Habersack* AktG § 112 Rn. 32; dies als Möglichkeit ansehend BeckOGK/*Spindler* AktG § 112 Rn. 48; Grigoleit/*Grigoleit/Tomasic* AktG § 112 Rn. 18, die es nicht für nötig halten, aber empfehlen; Kölner Komm AktG/ *Mertens/Cahn* AktG § 112 Rn. 42, die jedoch einen Hinweis auf die nach § 106 AktG eingereichte Liste der Aufsichtsratsmitglieder ausreichen lassen.
[5372] *Steiner* BB 1998, 1910 (1912); MüKoAktG/*Habersack* AktG § 112 Rn. 32.
[5373] *Steiner* BB 1998, 1910 (1912); MüKoAktG/*Habersack* AktG § 112 Rn. 32; Hüffer/Koch/*Koch* AktG § 112 Rn. 11; BeckOGK/*Spindler* AktG § 112 Rn. 41.

4. Mängel der Vertretungsmacht

a) Prozessuale Folgen

2329 Wird bei einer Prozessvertretung die Vorschrift des § 112 AktG missachtet, ist die **Klage** im Aktivprozess der Gesellschaft mangels Prozessfähigkeit (§ 51 Abs. 1 ZPO) als **unzulässig** abzuweisen.[5375] Auch im Passivprozess ist die Klage als unzulässig abzuweisen, weil es bei einer Zustellung an den Vorstand statt an den Aufsichtsrat an einer ordnungsgemäßen Klageerhebung fehlt.[5376] Die Klage wird in diesen Fällen durch Prozessurteil abgewiesen, ohne dass es einer Parteirüge bedarf.[5377] Jedoch haben die Instanzgerichte nach § 139 ZPO auf die Mängel der Klageerhebung hinzuweisen.[5378] Wurde in der Tatsacheninstanz übersehen, dass eine Klage an den falschen Vertreter zugestellt worden ist, ist in der Revisionsinstanz eine Zurückverweisung geboten[5379], um dem Kläger die Chance zu geben, den Fehler durch Zustellung an die vertretungsbefugte Person zu heilen.[5380] Allerdings tritt bei unwirksamer Klageerhebung keine Verjährungshemmung ein.

2330 Eine **Genehmigung** ist bis zum Schluss der mündlichen Verhandlung und sogar bis in den Revisionsrechtszug möglich. Die Genehmigung kann der Aufsichtsrat auch konkludent erteilen, indem er als gesetzlicher Vertreter in den Prozess eintritt. Folge ist eine nachträgliche Zulässigkeit der Klage.[5381] Ein Mangel der Zustellung kann vom Aufsichtsrat der beklagten Gesellschaft rückwirkend geheilt werden, indem er die Klage als zugestellt annimmt.[5382] In der Praxis wird eine Genehmigung häufig in Aktivprozessen vorkommen, um die Abweisung der Klage durch Prozessurteil zu vermeiden. Jedoch kann eine Genehmigung auch im Passivprozess sinnvoll sein, wenn beispielsweise die Forderung bereits verjährt ist, weil dann ein abweisendes Sachurteil ergehen kann.[5383] Im Passivprozess ist die Weigerung des Aufsichtsrats, eine Prozessführung durch den Vorstand nachträglich zu genehmigen, grundsätzlich nicht rechtsmissbräuchlich.[5384]

2331 Die bloße Korrektur des Rubrums genügt in der Regel nicht, um die unzulässige Klage zulässig zu machen.[5385] Eine Berichtigung des Rubrums ist nur möglich, wenn die Verwechslung von Aufsichtsrat und Vorstand lediglich auf einer unrichtigen Bezeichnung beruht.[5386] Eine **Korrektur** ist jedenfalls dann durch Auslegung **möglich,** wenn die Klage gegen die AG „vertreten durch den Aufsichtsratsvorsitzenden" gerichtet ist. In diesem Fall ist davon auszugehen, dass die AG durch den Aufsichtsrat als Gesamtorgan vertreten wird und die Klage an den Aufsichtsratsvorsitzenden nur zugestellt werden soll.[5387]

2332 Ein Vertretungsmangel kann, sofern der Aufsichtsrat die Prozessführung nicht genehmigt, auch noch in der **Revisionsinstanz** zur Abweisung der Klage wegen Unzulässigkeit führen, weil die Gesellschaft nach § 547 Nr. 4 ZPO nicht nach Vorschrift der Gesetze vertreten ist.[5388] Ist eine Klage ordnungsgemäß gegen die Rechtsvorgängerin der Gesellschaft erhoben, wird sie nicht nach deren Umwandlung in eine AG unzulässig, weil sie sich nun an den Aufsichtsrat als gesetzlicher Vertreter richten müsste.[5389]

[5374] S. Schmidt BWNotZ 1985, 52 (54); GroßkommAktG/Hopt/Roth AktG § 112 Rn. 111; auch Grigoleit/Grigoleit/Tomasic AktG § 112 Rn. 18, die es nicht für nötig halten, aber einen Nachweis empfehlen.
[5375] BGHZ 130, 108 (110 ff.); BGH WM 1999, 2026; BGH WM 1990, 630 (631).
[5376] Nägele/Böhm BB 2005, 2197 (2198); Henssler/Strohn/Henssler AktG § 112 Rn. 12; Grigoleit/Grigoleit/Tomasic AktG § 112 Rn. 20.
[5377] Gehle MDR 2011, 957.
[5378] Grigoleit/Grigoleit/Tomasic AktG § 112 Rn. 20.
[5379] BGH AG 1991, 269; BGHZ 130, 108 (111 f.); BGH WM 1986, 1411 (1412).
[5380] Hager NJW 1992, 352 (354); Grigoleit/Grigoleit/Tomasic AktG § 112 Rn. 20.
[5381] BGH NJW 1999, 3263; BGH ZIP 2013, 1274 (1277); Gehle MDR 2011, 957 (958); Henssler/Strohn/Henssler AktG § 112 Rn. 12; Grigoleit/Grigoleit/Tomasic AktG § 112 Rn. 20; Hölters/Hambloch-Gesinn/Gesinn AktG § 112 Rn. 20.
[5382] Gehle MDR 2011, 957 (958).
[5383] Gehle MDR 2011, 957 (958).
[5384] BGH NZG 2004, 327; Grigoleit/Grigoleit/Tomasic AktG § 112 Rn. 20; MüKoAktG/Habersack AktG § 112 Rn. 36; Hüffer/Koch/Koch AktG § 112 Rn. 13.
[5385] BeckOGK Spindler AktG § 112 Rn. 53; Hüffer/Koch/Koch AktG § 112 Rn. 13.
[5386] BGH AG 2009, 327; OLG Saarbrücken AG 2012, 922 (924); Gehle MDR 2011, 957, der darauf hinweist, dass dieser Fall selten vorkommt.
[5387] OLG Stuttgart AG 2013, 599 (601); Hüffer/Koch/Koch AktG § 112 Rn. 13; Hölters/Hambloch-Gesinn/Gesinn AktG § 112 Rn. 23; Kölner Komm AktG/Mertens/Cahn AktG § 112 Rn. 13.
[5388] BGH NZG 2004, 327; Kölner Komm AktG/Mertens/Cahn AktG § 112 Rn. 13; MüKoAktG/Habersack AktG § 112 Rn. 35; BeckOGK/Spindler AktG § 112 Rn. 53.
[5389] BGH NJW 2004, 1528; Kölner Komm AktG/Mertens/Cahn AktG § 112 Rn. 13; MüKoAktG/Habersack AktG § 112 Rn. 35.

Die Genehmigung durch den Aufsichtsrat führt **rückwirkend** auf den Zeitpunkt der Zustellung die 2333 Hemmung der Verjährung gemäß **§ 204 Nr. 1 BGB** herbei und zwar auch dann, wenn die Erklärung erst nach Ablauf der Verjährungsfrist abgegeben wird.[5390] Die rückwirkende Wahrung gesetzlicher Ausschlussfristen ist jedoch nicht möglich.[5391]

Der Aufsichtsrat genehmigt die Prozessführung auf Grundlage eines **ausdrücklichen Beschlusses** gemäß § 108 Abs. 1 AktG.[5392] Die Genehmigung kann dem Gericht gegenüber dann ausdrücklich erklärt werden oder die Prozessführung konkludent genehmigt werden, indem der Aufsichtsrat die Prozessführung vorbehaltlos übernimmt, rügelos zur Sache verhandelt oder Schriftsätze oder Stellungnahmen zu Beweisergebnissen bei Gericht einreicht.[5393] Eine Genehmigung kann auch außergerichtlich erklärt werden, was dazu führt, dass das Vertreterhandeln des Vorstands auch dann wirksam wird, wenn der Aufsichtsrat nicht in den Rechtsstreit eintritt.[5394]

Ein einzelnes Aufsichtsratsmitglied ist eine „andere Person" im Sinne des § 66 Abs. 1 ZPO und kann 2335 dem Rechtsstreit auf Seiten der Gesellschaft als **Nebenintervenient** beitreten.[5395]

b) Materiell-rechtliche Folgen

aa) Vertretung durch den Vorstand/Dritte. Umstritten ist, ob ein Rechtsgeschäft, das ein Vorstandsmitglied im Bereich der Vertretungszuständigkeit des Aufsichtsrats vornimmt, nur nach §§ 177ff. BGB schwebend unwirksam oder von vornherein gemäß § 134 BGB nichtig ist.[5396] Der BGH hat dies bisher ausdrücklich offen gelassen.[5397] Als Argument für die Nichtigkeit wird vorgebracht, dass der Aufsichtsrat im Falle einer zulässigen Genehmigung nicht mehr unvoreingenommen und ergebnisoffen entscheiden könnte und damit zu einem bloßen Zustimmungsorgan herabgestuft würde.[5398] Auch wird angeführt, dass die aktienrechtliche Kompetenzordnung eine Nichtigkeit nach § 134 BGB gebiete. **Zutreffenderweise** ist jedoch von einer **schwebenden Unwirksamkeit** gemäß §§ 177ff. BGB auszugehen.[5399] Dafür spricht, dass die §§ 177ff. BGB dem Aufsichtsrat die Möglichkeit geben, einen zunächst unwirksamen Vertrag nachträglich durch Beschluss zu genehmigen. Dies erweitert im Gegensatz zu § 134 BGB die Rechte des Aufsichtsrats. Zudem hat der Aufsichtsrat immer noch die Möglichkeit, dem Rechtsgeschäft die Wirksamkeit zu entziehen, indem er die Genehmigung versagt. Eine nachträgliche Genehmigung eines Rechtsgeschäfts setzt voraus, dass sich der Aufsichtsrat im Rahmen seiner nachträglichen Beschlussfassung konkret mit dem Rechtsgeschäft und dessen wesentlichen Bedingungen beschäftigt.[5400] Entsprechendes gilt beim vollmachtlosen Handeln **Dritter**.[5401]

bb) Vertretung durch einzelnes Aufsichtsratsmitglied. Fehlt ein wirksamer Beschluss, mangelt es an 2337 einer Vollmacht. Vertritt dann ein Aufsichtsratsmitglied die Gesellschaft, kommen die **§§ 177ff. BGB** zur Anwendung. Der Aufsichtsrat kann das Rechtsgeschäft durch Beschluss genehmigen.[5402] Dasselbe gilt, wenn das betreffende Aufsichtsratsmitglied seine Vertretungsbefugnis überschreitet.[5403]

Handelt das Aufsichtsratsmitglied **außerhalb der Vertretungsmacht des Aufsichtsrats,** ist ebenfalls 2338 von einer Genehmigungsmöglichkeit durch den Vorstand gemäß §§ 177ff. BGB auszugehen.[5404] Die

---

[5390] *Gehle* MDR 2011, 957 (958); Hüffer/Koch/*Koch* AktG § 112 Rn. 13.
[5391] *Gehle* MDR 2011, 957 (958); Hüffer/Koch/*Koch* AktG § 112 Rn. 13.
[5392] BGH AG 2013, 562 (564); BGH AG 2009, 327 (328); OLG Saarbrücken AG 2012, 922 (924).
[5393] *Gehle* MDR 2011, 957 (959); BeckOGK/*Spindler* AktG § 112 Rn. 53.
[5394] *Gehle* MDR 2011, 957 (959).
[5395] BGH AG 2013, 257; MüKoAktG/*Habersack* AktG § 112 Rn. 35.
[5396] Für die Nichtigkeit sprechen sich aus: OLG Stuttgart AG 1993, 85 (86); *Semler* FS Rowedder, 1994, 441 (456); *Stein* AG 1999, 28 (39); Kölner Komm AktG/*Mertens/Cahn* AktG § 112 Rn. 11; BeckOGK/*Spindler* AktG § 112 Rn. 50.
[5397] BGH ZIP 2019, 564 (567).
[5398] *Semler* FS Rowedder, 1994, 441 (456); Kölner Komm AktG/*Mertens/Cahn* AktG § 112 Rn. 11.
[5399] OLG Celle BB 2002, 1438; OLG München ZIP 2008, 220 (222); *Werner* ZGR 1989, 367 (392); *Köhler* NZG 2008, 161 (163); *Nägele/Böhm* BB 2005, 2197 (2200); Grigoleit/*Grigoleit/Tomasic* AktG § 112 Rn. 19; MüKoAktG/*Habersack* AktG § 112 Rn. 34; Hölters/*Hambloch-Gesinn/Gesinn* AktG § 112 Rn. 20; Henssler/Strohn/*Henssler* AktG § 112 Rn. 10.
[5400] Henssler/Strohn/*Henssler* AktG § 112 Rn. 10.
[5401] *Nägele/Böhm* BB 2005, 2197 (2200); MüKoAktG/*Habersack* AktG § 112 Rn. 34.
[5402] BGH NZG 2013, 792 (794); OLG Karlsruhe AG 1996, 224; *Nägele/Böhm* BB 2005, 2197 (2199); *Köhler* NZG 2008, 161 (164); Hölters/*Hambloch-Gesinn/Gesinn* AktG § 112 Rn. 19; MüKoAktG/*Habersack* AktG § 112 Rn. 33; Kölner Komm AktG/*Mertens/Cahn* AktG § 107 Rn. 55.
[5403] MüKoAktG/*Habersack* AktG § 107 Rn. 62.
[5404] MüKoAktG/*Habersack* AktG § 107 Rn. 62.

noch herrschende Meinung geht zwar von einer Nichtigkeit des Rechtsgeschäfts aus.[5405] Dies ist aber abzulehnen. Diese Auffassung fußt auf der Prämisse, dass es sich bei den Vertretungsregeln um gesetzliche Verbote gemäß § 134 BGB handelt, die aufgrund der aktienrechtlichen Kompetenzordnung zwingend sind. Das ist aber unzutreffend. Vielmehr sind auch bei einem Handeln des Aufsichtsratsvorsitzenden außerhalb der Kompetenzen des Aufsichtsrats die §§ 177 ff. BGB anzuwenden,[5406] um einen Gleichlauf zwischen der Überschreitung der Vertretungskompetenzen durch Vorstand und Aufsichtsrat zu erreichen. Auch in diesem Fall verbleibt dem Vorstand die Möglichkeit, die Genehmigung des Geschäfts zu versagen. Eine Haftung des Aufsichtsratsvorsitzenden als Vertreter ohne Vertretungsmacht gemäß § 179 BGB ist in diesem Fall hinzunehmen, weil er als Aufsichtsratsmitglied das Kompetenzgefüge des Aktienrechts kennt.

II. Anspruchsverfolgung gegenüber Vorstandsmitgliedern

1. Kompetenz des AR in Abgrenzung zu HV und Vorstand

2339 „Gerichtliche und außergerichtliche Vertretung" in § 112 AktG betrifft neben dem rechtsgeschäftlichen Handeln – einschließlich der Regelung des Anstellungsverhältnisses der Vorstandsmitglieder – vor allem die **Verfolgung von Schadensersatzansprüchen** der Gesellschaft gegenüber Vorstandsmitgliedern, die – wie sich im Rahmen der Überwachung des Leitungshandelns gezeigt hat – Pflichten schuldhaft verletzt und dadurch dem Unternehmen Schaden zugefügt haben. Dass die **Vertretungskompetenz** beim Aufsichtsrat und nicht bei der Hauptversammlung oder gar beim „normalen" Vertretungsorgan der AG, dem Vorstand, liegt, ist eine bewusste und wohl überlegte Entscheidung des Gesetzgebers.[5407] Die übrigen Vorstandsmitglieder stehen schon wegen ihrer kollegialen Nähe zu dem betroffenen Mitglied, typisiert betrachtet, in einem Interessenkonflikt, der sie als zur Vertretung der Gesellschaft ungeeignet erscheinen lässt. In vielen Fällen wird zudem das zur Schadensersatzpflicht führende Versagen eines Organmitglieds auch die Frage aufwerfen, ob es von den anderen Mitgliedern des Leitungsorgans hinreichend **überwacht** worden ist (→ Rn. 1 ff.), so dass auch wegen möglicher Selbstbetroffenheit eine Befassung der anderen Vorstandsmitglieder mit der Regressfrage als nicht sachgerecht ausscheidet. Deswegen hatte schon das AktG 1937 in seinem § 97 Abs. 1 mit Recht die Prüfungs- und Entscheidungskompetenz für diese Fälle dem Aufsichtsrat und – bedingt (s. auch §§ 122, 123 AktG 1937) – der Hauptversammlung zugewiesen. § 112 AktG 1965 hat die im früheren Recht noch enthaltene Entscheidungsmacht der Hauptversammlung – Beschluss über gegen Vorstandsmitglieder zu führende Rechtsstreitigkeiten – gestrichen und im Sinne der „wohlaustarierten Kompetenzverteilung in der AG"[5408] die Zuständigkeit nunmehr beim Aufsichtsrat konzentriert. Die ein abweichendes Handeln des Aufsichtsrats verdrängte Kompetenz der Hauptversammlung reduziert sich deswegen in negativer Hinsicht – Ausschluss einer Anspruchsverfolgung bzw. Verzicht oder Teilverzicht auf einen Anspruch – auf die in § 93 Abs. 4 AktG genannten Fallgestaltungen (→ Rn. 2342 ff.) sowie im umgekehrten Fall in positiver Hinsicht – Geltendmachung des Ersatzanspruchs -, auf die Beschlussfassung nach § 147 AktG (→ Rn. 2346); dem gleichgestellt im Sinne einer – jedenfalls zunächst (→ Rn. 2347) eintretenden – Verdrängung des Aufsichtsrats ist, dass auf ein Minderheitsverlangen hin nach § 148 AktG die Verfolgung gerichtlich angeordnet wird.

a) § 93 Abs. 4 AktG

2340 Wenn die dem Organmitglied vorgeworfene, einen Schaden für die Gesellschaft auslösende Handlung darauf beruht, dass es entsprechend seiner aus § 83 Abs. 2 AktG folgenden Pflicht einen **gesetzmäßigen Beschluss der Hauptversammlung** ausführt, wäre es wertungswidersprüchlich, wenn die Gesellschaft – für deren Gläubiger gilt dies nach § 93 Abs. 5 S. 3 AktG nicht (→ Rn. 2344) – die Verantwortung dafür bei dem Vorstandsmitglied suchte.[5409] Dem trägt das Gesetz in § 93 Abs. 4 S. 1 AktG Rechnung und schließt deswegen von vornherein eine Inanspruchnahme des Organmitglieds aus. Der Aufsichtsrat hat

---

[5405] BeckOGK/*Spindler* AktG § 112 Rn. 52; Hölters/*Hambloch-Gesinn/Gesinn* AktG § 112 Rn. 19; GroßkommAktG/*Hopt/Roth* AktG § 107 Rn. 167; Semler/v. Schenck/*v. Schenck* AktG § 107 Rn. 133; Kölner Komm AktG/*Mertens/Cahn* AktG § 107 Rn. 55, die dies alle ohne nähere Begründung annehmen.
[5406] So auch MüKoAktG/*Habersack* AktG § 107 Rn. 62, § 112 Rn. 33f.
[5407] Vgl. *Kropff* AktG 1965 S. 156f.; s. die Überlegungen im 1. Bericht des Vorsitzenden des Ausschusses für Aktienrecht vom April 1934 bei *Schubert* Protokolle des Ausschusses für Aktienrecht der Akademie für Deutsches Recht S. 485ff. und S. 503, allerdings noch mit einer später deutlich abgeschwächten Kompetenz hinsichtlich des Verhältnisses zum Vorstand.
[5408] BGHZ 159, 30 (39) = DStR 2004, 922 – GELATINE I mwN.
[5409] Vgl. zum GmbH Recht BGH DStR 2010, 63; *W. Goette/M. Goette* Die GmbH § 8 Rn. 152.

D. Vertretungskompetenz

sich dann der im Vorhinein getroffenen Entscheidung der Hauptversammlung unterzuordnen und darf seine Bewertung nicht an die Stelle derjenigen der Hauptversammlung setzen.

Voraussetzung für die Haftungsbefreiung ist aber das Vorhandensein eines **Beschlusses,** seine **Gesetz-** 2341 **mäßigkeit**[5410] sowie, dass das Handeln oder Unterlassen des Vorstandsmitglieds auf diesem Beschluss **beruht.** Bloße Meinungsäußerungen – auch nicht etwa solche des Alleinaktionärs[5411] – reichen deswegen nicht aus. Der Beschluss darf, um als gesetzmäßig beurteilt zu werden, weder **nichtig** noch **anfechtbar** sein, und er muss der Handlung des Vorstandsmitglieds vorangehen. Nichtig ist – abgesehen von inhaltlichen Mängeln – insbesondere ein außerhalb der Zuständigkeit der Hauptversammlung von ihr gefasster Beschluss, mit dem sie eine ihr nicht zustehende Kompetenz usurpiert,[5412] zB ohne das grundsätzlich[5413] erforderliche (§ 119 Abs. 2 AktG) Verlangen des Vorstands über Geschäftsführungsmaßnahmen beschließt. Nach Ablauf der Anfechtungsfrist (§ 246 AktG) oder nach Heilung des nichtigen Beschlusses nach Maßgabe von § 242 Abs. 2 S. 1 AktG dürfen aber auch ursprünglich anfechtbare oder nichtige Beschlüsse ausgeführt werden, so dass dann auch eine Haftungsbefreiung nach § 93 Abs. 4 S. 1 AktG eintritt. Dass der Beschluss nicht **pflichtwidrig herbeigeführt** worden sein darf,[5414] zB im Fall des § 119 Abs. 2 AktG oder bei § 111 Abs. 4 S. 3 AktG vor allem auf vom Vorstand zutreffend mitgeteilten, inhaltlich richtigen Tatsachen beruhen muss, ist selbstverständlich.

In der Praxis wird es allerdings nur **selten** vorkommen, dass das auf einem gesetzmäßigen Hauptver- 2342 sammlungsbeschluss beruhende Verhalten eines Vorstandsmitglieds als pflichtwidrig qualifiziert werden wird; dass es zu einem Schaden der Gesellschaft geführt hat, reicht nicht aus, weil das Haftungskonzept des AktG auf der Verschuldenshaftung beruht und ihm **Erfolgshaftungsdenken**[5415] fremd ist.

Eine **Billigung** des Vorstandshandelns durch den **Aufsichtsrat** ist in diesem Zusammenhang **irrele-** 2343 **vant.** Das ergibt sich schon aus der strikten Kompetenzverteilung der drei Organe der AG, nach der es dem Aufsichtsrat verwehrt ist, Weisungen bezüglich der Geschäftsführung zu erteilen. Soweit er nicht nur überwachend und beratend tätig wird, sondern auch bei der Geschäftsführung mitwirkt, beschränkt sich seine Befugnis auf den Erlass von Zustimmungsvorbehalten (§ 111 Abs. 4), bei deren Umsetzung aber nicht der Aufsichtsrat, sondern die Hauptversammlung das letzte Wort hat (§ 111 Abs. 4 S. 3 AktG). Dieser Kompetenzverteilung trägt die Regelung in § 93 Abs. 4 S. 2 AktG Rechnung. Ungeachtet dessen kann aber natürlich eine vom Aufsichtsrat ausgesprochene Zustimmung zu dem Vorstandshandeln ein Gesichtspunkt bei der Prüfung der Pflichtwidrigkeit sein.

Die Haftungsbefreiung – auch bei Vorliegen eines gesetzmäßigen Hauptversammlungsbeschlusses – soll 2344 **nicht zu Lasten** der Gesellschaftsgläubiger (§ 93 Abs. 5 S. 3 AktG) eingreifen. Wollte man das beim Wort nehmen, hätte dies wertungswidersprüchliche Folgen: Der Vorstand hätte den Hauptversammlungsbeschluss auszuführen (§ 83 Abs. 2 AktG), müsste aber dennoch jedenfalls den Gesellschaftsgläubigern gegenüber für den dadurch entstandenen Schaden haften. Auch wenn es zu einer solchen Haftung wegen der weiteren strengen Voraussetzungen des § 93 Abs. 5 S. 1 und S. 2 AktG nicht leicht kommen kann, wird man einen solchen **Wertungswiderspruch** nicht hinnehmen dürfen. Es sprechen deswegen gute Gründe dafür, die Sondervorschrift nur in dem Fall anzuwenden, dass der gesetzmäßige Beschluss der Hauptversammlung pflichtwidrig herbeigeführt worden ist;[5416] bei dieser Interpretation hat die Bestimmung allerdings nur deklaratorische Bedeutung, weil bei pflichtwidriger Herbeiführung eines Hauptversammlungsbeschlusses die Haftungsbefreiung ohnehin nicht eintritt (→ Rn. 2341).

Mitwirkungsbefugnisse der Hauptversammlung ergeben sich – ungeachtet der grundsätzlichen All- 2345 einzuständigkeit des Aufsichtsrats – nach § 93 Abs. 4 S. 3 und 4 AktG auch dann, wenn der Aufsichtsrat – nach Ablauf der **Dreijahresfrist** – auf einen Ersatzanspruch – und sei es auch nur teilweise – verzichten oder über denselben einen Vergleich schließen will; dann ist ein – auf Initiative des Aufsichtsrats gefasster – **zustimmender Beschluss** der Hauptversammlung erforderlich (→ Rn. 2348), ohne den der Aufsichtsrat die Gesellschaft **nicht wirksam vertreten** kann; Verjährenlassen steht einem Verzicht nicht gleich (→ Rn. 2442). Auch ein gesetzmäßiger Beschluss wird allerdings – hier schützt das Gesetz ähnlich

---

[5410] Vgl. dazu *Haas/Wiegand* in Krieger/U.H. Schneider Managerhaftung-HdB § 20 Rn. 77.
[5411] Hüffer/Koch/*Koch* AktG § 93 Rn. 73 mwN.
[5412] Hüffer/Koch/*Koch* AktG § 93 Rn. 73.
[5413] Ausnahmen bestehen allein nach Maßgabe der GELATINE-Rechtsprechung des BGH, s. BGHZ 159, 30 = DStR 2004, 922.
[5414] GroßkommAktG/*Hopt/Roth* AktG § 93 Rn. 488; Hüffer/Koch/*Koch* AktG § 93 Rn. 74 mwN; K. Schmidt/Lutter/ *Krieger/Sailer-Coceani* AktG § 93 Rn. 62.
[5415] Vgl. schon treffend 1. Bericht des Vorsitzenden des Ausschusses für Aktienrecht vom April 1934 bei *Schubert* Protokolle des Ausschusses für Aktienrecht der Akademie für Deutsches Recht S. 492; BGHZ 69, 207 (213) = NJW 1977, 2311; BGHZ 75, 96 (113) = NJW 1979, 1823; BGHZ 173, 246 Rn. 31 f. = DStR 2007, 1586 – TRIHOTEL; *W. Goette* FS 50 Jahre Bundesgerichtshof, 2000, 123 (141); *W. Goette* DStR 2016, 1752 f.; *W. Goette* ZGR 1995, 648 (668 f.) mwN.
[5416] GroßkommAktG/*Hopt/Roth* AktG § 93 Rn. 494.

wie in § 147 AktG und diese Vorschrift flankierend⁵⁴¹⁷ die Aktionärsminderheit – wirkungslos, wenn Aktionäre Widerspruch zu Protokoll erheben, die zusammen mindestens 10% des vorhandenen Grundkapitals halten. (Teil-)Verzicht oder Vergleich sind dann also ausgeschlossen, ein dennoch ausgesprochener Verzicht oder geschlossener Vergleich ist nichtig.⁵⁴¹⁸ Beschränkt sich der Beschluss auf die Verweigerung der Zustimmung oder wird wirksam Widerspruch erhoben, bewendet es bei der gesetzlichen Entscheidungs- und Vertretungskompetenz des Aufsichtsrats. Er hat dann im Lichte der Beschlussfassung bzw. des Widerspruchs der Minderheit **neu zu befinden.** Anders liegt es, wenn die Hauptversammlung die erbetene Zustimmung nicht schlicht verweigert, sondern in gesetzmäßiger Weise (§ 124 AktG) einen Beschluss nach § 147 Abs. 1 S. 1 AktG (→ Rn. 2346) fasst; derselbe ist dann selbstverständlich vom Aufsichtsrat als dem nach dem Gesetz grundsätzlich zuständigen Vertretungsorgan auszuführen.

b) §§ 147, 148 AktG

2346 Die die Entscheidung über das **Ob** einer Anspruchsverfolgung einschließende Vertretungskompetenz des Aufsichtsrats ist, wenn es um Organhaftungsansprüche geht, ferner aufgehoben, wenn die Hauptversammlung die **Geltendmachung** von Ersatzansprüchen wirksam **beschließt** (§ 147 AktG) oder ein Antrag einer bestimmten Minderheit von Aktionären auf **Klagezulassung** nach § 148 AktG Erfolg hat. Im erstgenannten Fall hat dann der Aufsichtsrat, solange kein besonderer Vertreter nach § 147 AktG bestellt worden ist, den Beschluss auszuführen und den Anspruch zu verfolgen. Darüber, **wie** das zu geschehen hat, vor allem ob sogleich Klage zu erheben ist, verhält sich das Gesetz nicht, das Schrifttum lässt aber eine entsprechende Beschlussfassung der Hauptversammlung – auch hinsichtlich der Höhe des geltend zu machenden Anspruchs⁵⁴¹⁹ – zu. Da die Hauptversammlung mit derselben Stimmenmehrheit auch einen Zustimmungsbeschluss zu einem (Teil-)Verzicht oder Vergleich fassen darf, erscheinen solche Vorgaben hinsichtlich des „Wie" der Geltendmachung zulässig. Davon zu unterscheiden ist dann aber die Frage, wie weit die **Bindung** für das ausführende Organ reicht, wenn sich – etwa im Zuge einer gerichtlichen Beweisaufnahme – herausstellt, dass der Ersatzanspruch nicht oder nicht in der angenommenen Höhe besteht oder sich abzeichnet, dass ein obsiegendes Urteil nicht wird durchgesetzt werden können.⁵⁴²⁰

2347 Im Fall der **Klagezulassung** nach § 148 AktG hat es der Aufsichtsrat – darin zeigt sich seine ihm vom Gesetzgeber für diese Materie zugewiesene starke Stellung als Vertretungsorgan der Gesellschaft – allerdings in der Hand, die Anspruchsverfolgung durch die Aktionäre zu beenden und wieder selbst die Vertretung der Gesellschaft zu übernehmen. Er kann nämlich entweder **selbständig Klage** erheben (§ 148 Abs. 3 S. 1 AktG) oder den anhängigen Rechtsstreit **übernehmen** (§ 148 Abs. 3 S. 2 AktG). Im ersten Fall verliert die erhobene Klage kraft Gesetzes die Zulässigkeit, im zweiten Fall kommt es zu einem – ohne Zustimmung der Aktionäre oder der beklagten Vorstandsmitglieder – wirksamen Parteiwechsel. Damit die Aktionäre zumindest die von ihnen eingeleitete Prozessführung überwachen können, sind sie **„beizuladen"**, wie das Gesetz ungenau formuliert; das bedeutet, dass sie die Stellung **streitgenössischer Nebenintervenienten** erhalten.⁵⁴²¹ Wie §§ 69, 67 ZPO zeigen, sind die Möglichkeiten der Einflussnahme der Aktionäre auf die Führung des Rechtsstreits dann sehr beschränkt, die Handlungsbefugnisse liegen vielmehr – wieder – bei dem primär zuständigen Vertretungsorgan, dem Aufsichtsrat; darin liegt der Unterschied zu einem von dem besonderen Vertreter nach § 147 Abs. 2 AktG eingeleiteten Prozess; wenn abweichend vom normalen Vorgehen in der AG die Hauptversammlung die Verfolgung von Ersatzansprüchen beschlossen und obendrein einen **besonderen Vertreter** zur Umsetzung dieses Beschlusses eingesetzt hat, muss der Aufsichtsrat diese Entscheidung respektieren und darf sich nicht an die Stelle der Hauptversammlung setzen,⁵⁴²² auf die nunmehr die Kompetenz zur Verfolgung der Regressansprüche übergegangen ist.

c) Initiativrecht der Hauptversammlung zur Herbeiführung eines Vergleichs/Verzichts analog § 83 AktG?

2348 In bestimmten Konstellationen kann es einzelnen oder einer Gruppe von Aktionären lästig sein, dass der Aufsichtsrat in eigener Verantwortung das Vorhandensein und die Durchsetzung von Regressansprüchen gegen Vorstandsmitgliedern prüft; das kann vor allem dann eintreten, wenn sich eine gewissenhaft betrie-

---

⁵⁴¹⁷ Vgl. Hüffer/Koch/*Koch* AktG § 93 Rn. 78.
⁵⁴¹⁸ AllgM Hüffer/Koch/*Koch* AktG § 93 Rn. 78; vgl. auch BeckOGK/*Fleischer* AktG § 93 Rn. 342.
⁵⁴¹⁹ MüKoAktG/*M. Arnold* AktG § 147 Rn. 50; Hüffer/Koch/*Koch* AktG § 93 Rn. 9, allerdings MüKoAktG/*M. Arnold* fehlinterpretierend BeckOGK/*Mock* AktG § 147 Rn. 54; teilweise hinsichtlich der vorgehenden ARAG/Garmenbeck-Grundsätze aber widersprüchlich Kölner Komm AktG/*Rieckers*/*J. Vetter* AktG § 93 Rn. 185.
⁵⁴²⁰ Vgl. zB BeckOGK/*Mock* AktG § 147 Rn. 66; MüKoAktG/*M. Arnold* AktG § 147 Rn. 50, 65; Hüffer/Koch/*Koch* AktG § 147 Rn. 9.
⁵⁴²¹ Hüffer/Koch/*Koch* AktG § 148 Rn. 13 mwN.
⁵⁴²² Treffend Hüffer/Koch/*Koch* AktG § 147 Rn. 14 mwN „Einmischungsverbot".

D. Vertretungskompetenz

bene Prüfung sehr lang hinzieht, die Hauptversammlung oder Teile der Mitglieder der Gesellschaft aber den Vorgang zügig abschließen wollen, damit zB die Gesellschaft aus den Schlagzeilen gerät, der innere Frieden im Unternehmen wieder hergestellt wird oder die für die betroffenen Organmitglieder belastende Situation ein Ende findet. Bei Gesellschaften mit einem einflussreichen Aktionär oder einer entsprechenden Gruppe von Aktionären wird in der Praxis mitunter die Frage aufgeworfen, ob die Hauptversammlung nicht ein **Initiativrecht**[5423] für sich in Anspruch nehmen könne, auch ohne den als zu ängstlich oder zögerlich wahrgenommenen Aufsichtsrat eine gütliche Einigung – oder einen Verzicht – über die in Rede stehenden Ersatzansprüche herbeizuführen. Im Schrifttum finden sich Ansätze, sich dafür auf eine **Analogie zu § 83 AktG** zu stützen. Nach Absatz 1 dieser an den Vorstand gerichteten Bestimmung kann die Hauptversammlung verlangen, dass das Leitungsorgan Vorbereitungen für Maßnahmen trifft, die in die Zuständigkeit der Hauptversammlung fallen; § 83 Abs. 1 S. 2 AktG regelt dies vor allem für die Vorbereitung von Verträgen, welche nur mit Zustimmung der Hauptversammlung wirksam werden können. Nach § 83 Abs. 2 AktG hat der Vorstand die dann – also nach entsprechender Vorbereitung – von der Hauptversammlung beschlossene Maßnahme auszuführen. Da für den Vorstand ein gesetzmäßiger Beschluss der Hauptversammlung nach § 93 Abs. 4 AktG haftungsbefreiend wirkt (→ Rn. 2340), und die für den Aufsichtsrat relevante Haftungsvorschrift des § 116 AktG auf § 93 AktG verweist, könnte – so ist der Gedankengang einzelner Autoren im Schrifttum – über eine entsprechende Anwendung des § 83 AktG auf den Aufsichtsrat[5424] – Initiativrecht, Vorbereitungspflicht, Beschluss der Hauptversammlung und Ausführungspflicht – dessen Mitgliedern die sie uU hemmende Sorge vor einer Regressnahme genommen werden.

Dieser Auffassung ist **nicht** zu folgen. Sie **widerstreitet** der „wohl austarierten Kompetenzordnung"[5425] des AktG, und sie ist obendrein **ungeeignet,** die intendierte Haftungsbefreiung der Mitglieder des Aufsichtsrats zu erreichen. § 83 AktG **verschafft** der Hauptversammlung **keine Zuständigkeit,** sondern setzt voraus – markantes Beispiel ist § 119 Abs. 1 AktG, den der Gesetzgeber vor Augen hatte[5426] –, dass sie auf Grund anderer aktienrechtlicher Vorschriften die Entscheidungskompetenz besitzt.[5427] Nur in diesem Rahmen darf sie Vorbereitungsmaßnahmen einfordern. Denn die Regelung will lediglich dem Umstand Rechnung tragen, dass die Hauptversammlung typischerweise die organisatorischen Voraussetzungen für eine solche Vorbereitung nicht besitzt. Wenn es zB um Geschäftsführungsmaßnahmen geht, ist die Hauptversammlung so lange unzuständig und kann demzufolge auch nicht nach § 83 Abs. 1 AktG vorgehen, wie nicht der Vorstand sie gemäß § 119 Abs. 2 AktG dazu auffordert. Soweit es um Fragen der Organhaftung von Vorstandsmitgliedern geht, fehlt der Hauptversammlung – abgesehen vom Sonderfall des § 147 AktG – die **Entscheidungskompetenz;** wie auch sonst kann das Fehlen der Kompetenzzuweisung an die Hauptversammlung nicht auf dem Umweg über § 83 Abs. 1 AktG überspielt werden. Speziell hinsichtlich des Verzichts auf oder des Vergleichsschlusses über einen Ersatzanspruch gegen ein Vorstandsmitglied bewendet es daher bei der sich aus § 93 Abs. 4 S. 3 AktG iVm § 112 AktG ergebenden Kompetenzzuweisung: Der **Aufsichtsrat beschließt** die ihm sachgerecht erscheinende Maßnahme und holt dazu die **Zustimmung der Hauptversammlung** ein. Die Hauptversammlung wird also – ähnlich wie im Fall des § 119 Abs. 2 AktG – erst zuständig, wenn der Aufsichtsrat sie mit dieser Angelegenheit – und zwar auf der Grundlage einer am Unternehmenswohl orientierten, wohl begründeten Entschließung – befasst. Könnte die Hauptversammlung über den Kopf des Aufsichtsrats hinweg in diesem Fall ein Initiativrecht nach dem entsprechend heranzuziehenden § 83 Abs. 1 AktG ausüben und das Überwachungsgremium praktisch zur Vorbereitung eines Vergleichsvertrages anweisen, **usurpierte** sie eine ihr nicht zukommende Zuständigkeit. Käme der Aufsichtsrat diesem Ansinnen nach und fasste hernach die Hauptversammlung einen Zustimmungsbeschluss zu dem Vergleich oder Verzicht, träte die haftungsbefreiende Wirkung dieses Beschlusses nicht ein, weil derselbe **nicht gesetzmäßig,** nämlich außerhalb der Zuständigkeit der Hauptversammlung zustande gekommen wäre. Auf die Frage, ob der Beschluss möglicherweise auch inhaltlich gegen das Gesetz verstößt, kommt es dann nicht mehr an.

d) Besonderer Vertreter

Wird nach § 147 Abs. 2 AktG durch die Hauptversammlung oder durch das Gericht ein **besonderer Vertreter** (→ Rn. 2852 ff.) für die nach § 147 Abs. 1 AktG beschlossene Geltendmachung des Ersatzan-

---

[5423] GroßkommAktG/*Habersack/Foerster* AktG § 83 Rn. 8.
[5424] S. dazu – ohne nähere Begründung, sondern in Thesenform – GroßkommAktG/*Habersack/Foerster* AktG § 83 Rn. 2 aE; ähnlich knapp Kölner Komm AktG/*Mertens/Cahn*, 3. Aufl. 2010, AktG § 83 Rn. 8 und Heidel/*Oltmanns* AktG § 83 Rn. 2 – beide aber nur „Vorbereitung" nach § 83 Abs. 1 S. 1 AktG, nicht auch „Ausführung" nach § 83 Abs. 2 AktG.
[5425] BGHZ 159, 30 (36 f., 41) = DStR 2004, 922– GELATINE I.
[5426] S. *Kropff* AktG 1965 S. 104; vgl. auch Hüffer/Koch/*Koch* AktG § 83 Rn. 1.
[5427] Hüffer/Koch/*Koch* AktG § 83 Rn. 2; GroßkommAktG/*Habersack/Foerster* AktG § 83 Rn. 3; MüKoAktG/*Spindler* AktG § 83 Rn. 6 und 8.

spruchs bestellt, verliert der Aufsichtsrat seine **Vertretungskompetenz**. Sie lebt mit der Beendigung des Amts, zB durch Abberufung seitens der Hauptversammlung,[5428] wieder auf, sofern nicht ein anderer besonderer Vertreter wirksam bestellt wird.

e) Vertretungskompetenz gegenüber aktiven und ehemaligen Vorstandsmitgliedern

2351 Die Zuweisung der Vertretungskompetenz an den Aufsichtsrat in § 112 AktG will sicherstellen, dass die Gesellschaft ua in Streitigkeiten mit Mitgliedern des Leitungsorgans **unbefangen,** frei von **sachfremden** Erwägungen und **unternehmenswohlorientiert** vertreten wird. Nach der seit Jahrzehnten gefestigten Rechtsprechung[5429] spielt es keine Rolle, ob im konkreten Fall befürchtet werden muss, dass die Interessenwahrnehmung nicht sachgerecht stattfindet, vielmehr beruht die Vorschrift auf einer typisierenden Betrachtungsweise, die auf das Vorhandensein einer entsprechenden **abstrakten** Gefahr abstellt. Folgerichtig bleibt der Aufsichtsrat deswegen auch dann für die Prüfung und Verfolgung von Ersatzansprüchen zuständig, wenn das betreffende Organ aus dem Amt **ausgeschieden** ist. Der Gefahr, dass einzelne Mitglieder des Aufsichtsrats die ihnen als Mitglied des Überwachungsorgans vom Gesetzgeber als typischerweise vorhanden angenommene Unbefangenheit nicht besitzen – bei dem verbreiteten Wechsel von Vorstandsmitgliedern in den Aufsichtsrat derselben Gesellschaft erscheint dies durchaus denkbar – muss mit den Regeln über die Beherrschung von Interessenkonflikten begegnet werden.

2352 Ist im umgekehrten Fall ein bisheriger **Angestellter** in den Vorstand **aufgerückt** und steht seine Ersatzpflicht aus der früheren Tätigkeit im Raum, darf nicht der Vorstand über das Bestehen und die Verfolgung von Ersatzansprüchen entscheiden; diese Kompetenz ist wegen der jetzigen Stellung als Vorstandsmitglied vielmehr auf den **Aufsichtsrat** übergegangen, der jedoch selbstverständlich nach den für die **frühere Tätigkeit** maßgebenden Regeln – zB beschränkter Arbeitnehmerregress – zu entscheiden hat.

f) Witwen und Waisen

2353 Die Gründe (→ Rn. 2351), die für die typisierte, Rechtssicherheit in den Vordergrund stellende Betrachtung bei ausgeschiedenen Organmitgliedern maßgeblich sind, gelten in gleicher Weise auch für die **Hinterbliebenen**[5430] eines verstorbenen Vorstandsmitglieds. Dass diese Erben eines Vorstandsmitglieds wegen eines von ihm pflichtwidrig herbeigeführten Schadens in Anspruch genommen werden, wird allerdings der absolute Ausnahmefall sein.[5431] Im Übrigen wäre deren Haftung rein faktisch auch dadurch abgemildert, dass die sonst zu Lasten des Organmitglieds geltenden Erleichterungen bei Darlegung und Beweis (→ Rn. 2423) nicht anwendbar sind.

g) Fehlerhafte Bestellung und Haftung

2354 Da auch **fehlerhaft bestellte** Vorstandsmitglieder, sofern sie für die Gesellschaft tatsächlich tätig geworden sind, der Haftung nach § 93 Abs. 2 AktG unterliegen,[5432] ist auch ihnen gegenüber nicht etwa der Vorstand, sondern – prinzipiell (→ Rn. 2339, 2345 ff.) – allein der Aufsichtsrat zur Prüfung und Verfolgung von Organhaftungsansprüchen berufen.

2. Objektiver Pflichtverstoß

2355 Nicht jedes der Gesellschaft einen Nachteil zufügende Verhalten eines Vorstandsmitglieds wirkt haftungsbegründend. Haftungsauslösend ist, da das Gesetz eine **Erfolgshaftung**[5433] nicht kennt, nur ein sorgfaltswidriger (→ Rn. 2356 ff.) Verstoß gegen **organschaftliche Pflichten**. Der Aufsichtsrat als Überwachungsorgan muss sich deswegen im Rahmen seiner Prüfung, ob ein Vorstandsmitglied für einen der Gesellschaft zugefügten Schaden verantwortlich gemacht werden kann, zunächst mit der objektiven Pflichtenlage vertraut machen und dann untersuchen, ob das Organmitglied diesen Pflichten zuwider gehandelt oder gebotene Maßnahmen unterlassen hat.

[5428] BGH AG 2013, 634.
[5429] Vgl. zB BGH DStR 1991, 752; BGHZ 130, 108 (111 f.) = DStR 1995, 1440; BGHZ 157, 151 (153 f.) = DStR 2004, 366; BGH DStR 2005, 432; BGH NZG 2013, 297; BGH NZG 2013, 792; BAG NZG 2017, 69.
[5430] Vgl. BGH DStR 2006, 2325 für Versorgungsansprüche.
[5431] S. aber BGH DStR 2007, 354 (fakultativer Aufsichtsrat einer GmbH).
[5432] BGHZ 41, 282 (287) = NJW 1964, 1367 im Anschluss an RGZ 144, 384 (387); MüKoAktG/*Spindler* AktG § 93 Rn. 12, 15.
[5433] 1. Bericht des Vorsitzenden des Ausschusses für Aktienrecht vom April 1934 bei *Schubert* Protokolle des Ausschusses für Aktienrecht der Akademie für Deutsches Recht S. 492; BGHZ 173, 246 Rn. 31 f. = DStR 2007, 1586 – TRIHOTEL; vgl. auch BGHZ 69, 207 (213) = NJW 1977, 2311; BGHZ 135, 244 (253) = DStR 1997, 881 – ARAG/Garmenbeck; ferner *W. Goette* ZGR 1995, 648 (668 f.) mwN.

D. Vertretungskompetenz

a) Sorgfalts- und Treuepflicht

Orientierungsmaßstab für diese Prüfung hat dabei zu sein, ob das Vorstandsmitglied seiner **Leitungsaufgabe** gerecht geworden ist und dabei allein die Wahrung und Mehrung des **Unternehmenswohls,** nicht aber die Verfolgung eigener Interessen im Auge gehabt hat. Dogmatisch werden diese beiden Pflichtenkreise üblicherweise den Kategorien Sorgfalts- und Treupflicht zugeordnet, ohne dass damit für die Frage der Haftung bei Verletzung dieser Pflichten Unterschiede gemacht würden;[5434] angesichts der Entwicklung, die die Diskussion um die aktienrechtliche Treuepflicht genommen hat,[5435] liegt es näher, mit der überwiegenden Meinung auch die **Treuepflicht** zwischen Organmitglied und der Gesellschaft als Bestandteil der **amtsbezogenen** Pflichten zu verstehen. 2356

§ 93 Abs. 1 AktG umschreibt als Voraussetzung für die nach § 93 Abs. 2 AktG eintretende Haftung den **Pflichtenstandard.** Die Vorstandsmitglieder haben die Sorgfalt eines ordentlichen und gewissenhaften Geschäftsleiters anzuwenden. Das ist ein **objektiver Maßstab,**[5436] es kommt also nicht darauf an, ob das im konkreten Fall betroffene Organmitglied nach seinen persönlichen Fähigkeiten in der Lage ist, den gesetzlichen Anforderungen an die Amtsausübung gerecht zu werden. Umgekehrt heißt das aber nicht, dass ein Organmitglied, das über vertiefte Fähigkeiten und besondere Kenntnisse oder ein Vorwissen aus anderer Tätigkeit verfügt, sich darauf berufen dürfte, er brauche dieselben, weil über den „normalen" Standard hinausgehend, nicht einzusetzen; das Gegenteil ist selbstverständlich richtig. Jenseits des **Mindeststandards** kommt es bei der Verschuldensprüfung deswegen sehr wohl auch auf die individuelle Betrachtung an (→ Rn. 2393). Was Gegenstand der Führungsaufgabe ist, wird in § 93 Abs. 1 AktG gar nicht, in § 76 Abs. 1 AktG nur unter der stillschweigenden Voraussetzung umschrieben, dass jedermann weiß, um welche Aufgaben es sich handelt, wenn es dort heißt, der Vorstand habe die Gesellschaft unter **eigener Verantwortung** zu leiten. Partiell lässt sich aus einzelnen gesetzlichen Anordnungen – neben dem nicht abschließenden Katalog in § 93 Abs. 3 AktG zB Vertretung der Gesellschaft, Vorbereitung und Ausführung von Hauptversammlungsbeschlüssen, Berichterstattung an den Aufsichtsrat, Einberufung der Hauptversammlung, Risikomanagement, Buchführungs- und Insolvenzantragspflicht – ersehen, welche Pflichten von dem Leitungsorgan zu erfüllen sind. Allgemeiner formuliert geht es um die Wahrung der **Unternehmerfunktion,** deren Umfang der durch Satzung der Gesellschaft bestimmte Verbandzweck umreißt.[5437] Diese Unternehmerfunktion umschließt, nach innen wirkend neben der selbstverständlichen Gewährleistung, dass sich die AG, dh der Vorstand selbst und seine Mitarbeiter, bei allen Aktivitäten rechtmäßig verhält und die zahlreichen in verschiedenen Teilen der Rechtsordnung – etwa im Steuerrecht, im Arbeits- und Sozialrecht, im Kapitalmarktrecht, im Umwelt oder Datenschutzrecht – niedergelegten gesetzlichen Pflichten ordnungsgemäß erfüllt (**Legalitätspflicht** → Rn. 2370 ff.) vor allem die Festlegung der Unternehmensplanung und der dabei zu verfolgenden nah- und mittelfristigen Ziele; ferner gehören dazu die Bestimmung der Geschäftspolitik einschließlich der Risikovorsorge und der Überwachung der Geschäftsentwicklung, die Aufstellung der Führungs- und Verhaltensgrundsätze sowie die Organisation der Arbeitsabläufe mitsamt den Regeln der Personalpolitik sowie schließlich die Kontrolle, ob die geschaffenen Strukturen sachgerecht funktionieren oder angepasst werden müssen.[5438] Nach außen gerichtet ist es vornehmlich die Aufgabe der **Vertretung** der Gesellschaft, die die objektive Pflichtenlage bestimmt. 2357

Die intern wirkende **Treuepflicht**[5439] erfüllt ein Vorstandsmitglied prinzipiell nur dann, wenn es sich bei seinem Handeln an den Interessen der AG orientiert, sich mit seinen Fähigkeiten und Kenntnissen mit voller Kraft für die Gesellschaft einsetzt, ihr Gedeihen fördert, Schaden von ihr abwendet und die Verfolgung eigener geschäftlicher Interessen[5440] zurückstellt. Dementsprechend unterliegt das Vorstandsmitglied einem breit angelegten **Wettbewerbsverbot** (§ 88 AktG), von dem allein der Aufsichtsrat befreien kann,[5441] und er darf nicht Geschäftschancen der Gesellschaft auf sich selbst überleiten (**corporate opportunities).**[5442] 2358

Eine besondere gesetzliche Ausprägung der organschaftlichen Treupflicht enthält § 93 Abs. 1 S. 3 AktG, der – im Interesse der AG – die Vorstandsmitglieder zur **Verschwiegenheit** über vertrauliche und geheimhaltungsbedürftige Angelegenheiten des Unternehmens verpflichtet (→ § 3 Rn. 492 ff.). Spiegel- 2359

[5434] Vgl. dazu zB Hüffer/Koch/*Koch* AktG § 93 Rn. 28, die den Treuebindungen eine rechtsgeschäftliche Basis geben wollen, ohne daraus für die Haftung Konsequenzen zu ziehen.
[5435] MüKoAktG/*Spindler* AktG § 93 Rn. 125 ff. mwN; GroßkommAktG/*Hopt/Roth* AktG § 93 Rn. 274 mwN.
[5436] StRspr vgl. zB BGH NJW 1987, 1194.
[5437] Vgl. näher – auch zu den rechtsformübergreifenden Gemeinsamkeiten der Unternehmensleitung – *W. Goette* FS 50 Jahre BGH, 2000, 123 (125–127).
[5438] S. *W. Goette* FS 50 Jahre BGH, 2000, 123 (125 f.).
[5439] Vgl. zB MüKoAktG/*Spindler* AktG § 93 Rn. 125 ff. mwN.
[5440] GroßkommAktG/*Hopt/Roth* AktG § 93 Rn. 266 ff.
[5441] Näher GroßkommAktG/*Hopt/Roth* AktG § 93 Rn. 275 ff.
[5442] GroßkommAktG/*Hopt/Roth* AktG § 93 Rn. 247 f., 250 ff.

bildlich wird man auch die die Vorstandsmitglieder treffenden, gesetzlich nicht geregelten **Informationspflichten** (→ Rn. 2386 ff.) – zB über das Vorhandensein von Interessenkonflikten[5443] – ebenfalls als Ausprägung dieser besonderen organschaftlichen Treuepflicht begreifen müssen. Dem Aufsichtsrat gegenüber schuldet der Vorstand nach der höchstrichterlichen Rechtsprechung „unbedingte Offenheit".[5444] Im Verhältnis der Vorstandsmitglieder untereinander gilt hinsichtlich der Angelegenheiten der Gesellschaft nichts anderes. Der II. Zivilsenat des Bundesgerichtshofes hat – gestützt auf eine Entscheidung des BVerfG[5445] – in jüngerer Zeit[5446] ausgesprochen, dass ein Organmitglied sich nicht schlechthin auf das prinzipiell grundrechtlich geschützte Recht berufen darf, sich nicht **selbst bezichtigen** zu müssen, wenn es um seine organschaftlichen Informationspflichten geht; vielmehr ist eine **Abwägung** im Einzelfall erforderlich. Dem ist schon deswegen zuzustimmen, weil die vom Gesetzgeber bewusst geschaffene Verteilung der Kompetenzen auf drei Gesellschaftsorgane grob gestört würde, wenn ein seine Pflichten verletzendes Mitglied des Überwachungsorgans Informationen zum eigenen Schutz zurückhalten dürfte, deren die Gesellschaft bedarf, um Ersatzansprüche gegen ein Vorstandsmitglied nach § 93 Abs. 2 AktG verfolgen zu können.

b) Tun oder Unterlassen

2360 Pflichtverletzungen, welche haftungsauslösend wirken können, können nicht nur in **aktivem Handeln**, sondern – in der Praxis ist dies der häufigere Fall – auch in einem **Unterlassen** gebotener Maßnahmen der Vorstandsmitglieder bestehen. Die erste Kategorie begegnet vornehmlich in Geschäftsführungsangelegenheiten. Beispielsweise kann sich die Entscheidung, in eine bestimmte Produktlinie zu investieren oder eine neue Fabrik zu errichten, samt der Auswahl unter mehreren Standortvarianten, im Nachhinein als verfehlt erweisen, ebenso wie sich die Schaffung bestimmter Vertriebswege oder der Abschluss eines Vertrages als ungünstig herausstellen kann. Entsprechendes kann bei der Vertretung der Gesellschaft gegenüber Dritten, bei der Anlage von Gesellschaftsvermögen, der Gewährung von Kredit oder der Wahrnehmung von Doppelmandaten innerhalb eines Unternehmensverbundes gelten. Oftmals wird allerdings in diesen Fällen pflichtwidrigen Handelns der eigentliche Grund für die Schadensersatzpflicht des Vorstandsmitglieds in einem Unterlassen liegen, etwa weil nicht – wie geboten – die **tatsächlichen Grundlagen** der Investitionsentscheidung ermittelt, die **Chancen** und die **Risiken** nicht **abgewogen** oder eine erforderlicher **sachverständiger** Rat – das gilt vornehmlich, aber nicht nur für Rechtsfragen (→ Rn. 2398) – nicht eingeholt worden ist. Neben diesen gemischten Fällen, in denen der Übergang zwischen pflichtwidrigem Handeln und Unterlassen „fließend"[5447] ist, gibt es aber natürlich auch reine Fälle pflichtwidrigen Unterlassens. Ein Beispiel für diese zweite Kategorie bildet der vom II. Zivilsenat entschiedene Fall,[5448] in dem die Geschäftsleiter einer GmbH auf die ungenügende Auslastung der Fertigungskapazitäten nicht sachgerecht reagiert und versäumt hatte, Kurzarbeit zu beantragen, wodurch dem Unternehmen ein Schaden von mehr als 740.000 DM entstanden sein soll.

c) Organisation, Ressortprinzip, Delegation und Überwachung

2361 Leitung der Gesellschaft unter „eigener Verantwortung" lässt sich nicht von dem Vorstandsmitglied allein, also ohne eine entsprechende ihm **zuarbeitende Organisation** bewerkstelligen. Es liegt – um nur eine kleine Auswahl der von ihm zu erfüllenden Aufgabenfelder anzureißen – auf der Hand, dass der Vorstand so unterschiedliche Aufgaben wie die Führung der Handelsbücher, die Abgabe von Steuererklärungen, das Personalwesen, die Entwicklung und Herstellung von Produkten, den Einkauf und Vertrieb, die Arbeitssicherheit oder den Daten- und Umweltschutz, die Beschaffung der erforderlichen Investitionsmittel und deren verantwortungsvollen Einsatz oder die Wahrnehmung der Bestandssicherungsverantwortung (§ 91 Abs. 2 AktG) nicht allein wahrnehmen kann. Deswegen gehört es zu seinen zentralen Führungsaufgaben, eine auf die konkrete Gesellschaft zugeschnittene, schlagkräftige Struktur zu schaffen, mit der gewährleistet ist, dass die anfallenden Aufgaben **gesetzestreu und sachgerecht** erledigt werden und das Vorstandsmitglied als Angehöriger des letztverantwortlichen Organs alle erforderlichen, inhaltlich richtigen **Informationen** erhält, deren es bedarf, um seiner Leitungsaufgabe gerecht werden zu können. **Kenntnis** der Entwicklungen im Unternehmen selbst und auf den für die Gesellschaft wesentlichen Märkten beispielsweise ist die unerlässliche Voraussetzung für eine erfolgreiche Managertätigkeit. Mit der

---

[5443] S. dazu aber DCGK Abschnitt E. 2.
[5444] BGH NJW 1956, 906 zu § 81 AktG 1937.
[5445] BVerfG NJW 1981, 1431.
[5446] NZG 2018, 1301 Easy Software zu einem Fall, in dem das Aufsichtsratsmitglied Ersatzansprüche nicht geltend gemacht und sich gegenüber der eigenen Ersatzverantwortlichkeit auf ein Selbstbezichtigungsverbot berufen hatte, weil es eigene Pflichtverletzungen hätte aufdecken müssen, dazu *Fleischer* ZIP 2018, 2341.
[5447] BGHZ 152, 280 (284 f.) = DStR 2003, 124 (zu § 43 Abs. 2 GmbHG).
[5448] BGHZ 152, 280 = DStR 2003, 124 (GmbH-Recht).

D. Vertretungskompetenz

Einrichtung entsprechender Strukturen ist es indessen nicht getan. Der Vorstand muss sich vielmehr von ihrer **Funktionsfähigkeit** – zu Beginn, im Nachhinein und dann fortlaufend – überzeugen und auf etwaige Defizite in sachgerechter Weise ändernd reagieren.

Die Schaffung einer entsprechenden Unternehmensorganisation ist selbstverständlich mit einer **Aufgabendelegation** verbunden. Horizontal besteht sie in einer Aufgabenzuteilung innerhalb des Vorstands (**Ressortaufteilung**) und vertikal in der Schaffung einer je nach der Struktur des Unternehmens mehr oder weniger tief gestalteten **hierarchischen** Organisation mit **Berichtslinien**.[5449] Gerade mit Hilfe dieser Berichtslinien muss der Vorstand sicherstellen, dass er sämtliche für die Wahrnehmung seiner Führungsaufgabe relevanten Informationen erhält, andererseits aber nicht in der Fülle des ihm Mitgeteilten erstickt. Das bedingt einen **vertrauensvollen, offenen** und **angstfreien** Umgang mit Informationen in beiden Richtungen, zugleich aber auf den verschiedenen Führungsebenen unterhalb des Vorstandes ein Verständnis dafür, dass die Aufnahmefähigkeit eines noch so begabten Organmitglieds nicht unendlich ist und seine Leitungsaufgabe vornehmlich in der Herbeiführung strategischer, übergeordneter Entscheidungen besteht, während es nur ausnahmsweise mit der Klärung eher kleinteiliger, grundsätzlich auf unteren Ebenen regelbarer Fragen befasst werden darf.

Auch wenn einzelne **Kardinalaufgaben** – dazu zählen neben der **höchstpersönlich** zu erfüllenden **Treuepflicht,** die **Legalitätspflicht** (→ Rn. 2370 ff.) und die zum Kernbereich der Leitungsfunktion gehörenden Aufgaben wie Unternehmensstrategie und -planung, Strukturorganisation, Unternehmenskontrolle und -überwachung, Besetzung der oberen Führungspositionen – **nicht vollständig delegiert** werden dürfen, bleibt auch im Bereich einer weitgehenden Delegationsbefugnis jedes Vorstandsmitglied verpflichtet, sich laufend davon zu überzeugen, dass die mit der Wahrnehmung der delegierten Aufgaben beauftragten Personen nicht nur sorgfältig **ausgesucht** und **eingewiesen,** sondern auch in geeigneter Weise daraufhin **überwacht** werden, dass sie die ihnen übertragenen Pflichten sachgerecht im Interesse der Gesellschaft erfüllen.[5450]

Was für die **vertikale** Delegation gilt, trifft in ähnlicher Weise auch für die **horizontale** Delegation zu, die allerdings die fortbestehende **Gesamtverantwortung**[5451] des Vorstands nicht aushebelt. Sie setzt eine klare und eindeutige Abgrenzung und vollständige Verteilung der verschiedenen Leitungsaufgaben voraus.[5452] Das für einen GmbH-Geschäftsführer vom Bundesgerichtshof hervorgehobene Erfordernis, nur fachlich und persönlich geeignete Personen dürften mit Ressortaufgaben betraut werden, wird in der AG schon dadurch erfüllt, dass der Aufsichtsrat, wenn er pflichtgemäß handelt, schon bei der Berufung in das Amt darauf achtet, dass die betreffende Person charakterlich und nach ihren Kenntnissen, Fähigkeiten und Erfahrungen imstande ist, das Ressort ordnungsgemäß zu verwalten, für das sie im Rahmen der Geschäftsordnung (§ 77 AktG) vorgesehen ist. Kommt es hierbei oder beim Zuschnitt der Ressorts zu Fehlern, muss sich der Vorstand, wenn er die Geschäftsordnung selbst erlassen hat, korrigieren; ergibt sich die Ressortverteilung unmittelbar aus der Satzung oder aus einer Anordnung des Aufsichtsrats, besteht **Remonstrationspflicht**.[5453]

Im Rahmen der Ressortaufteilung gilt der **Vertrauensgrundsatz**,[5454] dh im Grundsatz darf sich jedes Mitglied des Vorstands darauf verlassen, dass auch alle anderen Organmitglieder ihre Pflichten ordnungsgemäß und sachgerecht erfüllen und ihre Ressorts unternehmenswohlorientiert so organisieren, dass gesetzmäßig, regelkonform und zum Wohl der Gesellschaft gearbeitet wird. Gleichwohl wirkt sich die fortbestehende **Gesamtverantwortung**[5455] insofern aus, dass sich jedes Organmitglied zunächst vom Vorhandensein ordnungsgemäßer Verhältnisse im Nachbarressort vergewissern und sich danach von seinen Kollegen **informieren** (→ Rn. 2386 ff.) lassen muss, wie die Entwicklung in dessen Verantwortungsbereich verläuft. Mangels abweichender Anhaltspunkte darf es auf die Richtigkeit dieser Informationen vertrauen. Seine aus der Gesamtverantwortung resultierende **Überwachungspflicht**,[5456] – sie soll sicherstellen, dass schädliche Entwicklungen rechtzeitig erkannt und abgestellt werden können[5457] – **steigert sich** jedoch nicht nur in Krisensituationen der Gesellschaft, sondern vor allem dann, wenn bei den anderen Vorstandsmitgliedern der Eindruck entsteht, dass es in einem Ressort zu Fehlentwicklungen oder gar Ge-

---

[5449] Näher *W. Goette* ZHR 175 (2011), 388 (395).
[5450] S. *W. Goette* ZHR 175 (2011), 388 (395).
[5451] BGH NZG 2015, 792; Hüffer/Koch/*Koch* AktG § 93 Rn. 42; *W. Goette* ZHR 175 (2011), 388 (394).
[5452] Vgl. zur GmbH BGH NZG 2019, 225.
[5453] Zutreffend *J. Vetter* in Krieger/U.H. Schneider Managerhaftung-HdB § 22 Rn. 20.
[5454] MüKoAktG/*Spindler* AktG § 93 Rn. 174; *Harbarth* ZGR 2017, 211.
[5455] BGH DStR 2004, 513.
[5456] BGHZ 133, 370 (377 f.) = DStR 1996, 2029; MüKoAktG/*Spindler* AktG § 93 Rn. 152; Hüffer/Koch/*Koch* AktG § 77 Rn. 15; zum GmbH-Recht vgl. BGH DStR 1994, 1092; *W. Goette/M. Goette* Die GmbH § 8 Rn. 59, 144 f. mwN.
[5457] BGH DStR 1993, 134; BGHZ 125, 366 (372) = DStR 1994, 1272; BGH DStR 2008, 1492; BGH NJW 2013, 1304.

setzesverstößen gekommen ist;[5458] dann ist der übrige Vorstand verpflichtet zu prüfen, ob die Fehlentwicklung abgestellt[5459] worden ist, ob es weiterer Schritte bedarf und ob die ggf. gebotenen personellen Konsequenzen gezogen worden sind. Notfalls muss das Plenum einschreiten und die erforderlichen Maßnahmen treffen.

d) Compliance-System

2366 Schon immer[5460] gehörte die nach innen gerichtete Beobachtung und Überwachung der Abläufe im Unternehmen und der handelnden Personen zu den herausragenden Pflichten der Leitungsorgane; im Fokus steht dabei die **Legalitäts-** und **Legalitätskontrollpflicht** (→ Rn. 2370 ff.). Angestoßen durch internationale Entwicklungen und unter dem Einfluss betriebswirtschaftlicher Erkenntnisse hat sich seit Mitte der ersten Dekade dieses Jahrhunderts[5461] für dieses Konglomerat aus Pflichten der Begriff **Compliance** herausgebildet; soweit es um die dafür notwendige organisatorische Einheit im Unternehmen geht, spricht man von **Compliance-System.**[5462] Dieses System hat dienende Funktion und ist kein Selbstzweck. Deswegen kann es **keine generellen Vorgaben** („Standards") geben, es kommt vielmehr auf die Struktur der konkreten Gesellschaft, ihre Größe und den Unternehmensgegenstand an, wie eine solche Complianceorganisation (→ Rn. 223 ff.) gestaltet sein muss.[5463] Steht zB bei dem Unternehmen der Vertrieb im Vordergrund, können Korruption oder Kartellabsprachen zu schweren Problemen führen, denen es präventiv zu begegnen gilt; produziert die Gesellschaft Gegenstände, die für die Benutzer oder die Umwelt potentiell gefährlich sind, muss auch die Produktsicherheit im Fokus stehen. Grundlage jeder ordnungsgemäß aufgestellten Complianceorganisation ist deswegen zunächst eine – bei Fortdauer der Gesamtverantwortung – klare Regelung der **Verantwortlichkeit** und sodann eine gewissenhaft durchgeführte **Risikoanalyse,** die alle tatsächlichen Gegebenheiten in den Blick nimmt und sich nicht etwa auf einzelne Problemfelder beschränkt; wenn hier nicht umsichtig vorgegangen wird, nützt auch eine noch so ausgefeilte, auch personell gut ausgestattete Organisation nichts, weil wegen einer lückenhaften Risikoabschätzung, „blinde Flecken" bleiben. Verantwortungsbewusst vorgehende Geschäftsleiter werden aus diesem Grund nicht darauf vertrauen, dass ihre Complianceabteilung nach dem IDW Standard PS 980 zertifiziert worden ist;[5464] denn dieser Standard verzichtet bewusst auf eine eigene, auf die individuellen Verhältnisse ausgerichtete Risikoanalyse und Risikobewertung durch den Prüfer, sondern überlässt diese Aufgabe den Unternehmensleitern. Auf der **Grundlage** einer solchen umfassenden, sachgerecht angelegten **Risikoanalyse,** die jedes Leitungsorgan durchführen muss, ohne sich auf Ermessen berufen zu dürfen, weil es um die Wahrung der Legalitätspflicht geht, haben die Geschäftsleiter darüber, wie den so identifizierten Gefahren begegnet werden kann, nach den Regeln der **Business Judgment Rule** zu entscheiden.[5465] Mit der schlichten Einrichtung einer Complianceabteilung und der Schaffung einer dazu passenden Unternehmenskultur **(„tone from the top")** ist es nicht getan, der Vorstand muss auch gewährleisten, dass sie auf Dauer funktionsfähig ist und Compliance gelebt wird. Dazu gehören in jedem Fall **Berichtspflichten,** damit auf Verstöße gegen Gesetze und Regeln umgehend reagiert werden und ggf. das System nachgesteuert und angepasst werden kann. In diesem Zusammenhang besteht für den Vorstand eine Pflicht zur **Überprüfung** der Funktionsfähigkeit der Organisation und der gewissenhaften Erledigung der Aufgaben durch die beauftragten Mitarbeiter. Ist die primäre Complianceverantwortung einem Vorstandsressort zugewiesen, verbleibt es gleichwohl bei der **Gesamtverantwortung**[5466] des Vorstands mit den dafür geltenden Regeln (→ Rn. 2365).

2367 Auch wenn es danach keinen für alle Aktiengesellschaften einheitlichen, verbindlichen Standard einer ordnungsgemäßen Complianceorganisation gibt, ist jeder Vorstand in Wahrung seiner Legalitäts- und Legalitätskontrollpflicht (→ Rn. 2366) gut beraten, sich bei seiner Entscheidung, wie er allfälligen Risiken, auch soweit sie durch „ungehorsame" Mitarbeiter ausgelöst werden können, organisatorisch schon im Vorhinein begegnen will, zu vergewissern, ob und welche Elemente der **gängigen Systeme** er in seinem Unternehmen einführen muss;[5467] zu diesen gängigen Systemen gehört jedenfalls bei großen Gesellschaften inzwischen ein **whistleblower-System** (→ Rn. 255 ff.). Denn es besteht eine gewisse Wahrscheinlichkeit, dass mit Hilfe derartiger in der Praxis anderenorts bewährter Vorkehrungen auch die im eigenen Unternehmen identifizierten Risiken – jedenfalls besser – beherrscht werden können; zudem

---

[5458] BGH NJW 1997, 130; BGH NJW-RR 2015, 988; BGH NZG 2019, 225.
[5459] AllgM vgl. zB GroßkommAktG/*Kort* AktG § 91 Rn. 129.
[5460] Vgl. *W. Goette* FS 50 Jahre BGH, 2000, 123; *W. Goette* ZHR 175 (2011), 388 (391).
[5461] Erstmals wohl *U.H. Schneider* ZIP 2003, 645.
[5462] S. näher auch *W. Goette* ZHR 175 (2011) 388 mwN in Fn. 3.
[5463] Vgl. *W. Goette* ZHR 175 (2011), 388 (399); Hüffer/Koch/*Koch* AktG § 76 Rn. 14 ff. mwN.
[5464] Vgl. schon *W. Goette* WPg 2011, Heft 12 Editorial.
[5465] *W. Goette* ZHR 175 (2011), 388 (399).
[5466] BGH DStR 2004, 513.
[5467] Zutreffend zB Hüffer/Koch/*Koch* AktG § 76 Rn. 15.

wird man annehmen müssen, dass Gerichte und Behörden sich bei der Prüfung, ob die Organisation ordnungsgemäß aufgestellt worden ist, geneigt sein werden, sich an solchen Standards zu orientieren, mögen sie auch nicht rechtlich verbindlich sein; damit besteht auch eine gewisse Aussicht für die Leitungsorgane, ihr **Haftungsrisiko** zu verringern.

e) Konsensprinzip und Mehrheitsbeschlüsse, Folgen für Haftung

Dass die Mitglieder des Vorstands bei der Wahrnehmung ihres Amtes einen **kollegialen Umgang** (→ Rn. 2419) pflegen müssen, ergibt sich schon aus ihrer organschaftlichen Verpflichtung, das Unternehmenswohl zu wahren. Ständige Streitereien unter den Geschäftsleitern – erst recht, wenn sie in das Persönliche abgleiten – sind schädlich und müssen ggf. vom Aufsichtsrat als dem zuständigen Organ unterbunden werden.[5468] Das darf allerdings nicht dazu führen, dass wegen der Gremienharmonie Sachfragen nicht **kontrovers diskutiert** werden, damit der Vorstand in Wahrnehmung seiner Gesamtverantwortung das Für und Wider abwägend eine abschließende Entscheidung treffen kann. Nach § 77 Abs. 1 S. 1 AktG gilt grundsätzlich für solche Geschäftsführungsmaßnahmen das Einstimmigkeitsprinzip, der Entscheidungsprozess ist also auf Herbeiführung eines Konsenses der Mitglieder angelegt. Die Wirkung dieses **Konsensprinzips** ist allerdings ambivalent: Dem Vorteil, dass nach Kompromissen gesucht werden muss, steht – wie oft bei Einstimmigkeitsregeln – der Nachteil gegenüber, dass der kleinste gemeinsame Nenner gesucht und damit uU die optimale, das Unternehmenswohl am besten fördernde Maßnahme unterbleiben muss. Deswegen hat der Gesetzgeber die Möglichkeit eröffnet, dass die Satzung oder die Geschäftsordnung abweichende Regelungen treffen (§ 77 Abs. 1 S. 2 AktG);[5469] allerdings setzt sich bei jeder denkbaren abweichenden Gestaltung stets das **Mehrheitsprinzip** durch.

Nur bei einer auf Grund eines **Mehrheitsbeschlusses** getroffenen oder unterlassenen Maßnahme kann sich bei der Prüfung, ob Vorstandsmitglieder auf Schadensersatz in Anspruch genommen werden müssen, die Frage stellen, ob nur die **zustimmenden** oder auch die **dissentierenden** Mitglieder regresspflichtig sind. Da die Organhaftung nach § 93 AktG eine Verschuldens- und keine Erfolgshaftung[5470] ist und einem Vorstandsmitglied keinesfalls das Verschulden eines anderen Organmitglieds als eigenes zuzurechnen ist,[5471] haftet ein dissentierendes, also gegen den Beschluss stimmendes und sich nicht lediglich enthaltendes[5472] Mitglied nicht, wenn sich die Mehrheitsentscheidung später als schuldhaft pflichtwidrige Schadenszufügung herausstellt. Allerdings muss man von jedem Mitglied des Leitungsorgans, welches einen zur Abstimmung im Vorstand gestellten Beschluss nicht sachgerecht oder gar für rechtswidrig hält, erwarten, dass es **argumentativ** gegen den Beschlussvorschlag vorgeht; es tut obendrein gut daran, dies und sein Abstimmungsverhalten in der **Niederschrift** festhalten zu lassen, um später den erforderlichen Beweis führen zu können, nicht für den Beschluss gestimmt zu haben. Im Schrifttum[5473] wird erörtert, ob nicht ein Vorstandsmitglied verpflichtet ist, gegen den Beschluss **Gegenvorstellungen** zu erheben oder gar den **Aufsichtsrat** zu informieren. Richtigerweise lässt sich diese Frage nicht generell, sondern nur auf der Grundlage einer **Einzelfallbetrachtung** entscheiden; eine Verpflichtung zur Einschaltung des Aufsichtsrats – berechtigt hierzu ist das Vorstandsmitglied nach der höchstrichterlichen Rechtsprechung[5474] – wird dabei nur bei ganz schwerwiegenden drohenden Nachteilen für die Gesellschaft oder bei grob rechtswidrigem Vorgehen des Vorstands in Betracht kommen;[5475] in ganz extremen Fällen mag selbst die Befassung des Aufsichtsrats nicht ausreichen, um Schaden von der Gesellschaft abzuwenden. An der **Umsetzung** eines gegen das eigene Votum zustande gekommenen – aber weder gesetz- noch satzungswidrigen[5476] – Beschlusses hat dieses Mitglied jedoch loyal mitzuwirken; haftungsrelevant kann dann nicht die Beschlussfassung, wohl aber ein Fehler im Umsetzungsprozess sein.

[5468] Zum GmbH-Recht vgl. zB BGH WM 1984, 29; BGH DStR 1992, 1026; BGH DStR 1994, 214; BGH DStR 2009, 597; *W. Goette/M. Goette* Die GmbH § 8 Rn. 36 f.
[5469] Zu den Einzelheiten möglicher Anordnungen s. Hüffer/Koch/*Koch* AktG § 77 Rn. 11 ff.
[5470] Vgl. schon treffend 1. Bericht des Vorsitzenden des Ausschusses für Aktienrecht vom April 1934 bei *Schubert* Protokolle des Ausschusses für Aktienrecht der Akademie für Deutsches Recht S. 492; BGHZ 173, 246 Rn. 31 f. = DStR 2007, 1586 – TRIHOTEL; auch BGHZ 69, 207 (213) = NJW 1977, 2311; BGHZ 75, 96 (113) = NJW 1979, 1823; BGHZ 135, 244 (253) = DStR 1997, 881 – ARAG/Garmenbeck; *W. Goette* FS 50 Jahre Bundesgerichtshof, 2000, 123 (141); *W. Goette* DStR 2016, 1752 f. und *W. Goette* ZGR 1995, 648 (668 f.) mwN.
[5471] GroßkommAktG/*Hopt/Roth* AktG § 93 Rn. 384 mwN.
[5472] OLG Saarbrücken NZG 2014, 343.
[5473] Vgl. GroßkommAktG/*Hopt/Roth* AktG § 93 Rn. 370 mwN.
[5474] Für ein überstimmtes Aufsichtsratsmitglied hat der II. Zivilsenat in BGHZ 135, 244 (248) = DStR 1997, 881 – ARAG/Garmenbeck sogar eine Feststellungsklage für zulässig erachtet, demgegenüber wiegt die bloße Information des Überwachungsorgans weniger schwer.
[5475] GroßkommAktG/*Hopt/Roth* AktG § 93 Rn. 370; BeckOGK/*Fleischer* AktG § 77 Rn. 40.
[5476] GroßkommAktG/*Hopt/Roth* AktG § 93 Rn. 371 mwN.

f) Beobachtungs- und Prüfungspflicht, insbes. Legalitätspflicht und „Business Judgment Rule"

2370 Jeder Vorstand ist auf das **Unternehmenswohl** verpflichtet, er hat das ihm von den Aktionären anvertraute Vermögen nicht nur zu bewahren, sondern nach Kräften zu mehren.[5477] Das darf jedoch nicht mit jedem Mittel geschehen. Die Gesellschaft hat bei ihrem **gesamten** Handeln Gesetz und Recht zu beachten, es gilt nach innen wie außen die **Legalitätspflicht.** Beispielsweise ist Bestechung zur Auftragserlangung – anders als früher angenommen: auch im Ausland – schlechthin verboten, kartellrechtliche Vorschriften und Regeln sind **strikt** zu beachten, auch wenn dadurch Aufträge oder Gewinne ausbleiben. Auch lästige und kostenträchtige, gesetzlich vorgeschriebene Maßnahmen dürfen nicht unterbleiben. Die Legalitätspflicht gilt **uneingeschränkt,** und zwar nach Grund und Umfang: Der Vorstand muss sie erfüllen, ohne einen unternehmerischen Spielraum (→ Rn. 2375 ff.) beanspruchen zu können.[5478]

2371 Nach innen hat dies zur Folge, dass es nicht damit getan ist, dass der **Vorstand selbst** gesetzes- und satzungskonform[5479] handelt; er hat vielmehr sicher zu stellen, dass alle Angehörigen des Unternehmens ebenfalls legal agieren. Zu diesem Zweck ist eine entsprechende **Organisation (Compliance** → Rn. 2366 und → Rn. 223 ff.) zu schaffen und es sind **Regeln** zu implementieren, welche nicht nur gewährleisten, dass allseits im Unternehmen die Legalitätspflicht strikt beachtet, sondern dass die Einhaltung dieser Pflicht überwacht wird **(Legalitätskontrollpflicht).** Nur so können Missstände – ggf. nach Prüfung unter Inanspruchnahme sachverständigen Rats (→ Rn. 2398) – sofort abgestellt und die Organisation und die Verhaltensregeln erforderlichenfalls, angepasst werden.

2372 Zu befolgen und einzuhalten sind **sämtliche** Vorschriften, die die Gesellschaft und ihre für dieselbe handelnden Personen als **Rechtssubjekte** treffen; nach wichtigen und weniger wichtigen Normen darf, da die Legalitätspflicht einschränkungslos gilt und jede Differenzierung der Befolgung nach Opportunitätsgesichtspunkten ausscheidet, nicht unterschieden werden. Eine andere Frage – insofern spielt das unternehmerische Ermessen eine Rolle – geht dahin, auf welchem **Weg** und unter welchen **Strukturvorgaben** die Legalitätspflicht im Unternehmen durchgesetzt wird; unter mehreren gleichermaßen geeigneten Mitteln darf der Vorstand auswählen.[5480] Die maßgebenden, von der Gesellschaft zu beachtenden Normen umspannen den gesamten Bogen der **Rechtsordnung,** soweit sie Pflichten des Unternehmens adressiert. Solche Normen finden sich, um nur einige Beispiele herauszugreifen – im Zivilrecht mit seinen in die Generalklauseln (§§ 134, 138 BGB) ausstrahlenden Wirkungen des Verfassungsrechts oder in den Vorschriften über die Haftung für unerlaubte Handlungen (§§ 823 ff. BGB), im Aktien- und Handelsrecht, im Steuer- und Insolvenzrecht, im Arbeits- und Betriebsverfassungsrecht, im Datenschutz- und Umweltrecht, in den Vorschriften über Produktsicherheit und nicht zuletzt im Europäischen Primär- und Sekundärrecht.

2373 Auch **ausländische** Rechtsnormen sind zu befolgen.[5481] Im **Schrifttum** wird dies zwar teilweise bezüglich der von der Rechtsprechung vertretenen Striktheit bezweifelt und **diskutiert,** ob dies im Hinblick auf die Gefahr wettbewerblicher Verzerrungen nur angenommen werden könne, wenn die ausländische Norm auch tatsächlich „gelebt" werde[5482] oder nicht im Widerspruch zum deutschen Recht stehe[5483] oder die Anwendbarkeit der Auslandsnorm nach deutschem Kollisionsrecht[5484] geboten sei. Diese Differenzierungen haben eher **theoretische Relevanz,** denn kein Vorstand darf – selbst wenn aus den genannten Gründen der Literaturmeinungen die Legalitätspflicht für eine ausländische Rechtsnorm im Einzelfall nicht gelten sollte – in Kauf nehmen, dass das Unternehmen im Auslandsstaat für die Missachtung der Vorschriften sanktioniert wird oder – zB durch den Ausschluss von Aufträgen oder dem Markt-

---

[5477] Vgl. BGHZ 176, 204 Rn. 38 = DStR 2008, 1293– GAMMA (zur GmbH); MüKoAktG/*Spindler* AktG § 76 Rn. 67 ff.; Hüffer/Koch/*Koch* AktG § 76 Rn. 28 ff., 36; *W. Goette* FS 50 Jahre BGH, 2000, 123 (127).
[5478] BGH DStR 2004, 513.
[5479] BGH DStR 2004, 513.
[5480] *W. Goette* ZHR 75 (2011), 388 (399 f.).
[5481] LG München I NZG 2014, 345 (346); GroßkommAktG/*Hopt/Roth* AktG § 93 Rn. 142 ff.; *Bicker* AG 2014, 8 (12); vgl. auch GroßkommAktG/*Kort* AktG § 91 Rn. 121.
[5482] MüKoAktG/*Spindler* AktG § 93 Rn. 112: In diesem Fall müsste der Vorstand allerdings auch nicht befürchten, dass die AG im Ausland – anders als die inländischen Wettbewerber – sanktioniert wird, so dass auch die Schadenabwehrpflicht nicht betroffen ist.
[5483] Kölner Komm AktG/*Mertens/Cahn* AktG § 93 Rn. 73.
[5484] So Hüffer/Koch/*Koch* AktG § 93 Rn. 6a, weil das deutsche Recht nicht die Aufgabe haben könne, ausländisches Kollisionsrecht durchzusetzen – in Wahrheit zielt diese Ansicht aber auf eine Entlastung der Vorstände deutscher Gesellschaften, die sodann unter dem zutreffenden Hinweis auf die Schadenabwehrpflicht wieder zurückgenommen wird.

D. Vertretungskompetenz

zugang – anderweitig Schaden erleidet. In einem solchen Fall läge der Pflichtverstoß jedenfalls in der Verletzung der **Schadenabwehrpflicht**.[5485]

Außer für die in Normen im engeren Sinn niedergelegten Vorschriften gilt die Legalitätspflicht gleichermaßen für die **Satzung** der Gesellschaft, für erlassene **Geschäftsordnungen** oder andere gesellschaftsintern verabschiedete verbindliche Richtlinien (zB **„golden Rules"**). Soweit ferner der Aufsichtsrat für bestimmte Maßnahmen einen Zustimmungsvorbehalt nach § 111 Abs. 4 AktG verhängt hat, verletzt der Vorstand nicht nur die aktienrechtliche **Kompetenzordnung** (→ Rn. 2389), sondern auch die Legalitätspflicht, wenn er sich hierüber hinwegsetzt und die Maßnahme ohne die erforderliche Zustimmung ergreift. Schließt der Vorstand für die Gesellschaft **Verträge,** so erstrecken sich nach zwar umstrittener,[5486] aber richtiger[5487] Ansicht Legalitäts- und Legalitätsüberwachungspflicht auch auf die dadurch eingegangenen Bindungen; ein Vertragsbruch wäre damit nicht zu vereinbaren, auch wenn die wirtschaftlichen Ergebnisse für das Unternehmen günstig sind. Die Gegenmeinung, die die Wahrung der Vertragstreue nicht als Rechtspflicht einordnen und insofern die Legalitätspflicht nicht anwenden will, überdehnt den Anwendungsbereich der **Business Judgment Rule,** die ja zur strikten Voraussetzung hat, dass sich das Organmitglied **rechtstreu** verhält; im Übrigen ist mit der genannten Auffassung wenig gewonnen, weil – das erkennt auch die genannte Mindermeinung an – der den Vertrag brechende Vorstand sich regelmäßig pflichtwidrig und für die Gesellschaft schädlich – zumindest werden **Reputationsschäden** drohen – verhält. Ggf. muss der Vorstand deswegen auf den durch das Zivilrecht gewiesenen Wegen die eingegangenen vertraglichen Bindungen aufheben. 2374

Strikt zu unterscheiden von den wegen der Erfüllung der Legalitätspflicht **gebundenen** sind die sog. **unternehmerischen Entscheidungen.** Sie müssen sich zwar selbstverständlich innerhalb der von Gesetz, Recht, Satzung und Geschäftsordnung gezogenen Schranken bewegen, betreffen aber den Teil der Leitungsaufgabe, in dem **zweckdienliche Erwägungen,** wie dem Unternehmenswohl am besten gedient ist, eine wesentliche Rolle spielen. In der ARAG/Garmenbeck-Entscheidung[5488] (→ Rn. 2425 ff.) hatte der II. Zivilsenat des Bundesgerichtshofs hierzu – nicht als neue, sondern nur die gewachsene Rechtsprechung zusammenfassende Aussage[5489] – formuliert, der Aufsichtsrat habe bei der Bewertung des Vorstandshandelns zu berücksichtigen, „dass dem Vorstand bei der Leitung der Geschäfte des Gesellschaftsunternehmens ein weiter Handlungsspielraum zugebilligt werden muss, ohne den eine **unternehmerische Tätigkeit** schlechterdings nicht denkbar ist. Dazu gehört neben dem bewussten Eingehen geschäftlicher Risiken grundsätzlich auch die Gefahr von Fehlbeurteilungen und Fehleinschätzungen, der jeder Unternehmensleiter, mag er auch noch so verantwortungsbewusst handeln, ausgesetzt ist."[5490] Damit ist nicht – wie vielfach angenommen worden ist[5491] – die aus dem US-amerikanischen Recht bekannte **Business Judgment Rule** in das deutsche Recht transplantiert worden. Die genannten amerikanischen Regeln heben weniger auf die Erfüllung inhaltlicher als auf die prozeduraler Erfordernisse ab und folgen auch anderen Beweisregeln; die Sentenz des II. Zivilsenat kondensiert dagegen deutlicher[5492] als zuvor die für die Rechtsprechung – vor allem im Bereich des GmbH- und Genossenschaftsrechts – seit jeher maßgebenden Leitlinien.[5493] Ungeachtet dessen markiert ARAG/Garmenbeck[5494] insofern eine Zäsur, als allgemein in das Bewusstsein gerückt worden ist, dass die Organhaftung nicht als **Haftung** für **ausgebliebenen Erfolg** zu verstehen, vielmehr den Mitgliedern des Vorstands ein unternehmerischer Spielraum bei Erfüllung ihrer Leitungsaufgaben einzuräumen ist, so dass ihnen nicht „jeder Mut zur Tat genommen wird"[5495] und sie „unter der Verantwortung atmen können."[5496] 2375

Unbegrenzt ist der unternehmerische Spielraum aber selbstverständlich nicht, vielmehr kann diese **Haftungsprivilegierung** nur ein solches Vorstandsmitglied für sich in Anspruch nehmen, das mit **Verantwortungsbewusstsein** und ausschließlich am **Unternehmenswohl** orientiert, frei von der Verfolgung **persönlicher Interessen** und auf der Grundlage einer sorgfältigen **Ermittlung** der Entscheidungsgrundlagen agiert. Das ist, um das Extrem eines pflichtwidrigen Handelns zu umschreiben, nicht mehr 2376

[5485] So mit Recht Hüffer/Koch/*Koch* AktG § 93 Rn. 6a; allgemein zur Schadenabwehrpflicht BGHZ 176, 204 Rn. 38 = DStR 2008, 1293 – GAMMA (zur GmbH); MüKoAktG/*Spindler* AktG § 93 Rn. 26; Kölner Komm AktG/*Mertens/Cahn* AktG § 93 Rn. 23 f.
[5486] ZB GroßkommAktG/*Hopt/Roth* AktG § 93 Rn. 148.
[5487] Hüffer/Koch/*Koch* AktG § 93 Rn. 17 mwN.
[5488] BGHZ 135, 244 = DStR 1997, 881.
[5489] Vgl. *W. Goette* FS 50 Jahre BGH, 2000, 123 (141).
[5490] BGHZ 135, 244 (253) = DStR 1997, 881.
[5491] GroßkommAktG/*Hopt/Roth* AktG § 93 Rn. 64 f.
[5492] *Horn* ZIP 1997, 1129 (1134).
[5493] *W. Goette* FS 50 Jahre BGH, 2000, 123 (141).
[5494] BGHZ 135, 244 = DStR 1997, 881.
[5495] Amtl. Begründung zu § 84 AktG 1937 Deutscher Reichsanzeiger und Preußischer Staatsanzeiger 1937 Nr. 28 S. 4.
[5496] *Druey* FS Zöllner, 1999, Bd. I, 129 (141).

gewährleistet, wenn das Leitungsorgan in unverantwortlicher Weise Risiken eingeht.[5497] Der Gesetzgeber des UMAG hat diese Grundsätze später übernommen und in § 93 Abs. 1 S. 2 AktG näher ausformuliert. Danach muss eine rechtmäßige, also das Legalitätsprinzip (→ Rn. 2371 ff.) beachtende **unternehmerische Entscheidung** vorliegen. Das Vorstandsmitglied muss auf der Grundlage **angemessener Information** und zum **Wohl der Gesellschaft** handeln. Das Gesetz überwölbt diese objektiven Erfordernisse durch ein subjektives Element, indem es statuiert, der Betreffende müsse „**vernünftigerweise annehmen**", unter Beachtung dieser Kriterien zu handeln. Darüber, ob dieses „vernünftigerweise annehmen Dürfen" rein subjektiv zu verstehen ist, oder ob in ihm auch objektive Elemente enthalten sind, besteht zwischen Literatur und Rechtsprechung Streit. Im Schrifttum wird, teilweise unter Überzeichnung der Aussagen im Regierungsentwurf zu § 93 Abs. 1 S. 2 AktG, öfter angenommen, es komme allein auf die subjektive Sicht des handelnden Organs an.[5498] Dem folgt die höchstrichterliche Rechtsprechung mit Recht nicht, sondern zieht einen kombinierten **objektiv/subjektiven Maßstab** heran[5499]: Es kann nicht in dem willkürlichen Belieben des Organmitglieds liegen, ob es annimmt, sich hinreichend informiert, die Risiken und Chancen sorgfältig ermittelt und abgewogen zu haben (→ Rn. 2398 ff.), so dass sein Urteil gerechtfertigt ist, es handele zum Wohl des Unternehmens. Die Rechtsprechung des II. Zivilsenats vor allem zur Haftung von GmbH-Geschäftsführern bietet reiches Anschauungsmaterial dazu, wie sehr sich die geschäftsleitenden Personen auf ihr „Bauchgefühl" verlassen, sehr selbstbewusst und ohne hinreichende Klärung aller relevanten Umstände handeln und dadurch – auch aus der allein maßgeblichen **ex ante-Sicht**[5500] – der Gesellschaft Schaden zufügen. Nicht umsonst enthält die maßgebende Passage des § 93 Abs. 1 S. 2 AktG das Wort „vernünftigerweise", welches die Prüfung des Handelns nach objektiven Maßstäben – ähnlich wie das Wort „unverantwortlich" in ARAG/Garmenbeck – eröffnet.

2377 Dass nur der Vorstand sich auf die Regeln der business judgement rule berufen darf, der sich **angemessen** über das Für und Wider der zu treffenden Entscheidung **informiert** hat, ist eine bare Selbstverständlichkeit. Wie beim Tatbestandsmerkmal „vernünftigerweise annehmen darf", besteht aber auch hier hinsichtlich der Tragweite der Norm Streit zwischen Schrifttum und höchstrichterlicher Rechtsprechung. Möglicherweise mit Blick auf die harten Folgen einer bloß fahrlässigen Organpflichtverletzung wird in der Literatur einem weiten Verständnis des Begriffs „angemessen" das Wort geredet und die Rechtsprechung des II. Zivilsenats des Bundesgerichtshofs wegen ihrer – angeblich – strengeren Sicht kritisiert.[5501] Dabei blendet die Kritik beharrlich aus, dass der Bundesgerichtshof, wenn er fordert, das Mitglied des Leitungsorgans müsse „alle" ihm zur Verfügung stehenden Informationen einholen und verarbeiten, dies textlich auf das Engste verknüpft mit den Worten „**in der konkreten Entscheidungssituatuion**"[5502], also **situationsbezogen** meint. Deswegen geht es fehl anzunehmen, die höchstrichterliche Rechtsprechung verlange zB hinsichtlich der Frage, ob ein Insolvenzantrag[5503] gestellt werden muss, die Einholung eines betriebswirtschaftlichen Gutachtens. Das kann uU in anderen Situationen[5504] geboten sein (→ Rn. 2398 ff.), wenn die zu treffende Entscheidung nicht derart eilbedürftig ist, wie die Anbringung eines Insolvenzantrags. Aber auch im zuletzt genannten Fall besteht die Pflicht zu angemessener Information, wobei selbstverständlich nur diejenigen Informationsquellen herangezogen werden können und müssen, die dem Mitglied des Vorstands in der **konkreten Lage** – also längstens in den maximal zur Verfügung stehenden drei Wochen – zugänglich sind; diese Quellen – dazu wird oftmals auch ein **sachverständiger,** nicht unbedingt ausschließlich rechtlicher Rat (→ Rn. 2398) gehören – aber muss das Geschäftsleitungsorgans heranziehen und sich auf dieser tatsächlichen und rechtlichen Grundlage ein Urteil über das **Für und Wider** seines Vorgehens verschaffen. Versagt es hier, so kann sowohl bei unberechtigt früher, weil aussichtsreiche Sanierungsversuche abschneidenden, wie bei einer zu späten Antragstellung ein pflichtwidriges, zur Schadensersatzpflicht führendes Verhalten liegen. Was für den vorstehend herausgegriffenen Fall der Insolvenzlage gilt, trifft in entsprechender Weise auf alle anderen denkbaren unternehmerischen Entscheidungen zu: Es hängt von der **konkreten Lage** ab, in der sich das Unternehmen

---

[5497] So die Diktion in BGHZ 135, 244 (253) = DStR 1997, 881 – ARAG/Garmenbeck.
[5498] *Fleischer/Wedemann* AcP 2009, 598 (601); *Fleischer* NJW 2009, 2337 (2339).
[5499] Vgl. zB BGH DStR 2008, 1839; BGH NJW 2013, 3636 Rn. 30; BGH NZG 2017, 116 Rn. 34; ferner *W. Goette* ZGR 2008, 436 (448); ebenso Hüffer/Koch/*Koch* AktG § 93 Rn. 21 mwN.
[5500] BGHZ 165, 106 (113) = DStR 2006, 384; BGHZ 179, 71 Rn. 13 = DStR 2009, 234 – MPS; BGHZ 175, 365 Rn. 12–14 = DStR 2008, 1104 – UMTS; BGHZ 75, 96 = NJW 1979, 1823; BGHZ 126, 181 (199) = DStR 1994, 1054; abschreckend in seiner verfehlten Sicht BGH DStR 1995, 273 (Notarhaftung); *W. Goette* DStR 2016, 1752 f. mwN.
[5501] Vgl. die Zusammenstellung bei Hüffer/Koch/*Koch* AktG § 93 Rn. 20.
[5502] BGH DStR 2008, 1839.
[5503] Vgl. näher zu den Schwierigkeiten, die sich aus § 15a InsO für ein Leitungsorgan ergeben können, *W. Goette* DStR 2016, 1684 ff. und 1752 ff.
[5504] Vgl. etwa BGH DStR 1998, 1884: Bewertung einer Sacheinlage.

befindet, wie breitflächig eine Informationseinholung aussehen kann und muss, um als „angemessen" bewertet werden zu können.[5505]

2378 Dass jedes Vorstandsmitglied **zum Wohle der Gesellschaft** handeln muss, ist ebenfalls eine für jedes Leitungshandeln im Fremdinteresse geltende Selbstverständlichkeit. Wenn der Gesetzgeber sich veranlasst sieht, dies im Rahmen der intendierten Haftungsprivilegierung für unternehmerisches Handeln besonders hervorzuheben, will er damit den Gesichtspunkt aus der ARAG/Garmenbeck-Entscheidung aufgreifen,[5506] dass den geschäftsleitenden Organen eine gewisse Freiheit gelassen werden muss, welche die **Hinnahme von Fehleinschätzungen** einschließt. Wenn allerdings der Vorstand ersichtlich das mit seiner Entscheidung verbundene Risiko völlig **unverantwortlich** falsch beurteilt – etwa weil er sich nicht hinreichend um die zugrundeliegenden Tatsachen kümmert oder blind darauf vertraut, es werde schon gut gehen – ist die Grenze überschritten, bis zu der noch davon gesprochen werden kann, das Leitungsorgan handele zum Wohle der Gesellschaft. Entsprechendes gilt, wenn der Vorstand bei seinem Vorgehen nicht das Unternehmenswohl, sondern **eigene Vorteile** verfolgt oder sich sonst zum Schaden der Gesellschaft von **eigenen Interessen** leiten lässt.[5507] Wie wichtig es ist, Interessenkonflikte nicht auf das Vorstandshandeln[5508] durchschlagen zu lassen, zeigt sich auch an den Regeln des DCGK, der in Abschnitt E. unter E. 2 die Offenlegung von Interessenkonflikten verlangt.

g) Kapitalschutz

2379 Konstituierend für das Recht der Kapitalgesellschaften nach deutschem Rechtsverständnis ist die ordnungsgemäße Aufbringung und Erhaltung des haftenden Kapitals.[5509] Den Vorstand treffen hier zahlreiche Pflichten, die sich in den **besonderen Haftungsvorschriften** des § 93 Abs. 3 Nr. 1–5 und Nr. 7–9 AktG widerspiegeln. Erfüllt hier ein Vorstandsmitglied seine organschaftlichen Aufgaben nicht ordnungsgemäß, tritt ohne weiteres die Ersatzpflicht ein; eine Gesamtvermögensbetrachtung wie sonst im Schadensrecht scheidet aus, der Schaden entfällt allein dann, wenn der pflichtwidrig weggegebene Vermögensgegenstand an die Gesellschaft zurückgewährt ist bzw. die vorenthaltene Einlage geleistet ist.[5510] Dass ein Verstoß gegen die Katalogtatbestände des § 93 Abs. 3 AktG auch die Verfolgung von Ersatzansprüchen durch die Gesellschaftsgläubiger erleichtert (§ 93 Abs. 5 AktG), unterstreicht, wie stark der Gesetzgeber die Beachtung der kardinalen **Kapitalschutzvorschriften** gewichtet.

h) Massesicherungs- und Insolvenzantragspflicht

2380 § 93 Abs. 3 Nr. 6 AktG, der die Pflichten nach § 92 Abs. 2 AktG aufgreift, stellt eine auf Gewährleistung der **Massesicherung** abzielende Parallelvorschrift ua zu § 64 GmbHG[5511] dar. Die **insolvenzrechtlich** zu qualifizierende Bestimmung[5512] regelt den **Sonderfall**, dass der Vorstand trotz eingetretener Insolvenzreife der AG noch Leistungen aus dem Gesellschaftsvermögen erbringt oder solche pflichtwidrig nicht verhindert. Auf dem Wege der Ersatzpflicht – der Bundesgerichtshof spricht in diesem Zusammenhang von einem **Ersatzanspruch eigener Art**[5513] – wird das Gesellschaftsvermögen wieder aufgefüllt, die Masseverkürzung behoben und der Insolvenzverwalter in den Stand gesetzt, mit Hilfe der so wieder **aufgefüllten Mittel** die verschiedenen Ansprüche **ranggerecht** zu befriedigen. So verstanden werden auf dem Umweg über die AG deren Gläubiger geschützt, was indessen nichts daran ändert, dass dieser Ersatzanspruch nach schadensersatzrechtlichen Regeln verfolgt und durchgesetzt wird.

2381 Vorgelagert der Massesicherungspflicht (→ Rn. 2380) ist die in § 92 Abs. 1 AktG geregelte Pflicht – Parallelvorschriften für die GmbH finden sich in § 49 Abs. 3 GmbHG, für die eingetragene Genossenschaft in § 33 Abs. 3 GenG –, unverzüglich eine Hauptversammlung einzuberufen, wenn nach den Feststellungen des Vorstands ein Verlust in der Höhe der **Hälfte des Grundkapitals** eingetreten ist. Wie die Anknüpfung an die Bilanzerstellung als Grundfall zeigt, bestimmt sich nach **handelsbilanziellen**, nicht nach insolvenzrechtlichen **Bewertungsmaßstäben**, ob ein entsprechender Verlust eingetreten ist.[5514] Mit dieser Pflicht zur Einberufung der Hauptversammlung soll sichergestellt werden, dass die Aktionäre über

---

[5505] So zutreffend dann auch Hüffer/Koch/*Koch* AktG § 93 Rn. 20 aE.
[5506] Zutreffend Hüffer/Koch/*Koch* AktG § 93 Rn. 23 mit Hinweis auf die Gesetzesmaterialen.
[5507] Näher GroßkommAktG/*Hopt/Roth* AktG § 93 Rn. 90 ff.
[5508] Für den Aufsichtsrat findet sich eine parallele Verpflichtung in Abschnitt E. unter E. 1 DCGK.
[5509] Für die GmbH vgl. W. Goette/M. Goette Die GmbH § 2 Rn. 1 ff. und § 3 Rn. 1 ff.
[5510] BGH NJW 2009, 68; GroßkommAktG/*Hopt/Roth* AktG § 93 Rn. 339; Hüffer/Koch/*Koch* AktG § 93 Rn. 68 mwN; W. Goette in Hommelhoff/Hopt/v. Werder, Handbuch Corporate Governance, 2. Aufl. 2009, 713 (717 f.).
[5511] Vgl. dazu W. Goette/M. Goette Die GmbH § 8 Rn. 232 ff. mit eingehender Darstellung der höchstrichterlichen Rechtsprechung.
[5512] BGH NZG 2015, 101.
[5513] BGHZ 146, 264 = DStR 2001, 175; BGHZ 187, 60 = DStR 2010, 2090 – DOBERLUG (Haftung der AR Mitglieder); BGH DStR 2007, 1544; BGH DStR 2007, 1003.
[5514] Hüffer/Koch/*Koch* AktG § 92 Rn. 3 mwN.

den außergewöhnlichen Verlust informiert werden und sie die Möglichkeit erhalten, auf diese Situation rechtzeitig zu reagieren; ein Schutz der Öffentlichkeit im Allgemeinen ist damit hingegen nach hM nicht intendiert.[5515] Da das Gesetz zwar vorrangig, aber nicht ausschließlich darauf abstellt, dass der genannte Verlust im Zusammenhang mit der Erstellung der Jahres- oder einer Zwischenbilanz offenbar geworden ist, ergibt sich zwangsläufig auch aus dieser Vorschrift, dass der Vorstand sich kontinuierlich vergewissern muss **(Beobachtungspflicht)**, wie die finanzielle Lage seiner Gesellschaft ist;[5516] anders kann er nicht pflichtgemäß auf eine eintretende oder sich verschärfende Krise reagieren und läuft Gefahr, nicht nur die Massesicherungs-, sondern sogar die **Insolvenzantragspflicht** zu verletzen.

2382 Erfüllt der Vorstand seine Beobachtungspflicht (→ Rn. 2381) gewissenhaft und ergibt sich dann eine Krisensituation so kann der Vorstand nicht nur zur Einberufung der Hauptversammlung und dazu verpflichtet sein, **massesichernde Maßnahmen** (→ Rn. 2380) zu ergreifen, ihn – genauer: jedes einzelne Vorstandsmitglied – trifft dann uU auch die aus § 15a InsO folgende Pflicht, **Insolvenzantrag** zu stellen. Der Antrag ist bei Zahlungsunfähigkeit oder Überschuldung ohne schuldhaftes Zögern, spätestens aber drei Wochen nach Eintritt des Ereignisses zu stellen. Bei einem Verstoß gegen die Antragspflicht treten gravierende **Haftungsfolgen** – nicht nur gegenüber der Gesellschaft nach § 93 Abs. 2 AktG, sondern auch gegenüber den Gesellschaftsgläubigern wegen **Insolvenzverschleppung** – ein, weil die höchstrichterlichen Rechtsprechung § 15a InsO als Schutzgesetz iSd § 823 Abs. 2 BGB einordnet.[5517]

2383 **Zahlungsunfähigkeit** als eines der beiden gesetzlichen Elemente der Insolvenzreife ist in § 17 InsO legaldefiniert, dh sie tritt ein, wenn der Schuldner seine fälligen Geldschulden nicht begleichen kann. Die dem vorgelagerte **drohende Zahlungsunfähigkeit** ist hingegen kein Insolvenzantragsgrund. Hinsichtlich des anderen Tatbestandes, der die Insolvenzantragspflicht auslöst, der **Überschuldung,** kann die Entscheidung für die Mitglieder des Leistungsorgans uU besondere Anforderungen stellen,[5518] weil sie nur einen sehr kurzen Zeitraum – längstens drei Wochen, eine Frist, welche aber nicht in jedem Fall ausgeschöpft werden darf – für die uU **komplexe Prüfung**[5519] zur Verfügung haben, andererseits aber die möglicherweise sanierungsfähige Gesellschaft nicht ohne weiteres in die Insolvenz führen dürfen. Grundlage der gewissenhaft durchzuführenden Prüfung der Überschuldung ist eine nach **insolvenzrechtlichen Regeln** aufzustellende Bilanz. Es besteht keine Bindung an die bisherigen handelsbilanziellen Wertansätze, vielmehr ist das Gesellschaftsvermögen danach zu bewerten, welcher Erlös für die einzelnen Vermögensgegenstände oder – falls eine solche Veräußerung möglich ist – für das Unternehmen als Ganzes erzielt werden kann. Unter dieser Voraussetzung können auch selbst geschaffene immaterielle Wirtschafsgüter[5520] oder ein Firmenwert angesetzt werden.

2384 Ob nur **Zerschlagungs-** oder auch **Fortführungswerte** (§ 19 Abs. 2 InsO) maßgeblich sind, hängt davon ab, welche Verwertungsmöglichkeiten prognostisch betrachtet der Insolvenzverwalter haben wird. Diesen Aktiva sind die Verbindlichkeiten gegenüberzustellen. Ergibt sich dann eine **rechnerische Überschuldung** war nach der früheren Rechtsprechung des II. Zivilsenats des Bundesgerichtshofs[5521] die Prüfung nicht beendet, vielmehr war zusätzlich zu klären, ob der Gesellschaft auch eine **negative Fortbestehensprognose**[5522] zu attestieren sei. Dieser Judikatur wollte der Gesetzgeber mit der Neufassung des § 19 Abs. 2 InsO einen Riegel vorschieben und allein auf das Vorhandensein einer rechnerischen Überschuldung abgestellt wissen.[5523] Im Zuge der Finanzmarktkrise haben dann allerdings auch die gesetzgebenden Organe erkannt, dass ein Abstellen allein auf die rechnerische Überschuldung das „ökonomisch völlig unbefriedigende Ergebnis" nach sich ziehe, „dass auch Unternehmen, bei denen die überwiegende Wahrscheinlichkeit besteht, dass sie weiter erfolgreich am Markt operieren können, zwingend ein Insolvenzverfahren zu durchlaufen haben".[5524] Nach auf die Finanzmarktkrise zugeschnittenen befristeten Zwischenlösungen – zuletzt bis zum 1.1.2014 – gilt nunmehr dauerhaft[5525] der **zweistufige Überschuldungsbegriff** nach Maßgabe des § 19 Abs. 2 InsO idF des Art. 5 FMStG.

2385 Wenn der Vorstand danach zu prüfen hat, ob seiner Gesellschaft eine positive **Fortbestehensprognose** zu attestieren ist, kann es schon deswegen zu **Pflichtverletzungen** kommen, weil die Krise nicht

---

[5515] GroßkommAktG/*Habersack*/*Foerster* AktG § 92 Rn. 2 mwN; aus der Rechtsprechung BGH NJW 1979, 1829 (1831).
[5516] Vgl. nur GroßkommAktG/*Habersack*/*Foerster* AktG § 92 Rn. 22.
[5517] Für die GmbH, aber übertragbar auch auf die AG, vgl. eingehend *W. Goette*/*M. Goette* Die GmbH § 8 Rn. 262ff. mwN.
[5518] Vgl. ausführlich *W. Goette* DStR 2016, 1684ff. und 1752ff.
[5519] Paradigmatisch für die GmbH s. *W. Goette*/*M. Goette* Die GmbH § 3 Rn. 25ff.
[5520] BGH DStR 1996, 1862: Softwareentwicklung.
[5521] BGHZ 119, 201 (211ff.) = DStR 1992, 1519 – DORNIER.
[5522] Dazu näher *W. Goette* DStR 2016, 1684ff. und 1752ff.
[5523] Vom BGH nachvollzogen in BGH DStR 2007, 728; BGH DStR 2011, 130.
[5524] BT Drs. 16/10600, 13.
[5525] Verschämte Aufhebung der Befristung durch Art. 18 des Gesetzes zur Einführung einer Rechtsbehelfsbelehrung im Zivilprozess v. 5.12.2012 (BGBl. 2012 I 2418ff.).

völlig überraschend hereingebrochen ist, sondern schon länger eine problematische Entwicklung bestand, auf die die Vorstandsmitglieder nicht reagiert haben, weil sie ihrer Beobachtungspflicht (→ Rn. 2381) nicht nachgekommen sind und die Zeit von längstens drei Wochen nunmehr nicht ausreicht, eine besonders qualifizierte Prüfung unter Einbeziehung **sachverständigen Rats** (→ Rn. 2398) durchzuführen. Dann liegt schon in der Nichterfüllung der Beobachtungspflicht das uU zur Haftung der Vorstandsmitglieder führende Verhalten. Im Übrigen ist aber die – sinnvollerweise unter Einbeziehung der Expertise Dritter – durchgeführte Prüfung der Fortbestehensprognose ein Akt wertender Erkenntnis, für die die Regeln der **Business Judgment Rule** (→ Rn. 2375 ff.) gelten.[5526] Denn eine positive Fortbestehensprognose kann nur auf der Grundlage eines realistischen und tragfähigen Unternehmenskonzepts gestellt werden, das auf einer sorgfältigen Ermittlung des Stands der Gesellschaft, einer gewissenhaften Chancen- und Risiken-Abschätzung und einem unter Einbeziehung betriebswirtschaftlicher Erkenntnisse aufgestellten Finanz- und Erfolgsplan aufbaut. Der Sache nach handelt es sich also um eine – notwendigerweise mit Unschärfen und prognostischen Unsicherheiten verbundene – **Unternehmensplanung,** wie sie auch bei „gesunden" Gesellschaften unter Heranziehung des Gedankens des § 93 Abs. 1 S. 2 AktG stattfindet.

i) Transparente Information im Vorstand und gegenüber dem Aufsichtsrat

2386 Die Wahrnehmung der **Gesamtverantwortung** innerhalb des Vorstands ebenso wie die Ermöglichung einer effizienten **Überwachung** durch den Aufsichtsrat sind nur dann möglich, wenn innerhalb des Leitungsgremiums und gegenüber dem Überwachungsorgan **Informationen offen geteilt** werden. Selbstverständlich kann kein Vorstand oder ein Mitglied dieses Gremiums diese Informationspflicht erfüllen, ohne sich zuvor über die maßgebenden Fragen zuvor selbst ordnungsgemäß informiert zu haben; die ordnungsgemäße Erfüllung dieser **Selbstinformationspflicht** hat deswegen am Anfang zu stehen und bedingt ua die Gewährleistung einer ordnungsgemäß funktionierenden Berichtspflicht zum Vorstand bzw. Vorstandsressort hin.

2387 Das Bestreben, Informationen zurückzuhalten, um ohne Einflussnahmen Dritter den eigenen Ressortbereich gestalten zu können, mag aus der Sicht eines Vorstandsmitglieds, das in seiner durch § 76 Abs. 1 AktG hervorgehobenen **Leitungsverantwortung** aufgeht, verständlich sein. Ein solcherart vorgehendes Organmitglied, verkennt indessen, dass die Aufgabenteilung im Vorstand nicht der eigenen Selbstverwirklichung dient, sondern eine organisatorische Maßnahme ist, die dem Umstand Rechnung trägt, dass eine gewisse Delegation unerlässlich ist. Jedes Vorstandsmitglied muss sich deswegen bewusst bleiben, das es ungeachtet der Ressortaufteilung Teil des **kollegialen** Gremiums ist und allen anderen Mitgliedern desselben die Möglichkeit geben muss sich davon zu überzeugen, dass die Gesellschaft nach Recht und Gesetz, der Satzung und Geschäftsordnung und unternehmenswohlorientiert geleitet wird. Dies bedingt eine transparente **wechselseitige Information** über alle wesentlichen Punkte der Geschäftsführung, und zwar nicht allein aufgrund von Nachfragen, sondern vor allem im Rahmen der Gremiensitzungen je nach Gegenstand **spontan**.

2388 Entsprechendes gilt im Verhältnis zwischen dem Vorstand und dem **Aufsichtsrat** als Überwachungsorgan. Ohne hinreichende Kenntnis von den Maßnahmen des Vorstands und ihren Auswirkungen auf das Prosperieren der Gesellschaft, von denen die Aufsichtsratsmitglieder aus eigener Anschauung regelmäßig[5527] keine Kenntnis haben können, kann kein Aufsichtsrat seiner Aufgabe pflichtgemäß nachkommen. Aus diesem Grund hat der Gesetzgeber den Vorstand – obwohl er damit für diesen uU unliebsame Reaktionen des Aufsichtsrats heraufbeschwört – verpflichtet, in bestimmter Form Bericht zu erstatten (§ 90 Abs. 1 und Abs. 2 und Abs. 4 AktG → Rn. 23 ff.); damit darf sich der Aufsichtsrat indessen nicht begnügen, sondern muss ggf. von sich aus **initiativ** werden, um die ihm erforderlich erscheinenden Informationen zu erlangen (§ 90 Abs. 3 und 5 AktG → Rn. 64 ff.); flankiert wird dieses Informationsrecht durch das Einsichts- und Prüfungsrecht nach § 111 Abs. 1 AktG. Den inhaltlichen Pflichtstandard beschreibt § 90 Abs. 4 S. 1 AktG beispielhaft für die Berichte; dass die Informationen einer **gewissenhaften** und **getreuen** Rechenschaft entsprechen, also inhaltlich zutreffend und vollständig sein müssen, gilt selbstverständlich für alle vom Vorstand dem Aufsichtsrat erteilten Informationen.

j) Kompetenzverstoß

2389 Die durch das AktG vorgegebene „wohlaustarierte **Kompetenzordnung**"[5528] muss der Vorstand selbstverständlich beachten. Das bedeutet, dass er sich **pflichtwidrig** verhält, wenn er – in Wahrnehmung

---

[5526] W. Goette DStR 2016, 1684 ff. und 1752 (1761).
[5527] Etwas anders mag für die im Unternehmen selbst tätigen Organmitglieder, also zB für die Arbeitnehmervertreter im Aufsichtsrat, soweit sie im Unternehmen beschäftigt sind, gelten.
[5528] BGHZ 159, 30 (36 f., 41) = DStR 2004, 922 – GELATINE I.

seiner im Außenverhältnis unbeschränkten Vertretungsmacht – eine dann grundsätzlich[5529] nach außen wirksame Maßnahme ohne die im Einzelfall nach § 111 Abs. 4 AktG erforderliche Zustimmung des Aufsichtsrats ergreift. Ob wegen dieser Missachtung interner Bindungen personelle Reaktionen erforderlich sind,[5530] ist eine andere Frage als die, ob ein derart pflichtwidrig handelnder Vorstand regresspflichtig ist. Das hängt (→ Rn. 2418, 2420) von uU nicht einfach zu beantwortenden Kausalitätsfragen ab; jedenfalls steht nach der höchstrichterlichen Rechtsprechung fest, dass der schlichte Kompetenzverstoß für sich betrachtet noch keine **Ersatzpflicht** auslöst.[5531]

3. Verschulden

2390 Nur wenn das Organ seine Pflichten **schuldhaft** verletzt, kann eine Ersatzpflicht gegenüber der Gesellschaft in Betracht kommen. In den praktischen Fällen wird diesem Erfordernis, zumal im Schrifttum,[5532] oftmals keine besondere Bedeutung beigemessen, weil einerseits nicht nach dem Grad des Verschuldens unterschieden werden muss, sondern schon jede leichte Fahrlässigkeit tatbestandsmäßig ist und weil außerdem regelmäßig angenommen wird, der objektive Pflichtverstoß **indiziere** das Verschulden.[5533] Richtigerweise greift aber diese Vermutung nicht in jedem Fall durch, sondern kann uU von dem Organ widerlegt werden (**Beweislastverteilung** → Rn. 2421 ff.); außerdem verdeckt das Ausblenden des Verschuldenserfordernisses die auch im Einzelfall wichtige Erkenntnis, dass das deutsche Gesellschaftsrecht eine **Erfolgshaftung** nicht kennt.[5534] Es gelten die allgemeinen zivilrechtlichen Grundsätze, so dass sich das Verschulden nur auf die Pflichtverletzung, nicht auch auf den Schadenseintritt beziehen muss.[5535]

2391 Verschuldenshaftung meint **eigenes Fehlverhalten** des Organmitglieds. Pflichtverletzungen anderer Vorstandsmitglieder, nachgeordneter Mitarbeiter des Unternehmen oder beauftragter Dritter werden dem Vorstandsmitglied nicht als eigene zugerechnet und wirken deswegen nicht haftungsbegründend.[5536] Vielmehr kommt eine Regressnahme nur bei einer eigenen Pflichtverletzung des Organmitglieds in Betracht, die in diesem Zusammenhang zB in schuldhaft pflichtwidrig unterbliebener oder unzureichender **Überwachung** der genannten Personen oder – bei Angestellten und Dritten – in mangelhafter **Auswahl** beruhen kann.[5537]

a) Maßstäbe, auch wg D&O

2392 Einfache **Fahrlässigkeit** genügt für die Annahme schuldhaften Verhaltens, im Organhaftungsprozess muss deswegen der Verschuldensgrad nicht festgestellt werden; die klagende Gesellschaft ist zudem gut beraten, diese Frage nicht zu problematisieren, weil sie sich uU gegen sie wenden kann, wenn das Gericht – in diesem Zusammenhang: unnötigerweise – ein **vorsätzliches** Fehlverhalten feststellt und damit eine Inanspruchnahme des D&O-Versicherers später unmöglich gemacht wird; die Ansprüche gegen diesen Versicherer machen idR den wesentlichen Vermögensgegenstandes des Organmitglieds aus, so dass die Gesellschaft bei der Vollstreckung aus einem obsiegenden Urteil weithin leer auszugehen droht.

2393 Der **Maßstab** knüpft **nicht** an die **individuellen Fähigkeiten** des betroffenen Organmitglieds an, er ist vielmehr – im Aktienrecht nach § 23 Abs. 5 AktG zwingend – als **Mindeststandard typisiert**.[5538] Das schließt es aus, sich zur eigenen Entlastung auf mangelnde Kenntnis,[5539] Unerfahrenheit[5540] oder Alter[5541] berufen zu dürfen; ein Organmitglied, welches etwa über die erforderlichen Mindestkenntnisse für

---

[5529] Ausnahme: „evidenter" Missbrauch der Vertretungsmacht, vgl. BGH DStR 2006, 1515 und BGH DStR 1996, 271 (beide zum GmbH-Recht) ; Hüffer/Koch/*Koch* AktG § 111 Rn. 49.
[5530] Hüffer/Koch/*Koch* AktG § 111 Rn. 49 sehen einen Fall von § 84 Abs. 3 AktG.
[5531] BGHZ 219, 193 = NZG 2018, 1189; dazu *M. Goette* ZGR 2019, 324.
[5532] Vgl. zB GroßkommAktG/*Hopt/Roth* AktG § 93 Rn. 392; aus der Rechtsprechung zB BGH DStR 2012, 1286 zur Massesicherungspflicht.
[5533] BGH NJW-RR 2015, 988 Rn. 28; kritisch dazu Hüffer/Koch/*Koch* AktG § 93 Rn. 43: „stiefmütterlich behandelt".
[5534] Vgl. schon treffend 1. Bericht des Vorsitzenden des Ausschusses für Aktienrecht vom April 1934 bei *Schubert* Protokolle des Ausschusses für Aktienrecht der Akademie für Deutsches Recht S. 492; BGHZ 69, 207 (213) = NJW 1977, 2311; BGHZ 75, 96 (113) = NJW 1979, 1823; BGHZ 173, 246 Rn. 31 f. = DStR 2007, 1586 – TRIHOTEL; auch BGHZ 135, 244 (253) = DStR 1997, 881 – ARAG/Garmenbeck; *W. Goette* FS 50 Jahre BGH, 2000, 123 (141); *W. Goette* DStR 2016, 1752 f.; *W. Goette* ZGR 1995, 648 (668 f.) mwN.
[5535] AllgM vgl. GroßkommAktG/*Hopt/Roth* AktG § 93 Rn. 394.
[5536] BGH NZG 2011, 1271 Rn. 17 – ISION.
[5537] Vgl. BGH NZG 2011, 1271 Rn. 17 – ISION.
[5538] Vgl. etwa BGH NJW-RR 2015, 988 Rn. 28.
[5539] RGZ 163, 200 (208).
[5540] BGH WM 1981, 440 (GmbH).
[5541] AllgM vgl. nur GroßkommAktG/*Hopt/Roth* AktG § 93 Rn. 392.

die Amtsausübung nicht verfügt, muss sie sich schnellstens verschaffen[5542] oder von der Übernahme des Amts Abstand nehmen; notfalls muss es abberufen werden.[5543] Ebenso wenig kann sich ein Organmitglied darauf zu seiner Entlastung berufen, es sei nicht ordnungsgemäß überwacht worden;[5544] oder habe, da nur ehrenamtlich tätig, nicht die erforderlichen Kenntnisse für sein Amt besessen.[5545] In einem solchen Fall tritt gesamtschuldnerische Haftung gegenüber der Gesellschaft ein. Der **zwingende** Charakter dieses Haftungsmaßstabes steht allen Tendenzen entgegen, auf satzungsrechtlicher Grundlage eine Erleichterung (→ Rn. 2394) der als unangemessen streng erachteten Organhaftung herbeizuführen.[5546] Wenn danach der Pflichtenstandard objektiviert ist (→ Rn. 2357) bedeutet das selbstverständlich nicht, dass ein Organmitglied, das über vertiefte Fähigkeiten und besondere Kenntnisse oder ein Vorwissen aus anderer Tätigkeit verfügt, damit gehört werden könnte, er habe dieselben, weil über den „normalen" Standard hinausgehend, nicht einzusetzen brauchen; im Gegenteil sind diese Sonderqualifikationen, Erfahrungen und Kenntnisse von dem Organmitglied einzubringen. Insofern kommt es bei der Verschuldensfeststellung – jenseits des Mindeststandards – sehr wohl auch auf die individuelle Betrachtung an. Nach den Vorstellungen des Gesetzgebers muss das Organmitglied die Mindestanforderungen, die an seine Amtsausübung gestellt werden, vom ersten Tag an erfüllen; er kann also nicht eine Art **„Einarbeitungszeit"** für sich in Anspruch nehmen. Soweit es dem objektiven Pflichtenstandard gerecht geworden ist, ihm aber wegen erst kurzer Zugehörigkeit zu dem Organ die vertieften Kenntnisse über bestimmte Strukturen oder Vorgehensweisen in der Gesellschaft noch nicht bekannt sind und bekannt sein können, kann der Gesichtspunkt der notwendigen Einarbeitung aber durchaus eine Rolle spielen, wenn es um die Verschuldensprüfung geht.

b) Haftungsreduzierung?

Wegen der danach durchaus **strengen** Organhaftung mit für die Betroffenen uU äußerst schwerwiegenden Folgen gibt es im Schrifttum immer wieder Vorstöße, die auf eine **Haftungserleichterung** abzielen[5547]; im geltenden Recht finden sie indessen **keine Grundlage,** und nach der allgemein kritischen Einstellung der Öffentlichkeit gegenüber Managern kann auf absehbare Zeit schwerlich erwartet werden, dass derartige Ideen von den gesetzgebenden Organen aufgegriffen werden. Eine dieser auf Erleichterung der Organhaftung abzielenden rechtspolitischen Vorstellungen geht dahin, die Organmitglieder von Aktiengesellschaften, die ja typischerweise als Fremdorgane berufen werden, wie Arbeitnehmer **(gefahrgeneigte Arbeit)** privilegiert zu behandeln. Das steht nicht der höchstrichterlichen Rechtsprechung nicht im Einklang mit der organschaftlichen Leitungsaufgabe, bei der es darum geht, dass das Vorstandsmitglied die Unternehmerfunktion wahrzunehmen hat, und nicht allein das Verhältnis zwischen Prinzipal und Angestelltem, sondern auch seine Pflichtenbindung gegenüber den Aktionären und den Gesellschaftsgläubigern prägend ist.[5548] Nicht mit dem Gesetz in Einklang steht auch die Vorstellung, ein Vorstandsmitglied schlechthin wegen seiner **Kooperation** bei der Aufklärung haftungsrechtlich besser zu stellen; dies kann allenfalls in besonderen Ausnahmefällen auf der 2. Stufe nach ARAG/Garmenbeck (→ Rn. 2430, 2432) eine Rolle spielen.[5549] Eine erfolgreiche Kooperation wird sich im Übrigen schon auf die Schadenhöhe positiv auswirken und dadurch im Ergebnis das Vorstandsmitglied besser stellen. 2394

Ein anderer im Schrifttum diskutierter Ansatz geht dahin, zu einer Regressreduzierung qua **Treuepflicht** zu gelangen[5550]. Dass das AktG dies zulässt, bezweifeln allerdings selbst die Befürworter dieser Form von Regressbeschränkung und favorisieren deswegen eine Änderung des Gesetzes, welche den Verantwortlichen durch Einräumung größerer **Satzungsfreiheit** abweichende Gestaltungsmöglichkeiten eröffnet, wie sie etwa im GmbH-Recht möglich ist. Dass der Gesetzgeber hierauf in absehbarer Zeit eingehen wird, ist allerdings nicht anzunehmen, zumal eine Aufweichung des § 23 Abs. 5 AktG zahlreiche weitere Fragen aufwerfen müsste.[5551] 2395

[5542] BGHZ 85, 293 (295 f.) = NJW 1983, 991; MüKoAktG/*Habersack* AktG § 100 Rn. 16; GroßkommAktG/*Hopt/Roth* AktG § 100 Rn. 32.
[5543] GroßkommAktG/*Hopt/Roth* AktG § 100 Rn. 32.
[5544] BGH DStR 2004, 513 (515) zum Genossenschaftsrecht; zum GmbH-Recht vgl. BGH NJW 1983, 1856 und *W. Goette/M. Goette* Die GmbH § 8 Rn. 226 mwN.
[5545] BGH DStR 2004, 513 (Genossenschaft).
[5546] Vgl. dazu – wohl bedauernd – GroßkommAktG/*Hopt/Roth* AktG § 93 Rn. 393 mit Hinweis auch auf die Diskussionen und Beschlüsse des 70. DJT (2014).
[5547] Vgl. zuletzt eingehend die Diskussionen und Beschlüsse des 70. DJT (2014); vgl. auch die Darstellung bei GroßkommAktG/*Hopt/Roth* AktG § 93 Rn. 398 ff.
[5548] BGH WM 1975, 467 (469) zur Genossenschaft; BGH NZG 2019, 1154 (GmbH-Geschäftsführer); GroßkommAktG/*Hopt/Roth* AktG § 93 Rn. 395 ff. mwN aus dem Schrifttum.
[5549] Vgl. *W. Goette* Liber Amicorum Winter, 2011, 155 (166): Abschreckungswirkung für künftige Vorstandsmitglieder.
[5550] Zusammenfassende Darstellung bei GroßkommAktG/*Hopt/Roth* AktG § 93 Rn. 398 ff.; s. vor allem *Koch* Liber Amicorum M. Winter, 2011, 327; *Koch* AG 2012, 429; *Koch* AG 2014, 513.
[5551] Vgl. MüKoAktG/*Pentz* AktG § 23 Rn. 158.

c) Tatsachen- und Rechtsirrtum

2396 **Tatsachenirrtum** kann das Verschulden ausschließen.[5552] Vorauszusetzen für einen relevanten derartigen Irrtum ist jedoch, dass das irrende Organmitglied seiner **Selbstinformationspflicht** (→ RN. 2377, 2386) ordnungsgemäß nachgekommen ist. Deswegen wird es in der Praxis nur selten vorkommen, dass ein solcher entschuldigender Irrtum vorliegt, vielmehr liegt es näher, dass der vom Organmitglied geltend gemachte Irrtum seine Ursache in einer unzureichenden Ermittlung der relevanten Tatsachen haben wird.

2397 Auch ein **Rechtsirrtum** kann – nach der höchstrichterlichen Rechtsprechung[5553] und der ihr folgenden hM im Schrifttum[5554] – uU entschuldigend wirken. Damit wird dem Umstand hinreichend Rechnung getragen, dass das Vorstandsmitglied unter Unsicherheit handelt und ob es sachgerecht bewertet hat, dieser Unsicherheit – vor allem durch Einholung von **Rechtsrat** (→ Rn. 2398) – lege artis begegnet zu haben. Danach gilt: Das Risiko eines sorgfältig gebildeten, im Ergebnis aber unrichtigen Rechtsstandpunkts trifft nicht das Organmitglied.[5555] Für eine analoge Anwendung des § 93 Abs. 1 S. 2 AktG, wie sie in Teilen[5556] des Schrifttums vertreten wird, besteht daher weder ein Bedürfnis, noch vermag die Kreation einer unter den entsprechend anzuwendenden § 93 Abs. 1 S. 2 AktG **legal judgement rule** zu überzeugen.

d) Einholung von (Rechts)Rat (ISION)

2398 Entscheidungen müssen die Mitglieder geschäftsleitender Organe auf der Grundlage **angemessener Information** (→ Rn. 2376f.) treffen; oftmals fehlt ihnen aber die dafür notwendige **Sachkunde**. Das verwundert nicht, wenn man sich vergegenwärtigt, wie weit voneinander entfernt die einzelnen Gegenstände sind, die bei der Risiken- und Chanceneinschätzung berücksichtigt werden müssen: Je nach Gegenstand der Maßnahme können zB chemische oder physikalische, Fragen des Einkaufs und Vertriebs, Umweltaspekte oder Rechtsfragen aus den Bereichen Korruption, Kartellrecht, Arbeitssicherheit oder Datenschutz zu klären sein, die in die Gesamtbewertung eingehen müssen. Auch ein mit Experten der einzelnen Ressorts besetzter Vorstand wird als Gesamtorgan regelmäßig über die differenzierten Kenntnisse nicht selbst verfügen und deshalb auf das Expertenwissen anderer[5557] angewiesen sein. Diese **Sachkunde** hat er sich als seine Verantwortung ordnungsgemäß wahrnehmendes Organmitglied zu verschaffen.[5558] Wie dabei vorzugehen ist, haben Rechtsprechung und Literatur an dem Teilbereich der gebotenen Einholung von **Rechtsrat** näher entwickelt;[5559] die dort aufgestellten Erfordernisse beanspruchen aber **prinzipiell Geltung** für alle Bereiche, in denen das Leitungsorgan allein nicht über das notwendige Wissen verfügt. Das können neben den bereits erwähnten Materien auch betriebswirtschaftliche Fragen – etwa die Bewertung eines zu erwerbenden Unternehmens oder einer Sacheinlage[5560] oder die Klärung der Fortbestehensfähigkeit (→ Rn. 2384f.) der eigenen Gesellschaft sein.

2399 Nach der tradierten Formel des II. Zivilsenats des Bundesgerichtshofs[5561] muss sich der organschaftliche Vertreter, wenn er nicht über die erforderliche Sachkunde selbst verfügt, ggf. selbst beraten lassen. Dazu reicht eine schlichte Anfrage bei einer Person, die das Organmitglied für einen Experten hält, nicht aus. Es sind die vielmehr folgenden **Anforderungen** zu stellen:[5562] Der hinzugezogene Berater muss für die zu beantwortenden Fragen **kompetent**, er muss **seriös** und **unabhängig** (→ Rn. 2401) sein, der Geschäftsleiter muss ihn **umfassend informieren**, und er darf den ihm erteilten Antworten nicht blind vertrauen, sondern muss sie eigenständig auf **Plausibilität** prüfen.

2400 Gegenstand dieser **Plausibilitätsprüfung** ist – entgegen manchen Missdeutungen im Schrifttum – selbstverständlich nicht[5563] die Beurteilung des Experten selbst, der ja gerade wegen unzureichender Sachkunde des Organmitglieds hinzugezogen worden war; wohl aber betrifft die Plausibilitätsprüfung die Fra-

---

[5552] GroßkommAktG/*Hopt/Roth* AktG § 93 Rn. 402.
[5553] BGHZ 126, 181 (199) = DStR 1994, 1054; BGH DStR 2007, 1174 (Ls. 2 und Rn. 18); BGH NZG 2011, 1271 Rn. 16 – ISION; BGH NZG 2012, 672 Rn. 15; BGH NZG 2015, 792 Rn. 28.
[5554] *Hauger/Palzer* ZGR 2015, 33; *Verse* ZGR 2017, 174 (192); *Born* in Krieger/U.H. Schneider Mangerhaftung-HdB § 14 Rn. 15; GroßkommAktG/*Hopt/Roth* AktG § 93 Rn. 403; Hüffer/Koch/*Koch* AktG § 93 Rn. 19 unter Hinweis auf BT-Drs. 15/5092, 11; *W. Goette* DStR 2016, 1752 (1759).
[5555] Zutreffend Hüffer/Koch/*Koch* AktG § 93 Rn. 44 im Anschluss an *Holle* AG 2016, 270 (276f.) und *Verse* ZGR 2017, 174 (181ff.).
[5556] MüKoAktG/*Spindler* AktG § 93 Rn. 75ff.; *Bicker* AG 2014, 8 (10ff.).
[5557] Vgl. *W. Goette* DStR 2016, 1752 (1759).
[5558] BGH NZG 2007, 545 (547); BGH NZG 2012, 672.
[5559] BGH DStR 2007, 1174 Rn. 16ff.; BGH AG 2011, 876 Rn. 16ff.; BGH NZG 2012, 672 Rn. 15; *Krieger* ZGR 2012, 496 (502); *W. Goette* DStR 2016, 1752 (1758ff.).
[5560] BGH DStR 1998, 1884.
[5561] BGH DStR 2007, 1174 Rn. 18; BGH NZG 2012, 672 Rn. 15.
[5562] So *W. Goette* DStR 2016, 1752 (1759).
[5563] Zutreffend *Krieger* ZGR 2012, 496 (502).

ge, ob der Berater die ihm erteilten Informationen sachgerecht verwertet oder sich aufdrängende Fragen zum Sachverhalt nicht gestellt hat oder sonst von unrichtigen Annahmen ausgegangen ist; erst recht darf sich das Vorstandsmitglied auf die ihm erteilten Auskünfte nicht verlassen, wenn es den Experten unrichtig informiert und damit die Grundlage für eine unzutreffende Antwort gelegt hat.[5564] Richtigerweise muss das Vorstandsmitglied diese Plausibilitätsprüfung nicht in Gänze selbst vornehmen, sondern darf sich dabei von in ihrem **Urteil unabhängigen** (→ Rn. 2399, 2401) Personen, je nach Gegenstand der zu beurteilenden Frage etwa von Angehörigen der Rechtsabteilung oder von Technikexperten unterstützen lassen; eine vollständige Delegation wäre dagegen problematisch.

Unabhängig muss der Berater sein. Das bedeutet entgegen zu Irritationen führenden Aussagen eines Mitglieds des II. Zivilsenats[5565] zu der ISION-Entscheidung[5566] nicht, dass unter allen Umständen nur eine **außerhalb** des Unternehmen stehende Person ein in diesem Sinn „tauglicher" Experte sein kann. Es kommt vielmehr ausschließlich darauf an, dass der Berater ein **unabhängiges** und kein von Gefälligkeit geprägtes **Urteil** aufgrund seiner Expertise abgibt; deswegen darf sich der Vorstand, wenn er Sachkunde benötigt, auch auf die Fachleute der **eigenen Gesellschaft** stützen.[5567]   2401

4. Schaden

Auch bei der Verfolgung von Organhaftungsansprüchen ist der Aufsichtsrat dem **Unternehmenswohl**   2402
verpflichtet. Dieses wird – in der zu sehr an §§ 249 ff. BGB orientierten Diskussion dieses Problemfeldes wird dies leicht verkannt – nicht **ausschließlich** durch das **Integritätsinteresse** der Gesellschaft definiert; vielmehr kann im Einzelfall die Inanspruchnahme eines Vorstandsmitglieds wegen einer schuldhaften Pflichtverletzung **Kollateralschäden** für das Unternehmen hervorrufen, die in keinem Verhältnis zu dem mit einer erfolgreichen Durchsetzung des Haftungsanspruchs verbundenen Nutzen stehen. Deswegen darf der Aufsichtsrat nicht blind jeden als bestehend und durchsetzbar identifizierten Ersatzanspruch geltend machen, sondern muss die Vor- und Nachteile eines solchen Vorgehens für die Gesellschaft sorgfältig abwägen (→ Rn. 2425 ff.).

a) Vermögensschaden

Ersatzfähig ist nur der der Gesellschaft durch die Pflichtverletzung (→ Rn. 2355 ff.) kausal zugefügte **Ver-**   2403
mögensschaden. Es gelten die allgemeinen bürgerlichrechtlichen Regeln (§§ 249 ff. BGB), dh mittels der **Differenzhypothese** werden der reale mit dem hypothetischen Vermögensstand verglichen, der sich bei Hinwegdenken der Pflichtverletzung ergäbe.[5568] Die so ermittelte Differenz ist der von dem Organmitglied zu ersetzende Schaden. Dass die Gesellschaft **überschuldet** ist, steht einer Schadenentstehung nicht entgegen.[5569]

Nicht nur ein **Substanzschaden,** auch die Belastung mit einer **Verbindlichkeit** und ein **entgange-**   2404
ner Gewinn können einen Vermögensschaden in diesem Sinn ausmachen. **Abwehr- und Schadenminderungsaufwendungen,** die durch das pflichtwidrige Verhalten eines Organmitglieds ausgelöst werden, können – sofern sie nach Grund und Höhe angemessen sind – Teil des zu ersetzenden Schadens sein. Das gilt sowohl für die **Verteidigung**[5570] der Gesellschaft bei Inanspruchnahme durch Dritte wegen eines pflichtwidrigen Organverhaltens, als auch für die **eigenen** vorprozessualen – einschließlich Klärung des Sachverhalts uU unter Hinzuziehung von Sachverständigen – wie prozessualen Rechtsverfolgungskosten[5571] gegenüber dem betroffenen Vorstandsmitglied. Nach einer in der instanzlichen Rechtsprechung[5572] vertretenen Ansicht trifft das auch für die Kosten **interner Untersuchungen** oder die Beratung und Vertretung in einem **behördlichen** Verfahren zu. Wenn die Einschaltung eines **Monitors**[5573] (→ Rn. 2922 ff.) der Schadenminderung dient, etwa als Teil eines Vergleichs mit der Gesellschaft, werden auch die dadurch entstehenden Kosten zum ersatzpflichtigen Schaden zu zählen sein. Je nach Erforder-

---

[5564] Vgl. den Fall BGH DStR 1998, 1884, in dem es um ein betriebswirtschaftliches Gutachten – Bewertung einer Anhängekupplungseinrichtung für eine Sacheinlage – ging und der Geschäftsleiter gänzlich falsche Zahlen über Interessenten mitgeteilt hatte.
[5565] *Strohn* ZHR 176 (2012), 137; zutreffend strikt ablehnend *Krieger* ZGR 2012, 496; s. ferner *W. Goette* FS Hoffmann-Becking, 2013, 377 (380 in Fn. 13).
[5566] BGH NZG 2011, 1271 – ISION.
[5567] So auch klarstellend BGH DStR 2015, 1635 Rn. 28.
[5568] AllgM vgl. BGH NZG 2008, 314 (315); BGH NZG 2013, 293 Rn. 21; GroßkommAktG/*Hopt*/*Roth* AktG § 93 Rn. 409; Hüffer/Koch/*Koch* AktG § 93 Rn. 47; MüKoAktG/*Spindler* AktG § 93 Rn. 192.
[5569] GroßkommAktG/*Hopt*/*Roth* AktG § 93 Rn. 409.
[5570] Hüffer/Koch/*Koch* AktG § 93 Rn. 48.
[5571] BGH NJW 2004, 444 (446).
[5572] LG München I ZIP 2014, 570 (576) – SIEMENS/Neubürger; s. auch *Fleischer* NZG 2014, 321 (327); *Lüneborg*/ *Resch* NZG 2018, 209 (213, 215).
[5573] *Lüneborg*/*Resch* NZG 2018, 209 (213, 215).

lichkeit der Aufwendungen für eine sachgerechte, § 254 BGB berücksichtigende Vorgehensweise sind die Anwalts- und Beraterkosten nicht nach den für die jeweiligen Berufe geltenden Gebührentabellen, sondern zB auch nach **Zeitaufwand**[5574] abrechenbar und zu erstatten.

b) Bußgeld als Schaden

2405 Pflichtwidriges Fehlverhalten von Vorstandsmitgliedern – Beispiele finden sich im Straf-, Umweltschutz- und Kartellrecht – kann gravierende Sanktionen in Gestalt von **Bußgeldern, Strafzahlungen** und Ähnlichem nach sich ziehen. Dies wirft die Frage auf, ob und ggf. in welchem Umfang wegen dieser das Gesellschaftsvermögen schädigenden Leistungen bei den Mitgliedern des Leitungsorgans Regress genommen werden kann. Die Frage ist – vornehmlich im Hinblick auf **Kartellbußen** – höchst umstritten,[5575] eine klärende höchstrichterliche Entscheidung steht aus, da das Bundesarbeitsgericht[5576] im Schienenkartellfall[5577] nur die vorliegende Frage der Regressierbarkeit von Kartellbußen nicht entschieden, sondern den Rechtsweg zu den Arbeitsgerichten für diese Frage verneint hat.

2406 Soweit die Geldbuße nicht nur **ahndenden** Charakter hat, sondern darüber hinaus den durch das rechtswidrige Verhalten erzeugten **Gewinn abschöpft,** kommt schon nach der Differenzhypothese ein Regress gegen das verantwortliche Vorstandsmitglied nicht in Betracht. Denn wird das pflichtwidrige Verhalten hinweggedacht, kann aus ihm auch kein Gewinn bei der Gesellschaft entstehen. Soweit dem Unternehmen durch das genannte Verhalten ein Vorteil (→ Rn. 2413 ff.) – Paradigma: überhöhte Preise aufgrund verbotener Kartellabsprache – entstanden ist, entfällt derselbe durch und in Höhe der Gewinnabschöpfung. Deswegen entspricht es allgemeiner Ansicht,[5578] dass sich das Problem der Regressnahme hinsichtlich des **Gewinnabschöpfungsanteils** einer Geldbuße nicht stellt.

2407 Hinsichtlich des **ahndenden Teils** einer Geldbuße besteht Uneinigkeit im Schrifttum. Gegen die Regressnahme wird ua angeführt, dass die Geldbuße ihren eigentlichen **Zweck,** das Unternehmen zu rechtstreuem Verhalten zu veranlassen, **verfehle,** wenn es die Möglichkeit erhalte, sich die Buße von dem Vorstandsmitglied oder seiner D&O-Versicherung erstatten zu lassen.[5579] Die Überwälzung der Buße auf die Verantwortlichen im Unternehmen kann auch leicht zu deren wirtschaftlicher **Existenzvernichtung**[5580] führen, ein Umstand, dem der nationale Gesetzgeber zB durch § 81 Abs. 4 S. 1 GWB dadurch Rechnung getragen hat, dass er die Höhe der individuell zu verhängenden Geldbuße bei Kartellverstößen auf 1 Mio. EUR begrenzt hat. Vor allem für den Bereich des Kartellrechts spielt die Befürchtung eine wesentliche Rolle, dass das aus der Sicht der Kartellbehörden sehr wirksame Instrument der **Kronzeugenregelung** seine Bedeutung verliert, wenn aussagebereite Kronzeugen aus den Leitungsorganen befürchten müssen, wegen des von ihnen selbst aufgedeckten pflichtwidrigen Verhaltens in Regress genommen zu werden. Allerdings ist diese Kronzeugen-Argument durchaus **ambivalent,** weil die Kronzeugenregelung auch ein Anreiz für das Vorstandsmitglied sein kann, durch „Flucht nach vorn" eine Bußgeldverhängung gegen die Gesellschaft von vornherein zu verhindern und damit a limine der Gefahr einer Regressnahme zu entgehen. Die – vor allem von Gesellschaftsrechtlern getragene – **herrschende**[5581] Gegenmeinung hebt vor allem auf das **verhaltenssteuernde**[5582] Element der Haftung von Vorstandsmitgliedern ab und kann sich dabei nicht nur auf die höchstrichterliche Rechtsprechung zur Haftung von Beratern für Unternehmensbußen,[5583] sondern ua auch auf die Entschließungen des Gesetzgebers zur Neuschaffung des Selbstbehalts in der D&O-Versicherung (§ 93 Abs. 2 S. 3 AktG) stützen.[5584] **Gegen ein Verbot der Regressnahme** spricht aber ferner, dass dann die bußgeldbedingten Folgen eines pflichtwidrigen Verhaltens eines Organmitglieds nicht die verantwortlichen Organmitglieder, sondern die Gesamtheit der Aktionäre tragen müssen, die als solche keinen unmittelbaren Einfluss auf

---

[5574] BGH NJW 2015, 3447 Rn. 58 mwN; *Fleischer* NZG 2014, 312 (327); Hüffer/Koch/*Koch* AktG § 93 Rn. 48.
[5575] Vgl. GroßkommAktG/*Hopt/Roth* AktG § 93 Rn. 419; Hüffer/Koch/*Koch* AktG § 93 Rn. 48 mwN; K. Schmidt/Lutter/*Krieger/Sailer-Coceani* AktG § 93 Rn. 37; *Dreher* FS Konzen, 2006, 85 (103 ff.); *Habersack* ZHR 176 (2013) 782 (801); *Wilsing* in Krieger/U.H. Schneider Managerhaftung-HdB § 31 Rn. 18 ff.; ausführlich *M. Arnold* Gesellschaftsrechtliche Vereinigung Bd. 24 (2018), 29 ff. mit eingehender Aufarbeitung des Streitstands und umfangreichen wN; auch *W. Goette* FS Hoffmann-Becking, 2013, 377 (381); s. auch *Nietsch* ZHR 184 (2020), 60 ff.
[5576] BAG NJW 2018, 184.
[5577] LAG Düsseldorf BB 2015, 907.
[5578] *Fleischer* DB 2014, 345 (348); Hüffer/Koch/*Koch* AktG § 93 Rn. 48.
[5579] So vor allem *Dreher* FS Konzen, 2006, 85 (103 ff.); *Horn* ZIP 1997, 1129 ff.; *Thomas* NZG 2015, 1409 (1414 ff.).
[5580] Vgl. *W. Goette* ZHR 176 (2012), 588 (603).
[5581] K. Schmidt/Lutter/*Krieger/Sailer-Coceani* AktG § 93 Rn. 37; BeckOGK/*Fleischer* AktG § 93 Rn. 251 ff.; GroßkommAktG/*Hopt/Roth* AktG § 93 Rn. 419; Hüffer/Koch/*Koch* AktG § 93 Rn. 48; *Habersack* ZHR 177 (2013), 782 (801) *Bicker* AG 2014, 8 (13).
[5582] So schon *W. Goette* ZHR 176 (2012), 588 (590) unter Hinweis auf die Beratungen zum VorstAG, das den Selbstbehalt bei der D&O-Versicherung eingeführt hat.
[5583] BGH NJW 1957, 586; BGH NJW 1997, 518; BGH NJOZ 2011, 460; BGH NJW 2016, 3715.
[5584] Vgl. 143. Sitzung des Rechtsausschusses; dazu auch *Seibert* FS W. Goette, 2011, 487 (495).

Auswahl, Berufung in das Amt und Überwachung bei der Ausübung desselben haben, dem Geschehen also wesentlich ferner stehen, als das handelnde oder pflichtwidrig unterlassende Vorstandsmitglied.

Sowohl der zuletzt genannte gesellschaftsrechtliche wie der kartellrechtliche Ansatz haben **beachtliche Gründe** auf ihrer Seite, die nicht leichthin miteinander in Einklang gebracht werden können, so lange nicht der Gesetzgeber[5585] – etwa nach dem Vorbild des § 81 Abs. 4 S. 1 GWB oder österreichischen Regelungen[5586] – eine generelle Regelung zu diesem Problemkreis geschaffen hat. Bis dahin bleibt deswegen abzuwarten, wie sich die höchstrichterliche Rechtsprechung positionieren wird, wenn zB der Schienenkartellfall eines Tages vom Kartellsenat des Bundesgerichtshofs entschieden wird. Bis zu einer solchen klärenden Entscheidung ist jeder Aufsichtsrat gut beraten, sich von der herrschenden **gesellschaftsrechtlich** fundierten Linie leiten zu lassen und notfalls im Wege der Klage auch Ersatz der Geldbuße (Ahndungsteil) zu verlangen.

c) Schmiergeldzahlungen

Korruption ist – inzwischen auch im Ausland – verboten; werden dennoch Zahlungen zur Auftragserlangung[5587] geleistet, kann sich der Vorstand, der für die Verletzung der Legalitätspflicht verantwortlich ist, nicht darauf berufen, sein Handeln sei für die Gesellschaft **nützlich** gewesen. In diesem Zusammenhang erbrachte **Schmiergeldzahlungen** sind deswegen der Gesellschaft ebenso wie Folgekosten, die durch Untersuchungen und Sanktionen wegen dieses Vorgangs entstehen, zu erstatten.[5588] Dasselbe gilt, wenn sich ein Organmitglied selbst **bestechen lässt,** weil jedenfalls in Höhe des empfangenen Schmiergelds die Gesellschaft einen überhöhten Preis für die empfangene Leistung erbracht hat.[5589] Unabhängig davon haftet in diesem Fall das Mitglied des Leitungsorgans nach § 687 Abs. 2 BGB auf Herausgabe des Erlangten.

d) Soziale Aufwendungen

Dem Vorstand ist es nicht prinzipiell verboten, aus dem Unternehmensvermögen **Spenden** oder **soziale Aufwendungen** zu erbringen.[5590] Deswegen können solche Leistungen nur dann zu einer Schadensersatzpflicht des Organmitglieds führen, wenn die für solche freigebigen Leistungen bestehenden Grenzen überschritten sind. Das ist jedenfalls dann der Fall, wenn sie gegen **gesetzliche Verbote** verstoßen oder vom **Unternehmensgegenstand** nicht mehr gedeckt sind.[5591] Unzulässig sind solche Leistungen auch dann, wenn mit ihnen nicht – zumindest auch – Unternehmenszwecke, sondern allein oder vornehmlich **persönliche Interessen** verfolgt werden.[5592] Sind sie der **Höhe** nach – auch unter Berücksichtigung des dem Vorstand zuzubilligenden Freiraums[5593] – unangemessen hoch, kann dies zu einer Ersatzpflicht führen. In jedem Fall ist für eine ordnungsgemäße **Verbuchung,** schon wegen der steuerlichen Behandlung solcher Zuwendungen, zu sorgen. Der 1. Strafsenat des Bundesgerichtshofs fordert zudem eine **gesellschaftsinterne Transparenz** zwischen den Organen,[5594] was in Teilen der Literatur als aktienrechtlich begründete Pflicht aufgenommen worden ist,[5595] was teilweise aber strikt abgelehnt wird.[5596] In der Tat ist eine solche Unterrichtungspflicht des Vorstands, der im Rahmen der Business Judgment Rule handelt, gegenüber dem Aufsichtsrat ein Fremdkörper; anders liegt dies selbstverständlich bei entsprechender Satzungsgestaltung oder bei Bestehen eines Zustimmungsvorbehalts nach § 111 Abs. 4 AktG. Im Hinblick auf das dictum des 1. Strafsenats wird aber jeder Vorstand gut daran tun, den genannten Anforderungen zu entsprechen.

[5585] MüKoAktG/*Spindler* AktG § 93 Rn. 194 will das sogar schon de lege lata anwenden unter Heranziehung des – im Gesetz hier keine Stütze findenden (→ Rn. 2395) – Treuepflichtgedankens.
[5586] § 11 Öst. VerbandsverantwortlichkeitsG, vgl. dazu *Nietsch* ZHR 184 (2020), 60 (65).
[5587] *Götze/Bicker* in Krieger/U.H. Schneider Managerhaftung-HdB § 30 Rn. 18 weisen darauf hin, dass nicht jede an einen Dritten erbrachte Zahlung zwangsläufig auf Vornahme einer rechtswidrigen Diensthandlung iSd des § 335a StGB abzielt, sondern uU nur der Beschleunigung dient – allerdings kann auch bereits eine beschleunigte Diensthandlung rechtswidrig sein.
[5588] GroßkommAktG/*Hopt/Roth* AktG § 93 Rn. 418; Hüffer/Koch/*Koch* AktG § 93 Rn. 6b.
[5589] GroßkommAktG/*Hopt/Roth* AktG § 93 Rn. 418.
[5590] GroßkommAktG/*Kort* AktG § 76 Rn. 106 ff.; MüKoAktG/*Spindler* AktG § 93 Rn. 83; GroßkommAktG/*Hopt/Roth* AktG § 93 Rn. 210.
[5591] BGHSt 47, 187 = NJW 2002, 1585 – SSV Reutlingen.
[5592] GroßkommAktG/*Hopt/Roth* AktG § 93 Rn. 210 mwN.
[5593] BGHSt 47, 187 (195) = NJW 2002, 1585 – SSV Reutlingen; MüKoAktG/*Spindler* AktG § 93 Rn. 83.
[5594] BGHSt 47, 187 (196) = NJW 2002, 1585 – SSV Reutlingen: „Kehrseite seines Ermessensspielraums".
[5595] GroßkommAktG/*Kort* AktG § 76 Rn. 114 unter Hinweis auf die Reg.Kom. Corporate Governance.
[5596] MüKoAktG/*Spindler* AktG § 93 Rn. 83: „aktienrechtlich nicht begründbar".

e) Schädigung einer Tochtergesellschaft

2411 Wenn ein Vorstandsmitglied durch sein Verhalten einer **Tochtergesellschaft** – uU als in den Vorstand oder den Aufsichtsrat dieser Tochter entsandtes Mitglied des Leitungsorgans – schuldhaft pflichtwidrig Schaden zufügt, besteht der **Schaden** regelmäßig in der Minderung deren Vermögens. Sie hat dann einen Ersatzanspruch. Soweit sich damit zugleich der **Beteiligungswert der Muttergesellschaft** negativ entwickelt und auch sie einen Schaden erleidet, wird derselbe durch Leistung an die Tochtergesellschaft ausgeglichen;[5597] der Aufsichtsrat der Muttergesellschaft muss also, wenn er sein Vorstandsmitglied wegen des in Rede stehenden pflichtwidrigen Verhaltens in Anspruch nimmt, darauf achten, dass er nicht Leistung an die Mutter-, sondern an die Tochtergesellschaft verlangt. Alternativ kann aber die Mutter auch aus von der Tochter abgetretenem Recht unmittelbar gegen ihr Vorstandsmitglied vorgehen. Entsprechendes gilt, wenn die Tochter – zB nach Erfüllung einer aus § 302 Abs. 1 AktG folgenden Verlustausgleichspflicht[5598] – keinen eigenen Schaden mehr hat; auch dann kann der Aufsichtsrat der Muttergesellschaft das betroffene Vorstandsmitglied auf Leistung an die Mutter-AG in Anspruch nehmen. Mit dieser Verfahrensweise wird dem das deutsche Konzernrecht prägenden **Trennungsprinzip** Rechnung getragen, denn nach ganz hM in Literatur und Rechtsprechung ist eine **Konzernleitungspflicht nicht** anzuerkennen (→ § 8 Rn. 37 ff.).[5599]

2412 Unabhängig davon kann aber ein weiterer Schaden der **Muttergesellschaft** entstehen, etwa weil das pflichtwidrige Vorgehen des Vorstandsmitglieds zu einem Produktionsstillstand bei der Tochtergesellschaft führt und die Muttergesellschaft daraufhin nicht mehr mit für deren Produktion erforderlichen Teilen beliefern kann, so dass auch sie ihren Lieferpflichten nicht mehr nachkommen kann und von ihren Abnehmern belangt wird. Ähnlich verhält es sich, wenn die Kartellbehörde – auch – die Muttergesellschaft mit einem Bußgeld belegt, weil eine Tochtergesellschaft verbotene Preisabsprachen mit Wettbewerbern getroffen hat. Dieser **originär** bei der Muttergesellschaft entstehende Schaden ist durch Schadensersatzleistung an sie selbst auszugleichen.[5600]

f) Vorteilsausgleich

2413 Da die Abwicklung des Schadensersatzanspruchs aus organschaftlicher Haftung nach den allgemeinen zivilrechtlichen Regeln der §§ 249 ff. BGB stattfindet, gelten auch die Regeln über die **Vorteilsausgleichung**.[5601] Sie trägt dem Umstand Rechnung – ein markantes Beispiel bilden kartellrechtswidrige Preisabsprachen eines auf dieser Grundlage überteuert seine Produkte verkaufenden, später sanktionierten Unternehmens –, dass mit dem der Gesellschaft durch das pflichtwidrige Verhalten zugefügten Schaden, also zB der Geldbuße, ein adäquat verursachter Vorteil, also zB ein gesteigerter Gewinn, einhergeht. Hier gilt es sicher zu stellen, dass der Schädiger nicht unbillig begünstigt und der Geschädigte durch die Vorteilsanrechnung nicht unzumutbar belastet wird.[5602]

2414 Auch wenn danach auch im Organhaftungsprozess grundsätzlich[5603] eine Vorteilsanrechnung möglich ist, macht bereits die gängige Formel deutlich, dass es im Einzelfall auf eine **wertende Betrachtung**,[5604] was „unzumutbar" oder „unbillig" ist, ankommt und dass nicht allein auf den festgestellten adäquaten Kausalzusammenhang zwischen Schaden und Vorteil abgestellt werden darf. Dabei spielt auch eine Rolle, wie mit objektiv werthaltigen Vorteilen, die für die Gesellschaft aber nicht genutzt werden können, umzugehen ist; nach verschiedenen Stimmen soll in diesen Fällen aufgedrängter Vorteile eine Anrechnung ausgeschlossen sein.[5605] Für den Aufsichtsrat, der sich darüber schlüssig werden muss, ob er ein Vorstandsmitglied auf Schadensersatzleistung in Anspruch nehmen muss und ob diese Inanspruchnahme erfolgreich sein wird, ist es deswegen **schwer prognostizierbar,** wie sich ein Gericht im Prozess zu dieser Frage positionieren wird.

[5597] BGH NJW 1987, 1077 (1079); GroßkommAktG/*Hopt/Roth* AktG § 93 Rn. 423.
[5598] BGH NJW 1987, 1077 (1079); BGH NJW 1988, 413 (415); GroßkommAktG/*Hopt/Roth* AktG § 93 Rn. 424 mwN.
[5599] AA *Hommelhoff* Die Konzernleitungspflicht, 1982; *Lutter* FS K. Schmidt, 2009, 1065 ff. mit dem von Frustration gekennzeichneten Dictum (1076), er sei mit seinen Versuchen „gescheitert, den Bundesgerichtshof von der … Notwendigkeit einer systematisch stimmigen Lösung zu überzeugen", die man „frühestens nach 10 Jahren und in einer gänzlich neuen Besetzung des II. Senats des BGH" erwarten dürfe.
[5600] BGH NJW 1987, 1077 (1079); BGH NJW 1988, 413 (415); GroßkommAktG/*Hopt/Roth* AktG § 93 Rn. 422.
[5601] AllgM vgl. nur GroßkommAktG/*Hopt/Roth* AktG § 93 Rn. 410; *M. Arnold* Gesellschaftsrechtliche Vereinigung Bd. 24 (2018), 29 ff. mwN in Fn. 138.
[5602] BGH NJW 2013, 1958 Rn. 26; BGH NZG 2011, 1271 Rn. 31; BGH NJW 2010, 675 Rn. 9.
[5603] BGH NJW 2013, 1958 Rn. 26; K. Schmidt/Lutter/*Krieger/Sailer-Coceani* AktG § 93 Rn. 38; Hüffer/Koch/*Koch* AktG § 93 Rn. 49; *Fleischer* DStR 2009, 1204; *Bayer* FS K. Schmidt, 2009, 85 (93 ff.).
[5604] BGH NJW 1987, 50 f.; BGH NJW-RR 1988, 995 f.; MüKoBGB/*Oetker* BGB § 249 Rn. 233 ff.
[5605] BGH NJW-RR 1988, 995 f.; Hüffer/Koch/*Koch* AktG § 93 Rn. 49; vgl. auch *Fleischer* DStR 2009, 1204 (1206 f.).

Weitere Probleme können dadurch entstehen, dass sich die etwa anzurechnenden Vorteile nur **schwer** 2415
ermitteln und noch schwerer vorausbestimmen lassen und das Instrument der Vorteilsausgleichung uU
sogar zu nicht hinnehmbaren **Kollateralschäden** bei der Gesellschaft führen kann. Um bei dem Beispiel
verbotener Kartellabsprachen zu bleiben:[5606] Der Vorstand selbst hat typischerweise die beste Kenntnis davon, welche Auswirkung sein pflichtwidriges Verhalten auf die Gesamtvermögenslage des Unternehmens
gehabt hat, wie hoch etwa der eigentlich nicht gerechtfertigte Preisaufschlag war und welchen Einfluss
die Kartellabsprache auf den Absatz und den Gewinn oder die Stellung der Gesellschaft am Markt gehabt
hat. Er, der im Übrigen für den Vorteil darlegungs- und beweispflichtig ist,[5607] kann deswegen in einem
Rechtsstreit viel mehr als der Aufsichtsrat die entsprechenden Tatsachen vortragen und damit den Aufsichtsrat in die Defensive drängen. Wird dann im Prozess ein der Gesellschaft zugeflossener Vorteil identifiziert, heißt dies nicht, dass er der Gesellschaft auf Dauer auch verbleibt; denn es können nunmehr, gestützt auf die gerichtlichen Feststellungen die übervorteilten **Kunden** der Gesellschaft – ohne dass der
Aufsichtsrat dies beeinflussen könnte – Schadensersatz nach § 33 GWB verlangen mit der Folge, dass das
Vorstandsmitglied den zu seinen Gunsten angerechneten Vorteil zu Unrecht erhalten hat, also den Prinzipien des Vorteilsausgleichs zuwider unbillig entlastet wird. Nicht allein darin, dass die Kunden der Gesellschaft auf diese Weise aus dem öffentlich geführten Regressprozess Informationen aus erster Hand für ihre
Schadensersatzklage gegen die Gesellschaft erlangen können, liegt ein **Kollateralschaden,** er wird uU
noch dadurch verstärkt, dass auch die Kartellbehörden differenzierte Kenntnisse erlangen können, die sie
leichter in den Stand setzen, die Gesellschaft wegen des Verstoßes gegen die Kartellvorschriften zu belangen. Ein sorgsam vorgehender Aufsichtsrat wird deswegen auch wegen der durch die Vorteilsanrechnung
entstehenden Probleme **professionellen Rat** einholen müssen, ehe er zu einer Entscheidung gelangt.

5. Kausalität

Schuldhaft pflichtwidriges Organverhalten und bei der Gesellschaft entstandener Schaden müssen **kausal** 2416
miteinander verknüpft sein.

a) Ursachenzusammenhang

Es gilt – wie stets im Zivilrecht – die **Äquivalenztheorie,** dh das pflichtwidrige Verhalten darf nicht 2417
hinweggedacht werden können, ohne dass der entstandene Schaden entfiele.[5608]

b) Rechtmäßiges Alternativverhalten

Dass der Schaden in gleicher Weise eingetreten wäre, wenn sich das Vorstandsmitglied pflichtgemäß verhalten hätte **(rechtmäßiges Alternativverhalten)** darf der in Anspruch Genommene einwenden und 2418
trägt dafür die Beweislast.[5609] Das hat der II. Zivilsenat bereits im Zusammenhang mit seiner grundlegenden Entscheidung zur Beweislastverteilung nach § 93 Abs. 2 S. 2 AktG ausgesprochen[5610] und jüngst[5611]
sogar – gegen eine beachtliche Meinung im Schrifttum[5612] – entschieden, dass dies sogar im Fall eines
Kompetenzverstoßes (→ Rn. 2389) gilt. Dies ist deswegen überzeugend, weil die für einen Ausschluss des
Einwands rechtmäßigen Alternativverhaltens angeführte Begründung daran vorbeigeht, dass die Organhaftung allein darauf abzielt, einen bei der Gesellschaft durch pflichtwidriges Organverhalten entstandenen Vermögensnachteil **auszugleichen,** aber nicht den Sinn hat, kompetenzwidriges Verhalten von Vorstandsmitgliedern zu **sanktionieren.**[5613] Wenn deswegen auch bei einem gedachten rechtmäßigen
Verhalten der Schaden ebenso entstanden wäre, fehlt es an der für die Regressnahme erforderlichen Kausalität. Speziell beim **Kompetenzverstoß** griffe es allerdings zu kurz, bei der Prüfung der Pflichtwidrigkeit allein darauf abzustellen, ob das übergangene Organ seine Zustimmung erteilt hätte, denn ein
pflichtwidriges Vorstandshandeln bleibt auch dann pflichtwidrig, wenn ihm zB der Aufsichtsrat dazu die
Zustimmung erteilt; dieser handelt dann selbst pflichtwidrig,[5614] und es tritt eine gesamtschuldnerische
(→ Rn. 2433 ff.) Haftung beider Organe ein.[5615]

[5606] Vgl. dazu bereits *W. Goette* ZHR 176 (2012), 588 (604 f.) und *W. Goette* FS Hoffmann-Becking, 2013, 377 (391 ff.).
[5607] *M. Arnold* Gesellschaftsrechtliche Vereinigung Bd. 24 (2018), 29 (63 f.) mwN.
[5608] BGH NJW 2013, 2345 Rn. 20 mwN.
[5609] BGH NZG 2018, 1189 Rn. 45; zu den in der Praxis schwierigen Fragen der Beweisführung vgl. *M. Goette* ZGR 2019, 324 (334 ff.).
[5610] BGHZ 152, 280 ff. = DStR 2003, 124; s. dazu schon *W. Goette* ZGR 1995, 648.
[5611] BGH NZG 2018, 1189 Rn. 40 ff.; dazu *M. Goette* ZGR 2019, 324 (330 ff.).
[5612] Vgl. die Nachweise in BGH NZG 2018, 1189 Rn. 41; zuvor zB GroßkommAktG/*Hopt/Roth* AktG § 116 Rn. 280 mwN.
[5613] Zutreffend *Fleischer* DStR 2009, 1204 (1208); Hüffer/Koch/*Koch* AktG § 93 Rn. 50; ebenso BGH NZG 2018, 1189 Rn. 44.
[5614] Zutreffend *M. Goette* ZGR 2018, 322 (332 f.).

c) Kollegialentscheidungen

2419 Verschulden im Rahmen des § 93 Abs. 2 AktG bedeutet **eigenes** schuldhaftes Verhalten, eine Zurechnung des Verhaltens Dritter gibt es nicht (→ Rn. 2391). Für **Kollegialentscheidungen** (→ Rn. 2368 f.) hat das zur Folge, dass ein Vorstandsmitglied, das **gegen** den Beschluss gestimmt hat, nicht haftbar ist.[5616] Eine Enthaltung oder – was dem gleichsteht – ein Verlassen des Raums vor der Abstimmung hat diese Wirkung nicht. Im Übrigen hat jedes Vorstandsmitglied die Pflicht, einen von ihm als schädlich für das Unternehmen oder gar als rechtswidrig erkannten Beschluss **argumentativ** zu bekämpfen; Abstimmungsverhalten wie die vorhergehende Diskussionsbeiträge sollte das betreffende Gremiummitglied zu seinem eigenen Schutz in der Niederschrift **dokumentieren**[5617] lassen. UU muss das Vorstandsmitglied gegenüber einem gefassten Beschluss Gegenvorstellungen erheben, und jedenfalls bei erkennbar rechtswidrigen Beschlüssen wird sogar eine Pflicht zur Information des Aufsichtsrats bestehen, damit dieser im Rahmen seiner Überwachungsaufgabe einschreiten und Schlimmeres verhindern kann. Gegen die Stimme eines Vorstandsmitglieds mehrheitlich gefasste – rechtmäßige – Beschlüsse sind auch von dem Überstimmten loyal **auszuführen**;[5618] haftbar ist ein solches Vorstandsmitglied dann aber, wenn es bei der Ausführung zu schuldhaft pflichtwidrig herbeigeführten Schäden kommt. Bei gesetz- oder satzungswidrigen Beschlüssen darf das überstimmte Organmitglied keinesfalls mitwirken, sondern muss deren Ausführung zu verhindern suchen.[5619]

d) Kompetenzverstoß und Kausalität

2420 Ein Kompetenzverstoß ist eine **Pflichtwidrigkeit** (→ Rn. 2389). Sie führt aber nur dann zu einer Ersatzpflicht des betreffenden Vorstandsmitglieds, wenn sie einen Schaden im Vermögen der Gesellschaft **verursacht.** Auch wenn man dies häufig wird annehmen können und deswegen die Darlegung eines Kompetenzverstoßes und eines daraus entstandenen Schadens den Anforderungen an einen ordnungsgemäßen Prozessvortrag des Aufsichtsrats genügen wird, steht damit nicht fest, dass die Gesellschaft in dem Organhaftungsprozess obsiegt. Vielmehr eröffnet die höchstrichterliche Rechtsprechung dem in Anspruch genommenen Vorstandsmitglied den Einwand **rechtmäßigen Alternativverhaltens** (→ Rn. 2418), lässt also den vom Regresspflichtigen zu beweisenden Vortrag zu, dass der Schaden ebenso entstanden wäre, wenn es nicht zu dem Verstoß gegen die Kompetenzvorschriften gekommen wäre.[5620]

6. Darlegungs- und Beweislast

a) Grundsatz

2421 § 93 Abs. 2 S. 2 AktG enthält die zentrale Vorschrift über die **Darlegungs-** und **Beweislastverteilung** bezüglich der Organhaftung. Sie geht zurück auf § 84 Abs. 2 S. 2 AktG 1937 und ist das Ergebnis der rechtspolitischen Diskussionen am Ende der Weimarer Republik und im Aktienrechtsausschuss der Akademie für Deutsches Recht, in denen es um das Für und Wider des bestehenden Verschuldens-Haftungsmodells ging.[5621] Der Aktienrechtsausschuss hat sich gegen die Einführung einer von mancher Seite befürworteten **Erfolgshaftung** gewandt und dies nicht nur mit Gerechtigkeits- und Praktikabilitätserwägungen begründet, sondern zusätzlich angeführt, dass nach der neu zu schaffenden Vorschrift über die **Beweislastumkehr** die Organhaftung auch in der praktischen Handhabung größere Bedeutung erlangen werde. Dies hat der Gesetzgeber des AktG 1937 aufgenommen, die Beweislastumkehr aber nicht – wie seinerzeit der Aktienrechtsausschuss – mit einer notwendigen Haftungsverschärfung begründet, sondern sich schlicht darauf zurückgezogen, dass damit die gefestigte Rechtsprechung kodifiziert werden solle, nach der fortan der Vorstand im Regressprozess den Entlastungsbeweis zu führen habe. Die Analyse der dort in Bezug genommenen Rechtsprechung[5622] zeigt, dass das Reichsgericht – und dann später auch der Bundesgerichtshof – der klagenden Gesellschaft den Nachweis einer objektiven Pflichtwidrigkeit nicht abverlangt, sondern sich mit der Darlegung einer schadenstiftenden, **möglicherweise** pflichtwidrigen Verhaltensweise des Organs begnügt und damit in der Sache Regelungen des Entwurfs eines „Gesetzes betreffend die KGaA und AG von 1884"[5623] übernommen hat.

[5615] Vgl. BGH DStR 2004, 513 (Genossenschaft).
[5616] GroßkommAktG/*Hopt/Roth* AktG § 93 Rn. 370 mwN.
[5617] GroßkommAktG/*Hopt/Roth* AktG § 93 Rn. 370.
[5618] GroßkommAktG/*Kort* AktG § 77 Rn. 22; GroßkommAktG/*Hopt/Roth* AktG § 93 Rn. 371.
[5619] BeckOGK/*Fleischer* AktG § 77 Rn. 34 ff.
[5620] BGH NZG 2018, 1189 Rn. 40 ff.; dazu *M. Goette* ZGR 2019, 324 (330 ff.).
[5621] S. näher *W. Goette* ZGR 1995, 648 (668 f.) mwN.
[5622] S. eingehend *W. Goette* ZGR 1995, 648; vgl. auch *Born* in Krieger/U.H. Schneider Managerhaftung-HdB § 14 Rn. 1 ff.
[5623] S. *Schubert/Hommelhoff* Hundert Jahre Modernes Aktienrecht, ZGR Sonderheft Nr. 4, 1985, S. 462.

Die **Auslegung** dieser Beweislastvorschrift war in der Vergangenheit – uU auch beeinflusst durch einen nicht immer konsistenten Sprachgebrauch in der höchstrichterlichen Rechtsprechung – unklar. Teilweise wurde sie dahin missverstanden, das in Regress genommene Organ hafte – widerleglich – auch ohne Verschulden für den (Miss-)Erfolg seiner Tätigkeit, teilweise wurde, ebenso unzutreffend, angenommen, der zu führende Entlastungsbeweis beschränke sich bei der Organhaftung allein auf das Verschulden, während die Gesellschaft alle anderen anspruchsbegründenden Tatbestandsmerkmale darzulegen und zu beweisen habe. Der II. Zivilsenat des Bundesgerichtshofs hat **klarstellend entschieden**,[5624] dass die klagende Gesellschaft die Darlegungs- und Beweislast nur für einen **Schaden** und dessen **Verursachung** durch ein **Verhalten** des Geschäftsleiters in seinem Pflichtenkreis trägt, das als pflichtwidrig überhaupt in Betracht kommt, also **möglicherweise pflichtwidrig** ist. Dagegen hat sich das Organmitglied dahin zu entlasten, dass es seinen Pflichten nachgekommen ist, sich also **nicht pflichtwidrig** verhalten hat, dass es **schuldlos** den Pflichten nicht nachgekommen ist oder (**alternative Kausalität** → Rn. 2418) dass der Schaden auch bei rechtmäßigem Verhalten entstanden wäre. Dass im Rahmen dieser Darlegungs- und Beweislastverteilung die allgemeinen Regeln des § 287 ZPO und der sekundären Darlegungslast gelten, hat der II. Zivilsenat in diesem Zusammenhang nochmals betont.[5625]

b) Auch bei Witwen und Waisen und Rechtsnachfolge?

Witwen und Waisen (→ Rn. 2353) als Erben eines Organmitglieds, das seiner Gesellschaft gegenüber haftbar ist, verfügen nicht über die Sachnähe zum Geschehen und über das **besondere Wissen** des Erblassers, welches allein den rechtfertigende[5626] Grund dafür ist, ihm den Entlastungsbeweis aufzuerlegen. Deswegen entspricht es allgemeiner Auffassung,[5627] dass § 93 Abs. 2 S. 2 AktG zu ihren Lasten keine Anwendung findet. Entsprechendes wird auch für den Fall gelten müssen, dass das Organmitglied seinen Freistellungsanspruch gegen den **D&O Versicherer** an die Gesellschaft abtritt und diese nun im Direktprozess vorgeht;[5628] (→ Rn. 2010 ff.) der Versicherer kann über das zur Verteidigung notwendige Wissen nicht in gleicher Weise wie das Organmitglied verfügen.

c) Dokumenten-Zugang für Vorstandsmitglied bei Inanspruchnahme

Ein **ausgeschiedenes** Vorstandsmitglied verfügt, auch wenn es an dem zur Regressnahme führenden Geschehen unmittelbar beteiligt war und deswegen prinzipiell in der Lage sein sollte, sachgerecht Stellung zu nehmen, nach einiger Zeit nicht mehr über Wissen in dem für seine Verteidigung notwendigen Umfang. Damit es gleichwohl den ihm obliegenden **Entlastungsbeweis** führen kann, verpflichtet die höchstrichterliche Rechtsprechung[5629] die Gesellschaft, wie dem aktiven,[5630] so auch dem ausgeschiedenen Regressschuldner **Einblick** in die für die Beurteilung der Regressfrage maßgeblichen Schriften und Bücher zu verschaffen. Ob zur sachgerechten Verteidigung nicht nur Einblick zu gewähren, sondern Kopien auszuhändigen sind, kann man nicht generell, sondern nur nach Lage des Einzelfalls entschieden. Die Entscheidung über die Gestattung der Einsichtnahme hat als das für die Regressnahme **zuständige** Organ der Aufsichtsrat zu treffen; er bedarf dazu aber der Mitwirkung des Vorstands, welcher die Verantwortung für die Akten der Gesellschaft trägt.

7. ARAG/Garmenbeck-Doktrin

Das **ARAG/Garmenbeck-Urteil**[5631] des Bundesgerichtshofs wird allgemein als **Zäsur** im Organhaftungsrecht empfunden, weil mit dieser Entscheidung erstmals deutlich geworden sei, dass die aktienrechtliche Organhaftung kein stumpfes Schwert sei und den Aufsichtsrat bei der Prüfung solcher Ansprüche strenge, dem Legalitätsprinzip unterworfene Pflichten träfen. Wie einige andere Rückschlüsse aus dieser Entscheidung ist diese Sicht **unzutreffend**.[5632] Es ist zwar richtig, dass vor Publikation dieses Urteils die Fälle selten waren oder selten bekannt geworden sind, in denen Aufsichtsräte pflichtwidrig handelnde

---

[5624] BGHZ 152, 280 (284) = DStR 2003, 124 für die GmbH, aber mit selbstverständlicher Geltung für die AG.
[5625] BGHZ 152, 280 (284 f.) = DStR 2003, 124; dazu auch GroßkommAktG/*Hopt/Roth* AktG § 93 Rn. 426 ff.
[5626] Vgl. § 12 Nr. 4 der Begründung zum Entwurf eines „Gesetzes betreffend die KGaA und AG von 1884" bei *Schubert/Hommelhoff* Hundert Jahre Modernes Aktienrecht, ZGR Sonderheft Nr. 4, 1985, S. 462.
[5627] GroßkommAktG/*Hopt/Roth* AktG § 93 Rn. 447 mwN; MüKoAktG/*Spindler* AktG § 93 Rn. 212 und 214.
[5628] MüKoAktG/*Spindler* AktG § 93 Rn. 214 mwN; *Harzenetter* NZG 2016, 728.
[5629] BGH DStR 2008, 2075; zustimmend zB *Freund* NZG 2015, 1419 (1421); GroßkommAktG/*Hopt/Roth* AktG § 93 Rn. 448; MüKoAktG/*Spindler* AktG § 93 Rn. 212.
[5630] BGHZ 152, 280 (285) = DStR 2003, 124.
[5631] BGHZ 135, 244 = DStR 1997, 881.
[5632] Vgl. nur *W. Goette* Liber Amicorum Martin Winter, 2011, 155; *W. Goette* ZHR 176 (2012), 588; *W. Goette* FS Hoffmann-Becking, 2013, 377; *Reichert* ZIP 2016, 1189 je mwN; ferner schon *W. Goette* FS 50 Jahre BGH, 2000, 123.

Vorstandsmitglieder von Aktiengesellschaften in Regress genommen haben, und es mag auch sein, dass vielen Mitgliedern von Überwachungsorganen das Pflichtprogramm der notwendigen Prüfung nicht deutlich genug vor Augen stand, weil man die Überwachung nicht als so professionell auszuüben ansah, wie dies erforderlich ist. Neues Recht ist aber entgegen einem verbreiteten Eindruck durch das Urteil nicht geschaffen, vielmehr nur deutlicher in Erinnerung gerufen worden, welchen Inhalt das **Pflichtenheft** eines mit dem gebotenen Verantwortungsbewusstsein handelnden Aufsichtsrats hat.[5633] Wenn die Entscheidung – auch – als Lösung eines besonders liegenden Einzelfalls verstanden – es handelte sich bei der betroffenen Aktiengesellschaft um eine Familiengesellschaft, bei der es hinsichtlich der Regressfrage auch um einen Mehrheits-/Minderheitenkonflikt ging und der Aufsichtsrat sich mit der Weigerung, Rückgriff zu nehmen, auf die Seite des von der Mehrheit gestellten Familienmitglieds gestellt hatte – und die Einzelaussagen der Entscheidung nicht wie ein Gesetzestext gelesen werden,[5634] wird deutlich, welch hoch **anspruchsvolle** und **fordernde Aufgabe** dem Überwachungsorgan Aufsichtsrat der Aktiengesellschaft vom Gesetzgeber zugewiesen worden ist.

2426 Maßgeblicher Orientierungspunkt für Prüfung und Beschlussfassung des Aufsichtsrats über die Geltendmachung von Schadensersatzansprüchen ist ausschließlich das **Unternehmenswohl.**[5635] Dabei geht es nicht darum, das Vorstandsmitglied für ein pflichtwidriges Verhalten zu **sanktionieren;** hierzu stehen dem mit der Personalkompetenz ausgestatteten Aufsichtsrat andere Instrumente, wie Abberufung, Versagung der Wiederbestellung oder fristlose Kündigung des Anstellungsvertrages zu Gebote. Im Rahmen der Organhaftung geht es allein um den Ausgleich des durch das pflichtwidrige Verhalten dem Unternehmen zugefügten **Schadens.** Hier ist die Wiederherstellung des status quo ante, also die Wahrung des **Integritätsinteresses** der Gesellschaft **ein,** aber nicht das **einzige** das Unternehmenswohl in der konkreten Situation definierende **Kriterium.** Denn der Aufsichtsrat ist bei der von ihm zu treffenden Entscheidung gehalten, das Wohl der Gesellschaft insgesamt in seine Erwägungen einzubeziehen und die Auswirkungen einer Regressnahme oder ihres Unterbleibens **abzuwägen** und zu **gewichten.** Damit verbieten sich undifferenzierte und extreme Handlungsmuster für die Regressnahme wie „das tut man nicht" oder „Regress muss immer – schon zum eigenen Schutz des Aufsichtsrats – genommen werden." Dem Aufsichtsrat wird vielmehr abverlangt, dass er, sobald sich für ihn Anhaltspunkte[5636] dafür ergeben, dass ein Vorstandsmitglied seinen organschaftlichen Pflichten nicht ordnungsgemäß nachgekommen ist und dadurch die Gesellschaft geschädigt hat, den zugrundeliegenden **Sachverhalt** genau klärt, prüft, ob gerichtlich **durchsetzbare Schadensersatzansprüche** bestehen und **wirtschaftlich realisiert** werden können und dass er sodann unter sorgfältiger **Abwägung** des Für und Wider einer Anspruchsverfolgung – orientiert am Wohl der Gesellschaft – entscheidet, ob er das Vorstandsmitglied auf Schadensersatz in Anspruch zu nehmen hat.

2427 Dieses „Arbeitsprogramm" vollzieht sich in **Stufen,** die grundsätzlich nacheinander durchschritten werden müssen, deren einzelne Schritte unter besonderen Umständen aber auch **übersprungen** werden dürfen bzw. sogar übersprungen werden müssen. Anwendungsfälle eines solchen **„Stufensprungs"**[5637] sind zB Fallgestaltungen, bei denen von vornherein klar ist, dass das betroffene Vorstandsmitglied über kein nennenswertes Vermögen verfügt oder/und keine D&O-Deckung besteht, etwa weil der Betreffende vorsätzlich pflichtwidrig gehandelt hat. In einem solchen Fall muss sich der Aufsichtsrat schon zu Beginn seiner Untersuchungen auf der ersten Stufe darüber Rechenschaft ablegen, ob er – vielleicht aus anderen Gründen als der Klärung des Bestehens von Schadensersatzansprüchen – kostspielige Aufträge an Anwälte, Wirtschaftsprüfer, Steuerfachleute oder Hochschulprofessoren erteilen darf. Geht es allein um die Klärung des Bestehens von Ersatzansprüchen und ist nicht von vornherein klar, dass der potentielle Regressschuldner über nennenswertes Vermögen nicht verfügt, so dass deswegen ein ausgeurteilter Schadensersatzanspruch nicht beigetrieben werden kann, wird der Aufsichtsrat seine Untersuchung – auch unter Inanspruchnahme außenstehender Experten – jedenfalls so weit vorantreiben müssen, dass er pflichtgemäß beurteilen kann, in welcher Größenordnung realisierbare Ansprüche bestehen und welchen Aufwand er hierzu betreiben muss; erst dann lässt sich feststellen, ob die „Stufensprungschwelle" überschritten ist, weil der notwendige Aufwand und das wirtschaftliche Ergebnis für die Gesellschaft außer Verhältnis stehen.

2428 In der **ersten** vom **Legalitätsprinzip** regierten Stufe hat der Aufsichtsrat wie ein unabhängiger Richter nach streng objektiven Maßstäben den **Sachverhalt,** aus dem sich möglicherweise ein Schadensersatzanspruch herleiten lässt, zu ermitteln, sodann zu prüfen, ob das Vorstandsmitglied seine organschaftlichen

---

[5633] Vgl. näher *W. Goette* FS 50 Jahre BGH, 2000, 123.
[5634] S. *W. Goette* RabelsZ 77 (2013), 309 (311 Fn. 5).
[5635] *Habersack* ZHR 177 (2013), 782 (786 ff.); *Reichert* FS Hommelhoff, 2012, 907 (917 ff.); Hüffer/Koch/*Koch* AktG § 111 Rn. 10.
[5636] *Habersack* FS Stilz, 2014, 191 (201 f.).
[5637] S. *W. Goette* Liber Amicorum Martin Winter, 2011, 155 (164 f.).

Pflichten verletzt, dabei **schuldhaft** gehandelt und **dadurch** der Gesellschaft einen **Schaden** zugefügt hat. Gelangt der Aufsichtsrat nach dieser sorgfältigen, am objektiven Recht orientierten Prüfung zu dem Ergebnis, dass ein Schadensersatzanspruch besteht, hat er im nächsten Schritt zu fragen, ob diese Beurteilung auch im Falle einer gerichtlichen Geltendmachung voraussichtlich – „Gewissheit kann nach Lage der Dinge insoweit nicht verlangt werden"[5638] – die Billigung des angerufenen Gerichts finden wird, ob also mit anderen Worten – nach objektiven Maßstäben – eine **positive Prognose** für den **Prozessausgang** besteht.

Auch mit dieser – dem Ergebnis **richterlicher Erkenntnis** entsprechenden – Beurteilung ist die Prüfung auf der ersten[5639] Stufe nicht beendet, vielmehr hat sich der Aufsichtsrat nunmehr zu vergewissern, ob sich der von ihm identifizierte und als gerichtlich durchsetzbar angesehene Anspruch auch wirtschaftlich realisieren lässt **(Beitreibbarkeitsanalyse).** Hierbei spielt nicht allein die Vermögenslage des betroffenen Vorstandsmitglieds eine Rolle. Neben vorhandenem Vermögen und uU für eine Aufrechnung zur Verfügung stehenden Vergütungsansprüchen hat der Aufsichtsrat dabei vor allem in den Blick zu nehmen, ob und in welchem Umfang eine D&O-Versicherung vorhanden und eintrittspflichtig ist; oftmals machen gerade die Deckungsansprüche gegen die D&O-Versicherer den wesentlichen für die Erfüllung der Schadensersatzansprüche der Gesellschaft zur Verfügung stehenden Wert aus. Lässt sich hier schon zu einem frühen Zeitpunkt der Untersuchung des Aufsichtsrats absehen, dass auch ein absolut zweifelsfreier Schadensersatzanspruch wirtschaftlich wertlos ist, darf eine Kosten verursachende **Fortsetzung** der Sachverhaltsklärung und Prüfung jedenfalls nicht unter dem Gesichtspunkt der Klärung des Bestehens von Schadensersatzansprüchen in Auftrag gegeben werden; denn dann würde – ohne Aussicht auf Erstattung der Kosten – der der Gesellschaft zugefügte Schaden nur unnötig vergrößert werden. Eine andere Frage ist allerdings, ob aus **anderen Gründen** als der Klärung des Bestehens von Schadensersatzansprüchen eine – auch Kosten verursachende – Klärung des maßgeblichen Sachverhalts angezeigt ist. Dies kommt etwa in Betracht, wenn die **Ursachen des Versagens** der Leitungsorgane ermittelt, **Schwachstellen der Organisation** aufgedeckt oder nach innen und außen deutlich gemacht werden soll, dass die Gesellschaft Pflichtverletzungen nicht auf die leichte Schulter nimmt, sondern **reaktiv** und **proaktiv** handelt.

Prinzipiell – soweit nicht die Regeln über den **Stufensprung** eingreifen (→ Rn. 2427) – schließt sich an die mit der Feststellung eines bestehenden, „voraussichtlich" gerichtlich durchsetzbaren und beitreibbaren Schadensersatzanspruchs endende erste Stufe der Prüfung die **zweite Stufe** an. Hier geht es um die dem Aufsichtsrat übertragene Entscheidung, ob er den derart festgestellten Schadensersatzanspruch gegen das Vorstandsmitglied verfolgen muss. Einzelne, aus dem Zusammenhang gerissene Aussagen der ARAG/Garmenbeck-Entscheidung könnten dahin verstanden werden, dass nach Auffassung des Bundesgerichtshofs der Aufsichtsrat auch auf dieser Stufe dem **Legalitätsprinzip** unterworfen ist, grundsätzlich keinen Spielraum hinsichtlich des Ob besitzt, sondern regelmäßig gehalten ist, für die Wiederherstellung des Integritätsinteresses zu sorgen, indem er das betroffene Vorstandsmitglied auf Schadensersatz in Anspruch nimmt. Dieses Verständnis der genannten Entscheidung ist indessen unhaltbar, schon wenn man die Gründe der Entscheidung insgesamt und nicht nur einzelne Aussagen in den Blick nimmt; sie ist auch in der Sache **unzutreffend,** weil es nach dem Gesetz nicht die Aufgabe des Aufsichtsrats ist, Vorstandsmitglieder, die sich schuldhaft pflichtwidrig verhalten und dadurch der GmbH Schaden zugefügt haben, ohne „**Wenn und Aber**" in Haftung zu nehmen, sondern dass er – wie auch sonst bei der Erfüllung seiner organschaftlichen Überwachungsaufgabe – allein das **Wohl der Gesellschaft** verfolgen darf. Und dass dieses Unternehmenswohl nicht auf die Wiederherstellung der Integrität des Gesellschaftsvermögens verengt werden darf, wird ohne weiteres deutlich, wenn man sich vergegenwärtigt, welche **Auswirkungen** eine positive Regressentscheidung auf die Gesamtlage der Gesellschaft haben kann.[5640] Paradebeispiele für – uU den Schadensbetrag um ein Vielfaches übersteigende – **Kollateralschäden,** die durch eine Anspruchsverfolgung entstehen können, sind beispielsweise parallel laufende behördliche Untersuchungen (Umweltrecht, Korruption, Geldwäsche) oder gerichtliche Verfahren (Kartellrecht, Kundenklagen), für die die notwendigerweise nach außen getragene Entscheidung über eine Regressnahme gegen Vorstandsmitglieder den Behörden, Gerichten oder Klägern die Handhabe gibt, die Gesellschaft mit Bußgeldern zu belegen oder den Erfolg anhängiger oder zu erhebender Schadensersatzklagen nachhaltig zu verbessern. In einer solchen Situation ginge ein Aufsichtsrat, der ARAG/Garmenbeck dahin missversteht, er müsse ohne weiteres Nachdenken den Regressanspruch verfolgen, das Risiko ein, der Gesellschaft einen weit größeren Schaden zuzufügen, als er bei der Gesellschaft verbliebe, wenn der Ersatzanspruch gegen das Vorstandsmitglied nicht geltend gemacht würde. **Pflichtgemäß** – und haftungsfrei – handelt vielmehr

---

[5638] BGHZ 135, 244 (254) = DStR 1997, 881.
[5639] Die folgende Untersuchung könnte man auch einer 2. Stufe zuordnen, woraus sich die Notwendigkeit einer 3. Stufe für die erforderliche Abwägung ergäbe.
[5640] S. näher *W. Goette* Liber Amicorum Martin Winter, 2011, 155; *W. Goette* ZHR 176 (2012), 588; *W. Goette* FS Hoffmann-Becking, 2013, 377.

allein der Aufsichtsrat, der die **Chancen** und die **Risiken** seines Handelns in dieser Situation **analysiert,** das Für und Wider gegeneinander **abwägt** und – regelmäßig unter Inanspruchnahme rechtlicher Beratung – eine wohl abgewogene **Entscheidung** trifft.

2431 Dass nach alledem das Pflichtprogramm der zweiten Stufe nicht den Regeln des Legalitätsprinzips unterliegen kann, vielmehr dem Aufsichtsrat bei dieser höchst anspruchsvollen Aufgabe – wenn nicht die Regeln der **Business Judgment Rule**, weil es um genuin **unternehmerisches** Handeln geht[5641] – zumindest ein **Ermessens-** oder **Beurteilungsspielraum** zur Seite steht, liegt auf der Hand und wird inzwischen auch von der ganz hM im Schrifttum anerkannt.[5642] Allein der Aufsichtsrat ist berufen, in dieser Lage das Unternehmenswohl zu **definieren** und darüber zu befinden, in welcher Weise ihm am besten gedient ist. Natürlich – das zeigt der Sonderfall ARAG/Garmenbeck exemplarisch – darf der Aufsichtsrat nicht nach Gutdünken verfahren und unterliegt auch hier der **gerichtlichen Kontrolle;** diese hat aber – nicht anders als es der II. Zivilsenat in der genannten Entscheidung für den Vorstand gefordert hat[5643] – zu respektieren, dass dem Aufsichtsrat – anders als auf der ersten Stufe der Prüfung – ein **Freiraum** verbleiben muss, innerhalb dessen er nicht auf eine von mehreren gleichwertigen Handlungsmöglichkeiten festgelegt werden kann. Ob man insoweit die Regeln der Business Judgment Rule heranzieht oder dem Aufsichtsrat – entgegen den unpräzisen und nicht widerspruchsfreien Formulierungen in ARAG/Garmenbeck[5644] – einen Ermessens- oder Beurteilungsspielraum zubilligt, ist eine dogmatisch interessante, für die praktische Handhabung aber wenig weiter führende Frage.

2432 Dem Aufsichtsrat billigt auch der **II. Zivilsenat** selbst zu, dass er von der von ihm allgemein für zutreffend erachteten Wertung, dass das „Unternehmenswohl … grundsätzlich die Wiederherstellung des geschädigten Gesellschaftsvermögens" fordert, im Einzelfall absieht.[5645] Das soll bereits dann gelten, „wenn **gewichtige Interessen und Belange** der Gesellschaft dafür sprechen, den ihr entstandenen Schaden ersatzlos hinzunehmen";[5646] das ist ein verhältnismäßig liberaler Standpunkt, wenn man bedenkt, dass die Regressnahme „die Regel sein muss".[5647] Jedenfalls dann, wenn der durch die Anspruchsverfolgung entstehende **Schaden größer** ist **als der Nutzen** bei einem Abstandnehmen von der Inanspruchnahme darf – bzw. muss uU – der Aufsichtsrat sich nach dieser Rechtsprechungslinie dafür entscheiden, den Schaden hinzunehmen. Bei der dieser Entscheidung vorausgehenden **Abwägung** hat der Aufsichtsrat allerdings gewissenhaft und umfassend zu klären, welche Gründe für und welche gegen ein Inanspruchnahme des betreffenden Vorstandsmitglieds sprechen. Wesentlicher Maßstab ist hier die Wahrung des **Unternehmenswohls**, wobei die Form und das Maß des Verschuldens, die Art der Pflichtverletzung, die Höhe des Schadens, die Eintrittswahrscheinlichkeit einer D&O-Versicherung aber auch das Interesse, nach innen und außen deutlich zu machen, dass Compliance-Verstöße nicht hingenommen werden, oder andererseits hohe Kosten bei nur beschränkter Aussicht, sie später beitreiben zu können, Imageschäden in der Öffentlichkeit oder die bereits erwähnten Kollateralschäden einige der je nach Fall zu berücksichtigenden Umstände sind. Die **persönliche Situation** des betroffenen Regressschuldners darf allerdings regelmäßig keine Rolle spielen; sie kann aber uU dann Bedeutung für die unternehmenswohlorientierte Abwägung haben, wenn zB durch ein zu harsches Vorgehen gegenüber einem über Jahre verdienten, nur leicht fahrlässig versagenden Mitglied des Leitungsorgans die Gesellschaft in die Gefahr gerät, tüchtige Manager abzuschrecken, in ihre Dienste zu treten.[5648]

8. Gesamtschuld

a) Grundlagen

2433 Nach gesetzlicher Anordnung (§ 93 Abs. 2 S. 1 AktG) haften mehrere regresspflichtige **Vorstandsmitglieder** der Gesellschaft als **Gesamtschuldner** für den von ihnen angerichteten Schaden. Über die Verweisung in § 116 S. 1 AktG gilt Entsprechendes auch für mehrere schadensersatzpflichtige **Aufsichtsratsmitglieder.** Nicht ausdrücklich geregelt, aber nach den allgemeinen bürgerlichrechtlichen Regeln

---

[5641] So *W. Goette* Liber Amicorum Martin Winter, 2011, 155; *W. Goette* ZHR 176 (2012), 588; *W. Goette* FS Hoffmann-Becking, 2013, 377; *Lutter/Krieger/Verse* AR Rn. 449; *Reichert* FS Hommelhoff, 2012, 907; *Reichert* ZIP 2016, 1181; *Paefgen* AG 2008, 761.

[5642] MüKoAktG/*Habersack* AktG § 111 Rn. 44; *Casper* ZHR 176 (2012), 617 (628 ff.); BeckOGK/*Spindler* AktG § 116 Rn. 62; K. Schmidt/Lutter/*Drygala* AktG § 116 Rn. 11 Bürgers/Körber/*Israel* AktG § 111 Rn. 5; weitere Nachweise bei Hüffer/Koch/*Koch* AktG § 111 Rn. 11, der einen nicht kontrollierten Ermessensspielraum ablehnt, dafür aber – ohne gesetzliche Grundlage – den betroffenen Vorstandsmitgliedern Haftungserleichterungen einräumen will.

[5643] BGHZ 135, 244 (253) = DStR 1997, 881.

[5644] S. zur Analyse *W. Goette* Liber Amicorum Martin Winter, 2011, 155.

[5645] BGHZ 135, 244 (255) = DStR 1997, 881.

[5646] BGHZ 135, 244 (255) = DStR 1997, 881.

[5647] BGHZ 135, 244 (256) = DStR 1997, 881.

[5648] Vgl. *W. Goette* Liber Amicorum Martin Winter, 2011, 155 (166).

(§§ 421 ff. BGB) selbstverständlich, greift die gesamtschuldnerische Haftung auch dann, wenn in demselben Zusammenhang Vorstands- und Aufsichtsratsmitglieder ihre organschaftlichen Pflichten verletzen und dadurch der Gesellschaft Schaden zufügen. Das bedeutet, dass keine der beiden regresspflichtigen Gruppen zur eigenen Entlastung auf das organschaftliche Versagen der anderen Gruppe, etwa mangelnde Überwachung[5649] des Vorstands seitens des Aufsichtsrats oder einen größeren Verursachungsbeitrag bzw. gesteigertes Verschulden anderer verweisen darf. Denn der Sinn der gesamtschuldnerischen Haftung besteht darin, den Gläubiger, hier also der Gesellschaft, zu schützen, indem ihm das Solvenzrisiko der mehreren Schuldner abgenommen und ihm **Auswahlfreiheit** unter den mehreren Schuldnern eingeräumt wird. Er soll denjenigen der mehreren Regressschuldner auf den **gesamten Schadensbetrag** in Anspruch nehmen dürfen, hinsichtlich dessen Grund und Höhe des Anspruchs für ihn am leichtesten darzulegen und zu beweisen sind und von dem am ehesten zu erwarten ist, dass – auch unter Berücksichtigung einer eintrittspflichtigen D&O-Versicherung – dieser Anspruch realisiert werden kann. Alle weiteren Fragen sind dem **Innenausgleich** (→ Rn. 2434) unter den mehreren Gesamtschuldnern vorbehalten, nachdem der Schadensersatzanspruch der Gesellschaft erfüllt worden ist.[5650]

b) Innenausgleich

2434 Wenn der Gesetzgeber den Gläubiger begünstigt, indem er für die Haftung mehrerer zum Schadensersatz Verpflichteten Gesamtschuld anordnet, und ihm damit abnimmt, seinen Schaden je nach Verursachungs- und Verschuldensbeitrag auf die mehreren Verantwortlichen zu verteilen, ist damit ausschließlich das **Außenverhältnis** geregelt. Keineswegs ist damit darüber entschieden, ob der in Anspruch genommene Schädiger auch derjenige ist, der letztlich und schon gar in der vollen Höhe den Schaden tragen muss. Die bei Teilschuldnerschaft schon im Außenverhältnis zu klärende Frage der Verteilung des Schadens auf die mehreren Schuldner ist bei gesamtschuldnerischer Haftung vielmehr im Wege des **Innenausgleichs** zu klären. Nach der bürgerlichrechtlichen Regressnorm des § 426 BGB haften die mehreren Gesamtschuldner im Innenverhältnis als Teilschuldner – wie hinzuzufügen ist: nur – im Zweifel zu gleichen Teilen, im Allgemeinen ergeben sich eine Reihe von Anhaltspunkten, die eine andere Verteilung erfordern.[5651] Gerade bei der Organhaftung wird es entscheidend auf die Art der **verletzten Pflicht,** den **Verursachungsbeitrag** des Schädigers und das **Maß seines Verschuldens** ankommen. Wenn etwa – um ein extremes Beispiel zu wählen – ein Vorstandsmitglied Gesellschaftsgelder veruntreut hat und dies wegen der Verletzung der horizontalen Überwachungspflicht durch seine Kollegen im Vorstand nicht rechtzeitig bemerkt worden ist, liegt es auf der Hand, dass der Straftäter im Innenverhältnis der mehreren der Gesellschaft haftenden Organmitglieder den Schaden, wenn nicht allein, so doch ganz überwiegend tragen muss. Verstärkt wird der Innenregressanspruch durch die **cessio legis** nach § 426 Abs. 2 S. 1 BGB.

c) „Kreiselregress"

2435 Solange die beiden Kreise – Außenverhältnis zwischen Gesellschaft und Organmitgliedern auf der einen und Innenverhältnis der mehreren haftenden Organmitglieder auf der anderen Seite – isoliert nebeneinander stehen, braucht sich der Aufsichtsrat als das für die Verfolgung von Schadensersatzansprüchen gegen Vorstandsmitglieder allein berufene Organ mit den Fragen der **internen Schadensaufteilung** nicht zu befassen. Das gilt allerdings dann nicht mehr, wenn die hier vom Aufsichtsrat vertretene Gesellschaft mit Akten im Außenverhältnis zugleich auf das **Innenverhältnis** der Regressschuldner **einwirkt.** Das kann dadurch geschehen, dass die Gesellschaft gegenüber einem oder einigen Organmitgliedern auf den Anspruch ganz oder teilweise verzichtet, einen (Teil-)Vergleich schließt oder uU auch dadurch, dass sie den Anspruch gezielt verjähren lässt (→ Rn. 2442). In allen diesen Fällen wird der Wille des Aufsichtsrats dahin gehen, nur den betroffenen, nicht aber die anderen Schuldner aus der Haftung zu entlassen. Nach der gesetzlichen Regel in § 423 BGB hätte dies zur Folge, dass andere Vorstandsmitglieder weiter auf das Ganze belangt werden dürften. Wenn sie dann aus dem Innenverhältnis gegen das ganz oder teilweise aus der Haftung entlassene Organmitglied vorgehen wollen, wird dieses auf die mit der Gesellschaft vereinbarte Haftungsbefreiung verweisen. Damit kann es indessen im Innenverhältnis der mehreren Schuldner keinen Erfolg haben, weil § 423 BGB allein das **Außenverhältnis** betrifft, aber keine Rechtsgrundlage für einen Eingriff der Gesellschaft als Gläubigerin in das Innenausgleichssystem der mehreren Gesamtschuldner gibt. Um den dann auf der Hand liegenden Regress des im Außenverhältnis befreiten Organmitglieds gegen die Gesellschaft, der sich aus dem Erlass- oder Verzichtsvertrag ergibt, zu vermeiden, bleibt als sachgerechte Lösung der Vermeidung eines solchen **Kreiselregresses** allein, die Forderung der Gesellschaft gegen **alle** gesamtschuldnerisch haftenden **Organmitglieder** um den im Innenverhältnis auf

---

[5649] BGH DStR 2004, 513 (515) zum Genossenschaftsrecht; zum GmbH-Recht vgl. BGH NJW 1983, 1856 und *W. Goette/M. Goette* Die GmbH § 8 Rn. 226 mwN.
[5650] Vgl. zB BGH DStR 2004, 513 (Genossenschaft).
[5651] Vgl. zB MüKoBGB/*Heinemeyer* BGB § 426 Rn. 15 mwN.

den Befreiten entfallenden Betrag zu **kürzen**.[5652] Da die höchstrichterliche Rechtsprechung, zu oft auf den Wortlaut der Norm blickend, sich mit der sachgerechten Behandlung dieser Fallgestaltungen schwer tut und Anhaltspunkte für einen von § 423 BGB abweichenden Willen verlangt, ist der Aufsichtsrat gut beraten, bei seinem Vorgehen im Einzelfall die Konsequenzen für das ihn eigentlich nicht betreffende Innenverhältnis im Auge zu behalten und für entsprechend **klare Absprachen** zu sorgen. Das Problem kann im Übrigen in gleicher Weise auch dann entstehen, wenn die Gesamtschuldnerschaft nicht allein zwischen **Organmitgliedern** besteht, sondern neben Organmitgliedern auch **Arbeitnehmer** oder **Angestellte** der Gesellschaft gegenüber ersatzpflichtig sind; will die Gesellschaft – hier wird sie nicht vom Aufsichtsrat, sondern grundsätzlich vom **Vorstand** vertreten, mit einer solchen Person einen Vergleichs- oder Verzichtsvertrag schließen, kann dies nach den beschriebenen Regeln auch auf das Organverhältnis durchschlagen. Für einen (Teil-)Verzicht, der mit einem mit dem Mitarbeiter geschlossenen Vertrag verbunden sein kann, ist aber nicht der Vorstand, sondern der **Aufsichtsrat,** der dazu obendrein die **Zustimmung der Hauptversammlung** benötigt (→ Rn. 2345, 2443), zuständig. Deswegen spricht viel dafür, dass der Vorstand einen solchen Vergleich nicht – jedenfalls nicht ohne Beteiligung des Aufsichtsrats und der Hauptversammlung – schließen darf. Aufgabe des Aufsichtsrats muss es sein, solche Entwicklungen im Auge zu behalten und prospektiv – zB durch einen auf diese Situation zugeschnittenen Zustimmungsvorbehalt nach § 111 Abs. 4 AktG einzugreifen, um die Wahrung der aktienrechtlichen Kompetenzordnung sicherzustellen.

9. Verjährung

2436 Organhaftungsansprüche verjähren bei Gesellschaften, die im Zeitpunkt der organschaftlichen Pflichtverletzung börsennotiert sind, in **zehn** Jahren; bei allen anderen Gesellschaften beträgt die Frist **fünf** Jahre (§ 93 Abs. 6 AktG). Die längere zehnjährige Verjährungsfrist ist erst im Jahr 2010[5653] eingeführt worden und ist in ihrer Sachgerechtigkeit nach wie vor umstritten.[5654] Die gesetzliche Frist ist **zwingend** (§ 23 Abs. 5 AktG) in dem Sinn, dass sie keinesfalls **verkürzt** werden darf; nach hM im Schrifttum[5655] gilt dasselbe für eine vertragliche – möglicherweise sogar schon im Anstellungsvertrag[5656] enthaltene – Verlängerung der Frist nicht, wobei zweifelhaft ist, ob es dieser Möglichkeit bedarf,[5657] solange anerkanntermaßen Vereinbarungen über den **Verzicht** auf die Erhebung der Einrede der Verjährung getroffen werden können (→ Rn. 2439) und der Gesellschaft die Möglichkeit verbleibt, Klage zu erheben, wenn sich das Vorstandsmitglied einer Verlängerung der Verzichtsvereinbarung verweigert.

a) Beginn

2437 Die Verjährung **beginnt,** wenn die Pflichtverletzung in einem **Tun** besteht, mit der **Entstehung des Anspruchs** (§ 200 S. 1 BGB); auf den Zeitpunkt der **Zuwiderhandlung** (§ 200 S. 2 iVm § 199 Abs. 5 BGB) kommt es nicht an, wenn das den Schaden auslösende pflichtwidrige Verhalten ein **Unterlassen** war, weil diese Sondervorschrift nur für Unterlassungsansprüche gilt. „Entstanden" – das ist ein **kenntnisunabhängiges,**[5658] **objektives** Kriterium – ist der Anspruch, wenn er gerichtlich geltend gemacht werden kann.[5659] Nach einer ständigen, von den Zivilsenaten des Bundesgerichtshofs schon zum alten Verjährungsrecht verwandten Formel ist das der Fall, wenn ein durch die Verletzung verursachter Schaden dem Grunde nach oder eine als Schaden anzusehende „Verschlechterung der Vermögenslage" eingetreten ist;[5660] bezifferbar muss er nicht sein, ggf. reicht die Möglichkeit, eine Feststellungsklage zu erheben. Diese Voraussetzungen sollen nicht erfüllt sein, wenn ein pflichtwidriges Verhalten zwar das Risiko in sich trägt, einen Schaden auszulösen, dieses Risiko sich aber noch nicht verwirklicht hat.[5661] Diese allgemeinen, nicht durch abstrakte Kriterien näher eingegrenzten Formeln sind relativ **weich,** sie eröffnen den Gerichten durchaus größere **Bewertungsspielräume** und erschweren für die Organe, die mit der Verfolgung

---

[5652] S. MüKoBGB/*Heinemeyer* BGB § 423 Rn. 5 mwN; schon *W. Goette,* Gesamtschuldbegriff und Regressproblem, 1974, 138 ff.
[5653] RestrukturierungsG vom 9. 12. 2010, BGBl. 2010 I 1900.
[5654] Vgl. *Baums* ZHR 174 (2010) 593; *Fleischer* AG 2014, 457 (467) unter Hinweis auf die ohnehin haftungsverschärfende Beweislastumkehr; Hüffer/Koch/*Koch* AktG § 93 Rn. 85 mwN und Hinweis auf die Empfehlung des 70. DJT; DAV Handelsrechtsausschuss NZG 2010, 897.
[5655] GroßkommAktG/*Hopt/Roth* AktG § 93 Rn. 585; MüKoAktG/*Spindler* AktG § 93 Rn. 290; *Fleischer* AG 2014, 457 (462 f.).
[5656] *Fleischer* AG 2014, 457 (462 f.).
[5657] Hüffer/Koch/*Koch* AktG § 93 Rn. 88; generell gegen längere Fristen DAV Handelsrechtsausschuss NZG 2010, 897.
[5658] BGH DStR 2005, 659 und BGH DStR 2008, 1839 (beide: GmbH-Recht).
[5659] GroßkommAktG/*Hopt/Roth* AktG § 93 Rn. 586; MüKoAktG/*Spindler* AktG § 93 Rn. 325 f.; BGH NZG 2018, 1301 Rn. 17 mwN.
[5660] BGH NJW 1987, 1887.
[5661] Grundlegend BGHZ 100, 228 = NJW 1987, 1887; zuletzt BGH NZG 2018, 1301 Rn. 17 mwN.

von Schadensersatzansprüchen befasst sind, eine sichere **Prognose** des Ausgangs eines angestrengten Rechtsstreits. Das gilt vor allem vor dem Hintergrund der in Rechtsprechung und Literatur vielfach behandelten Rechtsfigur der **Schadeneinheit**.[5662] Sie ist gekennzeichnet dadurch, dass durch ein und dieselbe Pflichtverletzung **mehrere Schäden nacheinander** eintreten. Dann ist mit dem Eintritt des **ersten Teilschadens** die Verjährungsfrist in Lauf gesetzt unter der Voraussetzung, dass die nachfolgenden Schäden zu diesem Zeitpunkt objektiv vorhersehbar waren; fehlt es dagegen an dieser objektiven Vorhersehbarkeit – das Kriterium ist ein Einfallstor für dringend zu vermeidende **Rückschaufehler** –, dann beginnt die Verjährung erst mit dem Eintritt des späteren Schadens, seine Zurechenbarkeit vorausgesetzt.

Bei einem pflichtwidrigen **Unterlassen** hängt die Frage des Verjährungsbeginns, jedenfalls bei einem sich über einen längeren Zeitraum erstreckenden Untätigbleiben, davon ab, worin das pflichtwidrige Unterlassen besteht: Stellt man auf den Zeitpunkt ab, zu dem erstmals das Organmitglied hätte handeln müssen, ließe sich vertreten, bereits mit dem Entstehen des dadurch ausgelösten ersten Schadens die Verjährungsfrist in Lauf zu setzen.[5663] Diese Sichtweise ist heute mit Recht überwunden: Bei einem sich über einen längeren Zeitraum erstreckenden Unterlassen stellt die **hM im Schrifttum**[5664] zutreffend auf den Zeitpunkt ab, zu dem das pflichtwidrige Unterlassen **beendet** ist. Das kann entweder der Zeitpunkt sein, in dem das bis dahin untätige Organ **gehandelt** hat, oder derjenige, in dem die unterbliebene Handlung – etwa weil das Organverhältnis beendet ist oder der Schadensverlauf vollständig abgeschlossen ist – **nicht mehr nachholbar** ist. Die **höchstrichterliche Rechtsprechung**[5665] dagegen stellt ohne Unterscheidung zwischen Tun und Unterlassen bei dauerhaft begangenen Organpflichtverletzungen darauf ab, ob es sich bei der Pflichtverletzung um ein fortgesetztes, einem **„einheitlichen Tatplan"** folgendes Verhalten handelt, dann liegt eine einheitliche Pflichtverletzung vor, für die die Verjährungsfrist mit der Beendigung des fehlerhaften Verhaltens einsetzt; wenn dagegen mehrere, sich in gleichartiger Form wiederholende Pflichtverletzungen vorliegen – dazu, dies anzunehmen, neigt die auch im Vergleich zur „Schadeneinheit"-Judikatur immer noch sehr schuldnerfreundliche höchstrichterliche Rechtsprechung – entstehen daraus jeweils eigene und eigenständig verjährende Ersatzansprüche.

b) Hemmung der Verjährung – andere Sicherungsmaßnahmen

Wenn der Aufsichtsrat seiner Aufgabe, das Bestehen von Organhaftungsansprüchen gegen Vorstandsmitglieder zu prüfen und sie ggf. durchzusetzen, verantwortungsvoll nachkommen will (→ Rn. 2425 ff.), benötigt er hierfür, abhängig von der Komplexität des Sachverhalts und seiner Verschränkung mit anderen Umständen, wie behördlichen Untersuchungen, Klageverfahren usw., uU längere Zeit. Um der Gesellschaft dennoch die Verfolgung der Ansprüche zu **sichern**, muss der Aufsichtsrat bereits zu Beginn seiner Untersuchungen dafür Sorge tragen, dass etwaige Schadensersatzansprüche nicht verjähren können.[5666] Die gesetzlichen Hemmungstatbestände des § 204 Abs. 1 BGB – das gilt vor allem für **Klageerhebung**, Einleitung des **Mahnverfahrens** oder **Streitverkündung** – sind in diesem Zusammenhang wegen der mit ihnen verbundenen Wechselwirkungen und der Gefahr von Kollateralschäden (→ Rn. 2430) oftmals ungeeignet, um eine Hemmung der Verjährung herbeizuführen. Das gilt im Ergebnis auch für eine privatrechtlich vereinbarte Streitverkündung, die jedenfalls bei komplexeren Sachverhalten erheblichen Abstimmungsbedarf bei der Führung des anderen Rechtsstreits erfordert. Besser geeignet und regelmäßig im Interesse sowohl der Gesellschaft als auch der möglichen Regressschuldner liegend ist die Abgabe einer Erklärung des betroffenen Vorstandsmitglieds, für eine bestimmte Zeit auf die **Erhebung der Einrede der Verjährung zu verzichten;** soweit eine D&O Versicherung im Spiel ist, wird diese in entsprechende Vereinbarungen richtigerweise einbezogen.[5667] Weigert sich ein Vorstandsmitglied bei noch nicht abgeschlossener Untersuchung und im unmittelbaren Vorfeld des Verjährungseintritts, eine solche auf die Ermöglichung einer gründlichen Klärung des Geschehens abzielende Verjährungsverzichtserklärung abzugeben, hat der Aufsichtsrat uU besonderen Anlass, Vorsicht walten zu lassen und sich zu fragen, ob das betroffene Vorstandsmitglied noch sein Vertrauen verdient.

Auf die Pflicht, mögliche Ansprüche nicht verjähren zu lassen, beschränkt sich das Anforderungsprofil an einen ordnungsgemäß handelnden Aufsichtsrat in dieser Phase seiner Prüfung jedoch nicht. Er hat

---

[5662] Vgl. zusammenfassend MüKoBGB/*Grothe* BGB § 199 Rn. 9 ff.; BGH NJW 1987, 1887 (1888); BGH NJW 1993, 648 (650); BGH NZG 2017, 753 Rn. 15; BeckOGK/*Fleischer* AktG § 93 Rn. 359; aus der Rechtsprechung zum GmbH-Recht beispielhaft BGH DStR 2008, 1839.
[5663] So im Ergebnis früher *Hefermehl* in Geßler/Hefermehl/Eckardt/Kropff, AktG, 1. Aufl. 1973 ff., AktG § 93 Rn. 85.
[5664] GroßkommAktG/*Hopt/Roth* AktG § 93 Rn. 595 f.; BeckOGK/*Fleischer* AktG § 93 Rn. 361; *Fleischer* AG 2014, 457 (462); *Harbarth/Jaspers* NZG 2011, 368 (370); teilweise nur auf Beendigung, nicht Nachholbarkeit abstellend Hüffer/Koch/*Koch* AktG § 93 Rn. 87; MüKoAktG/*Spindler* AktG § 93 Rn. 327.
[5665] BGH NJW 1973, 2285; BGH NJW 2015, 3165 Rn. 23; BGH EuZW 2009, 865 Rn. 29 ff.; BGH NJW 2008, 506 Rn. 15 ff.; BGH NJW 2007, 830 Rn. 27; BGH DStR 2008, 1839; BGH NZG 2018, 1301 Rn. 18.
[5666] Vgl. *W. Goette* ZHR 176 (2012), 588 (609 f.).
[5667] Vgl. zB *Thomas* AG 2016, 473 (475 ff.).

vielmehr im Vorfeld einer Inanspruchnahme sein Augenmerk auch darauf zu richten, dass die **Beitreibbarkeit** der noch festzustellenden Forderung **gesichert** wird. Dazu gehören vor allem die Abgabe der notwendigen Anzeigen und Erklärungen gegenüber der D&O-Versicherung. Ferner muss sich der Aufsichtsrat vergewissern, ob und ggf. welche Vermögensgegenstände der potentielle Regressschuldner besitzt. Da auch für Sicherung derartiger künftiger Ansprüche bereits die ARAG/Garmenbeck-Grundsätze mit ihrem Stufenprinzip gelten (→ Rn. 2425 ff.), hat der Aufsichtsrat einerseits zu prüfen, ob für eine derartige Sicherungsmaßnahmen überhaupt ein Anlass besteht, und andererseits das Entstehen von Kollateralschäden in seine Abwägung einzubeziehen, ehe er derartige Schritte einleitet. In Betracht kommt hier, mit dem Vorstandsmitglied **Vereinbarungen** über eine Vermögenssicherung oder über eine vorübergehende Aussetzung von Auszahlungen zu treffen; einseitige **Zurückbehaltung** oder **Aufrechnung** gegenüber fälligen Auszahlungsansprüchen verbieten sich in dieser Phase der nicht abgeschlossenen Prüfung, weil diese Maßnahmen das Bestehen von Ersatzansprüchen voraussetzen.

c) Verjähren lassen?

2441 Dass ein pflichtgemäß handelnder Aufsichtsrat die Frage des Verjährungseintritts potentieller Schadensersatzansprüche gegen Vorstandsmitglieder nicht einfach ausblenden darf, versteht sich von selbst. Damit ist jedoch nicht darüber entschieden, ob er unter allen Umständen für eine **Hemmung** der Verjährung sorgen muss.[5668] Nach der richtig verstandenen ARAG/Garmenbeck-Doktrin (→ Rn. 2425 ff.) ist diese Frage zu verneinen: Immer dann, wenn durch die verjährungshemmenden Maßnahmen – das gilt vornehmlich für die nach außen sichtbare Verfolgung von Schadensersatzansprüchen durch Klageerhebung oder Einreichung eines Mahnbescheidantrags – dem Unternehmen ein **größerer Schaden** als beim Absehen von der genannten Maßnahme droht, darf der Aufsichtsrat auf der Grundlage sorgfältiger Abschätzung der Chancen und Risiken einen Anspruch auch – über den Eintritt der Verjährung hinaus – nicht verfolgen. Richtigerweise wird er, soweit die Verjährung erst einige Zeit später eintritt und der Eintritt neuer Entwicklungen nicht ausgeschlossen werden kann, diese Entschließung unter den **Vorbehalt** stellen, die Frage vor Ablauf der Verjährung ggf. erneut auf den Prüfstand zu stellen. Im Übrigen bleiben die Ansprüche, da ja nicht durch Verzicht über sie verfügt wird, in ihrem Bestand und der Durchsetzbarkeit unberührt und können deswegen nicht nur von den Gläubigern nach § 93 Abs. 5 AktG geltend gemacht, sondern auch zum Gegenstand von Anträgen nach §§ 147, 148 AktG gemacht werden.[5669]

2442 Eine Bemerkung in dem ARAG/Garmenbeck-Urteil,[5670] nach der die Nichtverfolgung eines voraussichtlich begründeten Anspruchs „einem Anspruchsverzicht außerordentlich nahe kommt" haben die Frage[5671] aufkommen lassen, ob auch ein **bewusstes Verjährenlassen** eines Organhaftungsanspruchs als **Anspruchsverzicht** einzuordnen ist mit der Folge, dass es nur mit Zustimmung der Hauptversammlung (§ 93 Abs. 4 S. 3 AktG → Rn. 2443) von statten gehen kann. Diese Frage ist – wie schon die zitierte Formulierung des Urteils des II. Zivilsenats zeigt – zu verneinen, weil ein Verzicht oder Vergleich einen aktiven Eingriff in das Schuldverhältnis erfordert, dem das passive Untätigbleiben jedenfalls so lange nicht gleichsteht, wie es nicht auf eine Umgehung des § 93 Abs. 4 S. 3 AktG abzielt.[5672] Auch hier gilt, dass der Anspruch bestehen bleibt und die Möglichkeiten seiner Verfolgung nach § 93 Abs. 5 und §§ 147, 148 AktG – zumindest zunächst – offen bleiben.

10. Verzicht und Vergleich (§ 93 Abs. 4 S. 3 AktG)

2443 Teil der „wohl austarierten Kompetenzordnung"[5673] zwischen den Organen der Aktiengesellschaft ist die Entscheidung des Gesetzgebers, für bestimmte Maßnahmen im Rahmen der Prüfung und Verfolgung von Organhaftungsansprüchen eine **Mitwirkungspflicht** der Hauptversammlung anzuordnen (→ Rn. 2339 ff.). Dem Vorbild von § 84 Abs. 4 S. 3 AktG 1937 weithin[5674] folgend macht auch § 93 Abs. 4 S. 3 AktG[5675] den **Verzicht** – das umschließt auch einen **Teilverzicht** – und den **Vergleich** über einen gegen ein Vorstandsmitglied gerichteten Organhaftungsanspruch von der formell und materiell gesetzmäßig zustandegekommenen Zustimmung der Hauptversammlung abhängig und lässt ihn – prinzipiell – erst nach Ablauf von **drei Jahren** nach Entstehung des Anspruchs zu. Die Einbindung der Hauptversammlung dient dem präventiven Schutz der Aktionäre vor einer zu ihren Lasten gehenden

---

[5668] Eingehend *Reichert* ZIP 2016, 1189 (1195 f.).
[5669] Vgl. MüKoAktG/*Habersack* AktG § 111 Rn. 47.
[5670] BGHZ 135, 244 (256) = DStR 1997, 881.
[5671] *Reichert* ZIP 2016, 1189 (1195 f.).
[5672] GroßkommAktG/*Hopt/Roth* AktG § 93 Rn. 530; *Reichert* ZIP 2016, 1189 (1196 f.); Hüffer/Koch/*Koch* AktG § 93 Rn. 87; in diese Richtung auch BGHZ 202, 26 Rn. 19 = NZG 2014, 1058.
[5673] BGHZ 159, 30 (36 f., 41) = DStR 2004, 922 – GELATINE I.
[5674] Vgl. *Kropff* AktG 1965 S. 123 f.
[5675] S. dazu *Habersack* FS Baums, 2017, 531.

nicht sachgerechten Einigung der Mitglieder des Überwachungsorgans mit denjenigen des Leitungsorgans. Denn es kann nicht von vornherein ausgeschlossen werden, dass ein Leitungsversagen mit einer pflichtwidrig unterlassenen Überwachung einhergeht und deswegen die zur Regressnahme berufenen Mitglieder des Aufsichtsrats in einem **Interessenkonflikt** stehen, bei dem sie der Versuchung erliegen können, nicht das Wohl der Gesellschaft, sondern eher die Vermeidung oder Verringerung eigener Haftung im Auge zu haben. Dieser Gefahr soll durch das Zustimmungserfordernis des § 93 Abs. 4 S. 3 AktG sowie die weiteren in dieser Vorschrift enthaltenen **Minderheitenschutzbestimmung** begegnet werden.[5676] Während diese Entscheidung des Gesetzgebers allgemeine Billigung findet, wird die – im Vergleich zum AktG1937, das eine fünfjährige Frist vorsah, immerhin schon verkürzte – **Dreijahresfrist** rechtspolitisch angegriffen, weil sie weder ihren Zweck erreicht noch regelmäßig den Interessen der Gesellschaft an einer zügigen Erledigung gerecht werde.[5677] Solange der Gesetzgeber diesen Rufen nach Änderung des Gesetzes nicht nachgibt, hat der Aufsichtsrat, will er pflichtgemäß, nämlich ohne Usurpation einer ihm nicht zustehenden Kompetenz handeln, diese Fristen strikt zu beachten; das schließt selbstverständlich ein, das **Umgehungskonstruktionen** unterbleiben müssen.[5678] Die bewusste, auf der Grundlage einer ordnungsmäßen Abwägung getroffene Entscheidung, einen Anspruch **nicht zu verfolgen,** wird zutreffend nicht als Anwendungsfall des § 93 Abs. 4 S. 3 AktG angesehen (→ Rn. 2442), auch wenn die Abgrenzung zwischen aktivem Einwirken auf den Anspruch und bloßer Passivität[5679] dogmatisch nicht über jeden Zweifel erhaben ist. Diese dogmatische Unschärfe kennzeichnet auch die in demselben Urteil enthaltene Aussage zur möglichen **Übernahme** einer **Geldstrafe, Geldbuße** oder **Geldauflage** durch die Gesellschaft. Der II. Zivilsenat setzt hier nicht mit materiellen Erwägungen, etwa dem Schädigungsverbot, sondern – in einer a fortiori-Argumentation – kompetentiell an: Weil dem Aufsichtsrat nach § 93 Abs. 4 S. 3 AktG die Kompetenz zum Abschluss eines Verzichts- oder Vergleichsvertrages fehle, dürfe er erst Recht nur mit Zustimmung der Hauptversammlung der Übernahme einer Geldstrafe, Geldbuße oder Geldauflage zustimmen; Voraussetzung für diese einer erweiternden Auslegung des Verzichtsverbots entnommenen Kompetenzzuweisung ist allerdings, dass die Handlung, deretwegen das Ermittlungs- oder Strafverfahren betrieben wird, gleichzeitig als Verletzung **organschaftlicher** Pflichten gegenüber der Gesellschaft zu qualifizieren ist. Damit ist bei allen Zweifelsfragen,[5680] die das Urteil für die Praxis aufwirft, jedenfalls **gesichert,** dass allein der **Aufsichtsrat zuständig** ist, in seiner aus § 112 AktG folgenden Vertretungskompetenz über die Übernahme der Geldauflage zu befinden, wenn das betreffende Vorstandsmitglied seine organschaftlichen Pflichten **nicht verletzt** hat. Soweit die Zustimmung des Vorstandsmitglieds zur Einstellung des Verfahrens gegen Geldauflage – auch – im Interesse der Gesellschaft liegt und der Betroffene die Auflage als erforderlichen Aufwand im Sinne der Erfüllung seines Mandats ansehen durfte, sie also maW nicht unangemessen hoch ist, wird sich der Aufsichtsrat für die Übernahme entscheiden, weil das Vorstandsmitglied dann einen Aufwendungsersatzanspruch nach §§ 675, 670 BGB hat. Wegen der dem Aufsichtsrat zugewiesenen **Vertretungskompetenz** gegenüber den Vorstandsmitgliedern liegt die Zuständigkeit für den Abschluss des Vergleichs beim Aufsichtsrat; wird auch der D&O Versicherer in den Vergleichsschluss einbezogen, liegt insofern die Vertretungskompetenz beim Vorstand; in der Praxis werden also nach einem Zustimmungsbeschluss der Hauptversammlung **beide** Organe **zusammenwirken** müssen.

In den Fällen, in denen ein Zustimmungsbeschluss nach § 93 Abs. 4 S. 3 AktG herbeigeführt werden muss, bedarf es einer einleitenden Initiative des **Aufsichtsrats,** weil die Hauptversammlung – anders als etwa im Fall des § 147 AktG – diese Frage nicht von sich aus an sich ziehen darf (→ Rn. 2348). Dementsprechend hat der Aufsichtsrat eine begründete **Beschlussvorlage** (§ 124 Abs. 3 S. 1 AktG) zu unterbreiten. Auch wenn nach der genannten Vorschrift zu dem entsprechenden Tagesordnungspunkt auch der Vorstand einen Beschlussvorschlag zu unterbreiten hat, trägt die **inhaltliche Verantwortung** für den Inhalt der Aufsichtsrat; das folgt aus der aktienrechtlichen **Kompetenzordnung,** nach der der Aufsichtsrat in diesen Angelegenheiten die Gesellschaft zu vertreten hat und damit aus der Natur der Sache **(Annexkompetenz)**[5681]; dem wird sich der – kompetenzrechtlich unzuständige[5682] – Vorstand selbst dann an-

2444

[5676] Vgl. zB GroßkommAktG/*Hopt/Roth* AktG § 93 Rn. 506; Hüffer/Koch/*Koch* AktG § 93 Rn. 78.
[5677] ZB DAV Handelsrechtsausschuss NZG 2010, 897 (898 f.) Beschluss I Nr. 7 des 70. DJT; Hüffer/Koch/*Koch* AktG § 93 Rn. 77.
[5678] Etwa Abtretung des Anspruchs an außenstehende Dritte, für die § 93 Abs. 4 S. 3 AktG nicht gilt, vgl. *Weller/Rahlmeyer* GWR 2014, 167 (169); zutreffend gegen diesen Weg Hüffer/Koch/*Koch* AktG § 93 Rn. 77.
[5679] BGHZ 202, 26 Rn. 19 = NZG 2014, 1058.
[5680] S. dazu aus der umfangreichen Besprechungsliteratur zB *Habersack* NZG 2015, 1297; *Seibt* NZG 2016, 361 *Seibt* ZIP 2016 (Beilage zu Heft 22, 73); *Hoffmann-Becking* ZGR 2015, 618; *Tröger* JZ 2015, 261; *Hasselbach/Ebbinghaus* AG 2015, 873; *Ried* AG 2019, 441; *Westermann* DZWiR 2015, 149; *Maier-Reimer* EWiR 2014, 609.
[5681] Zutreffend *Habersack* FS Baums, 2017, 531 (542).
[5682] Zutreffend *Unmuth*, Vergleich und Verzicht im aktienrechtlichen Organhaftungsrecht aus der Perspektive des Aufsichtsrats, 2018, 168 f.

schließen, wenn er selbst nicht betroffen ist, sondern die Regressnahme ausschließlich ausgeschiedene Oranmitglieder angeht. In dieser Beschlussvorlage hat der Aufsichtsrat – orientiert an den durch ARAG/Garmenbeck (→ Rn. 2425 ff.) vorgezeichneten Kriterien – seine autonom getroffene, große Ansprüche (→ Rn. 2430) an seine Weitsicht stellende Beurteilung und die dazu angestellten Abwägungsüberlegungen darzulegen; das gilt, obwohl die Hauptversammlung nach richtiger Ansicht[5683] selbst nicht an die ARAG/Garmenbeck-Grundsätze gebunden ist, sondern unter selbstverständlicher Beachtung der Interessen auch der Minderheit das in dieser Lage maßgebliche Unternehmenswohl eigenständig bestimmen darf. Dazu gehört jedenfalls die Feststellung, dass und aus welchen Gründen ein Regressanspruch besteht, mit welcher Erfolgsaussicht er notfalls gerichtlich durchgesetzt und in welchem Umfang er dann auch wirtschaftlich realisiert werden kann. Die jeweiligen Chancen und Risiken sind ebenso darzulegen wie die Abwägung darzustellen und zu erläutern ist, ob etwa aus übergeordneten Gründen des Unternehmenswohls (2. Stufe der Prüfung → Rn. 2430 f.) nach Auffassung des Aufsichtsrats ausnahmsweise von einer Regressnahme abgesehen werden muss. Diese Darstellung mündet dann in die Begründung des konkreten Beschlussvorschlages, der selbstverständlich auch die Frage einbeziehen muss, in welchem Umfang der Regressschuldner selbst aus seinem Vermögen zur Schadenwiedergutmachung beitragen muss (§ 93 Abs. 2 S. 3 AktG). Dabei sind durchaus Fallgestaltungen[5684] eines Vergleichsvorschlags denkbar, in denen allein der D&O-Versicherer Zahlungspflichten übernimmt, das **Vorstandsmitglied** selbst aber **unbelastet** bleibt. Es kann nämlich der skizzierte Abwägungsprozess zu dem Ergebnis führen, dass das Vorstandsmitglied darauf besteht, nicht pflichtwidrig gehandelt zu haben und eine Rechtsverfolgung weniger Aussicht hat, der D&O-Versicherer aber den Vorgang mit einer ausgehandelten Summe ohne Rücksicht auf die Bewertung der versicherten Person abschließen möchte: Dann kann es pflichtgemäß sein, wenn der Aufsichtsrat dieses Vergleichsangebot, weil dem Unternehmenswohl dienend, annimmt.[5685] Im Übrigen darf der Aufsichtsrat bei seinem Beschlussvorschlag in Rechnung stellen, dass die Hauptversammlung frei ist, auf einen Regressanspruch in Gänze zu verzichten, solange die formellen Voraussetzungen des § 93 Abs. 4 S. 3 AktG erfüllt sind.[5686]

2445 Der Aufsichtsrat hat aber nicht nur diese **begründete Beschlussvorlage** zu erstellen, sondern, weil allein er und nicht etwa der Vorstand für die Regressnahme zuständig ist, etwaige **Fragen** von Aktionären – soweit es um den **Inhalt** und nicht bloß um die Verlautbarung, die nach § 131 Abs. 1 AktG dem Vorstand[5687] obliegt, geht – in der Hauptversammlung zu beantworten; anders kann das allenfalls bei Mischfällen zu beurteilen sein, wenn etwa die Fragen das D&O-Versicherungsverhältnis betreffen, zu dem nur der Vorstand **inhaltlich** Auskunft erteilen kann.

2446 Das dem Aufsichtsrat hier auferlegte Arbeitsprogramm ist außerordentlich anspruchsvoll und wird regelmäßig nicht ohne Inanspruchnahme von **Expertenrat** zu bewältigen sein. Dies und der Umstand, dass ihm nach der inzwischen hM hierbei zumindest ein **Ermessens-** oder **Beurteilungsspielraum** zur Seite steht (→ Rn. 2431), wenn er sich dieser Aufgabe mit Verantwortungsbewusstsein und in Orientierung am Unternehmenswohl widmet, mindert die Gefahr deutlich, dass die Mitglieder dieses Gremiums sich selbst wegen einer schuldhaft pflichtwidrigen Vorgehensweise schadensersatzpflichtig machen (→ § 5 Rn. 196 ff.).

11. Andere Anspruchsgrundlagen als § 93 AktG

2447 Neben § 93 AktG treten als **besondere Haftungstatbestände** gegenüber der Gesellschaft **§ 117 Abs. 2 AktG** sowie die **§§ 310, 318 und 323 Abs. 2 S. 2 AktG**. Im Übrigen gilt: § 93 AktG behandelt nur die gegenüber der Gesellschaft bestehende organschaftliche **Innenhaftung**. Sie führt zu einer Haftungskonzentration des Vorstands gegenüber der Gesellschaft und hindert deswegen im Regelfall eine unmittelbare Inanspruchnahme des Vorstands durch außenstehende **Dritte;** diese müssen also nach dem gesetzlichen Modell grundsätzlich ihr Recht bei der Gesellschaft suchen, welche dann – vertreten durch den Aufsichtsrat – ggf. Regress bei einem Vorstandsmitglied nehmen kann. Soweit ausnahmsweise[5688] Dritte unmittelbar – etwa aufgrund von **Deliktsvorschriften** – gegen Vorstandsmitglieder vorgehen dürfen, wird die Auseinandersetzung inter partes ausgetragen, der Aufsichtsrat ist als Vertretungsorgan der Gesellschaft in diesem Rechtsstreit nicht gefordert. Er wird aber eine solche rechtliche Auseinandersetzung mit beson-

---

[5683] Vgl. BGHZ 202, 26 Rn. 20 = NZG 2014, 1058; *Habersack* FS Baums, 2017, 531 (542 f.); Hüffer/Koch/*Koch* AktG § 93 Rn. 76.
[5684] Vgl. zB den Fall Bilfinger.
[5685] Vgl dazu zB Darstellung bei *Unmuth* Vergleich und Verzicht im aktienrechtlichen Organhaftungsrecht aus der Perspektive des Aufsichtsrats (2018) Einleitung.
[5686] So auch *Habersack* FS Baums (2017) 531 (539).
[5687] S. dazu *Unmuth* Vergleich und Verzicht im aktienrechtlichedn Organhaftungsrecht aus der Perspektive des Aufsichtsrats (2018) S. 179 f. anerkennend, dass der Vorstand sich wegen des Inhalts seiner Antworten die Informationen bei dem anwesenden Aufsichtsrat beschaffen muss.
[5688] Zutreffend Hüffer/Koch/*Koch* AktG § 93 Rn. 60 ff.

derer Sorgfalt beobachten, weil er uU Erkenntnisse gewinnen kann, die ihn als das Überwachungsorgan interessieren müssen, das die allgemeine **Personalkompetenz** gegenüber dem Vorstand besitzt und unter diesem Gesichtspunkt Anlass zum Handeln haben kann.

Wenn, was ebenfalls nicht die Regel ist, **Aktionäre** ausnahmsweise Ansprüche aus Delikt (§ 823 Abs. 2 BGB, § 826 BGB) gegen Vorstandsmitglieder haben, ist das Problem des **Doppelschadens** zu lösen, dh der vom Aktionär erlittene Entwertungsschaden seiner Beteiligung ist durch Auffüllung des Gesellschaftsvermögens zu beseitigen; deswegen verlangt die Rechtsprechung grundsätzlich Zahlung an die Gesellschaft.[5689]

E. Mitwirkungskompetenz

I. Entsprechenserklärung und DCGK

Schrifttum:
Krieger, Die Abgabe der Entsprechenserklärung nach § 161 AktG, FS Peter Ulmer, 2003, 365.

1. Entsprechenserklärung, § 161 AktG

a) Allgemeines

Vorstand und Aufsichtsrat (→ Rn. 2458) haben die **organschaftliche Pflicht** zur vollständigen und wahrheitsgemäßen Abgabe einer Entsprechenserklärung iSv § 161 AktG. Die Entsprechenserklärung bezieht sich auf den Deutschen Corporate Governance Kodex **(DCGK)**, ein Regelwerk, das nationale und internationale Standards guter Unternehmensführung enthält. Näher zum DCGK → Rn. 2507 ff. Wichtigstes Instrument des DCGK sind dessen **„Empfehlungen"**, zu denen Vorstand und Aufsichtsrat sich gem. § 161 AktG erklären müssen. Mit der Entsprechenserklärung wird erklärt, dass dem DCGK entsprochen wurde und wird oder welche Empfehlungen (→ Rn. 2516) nicht angewendet wurden oder werden und warum nicht.

aa) Zweck und Rechtsnatur. Die Entsprechenserklärung hängt ihrem Zweck nach eng mit den Zielen des DCGK zusammen (→ Rn. 2507). Insbesondere zwingt sie zu einer **Reflexion** über die Einhaltung des DCGK. Damit soll den Zielen des Kodex „besonderer Nachdruck"[5690] verschafft und seine Einhaltung gefördert werden.

Die Entsprechenserklärung enthält ausweislich des Wortlauts des § 161 AktG sowohl eine vergangenheitsbezogene als auch eine zukunftsbezogene Komponente. Sie stellt also eine **Wissenserklärung** für die Vergangenheit **(vergangenheitsbezogene Erklärung)** und eine **Absichtserklärung** für die Zukunft **(zukunftsbezogene Erklärung)** dar. Sie ist gerade **keine Willenserklärung**.[5691]

Unterschiedlich beurteilt wird, ob die Entsprechenserklärung gem. § 161 AktG **kapitalmarktrelevant** ist, das heißt, ob sie Informationen enthält, die die Anlageentscheidung der Kapitalmarktteilnehmer beeinflussen können.[5692] Bejaht man die Kapitalmarktrelevanz, kann sich die Pflicht zu einer **Ad-Hoc-Meldung** unabhängig von der jährlichen Entsprechenserklärung ergeben.[5693] Das wird vor allem bei **Änderungen** der Geschäftspolitik in Bezug auf Anforderungen des DCGK vorkommen und hängt eng mit der Aktualisierungspflicht (→ Rn. 2453 ff.) zusammen. Mitunter wird eine Kapitalmarktrelevanz pauschal bejaht.[5694]

bb) Bindungswirkung und Aktualisierungspflicht. Die Entsprechenserklärung entfaltet **keine Bindungswirkung** für zukünftige Geschäftsentscheidungen. Die Organe können ihr Verhalten und ihre Ziele jederzeit ändern, sind dann aber unter Umständen verpflichtet, eine **Aktualisierung** der Entsprechenserklärung vorzunehmen.[5695] Das kann insbesondere der Fall sein, wenn ein zur Entsprechenserklärung konträrer Beschluss gefasst wird. Das liegt daran, dass es sich bei der Entsprechenserklärung nach der

---

[5689] Vgl. näher Hüffer/Koch/*Koch* AktG § 93 Rn. 63.
[5690] BR-Drs. 109/02, 50; K. Schmidt/Lutter/*Spindler* AktG § 161 Rn. 1.
[5691] MüKoAktG/*W. Goette* AktG § 161 Rn. 35; K. Schmidt/Lutter AktG/*Spindler* AktG § 161 Rn. 28 f.; Hüffer/Koch/ *Koch* AktG § 161 Rn. 14.
[5692] GroßkommAktG/*Leyens* AktG § 161 Rn. 47 ff.; MüKoAktG/*W. Goette* AktG § 161 Rn. 37; K. Schmidt/Lutter AktG/*Spindler* AktG § 161 Rn. 2.
[5693] Begr. RegE TranspuG, BT-Drs. 14/8769, 22; Kölner Komm AktG/*Lutter* AktG § 161 Rn. 99.
[5694] Kölner Komm AktG/*Lutter* AktG § 161 Rn. 99; *Lutter* ZHR 166 (2002), 523 (535); *Semler/Wagner* NZG 2003, 553 (556).
[5695] BGHZ 180, 9 Rn. 19 = NJW 2009, 2207 – Kirch/Deutsche Bank; Johannsen-Roth/Illert/Ghassemi-Tabar/*Illert* DCGK § 161 AktG Rn. 16; Hüffer/Koch/*Koch* AktG § 161 Rn. 20; Hölters/*Hölters* AktG § 161 Rn. 23.

Rechtsprechung um eine „**Dauererklärung**" handelt, die bei Abweichungen in einem „**nicht unwesentlichen Punkt**" eine Aktualisierung nötig macht.[5696] Sonst droht die Anfechtbarkeit von Entlastungs- und Wahlbeschlüssen durch die Hauptversammlung (→ Rn. 2483).

2454 Diese Aktualisierung kann – muss aber nicht – im Wege einer vollständig neuen Entsprechenserklärung abgegeben werden. Ausreichend ist auch eine **Aktualisierungserklärung**, die sich auf die Mitteilung der Änderungen beschränkt.[5697] In zeitlicher Hinsicht verlangt der BGH eine „**umgehende Aktualisierung**".[5698] Darunter wird man eine großzügigere Frist als diejenige des § 121 BGB (unverzüglich) zu verstehen haben, sodass auch die Zyklen von Aufsichtsrats- und Vorstandssitzungen berücksichtigt werden können. Gleichwohl ist die Einberufung einer **Sondersitzung** jedenfalls dann ratsam, wenn es sich nicht lediglich um unbedeutende Abweichungen handelt.[5699]

2455 Die Entsprechenserklärung bezieht sich dabei immer auf die zu ihrem Abgabezeitpunkt gültige Kodexfassung, sodass eine **Aktualisierung bei einer Kodexnovelle** nicht notwendig ist.

b) Beschlusskompetenz

2456 **aa) Verpflichtete Unternehmen.** Die Pflicht zur Abgabe einer Entsprechenserklärung trifft gem. § 161 Abs. 1 S. 1 AktG alle **börsennotierten Gesellschaften** iSd § 3 Abs. 2 AktG. Das sind Gesellschaften, deren Aktien zu einem regulierten Markt zugelassen sind. Es kommt nicht darauf an, ob sie dort auch gehandelt werden.[5700] § 161 Abs. 1 S. 1 AktG gilt für alle nach deutschem Aktienrecht gegründeten Gesellschaften, unabhängig davon, ob die Aktien ausschließlich an ausländischen Börsen gehandelt werden.[5701] Erfasst sind neben der deutschen **Aktiengesellschaft** auch die **Europäische Aktiengesellschaft (SE)** (zum Aufsichtsrat in der SE → § 9 Rn. 62 ff.) und die **Kommanditgesellschaft auf Aktien (KGaA)**, § 278 Abs. 2 AktG, zum Aufsichtsrat in der KGaA (→ § 9 Rn. 1 ff.), soweit sie jeweils börsennotiert sind.[5702]

2457 Zusätzlich erstreckt § 161 Abs. 1 S. 2 AktG die Pflicht auf Gesellschaften, die Aktien über ein **multilaterales Handelssystem** iSv § 2 Abs. 8 S. 1 Nr. 8 WpHG – hauptsächlich dem Freiverkehr – anbieten und zugleich **Wertpapiere, die keine Aktien sind,** an einem organisierten Markt iSv § 2 Abs. 11 WpHG handeln lassen. Als solche Wertpapiere kommen insbesondere Schuldverschreibungen und Genussscheine in Betracht.[5703] Die Praxisrelevanz dieser Erweiterung ist damit – wie schon im Regierungsentwurf bemerkt wurde – äußerst gering.[5704]

2458 **bb) Organkompetenz.** Gem. § 161 AktG sind **Vorstand** und **Aufsichtsrat** verpflichtet, die Entsprechenserklärung abzugeben. Gemeint sind damit weder die einzelnen Mitglieder noch die Gesellschaft, sondern die Organe.[5705] Zwar ist nicht höchstrichterlich entschieden, ob die Organe die Erklärung einheitlich abgeben müssen, oder ob auch die Abgabe separater Erklärungen möglich ist.[5706] Die herrschende Literatur[5707] geht aber zurecht von dem Erfordernis einer **einheitlichen Erklärung** aus. Andernfalls würde dem Kapitalmarkt aufgegeben, sich die Erklärungen zusammenzusuchen. Für die Praxis ist mit Blick auf die Außendarstellung des Unternehmens eine gemeinsam abgegebene und übereinstimmende Erklärung ohnehin ratsam.[5708] Sie ist auch in der Praxis die Regel.

2459 Die Pflicht zur Abgabe einer Entsprechenserklärung ist **nicht delegierbar**, insbesondere **nicht auf Ausschüsse**.[5709] Das Delegieren der Vorbereitung zu einer Entsprechenserklärung auf einen Ausschuss ist dagegen unbedenklich.[5710] An der Zuständigkeit von Vorstand und Aufsichtsrat ändert auch die Eröffnung des Insolvenzverfahrens nichts.[5711]

[5696] BGHZ 180, 9 Rn. 19 = NJW 2009, 2207 – Kirch/Deutsche Bank.
[5697] Johannsen-Roth/Illert/Ghassemi-Tabar/*Illert* DCGK § 161 AktG Rn. 17; Kölner Komm AktG/*Lutter* AktG § 161 Rn. 93; BeckOGK/*Bayer*/*Scholz* AktG § 161 Rn. 106.
[5698] BGHZ 180, 9 Rn. 19 = NJW 2009, 2207 – Kirch/Deutsche Bank; BGHZ 182, 272 Rn. 17 = NZG 2009, 1270 – Umschreibungsstopp.
[5699] GroßkommAktG/*Leyens* AktG § 161 Rn. 387, 389.
[5700] Grigoleit/*Vedder* AktG § 3 Rn. 4; Hölters/*Solveen* AktG § 3 Rn. 6; BeckOGK/*Drescher* AktG § 3 Rn. 6.
[5701] Hüffer/Koch/*Koch* AktG § 161 Rn. 6a; K. Schmidt/Lutter AktG/*Spindler* AktG § 161 Rn. 17.
[5702] KBLW/*Lutter* DCGK Rn. 1801.
[5703] BeckOGK/*Bayer*/*Scholz* AktG § 161 Rn. 33; Hüffer/Koch/*Koch* AktG § 161 Rn. 6b.
[5704] RegBegr. BT-Drs. 16/10067, 104.
[5705] Kölner Komm AktG/*Lutter* AktG § 161 Rn. 38; Hüffer/Koch/*Koch* AktG § 161 Rn. 6.
[5706] BeckOGK/*Bayer*/*Scholz* AktG § 161 Rn. 36 mwN.
[5707] Vgl. MüKoAktG/*W. Goette* AktG § 161 Rn. 57; GroßkommAktG/*Leyens* AktG § 161 Rn. 234; BeckOGK/*Bayer*/*Scholz* AktG § 161 Rn. 36; Hüffer/Koch/*Koch* AktG § 161 Rn. 10; aA Hölters/*Hölters* AktG § 161 Rn. 20; *Marsch-Barner* in Marsch-Barner/Schäfer Börsennotierte AG-HdB Rn. 2.78.
[5708] Marsch-Barner in Marsch-Barner/Schäfer Börsennotierte AG-HdB Rn. 2.78.
[5709] Kölner Komm AktG/*Lutter* AktG § 161 Rn. 41 f.; Hüffer/Koch/*Koch* AktG § 161 Rn. 13; BeckOGK/*Bayer*/*Scholz* AktG § 161 Rn. 44; K. Schmidt/Lutter AktG/*Spindler* AktG § 161 Rn. 26; *Krieger* FS Ulmer, 2003, 365 (376).
[5710] Hüffer/Koch/*Koch* AktG § 161 Rn. 13.

c) Beschlussfassung

aa) Beschlussvorbereitung. Von der Abgabe einer einheitlichen Erklärung im Außenverhältnis ist die Beschlussfassung im Innenverhältnis zu unterscheiden. Im Innenverhältnis entsteht aus der Pflicht zur einheitlichen Abgabe der Entsprechenserklärung kein neues Beschlussorgan.[5712] Notwendig sind also **zwei Beschlüsse,** die später zu **einer einheitlichen Erklärung** zusammengefasst werden.[5713] Theoretisch kann die jeweilige Willensbildung der Organe auch in einer gemeinsamen Sitzung von Aufsichtsrat und Vorstand geschehen.[5714] In der Praxis ist dies aber **unüblich. Die Kompetenzzuordnung bleibt unverändert.** Jedes Organ gibt seine Erklärung dazu, ob und wie weit es einer Kodexempfehlung entspricht, hinsichtlich seines Kompetenzbereichs ab.[5715] 2460

Besonders deutlich wird das Spannungsverhältnis zwischen einheitlicher Erklärung im Außenverhältnis und getrennter Beschlussfassung im Innenverhältnis, wenn Teile des Kodex sich explizit nur an **ein Organ** richten.[5716] Dies gilt etwa für die Empfehlung D.1, nach der der Aufsichtsrat sich eine Geschäftsordnung geben soll. Der Vorstand ist in dieser Empfehlung überhaupt nicht angesprochen, beschließt deshalb auch im Innenverhältnis nicht darüber, gibt aber im Außenverhältnis eine gemeinsame Erklärung darüber mit dem Aufsichtsrat ab. Es kommt auch vor, dass Empfehlungen sich nur an **einzelne Organmitglieder** richten, zum Beispiel in der Empfehlung E.1, wonach ein Aufsichtsratsmitglied jeden Interessenkonflikt unverzüglich dem Vorsitzenden des Aufsichtsrats offenlegen soll. 2461

Es gelten die allgemeinen Regeln zur Beschlussfassung, sodass der Aufsichtsrat gem. § 108 Abs. 1 AktG durch **Mehrheit der Stimmen** entscheidet. Eine **Ausnahme** davon besteht nur, wenn sich eine Empfehlung wie im Beispiel von E.1 an **einzelne Mitglieder** richtet. Eine **Mehrheitsentscheidung** durch die übrigen Organmitglieder **scheidet aus,** weil das Organ keine Befugnis hat, Pflichten für einzelne Mitglieder zu begründen.[5717] Es sind daher **individuelle Stellungnahmen** der betroffenen Mitglieder einzuholen, da sonst die vom Gesetz verlangte **einheitliche Erklärung** nicht abgegeben werden kann.[5718] In der Praxis ausreichend ist dabei regelmäßig, dass der Aufsichtsratsvorsitzende beim Organbeschluss mitteilt, dass der Beschluss die Erklärungen der einzelnen Mitglieder mitenthalte.[5719] 2462

Uneinheitlich wird beurteilt, ob dies auch für die Empfehlungen gilt, die sich an den **Aufsichtsratsvorsitzenden** richten. Beispielsweise sieht Empfehlung D.6 vor, dass der Aufsichtsratsvorsitzende Beratungen mit dem Vorstandsvorsitzenden bzw. -sprecher führen soll. Teilweise[5720] wird vertreten, die Zustimmung des Aufsichtsratsvorsitzenden sei entbehrlich, da tatsächlicher Adressat das Organ sei, der Vorsitzende nur spezielle Funktionen erfülle. Der **Praxis** ist jedenfalls **zu raten,** ein Einvernehmen mit dem Aufsichtsratsvorsitzenden zu suchen. 2463

bb) Internes Vorgehen zwischen Aufsichtsrat und Vorstand. Wenn der Aufsichtsrat an Erklärungen beteiligt ist, die maßgeblich in die Verantwortung des Vorstands fallen, geht es primär darum, **Informationen** über den Beschlussgegenstand zu erhalten. Für das **praktische Vorgehen** ist zwischen der **vergangenheitsbezogenen Erklärung** und der **Absichtserklärung** zu unterscheiden: 2464

(1) Vergangenheitsbezogene Erklärungen. Soweit es um die Erklärung über vergangenes Verhalten geht, wird **Wissen** erklärt. Damit können beide Organe sich hinsichtlich aller Empfehlungen äußern. Handelt es sich um Tatsachen, die dem Aufsichtsrat ohnehin bekannt sind, muss er keine weiteren Nachforschungen beim Vorstand anstellen.[5721] Fehlen dem Aufsichtsrat Informationen für seine Beschlussfassung, hat er sie sich über ein **Auskunftsverlangen** beim Vorstand zu verschaffen. 2465

Für einen standardisierten Informationserhalt bieten sich die Einführung von **Checklisten** und **Fragebögen** an. Es liegt dabei jeweils in der Verantwortung der Organe, **wahrheitsgemäße Aussagen** zu treffen. Das setzt vollständige Information über die behandelten Themen voraus. Um das gewährleisten zu können, ist eine **gewissenhafte Dokumentation** während des Jahres notwendig. 2466

[5711] *Mock* ZIP 2010, 15 (19); Kölner Komm AktG/*Lutter* AktG § 161 Rn. 39.
[5712] GroßkommAktG/*Leyens* § 161 Rn. 145; Kölner Komm AktG/*Lutter* AktG § 161 Rn. 40; K. Schmidt/Lutter AktG/*Spindler* AktG § 161 Rn. 19; Hüffer/Koch/*Koch* AktG § 161 Rn. 11; Hölters/*Hölters* AktG § 161 Rn. 12; KBLW/*Lutter* DCGK Rn. 1816.
[5713] BeckOGK/*Bayer/Scholz* AktG § 161 Rn. 55; Hölters/*Hölters* AktG § 161 Rn. 20.
[5714] Hölters/*Hölters* AktG § 161 Rn. 12; Hüffer/Koch/*Koch* AktG § 161 Rn. 11; K. Schmidt/Lutter AktG/*Spindler* AktG § 161 Rn. 19.
[5715] Kölner Komm AktG/*Lutter* AktG § 161 Rn. 50; Hüffer/Koch/*Koch* AktG § 161 Rn. 10.
[5716] *Krieger* FS Ulmer, 2003, 365 (368).
[5717] Kölner Komm AktG/*Lutter* AktG § 161 Rn. 60.
[5718] GroßkommAktG/*Leyens* § 161 Rn. 206; MüKoAktG/*W. Goette* AktG § 161 Rn. 63, 68; Hüffer/Koch/*Koch* AktG § 161 Rn. 13.
[5719] Kölner Komm AktG/*Lutter* AktG § 161 Rn. 62.
[5720] Kölner Komm AktG/*Lutter* AktG § 161 Rn. 61; aA GroßkommAktG/*Leyens* AktG § 161 Rn. 219; BeckOGK/*Bayer/Scholz* AktG § 161 Rn. 67.
[5721] BeckOGK/*Bayer/Scholz* AktG § 161 Rn. 57.

2467 **(2) Zukunftsbezogene Erklärungen.** Geht es um Absichtserklärungen, bleibt es ebenfalls bei dem Grundsatz der separaten Willensbildung der Organe und bei der aktienrechtlichen Kompetenzverteilung. Bei den Entscheidungen im eigenen Kompetenzbereich kommt den Organen dabei eine **Entscheidungsprärogative** zu.[5722] Dieser Entscheidungsspielraum bezieht sich auch darauf, ob einer Empfehlung überhaupt entsprochen werden soll. Dabei ist zu bedenken, dass der Kodex anerkannte Standards guter Unternehmensführung enthält, deren Nichtbeachtung zwar möglich ist, aber mit Blick auf die Außendarstellung des Unternehmens gut begründet sein sollte.[5723]

2468 **cc) Zeitpunkt.** Gem. § 161 AktG ist die Entsprechenserklärung „**jährlich**" abzugeben. In Übereinstimmung mit den handelsrechtlichen Vorschriften der § 285 Nr. 16 HGB, § 289f Abs. 2 Nr. 1 HGB, § 314 Abs. 1 Nr. 8 HGB, § 325 Abs. 1 S. 3 HGB ist das **Geschäftsjahr** und nicht das Kalenderjahr gemeint.[5724]

2469 Der genaue Zeitpunkt bleibt Vorstand und Aufsichtsrat überlassen. Zu beachten ist aber, dass nach verbreiteter Auffassung aus dem **Jährlichkeitsgebot** eine Festlegung für die folgende Entsprechenserklärung insofern folgt, als dass sie im „**selben Monat des nächsten Jahres**" abzugeben ist.[5725] Dieser Auffassung ist zwar grundsätzlich zuzustimmen. Die Festlegung auf denselben Monat scheint aber zu eng. Verschiebt sich die Abgabe der Entsprechenserklärung um wenige Tage in den Folgemonat, ist dem Jährlichkeitsgebot immer noch Genüge getan. Grundlegend kann der Zeitraum allerdings nur geändert werden, indem die Entsprechenserklärung früher abgegeben wird.

2470 **dd) Form und Veröffentlichung, § 161 Abs. 2 AktG.** Gesetzlich schreibt § 161 AktG keine Form vor. Allerdings fordert § 325 Abs. 1 S. 2 HGB die Abgabe **in elektronischer Form** beim Betreiber des Bundesanzeigers. Nach herrschender Auffassung ist die **Unterschrift** des jeweiligen Organvorsitzenden ausreichend, wobei sogar diese teilweise für entbehrlich gehalten wird.[5726] Von der Form der Entsprechenserklärung ist diejenige des zugrundeliegenden Organbeschlusses zu unterscheiden. Auch hier bestehen jedoch keine Formerfordernisse. Eine Niederschrift über Sitzungen des Aufsichtsrats, wie sie § 107 Abs. 2 AktG fordert, hat lediglich Beweisfunktion und keine Auswirkungen auf die Wirksamkeit des Beschlusses.[5727] Zu **Dokumentations- und Protokollierungszwecken** ist zumindest eine schriftliche Dokumentation des Organbeschlusses und die Unterzeichnung durch den Organvorsitzenden empfehlenswert.[5728]

2471 Gem. § 161 Abs. 2 AktG ist die Erklärung auf der Internetseite **dauerhaft** öffentlich zugänglich zu machen. Erforderlich ist, dass die **aktuelle Erklärung** zugänglich ist. Für ältere Erklärungen besteht eine solche Verpflichtung nicht. Der DCGK empfiehlt in F.5 jedoch, Erklärungen für fünf Jahre zugänglich zu halten. Beim Zugänglichmachen der Erklärung handelt es sich um ein Geschäft der laufenden Verwaltung, das in die Zuständigkeit des **Vorstands** fällt, § 76 AktG.

d) Erklärungsinhalt

2472 **aa) Allgemeines.** In der **einheitlichen Erklärung**, die von Aufsichtsrat und Vorstand abzugeben ist, ist Rechenschaft über die (Nicht)Befolgung des DCGK in der Vergangenheit abzulegen und eine Absichtserklärung für die zukünftige (Nicht)Befolgung abzugeben (→ Rn. 2458). Es besteht eine **Pflicht zur wahrheitsgemäßen Erklärung.**[5729] Eng damit verknüpft ist das **Bestimmtheitserfordernis,** nach dem klar erkennbar sein muss, auf welche Bestimmung des DCGK Bezug genommen wurde.[5730]

2473 Hinsichtlich des Inhalts kann man zwischen den verschiedenen Teilen der Erklärung differenzieren: So besteht hinsichtlich des **retrospektiven,** vergangenheitsbezogenen Teils eine **ermessensfreie Pflicht,** darüber aufzuklären, ob und inwieweit dem Kodex gefolgt wurde. Diese vergangenheitsbezogenen Erklärungen beziehen sich auf den **Zeitraum** bis zur vorangegangenen Erklärung. Bei der **Absichtserklärung** für die Zukunft handelt es sich um eine unternehmerische Entscheidung, sodass die „Business Judgment Rule", § 93 Abs. 1 S. 2 AktG anwendbar ist und ein weiter **unternehmerischer Ermessensspielraum** besteht.[5731] Der zukunftsgerichtete Teil der Erklärung gilt für einen **unbestimmten Zeitraum.** Nach herrschender Auffassung ist **keine Befristung** auf zB das laufende Geschäftsjahr zulässig.[5732]

[5722] Hüffer/Koch/*Koch* AktG § 161 Rn. 10.
[5723] *Krieger* FS Ulmer, 2003, 365 (379).
[5724] BeckOGK/*Bayer/Scholz* AktG § 161 Rn. 99; Hüffer/Koch/*Koch* AktG § 161 Rn. 15.
[5725] BGH NZG 2010, 618 Rn. 9; BeckOGK/*Bayer/Scholz* AktG § 161 Rn. 99.
[5726] MüKoAktG/*W. Goette* AktG § 161 Rn. 63; BeckOGK/*Bayer/Scholz* AktG § 161 Rn. 101.
[5727] Hüffer/Koch/*Koch* AktG § 161 Rn. 22.
[5728] Hüffer/Koch/*Koch* AktG § 161 Rn. 22; MüKoAktG/*W. Goette* AktG § 161 Rn. 75.
[5729] BeckOGK/*Bayer/Scholz* AktG § 161 Rn. 72.
[5730] GroßkommAktG/*Leyens* AktG § 161 Rn. 309.
[5731] KBLW/*Lutter* DCGK Rn. 1851.
[5732] Hölters/*Hölters* AktG § 161 Rn. 30; MüKoAktG/*W. Goette* AktG § 161 Rn. 44; Kölner Komm AktG/*Lutter* AktG § 161 Rn. 92; aA LG Schweinfurt WPg 2003, 339.

bb) Entscheidungsvarianten. Es lassen sich im Wesentlichen vier denkbare Entscheidungsmodelle in Bezug auf die Befolgung des DCGK bilden.[5733] Unabhängig davon, welches Modell gewählt wird, ist eine **Übererfüllung** der Kodex-Vorgaben nicht verpflichtend mitzuteilen. Gleichwohl bietet es sich mit Blick auf die **Unternehmensreputation** und **Kapitalmarktinformation** an, überobligatorische Anstrengungen zu veröffentlichen.[5734]

Im sog. **Übernahmemodell** wird zum Ausdruck gebracht, dass den Empfehlungen in der Vergangenheit **vollumfänglich** entsprochen wurde und auch in Zukunft entsprochen werden soll. Eine **Begründung** ist dann **nicht** notwendig. Eine mögliche Formulierung dafür lautet: „Den Verhaltensempfehlungen der von der Bundesregierung eingesetzten Kodex-Kommission zur Unternehmensleitung und -überwachung (DCGK), in der Fassung vom 16.12.2019, wurde im Berichtsjahr entsprochen und soll auch künftig entsprochen werden."[5735]

Diesem Übernahmemodell folgten 2018 **31% der DAX-Gesellschaften.**[5736] Teilweise wird vertreten, dass eine Erklärung im Rahmen des Übernahmemodells im Anschluss an die Gesetzesbegründung[5737] auch dann noch genügend sein soll, wenn die Empfehlungen „allgemein eingehalten" wurden und „keine ins Gewicht fallenden Abweichungen" vorkommen.[5738]

Dieses Abstellen auf eine „Wesentlichkeitsschwelle" ist aber **bedenklich,** weil sie unscharf ist und für die Praxis konkrete Maßstäbe fehlen. **Empfehlenswert** ist es daher, im Sinne umfassender Transparenz jegliche Abweichung im Rahmen des Selektionsmodells (→ Rn. 2480) zu handhaben.[5739] Für die Praxis bietet sich bei Unsicherheiten über die „Wesentlichkeit" eine „vorsorgliche Abweichungserklärung" an. (→ Rn. 2480)

Das Gegenstück zur uneingeschränkten Entsprechung wäre ein Totaldissens zu den Empfehlungen des DCGK, sog. **Ablehnungsmodell.** Da die Grundsätze des DCGK aber denen guter Unternehmensführung entsprechen, ist eine umfängliche Ablehnung aller Punkte mit Blick auf die Unternehmensreputation **nicht empfehlenswert**. Eine dennoch denkbare Formulierung dafür wäre: „Den Verhaltensempfehlungen der von der Bundesregierung eingesetzten Kodex-Kommission zur Unternehmensleitung und -überwachung (DCGK), in der Fassung vom 16.12.2019, wurde im Berichtsjahr nicht entsprochen und soll auch künftig nicht entsprochen werden." Es ist dann jedenfalls besonderer Wert auf die **Begründung** zu legen. Entscheidend ist eine **informative und rationale** Darlegung der Gründe. Dabei ist auf eine kurze und prägnante Ausführung zu achten.[5740]

Während das Ablehnungsmodell in seiner Reinform in der Praxis kaum vorkommt, ist eine Kombination mit dem **Alternativmodell** am ehesten denkbar. Dabei wird auf eigens entwickelte Unternehmensstandards verwiesen, sog. **„Hauskodizes".**[5741] Das Ablehnungsmodell ist dabei nur zu wählen, wenn dort nicht ohnehin dieselben Standards wie im DCGK aufgeführt sind, sondern gänzlich andere. Bestehen teilweise Überschneidungen, so bietet sich eine eingeschränkte Positiverklärung im Rahmen des Selektionsmodells an (→ Rn. 2480).

Am häufigsten in der Praxis wird das sog. **Selektionsmodell** gewählt. Diesem folgt die große Mehrheit der DAX- und M-DAX Unternehmen.[5742] Hierbei wird dem Kodex teilweise entsprochen. Einer Begründung für die Teile des Kodex, denen uneingeschränkt gefolgt wird, ist nicht erforderlich. Umso mehr ist bei den Teilen, denen nicht gefolgt wird, auf eine **Begründung** zu achten. Sie sollte möglichst **präzise darlegen,** welchen Ziffern des Kodex nicht entsprochen wurde oder werden soll und warum.[5743] Dabei kann die entsprechende Kodexstelle unter Nennung der Ziffer wiedergegeben werden. Das erspart dem Leser einen ständigen Abgleich mit dem Kodex. Soweit vorhanden, sollten alternative Maßnahmen und Bemühungen, die das gleiche Thema wie die nichtbefolgte Kodexziffer behandeln, genannt werden. Bestehen Unsicherheiten tatsächlicher oder rechtlicher Art darüber, ob einer Kodexempfehlung gefolgt wird, bietet es sich an, eine **„vorsorgliche Abweichung"** zu erklären. Dadurch wird vermieden, dass die Entsprechenserklärung unrichtig wird. In der Praxis erklären 17% der DAX Unternehmen und 6% der M-DAX Unternehmen **vorsorgliche Abweichungen.**[5744] Davon betroffen sind vor allem Empfeh-

---

[5733] Nach v. Werder DB 2002, 801 (810); MüKoAktG/W. Goette AktG § 161 Rn. 45.
[5734] MüKoAktG/W. Goette AktG § 161 Rn. 56; Kölner Komm AktG/Lutter AktG § 161 Rn. 84.
[5735] Begr. RegE TransPuG, BT-Drs. 14/8769, 21.
[5736] Rapp/Strenger/Wolff Kodexakzeptanz 2019, 4.
[5737] Ähnlich Begr. RegE TransPuG, BT-Drs. 14/8769, 21.
[5738] MüKoAktG/W. Goette AktG § 161 Rn. 45; GroßkommAktG/Leyens AktG § 161 Rn. 309; KBLW/Lutter DCGK Rn. 1853; Hüffer/Koch/Koch AktG § 161 Rn. 16.
[5739] K. Schmidt/Lutter AktG/Spindler AktG § 161 Rn. 32.
[5740] Kölner Komm AktG/Lutter AktG § 161 Rn. 87.
[5741] KBLW/Lutter DCGK Rn. 1857.
[5742] Vgl. Rapp/Strenger/Wolff Kodexakzeptanz 2019.
[5743] MüKoAktG/W. Goette AktG § 161 Rn. 48; KBLW/Lutter DCGK Rn. 1854.
[5744] Rapp/Strenger/Wolff Kodexakzeptanz 2019, 4.

lungen zur Vorstandsvergütung sowie der Zusammensetzung des Aufsichtsrats, der Wahrnehmung externer Aufsichtsratsmandate und zum Prüfungsausschuss.[5745]

2. Folgen fehlerhafter Beschlüsse

a) Gründe für die Fehlerhaftigkeit

2481 Die bloße Nichtbefolgung des Kodex stellt **keine Pflichtverletzung** der Organe dar, wenn sie begründet ist[5746] (→ Rn. 2478 ff.). Der Pflicht zur Abgabe der Entsprechenserklärung aus § 161 Abs. 1 AktG muss aber nachgekommen werden. Wird die Entsprechenserklärung nicht oder fehlerhaft abgegeben, kann das die **Anfechtbarkeit von Beschlüssen zur Entlastung und Aufsichtsratswahl** durch die Hauptversammlung (→ Rn. 2483 ff.) begründen und setzt die Organe bzw. die Gesellschaft **Haftungsrisiken** (→ Rn. 2492 ff.) aus.

2482 Als Gründe für die Fehlerhaftigkeit der Beschlüsse kommen in Betracht[5747]:
– § 161 AktG wurde gar nicht befolgt, weil **keine Erklärung abgegeben** wurde.
– Die Entsprechenserklärung wurde **nicht unterjährig aktualisiert** obwohl Veränderungen eingetreten sind (→ Rn. 2453 ff.).
– Eine Abweichung oder Nichtbefolgung des DCGK wurde **nicht hinreichend begründet.**
– § 161 Abs. 2 AktG wurde verletzt. Denkbar ist das vor allem, wenn die Erklärung **nicht dauerhaft öffentlich zugänglich** gemacht wurde. Die kurzfristige Unerreichbarkeit der Website ist aber unerheblich.

b) Anfechtbarkeit von Beschlüssen

2483 Anfechtbar sind Hauptversammlungsbeschlüsse, wenn sie gegen Gesetz oder Satzung verstoßen, **§ 243 Abs. 1 AktG**, ggf. iVm § 251 Abs. 1 AktG. Zwar verstoßen Vorstand und Aufsichtsrat gegen die gesetzliche Pflicht des **§ 161 Abs. 1 AktG,** wenn sie keine Entsprechenserklärung abgeben. Damit ist aber noch nicht die Frage beantwortet, wann eine **fehlerhafte Entsprechenserklärung** zur Anfechtbarkeit von Hauptversammlungsbeschlüssen führt.[5748] Diese Frage stellt sich vor allem bei **Entlastungsbeschlüssen** (→ Rn. 2485) und **Wahlbeschlüssen** (→ Rn. 2489).

2484 In allen Fällen liegt der Mangel dabei in **Informationspflichtverletzungen** iSv **§ 243 Abs. 4 AktG.**[5749] Der Hauptversammlung fehlen also Informationen, um ihr eine sachgerechte Entscheidungsfindung hinsichtlich des Beschlussgegenstands zu ermöglichen. Das Gesetz nimmt aber nicht bei jeglichem Informationsdefizit einen Anfechtungsgrund an. Es kommt vielmehr auf die **Relevanz** der Informationsverletzung an. Um diese Relevanz beurteilen zu können, zieht § 243 Abs. 4 AktG die Figur des **„objektiv urteilenden Aktionärs"** heran. Der objektiv urteilende Aktionär ist ein fiktiver Anleger „der vernünftig und im wohlverstandenen Unternehmensinteresse handelt und dem es nicht auf die Erreichung kurzfristiger Ziele ankommt, sondern der die langfristige Ertrags- und Wettbewerbsfähigkeit der Gesellschaft im Auge hat."[5750] Wenn nach diesem Maßstab die Information relevant ist, kann der Beschluss wegen einer Informationspflichtverletzung angefochten werden.

2485 **aa) Entlastungsbeschlüsse.** Durch den Entlastungsbeschluss billigt die Hauptversammlung die Verwaltung der Gesellschaft durch Vorstand und Aufsichtsrat, § 120 AktG. Um die Geschäftsführung und Überwachung der Organe einschätzen zu können und darüber zu befinden, brauchen die Aktionäre Informationen über das Verwaltungshandeln. Dazu gehört die Entsprechenserklärung des § 161 AktG über die Einhaltung und die begründete Nichtbefolgung der Empfehlungen des DCGK. **Entlastungsbeschlüsse** nach unrichtiger Entsprechenserklärung sind nach der Rechtsprechung[5751] grundsätzlich **anfechtbar.**

2486 Der BGH bejaht die Anfechtbarkeit, wenn die **Unternehmenspraxis** von der Erklärung in einem **„nicht unwesentlichen Punkt"** abweicht.[5752] Das kann entweder bereits bei Abgabe der Erklärung der Fall sein oder im Nachhinein durch eine Änderung der Unternehmenspraxis bei unterbliebener Aktualisierung eintreten. Zu der Frage, wann ein Punkt in diesem Sinn **wesentlich** ist, gilt das zuvor über die Informationsverletzung Gesagte: Ist die Informationsverletzung so **schwerwiegend,** dass sie einen objek-

---

[5745] Rapp/Strenger/Wolff Kodexakzeptanz 2019, 5.
[5746] K. Schmidt/Lutter AktG/Spindler AktG § 161 Rn. 68.
[5747] Vgl. Johannsen-Roth/Illert/Ghassemi-Tabar/Illert DCGK § 161 AktG Rn. 20.
[5748] MüKoAktG/W. Goette AktG § 161 Rn. 90.
[5749] GroßkommAktG/Leyens AktG § 161 Rn. 481; vgl. BGHZ 180, 9 Rn. 34 ff. = NZG 2009, 342 – Kirch/Deutsche Bank; BGHZ 182, 272 Rn. 18 = NZG 2009, 1270 – Umschreibungsstopp; OLG Celle NZG 2018, 904 Rn. 76 ff.
[5750] BT-Drs. 15/5092, 26.
[5751] BGHZ 180, 9 Rn. 19 = NJW 2009, 2207 – Kirch/Deutsche Bank; BGHZ 182, 272 Rn. 17 = NZG 2009, 1270 – Umschreibungsstopp.
[5752] BGHZ 180, 9 Rn. 19 = NJW 2009, 2207 – Kirch/Deutsche Bank; BGHZ 182, 272 Rn. 17 = NZG 2009, 1270 – Umschreibungsstopp.

tiven Aktionär bei der Entlastungsentscheidung beeinflusst, ist der Beschluss anfechtbar.[5753] Abzulehnen ist das, wenn die Information **bereits bekannt** ist, oder es nur um rein **formale Randfragen** wie bspw. die Übersichtlichkeit der Website oder den Finanzkalender geht.[5754] Weiterhin scheidet eine Anfechtbarkeit aus, wenn das betroffene Organmitglied bereits vor der Aktualisierungspflicht ausgeschieden ist.[5755] Geht es um die Entlastung **einzelner Organmitglieder**, kommt es darauf an, ob das Informationsdefizit auch in Bezug auf die Entlastungsentscheidung über das konkrete Mitglied bestand.[5756]

Die zu dieser Frage ergangenen Leitentscheidungen „Kirch/Deutsche Bank" und „Umschreibungsstopp", in denen der BGH eine Anfechtbarkeit bejahte, betreffen den Sonderfall sog. **„klauselimmanenter Begründungspflichten".** Während die meisten Empfehlungen des DCGK, wenn sie befolgt werden, keine weitere Begründung erfordern, ist das bei den klauselimmanenten Begründungspflichten anders. Es handelt sich um Empfehlungen des DCGK, die bereits ihrem Wortlaut nach eine begründete Befolgung fordern. Beispiel dafür ist die Information über Interessenkonflikte, E.1 Satz 2 DCGK (Ziff. 5.5.3 S. 1 aF DCGK). Danach soll der Aufsichtsrat nicht nur auf die Interessenkonflikte hinweisen, sondern die Hauptversammlung über deren Behandlung informieren. 2487

Unmittelbare **rechtliche Folgen** hat die Anfechtung des Entlastungsbeschlusses nicht. Der Entlastungsbeschluss bewirkt keinen Verzicht der Gesellschaft auf Ersatzansprüche, § 120 Abs. 2 S. 1 AktG. Dennoch vermittelt eine erfolgreiche Anfechtung eines Entlastungsbeschlusses nach außen das Bild einer **schlechten Corporate Governance,** was wiederum zu negativer Berichterstattung und Reputationseinbußen führen kann.[5757] 2488

bb) Wahlbeschlüsse. Aufgabe der Hauptversammlung ist gem. § 119 Abs. 1 Nr. 1 AktG auch die Wahl der Aufsichtsratsmitglieder (→ § 2 Rn. 102 ff.). Dazu werden ihr vom Aufsichtsrat gem. § 124 Abs. 3 S. 1 AktG Wahlvorschläge unterbreitet. Zu diesen Wahlbeschlüssen enthält der DCGK Empfehlungen. Relevant sind drei Beschlüsse: Der Beschluss über die Entsprechenserklärung von Vorstand und Aufsichtsrat, der Wahlvorschlag des Aufsichtsrats und der Wahlbeschluss der Hauptversammlung, § 101 AktG. Anfechtungsgegenstand ist allein der **Wahlbeschluss** der Hauptversammlung. Er ist unter den Voraussetzungen des § 251 Abs. 1 S. 1 AktG anfechtbar, also bei Verletzung von Gesetz oder Satzung. Teilweise wurde vertreten, eine Anfechtungsmöglichkeit bestehe bereits dann, wenn der Wahlvorschlag des Aufsichtsrats gegen § 161 AktG verstoße. Das sei zum Beispiel der Fall, wenn der Aufsichtsrat der Hauptversammlung einen Beschlussvorschlag unterbreite, der nicht den Empfehlungen des DCGK entspricht, obwohl zuvor eine uneingeschränkte Entsprechenserklärung abgegeben wurde. Dann sei der Wahlvorschlag wegen eines Verstoßes gegen § 161 AktG bereits nichtig und könne somit gar nicht Gegenstand des Hauptversammlungsbeschlusses sein.[5758] 2489

Der BGH hat sich in neuester Rechtsprechung[5759] der Gegenauffassung angeschlossen und die **Anfechtbarkeit abgelehnt.** Der Entscheidung lag ein Fall zugrunde, in dem ein Kandidat mehr als drei konzernexterne Aufsichtsratsmandate innehatte. Dadurch wurde gegen die Empfehlung Ziff. 5.4.5 Abs. 1 S. 2 des im Zeitpunkt der Beschlussfassung gültigen DCGK 2017 verstoßen. Der BGH war der Ansicht, der Beschluss könne weder wegen Bekanntmachungsfehlern noch wegen Inhaltsfehlern angefochten werden.[5760] Eine Änderung der Tatsachen und damit eine **Aktualisierungspflicht** entstehe nämlich **erst** mit **Annahme** des Aufsichtsratsmandats, die im Zeitpunkt des Wahlbeschlusses noch nicht vorliege. Die Entsprechenserklärung sei also zu diesem Zeitpunkt noch gar nicht unrichtig.[5761] Es liege auch **kein relevanter Informationsmangel** vor. Ein solcher komme nur dann in Betracht, wenn die Informationspflicht „unmittelbar die sachgerechte Wahrnehmung der Teilnahme- und Mitgliedschaftsrechte der Aktionäre bei der Beschlussfassung in der Hauptversammlung"[5762] beeinträchtige. Die Pflicht aus § 161 AktG diene aber nicht dazu, konkrete Personalentscheidungen zu rechtfertigen, sondern der generellen Information aktueller und künftiger Anleger darüber, ob eine Gesellschaft gut geführt und überwacht wird.[5763] Der BGH etabliert damit eine **restriktive Linie,** die vor allem auf mittelbare Sanktionen durch den Kapitalmarkt 2490

[5753] Kölner Komm AktG/*Lutter* AktG § 161 Rn. 143; Johannsen-Roth/Illert/Ghassemi-Tabar/*Illert* DCGK § 161 AktG Rn. 22.
[5754] MüKoAktG/*W. Goette* AktG § 161 Rn. 90; GroßkommAktG/*Leyens* AktG § 161 Rn. 506.
[5755] BGH NZG 2010, 618.
[5756] BeckOGK/*Bayer/Scholz* AktG § 161 Rn. 137.10.
[5757] GroßkommAktG/*Leyens* AktG § 161 Rn. 490.
[5758] Kölner Komm AktG/*Lutter* AktG § 161 Rn. 150 f.; Hölters/*Hölters* AktG § 161 Rn. 60.
[5759] BGH NJW 2019, 669; anders noch OLG München NZG 2009, 508 (510) – MAN/Piëch.
[5760] *Von der Linden* DStR 2019, 802 (805); Johannsen-Roth/Illert/Ghassemi-Tabar/*Illert* DCGK § 161 AktG Rn. 24.
[5761] BGH NJW 2019, 669 (674) Rn. 30.
[5762] BGH NJW 2019, 669 (674) Rn. 38.
[5763] BGH NJW 2019, 669 (674) Rn. 39.

abstellt.[5764] Er will ausdrücklich verhindern, dass über den Umweg des § 161 Abs. 1 AktG dem DCGK Gesetzeskraft zukommt.[5765]

2491 Diese Überlegungen sind auch auf die Anfechtbarkeit der **Wahl des Abschlussprüfers** anwendbar.

c) Haftung

2492 **aa) Allgemeines Haftungsrisiko.** Als Adressaten (→ Rn. 2458) der Pflicht zur Abgabe der Entsprechenserklärung sind es die **Organe Aufsichtsrat** und **Vorstand,** die bei Verstößen potentiell **haftbar** sind. Daneben ist eine Haftung der **Gesellschaft** selbst möglich.

2493 Allerdings ist das **Haftungsrisiko** sowohl einer Innen- als auch einer Außenhaftung **gering.** Sofern überhaupt denkbare Haftungstatbestände bestehen, scheitert eine Haftung zumeist an einem – auf der fehlerhaften Entsprechenserklärung beruhenden – Schaden oder dem Kausalitätsnachweis.[5766]

2494 Aus Gesellschaftssicht ist einzig relevantes **Kostenrisiko** im Zusammenhang mit einer fehlerhaften Entsprechenserklärung, die erfolgreiche Beschlussanfechtung[5767] (→ Rn. 2485). Dabei sind sowohl die unmittelbaren **Prozesskosten** im Rahmen einer Anfechtungsklage zu berücksichtigen, als auch die mittelbaren Schäden, wie **Kursverluste** als Folge negativer Berichterstattung.

2495 **bb) Innenhaftung.** Geben Vorstand und Aufsichtsrat eine fehlerhafte Entsprechenserklärung ab, liegt darin eine **Pflichtverletzung.** Der Aufsichtsrat ist deshalb im Grundsatz über **§ 93 Abs. 2 AktG, § 116 AktG** gegenüber der Gesellschaft haftbar. Problematisch und kaum nachweisbar ist in der **Praxis** jedoch die haftungsausfüllende Kausalität zwischen Pflichtverletzung und Schaden.[5768]

2496 Sollte diese ausnahmsweise nachweisbar sein, besteht für den Aufsichtsrat aber unter Umständen eine **Verfolgungspflicht** nach den Grundsätzen von ARAG/Garmenbeck[5769] (→ Rn. 2425).

2497 **cc) Außenhaftung.** Im Rahmen der Außenhaftung kommen als Anspruchsgegner prinzipiell sowohl die **Gesellschaft** als auch die **Organmitglieder** in Betracht. Geht es um die Gesellschaftshaftung, wird das Verhalten der Organmitglieder analog § 31 BGB zugerechnet. Zwar ist eine **Haftung unwahrscheinlich** (→ Rn. 2493). Theoretisch kommen aber folgende Anspruchsgrundlagen in Betracht:

2498 **(1) Vertragsähnliche Haftung.** Zunächst kommt eine **(quasi)vertragliche** Haftung in Betracht. Sie könnte daraus folgen, dass die **Organmitglieder** durch die Abgabe der fehlerhaften Entsprechenserklärung gegenüber Anlegern **besonderes Vertrauen** (§ 311 Abs. 3 BGB) für sich in Anspruch nehmen. Eine solche Haftung aus **culpa in contrahendo,** §§ 280 Abs. 1, 241 Abs. 2, 311 Abs. 3 BGB, scheitert aber nach ganz überwiegender Auffassung bereits daran, dass die Entsprechenserklärung sich nicht an einzelne Kapitalmarktteilnehmer, sondern die Gesamtheit der Anleger richtet.[5770] Ein Vertrauensverhältnis wird dadurch gerade nicht begründet.

2499 **(2) Deliktische Haftung.** Für eine Haftung aus **Delikt** sind mögliche Anspruchsgrundlagen § 823 Abs. 1, Abs. 2 BGB und § 826 BGB. Zwar kommt als verletztes Recht im Rahmen von **§ 823 Abs. 1 BGB** das Mitgliedschaftsrecht der Aktionäre in Betracht. Es **fehlt** aber nach überwiegender Auffassung am **Eingriff,** weil die Mitgliedschaftsrechte nicht unmittelbar beeinträchtigt werden.[5771]

2500 Zentrale Tatbestandsvoraussetzung für § 823 Abs. 2 BGB wiederum ist die Verletzung eines **Schutzgesetzes.** Als Schutzgesetz im Rahmen von **§ 823 Abs. 2 BGB** scheiden die DCGK-Bestimmungen mangels Außenwirkung aus. Auch § 161 AktG ist nach allgemeiner Meinung kein Schutzgesetz.[5772] Der Schutzgesetzcharakter – und damit eine potentielle Haftung – wird bei Verstößen gegen **§ 331 Abs. 1 Nr. 1, 2 HGB** angenommen, also dann, wenn im Jahresabschluss, im Lagebericht, einschließlich der nichtfinanziellen Erklärung, im gesonderten nichtfinanziellen Bericht oder im Konzernabschluss die Verhältnisse unrichtig wiedergegeben oder verschleiert werden. Das wiederum folgt daraus, dass § 289f Abs. 2 Nr. 1 HGB, § 285 Nr. 16 HGB und § 314 Abs. 1 Nr. 8 HGB eine Erklärung über die Einhaltung des § 161 AktG fordern. Ferner sind sowohl die unrichtige Darstellung von Vermögensverhältnissen des Unternehmens nach **§ 400 Abs. 1 Nr. 1 AktG** als auch die Strafgesetze der verschiedenen Betrugsvarianten **§§ 263, 264a, 265b StGB** oder die Untreue gem. **266 StGB** Schutzgesetze iSd § 823 Abs. 2 BGB.

[5764] Anm. *Troeger* WuB 2019, Heft 5, 230 (233).
[5765] BGH NJW 2019, 669 (674) Rn. 40; Johannsen-Roth/Illert/Ghassemi-Tabar/*Illert* DCGK § 161 AktG Rn. 24.
[5766] BeckOGK/*Bayer/Scholz* AktG § 161 Rn. 137.10; GroßkommAktG/*Leyens* AktG § 161 Rn. 100a.
[5767] So auch Johannsen-Roth/Illert/Ghassemi-Tabar/*Illert* DCGK § 161 AktG Rn. 26.
[5768] GroßkommAktG/*Leyens* AktG § 161 Rn. 519; Hüffer/Koch/*Koch* AktG § 161 Rn. 25a.
[5769] BGHZ 135, 244 = NJW 1997, 1926 – ARAG/Garmenbeck; MüKoAktG/*W. Goette* AktG § 161 Rn. 99.
[5770] MüKoAktG/*W. Goette* AktG § 161 Rn. 102; K. Schmidt/Lutter/*Spindler* AktG § 161 Rn. 79.
[5771] Hüffer/Koch/*Koch* AktG § 161 Rn. 28; MüKoAktG/*W. Goette* AktG § 161 Rn. 101; K. Schmidt/Lutter AktG/*Spindler* AktG § 161 Rn. 72.
[5772] Kölner Komm AktG/*Lutter* AktG § 161 Rn. 180 f.

E. Mitwirkungskompetenz

Allerdings setzen alle genannten Schutzgesetze **Vorsatz** hinsichtlich der Pflichtverletzung voraus. Dieses **Vorsatzerfordernis** und der **Kausalitätsnachweis** stellen hohe Hürden für die tatsächliche Verfolgung dar. Dasselbe gilt für eine potentielle Haftung aus vorsätzlicher sittenwidriger Schädigung nach **§ 826 BGB**.[5773]

(3) Haftung nach Wertpapierhandelsrecht. Über die **§§ 97, 98 WpHG iVm Art. 17 MMVO** bestehen spezialgesetzliche Haftungsrisiken. Für eine Haftung nach diesen Normen müsste es sich bei den in der Entsprechenserklärung enthaltenen Informationen um kursrelevante Tatsachen handeln.[5774] Das wiederum wird von der überwiegenden Literatur abgelehnt.[5775]

d) Ordnungswidrigkeiten und Strafbarkeitsrisiken

Neben zivilrechtlichen Haftungsrisiken bestehen theoretisch Ordnungswidrigkeits- und Strafbarkeitsrisiken. Dabei gilt das bereits zuvor Gesagte: Die theoretische Möglichkeit besteht, an belastbaren Rechtsprechungsnachweisen für die praktische Relevanz fehlt es allerdings.

aa) Ordnungswidrigkeiten. Der **Aufsichtsrat** und der Vorstand begehen eine **Ordnungswidrigkeit** gem. § 334 Abs. 1 Nr. 1d HGB iVm § 285 Nr. 16 HGB, wenn sie bei Aufstellung oder Feststellung des **Jahresabschlusses** die Entsprechenserklärung nicht so abgeben, wie sie von § 161 AktG gefordert wird. Dasselbe gilt gem. § 334 Abs. 1 Nr. 2f HGB iVm § 314 Abs. 1 Nr. 8 HGB bei einem **Konzernabschluss**. Gem. § 30 OWiG kann die Geldbuße unter Umständen auch gegen die Gesellschaft als juristische Person verhängt werden.[5776]

bb) Strafbarkeitsrisiken. Spezialgesetzlich machen sich **Aufsichtsrat** und Vorstand gem. **§ 331 Abs. 1 Nr. 1, 2 HGB** strafbar, wenn sie im Jahresabschluss, im nichtfinanziellen Teil des Lageberichts, im gesonderten nichtfinanziellen Bericht oder im Konzernabschluss die Verhältnisse **vorsätzlich** unrichtig wiedergegeben oder verschleiert haben. Sollten die engen Voraussetzungen des § 331 Abs. 1 Nr. 1 HGB nicht vorliegen, besteht bei unrichtiger Darstellung von Vermögensverhältnissen des Unternehmens durch Vorstands- oder Aufsichtsratsmitglieder ein Strafbarkeitsrisiko nach **§ 400 Abs. 1 Nr. 1 AktG**.

Daneben kommt insbesondere eine Strafbarkeit wegen **Kreditbetrugs, § 265b StGB** in Betracht, falls die Kreditbewertung von der Befolgung des DCGK abhängig gemacht wird und so das Kreditrisiko beeinflusst wird.[5777] In der Praxis wird dies indes **selten** vorkommen.[5778] Weil die Rechtsprechung teilweise Garantenstellungen von leitenden Angestellten annimmt, kann der Straftatbestand der **Untreue, § 266 StGB** durch Unterlassen verwirklicht werden, wenn die verletzten Pflichten einen Vermögensbezug aufweisen.[5779] Ferner ist auch eine Strafbarkeit gem. **§ 263 StGB** gegenüber dem Marktteilnehmer denkbar, von dem die Aktien zu einem – aufgrund der fehlerhaften Entsprechenserklärung – erhöhten Preis erworben wurden. Allerdings fehlt es regelmäßig an der Verbindung zwischen Kursrückgang und Kaufpreiszahlung für die Aktien, sodass keine „Unmittelbarkeit" im strafrechtlichen Sinn vorliegt.[5780]

3. DCGK

a) Zweck und Ziel

Ziel des Deutschen Corporate Governance Kodex **(DCGK)** (→ § 1 Rn. 59 ff.) ist es, mit seinen Grundsätzen, Empfehlungen und Anregungen (→ Rn. 2514 ff.) dazu beizutragen, dass die Gesellschaft im **Unternehmensinteresse** geführt wird.[5781]
Erreicht werden soll das durch Vorgaben, die zur Verbesserung der Unternehmensführung und -überwachung **(Corporate Governance)** dienen.[5782] Ein wichtiges Element dabei ist, das Corporate Governance System transparent und nachvollziehbar zu gestalten, indem der Kodex international und national anerkannte Standards guter und verantwortungsvoller Unternehmensführung auflistet.

Seit der Neufassung vom 16.12.2019 (→ Rn. 2527 ff.) legt der Kodex besonderen Wert auf die vereinfachte **Darstellung** von geltendem **Aktienrecht** durch sog. **Grundsätze** (→ Rn. 2515). Durch die

---

[5773] K. Schmidt/Lutter AktG/*Spindler* AktG § 161 Rn. 75.
[5774] KBLW/*Lutter* DCGK Rn. 1926.
[5775] Hüffer/Koch/*Koch* AktG § 161 Rn. 28; GroßkommAktG/*Leyens* AktG § 161 Rn. 604.
[5776] MüKoAktG/*Schaal* AktG § 161 Rn. 113 f.
[5777] Kölner Komm AktG/*Lutter* AktG § 161 Rn. 195; K. Schmidt/Lutter AktG/*Spindler* AktG § 161 Rn. 81.
[5778] MüKoAktG/*Schaal* AktG § 161 Rn. 106.
[5779] BGHSt 54, 44, Rn. 27 = BKR 2009, 422 (424); näher MüKoAktG/*Schaal* AktG § 161 Rn. 107.
[5780] GroßkommAktG/*Leyens* AktG § 161 Rn. 577.
[5781] Präambel DCGK 2020 Abs. 1 S. 2.
[5782] Hüffer/Koch/*Koch* AktG § 161 Rn. 2; BeckOGK/*Bayer/Scholz* AktG § 161 Rn. 1.

Grundsätze werden wesentliche rechtliche Vorgaben verantwortungsvoller Unternehmensführung wiedergegeben, um die Anleger und die sonstigen Stakeholder über die Rechtslage zu informieren.[5783]

2509 Durch die Darstellung des deutschen Aktienrechts im Kodex soll insbesondere auch **ausländischen Investoren** das duale Führungssystem näher gebracht werden.[5784] Das **„Two-Tier-Board"** des deutschen Aktienrechts mit der klaren, institutionellen Trennung der Aufgabenbereiche und Kompetenzen von Aufsichtsrat und Vorstand ist ihnen meist wenig vertraut. Indem der Kodex solche Grundlagen darstellt, möchte er mittelbar auch dazu beitragen, die **Kapitalaufnahme** an **internationalen Kapitalmärkten** für deutsche Unternehmen zu erleichtern.[5785]

2510 Der DCGK will darüber hinaus die **Flexibilisierung** und **Selbstregulierung** deutscher Unternehmensverfassungen unterstützen und so eine **„best practice"** vermitteln und fortentwickeln.[5786] Damit soll die Qualität der Corporate Governance in deutschen Unternehmen gesteigert werden. Um dieses Ziel zu erreichen, bedient sich der Kodex maßgeblich des Instruments der „Empfehlungen" (→ Rn. 2516).

2511 Um sicherzustellen, dass der Kodex der aktuellen „best practice" der Unternehmensführung entspricht, überprüft ihn die Kommission regelmäßig. Während der Kodex früher meist jährlich aktualisiert wurde, strebt die Kommission neuerdings eine längerfristige Ausrichtung an und plant die **Überarbeitungszyklen** auf mindestens fünf Jahre zu **verlängern**.[5787]

b) Rechtsnatur

2512 Dem DCGK kommt **keine unmittelbare Gesetzeskraft** zu. Das ergibt sich schon daraus, dass er von der „Regierungskommission Deutscher Corporate Governance Kodex" – einer Expertenkommission, eingesetzt durch das Bundesjustizministerium – erlassen wird und ihm somit eine unmittelbare parlamentarische Legitimation fehlt.[5788]

2513 Aufgrund dessen wird der DCGK oft als **„soft law"** bezeichnet.[5789] Die **mittelbaren faktischen** und **wirtschaftlichen Folgen** des DCGK sind jedoch nicht zu unterschätzen (→ Rn. 2518 ff.).

c) Inhalt

2514 aa) **Aufbau und Systematik.** Der DCGK kennt drei Gruppen von Vorschriften.[5790] Er enthält zum einen **deskriptive Passagen.** Sie sind rein gesetzesbeschreibend und -zusammenfassend. Sprachlich zeichnen sie sich durch den Indikativ „ist" aus.

2515 In der Fassung des DCGK vom 16.12.2019 werden sie erstmals als sog. **„Grundsätze"** dargestellt. In den Grundsätzen werden wesentliche gesetzliche Vorschriften zur Unternehmensleitung und Unternehmensüberwachung zusammengefasst.[5791] Dabei handelt es sich zB um Darstellungen der Funktionen und Aufgabenbereiche, Arbeits- und Organisationsweise der Organe, wie das Aktiengesetz sie vorsieht. Die Grundsätze sollen für Unternehmen sowie deutsche und internationale Investoren zum Verständnis des Grundaufbaus des deutschen Aktienrechts beitragen.

2516 Zum anderen enthält der DCGK **Empfehlungen.** Empfehlungen sind in der neuen Fassung auch explizit als solche gekennzeichnet und durch die Verwendung des Wortes „soll" charakterisiert. Durch sie wird eine **Optimierung** der Leitungs- und Überwachungsarbeit der Organe angestrebt. In den Empfehlungen nennt die Kommission erprobte und bewährte Standards, die helfen sollen, eine „best practice" zu vermitteln und etablieren. Insbesondere bei diesen Passagen tritt die faktische Bindungswirkung des DCGK zu Tage. Wird den Empfehlungen nicht entsprochen, **verpflichtet** § 161 AktG (→ Rn. 2449) die Abweichung offenzulegen und zu begründen (sog. **„comply or explain"**). Gleichwohl hält der DCGK selbst[5792] gut begründete Abweichungen mitunter für einen Ausdruck guter Unternehmensführung.

2517 Schließlich existieren **Anregungen** („sollte"). Von Anregungen kann auch ohne Offenlegung abgewichen werden. Zweck dieser Kategorie ist das Aufzeigen von – aus Kommissionssicht – wünschenswerten

---

[5783] Präambel DCGK 2020 Abs. 4 S. 1; Allg. Erläuterungen DCGK 2020 II. 1; Johannsen-Roth/Illert/Ghassemi-Tabar/*Illert* DCGK 2020 Vor § 161 AktG Rn. 8.
[5784] Vgl. Allg. Erläuterungen DCGK 2020 I. Abs. 1 S. 2; KBLW/*Bachmann* DCGK Rn. 33 f.
[5785] So bereits *Seibt* AG 2002, 249 (250).
[5786] Allg. Erläuterungen DCGK 2020 I. Abs. 2; BeckOGK/*Bayer/Scholz* AktG § 161 Rn. 4; *Bayer* NZG 2013, 1 (3).
[5787] *Nonnenmacher* 15 Jahre DCGK – Eine Bestandsaufnahme, Rede auf der 16. Konferenz Deutscher Corporate Governance Kodex am 22.6.2017 in Berlin, S. 6, abrufbar unter: https://www.dcgk.de/de/kommission/die-kommission-im-dialog/deteilansicht/ueberschrift-rede.html (zuletzt abgerufen am 12.10.2020).
[5788] MüKoAktG/*W. Goette* AktG § 161 Rn. 22.
[5789] K. Schmidt/Lutter AktG/*Spindler* AktG § 161 Rn. 8; BeckOGK/*Bayer/Scholz* AktG § 161 Rn. 1.
[5790] Vgl. Präambel DCGK 2020 Abs. 4.
[5791] *Seibt* AG 2002, 249 (250).
[5792] Präambel DCGK 2020 Abs. 4.

E. Mitwirkungskompetenz

Verhaltensweisen, die noch nicht als gefestigt genug angesehen werden, um Empfehlungen zu sein. Bei Anregungen besteht die Möglichkeit, dass sie in folgenden Kodexfassungen zu Empfehlungen „angehoben" werden.[5793]

bb) Bindungswirkung des DCGK. (1) Allgemeines. Eine **unmittelbare Bindungswirkung** kommt dem Kodex nur über die Vorschrift des **§ 161 AktG** zu, die als formelles Gesetz verpflichtend ist. Durch § 161 AktG werden börsennotierte und ihnen gleichgestellte Unternehmen (→ Rn. 2456 f.) aber lediglich zur Erklärung darüber verpflichtet, ob den Empfehlungen des DCKG entsprochen wurde und wird oder welche Empfehlungen nicht angewendet werden oder wurden und warum. Zu den Folgen von Verstößen → Rn. 2481 ff.

Für die **Praxis** bedeutend ist der **faktische Druck** zur Befolgung des DCGK. Er entsteht durch die öffentliche Berichterstattung und zunehmende Sensibilität für Corporate Governance in der Gesellschaft und bei Investoren. Die Nichtbefolgung gefährdet damit die **Unternehmensreputation**.[5794]

(2) Befolgung in der Praxis. Die Befolgungsrate bei den verpflichteten Unternehmen ist hoch, auch wenn die tatsächlichen Wirkungen einer „no comply" – Erklärung nicht empirisch belegt sind.[5795] Zu der Befolgungsrate stellte das Center for Corporate Governance in einer Studie von 2019[5796] zum damals geltenden DCGK 2017 fest: Durchschnittlich erfüllten **DAX – Unternehmen 97,7%** der **Empfehlungen** des DCGK, M-Dax Unternehmen befolgten durchschnittlich 96,1% der Empfehlungen.[5797]

Zu den **Anregungen** nahmen lediglich 4% der DAX- und M-DAX Unternehmen Stellung. Die vorherige Kodexfassung enthielt ihrerseits in Ziffer 3.10 eine Anregung zur Rechenschaft darüber, ob den Kodexanregungen gefolgt wird. In der aktuellen Fassung findet sich eine solche Anregung aber **nicht mehr**.[5798]

Eine hohe Ablehnungsquote erfuhren einzelne Kodexziffern, die sich mit Aufsichtsrat und Vorstand beschäftigen: Dazu zählen die Empfehlungen eines Selbstbehalts bei der D&O Versicherung von Aufsichtsratsmitgliedern, der betragsmäßigen Höchstgrenzen der Vergütung in Vorstandsverträgen, der nachträglichen Änderung der Erfolgsziele bei der Vorstandsvergütung, des Abfindungscaps und der Offenlegung der Vergütungsbestandteile unter Verwendung der Mustertabellen.[5799] Im DCGK 2019 finden sich keine Mustertabellen mehr, weil der Inhalt des nach § 162 AktG zu erstellenden Vergütungsberichts über den Inhalt der Mustertabellen hinausgeht.[5800] Auch Empfehlungen hinsichtlich der Zusammensetzung und Zielbenennung des Aufsichtsrats, sowie der Einrichtung und Zusammensetzung des Prüfungsausschusses wurden teilweise nicht befolgt.[5801]

d) Erhöhte Anforderungen durch Novellen

Der DCGK wird regelmäßig novelliert. Zunächst geschah das jährlich, inzwischen in etwas größeren Abständen, zuletzt 2017 und 2019. Dabei lässt sich eine zunehmende **Professionalisierung** in den Kodexnovellen feststellen. Die Kommission berücksichtigt dabei die Rezeption der vergangenen Kodizes in der Praxis. Hervorzuheben ist insbesondere die jüngste Novelle vom 16.12.2019, die den Kodex strukturell erheblich verändert hat und auch inhaltlich viel Neues mit sich gebracht hat (→ Rn. 2527 ff.). In den letzten Novellen haben sich insbesondere die **Empfehlungen an den Aufsichtsrat** wie folgt geändert:

aa) Änderungen 2017. Die Kodexfassung von 2017 trat nach einem Konsultationsverfahren mit der interessierten Öffentlichkeit – Wissenschaftlern, Beratern und Unternehmen – mit Veröffentlichung im Bundesanzeiger am 24.4.2017 in Kraft und löste den bis dahin bestehenden DCGK 2015 vom 5.5.2015 ab.

Schwerpunkt der Novellierung war die vertiefte Auseinandersetzung mit der **Compliance-Verpflichtung der Organe.** Geregelt wurde etwa die Einrichtung eines Compliance-Management-Systems (CMS) und eines Berichtssystems:[5802] In Ziff. 4.1.3 DCGK 2017 wurde Satz 2 eingefügt, der dem Vorstand empfiehlt, für ein angemessenes, an der Risikolage des Unternehmens orientiertes Compliance-

---

[5793] MüKoAktG/*W. Goette* AktG § 161 Rn. 23.
[5794] *Wernsmann/Gatzga* NZG 2011, 1001 (1006); Hüffer/Koch/*Koch* AktG § 161 Rn. 1.
[5795] MüKoAktG/*W. Goette* AktG § 161 Rn. 34; Spindler/Stilz/*Bayer/Scholz* AktG § 161 Rn. 7; *Nowak/Rott/Mahr* ZGR 2005, 252.
[5796] *Rapp/Strenger/Wolff* Kodexakzeptanz 2019.
[5797] *Rapp/Strenger/Wolff* Kodexakzeptanz 2019, 4.
[5798] Begr. DCGK 2019, S. 3 II. Nr. 4. Abs. 4.
[5799] *Rapp/Strenger/Wolff* Kodexakzeptanz 2019, 2, 9.
[5800] Begründung DCGK 2019, S. 17 III. zu Grundsatz 25.
[5801] *Rapp/Strenger/Wolff* Kodexakzeptanz 2019, 2, 9.
[5802] Vgl. *Wilsing/von der Linden* DStR 2017, 1046 (1047).

Management-System zu sorgen. In Satz 3 wurde erstmals ein sog. „Whistleblowing-System" empfohlen, also ein System, das es den Beschäftigten erlaubt, Hinweise auf Rechtsverstöße zu geben.

2526 Erstmals 2017 wurde die Einbindung des Aufsichtsratsvorsitzenden in die Unternehmenskommunikation durch eine Anregung zu **Investorengesprächen** (Ziff. 5.2. Abs. 2 DCGK 2017) aufgenommen. Demnach soll der Aufsichtsratsvorsitzende „in angemessenem Rahmen bereit sein, mit Investoren über aufsichtsratsspezifische Themen Gespräche zu führen". Diese damals heftig umstrittene Anregung findet sich im DCGK 2020 weiterhin als Anregung in A.3 DCGK. Bereits seit 2015 enthält der Kodex Empfehlungen über die **Zusammensetzung** des Aufsichtsrats. Sie wurden 2017 erweitert. Seitdem soll ein „Kompetenzprofil für das Gesamtgremium" erarbeitet werden. Auf dieses Kompetenzprofil sollen auch die Vorschläge an die Hauptversammlung Rücksicht nehmen (Ziff. 5.4.1 DCGK 2017/C. 1 DCGK 2020). Ebenfalls neu war die Einführung der Empfehlung zur Beifügung von **Lebensläufen** zum Wahlvorschlag für Aufsichtsratsmitglieder (Ziff. 5.4.1 Abs. 5 S. 2 Hs. 1 DCGK 2017 / C.14 DCGK 2020). Die praktischen Auswirkungen dieser Änderung waren jedoch gering, da ein solches Vorgehen bereits zuvor üblich war. Empfehlungen zur **Unabhängigkeit der Aufsichtsratsmitglieder** wurden ebenfalls erstmals in die Kodexfassung 2017 aufgenommen. Sie wurden allerdings durch die Neufassung des Kodex 2019 grundlegend geändert.

2527 **bb) Änderungen 2019.** Mit der Fassung vom 16.12.2019 liegt die bislang umfassendste Novelle des DCGK vor. Zum einen wurden durch die **Einführung** von **„Grundsätzen"** (→ Rn. 2515) strukturelle Änderungen vorgenommen und der Kodex insgesamt neu geordnet. Die Neuordnung orientiert sich in ihrer Gliederung nicht mehr am Aufbau des Aktiengesetzes, sondern an der „Logik des Managements".[5803]

2528 Diese an sich begrüßenswerte **Vereinfachung** des Kodex führt dazu, dass sich die Praxis, die sich auf den alten Aufbau eingestellt hat, umstellen muss, was zumindest kurzfristig zu erhöhtem Beratungsbedarf führt.[5804]

2529 Im ersten Entwurf der Kodexnovelle war noch vorgesehen, dass die Unternehmen die Grundsätze – und damit das geltende Recht – nicht nur befolgen, sondern darüber hinaus erklären müssen, in welcher Art und Weise sie das tun, sog. **„apply and explain"**. Die Kommission ist von der Einführung eines solchen Grundsatzes nach deutlicher Kritik im Konsultationsverfahren abgerückt.[5805]

2530 Eine wesentliche Neuerung betrifft die **Vorstandsvergütung** (Grundsatz 23 G.1 – G.16 DCGK). Grundsatz 23 Abs. 1 DCGK beschreibt dabei die Pflicht aus § 87a Abs. 1 S. 1 AktG, der auf dem ARUG II beruht. Danach beschließt der Aufsichtsrat ein **„klares und verständliches System zur Vergütung der Vorstandsmitglieder"**.

2531 Grundsatz 23 Abs. 2 beschreibt das sog. **„Say on Pay"**, geregelt in § 120a Abs. 1 S. 1 AktG. Nach dieser neu eingeführten Vorschrift beschließt die Hauptversammlung über die Billigung des Vergütungssystems. Näher zur Vorstandsvergütung → Rn. 1281 ff. Aus Aufsichtsratssicht sind zudem die sog. **„Clawback-Klauseln"** relevant, die nach G.11 DCGK empfohlen werden. Bei ihnen handelt es sich um Vertragsvereinbarungen mit Vorstandsmitgliedern, die die Einbehaltung oder Rückforderung von variablen Vergütungsbestandteilen bei außergewöhnlichen Entwicklungen ermöglichen. Ausführlich zu den Änderungen hinsichtlich der Vorstandsvergütung → Rn. 1375 ff.

2532 Einen weiteren, unmittelbar den Aufsichtsrat betreffenden Schwerpunkt, bilden die Empfehlungen zur **Unabhängigkeit von Aufsichtsratsmitgliedern** (C.6 DCGK). Zwar bestanden schon 2017 entsprechende Empfehlungen, allerdings wurden sie konkretisiert und erweitert. In C.6 Abs. 1 DCGK empfiehlt der Kodex, dass dem Aufsichtsrat **auf Anteilseignerseite** eine **angemessene Zahl** unabhängiger Aufsichtsratsmitglieder angehören soll. In Ziff. 5.4.2. S. 1 DCGK 2017 war die Einschränkung auf die Anteilseignerseite noch nicht enthalten. Der Kodex unterscheidet zwischen Unabhängigkeit (i) von der Gesellschaft und deren Vorstand und (ii) von einem kontrollierenden Aktionär.

2533 i) Unabhängigkeit des Aufsichtsratsmitglieds von der Gesellschaft und deren Vorstand liegt vor, wenn das Aufsichtsratsmitglied in keiner persönlichen oder geschäftlichen Beziehung zu der Gesellschaft oder deren Vorstand steht, die einen wesentlichen und nicht nur vorübergehenden Interessenkonflikt begründen kann, C.7 Satz 2 DCGK.

2534 ii) Unabhängigkeit des Aufsichtsratsmitglieds vom kontrollierenden Aktionär liegt vor, wenn das Aufsichtsratsmitglied selbst oder ein naher Familienangehöriger weder kontrollierender Aktionär ist noch dem geschäftsführenden Organ des kontrollierenden Aktionärs angehört oder in einer persönlichen oder geschäftlichen Beziehung zum kontrollierenden Aktionär steht, die einen wesentlichen und nicht nur vorübergehenden Interessenkonflikt begründen kann, C.9 Abs. 2 DCGK.

[5803] PM der Regierungskommission v. 6.11.2018, S. 4; *Wilsing/Winkler* BB 2019, 1603 (1604).
[5804] *Wilsing/Winkler* BB 2019, 1603 (1604).
[5805] *Von der Linden* DStR 2019, 1528 (1529).

Die Unabhängigkeit hängt somit von zwei Faktoren ab, die kumulativ erfüllt sein müssen.[5806] Ausweislich 2535
der Begründung zu C.7 Abs. 2 DCGK[5807] liegt die Beurteilung der Unabhängigkeit der Aufsichtsratsmitglieder von der Gesellschaft und deren Vorstand aber im Ermessen der Anteilseignerseite. Diese kann sich dabei zwar an einer in C.7 Abs. 2 DCGK enthaltenen Liste von Negativindikatoren orientieren, kann gem. C.8 DCGK aber trotz deren Vorliegen die Unabhängigkeit annehmen.

Für die Unabhängigkeit vom kontrollierenden Aktionär fehlt zwar eine entsprechende Regelung, es 2536
kann aber sinnvollerweise nichts anderes gelten.[5808] Darüber hinaus empfiehlt C.10 DCGK die Unabhängigkeit des **Aufsichtsratsvorsitzenden** von der Gesellschaft und vom Vorstand. Insgesamt wurden die Empfehlungen zur Unabhängigkeit von Aufsichtsratsmitgliedern **deutlich komplexer.**

Eine weitere Änderung betrifft die Empfehlung zur **Anzahl externer Mandate,** die ein Aufsichtsrats- 2537
mitglied haben soll, sog. **Overboarding,** C.4 DCGK 2020. Deren Anzahl liegt nun bei fünf (zuvor: drei), wobei ein Aufsichtsratsvorsitz doppelt zählt.

II. Anmeldungen durch den Aufsichtsrat

1. Keine originären Anmeldepflichten

Einige gesellschaftsrechtliche Maßnahmen müssen zum Handelsregister **angemeldet** werden, zB Sat- 2538
zungsänderungen nach §§ 179, 181 AktG, Umwandlungsmaßnahmen oder Kapitalmaßnahmen.

Den Aufsichtsrat treffen **keine** originären **Anmeldepflichten.** Selbst bei Anmeldungen, die aufgrund 2539
von Aufsichtsratsbeschlüssen notwendig werden oder die den Aufsichtsrat selbst betreffen, ist der **Vorstand** nach § 78 AktG für die Anmeldung zum Handelsregister zuständig. Beispielsweise ist der Vorstand nach § 106 AktG verpflichtet, bei jeder Änderung in den Personen der Aufsichtsratsmitglieder unverzüglich eine Liste der Aufsichtsratsmitglieder zum Handelsregister einzureichen. Nach § 107 Abs. 1 S. 2 AktG ist es ebenfalls Aufgabe des Vorstands, zum Handelsregister anzumelden, wer vom Aufsichtsrat zum Vorsitzenden des Aufsichtsrats und zum Stellvertreter gewählt wurde (→ § 2 Rn. 212 ff.).

2. Mitwirkungspflichten

Es gibt allerdings eine Reihe von Vorschriften, die eine **gemeinsame** Anmeldung von Vorstand und 2540
Aufsichtsratsvorsitzendem vorsehen.

a) Kapitalerhöhungen

Das gilt vor allem für **Kapitalerhöhungen.** Bei der Kapitalerhöhung gegen Einlagen, der bedingten Ka- 2541
pitalerhöhung und dem genehmigten Kapital sehen die § 184 Abs. 1 S. 1 AktG, § 188 Abs. 1 AktG, § 195 Abs. 1 S. 1 AktG und § 207 Abs. 2 AktG eine gemeinsame Anmeldung des **Beschlusses** und der **Durchführung** der Erhöhung durch Vorstand und Vorsitzenden des Aufsichtsrats vor.

Vorstand und Aufsichtsratsvorsitzender handeln beide für die AG, zeichnen die Anmeldung aber mit 2542
ihrem eigenen Namen. Es reicht, wenn eine zur Vertretung der AG ausreichende Zahl von Mitgliedern des Vorstands handelt.[5809]

Der Vorstand darf sich nach dem AktG bei der Anmeldung nicht durch Bevollmächtigte vertreten 2543
lassen. Auch eine Vertretung durch Prokuristen ist nicht möglich.[5810] Nach herrschender Auffassung ist aber bei einer in der Satzung nach § 78 Abs. 3 AktG vorgesehenen **gemischten Gesamtvertretung** die Anmeldung durch ein Vorstandsmitglied und einen Prokuristen zulässig.[5811]
Ist der Aufsichtsratsvorsitzende bei der Anmeldung verhindert, kann er sich nach der allgemeinen Vertretungsregelung des § 107 Abs. 1 S. 3 AktG durch seinen bzw. durch seine **Stellvertreter** (→ § 3 Rn. 144 ff.) vertreten lassen. Sonstige Bevollmächtigte scheiden als Vertretungsberechtigte aus.[5812]

Die Verpflichtung zur Anmeldung ist keine öffentlich-rechtliche Pflicht. Eine Erzwingung durch 2544
Zwangsgelder ist daher nicht möglich, § 407 Abs. 2 AktG.[5813] Vorstand und Aufsichtsratsvorsitzender sind

---

[5806] *Wilsing/Winkler* BB 2019, 1603 (1606).
[5807] Begr. DCGK 2019, S. 15 f.
[5808] *Von der Linden* DStR 2019, 1528 (1530).
[5809] MüKoAktG/*Schürnbrand* AktG § 184 Rn. 10; K. Schmidt/Lutter/*Veil* AktG § 184 Rn. 4.
[5810] Grigoleit/*Rieder/Holzmann* AktG § 184 Rn. 2.
[5811] Kölner Komm AktG/*Ekkenga* AktG § 184 Rn. 11; MüKoAktG/*Schürnbrand* AktG § 184 Rn. 10; Hüffer/Koch/*Koch* AktG § 184 Rn. 3; aA BeckOGK/*Servatius* AktG § 184 Rn. 15.
[5812] Grigoleit/*Rieder/Holzmann* AktG § 184 Rn. 4.
[5813] MüKoAktG/*Schürnbrand* AktG § 184 Rn. 14.

aber gegenüber der AG zur Anmeldung **verpflichtet**. Weigern sich der Vorstand oder der Aufsichtsratsvorsitzende, kann diese Pflicht **gerichtlich durchgesetzt** werden. Die Gesellschaft tritt dabei als Klägerin auf.[5814] Widersetzt sich der Vorstand, kann der Aufsichtsrat im Namen der Gesellschaft auf Mitwirkung klagen, § 112 AktG. Gegenüber dem Aufsichtsratsvorsitzenden setzt der Vorstand die Pflicht namens der Gesellschaft gerichtlich durch, § 78 Abs. 1 AktG.[5815] Nicht zu folgen ist der **Gegenansicht,** die einen sog. „echten Interorganstreit" zulassen möchte, bei dem Vorstand und Aufsichtsrat den Rechtsstreit unmittelbar untereinander austragen.[5816]

2545 Den **Zeitpunkt der Anmeldung** kann die Hauptversammlung im Kapitalerhöhungsbeschluss festlegen. Liegt keine Bestimmung durch die Hauptversammlung vor, bestimmen die Anmelder den Zeitpunkt der Anmeldung nach **pflichtgemäßem Ermessen.**[5817] Der Beschluss muss spätestens im Zeitpunkt der Anmeldung der Durchführung angemeldet werden, § 188 Abs. 4 AktG. Davor ist eine Anmeldung zu jedem Zeitpunkt möglich, der zwischen diesen Ereignissen liegt.[5818]

2546 **Gegenstand der Anmeldung** ist der von der Hauptversammlung gem. § 182 Abs. 1 S. 1 AktG gefasste Kapitalerhöhungsbeschluss. Der Antrag auf Eintragung, der an das Registergericht gerichtet ist, muss diesen Beschluss wiedergeben. Eine Bezugnahme auf beigefügte Unterlagen ist jedoch ausreichend.[5819] Soweit vorhanden, müssen Niederschriften über Sonderbeschlüsse nach § 182 Abs. 2 AktG und bei Sachkapitalerhöhungen der Prüfbericht nach § 184 Abs. 2 AktG, § 183 Abs. 3 AktG beigefügt werden.

2547 Es sind zudem Angaben über etwa noch **ausstehende Einlagen** zu machen, § 184 Abs. 1 S. 2 AktG. Vorsätzlich falsche Angaben sind nach § 399 Abs. 1 Nr. 4 AktG strafbar. Nach § 183a AktG kann in bestimmten Fällen in einem **vereinfachten Verfahren der Sachkapitalerhöhung** von einer Prüfung der Sacheinlage abgesehen werden. Voraussetzung ist, dass sich die Bewertung des Gegenstands der Sacheinlage nach § 33a AktG auf klare Anhaltspunkte stützen kann. Das ist insbesondere der Fall, wenn Wertpapiere, die einen Marktwert haben, als Sacheinlage erbracht werden. Soll von einer Prüfung der Sacheinlage abgesehen werden, muss der Vorstand die Angaben nach § 183a Abs. 2 S. 1 AktG in den Gesellschaftsblättern bekannt machen, damit eine qualifizierte Aktionärsminderheit nach § 183a Abs. 3 AktG die Gelegenheit hat, eine Prüfung zu beantragen. Vorstand und Vorsitzender des Aufsichtsrats müssen bei der Anmeldung versichern, dass ihnen seit der Bekanntmachung in den Gesellschaftsblättern keine Umstände im Sinne des § 37a Abs. 2 AktG bekannt geworden sind, die die Bewertung in Frage stellen.[5820] Gem. § 399 Abs. 1 Nr. 4 AktG ist die Abgabe einer falschen Versicherung strafbar.

b) Kapitalherabsetzungen

2548 Auch für ordentliche **Kapitalherabsetzungen,** vereinfachte Kapitalherabsetzungen und Kapitalherabsetzungen durch Einziehung von Aktien sehen die §§ 223, 229 Abs. 3 AktG, § 237 Abs. 2, Abs. 4 S. 5 AktG eine gemeinsame Anmeldung des **Beschlusses** und der **Durchführung** der Herabsetzung durch den Vorstand und den Vorsitzenden des Aufsichtsrats vor.

2549 Bei der ordentlichen Kapitalherabsetzung stellt, anders als bei der Kapitalerhöhung (vgl. § 399 Abs. 1 Nr. 4 AktG), die Anmeldung durch den Vorstand keine höchstpersönliche Angelegenheit dar, sodass eine **rechtsgeschäftliche Bevollmächtigung** Dritter zulässig ist.[5821] Die Vollmacht muss öffentlich beglaubigt sein, § 12 Abs. 1 S. 2 HGB.[5822] Der Aufsichtsratsvorsitzende kann sich nach § 107 Abs. 1 S. 3 AktG durch seinen Stellvertreter vertreten lassen, wenn er verhindert ist.[5823] Er kann sich aber auch durch einen bevollmächtigten Dritten vertreten lassen.[5824] Die Vollmacht bedarf auch in diesem Fall der Form des § 12 Abs. 1 S. 2 HGB.

2550 Bei ordentlichen Kapitalherabsetzungen besteht eine **Pflicht zur Anmeldung** gegenüber der AG.[5825] Die Erfüllung dieser Pflicht kann genauso wie bei der Kapitalerhöhung gerichtlich durchgesetzt werden.[5826] Die Anmeldung kann nicht durch Zwangsgeld gem. § 407 Abs. 2 S. 1 AktG erzwungen werden.

[5814] MüKoAktG/*Schürnbrand* AktG § 184 Rn. 13.
[5815] Kölner Komm AktG/*Ekkenga* AktG § 184 Rn. 3; K. Schmidt/Lutter/*Veil* AktG § 184 Rn. 5.
[5816] So insbes. MüKoAktG/*Schürnbrand* AktG § 184 Rn. 13.
[5817] Hüffer/Koch/*Koch* AktG § 184 Rn. 2; Bürgers/Körber/*Marsch-Barner* AktG § 184 Rn. 8.
[5818] MüKoAktG/*Schürnbrand* AktG § 184 Rn. 15.
[5819] Bürgers/Körber/*Marsch-Barner* AktG § 184 Rn. 9; Hüffer/Koch/*Koch* AktG § 184 Rn. 2a; MüKoAktG/*Schürnbrand* AktG § 184 Rn. 16.
[5820] BT-Drucks 16/11642, 37; K. Schmidt/Lutter/*Veil* AktG § 184 Rn. 7; Hüffer/Koch/*Koch* AktG § 184 Rn. 2b.
[5821] Hölters/*Haberstock/Greitemann* AktG § 223 Rn. 4.
[5822] MüKoAktG/*Oechsler* AktG § 223 Rn. 2; BeckOGK/*Marsch-Barner/Maul* AktG § 223 Rn. 2.
[5823] Hüffer/Koch/*Koch* AktG § 223 Rn. 3; BeckOGK/*Marsch-Barner/Maul* AktG § 223 Rn. 3.
[5824] So auch Hölters/*Haberstock/Greitemann* AktG § 223 Rn. 5.
[5825] BeckOGK/*Marsch-Barner/Maul* AktG § 223 Rn. 3; Hüffer/Koch/*Koch* AktG § 229 Rn. 17, § 237 Rn. 26.
[5826] K. Schmidt/Lutter/*Veil* AktG § 223 Rn. 3; BeckOGK/*Marsch-Barner/Maul* AktG § 223 Rn. 3.

3. Rechtsfolgen bei Verstößen

Bei der Kapitalerhöhung oder -herabsetzung kann eine schuldhaft unterlassene oder verspätete Anmeldung sowohl für den Vorstand nach § 93 AktG als auch für den Aufsichtsrat nach §§ 116, 93 AktG eine **Schadensersatzhaftung** begründen. Zudem kann eine schuldhafte Unterlassung oder verspätete Anmeldung auch dazu führen, dass die betroffenen Organmitglieder abberufen werden, § 84 Abs. 3 AktG, § 103 Abs. 3 AktG.[5827]

III. Aufgaben, sonstige besondere Aufgaben, Hauptversammlungsleitung

1. Erfordernis und Bestimmung des Versammlungsleiters

Das Aktiengesetz setzt an verschiedenen Stellen voraus, dass die Hauptversammlung einen **Versammlungsleiter** hat, namentlich in § 118 Abs. 4 AktG („Versammlungsleiter" kann durch Satzung oder Geschäftsordnung ermächtigt sein, die Bild- und Tonübertragung der Versammlung zuzulassen), § 122 Abs. 3 S. 2 AktG (Gericht kann bei Ermächtigung zur Einladung der Hauptversammlung aufgrund Ergänzungsverlangens „den Vorsitzenden der Versammlung" bestimmen), § 130 Abs. 2 S. 1 AktG (Beschlussfassung unterfällt „Feststellung des Vorsitzenden"), § 130 Abs. 2 S. 3 AktG („der Versammlungsleiter" entscheidet über beschränkte Beschlussfeststellung) und § 131 Abs. 2 S. 2 AktG (Satzung oder Geschäftsordnung kann „den Versammlungsleiter" ermächtigen, Rede- und Fragerecht der Aktionäre zu beschränken).

Auch die nach dem **COVID19-G** vorübergehend, jedenfalls im Jahr 2020 mögliche **virtuelle,** dh ohne physische Präsenz der Aktionäre stattfindende, **Hauptversammlung** braucht einen Versammlungsleiter, wie sich aus der Begründung des Gesetzentwurfs ergibt.[5828] Einzelheiten und Besonderheiten der Versammlungsleitung einer solchen virtuellen Hauptversammlung werden in § 10 behandelt (→ § 10 Rn. 6 ff.).

Verbreitet wird dennoch angenommen, dass die Hauptversammlung der **Einmann-AG** keinen Versammlungsleiter haben müsse, weil dies eine unnötige Förmelei ohne greifbare Vorteile sei.[5829] Das leuchtet zwar durchaus ein. Beschlüsse der Aktionäre müssen aber – anders als in der GmbH (vgl. dort zum Umlaufverfahren nur § 48 Abs. 2 GmbHG) – zwingend in der Hauptversammlung gefasst werden, dh sie können nur dort gefasst werden (vgl. § 118 Abs. 1 S. 1 AktG). Dazu bestimmt § 130 Abs. 2 AktG, dass in der Niederschrift die Feststellung des Vorsitzenden über die Beschlussfassung anzugeben ist, so dass das Gesetz eine solche Feststellung durch den Versammlungsleiter also voraussetzt (→ Rn. 2625). Schon aus Vorsichtsgründen, zB um bei eintragungsbedürftigen Beschlüssen Beanstandungen des Registergerichts zu vermeiden, sollte daher auch in der Einmann-AG ein Versammlungsleiter bestimmt werden, der dann die Beschlüsse feststellt. Ein unzumutbarer Aufwand ist damit nicht verbunden, zumal ja auch der einzige Aktionär selbst (bzw., wenn er eine juristische Person ist, zB eines seiner Organmitglieder oder ein sonstiger Bevollmächtigter) als Versammlungsleiter agieren kann (dazu sogleich → Rn. 2554 ff.).

Das Gesetz bestimmt an keiner Stelle, wer der Versammlungsleiter ist. Insbesondere weist es die Versammlungsleitung nicht dem Aufsichtsrat(svorsitzenden) zu. Typischerweise legt aber die Satzung den Versammlungsleiter fest, nämlich regelmäßig den **Aufsichtsratsvorsitzenden**.[5830] Die Satzung sollte dabei unbedingt auch regeln, wer ihn im Verhinderungsfalle vertritt; dann umgeht man auch den Streit, ob im Falle der Verhinderung des Aufsichtsratsvorsitzenden von Gesetzes wegen (§ 107 Abs. 1 S. 3 AktG) sein Stellvertreter zuständig ist[5831] – was richtigerweise zu verneinen ist, weil die Versammlungsleitung mit den Aufgaben des Aufsichtsratsvorsitzenden als solchen nichts zu tun hat (→ Rn. 2559). Idealerweise sollte die Bestimmung des stellvertretenden Versammlungsleiters dem Aufsichtsratsvorsitzenden, hilfsweise (dh wenn er auch dazu nicht in der Lage ist) dem Aufsichtsrat zugewiesen werden. Ist die Wahl des Aufsichtsratsvor-

---

[5827] Grigoleit/Rieder/Holzmann AktG § 184 Rn. 5; MüKoAktG/Schürnbrand AktG § 188 Rn. 7; MüKoAktG/Fuchs AktG § 195 Rn. 7, MüKoAktG/Arnold AktG § 207 Rn. 27; Hüffer/Koch/Koch AktG § 229 Rn. 17, AktG § 237 Rn. 26.
[5828] Gesetzentwurf der Fraktionen der CDU/CSU und SPD, BT-Drs. 19/18110, 26.
[5829] Hölters/Drinhausen AktG Anh. § 129 Rn. 1; Hüffer/Koch/Koch AktG § 129 Rn. 18; MüKoAktG/Kubis AktG § 119 Rn. 105; BeckOGK/Wicke AktG § 119 Rn. 79, jeweils mwN; aA Blasche AG 2017, 16; K. Schmidt/Lutter/Ziemons AktG § 129 Rn. 55; vorsorglich für einen Versammlungsleiter Grigoleit/Herrler AktG § 129 Rn. 35; vom Erfordernis eines Versammlungsleiters jedenfalls dann ausgehend, wenn dieser in der Satzung vorgesehen ist, OLG Köln NZG 2008, 635 (636) (Abweichung nur durch Satzungsänderung möglich).
[5830] Zur Empirie vgl. Bayer/Hoffmann AG 2012, R 339.
[5831] Für die Anwendbarkeit zB Hölters/Drinhausen AktG Anh. § 129 Rn. 2; MüKoAktG/Kubis AktG § 119 Rn. 108; gegen die Anwendung zB OLG München BeckRS 2008, 7260; K. Schmidt/Lutter/Ziemons AktG § 129 Rn. 58, jeweils mwN.

sitzenden in den Aufsichtsrat angefochten, hindert ihn dies nicht an der Ausübung der Leitungsfunktion, solange die Nichtigerklärung nicht rechtskräftig ausgesprochen ist.[5832]

2555 Es kommen auch **andere natürliche Personen,** gleich ob Aktionär oder Dritter, zB auch ein mit der Leitung von Hauptversammlungen erfahrener Rechtsanwalt, als Versammlungsleiter in Betracht.[5833] Ausgeschlossen als Versammlungsleiter sind allerdings wegen Unvereinbarkeit der Ämter schon aus Neutralitätsüberlegungen der die Hauptversammlung beurkundende Notar und die Vorstandsmitglieder.[5834]

2556 Ist der Versammlungsleiter der **deutschen Sprache** nicht mächtig, ist, weil die Versammlungssprache deutsch ist, ein Simultandolmetscher einzusetzen.[5835] Da es insbesondere in kritischen Hauptversammlungen auf schnelle und authentische Reaktionen des Versammlungsleiters ankommen kann, ist aber dringend zu empfehlen, einen Versammlungsleiter zu haben, der die deutsche Sprache beherrscht.

2557 Wird der Versammlungsleiter nicht schon durch die Satzung bestimmt, kommt die Bestimmung in einer (in der Praxis aber selten anzutreffenden) **Geschäftsordnung** oder durch (Ad hoc-)**Wahl der Hauptversammlung** in Betracht.[5836] Für die Wahl soll nach ganz hM der Einberufende (Vorstand, dh idR Vorstandsvorsitzender) als „provisorischer" Versammlungsleiter fungieren können, nicht aber der beurkundende Notar.[5837]

2558 Wird eine Hauptversammlung durch (Minderheits-)Aktionäre kraft Ermächtigung durch das **Gericht** einberufen, kann dieses gemäß § 122 Abs. 3 S. 2 AktG den Versammlungsleiter bestimmen.

2559 Auch wenn die Versammlungsleitung dem Aufsichtsratsvorsitzenden oder einem anderen Aufsichtsratsmitglied zugewiesen ist, handelt es sich bei der Wahrnehmung der Versammlungsleitung **nicht um die Ausübung der Aufsichtsratskompetenz,**[5838] was für die Frage der Haftung und Absicherung über eine D&O-Versicherung von erheblicher Bedeutung ist (dazu → Rn. 2633 f.).

2. Abwahl des Versammlungsleiters, Niederlegung des Amtes

2560 Auf welche Weise der Versammlungsleiter **abgewählt** werden kann, hängt von seiner Bestellung ab:

a) Durch die Hauptversammlung gewählter Versammlungsleiter

2561 Ist der Versammlungsleiter durch die Hauptversammlung gewählt worden, kann diese ihn nach ganz hM ohne Weiteres abwählen (jeweils mit **einfacher Mehrheit,** soweit die Satzung nichts anderes bestimmt).[5839]

b) Durch die Geschäftsordnung bestimmter Versammlungsleiter

2562 Wird der Versammlungsleiter durch **Geschäftsordnung** bestimmt, sollte diese auch ausdrücklich regeln, wie er abgewählt werden kann, zumal umstritten ist, ob dies ansonsten mit einfacher Mehrheit[5840] oder nur entsprechend den Regeln über die Abwahl des satzungsmäßig bestimmten Versammlungsleiters[5841] (dazu → Rn. 2563 ff.) möglich ist.

[5832] BGHZ 196, 195 ff. Rn. 25 = NJW 2013, 1535.
[5833] Hölters/*Drinhausen* AktG Anh. § 129 Rn. 2; Grigoleit/*Herrler* AktG § 129 Rn. 36; Hüffer/Koch/*Koch* AktG § 129 Rn. 18; MüKoAktG/*Kubis* AktG § 119 Rn. 106; BeckOGK/*Wicke* AktG § 119 Rn. 80, jeweils mwN.
[5834] AG Frankfurt WM 1988, 304 (Notvorstand ausgeschlossen); KG ZIP 2011, 172 ff. (Notar ausgeschlossen); Hölters/*Drinhausen* AktG Anh. § 129 Rn. 2; Grigoleit/*Herrler* AktG § 129 Rn. 36; Hüffer/Koch/*Koch* AktG § 129 Rn. 20; MüKoAktG/*Kubis* AktG § 119 Rn. 106; mE zu Unrecht einschränkend OLG Hamburg AG 1990, 394 (395 f.) (Vorstandsmitglied jedenfalls bei kleinem Teilnehmerkreis als Versammlungsleiter möglich); dem zustimmend aber BeckOGK/*Wicke* AktG § 119 Rn. 80.
[5835] OLG Hamburg AG 2001, 359 (363); Hölters/*Drinhausen* AktG Anh. § 129 Rn. 2; Grigoleit/*Herrler* AktG § 129 Rn. 36 (Ausnahme: Einverständnis aller Teilnehmer einschließlich Notar mit fremdsprachiger Durchführung); Hüffer/Koch/*Koch* AktG § 129 Rn. 18; MüKoAktG/*Kubis* AktG § 119 Rn. 107; BeckOGK/*Wicke* AktG § 119 Rn. 80, jeweils mwN.
[5836] Hölters/*Drinhausen* AktG Anh. § 129 Rn. 2; Grigoleit/*Herrler* AktG § 129 Rn. 37; Hüffer/Koch/*Koch* AktG § 129 Rn. 20; MüKoAktG/*Kubis* AktG § 119 Rn. 109, 111; BeckOGK/*Wicke* AktG § 119 Rn. 81, jeweils mwN.
[5837] Hölters/*Drinhausen* AktG Anh. § 129 Rn. 2; Grigoleit/*Herrler* AktG § 129 Rn. 37; Hüffer/Koch/*Koch* AktG § 129 Rn. 20; MüKoAktG/*Kubis* AktG § 119 Rn. 111; BeckOGK/*Wicke* AktG § 119 Rn. 80 f., jeweils mwN; aA K. Schmidt/Lutter/*Ziemons* AktG § 129 Rn. 61 nur ältester anwesender Aktionär – das ist aber kaum praktikabel (bei großer Teilnehmerzahl wird es schon schwierig sein, ihn überhaupt zu ermitteln; außerdem ist fraglich, ob ausgerechnet er dann zur auch nur provisorischen Leitung bereit und in der Lage ist).
[5838] KG AG 2011, 170 (172); LG Ravensburg NZG 2014, 1233 (1234); Hüffer/Koch/*Koch* AktG § 129 Rn. 18; MüKoAktG/*Kubis* AktG § 119 Rn. 108; BeckOGK/*Wicke* AktG § 119 Rn. 80; aA *Mutter* AG-Report 2013, R161.
[5839] Hölters/*Drinhausen* AktG Anh. § 129 Rn. 4; Grigoleit/*Herrler* AktG § 129 Rn. 38; Hüffer/Koch/*Koch* AktG § 129 Rn. 21; MüKoAktG/*Kubis* AktG § 119 Rn. 119; BeckOGK/*Wicke* AktG § 119 Rn. 83, jeweils mwN, auch zu den wenigen Gegenstimmen.
[5840] So zB MüKoAktG/*Kubis* AktG § 119 Rn. 117.
[5841] So etwa Hölters/*Drinhausen* AktG Anh. § 129 Rn. 5; Grigoleit/*Herrler* AktG § 129 Rn. 40.

c) Satzungsmäßig bestimmter Versammlungsleiter

Auch bei der – regelmäßig anzutreffenden – Bestimmung durch Satzung soll die Hauptversammlung den Versammlungsleiter nach heute hM auch dann abwählen können,[5842] wenn die Satzung diese Möglichkeit – typischerweise – nicht vorsieht, allerdings nur **aus wichtigem Grund,** wobei Einzelheiten umstritten sind.[5843] Dass eine solche Abwahlmöglichkeit bestehen muss, liegt jedenfalls für die Fälle auf der Hand, in denen sich der Versammlungsleiter in der Versammlung als untauglich zur Versammlungsleitung erweist; denn es ist wenig ökonomisch, die Aktionäre sehenden Auges auf Anfechtungsklagen zu verweisen, in denen sie Beschlüsse, gestützt auf erhebliche Fehler des Versammlungsleiters (zB wegen unberechtigter Nichtzulassung von Fragen), voraussichtlich zu Fall bringen könnten. Dogmatisch wird versucht, dieses Ergebnis – gekünstelt – aus (ergänzender, „interessengerechter") Satzungsauslegung[5844] oder – überzeugender – den Grundsätzen der (punktuellen) Satzungsdurchbrechung herzuleiten.[5845] So oder so sind an das Vorliegen des wichtigen Grundes jedenfalls strenge Anforderungen zu stellen. So kommt als wichtiger Grund nur ein Verhalten in der – konkreten[5846] – Hauptversammlung selbst in Betracht, insbesondere schwerwiegende evidente Verfahrensverstöße, nicht also ein Verhalten oder Umstände außerhalb der Hauptversammlung, wie etwa staatsanwaltschaftliche Ermittlungen.[5847] Der wichtige Grund muss zudem substantiiert vorgetragen werden,[5848] so dass die bloße Behauptung „erwiesener Unfähigkeit" keine Abstimmung über einen Abwahlantrag erfordert.[5849] Entgegen einer neuerdings vereinzelt in instanzgerichtlicher Rechtsprechung vertretenen Ansicht[5850] ist ein Versammlungsleiter auch nicht allein deshalb wegen angeblicher Befangenheit abwählbar, weil zu den Tagesordnungspunkten die Geltendmachung von Schadensersatzansprüchen gegen ihn gehört.[5851] Als Aktionär unterliegt er hier zwar einem Stimmverbot nach § 136 Abs. 1 S. 1 AktG. Das ist aber genauso, wenn es um seine Entlastung als Organmitglied geht. In der typischen Situation, dass der Aufsichtsratsvorsitzende Versammlungsleiter ist, würde er nach dieser Ansicht folgerichtig also in jeder ordentlichen Hauptversammlung als Versammlungsleiter ausgeschlossen sein, weil Gegenstand dieser Hauptversammlung ja auch die Entlastung der Aufsichtsratsmitglieder ist (§ 120 Abs. 1, 3 AktG, § 175 Abs. 3 S. 2 AktG) – ein offenkundig unsinniges Ergebnis!

Richtigerweise ist wegen der Einordnung als **punktueller Satzungsdurchbrechung** (→ Rn. 2563) mindestens von dem Mehrheitserfordernis auszugehen, das ansonsten für Satzungsänderungen gilt, mangels abweichender Regelung in der Satzung also der einfachen Stimmenmehrheit und zusätzlich der Mehrheit von drei Viertel des bei der Beschlussfassung vertretenen Grundkapitals (§ 133 Abs. 1 AktG, § 179 Abs. 2 S. 1 AktG).[5852] Weil zum Teil die einfache Stimmenmehrheit für ausreichend erachtet wird,[5853] tut ein Versammlungsleiter aber gut daran, sein Amt (vorsorglich) niederzulegen (zu dieser Möglichkeit → Rn. 2569), wenn er zwar nicht mit qualifizierter, aber einfacher Mehrheit abgewählt ist.[5854] Bei der Entscheidung über seine Abwahl unterliegt er keinem Stimmverbot.[5855]

Die Grundsätze über die Abwahl des satzungsmäßig bestimmten Versammlungsleiters gelten nach zutreffender Auffassung auch, wenn die Satzung den Versammlungsleiter **nur mittelbar bestimmt,** etwa

---

[5842] AA zB *Gehling* in Semler/Volhard/Reichert HV-HdB § 9 Rn. 30 f.; *Krieger* AG 2006, 355 (358) und K. Schmidt/Lutter/*Ziemons* AktG § 124 Rn. 100 mwN: Abwahl ausgeschlossen.
[5843] Vgl. aus der Rechtsprechung nur OLG Bremen AG 2010, 256 (257 f.); OLG Hamburg AG 2001, 359 (363); OLG Köln NZG 2017, 1344 (1348 ff.); OLG Stuttgart AG 2015, 163 (168 f.); AG 2016, 370 (371 ff.); LG Frankfurt AG 2005, 892 (893 f.); BeckRS 2012, 09259; LG Köln AG 2005, 696 (701); AG 2016, 513 (515).
[5844] So zB LG Frankfurt AG 2005, 892 (893 f.); LG Köln AG 2005, 696 (701); Hölters/*Drinhausen* AktG Anh. § 129 Rn. 5.
[5845] So zB Grigoleit/*Herrler* AktG § 129 Rn. 40; Hüffer/Koch/*Koch* AktG § 129 Rn. 21; MüKoAktG/*Kubis* AktG § 119 Rn. 112, jeweils mwN.
[5846] AA Hüffer/Koch/*Koch* AktG § 129 Rn. 21; MüKoAktG/*Kubis* AktG § 119 Rn. 113: auch Verhalten in vorangegangenen Hauptversammlungen.
[5847] OLG Bremen AG 2010, 256 (257 f.); OLG Stuttgart AG 2015, 163 (168 f.); AG 2016, 370 (371 ff.); Hölters/*Drinhausen* AktG Anh. § 129 Rn. 5; Hüffer/Koch/*Koch* AktG § 129 Rn. 21; MüKoAktG/*Kubis* AktG § 119 Rn. 113; BeckOGK/*Wicke* AktG § 119 Rn. 84, jeweils mwN; aA LG Frankfurt AG 2005, 892 (893) (sogar auch früheres Verhalten in einem anderen Unternehmen).
[5848] OLG Köln NZG 2017, 1344 (1348); OLG Stuttgart AG 2015, 163 (168 f.); Hölters/*Drinhausen* AktG Anh. § 129 Rn. 5; Hüffer/Koch/*Koch* AktG § 129 Rn. 21; BeckOGK/*Wicke* AktG § 119 Rn. 85, jeweils mwN.
[5849] OLG Hamburg AG 2001, 359 (363).
[5850] So LG Köln AG 2016, 513 (515) und OLG Köln NZG 2017, 1344 (1348 ff.).
[5851] *Hoppe* NZG 2017, 361 (362); MüKoAktG/*Kubis* AktG § 119 Rn. 113; BeckOGK/*Wicke* AktG § 119 Rn. 84, jeweils mwN.
[5852] So auch Grigoleit/*Herrler* AktG § 129 Rn. 40; Hüffer/Koch/*Koch* AktG § 129 Rn. 21; MüKoAktG/*Kubis* AktG § 119 Rn. 112; BeckOGK/*Wicke* AktG § 119 Rn. 84, jeweils mwN; für Einstimmigkeitserfordernis Kölner Komm/*Zöllner* AktG, 1. Aufl. 1985, § 119 Rn. 48.
[5853] Vgl. Hölters/*Drinhausen* AktG Anh. § 129 Rn. 5 mwN.
[5854] Dies empfiehlt auch *Butzke* HV der AG S. 136.
[5855] OLG Koblenz ZIP 2001, 1095 (1096); Hüffer/Koch/*Koch* AktG § 129 Rn. 21; MüKoAktG/*Kubis* AktG § 119 Rn. 114, jeweils mwN; aA BeckOGK/*Wicke* AktG § 119 Rn. 85.

indem sie dem Aufsichtsrat die Benennung zuweist. Denn auch dann soll die Hauptversammlung erklärtermaßen nicht für die Wahl und damit auch nicht ohne Weiteres für die Abwahl zuständig sein.[5856]

d) Gerichtlich bestimmter Versammlungsleiter

2566 Ist der Versammlungsleiter ausnahmsweise durch das **Gericht** bestimmt worden (§ 122 Abs. 3 S. 2 AktG), kann nur dieses ihn abberufen,[5857] was während der Hauptversammlung praktisch ausgeschlossen ist.

e) Abstimmung über die Abwahl

2567 Will der Versammlungsleiter einen Abwahlantrag zur Abstimmung stellen, hat dies **unverzüglich,** jedenfalls vor der Abstimmung über die Sachanträge, zu geschehen.[5858] Der frühestmögliche Zeitpunkt liegt allerdings wegen § 129 Abs. 1, 4 S. 1 AktG nach Fertigstellung des ersten Teilnehmerverzeichnisses. Sinnvollerweise wird der Versammlungsleiter zunächst auch noch den Bericht des Vorstands nach § 176 Abs. 1 AktG abwarten, den Aufsichtsratsbericht gemäß § 176 Abs. 1 S. 2 AktG (zu diesem → Rn. 103 ff.) erstatten (lassen) und einen angekündigten Abwahlantrag erst zu Beginn der Debatte behandeln (in der er dann auch gestellt werden muss). Hierzu bietet sich an, eine Aussprache über den Abwahlantrag, insbesondere wenn sie beantragt ist, in einer gesonderten Debatte – bei Generaldebatte (dazu → Rn. 2591 ff.) als gesonderten Teil davon – zu führen, in der nur solche Fragen zugelassen und beantwortet werden, die mit dem Abwahlantrag, also der Person des Versammlungsleiters, zusammenhängen. Diese Debatte sollte – ggf. durch gesonderte Rede- und Fragezeitbeschränkungen (zu diesen → Rn. 2596 ff.) – je nach Größe der Teilnehmerzahl auf maximal 30 Minuten begrenzt werden, schon um dem Vorwurf zu begegnen, es habe nicht ausreichend Zeit für die Behandlung der eigentlichen Tagesordnung zur Verfügung gestanden. Aus dem gleichen Grund sollte über weitere Abwahlanträge nach Abstimmung über den ersten Antrag in derselben Hauptversammlung nur (debattiert und) abgestimmt werden, soweit ernsthaft in Betracht kommende neue wichtige Gründe substantiiert vorgetragen werden – insoweit kommen nur (angebliche) evident schwere Leitungsfehler in Betracht, die Maßnahmen im Zuge oder nach der Abstimmung über den vorangegangenen Antrag betreffen.

2568 Hat der Versammlungsleiter einen nach hM berechtigten Abwahlantrag **nicht zur Abstimmung gestellt,** sollen sämtliche von ihm festgestellten Beschlüsse nach verbreiteter Ansicht allein deshalb **anfechtbar,**[5859] nach vereinzelter instanzgerichtlicher Abstimmung sogar nichtig sein.[5860] Das überzeugt zwar nicht, weil der Versammlungsleiter mangels Abwahlentscheidung ja gerade im Amt geblieben ist.[5861] Im Zweifelsfall ist der Versammlungsleiter angesichts der anzutreffenden Rechtsprechung gleichwohl gut beraten, einen auf ihn angeblichen wichtigen Grund gestützten Abwahlantrag – wenn beantragt, nach Aussprache dazu (→ Rn. 2567) – zur Abstimmung zu stellen. Bis zur Entscheidung über diesen Antrag bleibt er jedenfalls im Amt.[5862]

f) Niederlegung der Versammlungsleitung

2569 Der Versammlungsleiter selbst kann das Amt von sich aus **jederzeit niederlegen,** auch in der Hauptversammlung und ohne dass er einen wichtigen Grund darlegen muss.[5863] Es ist aber zu erwägen, ihn als schadensersatzpflichtig anzusehen, wenn die Niederlegung grundlos geschieht und der Gesellschaft dadurch zusätzliche Kosten entstehen (dazu → Rn. 2633).[5864]

2570 Legt der Versammlungsleiter sein Amt nieder, gilt auch dies als **Verhinderungsfall** iSv Satzungs- oder Geschäftsordnungsregeln, so dass an seine Stelle die für den Verhinderungsfall dort bestimmten Stellver-

---

[5856] Butzke ZIP 2005, 1164 (1165 f.); GroßkommAktG/*Mülbert* AktG § 129 Rn. 119 (der allerdings stets einfache Mehrheit ausreichen lässt); aA MüKoAktG/*Kubis* AktG § 119 Rn. 116 (zwar ¾-Mehrheit erforderlich, aber kein wichtiger Grund); BeckOGK/*Wicke* AktG § 119 Rn. 83 (weder ¾-Mehrheit noch wichtiger Grund erforderlich).
[5857] Hölters/*Drinhausen* AktG Anh. § 129 Rn. 4; Grigoleit/*Herrler* AktG § 129 Rn. 38; Hüffer/Koch/*Koch* AktG § 129 Rn. 21; MüKoAktG/*Kubis* AktG § 119 Rn. 118, jeweils mwN; allenfalls bei krassestem Fehlverhalten ist eine Abwahlmöglichkeit erwägenswert, vgl. BeckOGK/*Wicke* AktG § 119 Rn. 89.
[5858] Grigoleit/*Herrler* AktG § 129 Rn. 41 Fn. 193; Hüffer/Koch/*Koch* AktG § 129 Rn. 21 und MüKoAktG/*Kubis* AktG § 119 Rn. 114, jeweils mwN; BeckOGK/*Wicke* AktG § 119 Rn. 85; zumindest dem Wortlaut nach („sofort") zu streng LG München I BeckRS 2011, 03164.
[5859] OLG Bremen AG 2010, 256 (257 f.); Grigoleit/*Herrler* AktG § 129 Rn. 41; Hüffer/Koch/*Koch* AktG § 129 Rn. 21; MüKoAktG/*Kubis* AktG § 119 Rn. 115; BeckOGK/*Wicke* AktG § 119 Rn. 85, jeweils mwN.
[5860] LG Frankfurt AG 2005, 892 (893 f.); LG Köln AG 2005, 696 (701).
[5861] So zutreffend auch OLG Stuttgart AG 2016, 370 (371).
[5862] OLG Frankfurt AG 2011, 36 (40); OLG Frankfurt NZG 2009, 1066 (1067); BeckOGK/*Wicke* AktG § 119 Rn. 84 mwN.
[5863] LG München I AG 2007, 830 (831); Hölters/*Drinhausen* AktG Anh. § 129 Rn. 3; Grigoleit/*Herrler* AktG § 129 Rn. 38; Hüffer/Koch/*Koch* AktG § 129 Rn. 21; MüKoAktG/*Kubis* AktG § 119 Rn. 120; BeckOGK/*Wicke* AktG § 119 Rn. 83, jeweils mwN.
[5864] Von Pflichtwidrigkeit für einen solchen Fall auch ausgehend GroßkommAktG/*Mülbert* AktG § 129 Rn. 122.

treter treten.[5865] Gleiches gilt, wenn er die Hauptversammlung kurzzeitig verlassen muss, etwa um die Sanitärräume aufzusuchen.[5866] In dieser Zeit sollte sein Stellvertreter aus Vorsichtsgründen aber versammlungsleitende Maßnahmen tunlichst zu vermeiden versuchen; alternativ kommt eine Unterbrechung der Hauptversammlung (dazu noch → Rn. 2590) in Betracht.

3. Die Aufgaben und Kompetenzen des Versammlungsleiters sowie die von ihm bei deren Wahrnehmung zu beachtenden Grundsätze

Der Versammlungsleiter hat, wie der BGH schon für das Aktiengesetz 1937 entschieden[5867] und erst jüngst erneut für das geltende Aktiengesetz bestätigt hat,[5868] für die **sachgemäße Erledigung der Geschäfte der Hauptversammlung** zu sorgen und daher alle Rechte, die er braucht, um einen ordnungsmäßigen Ablauf der Hauptversammlung herbeizuführen bzw. diese ordnungsgemäß abzuwickeln. Seine Tätigkeit beginnt zwar schon vor der Hauptversammlung (dazu → Rn. 2574ff.), spielt sich schwerpunktmäßig aber in der Hauptversammlung selbst ab (dazu → Rn. 2578ff.). Auch nach der Hauptversammlung können ihn ausnahmsweise noch Aufgaben treffen (Unterzeichnung der Niederschrift, dazu → Rn. 2632). 2571

Dem Versammlungsleiter kommt bei seiner Tätigkeit ein **weitreichendes Ermessen** zu, auch vor dem Hintergrund, dass er häufig unter Zeitnot und situativ handeln muss, ohne vorherigen Rechtsrat einholen zu können – schon gar nicht fundierten.[5869] Folgende Grundsätze hat der Versammlungsleiter bei seiner Tätigkeit und allen seinen Handlungen aber durchgängig zu beachten: Neutralitätspflicht, Sachdienlichkeit, Verhältnismäßigkeit und Gleichbehandlung der Aktionäre (nach Köpfen, nicht nach Anteilsbesitz).[5870] 2572

Der Versammlungsleiter hat sein Amt zwar selbst auszuüben, darf zur Erfüllung seiner Aufgaben aber **Hilfspersonen** einsetzen, etwa zur Durchführung von Ordnungsbefugnissen (Sicherheitskräfte, ggf. Polizei), Unterstützung bei der Einlasskontrolle, der Abstimmung und der Feststellung des Beschlussergebnisses. Das (Letzt-)Entscheidungsrecht bleibt aber hinsichtlich aller seiner Kompetenzen stets beim Versammlungsleiter.[5871] 2573

4. Aufgaben vor der Hauptversammlung

Schon vor der Eröffnung der Hauptversammlung sollte der Versammlungsleiter sich mit der Tagesordnung und den auf ihn zukommenden Aufgaben vertraut machen. Er sollte einen Sprechzettel – den sogenannten **Leitfaden** – bekommen und einstudieren, der den unabdingbaren Redetext zur Durchführung der Hauptversammlung enthält. Auch wenn das bisweilen hölzern wirken und klingen mag, sollte er sich zur Vermeidung von Anfechtungsrisiken eng, möglichst sklavisch an diesen Text halten – dann ist sichergestellt, dass er alles Erforderliche und nichts Falsches sagt. Vor schwierigen Hauptversammlungen bietet sich ein „Coaching" des Versammlungsleiters durch einen mit Hauptversammlungen erfahrenen Rechtsanwalt an. Dieser sollte auf denkbare Schwierigkeiten in der Hauptversammlung hinweisen, insbesondere etwa auf die Absicht klagefreudiger Aktionäre, durch Provokationen und Schmähungen Anfechtungsgründe zu kreieren. Es empfiehlt sich, dabei anhand des Anmeldeverzeichnisses einschlägig bekannte Aktionäre zu benennen und ihre typischen Verhaltensweisen zu beschreiben. Ggf. sollte eine Generalprobe durchgeführt werden, in der insbesondere auch kritische Situationen geprobt werden. Für solche Situationen sind gesonderte Sprechzettel (Sonderleitfäden) vorzubereiten, die dem Versammlungsleiter in der Versammlung nur bei Bedarf und dann gezielt überreicht werden sollten. Idealerweise sitzt der „Coach" in der Versammlung neben dem Versammlungsleiter oder zumindest in seiner Nähe, um ihn auch in der Versammlung selbst unmittelbar unterstützen und insbesondere notfalls zur Ruhe und Besonnenheit mahnen zu können. Die von Aktionären immer wieder aufgestellte Behauptung, ein solcher „Coach" dürfe nicht auf dem Podium sitzen, entbehrt jeder rechtlichen Grundlage. 2574

[5865] Hölters/*Drinhausen* AktG Anh. § 129 Rn. 2; Hüffer/Koch/*Koch* AktG § 129 Rn. 18; MüKoAktG/*Kubis* AktG § 119 Rn. 108, 120, jeweils mwN.
[5866] OLG Frankfurt AG 2011, 36 (40); *Butzke* HV der AG S. 133; Hüffer/Koch/*Koch* AktG § 129 Rn. 18.
[5867] BGHZ 44, 245 (248) = NJW 1966, 43.
[5868] BGH DB 2019, 294 (298).
[5869] Vgl. nur BGH NJW 2010, 1604 (1606); *Gehling* in Semler/Volhard/Reichert HV-HdB § 9 Rn. 7f. mwN; *E. Vetter* FS Bergmann, 2018, 799 (810ff.).
[5870] BGH NJW 2010, 1604 (1606); OLG Frankfurt AG 2011, 36 (40); MüKoAktG/*Kubis* AktG § 119 Rn. 122; *E. Vetter* FS Bergmann, 2018, 799 (810), jeweils mwN.
[5871] Grigoleit/*Herrler* AktG § 129 Rn. 43; Hüffer/Koch/*Koch* AktG § 129 Rn. 22; MüKoAktG/*Kubis* AktG § 119 Rn. 127; BeckOGK/*Wicke* AktG § 119 Rn. 90, jeweils mwN.

2575 Unmittelbar vor der Hauptversammlung obliegt dem Versammlungsleiter, kraft des Hausrechts,[5872] die **Ermöglichung des Zutritts zur Versammlung**,[5873] aber auch die Entscheidung über den (Nicht-)Einlass in die Versammlung. Dazu gehört, die Berechtigung von Aktionären (insbesondere Anmeldung, ggf. Vertretungsverhältnisse!) zu prüfen, ebenso Gäste (möglichst in geringer Zahl) oder Pressevertreter zuzulassen.[5874] Typischerweise bedient sich der Versammlungsleiter dazu Hilfspersonals, jedenfalls in größeren Versammlungen idR eines Hauptversammlungsdienstleisters, der mit der Einlasskontrolle und damit verbundenen Fragen erfahren ist.

2576 Abzulehnen ist die im Schrifttum verbreitet[5875] anzutreffende Auffassung, dass die Hauptversammlung das Recht habe, über **die (Nicht-)Zulassung von Gästen** zu entscheiden. Eine solche Abstimmung wäre erst nach Erstellung des Teilnehmerverzeichnisses möglich (§ 129 Abs. 1, 4 AktG) und zu zeitaufwändig; zudem missachtet diese Auffassung, dass Leitung und Hausrecht dem Versammlungsleiter zustehen.[5876]

2577 Der Versammlungsleiter entscheidet auch, ob aus Sicherheitsgründen **Einlasskontrollen** durchgeführt werden, und wenn ja, welche.[5877] Dabei ist zu beachten, dass Kontrollen, wie sie an Flughäfen (und mittlerweile auch bei zahlreichen Gerichten) anzutreffen sind (Taschendurchleuchtung, Scanner, Metalldetektoren), allgemein akzeptiert sind,[5878] während das OLG Frankfurt händische Taschenkontrollen als unverhältnismäßig eingeordnet hat (mit der Folge, dass ein sich der Kontrolle verweigernder und deshalb abgewiesener Aktionär zunächst erfolgreich gemäß § 245 Nr. 2 AktG wegen zu Unrecht unterbliebener Zulassung Anfechtungsklage erheben konnte).[5879] In Zeiten von Epidemien/Pandemien/Seuchen (Stichwort „**Corona**") kann es zum Schutz der anderen Versammlungsteilnehmer zulässig sein, bei der Einlasskontrolle nach Erkrankungen und Aufenthalten in Risikogebieten zu fragen, und den Einlass bejahendenfalls zu versagen. UU kann auch der Einsatz von Wärmekameras zulässig sein, um den Wahrheitsgehalt der Angaben zu prüfen.[5880] Bei der Abwägung, ob solche Maßnahmen getroffen werden, ist aber stets zu bedenken, dass das Teilnahmerecht einen hohen Stellenwert hat.

5. Aufgaben in und Ablauf der Hauptversammlung sowie deren Abbildung im Leitfaden (Überblick)

a) Typischer Ablauf der Hauptversammlung

2578 Die Leitung der Versammlung als solche beginnt mit ihrer **Eröffnung** und endet mit der **Schließung**. Dazwischen liegen – in dieser Reihenfolge – die Abhandlung verschiedener Formalien (jedenfalls in der ordentlichen Hauptversammlung einschließlich Vorstands- und Aufsichtsratsbericht), die Debatte und die Abstimmung mit Feststellung der Abstimmungsergebnisse.

2579 Der in → Rn. 2574 erwähnte **Leitfaden** bildet idealerweise den Ablauf in der Hauptversammlung von Beginn bis zum Ende ab.

2580 Ein typischer Leitfaden sieht daher vor, dass der Versammlungsleiter die Hauptversammlung **förmlich eröffnet** – wenn er den Aktionären nicht schon aus vorangegangenen Hauptversammlungen bekannt ist, verbunden mit der zumindest namensmäßigen Vorstellung seiner Person. Nach der Begrüßung der Teilnehmer, ggf. auch Pressevertreter und sonstige Gäste, werden die Formalien festgestellt (Vorstellung des beurkundenden Notars, Feststellung der form- und fristgerechten Einberufung sowie der (Nicht-)Anwesenheit von Vorstands- und Aufsichtsratsmitgliedern). Sodann wird typischerweise der Präsenzbereich beschrieben, der oft auch den Sanitärbereich erfasst, um zu vermeiden, dass Aktionäre sich ab- und wieder anmelden müssen, wenn sie die Versammlung kurzzeitig verlassen. Das alles ist – von der Eröffnung abge-

---

[5872] OLG Frankfurt AG 2006, 249 (251); *Butzke* HV der AG S. 138.
[5873] *Butzke* HV der AG S. 139; Hölters/*Drinhausen* AktG Anh. § 129 Rn. 6; MüKoAktG/*Kubis* AktG § 119 Rn. 129; BeckOGK/*Wicke* AktG § 119 Rn. 91, jeweils mwN.
[5874] Hölters/*Drinhausen* AktG Anh. § 129 Rn. 6; Grigoleit/*Herrler* AktG § 129 Rn. 46; Hüffer/Koch/*Koch* AktG § 129 Rn. 22; MüKoAktG/*Kubis* AktG § 119 Rn. 129, 131; BeckOGK/*Wicke* AktG § 119 Rn. 91, jeweils mwN.
[5875] Grigoleit/*Herrler* AktG § 118 Rn. 33; BeckOGK/*Hoffmann* AktG § 118 Rn. 36; Hüffer/Koch/*Koch* AktG § 118 Rn. 29; MüKoAktG/*Kubis* AktG § 119 Rn. 114, jeweils mwN.
[5876] Jedenfalls im Ergebnis wie hier Hölters/*Drinhausen* AktG Anh. § 118 Rn. 32; *Gehling* in Semler/Volhard/Reichert HV-HdB § 9 Rn. 63; *Hoffmann-Becking* NZG 2017, 281 (287 f.); GroßkommAktG/*Mülbert* AktG § 118 Rn. 93.
[5877] Hölters/*Drinhausen* AktG Anh. § 129 Rn. 6; Grigoleit/*Herrler* AktG § 129 Rn. 47; Hüffer/Koch/*Koch* AktG § 129 Rn. 22; MüKoAktG/*Kubis* AktG § 119 Rn. 132; BeckOGK/*Wicke* AktG § 119 Rn. 91, jeweils mwN.
[5878] OLG München AG 1995, 335; *Butzke* HV der AG S. 139; Hölters/*Drinhausen* AktG Anh. § 118 Rn. 34; MüKoAktG/*Kubis* AktG § 119 Rn. 132.
[5879] OLG Frankfurt NZG 2007, 310; dies zu Recht als zu streng kritisierend *Arnold/Carl/Götze* AG 2011, 349 (352); Hüffer/Koch/*Koch* AktG § 129 Rn. 22; BeckOGK/*Wicke* AktG § 119 Rn. 91 Fn. 268, jeweils mwN.
[5880] Vgl. dazu auch *Noack/Zetzsche* DB 2020, 658 (661) (Fieberkontrollen möglich); skeptisch und im Hinblick auf Persönlichkeits- und Datenschutzrecht abratend *Mayer/Jenne* BB 2020, 835 (841 f.).

sehen –[5881] rechtlich zwar nicht erforderlich,[5882] aber üblich, und sollte vom Versammlungsleiter selbst vorgetragen werden – wie es ebenfalls üblich ist. Andernfalls könnte gegen den Versammlungsleiter der Vorwurf erhoben werden, dass er sich für diese Tätigkeit wohl „zu schade" sei und die Aktionäre nicht hinreichend respektiere.

Ist gemäß § 118 Abs. 4 AktG die **Bild- und/oder Tonübertragung** der Versammlung zugelassen, sind die Aktionäre darüber zu informieren. Sie haben dann nämlich – anders als sonst[5883] – nicht das Recht, einer Konservierung ihrer Beiträge zu widersprechen.[5884] Die Teilnehmer der Versammlung sind aufzufordern, ihrerseits keine Bild- und Tonaufzeichnungen zu fertigen und tunlichst ihre Mobiltelefone auszuschalten.

Üblicherweise wird sodann festgehalten, in welcher Form die **Aussprache** stattfindet, typischerweise in der Form der Generaldebatte (dazu → Rn. 2592). Es sind Hinweise dazu zu geben, wie Wortmeldungen in der Hauptversammlung möglich sind, jedenfalls in größeren Versammlungen tunlichst nur nach Abgabe einer Anmeldung an einem dafür vorgesehenen Wortmeldetisch, damit dort die Redner in einer Wortmeldeliste erfasst werden können und der Versammlungsleiter einen Überblick darüber hat, mit wie vielen (und welchen) Rednern zu rechnen ist. Wortmeldungen dürfen ab Einlass, also auch schon vor Eröffnung der Versammlung, entgegengenommen werden.[5885] Aktionäre sollten dabei darauf hingewiesen werden, dass sie möglichst ankündigen, wenn sie Anträge zur Geschäftsordnung stellen wollen, damit sich der Versammlungsleiter darauf einstellen kann. Ist ein Backoffice außerhalb des Versammlungssaals eingerichtet, sind die Aktionäre aufzufordern, nur über Mikrofone zu sprechen, damit ihr Beitrag ins Backoffice übertragen und dort verstanden werden kann. Dafür sollte ein gesondertes Rednerpult bereitstehen (noch besser zwei: wenn ein Aktionär sich weigert, es zu verlassen, kann der nachfolgende Redner vom anderen Pult sprechen, während sein Vorgänger notfalls mit Gewalt (dazu → Rn. 2628 ff.) zum Verlassen „seines" Pults gebracht werden kann).[5886]

Sodann bittet der Versammlungsleiter üblicherweise den Vorstand um seinen **Bericht an die Hauptversammlung (§ 176 Abs. 1 AktG),** dem sich der **Bericht des Aufsichtsrats** anschließt. Da dessen Erläuterung dem Aufsichtsratsvorsitzenden als solchem obliegt (§ 176 Abs. 1 S. 2 AktG), ist für diesen Bericht im Verhinderungsfalle sein Stellvertreter nach § 107 Abs. 1 S. 3 AktG zuständig, nicht also der ggf. davon abweichende stellvertretende Versammlungsleiter (vgl. dazu → Rn. 2554).

Eine **Verlesung der Tagesordnung** ist nicht erforderlich und sollte wegen des damit verbundenen Zeitaufwands auch nicht angeboten werden.[5887]

Nach der (General-)Debatte ist dann unter vorheriger Schilderung des Abstimmungsverfahrens in die **Abstimmung** einzutreten (dazu → Rn. 2614 ff.) und nach Verkündung der Ergebnisse mit **Beschlussfeststellung** die Hauptversammlung **förmlich zu schließen** (dazu → Rn. 2625 ff.).

b) Bestimmung und Einhaltung des Zeitrahmens

Der Versammlungsleiter hat darauf zu achten, dass die Hauptversammlung zwar die Tagesordnungspunkte erschöpfend behandelt, aber gleichwohl **in angemessener Zeit durchgeführt** und beendet wird: Von ihm wird eine „zügige Abwicklung der Hauptversammlung" erwartet, wobei er sich „davon leiten lassen (sollte), dass eine ordentliche Hauptversammlung spätestens nach 4 bis 6 Stunden beendet ist."[5888] Wenngleich Hauptversammlungen mit zusätzlichen und/oder kritischen Tagesordnungspunkten durchaus länger dauern dürfen, ist zu beachten, dass eine – tunlichst – nur auf einen Tag einberufene Hauptversammlung nach in der Rechtsprechung vertretener Auffassung spätestens um 24:00 Uhr beendet sein muss und eine verspätete Beendigung zur Anfechtbarkeit[5889] oder gar Nichtigkeit[5890] der jedenfalls nach Mitternacht gefassten Beschlüsse führen soll. Umgekehrt lässt sich aus dieser Rechtsprechung entgegen der von (Klein-) Aktionären immer wieder vorgebrachten Behauptung aber kein Anspruch auf eine Fortdauer bis Mitter-

---

[5881] Der BGH hält offenbar auch eine förmliche Eröffnung für entbehrlich, NZG 2015, 1227 Rn. 29; das überzeugt schon deshalb nicht, weil für die Frage, ob Rede- und Fragezeitbeschränkungen angemessen waren, die Gesamtdauer der Hauptversammlung relevant ist (dazu noch → Rn. 2596 ff.), die aber nur bei förmlicher Eröffnung und Schließung der Versammlung verlässlich bestimmt werden kann; wie hier MüKoAktG/*Kubis* AktG § 119 Rn. 133.
[5882] *Butzke* HV der AG S. 140; *Hölters/Drinhausen* AktG Anh. § 129 Rn. 7; MüKoAktG/*Kubis* AktG § 119 Rn. 134.
[5883] BGHZ 127, 107 (109); die Übertragung in einen anderen Raum (Backoffice) ist allerdings stets zulässig, vgl. statt aller MüKoAktG/*Kubis* AktG § 130 Rn. 101 mwN.
[5884] LG Frankfurt NJW-RR 2005, 837 ff.; zu Einzelheiten vgl. *Butzke* HV der AG S. 140 f. und MüKoAktG/*Kubis* AktG § 130 Rn. 101, jeweils mwN.
[5885] LG München BeckRS 2011, 03164.
[5886] Vgl. zu alledem auch *Butzke* HV der AG S. 143.
[5887] *Gehling* in Semler/Volhard/Reichert HV-HdB § 9 Rn. 83 mwN.
[5888] So Ziff. 2.2.4 DCGK idF 7.2.2017 und Anregung A.4 idF vom 16.12.2019; ebenso schon die Begründung des Regierungsentwurfs zum UMAG vom 14.3.2005, BT-Drs. 15/5092, 17.
[5889] ZB OLG Koblenz ZIP 2001, 1093.
[5890] So zB LG Düsseldorf AG 2007, 797; LG Mainz NZG 2005, 819.

nacht herleiten. Im Gegenteil ist im Lichte der Zumutbarkeit eine Beendigung nach spätestens 10 bis 12 Stunden nicht zu beanstanden,[5891] sondern vielmehr anzustreben.

2587 Es hat sich eingebürgert, die Hauptversammlung auf **10:00 Uhr** einzuberufen. Davon sollte nicht abgewichen werden, weil bei früherem Beginn der Vorwurf droht, nicht zumutbar anreisen zu können,[5892] bei späterem Beginn hingegen die Rüge, den Aktionären nicht hinreichend Rede- und Fragezeit einräumen zu wollen; ein gegenüber der angegebenen Uhrzeit verfrühter Beginn ist zu vermeiden,[5893] ebenso aber auch ein erheblich verspäteter.[5894]

2588 Dies führt dann zu einem anzustrebenden Ende um (aller-)spätestens **22:00 Uhr.** Je nachdem, wie viele Abstimmungen anstehen, sollte die Debatte rechtzeitig vorher, möglichst nicht nach 20:00 Uhr, geschlossen werden. Um dies zu erreichen, stehen dem Versammlungsleiter die Instrumentarien der Rede- und Fragezeitbeschränkung, der Schließung der Rednerliste und der (vorzeitigen) Beendigung der (General-)Debatte auch bei noch ausstehenden Rede- bzw. Fragebeiträgen zu, von denen der Versammlungsleiter in dieser Reihenfolge bei Bedarf Gebrauch machen kann und sollte (→ Rn. 2595 ff.). Wegen des Verhältnismäßigkeitsgrundsatzes sollte er bei jeder – erforderlichen – Ankündigung dieser Maßnahmen aber ausführen, dass er sich die Rückgängigmachung vorbehält, falls der verbleibende Zeitrahmen dies zulässt.

c) Teilnehmerverzeichnis

2589 Es ist umstritten, ob das **Teilnehmerverzeichnis** nach § 129 Abs. 1 S. 2 AktG vom Vorstand zu führen und diese Führung vom Versammlungsleiter nur zu überwachen ist oder ob dem Versammlungsleiter die Führung selbst obliegt.[5895] In der Praxis kann der Streit dahinstehen, weil sich ohnehin Hilfspersonen darum kümmern (müssen). Für den Versammlungsleiter ist aber jedenfalls wichtig zu wissen, wann das Teilnehmerverzeichnis fertiggestellt bzw. zugänglich ist, weil er vorher keine Abstimmungen durchführen darf (§ 129 Abs. 4 AktG).

d) Unterbrechung der Hauptversammlung

2590 Der Versammlungsleiter kann – wofür ein Sonderleitfaden vorbereitet sein sollte – die Hauptversammlung jederzeit **unterbrechen.**[5896] Er sollte das aber nur zurückhaltend tun, schon um sich nicht dem Vorwurf auszusetzen, auf diese Weise die Rede- und Fragezeit der Aktionäre faktisch begrenzen zu wollen. Die Unterbrechung empfiehlt sich zB, wenn noch zahlreiche Antworten auf gestellte Fragen ausstehen, weil das Backoffice noch mit der Vorbereitung befasst ist oder wenn Tumult droht, etwa weil ein Aktionär durch Polizei vom Rednerpult entfernt oder aus dem Versammlungssaal geleitet werden muss (dazu noch → Rn. 2628 ff.). Einen Antrag auf Unterbrechung aus dem Aktionariat muss und sollte der Versammlungsleiter nicht zur Abstimmung stellen, weil der Hauptversammlung die Kompetenz dafür fehlt.[5897]

6. Besondere Aufgaben in der (General-)Debatte

2591 Die jedenfalls in streitanfälligen Hauptversammlungen schwierigste Aufgabe des Versammlungsleiters liegt in der **Durchführung und Beendigung der Debatte,** in der allein die Aktionäre Gelegenheit haben, ihre Redebeiträge zu leisten und Fragen zu stellen, die vom Vorstand im Rahmen der Grenzen des Auskunftsrechts (§ 131 AktG) innerhalb der Debatte zu beantworten sind. Vor allem hat er, wie oben → Rn. 2586 ausgeführt, auf deren zügige Durchführung zu achten.

a) Bestimmung der Reihenfolge der Behandlung der Tagesordnungspunkte und der Redner in der Debatte

2592 Es entspricht einhelliger Auffassung, dass die **Reihenfolge der Behandlung der Tagesordnungspunkte** in der Debatte dem Versammlungsleiter obliegt und durch die Reihenfolge in der Einladung nicht

---

[5891] BGHZ 184, 239 Rn. 20: Satzungsregelung, wonach Hauptversammlung nach spätestens 10 Stunden beendet sein muss, ist nicht zu beanstanden; Hüffer/Koch/*Koch* AktG § 131 Rn. 45, 52 mwN (10 bis 12 Stunden).
[5892] Diese Erwägung findet sich zB bei LG Stuttgart AG 1994, 425 (426).
[5893] Das LG München I BeckRS 2011, 03164 hat im um vier Minuten zu frühen Beginn einen Rechtsverstoß gesehen, aber dessen Relevanz für die Mitwirkungsrechte und damit einen Anfechtungsgrund verneint – darauf sollte man sich allerdings nicht verlassen.
[5894] Vgl. *Butzke* HV der AG S. 139; Hölters/*Drinhausen* AktG Anh. § 129 Rn. 7; MüKoAktG/*Kubis* AktG § 119 Rn. 133, jeweils mwN.
[5895] Ausführlich zum Streitstand MüKoAktG/*Kubis* AktG § 129 Rn. 16 mwN.
[5896] Hölters/*Drinhausen* AktG Anh. § 129 Rn. 9; Grigoleit/*Herrler* AktG § 129 Rn. 48; Hüffer/Koch/*Koch* AktG § 129 Rn. 23; MüKoAktG/*Kubis* AktG § 119 Rn. 140; BeckOGK/*Wicke* AktG § 119 Rn. 93, jeweils mwN.
[5897] Hölters/*Drinhausen* AktG Anh. § 129 Rn. 9; MüKoAktG/*Kubis* AktG § 119 Rn. 140.

vorgegeben ist.[5898] Praktisch wird die Frage kaum relevant. Denn absolut üblich ist die Durchführung einer einheitlichen Debatte zu allen Tagesordnungspunkten – die sogenannte Generaldebatte. Diese bietet sich regelmäßig schon deshalb an, weil Redebeiträge von Aktionären oft mehrere Tagesordnungspunkte betreffen bzw. nicht immer nur einem Tagesordnungspunkt zugewiesen werden können. Auch das in → Rn. 2586 ff., 2595 ff. beschriebene Zeitmanagement, das ohnehin anspruchsvoll ist, lässt sich in einer Generaldebatte besser bewältigen – bei einer Trennung der einzelnen Punkte müsste bei jeder Anordnung einer Rede- und Fragezeitbeschränkung erwogen werden, ob und in welchem Umfang diese auch bei weiteren Punkten erforderlich werden könnte.[5899] Ist eine (Teil-)Debatte aber eindeutig abgrenzbar – wie bei der Debatte über die Abwahl des Versammlungsleiters (→ Rn. 2567) – bietet sich durchaus deren Ausgliederung aus der sonstigen (General-)Debatte an.

Bei der **Worterteilung** ist der Versammlungsleiter nach zutreffender Auffassung entgegen der von (Klein-)Aktionären immer wieder erhobenen Behauptung nicht an die Reihenfolge der Wortmeldungen in der Rednerliste (zu dieser → Rn. 2582, 2600) gebunden. Allerdings darf er ihm, der Verwaltung oder dem Mehrheitsaktionär unliebsame Aktionäre nicht willkürlich oder gar schikanös nach hinten schieben, etwa um zu erreichen, dass ihr Beitrag in eine Zeit fällt, in der bereits eine (ggf. weitergehende) Rede- und Fragezeitbeschränkung angeordnet ist.[5900] Üblich ist, dass zunächst die Redner der großen Schutzvereinigungen und Depotbanken zu Wort kommen, soweit sie einen Redebeitrag angemeldet haben.[5901] Sachgerecht ist es überdies, Redner, die schon einmal gesprochen haben, erst nach Erstrednern erneut zu Wort kommen zu lassen.[5902] 2593

Es empfiehlt sich, wenn ca. fünf bis ca. sechs Redner gesprochen haben, eine **„Antwortrunde"** einzulegen, in der der Vorstand als Auskunftsschuldner (§ 131 AktG) auf die gestellten Fragen Auskünfte erteilt – und in der Praxis der Aufsichtsratsvorsitzende bzw. sein Stellvertreter, soweit die Fragen in die Kompetenz des Aufsichtsrats fallende Umstände betreffen.[5903] 2594

b) Maßnahmen zur Beschleunigung der Debatte

Wie schon in → Rn. 2586 ff. ausgeführt, stehen dem Versammlungsleiter zur **Beschleunigung der Debatte** in dieser Reihenfolge die Beschränkung der Rede- und Fragezeit (dazu → Rn. 2596 ff.), die Schließung der Rednerliste (dazu → Rn. 2600) und die vorzeitige Beendigung der Debatte (dazu → Rn. 2601) zur Verfügung. 2595

aa) Beschränkung der Rede- und Fragezeit. Gemäß § 131 Abs. 2 S. 2 AktG kann die Satzung oder die Geschäftsordnung den Versammlungsleiter ermächtigen, das **Frage- und Rederecht** des Aktionärs zeitlich angemessen zu **beschränken,** und Näheres dazu bestimmen. Von dieser Regelungsmöglichkeit in der Satzung sollte unbedingt Gebrauch gemacht werden. Auch wenn dies nicht geschehen ist, hat der Versammlungsleiter aber das Beschränkungsrecht,[5904] und zwar entgegen verbreiteter Auffassung gleichermaßen für das Rede- wie für das Fragerecht: Die immer wieder aufgestellte Behauptung, das Fragerecht sei bedeutsamer als das Rederecht und unterliege daher weniger Einschränkungsmöglichkeiten,[5905] trifft in dieser Allgemeinheit nicht zu: Ein sachverständiger Wortbeitrag eines sachkundigen Aktionärs kann, auch wenn er keine einzige Frage enthält, für das Abstimmungsverhalten der Aktionäre gewiss viel bedeutsamer sein als abseitige Fragen zu unwichtigen Nebenaspekten. Im Übrigen können Frage- und Rederecht oft nicht klar voneinander abgegrenzt werden, wie der BGH selbst einräumt.[5906] So ist unklar, ob eine 2596

[5898] OLG Frankfurt AG 2011, 36 (41); *Butzke* HV der AG S. 142; Hölters/*Drinhausen* AktG Anh. § 129 Rn. 8; Grigoleit/*Herrler* AktG § 129 Rn. 48; Hüffer/Koch/*Koch* AktG § 129 Rn. 22; MüKoAktG/*Kubis* AktG § 119 Rn. 137 f.; BeckOGK/*Wicke* AktG § 119 Rn. 92 f., jeweils mwN.
[5899] *Butzke* HV der AG S. 143.
[5900] Vgl. OLG München AG 2011, 840 (843); LG München I BeckRS 2011, 03164; LG Frankfurt ZIP 2014, 322 (327); *Butzke* HV der AG S. 144 f.; Hölters/*Drinhausen* AktG Anh. § 129 Rn. 12; Grigoleit/*Herrler* AktG § 129 Rn. 48; Hüffer/Koch/*Koch* AktG § 129 Rn. 23; MüKoAktG/*Kubis* AktG § 119 Rn. 144, BeckOGK/*Wicke* AktG § 119 Rn. 93, jeweils mwN.
[5901] Vgl. *Butzke* HV der AG S. 144; Hüffer/Koch/*Koch* AktG § 129 Rn. 23; MüKoAktG/*Kubis* AktG § 119 Rn. 144.
[5902] *Butzke* HV der AG S. 144; zu weitgehend MüKoAktG/*Kubis* AktG § 129 Rn. 145, der den Versammlungsleiter zu einer entsprechenden Vorgehensweise für verpflichtet hält mit der Folge der Anfechtbarkeit durch übergangene Erstredner bei Verstoß gegen diese (vermeintliche) Pflicht.
[5903] *Butzke* HV der AG S. 264 mwN.
[5904] Hölters/*Drinhausen* AktG § 131 Rn. 28; Grigoleit/*Herrler* AktG § 131 Rn. 33 ff.; Hüffer/Koch/*Koch* AktG § 131 Rn. 50, jeweils mwN.
[5905] Vgl. BGHZ 184, 239 ff. Rn. 18 = NJW 2010, 1604: Dem Versammlungsleiter soll es obliegen, „in hinreichend eindeutig zu bestimmenden Fällen bei der Anordnung einer Beschränkungsmaßnahme zwischen dem gewichtigen Frage- und dem für die Ausübung der Aktionärsrechte in der Hauptversammlung weniger bedeutsamen Rederecht angemessen zu differenzieren"; vgl. aus dem umfangreichen Schrifttum nur Hüffer/Koch/*Koch* AktG § 131 Rn. 44 mwN.
[5906] BGHZ 184, 239 ff. Rn. 18 = NJW 2010, 1604.

Frage nur rhetorischer Natur ist und ob rhetorische Fragen in die Rede- oder Fragezeit fallen sollen und wie es sich mit der Pause zwischen einem bloßen Redebeitrag und einer Frage verhält. Im Übrigen könnte auch durch ausufernde Fragestellungen die Hauptversammlung durch einzelne Aktionäre monopolisiert werden, was es – gerade im Lichte der Gleichbehandlung der Aktionäre – zu verhindern gilt.[5907] Tunlichst ist daher eine zu empfehlen, die Rede- und Fragezeit ohne Differenzierung einheitlich zu beschränken.[5908] Dafür gibt es noch einen weiteren praktischen Grund: Jedenfalls bei größerem Teilnehmerkreis bietet sich an, den Ablauf der Rede- und Fragezeit optisch anzuzeigen. Üblich ist die Installation einer Lampe am Rednerpult, die kurze Zeit (zB eine Minute) vor Ablauf der Redezeit zu blinken beginnt und nach Ablauf dauerhaft (in der Praxis rot) leuchtet. Würde man zwischen Rede- und Fragezeit differenzieren wollen, müssten die darauf entfallenden Zeiten gesondert ermittelt bzw. erfasst werden, was regelmäßig ausgeschlossen sein dürfte.

2597 Zeichnet sich ab, dass es einer Beschränkung der Rede- und Fragezeit bedarf, was schon zu Beginn der Debatte der Fall sein kann, wenn entsprechend viele Wortmeldungen vorliegen,[5909] so dass das mildere Mittel des Appells, sich kurz zu fassen, fruchtlos erscheint, ist es üblich, mit einer Beschränkung auf **10 bis 15** Minuten zu beginnen. Eine weitere Beschränkung kommt in **fünf**[5910] und sodann auf **drei Minuten**[5911] in Betracht. Von einer in der Rechtsprechung vereinzelt auch schon gebilligten Beschränkung auf nur zwei Minuten[5912] sollte hingegen Abstand genommen werden, weil ein solcher Zeitraum doch recht kurz ist und nicht sichergestellt ist, dass die höchstrichterliche Rechtsprechung dies akzeptieren würde.[5913] Außerdem ist zu beachten, dass jede Beschränkung nur für Beiträge gilt, die erst nach ihrer Anordnung begonnen werden.[5914]

2598 Selbstverständlich ist auch bei der Rede- und Fragezeitbeschränkung der **Gleichbehandlungsgrundsatz** (nach Köpfen, → Rn. 2572) zu beachten. Dieser gebietet insbesondere, bei Überschreitungen der Rede- und Fragezeit einheitlich zu verfahren, dh nicht einzelnen Aktionären eine längere Überschreitung zuzubilligen als anderen. Dabei ist zu beachten, dass auch von Aktionären geplante Geschäftsordnungs- und Sachanträge (zu diesen noch → Rn. 2602 ff.) innerhalb der Rede- und Fragezeit vorgebracht werden müssen und dafür entgegen der von (Klein-)Aktionären immer wieder erhobenen Behauptung nicht etwa immer Zeit ist.[5915] Mindestens missverständlich ist daher der im Schrifttum zu findende Hinweis, wonach Aktionären *nach der Debatte* Gelegenheit gegeben werden soll, ihre Anträge zu stellen[5916] – dann könnte darüber ja gar nicht mehr diskutiert werden und überdies wäre das hier beschriebene Zeitmanagement des Versammlungsleiters durch ausufernde Antragstellungen gefährdet.[5917] Als einzige Ausnahme dürfte insoweit allenfalls ein Antrag auf Abwahl des Versammlungsleiters in Betracht kommen, wenn und weil erst nach Ablauf der Rede- und Fragezeit ein – dann aber auch substantiiert darzulegender (→ Rn. 2563) – wichtiger Grund dafür geschaffen wird, insbesondere also ein evident schwerer Leitungsfehler erst nach Ablauf der Rede- und Fragezeit auftritt.

2599 Unberührt bleibt jedenfalls die Möglichkeit, die Rede- und Fragezeit von Aktionären, die nicht zur Tagesordnung sprechen oder sich in unflätigen Äußerungen verlieren, **individuell zu beschränken** (dazu → Rn. 2629).

2600 **bb) Schließung der Rednerliste.** Zeichnet sich ab, dass eine rechtzeitige Beendigung der Hauptversammlung trotz Rede- und Fragezeitbeschränkung nicht möglich sein wird, kommt – nach vorheriger

---

[5907] Vgl. allgemein zu diesem Aspekt GroßkommAktG/*Mülbert* AktG § 129 Rn. 104 mwN, der allerdings selbst das Fragerecht für gewichtiger hält (aaO Rn. 202).
[5908] Ebenso mit derselben Begründung für die Gläubigerversammlung nach SchVG, die der Hauptversammlung nachgebildet ist, *Wasmann/Steber* in Veranneman SchVG § 15 Rn. 15.
[5909] BGHZ 184, 239 Rn. 22 = NJW 2010, 1604; OLG Frankfurt ZIP 2015, 1020 (1021 f.); OLG Frankfurt NZG 2009, 1066 (1067); LG München I BeckRS 2011, 03164; wird die Beschränkung vorgenommen, obwohl sich nur zwei Redner angemeldet haben, ist dies allerdings – selbstverständlich – unverhältnismäßig, LG München I AG 2009, 382.
[5910] Gebilligt von OLG Frankfurt AG 2006, 249 (252); OLG Frankfurt NZG 2009, 1066 (1067); OLG Frankfurt ZIP 2015, 1020 (1022); OLG Stuttgart AG 2005, 163 (169); LG München I BeckRS 2011, 03164.
[5911] Vgl. zB LG Frankfurt BeckRS 2012, 9259; zu Unrecht äußerstenfalls fünf Minuten für zulässig haltend GroßkommAktG/*Mülbert* AktG § 129 Rn. 208.
[5912] LG Frankfurt BeckRS 2012, 9259; für wiederholte Wortmeldung ebenso *Butzke* HV der AG S. 157 f.
[5913] Ein bis zwei Minuten für zu kurz haltend OLG München AG 2011, 840 (843) (obiter dictum).
[5914] LG München I BeckRS 2011, 03164.
[5915] OLG Frankfurt NZG 2009, 1066 (1068) (für einen Vertagungsantrag); nicht recht nachzuvollziehen ist daher, dass das OLG Frankfurt es in derselben Entscheidung (aaO, 1067) gebilligt hat, dass einem Aktionär zur Begründung von Anträgen auf Erweiterung der Tagesordnung zusätzliche zwei Minuten Rede- und Fragezeit gewährt wurden.
[5916] So MüKoAktG/*Kubis* AktG § 119 Rn. 150 und GroßkommAktG/*Mülbert* AktG § 129 Rn. 153.
[5917] So auch *Butzke* HV der AG S. 148.

Ankündigung[5918] – die **Schließung der Rednerliste** (auch Wortmeldeliste genannt) in Betracht, die zur Folge hat, dass grundsätzlich nur noch die auf der Liste befindlichen Aktionäre zu Wort kommen können. Zwischen der Ankündigung der Schließung und der Schließung selbst sollten vorsorglich mindestens 15 Minuten liegen,[5919] so dass Aktionäre hinreichend Zeit haben, sich noch eintragen zu lassen. Eine mehrfache Eintragung ist nicht zulässig bzw. bewirkt nicht, dass der Aktionär dann noch mehrmals sprechen könnte.[5920] Ebenso wenig können auf der Liste eingetragene Aktionäre ihr Rederecht auf andere übertragen; dem steht schon entgegen, dass einzelne Rechte aus der Aktie nicht gesondert abgetreten werden können (Abspaltungsverbot, vgl. § 8 Abs. 5 AktG, § 717 S. 1 BGB).[5921]

cc) Vorzeitige Beendigung der Debatte. Reicht auch die Schließung der Rednerliste nicht aus, um eine rechtzeitige Beendigung der Hauptversammlung sicherstellen zu können, bleibt als letztes Mittel die **vorzeitige Beendigung der (General-)Debatte** mit der Konsequenz, dass auf der Liste eingetragene, aber noch nicht zu Wort gekommene Aktionäre keine Gelegenheit zu einem Wortbeitrag mehr haben. Auch diese Maßnahme sollte, auch wenn die Aktionäre insoweit keine Reaktionsmöglichkeit haben, im Hinblick auf dies fordernde Stimmen in der Rechtsprechung[5922] und im Schrifttum vorher angekündigt werden,[5923] und zwar wiederum vorsorglich mindestens 15 Minuten vorher.

c) Umgang mit Anträgen von Aktionären

Aktionäre können Anträge grundsätzlich nur in der (General-)Debatte stellen (dazu → Rn. 2591 ff.). Die **Anträge** sind, soweit darüber abgestimmt werden soll, schriftlich zu erfassen, damit der Versammlungsleiter sie später im Rahmen der Abstimmung zweifelsfrei verlesen kann (dazu → Rn. 2616).

Gemäß **§ 124 Abs. 4 S. 1 AktG** dürfen über Gegenstände der Tagesordnung, die nicht ordnungsgemäß bekanntgemacht sind, keine Beschlüsse gefasst werden. Anträge auf Abstimmung über solche Gegenstände sind daher unbeachtlich und nicht zur Abstimmung zu stellen.

Zur Beschlussfassung über den in der Versammlung gestellten Antrag auf Einberufung einer Hauptversammlung und zu Anträgen, die zu Gegenständen der Tagesordnung gestellt werden, bedarf es gemäß **§ 124 Abs. 4 S. 2 AktG** aber keiner vorherigen Bekanntmachung, so dass über solche Anträge grundsätzlich abzustimmen ist. Dabei ist zu unterscheiden zwischen zusätzlichen Sachanträgen (dazu → Rn. 2605), Gegenanträgen (dazu → Rn. 2606) und Geschäftsordnungsanträgen (dazu → Rn. 2607 f.):

aa) Zusätzliche Sachanträge. Zusätzliche Sachanträge sind nur in engsten Grenzen denkbar. Anerkannt ist namentlich, dass im Rahmen des Tagesordnungspunktes „Entlastung" (Vorstand oder Aufsichtsrat) auch ohne vorherige Bekanntmachung Sonderprüfungsanträge zulässig sind (dazu → Rn. 2707), die zur Abstimmung zu stellen sind, wenn sie die Voraussetzungen des § 142 AktG erfüllen und sich auf den Entlastungszeitraum beschränken.[5924] Nach richtiger Auffassung darf die Hauptversammlung im Rahmen der Entlastung der Vorstandsmitglieder hingegen nicht über einen nicht bekanntgemachten Antrag auf Vertrauensentzug gemäß § 84 Abs. 3 S. 2 AktG (dazu → Rn. 706 ff.) beschließen, da dieser ein Mehr gegenüber der schlichten Entlastungsverweigerung ist.[5925]

bb) Gegenanträge. Gegenanträge sind entweder als „unechte" Gegenanträge schlicht auf das Gegenteil des Beschlussvorschlags von Vorstand oder Aufsichtsrat zu einem Tagesordnungspunkt gerichtet (klassischerweise also der Antrag, zu Vorschlägen der Verwaltung mit „Nein" zu stimmen)[5926] oder stellen als „echte" Gegenanträge eine Variante zum Beschlussvorschlag dar. Sie müssen aber jedenfalls noch „zu" dem Gegenstand der Tagesordnung gehören, wie etwa im Rahmen des Gegenstands „Aufsichtsratswahl" der Antrag auf Wahl eines anderen Aufsichtsratskandidaten als von der Verwaltung vorgeschlagen.[5927] Im Einzelfall kann die Abgrenzung, ob ein Antrag „zu" einem Gegenstand der Tagesordnung gehört,

---

[5918] LG München I BeckRS 2011, 03164; *Butzke* HV der AG S. 158 f.; Hölters/*Drinhausen* AktG Anh. § 129 Rn. 15; K. Schmidt/Lutter/*Ziemons* AktG § 129 Rn. 94; die Ankündigung für entbehrlich haltend MüKoAktG/*Kubis* AktG § 119 Rn. 168.
[5919] Höchstens 15, eventuell nur 10 Minuten waren es im Fall des OLG Frankfurt ZIP 2015, 1020 (1022), welches diese Zeit für ausreichend hielt.
[5920] OLG Frankfurt NZG 2009, 1066 (1068) (sonst unzulässige Umgehung); *Butzke* HV der AG S. 159.
[5921] LG München I BeckRS 2011, 03164; Hüffer/Koch/*Koch* AktG § 131 Rn. 49; im Ergebnis ebenso OLG München AG 2011, 840 (843).
[5922] OLG München AG 2011, 840 (843).
[5923] *Butzke* HV der AG S. 159; die Ankündigung für zwingend haltend zB MüKoAktG/*Kubis* AktG § 119 Rn. 169; K. Schmidt/Lutter/*Ziemons* AktG § 129 Rn. 94.
[5924] Vgl. statt aller OLG Frankfurt AG 2016, 252 (254); Hüffer/Koch/*Koch* AktG § 124 Rn. 29, jeweils mwN.
[5925] LG München I AG 2005, 701 (702); MüKoAktG/*Kubis* AktG § 124 Rn. 67, jeweils mwN; aA zB Hüffer/Koch/*Koch* AktG § 124 Rn. 29 mwN.
[5926] Vgl. *Gehling* in Semler/Volhard/Reichert HV-HdB § 9 Rn. 189.
[5927] OLG Frankfurt AG 2016, 252 (254) mwN.

schwierig sein. Sie ist daran zu orientieren, ob die Anträge wirtschaftlich von der Bekanntmachung erfasst sind oder davon abweichen[5928] bzw. ob ein Aktionär mit ihnen rechnen musste oder nicht.[5929] Zulässig sind danach zB Anträge auf eine geringere Kapitalerhöhung als vorgeschlagen,[5930] Bar- statt Sachkapitalerhöhung,[5931] nicht aber zB der Antrag auf eine höhere Kapitalerhöhung als vorgeschlagen[5932] oder der Antrag auf Sonderprüfung im Rahmen des Tagesordnungspunkts Aufsichtsratswahl.[5933] Obgleich bei Satzungsänderungen die Bekanntmachung zwingend den Wortlaut der vorgeschlagenen Satzungsänderung enthalten muss (§ 124 Abs. 2 S. 3 AktG), darf ein Gegenantrag, wenn er zu dem betroffenen Gegenstand gestellt wird, auch von diesem Wortlaut abweichen.[5934] Abstimmungspflichtig können Gegenanträge – auch wenn sie vor der Versammlung angekündigt und veröffentlicht wurden (vgl. §§ 126, 127 AktG) – nur sein, wenn sie in der Hauptversammlung selbst – also in der (General-)Debatte (dazu → Rn. 2591) – gestellt werden.[5935]

2607 **cc) Geschäftsordnungsanträge.** Bei den **Geschäftsordnungsanträgen** ist zu unterscheiden zwischen „echten" Anträgen, über die abzustimmen ist, weil sie Themen betreffen, die in die Kompetenz der Hauptversammlung fallen und solchen, die nur vermeintliche Anträge (und eigentlich bloße Anregungen) und daher nicht abstimmungspflichtig sind, weil sie auf Dinge gerichtet sind, die in die alleinige Kompetenz des Versammlungsleiters fallen (wie zB die Unterbrechung der Hauptversammlung, dazu → Rn. 2590 und nach richtiger Auffassung die Zulassung von Gästen, dazu oben → Rn. 2576, die Entscheidung über das Abstimmungsverfahren, dazu → Rn. 2618 und die endgültige Schließung der Versammlung, dazu → Rn. 2626 f.).

2608 Die Zahl der „**echten**", also abstimmungspflichtigen Geschäftsordnungsanträge ist sehr begrenzt. Neben dem Antrag auf Abwahl des Versammlungsleiters (dazu → Rn. 2561 ff.) gehören dazu – was schon aus § 124 Abs. 4 S. 2 AktG folgt – Anträge auf Vertagung oder Absetzung der Hauptversammlung oder einzelner Tagesordnungspunkte,[5936] sowie der Antrag, über die Entlastung von Organmitgliedern einzeln abzustimmen (dazu → Rn. 2620). Bei allen anderen „Anträgen" sollte sich der Versammlungsleiter nicht auf den Streit einlassen, ob er seine Kompetenzen auf die Versammlung delegieren kann und deshalb darüber abgestimmt werden darf oder nicht,[5937] sondern von einer Abstimmung schlicht Abstand nehmen.

2609 **dd) (Keine) Hilfestellung des Versammlungsleiters bei der Antragstellung.** Soweit dem Versammlungsleiter empfohlen[5938] oder er sogar für verpflichtet gehalten wird, bei unklaren, unvollständigen oder unzulässigen Anträgen auf Präzisierung, Vervollständigung oder Modifikation zu drängen,[5939] geht dies zu weit: Es fällt allein in die Verantwortung des Antragstellers, einen hinreichend verständlichen und zulässigen Antrag zu stellen. **Hilfestellungen des Versammlungsleiters** könnten sogar als Verstoß gegen die Neutralitätspflicht und das Gleichbehandlungsgebot ausgelegt werden.[5940]

[5928] OLG Frankfurt AG 2008, 667 (671); OLG Rostock AG 2013, 768 (770 f.); MüKoAktG/*Kubis* AktG § 124 Rn. 68, jeweils mwN.
[5929] OLG Frankfurt AG 2016, 252 (254); LG München I AG 2010, 419 (420); Hüffer/Koch/*Koch* AktG § 124 Rn. 29, jeweils mwN.
[5930] OLG Frankfurt AG 2008, 667 (671) (bedingtes Kapital).
[5931] LG München I ZIP 2008, 562.
[5932] OLG Frankfurt AG 2005, 167.
[5933] LG Frankfurt NZG 2009, 149 (150 f.).
[5934] LG München I AG 2007, 255 (256).
[5935] *Butzke* HV der AG S. 148; Grigoleit/*Herrler* AktG § 126 Rn. 2; BeckOGK/*Rieckers* AktG § 126 Rn. 2, jeweils mwN.
[5936] *Butzke* HV der AG S. 167; Hölters/*Drinhausen* AktG Anh. § 129 Rn. 10; Hüffer/Koch/*Koch* AktG § 129 Rn. 23; MüKoAktG/*Kubis* AktG § 119 Rn. 141; BeckOGK/*Wicke* AktG § 119 Rn. 90, jeweils mwN; dass für die Abstimmungspflicht insoweit verbreitet ein sachlicher Grund verlangt wird – vgl. MüKoAktG/*Kubis* AktG § 119 Rn. 141 mwN – überzeugt nicht; wie hier *Butzke* HV der AG S. 167, so dass der Versammlungsleiter entsprechende Anträge ohne Weiteres zur Abstimmung stellen sollte; ebenso *Gehling* in Semler/Volhard/Reichert HV-HdB § 9 Rn. 209 f. Laut GroßkommAktG/*Mülbert* AktG § 129 Rn. 181, sollen Anträge auf Vertagung der Hauptversammlung insgesamt unzulässig sein; das überzeugt schon deshalb nicht, weil er selbst die Vertagung einzelner Tagesordnungspunkte für möglich hält (aaO) – Aktionäre könnten also nacheinander jeden einzelnen Punkt absetzen, was zum gleichen Ergebnis führt wie die Gesamtvertagung.
[5937] Befürwortend der hM, zB Hüffer/Koch/*Koch* AktG § 129 Rn. 22 mwN; ablehnend zB BeckOGK/*Wicke* AktG § 119 Rn. 90 mwN; differenzierend zwischen Ordnungsmaßnahmen (nicht delegierbar) und Leitungsmaßnahmen (grundsätzlich delegierbar) GroßkommAktG/*Mülbert* AktG § 129 Rn. 131.
[5938] *Butzke* HV der AG S. 145.
[5939] MüKoAktG/*Kubis* AktG § 119 Rn. 150.
[5940] Auf diese Gefahr weist *Butzke* HV der AG S. 145 selbst hin.

ee) Zeitpunkt der Abstimmung. Innerhalb der (General-)Debatte ist nur über Anträge auf Abwahl des 2610 Versammlungsleiters abzustimmen, für alle anderen Abstimmungen reicht **die Durchführung nach Ende der (General-)Debatte** (zu Einzelheiten → Rn. 2615 ff.).

ff) Schließung der (General-)Debatte. Die (General-)Debatte ist vom Versammlungsleiter **förmlich** 2611 **zu schließen,** damit die Aktionäre wissen, ab wann sie nicht mehr zu Wort kommen können.

Wenn noch ausreichend Zeit ist, bietet es sich an, den Aktionären vor Schließung der (General-)De- 2612 batte die ihnen gemäß **§ 131 Abs. 5 AktG** offenstehende Möglichkeit einzuräumen, schon jetzt und nicht erst nach der Debatte bei verweigerten Auskünften die Frage(n) und den Grund der Verweigerung zu Protokoll zu geben. Der Vorstand als Auskunftsschuldner hat dann noch Gelegenheit, weitere Auskünfte zu angeblich nicht beantworteten Fragen zu geben, bevor die Debatte endgültig geschlossen wird.[5941] Da erfahrene Aktionäre, insbesondere um Anfechtungsgründe zu provozieren, das Verfahren zB durch seitenlange Fragenkataloge, die sie mündlich zu Protokoll geben, in die Länge ziehen können, sollte diese Vorgehensweise aber nur gewählt werden, wenn wirklich ein ausreichender Zeitpuffer zur Verfügung steht.

Ist noch Zeit vorhanden, sollte der Versammlungsleiter vor Schließung der (General-)Debatte zudem 2613 fragen, ob alle gestellten **Fragen** (soweit nicht schon als unbeantwortet zu Protokoll gegeben) **beantwortet** sind, da nach zutreffender Rechtsprechung durch Schweigen auf diese Frage die Rüge der Auskunftspflichtverletzung verwirkt wird.[5942] Diese Frage sollte aber nicht gestellt werden, wenn die Wortmeldeliste schon geschlossen und abgearbeitet ist, weil ansonsten die Gefahr besteht, dass die Frage als konkludente Wiedereröffnung der Rednerliste verstanden wird mit der Folge, dass die Debatte fortgeführt werden müsste.

7. Aufgaben im Zusammenhang mit der Abstimmung und der Ergebnisverkündung mit Beschlussfeststellung

Dem Versammlungsleiter obliegt auch die **Durchführung der Abstimmung** und die **Ergebnisverkün-** 2614 **dung mit Beschlussfeststellung.**

a) Festlegung der vorzunehmenden Abstimmungen

Wie oben → Rn. 2602 ff. festgestellt, gibt es Anträge, über die der Versammlungsleiter nicht abstimmen 2615 muss, weil der Beschlussgegenstand nicht in die Zuständigkeit der Hauptversammlung fällt oder weil sie nicht bekanntgemacht wurden. Es besteht darüber hinaus Einigkeit darüber, dass der Versammlungsleiter Sachanträge, die zu einem nichtigen Beschluss führen würden, nicht zur Abstimmung stellen muss und auch nicht stellen sollte.[5943] Zu Recht wird der Versammlungsleiter teilweise auch für berechtigt gehalten, die **Abstimmung über Beschlussanträge zu verweigern,** die zwar von der Tagesordnung gedeckt sind und auch nicht zu einem nichtigen, aber zu einem anfechtbaren Beschluss führen würden.[5944] Denn auch ein anfechtbarer Beschluss enthält nun einmal einen Gesetzes- oder Satzungsverstoß (vgl. § 243 Abs. 1 AktG), ist also rechtswidrig – und das Herbeiführen rechtswidriger Beschlüsse lässt sich schwerlich als sach- und ordnungsgemäße Abwicklung einer Hauptversammlung (dazu → Rn. 2571 ff.) verstehen. Dieser Auffassung wird aber entgegen gehalten, dass die Hauptversammlung auch anfechtbare Beschlüsse fassen dürfe und die Frage, ob angefochten werden solle, den Anfechtungsberechtigten, vor allem den Aktionären, und die Klärung der Rechtswidrigkeit dann dem Gericht überlassen werden müsse.[5945] Dem Versammlungsleiter wird daher insoweit nahegelegt, nur zurückhaltend vom Rechtswidrigkeitsargument Gebrauch zu machen.[5946] Praktisch dürfte dieser Streit vor allem dann werden, wenn in Rede steht, ob Beschlussanträge von Minderheitsaktionären bewusst und damit rechtsmissbräuchlich so formuliert werden, dass Mehrheitsaktionäre einem Stimmverbot unterliegen und nur deshalb eine Mehrheit für den

---

[5941] So auch die Empfehlung von *Gehling* in Semler/Volhard/Reichert HV-HdB § 9 Rn. 238.
[5942] LG Braunschweig BB 1991, 856 (857); LG Krefeld AG 2008, 754 (757); LG Mainz AG 1988, 169 (170 f.); LG München I AG 2007, 255 (257); AG 2009, 382 (383); BeckRS 2011, 03164; ebenso MüKoAktG/*Kubis* AktG § 131 Rn. 78 mwN; aA zB OLG Köln AG 2011, 838 (839); Hüffer/Koch/*Koch* AktG § 131 Rn. 69 mwN.
[5943] So zB bei einem Verstoß gegen § 96 Abs. 2 AktG (Geschlechterquote bei Aufsichtsratswahlen) die Begründung des Entwurfs eines Gesetzes für die gleichberechtigte Teilhabe von Frauen und Männern an Führungspositionen in der Privatwirtschaft und im öffentlichen Dienst, BT-Drs. 18/3784, 121; vgl. ferner OLG Köln NZG 2017, 1344 (1348 f.); Hölters/*Drinhausen* AktG Anh. § 129 Rn. 8; Hüffer/Koch/*Koch* AktG § 129 Rn. 23 (evident mangelhafte Beschlussanträge nicht zuzulassen); MüKoAktG/*Kubis* AktG § 119 Rn. 151; GroßKommAktG/*Mülbert* AktG § 129 Rn. 155; BeckOGK/*Wicke* AktG § 119 Rn. 93(keine Abstimmung über „gesetzeswidrige, sinnlose oder missbräuchliche Verfahrens- oder Sachanträge"), jeweils mwN.
[5944] So zB LG München I BeckRS 2011, 03164.
[5945] So zB *Butzke* HV der AG S. 147.
[5946] Vgl. Hüffer/Koch/*Koch* AktG § 129 Rn. 23 mwN.

Beschluss zustandekommen würde (konkret wird es dabei um Fälle des § 147 AktG gehen, in denen Schadensersatzansprüche nicht nur gegen Organmitglieder, sondern auch gegen den Mehrheitsaktionär behauptet werden, um auch ihm gegenüber das Stimmverbot des § 136 Abs. 1 AktG auszulösen).[5947] In solchen Situationen sollte der Versammlungsleiter sorgfältig prüfen, ob der Missbrauchseinwand berechtigt ist und allenfalls dann von einer Abstimmung Abstand nehmen.

2616 Die **bekanntgemachten Beschlussvorschläge** der Verwaltung muss der Versammlungsleiter nicht noch einmal verlesen;[5948] bei erst in der Versammlung gestellten Anträgen sollte er dies hingegen tun, schon um Missverständnisse zu vermeiden.

b) Abstimmungsverfahren

2617 Vor Beginn der Abstimmung hat der Versammlungsleiter das **Abstimmungsverfahren zu erläutern,** was typischerweise im Leitfaden behandelt wird.

2618 Gemäß § 134 Abs. 4 AktG bestimmt sich die **Form der Ausübung des Stimmrechts** nach der Satzung, die diese Aufgabe typischerweise dem Versammlungsleiter zuweist. Von der Form der Ausübung des Stimmrechts – zB durch Handaufheben, Stimmkarten, Funk-Abstimmung – ist die Art der Ermittlung des Abstimmungsergebnisses (Additionsverfahren, Subtraktionsverfahren) zu unterscheiden (dazu → Rn. 2622), deren Bestimmung durch Satzung typischerweise ebenfalls dem Versammlungsleiter zugewiesen wird. Enthält die Satzung keine Regelung, soll nach verbreiteter Auffassung die Hauptversammlung das Recht haben, über die Form der Ausübung des Stimmrechts zu bestimmen.[5949] Das passt aber nicht zur „Hoheitsgewalt" des Versammlungsleiters und überzeugt auch deshalb nicht, weil rein praktisch das Abstimmungsverfahren in der Regel schon vor der Hauptversammlung festgelegt werden muss, um es in der Hauptversammlung anwenden zu können (bei Verwendung von Stimmkarten zB deren Druck[5950]).[5951] Um diesem Streit zu entgehen, sollte die Satzung die Kompetenz tunlichst dem Versammlungsleiter zuweisen. Dieser wird die Form jedenfalls in einer größeren Hauptversammlung mit dem Hauptversammlungsdienstleister abstimmen (lassen).

2619 Nach im Schrifttum vereinzelt vertretener Auffassung soll der Versammlungsleiter berechtigt, bei Evidenz sogar verpflichtet sein, eine Abstimmung zu wiederholen, wenn ein Aktionär **irrtümlich falsch abgestimmt** hat.[5952] Das erscheint aber sehr fraglich, weil seine Willenserklärung mit der Abgabe als zugegangen[5953] und damit unwiderruflich anzusehen ist (§ 130 Abs. 1 BGB) und Aktionäre ansonsten das Zeitmanagement (dazu → Rn. 2586 ff., 2595 ff.) erheblich gefährden könnten, indem sie das Abstimmungsverfahren mit der Behauptung irrtümlicher Stimmabgaben immer wieder hinauszögern könnten. Allenfalls in Ausnahmefällen (zB Hauptaktionär stimmt beim Squeeze-Out erkennbar versehentlich mit „nein") wird man daher eine entsprechende Befugnis des Versammlungsleiters bejahen können.

c) Abstimmungsreihenfolge

2620 Hinsichtlich der **Abstimmungsreihenfolge,** sei es über die verschiedenen Gegenstände der Tagesordnung oder über mehrere Anträge zu einem Gegenstand, ist der Versammlungsleiter grundsätzlich frei, wie im Umkehrschluss aus § 137 AktG folgt:[5954] Danach ist bei Aufsichtsratswahlen nur dann zuerst über einen als Gegenantrag angekündigten und veröffentlichungspflichtigen Aktionärsvorschlag[5955] abzustimmen, wenn eine Minderheit der Aktionäre es verlangt, deren Anteile zusammen 10% des vertretenen Grundkapitals erreichen (was durch den Versammlungsleiter zu ermitteln ist – am besten nach dem in der Versammlung auch sonst geltenden Abstimmungsprocedere, wobei es genügt, befürwortende – also „Ja"-Stimmen – einzusammeln). Ansonsten ist zu beachten, dass über Anträge auf Abwahl des Versammlungsleiters unverzüglich (dazu → Rn. 2567) und über Anträge auf Absetzung oder Vertagung von Tagesord-

---

[5947] Darauf weist auch Hüffer/Koch/*Koch* AktG § 129 Rn. 23 mwN hin.
[5948] LG Hamburg WM 1996, 168 (170); *Butzke* HV der AG S. 149; *Arnold/Carl/Götze* AG 2011, 349 (354); MüKo-AktG/*Kubis* AktG § 119 Rn. 150 mwN.
[5949] MüKoAktG/*M. Arnold* AktG § 134 Rn. 87; *Butzke* HV der AG S. 226; *Gehling* in Semler/Volhard/Reichert HV-HdB S. 370 f.; Hölters/*Hirschmann* AktG § 134 Rn. 63; Grigoleit/*Herrler* AktG § 134 Rn. 50; Hüffer/Koch/*Koch* AktG § 134 Rn. 34; BeckOGK/*Rieckers* § 134 Rn. 86, jeweils mwN.
[5950] *Butzke* HV der AG S. 247.
[5951] Wie hier GroßkommAktG/*Mülbert* AktG § 129 Rn. 168; *von der Linden* NZG 2012, 930 (932 ff.); *Simons* NZG 2017, 567 (568).
[5952] So Grigoleit/*Herrler* AktG § 129 Rn. 50.
[5953] So auch *Pickert* in Semler/Volhard/Reichert HV-HdB § 9 Rn. 270.
[5954] Vgl. nur BGH DB 2019, 294 (298 f.); OLG Frankfurt AG 2011, 36 (41); LG Hamburg WM 1996, 168 (170).
[5955] Einzuhalten ist vom Aktionär auch die Frist von 14 Tagen gemäß §§ 126, 127 AktG: LG München I AG 2016, 834 (835); MüKoAktG/*M. Arnold* AktG § 137 Rn. 7; Grigoleit/*Herrler* AktG § 137 Rn. 2; Hölters/*Hirschmann* AktG § 137 Rn. 2; Hüffer/Koch/*Koch* AktG § 137 Rn. 2; BeckOGK/*Rieckers* AktG § 137 Rn. 4, jeweils mwN; aA LG Dortmund AG 1968, 390.

nungspunkten oder der Hauptversammlung insgesamt (dazu → Rn. 2608) zwar nicht unverzüglich, aber nach zutreffender hM vor den Sachentscheidungen abzustimmen ist.[5956] Liegen verschiedene Anträge zu einem Gegenstand vor, empfiehlt es sich, dass der Versammlungsleiter zunächst den Antrag zur Abstimmung stellt, dessen Annahme erwartet wird, weil sich die weiteren Anträge dann regelmäßig – wenn der erste Antrag angenommen wird – erledigt haben.[5957] Zur eigenmächtigen „Auftrennung" einheitlicher Beschlussvorschläge ist er nicht berechtigt,[5958] ebenso wenig zur zusammenfassenden Abstimmung („Blockabstimmung") über mehrere Punkte, die nicht zusammen gehören. Bei sachlich zusammenhängenden Gegenständen soll eine Blockabstimmung jedenfalls dann möglich sein, wenn der Versammlungsleiter darauf hinweist, dass durch mehrheitliche Ablehnung eine Einzelabstimmung erreicht werden kann und kein Aktionär widerspricht.[5959] Richtigerweise ist selbst dieser Hinweis jedenfalls bei sachlich engem Zusammenhang – wie etwa bei der Wahl von Abschluss- und Konzernabschlussprüfer bzw. Prüfer nach § 115 WpHG (dazu → Rn. 2165, 2172) – entbehrlich,[5960] und wird nach der Beobachtung des Verfassers in der Praxis jedenfalls bei der zusammenfassenden Prüferwahl auch nicht gegeben. Eine Listenwahl beim einheitlichen Gegenstand „Aufsichtsratswahl" widerspricht zwar der Empfehlung in Ziff. 5.4.3 S. 1 DCGK idF 7.2.2017 und C. 15 DCGK idF 16.12.2019, ist aber zulässig.[5961] Auch Anträge auf Vertagung und Absetzung bzw. Abbruch können zusammengefasst werden, weil auf dasselbe Ziel gerichtet (Verhinderung der Abstimmung über Sachantrag).[5962] Gemäß § 120 Abs. 1 S. 2 AktG ist über die Entlastung der Organmitglieder einzeln zu beschließen, wenn die Hauptversammlung es – als Geschäftsordnungsantrag (dazu → Rn. 2608) – beschließt[5963] oder eine Minderheit es verlangt, deren Anteile 10% des Grundkapitals oder den anteiligen (nominalen) Betrag von EUR 1 Mio. erreichen (vgl. zur Ermittlung des Quorums die Ausführungen zu § 137 AktG am Beginn dieser Rn.). Der Versammlungsleiter kann die Einzelentlastung aber auch von sich aus anordnen (vgl. zur Frage der Gesamt- oder Einzelentlastung auch → Rn. 1062 ff. und § 5 Rn. 166).[5964]

Die Möglichkeit, mehrere Abstimmungsvorgänge bei getrennter Auszählung in einem **Sammelgang** 2621 zusammenzufassen, bleibt von alledem freilich unberührt.[5965] Von ihr sollte aus Gründen der Zeitersparnis umfangreich Gebrauch gemacht werden, etwa indem in einem ersten Sammelgang über abstimmungspflichtige Geschäftsordnungsanträge und nach Verkündung der Ergebnisse in einem zweiten Sammelgang über die Sachanträge (ggf. einschließlich Sonderprüfungsanträgen) abgestimmt wird.

d) Ergebnisermittlung

Für die Ermittlung des Abstimmungsergebnisses kommen das **Additionsverfahren** (Ermittlung der Ja- 2622 und Nein-Stimmen, nicht notwendig der Enthaltungen), das **Subtraktionsverfahren** (indirekte Ermittlung der Ja-Stimmen durch Abzug der festgestellten Nein-Stimmen und Enthaltungen von der Präsenz) sowie das **umgekehrte Subtraktionsverfahren** (indirekte Ermittlung der Nein-Stimmen durch Abzug der festgestellten Ja-Stimmen und Enthaltungen von der Präsenz) in Betracht.[5966] Am sichersten und damit vorzugswürdig (zumal mit modernen Abstimmungsmethoden ebenfalls zügig zu bewältigen) ist das Additionsverfahren, da zutreffende Ergebnisermittlungen nach dem (ggf. umgekehrten) Subtraktionsverfahren nur möglich sind, wenn die Präsenz zutreffend erfasst ist (und es bei „professionellen" Hauptver-

---

[5956] LG München I BeckRS 2011, 03164; *Butzke* HV der AG S. 167 f.; Grigoleit/*Herrler* AktG § 129 Rn. 49; Hüffer/Koch/*Koch* AktG § 129 Rn. 23; MüKoAktG/*Kubis* AktG § 119 Rn. 152; GroßkommAktG/*Mülbert* AktG § 129 Rn. 159; BeckOGK/*Wicke* AktG § 119 Rn. 92.
[5957] BGH DB 2019, 294 (299); OLG Stuttgart AG 2009, 204 (210); *Butzke* HV der AG S. 148; Grigoleit/*Herrler* AktG § 129 Rn. 49; Hüffer/Koch/*Koch* AktG § 129 Rn. 23; MüKoAktG/*Kubis* AktG § 119 Rn. 153; GroßkommAktG/*Mülbert* AktG § 129 Rn. 161, jeweils mwN.
[5958] *Butzke* HV der AG S. 149.
[5959] BGHZ 156, 38 (41) = NJW 2003, 3412.
[5960] Wie hier *Simons* WPg 2018, 962 (963) mwN.
[5961] BGH DB 2019, 294 (299).
[5962] LG München I BeckRS 2011, 03164; *Decher* FS Happ, 2006, 17 (27).
[5963] *Gehling* in Semler/Volhard/Reichert HV-HdB § 9 Rn. 220, hält es nicht für erforderlich, bei Nichterreichen des Quorums abstimmen zu lassen; das überzeugt angesichts der Alternativformulierung des Gesetzes („oder") allerdings nicht.
[5964] BGHZ 182, 272 Rn. 12 ff. = NZG 2009, 1270.
[5965] Vgl. dazu *Arnold/Carl/Götze* AG 2011, 349 (355 f.).
[5966] Vgl. dazu und insbesondere zur Zulässigkeit des Subtraktionsverfahrens BGHZ 152, 63 (66 ff.) = NJW 2002, 3629 (zur WEG-Versammlung); OLG Frankfurt AG 1999, 231 (232); OLG Hamm AG 2004, 38; LG Dortmund AG 1968, 390; LG München I AG 2016, 834 (835 f.); MüKoAktG/*M. Arnold* AktG § 133 Rn. 29 ff.; *Butzke* HV der AG S. 228 f.; Grigoleit/*Herrler* AktG § 133 Rn. 13 f.; Hölters/*Hirschmann* AktG § 133 Rn. 26 ff.; Hüffer/Koch/*Koch* AktG § 133 Rn. 23 f.; BeckOGK/*Rieckers* § 133 Rn. 25 ff., jeweils mwN; kritisch zum Subtraktionsverfahren aber OLG Karlsruhe NJW-RR 1991, 553 (556 f.) (Subtraktionsverfahren führe „nahezu zwangsläufig" zu fehlerhafter Stimmenauszählung).

sammlungsteilnehmern wahre „Künstler" gibt, die Schlupflöcher suchen – und oft auch finden –, um sich der Ein- und Ausgangskontrolle und damit der zutreffenden Präsenzermittlung zu entziehen).

2623 Der Versammlungsleiter hat sich, bevor er die Abstimmung schließt, zu vergewissern, dass alle stimmberechtigten und stimmwilligen Aktionäre ihre Stimme abgeben konnten.[5967] Etwaige **Stimmverbote** (zB § 136 Abs. 1 AktG, § 142 Abs. 1 AktG, § 44 WpHG, § 59 WpÜG) hat der Versammlungsleiter dabei nur zu berücksichtigen, soweit sie ihm bekannt oder ohne Weiteres ersichtlich sind; es kann von ihm nicht gefordert werden, insoweit eigene – zum Teil rechtlich und tatsächlich aufwändige – Nachforschungen anzustellen.[5968]

2624 Der Schließung der Abstimmung schließt sich die **Stimmenauszählung** an. Vor der ihr folgenden Ergebnisverkündung kann sich, wenn und weil die Auszählung voraussichtlich eine gewisse Zeit in Anspruch nimmt, eine Unterbrechung der Hauptversammlung (dazu schon → Rn. 2590) anbieten.

e) Ergebnisverkündung, Beschlussfeststellung

2625 Zur **Verkündung des Ergebnisses** gehört gemäß § 130 Abs. 2 S. 1 AktG zwingend die Beschlussfeststellung durch den Versammlungsleiter, dh die Feststellung, ob ein Beschluss zustande gekommen ist oder nicht. Bei börsennotierten Gesellschaften umfasst die Feststellung über die Beschlussfassung für jeden Beschluss gemäß § 130 Abs. 2 S. 2 AktG auch die Zahl der Aktien, für die gültige Stimmen abgegeben wurden, den Anteil des durch die gültigen Stimmen vertretenen Grundkapitals am eingetragenen Grundkapital sowie die Zahl der für einen Beschluss abgegebenen Stimmen, Gegenstimmen und ggf. – dh beim (ggf. umgekehrten) Subtraktionsverfahren[5969] – die Zahl der Enthaltungen. Auch bei börsennotierten Gesellschaften kann der Versammlungsleiter die Feststellung über die Beschlussfassung aber für jeden Beschluss darauf beschränken, dass die erforderliche Mehrheit erreicht wurde, wenn kein einziger Aktionär der vereinfachten Beschlussfeststellung widerspricht – was nach hM bis zum Ende der Hauptversammlung möglich sein soll.[5970] Beim Zeitmanagement (dazu oben → Rn. 2586 ff., 2595 ff.) sollte – jedenfalls in kritischen Hauptversammlungen – ein solcher Widerspruch und damit eine entsprechende Versammlungsdauer einkalkuliert werden.

8. Schließung der Hauptversammlung

2626 Nach Erledigung der Tagesordnung hat der Versammlungsleiter, wenn die Aktionäre Gelegenheit hatten, Widerspruch zur Niederschrift zu erklären, die **Hauptversammlung förmlich zu schließen,** womit sie beendet ist.[5971]

2627 Stimmen im Schrifttum, die der Hauptversammlung das Recht geben wollen, auf Antrag aus dem Aktionariat über eine **Fortsetzung der Hauptversammlung** abzustimmen,[5972] ist schon deshalb zu widersprechen, weil damit das vom Versammlungsleiter zu verfolgende Zeitmanagement, welches auf eine rechtzeitige Beendigung der Hauptversammlung gerichtet sein muss (dazu → Rn. 2586 ff., 2595 ff.), durchkreuzt würde.[5973]

9. Ordnungsmaßnahmen

2628 Kraft seines **Hausrechts** (→ Rn. 2575) kann der Versammlungsleiter gegen Aktionäre oder andere Teilnehmer Ordnungsmaßnahmen verhängen, wenn diese den Ablauf der Hauptversammlung stören. Je nach Art der Störung kommen verschiedene Maßnahmen in Betracht:[5974]

2629 So kann jenseits der generellen Rede- und Fragezeitbeschränkung (dazu → Rn. 2596 ff.) der Versammlungsleiter einzelnen Aktionären jedenfalls nach vorheriger Ankündigung mit Begründung das Rede- und Fragerecht insbesondere dann individuell entziehen, wenn ihre Beiträge nichts mit der Tages-

---

[5967] *Butzke* HV der AG S. 150.
[5968] *Butzke* HV der AG S. 150 f.; Grigoleit/*Herrler* AktG § 129 Rn. 50; MüKoAktG/*Kubis* AktG § 119 Rn. 159; BeckOGK/*Wicke* AktG § 119 Rn. 93.
[5969] *Butzke* HV der AG S. 232; Grigoleit/*Herrler* AktG § 130 Rn. 46; Hüffer/Koch/*Koch* AktG § 130 Rn. 23a; MüKoAktG/*Kubis* AktG § 130 Rn. 67; BeckOGK/*Wicke* AktG § 130 Rn. 76, jeweils mwN.
[5970] Grigoleit/*Herrler* AktG § 130 Rn. 47; Hüffer/Koch/*Koch* AktG § 130 Rn. 23b; MüKoAktG/*Kubis* AktG § 130 Rn. 69, jeweils mwN; aA BeckOGK/*Wicke* AktG § 130 Rn. 75: Nur bis zum Zeitpunkt der vom Verlangen erfassten Beschlussfeststellung, noch aA Kölner Komm AktG/*Noack/Zetzsche* AktG § 130 Rn. 213: Nur bis zum Beginn der Stimmenauszählung.
[5971] *Butzke* HV der AG S. 151.
[5972] *Butzke* HV der AG S. 152; MüKoAktG/*Kubis* AktG § 119 Rn. 160 mwN.
[5973] Im Ergebnis wie hier *Gehling* in Semler/Volhard/Reichert HV-HdB § 9 Rn. 449 f.; K. Schmidt/Lutter/*Ziemons* AktG § 129 Rn. 73; zumindest für den Fall, dass die Hauptversammlung über Mitternacht des letzten Einberufungstages hinausgehen würde, ebenfalls wie hier *Butzke* HV der AG S. 152 und Hölters/*Drinhausen* AktG Anh. § 129 Rn. 13.
[5974] Grundlegend *Butzke* HV der AG S. 159 ff.

ordnung zu tun haben, sich in bloßen Wiederholungen erschöpfen oder herabwürdigende, eventuell sogar strafbare Äußerungen (Beleidigung, üble Nachrede, Verleumdung, §§ 185 ff. StGB) enthalten. Bleibt ein Redner, auch nachdem ihm nach Ablauf der generell oder individuell beschränkten Rede- und Fragezeit das Mikrofon abgedreht wurde, am Rednerpult stehen, kann er zum Verlassen aufgefordert und ggf. **zwangsweise abgeführt** werden (dazu noch → Rn. 2631).[5975]

Stören Aktionäre oder andere Teilnehmer[5976] die Versammlung in der soeben beschriebenen oder in einer sonstigen Weise, die ihren ordnungsgemäßen Fortgang gefährdet, etwa durch Zwischenrufe, Pöbeleien, sonstigen Lärm oder indem sie gar handgreiflich werden, kann sie der Versammlungsleiter nach vorheriger fruchtloser Androhung – als dann mildestes Mittel – vorübergehend **des Saales verweisen** (für eine „Abkühlungsphase"), jedenfalls bei permanenter oder wiederholter Störung auch dauerhaft.[5977] Wenn auch dies nicht fruchtet – bei schwerwiegenden Störungen auch sogleich –, kommt als weitergehendes Mittel die (dauerhafte) Verweisung aus dem gesamten Präsenzbereich in Betracht.[5978] 2630

Leisten Störer der Aufforderung zum Verlassen des Versammlungssaals oder des Präsenzbereichs nicht freiwillig Folge, kann der Versammlungsleiter, da der aufforderungswidrige Verbleib den Tatbestand des Hausfriedensbruchs (§ 123 StGB) erfüllt,[5979] den **Störer zwangsweise entfernen** (lassen), sei es durch anwesende Ordnungskräfte oder durch die Polizei. Besser ist es, dass die Polizei einzuschalten, da Störer ihren Anordnungen eher Folge leisten (sonst droht ihnen nämlich zusätzlich die Strafbarkeit nach § 113 StGB wegen Widerstands gegen Vollstreckungsbeamte). Bei Versammlungen, bei denen mit solchen Maßnahmen zu rechnen ist, sollte die Polizei vorab informiert werden, damit sie (wenn nicht ohnehin vor Ort) schnell zur Stelle sein kann – nach der Erfahrung des Verfassers sind die Polizeidienststellen in der Regel sehr kooperativ, wenn man ihnen im Vorfeld den Hintergrund und die Notwendigkeit entsprechender Maßnahmen erläutert. Soweit nicht auch dies im Hinblick auf den ungestörten Versammlungsverlauf unzumutbar ist, sollte der Versammlungsleiter Aktionären, die die Versammlung zwangsweise verlassen müssen, aber die Gelegenheit einräumen, einem anderen Teilnehmer Vollmacht zu erteilen. 2631

10. Mögliche Aufgaben des Versammlungsleiters nach der Hauptversammlung (Unterzeichnung der Niederschrift)

Mit der Schließung der Hauptversammlung hat der Versammlungsleiter seine Aufgaben erfüllt. Lediglich bei nicht börsennotierten Gesellschaften kommt, wenn keine notarielle Niederschrift aufgenommen wird – was gemäß § 130 Abs. 1 S. 3 AktG zulässig ist, wenn keine Beschlüsse gefasst werden, für die das Gesetz eine Dreiviertel- oder größere Mehrheit bestimmt – noch die **Unterzeichnung der Niederschrift** in Betracht. Es ist umstritten, ob diese, wie der Wortlaut nahelegt, stets vom Vorsitzenden des Aufsichtsrats zu unterzeichnen ist oder dann, wenn dieser nicht Versammlungsleiter ist, vom Versammlungsleiter,[5980] wofür Gesetzesgeschichte, Sinn und Zweck der Regelung sprechen.[5981] In der Praxis wird man den Streit vermeiden, indem beim Auseinanderfallen von Aufsichtsratsvorsitzendem und Versammlungsleiter beide unterzeichnen.[5982] 2632

11. Haftung des Versammlungsleiters

Wie schon → Rn. 2554, 2559 ausgeführt, fällt die Versammlungsleitung auch dann nicht in den eigentlichen Aufgabenbereich eines Aufsichtsratsmitglieds bzw. -vorsitzenden, wenn sie ihm als solchem zugewiesen ist bzw. wird. Zutreffend hat das LG Ravensburg daher entschieden, dass ein Aufsichtsratsmitglied für ihm bei der Versammlungsleitung schuldhaft unterlaufende Fehler auch dann **nicht gemäß § 116 S. 1 AktG, § 93 Abs. 2 AktG haftet,** wenn der Gesellschaft dadurch ein Schaden entsteht (etwa weil ein Beschluss deshalb erfolgreich angefochten wird und nicht umgesetzt werden kann und/oder die Haupt- 2633

[5975] Vgl. BGHZ 44, 245 (248 ff.) = WM 1965, 1207; OLG Bremen NZG 2007, 468: Saalverweis nach vorheriger Androhung bei Bezeichnung von Organmitgliedern als „Lumpen, Lügner und Pöbler"; LG Frankfurt WM 1984, 502 (505 f.); LG Stuttgart AG 1994, 425 (427): Zwangsweise Entfernung zunächst vom Rednerpult und dann – nach weiteren Störungen – (vorübergehend) aus dem Saal; *Butzke* HV der AG S. 159 ff.; MüKoAktG/*Kubis* AktG § 119 Rn. 70 ff.; BeckOGK/*Wicke* AktG § 119 Rn. 98, jeweils mwN.

[5976] Bei anderen Teilnehmern als Aktionären ist der Versammlungsleiter zwar nicht an den Verhältnismäßigkeitsgrundsatz gebunden. Das wird sich aber kaum auswirken, weil in der Kürze der Zeit für ihn nicht feststellbar ist, ob der Störer Aktionär ist oder nicht, weshalb er den Verhältnismäßigkeitsgrundsatz und damit die hier beschriebene Abstufung der Maßnahmen stets beachten sollte; wie hier *Butzke* HV der AG S. 165 mwN.

[5977] Vgl. zB das Vorgehen im Fall OLG Bremen NZG 2007, 468.

[5978] LG Stuttgart AG 1994, 425 (427); *Butzke* HV der AG S. 164 f.

[5979] Vgl. *Butzke* HV der AG S. 163 mwN.

[5980] So zB OLG Frankfurt ZIP 2019, 1168 (1170); Vgl. zum Streitstand im Übrigen Hüffer/Koch/*Koch* AktG § 130 Rn. 14e mwN.

[5981] Ausführlich *Hoffmann-Becking* NZG 2017, 281 (288 f.).

[5982] So auch die Empfehlung bei *Polte*/*Haider-Giangreco* AG 2014, 729 (734 f.).

versammlung wiederholt werden muss).[5983] Auch eine entsprechende Anwendung dieser Bestimmungen auf den Versammlungsleiter (sei er nun Aufsichtsratsmitglied oder nicht) aus dem Gedanken der Organhaftung heraus scheidet aus, da zwar die Hauptversammlung, der Vorstand, der Aufsichtsrat und ein ggf. durch Satzung vorgesehener Beirat Organe der AG sind,[5984] nicht aber der Versammlungsleiter.[5985] Eine Haftung aus § 280 BGB dürfte nur in Betracht kommen, wenn mit dem Versammlungsleiter ein Vertrag über die Versammlungsleitung geschlossen wurde, wie es zB üblich ist, wenn ein Rechtsanwalt mit der Versammlungsleitung betraut wird.[5986] Ansonsten bleibt es bei der deliktsrechtlichen Haftung, wobei letztlich nur § 826 BGB in Betracht kommt (für eine Haftung nach § 266 StGB mit § 823 Abs. 2 BGB[5987] fehlt es an der Vermögensbetreuungspflicht des Versammlungsleiters[5988]).[5989] Praktisch dürfte das kaum werden, zumal dem Versammlungsleiter ja ein weitreichendes Ermessen zugebilligt wird (→ Rn. 2572).

2634 Ob die Tätigkeit eines Versammlungsleiters über eine **D&O-Versicherung** abgesichert ist, ist, wenn dies nicht eigens vereinbart ist, nicht frei von Zweifeln[5990]; die Absicherung sollte daher ausdrücklich vereinbart werden.

IV. Mitwirkung des Aufsichtsrats an gerichtlichen Verfahren

2635 Neben der – auch **gerichtlichen – Vertretung der Gesellschaft** gegenüber Vorstandsmitgliedern (§ 112 AktG, dazu → Rn. 2267 ff.), dem Antrag auf gerichtliche Abberufung von Aufsichtsratsmitgliedern (§ 103 Abs. 3 AktG, dazu → § 2 Rn. 181 ff.) und dem Antrag auf Bestellung (dazu → Rn. 2166) oder Auswechslung des Abschlussprüfers (dazu → Rn. 2200) gibt es weitere Fälle, in denen ausnahmsweise der Aufsichtsrat die Gesellschaft vor Gericht (ggf. mit) vertritt, namentlich in Verfahren über Anfechtungs- und Nichtigkeitsklagen (dazu → Rn. 2636 ff.), in Verfahren zur Bestellung oder Auswechslung eines Sonderprüfers (dazu → Rn. 2642) sowie in Gerichtsverfahren mit (Hilfs-)Personen, die nicht der Vorstand, sondern der Aufsichtsrat namens der Gesellschaft eingeschaltet hat und über entsprechende Hilfsgeschäfte (dazu → Rn. 2643). Auch Verfahren, in denen die Gesellschaft allein durch den Vorstand vertreten wird, betreffen den Aufsichtsrat insofern, als seine **Überwachungspflicht** (dazu Rn. 23 ff.) auch die Prüfung umfasst, ob der Vorstand die Prozesse ordnungsgemäß führt. Je näher diese Prozesse an Themen sind, die unmittelbar mit der den Aufsichtsrat als Organ berührenden Corporate Governance der Gesellschaft bzw. Streitigkeiten mit Organen oder Organmitgliedern (einschließlich Aktionären) zusammenhängen, wie zB Auskunftserzwingungsverfahren nach § 132 AktG, umso intensiver wird die Überwachung ausfallen müssen.

1. Verfahren über Anfechtungs- und Nichtigkeitsklagen und damit zusammenhängende Freigabeverfahren

2636 In Prozessen über Anfechtungs- und/oder Nichtigkeitsklagen von Aktionären wird die Gesellschaft von Vorstand und Aufsichtsrat vertreten (§ 246 Abs. 2 S. 2 AktG, § 249 Abs. 1 S. 1 AktG). Mit dieser **Dop-**

[5983] LG Ravensburg NZG 2014, 1233 (1234); MüKoAktG/*Kubis* AktG § 119 Rn. 184; *von der Linden* NZG 2013, 208 (209 f.); *Poelzig* AG 2015, 476 (477 f.); *Theusinger/Schilha* BB 2015, 131 (136).
[5984] Vgl. dazu *Wasmann*, Juristische Personen als gekorene Mitglieder von Körperschaftsorganen, 1996, 87 f.
[5985] LG Ravensburg NZG 2014, 1233 (1234); *Drinhausen/Marsch-Barner* AG 2014, 757 (760 f.); *Theusinger/Schilha* BB 2015, 131 (137); *von der Linden* NZG 2013, 208 (209 f.), der sich dann aber doch für eine „kooperationsrechtliche" Haftung (aber ohne Beweislastumkehr) ausspricht; Haftung als Organ gemäß §§ 93, 116 AktG analog aber GroßkommAktG/*Mülbert* AktG § 129 Rn. 124, 248 ff. (allerdings ohne Beweislastumkehr); *Rose* NZG 2007, 241 (245); die Organeigenschaft zwar bejahend, die Haftung aus §§ 93, 116 AktG aber trotzdem verneinend *Poelzig* AG 2015, 476 (478 f.) und *Schürnbrand* NZG 2014, 1211 (1212).
[5986] MüKoAktG/*Kubis* AktG § 119 Rn. 185; *von der Linden* NZG 2013, 209 (211); stets von einem (ggf. unentgeltlichen) Schuldverhältnis ausgehend allerdings *Drinhausen/Marsch-Barner* AG 2014, 757 (767), die bei unentgeltlichem Tätigwerden die Haftung allerdings auf Vorsatz und grobe Fahrlässigkeit beschränkt wissen wollen; ebenfalls stets von einem (gesetzlichen) Schuldverhältnis ausgehend *Theusinger/Schilha* BB 2015, 131 (138 f.); die Haftung nach § 280 BGB aufgrund eines korporationsrechtlichen Schuldverhältnisses bejahend *Poelzig* AG 2015, 476 (479 f.); ebenso *Schürnbrand* NZG 2014, 1211 (1212 f.), allerdings unter Einräumung eines weitreichenden Ermessensspielraums; ein korporationsrechtliches Schuldverhältnis bejahend, aber die Anwendbarkeit von § 280 BGB dennoch verneinend NK-AktR/*Heidel*, 4. Aufl. 2014, AktG Vor §§ 129–132 Rn. 71.
[5987] Für zumindest theoretisch denkbar, in der Praxis aber ausgeschlossen haltend *Drinhausen/Marsch-Barner* AG 2014, 757 (767 f.); wohl weitergehend NK-AktR/*Heidel*, 4. Aufl. 2014, AktG Vor §§ 129–132 Rn. 71.
[5988] *Theusinger/Schilha* BB 2015, 131 (136).
[5989] Wie hier LG Ravensburg NZG 2014, 1233 (1234); MüKoAktG/*Kubis* AktG § 119 Rn. 186; jedenfalls in der Tendenz auch Hüffer/Koch/*Koch* AktG § 129 Rn. 25.
[5990] Bejahend NK-AktR/*Heidel*, 4. Aufl. 2014, AktG Vor §§ 129–132 Rn. 74; ebenso *Drinhausen/Marsch-Barner* AG 2014, 757 (768); skeptisch *von der Linden* NZG 2013, 208 (212).

pelvertretung soll verhindert werden, dass der Vorstand mit dem Kläger „gemeinsame Sache macht" und im Einvernehmen mit ihm Beschlüsse zu Fall bringt, obwohl sie dem Mehrheitswillen entsprechen, etwa durch ein Geständnis.[5991] Von einem konkreten Interessenkonflikt ist die Notwendigkeit der Doppelvertretung nicht abhängig.[5992]

Die Doppelvertretung erfordert, dass sowohl Vorstand als auch Aufsichtsrat eine **Prozessvollmacht** 2637 erteilen,[5993] allerdings nicht notwendigerweise verschiedenen Anwälten. Es wird allenthalben betont, dass Vorstand und Aufsichtsrat zwar getrennt zu beschließen, sich gleichwohl aber auf eine übereinstimmende Vorgehensweise zu verständigen hätten.[5994] Dabei kann der Aufsichtsrat über einzelne Prozessschritte Beschluss fassen oder auch ein Aufsichtsratsmitglied zur Abstimmung von Einzelfragen ermächtigen (idR den Vorsitzenden), muss dies aber nicht. Jedenfalls haben sich Vorstand und Aufsichtsrat über den Verfahrensstand gegenseitig unterrichtet zu halten. Auch sollten sie eine Einigung über das Verhalten im Prozess anstreben. Hielte man Vorstand und Aufsichtsrat aber stets für zum Nichtstun verpflichtet, wenn die Verständigung nicht gelingt, würde der Gesetzeszweck konterkariert, weil eine Verteidigung der Gesellschaft dann im Ergebnis unterbliebe. Das die Verteidigung anstrebende Organ muss daher jedenfalls bei hinreichenden Erfolgsaussichten auch tätig werden können, wenn sich das andere verweigert, was aus dem Rechtsgedanken der Geschäftsführung ohne Auftrag hergeleitet werden mag,[5995] noch besser wohl aus dem Notgeschäftsführungsrecht in der Bruchteilsgemeinschaft gemäß § 744 Abs. 2 BGB.[5996] Will nur ein Organ (möglicherweise durchaus erfolgsversprechende) Rechtsmittel einlegen, kann es dies mithin auch ohne das andere tun. Werden für die Gesellschaft von Vorstand einerseits und Aufsichtsrat andererseits aber widersprüchliche Erklärungen abgegeben, sind sie nach allgemeinen Rechtsgrundsätzen unbeachtlich (Perplexität). Sollte der Gesellschaft durch unsachgemäße Prozesshandlungen (oder -unterlassungen) ein Schaden entstehen, sind die dafür verantwortlichen Organmitglieder ggf. in Schadensersatzprozessen zur Rechenschaft zu ziehen.[5997]

Aus der Doppelvertretung folgt zugleich, dass die **Zustellung** an (mindestens ein) Vorstand(smitglied) 2638 und (mindestens ein) Aufsichtsrat(smitglied) zu geschehen hat. Ist eine Anfechtungsklage beiden Organen weder innerhalb der Monatsfrist des § 246 Abs. 1 AktG noch „demnächst" im Sinne des § 167 ZPO zugestellt oder anderweit zugegangen (vgl. die Heilungsvorschrift des § 189 ZPO), ist die Klage mithin schon deshalb unbegründet.[5998]

Bei **Freigabeverfahren**, welche die Gesellschaft einleiten kann, um trotz Anfechtungs- und/oder 2639 Nichtigkeitsklagen von Aktionären die Eintragung bestimmter eintragungsbedürftiger Beschlüsse zu erreichen (vgl. §§ 246a, 319 Abs. 6 AktG, § 327e Abs. 2 AktG, § 16 Abs. 3 UmwG), besteht das Doppelvertretungserfordernis nach – zutreffender – ganz hM nicht: Als Ausnahmevorschrift ist § 246 Abs. 2 S. 2 AktG ohnehin eng auszulegen, und auch die Gefahr, dass der Vorstand sich gegen eine Klage nicht hinreichend wehrt, besteht hier nicht, da er mit dem Freigabeantrag ja im Gegenteil gerade seinen „Kampfeswillen" zeigt.[5999] Im Hinblick darauf, dass auch die Gegenauffassung vertreten wird,[6000] sollten Freigabeanträge aber vorsorglich durch die von Vorstand und Aufsichtsrat gemeinsam vertretene Gesellschaft gestellt werden.[6001]

[5991] BGHZ 32, 114 (117) = NJW 32, 114 (zur eG); OLG Karlsruhe AG 2008, 718; BeckOGK/*Vatter* AktG § 246 Rn. 31; Grigoleit/*Ehmann* AktG § 246 Rn. 14; Hölters/*Englisch* AktG § 246 Rn. 36; MüKoAktG/*Hüffer/Schäfer* AktG § 246 Rn. 30; Kölner Komm AktG/*Noack/Zetzsche* AktG § 246 Rn. 75, jeweils mwN.
[5992] OLG Karlsruhe AG 2008, 718; MüKoAktG/*Hüffer/Schäfer* AktG § 246 Rn. 55; Hüffer/Koch/*Koch* AktG § 246 Rn. 30 mwN.
[5993] BeckOGK/*Vatter* AktG § 246 Rn. 31; Grigoleit/*Ehmann* AktG § 246 Rn. 14; Hölters/*Englisch* AktG § 246 Rn. 36; MüKoAktG/*Hüffer/Schäfer* AktG § 246 Rn. 55; Hüffer/Koch/*Koch* AktG § 246 Rn. 30; Kölner Komm AktG/*Noack/Zetzsche* AktG § 246 Rn. 76.
[5994] BeckOGK/*Vatter* AktG § 246 Rn. 31; Grigoleit/*Ehmann* AktG § 246 Rn. 14; Hölters/*Englisch* AktG § 246 Rn. 36; MüKoAktG/*Hüffer/Schäfer* AktG § 246 Rn. 55; Kölner Komm AktG/*Noack/Zetzsche* AktG § 246 Rn. 76.
[5995] Kölner Komm AktG/*Noack/Zetzsche* AktG § 246 Rn. 77.
[5996] Vgl. zu dessen analoger Anwendung auf die BGB-Gesellschaft als Urmutter aller Gesellschaftsformen nur BGH ZIP 2018, 1492 (1493) mwN.
[5997] Kölner Komm AktG/*Noack/Zetzsche* AktG § 246 Rn. 77.
[5998] OLG Karlsruhe AG 2008, 718; BeckOGK/*Vatter* AktG § 246 Rn. 49; Grigoleit/*Ehmann* AktG § 246 Rn. 15; Hölters/*Englisch* AktG § 246 Rn. 39; MüKoAktG/*Hüffer/Schäfer* AktG § 246 Rn. 59 ff.; Hüffer/Koch/*Koch* AktG § 246 Rn. 32 ff., jeweils mwN.; aA Kölner Komm AktG/*Noack/Zetzsche* AktG § 246 Rn. 119 (wegen § 170 Abs. 2 ZPO genüge Zustellung an den Vorstand, da nur dieser „Leiter" sei).
[5999] Vgl. aus der Rechtsprechung nur OLG Bremen AG 2009, 412 (413); OLG Frankfurt AG 2012, 414, AG 2008, 667 (668) und AG 2010, 39; OLG Hamm AG 2005, 773 (774); OLG Karlsruhe AG 2007, 284; OLG München AG 2015, 756; aus dem Schrifttum vgl. nur Ihrig/*Stadtmüller* FS E. Vetter, 2019, 271 (277) und Kölner Komm AktG/*Noack/Zetzsche* AktG § 246a Rn. 144 mwN.
[6000] OLG Düsseldorf NZG 2004, 328; ebenso wohl LG München I AG 2008, 340 (341 f.), („*gute Gründe*" für Doppelvertretung).
[6001] Dies als „unschädlich" ansehend OLG Frankfurt AG 2010, 39; MüKoAktG/*Hüffer/Schäfer* AktG § 246a Rn. 9; Kölner Komm/*Noack/Zetzsche* AktG § 246a Rn. 144 mwN.

2640 Stammt die **Anfechtungs- und/oder Nichtigkeitsklage** vom Vorstand als Kollegialorgan oder einem einzelnen Vorstandsmitglied, wird die Gesellschaft gem. § 246 Abs. 2 S. 3 Fall 1 AktG durch den Aufsichtsrat allein vertreten. Klagt hingegen ein Aufsichtsratsmitglied, wird die Gesellschaft allein durch den Vorstand vertreten (§ 246 Abs. 2 S. 3 Fall 2 AktG).

2641 Eine **gemeinsame Klage durch Vorstand(smitglieder) und Aufsichtsratsmitglieder** sollte möglichst vermieden werden, weil für die Vertretung der Gesellschaft dann nach ganz hM durch den Vorsitzenden des Prozessgerichts ein – ihr aber möglicherweise nicht genehmer – Prozesspfleger gemäß § 57 ZPO zu bestellen wäre.[6002]

2. Verfahren über die Bestellung oder Auswechslung eines Sonderprüfers

2642 In gerichtlichen Verfahren über die Bestellung eines Sonderprüfers nach § 142 Abs. 2 AktG (dazu → Rn. 2730 ff.) und den Austausch eines Sonderprüfers nach § 142 Abs. 4 AktG (dazu → Rn. 2765 ff.) hat das Gericht gemäß § 142 Abs. 5 Satz 1 AktG „außer den Beteiligten auch den Aufsichtsrat und im Fall des Absatzes 4 den von der Hauptversammlung bestellten Sonderprüfer zu hören". Ein entsprechendes Anhörungsrecht des Aufsichtsrats enthält § 258 Abs. 3 AktG für die Bestellung von Sonderprüfern nach § 258 Abs. 1 AktG. Das **Anhörungsrecht** umfasst – je nach (Ermessens-)Entscheidung des Gerichts[6003] – nicht nur das Recht zur mündlichen, sondern auch zur schriftlichen Äußerung,[6004] gegebenenfalls durch einen vom Aufsichtsrat eingeschalteten Rechtsanwalt. Aus dem (bloßen) Anhörungsrecht des hier als Kollegialorgan angesprochenen Aufsichtsrats, der demgemäß über das „Ob" und „Wie" der Wahrnehmung seiner Anhörungsrechte durch Beschluss zu entscheiden hat,[6005] folgt aber kein eigenes Recht des Aufsichtsrats zur Beschwerde gegen die gerichtliche Entscheidung. Das ergibt sich schon daraus, dass der Aufsichtsrat vom Gesetzgeber nicht einmal als Beteiligter angesehen wird (§ 142 Abs. 5 AktG: „außer den Beteiligten"; vgl. außerdem § 7 Abs. 6 FamFG: „Wer anzuhören ist, wird dadurch nicht Beteiligter"). Ob der Aufsichtsrat auch im Verfahren über die Festsetzung der Vergütung des Sonderprüfers nach § 142 Abs. 6 AktG ein Anhörungsrecht hat, ist unklar. Wortlaut und systematische Stellung des § 142 Abs. 5 AktG sprechen dagegen. Sieht man Sinn und Zweck des Anhörungsrechts darin „Mauscheleien" zwischen Vorstand und Sonderprüfer zu verhindern, spricht dies aber dafür, das Anhörungsrecht auch auf das Vergütungsfestsetzungsverfahren zu erstrecken, so dass der Aufsichtsrat sich seinerseits mit der Angemessenheit der Vergütung auseinandersetzen kann.

3. Verfahren durch oder gegen vom Aufsichtsrat eingeschaltete (Hilfs-)Personen und über entsprechende Hilfsgeschäfte

2643 Soweit **Streitigkeiten zwischen dem Aufsichtsrat und von ihm eingeschalteten (Hilfs-)Personen**, etwa mit gemäß § 111 Abs. 2 S. 2 AktG im Zusammenhang mit der Prüfung der Bücher und/oder gemäß § 109 Abs. 1 S. 2 AktG zu Sitzungen des Aufsichtsrats hinzugezogenen Sachverständigen, entstehen, zB über die ordnungsgemäße Aufgabenerfüllung, die Herausgabe von Unterlagen, die Verwertungsmöglichkeiten der Arbeitsergebnisse des Sachverständigen oder das Honorar, wird die Gesellschaft vor Gericht – ausschließlich[6006] – durch den Aufsichtsrat vertreten.[6007] Für entsprechende Streitigkeiten mit dem Abschlussprüfer[6008] (vgl. zu dessen Beauftragung nach § 111 Abs. 2 S. 3 AktG und die Geltendmachung von Schadensersatzansprüchen gegen ihn → Rn. 2259 ff., 2265 und 2306 f.) und mit Beratern im Zusammenhang mit der Suche (Headhunter) und Vergütung (Vergütungsberater) von Vorstandsmitgliedern[6009] und entsprechende Hilfsgeschäfte wie etwa die Anmietung eines Sitzungssaals für Aufsichtsratssitzungen[6010]

[6002] OLG Hamburg NZG 2003, 478 (479); Grigoleit/*Ehmann* AktG § 246 Rn. 16; Hölters/*Englisch* AktG § 246 Rn. 45; MüKoAktG/*Hüffer/Schäfer* AktG § 246 Rn. 67; Hüffer/Koch/*Koch* AktG § 246 Rn. 36; *Ihrig/Stadtmüller* FS E. Vetter, 2019, 271 (276); Kölner Komm AktG/*Noack/Zetzsche* AktG § 246 Rn. 80, jeweils mwN.
[6003] Vgl. dazu Grigoleit/*Grigoleit/Rachlitz* AktG § 142 Rn. 71 mwN.
[6004] MüKoAktG/*M. Arnold* AktG § 142 Rn. 108; Hölters/*Hirschmann* AktG § 142 Rn. 55; Hüffer/Koch/*Koch* AktG § 142 Rn. 29; BeckOGK/*Mock* AktG § 142 Rn. 227; Kölner Komm AktG/*Rieckers/Vetter* AktG § 142 Rn. 361 f.
[6005] Hölters/*Hirschmann* AktG § 142 Rn. 55; Hüffer/Koch/*Koch* AktG § 142 Rn. 29; BeckOGK/*Mock* AktG § 142 Rn. 227; Kölner Komm AktG/*Rieckers/Vetter* AktG § 142 Rn. 361 f., jeweils mwN.
[6006] *von Falkenhausen* EWiR 2018, 357 (358).
[6007] BGH WM 2018, 905 = WuB 2018, 396 m. zust. Anm. *Diefenhardt* = EWiR 12/2018, 357 m. zust. Anm. *von Falkenhausen* = DB 2018, 1298 m. zust. Anm. *Müller-Michaels* = DB 2018, 1582 m. zust. Anm. *Paschos* (die Entscheidung betrifft einen Fall des § 111 Abs. 2 S. 2 AktG, erwähnt aber auch § 109 Abs. 1 S. 2 AktG).
[6008] *von Falkenhausen* EWiR 12/2008, 357 (358); *E. Vetter* AG 2019, 595; aA noch Hüffer/Koch/*Koch* AktG § 111 Rn. 29.
[6009] *Paschos* DB 2018, 1582 (1583); *Müller-Michaels* BB 2018, 1298.
[6010] *von Falkenhausen* EWiR 12/2008, 357 (358).

muss dasselbe gelten.[6011] Die Delegation der Abwicklung bzw. Prozessbetreuung im Einzelnen, zB auf die Rechtsabteilung der Gesellschaft, ist zulässig.[6012]

V. Mitwirkung an Kapitalerhöhungen aus genehmigtem Kapital

1. Zustimmung über das „Ob" der Kapitalerhöhung

Entscheidet sich der Vorstand aufgrund genehmigten Kapitals zur Ausgabe neuer Aktien (§ 202 Abs. 1 AktG), soll er nach § 202 Abs. 3 S. 2 AktG die **Zustimmung des Aufsichtsrats** einholen. Die Zustimmung bezieht sich auf den Beschluss des Vorstands, die Ermächtigung zur Kapitalerhöhung auszunutzen.[6013] Bevor der Aufsichtsrat eine Entscheidung trifft, hat er vor allem zu prüfen, ob die beabsichtigte Zuführung neuen Kapitals zweck- und rechtmäßig (→ Rn. 415 ff.) ist.[6014] Auf Grund der Zustimmung nach § 204 Abs. 1 S. 2 AktG ist die praktische Relevanz dieser Vorschrift aber gering (→ Rn. 2652).

Die Zustimmung ist **einzelfallbezogen** und bei Aktienausgabe in mehreren Tranchen sogar für jede einzelne Tranche zu erteilen.[6015] Eine Generalzustimmung für sämtliche oder eine Vielzahl von Kapitalerhöhungen ist unzulässig.[6016] Der Aufsichtsrat entscheidet über die Erteilung der Zustimmung durch Beschluss (§ 108 Abs. 1 AktG), der grundsätzlich mit einfacher Stimmenmehrheit zustande kommt. Die Beschlussfassung kann auch auf einen Ausschuss delegiert werden (§ 107 Abs. 3 S. 4 AktG).[6017]

Aus dem Wortlaut von § 202 Abs. 3 S. 2 AktG („soll") folgt, dass die fehlende Zustimmung des Aufsichtsrats zur Aktienausgabe im Außenverhältnis **keinen Einfluss auf die Wirksamkeit** der Kapitalerhöhung hat.[6018] Auch ohne Zustimmung des Aufsichtsrats entstehen die Mitgliedschaftsrechte mit Eintragung der Durchführung der Kapitalerhöhung im Handelsregister. Allerdings hat das Registergericht die Eintragung grundsätzlich abzulehnen, wenn ihm das Fehlen der Zustimmung bekannt ist.[6019] Meldet hingegen der Aufsichtsratsvorsitzende (§ 107 Abs. 1 S. 3 AktG) die Durchführung der Kapitalerhöhung gem. § 203 Abs. 1 S. 1 AktG, § 188 Abs. 1 AktG ordnungsgemäß an, kann das Gericht auf die Zustimmung des Aufsichtsrats vertrauen.[6020]

Gibt der Vorstand die Aktien ohne Zustimmung des Aufsichtsrats aus, handelt er im **Innenverhältnis pflichtwidrig** (zu den Folgen siehe auch → Rn. 430 ff.).

2. Zustimmung über das „Wie" der Kapitalerhöhung

Soweit der Ermächtigungsbeschluss der Hauptversammlung keine Bestimmung über den Inhalt der Aktienrechte und die Ausgabebedingungen enthält, entscheidet der Vorstand darüber. Die Entscheidung des Vorstands bedarf gem. § 204 Abs. 1 S. 2 Hs. 1 AktG der Zustimmung des Aufsichtsrats. Nach dem Wortlaut stellt die Zustimmung ein **Wirksamkeitserfordernis** dar.[6021] Bevor der Aufsichtsrat über die Zustimmung entscheidet, hat er vor allem zu prüfen, ob die Festsetzungen des Vorstands auch zweck- und rechtmäßig sind (→ Rn. 415 ff.).[6022] Stimmt er beispielsweise der betrügerischen Durchführung einer Kapitalerhöhung zu, können sich die betreffenden Aufsichtsratsmitglieder haftbar machen (§ 826 BGB).[6023]

Das gilt gem. § 204 Abs. 1 S. 2 Hs. 2 AktG auch, wenn der Vorstand ermächtigt wurde (§ 203 Abs. 2 AktG), das **Bezugsrecht** der Aktionäre **auszuschließen.** Hat schon die Hauptversammlung das Bezugsrecht ausgeschlossen, gilt die Regelung entsprechend.[6024] Hier ist besonders darauf zu achten, dass der Ausschluss des Bezugsrechts im Gesellschaftsinteresse liegt[6025] und der Ausgabekurs möglichst hoch ist.[6026]

[6011] Enger *Vetter* ZGR 2020, 35 ff.: Vertretung durch Aufsichtsrat nur, wenn die Eigenverantwortlichkeit und Unabhängigkeit des Aufsichtsrats bei der Prozessführung zur Sicherung seines Überwachungsauftrags besonderen Schutz verdient.
[6012] Ebenso *von Falkenhausen* EWiR 12/2008, 357 (358).
[6013] Hüffer/Koch/*Koch* AktG § 202 Rn. 21; MHdB AG/*Scholz* § 59 Rn. 44.
[6014] Vgl. *Lutter/Krieger/Verse* AR Rn. 77.
[6015] Grigoleit/*Rieder/Holzmann* AktG § 202 Rn. 24.
[6016] Unstr. MüKoAktG/*Bayer* AktG § 202 Rn. 92.
[6017] OLG Frankfurt a. M. AG 2011, 631 (634) mwN.
[6018] Hüffer/Koch/*Koch* AktG § 202 Rn. 22.
[6019] Zur Prüfungspflicht des Registergerichts MüKoAktG/*M. Arnold* AktG § 210 Rn. 18 ff.
[6020] AllgM Hüffer/Koch/*Koch* AktG § 202 Rn. 22.
[6021] MüKoAktG/*Bayer* AktG § 204 Rn. 23.
[6022] *Lutter/Krieger/Verse* AR Rn. 496.
[6023] OLG Düsseldorf BeckRS 2009, 6379.
[6024] Vgl. BGHZ 136, 133 (140) = NJW 1997, 2815 – Siemens/Nold; MüKoAktG/*Bayer* AktG § 204 Rn. 23 mwN.
[6025] BGH NZG 2007, 907 Rn. 4 f.; BGH NJW-RR 2006, 471 Rn. 5; BGHZ 136, 133 (140) = NJW 1997, 2815 – Siemens/Nold; Grigoleit/*Rieder/Holzmann* AktG § 203 Rn. 20 ff. mwN; Hüffer/Koch/*Koch* AktG § 203 Rn. 27.

Andernfalls machen sich Vorstands- und Aufsichtsratsmitglieder gegenüber der Gesellschaft ersatzpflichtig (§ 93 Abs. 2 AktG, § 116 AktG), soweit ihr ein Schaden entsteht.[6027]

2650 Die Zustimmung wird durch einen gesonderten Beschluss erteilt und kann auch auf einen Ausschuss delegiert werden. Eine Generalzustimmung ist auch hier unzulässig (→ Rn. 2645). Grundsätzlich steht es dem Aufsichtsrat frei, ob er seine Zustimmung vor oder nach dem Vorstandsbeschluss erteilt.

2651 Unzulässig ist aber eine **pauschale Vorabzustimmung** zu einer vom Vorstand noch gar nicht beschlossenen Kapitalerhöhung.[6028] Eine derartige Zustimmung ist nicht mit der Überwachungsfunktion des Aufsichtsrats zu vereinbaren. Um prüfen zu können, ob die wirtschaftlichen Marktbedingungen, das Emissionsklima und die Unternehmenssituation günstig für die konkrete Kapitalerhöhung sind, muss ihm der Vorstandsbeschluss bekannt sein.[6029] Aus Gründen der Praktikabilität kann der Aufsichtsrat aber im Voraus einer eng begrenzten Preisspanne für den Ausgabekurs als Ergebnis eines **Bookbuilding-Verfahrens** zustimmen.[6030] Dass das zulässig ist, zeigt § 186 Abs. 2 S. 1 AktG. Ebenso zulässig ist eine Mehrzuteilungsoption (sog. **Greenshoe**), die der Kursstabilisierung dient.[6031]

2652 Die Zustimmung gem. § 204 Abs. 1 S. 2 AktG ist von der Zustimmung zur Ausübung der Ermächtigung nach § 202 Abs. 3 S. 2 AktG zu unterscheiden. Jedoch liegt in der Zustimmung des Aufsichtsrats gem. § 204 Abs. 1 S. 2 AktG **zugleich** die Zustimmung zur Vorstandsentscheidung, das genehmigte Kapital auszunutzen.[6032] Die Zustimmung nach § 202 Abs. 3 S. 2 AktG wird daher nur in den seltenen Fällen relevant, in denen der Ermächtigungsbeschluss der Hauptversammlung den Inhalt der Aktienrechte und die Bedingungen der Aktienausgabe abschließend regelt und es keiner Entscheidung des Vorstands nach § 204 Abs. 1 S. 1 AktG mehr bedarf.[6033]

2653 Fehlt die Zustimmung des Aufsichtsrats, ist die Entscheidung des Vorstands über den Inhalt der Aktienrechte und die Bedingungen der Ausgabe schwebend unwirksam, sodass der Vorstand die Kapitalerhöhung **nicht vornehmen darf**.[6034] Führt er die Kapitalerhöhung trotzdem durch, sind sämtliche Maßnahmen **im Außenverhältnis wirksam**.[6035] Schließlich sollen gesellschaftsinterne Fehler bei der Geschäftsführung nicht zu Lasten Außenstehender gehen. Abgeschlossene Zeichnungsverträge sind somit wirksam. Erkennt das Registergericht das Fehlen der Zustimmung, hat es die Eintragung abzulehnen.[6036]

2654 Nimmt der Vorstand die Kapitalerhöhung trotz fehlender oder versagter Zustimmung des Aufsichtsrats vor, handelt er im **Innenverhältnis pflichtwidrig** und haftet nach Maßgabe von § 93 Abs. 2 AktG.

2655 Für die Durchführung einer Kapitalerhöhung gegen Sacheinlagen müssen gem. § 205 Abs. 2 AktG der Gegenstand der Sacheinlage, die Person, von der die Gesellschaft die Einlage erwirbt, und der Nennbetrag der bei der Sacheinlage zu gewährenden Aktie vom Vorstand **festgesetzt** werden. Die Festsetzung **soll** gem. § 205 Abs. 2 S. 2 AktG nur mit Zustimmung des Aufsichtsrats getroffen werden. Daher gelten die Ausführungen zu § 202 Abs. 3 S. 2 AktG entsprechend (→ Rn. 2644).

VI. Mitwirkung an Satzungsänderungen

2656 Die Hauptversammlung kann die Befugnis zu Satzungsänderungen, die nur die Fassung betreffen, dem Aufsichtsrat übertragen (§ 179 Abs. 1 S. 2 AktG). Statt der kostspieligen Einberufung von (außerordentlichen) Hauptversammlungen bezweckt die Vorschrift damit, dass der Aufsichtsrat die Satzung schnell und flexibel an die neuen Verhältnisse anpassen kann.[6037] Dabei ist der Aufsichtsrat nur zu **Fassungsänderungen** ermächtigt. Gemeint sind damit Änderungen, die nur die sprachliche Form der Satzung betreffen, ihren Inhalt aber unberührt lassen.[6038]

[6026] Vgl. zur drohenden Haftung der Organmitglieder BGHZ 164, 249 (254 ff.) = NJW 2006, 374 – Mangusta/Commerzbank II; im Ansatz schon BGHZ 136, 133 (140 f.) = NJW 1997, 2815 – Siemens/Nold.
[6027] MüKoAktG/*Bayer* AktG § 203 Rn. 173 mwN.
[6028] MüKoAktG/*Bayer* AktG § 204 Rn. 24; BeckOGK/*Wamser* AktG § 204 Rn. 42.
[6029] Grigoleit/*Rieder*/*Holzmann* AktG § 204 Rn. 8.
[6030] BeckOGK/*Wamser* AktG § 204 Rn. 42; MHdB AG/*Scholz* § 59 Rn. 48.
[6031] BGH NZG 2009, 589 Rn. 7; so auch KG NZG 2008, 29 (30 f.); ferner MüKoAktG/*Bayer* AktG § 204 Rn. 21.
[6032] AllgM MHdB AG/*Scholz* § 59 Rn. 44 mwN.
[6033] MüKoAktG/*Bayer* AktG § 202 Rn. 91; BeckOGK/*Wamser* AktG § 202 Rn. 92.
[6034] Kölner Komm AktG/*Lutter* AktG § 204 Rn. 16; BeckOGK/*Wamser* AktG § 204 Rn. 47.
[6035] HM Hüffer/Koch/*Koch* AktG § 204 Rn. 8; K. Schmidt/Lutter/*Veil* AktG § 204 Rn. 13; **aA** NK-AktR/*Groß*/*T. Fischer* AktG § 204 Rn. 21; ähnlich GroßkommAktG/*Hirte* AktG § 204 Rn. 20 f.
[6036] HM MüKoAktG/*Bayer* AktG § 204 Rn. 28 mwN; Hüffer/Koch/*Koch* AktG § 204 Rn. 9; diff. Grigoleit/*Rieder*/*Holzmann* AktG § 204 Rn. 10; GroßkommAktG/*Hirte* AktG § 204 Rn. 20.
[6037] BeckOGK/*Holzborn* AktG § 179 Rn. 108.
[6038] ÖOHG AG 2002, 583 (584); MüKoAktG/*Stein* AktG § 179 Rn. 159.

2657 Die **Abgrenzung** zwischen reiner Fassungsänderung und Inhaltsänderung ist im Einzelfall schwierig. Zur Wahrung der exklusiven Hauptversammlungszuständigkeit (vgl. § 179 Abs. 1 S. 1 AktG)[6039] ist im Zweifel von einer Inhaltsänderung auszugehen. Satzungsänderungen im materiellen Sinne können dem Aufsichtsrat nicht überlassen werden. Um unwirksame Satzungsänderungen zu vermeiden, sollte daher in Zweifelsfällen auf die Einbeziehung des Aufsichtsrats verzichtet und die Sache der Hauptversammlung vorgelegt werden.[6040]

2658 Als Fassungsänderung ist anerkannt, dass die Hauptversammlung inhaltliche Satzungsänderungen beschließt und die sprachliche Formulierung dem Aufsichtsrat überlässt.[6041] Der Aufsichtsrat hat dann gem. § 179 Abs. 1 S. 2 AktG nicht nur die „Befugnis", sondern die **Pflicht**, eine Formulierung zu treffen, um dem Vorstand die Anmeldung der Satzungsänderung nach § 181 AktG zu ermöglichen.[6042] Praktisch bedeutsam wird das bei Beschlüssen über eine **Kapitalerhöhung,** mit Ausnahme der Kapitalerhöhung aus Gesellschaftsmitteln,[6043] oder bei Umwandlung von Vorzugs- in Stammaktien.[6044]

2659 Weitere **Beispiele** bloßer Fassungsänderungen sind:
– die Streichung von Bestimmungen, die infolge einer Gesetzesänderung unrichtig oder überflüssig geworden sind (vgl. § 26 Abs. 5 AktG, § 27 Abs. 5 AktG),[6045]
– die Streichung obsolet gewordener Bestimmungen, wie etwa zum genehmigten Kapital nach Fristablauf (§ 202 Abs. 1 AktG) (→ Rn. 2644) oder zum bedingten Kapital (§ 192 AktG) nach Zweckfortfall wegen Ablauf der Ermächtigung,[6046]
– die Anpassung des Grundkapitals nach einer Kapitalerhöhung (zB nach Ausnutzung genehmigten Kapitals) oder nach einer Kapitalherabsetzung[6047]

2660 Die Hauptversammlung kann den Aufsichtsrat nicht nur für den konkreten **Einzelfall**, sondern auch **generell** zu sämtlichen Fassungsänderungen ermächtigen.[6048] Die generelle Ermächtigung muss aber zusätzlich im Wege der Satzungsänderung aufgenommen werden, sofern nicht bereits die Gründungssatzung eine entsprechende Befugnis des Aufsichtsrats vorsieht.[6049] Bei der Einzelfallermächtigung bedarf es hingegen keiner Aufnahme in die Satzung. In beiden Fällen ist aber ein Hauptversammlungsbeschluss mit satzungsändernder Mehrheit nach § 179 Abs. 2 AktG erforderlich.[6050]

2661 Soweit keine besonderen Pflichten bestehen (→ Rn. 2658), entscheidet der Aufsichtsrat nach **pflichtgemäßen Ermessen** darüber, ob die Satzung formell änderungsbedürftig ist.[6051] Unterlässt der Aufsichtsrat pflichtwidrig die Vornahme einer Fassungsänderung, haften seine Mitglieder nach § 93 Abs. 2 AktG, § 116 AktG, soweit der Gesellschaft dadurch ein Schaden entstanden ist.

2662 Adressat der Ermächtigung kann nur der **Aufsichtsrat als Organ** sein. Dagegen kann die Hauptversammlung weder Mitglieder noch den Vorsitzenden des Aufsichtsrats noch einen Aufsichtsratsausschuss[6052] zur Fassungsänderung ermächtigen. Angesichts des eindeutigen Wortlauts von § 179 Abs. 1 S. 2 AktG scheidet auch eine Übertragung der Befugnis an den Vorstand aus. Eine Ausnahme davon sieht das Gesetz allein im Rahmen des vereinfachten Einziehungsverfahrens in § 237 Abs. 3 Nr. 3 Hs. 2 AktG vor, bei dem der Vorstand ermächtigt werden kann, die Zahl der Aktien in der Satzung anzupassen. Daher und mit Blick auf das aktienrechtliche Kompetenzgefüge ist auch eine Notzuständigkeit des Vorstands für Anpassungen des Satzungstextes nach einer Kapitalerhöhung bei unterbliebener Delegation an den Aufsichtsrat abzulehnen.[6053]

2663 Über die Fassungsänderung der Satzung entscheidet der Aufsichtsrat durch **Beschluss mit einfacher Mehrheit** (§§ 107, 108 AktG). Diese Befugnis kann er auch an einen Ausschuss delegieren (vgl. § 107 Abs. 3 S. 7 AktG).[6054] Der Beschluss ist in die Niederschrift aufzunehmen (§ 107 Abs. 2 AktG). Darüber

---

[6039] Vgl. OLG München AG 2014, 674.
[6040] LG Stuttgart VerBAV 1968, 167; MüKoAktG/*Stein* AktG § 179 Rn. 160.
[6041] Unstr. MüKoAktG/*Stein* AktG § 179 Rn. 161; Hüffer/Koch/*Koch* AktG § 179 Rn. 11.
[6042] MüKoAktG/*Stein* AktG § 179 Rn. 165 f.; Bürgers/Körber/*Körber* AktG § 179 Rn. 30.
[6043] BayObLG AG 1974, 24 (26); BeckOGK/*Holzborn* AktG § 179 Rn. 110.
[6044] OLG Köln NZG 2002, 966 (969); LG Köln AG 2002, 103 (104).
[6045] MüKoAktG/*Stein* AktG § 179 Rn. 162.
[6046] OLG München AG 2014, 674 (675).
[6047] *Kallweit/Simons* AG 2014, 352 (358) zur Kapitalherabsetzung durch Einziehung gem. §§ 237 ff. AktG.
[6048] Mittlerweile allgM Hölters/*Haberstock/Greitemann* AktG § 179 Rn. 40; nunmehr auch Kölner Komm AktG/*Zetzsche* AktG § 179 Rn. 366.
[6049] Grigoleit/*Ehmann* AktG § 179 Rn. 10; Bürgers/Körber/*Körber* AktG § 179 Rn. 30.
[6050] EinhM MüKoAktG/*Stein* AktG § 179 Rn. 167 mwN; **aA** K. Schmidt/Lutter/*Seibt* AktG § 179 Rn. 23; wohl auch MHdB AG/*Austmann* § 40 Rn. 76.
[6051] MüKoAktG/*Stein* AktG § 179 Rn. 166.
[6052] EinhM Kölner Komm AktG/*Zetzsche* AktG § 179 Rn. 367 mwN; **aA** GroßkommAktG/*Wiedemann* AktG § 179 Rn. 109; Henssler/Strohn/*Strohn* AktG § 179 Rn. 12.
[6053] EinhM Grigoleit/*Ehmann* AktG § 179 Rn. 10; **aA** Cahn AG 2001, 181 (184 f.); Cahn AG 2001, 579 (584).
[6054] Unstr. MHdB AG/*Austmann* § 40 Rn. 76.

2664 hinaus bedarf er keiner besonderen Form, insbesondere keiner notariellen Beurkundung.[6055] Der Aufsichtsrat hat den Beschluss dem Vorstand mitzuteilen, damit der Vorstand die Eintragung ins Handelsregister anmelden kann (§ 181 Abs. 1 AktG).

2664 Ein Hauptversammlungsbeschluss, der den Aufsichtsrat zu Inhaltsänderungen ermächtigt, ist gem. § 241 Nr. 3 AktG nichtig. Daher sind alle aufgrund dieser Ermächtigung ergangenen Aufsichtsratsbeschlüsse **ebenfalls nichtig.** Ein Beschluss des Aufsichtsrats ist außerdem nichtig, wenn er die Grenzen der Ermächtigung der Hauptversammlung überschritten hat, wenn gar keine Ermächtigung erteilt war oder wenn eine unzulässige Inhaltsänderung beschlossen wurde.[6056] Die Einhaltung dieser Grenzen prüft das Registergericht. Ein nichtiger Aufsichtsratsbeschluss wird durch die Eintragung in das Handelsregister (§ 181 AktG) nicht geheilt.[6057]

VII. Gespräche mit Investoren

1. Rechtlicher Rahmen

2665 Gespräche zwischen dem Aufsichtsratsvorsitzenden und Investoren finden zumindest in großen börsennotierten Aktiengesellschaften mit breitem Streubesitz regelmäßig statt.[6058] Sie dienen aus Sicht der Investoren dem **Informationsaustausch** und der Vorbereitung strategischer Entscheidungen, insbesondere der Besetzung des Aufsichtsrats. Solche Gespräche werden von institutionellen Investoren anglo-amerikanischer Prägung erwartet. Die Anregung in Ziff. A 4 DCGK, wonach der Aufsichtsratsvorsitzende in angemessenem Rahmen zu Investorengesprächen über aufsichtsratsspezifische Themen bereit sein sollte, reflektiert damit eine **gängige Kapitalmarktpraxis.** Die typischen Hauptversammlungen deutscher Publikumsgesellschaften mit ihren Reden, Fragen- und Antwortenrunden sind kein ausreichendes Forum für einen vertieften Dialog zwischen Aufsichtsrat und Investoren. Die mittlerweile vorherrschende Auffassung in der Literatur hält Investorengespräche des Aufsichtsratsvorsitzenden für **grundsätzlich zulässig.**[6059] Für die Gesellschaft können Gespräche des Aufsichtsratsvorsitzenden mit Investoren nützlich sein, um zuzuhören und die Interessen der Aktionäre ungefiltert zu erfahren. Im Sinne aktiver Kommunikation bieten sie die Gelegenheit, im Kreis der (potentiellen) Aktionäre um Vertrauen und Akzeptanz zu werben oder sich im Krisenfall der Unterstützung wesentlicher Aktionäre zu versichern.

2666 **Rechtliche Schranken** für den Dialog zwischen Aufsichtsrat(svorsitzendem) und Investoren erwachsen aus der aktienrechtlichen Kompetenzordnung, dem Insiderrecht, der Verschwiegenheitspflicht und dem Grundsatz der Gleichbehandlung der Aktionäre.

a) Aktienrechtliche Kompetenzordnung

2667 Nach der aktienrechtlichen Kompetenzordnung ist Unternehmenskommunikation und Investor-Relations-Arbeit grundsätzlich Angelegenheit des Vorstands.[6060] Nimmt man jedoch zutreffend eine **Annexkompetenz des Aufsichtsrats zur Außenkommunikation** in aufsichtsratsspezifischen Sachthemen an,[6061] lässt sich damit im Wege der Rechtsfortbildung auch die Kompetenz des Aufsichtsrats zur Außenkommunikation mit Aktionären und Stimmrechtsberatern begründen.[6062]

[6055] BeckOGK/*Holzborn* AktG § 179 Rn. 113.
[6056] Grigoleit/*Ehmann* AktG § 179 Rn. 11.
[6057] Kölner Komm AktG/*Zetzsche* AktG § 179 Rn. 369; K. Schmidt/Lutter/*Seibt* AktG § 179 Rn. 26.
[6058] *Hirt/Hopt/Matthesius* AG 2016, 727 (728); empirisch *Tietz/Hammann/Hoffmann* Der Aufsichtsrat 2019, 69.
[6059] *Bachmann* VGR 22 (2017), 135 (155); *Roth* ZGR 2012, 343 (370); *Fleischer/Bauer/Wansleben* DB 2015, 360 (365); *Leyendecker-Langner* NZG 2015, 44 (45 f.); *Hirt/Hopt/Matthesius* AG 2016, 727 (733); *Grunewald* ZIP 2016, 2009 (2010 f.); *Holle* ZIP 2019, 1895 (1897); GroßkommAktG/*Hopt/Roth* AktG § 111 Rn. 577; Kölner Komm AktG/*Mertens/Cahn* AktG § 107 Rn. 61; MüKoAktG/*Habersack* AktG § 116 Rn. 67; KBLW/*Kremer* DCGK Rn. 1269 ff.; *Drinhausen/Marsch-Barner* AG 2014, 337 (349); **aA** *Koch* AG 2017, 129 (131 f.); *E. Vetter* AG 2014, 387; Lutter/Krieger/*Verse* AR Rn. 684.
[6060] Regierungsbegründung zum TransPuG BT-Drs. 14/8769, 18; *Koch* AG 2017, 129 (130).
[6061] *Veil* ZHR 172 (2008), 239 (264 ff.); *Roth* ZGR 2012, 343 (370); *Fleischer/Bauer/Wansleben* DB 2015, 360 (365); *Leyendecker-Langner* NZG 2015, 44 (45 f.); *Hirt/Hopt/Matthesius* AG 2016, 727 (733); Lutter/Krieger/*Verse* AR Rn. 683; Kölner Komm AktG/*Mertens/Cahn* AktG § 107 Rn. 61; GroßkommAktG/*Hopt/Roth* AktG § 107 Rn. 152; K. Schmidt/Lutter AktG/*Drygala* AktG § 107 Rn. 25; KBLW/*Kremer* DCGK Rn. 1268; *Grunewald* ZIP 2016, 2009 (2010 f.); Henssler/Strohn/*Henssler* AktG § 107 Rn. 10; *Kocher* DB 2016, 2887 (2890); *Drinhausen/Marsch-Barner* AG 2014, 337 (349); *v. Werder* DB 2017, 977 (983); *Schilha/Teusinger* NZG 2019, 521 (522); **aA** Hüffer/Koch/*Koch* AktG § 111 Rn. 34 f.; GroßkommAktG/*Kort* AktG § 76 Rn. 9a.
[6062] *Bachmann* VGR 22 (2017), 135 (155); *Roth* ZGR 2012, 343 (370); *Fleischer/Bauer/Wansleben* DB 2015, 360 (365); *Leyendecker-Langner* NZG 2015, 44 (45 f.); *Hirt/Hopt/Matthesius* AG 2016, 727 (733); *Grunewald* ZIP 2016, 2009 (2010 f.); *Holle* ZIP 2019, 1895 (1897); GroßkommAktG/*Hopt/Roth* AktG § 111 Rn. 577; Kölner Komm AktG/*Mertens/Cahn* AktG § 107 Rn. 61; MüKoAktG/*Habersack* AktG § 116 Rn. 67; KBLW/*Kremer* DCGK Rn. 1269 ff.;

Aus der Annexkompetenz folgt jedoch noch **keine rechtliche Pflicht** des Aufsichtsrats bzw. des Auf- 2668
sichtsratsvorsitzenden, einzelne Aktionäre, Stimmrechtsberater oder Interessenten für den Erwerb von Aktien über aufsichtsratspezifische Themen oder die Inhalte der Aufsichtsratstätigkeit zu informieren. Ob solche Gespräche geführt werden, kann der Aufsichtsrat nach eigenem Ermessen unter Ausrichtung am Unternehmensinteresse entscheiden.

Stark umstritten ist die Frage, ob dem Aufsichtsratsvorsitzenden als Repräsentanten des Organs gegen- 2669
über Dritten eine eigene Kompetenz zur Führung von Investorengesprächen zusteht[6063] oder ob eine vorherige **Ermächtigung des Aufsichtsratsplenums** erforderlich ist.[6064] Richtigerweise wird man aufgrund der Ausgestaltung des Aufsichtsrats als Kollegialorgan eine Ermächtigung des Aufsichtsrats für den Vorsitzenden verlangen müssen. Die grundsätzliche Entscheidung, ob der Aufsichtsratsvorsitzende solche Gespräche führt, liegt beim Aufsichtsrat. Eine Ermächtigung des Aufsichtsratsvorsitzenden kann sich allgemein aus der **Geschäftsordnung** oder einem **Aufsichtsratsbeschluss,** einer Kommunikationsordnung[6065] oder konkludent aus der Akzeptanz einer entsprechenden dauernden Übung ergeben. Für eine solche Ermächtigung ist es ausreichend, wenn der Aufsichtsrat zum Ausdruck bringt, dass und ggf. unter welchen Voraussetzungen der Aufsichtsratsvorsitzende zu Gesprächen mit Investoren berechtigt ist.

b) Zulässige Gesprächsinhalte

Nach überwiegender Auffassung kann der Aufsichtsratsvorsitzende mit Investoren über Themen sprechen, 2670
die **originär in die Sphäre des Aufsichtsrats** gehören bzw. dem Aufsichtsrat zur alleinigen Entscheidung anvertraut sind.[6066]

Dazu gehören die **Zusammensetzung der Anteilseignerseite** im Aufsichtsrat sowie die Vergütung 2671
der Aufsichtsratsmitglieder, da der Aufsichtsrat der Hauptversammlung entsprechende Vorschläge zu unterbreiten hat. Dieser Themenkomplex umfasst das Kompetenzprofil des Aufsichtsrats, Fragen der Diversität, der **Nachfolgeplanung** und des Auswahlprozesses für Kandidaten. Auch der Umgang mit **Interessenkonflikten** innerhalb des Aufsichtsrats kann Gegenstand eines Investorendialogs sein. Aufsichtsratsspezifisch sind die Einrichtung und Besetzung einzelner **Aufsichtsratsausschüsse** einschließlich deren Aufgaben. Die Wahl und die Zusammenarbeit mit dem **Abschlussprüfer** sind ebenfalls der Sphäre des Aufsichtsrats zuzurechnen.

Investoren interessieren sich typischerweise für die **Vorstandsbesetzung,** die Nachfolgeplanung, die 2672
Geschäftsverteilung und die Vorstandsvergütung. Darüber kann der Aufsichtsratsvorsitzende sprechen, muss aber die besondere **Vertraulichkeit von Personalentscheidungen** im Blick behalten, ebenso wie das berechtigte Interesse möglicher Kandidaten an der Geheimhaltung einer Bewerbung. Anforderungsprofil und Auswahlkriterien für Vorstandsmitglieder können mit Investoren besprochen werden, konkrete Kandidaten für eine Neubestellung oder Abberufung sollten nicht Gegenstand eines Dialogs sein. Aus dem Gebot der Loyalität[6067] folgt, dass der Aufsichtsratsvorsitzende den Vorstand in Investorengesprächen nicht beschädigen darf.

Gleiches gilt für Gespräche mit Investoren über die **Prüfung und Geltendmachung von Schadens-** 2673
ersatzansprüchen gegen Vorstandsmitglieder nach der ARAG/Garmenbeck-Rechtsprechung (dazu → Rn. 2425 ff.). Der Aufsichtsratsvorsitzende darf nicht anlasslos über vertrauliche Prüfungen von Pflichtverletzungen von (amtierenden) Vorstandsmitgliedern mit Investoren sprechen. Gespräche über derartige Maßnahmen des Aufsichtsrats sind allenfalls dann angezeigt, wenn ein Fehlverhalten aufgrund öffentlich bekannter Umstände naheliegt. Anlass für die Diskussion solcher Fragen mit Investoren könnte beispielsweise eine öffentlich bekannte behördliche Untersuchung möglicher Pflichtverletzungen sein oder Maßnahmen, die der Zustimmung der Hauptversammlung bedürfen, wie ein Vergleich mit betroffenen Vorstandsmitgliedern oder die Übernahme einer Geldauflage oder Geldbuße.[6068]

Drinhausen/Marsch-Barner AG 2014, 337 (349); **aA** *Koch* AG 2017, 129 (131 f.); *E. Vetter* AG 2014, 387; *Lutter/Krieger/Verse* AR Rn. 684.
[6063] *Roth* ZGR 2012, 343 (370); *Hirt/Hopt/Mattheus* AG 2016, 725 (734 f.); *Fleischer/Bauer/Wansleben* DB 2015, 360 (363); *Roth* ZGR 2012, 343 (370).
[6064] MüKoAktG/*Habersack* AktG § 116 Rn. 67; *Holle* ZIP 2019, 1895 (1900); Hüffer/Koch/*Koch* § 111 Rn. 34; *Koch* AG 2017, 129 (135 f.); DAV-HRA NZG 2017, 55 (59 f.); diff. *Bachmann* VGR 22 (2017), 135 (171 ff.).
[6065] Dazu *Bachmann* VGR 22 (2017), 135 (171 ff.); *Koch* AG 2017, 129 (135 f.); MüKoAktG/*Habersack* AktG § 116 Rn. 67.
[6066] GroßkommAktG/*Hopt/Roth* AktG § 111 Rn. 579; KBLW/*Kremer* DCGK Rn. 1270; *Holle* ZIP 2019, 1895 (1897); *Hirt/Hopt/Mattheus* AG 2016, 725 (734); *Fleischer/Bauer/Wansleben* DB 2015, 360 (364); strenger MüKoAktG/*Habersack* AktG § 116 Rn. 67: nur diejenigen Bereiche, in denen der Vorstand zur Informationserteilung außerstande ist.
[6067] *Hirt/Hopt/Mattheus* AG 2016, 727 (735); *E. Vetter* AG 2014, 387 (392).
[6068] BGHZ 202, 26 (33 ff.) = NZG 2014, 1058 (1059); Hüffer/Koch/*Koch* AktG § 93 Rn. 77, § 84 Rn. 23; MüKoAktG/*Spindler* AktG § 84 Rn. 100 f.; *M. Arnold* in Marsch-Barner/Schäfer Börsennotierte AG-HdB Rn. 22.57; kri-

2674 Teilweise wird vertreten, dass auch über Fälle, in denen Vorstandsmitglieder einem Interessenkonflikt unterliegen, ein Austausch mit einzelnen Aktionären oder Stimmrechtsberatern stattfinden könne.[6069] Dem ist entgegenzuhalten, dass der Umgang mit konkreten Interessenkonflikten von Vorstandsmitgliedern primär in die Zuständigkeit des Vorstands fällt. Nur bei **dauerhaften und schwerwiegenden Interessenkonflikten** eines Vorstandsmitglieds ist es Aufgabe des Aufsichtsrats, Personalmaßnahmen zu prüfen. Daraus folgt, dass sich der Aufsichtsratsvorsitzende selbstverständlich die Ansicht von Aktionären zu etwaigen Interessenkonflikten von Vorstandsmitgliedern anhören kann, sich aber bei eigenen Aussagen sehr zurückhalten sollte.

2675 Nicht zu den originären Kompetenzen des Aufsichtsrats gehört die Geschäftsführung (§ 111 Abs. 4 S. 2 AktG). Bei Aussagen zur **Unternehmensstrategie und der Unternehmensleitung** ist deshalb der Aufsichtsratsvorsitzende in Investorengesprächen zur **Zurückhaltung** verpflichtet. Die Entwicklung, Umsetzung und Kommunikation der Unternehmensstrategie gehört zu den Leitungsaufgaben des Vorstands. Stellungnahmen des Aufsichtsratsvorsitzenden im Investorendialog müssen sich daher im Regelfall auf die **Erläuterung** und gegebenenfalls Unterstützung der vom Vorstand entwickelten Unternehmensstrategie beschränken.[6070] Eine offensivere Kommunikation des Aufsichtsratsvorsitzenden kann in **Krisensituationen** angezeigt sein, sei es bei Attacken aktivistischer Aktionäre oder wenn es darum geht, von Seiten des Aufsichtsrats im Aktionärskreis für ein Sanierungskonzept oder Sanierungsmaßnahmen zu werben.

2676 Für die Praxis hilfreich sind die von der Initiative Developing Shareholder Communication entwickelten **Leitsätze für Investorengespräche**.[6071] Investorengespräche sollten nicht nur als Befragung durch den Aktionär verstanden werden. Ein echter **Dialog** mit Investoren bietet dem Aufsichtsratsvorsitzenden die Gelegenheit, Meinungen und Stimmungen aus dem Aktionärskreis zu erfahren, Besonderheiten der Corporate Governance des Unternehmens zu erläutern und für Entscheidungen des Aufsichtsrats zu werben. Auch als Resonanzboden für Überlegungen des Aufsichtsrats lassen sich solche Gespräche nutzen.

c) Insiderrecht

2677 Das Verbot nach Art. 14 lit. c MMVO, **Insiderinformationen** der Gesellschaft offenzulegen, gilt selbstverständlich auch bei Gesprächen mit Investoren.[6072] Es gibt keinen Rechtssatz und keine etablierte Marktpraxis iSd Art. 13 MMVO, die eine Offenlegung von Insiderinformationen durch den Aufsichtsratsvorsitzenden in Einzelgesprächen mit Investoren erlauben. Die Offenlegung von Insiderinformationen seitens des Aufsichtsratsvorsitzenden gegenüber einzelnen Investoren fällt nicht unter die Ausnahmeregelung des Art. 10 Abs. 1 MMVO,[6073] da die Offenlegung gegenüber diesem Personenkreis für die Wahrnehmung der Aufsichtsratsaufgaben nicht unerlässlich iSd EuGH-Rechtsprechung[6074] ist. Marktsondierungen nach Art. 11 MMVO sind Aufgabe des Vorstands, nicht des Aufsichtsrats. Angesichts der strikten Reglementierung sollten deshalb Investorengespräche unmittelbar vor der Offenlegung von Finanzberichten der Gesellschaft vermieden werden.

d) Verschwiegenheitspflicht

2678 Die **Verschwiegenheitspflicht der Aufsichtsratsmitglieder** gemäß § 116 AktG (dazu → § 3 Rn. 492 ff.) besteht gegenüber allen nicht zu den Organmitgliedern der Gesellschaft gehörenden Personen.[6075] Grundsätzlich ist allein der **Vorstand „Herr der Gesellschaftsgeheimnisse"** und kann im Einzelfall nach sorgfältiger Abwägung der widerstreitenden Interessen für eine Offenbarung optieren und die betreffende vertrauliche Angabe oder das Geheimnis öffentlich machen.[6076] Allerdings bedeutet dies für den Aufsichtsrat und dessen Vorsitzenden **kein umfassendes Schweigegebot** in jeder Hinsicht. Es ist anerkannt, dass der Aufsichtsrat sich in Einzelfällen selbst von der Verschwiegenheitspflicht befreien kann, soweit dies aus dem Aufsichtsrat selbst stammende Umstände, wie Abstimmungsgegenstände und Diskus-

---

tisch zur Zuständigkeit der Hauptversammlung *Altmeppen* FS D. Weber, 2016, 7 (20 ff.); *Hasselbach/Seibel* AG 2008, 770 (776).
[6069] *Hirt/Hopt/Mattheus* AG 2016, 727 (734); GroßkommAktG/*Hopt/Roth* AktG § 111 Rn. 579.
[6070] GroßkommAktG/*Hopt/Roth* AktG § 111 Rn. 579; *Fleischer/Bauer/Wansleben* DB 2015, 360 (365); *Hirt/Hopt/Mattheus* AG 2016, 727 (734): „besondere Zurückhaltung"; gegen jede Kommunikationskompetenz des Aufsichtsrats bei Geschäftsführung und Strategie *E. Vetter* AG 2014, 387 (392); *Grunewald* ZIP 2016, 2009 (2011 ff.); MüKoAktG/*Habersack* AktG § 116 Rn. 67.
[6071] AG 2016, R300 ff.
[6072] *Hirt/Hopt/Mattheus* AG 2016, 727 (735 f.).
[6073] *Bachmann* FS Schwark, 2009, 331 (337); *Klöhn* MAR Art. 10 Rn. 115, 192 f.
[6074] EuGH Slg. 2005, I-9939 = NJW 2006, 133 – Bongard Bang.
[6075] HM, BGH NJW 2016, 2569 (2570); *Lutter* Information und Vertraulichkeit Rn. 611.
[6076] BGHZ 64, 325 (329) = NJW 1975, 1412; BGH NZG 2014, 423 Rn. 77; BGH NJW 2016, 2569 (2571).

sionsinhalte, betrifft.⁶⁰⁷⁷ Dabei ist der BGH der Auffassung, dass ein Aufsichtsratsmitglied nicht im Vorhinein für einen bestimmten Themenbereich generell von der Schweigepflicht entbunden werden könne.⁶⁰⁷⁸ Allein das objektiv zu beurteilende **Interesse des Unternehmens** an der Geheimhaltung bestimmt die Reichweite und den Inhalt der Verschwiegenheitspflicht. Der Aufsichtsrat bzw. nach entsprechender Ermächtigung der Aufsichtsratsvorsitzende ist daher berechtigt, im Rahmen seiner Zuständigkeiten und Aufgaben zu prüfen und zu entscheiden, ob und welche Informationen er Investoren gegenüber offenlegt.⁶⁰⁷⁹ Die aktienrechtliche Verschwiegenheitspflicht verbietet nicht die Offenlegung von Informationen aus der Sphäre des Aufsichtsrats gegenüber Investoren, sofern sie im Unternehmensinteresse liegt, dh das **Unternehmen mehr nützt als schadet.**⁶⁰⁸⁰ Dabei ist der Aufsichtsratsvorsitzende verpflichtet, jeweils im **Einzelfall** zu prüfen, ob und in welchem Detaillierungsgrad Interna aus der Arbeit des Aufsichtsrats mit Investoren im Unternehmensinteresse geteilt werden können.

e) Gleichbehandlungsgrundsatz

§ 53a AktG und § 48 Abs. 1 Nr. 1 WpHG verlangen die **informationelle Gleichbehandlung** von Aktionären unter gleichen Voraussetzungen. Das schließt jedoch eine Bevorzugung bestimmter Aktionäre bei Vorliegen eines sachlichen Grundes nicht aus. Das Gebot der Gleichbehandlung im Aktienrecht lässt eine Ungleichbehandlung der Aktionäre dann zu, wenn sie sachlich berechtigt ist und damit nicht den Charakter der Willkür trägt.⁶⁰⁸¹ Voraussetzung eines **diskriminierungsfreien Investorendialogs** ist also eine sachlich begründete Auswahl. Die Auswahl der Gesprächsteilnehmer kann sich nach einer Ansicht daran orientieren, ob dem Gesprächspartner aufgrund seiner Funktion als relevanter Kapitalmarktteilnehmer und Meinungsmultiplikator eine besondere Bedeutung für das Unternehmen zukommt.⁶⁰⁸² Dabei soll nach einer Auffassung schon der Unterschied zwischen institutionellem Investor mit aktivem Engagement in Fragen der Corporate Governance und dem passiven Kleinaktionär zur Rechtfertigung ausreichen. Andere unterscheiden zwischen Marktteilnehmern mit einer Reputation als langfristig orientierte Investoren und solchen mit kurzfristiger Agenda.⁶⁰⁸³

Da die AG als Kapitalgesellschaft konzipiert ist, liegt es nahe, dass sich der Maßstab für die Gleichbehandlung grundsätzlich an der **Kapitalbeteiligung** orientiert.⁶⁰⁸⁴ Teile der Literatur wollen an die kleinste aktienrechtlich relevante Beteiligungsschwelle anknüpfen, die bei 1% gesehen wird.⁶⁰⁸⁵ Wenn man diesem Gedanken folgt, sollte jedoch bei der hier in Rede stehenden börsennotierten Gesellschaft an die **relevanten Meldeschwellen für Stimmrechte** angeknüpft werden und nach § 33 Abs. 1 WpHG eine Beteiligung von 3% als Untergrenze angesetzt werden. Dahinter steht der Gedanke, dass derjenige Investor, der sich als Inhaber einer bedeutenden Beteiligung öffentlich zu erkennen gibt, auch einen Anspruch darauf hat, beim Aufsichtsrat unmittelbares Gehör zu finden. Bei Gesellschaften mit sehr hoher Marktkapitalisierung kann diese Hürde den Dialog im Extremfall auf wenige Investoren beschränken. Eine formale Anknüpfung an eine bestimmte Beteiligungsschwelle ist jedoch nicht zwingend. Alternativ kann der Aufsichtsrat auch an einen bestimmten **Börsenwert** der Beteiligung anknüpfen.

Schließlich können unter dem Gesichtspunkt der Gleichbehandlung auch selektive Gespräche des Aufsichtsratsvorsitzenden zur Gewinnung eines **Ankeraktionärs** – deren aktien- und ggf. insiderrechtliche Zulässigkeit im Übrigen vorausgesetzt – aus Gründen des Unternehmensinteresses sachlich gerechtfertigt sein.⁶⁰⁸⁶

Eine besondere Ausprägung des Gleichbehandlungsgrundsatzes findet sich in **Empfehlung F.1 DCGK.** Die Gesellschaft soll den Aktionären unverzüglich sämtliche wesentlichen neuen Tatsachen, die Finanzanalysten und vergleichbaren Adressaten mitgeteilt worden sind, zur Verfügung stellen. Als vergleichbare Adressaten gelten auch Fondsmanager und institutionelle Investoren.⁶⁰⁸⁷ Führt der Aufsichtsratsvorsitzende Investorengespräche, hat er darauf zu achten, dass er keine neuen wesentlichen Tatsachen offenlegt. Tatsachen sind konkret eingetretene Ereignisse. Nicht zu den Tatsachen gehören Konzepte,

---

⁶⁰⁷⁷ BGHZ 193, 110 = NJW 2012, 2346 Rn. 40; BGHZ 196, 195 = NJW 2013, 1535 Rn. 30; Hüffer/Koch/*Koch* AktG § 116 Rn. 10.
⁶⁰⁷⁸ BGHZ 64, 325 (329) = NJW 1975, 1412.
⁶⁰⁷⁹ BGHZ 193, 110 (121) = NJW 2012, 2346.
⁶⁰⁸⁰ *Koch* AG 2017, 129 (139); *Holle* ZIP 2019, 1895 (1899).
⁶⁰⁸¹ BGHZ 120, 141 = NJW 1993, 400; BGH NZG 2018, 1019 (1022).
⁶⁰⁸² *Hirt/Hopt/Mattheus* AG 2016, 727 (738 f.).
⁶⁰⁸³ *Schiessl* AG 2009, 385 (391).
⁶⁰⁸⁴ MüKoAktG/*Götze* AktG § 53a Rn. 11.
⁶⁰⁸⁵ *Bachmann* VGR 22 (2017), 135 (168); *Holle* ZIP 2019, 1895 (1899).
⁶⁰⁸⁶ MüKoAktG/*Götze* AktG § 53a Rn. 14.
⁶⁰⁸⁷ KBLW/*v. Werder* DCGK Rn. 1611; *Bachmann* VGR 22 (2017), 135 (170).

Strategien oder Planungen sowie Meinungen und Erwartungen.[6088] Versteht man den wesentlichen Teil der Investorengespräche als Meinungsaustausch, dürfte sich dies meist vermeiden lassen.

f) Nachinformationsanspruch nach § 131 Abs. 4 AktG

2683 Nicht abschließend geklärt ist die Frage, ob Investorengespräche des Aufsichtsratsvorsitzenden einen **Nachinformationsanspruch** nach § 131 Abs. 4 AktG auslösen können. Nach hM setzt der Nachinformationsanspruch des § 131 Abs. 4 AktG eine Informationsweitergabe an Aktionäre voraus, die der Vorstand als Geschäftsführungsorgan vorgenommen oder veranlasst hat.[6089] Auf dieser Grundlage wird argumentiert, dass § 131 Abs. 4 AktG nicht anwendbar sei, wenn Informationen nicht vom Vorstand erteilt werden. Dies gelte auch für Informationen, die ein Aktionär durch Mitglieder des Aufsichtsrats erhält.[6090] Investorengespräche, die der Aufsichtsratsvorsitzende aufgrund eigener Kompetenz des Aufsichtsrats führt, sind nicht vom Vorstand veranlasst oder ihm zurechenbar. Daher ist § 131 Abs. 4 AktG **nicht direkt anwendbar**. Eine teleologische Erweiterung der Vorschrift unter dem Gesichtspunkt der informationellen Gleichbehandlung der Aktionäre wird von Teilen der Literatur befürwortet. Dementsprechend sollen Investorengespräche des Aufsichtsratsvorsitzenden einen Nachinformationsanspruch nach § 131 Abs. 4 AktG begründen.[6091] Konsequenz einer teleologischen Ausweitung wäre dann eine Auskunftspflicht des Aufsichtsrats in der Hauptversammlung. Eine solche Auskunftspflicht des Aufsichtsrats ist dem Recht der Hauptversammlung jedoch fremd. Sie lässt sich auch nicht aus dem Rechtsgedanken der Pflicht zur Erläuterung des Berichts des Aufsichtsrats (§ 176 Abs. 1 S. 2 AktG) begründen, denn den Aktionären steht kein Informationsanspruch zu Angelegenheiten aus der Sphäre des Aufsichtsrats zu.[6092] Zudem dürfte eine Auskunftspflicht des Aufsichtsrats nach § 131 Abs. 4 AktG dann entfallen, wenn der Aufsichtsrat sachliche Gründe hatte, aufsichtsratsspezifische Informationen nur gegenüber einer bestimmten Gruppe von Aktionären privilegiert im Rahmen eines Investorendialogs offenzulegen.[6093] In der Praxis dürfte die Bedeutung der Streitfrage aufgrund der hohen Anforderungen an die Darlegungslast für einen Nachinformationsanspruch keine wesentliche Rolle spielen.[6094]

2. Einbindung des Vorstands

2684 Nach stark vertretener Ansicht ist der Aufsichtsratsvorsitzende verpflichtet, den Vorstand bereits im Vorfeld über Gespräche mit Investoren zu informieren und zu **konsultieren**.[6095] Dies ist insoweit zutreffend, als es um die Festlegung **wesentlicher Leitlinien der Aktionärskommunikation** geht und um die Wahl des richtigen Zeitpunkts. Der Aufsichtsratsvorsitzende muss sich darüber informieren, mit welchen Botschaften und Sprachregelungen der Vorstand die Investorenkommunikation betreibt. Dazu sollte er sich zumindest mit dem Vorstandsvorsitzenden abstimmen und die Unterlagen der letzten Roadshows beschaffen. Es liegt grundsätzlich im Unternehmensinteresse, wenn Vorstand und Aufsichtsrat für das Unternehmen **mit einer Stimme sprechen** und nicht mit unterschiedlichen oder gar widersprüchlichen Botschaften gegenüber Investoren auftreten.[6096] Nur in seltenen Ausnahmefällen kann die Offenlegung unterschiedlicher Sichtweisen von Vorstand und Aufsichtsrat gegenüber Aktionären vertretbar sein,[6097] etwa bei offenen Konfliktlagen oder unterschiedlichen Auffassungen zu Übernahmeangeboten. Daneben muss der Vorstand die Möglichkeit haben, den Aufsichtsratsvorsitzenden vor Investorengesprächen über ihm bekannte aktuelle Erwartungshaltungen von Investoren zu informieren.

2685 Ferner wird es regelmäßig im Unternehmensinteresse liegen, wenn der Aufsichtsratsvorsitzende die wesentlichen Themen aus den Investorendialogen und die Sichtweise der Aktionäre dem Vorstand(svorsitzenden) **im Nachgang zu Investorengesprächen** berichtet.[6098] Ausnahmen bestehen, soweit aus der Natur der Sache eine Information des Vorstands über Angelegenheiten aus der Aufsichtsratssphäre nicht opportun ist, etwa bei Personalthemen.

[6088] KBLW/*v. Werder* DCGK Rn. 1698.
[6089] MüKoAktG/*Kubis* AktG § 131 Rn. 149 mwN.
[6090] LG Frankfurt NZG 2016, 622 (623); *Hirt/Hopt/Mattheus* AG 2016, 727 (738f.).
[6091] *Bachmann* VGR 22 (2017), 135 (169); MüKoAktG/*Götze* AktG § 53a Rn. 14; *Koch* AG 2017, 129 (138); *Leyendecker-Langner* NZG 2015, 44 (47); *Holle* ZIP 2019, 1895 (1899).
[6092] HM, vgl. nur Hüffer/Koch/*Koch* AktG § 131 Rn. 7 mwN.
[6093] *Holle* ZIP 2019, 1895 (1899).
[6094] So zutreffend *Bachmann* VGR 22 (2017), 135 (169).
[6095] *Hirt/Hopt/Mattheus* AG 2016, 727 (735); *Bachmann* VGR 22 (2017), 135 (176); *Holle* ZIP 2019, 1895 (1901).
[6096] Zur „one voice policy" *Fleischer/Bauer/Wansleben* DB 2015, 360 (365f.).
[6097] GroßkommAktG/*Hopt/Roth* AktG § 111 Rn. 580.
[6098] *Leyendecker-Langner* NZG 2015, 44 (47); *Holle* ZIP 2019, 1895 (1901).

3. Unterrichtung des Aufsichtsrats

Führt der Aufsichtsrat Gespräche mit einzelnen Investoren, stellt sich die Frage, ob er den Aufsichtsrat 2686
darüber unterrichten muss. Da er nach hier vertretener Ansicht diese Gespräche nur als Vorsitzender des
Kollegialorgans aufgrund vorhergehender Ermächtigung führen kann, korrespondiert mit der abgeleiteten
Befugnis eine **Berichtspflicht an das Plenum.** Diese Berichtspflicht kann auch in der Ermächtigung
oder in der Geschäftsordnung ausdrücklich normiert werden. Der Aufsichtsratsvorsitzende ist verpflichtet,
den Aufsichtsrat regelmäßig über Gespräche mit Investoren oder Stimmrechtsberatern und deren wesentlichen Inhalt zu informieren.[6099]

F. Sonderprüfer

I. Allgemeines

1. Überblick

Mit dem Institut der Sonderprüfung wird den Aktionären ein Mittel an die Hand gegeben, das weit über 2687
ihr übliches Auskunftsrecht hinausgeht und von der aktienrechtlichen Zuständigkeitsverteilung abweicht.
Insbesondere dann, wenn Pflichtwidrigkeiten von Organmitgliedern im Raum stehen, können Aktionäre
unabhängig von der Überwachungstätigkeit des Aufsichtsrats Geschäftsführungsmaßnahmen des Vorstands
oder die Tätigkeit des Aufsichtsrats überprüfen lassen. Hauptzweck der Sonderprüfung ist die **Vorbereitung von Schadensersatzansprüchen** gegen Organmitglieder[6100] und somit in gewisser Weise auch die
von der Verwaltung unabhängige **Informationsbeschaffung.**[6101] Die Sonderprüfung gem. § 142
AktG[6102] soll die Durchsetzung von Ersatzansprüchen der Gesellschaft aus Gründung und Nachgründung
(§§ 46, 47, 53 AktG), aus Pflichtverletzungen der Mitglieder des Vorstands und Aufsichtsrats (§§ 93, 116
AktG) und aus § 117 AktG sichern.[6103] Der Sonderprüfer macht Ansprüche aber nicht geltend. Er klärt
nur die erforderlichen Tatsachen auf. Daneben kann auch die Geltendmachung anderer Ansprüche,
zB aus Delikt oder Vertragsverletzungen Dritter, vorbereitet werden.[6104] Die von § 142 AktG dazu vorgesehene Prüfung von Vorgängen bei der Gründung oder der Geschäftsführung soll die tatsächlichen
Grundlagen etwaiger Ersatzansprüche der Gesellschaft aufklären. Neben der Aufklärung begangener
Pflichtwidrigkeiten bezweckt die Vorschrift aber vor allem auch den **präventiven Schutz** vor solchen
Pflichtwidrigkeiten.[6105] Darüber hinaus kann durch die Sonderprüfung eine Entscheidung über **personelle Konsequenzen,** etwa die Abberufung eines Vorstandsmitglieds gem. § 84 Abs. 3 AktG, vorbereitet
werden.[6106]

Die Sonderprüfung ist ein wichtiges **Kontroll- und Minderheitenrecht** der Aktionäre.[6107] Eine 2688
Aktionärsminderheit kann nach § 142 Abs. 2 AktG eine Sonderprüfung gegen die Mehrheit
(→ Rn. 2730 ff.) und nach § 142 Abs. 4 AktG die Bestellung eines anderen als den von der Mehrheit
bestellten Sonderprüfers (→ Rn. 2765 ff.) gerichtlich durchsetzen. Der Minderheitenschutz gewährt den
Aktionären aber kein eigennütziges Recht. Zu weit ginge es daher, der Aktionärsminderheit eine Sonderprüfung zu ermöglichen, die allein der Durchsetzung privater Interessen einzelner Aktionäre – etwa der
Vorbereitung eigener Ansprüche (dazu → Rn. 2759) – dient.[6108] Die Sonderprüfung dient vielmehr den
Interessen der Gesellschaft, und das gilt auch in den Fällen des § 142 Abs. 2 und Abs. 4 AktG.[6109] Als
weitere Schutzzwecke der Sonderprüfung werden teilweise auch **Gläubigerbelange** und das **öffentliche**

[6099] KBLW/*Kremer* DCGK Rn. 1270a.
[6100] LG München I NZG 2016, 1342 (1346); KG AG 2012, 412 (413); *Wilsing,* Der Schutz vor gesellschaftsschädlichen Sonderprüfungen, 2014, 16.
[6101] KG AG 2012, 412 (413); *Jänig,* Die aktienrechtliche Sonderprüfung, 2004, 201.
[6102] Zur Abgrenzung von §§ 258 ff. AktG → Rn. 2699 und von § 315 AktG Emmerich/Habersack/*Habersack* AktG § 315 Rn. 3 f.
[6103] OLG Stuttgart AG 2009, 169 (171).
[6104] *Habersack* FS Wiedemann, 2002, 889 (893 f.); MüKoAktG/*M. Arnold* AktG § 142 Rn. 5.
[6105] AllgM, statt aller Hüffer/Koch/*Koch* AktG § 142 Rn. 1.
[6106] KG AG 2012, 412 (413); OLG München AG 2010, 598 (600).
[6107] Siehe OLG München AG 2018, 761 (763); OLG Celle AG 2018, 42 (43 f.); OLG Stuttgart AG 2009, 169 (170); LG Frankfurt a. M. AG 2016, 511 (512).
[6108] Kölner Komm AktG/*Rieckers/J. Vetter* AktG § 142 Rn. 26; GroßkommAktG/*Verse/Gaschler* AktG § 142 Rn. 9; *Habersack* FS WpHG, 2020, 217 (225); *Holle* ZHR 182 (2018) 569 (593 f.); vgl. OLG München AG 2010, 598 (600); **aA** LG München I AG 2018, 206 (208).
[6109] Vgl. BegrRegE *Kropff* AktG 1965 S. 212 f.; LG Frankfurt a. M. AG 2016, 511 (512); Kölner Komm AktG/*Rieckers/J. Vetter* AktG § 142 Rn. 26.

Interesse angesehen.[6110] Es stimmt zwar, dass die Sonderprüfung Tatsachen aufklärt und präventive Wirkung (→ Rn. 2687) entfaltet, was regelmäßig im Interesse der Öffentlichkeit und der Gläubiger ist. Das ist aber nur ein **Nebeneffekt,** der nicht mit dem Schutzzweck der Sonderprüfung gleichzusetzen ist.[6111]

2689 Dadurch, dass das Minderheitenquorum in § 142 Abs. 2 AktG durch das UMAG[6112] herabgesetzt wurde und das Bewusstsein kritischer Aktionäre für eine mögliche Verantwortung der Verwaltung für negative Entwicklungen im Unternehmen gestiegen ist, haben Sonderprüfungsanträge in der Praxis zunehmend an **Bedeutung gewonnen.**[6113] Dennoch überwiegen interne Prüfungen, auch „Internal Investigations" genannt (→ Rn. 2694 ff.).

2. Prüfungsgegenstand

2690 Die Sonderprüfung hat sich gem. § 142 Abs. 1 S. 1 AktG auf **bestimmte,** dh zeitlich und sachlich klar abgrenzbare Vorgänge zu beziehen.[6114] Eine Sonderprüfung der Geschäftspolitik in ihrer Gesamtheit[6115] oder der gesamten Geschäftsführung in einem Zeitabschnitt, zB in einem bestimmten Geschäftsjahr, fällt nicht unter § 142 AktG.[6116] An die Bestimmtheit des Prüfungsgegenstands sollten angesichts des weitreichenden Instrumentariums der Sonderprüfung und der damit einhergehenden Gefahr einer extensiven Ausforschung der Gesellschaft nicht zu geringe Anforderungen gestellt werden.[6117] Das bedeutet aber nicht, dass sich die Sonderprüfung immer nur auf eine oder mehrere Einzelmaßnahmen beziehen darf, die stets genau zu bezeichnen wären. Minderheitsaktionären wird das oft gar nicht möglich sein. Daher können auch komplexe **mehraktige Vorgänge** Gegenstand der Sonderprüfung sein.[6118] So kann etwa die **Geschäftsbeziehung zu einer bestimmten Person** hinreichend individualisierter Prüfungsgegenstand sein, wenn festgelegt wurde, in welcher Hinsicht diese Geschäftsbeziehung zu untersuchen ist.[6119] Das gilt auch bei Geschäften mit verbundenen Unternehmen.[6120]

2691 Wie bestimmt der Prüfungsgegenstand im Einzelfall zu sein hat, beurteilt sich maßgeblich nach den für die Aktionäre **verfügbaren Informationen.** Je mehr Informationen verfügbar sind, desto höhere Anforderungen gelten für die Bestimmtheit.[6121] Der Prüfungsgegenstand muss aber in jedem Fall in seinen **Grundzügen** umrissen sein.[6122] Es genügt dem Bestimmtheitserfordernis nicht, allein aufgrund einer eingetretenen Folge (zB Insolvenz) und ohne Anhaltspunkte für ein Fehlverhalten die Gesamtheit der Umstände, die zum Eintritt der konkreten Folge beigetragen haben könnten, einer Sonderprüfung zu unterwerfen.[6123]

2692 Gegenstand der Sonderprüfung darf allein die **Ermittlung von Tatsachen** und nicht die Klärung von Zweckmäßigkeits- oder Rechtmäßigkeitsfragen sein.[6124] Dabei können auch nur solche Tatsachen Gegenstand einer Sonderprüfung sein, die nicht schon bekannt oder unstreitig sind.[6125] Sonderprüfungsfähig sind nur Vorgänge, die **bereits abgeschlossen oder wenigstens begonnen** worden sind. Bloß erwartete oder auch schon angekündigte Geschäftsführungsmaßnahmen können nicht einer Sonderprüfung unterzogen werden.[6126]

[6110] LG München AG 2018, 206 (208); *Hirte* ZIP 1988, 953 (954); *Rottnauer* NZG 2000, 1236.
[6111] GroßkommAktG/*Verse/Gaschler* AktG § 142 Rn. 11; Kölner Komm AktG/*Rieckers/J. Vetter* AktG § 142 Rn. 27; K. Schmidt/Lutter AktG/*Spindler* AktG § 142 Rn. 2.
[6112] Gesetz zur Unternehmensintegrität und Modernisierung des Anfechtungsrechts v. 22.9.2005 (BGBl. 2005 I 2802); zur rechtspolitischen Diskussion MüKoAktG/*M. Arnold* AktG § 142 Rn. 14 f.
[6113] *Decher* FS Baums, 2017, 279 (281); vgl. *Priester* FS Marsch-Barner, 2018, 449; *Wilsing/von der Linden* AG 2017, 568.
[6114] AllgM OLG Hamburg AG 2011, 677 (679); OLG Stuttgart AG 2009, 169 (171); Hüffer/Koch/*Koch* AktG § 142 Rn. 2 mwN.
[6115] OLG Celle NZG 2017, 1381 (1382); OLG Hamburg AG 2011, 677 (679 ff.); LG Hamburg BeckRS 2009, 13900; LG München I AG 2008, 720.
[6116] Vgl. RGZ 146, 385 (393 f.); OLG Düsseldorf WM 1992, 14 (22).
[6117] Vgl. OLG Stuttgart AG 2009, 169 (171); K. Schmidt/Lutter AktG/*Spindler* AktG § 142 Rn. 8.
[6118] *Habersack* FS Wiedemann, 2002, 889 (898); GroßkommAktG/*Verse/Gaschler* AktG § 142 Rn. 56.
[6119] OLG Hamburg AG 2011, 677 (679); MüKoAktG/*M. Arnold* AktG § 142 Rn. 16; wohl enger Kölner Komm AktG/*Rieckers/J. Vetter* AktG § 142 Rn. 104; Hüffer/Koch/*Koch* AktG § 142 Rn. 2; Bürgers/Körber/*Holzborn/Jänig* AktG § 142 Rn. 4.
[6120] Kölner Komm AktG/*Rieckers/J. Vetter* AktG § 142 Rn. 107; Bürgers/Körber/*Holzborn/Jänig* AktG § 142 Rn. 4.
[6121] OLG Hamburg AG 2011, 677 (679); BeckOGK/*Mock* AktG § 142 Rn. 91; GroßkommAktG/*Verse/Gaschler* AktG § 142 Rn. 55.
[6122] OLG Stuttgart AG 2009, 169 (171); weitergehende „Auflockerungen" fordernd *Jänig* WPg 2005, 761 (762 f.).
[6123] LG München I AG 2008, 720 mkritAnm *Jänig* EWiR 2009, 325; **aA** BeckOGK/*Mock* AktG § 142 Rn. 49; Kölner Komm AktG/*Rieckers/J. Vetter* AktG § 142 Rn. 106 mwN.
[6124] OLG München AG 2018, 761 (763); KG AG 2012, 412 (413); OLG Stuttgart AG 2009, 169 (171).
[6125] KG AG 2012, 412 (413); OLG Stuttgart AG 2009, 169 (171); LG München I NZG 2016, 1342 (1345 f.).
[6126] EinhM, BGH NZG 2006, 905 (907 f.) mzustAnm *Goslar* EWiR 2006, 673 (674); eing. *Jänig* WPg 2005, 761 (766 f.); anders BGHZ 36, 296 (315) in einer Sonderkonstellation mablAnm Hengeler AG 1962, 119 (121 f.).

In der Praxis sind nahezu ausschließlich Vorgänge bei der Geschäftsführung (§ 142 Abs. 1 S. 1 AktG) **2693**
relevant.[6127] Hierunter fallen Vorgänge aus dem gesamten Verantwortungsbereich des Vorstands iSv § 76
Abs. 1 AktG.[6128] Selbst die **Tätigkeit des Aufsichtsrats** kann Gegenstand der Sonderprüfung sein, soweit sie mit der Geschäftsführung zusammenhängt.[6129] Das gilt vor allem für die Beratung und die Überwachung des Vorstands (§ 111 Abs. 1 AktG), die Ausübung der Zustimmungskompetenz (§ 111 Abs. 4 S. 2 AktG) und sonstige Maßnahmen, die Angelegenheiten des Vorstands betreffen.[6130]

3. Abgrenzung von anderen Prüfungen

a) Informelle „Sonderprüfung"

Eine Sonderprüfung gem. §§ 142 ff. AktG kann nur von der Hauptversammlung oder gerichtlich veranlasst werden. Davon zu unterscheiden sind interne Prüfungen, die von Vorstand und/oder Aufsichtsrat initiiert und durchgeführt werden (sog. **Internal Investigations**).[6131] Sie kommen insbesondere in Betracht, wenn mögliche Compliance-Verstöße aufgeklärt werden sollen. Hierfür kann der Vorstand nach pflichtgemäßem Ermessen externe Berater hinzuziehen.[6132] Der Aufsichtsrat kann sich regelmäßig darauf beschränken, die Sachverhaltsermittlung des Vorstands zu überwachen und sich von ihm berichten zu lassen (→ Rn. 23 ff.).[6133] Kommt ihm dabei der Verdacht, dass der Vorstand nicht pflichtgemäß aufklärt oder Vorstandsmitglieder an Compliance-Verstößen beteiligt sind, kann er nach sorgfältiger Abwägung ausnahmsweise **eigene Untersuchungen** durchführen, indem er sein Einsichts- und Prüfungsrecht ausübt, externe Berater beauftragt oder sich – in besonderen Ausnahmefällen – „am Vorstand vorbei"[6134] in der Gesellschaft informiert, etwa durch Mitarbeiterinterviews.[6135] Die Untersuchungen von Vorstand und Aufsichtsrat sind zur Umgehung von Interessenkollisionen grundsätzlich getrennt und unabhängig voneinander durchzuführen. Sofern beide Organe ihre Pflichten erfüllen können und die Integrität der jeweiligen Untersuchung gewahrt bleibt, kann es aber aus Effizienz- und Kostengründen auch im Interesse der Gesellschaft liegen, dass Vorstand und Aufsichtsrat bei ihren Untersuchungen zusammenarbeiten. Um das sicherzustellen, bieten sich **organisatorische Vereinbarungen** an.[6136] **2694**

Gelegentlich wurden in den letzten Jahren **„freiwillige Sonderprüfungen"** durchgeführt. Es handelt **2695**
sich um Fälle, in denen sich Gesellschaften auf die jeweilige Prüfung mit Aktionären einigten. Auch diese freiwilligen Sonderprüfungen unterliegen nicht den §§ 142 ff. AktG.[6137] Vielmehr einigt sich die Gesellschaft vertraglich mit den Aktionären über den Prüfungsgegenstand, die Person sowie über Prüfungs- und Auskunftsrechte des Prüfers.[6138] Das hat den Vorteil, dass die Gesellschaft Einfluss auf Umfang und Ablauf der Prüfung nehmen kann. Insbesondere können Geschäftsgeheimnisse unter Umständen durch entsprechend vereinbarte Einschränkungen besser geschützt werden als bei einer **„echten" Sonderprüfung**[6139] gem. § 142 AktG. Das gilt besonders im Fall der gerichtlich angeordneten Sonderprüfung gem. § 142 Abs. 2 AktG.[6140] Bei **börsennotierten Gesellschaften** ist darauf zu achten, dass die Vereinbarung gem. § 142 Abs. 2 S. 3 AktG iVm § 149 Abs. 3 AktG bekannt gemacht werden muss. Ein weiterer Vorteil einer vereinbarten Sonderprüfung ist, dass sie weniger öffentliche Aufmerksamkeit erzeugt als eine Sonderprüfung iSd §§ 142 ff. AktG.[6141]

Vor allem für den Aufsichtsrat kann ein Interesse an der Abwendung einer Sonderprüfung bestehen, da **2696**
sie neben seine Überwachungstätigkeit tritt, was ein schlechtes Licht auf ihn werfen und damit auch der **Außenwirkung der Gesellschaft** schaden kann. Darüber hinaus erweist sich eine einvernehmliche Prüfung als positives Zeichen der Kooperationsbereitschaft gegenüber den Aktionären, denen dadurch oftmals eine langwierige gerichtliche Auseinandersetzung erspart bleibt.[6142]

[6127] Umfassend zu den übrigen genannten Prüfungsgegenständen: MüKoAktG/*M. Arnold* AktG § 142 Rn. 19 ff.
[6128] AllgM, KG AG 2012, 412 (413); OLG Hamburg AG 2011, 677 (679); OLG Düsseldorf AG 2010, 126.
[6129] Im Ausgangspunkt allgM, OLG Düsseldorf AG 2010, 126; Hüffer/Koch/*Koch* AktG § 142 Rn. 5 mwN.
[6130] HM Hüffer/Koch/*Koch* AktG § 142 Rn. 5 mwN; weitergehend Bürgers/Körber/*Holzborn/Jänig* AktG § 142 Rn. 6a.
[6131] Näher dazu *Wilsing/von der Linden* AG 2017, 568; *Bachmann* ZHR 180 (2016), 563.
[6132] *Reichert/Ott* NZG 2014, 241 (243); *M. Arnold* ZGR 2014, 76 (83).
[6133] *M. Arnold* ZGR 2014, 76 (100); *M. Arnold* in Marsch-Barner/Schäfer Börsennotierte AG-HdB § 19 Rn. 23a.
[6134] Dazu eing. *Arnold/Rudzio* FS Wegen, 2015, 93.
[6135] Zum Ganzen *M. Arnold* ZGR 2014, 76 (102 ff.); *M. Arnold* in Marsch-Barner/Schäfer Börsennotierte AG-HdB § 19 Rn. 23a f.
[6136] *M. Arnold* ZGR 2014, 76 (103 f.).
[6137] EinhM, *Marsch-Barner* FS Baums, 2017, 775 (781 ff.) mwN; *Wilsing/von der Linden* AG 2017, 568 (569 ff.).
[6138] *Wilsing/von der Linden* AG 2017, 568.
[6139] *Wilsing/von der Linden* AG 2017, 568; *Marsch-Barner* FS Baums 2017, 775 (778); *Kirschner,* Die Sonderprüfung der Geschäftsführung in der Praxis, 2008, 12 f., 49 f.
[6140] *Marsch-Barner* FS Baums, 2017, 775 (785).
[6141] *Marsch-Barner* FS Baums, 2017, 775 (778).
[6142] *Wilsing/von der Linden* AG 2017, 568 (573); *Marsch-Barner* FS Baums, 2017, 775 (778).

b) Insolvenzverwaltung

2697 Auch die vom Insolvenzverwalter veranlasste Prüfung bestimmter Geschäftsführungsmaßnahmen ist keine Sonderprüfung iSd §§ 142 ff. AktG. Im Gegenteil enden bereits laufende Sonderprüfungen sogar gem. § 115 Abs. 1 InsO, § 116 InsO bei Eröffnung des Insolvenzverfahrens.[6143] Während eines **laufenden Insolvenzverfahrens** kann eine Sonderprüfung nach umstrittener Auffassung nicht angeordnet werden.[6144] Wird die Gesellschaft im Anschluss an das Insolvenzverfahren jedoch fortgeführt, kann die Hauptversammlung eine Sonderprüfung für Vorgänge vor und während der Insolvenz beschließen. Für die Prüfung während der Insolvenz müssen allerdings die beschränkten Kompetenzen der einzelnen Organe in dieser Zeit berücksichtigt werden.[6145] Die Tätigkeit des Insolvenzverwalters kann nicht überprüft werden.[6146]

c) Besonderer Vertreter

2698 Im Gegensatz zum Sonderprüfer, der sich auf die Erforschung unklarer Sachverhalte zur Vorbereitung möglicher Ansprüche (→ Rn. 2687) beschränkt, ist die Aufgabe des besonderen Vertreters „deutlich fokussierter" (→ Rn. 2882).[6147] Insofern setzt die Sonderprüfung **vor** der Tätigkeit des besonderen Vertreters an. Das zeigt sich ua darin, dass der besondere Vertreter keine eigenen Ermittlungsbefugnisse, aber einen **Anspruch auf Mitteilung** der Ergebnisse einer abgeschlossenen Sonderprüfung hat.[6148]

d) Abschlussprüfung

2699 Die Sonderprüfung gem. § 142 Abs. 1 und Abs. 2 AktG erfasst gem. § 142 Abs. 3 AktG keine Vorgänge, die Gegenstand einer Prüfung gem. **§ 258 AktG** sein können. Gemäß § 258 AktG kann geprüft werden, ob einzelne Posten im Jahresabschluss nicht unwesentlich **unterbewertet** sind oder Angaben zum Jahresabschluss im Anhang oder in der Hauptversammlung fehlten bzw. unvollständig waren. Die Prüfung muss innerhalb eines Monats nach der Hauptversammlung über den Jahresabschluss beantragt werden (§ 258 Abs. 2 S. 1 AktG). Im Gegensatz zu § 142 AktG bezweckt § 258 AktG nicht primär die Vorbereitung von Schadensersatzansprüchen. **Zweck** der Norm ist vielmehr, die Einhaltung der Bewertungsvorschriften und vollständige Angaben zum Jahresabschluss zu gewährleisten.[6149] Die Monatsfrist in § 258 Abs. 2 S. 1 AktG soll zudem sicherstellen, dass zügig Klarheit über die im Jahresabschluss enthaltenen Posten besteht. Die Sonderprüfung gem. § 142 AktG ist deshalb hinsichtlich der von § 258 AktG erfassten Prüfungsgegenstände selbst dann ausgeschlossen, wenn eine Prüfung gem. § 258 AktG tatsächlich unterbleibt oder nicht mehr veranlasst werden kann, weil die Monatsfrist abgelaufen ist.[6150] Andernfalls könnte die Monatsfrist des § 258 Abs. 2 S. 1 AktG leicht umgangen werden. Hingegen greift in Fällen der **Überbewertung** die Sperrwirkung aus § 142 Abs. 3 AktG nicht ein.[6151]

2700 Soweit eine **Abschlussprüfung gem. §§ 316 ff. HGB** (→ Rn. 2160 ff.) stattfindet, kann Prüfungsgegenstand der Sonderprüfung gem. § 142 AktG nicht die Kontrolle des Jahres- oder Konzernabschlusses sein.[6152] Zwar stellt die Aufstellung des Jahresabschlusses eine Geschäftsführungsmaßnahme dar. Der Jahresabschluss reflektiert aber die Geschäftsführungstätigkeit eines ganzen Jahres, während die Sonderprüfung auf **einzelne Vorgänge** beschränkt ist (→ Rn. 2690). Deshalb kann die Sonderprüfung gem. § 142 AktG nicht den gesamten Jahres- oder Konzernabschluss erfassen, wohl aber einzelne Geschäftsführungsmaßnahmen, die mit ihm in Zusammenhang stehen. Die überwiegende Auffassung schließt daraus, dass auch **einzelne Posten** des Jahres- oder Konzernabschlusses Gegenstand der Sonderprüfung sein können.[6153] Dem ist entgegenzuhalten, dass es sich bei den Posten eines Jahresabschlusses eben nicht um die von § 142 AktG vorausgesetzten Vorgänge handelt. Nur soweit solche Vorgänge einen bestimmten Posten

---

[6143] EinhM, Kölner Komm AktG/*Rieckers/J. Vetter* AktG § 142 Rn. 140 mwN; **aA** nur BeckOGK/*Mock* AktG § 142 Rn. 81.
[6144] HM Hüffer/Koch/*Koch* AktG § 142 Rn. 10 aE; K. Schmidt/Lutter AktG/*Spindler* AktG § 142 Rn. 23; *Thole* ZIP 2018, 1565 (1566); **aA** OLG München AG 2018, 581 (584 f.); BeckOGK/*Mock* AktG § 142 Rn. 79; diff. Kölner Komm AktG/*Rieckers/J. Vetter* AktG § 142 Rn. 139: nur gerichtliche Bestellung ist ausgeschlossen.
[6145] *Jänig*, Die aktienrechtliche Sonderprüfung, 2004, 241; BeckOGK/*Mock* AktG § 142 Rn. 82.
[6146] BeckOGK/*Mock* AktG § 142 Rn. 82; MüKoAktG/*M. Arnold* AktG § 142 Rn. 37.
[6147] *Hüffer* ZHR 174 (2010), 642 (675).
[6148] Für einen Anspruch gegen den Vorstand *Kling* ZGR 2009, 190 (217); *Hüffer* ZHR 174 (2010), 642 (682); vgl. dazu auch MüKoAktG/*M. Arnold* AktG § 147 Rn. 70 ff.; für einen direkten Anspruch gegen den Sonderprüfer *Böbel*, Die Rechtsstellung des besonderen Vertreters gem. § 147 AktG, 1999, 93.
[6149] Kölner Komm AktG/*Rieckers/J. Vetter* AktG § 142 Rn. 65.
[6150] LG Frankfurt a. M. NZG 2016, 830 (831); Hüffer/Koch/*Koch* AktG § 142 Rn. 26 mwN.
[6151] LG München AG 2011, 760 (761).
[6152] EinhM, OLG Hamburg AG 2011, 677 (681); Hüffer/Koch/*Koch* AktG § 142 Rn. 6 mwN.
[6153] LG München I AG 2011, 760 (762); Kölner Komm AktG/*Riecker/J. Vetter* AktG § 142 Rn. 123 mwN.

des Jahresabschlusses betreffen, können einzelne Posten im Rahmen der Sonderprüfung inzident geprüft werden.[6154] Ferner ist ein möglicher Ausschluss gem. § 142 Abs. 3 AktG noch zu berücksichtigen.[6155]

II. Bestellung des Sonderprüfers

1. Bestellung durch Hauptversammlungsbeschluss, § 142 Abs. 1 AktG

Für den Beschluss, mit dem die Hauptversammlung den oder die Sonderprüfer bestellt, gelten die allgemeinen Vorschriften gem. §§ 118 ff. AktG. Entscheidet sie sich für nur einen Sonderprüfer, kann sie unter der aufschiebenden Bedingung des Wegfalls des bestellten Sonderprüfers einen **Ersatzsonderprüfer** bestellen.[6156] Bestellt sie **mehrere Prüfer,** ist es zweckmäßig, das Verhältnis der Prüfer untereinander klarzustellen, insbesondere festzulegen, ob die Prüfer die Prüfung zusammen durchführen sollen oder ob jeder einzeln nur bestimmte Bereiche prüfen soll. Wird keine Aufgabenteilung vorgegeben, ist von einer gemeinsamen Prüfung auszugehen.[6157] 2701

a) Ankündigung in der Tagesordnung und Beschlussvorschlag

Die Sonderprüfung ist grundsätzlich als besonderer Beschlussgegenstand in der **Tagesordnung** der Hauptversammlung **bekannt zu machen** (§ 124 Abs. 4 S. 1 AktG). Der Gegenstand der Sonderprüfung muss dabei in zeitlicher und sachlicher Hinsicht zumindest grob eingegrenzt werden. Zuständig für die Einberufung ist grundsätzlich der Vorstand (§ 121 Abs. 2 S. 1 AktG). Der Aufsichtsrat kann nur einberufen, wenn es das Wohl der Gesellschaft erfordert (§ 111 Abs. 3 S. 1 AktG). 2702

Den **Beschlussvorschlag** muss gem. § 124 Abs. 3 S. 1 AktG der **Aufsichtsrat** machen. Damit soll vermieden werden, dass der Vorstand die Wahl der Sonderprüfer beeinflusst, die gerade seine Handlungen prüfen sollen.[6158] Wird gleichwohl auf Grund eines Beschlussvorschlags des Vorstands entschieden, ist der Beschluss **anfechtbar,** selbst wenn ihn der Vorstand vor der Abstimmung noch zurückzieht.[6159] 2703

Soll ausnahmsweise die **Tätigkeit des Aufsichtsrats** überprüft werden, entfallen Vorschlagsrecht und -pflicht des Aufsichtsrats.[6160] Analog § 124 Abs. 3 S. 1 AktG ist dann anstelle des Aufsichtsrats nur der **Vorstand berechtigt,** einen Beschlussvorschlag zu unterbreiten.[6161] Andernfalls könnte der Aufsichtsrat entgegen dem Zweck der Norm einen Beschlussvorschlag zur Sonderprüfung über die eigene Tätigkeit abgeben. Zudem wird der Zweck durch ein Vorschlagsrecht des Vorstands besser erfüllt, als wenn auch er keinen Beschlussvorschlag machen dürfte.[6162] Dann nämlich müsste mangels Beschlussvorschlags der **Versammlungsleiter** – in der Regel der **Aufsichtsratsvorsitzende** – den Beschlussantrag selbst formulieren, statt ihn aus dem Beschlussvorschlag zu übernehmen. 2704

Der Vorschlag einer Sonderprüfung durch Vorstand oder Aufsichtsrat kommt insbesondere in Betracht, um die zu untersuchenden Vorwürfe glaubhaft auszuräumen und die Gesellschaft damit aus den Schlagzeilen zu bringen.[6163] In der Praxis wird die Verwaltung aber schon aus Gründen der Flexibilität und der Öffentlichkeit der Sonderprüfung (§ 145 Abs. 6 AktG) regelmäßig eine **informelle „Sonderprüfung",** also eine *Internal Investigation,* bevorzugen (→ Rn. 2695 f.). 2705

Daher wird die Sonderprüfung in der Praxis ganz überwiegend **von Aktionären initiiert.** Sie können unter den Voraussetzungen des § 122 Abs. 2 S. 1 AktG verlangen, dass eine Sonderprüfung als Tagesordnungspunkt aufgenommen und bekannt gemacht wird. Diesem sog. **Minderheitsverlangen** muss eine Begründung oder ein Beschlussvorschlag beiliegen (§ 122 Abs. 2 S. 2 AktG). In der Regel werden die initiierenden Aktionäre einen Beschlussvorschlag formulieren, damit die in der Hauptversammlung abwesenden Aktionäre den Antrag durch Weisung unterstützen können.[6164] Vorstand und Aufsichtsrat müssen in diesen Fällen keinen eigenen Beschlussvorschlag unterbreiten (§ 124 Abs. 3 S. 3 Var. 2 AktG), können das aber tun, um zu dem Minderheitsverlangen Stellung zu nehmen.[6165] 2706

[6154] Zutr. Hüffer/Koch/*Koch* AktG § 142 Rn. 6; BeckOGK/*Mock* AktG § 142 Rn. 65.
[6155] *Habersack* FS Wiedemann, 2002, 889 (901); Kölner Komm AktG/*Rieckers/J. Vetter* AktG § 142 Rn. 123.
[6156] K. Schmidt/Lutter AktG/*Spindler* AktG § 142 Rn. 26 mwN.
[6157] MüKoAktG/*M. Arnold* AktG § 142 Rn. 50; Grigoleit/*Grigoleit/Rachlitz* AktG § 142 Rn. 43.
[6158] Vgl. BegrRegE *Kropff* AktG 1965 S. 174.
[6159] BGHZ 153, 32 (35 ff.) = NJW 2003, 970 – HypoVereinsbank; **aA** in der Vorinstanz noch OLG München AG 2001, 193 (196).
[6160] *Wilsing,* Der Schutz vor gesellschaftsschädlichen Sonderprüfungen, 2014, 34.
[6161] Eing. MüKoAktG/*M. Arnold* AktG § 142 Rn. 43; Hüffer/Koch/*Koch* AktG § 142 Rn. 9.
[6162] So aber *Wilsing,* Der Schutz vor gesellschaftsschädlichen Sonderprüfungen, 2014, 35 f.
[6163] *Kirschner,* Die Sonderprüfung der Geschäftsführung in der Praxis, 2008, 12 f., 49 f.
[6164] *Wilsing,* Der Schutz vor gesellschaftsschädlichen Sonderprüfungen, 2014, 33; *Kirschner,* Die Sonderprüfung der Geschäftsführung in der Praxis, 2008, 54.
[6165] OLG München AG 2010, 84 (87); MüKoAktG/*Kubis* AktG § 124 Rn. 32 mwN.

2707 Die Notwendigkeit einer besonderen **Bekanntmachung entfällt** ausnahmsweise, wenn und soweit die Bestellung von Sonderprüfern von einem anderen angekündigten Punkt der Tagesordnung gegenständlich mit umfasst ist (§ 124 Abs. 4 S. 2 Var. 2 AktG).[6166] Anerkannt ist, die Sonderprüfung unter dem **Tagesordnungspunkt „Entlastung"** (§ 120 AktG) bekanntmachungsfrei zu beantragen, soweit sich Prüfungs- und Entlastungszeitraum decken.[6167] Auch die Anzeige des Verlusts der Hälfte des Grundkapitals (§ 92 Abs. 1 AktG) in der Tagesordnung reicht aus, um eine Sonderprüfung von Vorgängen der Geschäftsführung beschließen zu können, die zu diesem Verlust geführt haben oder mit ihm zusammenhängen.[6168] Ohne besondere Ankündigung in der Tagesordnung können Sonderprüfungsanträge auch zu Rechnungslegungsfragen im Zusammenhang mit einem der Hauptversammlung vorgelegten **Jahresabschluss** gestellt werden.[6169] Ein entsprechender Sonderprüfungsauftrag ist in der Praxis die Regel. Hingegen ist ein Sonderprüfungsantrag unter dem Tagesordnungspunkt „Wahl (oder Bestätigung der Wahl) zum Aufsichtsrat" nicht bekanntmachungsfrei.[6170]

b) Antrag und Beschlussfassung

2708 Der **Versammlungsleiter** hat bei einem zulässigen Sonderprüfungsantrag **kein Ermessen,** ob er ihn zur Abstimmung stellt oder nicht.[6171] Die Zulässigkeit des Antrags muss er jedoch zunächst überprüfen und ggf. auch Gelegenheit zur Korrektur geben. Er ist aber auf Grund seiner Neutralitätspflicht im Verhältnis zu Aktionären und Verwaltung nicht gehalten, unzulässigen Anträgen durch eigene Korrekturen selbst zur Zulässigkeit zu verhelfen.[6172] Erkennbar gesetzwidrige oder rechtsmissbräuchliche Anträge kann er zurückweisen.[6173]

2709 Werden **mehrere Sonderprüfungsanträge** mit demselben Prüfungsgegenstand gestellt, legt der Versammlungsleiter die Abstimmungsreihenfolge nach pflichtgemäßen Ermessen fest. Er hat sich dabei vom Prinzip der Sachdienlichkeit leiten zu lassen.[6174] Übernimmt die Verwaltung den Sonderprüfungsantrag einer Aktionärsminderheit, indem sie einen inhaltsgleichen oder sogar erweiterten Antrag stellt, steht es dem Versammlungsleiter frei, zunächst über den Verwaltungsantrag abstimmen zu lassen.[6175] Sofern aber der Prüfungsgegenstand des Antrags der Minderheit von dem Antrag der Verwaltung nicht vollständig umfasst ist, muss der Versammlungsleiter den Antrag der Minderheit auch nach der Annahme des Antrags der Verwaltung noch zur Abstimmung stellen.[6176]

2710 Die Hauptversammlung fasst den Beschluss gem. § 142 Abs. 1 S. 1 AktG, § 133 Abs. 1 AktG mit **einfacher Stimmenmehrheit.** Die ausdrückliche gesetzliche Festlegung auf die einfache Mehrheit ist **zwingend** und steht der Zulässigkeit einer abweichenden Regelung entgegen (§ 23 Abs. 5 AktG).[6177]

c) Stimmverbote

2711 Bei der Beschlussfassung der Hauptversammlung können **Mitglieder des Vorstands oder des Aufsichtsrats** weder für sich noch für einen anderen mitstimmen und ihr Stimmrecht auch nicht durch einen anderen ausüben lassen, wenn sich die Prüfung auf Vorgänge erstrecken soll, die mit der Entlastung eines Mitglieds des Vorstands oder des Aufsichtsrats oder mit der Einleitung eines Rechtsstreits zwischen der Gesellschaft und einem Organmitglied zusammenhängen (§ 142 Abs. 1 S. 2 AktG und § 142 Abs. 1 S. 3 AktG). Dieses Stimmverbot greift bereits, wenn nur ein Mitglied des Vorstands oder des Aufsichtsrats an dem zu prüfenden Vorgang beteiligt war. Schon dann sind alle Verwaltungsmitglieder beider Organe vom Stimmrecht ausgeschlossen.[6178] Die Bestimmung geht damit erheblich über die Regelung in § 136 Abs. 1 AktG hinaus und bezweckt, dass die Beschlussfassung der Hauptversammlung von jedem auch nur **potentiellen Eigeninteresse** der Verwaltungsmitglieder freigehalten wird.[6179] Das Stimmverbot gilt auch für **ehemalige Vorstands- und Aufsichtsratsmitglieder,** wenn der zu prüfende Vorgang in ihre Amtszeit fällt.[6180] Da das Stimmverbot für aktuelle Organmitglieder auch dann gilt, wenn vor ihrer Amtszeit

---

[6166] OLG Brandenburg AG 2003, 328 (329); Kölner Komm AktG/*Rieckers/J. Vetter* AktG § 142 Rn. 146 mwN.
[6167] OLG Frankfurt a. M. AG 2016, 252 (254); OLG Brandenburg AG 2003, 328 (329).
[6168] *Butzke* Die Hauptversammlung der AG Rn. M 6.
[6169] *Butzke* Die Hauptversammlung der AG Rn. M 6.
[6170] LG Frankfurt a. M. NZG 2009, 149 (150 f.); *Slavik* WM 2017, 1684 (1685); *Decher* FS Baums, 2017, 279 (282).
[6171] *Bungert* in Krieger/U.H. Schneider Managerhaftung-HdB § 16 Rn. 15.
[6172] *Bungert* in Krieger/U.H. Schneider Managerhaftung-HdB § 16 Rn. 15.
[6173] *Bungert* in Krieger/U.H. Schneider Managerhaftung-HdB § 16 Rn. 15.
[6174] MüKoAktG/*M. Arnold* AktG § 133 Rn. 19 mwN.
[6175] *Bungert* in Krieger/U.H. Schneider Managerhaftung-HdB § 16 Rn. 16.
[6176] *Kirschner*, Die Sonderprüfung der Geschäftsführung in der Praxis, 2008, 56.
[6177] AllgM Hüffer/Koch/*Koch* AktG § 142 Rn. 9.
[6178] BegrRegE *Kropff* AktG 1965 S. 207.
[6179] OLG Düsseldorf AG 2006, 202 (205 f.); Hüffer/Koch/*Koch* AktG § 142 Rn. 13.
[6180] OLG Hamm AG 2011, 90; Hüffer/Koch/*Koch* AktG § 142 Rn. 14.

liegende Vorgänge untersucht werden,[6181] dürfen sie auch nicht mitstimmen, wenn Maßnahmen ehemaliger Organmitglieder untersucht werden sollen.

Damit die Verwaltung keinen Einfluss auf die Bestellung des Sonderprüfers nehmen kann, darf das **2712** vom Stimmrecht ausgeschlossene Mitglied sein Stimmrecht weder durch Dritte ausüben lassen (§ 142 Abs. 1 S. 3 AktG) noch selbst als **Vertreter** eines anderen Aktionärs abstimmen (§ 142 Abs. 1 S. 2 AktG).[6182] Im Einklang mit § 136 AktG gilt das Stimmverbot auch für an der Gesellschaft beteiligte **Personengesellschaften** (zB OHG, KG) und **juristische Personen** (zB GmbH, AG), sofern ein betroffenes Verwaltungsmitglied als Gesellschafter bzw. als Mitglied der Geschäftsführung bzw. des Vorstands oder des Aufsichtsrats bzw. eines ähnlichen Gremiums dieser Gesellschaft maßgeblichen Einfluss auf deren Willensbildung, insbesondere in Bezug auf ihr Stimmverhalten ausüben kann.[6183] Zu fordern ist dabei nicht nur ein tatsächlicher, sondern ein **rechtlich gesicherter Einfluss**.[6184] Praktisch lässt sich dieser Fall ausschließen, indem das Verwaltungsgremium aus mehreren Personen besteht, gegen die sich das gleichzeitig in der Gesellschaft vertretene Verwaltungsmitglied nicht durchsetzen kann.[6185] Allerdings können erkennbar verdächtige Übertragungsgeschäfte, die allein der Umgehung des Stimmverbots dienen, es rechtfertigen, dem Aktionär das Stimmrecht wegen **Rechtsmissbrauchs** abzusprechen.[6186]

Das Stimmverbot gem. § 142 Abs. 1 S. 2 AktG greift ein, wenn sich die Prüfung auf Vorgänge erstre- **2713** cken soll, die mit der **Entlastung** eines Verwaltungsmitglieds oder der **Einleitung eines Rechtsstreits** zwischen der Gesellschaft und einem Verwaltungsmitglied zusammenhängen. Um dem Zweck der Vorschrift (→ Rn. 2711) ausreichend Rechnung tragen zu können, ist eine weite Auslegung des Begriffs „zusammenhängen" angezeigt, sodass schon ein **mittelbarer Zusammenhang** ausreicht.[6187] Mit der Entlastung stehen damit praktisch alle Geschäftsführungsmaßnahmen des abgelaufenen Geschäftsjahres im Zusammenhang, für die ein Vorstands- oder Aufsichtsratsmitglied oder ein Angestellter der Gesellschaft nach Gesetz oder Satzung verantwortlich ist.[6188] Auch zeitlich vor dem letzten Geschäftsjahr liegende Maßnahmen sind erfasst, wenn sie solche des letzten Geschäftsjahres zumindest beeinflusst haben.[6189] Zur Einleitung eines Rechtsstreits gehört jede **gerichtliche Geltendmachung** von Rechten, unabhängig von der Verfahrens- oder Klageart und der Parteirolle der Gesellschaft.[6190] Zumindest mittelbar hängt mit der Einleitung eines Rechtsstreits auch deren Vorbereitung zusammen, sodass ein Stimmverbot auch dann besteht, wenn die Sonderprüfung einen Rechtsstreit gegen ein Organmitglied vorbereiten soll.[6191] Ob es später tatsächlich zu einem Rechtsstreit kommt, ist irrelevant.[6192] Angesichts dieser sachlichen Breite des Anwendungsbereichs ist in der Praxis kaum ein Fall denkbar, in dem Verwaltungsmitglieder als Aktionäre mitstimmen dürften.[6193]

Zudem besteht das Stimmverbot unabhängig davon, ob das Organmitglied für oder gegen die Sonder- **2714** prüfung stimmen will.[6194] Eine teleologische Reduktion von § 142 Abs. 1 S. 2 AktG im Falle einer Stimmabgabe für die Durchführung einer Sonderprüfung kann in Anbetracht des **absoluten Charakters** des Stimmverbots nicht überzeugen.[6195] Dafür spricht neben verfahrenstechnischen Schwierigkeiten die Gefahr, dass selbst bei zustimmender Stimmabgabe sachfremde Eigeninteressen verfolgt werden können.[6196] Der Zweck des Stimmverbots verlangt daher, auch diesen Fall unter § 142 Abs. 1 S. 2 AktG zu fassen.

Für **andere Aktionäre** ohne Organfunktion gilt das Stimmverbot des § 142 Abs. 1 S. 2 AktG **2715** nicht.[6197] Das gilt auch dann, wenn sie auf Grund ihrer Kapital- oder Stimmenmehrheit beherrschenden Einfluss auf die Gesellschaft ausüben können[6198] und/oder die Sonderprüfung die geschäftlichen Bezie-

---

[6181] Kölner Komm AktG/*Rieckers*/*J. Vetter* AktG § 142 Rn. 156 f. mwN.
[6182] OLG München AG 2001, 193 (197).
[6183] RGZ 146, 385 (391 f.); BGHZ 36, 296 (313) = NJW 1962, 864; OLG Karlsruhe AG 2001, 93 (94); LG Frankfurt a. M. AG 2005, 545 (547); OLG Düsseldorf AG 2006, 202 (205 f.).
[6184] Dazu MüKoAktG/*M. Arnold* AktG § 136 Rn. 47 f.
[6185] *Decher* FS Baums, 2017, 279 (284).
[6186] OLG München AG 2018, 761 (765); OLG Brandenburg AG 2011, 418 (419); Hüffer/Koch/*Koch* AktG § 142 Rn. 15.
[6187] RGZ 142, 123 (132); 142, 134 (139).
[6188] Kölner Komm AktG/*Rieckers*/*J. Vetter* AktG § 142 Rn. 174.
[6189] K. Schmidt/Lutter AktG/*Spindler* AktG § 142 Rn. 31.
[6190] Hüffer/Koch/*Koch* AktG § 142 Rn. 16.
[6191] Vgl. RGZ 142, 123 (132); 142, 134 (139); Hölters/*Hirschmann* AktG § 142 Rn. 26.
[6192] Kölner Komm AktG/*Rieckers*/*J. Vetter* AktG § 142 Rn. 174; vgl. BeckOGK/*Mock* AktG § 142 Rn. 104.
[6193] Kölner Komm AktG/*Rieckers*/*J. Vetter* AktG § 142 Rn. 175.
[6194] EinhM Kölner Komm AktG/*Rieckers*/*J. Vetter* AktG § 142 Rn. 155 mwN.
[6195] OLG Hamm AG 2011, 90; **aA** in der Vorinstanz noch LG Dortmund AG 2009, 881 (883).
[6196] Hüffer/Koch/*Koch* AktG § 142 Rn. 13; Kölner Komm AktG/*Rieckers*/*J. Vetter* AktG § 142 Rn. 155.
[6197] OLG Frankfurt a. M. BeckRS 2008, 13889; LG Heidelberg BeckRS 2016, 18066.
[6198] OLG Frankfurt a. M. BeckRS 2008, 13889; OLG Düsseldorf AG 2006, 202 (206); OLG München AG 2001, 193 (197).

hungen zu ihnen untersuchen soll.[6199] Für eine analoge Anwendung von § 142 Abs. 1 S. 2 und 3 AktG auf diesen Fall besteht kein Anlass. Lehnt die Mehrheit in der Hauptversammlung die Bestellung von Sonderprüfern ab, kann die überstimmte Minderheit gemäß § 142 Abs. 2 AktG die Bestellung durch das Gericht betreiben.[6200] Im Übrigen gelten für ein Stimmverbot außerhalb von § 142 Abs. 1 AktG weiterhin die **allgemeinen Regeln des § 136 AktG.**[6201] Daher ist ein solcher Aktionär gem. § 136 Abs. 1 AktG von der Abstimmung über die Geltendmachung des Ersatzanspruchs oder die Einleitung eines Prozesses gegen seine Person ausgeschlossen.[6202] Teilweise wird vertreten, dass sich das Stimmverbot aus § 136 AktG in diesen Fällen bereits auf die Bestellung des Sonderprüfers erstrecke.[6203] Das ist angesichts des gesetzgeberisch intendierten Ausnahmecharakters der Vorschrift und weil es nur um die Sachverhaltsaufklärung für einen etwaigen Verfolgungsbeschluss geht, abzulehnen.[6204] Ferner kann bei treuwidriger Stimmrechtsausübung auch ein Anfechtungsgrund gem. § 243 Abs. 1 AktG vorliegen.[6205] Davon zu unterscheiden ist die Frage, ob der Großaktionär sein Stimmrecht treuwidrig ausübt, wenn er in der Hauptversammlung gegen eine Sonderprüfung stimmt, die Vorgänge untersuchen soll, an denen er beteiligt ist.[6206] Auch das ist in aller Regel zu verneinen.

2716 Einem Stimmverbot zu unterliegen, bedeutet für die betroffenen Organmitglieder oder Dritten **von der Stimmabgabe ausgeschlossen** zu sein.[6207] Alle sonstige Aktionärsrechte (Teilnahme an der Hauptversammlung, Rede-, Antrags- und Auskunftsrecht, Widerspruchsrecht, Anfechtungsrecht) bleiben unberührt.[6208] Versucht die Verwaltung, die Sonderprüfung zu verhindern, indem sie den Antrag stellt, die Beschlussfassung zu vertagen, gilt das Stimmverbot auch für die Abstimmung über die Vertagung des Beschlusses.[6209] Andernfalls würde der Zweck des Stimmverbots unterlaufen.

2717 Die betroffenen Organmitglieder oder Dritten müssen ihre Betroffenheit **nicht aktiv offenlegen.**[6210] Sie sind aber verpflichtet, dafür zu sorgen, dass ihr **Stimmrecht nicht ausgeübt wird.** Das bedeutet bei Anwendung des Subtraktionsverfahrens, dass sich der nicht Stimmberechtigte enthalten oder dafür sorgen muss, dass sein Stimme von der Präsenzliste gestrichen wird.[6211]

2718 Ein **Verstoß gegen das Stimmverbot** führt zur Nichtigkeit der abgegebenen Stimmen (§ 134 BGB) und zur Anfechtbarkeit des Hauptversammlungsbeschlusses, wenn der Beschluss ohne die Teilnahme des vom Stimmrecht Ausgeschlossenen an der Abstimmung nicht zustande gekommen wäre („Relevanz" des Fehlers).[6212] Außerdem liegt in dem Verstoß eine Ordnungswidrigkeit gem. § 405 Abs. 3 Nr. 5 AktG.

2719 Wird der Hauptversammlungsbeschluss erfolgreich angefochten, erklärt das Gericht ihn gem. § 241 Nr. 5 AktG, § 248 Abs. 1 S. 1 AktG für nichtig. Bis dahin ist der Beschluss einer Bestätigung durch die Hauptversammlung gem. § 244 S. 1 AktG zugänglich.[6213] Sofern der angefochtene Hauptversammlungsbeschluss die Sonderprüfung abgelehnt hatte, reicht allein die Anfechtung nicht aus, um die angestrebte Bestellung zu bewirken. Dazu bedarf es **zusätzlich einer positiven Beschlussfeststellungsklage.**[6214] Sie ist begründet, wenn der festzustellende Beschluss rechtmäßig ist.[6215] Das ist besonders in Fällen denkbar, in denen das Beschlussergebnis falsch festgestellt wurde, etwa wenn Stimmen eines von der Abstimmung ausgeschlossenen Aktionärs mitgezählt[6216] oder umgekehrt unter irriger Annahme eines Stimmverbots nicht mitgezählt worden sind.[6217] Hingegen hat eine Klage, die nicht die falsche Feststellung der

---

[6199] Kölner Komm AktG/*Rieckers/J. Vetter* AktG § 142 Rn. 171.
[6200] OLG Düsseldorf AG 2006, 202 (205 f.); OLG Hamburg AG 2003, 46 (48); OLG Hamburg AG 1981, 193.
[6201] Hüffer/Koch/*Koch* AktG § 142 Rn. 15.
[6202] OLG Düsseldorf AG 2006, 202 (206).
[6203] OLG Brandenburg AG 2003, 328 (329); OLG München AG 1995, 381 (382); LG Frankfurt AG 2005, 545 (547).
[6204] OLG Düsseldorf AG 2006, 202 (206); OLG Frankfurt a. M. BeckRS 2008, 13889; OLG Hamburg AG 2003, 46 (48); so auch *Bungert* in Krieger/U.H. Schneider Managerhaftung-HdB § 16 Rn. 20 mwN; ferner zu § 136 AktG s. MüKoAktG/*M. Arnold* AktG § 136 Rn. 20 ff.
[6205] *Hüffer* ZHR 174 (2010), 642 (657 f.).
[6206] Dazu GroßkommAktG/*Verse/Gaschler* AktG § 142 Rn. 109; Kölner Komm AktG/*Rieckers/J. Vetter* AktG § 142 Rn. 173.
[6207] Allg. dazu MüKoAktG/*M. Arnold* AktG § 136 Rn. 55 ff.
[6208] *Wilsing*, Der Schutz vor gesellschaftsschädlichen Sonderprüfungen, 2011, 43.
[6209] Weiter Kölner Komm AktG/*Rieckers/J. Vetter* AktG § 142 Rn. 176, die ein generelles Stimmverbot bei Vertagungsentscheidungen annehmen.
[6210] Kölner Komm AktG/*Rieckers/J. Vetter* AktG § 142 Rn. 177.
[6211] MüKoAktG/*M. Arnold* AktG § 136 Rn. 55.
[6212] AllgM OLG München AG 2018, 761 (765); BeckOGK/*Mock* AktG § 142 Rn. 105 mwN.
[6213] BGH NJW-RR 2006, 472 (473); *Habersack/Schürnbrand* FS Hadding, 2004, 391 (394 f.); BeckOGK/*Mock* AktG § 142 Rn. 105; **aA** K. Schmidt/Lutter/*Schwab* AktG § 244 Rn. 4 mwN.
[6214] Unstr. LG München I AG 2008, 720; LG Dortmund AG 2009, 881 (882); MHdB GesR VII/*Lieder* § 26 Rn. 116; allg. dazu Hüffer/Koch/*Koch* AktG § 246 Rn. 42; ferner MHdB GesR VII/*Horcher* § 29 Rn. 247 ff.
[6215] OLG Hamburg ZIP 2011, 1209 (1214); LG München I AG 2008, 720; LG Dortmund AG 2009, 881 (882).
[6216] LG München I AG 2008, 720.
[6217] LG Dortmund AG 2009, 881 (882 f.).

Beschlussfassung zum Gegenstand hat, sondern sich beispielsweise auf eine treuwidrige Stimmabgabe stützt, in der Regel wenig Erfolgsaussichten.[6218] Positive Stimmpflichten können sich aus der Treuepflicht allenfalls ergeben, wenn die Bestellung des Sonderprüfers objektiv unabweisbar erforderlich ist, um erhebliche Schäden vor der Gesellschaft abzuwenden.[6219] Das kann aber nur ein ganz selten vorkommender Ausnahmefall sein.

d) Beschlussinhalt

2720 Der Beschluss gem. § 142 Abs. 1 AktG, mit dem die Hauptversammlung den oder die Sonderprüfer bestellt, muss den **Prüfungsgegenstand und den Namen** des oder der Prüfer enthalten. Beide Beschlussbestandteile gehören notwendigerweise zusammen.[6220] Fehlt einer dieser beiden Beschlussbestandteile, ist der Beschluss unvollständig und wegen Gesetzesverstoßes gem. § 243 Abs. 1 AktG anfechtbar.[6221]

2721 Die Hauptversammlung hat den Prüfungsgegenstand **konkret** zu bestimmen und im Beschluss gemeinsam mit der Person des Sonderprüfers zu bezeichnen (→ Rn. 2690 ff.). Nicht hinreichend konkret und damit unzulässig ist es beispielsweise, die „Aufklärung von Pflichtverletzungen von Vorstand und Aufsichtsrat im Zusammenhang mit der unterlassenen bzw. unzureichenden Einrichtung eines Systems zur Erfassung von Maßnahmen" zum Prüfungsgegenstand zu erklären.[6222] Die Konkretisierung des Prüfungsgegenstands sowie die Auswahl des Prüfers (zur Ablehnung des Mandats durch den Prüfer → Rn. 2774 ff.) darf weder der Verwaltung noch einem Dritten oder dem Sonderprüfer überlassen werden.[6223] Die Hauptversammlung kann auch keine Person bestimmen, die den Prüfungsumfang oder -gegenstand festlegt, da sie ihr Recht aus § 142 Abs. 1 AktG nicht delegieren kann.[6224] Ist der Prüfungsgegenstand im Beschluss **nicht eindeutig** bezeichnet und wird er nicht wirksam angefochten, muss der Sonderprüfer ihn **eigenverantwortlich auslegen**.[6225] Vorstand, Aufsichtsrat oder die die Sonderprüfung initiierende Minderheit können dabei vom Sonderprüfer angehört werden, sind jedoch nicht befugt, ihm verbindliche Interpretationsvorschläge zu machen.[6226] In solchen Fällen kommt aber eine Anfechtungsklage in Betracht (→ Rn. 2725 ff.), die im Rahmen des § 245 Nr. 4 und 5 auch von der Verwaltung erhoben werden kann.

2722 Der Sonderprüfer darf den Prüfungsgegenstand auch **nicht einschränken oder ausdehnen**. Deswegen muss er sich mit vom Prüfungsgegenstand erfassten Fragen auseinandersetzen, selbst wenn er sie für unwesentlich hält. Eine **Änderung des Prüfungsgegenstands** steht nur der Hauptversammlung durch **erneuten Beschluss** zu.[6227] Bis dahin ist der Sonderprüfer an den ihn bestellenden Hauptversammlungsbeschluss gebunden. Eine Änderung in Absprache mit dem Vorstand oder den einzelnen Aktionären, etwa denen, die in der Hauptversammlung den Antrag gestellt haben, ist rechtlich unverbindlich und geht damit ins Leere.

2723 Ein **Gericht** kann den von der Hauptversammlung gem. § 142 Abs. 1 AktG festgelegten Prüfungsgegenstand ebenfalls nicht einschränken oder ausweiten. Eine gerichtliche Einschränkung würde dem Mehrheitsbeschluss nicht ausreichend Rechnung tragen. Für eine Erweiterung fehlt es letztlich auch am ablehnenden Hauptversammlungsbeschluss, den § 142 Abs. 2 S. 1 AktG voraussetzt.[6228] Gegenstand und Umfang der Sonderprüfung stehen grundsätzlich nicht zur Disposition des Sonderprüfers, des Vorstands, einzelner Aktionäre oder eines Gerichts, sondern allein der Hauptversammlung. (zur Änderung des Prüfungsgegenstands bei § 142 Abs. 2 AktG → Rn. 2742 f.)

2724 Trotz Herabsetzung des Quorums (→ Rn. 2689) findet die Mehrzahl der Sonderprüfungsanträge in der Praxis meist nicht die von der Hauptversammlung erforderliche Mehrheit.[6229] Ungeachtet dessen kommt aufgrund der Hauptversammlungsbeteiligung und der damit verbundenen Öffentlichkeitswirkung die **präventive Wirkung** der Sonderprüfung hier besonders zum Tragen.[6230] Mit Bekanntwerden der

---

[6218] OLG Stuttgart NZG 2003, 1025 (1027) zust. BeckOGK/*Mock* AktG § 142 Rn. 110; MüKoAktG/*M. Arnold* AktG § 142 Rn. 65; GroßkommAktG/*Verse/Gaschler* AktG § 142 Rn. 134.
[6219] Für die GmbH zuletzt BGH NJW 2016, 2739 mwN.
[6220] GroßkommAktG/*Verse/Gaschler* AktG § 142 Rn. 81.
[6221] MüKoAktG/*M. Arnold* AktG § 142 Rn. 47; K. Schmidt/Lutter AktG/*Spindler* AktG § 142 Rn. 25.
[6222] OLG Stuttgart AG 2009, 169 (171).
[6223] Kölner Komm AktG/*Rieckers/J. Vetter* AktG § 142 Rn. 149.
[6224] EinhM, OLG Hamm AG 2011, 90 (92); Kölner Komm AktG/*Rieckers/J. Vetter* AktG § 142 Rn. 150 mwN; **aA** ADS AktG §§ 142–146 Rn. 40.
[6225] *Slavik* WM 2017, 1684 (1690); BeckOGK/*Mock* AktG § 142 Rn. 92.
[6226] Kölner Komm AktG/*Rieckers/J. Vetter* AktG § 142 Rn. 141; BeckOGK/*Mock* AktG § 142 Rn. 92; K. Schmidt/Lutter AktG/*Spindler* AktG § 145 Rn. 4.
[6227] BeckOGK/*Mock* AktG § 142 Rn. 93; Kölner Komm AktG/*Rieckers/J. Vetter* AktG § 142 Rn. 141; K. Schmidt/Lutter AktG/*Spindler* AktG § 145 Rn. 4.
[6228] Kölner Komm AktG/*Rieckers/Vetter* Rn. 141 aE.
[6229] Vgl. die Statistik bei *Bayer/Hoffmann* AG 2012, R272 (R273).
[6230] *Decher* FS Baums, 2017, 279 (284).

Vorwürfe etwaiger Pflichtverletzungen des Vorstands steigt der Druck für den Aufsichtsrat, selbst tätig zu werden. Letztlich ist die Überwachungsaufgabe des Aufsichtsrats aber von der Sonderprüfung unabhängig. Welche Überwachungsmaßnahmen der Aufsichtsrat trifft, entscheidet er nach pflichtgemäßem Ermessen.

e) Rechtsfolgen fehlerhafter Beschlüsse

2725 **aa) Nichtigkeit.** Wann ein Hauptversammlungsbeschluss nichtig ist, bestimmt **§ 241 AktG**. Für den Beschluss gem. § 142 Abs. 1 AktG kommt insbesondere § 241 Nr. 3 AktG in Betracht. Danach ist ein Hauptversammlungsbeschluss nichtig, der in die Zuständigkeit anderer Organe von vom Gesetz bestimmter Prüfer eingreift und mit dem Wesen der Aktiengesellschaft unvereinbar ist.[6231] Eine Kompetenzüberschreitung dieser Art liegt jedenfalls vor, wenn ein Sonderprüfer für Vorgänge bestellt wird, die **generell** nicht Gegenstand einer Sonderprüfung sein können (zB bei Prüfung des Jahresabschlusses oder der zukünftigen Geschäftspolitik).[6232] Anders beurteilt es sich, wenn ein grundsätzlich zulässiger Prüfungsgegenstand beschlossen wird, der aber zu **unbestimmt** ist.[6233] Solche Beschlüsse sind nur nichtig, wenn dadurch im konkreten Einzelfall ein mit dem Wesen der Aktiengesellschaft unvereinbarer Kompetenzverstoß (§ 241 Nr. 3 AktG) festgestellt werden kann. Liegt ein solcher zur Nichtigkeit führender Verstoß nicht vor, ist der Beschluss in der Regel aber nach § 243 Abs. 1 AktG anfechtbar.[6234]

2726 Die Nichtigkeit des Beschlusses erfasst sowohl die **Anordnung der Sonderprüfung** als auch die **Bestellung des Sonderprüfers.**[6235] Nur sofern die Nichtigkeit auf einem Verstoß gegen ein Verbotsgesetz iSv § 134 BGB beruht, erstreckt sie sich auch auf den **Prüfungsvertrag**. Andernfalls besteht der Prüfungsvertrag grundsätzlich fort, kann aber ggf. gekündigt werden (→ Rn. 2781, 2791).

2727 **bb) Anfechtbarkeit.** Ein Beschluss der Hauptversammlung kann wegen Verletzung des Gesetzes oder der Satzung durch Klage angefochten werden (§§ 243 ff. AktG). Für den Beschluss über die Bestellung eines Sonderprüfers gilt das zB, wenn
– dem **Stimmverbot** unterliegende Stimmen bei der Auszählung berücksichtigt wurden und sie für das Beschlussergebnis ursächlich waren (→ Rn. 2718),[6236]
– der Beschluss von den Aktionären **rechtsmissbräuchlich** herbeigeführt wurde (→ Rn. 2754 ff.),
– der Beschluss sinnlos ist, da die Gegenstände für die Gesellschaft völlig **bedeutungslos** sind,[6237]
– der Beschluss gegen **§ 143 AktG** verstößt, weil der bestellte Sonderprüfer nicht die fachlichen oder persönlichen Voraussetzungen erfüllt (→ Rn. 2789 ff., 2795 ff.),
– **Besorgnis der Befangenheit** oder Bedenken gegen die Zuverlässigkeit des Prüfers gem. § 142 Abs. 4 S. 1 AktG bestehen,
– die Bezeichnung des Prüfungsgegenstands und/oder der Name des Prüfers in dem Beschluss **fehlt** (→ Rn. 2720),
– der beschlossene Prüfungsgegenstand zu **unbestimmt** ist (→ Rn. 2725).

2728 Liegt einer der Anfechtungsgründe vor, ohne dass angefochten wird, tritt mit Ablauf der Anfechtungsfrist **Bestandskraft** ein. Der Vorstand ist dann gem. § 83 Abs. 2 AktG grundsätzlich verpflichtet, den Hauptversammlungsbeschluss auszuführen. Er kann insbesondere den Abschluss eines Prüfungsvertrags nicht verweigern.[6238]

2729 Da nach Ablauf der einmonatigen Anfechtungsfrist (§ 246 Abs. 1 AktG) auch die zweiwöchige Frist aus § 142 Abs. 4 S. 2 AktG verstrichen ist, können selbst Aktionäre nicht mehr die Bestellung eines **anderen Sonderprüfers** (§ 142 Abs. 4 S. 1 AktG) beantragen (zur Ausnahme → Rn. 2769).[6239] Darüber hinaus scheitert ein Antrag gem. § 142 Abs. 2 AktG daran, dass der anfechtbare Hauptversammlungsbeschluss nicht mit der Ablehnung des Antrags auf Bestellung gleichzusetzen ist (str. → Rn. 2736).[6240] Trotz Anfechtbarkeit liegt nämlich ein wirksamer und zustimmender Hauptversammlungsbeschluss vor.

[6231] MüKoAktG/*Hüffer/C. Schäfer* AktG § 241 Rn. 62.
[6232] MüKoAktG/*M. Arnold* AktG § 142 Rn. 74; GroßkommAktG/*Verse/Gaschler* AktG § 142 Rn. 128; *Bungert* in Krieger/U.H. Schneider, Managerhaftung-HdB § 16 Rn. 22.
[6233] Enger Kölner Komm AktG/*Rieckers/J. Vetter* AktG § 142 Rn. 184, die stets Nichtigkeit annehmen.
[6234] GroßkommAktG/*Verse/Gaschler* AktG § 142 Rn. 128; K. Schmidt/Lutter AktG/*Spindler* AktG § 142 Rn. 33; *Bungert* in Krieger/U.H. Schneider, Managerhaftung-HdB § 16 Rn. 22.
[6235] Unstr. Kölner Komm AktG/*Rieckers/J. Vetter* AktG § 142 Rn. 188.
[6236] OLG München AG 2018, 761 (765).
[6237] GroßkommAktG/*Bezzenberger*, 4. Aufl. 2008, AktG § 142 Rn. 37; K. Schmidt/Lutter AktG/*Spindler* AktG § 142 Rn. 33.
[6238] MüKoAktG/*M. Arnold* AktG § 142 Rn. 77.
[6239] Kölner Komm AktG/*Rieckers/J. Vetter* AktG § 142 Rn. 189.
[6240] Hüffer/Koch/*Koch* AktG § 142 Rn. 18; Kölner Komm AktG/*Rieckers/J. Vetter* AktG § 142 Rn. 189, 260; **aA** Beck-OGK/*Mock* AktG § 142 Rn. 140; Hölters/*Hirschmann* AktG § 142 Rn. 33.

2. Gerichtliche Bestellung auf Antrag einer Minderheit, § 142 Abs. 2 AktG

Unter bestimmten Voraussetzungen können von der Hauptversammlung **abgelehnte Sonderprüfer** auf Antrag einer qualifizierten Aktionärsminderheit durch das zuständige Gericht bestellt werden. Die gesetzlichen Voraussetzungen für die gerichtliche Bestellung von Sonderprüfern können durch die Satzung der Gesellschaft jedenfalls nicht erschwert werden.[6241] Andernfalls würde das in § 142 Abs. 2 AktG geregelte **Minderheitenrecht**[6242] (→ Rn. 2688) konterkariert.

a) Formelle Voraussetzungen

Inhaltlich ist der gerichtliche Sonderprüfungsantrag auf diejenigen **Vorgänge** bei der Gründung oder Geschäftsführung beschränkt, die bereits Gegenstand des abgelehnten Hauptversammlungsbeschlusses waren (→ Rn. 2737ff.). Der Antrag muss entsprechend den Anforderungen in § 142 Abs. 1 S. 1 AktG inhaltlich hinreichend bestimmt sein (→ Rn. 2690ff., 2720ff.).

Eine **Antragsfrist** ist nicht vorgesehen (zu den zeitlichen Grenzen → Rn. 2738). Die Form des Antrags richtet sich gem. § 142 Abs. 8 AktG nach den Vorschriften des FamFG.[6243] Er muss **schriftlich oder zur Niederschrift** bei der Geschäftsstelle gestellt werden (§ 25 Abs. 1 FamFG). Es besteht kein Anwaltszwang.[6244] Das Gericht hat nach allgemeinen Grundsätzen der freiwilligen Gerichtsbarkeit auf sachgerechte Anträge hinzuwirken.

Der Antrag an das Gericht muss gem. § 142 Abs. 2 S. 1 AktG von Aktionären gestellt werden, deren Anteile zusammen mindestens 1% des Grundkapitals oder den anteiligen Betrag von 100.000 Euro erreichen.[6245] Die Antragsteller müssen die Anteile gem. § 142 Abs. 2 S. 2 AktG seit mindestens drei Monaten vor dem Tag der Hauptversammlung und **bis zur Entscheidung über den Antrag** auf Sonderprüfung halten. Können sie das nicht ordnungsgemäß nachweisen, ist der Antrag unzulässig.[6246] Damit soll verhindert werden, dass die Aktien allein mit dem Ziel gekauft werden, eine Sonderprüfung zu veranlassen.[6247] Mangels Antragsbefugnis gleichfalls unzulässig sind Anträge von Aktionären, die ihre Rechtsstellung im Zeitpunkt der Entscheidung verloren haben.[6248] Dagegen müssen die Antragsteller weder mit den Aktionären identisch sein, deren Beschlussantrag von der Hauptversammlung abgelehnt wurde, noch mit denen, die an der Hauptversammlung teilgenommen haben.[6249]

Als Nachweis genügt bei Namensaktien jedenfalls die Eintragung im Aktienregister.[6250] Ferner kann der Nachweis des Aktienbesitzes durch **Bestätigungen des depotführenden Instituts** zum Zeitpunkt des Antrags (hinsichtlich der drei vorangehenden Monate) und zum Ende des Verfahrens über die Bestellung des Sonderprüfers (hinsichtlich der Verfahrensdauer) erbracht werden.[6251] Alternativ kommt eine Depotbestätigung mit Sperrvermerk für die Dauer des Verfahrens in Betracht.[6252] Allerdings wird man wegen der dann noch bestehenden dinglichen Verfügungsgewalt des Depotinhabers zusätzlich noch eine Bestätigung des Verwahrers verlangen müssen, dass die Herausgabe der Aktien bis zur Entscheidung über den Antrag ausgeschlossen ist oder zumindest das Gericht hierüber informiert würde.[6253]

b) Materielle Voraussetzungen

aa) Ablehnender Hauptversammlungsbeschluss. Maßgebliche Voraussetzung der gerichtlichen Bestellung gem. § 142 Abs. 2 AktG ist, dass ein **Antrag** auf Bestellung eines Sonderprüfers durch die Hauptversammlung **abgelehnt wurde**. Der Minderheitenschutz rechtfertigt eine Abweichung vom aktienrechtlichen Kompetenzgefüge nur, wenn eine wirksame Bestellung durch die Hauptversammlung nicht erreicht werden konnte.[6254] Ferner soll den Aktionären und der Verwaltung die Möglichkeit eröff-

---

[6241] Kölner Komm AktG/*Rieckers/J. Vetter* AktG § 142 Rn. 228, die auch keine satzungsmäßige Erleichterung zulassen; **aA** wohl K. Schmidt/Lutter AktG/*Spindler* AktG § 142 Rn. 38; *Jänig*, Die aktienrechtliche Sonderprüfung, 2004, 269 ff. zumindest de lege ferenda.
[6242] OLG München AG 2018, 761 (763); OLG Celle NZG 2017, 1381 (1383).
[6243] Dazu MüKoAktG/*M. Arnold* AktG § 142 Rn. 96 mwN.
[6244] Kölner Komm AktG/*Rieckers/J. Vetter* AktG § 142 Rn. 210.
[6245] Zur Berechnung GroßkommAktG/*Verse/Gaschler* AktG § 142 Rn. 165–168.
[6246] OLG München ZIP 2010, 1032 (1033); Hüffer/Koch/*Koch* AktG § 142 Rn. 24.
[6247] BayObLGZ 2004, 260 (263).
[6248] OLG München ZIP 2010, 1032 (1033) bei Verlust durch Squeeze-Out; OLG Frankfurt a. M. NJW-RR 2009, 1411 bei Verlust durch Verschmelzung.
[6249] OLG Frankfurt a. M. BeckRS 2008, 13889 Rn. 69; Hüffer/Koch/*Koch* AktG § 142 Rn. 22.
[6250] OLG München BeckRS 2005, 14417 Rn. 10.
[6251] BegrRegE UMAG BT-Drs. 15/5092, 18 f.; K. Schmidt/Lutter AktG/*Spindler* AktG § 142 Rn. 43.
[6252] BegrRegE UMAG BT-Drs. 15/5092, 19; K. Schmidt/Lutter AktG/*Spindler* AktG § 142 Rn. 43.
[6253] OLG München AG 2008, 33 (34); BayObLGZ 2004, 260 (265); Hüffer/Koch/*Koch* AktG § 142 Rn. 24.
[6254] LG Frankfurt a. M. NZG 2016, 830.

net werden, sich über die Zweckmäßigkeit der Sonderprüfung auszutauschen, um möglichst zu einer außergerichtlichen Lösung zu gelangen.[6255]

2736 Der Ablehnung steht es gleich, wenn die Beschlussfassung ohne zwingenden Grund **vertagt** oder **vereitelt** wird.[6256] Das gilt auch dann, wenn der Versammlungsleiter einen zulässigen Antrag in der Hauptversammlung zu Unrecht nicht zur Abstimmung stellt.[6257] Ebenso verhält es sich, wenn eine frühere Bestellung von der Hauptversammlung **aufgehoben** wird.[6258] Entsprechend gilt auch der nichtige oder gerichtlich für nichtig erklärte Hauptversammlungsbeschluss als ablehnender Beschluss.[6259] Die bloße **Anfechtbarkeit** genügt dagegen nach überzeugender Auffassung noch nicht, da die Gefahr einer Doppelbestellung besteht.[6260] Jedenfalls vor Abschluss des Anfechtungsverfahrens ist aber zu verlangen, dass das Ergebnis abgewartet werden muss, bevor ein Verfahren gem. § 142 Abs. 2 AktG durchgeführt wird. Wird ein Antrag auf gerichtliche Bestellung trotzdem schon vor dem rechtskräftigen Abschluss des Anfechtungsverfahrens gestellt, ist das Verfahren gem. § 21 Abs. 1 FamFG auszusetzen.[6261] Schließlich liegt auch kein ablehnender Beschluss vor, wenn dem Minderheitsantrag zwar statt gegeben, aber ein anderer als der beantragte Sonderprüfer bestellt wird.[6262]

2737 **bb) Prüfungsfähiger Vorgang.** Auch die gerichtliche Bestellung eines Sonderprüfers muss sich auf **einzelne Vorgänge** bei der Gründung oder Geschäftsführung beziehen und die Person des Prüfers beim Namen nennen (→ Rn. 2720f.). Insbesondere sind vom Begriff der Geschäftsführung wie bei § 142 Abs. 1 S. 1 AktG auch Maßnahmen der Kapitalbeschaffung oder Kapitalherabsetzung erfasst, obwohl sie in § 142 Abs. 2 S. 1 AktG nicht nochmal extra hervorgehoben sind.[6263]

2738 Die zu prüfenden Vorgänge der Geschäftsführung dürfen grundsätzlich **nicht länger als fünf Jahre** zurückliegen. War die Gesellschaft zur Zeit des Vorgangs **börsennotiert,** beträgt die Frist gem. § 142 Abs. 2 S. 1 Hs. 2 AktG **zehn Jahre.** Das entspricht der Verjährungsfrist gem. § 93 Abs. 6 AktG. Die Frist ist von dem Tag der Ablehnung durch die Hauptversammlung an zurückzurechnen.[6264] Zeitlich gestreckte Vorgänge können auch dann vollständig geprüft werden, wenn nur ein Teil des Vorgangs in die Frist fällt.[6265] Vorgänge, die vollständig außerhalb der Frist liegen, können nur insoweit herangezogen werden, als sie zur Aufklärung eines innerhalb der Frist liegenden Vorgangs dienen.[6266] Mangels gesetzlicher Anordnung verlängert sich die Frist nicht, wenn die Verjährung gem. § 93 Abs. 6 AktG gehemmt ist.[6267] Anders herum bewirkt auch die Sonderprüfung keine Hemmung der Verjährungsfrist. Die Fristen sind zwar gedanklich verknüpft, aber ohnehin nicht identisch, da ihre jeweiligen Anknüpfungspunkte völlig unabhängig voneinander sind.[6268]

2739 Aus der **Subsidiarität** der gerichtlichen Bestellung eines Sonderprüfers (→ Rn. 2735) folgt, dass der Antrag gem. § 142 Abs. 2 AktG nur Prüfungsgegenstände erfassen kann, die bereits Gegenstand des ablehnenden Hauptversammlungsbeschlusses waren.[6269] Der Antrag darf deshalb inhaltlich **nicht über den Prüfungsgegenstand hinausgehen,** über den die Hauptversammlung entschieden und den sie abgelehnt hat. Er muss inhaltlich aber nicht vollständig identisch sein. Es genügt, wenn er **im Wesentlichen** dem in der Hauptversammlung abgelehnten Sonderprüfungsantrag entspricht.[6270] Das bedeutet insbesondere, dass es zulässig ist, die in der Hauptversammlung beantragten Prüfungsgegenstände näher zu präzisieren.[6271]

[6255] Kölner Komm AktG/*Rieckers/J. Vetter* AktG § 142 Rn. 258.
[6256] MüKoAktG/*M. Arnold* AktG § 142 Rn. 81; Hüffer/Koch/*Koch* AktG § 142 Rn. 18.
[6257] OLG Frankfurt a. M. BeckRS 2012, 10249.
[6258] AllgM RGZ 143, 401 (410); OLG Düsseldorf ZIP 2010, 28 (29).
[6259] Grigoleit/*Grigoleit/Rachlitz* AktG § 142 Rn. 51.
[6260] HM Kölner Komm AktG/*Rieckers/J. Vetter* AktG § 142 Rn. 260; MüKoAktG/*M. Arnold* AktG § 142 Rn. 81; Hüffer/Koch/*Koch* AktG § 142 Rn. 18; Grigoleit/*Grigoleit/Rachlitz* AktG § 142 Rn. 51; aA BeckOGK/*Mock* AktG § 142 Rn. 140; Hölters/*Hirschmann* AktG § 142 Rn. 33.
[6261] Hüffer/Koch/*Koch* AktG § 142 Rn. 19.
[6262] MüKoAktG/*M. Arnold* AktG § 142 Rn. 81 aE; NK-AktR/*von der Linden* AktG § 142 Rn. 21.
[6263] EinhM *Hüffer* ZHR 174 (2010), 642 (652); GroßkommAktG/*Verse/Gaschler* AktG § 142 Rn. 191 mwN; zweifelnd *Spindler* NZG 2020, 841 (842); Hüffer/Koch/*Koch* AktG § 142 Rn. 18 aE.
[6264] KG AG 2012, 412 (413).
[6265] Hüffer/Koch/*Koch* AktG § 142 Rn. 19.
[6266] EinhM OLG Düsseldorf ZIP 2010, 28 (29); Hüffer/Koch/*Koch* AktG § 142 Rn. 19; zurückhaltend GroßkommAktG/*Verse/Gaschler* AktG § 142 Rn. 212.
[6267] MüKoAktG/*M. Arnold* AktG § 142 Rn. 98; Kölner Komm AktG/*Rieckers/J. Vetter* AktG § 142 Rn. 267.
[6268] BeckOGK/*Mock* AktG § 142 Rn. 147; MüKoAktG/*M. Arnold* AktG § 142 Rn. 98.
[6269] Vgl. Stellungnahme Handelsrechtsausschuss DAV NZG 2010, 897 (898); ähnlich Kölner Komm AktG/*Rieckers/J. Vetter* AktG § 142 Rn. 266.
[6270] OLG Stuttgart AG 2019, 527 (528f.); OLG München AG 2008, 33 (35); LG Frankfurt a. M. NZG 2016, 830; LG Hamburg BeckRS 2009, 13900.
[6271] OLG Stuttgart AG 2019, 527 (529); LG Frankfurt a. M. NZG 2016, 830.
[6272] *Spindler* NZG 2020, 841 (843) mwN; LG Hamburg BeckRS 2009, 13900.

2740 Nicht einheitlich wird die Frage beantwortet, ob sich der Antrag gem. § 142 Abs. 2 AktG nur auf einen Teil der Prüfungsgegenstände des gegenüber der Hauptversammlung gemachten Antrags **beschränken** darf. Im Schrifttum werden solche Einschränkungen teilweise für zulässig erachtet.[6272] Hingegen stehen die Rechtsprechung und andere Teile des Schrifttums auf dem zutreffenden Standpunkt, dass der Sonderprüfungsantrag gerichtliche Bestellung den von der Hauptversammlung abgelehnten Antrag **weder erweitern, ändern noch beschränken** darf.[6273] Insbesondere eine Beschränkung auf einzelne Teile ist nicht möglich.[6274] Schließlich hatte auch die Hauptversammlung nur die Möglichkeit, einheitlich über den Antrag zustimmend oder ablehnend zu entscheiden.[6275] Dann kann aber die Kompetenz des Gerichts in § 142 Abs. 2 AktG nicht über die der Hauptversammlung gem. § 142 Abs. 1 AktG hinausgehen. Sofern Teile eines einheitlichen Sonderprüfungsantrags nichtig oder anfechtbar sind und der Antrag deshalb von der Hauptversammlung abgelehnt wurde, kann – wie die Hauptversammlung – auch das Gericht den Antrag nicht nur teilweise zulassen, sondern muss ihn **vollständig zurückweisen**.[6276] Den Antragstellern bleibt dann offen, den eingeschränkten Teil zum Gegenstand eines weiteren Antrags gem. § 142 Abs. 1 AktG zu machen.

2741 Folgt man dieser Rechtsprechung konsequent, kann hinsichtlich der Person des Sonderprüfers nichts anderes gelten.[6277] Das Gericht kann deshalb nach § 142 Abs. 2 AktG nur **denjenigen Sonderprüfer** bestellen, der auch schon **im Antrag gem. § 142 Abs. 1 AktG genannt** wurde (zur Neubestellung bei nachträglichem Wegfall des bestellten Prüfers → Rn. 2774–2777).[6278] Hinsichtlich einer anderen Person fehlt es an der Voraussetzung des ablehnenden Hauptversammlungsbeschlusses. Letztlich ist auch nicht auszuschließen, dass die Hauptversammlung den Antrag nur wegen der Person des Prüfers abgelehnt hat.[6279] Zudem sind die konkrete Bestimmung des Prüfungsgegenstands sowie die Nennung des Prüfers beim Namen untrennbare Bestandteile der Sonderprüfungsbestellung (→ Rn. 2720 f.). Ist es der Hauptversammlung schon nicht möglich, den ihr vorliegenden Antrag unter Benennung eines anderen Sonderprüfers zuzulassen, kann es erst recht nicht dem Gericht gestattet sein, das andernfalls in die **Kompetenz der Hauptversammlung** eingreifen würde.[6280] Vielmehr ist zuvor erneut der Hauptversammlung Gelegenheit zu geben, den insoweit neuen Sonderprüfer wirksam nach § 142 Abs. 1 AktG zu bestellen.

2742 Vor diesem Hintergrund ist auch die Rechtmäßigkeit einer **nachträglichen Änderung** des gerichtlich festgelegten **Prüfungsgegenstands** zu beurteilen:

2743 Im Schrifttum wird angenommen, dass die **Hauptversammlung** den gerichtlich festgelegten Gegenstand grundsätzlich erweitern, nicht aber einschränken könne.[6281] Dass eine **Einschränkung** in diesen Fällen unzulässig ist, trifft zu. Andernfalls könnte das von der Minderheit eingeleitete Sonderprüfungsverfahren inhaltlich beschränkt und damit die Aufklärung bestimmter Tatsachen von der Hauptversammlungsmehrheit verhindert werden. Dieses Risiko besteht bei einer **Erweiterung** des Prüfungsgegenstands nicht, sodass sie grundsätzlich als zulässig zu erachten ist. In Ausnahmefällen birgt aber auch die Ausdehnung des Prüfungsgegenstands Gefahren, denen zum Schutz der Aktionärsminderheit begegnet werden muss. Gegner der Sonderprüfung könnten versucht sein, Erweiterungen des Prüfungsgegenstands mit dem Ziel zu beantragen, möglichst viel Zeit zu gewinnen, um etwa die Veröffentlichung unangenehmer Prüfungsergebnisse zu verzögern.[6282] Ein ausufernder Prüfungsgegenstand bringt stets zusätzlichen Zeit- und Arbeitsaufwand für den Sonderprüfer mit sich, was letztlich je nach Umfang sogar dazu führen kann, dass die Sonderprüfung zu scheitern droht. In solchen Fällen, in denen aufgrund der Erweiterung von einer spürbaren Verzögerung der Sonderprüfung auszugehen ist, ist eine Erweiterung des gerichtlich festgelegten Prüfungsgegenstands durch die Hauptversammlung daher rechtsmissbräuchlich.[6283]

[6272] Kölner Komm AktG/*Rieckers/J. Vetter* AktG § 142 Rn. 213, 258; GroßkommAktG/*Verse/Gaschler* AktG § 142 Rn. 202.
[6273] OLG Stuttgart AG 2019, 527 (528 f.); LG Frankfurt a. M. NZG 2016, 830; insoweit zust. *Priester* FS Marsch-Barner, 2018, 449 (454); Hüffer/Koch/*Koch* AktG § 142 Rn. 18.
[6274] LG Frankfurt a. M. NZG 2016, 830.
[6275] LG Frankfurt a. M. NZG 2016, 830; vgl. auch *Spindler* NZG 2020, 841 (843).
[6276] OLG München AG 2008, 33 (35); LG Frankfurt a. M. NZG 2016, 830; LG Hamburg BeckRS 2009, 13900.
[6277] Trotz Bedenken aA *Priester* FS Marsch-Barner, 2018, 449 (454); Hüffer/Koch/*Koch* AktG § 142 Rn. 32.
[6278] LG Frankfurt NZG 2016, 830; MüKoAktG/*M. Arnold* AktG § 142 Rn. 85; nunmehr *Spindler* NZG 2020, 841 (843); K. Schmidt/Lutter AktG/*Spindler* AktG § 142 Rn. 61; NK-AktR/*von der Linden* AktG § 142 Rn. 22; **aA** OLG Celle AG 2020, 553; *Mock* AG 2020, 536 (537); Hüffer/Koch/*Koch* AktG § 142 Rn. 32 mwN.
[6279] LG Frankfurt a. M. NZG 2016, 830 (831); MüKoAktG/*M. Arnold* AktG § 142 Rn. 85; zust. *Spindler* NZG 2020, 841 (846); insoweit auch Hüffer/Koch/*Koch* AktG § 142 Rn. 32.
[6280] LG Frankfurt a. M. NZG 2016, 830 (831); MüKoAktG/*M. Arnold* AktG § 142 Rn. 85; *Spindler* NZG 2020, 841 (846); K. Schmidt/Lutter AktG/*Spindler* AktG § 142 Rn. 61.
[6281] BeckOGK/*Mock* AktG § 142 Rn. 149; Kölner Komm AktG/*Rieckers/J. Vetter* AktG § 142 Rn. 269 f.
[6282] *Kirschner*, Die Sonderprüfung der Geschäftsführung in der Praxis, 2008, 182.
[6283] Vgl. Kölner Komm AktG/*Rieckers/J. Vetter* AktG § 142 Rn. 269; *Kirschner*, Die Sonderprüfung der Geschäftsführung in der Praxis, 2008, 183.

2744 **cc) Unredlichkeit oder grobe Verletzungen.** Begründet ist der Antrag auf gerichtliche Bestellung eines Sonderprüfers trotz ablehnender Hauptversammlungsentscheidung nur, wenn Tatsachen vorliegen, die den Verdacht rechtfertigen, dass bei dem Vorgang Unredlichkeiten oder grobe Verletzungen des Gesetzes oder der Satzung vorgekommen sind. Eine Unredlichkeit ist ein **sittlich anstößiges Verhalten,** das dem Handelnden subjektiv vorwerfbar ist.[6284] In Abgrenzung zu den gesondert erwähnten Gesetzes- oder Satzungsverletzungen sind hierunter **Treupflichtverletzungen** zu verstehen, also illoyale Verhaltensweisen wie zB das Erstreben persönlicher Vorteile auf Kosten der Gesellschaft.[6285]

2745 Pflichtverletzungen, die nicht sittlich anstößig sind, rechtfertigen die Bestellung eines Sonderprüfers dagegen nur, wenn der Handelnde **erheblich und schuldhaft** von seinen Pflichten abgewichen ist.[6286] Dabei geht es nicht um die Überprüfung der Zweckmäßigkeit einer Handlung, sondern allein um die erhebliche und schuldhafte Überschreitung der Sorgfaltspflichten.[6287] Ist das Verschulden oder der verursachte Schaden besonders eklatant, spricht das für eine grobe Pflichtverletzung.[6288] Die **wirtschaftliche Nachteiligkeit** einer Entscheidung allein indiziert dagegen nicht, dass die Pflichtverletzung grob war. Dafür bedarf es zusätzlicher Anhaltspunkte.[6289] Haben sich die Verantwortlichen **strafbar** gemacht, dürfte die Pflichtverletzung regelmäßig als grob anzusehen sein.[6290] In der Beurteilung sind alle Umstände des Einzelfalls einzubeziehen. Letztlich geht es um Verstöße, deren Nichtverfolgung schlicht unerträglich wäre, weil sie das Vertrauen in die gute Führung und Kontrolle deutscher Unternehmen und damit in den deutschen Finanzplatz erschüttern würde.[6291] Das ist beispielsweise anzunehmen, wenn die Organmitglieder ihr Ermessen auf Grundlage völlig unzureichender Information ausgeübt haben[6292] (vgl. → Rn. 415 ff.) oder fast die Hälfte der unternehmerischen Tätigkeit außerhalb des satzungsgemäßen Unternehmensgegenstands lag.[6293] Auch ein Verstoß gegen § 93 Abs. 3 AktG spricht regelmäßig für eine grobe Pflichtverletzung.[6294]

2746 **dd) Hinreichender Tatverdacht.** Die Antragsteller müssen die Unredlichkeit oder grobe Pflichtverletzung weder beweisen noch glaubhaft machen.[6295] Ob eine Unredlichkeit oder grobe Pflichtverletzung tatsächlich vorliegt, ist im Rahmen der gerichtlichen Entscheidung über die Anordnung der Sonderprüfung letztlich sogar unerheblich. Diese Frage soll ja gerade die Sonderprüfung klären.[6296] Die gerichtliche Bestellung setzt aber voraus, dass konkrete Tatsachen vorgetragen werden, die den Verdacht einer Unredlichkeit oder groben Pflichtverletzung rechtfertigen. Die Antragsteller müssen das Gericht davon überzeugen, dass der Verdacht mit hinreichender Wahrscheinlichkeit zu bejahen ist oder zumindest einen Anlass zur Amtsermittlung gem. § 26 FamFG schaffen. Dementsprechend muss sich aus den vorgetragenen Tatsachen ein hinreichender Tatverdacht für eine Unredlichkeit oder grobe Pflichtverletzung ergeben, dh sie müssen **denklogisch wahrscheinlich und nicht bloß möglich** sein.[6297] Dafür genügt es, wenn hinreichend substantiierte Tatsachen hinsichtlich des behaupteten pflichtwidrigen Erfolgs und der hierfür relevanten Pflichtverletzung vorgetragen werden. Bloße Verdächtigungen, Vermutungen oder unsubstantiierte Behauptungen reichen allerdings nicht aus.

2747 Ob eine unternehmerische Entscheidung zweckmäßig war, darf nicht vom Gericht geprüft werden.[6298] Daher kann die gerichtliche Bestellung eines Sonderprüfers nicht damit begründet werden, dass eine vom Vorstand oder Aufsichtsrat getroffene **unternehmerische Entscheidung** nicht notwendig, nicht zweckmäßig oder betriebswirtschaftlich nicht sinnvoll gewesen sei.[6299] Vielmehr haben die Antragsteller bei Er-

---

[6284] OLG Stuttgart AG 2019, 527 (529); OLG Köln AG 2010, 414; OLG Düsseldorf ZIP 2010, 28 (29).
[6285] OLG Stuttgart AG 2019, 527 (529); OLG München ZIP 2010, 1127 (1129); LG Heidelberg AG 2017, 162 (165).
[6286] OLG Stuttgart AG 2019, 527 (529); OLG Düsseldorf ZIP 2010, 28 (29).
[6287] LG Heidelberg AG 2017, 162 (166); vgl. auch OLG Stuttgart AG 2019, 527 (529).
[6288] OLG Stuttgart AG 2019, 527 (529); OLG Düsseldorf ZIP 2010, 28 (29).
[6289] OLG Stuttgart AG 2019, 527 (529); OLG Frankfurt a. M. AG 2011, 755 (757).
[6290] Kölner Komm AktG/*Rieckers*/*J. Vetter* AktG § 142 Rn. 278 gehen dann stets von einer groben Pflichtverletzung aus.
[6291] OLG Köln AG 2019, 695 (696); OLG Stuttgart AG 2019, 527 (529); OLG Düsseldorf ZIP 2010, 28 (29); LG München I NZG 2016, 1342 (1345).
[6292] OLG Düsseldorf ZIP 2010, 28 (31).
[6293] OLG Düsseldorf ZIP 2010, 28 (30); krit. *Spindler* NZG 2010, 281 (283).
[6294] OLG Stuttgart AG 2019, 527 (534); Hüffer/Koch/*Koch* AktG § 142 Rn. 20.
[6295] OLG Stuttgart AG 2019, 527 (529); OLG Celle NZG 2017, 1381 (1382); OLG Frankfurt a. M. AG 2011, 755.
[6296] OLG Düsseldorf ZIP 2010, 28 (29); OLG München AG 2008, 33 (35).
[6297] OLG Stuttgart AG 2019, 527 (530); OLG Düsseldorf ZIP 2010, 28 (30); OLG München ZIP 2010, 1127 (1128); aA *Trölitzsch/Gunßler* AG 2008, 833 (836), die dringenden Tatverdacht iSd StPO fordern.
[6298] OLG Stuttgart AG 2019, 527 (529); OLG München AG 2008, 33 (35); *Priester* FS Marsch-Barner, 2018, 449 (452).
[6299] OLG Stuttgart AG 2019, 527 (529); OLG München AG 2008, 33 (35).

messensentscheidungen **substantiiert darzulegen,** dass Vorstand oder Aufsichtsrat ihr Ermessen überschritten haben.[6300]

Entscheidend ist der **Kenntnisstand des Gerichts** nach Anhörung der Gesellschaft (Vorstand) und des Aufsichtsrats (→ Rn. 2762).[6301] Gelingt es Vorstand oder Aufsichtsrat im Rahmen der Anhörung, den Vortrag der Antragsteller zu widerlegen, ist der Antrag abzuweisen.[6302] **2748**

ee) Verhältnismäßigkeit. Wie bei § 148 Abs. 1 S. 2 Nr. 4 AktG soll laut Gesetzesbegründung zum UMAG auch bei § 142 Abs. 2 AktG eine Verhältnismäßigkeitsprüfung anzustellen sein, der zufolge eine Sonderprüfung ausscheiden soll, wenn ihr **überwiegende Gründe des Gesellschaftswohls** entgegenstehen.[6303] Eine Sonderprüfung, die mehr Schäden hervorruft, als sie der Gesellschaft nutzt, liegt nicht im Interesse der Gesellschaft.[6304] Ein entsprechender Antrag ist **unbegründet**. Das ist etwa der Fall, wenn die der Gesellschaft durch die Prüfung entstehenden Kosten den tatsächlich entstandenen Schaden deutlich übersteigen.[6305] Abgesehen von den erheblichen Kosten zu Lasten der Gesellschaft ist die Sonderprüfung stets ein tiefer Eingriff in die aktienrechtliche Gefüge. Durch die Öffentlichkeit der Sonderprüfung drohen Reputationsschäden und Haftungsklagen Dritter. Auch insofern können die durch die Sonderprüfung drohenden Schäden den entstandenen Schaden übersteigen. **2749**

Für Belange, die gegen die Verhältnismäßigkeit der Sonderprüfung sprechen, trägt die Gesellschaft die **Darlegungslast**.[6306] Stützt sich die Gesellschaft darauf, dass mit dem Bekanntwerden von Tatsachen ein unverhältnismäßig **hohes Haftungsrisiko** droht, hat sie das substantiiert vorzutragen.[6307] Die Rechtsprechung legt hier strenge Maßstäbe an und lässt pauschale Angaben nicht gelten. Unzureichend soll insbesondere der bloße Hinweis sein, dass die negativen Auswirkungen der Sonderprüfung für die Gesellschaft außer Verhältnis zu ihrem Nutzen stünden, weil ihre nahezu unkalkulierbaren Haftungsrisiken durch einen Regress bei Organmitgliedern nicht zu decken seien.[6308] Das geht aber zu weit. Je konkreter auf Risiken hinzuweisen ist, desto größer ist – da alles öffentlich wird – auch die Gefahr ihrer Realisierung. Gesellschaften ist gleichwohl – soweit vertretbar – bei drohenden Haftungsprozessen zu raten, dem Gericht **konkrete Angaben** zum Gegenstand sowie zu bereits angefallenen und zu erwartenden Kosten zu machen. Nach Möglichkeit sollten die drohenden Nachteile dem Umfang der realisierbaren Ersatzansprüche gegen Organmitglieder konkret und zahlenmäßig gegenüber gestellt werden.[6309] Empfehlenswert ist dann auch darzulegen, warum gerade die beantragte Sonderprüfung kausal für den Eintritt der angeführten Nachteile sein soll.[6310] Kommt das Gericht zu dem Ergebnis, dass die Sonderprüfung die Gesellschaft erheblichen Risiken aussetzt, hat es den Antrag zurückzuweisen. **2750**

In einer bemerkenswerten Entscheidung hat das OLG Celle das Erfordernis der Verhältnismäßigkeit relativiert. Es gebe keinen Grundsatz dergestalt, dass eine Sonderprüfung immer schon dann ausgeschlossen sei, wenn Interessen der Gesellschaft entgegenstehen.[6311] Zwar steigt das Gericht formal in die Prüfung der Verhältnismäßigkeit ein, wägt aber nicht mehr ab. Schließlich seien die Nachteile für die Gesellschaft bereits im Erfordernis eines „qualifizierten Verdachts" (→ Rn. 2746 ff.) genügend berücksichtigt.[6312] Dadurch wird aber den **Geheimhaltungsinteressen** der Gesellschaft nicht ausreichend Rechnung getragen.[6313] Allein das **Schwärzungsverfahren** gem. § 145 Abs. 4 AktG kann angesichts der kurzen Antragsfrist[6314] vor Veröffentlichung des Berichts (→ Rn. 2840–2842) sowie dem schon bei Herausgabe von Informationen an den Sonderprüfer bestehenden Risiko, das sog. **legal privilege** nach US-amerikanischem Recht hinsichtlich dieser Informationen zu verlieren, nicht das einzige Mittel sein, um sensible Interna zu **2751**

[6300] OLG Stuttgart AG 2019, 527 (529); OLG Frankfurt a. M. AG 2011, 755 (757); *Priester* FS Marsch-Barner, 2018, 449 (452); zur Darlegungslast *Seibt* WM 2004, 2137 (2140).
[6301] OLG Stuttgart AG 2019, 527 (529); OLG Frankfurt a. M. AG 2011, 755 (756); OLG München ZIP 2010, 1127 (1128).
[6302] OLG Stuttgart AG 2019, 527 (529); OLG Frankfurt a. M. AG 2011, 755 (756); OLG München ZIP 2011, 1364 (1365); OLG Düsseldorf ZIP 2010, 28 (30).
[6303] BegrRegE UMAG BT-Drs. 15/5092, 18; OLG Stuttgart AG 2019, 527 (530); OLG Frankfurt a. M. BeckRS 2012, 10249; OLG Düsseldorf ZIP 2010, 28 (30); MüKoAktG/*M. Arnold* AktG § 142 Rn. 89 mwN; **aA** Bürgers/Körber/*Holzborn/Jänig* AktG § 142 Rn. 15b mwN; einschränkend OLG Celle NZG 2017, 1381 (1383).
[6304] *Rieckers* DB 2019, 107 (112); MüKoAktG/*M. Arnold* AktG § 142 Rn. 89.
[6305] OLG Stuttgart AG 2019, 527 (530); OLG Düsseldorf ZIP 2010, 28 (30); OLG München AG 2010, 598 (600).
[6306] *Holle* ZHR 182 (2018), 569 (595 f.); implizit auch OLG Düsseldorf ZIP 2010, 28 (34).
[6307] BVerfG NJW 2018, 381; Kölner Komm AktG/*Rieckers/J. Vetter* AktG § 142 Rn. 301.
[6308] OLG Düsseldorf ZIP 2010, 28 (34); ähnlich BVerfG NJW 2018, 381.
[6309] OLG Düsseldorf ZIP 2010, 28 (34).
[6310] *Holle* ZHR 182 (2018), 569 (600).
[6311] OLG Celle NZG 2017, 1381.
[6312] OLG Celle NZG 2017, 1381 (1382 f.); zu Recht krit. *Holle* ZHR 182 (2018), 569 (591).
[6313] Hüffer/Koch/*Koch* AktG § 142 Rn. 21; GroßkommAktG/*Verse/Gaschler* AktG § 142 Rn. 245; *Habersack* FS WpHG, 2020, 217 (224 f.); ausf. *Holle* ZHR 182 (2018), 569 (587 ff.); ähnlich *Rieckers* DB 2019, 107 (112); **aA** *Bachmann* ZIP 2018, 103 (107); BeckOGK/*Mock* AktG § 142 Rn. 164.
[6314] OLG Düsseldorf ZIP 2016, 1022 Rn. 2 f. unter Wiedergabe der Vorinstanz: drei bis sechs Wochen.

schützen. Das OLG Celle hätte nach hier vertretener Auffassung also eigene **Ermittlungsbemühungen und Vertraulichkeitsbelange** der Gesellschaft in die Verhältnismäßigkeitsprüfung einbeziehen müssen.[6315]

2752 Die Durchführung **interner Ermittlungen** macht einen Sonderprüfungsantrag gem. § 142 Abs. 2 AktG grundsätzlich nicht entbehrlich.[6316] Das gilt zumindest, solange die Ergebnisse der Ermittlungen nicht in absehbarer Zeit den Aktionären zugänglich gemacht werden. Interne Ermittlungen sind jedoch im Rahmen der Verhältnismäßigkeit von Sonderprüfungen zu berücksichtigen. Wenn intensive, unabhängige und umfassende *Internal Investigations* durchgeführt werden, muss sich das – unter Umständen entscheidend – auf die Frage auswirken, ob jetzt noch eine weitere (Sonder-)Prüfung stattfinden muss. Es bietet sich also an, Umfang, Aufwand und Struktur der *Internal Investigation* vorzutragen. Hat eine interne Ermittlung stattgefunden, ist es ratsam, sowohl die Ergebnisse als auch die Konditionen der Untersuchung **offenzulegen,** damit das Gericht den Umfang der Prüfung sowie dessen Unabhängigkeit vom Einfluss der Verwaltung beurteilen kann.[6317] Dadurch ist gewährleistet, dass das Gericht auf hinreichender Informationsgrundlage eine Abwägung vornimmt.[6318] Dabei wird es auch der – im Einzelfall durch aus einmal zu bejahenden – Frage nachgehen, inwieweit die interne Ermittlung das gesetzliche Sonderprüfungsrecht obsolet machen könnte.[6319]

2753 Auf der anderen Seite hat das Gericht die Belange zu berücksichtigen, die **für die Verhältnismäßigkeit** der Sonderprüfung sprechen. Zu beachten ist, dass die Sonderprüfung zwar oft der Vorbereitung von Schadensersatzansprüchen dienen wird, sich aber nicht darauf beschränkt (→ Rn. 2687).[6320] Andernfalls würden die **Präventivwirkung** der Sonderprüfung und der **Zweck personelle Entscheidungen** vorzubereiten für alle finanziell unbedeutenden Sachverhalte leer laufen. Die Sonderprüfung ist demnach nicht allein deshalb unverhältnismäßig, weil die Durchsetzung eines Ersatzanspruchs mangels Schadens oder aufgrund des Eintritts der Verjährung nicht mehr in Betracht kommt. Vielmehr sind auch die Präventivwirkung und die Möglichkeit personeller Konsequenzen in die Abwägung einzubeziehen.[6321] Allerdings wird ein Antrag allein auf Grundlage eines der beiden Belange regelmäßig erfolglos bleiben.[6322]

2754 **ff) Rechtsmissbrauch.** Von der Verhältnismäßigkeit ist die Frage zu unterscheiden, ob ein Antrag auf Bestellung gem. § 142 Abs. 2 AktG rechtsmissbräuchlich (§ 242 BGB) ist. Rechtsmissbräuchliche Anträge sind unbegründet.[6323] Ein Antrag ist objektiv missbräuchlich, wenn er **zwecklos ist oder zweckwidrig** gestellt wird.[6324]

2755 Zwecklos ist ein Antrag, wenn die Sonderprüfung **keinerlei Auswirkungen** mehr auf die Gegenwart haben würde. Das ist denkbar, wenn Ansprüche gegen ein Verwaltungsmitglied verjährt und deshalb nicht mehr durchsetzbar sind. Solange noch Erkenntnisse über die Art bestimmter Geschäftsbeziehungen oder die Eignung von Konzernstrukturen gewonnen oder personelle Konsequenzen gezogen werden können, ist der Antrag aber nicht rechtsmissbräuchlich.[6325]

2756 Im Übrigen ist ein Antrag schon mangels Rechtsschutzbedürfnis unzulässig, wenn er die Prüfung von bekannten und unstreitigen Vorgängen bezweckt, weil insofern **kein Informationsbedürfnis** der Antragsteller besteht.[6326] Das gilt auch, wenn ein antragstellender Aktionär am betreffenden Geschäftsvorgang als Organmitglied selbst mitgewirkt hat.[6327]

2757 Eine Antragstellung ist zweckwidrig, wenn damit illoyale, grob eigennützige Zwecke verfolgt werden.[6328] Erforderlich ist also, dass das Antragsrecht **zweckentfremdet** eingesetzt wird. Das ist anzunehmen, wenn die Antragsteller mit dem Verfahren einen Lästigkeitswert aufbauen wollen, um sich anschließend ihr Antragsrecht „abkaufen" zu lassen (sog. **Abkauffälle**).[6329] Allerdings wird das aufgrund des erforderlichen Quorums nur selten vorkommen.[6330]

[6315] Zutr. Hüffer/Koch/*Koch* AktG § 142 Rn. 21; GroßkommAktG/*Verse*/*Gaschler* AktG § 142 Rn. 245; *Holle* ZHR 182 (2018), 569 (597 ff.); *Koch* ZGR 2020, 183 (197); zweifelnd *Bachmann* ZIP 2018, 103 (107).
[6316] OLG Celle NZG 2017, 1381 (1383) mzustAnm *Mock* EWiR 2017, 749 (750).
[6317] *Bachmann* ZIP 2018, 103 (106).
[6318] *Holle* ZHR 182 (2018), 569 (600 f.).
[6319] OLG Celle NZG 2017, 1381 (1383); das wohl generell ablehnend BeckOGK/*Mock* AktG § 142 Rn. 163.
[6320] OLG München ZIP 2010, 1127 (1129).
[6321] *Holle* ZHR 182 (2018), 569 (596) mwN; *Bachmann* ZIP 2018, 103 (105).
[6322] MüKoAktG/*M. Arnold* AktG § 142 Rn. 89; vgl. Kölner Komm AktG/*Rieckers*/*J. Vetter* AktG § 142 Rn. 302.
[6323] HM KG AG 2012, 412 (413); MüKoAktG/*M. Arnold* AktG § 142 Rn. 90; Kölner Komm AktG/*Rieckers*/*J. Vetter* AktG § 142 Rn. 315, jew. mwN; **aA** AG Düsseldorf WM 1988, 1668.
[6324] Zutr. *Bachmann* ZIP 2018, 103 (105); eing. MüKoAktG/*M. Arnold* AktG § 142 Rn. 90 ff.
[6325] Hölters/*Hirschmann* AktG § 142 Rn. 18; Hüffer/Koch/*Koch* AktG § 142 Rn. 8.
[6326] OLG Stuttgart AG 2019, 527 (530); LG München I NZG 2016, 1342 (1345 f.); KG AG 2012, 412 (413); *Bachmann* ZIP 2018, 103 (105).
[6327] OLG München ZIP 2010, 1127 (1129).
[6328] OLG Stuttgart AG 2019, 527 (530); OLG München ZIP 2010, 1127 (1129).
[6329] OLG Celle NZG 2017, 1381 (1382); OLG Düsseldorf ZIP 2010, 28 (30); OLG München AG 2008, 33 (34 f.).

Wird das Antragsrecht rechtsmissbräuchlich ausgeübt, sind die Antragsteller verpflichtet, der Gesellschaft die als Folge des Antrags entstandenen Schäden zu ersetzen. In den meisten Fällen folgt das schon abschließend aus § 146 S. 2 AktG. Die **Ersatzpflicht** für über die Gerichtskosten hinausgehende Schäden ergeben sich aus der gesellschaftsrechtlichen Treuepflicht.[6331] Abhängig vom Sachverhalt können Ansprüche auch aus § 826 BGB und § 823 Abs. 2 BGB iVm § 253 StGB in Betracht kommen.[6332] Schließlich kann ein Rückzahlungsanspruch der Gesellschaft gem. § 62 Abs. 1 AktG bestehen. 2758

In der Praxis scheitern Anträge gem. § 142 Abs. 2 AktG selten am Einwand des Rechtsmissbrauchs.[6333] Das liegt vor allem daran, dass der Vorwurf des Missbrauchs eine **subjektive Komponente** erfordert, die von der Gesellschaft substantiiert darzulegen ist.[6334] Dabei muss das missbräuchliche Motiv zumindest im Vordergrund stehen. So liegt es etwa, wenn die Antragsteller ausschließlich private, außergesellschaftliche Informationsinteressen verfolgen.[6335] Rechtsmissbräuchlich ist demnach ein Antrag, der nur darauf abzielt, als Wettbewerber der Gesellschaft an **wettbewerbsrelevante Informationen** zu gelangen.[6336] Dasselbe gilt, wenn es nur darum geht, für eine eigene Klage relevante Informationen zu erlangen. Ein Sonderprüfungsantrag, der nur darauf abzielt, eigene Klagen mit Informationen zu unterfüttern, ist rechtsmissbräuchlich.[6337] Gelingt es den Antragstellern hingegen, plausibel vorzubringen, dass ihr Antrag auch der Vorbereitung von personellen Konsequenzen oder Schadensersatzansprüchen der Gesellschaft dient, wird der Einwand des Rechtsmissbrauchs weniger Erfolgschancen haben.[6338] 2759

Dass der Rechtsmissbrauch bei der Sonderprüfung in der Praxis bislang eine deutlich geringere Rolle spielt, könnte unterschiedliche Gründe haben: Das von § 142 Abs. 2 S. 1 AktG verlangte Quorum stellt sicherlich eine Hürde dar, die es bei Anfechtungsklagen nicht gibt. Das **Kostenrisiko** für den Antragsteller gem. § 142 AktG ist möglicherweise höher. Im Übrigen sind die Rechtsfolgen für die Gesellschaft bei der Sonderprüfung meist weniger gravierend als bei einer eine faktische oder tatsächliche Registersperre auslösenden Anfechtungsklage. Zudem wurden mit der Pflicht zur Veröffentlichung die Sonderprüfung vermeidender Abreden gem. § 142 Abs. 2 S. 3 und der Kostenregel in § 146 S. 2 AktG bereits gesetzliche Vorkehrungen gegen rechtsmissbräuchliches Verhalten getroffen. 2760

c) Verfahren und Entscheidung des Gerichts

Das Gericht entscheidet über die Bestellung von Sonderprüfern gem. § 142 Abs. 8 AktG im Verfahren der freiwilligen Gerichtsbarkeit, soweit das AktG nichts anderes bestimmt. Gemäß § 142 Abs. 5 S. 3 AktG ist für die Entscheidung das **Landgericht** am Sitz der Gesellschaft (§ 5 AktG) zuständig, sofern von der Ermächtigung der Landesregierungen zur Konzentration der Zuständigkeit bei einem Landgericht (§ 71 Abs. 4 GVG) kein Gebrauch gemacht wurde (§ 71 Abs. 2 Nr. 4 lit. b GVG, § 95 Abs. 2 Nr. 2 GVG).[6339] Bei einem Doppelsitz entscheidet dasjenige Gericht, das zuerst tätig geworden ist (§ 2 Abs. 1 FamFG). Ist beim Landgericht eine **Kammer für Handelssachen** (§ 94 GVG) gebildet, entscheidet sie, wenn das vom Antragsteller (§ 96 Abs. 1 GVG) oder Antragsgegner (§ 98 Abs. 1 S. 1 GVG) beantragt wird.[6340] 2761

Die Antragsteller sowie die Gesellschaft, vertreten durch den Vorstand, sind als Beteiligte im Verfahren anzuhören. Anzuhören ist darüber hinaus gem. § 142 Abs. 5 S. 1 AktG der Aufsichtsrat und im Falle der Ersetzung eines Sonderprüfers nach § 142 Abs. 4 AktG auch der bisherige Sonderprüfer (→ Rn. 2771). Gem. § 7 Abs. 6 FamFG werden sie dadurch aber nicht Beteiligte. Der Aufsichtsrat kann daher beispielsweise keine Anträge stellen oder Rechtsmittel einlegen. Die Form der Anhörung steht im Ermessen des Gerichts, sie kann schriftlich oder mündlich angeordnet werden.[6341] Nicht angehört werden müssen hin- 2762

[6330] Hüffer/Koch/*Koch* AktG § 142 Rn. 21.
[6331] Kölner Komm AktG/*Rieckers/J. Vetter* AktG § 142 Rn. 316; Bürgers/Körber/*Holzborn/Jänig* AktG § 142 Rn. 22.
[6332] MüKoAktG/*M. Arnold* AktG § 142 Rn. 94; Kölner Komm AktG/*Rieckers/J. Vetter* AktG § 142 Rn. 316.
[6333] Bejaht von KG AG 2012, 412 (413); verneint von OLG Celle NZG 2017, 1381 (1382); OLG Düsseldorf ZIP 2010, 28 (30); OLG München AG 2008, 33 (34f.); offenlassend OLG München ZIP 2010, 1127 (1129).
[6334] Kölner Komm AktG/*Rieckers/J. Vetter* AktG § 142 Rn. 307; eing. zum subjektiven Erfordernis MüKoAktG/*M. Arnold* AktG § 142 Rn. 93.
[6335] OLG München ZIP 2010, 1127 (1129).
[6336] Vgl. AG Ingolstadt AG 2002, 110.
[6337] So auch *Habersack* FS WpHG, 2020, 217 (225) für den Fall möglicher Haftungsklagen nach §§ 97, 98 WpHG.
[6338] In diese Richtung, aber letztlich offenlassend OLG München ZIP 2010, 1127 (1129); vgl. ferner *Bachmann* ZIP 2018, 103 (105); iErg auch GroßkommAktG/*Verse/Gaschler* AktG § 142 Rn. 256.
[6339] Davon Gebrauch gemacht haben bislang: Baden-Württemberg (LG Mannheim für den OLG-Bezirk Karlsruhe; LG Stuttgart für den OLG-Bezirk Stuttgart), Bayern (LG München I für den OLG-Bezirk München; LG Nürnberg-Fürth für die OLG-Bezirke Nürnberg und Bamberg), Hessen (LG Frankfurt a. M.), Niedersachsen (LG Hannover), Nordrhein-Westfalen (LG Düsseldorf für den OLG-Bezirk Düsseldorf; LG Dortmund für den OLG-Bezirk Hamm; LG Köln für den OLG-Bezirk Köln), Sachen (LG Leipzig); s. auch GroßkommAktG/*Verse/Gaschler* AktG § 142 Rn. 317 mit den entsprechenden Normen.
[6340] Hüffer/Koch/*Koch* AktG § 142 Rn. 31; MHdB GesR VII/*Lieder* § 26 Rn. 121; BeckOGK/*Mock* AktG § 142 Rn. 225; GroßkommAktG/*Verse/Gaschler* AktG § 142 Rn. 316; *Simons* NZG 2012, 609 (610).
[6341] Grigoleit/*Grigoleit/Rachlitz* AktG § 142 Rn. 70.

gegen die einzelnen Aufsichtsratsmitglieder und diejenigen Personen, auf deren Verhalten sich die Sonderprüfung beziehen soll.[6342] Der **Aufsichtsrat ist als Organ anzuhören** und muss daher über seine Stellungnahme gem. § 108 Abs. 1 AktG beschließen.[6343] Sieht der Aufsichtsrat von einer Stellungnahme ab, verletzt ein einzelnes Aufsichtsratsmitglied, das gleichwohl eine Stellungnahme abgibt, in schwerwiegender Weise seine Pflichten, sodass es auf Antrag des Aufsichtsrats gem. § 103 Abs. 3 S. 1 AktG gerichtlich abberufen werden kann.[6344] Sowohl die Vorbereitung der Stellungnahme als auch die Beschlussfassung kann gem. § 107 Abs. 3 S. 7 AktG an einen Ausschuss delegiert werden.[6345] Dabei sind auch solche Aufsichtsratsmitglieder stimmberechtigt, deren mutmaßliches Fehlverhalten durch die Sonderprüfung untersucht werden soll.[6346] § 142 Abs. 5 AktG sieht keine dem § 142 Abs. 1 S. 2 AktG entsprechende Regelung vor. Eine Analogie scheitert daran, dass eine vergleichbare Interessenlage nicht besteht, weil die Stellungnahme des Aufsichtsrats keinen rechtlich verbindlichen Charakter hat.[6347] Indes haben betroffene Aufsichtsratsmitglieder gem. der Empfehlung E.1 DCGK (Ziff. 5.5.2 DCGK aF) Interessenkonflikte unverzüglich dem Aufsichtsratsvorsitzenden offenzulegen, sodass der Aufsichtsrat die Hauptversammlung darüber in seinem Bericht informieren kann.

2763 Die Gerichtsentscheidung ergeht durch **Beschluss** unter namentlicher Bezeichnung des oder der Sonderprüfer.[6348] Sofern die formellen und materiellen Voraussetzungen vorliegen, hat das Gericht gem. § 142 Abs. 2 S. 1 AktG dem Antrag zu entsprechen und den Sonderprüfer zu bestellen. Der Prüfungsauftrag muss konkret formuliert sein und die zu prüfenden Vorgänge genau benennen.[6349] Das Gericht kann einen oder mehrere Prüfer bestellen, ist dabei allerdings an diejenigen Personen gebunden, die bereits in dem Sonderprüfungsantrag gem. § 142 Abs. 1 S. 1 AktG genannt wurden (→ Rn. 2741). Im Übrigen gelten für die Auswahl die fachlichen und persönlichen Anforderungen in § 143 AktG.

2764 Der durch die Entscheidung in seinen Rechten beeinträchtigte Beteiligte kann gegen sie binnen eines Monats das **Rechtsmittel der Beschwerde** beim OLG (§ 143 Abs. 5 S. 2 AktG iVm § 58 Abs. 1 FamFG, § 63 Abs. 1 FamFG, § 64 Abs. 1 FamFG, § 119 Abs. 1 Nr. 2 GVG) und bei Zulassung die Rechtsbeschwerde zum BGH (§ 70 FamFG, § 133 GVG) einlegen.[6350] Soll die Beschwerde aufschiebende Wirkung haben, muss das Beschwerdegericht den Vollzug der Verfügung gem. § 64 Abs. 3 FamFG aussetzen. Das wird sich meist empfehlen, wenn dadurch vermieden werden kann, dass eine kostenintensive Sonderprüfung begonnen wird, die Gefahr läuft, später ergebnislos abgebrochen werden zu müssen.

3. Gerichtliche Bestellung eines anderen Sonderprüfers, § 142 Abs. 4 AktG

2765 § 142 Abs. 4 S. 1 AktG räumt einer **qualifizierten Aktionärsminderheit** das Recht ein, auf Antrag vom Gericht die Bestellung eines anderen Sonderprüfers zu verlangen, wenn das aus einem in der Person des bestellten Sonderprüfers liegenden Grund geboten erscheint. Das gilt nach dem Wortlaut der Norm nur, wenn die Hauptversammlung den Sonderprüfer bestellt hat (§ 142 Abs. 1 AktG). Im Fall eines gerichtlich bestellten Sonderprüfers (§ 142 Abs. 2 AktG) kommt die Bestellung eines anderen Sonderprüfers analog § 142 Abs. 4 AktG nicht in Betracht.[6351]

a) Formelle Voraussetzungen

2766 Der Antrag kann nur von einem **Quorum** gestellt werden, das dem des § 142 Abs. 2 AktG entspricht (→ Rn. 2733). Anders als bei § 142 Abs. 2 AktG ist nicht erforderlich, dass die Antragsteller bereits seit drei Monaten Aktionäre der Gesellschaft sind und die Aktien bis zum Ende des Verfahrens halten.[6352] Grund für die Abweichung ist die im Vergleich zu § 142 Abs. 2 AktG geringere Missbrauchsgefahr.[6353] Der für das Quorum erforderliche Aktienbesitz muss durch Vorlage der Aktienurkunden, einer Depotbestätigung oder von Verwahrungsbescheinigungen nachgewiesen werden (→ Rn. 2734). Die Aktionäre,

---

[6342] BeckOGK/*Mock* AktG § 142 Rn. 228; K. Schmidt/Lutter AktG/*Spindler* AktG § 142 Rn. 60.
[6343] MüKoAktG/*M. Arnold* AktG § 142 Rn. 108; Hüffer/Koch/*Koch* AktG § 142 Rn. 29.
[6344] OLG Köln AG 2020, 188.
[6345] Kölner Komm AktG/*Rieckers/J. Vetter* AktG § 142 Rn. 362.
[6346] MüKoAktG/*Habersack* AktG § 108 Rn. 32; Lutter/Krieger/*Verse* AR Rn. 731; **aA** wohl BeckOGK/*Spindler* § 108 Rn. 31.
[6347] Lutter/Krieger/*Verse* AR Rn. 733.
[6348] OLG Frankfurt AG 2004, 104 (105).
[6349] MüKoAktG/*M. Arnold* AktG § 142 Rn. 109; Hüffer/Koch/*Koch* AktG § 142 Rn. 32.
[6350] MüKoAktG/*M. Arnold* AktG § 142 Rn. 110; GroßkommAktG/*Verse* AktG § 145 Rn. 74.
[6351] BeckOGK/*Mock* AktG § 142 Rn. 206, 218; GroßkommAktG/*Verse/Gaschler* AktG § 142 Rn. 288; Kölner Komm AktG/*Rieckers/J. Vetter* AktG § 142 Rn. 335; MüKoAktG/*M. Arnold* AktG § 142 Rn. 114; **aA** K. Schmidt/Lutter AktG/*Spindler* AktG § 142 Rn. 77; Grigoleit/*Grigoleit/Rachlitz* AktG § 143 Rn. 5 aE; Bürgers/Körber/*Holzborn/Jänig* § 143 Rn. 5.
[6352] K. Schmidt/Lutter AktG/*Spindler* AktG § 142 Rn. 64; Grigoleit/*Grigoleit/Rachlitz* AktG § 142 Rn. 65.
[6353] Vgl. BegrRegE BT-Drs. 15/5092, 19.

die den Antrag stellen, müssen – wie bei § 142 Abs. 2 AktG – nicht identisch mit den Aktionären sein, die die Bestellung von Sonderprüfern in der Hauptversammlung (§ 142 Abs. 1 AktG) beantragt haben.[6354]

Der Antrag muss **schriftlich oder zur Niederschrift** der Geschäftsstelle gestellt werden (§ 25 Abs. 1 FamFG). Es besteht kein Anwaltszwang.[6355] Auch bestehen keine inhaltliche Anforderungen. Insbesondere muss im Antrag **kein neuer Sonderprüfer vorgeschlagen** werden.[6356] Die Antragsteller können die Auswahl dem Gericht überlassen, das – im Gegensatz zum Verfahren gem. § 142 Abs. 2 AktG – nicht an bisher vorgeschlagene Personen gebunden ist.[6357] 2767

Der Antrag muss gem. § 142 Abs. 4 S. 2 AktG **binnen zwei Wochen** seit dem **Tag der Hauptversammlung** gestellt werden. Damit soll die Person des Sonderprüfers umgehend feststehen, damit er seine Arbeit aufnehmen kann. Der Antrag muss mit Ablauf des Tages der zweiten Woche, der durch seine Benennung dem Tag der Hauptversammlung entspricht (§ 187 Abs. 1 BGB, § 188 Abs. 2 BGB), gestellt werden. Bei Sonntagen, Samstagen oder allgemeinen Feiertagen läuft die Frist am nächsten Werktag ab (§ 193 BGB, § 16 Abs. 2 FamFG). Es gilt das Feiertagsrecht am Ort des zuständigen Gerichts. Teilweise wird vertreten, dass die Frist erst mit **Wirksamkeit der Bestellung** zu laufen beginne, wenn sie nicht mit dem Datum der Hauptversammlung zusammenfällt (etwa bei aufschiebenden Bedingungen oder vorbehaltener Annahme der Bestellung durch den Sonderprüfer).[6358] Dafür liefert der Gesetzeswortlaut jedoch keinen Anhaltspunkt. Zudem ist das spätere Wirksamwerden und damit auch der Fristbeginn für die Antragsberechtigten regelmäßig nicht erkennbar, sodass der Tag der Hauptversammlung maßgeblich bleibt (zur Ausnahme → Rn. 2769).[6359] Die Frist ist eine zwingende **materiell-rechtliche Ausschlussfrist**, womit eine Wiedereinsetzung in den vorigen Stand nicht möglich ist.[6360] Ein verspäteter Antrag ist wegen Verlust des Antragsrechts als **unbegründet** abzuweisen.[6361] 2768

Bisher kaum beleuchtet ist die Frage, ob die strenge Ausschlussfrist gem. § 142 Abs. 4 S. 2 AktG auch dann am Tag der Hauptversammlung beginnt, wenn der Ersetzungsgrund **erst nachträglich zutage tritt oder bekannt wird.** Besonders in Fällen der Besorgnis der Befangenheit besteht die Gefahr, dass der bestellte Sonderprüfer zunächst die Frist abwartet, bevor er tätig wird.[6362] Doch auch außerhalb des bewussten Missbrauchs werden Gründe für eine anderweitige Bestellung ggf. erst nach Ablauf der Frist bekannt. Das hat für die Betroffenen eine Verkürzung ihrer Rechtsschutzmöglichkeiten zur Folge, die auch nicht mit dem Zweck gerechtfertigt werden kann, dass möglichst rasch Gewissheit über die Person des Sonderprüfers bestehen soll.[6363] Ein fachlich unqualifizierter oder gar befangener Sonderprüfer widerspricht der Idee der **sachkundigen und unvoreingenommenen Sonderprüfung** (→ Rn. 2787, 2793).[6364] Daher wird vorgeschlagen, in **teleologischer Extension** von § 142 Abs. 4 S. 2 AktG[6365] oder **analog § 318 Abs. 3 S. 3 HGB**[6366] die Frist erst ab dem Zeitpunkt laufen zu lassen, indem die Antragsberechtigten den Ersetzungsgrund kannten oder kennen mussten.[6367] Dem ist mit Blick auf das Leitbild einer objektiven Sonderprüfung zuzustimmen. 2769

b) Materielle Voraussetzungen

Als Grund für eine anderweitige Bestellung nennt das Gesetz, dass der Sonderprüfer nicht die für den Gegenstand der Prüfung **erforderlichen Kenntnisse** hat, seine **Befangenheit** zu besorgen ist oder Bedenken gegen seine **Zuverlässigkeit** bestehen.[6368] Die Aufzählung ist nur beispielhaft („insbesondere") und nicht abschließend, auch **andere Gründe** sind denkbar. Maßgeblich ist letztlich der Zweck von § 142 Abs. 4 AktG: Die Vorschrift soll verhindern, dass die Hauptversammlungsmehrheit iSv § 143 2770

[6354] Kölner Komm AktG/*Rieckers*/*J. Vetter* AktG § 142 Rn. 340; K. Schmidt/Lutter AktG/*Spindler* AktG § 142 Rn. 64.
[6355] Kölner Komm AktG/*Rieckers*/*J. Vetter* AktG § 142 Rn. 342.
[6356] GroßkommAktG/*Verse*/*Gaschler* AktG § 142 Rn. 291; Kölner Komm AktG/*Rieckers*/*J. Vetter* AktG § 142 Rn. 341.
[6357] Unstr. BeckOGK/*Mock* AktG § 142 Rn. 213; Grigoleit/*Grigoleit*/*Rachlitz* AktG § 142 Rn. 68.
[6358] So etwa BeckOGK/*Mock* AktG § 142 Rn. 210; Hüffer/Koch/*Koch* AktG § 142 Rn. 28; Grigoleit/*Grigoleit*/*Rachlitz* AktG § 142 Rn. 66; K. Schmidt/Lutter AktG/*Spindler* AktG § 142 Rn. 66.
[6359] So schon MüKoAktG/*M. Arnold* AktG § 142 Rn. 118; wie hier GroßkommAktG/*Verse*/*Gaschler* AktG § 142 Rn. 296; Kölner Komm AktG/*Rieckers*/*J. Vetter* AktG § 142 Rn. 343; Hölters/*Hirschmann* AktG § 142 Rn. 50; MHdB GesR VII/*Lieder* § 26 Rn. 149.
[6360] Hüffer/Koch/*Koch* AktG § 142 Rn. 28; MüKoAktG/*M. Arnold* AktG § 142 Rn. 118.
[6361] Heute hM, Kölner Komm AktG/*Rieckers*/*J. Vetter* AktG § 142 Rn. 344 mwN.
[6362] Zutr. Reichert/*M. Goette* NZG 2020, 887 (890).
[6363] Zu den anderen – oftmals nicht erfolgversprechenden – Rechtsschutzmitteln Reichert/*M. Goette* NZG 2020, 887 (890).
[6364] Reichert/*M. Goette* NZG 2020, 887 (890).
[6365] Reichert/*M. Goette* NZG 2020, 887 (890).
[6366] GroßkommAktG/*Verse*/*Gaschler* AktG § 142 Rn. 297; Kirschner, Die Sonderprüfung der Geschäftsführung in der Praxis, 2008, 170.
[6367] AA Kölner Komm AktG/*Rieckers*/*J. Vetter* AktG § 142 Rn. 344.
[6368] BeckOGK/*Mock* AktG § 142 Rn. 211; GroßkommAktG/*Verse*/*Gaschler* AktG § 142 Rn. 299.

Abs. 1 AktG ungeeignete oder über die Ausschlussgründe des § 143 Abs. 2 AktG hinaus befangene Sonderprüfer bestellt. Verstöße gegen § 143 Abs. 1 und Abs. 2 stellen somit stets einen ausreichenden Grund für eine anderweitige Bestellung gem. § 142 Abs. 4 AktG dar.[6369] Umgekehrt ist ein solcher Verstoß aber nicht zwingend erforderlich, damit ein Ersetzungsgrund vorliegt. Das würde das Recht aus § 142 Abs. 4 AktG zu sehr einschränken. Zudem wird die zweiwöchige Frist (§ 142 Abs. 4 S. 2 AktG) regelmäßig nicht ausreichen, um das Vorliegen etwaiger Gründe zu klären. Ein Verhalten, das die Besorgnis zur Befangenheit begründet, wird gewöhnlich sogar erst nach Ablauf dieser Frist augenscheinlich (→ Rn. 2769).[6370] Die Anforderungen sind deshalb nicht zu hoch zu stecken. Bedenken gegen die Zuverlässigkeit können sich etwa bei Vorstrafen, insbesondere im Wirtschaftsstrafrecht ergeben.[6371]

c) Verfahren und Entscheidung des Gerichts

2771 Das zuständige **Landgericht** (§ 142 Abs. 5 S. 3 AktG) entscheidet gem. § 142 Abs. 8 AktG im Verfahren der freiwilligen Gerichtsbarkeit (ausführlich → Rn. 2761 ff.). Da es um die Ersetzung des ursprünglich bestellten Sonderprüfers und die drohende Aufhebung des Prüfungsvertrags geht, ist er materiell betroffen und damit beschwerdeberechtigt (§ 59 Abs. 1 FamFG).[6372] Dagegen ist er kein Beteiligter iSv § 7 Abs. 2 Nr. 1 FamFG.[6373] Jedoch ist der ursprünglich bestellte Prüfer – anders als in § 142 Abs. 2 AktG – neben den Antragstellern, der Gesellschaft und dem Aufsichtsrat als Organ **anzuhören** (§ 142 Abs. 5 S. 1 AktG). Ein Antrag gem. § 142 Abs. 4 AktG hat keine aufschiebende Wirkung.[6374]

2772 Kommt das Gericht zu der Überzeugung, dass die formellen und materiellen Voraussetzungen vorliegen, hat es dem Antrag auf Bestellung eines anderen Sonderprüfers zu entsprechen. Dazu gehört, dass der von der Hauptversammlung bestellte Prüfer **abberufen und zugleich** ein neuer Sonderprüfer **bestellt** wird.[6375] Die Bestellung zusätzlicher Prüfer, ohne dass der bisherige Sonderprüfer abberufen wird, ist grundsätzlich unzulässig.[6376] Das gilt entsprechend für die bloße Abberufung.[6377]

2773 Entgegen dem Wortlaut von § 142 Abs. 4 S. 1 AktG („einen anderen Sonderprüfer") ist anerkannt, dass das Gericht auch **mehrere Prüfer** bestellen kann. Nach zutreffender Ansicht gilt das allerdings nur, wenn auch die Hauptversammlung so verfahren ist und die Ersetzung mehrerer Prüfer geboten erscheint.[6378] Denn das Gericht hat dem im Wahlbeschluss der Hauptversammlung zum Ausdruck gebrachten Interesse der Gesellschaft möglichst weitgehend Rechnung zu tragen und soll selbst nur subsidiär tätig werden.[6379] Daher ist es konsequent, dass das Gericht an einen bereits von der Hauptversammlung bestellten **Ersatzsonderprüfer** gebunden ist und ihn einzusetzen hat, wenn in seiner Person keine Umstände vorliegen, die eine Ablehnung rechtfertigen.[6380] Nur dann nämlich hat das Gericht die Befugnis, sich über den Willen der Hauptversammlung zu stellen.

4. Neubestellung bei nachträglichem Wegfall des Sonderprüfers

a) Von der Hauptversammlung bestellter Sonderprüfer

2774 Ungeklärt ist die Frage, wie zu verfahren ist, wenn ein von der Hauptversammlung bestellter Sonderprüfer seine **Prüfungstätigkeit nicht aufnimmt,** etwa, weil er den Prüfungsauftrag nicht oder nicht rechtzeitig annimmt, nach der Annahme dauerhaft an seiner Erfüllung verhindert ist oder der entsprechende Beschluss der Hauptversammlung nichtig ist oder für nichtig erklärt wird. Das Gesetz regelt diesen Fall nicht. Die Bestellung eines neuen Prüfers in einer neuen Hauptversammlung wird hier oft zeit- und kostenaufwändig sein. Teile des Schrifttums sehen darin eine planwidrige Regelungslücke, die durch ana-

---

[6369] MüKoAktG/*M. Arnold* AktG § 142 Rn. 119; Hüffer/Koch/*Koch* AktG § 142 Rn. 27; K. Schmidt/Lutter AktG/*Spindler* AktG § 142 Rn. 65.
[6370] *Reichert/M. Goette* NZG 2020, 887 (890).
[6371] Kölner Komm AktG/*Rieckers/J. Vetter* AktG § 142 Rn. 345.
[6372] Hüffer/Koch/*Koch* AktG § 142 Rn. 30; MüKoAktG/*M. Arnold* AktG § 142 Rn. 120.
[6373] BeckOGK/*Mock* AktG § 142 Rn. 227; Kölner Komm AktG/*Rieckers/J. Vetter* AktG § 142 Rn. 361; aA GroßkommAktG/*Verse/Gaschler* AktG § 142 Rn. 301, 320; NK-AktR/*von der Linden* AktG § 142 Rn. 39.
[6374] OLG Düsseldorf BeckRS 2011, 11600; MüKoAktG/*M. Arnold* AktG § 142 Rn. 120.
[6375] GroßkommAktG/*Verse/Gaschler* AktG § 142 Rn. 301; Grigoleit/*Grigoleit/Rachlitz* AktG § 142 Rn. 68.
[6376] Unstr. BeckOGK/*Mock* AktG § 142 Rn. 207; K. Schmidt/Lutter AktG/*Spindler* AktG § 142 Rn. 67 mwN.
[6377] MüKoAktG/*M. Arnold* AktG § 142 Rn. 121; Kölner Komm AktG/*Rieckers/J. Vetter* AktG § 142 Rn. 348.
[6378] Kölner Komm AktG/*Rieckers/J. Vetter* AktG § 142 Rn. 347; MüKoAktG/*M. Arnold* AktG § 142 Rn. 121; Hüffer/Koch/*Koch* AktG § 142 Rn. 30; K. Schmidt/Lutter AktG/*Spindler* AktG § 142 Rn. 67; aA BeckOGK/*Mock* AktG § 142 Rn. 207; GroßkommAktG/*Verse/Gaschler* AktG § 142 Rn. 303; Hölters/*Hirschmann* AktG § 142 Rn. 47.
[6379] Zutr. Kölner Komm AktG/*Rieckers/J. Vetter* AktG § 142 Rn. 347; vgl. auch GroßkommAktG/*Verse/Gaschler* AktG § 142 Rn. 302; vgl. ferner für den Abschlussprüfer Staub/*Habersack/Schürnbrand* HGB § 318 Rn. 20.
[6380] *Spindler* NZG 2020, 841 (846); BeckOGK/*Mock* AktG § 142 Rn. 213.

loge Anwendung von **§ 318 Abs. 4 S. 2 HGB** zu schließen sei.[6381] Dem stehen kritische Stimmen gegenüber, die eine Analogie ablehnen und die Beteiligten auf den Weg der Neubestellung verweisen.[6382]

Jedenfalls in den Fällen, in denen der **Hauptversammlungsbeschluss nichtig** ist, kann die gerichtliche Bestellung eines anderen Prüfers analog § 318 Abs. 4 S. 2 HGB nicht zulässig sein.[6383] Denn die Nichtigkeit des Hauptversammlungsbeschlusses erfasst nicht nur die Auswahl des Sonderprüfers, sondern auch die Anordnung der Sonderprüfung selbst. Eine Neubestellung des Prüfers analog § 318 Abs. 4 HGB greift daher zu kurz, weil es hier anders als dort dann am rechtlichen Erfordernis einer Prüferbestellung überhaupt fehlt. Hier ist vielmehr der Antrag nach § 142 Abs. 2 AktG das richtige Mittel, das im Übrigen auch der für eine Analogie notwendigen Regelungslücke entgegensteht.[6384]

Schwieriger fällt die Entscheidung in den Fällen, in denen nicht der Bestellungsbeschluss in Zweifel gezogen wird, sondern lediglich die **Annahme der Bestellung scheitert.** Zu denken ist hier zB an die Fälle, in denen der Prüfer zwischenzeitlich verstorben ist oder seine Bestellung aus persönlichen Gründen nicht annimmt. Im Gegensatz zur Situation bei Nichtigkeit besteht in diesen Fällen zwar in dem an sich weiterhin geltenden Hauptversammlungsbeschluss wie bei der Abschlussprüfung das rechtliche Erfordernis, überhaupt einen Prüfer zu bestellen, grundsätzlich fort.[6385] Lehnt der Sonderprüfer seine Bestellung ab, muss aber zunächst der Hauptversammlung die Möglichkeit gegeben werden, wirksam einen anderen Sonderprüfer gem. § 142 Abs. 1 AktG zu bestellen, bevor eine anderweitige gerichtliche Bestellung in Betracht kommt. Ein Gericht kann nach § 142 Abs. 2 AktG keinen Sonderprüfer bestellen, über dessen Bestellung nicht auch die Hauptversammlung bereits entschieden hat (→ Rn. 2741).[6386] Die gerichtliche Bestellung von Sonderprüfern stellt ein Minderheitenrecht dar, das nur insoweit in Betracht kommt, als die Hauptversammlung die ihr zur Verfügung stehende Möglichkeit, einen (anderen) Sonderprüfer wirksam zu bestellen, abgelehnt hat.[6387] Auch wenn keine Nichtigkeit gegeben ist, läuft der ursprüngliche Bestellungsbeschluss der Hauptversammlung daher in Fällen der Ablehnung ins Leere. Auf ihm aufbauend kann kein anderer Sonderprüfer bestellt werden. Vielmehr obliegt die Bestimmung der Person des Sonderprüfers nach wie vor der Hauptversammlung. Denn letztlich kann auch nicht ausgeschlossen werden, dass die Hauptversammlung die Sonderprüfung nur wegen des vorgeschlagenen Sonderprüfers beschlossen hat.[6388] Eine der erneuten Entscheidung der Hauptversammlung vorgehende gerichtliche Ersetzung analog § 318 Abs. 4 HGB würde der Hauptversammlung diese Möglichkeit der vorrangigen Entscheidung über die Durchführung und die Person des Sonderprüfers nehmen und somit in ihre originäre **Bestellungskompetenz** eingreifen.[6389] **Die Analogie zu § 318 Abs. 4 HGB ist deshalb abzulehnen.**[6390] Bestätigt wird das letztlich auch durch § 142 Abs. 4 AktG: Danach kann das Gericht einen von der Hauptversammlung bestellten Sonderprüfer ersetzen, wenn er nicht die für den Gegenstand der Sonderprüfung erforderlichen Kenntnisse hat, seine Befangenheit zu besorgen ist oder Bedenken wegen seiner Zuverlässigkeit bestehen. § 142 Abs. 4 AktG legt damit konkrete Fälle fest, in denen **ausnahmsweise** doch das Gericht den Sonderprüfer bestimmen darf. Den Fall, in dem der Sonderprüfer seine Bestellung lediglich nicht annimmt, erfasst die Norm gerade nicht. Die für eine Analogie zu § 318 Abs. 4 HGB erforderliche Planwidrigkeit der Regelungslücke ist vor diesem Hintergrund – der gesetzgeberischen Festlegung konkreter Fälle – zweifelhaft. Auch eine analoge Anwendung von § 142 Abs. 4 AktG scheidet aus diesem Grund aus.[6391]

Neuerdings wird außerdem vorgeschlagen, den Aus- oder Wegfall eines Prüfers unter die Fälle zu fassen, die einem ablehnenden Hauptversammlungsbeschluss nach § 142 Abs. 2 AktG gleichgestellt werden

---

[6381] GroßkommAktG/*Bezzenberger*, 4. Aufl. 2008, AktG § 142 Rn. 83; *Mock* AG 2020, 536 (538f.); BeckOGK/*Mock* AktG § 142 Rn. 221; Hölters/*Hirschmann* AktG § 142 Rn. 60; MHdB GesR VII/*Lieder* § 26 Rn. 155.
[6382] *Spindler* NZG 2020, 841; K. Schmidt/Lutter AktG/*Spindler* AktG § 142 Rn. 69a; Kölner Komm AktG/*Rieckers/J. Vetter* AktG § 142 Rn. 353f.
[6383] HM BeckOGK/*Mock* AktG § 142 Rn. 224; Kölner Komm AktG/*Rieckers/J. Vetter* AktG § 142 Rn. 355; MüKoAktG/*M. Arnold* AktG § 142 Rn. 123; **aA** noch GroßkommAktG/*Bezzenberger*, 4. Aufl. 2008, AktG § 142 Rn. 86.
[6384] So schon MüKoAktG/*M. Arnold* AktG § 142 Rn. 114; weitere Bedenken gegen die Analogie bei LG Frankfurt a. M. NZG 2016, 830 (831); zustimmend *Spindler* NZG 2020, 841 (845f.).
[6385] Aus diesem Grund die vergleichbare Interessenlage zu § 318 Abs. 4 HGB bejahend noch MüKoAktG/*M. Arnold* AktG § 142 Rn. 124.
[6386] LG Frankfurt NZG 2016, 830; MüKoAktG/*M. Arnold* AktG § 142 Rn. 85; nunmehr *Spindler* NZG 2020, 841 (843); K. Schmidt/Lutter AktG/*Spindler* AktG § 142 Rn. 61; NK-AktR/*von der Linden* AktG § 142 Rn. 22.
[6387] Vgl. *Spindler* NZG 2020, 841 (846).
[6388] Vgl. LG Frankfurt a. M. NZG 2016, 831, das ua mit dieser Argumentation die gerichtliche Bestellung eines anderen Sonderprüfers nach Abs. 2 ablehnt (→ Rn. 2741).
[6389] Ebenso *Spindler* NZG 2020, 841 (845f.); K. Schmidt/Lutter AktG/*Spindler* AktG § 142 Rn. 69a.
[6390] So auch LG Frankfurt a. M. NZG 2016, 830 (831); GroßkommAktG/*Verse/Gaschler* AktG § 142 Rn. 309; K. Schmidt/Lutter AktG/*Spindler* AktG § 142 Rn. 69a; Kölner Komm AktG/*Rieckers/J. Vetter* AktG § 142 Rn. 353f.
[6391] *Spindler* NZG 2020, 841 (845); GroßkommAktG/*Verse/Gaschler* AktG § 142 Rn. 310f.; Kölner Komm AktG/*Rieckers/J. Vetter* AktG § 142 Rn. 352.

(→ Rn. 2736).⁶³⁹² Das überzeugt nicht, da der Minderheitenschutz es nur dann gebietet, von der aktienrechtlichen Kompetenzordnung abzuweichen, wenn eine wirksame Bestellung durch die Hauptversammlung nicht zu erreichen war (→ Rn. 2735), was hier gerade nicht der Fall ist. Darüber hinaus würde eine solche teleologische Extension von § 142 Abs. 2 AktG bedeuten, dass das Gericht eine andere als die im Beschluss der Hauptversammlung nach § 142 Abs. 1 AktG genannte Person bestellen müsste. Das ist abzulehnen (→ Rn. 2741). Es bleibt also dabei, dass es im Fall eines nachträglichen Wegfalls des von der Hauptversammlung bestellten Prüfers zunächst eines erneuten Hauptversammlungsbeschlusses bedarf. Mit Blick auf die Möglichkeit der Aktionäre, einen oder mehrere **Ersatzsonderprüfer** zu bestellen, ist das auch nicht unangemessen.⁶³⁹³

b) Vom Gericht bestellter Sonderprüfer

2778 Ein gerichtlicher Austausch des **vom Gericht bestellten Sonderprüfers,** der die Bestellung ablehnt, kommt ebenfalls nicht in Betracht, bevor nicht der Hauptversammlung Gelegenheit gegeben wurde, einen anderen Sonderprüfer zu bestellen. Wie bereits weiter oben erörtert wurde, scheidet die gerichtliche Bestellung eines anderen Sonderprüfers bei der erstmaligen gerichtlichen Bestellung gem. § 142 Abs. 2 AktG aus, weil das Gericht an denjenigen Sonderprüfer gebunden ist, der auch schon im Antrag nach § 142 Abs. 1 AktG genannt wurde (→ Rn. 2741).⁶³⁹⁴ Dann kann ein Gericht aber auch dann keinen anderen Sonderprüfer bestellen, wenn der zunächst gerichtlich bestellte Sonderprüfer die Bestellung ablehnt. Die Bindung an den Sonderprüfer, über dessen Bestellung die Hauptversammlung entschieden hat, gilt vielmehr auch hier noch. Hat der gerichtlich bestellte Sonderprüfer seine Bestellung abgelehnt, steht es daher zunächst allein der Hauptversammlung zu, über die Bestellung eines anderen Sonderprüfers zu entscheiden. In Fällen, in denen der Sonderprüfer seine gerichtliche Bestellung ablehnt, hat die gerichtliche Anordnung der Sonderprüfung dadurch (faktisch) keinen Bestand. Sie wird bzw. bleibt (dauerhaft) unwirksam.⁶³⁹⁵ Eine **Analogie zu § 318 Abs. 4 HGB** ist daher **abzulehnen**.⁶³⁹⁶ Auch eine Analogie zu § 142 Abs. 4 AktG kommt nicht in Betracht (→ Rn. 2765).⁶³⁹⁷ Für die Praxis mag dieses Ergebnis mühselig sein, ungerecht ist es allerdings nicht: Die Aktionäre hatten es schließlich selbst in der Hand, sich insoweit abzusichern, zB indem sie sich vorab mit dem Sonderprüfer abstimmen oder einen Ersatzsonderprüfer bestellen.⁶³⁹⁸

2779 Entgegen der hier vertretenen Ansicht entschied allerdings jüngst das OLG Celle.⁶³⁹⁹ Nachdem der gerichtlich bestellte Sonderprüfer die Annahme der Bestellung aus Altersgründen ablehnte, bestellte das Gericht eine andere Person zum Sonderprüfer und eine weitere Person zum Ersatzsonderprüfer. In der Ablehnung des bisherigen Prüfers sei eine nachträglich wesentliche Änderung der Sachlage zu sehen, die es gem. **§ 48 FamFG** zulasse, den Bestellungsbeschluss dahingehend zu ändern, einen anderen Sonderprüfer zu bestellen (**„Austausch-Beschluss")**.⁶⁴⁰⁰ Der zuständige Senat folgte damit einem in der Literatur neu und bisher nicht vertretenen Ansatz,⁶⁴⁰¹ was unter dem Gesichtspunkt kritisch zu sehen ist, dass die Rechtsbeschwerde zum BGH nicht zugelassen wurde.⁶⁴⁰² Dem Beschluss ist insgesamt zu widersprechen. Indem sich das OLG Celle gem. § 48 FamFG für befugt hält, einen anderen Sonderprüfer zu bestellen, setzt es sich über die **originäre Entscheidungskompetenz** der Hauptversammlung hinweg, der der neue Prüfer nie zur Beschlussfassung vorlag (→ Rn. 2741).⁶⁴⁰³ Darüber hinaus ist unklar, wer unter welchen Voraussetzungen einen Antrag nach § 48 FamFG überhaupt stellen kann.⁶⁴⁰⁴ Folgt man der Auf-

---

⁶³⁹² GroßkommAktG/*Verse/Gaschler* AktG § 142 Rn. 312; **aA** *Mock* AG 2020, 536 (539), der aber § 318 Abs. 4 HGB analog anwendet.
⁶³⁹³ Kölner Komm AktG/*Rieckers/J. Vetter* AktG § 142 Rn. 354; vgl. K. Schmidt/Lutter AktG/*Spindler* AktG § 142 Rn. 69a aE; **aA** *Mock* AG 2020, 536 (539).
⁶³⁹⁴ LG Frankfurt NZG 2016, 830; MüKoAktG/*M. Arnold* AktG § 142 Rn. 85; nunmehr *Spindler* NZG 2020, 841 (843); K. Schmidt/Lutter AktG/*Spindler* AktG § 142 Rn. 61; NK-AktR/*von der Linden* AktG § 142 Rn. 22.
⁶³⁹⁵ MüKoAktG/*M. Arnold* AktG § 142 Rn. 111.
⁶³⁹⁶ GroßkommAktG/*Verse/Gaschler* AktG § 142 Rn. 313; *Spindler* NZG 2020, 841 (845f.); Kölner Komm AktG/*Rieckers/J. Vetter* AktG § 142 Rn. 352ff.; NK-AktR/*von der Linden* AktG § 142 Rn. 23; siehe auch MüKoAktG/*M. Arnold* AktG § 142 Rn. 125 („anzuwenden, solange die Anordnung der Sonderprüfung durch das Gericht noch Bestand hat"); **aA** GroßkommAktG/*Bezzenberger*, 4. Aufl. 2008, AktG § 142 Rn. 89; *Mock* AG 2020, 536; Beck-OGK/*Mock* AktG § 142 Rn. 221; Hölters/*Hirschmann* AktG § 142 Rn. 60; MHdB GesR VII/*Lieder* § 26 Rn. 155.
⁶³⁹⁷ Kölner Komm AktG/*Rieckers/J. Vetter* AktG § 142 Rn. 352. Eine anderweitige gerichtliche Bestellung nach § 142 Abs. 4 AktG im Anschluss an eine gerichtliche Bestellung nach § 142 Abs. 2 AktG ablehnend auch schon MüKoAktG/*M. Arnold* AktG § 142 Rn. 114.
⁶³⁹⁸ *Spindler* NZG 2020, 841 (846).
⁶³⁹⁹ OLG Celle AG 2020, 553; mablAnm *Spindler* NZG 2020, 841; *Mock* AG 2020, 536.
⁶⁴⁰⁰ OLG Celle AG 2020, 553 Ls. 1, 2 sowie Rn. 32, 37f.
⁶⁴⁰¹ GroßkommAktG/*Verse/Gaschler* AktG § 142 Rn. 313.
⁶⁴⁰² Zu Recht krit. *Spindler* NZG 2020, 841 (848).
⁶⁴⁰³ *Spindler* NZG 2020, 841 (846).
⁶⁴⁰⁴ *Mock* AG 2020, 536 (538f.) BeckOGK/*Mock* AktG § 142 Rn. 221.1.

fassung des Gerichts, wäre der Hauptversammlungskompetenz zumindest dergestalt Rechnung zu tragen, die formellen Voraussetzungen von § 142 Abs. 4 AktG (→ Rn. 2766 ff.) auf den Antrag nach § 48 FamFG zu übertragen.[6405] Andernfalls würden die Anforderungen, unter denen ein bestellter Sonderprüfer ausnahmsweise ersetzt werden kann, völlig unterlaufen.[6406]

5. Widerruf der Bestellung

a) Von der Hauptversammlung bestellter Sonderprüfer

Die Hauptversammlung kann einen von ihr bestellten Sonderprüfer (§ 142 Abs. 1 AktG) **jederzeit** durch Beschluss **abberufen**.[6407] Das gilt auch dann, wenn ein Antrag nach § 142 Abs. 4 AktG nicht begründet oder nicht fristgerecht gestellt werden kann. Für den Beschluss gelten die Stimmverbote gem. § 142 Abs. 1 S. 2 AktG und § 142 Abs. 1 S. 3 AktG analog (allg. dazu → Rn. 2711 ff.).[6408] Eine Ausnahme vom Stimmverbot ist in Anlehnung an die zu § 147 AktG vertretene Auffassung im Fall eines Alleinaktionärs anzunehmen (beim besonderen Vertreter → Rn. 2861).[6409] Das Stimmverbot hat den Zweck, die Beschlussfassung der Hauptversammlung von jedem auch nur potentiellen Eigeninteresse der Verwaltungsmitglieder freizuhalten (→ Rn. 54).[6410] Gibt es nur noch einen Aktionär (etwa nach einem Squeeze-out) und ist er Verwaltungsmitglied, läuft dieser Zweck leer.

Der **Prüfungsvertrag** mit dem Sonderprüfer endet mit der Abberufung allerdings noch nicht, vielmehr muss er separat gekündigt (§ 648 S. 1 BGB) werden, wenn die Hauptversammlung die Bestellung des Sonderprüfers aufgehoben hat.[6411] Mit der Aufhebung des Hauptversammlungsbeschlusses wird zwar auch die Willenserklärung der Hauptversammlung, die für den Abschluss des Prüfungsvertrags erforderlich war, aufgehoben, allerdings nicht rückwirkend.

Ein Gericht kann den von der Hauptversammlung bestellten Sonderprüfer grundsätzlich nicht abberufen. Etwas anderes gilt nur im Falle von **§ 142 Abs. 4 AktG:** Die Bestellung eines anderen Sonderprüfers setzt zwingend voraus, dass der von der Hauptversammlung bestellte Sonderprüfer vom Gericht abberufen wird (→ Rn. 2765, 2772).

b) Vom Gericht bestellter Sonderprüfer

Ein gerichtlich bestellter Sonderprüfer (§ 142 Abs. 2 und 4 AktG) kann nicht von der Hauptversammlung abberufen werden.[6412] Ferner kann das Gericht die Bestellung auch nicht von Amts wegen widerrufen.[6413] Eine gerichtliche Abberufung ist nur **auf Antrag** möglich. Der Antrag kann von der antragstellenden Minderheit gestellt werden.[6414] Liegt in der Person des bestellten Sonderprüfers ein Grund für seine Abberufung vor, ist insbesondere einer der Fälle des § 142 Abs. 4 AktG gegeben, oder liegt eine nachträgliche wesentliche Änderung vor, die der Sonderprüfung ihre Berechtigung entziehen könnte, ist auch **die Gesellschaft, vertreten durch den Vorstand, antragsberechtigt.**[6415] Zwar hat die Gesellschaft grundsätzlich kein Initiativrecht zur Abberufung eines Sonderprüfers. Hier geht es aber nicht darum, die Gesellschaft davor zu schützen, dass sich der Vorstand eines ihm lästigen Prüfers entledigt. Vielmehr soll ein gerichtliches Verfahren zur Abberufung eines Prüfers angestoßen werden, wenn dafür – im Licht des Unternehmensinteresses – ein Grund gegeben ist. Das ist insbesondere denkbar, wenn der Prüfer die persönlichen Voraussetzungen nicht (mehr) erfüllt, die an einen Sonderprüfer gestellt werden (§ 142 Abs. 4 Satz 1, § 143 AktG).[6416] Praxisrelevant ist dabei insbesondere der Fall, dass sich herausstellt, dass der Sonderprüfer, von ihm eingesetzte Hilfspersonen oder Personen, mit denen der Sonderprüfer seinen Beruf gemeinsam ausübt, im Zeitraum der zu prüfenden Vorgänge oder im Zeitraum der Sonder-

---

[6405] AA *Mock* AG 2020, 536 (539): allgemeines Antragsrecht analog § 318 Abs. 4 HGB.
[6406] Vgl. *Spindler* NZG 2020, 841 (847).
[6407] OLG Düsseldorf NZG 2013, 546 (548); Hüffer/Koch/*Koch* AktG § 142 Rn. 34.
[6408] MüKoAktG/*M. Arnold* AktG § 142 Rn. 131; GroßkommAktG/*Verse/Gaschler* AktG § 142 Rn. 136.
[6409] OLG München ZIP 2010, 725 (728); Altmeppen NJW 2009, 3757.
[6410] *Wilsing,* Der Schutz vor gesellschaftsschädlichen Sonderprüfungen, 2014, 44.
[6411] OLG Düsseldorf BeckRS 2011, 11600; Hüffer/Koch/*Koch* AktG § 142 Rn. 34.
[6412] MüKoAktG/*M. Arnold* AktG § 142 Rn. 134; *Wilsing,* Der Schutz vor gesellschaftsschädlichen Sonderprüfungen, 2014, 167.
[6413] HM GroßkommAktG/*Verse/Gaschler* AktG § 142 Rn. 267 mwN; BeckOGK/*Mock* AktG § 142 Rn. 184; **aA** *ADS* AktG §§ 142–146 Rn. 22.
[6414] GroßkommAktG/*Verse/Gaschler* AktG § 142 Rn. 267; Hüffer/Koch/*Koch* AktG § 142 Rn. 34; K. Schmidt/Lutter AktG/*Spindler* AktG § 142 Rn. 76; MüKoAktG/*M. Arnold* AktG § 142 Rn. 134; **aA** BeckOGK/*Mock* AktG § 142 Rn. 184 f.
[6415] Vgl. auch GroßkommAktG/*Verse/Gaschler* AktG § 142 Rn. 265; MüKoAktG/*M. Arnold* AktG § 142 Rn. 134; **aA** (kein Antragsrecht der Gesellschaft) K. Schmidt/Lutter AktG/*Spindler* AktG § 142 Rn. 76; Kölner Komm AktG/*Rieckers/Vetter* AktG § 142 Rn. 323 ff.; Hüffer/Koch/*Koch* AktG § 142 Rn. 34.
[6416] MüKoAktG/*M. Arnold* AktG § 142 Rn. 114, 134.

prüfung Aktien der zu prüfenden Gesellschaft hielten oder halten (§ 143 Abs. 2 AktG iVm § 319 Abs. 3 S. 1 Nr. 1, 4 HGB).[6417] Die Höhe des Aktienbesitzes ist dabei unbeachtlich, sodass schon kleinere Beteiligungen ausreichen.[6418] Im Übrigen ist eine nachträgliche wesentliche Änderung, die die Gesellschaft berechtigt, den Abberufungsantrag zu stellen, auch dann zu bejahen, wenn der Hauptzweck der Sonderprüfung, die Vorbereitung von Schadensersatzansprüchen, aufgrund eines den Prüfungsgegenstand erfassenden Vergleichs (§ 93 Abs. 4 S. 3 AktG) nachträglich entfallen ist[6419] oder wenn sonstige Umstände eingetreten sind, die dafür sprechen, dass der Prüfung jetzt überwiegende Gründe des Gesellschaftswohls entgegenstehen.[6420] In diesen Fällen besteht ein Interesse der Gesellschaft und ihrer Aktionäre daran, dass der erforderliche Antrag möglichst gestellt wird, damit die Berechtigung für die Fortsetzung der Sonderprüfung überprüft wird. Angesichts dessen wäre es in diesen Fällen verfehlt, dem Vorstand als Hauptvertretungsorgan der Gesellschaft das Antragsrecht zu versagen.[6421]

2784 Die **Ansprüche des Sonderprüfers** auf Auslagenersatz und Vergütung bleiben vom Widerruf grundsätzlich unberührt. Maßgeblich dafür ist das zugrundeliegende **Vertragsverhältnis** (→ Rn. 2804ff.), das mit dem Widerruf der Bestellung gekündigt wird. Der Sonderprüfer behält zwar seinen Anspruch auf Vergütung (§ 648 S. 1 Hs. 1 BGB), muss sich aber die auf Grund der vorzeitigen Beendigung des Prüfungsvertrags ersparten Aufwendungen anrechnen lassen (§ 648 S. 2 Hs. 2 BGB). Dagegen besteht kein Anspruch auf Auslagenersatz oder Vergütung, wenn der Vertrag bereits gem. § 134 BGB nichtig ist.

III. Stellung des Sonderprüfers

1. Rechtsstellung

2785 Allein durch den Bestellungsbeschluss der Hauptversammlung (§ 142 Abs. 1 AktG) oder des Gerichts (§ 142 Abs. 2 AktG) ist die Bestellung des Sonderprüfers nicht wirksam. Das Mandat kommt erst zustande, wenn die ausgewählte Person die **Annahme der Bestellung** erklärt. Eine Pflicht zur Annahme besteht nicht.[6422] Deshalb ist es üblich, das Einverständnis des Prüfers bereits vor Beschlussfassung einzuholen. Dadurch wird vermieden, dass ein im Beschluss benannter Prüfer seine Bestellung ablehnt und damit der Beschluss unwirksam wird. Tritt ein solcher Fall trotzdem einmal auf, muss kein neuer Antrag gestellt werden, vielmehr ist der alte noch nicht beschieden.

2786 Die §§ 143, 144 AktG bewirken durch die Verweisungen auf §§ 319, 319a, 319b, 323 HGB, dass die Tätigkeit des Sonderprüfers im Wesentlichen den gleichen Rahmenbedingungen unterliegt wie die des Abschlussprüfers (→ Rn. 2160ff.). Der Sonderprüfer muss über das Ergebnis seiner Prüfung schriftlich gegenüber der Hauptversammlung berichten (§ 145 Abs. 6 S. 1 AktG) und ist der Gesellschaft auf Verlangen über den Stand seiner Prüfung auskunftspflichtig (§§ 675, 666 BGB). Soweit es für die sachgerechte Durchführung der Prüfung geboten ist, kann er **Prüfungsgehilfen** (vgl. § 144 AktG iVm § 323 Abs. 1 S. 1 HGB) oder andere fachkundige **Hilfspersonen** hinzuziehen (zu ihrer Vergütung → Rn. 2808).[6423] Die Einschätzungen und Ergebnisse hinzugezogener Personen muss der Sonderprüfer kritisch prüfen.[6424]

2. Person des Sonderprüfers, § 143 AktG

a) Eignung als Sonderprüfer, § 143 Abs. 1 AktG

2787 Als Sonderprüfer soll gem. § 143 Abs. 1 AktG eine natürliche Person oder eine Prüfungsgesellschaft bestellt werden, die in der Buchführung vorgebildet und erfahren ist. Handelt es sich um einen Prüfungsgegenstand, der Spezialwissen erfordert, kann zugunsten dieser **besonderen Sachkunde** im Einzelfall auf Kenntnisse der Buchführung verzichtet werden.[6425]

2788 Sind für die Durchführung der Prüfung Fachkenntnisse aus verschiedenen Bereichen erforderlich, kann es sich empfehlen, mehrere Prüfer mit der jeweils notwendigen Qualifikation zu bestellen. Möglich ist

---

[6417] LG Frankfurt a. M. Beschl. v. 24.2.2017 – 3-05 O 152/16.
[6418] LG Frankfurt a. M. Beschl. v. 24.2.2017 – 3-05 O 152/16; MüKoHGB/*Ebke* HGB § 319 Rn. 51; BeckOGK/ *Bormann* HGB § 319 Rn. 88.
[6419] Vgl. GroßkommAktG/*Verse/Gaschler* AktG § 142 Rn. 265: „*wenn der Zweck der Sonderprüfung nachträglich entfallen ist*".
[6420] GroßkommAktG/*Verse/Gaschler* AktG § 142 Rn. 265.
[6421] Vgl. schon MüKoAktG/*M. Arnold* AktG § 142 Rn. 134; iErg wie hier GroßkommAktG/*Verse/Gaschler* AktG § 142 Rn. 265, die allerdings § 48 FamFG anwenden.
[6422] AllgM GroßkommAktG/*Verse/Gaschler* AktG § 142 Rn. 261 mwN.
[6423] GroßkommAktG/*Verse* AktG § 144 Rn. 36; Kölner Komm AktG/*Rieckers/J. Vetter* AktG § 144 Rn. 60; K. Schmidt/Lutter AktG/*Spindler* AktG § 144 Rn. 16.
[6424] GroßkommAktG/*Verse* AktG § 144 Rn. 36.
[6425] Hüffer/Koch/*Koch* AktG § 143 Rn. 2.

F. Sonderprüfer

auch, dass nur ein Sonderprüfer mit der primär benötigten Qualifikation bestellt wird und er dann **Prüfungsgehilfen oder andere Fachkräfte hinzuzieht** (vgl. § 144 AktG iVm § 323 Abs. 1 S. 1 HGB). Die Hinzuziehung von Fachkräften darf aber nur unterstützenden Charakter haben.[6426] Eine Delegation des gesamten Prüfungsauftrags ist nicht möglich (§ 664 Abs. 1 BGB). Häufig wird eine Prüfungsgesellschaft oder eine solche Person als Sonderprüfer bestellt, die entweder selbst die benötigten Fachkräfte beschäftigt oder häufiger mit solchen zusammenarbeitet.

b) Rechtsfolgen bei Verstößen gegen § 143 Abs. 1 AktG

aa) Bestellung durch die Hauptversammlung. Ein Hauptversammlungsbeschluss, der gegen § 143 Abs. 1 AktG verstößt, ist nicht nichtig, sondern gem. § 243 Abs. 1 AktG **anfechtbar**.[6427] Die Nichtigkeitsfolge der erfolgreichen Anfechtung erfasst sowohl die Anordnung der Sonderprüfung als auch die Bestellung des Sonderprüfers. Der Prüfungsvertrag besteht allerdings auch nach erfolgreicher Anfechtung fort. Unabhängig vom Anfechtungsrecht steht es der Minderheit gem. § 142 Abs. 4 AktG zu, bei Verstößen gegen § 143 Abs. 1 AktG die Bestellung eines anderen Sonderprüfers zu beantragen (→ Rn. 2765 ff.).[6428] 2789

bb) Bestellung durch das Gericht. Hat das Gericht im Verfahren gem. § 142 Abs. 2 AktG oder § 142 Abs. 4 AktG einen nach § 143 Abs. 1 AktG ungeeigneten Sonderprüfer bestellt, ist der Beschluss mit der Beschwerde **anfechtbar** (→ Rn. 2764). Beschwerdeberechtigt sind Gesellschaft und Aktionärsminderheit, da bereits die Bestellung eines ungeeigneten Prüfers eine hinreichende Beschwer für alle Beteiligten darstellt.[6429] Wird keine Beschwerde eingelegt, erwächst der Beschluss in formeller und materieller Rechtskraft und ist damit verbindlich. Stellt sich die fehlende Eignung erst heraus, nachdem der gerichtliche Bestellungsbeschluss formell rechtskräftig geworden ist, kann der Sonderprüfer nicht analog § 142 Abs. 4 AktG durch einen anderen Sonderprüfer ersetzt werden (→ Rn. 2778). Er kann aber auf Antrag vom Gericht abberufen werden (→ Rn. 2782). 2790

Die Wirksamkeit des **Prüfungsvertrags** wird auch durch eine Abberufung nicht berührt. Jedoch stellt die fehlende Eignung einen wichtigen Grund gem. § 648a BGB dar, sodass die Gesellschaft den Vertrag außerordentlich kündigen kann. Das hat den Vorteil, dass sie dann im Gegensatz zur ordentlichen Kündigung (§ 648 S. 2 Hs. 1 BGB) nicht weiterhin zur Zahlung der Vergütung verpflichtet ist (vgl. § 648a Abs. 5 BGB).[6430] Darüber hinaus kommt eine Anfechtung wegen Irrtums über die Qualifikation des Sonderprüfers als verkehrswesentliche Eigenschaft (§ 119 Abs. 2 BGB) in Frage.[6431] 2791

Doch obliegt es nicht nur der Hauptversammlung und dem Gericht, als „Besteller" die Eignung des Sonderprüfers zu überprüfen. Vielmehr trifft auch den designierten Sonderprüfer selbst eine **vorvertragliche Sorgfaltspflicht** dahin, seine Eignung nach § 143 Abs. 1 AktG für die konkret verlangte Sonderprüfung abzuschätzen und die Bestellung bei fehlender Eignung **abzulehnen.**[6432] Hat der Prüfer Zweifel an seiner Eignung, ist er verpflichtet, die Gesellschaft darüber zu **informieren.**[6433] Verletzt er eine dieser Pflichten schuldhaft, ist er der Gesellschaft zum Ersatz etwaiger Schäden aus § 280 Abs. 1 BGB, § 241 Abs. 2 BGB, § 311 Abs. 2 BGB verpflichtet. Die Pflicht zur Prüfung seiner Eignung nach § 143 Abs. 1 AktG besteht auch nach Annahme der Bestellung und Abschluss des Prüfungsvertrags fort. Bei nachträglichem Wegfall der Eignung ist der Prüfer verpflichtet, sein Mandat **unverzüglich niederzulegen** (zur Frage der Neubestellung → Rn. 2774 ff.).[6434] Das folgt unmittelbar aus seiner **vertraglichen Treuepflicht** und kann bei pflichtwidrigem Unterlassen zu einer Ersatzpflicht gegenüber der Gesellschaft nach § 144 iVm § 323 Abs. 1 S. 3 HGB führen.[6435] Diese Pflichten bestehen unabhängig davon, ob der Prüfer durch Hauptversammlungs- oder Gerichtsbeschluss bestellt worden ist. 2792

c) Bestellungsverbote, § 143 Abs. 2 AktG

Da § 143 AktG vor allem gewährleisten soll, dass eine **unabhängige und unparteiische Sonderprüfung** durchgeführt wird, schließt § 143 Abs. 2 AktG bestimmte Personen und Gesellschaften von vorn- 2793

[6426] MüKoAktG/*M. Arnold* AktG § 143 Rn. 10; vgl. K. Schmidt/Lutter AktG/*Spindler* AktG § 144 Rn. 16.
[6427] Heute allgM Hüffer/Koch/*Koch* AktG § 143 Rn. 5 mwN.
[6428] EinhM GroßkommAktG/*Verse* AktG § 143 Rn. 14 mwN.
[6429] MüKoAktG/*M. Arnold* AktG § 143 Rn. 13; Kölner Komm AktG/*Rieckers/J. Vetter* AktG § 143 Rn. 35.
[6430] Vgl. Kölner Komm AktG/*Rieckers/J. Vetter* AktG § 143 Rn. 33.
[6431] *Kirschner*, Die Sonderprüfung der Geschäftsführung in der Praxis, 2008, 194.
[6432] Großkomm AktG/*Verse* AktG § 143 Rn. 17, 21; Kölner Komm AktG/*Riecker/J. Vetter* AktG § 143 Rn. 30, 40.
[6433] Kölner Komm AktG/*Rieckers/J. Vetter* AktG § 143 Rn. 30.
[6434] BeckOGK/*Mock* AktG § 143 Rn. 16; Kölner Komm AktG/*Rieckers/J. Vetter* AktG § 143 Rn. 31, 40; Großkomm AktG/*Verse* AktG § 143 Rn. 17, 21.
[6435] BeckOGK/*Mock* AktG § 143 Rn. 16; Kölner Komm AktG/*Rieckers/J. Vetter* AktG § 143 Rn. 31; siehe zur Haftung nach § 144 AktG MüKoAktG/*M. Arnold* AktG § 144 Rn. 13 ff.

herein kraft Gesetzes vom Amt des Sonderprüfers aus. Für die Ausschlussgründe verweist § 143 Abs. 2 AktG auf die für den Abschlussprüfer geltenden Regelungen in § 319 Abs. 2 bis 4 HGB, § 319 lit. a Abs. 1 HGB und § 319 lit. b HGB (→ Rn. 2182 ff.). Der gesetzliche Katalog ist nicht abschließend,[6436] sondern erfasst bestimmte für die Unbefangenheit der Prüfung typische Gefahrenlagen. Für die Praxis ist besonders der Fall hervorzuheben, dass der Sonderprüfer, von ihm eingesetzte Hilfspersonen oder Personen, mit denen der Sonderprüfer seinen Beruf gemeinsam ausübt, im Zeitraum der zu prüfenden Vorgänge oder im Zeitraum der Sonderprüfung Aktien der zu prüfenden Gesellschaft hielten oder halten (§ 143 Abs. 2 AktG iVm § 319 Abs. 3 S. 1 Nr. 1, 4 HGB → Rn. 2783).[6437]

2794   Die zur **Besorgnis der Befangenheit** führenden Ausschlussgründe dürfen weder im Zeitraum der Sonderprüfung noch im Zeitraum der zu prüfenden Vorgänge gegeben sein. Realisiert sich ein Ausschlussgrund, nachdem der Sonderprüfer bestellt worden ist, muss er ihn möglichst schnell ausräumen. Andernfalls kann das Gericht den Sonderprüfer abberufen. Im Fall eines von der Hauptversammlung bestellten Sonderprüfers kommt eine Ersetzung gem. § 142 Abs. 4 AktG in Betracht (→ Rn. 2772, 2789), im Fall eines gerichtlich bestellten Sonderprüfers eine Abberufung auf Antrag (→ Rn. 2783, 2790).

d) Rechtsfolgen bei Verstößen gegen § 143 Abs. 2 AktG

2795   **aa) Bestellung durch die Hauptversammlung.** Eine gegen § 143 Abs. 2 AktG verstoßende Bestellung durch die Hauptversammlung soll nach verbreiteter Auffassung **nichtig** sein.[6438] Die Nichtigkeit wird vereinzelt mit dem **öffentlichen Interesse** (§ 241 Nr. 3 AktG) an einer unparteiischen Sonderprüfung (→ Rn. 2793) begründet.[6439] Teilweise wird auch argumentiert, der Bestellungsbeschluss sei auf eine objektiv unmögliche Rechtsfolge gerichtet, da der Prüfungsvertrag nichtig (§ 134 BGB) sei. Aufgrund der Undurchführbarkeit müsse die Nichtigkeit des Vertrags auch den Beschluss der Hauptversammlung miterfassen.[6440]

2796   Trotz teils berechtigter Bedenken überzeugt diese Auffassung letztlich nicht.[6441] Wann ein Hauptversammlungsbeschluss nichtig ist, regelt § 241 AktG. Ein Fall des § 241 AktG ist hier aber nicht gegeben, insbesondere die Voraussetzungen des § 241 Nr. 3 AktG liegen nicht vor.[6442] Für die Nichtigkeit nach § 241 Nr. 3 AktG müsste § 143 Abs. 2 AktG ausschließlich oder überwiegend Gläubiger- oder öffentlichen Interessen dienen.[6443] Der Ausschluss bestimmter Sonderprüfer nach § 143 Abs. 2 AktG dient jedoch in erster Linie den Interessen der Gesellschaft.[6444] Der Gegenansicht ist zwar einzuräumen, dass die hier vertretene Ansicht erstmal zu der misslichen Lage führt, dass der Bestellungsbeschluss wirksam, der Prüfungsvertrag dagegen unwirksam ist (→ Rn. 2798).[6445] Das Gesetz sieht hierfür aber gerade vor, nach § 142 Abs. 4 AktG einen anderen Prüfer bestellen zu lassen. Vor diesem Hintergrund erscheint es zweifelhaft, hier vom Grundsatz, dass zwischen schuldrechtlichem Vertragsverhältnis und korporationsrechtlichen Bestellungsverhältnis zu trennen ist (→ Rn. 2804), abzuweichen. Die Wirksamkeit von Bestellung und Prüfungsvertrag ist unabhängig voneinander zu beurteilen, sodass sich die Nichtigkeit des Vertrags grundsätzlich nicht ohne Weiteres auf den Bestellungsbeschluss auswirkt.[6446] Gegen die Nichtigkeitsfolge dürfte wohl **§ 142 Abs. 4 AktG** sprechen. Würde man annehmen, dass ein Verstoß gegen § 143 Abs. 2 AktG zur Nichtigkeit des Hauptversammlungsbeschlusses führt, wäre auch die Anordnung der Sonderprüfung nichtig. Ein Antrag auf Bestellung eines anderen Sonderprüfers käme dann nicht mehr in Betracht, weil das Gericht gem. § 142 Abs. 4 AktG lediglich einen anderen Sonderprüfer bestellen kann.[6447] Um eine neue Sonderprüfung anzuordnen, bliebe dann nur der Weg über § 142 Abs. 2 AktG, der aber an der Voraussetzung des ablehnenden Hauptversammlungsbeschlusses und daran scheitern wird, dass das Gericht

---

[6436] OLG München AG 2001, 193 (195).
[6437] LG Frankfurt a. M. Beschl. v. 24.2.2017 – 3-05 O 152/16.
[6438] Kölner Komm AktG/*Rieckers*/*J. Vetter* AktG § 143 Rn. 152; Hüffer/Koch/*Koch* AktG § 143 Rn. 6; K. Schmidt/Lutter AktG/*Spindler* AktG § 143 Rn. 32; Bürgers/Körber/*Holzborn*/*Jänig* AktG § 143 Rn. 8.
[6439] Hüffer/Koch/*Koch* AktG § 143 Rn. 6; krit. zu diesem Argument selbst Kölner Komm AktG/*Rieckers*/*J. Vetter* AktG § 143 Rn. 152.
[6440] Kölner Komm AktG/*Rieckers*/*J. Vetter* AktG § 143 Rn. 153; K. Schmidt/Lutter AktG/*Spindler* AktG § 143 Rn. 32.
[6441] So auch BeckOGK/*Mock* AktG § 143 Rn. 40; GroßkommAktG/*Verse* AktG § 143 Rn. 50; Grigoleit/*Grigoleit*/*Rachlitz* AktG § 143 Rn. 10; Hölters/*Hirschmann* AktG § 143 Rn. 10; MHdB GesR VII/*Lieder* § 26 Rn. 111.
[6442] MüKoAktG/*M. Arnold* AktG § 143 Rn. 25; GroßkommAktG/*Verse* AktG § 143 Rn. 50; Hölters/*Hirschmann* AktG § 143 Rn. 10; so auch Kölner Komm AktG/*Rieckers*/*J. Vetter* AktG § 143 Rn. 152; **aA** Hüffer/Koch/*Koch* AktG § 143 Rn. 6.
[6443] MüKoAktG/*Hüffer*/*Schäfer* AktG § 241 Rn. 55 f.; Hüffer/Koch/*Koch* AktG § 241 Rn. 18.
[6444] *Holle* ZHR 182 (2018), 569 (593 f.); GroßkommAktG/*Verse* AktG § 143 Rn. 50; Kölner Komm AktG/*Rieckers*/*J. Vetter* AktG § 143 Rn. 152; vgl. ferner → Rn. 2688.
[6445] Kölner Komm AktG/*Rieckers*/*J. Vetter* AktG § 143 Rn. 153.
[6446] BeckOGK/*Mock* AktG § 143 Rn. 40; GroßkommAktG/*Verse* AktG § 143 Rn. 50; ebenso bei der Abschlussprüfung Staub/*Habersack*/*Schürnbrand* HGB § 318 Rn. 46 f.; § 319 Rn. 80; MüKoHGB/*Ebke* HGB § 318 Rn. 79 f.
[6447] So schon MüKoAktG/*M. Arnold* AktG § 143 Rn. 26.

keinen anderen Sonderprüfer bestellen kann als den, der bereits im Hauptversammlungsbeschluss genannt wurde (→ Rn. 2741).⁶⁴⁴⁸ Einziger Ausweg wäre ein erneuter Hauptversammlungsbeschluss gem. § 142 Abs. 1 AktG. Dabei soll § 142 Abs. 4 AktG gerade verhindern, dass befangene Sonderprüfer bestellt und tätig werden, und eröffnet dazu die Möglichkeit, befangene Sonderprüfer insbesondere bei Verstößen gegen § 143 Abs. 1 AktG und § 143 Abs. 2 AktG gerichtlich austauschen zu lassen. Die gesetzliche Systematik spricht deshalb eher dafür, bei einem Verstoß gegen § 143 Abs. 2 AktG nur von der **Anfechtbarkeit des Hauptversammlungsbeschlusses** auszugehen.⁶⁴⁴⁹ Dieses Ergebnis dient letztlich auch der Rechtssicherheit, weil der Prüfer auf Grundlage des Hauptversammlungsbeschlusses seiner Tätigkeit so lange nachgehen kann, bis ein Gericht im Anfechtungsverfahren oder die Hauptversammlung die Bestellung aufhebt.

Neben der Anfechtungsklage können die Antragsteller auch innerhalb der zweiwöchigen Frist gem. § 142 Abs. 4 S. 2 AktG eine **Ersatzbestellung** anstrengen. Verfolgen die Aktionäre nur das Ziel, den Sonderprüfer auszuwechseln, ohne die Anordnung der Sonderprüfung beseitigen zu wollen, ist anstelle einer Anfechtungsklage das Verfahren nach § 142 Abs. 4 AktG das richtige Mittel. Andernfalls besteht die Gefahr, dass die erfolgreiche Anfechtung der Ersatzbestellung die Grundlage entzieht.⁶⁴⁵⁰

Der mit dem Sonderprüfer abgeschlossene **Prüfungsvertrag** ist im Fall eines Verstoßes gegen § 143 AktG allerdings gem. § 134 BGB nichtig, weil die §§ 319 Abs. 2–4 HGB, § 319 lit. a Abs. 1 HGB, § 319 lit. b HGB und auch § 143 Abs. 2 AktG Verbotsgesetze sind.⁶⁴⁵¹ Die Nichtigkeit des Prüfungsvertrags führt dazu, dass dem bestellten Sonderprüfer **kein Anspruch auf Vergütung und Auslagenersatz** zusteht.⁶⁴⁵² Hat er die Prüfung schon begonnen oder vorgenommen, steht einem Bereicherungsanspruch (§§ 812 ff. BGB) gegen die Gesellschaft § 817 S. 2 BGB entgegen. Außerdem scheidet ein Anspruch aus Geschäftsführung ohne Auftrag (§§ 677 ff. BGB) aus, da der Prüfer die verbotene Leistung nicht für erforderlich halten durfte.⁶⁴⁵³ Dagegen kann der Prüfer seinerseits ersatzpflichtig sein, wenn er es schuldhaft unterlässt, die Bestellung trotz Bestehen eines Bestellungsverbots nach § 143 Abs. 2 AktG **abzulehnen** oder bei nachträglichem Eintritt eines Bestellungsverbots das Amt **unverzüglich niederzulegen** (→ Rn. 2792).⁶⁴⁵⁴

bb) Bestellung durch das Gericht. Bestellt das Gericht unter Verstoß gegen § 143 Abs. 2 AktG Sonderprüfer, ist dieser Beschluss mit der sofortigen Beschwerde (§ 58 FamFG) bzw. Rechtsbeschwerde eines Beteiligten (§ 70 FamFG) **anfechtbar**.⁶⁴⁵⁵ Wird keine Beschwerde eingelegt, erwächst der Beschluss in materielle Rechtskraft und ist daher verbindlich. Trotz Bestellungsverbots ist der ungeeignete Prüfer dann Sonderprüfer iSd Gesetzes und hat dessen gesetzliche Rechte und Pflichten.

Das **vertragsähnliche Rechtsverhältnis** ist wie der Prüfungsvertrag auch hier wegen Verstoßes gegen § 134 BGB nichtig. Vertragliche Rechte können daraus nicht geltend gemacht werden (→ Rn. 2798). Anders als bei der Bestellung durch die Hauptversammlung bleibt aber der **gesetzliche Vergütungsanspruch** aus § 142 Abs. 6 S. 1 AktG bestehen. Die Höhe der Auslagen und Vergütung bestimmt sich nach der gerichtlichen Festsetzung (§ 142 Abs. 6 S. 2 AktG) oder den marktüblichen Verhältnissen (§ 632 Abs. 2 BGB). Auch der gerichtlich bestellte Sonderprüfer ist dazu verpflichtet, die Bestellung bei Vorliegen eines Bestellungsverbots nach § 143 Abs. 2 AktG **abzulehnen** und bei nachträglichem Eintritt eines Bestellungsverbots das Amt **niederzulegen** (→ Rn. 2798). Unterlässt er das pflichtwidrig und schuldhaft, haftet er der Gesellschaft für dadurch entstandene Schäden (→ Rn. 2792).⁶⁴⁵⁶

Der Gesellschaft bleibt aber unbenommen, einen Antrag auf Abberufung des Sonderprüfers zu stellen. Dadurch kann der vom Gericht bestellte und ungeeignete Sonderprüfer vom Gericht wieder abberufen werden (→ Rn. 2783).

---

⁶⁴⁴⁸ LG Frankfurt NZG 2016, 830; MüKoAktG/*M. Arnold* AktG § 142 Rn. 85; nunmehr auch *Spindler* NZG 2020, 841 (843, Fn. 36); NK-AktR/*von der Linden* AktG § 142 Rn. 22; **aA** OLG Celle AG 2020, 553; Hüffer/Koch/*Koch* AktG § 142 Rn. 32; GroßkommAktG/*Verse/Gaschler* AktG § 142 Rn. 205 mwN.
⁶⁴⁴⁹ IErg so auch LG Frankfurt NZG 2016, 830 (831).
⁶⁴⁵⁰ BeckOGK/*Mock* AktG § 143 Rn. 43.
⁶⁴⁵¹ AllgM BeckOGK/*Mock* AktG § 143 Rn. 46 mwN.
⁶⁴⁵² MüKoAktG/*M. Arnold* AktG § 143 Rn. 28.
⁶⁴⁵³ So für den Abschlussprüfer BGHZ 118, 142 (150) = NJW 1992, 2021.
⁶⁴⁵⁴ Kölner Komm AktG/*Rieckers/J. Vetter* AktG § 143 Rn. 160 ff.; GroßkommAktG/*Verse* AktG § 143 Rn. 56; vgl. auch BeckOGK/*Mock* AktG § 143 Rn. 48.
⁶⁴⁵⁵ Str., wie hier BeckOGK/*Mock* AktG § 143 Rn. 44; Grigoleit/*Grigoleit/Rachlitz* AktG § 143 Rn. 10; GroßkommAktG/*Verse* AktG § 143 Rn. 57; Hölters/*Hirschmann* AktG § 143 Rn. 11; **aA** Kölner Komm AktG/*Rieckers/J. Vetter* AktG § 143 Rn. 168; Hüffer/Koch/*Koch* AktG § 143 Rn. 6; K. Schmidt/Lutter AktG/*Spindler* AktG § 143 Rn. 33.
⁶⁴⁵⁶ GroßkommAktG/*Verse* AktG § 143 Rn. 61; Kölner Komm AktG/*Rieckers/J. Vetter* AktG § 143 Rn. 170.

3. Verantwortlichkeit des Sonderprüfers, § 144 AktG

2802 Für die **zivilrechtliche Verantwortlichkeit** der Sonderprüfer gelten gem. § 144 AktG die Vorschriften für den Abschlussprüfer (§ 323 HGB) sinngemäß. Die Sonderprüfer einschließlich ihrer Gehilfen sind zur gewissenhaften und unparteiischen Prüfung sowie zur Verschwiegenheit verpflichtet (§ 323 Abs. 1 S. 1 HGB). Sie dürfen unbefugt keine Geschäfts- oder Betriebsgeheimnisse verwerten, die sie bei ihrer Tätigkeit erfahren haben (§ 323 Abs. 1 S. 2 HGB). Verboten ist insbesondere die Ausnutzung von Insiderinformationen (vgl. Art. 14 MAR).

2803 Die Haftung des Sonderprüfers ist bei fahrlässigem Handeln auf 1 Mio. EUR, bei börsennotierten Gesellschaften auf 4 Mio. EUR beschränkt (§ 323 Abs. 2 HGB). Die Ersatzpflicht kann durch Vertrag weder ausgeschlossen noch beschränkt werden (§ 323 Abs. 4 HGB). Allerdings gilt die summenmäßige Haftungsbeschränkung nicht bei vorsätzlichem Handeln. Für die **strafrechtliche Verantwortlichkeit** sind vor allem die §§ 403, 404 AktG relevant.

4. Vergütung des Sonderprüfers

2804 Der Vergütungsanspruch bemisst sich grundsätzlich nach dem zwischen der Gesellschaft und dem Sonderprüfer geschlossenen **Prüfungsvertrag.** Die Sonderprüfung ist eine auf Werkleistung gerichtete Geschäftsbesorgung, sodass die §§ 675, 633 ff. BGB zumindest entsprechend gelten.[6457] Der Abschluss eines Prüfungsvertrags zwischen Gesellschaft und Sonderprüfer ist vom Zustandekommen des korporationsrechtlichen Mandatsverhältnisses grundsätzlich zu **trennen.** Im Fall von § 142 Abs. 1 AktG kommt ein Prüfungsvertrag durch separaten Vertragsabschluss zwischen Gesellschaft und Sonderprüfer zustande.[6458] Darin sollten feste Vergütungsobergrenzen oder Pauschalvergütungen nicht vereinbart werden, da sie die Unabhängigkeit des Prüfers in Frage stellen könnten.[6459] Soweit es an einem Prüfungsvertrag fehlt, gilt die Vergütung als in der üblichen Höhe stillschweigend vereinbart (§ 632 Abs. 2 BGB). Dagegen entsteht beim gerichtlich bestellten Sonderprüfer mit Blick auf die Vergütungsregelung in § 142 Abs. 6 S. 1 AktG schon mit Annahme der Bestellung ein vertragsähnliches Rechtsverhältnis.[6460]

2805 Wurde der Sonderprüfer gerichtlich bestellt (§ 142 Abs. 2 AktG), kann das Gericht die Vergütung gem. § 142 Abs. 6 S. 2 AktG festsetzen. Dafür ist gem. § 71 Abs. 2 Nr. 4 lit. b GVG iVm §§ 14, 5 AktG das **Landgericht** zuständig, in dessen Bezirk die Gesellschaft ihren Sitz hat (zum Verfahren gelten die Ausführungen in → Rn. 2761 ff.).[6461] Im Rahmen der Festsetzungsentscheidung sind Umfang und Schwierigkeit der Prüfung sowie die Qualifikation des Sonderprüfers zu berücksichtigen.[6462] Gegen eine Festsetzung von Stundensätzen ist grundsätzlich nichts einzuwenden. Bei der Bemessung sind dann Schwierigkeit und Qualifikation entscheidend; der Umfang ist bereits über die Festlegung eines Stundenhonorars berücksichtigt. Als Richtwert kann der vom LG München I festgesetzte und vom OLG München nicht beanstandete Stundensatz von **300 EUR netto pro Stunde** herangezogen werden.[6463]

2806 Das ändert aber nichts daran, dass vom Gericht bestellte Sonderprüfer nach hier vertretener Auffassung auch eine Vergütung mit der **Gesellschaft vereinbaren** können.[6464] Eine Beeinträchtigung der Unabhängigkeit ist durch ein individuell vereinbartes Honorar nicht zu befürchten, da das Bestechungsrisiko sehr gering ist und bei § 142 Abs. 1 AktG gleichermaßen besteht.[6465] Darüber hinaus schützt die einvernehmliche Bestimmung einer angemessenen Vergütung beide Seiten vor Überraschungen und ist damit sachgerechter als die Festlegung durch Gericht. Der Abschluss einer Vergütungsvereinbarung ist daher gängige Praxis. (zur Vergütung bei Verstößen gegen § 143 AktG → Rn. 2791, 2798)

2807 Schuldner des Anspruchs ist stets die Gesellschaft (vgl. § 146 AktG). Der gerichtlich bestellte Sonderprüfer kann von ihr Vorschuss für ersatzfähige Auslagen (§ 669 BGB) sowie Abschlagszahlungen für bereits erbrachte Teilleistungen (§ 632a BGB) verlangen.[6466] Ein **Vorschuss** auf die **Vergütung** selbst ist unzulässig.[6467]

[6457] Im Folgenden wird daher einheitlich der Begriff „Prüfungsvertrag" verwendet.
[6458] Eing. zum Vertragsabschluss und zur Vertretungsmacht MüKoAktG/*M. Arnold* AktG § 142 Rn. 66 ff.
[6459] *Slavik* WM 2017, 1684 (1693).
[6460] OLG München BeckRS 2008, 46639.
[6461] GroßkommAktG/*Verse/Gaschler* AktG § 142 Rn. 353.
[6462] OLG München BeckRS 2008, 46639 Rn. 9.
[6463] OLG München BeckRS 2008, 46639 Rn. 9.
[6464] Str., wie hier *Slavik* WM 2017, 1684 (1693); MüKoAktG/*M. Arnold* AktG § 142 Rn. 113; Kölner Komm AktG/ *Rieckers/J. Vetter* AktG § 142 Rn. 382; Grigoleit/*Grigoleit/Rachlitz* AktG § 142 Rn. 73; Bürgers/Körber/*Holzborn/ Jänig* AktG § 142 Rn. 25; **aA** GroßkommAktG/*Verse/Gaschler* AktG § 142 Rn. 349; Hüffer/Koch/*Koch* AktG § 142 Rn. 33; K. Schmidt/Lutter AktG/*Spindler* AktG § 142 Rn. 71.
[6465] MüKoAktG/*M. Arnold* AktG § 142 Rn. 112 f.; Bürgers/Körber/*Holzborn/Jänig* AktG § 142 Rn. 25; Hölters/*Hirschmann* AktG § 142 Rn. 58.
[6466] OLG München BeckRS 2008, 46639 Rn. 12.
[6467] OLG München BeckRS 2008, 46639 Rn. 12.

Zu vergüten sind auch die vom Sonderprüfer hinzugezogenen **Hilfspersonen,** soweit die Kosten angemessen sind. Um unangemessene Zahlungen zu vermeiden, empfiehlt es sich, eine Dokumentationspflicht der Tätigkeit aller Beteiligten in Form detaillierter Zeiterfassung zu vereinbaren.[6468]

IV. Durchführung der Sonderprüfung

Das Gesetz regelt **nichts zum Ablauf** und zur Dauer der Sonderprüfung. Es gibt daher keinen durch das Gesetz festgelegten oder vom Gericht zwingend festzulegenden Prozess oder Arbeitsplan, nach dem Sonderprüfer vorgehen muss. Beim gerichtlich bestellten Sonderprüfer kann das Gericht aber einen zeitlichen Rahmen vorgeben.[6469] In der Praxis bietet sich an, gemeinsam mit dem Unternehmen einen Fahrplan und ein Prozedere abzustimmen.

1. Rechte des Sonderprüfers

Die Rechte des Sonderprüfers sind in § 145 Abs. 1–3 AktG abschließend geregelt. Angesichts der knappen Regelungen sind Einzelheiten über die **Reichweite** der Rechte umstritten. Erfahrungsgemäß kommt es bei Sonderprüfungen immer wieder zu Streit zwischen den Prüfern und den Organen bzw. den Organmitgliedern darüber, ob bestimmte Unterlagen herauszugeben oder Auskünfte zu erteilen sind oder nicht. Im Folgenden werden deshalb die **Grenzen** der Rechte des Sonderprüfers aufgezeigt.

a) Einsichts- und Prüfungsrecht, § 145 Abs. 1 AktG

aa) Gestattungs- und Unterstützungspflicht. Die Sonderprüfer haben gem. § 145 Abs. 1 AktG dem Vorstand gegenüber ein ähnliches Prüfungsrecht wie der Aufsichtsrat (§ 111 Abs. 2 S. 1 AktG → Rn. 182 ff.) und der Abschlussprüfer (§ 320 Abs. 1 S. 2 HGB). Das Einsichts- und Prüfungsrecht ist daher weit zu verstehen und betrifft grundsätzlich – „flächendeckend" – **sämtliche Unterlagen der Gesellschaft.** Darunter fallen schriftliche vor allem aber auch elektronische Unterlagen wie E-Mails. Unterlagen von verbundenen Unternehmen sind ausweislich § 145 Abs. 3 AktG nicht vom Einsichtsrecht umfasst.

Der Vorstand hat die Durchführung der Prüfung nicht nur zu gestatten, sondern **aktiv zu unterstützen.**[6470] Dazu zählt beispielsweise entsprechende Unterlagen auf Verlangen vorzulegen, Aufzeichnungen auf Datenträgern lesbar zu machen und Mitarbeiter anzuweisen, erforderliche Auskünfte zu geben. Soweit sich Unterlagen bei Dritten (zB Rechenzentren) befinden, ist den Prüfern der Zugang zu diesen Unterlagen zu ermöglichen.[6471]

bb) Reichweite und Grenzen. Unterlagen bei Dritten, die weder der Gesellschaft gehören noch in ihrem Besitz sind, hat der Vorstand dem Sonderprüfer aber nicht zu verschaffen. Das gilt selbst dann, wenn der Gesellschaft ein Herausgabeanspruch gegen den Dritten zusteht.[6472] Die aktive Kooperationspflicht des Vorstands betrifft gem. § 145 Abs. 1 AktG nur „*Bücher und Schriften der Gesellschaft*". Das Gesetz bringt damit zum Ausdruck, dass sich das Einsichts- und Prüfungsrecht nur auf Unterlagen bezieht, die **der Gesellschaft gehören.**[6473] Zu weit ginge daher die Annahme, dass der Sonderprüfer den Vorstand dazu zwingen könnte, Ansprüche gegen Dritte geltend zu machen.

§ 145 Abs. 1 AktG verpflichtet ausschließlich den **Vorstand** als Organ. Der Vorstand kann dem Sonderprüfer aber nur Unterlagen verschaffen, auf die er selbst rechtmäßig Zugriff hat.[6474] Auf Unterlagen, die zwar der Gesellschaft gehören, sich aber ausschließlich in der **Sphäre des Aufsichtsrats** befinden, hat der Vorstand regelmäßig keinen Zugriff. Dann kann er sie auch nicht beschaffen.

Das betrifft etwa Berichte und Präsentationen von Aufsichtsratsberatern und insbesondere **Protokolle des Aufsichtsrats** und seiner Ausschüsse. Verlangt der Vorstand zum Zwecke der Sonderprüfung dennoch die Herausgabe solcher Dokumente, hat der Aufsichtsrat mit Blick auf das Wohl der Gesellschaft sorgfältig abzuwägen. Bei der Entscheidung hat der Aufsichtsrat zu bedenken, ob mit der Weitergabe der konkreten Unterlagen möglicherweise ein Nachteil für die Gesellschaft verbunden sein könnte. Aufgrund seiner Überwachungsaufgabe können Gründe der **Vertraulichkeit und Geheimhaltung** gegen einen

---

[6468] *Slavik* WM 2017, 1684 (1693).
[6469] Bürgers/Körber/*Holzborn/Jänig* AktG § 142 Rn. 19.
[6470] AllgM BeckOGK/*Mock* AktG § 145 Rn. 14 mwN; vgl. auch BayObLGZ 2000, 11 (14) = NZG 2000, 771.
[6471] Hüffer/Koch/*Koch* AktG § 145 Rn. 2; Hölters/*Hirschmann* AktG § 145 Rn. 3.
[6472] AA BeckOGK/*Mock* AktG § 145 Rn. 24; GroßkommAktG/*Verse* AktG § 145 Rn. 13.
[6473] Vgl. auch GroßkommAktG/*Verse* AktG § 145 Rn. 13.
[6474] Zutr. *Slavik* WM 2017, 1684 (1691).

2816 Das Einsichtsrecht umfasst das Recht, die Originaldokumente einzusehen und davon **Kopien** zu fertigen.[6476] Der Sonderprüfer kann jedoch nicht verlangen, dass ihm Originalunterlagen zur Verbringung an einen Ort außerhalb des Unternehmens ausgehändigt werden, da sie im Unternehmen zur Verfügung stehen müssen.[6477]

Zugriff durch den Vorstand sprechen.[6475] Der Aufsichtsrat kann dann die Herausgabe nach Schwärzung der sensiblen Informationen zulassen oder ganz verweigern.

2817 Der Sonderprüfer darf grundsätzlich auch **vertrauliche Unterlagen** der Gesellschaft einsehen. Davon geht jedenfalls wohl § 145 Abs. 6 S. 2 AktG aus.[6478] Aus Gründen des Datenschutzes ist aber die Weitergabe privater Aufzeichnungen von Organmitgliedern und Angestellten nur mit Einwilligung des Betroffenen[6479] oder nach gründlicher Abwägung[6480] zulässig, für die strenge Anforderungen gelten.[6481]

2818 Das Prüfungsrecht des Sonderprüfers ist **umfassend** und nicht durch den Gegenstand der Sonderprüfung beschränkt.[6482] Insbesondere muss der Sonderprüfer Umfeldwissen recherchieren können, um die Vorgänge der Gesellschaft uneingeschränkt zu beurteilen.[6483] Er handelt aber rechtsmissbräuchlich, wenn er Unterlagen verlangt, die **offensichtlich keinen denkbaren Zusammenhang** zum Prüfungsgegenstand haben. Weist der Vorstand die Einsichtnahme als rechtsmissbräuchlich ab, ist er hierfür darlegungs- und beweispflichtig.[6484]

b) Auskunftsrecht, § 145 Abs. 2 AktG

2819 Der Sonderprüfer hat gegenüber den **Vorstands- und Aufsichtsratsmitgliedern** gem. § 145 Abs. 2 AktG ein Auskunftsrecht. Dieses Recht besteht gem. § 145 Abs. 3 AktG auch gegenüber den Organmitgliedern von Konzernunternehmen, abhängigen Unternehmen und herrschenden Unternehmen. Auch wenn das Auskunftsrecht im Ausland kaum durchsetzbar sein wird, besteht es grundsätzlich gegenüber verbundenen Unternehmen im Ausland.[6485]

2820 **aa) Auskunftspflichtige Personen.** Auskunftspflichtig sind grundsätzlich nur die im Zeitpunkt der Befragung amtierenden Organmitglieder. **Ausgeschiedene Organmitglieder** sind dem Sonderprüfer gem. § 145 Abs. 2 AktG nicht zur Auskunft verpflichtet. Ausnahmsweise kann sich eine Auskunftspflicht **gegenüber der Gesellschaft** aber aus nachwirkender organschaftlicher Treuepflicht ergeben. Besteht ein solcher Anspruch der Gesellschaft, ist der Vorstand in der Regel gehalten, ihn geltend zu machen.[6486] Die praktische Durchsetzung eines solchen Informationsanspruchs der Gesellschaft mittels Auskunftsklage wird aber regelmäßig zu lange dauern und ist daher kaum zielführend.[6487] Um an die gewünschten Auskünfte zu gelangen, ist der Sonderprüfer in erster Linie auf die Kooperation der früheren Organmitglieder angewiesen. Dagegen besteht keine Pflicht des Vorstands, eine unmittelbare Befragung der ehemaligen Organmitglieder durch den Sonderprüfer zu ermöglichen.[6488] Der Sonderprüfer kann nur verlangen, dass die amtierenden Organmitglieder die Auskünfte einholen und an ihn **weiterleiten**.

2821 Gleichermaßen sind **Mitarbeiter** der Gesellschaft oder verbundener Unternehmen dem Sonderprüfer nicht zur Auskunft verpflichtet. Den Vorstand wird aber regelmäßig die Pflicht treffen, die Mitarbeiter aus ihrem Dienstverhältnis zur Auskunftserteilung gegenüber der Gesellschaft anzuweisen. Auch hier findet der Informationsfluss nur „**über Eck**" statt, indem der Vorstand die eingeholten Informationen an den Sonderprüfer weiterleitet.[6489] Ein Anspruch des Sonderprüfers auf Direktkontakt in Form unmittelbarer Befragungen besteht nicht.

[6475] *Koch* ZHR 180 (2016), 578 (594); MüKoAktG/*Habersack* AktG § 107 Rn. 90; GroßkommAktG/*Hopt/Roth* AktG § 107 Rn. 255; Kölner Komm AktG/*Mertens/Cahn* AktG § 107 Rn. 89.
[6476] BeckOGK/*Mock* AktG § 145 Rn. 12; strenger *Slavik* WM 2017, 1684 (1691).
[6477] GroßkommAktG/*Verse* AktG § 145 Rn. 18; NK-AktR/*von der Linden* AktG § 145 Rn. 4 mwN.
[6478] Hüffer/Koch/*Koch* AktG § 145 Rn. 2.
[6479] Art. 6 Abs. 1 UAbs. 1 lit. a DS-GVO (§ 4 Abs. 1 BDSG aF).
[6480] Art. 6 Abs. 1 UAbs. 1 lit. f DS-GVO (§ 28 Abs. 1 Nr. 2 BDSG aF).
[6481] GroßkommAktG/*Verse* AktG § 145 Rn. 14 mwN.
[6482] MüKoAktG/*M. Arnold* AktG § 145 Rn. 17; Hüffer/Koch/*Koch* AktG § 145 Rn. 2.
[6483] OLG Düsseldorf BeckRS 2011, 11600.
[6484] Henssler/Strohn/*Liebscher* AktG § 145 Rn. 2; MüKoAktG/*M. Arnold* AktG § 145 Rn. 17 aE.
[6485] MüKoBGB/*Kindler* IntGesR Rn. 740; Kölner Komm AktG/*Rieckers/J. Vetter* AktG § 145 Rn. 74; aA GroßkommAktG/*Verse* AktG § 145 Rn. 33 mwN; BeckOGK/*Mock* AktG § 145 Rn. 23.
[6486] Kölner Komm AktG/*Rieckers/J. Vetter* AktG § 145 Rn. 58.
[6487] *Slavik* WM 2017, 1684 (1691 f.).
[6488] HM GroßkommAktG/*Verse* AktG § 145 Rn. 24; MüKoAktG/*M. Arnold* AktG § 145 Rn. 21; Kölner Komm AktG/*Rieckers/J. Vetter* AktG § 145 Rn. 58; aA *Kirschner*, Die Sonderprüfung der Geschäftsführung in der Praxis, 2008, 258 ff.
[6489] HM *Slavik* WM 2017, 1684 (1692); *Hüffer* ZHR 174 (2010), 642 (669 f. Fn. 129); GroßkommAktG/*Verse* AktG § 145 Rn. 25; MüKoAktG/*M. Arnold* AktG § 145 Rn. 22; Kölner Komm AktG/*Rieckers/J. Vetter* AktG § 145 Rn. 59; NK-AktR/*von der Linden* AktG § 145 Rn. 5; *Bungert* in Krieger/U.H. Schneider, Managerhaftung-HdB

Das Gleiche gilt für beauftragte **Dritte** (zB Steuerberater, Rechtsanwälte, Wirtschaftsprüfer oder Abschlussprüfer), wenn und soweit die Gesellschaft aus dem Vertragsverhältnis auskunftsberechtigt ist.[6490] Unter Umständen kann es dabei erforderlich sein, die Personen von etwaigen beruflichen Verschwiegenheitspflichten zu befreien (zB gem. § 323 HGB beim Abschlussprüfer). Eine andere Frage ist, ob der Sonderprüfer gem. § 145 Abs. 2 AktG von Vorstands- oder Aufsichtsratsmitgliedern verlangen kann, **Unterlagen Dritter** an ihn herauszugeben (→ Rn. 2830). 2822

bb) Reichweite und Grenzen. Im Gegensatz zum umfassenden Einsichts- und Prüfungsrecht gem. § 145 Abs. 1 AktG ist das Auskunftsrecht **sachlich beschränkt.** Der Sonderprüfer kann Aufklärungen und Nachweise nur verlangen, soweit sie für seine Prüfung **notwendig** sind. Jedes Auskunfts- und Nachweisverlangen muss sich daher eindeutig innerhalb des Prüfungsgegenstands bewegen.[6491] Das ist durchaus eng zu verstehen. Die Notwendigkeit der Auskünfte hat der Sonderprüfer **plausibel darzulegen.** 2823

Die Organmitglieder müssen sich nicht unaufgefordert an den Sonderprüfer wenden. Sie können grundsätzlich abwarten, bis sie befragt werden. Kommt es dazu, dürfen sich die Organmitglieder bei der Auskunftserteilung allerdings nicht bloß auf die Beantwortung der konkreten Fragen beschränken. Vielmehr müssen sie **von sich aus alle Informationen** preisgeben, die objektiv für die weitere Aufklärung der Fragestellung sachdienlich sind.[6492] Sachdienliche Informationen jenseits der vom Sonderprüfer gestellten Fragen müssen nicht offengelegt werden.[6493] Die Angaben müssen umfassend und zutreffend sein. Die Erteilung falscher Auskünfte ist gem. § 400 Abs. 1 Nr. 2 AktG strafbar. Auch das Verschweigen erheblicher Umstände kann eine Strafbarkeit begründen, nicht hingegen eine offene Auskunftsverweigerung.[6494] 2824

Da der Sonderprüfer grundsätzlich auch vertrauliche Unterlagen der Gesellschaft einsehen darf (→ Rn. 2817), besteht **kein Auskunftsverweigerungsrecht** der Organmitglieder zum Schutz der Gesellschaft.[6495] 2825

Ein **persönliches Auskunftsverweigerungsrecht** besteht analog § 131 Abs. 3 S. 1 Nr. 5 AktG, wenn die Auskunftserteilung selbst eine Straftat wäre.[6496] Das wird selten der Fall sein. Relevant und umstritten ist die Frage, ob ein Organmitglied die Aussage verweigern darf, wenn es sich durch seine Auskunft der Gefahr der Strafverfolgung aussetzen würde. Das wird verbreitet abgelehnt.[6497] Zur Begründung werden ua die Rechtsprechung des BVerfG im Gesamtschuldnerurteil[6498], die Rechtsprechung des BGH zur Auskunftspflicht von Geschäftsbesorgern nach § 666 BGB[6499] sowie die hM zur Parallelproblematik in § 131 Abs. 3 S. 1 Nr. 5 AktG[6500] angeführt.[6501] Letztlich sei einer Selbstbelastung durch ein strafprozessuales Verwertungsverbot hinreichend entgegengewirkt.[6502] Eine andere Auffassung im Schrifttum befürwortet ein Verweigerungsrecht aus dem Selbstbelastungsverbot analog § 384 Nr. 2 Var. 2 ZPO, § 55 Abs. 1 StPO.[6503] Dieser zweiten Auffassung, die ein Verweigerungsrecht annimmt, ist zuzustimmen. Zwar könnte aufgrund der Regelung in § 145 Abs. 2 AktG ein besonderes Pflichtenverhältnis zwischen Organmitgliedern und Sonderprüfer angenommen werden, das grundsätzlich gegen eine vergleichbare Interessenlage 2826

---

§ 16 Rn. 53; **aA** BeckOGK/*Mock* AktG § 145 Rn. 16; Grigoleit/*Grigoleit/Rachlitz* AktG § 145 Rn. 3; K. Schmidt/Lutter AktG/*Spindler* AktG § 145 Rn. 11.

[6490] *Slavik* WM 2017, 1684 (1692); *Hüffer* ZHR 174 (2010), 642 (669 f. Fn. 129); GroßkommAktG/*Verse* AktG § 145 Rn. 25; Kölner Komm AktG/*Rieckers/J. Vetter* AktG § 145 Rn. 60; *Bungert* in Krieger/U.H. Schneider, Managerhaftung-HdB § 16 Rn. 53; **aA** BeckOGK/*Mock* AktG § 145 Rn. 24; Grigoleit/*Grigoleit/Rachlitz* AktG § 145 Rn. 3.
[6491] MüKoAktG/*M. Arnold* AktG § 145 Rn. 24; *Hüffer/Koch/Koch* AktG § 145 Rn. 4.
[6492] Kölner Komm AktG/*Rieckers/J. Vetter* AktG § 145 Rn. 54.
[6493] *Reichert/M. Goette* NZG 2020, 887 (891); GroßkommAktG/*Verse* AktG § 145 Rn. 22; weiter wohl Kölner Komm AktG/*Rieckers/J. Vetter* AktG § 145 Rn. 54.
[6494] AllgM MüKoAktG/*Schaal* AktG § 400 Rn. 37 ff.; BeckOGK/*Hefendehl* AktG § 400 Rn. 53 ff.
[6495] AllgM GroßkommAktG/*Verse* AktG § 145 Rn. 27 mwN.
[6496] Unstr. GroßkommAktG/*Verse* AktG § 145 Rn. 28.
[6497] GroßkommAktG/*Verse* AktG § 145 Rn. 28; Kölner Komm AktG/*Rieckers/J. Vetter* AktG § 145 Rn. 65 ff.; K. Schmidt/Lutter AktG/*Spindler* AktG § 145 Rn. 14; *Hüffer/Koch/Koch* AktG § 145 Rn. 2; Bürgers/Körber/*Holzborn/Jänig* AktG § 142 Rn. 6.
[6498] BVerfGE 56, 37 = NJW 1981, 1431.
[6499] BGHZ 41, 318 (332 ff.) = NJW 1964, 1469; BGH NJW 1990, 510 (511).
[6500] OLG München ZIP 2009, 1667 (1668); OLG Düsseldorf WM 1991, 2148 (2153); GroßkommAktG/*Decher* AktG § 131 Rn. 412 mwN.
[6501] Vgl. Kölner Komm AktG/*Rieckers/J. Vetter* AktG § 145 Rn. 65 ff.; GroßkommAktG/*Verse* AktG § 145 Rn. 28; K. Schmidt/Lutter AktG/*Spindler* AktG § 145 Rn. 14; Bürgers/Körber/*Holzborn/Jänig* AktG § 142 Rn. 6.
[6502] GroßkommAktG/*Verse* AktG § 145 Rn. 28; Kölner Komm AktG/*Rieckers/J. Vetter* AktG § 145 Rn. 66 f.; K. Schmidt/Lutter AktG/*Spindler* AktG § 145 Rn. 14.
[6503] BeckOGK/*Mock* AktG § 145 Rn. 18; Henssler/Strohn/*Liebscher* AktG § 145 Rn. 3; *Bungert* in Krieger/U.H. Schneider, Managerhaftung-HdB § 16 Rn. 50.

mit der Situation des Zeugen oder Beschuldigten sprechen könnte.[6504] Es ist aber Aufgabe des Sonderprüfers, den von ihm zu prüfenden Sachverhalt zu ermitteln, und sein Abschlussbericht wird öffentlich, was für das Organmitglied eine Strafverfolgung, aber auch Schadensersatzklagen sowie eine persönliche Reputationsschädigung zur Folge haben kann. Daher genügt ein strafprozessuales Verwertungsverbot gerade nicht, um das Organmitglied vor Selbstbelastung zu schützen: Es geht nicht nur um den Schutz vor einer Verwertung der eigenen Aussagen gegen sich selbst in einem Strafprozess, sondern auch darum, nicht gesetzlich dazu gezwungen zu sein, sich allein aufgrund eigener Aussagen der Gefahr der Strafverfolgung und sonstiger nachteiliger rechtlicher Folgen auszusetzen.[6505]

2827 Organmitglieder können zudem die Aussage verweigern, wenn sie rechtzeitig ihr **Amt niederlegen.** Dann kommt eine Auskunftspflicht nur noch gegenüber der Gesellschaft aus organschaftlicher Treuepflicht in Betracht (→ Rn. 2820).[6506] Eine daraus abgeleitete Pflicht der Organmitglieder, eigenes Fehlverhalten offenzulegen, wurde bisher mehrheitlich verneint.[6507] Nunmehr hat der II. Zivilsenat des BGH entschieden, dass für Aufsichtsratsmitglieder eine solche Pflicht durchaus bestehen kann.[6508] Das hängt von einer umfassenden Abwägung der jeweiligen Pflichten und den Umständen des Einzelfalls ab.[6509]

2828 **cc) Auskunftspflicht des Aufsichtsrats?** Das Auskunfts- und Nachweisrecht gem. § 145 Abs. 2 AktG richtet sich nur an die einzelnen Organmitglieder, nicht an die Organe selbst. Als Organ ist lediglich der Vorstand gem. § 145 Abs. 1 AktG verpflichtet, die Einsicht und Prüfung der Unterlagen zu gestatten und zu fördern. Auf den ersten Blick scheint der **Aufsichtsrat als Organ** bei der Durchführung der Sonderprüfung „aus dem Schneider" zu sein.

2829 Dieser erste Eindruck ist allerdings trügerisch. Die Rechte aus § 145 Abs. 1 AktG werden durch das Auskunftsrecht gem. § 145 Abs. 2 AktG ergänzt. Daraus ergeben sich **Überschneidungen,** die letztlich dazu führen können, dass die Grenzen verschwimmen. Zum Auskunftsrecht gehört nämlich auch, dass der Sonderprüfer „Nachweise" zu den Angaben der Vorstands- und Aufsichtsratsmitglieder verlangen kann. Darunter können etwa **Aufsichtsratsprotokolle** fallen, die die Aufsichtsratsmitglieder gemäß § 107 Abs. 2 S. 4 AktG erhalten. Soweit es notwendig ist (→ Rn. 2823f.), kann der Sonderprüfer damit gemäß § 145 Abs. 2 AktG auch Unterlagen aus der **Sphäre des Aufsichtsrats** anfordern. Die Aufsichtsratsmitglieder haben dann zu beachten, dass der Sonderprüfer nicht flächendeckend sämtliche Unterlagen verlangen darf, sondern sein Begehren gezielt stellen und zumindest punktuell eingrenzen muss.

2830 Das Nachweisrecht geht aber nicht so weit, dass Vorstands- und Aufsichtsratsmitglieder **Unterlagen von Dritten** – die vom Vorstand oder Aufsichtsrat für die Gesellschaft beauftragt wurden – herauszugeben haben. Es obliegt grundsätzlich nur dem Vorstand oder Aufsichtsrat **als Gesamtorgan,** darüber zu entscheiden, Auskunftsrechte für die Gesellschaft geltend zu machen. Einzelne Mitglieder können das nicht. Das Auskunftsrecht des Sonderprüfers besteht hingegen ausschließlich gegenüber einzelnen Vorstands- und Aufsichtsratsmitgliedern. Unabhängig davon, ob ein Einsichts- oder Auskunftsrecht des Sonderprüfers besteht, kann der Aufsichtsrat aber zur Einschätzung gelangen, dass es im **Interesse der Gesellschaft** ist, Unterlagen „aus seiner Sphäre" dem Sonderprüfer zugänglich zu machen, unter Umständen unter Wahrung der Vertraulichkeit gegenüber dem Vorstand. Dadurch kann vermieden werden, dass der Sonderprüfer bestimmte Aufklärungsarbeiten wiederholt, zusätzliche Kosten entstehen und Unruhe im Unternehmen aufkommt.

2. Durchsetzung der Prüferrechte

2831 Angesichts der zu erwartenden Meinungsverschiedenheiten über den Umfang der Rechte aus § 145 AktG zwischen Auskunftspflichtigen und Sonderprüfer drängt sich die Frage auf, ob und wie der Sonderprüfer seine Rechte **gerichtlich durchsetzen** kann.

a) Klage

2832 Dem Sonderprüfer steht eine Klage oder die einstweilige Verfügung zur Erzwingung der Rechte aus § 145 AktG nicht zur Verfügung.[6510] Eine Parallele zum besonderen Vertreter, dem eine gerichtliche

---

[6504] So noch MüKoAktG/*M. Arnold* AktG § 145 Rn. 26.
[6505] Vgl. *Bungert* in Krieger/U.H. Schneider, Managerhaftung-HdB § 16 Rn. 50.
[6506] MüKoAktG/*M. Arnold* AktG § 145 Rn. 27.
[6507] Implizit noch BGH NZG 2008, 908 Rn. 16 (zur GmbH); eing. *Grunewald* NZG 2013, 841 mwN.
[6508] BGHZ 219, 356 Rn. 42ff. = NJW 2019, 596.
[6509] BGHZ 219, 356 Rn. 42ff. = NJW 2019, 596.
[6510] HM LG München I NZG 2019, 1421 zust. OLG München AG 2020, 55; MüKoAktG/*M. Arnold* AktG § 145 Rn. 33; GroßkommAktG/*Verse* AktG § 145 Rn. 42 mwN; **aA** *Harnos* AG 2019, 824; *Harnos* FS Seibert, 2019, 309 (322ff.); *Mock* NZG 2019, 1161; nunmehr auch Hüffer/Koch/*Koch* AktG § 145 Rn. 5a.

Durchsetzung seiner Auskunftsrechte zugestanden wird[6511] (→ Rn. 2892), kann angesichts der unterschiedlichen Funktion und Rechtsstellung nicht gezogen werden.[6512] Teilweise wird angenommen, dass auch der Abschlussprüfer seine Rechte aus § 320 HGB einklagen könne.[6513] Doch selbst wenn man dem folgt, hinkt der Vergleich zum Sonderprüfer, da die Abschlussprüfung kein Zwangsgeldverfahren mehr vorsieht.[6514] Ein **Klagerecht** des Sonderprüfers ist daher insgesamt **abzulehnen.** Wird dem Verlangen des Sonderprüfers zu Unrecht nicht entsprochen, kann er die Weigerung oder fehlende Kooperation im **Prüfungsbericht** festhalten,[6515] sodass die Hauptversammlung daraus die gebotenen Schlussfolgerungen ziehen kann.

b) Zwangsgeld

2833 Der Sonderprüfer kann dafür sorgen, dass das Registergericht die verpflichteten **Vorstandsmitglieder** in einem Verfahren gem. § 388 Abs. 1 FamFG durch Androhung eines Zwangsgelds (§ 407 Abs. 1 S. 1 AktG) zu der gebotenen Mitwirkung anhält. Das einzelne Zwangsgeld darf dabei maximal 5.000 EUR betragen, kann aber wiederholt festgesetzt werden.

2834 Gegenüber Vorstandsmitgliedern verbundener Unternehmen greift die Zwangsandrohung wegen §§ 407, 408 AktG jedoch nur, wenn die Unternehmen die Rechtsform der AG oder KGaA haben. Über Art. 9 Abs. 1 lit. c ii SE-VO sind auch Vorstandsmitglieder einer SE mit Sitz in Deutschland erfasst. Aufgrund der ausdrücklichen Begrenzung auf Vorstandsmitglieder in § 407 Abs. 1 S. 1 AktG kann **Aufsichtsratsmitgliedern kein Zwangsgeld** angedroht werden.[6516]

c) Schadensersatz

2835 Schließlich haften die Vorstands- und Aufsichtsratsmitglieder der Gesellschaft gem. § 93 Abs. 2 AktG, § 116 AktG, wenn sie ihrer Auskunftspflicht nicht nachkommen und der Gesellschaft dadurch ein Schaden entsteht. In erster Linie wird es sich hier um **Ersatzansprüche** handeln, die der Gesellschaft durch die fehlenden Informationen **entgehen.** Entstehen der Gesellschaft Kosten (§ 146 S. 1 AktG) für den zusätzlichen Prüfungsaufwand aus § 642 BGB, sind auch diese zu ersetzen.

3. Sonderprüfungsbericht

a) Berichtsinhalt

2836 Die Sonderprüfer haben gem. § 145 Abs. 6 S. 1 AktG über das Ergebnis ihrer Prüfung **schriftlich zu berichten.** Zum Inhalt und Umfang des Berichts enthält das Gesetz keine näheren Vorgaben. Die Anforderungen an den Prüfungsbericht sind daher aus dem Zweck der Sonderprüfung (→ Rn. 2687 f.) zu entwickeln.[6517]

2837 Der Bericht muss so beschaffen sein, dass sich die Verwaltungsmitglieder und die Aktionäre ein **eigenes Urteil** über den Prüfungsgegenstand bilden und daraus die erforderlichen **Konsequenzen ziehen** können.[6518] Daher muss der Prüfungsbericht neben dem Prüfungsergebnis *(management summary)* zumindest auch die vorgenommenen Prüfungshandlungen, den ermittelten Sachverhalt sowie eine mit Gründen versehene Beurteilung enthalten.

2838 Verfehlungen der Vorstands- und Aufsichtsratsmitglieder, die gegenständlich außerhalb des Prüfungsauftrags liegen und die der Sonderprüfer daher nur zufällig entdeckt (sog. **Zufallsfunde**), dürfen nicht in den Bericht aufgenommen werden.[6519] Dem Sonderprüfer bleibt aber unbenommen, die Verwaltung über **Zufallsfunde zu informieren.** Bei schwerwiegenden Pflichtverletzungen ist er nach hM dazu sogar verpflichtet.[6520]

[6511] OLG Köln NZG 2016, 147 (148); OLG München NZG 2008, 230 (233 ff.); MüKoAktG/*M. Arnold* AktG § 147 Rn. 74 mwN.
[6512] LG München I NZG 2019, 1421 (1422); aA *Harnos* AG 2019, 824 (826).
[6513] Staub/*Habersack/Schürnbrand* HGB § 320 Rn. 32; MüKoBilanzR/*Bormann* HGB § 320 Rn. 68 f.
[6514] LG München I NZG 2019, 1421 (1422); GroßkommAktG/*Verse* AktG § 145 Rn. 42.
[6515] AA GroßkommAktG/*Verse* AktG § 145 Rn. 46.
[6516] MüKoAktG/*M. Arnold* AktG § 145 Rn. 34; K. Schmidt/Lutter AktG/*Spindler* AktG § 145 Rn. 19 aE; Hüffer/Koch/*Koch* AktG § 145 Rn. 5a; Hölters/*Hirschmann* AktG § 145 Rn. 10; Grigoleit/*Rachlitz* AktG § 145 Rn. 6; **aA** de lege ferenda Kölner Komm AktG/*Rieckers/J. Vetter* AktG § 145 Rn. 78 aE.
[6517] Vgl. Hüffer/Koch/*Koch* AktG § 145 Rn. 7.
[6518] MüKoAktG/*M. Arnold* AktG § 145 Rn. 37; Kölner Komm AktG/*Rieckers/J. Vetter* AktG § 145 Rn. 93.
[6519] BeckOGK/*Mock* AktG § 145 Rn. 52; MüKoAktG/*M. Arnold* AktG § 145 Rn. 41; K. Schmidt/Lutter AktG/*Spindler* AktG § 145 Rn. 24; **aA** Bürgers/Körber/*Holzborn/Jänig* AktG § 145 Rn. 10.
[6520] MüKoAktG/*M. Arnold* AktG § 145 Rn. 42; Kölner Komm AktG/*Rieckers/J. Vetter* AktG § 145 Rn. 112 f. mwN; **aA** K. Schmidt/Lutter AktG/*Spindler* AktG § 145 Rn. 24.

2839 Gem. § 145 Abs. 6 S. 2 AktG müssen in den Prüfungsbericht grundsätzlich auch solche Tatsachen aufgenommen werden, deren Bekanntwerden geeignet ist, der Gesellschaft oder einem verbundenen Unternehmen einen **nicht unerheblichen Nachteil** zuzufügen, sofern die Kenntnis dieser Tatsachen zur Beurteilung des zu prüfenden Vorgangs durch die Hauptversammlung erforderlich ist. Auf eine **Schutzklausel** wie zB in § 131 Abs. 3 Nr. 1 AktG hat der Gesetzgeber bewusst verzichtet, weil sie die Sonderprüfung entwerten würde.[6521]

2840 Eine **Ausnahme** davon ist gem. § 145 Abs. 4 AktG nur in Fällen des Minderheitsverlangens (§ 142 Abs. 2 AktG) vorgesehen. Auf Antrag des Vorstands kann das Gericht gestatten, dass bestimmte Tatsachen nicht in den Bericht aufgenommen werden, wenn überwiegende Belange der Gesellschaft das gebieten und sie zur Darlegung der Unredlichkeiten oder groben Verletzungen nicht unerlässlich sind (sog. **Schwärzungsverfahren**). Dabei ist sorgfältig zwischen der Geheimhaltungsinteressen der Gesellschaft und dem Interesse der Aktionäre an einer umfassenden Berichterstattung abzuwägen.[6522] Zuständig ist gem. § 145 Abs. 5 S. 1 AktG das Landgericht am Sitz der Gesellschaft, sofern von der Ermächtigung gem. § 71 Abs. 4 GVG kein Gebrauch gemacht wurde (dazu weitgehend parallel → Rn. 2761 ff.).

2841 Damit der Schutz des § 145 Abs. 4 AktG nicht ins Leere läuft, muss dem Vorstand die **Antragstellung vor Veröffentlichung** des Prüfungsberichts möglich sein.[6523] Andernfalls wäre der Bericht, nachdem der Sonderprüfer ihn gem. § 145 Abs. 6 S. 3 AktG zum Handelsregister eingereicht hat, für jedermann einsehbar (§ 9 Abs. 1 S. 1 HGB). Die vorherige Kenntnisnahme des Vorstands über den Bericht ist daher zwingend.[6524] Demnach hat der Sonderprüfer den Bericht zunächst beim Vorstand einzureichen (§ 145 Abs. 6 S. 3 AktG) und ihm Gelegenheit zu geben, über eine gerichtliche Antragstellung gem. § 145 Abs. 4 AktG zu entscheiden.[6525] Entschließt sich der Vorstand, einen entsprechenden Antrag zu stellen, hat der Sonderprüfer die Einreichung des Berichts zum Handelsregister weiter aufzuschieben, bis das Gericht rechtskräftig über den Schutzantrag entschieden hat.[6526]

2842 Empfehlenswert ist, dass sich Vorstand und Aufsichtsrat frühzeitig darüber austauschen und beraten, welche Informationen nicht im Prüfungsbericht auftauchen sollen.[6527] Da die Antragsfrist für Schwärzungen je nach Berichtsumfang nur **wenige Wochen**[6528] beträgt, sollten geheimhaltungsbedürftige Informationen möglichst schon während der Sonderprüfung ausgemacht werden.

b) Pflichten des Vorstands

2843 Nachdem der von den Sonderprüfern unterzeichnete Bericht (§ 145 Abs. 6 S. 3 AktG) dem Vorstand übermittelt wurde, hat der Vorstand dem **Aufsichtsrat unverzüglich eine Abschrift vorzulegen** (§ 145 Abs. 6 S. 5 AktG).[6529] Damit soll dem Aufsichtsrat ermöglicht werden, das Ergebnis der Prüfung zu würdigen und zu entscheiden, welche Schlüsse er daraus zu ziehen hat. Sofern der Aufsichtsrat es verlangt, hat der Vorstand ihm auch Einsicht in ein Original des Prüfungsberichts zu gewähren.[6530]

2844 Der Vorstand hat gem. § 145 Abs. 6 S. 4 AktG Aktionären **auf Verlangen** kostenfrei[6531] eine Abschrift des Berichts zu erteilen. Sobald der Bericht vorliegt, ist er als **Gegenstand der Tagesordnung** in der nächsten Hauptversammlung bekannt machen (§ 145 Abs. 6 S. 5 AktG). Dem wird die Praxis dadurch gerecht, dass der Tagesordnungspunkt „Vorlage des Sonderprüfungsberichts" auf die Tagesordnung gesetzt und darin auf die Bekanntmachung als Gegenstand der Tagesordnung sowie auf die Möglichkeit der Erteilung einer Abschrift hingewiesen wird.[6532] Ob der Vorstand dafür die nächste ordentliche Hauptversammlung abwartet oder eine außerordentliche Hauptversammlung einberuft, steht in seinem pflichtgemäßen Ermessen.

2845 Der Sonderprüfer ist weder berechtigt[6533] noch verpflichtet[6534] (zur Teilnahme des besonderen Vertreters → Rn. 2894), an der Hauptversammlung **teilzunehmen.** In der Praxis wird ihm die Teilnahme aber

---

[6521] BegrRegE *Kropff* AktG 1965 S. 211 f.
[6522] Hölters/*Hirschmann* AktG § 145 Rn. 14; Kölner Komm AktG/*Rieckers/J. Vetter* AktG § 145 Rn. 127; krit. zur Vorschrift § 145 Abs. 4 AktG *Holle* ZHR 182 (2018), 569 (587 ff.); *Koch* ZGR 2020, 183 (196).
[6523] OLG Düsseldorf ZIP 2016, 1022 Rn. 23 ff.; bestätigt durch BVerfG ZIP 2018, 119 Rn. 25.
[6524] BVerfG ZIP 2018, 119 Rn. 25.
[6525] OLG Düsseldorf ZIP 2016, 1022 Rn. 26; *Reichert/M. Goette* NZG 2020, 887 (892); *Wilsing/von der Linden/Ogorek* NZG 2010, 729 (733); MüKoAktG/*M. Arnold* AktG § 145 Rn. 52.
[6526] *Wilsing/von der Linden/Ogorek* NZG 2010, 729 (733).
[6527] Vgl. *Bachmann* ZIP 2018, 101 (108); ferner *Reichert/M. Goette* NZG 2020, 887 (892).
[6528] OLG Düsseldorf ZIP 2016, 1022 Rn. 2 f., unter Wiedergabe der Vorinstanz, das eine Frist von drei und sechs Wochen für vertretbar hielt.
[6529] MüKoAktG/*M. Arnold* AktG § 145 Rn. 55; Kölner Komm AktG/*Rieckers/J. Vetter* AktG § 145 Rn. 158 f.
[6530] Kölner Komm AktG/*Rieckers/J. Vetter* AktG § 145 Rn. 159.
[6531] AllgM Hüffer/Koch/*Koch* AktG § 145 Rn. 9.
[6532] MHdB AG/*Bungert* § 43 Rn. 28.
[6533] GroßkommAktG/*Verse* AktG § 145 Rn. 87; Grigoleit/*Grigoleit/Rachlitz* AktG § 145 Rn. 14.
[6534] BeckOGK/*Mock* AktG § 145 Rn. 66; K. Schmidt/Lutter AktG/*Spindler* AktG § 145 Rn. 34.

teilweise durch den Versammlungsleiter gestattet, sodass er die wichtigsten Ergebnisse seines Berichts erläutern und ggf. – soweit der Versammlungsleiter das zulässt – auch Fragen der Aktionäre beantworten kann.[6535] Es besteht aber keine Pflicht des Sonderprüfers, die Fragen zu beantworten.[6536] Das Gesetz sieht weder am Ende noch während der Sonderprüfung – etwa in Form von Zwischenberichten – vor, dass der Sonderprüfer der Hauptversammlung mündlich Bericht erstatten muss. Es ist lediglich ein schriftlicher (Abschluss-)Prüfungsbericht zu erstatten (→ Rn. 2836). Im Einzelfall sollte gut bedacht werden, ob dem Sonderprüfer gestattet werden soll, an der Hauptversammlung teilzunehmen und Fragen zu beantworten. Obwohl das Gesetz nicht vorschreibt, dass der Prüfungsbericht **während der Hauptversammlung auszulegen** ist, empfiehlt sich ein solches Vorgehen.[6537]

V. Kosten

1. Kostentragung der Gesellschaft im Außenverhältnis

a) Kosten der Sonderprüfung

Unabhängig davon, ob der Sonderprüfer durch die Hauptversammlung oder vom Gericht bestellt worden sind, kommt der Prüfungsvertrag stets mit der Gesellschaft zustande (→ Rn. 2804). Folglich sind die Vergütung und die Auslagen der Sonderprüfer **immer von der Gesellschaft** als Auftraggeber zu tragen (→ Rn. 2807).[6538] Die Kostentragungspflicht für die Kosten der Sonderprüfung in § 146 AktG ist daher nur klarstellend. 2846

b) Verfahrenskosten

Für den Fall, dass das **Gericht** den Anträgen nach § 142 Abs. 2 AktG und § 142 Abs. 4 AktG **stattgibt** und die Sonderprüfung anordnet, gilt die Kostenregelung des § 146 AktG. Demnach trägt grundsätzlich die Gesellschaft die Gerichtskosten. Davon kann das Gericht wegen § 81 Abs. 5 FamFG auch nicht aus Billigkeitsgründen gem. § 81 Abs. 1 S. 1, Abs. 2 FamFG abweichen.[6539] Lehnt das Gericht den Antrag ab, hat die antragstellende Minderheit gem. § 1 Abs. 2 Nr. 1 GNotKG, § 22 Abs. 1 GNotKG die Gerichtskosten zu tragen. 2847

Rechtsanwaltsgebühren und sonstige **außergerichtliche Kosten** sind nicht von § 146 S. 1 AktG umfasst und grundsätzlich von jedem Beteiligten selbst zu tragen.[6540] Jedoch kann das Gericht davon im Rahmen einer Billigkeitsentscheidung gem. § 81 Abs. 1 FamFG abweichen. 2848

2. Ersatzansprüche der Gesellschaft im Innenverhältnis

Hat die antragstellende Minderheit die Bestellung des Sonderprüfers durch **vorsätzlich oder grobfahrlässig falsche Angaben** erwirkt, steht der Gesellschaft im Innenverhältnis ein Kostenerstattungsanspruch gem. § 146 S. 2 AktG zu. Daneben kommen noch weitere Anspruchsgrundlagen aus den allgemeinen zivilrechtlichen Vorschriften in Betracht. Auf sie ist der Verschuldensmaßstab aus § 146 S. 2 AktG zu übertragen, wonach eine Haftung zumindest grobe Fahrlässigkeit voraussetzt.[6541] Zu denken ist dabei an Ansprüche aus § 280 Abs. 1 BGB wegen Verletzung der Treuepflicht[6542] oder aus Delikt wie § 826 BGB. 2849

Werden durch die Sonderprüfung Ersatzansprüche der Gesellschaft **gegen Organmitglieder** (§§ 93, 116 AktG) aufgedeckt, umfasst der danach ersatzfähige Schaden auch die Verfahrens- und Prüfungskosten der Gesellschaft.[6543] 2850

Neben Vorstand oder Aufsichtsrat kann auch die **Hauptversammlung** für die **Geltendmachung** möglicher Ersatzansprüche der Gesellschaft gegen Organmitglieder sorgen, indem eine Aktionärsmehrheit darüber beschließt (§ 147 Abs. 1 AktG) oder einen besonderen Vertreter dafür bestellt (§ 147 Abs. 2 S. 1 2851

[6535] GroßkommAktG/*Verse* AktG § 145 Rn. 87; Grigoleit/*Grigoleit/Rachlitz* AktG § 145 Rn. 14.
[6536] Unstr. Kölner Komm AktG/*Rieckers/J. Vetter* AktG § 145 Rn. 171 mwN.
[6537] MüKoAktG/*M. Arnold* AktG § 145 Rn. 58; BeckOGK/*Mock* AktG § 145 Rn. 63; MHdB AG/*Bungert* § 43 Rn. 28 aE.
[6538] AllgM Hüffer/Koch/*Koch* AktG § 146 Rn. 2, 4; Hölters/*Hirschmann* AktG § 146 Rn. 4.
[6539] MüKoAktG/*M. Arnold* AktG § 146 Rn. 6; MHdB AG VII/*Lieder* § 26 Rn. 144.
[6540] MüKoAktG/*M. Arnold* AktG § 146 Rn. 8; Hüffer/Koch/*Koch* AktG § 146 Rn. 2.
[6541] EinhM Hüffer/Koch/*Koch* AktG § 146 Rn. 3 mwN.
[6542] Vgl. BGHZ 129, 136 (143 ff.) = NJW 1995, 1739 – Girmes; GroßkommAktG/*Henze/Notz* AktG Anh. § 53a Rn. 145 mwN.
[6543] Hüffer/Koch/*Koch* AktG § 146 Rn. 3; MüKoAktG/*M. Arnold* AktG § 146 Rn. 16; Kölner Komm AktG/*Rieckers/J. Vetter* AktG § 146 Rn. 44; vgl. ferner LG München I NZG 2014, 345 (348), das iRv § 93 Abs. 2 AktG auch anwaltliche Aufklärungskosten für ersatzfähig hält; zust. *Fleischer* NZG 2014, 321 (327); *Lüneborg/Resch* NZG 2018, 209 (213).

G. Besonderer Vertreter (§ 147 AktG)

Schrifttum:
Bayer/Hoffmann, Der „Besondere Vertreter" iSv § 147 Abs. 2 AktG AG 2018, 337; *Böbel,* Die Rechtsstellung der besonderen Vertreter gem. § 147 AktG, 1999; *Hüffer,* Verwaltungskontrolle und Rechtsverfolgung durch Sonderprüfer und besondere Vertreter (§§ 142, 147 Abs. 2 AktG), ZHR 174 (2010), 642; *Humrich,* Der besondere Vertreter im Aktienrecht, 2013; *Mock,* Informationsbeschaffung durch den besonderen Vertreter, ZHR 181 (2017), 688; *Roßkopf,* Vergütung des besonderen Vertreters, FS Marsch-Barner, 2018, 457; *Roßkopf/Gayk,* Praxisrelevante Probleme im Zusammenhang mit dem besonderen Vertreter nach § 147 Abs. 2 AktG, DStR 2020, 2078; *Stallknecht,* Der besondere Vertreter nach § 147 AktG, 2015.

I. Grundlagen

2852 Die Hauptversammlung kann gemäß § 147 Abs. 1 AktG die Geltendmachung bestimmter Ersatzansprüche der Gesellschaft beschließen und dafür nach § 147 Abs. 2 S. 1 AktG einen **besonderen Vertreter** bestellen, der dann zur Anspruchsverfolgung anstelle des Vorstands oder Aufsichtsrats befugt ist. Notwendig ist die Bestellung eines besonderen Vertreters, wenn das sonst zur Vertretung der Gesellschaft berufene Organ nicht handlungsfähig ist oder durch die Geltendmachung in einen offenkundigen Interessenkonflikt gerät.[6545]

1. Ersatzansprüche der Gesellschaft

2853 Das Recht der Aktionäre, die Anspruchsverfolgung nach den §§ 147 ff. AktG zu erzwingen, beschränkt sich dem Wortlaut nach auf **Ersatzansprüche** der Gesellschaft. Ausdrücklich erfasst sind Schadenersatzansprüche gegen Gründer, Gründungsemittenten, Vorstand und Aufsichtsrat bei **Gründung** und **Nachgründung (§§ 46–48, § 53 AktG),** Ersatzansprüche aus **unzulässiger Einflussnahme (§ 117 AktG),** sowie Ersatzansprüche gegen Vorstand und Aufsichtsrat aus der **Geschäftsführung** bzw. deren **Überwachung (§§ 93, 116 AktG).**[6546]

2854 **Erfüllungsansprüche** sind vom Wortlaut der Vorschrift **nicht** erfasst. Auch eine erweiternde Auslegung kommt nicht in Betracht, weil der Gesetzgeber die Einschränkung bewusst vorgenommen hat.[6547] Zudem entstünde sonst ein faktisches Weisungsrecht der Hauptversammlung.[6548] Aus demselben Grund kommen nach hM auch Ansprüche auf **Unterlassung** einer bestimmten Handlung **nicht** in Betracht, auch wenn durch sie ein Schaden nur abgewendet werden soll.[6549] **Herausgabeansprüche** aus Auftrag (§§ 667, 681 S. 2 BGB, § 687 Abs. 2 BGB), ungerechtfertigter Bereicherung (§ 812 Abs. 1 S. 1 2. Fall BGB) oder aus § 88 Abs. 2 S. 2 BGB sollen nach überwiegender Auffassung von § 147 AktG erfasst sein.[6550] Die Durchsetzung dieser Ansprüche sei genauso gefährdet wie die von Schadenersatzansprüchen.[6551] Zudem wird auf die Rechtsprechung zu § 46 Nr. 8 GmbHG verwiesen, der zumindest teilweise mit § 147 AktG vergleichbar sei.[6552] Dieser Vergleich ist im Hinblick auf das fehlende Weisungsrecht im

---

[6544] Instruktiv zu den §§ 147 ff. AktG auch *Holle* ZHR 182 (2018), 569 (587 ff.).
[6545] GroßkommAktG/*Bezzenberger* AktG § 147 Rn. 41.
[6546] MüKoAktG/*Arnold* AktG § 147 Rn. 23; GroßkommAktG/*Bezzenberger* AktG § 147 Rn. 12; BeckOGK/*Mock* AktG § 147 Rn. 22.
[6547] Vgl. Deutscher Bundestag, Schriftlicher Bericht des Rechtsausschusses zu BT-Drs. IV/3296, 76 f.
[6548] MüKoAktG/*Arnold* AktG § 147 Rn. 24; BeckOGK/*Mock* AktG § 147 Rn. 23.
[6549] MüKoAktG/*Arnold* AktG § 147 Rn. 24; K. Schmidt/Lutter/*Spindler* AktG § 147 Rn. 3; Kölner Komm AktG/*Rieckers/Vetter* AktG § 147 Rn. 133; *Mock* NZG 2015, 1013 (1015); **aA** Bürgers/Körber/*Holzborn/Jänig* AktG § 147 Rn. 3; Grigoleit/*Grigoleit/Rachlitz* AktG § 147 Rn. 4.
[6550] Zur GmbH vgl. BGH NJW 1975, 977 (978); NJW 1986, 2250; Hüffer/Koch/*Koch* AktG § 147 Rn. 2; Kölner Komm AktG/*Rieckers/Vetter* AktG § 147 Rn. 129; BeckOGK/*Mock* AktG § 147 Rn. 22; GroßkommAktG/*Bezzenberger* AktG § 147 Rn. 12.
[6551] Hüffer/Koch/*Koch* AktG § 147 Rn. 2.
[6552] Hüffer/Koch/*Koch* AktG § 147 Rn. 2; K. Schmidt/Lutter/*Spindler* AktG § 147 Rn. 3, s. Fn. 8.

Aktienrecht allerdings **kritisch** zu sehen.[6553] Die Gesellschafterversammlung hat als „oberstes Organ der GmbH"[6554] eine stärkere Stellung als die Hauptversammlung in der Aktiengesellschaft.[6555] Um die Weisungsfreiheit des Vorstandes zu wahren, ist daher der Auffassung zuzustimmen, nach der § 147 AktG nur Ansprüche erfasst, die auf Schadenersatz in Geld gerichtet sind.[6556]

Konzernrechtliche Ersatzansprüche aus §§ 309, 310, 317, 318 AktG werden in § 147 Abs. 1 AktG ebenfalls nicht erwähnt. Die nahezu einhellige Meinung wendet § 147 AktG trotzdem auf Ansprüche **aus §§ 310, 318 AktG** an.[6557] Dem ist zuzustimmen. Sowohl § 93 als auch die §§ 310, 318 AktG stellen Haftungstatbestände aus der Geschäftsführung dar, die sich gegenseitig nicht ausschließen, sondern ergänzen.[6558] Die Anwendung von § 147 AktG auf Ansprüche aus **§§ 309, 317 AktG** wird wegen der Möglichkeit zur konzernrechtlichen Aktionärsklage nach §§ 309 Abs. 4, 317 Abs. 4 AktG kritischer gesehen,[6559] von der hM jedoch ebenfalls bejaht.[6560] Der BGH hat sich dieser Auffassung kürzlich angeschlossen.[6561] Bezieht man, wie hier, Ansprüche aus § 318 AktG in den Anwendungsbereich des § 147 AktG ein, erscheint es in der Tat systematisch richtig, auch Ansprüche aus § 317 AktG einzubeziehen.[6562] Die Aktionärsklage ist außerdem angesichts des Prozesskostenrisikos nicht ganz gleichwertig, zumal eine beherrschte Gesellschaft womöglich bei der Durchsetzung solcher Ansprüche eher zurückhaltend ist.[6563]

Wer **Anspruchsgegner** ist, ist abhängig von dem geltend zu machenden Ersatzanspruch. Meistens werden (aktuelle oder ehemalige) Vorstands- und/oder Aufsichtsratsmitglieder in Anspruch genommen, je nach Anspruchsgrundlage kommen aber auch herrschende Unternehmen, andere Aktionäre, Gründer, Hintermänner usw. in Betracht.[6564] **Anspruchsinhaberin** muss die **Gesellschaft** selbst sein.[6565] Ersatzansprüche der **Aktionäre** sind nach dem Wortlaut und der Konzeption des § 147 Abs. 1 AktG nicht erfasst.[6566] Aktionäre können nur im Wege der Nebenintervention nach § 66 ZPO einem Prozess auf Seiten der Gesellschaft beitreten[6567] oder unter den Voraussetzungen des § 148 Abs. 1 S. 1 AktG die Geltendmachung von Ersatzansprüchen der Gesellschaft in eigenem Namen beantragen.

Sofern kein besonderer Vertreter bestellt ist, lässt ein Beschluss der Hauptversammlung gemäß § 147 Abs. 1 AktG die allgemeine Vertretungsregelung im Prozess unberührt. Richtet sich der Ersatzanspruch gegen ein gegenwärtiges oder ehemaliges **Vorstandsmitglied,** vertritt deshalb der **Aufsichtsrat** gem. § 112 AktG (→ Rn. 2346) anstelle des Vorstands die Gesellschaft.[6568]

[6553] Gegen die Einbeziehung von Herausgabeansprüchen deshalb *Mock* NZG 2015, 1013 (1016); MüKoAktG/*Arnold* AktG § 147 Rn. 25; ähnlich *Humrich,* Der besondere Vertreter im Aktienrecht, 2013, 42.
[6554] MüKoGmbHG/*Liebscher* GmbHG § 46 Rn. 227.
[6555] MüKoAktG/*Arnold* AktG § 147 Rn. 25.
[6556] Ebenso *Mock* NZG 2015, 1013 (1016); MüKoAktG/*Arnold* AktG § 147 Rn. 25; *Humrich,* Der besondere Vertreter im Aktienrecht, 2013, 42.
[6557] BGH BeckRS 2020, 17415 Rn. 38; OLG München NZG 2008, 230 (232); OLG München ZIP 2008, 1916; KG AG 2012, 256; LG Frankfurt AG 2014, 55; BeckOGK/*Mock* AktG § 147 Rn. 24; Hüffer/Koch/*Koch* AktG § 147 Rn. 3; MüKoAktG/*Arnold* AktG § 147 Rn. 26; Grigoleit/*Grigoleit/Rachlitz* AktG § 147 Rn. 6; K. Schmidt/Lutter/*Spindler* AktG § 147 Rn. 4; K. Schmidt/Lutter/*Vetter* AktG § 317 Rn. 26; GroßkommAktG/*Bezzenberger* AktG § 147 Rn. 13; Kölner Komm AktG/*Rieckers/Vetter* AktG § 147 Rn. 140 ff.; *Nietsch* ZGR 2011, 589 (598); *Kling* ZGR 2009, 190 (203).
[6558] Kölner Komm AktG/*Rieckers/Vetter* AktG § 147 Rn. 141; MüKoAktG/*Arnold* AktG § 147 Rn. 26.
[6559] *Kling* ZGR 2009, 190 (203 ff.); Grigoleit/*Grigoleit* AktG § 317 Rn. 10; Bürgers/Körber/*Fett* AktG § 317 Rn. 16; Kölner Komm AktG/*Koppensteiner* AktG § 317 Rn. 35.
[6560] OLG München NZG 2008, 230 (232); OLG München ZIP 2008, 1916; OLG Köln BeckRS 2017, 106344 (Rn. 182); *Kropff* FS Bezzenberger, 2000, 233 (244); BeckOGK/*Mock* AktG § 147 Rn. 24; GroßkommAktG/*Bezzenberger* AktG § 147 Rn. 13; Kölner Komm AktG/*Rieckers/Vetter* AktG § 147 Rn. 144; Hüffer/Koch/*Koch* AktG § 147 Rn. 3; MüKoAktG/*Arnold* AktG § 147 Rn. 27; MüKoAktG/*Altmeppen* AktG § 317 Rn. 25.
[6561] BGH BeckRS 2020, 17415 Rn. 35 ff.
[6562] BGH BeckRS 2020, 17415 Rn. 38; OLG München ZIP 2008, 1916; Kölner Komm AktG/*Rieckers/Vetter* AktG § 147 Rn. 144; Hüffer/Koch/*Koch* AktG § 147 Rn. 3; MüKoAktG/*Arnold* AktG § 147 Rn. 27; MüKoAktG/*Altmeppen* AktG § 317 Rn. 65; *Roßkopf/Gayk* DStR 2020, 2078 (2079).
[6563] BGH BeckRS 2020, 17415 Rn. 40; OLG München ZIP 2008, 1916; OLG Köln BeckRS 2017, 106344 (Rn. 182); *Kropff* FS Bezzenberger, 2000, 233 (245 f.); Hüffer/Koch/*Koch* AktG § 147 Rn. 3; MüKoAktG/*Arnold* AktG § 147 Rn. 27; MüKoAktG/*Altmeppen* AktG § 317 Rn. 66; *Roßkopf/Gayk* DStR 2020, 2078 (2079).
[6564] Siehe im einzelnen GroßkommAktG/*Bezzenberger* AktG § 147 Rn. 17; MüKoAktG/*Arnold* AktG § 147 Rn. 29; BeckOGK/*Mock* AktG § 147 Rn. 27; Kölner Komm AktG/*Rieckers/Vetter* AktG § 147 Rn. 150.
[6565] OLG München ZIP 2008, 73 (76); Kölner Komm AktG/*Rieckers/Vetter* AktG § 147 Rn. 122; GroßkommAktG/*Bezzenberger* AktG § 147 Rn. 15; BeckOGK/*Mock* AktG § 147 Rn. 29.
[6566] GroßkommAktG/*Bezzenberger* AktG § 147 Rn. 14; Kölner Komm AktG/*Rieckers/Vetter* AktG § 147 Rn. 138.
[6567] *Trescher* DB 1995, 661 (663); MüKoAktG/*Arnold* AktG § 147 Rn. 30; Henssler/Strohn/*Liebscher* AktG § 147 Rn. 5; K. Schmidt/Lutter/*Spindler* AktG § 147 Rn. 5; MHdB GesR/*Bungert* Bd. 4, § 43 Rn. 33.
[6568] BGH WM 1991, 941; Henssler/Strohn/*Liebscher* AktG § 147 Rn. 5.

2. Geltendmachungsbeschluss

2858 Für den **Hauptversammlungsbeschluss** zur Geltendmachung der Ersatzansprüche gem. § 147 Abs. 1 S. 1 AktG gelten die allgemeinen Vorschriften (§§ 118 ff. AktG).[6569] Der Beschlussantrag ist insbesondere vor der Hauptversammlung ordnungsgemäß anzukündigen, § 124 Abs. 4 S. 1 AktG (vgl. zum Sonderprüfer → Rn. 2702 ff.). Ohne Ankündigung kann über den Beschlussantrag in der Hauptversammlung abgestimmt werden, wenn er in unmittelbarem Zusammenhang mit einem Tagesordnungspunkt steht, was zB bei Ableitung von Ersatzansprüchen aus einem der Hauptversammlung gem. § 145 Abs. 6 S. 5 AktG vorgelegten Sonderprüfungsbericht der Fall sein kann; nicht ausreichend ist, wenn lediglich die Entlastung von Organmitgliedern auf der Tagesordnung steht.[6570]

2859 **Inhaltlich** muss der Beschluss **hinreichend bestimmt** sein.[6571] Er muss die Verpflichtung zur Geltendmachung der Ersatzansprüche **eindeutig** festlegen und den **Lebenssachverhalt,** auf den der geltend zu machende Ersatzanspruch gestützt wird, ausreichend klar und konkret beschreiben.[6572] Anträge auf Geltendmachung von Schadensersatzansprüchen ins Blaue hinein sind unzulässig.[6573] Es müssen zumindest konkrete tatsächliche Anhaltspunkte für ein haftungsbegründendes Verhalten vorgetragen werden.[6574] Einzelheiten, insbesondere zur Rechtsfolge, sind streitig; der BGH hat kürzlich aber entschieden, dass der Geltendmachungsbeschluss nur nichtig ist, wenn die Ersatzansprüche nicht hinreichend individualisierbar sind und darüber hinausgehende Anforderungen an die Tatsachengrundlage nur zur Anfechtbarkeit führen können.[6575]

2860 Der Beschluss der Hauptversammlung bedarf nach § 147 Abs. 1 S. 1 AktG iVm § 133 AktG der **einfachen Mehrheit** der abgegebenen Stimmen. Das gilt auch für die Aufhebung eines solchen Beschlusses, die dazu führt, dass die originär zuständigen Organe wieder selbst über die Geltendmachung der Ersatzansprüche entscheiden können.[6576] Die Satzung kann dieses Mehrheitserfordernis nicht verändern, § 23 Abs. 5 AktG.[6577]

2861 Aktionäre, gegen die sich die Rechtsverfolgung richten soll, unterliegen einem **Stimmverbot** gemäß § 136 Abs. 1 S. 1 Var. 3 AktG.[6578] Dieses gilt grundsätzlich **auch für die Aufhebung** des Beschlusses nach Abs. 1. Eine Ausnahme besteht nach hM, wenn ein Großaktionär aufgrund eines zwischenzeitlich durchgeführten Squeeze-outs zum Alleinaktionär geworden ist. In diesen Fällen kämen sowohl die finanzielle als auch die präventive Wirkung der Anspruchsverfolgung letztlich (mittelbar) allein ihm zugute, sodass er auch auf die Anspruchsverfolgung verzichten können muss.[6579] Sind Organmitglieder oder Gesellschafter eines Aktionärs vom Stimmverbot betroffen, trifft auch den Aktionär ein Stimmverbot, wenn das Organmitglied einen maßgeblichen Einfluss auf das Stimmverhalten des betreffenden Aktionärs hat.[6580] Das Stimmverbot gilt aber nicht, wenn die Beschlussfassung **rechtsmissbräuchlich** ist,[6581] etwa weil ins Blaue hinein Ersatzansprüche zusätzlich gegen den Mehrheitsaktionär erhoben werden, nur um diesen von der Abstimmung auszuschließen.[6582] Das kommt in der Praxis allerdings immer wieder vor.[6583]

[6569] Zu Einzelheiten s. etwa MüKoAktG/*Arnold* AktG § 147 Rn. 33 ff.
[6570] MüKoAktG/*Arnold* AktG § 147 Rn. 34; Hüffer/Koch/*Koch* AktG § 147 Rn. 8; MHdB GesR/*Bungert* Bd. 4, § 43 Rn. 35; BeckOGK/*Mock* AktG § 147 Rn. 47; GroßkommAktG/*Bezzenberger* AktG § 147 Rn. 18; Grigoleit/*Rachlitz* AktG § 147 Rn. 8; Kölner Komm AktG/*Rieckers*/*Vetter* AktG § 147 Rn. 171 mwN.
[6571] Zu den Einzelheiten s. MüKoAktG/*Arnold* AktG § 147 Rn. 37 ff.; BeckOGK/*Mock* AktG § 93 Rn. 44 ff.
[6572] OLG Frankfurt a. M. NJW-RR 2004, 686; OLG München NJOZ 2010, 1099 (1104); OLG Köln NZG 2017, 1344 (1346); K. Schmidt/Lutter/*Spindler* AktG § 147 Rn. 9; Kölner Komm AktG/*Rieckers*/*Vetter* AktG § 147 Rn. 173; MüKoAktG/*Arnold* AktG § 147 Rn. 36; GroßkommAktG/*Bezzenberger* AktG § 147 Rn. 19.
[6573] LG Köln ZIP 2016, 162; MüKoAktG/*Arnold* AktG § 147 Rn. 36; Kölner Komm AktG/*Rieckers*/*Vetter* AktG § 147 Rn. 180.
[6574] OLG Frankfurt a. M. NJW-RR 2004, 686; AG München AG 1959, 24; BeckOGK/*Mock* AktG § 93 Rn. 45; GroßkommAktG/*Bezzenberger* AktG § 147 Rn. 19; vgl. auch LG Köln ZIP 2016, 162; MüKoAktG/*Arnold* AktG § 147 Rn. 36.
[6575] BGH BeckRS 2020, 17415 Rn. 30; s. dazu *Roßkopf*/*Gayk* DStR 2020, 2078 (2079 f.).
[6576] MüKoAktG/*Arnold* AktG § 147 Rn. 44; GroßkommAktG/*Bezzenberger* AktG § 147 Rn. 24.
[6577] Kölner Komm AktG/*Rieckers*/*Vetter* AktG § 147 Rn. 202; GroßkommAktG/*Bezzenberger* AktG § 147 Rn. 22.
[6578] MHdB GesR/*Bungert* Bd. 4, § 43 Rn. 36; GroßkommAktG/*Bezzenberger* AktG § 147 Rn. 21.
[6579] OLG München NZG 2010, 503; *Altmeppen* NJW 2009, 3757 (3758); *Peters*/*Hecker* NZG 2009, 1294 (1295); MüKoAktG/*Arnold* AktG § 147 Rn. 49; **aA** LG München ZIP 2009, 2198 (2200 f.); *Hirte*/*Mock* BB 2010, 775 (777); *Lutter* ZIP 2009, 2203.
[6580] MüKoAktG/*Arnold* AktG § 147 Rn. 48.
[6581] OLG München WM 2008, 1971 (1972); MüKoAktG/*Arnold* AktG § 147 Rn. 46.
[6582] OLG München NJOZ 2010, 1099 (1100); LG Frankfurt a. M. NZG 2013, 1181 (1182); MüKoAktG/*Arnold* AktG § 147 Rn. 46.
[6583] Vgl. *Bayer*/*Hoffmann* AG 2018, 337 (352 ff.) zu den Erfolgsaussichten der Abstimmung bei Stimmverbot des Mehrheitsaktionärs.

3. Pflicht zur Geltendmachung

Beschließt die Hauptversammlung die Geltendmachung von Ersatzansprüchen, sind die zuständigen Organe der Gesellschaft im Grundsatz **verpflichtet,** die Ansprüche geltend zu machen („ob") und die notwendigen außergerichtlichen und gerichtlichen Maßnahmen zu treffen („wie").[6585] Beim **„Ob"** gibt es grundsätzlich kein Ermessen, beim **„Wie"** schon, soweit die Hauptversammlung in ihrem Beschluss keine konkreten Vorgaben gemacht hat.[6586] Ob es auch beim „Ob" Ausnahmen geben kann, ist streitig. Überwiegend wird das in Fällen, in denen die Geltendmachung von vorn herein **aussichtslos** ist, mit guten Gründen bejaht (zu den Pflichten des besonderen Vertreters in einem solchen Fall → Rn. 2882).[6587] Zumindest, wenn die Hauptversammlung einem Verzicht oder Vergleich gem. § 93 Abs. 4 S. 3 AktG (→ Rn. 2443) wirksam zugestimmt hat, können Verwaltungsorgane von einer Geltendmachung der Ansprüche absehen.[6588] 2862

Nach § 147 Abs. 1 S. 2 AktG soll der Ersatzanspruch **binnen 6 Monaten seit dem Tag der Hauptversammlung,** in der über die Geltendmachung der Ersatzansprüche beschlossen wurde, **geltend gemacht werden.** Es handelt sich nicht um eine Ausschlussfrist. Die Frist soll eine willkürliche Verzögerung durch die Verwaltung verhindern. Wird die Frist versäumt, hat das allenfalls für das Innenverhältnis zwischen der Gesellschaft und den zur Geltendmachung verpflichteten Personen (Mitglieder von Vorstand und Aufsichtsrat oder besonderer Vertreter) Bedeutung und keine Auswirkung im Verhältnis zum Anspruchsgegner.[6589] Ein Fristversäumnis ohne sachliche Gründe kann Schadenersatzansprüche nach §§ 93, 116 AktG auslösen, insbesondere wegen eventueller Zinsschäden.[6590] 2863

II. Bestellung eines besonderen Vertreters

1. Person des besonderen Vertreters

Als besondere Vertreter kommen nur **unbeschränkt geschäftsfähige und prozessfähige** Personen in Betracht.[6591] Auch **Aktionäre** können als besondere Vertreter bestellt werden.[6592] Eine **juristische Person** kann nach wohl hM **nicht** besonderer Vertreter sein, weil jener bei seiner Aufgabenwahrnehmung das zuständige Organ ersetzt und deshalb an ihn dieselben Anforderungen wie an Vorstands- und Aufsichtsratsmitglieder gestellt werden, die gem. § 76 Abs. 3 S. 1, § 100 Abs. 1 S. 1 AktG natürliche, unbeschränkt geschäftsfähige Personen sein müssen.[6593] Dagegen wird ua vorgebracht, dass der besondere Vertreter das Gesamtorgan vertritt und außerdem eine juristische Person auch Sonderprüfer (§ 143 Abs. 1 Nr. 2 AktG) oder Abwickler (§ 265 Abs. 2 S. 3 AktG) sein kann.[6594] Das überzeugt, weil der besondere Vertreter zwar Organqualität (→ Rn. 2874), aber nicht die Stellung eines einzelnen Organmitglieds hat und seine Funktion in mancher Hinsicht eher mit der eines Sonderprüfers vergleichbar ist. 2864

[6584] BeckOGK/*Mock* AktG § 147 Rn. 49; Kölner Komm AktG/*Rieckers/Vetter* AktG § 147 Rn. 206.
[6585] MüKoAktG/*Arnold* AktG § 147 Rn. 32; *Hueck* FS Bötticher, 1969, 197 (200); BeckOGK/*Mock* AktG § 147 Rn. 41, 55; GroßkommAktG/*Bezzenberger* AktG § 147 Rn. 39.
[6586] MüKoAktG/*Arnold* AktG § 147 Rn. 32; Kölner Komm AktG/*Rieckers/Vetter* AktG § 147 Rn. 232; BeckOGK/*Mock* AktG § 147 Rn. 56.
[6587] So LG München I ZIP 2007, 2420 (2422) = BeckRS 2007, 18712; OLG München NJOZ 2010, 1099 (1103); Komm AktG/*Rieckers/Vetter* AktG § 147 Rn. 244; GroßkommAktG/*Bezzenberger* AktG § 147 Rn. 56; K. Schmidt/Lutter/*Spindler* AktG § 147 Rn. 24f.; wohl auch LG Stuttgart ZIP 2010, 329 (330) = BeckRS 2010, 01207; MüKoAktG/*Arnold* AktG § 147 Rn. 50, 65; **aA** K. Schmidt/Lutter/*Spindler* AktG § 147 Rn. 6 (für Verwaltungsorgane); GroßkommAktG/*Bezzenberger* AktG § 147 Rn. 38 (Verwaltungsorgane nur mit Zustimmung der HV); Grigoleit/*Grigoleit/Rachlitz* AktG § 147 Rn. 14; *Binder* ZHR 176 (2012), 380 (394f., Fn. 65); *Humrich* NZG 2014, 441 (443); *Semler* AG 2005, 321 (330).
[6588] Vgl. *Röhricht* Gesellschaftsrecht 1997, 191 (203); GroßkommAktG/*Bezzenberger* AktG § 147 Rn. 38.
[6589] MüKoAktG/*Arnold* AktG § 147 Rn. 56.
[6590] Henssler/Strohn/*Liebscher* AktG § 147 Rn. 7; MüKoAktG/*Arnold* AktG § 147 Rn. 56; Grigoleit/*Grigoleit/Rachlitz* AktG § 147 Rn. 17; Kölner Komm AktG/*Rieckers/Vetter* AktG § 147 Rn. 253.
[6591] *Kling* ZGR 2009, 190 (198); MüKoAktG/*Arnold* AktG § 147 Rn. 59; Grigoleit/*Grigoleit/Rachlitz* AktG § 147 Rn. 19; BeckOGK/*Mock* AktG § 147 Rn. 102.
[6592] *Kling* ZGR 2009, 190 (198); MüKoAktG/*Arnold* AktG § 147 Rn. 59; Hüffer/Koch/*Koch* AktG § 147 Rn. 11.
[6593] *Kling* ZGR 2009, 190 (199); BeckOGK/*Mock* AktG § 147 Rn. 102; Grigoleit/*Grigoleit/Rachlitz* AktG § 147 Rn. 19; GroßkommAktG/*Bezzenberger* AktG § 147 Rn. 43.
[6594] *Verhoeven* ZIP 2008, 245 (248); MüKoAktG/*Arnold* AktG § 147 Rn. 59; Kölner Komm AktG/*Rieckers/Vetter* AktG § 147 Rn. 292; *Roßkopf/Gayk* DStR 2020, 2078.

2. Bestellung durch Hauptversammlung

2865 Besondere Vertreter können gem. § 147 Abs. 2 S. 1 AktG von der Hauptversammlung bestellt werden, wobei der Bestellungsbeschluss einen **Geltendmachungsbeschluss** nach § 147 Abs. 1 S. 1 AktG **voraussetzt**.[6595] Der Bestellungsbeschluss kann direkt zusammen mit dem Geltendmachungsbeschluss gefasst werden oder später.[6596] Ist der Beschluss nach § 147 Abs. 1 S. 1 AktG nichtig, fehlt auch für den Beschluss nach § 147 Abs. 2 S. 1 AktG die Grundlage.[6597] Vorstand und Aufsichtsrat sind ausnahmsweise verpflichtet, die Bestellung eines besonderen Vertreters herbeizuführen, wenn die Gesellschaft durch sie nicht vertreten werden könnte oder Interessenkonflikte offensichtlich sind, etwa weil alle Organmitglieder als Gesamtschuldner in Anspruch genommen werden sollen.[6598] Im Übrigen gelten auch für den Bestellungsbeschluss die **allgemeinen Vorschriften** (§§ 118 ff. AktG).[6599] Der Hauptversammlungsbeschluss bedarf der **einfachen Mehrheit** der abgegebenen Stimmen, §§ 147 Abs. 2 S. 1, § 133 Abs. 1 AktG. Sollen Ersatzansprüche gegen Aktionäre und Aktionärsvertreter geltend gemacht werden, ist ihr Stimmrecht gem. § 136 Abs. 1 S. 1 Var. 3 AktG ausgeschlossen.[6600] Der als besonderer Vertreter zu Bestellende darf hingegen, sofern er Aktionär ist, mitstimmen.[6601]

2866 **Inhaltlich** muss der Beschluss die Person des zu bestellenden besonderen Vertreters bezeichnen, die Auswahl darf nicht anderen Personen überlassen werden.[6602] **Wirksam** wird die Bestellung mit der Annahme des Amts.[6603] Die Hauptversammlung kann die Bestellung jederzeit **widerrufen** und ggf. einen neuen besonderen Vertreter bestellen.[6604]

3. Gerichtliche Bestellung

a) Voraussetzungen

2867 Statt durch die Hauptversammlung kann ein besonderer Vertreter auch **gerichtlich bestellt** (§ 147 Abs. 2 S. 2 AktG) oder **ausgewechselt** werden.[6605] Nicht möglich ist es dagegen grundsätzlich, einen besonderen Vertreter abzuberufen, ohne einen neuen zu bestellen.[6606] Voraussetzungen für die gerichtliche Bestellung sind ein wirksamer **Hauptversammlungsbeschluss** zur Geltendmachung des Ersatzanspruchs gemäß § 147 Abs. 1 S. 1 AktG sowie ein ordnungsgemäßer **Antrag** bei Gericht.[6607] Der Antrag kann schriftlich gestellt, oder zu Protokoll der Geschäftsstelle des zuständigen oder eines anderen Amtsgerichts erklärt werden.[6608] Antragsfristen gibt es nicht.[6609]

2868 **Antragsbefugt** sind Aktionäre, deren Anteile zusammen den zehnten Teil des Grundkapitals oder den anteiligen Betrag von einer Million Euro erreichen. Die Satzung kann keine strengeren Anforderungen aufstellen.[6610] Zur Antragstellung sind dabei auch Aktionäre befugt, die zuvor an einem Minderheitsverlangen nach § 147 Abs. 1 AktG nicht mitgewirkt haben,[6611] ebenso Vorzugsaktionäre ohne Stimmrecht oder Inhaber von nicht voll eingezahlten Aktien.[6612] Das Quorum muss **im Zeitpunkt der Antragstellung** erreicht werden und ist zB durch Vorlage der Aktienurkunde, Bankbescheinigung, Depotauszüge bzw. bei Namensaktien durch Eintragung im Aktienregister nachzuweisen.[6613] Wird das Quorum nicht

---

[6595] MüKoAktG/*Arnold* AktG § 147 Rn. 87.
[6596] MüKoAktG/*Arnold* AktG § 147 Rn. 87; Kölner Komm AktG/*Rieckers/Vetter* AktG § 147 Rn. 303 mwN.
[6597] Kölner Komm AktG/*Rieckers/Vetter* AktG § 147 Rn. 304.
[6598] Kölner Komm AktG/*Rieckers/Vetter* AktG § 147 Rn. 306, auch zur Frage, ob Vorstand und Aufsichtsrat ein Vorschlagsrecht bzw. -pflicht für die Person des besonderen Vertreters haben.
[6599] Zu Einzelheiten etwa Kölner Komm AktG/*Rieckers/Vetter* AktG § 147 Rn. 305 ff.
[6600] Zur GmbH BGH NJW 1986, 2051 (2052); GroßkommAktG/*Bezzenberger* AktG § 147 Rn. 42; K. Schmidt/Lutter/*Spindler* AktG § 147 Rn. 14b; Grigoleit/*Grigoleit/Rachlitz* AktG § 147 Rn. 18.
[6601] Zur GmbH BGH NJW 1986, 2051 (2053); MüKoAktG/*Arnold* AktG § 147 Rn. 90; Hüffer/Koch/*Koch* AktG § 147 Rn. 10.
[6602] MüKoAktG/*Arnold* AktG § 147 Rn. 88; BeckOGK/*Mock* AktG § 147 Rn. 79; GroßkommAktG/*Bezzenberger* AktG § 147 Rn. 43; Kölner Komm AktG/*Rieckers/Vetter* AktG § 147 Rn. 310.
[6603] Henssler/Strohn/*Liebscher* GesR § 147 AktG Rn. 8; Kölner Komm AktG/*Rieckers/Vetter* AktG § 147 Rn. 436.
[6604] MüKoAktG/*Arnold* AktG § 147 Rn. 90.
[6605] MüKoAktG/*Arnold* AktG § 147 Rn. 92.
[6606] Kölner Komm AktG/*Rieckers/Vetter* AktG § 147 Rn. 338.
[6607] *Bayer*, AG 2016, 637 (638); MüKoAktG/*Arnold* AktG § 147 Rn. 92; Kölner Komm AktG/*Rieckers/Vetter* AktG § 147 Rn. 381; *Kling* ZGR 2009, 190 (195); Grigoleit/*Grigoleit/Rachlitz* AktG § 147 Rn. 21.
[6608] Kölner Komm AktG/*Rieckers/Vetter* AktG § 147 Rn. 345; MüKoAktG/*Arnold* AktG § 147 Rn. 94.
[6609] Kölner Komm AktG/*Rieckers/Vetter* AktG § 147 Rn. 349; K. Schmidt/Lutter/*Spindler* AktG § 147 Rn. 16.
[6610] Kölner Komm AktG/*Rieckers/Vetter* AktG § 147 Rn. 368.
[6611] KG AG 2005, 246; GroßkommAktG/*Bezzenberger* AktG § 147 Rn. 44; vgl. Kölner Komm AktG/*Rieckers/Vetter* AktG § 147 Rn. 379.
[6612] MüKoAktG/*Arnold* AktG § 147 Rn. 94.
[6613] BeckOGK/*Mock* AktG § 147 Rn. 88, 91; GroßkommAktG/*Bezzenberger* AktG § 147 Rn. 44.

erreicht oder fehlt der Nachweis, ist der Antrag **unzulässig.**[6614] Eine Reduzierung der Beteiligung während des laufenden Verfahrens ist unschädlich, allerdings ist erforderlich, dass der Antragsteller Aktionär bleibt.[6615] Der Antrag kann auch durch **Bevollmächtigte** gestellt werden.[6616] Eine einfache Stimmrechtsvollmacht ermächtigt allerdings wohl nicht zugleich dazu, den Antrag nach § 147 Abs. 2 S. 2 AktG zu stellen.[6617]

b) Verfahren

Für das Bestellungsverfahren gelten die Vorschriften der **freiwilligen Gerichtsbarkeit.** Zuständig ist nach § 375 Nr. 3 FamFG, § 376 Abs. 1 FamFG, § 23a Abs. 1 S. 1 Nr. 2, Abs. 2 S. 1 Nr. 4 GVG das **Amtsgericht** am Sitz desjenigen Landgerichts, in dessen Bezirk die Gesellschaft ihren Sitz hat.[6618] In der Regel ist das das Amtsgericht, das auch das Handelsregister der Gesellschaft führt. Wird der Antrag bei einem unzuständigen Gericht eingereicht, ist er nicht unzulässig, sondern wird nach § 3 Abs. 1 S. 1 FamFG bindend an das zuständige Gericht verwiesen.

Das Gericht ist bei der Auswahl des besonderen Vertreters **an die Vorschläge der Minderheit nicht gebunden,**[6619] soll nach dem Willen des Gesetzgebers aber den von der Minderheit benannten Vertreter bestellen, sofern nicht gegen seine Qualifikation besondere Bedenken bestehen oder eine grob unsachgemäße Anspruchsverfolgung durch ihn zu befürchten ist.[6620]

c) Entscheidung

Das Gericht entscheidet durch **Beschluss,** der zu begründen ist.[6621] Gibt das Gericht dem Antrag statt, bestellt und benennt es einen oder mehrere besondere Vertreter für die im Beschluss zu bezeichnende Rechtsverfolgung.[6622] Der Beschluss ist den vom Gericht ausgewählten besonderen Vertretern gegenüber **bekanntzumachen,** ebenso dem Antragsteller und, falls formell am Verfahren beteiligt, auch der Gesellschaft.[6623] Die Ansprüche oder die Aussichten für ihre Rechtsverfolgung prüft das Gericht dabei nicht.[6624] Vielmehr bestellt es einen besonderen Vertreter gem. § 147 Abs. 2 S. 2 AktG dann, wenn es ihm für die gehörige Geltendmachung der Ansprüche **zweckmäßig erscheint.** Dabei hat das Gericht einen gewissen **Beurteilungsspielraum.**[6625] Die Bestellung ist erforderlich, wenn aufgrund konkreter, objektiver Anhaltspunkte eine sachgerechte Geltendmachung durch den Vorstand, den Aufsichtsrat oder auch einen nach § 147 Abs. 2 S. 1 AktG von der Aktionärsmehrheit bestellten besonderen Vertreter nicht zu erwarten ist, zB weil deren Neutralität und Unabhängigkeit nicht gewährleistet erscheinen.[6626] Der Antrag ist abzulehnen, wenn er **rechtsmissbräuchlich** ist.[6627]

Die Bestellung wird mit der **Annahme** durch den besonderen Vertreter wirksam.[6628] Um eine Ablehnung der Bestellung nach der Bekanntgabe der Entscheidung zu vermeiden, holt das Gericht seine Zustimmung üblicherweise schon vor der Beschlussfassung ein.[6629] Weist der vom Gericht bestimmte Vertreter die Bestellung zurück, ist über den Antrag erneut durch Bestellung eines anderen besonderen Vertreters zu entscheiden.[6630]

[6614] Grigoleit/*Grigoleit/Rachlitz* AktG § 147 Rn. 21; Hüffer/Koch/*Koch* AktG § 147 Rn. 20.
[6615] Kölner Komm AktG/*Rieckers/Vetter* AktG § 147 Rn. 378; **aA** BeckOGK/*Mock* AktG § 147 Rn. 92.
[6616] MüKoAktG/*Arnold* AktG § 147 Rn. 94; Kölner Komm AktG/*Rieckers/Vetter* AktG § 147 Rn. 365.
[6617] Kölner Komm AktG/*Rieckers/Vetter* AktG § 147 Rn. 365; MüKoAktG/*Arnold* AktG § 147 Rn. 95; **aA** GroßkommAktG/*Bezzenberger* AktG § 147 Rn. 29.
[6618] Kölner Komm AktG/*Rieckers/Vetter* AktG § 147 Rn. 341 f.; Hüffer/Koch/*Koch* AktG § 147 Rn. 20; Henssler/Strohn/*Liebscher* AktG § 147 Rn. 9.
[6619] OLG Frankfurt a. M. DB 2004, 177 (178); AG Nürtingen AG 1995, 287; MüKoAktG/*Arnold* AktG § 147 Rn. 98; Kölner Komm AktG/*Rieckers/Vetter* AktG § 147 Rn. 351; Grigoleit/*Grigoleit/Rachlitz* AktG § 147 Rn. 23.
[6620] BT-Drs. 13/9712, 21; KG AG 2012, 328 (329); Kölner Komm AktG/*Rieckers/Vetter* AktG § 147 Rn. 401; K. Schmidt/Lutter/*Spindler* AktG § 147 Rn. 18; krit. MüKoAktG/*Arnold* AktG § 147 Rn. 98.
[6621] MüKoAktG/*Arnold* AktG § 147 Rn. 99.
[6622] OLG Frankfurt a. M. DB 2004, 177 (178); GroßkommAktG/*Bezzenberger* AktG § 147 Rn. 48; MüKoAktG/*Arnold* AktG § 147 Rn. 99.
[6623] GroßkommAktG/*Bezzenberger* AktG § 147 Rn. 49.
[6624] OLG Frankfurt a. M. DB 2004, 177 (178); KG NZG 2005, 319; GroßkommAktG/*Bezzenberger* AktG § 147 Rn. 46.
[6625] MüKoAktG/*Arnold* AktG § 147 Rn. 97.
[6626] OLG Frankfurt a. M. DB 2004, 177 (178); *Thümmel* DB 1999, 885 (887); K. Schmidt/Lutter/*Spindler* AktG § 147 Rn. 18; MüKoAktG/*Arnold* AktG § 147 Rn. 97; Grigoleit/*Grigoleit/Rachlitz* AktG § 147 Rn. 22.
[6627] GroßkommAktG/*Bezzenberger* AktG § 147 Rn. 46; Kölner Komm AktG/*Rieckers/Vetter* AktG § 147 Rn. 399; Beispiel bei *Hüffer* ZHR 174 (2010), 642 (658): wenn ein dem Stimmverbot unterliegendes Verwaltungsmitglied in der Öffentlichkeit desavouiert werden soll.
[6628] GroßkommAktG/*Bezzenberger* AktG § 147 Rn. 49.
[6629] BayObLGZ 1975, 260 (262) = WM 1975, 1219 (1220); GroßkommAktG/*Bezzenberger* AktG § 147 Rn. 49.
[6630] GroßkommAktG/*Bezzenberger* AktG § 147 Rn. 49.

d) Beschwerde

2873 Gegen den Beschluss ist nach § 147 Abs. 2 S. 4 die Beschwerde (§§ 58 Abs. 1, 63 Abs. 1, 64 FamFG) und ggf. die Rechtsbeschwerde nach §§ 70ff. FamFG statthaft.[6631] Das Rechtsmittel der **Beschwerde** steht jedem zu, dessen Recht durch den Beschluss beeinträchtigt ist.[6632] Auch der abberufene besondere Vertreter kann gegen die Entscheidung Beschwerde einlegen (§ 59 Abs. 1 FamFG).[6633] **Rechtsbeschwerde** ist nur statthaft, wenn diese durch das Beschwerdegericht zugelassen ist, § 70 Abs. 1 FamFG.

III. Rechtsstellung des besonderen Vertreters

1. Organstellung

2874 Nach ständiger Rechtsprechung des BGH und hM besitzt der besondere Vertreter **Organqualität**.[6634] Er tritt mit seiner Bestellung innerhalb seines Aufgabenbereichs funktionell an die Stelle der an sich zuständigen Verwaltungsorgane.[6635] Er wird aber nicht ins Handelsregister eingetragen.[6636] Gegenüber Dritten muss er seine Vertretungsberechtigung ggf. durch Vorlage des Bestellungsbeschlusses nachweisen.[6637]

2875 Nach **überwiegender Auffassung** sind prinzipiell auch die Grundsätze der **fehlerhaften Bestellung** (→ § 2 Rn. 148) auf den besonderen Vertreter anwendbar.[6638] Nach diesen Grundsätzen soll von einer fehlerhaft begründeten, jedoch vorläufig wirksamen Organstellung auszugehen sein, wenn die Bestellung an einem zur Anfechtbarkeit oder Nichtigkeit führenden Mangel leidet, das Organ seine Bestellung jedoch angenommen und auf dieser Grundlage das Organverhältnis durch ein Tätigwerden für die Aktiengesellschaft in Vollzug gesetzt hat.[6639]

2876 Die **in der Vergangenheit liegenden Maßnahmen** des fehlerhaft bestellten Organs sind nach der Lehre für die Gesellschaft im Innen- wie auch im Außenverhältnis **wirksam**.[6640] Für die **Zukunft** kann das fehlerhafte Bestellungsverhältnis jederzeit von beiden Seiten **beendet** werden.[6641] Bis zur Beendigung des Bestellungsverhältnisses unterliegt das Organ sämtlichen korporativen Rechten und Pflichten.[6642] Das soll sowohl die Interessen des Rechtsverkehrs schützen als auch Rechtssicherheit im Innenverhältnis schaffen.[6643]

2877 Ob das für den besonderen Vertreter uneingeschränkt gilt, ist zweifelhaft. **Gegen die Anwendbarkeit der Lehre vom fehlerhaften Organ** auf den besonderen Vertreter spricht ua dessen beschränkter Aufgabenkreis, die fehlende Gefahr der Handlungsunfähigkeit der Gesellschaft bei unwirksamer Bestellung des besonderen Vertreters (anders als bei Vorstand und Aufsichtsrat) und auch die hier eher untergeordnete Bedeutung des Schutzes des Rechtsverkehrs.[6644] Insbesondere bei **von Anfang an nichtig bestellten besonderen Vertretern** wiegt der Bestellungsmangel in der Regel schwerer als Verkehrsinteresse und Bestandsschutz.[6645] Auch der BGH hat die Anwendung der Lehre vom fehlerhaften Organ bislang nur für

---

[6631] Hüffer/Koch/*Koch* AktG § 147 Rn. 20; MüKoAktG/*Arnold* AktG § 147 Rn. 99.
[6632] GroßkommAktG/*Bezzenberger* AktG § 147 Rn. 50.
[6633] BeckOGK/*Mock* AktG § 147 Rn. 98.
[6634] BGH NJW 1981, 1097; BGH NZG 2011, 1383; BGH ZIP 2013, 1467; *Kling* ZGR 2009, 190 (212); K. Schmidt/Lutter/*Spindler* AktG § 147 Rn. 23; BeckOGK/*Mock* AktG § 147 Rn. 125; *Böbel*, Die Rechtsstellung der besonderen Vertreter gem. § 147 AktG, 1999, 133.
[6635] BGH NJW 1981, 1097 (1098); *Kling* ZGR 2009, 190 (212); LG München I ZIP 2007, 1809 (1812, 1815); *Hüffer* ZHR 174 (2010), 642 (664); *Binder* ZHR 176 (2012), 380 (386); *Böbel*, Die Rechtsstellung der besonderen Vertreter gem. § 147 AktG, 1999, 56; K. Schmidt/Lutter/*Spindler* AktG § 147 Rn. 23; *Verhoeven* ZIP 2009, 245 (246).
[6636] GroßkommAktG/*Bezzenberger* AktG § 147 Rn. 53.
[6637] GroßkommAktG/*Bezzenberger* AktG § 147 Rn. 53.
[6638] BGH NZG 2011, 1383 (1384); OLG München NZG 2010, 1392; LG München I AG 2007, 756 (759); *Bayer/Lieder* NZG 2012, 1 (9); *Verhoeven* ZIP 2008, 245 (253); *Grigoleit/Herrler* AktG § 147 Rn. 8; Henssler/Strohn/*Liebscher* AktG § 147 Rn. 8; K. Schmidt/Lutter/*Spindler* AktG § 147 Rn. 41a; *Wilsing/Ogorek* EWiR 2007, 611 (612); NK-AktR/*Lochner*, 4. Aufl. 2014, AktG § 147 Rn. 18; **aA** GroßkommAktG/*Bezzenberger*, 4. Aufl. 2005, AktG § 147 Rn. 60 – Bestellung und Geschäftsbesorgungsverhältnis enden mit Nichtigkeit.
[6639] OLG Karlsruhe NZG 2018, 508; *Bayer/Lieder* NZG 2012, 1 (3ff.); Hüffer/Koch/*Koch* AktG § 147 Rn. 12, § 84 Rn. 13; MHdB AG/*Wentrup* § 20 Rn. 40.
[6640] *Bayer/Lieder* NZG 2012, 1 (5).
[6641] OLG Karlsruhe NZG 2018, 508; *Bayer/Lieder* NZG 2012, 1 (3ff.); Hüffer/Koch/*Koch* AktG § 84 Rn. 13.
[6642] *Bayer/Lieder* NZG 2012, 1 (8).
[6643] *Bayer/Lieder* NZG 2012, 1 (3).
[6644] *Humrich* Der besondere Vertreter im Aktienrecht, 2013, 140f.; *Bayer/Lieder* NZG 2012, 1 (8); *Roßkopf* FS Marsch-Barner, 2018, 457 (462); *Roßkopf/Gayk* DStR 2020, 2078 (2081).
[6645] *Bayer/Lieder* NZG 2012, 1 (9); *Verhoeven* ZIP 2008, 245 (253); *Roßkopf* FS Marsch-Barner, 2018, 457 (462f.); *Roßkopf/Gayk* DStR 2020, 2078 (2081); in diesem Sinne auch *Böbel*, Die Rechtsstellung der besonderen Vertreter gem. § 147 AktG, 1999, 140; Kölner Komm AktG/*Rieckers/Vetter* AktG § 147 Rn. 456; **aA** wohl OLG München AG 2011, 177 (178); Bürgers/Körber/*Holzborn/Jänig* AktG § 147 Rn. 10.

den anfechtbar bestellten besonderen Vertreter anerkannt.[6646] In jedem Fall sollte man für die Beendigung des fehlerhaften Bestellungsverhältnisses nicht einen aufwändig einzuholenden Beschluss der Hauptversammlung verlangen, sondern die **Geltendmachung durch den Vorstand** ausreichen lassen,[6647] wie es auch beim fehlerhaft bestellten Aufsichtsrat anerkannt ist.[6648]

2. Vertragsverhältnis

Wird der besondere Vertreter von der **Hauptversammlung** bestellt, kommt zwischen ihm und der Gesellschaft zusätzlich zum Organverhältnis ein **Geschäftsbesorgungsvertrag** zustande, und zwar bereits allein – ggf. konkludent – durch den Bestellungsbeschluss und die Amtsannahme.[6649] 2878

Die Gesellschaft kann auch mit dem **gerichtlich** bestellten Vertreter einen Geschäftsbesorgungsvertrag schließen.[6650] Wenn kein gesonderter Vertrag geschlossen wird, ist umstritten, ob der Vertragsschluss dadurch konstruiert werden kann, dass in dem gerichtlichen Bestellungsbeschluss zugleich ein konkludentes Angebot auf Abschluss eines Geschäftsbesorgungsvertrages zu sehen ist, das durch die Annahme der Bestellung angenommen wird.[6651] Dagegen spricht der gesetzlich vorgesehene Anspruch auf Vergütung nach § 147 Abs. 2 S. 5 AktG, der bei Bestehen vertraglicher Primäransprüche überflüssig wäre.[6652] In solchen Fällen kommt demnach lediglich ein **vertragsähnliches Verhältnis** zwischen dem besonderen Vertreter und der Gesellschaft zustande, auf das § 675 Abs. 1 Var. 2 BGB entsprechende Anwendung findet.[6653] 2879

Ist die **Bestellung** von Anfang an **nichtig,** oder wird sie später für nichtig erklärt, bedeutet dies in aller Regel gleichzeitig die Nichtigkeit des Vertragsverhältnisses.[6654] Wer bei angefochtener Bestellung die Lehre vom fehlerhaften Organ für anwendbar hält (→ Rn. 1875 ff.), muss in diesen Fällen konsequenterweise auch die Lehre vom fehlerhaften Anstellungsverhältnis anwenden, nach der der besondere Vertreter im Falle erfolgreicher Anfechtung bis zur Kündigung durch ihn oder die Gesellschaft seine vertraglichen Pflichten, aber auch Rechte behält, wie zB den Anspruch auf die vereinbarte Vergütung[6655] (→ Rn. 2898 f.). 2880

3. Aufgaben

a) Ermittlung des Sachverhalts

Nach § 147 Abs. 1 S. 2 AktG soll der besondere Vertreter den Ersatzanspruch binnen sechs Monaten seit dem Tage der Hauptversammlung geltend machen. Der Gesetzgeber ging demnach offenbar davon aus, dass der besondere Vertreter in der Regel Ansprüche aus im Wesentlichen bereits bekannten Sachverhalten durchzusetzen hat, weil diese Frist bei umfangreichen Ermittlungen etc. unrealistisch wäre.[6656] Durch diese Aufgabenstellung unterscheidet sich der besondere Vertreter vom Sonderprüfer, welcher zur investigativen Aufklärung unklarer Sachverhalte zur Vorbereitung möglicher Ansprüche bestellt wird (→ Rn. 2698).[6657] Die Ermittlungsbefugnisse des besonderen Vertreters bleiben daher deutlich 2881

[6646] BGH NZG 2011, 1383 (1384).
[6647] *Bayer/Lieder* NZG 2012, 1 (9); *Roßkopf* FS Marsch-Barner, 2018, 457 (463); *Roßkopf/Gayk* DStR 2020, 2078 (2081); s. auch LG Heidelberg ZIP 2011, 1160 (1163), wonach die Klage eines nichtig bestellten besonderen Vertreters als unzulässig abzuweisen ist, wenn das zuständige Organ nach erkannter Nichtigkeit der Bestellung den Schadenersatzprozess nicht selbst aufnimmt und die Prozessführung des besonderen Vertreters nicht genehmigt.
[6648] Vgl. MüKoAktG/*Habersack* AktG § 101 Rn. 74; Kölner Komm AktG/*Mertens/Cahn* AktG § 101 Rn. 110; GroßkommAktG/*Hopt/Roth* AktG § 101 Rn. 269; *Roßkopf/Gayk* DStR 2020, 2078 (2081).
[6649] Vgl. GroßkommAktG/*Bezzenberger* AktG § 147 Rn. 54; Kölner Komm AktG/*Rieckers/Vetter* AktG § 147 Rn. 441; *Kling* ZGR 2009, 190 (226 ff.); *Roßkopf* FS Marsch-Barner, 2018, 457 (460); *Roßkopf/Gayk* DStR 2020, 2078 (2083).
[6650] Kölner Komm AktG/*Rieckers/Vetter* AktG § 147 Rn. 452.
[6651] NK-AktR/*Lochner* AktG § 147 Rn. 25; MüKoAktG/*Arnold* AktG § 147 Rn. 60; *Kling* ZGR 2009, 190 (226 ff.); K. Schmidt/Lutter/*Spindler* AktG § 147 Rn. 23; aA Kölner Komm AktG/*Rieckers/Vetter* AktG § 147 Rn. 451.
[6652] Kölner Komm AktG/*Rieckers/Vetter* AktG § 147 Rn. 451.
[6653] GroßkommAktG/*Bezzenberger* AktG § 147 Rn. 54; Kölner Komm AktG/*Rieckers/Vetter* AktG § 147 Rn. 451; vgl. K. Schmidt/Lutter/*Spindler* AktG § 147 Rn. 38 f.
[6654] *Bayer/Lieder* NZG 2012, 1 (9); K. Schmidt/Lutter/*Spindler* AktG § 147 Rn. 39; *Roßkopf* FS Marsch-Barner, 2018, 457 (461).
[6655] BGH NJW 2013, 1535; Kölner Komm AktG/*Rieckers/Vetter* AktG § 147 Rn. 334; *Bayer/Lieder* NZG 2012, 1 (9); *Roßkopf* FS Marsch-Barner, 2018, 457 (462).
[6656] OLG München NZG 2008, 230 (234); *Kling* ZGR 2009, 190 (217).
[6657] Vgl. OLG Köln BeckRS 2017, 106344 Rn. 148; OLG München NZG 2008, 230 (234); LG Duisburg BeckRS 2013, 12229; MüKoAktG/*Arnold* AktG § 147 Rn. 69; *Binder* ZHR 176 (2012), 380 (393 ff.); Krieger/Schneider/*Bungert* HdB Managerhaftung, § 16 Rn. 105; *Hüffer* ZHR 174 (2010), 642, 645 ff.; *Kling* ZGR 2009, 190 (216 ff.); *Wirth* FS Hüffer, 2010, 1129 (1146); Kölner Komm AktG/*Rieckers/Vetter* AktG § 147 Rn. 613 f.; für weitergehende Befugnisse des besonderen Vertreters *Böbel* Die Rechtsstellung der besonderen Vertreter gem. § 147 AktG, 1999, 93; BeckOGK/*Mock* AktG § 147 Rn. 116; ders., DB 2008, 393 (396), *Nietsch*, ZGR 2001, 589 (617 f., 620 f.).

hinter denen des Sonderprüfers zurück.[6658] Zwar kann die Hauptversammlung bzw. die Aktionärsminderheit, die eine gerichtliche Bestellung beantragt, normalerweise nicht alle für die Klageerhebung notwendigen Informationen bereitstellen, so dass eine gewisse Prüfung des Sachverhalts Teil der Aufgabe des besonderen Vertreters ist.[6659] Dabei kann es sich aber nur um ergänzende Sachverhaltserhebungen innerhalb seines durch den Hauptversammlungsbeschluss nach § 147 Abs. 1 AktG begrenzten Aufgabenbereichs zur Geltendmachung von Ersatzansprüchen handeln (→ Rn. 2887).[6660] Im Gegensatz zum Sonderprüfer ist der besondere Vertreter daher auch nicht berechtigt, weitere Ersatzansprüche oder weitere Anspruchsgegner zu ermitteln.[6661]

b) Prüfung der Ersatzansprüche

2882 Grundsätzlich ist der besondere Vertreter zur Geltendmachung der Ersatzansprüche verpflichtet.[6662] Er muss aber die **Erfolgsaussichten** einer gerichtlichen Durchsetzung in eigener Verantwortung **prüfen**.[6663] Kommt er zu dem Ergebnis, dass der angebliche Ersatzanspruch nicht besteht, ist er nicht verpflichtet und regelmäßig nicht berechtigt, den Anspruch geltend zu machen.[6664] Hält der besondere Vertreter die Durchsetzung für aussichtslos oder das Prozessrisiko für unvertretbar hoch, soll er nach teilweise vertretener Auffassung von einer Anspruchsverfolgung absehen dürfen, weil ein aussichtsloser Prozess nicht im Interesse der Gesellschaft liege.[6665] Nach der wohl überwiegenden Ansicht muss der besondere Vertreter dann allerdings versuchen, eine Revision der Entscheidung der Hauptversammlung herbeizuführen bzw., wenn ihm das nicht möglich ist, sein Amt niederlegen (→ Rn. 2902).[6666] Diese Lösung überzeugt, da sie Kontrolle und Transparenz des Handelns des besonderen Vertreters mit wirtschaftlicher Zweckmäßigkeit vereint.

c) Durchsetzung

2883 Der Aufgabenbereich des besonderen Vertreters umfasst sowohl die **gerichtliche** als auch die **außergerichtliche Anspruchsverfolgung**.[6667] Er kann dabei selbst die aus seiner Sicht effektivste Art der Anspruchsverfolgung bestimmen, einschließlich verjährungsunterbrechender Maßnahmen, einstweiligem Rechtsschutz, Beweissicherungsverfahren und Einlegung von Rechtsmitteln, sofern die Hauptversammlung ihm im Beschluss keine verbindlichen Vorgaben gemacht hat.[6668] Maßstab ist der bestmögliche Schutz bzw. die Wiederherstellung des Gesellschaftsvermögens.[6669] Wird ein besonderer Vertreter bestellt, nachdem ein Rechtsstreit bereits anhängig war, führt er den Rechtsstreit anstelle des bis dahin zuständigen Organs für die Gesellschaft fort.[6670]

[6658] Vgl. OLG Köln BeckRS 2017, 106344 Rn. 148; OLG München NZG 2008, 230 (234); LG Duisburg BeckRS 2013, 12229; MüKoAktG/*Arnold* AktG § 147 Rn. 70; *Binder* ZHR 176 (2012), 380 (393 ff.); Krieger/Schneider/*Bungert* HdB Managerhaftung, § 16 Rn. 105; *Hüffer* ZHR 174 (2010), 642, 645 f., 671 ff.; *Kling* ZGR 2009, 190 (216 ff.); *Wirth* FS Hüffer, 2010, 1129 (1146); Kölner Komm AktG/*Rieckers/Vetter* AktG § 147 Rn. 613 ff.; **aA** *Böbel* Die Rechtsstellung der besonderen Vertreter gem. § 147 AktG, 1999, 93; BeckOGK/*Mock* AktG § 147 Rn. 116; ders., DB 2008, 393 (396), *Nietsch*, ZGR 2001, 589 (617 f., 620 f.).
[6659] BeckOGK/*Mock* AktG § 147 Rn. 116, 141; vgl. *Mock* ZHR 181 (2017), 688, 691 ff.
[6660] Vgl. OLG München NZG 2008, 230 (234); MüKoAktG/*Arnold* AktG § 147 Rn. 69; Kölner Komm AktG/*Rieckers/Vetter* AktG § 147 Rn. 542.
[6661] Kölner Komm AktG/*Rieckers/Vetter* AktG § 147 Rn. 543; *Roßkopf/Gayk* DStR 2020, 2078 (2082); einschränkend zur Ermittlungstätigkeit des besonderen Vertreters auch *Fabritius* GS Gruson, 2009, 133 (147).
[6662] LG Berlin ZIP 2012, 1034 (1035); MüKoAktG/*Arnold* AktG § 147 Rn. 64; Kölner Komm AktG/*Rieckers/Vetter* AktG § 147 Rn. 531; *Verhoeven* ZIP 2008, 245 (250); **aA** Hüffer/Koch/*Koch* AktG § 147 Rn. 14: Es sei nach dem Prüfauftrag der Hauptversammlung zu unterscheiden. Bei ausermitteltem Sachverhalt kein Ermessen, andernfalls schon.
[6663] OLG München ZIP 2008, 1916; LG Berlin ZIP 2012, 1034 (1035); Kölner Komm AktG/*Rieckers/Vetter* AktG § 147 Rn. 539.
[6664] Kölner Komm AktG/*Rieckers/Vetter* AktG § 147 Rn. 539 f.; GroßkommAktG/*Bezzenberger* AktG § 147 Rn. 56; *Roßkopf/Gayk* DStR 2020, 2078 (2082).
[6665] OLG Hamburg AG 2007, 331 (332); BeckOGK/*Mock* AktG § 147 Rn. 119; *Kling* ZGR 2009, 190 (207 f.); MüKoAktG/*Arnold* AktG § 147 Rn. 65.
[6666] KG Berlin AG 2012, 328; OLG München ZIP 2008, 1916; GroßkommAktG/*Bezzenberger* AktG § 147 Rn. 56; Kölner Komm AktG/*Rieckers/Vetter* AktG § 147 Rn. 541; *Hüffer* ZHR 174 (2010), 642 (664); *Semler* AG 2005, 321 (330); *Roßkopf/Gayk* DStR 2020, 2078 (2082).
[6667] BGH NJW 1981, 1097 (1098); OLG München WM 2008, 1971 (1974 f.); Kölner Komm AktG/*Rieckers/Vetter* AktG Rn. 232; BeckOGK/*Mock* AktG § 147 Rn. 117; GroßkommAktG/*Bezzenberger* AktG § 147 Rn. 39; MüKoAktG/*Arnold* AktG § 147 Rn. 51.
[6668] OLG München WM 2008, 1971 (1974 f.); Kölner Komm AktG/*Rieckers/Vetter* AktG § 147 Rn. 533; GroßkommAktG/*Bezzenberger* AktG § 147 Rn. 56; Bürgers/Körber/*Holzborn/Jänig* AktG § 147 Rn. 13.
[6669] *Böbel*, Die Rechtsstellung des besonderen Vertreters nach § 147 AktG, 1999, 90.
[6670] Baumbach/*Hueck* AktG 1969 § 147 Rn. 10; GroßkommAktG/*Bezzenberger* AktG § 147 Rn. 56.

d) Anspruchsabwehr

Der besondere Vertreter kann auch zur **Anspruchsabwehr** bestellt werden,[6671] beispielsweise, wenn ein mutmaßlich Ersatzverpflichteter die Gesellschaft auf Feststellung des Nichtbestehens von Ersatzansprüchen verklagt oder die Abgabe von Verzichts- oder Vergleichserklärungen fordert.[6672] Wenn der Bestellungsbeschluss dies umfasst, kann der besondere Vertreter dabei auch **zur Anspruchsdurchsetzung übergehen.**[6673]

2884

e) Keine Befugnis zur Erhebung von Anfechtungs- und Nichtigkeitsklagen

Zum Aufgabenbereich des besonderen Vertreters gehört nicht die **Erhebung von Anfechtungs- oder Nichtigkeitsklagen** gegen Hauptversammlungsbeschlüsse.[6674] Der besondere Vertreter ist nur zur Geltendmachung von Ersatzansprüchen befugt und kann nicht in die organisationsrechtliche Struktur der Gesellschaft eingreifen.[6675] Das gilt selbst für Beschlussmängelstreitigkeiten, die in unmittelbarem Zusammenhang mit der Geltendmachung von Ersatzansprüchen stehen, wie es zB bei Strukturmaßnahmen der Fall sein kann[6676] und erst recht, wenn kein unmittelbarer Zusammenhang besteht, zB bei der Bestellung von anderen Organmitgliedern oder Sonderprüfern.[6677] Einige Vertreter im Schrifttum nehmen ausnahmsweise eine Klagebefugnis analog § 245 Nr. 4 AktG an, wenn der besondere Vertreter nach einem Squeeze-out abberufen wird.[6678] Dagegen spricht jedoch, dass es dem Alleinaktionär freisteht, den besonderen Vertreter jederzeit abzuberufen.[6679] Steht die Nichtigkeit der Bestellung des besonderen Vertreters im Raum, muss er aber deren Wirksamkeit ggf. auch gerichtlich klären lassen, wenn er sein vermeintliches Amt ausüben möchte.[6680]

2885

Umstritten ist, ob dem besonderen Vertreter ein **Nebeninterventionsrecht** bei Anfechtungs- und Nichtigkeitsklagen von Aktionären zusteht. Der II. Zivilsenat des BGH und Teile der Literatur sprechen sich für ein solches Nebeninterventionsrecht aus.[6681] Das notwendige besondere Interesse ergebe sich aus der Aufgabe des besonderen Vertreters.[6682] Es widerspräche dem Regelungszweck von § 147 Abs. 2 AktG, wenn der besondere Vertreter Ersatzansprüche geltend machen müsse, bei den damit in Zusammenhang stehenden Anfechtungs- oder Nichtigkeitsklagen aber nur „Zuschauer" sei.[6683] Dagegen wird vorgebracht, dass es dem besonderen Vertreter an der Parteifähigkeit und dem rechtlichen Interesse iSd § 66 ZPO fehle.[6684] Eine Ausnahme soll aber auch nach dieser Auffassung gelten, wenn der Ausgang des Prozesses gerade auf die Rechte oder Pflichten des besonderen Vertreters einwirkt.[6685] Ein Nebeninterventionsrecht des besonderen Vertreters ist nach zutreffender Auffassung daher anzuerkennen, wenn er selbst ein rechtliches Interesse am Obsiegen einer Partei hat, etwa wenn der fragliche Beschluss seine eigene Bestellung

2886

[6671] RGZ 114, 396 (398 f.); Baumbach/*Hueck* AktG 1969 § 147 Rn. 8; MüKoAktG/*Arnold* AktG § 147 Rn. 62; *Böbel,* Die Rechtsstellung des besonderen Vertreters nach § 147 AktG, 1999, 78; *Kling* ZGR 2009, 190 (200); GroßkommAktG/*Bezzenberger* AktG § 147 Rn. 56.

[6672] MüKoAktG/*Arnold* AktG § 147 Rn. 62; *Böbel,* Die Rechtsstellung des besonderen Vertreters nach § 147 AktG, 1999, 78; BeckOGK/*Mock* AktG § 147 Rn. 117.

[6673] MüKoAktG/*Arnold* AktG § 147 Rn. 62; *Böbel,* Die Rechtsstellung des besonderen Vertreters nach § 147 AktG, 1999, 78.

[6674] BGH NZG 2015, 835 (836); LG München I BeckRS 2007, 18712; *Mock* AG 2005, 652 (653); MüKoAktG/*Arnold* AktG § 147 Rn. 75.

[6675] BeckOGK/*Mock* AktG § 147 Rn. 122; K. Schmidt/Lutter/*Spindler* AktG § 147 Rn. 35; MüKoAktG/*Arnold* AktG § 147 Rn. 75; ausführlich dazu: *Westermann* AG 2009, 237 (244 f.); *Verhoeven* ZIP 2008, 245 (250); Kölner Komm AktG/*Rieckers/Vetter* AktG § 147 Rn. 678 ff.

[6676] *Mock* AG 2015, 652 (655); MüKoAktG/*Arnold* AktG § 147 Rn. 78.

[6677] *Mock* AG 2015, 652 (655); MüKoAktG/*Arnold* AktG § 147 Rn. 78.

[6678] *Mock* AG 2015, 652 (655); BeckOGK/*Mock* AktG § 147 Rn. 171.

[6679] Kölner Komm AktG/*Rieckers/Vetter* AktG § 147 Rn. 682; MüKoAktG/*Arnold* AktG § 147 Rn. 77; *Nietsch* ZGR 2011, 589 (632 ff.).

[6680] LG Heidelberg BeckRS 2019, 24589 Rn. 211 f.

[6681] BGH NZG 2015, 835 Rn. 15; *Mock* AG 2015, 652 (657) mwN; BeckOGK/*Mock* AktG § 147 Rn. 123; MüKoAktG/*Arnold* AktG § 147 Rn. 79.

[6682] BeckOGK*Mock* AktG § 147 Rn. 123; MüKoAktG/*Arnold* AktG § 147 Rn. 79.

[6683] BGH NZG 2015, 835 (Rn. 15 ff.); BeckOGK/*Mock* AktG § 147 Rn. 123; *Westermann* AG 2009, 237 (245); MüKoAktG/*Arnold* AktG § 147 Rn. 79.

[6684] OLG München ZIP 2008, 2173 (2174); Kölner Komm AktG/*Rieckers/Vetter* AktG § 147 Rn. 684; vgl. Grigoleit/*Grigoleit/Rachlitz* AktG § 147 Rn. 26; K. Schmidt/Lutter/*Spindler* AktG § 147 Rn. 35a.

[6685] OLG München ZIP 2008, 2173 (2174); Kölner Komm AktG/*Rieckers/Vetter* AktG § 147 Rn. 685; K. Schmidt/Lutter/*Spindler* AktG § 147 Rn. 35a; Grigoleit/*Grigoleit/Rachlitz* AktG § 147 Rn. 26; Hüffer/Koch/*Koch* AktG § 147 Rn. 17.

oder den ihr zugrunde liegenden Hauptversammlungsbeschluss oder die tatbestandliche Grundlage der von ihm zu prüfenden Ersatzansprüche zum Gegenstand hat.[6686]

4. Rechte

a) Ermittlungsbefugnisse: Auskunfts- und Einsichtsrecht

2887 Dem besonderen Vertreter stehen **gewisse Ermittlungsbefugnisse** zu. Sonst könnte er nicht abschließend entscheiden, ob die Geltendmachung erfolgversprechend oder aussichtslos ist.[6687] Die Ermittlungsbefugnisse des besonderen Vertreters sind allerdings nur als **Annexkompetenz** zu der Geltendmachung der Ersatzansprüche (§ 147 Abs. 2 S. 1 AktG) zu verstehen und in ihrem Umfang dementsprechend **begrenzt**.[6688] Objektiv für die Durchsetzung der im Hauptversammlungsbeschluss beschriebenen Ansprüche nicht erforderliche Ermittlungen darf der besondere Vertreter nicht durchführen.[6689] Nach hM darf er auch gegen den Willen des Vorstands nicht die Gesellschaftsräume **betreten**,[6690] was auch bedeutet, dass er keinen Anspruch auf ein Arbeitszimmer in den Geschäftsräumen der Gesellschaft oder gar in räumlicher Nähe zum Vorstand hat.

2888 Innerhalb dieser engen Grenzen hat der besondere Vertreter ein **Auskunftsrecht** gegen die Gesellschaft.[6691] Es ist sachlich auf den Lebenssachverhalt beschränkt, aus dem Ansprüche geltend gemacht werden sollen, und persönlich auf diejenigen Anspruchsgegner, die im Bestellungsbeschluss bestimmt sind,[6692] wobei dem besonderen Vertreter ein gewisses Ermessen einzuräumen ist.[6693] Auf seine rein subjektive Sicht kommt es aber nicht an, sondern auf die objektive Zweckmäßigkeit zur Vorbereitung der Geltendmachung der Ersatzansprüche.[6694] Der besondere Vertreter muss effizient vorgehen und das Gesellschaftsvermögen nach Möglichkeit schonen.[6695]

2889 Der besondere Vertreter hat auch ein **Recht auf Einsicht** in diejenigen Bücher und Schriften der **Gesellschaft** (§ 145 Abs. 1 AktG), deren Einsichtnahme zur Geltendmachung der von ihm zu verfolgenden Ansprüche notwendig ist.[6696] Er hat keine umfassenden Einsichts- und Prüfungsrechte, wie sie dem Aufsichtsrat nach § 111 Abs. 2 AktG zustehen.[6697] Vielmehr muss eine ausreichende Wahrscheinlichkeit bestehen, dass sich die anspruchsbegründenden Tatsachen aus den Dokumenten ergeben oder daraus geschlussfolgert werden können. Auch insoweit steht dem besonderen Vertreter ein pflichtgemäß auszuübendes Ermessen zu.[6698] Das Einsichtsrecht bezieht sich aber nicht auf persönliche Aufzeichnungen eines Organmitglieds.[6699]

2890 Der Auskunfts- und der Einsichtnahmeanspruch des besonderen Vertreters richten sich gegen die **Gesellschaft**, die diese Ansprüche über ihren **Vorstand** als Organ erfüllen muss.[6700] Teilweise wird dem besonderen Vertreter darüber hinaus ein direktes Auskunftsrecht gegenüber Vorstands- und Aufsichtsratsmitgliedern sowie Angestellten, Abschlussprüfern und sogar Vertragspartnern der Gesellschaft zuerkannt, soweit es notwendig ist, um die zur Substantiierung des Anspruchs erforderlichen Informationen zu erhal-

---

[6686] Vgl. BGH NZG 2015, 835; zuvor bereits LG München I ZIP 2007, 2420; *Mock* AG 2015, 652 (657) mwN; BeckOGK/*Mock* AktG § 147 Rn. 123; NK-AktR/*Lochner* AktG § 147 Rn. 24a; MüKoAktG/*Arnold* AktG § 147 Rn. 79.
[6687] MüKoAktG/*Arnold* AktG § 147 Rn. 69.
[6688] RGZ 83, 248 (252); OLG Köln BeckRS 2017 106344 (Rn. 148); OLG München NZG 2008, 230 (233 f.); LG Heidelberg BeckRS 2016, 1668; Kölner Komm AktG/*Rieckers/Vetter* AktG § 147 Rn. 620; *Hüffer* ZHR 174 (2010) 642 (671 ff.).
[6689] Vgl. OLG Köln NZG 2016, 147 (148); MüKoAktG/*Arnold* AktG § 147 Rn. 69.
[6690] OLG München WM 2008, 215 (221 f.); Kölner Komm AktG/*Rieckers/Vetter* AktG § 147 Rn. 634; MüKoAktG/*Arnold* AktG § 147 Rn. 72; *Kling* ZGR 2009, 190 (218); **aA** BeckOGK/*Mock* AktG § 147 Rn. 144; *Verhoeven* ZIP 2008, 245 (247 f.); *Böbel*, Die Rechtsstellung der besonderen Vertreter gem. § 147 AktG, 1999, 94.
[6691] RGZ 83, 248 (252); LG München I AG 2007, 756 (757); *Hüffer* ZHR 174 (2010), 642 (675); *Hüffer/Koch/Koch* AktG § 147 Rn. 15.
[6692] Kölner Komm AktG/*Rieckers/Vetter* AktG § 147 Rn. 624 f.
[6693] Kölner Komm AktG/*Rieckers/Vetter* AktG § 147 Rn. 626; weitergehend BeckOGK/*Mock* AktG § 147 Rn. 145 („weites Ermessen").
[6694] Kölner Komm AktG/*Rieckers/Vetter* AktG § 147 Rn. 626.
[6695] Kölner Komm AktG/*Rieckers/Vetter* AktG § 147 Rn. 627.
[6696] OLG München WM 2008, 215 (219 f.); MüKoAktG/*Arnold* AktG § 147 Rn. 71.
[6697] OLG München NZG 2008, 230; *Humrich* NZG 2014, 441 (445); *Binder* ZHR 176 (2012), 380; MüKoAktG/*Arnold* AktG § 147 Rn. 70; **aA** (weitergehend) LG München I NZG 2007, 916; *U.H. Schneider* ZIP 2013, 1985 (1987).
[6698] LG München AG 2007, 756 (757).
[6699] Kölner Komm AktG/*Rieckers/Vetter* AktG § 147 Rn. 630.
[6700] OLG München WM 2008, 215 (221 f.); Grigoleit/*Herrler* AktG, 1. Aufl 2013, § 147 Rn. 14; Kölner Komm AktG/*Rieckers/Vetter* AktG § 147 Rn. 635 ff.; *Roßkopf/Gayk* DStR 2020, 2078 (2082); *Hüffer/Koch/Koch* AktG § 147 Rn. 16: keine Ansprüche gegen Vorstandsmitglieder selbst.

ten.⁶⁷⁰¹ Das ist jedoch abzulehnen.⁶⁷⁰² Der besondere Vertreter kann keine weitergehenden Rechte als der **Sonderprüfer** haben, der seinerseits keinen Auskunftsanspruch gegenüber Arbeitnehmern, Abschlussprüfern oder Dritten hat.⁶⁷⁰³ Eine Ausnahme ist allenfalls denkbar, wenn der besondere Vertreter aus besonderen Gründen auf die Auskunft einzelner Organmitglieder angewiesen ist, etwa soweit er gerichtlich verwertbare Zeugenaussagen für die Geltendmachung der Ersatzansprüche benötigt.⁶⁷⁰⁴

Der Vorstand muss sich um die Beschaffung der Informationen bemühen und hat auch grds. **kein** **Auskunftsverweigerungsrecht**.⁶⁷⁰⁵ Insbesondere findet die Verschwiegenheitspflicht gem. § 93 Abs. 1 S. 3 AktG im Verhältnis zum besonderen Vertreter keine Anwendung, und auch Nachteile für die Gesellschaft sind ggf. hinzunehmen.⁶⁷⁰⁶ Auskunftsverweigerungsrechte können sich aber aus besonderen Umständen ergeben (unwirksame Bestellung des besonderen Vertreters, Strafbarkeit der Auskunftserteilung).⁶⁷⁰⁷ Im Übrigen müssen Auskünfte **nicht** erteilt werden, wenn sie **rechtsmissbräuchlich** verlangt werden, weil sie objektiv betrachtet mit der Geltendmachung der Ersatzansprüche nichts zu tun haben.⁶⁷⁰⁸ Dabei könnte auch eine Rolle spielen, wenn ein besonderer Vertreter im Dienste einer bestimmten Aktionärsgruppe agiert. Solange die vom besonderen Vertreter angeforderten Informationen allerdings für die Anspruchsverfolgung notwendig und objektiv zweckmäßig sind, wird man allein daraus nur schwer ein Recht zur Auskunftsverweigerung ableiten können. 2891

Prozessual werden Auskunfts- und Einsichtsrechte vom besonderen Vertreter im eigenen Namen geltend gemacht.⁶⁷⁰⁹ Das kann auch im Wege der Stufenklage nach § 254 ZPO geschehen.⁶⁷¹⁰ Bei Eilbedürftigkeit lassen Gerichte einstweiligen Rechtsschutz in Form der Leistungsverfügung nach § 940 ZPO zu.⁶⁷¹¹ Der Verfügungsanspruch ergibt sich aus den Informationsrechten des besonderen Vertreters, der Verfügungsgrund folgt aus der durch die kurze Frist des § 147 Abs. 1 S. 2 AktG indizierten Eilbedürftigkeit.⁶⁷¹² 2892

b) Vertretungsbefugnis

Für die **Geltendmachung der Ersatzansprüche** ist der besondere Vertreter **gesetzlicher Vertreter** der Gesellschaft und verdrängt insoweit die originäre Vertretungsbefugnis von Vorstand und Aufsichtsrat.⁶⁷¹³ Die Vertretungsbefugnis umfasst neben der gerichtlichen und außergerichtlichen Geltendmachung der Ersatzansprüche auch den Abschluss von Geschäften, die zur Geltendmachung des Anspruchs erforderlich sind, insbes. die Mandatierung von Rechtsanwälten und Beauftragung von Hilfspersonen.⁶⁷¹⁴ Die Vertretungsbefugnis des besonderen Vertreters umfasst aber weder eine Bankvollmacht noch die Verfügung über sonstige Gegenstände des Gesellschaftsvermögens.⁶⁷¹⁵ 2893

---

⁶⁷⁰¹ LG München AG 2007, 756 (760); *Böbel,* Die Rechtsstellung der besonderen Vertreter gem. § 147 AktG, 1999, 93; GroßkommAktG/*Bezzenberger* AktG § 147 Rn. 57; BeckOGK/*Mock* AktG § 147 Rn. 141; *Verhoeven* ZIP 2008, 245 (255); vgl. Grigoleit/*Grigoleit/Rachlitz* AktG § 147 Rn. 31; aA OLG München WM 2008, 215 (221 f.); Kölner Komm AktG/*Rieckers/Vetter* AktG § 147 Rn. 638 ff.; Grigoleit/*Herrler* AktG, 1. Aufl. 2013, § 147 Rn. 14: Die Arbeitnehmer sind vom Vorstand auf Verlangen zur Kooperation anzuweisen.
⁶⁷⁰² OLG München WM 2008, 215 (221 f.); Kölner Komm AktG/*Rieckers/Vetter* AktG § 147 Rn. 638 ff.; *Roßkopf/Gayk* DStR 2020, 2078 (2082).
⁶⁷⁰³ OLG München WM 2008, 215 (221 f.); Kölner Komm AktG/*Rieckers/Vetter* AktG § 147 Rn. 638 ff.; *Roßkopf/Gayk* DStR 2020, 2078 (2082).
⁶⁷⁰⁴ Kölner Komm AktG/*Rieckers/Vetter* AktG § 147 Rn. 644 f.
⁶⁷⁰⁵ Kölner Komm AktG/*Rieckers/Vetter* AktG § 147 Rn. 658 ff.; vgl. GroßkommAktG/*Bezzenberger* AktG § 147 Rn. 57; *Roßkopf/Gayk* DStR 2020, 2078 (2082).
⁶⁷⁰⁶ Kölner Komm AktG/*Rieckers/Vetter* AktG § 147 Rn. 658 ff.
⁶⁷⁰⁷ Kölner Komm AktG/*Rieckers/Vetter* AktG § 147 Rn. 655, 662.
⁶⁷⁰⁸ GroßkommAktG/*Bezzenberger* AktG § 147 Rn. 57; *Roßkopf/Gayk* DStR 2020, 2078 (2082); ausführlich zu den Grenzen des Auskunfts- und Einsichtsrechts: Kölner Komm AktG/*Rieckers/Vetter* AktG § 147 Rn. 655 ff.; nach *Verhoeven* ZIP 2008, 245 (255) sollen sich Schranken nur aus dem Missbrauch ergeben.
⁶⁷⁰⁹ OLG München WM 2008, 215 (222); Grigoleit/*Grigoleit/Rachlitz* AktG § 147 Rn. 29; Hüffer/Koch/*Koch* AktG § 147 Rn. 16; aA BeckOGK/*Mock* AktG § 147 Rn. 147: Die Klage ist (im Namen der Aktiengesellschaft) gegen die zur Auskunft bzw. Herausgabe Verpflichteten zu richten; *Kling* ZGR 2009, 190 (223 f.); K. Schmidt/Lutter/*Spindler* AktG § 147 Rn. 29; Kölner Komm AktG/*Rieckers/Vetter* AktG § 147 Rn. 693.
⁶⁷¹⁰ BeckOGK/*Mock* AktG § 147 Rn. 147; MüKoAktG/*Arnold* AktG § 147 Rn. 74.
⁶⁷¹¹ MüKoAktG/*Arnold* AktG § 147 Rn. 74; Hüffer/Koch/*Koch* AktG § 147 Rn. 16.
⁶⁷¹² OLG Köln NZG 2016, 147 (148 f.); LG Duisburg AG 2016, 795 (797); LG München I AG 2007, 756 (759); OLG München ZIP 2008, 73 (74, 77); zustimmend *Verhoeven* ZIP 2008, 245 (254); *Mock* AG 2008, 393 (401); *Kling* ZGR 2009, 190 (215); *Westermann* AG 2009, 237 (246); BeckOGK/*Mock* AktG § 147 Rn. 147; MüKoAktG/*Arnold* AktG § 147 Rn. 74; Kölner Komm AktG/*Rieckers/Vetter* AktG § 147 Rn. 696.
⁶⁷¹³ BGH NZG 2015, 835; BGH NJW 1981, 1097; LG München I AG 2007, 756 (757); Großkomm AktG/*Bezzenberger* AktG § 147 Rn. 52; *Kling* ZGR 2009, 190 (212); MüKoAktG/*Arnold* AktG § 147 Rn. 67.
⁶⁷¹⁴ *U.H. Schneider* ZIP 2013, 1985 (1988); BeckOGK/*Mock* AktG § 147 Rn. 140; Kölner Komm AktG/*Rieckers/Vetter* AktG § 147 Rn. 509.
⁶⁷¹⁵ *U.H. Schneider* ZIP 2013, 1985 (1988); Kölner Komm AktG/*Rieckers/Vetter* AktG § 147 Rn. 510 f.

c) Teilnahme an Hauptversammlung

2894 Überwiegend wird dem besonderen Vertreter kein eigenständiges Teilnahme-, Rede- oder Berichtsrecht in der Hauptversammlung eingeräumt.[6716] Wenn allerdings (zB aufgrund eines Minderheitsverlangens nach § 122 Abs. 2 AktG)[6717] ein eigenständiger Tagesordnungspunkt zu seiner Tätigkeit anberaumt wird, hat der besondere Vertreter auch ein Teilnahmerecht und darf über seine Tätigkeit berichten.[6718] Er selbst kann weder eine Hauptversammlung einberufen (lassen) noch die Tagesordnung ergänzen (lassen).[6719] Eine Ausnahme wird man dann zulassen können, wenn der besondere Vertreter feststellt, dass der von ihm geltend zu machende Ersatzanspruch nicht besteht oder seine Geltendmachung mit einem unvertretbar hohen Prozessrisiko verbunden ist[6720] (dazu auch → Rn. 2882).

d) Vergütung und Ersatz von Auslagen

2895 **aa) Gerichtlich bestellter besonderer Vertreter.** Ein gerichtlich bestellter besonderer Vertreter kann gem. § 147 Abs. 2 S. 5 AktG von der Gesellschaft den Ersatz *„angemessener barer Auslagen und eine Vergütung für seine Tätigkeit"* verlangen. Werden Auslagen und Vergütung zwischen dem besonderen Vertreter und der Gesellschaft nicht **vertraglich vereinbart**, sind sie vom **Gericht durch Beschluss festzusetzen**, § 147 Abs. 2 S. 6 AktG.[6721] Der Beschluss kann gem. § 147 Abs. 2 S. 7 AktG mit der Beschwerde angegriffen werden. Nach Rechtskraft ist er Vollstreckungstitel iSd § 794 Abs. 1 Nr. 3 ZPO.[6722]

2896 Erstattungsfähig sind bei der Rechtsverfolgung entstehende notwendige und angemessene **Auslagen**.[6723] Das sind Auslagen, die der besondere Vertreter in der konkreten Situation für **erforderlich** halten durfte, wie zB Reisekosten oder Gerichtskostenvorschüsse, §§ 675, 670 BGB.[6724] Die Auslagen müssen (zusammen mit anderen anfallenden Kosten) in einem vernünftigen Verhältnis zu dem realisierbaren Wert der Forderung stehen und damit für die Gesellschaft als **sinnvolle** Investition anzusehen sein.[6725] Es kommt auch ein Auslagenvorschuss nach § 669 BGB (analog) in Betracht.[6726]

2897 Für die **Höhe der Vergütung** gelten den § 675 Abs. 1 BGB, § 612 BGB entsprechende Maßstäbe.[6727] Das Honorar muss sich danach bemessen, was für die konkret bestellte Person nach ihrer fachlichen Qualifikation sowie nach Umfang und Dauer ihrer Tätigkeit als **üblich** und **angemessen** erscheinen.[6728] Dies dürfte regelmäßig auf die Festsetzung von Stundensätzen hinauslaufen.[6729] Bei der Bestellung eines Rechtsanwalts kommt danach eine Orientierung an der Rechtsanwaltsvergütung nach dem RVG oder an dessen üblichen Stundensätzen in Betracht.[6730]

2898 **bb) Von der Hauptversammlung bestellter besonderer Vertreter.** Vergütung und Auslagenerstattung können bereits im **Bestellungsbeschluss**[6731] oder durch gesonderte vertragliche **Vereinbarung** festgelegt

---

[6716] LG München WM 2008, 1977 (1978f.); Kölner Komm AktG/*Rieckers/Vetter* AktG § 147 Rn. 665; K. Schmidt/Lutter/*Spindler* AktG § 147 Rn. 36; *Westermann* AG 2009, 237 (242); Grigoleit/*Grigoleit/Rachlitz* AktG § 147 Rn. 32.
[6717] Kölner Komm AktG/*Rieckers/Vetter* AktG § 147 Rn. 668; MüKoAktG/*Arnold* AktG § 147 Rn. 81.
[6718] LG München WM 2008, 1977 (1978f.); Kölner Komm AktG/*Rieckers/Vetter* AktG § 147 Rn. 665; K. Schmidt/Lutter/*Spindler* AktG § 147 Rn. 36; *Westermann* AG 2009, 237 (242); Grigoleit/*Grigoleit/Rachlitz* AktG § 147 Rn. 32.
[6719] Kölner Komm AktG/*Rieckers/Vetter* AktG § 147 Rn. 668; MüKoAktG/*Arnold* AktG § 147 Rn. 81; **aA** LG München AG 2007, 756 (758); *Böbel*, Die Rechtsstellung der besonderen Vertreter gem. § 147 AktG, 1999, 125; *Mock* AG 2008, 839 (843f.).
[6720] Kölner Komm AktG/*Rieckers/Vetter* AktG § 147 Rn. 675; *Böbel*, Die Rechtsstellung der besonderen Vertreter gem. § 147 AktG, 1999, 124ff.
[6721] Vgl. Kölner Komm AktG/*Rieckers/Vetter* AktG § 147 Rn. 451f.; *Roßkopf* FS Marsch-Barner, 2018, 457 (459).
[6722] *Roßkopf* FS Marsch-Barner, 2018, 457 (459).
[6723] Kölner Komm AktG/*Rieckers/Vetter* AktG § 147 Rn. 704ff.; MüKoAktG/*Arnold* AktG § 147 Rn. 86; *Roßkopf* FS Marsch-Barner, 2018, 457 (460).
[6724] Kölner Komm AktG/*Rieckers/Vetter* AktG § 147 Rn. 705ff.; MüKoAktG/*Arnold* AktG § 147 Rn. 86; *Roßkopf* FS Marsch-Barner, 2018, 457 (464f.).
[6725] *Stallknecht*, Der besondere Vertreter nach § 147 AktG, 2015, 349; *Roßkopf* FS Marsch-Barner, 2018, 457 (460).
[6726] *Böbel*, Die Rechtsstellung der besonderen Vertreter gem. § 147 AktG, 1999, 117; Kölner Komm AktG/*Rieckers/Vetter* AktG § 147 Rn. 710; *Roßkopf* FS Marsch-Barner, 2018, 457 (464); *Roßkopf/Gayk* DStR 2020, 2078 (2083).
[6727] Kölner Komm AktG/*Rieckers/Vetter* AktG § 147 Rn. 709; MüKoAktG/*Arnold* AktG § 147 Rn. 86; *Roßkopf* FS Marsch-Barner, 2018, 457 (459); *Roßkopf/Gayk* DStR 2020, 2078 (2083).
[6728] GroßkommAktG/*Bezzenberger* AktG § 147 Rn. 63; Kölner Komm AktG/*Rieckers/Vetter* AktG § 147 Rn. 709; K. Schmidt/Lutter/*Spindler* AktG § 147 Rn. 38; *Roßkopf/Gayk* DStR 2020, 2078 (2083).
[6729] *Roßkopf* FS Marsch-Barner, 2018, 457 (459).
[6730] Kölner Komm AktG/*Rieckers/Vetter* AktG § 147 Rn. 709; *Roßkopf* FS Marsch-Barner, 2018, 457 (459); *Roßkopf/Gayk* DStR 2020, 2078 (2083); *Stallknecht*, Der besondere Vertreter nach § 147 AktG, 2015, 349.
[6731] *Verhoeven* ZIP 2008, 245 (249); Kölner Komm AktG/*Rieckers/Vetter* AktG § 147 Rn. 715; MüKoAktG/*Arnold* AktG § 147 Rn. 86; *Roßkopf* FS Marsch-Barner, 2018, 457 (460).

werden (→ Rn. 2878).[6732] Sonst kann auch der Vorstand eine Vergütungsvereinbarung mit dem besonderen Vertreter schließen.[6733] Ohne ausdrückliche Vereinbarung ergibt sich der Vergütungsanspruch des besonderen Vertreters aus §§ 675, 612 BGB,[6734] der Anspruch auf Auslagenerstattung aus §§ 675, 670 BGB[6735] (→ Rn. 2896 f.). Eine **gerichtliche Festsetzung** entsprechend § 147 Abs. 2 S. 6–8 AktG kommt beim durch die Hauptversammlung bestellten besonderen Vertreter nach hM **nicht** in Betracht, er muss seine Ansprüche ggf. einklagen.[6736] Ist die Bestellung nichtig, ist der besondere Vertreter im Hinblick auf den Vergütungs- und Aufwendungsersatzanspruch auf die Geschäftsführung ohne Auftrag und das Bereicherungsrecht zu verweisen.[6737] Wird die Bestellung erfolgreich angefochten, bleibt es wegen der von der hM befürworteten Anwendung der Lehre des fehlerhaften Anstellungsverhältnisses (→ Rn. 2880) für die Zeit der Anerkennung des fehlerhaften Organverhältnisses beim vertraglich vereinbarten Vergütungsanspruch.[6738]

Für die **Höhe des Honorars** gelten zur Orientierung dieselben Grundsätze wie bei gerichtlicher Bestellung (→ Rn. 2895 ff.).[6739] Der Hauptversammlung bzw. ggf. dem Vorstand steht bei der Festlegung der Vergütung ein gewisser Ermessensspielraum zu, der allerdings durch das **Gesellschaftswohl** begrenzt ist.[6740] Setzt die Hauptversammlung im Bestellungsbeschluss ein unangemessen hohes Honorar fest, ist dieser anfechtbar.[6741]

cc) Einzelne Auslagen. Zu erstatten sind danach etwa Kosten, die im Rahmen der eigenen Tätigkeit des besonderen Vertreters anfallen, wie Reisekosten oder Gerichtsvorschüsse.[6742] Allgemeine Bürokosten wie zB für Telekommunikation gelten bei Abrechnung nach Stundensätzen in aller Regel als mit abgegolten,[6743] anderes dürfte zB für im Rahmen der Tätigkeit notwendige Übersetzungen gelten. Selbst ohne ausdrückliche Ermächtigung im Bestellungsbeschluss kann der besondere Vertreter zu seiner Unterstützung qualifizierte und zur Verschwiegenheit verpflichtete **Hilfspersonen** heranziehen, soweit dies für eine ordnungsgemäße Erfüllung seiner Pflichten erforderlich oder zweckmäßig ist.[6744] Die Hilfspersonen müssen durch den besonderen Vertreter angemessen angeleitet und beaufsichtigt werden.[6745] Als Hilfspersonen kommen ua Rechtsanwälte und Wirtschaftsprüfer in Betracht.[6746] Sind die Hilfspersonen bei dem besonderen Vertreter selbst angestellt, gilt das zu den allgemeinen Bürokosten Gesagte entsprechend.[6747] Er kann aber auch im Namen der Gesellschaft selbst Dritte verpflichten, soweit dies zur Erfüllung seines Auftrags erforderlich und angemessen ist.[6748]

Umstritten ist, ob dem besonderen Vertreter auch die Kosten einer **D&O-Versicherung** zu ersetzen sind.[6749] Teilweise wird dies mit Hinweis auf das Haftungsrisiko des besonderen Vertreters bejaht.[6750] Aller-

---

[6732] BeckOGK/*Mock* AktG § 147 Rn. 180.
[6733] KG AG 2012, 328 (329); *Roßkopf* FS Marsch-Barner, 2018, 457 (461); **aA** *Humrich*, Der besondere Vertreter im Aktienrecht, 2013, 136.
[6734] KG AG 2012, 328 (329); GroßkommAktG/*Bezzenberger* AktG § 147 Rn. 63; *U.H. Schneider* ZIP 2013, 1985 (1990); K. Schmidt/Lutter/*Spindler* AktG § 147 Rn. 38; **aA** *Böbel*, Die Rechtsstellung der besonderen Vertreter gem. § 147 AktG, 1999, 116 f., in diesem Fall Unentgeltlichkeit der Tätigkeit.
[6735] KG AG 2012, 328 (329); GroßkommAktG/*Bezzenberger* AktG § 147 Rn. 63; *U.H. Schneider* ZIP 2013, 1985 (1990); K. Schmidt/Lutter/*Spindler* AktG § 147 Rn. 38; Kölner Komm AktG/*Rieckers/Vetter* AktG § 147 Rn. 721.
[6736] KG AG 2012, 328 (329); Kölner Komm AktG/*Rieckers/Vetter* AktG § 147 Rn. 722; *Roßkopf* FS Marsch-Barner, 2018, 457 (461); **aA** *U.H. Schneider* ZIP 2013, 1985 (1990 f.).
[6737] *Roßkopf* FS Marsch-Barner, 2018, 457 (463).
[6738] BGH ZIP 2011, 2195 (2196); Kölner Komm AktG/*Rieckers/Vetter* AktG § 147 Rn. 334; *Bayer/Lieder* NZG 2012, 1 (8); *Roßkopf* FS Marsch-Barner, 2018, 457 (462).
[6739] *Roßkopf* FS Marsch-Barner, 2018, 457 (460); Kölner Komm AktG/*Rieckers/Vetter* AktG § 147 Rn. 709; MüKoAktG/*Arnold* AktG § 147 Rn. 86; GroßkommAktG/*Bezzenberger* AktG § 147 Rn. 63; K. Schmidt/Lutter/*Spindler* AktG § 147 Rn. 38.
[6740] *Roßkopf* FS Marsch-Barner, 2018, 457 (461); *Roßkopf/Gayk* DStR 2020, 2078 (2083).
[6741] *Verhoeven* ZIP 2008, 245 (249); Kölner Komm AktG/*Rieckers/Vetter* AktG § 147 Rn. 718; *Roßkopf* FS Marsch-Barner, 2018, 457 (461).
[6742] *Verhoeven* ZIP 2008, 245 (249); Kölner Komm AktG/*Rieckers/Vetter* AktG § 147 Rn. 705; *Roßkopf/Gayk* DStR 2020, 2078 (2083).
[6743] *Roßkopf* FS Marsch-Barner, 2018, 457 (465).
[6744] Krieger/U.H. Schneider/*Bungert* Managerhaftung-HdB § 16 Rn. 111; *Wirth* FS Hüffer, 2010, 1129 (1150 f.); Kölner Komm AktG/*Rieckers/Vetter* AktG § 147 Rn. 546; MüKoAktG/*Arnold* AktG § 147 Rn. 71; *Roßkopf* FS Marsch-Barner, 2018, 457 (465).
[6745] Kölner Komm AktG/*Rieckers/Vetter* AktG § 147 Rn. 546, 548; *Roßkopf* FS Marsch-Barner, 2018, 457 (465).
[6746] Kölner Komm AktG/*Rieckers/Vetter* AktG § 147 Rn. 548, 706; *Roßkopf* FS Marsch-Barner, 2018, 457 (465).
[6747] *Roßkopf* FS Marsch-Barner, 2018, 457 (465).
[6748] Kölner Komm AktG/*Rieckers/Vetter* AktG § 147 Rn. 706; BeckOGK/*Mock* AktG § 147 Rn. 140.
[6749] Dafür *Westermann* AG 2009, 237 (247); *Verhoeven* ZIP 2008, 245 (249); NK-AktR/*Lochner* AktG § 147 Rn. 24; BeckOGK/*Mock* AktG § 147 Rn. 178 (ohne Begründung); dagegen Kölner Komm AktG/*Rieckers/Vetter* AktG § 147 Rn. 708; K. Schmidt/Lutter/*Spindler* AktG § 147 Rn. 38; *Roßkopf* FS Marsch-Barner, 2018, 457 (465).
[6750] *Westermann* AG 2009, 237 (247); NK-AktR/*Lochner* AktG § 147 Rn. 24.

dings ist die Aufgabe des besonderen Vertreters eher mit der eines prozessbevollmächtigten Rechtsanwalts zu vergleichen, der für seine Haftpflichtversicherung selbst verantwortlich ist.[6751] Die Erstattung der Prämie einer D&O-Versicherung kann dem besonderen Vertreter aber durch die Hauptversammlung zugesagt werden.[6752]

5. Pflichten

a) Sorgfaltspflichten

2902 Besondere Vertreter schulden der Gesellschaft eine „*gehörige*" (§ 147 Abs. 2 S. 2 AktG), dh **sorgfältige und gewissenhafte** (→ Rn. 2392 f.) Geltendmachung der Ersatzansprüche.[6753] Der besondere Vertreter muss eigenverantwortlich und unparteiisch agieren.[6754] Dabei gilt grds. eine **typisierte** und nicht an die individuellen Fähigkeiten des besonderen Vertreters anknüpfende Sorgfaltspflicht.[6755] Verfügt der besonderer Vertreter über spezielle Fachkenntnisse, muss er diese auch einsetzen.[6756] Der besondere Vertreter muss die tatsächlichen und rechtlichen Grundlagen des Anspruchs gewissenhaft prüfen, die außergerichtliche und gerichtliche Geltendmachung gründlich vorbereiten, **auf die Belange der Gesellschaft Rücksicht nehmen,** insbesondere muss er den laufenden Geschäftsbetrieb und das Gesellschaftsvermögen schonen.[6757] Kommt der besondere Vertreter bei seiner Prüfung zu der Erkenntnis, dass der Ersatzanspruch nicht besteht oder dessen Geltendmachung mit einem unvertretbar hohen Prozessrisiko verbunden ist, muss er zumindest versuchen, eine Revision der Entscheidung der Hauptversammlung über die Geltendmachung der Ansprüche herbeizuführen oder sein Amt niederlegen (→ Rn. 2882).[6758]

b) Treuepflichten

2903 Der besondere Vertreter unterliegt aufgrund seiner Bestellung einer besonderen Treuepflicht und ist allein dem **Interesse der Gesellschaft** verpflichtet.[6759] Er muss stets das Unternehmensinteresse wahren und darf weder im eigenen noch im Interesse eines Dritten nachteilig auf die Gesellschaft einwirken.[6760] Für den besonderen Vertreter gilt während seiner Amtszeit, aber auch darüber hinaus eine **Verschwiegenheitspflicht** für sämtliche geheimhaltungsbedürftigen Informationen, die ihm im Zusammenhang mit seiner Aufgabe bekannt werden, es sei denn, die Weitergabe ist zur Geltendmachung der Ersatzansprüche notwendig.[6761]

c) Berichts- und Auskunftspflichten

2904 Nach überwiegender Meinung hat der besondere Vertreter gegenüber dem **Vorstand** und **Aufsichtsrat** keine allgemeine **Berichtspflicht,** schon weil die Organe selbst Adressat der Ersatzansprüche sein können.[6762] Da die Kontrollfunktion des Aufsichtsrats sich nicht auf den besonderen Vertreter erstreckt, können auch die Berichtspflichten des Vorstands nicht auf diesen ausgedehnt werden.[6763] Teile des Schrifttums bejahen aber eine Berichtspflicht insoweit, als dies zur Überwachung der Rechtmäßigkeit des Vorgehens des besonderen Vertreters erforderlich ist.[6764] Jedenfalls muss der besondere Vertreter dem Vorstand alle

---

[6751] Kölner Komm AktG/*Rieckers/Vetter* AktG § 147 Rn. 708; vgl. K. Schmidt/Lutter/*Spindler* AktG § 147 Rn. 38; *Roßkopf* FS Marsch-Barner, 2018, 457 (465), *Roßkopf/Gayk* DStR 2020, 2078 (2083).
[6752] Kölner Komm AktG/*Rieckers/Vetter* AktG § 147 Rn. 720; *Verhoeven* ZIP 2008, 245 (249).
[6753] Vgl. Kölner Komm AktG/*Rieckers/Vetter* AktG § 147 Rn. 578; *Böbel,* Die Rechtsstellung der besonderen Vertreter gem. § 147 AktG, 1999, 114; *Kling* ZGR 2009, 190 (225); *Roßkopf/Gayk* DStR 2020, 2078 (2084).
[6754] KG AG 2012, 328 (329); BeckOGK/*Mock* AktG § 147 Rn. 129; Bürgers/Körber/*Holzborn/Jänig* AktG § 147 Rn. 13.
[6755] Überwiegend wird auf den Maßstab für die Pflichten des jeweiligen Organs abgestellt, KG AG 2012, 328 (329); Kölner Komm AktG/*Rieckers/Vetter* AktG § 147 Rn. 578; BeckOGK/*Mock* AktG § 147 Rn. 129; MüKoAktG/*Arnold* AktG § 147 Rn. 67; *Kling* ZGR 2009, 190 (225 f.); *Semler* AG 2005, 321 (330).
[6756] Für den Aufsichtsrat BGH NZG 2011, 1271 (Rn. 28).
[6757] Kölner Komm AktG/*Rieckers/Vetter* AktG § 147 Rn. 580; MüKoAktG/*Arnold* AktG § 147 Rn. 63.
[6758] KG AG 2012, 328; OLG München ZIP 2008, 1916; GroßkommAktG/*Bezzenberger* AktG § 147 Rn. 56.
[6759] K. Schmidt/Lutter/*Spindler* AktG § 147 Rn. 34; Hüffer/Koch/*Koch* AktG § 147 Rn. 18; Grigoleit/*Grigoleit/Rachlitz* AktG § 147 Rn. 31; GroßkommAktG/*Bezzenberger* AktG § 147 Rn. 55.
[6760] *Böbel,* Die Rechtsstellung der besonderen Vertreter gem. § 147 AktG, 1999, 120 f.; Kölner Komm AktG/*Rieckers/Vetter* AktG § 147 Rn. 584.
[6761] BeckOGK/*Mock* AktG § 147 Rn. 126; MHdB AG/*Bungert* § 43 Rn. 44; MüKoAktG/*Arnold* AktG § 147 Rn. 82; Kölner Komm AktG/*Rieckers/Vetter* AktG § 147 Rn. 589.
[6762] LG München AG 2007, 756 (760); Kölner Komm AktG/*Rieckers/Vetter* AktG § 147 Rn. 557; Hüffer/Koch/*Koch* AktG § 147 Rn. 18; BeckOGK/*Mock* AktG § 147 Rn. 135; MüKoAktG/*Arnold* AktG § 147 Rn. 80; K. Schmidt/Lutter/*Spindler* AktG § 147 Rn. 36; *Kling* ZGR 2009, 190 (219); *Westermann* AG 2009, 237 (241); *Mock* AG 2008, 839 (841 f.); NK-AktR/*Lochner* AktG § 147 AktG Rn. 24a.
[6763] BeckOGK/*Mock* AktG § 147 Rn. 135; MüKoAktG/*Arnold* AktG § 147 Rn. 80.
[6764] Kölner Komm AktG/*Rieckers/Vetter* AktG § 147 Rn. 558 ff.; MüKoAktG/*Arnold* AktG § 147 Rn. 80.

Informationen zukommen lassen, die dieser für die Erfüllung seiner Pflichten benötigt (zB für Jahres- oder Zwischenabschlüsse, kapitalmarktrechtliche Veröffentlichungen etc.).[6765]

Der Umfang der Auskunfts- und Berichtspflicht gegenüber der **Hauptversammlung** ist umstritten. Überwiegend wird eine Auskunftspflicht des besonderen Vertreters nach § 131 AktG verneint.[6766] Nach einer Entscheidung des LG München trifft die Pflicht aus § 131 AktG auch im Hinblick auf die Geltendmachung der Ersatzansprüche durch den besonderen Vertreter jedenfalls dann den Vorstand, wenn die Tätigkeit des besonderen Vertreters nicht Gegenstand der Tagesordnung ist.[6767] Teilweise wird der besondere Vertreter dementsprechend für berichtspflichtig gehalten, wenn ein eigenständiger Tagesordnungspunkt zu seiner Tätigkeit angesetzt wurde[6768] oder wenn die Hauptversammlung einen Bericht verlangt.[6769] Eine Grundlage dieser Berichtspflicht kann in der Tat aus §§ 675, 666 Alt. 2 BGB (analog) (→ Rn. 2879) abgeleitet werden und diese Pflicht besteht dann auch unmittelbar gegenüber der Hauptversammlung.[6770] 2905

Eine Auskunftspflicht besteht für den besonderen Vertreter gegenüber dem **Abschlussprüfer**, dessen Prüfungs- und Einsichtsrecht gem. § 320 Abs. 1 S. 2 HGB auch die Unterlagen des besonderen Vertreters erfasst.[6771] Ähnliches gilt gem. § 145 AktG gegenüber einem zur Überprüfung der Tätigkeit des besonderen Vertreters nach § 142 Abs. 1 S. 1 AktG eingesetzten **Sonderprüfer**.[6772] 2906

Teilweise wird angenommen, dass der besondere Vertreter – für seinen Aufgabenkreis – den gleichen **kapitalmarktrechtlichen (ad hoc-)Veröffentlichungspflichten** wie die Verwaltungsorgane der Gesellschaft unterliegt.[6773] Das ist **nicht** richtig, denn die Information des Kapitalmarkts über die Anspruchsverfolgung gehört nicht zur Geltendmachung der Ansprüche, für die allein der besondere Vertreter zuständig ist; er kann normalerweise auch überhaupt nicht beurteilen, ob eine Insiderinformation vorliegt.[6774] Der besondere Vertreter muss allerdings den Vorstand informieren, wenn nach seiner Beurteilung das Vorliegen einer veröffentlichungspflichtigen Insiderinformation in Betracht kommt.[6775] 2907

d) (Keine) Weisungsabhängigkeit

Der besondere Vertreter ist bei seiner Tätigkeit nicht an **Weisungen** von Vorstand bzw. Aufsichtsrat gebunden, weil das seiner Funktion zuwiderliefe.[6776] Weisungen von Vorstand oder Aufsichtsrat wären kompetenz- und deshalb rechtswidrig.[6777] Ob der besondere Vertreter gegenüber der Hauptversammlung weisungsgebunden ist, ist umstritten. Nach einer Auffassung hat die Hauptversammlung dem besonderen Vertreter gegenüber kein Weisungsrecht, sie könne lediglich durch Beschluss nach § 147 Abs. 1 AktG Vorgaben für die Geltendmachung der Ersatzansprüche machen.[6778] Nach anderer Ansicht besteht ein Weisungsrecht der Hauptversammlung.[6779] Die praktische Bedeutung dieses Streits ist jedenfalls für den von der Hauptversammlung bestellten besonderen Vertreter gering, weil sie den besonderen Vertreter je- 2908

[6765] Kölner Komm AktG/*Rieckers/Vetter* AktG § 147 Rn. 562; MüKoAktG/*Arnold* AktG § 147 Rn. 80.
[6766] LG München I AG 2008, 794; Grigoleit/*Grigoleit/Rachlitz* AktG § 147 Rn. 32; BeckOGK/*Mock* AktG § 147 Rn. 152; *Mock* AG 2008, 839 (844); aA *Böbel*, Die Rechtsstellung der besonderen Vertreter gem. § 147 AktG, 1999, 123.
[6767] LG München WM 2008, 1977 (1979).
[6768] Kölner Komm AktG/*Rieckers/Vetter* AktG § 147 Rn. 565; MüKoAktG/*Arnold* AktG § 147 Rn. 81; Hüffer/Koch/*Koch* AktG § 147 Rn. 18; *Roßkopf/Gayk* DStR 2020, 2078 (2082).
[6769] *Kling* ZGR 2009, 190 (219).
[6770] So mit ausführlicher Begründung Kölner Komm AktG/*Rieckers/Vetter* AktG § 147 Rn. 567 f.; s. auch MüKoAktG/*Arnold* AktG § 147 Rn. 81; *Kling* ZGR 2009, 190 (219).
[6771] *Mock* AG 2008, 839 (845 f.); BeckOGK/*Mock* AktG § 147 Rn. 136; Kölner Komm AktG/*Rieckers/Vetter* AktG § 147 Rn. 572; K. Schmidt/Lutter/*Spindler* AktG § 147 Rn. 36.
[6772] BeckOGK/*Mock* AktG § 147 Rn. 136; *Mock* AG 2008, 839 (845 f.).
[6773] *Mock* AG 2008, 839 (847 f.); BeckOGK/*Mock* AktG § 147 Rn. 137; K. Schmidt/Lutter/*Spindler* AktG § 147 Rn. 37.
[6774] Kölner Komm AktG/*Rieckers/Vetter* AktG § 147 Rn. 574 f.; *Humrich*, Der besondere Vertreter im Aktienrecht, 2013, 153.
[6775] Kölner Komm AktG/*Rieckers/Vetter* AktG § 147 Rn. 575; *Humrich*, Der besondere Vertreter im Aktienrecht, 2013, 153.
[6776] K. Schmidt/Lutter/*Spindler* AktG § 147 Rn. 27; Kölner Komm AktG/*Rieckers/Vetter* AktG § 147 Rn. 551; GroßkommAktG/*Bezzenberger* AktG § 147 Rn. 56; Grigoleit/*Grigoleit/Rachlitz* AktG § 147 Rn. 28; MüKoAktG/*Arnold* AktG § 147 Rn. 83; BeckOGK/*Mock* AktG § 147 Rn. 134; NK-AktR/*Lochner* AktG § 147 Rn. 24a.
[6777] Kölner Komm AktG/*Rieckers/Vetter* AktG § 147 Rn. 551.
[6778] LG München WM 2008, 1977 (1980); K. Schmidt/Lutter/*Spindler* AktG § 147 Rn. 27; BeckOGK/*Mock* AktG § 147 Rn. 134.
[6779] MüKoAktG/*Arnold* AktG § 147 Rn. 83; *Kling* ZGR 2009, 190 (212); *Böbel*, Die Rechtsstellung der besonderen Vertreter gem. § 147 AktG, 1999, 59 ff.; *Humrich*, Der besondere Vertreter im Aktienrecht, 2013, 146 ff.; für einen „Mittelweg" *Westermann* AG 2009, 237 (240 f.).

derzeit abberufen kann.[6780] Beim **gerichtlich bestellten** besonderen Vertreter dürfte kein Weisungsrecht der Hauptversammlung bestehen.[6781]

e) Haftung

2909 Ob der besondere Vertreter als Organ der Gesellschaft analog **§§ 93 Abs. 2 S. 1, 116 AktG** haftet[6782] (mit der Folge der Beweislastumkehr und fünf- bzw. zehnjähriger Verjährungsfrist) oder stattdessen die allgemeine schuldrechtliche Haftung gem. § 280 Abs. 1 BGB (mit Regelverjährung) auf der Basis des mit dem besonderen Vertreter bestehenden Geschäftsbesorgungsvertrages gilt,[6783] ist umstritten. Erkennt man mit dem BGH[6784] die Organqualität des besonderen Vertreters an (→ Rn. 2874), ist es konsequent, auf die Haftung des besonderen Vertreters § 93 Abs. 2 S. 1 AktG, § 116 AktG analog anzuwenden.

6. Beendigung der Bestellung

2910 § 147 Abs. 2 AktG regelt nicht, wann und unter welchen Voraussetzungen das Amt des besonderen Vertreters **endet**.

a) Niederlegung

2911 Der besondere Vertreter kann sein Amt niederlegen. Eine Niederlegung ist **auch ohne wichtigen Grund** wirksam, kann aber uU zur Schadenersatzpflicht führen.[6785] In der Amtsniederlegung wird stets gleichzeitig die Kündigung des Geschäftsbesorgungsvertrags zu sehen sein (→ Rn. 2920).[6786]

b) Abberufung durch die Hauptversammlung

2912 Einen **von der Hauptversammlung bestellten** besonderen Vertreter kann diese jederzeit durch neuen Beschluss mit *ex-nunc*-Wirkung auch **wieder abberufen** oder anstelle des bisherigen einen anderen besonderen Vertreter bestellen.[6787] Die Abberufung durch die Hauptversammlung erfordert **keinen wichtigen Grund**.[6788] Sie ist lediglich ordnungsgemäß als Gegenstand der Tagesordnung (ausreichend zB „Geltendmachung von Ersatzansprüchen") bekanntzumachen,[6789] der Vorstand hat den besonderen Vertreter dann über seine Abberufung zu unterrichten.[6790] Der Beschluss wird grds. mit einfacher Stimmenmehrheit gefasst.[6791] Sollen gegen einen Aktionär Ersatzansprüche geltend gemacht werden, unterliegt er auch bei der Entscheidung über die Abberufung des besonderen Vertreters nach § 136 Abs. 1 S. 1 Var. 3 AktG einem Stimmverbot,[6792] anders beim Alleinaktionär.[6793] Der **Geltendmachungsbeschluss** nach § 147 Abs. 1 AktG bleibt von der Abberufung **unberührt**; bis zur Bestellung eines neuen besonderen Vertreters

---

[6780] BeckOGK/*Mock* AktG § 147 Rn. 134.
[6781] NK-AktR/*Lochner* AktG § 147 Rn. 27; MüKoAktG/*Arnold* AktG § 147 Rn. 84.
[6782] LG Heidelberg, BeckRS 2019, 24589, Rn. 136ff.; KG AG 2012, 328 (329); *Böbel*, Die Rechtsstellung der besonderen Vertreter gem. § 147 AktG, 1999, 114f.; K. Schmidt/Lutter/*Spindler* AktG § 147 Rn. 23; *Kling* ZGR 2009, 190 (226); NK-AktR/*Lochner* AktG § 147 Rn. 24; BeckOGK/*Mock* AktG § 147 Rn. 131 mwN.
[6783] MüKoAktG/*Arnold* AktG § 147 Rn. 85; Kölner Komm AktG/*Rieckers/Vetter* AktG § 147 Rn. 731; *Verhoeven* ZIP 2008, 245 (251); Hüffer/Koch/*Koch* AktG § 147 Rn. 18.
[6784] BGH NJW 1981, 1097; BGH NZG 2011, 1383; BGH ZIP 2013, 1467.
[6785] Kölner Komm AktG/*Rieckers/Vetter* AktG § 147 Rn. 485.
[6786] Kölner Komm AktG/*Rieckers/Vetter* AktG § 147 Rn. 483.
[6787] BGH AG 2013, 634; OLG München ZIP 2010, 725 (728); Kölner Komm AktG/*Rieckers/Vetter* AktG § 147 Rn. 461; GroßkommAktG/*Bezzenberger* AktG § 147 Rn. 61; NK-AktR/*Lochner* AktG § 147 Rn. 30; Spindler/Stilz/*Mock* AktG § 147 Rn. 161; Hüffer/Koch/*Koch* AktG § 147 Rn. 12; MüKoAktG/*Arnold* AktG § 147 Rn. 100; *Roßkopf/Gayk* DStR 2020, 2078 (2084).
[6788] BGH AG 2013, 634; OLG München ZIP 2010, 725 (728); GroßkommAktG/*Bezzenberger* AktG § 147 Rn. 61; Grigoleit/*Grigoleit/Rachlitz* AktG § 147 Rn. 33; Kölner Komm AktG/*Rieckers/Vetter* AktG § 147 Rn. 462; BeckOGK/*Mock* AktG § 147 Rn. 167; Hüffer/Koch/*Koch* AktG § 147 Rn. 12; *Roßkopf/Gayk* DStR 2020, 2078 (2084); **aA** NK-AktR/*Lochner* AktG § 147 Rn. 30.
[6789] Vgl. BeckOGK/*Mock* AktG § 147 Rn. 76; Grigoleit/*Grigoleit/Rachlitz* AktG § 147 Rn. 32; Kölner Komm AktG/*Rieckers/Vetter* AktG § 147 Rn. 463; Hüffer/Koch/*Koch* AktG § 147 Rn. 12.
[6790] Kölner Komm AktG/*Rieckers/Vetter* AktG § 147 Rn. 464; GroßkommAktG/*Bezzenberger* AktG § 147 Rn. 61; K. Schmidt/Lutter/*Spindler* AktG § 147 Rn. 39.
[6791] K. Schmidt/Lutter/*Spindler* AktG § 147 Rn. 39; Kölner Komm AktG/*Rieckers/Vetter* AktG § 147 Rn. 461.
[6792] *Bungert* in Krieger/U.H. Schneider Managerhaftung-HdB § 16 Rn. 123; NK-AktR/*Lochner* AktG § 147 Rn. 30; MüKoAktG/*Arnold* AktG § 147 Rn. 100.
[6793] BGH AG 2011, 702 (703); OLG München ZIP 2010, 725 (727f.); K. Schmidt/Lutter/*Spindler* AktG § 147 Rn. 39; Kölner Komm AktG/*Rieckers/Vetter* AktG § 147 Rn. 466ff.; *Peters/Hecker* NZG 2009, 1294 (1295); *Humrich*, Der besondere Vertreter im Aktienrecht, 2013, 128f.; **aA** LG München I ZIP 2009, 2198 (2200f.); *Hirte/Mock* BB 2010, 775.

ist das sonst zuständige Verwaltungsorgan zur Anspruchsverfolgung berufen.[6794] Hat der besondere Vertreter bereits ein gerichtliches Verfahren betrieben, wird dieses gem. § 241 Abs. 1 ZPO unterbrochen und ist durch den Vorstand, Aufsichtsrat oder ggf. einen neu bestellten besonderen Vertreter fortzuführen.[6795]

Gerichtlich bestellte besondere Vertreter können durch die Hauptversammlung **nicht abberufen** werden, weil sonst der von § 147 Abs. 2 S. 2 AktG bezweckte Minderheitenschutz unterlaufen werden könnte.[6796] Die Hauptversammlung kann der gerichtlichen Bestellung aber durch **Aufhebung des Geltendmachungsbeschlusses** nach § 147 Abs. 1 S. 1 AktG die Grundlage entziehen.[6797]

Zur **Klagebefugnis** des besonderen Vertreters gegen den Abberufungsbeschluss (→ Rn. 2885 f.).

c) Abberufung durch das Gericht

Ein **gerichtlich bestellter** besonderer Vertreter kann auf Antrag von dem für die Bestellung zuständigen **Gericht** abberufen werden.[6798] **Antragsberechtigt** sind wiederum **Aktionäre**, die das Quorum von 10% des Grundkapitals oder einen anteiligen Betrag des Grundkapitals von EUR 1 Mio. erreichen.[6799] Umstritten ist, ob die Gesellschaft, vertreten durch ihren Vorstand oder Aufsichtsrat, ebenfalls antragsberechtigt ist.[6800] Dagegen spricht das in § 147 AktG zum Ausdruck kommende Kompetenzgefüge, nach dem die Bestellung des besonderen Vertreters nur durch die Hauptversammlungsmehrheit oder (mittelbar) eine qualifizierte Minderheit bewirkt werden kann.[6801]

Eine gerichtliche Abberufung kommt in entsprechender Anwendung der §§ 626 Abs. 1, 627 Abs. 1 BGB grundsätzlich nur in Betracht, wenn dies aus einem in der Person des besonderen Vertreters liegenden **Grund** geboten erscheint.[6802] Eine Ausnahme ist denkbar, wenn der Antrag von der ursprünglich die Bestellung betreibenden Aktionärsminderheit gestellt wird, dann dürfte ausreichen, dass dem Gericht die Abberufung zweckmäßig erscheint.[6803] Seine frühere Entscheidung darüber kann das Gericht nicht abändern.[6804] Nach überwiegender Ansicht ist die Abberufung eines gerichtlich bestellten besonderen Vertreters zudem stets nur bei Bestellung eines **neuen** besonderen Vertreters zulässig.[6805] Dafür ist wiederum ein den Anforderungen des § 147 Abs. 2 S. 2 AktG genügender Antrag erforderlich.[6806]

Gegen die Entscheidung über die Abberufung und die Bestellung eines neuen besonderen Vertreters ist gem. § 147 Abs. 2 S. 4 AktG die **Beschwerde** zulässig, die innerhalb eines Monats eingelegt werden muss.[6807]

d) Automatische Beendigungsgründe

Die Aufgabe und damit auch das Amt des besonderen Vertreters enden automatisch mit der **Beendigung der Durchsetzung der Ersatzansprüche.** Das ist der Fall, wenn die Ersatzansprüche erfüllt sind, wenn endgültig feststeht, dass sie nicht bestehen oder nicht durchsetzbar sind, oder wenn eine Vollstreckung nicht in Betracht kommt.[6808]

[6794] K. Schmidt/Lutter/*Spindler* AktG § 147 Rn. 39; Kölner Komm AktG/*Rieckers/Vetter* AktG § 147 Rn. 492 f.; BeckOGK/*Mock* AktG § 147 Rn. 168.
[6795] Kölner Komm AktG/*Rieckers/Vetter* AktG § 147 Rn. 494; BeckOGK/*Mock* AktG § 147 Rn. 168.
[6796] NK-AktR/*Lochner* AktG § 147 Rn. 27; GroßkommAktG/*Bezzenberger* AktG § 147 Rn. 62; K. Schmidt/Lutter/*Spindler* AktG § 147 Rn. 40; Kölner Komm AktG/*Rieckers/Vetter* AktG § 147 Rn. 480. Anders nur, wenn AG zwischenzeitlich durch Squeeze-out zu einer Einpersonen-AG wurde, vgl. auch Kölner Komm AktG/*Rieckers/Vetter* AktG § 147 Rn. 481.
[6797] Kölner Komm AktG/*Rieckers/Vetter* AktG § 147 Rn. 482.
[6798] Kölner Komm AktG/*Rieckers/Vetter* AktG § 147 Rn. 476; K. Schmidt/Lutter/*Spindler* AktG § 147 Rn. 40; GroßkommAktG/*Bezzenberger* AktG § 147 Rn. 62.
[6799] Kölner Komm AktG/*Rieckers/Vetter* AktG § 147 Rn. 476; MüKoAktG/*Arnold* AktG § 147 Rn. 101.
[6800] Dafür (ohne Begründung) GroßkommAktG/*Bezzenberger* AktG § 147 Rn. 62; K. Schmidt/Lutter/*Spindler* AktG § 147 Rn. 40; dagegen MüKoAktG/*Arnold* AktG § 147 Rn. 101; Kölner Komm AktG/*Rieckers/Vetter* AktG § 147 Rn. 477.
[6801] MüKoAktG/*Arnold* AktG § 147 Rn. 101; Kölner Komm AktG/*Rieckers/Vetter* AktG § 147 Rn. 477.
[6802] GroßkommAktG/*Bezzenberger* AktG § 147 Rn. 62; MüKoAktG/*Arnold* AktG § 147 Rn. 101; Kölner Komm AktG/*Rieckers/Vetter* AktG § 147 Rn. 473.
[6803] *Nietsch* ZGR 2011, 589 (627 f.); Kölner Komm AktG/*Rieckers/Vetter* AktG § 147 Rn. 474.
[6804] GroßkommAktG/*Bezzenberger* AktG § 147 Rn. 62.
[6805] GroßkommAktG/*Bezzenberger* AktG § 147 Rn. 62; MüKoAktG/*Arnold* AktG § 147 Rn. 101; K. Schmidt/Lutter/*Spindler* AktG § 147 Rn. 40; zur Abberufung eines Notgeschäftsführers aus wichtigem Grund nur bei gleichzeitiger Neubestellung OLG Düsseldorf ZIP 1997, 846; **aA,** nur für Entscheidung des Gerichts über Bestellung eines neuen besonderen Vertreters, Kölner Komm AktG/*Rieckers/Vetter* AktG § 147 Rn. 478.
[6806] GroßkommAktG/*Bezzenberger* AktG § 147 Rn. 62; MüKoAktG/*Arnold* AktG § 147 Rn. 101; Kölner Komm AktG/*Rieckers/Vetter* AktG § 147 Rn. 478.
[6807] BeckOGK/*Mock* AktG § 147 Rn. 172.
[6808] Bürgers/Körber/*Holzborn/Jänig* AktG § 147 Rn. 14a; GroßkommAktG/*Bezzenberger* AktG § 147 Rn. 59; Kölner Komm AktG/*Rieckers/Vetter* AktG § 147 Rn. 454; MüKoAktG/*Arnold* AktG § 147 Rn. 100; K. Schmidt/Lutter/*Spindler* AktG § 147 Rn. 41.

2918 Das Amt endet auch, wenn ein von der Hauptversammlung oder vom Gericht bestellter besonderer Vertreter **stirbt, geschäftsunfähig** wird oder sein **Mandat niederlegt**.[6809] Weiterer Beendigungsgrund ist die Nichtigerklärung des **Geltendmachungsbeschlusses** nach § 147 Abs. 1 AktG gem. § 248 AktG (→ Rn. 2877).[6810] Nach hM endet das Amt bei nichtigem **Bestellungsbeschluss** *ex tunc*.[6811] Bei nur anfechtbarem Bestellungsbeschluss gilt hingegen nach der Rechtsprechung des II. Zivilsenats des BGH[6812] die Lehre vom fehlerhaften Organ, so dass das Amt nur *ex nunc* beendet werden kann (→ Rn. 2877). Das Amt eines von der Hauptversammlung nach § 147 Abs. 2 S. 1 AktG bestellten besonderen Vertreters endet auch dann automatisch, wenn die **gerichtliche Bestellung eines anderen besonderen Vertreters** nach § 147 Abs. 2 S. 2 AktG wirksam wird (→ Rn. 2867, 2872).[6813]

2919 Zum automatischen Erlöschen des Amts des besonderen Vertreters führt schließlich das **Erlöschen der Aktiengesellschaft,** insbesondere durch Verschmelzung der Gesellschaft auf einen anderen Rechtsträger; in diesem Kontext kann er auch nicht als besonderer Vertreter gem. § 26 Abs. 1 S. 1 UmwG eingeordnet werden.[6814]

e) Gleichzeitige Beendigung des Geschäftsbesorgungsverhältnisses

2920 In der **Abberufung** des besonderen Vertreters bzw. der Aufhebung des Bestellungsbeschlusses wird regelmäßig die gleichzeitige **konkludente Kündigung** des Geschäftsbesorgungsvertrags mit dem besonderen Vertreter gesehen.[6815] Der besondere Vertreter soll dann einen seinen bisherigen Leistungen entsprechenden Teil der Vergütung verlangen können, wenn die Abberufung nicht durch sein schuldhaftes vertragswidriges Verhalten veranlasst worden ist.[6816] Eine Kündigung ist jedenfalls nicht erforderlich, wenn der Geschäftsbesorgungsvertrag nach seinem **Inhalt** an die Dauer des Amts gekoppelt ist.[6817] Auch beim gerichtlich bestellten besonderen Vertreter endet mit dessen Abberufung das mit der Bestellung begründete vertragsähnliche Verhältnis.[6818]

2921 Bei **automatischer Beendigung** der Bestellung (→ Rn. 2917ff.) endet auch der **Geschäftsbesorgungsvertrag automatisch.**[6819] Die **Nichtigkeit** der Bestellung erfasst gleichzeitig das **Geschäftsbesorgungsverhältnis,** weil dieses mit der Nichtigkeit des Bestellungsbeschlusses seine rechtliche Grundlage verliert.[6820]

H. Externes Monitorship

I. Vorbemerkung

2922 Die Bedeutung **externer *Monitorships*** hat für deutsche und europäische Unternehmen in den letzten Jahren stetig **zugenommen.** Der Ursprung der *Monitorships* liegt in den USA.[6821] US-Behörden und US-Gerichte nutzen dieses Instrument zunehmend auch in internationalen Konstellationen, namentlich, wenn **Unternehmen** mit Sitz **außerhalb der USA** gegen US-Rechtsvorschriften verstoßen. Einige eu-

---

[6809] MüKoAktG/*Arnold* AktG § 147 Rn. 100; K. Schmidt/Lutter/*Spindler* AktG § 147 Rn. 41b; *Böbel*, Die Rechtsstellung der besonderen Vertreter gem. § 147 AktG, 1999, 139; BeckOGK/*Mock* AktG § 147 Rn. 162f.
[6810] *Böbel*, Die Rechtsstellung der besonderen Vertreter gem. § 147 AktG, 1999, 140; K. Schmidt/Lutter/*Spindler* AktG § 147 Rn. 41a.
[6811] *Böbel*, Die Rechtsstellung der besonderen Vertreter gem. § 147 AktG, 1999, 140; Kölner Komm AktG/*Rieckers/Vetter* AktG § 147 Rn. 456; BeckOGK/*Mock* AktG § 147 Rn. 108; *Roßkopf* FS Marsch-Barner, 2018, 457 (462f.); vgl. auch *Bayer/Lieder* NZG 2012, 1 (9); *Verhoeven* ZIP 2008, 245 (253); **aA** wohl OLG München AG 2011, 177 (178); *Bürgers/Körber/Holzborn/Jänig* AktG § 147 Rn. 10.
[6812] BGH NZG 2011, 1383 (1384).
[6813] K. Schmidt/Lutter/*Spindler* AktG § 147 Rn. 39; vgl. BeckOGK/*Mock* AktG § 147 Rn. 172.
[6814] BGH AG 2013, 634; K. Schmidt/Lutter/*Spindler* AktG § 147 Rn. 41d; Kölner Komm AktG/*Rieckers/Vetter* AktG § 147 Rn. 458; NK-AktR/*Lochner* AktG § 147 Rn. 30; Hüffer/Koch/*Koch* AktG § 147 Rn. 12.
[6815] NK-AktR/*Lochner* AktG § 147 Rn. 30; GroßkommAktG/*Bezzenberger* AktG § 147 Rn. 61; BeckOGK/*Mock* AktG § 147 Rn. 169; K. Schmidt/Lutter/*Spindler* AktG § 147 Rn. 39; MüKoAktG/*Arnold* AktG § 147 Rn. 102; **aA** Kölner Komm AktG/*Rieckers/Vetter* AktG § 147 Rn. 486.
[6816] GroßkommAktG/*Bezzenberger* AktG § 147 Rn. 61; NK-AktR/*Lochner* AktG § 147 Rn. 30.
[6817] Kölner Komm AktG/*Rieckers/Vetter* AktG § 147 Rn. 487.
[6818] Kölner Komm AktG/*Rieckers/Vetter* AktG § 147 Rn. 489.
[6819] Kölner Komm AktG/*Rieckers/Vetter* AktG § 147 Rn. 454.
[6820] GroßkommAktG/*Bezzenberger* AktG § 147 Rn. 60; MüKoAktG/*Arnold* AktG § 147 Rn. 102; BeckOGK/*Mock* AktG § 147 Rn. 169; *Roßkopf* FS Marsch-Barner, 2018, 457 (461ff.).
[6821] Siehe *Lissack/Leslie/Morvillo/McGrath/Ferguson* in Practitioner's Guide to Global Investigations, 4. Aufl. 2020, Ziff. 32, S. 575ff.; *Freeh/Hernandez* in Hauschka/Moosmayer/Lösler Corporate Compliance § 47.

ropäische Jurisdiktionen sind dem Beispiel der USA gefolgt und haben externe *Monitorships* in ihren Rechtsordnungen verankert.[6822]

In Deutschland ist die Diskussion in vollem Gange. Hierzulande sind seit längerem Überwachungspersonen bzw. Sonderbeauftragte bekannt, die durch Aufsichtsbehörden entsendet werden, beispielsweise im Bereich des europäischen Kartellrechts, des Kreditwesens und der Versicherungsaufsicht.[6823] Die praktische Relevanz dieser „aufsichtsrechtlichen Aufpasser" ist indes gering. Schub bekommt das Thema durch die bevorstehende Einführung eines „echten" Unternehmensstrafrechts in Deutschland. Der Entwurf des **Verbandssanktionengesetzes** sieht mit der sog. „sachkundigen Stelle" ein Instrument vor, dass sich an US-*Monitorships* zumindest anlehnt. Ob sich dieses Instrument in der deutschen Rechts- und Unternehmenspraxis bewähren wird, bleibt abzuwarten (→ Rn. 3023 ff.).[6824]

Trotz oder auch gerade wegen der aktuellen Diskussion in Deutschland sind die **US-*Monitorships*** von **großer praktischer Bedeutung.** Zum einen wurden in der jüngeren Vergangenheit US-*Monitorships* für verschiedene deutsche Unternehmen mit teilweise **weitreichenden Folgen** angeordnet. Prominente Fälle sind Siemens AG, Daimler AG, Bilfinger SE, Deutsche Bank AG, Commerzbank AG, Volkswagen AG und Fresenius Medical Care AG. Zum anderen geben die Erfahrungen mit US-*Monitorships* wertvolle Hinweise auf die **Chancen und Risiken**, die mit der Etablierung eines solchen Instruments in Deutschland für die hier ansässigen Unternehmen einhergehen. Schließlich ist davon auszugehen, dass US-Behörden unabhängig von nationalen Regelungen auch zukünftig bei entsprechenden Konstellationen auf die aus ihrer Sicht sehr erfolgreichen US-*Monitorships* bei Unternehmen mit Sitz außerhalb der USA drängen werden.

II. US-Monitorship

Das **US-Unternehmensstrafrecht** eröffnet amerikanischen Behörden die Möglichkeit, Rechtsverstöße von Unternehmen zu sanktionieren. Voraussetzung für eine strafrechtliche Haftung des Unternehmens ist, dass ein Mitarbeiter bei Begehung der Tat innerhalb seines Aufgabenbereichs und zum Vorteil der Gesellschaft gehandelt hat. Strafrechtlich relevante Handlungen von Mitarbeitern kommen in den USA vor allem in den Bereichen Korruption, Finanzmarktregulierung/Kapitalmarktrecht, Bilanzierung/Finanzberichterstattung, Wettbewerbsrecht, Umweltrecht und Produktsicherheit vor. Außerdem kommt die Anwendung von US-Strafrecht auch bei Verstößen in Betracht, die **außerhalb der USA** begangen wurden, zB, wenn amerikanische Investoren und/oder Unternehmen betroffen sind.

Um langwierige Gerichtsverfahren zu vermeiden, streben US-Behörden[6825] oft einen **Vergleich** mit dem betroffenen Unternehmen an (zu den einzelnen Vergleichsmöglichkeiten → Rn. 2930 ff.). In solchen Vergleichen wird die Strafverfolgung in der Regel aufgeschoben[6826] oder ganz auf sie verzichtet[6827]. Je nach Einzelfall erfolgt dies mit oder ohne Schuldeingeständnis[6828] des Unternehmens. Seit Beginn der 90er-Jahre sehen die **US Federal Sentencing Guidelines (USSG)** vor,[6829] dass US-Gerichte – neben der finanziellen Sanktionierung – Maßnahmen zur Wiedergutmachung der durch Unternehmensstraftaten entstandenen Schäden und zur Vermeidung von zukünftigen Wiederholungstaten anordnen sollen.[6830] Eine in diesen Zusammenhang übliche Maßnahme ist der Einsatz eines **Monitors.**[6831] Wird ein US-Monitor in einem deutschen Unternehmen eingesetzt, stellen sich für Vorstand und Aufsichtsrat vielfältige tatsächliche und rechtliche Fragen (→ Rn. 2991 ff.).

Per Definition ist ein Monitor „*a person or entity: Engaged by a Host Organization pursuant to a Court Order or an Agreement and Engagement Letter; Who is independent of both the Host Organization and the Government; Whose selection is approved by the Government or ordered by a court; and Whose responsibilities and authority*

[6822] Beispielsweise Großbritannien (Schedule 17 Crime and Courts Act 2013) sowie Frankreich (Art. 41–1–2 Code de procédure pénale); zu Großbritannien s. ausf. *Baums/v. Buttlar* ZHR (184) 2020, 259 (269 ff.).
[6823] Vgl. *Hopt* ZGR 2020, 373 (378 f.) mwN; Abgrenzung zum Monitor → Rn. 2998.
[6824] Zur (*de lege lata* limitierten) Möglichkeit der Bestellung eines Unternehmensmonitors im Ordnungswidrigkeitenverfahren vgl. *Baums/v. Buttlar* ZHR (184) 2020, 259 (283 ff.).
[6825] Insbesondere das Department of Justice **(DOJ)** und die Securities Exchange Commission **(SEC),** zu weiteren Behörden s. *Baums/v. Buttlar* ZHR (184) 2020, 259 (261 f.).
[6826] Sog. *Deferred Prosecution Agreement,* → Rn. 2932.
[6827] Sog. *Non-Prosecution Agreement,* → Rn. 2931.
[6828] Sog. *Guilty Plea/Plea Agreement,* → Rn. 2933.
[6829] Vgl. zB § 8B1.2. USSG *(remedial orders)* und § 8D.1.1.(a)(6) USSG *(ensure that changes are made).*
[6830] *Zulauf/Studer* GesKR 2018, 301 (302).
[6831] Das erste US-Monitorship datiert aus dem Jahr 1995 und betraf das US-Unternehmen *Consolidated Edison.* Vgl. *Khanna/Dickinson* Mich. L. Rev. 105 (2007), 1714 (1717 f.); zur Frage, wann ein Monitor eingesetzt wird, s. auch *Baums/v. Buttlar* ZHR (184) 2020, 259 (263 f.).

are established by Court Order or by the terms of the Agreement and the Engagement Letter."[6832] Er ist also ein **unabhängiger Dritter,** der das Unternehmen bei der **Umsetzung behördlicher Auflagen** aus einem Vergleich **überwacht** und unterstützt. Der Monitor ist kein Mitarbeiter oder Vertreter des Unternehmens oder der zuständigen Behörde.[6833] Der **Grad** der **Unabhängigkeit** vom Unternehmen variiert von Fall zu Fall. Dass ein Monitor vom Unternehmen während der Ausübung seines Mandats grundsätzlich unabhängig bleiben muss – anders als beispielsweise externe Berater des Unternehmens – folgt aus dem Sinn und Zweck des *Monitorship* und den Vergleichsbedingungen. Dies gilt, obwohl das Unternehmen mit dem Monitor eine **Mandatsvereinbarung** abschließen und die **Kosten** des *Monitorship* tragen muss.

2928 Der **Monitor** soll für einen bestimmten Zeitraum daran **mitwirken und überwachen,** dass das Unternehmen die Vergleichsbedingungen umsetzt und die Ursachen des Fehlverhaltens abstellt.[6834] Das kann auch auf einen **Wandel der Unternehmenskultur** abzielen, einschließlich der Änderung des *„tone from the top"* und der Implementierung hoher Ethikstandards.[6835] Erfüllt das Unternehmen die Vergleichsbedingungen und beendet das *Monitorship* erfolgreich, entfällt die weitere Strafverfolgung.

1. Rechtlicher Rahmen

2929 Einen verbindlichen **rechtlichen Rahmen** für *Monitorships* gibt es in den USA bisher nicht.[6836] Das **DOJ** hat seine **Verwaltungspraxis** zur Sanktionierung von Unternehmen und zu *Monitorships* in mehreren **Memoranda** veröffentlicht, die als **Richtlinien** für Gerichte, Staatsanwälte und Behörden dienen, aus denen aber keine materiellen oder prozessualen Rechte abgeleitet werden können.[6837] Sie bieten aber Anhaltspunkte für die praktische Umsetzung eines *Monitorship*, ua Hinweise auf das **Auswahlverfahren** (→ Rn. 2941 ff.), die **Aufgaben** und **Befugnisse** eines Monitors (→ Rn. 2954 ff.)[6838] sowie die **Rolle des DOJ** bei Meinungsverschiedenheiten zwischen dem Monitor und dem Unternehmen.[6839] Zudem geben die sog. *„Standards for Monitors"* **(ABA-Standards)** der American Bar Association (ABA) die US-amerikanische *best practice* zu *Monitorships* wieder.

2. Vergleiche mit US-Behörden

a) Strafrechtlicher Vergleich

2930 Einigen sich die US-Behörden und das betroffene Unternehmen auf eine Verfahrensbeendigung durch Vergleich, kommen **verschiedene Möglichkeiten** in Betracht:

2931 i. Ein *Non-Prosecution Agreement* **(NPA)** ist eine Vereinbarung über einen **Anklageverzicht** unter Bedingungen. Es kann sowohl nach Abschluss als auch in einer frühen Phase der Ermittlungen geschlossen werden. Parteien des NPA sind die jeweilige **Behörde** und das **betroffene Unternehmen.** Ein NPA bedarf nicht der Zustimmung eines Gerichts und wird auch nicht zu den Gerichtsakten eingereicht.[6840]

2932 ii. Im Unterschied dazu ist ein *Deferred Prosecution Agreement* **(DPA)** eine Vereinbarung über eine **aufgeschobene Strafverfolgung.** Dabei wird zunächst eine Anklage gegen das Unternehmen erhoben, die aber nach Ablauf einer bestimmten Frist zurückgenommen wird, wenn das Unternehmen bestimmte im DPA festgelegte Bedingungen erfüllt.[6841] Die Vereinbarung wird beim **zuständigen Gericht** eingereicht und muss von ihm genehmigt werden.[6842] Über den Zustimmungsvorbehalt können die Gerichte Einfluss auf den Inhalt der Vergleichsvereinbarungen,[6843] bis hin zur Auswahl des Monitors,[6844] nehmen.

[6832] Standards for Criminal Justice: Monitors, American Bar Association (**„ABA-Standards"**), 24-1.1 H.
[6833] *Zwiebel/Lohmeier* Compliance Berater 2016, 250.
[6834] *Khanna/Dickinson* Mich. L. Rev. 105 (2007), 1713 (1714).
[6835] *Warin/Diamant/Root* U. Pa. J. Bus. L. 13 (2011), 321 (327).
[6836] *Waltenberg* CCZ 2017, 146; *Zulauf/Studer* GesKR 2018, 301 (307); *Wiedemann/Vogelsang* Newsdienst Compliance 2019, 210010 (2).
[6837] Die Memoranda wurden jeweils von US-Staatsanwälten verfasst. Sie tragen den Namen des jeweiligen Verfassers: *Holder*-Memorandum v. 16.6.1999; *Thompson*-Memorandum v. 20.1.2003; *McNulty*-Memorandum v. 12.12.2006; *Morford*- Memorandum v. 7.3.2008; *Breuer*-Memorandum v. 24.6.2009; *Grindler*-Memorandum v. 25.5.2010; *Yates*-Memorandum v. 9.9.2015; *Delery*-Memorandum v. 13.4.2016; *Benczkowski*-Memorandum v. 11.10.2018.
[6838] *Morford*-Memorandum v. 7.3.2008, 3f.; *Breuer*-Memorandum v. 24.6.2009, 2f.; *Benczkowski*-Memorandum v. 11.10.2018, 4f.
[6839] Ausf. dazu im *Grindler*-Memorandum v. 25.5.2010.
[6840] *Morford*-Memorandum v. 7.3.2008, 1 Fn. 2; *Zulauf/Studer* GesKR 2018, 301 (303).
[6841] *Bourtin* in Practitioner's Guide to Global Investigations, 4. Aufl. 2020, Ziff. 24.4.1, S. 433.
[6842] *Morford*-Memorandum v. 7.3.2008, 1 Fn. 2; *Zulauf/Studer* GesKR 2018, 301 (303).
[6843] Vgl. *United States v. Fokker Services BV,* 818 F.3d 733 (D:C. Cir. 2016) at p. 747; *SEC v. Citigroup Global Markets,* 752 F.3d 285 (2d Cir. 2014).

iii. Dagegen kommt es bei einem **Plea Agreement** zu einer **formellen Verurteilung**.[6845] Es handelt sich 2933 um eine Verständigung im Strafverfahren mit Schuldeingeständnis des Unternehmens **(guilty plea)** und einer damit einhergehenden Herabsetzung der Strafe.[6846] Als Folge können einem Unternehmen ua staatliche (Betriebs-)Lizenzen entzogen oder die Teilnahme an Vergabeverfahren der öffentlichen Hand verwehrt werden.[6847] Der Abschluss eines *Plea Agreements* birgt insofern ein besonderes **Risiko** für die Reputation und das operative Geschäft des Unternehmens.

Sowohl in einem DPA als auch im Rahmen eines *Plea Agreement* wird in der Regel von dem Unternehmen die Abgabe eines **Statement of Facts** verlangt, in dem der bis dahin von den Behörden ermittelte **Sachverhalt** dargelegt und vom Unternehmen ausdrücklich zugestanden wird. Dies stärkt die Position der Behörde – und mittelbar die des Monitors – erheblich, da das Unternehmen bei einem Scheitern des *Monitorship* und einer Wiederaufnahme der Strafverfolgung an das *Statement of Facts* **gebunden** bleibt. Dadurch sind die Verteidigungsmöglichkeiten des Unternehmens erheblich eingeschränkt. Bei Abgabe eines *Statement of Facts* sollte daran gedacht werden, dass sich der hier festgehaltene Sachverhalt zukünftig in tatsächlicher Hinsicht noch ändern kann. Fraglich ist dann, ob aufgrund solcher Änderungen auch der im *Statement of Facts* festgehaltene Sachverhalt anzupassen ist, was sich sowohl zu Lasten als auch zu Gunsten des Unternehmens auswirken könnte. Dies sollte, wenn möglich, bereits bei Verhandlung der Vergleichsbedingungen mit der zuständigen Behörde geklärt werden.

b) Zivilrechtlicher Vergleich

Einige US-Behörden nutzen keine strafrechtlichen, sondern verwaltungsrechtliche Maßnahmen oder die 2935 zivilrechtliche Verfolgung von Ansprüchen. Behörde und Unternehmen können etwa eine Vereinbarung treffen, in der das Unternehmen einer **Cease and Desist Order (Unterlassungsanordnung)** zustimmt. Solche zivilrechtlichen Vergleiche sind **öffentliche** Dokumente, die nicht zwingend bei Gericht eingereicht werden müssen, deren Bedingungen aber **gerichtlich durchsetzbar** sind.[6848] Art und Inhalt der denkbaren Bedingungen sind vielfältig und oft **sehr unbestimmt**. Typischerweise wird sich ein Unternehmen auch in dieser Art Vergleich dazu verpflichten, Maßnahmen zu ergreifen, die einen vergleichbaren Compliance-Verstoß in Zukunft verhindern.

Ein Verfahren kann zudem durch eine **Consent Order (gerichtliche Vergleichsvereinbarung)** beendet werden. Die zuständige Behörde erhebt Klage vor dem zuständigen (Bundes-)Gericht und beantragt, einen vorher mit dem Unternehmen ausgehandelten **Vergleich** zu **bestätigen**.[6849] Der Vergleich kann insbesondere den Einsatz eines Monitors oder Auditors (→ Rn. 2939) vorsehen.

c) Vereinbarung eines US-Monitorship im Vergleich

Schlagen die Behörden im Rahmen eines Vergleichs ein *Monitorship* vor, stehen der Vorstand und im 2937 Rahmen seiner Überwachungspflichten auch der Aufsichtsrat (→ Rn. 2992) vor der Entscheidung, mit dem *Monitorship* einen unter Umständen **erheblichen Eingriff** in die Abläufe des Unternehmens und in ihre jeweiligen Kompetenzbereiche zu akzeptieren (→ Rn. 2991 ff.), um die weitere Verfolgung des Rechtsverstoßes in den USA zu verhindern. Oft ist die Wahl zwischen weiterer Strafverfolgung einerseits und Akzeptanz des Monitors andererseits eher theoretischer Natur, da die denkbaren Sanktionen für das Unternehmen bei Unterliegen in einem gerichtlichen Strafverfahren in den USA drakonisch sein können. Aus Sicht des betroffenen Unternehmens geht es daher oft nicht um das „**ob**", sondern nur um das „**wie**" eines *Monitorship*. Bei dieser Entscheidung sind die Vorgaben der *Business Judgment Rule* (§ 93 Abs. 1 AktG) zu beachten.

Regelungen zur **Ausgestaltung** des *Monitorship* werden in den Vergleichsbedingungen, in der Mandatsvereinbarung und in den Arbeitsplänen *(work plans)* des Monitors getroffen. Das Mandat des Monitors kann und sollte vom Unternehmen mit **beeinflusst** werden. Neben einer vertieften Kenntnis der Praxis der US-Behörden bei Ausgestaltung eines *Monitorships* ist dabei auch die **Verhandlungstaktik** entscheidend.

[6844] *US Commodity Futures Trading Commission v. Deutsche Bank*, 2016 WL 6135664, at. 1–3 (U.S. N.Y 20 October 2016).
[6845] Vgl. Rule 11. U.S. Federal Rules of Criminal Procedure; *Morford*-Memorandum v. 7.3.2008, 1 Fn. 2; *Bourtin* in Practitioner's Guide to Global Investigations, 4. Aufl. 2020, Ziff. 24.4.1, S. 435 f.; *Zulauf/Studer* GesKR 2018, 301 (303).
[6846] *Schwarz* CCZ 2011, 59 (61) Fn. 10.
[6847] *Bourtin* in Practitioner's Guide to Global Investigations, 4. Aufl. 2020, Ziff. 24.5.3, S. 440.
[6848] *Bourtin* in Practitioner's Guide to Global Investigations, 4. Aufl. 2020, Ziff. 24.4.2, S. 436.
[6849] *Reyhn* CCZ 2011, 48 (53); s. a. *Bourtin* in Practitioner's Guide to Global Investigations, 4. Aufl. 2020, Ziff. 24.4.2, S. 436.

3. Abgrenzung zum Auditor

2939 Das *Delery*-Memorandum verwendet die Begriffe Monitor und Auditor synonym.[6850] Eine inhaltliche **Abgrenzung** ist nur **schwer möglich,** da Inhalt und Ablauf von *Monitorship* und Audit abhängig vom **Einzelfall** sind. In der Praxis kommt ein **Auditor** in der Regel im Rahmen **zivilrechtlicher** Vergleiche zum Einsatz und hat dabei oft eine eher passive, **überwachende** Funktion. Ein **Monitor** soll hingegen die Einhaltung **strafrechtlicher** Vergleichsvereinbarungen überwachen und kann seinen Auftrag sowie die Beziehung zum Unternehmen proaktiv **mitgestalten,** zB durch Empfehlungen.

4. Auswahl des Monitors

Die Auswahl des Monitors bedeutet für das Unternehmen eine **entscheidende Weichenstellung.**[6851]

a) Anforderungsprofil

2940 Die **Qualifikationsanforderungen** an einen Monitor sind **einzelfallabhängig.**[6852] Es soll sich um eine respektierte und fachlich qualifizierte Persönlichkeit handeln[6853], die unabhängig von Behörde und Unternehmen ist und für den Einzelfall relevante Kompetenzen vorweisen kann.[6854] Maßgeblich für letzteres sind in erster Linie die begangenen Rechtsverstöße, die Größe und Struktur des Unternehmens und die Ziele des *Monitorship*. Grundsätzlich geeignet sind Juristen, Wirtschaftsprüfer, technische oder wissenschaftliche Sachverständige sowie Compliance-Experten.[6855] Empirische Untersuchungen zeigen, dass oft ehemalige US-Richter, Staatsanwälte[6856] oder Mitarbeiter der SEC[6857] eingesetzt werden. Im **Einzelfall** kommt auch eine Person als Monitor in Betracht, die **kein US-Staatsbürger** ist. Bei Siemens wurde zB der ehemalige deutsche Finanzminister, *Dr. Theo Waigel,* als Monitor eingesetzt. Allerdings wird dem Monitor dann im Regelfall ein *US Counsel to the monitor* zur Seite gestellt.[6858] Um zu gewährleisten, dass der Monitor **unabhängig** ist, muss das Unternehmen versichern, dass der Monitor weder bei ihm beschäftigt war, noch für einen Zeitraum von zumindest einem Jahr nach Ende des *Monitorship* für das Unternehmen tätig werden wird.[6859]

b) Auswahlverfahren

2941 **Rahmenbedingungen** für das Auswahlverfahren für DOJ-*Monitorships* ergeben sich aus dem *Morford*-Memorandum, das 2018 durch das *Benczkowski*-Memorandum ergänzt wurde.[6860]

2942 Die Auswahl des Monitors erfolgt meist aus einem **Pool** von **drei Kandidaten,** die das Unternehmen – ggf. nach informeller Vorabstimmung mit den Behörden – vorschlägt.[6861] Dabei müssen Nachweise über die Qualifikation und Unabhängigkeit der Kandidaten vorgelegt werden. Das Unternehmen muss erklären, welchen Kandidaten es bevorzugt.[6862] Die US-Behörden müssen den Vorschlägen nicht folgen. Das Auswahlverfahren läuft wie folgt ab:

2943 Die Kandidaten werden von der Strafabteilung des DOJ begutachtet und befragt.[6863] Das DOJ bildet dazu einen **ständigen Ausschuss** aus Staatsanwälten, der sich mit der **Auswahl** der Monitor-Kandidaten oder einem Veto gegen die (Vor-)Auswahl des Unternehmens befasst.[6864] Dieser besteht aus dem Ethikberater, dem stellvertretenden Generalstaatsanwalt *(designated assistant attorney general)* und dem Leiter der betreffenden Abteilung.[6865] Alle Beteiligten müssen sich an die *Conflict-of-Interest-Guidelines*[6866] halten.[6867] Der

---

[6850] *Delery*-Memorandum v. 13.4.2016, 5.
[6851] Siehe die Leitlinien im *Morford*-Memorandum v. 7.3.2008, 3f. und im *Benczkowski*-Memorandum v. 11.10.2018, 4f.
[6852] Siehe zum allgemeinen Anforderungsprofil *Morford*-Memorandum v. 7.3.2008, 3.
[6853] *Morford*-Memorandum v. 7.3.2008, 3, II. 1. „*…select a highly qualified and respected person or entity based on suitability for the assignment and all circumstances…*".
[6854] Siehe zum allgemeinen Anforderungsprofil *Morford*-Memorandum v. 11.10.2018, 3.
[6855] *Morford*-Memorandum v. 7.3.2008, 3.
[6856] Vgl. *Waltenberg* CCZ 2017, 146; hierzu kritisch *Diamantis* GIR, The Guide to Monitorships, S. 83 mwN.
[6857] *Ford/Hess* J. Corp. L. 34 (2008–2009), 679, 713; *Khanna/Dickinson* Mich. L. Rev. 105 (2007), 1713 (1722).
[6858] *Schwarz* CCZ 2011, 59 (61); bei Siemens war dies *Joseph Warin*.
[6859] S. *Lissack/Leslie/Morvillo/McGrath/Ferguson* in Practitioner's Guide to Global Investigations, 2. Aufl. 2018, Ziff. 32.4, S. 492.
[6860] *Benczkowski* Memorandum v. 11.10.2018.
[6861] *Benczkowski* Memorandum v. 11.10.2018, 4; *Morford*-Memorandum v. 7.3.2008, 4.
[6862] *Benczkowski* Memorandum v. 11.10.2018, 5.
[6863] Zu den Inhalten s. iE *Benczkowski*-Memorandum v. 11.10.2018, 6.
[6864] „*The Criminal Division shall create a Standing Committee on the Selection of Monitors (the 'Standing Committee')*." *Benczkowski*-Memorandum v. 11.10.2018, 3; Bspw. durch Befragungen der Kandidaten; s. iE *Benczkowski*-Memorandum v. 11.10.2018, 6.
[6865] *Benczkowski*-Memorandum v. 11.10.2018, 3.

Ausschuss soll den Kandidaten auswählen, der am besten **qualifiziert** ist, das höchste **Ansehen** genießt, **öffentliches Vertrauen** genießt und für die konkrete Aufgabe unter Berücksichtigung aller Aspekte am besten geeignet erscheint.[6868] Der Monitor muss „*über jegliche Zweifel an* [seiner] *Integrität erhaben sein.*"[6869] Vereinzelt akzeptierte das DOJ einen zunächst zur Aufklärung vom Unternehmen beauftragten Berater als Monitor, wie zB im Fall Daimler. Der Generalstaatsanwalt muss der Auswahl des ständigen Ausschusses zustimmen.[6870] Erscheinen **alle** Kandidaten **ungeeignet,** muss das Unternehmen **binnen 20 Tagen** weitere Kandidaten vorschlagen.[6871]

Auch andere Behörden, wie zB die **SEC,** übernehmen die Auswahlrichtlinien des DOJ. In bestimmten Verfahren kann die SEC dem Unternehmen erlauben, **selbst** einen Monitor **auszuwählen,** soweit er aus Sicht der SEC nicht ungeeignet erscheint.[6872]

2944

In der Praxis nehmen die **US-Behörden** – im Rahmen von *Guilty Pleas* auch die Gerichte – **maßgeblichen Einfluss** und haben häufig das letzte Wort bei der Auswahl des Monitors.[6873] Unternehmen sollten daher schon während der Vergleichsverhandlungen darauf drängen, konkrete Auswahl- und Ausschlusskriterien zu verhandeln,[6874] um etwaigen Differenzen mit den US-Behörden vorzubeugen.

2945

5. Beziehung zwischen Monitor und Unternehmen

Die Einzelheiten der Beziehung zwischen Monitor und Unternehmen sowie das Ziel des *Monitorship* werden stets grundlegend in dem **Vergleich** geregelt. Für Unternehmen ist es daher von großer Bedeutung, dessen **Bedingungen** im Vorfeld **sorgfältig** und mit Bedacht **auszuhandeln.**[6875] Um **Missverständnisse** über den Umfang des *Monitorship,* die Rolle des Monitors und die Verpflichtungen des Unternehmens möglichst zu **vermeiden,** sollten spätestens an dieser Stelle erfahrene Berater hinzugezogen werden.

2946

Unternehmen sollten im Vergleich auf möglichst **detaillierte Regelungen** zu folgenden Aspekten hinwirken: Erforderliche Qualifikationen des Monitors, Ablauf des Auswahlprozesses, Auswahlfrist nach Abschluss des Vergleichs, Laufzeit des *Monitorship* mit Regelungen für den Fall der Verlängerung oder Verkürzung,[6876] die **Rolle,** die **Aufgaben, Umfang** der **Befugnisse** und die **Vergütung** des Monitors, Verfahren zur Konfliktlösung, Umfang und Grenzen der Berichtspflicht des Monitors.[6877] Wesentlich ist auch die Frage der Vertraulichkeit der Monitor-Berichte, insbesondere mit Blick auf deutsche gesellschaftsrechtliche und deutsche/europäische datenschutzrechtliche Beschränkungen (→ Rn. 3022).

2947

Der Vergleich sollte auch Regelungen zum Umgang mit **weiteren Compliance-Verstößen** enthalten, die der Monitor während seiner Tätigkeit im Unternehmen entdecken könnte. Für Unternehmen und Behörden muss klar sein, welche Compliance-Verstöße der Monitor der Behörde melden muss und welche Fälle er nach seinem Ermessen entweder der Behörde oder zunächst nur dem Unternehmen mitteilen kann. Nach Ansicht des DOJ kann es in besonderen **Ausnahmefällen** angezeigt sein, dass der Monitor **direkt** und ausschließlich **an die Behörde** berichtet. Dazu gehören folgende Fälle: Das Fehlverhalten (i) bedeutet ein Gesundheits- oder Umweltrisiko für die Allgemeinheit, (ii) betrifft das oberste Management/die Geschäftsleitung *(senior management),* (iii) umfasst eine Behinderung der (US-)Justiz oder (iv) hat kriminelle Handlungen zum Gegenstand, die die Behörde initiativ und/oder verdeckt untersuchen kann. Umgekehrt kann es Fälle geben, in denen der Monitor nach **eigenem Ermessen** entscheidet, dass die Vorwürfe nicht direkt an die Behörde gemeldet werden müssen[6878], etwa wenn nur **schwache Indizien** für weiteres Fehlverhalten vorliegen.

2948

Die Vergleichsvereinbarung und die Vereinbarung mit dem Monitor (das sog. *monitor-agreement*) sollten zudem eine **Klausel zum anwendbaren Recht** enthalten. US-Behörden werden regelmäßig darauf

2949

[6866] 18 U.S. C. § 208, 5. Part 2635 und 28 U.S. R. Part 45.
[6867] *Benczkowski*-Memorandum v. 11.10.2018, 4.
[6868] *Benczkowski*-Memorandum v. 11.10.2018, 4; *Morford*-Memorandum v. 7.3.2008, 2.
[6869] *Schwarz* CCZ 2011, 59 (60).
[6870] Näheres s. *Benczkowski*-Memorandum v. 11.10.2018, 7 f.
[6871] *Benczkowski*-Memorandum v. 11.10.2018, 6, je nach Lage des Einzelfalls auch mehr.
[6872] *Frank* in Stuart, SEC Compliance and Enforcement Answer Book (2017 Edition), Q 9.5.
[6873] *Khanna/Dickinson* Mich. L. Rev. 105 (2007), 1713 (1723); vgl. *United States v. Fokker Services BV,* 818 F.3d 733 (D:C: Cir. 2016) at p. 747; *SEC v. Citigroup Global Markets,* 752 F.3d 285 (2d Cir. 2014); *U.S. Commodity Futures Trading Commission v. Deutsche Bank,* 2016 WL 6135664, at. 1–3 (U.S. N.Y 20 October 2016).
[6874] Vgl. *Benczkowski*-Memorandum v. 11.10.2018, 4; *Morford*-Memorandum v. 7.3.2008, 4; ABA-Standards, 24-2; 24-2.4; 24-2.4; vgl. auch *Lissack/Leslie/Morvillo/McGrath/Ferguson* in Practitioner's Guide to Global Investigations, 2. Aufl. 2018, Ziff. 32.4, S. 491.
[6875] *Khanna/Dickinson* Mich. L. Rev. 105 (2007), 1713 (1725); *Ford/Hess* J. Corp. L. 34 (2008/2009), 679 (697).
[6876] *Benczkowski*-Memorandum v. 11.10.2018, 3.
[6877] Vorschläge für Regelungen in der Vergleichsvereinbarung s. a. *Khanna/Dickinson* Mich. L. Rev. 105 (2007), 1713 (1738).
[6878] *Morford*-Memorandum v. 7.3.2008, 6 Principle 7.

achten, dass die Anwendbarkeit von US-Recht und eine Gerichtsstandvereinbarung vereinbart werden, um eine ausschließliche Zuständigkeit der US-Gerichte zu begründen.

2950 Im Interesse des Unternehmens liegt zudem die Vereinbarung bestimmter **Meilensteine,** vor allem, um die Umstände der Beendigung einzelner Phasen sowie des *Monitorship* insgesamt zu definieren.[6879] Entscheidend ist die Kenntnis der Referenzregelungen *(benchmark-terms),* die sich in ähnlichen Vergleichen mit *Monitorship* finden. Ebenso ist eine genaue Kenntnis der Umstände erforderlich, die den eigenen Fall von anderen vergleichbaren Fällen unterscheidet.[6880]

a) Ziele des Monitorship

2951 Wie gezeigt, werden die **konkreten Ziele** des Monitors in dem jeweiligen Vergleich **stets individuell definiert.** Ein *Monitorship* soll auf das jeweilige Fehlverhalten und das konkrete Unternehmen **abgestimmt** sein.

2952 Übergeordnetes **Ziel** eines *Monitorship* ist stets, eine Wiederholung des Rechtsverstoßes zu verhindern und die **Compliance** im Unternehmen zu **stärken.**[6881] Das *Monitorship* ist zukunftsgerichtet[6882] und dient weder der nochmaligen oder weiteren Aufklärung des Rechtsverstoßes, noch soll es den Charakter einer zusätzlichen Strafe haben.[6883] Der Monitor ist mithin nicht Teil oder **Hilfsperson** der US-amerikanischen Exekutive.[6884] Das (Letzt-)Entscheidungsrecht über Erfolg oder Scheitern des *Monitorship* liegt bei der Behörde. Der Monitor soll für einen bestimmten Zeitraum daran mitwirken und überwachen, dass das Unternehmen die **Vergleichsbedingungen umsetzt** und die **Ursache** *(root cause)* des Fehlverhaltens **beseitigt.**[6885] Dabei soll er die bestehenden Compliance-Systeme sowie die Unternehmenskultur überprüfen und Verbesserungsvorschläge *(recommendations)* unterbreiten.

2953 Ein *Monitorship* entfaltet wegen seiner Auswirkungen auf das Unternehmen **general-** wie **spezialpräventive Wirkung.** Der Einsatz eines Monitors soll Unternehmen zur Rechtstreue anhalten. Zugleich wird auch die **US-Justiz entlastet,** da umfangreiche Ermittlungs- und komplexe Strafverfahren vermieden werden können. Die hohe öffentliche Aufmerksamkeit hält das Unternehmen zur Einhaltung der Vergleichsbedingungen und zur Rechtstreue an, was aus Sicht der US-Behörden ein willkommener Nebeneffekt ist.

b) Befugnisse des Monitors

2954 Ob durch ein *Monitorship* die zuvor genannten Ziele erreicht werden, hängt maßgeblich vom Umfang der dem Monitor zugestandenen Kompetenzen ab. Auftrag und Befugnisse des Monitors werden in den Vergleichen oft nur **vage definiert.**[6886] Die Behörden orientieren sich in der Regel an dem **Rechtsverstoß** und den zugrunde liegenden **organisatorischen Verfehlungen** des Unternehmens. Die **präzise Vereinbarung** der Befugnisse und Pflichten des Monitors bietet allen Beteiligten **verbindliche Rahmenbedingungen,** auf die sie sich verlassen und einstellen können.[6887] Ein Monitor mit klar abgegrenztem Auftrag wird zudem weniger Informationen sammeln und kann zeiteffizienter arbeiten.[6888] Je abstrakter[6889] der Auftrag seitens der Behörde formuliert wird, desto mehr **Interpretationsspielraum** verbleibt dem Monitor zur Bestimmung seiner Rolle, was nicht im Interesse des Unternehmens ist.

2955 Wie die Auflagen der Behörden im Detail zu verstehen sind und mit welchen Mitteln und Schritten sie umgesetzt werden sollen, stellt sich meist erst im Diskurs mit dem Monitor heraus. Untersuchungen vergangener US-*Monitorships* zeigen, das Monitore ihren **Gestaltungsspielraum** unterschiedlich intensiv nutzen. So gibt es Monitore, die versuchen, sich proaktiv auch in operative Fragen einzubringen und solche, die in einer eher passiven, beratenden Rolle verbleiben.[6890]

[6879] *Bourtin* in Practitioner's Guide to Global Investigations, 4. Aufl. 2020, Ziff. 24.5.2, S. 439 f.
[6880] *Bourtin* in Practitioner's Guide to Global Investigations, 4. Aufl. 2020, Ziff. 24.5, S. 436.
[6881] *Benczkowski*-Memorandum v. 11.10.2018, 1; *Barofsky/Cipolla/Schrantz* GIR, The Guide to Monitorships, 2019, S. 14 f.
[6882] *Zulauf/Studer* GesKR 2018, 301 (309).
[6883] Vgl. *Willms* CCZ 2020, 57 (60): „*Der Compliance Monitor ist ausdrücklich kein Investigator.*"
[6884] S. dazu auch *Rheyn* CCZ 2011, 48 (51).
[6885] *Waltenberg* CCZ 2017, 146 (148); *Zulauf/Studer* GesKR 2018, 301 (302).
[6886] *Khanna/Dickinson* Mich. L. Rev. 105 (2007), 1713 (1724).
[6887] Zu den Vorteilen s. a. *Khanna/Dickinson* Mich. L. Rev. 105 (2007), 1713 (1724); *Ford/Hess* J. Corp. L. 34 (2008/2009), 679 (697).
[6888] *Zulauf/Studer* GesKR 2018, 301 (309).
[6889] *Khanna/Dickinson* Mich. L. Rev. 105 (2007), 1713 (1724).
[6890] *Khanna/Dickinson* Mich. L. Rev. 105 (2007), 1713 (1727 ff., 1731 f.); als Typen herausgearbeitet haben *Ford/Hess* J. Corp. L. 34 (2008–2009), 679 (707): „*Advisor, Auditor, Associate and Autocrat.*"

2956 Aufgrund seiner exponierten Stellung zwischen Unternehmen und Behörden werden dem Monitor in der Regel **weitgehende Kompetenzen** zugestanden,[6891] wie etwa (i) Einsicht in alle relevanten Unternehmensunterlagen *(document review)*, (ii) Gespräche mit Organen, Mitarbeitern, dem Betriebsrat und weiteren Stakeholdern des Unternehmens *(interviews)*, (iii) Zugriff auf personelle und technische Ressourcen des Unternehmens (bspw. auf die interne Revision oder ein eigens im Unternehmen eingerichtetes **„Monitor Office"**), (iv) Prüfung operativer, organisatorischer und rechtlicher Betriebsabläufe, (v) Prüfung der **Vergütungs-** und **Incentivierungsprogramme** des Vorstands und der Mitarbeiter auf „Fehlanreize", (vi) Durchführung sog. *site visits* vor Ort in Büros und Produktionsstätten und (vii) **Teilnahme** an ausgewählten Sitzungen des Vorstands und des Aufsichtsrats. Der Monitor gibt auf Grundlage seiner Erkenntnisse **faktisch verbindliche Empfehlungen** *(recommendations)* (→ Rn. 2982) zur Verbesserung des bestehenden oder Einführung eines neuen Compliance-Systems *(Compliance and Ethics Program (CEP)*. Darüber hinaus könnte ein Monitor im Einzelfall auch den Wunsch äußern, der **Hauptversammlung** berichten zu wollen, wie zB *Louis Freeh* bei Daimler. Hier ist mit Blick auf die Rolle des Monitors und die trotz eines *Monitorship* unangetastete Kompetenzordnung der Aktiengesellschaft Zurückhaltung geboten (→ Rn. 2981).

2957 Ob und in welchem Umfang der Monitor verpflichtet ist, die Interessen des Unternehmens zu wahren, lässt sich nur nach Lage des Einzelfalls beurteilen. Bei all dem ist zu beachten, dass der Monitor gegenüber dem Unternehmen in der Regel nicht die Erfüllung bestimmter Pflichten schuldet. Da die Beauftragung des Monitors in aller Regel durch einen *Engagement Letter* erfolgt, der US-amerikanischem Recht unterliegt, richten sich auch etwaige Treupflichten des Monitors nach US-amerikanischem Recht. Zudem haftet ein Monitor gegenüber dem Unternehmen regelmäßig nicht für Schäden, die im Zusammenhang mit seiner Tätigkeit entstehen (Haftung für Vorsatz ausgenommen). Dafür sorgt ein umfassender **Haftungsausschluss** mit **Freistellung**[6892] zu Gunsten des Monitors und seiner Mitarbeiter, der vom Unternehmen im Rahmen der Mandatsvereinbarung des Monitors in den meisten Fällen akzeptiert werden muss. Sollte der Monitor ausnahmsweise nach deutschem Recht mandatiert werden, kommen auftragsrechtliche Interessenwahrungs- und Rücksichtnahmepflichten in Betracht.

2958 Die **Befugnisse** des Monitors sind in grenzüberschreitenden Fällen durch zwingende nationale Vorschriften **begrenzt,** was in der Praxis nicht selten zu Diskussionen mit dem Monitor oder der Behörde führt. In Deutschland betrifft dies unter anderem zwingende Vorgaben des Gesellschafts-, Arbeits- und Datenschutzrechts (→ Rn. 2992 ff.; Rn. 3012 ff.).

c) Vertraulichkeit der Monitor-Berichte

2959 Die Stakeholder des Unternehmens, die Öffentlichkeit und möglicherweise durch das Unternehmen geschädigte Dritte sind daran interessiert zu erfahren, zu welchen Ergebnissen der Monitor kommt. Zugleich enthalten die meisten Vergleiche aber Regelungen zur Vertraulichkeit der Berichte des Monitors. Die **Veröffentlichung** von Berichten, die der Monitor an die Behörde und das Unternehmen zu erstatten hat (→ Rn. 2971 ff.), war deshalb Gegenstand zahlreicher Verfahren in den USA.[6893]

2960 Wie gezeigt, ist ein Monitor sowohl im Verhältnis zum Unternehmen als auch zur Behörde ein unabhängiger Dritter. Unternehmen und Monitor haben **kein klassisches Mandatsverhältnis** *(attorney-client relationship)*. Demzufolge unterliegen Informationen und Dokumente, die ein Monitor im Rahmen der Tätigkeit erhält, sowie die Kommunikation mit dem Monitor und von ihm im Rahmen des *Monitorship* erlangte oder erstellte Dokumente **nicht** der **anwaltlichen Schweigepflicht** *(attorney-client privilege)*.[6894] In der Regel behandeln Unternehmen, Monitor und die US-Behörden die Berichte aber vertraulich.

2961 In der Praxis stellen vor allem Vorlagepflichten im Rahmen von **Discovery**- oder **Disclosure** Verfahren[6895] die Unternehmen vor besondere Herausforderungen. Dort besteht ein **erhebliches Risiko,** dass vertrauliche Informationen nicht geheim gehalten werden können. Um zu verhindern, dass die schriftliche Kommunikation mit dem Monitor offengelegt werden muss, kann das Unternehmen im Vergleich auf ein sog. *privilege non-waiver agreement* hinwirken. Solche Vereinbarungen sollen möglichst umfassend die Vertraulichkeit der das *Monitorship* betreffenden Dokumente vor dem Zugriff Dritter bewahren.[6896] Allerdings erkennen viele US-Gerichte einen eingeschränkten **Verzicht** auf das *attorney-client privilege*

[6891] *Zwiebel/Lohmeier* Compliance Berater 2016, 250 (251).
[6892] Vgl. ABA-Standards, 24-4.5.
[6893] *USA v. HSBC Bank USA,* U.S. et al., No. 1:12-cr-00763-JG; *DePuy Orthopaedics, Inc, Pinnacle Hip Implant Products Liab. Litig.,* DL No. 3:11-MD-2244-K, 2013 WL 2091715 und *U.S. C. vs. AIG,* 712 F.3d 1, 5 (U.S. Cir. 2013).
[6894] *Warin/Diamant/Root* U. PA. J. Bus. L. 13 (2011), 321 (375).
[6895] *Warin/Diamant/Root* U. PA. J. Bus. L. 13 (2011), 321 (375); Das Risiko besteht insbesondere in common-law geprägten Jurisdiktionen, zB in USA, UK, Australien.
[6896] *Warin/Diamant/Root* U. PA. J. Bus. L. 13 (2011), 321 (375).

nicht an.[6897] Unternehmen sollten daher versuchen, im Vergleich auf eine Regelung hinzuwirken, nach der das Unternehmen besonders sensitive Informationen grundsätzlich weder den Behörden noch dem Monitor gegenüber offenlegen muss.[6898]

d) Pflichten des Unternehmens

2962 aa) **Kooperation.** Im Rahmen der Vergleichsvereinbarung verpflichtet sich das Unternehmen, mit dem Monitor und den US-Behörden **vollständig** zu **kooperieren,** die Empfehlungen umzusetzen, die der Monitor zur Verbesserung des Compliance-Systems gibt (→ Rn. 2982), und so zum Erfolg des *Monitorship* beizutragen.[6899] Die **Kooperationsbereitschaft** des Unternehmens ist von **zentraler Bedeutung.** Sie bezieht sich darauf, angeforderte Dokumente zügig zur Verfügung zu stellen, Zugang zu allen Einrichtungen des Unternehmens zu gewähren und größtmögliche Anstrengungen *(best efforts)* betreffend den Zugang zu (ehemaligen) Mitarbeitern, Lieferanten, Händlern, Beratern zu gewährleisten. Monitore erwarten dabei nicht nur, dass die Anfragen zeitnah und umfassend bearbeitet werden, sondern auch, dass die zuständigen Mitarbeiter des Unternehmens vollständige, aber vor allem **zweckdienliche** und verständliche **Informationen,** möglichst in englischer **Übersetzung** bereitstellen. Die anspruchsvollen Anforderungen des Monitors zu erfüllen, ist für das Unternehmen, seine Organe und Mitarbeiter eine nicht zu unterschätzende Aufgabe. Es empfiehlt sich, frühzeitig eine passende **Projektstruktur** auszuarbeiten sowie ein mit ausreichenden Personal- und Sachmitteln ausgestattetes **Projektmanagement** einzurichten → Rn. 3004 ff.

2963 bb) **Kosten.** Die **Kosten** für den Monitor, sein Team und seine Berater trägt das **Unternehmen.** Unternehmen sollten den Kostenaspekt schon bei der Auswahl der Kandidaten berücksichtigen. Unternehmen können von potenziellen Kandidaten einen schriftlichen **Überblick** über ihr Verständnis der Tätigkeit, den Umfang und Ablauf des *Monitorship* sowie den Kostenrahmen erbitten.[6900] In der **Mandatsvereinbarung** zwischen Monitor und Unternehmen sollten zudem die **Stundensätze** und die voraussichtlichen **Gesamtkosten** festgehalten werden. Die *ABA-Standards* enthalten Anhaltspunkte für vernünftige *(reasonable)* Kosten und Auslagen.[6901] Deutsche und europäische Unternehmen sollten im Blick haben, dass Stundensätze für US-Monitore von 1.000 USD nicht unüblich sind (→ Rn. 3008).[6902]

2964 Hinzu kommen erhebliche Kosten für die **Ausstattung** des Monitors und seines Teams. Je mehr der Monitor auf eigene (personelle) Ressourcen zurückgreifen muss, desto höher werden letztlich die Kosten für das Unternehmen.[6903] Das Unternehmen sollte daher für Anfragen des Monitors ausreichend **Mitarbeiter bereitstellen,** die mit allen von dem *Monitorship* betroffenen Prozessen und Abteilungen gut vertraut sind. Ziel sollte sein, den Informationsfluss zum Monitor möglichst effizient, zielgerichtet und schlank zu halten.

6. Möglicher Ablauf eines US-Monitorship

a) Laufzeit

2965 Monitore werden **üblicherweise** für etwa **drei bis vier Jahre** eingesetzt, so zB in den Fällen BAE Systems plc, Daimler AG, Universal Corp., Alcatel-Lucent U.S., Siemens AG, Statoil ASA.[6904] Ein *Monitorship* kann aber auch einen **kürzeren Zeitraum** umfassen, so zB in den Fällen Technip U.S. und Faro Technologies, Inc. (jeweils zwei Jahre), Paradigm U.S. (18 Monate), Ingersoll-Rand Co. Ltd. (sechs Monate), Westinghouse Air Brake Technologies Corp. und Halliburton (jeweils 60 Tage).[6905]

2966 Die Laufzeit des *Monitorship* orientiert sich an der **Schwere** des einschlägigen Compliance-Verstoßes und der zu erwartenden **Dauer** zur Aufarbeitung und Behebung der Defizite. Die US-Behörden berücksichtigen dabei die **bisherigen Anstrengungen** des Unternehmens, das Fehlverhalten eigenständig aufzuarbeiten und wiedergutzumachen. Da der Aufsichtsrat aus Sicht der Behörden und eines Monitors wegen seiner Unabhängigkeit vom Vorstand und aufgrund seiner Überwachungsfunktion eine Vertrauensstellung genießt, liegt ein besonderes Augenmerk auf Maßnahmen, die der Aufsichtsrat veranlasst hat oder die vom Aufsichtsrat zumindest begleitet werden. Dies gilt beispielsweise für eine vom Auf-

---

[6897] *Warin/Diamant/Root* U. PA. J. Bus. L. 13 (2011), 321 (376 f.).
[6898] So im Fall *Technip* (United States v. *Technip U.S.,* No. H-10-439 (U.S. Tex. 2010), vgl. dazu *Reyhn* CCZ 2011, 48 (56) mwN.
[6899] *Morford*-Memorandum v. 7.3.2008, 5.
[6900] So jedenfalls für die USA *Warin/Diamant/Root* U. Pa. BUS. L. 13 (2011), 321 (372).
[6901] ABA-Standard, 24-3.4.
[6902] *Zulauf/Studer* GesKR 2018, 301 (313 f.).
[6903] S. dazu *Warin/Diamant/Root* U. Pa. Bus. L. 13 (2011), 321 (374).
[6904] *Schwarz* CCZ 2011, 59 (61) mit Fn. 11.
[6905] *Schwarz* CCZ 2011, 59 (61) Fn. 11.

sichtsrat angestoßene Untersuchung des Sachverhalts oder Personalmaßnahmen auf Vorstandsebene. Je umfangreicher und aufwändiger die zur Vermeidung eines zukünftigen Compliance-Verstoßes erforderlichen Maßnahmen nach Einschätzung der Behörde voraussichtlich sein werden, desto länger wird das *Monitorship* dauern.[6906]

Nach dem **Morford-Memorandum** richtet sich die Laufzeit des *Monitorship* nach folgenden **Faktoren:**[6907]
- Art und Umfang des zugrundeliegenden Fehlverhaltens
- Ausprägung *(persuasiveness)* und Dauer des Fehlverhaltens im Unternehmen, einschließlich der „Mittäterschaft" *(complicity)* oder Beteiligung des oberen Managements
- Historie des Unternehmens im Hinblick auf ähnliche Verstöße
- Unternehmenskultur
- Umfang und Komplexität der in der Vereinbarung vorgesehenen Abhilfemaßnahmen, einschließlich der Größe des betreffenden Unternehmens oder Geschäftsbereichs
- Stand der Konzeption und Umsetzung von Abhilfemaßnahmen bei Beginn der Überwachung

In Vergleichen wird oft die Möglichkeit zur **Verlängerung** sowie, in selteneren Fällen, eine Option zur **vorzeitigen Beendigung** des *Monitorship* vorgesehen (→ Rn. 2974; 2985 ff.).

b) Phasen

Ein *US-Monitorship* unterteilt sich typischerweise in **drei Phasen:** *Initial Review, Follow-Up Review* und *Certification*.

aa) Work Plan. Zunächst erstellt der Monitor einen **Arbeitsplan,** in dem er seine Arbeit in den kommenden Phasen skizziert. Nachdem das Unternehmen und das DOJ die Gelegenheit zur Stellungnahme hatten, bestätigt das DOJ den endgültigen Arbeitsplan.[6908] Das Unternehmen kann und sollte soweit möglich aktiv, zB durch Anregungen, auf den Arbeitsplan **Einfluss nehmen.**[6909] Hierbei ist jedoch darauf zu achten, dass nicht der Eindruck mangelnder Kooperationsbereitschaft entsteht.

bb) Initial Review. Im Rahmen der **ersten Prüfungsphase** analysiert und bewertet der Monitor typischerweise Umfang und Gründe des Compliance-Verstoßes und verschafft sich einen Überblick über die allgemeine Risikolage des Unternehmens.[6910] Der Monitor **bewertet** zunächst die bestehenden Compliance-Systeme und deren Einbindung in die Unternehmenskultur. Er gibt eine **Einschätzung** zur **Risikolage** ab und bewertet zB den Umgang des Unternehmens mit Geschäftspartnern. Der **Schwerpunkt** seiner Prüfung liegt zunächst auf operativen Bereichen bzw. Unternehmensteilen, in denen der Compliance-Verstoß begangen wurde. Der Monitor analysiert und bewertet den *tone from the top* und befragt Mitarbeiter und Organmitglieder. Er prüft Art und Umfang der internen Compliance-Expertise, das Whistleblower-System, Umfang und Dauer bisheriger interner Ermittlungen sowie die unternehmensinterne Sanktionspraxis.

cc) Initial Review Report. Zum Abschluss der ersten Phase fertigt der Monitor einen vertraulichen (→ Rn. 2958 ff.) **Bericht** über die durchgeführten Prüfungen an[6911] und gibt **erste Empfehlungen** (→ Rn. 2982) zur Umsetzung der behördlichen bzw. gerichtlichen Auflagen.[6912] Diese müssen in der Regel innerhalb einer gewissen **Frist** umgesetzt werden und sind nicht rechtlich, aber **faktisch verbindlich.**[6913] Das Unternehmen sollte darauf achten, die Empfehlungen **fristgerecht** und **korrekt umzusetzen.** Umgekehrt darf das Unternehmen erwarten, dass sich der Monitor an im Vergleich vereinbarte zeitliche Vorgaben für die Dauer der Prüfung hält.[6914] Sonst besteht die Gefahr, dass der Monitor sein Mandat auf Kosten und zu Lasten des Unternehmens unangemessen lange ausdehnt.

dd) Follow-Up Reviews & Follow-Up Review Reports. Zu einem vorab festgelegten Zeitpunkt nach Abgabe des *Initial Review Reports* beginnt der Monitor mit seiner ersten **Folgeprüfung.** Der Monitor prüft in dieser Phase die Fortschritte des Unternehmens bei **Umsetzung** seiner bisherigen **Empfehlungen,** evaluiert die ergriffenen Maßnahmen und prüft, ob weiterer Anpassungsbedarf besteht. Zudem wird typischerweise die Prüfung auf weitere Unternehmensbereiche und Teile des Compliance-Systems erstreckt.

[6906] *Morford*-Memorandum v. 7.3.2008, 8.
[6907] *Morford*-Memorandum v. 7.3.2008, 7 Principle 8.
[6908] *Schwarz* CCZ 2011, 59 (61).
[6909] Empfehlung auch für das amerikanische Recht *Warin/Diamant/Root* U. Pa. Bus. L. 13 (2011), 321 (362 ff.).
[6910] *Reyhn* CCZ 2011, 48 (56).
[6911] *Waltenberg* CCZ 2017, 146 (152).
[6912] *Schwarz* CCZ 2011, 59 (61); *Wiedmann/Vogelsang* Newsdienst Compliance 2019, 210010, 4.
[6913] *Schwarz* CCZ 2011, 59 (61); *Warin/Diamant/Root* U. Pa. Bus. L. 13 (2011), 321 (367).
[6914] *Schwarz* CCZ 2011, 59 (61).

2973 Den auf diese Prüfung folgenden **Bericht** muss der Monitor ebenfalls innerhalb eines festgelegten Zeitraums nach Beginn der Prüfung erstellen. **Inhalt** des Berichts sind **Fortschritt** des *Monitorship* und aufgetretene Themen hinsichtlich des Ethik- und Compliance-Programms.[6915] Hierzu gehören insbesondere die Aktivitäten des Monitors, Aussagen zur Einhaltung des Vergleichs durch das Unternehmen sowie ggf. notwendige Änderungen, die die Einhaltung der Vereinbarung gewährleisten oder fördern.[6916] Der Monitor berichtet zudem über **ermittelte Missstände** und gibt **weitere Empfehlungen**. Der Monitor ist außerdem verpflichtet, an das DOJ zu berichten, wenn das Unternehmen seine Empfehlungen aus dem *Initial Review Report* **nicht** oder nicht **in angemessener Zeit** umsetzt. Das Unternehmen erhält in dem Fall Gelegenheit zur Stellungnahme. Der Bericht soll die Gründe des Unternehmens enthalten, warum die Empfehlung nicht umgesetzt wird. Das DOJ kann die Missachtung von Empfehlungen im Einzelfall bei seiner Entscheidung darüber berücksichtigen, ob das Unternehmen seinen Pflichten aus der Vergleichsvereinbarung vollständig nachgekommen ist.[6917] Je nach Laufzeit des *Monitorship* folgen **weitere Prüfungsphasen**, über die der Monitor ebenfalls Bericht erstattet.

2974 **ee) Certification Report & Certification.** Zum Ende der Laufzeit des *Monitorship* erstellt der Monitor einen **Abschlussbericht**. Bestenfalls bestätigt er darin, dass das Unternehmen alle erforderlichen Maßnahmen zufriedenstellend umgesetzt hat, das Compliance-Programm angemessen ausgestaltet ist und keine Wiederholungsgefahr des zugrundeliegenden Fehlverhaltens besteht. In diesem Fall **zertifiziert** der Monitor das unternehmenseigene Compliance-System. Zu Verlängerung des *Monitorship* und Aufhebung des Vergleichs → Rn. 2987 ff.

c) Arbeitsweise eines Monitors

2975 Neben der abstrakten Bewertung, ob die Vorgaben des Vergleichs effektiv eingehalten werden,[6918] prüft und bewertet ein Monitor das **Compliance-System** und spricht Empfehlungen zu dessen Verbesserung sowie zu **gelebter Integrität** und zu einer Unternehmenskultur mit **hohen ethischen Standards** aus. Der Monitor dokumentiert sowohl seine Ergebnisse, als auch die Umsetzung seiner Empfehlungen durch das Unternehmen und die mit ihm erfolgte Kooperation.

2976 **aa) Aktivitäten.** Insbesondere während der *Initial-Review*-Phase, aber auch in allen weiteren Phasen des *Monitorship*, fordert der Monitor sämtliche Dokumente an, die er für potenziell relevant hält, um das Fehlverhalten und die zur Aufarbeitung erforderlichen Maßnahmen zu ermitteln. Diese Anfragen müssen in der Regel **innerhalb kurzer Zeit** abgearbeitet werden. Da der Monitor regelmäßig ein **erhebliches Volumen** an Dokumenten anfordert, besteht die Gefahr, dass davon auch **vertrauliche Informationen** oder **personenbezogene Daten** betroffen sind, deren Relevanz für das *Monitorship* fraglich sein kann (→ Rn. 3022).

2977 Die für den Monitor bestimmten Daten werden vom Unternehmen typischerweise **digital** übermittelt oder direkt in einem digitalen Datenraum bereitgestellt. Dabei sind **datenschutzrechtliche Anforderungen** zu beachten. Im Einzelfall kann etwa entscheidend sein, in welcher **Jurisdiktion** der IT-Server steht, auf dem die Daten für den Monitor bereitgestellt werden. Bei besonders sensiblen Dokumenten kommen **Schwärzungen** oder eine **Einsichtnahme vor Ort** in Betracht. Sofern aufgrund des Fehlverhaltens weitere Gerichtsverfahren anhängig sind, besteht zudem die Gefahr, dass an den Monitor gegebene Informationen – insbesondere im anglo-amerikanischen Rechtskreis aufgrund eines *discovery*-Verfahrens – an die Kläger gelangen und gegen das Unternehmen verwendet werden (→ Rn. 2961). Die **Anfragen** des Monitors sind daher entsprechend zu **prüfen** und zu bewerten, ggf. mit Hilfe geeigneter Berater.

2978 Ein Monitor wird in der Regel die **Standorte** besuchen, an denen das Fehlverhalten schwerpunktmäßig aufgetreten ist. Diese Besichtigungen bedürfen **guter Vorbereitung**. Insbesondere sollten die gegenseitigen Erwartungen und Ziele sowie mögliche *interviews* und *document reviews* abgestimmt werden. Es empfiehlt sich, die Mitarbeiter am jeweiligen Standort über den Zweck des Besuchs zu informieren und um Kooperation zu bitten.

2979 Des Weiteren kann ein regelmäßiger **Dialog** des Monitors mit dem Vorsitzenden des Aufsichtsrats sowie ggf. bestimmter Ausschüsse für den Erfolg des *Monitorship* entscheidend sein. Ein solcher Austausch ist eine wichtige vertrauensbildende Maßnahme und sollte vom Aufsichtsrat proaktiv angeboten und nachgehalten werden.

2980 Außerdem kann ein Monitor darauf drängen, an **Sitzungen** des **Vorstands-** und **Aufsichtsrats** teilnehmen zu dürfen. Wegen der Vertraulichkeit der Beratung, Diskussion und Abstimmung in Gremiensit-

---

[6915] *Morford*-Memorandum v. 7.3.2008, 6.
[6916] *Morford*-Memorandum v. 7.3.2008, 6.
[6917] *Morford*-Memorandum v. 7.3.2008, 6 Principle 6.
[6918] *Morford*-Memorandum v. 7.3.2008, 6.

Der Monitor kann im Einzelfall den Wunsch äußern, nach erfolgreichem Abschluss des *Monitorship* auf 2981
der **Hauptversammlung** die *Certification* verkünden. Dem Monitor steht jedoch kein Teilnahmerecht an
der und auch kein Rederecht in der Hauptversammlung zu, da er im Verhältnis zur Gesellschaft Dritter
ist (→ Rn. 2991 ff.). Vorbehaltlich einer anderweitigen Satzungs- oder Geschäftsordnungsregelung entscheidet der Versammlungsleiter – wie bei der Zulassung sonstiger nicht teilnahmeberechtigter Personen
und Gäste – nach freiem Ermessen über die Teilnahme Dritter – und damit des Monitors – an der
Hauptversammlung.[6919] Ob eine solche Ansprache der Hauptversammlung durch den Monitor aus Sicht
der Gesellschaft ausnahmsweise sinnvoll sein kann, beispielsweise als ein Kommunikationsbaustein zur
Krisenbewältigung, muss in der Praxis sorgsam abgewogen und zwischen Vorstand, Aufsichtsrat und Monitor genau abgestimmt werden.

bb) Empfehlungen. Schwerpunkt der faktisch verbindlichen Empfehlungen ist in der Regel der **Aufbau** eines effektiven oder die **Verbesserung** eines bestehenden **Compliance-Systems** (zur Umsetzung 2982
durch Vorstand und Aufsichtsrat (→ Rn. 3009 ff.).

Vorschläge, die das Unternehmen als übermäßig **belastend, unvereinbar** mit geltenden Gesetzen 2983
oder anderen Vorschriften, **unpraktisch, übermäßig teuer** oder anderweitig nicht ratsam erachtet, kann
es **ablehnen**. Dies bedarf jedoch einer ausführlichen und substantiierten **Begründung**. Erzielen Monitor
und Unternehmen innerhalb der im Vergleich bestimmten Einigungsfrist eine Einigung über die Nichtumsetzung oder Alternativen, ist die zuständige Behörde zu informieren. Diese entscheidet, ob das Unternehmen durch die Nichtumsetzung gegen den Vergleich verstößt. Von der Ablehnungsmöglichkeit ist
daher mit äußerster **Zurückhaltung** Gebrauch zu machen.

Kommt es zu **Auseinandersetzungen** zwischen Monitor und Unternehmen, nimmt das DOJ nach 2984
dem *Grindler*-Memorandum nicht die Rolle einer Schlichtungs- bzw. Schiedsstelle ein,[6920] sondern beschränkt sich darauf zu klären, ob das Unternehmen die Voraussetzungen der Vereinbarung erfüllt.[6921]
Sofern die Streitgegenstände nicht im Zusammenhang mit der Verbesserung der *Corporate Compliance* oder
anderer im Vergleich geregelter Maßnahmen stehen, scheidet ein Eingreifen des DOJ aus.[6922] Das *Grindler*-Memorandum sieht jedoch einen jährlichen **offenen Dialog** zwischen Unternehmen und DOJ vor,
in dessen Rahmen das Unternehmen Anregungen oder Verbesserungsvorschläge, ua im Hinblick auf
Umfang und Kosten des *Monitorship* äußern kann.[6923]

7. Folgen bei Erfolg und Scheitern des *Monitorship*

Sieht der Vergleich die Möglichkeit einer **vorzeitigen Beendigung** des *Monitorship* vor, kann der Moni- 2985
tor diese bei Eintritt der Bedingungen empfehlen.[6924] Als mögliche **Gründe** für eine frühzeitige Beendigung nennt das *Morford*-Memorandum den Verkauf des betroffenen Geschäftsbereichs/Unternehmensteils
sowie den Kauf des gesamten betroffenen Unternehmens durch ein anderes Unternehmen, welches
ein funktionierendes Ethik- und Compliance-System hat. In diesen Fällen sei ein *Monitorship* nicht mehr notwendig.[6925] Gegebenenfalls ergeben sich hieraus im Einzelfall **Gestaltungsmöglichkeiten** zur **Verhinderung/Beendigung** eines *Monitorship*; dies ist natürlich nur denkbar, wenn nicht zentrale Unternehmensbereiche von den Missständen betroffen sind.

Zur **vorzeitigen Beendigung** des *Monitorship* können außerdem Meilensteine vereinbart werden, 2986
nach deren Erreichen der Monitor seine Zertifizierung ausstellt.[6926] Eine weitere Gestaltungsmöglichkeit
bieten Vergleiche, in denen das *Monitorship* nach einer bestimmten Zeit bzw. bei Erreichen eines bestimmten Ziels endet und das Unternehmen für einen weiteren Zeitraum/die verbleibende Laufzeit des
Vergleichs **selbst** an die zuständige Behörde **berichtet**.[6927]

[6919] HM, statt aller MüKoAktG/*Kubis* AktG § 118 Rn. 113; GroßkommAktG/*Mülbert* AktG § 118 Rn. 93; Hüffer/
Koch/*Koch* AktG § 118 Rn. 28.
[6920] *Grindler*-Memorandum v. 25.5.2010, 2.
[6921] *Grindler*-Memorandum v. 25.5.2010, 2.
[6922] *Grindler*-Memorandum v. 25.5.2010, 2.
[6923] *Grindler*-Memorandum v. 25.5.2010, 2f.
[6924] *Morford*-Memorandum v. 7.3.2008, 8 Principle 9 Satz 2.
[6925] *Morford*-Memorandum v. 7.3.2008, 8.
[6926] S. *Bourtin/Heglund/Galisewski* in Practitioner's Guide to Global Investigations, 2. Aufl. 2018, Ziff. 24.5, S. 373.
[6927] *Lissack/Leslie/Morvillo/McGrath/Ferguson* in Practitioner's Guide to Global Investigations, 4. Aufl. 2020, Ziff. 32.5.2,
S. 593.

2987 Erfüllt das Unternehmen die Vergleichsbedingungen nicht hinreichend oder besteht **weiterer Prüfungs-** und **Überwachungsbedarf,** kann der Monitor anstelle der Zertifizierung (→ Rn. 2974) die **Verlängerung** des *Monitorship* empfehlen. Auch mehrfache Verlängerungen sind möglich. Ob und wie lange das *Monitorship* verlängert wird, liegt im Ermessen der zuständigen US-Behörde; gesetzliche Regelungen oder von den US-Behörden anzuwendende Handlungsempfehlungen zur Dauer eines *Monitorship* existieren nicht. In der Praxis sind keine *Monitorships* bekannt, deren Gesamtdauer fünf Jahre überschritten hat.[6928]

2988 Gleiches gilt, wenn der Monitor **weiteres Fehlverhalten** entdeckt. In einem solchen Fall benachrichtigt – abhängig von der Art des Verstoßes (→ Rn. 2948) – der Monitor selbst oder die Behörde das Unternehmen über den Verstoß und gibt eine Möglichkeit zur Stellungnahme.

2989 **Scheitert** das *Monitorship,* setzt die Behörde im besten Fall einen **anderen Monitor** ein. Andernfalls kann der zivil- oder strafrechtliche **Vergleich** nach den darin festgelegten Maßstäben **gerichtlich durchgesetzt** oder aufgehoben werden. Die gerichtliche Geltendmachung der Ansprüche bzw. die Strafverfolgung werden dann unter Hinzuziehung sämtlicher ermittelter Informationen – **einschließlich** des *Statement of Facts* und ggf. **Guilty Plea** – wieder aufgenommen.[6929] Ein für das Unternehmen günstiger Prozessausgang ist daher unwahrscheinlich.

2990 Bei US-Unternehmen kann die Behörde bzw. das Gericht **schlimmstenfalls** zu dem Schluss kommen, dass das Unternehmen eine kriminelle Vereinigung ist. Dies hätte zur Folge, dass die **Auflösung der Gesellschaft** angeordnet wird und alle ihre Vermögenswerte dem Gericht übergeben werden müssen.[6930] Unternehmen mit Sitz in Deutschland wären von einer solchen Entscheidung über etwaige US-Tochterunternehmen zwar nur indirekt betroffen, der Reputationsschaden wäre aber erheblich.

III. US-Monitorship in der deutschen Aktiengesellschaft

1. Stellung des Monitors im gesellschaftsrechtlichen Gefüge der AG

2991 Ein *Monitorship* ist keine organisatorische Compliance-Maßnahme des Vorstands, sondern, wie gezeigt (→ Rn. 2926), eine **Auflage** aus einem **strafrechtlichen Vergleich** mit einer US-Behörde. Aus aktienrechtlicher Sicht ist fraglich, ob das *Monitorship* in den Kompetenzbereich von Vorstand oder Aufsichtsrat fällt.

a) Verhältnis zu Vorstand und Aufsichtsrat

2992 Der Monitor selbst kann keine organschaftliche Stellung innehaben.[6931] Die Organe der Aktiengesellschaft sind im Aktiengesetz **abschließend** geregelt.[6932] Er ist rechtlich als unabhängiger Berater *sui generis* anzusehen,[6933] der die Aufarbeitung zurückliegenden Fehlverhaltens durch eine Verbesserung des Compliance-Systems unterstützt und überwacht. Ein *Monitorship* ist jedoch von **zentraler Bedeutung** für das gesamte Unternehmen und kann **erhebliche Auswirkungen** haben. Auftrag und Befugnisse des Monitors berühren regelmäßig die Kompetenzbereiche sowohl des Vorstands als auch des Aufsichtsrats. Daher müssen in der Regel **Vorstand und Aufsichtsrat** dem Abschluss eines Vergleichs mit US-Behörden **zustimmen,** wenn dort der Einsatz eines Monitors vorgesehen ist.

2993 Aus Sicht der Organe des Unternehmens ist besonders darauf zu achten, dass der Vergleich keine unzulässigen Eingriffe des Monitors in die **Leitungskompetenz** des Vorstands sowie die **Überwachungskompetenz** des Aufsichtsrats vorsieht.

2994 Der Vorstand darf sich nicht zu einem *Monitorship* verpflichten, dass seine Leitungsmacht derart einschränkt, dass er sie nicht mehr eigenverantwortlich ausüben kann, er insbesondere keinen **Ermessensspielraum** mehr hat. Wenn sich die Verpflichtungen des Unternehmens aus dem Vergleich auf das Compliance-System und auf Aspekte der Risikoprävention beziehen, dürfte dies weitgehend unproblematisch sein. Vorsicht ist geboten, wenn die Vergleichsbedingungen ausnahmsweise weitergehend auch auf die **strategische Ausrichtung** des Unternehmens abzielen, zB wenn der Rechtsverstoß aus Sicht der US-Behörden Anlass dazu gibt, dass betroffene Geschäftsfeld vollständig aufzugeben (zur Anwendung der *Business Judgment Rule* → Rn. 3011).

[6928] *Lissack/Leslie/Morvillo/McGrath/Ferguson* in Practitioner's Guide to Global Investigations, 4. Aufl. 2020, Ziff. 32.5.2; *Khanna/Dickinson* Mich. L. Rev. 105 (2007), 1713 (1721); *Schwarz* CCZ 2011, 59 (61).
[6929] *Khanna/Dickinson* Mich. L. Rev. 105 (2007), 1713 (1721).
[6930] „Corporate Death Penalty", 8C1.1 US Sentencing Guidelines, so im Fall *Nexus Technologies Inc.*; s. dazu *Warin/Diamant/Root* U. PA. BUS. L. 13 (2011), 321 (333).
[6931] So auch *Baums/v. Buttlar* ZHR (184) 2020, 259 (266).
[6932] Vgl. MüKoAktG/*Heider* AktG § 1 Rn. 106; Hüffer/Koch/*Koch* AktG § 76 Rn. 4.
[6933] AA *Baums/v. Buttlar* ZHR (184) 2020, 259 (265 f.).

Ebenso wenig disponibel ist die **Überwachungs- und Personalkompetenz** des Aufsichtsrats.[6934] Zunächst ist es gerade nicht die Aufgabe des Monitors, die Geschäftsleitung durch den Vorstand zu überwachen, sondern allein die Einhaltung und Umsetzung der Vergleichsbedingungen. Die (Überwachungs-) Aufgaben des Monitors müssen von denjenigen des Aufsichtsrats deutlich abgrenzbar bleiben und entsprechend eindeutig festgelegt werden. Der Monitor hat im Übrigen im Hinblick auf die Vorstandsmitglieder keine **Personalkompetenz,** die ausschließlich beim Aufsichtsrat verbleibt (→ Rn. 499).

b) Abgrenzung zum aktienrechtlichen Sonderprüfer, besonderen Vertreter sowie aufsichtsrechtlichen Sonderbeauftragen

Der Monitor ist weder mit dem aktienrechtlichen Sonderprüfer iSv § 142ff. AktG noch mit dem besonderen Vertreter iSv § 147 Abs. 2 AktG vergleichbar.[6935] Während es Ziel der **Sonderprüfung** ist, **Pflichtverletzungen aufzuklären** und damit die tatsächlichen Grundlagen für Ersatzansprüche der AG gegen ihre Gründer und Verwaltungsmitglieder zu ermitteln,[6936] soll der **besondere Vertreter** diese **Ansprüche** anstelle des eigentlich zuständigen Organs im Gesellschaftsinteresse **gerichtlich geltend machen.**[6937] Beide Institute tragen der Gefahr Rechnung, dass die zur Ermittlung von Pflichtverletzungen und zur klageweisen Geltendmachung der daraus folgenden Ersatzansprüche zuständigen Organe dies unterlassen.[6938]

Im Gegensatz dazu ist es **nicht** Aufgabe des Monitors, einen **Sachverhalt** zu **ermitteln,** der Ersatzansprüche der AG gegen Organmitglieder begründet. Der Sachverhalt steht zum Zeitpunkt des Vergleichsschlusses bereits fest (→ Rn. 2934). Das *Monitoring* bezieht sich nicht allein auf Pflichtverletzungen von Organen, sondern auf sämtliche im Unternehmen begangenen Rechtsverstöße, die Gegenstand der Ermittlungen der US-Behörde waren. Der Monitor soll auf dieser Grundlage **zukunftsgerichtet** und **präventiv** tätig werden, um das Fehlverhalten abzustellen und ein erneutes Fehlverhalten zu verhindern.[6939] Die gerichtliche Durchsetzung von Ersatzansprüchen ist weder Aufgabe des Monitors noch ist er dazu befugt. Im Übrigen werden Sonderprüfer und besonderer Vertreter von der **Hauptversammlung** der AG bestellt (§§ 142 Abs. 1 S. 1, 147 Abs. 2 S. 1 AktG), wohingegen sich der Vorstand mit Zustimmung des Aufsichtsrats gegenüber einer US-Behörde zu einem *Monitorship* verpflichtet und den Monitor mandatiert.

Auch mit einem **Sonderbeauftragen**[6940], den zB die Bundesanstalt für Finanzdienstleistungsaufsicht („BaFin") in Finanzinstituten einsetzen kann, ist der Monitor nur bedingt vergleichbar. Der Sonderbeauftragte ist wie ein Monitor vom Unternehmen weitgehend unabhängig und nimmt überwachende Aufgaben wahr, § 45c Abs. 1 S. 2, Abs. 2 Nr. 6 KWG. Außerdem muss das Finanzinstitut die Kosten des Sonderbeauftragten tragen, § 45c Abs. 6 KWG. Der Sonderbeauftragte wird jedoch im Gegensatz zum Monitor ohne vorherige Abstimmung mit dem Unternehmen von der Behörde bestellt und ist mit weitreichenderen **Eingriffskompetenzen** ausgestattet. Er hat insbesondere das **gesetzlich verankerte Recht,** an allen Sitzungen und Versammlungen der Organe und sonstiger Gremien des Instituts in beratender Funktion teilzunehmen und die Geschäftsräume des Instituts zu betreten, § 45c Abs. 1 S. 2, 3 KWG. Die BaFin kann dem Sonderbeauftragten außerdem Geschäftsleiter- und sogar Organaufgaben übertragen, § 45c Abs. 2 Nr. 1–4 KWG. Die Kompetenzen eines Sonderbeauftragten können daher deutlich weiter reichen, als die eines Monitors (→ Rn. 2954 ff.; 3009 ff.).

c) Rolle des Aufsichtsrats

Der Vorstand ist im Rahmen seiner Geschäftsleitungsbefugnis für die Verhandlung und den Abschluss des Vergleichs mit den US-Behörden zuständig. Trotz der **Primärverantwortlichkeit** des **Vorstands** als Vertreter des Unternehmens für die Organisation und Begleitung des *Monitorship* kommt auch dem Aufsichtsrat eine wichtige Rolle zu, die er aktiv ausgestalten sollte.

[6934] Hüffer/Koch/*Koch* AktG § 111 Rn. 1; GroßkommAktG/*Hopt/Roth* AktG § 111 Rn. 40; Kölner Komm AktG/ *Mertens/Cahn* AktG § 111 Rn. 10; BeckOGK/*Spindler* AktG § 111 Rn. 5.
[6935] Ähnl. zum Sonderprüfer *Baums/v. Buttlar* ZHR (184) 2020, 259 (266).
[6936] *Habersack* FS Wiedemann, 2002, 889 (892 ff.); s. a. MüKoAktG/*Arnold* AktG § 142 Rn. 5; Hüffer/Koch/*Koch* AktG § 142 Rn. 1; BeckOGK/*Mock* AktG § 142 Rn. 6; Kölner Komm AktG/*Rieckers/Vetter* AktG § 142 Rn. 17 f.; → Rn. 2687 ff.
[6937] S. nur MüKoAktG/*Arnold* AktG § 147 Rn. 16; Hüffer/Koch/*Koch* AktG § 147 Rn. 1; BeckOGK/*Mock* AktG § 147 Rn. 3; Kölner Komm AktG/*Rieckers/Vetter* AktG § 147 Rn. 2698; → Rn. 2852 ff.
[6938] MüKoAktG/*Arnold* AktG § 147 Rn. 16; Hüffer/Koch/*Koch* AktG § 142 Rn. 1, § 147 Rn. 1; BeckOGK/*Mock* AktG § 142 Rn. 6; Kölner Komm AktG/*Rieckers/Vetter* AktG § 142 Rn. 17 f., § 147 Rn. 16.
[6939] *Zulaufer/Studer* GesKR 2018, 310 (309); → Rn. 2951.
[6940] Zur Abgrenzung von weiteren Sachverständigen und von internen Ermittlern *Baums/v. Buttlar* ZHR (184) 2020, 259 (265).

3000 Selbstverständlich ist, dass der Aufsichtsrat den Vorstand bei der Organisation des *Monitorship* sowie der Umsetzung der Auflagen und Empfehlungen zu überwachen hat. **Gesteigerte Überwachungspflichten** bestehen, soweit Auflagen oder Empfehlungen in Unternehmensbereichen umzusetzen sind, in denen die Behörden zuvor **organisatorische Defizite** festgestellt haben. Sofern die Umsetzung bestimmter Einzelmaßnahmen oder Maßnahmenbündel ausnahmsweise von grundlegender Bedeutung für das Unternehmen ist, muss der Aufsichtsrat sie zum Gegenstand eines **Zustimmungsvorbehalts** machen.

3001 In Fällen, in denen ein mögliches **Fehlverhalten** des **Vorstands** zumindest auch Anlass des *Monitorship* ist, muss der Aufsichtsrat in der Zusammenarbeit mit dem Monitor eine aktive Rolle übernehmen. Der Aufsichtsrat ist verpflichtet, ein etwaiges Fehlverhalten des Vorstands aufzuklären (→ Rn. 354 ff.) und zu sanktionieren sowie ggf. Schadensersatzansprüche gegen Mitglieder des Vorstands durchzusetzen (→ Rn. 2339 ff.). Damit ist der Aufsichtsrat aus Sicht eines Monitors das Organ in der Aktiengesellschaft, das naturgemäß dazu berufen ist, das *Monitorship* mit Blick auf etwaige **Pflichtverletzungen** des **Vorstands** zu unterstützen. Es bietet sich an, diese Aufgabe auf den Prüfungsausschuss zu übertragen oder zu diesem Zweck einen besonderen Ausschuss im Aufsichtsrat zu etablieren. Darüber hinaus ist der Aufsichtsrat originär zuständig, wenn und soweit der Monitor **Empfehlungen** ausspricht, die in die **Kompetenz** des **Aufsichtsrats** fallen, beispielsweise Anpassungen der Ressort-Verteilung, der Geschäftsordnung des Vorstands oder im Bereich der Vorstandsvergütung.

3002 Im Übrigen richtet sich die Zuständigkeit von Vorstand und Aufsichtsrat nach Art und Inhalt der behördlichen Auflagen sowie der Empfehlungen des Monitors. Im Interesse des Unternehmens ist in jedem Fall eine **enge Kooperation** sowie ein regelmäßiger Informationsaustausch zwischen **beiden Organen** angezeigt, damit alle Auflagen und Empfehlungen durch das nach der aktienrechtlichen Kompetenzordnung zuständige Organ bearbeitet werden können.

d) Haftung

3003 Die Beauftragung des Monitors befreit Vorstand und Aufsichtsrat weder von ihren **Pflichten**[6941] noch von ihrer **Haftung**. Sie tragen dafür Sorge, dass die Aktivitäten des Monitors, insbesondere die Umsetzung der Empfehlungen, im Rahmen des nach deutschem Recht Zulässigen erfolgen (zu einzelnen Aspekten (→ Rn. 3009 ff.). Die **faktische Zwangslage** des Unternehmens angesichts der drohenden Konsequenzen bei Scheitern des *Monitorship* ändert nichts an der haftungsrechtlichen **Verantwortlichkeit** der Organe. Dementsprechend erfolgen alle Aktivitäten letztlich auf Weisung des jeweils zuständigen Organs in Ausübung seiner aktienrechtlichen Funktion. Es ist Aufgabe des Vorstands, die Mitarbeiter des Unternehmens zur Kooperation anzuweisen und die Einhaltung aller rechtlichen Vorschriften zu gewährleisten. Er ist gewissermaßen für die **Compliance** des **Compliance-*Monitorship*** verantwortlich. Dies muss der Aufsichtsrat seiner Funktion entsprechend überwachen. Die damit verbundenen rechtlichen Fragen müssen Vorstand und Aufsichtsrat nach **deutschem** Recht prüfen und entsprechend an den Monitor kommunizieren. Dabei ist das Organ für die Kommunikation (und ggf. Auseinandersetzung) mit dem Monitor zuständig, in dessen Kompetenzbereich der jeweilige Sachverhalt fällt.

2. Aufbau einer Monitorship-Struktur

3004 Damit das *Monitorship* erfolgreich und effizient verläuft, sollte das Management eine **Monitorship-Struktur** aufbauen. Diese ist je nach Lage des Einzelfalls unterschiedlich ausgestaltet, es haben sich aber einige *best practice*-Elemente gebildet:

3005 Der Monitor erwartet einen **festen Ansprechpartner** und Zugang zu hochrangigen Mitarbeitern.[6942] Deshalb sollte ein Mitglied der obersten Führungsebene – im Idealfall des Vorstands – als zentraler Ansprechpartner fungieren. Darüber hinaus ist es – je nach Größe des Unternehmens und Umfang des *Monitorship* – sinnvoll, eine eigene **Abteilung** mit weisungs- und entscheidungsbefugten Mitarbeitern aus dem für das *Monitorship* relevanten Unternehmensbereich zu bilden *(Monitorship-Office)*. Eine solche eigene *Monitorship*-Abteilung mit hinreichender Personalstärke begünstigt nicht nur den **Ablauf** des *Monitorship*, sondern kann auch zu **Kosteneffizienz** beitragen und eine effektive Kontrolle des Informationsflusses unter Wahrung des deutschen Rechts gewährleisten. Separate **Workstreams** zu einzelnen Themenschwerpunkten, innerhalb derer jeweils die inhaltliche Bearbeitung und eine spezifische rechtliche Prüfung der Anfragen und Empfehlungen unter Hinzuziehung der Fachabteilungen erfolgen, fördern die Effizienz des *Monitorship* zusätzlich.

[6941] Zu denken ist hier insbesondere an die aus der allgemeinen organschaftlichen Sorgfaltspflicht abzuleitende Compliance Pflicht. Diese kann in die Legalitäts- und Legalitätskontrollpflicht unterteilt werden.

[6942] Dies betonend *Warin/Diamant/Root* U. Pa. Bus. L. 13 (2011), 321 (373).

3. Konfliktpotenzial

a) Betriebliche Spannungsfelder

aa) Operatives Geschäft. Die Monitor-Aktivitäten werden das operative Geschäft **beeinflussen**. Neben zu bearbeitenden Dokumentenanfragen werden zahlreiche Meetings und Workshops in größerem und kleinerem Rahmen erforderlich, die Managementkapazitäten binden. Hinzu kommt die teils aufwendige Umsetzung der Empfehlungen des Monitors. 3006

bb) Integration und Akzeptanz des Monitorteams. Der Monitor ist ein Fremdkörper im Unternehmensgefüge, was bedingt durch seine Stellung und Befugnisse zu Skepsis und Kritik der Mitarbeiter führen kann. Entscheidend für den Erfolg des *Monitorship* sind ein **offener Dialog** und erkennbarer **Kooperationswille** gegenüber dem Monitor. Deshalb sollten die **Notwendigkeit** und der **Nutzen** des *Monitorship* zielführend kommuniziert sowie auf **konstruktive Zusammenarbeit** hingewirkt werden. **Konflikte** sollten unbedingt proaktiv und konstruktiv thematisiert und gelöst werden. Um die Akzeptanz des *Monitorship* zu erhöhen, empfiehlt es sich, den **Betriebsrat** frühzeitig zu informieren und einzubeziehen. Gleichzeitig erfordert die Zusammenarbeit mit dem Monitor angesichts der zahlreichen rechtlich schwierigen Themen eine enge Zusammenarbeit mit der **Rechtsabteilung** und erfahrenen externen Beratern. Anfragen und Empfehlungen sollte keinesfalls ungeprüft nachgekommen werden. 3007

cc) Kosten. Ein weiteres Spannungsfeld sind regelmäßig die **erheblichen Kosten** für den Monitor und sein Team. Die oftmals als Monitore eingesetzten US-Anwälte werden mit hohen Stundensätzen vergütet.[6943] Nach Pressberichten berechnete *Theo Waigel* (Siemens) 500.000 EUR (5.000 EUR pro Tag bei 100 Tagen)[6944] und *Louis Freeh* (Daimler) 25 Mio. EUR pro Jahr[6945]; Credit Suisse soll *Neil Barofsky* und sein Team mit 22 Mio. CHF pro Monat vergütet haben.[6946] Hinzu kommen die erheblichen Kosten, die zur **Umsetzung** der **Empfehlungen** anfallen können.[6947] Dem gegenüber stehen die möglicherweise deutlich höheren Kosten und weiteren negativen Folgen, die ein über Jahre dauerndes Strafverfahren in den USA mit ungewissem Ausgang nach sich ziehen kann. 3008

b) Umsetzung der Monitor-Empfehlungen

Das *Monitorship* sowie die Auswahl des Monitors richten sich nach US-Recht (→ Rn. 2940 ff.). Die Durchführung des *Monitorship* berührt dagegen in erheblichem Maß das jeweilige **nationale Recht**. Nicht selten bestehen zwischen den Vorgaben des US-Rechts und denen des nationalen Rechts Differenzen bis hin zu Widersprüchen. Vorstand und Aufsichtsrat sollten das sich daraus ergebene rechtliche Spannungsverhältnis antizipieren und erkannte Konflikte der Rechtsordnungen bereits im Vorfeld, bestenfalls bereits in den Vergleichsverhandlungen, adressieren. Die Umsetzung der Monitor-Empfehlungen ist oft ein **Balanceakt** zwischen den Erwartungen der US-Behörde und des Monitors einerseits und nationalrechtlichen sowie unternehmensinternen Rahmenbedingungen andererseits. Untersuchungen zurückliegender *Monitorships* zeigen, dass die US-Behörden **zwingende** rechtliche Grenzen im Ausland respektieren.[6948] Sie müssen aber sorgfältig aufgezeigt, erläutert und auf den jeweiligen Fall hin eingeordnet werden. 3009

Das soeben angesprochene Spannungsverhältnis der einzelnen nationalen Jurisdiktionen zeigt sich in Deutschland insbesondere bei besonderen **arbeits- und datenschutzrechtlichen** Bestimmungen, die gegenüber den Monitor-Empfehlungen vorrangig zu beachten sind.[6949] Dies betrifft in der Praxis vor allem (i) **Kündigungen** (→ Rn. 3012 ff.), (ii) **Mitwirkungspflichten** der Mitarbeiter (→ Rn. 3015 ff.) so- 3010

[6943] Bis zu 1.200 USD, *Warin/Diamant/Root* U. Pa. Bus. L. 13 (2011), 321 (372).
[6944] *Kaiser* Manager-Magazin vom 11.1.2017 „Wie deutsche Konzerne mit US-Aufpassern klarkommen", siehe http://www.manager-magazin.de/unternehmen/artikel/compliance-monitor-fuer-vw-so-lief-es-bei-daimler-siemens-bilfinger-a-1129561-3.html (zuletzt abgerufen am 26.10.2020).
[6945] *Kaiser* Manager-Magazin vom 11.1.2017 „Wie deutsche Konzerne mit US-Aufpassern klarkommen", siehe http://www.manager-magazin.de/unternehmen/artikel/compliance-monitor-fuer-vw-so-lief-es-bei-daimler-siemens-bilfinger-a-1129561-2.html (zuletzt abgerufen am 26.10.2020).
[6946] *Zulauf/Studer* GesKR 2018, 301 (306) mwN in Fn. 33 und 34; *Hässig* Tagesanzeiger vom 12.11.2015, siehe https://www.tagesanzeiger.ch/wirtschaft/usaufpasser-kostet-die-credit-suisse-22millionen-franken-pro-monat/story/11153255 (zuletzt abgerufen am 26.10.2020).
[6947] Das Compliance-System von Bilfinger soll Kosten iHv 150 Mio. EUR verursacht haben, *Olaf Schneider* im Interview mit Juve vom 22.11.2017, siehe https://www.juve.de/nachrichten/namenundnachrichten/2017/11/interview-mit-bilfinger-berater-louis-freeh-180-millionen-fuer-compliance-und-nun (zuletzt abgerufen am 26.10.2020).
[6948] So zB DPA United States v. *Technip U.S.*, No. H-10-439 (U.S. Tex. 2010), Anh. D.
[6949] So setzte Daimler Datenschutz und Schutz für zu Unrecht Beschuldigte im internen Whistleblower-System entgegen den Vorstellungen des Monitors durch, Manager-Magazin vom 11.1.2017 „Wie deutsche Konzerne mit US-Aufpassern klarkommen", siehe http://www.manager-magazin.de/unternehmen/artikel/compliance-monitor-fuer-vw-so-lief-es-bei-daimler-siemens-bilfinger-a-1129561-2.html (zuletzt abgerufen am 26.10.2020).

wie (iii) die **Herausgabe** vertraulicher Informationen oder personenbezogener Daten an den Monitor (→ Rn. 3012 ff.).

3011 **aa) Umsetzung von Empfehlungen des Monitors als Ermessensentscheidung.** Bei der Entscheidung, ob und wie Auflagen und Empfehlungen umgesetzt werden, steht Vorstand und Aufsichtsrat ein Ermessen zu. Dabei ist stets zu bedenken, dass auch eine im Unternehmensinteresse liegende Umsetzung von Empfehlungen des Monitors **keine** gesetzliche **Handlungspflicht** begründet. Erst recht ist die Umsetzung von Empfehlungen des Monitors nicht der Legalitäts-(Kontroll-)Pflicht zuzuordnen. Es handelt sich vielmehr um eine **unternehmerische Entscheidung,** auf die die Grundsätze der *Business Judgment Rule* anzuwenden sind und die dogmatisch der Schadensabwendungspflicht zuzuordnen ist. Die Abwägungsentscheidung von Vorstand und Aufsichtsrat muss sich daher in erster Linie am wohlverstandenen **Unternehmensinteresse** ausrichten.[6950] Dabei müssen die Organe die Konsequenzen einer Nicht-Umsetzung als wesentliches **Abwägungskriterium** sorgfältig im Blick behalten. Ein möglicher Ausfall der Zertifizierung kann, wie gezeigt, zur Verlängerung des *Monitorship* mit gravierenden Reputations- und finanziellen Risiken führen. Im schlimmsten Fall droht das Scheitern des *Monitorship* und ein Wiederaufleben der Strafverfolgung. In der Praxis wird es daher oft zu einer **Ermessensreduktion** kommen, nach der nur eine pflichtgemäße Handlungsalternative verbleibt, nämlich die Umsetzung der Empfehlungen des Monitors. Grenzen sind das Legalitätsprinzip und die Wahrung der Kernkompetenzen von Vorstand und Aufsichtsrat (→ Rn. 2992 ff.).

3012 **bb) Einzelfälle. (1) Kündigungen.** Vergleiche mit US-Behörden und Empfehlungen eines Monitors sehen vielfach vor, dass sich das Unternehmen von den verantwortlichen (Führungs-)Personen trennt. Im Einzelfall kann eine sog. **Druckkündigung** aufgrund eines Compliance-Verstoßes auch gerechtfertigt sein: Eine Drucksituation als solche kann in **Ausnahmefällen** einen wichtigen Grund für eine außerordentliche Kündigung oder die soziale Rechtfertigung einer ordentlichen Kündigung darstellen, wenn eine anderweitige ordentliche oder fristlose Kündigung ausscheiden.[6951] Zunächst muss sich der Arbeitgeber jedoch schützend vor seinen Mitarbeiter stellen und die Kündigung muss alternativlos sein.[6952] Zu berücksichtigen ist außerdem das **Verhalten** des **Arbeitgebers:** Er kann sich nicht auf eine selbst in vorwerfbarer Weise herbeigeführte Drucksituation berufen.[6953] Der bloße **Druck** der US-Behörden oder -Gerichte reicht für sich genommen als **Kündigungsgrund** jedenfalls nicht aus.[6954]

3013 **Vorstandsmitglieder** können ausschließlich bei Vorliegen eines wichtigen Grundes **abberufen** werden, § 84 Abs. 3 S. 1 AktG. Die Abberufung fällt, ebenso wie die Bestellung, in die ausschließliche Kompetenz des Aufsichtsrats, § 84 Abs. 1 S. 1 AktG. Eine Verpflichtung des Unternehmens im Vergleich, bestimmte Vorstandsmitglieder abzuberufen wäre daher nach deutschem Recht nichtig, § 134 BGB. Im Fall der Abberufung von Vorstandsmitgliedern aus wichtigem Grund ist umstritten, ob die Grundsätze der *Business Judgment Rule* auf die Frage Anwendung finden, ob ein wichtiger Grund vorliegt.[6955] Jedenfalls hat der Aufsichtsrat aber ein Ermessen bei seiner Entscheidung, ob er das Vorstandsmitglied bei Vorliegen eines wichtigen Grundes abberuft, § 84 Abs. 3 S. 1 AktG (→ Rn. 205).

3014 Ob zB eine vom Monitor geforderte **Umstrukturierung** des Vorstands einen wichtigen Grund darstellen kann, ist umstritten.[6956] Jedenfalls müssen für die Neuausrichtung selbst hinreichend gewichtige Gründe vorliegen.[6957] Ob der Aufsichtsrat Vorstandsmitglieder aufgrund von **externem Druck** abberufen darf, ist ebenfalls zweifelhaft. Bei seiner Entscheidung darf er richtigerweise nur im Unternehmensinteres-

---

[6950] Zur Bindung der Organe an das Unternehmensinteresse im Allg. MüKoAktG/*Habersack* AktG Vor § 95 Rn. 13, § 116 Rn. 11; Hüffer/Koch/*Koch* AktG § 76 Rn. 36, § 116 Rn. 2; GroßkommAktG/*Oetker* MitbestG § 25 Rn. 22; zur Abberufung MüKoAktG/*Spindler* AktG § 84 Rn. 130.
[6951] ErfK/*Niemann* BGB § 626 Rn. 185; s. zur Druckkündigung eines Vorstandsmitglieds auch BGHZ 34, 392 = NJW 1961, 1306.
[6952] MüKoBGB/*Hergenröder* KSchG § 1 Rn. 293; Ascheid/Preis/Schmidt/*Kiel* KSchG § 1 Rn. 507; Gallner/Mestwerdt/Nägele/*Zimmermann* KSchG § 1 Rn. 797 jew. mwN.
[6953] Gallner/Mestwerdt/Nägele/*Zimmermann* KSchG § 1 Rn. 796.
[6954] Siehe zB https://www.wiwo.de/unternehmen/banken/commerzbank-deutsche-gesetze-schlagen-us-justiz/19996290.html (zuletzt abgerufen am 26.10.2020); https://daserste.ndr.de/panorama/aktuell/Kuendigung-wegen-US-Druck-ist-rechtswidrig,wirtschaftskrieg130.html (zuletzt abgerufen am 26.10.2020).
[6955] Dafür *Habersack* DB 2015, 787 (788); ebenso *Schockenhoff* ZIP 2017, 1785 (1786 f.); Lutter/Krieger/*Verse* AR Rn. 374; abl. MüKoAktG/*Spindler* AktG § 84 Rn. 130.
[6956] Abl. LG Frankfurt a. M. NZG 2014, 706; GroßkommAktG/*Kort* AktG § 84 Rn. 175a: nur bei grundlegender Umstrukturierung des Unternehmens; MHdB AG/*Wiesner* § 20 Rn. 56; dahingehend auch Lutter/Krieger/*Verse* AR Rn. 366; zurückhaltend MüKoAktG/*Spindler* AktG § 84 Rn. 134; dafür Hüffer/Koch/*Koch* AktG § 84 Rn. 35; iErg tendenziell auch BeckOGK/*Fleischer* AktG § 84 Rn. 123.
[6957] OLG Frankfurt a. M. NZG 2015, 514 (Rn. 20); *Kocher* BB 2014, 1233 (1235); GroßkommAktG/*Kort* AktG § 84 Rn. 175a; BeckOGK/*Fleischer* AktG § 84 Rn. 123; *Habersack* DB 2015, 787 (789 f.).

se handeln, um die Gesellschaft vor drohenden, nicht anders abwendbaren Schäden zu bewahren.[6958] Teilweise werden hier Parallelen zu den arbeitsrechtlichen Anforderungen an Druckkündigungen gezogen.[6959]

(2) Mitwirkungspflichten der Mitarbeiter. Da der Monitor nicht über ein selbstständiges Weisungsrecht verfügt,[6960] besteht eine **Auskunftspflicht** von Mitarbeitern gegenüber dem Monitor nur, wenn und soweit der Arbeitgeber sie entsprechend anweisen kann und auch anweist. Befragungen von Mitarbeitern durch den Monitor sind den Befragungen im Rahmen interner Untersuchungen durch Anwaltskanzleien vergleichbar. Für **unternehmensinterne Befragungen** gibt es bisher so gut wie keine verbindlichen Bestimmungen zu Auskunftspflichten und Aussageverweigerungsrechten. Auch Arbeitsverträge enthalten in der Regel keine Klauseln zu entsprechenden Mitwirkungspflichten. Aus dem **Weisungsrecht** des Arbeitgebers gem. § 106 GewO folgt aber, dass Mitarbeiter grundsätzlich verpflichtet werden können, an Befragungen teilzunehmen.[6961] Sofern der Monitor ehemalige Mitarbeiter befragen möchte, kann die Auskunftspflicht betreffend den ehemaligen Aufgabenbereich auf der **nachvertraglichen Treuepflicht** beruhen.[6962] 3015

Ob **Mitbestimmungsrechte** des **Betriebsrats** aus § 87 Abs. 1 Nr. 1 BetrVG bestehen, ist umstritten und hängt vom Kollektivbezug der Befragung ab.[6963] Jedenfalls muss der Arbeitgeber ihn unterrichten, sobald ein Mitbestimmungsrecht nicht ausgeschlossen ist, § 80 Abs. 2 S. 1 Hs. 1 BetrVG. Es ist je nach Lage des Einzelfalls zweckmäßig, den Betriebsrat unabhängig von einer rechtlichen Verpflichtung hinzuzuziehen, um die Akzeptanz des *Monitorship* unter den Mitarbeitern zu erhöhen.[6964] 3016

(3) Herausgabe von Daten an den Monitor und die US-Behörden. Soll das Unternehmen dem Monitor Dokumente vorlegen, die aufgrund **gesetzlicher Geheimhaltungspflichten** nicht ohne weitere Prüfung herausgegeben werden können, muss zusammen mit dem Monitor eine praktikable Lösung unter Beachtung nationaler Rechtsvorschriften gefunden werden. Vor der Herausgabe vertraulicher Dokumente kommen bspw. **Schwärzungen** (sog. *Redactions*) in Betracht. 3017

Der **Aufsichtsrat** hat grundsätzlich das Recht, den gesamten Datenbestand, einschließlich personenbezogener Daten, Berichte über *internal investigations* und forschungsbezogene Dokumente sowie Daten einzusehen, sofern dies im Zusammenhang mit seiner Funktion steht.[6965] Er ist insbesondere auch nicht Dritter iSv Art. 4 Nr. 10 VO (EU) Nr. 2016/679 **(„DS-GVO")**.[6966] Aufsichtsratsmitglieder sind im Rahmen ihrer **Treuepflicht** jedoch verpflichtet, über die ihnen durch ihre Tätigkeit im Aufsichtsrat bekannt gewordenen vertraulichen und geheimen Vorgänge der Gesellschaft Stillschweigen zu bewahren, § 116 S. 1 AktG, § 93 Abs. 1 S. 3 AktG. Es ist ihnen daher grundsätzlich verboten, aufgrund ihrer Organstellung erlangtes Wissen gegenüber **außenstehenden Dritten** zu offenbaren (→ § 3 Rn. 127).[6967] Die unbefugte Offenbarung von Gesellschaftsgeheimnissen durch Aufsichtsratsmitglieder ist strafbar, § 404 Abs. 1 Nr. 1 AktG. 3018

Dies gilt im Grunde auch dem Monitor gegenüber. Rechtlich schwierig kann es daher werden, wenn der Monitor an Sitzungen des Aufsichtsrats teilnimmt und dort **vertrauliche Informationen** in schriftlicher Form erhält. Solche Informationen unterliegen in der Regel nicht dem *attorney-client privilege* oder der *work-product doctrine* und könnten daher Gegenstand eines *discovery*-Verfahrens nach US-Recht werden (→ Rn. 2961). Da der Monitor in Bezug auf die Umsetzung der Vergleichsbedingungen neben der überwachenden auch eine beratende Funktion hat, kann eine Offenlegung im Einzelfall unter den Voraussetzungen der **Offenlegung** gegenüber externen Beratern erfolgen. Da der Monitor die Informationen in der Regel nur an die zuständige US-Behörde weitergeben darf und diese die Informationen üblicherweise ebenfalls vertraulich behandelt, ist die Vertraulichkeit insoweit ausreichend abgesichert. Eine **Sitzungs-** 3019

[6958] *Fleischer* DStR 2006, 1507 (1512); BeckOGK/*Fleischer* AktG § 84 Rn. 125 f.; GroßkommAktG/*Kort* AktG § 84 Rn. 173 ff.; Kölner Komm AktG/*Mertens/Cahn* AktG § 84 Rn. 131; MüKoAktG/*Spindler* AktG § 84 Rn. 135, 139.
[6959] BeckOGK/*Fleischer* AktG § 84 Rn. 126; MüKoAktG/*Spindler* AktG § 84 Rn. 139; aA zur Kündigung GroßkommAktG/*Kort* AktG § 84 Rn. 497a; ferner MüKoAktG/*Spindler* AktG § 84 Rn. 190 f.: nur in extremen Ausnahmesituationen.
[6960] So auch allg. *Baums/v. Buttlar* ZHR (184) 2020, 259 (266).
[6961] *Rudkowski* NZA 2011, 612; *Lützeler/Müller-Sartori* CCZ 2011, 19 (20).
[6962] *Kienast* in Wessing/Dann, Deutsch-Amerikanische Korruptionsverfahren, 1. Aufl. 2013, § 8 Rn. 10; zur nachvertraglichen Treuepflicht *Göpfert/Mertens/Siegrist* NJW 2008, 1703 (1707).
[6963] Differenzierend *Wybitul/Böhm* RdA 2011, 362; gegen ein Mitbestimmungsrecht *Grimm/Freh* ArbRB 2012, 241 (242); *Kienast* in Wessing/Dann, Deutsch-Amerikanische Korruptionsverfahren, 1. Aufl. 2013, § 8 Rn. 45; *Rudkowski* NZA 2011, 613 (615); *Wisskirchen/Glasner* DB 2011, 1147 (1149).
[6964] So auch *Kienast* in Wessing/Dann, Deutsch-Amerikanische Korruptionsverfahren, 1. Aufl. 2013, § 8 Rn. 46.
[6965] MüKoAktG/*Habersack* AktG § 111 Rn. 74, 77; *Hüffer* NZG 2007, 47 (53); Hüffer/Koch/*Koch* AktG § 111 Rn. 19.
[6966] MüKoAktG/*Habersack* AktG § 111 Rn. 74 Fn. 198 dort auch mwN; Hüffer/Koch/*Koch* AktG § 111 Rn. 19; Kölner Komm AktG/*Mertens/Cahn* AktG § 111 Rn. 52.
[6967] AllgM, vgl. nur BGH NJW 2016, 2569 Rn. 32; MüKoAktG/*Habersack* AktG § 116 Rn. 52 f.; Hüffer/Koch/*Koch* AktG § 116 Rn. 9.

teilnahme des Monitors lässt sich entsprechend wie die Teilnahme von Sachverständigen begründen, § 109 Abs. 1 S. 2 AktG. Der Monitor kann, einem Sachverständigen vergleichbar, zu ausgewählten Tagesordnungspunkten an Sitzungen des Aufsichtsrats teilnehmen. Eine pauschale Zulassung zu allen Sitzungen und allen Tagesordnungspunkten wäre hingegen unzulässig. **Protokolle** von Aufsichtsratssitzungen sollten dem Monitor mit Blick auf das Risiko einer erzwungenen Vorlage in *discovery*-Verfahren nach US-Recht möglichst nicht überlassen werden. Falls sich die Übergabe von Protokollen nicht vermeiden lässt, sollten kritische Passagen geschwärzt werden.

3020 Entsprechendes gilt auch für den **Vorstand,** der gem. § 93 Abs. 1 S. 3 AktG grundsätzlich zur Verschwiegenheit verpflichtet ist. Der Vorstand kann dem Monitor vertrauliche Informationen und Geheimnisse aus seiner Sphäre zur Verfügung stellen, wenn die Offenlegung im **Unternehmensinteresse** liegt.[6968] Dies dürfte in der Praxis regelmäßig der Fall sein, da die Erfüllung der Verpflichtungen aus dem Vergleich, einschließlich eines vom Monitor zur Überwachung geforderten Zugangs zu vertraulichen Informationen, im Interesse der Gesellschaft liegt.[6969] Gleichwohl ist im Einzelfall zu prüfen und abzuwägen, ob die Voraussetzungen einer erlaubten Offenlegung der konkret angeforderten Informationen vorliegen. Grundsätzlich dürfen nur solche Informationen an den Monitor weitergegeben werden, die für die Einhaltung des Vergleichs **erforderlich** sind und deren Offenlegung die sonstigen geschäftlichen oder rechtlichen Interessen des Unternehmens nicht unverhältnismäßig beeinträchtigt.

3021 Mit Blick auf das Teilnahme- und Informationsrecht des Monitors sind schließlich auch **insiderrechtliche Schranken** zu beachten. Ob die Offenlegung von Insiderinformationen gegenüber dem Monitor insiderrechtlich zulässig ist, richtet sich nach den allgemeinen Regeln (→ § 5 Rn. 124 ff.).

3022 Der Monitor wird zumindest Teile der erhaltenen Informationen an die US-Behörden **weitergeben** müssen, um seine Berichtspflicht zu erfüllen (zur Vertraulichkeit → Rn. 2959 ff.). Hinsichtlich **personenbezogener Daten** ist dabei sicherzustellen, dass die Anforderungen des deutschen/europäischen Datenschutzrechts eingehalten werden. Eine Offenlegung insbesondere nach Art. 6 Abs. 1 lit. f DS-GVO ist nur zulässig, soweit dies für die Umsetzung der Vergleichsbedingungen erforderlich ist und anonymisierte und aggregierte Informationen nicht ausreichen. Die Übermittlung personenbezogener Daten in die USA unterliegt rechtlichen Schranken. Bereits nach alter Rechtslage war die Übermittlung personenbezogener Daten an die US-Behörden fragwürdig.[6970] Ein **angemessenes Datenschutzniveau** besteht in den USA nach überwiegender Ansicht nicht.[6971] Zudem sind die US-Behörden zum Abschluss von sog. Standardvertragsklauseln nach Art. 46 Abs. 2 lit. c DS-GVO in der Regel nicht bereit. Die Übermittlung kann im Einzelfall und nach sorgfältiger Prüfung und Abwägung aber gleichwohl zulässig sein, Art. 49 Abs. 1 S. 1 lit. e DS-GVO.

IV. Exkurs: „Sachkundige Stelle" im deutschen Verbandssanktionsrecht

3023 Die **strafrechtliche Verantwortlichkeit** von **Unternehmen** und damit zusammenhängende *Monitorships* sind dem deutschen Recht bislang fremd. Die Idee eines Unternehmensstrafrechts fand und findet aber zunehmend auch in Deutschland Befürworter und war bereits seit einigen Jahren Gegenstand einer **intensiven Diskussion.**[6972] CDU/CSU und SPD hatten im Koalitionsvertrag für die 19. Legislaturperiode das Ziel formuliert, das Sanktionsrecht für Unternehmen neu zu regeln.[6973] Ein entsprechendes Gesetzgebungsverfahren ist mit dem Referentenentwurf für ein Verbandssanktionengesetz vom 15.8.2019 angestoßen worden. Dieser ist mit Blick auf die hier relevanten Teile wortgleich als **Verbandssanktion-**

[6968] MüKoAktG/*Spindler* AktG § 93 Rn. 158; Hüffer/Koch/*Koch* AktG § 93 Rn. 32; BeckOGK/*Fleischer* AktG § 93 Rn. 204; GroßkommAktG/*Hopt/Roth* AktG § 93 Rn. 300 ff., 310.
[6969] IErg ebenso *Baums/v. Buttlar* ZHR (184) 2020, 259 (267 f.).
[6970] Vgl. ausf. *Pohle* in Wessing/Dann, Deutsch-Amerikanische Korruptionsverfahren, 1. Aufl. 2013, § 9 Rn. 42 ff.
[6971] Däubler/Klebe/Wedde/Sommer/*Däubler* DSGVO Art. 45 Rn. 24; *Brisch/Laue* RDV 2010, 1 (6); Simitis/Hornung/Spiecker gen. Döhmann/*P. Schantz* DSGVO Art. 45 Rn. 41; *Spies* MMR 7/2007, V (VII).
[6972] Zur Diskussion ua Entwurf eines Gesetzes vom 18.4.2013 zur Einführung der strafrechtlichen Verantwortlichkeit von Unternehmen und sonstigen Verbänden des Landes NRW; BUJ, Gesetzgebungsvorschlag April 2014 für eine Änderung der §§ 30, 130 OWiG; Vorschlag DICO e.V. vom 21.7.2014 zur Schaffung von Anreizen für Compliance-Maßnahmen in Betrieben und Unternehmen (Compliance-Anreiz-Gesetz, CompAG); Kölner Entwurf eines Verbandssanktionengesetzes 2017, NZWiSt 2018, 1; *Moosmayer/Petrasch* ZHR (182) 2018, 504; In Reaktion auf den Referentenentwurf zum VerSanG-E Münchner Entwurf eines Verbandssanktionengesetzes vom 5.9.2019; Stellungnahme DAV vom 15.8.2019; *Köllner* NZI 2020, 60; *Jahn/Schmidtt-Leonardy/Schopp* WiStra 2018, 27 mwN.
[6973] Koalitionsvertrag zwischen CDU, CSU und SPD, 19. Legislaturperiode, S. 126, siehe https://www.bundesregierung.de/resource/blob/656734/847984/5b8bc23590d4cb2892b31c987ad672b7/2018-03-14-koalitionsvertrag-data.pdf?download=1 (zuletzt abgerufen am 26.10.2020).

engesetz („**VerSanG-E**") in den Referentenentwurf des BMJV für ein Gesetz zur Stärkung der Integrität in der Wirtschaft vom 22.4.2020 („**Referentenentwurf**") übernommen worden[6974]

Das VerSanG-E hat ua das **Ziel,** Compliance-Maßnahmen und interne Untersuchungen von Unternehmen zu fördern. Als **Verbände** werden juristische Personen des öffentlichen oder privaten Rechts, nicht rechtsfähige Vereine und rechtsfähige Personengesellschaften erfasst, § 2 Abs. 1 Nr. 1 VerSanG-E. Als **Sanktionen** sieht der Entwurf bspw. eine Geldsanktion oder eine Verwarnung mit Sanktionsvorbehalt vor. Im Vergleich zu den gem. § 130 OWiG drohenden Bußgeldern soll die **Verbandsgeldsanktion** für Unternehmen mit einem durchschnittlichen Jahresumsatz von mehr als 100 Mio. Euro bei Vorsatz bis zu zehn Prozent bzw. bei Fahrlässigkeit bis zu fünf Prozent des weltweiten durchschnittlichen Jahresumsatzes aller natürlichen Personen und Verbände betragen, die dem Verband als wirtschaftliche Einheit operieren. Hat der Verband **verbandsinterne Untersuchungen** durchgeführt, soll dies unter bestimmten Voraussetzungen zu einer **Milderung** der Verbandssanktion führen können, § 18 VerSanG-E. Auch soll ein Absehen von Verfolgung der Verbandsstraftat unter Auflagen und Weisungen möglich sein, § 36 VerSanG-E. 3024

Nach dem Referentenentwurf kann ein Gericht oder die Staatsanwaltschaft bei Vorliegen weniger schwerwiegender Verbandsstraftaten[6975] von einer Verbandsgeldsanktion absehen und stattdessen eine Art „Bewährungsstrafe", die sog. **„Verwarnung mit Verbandssanktionsvorbehalt",** verhängen, § 10 Abs. 4 iVm § 13 Abs. 2 bzw. § 37 Abs. 1 iVm § 13 Abs. 2 VerSanG-E. Vergleichbar mit dem aus dem US-Recht bekannten *Deferred Prosecution Agreement* (→ Rn. 2932) können dem Unternehmen in einer „Vorbehaltszeit" Auflagen und Weisungen erteilt werden, die vor allem spezialpräventive Wirkung entfalten sollen. Gemeint sind Compliance-Maßnahmen zur Vermeidung zukünftiger Verbandsstraftaten.[6976] Zugleich kann das Unternehmen angewiesen werden, dem Gericht die Umsetzung dieser Maßnahmen von einer **sachkundigen Stelle** bescheinigen zu lassen, § 13 VerSanG-E. Die Regelung wird zu Recht als Fingerzeig in Richtung eines *Monitorship* nach deutschem Recht verstanden.[6977] 3025

1. Sachkundige Stelle gemäß § 13 Abs. 2 VerSanG-E

Gem. § 13 Abs. 1 VerSanG-E soll ein Gericht dem Verband für die Dauer der Vorbehaltszeit Weisungen erteilen können. Nach der Begründung des Referentenentwurfs soll das Gericht gegenüber einem Unternehmen bestimmen können, dass aufgrund einer gerichtlichen Weisung getroffene **„Vorkehrungen"** durch die **Bescheinigung** einer **sachkundigen Stelle** nachzuweisen sind. Als Begründung wird angeführt, dass *„Vorgänge und Organisationen in den Verbänden sehr unterschiedlich und komplex sein können".*[6978] Die Entwurfsbegründung sieht zudem vor, dass (i) das Gericht bestimmen kann, wie häufig und in welchen Abständen Bescheinigungen der sachkundigen Stelle vorzulegen sind, (ii) die sachkundige Stelle, je nach Art der **angeordneten Maßnahmen,** von Wirtschaftsprüfern, Rechtsanwälten oder Unternehmensberatungen besetzt werden kann[6979] und (iii) die **Kosten** der Bescheinigung vom Unternehmen zu tragen sind. Zudem soll das betroffene Unternehmen die sachkundige Stelle auswählen und beauftragen. Das Gericht hat der Auswahl zuzustimmen, *„um deren fachliche Eignung zu gewährleisten".*[6980] Andere Kriterien, an denen die Behörden oder Gerichte ihre Entscheidung über die Einsetzung einer sachkundigen Stelle und den Inhalt der Weisungen[6981] ausrichten könnten, finden sich bislang nicht. 3026

Das ist erstaunlich, weil der Entwurf zu Recht wiederholt darauf hinweist, dass die bisherige Rechtslage *„die Verfolgung auch schwerster Unternehmenskriminalität […] allein in das Ermessen der zuständigen Behörden [legt], was zu einer uneinheitlichen und unzureichenden Ahndung geführt hat."*[6982] Ohne eine Nachschärfung des Gesetzentwurfs ist zu befürchten, dass der **Umgang** mit der sachkundigen Stelle in Zukunft **unklar und uneinheitlich gehandhabt** wird. Nach dem Entwurf und der Begründung ist es beispielsweise nicht eindeutig, ob die Behörden detaillierte Weisungen zur Anpassung der Compliance-Organisation erteilen, oder ob die Weisungen eher abstrakt gehalten und im Detail von der sachkundigen Stelle ausgestaltet werden. Auch die **Rechte** und **Pflichten** der sachkundigen Stelle werden nicht weiter beschrieben. Ein proaktives Tätigwerden ist aber scheinbar nicht vorgesehen. Zu **Form und Inhalt** der Bescheinigung finden sich nur die Hinweise, dass bei umfangreichen Maßnahmen mehrere Berichte sinnvoll sein können, während bei einfachen Maßnahmen ein Bericht ausreicht, und dass die Bescheinigung 3027

[6974] RefE Gesetz zur Stärkung der Integrität in der Wirtschaft vom 22.4.2020 **(„RefE VerSanG-E").**
[6975] BegrRefE VerSanG-E, 87 (*„wenn sich der Sachverhalt von den Durchschnittsfällen deutlich nach unten abhebt"*).
[6976] BegrRefE VerSanG-E, 89.
[6977] *Ott/Lüneborg* NZG 2019, 1361 (1363 „Monitor light"); noch weitergehend *Teicke* CCZ 2019, 298 (305); *Baums/v. Buttlar* ZHR (184) 2020, 259 (274).
[6978] BegrRefE VerSanG-E, 89.
[6979] BegrRefE VerSanG-E, 89.
[6980] Zu Vorstehendem BegrRefE VerSanG-E, 90.
[6981] Vgl. *Wiedmann/Vogelsang* Newsdienst Compliance 2019, 210010, 2.
[6982] BegrRefE VerSanG-E, 1.

„*in der Regel ein Kurzgutachten enthalten soll*".[6983] Es ist auch kein Verfahren für den Fall angelegt, dass ein Unternehmen nicht bereit ist, die Weisungen umzusetzen.[6984]

2. Vergleich zum US-Monitorship

3028 Sowohl ein US-*Monitorship* als auch die Einsetzung einer sachkundigen Stelle sind **Folge** eines **strafbaren Verhaltens** eines Unternehmens bzw. dessen Mitarbeiter. Die Auswahl des Monitors und der sachkundigen Stelle erfolgt jeweils mit **Zustimmung** der Behörden und/oder Gerichte. In beiden Fällen wird das Unternehmen den Behörden durch die **Umsetzung behördlicher Auflagen** oder Weisungen **auf eigene Kosten** eine Verbesserung des Compliance-Systems nachweisen müssen. Gelingt dies nicht, drohen das **Wiederaufleben** der Strafverfolgung und eine mögliche Erhöhung der Strafzumessung. Trotz dieser Gemeinsamkeiten bestehen bei kritischen Aspekten **erhebliche Unterschiede.** In den USA finden sich Auswahlkriterien für den Monitor in verschiedenen Leitlinien. In Deutschland gibt es in der Entwurfsbegründung bislang nur eine abstrakte Aussage zu in Betracht kommenden Berufsgruppen. Aus dem Entwurf und der Begründung geht auch nicht eindeutig hervor, ob die Behörden detaillierte **Weisungen** zur Anpassung der Compliance-Organisation erteilen, oder ob die Weisungen eher abstrakt erfolgen. Bezüglich der Form und dem Inhalt der Bescheinigung finden sich ebenfalls nur Hinweise, dass bei umfangreichen Maßnahmen mehrere Berichte sinnvoll sein können, während bei einfachen Maßnahmen ein Bericht ausreicht und dass die Bescheinigung „*in der Regel ein Kurzgutachten enthalten soll*".[6985] Der US-Monitor nimmt zudem eine aktive Rolle ein, während das VerSanG-E der **sachkundigen Stelle** eine eher **passive Rolle** vorzugeben scheint. Die **Ausgestaltung** des Mandats des Monitors erfolgt in den USA durch Verhandlung zwischen Unternehmen und Behörde und in der Zusammenarbeit mit dem Monitor. In Deutschland soll die Ausgestaltung wohl mittels gerichtlicher Weisung erfolgen.

3. Fazit

3029 *Monitorships* sind ein wichtiges Instrument der US-Behörden, um Unternehmen zur Einhaltung der Rechtsordnung sowie zur Verbesserung ihrer Compliance-Organisation anzuhalten. Der Einsatz von US-Monitoren wird weiter zunehmen, auch in deutschen und europäischen Unternehmen. Kommt ein US-Monitor in deutschen Unternehmen zum Einsatz, müssen Vorstand und Aufsichtsrat das *Monitorship* im Rahmen ihrer jeweiligen Organkompetenz und unter strikter Beachtung des Legalitätsprinzips konstruktiv und proaktiv begleiten.

3030 Der deutsche Gesetzgeber sieht in § 13 VerSanG-E die Bescheinigung der Umsetzung behördlicher Weisungen durch eine sachkundige Stelle vor. Ob sachkundige Stellen in Deutschland zukünftig eine ähnliche wichtige Rolle wie Monitore in den USA einnehmen werden, darf wegen der äußerst vagen Vorgaben des deutschen Gesetzgebers bezweifelt werden.

[6983] BegrRefE VerSanG-E, 90.
[6984] In § 10 Abs. 5 VerSanG-E findet sich bloß der Hinweis, dass der Vorbehalt der Verbandsgeldsanktion aufgehoben werden kann, wenn das Unternehmen *beharrlich oder gröblich* gegen Weisungen verstößt.
[6985] BegrRefE VerSanG-E, 90.

§ 5 Pflichten und Sanktionen

Übersicht

	Rn.
I. Kapitalmarktrechtliche Pflichten des Aufsichtsrats	1
1. Sorgfalts- und Verhaltenspflichten des Aufsichtsrats	3
a) Die kapitalmarktrechtliche Primärverantwortung des Vorstands	3
aa) Gesamtverantwortung	7
bb) Delegationsmöglichkeiten	8
b) Kapitalmarktrechtliche Überwachung des Vorstands durch den Aufsichtsrat	13
c) Einbindung des Aufsichtsrats in insiderrelevante Sachverhalte	16
aa) Tatbestandsvoraussetzungen und Veröffentlichung einer Insiderinformation	17
(1) Präzise Information	19
(2) Kurserheblichkeit	22
(3) Veröffentlichungspflicht und Aufschub der Veröffentlichung	28
bb) Zustimmungspflichtige insiderrelevante Sachverhalte	33
(1) Insiderrechtliche Bedeutung von Zwischenschritten in gestreckten Sachverhalten und mehrstufigen Entscheidungsprozessen	34
(2) Entstehung der Insiderinformation grundsätzlich unabhängig von Gremienentscheidungen	45
cc) Möglichkeit zum Aufschub der Ad-hoc-Veröffentlichung	51
(1) Gefahr der Fehlbewertung	55
(2) Entscheidung so schnell wie möglich	61
(3) Zustimmungspflichtigkeit der Maßnahme	64
dd) Insiderinformation im originären Aufgabenbereich des Aufsichtsrats und Aufschub der Ad-hoc-Veröffentlichung	68
(1) Entstehung der Insiderinformation	70
(2) Möglichkeit zum Aufschub der Ad-hoc-Veröffentlichung	79
(3) Ausschließliche Zuständigkeit des Aufsichtsrats für Aufschubentscheidung	81
(4) Beschlusserfordernis und Möglichkeit der Ausschussdelegation	84
(5) Dokumentation und kontinuierliche Überwachung	89
(6) Weitere Verfahrensfragen	93
(7) Veröffentlichung der Ad-hoc-Mitteilung	95
ee) Kenntnis von insiderrelevanten Umständen	98
(1) Kenntniserfordernis	98
(2) Zurechnung von Wissen des Aufsichtsrats	103
(3) Umgang mit extern erlangten Insiderinformationen	105
d) Eigene Organisationspflichten im Rahmen des Kapitalmarkt-Compliance-Systems	109
2. Persönliche Sorgfalts- und Verhaltenspflichten der Aufsichtsratsmitglieder	114
a) Beachtung der Insiderverbote	115
aa) Verbot des Tätigens von Insidergeschäften	117
bb) Empfehlungsverbot	120
cc) Offenlegungsverbot	122
(1) Allgemeine Anforderungen an eine rechtmäßige Offenlegung	124
(2) In der Praxis regelmäßig erlaubte Offenlegung	128
b) Verhaltenspflichten bei Managers' Transactions	132
aa) Meldung von Managers' Transactions	132
(1) Meldefrist	133
(2) Meldeschwelle	135
(3) Meldepflichtige Arten von Geschäften mit Finanzinstrumenten des Emittenten	137
(4) Eng verbundene Personen/Doppelmandate	149
bb) Handelsverbot während der sog. Closed Period vor Finanzberichten	159
cc) Belehrung von eng verbundenen Personen durch Aufsichtsratsmitglieder	164
II. Entlastungsverweigerung	166
1. Entscheidung der Hauptversammlung über die Entlastung	167
2. Beschlussvorschlag des Aufsichtsrats	174
III. Abberufung	182
IV. Haftung der Aufsichtsratsmitglieder	184
1. Grundlagen (§ 116 AktG)	184
a) Verweisung auf § 93 AktG	186
b) Andere Aufgaben und Stellung („sinngemäß")	187
c) Vertretungskompetenz	191

	Rn.
2. Pflichtverstoß	192
a) Generelle Überwachung	192
b) Überwachung in konkreter Situation	195
c) Objektiver Pflichtverstoß	196
d) Verschulden	198
3. Schaden, Kausalität, Darlegungs- und Beweislast, Gesamtschuld, Verjährung, Verzicht und Vergleich	199
4. Geltendmachung von Regressansprüche gegen den Aufsichtsrat	200
5. Andere Anspruchsgrundlagen	201

I. Kapitalmarktrechtliche Pflichten des Aufsichtsrats

1 Als Emittenten von Finanzinstrumenten unterliegen **börsennotierte** Aktiengesellschaften (§ 3 Abs. 2 AktG) einer Vielzahl kapitalmarktrechtlicher Pflichten, die teilweise auf europäischer, teilweise auf nationaler Ebene geregelt sind. Manche Regelungen finden auch auf Aktiengesellschaften Anwendung, deren Finanzinstrumente lediglich im **Freiverkehr** (§ 48 Abs. 1 BörsG) gehandelt werden und nicht zum Handel im geregelten (vgl. § 32 Abs. 1 BörsG) bzw. regulierten (Art. 4 Abs. 1 Nr. 21 RL 2014/65/EU)[1] Markt zugelassen sind (vgl. Art. 2 Abs. 1 VO (EU) Nr. 596/2014, Art. 17 Abs. 1 UAbs. 3 VO (EU) Nr. 596/2014, Art. 18 Abs. 7 VO (EU) Nr. 596/2014, Art. 19 Abs. 4 VO (EU) Nr. 596/2014). Von erheblicher praktischer Bedeutung sind vor allem die Vorschriften der unmittelbar anwendbaren EU-**Marktmissbrauchsverordnung**[2] und des **Wertpapierhandelsgesetzes**.[3] In der Sondersituation eines öffentlichen Erwerbs- und Übernahmeangebots sind zudem die Verhaltenspflichten des **Wertpapiererwerbs- und Übernahmegesetzes**[4] zu beachten, auf die an dieser Stelle nicht eingegangen werden kann.

2 Kapitalmarktrechtliche Pflichten können Aufsichtsratsmitglieder auf **unterschiedliche Weise** treffen: Sie können sich aus der **Überwachungsfunktion** des Aufsichtsrats gegenüber dem kapitalmarktrechtlich grundsätzlich primär verantwortlichen Vorstand ergeben (→ Rn. 7 ff.). Sie können sich aber auch an den Emittenten richten und ausnahmsweise vom Aufsichtsrat als kapitalmarktrechtlich **zuständigem Organ** zu erfüllen sein (→ Rn. 16 ff.). Schließlich kann es sich um **individuelle und persönliche Pflichten** der Aufsichtsratsratsmitglieder handeln.

1. Sorgfalts- und Verhaltenspflichten des Aufsichtsrats

a) Die kapitalmarktrechtliche Primärverantwortung des Vorstands

3 Zu den wesentlichen kapitalmarktrechtlichen **Pflichten des Emittenten** gehören unter anderem:
– die **unverzügliche Veröffentlichung** von Insiderinformationen (Art. 17 Abs. 1 MAR, § 26 Abs. 1 WpHG), das Führen einer **Insiderliste** über Personen mit Zugang zu Insiderinformation (Art. 18 Abs. 1 MAR) und die **Belehrung** der in der Insiderliste erfassten Personen (Art. 18 Abs. 2 MAR),
4 – die **Veröffentlichung** der gemeldeten Eigengeschäfte von Führungskräften und Personen, die zu ihnen in enger Beziehung stehen (sog. Managers' Transactions, Art. 19 Abs. 3 MAR, § 26 Abs. 2 WpHG), das Führen einer **Liste der Führungskräfte** und der zu diesen in enger Beziehung stehenden Personen sowie die **Belehrung der Führungskräfte** (Art. 19 Abs. 5 MAR),
5 – die Veröffentlichung von erhaltenen **Stimmrechtsmitteilungen** und Veröffentlichungen über den Umfang eigener Aktien (§ 40 Abs. 1 WpHG), über die **Gesamtzahl der Stimmrechte** (§ 41 WpHG), von Mitteilungen der Inhaber **wesentlicher Beteiligungen** (§ 43 Abs. 2 WpHG) sowie der notwendigen Informationen für die Wahrung der Rechte von Wertpapierinhabern (§ 48 Abs. 1 Nr. 2 WpHG, § 49 Abs. 1 und 2 WpHG, § 50 Abs. 1 WpHG),
6 – Veröffentlichungen im Zusammenhang mit der **Regelpublizität** (§§ 114 ff. WpHG).

---

[1] RL 2014/65/EU des Europäischen Parlaments und des Rates vom 15.5.2014 über Märkte für Finanzinstrumente sowie zur Änderung der RL 2002/92/EG und 2011/61/EU („**MiFID II**").
[2] VO (EU) Nr. 596/2014 des Europäischen Parlaments und des Rates vom 16.4.2014 über Marktmissbrauch (Marktmissbrauchsverordnung) und zur Aufhebung der RL 2003/6/EG des Europäischen Parlaments und des Rates und der RL 2003/124/EG, 2003/125/EG und 2004/72/EG der Kommission (*Market Abuse Regulation*, „**MAR**").
[3] Gesetz über den Wertpapierhandel, „**WpHG**".
[4] Wertpapiererwerbs- und Übernahmegesetz, „**WpÜG**"; allgemein zu den Rechten und Pflichten der Organe im Zeitablauf eines Übernahmeangebots *Wolf/Wink* in Paschos/Fleischer Übernahmerecht nach WpÜG-HdB § 20 Rn. 36 ff.

aa) Gesamtverantwortung. Die primäre Verantwortung für die Erfüllung der kapitalmarktrechtlichen 7
Pflichten eines Emittenten liegt aktienrechtlich beim **Vorstand** als Kollegialorgan (Gesamtverantwortung)
und ist Bestandteil seiner Legalitätspflicht.[5] Der Gesamtvorstand hat geeignete **Organisationsstrukturen**
in Gestalt eines **Kapitalmarkt-Compliance-Systems** zu schaffen, um die Erfüllung kapitalmarktrechtlicher Pflichten durch den Emittenten sicherzustellen. Die konkrete Ausgestaltung und der Umfang des
Kapitalmarkt-Compliance-Systems liegen im unternehmerischen Ermessen des Vorstands.[6] Ausgestaltung
und Umfang müssen im Hinblick auf die spezifische kapitalmarktrechtliche Risikoexposition des Emittenten angemessen sein.[7]

bb) Delegationsmöglichkeiten. Im Rahmen des Kapitalmarkt-Compliance-Systems kann der Gesamt- 8
vorstand die Ressortverantwortung für die Erfüllung kapitalmarktrechtlicher Pflichten auf ein oder mehrere Vorstandsmitglieder im Wege der Geschäftsverteilung übertragen (sog. **horizontale Delegation**).[8] In
der Praxis liegt die **Ressortverantwortung für Kapitalmarkt-Compliance** üblicherweise beim Finanzvorstand. Durch die Delegation reduzieren sich die Pflichten des Gesamtvorstands und der übrigen
Vorstandsmitglieder auf die ordnungsgemäße Auswahl und Überwachung des ressortverantwortlichen
Vorstandsmitglieds und die Errichtung und Überwachung des Kapitalmarkt-Compliance-Systems als solchem.[9]

Der Gesamtvorstand oder das ressortverantwortliche Vorstandsmitglied können einzelne Aufgaben wie 9
zB das Führen der Insiderliste und die Insiderbelehrung an nachgeordnete, fachliche qualifizierte Mitarbeiter, zB einen Kapitalmarkt-Compliance-Beauftragten, delegieren (sog. **vertikale Delegation**).[10] In der
Praxis delegiert der Vorstand häufig auch die insiderrechtliche Erstbewertung einer Information und die
Vorbereitung der Entscheidung zum Aufschub der Ad-hoc-Veröffentlichung (sog. **Selbstbefreiung,**
Art. 17 Abs. 4 MAR) an ein untergeordnetes Gremium, zB ein **Ad-hoc-Komitee**. Die Besetzung des
Ad-hoc-Komitees muss sich an der Geschäftstätigkeit des Emittenten orientieren. Üblicherweise sind die
Finanz-, Rechts-, Investor-Relations- und Kommunikationsabteilung vertreten. Daneben kann es sinnvoll
sein, Vertreter weiterer Bereiche, beispielsweise einer M&A- oder Forschungs- und Entwicklungsabteilung, hinzuzuziehen, wenn der Emittent davon ausgeht, dass in diesen Bereichen Insiderinformationen
entstehen können.

Der Emittent muss dafür Sorge tragen, dass eine potenzielle Insiderinformation im Unternehmen 10
schnellstmöglich als solche **identifiziert** und an die für die weitere Bearbeitung zuständige Stelle **weitergeleitet** wird. Bei der Weiterleitung muss gewährleistet sein, dass die Information als potenzielle Insiderinformation kenntlich gemacht wird und sich vom alltäglichen Informationsfluss so abhebt, dass Kenntnis,
prioritäre Behandlung und Weiterleitung innerhalb der Organisationshierarchie sichergestellt ist.

Prozesse zur Identifikation und Weiterleitung von potenziellen Insiderinformationen lassen sich dort, 11
wo sie typischerweise vermehrt oder sogar periodisch auftreten (zB in der Finanzabteilung) leichter etablieren, als in einer Forschungs- und Entwicklungsabteilung, im operativen Geschäft oder auf Hierarchieebenen des Unternehmens, die weiter vom Management entfernt sind oder keine Erfahrung im Umgang
mit potenziell insiderrelevanten Informationen haben. Es ist gleichwohl durch geeignete Maßnahmen
(zB Schulungen, interne Richtlinien, Anweisungen) sicherzustellen, dass potenziell insiderrelevante Informationen in allen Unternehmensbereichen schnell und effizient – ggf. nach einer laienhaften Einschätzung der insiderrechtlichen Relevanz – identifiziert und an eine eindeutig festgelegte zuständige Stelle
zur weiteren Prüfung weitergeleitet werden. Ziel einer solchen Kenntnisorganisation ist, dass die für die
Letztbewertung der Information zuständige Stelle (zB ein Ad-hoc-Komitee) so **zeitnah** wie möglich
von dem fraglichen Sachverhalt in Kenntnis gesetzt wird, um die insiderrechtliche Bewertung im Einklang mit den gesetzlichen Regeln so schnell wie möglich („unverzüglich" iSv Art. 17 Abs. 1 S. 1 MAR)
abschließen zu können.

---

[5] GroßkommAktG/*Hopt/Roth* AktG § 93 Rn. 74; MüKoAktG/*Spindler* AktG § 93 Rn. 86f.; Hüffer/Koch/*Koch* AktG
§ 76 Rn. 11f.
[6] GroßkommAktG/*Hopt/Roth* AktG § 111 Rn. 198; MüKoAktG/*Spindler* AktG § 91 Rn. 28; BeckOGK/*Fleischer*
AktG § 91 Rn. 33; K. Schmidt/Lutter AktG/*Krieger/Sailer-Coceani* AktG § 91 Rn. 14; *Nietsch* ZGR 2015, 631 (663);
Hoffmann/Schieffer NZG 2017, 401 (403); für eine strenge Orientierung an der Legalitätspflicht *Goette* ZHR 175
(2011), 388 (391).
[7] MüKoAktG/*Spindler* AktG § 91 Rn. 28; Hüffer/Koch/*Koch* AktG § 91 Rn. 7; BeckOGK/*Fleischer* AktG § 91
Rn. 33; K. Schmidt/Lutter AktG/*Krieger/Sailer-Coceani* AktG § 91 Rn. 12; *Hoffmann/Schieffer* NZG 2017, 401
(404f.).
[8] MüKoAktG/*Spindler* AktG § 91 Rn. 71; Hüffer/Koch/*Koch* AktG § 76 Rn. 12; *Bicker* AG 2012, 542 (544); *Hoffmann/Schieffer* NZG 2017, 401 (405).
[9] MüKoAktG/*Spindler* AktG § 91 Rn. 71; Hüffer/Koch/*Koch* AktG § 77 Rn. 15; *Fleischer* CCZ 2008, 1 (2f.); *Harbarth*
ZHR 179 (2015), 136 (162ff.).
[10] MüKoAktG/*Spindler* AktG § 91 Rn. 71; Hüffer/Koch/*Koch* AktG § 76 Rn. 8; *Fleischer* AG 2003, 291 (292ff.); *Bürkle*
BB 2005, 565 (566); *Hoffmann/Schieffer* NZG 2017, 401 (405f.) mit der Einschränkung, dass Aufgaben aus dem
„*Kernbereich der Leitungsverantwortung des Vorstands*" nicht an nachgeordnete Mitarbeiter übertragen werden dürfen.

12 An der Entscheidung,[11] bei Vorliegen der gesetzlichen Voraussetzungen (→ Rn. 29) die Ad-hoc-Veröffentlichung der Insiderinformation **aufzuschieben,** musste nach der bisherigen Verwaltungspraxis der BaFin allerdings mindestens ein **Vorstandsmitglied beteiligt** sein.[12] Diese Verwaltungspraxis war und ist weder aktien- noch kapitalmarktrechtlich zwingend.[13] Inzwischen verlangt die BaFin nur noch, dass mindestens ein Vorstandsmitglied an der Entscheidung mitwirken „*sollte*".[14] Es bleibt jedoch unklar, unter welchen Voraussetzungen die BaFin eine Abweichung von dieser Empfehlung akzeptiert, ob beispielsweise die Unerreichbarkeit des zuständigen Vorstandsmitglieds ausreicht, und welche Folgen eine Nichtbeachtung der Empfehlung hätte. Aufgrund der bestehenden Unsicherheit und der Bedeutung und Sensibilität des Insiderrechts ist es weiterhin empfehlenswert, dass mindestens ein Vorstandsmitglied an der Aufschubentscheidung mitwirkt. Das kann dadurch geschehen, dass ein Vorstandsmitglied (typischerweise der Finanzvorstand) Mitglied des Ad-hoc-Komitees ist oder dass das Ad-hoc-Komitee über eine direkte Berichtslinie die Entscheidung des zuständigen Vorstandsmitglieds vorbereitet.

b) Kapitalmarktrechtliche Überwachung des Vorstands durch den Aufsichtsrat

13 Im Rahmen seiner allgemeinen **Überwachungspflicht** (§ 111 Abs. 1 AktG) (→ § 4 Rn. 1 ff.) hat der Aufsichtsrat auch darüber zu wachen, ob der Vorstand die kapitalmarktrechtlichen Pflichten des Emittenten ordnungsgemäß erfüllt. Die Prüfung erstreckt sich vor allem darauf, ob der Vorstand das Unternehmen durch ein **angemessenes** und **funktionsfähiges Kapitalmarkt-Compliance-System** so organisiert hat, dass die Erfüllung kapitalmarktrechtlicher Pflichten durch den Emittenten, seine Organmitglieder und Mitarbeiter im Unternehmensalltag effektiv gewährleistet wird.[15]

14 Hat der Aufsichtsrat Anhaltspunkte für **Mängel** des Kapitalmarkt-Compliance-Systems, hat er den Vorstand aufzufordern, die Mängel zu beseitigen und diesen Prozess zu überwachen (→ § 4 Rn. 204). Ebenso hat er Hinweisen auf ein **kapitalmarktrechtliches Fehlverhalten** des Vorstands nachzugehen (→ § 4 Rn. 100), das Fehlverhalten ggf. zu sanktionieren und für die Zukunft durch geeignete Maßnahmen zu unterbinden.[16]

15 Insiderrechtlich relevante Sachverhalte können aufgrund ihrer Bedeutung für die Gesellschaft im Einzelfall einem **Zustimmungsvorbehalt** (§ 111 Abs. 4 S. 2 AktG) des Aufsichtsrats unterliegen (→ Rn. 33; § 4 Rn. 190). Besteht ein Zustimmungsvorbehalt, kann der Aufsichtsrat sowohl die insiderrelevante Maßnahme als solche (zB eine wichtige M&A-Transaktion) als auch die Erfüllung der insiderrechtlichen Pflichten in diesem Zusammenhang überwachen.

c) Einbindung des Aufsichtsrats in insiderrelevante Sachverhalte

16 Der Umgang mit insiderrelevanten Sachverhalten hat für Emittenten erhebliche praktische Bedeutung. Der Aufsichtsrat kann auf unterschiedliche Weise in derartige Sachverhalte **eingebunden** sein oder von ihnen **Kenntnis** erlangen. Die insiderrelevante Maßnahme kann der Zustimmung des Aufsichtsrats unterliegen (→ Rn. 33), der Aufsichtsrat kann selbst eine **insiderrelevante Entscheidung** treffen, so dass die Insiderinformation im Aufsichtsrat entsteht (→ Rn. 66), oder einzelne Aufsichtsratsmitglieder erhalten von außerhalb des Unternehmens Kenntnis von einer Insiderinformation (→ Rn. 105). Sofern Aufsichtsratsmitglieder eine innerhalb des Unternehmens, aber außerhalb der Aufsichtsratssphäre entstandene bzw. bekannte Insiderinformation mitgeteilt bekommen, verbleibt die insiderrechtliche Primärverantwortung für die Behandlung dieser Information beim Vorstand (→ Rn. 3 ff.). Gleichwohl sollte sich der Aufsichtsrat in diesem Fall vergewissern, dass die Insiderinformation entsprechend der Kapitalmarkt-Compliance-Richtlinien des Emittenten behandelt wird. Alles in allem ist es unerlässlich, dass Aufsichtsratsmitglieder mit den Grundzügen des Insiderrechts vertraut sind (→ Rn. 17 ff.).

17 **aa) Tatbestandsvoraussetzungen und Veröffentlichung einer Insiderinformation.** Nach der gesetzlichen Definition sind Insiderinformationen **nicht öffentlich bekannte präzise Informationen,** die

---

[11] Richtigerweise bedarf es einer bewussten Entscheidung bzw. eines formellen Beschlusses des Emittenten, Klöhn/*Klöhn* MAR Art. 17 Rn. 182; *Niermann/Venter* in Szesny/Kuthe Kapitalmarkt Compliance 3. Kap. Rn. 77 ff.; Fuchs/*Pfüller* WpHG § 15 Rn. 416 ff.; Hüffer/Koch/*Koch* AktG § 93 Rn. 50; Schwark/Zimmer/*Kumpan/Schmidt* MAR Art. 17 Rn. 181; *Krause* CCZ 2014, 248 (255); *Retsch* NZG 2016, 1201 (1205); *Seibt/Lautenschläger* AG 2014, 593 (600); *Teigelack* BB 2016, 1604 (1607). Eines formellen Beschlusses bedarf es nur, wenn an der Entscheidung mehr als eine Person beteiligt ist.
[12] Emittentenleitfaden, 4. Aufl. 2013, Ziff. IV.3.
[13] Klöhn/*Klöhn* MAR Art. 17 Rn. 191; *Niermann/Venter* in Szesny/Kuthe Kapitalmarkt Compliance 3. Kap. Rn. 80; *Merkner/Sustmann/Retsch* AG 2019, 621 (632); *Mennicke* NZG 2009, 1059 (1061); DAV-Handelsrechtsausschuss NZG 2009, 175 (179).
[14] Emittentenleitfaden Modul C, 5. Aufl. 2020, Ziff. I.3.3.1.1.
[15] GroßkommAktG/*Hopt/Roth* AktG § 111 Rn. 199; MüKoAktG/*Habersack* AktG § 111 Rn. 20; BeckOGK/*Spindler* AktG § 111 Rn. 21.
[16] GroßkommAktG/*Hopt/Roth* AktG § 111 Rn. 202 ff.

direkt oder indirekt einen oder mehrere Emittenten oder ein oder mehrere Finanzinstrumente betreffen und die, wenn sie öffentlich bekannt würden, geeignet wären, den Kurs dieser Finanzinstrumente oder den Kurs damit verbundener derivativer Finanzinstrumente **erheblich zu beeinflussen** (Art. 7 Abs. 1 lit. a MAR).

Eine abschließende Aufzählung aller potenziell insiderrelevanten Sachverhalte ist aufgrund der Vielgestaltigkeit der Geschäftsmodelle der Emittenten und des jeweiligen Kapitalmarktumfeldes nicht möglich. Als **Beispiele** für Sachverhalte, die regelmäßig **auf Insiderrelevanz zu prüfen** sind, nennt die BaFin ua: Erhalt/Verlust eines Großauftrags, bedeutende Produkthaftungsfälle, bedeutende M&A-Transaktionen, Kapitalmaßnahmen oder Umstrukturierungen, Ergebniswarnungen, Jahresprognose, bedeutende Compliance-Verstöße, Wechsel in Schlüsselpositionen von Vorstand oder Aufsichtsrat.[17] Die beiden in der Praxis relevanten Merkmale, anhand derer das Vorliegen einer Insiderinformation zu prüfen ist, sind die **erforderliche Präzision** der Information und ihre **Kurserheblichkeit**.

(1) **Präzise Information.** Präzise sind Informationen, die sich auf Umstände oder Ereignisse beziehen, die bereits **eingetreten** sind. Aber auch Informationen über **zukünftige Umstände oder Ereignisse** können bereits ausreichend präzise sein und damit Insiderinformationen sein, obwohl sie sich noch gar nicht verwirklicht haben. Die Insiderinformation kann deshalb in zeitlicher Hinsicht weit vor dem eigentlichen Umstand oder Ereignis entstehen, auf das sie sich bezieht. Dies ist der Fall, wenn bereits gegenwärtig **vernünftigerweise zu erwarten** ist, dass die Umstände oder Ereignisse in Zukunft auch tatsächlich eintreten werden (Art. 7 Abs. 2 S. 1 MAR).

Dies wiederum ist immer dann der Fall, wenn nach den Regeln der allgemeinen Erfahrung eher mit ihrem Eintritt als mit ihrem Ausbleiben zu rechnen ist.[18] Ihr Eintritt muss überwiegend wahrscheinlich, dh mit einer **Eintrittswahrscheinlichkeit** von über 50 % zu erwarten sein.[19] Die erforderliche Eintrittswahrscheinlichkeit ist damit nicht vom Ausmaß der zu erwartenden Kursbeeinflussung (→ Rn. 22) des Umstands oder Ereignisses abhängig (sog. *„probability/magnitude"* Formel);[20] auch ein sehr bedeutendes zukünftiges Ereignis (zB ein *merger of equals*) muss daher ebenso mit **überwiegender Wahrscheinlichkeit** eintreten wie ein weniger bedeutendes Ereignis. Zur Beurteilung der Eintrittswahrscheinlichkeit ist eine Würdigung aller Umstände des Einzelfalls und aller verfügbaren Informationen erforderlich.[21]

Ferner muss die Information so **spezifisch** sein, dass man aus ihr auf die möglichen **Auswirkungen** schließen kann, die die Umstände oder Ereignisse bei ihrem Eintritt **auf die Kurse** der Finanzinstrumente haben können (Art. 7 Abs. 2 S. 1 MAR). Es ist dabei aber nicht erforderlich, dass sich anhand der Information schlussfolgern lässt, in welche Richtung sich die Kurse der Finanzinstrumente ändern würden.[22] **Unspezifisch** sind daher nur solche Informationen, die so vage oder allgemein sind, dass sie **gar keinen Schluss** auf mögliche Auswirkungen auf die Kurse der Finanzinstrumente zulassen.[23] In der Praxis ist die Bedeutung der Spezifität als Abgrenzungsmerkmal neben dem Merkmal der Kurserheblichkeit gering, da jede kurserhebliche Information immer auch spezifisch genug ist.

(2) **Kurserheblichkeit.** Eine Information ist geeignet, im Falle ihres öffentlichen Bekanntwerdens den Kurs von Finanzinstrumenten erheblich zu beeinflussen, wenn ein **verständiger Anleger** die Information wahrscheinlich als Grundlage seiner **Anlageentscheidungen** nutzen würde (Art. 7 Abs. 4 UAbs. 1 MAR). Dies ist immer dann der Fall, wenn die Information auf den verständigen Anleger einen **Kauf- oder Verkaufsanreiz** ausübt, weil das Geschäft dem verständigen Anleger aufgrund der neuen Information lohnend erscheint.[24] Nach Auffassung der BaFin ist ein **Geschäft lohnend**, wenn die erwartete Rendite abzüglich Transaktionskosten (zB Ordergebühren) die Opportunitätskosten übersteigt, dh die Rendite, die eine Anlage in Finanzinstrumenten mit vergleichbarem Risiko erzielen würde. Die Rendite

---

[17] Vgl. Emittentenleitfaden Modul C, 5. Aufl. 2020, Ziff. I.2.1.4.1, Ziff. I.2.1.5.4.
[18] Vgl. EuGH NJW 2012, 2787 (2789 f.) – Geltl/Daimler; BGH NJW 2013, 2114 (2118) – Geltl/Daimler.
[19] Emittentenleitfaden Modul C, 5. Aufl. 2020, Ziff. I.2.1.2; *Hitzer* NZG 2012, 860 (862).
[20] Gegen die Anwendbarkeit der *„probability/magnitude"* Formel beim Tatbestandsmerkmal der Präzision EuGH AG 2012, 555 (557). Vgl. auch Klöhn/*Klöhn* MAR Art. 7 Rn. 198 f.; *Krause* in Meyer/Veil/Rönnau MarktmissbrauchsR-HdB § 6 Rn. 110 ff.; Assmann/U.H. Schneider/Mülbert/*Assmann* MAR Art. 7 Rn. 45; Schwark/Zimmer/*Kumpan/Misterek* MAR Art. 7 Rn. 46; *Hitzer* NZG 2012, 860 (862); *Wilsing/Goslar* DStR 2013, 1610 (1611 f.). Davon zu unterscheiden ist die Anwendung der *„probability/magnitude"* Formel auf Ebene der Kurserheblichkeit, Klöhn/*Klöhn* MAR Art. 7 Rn. 199, 217 ff.; Assmann/U.H. Schneider/Mülbert/*Assmann* MAR Art. 7 Rn. 45; *Krause* in Meyer/Veil/Rönnau MarktmissbrauchsR-HdB § 6 Rn. 110 ff.; ausf. dazu auch Schwark/Zimmer/*Kumpan/Misterek* MAR Art. 7 Rn. 153 ff.
[21] Emittentenleitfaden Modul C, 5. Aufl. 2020, Ziff. I.2.1.2.
[22] Emittentenleitfaden Modul C, 5. Aufl. 2020, Ziff. I.2.1.2.
[23] Vgl. EuGH AG 2015, 388 (389 f.); Emittentenleitfaden Modul C, 5. Aufl. 2020, Ziff. I.2.1.2.
[24] Emittentenleitfaden Modul C, 5. Aufl. 2020, Ziff. I.2.1.4.2.

kann auch in einem **vermiedenen Kursverlust** liegen.[25] Nicht ausreichend ist, wenn die zu erwartende Kursreaktion nur einen kleinen, wenn auch sicheren Gewinn erwarten lässt.[26]

23 Ob ein verständiger Anleger eine Information bei seiner Anlageentscheidung wahrscheinlich berücksichtigen würde bzw. berücksichtigt hätte, ist anhand seines – ggf. hypothetischen – Kenntnisstands zum Zeitpunkt der relevanten Handlung zu beurteilen (sog. **ex-ante-Perspektive**).[27] Als Anknüpfungspunkt ist auf den jeweiligen Kontext abzustellen. In Betracht kommen die Informationserlangung durch den Emittenten und das Entstehen der Veröffentlichungspflicht (Art. 17 Abs. 1 MAR), der Handel mit Finanzinstrumenten (Art. 8 Abs. 1 MAR) oder die unrechtmäßige Offenlegung von Insiderinformationen (Art. 10 Abs. 1 MAR).[28]

24 Allgemeingültige **Schwellenwerte**, ab denen eine Information als kurserheblich gilt, existieren nicht. Das macht die kapitalmarktrechtliche Bewertung eines Sachverhalts für Emittenten besonders anspruchsvoll. In der Praxis kann man sich der Beurteilung der **Kurserheblichkeit** wie folgt annähern:

25 Ein **verständiger Anleger** ist nach der gängigen Definition ein durchschnittlich **börsenkundiger Marktteilnehmer,** der seine Entscheidungen auf objektiv nachvollziehbarer Informationsgrundlage trifft.[29] Er handelt **gewinnorientiert, aber nicht spekulativ.** Als rational agierender Anleger berücksichtigt er deshalb nur solche Informationen, die die Gesamtheit der öffentlich bekannten Informationen so ändern, dass eine andere Bewertung des Fundamentalwerts des Finanzinstruments geboten ist.[30]

26 Der **Fundamentalwert** eines Finanzinstruments ist der Wert, auf den sich alle Marktteilnehmer vernünftigerweise einigen würden, wenn sie Kenntnis von allen öffentlich verfügbaren Informationen hätten.[31] Eine Veränderung des Fundamentalwerts setzt voraus, dass die Information noch nicht im **aktuellen Börsenkurs** reflektiert ist, sich aufgrund der Information also **wesentliche Änderungen** in der Vermögens-, Finanz- und Ertragslage des Emittenten ergeben könnten, die von der aktuellen Markterwartung abweichen.[32] Nur unter diesen Voraussetzungen erhofft sich der verständige Anleger aufgrund der Information einen **wirtschaftlichen Vorteil,** der auf ihn einen Anreiz zum Handel mit Finanzinstrumenten ausübt. Diese im Vordringen befindliche, **fundamentalwertorientierte Auslegung**[33] verleiht dem Merkmal der Kurserheblichkeit zumindest gewisse, ökonomisch fundierte Konturen und ist deshalb zu begrüßen. Allerdings ist die BaFin scheinbar noch zurückhaltend, sich bei der Bestimmung der Kurserheblichkeit ausschließlich auf eine fundamentalwertorientierte Auslegung zu stützen.[34]

27 Neben Auswirkungen auf den Fundamentalwert wird der verständige Anleger die **Eintrittswahrscheinlichkeit** eines zukünftigen Ereignisses bei seiner Anlageentscheidung berücksichtigen. Bei dieser Bewertung ist die sog. *„probability/magnitude"* Formel anwendbar.[35] Danach werden die zu erwartenden Kursauswirkungen mit der Eintrittswahrscheinlichkeit multipliziert. Das Produkt beschreibt – natürlich lediglich mit einer gewissen Scheingenauigkeit – das **Kursbeeinflussungspotenzial** des **zukünftigen Ereignisses.**

28 **(3) Veröffentlichungspflicht und Aufschub der Veröffentlichung.** Der Emittent ist verpflichtet, Insiderinformationen, die ihn **unmittelbar** betreffen, **unverzüglich europaweit zu veröffentlichen** (Art. 17 Abs. 1 UAbs. 1 MAR). Die Veröffentlichung muss ohne schuldhaftes Zögern und unabhängig von den Börsenhandelszeiten zu jeder Tages- und Nachtzeit und auch an Sonn- oder Feiertagen erfol-

---

[25] Emittentenleitfaden Modul C, 5. Aufl. 2020, Ziff. I.2.1.4.2.
[26] Anders noch im BaFin-Konsultationsentwurf Nr. 14/2019, Modul C, Ziff. I.2.1.4.2, nicht mehr vertreten im Emittentenleitfaden Modul C, 5. Aufl. 2020.
[27] Klöhn/*Klöhn* MAR Art. 7 Rn. 169; Assmann/U.H. Schneider/Mülbert/*Assmann* MAR Art. 7 Rn. 88; Schwark/Zimmer/*Kumpan/Misterek* MAR Art. 7 Rn. 125; *Krause* in Meyer/Veil/Rönnau MarktmissbrauchsR-HdB § 6 Rn. 101; *Frowein* in Habersack/Mülbert/Schlitt Kapitalmarktinformation-HdB § 10 Rn. 21.
[28] Klöhn/*Klöhn* MAR Art. 7 Rn. 173 f.
[29] Emittentenleitfaden Modul C, 5. Aufl. 2020, Ziff. I.2.1.4.1.; ausf. zum verständigen Anleger auch Schwark/Zimmer/*Kumpan/Misterek* MAR Art. 7 Rn. 128 ff.
[30] Klöhn/*Klöhn* MAR Art. 7 Rn. 176 ff., 190 ff., 280 ff.
[31] Klöhn/*Klöhn* MAR Art. 7 Rn. 176 ff., 192: Der Fundamentalwert eines Finanzinstruments ist abhängig von den zukünftigen Zahlungsströmen, die von dem Finanzinstrument generiert werden, und dem Risiko der Anlage; s. auch ausf. Schwark/Zimmer/*Kumpan/Misterek* MAR Art. 7 Rn. 147 ff.
[32] In diese Richtung auch Emittentenleitfaden Modul C, 5. Aufl. 2020, Ziff. I.2.1.4.2.
[33] *Krause* in Meyer/Veil/Rönnau MarktmissbrauchsR-HdB § 6 Rn. 105; *Weißhaupt* NZG 2019, 175; detailliert auch zur mathematischen Herleitung des Fundamentalwerts einer Aktie *Heilmann/Läger/Oehler* ZBB 200, 361 (364 ff.); Schwark/Zimmer/*Kumpan/Misterek* MAR Art. 7 Rn. 148.
[34] Vgl. Emittentenleitfaden Modul C, 5. Aufl. 2020, Ziff. I.2.1.4.1: Ein verständiger Anleger beziehe in seine Anlageentscheidung nicht nur die zukünftige Finanz- und Ertragskraft des Unternehmens ein, sondern ggf. auch weitere Faktoren, die – losgelöst von einer Änderung des Unternehmenswertes – auf den Kurs des Finanzinstruments einwirken können.
[35] Klöhn/*Klöhn* MAR Art. 7 Rn. 199, 217 ff.; *Krause* in Meyer/Veil/Rönnau MarktmissbrauchsR-HdB § 6 Rn. 110 ff.; zum alten Recht bezogen auf Zwischenschritte *Hitzer* NZG 2012, 860, 862; wohl auch EuGH AG 2012, 555 (557 Rn. 55).

gen.³⁶ Zweck der Veröffentlichungspflicht ist, dass alle Kapitalmarktteilnehmer gleichzeitig über kurserhebliche Informationen und Umstände informiert werden und auf diese Weise **informationelle Chancengleichheit** hergestellt und dem Insiderhandel Einzelner vorgebeugt wird.³⁷ **Zuständig** für die Veröffentlichung von Insiderinformationen ist der Vorstand bzw. das ressortverantwortliche Vorstandsmitglied oder die mit dieser Aufgabe betraute, nachrangige Funktion oder Abteilung.

Ein Emittent kann die Veröffentlichung von Insiderinformationen auf eigene Verantwortung aufschieben, dh zeitlich hinauszögern (sog. **Selbstbefreiung,** Art. 17 Abs. 4 MAR). Dazu müssen drei Voraussetzungen kumulativ und kontinuierlich erfüllt sein: **29**

1. Die unverzügliche Offenlegung der Insiderinformation wäre geeignet, die **berechtigten Interessen** des Emittenten zu beeinträchtigen, **30**
2. der Aufschub der Offenlegung der Insiderinformation wäre nicht geeignet, die **Öffentlichkeit** irrezuführen, **31**
3. der Emittent kann die **Geheimhaltung** der Insiderinformation sicherstellen. **32**

Entfällt eine der drei Aufschubvoraussetzungen, hat der Emittent die Insiderinformation **unverzüglich nachträglich zu veröffentlichen.**

bb) Zustimmungspflichtige insiderrelevante Sachverhalte. Potenziell insiderrelevante Sachverhalte bestehen typischerweise aus **zeitlich gestreckten Vorgängen** oder **mehrstufigen Entscheidungsprozessen,** die einen Emittenten oft über mehrere Wochen und Monate beschäftigen. Im Regelfall kommt der Aufsichtsrat dadurch mit Insiderinformationen in Berührung, dass die Durchführung der insiderrelevanten Maßnahme aufgrund ihrer Bedeutung seiner **Zustimmung** (§ 111 Abs. 4 S. 2 AktG) bedarf. Ein typisches Praxisbeispiel ist ein bedeutendes **M&A-Projekt,** das den Abschluss eines Unternehmenskaufvertrags zum Ziel hat. Vor der Unterzeichnung des Kaufvertrags bedarf es als **notwendige Zwischenschritte** jedenfalls eines Beschlusses des Vorstands. Bei bedeutenden Transaktionen kann zusätzlich die Zustimmung des Aufsichtsrats oder jedenfalls eine Information an den Aufsichtsrat erforderlich sein. In der Praxis stellt sich in diesem Zusammenhang die Frage, ab welchem Zeitpunkt eine Insiderinformation entsteht (→ Rn. 34 ff.), ob sie sofort zu veröffentlichen ist oder ob die Veröffentlichung aufgeschoben werden kann (→ Rn. 53 ff.). **33**

(1) Insiderrechtliche Bedeutung von Zwischenschritten in gestreckten Sachverhalten und mehrstufigen Entscheidungsprozessen. Nach der Rechtsprechung des EuGH, die nunmehr auch in Art. 7 Abs. 2 S. 2, Abs. 3 MAR kodifiziert ist, können in einem zeitlich gestreckten Vorgang bzw. mehrstufigen Entscheidungsprozess, der ein bestimmtes (insiderrelevantes) Endereignis herbeiführen soll, auch bereits die mit der Verwirklichung des Endereignisses verknüpften einzelnen **Zwischenschritte** eine ausreichend präzise Information und damit eine **eigenständige Insiderinformation** darstellen.³⁸ Dies kann sowohl Zwischenschritte betreffen, die bereits eingetreten sind, als auch solche, deren Eintritt überwiegend wahrscheinlich ist.³⁹ Da in zeitlich gestreckten Vorgängen eine Insiderinformation in der Regel entsteht, **bevor** das Endereignis eingetreten ist, muss jeder nicht unwesentliche Zwischenschritt auf seine Insiderrelevanz überprüft werden.⁴⁰ **34**

Um zu ermitteln, wann eine Insiderinformation in einem gestreckten Vorgang entsteht, ist eine **mehrstufige Prüfung** vorzunehmen:⁴¹

– In einem **ersten Schritt** ist die **Insiderrelevanz des Endereignisses** zu prüfen. Ist das Endereignis kurserheblich, kommt es darauf an, ob durch das Erreichen eines bestimmten Zwischenschritts das zukünftige Endereignis überwiegend wahrscheinlich wird **(Eintrittswahrscheinlichkeit 50 % + x)** bzw., in der Diktion des EuGH, ob eine umfassende Würdigung der bereits verfügbaren Anhaltspunkte ergibt, dass tatsächlich erwartet werden kann, dass das Endereignis eintreten wird.⁴² Ist dies der Fall, wird die Information über das zukünftige kurserhebliche **Endereignis** mit Erreichen des Zwischenschritts eine „präzise Information" und dadurch zur Insiderinformation.⁴³ **35**

Ist der zukünftige Eintritt des Endereignisses trotz Bevorstehens oder Erreichens des Zwischenschritts noch nicht überwiegend wahrscheinlich, ist im zweiten und dritten Schritt die **Insiderrelevanz des** **36**

---

³⁶ Emittentenleitfaden Modul C, 5. Aufl. 2020, Ziff. I.3.4.
³⁷ *Frowein* in Habersack/Mülbert/Schlitt Kapitalmarktinformation-HdB § 10 Rn. 3; Fuchs/*Mennicke* WpHG Vor §§ 12–14 Rn. 124 ff.; *Krause* in Meyer/Veil/Rönnau MarktmissbrauchsR-HdB § 5 Rn. 2 ff.
³⁸ EuGH NJW 2012, 2787 – Geltl/Daimler; im Anschluss BGH NJW 2013, 2114 – Geltl/Daimler.
³⁹ Schwark/Zimmer/*Kumpan/Misterek* MAR Art. 7 Rn. 50; *Hitzer* NZG 2012, 860 (861); *Seibt/Kraack* BKR 2020, 313 (314).
⁴⁰ Emittentenleitfaden Modul C, 5. Aufl. 2020, Ziff. I.2.1.4.3.
⁴¹ Schwark/Zimmer/*Kumpan/Misterek* MAR Art. 7 Rn. 54; Klöhn/*Klöhn* MAR Art. 7 Rn. 111; Emittentenleitfaden Modul C, 5. Aufl. 2020, Ziff. I.2.1.4.3.
⁴² EuGH NJW 2012, 2787 – Geltl/Daimler.
⁴³ Ebenso *Seibt/Kraack* BKR 2020, 313 (315).

Zwischenschritts zu beurteilen. Aus kapitalmarktökonomischer Sicht geht es dabei um die Frage, ob ein verständiger Anleger bereits das Bevorstehen oder den Eintritt des Zwischenschritts bei seiner Anlageentscheidung berücksichtigen würde.

37 – Im **zweiten Schritt** ist zu prüfen, ob der **bevorstehende** oder bereits **eingetretene Zwischenschritt** aus sich selbst heraus und damit unabhängig vom Endereignis kurserheblich ist. Handelt es sich um einen bevorstehenden Zwischenschritt, muss, wie bei einem zukünftigen Endereignis, zunächst festgestellt werden, ob dessen Eintritt überwiegend wahrscheinlich und die entsprechende Information über den Zwischenschritt damit präzise ist (→ Rn. 20, 35).

38 Anschließend ist die isolierte Kurserheblichkeit des Zwischenschritts zu prüfen. Unabhängig davon, ob der Zwischenschritt noch bevorsteht oder bereits eingetreten ist, wird eine isolierte Kurserheblichkeit nur in **Ausnahmefällen** vorliegen. Ein in der Praxis oft diskutiertes Beispiel ist, wenn bereits durch einen Zwischenschritt eine **zukünftige Strategieänderung** des Emittenten zum Ausdruck kommt, beispielsweise durch die Amtsmüdigkeit eines Vorstandsvorsitzenden, der für eine von Anlegern kritisch gewürdigte Strategie des Unternehmens steht.[44] In diesem Fall kommt es nämlich nicht auf mögliche Endereignisse an, zB wann genau der Vorstandsvorsitzende sein Amt zur Verfügung stellen wird oder wer ihm nachfolgt. Entscheidend für den verständigen Anleger ist vielmehr, dass in der Amtsmüdigkeit eine Veränderung der „personifizierten" Unternehmensstrategie zum Ausdruck kommt, da der amtsmüde Vorstandsvorsitzende seine Strategie nicht mehr mit der bisherigen Konsequenz weiterverfolgen wird („lame duck") (→ Rn. 77).

39 Praxisbeispiel:
Ein Automobilhersteller (A), der bisher nur Verbrennungsmotoren eingesetzt hat, und ein Produzent von Elektromotoren (P) einigen sich darauf, in Verhandlungen über die Übernahme von (P) einzutreten. Unabhängig vom Erfolg der Transaktion kommt in der Aufnahme der Verhandlungen mit (P) die Absicht von (A) zum Ausdruck, seine Geschäftsstrategie zu ändern und in den Markt für E-Mobilität einzutreten. In diesem Fall kann bereits die Aufnahme der Verhandlungen eine Insiderinformation unabhängig davon darstellen, ob und mit welcher Wahrscheinlichkeit die Übernahme von (P) gelingt. Die Absicht, in den Markt für E-Mobilität einzutreten, besteht weiter und kann für sich allein eine Neubewertung der zukünftigen Vermögens-, Finanz- und Ertragslage des Emittenten und des Fundamentalwerts seiner Finanzinstrumente rechtfertigen.

40 – Ist eine isolierte Kurserheblichkeit des Zwischenschritts zu verneinen, ist **im dritten Schritt** zu untersuchen, ob sich die **Kurserheblichkeit des Zwischenschritts vom zukünftigen Endereignis ableitet.** Die **Voraussetzungen** und Konturen dieses Prüfungsschritts sind im Einzelnen unklar und **umstritten.** Die **BaFin** geht davon aus, dass die Kurserheblichkeit des Zwischenschritts umso eher anzunehmen ist, „*je gewichtiger und wahrscheinlicher das Endereignis ist und eine Gesamtbetrachtung der eingetretenen und zukünftigen Umstände unter Berücksichtigung der jeweiligen Marktsituation nahelegt, dass ein verständiger Anleger bereits diesen Zwischenschritt für sich nutzen werde*"[45] (sog. „*probability/magnitude*" **Formel**). Soweit das erstrebte Endereignis noch **unwahrscheinlich** ist, werde einem Zwischenschritt allerdings regelmäßig die Eignung zur erheblichen Kursbeeinflussung fehlen.[46]

41 Im Konsultationsentwurf[47] des Emittentenleitfadens vertrat die BaFin noch der Ansicht, dass **keine Mindestwahrscheinlichkeit** für das Endereignis erforderlich sei, damit ein Zwischenschritt als potenzielle Insiderinformation gewürdigt werden könne.[48] Nach einer **Gegenansicht** in der Literatur soll der Zwischenschritt nur dann insiderrelevant sein, wenn das Endereignis **überwiegend wahrscheinlich** sei.[49] Dem ist trotz der Unschärfe, die eine Anwendung der *probability/magnitude* Formel naturgemäß mit sich bringt, **nicht zu folgen.**[50] Ist der Eintritt des Endereignisses überwiegend wahrscheinlich, ist das Endereignis die Insiderinformation und nicht der Zwischenschritt. In diesem Fall geht es also schon gar nicht um die Prüfung eines Zwischenschritts, sondern um die davon nach der höchstrichterlichen Rechtsprechung zwingend abzugrenzende Fallgruppe „Insiderrelevanz eines zukünftigen (End-)Ereignisses", also den o. g. ersten Prüfungsschritt (→ Rn. 35).[51]

42 Bei der Beurteilung, ob ein Zwischenschritt kurserheblich ist, wird ein rational ökonomisch denkender und mithin verständiger Anleger eben nicht, wie von Teilen der Literatur noch immer gefordert,

---

[44] EuGH NJW 2012, 2787 – Geltl/Daimler; BGH NJW 2013, 2114 – Geltl/Daimler.
[45] Emittentenleitfaden Modul C, 5. Aufl. 2020, Ziff. I.2.1.4.3.
[46] Emittentenleitfaden Modul C, 5. Aufl. 2020, Ziff. I.2.1.4.3.
[47] BaFin-Konsultationsentwurf Nr. 14/2019, Modul C, Ziff. I.2.1.4.3.
[48] Zustimmend *Seibt/Kraack* BKR 2020, 313 (314).
[49] *Merkner/Sustmann/Retsch* AG 2020, 477 (479); *Vetter/Engel/Lauterbach* AG 2019, 160 (165 ff.); *Groß/Royé* BKR 2019, 272 (276).
[50] Ebenso Schwark/Zimmer/*Kumpan/Misterek* MAR Art. 7 Rn. 53.
[51] Ebenso *Seibt/Kraack* BKR 2020, 313 (315).

nur die überwiegend wahrscheinlichen, sondern auch solche Auswirkungen berücksichtigen, die zwar weniger wahrscheinlich, dafür aber im Fall ihres Eintritts besonders großen Einfluss auf den Fundamentalwert des Emittenten haben könnten.[52] Es entspricht der *probability/magnitude* Formel, dass es weder auf eine feste Mindestwahrscheinlichkeit noch eine überwiegende Wahrscheinlichkeit ankommt. Auch ein bedeutendes zukünftiges Ereignis, das (noch) nicht überwiegend wahrscheinlich ist, kann die Kurserheblichkeit eines Zwischenschritts begründen; das zukünftige Ereignis entfaltet also **keine Sperrwirkung**.[53]

Schließlich greifen auch die Argumente nicht, die Anwendung der *probability/magnitude* Formel könne dazu führen, dass es überhaupt nicht mehr auf die Eintrittswahrscheinlichkeit *(probability)* ankomme, sondern nur noch auf die potentiellen Auswirkungen *(magnitude)*, was zu einem nicht hinnehmbaren Mangel an Rechtssicherheit führen würde.[54] Ersteres kann bei sachgerechter Anwendung der Formel schon gar nicht der Fall sein, weil die Eintrittswahrscheinlichkeit zwangsläufig immer eine Rolle spielt. Das gilt gerade auch dann, wenn man sie mit null ansetzt (*Eintrittswahrscheinlichkeit x erwartete Kursbeeinflussung des Endereignisses = potentielle Kurserheblichkeit*). Zum zweiten Argument ist zu sagen, dass die *probability/magnitude* Formel natürlich keine mathematische Genauigkeit zur Bestimmung einer Insiderinformation bietet. Rechtliche Unsicherheit existiert in ganz ähnlicher Form aber auch ohne Anwendung der Formel, weil so oder so zumindest die Eintrittswahrscheinlichkeit des Endereignisses bestimmt werden muss, was mit mathematischer Genauigkeit ebenfalls nicht möglich ist. Außerdem ist festzuhalten, dass die *probability/magnitude* Formel seit Jahrzehnten ein integraler Bestandteil des im Vergleich zu Deutschland viel weiter entwickelten US-amerikanischen Kapitalmarktrechts ist, was, soweit erkennbar, die dortigen Rechtsanwender und Gerichte bislang nicht vor unlösbare Herausforderungen gestellt hat.[55]

Aus dem dritten Prüfungsschritt und der Ansicht der BaFin folgt, dass bei Transaktionen von überragender Bedeutung jedenfalls vorsichtshalber zu einem uU sehr **frühen Zeitpunkt** vom Vorliegen einer Insiderinformation ausgegangen werden muss. Während erste, allgemein gehaltene **Sondierungsgespräche** noch keine Insiderqualität haben dürften, ist nach Auffassung der BaFin jedenfalls dann von Insiderrelevanz auszugehen, sobald **wichtige Eckpunkte** einer möglichen Transaktion geklärt werden konnten oder ein **Einigungswille** beider Parteien erkennbar ist.[56]

(2) Entstehung der Insiderinformation grundsätzlich unabhängig von Gremienentscheidungen. Wie gezeigt ist für das Entstehen einer Insiderinformation damit grundsätzlich nicht entscheidend, ob Vorstand oder Aufsichtsrat bereits einen formellen (**Zustimmungs-**)**Beschluss** über die insiderrelevante Maßnahme gefasst haben. Steht bereits vor einem Beschluss des Vorstands fest, dass eine kurserhebliche Transaktion mit überwiegender Wahrscheinlichkeit durchgeführt wird, liegt eine Insiderinformation vor.

Praxisbeispiel:
Im Zuge der Aufstellung des Jahresabschlusses zeichnet sich ab, dass die Geschäftszahlen mit überwiegender Wahrscheinlichkeit in erheblicher und damit insiderrelevanter Weise von der **veröffentlichten Jahresprognose** des Emittenten und der Markterwartung abweichen. In diesem Fall kommt es für die Entstehung der Insiderinformation nicht auf die formelle Aufstellung des Jahresabschlusses durch den Vorstand, seine Prüfung durch den Abschlussprüfer oder seine Billigung durch den Aufsichtsrat an.[57] Der Vorstand darf die Aufstellung des Jahresabschlusses nicht abwarten, sondern muss die Öffentlichkeit unverzüglich über die kurserheblichen Geschäftszahlen informieren.

Verallgemeinernd lässt sich somit festhalten, dass eine Insiderinformation in der Regel **spätestens mit dem Beschluss des Vorstands** entsteht.[58] Eine andere Frage ist, ob die entstandene Insiderinformation unverzüglich zu veröffentlichen ist oder möglicherweise ein Aufschub der Veröffentlichung in Betracht kommt (→ Rn. 53 ff.).

Mit Blick auf den ggf. noch **fehlenden Zustimmungsbeschluss** des Aufsichtsrats gilt Folgendes: Kann der Vorstand zum Zeitpunkt seines Beschlusses bereits damit rechnen, dass der Aufsichtsrat mit überwiegender Wahrscheinlichkeit dem geplanten Vorhaben zustimmt, ist vom Vorliegen einer Insiderinformation in Form eines zukünftigen Ereignisses, nämlich der Durchführung des Vorhabens, auszugehen.

---

[52] Klöhn/*Klöhn* MAR Art. 7 Rn. 109; *Hitzer* NZG 2012, 860 (862).
[53] Klöhn/*Klöhn* MAR Art. 7 Rn. 100 ff.: keine Sperrwirkung des Art. 7 Abs. 2 S. 1 MAR auf Konkurrenz- oder Kursrelevanzebene.
[54] So aber *Vetter/Engel/Lauterbach* AG 2019, 160 (167).
[55] Vgl. die Nachweise bei Klöhn/*Klöhn* MAR Art. 7 Rn. 217, Fn. 264.
[56] Emittentenleitfaden Modul C, 5. Aufl. 2020, Ziff. I.2.1.5.6.
[57] Emittentenleitfaden Modul C, 5. Aufl. 2020, Ziff. I.2.1.5.2.
[58] Emittentenleitfaden Modul C, 5. Aufl. 2020, Ziff. I.2.1.5.2 im Hinblick auf insiderrelevante Geschäftszahlen bei der Aufstellung des Jahresabschlusses; *Lutter/Krieger/Verse* AR Rn. 307.

Dies kann im Einzelfall beispielsweise dann zu bejahen sein, wenn es sich um einen Beschlussgegenstand handelt, dem der Aufsichtsrat in der Vergangenheit immer zugestimmt hat, oder wenn der Vorstand bereits im Vorfeld des Beschlusses im Rahmen der vertrauensvollen Zusammenarbeit mit dem Aufsichtsrat eine belastbare Indikation erhalten hat, dass der Aufsichtsrat der Maßnahme positiv gegenübersteht.[59] Demgegenüber ist das Vorliegen einer Insiderinformation wegen mangelnder Präzision abzulehnen, wenn die Zustimmung des Aufsichtsrats offen ist, insbesondere bei **umstrittenen oder besonders kritischen Maßnahmen.**

49 Selbst wenn die Zustimmung des Aufsichtsrats offen und daher **nicht mit überwiegender Wahrscheinlichkeit** zu erwarten ist, kann der **Vorstandsbeschluss** ausnahmsweise bereits aus sich heraus kurserheblich und damit insiderrelevant sein. Dies kann aufgrund einer vom Vorstandsbeschluss ausgehenden **Signalwirkung** für den Kapitalmarkt der Fall sein, zB wegen der im Beschluss zum Ausdruck kommenden Strategieänderung. Insofern gelten die allgemeinen Grundsätze zu Zwischenschritten in gestreckten Sachverhalten (→ Rn. 37 ff.).

50 Praxisbeispiel:
Der Vorstand beschließt einen umfassenden **Restrukturierungsplan,** der einschneidende Eigenkapitalmaßnahmen, Standortschließungen und einen Stellenabbau vorsieht. Obwohl der Vorstand der Auffassung ist, dass eine Restrukturierung unerlässlich ist, steht zu erwarten, dass der Plan sowohl bei den Anteilseignervertretern als auch den Arbeitnehmervertretern im paritätisch besetzten Aufsichtsrat auf Vorbehalte stößt, kontrovers diskutiert wird und eine Zustimmung daher nicht gesichert ist. Da im Beschluss des Vorstands die Notwendigkeit einer Restrukturierung zum Ausdruck kommt, kann der Beschluss aus sich heraus kurserheblich und daher eine Insiderinformation sein, auch wenn die Zustimmung des Aufsichtsrats und damit die Durchführung des Plans nicht überwiegend wahrscheinlich ist.

51 cc) **Möglichkeit zum Aufschub der Ad-hoc-Veröffentlichung.** Da die Insiderinformation regelmäßig bereits vor oder spätestens mit dem Beschluss des Vorstands entsteht, ist der Emittent nach Art. 17 Abs. 1 MAR grundsätzlich verpflichtet, die Insiderinformation unverzüglich zu veröffentlichen. Die Ad-hoc-Veröffentlichung wird in diesem Fall einen **Hinweis** enthalten, dass die **Gremienentscheidungen** des Emittenten **noch ausstehen** oder die Maßnahme unter dem **Vorbehalt der Zustimmung** durch den Aufsichtsrat steht.

52 **Aus Sicht des Aufsichtsrats** ist dieses Ergebnis problematisch. Der Aufsichtsrat ist durch die Ad-hoc-Veröffentlichung über den Beschluss des Vorstands zwar nicht rechtlich, aber doch rein **faktisch** in seiner Entscheidungsfreiheit **erheblich beeinträchtigt.**[60] Er muss seiner Überwachungsaufgabe nachkommen, dabei aber zusätzlich die Außenwirkung seiner Entscheidung und die Kapitalmarktkommunikation berücksichtigen. Durch die Ad-hoc-Veröffentlichung über den Beschluss des Vorstands entsteht am Kapitalmarkt eine **Erwartungshaltung,** dass die Maßnahme durchgeführt wird. Auch der Hinweis auf die noch ausstehende Entscheidung des Aufsichtsrats vermag daran nichts zu ändern. Verweigert der Aufsichtsrat entgegen der Markterwartung seine Zustimmung, entsteht regelmäßig eine neue Insiderinformation, die ebenfalls unverzüglich ad-hoc zu veröffentlichen wäre. Die Meinungsverschiedenheit zwischen Vorstand und Aufsichtsrat würde so nach außen getragen, und die Autorität des Vorstands zum Nachteil des Emittenten öffentlich beschädigt.[61]

53 Um diese **Folgen** zu **verhindern,** kann der Vorstand[62] in Betracht ziehen, die Veröffentlichung der Ad-hoc-Mitteilung bis zum Beschluss des Aufsichtsrats gemäß Art. 17 Abs. 4 MAR (ggf. auch rein vorsorglich[63]) **aufzuschieben,** weil die unverzügliche Offenlegung der Insiderinformation geeignet wäre, die berechtigten Interessen des Emittenten zu beeinträchtigen. In Anlehnung an Erwägungsgrund 50 der

---

[59] Im BaFin-Konsultationsentwurf Nr. 14/2019, Modul C, Ziff. I.2.1.5.11, war die BaFin noch davon ausgegangen, dass eine solche Vorabstimmung zwischen Vorstand und Aufsichtsrat „in der Regel" anzunehmen ist. Im Emittentenleitfaden Modul C, 5. Aufl. 2020, Ziff. I.2.1.5.2, hat die BaFin diese Aussage nicht übernommen und betont stattdessen zutreffend, dass es vielmehr auf die Umstände des Einzelfalls ankommt.

[60] Ähnlich *Veil/Brüggemeier* in Meyer/Veil/Rönnau MarktmissbrauchsR-HdB § 10 Rn. 113; *Lutter/Krieger/Verse* AR Rn. 307.

[61] *Frowein* in Habersack/Mülbert/Schlitt Kapitalmarktinformation-HdB § 10 Rn. 92; ähnlich kritisch auch *Krämer/Kiefner* AG 2016, 621 (625).

[62] Die Kompetenz, über einen Aufschub der Veröffentlichung zu entscheiden, liegt auch bei Maßnahmen, die der Zustimmung des Aufsichtsrats bedürfen, weiterhin beim Vorstand. Ebenso *Mülbert* FS Stilz, 2014, 411 (424 f.); BeckOGK/*Spindler* AktG § 116 Rn. 121.

[63] Klöhn/*Klöhn* MAR Art. 17 Rn. 187. Bei der sog. vorsorglichen Selbstbefreiung geht der Emittent zwar davon aus, dass zum aktuellen Zeitpunkt (noch) keine Insiderinformation vorliegt und dokumentiert dies entsprechend. Er verhält sich aber iErg so, als ob eine Insiderinformation vorläge. Er wahrt insbesondere die Vertraulichkeit der Information und kann, wenn auch die übrigen Voraussetzungen vorliegen, einen Aufschub der Veröffentlichung beschließen. Dies gibt dem Emittenten die Möglichkeit, einzuwenden, dass er auch dann nicht zu einer Ad-hoc-Veröffentlichung verpflichtet gewesen wäre, wenn eine Insiderinformation vorgelegen hätte.

MAR und der von der ESMA veröffentlichen indikativen Liste berechtigter Interessen des Emittenten[64] kann nach § 6 S. 2 Nr. 2 WpAV ein **berechtigtes Interesse am Aufschub** der Ad-hoc-Veröffentlichung insbesondere dann vorliegen, „*wenn durch das Geschäftsführungsorgan des Emittenten abgeschlossene Verträge oder andere getroffene Entscheidungen zusammen mit der Ankündigung bekannt gegeben werden müssten, dass die für die Wirksamkeit der Maßnahme erforderliche Zustimmung eines anderen Organs des Emittenten noch aussteht, und dies die sachgerechte Bewertung der Information durch das Publikum gefährden würde, wenn der Emittent dafür gesorgt hat, dass die endgültige Entscheidung so schnell wie möglich getroffen wird.*"

Nach dem gesetzlichen Regelbeispiel reicht die **Zustimmungspflichtigkeit** einer Maßnahme (→ Rn. 37 ff.) somit **allein nicht** aus, um ein berechtigtes Interesse am Aufschub der Ad-hoc-Mitteilung zu begründen.[65] Vielmehr muss die **sachgerechte Bewertung** der veröffentlichten Information durch das Publikum aufgrund des Hinweises auf die noch ausstehende Entscheidung des Aufsichtsrats **gefährdet** sein. 54

(1) Gefahr der Fehlbewertung. Die **ESMA** interpretiert diese Voraussetzung **sehr restriktiv** und schränkt dadurch die Möglichkeit eines Aufschubs erheblich ein. Im Regelfall gehe die Öffentlichkeit davon aus, dass die Entscheidung des Aufsichtsrats derjenigen des Vorstands entspreche. Die Erfahrung zeige, dass ein Vorstand im Vorfeld der Beschlussfassung sicherstelle, dass seine Entscheidung nicht vom Aufsichtsrat abgelehnt werde. Die korrekte Bewertung der Informationen durch die Öffentlichkeit sei demnach nur dann gefährdet, wenn der Vorstand **berechtigte Zweifel** habe, dass der Aufsichtsrat seiner Entscheidung zustimme, und eine Verweigerung der Zustimmung für möglich halte. Denn in diesem Fall könnte die Öffentlichkeit davon ausgehen, dass die Zustimmung sichergestellt sei, obwohl sie es nicht ist. Im **Regelfall** erwarte die ESMA daher von den Emittenten eine Veröffentlichung der Insiderinformation unter dem Hinweis, dass die Entscheidung des Aufsichtsrats noch ausstehe.[66] 55

Ob die **BaFin** dieser restriktiven Auslegung folgt, ist bislang **unklar**. Im Emittentenleitfaden 2013 hatte sich die BaFin **zur alten Rechtslage** unter dem WpHG noch dahingehend geäußert, dass im Hinblick auf die zeitliche Vorverlagerung der Ad-hoc-Veröffentlichungspflicht (zB bei mehrstufigen Entscheidungsprozessen) einer restriktiven Auslegung, wonach an das Emittenteninteresse hohe Anforderungen zu stellen seien, **nicht gefolgt** werde. Angesichts der dem Aufsichtsrat nach dem Aktienrecht zugewiesenen gesetzlichen Aufgaben zur Überwachung des Vorstands sei **bei mehrstufigen Entscheidungsprozessen** eine Selbstbefreiung **regelmäßig zulässig**.[67] Statt der im gesetzlichen Regelbeispiel geforderten Gefahr einer Fehlbewertung der Information durch die Öffentlichkeit sah die BaFin das **Emittenteninteresse** demnach vielmehr darin, die Entscheidungsfreiheit des Aufsichtsrats zu wahren, seine **Präjudizierung zu verhindern** und eine gedeihliche und vertrauensvolle Zusammenarbeit von Vorstand und Aufsichtsrat außerhalb der Öffentlichkeit zu ermöglichen. Im neuen Emittentenleitfaden Modul C, verzichtet die BaFin allerdings auf die in der Vorauflage enthaltene Klarstellung.[68] 56

Der **Auslegung** der BaFin im Emittentenleitfaden 2013 ist auch unter der MAR **weiterhin zu folgen**.[69] Die **sachgerechte Bewertung** der Information ist **gefährdet**, wenn der Kapitalmarkt mit einer Zustimmung des Aufsichtsrats rechnet, der Aufsichtsrat aber anders entscheiden sollte. Da diese Möglichkeit immer und auch dann besteht, wenn der Vorstand mit einer Zustimmung sicher rechnet, muss ein **Aufschub** der Ad-hoc-Veröffentlichung **regelmäßig zulässig** sein.[70] 57

Darüber hinaus ist die von Erwägungsgrund 50 MAR und § 6 S. 2 WpAV geforderte Gefahr einer Fehlbewertung durch die Öffentlichkeit lediglich Tatbestandsmerkmal eines **gesetzlichen Regelbeispiels**. Eine abschließende Wertung, wann die noch ausstehende Zustimmung des Aufsichtsrats ein berechtigtes Interesse am Aufschub der Ad-hoc-Veröffentlichung begründen kann, ist damit nicht verbunden.[71] Eine Fehlbewertung durch die Öffentlichkeit zu vermeiden, ist kein primäres Emittenten- sondern ein Marktinteresse.[72] Diesem **Marktinteresse** trägt bereits die zweite Aufschubvoraussetzung ausreichend Rechnung, indem ein Aufschub nur dann möglich ist, wenn dadurch keine Irreführung der Öffentlichkeit zu befürchten ist. 58

---

[64] ESMA, MAR-Leitlinien vom 20.10.2016 (ESMA/2016/1478) zum Aufschub der Offenlegung von Insiderinformationen, Rn. 8 lit. c.
[65] ESMA, Final Report on Guidelines, 13.7.2016 (ESMA/2016/1130), Rn. 68.
[66] ESMA, Final Report on Guidelines, 13.7.2016 (ESMA/2016/1130), Rn. 61 ff.
[67] Emittentenleitfaden, 4. Aufl. 2013, Ziff. IV.3.1.
[68] Emittentenleitfaden Modul C, 5. Aufl. 2020, Ziff. I.3.3.1.2.
[69] Assmann/U.H. Schneider/Mülbert/*Assmann* MAR Art. 17 Rn. 112; unklar *Hopt/Kumpan* in Schimansky/Bunte/Lwowski BankR-HdB § 107 Rn. 154; aA Klöhn/*Klöhn* MAR Art. 17 Rn. 226 f.
[70] *Frowein* in Habersack/Mülbert/Schlitt Kapitalmarktinformation-HdB § 10 Rn. 92.
[71] Assmann/U.H. Schneider/Mülbert/*Assmann* MAR Art. 17 Rn. 112; Klöhn/*Klöhn* MAR Art. 17 Rn. 226.
[72] Klöhn/*Klöhn* MAR Art. 17 Rn. 226.

59 Richtigerweise kann das berechtigte Aufschubinteresse des Emittenten nicht davon abhängen, für wie wahrscheinlich[73] der Vorstand die Zustimmung des Aufsichtsrats hält.[74] Dem **Vorstand** eine solche Einschätzung abzuverlangen und daran eine Ad-hoc-Veröffentlichungspflicht zu knüpfen, steht bereits im **Konflikt zur aktienrechtlichen Kompetenzordnung** und gefährdet die vertrauensvolle und gedeihliche Zusammenarbeit von Vorstand und Aufsichtsrat.[75] Das **berechtigte Interesse** des Emittenten besteht gerade darin, eine **vertrauensvolle Zusammenarbeit** zwischen Vorstand und Aufsichtsrat zu gewährleisten sowie die Entscheidungsfreiheit und Überwachungskompetenz des Aufsichtsrats zu stärken.[76] Dies liegt auch im Interesse der Aktionäre.[77] Daher ist der Auffassung zuzustimmen, dass bei mehrstufigen Entscheidungsprozessen ein **Aufschub der Veröffentlichung** regelmäßig zulässig ist.[78]

60 Aufgrund des restriktiven Ansatzes der ESMA ist Emittenten **in der Praxis** aus Gründen der rechtlichen Vorsorge gleichwohl **zu empfehlen,** in der Aufschubentscheidung zu **dokumentieren,** warum zweifelhaft ist, dass der Aufsichtsrat der Maßnahme zustimmen wird und dadurch die Gefahr einer Fehlbewertung durch das Publikum besteht. Ob solche Zweifel angebracht sind, liegt in der **Einschätzungsprärogative** des Vorstands, der dies am besten beurteilen kann.

61 **(2) Entscheidung so schnell wie möglich.** Nach dem gesetzlichen Regelbeispiel in § 6 S. 2 Nr. 2 WpAV ist zudem erforderlich, dass der Emittent dafür gesorgt hat, dass die **endgültige Entscheidung** des Aufsichtsrats so schnell wie möglich getroffen wird. Nach Auffassung der BaFin sollte der Beschluss daher **unverzüglich,** auch außerhalb der nächsten turnusmäßigen Sitzung gefasst werden, zB im Rahmen einer **außerordentlichen Aufsichtsratssitzung** oder im **Umlaufverfahren.** Um eine zeitnahe Veröffentlichung herbeizuführen, könne die Entscheidung auch in entsprechenden **Ausschüssen** getroffen werden.[79]

62 § 6 S. 2 Nr. 2 WpAV enthält damit ein **Beschleunigungsgebot,**[80] das über das gesetzliche Regelbeispiel hinaus bei jedem Aufschub aufgrund ausstehender Gremienentscheidungen zu beachten ist. Der Emittent darf die Veröffentlichung demnach nur für den **Mindestzeitraum** aufschieben, der nach den anwendbaren gesellschaftsrechtlichen Regeln **unbedingt erforderlich** ist, um eine ordnungsgemäße Vorbereitung und Beschlussfassung des Aufsichtsrats zu gewährleisten. Er muss alle gesellschaftsrechtlich zulässigen Spielräume nutzen, um die Beschlussfassung zu beschleunigen, darf die Ad-hoc-Veröffentlichung also im Regelfall nicht bis zur nächsten ordentlichen Aufsichtsratssitzung aufschieben.[81] Der Vorstand hat den Aufsichtsratsvorsitzenden vielmehr zu bitten, eine **außerordentliche Sitzung mit verkürzter Einberufungsfrist** einzuberufen (→ § 3 Rn. 395) und ggf. von der Möglichkeit einer Beschlussfassung im **Umlaufverfahren** oder einer **telefonischen Beschlussfassung** Gebrauch zu machen (→ § 3 Rn. 456 ff.). Handelt es sich um ein planbares, insiderrelevantes Projekt, muss der Vorstand mit dem Aufsichtsratsvorsitzenden schon frühzeitig mögliche Termine vorabstimmen und vorsichtshalber „blocken". Dem Aufsichtsratsvorsitzenden können etwaige (Insider-)Informationen nach den allgemeinen Regeln (→ Rn. 124 ff.) mitgeteilt werden. Die **verkürzte Einberufungsfrist** muss einerseits möglichst kurz, andererseits aber auch so bemessen sein, dass den Aufsichtsratsmitgliedern ein der Komplexität der Sachentscheidung angemessener Vorbereitungs- und Prüfungszeitraum verbleibt.[82] **Regelmäßig** wird eine Einberufungsfrist von **sieben Wochentagen ab Zugang** sowohl aktienrechtlich als auch im Hinblick auf das kapitalmarktrechtliche Beschleunigungsgebot angemessen sein.[83] Entscheidend sind jedoch die Umstände des **Einzelfalls,** sodass auch noch kürzere Einberufungsfristen in Betracht kommen,[84] beispielswei-

---

[73] Zum unter der alten Rechtslage bestehenden Diskussionsstand um den erforderlichen Grad der Wahrscheinlichkeit Klöhn/*Klöhn* MAR Art. 17 Rn. 218.
[74] Assmann/U.H. Schneider/Mülbert/*Assmann* MAR Art. 17 Rn. 111; Klöhn/*Klöhn* MAR Art. 17 Rn. 219.
[75] Vgl. Assmann/U.H. Schneider/Mülbert/*Assmann* MAR Art. 17 Rn. 112.
[76] *Frowein* in Habersack/Mülbert/Schlitt Kapitalmarktinformation-HdB § 10 Rn. 92; ähnlich *Veil*/*Brüggemeier* in Meyer/Veil/Rönnau MarktmissbrauchsR-HdB § 10 Rn. 113.
[77] Zur aA Klöhn/*Klöhn* MAR Art. 17 Rn. 227.
[78] Assmann/U.H. Schneider/Mülbert/*Assmann* MAR Art. 17 Rn. 112; Lutter/Krieger/*Verse* AR Rn. 307, 618.
[79] Emittentenleitfaden Modul C, 5. Aufl. 2020, Ziff. I.3.3.1.2.
[80] *Krämer*/*Kiefner* AG 2016, 621 (625).
[81] Klöhn/*Klöhn* MAR Art. 17 Rn. 222.
[82] Klöhn/*Klöhn* MAR Art. 17 Rn. 222; Schwark/Zimmer/*Kumpan*/*Schmidt* MAR Art. 17 Rn. 225; *Krämer*/*Kiefner* AG 2016, 621 (625).
[83] In der Literatur werden teilweise Einberufungsfristen von bis zu zehn Werktagen als angemessen angesehen, Klöhn/*Klöhn* MAR Art. 17 Rn. 222: nicht mehr als zehn Wochentage, in einfachen und absehbaren Fällen auch deutlich kürzer; *Krämer*/*Kiefner* AG 2016, 621 (625): acht Wochentage.
[84] Im Consultation Paper, Draft guidelines on the Market Abuse Regulation, 28.1.2016, ESMA/2016/162, Rn. 78, hatte die ESMA noch gefordert, dass der Aufsichtsrat seine Entscheidung möglichst noch am gleichen Tag wie der Vorstand trifft. Nach kritischen Äußerungen, die ua auf die Überwachungsaufgabe des Aufsichtsrats und das Erfordernis einer informierten Entscheidung verwiesen, hat die ESMA dieses Erfordernis im Final Report on Guidelines, 13.7.2016, ESMA/2016/1130, Rn. 91 iii., 120, jedoch aufgegeben.

se, wenn der Aufsichtsrat den insiderrelevanten Sachverhalt schon im Vorfeld begleitet hat und sich bis zur finalen Entscheidung keine wesentlichen Änderungen mehr ergeben haben.

Unabhängig vom Einzelfall muss der Emittent im Rahmen des Kapitalmarkt-Compliance-Systems für den Fall insiderrelevanter, zustimmungspflichtiger Sachverhalte **Vorkehrungen** treffen, um eine zügige Entscheidung des Aufsichtsrats zu gewährleisten.[85] Neben der notwendigen **Sensibilisierung** von Vorstand und Aufsichtsrat und einer Regelung in der Geschäftsordnung des Aufsichtsrats zur Möglichkeit, die Einberufungsfrist bei insiderrelevanten Sachverhalten zu verkürzen, kann der Aufsichtsrat erwägen, die Beschlussfassung über zustimmungspflichtige, insiderrelevante Maßnahmen iSv § 111 Abs. 4 S. 2 AktG an einen **beschließenden Ausschuss** zu delegieren (→ § 3 Rn. 228).[86] Eine solche Delegation ist allerdings trotz Beschleunigungsgebots nicht zwingend erforderlich. Ein kapitalmarktrechtliches Gebot zur Ausschussdelegation würde in die Organisationsautonomie des Aufsichtsrats eingreifen und die Mitwirkungsrechte der nicht im Ausschuss vertretenen Mitglieder unangemessen einschränken.

(3) Zustimmungspflichtigkeit der Maßnahme. Nach § 6 S. 2 Nr. 2 WpAV ist zudem Voraussetzung eines Aufschubs der Veröffentlichung, dass die **Wirksamkeit** der insiderrelevanten Maßnahme von der **Zustimmung** des Aufsichtsrats abhängt. Nach der Verwaltungspraxis der BaFin ist ein Aufschub demnach nur zulässig, *„soweit und solange der Aufsichtsrat dem jeweiligen Sachverhalt zwecks Wirksamkeit zustimmen muss."*[87] Daraus folgt die **BaFin** für den Fall insiderrelevanter Geschäftszahlen, dass ein **Aufschub der Veröffentlichung** bis zur Billigung des Jahresabschlusses durch den Aufsichtsrat **ausscheidet.** Der Aufsichtsrat könne im Rahmen der Prüfung des Jahresabschlusses gemäß § 171 Abs. 1 AktG Einwendungen erheben und seine Billigung gemäß § 172 AktG versagen. Für die wirksame Aufstellung des Jahresabschlusses durch den Vorstand sei die Zustimmung des Aufsichtsrats aber nicht erforderlich.[88]

Diese Argumentation der BaFin überzeugt nicht. Wäre sie zutreffend, müsste ein Aufschub der Veröffentlichung gerade im klassischen Fall einer nach § 111 Abs. 4 S. 2 AktG zustimmungspflichtigen Maßnahme ausgeschlossen, aber im Kontext des Jahresabschlusses bis zur Billigung durch den Aufsichtsrat zulässig sein. Versagt der Aufsichtsrat einer Maßnahme seine Zustimmung, hat dies auf die **Wirksamkeit der Maßnahme** im Außenverhältnis grundsätzlich keine Auswirkungen, da die Vertretungsbefugnis des Vorstands unberührt bleibt.[89] Versagt der Aufsichtsrat hingegen einem Jahresabschluss seine Billigung, fehlt es an der für die Wirksamkeit des Jahresabschlusses im Außenverhältnis erforderlichen Feststellung.[90] Es verhält sich gesellschaftsrechtlich also genau umgekehrt als von der BaFin angenommen.[91]

Richtigerweise kann es für die Zulässigkeit des Aufschubs aus unionsrechtlicher Sicht nicht darauf ankommen, welche rechtlichen Auswirkungen das jeweils anwendbare nationale Gesellschaftsrecht an ein Fehlen oder an eine Versagung des Aufsichtsratsbeschlusses im Einzelnen knüpft. Entscheidend ist, dass nach der gesetzlich oder satzungsmäßig verbindlichen Corporate Governance des Emittenten die **Beschlussfassung eines weiteren Gesellschaftsorgans vorgesehen** und somit die **interne Willensbildung** des Emittenten mit der Entscheidung des Vorstands **noch nicht abgeschlossen** ist. Ausreichend ist auch, wenn der Aufsichtsrat eine geplante Vorstandsmaßnahme per Beschluss *ad hoc*[92] von seiner Zustimmung abhängig macht oder der Vorstand seine abschließende Entscheidung über eine Maßnahme unter den Vorbehalt stellt, dass der Aufsichtsrat diese billigend zur Kenntnis nimmt.[93] Die Wahrung der Integrität des internen Willensbildungsprozesses und der vertrauensvollen Zusammenarbeit mehrerer mit organschaftlichen Kompetenzen ausgestatteter Gesellschaftsorgane stellt ein **berechtigtes Emittenteninteresse** dar. Deshalb kann entgegen der Auffassung der **BaFin** ein berechtigtes Emittenteninteresse auch im Kontext der Aufstellung oder Prüfung des Jahresabschlusses oder der Beschlussvorschläge von Vorstand und Aufsichtsrat an die Hauptversammlung (insbesondere im Hinblick auf den Dividendenvorschlag) im Einzelfall zu bejahen sein.[94] In Bezug auf die rechtlich voneinander unabhängigen Beschlussvorschläge von

---

[85] Klöhn/*Klöhn* MAR Art. 17 Rn. 222.
[86] Schwark/Zimmer/*Kumpan/Schmidt* MAR Art. 17 Rn. 225; zur grundsätzlichen Zulässigkeit und zu Grenzen einer solchen Delegation Grigoleit/*Grigoleit/Tomasic* AktG § 111 Rn. 91.
[87] Emittentenleitfaden Modul C, 5. Aufl. 2020, Ziff. I.3.3.1.2.
[88] Emittentenleitfaden Modul C, 5. Aufl. 2020, Ziff. I.3.3.1.2. Im Emittentenleitfaden, 4. Aufl. 2013, Ziff. IV.2.2.9.1, ging die BaFin noch davon aus, dass das Unternehmen insbesondere in den Fällen, in denen noch ein weiteres Organ oder Gremium (Aufsichtsrat, Aufsichtsratsausschuss) in die endgültige Bewertung der Geschäftszahlen eingebunden ist, prüfen kann, ob die Voraussetzungen für einen Aufschub der Ad-hoc-Publizität vorliegen.
[89] Statt vieler MüKoAktG/*Habersack* AktG § 111 Rn. 147; BeckOGK/*Spindler* AktG § 111 Rn. 90; *Veil/Brüggemeier* in Meyer/Veil/Rönnau MarktmissbrauchsR-HdB § 10 Rn. 110 ff.
[90] BeckOGK/*Euler/Klein* AktG § 172 Rn. 5; MüKoAktG/*Habersack* AktG § 172 Rn. 20, 27.
[91] Ebenso *Kraack* ZIP 2020, 1389 (1389).
[92] Zur Zulässigkeit solcher *ad hoc* Beschlüsse statt vieler Hüffer/Koch/*Koch* AktG § 111 Rn. 39.
[93] *Kraack* ZIP 2020, 1389 (1398).
[94] *Frowein* in Habersack/Mülbert/Schlitt Kapitalmarktinformation-HdB § 10 Rn. 95; *Merkner/Sustmann* NZG 2005, 729 (737); GroßkommAktG/*Hopt/Roth* AktG § 111 Rn. 219 allerdings unter Bezug auf die Verwaltungspraxis der BaFin im Emittentenleitfaden, 4. Aufl. 2013.

67 Im Regelfall wird der Aufschub der Ad-hoc-Veröffentlichung von insiderrelevanten Geschäftszahlen bis zur Billigung des Jahresabschlusses durch den Aufsichtsrat an der zweiten Aufschubvoraussetzung scheitern. Nach den Leitlinien der ESMA ist der Aufschub einer Ad-hoc-Veröffentlichung geeignet, die **Öffentlichkeit irrezuführen,** wenn die Insiderinformation, deren Offenlegung der Emittent aufzuschieben beabsichtigt, die Tatsache betrifft, dass die **finanziellen Ziele** des Emittenten aller Wahrscheinlichkeit[96] nach nicht erreicht werden, wobei diese Ziele zuvor öffentlich bekanntgegeben worden waren.[97] Hat der Emittent daher eine **Jahresprognose** veröffentlicht und sind die Geschäftszahlen insiderrelevant,[98] weil sie von der Jahresprognose abweichen, scheidet ein Aufschub der Ad-hoc-Veröffentlichung aus.[99]

68 **dd) Insiderinformation im originären Aufgabenbereich des Aufsichtsrats und Aufschub der Ad-hoc-Veröffentlichung.** Anders als in den Fällen insiderrelevanter Maßnahmen, die der Zustimmung des Aufsichtsrats unterliegen (→ Rn. 33), kann die veröffentlichungspflichtige Insiderinformation auch in der **Sphäre des Aufsichtsrats** selbst entstehen. Die in der Praxis relevanteste Fallgruppe ist die Bestellung, Abberufung oder Amtsniederlegung von Vorstandsmitgliedern in Schlüsselpositionen, vor allem des Vorstandsvorsitzenden **("Personalmaßnahmen").** Eine andere Fallgruppe ist die Prüfung und ggf. Geltendmachung von Regressansprüchen gegen Vorstandsmitglieder, soweit es sich hierbei um eine insiderrelevante Information handelt.[100]

69 Nicht in diese Kategorie gehört die **Amtsniederlegung** von Aufsichtsratsmitgliedern, insbesondere des Aufsichtsratsvorsitzenden. Die Niederlegung ist gegenüber dem Vorstand zu erklären und wird erst mit Zugang wirksam.[101] Falls es sich um eine insiderrelevante Information handelt, was nur ausnahmsweise der Fall sein dürfte, entsteht sie idR nicht im Zuständigkeitsbereich des Aufsichtsrats, sondern des Vorstands. Anders könnte es in Bezug auf die **Wahl eines Nachfolgers** des Aufsichtsratsmitglieds oder -vorsitzenden sein. Der Aufsichtsrat hat gemäß § 124 Abs. 3 S. 1 AktG der Hauptversammlung Wahlvorschläge zu unterbreiten. Informationen über einen **Wahlvorschlag** dürften aber nur in Ausnahmefällen kurserheblich sein.

70 **(1) Entstehung der Insiderinformation. Personalveränderungen** im Vorstand können kurserheblich und damit als Insiderinformation zu veröffentlichen sein. Ein prominentes **Beispiel,** das kapitalmarktrechtliche Rechtsgeschichte geschrieben hat und Gegenstand der Daimler/Geltl-Entscheidungen von EuGH[102] und BGH[103] war, ist die einvernehmliche vorzeitige Amtsbeendigung des damaligen Vorstandsvorsitzenden der DaimlerChrysler AG, *Jürgen Schrempp.*

71 Von Kurserheblichkeit ist nach den allgemeinen Grundsätzen (→ Rn. 22) regelmäßig auszugehen, wenn eine **Schlüsselposition betroffen** ist und die Personalveränderung vom Kapitalmarkt nicht **erwartet** wurde, insbesondere bei **überraschenden Veränderungen** vor Ablauf der regulären Amtsperiode[104] oder wenn der Kapitalmarkt aufgrund der Personalie einen Strategiewechsel erwartet. Aber auch die Entscheidung zur Nichtverlängerung eines regulär auslaufenden Anstellungsvertrags kann insiderrelevant sein, wenn der Kapitalmarkt mit einer Verlängerung gerechnet hat.

72 Zu berücksichtigen ist, dass die **Abberufung** des amtierenden Vorstandsvorsitzenden und die **Bestellung** eines neuen Vorsitzenden regelmäßig zwei voneinander zeitlich und sachlich **getrennte Insiderinformationen** sein können, auch wenn beide Ereignisse eng miteinander verknüpft sind.

73 Eine **Schlüsselposition** haben Personen, die **maßgeblichen Einfluss auf die Geschäftspolitik** des Emittenten haben oder zukünftig erwarten lassen.[105] Ein solcher Einfluss wird regelmäßig dem Vorstandsvorsitzenden zukommen. Bei anderen Vorstandsmitgliedern ist ein solcher Einfluss eher zu verneinen, wobei es hier erheblich auf den Einzelfall ankommt.[106] Eine Personalveränderung im Vorstand kann auch

---

[95] *Merkner/Sustmann* NZG 2005, 729 (737).
[96] Zum Grad der geforderten Wahrscheinlichkeit *Mülbert/Sajnovits* WM 2017, 2041 (2044): 50% + x; *Merkner/Sustmann/Retsch* AG 2019, 621 (631, Fn. 85): höherer Wahrscheinlichkeitsgrad als 50% + x.
[97] ESMA, MAR-Leitlinien vom 20.10.2016 (ESMA/2016/1478) zum Aufschub der Offenlegung von Insiderinformationen, Rn. 9 lit. b.
[98] Zur Insiderrelevanz von Geschäftszahlen Emittentenleitfaden Modul C, 5. Aufl. 2020, Ziff. I.2.1.5.2; *Merkner/Sustmann/Retsch* AG 2019, 621 (627 ff.).
[99] Zweifelnd *Merkner/Sustmann/Retsch* AG 2019, 621 (631); *Thelen* ZHR 182 (2018), 62 (92).
[100] *Kraack* ZIP 2020, 1389 (1397).
[101] *Hüffer/Koch/Koch* AktG § 103 Rn. 17.
[102] EuGH NJW 2012, 2787 – Geltl/Daimler.
[103] BGH NJW 2013, 2114 – Geltl/Daimler.
[104] *Fleischer* NZG 2007, 401 (403).
[105] Emittentenleitfaden Modul C, 5. Aufl. 2020, Ziff. I.2.1.5.7; *Merkner/Sustmann/Retsch* AG 2019, 621 (626 f.).
[106] *Frowein* in Habersack/Mülbert/Schlitt Kapitalmarktinformation-HdB § 10 Rn. 51; *Merkner/Sustmann/Retsch* AG 2019, 621 (627) unter Verweis auf die empirische Auswertung bei *Seibt/Danwerth* NZG 2019, 121 (122).

unabhängig von der Schlüsselposition des Betroffenen aufgrund ihres Anlasses insiderrelevant sein (zB wegen wesentlicher Compliance-Verstöße oder eines damit verbundenen Strategiewechsels).

Im Fall der einseitigen Amtsniederlegung des Vorstandsmitglieds entsteht die Insiderinformation **spätestens,** wenn sie gegenüber einem Aufsichtsratsmitglied erklärt wird (§ 112 iVm § 78 Abs. 2 S. 2 AktG), im Falle der Bestellung bzw. Abberufung des Vorstandsmitglieds **jedenfalls** mit dem formellen Aufsichtsratsbeschluss.[107] Eine Insiderinformation kann aber auch bereits **im Vorfeld** eines formellen Aufsichtsratsbeschlusses über die Bestellung bzw. Abberufung des Vorstandsmitglieds entstehen. Schon die **Absicht** des Aufsichtsrats eine bestimmte Person zum Vorstandsvorsitzenden zu bestellen oder sie abzuberufen, kann insiderrelevant sein.[108] Nach den unter (→ Rn. 34 ff.) dargestellten Grundsätzen zur Entstehung der Insiderinformation in gestreckten Sachverhalten sind folgende Fälle zu unterscheiden:

Anhand eines **eingetretenen Zwischenschritts** kann sich bereits abzeichnen, dass die Bestellung 75 bzw. Abberufung einer bestimmten Person als Endereignis mit **überwiegender Wahrscheinlichkeit** erfolgen wird. Ein solcher Zwischenschritt kann zB die Entscheidung des Personalausschusses sein, dem Plenum eine bestimmte Person unter mehreren Kandidaten zur Wahl vorzuschlagen, wenn mit überwiegender Wahrscheinlichkeit davon auszugehen ist, dass das Plenum dem **Vorschlag des Personalausschusses** folgen wird.[109] Eine **Konkretisierung auf einen bestimmten engen Personenkreis** reicht nach zutreffender Auffassung der BaFin hierfür nicht aus.[110]

Stellt die Entscheidung des Personalausschusses bereits eine Insiderinformation dar, wird die Ad-hoc-76 Veröffentlichung bis zu einem Beschluss des Plenums regelmäßig aufgeschoben werden können (→ Rn. 79 ff.).[111] In der Praxis waren zwar jüngst Fälle zu beobachten, in denen Emittenten die Empfehlung von Ausschüssen oder gar die anstehende Beratung des Aufsichtsrats über Personalangelegenheiten in einer Ad-hoc-Mitteilung veröffentlichen. Von einer solchen **vorzeitigen Kapitalmarktinformation** sollte aber nur dann Gebrauch gemacht werden, wenn das Instrument des Aufschubs (zB wegen **präziser Gerüchte**) nicht zur Verfügung steht.

Ob und inwieweit die **bloße Absicht** zur Bestellung/Abberufung des Vorstandsvorsitzenden (eingetretener Zwischenschritt) unabhängig von der überwiegenden Eintrittswahrscheinlichkeit des eigentlichen Aufsichtsratsbeschlusses (potenzielles Endereignis) eine Insiderinformation sein kann, ist **fraglich.** Dieselbe Frage stellte sich in der etwas anders gelagerten Konstellation, die Gegenstand der Daimler/Geltl-Entscheidungen von EuGH[112] und BGH[113] war.[114] Hier beabsichtigte der Vorstandsvorsitzende und kommunizierte dies auch über den eigenen engen persönlichen Bereich hinaus nach außen,[115] im Einvernehmen mit dem Aufsichtsrat vorzeitig aus seinem Amt auszuscheiden zu wollen. Die **isolierte Kurserblichkeit** der **Rücktrittsabsicht** ist unter dem Gesichtspunkt zu betrachten, dass von ihr eine erhebliche **Signalwirkung** ausgehen kann. Sie kann sich daraus ergeben, dass die Rücktrittsabsicht darauf hindeutet, dass der Vorstandsvorsitzende seine bislang verfolgte Geschäftsstrategie – unabhängig vom „Ob" und Zeitpunkt des späteren Ausscheidens – nicht mehr mit der bisherigen Konsequenz weiterverfolgen wird.[116] Er hat sich quasi innerlich bereits vom Unternehmen verabschiedet. Auch das Unternehmen selbst wird sich nach der geäußerten Rücktrittsabsicht auf die Nachfolge einstellen. Der noch amtierende Vorstandsvorsitzende verliert noch vor seinem Ausscheiden intern wie extern an Autorität und Durchsetzungsstärke (sog. **lame duck**). Einen solchen vorzeitigen **Autoritätsverlust** zu vermeiden, stellt allerdings ein berechtigtes Emittenteninteresse dar, das einen Aufschub der Ad-hoc-Veröffentlichung rechtfertigen kann.[117]

Geht die **Initiative** aber nicht vom Vorstandsvorsitzenden aus, sondern kommt **aus der Mitte des** 78 **Aufsichtsrats,** ist die Situation eine andere. Hier stellt sich bereits die Frage, wann überhaupt davon

---

[107] Ebenso bezüglich der einvernehmlichen Beendigung des Organverhältnisses *Seibt/Danwerth* NZG 2019, 121 (124).
[108] Emittentenleitfaden Modul C, 5. Aufl. 2020, Ziff. I.2.1.5.7.
[109] In diese Richtung auch Emittentenleitfaden Modul C, 5. Aufl. 2020, Ziff. I.2.1.5.7: Konkretisierung auf eine bestimmte Person; *Seibt/Danwerth* NZG 2019, 121 (124).
[110] Anders noch BaFin-Konsultationsentwurf Nr. 14/2019, Modul C, Ziff. I.2.1.5.7, unter Hinweis darauf, dass die Konkretisierung auf einen engen Personenkreis die Unsicherheit über die zukünftige Ausrichtung des Emittenten beenden kann. Dieses Argument ist nicht überzeugend, weil die Unsicherheit so lange besteht, bis feststeht, welche Einzelperson das Unternehmen in Zukunft führen wird.
[111] *Seibt/Danwerth* NZG 2019, 121 (125).
[112] EuGH NJW 2012, 2787 – Geltl/Daimler.
[113] BGH NJW 2013, 2114 – Geltl/Daimler.
[114] Das OLG Stuttgart hat durch Beschluss vom 16.11.2016 (20 Kap 1/08) festgestellt, dass sämtliche Klagen in den Ausgangsverfahren aufgrund einer außergerichtlichen Einigung der Parteien zurückgenommen worden seien und das KapMuG-Verfahren damit beendet sei, vgl. ZIP 2016, A 100.
[115] Nicht ausreichend für eine Insiderinformation ist, wenn die Absicht lediglich gegenüber dem Ehepartner mitgeteilt wird. Mit unterschiedlicher Begründung BGH NJW 2013, 2114 (2116) – Geltl/Daimler; OLG Frankfurt NJW 2009, 1520; dazu Assmann/U.H. Schneider/Mülbert/*Assmann* MAR Art. 7 Rn. 62. Entsprechendes sollte gelten, wenn das Aufsichtsratsmitglied einen Rechtsberater in seine Überlegungen einweiht.
[116] BGH NJW 2013, 2114 (2116 f.) – Geltl/Daimler.
[117] Auf die Möglichkeit eines Aufschubs weist auch der BGH hin, BGH NJW 2013, 2114 (2118) – Geltl/Daimler.

gesprochen werden kann, dass der Aufsichtsrat eine bestimmte Personalentscheidung beabsichtigt. Von einer Absicht des Aufsichtsrats als Kollegialorgan kann erst gesprochen werden, wenn die **Willensbildung** des Plenums **abgeschlossen** ist. In diesem Fall wird es aber auch zeitnah zur Beschlussfassung kommen. Die Absicht des Aufsichtsratsvorsitzenden oder einzelner Aufsichtsratsmitglieder kann zwar von Gewicht sein und die Entscheidungsfindung im Aufsichtsrat oder in den vorbereitenden Ausschüssen erheblich beeinflussen. Dies zeigt aber gerade, dass sich die Kurserheblichkeit der Absicht einzelner oder mehrerer Aufsichtsratsmitglieder danach bemisst, mit welcher **Wahrscheinlichkeit** sie sich mit ihrer Absicht im Ausschuss und später im Plenum durchzusetzen vermögen. Insofern lässt sich in diesem Fall die Kurserheblichkeit des Zwischenschritts eben nicht unabhängig von der Eintrittswahrscheinlichkeit des Endereignisses beurteilen.

79 **(2) Möglichkeit zum Aufschub der Ad-hoc-Veröffentlichung. Bis zur finalen Entscheidung** des Aufsichtsrats über die Bestellung/Abberufung des Vorstandsvorsitzenden hat der Emittent ein **berechtigtes Eigeninteresse am Aufschub** der Ad-hoc-Veröffentlichung. Bereits die Entscheidung des Vorstands, eine insiderrelevante Maßnahme durchzuführen, kann unter gewissen Voraussetzungen bis zur Entscheidung des Aufsichtsrats aufgeschoben werden (→ Rn. 51 ff.). Ein berechtigtes Aufschubinteresse muss damit erst recht bestehen, bis das für Personalentscheidungen allein zuständige **Aufsichtsratsplenum** einen **finalen Beschluss** über die Personalie gefasst hat. Andernfalls würde die Ad-hoc-Veröffentlichung die Willensbildung im Aufsichtsratsplenum vorwegnehmen und dadurch die Mitwirkungsrechte des einzelnen Aufsichtsratsmitglieds unzulässig beschneiden. Der **Schutz des internen Willensbildungsprozesses** des Emittenten stellt ein berechtigtes Interesse dar. Zudem kann eine vorzeitige Veröffentlichung laufende Vertragsverhandlungen beeinträchtigen oder gar gefährden. Dies durch einen Aufschub der Veröffentlichung zu verhindern, kann ebenfalls im berechtigten Eigeninteresse des Emittenten liegen.[118]

80 Nach Ansicht der **ESMA** ist es **nicht zulässig**, die Ad-hoc-Veröffentlichung der Amtsniederlegung des Vorstandsvorsitzenden bis zur **Berufung eines Nachfolgers aufzuschieben**.[119] Dem kann in dieser Pauschalität nicht gefolgt werden. Vielmehr ist zu differenzieren. Ist die Amtsniederlegung von vornherein Teil eines **einvernehmlichen und geordneten Nachfolgeprozesses**, greifen die Verhandlungen über den Aufhebungsvertrag des bisherigen Amtsinhabers und des Anstellungsvertrags des Nachfolgers nahtlos ineinander und es besteht eine gegenseitige Wechselwirkung. Dieser geordnete Nachfolgeprozess könnte durch eine vorzeitige Ad-hoc-Veröffentlichung bereits im Verhandlungsstadium scheitern. Statt dem Kapitalmarkt eine geordnete Nachfolgelösung präsentieren zu können, die personelle und sachliche Kontinuität vermittelt, bestünde die Gefahr eines **Machtvakuums** und der **Führungslosigkeit** zum Nachteil des Emittenten. Außerdem könnte die **Verhandlungsposition des Aufsichtsrats geschwächt** werden. Solche Situationen zu vermeiden, stellt ein berechtigtes Interesse des Emittenten dar.[120] Trifft die Amtsniederlegung den Emittenten **unerwartet** und steht **kein Nachfolger** bereit, so dass der Nachfolgeprozess erst noch organisiert werden muss, dürfte ein Aufschub der Veröffentlichung entsprechend der Ansicht der ESMA regelmäßig ausscheiden.[121]

81 **(3) Ausschließliche Zuständigkeit des Aufsichtsrats für Aufschubentscheidung.** Die Zuständigkeit für die Entscheidung über den Aufschub der Ad-hoc-Veröffentlichung einer Insiderinformation liegt grundsätzlich beim Vorstand (→ Rn. 28). Entsteht die **Insiderinformation** aber **in der Sphäre des Aufsichtsrats,** geht die hM zu Recht davon aus, dass die ausschließliche und originäre Zuständigkeit für die Aufschubentscheidung beim Aufsichtsrat liegt. Dies folgt aus einer **Annexkompetenz** zur insiderrelevanten Sachentscheidung.[122] Dieser Auffassung hat sich nunmehr auch die BaFin im neuen Emittentenleitfaden Modul C, angeschlossen.[123]

82 Erfasst sind alle Fälle, in denen der Aufsichtsrat die **originäre Sachentscheidungskompetenz** für den insiderrelevanten Sachverhalt hat, wie insbesondere in Bezug auf Personalentscheidungen über Vorstandsmitglieder gemäß § 84 AktG.[124] Der Aufsichtsrat ist gemäß § 112 AktG zur Vertretung der Gesell-

---

[118] *Seibt/Danwerth* NZG 2019, 121 (125).
[119] ESMA, Final Report on Guidelines, 13.7.2016, ESMA/2016/1130, Rn. 126.
[120] *Krämer/Kiefner* AG 2016, 621 (626); *Frowein* in Habersack/Mülbert/Schlitt Kapitalmarktinformation-HdB § 10 Rn. 92; *Seibt/Danwerth* NZG 2019, 121 (125).
[121] *Krämer/Kiefner* AG 2016, 621 (626); Schwark/Zimmer/*Kumpan/Schmidt* MAR Art. 17 Rn. 248.
[122] *Mülbert* FS Stilz, 2014, 411 (422); Klöhn/*Klöhn* MAR Art. 17 Rn. 193; Schwark/Zimmer/*Kumpan/Schmidt* MAR Art. 17 Rn. 184; *Niermann/Venter* in Szesny/Kuthe Kapitalmarkt Compliance Rn. 81.
[123] Emittentenleitfaden Modul C, 5. Aufl. 2020, Ziff. I.3.3.1.1.
[124] Emittentenleitfaden Modul C, 5. Aufl. 2020, Ziff. I.3.3.1.1.; *Veil/Brüggemeier* in Meyer/Veil/Rönnau MarktmissbrauchsR-HdB § 10 Rn. 135; Fuchs/*Pfüller* WpHG § 15 Rn. 426; eing. zur Zuständigkeit des Aufsichtsrats: *Mülbert* FS Stilz, 2014, 411 (417); *Kocher/Schneider* ZIP 2013, 1607 (1610 ff.); *Drinhausen/Marsch-Barner* AG 2014, 337 (348); *Groß* FS Uwe H. Schneider, 2011, 385 (392); *Koch* FS Köndgen, 2016, 329 (341 f.); *Ihrig/Kranz* BB 2013, 451 (456); *Retsch* NZG 2016, 1201 (1206); Klöhn/*Klöhn* MAR Art. 17 Rn. 193; *Niermann/Venter* in Szesny/Kuthe, Kapitalmarkt Compliance Rn. 81; *Mülbert/Sajnowitz* WM 2017, 2001 (2003). Gegen eine Ad-hoc-Publizitätspflicht in der-

I. Kapitalmarktrechtliche Pflichten des Aufsichtsrats

schaft gegenüber den Vorstandsmitgliedern berechtigt. Daher ist in diesen Fällen die **Kenntnis des Aufsichtsrats** vom insiderrelevanten Sachverhalt dem Emittenten auch **zuzurechnen** (→ Rn. 104).[125] Der **Vorstand** kann in solchen Fällen den Informationsfluss und Willensbildungsprozess innerhalb des Aufsichtsrats nicht nachvollziehen oder gar kontrollieren. Beides ist aber für die Beurteilung, ob und ggf. wann eine Insiderinformation entsteht, unerlässlich. Daher muss (ausnahmsweise) der Aufsichtsrat die kapitalmarktrechtlich gebotene Prüfung der Umstände und Tatsachen vornehmen. Anders wäre dies nur dann zu beurteilen, wenn der Vorstand vom Aufsichtsrat jederzeit vollumfänglich in seine Überlegungen und seinen Willensbildungsprozess einbezogen wird, was in der Praxis aber nur selten der Fall sein dürfte.

Daraus folgt, dass in solchen Fällen auch die Kompetenz zur Entscheidung über den Aufschub der Veröffentlichung einer Insiderinformation (Aufschubkompetenz) ausschließlich beim Aufsichtsrat liegt. Die Aufschubkompetenz folgt der Sachentscheidungskompetenz des Aufsichtsrats. Für eine **Parallelzuständigkeit** des Vorstands besteht weder Raum noch ein praktisches Bedürfnis.[126] Im Gegenteil: Eine **klare insiderrechtliche Kompetenzabgrenzung** zwischen Vorstand und Aufsichtsrat, die der aktienrechtlichen Kompetenzordnung folgt (→ § 4 Rn. 519), ist mit Blick auf die notwendige Rechtssicherheit nicht nur zu begrüßen, sondern erforderlich. Seine ausschließliche Sachentscheidungs- und Aufschubkompetenz hindert den Aufsichtsrat im Übrigen nicht daran, einzelne Vorstandsmitglieder in den Prozess miteinzubeziehen.

(4) Beschlusserfordernis und Möglichkeit der Ausschussdelegation. Der Aufsichtsrat muss durch **Beschluss** über den Aufschub entscheiden (§ 108 Abs. 1 AktG).[127] Das Plenum kann die Vorbereitung der Entscheidung und auch die Entscheidung selbst auf einen **Ausschuss** (zB den Präsidialausschuss) **delegieren** (→ Rn. 85; § 3 Rn. 250). Die Delegation der Entscheidung an ein **einzelnes Aufsichtsratsmitglied**, zB den Aufsichtsratsvorsitzenden, oder an ein **Ad-hoc-Gremium,** auch wenn in der Praxis wünschenswert und von der **BaFin** inzwischen befürwortet,[128] ist **aktienrechtlich nicht möglich** (→ Rn. 88).

Die **Delegation der Aufschubentscheidung** auf einen **Ausschuss** ist hingegen **aktienrechtlich zulässig.** Dies gilt auch, wenn die Sachentscheidung, die Gegenstand der Insiderinformation ist, gemäß § 107 Abs. 3 S. 7 AktG selbst nicht delegiert werden und nur vom Aufsichtsratsplenum getroffen werden kann.[129] Nach der **Gegenansicht** soll eine Delegation der Aufschubentscheidung in diesen Fällen ausscheiden.[130] Gerade in dem für die **Praxis relevantesten Fall** einer Insiderinformation über die Bestellung oder Abberufung eines Vorstandsmitglieds könnte die Veröffentlichung nach dieser Ansicht nur vom Aufsichtsratsplenum aufgeschoben werden. Dem ist **nicht zu folgen** (→ § 4 Rn. 515 f.). § 107 Abs. 3 S. 7 AktG soll nach seinem Sinn und Zweck lediglich sicherstellen, dass bei besonders bedeutenden Entscheidungen die Mitsprache- und Mitentscheidungsrechte aller Aufsichtsratsmitglieder gewahrt werden. Diesem Gesetzeszweck steht eine Delegation der Aufschubentscheidung nicht entgegen. Der Aufschub der Ad-hoc-Veröffentlichung ist weder mit der eigentlichen Sachentscheidung gleichzusetzen, noch nimmt er sie rechtlich oder faktisch vorweg. Im Gegenteil: Der Aufschub durch einen Ausschuss dient gerade dazu, eine **sorgfältige und unbeeinflusste Sachentscheidung** des Plenums über die Bestellung bzw. Abberufung eines Vorstandsmitglieds **vorzubereiten** und die **Entscheidungsfreiheit und Mitspracherechte** jedes einzelnen Aufsichtsratsmitglieds zu **wahren.** Wenn bereits der Beschluss eines Ausschusses, einen bestimmten Kandidaten dem Plenum zur Wahl vorzuschlagen, eine veröffentlichungspflichtige Insiderinformation sein kann (→ Rn. 75), muss ein Ausschuss auch in der Lage sein, die Veröffentlichung im berechtigten Interesse des Emittenten aufzuschieben, bis das nach § 107 Abs. 3 S. 7 AktG ausschließlich zuständige Plenum die Personalentscheidung getroffen hat. Die **BaFin** hat ihren einschränkenden Hinweis auf § 107 Abs. 3 S. 7 AktG aus dem Konsultationsentwurf[131] daher zu Recht nicht in den finalen Emittentenleitfaden übernommen.

---

artigen Fällen unter Verweis auf die Verschwiegenheitspflicht des Aufsichtsrats und die mangelnde Zurechnung der Kenntnis des Aufsichtsrats an den Emittenten: Assmann/U.H. Schneider/Mülbert/*Assmann* MAR Art. 17 Rn. 95 f.; zum alten Recht bereits: Assmann/U.H. Schneider/*Assmann*, 6. Aufl. 2012, WpHG § 15 Rn. 50.
[125] Ebenso *Merkner/Sustmann/Retsch* AG 2019, 621 (632); aA Assmann/U.H. Schneider/Mülbert/*Assmann* MAR Art. 17 Rn. 95 f.; zum alten Recht bereits: Assmann/U.H. Schneider/Assmann, 6. Aufl. 2012, WpHG § 15 Rn. 50.
[126] AA *Merkner/Sustmann/Retsch* AG 2019, 621 (632); *dies.* AG 2020, 477 (481).
[127] Im Allgemeinen zum Beschlusserfordernis bei Aufsichtsratsentscheidungen s. BGHZ 10, 187 (194) Rn. 19 = NJW 1953, 1465; BGHZ 41, 282 (286) = NJW 1964, 1367; BGHZ 47, 341 (343) = NJW 1967, 1711; zum Beschlusserfordernis für die Aufschubentscheidung Klöhn/*Klöhn* MAR Art. 17 Rn. 194.
[128] Emittentenleitfaden Modul C, 5. Aufl. 2020, Ziff. I.3.3.1.1.
[129] Ebenso *Merkner/Sustmann/Retsch* AG 2019, 621 (632).
[130] Klöhn/*Klöhn* MAR Art. 17 Rn. 194; *Mülbert* FS Stilz, 2014, 411 (423).
[131] BaFin-Konsultationsentwurf Nr. 14/2019, Modul C, Ziff. I.3.3.1.1, unter Hinweis auf die Grenzen des § 107 Abs. 3 AktG aF.

86 In der **Praxis** besteht auch ein **erhebliches Bedürfnis** danach, die **Aufschubentscheidung zu delegieren**. Eine unverzügliche Beschlussfassung des Aufsichtsratsplenums in einem uU zwanzigköpfigen mitbestimmten und international besetzten Aufsichtsrat wird trotz moderner Kommunikations- und Beschlussformen oftmals kaum möglich sein.[132] Zudem stellt die Wahrung der Vertraulichkeit in einem solchen Gremium eine besondere Herausforderung dar. Entsprechendes gilt für die kontinuierliche Überwachung der Aufschubvoraussetzungen.

87 Im Regelfall ist davon auszugehen, dass die Delegation der Sachentscheidung an einen Ausschuss jedenfalls auch die **konkludente Delegation der zugehörigen Entscheidung über den Aufschub der Veröffentlichung** für den Fall enthält, dass die Sachentscheidung insiderrelevant wird (→ § 4 Rn. 518). Dessen ungeachtet ist aus Gründen der Rechtssicherheit zu empfehlen, die Möglichkeit zur Fassung einer Aufschubentscheidung in den Delegationsbeschluss oder die Geschäftsordnung des Ausschusses ausdrücklich aufzunehmen.

88 Nach Auffassung der **BaFin** kann die Entscheidung über einen möglichen Aufschub auch auf ein **Aufsichtsratsmitglied** oder auf ein untergeordnetes, vom Aufsichtsrat zu kontrollierendes **Ad-hoc-Gremium** delegiert werden. Bei einer Aufschubentscheidung eines solchen Ad-hoc-Gremiums „sollte" nach Auffassung der BaFin **aber mindestens ein Aufsichtsratsmitglied** mitwirken (entsprechend der neuen BaFin-Verwaltungspraxis zur Beteiligung mindestens eines Vorstandsmitglieds an der Aufschubentscheidung im Zuständigkeitsbereich des Vorstands, → Rn. 12).[133] Eine **Delegation** an einzelne Aufsichtsratsmitglieder, wie zB **an den Aufsichtsratsvorsitzenden,** obwohl in der Praxis sicherlich wünschenswert und teilweise gefordert,[134] **scheitert** jedoch an den aktienrechtlich zwingenden Vorgaben des § 108 Abs. 1, Abs. 2 S. 3 AktG. Kapitalmarktrechtlich fordert die MAR für die Inanspruchnahme des Aufschubs zwar lediglich eine bewusste Entscheidung[135] des Emittenten.[136] Wer aber **innerhalb des Emittenten** für die Entscheidung **zuständig** ist, richtet sich nach der **nationalen Organisationsverfassung** des Emittenten, dh bei einer deutschen Aktiengesellschaft nach der **aktienrechtlich zwingenden Kompetenzordnung** und den im Aktiengesetz vorgesehenen Delegationsmöglichkeiten. Eine Entscheidung des Aufsichtsrats oder eines beschließenden Ausschusses erfordert nach § 108 Abs. 1, Abs. 2 S. 3 AktG zwingend eine Beschlussfassung im Wege der **Mehrheitsentscheidung** durch **mindestens drei Mitglieder** (→ § 3 Rn. 432 ff.; § 3 Rn. 208; § 3 Rn. 343).[137] Eine Entscheidung durch einzelne Aufsichtsratsmitglieder oder ein Ad-hoc-Gremium ist gerade nicht vorgesehen (→ § 4 Rn. 520).[138] Die Delegation an ein **vom Aufsichtsrat** eigens einzurichtendes und zu **kontrollierendes Ad-hoc-Gremium** ist zudem praxisfern. Hierfür besteht auch neben der zulässigen Ausschussdelegation kein Bedürfnis. Naheliegender dürfte es vielmehr sein, wenn der Aufsichtsrat oder der zuständige Ausschuss auf das in diesem Fall **ausschließlich beratende** Ad-hoc-Gremium des Vorstands zurückgreift (→ Rn. 93), solange für diese Fälle sichergestellt wird, dass das Gremium ausschließlich an den Aufsichtsrat und nicht an den Vorstand berichtet.

89 **(5) Dokumentation und kontinuierliche Überwachung.** Wenn der Aufsichtsrat beurteilt, ob eine Insiderinformation vorliegt, sind die Umstände, die für diese Beurteilung als maßgeblich erachtet wurden, und die daraus gezogenen **Schlussfolgerungen** stets **sorgfältig zu dokumentieren**. Dies gilt insbeson-

---

[132] So auch die Stellungnahme *Deutsches Aktieninstitut*, 25 f., siehe https://www.BaFin.de/SharedDocs/Downloads/DE/Konsultation/2019/dl_kon_19_14_stellungnahme_deutsches_aktieninstitut.pdf (zul. abgerufen am 26.10.2020); Stellungnahme *Die Deutsche Kreditwirtschaft*, 12, siehe https://www.BaFin.de/SharedDocs/Downloads/DE/Konsultation/2019/dl_kon_19_14_stellungnahme_die_deutsche_kreditwirtschaft.pdf (zul. abgerufen am 26.10.2020); Stellungnahme *Deutscher Anwaltverein*, 19 f., siehe https://www.BaFin.de/SharedDocs/Downloads/DE/Konsultation/2019/dl_kon_19_14_stellungnahme_deutscher_anwaltverein.pdf (zul. abgerufen am 26.10.2020).

[133] Emittentenleitfaden Modul C, 5. Aufl. 2020, Ziff. I.3.3.1.1.

[134] Stellungnahme *Bundesverband deutscher Banken e.V.*, 12, siehe https://www.BaFin.de/SharedDocs/Downloads/DE/Konsultation/2019/dl_kon_19_14_stellungnahme_die_deutsche_kreditwirtschaft.pdf (zul. abgerufen am 26.10.2020); Stellungnahme *Deutscher Anwaltverein*, 20 Rn. 50, siehe https://www.BaFin.de/SharedDocs/Downloads/DE/Konsultation/2019/dl_kon_19_14_stellungnahme_deutscher_anwaltverein.pdf (zul. abgerufen am 26.10.2020); Stellungnahme *Noerr LLP*, 13, siehe https://www.BaFin.de/SharedDocs/Downloads/DE/Konsultation/2019/dl_kon_19_14_stellungnahme_noerr_llp.pdf (zul. abgerufen am 26.10.2020).

[135] Art. 17 Abs. 6 UAbs. 4 MAR und Art. 4 Abs. 1 lit. (a) (ii) und (b) (i), (ii) DurchführungsVO (EU) Nr. 2016/1055 verweisen ausdrücklich auf ein Beschließen bzw. eine Entscheidung (EN: *decision*).

[136] So auch die überwiegende Meinung im Schrifttum Assmann/U.H. Schneider/Mülbert/*Assmann* MAR Art. 17 Rn. 89; Hopt/Kumpan in Schimansky/Bunte/Lwowski BankR-HdB § 107 Rn. 151; Klöhn/*Klöhn* MAR Art. 17 Rn. 184; Schwark/Zimmer/*Kumpan/Schmidt* MAR Art. 17 Rn. 181; *Poelzig* NZG 2016, 761 (765).

[137] MüKoAktG/*Habersack* AktG § 108 Rn. 136, 166, § 108 Rn. 4; Hüffer/Koch/*Koch* AktG § 108 Rn. 16; BeckOGK/*Spindler* AktG § 108 Rn. 43; Grigoleit/*Tomasic* AktG § 108 Rn. 10.

[138] AA *Seibt/Kraack* BKR 2020, 313 (320); *Merkner/Sustmann/Retsch* AG 2020, 477 (482): „in engen Grenzen zulässig" unter Verweis auf Spindler/Stilz/*Spindler* AktG § 107 Rn. 157, der sich aber auf die Delegation einer tatsächlichen vorbereiteten Tätigkeit wie zB die Einsichtnahme und Prüfung von Schriften iSv § 111 Abs. 2 S. 2 AktG und nicht auf eine Entscheidungsdelegation bezieht, wie sie für einen Aufschub erforderlich ist.

I. Kapitalmarktrechtliche Pflichten des Aufsichtsrats

dere auch dann, wenn die Insiderrelevanz einer Information im Einzelfall (noch) verneint wird, zB weil der Personalausschuss gerade erst damit begonnen hat, einzelne Kandidaten für eine **mögliche Nachfolge** im Vorstand zu sondieren.

Wurden **ex-ante** auf angemessener Informationsgrundlage **vertretbare Schlussfolgerungen** hinsichtlich der (fehlenden) Insiderrelevanz eines Umstands bzw. einer Information gezogen und ausreichend dokumentiert, kann dem Emittenten und den verantwortlichen Personen, dh hier dem Aufsichtsrat, **kein grob fahrlässiges, leichtfertiges oder gar vorsätzliches Handeln** vorgeworfen werden, das Gegenstand einer Straftat, einer bußgeldbewehrten Ordnungswidrigkeit oder eines Schadensersatzanspruchs sein könnte. Dies gilt selbst dann, wenn sich die Schlussfolgerungen **ex-post** als unzutreffend erweisen sollten.[139]

Die **Entscheidung** über einen Aufschub der Veröffentlichung ist mit weiteren, **detaillierten Dokumentationspflichten** verbunden, deren Einzelheiten die Europäische Kommission in Art. 4 Abs. 1 der Durchführungsverordnung (EU) 2016/1055 festgelegt hat. Emittenten müssen mittels technischer Hilfsmittel in dauerhafter Form dokumentieren, **wann** (Datum/Uhrzeit) (i) die Insiderinformation erstmals vorgelegen hat, (ii) die Entscheidung über den Aufschub getroffen wurde und (iii) die Insiderinformation wahrscheinlich veröffentlicht werden wird. Zusätzlich sind die **Namen** derjenigen Personen anzugeben, die für (i) die Entscheidung über den Beginn und das voraussichtliche Ende des Aufschubs, (ii) die Gewährleistung der fortlaufenden Überwachung der Aufschubvoraussetzungen, (iii) die Entscheidung über die Veröffentlichung der Insiderinformationen und (iv) die Vorlage der geforderten Informationen über den Aufschub und ihre schriftliche Erläuterung bei der BaFin jeweils verantwortlich sind. Die Dokumentation muss schließlich **Nachweise** über die **erstmalige Erfüllung** der Aufschubvoraussetzungen und für **jegliche Änderung** dieser Erfüllung während des Aufschubzeitraums enthalten. Dazu gehören auch die Informationsbarrieren, die der Emittent unternehmensintern und gegenüber Dritten errichtet hat, um den Zugang zu Insiderinformationen durch andere Personen als diejenigen zu verhindern, die sie für die normale Ausübung ihrer Arbeit, ihres Berufs oder ihrer Aufgaben beim Emittenten benötigen. Schließlich ist anzugeben, welche **Vorkehrungen** der Emittent getroffen hat, um, für den Fall, dass die Vertraulichkeit einer Insiderinformation nicht mehr gewährleistet ist, die **schnellstmögliche Veröffentlichung** der einschlägigen Insiderinformationen sicherzustellen.

Während des **gesamten** Zeitraums des Aufschubs hat der Emittent die fortlaufende Erfüllung der **Aufschubvoraussetzungen kontinuierlich zu überwachen** und zu überprüfen. Da der Emittent der BaFin bei Wegfall der Aufschubvoraussetzungen und Veröffentlichung der Insiderinformation erläutern und ggf. nachweisen muss, inwieweit die Aufschubvoraussetzungen erfüllt waren (Art. 17 Abs. 4 UAbs. 3 S. 1 MAR), ist eine **umfassende und laufende Dokumentation** der Prüfungs- und Überwachungsmaßnahmen sowie ihrer Ergebnisse erforderlich. Der Aufsichtsrat bzw. der zuständige Ausschuss sollte daher in angemessenen Abständen sowie anlassbezogen über die Aufrechterhaltung bzw. den Wegfall des Aufschubs Beschluss fassen.

(6) Weitere Verfahrensfragen. Der Aufsichtsrat bzw. der Ausschuss sollte die Möglichkeit haben, in den Fällen originärer Aufsichtsratszuständigkeit ohne Mitwirkung des Vorstands auf die Expertise eines **Ad-hoc-Gremiums** zurückzugreifen und den Kapitalmarkt-Compliance-Beauftragten mit der Anlage eines neuen ereignisbezogenen Abschnitts in der Insiderliste zu beauftragen. Das Ad-hoc-Gremium kann zB eine **Insiderrelevanzprüfung** durchführen und eine **Entscheidungsempfehlung** für den Aufsichtsrat oder den zuständigen Ausschuss vorbereiten. In diesem Zusammenhang empfiehlt es sich, den „**Direktzugriff**" des Aufsichtsrats auf Mitarbeiter oder Gremien des Emittenten in einer **Insider-Compliance-Richtlinie** zu regeln, die von Vorstand und Aufsichtsrat beschlossen wird.

Da insiderrechtliche Themen im Aufsichtsrat selten zu den kapitalmarktrechtlichen „Standardfragen" gehören, kann sich die Einbeziehung externer, auf Kapitalmarktrecht spezialisierter **Berater** empfehlen. Der Vorteil einer möglichst **frühzeitigen Einbindung** von Beratern besteht darin, dass sich der Prozess unter Umständen **auch aus kapitalmarktrechtlicher Sicht gestalten** lässt. Berater können zB dabei unterstützen, Richtlinien für die Kommunikation aufzustellen, die sicherstellen, dass sich die Aufsichtsratsmitglieder bei ihrer Tätigkeit kapitalmarktkonform verhalten.

(7) Veröffentlichung der Ad-hoc-Mitteilung. Selbst in den Fällen, in denen die Entscheidung über den Aufschub der Ad-hoc-Veröffentlichung in die Zuständigkeit des Aufsichtsrats fällt, bleibt es im Hin-

---

[139] Vgl. Erwägungsgrund 14 MAR: „*Verständige Investoren stützen ihre Anlageentscheidungen auf Informationen, die ihnen vorab zur Verfügung stehen (Ex-ante-Informationen). Die Prüfung der Frage, ob ein verständiger Investor einen bestimmten Sachverhalt oder ein bestimmtes Ereignis im Rahmen seiner Investitionsentscheidung wohl berücksichtigen würde, sollte folglich anhand der Ex-ante-Informationen erfolgen.* […]"; sowie Erwägungsgrund 15 MAR: „*Im Nachhinein vorliegende Informationen (Expost-Informationen) können zur Überprüfung der Annahme verwendet werden, dass die Ex-ante-Informationen kurserheblich waren, sollten allerdings nicht dazu verwendet werden, Maßnahmen gegen Personen zu ergreifen, die vernünftige Schlussfolgerungen aus den ihnen vorliegenden Ex-ante-Informationen gezogen haben* [sic!]."

blick auf die **spätere Veröffentlichung** der Insiderinformation bei der **Zuständigkeit des Vorstands**. Es ist daher unternehmensintern sicherzustellen, dass die betreffenden Insiderinformationen unverzüglich vom Aufsichtsrat an den Vorstand weitergeleitet werden (→ Rn. 104, 109).[140]

96 Einige Stimmen im **Schrifttum** sprechen sich dafür aus, dass auch die **Kompetenz zur Veröffentlichung** der Insiderinformation in den Händen des Aufsichtsrats liegen sollte.[141] Falle die Prüfung, ob eine Insiderinformation vorliegt, und die Entscheidung über den Aufschub ihrer Veröffentlichung in die Kompetenz des Aufsichtsrats, müsse dies auch für die Veröffentlichung selbst gelten. Das „Ob" der Insiderinformation sei untertrennbar mit dem „Wann" und dem „Wie" der Veröffentlichung verbunden. Der Aufsichtsrat sei selbst für die unverzügliche Erstellung und ggf. Aktualisierung eines Ad-hoc-Veröffentlichungsentwurfs verantwortlich und müsse insofern auch die Veröffentlichung selbst veranlassen können.

97 Die besseren Argumente sprechen für eine **differenzierte Sichtweise.** Wie gezeigt (→ Rn. 83, 84) hat der Aufsichtsrat die Kompetenz, Umstände oder Tatsachen aus seinem originären Zuständigkeitsbereich insiderrechtlich zu beurteilen und über den Aufschub einer Veröffentlichung zu entscheiden. Damit obliegt dem Aufsichtsrat auch die **abschließende Entscheidung** über das „Ob" und das „Wann" einer Ad-hoc-Veröffentlichung. Davon zu trennen ist die Frage des „Wie". Hier ist zu unterscheiden zwischen **dem Wortlaut** und dem **technischen Vorgang** der Veröffentlichung. Der Wortlaut ist, entsprechend seiner Sachentscheidungskompetenz, vom Aufsichtsrat festzulegen. Der Aufsichtsrat muss ohnehin eine vollständige Ad-hoc-Veröffentlichung für den Fall vorbereiten, dass die Aufschubvoraussetzungen plötzlich entfallen, zB wenn aufgrund eines „*Leaks*" die Vertraulichkeit der Information nicht mehr gewährleistet ist (Art. 17 Abs. 7 MAR). Der Vorstand **hat kein materielles Überprüfungsrecht** und ist nicht berechtigt, den vom Aufsichtsrat vorgegebenen Wortlaut eigenmächtig zu ändern oder von einer Veröffentlichung abzusehen, weil er die Auffassung des Aufsichtsrats, dass eine veröffentlichungspflichtige Insiderinformation vorliegt, nicht teilt. Lediglich wenn der Vorstand formell-rechtliche Bedenken gegen den vom Aufsichtsrat vorgegebenen Wortlaut hat, beispielsweise, weil er gegen Vorgaben des § 4 WpAV verstößt, oder objektiv falsche Informationen enthält, darf von einer Veröffentlichung abgesehen werden, um die Bedenken schnellstmöglich auszuräumen. Die Veröffentlichung ist sodann unverzüglich nachzuholen. Der technische Vorgang der Veröffentlichung, der in einer Durchführungsverordnung gem. Art. 17 Abs. 10 MAR festgelegt wurde, verbleibt indessen in der **Verantwortung des Vorstands.**[142] Der Grund hierfür liegt abermals in der oben beschriebenen Annexkompetenz des Aufsichtsrats, die eine **sachlich eng beschränkte Ausnahme** von der Geschäftsführungs- und Vertretungskompetenz des Vorstands darstellt. Die Aufschubentscheidung ist eine **unternehmensinterne Maßnahme** ohne Außenwirkung. Die **Vertretungskompetenz** des Aufsichtsrats gilt gemäß § 112 AktG dem Grundsatz[143] nach nur gegenüber den Vorstandsmitgliedern und **nicht gegenüber Dritten,** geschweige denn der Öffentlichkeit.[144] Es besteht auch keine praktische Notwendigkeit, den technischen Vorgang der Veröffentlichung beim Aufsichtsrat anzusiedeln. Liegt eine Insiderinformation vor und sind die Aufschubvoraussetzungen nicht (mehr) gegeben, ist der **Vorstand umgehend zu informieren,** damit dieser die Veröffentlichung **unverzüglich** veranlassen kann. Der Vorstand kann auch in diesen Fällen auf die Abteilung beim Emittenten zurückgreifen, die die zur Veröffentlichung erforderlichen Verfahren eingerichtet hat. Eine nennenswerte Verzögerung der Veröffentlichung durch dieses zweistufige Verfahren ist nicht zu erwarten. Dass der Vorstand bereits vor der Veröffentlichung einbezogen wird, dürfte auch aus anderen Gründen naheliegen. Es ist schon wegen der in aller Regel erstrebenswerten vertrauensvollen Zusammenarbeit zwischen Vorstand und Aufsichtsrat kaum vorstellbar, dass der Vorstand über insiderrelevante Sachverhalte, die in der Sphäre des Aufsichtsrats entstanden sind, erst durch eine Ad-hoc-Veröffentlichung informiert wird.

---

[140] Emittentenleitfaden Modul C, 5. Aufl. 2020, Ziff. I.3.3.1.1.; ebenso *Leyendecker-Langner/Kleinhenz* AG 2015, 72 (74); *Groß* FS H. Schneider, 2011, 385 (392); MüKoAktG/*Habersack* AktG § 116 Rn. 54; *Ihrig/Kranz* BB 2013, 451 (456); *Kocher/Schneider* ZIP 2013, 1607 (1611); *Lutter/Krieger/Verse* AR Rn. 534; Schwark/Zimmer/*Kumpan/Schmidt* MAR Art. 17 Rn. 184; Kölner Komm AktG/*Mertens/Cahn* AktG § 116 Rn. 47; Fuchs/*Pfüller* WpHG § 15 Rn. 225; BeckOGK/*Spindler* AktG § 116 Rn. 121; ausdr. auch *Mülbert* FS Stilz, 2014, 411 (421 f.).

[141] *Veil/Brüggemeier* in Meyer/Veil/Rönnau MarktmissbrauchsR-HdB § 10 Rn. 38; Stellungnahme *White & Case,* 8, siehe https://www.BaFin.de/SharedDocs/Downloads/DE/Konsultation/2019/dl_kon_19_14_stellungnahme_white_u_case.pdf (zul. abgerufen am 26.10.2020); aA Assmann/U.H. Schneider/Mülbert/*Assmann* MAR Art. 17 Rn. 25; MüKoAktG/*Habersack* AktG § 116 Rn. 65.

[142] Durchführungsverordnung (EU) 2016/1055 der Kommission vom 29.6.2016 zur Festlegung technischer Durchführungsstandards hinsichtlich der technischen Mittel für die angemessene Bekanntgabe von Insiderinformationen und für den Aufschub der Bekanntgabe von Insiderinformationen gemäß Verordnung (EU) Nr. 596/2014 des Europäischen Parlaments und des Rates. Ergänzend sind die nationalen Vorschriften für Veröffentlichungen zu beachten, in Deutschland insbesondere die Vorgaben des § 3a WpAV.

[143] Zur ausnahmsweise bestehenden Vertretungskompetenz gegenüber Dritten Hüffer/Koch/*Koch* AktG § 112 Rn. 1; BeckOGK/*Spindler* AktG § 112 Rn. 3.

[144] *Leyendecker-Langner/Kleinhenz* AG 2015, 72 (74 f.); MüKoAktG/*Habersack* AktG § 112 Rn. 7.

ee) Kenntnis von insiderrelevanten Umständen. (1) Kenntniserfordernis. Erlangen der Aufsichtsrat 98
oder eines seiner Mitglieder Kenntnis von (möglichen) Insiderinformationen oder entstehen diese im
Aufsichtsrat, stellt sich die Frage, ob und wann diese Informationen der Ad-hoc-Veröffentlichungspflicht
unterliegen. Diese Frage berührt das derzeit im juristischen Schrifttum zum Gesellschafts- und Kapitalmarktrecht sehr umstrittene Thema des **Kenntniserfordernisses** im Rahmen von Art. 17 Abs. 1 MAR
und der **Zurechnung von Wissen** zum Emittenten.[145] Gemäß Art. 17 Abs. 1 MAR muss der Emittent
eine Insiderinformation **unverzüglich veröffentlichen,** wenn er von ihr **unmittelbar betroffen** ist.
Anders als in Art. 8 und 9 MAR bezieht sich der Wortlaut von Art. 17 Abs. 1 MAR nicht darauf, dass
der Emittent über die betreffende Information verfügt.

Ob der Emittent daher von einer Insiderinformation Kenntnis haben muss und **wie** er die Kenntnis 99
erlangt, ist deshalb **umstritten.** Die wohl **hL** geht davon aus, dass Kenntnis ein **ungeschriebenes Tatbestandsmerkmal** von Art. 17 Abs. 1 MAR ist.[146] Argumentiert wird damit, dass der Emittent nur veröffentlichen könne, was er wisse.[147] Nach einem **objektiven Ansatz** kommt es wegen des Wortlauts und
der Maßgabe einer unverzüglichen Veröffentlichung für die Ad-hoc-Publizitätspflicht hingegen nicht darauf an, ob der Emittent die Information kennt.[148] Zu veröffentlichen können demnach grundsätzlich
auch Informationen sein, die den Emittenten unmittelbar betreffen, **ohne** dass er davon **Kenntnis** hat.[149]

Die Ansicht der hL führt zu der komplexen und im Kapitalmarktrecht bisher weitgehend ungelös- 100
ten Frage der **Wissenszurechnung bei juristischen Personen.**[150] Ob die im deutschen Recht entwickelten und international in ihrer Ausführlichkeit einzigartigen[151] **Grundsätze der Wissenszurechnung** auf
Art. 17 MAR als vollharmonisierende europarechtliche Vorschrift **überhaupt angewendet** werden dürfen, ist noch nicht hinreichend geklärt.[152] Auf Einzelheiten der Diskussion über die Frage der Wissenszurechnung kann an dieser Stelle nicht weiter eingegangen werden.

Die Diskussion hat für die **Praxis** iErg aber **kaum Auswirkungen.** Die widerstreitenden Ansichten 101
kommen beide zu dem Ergebnis, dass der Emittent seinen **Informationsfluss** so ausgestalten muss, dass
der Vorstand als publizitätspflichtiges Organ seiner Veröffentlichungspflicht unverzüglich nachkommen
kann. Der Emittent muss im Rahmen seiner rechtlichen und tatsächlichen Möglichkeiten **sicherstellen,**
dass ihn unmittelbar betreffende Insiderinformationen **unverzüglich veröffentlicht** werden. Wird dem
Emittenten dazu Wissen zugerechnet, muss der Emittent sein Wissen so organisieren, dass es für die Veröffentlichung verfügbar ist. Gleiches gilt aber auch, wenn man mit *Klöhn* auf das Kenntniserfordernis
verzichtet: Um die den Emittenten unmittelbar betreffende Information unverzüglich zu veröffentlichen,
muss der Emittent dafür sorgen, dass die Information rechtzeitig an das für die Veröffentlichung zuständige Organ weitergeleitet wird.[153]

Der teilweise erhobene Einwand, dass nach der objektiven Ansicht auch Ereignisse außerhalb des 102
Unternehmens eine **ausufernde Ad-hoc-Pflicht** und eine damit korrespondierende Haftung auslösen
können, während der Emittent unter den Grundsätzen der Wissenszurechnung nur zur Veröffentlichung

---

[145] Wesentlich, insbes. zur Neuregelung durch die MAR *Klöhn* NZG 2017, 1285; *Ihrig* ZHR 181 (2017), 381; *Koch* AG 2019, 273; *Thomale* NZG 2018, 1007; *Assmann*/U.H. Schneider/*Mülbert*/*Assmann* MAR Art. 17 Rn. 34, 50 ff.; *Klöhn* MAR Art 17 Rn. 111 ff.; *Nietsch* ZIP 2018, 1421; zum alten Recht LG Stuttgart WM 2019, 436; *Sajnovitz* WM 2016, 765; *Buck-Heeb* WM 2016, 1469; *Buck-Heeb* AG 2015, 801; *Buck-Heeb* CCZ 2009, 18 (20); *Leyendecker-Langner*/Kleinhenz AG 2015, 72 (73 ff.); *Ekkenga* NZG 2013, 1081 (1085).

[146] *Assmann*/U.H. Schneider/*Mülbert*/*Assmann* MAR Art. 17 Rn. 50 ff.; *Ihrig* ZHR 181 (2017), 381 (385, 412); *Habersack* DB 2016, 1551 (1554f.), aber offengelassen mit Blick auf Art. 17 MAR; zum alten Recht *Leyendecker-Langner*/Kleinhenz AG 2015, 72 (76); *Sajnovitz* WM 2016, 765; *Buck-Heeb* AG 2015, 80; *Buck-Heeb* WM 2016, 1469 (1472f.); *Buck-Heeb* CCZ 2009, 18 (20); Fuchs/*Pfüller* WpHG § 15 Rn. 328; Kölner Komm WpHG/*Klöhn* WpHG § 15 Rn. 99; Hüffer/Koch/*Koch* AktG § 78 Rn. 30; *Ekkenga* NZG 2013, 1081 (1085).

[147] *Assmann*/U.H. Schneider/*Mülbert*/*Assmann* MAR Art. 17 Rn. 50 Fn. 1 unter dem Gesichtspunkt des Grundsatzes *ultra posse nemo obligatur;* *Ihrig* ZHR 181 (2017), 381 (385); Hüffer/Koch/*Koch* AktG § 78 Rn. 30.

[148] *Klöhn*/Klöhn MAR Art. 17 Rn. 66 ff., 105 ff., 119 ff.; *Klöhn* NZG 2017, 1285 (1289); zum alten Recht *Schäfer* in Marsch-Barner/Schäfer Börsennotierte AG-HdB, 4. Aufl. 2018, Rn. 15.20; Spindler/*Speier* BB 2005, 2031 (2032 Fn. 21); *Ziemons* NZG 2004, 537 (541); offen *Buck-Heeb* WM 2016, 1469 (1472); *Braun* in Möllers/Rotter Ad-hoc-Publizität-HdB § 8 Rn. 47.

[149] *Klöhn* NZG 2017, 1285 (1286f.); *Klöhn*/Klöhn MAR Art. 17 Rn. 89 ff., siehe insbes. die Bsp. in Rn. 92, ferner Rn. 108.

[150] Zur Zurechnung extern erlangten Wissens: BGH WM 2016, 1031 (Rn. 29); zur kapitalmarktrechtlichen Wissenszurechnung nach altem Recht etwa LG Stuttgart ZBB 2020, 59 (Rn. 159, 184); zur 2015 wieder aufgelebten Debatte etwa *Schwintowski* ZIP 2015, 617; *Buck-Heeb* AG 2015, 801; *Spindler* ZHR 181 (2017), 311; *Klöhn* NZG 2017, 1285 (1286ff.); *Ihrig* ZHR 181 (2017), 381 (386f.); *Werner* WM 2016, 1474; *Sajnovits* WM 2016, 756; *Verse* AG 2015, 413.

[151] G. *Wagner* ZHR 181 (2017), 203 (205).

[152] Abl. *Klöhn* NZG 2017, 1285 (1287ff.); zweifelnd, iErg aber „vorsichtige[n]" Rückgriff bejahend *Ihrig* ZHR 181 (2017), 381 (389f.).

[153] *Klöhn* NZG 2017, 1285 (1286f.); Klöhn/*Klöhn* MAR Art. 17 Rn. 66: „*Informations(organisations)pflicht".*

gesellschaftsintern bekannter Umstände verpflichtet sein soll,[154] wird in der Praxis ebenfalls zu vernachlässigen sein. Die **Informationsbeschaffungspflicht** hinsichtlich externer Umstände ist auch nach *Klöhns* Auffassung durch das Tatbestandsmerkmal „unverzüglich" **auf den Rahmen des Erforderlichen und Zumutbaren begrenzt.**[155] Darüber hinaus wird der Emittent von externen Ereignissen in der Regel nur mittelbar betroffen sein.[156]

103 **(2) Zurechnung von Wissen des Aufsichtsrats.** Insiderinformationen können **im Aufsichtsrat entstehen** oder an diesen **von außen herangetragen** werden (→ Rn. 105 ff.). Es stellt sich die Frage, inwieweit (mögliche) Insiderinformationen des Aufsichtsrats dem Emittenten zugerechnet werden können.[157] Eine allgemeine **Verschwiegenheitspflicht** des AR gegenüber dem Vorstand gibt es nach zutreffender hL nicht.[158] Demnach wäre die Zurechnung von Insiderinformationen des Gesamtaufsichtsrats grds. möglich. Gleichwohl hat der Vorstand gegenüber dem Aufsichtsrat keine Leitungs- oder Kontrollbefugnisse und ist in aller Regel nicht in der Lage, die **Weitergabe** von im Aufsichtsrat vorhandenem Wissen **sicherzustellen.**[159]

104 Der **Meinungsstand** ist **uneinheitlich.** Teilweise wird vertreten, dass Informationen des Aufsichtsrats dem Emittenten nicht zugerechnet werden können.[160] Demgegenüber soll nach einer anderen Auffassung eine Wissenszurechnung aus dem Aufsichtsrat in den Fällen in Betracht kommen, in denen der Aufsichtsrat die Gesellschaft nach außen vertritt, also originär zuständig ist.[161] Nach einer weiteren Ansicht folgt aus der eigenständigen Kompetenz des Aufsichtsrats zur Entscheidung über den **Aufschub der Veröffentlichung** gem. Art. 17 Abs. 4 MAR die **Zurechnung** entsprechenden Wissens zum Emittenten.[162] Letzterer Ansicht ist im Hinblick auf Insiderinformationen **zuzustimmen.** In Fällen, in denen der Aufsichtsrat über den Aufschub der Veröffentlichung selbst entscheidet, trifft ihn auch die Pflicht, das Vorliegen der Aufschubvoraussetzungen zu überwachen und die Veröffentlichung durch den Vorstand bei Wegfall der Voraussetzungen bzw. am Ende des Befreiungszeitraums zu veranlassen (→ Rn. 92, 95 ff.). Die **kapitalmarktrechtliche Verantwortung** ist daher in diesen Fällen derjenigen des Vorstands erheblich angenähert, was die Zurechnung des entsprechenden Wissens angemessen erscheinen lässt. In der Praxis empfiehlt es sich darüber hinaus, Vorgaben für die Weiterleitung der Informationen eindeutig festzulegen (→ Rn. 109).

105 **(3) Umgang mit extern erlangten Insiderinformationen.** Erlangt ein Aufsichtsratsmitglied Informationen **von außen,** hängt die Publizitätspflicht davon ab, ob das Mitglied zur Weitergabe der Information verpflichtet war. Wissenszurechnung kann nur erfolgen, wenn eine **Weitergabepflicht** besteht. Informationen, die ein Aufsichtsratsmitglied in seinem **privaten Umfeld** oder außerhalb seiner Aufsichtsratsfunktion erlangt hat, sind der Gesellschaft in der Regel nicht zuzurechnen. Allerdings ist die Zurechnung **privat erlangter Informationen umstritten.**

106 Nach älterer Rechtsprechung und Literatur war sämtliches Wissen zuzurechnen.[163] Vereinzelte Stimmen vertreten, dass privates Wissen in keinem Fall zugerechnet werden kann.[164] Nach der vermittelnden

---

[154] Hüffer/Koch/*Koch* AktG § 78 Rn. 30; Bsp. bei *Ihrig* ZHR 181 (2017), 381 (384) mit Fn. 13.
[155] Klöhn/*Klöhn* MAR Art. 17 Rn. 166 ff.
[156] Klöhn/*Klöhn* MAR Art. 17 Rn. 89 ff., siehe insbes. die Bsp. in Rn. 92.
[157] Dafür: *Ihrig* ZHR 181 (2017), 381 (391, 404 ff.).
[158] MüKoAktG/*Habersack* AktG § 116 Rn. 59; GroßkommAktG/*Hopt/Roth* AktG § 116 Rn. 237; Kölner Komm AktG/*Mertens/Cahn* AktG § 116 Rn. 58; BeckOGK/*Spindler* AktG § 116 Rn. 112.
[159] *Leyendecker-Langner/Kleinhenz* AG 2015, 72 (74); *Buck-Heeb* AG 2015, 801 (808); *Koch* ZIP 2015, 1757 (1761); *Werner* WM 2016, 1474 (1477); aA *Ihrig* ZHR 181 (2017), 381 (408).
[160] *Leyendecker-Langner/Kleinhenz* AG 2015, 72 (76); allg. *Buck-Heeb* in Hauschka/Moosmayer/Lösler Corporate Compliance-HdB § 2 Rn. 11.
[161] Zu Art. 17 MAR ausf. *J. Koch* ZIP 2015, 1757 (1760 ff.); MüKoAktG/*Habersack* AktG § 112 Rn. 26; Lutter/Krieger/*Verse* AR Rn. 458; aA *Leyendecker-Langner/Kleinhenz* AG 2015, 72 (73 ff.); zur Wissenszurechnung im Rahmen der originären Zuständigkeit MüKoAktG/*Habersack* AktG § 112 Rn. 27; GroßkommAktG/*Hopt/Roth* AktG § 112 Rn. 87 f.; *Buck-Heeb* AG 2015, 801 (804); *Spindler* ZHR 181 (2017), 311 (327); *Weller* ZGR 2016, 384 (406 f.) (auch bei Zustimmungsvorbehalten); tendenziell auch *Verse* AG 2015, 413 (415, 417); aA insbes. *Schwintowski* ZIP 2015, 617 (618 ff.); s. auch *Ihrig* ZHR 181 (2017), 381 (404 ff.).
[162] *Ihrig* ZHR 181 (2017), 381 (405) mwN zum alten Recht in Fn. 99.
[163] BGH WM 1955, 830 (832) unter Hinweis auf RG JW 1935, 2044; *Buck,* Wissen und juristische Person, 2001, 244 f.; *Baum,* Die Wissenszurechnung, 1999, 81 ff., 350 ff.; *Fleischer* NJW 2006, 3239 (3242 f.) „in aller Regel"; *Kieser/Kloster* GmbHR 2001, 176 (179, 181); *Wiesner* BB 1981, 1533 (1536); AnwK-BGB/*Heidel/Lochner,* 1. Aufl. 2005, BGB § 28 Rn. 6; Soergel/*Hadding,* 12. Aufl. 1988, BGB § 26 Rn. 11; *Adler,* Wissen und Wissenszurechnung, insbesondere bei arbeitsteilig aufgebauten Organisationen, 1997, 106 f.; aus der jüngeren Literatur *Grigoleit* ZHR 181 (2017), 160 (185 f.); *Gasteyer/Goldschmidt* AG 2016, 116 (119).
[164] BGH NJW 1990, 2544 (2545); *Römmer-Collmann,* Wissenszurechnung innerhalb juristischer Personen, 1998, 191, für Fälle der Organpflichtverletzung; MüKoBGB/*Reuter,* 4. Aufl. 2001, BGB § 28 Rn. 9; vgl. auch GroßkommAktG/*Habersack/Foerster* AktG § 78 Rn. 42, wenn am Geschäft nicht beteiligt; Bürgers/Körber/*Bürgers* AktG § 78 Rn. 5.

Position der jüngeren Literatur und Rechtsprechung kommt es darauf an, ob die betreffende Personen **verpflichtet** gewesen wäre, das Wissen im Rahmen ihrer amtlichen Tätigkeit zu verwenden bzw. weiterzugeben.[165] Dem vermittelnden Ansatz ist zuzustimmen. Es sollte allein darauf ankommen, ob das betreffende Organmitglied verpflichtet war, die Information **weiterzugeben**.

Aufsichtsratsmitglieder sind dem **Wohl der Gesellschaft** und dem **Unternehmensinteresse** verpflichtet. Allerdings vertreten sie die Gesellschaft in der Regel nicht gegenüber Dritten. Die Tätigkeit als Aufsichtsrat ist nach dem gesetzlichen Leitbild eine „**Nebentätigkeit**". Ein Aufsichtsratsmitglied ist nicht verpflichtet, ausschließlich und jederzeit für seine Gesellschaft „im Dienst" zu sein. Das im Rahmen einer **anderweitigen Tätigkeit als Organ** (sog. **Doppelmandat**) erlangte Wissen darf ein Aufsichtsratsmitglied nicht weitergeben, wenn und soweit es zur **Vertraulichkeit** verpflichtet ist.[166] Die Zurechnung von Wissen **einzelner Aufsichtsratsmitglieder** wird daher von der hM im Grundsatz zu Recht abgelehnt.[167] Etwas anderes muss allerdings gelten, wenn Wissen eines Aufsichtsratsmitglieds, einschließlich privat erlangter Informationen, aus Sicht eines objektiven Dritten für die Gesellschaft so wesentlich ist, dass bei objektiver Betrachtung davon ausgegangen werden kann, dass es weitergegeben wird. Dies gilt insbesondere, wenn eine für die Gesellschaft wesentliche Information an ein Aufsichtsratsmitglied erkennbar mit dem Ziel gegeben wurde, sie in die Sphäre der Gesellschaft zu bringen. Wann eine Information in diesem Sinne wesentlich ist, ist einzelfallabhängig und muss auf Basis der jeweiligen Umstände und der Lage der Gesellschaft beurteilt werden. Wenn nach dem vorstehend dargelegten objektiven Maßstab das betreffende Aufsichtsratsmitglied dazu verpflichtet war, sein Wissen weiterzugeben, ist das Wissen der Gesellschaft **ausnahmsweise zuzurechnen**. Diese Sichtweise wird auch am ehesten dem in der Praxis zunehmend verbreiteten Leitbild eines professionalisierten und initiativ handelnden Aufsichtsrats (sog. „**empowered board**") gerecht.

Eine Zurechnung von Wissen des Aufsichtsratsvorsitzenden kommt im Einzelfall eher in Betracht.[168] Der **Aufsichtsratsvorsitzende** (→ § 3 Rn. 67 ff.) hat rechtlich, aber auch faktisch eine hervorgehobene Position und größeren Einfluss auf die Gesellschaft. In seiner Funktion als **Schnittstelle** zwischen dem Vorstand und dem Aufsichtsrat als Gesamtorgan erhält er bevorzugt Informationen von der Gesellschaft und im Einzelfall auch von externen Dritten. Dies gilt insbesondere, soweit der Aufsichtsratsvorsitzende in die **Investorenkommunikation** eingebunden wird.[169] In Erfüllung dieser Rolle erhaltene Kenntnis von Insiderinformationen ist dem Emittenten in jedem Fall zuzurechnen.

d) Eigene Organisationspflichten im Rahmen des Kapitalmarkt-Compliance-Systems

Aufgrund des **Selbstorganisationsrechts** des Aufsichtsrats enden die Organisationspflichten des Vorstands an der Schnittstelle zum Aufsichtsrat.[170] Im Rahmen des Kapitalmarkt-Compliance-Systems hat der Vorstand in Zusammenarbeit mit dem Aufsichtsrat allerdings die **notwendigen Verfahren** festzulegen, die sicherstellen, dass Insiderinformationen erforderlichenfalls vom Aufsichtsrat an den Vorstand oder vom Vorstand an den Aufsichtsrat weitergeleitet werden. In der Praxis kommt dem Aufsichtsratsvorsitzenden als Informationsmittler zwischen Vorstand und Aufsichtsrat eine bedeutende Rolle zu (→ Rn. 108). Eine **Kapitalmarkt-Compliance-Richtlinie** kann auch die Informationsweiterleitung innerhalb des Aufsichtsrats regeln, ist in diesem Fall aber vom Aufsichtsrat gemeinsam mit dem Vorstand aufzustellen. Die

---

[165] BGH BeckRS 2013, 14004 Rn. 31 bei Umständen von ganz wesentlicher Bedeutung; BGH NJW 2007, 2989 Rn. 14; 1990, 2544 (2545); *Buck-Heeb* WM 2008, 281 (283); *Buck-Heeb* in Hauschka/Moosmayer/Lösler Corporate Compliance-HdB § 2 Rn. 30 ff., 33; iErg auch *Grunewald* FS Beusch, 1993, 301 (307); einschr. *Grunewald* FS Beusch, 1993, 301 (307) „nur selten der Fall"; GroßkommAktG/*Kort* AktG § 76 Rn. 205; Kölner Komm AktG/*Mertens/Cahn* AktG § 76 Rn. 88; MüKoAktG/*Spindler* AktG § 78 Rn. 102; Hüffer/Koch/*Koch* AktG § 78 Rn. 26; einschr. *Römmer-Collmann*, Wissenszurechnung innerhalb juristischer Personen, 1998, 190 f.; s. auch *Spindler* ZHR 181 (2017), 311 (326).
[166] Dazu BGH WM 2016, 1031 (1033); OLG Celle 24.8.2011 – 9 U 47/11, Rn. 13 f., nv; *Verse* AG 2015, 413 (417); *Thomale* AG 2015, 641 (649 f.); *Buck-Heeb* AG 2015, 801 (810 f.); *Koch* ZIP 2015, 1757 (1762 f.); Assmann/ U.H. Schneider/*Mülbert/Assmann* MAR Art. 17 Rn. 56; MüKoBGB/*Schubert* BGB § 166 Rn. 49 ff.; Hüffer/Koch/*Koch* AktG § 112 Rn. 7; aA *Schwintowski* ZIP 2015, 617 (621 ff.).
[167] Gegen eine Zurechnung von Wissen einzelner Aufsichtsratsmitglieder BGH NJW 1981, 166; OLG Düsseldorf BeckRS 2015, 3264 Rn. 45; *Buck-Heeb* AG 2015, 801 (804); *Fleck* WM 1985, 677 (680); *Wiesner* BB 1981, 1533 (1537); Hüffer/Koch/*Koch* AktG § 112 Rn. 7; MüKoAktG/*Habersack* AktG § 112 Rn. 26; BeckOGK/*Spindler* AktG § 112 Rn. 43; Hölters/*Hambloch-Gesinn/Gesinn* AktG § 112 Rn. 17; MüKoBGB/*Schubert* BGB § 166 Rn. 92; aA BGH NJW-RR 1990, 1330, für Kenntnis des Vorsitzenden des Verwaltungsrats; BGHZ 109, 327 (331) = NJW 1990, 975: Wissen aller vertretungsberechtigten Organwalter; BGHZ 41, 282 = NJW 1964, 1367; aA bei Passivvertretung, s. zB Hüffer/Koch/*Koch* AktG § 112 Rn. 10; Kölner KommAktG/*Mertens/Cahn* AktG § 112 Rn. 34; GroßkommAktG/*Hopt/Roth* AktG § 112 Rn. 87.
[168] Für eine Zurechnung auch Kölner Komm AktG/*Mertens/Cahn* AktG § 112 Rn. 24; GroßkommAktG/*Hopt/Roth* AktG § 112 Rn. 88; aA *Buck-Heeb* AG 2015, 801 (805); Kölner Komm AktG/*Mertens/Cahn* AktG § 112 Rn. 34.
[169] Anregung A.3 DGCK (Ziff. 5.2 Abs. 2 DGCK aF).
[170] *Leyendecker-Langner/Kleinhenz* AG 2015, 72 (74).

Richtlinie sollte eine Pflicht der Aufsichtsratsmitglieder vorsehen, emittentenbezogene Insiderinformationen, die ihnen in ihrer Funktion als Aufsichtsratsmitglieder bekannt werden, an den Aufsichtsratsvorsitzenden weiterzuleiten, der dann seinerseits den Vorstand informiert.

110 Entsteht eine Insiderinformation im Aufsichtsrat, sind die Aufsichtsratsmitglieder, die Zugang zu dieser Information haben, in die **Insiderliste** des Emittenten aufzunehmen (Art. 18 Abs. 1 lit. a MAR). Der Aufsichtsratsvorsitzende sollte die für die Führung der Insiderliste verantwortliche Person (zB den Kapitalmarkt-Compliance-Beauftragten) möglichst frühzeitig und ggf. bereits vor Entstehung der Insiderinformation in den Prozess einbinden, damit diese bereits rein vorsorglich einen **neuen Abschnitt** in der Insiderliste aufnehmen kann.[171] Dies ist auch der Zeitpunkt, zu dem alle Aufsichtsratsmitglieder mit Zugang zu den Insiderinformationen über ihre Pflichten als Insider zu **belehren** sind (Art. 18 Abs. 2 UAbs. 1 MAR). Die Aufsichtsratsmitglieder haben die für die Führung der Liste **erforderlichen Angaben** dem Verantwortlichen ebenso mitzuteilen wie jede nachträgliche Änderung dieser Angaben. Dies sind Name, Geburtsname (soweit abweichend), Vorname, Geburtsdatum, nationale Identifikationsnummer (soweit vorhanden), Unternehmen/Standort und Geschäftsanschrift, Funktion, geschäftliche Telefonnummern (Festnetz und mobil), private Anschrift (einschließlich eines ggf. vorhandenen Zweitwohnsitzes) und private Telefonnummern (Festnetz und mobil) sowie der Zeitpunkt (Datum, Uhrzeit) des erstmöglichen Zugriffs auf die bzw. der Kenntniserlangung von einer Insiderinformation.

111 Nach Auffassung der BaFin seien **Assistenten** von Aufsichtsratsmitgliedern **nur dann** in die Insiderliste aufzunehmen, wenn sie beim Emittenten **angestellt** seien. Assistenten, die über den Aufsichtsrat beim Emittenten oder bei einem Drittunternehmen angestellt seien, seien demgegenüber nicht in die Insiderliste des Emittenten aufzunehmen, da keine Rechtsbeziehung zum Emittenten bestehe.[172] Im Hinblick auf Assistenten, die beim Aufsichtsrat angestellt sind, **überzeugt** die Auffassung der BaFin **nicht.** Die **über den Aufsichtsrat** beim Emittenten angestellten **Assistenten** haben eine direkte **Rechtsbeziehung** zum Emittenten und sind daher in die Insiderliste aufzunehmen.

112 Anders ist es bei Assistenten, die bei einem **Drittunternehmen** angestellt sind. Für sie müssen Aufsichtsratsmitglieder **keine eigene Insiderliste** führen.[173] Gerade in diesem Fall hat das Aufsichtsratsmitglied seine Assistenten aber besonders darauf hinzuweisen, dass (Insider-)Informationen aus dem Aufsichtsrat an keine anderen Personen beim Drittunternehmen weitergegeben werden dürfen. Es empfiehlt sich, die Belehrung schriftlich zu dokumentieren.

113 Emittenten haben eine **Liste ihrer Führungspersonen,** dh auch aller Aufsichtsratsmitglieder (Art. 3 Abs. 1 Nr. 25 lit. a MAR), sowie der mit diesen eng verbundenen Personen (→ Rn. 149 ff.) zu führen (Art. 19 Abs. 5 UAbs. 1 S. 2 MAR). Weder die MAR noch die entsprechenden Level-2 oder Level-3 Rechtsakte enthalten Vorgaben zu den dort **aufzunehmenden Angaben.** Laut BaFin genügt die Angabe des **Namens der Führungspersonen** und der mit ihnen eng verbundenen Personen, sofern diese Angabe ausreicht, um die betreffenden Personen eindeutig zu identifizieren. Bei Namensgleichheit einzelner Aufsichtsratsmitglieder oder eng verbundener Personen soll laut BaFin ein weiteres Identifizierungsmerkmal hinzugefügt werden, zB das Geburtsdatum.[174] Im Fall von **Personengesellschaften bzw. juristischen Personen** sollten die **Registerdaten** aufgenommen werden, um eine eindeutige Identifizierbarkeit der Gesellschaft sicherzustellen. Die Aufsichtsratsmitglieder und die mit ihnen eng verbundenen Personen müssen die erforderlichen personenbezogenen Angaben und zukünftige Änderungen der zur Führung der Liste verantwortlichen Person mitteilen.

2. Persönliche Sorgfalts- und Verhaltenspflichten der Aufsichtsratsmitglieder

114 Nicht nur der Aufsichtsrat als Organ ist Adressat kapitalmarktrechtlicher Pflichten. Auch die einzelnen Aufsichtsratsmitglieder unterliegen **persönlichen kapitalmarktrechtlichen Verhaltenspflichten.**

a) Beachtung der Insiderverbote

115 Verfügen Aufsichtsratsmitglieder über Insiderinformationen ist ihnen gemäß Art. 14 MAR untersagt, (i) Insidergeschäfte zu tätigen, (ii) Dritten zu empfehlen oder sie dazu zu verleiten, Insidergeschäfte zu tätigen, und (iii) Insiderinformationen unrechtmäßig gegenüber einer anderen Person offenzulegen.

116 Ein **vorsätzlicher Verstoß** gegen diese Verbote – einschließlich des Versuchs – stellt eine **Straftat** dar und kann mit Freiheitsstrafe bis zu fünf Jahren oder mit Geldstrafe bestraft werden (§ 119 Abs. 3 und 4 WpHG). Ein **leichtfertiger Verstoß** stellt eine **Ordnungswidrigkeit** dar und kann mit einer Geldbuße

---

[171] Nach der Verwaltungspraxis der BaFin ist aus der rein vorsorglichen Anlage eines Abschnitts in der Insiderliste nicht zu schließen, dass der Emittent zu diesem Zeitpunkt das Vorliegen einer Insiderinformation angenommen hätte, Emittentenleitfaden Modul C, 5. Aufl. 2020, Ziff. V.4.1.
[172] Emittentenleitfaden Modul C, 5. Aufl. 2020, Ziff. V.3.2.
[173] Emittentenleitfaden Modul C, 5. Aufl. 2020, Ziff. V.3.2.
[174] Emittentenleitfaden Modul C, 5. Aufl. 2020, Ziff. II.3.8.

bis zu fünf Millionen Euro oder darüber hinaus bis zum Dreifachen des aus dem Verstoß gezogenen wirtschaftlichen Vorteils geahndet werden (§ 120 Abs. 14 und 18 WpHG).

aa) Verbot des Tätigens von Insidergeschäften. Ein **verbotenes Insidergeschäft** tätigt, wer unter Nutzung der ihm zur Verfügung stehenden Insiderinformationen für sich selbst oder für einen anderen direkt oder indirekt Finanzinstrumente **erwirbt oder veräußert,** auf die sich die Informationen beziehen (Art. 8 Abs. 1 S. 1 MAR). Ein Aufsichtsratsmitglied darf seinen durch die Kenntnis einer Insiderinformation erlangten **Wissensvorsprung** also nicht dazu benutzen, Finanzinstrumente frühzeitig zu erwerben oder zu veräußern, um so Gewinn zu erzielen oder sich vor Verlusten zu schützen. 117

Ein verbotenes Insidergeschäft liegt auch vor, wenn ein Aufsichtsmitglied zu einem Zeitpunkt, zu dem es nicht über Insiderinformationen verfügte, einen **Auftrag** in Bezug auf ein Finanzinstrument **erteilt** und diesen Auftrag unter Nutzung einer erst später erlangten Insiderinformation, die sich auf das Finanzinstrument bezieht, wieder **storniert oder ändert** (Art. 8 Abs. 1 S. 2 MAR). 118

Das Tatbestandsmerkmal der Nutzung einer Insiderinformation erfordert, dass die Kenntnis der Information in die Anlageentscheidung mit eingeflossen sein muss **(Kausalität).** Nach der Rechtsprechung des EuGH wird **vermutet,** dass derjenige, der mit Finanzinstrumenten handelt und gleichzeitig Kenntnis einer diesbezüglichen Insiderinformation hat, diese Kenntnis auch genutzt hat (sog. Spector-Regel).[175] Diese Vermutung kann **widerlegt** werden, so etwa in den in Art. 9 MAR aufgelisteten Fällen, die aber nicht abschließend sind.[176] 119

bb) Empfehlungsverbot. Ein Verstoß gegen das **Empfehlungsverbot** (Art. 8 Abs. 2 MAR) liegt vor, wenn ein Insider auf der Grundlage der ihm zur Verfügung stehenden Insiderinformationen **Dritten** empfiehlt oder sie dazu verleitet, (i) Finanzinstrumente zu erwerben oder zu veräußern, auf die sich die Informationen beziehen, oder (ii) einen Auftrag zu stornieren oder zu ändern, der ein Finanzinstrument betrifft, auf das sich die Informationen beziehen. 120

Ein verbotenes Insidergeschäft tätigt auch derjenige, der einer derartigen **Empfehlung folgt** oder sich derart **verleiten lässt** und weiß oder wissen sollte, dass die Empfehlung auf Insiderinformationen beruht (Art. 8 Abs. 3 MAR). 121

cc) Offenlegungsverbot. Im Grundsatz darf **niemand** die ihm zur Verfügung stehenden Insiderinformationen gegenüber einer anderen Person **offenlegen** oder ihr **sonst zugänglich machen** (Art. 10 Abs. 1 UAbs. 1 MAR). Die Insiderinformation ist bereits offengelegt, wenn der Empfänger in die Lage versetzt wird, sich ohne wesentliche Schwierigkeiten Kenntnis von der Insiderinformation zu verschaffen. Nicht erforderlich ist, dass die Insiderinformation durch den Empfänger auch tatsächlich wahrgenommen oder als solche erkannt wird.[177] 122

Ein Aufsichtsratsmitglied darf Insiderinformationen gegenüber einem Dritten, dazu gehören auch andere Aufsichtsratsmitglieder, Vorstandsmitglieder oder Assistenten, **nur** im Zuge der **normalen Erfüllung seiner Aufgaben**[178] in seiner Funktion als Aufsichtsratsmitglied offenlegen (Art. 10 Abs. 1 UAbs. 1 MAR). Besteht eine gesetzliche Pflicht zur Offenlegung, ist die Offenlegung stets rechtmäßig.[179] 123

(1) Allgemeine Anforderungen an eine rechtmäßige Offenlegung. Das Aufsichtsratsmitglied muss ein **legitimes Offenlegungsinteresse** haben und die Offenlegung muss unter **Abwägung** des öffentlichen Interesses an einer nur begrenzten, selektiven Informationsweitergabe (im Gegensatz zur zeitgleichen diskriminierungsfreien Veröffentlichung der Insiderinformation) erforderlich und angemessen sein.[180] 124

Rechtmäßig ist die Offenlegung daher nur, soweit die Kenntnis anderer Personen **erforderlich** ist, damit das Aufsichtsratsmitglied seine Aufgaben und Pflichten als Organmitglied des Emittenten erfüllen kann. Die Anzahl der eingebundenen Personen ist auf das für die Zweckerreichung notwendige Maß zu beschränken (sog. **Need-to-know-Prinzip**).[181] Im Rahmen der Angemessenheit muss das **Offenlegungsinteresse** das Interesse des Markts, die selektive Verbreitung von Insiderinformationen einzudämmen, **überwiegen.** Für die Abwägung relevant sind (i) das konkrete Risiko des verbotenen Insiderhan- 125

---

[175] EuGH Slg. 2009, I-12073 = NZG 2010, 107 (109 ff.) – Spector.
[176] Zu weiteren Fällen, Emittentenleitfaden Modul C, 5. Aufl. 2020, Ziff. I.4.2.5.2.2.
[177] Emittentenleitfaden Modul C, 5. Aufl. 2020, Ziff. I.4.4.1.
[178] Dazu auch EuGH Slg. 2005, I-09939 = NJW 2006, 133 (134 f.) – Grøngard und Bang.
[179] Emittentenleitfaden Modul C, 5. Aufl. 2020, Ziff. I.4.4.2.2.; Assmann/U.H. Schneider/Mülbert/*Assmann* MAR Art. 10 Rn. 24; Klöhn/*Klöhn* MAR Art. 10 Rn. 98; Schwark/Zimmer/*Kumpan/Grütze* MAR Art. 10 Rn. 46; *Meyer* in Meyer/Veil/Rönnau MarktmissbrauchsR-HdB § 6 Rn. 15.
[180] Klöhn/*Klöhn* MAR Art. 10 Rn. 43 ff.; Assmann/U.H. Schneider/Mülbert/*Assmann* MAR Art. 10 Rn. 19 ff.; Schwark/Zimmer/*Kumpan/Grütze* MAR Art. 10 Rn. 28; Fuchs/*Mennicke* WpHG § 14 Rn. 207.
[181] Emittentenleitfaden Modul C, 5. Aufl. 2020, Ziff. I.4.4.2.1.

dels aufgrund der Offenlegung, (ii) die Kurserheblichkeit der Insiderinformation, (iii) die Verlässlichkeit des Empfängers und (iv) die Maßnahmen zur Eindämmung des Informationsflusses.[182]

126 Legt ein Aufsichtsratsmitglied eine Insiderinformation **in erlaubter Weise** gegenüber einem Dritten offen, ist sicherzustellen, dass der Dritte (i) zur Verschwiegenheit verpflichtet ist (Art. 17 Abs. 8 MAR), (ii) in die Insiderliste aufgenommen wird, wenn der Dritte zB aufgrund eines Anstellungs- oder Beratervertrags für den Emittenten Aufgaben wahrnimmt (Art. 18 Abs. 1 MAR; → Rn. 111), und (iii) über seine Pflichten als Insider und die Folgen von Insiderverstößen in Bezug auf die konkrete Insiderinformation informiert wird (Insiderbelehrung, Art. 18 Abs. 2 UAbs. 1 MAR).[183]

127 Werden diese **Maßnahmen** getroffen, wirkt sich dies zum einen bei der vorgenannten Abwägung **zugunsten des Offenlegungsinteresses** aus.[184] Zum anderen wird die kontinuierliche **Vertraulichkeit** der Insiderinformation weiterhin gewährleistet, was verhindert, dass es zum Wegfall der Aufschubvoraussetzungen und zu einer unverzüglichen Veröffentlichungspflicht nach Art. 17 Abs. 7 MAR und zu einer Veröffentlichungspflicht nach Art. 17 Abs. 8 MAR kommt.[185] Wird der Dritte auf das Vorliegen einer potenziellen Insiderinformation **hingewiesen** und über die Pflichten eines Insiders **belehrt,** unterliegt der Dritte ebenfalls dem Offenlegungsverbot gemäß Art. 14 lit. c MAR und mithin einer gesetzlichen Verschwiegenheitspflicht.[186] Zur Dokumentation und aus Vorsichtsgründen hat sich in der Praxis zumindest bei unternehmensexternen Dritten der zusätzliche Abschluss einer **Vertraulichkeitsvereinbarung** etabliert und bewährt.

128 **(2) In der Praxis regelmäßig erlaubte Offenlegung.** Die Offenlegung von den Emittenten betreffenden Insiderinformationen – ob durch den Vorstand oder durch ein Aufsichtsratsmitglied – **an (andere) Aufsichtsratsmitglieder** ist insiderrechtlich stets zulässig, wenn die Weitergabe im Zusammenhang mit der Aufsichtsratstätigkeit steht.[187] Dies ergibt sich bereits aus den **aktienrechtlichen Berichtspflichten** des Vorstands gegenüber dem Aufsichtsrat und darüber hinaus aus der allgemeinen Überwachungsfunktion und diesbezüglichen Gesamtverantwortung des Aufsichtsrats.[188] In der Praxis bietet es sich an, die Information an den Aufsichtsratsvorsitzenden weiterzuleiten, der dann die anderen Aufsichtsratsmitglieder oder die Mitglieder des zuständigen Ausschusses informiert.

129 Auch die Offenlegung einer Insiderinformation **gegenüber dem Vorstand** ist zulässig. Der Vorstand ist das primär verantwortliche Organ für die Prüfung und Veröffentlichung einer emittentenbezogenen Insiderinformation (→ Rn. 7). Damit der Vorstand dieser gesetzlichen Pflicht nachkommen kann, müssen etwaige Insiderinformationen aus allen Unternehmensbereichen, einschließlich des Aufsichtsrats, zulässigerweise an ihn weitergeleitet werden können.[189] Nicht anderes gilt für den **Sonderfall,** dass die Insiderinformation im **originären Zuständigkeitsbereich des Aufsichtsrats** entsteht. Zwar ist es in diesem Fall Aufgabe des Aufsichtsrats, das Vorliegen einer Insiderinformation zu prüfen und ggf. über einen Aufschub der Veröffentlichung zu entscheiden (→ Rn. 81). Für die **Veröffentlichung** der Insiderinformation bleibt aber auch im Fall originärer Aufsichtsratskompetenz der Vorstand zuständig (→ Rn. 95), so dass auch hier eine Weiterleitung der Information an den Vorstand zulässig, da **gesetzlich erforderlich** ist.

130 In der Regel zulässig ist auch die Offenlegung von Insiderinformationen gegenüber **Assistenten,** die mit der Organisation der Aufsichtsratssitzungen betraut sind und die Aufsichtsratsmitglieder bei der Ausübung ihrer Organfunktion unterstützen (→ Rn. 123).

131 Regelmäßig zulässig ist die Einbindung von **Auskunftspersonen** aus dem Unternehmen oder von **externen Beratern,** wenn der Aufsichtsrat ihre fachliche Expertise benötigt, um sich eine **angemessene Informationsgrundlage** zu verschaffen, damit er den Sachgegenstand der Insiderinformation oder die

---

[182] Emittentenleitfaden Modul C, 5. Aufl. 2020, Ziff. I.4.4.2.1. Auch EuGH Slg. 2005, I-09939 = NJW 2006, 133 (134 f.). – Grøngard und Bang; Klöhn/*Klöhn* MAR Art. 10 Rn. 81, 90.
[183] Zu den Anforderungen im Einzelnen auch *Mülbert/Sajnovits* WM 2017, 2041 (2045 f.), nach denen eine lediglich allgemein gehaltene Insiderbelehrung nicht ausreicht.
[184] Emittentenleitfaden Modul C, 5. Aufl. 2020, Ziff. I.4.4.2.1; Klöhn/*Klöhn* MAR Art. 10 Rn. 96. Das Versäumnis, eine Vertraulichkeitsvereinbarung abzuschließen, führt nicht schon *per se* dazu, dass die Offenlegung der Information unrechtmäßig ist, Klöhn/*Klöhn* MAR Art. 10 Rn. 95; Assmann/U.H. Schneider/*Mülbert/Assmann* MAR Art. 10 Rn. 22; Schwark/Zimmer/*Kumpan/Grütze* MAR Art. 10 Rn. 45; Fuchs/*Mennicke* WpHG § 14 Rn. 248; Schäfer/Hamann/*Schäfer* § 14 Rn. 28; *von Falkenhausen/Widder* BB 2005, 225 (226); *Veil* ZHR 172 (2008), 239 (257).
[185] Zum Verhältnis von Art. 17 Abs. 4 UAbs. 1 lit. c, Abs. 7 MAR und Art. 17 Abs. 8 MAR, *Mülbert/Sajnovits* WM 2017, 2041 (2045).
[186] *Mülbert/Sajnovits* WM 2017, 2041 (2045).
[187] Assmann/U.H. Schneider/*Mülbert/Assmann* MAR Art. 10 Rn. 28; *Hopt/Kumpan* in Schimansky/Bunte/Lwowski BankR-HdB § 107 Rn. 106; *Süßmann* AG 1999, 162 (164); Fuchs/*Mennicke* WpHG § 14 Rn. 234 f.
[188] Klöhn/*Klöhn* MAR Art. 10 Rn. 106 ff. In diese Richtung auch Assmann/U.H. Schneider/*Mülbert/Assmann* MAR Art. 10 Rn. 28; Schwark/Zimmer/*Kumpan/Grütze* MAR Art. 10 Rn. 50; *Hopt/Kumpan* in Schimansky/Bunte/Lwowski BankR-HdB § 107 Rn. 106.
[189] Klöhn/*Klöhn* MAR Art. 10 Rn. 105, 108; Fuchs/*Mennicke* WpHG § 14 Rn. 232; Assmann/U.H. Schneider/*Mülbert/Assmann* MAR Art. 10 Rn. 27.

Insiderinformation selbst mit der gebotenen Sorgfalt bewerten und eine informierte Entscheidung treffen kann.

b) Verhaltenspflichten bei Managers' Transactions

aa) Meldung von Managers' Transactions. Aufsichtsratsmitglieder zählen gemäß Art. 3 Abs. 1 Nr. 25 lit. a MAR zu den Personen, die beim Emittenten **Führungsaufgaben** wahrnehmen. Alle Führungspersonen sowie die mit ihnen eng verbundenen Personen (zu diesem Personenkreis → Rn. 149 ff.) haben dem Emittenten und der BaFin[190] jedes **Eigengeschäft** mit Anteilen oder Schuldtiteln dieses Emittenten oder damit verbundenen Derivaten oder anderen damit verbundenen Finanzinstrumenten zu melden (sog. Managers' Transactions, Art. 19 Abs. 1 UAbs. 1 MAR). Für die Meldung ist zwingend das von der Europäischen Kommission vorgesehene **Musterformular** zu nutzen, das über die Internetseite der BaFin abrufbar ist.[191]

(1) Meldefrist. Die Meldung ist unverzüglich, **spätestens drei Geschäftstage** nach dem Datum des Geschäfts vorzunehmen. Maßgeblich ist der **Abschluss**[192] der schuldrechtlichen Vereinbarung und nicht der Tag der tatsächlichen Abwicklung[193] des Geschäfts.[194] Nach der Verwaltungspraxis der BaFin sind unter „Geschäftstag" alle Wochentage zu verstehen, die keine Samstage, Sonntage oder Feiertage sind.[195] Mehrere Geschäfte an verschiedenen Tagen dürfen jeweils einzeln in einer Meldung zusammen aufgelistet werden, solange die Meldefrist insgesamt gewahrt wird.[196]

Mit Blick darauf, dass der Emittent ebenfalls nur drei Tage ab Geschäftsabschluss Zeit hat, die Meldung zu veröffentlichen (Art. 19 Abs. 3 UAbs. 1 MAR), hat es sich in der Praxis bewährt, dass die Aufsichtsratsmitglieder die ihnen zustehende **Meldefrist nicht vollumfänglich ausschöpfen** und den Emittenten ggf. vor oder unmittelbar nach dem Geschäftsabschluss „**vorwarnen**", dass zeitnah eine Meldung erfolgen wird.

(2) Meldeschwelle. Eine **Meldepflicht** entsteht seit dem 1.1.2020 erst, wenn bei Addition aller innerhalb eines Kalenderjahres getätigten Eigengeschäfte ein **Gesamtvolumen von 20.000 EUR** erreicht wird (Art. 19 Abs. 1 UAbs. 4, Abs. 8 MAR).[197] Es handelt sich um eine **individuelle Schwelle** je meldepflichtiger Person.[198]

Mitzuteilen sind nur das **schwellenberührende** sowie alle nachfolgenden Geschäfte innerhalb des (verbleibenden) Kalenderjahres, nicht die der Schwellenberührung vorausgehenden Geschäfte.[199] Veräußerungen und Erwerbe sind jeweils als separate Geschäfte zu berücksichtigen und dürfen nicht miteinander verrechnet werden.[200]

(3) Meldepflichtige Arten von Geschäften mit Finanzinstrumenten des Emittenten. Art. 19 Abs. 7 MAR selbst nennt nur wenige Arten von meldepflichtigen Eigengeschäften mit Finanzinstrumen-

---

[190] BaFin Fax-Nr. für Mangers' Transactions Mitteilungen: + 49 (0)228/4108–62963. Die Mitteilung an die BaFin kann auch vom Emittenten vorgenommen werden. Dann trifft den Meldepflichtigen allerdings eine Organisations- und Überwachungspflicht, Emittentenleitfaden Modul C, 5. Aufl. 2020, Ziff. II.2.5.
[191] Assmann/U.H. Schneider/Mülbert/*Sethe/Hellgardt* MAR Art. 19 Rn. 120; Klöhn/*Semrau* MAR Art. 19 Rn. 69; BaFin, FAQ Art. 19 MAR, Stand 23.11.2018, Ziff. VIII.5.
[192] Bei der Zeichnung von Finanzinstrumenten kommt das schuldrechtliche Geschäft regelmäßig mit der Annahme der Zeichnung durch die Gesellschaft bzw. die Emissionsbank zustande. Da der Zeichner von diesem Zeitpunkt jedoch üblicherweise keine Kenntnis hat, ist als Datum des Geschäftsabschlusses der Zeitpunkt anzugeben, an dem die meldepflichtige Person Kenntnis von der Annahme ihres Zeichnungsauftrages erlangt, Emittentenleitfaden Modul C, 5. Aufl. 2020, Ziff. II.3.9.6.
[193] Der Tag des dinglichen Vollzugs ist nur dann maßgeblich, wenn der dingliche Vollzug des unbedingt abgeschlossenen schuldrechtlichen Geschäfts vom Eintritt bestimmter Bedingungen abhängt, BaFin- Emittentenleitfaden Modul C, 5. Aufl. 2020, Ziff. II.2.2, Ziff. II.3.9.7.
[194] *Poelzig* NZG 2016, 761 (767); *Hitzer/Wasmann* DB 2016, 1483 (1486); Emittentenleitfaden Modul C, 5. Aufl. 2020, Ziff. II.2.2.
[195] Ein für die Berechnung beachtlicher Feiertag liegt vor, wenn der fragliche Tag am Sitz des Emittenten oder an einem der Dienstsitze der BaFin (Hessen/Nordrhein-Westfalen) ein gesetzlicher Feiertag ist: Emittentenleitfaden Modul C, 5. Aufl. 2020, Ziff. II.2.7.
[196] ESMA, Final Report on Technical Standards, 28.9.2015, ESMA/2015/1455, Rn. 327.
[197] BaFin, Allgemeinverfügung vom 24.10.2019 zur Erhöhung des Schwellenwertes auf 20.000,00 EUR nach Art. 19 Abs. 9 VO (EU) Nr. 596/2014 für zu meldende Eigengeschäfte nach Art. 19 Abs. 1, 8 VO (EU) Nr. 596/2014, Geschäftszeichen WA 25-QB 4100–2019/0035BaFin.
[198] Klöhn/*Semrau* MAR Art. 19 Rn. 56; Assmann/U.H. Schneider/Mülbert/*Sethe/Hellgardt* MAR Art. 19 Rn. 113; Schwark/Zimmer/*Kumpan/Grübler* MAR Art. 19 Rn. 183; ESMA, Questions and Answers on MAR (Version 14, Stand 29.3.2019), Ziff. 7.3; Emittentenleitfaden Modul C, 5. Aufl. 2020, Ziff. II.2.3.
[199] Klöhn/*Semrau* MAR Art. 19 Rn. 54; Assmann/U.H. Schneider/Mülbert/*Sethe/Hellgardt* MAR Art. 19 Rn. 114; Schwark/Zimmer/*Kumpan/Grübler* MAR Art. 19 Rn. 187; Emittentenleitfaden Modul C, 5. Aufl. 2020, Ziff. II.2.3.
[200] Emittentenleitfaden Modul C, 5. Aufl. 2020, Ziff. II.2.3.

ten des Emittenten. Art. 10 Abs. 2 DelVO (EU) Nr. 2016/522 enthält eine **nicht abschließende Aufzählung,** darunter

138 – Erwerb/Veräußerung, Leerverkauf, Zeichnung oder Austausch;
139 – Annahme oder Ausübung einer Aktienoption, einschließlich der Führungskräften oder Arbeitnehmern im Rahmen ihres Vergütungspakets gewährten Aktienoptionen, und die Veräußerung von Anteilen, die aus der Ausübung einer Aktienoption resultieren;
140 – Geschäfte mit oder im Zusammenhang mit Derivaten, einschließlich Geschäften mit Barausausgleich;
141 – Erwerb, Veräußerung oder Ausübung von Rechten, einschließlich von Verkaufs- und Kaufoptionen, sowie Optionsscheine;
142 – getätigte oder erhaltene Zuwendungen (wie zB Schenkungen) und Spenden sowie Erbschaften.
143 Für Vorstandmitglieder und Aufsichtsratsmitglieder kann auch der Erwerb von Aktien, Aktienoptionen oder sonstigen Finanzinstrumenten zu zuvor festgelegten Bedingungen im Rahmen eines Vergütungspakets (sog. **reale Vergütungsprogramme**) oder eines Mitarbeiterbeteiligungsprogramms meldepflichtig sein und zwar unabhängig davon, ob die Organmitglieder einen Handlungsspielraum bei der Zuteilung der Aktien/Optionen haben oder nicht.[201]
144 In jedem Fall löst der **Erwerb der Aktien/Optionen** infolge der Zuteilung bzw. Ausübung der gewährten Aktienoptionen eine **Meldepflicht** aus. Die Ausübung der Option selbst ist nicht gesondert mitteilungspflichtig.
145 Ob bereits der **Abschluss eines Vergütungspakets** oder die Teilnahme bzw. Aufnahme in ein Aktien- oder Optionsprogramm ein meldepflichtiges Geschäft darstellt, hängt davon ab, wie das Programm im Einzelfall ausgestaltet ist:
146 Ist die Zuteilung von Aktien/Optionen nach der vertraglichen Vereinbarung an den Eintritt gewisser **Bedingungen** geknüpft – etwa dem Erreichen verschiedener Leistungs- und Erfolgsparameter –, soll die Meldepflicht aufgrund ihres Sinns und Zwecks nach der Verwaltungspraxis der ESMA erst bei Eintritt der betreffenden Bedingungen *und* tatsächlicher Ausführung des fraglichen Geschäfts entstehen.[202] Dies ist allerdings nicht so zu verstehen, dass es für die Erfüllung der Meldung auf den dinglichen Vollzug des Geschäfts, also die Einbuchung der Aktien auf dem Depot, ankommt. Nach Auffassung der BaFin ist jedenfalls im Kontext von Aktien- oder Optionsprogrammen unter **Ausführung** vielmehr der Abschluss des schuldrechtlichen Börsengeschäfts zu verstehen.[203] Dahinter steht der Gedanke, dass die Konditionen des Aktienerwerbs mit Abschluss des Börsengeschäfts feststehen und die Meldung daher bereits abgegeben werden kann. Die tatsächliche Aktienübertragung bedarf dann keiner gesonderten Meldung mehr.
147 Ist die Zuteilung der Aktien/Optionen nach der vertraglichen Vereinbarung an keine besonderen Bedingungen geknüpft, stellt bereits die mit dem Abschluss der Vereinbarung oder der Teilnahme am Programm eingegangene **Erwerbspflicht bzw. das Erwerbsrecht** ein meldepflichtiges Geschäft dar.
148 Nicht der Meldepflicht unterliegen nach der Verwaltungspraxis der BaFin in Geld abgerechnete Instrumente, die **weder handel- noch abtretbar** sind und die lediglich dazu dienen, einen performanceabhängigen Vergütungsanspruch im Rahmen sog. virtueller Vergütungsprogramme zu berechnen (zB sog. Phantom Stocks, Stock Appreciation Rights, Restricted Stock Units, etc).[204]

149 **(4) Eng verbundene Personen/Doppelmandate.** Die Meldepflicht für Managers' Transactions trifft nicht nur Aufsichtsräte, sondern auch die mit ihnen eng verbundenen Personen. Dazu gehören nach Art. 3 Abs. 1 Nr. 26 MAR folgende **natürliche Personen:**
150 **a)** Ehepartner oder Partner, die nach nationalem Recht einem Ehepartner gleichgestellt sind;
151 **b)** nach dem nationalen Recht unterhaltsberechtigte Kinder, dh in der Regel Kinder unter 18 Jahren, die nicht berufstätig sind, und volljährige Kinder bis zum Ende der Schulausbildung/ersten Ausbildung, unabhängig von ihrem Wohnort bzw. davon, ob sie im Haushalt des Aufsichtsratsmitglieds leben;
152 **c)** Verwandte, die zum Zeitpunkt der Tätigung des betreffenden Geschäfts seit mindestens einem Jahr demselben Haushalt angehören wie das Aufsichtsratsmitglied.
153 Eine mit einem Aufsichtsrat eng verbundene und damit meldepflichtige Person kann nach Art. 3 Abs. 1 Nr. 26 lit. d MAR auch eine **juristische Person,** Treuhand oder Personengesellschaft sein. Voraussetzung ist, dass entweder das Aufsichtsratsmitglied oder eine mit ihm eng verbundene natürliche Person im Sinne der vorstehenden Buchstaben a) bis c) **Führungsaufgaben** bei der juristischen Person, Treuhand

---

[201] Emittentenleitfaden Modul C, 5. Aufl. 2020, Ziff. II.3.9.1.1.
[202] ESMA, Questions and Answers on MAR (Version 14, Stand 29.3.2019), Ziff. 7.5; vgl. auch Emittentenleitfaden Modul C, 5. Aufl. 2020, Ziff. II.3.9.1.1.
[203] Insoweit missverständlich Emittentenleitfaden Modul C, 5. Aufl. 2020, Ziff. II.3.9.7.2, wonach im Fall von aufschiebenden Bedingungen als Datum des Geschäftsabschlusses bereits der Zeitpunkt des Bedingungseintritts (und nicht der tatsächlichen Ausführung) anzugeben ist.
[204] Emittentenleitfaden Modul C, 5. Aufl. 2020, Ziff. II.3.9.1.1; aA Assmann/U.H. Schneider/Mülbert/*Sethe/Hellgardt* MAR Art. 19 Rn. 75.

oder Personengesellschaft **wahrnimmt** oder diese direkt oder indirekt **kontrolliert**. Ausreichend ist auch, dass die Person, Treuhand oder Personengesellschaft **zugunsten** eines Aufsichtsratsmitglieds oder einer mit ihm eng verbundenen Person **gegründet** wurde oder dass die wirtschaftlichen Interessen der juristischen Person, Treuhand oder Personengesellschaft weitgehend den **wirtschaftlichen Interessen** des Aufsichtsratsmitglieds oder der mit ihm eng verbunden Person **entsprechen**.

Hat ein Aufsichtsratsmitglied neben seinem Aufsichtsratsmandat beim Emittenten noch weitere Vorstands- oder Aufsichtsratsmandate bei anderen Gesellschaften (sog. **Doppelmandate/Doppelorganschaft**), würden diese Gesellschaften bei wortlautgetreuer Auslegung des Art. 3 Abs. 1 Nr. 26 lit. d MAR als eng verbundene Personen betrachtet und wären daher meldepflichtig, wenn sie mit Finanzinstrumenten des Emittenten handeln. Sowohl die ESMA als auch die BaFin befürworten eine einschränkende, normzweckorientierte Auslegung, wenden dabei jedoch zwei unterschiedliche Konzepte an. 154

Laut ESMA soll für die Meldepflicht iErg maßgeblich sein, ob das Organmitglied bei der Entscheidung der anderen Gesellschaft, Geschäfte mit Finanzinstrumenten des Emittenten zu tätigen, mitwirkt oder diese Entscheidung beeinflusst (**Entscheidungsmacht**).[205] Eine solche Entscheidungsmacht haben regelmäßig lediglich die Mitglieder des **Leitungsorgans** oder **höhere Führungskräfte**. Die Meldepflicht der Gesellschaft könnte nur dadurch verhindert werden, dass der Doppelmandatsträger entweder von der Entscheidung zum Erwerb der Aktien ausgeschlossen wird oder die Entscheidung an eine Abteilung delegiert wird, die nicht dem Einfluss des Doppelmandatsträger untersteht. 155

Die **BaFin** interpretiert die Ausführungen der ESMA iErg entsprechend ihrer bisherigen Verwaltungspraxis.[206] Wie schon unter Geltung von § 15a WpHG aF geht die BaFin davon aus, dass **bloße Doppelmandate** bei einer anderen Gesellschaft noch **keine Meldepflicht** begründen. Etwas anderes gelte nur, wenn die Gesellschaft darüber hinaus direkt oder indirekt von der Führungsperson des Emittenten **kontrolliert** werde, zu ihren Gunsten gegründet worden sei oder ihre wirtschaftlichen Interessen weitgehend denen der Führungsperson entsprächen.[207] 156

In diesem Zusammenhang führt die BaFin weiter aus, dass die **Führungsperson** durch das Geschäft der Gesellschaft im Sinne einer teleologischen Reduktion die Möglichkeit haben muss, für sich einen **nennenswerten wirtschaftlichen Vorteil** zu sichern. Ein solcher nennenswerter wirtschaftlicher Vorteil könne zB dann erzielt werden, wenn die Führungsperson an der Gesellschaft mit mindestens 50% beteiligt sei, mindestens 50% der Stimmrechte halte oder ihr mindestens 50% der Gewinne der Gesellschaft zuzurechnen seien.[208] 157

Dem Ansatz der BaFin ist zuzustimmen. Art. 3 Abs. 1 Nr. 26 lit. d MAR dient allein dem **Umgehungsschutz**. Eine Führungsperson soll nicht bereits dadurch einer Meldepflicht entgehen können, dass sie sich einer **Gesellschaft als Vehikel** bedient, um mittelbar im eigenen Interesse oder zum eigenen wirtschaftlichen Profit mit Finanzinstrumenten des Emittenten zu handeln.[209] Entscheidend ist deshalb, ob die Führungsperson durch das Geschäft der Gesellschaft einen **wirtschaftlichen Vorteil für sich** erzielen kann. Nur dann handelt es sich bei dem Geschäft um ein mittelbares Eigengeschäft der Führungsperson, das lediglich über eine Gesellschaft abgewickelt wird. Entgegen einer in der Literatur vertretenen Ansicht[210] lässt sich die von der ESMA vertretene Auffassung auch nicht mit Blick auf die mit der Offenlegung bezweckte **Indikatorwirkung** des Geschäfts rechtfertigen. Hat die Führungsperson lediglich an der Entscheidung zum Handel mit Finanzinstrumenten mitgewirkt, kann aber daraus keinen nennenswerten eigenen wirtschaftlichen Vorteil erzielen, handelt es sich um ein unmittelbares Eigengeschäft der Gesellschaft und nicht um ein mittelbares Eigengeschäft der Führungsperson. Die Führungsperson nimmt in diesem Fall die Interessen der Gesellschaft und nicht eigene Interessen wahr. Insofern entfaltet das Geschäft der Gesellschaft auch keine Indikatorwirkung. 158

bb) Handelsverbot während der sog. Closed Period vor Finanzberichten. Als Führungspersonen dürften Aufsichtsratsmitglieder während eines Zeitraums von **30 Kalendertagen**[211] **vor Veröffentli-** 159

---

[205] Assmann/U.H. Schneider/Mülbert/*Sethe/Hellgardt* MAR Art. 19 Rn. 49ff.; Schwark/Zimmer/*Kumpan/Grütze* MAR Art. 19 Rn. 84; MAH AktR/*Schüppen/Schaub* § 48 Rn. 107; ESMA, Questions and Answers on MAR (Version 14, Stand 29.3.2019), Ziff. 7.7.
[206] BaFin-Emittentenleitfaden Modul C, Ziff. II.1.2.3 „Daraus ergibt sich Folgendes".
[207] Emittentenleitfaden Modul C, Ziff. II.1.2.4.
[208] Emittentenleitfaden Modul C, Ziff. II.1.2.7. In welchem Verhältnis die Ausführungen zu denjenigen in Ziff. II.1.2.4 stehen, wird nicht klar.
[209] Emittentenleitfaden Modul C, 5. Aufl. 2020, Ziff. II.1.2.7.
[210] Assmann/U.H. Schneider/Mülbert/*Sethe/Hellgardt* MAR Art. 19 Rn. 52.
[211] Bei der Berechnung der 30-tägigen Closed Period ist der Tag der Veröffentlichung des relevanten Finanzberichts nicht mitzurechnen, Emittentenleitfaden Modul C, 5. Aufl. 2020, Ziff. II.3.7.

chung eines Halbjahresfinanzberichts[212] oder eines Jahresabschlusses durch den Emittenten (sog. **„Closed Period"**) weder direkt noch indirekt Eigengeschäfte oder Geschäfte für Dritte im Zusammenhang mit Finanzinstrumenten des Emittenten oder Derivaten oder anderen damit verbundenen Finanzinstrumenten tätigen (sog. Handelsverbot, Art. 19 Abs. 11 MAR).[213]

160 Vom Handelsverbot sind auch Geschäfte eines Aufsichtsratsmitglieds erfasst, die (i) über oder (ii) für eine mit dem Aufsichtsratsmitglied eng verbundene Person ausgeführt werden. Im ersten Fall wickelt das Aufsichtsratsmitglied sein Eigengeschäft **über** die mit ihr eng verbundene Person ab (**indirekt getätigtes Eigengeschäft**). Im zweiten Fall tätigt das Aufsichtsratsmitglied das Geschäft **für Rechnung** der mit ihm eng verbundenen Person (**für einen Dritten getätigtes Geschäft**). In beiden Fällen geht es um Eigen- oder Fremdgeschäfte des Aufsichtsratsmitglieds. Nicht erfasst sind demgegenüber Eigengeschäfte der eng verbundenen Personen selbst.[214]

161 Das Handelsverbot während einer Closed Period gilt **unabhängig von den Insiderverboten** des Art. 14 MAR, also auch dann, wenn das Aufsichtsratsmitglied während dieses Zeitraums keine **Kenntnis** von Insiderinformationen hat. Hat das Aufsichtsratsmitglied demgegenüber Kenntnis einer Insiderinformation, muss es auch während der Closed Period die Insiderverbote des Art. 14 MAR beachten (→ Rn. 115 ff.), insbesondere das Offenlegungsverbot des Art. 10 MAR.[215]

162 Veröffentlicht der Emittent zunächst lediglich **vorläufige Geschäftszahlen** und erst mit einigem zeitlichen Abstand dann den förmlichen Finanzbericht – wie es vor allem im Vereinigten Königreich gebräuchlich, aber auch in Deutschland im Vordringen ist – kann es unter gewissen Voraussetzungen zu einer **Vorverlagerung der Closed Period** kommen.[216]

163 In der Praxis hat es sich bewährt, dass der Emittent seine Führungspersonen und ggf. die mit ihnen eng verbundenen Personen benachrichtigt, sobald sich der Zeitraum einer Closed Period nähert, und auf das Handelsverbot hinweist. Ein weiterer **Hinweis** erfolgt dann, wenn die Closed Period mit der Veröffentlichung des Finanzberichts endet.

164 **cc) Belehrung von eng verbundenen Personen durch Aufsichtsratsmitglieder.** Emittenten haben die Aufsichtsratsmitglieder über ihre Pflichten im Zusammenhang mit Managers' Transactions (dh Meldepflicht, zeitweiliges Handelsverbot, eigene Belehrungs- und Aufbewahrungspflicht, Informationspflicht) **schriftlich** in Kenntnis zu setzen (Art. 19 Abs. 5 UAbs. 1 S. 1 MAR). Anders als bei der Insiderbelehrung nach Art. 18 Abs. 2 UAbs. 2 MAR sieht die MAR keine schriftliche Anerkennung der Verpflichtungen durch die Aufsichtsratsmitglieder vor. Eine entsprechende **Bestätigung** bietet sich gleichwohl schon aus Dokumentations- und Beweisgründen an.

165 Die Aufsichtsratsmitglieder haben ihrerseits die mit ihnen **eng verbundenen Personen** von deren Pflichten im Zusammenhang mit Managers' Transactions (Meldepflicht, Informationspflicht) schriftlich in Kenntnis zu setzen und eine Kopie des entsprechenden Dokuments für mindestens fünf Jahre aufzubewahren (Art. 19 Abs. 5 UAbs. 2 MAR iVm § 120 Abs. 15 Nr. 21 WpHG). Ein **Verstoß** gegen diese Pflicht kann mit einem Bußgeld von bis zu 500.000 EUR geahndet werden (§ 120 Abs. 18 S. 1 WpHG).

II. Entlastungsverweigerung

166 Als Sanktion gegenüber Aufsichtsratsmitgliedern kommt auch die Verweigerung der Entlastung durch die Hauptversammlung in Betracht. Die **Hauptversammlung** beschließt jedes Jahr in den ersten acht Monaten des Geschäftsjahrs über die Entlastung der Mitglieder des Vorstands und des Aufsichtsrats (§ 120 Abs. 1 S. 1 AktG, § 119 Abs. 1 Nr. 4 AktG). Die Entscheidung über die Entlastung ist zunächst **vergangenheitsbezogen** und betrifft die Billigung der „*Verwaltung der Gesellschaft durch die Mitglieder des Vorstands und des Aufsichtsrats*" (§ 120 Abs. 2 S. 1 AktG). Nach der Rechtsprechung entscheidet die Hauptversammlung zudem, ob die Verwaltungsmitglieder „*in der Unternehmensführung eine ‚glückliche Hand' bewiesen haben*

---

[212] Nach Auffassung der BaFin sind Quartalsmitteilungen oder – finanzberichte im Sinne der Börsenordnung der Frankfurter Wertpapierbörse keine Zwischenberichte iSv Art. 19 Abs. 11 MAR, Emittentenleitfaden Modul C, 5. Aufl. 2020, Ziff. II.3.7.
[213] Ist das schuldrechtliche Geschäft unbedingt und bereits vor Beginn der Closed Period abgeschlossen worden, ist es unschädlich, wenn das Geschäft innerhalb der Closed Period vollzogen wird, Emittentenleitfaden Modul C, 5. Aufl. 2020, Ziff. II.3.7.
[214] ESMA, Questions and Answers on MAR (Version 14, Stand 29.3.2019), Ziff. 7.9; Emittentenleitfaden Modul C, 5. Aufl. 2020, Ziff. II.3.7.
[215] ESMA, Questions and Answers on MAR (Version 14, Stand 29.3.2019), Ziff. 7.8.
[216] Dazu ESMA, Questions and Answers on MAR (Version 14, Stand 29.3.2019), Ziff. 7.2; Emittentenleitfaden Modul C, 5. Aufl. 2020, Ziff. II.3.7.

und ihnen das Vertrauen auch für ihre künftige Tätigkeit auszusprechen ist".[217] Die Entlastungsentscheidung bezieht sich idR auf das **abgelaufene Geschäftsjahr** (→ § 4 Rn. 1085 ff.). Grundsätzlich entscheidet die Hauptversammlung über die Entlastung der Aufsichtsratsmitglieder **en bloc** (**Gesamtentlastung;** § 120 Abs. 1 S. 2 AktG). Auch eine gesonderte Abstimmung (**Einzelentlastung,** § 120 Abs. 1 S. 2 AktG) ist aber zulässig und unter Umständen zwingend (→ § 4 Rn. 1062 ff.).

1. Entscheidung der Hauptversammlung über die Entlastung

Das Gesetz geht davon aus, dass die Hauptversammlung eine Sachentscheidung über die Entlastung trifft, 167 dh die Entlastung erteilt oder nicht (§ 120 Abs. 1 S. 1 AktG: *„die Hauptversammlung beschließt […] über die Entlastung"*). Nach ganz herrschender und zutreffender Ansicht kann die Hauptversammlung die Entlastungsentscheidung aber auch **vertagen.**[218] Erforderlich ist ein **sachlicher Grund,** an den jedoch keine hohen Anforderungen zu stellen sind. Ein sachlicher Grund kann insbes. darin bestehen, die Amtsführung im Entlastungszeitraum näher aufzuklären, zB durch einen Sonderprüfer. Dass noch keine ordnungsgemäße Rechnungslegung vorliegt, ist ebenfalls ein sachlicher Grund (zur Vertagung insgesamt → § 4 Rn. 1091 ff.).

Die Hauptversammlung hat bei ihrer Entscheidung über die Entlastung zwar **grds. freies Ermessen.** 168 Ist im Entlastungszeitraum ein *„eindeutiger und schwerwiegender Pflichtverstoß"* eines Aufsichtsratsmitglieds festgestellt, **muss** sie **die Entlastung** aber **verweigern:** Nach der Rechtsprechung des BGH[219] und der ganz hA im Schrifttum[220] ist der Beschluss der Hauptversammlung über die Entlastung **aus materiellen Gründen** wegen einer Treuepflichtverletzung der Hauptversammlungsmehrheit gegenüber der Hauptversammlungsminderheit **anfechtbar,** wenn die Hauptversammlung die Entlastung erteilt, obwohl im Entlastungszeitraum ein solcher Pflichtverstoß festgestellt ist (→ § 4 Rn. 1140 f.).

Ob ein Gesetzes- oder Satzungsverstoß *„schwerwiegend"* ist, ist aufgrund einer **wertenden Gesamtbe-** 169 **trachtung** zu beurteilen. Ein Verstoß ist nicht schwerwiegend, wenn es objektiv noch vertretbar ist, das in Rede stehende Verhalten als *„im Großen und Ganzen gesetzes- und satzungskonform"* zu beurteilen (→ § 4 Rn. 1142 ff.).[221]

Ob ein Gesetzes- oder Satzungsverstoß **eindeutig** ist, prüften die Gerichte bisher überwiegend in 170 rechtlicher Hinsicht. Dabei definierten sie die Eindeutigkeit negativ: Ein Gesetzes- oder Satzungsverstoß ist nach der Rechtsprechung in rechtlicher Hinsicht **nicht** eindeutig, wenn die **Rechtslage umstritten** ist und sich das betreffende Verwaltungsmitglied daher nicht über eine zweifelsfreie Rechtslage hinweggesetzt hat (→ § 4 Rn. 1146).[222]

Verweigern muss die Hauptversammlung die Entlastung im Übrigen nur, wenn ein schwerwiegender 171 und in rechtlicher Hinsicht eindeutiger Gesetzes- oder Satzungsverstoß auch **in tatsächlicher Hinsicht mit hinreichender Sicherheit festgestellt** ist: Nur dann kann ein Entschluss der Hauptversammlungsmehrheit, das Verhalten eines Verwaltungsmitglieds trotz einer eindeutigen und schwerwiegenden Pflichtverletzung zu billigen, gegen die gegenüber der Hauptversammlungsminderheit bestehende **Treuepflicht verstoßen** (→ § 4 Rn. 1147). Maßgeblich für die in tatsächlicher Hinsicht eindeutige Feststellung eines Verstoßes, der die Anfechtbarkeit der Entlastung begründen soll, ist der **Zeitpunkt der Beschlussfassung der Hauptversammlung. Nach der Hauptversammlung** bekanntwerdende Umstände, die

---

[217] BGHZ 160, 385 (388) = NJW 2005, 828 – ThyssenKrupp; zur GmbH BGHZ 94, 324 = NJW 1986, 129; OLG Frankfurt a. M. OLGR 2008, 769 (770); OLG Köln NZG 2009, 1110 (1111); OLG München NZG 2001, 616 (617); OLG Düsseldorf NJW-RR 1996, 1252 (1253).
[218] BGH BB 2002, 1822 (1823): Vertagung üblich bei Sonderprüfung; OLG Düsseldorf NJW-RR 1996, 1252 (1253); MHdB AG/*Bungert* § 35 Rn. 35; Hölters/*Drinhausen* AktG § 120 Rn. 9, 25; MüKoAktG/*Kubis* AktG § 120 Rn. 27; GroßkommAktG/*Mülbert* AktG § 120 Rn. 109; Bürgers/Körber/*Reger* AktG § 120 Rn. 4; K. Schmidt/Lutter AktG/ *Spindler* AktG § 120 Rn. 43; *Pöschke/Vogel* in Semler/Volhard/Reichert HV-HdB § 16 Rn. 12; einschränkend Beck-OGK/*Hoffmann* AktG § 120 Rn. 7.
[219] Grundlegend BGHZ 153, 47 (51) = NJW 2003, 1032 – Macrotron; BGHZ 160, 385 (388) = NJW 2005, 828 – ThyssenKrupp; BGHZ 194, 14 Rn. 9 = NZG 2012, 1064 – Fresenius; BGH AG 2010, 79; NZG 2012, 347; NZG 2013, 783; ferner OLG Stuttgart AG 2016, 370 (373); OLG Köln NZG 2013, 548 (549); OLG Stuttgart ZIP 2012, 625 (626) – Sardinien-Äußerungen; OLG München AG 2009, 450 (451); OLG Celle AG 2008, 858; OLG Frankfurt a. M. OLGR 2008, 769 (770); OLG Stuttgart NZG 2006, 472 (473); LG Stuttgart 28. 5. 2010 – 31 O 56/09, juris Rn. 174.
[220] *Bayer* FS K. Schmidt, 2009, 85 (102); Grigoleit/*Herrler* AktG § 120 Rn. 14; BeckOGK/*Hoffmann* AktG § 120 Rn. 52 ff.; Hüffer/Koch/*Koch* AktG § 120 Rn. 11 f.; Bürgers/Körber/*Reger* AktG § 120 Rn. 5; K. Schmidt/Lutter AktG/*Spindler* AktG § 120 Rn. 33. AA MüKoAktG/*Kubis* AktG § 120 Rn. 17; *Kubis* NZG 2005, 791 (793 ff.); Hölters/*Drinhausen* AktG § 120 Rn. 18: Das freie Ermessen der Hauptversammlung bei der Entscheidung über die Entlastung unterliegt keinen Einschränkungen.
[221] OLG Stuttgart ZIP 2012, 625 (626) – Sardinien-Äußerungen; BeckOGK/*Hoffmann* AktG § 120 Rn. 52.
[222] BGH NJW 2012, 3235 (3237); NZG 2013, 339 (340); AG 2010, 79; OLG Stuttgart AG 2011, 93 (94); OLG Stuttgart ZIP 2012, 625 (627, 631) – Sardinien-Äußerungen; OLG München NZG 2008, 631 (633).

Rückschlüsse auf Gesetzes- oder Satzungsverstöße im Entlastungszeitraum belegen sollen, sind unbeachtlich (→ § 4 Rn. 1149).[223] Nicht erforderlich ist, dass der Hauptversammlung sämtliche Umstände bekannt sind, aus denen sich ein eindeutiger und schwerwiegender Gesetzes- oder Satzungsverstoß in tatsächlicher Hinsicht mit hinreichender Sicherheit ergibt. Eine Treuepflichtverletzung der Hauptversammlungsmehrheit gegenüber der Hauptversammlungsminderheit liegt vor, wenn für die Hauptversammlung im Zeitpunkt der Beschlussfassung mit hinreichender Sicherheit **erkennbar** ist, dass ein eindeutiger und schwerwiegender Gesetzes- oder Satzungsverstoß festgestellt ist.[224] Ob das der Fall ist, ist aus der Perspektive eines **objektiven,** in der Hauptversammlung anwesenden **Durchschnittsaktionärs** zu beurteilen (→ § 4 Rn. 1150 ff.).[225]

172 Eine **Entlastungsverweigerung** ist **aus materiellen Gründen nicht anfechtbar.** Aufsichtsratsmitglieder haben auch **keinen Anspruch,** entlastet zu werden (→ § 4 Rn. 1117).

173 **Unmittelbare rechtliche** Folgen hat die Entlastungsentscheidung der Hauptversammlung nicht. Mit einer **Entlastungsverweigerung** ist gegenüber **Aufsichtsratsmitgliedern** insbes. keine Abberufung verbunden, und zwar auch dann nicht, wenn die Verweigerung mit der für eine Abberufung grds. erforderlichen Mehrheit von mindestens drei Viertel der abgegebenen Stimmen (§ 103 Abs. 1 S. 2 AktG) beschlossen wurde. Aus Gründen der Rechtssicherheit kann die Hauptversammlung nämlich über eine Abberufung nur **aufgrund eines entsprechenden Tagesordnungspunkts** beschließen[226] (→ § 4 Rn. 1100 ff.). Die Entlastungsentscheidung hat aber große **tatsächliche** Bedeutung: Mit der Entlastungsverweigerung als „Ausnahmefall" sind idR ein Prestigeverlust für das betroffene Verwaltungsmitglied und eine Signalwirkung für Geschäftspartner (Lieferanten, Kreditgeber, Kunden), Arbeitnehmer, Anleger, Kapitalmarkt, evtl. Behörden, bei großen Unternehmen idR ferner mediale Aufmerksamkeit, verbunden.[227] **Verweigert** die Hauptversammlung einem Aufsichtsratsmitglied die Entlastung, muss sich der **Aufsichtsrat damit unverzüglich** befassen, weil er zuständig ist zu entscheiden, ob er bei Gericht die **Abberufung des Aufsichtsratsmitglieds** aus wichtigem Grund **beantragt** (§ 103 Abs. 3 AktG; → § 2 Rn. 181 ff.). Bei seiner Entscheidung, ob er beantragt, das Aufsichtsratsmitglied gerichtlich abberufen zu lassen, muss der Aufsichtsrat insbes. berücksichtigen, weshalb die Hauptversammlung dem Aufsichtsratsmitglied die Entlastung verweigert, es aber nicht selbst abberufen hat (§ 103 Abs. 1 AktG), obwohl für eine Abberufung durch die Hauptversammlung nicht einmal ein wichtiger Grund erforderlich ist (→ § 4 Rn. 1105).

2. Beschlussvorschlag des Aufsichtsrats

174 Der Aufsichtsrat **muss** der Hauptversammlung auch für ihre Entscheidungen über die Entlastung der Aufsichtsratsmitglieder Beschlussvorschläge machen (vgl. § 124 Abs. 3 S. 1 Var. 1 AktG). Nach zutreffender Ansicht ist es auch **zulässig,** der Hauptversammlung **vorzuschlagen, die Entlastung zu verweigern** (→ § 4 Rn. 1162 f.).

175 Die Hauptversammlung ist – wie generell – **nicht an die Beschlussvorschläge** der Verwaltung **gebunden.** Aktionäre können auch vor der Hauptversammlung Gegenanträge zu den Beschlussvorschlägen zur Entlastung übersenden (→ § 4 Rn. 1182) und/oder in der Hauptversammlung stellen.

176 Der Aufsichtsrat muss für jedes zur Entlastung anstehende Verwaltungsmitglied **individuell beurteilen,** welche Entlastungsentscheidung er vorschlägt.[228] Der Aufsichtsrat ist verpflichtet, der Hauptversammlung Beschlussvorschläge zu machen, die darauf abzielen, dass die Hauptversammlung einen **inhaltlich rechtmäßigen Beschluss** fasst (→ § 4 Rn. 1171 f.).[229] Ist nach Einschätzung des Aufsichtsrats eine eindeutige und schwerwiegende Pflichtverletzung eines Aufsichtsratsmitglieds im Entlastungszeitraum festgestellt, **muss** er der Hauptversammlung daher – ebenso wie der Vorstand – vorschlagen, die Entlastung zu verweigern. Ist nach Einschätzung des Aufsichtsrats keine eindeutige und schwerwiegende Pflichtver-

---

[223] OLG Stuttgart ZIP 2012, 625 (634) – Sardinien-Äußerungen.
[224] OLG Stuttgart ZIP 2012, 625 (633) – Sardinien-Äußerungen; OLG Köln NZG 2009, 1110 (1111); K. Schmidt/Lutter AktG/*Spindler* AktG § 120 Rn. 33.
[225] OLG Köln NZG 2009, 1110 (1111); OLG Stuttgart ZIP 2012, 625 (632 f.) – Sardinien-Äußerungen; BeckOGK/*Hoffmann* AktG § 120 Rn. 52.
[226] MüKoAktG/*Kubis* AktG § 120 Rn. 38; GroßkommAktG/*Mülbert* AktG § 120 Rn. 59; BeckOGK/*Hoffmann* AktG § 120 Rn. 35; iErg auch Hüffer/Koch/*Koch* AktG § 103 Rn. 3, § 120 Rn. 17.
[227] OLG Düsseldorf NJW-RR 1996, 1252 (1254); Hüffer/Koch/*Koch* AktG § 120 Rn. 2; BeckOGK/*Hoffmann* AktG § 120 Rn. 36; MHdB AG/*Bungert* § 35 Rn. 37; MüKoAktG/*Kubis* AktG § 120 Rn. 2; *Beuthien* GmbHR 2014, 682 (686) mwN: Nichtentlastung als „*Warnsignal für die Anleger, das Management und die Öffentlichkeit*"; Beispiele aus der Praxis bei *Redenius-Hövermann/Siemens* Der Aufsichtsrat 2020, 52.
[228] Vgl. OLG München NZG 2001, 616 (618 f.); *Rollin* NZG 2004, 804 (806); *Meyer-Landrut/Wendel* Satzungen und Hauptversammlungsbeschlüsse der AG, 2006, Rn. 686.
[229] LG Frankfurt a. M. NZG 2004, 672 (674); *Bayer* FS K. Schmidt, 2009, 85 (101); MüKoAktG/*Kubis* AktG § 124 Rn. 42; BeckOGK/*Rieckers* AktG § 124 Rn. 51; grds. auch GroßkommAktG/*Butzke* AktG § 124 Rn. 75.

letzung eines Aufsichtsratsmitglieds festgestellt, muss er unter Berücksichtigung der relevanten Gesichtspunkte abwägen, welcher Beschlussvorschlag im Interesse der AG ist. Hierzu muss der Aufsichtsrat nach Maßgabe der Business Judgment Rule (vgl. § 93 Abs. 1 S. 2 AktG) zunächst ermitteln, welche **Auswirkungen** mit seinem Beschlussvorschlag **verbunden** sind **("angemessene Informationsgrundlage")**. Bei der Abwägung der ermittelten Gesichtspunkte hat der Aufsichtsrat Ermessen, das so weit reicht wie das der Hauptversammlung. Bestehen keine besonderen Anhaltspunkte für Pflichtverletzungen und keine Zweifel an der Zweckmäßigkeit des Handelns, ist der Vorschlag, die Entlastung zu erteilen, als „Regelfall" pflichtgemäß.

Der Aufsichtsrat muss darauf achten, dass sein Beschlussvorschlag zur Entlastung **konsistent** mit seinem sonstigen Vorgehen ist (→ § 4 Rn. 1175 ff.). Schlägt der Aufsichtsrat der Hauptversammlung vor, die Entlastung zu verweigern, ist bereits mit diesem Vorschlag idR insbesondere eine – evtl. erhebliche – **Öffentlichkeitswirkung** verbunden. Das mit dem Vorschlag, die Entlastung zu verweigern, verbundene Signal kann für die AG positiv sein – der Aufsichtsrat klärt auch „in den eigenen Reihen" vorbehaltlos auf und zieht Konsequenzen, aber auch negativ – am bestehenden Verdacht einer Pflichtverletzung „ist etwas dran" etc. Die Öffentlichkeitswirkung kann der Aufsichtsrat evtl. durch eine entsprechende „Begleitkommunikation" beeinflussen. Zu berücksichtigen ist bei der Abwägung grds. auch, ob das Aufsichtsratsmitglied noch im Amt ist – in diesem Fall spielt das Vertrauen des Aufsichtsrats und der Hauptversammlung in die künftige Amtstätigkeit des Aufsichtsratsmitglieds noch eine Rolle – oder bereits ausgeschieden. Weitere Gesichtspunkte, die bei der Abwägung über Beschlussvorschläge zur Entlastung eine Rolle spielen können, sind beispielsweise Wechselwirkungen mit anderen Verfahren, Personalentscheidungen, die künftige Amtstätigkeit und die voraussichtliche Reaktion des betroffenen Aufsichtsratsmitglieds. 177

Sind Anhaltspunkte für Pflichtverletzungen eines Aufsichtsratsmitglieds **noch nicht abschließend aufgeklärt,** sondern dauert die Aufklärung an, kann der Aufsichtsrat erwägen, der Hauptversammlung die **Vertagung** der Entscheidung über die Entlastung **vorzuschlagen.** Eine Pflicht, die Vertagung der Entlastung vorzuschlagen, besteht aber auch dann nicht, wenn vorliegende Anhaltspunkte für eine schwerwiegende und eindeutige Pflichtverletzung eines Verwaltungsmitglieds noch nicht abschließend aufgeklärt sind (→ § 4 Rn. 1091 ff.). Solche Anhaltspunkte muss der Aufsichtsrat aber grds. bei seiner Abwägung berücksichtigen. 178

Der Aufsichtsrat kann **nicht erzwingen,** dass die Hauptversammlung **im Weg der Einzelentlastung** über die Entlastung des Aufsichtsrats oder des Vorstands entscheidet. Häufig ist der Aufsichtsratsvorsitzende aber zugleich der Versammlungsleiter der Hauptversammlung. Möchte der Aufsichtsrat bei seinen Beschlussvorschlägen zur Entlastungsentscheidung der Hauptversammlung zwischen Aufsichtsratsmitgliedern unterscheiden, dh vorschlagen, dass die Hauptversammlung einzelnen Aufsichtsratsmitgliedern die Entlastung erteilt und anderen die Entlastung verweigert und/oder bei einzelnen Aufsichtsratsmitgliedern die Entscheidung über die Entlastung vertagt, kann der Aufsichtsratsvorsitzende signalisieren, dass er die Hauptversammlung ggf. im Weg der Einzelentlastung entscheiden lassen wird (zur Einzel- und Gesamtentlastung (→ § 4 Rn. 1062 ff.). 179

Aufsichtsratsmitglieder, die **Aktien halten,** unterliegen bei der Entscheidung der Hauptversammlung über ihre Entlastung einem Stimmrechtsausschluss (§ 136 Abs. 1 AktG; → § 4 Rn. 1076 ff.). Dieser **Stimmrechtsausschluss** schlägt nach zutreffender Ansicht **nicht** auf die Entscheidung des Aufsichtsrats über dessen Beschlussvorschlag an die Hauptversammlung zur eigenen Entlastung durch (→ § 4 Rn. 1166). In Betracht kommt ein Stimmrechtsausschluss bei der Entscheidung des Aufsichtsrats über dessen Beschlussvorschlag an die Hauptversammlung aber für Aufsichtsratsmitglieder, bei denen der **konkrete Verdacht individueller Pflichtverletzungen** im Raum steht, insbes., wenn sie eindeutig und schwerwiegend sein könnten (→ § 4 Rn. 1168). 180

Auch der **Vorstand** muss Beschlussvorschläge zur Entlastung jedes Verwaltungsmitglieds machen. Vorstand und Aufsichtsrat müssen insofern **eigenständig** entscheiden. Für die Entscheidungen von Vorstand und Aufsichtsrat besteht **keine zwingende Reihenfolge.** Steht der Verdacht von **Pflichtverletzungen eines Aufsichtsratsmitglieds** im Raum, ist zwar der Vorstand zuständig, diesen Verdacht aufzuklären.[230] Der Aufsichtsrat muss mit der Entscheidung über seinen Beschlussvorschlag zur Entlastung des betreffenden Aufsichtsratsmitglieds aber nicht warten, bis der Vorstand über seinen Beschlussvorschlag entschieden hat. 181

---

[230] OLG Stuttgart AG 2016, 370 (375); GroßkommAktG/*Hopt/Roth* AktG § 116 Rn. 281; MüKoAktG/*Habersack* AktG § 116 Rn. 8, 77; Kölner Komm AktG/*Mertens/Cahn* AktG § 116 Rn. 72; K. Schmidt/Lutter AktG/*Drygala* AktG § 116 Rn. 55; *Koch* ZHR 180 (2016), 578 (596 ff.); *Thum/Klofat* NZG 2010, 1087.

III. Abberufung

182 Die **Hauptversammlung** kann von ihr gewählte Aufsichtsratsmitglieder **jederzeit nach freiem Ermessen** durch Beschluss mit einer Mehrheit von grds. mindestens drei Viertel der abgegebenen Stimmen abberufen; ein sachlicher oder gar wichtiger Grund ist nicht erforderlich (§ 103 Abs. 1 AktG; → § 2 Rn. 172 ff.). Auch der **Entsendungsberechtigte** kann ein von ihm entsandtes Aufsichtsratsmitglied jederzeit abberufen, ohne dass ein sachlicher oder gar wichtiger Grund erforderlich ist (§ 103 Abs. 2 AktG; → § 2 Rn. 178 ff.).

183 Daneben können Aufsichtsratsmitglieder **gerichtlich** abberufen werden, wenn in ihrer Person ein **wichtiger Grund** vorliegt (§ 103 Abs. 3 AktG; → § 2 Rn. 181 ff.). Voraussetzung ist ein **Antrag des Aufsichtsrats**. Bei **entsandten Mitgliedern** ist auch eine **Aktionärsminderheit** antragsberechtigt, die zusammen mindestens 10% des Grundkapitals oder den anteiligen Betrag von 1 Mio. EUR hält (§ 103 Abs. 3 S. 3 AktG). Besonderheiten gelten bei gerichtlich bestellten Aufsichtsratsmitgliedern (→ § 2 Rn. 192 f.) und bei Arbeitnehmervertretern (→ § 7 Rn. 128 ff., § 7 Rn. 430 f.).

IV. Haftung der Aufsichtsratsmitglieder

1. Grundlagen (§ 116 AktG)

184 § 116 AktG ist die zentrale Vorschrift hinsichtlich der von den Aufsichtsratsmitgliedern zu beachtenden **Sorgfaltspflicht** und ihrer gegenüber der Gesellschaft bestehenden zwingenden,[231] nicht durch Satzung oder Vereinbarung abdingbaren **Verantwortlichkeit**. Der Gesetzgeber hat – anders als in § 93 Abs. 1 S. 1 AktG – darauf verzichtet, den Pflichtenstandard für diese Gruppe von Organmitgliedern gesondert festzulegen, sondern es bei einer **Verweisung** auf die für die Vorstandsmitglieder geltenden Bestimmungen des § 93 AktG bewenden lassen; allerdings ist die Vorschrift über den **Selbstbehalt** bei Abschluss einer D&O-Versicherung (§ 93 Abs. 2 S. 3 AktG) von der Verweisung ausgenommen worden, und im Übrigen wird durch die Verwendung des Wortes **„sinngemäß"** in der Verweisungsnorm deutlich, dass durchaus Unterschiede hinsichtlich der Pflichten und der Haftung bestehen.[232] Da § 116 AktG **organschaftliche** Pflichten regelt, betrifft die Vorschrift grundsätzlich nur die Zeit, während der das Amt besteht, also den Zeitraum zwischen Annahme und Ausscheiden; bestimmte Pflichten, wie zB die Verschwiegenheitspflicht enden natürlich mit dem Ausscheiden aus dem Amt nicht.[233] Wie beim Vorstand (→ § 4 Rn. 2354) treffen Pflichten und Verantwortlichkeit auch ein **fehlerhaft bestelltes** Aufsichtsratsmitglied, sofern es seine Tätigkeit für die Gesellschaft tatsächlich aufgenommen hat.[234]

185 Die ursprüngliche Fassung des § 116 AktG 1965, die wortgleich bereits in § 99 AktG 1937 enthalten war,[235] hat Ergänzungen durch das TransPuG vom 19.7.2002 durch den neuen S. 2 sowie durch das VorstAG vom 31.7.2009 in Gestalt des angefügten S. 3 erfahren. Beide Ergänzungen sind eher deklaratorisch zu verstehen, denn die in S. 2 nunmehr besonders herausgestellte **Verschwiegenheitspflicht** bestand bereits durch die „sinngemäße" Verweisung auf § 93 Abs. 1 S. 3 AktG; Entsprechendes gilt für den neuen S. 3, denn auch ohne die Klarstellung in § 116 AktG wäre es nicht zweifelhaft, dass ein Verstoß gegen die aus § 87 Abs. 1 AktG folgenden Pflichten des Aufsichtsrats – nicht anders als dies für § 87 Abs. 2 AktG gilt[236] – bei Vorliegen der übrigen Haftungsvoraussetzungen zur Schadensersatzpflicht der betroffenen Aufsichtsratsmitglieder führt.

---

[231] AllgM MüKoAktG/*Habersack* AktG § 116 Rn. 4; Hüffer/Koch/*Koch* AktG § 116 Rn. 13; GroßkommAktG/*Hopt/Roth* AktG § 116 Rn. 261 ff.; Lutter/Krieger/Verse AR Rn. 981 ff.

[232] MüKoAktG/*Habersack* AktG § 116 Rn. 2; Hüffer/Koch/*Koch* AktG § 116 Rn. 2.

[233] S. MüKoAktG/*Habersack* AktG § 116 Rn. 14 f.; Hüffer/Koch/*Koch* AktG § 116 Rn. 9; vgl. ferner GroßkommAktG/*Hopt/Roth* AktG § 116 Rn. 317 ff.

[234] Für den Vorstand: BGHZ 41, 282 (287) = NJW 1964, 1367 im Anschluss an RGZ 144, 384 (387); MüKoAktG/*Spindler* § 93 Rn. 12, 15; für den Aufsichtsrat MüKoAktG/*Habersack* AktG § 116 Rn. 16.

[235] *Kropff* AktG 1965 S. 161; in § 72 und § 82 des Entwurfs eines Gesetzes über Aktiengesellschaften und Kommanditgesellschaften auf Aktien (1930) bei *Schubert* Quellen zur Aktienrechtsreform der Weimarer Republik (1926–1931) S. 867 und 870 fehlt eine solche Verweisung, vielmehr wird die Sorgfaltspflicht in den jeweiligen Absätzen 1 wortgleich und eigenständig geregelt, während in den Absätzen 2 der Bestimmungen die Haftung geregelt ist, aber bei den Aufsichtsratsmitgliedern ausdrücklich angeordnet wird, dass sie „mit den Vorstandsmitgliedern als Gesamtschuldnern" haften; ähnlich aber bemerkenswerterweise in abweichender Reihenfolge: erst für den Aufsichtsrat und dann für den Vorstand, Art. 226 AktG 1884 für den Aufsichtsrat und Art. 241 AktG 1884 für den Vorstand, bei *Schubert/Hommelhoff*, Hundert Jahre modernes Aktienrecht, 1985, 560 ff.

[236] MüKoAktG/*Habersack* AktG § 116 Rn. 3.

IV. Haftung der Aufsichtsratsmitglieder

a) Verweisung auf § 93 AktG

Die vom AktG 1965 nach dem Vorbild des AktG 1937 geschaffene dreigliedrige Kompetenzverteilung 186 auf Hauptversammlung, Vorstand und Aufsichtsrat ist davon gekennzeichnet, dass die beiden Organe Vorstand und Aufsichtsrat – anders als die Hauptversammlung, in der die Anteilseigner selbst Entscheidungen zu treffen und ihre Folgen zu tragen haben – in **fremdem Interesse** tätig werden und bei ihrem Handeln sich am **Unternehmenswohl**[237] orientieren müssen. Geschäftsführung und – die Aufsichtsratstätigkeit plakativ zusammengefasst: – Überwachung greifen ineinander und sind aufeinander bezogen. Deswegen liegt es nahe, dass seit dem AktG 1884 für beide Organe die **gleichen Sorgfaltsanforderungen** aufgestellt sind und sie – bei Verletzung ihrer Pflichten – nach **denselben Maßstäben** zu haften haben. Das bringt die Verweisung von § 116 AktG auf § 93 AktG treffend zum Ausdruck: Beide Organe haben ihre unterschiedlichen Aufgaben zum Wohle des Unternehmens (→ § 4 Rn. 2402, 2426) mit der Sorgfalt eines ordentlichen und gewissenhaften Geschäftsmanns zu erfüllen; sie können sich bei unternehmerischen Entscheidungen (→ § 4 Rn. 2370 ff.) auf die Business Judgment Rule berufen und unterliegen hinsichtlich der im Amt erlangten Kenntnisse einer strengen, nach § 404 AktG strafbewehrten Verschwiegenheitspflicht. Schuldhafte (→ § 4 Rn. 2390 ff.) Verletzungen der organschaftlichen Pflichten (→ § 4 Rn. 2352 ff.) ziehen die Ersatzpflicht des dadurch entstandenen (→ § 4 Rn. 2416 ff.) Schadens (→ § 4 Rn. 2402 ff.) nach sich, wobei für die Gesellschaft gewisse Erleichterungen der Darlegungs-und Beweispflicht (→ § 4 Rn. 2421 ff.) gelten. Für beide Organe finden die Verzicht und Vergleich betreffenden Einschränkungen des § 93 Abs. 4 S. 3 AktG Anwendung. Gesellschaftsgläubiger können die Ansprüche der Gesellschaft gegen beide Organe verfolgen (§ 93 Abs. 5 AktG), und das Verjährungsregime (→ § 4 Rn. 2436 ff.) ist identisch. Dass beide Organe im Verhältnis zur Gesellschaft haftungsrechtlich auf gleicher Stufe stehen, wird schließlich auch durch die **gesamtschuldnerische Haftung** – nicht nur innerhalb des jeweiligen Organs, sondern auch beide Gruppen, nämlich Vorstand und Aufsichtsrat betreffend[238] (→ § 4 Rn. 2433 f.) – deutlich; erst im Innenverhältnis der mehreren Gesamtschuldner kommt es auf den Verantwortungs- und Verursachungsbeitrag des einzelnen Mitglieds an.

b) Andere Aufgaben und Stellung („sinngemäß")

Mit Recht hat der Gesetzgeber in § 116 AktG die für den Vorstand geschaffenen Regeln für lediglich 187 **sinngemäß**[239] anwendbar erklärt. Damit kommt treffend zum Ausdruck, dass zwar beide Organe in den Dienst der ihnen – jedenfalls typischerweise – nicht gehörenden Gesellschaft gestellt sind und deswegen fremde Interessen gewissenhaft und mit berufstypischer Sorgfalt wahrzunehmen haben, dass aber das **Aufgabenfeld** und die **Stellung** der beiden Organe durchaus **Unterschiede** aufweisen. Das kann zur Folge haben, dass in einzelnen Bereichen die Pflichten (→ Rn. 192 ff.) und die Sorgfaltsanforderungen (→ Rn. 198) nicht identisch sind und zB ein vom Aufsichtsrat nicht unterbundenes Versagen eines Vorstandsmitglieds nicht zwangsläufig dazu führt, dass auch für den Aufsichtsrat eine schuldhafte Pflichtverletzung festgestellt werden muss.

§ 93 Abs. 4 S. 1 AktG (→ § 4 Rn. 2340 f.), nach dem ein wirksam gefasster Beschluss der Hauptver- 188 sammlung die auf seiner Grundlage handelnden Organmitglieder haftungsfrei lässt, passt für die Mitglieder des Aufsichtsrats nur eingeschränkt.[240] Denn die Norm beruht darauf, dass nach § 83 Abs. 2 AktG der **Vorstand** verpflichtet ist, die von der Hauptversammlung im Rahmen ihrer Zuständigkeit beschlossenen Maßnahmen auszuführen. Dafür gibt es betreffend den Aufsichtsrat so gut wie **keine Entsprechung**, wenn man einmal von einem Beschluss nach § 147 AktG und den durch das ARUG II neu geschaffenen § 87 Abs. 4 AktG und § 87a Abs. 2 AktG absieht.

Da der Aufsichtsrat entgegen dem alten Aktienrecht (→ § 1 Rn. 71 ff., 76) – grundsätzlich – von der 189 Geschäftsführung ausgeschlossen ist, wird er mit **unternehmerischen Entscheidungen** deutlich seltener als der Vorstand befasst. Im Vordergrund seiner Amtsausübung, die er, ungeachtet der jüngeren Entwicklung hin zu einer stärkeren Professionalisierung der Aufsichtsratstätigkeit, in einem **Nebenamt**[241] wahrnimmt, steht die **reaktive**[242] **Überwachung.** Bei ihr geht es, auch wenn der Vorstand unternehmerisch gehandelt hat, in erster Linie darum festzustellen, ob das Geschäftsführungsorgan sich rechtmäßig verhalten, die Grenzen seiner Befugnisse beachtet und das Unternehmenswohl nach Kräften gefördert hat; da-

---

[237] Hüffer/Koch/*Koch* AktG § 116 Rn. 2; GroßkommAktG/*Hopt/Roth* AktG § 116 Rn. 27 ff.
[238] Vgl. dazu ausdrücklich Art. 226 AktG 1884 bei *Schubert/Hommelhoff*, Hundert Jahre modernes Aktienrecht, 1985, 560 (595):"… neben den Mitgliedern des Vorstandes persönlich und solidarisch zum Ersatze verpflichtet…"; Gesamtschuld kann ferner auch zwischen Organmitgliedern und Mitarbeitern der Gesellschaft bestehen mit uU nicht einfach zu lösenden Kompetenzproblemen (→ § 4 Rn. 2435).
[239] GroßkommAktG/*Hopt/Roth* AktG § 116 Rn. 57.
[240] MüKoAktG/*Habersack* AktG § 116 Rn. 76.
[241] MüKoAktG/*Habersack* AktG § 116 Rn. 2 mwN; Hüffer/Koch/*Koch* AktG § 116 Rn. 7 iVm AktG § 100 Rn. 9.
[242] S. GroßkommAktG/*Hopt/Roth* AktG § 116 Rn. 90 ff.

bei hat der Aufsichtsrat, der aktienrechtlichen Aufgabenverteilung folgend[243], den „weiten Handlungsspielraum" des Leitungsorgans zu achten, „ohne den eine unternehmerische Tätigkeit schlechterdings nicht denkbar ist".[244] Nicht der Aufsichtsrat entscheidet, ob eine bestimmte Geschäftsführungsmaßnahme vorzugswürdig oder zu verwerfen ist (§ 111 Abs. 4 S. 1 AktG); er kann dem Vorstand deswegen auch keine Handlungsweisungen erteilen; nicht einmal an die Verweigerung einer erforderlichen **Zustimmung** des Aufsichtsrats – hier geht es auch für ihn um unternehmerische Entscheidungen – ist der Vorstand abschließend gebunden, sondern kann die fehlende Zustimmung des Aufsichtsrats durch die Hauptversammlung und zwar nur mit qualifizierter Mehrheit ersetzen werden (§ 111 Abs. 4 S. 3 AktG). Soweit sich danach die Überwachungsaufgabe auf die **Legalitätskontrolle** des Vorstandsverhaltens beschränkt, kann der Aufsichtsrat die Regeln der Business Judgment Rule nicht für sich in Anspruch nehmen;[245] er hat vielmehr dafür zu sorgen, dass Gesetz, Satzung, Geschäftsordnungen und alle anderen verbindlichen rechtlichen Regeln vom Vorstand beachtet werden, wie er auch selbst diesen Anforderungen entsprechen muss. Allein bei der Frage, **wie** er dabei vorgeht, ob etwa eine sofortige Abberufung aus dem Amt oder/und eine fristlose Kündigung des Dienstvertrages angezeigt ist oder ob „nur" eine Wiederbestellung nach Ablauf der Bestellungsperiode ausscheidet, ob die Anordnung eines Ad Hoc-Zustimmungsvorbehalts, ob Ermahnungen oder Rügen oder ob die Aufforderung, sichtbar gewordene Mängel sofort abzustellen, usw. sachgerecht ist, besteht ein gewisser am Unternehmenswohl auszurichtender Spielraum. Hinsichtlich der zur reaktiven Überwachung zählenden Entscheidung über die Geltendmachung von **Organhaftungsansprüchen** ist zumindest ein solcher Spielraum inzwischen allgemein anerkannt, wenn nicht sogar die Regeln der Business Judgment Rule für den Aufsichtsrat heranzuziehen sind (ARAG/Garmenbeck-Doktrin → § 4 Rn. 2431 f.).

190 Soweit dagegen der Aufsichtsrat Aufgaben wahrnimmt, bei denen es nicht um die Wahrung des Legalitätsprinzips, sondern es – wie dies seit längerem der gelebten Praxis entspricht – um **zukunftsgerichtete Wahrnehmung der Beratungsfunktion** als Teil der Überwachung oder um Maßnahmen in Ausübung der **Personalkompetenz** geht, handelt der Aufsichtsrat unternehmerisch und übernimmt bei seinem Handeln oder Unterlassen auch unternehmerische Verantwortung. Er darf deswegen mit der gleichen Freiheit, die dem Vorstand bei unternehmerischem Handeln eingeräumt ist, seine Befugnisse ausüben.[246] Das gilt vornehmlich im Anwendungsbreich des **§ 111 Abs. 4 AktG** und bei der **Bestellung** und **Abberufung** von Vorstandsmitgliedern, nicht jedoch bei der Festsetzung der **Vergütung**,[247] für die gesetzliche – durch das ARUG II noch stringenter gefasste – Regelungen bestehen. Weitere unternehmerisch zu qualifzierende Entscheidungen betreffen zB die Vorschläge für die **Wahl des Abschlussprüfers,** Erteilung des **Prüfungsauftrages** nach § 111 Abs. 2 S. 3 AktG oder für die **Gewinnverwendung**.[248] Die für den Vorstand geltenden **Grenzen** der Anwendung der Business Judgment Rule (→ § 4 Rn. 2375 ff.) gelten selbstverständlich in gleicher Weise auch für die Mitglieder des Aufsichtsrates.

c) Vertretungskompetenz

191 „**Sinngemäß**" iSv § 116 AktG bedeutet ferner, dass die **Vertretungskompetenz** bezüglich einer Anspruchsverfolgung gegen den Aufsichtsrat – selbstverständlich – nicht mehr bei diesem Organ liegen kann, sondern auf den Vorstand[249] als dem sonst generell, insbesondere nicht nur gegenüber aktiven, sondern auch gegenüber ausgeschiedenen Aufsichtsratsmitgliedern zuständigen Vertretungsorgan der Aktiengesellschaft übergeht. Gerade in dieser wechselseitigen Zuständigkeit und der durchaus bestehenden Möglichkeit, dass sich **beide Organe** pflichtwidrig und schadenverursachend verhalten haben und deswegen geneigt sein können, vice versa von einer Geltendmachung bestehender Ansprüche abzusehen, ist eine **strukturelle Schwäche** des deutschen Aktienrechts erblickt worden, der der Gesetzgeber mit den Bestimmungen der §§ 147, 148 AktG hat begegnen wollen. Ob in dieser **Überkreuzzuständigkeit** wirklich der Grund für eine – etwa im Fall ARAG/Garmenbeck in besonders krasser Weise zu Tage getretene – Zurückhaltung bei der Geltendmachung von Organhaftungsansprüchen in der Vergangenheit liegt, ist unsicher; jedenfalls hat sich in den betroffenen Kreisen – schon wegen der Sorge vor einer eigenen Inanspruchnahme wegen Untätigkeit, aber auch wegen eines durch die **Professionalisierung** der Aufsichtsratstätigkeit eingetretenen Anschauungswandels – das **Bewusstsein** in den letzten Jahren entwickelt, dass die engagierte Prüfung des Bestehens von Organhaftungsansprüche und ggf. ihre Geltendmachung ein

---
[243] BGHZ 159, 30 (36 f., 41) = DStR 2004, 1438 – GELATINE I.
[244] BGHZ 135, 244 (253) = DStR 1997, 881 – ARAG/Garmenbeck.
[245] Hüffer/Koch/*Koch* AktG § 116 Rn. 5 iVm AktG § 111 Rn. 6.
[246] MüKoAktG/*Habersack* AktG § 116 Rn. 16, 39 ff.; Hüffer/Koch/*Koch* AktG § 116 Rn. 5; GroßkommAktG/*Hopt/Roth* AktG § 116 Rn. 59 ff.
[247] MüKoAktG/*Habersack* AktG § 116 Rn. 43.
[248] Zum Ganzen vgl. MüKoAktG/*Habersack* AktG § 116 Rn. 43 mwN.
[249] *Lutter/Krieger/Verse* AR Rn. 1025.

2. Pflichtverstoß

a) Generelle Überwachung

Ohne die **umfassende Kenntnis** über die relevanten Pläne der Gesellschaft, über ihre Verwirklichung, über die Folgen für das Unternehmen, über Schwachstellen oder Defizite der Organisation und/oder des Personals oder über der Gesellschaft drohende Gefahren bzw. ihr zugefügte Nachteile kann kein Aufsichtsrat seine **generelle Überwachungstätigkeit** ordnungsgemäß erfüllen.[251] Daraus folgt für ihn die **kardinale** – im Interesse der Gesellschaft durch das scharf sanktionierte **Verschwiegenheitsgebot**[252] flankierte – **Pflicht**, sich über alle maßgebenden Geschehnisse, Zustände, Ereignisse und Pläne genau zu informieren bzw. informieren zu lassen. Die öffentlich erörterten oder vor die Gerichte gelangten Organhaftungsfälle sind oftmals davon gekennzeichnet, dass es die Mitglieder des Überwachungsorgans schon daran haben fehlen lassen, sich die für die pflichtgemäße Erfüllung ihrer Aufgabe notwendigen **Informationen** über den Stand der Gesellschaft bzw. den relevanten Sachverhalt zu **verschaffen**.[253] Demgegenüber treten die Fälle zahlenmäßig eher in den Hintergrund,[254] in denen das Überwachungsorgan trotz der Kenntnis der maßgebenden Umstände nicht reagiert, sondern die Mitglieder des Leitungsorgans in ihrem gegen das Legalitätsprinzip verstoßenden oder grob riskanten, jedes Verantwortungsbewusstsein vermissen lassenden und die Gesellschaft schädigenden Verhalten[255] hat gewähren lassen.

Mittel der Informationsbeschaffung sind zunächst die vom Vorstand zu erstattenden **Berichte**.[256] Sie sind die erste Quelle, aus denen sie ihre Informationen zu schöpfen haben. Die Mitglieder des Aufsichtsrats haben sie zur **Kenntnis** zu nehmen, zu **bewerten** und daraus die notwendigen **Schlüsse** für eine effektive Überwachung zu ziehen. Soweit für die richtige Erfassung und Einordnung des Inhalts der Berichte besondere Kenntnisse erforderlich sind, setzt das AktG voraus, dass die Mitglieder des Überwachungsgremiums diese Fähigkeiten bereits bei der Berufung in das Amt besitzen oder sie sich zeitnah beschaffen. Wenn dem Aufsichtsrat die Regelberichterstattung zu seiner sachgerechten Information nicht ausreicht, er vor allem Anhaltspunkte für Fehlentwicklungen hat, steht dem Überwachungsgremium als Ganzem und außerdem jedem einzelnen Mitglied die Möglichkeit offen, nach § 90 Abs. 3 S. 1 und S. 2 AktG jederzeit die Erstattung von **Berichten** zu bestimmten **Einzelthemen** zu **verlangen;** je nach Situation der Gesellschaft ist der Aufsichtsrat als Plenum oder auch ein einzelnes Aufsichtsratsmitglied – zur Vermeidung eigener Haftung wegen nicht ordnungsgemäßer Wahrnehmung der Überwachungsaufgabe – **verpflichtet,** von diesen zusätzlichen Informationsmöglichkeiten Gebrauch zu machen. Soweit dem Aufsichtsratsvorsitzenden **Sonderberichte** nach § 90 Abs. 1 S. 3 AktG zugegangen sind, hat er das Plenum spätestens in der nachfolgenden Sitzung über deren Inhalt zu informieren; Aufgabe eines jeden Mitglieds des Gremiums ist es sich zu vergewissern, ob diese Anordnung des Gesetzes befolgt wird.

Ferner hat der Aufsichtsrat – selbstverständlich in Respektierung der durch § 111 Abs. 4 S. 1 AktG gezogenen Grenzen – durch **organisatorische Maßnahmen**[257] dafür zu sorgen, dass er seiner reaktiven und prospektiven Aufgabe ordnungsgemäß nachkommen kann. Generelle Anforderungen, wie diese Organisation beschaffen sein muss, lassen sich angesichts der ganz unterschiedlichen Realstruktur der als Aktiengesellschaft verfassten Unternehmen nicht aufstellen; Maßstab für die Ausgestaltung dieser Organisation sind **Effektivität** und **Erforderlichkeit.** Je engmaschiger nach der Lage der Gesellschaft die beratende und die reaktive Überwachung sein muss, um Risiken zu beherrschen und Chancen zu wahren, umso eingehender muss die den Aufsichtsrat bei der Wahrnehmung dieser Aufgabe unterstützende Organisation und das von ihr zu beachtende Regelwerk ausgestaltet sein. Teil eines solchen Regelwerks kann – je nach Lage der Gesellschaft – auch eine **Informationsordnung** sein, in der näher festgelegt ist, wie der Informationsfluss aus der Geschäftsführung zum Aufsichtsrat und seinen Mitgliedern inhaltlich gestaltet sein und wie er von Statten gehen soll. **§ 111 Abs. 4 S. 2 AktG** schließlich gibt dem Aufsichtsrat, wenn und soweit nicht bereits die Satzung entsprechende Regelungen über **Zustimmungsvorbehalte**

---

[250] Hüffer/Koch/*Koch* AktG § 116 Rn. 1.
[251] Hüffer/Koch/*Koch* AktG § 116 Rn. 2.
[252] GroßkommAktG/*Hopt/Roth* AktG § 116 Rn. 190 ff.
[253] Abschreckendes Beispiel BGH DStR 2007, 354 (Fakultativer Aufsichtsrat einer GmbH); ferner BGHZ 187, 60 = DStR 2010, 2090 – DOBERLUG; BGH DStR 2007, 354 (fakultativer Aufsichtsrat); BGH DStR 2004, 513 (Genossenschaft mit ehrenamtlich tätigem Aufsichtsrat); vgl. ferner GroßkommAktG/*Hopt/Roth* AktG § 116 Rn. 98 ff.
[254] Vgl. etwa BGH DStR 2009, 1157.
[255] Vgl. BGHZ 135, 244 (253) = DStR 1997, 881 – ARAG/Garmenbeck.
[256] Hüffer/Koch/*Koch* AktG § 116 Rn. 6.
[257] MüKoAktG/*Habersack* AktG § 116 Rn. 26; Hüffer/Koch/*Koch* AktG § 116 Rn. 2.

enthält, im Rahmen der **beratenden Überwachung** ein generelles Instrument in die Hand, ihm eine begrenzte Mitwirkung auf das Handeln des Vorstands zu verschaffen.

b) Überwachung in konkreter Situation

195 Sowohl bei der reaktiven als auch bei der prospektiven Überwachung können für das Überwachungsorgan neue Situationen auftreten, in denen das bisher etablierte Überwachungsregime nicht ausreicht, vielmehr weitere, auf die **konkrete Lage** abgestimmte Maßnahmen erforderlich sind. Wenn beispielsweise erwartete Erfolge nicht eintreten oder deutlich wird, dass Risiken unterschätzt worden sind oder erstmals erkennbar werden, wenn Anhaltspunkte dafür bestehen, dass Legalitäts- oder Legalitätskontrollpflichten im Unternehmen nicht ordnungsgemäß erfüllt werden oder der Gesellschaft gar Schaden zugefügt worden ist, darf der Aufsichtsrat sich regelmäßig nicht auf Überwachungsmaßnahmen der für den Normalfall befolgten Art beschränken, sondern muss **zusätzliche Aktivitäten** entwickeln. In erster Linie muss dann der Aufsichtsrat darauf bedacht sein, sich eingehend über den **Sachverhalt zu informieren.** Neben der Anforderung von Berichten nach § 90 Abs. 3 S. 1 AktG liegt dann uU ein Vorgehen nach § 111 Abs. 2 AktG – dazu gehört auch die Erteilung von konkreten Prüfaufträgen an Sachverständige – in Betracht. Gerade, wenn es um die Klärung geht, ob der Gesellschaft durch **pflichtwidriges Handeln** von Vorstandsmitgliedern ein Schaden entstanden ist und etwa Organhaftungsansprüche bestehen, geltend gemacht oder gesichert werden müssen, wird der Aufsichtsrat ohne eine solche **sachverständige Hilfe** bei der Untersuchung nicht auskommen können.[258] Besteht sogar die Gefahr einer insolvenzrechtlich relevanten **Schieflage** der Gesellschaft, muss der Aufsichtsrat, notfalls durch Ergreifen von **Personalmaßnahmen,** darauf hinwirken, dass der Vorstand seinen Pflichten aus § 92 AktG **(Massesicherungspflicht)** und ggf. -, soweit eine Beseitigung der Insolvenzlage ausscheidet[259] – aus § 15a InsO **(Insolvenzantragspflicht)** nachkommt, und sich davon überzeugen, dass dies geschieht. Je nach dem Augang einer solchen Untersuchung wird der Aufsichtsrat von seiner **Personalkompetenz** Gebrauch machen und Entscheidungen über **Abberufung** und/oder **Kündigung** zu treffen haben. Ferner kann es – insofern handelt es sich um eine weniger einschneidende Maßnahme – erforderlich sein, **Ad Hoc-Zustimmungsvorbehalte** zu verhängen, um einen Vorstand in einem zu forschen und Risiken nicht sorgsam abwägenden Vorgehen zu bremsen.

c) Objektiver Pflichtverstoß

196 Wie beim Vorstand (→ § 4 Rn. 2357 ff.) ist auch beim Aufsichtsrat der **Pflichtenstandard objektiviert.** Es kommt, soweit es um den zu wahrenden **Mindeststandard** geht, nicht auf die individuellen Kenntnisse und Fähigkeiten des jeweiligen Amtsträgers an, vielmehr setzt der Gesetzgeber voraus, dass das Aufsichtsratsmitglied die Sorgfalt eines **ordentlichen und gewissenhaften** Überwachers und Beraters[260] walten lässt. Das setzt voraus, dass es über die erforderlichen Kenntnisse und Fähigkeiten[261] für die Wahrnehmung der Aufgabe entweder von Anbeginn an verfügt oder aber sich dieselben schnellstens aneignet; das greifen Grundsatz 18 und Empfehlung D.12 DCGK auf. Niemand darf das Amt, in das er auch bei Fehlen der erforderlichen Kenntnisse wirksam gewählt werden kann,[262] übernehmen, wenn er ihm nicht gewachsen ist. Deswegen kann ein Aufsichtsratsmitglied gegenüber einer Inanspruchnahme aus Organhaftung ebenso wenig mit Erfolg einwenden, er hafte nicht, weil er intellektuell oder nach seiner Vorbildung für das Amt ungeeignet gewesen sei und nicht habe gewählt werden dürfen,[263] wie er nicht geltend machen kann, nicht hinreichend von den anderen, die Gesamtverantwortung tragenden Gremiumsmitgliedern überwacht worden zu sein. Wie beim Vorstand (→ § 4 Rn. 2357, 2393) gilt aber auch hier, dass jedes Aufsichtsratsmitglied etwa vorhandene über den Mindeststandard hinausgehende Kenntnisse und Fähigkeiten zur Wahrung und Förderung des Unternehmenswohls einsetzen muss. Jedes Aufsichtsratsmitglied hat sich auf dieser Grundlage und den ihm zugänglichen Informationen ein **eigenes Urteil** zu bilden, es unterliegt der **Gesamtverantwortung** des Organs Aufsichtsrat und muss deswegen uU dafür einstehen, dass es dieser internen Überwachungspflicht nicht nachgekommen ist und ein pflichtwidriges Verhalten anderer Gremiumsmitglieder oder etwa eines Ausschusses pflichtwidrig hingenommen hat. Bei **Gremienbeschlüssen,** denen das Mitglied nicht zugestimmt hat, kommt eine Pflichtverletzung dagegen

---

[258] Vgl. *M. Arnold* ZGR 2014, 76.
[259] Vgl. zu den in diesem Zusammenhang bestehenden Anforderungen allgemein *W. Goette* DStR 2016, 1684 ff. und 1752 ff.
[260] MüKoAktG/*Habersack* AktG § 116 Rn. 2; Hüffer/Koch/*Koch* AktG § 116 Rn. 3; GroßkommAktG/*Hopt/Roth* AktG § 116 Rn. 274 f.
[261] MüKoAktG/*Habersack* AktG § 116 Rn. 23, 27 f.; GroßkommAktG/*Hopt/Roth* AktG § 116 Rn. 34 ff.
[262] MüKoAktG/*Habersack* AktG § 116 Rn. 22.
[263] Vgl. zB BGH DStR 2004, 513 (Einwand des Aufsichtsratsmitglieds einer Genossenschaft, nur ehrenamtlich tätig gewesen zu sein und deswegen nicht die amtsüblichen Fähigkeiten zu prästieren gehabt zu haben).

nur in Betracht, wenn es seine Bedenken pflichtwidrig nicht artikuliert oder nicht alles unternommen hat, den Beschluss und seine Umsetzung zu verhindern;[264] insofern ist die Lage nicht anders als beim Vorstand (→ § 4 Rn. 2491).

Auch wenn der Pflichtstandard objektiviert ist, werden die Pflichten des Überwachungsorgans dennoch in gewisser Weise dadurch individualisiert und konkretisiert, dass sich Art und Umfang der Überwachung nach den Erfordernissen der **konkreten Gesellschaft** richten. Bei einem seit Jahren prosperierenden, nicht von besonderen Risiken betroffenen kleineren Unternehmen etwa sind die Anforderungen an eine ordnungsgemäße Wahrnehmung der reaktiven und prospektiven Überachung ungleich geringer als bei einer großen weltweit agierenden und obendrein über Beteiligungsgesellschaften verfügenden Aktiengesellschaft; entsprechend intensiver muss die Überwachung ausfallen, wenn sich bereits Defizite zB bei der Legalitäts- oder Legalitätskontrollpflicht gezeigt haben oder gar die Kartell- oder Ermittlungsbehörden eingegriffen haben oder sonst Anhaltspunkte dafür aufgetreten sind, dass der Vorstand nicht in der gebotenen Weise das Unternehmenswohl wahrt.[265] Auch wenn danach ein größeres und vertieftes Maß an Überwachung erforderlich ist, gilt auch hier, dass die Mitglieder des Aufsichtsrats selbstverständlich die aktienrechtliche **Kompetenzordnung achten,** dem Vorstand den ihm nach dem Gesetz zukommenden Freiraum belassen und jeden **übergreifenden Eifer** vermeiden müssen. Andererseits gilt für alle Aufsichtsratsmitglieder, dass sie die Pflicht haben, auf der Grundlage ordnungsgemäßer **Information** im Sinne des Unternehmenswohls sachgerecht auf Missstände oder Defizite zu **reagieren.** Fehler in diesem Bereich beschwören – wenn die übrigen Voraussetzungen vorliegen – die Gefahr einer Inanspruchnahme aus **Organhaftung** herauf.

d) Verschulden

Ohne **Verschulden** haftet auch das Aufsichtsratsmitglied nicht für pflichtwidriges Verhalten; nicht anders als beim Vorstand (→ § 4 Rn. 2390) gibt es **keine Erfolgshaftung.**[266] Es reicht jede **Fahrlässigkeit** und der Maßstab ist – auch insofern nicht anders als bei der Vorstandshaftung (→ § 4 Rn. 2390 ff.) objektiviert. Hinreichende Kenntnisse für die Amtsausübung werden vorausgesetzt (→ Rn. 195). Gehaftet wird nur für **eigenes** schuldhaftes Verhalten, das aber – neben einem Versagen bei den notwendigen organisatorischen Vorkehrungen – auch in einer unzureichenden Überwachung anderer Aufsichtsratsmitglieder liegen kann. Allerdings muss bei den Mitgliedern des Überwachungsorgans, wenn es um die Feststellung des Verschuldens geht, immer, will man sie nicht doch einer Erfolgshaftung unterziehen, im Auge behalten werden, dass – ungeachtet der Verweisung von § 116 AktG auf § 93 AktG – der Pflichtstandard des Aufsichtsrats nicht völlig identisch mit demjenigen des Vorstands ist;[267] insbesondere darf nicht angenommen werden, dass die Mitglieder des Aufsichtsrats, die nach dem gesetzlichen Modell des AktG ihre **Aufgabe** nur **nebenamtlich**[268] wahrnehmen, nicht ständig vor Ort sind, regelmäßig keine eigenen Erkenntnisquellen haben, sondern in erster Linie auf eine wahrheits- und treupflichtgemäße Information durch den Vorstand und die übrigen Aufsichtsratsmitglieder angewiesen sind, denselben Verhaltensanforderungen unterliegen wie die hauptamtlich tätigen, sich auf eine ausgefeilte Organisaton stützenden Vorstandsmitglieder.[269] Deswegen können Aufsichtsratsmitglieder uU – ohne dass ihnen schuldhaftes Verhalten vorgeworfen werden kann – bestimmte, für die Gesellschaft schädliche Entwicklungen nicht erkennen und deswegen nicht oder nicht rechtzeitig eingreifen; das führt dann dazu, dass zwar der schuldhaft pflichtwidrig vorgehende Vorstand, nicht aber die Mitglieder des ihn überwachenden Aufsichtsrats den der Gesellschaft entstandenen Schaden ersetzen müssen.

3. Schaden, Kausalität, Darlegungs- und Beweislast, Gesamtschuld, Verjährung, Verzicht und Vergleich

Wenn und soweit – nach § 116 AktG in „sinngemäßer" Anwendung des § 93 AktG – festgestellt wird, dass ein Mitglied des Aufsichtsrats seine spezifischen Überwachungspflichten schuldhaft verletzt hat, bestimmt sich seine Ersatzpflicht bezüglich **Schaden** (→ § 4 Rn. 2402 ff.), **Kausalität** (→ § 4 Rn. 2416 ff.),

---

[264] MüKoAktG/*Habersack* AktG § 116 Rn. 38 mwN; *Lutter/Krieger/Verse* AR Rn. 997 ff.
[265] Vgl. auch *Lutter/Krieger/Verse* AR Rn. 990.
[266] Vgl. schon treffend 1.Bericht des Vorsitzenden des Ausschusses für Aktienrecht vom April 1934 bei *Schubert*, Protokolle des Ausschusses für Aktienrecht der Akademie für Deutsches Recht, S. 492; BGHZ 69/207 (213) = NJW 1977, 2311; BGHZ 75, 96 (113) = NJW 1979, 1823; BGHZ 173, 246 (Rn. 31 f.) = DStR 2007, 1586 – TRIHOTEL; auch BGHZ 135, 244 (253) = DStR 1997, 881 – ARAG/Garmenbeck; *W. Goette* FS 50 Jahre Bundesgerichtshof, 2000, 123 (141); *W. Goette* DStR 2016, 1752 f. und *W. Goette* ZGR 1995, 648 (668 f.) mwN; *Lutter/Krieger/Verse* AR Rn. 1009.
[267] S. auch MüKoAktG/*Habersack* AktG § 116 Rn. 2.
[268] S. dazu GroßkommAktG/*Hopt/Roth* AktG § 116 Rn. 31.
[269] Hüffer/Koch/*Koch* AktG § 116 Rn. 6.

Darlegungs- und Beweislast[270] (→ § 4 Rn. 2421 ff.), **gesamschuldnerischer Haftung** (→ § 4 Rn. 2433 ff.), **Verjährung** (→ § 4 Rn. 2436 ff.) sowie **Verzicht und Vergleich**[271] (→ § 4 Rn. 2443) nach denselben Regeln, die für Vorstandsmitglieder gelten; insofern ist die Verweisung auf § 93 AktG nicht lediglich als eine „sinngemäße" zu verstehen.[272]

4. Geltendmachung von Regressansprüche gegen den Aufsichtsrat

200 Allein **zuständig** zur Verfolgung von Organhaftungsansprüchen gegen Aufsichtsratsmitglieder ist der Vorstand der Gesellschaft.[273] Wenn die Pflichtverletzung des Aufsichtsrats darin liegt, dass er auf ein pflichtwidriges Verhalten des Vorstands nicht sachgerecht reagiert, es insbesondere nicht abgestellt oder nicht ordnungsgemäß sanktioniert hat, wird die Neigung des Vorstands, gegen die Aufsichtsratmitglieder vorzugehen, wenig ausgeprägt sein **(„Krähentheorie")**, auch wenn in dieser Inaktivität eine neue Organpflichtverletzung liegt.[274] Das Phänomen tritt auch bei anderen Gesellschaftsformen auf; vor allem im Genossenschaftsrecht[275] zeigt sich, dass ein Wechsel der Verantwortlichen, oftmals einhergehend mit einer durch eine Schieflage der Genossenschaft notwendig gewordenen Fusion von Instituten, der Verfolgung der entstandenen Organhaftungsansprüche förderlich ist. Im Aktienrecht können dann nur die Hauptversammlung (§ 147 AktG) und Minderheitsaktionäre nach § 148 AktG an Stelle der säumigen Organe im Interesse der Gesellschaft auf den Plan treten.[276]

5. Andere Anspruchsgrundlagen

201 UU können auch die Aufsichtsratsmitglieder nach **§ 117 Abs. 2 AktG** der Gesellschaft und in Konzernsituationen nach **§§ 310, 318 und 323 Abs. 1 S. 2 AktG** der Gesellschaft und den Aktionären gegenüber haftbar sein.[277] Im Übrigen gilt für eine Inanspruchnahme durch Dritte nichts Anderes als für den Vorstand (→ § 4 Rn. 2444 f.).

---

[270] De lege ferenda liberaler GroßkommAktG/*Hopt/Roth* AktG § 116 Rn. 290.
[271] S. auch GroßkommAktG/*Hopt/Roth* AktG § 116 Rn. 304.
[272] MüKoAktG/*Habersack* AktG § 116 Rn. 72.
[273] MüKoAktG/*Habersack* AktG § 116 Rn. 77; *W. Goette* in Hommelhoff/Hopt/v. Werder Corporate Governance-HdB, 2. Aufl. 2009, 738.
[274] MüKoAktG/*Habersack* AktG § 116 Rn. 8 mwN.
[275] Vgl. *W. Goette* Karlsruher Forum 2009 Managerhaftung S. 100 f.
[276] S. dazu MüKoAktG/*Habersack* AktG § 116 Rn. 8; *W. Goette* in Hommelhoff/Hopt/v. Werder, Corporate Governance-HdB, 2. Aufl. 2009, 714 f.
[277] S. näher MüKoAktG/*Habersack* AktG § 116 Rn. 80 mwN.

§ 6 Vergütung und Auslagenersatz für Aufsichtsratsmitglieder sowie Verträge mit Aufsichtsratsmitgliedern

Übersicht

	Rn.
I. Vergütung (§ 113 AktG)	2
1. Rechtsgrundlage des Vergütungsanspruchs, ausschließliche Zuständigkeit der Hauptversammlung (§ 113 Abs. 1 AktG)	3
a) Zwecke der ausschließlichen Hauptversammlungszuständigkeit	5
b) Kein vertragliches Anstellungsverhältnis	8
c) Drittvergütung?	10
d) Vergütungsentscheidung der Hauptversammlung	15
e) Formale Vorgaben für die Vergütungsfestsetzung durch die Hauptversammlung	17
2. Arten der Vergütung	19
a) Feste und variable (erfolgsorientierte) Vergütung	20
aa) Entwicklung zur variablen Vergütung	20
bb) Aktienoptionen	24
b) Sachleistungen	29
c) Sitzungsgeld	30
aa) Vergütungsbestandteil oder Auslagenersatz?	30
bb) Reichweite des Anspruchs auf Sitzungsgeld	34
d) D&O-Versicherung	38
e) Sondervergütungen	42
3. Angemessenheit der Vergütung (§ 113 Abs. 1 S. 3 AktG)	44
a) Maßstab	44
b) Anfechtungs- und Nichtigkeitsklage	47
c) Registergerichtliche Prüfung	49
d) Zahlungsanspruch der Aufsichtsratsmitglieder	52
4. Gleichbehandlung	53
5. Regelmäßiger Beschluss über die Vergütung und das Vergütungssystem für den Aufsichtsrat börsennotierter Gesellschaften (§ 113 Abs. 3 AktG)	56
a) Einheitlicher Beschluss über die Vergütung und das Vergütungssystem	58
aa) Vorbereitung und Vorlage des Entwurfs zur Vergütung und zum Vergütungssystem	61
bb) Pflichtangaben im Beschluss	63
cc) Beschlussfassung mindestens alle vier Jahre und bestätigende Beschlüsse	65
dd) Mehrheitserfordernisse	67
ee) Pflichten bei Ablehnung des Beschlussvorschlags durch die Hauptversammlung	69
b) Teilausschluss der Anfechtbarkeit	70
c) Veröffentlichung	71
d) Vergütungsbericht (§ 162 AktG)	72
e) Übergangsrecht	73
f) Börsennotierte KGaA	74
g) Unanwendbarkeit der Regelungen für Related Party Transactions	76
h) Nicht börsennotierte Gesellschaften	77
6. Entstehung und Fälligkeit der Vergütung	78
7. Einreden und Einwendungen	81
a) Untätigkeit	81
b) Zurückbehaltungsrecht	82
c) Verjährung	83
8. Verfügungen über den Vergütungsanspruch – insbes. Verzicht und Abführung an Dritte	84
9. Änderung der Vergütung	87
a) Änderungen für die Zukunft	87
b) Rückwirkende Erhöhung der Vergütung	89
c) Rückwirkende Herabsetzung der Vergütung	91
10. Vergütungsanspruch bei (vorübergehendem) Ausscheiden	94
11. Erster Aufsichtsrat (§ 113 Abs. 2 AktG)	95
12. Insolvenz, Abwicklung, Umwandlung, Gewinnabführungsvertrag, Beherrschungsvertrag	98
13. Vergütung für Ehrenmitglieder und Ehrenvorsitzende	103
14. Folgen unzulässiger Vergütung	104
a) Haftung des empfangenden Aufsichtsratsmitglieds	104

	Rn.
b) Haftung von Vorstands- und Aufsichtsratsmitgliedern wegen Mitwirkung an einer unzulässigen Vergütung	106
c) Vergütungsbeschluss der Hauptversammlung als „nachteilige Veranlassung" im faktischen AG-Konzern?	108
15. Steuerrechtliche Gesichtspunkte	109
a) Einkommensteuer	109
b) Umsatzsteuer	111
aa) Aufsichtsratsmitglieder als umsatzsteuerliche Unternehmer?	111
bb) Sonderfälle	117
16. Sozialversicherungsrechtliche Gesichtspunkte	119
II. Auslagenersatz	121
1. Rechtsgrundlage	121
2. Art und Angemessenheit der Auslagen	127
a) Maßstab für die Beurteilung der Angemessenheit der Auslagen	127
b) Erstattungsfähige Auslagen	128
c) Insbesondere: Auslagenersatz im Zusammenhang mit dienstlichen Terminen	135
aa) Welche Termine sind dienstliche Termine?	136
(1) Sitzungen etc.	137
(2) Aufgaben mit Blick auf Tochtergesellschaften; Doppel-Aufsichtsratsmitglieder	141
(3) Aufsichtsratsvorsitzender	143
(4) Repräsentation des Unternehmens	144
bb) Reisen mit mehreren Anlässen	148
cc) Für Reisen von woher und wohin muss die Gesellschaft Auslagen erstatten?	150
dd) Nicht mit üblichem Vorlauf terminierte dienstliche Veranstaltungen und Verlegung von Veranstaltungen	153
ee) Abgrenzung: Übernahme von Kosten durch die Gesellschaft bei nicht dienstlichen Terminen	156
d) Einsichts- und Prüfungsrechte, Antrags- und Klagebefugnisse, Passivprozesse und -verfahren, Geldauflagen, Geldbußen, Geldstrafen	157
e) Aus- und Fortbildung, Amtseinführung („Onboarding"), Berater einzelner Aufsichtsratsmitglieder	161
f) Einkommenseinbußen und Ertragsausfall	165
3. Büro des Aufsichtsrats oder des Aufsichtsratsvorsitzenden, Mitarbeiter, Dienstwagen	167
a) Grundsatz	167
b) Private Mitnutzung?	171
4. Nachweis der Auslagen	173
5. Vorschuss und Freistellung	174
6. Auslagenersatz für künftige und ehemalige Aufsichtsratsmitglieder sowie Ehrenmitglieder und Ehrenvorsitzende	175
7. Entscheidung über die Angemessenheit der Auslagen	179
a) Meinungsstand	180
b) Stellungnahme	181
aa) Aufgaben des Aufsichtsrats	182
bb) Aufgaben des Vorstands	184
c) Vorgaben für die Beurteilung der Angemessenheit	186
8. Rechtsstreit über die Erstattung von Auslagen	188
9. Folgen bei unzulässiger Gewährung von Auslagenersatz	189
a) Haftung des empfangenden Aufsichtsratsmitglieds	189
b) Haftung von Vorstands- und Aufsichtsratsmitgliedern wegen Mitwirkung an einer unzulässigen Gewährung von Auslagen	193
10. Budgetrecht des Aufsichtsrats?	197
a) Meinungsstand	197
b) Stellungnahme	199
III. Geschenke an Aufsichtsratsmitglieder	202
1. Darf die AG Aufsichtsratsmitgliedern Geschenke zuwenden?	202
2. Wer entscheidet über Geschenke an Aufsichtsratsmitglieder?	204
IV. Verträge mit Aufsichtsratsmitgliedern	207
1. Keine Verträge über bereits aufgrund des Aufsichtsratsmandats geschuldete Tätigkeiten	209
a) Abgrenzung nach Art der Tätigkeit	210
b) Insbesondere: Beratung des Vorstands	211
c) Tagesgeschäft	212
d) Beratung des Aufsichtsrats?	214

	Rn.
e) Rechtsfolgen	215
f) Empfehlung	218
2. Zustimmungsvorbehalt zu Dienst- und Werkverträgen über Tätigkeiten höherer Art (§ 114 AktG)	219
a) Reichweite des Zustimmungsvorbehalts	221
aa) Gegenstand des Vertrags	221
bb) Verträge vor Beginn und nach Beendigung der Amtszeit	224
cc) Ausdehnung des persönlichen Anwendungsbereichs des § 114 AktG	227
b) Zustimmungsentscheidung des Aufsichtsrats	234
aa) Verfahren	235
bb) Prüfung und Entscheidung des Aufsichtsrats	237
cc) Kein Anspruch auf Zustimmung	240
dd) Einwilligung oder Genehmigung	241
ee) Rahmenverträge	243
c) Offenlegung	244
d) Rechtsfolgen im Fall eines Verstoßes gegen § 114 AktG	246
e) Weitere mögliche Rechtsfolgen im Zusammenhang mit Verträgen iSd § 114 AktG	251
3. Zustimmungsvorbehalt zur Kreditgewährung an Aufsichtsratsmitglieder (§ 115 AktG)	254
a) Inhalt und Normzweck	254
b) Erfasste Kredite	255
c) Einwilligungsentscheidung des Aufsichtsrats	259
aa) Verfahren	259
bb) Prüfung und Entscheidung des Aufsichtsrats	260
d) Publizität	263
e) Rechtsfolgen bei fehlender Einwilligung	264
f) Weitere mögliche Rechtsfolgen im Zusammenhang mit der Kreditgewährung an Aufsichtsratsmitglieder	267
g) Kredite an Aufsichtsratsmitglieder von Kredit- und Finanzdienstleistungsinstituten	273

Eine ordnungsgemäße und professionelle Wahrnehmung der Aufgaben durch den Aufsichtsrat setzt voraus, dass seine Mitglieder **angemessen vergütet** werden und ihnen die für die Wahrnehmung ihrer Aufgaben **erforderlichen Mittel zur Verfügung** stehen (Auslagenersatz). Die **Anforderungen** an den Aufsichtsrat sind in den vergangenen Jahren **erheblich gestiegen** und steigen weiter. Es wurde und wird daher zunehmend erforderlich, die Aufsichtsratstätigkeit zu professionalisieren (→ § 1 Rn. 78).[1] Damit sind eine entsprechend höhere Vergütung(serwartung) und idR vermehrte Auslagen des Aufsichtsrats und seiner Mitglieder verbunden. Schließen Aufsichtsratsmitglieder mit der Gesellschaft Verträge ab, ist darauf zu achten, dass sie nicht abhängig vom Vorstand werden. Deshalb sind Verträge zwischen der Gesellschaft und Aufsichtsratsmitgliedern teilweise nichtig, teilweise bedürfen sie der Zustimmung des Aufsichtsrats (→ Rn. 207 ff.).

I. Vergütung (§ 113 AktG)

Die Vergütung von Aufsichtsratsmitgliedern ist in den letzten Jahren parallel zu den wachsenden Anforderungen und den damit verbundenen Haftungsrisiken **gestiegen**.[2] Im Jahr 2017 betrug die durchschnittliche Gesamtvergütung des Aufsichtsratsmitglieds eines DAX-Unternehmens 139.000 EUR und die eines Aufsichtsratsvorsitzenden 347.000 EUR.[3]

1. Rechtsgrundlage des Vergütungsanspruchs, ausschließliche Zuständigkeit der Hauptversammlung (§ 113 Abs. 1 AktG)

Eine Vergütung der Aufsichtsratsmitglieder „*kann*" **nur in der Satzung** festgesetzt oder **von der Hauptversammlung** außerhalb der Satzung durch einfachen Beschluss bewilligt werden (§ 113 Abs. 1 S. 2 AktG). Es ist **nicht zwingend,** eine Aufsichtsratsvergütung festzusetzen. Bei börsennotierten Gesellschaf-

---

[1] *Lieder* ZGR 2018, 523 (525); *Tomkos/Pietralla/Feisel* Aufsichtsrat 2018, 138 (140); *Schnorbus/Ganzer* WM 2015, 1832 (1833).
[2] *Hüffer/Koch/Koch* AktG § 113 Rn. 2 mwN; zur Entwicklung auch MüKoAktG/*Habersack* AktG § 113 Rn. 8.
[3] *Böcking/Bundle/Raspels/Schmid/Hönsch/Schütte/Reich* Konzern 2019, 15 (18).

4 Eine Aufsichtsratsvergütung liegt nur vor bei Leistungen, die **Entgelt für die Aufsichtsratstätigkeit** sind. Wechselt ein Vorstandsmitglied in den Aufsichtsrat und erhält es **Abfindungszahlungen aufgrund seines** an sich noch weiterlaufenden **Vorstands-Dienstvertrags,** handelt es sich **insofern nicht um eine Aufsichtsratsvergütung.**[4]

a) Zwecke der ausschließlichen Hauptversammlungszuständigkeit

5 Die ausschließliche Zuständigkeit der Hauptversammlung für die Vergütung soll die Gesellschaftsgläubiger und die Aktionäre **davor schützen,** dass die **Aufsichtsratsmitglieder überhöhte Bezüge erhalten.** Diesen Schutzzweck unterstreicht das Gebot, dass die Vergütung „*in einem angemessenen Verhältnis zu den Aufgaben der Aufsichtsratsmitglieder und zur Lage der Gesellschaft stehen*" soll (§ 113 Abs. 1 S. 3 AktG; → Rn. 44 ff.). Dieses **Angemessenheitsgebot** ist ungeachtet der Formulierung als „Soll"-Vorschrift **zwingend zu beachten.**[5] Die ausschließliche Zuständigkeit der Hauptversammlung soll zudem eine **„Selbstbedienung"** des Aufsichtsrats **ausschließen.** Ferner soll sie verhindern, dass der Vorstand über die Vergütung der Mitglieder seines Überwachungsorgans befindet.[6] Des Weiteren sichert die Hauptversammlungszuständigkeit, dass **(Minderheits-)Aktionäre** den Beschluss, mit dem die Hauptversammlung die Vergütung festsetzt, durch eine Beschlussmängelklage **gerichtlich kontrollieren lassen können.**[7]

6 Mit der Hauptversammlungszuständigkeit ist außerdem eine **aktienrechtliche Publizität** verbunden, da die Vergütung in der Niederschrift der Hauptversammlung einsehbar ist. Im Übrigen sind die Gesamtbezüge aller Aufsichtsratsmitglieder im (Konzern-)Anhang anzugeben (§ 285 Nr. 9 HGB, § 314 Abs. 1 Nr. 6 HGB). **Börsennotierte Aktiengesellschaften** müssen die Vergütung der Aufsichtsratsmitglieder ab dem Jahr 2022 **individualisiert und aufgegliedert nach ihren Bestandteilen** im Vergütungsbericht angeben (§ 162 AktG; → § 4 Rn. 1555 ff.). Bisher empfahl Ziff. 5.4.6 Abs. 3 S. 1 DCGK aF für börsennotierte Aktiengesellschaften, die Aufsichtsratsvergütung individualisiert und nach ihren Bestandteilen aufgegliedert im Anhang oder Lagebericht auszuweisen. Grundsatz 25 DCGK verweist nur noch auf den gesetzlichen Vergütungsbericht.

7 Die Hauptversammlungszuständigkeit ist **nicht abdingbar.**[8] Weder in der Satzung noch durch Beschluss kann die Hauptversammlung ein anderes Organ ermächtigen, die Aufsichtsratsvergütung zu regeln.[9] Aufsichtsratsmitglieder können eine Vergütung nur beanspruchen, wenn die Hauptversammlung sie festgesetzt hat. Andernfalls ist die Tätigkeit unentgeltlich. **§ 612 BGB,** wonach bei Dienstverträgen ohne ausdrückliche Vergütungsregelung die (übliche) Vergütung als stillschweigend vereinbart gilt, ist **nicht anwendbar.**[10]

b) Kein vertragliches Anstellungsverhältnis

8 Der Vergütungsanspruch des Aufsichtsratsmitglieds **beruht nicht auf einem vertraglichen Anstellungsverhältnis zur Gesellschaft.** Um ein vertragliches Aushandeln zwischen den Aufsichtsratsmitgliedern und der vom Vorstand vertretenen Gesellschaft zu unterbinden, können die Rechte und Pflichten von Aufsichtsratsmitgliedern auch nicht durch schuldrechtliche Vereinbarung begründet werden.[11] § 114 Abs. 1 AktG sichert das zusätzlich ab (→ Rn. 219 ff.): Schuldrechtliche Verträge zwischen Gesellschaft und Aufsichtsratsmitglied sind zwar zulässig, aber nicht in Bezug auf Aufgaben, die das Aufsichtsratsmitglied bereits als Organmitglied wahrnehmen muss. Zudem werden schuldrechtliche Verträge zwischen Gesellschaft und Aufsichtsratsmitglied, in denen sich das Aufsichtsratsmitglied zu einer Tätigkeit höherer Art verpflichtet, nur mit Zustimmung des Aufsichtsrats wirksam, um die Unabhängigkeit der Aufsichtsratsmitglieder vom Vorstand auch insoweit nicht zu gefährden.[12]

9 **Vorstands- und Aufsichtsratsmitglieder,** die im Zusammenhang mit unrechtmäßigen Zahlungen der AG an Aufsichtsratsmitglieder Pflichten verletzt haben, **haften gegenüber der AG auf Schadenser-**

---

[4] Hüffer/Koch/*Koch* AktG § 113 Rn. 3; MüKoAktG/*Habersack* AktG § 113 Rn. 11 mwN.
[5] MüKoAktG/*Habersack* AktG § 113 Rn. 4 mwN.
[6] BGHZ 168, 188 Rn. 9 mwN = NZG 2006, 712.
[7] Henssler/Strohn/*Henssler* AktG § 113 Rn. 1; MüKoAktG/*Habersack* AktG § 113 Rn. 2.
[8] Henssler/Strohn/*Henssler* AktG § 113 Rn. 4; Kölner Komm AktG/*Mertens/Cahn* AktG § 113 Rn. 3.
[9] Hüffer/Koch/*Koch* AktG § 113 Rn. 2; MüKoAktG/*Habersack* AktG § 113 Rn. 33.
[10] MüKoAktG/*Habersack* AktG § 113 Rn. 31; MHdB AG/*Hoffmann-Becking* § 33 Rn. 13; BeckOGK/*Spindler* AktG § 113 Rn. 7.
[11] MHdB AG/*Hoffmann-Becking* § 33 Rn. 11; Kort FS Hüffer, 2010, 483 (484); Kölner Komm AktG/*Mertens/Cahn* AktG § 113 Rn. 3.
[12] MüKoAktG/*Habersack* AktG § 113 Rn. 2.

satz (§ 93 Abs. 3 Nr. 7 AktG, § 116 S. 1 AktG). Auch diese Haftungsandrohung sichert die Unabhängigkeit der Aufsichtsratsmitglieder.[13]

c) Drittvergütung?

Die **Vergütung der Aufsichtsratstätigkeit durch Dritte** ist im Gesetz nicht angesprochen. Sie soll nach hA zwar einen Interessenkonflikt begründen und die Unabhängigkeit der Aufsichtsratsmitglieder iSd DCGK (→ § 2 Rn. 65 ff.) in Frage stellen können, aber **grds. zulässig** sein.[14] Das Aufsichtsratsamt sei ungeachtet der gestiegenen Anforderungen als Nebenamt ausgestaltet. Aufsichtsratsmitglieder erhielten idR im Rahmen ihrer Haupttätigkeit Bezüge von Dritten, die nicht am Angemessenheitsgebot des § 113 AktG gemessen werden könnten.[15] Da eine Drittvergütung für Vorstandsmitglieder zulässig sei, müsse erst recht eine Drittvergütung für Aufsichtsratsmitglieder zulässig sein.[16] Aufsichtsratsmitglieder unterlägen insbes. keinem Wettbewerbsverbot, das mit dem für Vorstandsmitglieder geltenden Wettbewerbsverbot (§ 88 AktG) vergleichbar sei.[17] Zudem sei der Aufsichtsrat auf Interessenpluralität angelegt.[18] Auch mit der Aufgabe des Aufsichtsrats, die Geschäftsführung unabhängig vom wirtschaftlichen Erfolg der Gesellschaft zu kontrollieren, sei eine Drittvergütung leichter zu vereinbaren als bei Vorstandsmitgliedern.[19] Dass das Aufsichtsratsmitglied für seine Tätigkeit zusätzlich von einer weiteren Partei vergütet werde, schaffe keine gesteigerte Gefahrenlage, die es rechtfertige, bei einer Drittvergütung von einem generellen, nicht hinnehmbaren Interessenkonflikt auszugehen.[20] Sofern es im Einzelfall zu einem Interessenkonflikt komme, seien die allgemein geltenden Regeln für den Umgang mit Interessenkonflikten anzuwenden (Mitteilung, evtl. Stimmenthaltung oder Stimmrechtsausschluss, temporäres Ruhenlassen des Mandats bis hin zur Amtsniederlegung).[21] Die **Gegenansicht** hält **Drittvergütungen für Aufsichtsratsmitglieder für unzulässig**, weil die Kompetenz der Hauptversammlung zur Festlegung der Aufsichtsratvergütung umgangen werde.[22] Auch aus Art. 9a der Aktionärsrechterichtlinie II[23] ergebe sich, dass die Aktionäre über die mit der Vergütungsart und -höhe verbundenen Anreizwirkungen entscheiden sollen; Drittvergütungen, auch von einem anderen Konzernunternehmen, seien mit dieser Steuerungskompetenz nicht vereinbar.[24]

Stellungnahme: Mit der hA sind **Drittvergütungen für Aufsichtsratsmitglieder nicht per se unzulässig.** Bei Aufsichtsratsmitgliedern wird sich eine Drittvergütung häufig nur schwer ermitteln und beziffern lassen, sofern sie nicht ausnahmsweise ausdrücklich als solche bezeichnet wird. Das betrifft insbes. Aufsichtsratsmitglieder, die das Aufsichtsratsmandat im Rahmen ihrer Haupttätigkeit wahrnehmen: Hier wird selten ausdrücklich vereinbart, ob und ggf. in welchem Umfang sie die iRd Haupttätigkeit erhaltene Vergütung auch für die Wahrnehmung des Aufsichtsratsmandats erhalten, womöglich verbunden mit der Verpflichtung, die von der Gesellschaft erhaltene Aufsichtsratsvergütung abzuführen oder sich auf die Vergütung iRd Haupttätigkeit anrechnen zu lassen (zu den steuerlichen Konsequenzen solcher Regelungen → Rn. 118). Die Hauptversammlungszuständigkeit soll die Gesellschaft insbes. davor schützen, dass die Aufsichtsratsmitglieder zulasten des Gesellschaftsvermögens überhöhte Bezüge erhalten und der Vorstand Einfluss auf die Vergütung seiner Kontrolleure nehmen kann (→ Rn. 5). Diese Zwecke werden durch eine Drittvergütung aber jedenfalls dann nicht ausgehebelt, wenn der Vorstand keinen Einfluss auf die Drittvergütung hat. Die Forderung, dass die Hauptversammlung über die mit der Drittvergütung verbundenen Anreizwirkungen entscheiden soll, hängt mit möglichen Interessenkonflikten zusammen. Diese möglichen Interessenkonflikte sind aber mit den allgemein für Interessenkonflikte geltenden Regeln beherrschbar. In Konzernkonstellationen sind dabei auch die insofern geltenden Sondervorschriften zu beachten. Im Vertrags- und Eingliederungskonzern darf die Konzernmutter die Interessen der Ge-

---

[13] MüKoAktG/*Habersack* AktG § 113 Rn. 2.
[14] Grigoleit/*Grigoleit/Tomasic/Kochendörfer* AktG § 113 Rn. 1; MHdB AG/*Hoffmann-Becking* § 33 Rn. 13; *Kiem* FS Stilz, 2014, 329; Hüffer/Koch/*Koch* AktG § 113 Rn. 19; *Neuhaus/Gellißen* NZG 2011, 1361; Semler/v. Schenck/*v. Schenck* AktG § 113 Rn. 97.
[15] *Neuhaus/Gellißen* NZG 2011, 1361 (1362).
[16] *Neuhaus/Gellißen* NZG 2011, 1361 (1362).
[17] *Neuhaus/Gellißen* NZG 2011, 1361 (1362); *Kiem* FS Spindler, 2014, 329 (335 f.); Hüffer/Koch/*Koch* AktG § 113 Rn. 19.
[18] *Kiem* FS Spindler, 2014, 329 (338); *Werner* BOARD 2016, 57 (58).
[19] *Neuhaus/Gellißen* NZG 2011, 1361 (1362).
[20] *Neuhaus/Gellißen* NZG 2011, 1361 (1363 f.); *Kiem* FS Spindler, 2014, 329 (338 f.); siehe auch MHdB AG/*Hoffmann-Becking* § 33 Rn. 13: „[…] es sei denn, es entsteht durch Annahme der Vergütung eine mit dem Unternehmensinteresse kollidierende Abhängigkeit vom Interesse des Dritten."
[21] *Neuhaus/Gellißen* NZG 2011, 1361 (1363 f.); *Kiem* FS Spindler, 2014, 329 (339 f.); *Selzner* AG 2013, 818 (824 f.); Hüffer/Koch/*Koch* AktG § 113 Rn. 19.
[22] *Habersack* NZG 2018, 127 (131); BeckOGK/*Spindler* AktG § 113 Rn. 7.
[23] RL 2017/828/EU vom 17.5.2017 zur Änderung der RL 2007/36/EG im Hinblick auf die Förderung der langfristigen Mitwirkung der Aktionäre.
[24] *Habersack* FS Hopt, 2020, 333 (349 f.); *Habersack* NZG 2018, 127 (131); MüKoAktG/*Habersack* AktG § 113 Rn. 12.

sellschaft ohnehin umfassend an den Interessen des Konzerns ausrichten, sodass insoweit kein rechtlich relevanter Konflikt entstehen kann.

12 Das **Angemessenheitsgebot (§ 113 AktG)** ist auf Drittvergütungen von Aufsichtsratsmitgliedern **nicht anzuwenden,** da es die Gesellschaft lediglich davor schützen soll, dass zulasten ihres Vermögens überhöhte Bezüge an Aufsichtsratsmitglieder gezahlt werden.[25] Es ist daher weder mit Blick auf das Angemessenheitsgebot noch mit Blick auf die Gefahr von Interessenkonflikten erforderlich, dass die Hauptversammlung die Drittvergütung billigt:[26] Mit auftretenden Interessenkonflikten pflichtgemäß umzugehen, ist Sache des Aufsichtsratsmitglieds und des Aufsichtsrats.

13 Unzulässig ist die Vereinbarung einer **Vergütung durch ein von der Gesellschaft abhängiges Unternehmen,** da das abhängige Unternehmen dem Einfluss des Vorstands der Gesellschaft unterliegt, der entgegen dem Gesetzeszweck auf diesem Weg dann doch versuchen könnte, „sein" Kontrollorgan durch großzügige Zahlungen zu beeinflussen.[27]

14 **Börsennotierte Aktiengesellschaften** müssen auch Drittvergütungen von Aufsichtsratsmitgliedern im Vergütungsbericht **veröffentlichen** (→ § 4 Rn. 1566).[28]

d) Vergütungsentscheidung der Hauptversammlung

15 Für die Entscheidung der Hauptversammlung über die Vergütung der Aufsichtsratsmitglieder müssen sowohl der Aufsichtsrat als auch der Vorstand einen Beschlussvorschlag machen (§ 124 Abs. 3 S. 1 AktG). Mit Blick auf das in börsennotierten Gesellschaften erforderliche Vergütungssystem für den Aufsichtsrat soll es nach Einschätzung des Gesetzgebers des ARUG II **zweckmäßig sein, dass primär der Aufsichtsrat das System ausarbeitet.**[29] Auch dass der Vorstand nicht über die Vergütung seines Überwachungsorgans befinden soll (→ Rn. 5) spricht dafür, dass die Initiative für Änderungen der Aufsichtsratsvergütung und konkrete Vorschläge vom Aufsichtsrat ausgehen sollten. Eine „Selbstbedienung des Aufsichtsrats" ist ausgeschlossen, weil die Hauptversammlung abschließend entscheidet.

16 Für die **erforderliche Stimmmehrheit** bei der Vergütungsentscheidung der Hauptversammlung gelten die allgemeinen Grundsätze: Soll die Vergütung in der Satzung festgesetzt werden, ist neben der einfachen Stimmenmehrheit (§ 133 Abs. 1 AktG) eine Mehrheit von mindestens drei Viertel des bei der Beschlussfassung vertretenen Grundkapitals erforderlich, wobei die Satzung eine andere Kapitalmehrheit bestimmen kann (§ 179 Abs. 2 S. 1, 2 AktG). Soll die Vergütung durch einfachen Hauptversammlungsbeschluss bewilligt werden, genügt die einfache Stimmenmehrheit. Aufsichtsratsmitglieder unterliegen weder bei der Entscheidung des Aufsichtsrats über den Beschlussvorschlag noch bei der Entscheidung der Hauptversammlung über die Vergütung einem Stimmrechtsausschluss:[30] Nach ganz hA ist die Regelung zum Ausschluss des Stimmrechts nicht im Weg einer Gesamtanalogie und nur sehr eingeschränkt im Weg einer Einzelanalogie auf andere Fälle von Interessenkonflikten zu erstrecken.[31] Bei der Entscheidung des Aufsichtsrats über seinen Beschlussvorschlag sind ohnehin grds. alle Aufsichtsratsmitglieder gleich betroffen.

e) Formale Vorgaben für die Vergütungsfestsetzung durch die Hauptversammlung

17 Die Vergütung ist nur wirksam festgesetzt, wenn sie **hinreichend bestimmt** ist. Das setzt voraus, dass die Vergütung konkret beziffert wird oder sich konkret berechnen lässt.[32] Da die ausschließliche Hauptversammlungszuständigkeit hierdurch nicht in Frage gestellt wird, reicht auch die Angabe eines Gesamtbetrags aus,[33] der dann gemäß § 420 BGB nach Köpfen zu verteilen ist, sofern die Verteilung nicht näher geregelt ist.[34] Der ausschließlichen Hauptversammlungszuständigkeit soll eine Satzungsermächtigung zu-

---

[25] *Neuhaus/Gellißen* NZG 2011, 1361 (1363); *Kiem* FS Spindler, 2014, 329 (335); *Selzner* AG 2013, 818 (824); Grigoleit/*Grigoleit/Tomasic/Kochendörfer* AktG § 113 Rn. 1; BeckOGK/*Spindler* AktG § 113 Rn. 7; *Werner* BOARD 2016, 57 (59); iErg auch GroßkommAktG/*Hopt/Roth* AktG § 113 Rn. 78; aA K. Schmidt/Lutter AktG/*Drygala* AktG § 113 Rn. 11.
[26] Ebenso *Werner* BOARD 2016, 57 (59).
[27] MüKoAktG/*Habersack* AktG § 113 Rn. 12; Kölner Komm AktG/*Mertens/Cahn* AktG § 113 Rn. 7; dazu, dass § 114 AktG auf solche Konstellationen nicht entsprechend anzuwenden ist → Rn. 223.
[28] Gegen eine Veröffentlichungspflicht unter der bisherigen Rechtslage, sei es nach AktG, HGB oder DCGK, *Neuhaus/Gellißen* NZG 2011, 1361 (1364f.).
[29] RegBegr BT-Drs. 19/9739, 90.
[30] Zum Stimmrecht von Vorstandsmitgliedern bei der Beschlussfassung über die Billigung des Vorstandsvergütungssystems Hüffer/Koch/*Koch* AktG § 120a Rn. 5 mwN; zu § 120 Abs. 4 AktG aF *Wagner* BB 2013, 1731 (1734); Hüffer/Koch/*Koch* AktG § 136 Rn. 18.
[31] Hüffer/Koch/*Koch* AktG § 136 Rn. 18.
[32] MüKoAktG/*Habersack* AktG § 113 Rn. 33.
[33] So der Sachverhalt in RGZ 75, 308.
[34] MüKoAktG/*Habersack* AktG § 113 Rn. 33; Hölters/*Hambloch-Gesinn/Gesinn* AktG § 113 Rn. 27; Hüffer/Koch/*Koch* AktG § 113 Rn. 17, jew. mwN.

gunsten des Gesamtaufsichtsrats zur internen Verteilung seiner Gesamtvergütung nach billigem Ermessen nicht entgegenstehen.[35] Empfehlenswert ist eine solche Regelung aber nicht, weil sie „Verteilungskämpfe" im Aufsichtsrat auslösen kann.

Eine **Kombination aus Satzungsregelung und Hauptversammlungsbeschluss** ist **zulässig**.[36] Im Zweifel ist aber davon auszugehen, dass eine **Satzungsregelung abschließend** zu verstehen ist.[37] Durch einfachen Hauptversammlungsbeschluss kann nur dann eine in der Satzung nicht vorgesehene Art der Vergütung festgesetzt werden, wenn zuvor die Satzung geändert wurde.[38] Handelt es sich bei der in der Satzung festgesetzten Vergütung nur um eine „Mindestvergütung", kann die Hauptversammlung durch Beschluss eine höhere Vergütung bewilligen.[39] Regelt die Satzung nichts zur Aufsichtsratsvergütung – und setzt nicht etwa ausdrücklich fest, dass die Aufsichtsratsmitglieder keine Vergütung erhalten (→ Rn. 3) –, kann die Hauptversammlung durch einfachen Beschluss eine Vergütung festsetzen.[40]

2. Arten der Vergütung

Zur Art der Vergütung äußert sich das Gesetz nicht. In Betracht kommen, ggf. kombiniert, eine **Festvergütung, eine variable Vergütung, Sitzungsgelder und Sachleistungen.**

a) Feste und variable (erfolgsorientierte) Vergütung

aa) Entwicklung zur variablen Vergütung. Die **Haltung des DCGK zu einer variablen Vergütung** hat sich seit 2010 diametral geändert: Der DCGK in seiner Fassung vom 26.5.2010 hatte eine variable Vergütung empfohlen. Diese Empfehlung wurde in der Fassung vom 15.5.2012 gestrichen. Danach empfahl der DCGK nur noch, dass eine erfolgsorientierte Vergütung dann, wenn sie zugesagt wird, auf eine nachhaltige Unternehmensentwicklung ausgerichtet sein soll (Ziff. 5.4.6 Abs. 2 DCGK aF). Inzwischen regt der DCGK an, dass die Vergütung der Aufsichtsratsmitglieder ausschließlich in einer Festvergütung bestehen sollte (Anregung G.18 S. 1 DCGK). Beibehalten wurde die Empfehlung, dass eine erfolgsorientierte Vergütung, sofern sie doch gewährt wird, auf eine langfristige Entwicklung der Gesellschaft ausgerichtet sein soll (Empfehlung G.18 S. 2 DCGK). Auch in der Praxis sind variable Vergütungen von Aufsichtsratsmitgliedern immer seltener anzutreffen.[41]

Die **Richtungsänderung des DCGK** hin zur Anregung, den Aufsichtsratsmitgliedern keine variable Vergütung zu gewähren, **ist zu begrüßen.** Für den Vorstand ergibt eine variable Vergütung Sinn, wenn er zu einer tatkräftigen und mutigen Leitung der Gesellschaft ermuntert werden soll. Aufgabe des Aufsichtsrats als Überwachungsorgan ist demgegenüber nicht in erster Linie, den Unternehmenserfolg durch Taten(drang) zu steigern, sondern dem Vorstand besonnen „auf die Finger zu schauen". Würde die Vergütung der Aufsichtsratstätigkeit – ggf. sogar parallel mit der Vergütung der Vorstandsmitglieder – mit zunehmendem Unternehmenserfolg steigen, könnte das den Aufsichtsrat veranlassen, Besonnenheit durch Tatendrang zu ersetzen, was der Überwachungsaufgabe abträglich sein könnte. Variable Vergütungen sollten Aufsichtsratsmitgliedern daher möglichst nicht, allenfalls aber in – insbes. auch im Vergleich zur Festvergütung – bescheidenem Maß gewährt werden.[42] Das Schrifttum hält mit den Erfolgsparametern der Vorstandsmitglieder übereinstimmende Parameter für die variable Vergütung der Aufsichtsratsmitglieder vereinzelt sogar für unzulässig.[43]

Entscheidet sich die Hauptversammlung trotz aller Bedenken für eine variable Vergütungskomponente, ist der Empfehlung des DCGK zuzustimmen, dass sie **auf eine nachhaltige Unternehmensentwicklung ausgerichtet sein soll.** Das kann durch die **mehrjährige Betrachtung** von (Ergebnis-)Kennzahlen wie Cashflow, EPS, ROI, ROCE, EBT, EBIT, EBITDA etc. erreicht werden. Dabei kann auf die

---

[35] MüKoAktG/*Habersack* AktG § 113 Rn. 34; MHdB AG/*Hoffmann-Becking* § 33 Rn. 22; Kölner Komm AktG/*Mertens/Cahn* AktG § 113 Rn. 48. GroßkommAktG/*Hopt/Roth* AktG § 113 Rn. 127 und *Gehling* ZIP 2005, 549 (551 f.) halten eine solche Regelung auch durch einfachen Hauptversammlungsbeschluss für möglich; BeckOGK/*Spindler* AktG § 113 Rn. 23 hält eine Regelung durch Satzung oder einfachen Hauptversammlungsbeschluss nur für zulässig, wenn klare Kriterien festgelegt werden.
[36] Kölner Komm AktG/*Mertens/Cahn* AktG § 113 Rn. 43; BeckOGK/*Spindler* AktG § 113 Rn. 34.
[37] MüKoAktG/*Habersack* AktG § 113 Rn. 35; MHdB AG/*Hoffmann-Becking* § 33 Rn. 22.
[38] Grigoleit/*Grigoleit/Tomasic/Kochendörfer* AktG § 113 Rn. 6.
[39] *E. Vetter* in Marsch-Barner/Schäfer Börsennotierte AG-HdB Rn. 29.34.
[40] MüKoAktG/*Habersack* AktG § 113 Rn. 35.
[41] Johannsen-Roth/Illert/Ghassemi-Tabar/*H. Schäfer* DCGK Empf./Anr. G.18 Rn. 4 mwN.
[42] Gegen eine variable Vergütung auch der *Arbeitskreis Externe und Interne Überwachung der Unternehmen der Schmalenbach-Gesellschaft für Betriebswirtschaft eV* DB 2006, 1625 (1629).
[43] MüKoAktG/*Habersack* AktG § 113 Rn. 17; krit. auch Kölner Komm AktG/*Mertens/Cahn* AktG § 113 Rn. 18; *Röhricht* Gesellschaftsrecht in der Diskussion 20 (2014), 1 (16); Johannsen-Roth/Illert/Ghassemi-Tabar/*H. Schäfer* DCGK Empf./Anr. G.18 Rn. 8: wäre jedenfalls nicht iSd langfristigen Entwicklung der Gesellschaft iSd Empfehlung G.18 S. 2 DCGK.

Gesellschaft insgesamt oder auf einzelne Geschäftsbereiche bzw. Sparten oder – gleichsam in entgegengesetzter Blickrichtung – auf den Konzern abgestellt werden; auch eine Anknüpfung an nichtfinanzielle Ziele ist zulässig, allerdings unüblich.[44] Ausschließlich eine mehr-, mindestens dreijährige Betrachtung entspricht auch der Empfehlung G.18 S. 2 DCGK, eine etwaige erfolgsorientierte Vergütung auf eine langfristige Entwicklung der Gesellschaft auszurichten.[45] Nach § 113 Abs. 3 AktG aF musste in Fällen, in denen Aufsichtsratsmitgliedern ein Anteil am Jahresgewinn der Gesellschaft gewährt wurde, dieser Anteil zwingend nach dem Bilanzgewinn, vermindert um einen Betrag von mindestens 4 % der auf den geringsten Ausgabebetrag der Aktien geleisteten Einlagen, berechnet werden. Diese einengende Regelung hat das ARUG II als *„überflüssige"* und *„überholte"* Vorschrift beseitigt.[46]

23 Eine **ausschließlich variable Vergütung** ist zwar **zulässig, aber nicht sinnvoll.** Denn in der Krise würde die Vergütung absinken, ggf. sogar entfallen, obgleich die Tätigkeit des Aufsichtsrats gerade dann an Intensität und Bedeutung zunimmt.[47] Tatsächlich ist selbst eine nur anteilige variable Vergütung selten: Im Geschäftsjahr 2019 gewährten fünf DAX- und neun MDAX-Unternehmen eine anteilige variable Aufsichtsratsvergütung.[48] **Keine variable Vergütung** sind in der Satzung geregelte **Aktieninvestitions- und -haltepflichten** für Aufsichtsratsmitglieder.[49]

24 **bb) Aktienoptionen. Jedenfalls unzulässig** ist die Gewährung von **Aktienoptionen,** die mit eigenen Aktien oder bedingtem Kapital unterlegt sind. Das folgt schon daraus, dass die Vorschriften, die es ermöglichen, Aktienoptionen mit bedingtem Kapital zu bedienen, als mögliche Bezugsberechtigte zwar Mitglieder der Geschäftsführung und Arbeitnehmer nennen, nicht aber Aufsichtsratsmitglieder (§ 193 Abs. 2 Nr. 4 AktG, § 192 Abs. 2 Nr. 3 AktG).[50] Die Vorschriften, die es ermöglichen, Aktienoptionen mit eigenen Aktien zu bedienen, verweisen auf die Vorschriften zum bedingten Kapital, sodass insofern dasselbe gilt (§ 71 Abs. 1 Nr. 8 AktG verweist auf § 193 Abs. 2 Nr. 4 AktG, der seinerseits auf § 192 Abs. 2 Nr. 3 AktG verweist).

25 Der **BGH** ließ im Jahr 2004 in der Mobilcom-Entscheidung noch **offen,** ob ein Aktienoptionsprogramm für Aufsichtsratsmitglieder über die **Begebung von Wandel- oder Optionsanleihen nach § 221 AktG** realisiert werden kann.[51] **Inzwischen steht fest, dass auch diese Möglichkeit nicht besteht:** Der für die Begebung von Wandel- oder Optionsanleihen maßgebliche § 221 AktG verweist seit dem UMAG aus dem Jahr 2005[52] ebenfalls auf die Vorschriften zum bedingten Kapital, die regeln, dass die Hauptversammlung Bezugsrechte nur Arbeitnehmern und Mitgliedern der Geschäftsführung gewähren kann, nicht aber Aufsichtsratsmitgliedern (§ 221 Abs. 4 S. 2 AktG verweist auf § 193 Abs. 2 Nr. 4 AktG, der seinerseits auf § 192 Abs. 2 Nr. 3 AktG verweist).[53]

26 Auch eine Vergütung in Form **rein schuldrechtlicher Nachbildungen von Aktienoptionen,** die an den Börsenkurs anknüpfen, wie Phantom Stocks und Stock Appreciation Rights, erscheint unzulässig:[54] Der BGH hat bereits in der Mobilcom-Entscheidung unter Bezugnahme auf die Gesetzesbegründung zum KonTraG[55] betont, dass der Gesetzgeber offenbar die *„Angleichung der Vergütungsinteressen von Vorstand und Aufsichtsrat mit Ausrichtung auf Aktienoptionen und damit auf den Aktienkurs, der durch gezielte Sachverhaltsgestaltungen des Managements inner- oder außerhalb der Legalität beeinflussbar [...] und erfahrungsgemäß auch sonst nicht immer ein zuverlässiger Maßstab für den inneren Wert und den langfristigen Erfolg eines Unternehmens ist, jedenfalls bisher nicht für angebracht erachtet"*.[56]

---

[44] Dazu MüKoAktG/*Habersack* AktG § 113 Rn. 19; Hüffer/Koch/*Koch* AktG § 113 Rn. 14, jew. mwN.
[45] Johannsen-Roth/Illert/Ghassemi-Tabar/*H. Schäfer* DCGK Empf./Anr. G.18 Rn. 6.
[46] RegBegr BT-Drs. 19/9739, 91.
[47] Vgl. MüKoAktG/*Habersack* AktG § 113 Rn. 13; Johannsen-Roth/Illert/Ghassemi-Tabar/*H. Schäfer* DCGK Empf./Anr. G.18 Rn. 2 mwN; krit. *Dörrwächter* NZG 2020, 370 (371): würde für den Vorstand ebenso gelten; dagegen zurecht Johannsen-Roth/Illert/Ghassemi-Tabar/*H. Schäfer* DCGK Empf./Anr. G.18 Rn. 2: Aufsichtsfunktion hat in wirtschaftlich schwierigen Zeiten eine im Vergleich zu gewöhnlichen Phasen im besonderen Maß gesteigerte Bedeutung.
[48] Dazu *Dörrwächter* NZG 2020, 370.
[49] Dazu *Dörrwächter* NZG 2020, 370 (374 ff.); Johannsen-Roth/Illert/Ghassemi-Tabar/*H. Schäfer* DCGK Empf./Anr. G.18 Rn. 4 mwN.
[50] BGHZ 158, 122 (126 ff.) = NJW 2004, 1109 – Mobilcom.
[51] BGHZ 158, 122 (129) = NJW 2004, 1109 – Mobilcom.
[52] Gesetz zur Unternehmensintegrität und Modernisierung des Anfechtungsrechts vom 22.9.2005, BGBl. 2005 I 2802.
[53] Zutr. MüKoAktG/*Habersack* AktG § 113 Rn. 22 mwN.
[54] Dazu MüKoAktG/*Habersack* AktG § 113 Rn. 22 mwN, auch zur – mittlerweile wegen der Änderung des § 221 AktG durch das UMAG (→ Rn. 25) wohl als überholt anzusehenden – Gegenauffassung; schuldrechtliche Nachbildungen von Aktienoptionen offenbar nach wie vor für zulässig haltend *Dörrwächter* NZG 2020, 370 (372 f.); Johannsen-Roth/Illert/Ghassemi-Tabar/*H. Schäfer* DCGK Empf./Anr. G.18 Rn. 7 mwN.
[55] Gesetz zur Kontrolle und Transparenz im Unternehmensbereich, 27.4.1998, BGBl. 1998 I 786.
[56] BGHZ 158, 122 (126) = NJW 2004, 1109 – Mobilcom.

Aufsichtsratsmitglieder können nach wohl einhelliger Ansicht auch **keine Optionen mehr ausüben,** 27
die ihnen **vor ihrer Aufsichtsratstätigkeit als Vorstandsvergütung gewährt** wurden; insoweit sollen
sie vielmehr nur einen Abfindungsanspruch haben.[57] Das in § 192 Abs. 2 Nr. 3 AktG enthaltene Verbot,
Aufsichtsratsmitgliedern Aktienoptionen zu gewähren, bezweckt nach dem BGH, eine *„der Kontrollfunktion des Aufsichtsrats unter Umständen abträgliche Angleichung der Vergütungsinteressen von Vorstand und Aufsichtsrat"*[58] auszuschließen. Eine solche *„abträgliche Angleichung der Vergütungsinteressen von Vorstand und Aufsichtsrat"* bestehe auch, wenn die Optionen aus einer Vorstandstätigkeit für die Gesellschaft herrührten. Dem
ist **zuzustimmen.** Allerdings spricht nichts dagegen, dass Aufsichtsratsmitglieder Optionen bis nach dem
Ende ihrer Amtszeit halten und dann ausüben.[59]

Umstritten ist, ob auch **Arbeitnehmer(vertreter) Optionen, die sie als Arbeitslohn** erhalten (haben), während ihrer Amtszeit nicht ausüben können. Eine Ansicht nimmt das an und verweist auf den 28
Zweck des Verbots, Aufsichtsratsmitgliedern Aktienoptionen zu gewähren (→ Rn. 27).[60] Die Gegenansicht hält es bei Arbeitnehmern – anders als bei vormaligen Vorstandsmitgliedern – für zulässig, dass sie als
Arbeitslohn gewährte Optionen während der Amtszeit ausüben, da ihnen die Optionen in ihrer Eigenschaft als Arbeitnehmer und nicht für die Aufsichtsratstätigkeit gewährt worden seien.[61] Diese Gegenansicht ist abzulehnen. § 192 Abs. 2 Nr. 3 AktG bezweckt nach Auffassung des BGH, eine Angleichung der
Vergütungsinteressen von Vorstand und Aufsichtsrat mit Blick auf die Kontrollfunktion des Aufsichtsrats
zu verhindern. Es ist nicht ersichtlich, weshalb insofern zwischen Arbeitnehmern und vormaligen Vorstandsmitgliedern unterschieden werden sollte. Solange eine Person als Aufsichtsratsmitglied Kontrollfunktion ausübt, darf sie keine Optionen als Vergütung erhalten und als Vergütung erhaltene Optionen nicht
ausüben.

b) Sachleistungen

Als Sachleistungen kommen zB die **Bereitstellung von repräsentativem Wohnraum** und damit zu- 29
sammenhängende Dienstleistungen wie Gartenpflege oder Haushaltung, Produkte des von der AG betriebenen Unternehmens (zB Bierlieferungen bei einer Brauerei) oder ein **Dienstwagen zur privaten Nutzung** in Betracht.[62] Zulässig ist auch eine **Vergütung in eigenen Aktien der Gesellschaft,** im
Hinblick auf das Verbot der Gewährung von Aktienoptionen (→ Rn. 24) jedoch nur, sofern die Übertragung der Aktien nicht von einem bestimmten Kurs abhängig gemacht wird.[63]

c) Sitzungsgeld

aa) Vergütungsbestandteil oder Auslagenersatz? Sitzungsgeld kann entweder **Vergütungsbestand-** 30
teil sein oder (pauschalierter) **Auslagenersatz** (→ Rn. 121 ff., 173).[64] Sitzungsgeld ist Vergütungsbestandteil, wenn es neben dem Ersatz konkreter, im Zusammenhang mit Sitzungen angefallener Auslagen gewährt wird und daher den Charakter einer Vergütung hat.[65] Sitzungsgeld ist Auslagenersatz, wenn damit der mit
der An- und Abreise zu und von sowie der Unterbringung vor und nach Sitzungen entstehende Aufwand abgegolten werden soll. Das setzt voraus, dass sich die Höhe des Sitzungsgelds in dem Rahmen hält,
in dem üblicherweise solche Auslagen entstehen.[66] Bei international zusammengesetzten Aufsichtsräten,
bei denen sich die An- und Abreisekosten der Mitglieder stark unterscheiden können, ist ein Sitzungsgeld
kaum als pauschalierter Auslagenersatz einzuordnen, weil eine Pauschale nicht den tatsächlichen Umständen Rechnung trägt.[67]

Als **Vergütungsbestandteil** muss das Sitzungsgeld **in der Satzung oder einem Hauptversamm-** 31
lungsbeschluss geregelt sein. Wird das Sitzungsgeld als pauschalierter Auslagenersatz gewährt, ist eine

---

[57] MüKoAktG/*Habersack* AktG § 113 Rn. 21; Bürgers/Körber/*Israel* AktG § 113 Rn. 8; Hölters/*Hambloch-Gesinn*/
Gesinn AktG § 113 Rn. 20; BeckOGK/*Spindler* AktG § 113 Rn. 60, jew. mwN.
[58] BGHZ 158, 122 (127) = NJW 2004, 1109 – Mobilcom.
[59] Zu Gestaltungsmöglichkeiten von Aktienhaltverpflichtungen *Dörrwächter* NZG 2020, 370 (374 ff.).
[60] *Habersack* ZGR 2004, 721 (727); MüKoAktG/*Habersack* AktG § 113 Rn. 21.
[61] BeckOGK/*Spindler* AktG § 113 Rn. 60; Semler/v. Schenck/*v. Schenck* AktG § 113 Rn. 74; iErg auch GroßkommAktG/*Hopt*/*Roth* AktG § 113 Rn. 58, allerdings mit Bedenken in Fn. 249.
[62] MüKoAktG/*Habersack* AktG § 113 Rn. 15; BeckOGK/*Spindler* AktG § 113 Rn. 14; Kölner Komm AktG/*Mertens*/
Cahn AktG § 113 Rn. 14, jew. mwN; zum Auslagenersatz für **dienstliche** Fahrzeugnutzung (→ Rn. 170).
[63] MüKoAktG/*Habersack* AktG § 113 Rn. 15; *Marsch-Barner* FS Röhricht, 2005, 401 (417 f.).
[64] Grigoleit/*Grigoleit*/*Tomasic*/*Kochendörfer* AktG § 113 Rn. 29; MüKoAktG/*Habersack* AktG § 113 Rn. 14; GroßkommAktG/*Hopt*/*Roth* AktG § 113 Rn. 44 f.; Hüffer/*Koch*/*Koch* AktG § 113 Rn. 21, jew. mwN.
[65] MüKoAktG/*Habersack* AktG § 113 Rn. 14; GroßkommAktG/*Hopt*/*Roth* AktG § 113 Rn. 44 f., jew. mwN. Hüffer/
Koch/*Koch* AktG § 113 Rn. 21, § 108 Rn. 24 stellt darauf ab, ob das Sitzungsgeld für den Zeit- oder für den Reiseaufwand gezahlt wird.
[66] Semler/v. Schenck/*v. Schenck* AktG § 113 Rn. 76.
[67] Ebenso Semler/v. Schenck/*v. Schenck* AktG § 113 Rn. 78 aE.

solche Regelung nicht erforderlich. Ist das Sitzungsgeld in der Satzung oder einem Hauptversammlungsbeschluss geregelt, indiziert das zugleich, dass es sich um einen Vergütungsbestandteil handelt. Insbesondere Arbeitnehmervertreter hatten ein Interesse, dass – großzügig bemessene – Sitzungsgelder bezahlt wurden, weil sie nicht auf den Teil der Aufsichtsratsvergütung anzurechnen waren, den gewerkschaftsangehörige Arbeitnehmervertreter teilweise an die Hans-Böckler-Stiftung abführen müssen (→ Rn. 86).[68] Das hat sich inzwischen grundlegend geändert: Nach dem Steuerleitfaden der Hans-Böckler-Stiftung[69] entfällt die Abführungspflicht nur noch für Sitzungsgelder in Höhe von bis zu 2.000 EUR pro Jahr. Sitzungsgelder zwischen 2.000 EUR und 4.000 EUR pro Jahr sind zu 10% abzuführen. Soweit Sitzungsgelder 4.000 EUR pro Jahr übersteigen, sind zusätzlich 90% abzuführen. Das Interesse der Arbeitnehmervertreter an hohen Sitzungsgeldern dürfte daher sinken.[70]

32 Ist das Sitzungsgeld **Vergütungsbestandteil**, ist es **im Anhang des Jahresabschlusses anzugeben** (§ 285 Nr. 9a HGB).[71] Auch im Vergütungsbericht nach § 162 AktG ist Sitzungsgeld offenzulegen, wenn es Vergütungsbestandteil ist (§ 162 Abs. 1 S. 2 Nr. 1 AktG; → § 4 Rn. 1566).

33 Teilweise wird offenbar angenommen, das Gebot, dass die **Aufsichtsratsvergütung angemessen sein soll** (§ 113 Abs. 1 S. 3 AktG; → Rn. 44ff.), gelte nicht nur für die Gesamtvergütung, sondern auch isoliert für Sitzungsgeld, das Vergütungsbestandteil ist.[72] Mit Blick auf die derzeitige „Marktüblichkeit" erscheinen zumindest Sitzungsgelder bis zu 2.000 EUR je Sitzung als angemessen.[73] Dabei ist zu berücksichtigen, dass der Betrag der als Sitzungsgeld anfallenden Vergütung idR nicht gedeckelt sein wird, sondern davon abhängt, wie viele Sitzungen stattfinden, an denen das Aufsichtsratsmitglied teilnimmt.

34 bb) **Reichweite des Anspruchs auf Sitzungsgeld.** Ob Sitzungsgeld auch bei der **Teilnahme an Sitzungen ohne unmittelbare Präsenz** (zB Video- oder Telefonkonferenzen) anfällt, wenn das nicht ausdrücklich geregelt ist, ist umstritten.[74] Ist das Sitzungsgeld **Vergütungsbestandteil** (→ Rn. 30), soll der Zeitaufwand vergütet werden, der auch entsteht, wenn ein Aufsichtsratsmitglied an einer Sitzung ohne unmittelbare Präsenz teilnimmt.[75] Ist das Sitzungsgeld **(pauschalierter) Auslagenersatz**, liegt es nahe, dass ein Sitzungsgeldanspruch nur entsteht, wenn Aufsichtsratsmitglieder an einer Präsenzsitzung teilnehmen.[76] Im Übrigen ist aktienrechtlich grds. von einem „weiten Sitzungsbegriff" auszugehen, der auch Sitzungen per Video- oder Telefonkonferenz erfasst.[77] Ergibt sich aus der Regelung des Sitzungsgelds kein anderes „Sitzungsverständnis" – lässt die Satzung insbes. Sitzungen per Video- oder Telefonkonferenz zu – und handelt es sich beim Sitzungsgeld um einen Vergütungsbestandteil, ist davon auszugehen, dass ein Sitzungsgeldanspruch auch bei der Teilnahme an einer Sitzung per Telefon- oder Videokonferenz entsteht. Sofern das gewünscht ist, ist zu empfehlen, das ausdrücklich klarzustellen; Formulierungsbeispiel: „*Aufsichtsratsmitglieder erhalten Sitzungsgeld für jede Sitzung, an der sie vor Ort oder durch Telefon- oder Videoübertragung teilnehmen.*" Ohne eine solche Klarstellung ist bei der Auszahlung von Sitzungsgeld für die Video- oder Telefon-Beteiligung Vorsicht geboten, da die Zahlung unberechtigter Sitzungsgelder als Untreue eingeordnet werden kann.[78] Denkbar ist auch, **hinsichtlich des Betrags des Sitzungsgeldanspruchs danach zu unterscheiden,** ob es sich um eine Sitzung mit oder ohne unmittelbare Präsenz handelt.

35 Es kann ausdrücklich geregelt werden, ob Sitzungsgeld nur für die Teilnahme an Sitzungen des Plenums oder auch für die **Teilnahme an Ausschusssitzungen** gewährt wird. Ohne besondere Regelung ist aus Vorsichtsgründen davon auszugehen, dass die Aufsichtsratsmitglieder lediglich für die Teilnahme an Sitzungen des Plenums, nicht hingegen für die Teilnahme an Ausschusssitzungen Sitzungsgeld erhalten. Gewährt die Satzung oder ein Hauptversammlungsbeschluss hingegen ohne weitere Einschränkung Sitzungsgeld für die Teilnahme an Sitzungen eines Ausschusses, erhalten Aufsichtsratsmitglieder Sitzungsgeld auch für die Teilnahme an Sitzungen eines Ausschusses, für den die Mitgliedschaft im Ausschuss nicht zusätzlich vergütet wird. Nehmen Aufsichtsratsmitglieder an Sitzungen eines Ausschusses teil, dem sie nicht angehö-

---

[68] Vgl. *Fonk* NZG 2009, 761 (767 Fn. 96); Hüffer/Koch/*Koch* AktG § 113 Rn. 4 mwN.
[69] https://www.boeckler.de/pdf/p_steuerleitfaden_2017.pdf (zuletzt abgerufen am 21.10.2020).
[70] Vgl. GroßkommAktG/*Hopt/Roth* AktG § 113 Rn. 45.
[71] Semler/*v. Schenck/v. Schenck* AktG § 113 Rn. 75; MüKoHGB/*Poelzig* HGB § 285 Rn. 155; MüKoBilR/*Kessler* HGB § 285 Rn. 95.
[72] *Simons* AG 2013, 547 (553).
[73] Laut *Böcking* Konzern 2018, 1 (2) zahlten DAX-Unternehmen im Zeitraum zwischen 2014 und 2016 Sitzungsgelder zwischen 500 und 3.300 EUR, im Mittel 1.000 EUR.
[74] Für die Erfassung auch ohne besondere Regelung zB *Gaul* AG 2017, 877 (883f.); *Simons* AG 2013, 547; BeckOGK/*Spindler* AktG § 113 Rn. 11, jew. mwN; zur Klarstellung ratend zB Hüffer/Koch/*Koch* AktG § 113 Rn. 21 iVm § 108 Rn. 24; eine ausdrückliche Klarstellung für erforderlich haltend *Reichard/Kaubisch* AG 2013, 150; GroßkommAktG/*Hopt/Roth* AktG § 113 Rn. 45 mwN.
[75] Semler/*v. Schenck/v. Schenck* AktG § 113 Rn. 75 aE; *Simons* AG 2013, 547 (553f.) mwN.
[76] Semler/*v. Schenck/v. Schenck* AktG § 113 Rn. 75 aE.
[77] *Simons* AG 2013, 547 (552); MüKoAktG/*Habersack* AktG § 110 Rn. 45; BeckOGK/*Spindler* AktG § 110 Rn. 10; Hüffer/Koch/*Koch* AktG, § 110 Rn. 11.
[78] OLG Braunschweig NJW 2012, 3798 (3799f.).

ren (§ 109 Abs. 2 AktG), ist zu unterscheiden: Ist das Sitzungsgeld Vergütungsbestandteil, haben Nicht-Ausschussmitglieder bei der Teilnahme an einer Ausschusssitzung ohne besondere Regelung keinen Anspruch auf Sitzungsgeld.[79] Ist das Sitzungsgeld pauschalierter Auslagenersatz, erhalten es auch Nicht-Ausschussmitglieder für die Teilnahme an Ausschusssitzungen.

Es ist zu empfehlen, ausdrücklich zu regeln, in welcher Höhe Sitzungsgeld bei **mehreren an einem Tag stattfindenden Sitzungen** – zB einer Sitzung eines Ausschusses und einer Sitzung des Plenums - anfällt. Ist Sitzungsgeld Vergütungsbestandteil, wird üblicherweise geregelt, dass es bei mehreren an einem Tag stattfindenden Sitzungen nur einmal anfällt oder auf einen bestimmten Betrag gedeckelt ist.[80] Ohne besondere Regelung ist zu unterscheiden: Ist Sitzungsgeld Vergütungsbestandteil, spricht grds. nichts dagegen, dass es für jede von mehreren an einem Tag stattfindenden Sitzungen anfällt.[81] Ist Sitzungsgeld pauschalierter Auslagenersatz, fällt es bei mehreren an einem Tag stattfindenden Sitzungen nur einmal an.

Hält man es für zulässig, im Konzern trotz der Vertraulichkeit jeder Aufsichtsratssitzung ausnahmsweise **Sitzungen verschiedener Konzernaufsichtsräte zusammenzulegen,**[82] können Personen, die Mitglied des Aufsichtsrats beider Konzerngesellschaften sind, für die Teilnahme an der zusammengelegten Sitzung Ansprüche auf Sitzungsgeld gegen beide Konzerngesellschaften haben. Auch Personen, die an der zusammengelegten Sitzung als Vorstandsmitglied einer Konzerngesellschaft und als Aufsichtsratsmitglied der anderen Konzerngesellschaft teilnehmen, können einen Sitzungsgeldanspruch für die Teilnahme als Aufsichtsratsmitglied haben. Eine gemeinsame Sitzung verschiedener Konzerngesellschaften kommt allerdings nur in Betracht, wenn es erforderlich ist, dass beide Konzerngesellschaften in einem bestimmten Punkt eng kooperieren.[83] In solchen Fällen wird der Vorbereitungsaufwand für Doppel-Aufsichtsratsmitglieder kaum einmal in relevanter Weise höher sein als für Aufsichtsratsmitglieder, die lediglich einem der beiden Aufsichtsräte angehören. Das spricht dafür, dass Doppel-Aufsichtsratsmitglieder auf eines der evtl. zwei anfallenden Sitzungsgelder verzichten. Das gilt auch für Personen, die Mitglied des Aufsichtsrats einer der beiden Konzerngesellschaften sind und gleichzeitig als Vorstandsmitglied der anderen Konzerngesellschaft an der Sitzung teilzunehmen. Bei börsennotierten Aktiengesellschaften soll die Vergütung, die Vorstandsmitglieder für konzerninterne Aufsichtsratsmandate erhalten, ohnehin auf die Vorstandsvergütung angerechnet werden (G.15 DCGK). In Ausnahmefällen können zur Sitzung des Aufsichtsrats einer Konzerngesellschaft Aufsichtsratsmitglieder einer anderen Konzerngesellschaft als Auskunftspersonen hinzugezogen werden (§ 109 Abs. 1 S. 2 AktG).[84] In diesem Fall entsteht aufgrund der Hinzuziehung als Auskunftsperson kein Sitzungsgeldanspruch gegen die „eigene" Konzerngesellschaft, sondern ein Auslagenersatzanspruch gegen die „hinzuziehende Konzerngesellschaft".[85] Da die Hinzuziehung auf der Aufsichtsratstätigkeit für die „eigene" Konzerngesellschaft beruht, haftet sie als Gesamtschuldnerin neben der hinzuziehenden Konzerngesellschaft. Die als Auskunftspersonen hinzugezogenen Aufsichtsratsmitglieder können ggf. wählen, den „Reisestandard" welcher Konzerngesellschaft sie für die An- und Abreise in Anspruch nehmen wollen.

d) D&O-Versicherung

Es ist weit verbreitet, dass die Gesellschaft für die Aufsichtsratsmitglieder die Kosten einer Directors' and Officers' Liability Insurance, kurz D&O-Versicherung, übernimmt. Üblicherweise schließt die Gesellschaft den Vertrag zugunsten der Aufsichtsratsmitglieder. In Betracht kommt auch die Übernahme der Prämien, die das Aufsichtsratsmitglied aufgrund einer von ihm selbst abgeschlossenen Versicherung schuldet; das ist aber selten der Fall. Ziff. 3.8 Abs. 3 DCGK aF enthielt die Empfehlung, dass die D&O-Versicherung einen **Selbstbehalt** vorsehen soll. Der neue DCGK enthält eine solche Empfehlung nicht mehr (zur D&O-Versicherung → § 4 Rn. 1945 ff.).

Umstritten ist, ob die Übernahme der Kosten einer D&O-Versicherung durch die Gesellschaft einen **Vergütungsbestandteil** darstellt und deshalb in die alleinige Zuständigkeit der Hauptversammlung fällt. Der BGH hat diese Frage bisher offengelassen.[86] Eine Minderansicht ordnet die Kosten einer D&O-Versi-

---

[79] So tendenziell auch *Simons* AG 2013, 547 (553).
[80] Vgl. auch *Simons* AG 2013, 547 (553).
[81] So tendenziell auch *Simons* AG 2013, 547 (553).
[82] Dafür *Schnorbus/Ganzer* AG 2013, 445 (446 ff.); vgl. auch *U.H. Schneider* FS Konzen, 2006, 881 (887 f., 892).
[83] *Schnorbus/Ganzer* AG 2013, 445 (448).
[84] *U.H. Schneider* FS Konzen, 2006, 881 (887 f.); GroßkommAktG/*Hopt/Roth* AktG § 109 Rn. 60 mwN. Für eine Zuständigkeit der Hauptversammlung und nicht des Vorstands aufgrund eines möglichen Interessenkonflikts *Kumpan* FS Hopt, 2020, 631 (648 f.).
[85] Dazu GroßkommAktG/*Hopt/Roth* AktG § 109 Rn. 73 mwN.
[86] BGH NZG 2009, 550 Rn. 23.

40 Mit der hA ist die **Qualifizierung der Kostenübernahme als Vergütungsbestandteil abzulehnen**.[88] Ein Teil der hA geht allerdings von einem Vergütungsbestandteil aus, wenn die D&O-Versicherung ausnahmsweise (individuell) für einzelne Organmitglieder ausgestaltet ist und nicht wie zumeist als Gruppenversicherung; im Fall einer individuellen Ausgestaltung liege eine Kompensation für den sonst eingreifenden Risikozuschlag der Vergütung vor.[89] Diese Unterscheidung ist abzulehnen: Der Abschluss der D&O-Versicherung dient in beiden Fällen primär dem Interesse der Gesellschaft, die mit dem Versicherer einen solventen Regressschuldner gewinnt.[90] Zudem werden die Chancen verbessert, geeignete Aufsichtsratsmitglieder zu gewinnen, die ohne eine entsprechende Versicherung nicht bereit wären, das Amt mit seinen steigenden Anforderungen und evtl. existenzbedrohenden Risiken zu übernehmen.[91] Die Übernahme der Kosten einer D&O-Versicherung der Aufsichtsratsmitglieder ist – ebenso wie der Ersatz von Auslagen – die Übernahme eines durch die Aufsichtsratstätigkeit entstehenden Nachteils bzw. eines damit zusammenhängenden Risikos.[92] Sie ist **Teil der dienstlichen Fürsorge**[93] und – in Übereinstimmung mit der ertragsteuerlichen Behandlung[94] (→ § 4 Rn. 1946) – **keine Gegenleistung für die Tätigkeit des Aufsichtsratsmitglieds**.[95] Das gilt unabhängig von der Vereinbarung eines Selbstbehalts.[96] Auch die bilanzrechtliche Vorschrift des § 285 Nr. 9a HGB, der zufolge Versicherungsentgelte als Teil der gewährten Gesamtbezüge anzugeben sind, ändert die rechtliche Einordnung der Kosten einer D&O-Versicherung als Fürsorgeaufwendung nicht.[97]

41 **Rechtsprechung** zur Einordnung der Übernahme der Kosten einer D&O-Versicherung existiert **bisher nicht**. Das spricht dafür, die Übernahme der Kosten einer D&O-Versicherung vorsichtshalber ungeachtet der hier befürworteten Einordnung als dienstliche Fürsorgeaufwendung in die Vergütungsregelung einzubeziehen.[98] Dabei reicht es jedenfalls aus, den Höchstbetrag der Deckungssumme zu nennen; die konkrete Prämienhöhe muss nicht angegeben werden.[99]

e) Sondervergütungen

42 Rechtlich zulässig ist es auch, dass die Hauptversammlung Aufsichtsratsmitgliedern in Einzelfällen eine Sondervergütung gewährt.[100] Dabei ist eine Satzungsregelung idR nicht zu empfehlen. Zu beachten sind vor allem das **Angemessenheitsgebot** (→ Rn. 44 ff.) und der **Gleichbehandlungsgrundsatz** (→ Rn. 53). In Betracht kommt eine Sondervergütung insbes., wenn für sämtliche oder einzelne Aufsichtsratsmitglieder ein **besonderer Arbeitsanfall** ansteht,[101] zB weil der Aufsichtsrat einem Mitglied gemäß § 111 Abs. 2 S. 2 AktG einen **besonderen Prüfungsauftrag** erteilt hat (→ § 4 Rn. 132 ff.).[102]

---

[87] Vgl. etwa Henssler/Strohn/*Henssler* AktG § 113 AktG Rn. 3; *Seibt* AG 2002, 249 (258), jew. mwN. Für eine Zuständigkeit der Hauptversammlung und nicht des Vorstands aufgrund eines möglichen Interessenkonflikts *Kumpan* FS Hopt, 2020, 631 (648 f.).
[88] Vgl. nur MHdB AG/*Hoffmann-Becking* § 33 Rn. 21; Hüffer/Koch/*Koch* AktG § 113 Rn. 5; Kölner Komm AktG/*Mertens/Cahn* AktG § 113 Rn. 16, jew. mwN.
[89] So aber BeckOGK/*Spindler* AktG § 113 Rn. 17; wohl auch MüKoAktG/*Habersack* AktG § 113 Rn. 16.
[90] MHdB AG/*Hoffmann-Becking* § 33 Rn. 21; Hüffer/Koch/*Koch* AktG § 113 Rn. 5; Kölner Komm AktG/*Mertens/Cahn* AktG § 113 Rn. 16; *E. Wagner* in Semler/v. Schenck AR-HdB § 11 Rn. 45.
[91] Kölner Komm AktG/*Mertens/Cahn* AktG § 113 Rn. 16; *Dreher* ZHR 165 (2001), 293 (310); *Notthoff* NJW 2003, 1350 (1354).
[92] K. Schmidt/Lutter AktG/*Drygala* AktG § 113 Rn. 16; MHdB AG/*Hoffmann-Becking* § 33 Rn. 21: „Attribut der sachlichen Ausstattung des ‚Arbeitsplatzes'".
[93] Der Begriff des dienstlichen Fürsorgeaufwendungen wird dabei teilweise deutlich weiter verstanden als der auftragsrechtliche Auslagenersatz, vgl. insbes. *Dreher* ZHR 165 (2001), 293 (306 f.).
[94] Näher dazu GroßkommAktG/*Hopt/Roth* AktG § 113 Rn. 72; *Dreher* DB 2001, 996 (997 f.); *Lange* DStR 2002, 1626 (1629).
[95] *Dreher* AG 2008, 429; K. Schmidt/Lutter AktG/*Drygala* AktG § 113 Rn. 16; *Lange* ZIP 2001, 1524 (1526); *E. Wagner* in Semler/v. Schenck AR-HdB § 11 Rn. 45.
[96] MüKoAktG/*Habersack* AktG § 113 Rn. 16; K. Schmidt/Lutter AktG/*Drygala* AktG § 113 Rn. 16; aA wohl GroßkommAktG/*Hopt/Roth* AktG § 113 Rn. 73: Die Kosten einer D&O-Versicherung können nur dann als dienstliche Fürsorge eingeordnet werden, wenn ein Selbstbehalt vereinbart ist.
[97] K. Schmidt/Lutter AktG/*Drygala* AktG § 113 Rn. 16; Kölner Komm AktG/*Mertens/Cahn* AktG § 113 Rn. 16.
[98] Ebenso Hüffer/Koch/*Koch* AktG § 113 Rn. 6; GroßkommAktG/*Hopt/Roth* AktG § 113 Rn. 75.
[99] Hüffer/Koch/*Koch* AktG § 113 Rn. 6; BeckOGK/*Spindler* AktG § 113 Rn. 19; MüKoAktG/*Habersack* AktG § 113 Rn. 16; strenger *Kumpan* FS Hopt, 2020, 631 (649): Die Hauptversammlung ist „großzügig zu informieren" und nach § 124 Abs. 2 S. 3 AktG ist der wesentliche Inhalt des Vertrags bekanntzumachen.
[100] Dazu Hüffer/Koch/*Koch* AktG § 113 Rn. 23; GroßkommAktG/*Hopt/Roth* AktG § 113 Rn. 142; *Maser/Göttle* NZG 2013, 201 (208).
[101] *E. Vetter* in Marsch-Barner/Schäfer Börsennotierte AG-HdB Rn. 30.6; GroßkommAktG/*Hopt/Roth* AktG § 113 Rn. 142.

Für zulässig gehalten wird teilweise, dass die Hauptversammlung eine **Obergrenze regelt,** bis zu der 43
der Aufsichtsrat Sondervergütungen für Prüfungsaufträge gewähren kann, die er an einzelne Aufsichtsratsmitglieder vergibt.[103] Das erscheint mit Blick auf den Zweck der Hauptversammlungszuständigkeit für die Aufsichtsratsvergütung bedenklich.

3. Angemessenheit der Vergütung (§ 113 Abs. 1 S. 3 AktG)

a) Maßstab

Gemäß § 113 Abs. 1 S. 3 AktG soll die Vergütung in einem **angemessenen Verhältnis** zu den **Aufga-** 44
ben der Aufsichtsratsmitglieder und (kumulativ) zur **Lage der Gesellschaft** stehen. Damit ist **ausschließlich eine Begrenzung nach oben** bezweckt, **keine Untergrenze.**[104] Das folgt auch daraus, dass eine Vergütung nur gewährt werden „kann", nicht muss (→ Rn. 3).

Das Angemessenheitsgebot erstreckt sich nach zutreffender Auffassung **nur auf die Höhe der (Ge-** 45
samt-)Vergütung, nicht auf Art und Struktur der Vergütung.[105] Bezugspunkt für die Angemessenheit der Gesamtvergütung sind zum einen die Aufgaben der Aufsichtsratsmitglieder, wobei auf den **zeitlichen Aufwand und die Verantwortung** abzustellen ist.[106] Zum anderen kommt es auf die Lage der Gesellschaft an, dh **primär auf die Vermögenslage des Gesamtunternehmens.**[107] Dabei führt eine Krise oder die Sanierungsbedürftigkeit der Gesellschaft nicht zwingend dazu, dass nur eine niedrigere Aufsichtsratsvergütung angemessen wäre.[108] Gerade in solchen Situationen ist die Aufsichtsratstätigkeit besonders wichtig und fordernd. Zudem kann es gerade dann darauf ankommen, erfahrene und mit dem Unternehmen vertraute Aufsichtsratsmitglieder zu halten oder Aufsichtsratsmitglieder mit besonderen Qualifikationen zu gewinnen.[109] Vereinzelt wird vertreten, bei der Angemessenheit der Vergütung seien ferner der finanzielle Nutzen für die Gesellschaft und das Haftungsrisiko der Aufsichtsratsmitglieder zu berücksichtigen.[110] Diese Gesichtspunkte werden aber bereits bei der Vermögenslage der Gesellschaft und den Aufgaben der Aufsichtsratsmitglieder berücksichtigt sein.

In welchem Fall die Höhe der Vergütung danach angemessen ist, lässt sich nicht abstrakt, sondern **nur** 46
am jeweiligen Einzelfall festmachen.[111] Dabei bietet die Vergütung bei vergleichbaren Gesellschaften allenfalls eine grobe Orientierung. Eine verbindliche Ausrichtung an der Aufsichtsratsvergütung in vergleichbaren Unternehmen ist abzulehnen,[112] zumal sich die Anforderungen an die Aufsichtsratstätigkeit nach Branche, Größe und Struktur der Unternehmen, aber auch innerhalb derselben Branche ganz erheblich unterscheiden können. Die **Hauptversammlung** hat einen **erheblichen Beurteilungs- und Ermessensspielraum** hinsichtlich der Vergütungshöhe.[113] Sie darf für „ihren" Aufsichtsrat besondere Anreize durch eine erhebliche Vergütung setzen, etwa weil eine besonders intensive Tätigkeit gewünscht ist.[114] Nur eine Gesamtvergütung, die **außerhalb jeden Verhältnisses zu den konkreten Aufgaben der Aufsichtsratsmitglieder steht,** ist unangemessen iSd § 113 Abs. 1 S. 3 AktG und im Extremfall sittenwidrig (§ 138 BGB).[115]

---

[102] Hüffer/Koch/*Koch* AktG § 113 Rn. 23 mit Hinweis auf Probleme bei der praktischen Umsetzung; Grigoleit/*Grigoleit/Tomasic/Kochendörfer* AktG § 113 Rn. 28; *Maser/Göttle* NZG 2013, 201 (208); MüKoAktG/*Habersack* AktG § 111 Rn. 85, jew. mwN.
[103] GroßkommAktG/*Hopt/Roth* AktG § 113 Rn. 141; BeckOGK/*Spindler* AktG § 113 Rn. 44.
[104] MüKoAktG/*Habersack* AktG § 113 Rn. 45 mwN.
[105] MüKoAktG/*Habersack* AktG § 113 Rn. 45; Hüffer/Koch/*Koch* AktG § 113 Rn. 20; *Kort* FS Hüffer, 2010, 483 (486); aA GroßkommAktG/*Hopt/Roth* AktG § 113 Rn. 89, die aber von einer „*extensiven Auslegung*" sprechen; BeckOGK/*Spindler* AktG § 113 Rn. 42 mwN.
[106] *Wellkamp* WM 2001, 489 (494); MüKoAktG/*Habersack* AktG § 113 Rn. 44; Henssler/Strohn/*Henssler* AktG § 113 Rn. 5.
[107] MüKoAktG/*Habersack* AktG § 113 Rn. 44; Kölner Komm AktG/*Mertens/Cahn* AktG § 113 Rn. 33.
[108] *Wellkamp* WM 2001, 489 (494).
[109] MüKoAktG/*Habersack* AktG § 113 Rn. 44; Kölner Komm AktG/*Mertens/Cahn* AktG § 113 Rn. 30.
[110] *Wellkamp* WM 2001, 489 (494); wohl auch *Schmitt* DB 1968, 1547.
[111] K. Schmidt/Lutter AktG/*Drygala* AktG § 113 Rn. 19.
[112] MüKoAktG/*Habersack* AktG § 113 Rn. 45; BeckOGK/*Spindler* AktG § 113 Rn. 40; so aber wohl Kölner Komm AktG/*Mertens/Cahn* AktG § 113 Rn. 30.
[113] *Gehling* ZIP 2005, 549 (552): weites Entscheidungsermessen; BeckOGK/*Spindler* AktG § 113 Rn. 39; Kölner Komm AktG/*Mertens/Cahn* AktG § 113 Rn. 30; offenbar eher restriktiv GroßkommAktG/*Hopt/Roth* AktG § 113 Rn. 79 und MüKoAktG/*Habersack* AktG § 113 Rn. 45: Orientierung an den Gepflogenheiten vergleichbarer Gesellschaften, aber keine strikte Bindung.
[114] *Gehling* ZIP 2005, 549 (552); BeckOGK/*Spindler* AktG § 113 Rn. 39 f.; *E. Wagner* in Semler/v. Schenck AR-HdB § 11 Rn. 51.
[115] Vgl. auch MüKoAktG/*Habersack* AktG § 113 Rn. 45: „*eindeutig außer Verhältnis*"; krit. zu jeder Begrenzung nach oben *E. Wagner* in Semler/v. Schenck AR-HdB § 11 Rn. 50.

b) Anfechtungs- und Nichtigkeitsklage

47 Legt der Hauptversammlungsbeschluss eine **unangemessen hohe, aber noch nicht sittenwidrige Vergütung** fest, ist der Beschluss **anfechtbar** (§ 243 Abs. 1 AktG).[116] Legt der Hauptversammlungsbeschluss eine **sittenwidrige Aufsichtsratsvergütung** fest, ist der Beschluss **nichtig** (§ 241 Nr. 4 AktG).[117]

48 Im Fall eines stattgebenden Anfechtungs- oder Nichtigkeitsurteils entfällt die Aufsichtsratsvergütung **insgesamt ex tunc,**[118] dh mit Wirkung ab dem Hauptversammlungsbeschluss, dessen Nichtigkeit das Gericht festgestellt oder den es für nichtig erklärt hat, **beträgt die Aufsichtsratsvergütung „Null".** Das kann für die Gesellschaft problematisch sein, wenn Aufsichtsratsmitglieder nicht bereit sind, ihr Amt ohne Vergütung weiter auszuüben. Die Hauptversammlung kann zwar eine Vergütung zum nächstmöglichen Zeitpunkt rückwirkend festsetzen (→ Rn. 89). Darauf können sich die Aufsichtsratsmitglieder aber nicht verlassen. Aufsichtsratsmitglieder können auch keinen Vergütungsanspruch erwerben, indem sie ihr Amt niederlegen und anschließend gerichtlich bestellt werden: Gerichtlich bestellte Aufsichtsratsmitglieder haben nur einen Vergütungsanspruch, wenn die Hauptversammlung den Aufsichtsratsmitgliedern generell eine Vergütung gewährt hat (§ 104 Abs. 7 S. 1 AktG). Eine positive Beschlussfeststellungsklage, eine bestimmte – gerade noch oder jedenfalls angemessene – Aufsichtsratsvergütung festzusetzen, kommt grds. ebenfalls nicht in Betracht: Voraussetzung wäre, dass die positive Beschlussfeststellungsklage „spruchreif" ist, dh keine andere als die beantragte Beschlussfassung in Betracht kommt.[119] Das würde voraussetzen, dass die Aktionäre aufgrund ihrer Treuepflicht gegenüber der AG und den Mitaktionären verpflichtet wären, gerade für den gestellten Beschlussantrag zu stimmen.[120] Die Hauptsammlung hat aber einen großen Spielraum, ob überhaupt und in welcher Höhe sie eine Aufsichtsratsvergütung festsetzt (→ Rn. 46). Eine Treuepflicht, einer angemessenen Aufsichtsratsvergütung zuzustimmen, kommt allenfalls unter besonderen Umständen in Betracht, etwa wenn es sich um eine Vergütung am unteren Ende der Bandbreite handelt, in der die Aufsichtsratsvergütung angemessen ist, und der AG ohne eine solche Vergütung schwere Nachteile drohen, etwa weil sämtliche Aufsichtsratsmitglieder entschlossen sind, ihr Amt kurzfristig niederzulegen.

c) Registergerichtliche Prüfung

49 Wird die Aufsichtsratsvergütung **in der Satzung festgesetzt,** muss das **Registergericht bei der Eintragung der Gesellschaft oder der Satzungsänderung prüfen,** ob die Vergütungshöhe angemessen ist. Das Registergericht muss die **Eintragung** der Gesellschaft oder der Satzungsänderung jedenfalls **ablehnen,** wenn die Vergütung **sittenwidrig** (→ Rn. 46) ist.[121] Nach teilweise vertretener Ansicht muss das Registergericht die Eintragung auch bereits ablehnen, wenn die Vergütung „lediglich" **unangemessen** ist.[122]

50 Wird die aufgrund einer **bereits eingetragenen Satzungsregelung** festgesetzte Vergütung wegen veränderter Umstände nachträglich **sittenwidrig,** muss das Registergericht sie gemäß § 395 FamFG **von Amts wegen löschen.**[123] Teilweise wird vertreten, eine Pflicht zur Amtslöschung bestehe auch bereits, wenn die Vergütungshöhe aufgrund veränderter Umstände nachträglich „lediglich" unangemessen iSd § 113 Abs. 1 S. 3 AktG wird, denn § 395 FamFG verlange keine Sittenwidrigkeit.[124] Zudem soll in Fällen, in denen die Vergütungshöhe aufgrund veränderter Umstände nachträglich unangemessen iSd § 113

---

[116] LG Mannheim AG 1967, 83 (84); MüKoAktG/*Habersack* AktG § 113 Rn. 46; Kölner Komm AktG/*Mertens/Cahn* AktG § 113 Rn. 49; BeckOGK/*Spindler* AktG § 113 Rn. 39; stets von Nichtigkeit ausgehend Grigoleit/*Grigoleit/Tomasic/Kochendörfer* AktG § 113 Rn. 32.

[117] MüKoAktG/*Habersack* AktG § 113 Rn. 46; Henssler/Strohn/*Henssler* AktG § 113 Rn. 6; BeckOGK/*Spindler* AktG § 113 Rn. 39.

[118] Zur Rückwirkung des Urteils, mit dem ein Hauptversammlungsbeschluss aufgrund einer Anfechtungsklage für nichtig erklärt wird, OLG Köln AG 1999, 471 (472); MüKoAktG/*Hüffer/Schäfer* AktG § 248 Rn. 14 mwN.

[119] GroßkommAktG/*Hopt/Wiedemann* AktG § 246 Rn. 111; in diese Richtung bereits RGZ 80, 330 (337); vgl. ferner Zöllner ZGR 1982, 623 (625 ff.).

[120] GroßkommAktG/*Hopt/Wiedemann* AktG § 246 Rn. 111; Heer ZIP 2012, 803; für die GmbH BGHZ 88, 320 (329 ff.) = NJW 1984, 489; OLG Hamburg GmbHR 1992, 43 (47 f.); für die AG OLG Köln AG 2012, 599 (602 f.).

[121] MüKoAktG/*Habersack* AktG § 113 Rn. 46; Hölters/*Hambloch-Gesinn/Gesinn* AktG § 113 Rn. 31; BeckOGK/*Spindler* AktG § 113 Rn. 39; Semler/v. Schenck/*v. Schenck* AktG § 113 Rn. 39.

[122] GroßkommAktG/*Hopt/Roth* AktG § 113 Rn. 84; *Lutter* AG 1979, 85 (88); *Wellkamp* WM 2001, 489 (496); unklar Kölner Komm AktG/*Mertens/Cahn* AktG § 113 Rn. 49: Registergericht „kann" die Eintragung ablehnen.

[123] MüKoAktG/*Habersack* AktG § 113 Rn. 46; Hölters/*Hambloch-Gesinn/Gesinn* AktG § 113 Rn. 31; Semler/v. Schenck/*v. Schenck* AktG § 113 Rn. 39.

[124] *Lutter* AG 1979, 85 (88); iErg auch MüKoAktG/*Habersack* AktG § 113 Rn. 46; Hölters/*Hambloch-Gesinn/Gesinn* AktG § 113 Rn. 31; dagegen – Löschung von Amts wegen nur bei Sittenwidrigkeit – BeckOGK/*Spindler* AktG § 113 Rn. 39; Kölner Komm AktG/*Mertens/Cahn* AktG § 113 Rn. 49; GroßkommAktG/*Hopt/Roth* AktG § 113 Rn. 84; *Wellkamp* WM 2001, 489 (496).

AktG wird, eine Anpassung nach den Grundsätzen der Störung der Geschäftsgrundlage (§ 313 BGB) in Betracht kommen.[125] Eine Löschung von Amts wegen durch das Registergericht kommt in Betracht, wenn erst nach der Eintragung bemerkt wird, dass die Aufsichtsratsvergütung schon im Zeitpunkt der Eintragung unangemessen oder sittenwidrig war.[126]

Wurde eine **nichtige Satzungsregelung in das Handelsregister eingetragen** und die Nichtigkeit 51 nach § 242 Abs. 2 S. 1 AktG **geheilt,** kann das Registergericht die Regelung von Amts wegen löschen, wenn ihre Beseitigung im öffentlichen Interesse erforderlich erscheint (§ 242 Abs. 2 S. 3 AktG iVm § 398 FamFG). Dabei sind auch die Interessen der Gesellschaftsgläubiger und potenziell künftiger Aktionäre zu berücksichtigen.[127] In der Regel liegen die Löschungsvoraussetzungen im Fall einer unangemessenen oder sittenwidrigen Aufsichtsratsvergütung vor. Ob das Registergericht ein Löschungsverfahren einleitet und durchführt, steht zwar in seinem Ermessen. Liegen die Voraussetzungen für eine Löschung vor, muss das Registergericht aber idR löschen.[128] Neben Vorstand und Aufsichtsrat[129] können auch Aktionäre die Löschung beim Registergericht anregen, sie haben aber kein Rechtsmittel, wenn das Registergericht ihre Anregung zurückweist.[130]

d) Zahlungsanspruch der Aufsichtsratsmitglieder

Solange eine Satzungsregelung oder ein Hauptversammlungsbeschluss, die bzw. der eine iSd § 113 Abs. 1 52 S. 3 AktG unangemessene Aufsichtsratsvergütung festsetzt, nicht geändert oder gelöscht bzw. aufgehoben oder aufgrund einer erfolgreichen Anfechtungsklage für nichtig erklärt wurde (§ 248 Abs. 1 S. 1 AktG), ist die Festsetzung für die Gesellschaft **verbindlich,** dh die Aufsichtsratsmitglieder haben einen **Anspruch auf die entsprechende Vergütung.**[131] Ist die festgesetzte Aufsichtsratsvergütung hingegen sogar sittenwidrig und daher der Hauptversammlungsbeschluss, der die Vergütung festsetzt, nichtig (§ 241 Nr. 4 AktG), kann sich die Gesellschaft gegenüber den Aufsichtsratsmitgliedern auf die Nichtigkeit der Vergütungsregelung berufen (§ 249 Abs. 1 S. 2 AktG).[132] **Der Vorstand muss das ggf. tun und die Zahlung der Aufsichtsratsvergütung verweigern.** Ist die Nichtigkeit einer in der Satzung festgesetzten sittenwidrigen Aufsichtsratsvergütung aber nach § 242 Abs. 2 S. 1 AktG geheilt, weil die Satzungsregelung seit drei Jahren im Handelsregister eingetragen ist, ist die eingetragene Satzungsregelung maßgeblich (→ Rn. 106 Fn. 264). **Zur möglichen Haftung von Vorstands- und Aufsichtsratsmitgliedern** im Zusammenhang mit einer unangemessenen oder sittenwidrigen Aufsichtsratsvergütung (→ Rn. 106 f.).

4. Gleichbehandlung

Der **Grundsatz der Gleichbehandlung** aller Aufsichtsratsmitglieder (→ § 1 Rn. 86 ff.) **gilt auch für** 53 **ihre Vergütung** (zu einer Sondervergütung für besonderen Arbeitsanfall → Rn. 42). Deshalb darf bei der Vergütung insbes. nicht zwischen Anteilseigner- und Arbeitnehmervertretern im Aufsichtsrat differenziert werden.[133] Die Gesellschaft darf auch **keine qualifikationsbezogene Vergütung** und keine am „Marktwert" des Aufsichtsratsmitglieds orientierte Vergütung zahlen,[134] ebenso wenig ein „Antrittsgeld" („Sign-on-Bonus").[135]

Nicht ausgeschlossen ist eine **funktionsbezogene Differenzierung,** zB eine Besservergütung von 54 (stellvertretenden) Vorsitzenden oder Ausschussmitgliedern. Der DCGK empfiehlt im Gegenteil, den höheren zeitlichen Aufwand des Vorsitzenden, des Stellvertreters sowie der Ausschussmitglieder „*angemessen*" zu berücksichtigen (Empfehlung G.17 DCGK).[136] Bei den DAX-Gesellschaften erhält der Aufsichtsrats-

---

[125] K. Schmidt/Lutter AktG/*Drygala* AktG § 113 Rn. 22.
[126] Vgl. MüKoFamFG/*Krafka* FamFG § 395 Rn. 12; BeckOK FamFG/*Otto* FamFG § 395 Rn. 19.
[127] MüKoFamFG/*Krafka* FamFG § 398 Rn. 9.
[128] MüKoFamFG/*Krafka* FamFG § 398 Rn. 10.
[129] Allgemein zur Amtslöschung ursprünglich nichtiger Hauptversammlungsbeschlüsse, deren Nichtigkeit geheilt ist, Hüffer/Koch/*Koch* AktG § 242 Rn. 8 mwN.
[130] BGH NZG 2014, 1307 (1308).
[131] MüKoAktG/*Habersack* AktG § 113 Rn. 46; Kölner Komm AktG/*Mertens/Cahn* AktG § 113 Rn. 50; Großkomm-AktG/*Hopt/Roth* AktG § 113 Rn. 85.
[132] MüKoAktG/*Habersack* AktG § 113 Rn. 46; Kölner Komm AktG/*Mertens/Cahn* AktG § 113 Rn. 50; Großkomm-AktG/*Hopt/Roth* AktG § 113 Rn. 85; K. Schmidt/Lutter AktG/*Drygala* AktG § 113 Rn. 21.
[133] Grigoleit/*Grigoleit/Tomasic/Kochendörfer* AktG § 113 Rn. 33; MüKoAktG/*Habersack* AktG § 113 Rn. 42; Hüffer/Koch/*Koch* AktG § 113 Rn. 20; Kölner Komm AktG/*Mertens/Cahn* AktG § 113 Rn. 9 ff.; BeckOGK/*Spindler* AktG § 113 Rn. 45; Semler/v. Schenck/*v. Schenck* AktG § 113 Rn. 30 ff.; *E. Wagner* in Semler/v. Schenck AR-HdB § 11 Rn. 14, jew. mwN.
[134] MüKoAktG/*Habersack* AktG § 113 Rn. 43; Henssler/Strohn/*Henssler* AktG § 113 Rn. 5; *Maser/Göttle* NZG 2013, 201 (205); Kölner Komm AktG/*Mertens/Cahn* AktG § 113 Rn. 9, 11; aA *Haarmann* FS Hüffer, 2010, 243 (247 ff.).
[135] BeckOGK/*Spindler* AktG § 113 Rn. 41 mwN.
[136] Grigoleit/*Grigoleit/Tomasic/Kochendörfer* AktG § 113 Rn. 33; MüKoAktG/*Habersack* AktG § 113 Rn. 43; Hüffer/Koch/*Koch* AktG § 113 Rn. 20; Kölner Komm AktG/*Mertens/Cahn* AktG § 113 Rn. 9; BeckOGK/*Spindler* AktG

vorsitzende durchschnittlich das 2,1 bis 2,5fache der Vergütung einfacher Aufsichtsratsmitglieder, wobei sich die Bandbreite zwischen dem 1,5 und dem 4fachen bewegt.[137] Der stellvertretende Aufsichtsratsvorsitzende erhält bei den DAX-Gesellschaften durchschnittlich das 1,5 bis 2fache der Vergütung einfacher Aufsichtsratsmitglieder.[138] Mitglieder des Prüfungsausschusses erhalten aufgrund der regelmäßig intensiven Arbeit sowie der hohen Anforderungen und Verantwortlichkeiten häufig eine höhere Vergütung als Mitglieder anderer Ausschüsse.[139] Der Prüfungsausschussvorsitzende erhält häufig eine Vergütung, die in etwa der des stellvertretenden Aufsichtsratsvorsitzenden entspricht.[140] In vielen Fällen wird nur die Mitgliedschaft in höchstens zwei Ausschüssen vergütet.[141]

55 **Verstößt** der Beschluss der Hauptversammlung oder die Satzungsregelung zur Festsetzung der Aufsichtsratsvergütung **gegen den Grundsatz der Gleichbehandlung,** gelten die Ausführungen zum Fall einer unangemessenen Aufsichtsratsvergütung entsprechend (→ Rn. 47 ff.).

5. Regelmäßiger Beschluss über die Vergütung und das Vergütungssystem für den Aufsichtsrat börsennotierter Gesellschaften (§ 113 Abs. 3 AktG)

56 Das ARUG II bringt für die Vergütung der Aufsichtsratsmitglieder **börsennotierter** Aktiengesellschaften **drei Neuerungen:** Die Hauptversammlung muss **mindestens alle vier Jahre** einen Beschluss über die Aufsichtsratsvergütung fassen (§ 113 Abs. 3 S. 1 AktG), der Beschluss der Hauptversammlung muss ein **Vergütungssystem für den Aufsichtsrat** enthalten (§ 113 Abs. 3 S. 3 AktG) und über die Vergütung der Aufsichtsratsmitglieder ist ein **Vergütungsbericht** zu erstellen, über dessen Billigung die Hauptversammlung **jährlich beschließt** (§ 162 AktG, § 120a Abs. 4 AktG).

57 Die Neuerungen setzen Vorgaben der 2. ARRL um. Danach müssen die Mitgliedstaaten sicherstellen, *„dass die Gesellschaften eine Vergütungspolitik in Bezug auf die Mitglieder der Unternehmensleitung erarbeiten und Aktionäre das Recht haben, über die Vergütungspolitik in der Hauptversammlung abzustimmen"* (Art. 9a 2. ARRL). Der Begriff der Unternehmensleitung erfasst auch die Mitglieder des Aufsichtsrats (Art. 2 i) (i) 2. ARRL). Der 2. ARRL liegt aber die Vorstellung zugrunde, dass die Hauptversammlung für Aufsichtsratsmitglieder lediglich ein Vergütungssystem als abstrakten Rahmen vorgibt, während die konkrete Vergütung ein anderes Organ als die Hauptversammlung festlegt.[142] Nach deutschem Recht entscheidet die Hauptversammlung aber nicht nur über den äußeren Rahmen der Aufsichtsratsvergütung, sondern trifft auch die konkrete Vergütungsentscheidung (§ 113 Abs. 1 S. 2 AktG; → Rn. 3). Aktionäre hatten damit schon vor Inkrafttreten des ARUG II teilweise weitreichendere Befugnisse als die 2. ARRL vorschreibt.[143] Entsprechend wurde bezweifelt, ob es mit Blick auf die Aufsichtsratsvergütung überhaupt erforderlich war, die Vorgaben der 2. ARRL umzusetzen.[144]

a) Einheitlicher Beschluss über die Vergütung und das Vergütungssystem

58 Die Hauptversammlung entscheidet in einem **einheitlichen Beschluss** sowohl über die konkrete Vergütung der Aufsichtsratsmitglieder als auch über das abstrakte Vergütungssystem, dh in jedem Vergütungsbeschluss wird über das Vergütungssystem mitbeschlossen (§ 113 Abs. 3 S. 3 AktG). Diese **einheitliche**

---

§ 113 Rn. 40; Semler/v. Schenck/v. Schenck AktG § 113 Rn. 31; *E. Wagner* in Semler/v. Schenck AR-HdB § 11 Rn. 14, jew. mwN.

[137] Johannsen-Roth/Illert/Ghassemi-Tabar/*H. Schäfer* DCGK Empf. G.17 Rn. 3 mwN.
[138] Johannsen-Roth/Illert/Ghassemi-Tabar/*H. Schäfer* DCGK Empf. G.17 Rn. 5 mwN.
[139] Johannsen-Roth/Illert/Ghassemi-Tabar/*H. Schäfer* DCGK Empf. G.17 Rn. 7 mwN.
[140] Johannsen-Roth/Illert/Ghassemi-Tabar/*H. Schäfer* DCGK Empf. G.17 Rn. 8 mwN.
[141] Johannsen-Roth/Illert/Ghassemi-Tabar/*H. Schäfer* DCGK Empf. G.17 Rn. 9 mwN.
[142] RegBegr BT-Drs. 19/9739, 88; *Löbbe/Fischbach* AG 2019, 373 (381).
[143] RegBegr BT-Drs. 19/9739, 88; *Löbbe/Fischbach* AG 2019, 373 (381); *Paschos/Goslar* AG 2018, 857 (863); *J. Schmidt* NZG 2018, 1201 (1205).
[144] *Bungert/Wansleben* DB 2017, 1190 (1192); vgl. auch *Florstedt* ZGR 2019, 630 (653); zum Referentenentwurf Handelsrechtsausschuss DAV NZG 2019, 12 (19): Notwendigkeit eines Hauptversammlungsvotums zur Vergütungspolitik des Aufsichtsrats im deutschen Recht sachwidrig; *Heldt* AG 2018, 905 (907): „sinnentleert"; *Stöber* DStR 2020, 391 (395): „überflüssig"; *Löbbe/Fischbach* AG 2019, 373 (381): Gesetzgeber hatte wohl Bedenken, eine weniger umständliche Umsetzung der Richtlinie könnte hinter den Richtlinienvorgaben zurückbleiben; differenziert *J. Schmidt* NZG 2018, 1201 (1205): Die Richtlinienvorgabe ist zumindest im Hinblick auf ihre Transparenzkomponente bedeutsam (detaillierte Vorgaben zum Inhalt des Vergütungssystems und periodische Beschlussfassung) bedeutsam; ähnlich *Bachmann/Pauschinger* ZIP 2019, 1 (10): Vergütungspolitik wird für mehr Transparenz sorgen. Der Gesetzgeber räumt ein, die Vorgabe für ein Vergütungssystem der Aufsichtsratsmitglieder sei „*teilweise sinnentleert*", RegBegr BT-Drs. 19/9739, 88.

Beschlussfassung ist zwingend. Nach hA ist es **nicht zulässig, die Beschlussgegenstände zu trennen.**[145]

Das Vergütungssystem für den Aufsichtsrat hat **erläuternden Charakter.** Eine normative (Selbst-) 59
Bindungswirkung hat das Vergütungssystem für den Aufsichtsrat – anders als das Vergütungssystem für den Vorstand (→ § 4 Rn. 1367) – angesichts des einheitlichen Beschlusses über die konkrete Vergütung und das abstrakte Vergütungssystem nicht.[146] Die Hauptversammlung ist bei ihrem Beschluss über die konkrete Vergütung der Aufsichtsratsmitglieder nicht an Vorgaben eines Vergütungssystems gebunden: Ändert die Hauptversammlung die konkrete Vergütungsregelung, ändert sie damit zugleich das zugrundeliegende Vergütungssystem. Beide Regelungen stimmen damit stets überein.[147] Weicht die Hauptversammlung bei der Neufestsetzung der konkreten Vergütung von einem früheren Vergütungssystem ab, muss sie das Vergütungssystem zugleich in demselben Beschluss ändern.[148] Durch diese einheitliche Beschlussfassung sollen insbes. „*formalistische Doppelbeschlüsse durch ein und dasselbe Gesellschaftsorgan*" vermieden[149] und bürokratischer Aufwand erspart werden.[150] Zudem sollen widersprüchliche Beschlüsse zum Vergütungssystem und zur konkreten Vergütung vermieden werden.[151] Danach ist davon auszugehen, dass ein Beschluss, der die konkrete Vergütung ändert, das Vergütungssystem auch dann eo ipso mitändert, wenn vergessen wird, die Änderung des Vergütungssystems im einheitlichen Beschluss aufzunehmen.

Der neu eingefügte § 113 Abs. 3 AktG begründet **keine Vergütungspflicht.**[152] **Auch börsennotier-** 60
te Gesellschaften müssen den Mitgliedern des Aufsichtsrats künftig **keine Vergütung** gewähren (Beschluss „*über die Vergütung der Aufsichtsratsmitglieder*", § 113 Abs. 3 S. 1 AktG; → Rn. 3). Möchte die Hauptversammlung den Aufsichtsratsmitgliedern keine Vergütung gewähren, muss die Hauptversammlung diesen Beschluss aber mindestens alle vier Jahre fassen;[153] diese „Null-Vergütung" ist dann zugleich einziger Bestandteil des Vergütungssystems.

aa) Vorbereitung und Vorlage des Entwurfs zur Vergütung und zum Vergütungssystem. Zustän- 61
dig, den Entwurf zur Vergütung und zum Vergütungssystem vorzubereiten und der Hauptversammlung vorzulegen, sind – anders als beim Vorstandsvergütungssystem, bei dem ausschließlich der Aufsichtsrat zuständig ist (→ § 4 Rn. 1826) – nach den allgemeinen Regeln **Vorstand und Aufsichtsrat** (§ 124 Abs. 3 S. 1 AktG).[154] Von der Zuständigkeit beider Organe verspricht sich der Gesetzgeber eine **gegenseitige Kontrolle von Aufsichtsrat und Vorstand.**[155] Nach Einschätzung des Gesetzgebers ist es zweckmäßig, dass **primär der Aufsichtsrat** das Vergütungssystem für den Aufsichtsrat **ausarbeitet.**[156]

Die Erarbeitung und Vorlage durch Aufsichtsrat und Vorstand hat nur **unterstützenden Charakter.** 62
Die Hauptversammlung behält die **inhaltliche Herrschaft über den Vergütungsbeschluss.**[157] Deshalb können Aktionäre sowohl zur konkreten Vergütungsfestsetzung als auch zum Vergütungssystem für den Aufsichtsrat – anders als zum Vorstandsvergütungssystem (→ § 4 Rn. 1840) – **Gegenanträge stellen,** die auf eine inhaltlich andere Aufsichtsratsvergütung abzielen.[158]

bb) Pflichtangaben im Beschluss. Beschließt die Hauptversammlung erstmals über die Vergütung und 63
das Vergütungssystem des Aufsichtsrats oder möchte die Hauptversammlung eine bestehende Regelung ändern, muss der unselbstständige Beschlussteil zum Vergütungssystem „*sinngemäß*"[159] die für das Vor-

---

[145] *Löbbe/Fischbach* AG 2019, 373 (382); Hüffer/Koch/*Koch* AktG § 113 Rn. 29; Grigoleit/*Grigoleit/Tomasic/Kochendörfer* AktG § 113 Rn. 13; *Paschos/Goslar* AG 2019, 365 (369): „*wohl zwingend*"; aA *Bachmann/Pauschinger* ZIP 2019, 1 (9); MüKoAktG/*Habersack* Nachtragsband ARUG II § 113 Rn. 8.
[146] RegBegr BT-Drs. 19/9739, 91.
[147] RegBegr BT-Drs. 19/9739, 88.
[148] RegBegr BT-Drs. 19/9739, 89.
[149] RegBegr BT-Drs. 19/9739, 88.
[150] *Bachmann/Pauschinger* ZIP 2019, 1 (9); *J. Schmidt* NZG 2018, 1201 (1205).
[151] RegBegr BT-Drs. 19/9739, 88; *J. Schmidt* NZG 2018, 1201 (1205).
[152] RegBegr BT-Drs. 19/9739, 89.
[153] RegBegr BT-Drs. 19/9739, 89.
[154] RegBegr BT-Drs. 19/9739, 90.
[155] RegBegr BT-Drs. 19/9739, 90; krit. zum gleichlautenden Referentenentwurf *Anzinger* ZGR 2019, 39 (75): „[W]echselseitige Kontrolle zwischen Aufsicht und Beaufsichtigtem birgt im Bereich der Vergütung das Risiko von gegenseitigen Gefälligkeiten."
[156] RegBegr BT-Drs. 19/9739, 90; zust. MüKoAktG/*Habersack* AktG Nachtragsband ARUG II § 113 Rn. 15.
[157] RegBegr BT-Drs. 19/9739, 90.
[158] RegBegr BT-Drs. 19/9739, 90; MüKoAktG/*Habersack* AktG Nachtragsband ARUG II § 113 Rn. 15; Hüffer/Koch/*Koch* AktG § 113 Rn. 33. Zweifelnd, ob Aktionäre in der Lage sind, ein sachgerechtes eigenes Vergütungssystem auszuarbeiten, *Löbbe/Fischbach* AG 2019, 373 (382); Bedenken auch in der RegBegr BT-Drs. 19/9739, 90: Entwicklung und Einhaltung der formalen Gebote zum Vergütungsbeschluss durch die Hauptversammlung „*kaum denkbar und praktisch aussichtslos*".
[159] Die Beschränkung forderte ua der Handelsrechtsausschuss DAV NZG 2019, 12 (19); zust. *Paschos/Goslar* AG 2019, 365 (369).

standsvergütungssystem geltenden inhaltlichen Anforderungen erfüllen (§ 113 Abs. 3 S. 3 AktG iVm § 87a Abs. 1 S. 2 AktG). Das Vergütungssystem ist danach im Beschluss der Hauptversammlung darzustellen. Das gilt sowohl, wenn die Hauptversammlung die Aufsichtsratsvergütung durch einfachen Beschluss bewilligt, als auch, wenn die Hauptversammlung die Aufsichtsratsvergütung – wie idR – in der Satzung festsetzt. Im **Satzungstext** muss das Vergütungssystem nicht wiedergegeben werden (§ 113 Abs. 3 S. 4 AktG).[160] Der Hauptversammlung steht es frei, ob sie die Angaben als *„formelle Satzungsbestandteile mit erläuterndem Charakter"* in die Satzung aufnimmt oder nicht.[161] Die Gesellschaft ist nicht gezwungen, die Satzung mit erläuternden *„Ausführungen ohne Regelungsgehalt"*[162] *„aufzublähen"*. Es genügt, das Vergütungssystem **auf der Internetseite zu veröffentlichen**.[163]

64   Das System muss *„in klarer und verständlicher Form"* (§ 113 Abs. 3 S. 3 AktG) Angaben zu den Vergütungsbestandteilen enthalten, die tatsächlich vorgesehen sind;[164] eine *„Negativmeldung"* ist nicht erforderlich.[165] Da die Aufsichtsratsvergütung idR deutlich weniger komplex ist als die Vorstandsvergütung, können die Angaben **knapp ausfallen**.[166] Für die Mitglieder des Aufsichtsrats sind keine Angaben zur Maximalvergütung erforderlich (*„Maximalvergütung der* **Vorstands***mitglieder"*, § 87a Abs. 1 S. 2 Nr. 1 AktG [Hervorhebung nur hier]).[167] Die nach § 113 Abs. 3 S. 3 AktG, § 87a Abs. 1 S. 2 Nr. 2 AktG erforderliche Angabe – *„Beitrag der Vergütung zur Förderung der Geschäftsstrategie und zur langfristigen Entwicklung der Gesellschaft"* – kann nach der Gesetzesbegründung idR kurzgefasst werden, weil der Aufsichtsrat anders als der Vorstand nicht operativ tätig ist.[168] Allerdings soll ausgeführt werden, welchen Beitrag der Aufsichtsrat durch seine Überwachungstätigkeit zur langfristigen Entwicklung der Gesellschaft leistet.[169] Angaben zu festen und variablen Vergütungsbestandteilen und ihrem jeweiligen relativen Anteil an der Vergütung (§ 87a Abs. 1 S. 2 Nr. 3 AktG) werden weitgehend schon in der tatsächlichen Vergütungsfestsetzung enthalten sein.[170] Eine *„Erläuterung, wie die Vergütungs- und Beschäftigungsbedingungen der Arbeitnehmer bei der Festsetzung des Vergütungssystems berücksichtigt wurden"* (§ 87a Abs. 1 S. 2 Nr. 9 AktG), soll nach der Gesetzesbegründung *„bei der Aufsichtsratsvergütung nur in seltenen Fällen Anlass zu Ausführungen geben"*.[171]

65   **cc) Beschlussfassung mindestens alle vier Jahre und bestätigende Beschlüsse.** Die Hauptversammlung einer börsennotierten Gesellschaft muss **mindestens alle vier Jahre** über die Vergütung der Aufsichtsratsmitglieder Beschluss fassen (§ 113 Abs. 3 S. 1 AktG). Die Vierjahresfrist bemisst sich **nicht taggenau**[172]: Es genügt, wenn der Aufsichtsrat das System der ordentlichen Hauptversammlung wieder vorlegt, die innerhalb der ersten acht Monate des vierten Geschäftsjahrs nach der ursprünglichen Vorlage stattfindet (§ 175 Abs. 1 S. 2 AktG). Ist es ausnahmsweise vertretbar, dass die ordentliche Hauptversammlung erst nach dem Achtmonatszeitraum iSd § 175 Abs. 1 S. 2 AktG stattfindet,[173] darf der Aufsichtsrat mit der erneuten Vorlage des Vorstandsvergütungssystems aber abwarten, bis die ordentliche Hauptversammlung stattfindet. In Art. 2 § 1 Abs. 5 COVID19-G ist ausdrücklich vorgesehen, dass der Vorstand mit Zustimmung des Aufsichtsrats entscheiden kann, dass die ordentliche Hauptversammlung nicht im Achtmonatszeitraum, sondern *„innerhalb des Geschäftsjahres"* stattfindet (→ § 10 Rn. 48). Der Aufsichtsrat darf ggf. auch das System weiter anwenden.

66   Die Pflicht zur periodischen Beschlussfassung zwingt die Hauptversammlung *„natürlich"* nicht dazu, eine einmal getroffene und bewährte Regelung spätestens nach vier Jahren inhaltlich zu ändern.[174] **Beschlüsse, die die geltende Vergütungsregelung lediglich bestätigen,** sind **zulässig** (§ 113 Abs. 3

---

[160] RegBegr BT-Drs. 19/9739, 90; *Florstedt* ZGR 2019, 630 (656); zum Referentenentwurf *Heldt* AG 2018, 905 (910): Veröffentlichung auf der Website sollte genügen.
[161] RegBegr BT-Drs. 19/9739, 90.
[162] RegBegr BT-Drs. 19/9739, 91.
[163] *Florstedt* ZGR 2019, 630 (656).
[164] RegBegr BT-Drs. 19/9739, 90.
[165] Ebenso MüKoAktG/*Habersack* Nachtragsband ARUG II § 113 Rn. 18; Grigoleit/*Grigoleit/Tomasic/Kochendörfer* AktG § 113 Rn. 15; aA offenbar *Spindler* AG 2020, 61 (71).
[166] *Löbbe/Fischbach* AG 2019, 373 (382); *Paschos/Goslar* AG 2019, 365 (369).
[167] AA Grigoleit/*Grigoleit/Tomasic/Kochendörfer* AktG § 113 Rn. 15: Angaben zur Maximalvergütung im Hinblick auf etwaige variable Vergütungselemente.
[168] RegBegr BT-Drs. 19/9739, 90; zust. Grigoleit/*Grigoleit/Tomasic/Kochendörfer* AktG § 113 Rn. 15; MüKoAktG/*Habersack* AktG Nachtragsband ARUG II § 113 Rn. 18.
[169] RegBegr BT-Drs. 19/9739, 90.
[170] Vgl. RegBegr BT-Drs. 19/9739, 90.
[171] RegBegr BT-Drs. 19/9739, 90; vgl. aber Grigoleit/*Grigoleit/Tomasic/Kochendörfer* AktG § 113 Rn. 15: Aus Rechtssicherheitsgründen sei zu empfehlen, Kriterien in Beschluss aufzunehmen bzw. durch Inbezugnahme abzuarbeiten, falls kein nennenswerter Informationsgehalt verfügbar sei durch verkürzte bzw. pauschale Angaben; ebenso MüKoAktG/*Habersack* Nachtragsband ARUG II § 113 Rn. 18.
[172] Zum Vorstandsvergütungssystem ebenso Grigoleit/*Herrler* AktG § 120a Rn. 16; aA wohl *Noack/Zetzsche* AG 2020, 265 (275): Vierjahresfrist ist *„starr bestimmt"*.
[173] Dazu MüKoAktG/*Hennrichs/Pöschke* AktG § 175 Rn. 18 mwN.
[174] RegBegr BT-Drs. 19/9739, 89.

S. 2 Hs. 1 AktG). Ein **bestätigender Beschluss** kann alle Angaben des bereits geltenden Vergütungssystems wiederholen. Es genügt aber, wenn der Einheitsbeschluss auf das bereits geltende Vergütungssystem **Bezug nimmt** (§ 113 Abs. 3 S. 3 Var. 2 AktG).[175] Werden die Angaben nicht wiederholt, muss die Bezugnahme im selben Maß klar und verständlich sein wie die ursprünglichen Angaben. Der Verweis muss daher genau erkennen lassen, worauf er sich bezieht.[176] Hierzu muss der Verweis den früheren Beschluss, auf den er Bezug nimmt, unter dem Datum benennen, an dem die Hauptversammlung ihn gefasst hat, und der frühere Beschluss muss einsehbar sein (→ Rn. 71). Eine Bestätigung der bisher festgesetzten Vergütung ist auch zulässig, wenn die Hauptversammlung **erstmalig einen Einheitsbeschluss fasst:** Die Hauptversammlung ist nicht gezwungen, die bisher festgesetzte Vergütung zu ändern. Der Beschlussteil „Vergütungssystem" ist allerdings bei der erstmaligen Beschlussfassung nicht „bestätigend", sondern eine „erstmalige Beschlussfassung"; das Vergütungssystem muss daher insgesamt in den Beschluss aufgenommen werden.

dd) Mehrheitserfordernisse. Die Hauptversammlung kann die Aufsichtsratsvergütung in der Satzung oder durch einfachen Hauptversammlungsbeschluss festsetzen (§ 113 Abs. 1 S. 2 AktG; → Rn. 3). Je nachdem, welche Variante die Hauptversammlung wählt, können für den Beschluss der Hauptversammlung unterschiedliche Mehrheitserfordernisse gelten (→ Rn. 16). Da es sich bei der **Festsetzung der konkreten Vergütung und des Vergütungssystems** um einen einheitlichen Beschluss handelt, kann die Hauptversammlung das Vergütungssystem entweder in der Satzung oder in einem einfachen Hauptversammlungsbeschluss mitregeln (§ 113 Abs. 3 S. 2 Hs. 2, Abs. 1 S. 2 AktG), und entsprechend gilt ein **einheitliches Mehrheitserfordernis** für beide unselbstständigen Beschlussteile:[177] Setzt die Hauptversammlung die Aufsichtsratsvergütung und das System **durch Satzungsregelung** fest, bedürfen beide Beschlussteile **einer satzungsändernden** Mehrheit, die grds. mindestens drei Viertel des bei der Beschlussfassung vertretenen Grundkapitals umfasst (§ 113 Abs. 3 S. 2 Hs. 2, Abs. 1 S. 2 AktG iVm § 179 Abs. 2 AktG). Bewilligt die Hauptversammlung die Aufsichtsratsvergütung **durch einfachen Hauptversammlungsbeschluss,** genügt für beide Beschlussteile grds. die **einfache Stimmenmehrheit** (§ 113 Abs. 3 S. 2 Hs. 2, Abs. 1 S. 2 AktG iVm § 133 Abs. 1 AktG). **Bestätigt die Hauptversammlung** die bisherige Vergütungsregelung und das Vergütungssystem, **genügt** vorbehaltlich einer Verschärfung durch die Satzung **stets die einfache Stimmenmehrheit** (§ 133 Abs. 1 AktG), weil dann nie eine Satzungs*änderung* vorliegt,[178] auch wenn die Vergütung in der Satzung festgesetzt ist.

Es kann den Fall auftreten, dass **weder die für die Bestätigung erforderliche einfache Mehrheit noch die für eine Änderung der Vergütung je nach Konstellation erforderliche Mehrheit** zustande kommt. Die Gesetzesbegründung geht insofern auf die Konstellation ein, in der die Vergütung in der Satzung geregelt ist und für Satzungsänderungen entsprechend der gesetzlichen Grundregel (§ 179 Abs. 2 S. 1 AktG) eine qualifizierte Mehrheit erforderlich ist. Findet sich in diesem Fall keine einfache Mehrheit für die Bestätigung der bisherigen Vergütungspraxis und auch keine qualifizierte Mehrheit für eine Satzungsänderung, **bleibt nach der Gesetzesbegründung die bisherige Satzungsregelung maßgeblich** für die Aufsichtsratsvergütung, obwohl die Hauptversammlung sie nicht bestätigt hat. Die „*Lücke zwischen den Stimmenmehrheiten*" sei als systemimmanent hinzunehmen.[179] Die Gesetzesbegründung äußert sich nicht, was gilt, wenn die Hauptversammlung eine **durch einfachen Hauptversammlungsbeschluss bewilligte** Aufsichtsratsvergütung nicht bestätigt und auch keinen vom bisherigen abweichenden Vergütungsbeschluss fasst, zB weil verschiedene Vorschläge für eine neue Vergütung vorliegen, die aber alle nicht die einfache Stimmenmehrheit erhalten. Auch in diesem Fall **besteht die bisher bewilligte Aufsichtsratsvergütung weiter;** die Nicht-Bestätigung führt nicht dazu, dass die Aufsichtsratsmitglieder keine Vergütung mehr erhalten. Der Zweck der regelmäßigen Beschlussfassung über die Aufsichtsratsvergütung besteht darin, mindestens alle vier Jahre zu überprüfen, ob die Vergütung geändert werden soll; bestätigt die Hauptversammlung die Vergütung dabei nicht, ist die Rechtsfolge lediglich, dass das Vergütungssystem zu überprüfen und der darauf folgenden ordentlichen Hauptversammlung erneut vorzulegen ist (→ Rn. 69).[180]

---

[175] RegBegr BT-Drs. 19/9739, 89.
[176] RegBegr BT-Drs. 19/9739, 90.
[177] RegBegr BT-Drs. 19/9739, 89; *Löbbe/Fischbach* AG 2019, 373 (382).
[178] RegBegr BT-Drs. 19/9739, 89; *Heldt* AG 2018, 905 (910); *Löbbe/Fischbach* AG 2019, 373 (382); MüKoAktG/*Habersack* Nachtragsband ARUG II § 113 Rn. 13.
[179] RegBegr BT-Drs. 19/9739, 89. Zum Referentenentwurf krit. Handelsrechtsausschuss DAV NZG 2019, 12 (19): Für jede Änderung der satzungsmäßigen Vergütung sollte die einfache Mehrheit ausreichen; ebenfalls krit. Hirte/Heidel ARUG II/*Lochner/Beneke* AktG § 113 Rn. 5: zeigt, dass die Streichung des § 113 Abs. 1 S. 4 AktG (Herabsetzung der Aufsichtsratsvergütung auch bei Festsetzung in der Satzung mit einfacher Stimmenmehrheit) ein Fehler war.
[180] Vgl. auch *Habersack* FS Hopt, 2020, 333 (342); MüKoAktG/*Habersack* AktG Nachtragsband ARUG II § 113 Rn. 14; vgl. zur in der Satzung festgesetzten Vergütung RegBegr BT-Drs. 19/9739, 89; dieser Gesichtspunkt gilt für eine durch Hauptversammlungsbeschluss bewilligte Vergütung gleichermaßen.

69 **ee) Pflichten bei Ablehnung des Beschlussvorschlags durch die Hauptversammlung.** Lehnt die Hauptversammlung einen vorgelegten Einheits- oder Bestätigungsbeschlussvorschlag ab, müssen Aufsichtsrat und Vorstand spätestens **in der darauf folgenden ordentlichen Hauptversammlung einen überprüften Einheitsbeschlussvorschlag vorlegen** (§ 113 Abs. 3 S. 6 AktG iVm § 120a Abs. 3 AktG). Die „ordentliche" Hauptversammlung ist nach der Überschrift des Unterabschnitts zu den §§ 175 f. AktG und dem Verständnis der Praxis die Hauptversammlung, der die Rechnungslegung vorgelegt wird (§§ 175 f. AktG) und die idR auch über die Verwendung des Bilanzgewinns, die Entlastung der Vorstands- und Aufsichtsratsmitglieder (§ 120 Abs. 1 S. 1, Abs. 3 AktG) sowie die Wahl des Abschlussprüfers (§ 318 Abs. 1 HGB) beschließt.[181] Die Hauptversammlung kann bereits zuvor einen zulässigen Gegenvorschlag beschließen (→ Rn. 62).[182] In diesem Fall ist die Vorlage eines überprüften Einheitsbeschlussvorschlags in der nächsten ordentlichen Hauptversammlung **nicht erforderlich;**[183] vielmehr ist ein erneuter Einheits- oder Bestätigungsbeschluss dann erst wieder nach Ablauf von vier Jahren erforderlich (→ Rn. 65).

b) Teilausschluss der Anfechtbarkeit

70 Der einheitliche Vergütungsbeschluss ist nur hinsichtlich des Beschlussteils „Festsetzung der konkreten Vergütung" wegen Rechtsverletzungen im Zusammenhang mit der Vergütungsfestsetzung oder nach den allgemeinen Regeln aus formalen Gründen anfechtbar.[184] Eine Anfechtung wegen Verstoßes gegen die Vorgaben zu den Angaben zum Vergütungssystem für den Aufsichtsrat (§ 113 Abs. 3 S. 3 AktG) ist ausgeschlossen (§ 113 Abs. 3 S. 5 AktG). Unzutreffende, unvollständige, unklare oder gänzlich fehlende Angaben zum Vergütungssystem führen daher **nicht** zur Anfechtbarkeit des einheitlichen Vergütungsbeschlusses.[185] Für eine Anfechtung des Beschlussteils zum Vergütungssystem besteht kein sachliches Bedürfnis, weil die Angaben zum Vergütungssystem keinen eigenen Regelungsgehalt haben. Der Ausschluss ist zudem mit Blick auf die entsprechende Regelung zum Vorstandsvergütungssystem konsequent.[186] Zum Beschluss zur Billigung des Vorstandsvergütungssystems ist umstritten, ob nicht nur die Anfechtungs-, sondern auch die Nichtigkeitsklage ausgeschlossen ist (→ § 4 Rn. 1870). Mit Blick auf den Beschluss zur Aufsichtsratsvergütung spielt dieser Streit keine Rolle: Ein Umstand, der zur Nichtigkeit des Beschlusses über die Aufsichtsratsvergütung führen würde, beträfe nicht lediglich den Beschlussteil mit den Angaben zum Vergütungssystem, sondern den einheitlichen Vergütungsbeschluss insgesamt.

c) Veröffentlichung

71 Der Vorstand muss den Einheitsbeschluss über die konkrete Vergütungsfestsetzung und das Vergütungssystem für den Aufsichtsrat **unverzüglich nach der Beschlussfassung** auf der Internetseite der Gesellschaft veröffentlichen und für die Dauer der Gültigkeit des Vergütungssystems, mindestens jedoch für zehn Jahre, kostenfrei öffentlich zugänglich halten (§ 113 Abs. 3 S. 6 AktG iVm § 120a Abs. 2 AktG). Vorstandsmitglieder, die gegen die Pflicht verstoßen, den Einheitsbeschluss zutreffend, vollständig und rechtzeitig zu veröffentlichen, begehen eine **Ordnungswidrigkeit** (§ 405 Abs. 1 Nr. 5 AktG), die mit einer Geldbuße von bis zu 25.000 EUR geahndet werden kann (§ 405 Abs. 4 AktG). Eine Ordnungswidrigkeit von Aufsichtsratsmitgliedern kommt in Betracht, wenn sie es unterlassen, darauf hinzuwirken, dass der Vorstand den Einheitsbeschluss entsprechend den gesetzlichen Vorgaben veröffentlicht (→ § 4 Rn. 1878).

d) Vergütungsbericht (§ 162 AktG)

72 Der nach § 162 Abs. 1 S. 1 AktG von Vorstand und Aufsichtsrat jährlich zu erstellende Vergütungsbericht, der der Hauptversammlung gemäß § 120a Abs. 4 AktG zur Billigung, bei kleinen und mittelgroßen Gesellschaften evtl. auch nur zur beschlusslosen Erörterung (§ 120a Abs. 5 AktG; → § 4 Rn. 1924), vorzulegen ist, muss auch für die Aufsichtsratsmitglieder unter namentlicher Nennung die **Einzelangaben nach § 162 Abs. 1 S. 2 AktG** enthalten (→ § 4 Rn. 1566 ff.). Die erweiternden Angaben zu Leistungen nach § 162 Abs. 2 AktG gelten ausdrücklich nur für die Vorstandsmitglieder.

---

[181] Vgl. Hüffer/Koch/*Koch* AktG § 175 Rn. 1.
[182] RegBegr BT-Drs. 19/9739, 91.
[183] Vgl. auch Hüffer/Koch/*Koch* AktG § 113 Rn. 33; Handelsrechtsausschuss DAV NZG 2019, 12 (19); Grigoleit/*Grigoleit/Tomasic/Kochendörfer* AktG § 113 Rn. 18; MüKoAktG/*Habersack* Nachtragsband ARUG II § 113 Rn. 20.
[184] RegBegr BT-Drs. 19/9739, 91; *Paschos/Goslar* AG 2019, 365 (369).
[185] *Bachmann/Pauschinger* AG 2019, 373 (383).
[186] *Bachmann/Pauschinger* AG 2019, 373 (383); MüKoAktG/*Habersack* Nachtragsband ARUG II § 113 Rn. 19.

I. Vergütung (§ 113 AktG)

e) Übergangsrecht

Ein Einheitsbeschluss über die Vergütung und das neue Vergütungssystem für den Aufsichtsrat ist zwingend in der ersten **ordentlichen Hauptversammlung** zu fassen, **die im Jahr 2021 stattfindet** (§ 26j Abs. 1 EGAktG). Die Vierjahresfrist, nach deren Ablauf die Hauptversammlung spätestens erneut beschließen muss, läuft dann ab dieser Beschlussfassung.[187] Ein Vergütungsbericht ist erstmals für das erste Geschäftsjahr zu erstellen, das im Jahr 2021 beginnt (§ 26j Abs. 2 EGAktG).

f) Börsennotierte KGaA

Für die Vergütung der Aufsichtsratsmitglieder einer KGaA ist § 113 AktG sinngemäß anzuwenden (§ 278 Abs. 3 AktG).[188] Das gilt auch für den neu eingefügten § 113 Abs. 3 AktG:[189] Zwar enthält die Entwurfsbegründung keine entsprechende Klarstellung. Die **Vorgaben der 2. ARRL** zur Beteiligung der Aktionäre bei der Festlegung der Organvergütung gelten jedoch allgemein für die Mitglieder der Unternehmensleitung börsennotierter Gesellschaften, also auch für die Mitglieder des Aufsichtsrats einer börsennotierten KGaA (vgl. Art. 2 i) (ii) 2. ARRL). Die Hauptversammlung der börsennotierten KGaA muss daher mindestens alle vier Jahre einen Beschluss über die Aufsichtsratsvergütung fassen (§ 278 Abs. 3 AktG iVm § 113 Abs. 3 S. 1 AktG), der zugleich ein Vergütungssystem für den Aufsichtsrat der KGaA enthält (§ 278 Abs. 3 AktG iVm § 113 Abs. 3 S. 3 AktG).

Entsprechend ist für die Vergütung der Aufsichtsratsmitglieder der börsennotierten KGaA ein **Vergütungsbericht** nach § 162 AktG zu erstellen und der Hauptversammlung jährlich zur Billigung, bei kleinen und mittelgroßen Gesellschaften evtl. auch nur zur beschlusslosen Erörterung (§ 120a Abs. 5 AktG; → § 4 Rn. 1942), vorzulegen (§ 278 Abs. 3 AktG iVm §§ 162, 120a Abs. 4, 5 AktG).[190] Hat die börsennotierte KGaA keine natürliche, sondern nur eine juristische Person als Komplementär **(sog. atypische KGaA),** sollen im Vergütungsbericht nach im Schrifttum vertretener Ansicht auch die individuellen Vergütungen der Aufsichtsratsmitglieder der Komplementär-AG aufzuführen sein, wenn die KGaA – wie üblich – für die Vergütung aufkommt.[191] Die Komplementär-AG müsse aufgrund ihrer gesellschaftsrechtlichen Treuepflicht gegenüber der KGaA über die individualisierte Vergütung ihrer Aufsichtsratsmitglieder informieren.[192] Das dürfte aber eine unzulässige Erweiterung der gesetzlichen Regelung sein. **Zuständig,** den Vergütungsbericht zu erstellen, der Hauptversammlung vorzulegen und gleichlautende Beschlussvorschläge zu machen, sind der Aufsichtsrat und der Komplementär (§ 278 Abs. 3 AktG).[193] Eine **Vergütung des Komplementärs** ist im Anhang des Jahresabschlusses anzugeben (§ 286 Abs. 4 AktG iVm § 285 Nr. 9a, b HGB), nicht zwingend im Vergütungsbericht.[194]

g) Unanwendbarkeit der Regelungen für Related Party Transactions

Nach den §§ 111a ff. AktG besteht für Geschäfte börsennotierter Gesellschaften mit nahestehenden Personen **(Related Party Transactions),** deren wirtschaftlicher Wert allein oder zusammen mit den innerhalb des laufenden Geschäftsjahrs vor Abschluss des Geschäfts mit derselben nahestehenden Person getätigten Geschäften 1,5% der Summe aus dem Anlage- und Umlaufvermögen der Gesellschaft oder des Konzerns übersteigt, ein Zustimmungsvorbehalt zugunsten des Aufsichtsrats und eine Veröffentlichungspflicht. Geschäfte, die die Aufsichtsratsmitgliedern „im Einklang mit § 113 Absatz 3 AktG" gewährte oder geschuldete Vergütung betreffen, gelten aber nicht als Related Party Transactions (§ 111a Abs. 3 Nr. 4 AktG). Nach der Gesetzesbegründung ist durch die Umsetzung der 2. ARRL „ein alternativer Schutzmechanismus geschaffen".[195] Hinzu kommt, dass ein Zustimmungsvorbehalt zugunsten des Aufsichtsrats und eine Veröffentlichungspflicht für die ohnehin von der Hauptversammlung durch Beschluss oder in der Satzung festzusetzende Vergütung keinen Sinn ergeben. Die §§ 111a ff. AktG sind auf die Aufsichtsratsvergütung daher auch dann nicht anwendbar, wenn unter Verstoß gegen § 113 AktG eine unangemessene oder gar sittenwidrige Aufsichtsratsvergütung festgesetzt sein sollte.[196] Die Formulierung „im Einklang mit § 113 Absatz 3 AktG" in § 111a Abs. 3 Nr. 4 AktG verlangt lediglich, dass es sich bei der Leistung an

---

[187] RegBegr BT-Drs. 19/9739, 117.
[188] Bürgers/Fett/*Bürgers* KGaA § 5 Rn. 470.
[189] *Backhaus* AG 2020, 462 (464); MüKoAktG/*Habersack* Nachtragsband ARUG II § 113 Rn. 3.
[190] *Backhaus* AG 2020, 462 (465); *Orth/Oser/Philippsen/Sultana* DB 2019, 2814 (2815); *Rimmelspacher/Roland* WPg 2020, 201 (202).
[191] *Backhaus* AG 2020, 462 (467).
[192] *Backhaus* AG 2020, 462 (467).
[193] *Orth/Oser/Philippsen/Sultana* DB 2019, 2814 (2815).
[194] AA *Backhaus* AG 2020, 462 (466); *Orth/Oser/Philippsen/Sultana* DB 2019, 2814 (2816f.): Angabe im Vergütungsbericht nach § 162 AktG, im Fall der AG & Co. KGaA einschließlich individualisierter Angaben zu den Bezügen der Vorstandsmitglieder der Komplementär-AG.
[195] RegBegr BT-Drs. 19/9739, 83.
[196] Vgl. auch Grigoleit/*Grigoleit* AktG § 111a Rn. 148.

ein Aufsichtsratsmitglied überhaupt um dessen Vergütung handeln soll und sie durch Hauptversammlungsbeschluss oder Satzungsregelung festgesetzt und im Einklang mit § 113 Abs. 3 AktG bestätigt ist.

h) Nicht börsennotierte Gesellschaften

77 Für nicht börsennotierte Gesellschaften **gilt § 113 Abs. 3 AktG nicht.** Es ist aber möglich, für nicht börsennotierte Gesellschaften in der Satzung eine § 113 Abs. 3 AktG entsprechende Kompetenz der Hauptversammlung zu regeln, rechtlich unverbindlich über die Billigung eines Vergütungssystems für den Aufsichtsrat zu entscheiden und Vorstand und Aufsichtsrat aufzugeben, ein entsprechendes System vorzubereiten.[197] Sinnvoll erscheint eine solche Regelung jedoch nicht.

6. Entstehung und Fälligkeit der Vergütung

78 Der Vergütungsanspruch **entsteht** nach hA **mit Beginn des Geschäftsjahrs.** Dabei ist eine variable dividenden- oder ergebnisorientierte Vergütung aufschiebend bedingt durch die Feststellung des Jahresabschlusses bzw. den Dividendenbeschluss.[198] Ist Sitzungsgeld Vergütungsbestandteil (→ Rn. 30), entsteht der Anspruch auf Sitzungsgeld aufschiebend bedingt auf die Beendigung der Sitzung.

79 **Fällig** wird der **Anspruch auf den festen Vergütungsbestandteil** grds. **mit Abschluss des Geschäftsjahrs** und der Anspruch auf einen etwaigen **variablen Vergütungsanteil mit Eintritt der aufschiebenden Bedingung.** Die Hauptversammlung kann aber eine abweichende, zB quartalsweise Fälligkeit oder Abschlagszahlungen auf Grundlage von Zwischenabschlüssen vorsehen.[199] Entspricht das Geschäftsjahr dem Kalenderjahr, wird der Anspruch auf den festen Vergütungsbestandteil danach grds. am 2.1. des Folgejahrs fällig.[200] **Sitzungsgeld**, das **Vergütungsbestandteil** ist, wird ohne nähere Regelung mit Beendigung der jeweiligen Sitzung fällig.[201] Es ist aber üblich und zu empfehlen, die Fälligkeit von Sitzungsgeldern sowie aller anderen Vergütungsbestandteile auf einen einheitlichen Zeitpunkt zu legen und die Vergütung dann insgesamt auszuzahlen. Handelt es sich bei dem Sitzungsgeld um **pauschalierten Auslagenersatz**, wird der Anspruch ebenfalls mit Beendigung der Sitzung fällig.[202] Die Satzung kann insofern nichts Abweichendes regeln, weil die Hauptversammlung den gesetzlichen Auslagenersatzanspruch nicht modifizieren kann (→ Rn. 126); das gilt auch, wenn die Satzung ausnahmsweise Sitzungsgeld als pauschalierten Auslagenersatz regelt.

80 In **Verzug** gerät die Gesellschaft mit der Zahlung der Aufsichtsratsvergütung nach den allgemeinen Regeln mit Beginn des Werktags, der auf den Fälligkeitszeitpunkt folgt, ohne dass es einer Mahnung des Aufsichtsratsmitglieds bedarf (§ 286 Abs. 2 Nr. 1 BGB). Wird die Vergütung insgesamt mit Ablauf des Geschäftsjahrs fällig und möchte der Vorstand abwarten, bis feststeht, ob ein Aufsichtsratsmitglied bis zum Ablauf des Geschäftsjahrs im Amt war und für wie viele Sitzungen die Gesellschaft ggf. Sitzungsgeld als Vergütungsbestandteil schuldet, wird er die Zahlung der Aufsichtsratsvergütung erst zu Beginn des Folgejahrs anweisen. Damit die Gesellschaft nicht in Verzug gerät, muss der Vorstand die Zahlungsanweisungen in diesem Fall aber soweit als möglich vorbereiten. Regelt die Satzung kein fixes Datum, bis zu dem die Aufsichtsratsvergütung spätestens zur Zahlung anzuweisen ist, sondern enthält sie eine Formulierung, der zufolge die Aufsichtsratsvergütung „nach Ende des Geschäftsjahrs zahlbar ist", ist nach Beendigung des Geschäftsjahrs zunächst „im üblichen Geschäftsgang", dh innerhalb einer angemessenen Bearbeitungszeit zu ermitteln, in welcher Höhe die Aufsichtsratsmitglieder einen Vergütungsanspruch haben, und sind anschließend die ermittelten Beträge an die Aufsichtsratsmitglieder auszuzahlen. Eine angemessene Bearbeitungszeit ist grds. gewahrt, wenn die Aufsichtsratsvergütung bis Mitte/Ende des auf das Ende des Geschäftsjahrs folgenden Monats ermittelt und dann ausgezahlt wird.

---

[197] Vgl. zum Vorstandsvergütungssystem für nicht börsennotierte Gesellschaften Hüffer/Koch/*Koch* AktG § 120a Rn. 1; K. Schmidt/Lutter AktG/*Spindler* AktG § 120a Rn. 5. Zu § 120 Abs. 4 AktG aF MüKoAktG/*Kubis* AktG § 120 Rn. 58; GroßkommAktG/*Mülbert* AktG § 120 Rn. 160; für die Nichtigkeit eines solchen Beschlusses, wenn die Gesellschaft nicht börsennotiert und damit § 120 Abs. 4 AktG aF nicht anwendbar war E. *Vetter* ZIP 2009, 2136 (2140 f.).

[198] MüKoAktG/*Habersack* AktG § 113 Rn. 48; Kölner Komm AktG/*Mertens/Cahn* AktG § 113 Rn. 34 f.; BeckOGK/ *Spindler* AktG § 113 Rn. 67; Semler/v. Schenck/*v. Schenck* AktG § 113 Rn. 87 ff., jew. mwN; aA wohl GroßkommAktG/*Hopt/Roth* AktG § 113 Rn. 106: Vergütungsanspruch entsteht erst am Ende des Geschäftsjahrs bzw. nachdem die Aufsichtsratstätigkeit erbracht ist; aA E. *Wagner* in Semler/v. Schenck AR-HdB § 11 Rn. 2: Vergütungsanspruch entsteht mit dem fälligkeitsauslösenden Ereignis, davor reine Anwartschaft.

[199] MüKoAktG/*Habersack* AktG § 113 Rn. 48; Kölner Komm AktG/*Mertens/Cahn* AktG § 113 Rn. 34 f.; BeckOGK/ *Spindler* AktG § 113 Rn. 67; Semler/v. Schenck/*v. Schenck* AktG § 113 Rn. 87 ff. jew. mwN.

[200] Da der 1. Januar ein gesetzlicher Feiertag ist, verschiebt sich der Fälligkeitszeitpunkt nach § 193 BGB auf den nächsten Werktag.

[201] Zur Auszahlungspraxis Semler/v. Schenck/*v. Schenck* AktG § 113 Rn. 77: unmittelbar nach der Sitzung oder zusammen mit der übrigen Vergütung; E. *Wagner* in Semler/v. Schenck AR-HdB § 11 Rn. 42: Auszahlung üblicherweise zusammen mit der übrigen Vergütung, nicht unmittelbar nach der Sitzung.

[202] GroßkommAktG/*Hopt/Roth* AktG § 113 Rn. 107; Kölner Komm AktG/*Mertens/Cahn* AktG § 113 Rn. 35.

7. Einreden und Einwendungen

a) Untätigkeit

Inwieweit dem Vergütungsanspruch der **Untätigkeitseinwand** entgegengehalten werden kann, ist **nicht** 81 **abschließend geklärt.** Die wohl hA geht davon aus, dass der Vergütungsanspruch insoweit von vornherein nicht entsteht, als ein Aufsichtsratsmitglied die geschuldete Tätigkeit nicht erbringt, insbes. unentschuldigt nicht an Sitzungen teilnimmt oder ihm gemäß § 111 Abs. 2 S. 2 AktG gesondert übertragene und vergütete Aufgaben (→ § 4 Rn. 132 ff.) nicht erfüllt. Der Einwand der „Schlechtleistung" soll hingegen ausgeschlossen sein.[203]

b) Zurückbehaltungsrecht

Die Gesellschaft hat gegenüber dem Vergütungsanspruch ein **Zurückbehaltungsrecht gemäß § 273** 82 **BGB,** solange das Aufsichtsratsmitglied nach seinem Ausscheiden den Anspruch der Gesellschaft nicht erfüllt, Unterlagen zurückzugeben oder nachweislich zu vernichten, die es im Rahmen seines Mandats erhalten hat (→ Rn. 176).[204]

c) Verjährung

Der Vergütungsanspruch der Aufsichtsratsmitglieder unterliegt der Regelverjährung von drei Jahren 83 (§ 195 BGB). Der Beginn der Verjährung richtet sich nach § 199 BGB.[205]

8. Verfügungen über den Vergütungsanspruch – insbes. Verzicht und Abführung an Dritte

Sofern die Satzung oder der Hauptversammlungsbeschluss nichts Abweichendes bestimmt, können Auf- 84 sichtsratsmitglieder über ihren Vergütungsanspruch frei verfügen.[206] Aufsichtsratsmitglieder können daher auf ihren Vergütungsanspruch ganz oder teilweise **verzichten,** sodass der Anspruch in Höhe des Verzichts entweder gar nicht entsteht oder nachträglich erlischt (zu den steuerlichen Folgen eines solchen Verzichts → Rn. 118). Nach zutreffender Auffassung ist insofern ein Erlassvertrag mit der Gesellschaft abzuschließen, die dabei **der Vorstand vertritt.**[207]

Aufsichtsratsmitglieder können sich verpflichten, ihren Vergütungsanspruch ganz oder teilweise **an** 85 **Dritte abzuführen.** G.15 DCGK empfiehlt, dass die Vergütung, die Vorstandsmitglieder für konzerninterne Aufsichtsratsmandate erhalten, generell auf ihre Vorstandsvergütung angerechnet wird. G.16 DCGK empfiehlt, dass bei der Übernahme konzernfremder Aufsichtsratsmandate durch Vorstandsmitglieder der Aufsichtsrat entscheiden soll, ob und inwieweit die Aufsichtsratsvergütung auf die Vorstandsvergütung anzurechnen ist.[208] Häufig übertragen Aufsichtsräte die Zuständigkeit für Entscheidungen über die Zustimmung zur Übernahme von Nebentätigkeiten von Vorstandsmitgliedern – zB (konzernfremde) Aufsichtsratsmandate – einem Ausschuss. Die Entscheidung, ob und inwieweit Aufsichtsratsvergütungen auf die Vorstandsvergütung anzurechnen sind, ist allerdings eine **Frage der Vorstandsvergütung,** die der Aufsichtsrat nicht einem Ausschuss übertragen kann (vgl. § 107 Abs. 3 S. 7 AktG). Möchte der Aufsichtsrat die Empfehlungen des DCGK zur Anrechnung der Aufsichtsratsvergütung auf die Vorstandsvergütung befolgen, kann ein Ausschuss daher nur dann abschließend über die Zustimmung zur Übernahme von Aufsichtsratsmandaten von Vorstandsmitgliedern entscheiden, wenn das Aufsichtsratsplenum zuvor eine generelle Entscheidung über die Anrechnung der Aufsichtsratsvergütung getroffen hat. Zulässig ist danach zB eine abstrakt-generelle Regelung, der zufolge darauf abzustellen ist, ob die Übernahme des konzernfremden Aufsichtsratsmandats im Interesse der Gesellschaft ist.

Aktienrechtlich zulässig ist nach Auffassung des BAG und mehrerer Oberlandesgerichte auch die **Ab-** 86 **führungsverpflichtung gewerkschaftsangehöriger Arbeitnehmervertreter gegenüber der Hans-Böckler-Stiftung.**[209] Gewerkschaftsangehörige Arbeitnehmervertreter müssen sich aufgrund entspre-

---

[203] So zB MüKoAktG/*Habersack* AktG § 113 Rn. 49; BeckOGK/*Spindler* AktG § 113 Rn. 67; weitergehend für die zumindest teilweise Reduktion der Vergütung bei Untätigkeit, insbes. bei – auch entschuldigtem – regelmäßigem Fernbleiben von Sitzungen, GroßkommAktG/*Hopt/Roth* AktG § 113 Rn. 108 ff., die aber feststellen, dass „*diese Einrede mangels hieb- und stichfester Nachweisbarkeit nur selten praktisch werden dürfte*".
[204] OLG Düsseldorf AG 2007, 747 (748); GroßkommAktG/*Hopt/Roth* AktG § 113 Rn. 111.
[205] MüKoAktG/*Habersack* AktG § 113 Rn. 50 mwN.
[206] MüKoAktG/*Habersack* AktG § 113 Rn. 50.
[207] MüKoAktG/*Habersack* AktG § 113 Rn. 49; BeckOGK/*Spindler* AktG § 113 Rn. 49, jew. mwN.
[208] Zu den Kriterien der Entscheidung *Bachmann* ZHR 184 (2020), 127 (137); Johannsen-Roth/Illert/Ghassemi-Tabar/ Kießling DCGK Empf. G.15, G.16 Rn. 6 f.
[209] BAG AG 2016, 39 (41 f.); OLG Frankfurt a. M. NZA-RR 2002, 531 (533 f.); OLG Stuttgart BeckRS 2008, 3407; OLG Frankfurt a. M. NZG 2018, 870; 2019, 945; BeckOGK/*Spindler* AktG § 113 Rn. 8; grds. auch *Habersack* FS

chender DGB-Beschlüsse (zuletzt vom 7.6.2016) verpflichten, einen (Groß-)Teil ihrer Aufsichtsratsvergütung an die Hans-Böckler Stiftung abzuführen: Bei Vergütungen bis zu 5.000 EUR sind 10%, bei Vergütungen über 5.000 EUR sogar 90% abzuführen. Aufsichtsratsvorsitzende und Stellvertreter haben erst ab einer Vergütung von 7.500 EUR 90% der Vergütung abzuführen. Die Sockelwerte erhöhen sich durch die Mitwirkung in einem Ausschuss (mit Ausnahme des Vermittlungsausschusses) um 2.500 EUR.[210] Die Abführungspflicht kann sich nicht nur aus einer individuellen Verpflichtungserklärung des Aufsichtsratsmitglieds ergeben, sondern auch aus der Satzung der Gewerkschaft, der der Betreffende angehört.[211] Ergibt sich die Abführungspflicht aus der Satzung einer dem DGB angehörenden Gewerkschaft, sind Arbeitnehmervertreter, die dieser Gewerkschaft angehören, auch dann verpflichtet, ihre Aufsichtsratsvergütung in entsprechendem Umfang abzuführen, wenn sie die Gewerkschaft bei ihrer Wahl nicht unterstützt hat.[212] Mitglieder einer ausländischen Gewerkschaft können sich ebenfalls gegenüber einer deutschen Gewerkschaft verpflichten, ihre Vergütung teilweise an die Hans-Böckler-Stiftung abzuführen. Zur steuerlichen Behandlung bei Bestehen einer Abführungspflicht → Rn. 109.

9. Änderung der Vergütung
a) Änderungen für die Zukunft

87 Der Vergütungsanspruch entsteht bereits mit Beginn des Geschäftsjahrs (→ Rn. 78). Änderungen der Aufsichtsratsvergütung werden daher grds. erst mit Beginn des Geschäftsjahrs wirksam, das auf die Hauptversammlung folgt, die die Aufsichtsratsvergütung durch satzungsändernden oder einfachen Beschluss ändert.[213] Ein einfacher Hauptversammlungsbeschluss wird, wenn er nicht nichtig ist, sofort wirksam, ein satzungsändernder Beschluss allerdings **erst mit Eintragung der Satzungsänderung im Handelsregister** (§ 181 Abs. 3 AktG). Wird die Vergütung in der Satzung geändert, wird die Änderung grds. nur dann in dem auf die Hauptversammlung folgenden Geschäftsjahr wirksam, wenn bis dahin die Satzungsänderung im Handelsregister eingetragen ist.

88 Bis zum Inkrafttreten des ARUG II war eine **Satzungsänderung zur Herabsetzung der Vergütung** abweichend von § 179 Abs. 2 S. 1 AktG **stets mit einfacher Stimmenmehrheit** möglich (§ 113 Abs. 1 S. 4 AktG aF). Das sollte es der Hauptversammlung ermöglichen, die Aufsichtsratsvergütung mit Blick auf das Angemessenheitsgebot rasch an veränderte Umstände anzupassen.[214] Der Gesetzgeber des ARUG II hat § 113 Abs. 1 S. 4 AktG als „*Fremdkörper im System der satzungsändernden Stimmrechtserfordernisse*" abgeschafft und vermutet zutreffend, dass sich diese Abschaffung nicht auswirken wird.[215]

b) Rückwirkende Erhöhung der Vergütung

89 Die Hauptversammlung kann die Aufsichtsratsvergütung nach ganz herrschender und zutreffender Ansicht sowohl in der Satzung als auch durch einfachen Hauptversammlungsbeschluss **rückwirkend erhöhen**.[216] Teilweise wird vertreten, eine Rückwirkungsregelung könne auch als Nachzahlungsregelung aus-

---

[209] Hopt, 2020, 333 (348); MüKoAktG/*Habersack* AktG § 113 Rn. 6, allerdings krit. mit Blick darauf, dass insofern die mit der Aufsichtsratsvergütung bezweckte Anreizwirkung entfällt; Bedenken gegen die entsprechenden Satzungsklauseln der Gewerkschaften beim LG München I NJW 2005, 1724 (1725); aA *Uffmann* AG 2020, 567, (574); *C. Schäfer/Bachmaier* ZIP 2018, 2141 (2144 ff.); *Thüsing/Frost* FS Graf v. Westphalen, 2010, 693 (702 ff.): verbandsrechtlich unzulässig; *G. Krieger* FS E. Vetter, 2019, 363 (365 ff.): ungerechtfertigter Eingriff in den eingerichteten und ausgeübten Gewerbebetrieb; *Rieble* AG 2016, 315 (316): Verstoß gegen § 26 MitbestG.

[210] Abführungsregelung des DGB vom 7.6.2016 einsehbar unter https://www.boeckler.de/pdf/foerderer_richtlinie_2016.pdf (zuletzt abgerufen am 21.10.2020); dazu MüKoAktG/*Habersack* AktG § 113 Rn. 6; Hüffer/Koch/*Koch* AktG § 113 Rn. 4.

[211] BAG AG 2016, 39 (40f.).

[212] OLG Frankfurt a. M. AG 2019, 561.

[213] MüKoAktG/*Habersack* AktG § 113 Rn. 35; Hölters/*Hambloch-Gesinn/Gesinn* AktG § 113 Rn. 28; BeckOGK/*Spindler* AktG § 113 Rn. 34; aA LG Magdeburg JW 1930, 288: Änderung wird noch im laufenden Geschäftsjahr wirksam.

[214] Dazu MüKoAktG/*Habersack* AktG § 113 Rn. 37 mwN. Nicht anwendbar war § 113 Abs. 1 S. 4 AktG aF nach hA auf die Streichung der Aufsichtsratsvergütung, vgl. MüKoAktG/*Habersack* AktG § 113 Rn. 37 mwN.

[215] RegBegr BT-Drs. 19/9739, 88. Für die Aufhebung des § 113 Abs. 1 S. 4 AktG aF bereits *Buckel* AG 2013, 451 (456); krit. zum Referentenentwurf *Bachmann/Pauschinger* ZIP 2019, 1 (9): zwar system- und europarechtskonform, widerspricht aber der Zwecksetzung der 2. ARRL, den Aktionärseinfluss auf die Vergütung zu stärken; ebenso Hirte/Heidel ARUG II/*Lochner/Beneke* AktG § 113 Rn. 2: systematisch unpassend, da die Hauptversammlung die Vorstandsvergütung nun mit einfacher Mehrheit herabsetzen kann, die Aufsichtsratsvergütung hingegen nur mit Dreiviertelmehrheit.

[216] Allgemein MüKoAktG/*Habersack* AktG § 113 Rn. 36; Hölters/*Hambloch-Gesinn/Gesinn* AktG § 113 Rn. 28; zur rückwirkenden Erhöhung der Aufsichtsratsvergütung durch Satzungsänderung GroßkommAktG/*Hopt/Roth* AktG § 113 Rn. 120; Hüffer/Koch/*Koch* AktG § 179 Rn. 28; BeckOGK/*Holzborn* AktG § 179 Rn. 168; K. Schmidt/Lutter AktG/*Seibt* AktG § 179 Rn. 43; Henssler/Strohn/*Strohn* AktG § 179 Rn. 24; Henssler/Strohn/*Hensler* AktG § 113 AktG Rn. 4; MHdB AG/*Hoffmann-Becking* § 33 Rn. 33; NK-AktR/*F. Wagner* AktG § 179 Rn. 40. Gegen die

gelegt oder ausgestaltet werden.²¹⁷ Insofern bleibt aber unklar, welcher „Begründungsvorteil" mit der Auslegung oder Ausgestaltung als Nachzahlungsregelung verbunden sein soll. Die Satzung kann Rechtsverhältnisse rückwirkend regeln, sofern kein Vertrauensschutz Dritter, der Allgemeinheit oder von Aktionären an den Bestand der Satzungsregelung der Rückwirkung entgegensteht.²¹⁸ Wohl überwiegend wird angenommen, dass ein **Vertrauensschutz** der rückwirkenden Erhöhung der Aufsichtsratsvergütung nicht entgegensteht, wenn sich die Erhöhung **auf das laufende und das abgelaufene Geschäftsjahr bezieht.**²¹⁹ Die Beschränkung der Rückwirkung auf das laufende und das abgelaufene Geschäftsjahr beruht offenbar auf dem Gedanken, das abgelaufene Geschäftsjahr sei noch „offen", wenn dieselbe Hauptversammlung die rückwirkende Erhöhung der Aufsichtsratsvergütung beschließt, der auch die Rechnungslegung für das abgelaufene Geschäftsjahr vorliegt, die über die Dividende für das abgelaufene Geschäftsjahr und die über die Entlastung der Verwaltungsmitglieder für das abgelaufene Geschäftsjahr beschließt.²²⁰ Danach wäre eine rückwirkende Erhöhung für das abgelaufene Geschäftsjahr nur zulässig, wenn sie spätestens in der ordentlichen Hauptversammlung beschlossen würde.²²¹ Ist die **Aufsichtsratsvergütung nicht in der Satzung geregelt** und soll sie rückwirkend durch einfachen Hauptversammlungsbeschluss erhöht werden, steht ein Vertrauensschutz Dritter auf die beim Handelsregister hinterlegte Satzung nicht entgegen. Auch insofern sind die Gläubiger der Gesellschaft aber davor zu schützen, dass die Hauptversammlung zeitlich unbeschränkt rückwirkend die Aufsichtsratsvergütung erhöht. Es ist daher auch insofern angezeigt, die rückwirkende Erhöhung auf das laufende und auf das abgelaufene Geschäftsjahr zu beschränken. Die für den bereits abgelaufenen Zeitraum geschuldete Vergütung muss unter Berücksichtigung der rückwirkenden Erhöhung angemessen iSd § 113 Abs. 1 S. 3 AktG sein.

Vereinzelt wird vertreten, im Fall einer rückwirkenden Erhöhung der Aufsichtsratsvergütung liege **kein echter Rückwirkungsfall** vor. Vielmehr handele es sich um eine einmalige Zuzahlung, deren Höhe sich an Umständen der Vergangenheit orientiere.²²² Bei dieser Deutung stünde ein Vertrauensschutz nicht entgegen, die Zuzahlung auch an einem längeren Zeitraum als dem laufenden und dem abgelaufenen Geschäftsjahr zu orientieren. Zu berücksichtigen ist allerdings, dass eine Zuzahlung zusammen mit der bereits geschuldeten Aufsichtsratsvergütung für die künftige Leistungsperiode angemessen iSd § 113 Abs. 1 S. 3 AktG, dh grds. durch besondere künftige Aufgaben des Aufsichtsratsmitglieds begründet sein muss. Eine strafrechtliche Verantwortlichkeit wegen Untreue droht hingegen – anders als nach Maßgabe der „Mannesmann-Rechtsprechung" im Fall einer vom Aufsichtsrat festgesetzten rückwirkenden Vorstandsvergütung²²³ nicht: Beschließt die Hauptversammlung die rückwirkende Vergütung formell und materiell rechtmäßig, sind die Vorstandsmitglieder zivilrechtlich sogar verpflichtet, die rückwirkend gewährte Vergütung auszuzahlen (§ 83 Abs. 2 AktG). Die Aktionäre, die in der Hauptversammlung für die rückwirkende Erhöhung stimmen, trifft keine Vermögensbetreuungspflicht iSd § 266 StGB gegenüber der AG oder den anderen Aktionären.²²⁴

c) Rückwirkende Herabsetzung der Vergütung

Einigkeit besteht wohl darüber, dass **die Vergütung für bereits abgelaufene Geschäftsjahre nicht herabgesetzt werden kann.**²²⁵ Umstritten ist, ob und inwieweit eine rückwirkende Herabsetzung **für das laufende Geschäftsjahr** zulässig ist. Nach inzwischen wohl einhelliger Ansicht kann jedenfalls **eine Festvergütung nicht rückwirkend herabgesetzt** werden. Da der (Fest-)Vergütungsanspruch mit dem Beginn des Geschäftsjahrs entstehe, hätten die Aufsichtsratsmitglieder insoweit bereits eine „*verfestigte*

Zulässigkeit einer rückwirkenden Erhöhung der Aufsichtsratsvergütung BeckOGK/*Spindler* AktG § 113 Rn. 34 mit unzutreffendem Verweis auf MüKoAktG/*Habersack* AktG § 113 Rn. 32, 34; *E. Wagner* in Semler/v. Schenck AR-HdB § 11 Rn. 19.

²¹⁷ Kölner Komm AktG/*Zetzsche* AktG § 179 Rn. 442; Hüffer/Koch/*Koch* AktG § 179 Rn. 28 mwN.
²¹⁸ Hüffer/Koch/*Koch* AktG § 179 Rn. 28 mwN; vgl. zu § 181 AktG auch *Kropff* AktG 1965 S. 291.
²¹⁹ MüKoAktG/*Habersack* AktG § 113 Rn. 36; Hölters/Hambloch-Gesinn/*Gesinn* AktG § 113 Rn. 28; K. Schmidt/Lutter AktG/*Seibt* AktG § 179 Rn. 43; MHdB AG/*Hoffmann-Becking* § 33 Rn. 33; *Maser/Göttle* NZG 2013, 201 (202); *Dempewolf* NJW 1958, 1212 (1214).
²²⁰ Vgl. *Dempewolf* NJW 1958, 1212 (1214).
²²¹ Großzügiger NK-AktR/*F. Wagner* AktG § 179 Rn. 40: Rückwirkende Erhöhung ist für die laufende Amtsperiode zulässig; strenger GroßkommAktG/*Wiedemann* § 179 Rn. 165: Rückwirkende Erhöhung ist nur für das laufende Geschäftsjahr zulässig; ebenso *E. Wagner* in Semler/v. Schenck AR-HdB § 11 Rn. 19.
²²² Kölner Komm AktG/*Zetzsche* AktG § 179 Rn. 442; auf die Möglichkeit einer Zusatzvergütung hinweisend auch *E. Wagner* in Semler/v. Schenck AR-HdB § 11 Rn. 19.
²²³ Dazu MüKoStGB/*Dierlamm* StGB § 266 Rn. 159.
²²⁴ MüKoStGB/*Dierlamm* StGB § 266 Rn. 70; GroßkommAktG/*K. Schmidt* AktG § 245 Rn. 91; dazu, dass jedenfalls Minderheitsaktionäre keine Vermögensbetreuungspflicht trifft, LG Köln wistra 1988, 279; *Hadamitzky* in Müller-Gugenberger WirtschaftsStrafR-HdB § 32 Rn. 119.
²²⁵ Vgl. statt aller MüKoAktG/*Habersack* AktG § 113 Rn. 38 mwN.

Rechtsposition", in die die Hauptversammlung nicht einseitig eingreifen könne.[226] Nach wie vor umstritten ist hingegen, ob dieser Gesichtspunkt auch auf die **variable Vergütung** zu übertragen ist, die zwar ebenfalls bereits zu Beginn des Geschäftsjahrs entsteht, aber als aufschiebend bedingter Anspruch (→ Rn. 78). Eine Ansicht hält eine rückwirkende Herabsetzung der variablen Vergütung für zulässig, weil sich kein schutzwürdiges Vertrauen der Aufsichtsratsmitglieder gebildet haben könne, eine bestimmte Vergütung zu erhalten, solange die Vergütung nicht der Höhe nach feststehe.[227] Die Gegenansicht lehnt eine rückwirkende Herabsetzung der variablen Vergütung für das laufende Geschäftsjahr insgesamt ab,[228] weil auch insoweit die Grundlage des Vergütungsanspruchs bereits mit dem Beginn des Geschäftsjahrs gelegt sei. Eine „vermittelnde Auffassung" hält zumindest eine Herabsetzung ex nunc im laufenden Geschäftsjahr für zulässig.[229]

92   **Stellungnahme:** Zur variablen Vergütung erscheint ein Vertrauensschutz der Aufsichtsratsmitglieder in der Tat weniger bedeutsam als zur Festvergütung, weil „keine fixen Zahlen" versprochen sind, solange nicht feststeht, welcher Betrag sich als variable Vergütung ergibt. Es erscheint aber schwierig, im Einzelfall die Grenze zu ziehen, ab der ein Vertrauen nicht mehr schutzwürdig sein und eine rückwirkende Herabsetzung der Vergütung rechtfertigen soll. Was wäre zB in einem Fall, in dem kurz vor Ablauf des Geschäftsjahrs davon auszugehen wäre, dass die variable Vergütung mit sehr hoher Sicherheit eine bestimmte Größenordnung erreichen wird? Nimmt man die mit der Aufsichtsratsvergütung verbundene Anreizwirkung ernst, erscheint es nicht angebracht, dass diese Anreizwirkung während des Geschäftsjahrs zulasten der Aufsichtsratsmitglieder geändert werden kann. Zulässig erscheint daher allenfalls eine Herabsetzung ex nunc im laufenden Geschäftsjahr, etwa um zu verhindern, dass sich aufgrund eines anstehenden außergewöhnlichen Geschäftsvorfalls die variable Vergütung ungewöhnlich erhöht. Solche Konstellationen sprechen freilich dafür, generell keine variable Vergütung zu gewähren (→ Rn. 21).

93   Soll eine **variable Vergütung unterjährig abgelöst** werden, ist aus Gründen der Rechtssicherheit zu empfehlen, eine **Meistbegünstigungsklausel** zugunsten der Aufsichtsratsmitglieder vorzusehen. Auf Grundlage dieser Meistbegünstigungsklausel wird die neu geregelte Vergütung mit der Vergütung verglichen, die sich ergeben hätte, wenn die bisherige variable Vergütung fortgesetzt worden wäre. Beruhte die bisherige variable Vergütung auf einer **mehrjährigen Performance-Periode,** kann danach noch für mehrere Jahre eine solche Vergleichsbetrachtung anzustellen sein, bis sämtliche Performance-Perioden abgerechnet sind.

10. Vergütungsanspruch bei (vorübergehendem) Ausscheiden

94   Gehört das Aufsichtsratsmitglied **dem Aufsichtsrat nur für einen Teil des Geschäftsjahrs an,** steht ihm der Vergütungsanspruch **nur zeitanteilig** zu,[230] und zwar ohne abweichende Regelung taggenau. Das gilt sowohl, wenn das Aufsichtsratsmitglied endgültig ausscheidet, als auch dann, wenn es vorübergehend zum Stellvertreter eines Vorstandsmitglieds bestellt wird (§ 105 Abs. 2 AktG; zur Vergütung eines zum Stellvertreter eines Vorstandsmitglieds bestellten Aufsichtsratsmitglieds → § 4 Rn. 940). Eine abweichende Regelung erscheint zwar nicht per se unzulässig,[231] ist aber jedenfalls im Hinblick auf das Angemessenheitsgebot nicht zu empfehlen. Die Vergütung eines ausgeschiedenen Aufsichtsratsmitglieds wird nicht bereits unmittelbar nach dem Ausscheiden fällig, sondern nach den allgemeinen Regeln, dh im Fall einer Festvergütung grds. mit Abschluss des Geschäftsjahrs (→ Rn. 79). Die Satzung oder der Hauptversammlungsbeschluss können die Fälligkeit abweichend regeln. Regelt die Satzung oder der Hauptversammlungsbeschluss, dass die (Fest-)Vergütung zB „jährlich" oder „nach Ablauf des Geschäftsjahrs" fällig wird (→ Rn. 79), ohne für unterjährig ausscheidende Aufsichtsratsmitglieder Abweichendes zu regeln, bleibt es grds dabei, dass die (Fest-)Vergütung erst nach Ablauf des Geschäftsjahrs fällig wird.[232] Zum Beispiel mit Blick auf die Anrechnung der Vergütung auf andere Einkünfte – etwa eine Rente ausgeschiede-

---

[226] So zB LG München I AG 2013, 138 (140); MüKoAktG/*Habersack* AktG § 113 Rn. 38 mwN.
[227] LG München I BB 2013, 396 (397 f.) mAnm *Wilsing:* Rückwirkung bei variabler Vergütung möglich; BeckOGK/*Spindler* AktG § 113 Rn. 47.
[228] Gegen eine Rückwirkung wegen Vertrauensschutzes MüKoAktG/*Habersack* AktG § 113 Rn. 36, 38; Hüffer/Koch/*Koch* AktG § 113 Rn. 24; Kölner Komm AktG/*Mertens/Cahn* AktG § 113 Rn. 52, jew. mwN.
[229] GroßkommAktG/*Hopt/Roth* AktG § 113 Rn. 132 auf der Grundlage, dass die Vergütung erst fortlaufend im Lauf des Geschäftsjahrs mit der Erbringung der Aufsichtsratstätigkeit entsteht; *Buckel* AG 2013, 451; *Maser/Göttle* NZG 2012, 201 (202), jew. mwN; für die Möglichkeit der Herabsetzung ex nunc nur bei der variablen Vergütung zB K. Schmidt/Lutter AktG/*Drygala* AktG § 113 Rn. 26 mwN.
[230] MHdB AG/*Hoffmann-Becking* § 33 Rn. 30; für den Fall des vorzeitigen Ausscheidens innerhalb des Geschäftsjahrs ebenso MüKoAktG/*Habersack* AktG § 113 Rn. 51; GroßkommAktG/*Hopt/Roth* AktG § 113 Rn. 100; Kölner Komm AktG/*Mertens/Cahn* AktG § 113 Rn. 37, jew. mwN.
[231] Gegen die Zulässigkeit einer Weiterbezahlung nach Ausscheiden aber MüKoAktG/*Habersack* AktG § 103 Rn. 21 mwN: § 113 Abs. 1 AktG gestattet ausschließlich die Gewährung einer Vergütung *„für die Tätigkeit".*
[232] In diesem Sinn auch Semler/v. Schenck/*v. Schenck* AktG § 113 Rn. 94; MHdB AG/*Hoffmann-Becking* § 33 Rn. 30; *Mutter* AG 2006, R426.

I. Vergütung (§ 113 AktG)

ner Arbeitnehmervertreter – kann es sich anbieten, ausdrücklich zu regeln, dass die (Fest-)Vergütung unterjährig ausscheidender Aufsichtsratsmitglieder bereits mit dem Ausscheiden fällig wird.

11. Erster Aufsichtsrat (§ 113 Abs. 2 AktG)

Den **Mitgliedern des ersten Aufsichtsrats** kann **ausschließlich die Hauptversammlung** eine Vergütung bewilligen, und zwar frühestens die Hauptversammlung, die über die Entlastung der Mitglieder des ersten Aufsichtsrats beschließt (§ 113 Abs. 2 S. 1 AktG). Mit der Entscheidung über ihre Entlastung **endet die Amtszeit der Mitglieder des ersten Aufsichtsrats** (§ 30 Abs. 3 AktG). Erst nach dem Ende ihrer Amtszeit soll entschieden werden, ob ihre Tätigkeit vergütet wird. Die Gründer können die Vergütung der von ihnen zu bestellenden Mitglieder des ersten Aufsichtsrats (§§ 30, 31 AktG) nicht schon im Zug der Gründung in der Satzung festsetzen. Dadurch soll ausgeschlossen werden, dass die Gründer Einfluss auf die Festsetzung der Vergütung nehmen.[233] Die Hauptversammlung kann die Vergütung der Mitglieder des ersten Aufsichtsrats sowohl durch Satzungsänderung als auch durch einfachen Hauptversammlungsbeschluss festsetzen.[234] Zu empfehlen ist idR ein einfacher Hauptversammlungsbeschluss. 95

Die Hauptversammlung, die die Vergütung der Mitglieder des ersten Aufsichtsrats frühestens festsetzen kann, muss eine **Sachentscheidung über ihre Entlastung treffen,** also die Entlastung erteilen oder verweigern. Vertagt die Hauptversammlung die Entlastung, kann sie keine Vergütung festsetzen.[235] Beschlüsse zur Vergütung der Mitglieder des ersten Aufsichtsrats, die die Hauptversammlung trifft, bevor sie eine Sachentscheidung über ihre Entlastung getroffen hat, sind **nach § 241 Nr. 3 AktG nichtig.**[236] Es ist hingegen zulässig, dass erst eine spätere Hauptversammlung die Vergütung festsetzt als die, die eine Sachentscheidung über die Entlastung trifft.[237] 96

Erhalten Mitglieder des ersten Aufsichtsrats eine Vergütung auf Grundlage eines Hauptversammlungsbeschlusses, der nicht den Voraussetzungen des § 113 Abs. 2 AktG entspricht, sind sie nach §§ 812 ff. BGB **zur Rückzahlung verpflichtet** (→ Rn. 104). 97

12. Insolvenz, Abwicklung, Umwandlung, Gewinnabführungsvertrag, Beherrschungsvertrag

Wird über das Vermögen der AG das **Insolvenzverfahren** eröffnet, behalten die Aufsichtsratsmitglieder zunächst ihre Mandate.[238] Da sie gegenüber dem Insolvenzverwalter keine Beratungs- oder Überwachungsaufgabe mehr wahrnehmen, **erlischt aber ihr Vergütungsanspruch.**[239] Anspruch auf **Ersatz angefallener Auslagen** haben Aufsichtsratsmitglieder auch nach Eröffnung eines Insolvenzverfahrens.[240] 98

Wird die AG **außerhalb eines Insolvenzverfahrens abgewickelt,** behalten die Aufsichtsratsmitglieder ihren Anspruch auf den festen Teil ihrer Vergütung und es entfällt lediglich der variable, am Geschäftsgewinn ausgerichtete Vergütungsanteil, da der Zweck der Gesellschaft nicht mehr auf Gewinnerzielung, sondern auf Abwicklung gerichtet ist.[241] 99

Erlischt die AG durch **Verschmelzung oder Spaltung,** enden das Amt als Aufsichtsratsmitglied und damit der Vergütungsanspruch mit dem Wirksamwerden der Verschmelzung oder Spaltung durch Eintragung in das Handelsregister.[242] Wird die Verschmelzung oder Spaltung nicht zum Ende des Geschäftsjahrs wirksam, hat das Aufsichtsratsmitglied Anspruch auf anteilige Vergütung bis zum Wirksamwerden der Verschmelzung oder Spaltung.[243] Ein gewinnabhängiger variabler Vergütungsanspruch soll hingegen nach überwiegender Ansicht insgesamt entfallen, sofern der Verschmelzungs- oder Spaltungsbeschluss nichts Abweichendes regelt[244] oder nicht ohnehin ein Zwischenabschluss aufzustellen ist.[245] 100

Im Fall eines **Formwechsels** ist zu unterscheiden: Bleiben die Aufsichtsratsmitglieder nach dem Formwechsel **gemäß § 203 UmwG im Amt,** bleibt die bisherige Vergütungsregelung bestehen, sofern 101

---

[233] MüKoAktG/*Habersack* AktG § 113 Rn. 58 mwN.
[234] MüKoAktG/*Habersack* AktG § 113 Rn. 58.
[235] MüKoAktG/*Habersack* AktG § 113 Rn. 58 mwN.
[236] GroßkommAktG/*Hopt/Roth* AktG § 113 Rn. 151 mwN.
[237] MüKoAktG/*Habersack* AktG § 113 Rn. 58; GroßkommAktG/*Hopt/Roth* AktG § 113 Rn. 152 mwN.
[238] GroßkommAktG/*Hopt/Roth* AktG § 113 Rn. 102; Kölner Komm AktG/*Mertens/Cahn* AktG § 113 Rn. 39; BeckOGK/*Spindler* AktG § 113 Rn. 68.
[239] GroßkommAktG/*Hopt/Roth* AktG § 113 Rn. 102; MüKoAktG/*Habersack* AktG § 113 Rn. 52; Kölner Komm AktG/*Mertens/Cahn* AktG § 113 Rn. 39.
[240] *Oechsler* AG 2006, 606 (608 ff.); MüKoAktG/*Habersack* AktG § 103 Rn. 57.
[241] GroßkommAktG/*Hopt/Roth* AktG § 113 Rn. 103; MüKoAktG/*Habersack* AktG § 113 Rn. 52; Kölner Komm AktG/*Mertens/Cahn* AktG § 113 Rn. 40; Semler/v. Schenck/*v. Schenck* AktG § 113 Rn. 95.
[242] GroßkommAktG/*Hopt/Roth* AktG § 113 Rn. 104; MüKoAktG/*Habersack* AktG § 113 Rn. 53.
[243] MüKoAktG/*Habersack* AktG § 113 Rn. 53.
[244] GroßkommAktG/*Hopt/Roth* AktG § 113 Rn. 104; Kölner Komm AktG/*Mertens/Cahn* AktG § 113 Rn. 40.
[245] MüKoAktG/*Habersack* AktG § 113 Rn. 53.

die Satzung im Zusammenhang mit dem Formwechsel nichts Abweichendes regelt.²⁴⁶ Ist aufgrund des Formwechsels **erstmals ein Aufsichtsrat zu bilden,** kann **die Gründungssatzung** der durch Formwechsel entstehenden AG **die Aufsichtsratsvergütung regeln.**²⁴⁷ § 113 Abs. 2 AktG regelt zwar, dass den Mitgliedern des ersten Aufsichtsrats erst die Hauptversammlung eine Vergütung bewilligen kann, die über die Entlastung der Mitglieder des ersten Aufsichtsrats beschließt (→ Rn. 95). § 113 Abs. 2 AktG setzt aber voraus, dass ein erster Aufsichtsrat gemäß § 30 AktG zu bilden ist; die Vorschriften über die Bildung und Zusammensetzung des ersten Aufsichtsrats, zu denen § 30 AktG gehört, sind aber nicht anwendbar, wenn eine AG durch Formwechsel entsteht (§ 197 S. 2 UmwG).²⁴⁸

102 Der Abschluss eines **(Teil-)Gewinnabführungsvertrags** (§ 291 Abs. 1 AktG bzw. § 292 Abs. 2 AktG) berührt den Anspruch auf eine gewinnabhängige variable Aufsichtsratsvergütung nicht: Zugrunde zu legen ist für die Berechnung der „ohne die Gewinnabführung entstandene" Bilanzgewinn, vermindert um Einstellungen in andere Gewinnrücklagen und erhöht um vor Wirksamwerden des Vertrags gebildete andere Gewinnrücklagen.²⁴⁹ Eine dividendenorientierte variable Vergütung kann nach §§ 242, 313 BGB anzupassen sein.²⁵⁰ Auch beim Abschluss eines **Beherrschungsvertrags** kann eine dividendenorientierte variable Vergütung nach §§ 242, 313 BGB anzupassen sein. Insbes. bei Bestehen eines Gewinnabführungs- und/oder Beherrschungsvertrags ist generell zu empfehlen, eine reine Festvergütung zu regeln, die den aufgrund des Beherrschungs- und/oder Gewinnabführungsvertrags geänderten Aufgaben der Aufsichtsratsmitglieder und der geänderten Lage der Gesellschaft Rechnung trägt.

13. Vergütung für Ehrenmitglieder und Ehrenvorsitzende

103 **Ehemalige Aufsichtsratsmitglieder** haben nach dem Ende ihrer Amtszeit keinen Vergütungsanspruch mehr, und für ehemalige Aufsichtsratsmitglieder kann grds. kein Vergütungsanspruch begründet werden. Für **Ehrenmitglieder und Ehrenvorsitzende** des Aufsichtsrats (→ § 2 Rn. 99 f.) soll hingegen jedenfalls durch Satzungsregelung ein **„Ehrensold"** gewährt werden können.²⁵¹ Dabei soll die Satzung den Aufsichtsrat zur Festlegung einer angemessenen Vergütung ermächtigen dürfen.²⁵² Teilweise wird darüber hinaus eine originäre Kompetenz des Aufsichtsrats angenommen.²⁵³ Der Aufsichtsrat sollte aber aufgrund der großen Sensibilität von Vergütungsfragen davon absehen, eigenmächtig eine Vergütung für Ehrenmitglieder und Ehrenvorsitzende zu bewilligen.²⁵⁴

14. Folgen unzulässiger Vergütung

a) Haftung des empfangenden Aufsichtsratsmitglieds

104 Erhalten Aufsichtsratsmitglieder eine Vergütung, die nicht auf einem wirksamen Hauptversammlungsbeschluss oder einer wirksamen Satzungsregelung beruht, sind sie verpflichtet, die erhaltene Vergütung **gemäß § 812 Abs. 1 S. 1, 2 BGB, § 819 Abs. 2 BGB zurückzugewähren.**²⁵⁵ Der Rückgewähranspruch ergibt sich nach verbreiteter Auffassung **auch aus § 114 Abs. 2 AktG analog** (→ Rn. 216).²⁵⁶ Aufsichtsratsmitglieder können daher gegen den Rückgewähranspruch nicht mit einem eigenen Bereicherungsanspruch aufrechnen, der auf Herausgabe bzw. Wertersatz der Bereicherung gerichtet ist, die die AG durch ihre Tätigkeit erlangte (§ 114 Abs. 2 S. 2 AktG). Im Rahmen von § 114 Abs. 2 AktG kann sich das Auf-

---

[246] GroßkommAktG/*Hopt/Roth* AktG § 113 Rn. 104; MüKoAktG/*Habersack* AktG § 113 Rn. 53; Kölner Komm AktG/*Mertens/Cahn* AktG § 113 Rn. 40; BeckOGK/*Spindler* AktG § 113 Rn. 68; MHdB AG/*Hoffmann-Becking* § 33 Rn. 40.
[247] MüKoAktG/*Habersack* AktG § 113 Rn. 53.
[248] MHdB AG/*Hoffmann-Becking* § 33 Rn. 40.
[249] MüKoAktG/*Habersack* AktG § 113 Rn. 53; Kölner Komm AktG/*Mertens/Cahn* AktG § 113 Rn. 41.
[250] MüKoAktG/*Habersack* AktG § 113 Rn. 53; Kölner Komm AktG/*Mertens/Cahn* AktG § 113 Rn. 41.
[251] Henssler/Strohn/*Henssler* AktG § 107 Rn. 15; Hüffer/Koch/*Koch* AktG § 107 Rn. 12; BeckOGK/*Spindler* AktG § 107 Rn. 68; MüKoAktG/*Habersack* AktG § 107 Rn. 73. AA – einem Ehrensold kann nur der Aufsichtsrat auch ohne Satzungsermächtigung als Annexkompetenz seiner Kompetenz gewähren, einen Ehrenvorsitzenden zu ernennen – *Johannsen-Roth/Kießling* NZG 2013, 972 (974); vgl. auch BeckOGK/*Spindler* AktG § 113 Rn. 9 mwN; MüKoAktG/*Semler*, 2. Aufl. 2004, § 113 Rn. 27: Es entscheidet das Organ, das den Ehrenvorsitzenden ernannt hat.
[252] MüKoAktG/*Habersack* AktG § 107 Rn. 73.
[253] *Johannsen-Roth/Kießling* NZG 2013, 972 (974); wohl auch *Siebel* FS Peltzer, 2001, 519 (535); *Semler/v. Schenck Mutter* AktG § 107 Rn. 94: Ein „einfacher" Aufsichtsratsbeschluss genügt.
[254] Ebenso Hüffer/Koch/*Koch* AktG § 107 Rn. 12.
[255] MüKoAktG/*Habersack* AktG § 113 Rn. 54; GroßkommAktG/*Hopt/Roth* AktG § 113 Rn. 148. Einschränkend K. Schmidt/Lutter AktG/*Drygala* AktG § 113 Rn. 21: Rückforderung nur bei Sittenwidrigkeit; wohl auch BeckOGK/*Spindler* AktG § 113 Rn. 39, dem zufolge Aufsichtsratsmitglieder nach § 817 S. 1 BGB im Übrigen lediglich *„den unangemessenen Teil der empfangenen Vergütungen zurückzugewähren"* haben.
[256] Grigoleit/*Grigoleit/Tomasic/Kochendörfer* AktG § 113 Rn. 35; MüKoAktG/*Habersack* AktG § 113 Rn. 54; BeckOGK/*Spindler* AktG § 113 Rn. 70; aA GroßkommAktG/*Hopt/Roth* AktG § 113 Rn. 148 f.: Anwendung des § 114 Abs. 2 AktG analog nur bei nach § 113 AktG nichtigen Beratungsverträgen.

sichtsratsmitglied zudem insbes. nicht auf den Einwand der Entreicherung (§ 818 Abs. 3 BGB) oder den Ausschluss des Anspruchs wegen Kenntnis der Nichtschuld (§ 814 BGB) berufen; auch wenn die Regelung zum Ausschluss des Anspruchs wegen Kenntnis der Nichtschuld (§ 814 BGB) anwendbar wäre, dürfte das Aufsichtsratsmitglied im Übrigen idR nicht darauf vertrauen, eine unangemessene Vergütung behalten zu dürfen.[257] Ist die Vergütung sittenwidrig (§ 138 BGB) und der Hauptversammlungsbeschluss, der die Vergütung durch Satzungsregelung festsetzt, daher nichtig (§ 241 Nr. 4 AktG), endet die Rückgewährpflicht, sobald die Nichtigkeit der Satzungsregelung zur Aufsichtsratsvergütung geheilt ist (→ Rn. 52). Ist das Aufsichtsratsmitglied, das eine unangemessene oder gar sittenwidrige Vergütung erhält, **zugleich Aktionär der AG,** verstößt die Zahlung als **(verdeckte) Einlagenrückgewähr** auch gegen das Kapitalerhaltungsgebot (§ 57 AktG).[258] Die AG hat daher insoweit, als die Vergütung unangemessen ist, einen kapitalerhaltungsrechtlichen Erstattungsanspruch (§ 62 AktG).[259] Ist der Beschluss der Hauptversammlung oder die Satzungsregelung nichtig, der bzw. die die Vergütung festsetzt, verstößt die Aufsichtsratsvergütung insgesamt gegen das Kapitalerhaltungsgebot, solange die Nichtigkeit nicht geheilt ist. In diesem Fall hat das Aufsichtsratsmitglied nach § 62 AktG die gesamte erhaltene Vergütung zu erstatten.

Für Vorstandsmitglieder soll nach teilweise vertretener Ansicht eine Schadensersatzhaftung nach § 93 Abs. 2 S. 1 AktG wegen einer Treuepflichtverletzung in Betracht kommen, wenn sie eine unangemessene hohe Vergütung entgegennehmen.[260] Für Aufsichtsratsmitglieder wird eine entsprechende Treuepflichtverletzung bisher offenbar nicht diskutiert. Vielmehr sollen Aufsichtsratsmitglieder nicht verpflichtet sein, insoweit auf eine unangemessene Aufsichtsratsvergütung zu verzichten,[261] bis sie angemessen ist. In der Tat scheidet eine **Treuepflichtverletzung von Aufsichtsratsmitgliedern durch Aushandeln ihrer Vergütung grds. aus,** weil die Aufsichtsratsmitglieder ihre Vergütung idR nicht mit der Hauptversammlung aushandeln.[262]

b) Haftung von Vorstands- und Aufsichtsratsmitgliedern wegen Mitwirkung an einer unzulässigen Vergütung

Vorstands- und Aufsichtsratsmitglieder, die im Zusammenhang mit an Aufsichtsratsmitglieder zu Unrecht geleisteten Zahlungen Pflichten verletzt haben, können gegenüber der AG auf Schadensersatz haften (§ 116 S. 1 AktG, 93 Abs. 3 Nr. 7 AktG, im Fall der (verdeckten) Einlagenrückgewähr an ein Aufsichtsratsmitglied, das zugleich Aktionär ist, auch § 93 Abs. 3 Nr. 1 AktG). Ist die festgesetzte Aufsichtsratsvergütung **zwar unangemessen oder sittenwidrig, aber bestandskräftig festgesetzt** (→ Rn. 52), etwa weil die Nichtigkeit einer Satzungsregelung geheilt ist (§ 242 Abs. 2 AktG), die eine sittenwidrige Aufsichtsratsvergütung festsetzt, haften Vorstands- und Aufsichtsratsmitglieder nicht nach § 93 Abs. 3 Nr. 7 AktG, § 116 S. 1 AktG, wenn sie an der Auszahlung der Aufsichtsratsvergütung mitwirken oder die Auszahlung nicht unterbinden, weil die Auszahlung dann auf einem gesetzmäßigen Hauptversammlungsbeschluss beruht (§ 93 Abs. 4 S. 1 AktG).[263] Der Vorstand und der Aufsichtsrat sind in diesem Fall aber verpflichtet, dafür zu sorgen, dass die unangemessen oder sittenwidrig festgesetzte Aufsichtsratsvergütung

---

[257] Zu einer unangemessen hohen Vorstandsvergütung *Kort* DStR 2007, 1127 (1131).
[258] Vgl. zu Vorstandsmitgliedern, die Aktien der AG halten und eine überhöhte, dh iSd neben § 57 AktG anwendbaren § 87 Abs. 1 S. 1 AktG unangemessene Vergütung erhalten, MüKoAktG/*Bayer* AktG § 57 Rn. 73; Kölner Komm AktG/*Drygala* AktG § 57 Rn. 93; K. Schmidt/Lutter AktG/*Fleischer* AktG § 57 Rn. 68; GroßkommAktG/*Henze* AktG § 57 Rn. 48; *Fleischer* WM 2007, 909 (915); zur GmbH RG HRR 1941, 132; zur umstrittenen Frage, ob Aufsichtsratsmitglieder einwenden können, ein Verstoß gegen § 57 AktG liege nicht vor, wenn die Leistung nichts mit der Aktionärseigenschaft zu tun habe, → Rn. 271.
[259] Zum Umfang des Anspruchs nach § 62 AktG Hüffer/Koch/*Koch* AktG § 62 Rn. 10 f.; MüKoAktG/*Bayer* AktG § 62 Rn. 46 ff., 50 ff., jew. mwN zum Meinungsstand.
[260] *Peltzer* FS Lutter, 2000, 571 (578); *Lutter* ZIP 2006, 733 (735); *Fleischer/Bauer* ZIP 2015, 1901 (1902 ff.); BeckOGK/*Fleischer* AktG § 87 Rn. 65; Kölner Komm AktG/*Mertens/Cahn* AktG § 93 Rn. 107; GroßkommAktG/*Hopt/Roth* AktG § 93 Rn. 243; Hüffer/Koch/*Koch* AktG § 87 Rn. 46: „*nur in krassen Fällen*"; zu § 70 AktG 1937 RG DR 1944, 448 (489); aA K. Schmidt/Lutter AktG/*Seibt* AktG § 87 Rn. 23: Vorstandsmitglieder seien nicht Pflichtenadressaten des § 87 Abs. 1 AktG; ähnlich MüKoAktG/*Spindler* AktG § 87 Rn. 141: Haftung nur, „*wenn das Vorstandsmitglied die Willensbildung des Aufsichtsrats aktiv und pflichtwidrig beeinflusst hat, etwa durch die Erteilung von Fehlinformationen.*"
[261] K. Schmidt/Lutter AktG/*Drygala* AktG § 113 Rn. 21.
[262] Vgl. OLG Braunschweig AG 2013, 47 (48).
[263] MüKoAktG/*Habersack* AktG § 113 Rn. 47. Nach hA führt die Heilung der Nichtigkeit dazu, dass die Nichtigkeit rückwirkend materiell-rechtlich beseitigt wird und nicht dazu, dass die fortbestehende Nichtigkeit nicht mehr geltend gemacht werden kann, siehe BGHZ 99, 211 (216 ff.) = NJW 1987, 902; offen gelassen allerdings BGHZ 202, 87 Rn. 14 = NZG 2014, 1307; BeckOGK/*Casper* AktG § 242 Rn. 12 mwN, auch zur Gegenansicht, die annimmt, dass die Nichtigkeit fortbesteht und lediglich nicht mehr geltend gemacht werden kann. Nach hA sind mit der Heilungswirkung die Befolgungspflicht und die Haftungsfreistellung verbunden, BeckOGK/*Casper* AktG § 242 Rn. 16 f.; MüKoAktG/*Hüffer/Schäfer* AktG § 242 Rn. 21 mwN, auch zur Gegenansicht.

so schnell wie möglich geändert wird.²⁶⁴ Vorstands- und Aufsichtsratsmitglieder müssen außerdem verhindern, dass die Nichtigkeit einer Vergütungsregelung geheilt wird.²⁶⁵ Ist Heilung eingetreten, müssen sie grds. eine Löschung von Amts wegen anregen (§ 242 Abs. 2 S. 3 AktG entsprechend iVm § 398 FamFG; → Rn. 51).

107 Im Übrigen sind die Aufsichtsratsmitglieder – und ebenso die Vorstandsmitglieder – zwar verpflichtet, der Hauptversammlung **Beschlussvorschläge zu machen,** wenn die Aufsichtsratsvergütung geändert werden soll (§ 124 Abs. 3 S. 1 AktG), und diese Beschlussvorschläge müssen nach hA auf einen rechtmäßigen Hauptversammlungsbeschluss abzielen,²⁶⁶ dh eine angemessene Aufsichtsratsvergütung. Dass Aufsichtsratsmitglieder – und evtl. Vorstandsmitglieder – haften, weil sie der Hauptversammlung einen auf eine unangemessene Aufsichtsratsvergütung abzielenden Beschlussvorschlag machen, kommt aber allenfalls in Betracht, wenn weitere Umstände hinzukommen, etwa wenn die Hauptversammlung auf Nachfrage von Aktionären unzutreffend informiert wird, die Vergütung sei angemessen.²⁶⁷ In Betracht kommt eine Haftung von Vorstands- und Aufsichtsratsmitgliedern, weil sie **nicht verhindert** haben, dass eine von der **Hauptversammlung festgesetzte unangemessene oder sittenwidrige Aufsichtsratsvergütung bestandskräftig** wurde.²⁶⁸

c) Vergütungsbeschluss der Hauptversammlung als „nachteilige Veranlassung" im faktischen AG-Konzern?

108 Beschließt die Hauptversammlung über die Aufsichtsratsvergütung mit den Stimmen eines **faktisch herrschenden Unternehmens,** lässt sich nicht ausschließen, dass ein Gericht einen solchen Hauptversammlungsbeschluss als **Veranlassung** iSv § 311 Abs. 1 AktG bewerten oder annehmen würde, das herrschende Unternehmen habe im Vorfeld veranlasst, dass der Vorstand und/oder der Aufsichtsrat der abhängigen AG den Hauptversammlungsbeschluss vorbereiten.²⁶⁹ Eine solche Veranlassung wäre für die abhängige AG **nachteilig,** wenn „*ein ordentlicher und gewissenhafter Geschäftsleiter einer unabhängigen Gesellschaft*" (§ 317 Abs. 2 AktG) die betreffende Vergütung nicht gewährt hätte.²⁷⁰ Dass ein herrschendes Unternehmen bei der Beschlussfassung der Hauptversammlung über die Aufsichtsratsvergütung Aktionärsrechte wahrnimmt, steht nach im Schrifttum vertretener Ansicht nicht entgegen, den Beschluss als evtl. nachteilige Veranlassung einzuordnen: Auch bei Gewinnverwendungsbeschlüssen werde teilweise eine nachteilige Veranlassung iSv § 311 Abs. 1 AktG für möglich gehalten, zB wenn das herrschende Unternehmen Einfluss auf die Höhe des zur Verfügung stehenden Bilanzgewinns oder den Gewinnverwendungsvorschlag nimmt. Das herrschende Unternehmen dürfe auch als Hauptversammlung nicht eine Ausschüttung herbeiführen, die aus Sicht der Verwaltung nicht pflichtgemäß wäre (§ 317 Abs. 2 AktG).²⁷¹ Mit Blick auf die von der

---

²⁶⁴ Krit. mit Verweis auf die § 242 AktG zugrundeliegende Zielsetzung der Rechtssicherheit *W. Goette* FS Röhricht, 2005, 115 (116 f.).
²⁶⁵ MüKoAktG/*Hüffer/Schäfer* AktG § 242 Rn. 22; GroßkommAktG/*K. Schmidt* AktG § 242 Rn. 13; aA BeckOGK/*Casper* AktG § 242 Rn. 17.
²⁶⁶ LG Frankfurt a. M. NZG 2004, 672 (674); BeckOGK/*Rieckers* AktG § 124 Rn. 51; MüKoAktG/*Kubis* AktG § 124 Rn. 30, 42; GroßkommAktG/*Butzke* AktG § 124 Rn. 75; *Bayer* FS K. Schmidt, 2009, 85 (101); aA *K. -S. Scholz* AG 2008, 11 (16): § 124 AktG verlangt lediglich, dass die Einberufung überhaupt Beschlussvorschläge enthält. Differenzierend GroßkommAktG/*Butzke* AktG § 124 Rn. 75: Ein auf einen lediglich anfechtbaren, aber nicht nichtigen Hauptversammlungsbeschluss gerichteter Beschlussvorschlag ist pflichtwidrig, wenn der Vorstand und/oder der Aufsichtsrat annehmen darf, dass der anfechtbare Hauptversammlungsbeschluss nicht angefochten wird.
²⁶⁷ Unklar Grigoleit/*Grigoleit/Tomasic/Kochendörfer* AktG § 113 Rn. 19 zum Beschlussvorschlag zu einem Beschluss nach § 113 Abs. 3 AktG: Organhaftung für mangelhafte Antragsvorbereitung steht unter dem Vorbehalt, dass der Verstoß erkennbar war.
²⁶⁸ Zu den Pflichten der Vorstandsmitglieder mit Blick auf (möglicherweise) anfechtbare Hauptversammlungsbeschlüsse Kölner Komm AktG/*Mertens/Cahn* AktG § 93 Rn. 155 f.; MüKoAktG/*Spindler* AktG § 93 Rn. 118; BeckOGK/*Fleischer* AktG § 93 Rn. 326; GroßkommAktG/*Hopt/Roth* AktG § 93 Rn. 175; Hölters/*Hölters* AktG § 93 Rn. 66; Hüffer/Koch/*Koch* AktG § 243 Rn. 50.
²⁶⁹ Allgemein dazu, dass ein Hauptversammlungsbeschluss „Veranlassung" iSd §§ 311 ff. AktG sein kann, BGH AG 2012, 680 Rn. 18; Hüffer/Koch/*Koch* AktG § 311 Rn. 15 mwN. BeckOGK/*Spindler* AktG § 113 Rn. 39 meint zwar, dass § 113 Abs. 1 S. 3 AktG keine gläubigerschützende Funktion habe, da keine gesetzliche Handhabe zur Verfügung stehe, die Hauptversammlung für überhöhte Vergütungen zum Schadensersatz heranzuziehen. Ein herrschendes Unternehmen kann aber nach § 317 Abs. 1 AktG haften.
²⁷⁰ Allgemein zum Maßstab zur Feststellung der Nachteiligkeit BGHZ 141, 79 (88 f.) = NJW 1999, 1706; BGHZ 175, 365 Rn. 9, 11 = NJW 2008, 1583; BGHZ 179, 71 Rn. 9 = NJW 2009, 850; Hüffer/Koch/*Koch* AktG § 311 Rn. 25; Emmerich/Habersack/*Habersack* AktG § 311 Rn. 40; K. Schmidt/Lutter AktG/*J. Vetter* AktG § 311 Rn. 48, jeweils mwN, auch zur Gegenansicht.
²⁷¹ MüKoAktG/*Altmeppen* AktG § 311 Rn. 122 f.; BeckOGK/*Müller* AktG § 311 Rn. 81; Grigoleit/*Grigoleit* AktG § 311 Rn. 30; NK-AktR/*Schatz/Schödel* AktG § 311 Rn. 51; aA – der Dividendenbeschluss ist keine nachteilige Veranlassung iSv § 311 Abs. 1 AktG – Kölner Komm AktG/*Koppensteiner* AktG § 311 Rn. 26; K. Schmidt/Lutter AktG/*J. Vetter* AktG § 311 Rn. 83; MHdB AG/*Krieger* § 70 Rn. 88; Emmerich/Habersack/*Habersack* AktG § 311 Rn. 30a; Hüffer/Koch/*Koch* AktG § 311 Rn. 13.

Hauptversammlung beschlossene Aufsichtsratsvergütung läge ein Nachteil danach vor, wenn die Vergütung unangemessen iSd § 113 Abs. 1 S. 3 AktG oder gar sittenwidrig ist (→ Rn. 46). Ein Nachteil könnte zudem in Betracht kommen, wenn die Hauptversammlung die Aufsichtsratsvergütung **rückwirkend erhöht** oder **rückwirkend eine zusätzliche Aufsichtsratsvergütung gewährt.** Ein Nachteil liegt aber fern, wenn ein sachlicher Grund für die rückwirkende Erhöhung oder die zusätzliche Vergütung besteht, etwa, weil der Aufsichtsrat einen neuen Ausschuss gebildet und zunächst vergessen hat, der Hauptversammlung vorzuschlagen, für die zusätzliche Arbeit in dem betreffenden Ausschuss eine zusätzliche Vergütung festzulegen. Ein Nachteil liegt zudem fern, wenn das herrschende Unternehmen nicht von der rückwirkenden Erhöhung profitiert. Ein Nachteil kommt hingegen zB in Betracht, wenn die rückwirkende Erhöhung oder zusätzliche Vergütung dazu dient, Organmitgliedern oder Mitarbeitern des herrschenden Unternehmens, die gleichzeitig Aufsichtsratsmitglieder der abhängigen AG sind, eine Leistung im Interesse des herrschenden Unternehmens zukommen zu lassen. Veranlasst das herrschende Unternehmen eine nachteilige Aufsichtsratsvergütung, muss es den Erhöhungsbetrag bis zum Ende des Geschäftsjahrs als Nachteilsausgleich leisten oder einen entsprechenden Rechtsanspruch gewähren (§ 311 Abs. 2 AktG); andernfalls muss es Schadensersatz leisten (§ 317 Abs. 1 AktG). Ungeachtet der Frage, ob ein Nachteil iSd § 311 AktG vorliegt, wäre die Begründung einer rückwirkenden/zusätzlichen Aufsichtsratsvergütung in den Abhängigkeitsbericht aufzunehmen, wenn der Hauptversammlungsbeschluss zur Vergütungsfestsetzung als Veranlassung iSd § 311 AktG einzuordnen wäre (§ 312 Abs. 1 S. 2 AktG).

15. Steuerrechtliche Gesichtspunkte

a) Einkommensteuer

Die Aufsichtsratsvergütung **unterliegt der Einkommensteuer** nach § 2 Abs. 1 Nr. 3 EStG, § 18 Abs. 1 Nr. 3 EStG, nicht aber als Lohnsteuer, da die Aufsichtsratstätigkeit ausdrücklich als „selbständige Arbeit" aufgeführt ist. **Für ausländische Aufsichtsratsmitglieder** besteht eine beschränkte Einkommensteuerpflicht (§ 1 Abs. 4 EStG, § 18 Abs. 1 Nr. 3 EStG, § 49 Abs. 1 Nr. 3 EStG), die durch eine direkt bei der Gesellschaft erhobene Aufsichtsratsteuer in Höhe von 30% der Bruttovergütung abgegolten wird (§ 50a Abs. 1 Nr. 4, Abs. 2 S. 1 Alt. 2 EStG). Soweit sich Aufsichtsratsmitglieder vor ihrer Bestellung verpflichten müssen, ihre Aufsichtsratsvergütung an Dritte abzuführen, kann das Aufsichtsratsmitglied den abgeführten Teil der Vergütung als Betriebsausgaben behandeln; das betrifft insbesondere Gewerkschaftsvertreter, → Rn. 86, ferner zB entsandte Aufsichtsratsmitglieder.[272]

Für die AG stellen gewährte **Aufsichtsratsvergütungen** nach § 10 Nr. 4 KStG lediglich zur Hälfte Betriebsausgaben dar; das Bundesverfassungsgericht hält diese beschränkte Abzugsfähigkeit für verfassungsrechtlich zulässig.[273] **Auslagenersatz,** den die AG übernimmt, ist hingegen **in voller Höhe** als Betriebsausgabe **abzugsfähig** (Abschnitt 50 Abs. 1 S. 3 KSt-Richtlinien 2004).

b) Umsatzsteuer

aa) Aufsichtsratsmitglieder als umsatzsteuerliche Unternehmer? Als Einkunft aus selbstständiger Tätigkeit iSd § 18 Abs. 1 Nr. 3 EStG unterlag die Aufsichtsratstätigkeit nach bisher ganz hA **grds. der Umsatzsteuer** nach § 1 Abs. 1 Nr. 1 UStG, § 10 Abs. 1 S. 2 UStG, sofern nicht das Kleinunternehmerprivileg des § 19 Abs. 1 UStG eingriff. Entsprechendes galt für die erstatteten Auslagen.[274] Die (Umsatz-)Steuerpflicht galt für alle Aufsichtsratsmitglieder, auch für Arbeitnehmervertreter.[275]

In der neuen Rechtsprechung des EuGH und des BFH zeichnet sich ab, dass Aufsichtsratsmitglieder nicht mehr generell als Unternehmer iSd § 2 Abs. 1 UStG einzuordnen sind. Der **EuGH ordnete** die Tätigkeit von Aufsichtsratsmitgliedern einer niederländischen Stiftung **jedenfalls dann nicht als selbstständige wirtschaftliche Tätigkeit** iSv Art. 9 Abs. 1 der Mehrwertsteuerrichtlinie[276] ein, **wenn sie ausschließlich eine feste Vergütung erhalten:** Die Aufsichtsratsmitglieder trügen in diesem Fall kein wirtschaftliches Risiko und handelten im Hinblick auf die übertragenen Befugnisse nicht in eigener Verantwortung.[277]

Der BFH schloss sich der Sichtweise des EuGH insoweit an, dass ein Aufsichtsratsmitglied einer deutschen AG kein Vergütungsrisiko und damit auch kein wirtschaftliches Risiko trägt, wenn es **eine**

---

[272] BFHE 131, 506 zur Pflicht eines Arbeitnehmervertreters, Teile der Aufsichtsratsvergütung an die betriebliche Urlaubskasse abzuführen; zur Abführungspflicht von Gewerkschaftsvertretern an gewerkschaftliche Einrichtungen, zB die Hans-Böckler-Stiftung, OFD Frankfurt a. M. v. 20.3.1995, S 2144 A-2-St II 20.
[273] BVerfGE 34, 103 (113 ff.); krit. dazu BeckOGK/*Spindler* AktG § 113 Rn. 75 mwN.
[274] MüKoAktG/*Habersack* AktG § 113 Rn. 56; Henssler/Strohn/*Henssler* AktG § 113 Rn. 13.
[275] MüKoAktG/*Habersack* AktG § 113 Rn. 55 f.; BeckOGK/*Spindler* AktG § 113 Rn. 77.
[276] RL 2006/112/EG des Rates vom 28.11.2006 über das gemeinsame Mehrwertsteuersystem.
[277] EuGH DStR 2019, 1396 – IO.

jährlich gleich hohe Festvergütung und keine variablen Vergütungsbestandteile erhält; in diesem Fall ist das Aufsichtsratsmitglied entgegen der bisherigen Rechtsprechung nicht selbstständig als Unternehmer tätig.[278] Was solche variablen Vergütungsbestandteile sind, konkretisierte der BFH nicht. Ob ein Aufsichtsratsmitglied auch dann nicht Unternehmer ist, wenn es eine variable Vergütung erhält, ließ der BFH ausdrücklich offen.

114 Die Entscheidung des BFH **wirft einige Fragen** auf.[279] Variable Vergütungsbestandteile könnten auch als Vergütung gewährte Sitzungsgelder (→ Rn. 30) sein, weil dann die Vergütung teilweise davon abhängig ist, wie viele Sitzungen stattfinden und ob das Aufsichtsratsmitglied an den Sitzungen teilnimmt.[280] Auch wenn Sitzungsgeld Vergütung ist, ist die Höhe der als Sitzungsgeld gezahlten Vergütung gleichwohl aufwandsabhängig. Bei einer allein vom Aufwand abhängigen Vergütung ist aber fraglich, ob das Aufsichtsratsmitglied ein wirtschaftliches Risiko trägt.[281] In der Literatur wird vertreten, selbst bei nur gewinnabhängigen Vergütungsbestandteilen sei ein Aufsichtsratsmitglied nicht Unternehmer, weil es dann nicht am Verlust beteiligt sei und daher kein wirtschaftliches Risiko trage.[282] Das spricht gegen ein wirtschaftliches Risiko. Weil die Tätigkeit unabhängig von der Vergütung immer die gleiche ist, ist aber denkbar, dass der BFH letztlich bei allen Formen der Aufsichtsratsvergütung die Unternehmereigenschaft verneinen wird.

115 Für die Vergangenheit soll **Vertrauensschutz** für die bisherige Handhabung einschließlich des Vorsteuerabzugs bestehen.[283] Das gilt jedenfalls, solange die Finanzverwaltung die Entscheidung des BFH nicht im Bundessteuerblatt veröffentlicht und in den Umsatzsteuer-Anwendungserlass übernommen hat. Solange können sich Aufsichtsratsmitglieder mit einer Festvergütung, die als Unternehmer auftreten, und die Gesellschaft auf die bisherigen Ausführungen im Umsatzsteuer-Anwendungserlass berufen, wonach Aufsichtsratsmitglieder Unternehmer sind. Stattdessen können sie sich aber auch auf die Entscheidungen des EuGH und BFH berufen und ohne Umsatzsteuer abrechnen.[284] Aufsichtsratsmitglieder mit einer variablen Vergütung sollten weiterhin für ihre Tätigkeit Umsatzsteuer abführen. Ist die Gesellschaft zum Vorsteuerabzug berechtigt, ist zu empfehlen, die Aufsichtsratsvergütung als umsatzsteuerpflichtig zu behandeln und im Weg der Gutschrift durch die Gesellschaft abzurechnen, um Zinsnachteile aus einer späteren Korrektur zu vermeiden.

116 **Soweit Aufsichtsratsmitglieder doch umsatzsteuerpflichtig sind,** haben sie nach mittlerweile ganz hA einen **Anspruch auf Erstattung der Umsatzsteuer gegen die Gesellschaft,** und zwar auch ohne ausdrückliche Regelung in der Satzung oder in einem Hauptversammlungsbeschluss.[285] **Bei der AG** ist die erstattete Umsatzsteuer grds. **als Vorsteuer abzugsfähig;**[286] die Höhe des Vorsteuerabzugs hängt davon ab, ob und in welchem Umfang die Gesellschaft umsatzsteuerpflichtige Ausgangsleistungen erbringt, für die die Tätigkeit des Aufsichtsratsmitglieds Eingangsumsatz ist. Überwiegend wird offenbar vertreten, die Gesellschaft sei nur verpflichtet, die beim Aufsichtsratsmitglied angefallene Umsatzsteuer zu erstatten, wenn sie die erstattete Umsatzsteuer tatsächlich als Vorsteuerabzug geltend machen kann.[287] Satzungsregelungen, denen zufolge die Gesellschaft Aufsichtsratsmitgliedern auch die Umsatzsteuer erstattet, sind dahin auszulegen, dass sie sich nur auf tatsächlich anfallende Umsatzsteuer beziehen. Fällt künftig keine Umsatzsteuer mehr an, werden entsprechende Satzungsregelungen daher hinfällig.

---

[278] BFH DStR 2020, 279.
[279] Zu rechtssystematischen Fragen *Vobbe/Stelzer* DStR 2020, 1089.
[280] Zweifelnd *von der Linden/Benz* EWiR 2020, 197; *Holle/Müller* ZIP 2020, 1601 (1604).
[281] *Zawatson* Konzern 2020, 158; ein wirtschaftliches Risiko ablehnend *Holle/Müller* ZIP 2020, 1601 (1604).
[282] *Streit/Salewski* DB 2019, 2770 (2771); generell krit. zu variabler Vergütung als Anknüpfungspunkt für die umsatzsteuerliche Unternehmereigenschaft *Holle/Müller* ZIP 2020, 1601 (1604).
[283] *Becker* DStRK 2019, 212; *Sauset/Hamisch* GWR 2019, 274; *Vobbe/Stelzer* DStR 2020, 1089 (1096).
[284] *Binnewies/Esteves Gomes* AG 2020, 249 (250).
[285] Hölters/*Hambloch-Gesinn/Gesinn* AktG § 113 Rn. 36; Hüffer/Koch/*Koch* AktG § 113 Rn. 25; GroßkommAktG/*Hopt/Roth* AktG § 113 Rn. 173; Kölner Komm AktG/*Mertens/Cahn* AktG § 113 Rn. 57; MüKoAktG/*Habersack* AktG § 113 Rn. 56; BeckOGK/*Spindler* AktG § 113 Rn. 77; Semler/v. Schenck/*v. Schenck* AktG § 113 AktG Rn. 179.
[286] Kölner Komm AktG/*Mertens/Cahn* AktG § 113 Rn. 57; MHdB AG/*Hoffmann-Becking* § 33 Rn. 42; Hüffer/Koch/*Koch* AktG § 113 Rn. 25.
[287] So jedenfalls MüKoAktG/*Habersack* AktG § 113 Rn. 56: Erstattung der Umsatzsteuer, „soweit sie von der Gesellschaft im Wege des Vorsteuerabzugs geltend gemacht werden kann"; wohl auch Kölner Komm AktG/*Mertens/Cahn* AktG § 113 Rn. 57; BeckOGK/*Spindler* AktG § 113 Rn. 77; Hölters/*Hambloch-Gesinn/Gesinn* AktG § 113 Rn. 36; Hüffer/Koch/*Koch* AktG § 113 Rn. 25. Dafür, dass die Gesellschaft beim Aufsichtsratsmitglied angefallene Umsatzsteuer stets erstatten muss, GroßkommAktG/*Hopt/Roth* AktG § 113 Rn. 173: Die Satzung oder der Vergütungsbeschluss der Hauptversammlung ist dahin auszulegen, dass die Nettovergütung festgesetzt und eine Umsatzsteuer zusätzlich geschuldet ist; andere Begründung für eine generelle Erstattungspflicht der Gesellschaft bei Semler/v. Schenck/*v. Schenck* AktG § 113 AktG Rn. 179: Der Anspruch des Aufsichtsratsmitglieds auf Erstattung der Umsatzsteuer ergibt sich als Auslagenersatzanspruch.

bb) Sonderfälle. Soweit für die Aufsichtsratstätigkeit künftig noch Umsatzsteuer anfällt, ist zu beachten: 117
Eine **Umsatzsteuerpflicht besteht nach Auffassung der OFD Frankfurt a. M. nicht für entsandte Beamte,** die diese Tätigkeit auf Verlangen, Vorschlag oder Veranlassung ihres Dienstherrn übernommen haben und nach beamtenrechtlichen oder anderen dienstrechtlichen Vorschriften verpflichtet sind, die Vergütung ganz oder teilweise an den Dienstherrn abzuführen. Die Aufsichtsratstätigkeit soll in diesen Fällen so eng mit dem Dienstverhältnis verknüpft sein, dass sie einen Teil der unselbstständigen Tätigkeit darstellt.[288]

Bei Doppelmandaten im Konzern wird mit Vorstandsmitgliedern, die gleichzeitig Aufsichtsrats- 118
mandate im Konzern wahrnehmen, häufig vereinbart, dass die Vergütung für die Aufsichtsratsmandate auf die Vorstandsvergütung anzurechnen ist – G.15 DCGK enthält eine entsprechende Empfehlung – oder sie auf die Aufsichtsratsvergütung verzichten. Die OFD Frankfurt a. M. hat festgestellt, dass es die steuerliche Bemessungsgrundlage für die Aufsichtsratstätigkeit nicht schmälert, wenn sich ein Doppelmandatsträger die Aufsichtsratsvergütung auf seine Vorstandsvergütung anrechnen lässt oder auf die Aufsichtsratsvergütung verzichtet.[289] Dieses Ergebnis wird vereinzelt für problematisch gehalten: Doppelmandatsträger schuldeten danach uU Umsatzsteuer für eine Aufsichtsratsvergütung, die sie effektiv gar nicht erhielten.[290] Durch eine entsprechende Regelung soll verhindert werden, dass für solche Doppelmandatsträger überhaupt eine Aufsichtsratsvergütung entsteht. Eine entsprechende Ergänzung der Regelung zur Aufsichtsratsvergütung in der Satzung oder durch Hauptversammlungsbeschluss wird mit Blick auf den Grundsatz der Gleichbehandlung der Aufsichtsratsmitglieder vereinzelt für zulässig gehalten, da sie die Doppelmandatsträger hinsichtlich der Vergütung nicht schlechter stellt, sondern verhindert, dass die Doppelmandatsträger die Vergütung iErg doppelt erhalten (einmal über die Vorstandsvergütung, die die Aufsichtsratstätigkeit mit abdeckt).[291] Das widerspricht allerdings der hA, die eine Ungleichbehandlung grds. ausschließlich funktions- oder qualifikationsbezogen für zulässig hält (→ Rn. 54). Ein solches Vorgehen wird allerdings idR nicht dem Interesse der Konzernspitze entsprechen und ist wirtschaftlich nicht erforderlich: Das Interesse der Konzernspitze geht idR dahin, die Vorstandsvergütung in der Obergesellschaft in Höhe der in der Untergesellschaft anfallenden Aufsichtsratsvergütung zu reduzieren. Das entspricht der von G.15 DCGK empfohlenen „Anrechnung". Eine Regelung, der zufolge in der Untergesellschaft für Doppelmandatsträger von vornherein keine Aufsichtsratsvergütung entstünde, begünstigte demgegenüber zB etwaige außenstehende Aktionäre der Untergesellschaft. Fällt für die Aufsichtsratsvergütung in der Untergesellschaft ungeachtet der Anrechnung Umsatzsteuer an, haben die Doppelmandatsträger insoweit einen Anspruch auf Auslagenersatz. Die Untergesellschaft kann den erstatteten Auslagenersatz grds. als Vorsteuerabzug geltend machen (→ Rn. 116).

16. Sozialversicherungsrechtliche Gesichtspunkte

Nach deutschem Recht ist die Tätigkeit als Aufsichtsratsmitglied **nicht sozialversicherungspflich-** 119
tig:[292] Zur Annahme einer sozialversicherungspflichtigen Beschäftigung müsste ein Beschäftigungsverhältnis iSd § 7 Abs. 1 SGB IV bestehen. Das setzt unter anderem eine Weisungsgebundenheit voraus. Auch soweit sich die Tätigkeit der Aufsichtsratsmitglieder aufgrund der Entgeltlichkeit als erwerbswirtschaftliche Dienstleistung darstellt, ist sie weisungsfrei und somit unabhängig und ein sozialversicherungspflichtiges Beschäftigungsverhältnis nach § 7 Abs. 1 SGB IV liegt nicht vor.[293]

Ist **ausländisches Recht** anwendbar, können sich aber Besonderheiten ergeben. Zum Beispiel behan- 120
delt die Schweiz die Tätigkeit als Aufsichtsratsmitglied als unselbständige Erwerbstätigkeit. Nach Schweizer Recht sind daher für die Vergütung eines Aufsichtsratsmitglieds Sozialversicherungsabgaben zu zahlen. Das kann dazu führen, dass für die Tätigkeit als Aufsichtsratsmitglied einer deutschen AG nach Schweizer Recht Sozialversicherungsabgaben anfallen, für die zumindest in Höhe des Arbeitgeberanteils die deutsche AG unmittelbar haftet.[294] Die bisher auf die Aufsichtsratstätigkeit anfallende deutsche Umsatzsteuer hat die AG dem Aufsichtsratsmitglied nach ganz hA grds. zu erstatten (→ Rn. 116). Teilweise wird dieses Ergebnis damit begründet, die Satzung oder der Vergütungsbeschluss sei dahin auszulegen, dass eine Nettovergütung festgesetzt sei und eine anfallende Umsatzsteuer ebenfalls geschuldet sein solle. Entsprechend könnte man annehmen, die Festlegung der Vergütung sei dahin auszulegen, dass auch mögliche anfallende Sozialversicherungsabgaben geschuldet seien. Dagegen spricht jedoch, dass das Aufsichtsratsmitglied für

---

[288] OFD Frankfurt a. M. DStR 2014, 428.
[289] OFD Frankfurt a. M. DStR 2014, 428 (429).
[290] *Mutter* AG 2015, R292.
[291] *Mutter* AG 2015, R292 (R293).
[292] GroßkommAktG/*Hopt/Roth* AktG § 113 Rn. 174 mwN.
[293] *Giesen* ZfA 2016, 439.
[294] Vgl. Rn. 2013 der „Wegleitung über die Versicherungspflicht in AHV/IV (WVP)", Stand: 1.1.2020, siehe https://sozialversicherungen.admin.ch/de/d/6957/download (zuletzt abgerufen am 19.3.2020).

abgeführte Sozialabgaben Ansprüche gegen die bzw. Anwartschaften bei den Sozialversicherungsträgern erwirbt. Nach wohl überwiegender Ansicht soll die Pflicht zur Erstattung der Umsatzsteuer davon abhängen, dass es sich bei der Gesellschaft um einen „durchlaufenden Posten" handelt, weil sie den Erstattungsbetrag als Vorsteuerabzug geltend machen kann (→ Rn. 116). Auf dieser Grundlage lässt sich nicht begründen, dass die Gesellschaft auch Sozialversicherungsabgaben übernehmen muss, denn dabei handelt es sich für die Gesellschaft nicht um einen „durchlaufenden Posten". Sollen Aufsichtsratsmitglieder bestellt werden, die nach ausländischem Recht der Sozialversicherungspflicht unterliegen, ist daher aus Gründen der Rechtssicherheit zu empfehlen, in der Satzung oder im Vergütungsbeschluss der Hauptversammlung ausdrücklich zu regeln, dass die Gesellschaft nach ausländischem Recht entstehende sozialversicherungsrechtliche Zahlungspflichten übernimmt. Eine solche Regelung knüpft an gesetzliche Vorgaben einer ausländischen Rechtsordnung an. Die mit der Regelung verbundene Ungleichbehandlung der Aufsichtsratsmitglieder ist daher sachlich gerechtfertigt.

II. Auslagenersatz

1. Rechtsgrundlage

121 Durch die Aufsichtsratstätigkeit entstehen Kosten, teils beim einzelnen Aufsichtsratsmitglied, teils auf Ebene des gesamten Aufsichtsrats, eines Ausschusses oder der Anteilseigner- oder Arbeitnehmerbank.[295] Unabhängig davon, bei wem Kosten entstehen, muss die Gesellschaft die Kosten tragen, soweit sie **iRd Aufsichtsratsarbeit erforderlich, dh notwendig erscheinend, und angemessen** sind.[296] Mit Blick auf die Frage, ob Aufsichtsratsmitglieder gegen die Gesellschaft einen Anspruch auf die Erstattung von Auslagen haben, sind **verschiedene Konstellationen zu unterscheiden:**

122 Soweit der Aufsichtsrat die Gesellschaft vertreten und damit unmittelbar verpflichten kann (→ § 4 Rn. 2276 ff., zur Vertretung vor Gericht → Rn. 158), ist die **Gesellschaft unmittelbar Schuldner** der daraus folgenden Kosten gegenüber dem Dritten (zB einem Sachverständigen). In diesen Fällen **stellt sich die Frage nicht,** ob Aufsichtsratsmitglieder einen Anspruch auf Auslagenersatz gegen die Gesellschaft haben.[297] Die Gesellschaft kann aber Schadensersatzansprüche gegen an der Entscheidung beteiligte Aufsichtsratsmitglieder haben, wenn die Kosten, die durch die unmittelbare Verpflichtung der AG entstanden, nicht erforderlich und angemessen waren (zur Entscheidung über die Angemessenheit → Rn. 179 ff.). Erst iRd Prüfung, ob Aufsichtsratsmitglieder auf Schadensersatz haften, stellt sich dann die Frage, ob die entstandenen Kosten erforderlich und angemessen waren.

123 **Handeln die Mitglieder des Aufsichtsrats hingegen im eigenen Namen,** stellt sich die hier zu behandelnde Frage des Anspruchs auf Auslagenersatz. Dabei gibt es wiederum zwei Unterfälle: Zum einen kann **zunächst die Gesellschaft Kosten tragen** (etwa, weil sie dem Aufsichtsratsmitglied auf ihre Kosten Sach- oder Dienstleistungen des Unternehmens zukommen lässt, etwa, indem sie das Aufsichtsratsmitglied mit einem Fahrer des Unternehmens abholen lässt – „Vorleistungsfall"). In diesem Fall geht es nicht darum, dass das Aufsichtsratsmitglied von der Gesellschaft die Erstattung seiner Auslagen verlangt. Vielmehr muss die Gesellschaft vorab prüfen, ob sie in Vorleistung treten und die Kosten übernehmen bzw. dem Aufsichtsratsmitglied die Sach- oder Dienstleistung zukommen lassen darf. Stellt sich nachträglich heraus, dass für die Kosten kein Auslagenersatzanspruch bestand und ist die entsprechende Leistung nicht Bestandteil der Aufsichtsratsvergütung, muss die Gesellschaft den entsprechenden Betrag vom Aufsichtsratsmitglied verlangen; die Gesellschaft kann insofern – vertreten durch den Vorstand – erwägen, mit ihrem Erstattungsanspruch gegen den Vergütungsanspruch des Aufsichtsratsmitglieds aufzurechnen. Zum anderen kommt in Betracht – und dabei handelt es sich um den „klassischen Fall" –, dass das Aufsichtsratsmitglied **Kosten zunächst selbst trägt** und dann von der Gesellschaft erstattet verlangt. Ein solcher Fall kann auch vorliegen, wenn ein Aufsichtsratsmitglied die Gesellschaft verpflichten möchte, rechtlich aber nicht dazu in der Lage ist und gegenüber dem Dritten als Vertreter ohne Vertretungsmacht haftet (§ 179 BGB).

124 **Umstritten** ist, **aus welcher Rechtsgrundlage** sich ein Anspruch auf Auslagenersatz ergibt: §§ 675, 670 BGB sprechen für entgeltliche Geschäftsbesorgungsverträge und unentgeltliche Aufträge in § 670 BGB dem Geschäftsbesorger bzw. Beauftragten einen Anspruch auf Ersatz der Aufwendungen zu, die er zum Zweck der Ausführung der Geschäftsbesorgung bzw. des Auftrags macht und *„nach den Umständen*

---

[295] *Erkens/Fuchs* NZG 2019, 651; *Seibt/Bulgrin* AG 2018, 417.
[296] *Schnorbus/Ganzer* BB 2019, 258 (261); *Thüsing/Veil* AG 2008, 359 (362 ff.); *E. Vetter* Gesellschaftsrecht in der Diskussion 20 (2014), 115 (119), jew. mwN.
[297] Zutr. *Bulgrin* AG 2019, 101 (103); missverständlich *Schnorbus/Ganzer* BB 2019, 258 (261), die meinen, auch bei unmittelbarer Verpflichtung der Gesellschaft durch den vertretungsbefugten Aufsichtsrat gälten die Regelungen zum Auslagenersatz.

für erforderlich halten darf". Diese Regelungen sollen nach einer Ansicht unmittelbar,[298] nach anderer Ansicht analog[299] anzuwenden sein. Nach einer dritten Ansicht soll § 104 Abs. 7 S. 1 AktG analog anzuwenden sein, wonach gerichtlich bestellte Aufsichtsratsmitglieder *„Anspruch auf Ersatz angemessener barer Auslagen"* haben.[300] Die Unterscheidung soll relevant sein, weil iRv § 104 Abs. 7 S. 1 AktG anders als iRv § 670 BGB ausschließlich objektiv zu bestimmen sei, ob Auslagen angemessen sind; Auslagen, die objektiv nicht angemessen sind, die das Aufsichtsratsmitglied aber subjektiv für erforderlich halten durfte, seien zwar nach § 670 BGB (analog), nicht aber nach § 104 Abs. 7 S. 1 AktG erstattungsfähig.

Stellungnahme: Überzeugend erscheint, dass der Gesetzgeber die Regelung zum Auslagenersatz und 125 zur Vergütung gerichtlich bestellter Aufsichtsratsmitglieder als Sonderregelung der entsprechenden Regelung zum Gründungsprüfer nachgebildet hat (§ 35 Abs. 3 AktG). Anspruchsgrundlage für die anderen Aufsichtsratsmitglieder ist daher § 670 BGB. Eine Ungleichbehandlung gerichtlich bestellter und anderer Aufsichtsratsmitglieder scheidet aus, weil auch die anderen Aufsichtsratsmitglieder nach § 670 BGB **lediglich ihre objektiv angemessenen Auslagen** erstattet verlangen können.[301]

Häufig wird der gesetzliche Auslagenersatzanspruch **in der Satzung wiederholt.** Der gesetzliche 126 Auslagenersatzanspruch besteht aber auch, wenn die Satzung nichts zum Auslagenersatz regelt.[302] Die Hauptversammlung ist **nicht zuständig,** den Auslagenersatz der Aufsichtsratsmitglieder zu regeln.[303] Eine Satzungsregelung ist daher weder „Anspruchsgrundlage" für den Anspruch auf Auslagenersatz[304] **noch kann sie** den Auslagenersatzanspruch gegenüber dem gesetzlichen Umfang **erweitern oder einschränken;**[305] diskutiert wird eine satzungsmäßige Erweiterung des gesetzlichen Auslagenersatzanspruchs insbes. im Zusammenhang mit dem Budgetrecht des Aufsichtsrats (→ Rn. 198). Gewährt die Hauptversammlung einen „Auslagenersatz", der über den gesetzlichen Auslagenersatzanspruch hinausgeht, handelt es sich insoweit um eine Aufsichtsratsvergütung.[306]

2. Art und Angemessenheit der Auslagen

a) Maßstab für die Beurteilung der Angemessenheit der Auslagen

Ob eine Auslage erforderlich und angemessen ist, lässt sich aufgrund der Vielfältigkeit der Aufsichtsrats- 127 tätigkeit und der Unterschiede zwischen den Gesellschaften nicht pauschal beantworten. Es kommt auf die **Umstände des Einzelfalls** an.[307] Eine **Orientierung, was in der konkreten Gesellschaft angemessen ist, bieten die Gepflogenheiten des Vorstands.**[308] Da der Aufsichtsrat wiederum die Auslagenpraxis des Vorstands eng überwacht, sind zudem als „objektives Korrektiv" die **Verhältnisse der Gesellschaft** – insbes. ihre Größe, Finanzkraft und wirtschaftliche Lage – zu berücksichtigen.[309] Ein unangemessen hoher Standard des Vorstands gestattet dem Aufsichtsrat nicht, ebenfalls unangemessen hohe Auslagen erstattet zu bekommen, und ein künstlich niedriger Standard zwingt den Aufsichtsrat nicht zu einem ebenfalls künstlich niedrigen Standard.[310] Nicht zu berücksichtigen sind die sonstigen beruflichen und persönlichen Verhältnisse[311] oder der Lebensstandard[312] des jeweiligen Aufsichtsratsmitglieds: Dagegen spricht zum einen der Grundsatz der Gleichbehandlung der Aufsichtsratsmitglieder (→ Rn. 53 f.),[313] zum anderen kann es sein, dass die sonstigen beruflichen und persönlichen Verhältnisse oder der Lebensstandard eines Aufsichtsratsmitglieds nicht mit den Verhältnissen der Gesellschaft vereinbar sind. Ein Aufsichtsratsmitglied, das persönlich „einen anderen Standard gewohnt ist" als den, den die Gesellschaft als Auslagenersatz erstattet, muss entweder die Mehrkosten zwischen dem von der Ge-

---

[298] Dafür zB Kölner Komm AktG/*Mertens/Cahn* AktG § 113 Rn. 12.
[299] Dafür zB Hüffer/Koch/*Koch* AktG § 113 Rn. 7; MüKoAktG/*Habersack* AktG § 113 Rn. 24.
[300] *Bosse/Malchow* NZG 2010, 972; zu § 104 Abs. 6 AktG aF *Fonk* NZG 2009, 761 (762 f.).
[301] Hüffer/Koch/*Koch* AktG § 113 Rn. 7.
[302] MüKoAktG/*Habersack* AktG § 113 Rn. 24; Hüffer/Koch/*Koch* AktG § 113 Rn. 7; GroßkommAktG/*Hopt/Roth* AktG § 113 Rn. 31.
[303] *E. Vetter* Gesellschaftsrecht in der Diskussion 2014, 115 (137) mwN.
[304] AA insofern Hüffer/Koch/*Koch* AktG § 113 Rn. 7; *Fonk* NZG 2009, 761.
[305] Vgl. *E. Vetter* Gesellschaftsrecht in der Diskussion 2014, 115 (137) mwN.
[306] Vgl. *E. Vetter* Gesellschaftsrecht in der Diskussion 2014, 115 (137) mwN.
[307] Vgl. auch MHdB AG/*Hoffmann-Becking* § 33 Rn. 16; *Schnorbus/Ganzer* BB 2019, 258 (261 f.).
[308] MüKoAktG/*Habersack* AktG § 113 Rn. 24; Hölters/*Hambloch-Gesinn/Gesinn* AktG § 113 Rn. 24; GroßkommAktG/*Hopt/Roth* AktG § 113 Rn. 31.
[309] Vgl. auch *Schnorbus/Ganzer* BB 2019, 258 (262), die allerdings ausschließlich auf die Verhältnisse der Gesellschaft abstellen wollen; dort auch ausführliche Darstellung des Meinungsstands.
[310] *Fonk* NZG 2009, 761 (764 f.).
[311] Dafür aber MHdB AG/*Hoffmann-Becking* § 33 Rn. 16 und Semler/v. Schenck/*v. Schenck* AktG § 113 Rn. 108.
[312] Dafür aber GroßkommAktG/*Hopt/Roth* AktG § 113 Rn. 35; ähnlich *Berger,* Die Kosten der Aufsichtsratstätigkeit in der Aktiengesellschaft, 2000, 124, 133.
[313] Vgl. auch *Schnorbus/Ganzer* BB 2019, 258 (262): In höherem Luxus lebende Aufsichtsratsmitglieder bekämen uU mehr Auslagen erstattet als bescheidenere Aufsichtsratsmitglieder.

sellschaft erstatteten Auslagenersatz und dem „gewohnten Standard" selbst übernehmen oder das Amt ablehnen.

b) Erstattungsfähige Auslagen

128 Erstattungsfähig sind Kosten im **Zusammenhang mit der laufenden Tätigkeit** des Aufsichtsrats. Dazu gehören vor allem **Telekommunikations- und Korrespondenzkosten,**[314] ggf. auch **Dolmetscher- bzw. Übersetzungskosten.**[315]

129 Zu erstatten sind ferner **Reisekosten.** Hinsichtlich der Frage, „wie" Aufsichtsratsmitglieder reisen dürfen, können abhängig von den Gepflogenheiten des Vorstands und den Verhältnissen der Gesellschaft Bahnfahrkarten erster Klasse, Taxikosten oder bei Nutzung des eigenen PKWs das steuerrechtliche Kilometergeld oder die tatsächlichen Kosten sowie Flugtickets, ggf. auch der Business Class, als Auslagenersatz zu erstatten sein.[316]

130 **Unterhält die Gesellschaft einen eigenen Fahr- oder Flugservice,** den der Vorstand nutzt, kann es angemessen sein, dass auch Aufsichtsratsmitglieder den Service für bestimmte Reisen nutzen dürfen: In gesellschaftseigenen Fahr- oder Flugzeugen kann die Vertraulichkeit gewahrt werden, sodass sich Aufsichtsratsmitglieder auf dienstliche Termine vorbereiten oder sie nachbereiten können. Es ist zu empfehlen, vorab klare Kriterien festzulegen, nach denen Aufsichtsratsmitglieder den Service nutzen dürfen. Nicht vom Auslagenersatz erfasst ist, dass Dritte – zB Lebenspartner, Angehörige – mitfahren oder -fliegen dürfen, „weil das Fahrzeug ohnehin fährt bzw. das Flugzeug ohnehin fliegt". Auch andere Aufsichtsratsmitglieder dürfen nur dann mitreisen, wenn die Reise für sie selbst vom Auslagenersatz erfasst ist. Die Mitreise von Hilfspersonen – Mitarbeiter eines Büros des Aufsichtsrats oder des Aufsichtsratsvorsitzenden (→ Rn. 167) oder persönliche Hilfspersonen von Aufsichtsratsmitgliedern – kann vom Auslagenersatz erfasst sein, wenn die Mitreise für die Aufsichtsratsarbeit erforderlich ist, etwa, weil die Reise zur Vorbereitung des anstehenden dienstlichen Termins genutzt werden soll oder der Mitarbeiter bei dem dienstlichen Termin ebenfalls benötigt wird und auf anderem Weg nicht rechtzeitig zum Termin kommen könnte. Ist die Mitreise Dritter nicht vom Auslagenersatz erfasst, kann der Vorstand entscheiden, ob die Gesellschaft den Mitflug zu einem marktüblichen Preis anbietet, sofern keine zwingenden Gründe entgegenstehen.

131 Ebenfalls erstattungsfähig sind **Hotelkosten:** Insofern kann bei einem frühen oder späten Termin eine zusätzliche Übernachtung in Betracht kommen.[317] Auch übliche Mahlzeiten und Trinkgelder sind grds. erstattungsfähig.[318] Hinsichtlich der Preiskategorien ist im Ausgangspunkt als „Richtschnur" darauf abzustellen, was für den Vorstand üblich ist; im zweiten Schritt ist zu prüfen, ob die Preiskategorien des Vorstands den Verhältnissen der Gesellschaft entsprechen (→ Rn. 127).

132 Auch **Kosten für Räumlichkeiten** (zB Saalmiete), in denen Sitzungen oder Besprechungen stattfinden, und Kosten für die Verpflegung während Sitzungen oder Besprechungen sind erstattungsfähig. Ebenfalls erstattungsfähig sind **Zollgebühren,** die anfallen, wenn Geschäftspartner Aufsichtsratsmitgliedern mit Blick auf ihr Amt Geschenke zukommen lassen. Aus Compliance-Gesichtspunkten ist es idR angezeigt, dass Aufsichtsratsmitglieder solche Geschenke der Gesellschaft überlassen.

133 Wird ein Aufsichtsratsmitglied **wegen seiner Tätigkeit im Aufsichtsrat konkret bedroht,** können auch **Kosten für die Sicherheit** (Personenschutz, Sicherungsmaßnahmen an der Wohnung etc.) erstattungsfähig sein, wenn die Sicherheitsbehörden eine individuelle Gefährdungsanalyse erstellt haben, die die konkrete Gefährdung feststellen. Ist die Gefahrenlage lediglich abstrakt, überwiegt regelmäßig das Eigeninteresse des Geschützten.[319]

134 **Nicht als Auslagenersatz** zu erstatten sind **Kosten der allgemeinen Lebenshaltung** wie Bürokosten (Arbeitszimmer, Schreibkraft, IT-Ausstattung; zum Aufsichtsratsbüro unten → Rn. 167).[320] Ebenfalls nicht als Auslagenersatz zu erstatten sind **rechtswidrige Zahlungen** wie zB Schmiergelder[321] – auch für Aufsichtsratsmitglieder gilt die Legalitätspflicht.[322]

---

[314] GroßkommAktG/*Hopt/Roth* AktG § 113 Rn. 31; *E. Wagner* in Semler/v. Schenck AR-HdB § 11 Rn. 70.
[315] GroßkommAktG/*Hopt/Roth* AktG § 113 Rn. 31; BeckOGK/*Spindler* AktG § 113 Rn. 11; *E. Wagner* in Semler/v. Schenck AR-HdB § 11 Rn. 76.
[316] *E. Wagner* in Semler/v. Schenck AR-HdB § 11 Rn. 71 ff. Semler/v. Schenck/*v. Schenck* AktG § 113 Rn. 120 meint, dass im Regelfall „*der Kostenansatz der steuerlichen Richtlinien für die Erstattung von Reisekosten*" zu sachgerechten Ergebnissen führen werde.
[317] MüKoAktG/*Habersack* AktG § 113 Rn. 25; *E. Wagner* in Semler/v. Schenck AR-HdB § 11 Rn. 64, 74; GroßkommAktG/*Hopt/Roth* AktG § 113 Rn. 31 Fn. 127.
[318] Henssler/Strohn/*Henssler* AktG § 113 AktG Rn. 3; *E. Wagner* in Semler/v. Schenck AR-HdB § 11 Rn. 75.
[319] BFH DStR 2006, 1034 (1035); *Schnorbus/Ganzer* BB 2019, 258 (260 f.); *Fonk* NZG 2009, 761 (770 f.); für den Aufsichtsratsvorsitzenden ebenso *E. Vetter* Gesellschaftsrecht in der Diskussion 2014, 115 (120) mwN.
[320] MüKoAktG/*Habersack* AktG § 113 Rn. 26; BeckOGK/*Spindler* AktG § 113 Rn. 12; GroßkommAktG/*Hopt/Roth* AktG § 113 Rn. 33.
[321] *Gaul* AG 2017, 877 (882); *E. Wagner* in Semler/v. Schenck AR-Hdb § 11 Rn. 79; GroßkommAktG/*Hopt/Roth* AktG § 113 Rn. 34 mwN.

c) Insbesondere: Auslagenersatz im Zusammenhang mit dienstlichen Terminen

Zu erstatten sind nur Auslagen, bei denen ein **innerer Zusammenhang mit der Tätigkeit als Aufsichtsratsmitglied** besteht.[323] Ein solcher innerer Zusammenhang besteht insbes. mit Blick auf Kosten, die im Zusammenhang mit der Teilnahme an dienstlichen Terminen entstehen; insofern geht es um die Frage, „ob" überhaupt ein Auslagenersatzanspruch besteht. 135

aa) Welche Termine sind dienstliche Termine? Welche Termine für Aufsichtsratsmitglieder dienstlich sind, weil sie **im Zusammenhang mit dienstlichen Aufgaben** stehen, ist **anhand objektiver Kriterien zu beurteilen**. 136

(1) Sitzungen etc. Dienstliche Termine sind insbes. Aufsichtsratssitzungen, Sitzungen von Aufsichtsratsausschüssen und die Hauptversammlung.[324] Auch für Aufsichtsratsmitglieder, die an Sitzungen von Ausschüssen teilnehmen, denen sie nicht angehören, ist die Teilnahme ein dienstlicher Termin,[325] es sei denn, das Aufsichtsratsmitglied reist an, obwohl der Aufsichtsratsvorsitzende der Teilnahme widersprochen hat (§ 109 Abs. 2 AktG).[326] 137

Besprechungen der Anteilseignervertreter und der Arbeitnehmervertreter – insbes. im Vorfeld von Sitzungen – sind ebenfalls dienstlich (vgl. zur „Anerkennung" getrennter Vorbesprechungen der „Bänke" auch Ziff. 3.6 DCGK aF) und die insofern entstehenden Kosten (zB Saalmiete, Reisekosten) erstattungsfähig.[327] Dasselbe gilt für Treffen zwischen den Sitzungen mit Aufsichtsrats- oder Vorstandsmitgliedern oder für Besuche der Betriebsstätten des Unternehmens, für die ein nachvollziehbarer Anlass iRd Tätigkeit besteht[328] und die daher im Interesse der Gesellschaft sind; das kann insbes. der Fall sein, wenn der Gesamtaufsichtsrat die Treffen veranlasst oder zumindest gebilligt hat.[329] 138

Dienstlicher Termin kann ferner eine **„Klausurtagung"** sein – die mehrere Tage dauern kann –, in der sich der Aufsichtsrat außerhalb einer formellen Sitzung zB mit der Strategie beschäftigt. Insofern ist allerdings zu empfehlen, dass nicht der Aufsichtsratsvorsitzende im Rahmen seiner Aufgabe, die Arbeit des Aufsichtsrats zu organisieren, allein die Klausurtagung anberaumt, sondern dass der Termin auf einer Entscheidung des Plenums beruht. 139

Nicht dienstlich soll der Besuch von **Belegschafts- und Betriebsratssitzungen** sein.[330] Das ist **abzulehnen**. Nehmen Aufsichtsratsmitglieder im Interesse der Gesellschaft an einer Belegschafts- oder Betriebsratssitzung teil, besteht ein Auslagenersatzanspruch. Dass ein Interesse der Gesellschaft besteht, ist grds. anzunehmen, wenn die Teilnahme vom Plenum veranlasst oder gebilligt ist[331] oder wenn der Vorstand die Teilnahme wünscht. Auch eine Besprechung mit einem **Aktionärsbeirat** kann unter diesen Voraussetzungen dienstlich sein.[332] Grundsätzlich nicht dienstlich sind hingegen Besprechungen mit „den Wählern des Aufsichtsratsmitglieds" oder mit dem Entsendungsberechtigten.[333] 140

(2) Aufgaben mit Blick auf Tochtergesellschaften; Doppel-Aufsichtsratsmitglieder. Im Konzern gehört zu den Pflichten als Aufsichtsratsmitglied der Obergesellschaft, die **Beteiligungsverwaltung durch den Vorstand zu überwachen**. Diese Aufgabe nehmen die Aufsichtsratsmitglieder der Obergesellschaft in erster Linie in der Obergesellschaft wahr, indem sie dort den Vorstand bei dessen Beteiligungsverwaltung überwachen.[334] Auch das Einsichts- und Prüfungsrecht der Aufsichtsratsmitglieder (§ 111 141

---

[322] *Kordt*, Die Untersuchung von Compliance-Verstößen, 2016, 149 f.; *Kort* FS Hopt, 2010, 983 (998); *E. Vetter* GS Winter, 2011, 701 (703); GroßkommAktG/*Hopt/Roth* AktG § 111 Rn. 199; Hüffer/Koch/*Koch* AktG § 111 Rn. 5.
[323] GroßkommAktG/*Hopt/Roth* AktG § 113 Rn. 31.
[324] MüKoAktG/*Habersack* AktG § 113 Rn. 25; *E. Wagner* in Semler/v. Schenck AR-HdB § 11 Rn. 62 ff.
[325] GroßkommAktG/*Hopt/Roth* AktG § 113 Rn. 31; MüKoAktG/*Habersack* AktG § 113 Rn. 25; BeckOGK/*Spindler* AktG § 113 Rn. 11; *E. Wagner* in Semler/v. Schenck AR-HdB § 11 Rn. 62 ff.
[326] BeckOGK/*Spindler* AktG § 113 Rn. 11.
[327] GroßkommAktG/*Hopt/Roth* AktG § 113 Rn. 31; *E. Wagner* in Semler/v. Schenck AR-HdB § 11 Rn. 65.
[328] *E. Wagner* in Semler/v. Schenck AR-HdB § 11 Rn. 66 f.; GroßkommAktG/*Hopt/Roth* AktG § 113 Rn. 31.
[329] MüKoAktG/*Habersack* AktG § 113 Rn. 25.
[330] BeckOGK/*Spindler* AktG § 113 Rn. 11; Kölner Komm AktG/*Mertens/Cahn* AktG § 113 Rn. 12; GroßkommAktG/ *Hopt/Roth* AktG § 113 Rn. 34; aA MüKoAktG/*Habersack* AktG § 113 Rn. 25: Besprechungen mit dem Betriebsrat können dienstlich sein; ebenso GK-MitbestG/*Naendrup* MitbestG § 25 Rn. 182.
[331] Vgl. insofern auch MüKoAktG/*Habersack* AktG § 113 Rn. 25; ähnlich für etwaige Kosten der Arbeitnehmervertreter GK-MitbestG/*Naendrup* MitbestG § 25 Rn. 182; aA *Fonk* NZG 2009, 761 (763).
[332] Ebenso MüKoAktG/*Habersack* AktG § 113 Rn. 25; Habersack/Henssler/*Habersack* MitbestG § 25 Rn. 87.
[333] Vgl. insofern auch MüKoAktG/*Habersack* AktG § 113 Rn. 25; Habersack/Henssler/*Habersack* MitbestG § 25 Rn. 87; ähnlich, allerdings eine Kostentragung im Einzelfall zulassend, soweit die Gespräche im Unternehmensinteresse lagen, Raiser/Veil/Jacobs/*Raiser* MitbestG § 25 Rn. 106; grds. für die Kostentragung der Kommunikation der Arbeitnehmervertreter mit den Arbeitnehmern *v. Hoyningen-Huene* DB 1979, 2422 (2424).
[334] *Lenz* AG 1997, 448 (452); *Hoffmann-Becking* ZHR 159 (1995), 325 (341); vgl. auch *U.H. Schneider* FS Konzen, 2006, 881 (887 f.), der mit der Pflicht des Aufsichtsrats der Obergesellschaft, deren Vorstand hinsichtlich der Konzernleitung im Verhältnis zur Untergesellschaft zu überwachen und zu beraten, begründet, dass es auch für Aufsichtsrats-

Abs. 2 S. 1 AktG) bezieht sich nach hA nicht auf Beteiligungsgesellschaften.[335] Ob Aufsichtsratsmitglieder aus diesem Grund zB mit Blick auf die Besichtigung des Werks oder der Betriebsstätte einer Tochtergesellschaft keinen Auslagenersatzanspruch gegen die Obergesellschaft haben,[336] ist zweifelhaft: Nimmt der Vorstand Geschäftsführungsaufgaben auf Ebene von Tochtergesellschaften wahr, kann sich der Aufsichtsrat der Obergesellschaft durchaus im Rahmen seiner allgemeinen Überwachungsaufgabe (§ 111 Abs. 1 AktG) „ein Bild vor Ort verschaffen", auch wenn er gegenüber dem Geschäftsleiter der Tochtergesellschaft insofern keinen durchsetzbaren Anspruch hat. Nicht ausgeschlossen ist es jedenfalls, dass zB eine Aufsichtsratssitzung im Einzelfall in einem Werk oder einer Betriebsstätte eines Konzernunternehmens stattfindet und in diesem Zusammenhang eine Werksbesichtigung durchgeführt wird. **Gemeinsame Sitzungen** des Aufsichtsrats der Ober- und Untergesellschaft kommen insbes. mit Blick auf die Vertraulichkeit allenfalls im Einzelfall in Betracht.[337] Findet eine gemeinsame Sitzung oder eine anderweitige gemeinsame dienstliche Veranstaltung statt, richtet sich der Auslagenersatz für die Aufsichtsratsmitglieder jeweils nach den Regeln „ihrer" AG.

142 Soweit ersichtlich bisher nicht behandelt wird die Frage, ob **Doppel-Aufsichtsratsmitglieder,** die im Konzern gleichzeitig Aufsichtsratsmitglied einer Ober- und einer Untergesellschaft sind, im Zusammenhang mit Aufsichtsratsaufgaben in der Untergesellschaft die evtl. höheren „Reisestandards" der Obergesellschaft iRd Auslagenersatzes für das Amt als Aufsichtsratsmitglied der Obergesellschaft nutzen dürfen. Die Frage ist zu bejahen. Ob Aufsichtsratsmitglieder der Obergesellschaft gleichzeitig Aufsichtsratsmitglied der Untergesellschaft werden, entscheidet grds. der Vorstand der Obergesellschaft, der deren Stimmrechte in der Hauptversammlung der Untergesellschaft oder Entsendungsrechte ausübt; lediglich in Gesellschaften, in denen § 32 MitbestG anwendbar ist, entscheiden die Anteilseignervertreter im Aufsichtsrat der Obergesellschaft selbst, wen der Vorstand der Obergesellschaft zum Aufsichtsratsmitglied der Untergesellschaft wählen muss (→ § 7 Rn. 317 ff.). Wird ein Aufsichtsratsmitglied der Obergesellschaft auch Aufsichtsratsmitglied der Untergesellschaft, ist grds. davon auszugehen, dass das „Doppel-Aufsichtsratsmitglied" im Aufsichtsrat der Untergesellschaft auch im Interesse der Obergesellschaft Beteiligungsverwaltung bzw. Beteiligungsverwaltungskontrolle ausüben soll. Die rechtlichen Möglichkeiten der Überwachung auf Ebene der Obergesellschaft erweitern sich und entsprechend mit den insofern bestehenden rechtlichen Pflichten der Doppel-Aufsichtsratsmitglieder.[338] Zwar sind Doppel-Aufsichtsratsmitglieder im Konzern verpflichtet, ausschließlich die Interessen der Gesellschaft wahrzunehmen, für die sie im Rahmen des jeweiligen Amts tätig werden, und die Verschwiegenheits- und Treuepflichten sind im Verhältnis konzerninterner Mandate zueinander nicht „gelockert" (→ § 3 Rn. 519). Diese Interessen- und Pflichtenkollisionen stehen Doppelmandaten aber nicht per se entgegen;[339] im Gegenteil: Sowohl § 100 Abs. 2 S. 2 AktG als auch die Empfehlungen C.4 und C.5 DCGK privilegieren Mehrfach-Aufsichtsratsmandate im Konzern. Nimmt ein Aufsichtsratsmitglied ein weiteres Aufsichtsratsmandat in einer Beteiligungsgesellschaft wahr, nimmt es danach auch Aufgaben im Rahmen seiner Aufsichtsratstätigkeit für die Obergesellschaft wahr. Es ist daher gerechtfertigt, dass Doppel-Aufsichtsratsmitglieder im Zusammenhang mit dienstlichen Terminen iRd Aufsichtsratstätigkeit für die Untergesellschaft die Reisestandards der Obergesellschaft in Anspruch nehmen dürfen und die Obergesellschaft als Auslagenersatz Mehrkosten erstattet, die sich ergeben, wenn die Reisestandards der Untergesellschaft von denen der Obergesellschaft abweichen.

143 **(3) Aufsichtsratsvorsitzender.** Für den **Aufsichtsratsvorsitzenden** kommen als dienstliche Termine **weitere Termine** in Betracht, die mit seinen spezifischen Aufgaben zusammenhängen. Das betrifft insbes. Termine im Zusammenhang mit der Koordinierung der Arbeit des Aufsichtsrats und der Vorbereitung von Sitzungen (vgl. Grundsatz 7 DCGK), dem Austausch mit dem Vorstand, Investorenkontakten (vgl. Anregung A.3 DCGK), Pressekonferenzen, Gesprächen mit Behörden etc.

144 **(4) Repräsentation des Unternehmens.** Auch die **Teilnahme an Veranstaltungen zu Repräsentationszwecken** kann dienstlich sein. Für die Repräsentation der Gesellschaft sind aber grds. nicht die Aufsichtsratsmitglieder zuständig, sondern der **Vorstand.** Bei „einfachen" Aufsichtsratsmitgliedern wird die Erstattung von Repräsentationsaufwand im Schrifttum überwiegend nur für zulässig gehalten, wenn sie das Unternehmen **auf Wunsch des Vorstands und mit Zustimmung des Aufsichtsratsvorsitzen-**

---

mitglieder der Obergesellschaft, die nicht zugleich Aufsichtsratsmitglied der Untergesellschaft sind, rechtlich zulässig ist, zeitweise an Sitzungen des Aufsichtsrats der Untergesellschaft teilzunehmen.
[335] Hüffer/Koch/*Koch* AktG § 111 Rn. 19 mwN.
[336] So *Fonk* NZG 2009, 761 (766).
[337] Vgl. auch *Schnorbus/Ganzer* AG 2013, 445 (446 ff.).
[338] Vgl. auch *Hommelhoff* AG 1995, 225 (226): „Das Zusammenspiel zwischen Konzernaufsichtsrat und Tochteraufsichtsrat, aber auch das Zusammenspiel mit dem Tochtervorstand als Überwachungsträger in der Enkel-GmbH [ist] noch weithin ungeklärt".
[339] Vgl. nur BGHZ 180, 105 Rn. 14 ff. = NZG 2009, 744.

den repräsentieren.[340] Für den Aufsichtsratsvorsitzenden soll generell ein großzügigerer Maßstab gelten als für „einfache" Aufsichtsratsmitglieder.[341]

Stellungnahme: Bei genauer Betrachtung **ist zu unterscheiden.** Die enge Einordnung des Aufsichtsrats als „reines Innenorgan"[342] (→ § 3 Rn. 121) ist überholt.[343] Insbesondere in der Diskussion zu Investorenkontakten des Aufsichtsratsvorsitzenden wurde herausgearbeitet, dass bei Vorgängen, die **in den Zuständigkeitsbereich des Aufsichtsrats fallen,** nicht der Vorstand, sondern ausschließlich der Aufsichtsrat zuständig ist, die Gesellschaft zu vertreten und zu repräsentieren (→ § 3 Rn. 121 ff.).[344] Innerhalb des Aufsichtsrats ist **grds. der Vorsitzende zuständig.**[345] Ist der **Aufsichtsratsvorsitzende verhindert,** ist automatisch sein Stellvertreter zuständig (vgl. § 107 Abs. 1 S. 3 AktG). Soll ein „einfaches" Aufsichtsratsmitglied **an Stelle des Aufsichtsratsvorsitzenden** die Gesellschaft repräsentieren, muss dem daher nicht nur die Zustimmung des Aufsichtsratsvorsitzenden, sondern auch die **Zustimmung seines Stellvertreters** zugrunde liegen. Soll ein „einfaches" Aufsichtsratsmitglied **gemeinsam mit dem Aufsichtsratsvorsitzenden** die Gesellschaft repräsentieren, ist zwar nicht die Zustimmung des Stellvertreters erforderlich, der Aufsichtsratsvorsitzende muss aber genau prüfen, ob es im Interesse der Gesellschaft ist, dass das „einfache" Aufsichtsratsmitglied gemeinsam mit ihm die Gesellschaft repräsentiert. Ist das nicht der Fall, hat das Aufsichtsratsmitglied keinen Auslagenersatzanspruch.

Betrifft die Repräsentation **den Zuständigkeitsbereich des Vorstands,** ist der Aufsichtsratsvorsitzende oder ein „einfaches" Aufsichtsratsmitglied nur zuständig, wenn ein entsprechender „Wunsch des Vorstands" vorliegt. Insofern sind strenge Anforderungen zu stellen. Der Wunsch des Vorstands muss sich darauf beziehen, dass das betroffene Aufsichtsratsmitglied **die Gesellschaft gerade in seiner Funktion als Aufsichtsratsmitglied repräsentiert.** Häufig wird sich der Wunsch des Vorstands auf den Aufsichtsratsvorsitzenden beziehen. Für „einfache" Aufsichtsratsmitglieder kann ein Wunsch des Vorstands, die Gesellschaft in der Funktion als Aufsichtsratsmitglied zu repräsentieren, insbes. dann einen dienstlichen Termin begründen, wenn der Aufsichtsratsvorsitzende verhindert ist oder mehrere – möglichst viele, alle oder bestimmte einzelne – Aufsichtsratsmitglieder die Gesellschaft repräsentieren sollen. Eine **Zustimmung des Aufsichtsratsvorsitzenden** ist in diesem Fall nicht erforderlich. Es ist aber empfehlenswert, den Aufsichtsratsvorsitzenden einzubeziehen, insbes., wenn der Aufsichtsrat ihm die Aufgabe übertragen hat, auf der Grundlage von „Richtlinien" die Anerkennung von Auslagen zuzusagen oder abzulehnen (→ Rn. 182).

Der im Zusammenhang mit der Repräsentation der Gesellschaft entstehende Aufwand des **Lebenspartners eines Aufsichtsratsmitglieds** kann ausnahmsweise vom Auslagenersatz erfasst sein, wenn die Begleitung durch den Lebenspartner üblich ist und erwartet wird („sozialadäquat ist"), zB bei einem Ball oder einem Abendessen.[346] Der BGH hat zur Teilnahme der Ehefrau eines Geschäftsführers an einem Abendessen ausgeführt: *„Mit einem Geschäftsessen in Wahrnehmung der Interessen der Gesellschaft ist die Teilnahme der Ehefrau des Geschäftsführers nicht unvereinbar. Sie kann zur Kontakt- und Imagepflege des Unternehmens, insbes. auch aus atmosphärischen Gründen, durchaus ‚angemessen' sein, zumal dann, wenn auch der Geschäftspartner mit seinem Ehegatten teilnimmt."*[347]

bb) Reisen mit mehreren Anlässen. Dient die Reise eines Aufsichtsratsmitglieds **nicht nur einem dienstlichen Anlass iRd Aufsichtsratstätigkeit,** sondern **abgrenzbar** auch einem privaten oder einem Anlass, der mit einer anderen Tätigkeit des Aufsichtsratsmitglieds zusammenhängt, muss und darf die

---

[340] *E. Wagner* in Semler/v. Schenck AR-HdB § 11 Rn. 68; unklar GroßkommAktG/*Hopt/Roth* AktG § 113 Rn. 31: lediglich Zustimmung des Aufsichtsratsvorsitzenden; enger wohl BeckOGK/*Spindler* AktG § 113 Rn. 11: „Nur in Ausnahmefällen"; ähnlich *Semler* FS Claussen, 1997, 381 (386).
[341] Vgl. auch MHdB AG/*Hoffmann-Becking* § 33 Rn. 16.
[342] So noch *Fonk* NZG 2009, 761 (769); *Plagemann* NZG 2016, 211 (214); *Lutter/Krieger/Verse* AR Rn. 683: Innenorgan, daher Repräsentation nur, wenn im Interesse der Gesellschaft erforderlich; wohl auch Semler/*v. Schenck* AktG § 113 Rn. 116, 139: Repräsentation gehört zwar nicht zu den originären Aufgaben des Aufsichtsratsvorsitzenden, insbesondere bei Tendenz- und Großunternehmen kann es aber erforderlich sein, dass er gelegentlich für das Unternehmen öffentlich auftritt; ggf. entstehende Kosten sind erstattungsfähig.
[343] Kölner Komm AktG/*Mertens/Cahn* AktG § 107 Rn. 61; insbes. zu Investorengesprächen K. Schmidt/Lutter AktG/*Drygala* AktG § 107 Rn. 25; krit. *Koch* AG 2017, 129 (138).
[344] Kölner Komm AktG/*Mertens/Cahn* AktG § 107 Rn. 61; wohl auch ErfK/*Oetker* AktG § 107 Rn. 5. IErg ähnlich GroßkommAktG/*Hopt/Roth* AktG § 107 Rn. 152: Repräsentation (nur), wenn der Aufsichtsrat sie im Interesse der Gesellschaft für sachdienlich halten kann.
[345] K. Schmidt/Lutter AktG/*Drygala* AktG § 107 Rn. 23; *Lutter/Krieger/Verse* AR Rn. 683; MHdB AG/*Hoffmann-Becking* § 31 Rn. 102.
[346] Vgl. BGH NZG 2003, 86 (88); *Fleischer/Bauer* ZIP 2015, 1901 (1910 f.) mwN; *Fonk* NZG 2009, 761 (769); zu besonderen Einladungen gegenüber Vorstandsmitgliedern (Bundeskanzleramt) *Seyfarth* VorstandsR § 4 Rn. 74.
[347] BGH NZG 2003, 86 (88).

Gesellschaft die Reisekosten iRd Auslagenersatzes **nur anteilig erstatten**.[348] Eine **anteilige Kürzung** der Reisekosten soll aber **nicht erforderlich** sein, wenn das Aufsichtsratmitglied die dienstliche Reise **mit einem privaten Nebenzweck verbindet**.[349] Ein privater Nebenzweck kann etwa anzunehmen sein, wenn das Aufsichtsratsmitglied im Zusammenhang mit einem dienstlichen Termin am Ort der Dienstreise Familienangehörige besucht. Dem ist zuzustimmen mit der Maßgabe, dass etwaige Zusatzkosten, die ausschließlich aufgrund des privaten Nebenzwecks entstehen, nicht von der Gesellschaft als Auslagenersatz zu übernehmen sind. Mehrkosten, die **aufgrund eines Umwegs** entstehen, sind daher nicht erstattungsfähig.

149 Reist das Aufsichtsratsmitglied **früher als erforderlich zu einem dienstlichen Termin an oder später als erforderlich von einem dienstlichen Termin ab**, sind zwar etwaige zusätzlich anfallende Hotelkosten nicht vom Auslagenersatz erfasst. Bei einer An- oder Abreise lediglich wenige (bis zu drei) Tage früher oder später als erforderlich bleiben die reinen Reisekosten aber vom Auslagenersatz erfasst, sofern aufgrund des anderen Reisetermins nicht signifikante Mehrkosten entstehen. Liegen zwischen der An- oder Abreise und dem dienstlichen Termin mehr als wenige Tage, ist hingegen davon auszugehen, dass die Reise nicht mehr überwiegend dienstlich veranlasst ist; der Auslagenersatzanspruch reduziert sich dann entsprechend. Eine Faustformel könnte wie folgt aussehen: Verlängert sich die Reise um mehr als drei bis zu sieben Tage, wird der Auslagenersatzanspruch um 25% gekürzt. Verlängert sich die Reise um mehr als sieben bis zu vierzehn Tage, wird der Auslagenersatzanspruch um 50% gekürzt. Verlängert sich die Reise um mehr als vierzehn Tage, wird der Auslagenersatzanspruch um 75% gekürzt.

150 cc) **Für Reisen von woher und wohin muss die Gesellschaft Auslagen erstatten?** Von woher Aufsichtsratsmitglieder zu und **wohin** Aufsichtsratsmitglieder von einem dienstlichen Termin bei vollem Auslagenersatz reisen können, wird im Schrifttum lediglich vereinzelt erörtert; Rechtsprechung existiert nicht. Grundsätzlich besteht ein Anspruch auf vollen Ersatz angemessener Auslagen für Reisen von und zu einem **Hauptwohnsitz, einem etwaigen Zweitwohnsitz und einem Dienstsitz der Haupttätigkeit** des Aufsichtsratsmitglieds.[350] Reist das Aufsichtsratsmitglied von oder zu einem dieser Orte, ist auch zu vermuten, dass die An- und Abreise ausschließlich dienstlich veranlasst sind. Im Einzelfall erscheinen auch insofern **Pauschalierungen zulässig:** Handelt es sich zB um eine große, international agierende Gesellschaft mit einem international zusammengesetzten Aufsichtsrat und befindet sich der Wohn- oder Dienstsitz in einem vergleichsweise kleinen Staat, kann das Aufsichtsratsmitglied einen Anspruch auf vollen Ersatz der angemessenen Auslagen für Reisen von oder zu einem anderen Ort als einem Wohn- oder Dienstsitz haben, es sei denn, mit der Reise zu dem anderen Ziel wären im Einzelfall erkennbar signifikante Mehrkosten verbunden. Besteht ein Haupt- oder Zweitwohnsitz an dem Ort, an dem ein dienstlicher Termin stattfindet, ist zu unterscheiden: Wäre das Aufsichtsratsmitglied ohnehin zu seinem Haupt- oder Zweitwohnsitz gereist, weil es sich dort regelmäßig aufhält, besteht kein Anspruch auf Erstattung der Reisekosten. Kann das Aufsichtsratsmitglied darlegen, dass es ausschließlich wegen des dienstlichen Termins anreise, besteht ein Auslagenersatzanspruch; allerdings sind an den Nachweis strenge Anforderungen zu stellen. Reist ein Aufsichtsratsmitglied von oder zu einem Ort, an dem sich kein Wohn- oder Dienstsitz befindet, ist zu vermuten, dass die Reise **teilweise nicht dienstlich veranlasst** ist.[351] In diesen Fällen ist zu unterscheiden:

151 Ist die Reise **teilweise privat veranlasst** – etwa, weil das Aufsichtsratsmitglied von einem Urlaubsort zu einer mit üblichem Vorlauf terminierten Sitzung reist –, muss die Gesellschaft als Auslagenersatz die Kosten einer fiktiven Anreise vom Hauptwohnsitz und maximal die tatsächlich angefallenen Kosten der Anreise vom Urlaubsort erstatten. Dasselbe gilt, wenn die Reise **teilweise durch eine weitere Nebentätigkeit des Aufsichtsratsmitglieds veranlasst** ist; in diesem Fall ist der Erstattungsbetrag zudem in Höhe einer Erstattung zu reduzieren, die das Aufsichtsratsmitglied für die Reise iRd anderen Nebentätigkeit erhält. Bei Doppel-Aufsichtsratsmitgliedern im Konzern ist ein Termin im Aufsichtsrat einer Untergesellschaft grds. zugleich ein dienstlicher Termin iRd Mandats der Obergesellschaft (→ Rn. 142).

152 Ist die Reise **teilweise durch die Haupttätigkeit des Aufsichtsratsmitglieds veranlasst** – etwa, weil das Aufsichtsratsmitglied von einem Auslandstermin iRd Haupttätigkeit anreist –, muss die Gesellschaft als Auslagenersatz die Kosten einer fiktiven Reise vom Dienstsitz der Haupttätigkeit und maximal die tatsächlich angefallenen Kosten erstatten; der Erstattungsbetrag ist zudem in Höhe einer Erstattung zu

---

[348] *Semler* FS Claussen, 1997, 381 (389); *E. Wagner* in Semler/v. Schenck AR-HdB § 11 Rn. 72; *Fonk* NZG 2009, 761 (768); Semler/v. Schenck/*v. Schenck* AktG § 113 Rn. 121.
[349] *Fonk* NZG 2009, 761 (768) mwN; für vergleichbare Fälle im Vorstandsrecht *Fleischer/Bauer* ZIP 2015, 1901 (1908).
[350] Vgl. *Fonk* NZG 2009, 761 (768): Jedenfalls Wohnort oder Dienstsitz des Aufsichtsratsmitglieds; *Berger,* Die Kosten der Aufsichtsratstätigkeit in der Aktiengesellschaft, 2000, 132: Wohnsitz des Aufsichtsratsmitglieds.
[351] AA offenbar *Semler* FS Claussen, 1977, 381 (387 f.); ebenfalls aA *Fonk* NZG 2009, 761 (768): volle Erstattung grds. auch, wenn das Aufsichtsratsmitglied nicht von seinem Wohnsitz anreist.

reduzieren, die das Aufsichtsratsmitglied für die Reise im Rahmen seiner Haupttätigkeit erhält.[352] Es ist nicht sachgerecht, dass die Gesellschaft iRd Auslagenersatzes Mehrkosten tragen soll, die entstehen, weil sich das Aufsichtsratsmitglied im Rahmen seiner Haupttätigkeit an einem anderen Ort als seinem Dienstsitz aufhält: Ob und inwieweit das Aufsichtsratsmitglied bei Dienstreisen im Rahmen seiner Haupttätigkeit einen Anspruch auf Erstattung der Kosten der Rückreise zu seinem Dienst- oder Wohnsitz hat, richtet sich nach dem Rechtsverhältnis der Haupttätigkeit.

dd) Nicht mit üblichem Vorlauf terminierte dienstliche Veranstaltungen und Verlegung von Veranstaltungen. Wird ein dienstlicher Termin **kurzfristig, nicht mit dem generell vorgesehenen üblichen zeitlichen Vorlauf** terminiert und hat ein Aufsichtsratsmitglied **bereits nachweislich Dispositionen getroffen,** wohin es mit welchem Verkehrsmittel gereist wäre, falls der dienstliche Termin nicht kurzfristig terminiert worden wäre, erfasst der gesetzliche Auslagenersatzanspruch auch Kosten, die entstehen, damit das Aufsichtsratsmitglied bereits getroffene Dispositionen aufrechterhalten kann. Danach kann zB ein Anspruch auf Übernahme der vollständigen Reisekosten für die An- oder Abreise von oder zu einem anderen Ort als einem Haupt- oder Zweitwohnsitz oder einem Dienstort der Haupttätigkeit bestehen.[353]

Auch **Stornokosten** oder **andere Auslagen,** die anfallen, damit das Aufsichtsratsmitglied einen kurzfristig terminierten dienstlichen Termin wahrnehmen kann, sind erstattungsfähig, ebenso Auslagen, die beim Aufsichtsratsmitglied nachweislich im Rahmen seiner ursprünglichen Planung bereits angefallen und die aufgrund des kurzfristig terminierten dienstlichen Termins nun „frustrierte Aufwendungen" sind, zB Kosten des Eintritts für eine geplante private Teilnahme an einer kulturellen Veranstaltung. Erstattungen, die das Aufsichtsratsmitglied anderweitig erhält, sind zu berücksichtigen. Ebenfalls erstattungsfähig sind Kosten, die entstehen, damit ein Aufsichtsratsmitglied seine bereits konkreten Planungen aufrechterhalten und gleichzeitig einen kurzfristig anberaumten dienstlichen Termin wahrnehmen kann (zB volle Erstattung der Anreise zu einem geplanten privaten Termin; Erstattung einer Flug- statt einer Bahnreise).

Wird ein **bereits terminierter dienstlicher Termin verlegt,** muss die Gesellschaft sämtliche Auslagen erstatten, die Aufsichtsratsmitglieder bereits getätigt haben, um den dienstlichen Termin wahrzunehmen.

ee) Abgrenzung: Übernahme von Kosten durch die Gesellschaft bei nicht dienstlichen Terminen. Abzugrenzen von dienstlichen Terminen sind Fälle, in denen Aufsichtsratsmitglieder an Veranstaltungen der Gesellschaft nur teilnehmen, weil **der Vorstand sie einlädt.** Eine Einladung des Vorstands führt nicht per se dazu, dass der betreffende Termin für Aufsichtsratsmitglieder als dienstlicher Termin einzuordnen ist. Auch wenn danach kein Anspruch besteht, dass die Gesellschaft die Teilnahmekosten (An- und Abreise, evtl. Eintritt, Übernachtung etc.) als Auslagenersatz übernimmt, kann in diesem Fall aber der Vorstand entscheiden, dass die Gesellschaft die Kosten übernimmt; Maßstab der Entscheidung ist dann, ob es im Interesse der Gesellschaft ist, dass Aufsichtsratsmitglieder an dem Termin teilnehmen und die Gesellschaft hierfür die entsprechenden Mittel aufwendet.

d) Einsichts- und Prüfungsrechte, Antrags- und Klagebefugnisse, Passivprozesse und -verfahren, Geldauflagen, Geldbußen, Geldstrafen

Hat der Aufsichtsrat einzelne Mitglieder beauftragt, das Recht wahrzunehmen, **„die Bücher und Schriften der Gesellschaft sowie die Vermögensgegenstände"** einzusehen und zu prüfen (§ 111 Abs. 2 S. 1, 2 AktG), können in diesem Zusammenhang anfallende Kosten erstattungsfähig sein.[354] Eine **besondere Vergütung** können beauftragte Aufsichtsratsmitglieder aber nur erhalten, wenn sie in der Satzung oder durch einfachen Hauptversammlungsbeschluss **als Sondervergütung** festgesetzt ist (→ Rn. 42).

Wird ein Aufsichtsratsmitglied **im Rahmen seiner gesetzlich vorgesehenen Antrags- und Klagebefugnisse aktiv** (zB gerichtliche Bestellung von Vorstandsmitgliedern, § 85 Abs. 1, Einleitung eines Statusverfahrens, § 98 Abs. 2 S. 1 Nr. 2, gerichtliche Bestellung von Aufsichtsratsmitgliedern, § 104 Abs. 1 S. 1 AktG, Anfechtungs- und Nichtigkeitsklagen gegen Beschlüsse der Hauptversammlung, § 245 Nr. 5, 249 iVm §§ 243, 250, 254, 255 AktG, § 256 Abs. 7 AktG, § 257 AktG, oder Klagen gegen Beschlüsse des Aufsichtsrats oder des Vorstands), muss die Gesellschaft die aufgewendeten Prozesskosten tragen, wenn das Aufsichtsratsmitglied mit einem Erfolg rechnen durfte und die **Rechtsverfolgung im Interesse der Gesellschaft** war.[355]

---

[352] AA grds. *Fonk* NZG 2009, 761 (768).
[353] So grds. auch *Fonk* NZG 2009, 761 (768).
[354] Vgl. nur MüKoAktG/*Habersack* AktG § 113 Rn. 25.
[355] GroßkommAktG/*Hopt/Roth* AktG § 113 Rn. 37; Kölner Komm AktG/*Mertens/Cahn* AktG § 113 Rn. 12; *E. Wagner* in Semler/v. Schenck AR-HdB § 11 Rn. 76.

159 Auch Auslagen im Zusammenhang mit **Passivprozessen oder anderen Verfahren,** die gegen ein Aufsichtsratsmitglied **aufgrund seiner Amtstätigkeit eingeleitet** werden, sind erstattungsfähig.[356] Voraussetzung ist – ebenso wie für den entsprechenden Auslagenersatzanspruch von Vorstandsmitgliedern –, dass das Aufsichtsratsmitglied im Zusammenhang mit dem Sachverhalt, der dem Passivprozess zugrunde liegt, **keine Pflichten gegenüber der Gesellschaft verletzt** hat.[357] Das Aufsichtsratsmitglied hat auch einen Anspruch, dass die Gesellschaft einen Vorschuss auf die Anwalts- und Verfahrenskosten leistet (§ 669 BGB; → Rn. 174). Für die Höhe der Anwaltskosten gelten dabei die allgemeinen zu § 249 BGB entwickelten Grundsätze. Für über die Gebühren nach dem RVG hinausgehende Kosten, insbes. eine Abrechnung nach Stunden, muss das Aufsichtsratsmitglied nachweisen, dass die Beratung hinsichtlich des erforderlichen Spezialwissens und des abgerechneten Aufwands notwendig war.[358] Solange der Passivprozess gegen das Aufsichtsratsmitglied nicht rechtskräftig abgeschlossen ist, steht allerdings nicht fest, ob das beklagte Aufsichtsratsmitglied zugleich Pflichten gegenüber der Gesellschaft verletzt hat. Es kommt dann darauf an, wie der für die Anspruchsverfolgung zuständige **Vorstand** die Verantwortlichkeit des Aufsichtsratsmitglieds beurteilt.[359] Soll ungeachtet bestehender Unsicherheiten, ob das Aufsichtsratsmitglied Pflichten gegenüber der AG verletzt hat, ein Vorschuss gewährt werden, muss der Vorstand sicherstellen, dass die Gesellschaft die Vorschussleistungen zurückerhält, sofern sich herausstellt, dass das Aufsichtsratsmitglied tatsächlich pflichtwidrig handelte und danach keinen Auslagenersatzanspruch hat.[360] In solchen Fällen vereinbart die Gesellschaft daher – vertreten durch den Vorstand – mit dem Aufsichtsratsmitglied, dass es bereits erhaltene Leistungen zurückzahlen muss, sofern sich herausstellt, dass der erhobene Vorwurf zutrifft und das Aufsichtsratsmitglied durch sein Verhalten in diesem Zusammenhang Pflichten gegenüber der Gesellschaft verletzt hat.[361] Stellt sich heraus, dass das Aufsichtsratsmitglied gegenüber der Gesellschaft Organpflichten verletzt hat, sind auf den Erstattungsanspruch die Regeln der §§ 116, 93 AktG zumindest entsprechend anwendbar. Insbesondere sind die Beweislastumkehr der § 116 AktG, § 93 Abs. 2 S. 2 AktG[362] sowie der Ausschluss eines Verzichts außerhalb des Verfahrens der § 116 AktG, § 93 Abs. 4 S. 3 AktG[363] zu übertragen.

160 Aufwendungen für **Geldauflagen, Geldbußen und Geldstrafen,** die gegen ein Aufsichtsratsmitglied aufgrund seiner Amtstätigkeit festgesetzt werden, sind nach denselben Grundsätzen als Auslagenersatz erstattungsfähig wie die Aufwendungen im Zusammenhang mit Passivprozessen oder anderen Verfahren, die gegen ein Aufsichtsratsmitglied aufgrund seiner Amtstätigkeit eingeleitet werden.[364]

e) Aus- und Fortbildung, Amtseinführung („Onboarding"), Berater einzelner Aufsichtsratsmitglieder

161 Im Grundsatz **nicht von der Gesellschaft zu tragen** sind Auslagen der Aufsichtsratsmitglieder für ihre **Ausbildung** (zum Freistellungs- und Entgeltfortzahlungsanspruch von Arbeitnehmervertretern bei Ausbildungsmaßnahmen → § 7 Rn. 371). Schon im Jahr 1982 hat der BGH in der Hertie-Entscheidung klargestellt, *„dass ein Aufsichtsratsmitglied diejenigen Mindestkenntnisse und -fähigkeiten besitzen oder sich aneignen muß, die es braucht, um alle normalerweise anfallenden Geschäftsvorgänge auch ohne fremde Hilfe verstehen und sachgerecht beurteilen zu können".*[365] Zu Recht geht die ganz hA daher davon aus, dass die Gesellschaft weder dem Aufsichtsrat noch seinen Mitgliedern Auslagen (etwa für Schulungen oder Literatur) erstatten darf, die dazu dienen, erforderliche Grundkenntnisse zu erhalten. Nach der Empfehlung D.12 DCGK soll die Gesellschaft die Mitglieder des Aufsichtsrats bei Aus- und Fortbildungsmaßnahmen zwar angemessen

---

[356] GroßkommAktG/*Hopt/Roth* AktG § 113 Rn. 37; vgl. auch Hölters/*Weber* AktG § 84 Rn. 51.
[357] Zu Vorstandsmitgliedern *Zimmer/Simonot* NZG 2016, 976 (980); Hölters/*Hölters* AktG § 93 Rn. 388; BeckOGK/*Fleischer* AktG § 84 Rn. 74; Hüffer/Koch/*Koch* AktG § 84 Rn. 23.
[358] Dazu etwa OLG München AG 2011, 204 (205); *Saenger/Uphoff* NJW 2014, 1412 (1415).
[359] Zu Vorstandsmitgliedern *Hoffmann-Becking* ZGR 2015, 618 (623); *Fleischer* WM 2005, 909 (915); *Marsch-Barner/Wilk* in Krieger/U.H. Schneider Managerhaftung-HdB § 21 Rn. 6; Kölner Komm AktG/*Mertens/Cahn* AktG § 84 Rn. 93; GroßkommAktG/*Kort* AktG § 84 Rn. 407.
[360] *Jaeger* in Ziemons/Binnewies HdB AG Rn. 9.277.
[361] Zu Vorstandsmitgliedern BeckOGK/*Fleischer* AktG § 84 Rn. 74; Hölters/*Hölters* AktG § 93 Rn. 388; *Hoffmann-Becking* ZGR 2015, 618 (623).
[362] Zu Vorstandsmitgliedern *Hoffmann-Becking* ZGR 2015, 618 (623); *Lackhoff/Habbe* NZG 2012, 616 (618); MHdB CL/*Koch* § 30 Rn. 62; Hüffer/Koch/*Koch* AktG § 84 Rn. 23; aA G. *Krieger* FS Bezzenberger, 2000, 211 (224 f.): entsprechende Klausel in Rückzahlungsabrede erforderlich.
[363] Zu Vorstandsmitgliedern BGHZ 202, 26 Rn. 13 ff. = NZG 2014, 1058; *Hoffmann-Becking* ZGR 2015, 618 (623); MHdB CL/*Koch* § 30 Rn. 62.
[364] Für Vorstandsmitgliedern BGHZ 202, 26 Rn. 13 ff. = NZG 2014, 1058; *Hoffmann-Becking* ZGR 2015, 618 (623); MHdB CL/*Koch* § 30 Rn. 62.
[365] BGHZ 85, 293 (295 f.) = NJW 1983, 991 – Hertie. Zu Vorstandsmitgliedern *Ried* AG 2019, 441 (442); *Seyfarth* VorstandsR § 26 Rn. 89 f.; *Selter* ZIP 2015, 714; *Hasselbach/Seibel* AG 2008, 770 (776); *Zimmermann* DB 2008, 687 (691); *Fleischer* WM 2005, 909 (917); *Krieger* FS Bezzenberger, 2000, 211 (214 f.); siehe auch Hölters/*Weber* AktG § 84 Rn. 51; *Nietsch* ZHR 184 (2020), 60 (66); vgl. ferner Hüffer/Koch/*Koch* AktG § 84 Rn. 23.

unterstützen und „*über durchgeführte Maßnahmen*" im Bericht des Aufsichtsrats berichten. Der DCGK ist aber kein Gesetz und kann die Rechtslage nicht rechtsverbindlich gestalten. Die Empfehlung D.12 DCGK ist daher dahin auszulegen, dass die Gesellschaft – abgesehen von rein internen Unterstützungsmaßnahmen wie zB Vorträge von Fachabteilungen – lediglich insoweit „*angemessen unterstützen soll*", als der gesetzliche Auslagenersatzanspruch reicht.[366]

Als Auslagenersatz erstattungsfähig sind Kosten, die für die **Fortbildung für besondere (Spezial-) Kenntnisse oder anlässlich von Gesetzesänderungen** anfallen oder die einen **spezifischen Bezug zur Gesellschaft** haben.[367] Es spielt nach zutreffender Ansicht keine Rolle, ob es sich um interne oder externe Veranstaltungen oder die Anschaffung von Fachliteratur handelt oder ob die Maßnahme zugleich dazu dient, die Mindestqualifikation der Aufsichtsratsmitglieder aufrechtzuerhalten.[368] § 25d Abs. 4 KWG schreibt für Kredit- und Finanzdienstleistungsinstitute sowie (gemischte) Finanzholding-Gesellschaften ausdrücklich vor, dass sie personelle und finanzielle Ressourcen einsetzen müssen, um Aufsichtsratsmitgliedern „*die Fortbildung zu ermöglichen, die zur Aufrechterhaltung der erforderlichen Sachkunde notwendig ist*". Diese Regelung strahlt auf Aktiengesellschaften aus, die keine Kredit- und Finanzdienstleistungsinstitute sowie (gemischte) Finanzholding-Gesellschaften sind.[369] Insgesamt ist daher ungeachtet der „Hertie-Entscheidung" (→ Rn. 161) eine **großzügige Beurteilung der Zulässigkeit von Fortbildungsmaßnahmen angezeigt**.[370] Nicht zuletzt mit Blick auf die hinsichtlich Umfang und Komplexität stetig zunehmenden Aufgaben des Aufsichtsrats ist davon auszugehen, dass die Rechtsprechung den strengen Maßstab der „Hertie-Entscheidung" lockern wird. Generell erstattungsfähig sind jedenfalls Fortbildungsmaßnahmen im Zusammenhang mit für Aufsichtsratsmitglieder relevanten **neuen rechtlichen Vorgaben** oder **neuen Vorgaben zur Rechnungslegung**.[371] Entscheidet der Aufsichtsrat, Fortbildungsmaßnahmen anzubieten, muss er allen Aufsichtsratsmitgliedern die Teilnahme ermöglichen, nicht nur einzelnen Aufsichtsratsmitgliedern oder einer Gruppe von Aufsichtsratsmitgliedern.[372]

Insbesondere bei großen börsennotierten Gesellschaften zunehmend üblich ist eine „**Einführung ins Amt**" (sog. „**Onboarding**"). D.12 DCGK empfiehlt, dass die Gesellschaft die Aufsichtsratsmitglieder „*bei ihrer Amtseinführung […] angemessen unterstützen*" und über durchgeführte Maßnahmen im Bericht des Aufsichtsrats berichten soll. Auch insofern kann der DCGK den gesetzlichen Auslagenersatzanspruch zwar nicht „ausdehnen". Ungeachtet der Rechtslage zu Ausbildungskosten ist ein Onboarding aber zulässig, soweit dabei nicht die Vermittlung allgemeiner Kenntnisse über die Aufsichtsratstätigkeit im Vordergrund steht, sondern spezifisch auf die konkrete Situation der Gesellschaft eingegangen wird (zB wesentliche Projekte, Verfahren, Entwicklungen etc.). Dafür spricht auch, dass es mit Blick auf die Vorgabe, bei der Zusammensetzung des Aufsichtsrats Diversität zu fördern (§ 289f Abs. 2 Nr. 6 HGB – Diversitätskonzept und Empfehlung C.1 S. 2 DCGK; → § 3 Rn. 9 ff.), gewünscht ist, dass Branchenfremde im Aufsichtsrat vertreten sind.[373]

Kosten für **Berater, die einzelne Aufsichtsratsmitglieder für sich in Anspruch nehmen,** sollen allenfalls erstattungsfähig sein, wenn das Aufsichtsratsmitglied vor der Einschaltung die Zustimmung des Aufsichtsrats, eines Ausschusses oder zumindest des Aufsichtsratsvorsitzenden eingeholt hat.[374] Dem ist zuzustimmen, wobei das Aufsichtsratsplenum zuständig ist, soweit es die Entscheidung nicht einem Ausschuss oder dem Aufsichtsratsvorsitzenden übertragen hat, im Einzelfall anhand von vom Aufsichtsrat be-

---

[366] Ausführlich *Bosse/Malchow* NZG 2010, 972 (973); vgl. ferner *Bulgrin* AG 2019, 101 (104); *Gaul* AG 2017, 877 (883); MüKoAktG/*Habersack* AktG § 113 Rn. 27; Hölters/*Hambloch-Gesinn/Gesinn* AktG § 113 Rn. 24a; MHdB AG/*Hoffmann-Becking* § 33 Rn. 16; Hüffer/Koch/*Koch* AktG § 113 Rn. 10; *Leyendecker-Langner/Huthmacher* NZG 2012, 1415 (1416); *Schnorbus/Ganzer* BB 2019, 258 (261); Semler/v. Schenck/*v. Schenck* AktG § 113 Rn. 130 ff.; BeckOGK/*Spindler* AktG § 113 Rn. 11; *E. Vetter* Gesellschaftsrecht in der Diskussion 20 (2014), 115 (120 f.), jew. mwN; aA *Mutter* AG 2013, R246: Der DCGK beeinflusse die Gesetzesauslegung; großzügig auch *Menkel* AG 2019, 330 (334 f.).
[367] *Bosse/Malchow* NZG 2010, 972 (973), allerdings für eine restriktive Handhabung; *Bulgrin* AG 2019, 101 (104); *Gaul* AG 2017, 877 (883); MüKoAktG/*Habersack* AktG § 113 Rn. 27 ff.; Hölters/*Hambloch-Gesinn/Gesinn* AktG § 113 Rn. 24a; Hüffer/Koch/*Koch* AktG § 113 Rn. 10; *Leyendecker-Langner/Huthmacher* NZG 2012, 1415 (1416); *Schnorbus/Ganzer* BB 2019, 258 (261); Semler/v. Schenck/*v. Schenck* AktG § 113 Rn. 130; BeckOGK/*Spindler* AktG § 113 Rn. 11; *E. Vetter* Gesellschaftsrecht in der Diskussion 20 (2014), 115 (121 ff.), jew. mwN.
[368] Hölters/*Hambloch-Gesinn/Gesinn* AktG § 113 Rn. 24a; nur für interne Maßnahmen bejahend MüKoAktG/*Habersack* AktG § 113 Rn. 28.
[369] MüKoAktG/*Habersack* AktG § 113 Rn. 28; Hüffer/Koch/*Koch* AktG § 113 Rn. 10; *E. Vetter* Gesellschaftsrecht in der Diskussion 20 (2014), 115 (122 f.), jew. mwN.
[370] Ebenso Hüffer/Koch/*Koch* AktG § 113 Rn. 10.
[371] Semler/v. Schenck/*v. Schenck* AktG § 113 Rn. 130; GroßkommAktG/*Hopt/Roth* AktG § 113 Rn. 33 mwN.
[372] *Fonk* NZG 2009, 761 (769).
[373] Hüffer/Koch/*Koch* AktG § 113 Rn. 10.
[374] Für ein Zustimmungserfordernis des Plenums *Erkens/Fuchs* NZG 2019, 651 (652); MüKoAktG/*Habersack* AktG § 113 Rn. 27, jew. mwN; großzügiger GroßkommAktG/*Hopt/Roth* AktG § 113 Rn. 31 und *Schnorbus/Ganzer* BB 2019, 258 (259).

schlossenen Kriterien nachzuvollziehen, ob die Kosten eines „Individual-Beraters" erstattungsfähig sind. Mit Blick auf die Rechtslage zu Aus- und Fortbildungskosten (→ Rn. 161 f.) darf die Gesellschaft solche Kosten aber allenfalls in geringem Umfang übernehmen. **Der Gesamtaufsichtsrat oder ein Ausschuss** kann *„für bestimmte Aufgaben besondere Sachverständige"* beauftragen und dabei die Gesellschaft unmittelbar verpflichten (§ 111 Abs. 2 S. 2 AktG; → § 4 Rn. 133).

f) Einkommenseinbußen und Ertragsausfall

165 Einkommens- oder Ertragseinbußen **von Anteilseignervertretern,** die auf der Aufsichtsratstätigkeit beruhen, sind nach herrschender und zutreffender Ansicht **nicht erstattungsfähig:**[375] Der zeitliche Einsatz des Aufsichtsratsmitglieds wird durch die Aufsichtsratsvergütung abgegolten. Jeder Kandidat muss für sich entscheiden, ob er die Aufsichtsratsvergütung mit Blick auf den möglicherweise entstehenden Einkommensausfall als hinreichend erachtet.

166 Für **Arbeitnehmervertreter** ist umstritten, ob ein Anspruch auf (Fort-) Zahlung des Arbeitsentgelts besteht, soweit sie aufgrund der Aufsichtsratstätigkeit von der Arbeitspflicht freigestellt sind, ob der Arbeitgeber das Arbeitsentgelt freiwillig fortzahlen dürfte, falls kein Anspruch bestünde, und inwieweit die Aufsichtsratsvergütung im Verhältnis zu einem Entgeltfortzahlungsanspruch zu berücksichtigen wäre (→ § 7 Rn. 362 ff.). Teilweise wird aus dem Verbot, Arbeitnehmervertreter wegen ihrer Tätigkeit im Aufsichtsrat zu benachteiligen (§ 26 S. 2 MitbestG, § 9 S. 2 DrittelbG), ein **Anspruch auf den Ausgleich von Lohneinbußen hergeleitet,** die entstehen, wenn Arbeitnehmervertreter aufgrund der Aufsichtsratstätigkeit freigestellt sind und keine Entgeltfortzahlung erhalten, wobei offen bleibt, ob es sich bei diesem Ausgleich um Auslagenersatz handeln soll.[376] Zu Recht für nicht erstattungsfähig gehalten wird der Lohnausfall eines Arbeitnehmervertreters aber jedenfalls insoweit, als er darauf beruht, dass der Arbeitnehmervertreter Teile der Aufsichtsratsvergütung an die Hans-Böckler-Stiftung abführt (→ Rn. 86); andernfalls würde die Gesellschaft durch eine Vereinbarung zwischen dem Arbeitnehmervertreter und der Hans-Böckler-Stiftung benachteiligt.[377]

3. Büro des Aufsichtsrats oder des Aufsichtsratsvorsitzenden, Mitarbeiter, Dienstwagen

a) Grundsatz

167 Bei großen Gesellschaften ist es üblich, dem Aufsichtsratsvorsitzenden oder dem Aufsichtsrat insgesamt **ein eigenes Büro** zur Verfügung zu stellen, dem oftmals **eigene Mitarbeiter zugeordnet** sind.[378] Ob das zulässig ist, ist keine Frage der Aufsichtsratsvergütung,[379] sondern des Auslagenersatzes. Nach zutreffender Ansicht ist ein solches Büro angemessen und zulässig, wenn die Gesellschaft eine gewisse Größe erreicht und den Aufsichtsrat viele, umfangreiche und komplexe Aufgaben treffen.[380] Unter Umständen kann es sogar geboten sein, ein eigenes Aufsichtsratsbüro einzurichten – der Aufsichtsrat muss auch selbst dafür sorgen, dass er seine Aufgaben pflichtgemäß wahrnehmen kann und sich entsprechend organisiert. Ein Büro des Aufsichtsratsvorsitzenden oder des Aufsichtsrats trägt auch dazu bei, die Unabhängigkeit des Aufsichtsrats gegenüber dem Vorstand sicherzustellen (**„Sphärentrennung"**).[381] Nach § 111 Abs. 2 S. 2 AktG kann der Aufsichtsrat Sachverständige **zwar nur für bestimmte Aufgaben** beauftragen (→ § 4 Rn. 2301) und nach § 109 Abs. 1 S. 2 AktG Sachverständige und Auskunftspersonen **nur zu bestimm-**

---

[375] Semler/v. Schenck/v. Schenck AktG § 113 Rn. 124; GroßkommAktG/Hopt/Roth AktG § 113 Rn. 31; MüKoAktG/Habersack AktG § 113 Rn. 26; BeckOGK/Spindler AktG § 113 Rn. 12; Hölters/Hambloch-Gesinn/Gesinn AktG § 113 Rn. 24; Gaul AG 2017, 877 (881); aA – pauschal für den Ausgleich von Einkommenseinbußen von Aufsichtsratsmitgliedern – Kölner Komm AktG/Mertens/Cahn AktG § 113 Rn. 12; Hoffmann/Preu Der Aufsichtsrat Rn. 447.

[376] GroßkommAktG/Hopt/Roth AktG § 113 Rn. 31; MüKoAktG/Habersack AktG § 113 Rn. 26; Haberack/Henssler/Henssler MitbestG § 26 Rn. 8 ff.; pauschal für den Ausgleich von Einkommenseinbußen von Aufsichtsratsmitgliedern Kölner Komm AktG/Mertens/Cahn AktG § 113 Rn. 12; Hoffmann/Preu Der Aufsichtsrat Rn. 447. Generell gegen den Ausgleich von Einkommenseinbußen als Auslagenersatz BGH NJW-RR 1988, 745 (746 f.); Semler/v. Schenck/v. Schenck AktG § 113 Rn. 124; BeckOGK/Spindler AktG § 113 Rn. 12; Hölters/Hambloch-Gesinn/Gesinn AktG § 113 Rn. 24; Semler FS Claussen, 1997, 381 (392 f.); Gaul AG 2017, 877 (881 f.): Frage des Arbeitsverhältnisses, nicht des Auslagenersatzes iRd Aufsichtsratstätigkeit, und Lohnausfall sei auch keine Auslage. Zum Beispiel Habersack und Henssler lassen aber offen, ob es sich bei dem aus mitbestimmungsrechtlichen Regeln abgeleiteten Anspruch auf Ausgleich von Lohnausfall um einen Auslagenersatz handeln soll oder etwa um einen „Ausgleich sui generis", den sie lediglich unter der Überschrift „Auslagenersatz" behandeln.

[377] Habersack/Henssler/Henssler MitbestG § 26 Rn. 9a; Semler/v. Schenck/v. Schenck AktG § 113 Rn. 124.

[378] Zur Empirie Plagemann NZG 2016, 211 (212) mwN.

[379] Vgl. Schnorbus/Ganzer BB 2019, 258 (260).

[380] Diekmann/Wurst NZG 2014, 121 (125); Gaul AG 2017, 877 (882); MüKoAktG/Habersack AktG § 113 Rn. 29 iVm § 111 Rn. 158; Hölters/Hambloch-Gesinn/Gesinn AktG § 111 Rn. 84a; Hasselbach/Rauch DB 2018, 1713 (1715); MHdB AG/Hoffmann-Becking § 33 Rn. 16; Hüffer/Koch/Koch AktG § 111 Rn. 59; Schnorbus/Ganzer BB 2019, 258 (260); BeckOGK/Spindler AktG § 113 Rn. 12, jew. mwN.

[381] Vgl. auch Plagemann NZG 2016, 211 (213).

II. Auslagenersatz

ten Gegenständen zur Beratung zu Sitzungen hinzuziehen. Das steht der dauerhaften Einrichtung eines Aufsichtsratsbüros aber nicht entgegen, weil es insofern lediglich um Unterstützungsleistungen geht, die zudem nicht Dritte erbringen, sondern Unternehmensangehörige.[382] Statt ein Aufsichtsratsbüro in den Räumen der Gesellschaft einzurichten, kommt auch in Betracht, dass die Gesellschaft die Kosten (ggf. als Pauschale) eines vom Aufsichtsratsvorsitzenden selbst – etwa in seinem Haus – eingerichteten Büros übernimmt.[383]

Die Einrichtung eines Aufsichtsratsbüros wird teilweise mit der Frage verknüpft, ob dem Aufsichtsrat 168 ein Budgetrecht zusteht.[384] Für die Einrichtung eines Aufsichtsratsbüros ist es aber nicht erforderlich, ein Budgetrecht des Aufsichtsrats anzuerkennen (→ Rn. 201), und mit der Einrichtung eines Aufsichtsratsbüros ist auch kein Budgetrecht verbunden.[385] Es ist zu Recht anerkannt, dass der Aufsichtsrat auch ohne ein Budgetrecht **berechtigt ist, die Gesellschaft bei der Einrichtung eines Aufsichtsratsbüros unmittelbar zu verpflichten.** Ob die entsprechende Kompetenz des Aufsichtsrats aus § 112 AktG analog herzuleiten ist[386] oder aus einer Hilfszuständigkeit des Aufsichtsrats,[387] spielt keine Rolle. Der BGH betont, dass § 112 S. 1 AktG die Vertretungsbefugnis des Aufsichtsrats nicht abschließend regelt, sondern der Aufsichtsrat darüber hinaus auch berechtigt ist, die AG bei Hilfsgeschäften zu vertreten, die er zur Wahrnehmung seiner Aufgaben abschließt.[388] Der BGH betont zudem, dass eine Vertretungsbefugnis des Aufsichtsrats im Zusammenhang mit den ihm zugewiesenen Aufgaben erforderlich sei, um den *„der Aufgabenzuweisung innewohnenden Zweck der Unabhängigkeit und Eigenverantwortlichkeit des Aufsichtsrats"* zu wahren.[389]

Mitarbeiter kann zwar de lege lata ausschließlich der **Vorstand anstellen.**[390] Der **Aufsichtsratsvor-** 169 **sitzende** sollte aber „seine" Mitarbeiter bzw. die Mitarbeiter des Aufsichtsrats **aussuchen,** ihr Gehalt bestimmen und **in fachlicher Hinsicht** Weisungsrechte ausüben.[391] In disziplinarischer Hinsicht bleiben die Weisungsrechte zwar beim Vorstand; auch das Weisungsrecht in disziplinarischer Hinsicht kann der Vorstand aber **in Abstimmung** mit dem Aufsichtsratsvorsitzenden ausüben.[392] Da die Aufsichtsratsmitglieder zur höchstpersönlichen Amtsausübung verpflichtet sind (§ 111 Abs. 6 AktG), ist zu beachten, dass die Mitarbeiter bei der Erfüllung der Aufsichtsratsaufgaben lediglich unterstützen dürfen. In Betracht kommt auch, dass der Aufsichtsratsvorsitzende selbst Mitarbeiter anstellt und die AG seine damit verbundenen Ausgaben als Auslagenersatz übernimmt. Sind die Mitarbeiter des Aufsichtsratsbüros „hauptberuflich" bei einem anderen Unternehmen angestellt, zB bei dem Unternehmen, in dem der Aufsichtsratsvorsitzende seinen Hauptberuf ausübt, ist grds. eine Nebentätigkeitsgenehmigung dieses Unternehmens einzuholen, wenn die Mitarbeiter teilweise für das Büro des Aufsichtsrats tätig werden sollen und der Aufsichtsratsvorsitzende hierzu „privat" einen Vertrag mit ihnen abschließen möchte; eine Arbeitnehmerüberlassung an den Aufsichtsratsvorsitzenden oder die AG wäre hingegen schon deshalb nicht zu empfehlen, weil sie auf 18 aufeinander folgende Monate beschränkt ist (§ 1 Abs. 1b S. 1 AÜG). Sind Mitarbeiter beim Aufsichtsratsvorsitzenden persönlich angestellt, ist der Sphärentrennung zwischen Aufsichtsrat und Vorstand sogar besser Rechnung getragen, als wenn Mitarbeiter des Aufsichtsratsbüros bei der AG angestellt sind. Die Mitarbeiter sind – wie generell Hilfspersonen, die für Aufsichtsratsmitglieder persönlich tätig sind – besonders zur Vertraulichkeit hinsichtlich der Aufsichtsratsinformationen zu verpflichten.[393]

Bei entsprechend großen Gesellschaften mit zahlreichen Standorten kann es angemessen sein, dem 170 Aufsichtsratsvorsitzenden einen **Dienstwagen** – evtl. mit Fahrer – für dienstliche Fahrten zur Verfügung zu stellen.[394] Generell muss eine Maßnahme in angemessenem Verhältnis zum Ziel der *„Schaffung der sachlichen Arbeitsgrundlage"* des Aufsichtsratsmitglieds stehen.[395] Auch eine entsprechende Sicherheitseinstufung kann dafür sprechen, dass ein Dienstwagen für den Aufsichtsratsvorsitzenden angemessen ist. Bei Automobilherstellern ist es ohnehin im Interesse der Gesellschaft, dass der Aufsichtsratsvorsitzende dienstlich Fahrzeuge der Gesellschaft nutzt.

---

[382] *Plagemann* NZG 2016, 211 (212).
[383] MHdB AG/*Hoffmann-Becking* § 33 Rn. 16 mwN.
[384] *Plagemann* NZG 2016, 211 (214f.); *Diekmann/Wurst* NZG 2014, 121 (126f.); *Lutter/Krieger/Verse* AR Rn. 657ff.
[385] AA *Plagemann* NZG 2016, 211 (214f.)
[386] Dafür GroßkommAktG/*Hopt/Roth* AktG § 112 Rn. 54; *W. Werner* ZGR 1989, 369 (383).
[387] Dafür *Plagemann* NZG 2016, 211 (214).
[388] BGHZ 218, 122 Rn. 15 = NZG 2018, 629.
[389] BGHZ 218, 122 Rn. 25 = NZG 2018, 629.
[390] *Diekmann/Wurst* NZG 2014, 121 (126); *Roth* AG 2004, 1 (11); GroßkommAktG/*Kort* AktG § 76 Rn. 9.
[391] Vgl. insofern auch *Diekmann/Wurst* NZG 2014, 121 (126); *Plagemann* NZG 2016, 211 (214, 217).
[392] Vgl. *Windbichler* NJW 2012, 2625 (2629); *Hölters/Hambloch-Gesinn/Gesinn* AktG § 111 Rn. 84a; *Diekmann/Wurst* NZG 2014, 121 (126).
[393] *Lutter/Krieger* DB 1995, 257 (259f.); *Hüffer/Koch/Koch* AktG § 171 Rn. 9; MüKoAktG/*Hennrichs/Pöschke* AktG § 171 Rn. 115.
[394] *E. Wagner* in Semler/v. Schenck AR-HdB § 11 Rn. 44; *Lutter/Krieger/Verse* AR Rn. 659.
[395] Vgl. *Dreher* ZHR 165 (2001), 293 (306f.).

b) Private Mitnutzung?

171 Ob und ggf. in welchem Umfang eine AG Aufsichtsratsmitgliedern gestatten darf, für dienstliche Zwecke zur Verfügung gestellte Einrichtungen – zB ein Aufsichtsratsbüro einschließlich Sekretariat – **in untergeordnetem Umfang** für private Zwecke zu nutzen, ist **nicht abschließend geklärt.** Rechtsprechung hierzu existiert nicht. Nach **ganz hA** dürfen Aufsichtsratsmitglieder von der AG zur Verfügung gestellte Einrichtungen nur unentgeltlich für private Zwecke nutzen, **wenn die Hauptversammlung** die private Mitnutzung als Aufsichtsratsvergütung **festgesetzt hat.**[396] **Vereinzelt** wird vertreten, eine private Mitnutzung sei auch ohne Festsetzung durch die Hauptversammlung zulässig, wenn die Einrichtung (i) **überwiegend zu dienstlichen Zwecken genutzt** werde, (ii) die durch die dienstlich veranlasste Nutzung und die private Mitnutzung **nicht oder nur mit unverhältnismäßigem Aufwand klar abgrenzbar** wären und (iii) **der Aufsichtsrat beschließt,** dass Aufsichtsratsmitglieder die Einrichtung für private Zwecke nutzen dürfen.[397]

172 **Stellungnahme: In eng begrenzten Ausnahmefällen** erscheint eine private Mitnutzung unter Beachtung der von der Minderansicht aufgestellten Voraussetzungen zulässig und sachgerecht. Insbesondere das Amt als Aufsichtsratsvorsitzender ist jedenfalls in großen Aktiengesellschaften entgegen der gesetzlichen Konzeption[398] (→ § 3 Rn. 67) praktisch kaum noch „*nebenberuflich*" zu bewältigen.[399] Es erscheint daher nicht unangemessen, wenn das Büro bzw. Sekretariat des Aufsichtsrats für den Aufsichtsratsvorsitzenden zB im Zusammenhang mit der Planung und Organisation einer Dienstreise auch einen privaten Termin plant und organisiert. Ist hingegen **ohne großen Aufwand abgrenzbar, welchen Wert die private Mitnutzung hat,** kommt die private Mitnutzung nur in Betracht, wenn die Hauptversammlung sie als Aufsichtsratsvergütung bewilligt hat oder das Aufsichtsratsmitglied mit Zustimmung des Vorstands die dienstliche Einrichtung privat mitnutzt und die private Mitnutzung drittüblich vergütet. Das betrifft insbes. einen Dienstwagen:[400] Hier ist eine private Mitnutzung einfach mit einem Fahrtenbuch abgrenzbar. Ist eine private Mitnutzung des Dienstwagens nicht als Aufsichtsratsvergütung geregelt, kann der Vorstand entscheiden, ob er dem Aufsichtsratsvorsitzenden anbietet, den Dienstwagen gegen eine – steuerlich als drittüblich anerkannte – Vergütung privat zu nutzen.

4. Nachweis der Auslagen

173 Aufsichtsratsmitglieder müssen ihre Auslagen **belegen.**[401] Zulässig ist auch eine der vereinfachten Abwicklung dienende **Pauschale,**[402] ggf. für einzelne Auslagenkategorien, etwa eine Reisekosten- oder eine Kommunikationspauschale. Die Pauschale muss **eng an den tatsächlichen Kosten orientiert** sein, da sie andernfalls versteckte Vergütungsbestandteile enthält,[403] über die die Hauptversammlung entscheiden muss (→ Rn. 126) und die ggf. Leistungen ohne Rechtsgrund darstellen können. Orientierung bieten die üblicherweise anfallenden Kosten.[404] Eine gewisse Überschreitung ist aber akzeptabel. Es ist gerade legitimer Zweck von Pauschalen, eine genaue Berechnung überflüssig zu machen. Die Frage, ob eine Pauschale angemessen bemessen ist, stellt sich vor allem bei Sitzungsgeldern, die nicht als Vergütungsbestandteil gewährt werden (→ Rn. 30).

5. Vorschuss und Freistellung

174 Aus der entsprechenden Anwendung des allgemeinen Auftragsrechts folgt, dass im Zusammenhang mit dem Anspruch auf Auslagenersatz auch ein **Anspruch auf Vorschuss** notwendiger Auslagen besteht (§ 669 BGB analog).[405] Entstehen Auslagen im Zusammenhang mit einer möglichen Sorgfaltspflichtverletzung des Aufsichtsratsmitglieds, muss der Vorstand sicherstellen, dass die Gesellschaft die Vorschussleistungen zurückerhält, sofern sich herausstellt, dass das Aufsichtsratsmitglied tatsächlich pflichtwidrig handelte und danach keinen Auslagenersatzanspruch hat (insbes. im Fall eines mit der Amtstätigkeit zu-

---

[396] *Lutter/Krieger/Verse* AR Rn. 659.
[397] *Mertens* AG 2000, 447 (449f.).
[398] *Neuhaus/Gellißen* NZG 2011, 1361 (1362); MüKoAktG/*Habersack* AktG § 107 Rn. 46; GroßkommAktG/*Hopt/Roth* AktG § 107 Rn. 102; *Vetter* in Marsch-Barner/Schäfer Börsennotierte AG-HdB Rn. 29.26.
[399] *E. Vetter* ZGR-Sonderheft 19 (2015), 103 (144).
[400] Ebenso *Mertens* AG 2000, 447 (450).
[401] Vgl. MüKoAktG/*Habersack* AktG § 113 Rn. 24; Hüffer/Koch/*Koch* AktG § 113 Rn. 9; *Bulgrin* AG 2019, 101 (105); aA *Fonk* NZG 2009, 761 Fn. 60.
[402] Henssler/Strohn/*Henssler* AktG § 113 AktG Rn. 3; Hüffer/Koch/*Koch* AktG § 113 Rn. 9; krit. wegen Abgrenzungsschwierigkeiten zur Vergütung BeckOGK/*Spindler* AktG § 113 Rn. 13.
[403] Hüffer/Koch/*Koch* AktG § 113 Rn. 9; Kölner Komm AktG/*Mertens/Cahn* AktG § 113 Rn. 12; BeckOGK/*Spindler* AktG § 113 Rn. 13.
[404] MüKoAktG/*Habersack* AktG § 113 Rn. 12.
[405] *Scherb-Da Col,* Die Ausstattung des Aufsichtsrats, 2018, 524.

sammenhängenden Verfahrens gegen das Aufsichtsratsmitglied; → Rn. 159). Geht das Aufsichtsratsmitglied zur Erfüllung seiner Pflichten eine schuldrechtliche Verpflichtung ein, kann es aber nicht die Gesellschaft selbst verpflichten (→ Rn. 122), sondern kann – soweit ein Auslagenersatzanspruch bestünde – nach § 257 BGB verlangen, dass die Gesellschaft es **freistellt**.[406]

6. Auslagenersatz für künftige und ehemalige Aufsichtsratsmitglieder sowie Ehrenmitglieder und Ehrenvorsitzende

(Potenziell) Künftige Aufsichtsratsmitglieder können schon vor Beginn ihrer Amtszeit einen Anspruch auf Auslagenersatz haben, wenn Auslagen entstehen, die durch ihre künftige Amtstätigkeit veranlasst sind. Das kann etwa die Kosten der Anreise zu der Hauptversammlung betreffen, ggf. auch bereits am Vortag einschließlich einer Übernachtung, in der sie erstmals zur Wahl vorgeschlagen werden und sich vorstellen sollen.[407] Wählt die Hauptversammlung die betreffende Person zum Aufsichtsratsmitglied und beginnt ihr Amt mit der Beendigung der Hauptversammlung, entstehen die Kosten der Abreise bereits während der Amtstätigkeit. Auch für die Kosten der An- und Abreise zu/von einer Sitzung des Nominierungsausschusses und/oder des Plenums, der bzw. das über den Vorschlag zur Wahl zum Aufsichtsratsmitglied entscheidet und dem sich die betreffende Person vorstellt, besteht ein Anspruch auf Auslagenersatz. Beginnt die Amtszeit nicht unmittelbar mit dem Bestellungsakt und dessen Annahme, können auch im Zeitraum zwischen der Bestellung und dem Beginn der Amtszeit erstattungsfähige Auslagen entstehen, etwa im Zusammenhang mit einem bereits vor Amtsantritt stattfindenden „Onboarding". Welcher Reise- und Unterbringungsstandard für künftige Aufsichtsratsmitglieder „angemessen" ist, beurteilt sich nach denselben Grundsätzen wie für amtierende Aufsichtsratsmitglieder (→ Rn. 127). 175

Ehemalige Aufsichtsratsmitglieder haben nach dem Ende ihrer Amtszeit lediglich noch insoweit einen Anspruch auf Auslagenersatz, als sie auch noch nach dem Ende ihrer Amtszeit Pflichten erfüllen, die mit ihrem vormaligen Amt zusammenhängen. Ehemalige Aufsichtsratsmitglieder sind zB entsprechend § 667 BGB verpflichtet, nach ihrem Ausscheiden sämtliche zur Amtsführung überlassene Dokumente, inklusive Duplikate und Kopien, zurückzugeben;[408] ebenso wie beim Arbeitnehmer mit Homeoffice[409] ist der Erfüllungsort für die Rückgabepflicht des Aufsichtsratsmitglieds der gewählte Arbeitsort, regelmäßig der Wohnsitz.[410] Ehemalige Aufsichtsratsmitglieder haben danach Anspruch auf Auslagenersatz hinsichtlich der Kosten, die entstehen, weil sie Unterlagen, die sie für ihre Amtstätigkeit erhalten haben, an die Gesellschaft zurückgeben oder auf Verlangen der Gesellschaft vernichten. Der Aufsichtsratsvorsitzende hat ferner einen Anspruch auf Auslagenersatz hinsichtlich der Kosten, die im Zusammenhang mit der Übergabe der Amtsgeschäfte entstehen. Verlangt ein ehemaliges Aufsichtsratsmitglied Sitzungsunterlagen im Rahmen eines gegen ihn geführten Verfahrens, steht ihm lediglich ein Recht auf Einsicht, nicht aber auf Aushändigung zu.[411] Die Kosten der Einsichtnahme kann das ehemalige Aufsichtsratsmitglied nicht als Auslagenersatz verlangen. 176

Lädt die Gesellschaft **ehemalige Aufsichtsratsmitglieder** zu Veranstaltungen ein, haben sie für dadurch entstehende Kosten keinen Anspruch auf Auslagenersatz aufgrund ihres früheren Amts, und zwar auch dann nicht, wenn die Gesellschaft sie gerade wegen ihrer vormaligen Aufsichtsratstätigkeit einlädt. Vielmehr muss **der Vorstand entscheiden,** ob es **im Interesse der Gesellschaft ist,** dass sie Kosten für eine Einladung ehemaliger Aufsichtsratsmitglieder übernimmt – etwa, weil damit für die Gesellschaft ein „Marketingeffekt" oder „Networking-Vorteil" verbunden sein oder sich die Wahrnehmung der Gesellschaft als „good corporate Citizen" gegenüber verdienten ehemaligen Organmitgliedern verstärken könnte. 177

Nach hA haben **Ehrenvorsitzende oder -mitglieder** auch **ohne entsprechende (Satzungs-)Regelung** Anspruch auf Auslagenersatz.[412] Dem ist **zuzustimmen.** Ernennt die Satzung oder der Aufsichtsrat einen Ehrenvorsitzenden oder ein Ehrenmitglied, weil die Ernennung nach Einschätzung des Satzungsgebers oder des Aufsichtsrats im Interesse der Gesellschaft ist, hat der Ernannte – auch wenn er nicht Organmitglied im aktienrechtlichen Sinn ist – ohne Weiteres Anspruch auf Ersatz seiner angemessenen Auslagen.[413] Hat der Aufsichtsrat den Ehrenvorsitzenden bzw. das Ehrenmitglied ernannt und ist dessen 178

---

[406] *Scherb-Da Col,* Die Ausstattung des Aufsichtsrats, 2018, 524.
[407] Vgl. zum Auslagenersatzanspruch von Arbeitnehmern im Zusammenhang mit Vorstellungsgesprächen *Roepert* NJW 2017, 2076; MüKoBGB/*Henssler* BGB § 629 Rn. 26.
[408] BGH NZG 2008, 834 – Metro.
[409] Dazu *Boemke* BB 2000, 147 (154).
[410] Zu einem Arbeitnehmer LAG Niedersachsen NZA-RR 2006, 40.
[411] BGH NZG 2008, 834; BGHZ 152, 280 (285) = NZG 2003, 81; *Hauptmann* AG 2017, 329 (330 f.) mwN.
[412] MüKoAktG/*Habersack* AktG § 107 Rn. 73; Bürgers/Körber/*Israel* AktG § 107 Rn. 11; GroßkommAktG/Hopt/*Roth* AktG § 107 Rn. 231; aA Semler/v. Schenck/*Mutter* AktG § 107 Rn. 95.
[413] *Johannsen-Roth/Kießling* NZG 2013, 972 (974); *Leuering/Rubner* NJW-Spezial 2016, 271; GroßkommAktG/Hopt/ *Roth* AktG § 107 Rn. 31.

Tätigkeit entgegen der Einschätzung des Aufsichtsrats nicht im Interesse der Gesellschaft, haften Aufsichtsratsmitglieder, die insofern schuldhaft Pflichten verletzt haben, der Gesellschaft auf Ersatz des mit den geleisteten Auslagen dann verbundenen Schadens.

7. Entscheidung über die Angemessenheit der Auslagen

179   Der Anspruch auf Auslagenersatz ist zwar ein gesetzlicher Anspruch. Bei der Beurteilung, welche Auslagen **im Einzelfall erforderlich und angemessen** sind, bestehen aber **Spielräume.**[414] Bedeutsam ist daher, **wer zuständig ist, letztverbindlich für die Gesellschaft zu entscheiden,** welche Auslagen sie iRd Auslagenersatzes erstattet (jenseits der Geschäfte, die Aufsichtsratsmitglieder oder der Aufsichtsrat im Rahmen ihrer Vertretungsmacht für die Gesellschaft getätigt haben, → § 4 Rn. 2276 ff.). Diese Frage ist im Schrifttum **hoch umstritten;** Rechtsprechung hierzu existiert nicht.

a) Meinungsstand

180   Während ein erstes Lager den Vorstand für letztzuständig hält,[415] sieht ein zweites, etwa gleich starkes Lager den Aufsichtsrat als letztzuständig an,[416] wobei innerhalb des zweiten Lagers darüber gestritten wird, ob für den Aufsichtsrat der Vorsitzende bzw. im Verhältnis zum Vorsitzenden dessen Stellvertreter[417] oder das Plenum (bzw. ein dafür eingerichteter Ausschuss)[418] „das letzte Wort haben soll". Daneben gibt es differenzierende Auffassungen, die danach unterscheiden, ob es nur um den Anlass (dann Zuständigkeit des Aufsichtsrats) oder die Höhe (dann Zuständigkeit des Vorstands) der Auslagen geht,[419] oder danach, ob persönliche Auslagen eines Mitglieds betroffen sind (dann Zuständigkeit des Vorstands) oder Auslagen, die das Organ insgesamt betreffen (dann Zuständigkeit des Aufsichtsrats).[420] Von der Frage, wer letztverbindlich zuständig ist, für die Gesellschaft zu entscheiden, ob sie Auslagen erstattet, ist die Frage zu trennen, ob dem Aufsichtsrat die Befugnis eingeräumt werden kann, außerhalb seiner gesetzlichen Vertretungsmacht (→ § 4 Rn. 2276 ff.) die Zahlung der Gesellschaft – etwa qua Kontovollmacht – zu veranlassen (→ Rn. 197).

b) Stellungnahme

181   Im Einklang mit der zweiten Ansicht ist davon auszugehen, dass **der Aufsichtsrat letztverbindlich für die Gesellschaft entscheidet,** ob sie Auslagen erstattet. Wäre der Vorstand zuständig, könnte er die Überwachungstätigkeit beeinflussen und womöglich faktisch aushebeln.[421] Dass der Vorstand als Geschäftsführungs- und Vertretungsorgan für die Führung der Geschäfte der Gesellschaft verantwortlich ist (§§ 76 ff. AktG) und Vorstandsmitglieder, die pflichtwidrig an unberechtigten Zahlungen an Aufsichtsratsmitglieder mitwirkten, insofern haften (§ 93 Abs. 3 Nr. 7 AktG; → Rn. 106), spricht nicht zwingend für die Zuständigkeit des Vorstands, sondern stellt sich vielmehr als Zirkelschluss in Form einer petitio principii dar: Ob der Vorstand für die Anerkennung von Auslagen der Aufsichtsratsmitglieder zuständig ist und Vorstandsmitglieder insofern eine Haftung treffen kann, ist gerade die zu beantwortende Frage. Einzige Ausnahme sind Auslagen im Zusammenhang mit Passivprozessen gegen Aufsichtsratsmitglieder: Da insofern der Vorstand für die Anspruchsverfolgung zuständig ist, muss er auch beurteilen, ob das Aufsichtsratsmitglied gegenüber der Gesellschaft Organpflichten verletzt hat, sodass ggf. kein Auslagenersatzanspruch bestünde. Insofern geht es auch nicht originär um Aufgaben des Aufsichtsrats.

---

[414] *Schnorbus/Ganzer* BB 2019, 258 (262); GroßkommAktG/*Hopt/Roth* AktG § 113 Rn. 30 und BeckOGK/*Spindler* AktG § 113 Rn. 11 sprechen von „*Ermessensspielräumen*". Zutreffend ist hingegen, dass es sich um einen Beurteilungsspielraum bei der Auslegung handelt, welche Auslagen erforderlich und angemessen sind, siehe auch *Thüsing/Veil* AG 2008, 359 (366) mwN.
[415] *Bosse/Malchow* NZG 2010, 972 (974); *Bulgrin* AG 2019, 101 (105 f.); *Fonk* NZG 2009, 761 (765); *Koch* ZHR 180 (2016), 578 (603 ff.); *Scherb-Da Col*, Die Ausstattung des Aufsichtsrats, 2018, 543 f.; MHdB AG/*Hoffmann-Becking* § 33 Rn. 18; *Grigoleit/Grigoleit/Tomasic/Kochendörfer* AktG § 113 Rn. 29; *Hüffer/Koch/Koch* AktG § 113 Rn. 8; BeckOGK/*Spindler* AktG § 113 Rn. 10.
[416] *Gaul* AG 2017, 877 (879 f.); MüKoAktG/*Habersack* AktG § 113 Rn. 30; *Hölters/Hambloch-Gesinn/Gesinn* AktG § 113 Rn. 25; *Maser/Göttle* NZG 2013, 201 (207); Kölner Komm AktG/*Mertens/Cahn* AktG § 113 Rn. 13; *Rotering/Mohamed* Konzern 2016, 433 (434 f.); *Schnorbus/Ganzer* BB 2019, 258 (264 f.); *E. Vetter* Gesellschaftsrecht in der Diskussion 20 (2014), 115 (133 f.), jew. mwN.
[417] GroßkommAktG/*Hopt/Roth* AktG § 113 Rn. 39 f.; ohne Begründung BeckOGK/*Spindler* AktG § 113 Rn. 10; *Schnorbus/Ganzer* BB 2019, 258 (265) mit Verweis auf *Gaul* AG 2017, 877 (880) und *Semler* FS Claussen, 1997, 381 (402), die aber das Plenum für zuständig halten, sowie *Knoll/Zachert* AG 2011, 309 (313), die offenlassen, wer zuständig sein soll.
[418] *Gaul* AG 2017, 877 (879 f.); *Hölters/Hambloch-Gesinn/Gesinn* AktG § 113 Rn. 25, jew. mwN.
[419] So zB *Semler/v. Schenck/v. Schenck* AktG § 113 Rn. 142.
[420] So *Knoll/Zachert* AG 2011, 309 (312 f.).
[421] Dazu *Maser/Göttle* NZG 2013, 201 (207); *E. Wagner* in Semler/v. Schenck AR-HdB § 11 Rn. 85.

aa) Aufgaben des Aufsichtsrats. Für den Aufsichtsrat ist nach den allgemeinen Regeln – denen zufolge 182
der Aufsichtsratsvorsitzende nicht den Willen des Aufsichtsrats bildet, sondern nur ausführt (→ § 3
Rn. 126) – **das Plenum zuständig.** Das Plenum kann die Zuständigkeit **einem Ausschuss übertragen.** Eine Zuständigkeit des Aufsichtsratsvorsitzenden ist abzulehnen: Die allgemeine Leitungsbefugnis des Aufsichtsratsvorsitzenden[422] betrifft einzelne den Geschäftsablauf des Aufsichtsrats betreffende Fragen. Die Auslagenerstattung kann nicht unter die ungeschriebene Kompetenz des Aufsichtsratsvorsitzenden für Hilfsgeschäfte subsumiert werden.[423] Bei der Entscheidung, ob Auslagen als erstattungsfähig anzuerkennen sind, werden nicht lediglich die Grenzen eines gesetzlichen Anspruchs nachvollzogen. Im Rahmen der Entscheidung bestehen Spielräume, bei deren Ausfüllung ein Wille zu bilden ist. Nach ständiger Rechtsprechung des BGH kann der *„Vorgang einheitlicher Willensbildung* [des Aufsichtsrats] *nicht durch die Entscheidung des Aufsichtsratsvorsitzenden ersetzt werden"*.[424] Der Aufsichtsrat kann aber für bestimmte – insbes. häufig wiederkehrende und/oder besonders sensible – Fälle **Richtlinien aufstellen.** Der Aufsichtsrat kann dann dem Aufsichtsratsvorsitzenden die Aufgabe übertragen, diese Richtlinien zu vollziehen und im Einzelfall festzustellen, ob eine Auslage nach der Richtlinie erstattungsfähig ist und die Erstattung ggf. freizeichnen. Mit Blick auf Auslagen des Aufsichtsratsvorsitzenden bietet es sich an, die Aufgabe einem Ausschuss oder dem Stellvertreter zu übertragen. Der Aufsichtsrat oder ein Aufsichtsrat beauftragtes Aufsichtsratsmitglied kann die Aufgabe auch Personen übertragen, die zwar nicht Mitglied des Aufsichtsrats, aber „der Sphäre des Aufsichtsrats zuzuordnen" sind, etwa Mitarbeitern des Aufsichtsratsbüros.[425] Der Aufsichtsrat muss eine solche Richtlinie aber **regelmäßig überprüfen.** Hat der Aufsichtsrat eine Auslage nach der Richtlinie nicht als erstattungsfähig eingeordnet oder verbleiben insofern Zweifel, ist das zuständige Gremium – Plenum oder Ausschuss – zu befassen, wenn das Aufsichtsratsmitglied gleichwohl die Erstattung verlangt. Die Erstattungsfähigkeit von Auslagen setzt nicht voraus, dass der Aufsichtsrat das vor der Entstehung der Auslage festgestellt hat. Das betroffene Aufsichtsratsmitglied trägt in diesem Fall aber das Risiko, dass die Gesellschaft die Erstattung verweigert und es die Erstattung ggf. gerichtlich geltend machen muss.

Im Zusammenhang mit seiner Aufgabe zu entscheiden, ob von Aufsichtsratsmitgliedern getätigte Auslagen als von der AG zu erstatten anzuerkennen sind, kann der Aufsichtsrat nach allgemeinen Grundsätzen **Sachverständige – externe oder interne rechtliche Berater – beauftragen** (§ 111 Abs. 2 S. 2 AktG). 183

bb) Aufgaben des Vorstands. Die letztverbindliche Entscheidungszuständigkeit des Aufsichtsrats ändert 184
nichts daran, dass die **Zahlstelle dem Vorstand zugeordnet** ist. Die vom Aufsichtsrat bzw. von den aus der Sphäre des Aufsichtsrats Zuständigen freigezeichneten Auslagen der Aufsichtsratsmitglieder und deren Belege sind daher beim Vorstand bzw. der dem Vorstand zugeordneten Zahlstelle (zB Vorstandsbüro oder Buchhaltung) einzureichen, die die Zahlung veranlasst; insoweit wird auch von einer initialen Prüfung des Vorstands gesprochen.[426] Ist ein Aufsichtsratsbüro vorhanden, bietet es sich idR an, dass die Aufsichtsratsmitglieder ihre Belege dort einreichen, andernfalls beim Aufsichtsratsvorsitzenden, der sie an den Vorstand bzw. die Zahlstelle weitergibt. Der Vorstand muss dafür sorgen, dass zumindest in Zweifelsfällen geklärt wird, ob der Aufsichtsrat die Auslage als erstattungsfähig eingeordnet und freigegeben hat. Bei „Standardfällen" ist keine besondere Freigabe „aus der Sphäre des Aufsichtsrats" erforderlich. Zudem muss der Vorstand dafür sorgen, dass **offenkundige Rechenfehler erkannt und korrigiert** werden.[427] Erscheint dem Vorstand die Beurteilung einer Auslage durch den Aufsichtsrat als erstattungsfähig **als evident fehlerhaft**, muss er Rücksprache mit dem Aufsichtsrat halten. Die Bedenken des Vorstands können sich sowohl auf den Hintergrund der Auslage – etwa den Anlass einer Reise – als auch auf den Umfang der Auslage beziehen. Kann der Aufsichtsrat die Bedenken des Vorstands nicht ausräumen, kann der Vorstand ausnahmsweise verpflichtet sein, die Zahlung zu verweigern.[428] Das folgt auch aus der Pflicht des Vorstands, den Aufsichtsrat zu überwachen[429] und verhindert „Selbstbedienungsexzesse" des Aufsichtsrats.

Problematisch kann die Prüfung der rechnerischen Richtigkeit von Auslagen durch den Vorstand sein, 185
wenn er in diesem Zusammenhang Informationen erhalten würde, **deren Kenntnis durch den Vorstand die Aufsichtsratsarbeit beeinträchtigen kann** und die daher gegenüber dem Vorstand vertrau-

---

[422] Darauf abstellend GroßkommAktG/*Hopt/Roth* AktG § 113 Rn. 40; BeckOGK/*Spindler* AktG § 113 Rn. 10; *Schnorbus/Ganzer* BB 2019, 258 (265).
[423] Ebenso *Fonk* NZG 2009, 761 (766).
[424] BGHZ 219, 193 Rn. 22 = NZG 2018, 1189 – Schloss Eller.
[425] Zum Recht des Aufsichtsrats, einzelne Aufsichtsratsmitglieder oder Dritte zu beauftragen und zu bevollmächtigen, GroßkommAktG/*Hopt/Roth* AktG § 112 Rn. 47; Bürgers/Körber/*Israel* AktG § 112 Rn. 6.
[426] *Schnorbus/Ganzer* BB 2019, 258 (262).
[427] *E. Vetter* Gesellschaftsrecht in der Diskussion 20 (2014), 115 (133); *Rotering/Mohamed* Konzern 2016, 433 (435).
[428] Ähnlich Semler/v. Schenck/*v. Schenck* AktG § 113 Rn. 142f. Strenger *Berger,* Die Kosten der Aufsichtsratstätigkeit in der Aktiengesellschaft, 2000, 126: volle Überprüfung durch den Vorstand.
[429] *Fonk* NZG 2009, 761 (766).

lich sind (→ § 3 Rn. 508). Das kann insbes. Auslagen betreffen, die im Zusammenhang mit internen Untersuchungen anfallen, die der Aufsichtsrat mit Blick auf mögliche Pflichtverletzungen von Vorstandsmitgliedern durchführt. Bereits die Information, dass sich der Aufsichtsratsvorsitzende zB mit einem bestimmten Berater (Rechtsanwalt, Wirtschaftsprüfer etc.) getroffen hat und insofern Reisekosten erstattet verlangt, kann dem Vorstand zeigen, dass der Aufsichtsrat in einer bestimmten Richtung ermittelt; das gilt erst recht für die Information, dass und in welcher Höhe Zahlungen an Berater zu leisten sind. Aus gutem Grund wird für solche Fälle vertreten, der Aufsichtsrat sei berechtigt, gesellschaftsintern ohne Mitwirkung des Vorstands die Erfüllung vom Aufsichtsrat begründeter Zahlungsverpflichtungen anzuweisen.[430]

c) Vorgaben für die Beurteilung der Angemessenheit

186 Für die **Beurteilung der Angemessenheit** soll die **objektivierte Perspektive des betreffenden Aufsichtsratsmitglieds** maßgeblich sein in dem Zeitpunkt, in dem es die Auslagen tätigt. Stellt sich ein Aufwand aufgrund einer Unternehmenskrise als überhöht dar, war diese Unternehmenskrise für das Aufsichtsratsmitglied im Zeitpunkt der Auslage aber nicht erkennbar und war die Auslage danach aus Sicht des Aufsichtsratsmitglieds angemessen, soll die Auslage erstattungsfähig sein, auch wenn sie objektiv nicht (mehr) angemessen gewesen wäre.[431] Der Aufsichtsrat müsste danach bei seiner Beurteilung, ob Auslagen erstattungsfähig sind, die entsprechende Perspektive einnehmen. Die Perspektive des Aufsichtsratsmitglieds, das Auslagen tätigt, kann aber nur eine Rolle spielen, wenn nicht der Aufsichtsrat die Angemessenheit nicht bereits im konkreten Fall oder allgemein oder für vergleichbare Fälle beurteilt hat. Aufsichtsratsmitgliedern ist zu empfehlen, in Zweifelsfällen **möglichst vorab zu klären, ob der Aufsichtsrat bestimmte Auslagen als erstattungsfähig anerkennt.** In Fällen, in denen das nach den Umständen möglich gewesen wäre, ist es grds. nicht gerechtfertigt, dass die Gesellschaft Auslagen erstatten muss, die der Aufsichtsrat hinterher als unangemessen beurteilt. Beurteilt der Aufsichtsrat eine konkrete Auslage der Höhe nach als unangemessen, muss er entscheiden, in welcher Höhe die Auslage angemessen gewesen wäre (zB eine günstigere Übernachtungskategorie); insoweit besteht ein Auslagenersatzanspruch des Aufsichtsratsmitglieds.[432]

187 Die **Auffassung der Finanzverwaltung und der finanzgerichtlichen Rechtsprechung,** ob die Gesellschaft Auslagen steuerlich als Betriebsausgaben geltend machen kann, kann **indizieren,** ob die Auslagen erstattungsfähig sind.[433] Die steuerliche Einordnung bestimmt zwar nicht letztverbindlich, inwieweit die Gesellschaft zivilrechtlich gegenüber den Aufsichtsratsmitgliedern verpflichtet ist, Auslagen zu erstatten. Die Auffassung der Finanzverwaltung und der finanzgerichtlichen Rechtsprechung kann aber indizieren, welche Auslagen eng genug mit der Aufsichtsratstätigkeit verknüpft und „erforderlich und angemessen" sind. Die Auffassung der Finanzverwaltung und der finanzgerichtlichen Rechtsprechung kann zudem einen gewissen „Marktstandard" widerspiegeln. Auch in anderen Bereichen, in denen die zivilrechtliche Beurteilung davon abhängt, ob ein Leistungsaustausch zwischen der AG und Aktionären oder Organmitgliedern marktüblich ist, wird zur Beurteilung der Marktüblichkeit auf Grundsätze und Kontrollüberlegungen zurückgegriffen, die auf die steuerliche Bewertung des betreffenden Leistungsaustauschs zurückgehen.[434] Lehnen die Finanzverwaltung und finanzgerichtliche Rechtsprechung es ab, Auslagen als Betriebsausgaben zu behandeln, sollte der Aufsichtsrat genau prüfen, ob es sich insofern tatsächlich um eine erstattungsfähige Auslage handelt.

8. Rechtsstreit über die Erstattung von Auslagen

188 **Verweigert die Gesellschaft einem Aufsichtsratsmitglied die Erstattung von Auslagen,** kann es versuchen, die Erstattung **gerichtlich durchzusetzen.** Dabei **vertritt der Vorstand die Gesellschaft.**[435] Die **Darlegungs- und Beweislast,** dass getätigte Auslagen entgegen der Beurteilung des Aufsichtsrats doch erforderlich („liegt überhaupt eine dienstlich veranlasste Auslage vor?") und angemessen

---

[430] MüKoAktG/*Habersack* AktG § 111 Rn. 102; ausführlich *Eichner/Leukel* AG 2020, 513 (521 f.) mit der Empfehlung, die entsprechende Kompetenz des Aufsichtsrats auch in seiner Geschäftsordnung oder vergleichbaren Regelwerken abzubilden.
[431] *Schnorbus/Ganzer* BB 2019, 258 (262).
[432] *Schnorbus/Ganzer* BB 2019, 258 (264).
[433] Vgl. auch *Fleischer/Bauer* ZIP 2015, 1901 (1908); beschränkend auf die Finanzrechtsprechung ähnlich NK-AktR/ *U. Schmidt* AktG § 93 Rn. 37; andeutungsweise *Lutter/Krieger/Verse* AR Rn. 1038; aA wohl *Fonk* NZG 2009, 761 (764 insbes. Fn. 42): „Fiskalische Maßstäbe können nicht entscheidend sein" und sind „ohne jeden Belang".
[434] So etwa für § 57 AktG *Oechsler* NZG 2008, 690 (692 f.).
[435] Vgl. dazu *E. Vetter* Gesellschaftsrecht in der Diskussion 20 (2014), 115 (134).

II. Auslagenersatz

(„ist die konkrete dienstlich veranlasste Auslage angemessen?") waren, trägt in einem solchen gerichtlichen Verfahren das Aufsichtsratsmitglied, das den Auslagenersatzanspruch geltend macht.[436]

9. Folgen bei unzulässiger Gewährung von Auslagenersatz
a) Haftung des empfangenden Aufsichtsratsmitglieds

Erhält ein Aufsichtsratsmitglied Auslagenersatz, obwohl insgesamt oder teilweise kein Anspruch besteht, haftet es der AG **bereicherungsrechtlich auf Erstattung** (§ 812 Abs. 1 S. 1 Alt. 1 BGB).[437] Besteht insgesamt kein Auslagenersatzanspruch – etwa, weil das Aufsichtsratsmitglied Belege eingereicht hat, die keine dienstlich veranlassten Zahlungen betreffen –, sind als Auslagenersatz gewährte Zahlungen insgesamt zurückzugewähren. Besteht teilweise kein Auslagenersatzanspruch, weil erstattete Auslagen nicht angemessen waren, ist der Auslagenersatz insoweit zu erstatten, bis die Auslage angemessen ist. Die **Darlegungs- und Beweislast** dafür, dass erstattete Auslagen **nicht dienstlich veranlasst** waren, **trägt in einem solchen gerichtlichen Verfahren die klagende AG.**[438]

Hat der Aufsichtsrat geltend gemachte **Auslagen als erstattungsfähig anerkannt und freigezeichnet,** steht diese Freizeichnung einer bereicherungsrechtlichen Haftung des empfangenden Aufsichtsratsmitglieds nicht entgegen. Ein Bereicherungsanspruch gegen das empfangende Aufsichtsratsmitglied ist idR auch **nicht nach § 814 BGB ausgeschlossen,** wenn der Aufsichtsrat wusste, dass kein Auslagenersatzanspruch bestand, als er den Auslagenersatz freizeichnete: Das empfangende Aufsichtsratsmitglied kann sich nicht auf § 814 BGB berufen, wenn es nicht darauf vertrauen darf, das Empfangene behalten zu dürfen.[439] Das ist in den betreffenden Fällen regelmäßig der Fall.[440] Ist das Aufsichtsratsmitglied **auch Aktionär der AG,** verstößt die Gewährung von unzulässigem Auslagenersatz allerdings auch als **(verdeckte) Einlagenrückgewähr** gegen das Kapitalerhaltungsgebot (§ 57 AktG). Die AG hat daher insoweit, als tatsächlich kein Auslagenersatzanspruch bestand bzw. die Auslagen nicht angemessen waren, einen kapitalerhaltungsrechtlichen Erstattungsanspruch (§ 62 AktG).[441]

Ein **Schadensersatzanspruch der Gesellschaft gegen das Aufsichtsratsmitglied** kommt in Betracht, wenn das Aufsichtsratsmitglied die Auslagenerstattung „erschlichen hat", indem es etwa unzutreffende Angaben machte. In einem solchen Fall verletzt das Aufsichtsratsmitglied Treuepflichten gegenüber der Gesellschaft iSv § 116 S. 1 AktG iVm § 93 Abs. 2 S. 1 AktG[442] und begeht womöglich strafrechtlich Untreue (§ 266 StGB).[443] Nach Auffassung des OLG Nürnberg trägt die Gesellschaft aber die Darlegungs- und Beweislast dafür, dass ein Organmitglied im Zusammenhang mit der Geltendmachung des Auslagenersatzes – konkret: der Erstattung von Reisekosten – möglicherweise pflichtwidrig handelte: Die Erstattung von Reisekosten sei eine „wertneutrale Handlung", mit der kein hinreichender Anschein einer möglichen Pflichtverletzung des Organmitglieds verbunden sei.[444] In dem Sachverhalt, der der Entscheidung des OLG Nürnberg zugrunde lag, ging es um die Frage, ob überhaupt ein dienstlicher Termin vorlag, konkret: ob Reisen eines Vorstandsmitglieds im Interesse der Gesellschaft waren.

Das empfangende Aufsichtsratsmitglied haftet **nicht nach § 114 Abs. 2 AktG (analog).**

b) Haftung von Vorstands- und Aufsichtsratsmitgliedern wegen Mitwirkung an einer unzulässigen Gewährung von Auslagen

Macht die Gesellschaft geltend, dass sie bestimmte Auslagen zu Unrecht übernommen hat, weil sie nicht vom gesetzlichen Auslagenersatzanspruch erfasst waren, verteilt sich die haftungsrechtliche Verantwortlichkeit der Aufsichtsrats- und Vorstandsmitglieder entsprechend der Verantwortlichkeit bei den in den → Rn. 182 und → Rn. 184 beschriebenen Pflichten:

---

[436] BGH NJW-RR 2009, 1666 (1667); MüKoBGB/*Schäfer* BGB § 670 Rn. 35.
[437] Dazu im Zusammenhang mit Auslagenersatz, der einem Vorstandsmitglied unzulässig gewährt wurde, LG Essen 9.9.2013 – 44 O 164/10, juris Rn. 905 – Arcandor/Middelhoff.
[438] Ebenso zum Auslagenersatz gegenüber einem Vorstandsmitglieds LG Essen 9.9.2013 – 44 O 164/10, juris Rn. 918 – Arcandor/Middelhoff.
[439] BGHZ 73, 202 (205 f.) = NJW 1979, 763.
[440] Zu einer unangemessen hohen Vorstandsvergütung *Kort* DStR 2007, 1127 (1131).
[441] Zum Umfang des Anspruchs nach § 62 AktG Hüffer/Koch/*Koch* AktG § 62 Rn. 10 f.; MüKoAktG/*Bayer* AktG § 62 Rn. 46 ff., 50 ff., jew. mwN zum Meinungsstand; zur umstrittenen Frage, ob Aufsichtsratsmitglieder einwenden können, ein Verstoß gegen § 57 AktG liege nicht vor, wenn die Leistung nichts mit der Aktionärseigenschaft zu tun habe, → Rn. 271.
[442] Vgl. auch *Fleischer/Bauer* ZIP 2015, 1901 (1907) zu Vorstandsmitgliedern.
[443] Vgl. OLG Braunschweig NJW 2012, 3798 (3799 f.) zur Erschleichung von Sitzungsgeldern durch Aufsichtsratsmitglieder; *Schnorbus/Ganzer* BB 2019, 258 (266).
[444] OLG Nürnberg NZG 2015, 555 (2. Ls. und 556) zum Auslagenersatzanspruch eines Vorstandsmitglieds. Gegen die Auffassung des OLG Nürnberg *Bauer* NZG 2015, 549 (550 f.); ebenso *Fleischer/Bauer* ZIP 2015, 1901 (1907).

194 Aufsichtsratsmitglieder müssen unzulässige Auszahlungen verhindern.[445] **Aufsichtsratsmitglieder haften der Gesellschaft auf Schadensersatz, wenn sie an der Entscheidung beteiligt waren,** die Auslagen als erstattungsfähig anzuerkennen und insofern Pflichten verletzten (§ 116 S. 1 AktG, § 93 Abs. 2, Abs. 3 Nr. 7 AktG, im Fall der (verdeckten) Einlagenrückgewähr an ein Aufsichtsratsmitglied, das zugleich Aktionär ist, § 93 Abs. 3 Nr. 1 AktG).[446] Insbesondere wenn ein Aufsichtsratsmitglied Auslagen vorsätzlich unzutreffend abrechnet, werden andere Aufsichtsratsmitglieder aber idR nicht pflichtwidrig handeln; andernfalls kommt sowohl für das empfangende Aufsichtsratsmitglied als auch für an der Freizeichnung mitwirkende Aufsichtsratsmitglieder sogar eine Haftung wegen Untreue (§ 823 Abs. 2 BGB iVm § 266 StGB) sowie wegen vorsätzlicher sittenwidriger Schädigung (§ 826 BGB) in Betracht.[447] Hat der Aufsichtsrat im Zusammenhang mit seiner Entscheidung, ob er Auslagen als erstattungsfähig anerkennt, Sachverständige beauftragt (→Rn. 183) und auf deren Einschätzung vertraut, teilt ein Gericht diese Einschätzung aber nicht, gelten die unter dem Begriff „Legal Judgment Rule" zusammengefassten Grundsätze (→ § 4 Rn. 2398 ff.).[448] Für die Verfolgung solcher Schadensersatzansprüche gegenüber Aufsichtsratsmitgliedern ist der Vorstand zuständig.

195 Im Zusammenhang mit einer Schadensersatzhaftung von Aufsichtsratsmitgliedern wegen Freizeichnung geltend gemachter Auslagenersatzverlangen muss ein Gericht den **Beurteilungsspielraum des Aufsichtsrats respektieren.** Das Gericht darf insofern in entsprechender Anwendung der Business Judgment Rule (§ 93 Abs. 1 S. 2 AktG; → § 4 Rn. 2375 ff.) lediglich prüfen, ob die Freizeichnung als von der Gesellschaft zu erstattende Auslage vertretbar ist. Ist das der Fall, darf das Gericht diese Beurteilung nicht durch seine eigene Beurteilung ersetzen.

196 **Vorstandsmitglieder** haften der Gesellschaft auf **Schadensersatz,** wenn sie die in → Rn. 184 beschriebenen Prüfungspflichten verletzen, zB indem sie die Zahlstelle mangelhaft organisierten (§ 93 Abs. 2, Abs. 3 Nr. 7 AktG). Ob der Aufsichtsrat pflichtgemäß beurteilt hat, ob Auslagen erstattungsfähig sind, muss der Vorstand grds. nicht prüfen; vielmehr darf er lediglich plausibilisieren, ob die Beurteilung des Aufsichtsrats nicht evident fehlerhaft ist. Für die Verfolgung solcher Schadensersatzansprüche gegenüber Vorstandsmitgliedern ist der Aufsichtsrat zuständig.

10. Budgetrecht des Aufsichtsrats?

a) Meinungsstand

197 Eng verzahnt mit der Frage, inwieweit der Aufsichtsrat bzw. seine Mitglieder Auslagenersatz verlangen können und wer im Streitfall darüber entscheidet, ist die Frage, ob es zulässig ist, dem Aufsichtsrat ein **Budget,** das heißt einen pro Geschäftsjahr festgelegten Geldbetrag der Gesellschaft, ggf. **mit eigener Kontovollmacht,**[449] einzuräumen, sodass der Aufsichtsrat Zahlungen leisten könnte, ohne den Vorstand einschalten zu müssen. Die Frage ist insbes. auf Grundlage der Ansicht relevant, die nicht den Aufsichtsrat, sondern zu Unrecht den Vorstand als „Letztentscheider" über die Angemessenheit von Auslagen ansieht (→ Rn. 181). Ungeachtet dessen wäre der Aufsichtsrat mit einem eigenen Budget unabhängiger vom Vorstand. Das wäre förderlich, um die stetig zunehmenden Überwachungsaufgaben (zum Wandel der Aufsichtsratstätigkeit → § 1 Rn. 78) effektiv wahrnehmen zu können.[450]

198 **De lege lata** hält es **lediglich eine Minderansicht**[451] für möglich, ein Aufsichtsratsbudget einzurichten. Dabei wird teilweise eine **Satzungsregelung oder ein Hauptversammlungsbeschluss für erforderlich gehalten,** entweder in Analogie zu § 113 AktG[452] oder aus allgemeinen Überlegungen zur Kompetenzverteilung zwischen Hauptversammlung, Vorstand und Aufsichtsrat.[453] Vereinzelt wird versucht, die Kompetenz der Hauptversammlung aus einer Analogie zu § 104 Abs. 7 AktG iVm § 113 AktG

---

[445] OLG Braunschweig NJW 2012, 3798 (3800).
[446] Vgl. insofern auch *Gaul* AG 2017, 877 (879 f.) mwN.
[447] OLG Braunschweig NJW 2012, 3798.
[448] Dazu Hüffer/Koch/*Koch* AktG § 93 Rn. 19 mwN.
[449] Für eine solche Kontovollmacht zB *Knoll/Zachert* AG 2011, 309 (314 ff.); tendenziell auch *Eichner/Leukel* AG 2020, 513 (521): Annexkompetenz des Aufsichtsrats, Zahlungen ohne Mitwirken des Vorstands abzuzeichnen und unmittelbar die unternehmensintern zuständige Stelle mit der Veranlassung der Zahlung zu beauftragen. Was genau unter einem Budget des Aufsichtsrats zu verstehen ist, wird von den verschiedenen Stimmen, die sich an der Diskussion beteiligen, offenbar nicht einheitlich verstanden; vgl. zum im Text dargestellten Verständnis auch *E. Vetter* FS Hopt, 2020, 1361 (1365) mwN.
[450] Ausführlich zu diesem Vorteil und weiteren Vorteilen eines Aufsichtsratsbudgets *Schnorbus/Ganzer* BB 2019, 258 (266 ff.).
[451] Für ein Budgetrecht *Schnorbus/Ganzer* BB 2019, 258 (268 ff.) mit ausführlichem Überblick zum Streitstand; *Theisen* FS Säcker, 2011, 487 (490 ff.); *Knoll/Zachert* AG 2011, 309 (311 ff.); *Diekmann/Wurst* NZG 2014, 121 (126 f.); *Hennrichs* FS Hommelhoff, 2012, 383 (392 ff.); *Bulgrin* AG 2019, 101 (106 ff.).
[452] So zB *Theisen* FS Säcker, 2011, 487 (510 ff.).
[453] So zB *Gaul* AG 2017, 877 (881).

II. Auslagenersatz

herzuleiten.[454] Teilweise wird vertreten, der **Aufsichtsrat sei berechtigt, sich selbst ein Budget zu geben.**[455] Dabei wird vereinzelt eine **Mitwirkung des Vorstands für erforderlich** gehalten.[456] Die **hA** lehnt ein Budgetrecht de lege lata ab.[457]

b) Stellungnahme

Sämtliche Begründungsansätze sind abzulehnen. Der hA ist zuzustimmen, dass **de lege lata kein Aufsichtsratsbudget eingerichtet werden kann,** ob nun mit oder ohne Kontovollmacht. Eine **Hauptversammlungskompetenz für ein Aufsichtsratsbudget** lässt sich de lege lata nicht begründen. § 104 Abs. 7 AktG bestimmt, dass gerichtlich bestellte Aufsichtsratsmitglieder Anspruch auf Ersatz angemessener barer Auslagen haben, die ggf. das Gericht auf Antrag des Mitglieds festsetzt. Es ist zu weit hergeholt, daraus eine Hauptversammlungskompetenz für die Auslagenerstattung an nicht gerichtlich bestellte Aufsichtsratsmitglieder bzw. den Aufsichtsrat insgesamt abzuleiten.[458] Auch eine analoge Anwendung des § 113 AktG scheidet aus: § 113 AktG betrifft nach seinem eindeutigen Wortlaut ausschließlich die Vergütung, anders als etwa § 87 AktG („*Bezüge der Vorstandsmitglieder*"; → § 4 Rn. 1294).[459] Eine Zuständigkeit der Hauptversammlung lässt sich auch nicht aus allgemeinen (Kompetenz-)Überlegungen herleiten: Das Gesetz regelt die **Hauptversammlungskompetenzen grds. abschließend** (§ 119 AktG).[460] Könnte die Hauptversammlung den Auslagenersatz des Aufsichtsrats generell begrenzen oder gar verweigern, bestünde zudem ein Risiko, dass die Arbeit des Aufsichtsrats sachwidrig eingeschränkt werden könnte. Zumindest bei großen Publikumshauptversammlungen wäre auch fraglich, ob ein vom Aufsichtsrat unterbreiteter Budgetvorschlag mit Blick auf die Sachkunde der Hauptversammlung[461] und angesichts oft divergierender Aktionärsinteressen und berufsmäßig opponierender Aktionäre sachlich diskutiert würde und die erforderliche Mehrheit erhielte.

Wäre der **Aufsichtsrat berechtigt, sich selbst ein Budget zu geben,** bestünde die Gefahr, eine Selbstbedienungsmentalität zu fördern.[462] Würde diese Gefahr durch eine **Mitwirkung des Vorstands vermieden,** würde die Unabhängigkeit des Aufsichtsrat vom Vorstand nicht nennenswert gesteigert.[463]

Im Übrigen erscheint neben den rechtlichen Unsicherheiten der **Nutzen eines Budgets zweifelhaft,** insbes. wenn man – zutreffenderweise (→ Rn. 181) – das Letztentscheidungsrecht, ob die Gesellschaft Auslagen erstattet, beim Aufsichtsrat verortet: Streitigkeiten darüber, ob dem Aufsichtsrat oder einzelnen Mitgliedern Auslagenersatz zusteht, entstehen vor allem, wenn es um außergewöhnliche Tätigkeiten geht, zB umfassende Untersuchungen zu möglichen Pflichtverletzungen des Vorstands. Gerade solche Fälle lassen sich auch kaum vorhersehen. Sie würden von einem Budget daher regelmäßig nicht erfasst, sondern bedürften ohnehin einer gesonderten Entscheidung des Aufsichtsrats.[464] Eine dem Aufsichtsrat bzw. einzelnen Mitgliedern erteilte Kontovollmacht könnte der Vorstand jederzeit widerrufen.[465] Bei zahlreichen Maßnahmen – insbes. der Hinzuziehung von Sachverständigen – hat der Aufsichtsrat ohnehin die Vertretungsmacht, die Gesellschaft unmittelbar zu verpflichten (→ § 4 Rn. 2276 ff.). Der BGH hat die Unabhängigkeit des Aufsichtsrats insofern gestärkt, indem er ihm auch die Vertretungsbefugnis zuwies, einen Rechtsstreit für die AG zu führen, der eine Streitigkeit aus dem Auftragsverhältnis eines vom Aufsichtsrat

---

[454] *Bulgrin* AG 2019, 101 (107f.).
[455] Dafür zB *Diekmann/Wurst* NZG 2014, 121 (126f.); Hölters/*Hambloch-Gesinn/Gesinn* AktG § 111 Rn. 84b; aA – wohl nur hinsichtlich der Auslagen einzelner Aufsichtsratsmitglieder – allerdings Hölters/*Hambloch-Gesinn/Gesinn* AktG § 113 Rn. 25; *Knoll/Zachert* AG 2011, 309 (312f.). Zumindest hinsichtlich der Finanzierung eines Aufsichtsratsbüros ebenfalls für ein Budgetrecht *Plagemann* NZG 2016, 211 (214f.).
[456] So etwa MHdB AG/*Hoffmann-Becking* § 33 Rn. 19 und *Schnorbus/Ganzer* BB 2019, 258 (268f.).
[457] *M. Arnold* ZGR 2014, 76 (96); *Habersack* AG 2014, 1 (7); MüKoAktG/*Habersack* AktG § 111 Rn. 102; Großkomm-AktG/*Hopt/Roth* AktG § 111 Rn. 530ff.; Hüffer/Koch/*Koch* AktG § 111 Rn. 24; Kölner Komm AktG/*Mertens/Cahn* AktG § 113 Rn. 26; *Rotering/Mohamed* Konzern 2016, 433 (435f.); BeckOGK/*Spindler* AktG § 113 Rn. 10; *E. Vetter* Gesellschaftsrecht in der Diskussion 20 (2014), 115 (135ff.); gegen ein Budgetrecht auch de lege ferenda *E. Vetter* FS Hopt, 2020, 1361 (1380).
[458] In diesem Sinn allerdings *Bulgrin* AG 2019, 101 (108): Gerichte seien iRd § 104 AktG nur zuständig, weil die Hauptversammlung zeitlich nicht verfügbar sei – daraus folge die originäre Hauptversammlungszuständigkeit; vgl. zu § 104 Abs. 7 AktG auch → Rn. 124.
[459] *Bulgrin* AG 2019, 101 (107); *Diekmann/Wurst* NZG 2014, 121 (126); *Rotering/Mohamed* Konzern 2016, 433 (435f.); *Schnorbus/Ganzer* BB 2019, 258 (269); *E. Vetter* Gesellschaftsrecht in der Diskussion 20 (2014), 115 (136f.).
[460] Ebenso *E. Vetter* Gesellschaftsrecht in der Diskussion 20 (2014), 115 (136ff.).
[461] *Bulgrin* AG 2019, 101 (107) hält sie für gegeben.
[462] Vgl. zu diesen Bedenken den Diskussionsbeitrag von *E. Vetter* Gesellschaftsrecht in der Diskussion 20 (2014), 115 (144).
[463] So zutr. *Bulgrin* AG 2019, 101 (111).
[464] Darauf verweisen auch *Eichner/Leukel* AG 2020, 513 (520); *E. Vetter* Gesellschaftsrecht in der Diskussion 20 (2014), 115 (140f.); *E. Vetter* FS Hopt, 2020, 1361 (1375, 1377f.) und Semler/v. Schenck/*v. Schenck* AktG § 112 Rn. 51.
[465] Darauf hinweisend Semler/v. Schenck/*v. Schenck* AktG § 112 Rn. 51.

III. Geschenke an Aufsichtsratsmitglieder

1. Darf die AG Aufsichtsratsmitgliedern Geschenke zuwenden?

202 Rechtsprechung dazu, ob und ggf. in welchem Umfang eine AG Aufsichtsratsmitgliedern Geschenke zuwenden darf, existiert nicht. Im Schrifttum wird vereinzelt ausgeführt, es sei rechtlich zulässig, Aufsichtsratsmitgliedern **zumindest kleine Gelegenheitsgeschenke** zu gewähren, zB **anlässlich eines Dienstjubiläums, eines Geburtstags oder des Ausscheidens aus dem Amt.** Der Umfang des Geschenks soll sich nach der „*Verkehrssitte*"[467] bzw. der „*Sozialüblichkeit*"[468] bemessen bzw. abhängig sein von „*der Größe des Unternehmens, der Bedeutung des jeweigen Anlasses und [...] dem Wert der Tätigkeit der betreffenden Person für das Unternehmen*".[469] Als Beispiele für Geschenke angemessenen Umfangs genannt werden „*eine Flasche oder in einem anderen Fall eine Kiste guten Weines*"[470] bzw. „*kleinere Aufmerksamkeiten zu runden Geburtstagen oder einem Dienstjubiläum oder dem Ausscheiden aus dem Aufsichtsrat nach langjähriger Tätigkeit für die Gesellschaft*", nicht aber „*die goldene Armbanduhr*".[471] Die Diskussion zu Geschenken an Vorstandsmitglieder verläuft im Wesentlichen identisch – auch insofern wird abgestellt auf die „*Sozialadäquanz*"[472] oder darauf, ob Geschenke „*dem in der Zunft Üblichen entsprechen (zB Präsentkorb zum Dienstjubiläum) und nicht in den Bereich unzulässiger Vergütung hineinragen.*"[473]

203 **Stellungnahme:** Geschenke der AG an Aufsichtsratsmitglieder sind – ebenso wie Geschenke der AG an Dritte[474] – zulässig, wenn das Geschenk zu einer **positiven Außenwahrnehmung der Gesellschaft als „good corporate Citizen"** führen kann. Das setzt voraus, dass das Geschenk einen gesellschaftlich anerkannten, sozialen Bezug aufweist oder den **Gepflogenheiten eines angemessenen Geschäftsverkehrs entspricht.** Das Geschenk muss „verkehrsüblich", iRd **Unternehmensgegenstands und im Unternehmensinteresse** sein, der **Umfang** der Zuwendung der **Wirtschafts- und Ertragslage** der Gesellschaft entsprechen und die Zuwendung darf nicht verschleiert, sondern muss gegenüber den anderen Gesellschaftsorganen offengelegt werden, damit sie ihre Kontroll- und Rügemöglichkeiten wahrnehmen können.[475] Das OLG Düsseldorf hielt aus strafrechtlicher Sicht ein Gelegenheitsgeschenk im Umfang von bis zu ca. 400 EUR (Weihnachtsgeschenk an den Oberbürgermeister einer deutschen Großstadt) für unbedenklich.[476] Mit Blick auf die Verkehrsüblichkeit können insbs. berücksichtigt werden: Der Anlass, die Verdienste des Aufsichtsratsmitglieds, insbs. die Dauer seiner Amtstätigkeit, eine frühere Vorstandstätigkeit, ein Zusammenhang zwischen dem Geschenk und dem Unternehmensgegenstand, eine Motivationswirkung des Geschenks, Vorteile, die für die Gesellschaft mit dem Geschenk verbunden sein können (zB kann ein für das Aufsichtsratsmitglied ausgerichtetes Dinner dazu dienen, das Unternehmen zu repräsentieren und Kontakte zu knüpfen und zu pflegen). Hat der Vorstand **in einer Richtlinie geregelt,** zu welchen Anlässen Mitarbeiter bestimmte Geschenke erhalten, kann sich das für Geschenke an Aufsichtsratsmitglieder zuständige Organ (→ Rn. 204 ff. und sogl. 2.) daran orientieren.

2. Wer entscheidet über Geschenke an Aufsichtsratsmitglieder?

204 Geschenke an Aufsichtsratsmitglieder stehen nicht in einem Gegenseitigkeitsverhältnis zur Organtätigkeit und sind daher **nicht als Aufsichtsratsvergütung** einzuordnen.[477] Die **Hauptversammlung** ist daher **nicht nach § 113 AktG zuständig,** zu entscheiden, ob und ggf. was die AG Aufsichtsratsmitgliedern als Geschenk zuwendet. Im Übrigen ist zu unterscheiden: Grundsätzlich ist der **Vorstand** zuständig, die AG **gegenüber amtierenden und ehemaligen Aufsichtsratsmitgliedern** zu vertreten.[478] War das Auf-

---

[466] BGHZ 218, 122 Ls. = NZG 2018, 629.
[467] *Mertens* AG 2000, 447 (448).
[468] *Mutter* Der Aufsichtsrat 2018, 104 (105).
[469] *Semler* NZG 2007, 881 (883 Fn. 20).
[470] *Semler* NZG 2007, 881 (883 Fn. 20).
[471] *Mutter* Der Aufsichtsrat 2018, 104 (105).
[472] *Baums* FS Huber, 2006, 657 (669).
[473] KBLW/*Bachmann* DCGK Rn. 1116; vgl. ferner *Fonk* NZG 2005, 248 (251 insbs. Fn. 36): „*Besondere Anlässe können Dienstjubiläen sein, wohl auch runde Geburtstage. Über eine Geste sollten die Geschenke auch dann nicht hinausgehen.*"
[474] Vgl. BGHSt 47, 187 (192ff.) = NZG 2002, 471; *Säcker* BB 2009, 282; BeckOGK/*Fleischer* AktG § 76 Rn. 52ff.
[475] BGHSt 47, 187 (196) = NZG 2002, 471; OLG Düsseldorf wistra 2015, 482 (484); *Säcker* BB 2009, 282 (284); Esser/Saliger/Rübenstahl/Tsambikakis/*Saliger* StGB § 266 Rn. 112.
[476] OLG Düsseldorf wistra 2015, 482.
[477] Ebenso *Mertens* AG 2000, 447 (448).
[478] K. Schmidt/Lutter AktG/*Seibt* AktG § 78 Rn. 3.

sichtsratsmitglied allerdings **vor seiner Aufsichtsratstätigkeit Vorstandsmitglied der Gesellschaft,** vertritt der Aufsichtsrat die Gesellschaft, wenn es um Fragen geht, die auf die Vorstandstätigkeit zurückgehen.[479] In diesem Fall ist zu prüfen, ob das Geschenk im Schwerpunkt die ehemalige Vorstandstätigkeit oder die Aufsichtsratstätigkeit betrifft. Im Fall eines Abschiedsgeschenks können als Indizien insofern insbes. herangezogen werden, ob die betreffende Person bereits bei ihrem Ausscheiden aus dem Vorstand ein Abschiedsgeschenk erhalten hat oder wie lang die Amtszeit als Vorstandsmitglied im Verhältnis zur Amtszeit als Aufsichtsratsmitglied war. Geburtstagsgeschenke betreffen grds. die aktuelle Aufsichtsratstätigkeit; insofern ist daher der Vorstand zuständig. In Zweifelsfällen ist zu empfehlen, dass sowohl der Vorstand als auch der Aufsichtsrat entscheiden; soll sich das Geschenk sowohl auf die Vorstands- als auch auf die Aufsichtsratstätigkeit beziehen, wollen idR auch beide Gremien ihren „Input" geben, was als Geschenk gewählt wird.

Entscheidet der Vorstand über Geschenke an amtierende Aufsichtsratsmitglieder, besteht ein Risiko, dass die Unabhängigkeit des betreffenden Aufsichtsratsmitglieds gegenüber dem Vorstand beeinträchtigt wird. Entscheidet der Aufsichtsrat über Geschenke an amtierende oder ehemalige Aufsichtsratsmitglieder, besteht die Gefahr einer „Selbstbedienung". In beiden Fällen muss daher das jeweils andere Organ die Entscheidung über Geschenke an amtierende und ehemalige Aufsichtsratsmitglieder **besonders sorgfältig überwachen.** Ist der Aufsichtsrat der Auffassung, dass ein vom Vorstand geplantes Geschenk nicht im Interesse der Gesellschaft ist, kann er erwägen, ad hoc einen Zustimmungsvorbehalt zu begründen und die Zustimmung zu verweigern,[480] sofern er nicht ohnehin generell einen Zustimmungsvorbehalt für Zuwendungen an Aufsichtsratsmitglieder begründet.

Zuständig ist ausnahmsweise der Aufsichtsrat und nicht der Vorstand, wenn das ehemalige Aufsichtsratsmitglied **nach seiner Organtätigkeit noch als Berater für den Aufsichtsrat tätig** ist und ein Geschenk auch mit Blick auf diese Beratertätigkeit erhalten soll. Nach überwiegender und zutreffender Ansicht ist ausschließlich der Aufsichtsrat zuständig, über die Vergütung von ihm beauftragter Berater zu entscheiden; dadurch soll verhindert werden, dass der Vorstand in unzulässiger Weise Einfluss auf die unabhängige Tätigkeit des Aufsichtsrats nehmen kann.[481] Ein Geschenk ist zwar keine Vergütung der Beratertätigkeit. Auch mit Blick auf ein Geschenk ist aber zu vermeiden, dass der Eindruck entstehen könnte, der Vorstand wolle in unzulässiger Weise auf die Beratertätigkeit Einfluss nehmen.

IV. Verträge mit Aufsichtsratsmitgliedern

Gewöhnliche Wirtschaftsbeziehungen zwischen Aufsichtsratsmitgliedern und der Gesellschaft sollen weder unterbunden noch beeinträchtigt werden.[482] Grundsätzlich kann die Gesellschaft mit Aufsichtsratsmitgliedern daher Verträge jeder Art abschließen, zB um ihre Vertrautheit mit den Belangen der Gesellschaft und/oder ihr Fachwissen zu nutzen. **Unzulässig und nichtig** sind jedoch Verträge, mit denen die Gesellschaft Tätigkeiten zusätzlich vergüten würde, die Aufsichtsratsmitglieder **bereits aufgrund ihres Aufsichtsratsmandats schulden** (→ Rn. 209 ff.). Verträge über Tätigkeiten **außerhalb des Aufsichtsratsmandats** sind zulässig, werden aber **nur mit Zustimmung des Aufsichtsrats wirksam,** wenn es sich um **Dienst- oder Werkverträge über eine Tätigkeit höherer Art** handelt (§ 114 Abs. 1 AktG; → Rn. 219 ff.). Eine Einwilligung des Aufsichtsrats ist zudem erforderlich für **Kreditverträge** zwischen der Gesellschaft und Aufsichtsratsmitgliedern (§ 115 AktG; → Rn. 254 ff.).

Unabhängig davon, ob für einen Vertrag die Zustimmung des Aufsichtsrats erforderlich ist oder nicht, **vertritt der Vorstand die Gesellschaft** beim Abschluss eines Vertrags mit einem Aufsichtsratsmitglied.[483] Das gilt auch gegenüber Aufsichtsratsmitgliedern, die **zuvor Vorstandsmitglied** waren, wenn es sich beim Abschluss eines Vertrags über eine zulässige Tätigkeit außerhalb des Aufsichtsratsmandats iSv

---

[479] Zur allgemeinen Zuständigkeit des Aufsichtsrats gegenüber amtierenden und ehemaligen Vorstandsmitgliedern bei Maßnahmen mit Bezug zur Vorstandstätigkeit BAG NZG 2017, 69 (78); *Fuhrmann* NZG 2017, 291 (293 f.); MüKoAktG/*Habersack* AktG § 112 Rn. 13 f.; GroßkommAktG/*Hopt/Roth* AktG § 112 Rn. 32; Kölner Komm AktG/*Mertens/Cahn* AktG § 112 Rn. 16; BeckOGK/*Spindler* AktG § 112 Rn. 15.
[480] Allgemein zur Zulässigkeit von Ad-hoc-Zustimmungsvorbehalten BGHZ 124, 111 (127) = NJW 1994, 520; OLG Düsseldorf AG 2016, 410 (411); MüKoAktG/*Habersack* AktG § 111 Rn. 130 f.; Hüffer/Koch/*Koch* AktG § 111 Rn. 39; GroßkommAktG/*Kort* AktG Vor § 76 Rn. 12; aA noch GroßkommAktG/*Kort*, 4. Aufl. 2003, AktG Vor § 76 Rn. 12.
[481] *Lutter/Krieger/Verse* AR Rn. 658; GroßkommAktG/*Hopt/Roth* AktG § 113 Rn. 39; MüKoAktG/*Habersack* AktG § 113 Rn. 30.
[482] *Beater* ZHR 157 (1993), 420 (426); GroßkommAktG/*Hopt/Roth* AktG § 114 Rn. 22.
[483] MüKoAktG/*Habersack* AktG § 114 Rn. 16.

§ 114 AktG um ein „neutrales Rechtsgeschäft" handelt.[484] Der Aufsichtsrat vertritt die AG gegenüber ehemaligen Vorstandsmitgliedern ausschließlich bei Rechtsgeschäften, die durch die Vorstandstätigkeit begründet sind.[485] Dass der Vertrag iSv § 114 AktG durch die ehemalige Vorstandstätigkeit begründet ist, kann aber insbes. nahe liegen, wenn der Aufsichtsrat (auch) die durch die Vorstandstätigkeit erworbene Expertise nutzen möchte. Die Rechtsprechung versteht die sich aus § 112 AktG ergebende Zuständigkeit des Aufsichtsrats, die Gesellschaft gegenüber ehemaligen Vorstandsmitgliedern zu vertreten, grds. weit (→ § 4 Rn. 2279).[486] Dass der Aufsichtsrat amtierende Aufsichtsratsmitglieder „für bestimmte Aufgaben" als „besondere Sachverständige beauftragen" darf und ggf. die Gesellschaft beim Abschluss eines Geschäftsbesorgungsvertrags vertreten würde (§ 111 Abs. 2 S. 2 AktG), erscheint praktisch ausgeschlossen (→ Rn. 216).

1. Keine Verträge über bereits aufgrund des Aufsichtsratsmandats geschuldete Tätigkeiten

209 **Für die Vergütung** von Aufsichtsratsmitgliedern ist **ausschließlich die Hauptversammlung zuständig** (§ 113 AktG; → Rn. 3, 7). Verträge, mit denen die Gesellschaft Tätigkeiten zusätzlich vergüten würde, die Aufsichtsratsmitglieder bereits aufgrund ihres Aufsichtsratsmandats schulden, sind als verdeckte Aufsichtsratsvergütung **nichtig,** weil die ausschließliche Vergütungszuständigkeit der Hauptversammlung umgangen würde.[487] Ein Vertrag mit einem Aufsichtsratsmitglied ist daher nur zulässig, wenn das Aufsichtsratsmitglied die vertraglich geschuldete Tätigkeit nicht bereits aufgrund seines Aufsichtsratsmandats schuldet. Hierzu ist **objektiv zu bestimmen,** wie weit die aufgrund des Aufsichtsratsmandats geschuldeten Organpflichten reichen. Dabei ist **auf die Umstände des Einzelfalls abzustellen.**[488] Bezieht sich ein Vertrag abgrenzbar nur teilweise auf eine Tätigkeit, die das Aufsichtsratsmitglied bereits aufgrund seiner Amtstätigkeit schuldet, soll der Vertrag auch nur insofern teilweise nichtig sein, wenn die Beteiligten wollen, dass der Vertrag teilweise wirksam ist.[489]

a) Abgrenzung nach Art der Tätigkeit

210 Maßgeblich ist der tatsächliche **Vertragsgegenstand bzw. die Art der geschuldeten Tätigkeit.**[490] **Unerheblich** ist, ob die vertraglich geschuldeten Leistungen des Aufsichtsratsmitglieds **nach der vertraglichen Regelung** zu den Organpflichten gehören sollen oder nicht: Wo die Organpflichten enden, können die am Vertragsabschluss Beteiligten – das Aufsichtsratsmitglied und für die Gesellschaft der Vorstand – **nicht bestimmen.**[491] Auch Umfang, Intensität oder die Schwierigkeit der Tätigkeit ermöglichen keine sachgerechte Abgrenzung:[492] Es kommt nicht darauf an, ob die Leistungen des Aufsichtsratsmitglieds das Maß überschreiten, in dem ein Aufsichtsratsmitglied der betreffenden Gesellschaft üblicherweise tätig werden muss. Erfordern besondere Verhältnisse einen über den „üblichen Rahmen" hinausgehenden Einsatz, muss das Aufsichtsratsmitglied ihn als Teil seiner Organpflichten erbringen.[493] Eine Sondervergütung kann das Aufsichtsratsmitglied dafür nicht beanspruchen.[494] **Besondere persönliche Qualifikationen oder Erfahrungen** muss ein Aufsichtsratsmitglied ebenfalls im Rahmen seines Mandats zur Verfügung stellen; evtl. wurde das Aufsichtsratsmitglied gerade wegen dieser Qualifikationen oder Erfahrungen bestellt.[495] Auch wenn sich die Gesellschaft in einer besonderen Lage befindet, muss das Aufsichtsratsmit-

---

[484] Vgl. BAG AG 2017, 197 (199f.); GroßkommAktG/*Hopt/Roth* AktG § 112 Rn. 32, 28; MüKoAktG/*Habersack* AktG § 112 Rn. 14f.

[485] Kölner Komm AktG/*Mertens/Cahn* AktG § 112 Rn. 16; MüKoAktG/*Habersack* AktG § 112 Rn. 12f.; Hüffer/Koch/*Koch* AktG § 112 Rn. 2; zurückhaltend GroßkommAktG/*Hopt/Roth* AktG § 112 Rn. 35: nur bei engem zeitlichem Zusammenhang mit dem Ausscheiden des Vorstands.

[486] Ausreichend sei, dass nach einer typisierenden Betrachtung die abstrakte Gefahr eines Interessenkonflikts bestehe, BGH NJW-RR 1991, 926; 1993, 1250 (1251); BGH NZG 2007, 31 (31f.); 2009, 466 (467); 2013, 792 (794).

[487] BGHZ 114, 127 (129) = NJW 1991, 1830; MüKoAktG/*Habersack* AktG § 114 Rn. 22; MHdB AG/*Hoffmann-Becking* § 33 Rn. 45; Kölner Komm AktG/*Mertens/Cahn* AktG § 114 Rn. 5.

[488] BGHZ 114, 127 (129) = NJW 1991, 1830; GroßkommAktG/*Hopt/Roth* AktG § 114 Rn. 30; BeckOGK/*Spindler* AktG § 114 Rn. 18.

[489] Vgl. GroßkommAktG/*Hopt/Roth* AktG § 113 Rn. 137 mwN.

[490] BGH AG 2006, 667 (670); OLG Hamburg AG 2007, 404 (406); GroßkommAktG/*Hopt/Roth* AktG § 114 Rn. 26; MüKoAktG/*Habersack* AktG § 114 Rn. 24; Henssler/Strohn/*Henssler* AktG § 114 Rn. 5; Hüffer/Koch/*Koch* AktG § 114 Rn. 7.

[491] GroßkommAktG/*Hopt/Roth* AktG § 114 Rn. 22; Kölner Komm AktG/*Mertens/Cahn* AktG § 114 Rn. 6.

[492] BGHZ 114, 127 (131) = NJW 1991, 1830; MüKoAktG/*Habersack* AktG § 114 Rn. 23; Henssler/Strohn/*Henssler* AktG § 114 Rn. 5; GroßkommAktG/*Hopt/Roth* AktG § 114 Rn. 26; *Lutter/Kremer* ZGR 1992, 87 (94).

[493] BGHZ 114, 127 (131) = NJW 1991, 1830; *Fischer* BB 1967, 859 (860); Henssler/Strohn/*Henssler* AktG § 114 Rn. 5; GroßkommAktG/*Hopt/Roth* AktG § 114 Rn. 32; *Lutter/Kremer* ZGR 1992, 87 (94).

[494] BGHZ 114, 127 (131) = NJW 1991, 1830; MüKoAktG/*Habersack* AktG § 114 Rn. 23.

[495] K. Schmidt/Lutter AktG/*Drygala* AktG § 114 Rn. 10; MüKoAktG/*Habersack* AktG § 114 Rn. 23; GroßkommAktG/*Hopt/Roth* AktG § 114 Rn. 30; Hüffer/Koch/*Koch* AktG § 114 Rn. 7.

glied aber keinen Zeitaufwand erbringen, der mit dem Zuschnitt des Aufsichtsratsmandats in keiner Weise mehr vereinbar ist.[496] **Zulässiger Gegenstand eines Vertrags mit einem Aufsichtsratsmitglied** sind daher insbes. **eindeutig überobligatorische Leistungen.**[497] Bei Aufsichtsratsmitgliedern, die zusätzliche Funktionen wahrnehmen – Vorsitzender, Stellvertreter –, gelten grds. noch engere Grenzen, ebenso, wenn der Aufsichtsrat Ausschüsse einsetzt: Ausschüsse sollen die Fachkompetenzen der Aufsichtsratsmitglieder gerade bündeln, daher darf ein Ausschuss Nicht-Ausschussmitglieder nicht zu Aufgaben des Ausschusses beauftragen.[498]

b) Insbesondere: Beratung des Vorstands

Aufgabe der Aufsichtsratsmitglieder ist als Teil der Überwachung die **Beratung des Vorstands;** dabei ist die Beratung das vorrangige Mittel der in die Zukunft gerichteten Kontrolle des Vorstands.[499] Beratungsleistungen, die das Aufsichtsratsmitglied bereits aufgrund seines Mandats schuldet, **können** daher **nicht Vertragsgegenstand** sein. Grundlage der Überwachungs- und Beratungspflichten des Aufsichtsrats sind die Berichte, die der Vorstand regelmäßig und anlassbezogen erstatten muss (§ 90 Abs. 1 S. 1 Nr. 1–4 AktG). Aufgrund ihres Amts schulden Aufsichtsratsmitglieder daher insbes. eine Beratung zu den Punkten, zu denen der Vorstand berichten muss.[500] Nach Auffassung des BGH gehört zu den Organpflichten die Beratung zu *„allgemeinen Bereichen der Unternehmensführung"* und *„übergeordneten Fragen der Unternehmenspolitik".*[501] Dazu gehören auch die Unternehmensplanung,[502] zB wesentliche Organisations-, Finanzierungs- und (Um-)Strukturierungsfragen,[503] die Beratung bei einem Unternehmens- oder Beteiligungserwerb[504] oder die mitwirkende Beratung bei der Aufstellung des Jahresabschlusses.[505] Soll ein ehemaliges Vorstandsmitglied, das in den Aufsichtsrat gewechselt ist, zur ehemaligen Vorstandstätigkeit beraten, handelt es sich idR um eine Aufgabe, die es bereits aufgrund seiner Aufsichtsratstätigkeit schuldet.[506]

c) Tagesgeschäft

Zum **Tagesgeschäft** ist zu unterscheiden: Die **Überwachung** des Tagesgeschäfts gehört zu den Organpflichten, die **Beratung zum Tagesgeschäft** hingegen nicht. Verträge, die die Beratung des Vorstands zum Tagesgeschäft betreffen, sind daher zulässig:[507] Soweit der Aufsichtsrat nicht zur Beratung verpflichtet ist, sind auch einzelne Mitglieder nicht zur Beratung verpflichtet.[508] Nach Auffassung des BGH gehört insbes. die Beratung zu *„***Fragen eines besonderen Fachgebiets***"* oder *„***speziellen Geschäften***"* **grds. nicht zu den Organpflichten.**[509] Dazu gehören zB die Personalplanung unterhalb der Vorstandsebene[510], eine spezielle Steuerberatung[511], die Vorbereitung einer Aktienemission[512], die Abwicklung eines Unterneh-

---

[496] K. Schmidt/Lutter AktG/*Drygala* AktG § 114 Rn. 9: „Klar ist […], dass nicht sämtliche Beratungsleistungen, nach denen in einem Unternehmen Bedarf entstehen kann, von Aufsichtsratsmitgliedern erbracht werden müssten, sofern sie zufällig die entsprechende Fachkunde mitbringen."; GroßkommAktG/*Hopt/Roth* AktG § 114 Rn. 30.
[497] Hüffer/Koch/*Koch* AktG § 114 Rn. 7; Kölner Komm AktG/*Mertens/Cahn* AktG § 114 Rn. 7; BeckOGK/*Spindler* AktG § 114 Rn. 17 f.; *Ziemons* GWR 2012, 451 (452 ff.); krit. zum weiten Verständnis der Rechtsprechung von obligatorischen Leistungen *Kuthe/Beck* NZG 2020, 778 (779).
[498] GroßkommAktG/*Hopt/Roth* AktG § 114 Rn. 30; *Lutter/Kremer* ZGR 1992, 87 (97 f.); *Deckert* AG 1997, 109 (114); *E. Vetter* AG 2006, 173 (176).
[499] Vgl. BGHZ 114, 127 (129 f.) = NJW 1991, 1830; Henssler/Strohn/*Henssler* AktG § 114 Rn. 5; GroßkommAktG/*Hopt/Roth* AktG § 114 Rn. 25; Hüffer/Koch/*Koch* AktG § 114 Rn. 7.
[500] *Fuhrmann* NZG 2017, 291 (295); MüKoAktG/*Habersack* AktG § 114 Rn. 23; GroßkommAktG/*Hopt/Roth* AktG § 114 Rn. 30.
[501] BGHZ 114, 127 (132) = NJW 1991, 1830; ebenso OLG Hamburg AG 2007, 404 (406); GroßkommAktG/*Hopt/Roth* AktG § 114 Rn. 27 ff.
[502] Vgl. OLG Köln NZG 2019, 1351 (1353): „*Die Analyse von Unternehmensdaten und die Ableitung einer Unternehmensplanung sowie deren Aufbereitung zu Präsentationszwecken* […] *zählen als allgemeine Beratungsleistungen betriebswirtschaftlicher Art zu den Pflichten eines Aufsichtsrats"*.
[503] GroßkommAktG/*Hopt/Roth* AktG § 114 Rn. 29; *Lutter/Kremer* ZGR 1992, 87 (90).
[504] BGHZ 170, 60 Rn. 14 = NZG 2007, 103; K. Schmidt/Lutter AktG/*Drygala* AktG § 114 Rn. 10; MüKoAktG/*Habersack* AktG § 114 Rn. 24.
[505] BGH AG 2009, 661 (662); K. Schmidt/Lutter AktG/*Drygala* AktG § 114 Rn. 10; MüKoAktG/*Habersack* AktG § 114 Rn. 24.
[506] Vgl. GroßkommAktG/*Hopt/Roth* AktG § 114 Rn. 41; *Rodewig* in Semler/v. Schenck AR-HdB § 8 Rn. 169.
[507] GroßkommAktG/*Hopt/Roth* AktG § 114 Rn. 31; Kölner Komm AktG/*Mertens/Cahn* AktG § 114 Rn. 7; MüKoAktG/*Habersack* AktG § 114 Rn. 24; K. Schmidt/Lutter AktG/*Drygala* AktG § 114 Rn. 10; BeckOGK/*Spindler* AktG § 114 Rn. 17 f.
[508] K. Schmidt/Lutter AktG/*Drygala* AktG § 114 Rn. 9; BeckOGK/*Spindler* AktG § 114 Rn. 17.
[509] BGHZ 114, 127 (132) = NJW 1991, 1830; OLG Hamburg AG 2007, 404 (406).
[510] GroßkommAktG/*Hopt/Roth* AktG § 114 Rn. 31.
[511] GroßkommAktG/*Hopt/Roth* AktG § 114 Rn. 31.
[512] GroßkommAktG/*Hopt/Roth* AktG § 114 Rn. 31.

menkaufs[513], die Prozessführung oder die Erstellung eines Gutachtens[514]. Beschränkt sich die Beratung nicht auf die Teilnahme an Aufsichtsratssitzungen, liegt es nahe, dass die Beratung nicht zu den Organpflichten gehört.[515] Die Beratungspflicht aufgrund des Aufsichtsratsmandats kann sich auf einzelne Geschäftsführungsmaßnahmen bzw. das Tagesgeschäft beziehen, wenn es wegen der (möglichen) Auswirkungen auf die Gesellschaft erforderlich ist.[516] Insbesondere in der Krise verdichten und erhöhen sich die Beratungspflichten des Aufsichtsrats.[517]

213 Nach Auffassung des BGH gehört die **Beratung zu einem speziellen Fachgebiet** zu den Organpflichten, wenn die Beratung allgemeine Fragen der Unternehmenspolitik betrifft.[518] Die **Erstellung eines Hauptversammlungsleitfadens** gehört nach zutreffender Ansicht nicht zu den Organpflichten.[519] Denn auch die Versammlungsleitung selbst gehört nicht zur Aufsichtsratstätigkeit als solcher (→ § 4 Rn. 2554).

d) Beratung des Aufsichtsrats?

214 Dass ein Aufsichtsratsmitglied aufgrund eines Beratervertrags außerhalb seiner Amtstätigkeit nicht den Vorstand, sondern den Aufsichtsrat berät, erscheint **praktisch ausgeschlossen.** Der Aufsichtsrat kann zwar „*für bestimmte Aufgaben besondere Sachverständige beauftragen*" und vertritt ggf. die Gesellschaft beim Abschluss eines Geschäftsbesorgungsvertrags mit dem Sachverständigen.[520] Das setzt aber voraus, dass die „*bestimmte Aufgabe*" den Aufgabenbereich des Aufsichtsrats betrifft.[521] Ist das der Fall, ist kaum vorstellbar, dass das Aufsichtsratsmitglied die Aufgabe nicht aufgrund seiner Aufsichtsratstätigkeit schuldet.[522] Zudem muss der Aufsichtsrat bei der Auswahl eines Sachverständigen insbes. auf dessen Unabhängigkeit achten.[523] Ein Aufsichtsratsmitglied wird aber grds. kein hinreichend unabhängiger Sachverständiger des Aufsichtsrats sein. Im Übrigen müssen Aufsichtsratsmitglieder besondere Fähigkeiten und Erfahrungen bereits im Rahmen ihres Amts zur Verfügung stellen (→ Rn. 210).

e) Rechtsfolgen

215 Verträge über Tätigkeiten, die das Aufsichtsratsmitglied bereits aufgrund seines Mandats schuldet, sind **nichtig,** sofern nicht ausnahmsweise die Hauptversammlung durch einfachen Beschluss oder Satzungsänderung eine Sondervergütung bewilligt (→ Rn. 42).

216 Nach Auffassung des BGH und hA im Schrifttum hat die Gesellschaft gegen das Aufsichtsratsmitglied einen **Anspruch analog § 114 Abs. 2 AktG auf Erstattung** der geleisteten Vergütung.[524] Ist das Aufsichtsratsmitglied **auch Aktionär** der AG, verstoßen Zahlungen, die die AG auf Grundlage des nichtigen Vertrags leistet, auch gegen die Kapitalerhaltungsgebote des § 57 AktG (zur umstrittenen Frage, ob Aufsichtsratsmitglieder einwenden können, ein Verstoß gegen § 57 AktG liege nicht vor, wenn die Leistung nichts mit der Aktionärseigenschaft zu tun habe, → Rn. 271). Ein Anspruch auf Erstattung der geleisteten Vergütung ergibt sich ggf. auch aus § 62 AktG.

217 Das Aufsichtsratsmitglied hat **keine Bereicherungsansprüche,** wenn es Leistungen erbracht hat, die es bereits aufgrund seines Mandats schuldete. Vorstands- und Aufsichtsratsmitglieder, die pflichtwidrig und schuldhaft Zahlungen aufgrund eines danach nichtigen Vertrags nicht verhinderten, haften gegenüber der

---

[513] GroßkommAktG/*Hopt/Roth* AktG § 114 Rn. 31; *Hoffmann/Kirchhoff* WPg 1991, 592 (595).
[514] K. Schmidt/Lutter AktG/*Drygala* AktG § 114 Rn. 11; GroßkommAktG/*Hopt/Roth* AktG § 114 Rn. 31; Kölner Komm AktG/*Mertens/Cahn* AktG § 114 Rn. 5.
[515] BeckOGK/*Spindler* AktG § 114 Rn. 18.
[516] GroßkommAktG/*Hopt/Roth* AktG § 114 Rn. 29.
[517] OLG Frankfurt a. M. AG 2005, 925 (927); GroßkommAktG/*Hopt/Roth* AktG § 114 Rn. 25; *Lutter/Kremer* ZGR 1992, 87 (90).
[518] BGHZ 114, 127 (132) = NJW 1991, 1830; GroßkommAktG/*Hopt/Roth* AktG § 114 Rn. 28.
[519] *Jaeger* in Ziemons/Binnewies HdB AG Rn. 9.289; Hüffer/Koch/*Koch* AktG § 129 Rn. 17; Lutter/Krieger/Verse AR Rn. 860 Fn. 110; aA OLG Köln NZG 2013, 548 (551): Die Erstellung eines Hauptversammlungsleitfadens ist jedenfalls dann organschaftliche Pflicht, wenn der den Leitfaden erstellende Aufsichtsratsvorsitzende kraft Satzung zum Versammlungsleiter bestimmt ist; ohne diese Differenzierung wohl auch MüKoAktG/*Habersack* AktG § 114 Rn. 24; wohl auch K. Schmidt/Lutter AktG/*Drygala* AktG § 114 Rn. 10: „*Vorbereitung der Hauptversammlung*"; vgl. auch OLG Köln NZG 2019, 1351 (1355): Vorbereitung der Hauptversammlung als organschaftlich geschuldete Tätigkeit der Aufsichtsratsmitglieder.
[520] § 111 Abs. 2 S. 2 AktG; vgl. BGHZ 218, 122 Rn. 14 ff. = NZG 2018, 629; MüKoAktG/*Habersack* AktG § 111 Rn. 86 mwN.
[521] BGHZ 218, 122 Rn. 15 = NZG 2018, 629.
[522] Offen gelassen in BGHZ 114, 127 (130 f.) = NJW 1991, 1830.
[523] MüKoAktG/*Habersack* AktG § 111 Rn. 88; → § 4 Rn. 137.
[524] BGHZ 168, 188 Rn. 20 = NZG 2006, 712; MüKoAktG/*Habersack* AktG § 114 Rn. 38; GroßkommAktG/*Hopt/Roth* AktG § 114 Rn. 81; BeckOGK/*Spindler* AktG § 114 Rn. 30; Hüffer/Koch/*Koch* AktG § 114 Rn. 10.

Gesellschaft auf Ersatz eines hierdurch entstandenen Schadens (§ 93 Abs. 3 Nr. 7 AktG; § 116 S. 1 AktG, § 93 Abs. 3 Nr. 7 AktG).

f) Empfehlung

Die Abgrenzung zwischen zulässigen und unzulässigen Vertragsgegenständen ist nach allem schwierig. Wie die Rechtsprechung Einzelfälle einordnen wird, erscheint **kaum vorhersehbar.** Grundsätzlich ordnet die Rechtsprechung Vertragsgegenstände nur restriktiv als zulässig ein. Deshalb ist Aufsichtsratsmitgliedern zu empfehlen, auf Dienst- und Werkverträge mit der Gesellschaft im Zweifel zu verzichten. Dabei ist auch zu berücksichtigen: Wollen Vorstand und Aufsichtsrat börsennotierter Gesellschaften der Empfehlung des DCGK zur Offenlegung aufgetretener Interessenkonflikte entsprechen, müssen sie nach der Rechtsprechung des BGH[525] den Abschluss entsprechender Verträge offenlegen (→ Rn. 245). Dass der Aufsichtsrat dem Abschluss des Vertrags ggf. zugestimmt hat, erhöht die Rechtssicherheit für das Aufsichtsratsmitglied nicht.

2. Zustimmungsvorbehalt zu Dienst- und Werkverträgen über Tätigkeiten höherer Art (§ 114 AktG)

Verträge mit Aufsichtsratsmitgliedern, die eine nicht aufgrund des Aufsichtsratsmandats geschuldete Tätigkeit betreffen, sind zulässig; Dienstverträge – mit Ausnahme von Arbeitsverträgen[526] – und Werkverträge, die *„zu einer Tätigkeit höherer Art"* verpflichten, werden aber **nur mit Zustimmung des Aufsichtsrats wirksam** (§ 114 Abs. 1 AktG). Dieser Zustimmungsvorbehalt soll verhindern, dass die ausschließliche Zuständigkeit der Hauptversammlung für die Aufsichtsratsvergütung (→ Rn. 3, 7) umgangen wird, indem er dem Aufsichtsrat ermöglicht zu überprüfen, dass der Vorstand keine „Zusatzvergütung" für die Tätigkeit als Aufsichtsratsmitglied „freigibt".[527] Zudem soll der Zustimmungsvorbehalt sicherstellen, dass der Vorstand nicht durch ungerechtfertigte Zahlungen an die Gesellschaft einzelne Aufsichtsratsmitglieder unsachlich bei der Wahrnehmung ihrer Kontrollaufgabe beeinflusst.[528] Im Übrigen gewährleistet der Zustimmungsvorbehalt, dass Vertragsbeziehungen zwischen der Gesellschaft und Aufsichtsratsmitgliedern sowie aufgrund dieser Verträge an Aufsichtsratsmitglieder geleistete Zahlungen transparent sind.[529]

§ 114 AktG ist – einschließlich der Kompetenzzuweisung an den Aufsichtsrat – **zwingend.** Die Satzung kann den Abschluss von Dienst- oder Werkverträgen weder erleichtern noch erschweren.[530]

a) Reichweite des Zustimmungsvorbehalts

aa) Gegenstand des Vertrags. Der Gesetzgeber hat den Zustimmungsvorbehalt **bewusst auf Dienst- und Werkverträge** – das betrifft vor allem Beraterverträge mit Rechtsanwälten, Wirtschaftsprüfern, Steuerberatern und Unternehmensberatern[531] – **beschränkt,** da bei diesen Verträgen die Gefahr einer ungerechtfertigten Zusatzvergütung oder einer sachwidrigen Beeinflussung besonders groß ist.[532] Da keine planwidrige Regelungslücke vorliegt, ist § 114 AktG **nicht analog** auf andere Vertragstypen anwendbar.[533] § 114 Abs. 1 AktG erfasst ausschließlich **Dienst- oder Werkverträge, die keine Arbeitsverträge** sind, die Tätigkeiten betreffen, die Aufsichtsratsmitglieder nicht aufgrund ihrer Amtstätigkeit schulden (→ Rn. 209 ff.) und die eine **Tätigkeit höherer Art** betreffen. Dienst- oder Werkverträge betreffen wie bei § 627 BGB dann eine Tätigkeit höherer Art, wenn die Tätigkeit **besondere Kenntnisse oder eine besondere Vertrauensstellung** erfordert oder ein überdurchschnittliches Maß an Fachkenntnissen, Kunstfertigkeit oder wissenschaftlicher Bildung, eine hohe geistige Phantasie oder Flexibilität.[534]

---

[525] BGHZ 194, 14 Rn. 30 = NZG 2012, 1064 – Fresenius.
[526] GroßkommAktG/*Hopt/Roth* AktG § 114 Rn. 21; MüKoAktG/*Habersack* AktG § 114 Rn. 19; BeckOGK/*Spindler* AktG § 114 Rn. 13; K. Schmidt/Lutter AktG/*Drygala* AktG § 114 Rn. 6; Hüffer/Koch/*Koch* AktG § 114 Rn. 5; Grigoleit/*Grigoleit/Tomasic* AktG § 114 Rn. 4.
[527] BGHZ 126, 340 (347) = NJW 1994, 2484; MHdB AG/*Hoffmann-Becking* § 33 Rn. 44; Hüffer/Koch/*Koch* AktG § 114 Rn. 1.
[528] BGHZ 126, 340 (347) = NJW 1994, 2484; MHdB AG/*Hoffmann-Becking* § 33 Rn. 44; Hüffer/Koch/*Koch* AktG § 114 Rn. 1.
[529] BGHZ 126, 340 (347) = NJW 1994, 2484; MHdB AG/*Hoffmann-Becking* § 33 Rn. 44.
[530] OLG Nürnberg AG 2018, 166 (168 f.); MüKoAktG/*Habersack* AktG § 114 Rn. 4; GroßkommAktG/*Hopt/Roth* AktG § 114 Rn. 10.
[531] Hüffer/Koch/*Koch* AktG § 114 Rn. 1; Fuhrmann NZG 2017, 291; K. Schmidt/Lutter AktG/*Drygala* AktG § 114 Rn. 1.
[532] GroßkommAktG/*Hopt/Roth* AktG § 114 Rn. 6.
[533] MüKoAktG/*Habersack* AktG § 114 Rn. 20; Hüffer/Koch/*Koch* AktG § 114 Rn. 1; krit. zu dieser Beschränkung BeckOGK/*Spindler* AktG § 114 Rn. 15.
[534] MüKoAktG/*Habersack* AktG § 114 Rn. 19; Hüffer/Koch/*Koch* AktG § 114 Rn. 5; BeckOGK/*Spindler* AktG § 114 Rn. 14; GroßkommAktG/*Hopt/Roth* AktG § 114 Rn. 20.

222 Nach Auffassung der Rechtsprechung greift § 114 AktG zwar nicht ein, wenn eine „**Bagatellgrenze**" nicht überschritten wird, wobei sie einen solchen Fall bisher aber noch nie bejaht hat. Ein Bagatellfall soll vorliegen, wenn es sich „*um – abstrakt betrachtet – ganz geringfügige Leistungen handelt*" oder sie „*im Vergleich zu der von der Hauptversammlung festgesetzten Aufsichtsratsvergütung einen vernachlässigenswerten Umfang haben*".[535] Im Schrifttum wird eine solche Bagatellgrenze als zu unbestimmt kritisiert.[536] Dem ist **zuzustimmen**, zumal das Gesetz keine Anhaltspunkte für eine Bagatellgrenze enthält.

223 Nach einer Minderansicht[537] soll die Zustimmung des Aufsichtsrats einer Obergesellschaft auch erforderlich sein, wenn Aufsichtsratsmitglieder der Obergesellschaft **Aufsichtsratsmandate in anderen Konzerngesellschaften wahrnehmen sollen** (Aufsichtsrats-Doppelmandate). Der Vorstand der Obergesellschaft nehme die entsprechende Bestellung vor, wenn er die Beteiligungsrechte der Obergesellschaft in der Konzerngesellschaft ausübe, und lege mittelbar oder unmittelbar die Vergütung für das Aufsichtsratsmandat in der Konzerngesellschaft fest. Zudem bestehe die generell mit Doppelmandaten verbundene Gefahr von Interessenkollisionen. Ein **Zustimmungsvorbehalt für die Übernahme von Aufsichtsrats-Doppelmandaten analog § 114 AktG ist aber abzulehnen.**[538] Es ist nicht erkennbar, dass der Gesetzgeber Aufsichtsratsmandate in § 114 AktG planwidrig nicht geregelt hat. Vielmehr hat er im Gegenteil Aufsichtsrats-Doppelmandate im Konzern privilegiert (§ 100 Abs. 2 S. 2 AktG). Der DCGK hat diese Privilegierung konzerninterner Aufsichtsrats-Doppelmandate übernommen (Empfehlungen C.4 und C.5 DCGK). Die mit Aufsichtsrats-Doppelmandaten verbundene Gefahr von Interessenkollisionen ist mit den allgemeinen Regeln zu lösen[539] und nicht mit einem Zustimmungsvorbehalt zugunsten des Aufsichtsrats der Obergesellschaft. Im Anwendungsbereich des § 32 MitbestG besteht für die Wahl von Aufsichtsratsmitgliedern einer Beteiligungsgesellschaft zwar ein gesetzlicher Zustimmungsvorbehalt zugunsten des Aufsichtsrats der beteiligten Gesellschaft. Auch dieser gesetzliche Zustimmungsvorbehalt bezweckt aber nicht, der Gefahr von Interessenkollisionen bei Aufsichtsrats-Doppelmandaten zu begegnen, sondern soll insbes. verhindern, dass die Arbeitnehmervertreter der beteiligten Gesellschaft Einfluss auf Entscheidungen nehmen können, die bei unabhängigen Unternehmen der Anteilseignerversammlung vorbehalten sind (→ § 7 Rn. 296).

224 **bb) Verträge vor Beginn und nach Beendigung der Amtszeit.** § 114 Abs. 1 AktG ist auch auf Verträge anwendbar, die die Gesellschaft und ein späteres Aufsichtsratsmitglied **vor Beginn der Aufsichtsratstätigkeit** abschließen.[540] Handelt es sich um einen Dienst- oder Werkvertrag iSd § 114 Abs. 1 AktG, kann er während der Aufsichtsratstätigkeit nur durchgeführt werden, wenn der Aufsichtsrat zustimmt.[541] Stimmt der Aufsichtsrat nicht zu, **ruht der Vertrag während der Amtszeit** und lebt erst mit Beendigung des Aufsichtsratsmandats wieder auf.[542] Die **Bestellung zum Ersatzmitglied** ist noch keine Aufsichtsratstätigkeit.[543]

225 Auch ein vor der Aufsichtsratstätigkeit abgeschlossener Dienst- oder Werkvertrag iSd § 114 Abs. 1 AktG, der eine Tätigkeit betrifft, die das spätere Aufsichtsratsmitglied **aufgrund seiner Amtstätigkeit schuldet** (→ Rn. 209 ff.), **ruht während der Amtszeit** und lebt erst mit Beendigung des Aufsichtsratsmandats wieder auf.[544]

226 Nicht anwendbar ist § 114 AktG, wenn der Vorstand einen Vertrag iSd § 114 AktG erst **nach dem Ende der Amtszeit** mit dem ehemaligen Aufsichtsratsmitglied abschließt. Nicht ausdrücklich behandelt wird der Fall, dass während der Amtszeit eines Aufsichtsratsmitglieds ein Vertrag iSd § 114 AktG abgeschlossen werden soll, der aber **ausschließlich den Zeitraum nach der Beendigung der Amtstätigkeit betrifft.** Solange das Aufsichtsratsmitglied noch im Amt ist, greift der Normzweck des § 114 AktG, bei der Ausgestaltung des Vertrags die Unabhängigkeit des Aufsichtsrats zu gewährleisten. Auch in diesem Fall ist daher eine Zustimmung des Aufsichtsrats erforderlich. Zulässig ist insofern auch eine Beratung zu Tätigkeiten, die während der Amtstätigkeit nicht Gegenstand des Vertrags sein könnten (→ Rn. 209 ff.).

---

[535] BGHZ 194, 14 Rn. 14 = NZG 2012, 1064 – Fresenius; Hüffer/Koch/*Koch* AktG § 114 Rn. 3 mwN.
[536] Kölner Komm AktG/Mertens/*Cahn* AktG § 114 Rn. 15 f.; K. Schmidt/Lutter/Schmidt/*Drygala* AktG § 114 Rn. 19 f.; *Happ* FS Priester, 2007, 175 (179 ff.); ebenfalls krit. *v. Schenck* DStR 2007, 395 (397 f.).
[537] *Lutter/Kremer* ZGR 1992, 87 (107); BeckOGK/*Spindler* AktG § 114 Rn. 8: „*Gesamtanalogie zu §§ 113, 114, 115* [AktG]".
[538] GroßkommAktG/Hopt/*Roth* AktG § 114 Rn. 63; Kölner Komm AktG/Mertens/*Cahn* AktG § 114 Rn. 21 mwN.
[539] So für Interessenkonflikte bei Vorstandsdoppelmandaten BGHZ 180, 105 Rn. 16 = NZG 2009, 744.
[540] BGHZ 126, 340 (346 ff.) = NJW 1994, 2484; OLG Hamm DStR 2020, 1518 (1519); OLG Hamburg AG 2007, 404 (405 f.); Hüffer/Koch/*Koch* AktG § 114 Rn. 2; Kölner Komm AktG/Mertens/*Cahn* AktG § 114 Rn. 22.
[541] MüKoAktG/*Habersack* AktG § 114 Rn. 10 f.; Hüffer/Koch/*Koch* AktG § 114 Rn. 2; Kölner Komm AktG/Mertens/*Cahn* AktG § 114 Rn. 22.
[542] MüKoAktG/*Habersack* AktG § 114 Rn. 11; Kölner Komm AktG/Mertens/*Cahn* AktG § 114 Rn. 22.
[543] OLG Hamburg AG 2007, 404 (407 f.); GroßkommAktG/Hopt/*Roth* AktG § 114 Rn. 44; Hüffer/Koch/*Koch* AktG § 114 Rn. 2.
[544] BGH AG 2007, 484 (485); OLG Hamm DStR 2020, 1518 (1519); MüKoAktG/*Habersack* AktG § 114 Rn. 11; MHdB AG/*Hoffmann-Becking* § 33 Rn. 48; Kölner Komm AktG/Mertens/*Cahn* AktG § 114 Rn. 22.

Soll das ehemalige Aufsichtsratsmitglied für eine bestimmte Aufgabe als besonderer Sachverständiger **ausschließlich für den Aufsichtsrat** tätig werden, ist ausnahmsweise der **Aufsichtsrat** und nicht der Vorstand zuständig, die Gesellschaft beim Aushandeln und Abschluss des Vertrags zu vertreten (§ 111 Abs. 2 S. 2 AktG).[545] Möchte der Vorstand einen Vertrag iSd § 114 AktG mit einem ehemaligen Aufsichtsratsmitglied abschließen, das inzwischen **Ehrenvorsitzender oder -mitglied** ist, wird teilweise vorsorglich eine Zustimmung des Aufsichtsrats empfohlen.[546]

cc) Ausdehnung des persönlichen Anwendungsbereichs des § 114 AktG. § 114 Abs. 1 AktG bezieht sich nach seinem Wortlaut – anders als § 115 AktG, der die Kreditgewährung an Aufsichtsratsmitglieder betrifft (→ Rn. 254 ff.) – ausschließlich auf Verträge zwischen der Gesellschaft und dem Aufsichtsratsmitglied selbst. Dennoch **dehnen Rechtsprechung und Literatur den persönlichen Anwendungsbereich mit Blick auf den Normzweck aus,** und zwar sowohl aufseiten der Gesellschaft als auch aufseiten des Aufsichtsratsmitglieds.

Aufseiten der Gesellschaft ist § 114 Abs. 1 AktG nach Auffassung des BGH und hA im Schrifttum auch auf Verträge anwendbar, die Aufsichtsratsmitglieder mit einem **von der Gesellschaft beherrschten Unternehmen** abschließen.[547] Eine Zahlung an das Aufsichtsratsmitglied erscheine in diesem Fall als **mittelbare Zahlung der Gesellschaft.** Zudem bestehe die Gefahr, dass der Vorstand den Vertragsabschluss der Tochtergesellschaft beeinflusse. Dass § 115 Abs. 1 AktG Tochtergesellschaften ausdrücklich einbeziehe und § 114 Abs. 1 AktG nicht, beruhe auf einer Nachlässigkeit des Gesetzgebers.[548] Auch Enkelgesellschaften sollen erfasst sein.[549] Nach Teilen des Schrifttums soll die Anwendung des § 114 AktG auf Verträge eines Aufsichtsratsmitglieds mit einem von der AG beherrschten Unternehmen auf Fälle beschränkt sein, in denen der Vertrag ebenso mit der Obergesellschaft abgeschlossen werden hätte können,[550] weil die erweiternde Auslegung ausschließlich Umgehungsgeschäfte erfassen solle.

Nach ganz hA **nicht** von § 114 Abs. 1 AktG erfasst sind Verträge von Aufsichtsratsmitgliedern **mit einem die Gesellschaft beherrschenden Unternehmen.**[551] Das gilt nach Ansicht des OLG Hamburg selbst dann, wenn sich der Beratervertrag mit dem herrschenden Unternehmen spezifisch auf die Beratung im Geschäftsfeld der Tochter bezieht, also der Gesellschaft, in der das Aufsichtsratsamt besteht.[552] Der hA und dem OLG Hamburg ist **zuzustimmen:** Die abhängige Gesellschaft muss nicht vor einer durch solche Verträge vermittelten Einflussnahme des herrschenden Unternehmens geschützt werden. Zudem führte die Erstreckung von § 114 Abs. 1 AktG auf Verträge mit herrschenden Unternehmen dazu, dass Vorstandsmitglieder des herrschenden Unternehmens, die zugleich Aufsichtsratsmitglieder des beherrschten Unternehmens sind, für ihre Vorstandsdienstverträge die Zustimmung des Aufsichtsrats des beherrschten Unternehmens einholen müssten.[553]

---

[545] MüKoAktG/*Habersack* AktG § 111 Rn. 86.

[546] Hüffer/Koch/*Koch* AktG § 107 Rn. 12; dagegen GroßkommAktG/*Hopt/Roth* AktG § 107 Rn. 231 aE; *Johannsen-Roth/Kießling* NZG 2013, 972 (974).

[547] BGHZ 194, 14 Rn. 16 = NZG 2012, 1064 – Fresenius; GroßkommAktG/*Hopt/Roth* AktG § 114 Rn. 61; MüKoAktG/*Habersack* AktG § 114 Rn. 17; K. Schmidt/Lutter AktG/*Drygala* AktG § 114 Rn. 14 f.; Semler/v. Schenck/*v. Schenck* AktG § 114 Rn. 5,3; Hüffer/Koch/*Koch* AktG § 114 Rn. 4; Hölters/*Hambloch-Gesinn/Gesinn* AktG § 114 Rn. 16; NK-AktR/*Breuer/Fraune* AktG § 114 Rn. 4; Grigoleit/*Grigoleit/Tomasic* AktG § 114 Rn. 14; Henssler/Strohn/*Henssler* AktG § 114 Rn. 14; *Lutter/Krieger/Verse* AR Rn. 872 f.; *E. Vetter* in Marsch-Barner/Schäfer Börsennotierte AG-HdB Rn. 30.9; *Oppenhoff* FS Barz, 1974, 283 (289); *Lutter/Kremer* ZGR 1992, 87 (105 f.); *Spindler* FS Graf v. Westphalen, 2010, 641 (649 f.); *Rellermeyer* ZGR 1993, 77 (87 f.); *Lutter* FS Westermann, 2008, 1171 (1181 ff.); *Semler* NZG 2007, 881 (885); *E. Vetter* ZIP 2008, 1 (9).

[548] BGHZ 194, 14 Rn. 16 = NZG 2012, 1064 – Fresenius; Hüffer/Koch/*Koch* AktG § 114 Rn. 4; BeckOGK/*Spindler* AktG § 114 Rn. 7; *Lutter* FS Westermann, 2008, 1171 (1181 ff.); aA Kölner Komm AktG/*Mertens/Cahn* AktG § 114 Rn. 11.

[549] *Lutter* FS Westermann, 2008, 1171 (1184); BeckOGK/*Spindler* AktG § 114 Rn. 7.

[550] *Cahn* Konzern 2012, 501 (503); BeckOGK/*Spindler* AktG § 114 Rn. 7; Kölner Komm AktG/*Mertens/Cahn* AktG § 114 Rn. 11; *Hoffmann-Becking* FS K. Schmidt, 2009, 657 (665).

[551] OLG Hamburg AG 2007, 404 (408); Kölner Komm AktG/*Mertens/Cahn* AktG § 114 Rn. 12; GroßkommAktG/*Hopt/Roth* AktG § 114 Rn. 64; K. Schmidt/Lutter AktG/*Drygala* AktG § 114 Rn. 16; Hüffer/Koch/*Koch* AktG § 114 Rn. 4; BeckOGK/*Spindler* AktG § 114 Rn. 7; Semler/v. Schenck/*v. Schenck* AktG § 114 Rn. 54; aA MüKoAktG/*Habersack* AktG § 114 Rn. 17, der eine entsprechende Anwendung des § 115 Abs. 1 S. 2 AktG befürwortet. Ein Sachgrund für die unterschiedliche Behandlung von Beratungs- und Kreditverträgen bestehe nicht. Die Gefahr einer sachwidrigen Einflussnahme liege auch im Verhältnis von Aufsichtsratsmitgliedern einer abhängigen Gesellschaft und dem die Gesellschaft beherrschenden Unternehmen vor, „weil der Aufsichtsrat der abhängigen Gesellschaft darauf zu achten hat, dass sich die Einflussnahme des herrschenden Unternehmens iRd aktienrechtlich Zulässigen hält".

[552] OLG Hamburg AG 2007, 404 (408).

[553] Kölner Komm AktG/*Mertens/Cahn* AktG § 114 Rn. 12; *Hoffmann-Becking* FS K. Schmidt, 2009, 657 (667); aA MüKoAktG/*Habersack* AktG § 114 Rn. 17; ähnlich *E. Vetter* ZIP 2008, 1 (9). Offengelassen von BGHZ 194, 14 Rn. 16 = NZG 2012, 1064 – Fresenius.

230 Auf Verträge des Aufsichtsratsmitglieds **mit Schwestergesellschaften der Gesellschaft** ist § 114 Abs. 1 AktG schon nach seinem Zweck **nicht anwendbar.**[554]

231 Verträge, die ein Aufsichtsratsmitglied **mit einem Vorstandsmitglied** oder einer von einem Vorstandsmitglied beherrschten Gesellschaft abschließt, fallen nach zutreffender, allerdings bestrittener Ansicht aufgrund des begrenzten Schutzzwecks der Norm ebenfalls nicht in den Anwendungsbereich des § 114 Abs. 1 AktG.[555]

232 Die Rechtsprechung und weite Teile der Literatur wenden § 114 Abs. 1 AktG zudem **aufseiten des Aufsichtsratsmitglieds erweiternd an.** Das betrifft insbes. Verträge der Gesellschaft mit **nahestehenden Personen** des Aufsichtsratsmitglieds iSd § 115 Abs. 2 AktG (→ Rn. 254)[556] sowie analog § 115 Abs. 3 AktG mit juristischen Personen, bei denen das Aufsichtsratsmitglied gesetzlicher Vertreter[557] sowie mit Personengesellschaften (zu eng spricht § 115 Abs. 3 S. 1 AktG lediglich von „*Personenhandelsgesellschaften*"), bei denen es Gesellschafter ist,[558] ferner mit Kapitalgesellschaften, bei denen das Aufsichtsratsmitglied Alleingesellschafter[559] ist oder einen beherrschenden Einfluss hat.[560]

233 Darüber hinaus soll § 114 Abs. 1 AktG nach Auffassung des BGH und hA im Schrifttum selbst dann anzuwenden sein, wenn ein Aufsichtsratsmitglied **nur geringfügig an einer Beratungsgesellschaft beteiligt** ist, dem Aufsichtsratsmitglied aufgrund dieser Beteiligung aber mittelbar Leistungen der Gesellschaft zufließen und es sich dabei nicht nur „*um – abstrakt betrachtet – ganz geringfügige Leistungen handelt oder wenn sie im Vergleich zu der von der Hauptversammlung [...] festgesetzten Aufsichtsratsvergütung einen vernachlässigenswerten Umfang haben*".[561] Ein an das Aufsichtsratsmitglied fließender Honoraranteil von 10.000 EUR bei einer Gesamtvergütung des Aufsichtsratsmandats von etwa 150.000 EUR hielt der BGH insofern für nicht vernachlässigenswert.[562] Da die Schwelle des BGH unscharf ist, ist zu empfehlen, wenn möglich vorsorglich immer die Zustimmung des Aufsichtsrats einzuholen.[563] Das OLG Frankfurt a. M. hält es sogar für ausreichend, dass der Vertrag zwischen der Gesellschaft und dem Unternehmen, an dem das Aufsichtsratsmitglied beteiligt ist, die Stellung des Aufsichtsratsmitglieds innerhalb des Unternehmens aufgrund des Gesamthonorars stärken kann.[564] Teilweise wird im Schrifttum § 114 AktG auch für anwendbar gehalten, wenn das Aufsichtsratsmitglied an einer Beratungsgesellschaft weder beteiligt ist noch dort eine Organstellung hat, sondern eine bloß schuldrechtliche Beziehung zwischen dem Aufsichtsratsmitglied und der Beratungsgesellschaft besteht und die daraus folgende Vergütung des Aufsichtsratsmitglieds von Zahlungen der AG abhängt, zB als Erfolgskomponente eines Of Counsels.[565] Das erscheint als zu weitgehend.

b) Zustimmungsentscheidung des Aufsichtsrats

234 Sowohl der Vorstand als auch das betroffene Aufsichtsratsmitglied sind **verpflichtet,** die erforderliche **Zustimmung des Aufsichtsrats einzuholen.**[566]

235 **aa) Verfahren.** Der Aufsichtsrat kann die Zuständigkeit für die Entscheidung über die Zustimmung **einem Ausschuss übertragen** (vgl. § 107 Abs. 3 S. 7 AktG, der für Entscheidungen über die Zustimmung zu Verträgen nach § 114 AktG kein Verbot der Übertragung an einen Ausschuss anordnet). Häufig ist die Zuständigkeit dem Präsidium oder Personalausschuss übertragen. Dass der Aufsichtsrat die Tätigkeit

---

[554] K. Schmidt/Lutter AktG/*Drygala* AktG § 114 Rn. 16; Hüffer/Koch/*Koch* AktG § 114 Rn. 4; Kölner Komm AktG/*Mertens/Cahn* AktG § 114 Rn. 13; BeckOGK/*Spindler* AktG § 114 Rn. 7.
[555] *Henssler* FS Goette, 2011, 135 (137 ff.); Kölner Komm AktG/*Mertens/Cahn* AktG § 114 Rn. 19; aA jedenfalls dann, wenn der Vertrag einen Bezug zur AG hat, BeckOGK/*Spindler* AktG § 114 Rn. 11; den Anwendungsbereich des § 114 AktG noch weiter ausdehnend MüKoAktG/*Habersack* AktG § 114 Rn. 18.
[556] OLG Hamm DStR 2020, 1518 (1521 f.); *Fischer* BB 2015, 1411 (1412); MüKoAktG/*Habersack* AktG § 114 Rn. 13; Hüffer/Koch/*Koch* AktG § 114 Rn. 3; BeckOGK/*Spindler* AktG § 114 Rn. 9; *Fuhrmann* NZG 2017, 291 (296).
[557] BGH AG 1997, 42 (44); OLG Hamm DStR 2020, 1518 (1521); LG Köln AG 2003, 167; MüKoAktG/*Habersack* AktG § 114 Rn. 14; BeckOGK/*Spindler* AktG § 114 Rn. 9; *Lutter* FS Westermann, 2008, 1171 (1180 f.).
[558] BGH AG 2007, 484 (485); OLG Hamm DStR 2020, 1518 (1521); MüKoAktG/*Habersack* AktG § 114 Rn. 15; GroßkommAktG/*Hopt/Roth* AktG § 114 Rn. 57; Hüffer/Koch/*Koch* AktG § 114 Rn. 3.
[559] BGHZ 168, 188 Rn. 11 = NZG 2006, 712; Hüffer/Koch/*Koch* AktG § 114 Rn. 3.
[560] Hüffer/Koch/*Koch* AktG § 114 Rn. 3.
[561] BGHZ 170, 60 Rn. 8 = NZG 2007, 103; OLG Köln NZG 2019, 1351; MüKoAktG/*Habersack* AktG § 114 Rn. 15; GroßkommAktG/*Hopt/Roth* AktG § 114 Rn. 52 f.; Hüffer/Koch/*Koch* AktG § 114 Rn. 3; Grigoleit/*Grigoleit/Tomasic* AktG § 114 Rn. 11.
[562] BGHZ 194, 14 Rn. 15 = NZG 2012, 1064 – Fresenius; vgl. auch K. Schmidt/Lutter AktG/*Drygala* AktG § 114 Rn. 19: „*Geringfügig [...] in der Regel nur Beträge unter 1000 EUR*".
[563] Ebenso *Kuthe*/Beck NZG 2020, 778 (779); *Fuhrmann* NZG 2017, 291 (296).
[564] OLG Frankfurt a. M. AG 2011, 256 (258); aA Kölner Komm AktG/*Mertens/Cahn* AktG § 114 Rn. 15 ff.; BeckOGK/*Spindler* AktG § 114 Rn. 9.
[565] Grigoleit/*Grigoleit/Tomasic* AktG § 114 Rn. 12; ebenso Kölner Komm/*Mertens/Cahn* AktG § 114 Rn. 15.
[566] MüKoAktG/*Habersack* AktG § 114 Rn. 28; K. Schmidt/Lutter AktG/*Drygala* AktG § 114 Rn. 21; Hüffer/Koch/*Koch* AktG § 114 Rn. 8.

eines Aufsichtsratsmitglieds iSd § 114 AktG stillschweigend billigt, genügt nicht als Zustimmung.[567] Das gilt auch, wenn die Tätigkeit sämtlichen anderen Aufsichtsratsmitgliedern bekannt ist. Das betroffene Aufsichtsratsmitglied unterliegt **einem Stimmrechtsausschluss (§ 34 BGB analog)**.[568] Ist der Aufsichtsrat ohne das betroffene Aufsichtsratsmitglied nicht beschlussfähig, kann es nach Ansicht des BGH an der Beschlussfassung teilnehmen, muss sich dabei aber der Stimme enthalten.[569] Im Übrigen ist zu empfehlen, dass das betroffene Aufsichtsratsmitglied weder an der Beratung noch an der Beschlussfassung teilnimmt.[570]

Eine nach § 114 AktG fehlende Zustimmung des Aufsichtsrats **kann nicht durch einen Beschluss der Hauptversammlung ersetzt werden**.[571] Es reicht daher auch nicht aus, wenn der Alleinaktionär an dem Vertrag mitwirkt.[572] Der Vorstand kann aber nach § 119 Abs. 2 AktG entscheiden, den Vertrag mit einem Aufsichtsratsmitglied **zusätzlich** der Hauptversammlung zur Zustimmung vorzulegen.[573] Stimmt – aufgrund einer Vorlage des Vorstands nach § 119 Abs. 2 AktG – **die Hauptversammlung dem Vertrag zu**, kann der Zustimmungsbeschluss als **Bewilligung einer besonderen Vergütung** für die im Vertrag beschriebene Tätigkeit einzuordnen sein. Lässt die in der Satzung geregelte Vergütung eine besondere Vergütung durch „einfachen Bewilligungsbeschluss" nicht zu (→ Rn. 16), kann eine besondere Vergütung nur durch Satzungsänderung gewährt werden.[574]

bb) Prüfung und Entscheidung des Aufsichtsrats. Der Aufsichtsrat muss prüfen, ob der Vertrag eine Leistung des Aufsichtsratsmitglieds regelt, **die es aufgrund seines Mandats schuldet** und die daher nicht Gegenstand eines Vertrags iSd § 114 AktG sein kann (→ Rn. 209 ff.). Handelt es sich um einen zulässigen Vertragsgegenstand, muss der Aufsichtsrat ferner prüfen, ob die **Vergütung marktüblich** ist. Ist das nicht der Fall, **muss er die Zustimmung verweigern**.[575] Damit der Aufsichtsrat prüfen kann, ob der Vertrag zustimmungsfähig ist, müssen ihm alle wesentlichen Vertragsinformationen vorliegen. Das betrifft zumindest die geschuldete Tätigkeit und die vereinbarte Vergütung.[576] Die vom Aufsichtsratsmitglied geschuldete Leistung und die Vergütung sind **so konkret zu beschreiben**, dass der Aufsichtsrat beurteilen kann, ob es sich um eine aufsichtsratsfremde Tätigkeit handelt und ob ggf. die Vergütung angemessen ist.[577] Eine allgemeine Beschreibung wie „steuerrechtliche Beratung" oder „betriebswirtschaftliche Beratung" reicht nicht aus, weil darunter aufgrund des Mandats geschuldete Leistungen fallen können.[578] Das OLG Köln hat eine „,Begleitung' der ,Kaufpreis- und Transaktionsverhandlungen' und eine Durchsicht und Prüfung der in deren Rahmen erstellten Vertragswerke" als zu unbestimmt angesehen.[579] Es genügt auch nicht, pauschal alle Tätigkeiten auszuschließen, die das Aufsichtsratsmitglied bereits aufgrund seines Amts schuldet.[580] Überdies muss der **mögliche Gesamtumfang der Vergütung** feststehen. Es reicht nicht, Stunden- oder Tagessätze festzusetzen, auf übliche Stundensätze oder auf eine gesetzliche Gebührenordnung zu verweisen.[581] Damit der Aufsichtsrat den Vertrag pflichtgemäß prüfen kann, ist er **schriftlich oder zumindest in Textform** (§§ 126, 126b BGB) abzuschließen.[582]

---

[567] MüKoAktG/*Habersack* AktG § 114 Rn. 28; GroßkommAktG/*Hopt/Roth* AktG § 114 Rn. 77; Hüffer/Koch/*Koch* AktG § 114 Rn. 8; BeckOGK/*Spindler* AktG § 114 Rn. 21.
[568] BGH AG 2007, 484 (485); GroßkommAktG/*Hopt/Roth* AktG § 114 Rn. 73; MüKoAktG/*Habersack* AktG § 114 Rn. 31; K. Schmidt/Lutter AktG/*Drygala* AktG § 114 Rn. 21; Hüffer/Koch/*Koch* AktG § 114 Rn. 8; Kölner Komm AktG/*Mertens/Cahn* AktG § 114 Rn. 26; aA *Marsch-Barner* in Semler/v. Schenck AR-HdB § 13 Rn. 113; *Behr* AG 1984, 281 (284 f.).
[569] BGH AG 2007, 484 (485); Hüffer/Koch/*Koch* AktG § 114 Rn. 8; aA OLG Frankfurt a. M. AG 2005, 925 (927); ähnlich OLG Nürnberg AG 2018, 166 (169); MüKoAktG/*Habersack* AktG § 114 Rn. 31: Das die Beratungsleistung schuldende Aufsichtsratsmitglied „ist [...] bei Feststellung der Beschlussfähigkeit nicht zu berücksichtigen, weshalb der dreiköpfige Aufsichtsrat einen Beschluss nach § 114 AktG nicht fassen kann."
[570] Vgl. Lutter/Krieger/*Verse* AR Rn. 864: „[...] das betreffende Mitglied [...] sollte auch nur auf Wunsch des Aufsichtsrats und zwecks näherer Erläuterung an der Verhandlung über die Zustimmung teilnehmen."
[571] OLG Köln AG 1995, 90 (92); MüKoAktG/*Habersack* AktG § 114 Rn. 29; Kölner Komm AktG/*Mertens/Cahn* AktG § 114 Rn. 26; BeckOGK/*Spindler* AktG § 114 Rn. 25.
[572] OLG Hamm DStR 2020, 1518 (1520).
[573] MüKoAktG/*Habersack* AktG § 114 Rn. 29.
[574] Vgl. MüKoAktG/*Habersack* AktG § 114 Rn. 29, 22.
[575] MüKoAktG/*Habersack* AktG § 114 Rn. 30; GroßkommAktG/*Hopt/Roth* AktG § 114 Rn. 75.
[576] OLG Köln AG 1995, 90 (91); LG Stuttgart ZIP 1998, 1275 (1279); MüKoAktG/*Habersack* AktG § 114 Rn. 31; Kölner Komm AktG/*Mertens/Cahn* AktG § 114 Rn. 26; K. Schmidt/Lutter AktG/*Drygala* AktG § 114 Rn. 22; Hüffer/Koch/*Koch* AktG § 114 Rn. 8.
[577] BGH AG 2007, 484 (485); BGHZ 126, 340 (344 f.) = NJW 1994, 2484; LG Stuttgart ZIP 1998, 1275 (1278); MüKoAktG/*Habersack* AktG § 114 Rn. 25; Kölner Komm AktG/*Mertens/Cahn* AktG § 114 Rn. 26.
[578] BGHZ 168, 188 Rn. 18 = NZG 2006, 712.
[579] OLG Köln NZG 2019, 1351 (1353); krit. *Kuthe/Beck* NZG 2020, 778 (779).
[580] LG Stuttgart BB 1998, 1549 (1550 f.).
[581] MüKoAktG/*Habersack* AktG § 114 Rn. 26; großzügiger bei Abrechnung von Gebühren gemäß gesetzlicher Gebührenordnung LG Stuttgart ZIP 1998, 1275 (1279) und Hüffer/Koch/*Koch* AktG § 114 Rn. 8.

238 Regelt der Vertrag eine zulässige Leistung und ist die Vergütung marktüblich, muss der Aufsichtsrat nach **pflichtgemäßem Ermessen nach Maßgabe der Business Judgment Rule** (§ 116 S. 1 AktG, § 93 Abs. 1 S. 2 AktG) entscheiden, ob er die Zustimmung erteilt.[583] Der Aufsichtsrat muss dabei prüfen, ob es **im Interesse der Gesellschaft ist,** gerade von einem Aufsichtsratsmitglied die vereinbarte Dienstleistung zu erwerben. Der Aufsichtsrat kann sich grds. darauf beschränken, die Erwägungen des Vorstands zu plausibilisieren. Der Aufsichtsrat muss aber prüfen, inwieweit Interessenkonflikte für die Aufsichtsratstätigkeit drohen, wenn das Aufsichtsratsmitglied zusätzlich aufgrund eines Dienst- oder Werkvertrags iSd § 114 AktG für die Gesellschaft tätig wird. Handelt es sich bei der Tätigkeit, die das Aufsichtsratsmitglied für die AG erbringen soll, für das Aufsichtsratsmitglied um eine *„wesentliche geschäftliche Beziehung"*, liegt ein Indikator dafür vor, dass das Aufsichtsratsmitglied nicht unabhängig vom Vorstand und von der Gesellschaft iSd DCGK ist (C.7 Abs. 2, 2. Spiegelstrich DCGK; die Tätigkeit als „Berater" ist dort ausdrücklich als Beispiel für eine *„wesentliche geschäftliche Beziehung"* genannt).

239 Teilweise wird vertreten, es seien generell **besondere Gründe** für die Zustimmung erforderlich, wenn die Gesellschaft die Dienst- oder Werkleistung ohne Weiteres auch von dritter Seite erhalten könnte; als ein solcher besonderer Grund soll insbes. in Betracht kommen, dass das Aufsichtsratsmitglied mit den Verhältnissen der Gesellschaft vertraut ist.[584] Das erscheint **zu streng:** Ist die Vergütung marktüblich und gelangt der Aufsichtsrat zur Einschätzung, dass etwa drohende Interessenkonflikte der Zustimmung nicht entgegenstehen, darf er die Zustimmung generell erteilen. Andernfalls liefe § 114 AktG weitgehend leer, da die Gesellschaft in Rede stehende Dienst- oder Werkleistungen nur selten nicht auch von dritter Seite erhalten könnte.[585]

240 **cc) Kein Anspruch auf Zustimmung.** Das betroffene Aufsichtsratsmitglied hat **keinen Anspruch auf Zustimmung,** und zwar auch dann nicht, wenn ihm Vorstands- oder Aufsichtsratsmitglieder vor der Übernahme des Aufsichtsratsmandats zugesichert haben, dass es einen bereits laufenden Dienst- oder Werkvertrag iSd § 114 AktG fortsetzen darf oder einen neuen Vertrag erhält. Eine die Gesellschaft bindende Zusicherung kann allenfalls vorliegen, wenn sie auf einem Beschluss des Aufsichtsrats beruht, der bereits die Anforderungen des § 114 AktG erfüllt. Das setzt voraus, dass sich die beschlossene Zusicherung bereits auf einen konkreten, zustimmungsfähigen Vertrag bezieht (→ Rn. 237).[586] Auch falls der Aufsichtsrat Verträgen der Gesellschaft mit anderen Aufsichtsratsmitgliedern zugestimmt hat, hat das betroffene Aufsichtsratsmitglied keinen Anspruch auf Zustimmung.[587]

241 **dd) Einwilligung oder Genehmigung.** Die Zustimmung muss sich nach dem Schutzzweck des § 114 AktG auf einen **konkreten Vertrag** beziehen. Seine Zustimmung kann der Aufsichtsrat vor Vertragsabschluss als **Einwilligung** (§ 183 S. 1 BGB), aber auch nach Vertragsabschluss als **Genehmigung** (§ 184 Abs. 1 BGB) erteilen.[588] Schließen die Gesellschaft und das Aufsichtsratsmitglied zunächst ohne Zustimmung des Aufsichtsrats einen Vertrag ab, der auf einen zulässigen Vertragsgegenstand gerichtet ist (→ Rn. 209 ff.), ist der Vertrag bis zu einer etwaigen Genehmigung schwebend unwirksam. § 114 AktG **beschränkt die Vertretungsbefugnis des Vorstands** (anders als § 115 AktG; → Rn. 264).[589]

242 Umstritten ist, ob ein hinsichtlich des Leistungsgegenstands zunächst nicht hinreichend bestimmter, dann aber konkretisierter Vertrag **nachträglich rückwirkend in Kraft gesetzt („genehmigt") werden kann.** Der BGH hat die Frage bisher ausdrücklich offen gelassen.[590] Nach zutreffender Ansicht kann ein Vertrag mit ursprünglich nicht hinreichend bestimmtem Leistungsgegenstand iErg rückwirkend geheilt werden.[591] Nicht hinreichend bestimmte Verträge sind zwar wegen eines Verstoßes gegen § 113 AktG nach § 134 BGB nichtig.[592] Streng dogmatisch betrachtet können sie daher nicht genehmigt wer-

---

[582] OLG Nürnberg AG 2018, 166 (170); MüKoAktG/*Habersack* AktG § 114 Rn. 25; Hüffer/Koch/*Koch* AktG § 114 Rn. 8; *Lorenz/Pospiech* NZG 2011, 81 (84): „*In der Regel*".

[583] MüKoAktG/*Habersack* AktG § 114 Rn. 30; GroßkommAktG/*Hopt/Roth* AktG § 114 Rn. 75; K. Schmidt/Lutter AktG/*Drygala* AktG § 114 Rn. 22; Hüffer/Koch/*Koch* AktG § 114 Rn. 8; *Ulrich* GmbHR 2012, 1153 (1155); *Rahlmeyer/Gömöry* NZG 2014, 616 (619 f.).

[584] *Rodewig* in Semler/v. Schenck AR-HdB § 8 Rn. 168; MüKoAktG/*Habersack* AktG § 114 Rn. 30.

[585] Tendenziell auch GroßkommAktG/*Hopt/Roth* AktG § 114 Rn. 76.

[586] Vgl. insofern auch MüKoAktG/*Habersack* AktG § 114 Rn. 30; wohl großzügiger GroßkommAktG/*Hopt/Roth* AktG § 114 Rn. 75.

[587] MüKoAktG/*Habersack* AktG § 114 Rn. 30; GroßkommAktG/*Hopt/Roth* AktG § 114 Rn. 75.

[588] BGHZ 194, 14 Rn. 18 = NZG 2012, 1064 – Fresenius; MüKoAktG/*Habersack* AktG § 114 Rn. 28; Hüffer/Koch/*Koch* AktG § 114 Rn. 9; Kölner Komm AktG/*Mertens/Cahn* AktG § 114 Rn. 29.

[589] GroßkommAktG/*Hopt/Roth* AktG § 114 Rn. 72.

[590] BGHZ 194, 14 Rn. 18 mwN = NZG 2012, 1064 – Fresenius.

[591] K. Schmidt/Lutter AktG/*Drygala* AktG § 114 Rn. 23; *Tophoven* BB 2007, 2413 (2416 f.); *Bosse* NZG 2007, 172 (174); aA OLG Frankfurt a. M. AG 2005, 925 (927); MüKoAktG/*Habersack* AktG § 114 Rn. 25; BeckOGK/*Spindler* AktG § 114 Rn. 22.

[592] BGHZ 194, 14 Rn. 19 = NZG 2012, 1064 – Fresenius; OLG Köln NZG 2019, 1351 (1352).

den. Wird dem Aufsichtsrat ein nachträglich konkretisierter Vertrag zur Zustimmung vorgelegt, liegt aber eine als erneute Vornahme zu beurteilende Bestätigung des ursprünglichen Vertrags iSd § 141 Abs. 1 BGB vor.[593] Rückforderungsansprüche der Gesellschaft gegen das Aufsichtsratsmitglied sind daher nach § 141 Abs. 2 BGB, § 242 BGB ausgeschlossen. Das OLG Frankfurt a. M. hat die Genehmigungsfähigkeit von Verträgen mit ursprünglich nicht hinreichend bestimmtem Leistungsgegenstand zwar verneint, weil der Aufsichtsrat nach Leistungserbringung nicht mehr hinreichend frei in seiner Entscheidung über die Zustimmung sei.[594] Nach § 114 Abs. 2 S. 1 letzter Hs. AktG kann der Aufsichtsrat einen Vertrag iSd § 114 Abs. 1 AktG aber stets genehmigen; dabei unterscheidet das Gesetz nicht, ob das Aufsichtsratsmitglied bereits Leistungen erbracht hat oder nicht.[595] Bei einem bestätigten Vertrag ist die Interessenlage vergleichbar. Hat das Aufsichtsratsmitglied bereits Leistungen erbracht, kann der Aufsichtsrat sogar einfacher beurteilen, ob der Vertrag zustimmungsfähig und im Interesse der Gesellschaft ist.[596]

ee) Rahmenverträge. Da der Aufsichtsrat prüfen muss, ob eine zulässige Leistung und eine marktübliche Vergütung vorliegen (→ Rn. 237), sind **Rahmenverträge idR problematisch,** insbes. wenn zB kein konkreter Beratungsgegenstand angegeben ist oder sich das Honorar nicht abschätzen lässt.[597] Ggf. ist vor jeder Zahlung einer (Einzel-)Vergütung aufgrund des Rahmenvertrags die Zustimmung des Aufsichtsrats einzuholen.[598] 243

c) Offenlegung

Ziff. 5.4.6 Abs. 3 DCGK aF empfahl, im Anhang zum Jahresabschluss oder im Lagebericht über Vorteile 244 aus persönlich erbrachten Leistungen, insbes. aus Beraterverträgen, zu informieren. Unter dem neuen DCGK ist diese Empfehlung weggefallen; Grundsatz 25 DCGK verweist nur noch auf den Vergütungsbericht nach § 162 AktG. Im **Vergütungsbericht** sind Leistungen aus Verträgen iSv § 114 AktG **nicht darzustellen** (→ § 4 Rn. 1569). Eine **bilanzrechtliche Pflicht,** die an Aufsichtsratsmitglieder aufgrund von Verträgen nach § 114 AktG gezahlte Vergütung offenzulegen – etwa im Anhang des Jahresabschlusses oder im Konzernanhang – **besteht nicht.**[599]

Der BGH geht davon aus, die Zustimmung zum Abschluss eines Beratervertrags mit einem Aufsichts- 245 ratsmitglied begründe stets einen „tatsächlich aufgetretenen" **Interessenkonflikt,** über den und dessen Behandlung der Aufsichtsrat die Hauptversammlung nach der Empfehlung E.1 DCGK informieren soll.[600] Das betroffene Aufsichtsratsmitglied unterliegt bei der Entscheidung über die Zustimmung zum Abschluss des Beratervertrags ohnehin einem Stimmrechtsausschluss (→ Rn. 235). Dem Aufsichtsrat einer börsennotierten Gesellschaft ist mit Blick auf die Rechtsprechung des BGH zu empfehlen, die Hauptversammlung über den Abschluss des Beratervertrags zu informieren und darauf hinzuweisen, dass sich das betroffene Aufsichtsratsmitglied an der Beratung und Entscheidung über die Zustimmung nicht beteiligt hat.

d) Rechtsfolgen im Fall eines Verstoßes gegen § 114 AktG

Umfasst der Vertrag mehrere Punkte, von denen einer nicht zustimmungsfähig ist, ist gemäß § 139 BGB 246 **im Zweifel der gesamte Vertrag nichtig.**[601]

---

[593] Ebenso Kölner Komm AktG/*Mertens/Cahn* AktG § 114 Rn. 28; *Happ* FS Priester, 2007, 175 (188 f.).
[594] OLG Frankfurt a. M. AG 2005, 925 (927).
[595] Kölner Komm AktG/*Mertens/Cahn* AktG § 114 Rn. 28 f.
[596] Ebenso K. Schmidt/Lutter AktG/*Drygala* AktG § 114 Rn. 23.
[597] K. Schmidt/Lutter AktG/*Drygala* AktG § 114 Rn. 12; MüKoAktG/*Habersack* AktG § 114 Rn. 25; BeckOGK/*Spindler* AktG § 114 Rn. 22.
[598] Hüffer/Koch/*Koch* AktG § 114 Rn. 9; K. Schmidt/Lutter AktG/*Drygala* AktG § 114 Rn. 24; allgemein krit. zu Rahmenverträgen *Ihrig* ZGR 2013, 417 (431 f.): Da ein bloßer Rahmenvertrag nicht konkret genug sei, um eine Vergütungszahlung an ein Aufsichtsratsmitglied zu rechtfertigen, bedürfe es eines solchen Konstrukts nicht. Der Aufsichtsrat habe ohnehin noch einmal über den Austausch der Vertragsleistungen zu entscheiden.
[599] BeckOGK/*Spindler* AktG § 114 Rn. 31.
[600] BGHZ 194, 14 Rn. 30 = NZG 2012, 1064 – Fresenius; Hüffer/Koch/*Koch* AktG § 114 Rn. 1; *Kanzler,* Beraterverträge, 2018, 262; *Diekmann/Fleischmann* AG 2013, 141 (143); *Hasselbach/Jakobs* BB 2013, 643 (646); *E. Vetter* GS Winter, 2011, 701 (723). Aa OLG München AG 2009, 121 (123): Systematisch bezieht sich Ziff. 5.5.3 DCGK aF, die der Empfehlung E.1 DCGK entsprach, nur auf tatsächlich aufgetretene Interessenkonflikte iSv Ziff. 5.5.2 DCGK aF, nicht aber auf „*Berater- und sonstige Dienstleistungs- und Werkverträge eines Aufsichtsratsmitglieds mit der Gesellschaft*", die in Ziff. 5.5.4 DCGK aF angesprochen seien. Zudem erkennt das OLG München im Zusammenhang mit dem Abschluss eines Beratervertrags mit einem Aufsichtsratsmitglied offenbar nicht stets einen tatsächlich aufgetretenen Interessenkonflikt iSv Ziff. 5.5.3 DCGK aF.
[601] OLG Hamburg AG 2007, 404 (407); GroßkommAktG/*Hopt/Roth* AktG § 114 Rn. 34; MüKoAktG/*Habersack* AktG § 114 Rn. 22; aA MHdB AG/*Hoffmann-Becking* § 33 Rn. 48: „*Wenn der Vertrag Beratungsaufgaben bestimmt, die zum Teil in den Aufgabenbereich des Aufsichtsrats fallen und zum anderen Teil Gegenstand eines Vertrags nach § 114 AktG sein können, kann der zulässige Teil im Zweifel aufrechterhalten werden.*"

247 Ist der Vertrag mit dem Aufsichtsratsmitglied unwirksam, weil er zwar zustimmungsfähig war, der Aufsichtsrat die Zustimmung aber verweigert hat, muss das Aufsichtsratsmitglied empfangene Leistungen nach § 114 Abs. 2 AktG sofort und ungeachtet bereicherungsrechtlicher Einschränkungen **zurückgewähren.** Das Aufsichtsratsmitglied kann sich insbes. weder auf § 814 BGB (kein Rückforderungsanspruch bei Kenntnis des Leistenden – hier der Gesellschaft – von der Nichtschuld) noch auf § 818 Abs. 3 BGB (Entreicherungseinwand) berufen.[602] Der Anspruch richtet sich nicht nur gegen das Aufsichtsratsmitglied selbst, sondern auch gegen auf seiner Seite stehende Dritte, etwa nahestehende Personen oder Gesellschaften, wenn sie die Vergütung empfangen haben.[603] Umgekehrt richtet sich der Anspruch nach § 114 Abs. 2 AktG ungeachtet dessen, dass er gegen eine juristische Person oder Personengesellschaft besteht, die die Vergütung empfangen hat, auch gegen das Aufsichtsratsmitglied.[604] Ein Anspruch nach § 114 Abs. 2 AktG besteht auch, wenn die Bestellung des Aufsichtsratsmitglieds fehlerhaft ist, es sein Amt aber tatsächlich ausgeübt hat.[605]

248 Hat das Aufsichtsratsmitglied Leistungen an die Gesellschaft erbracht, kann ihm gegen die Gesellschaft **ausschließlich nach bereicherungsrechtlichen Grundsätzen ein Wertersatzanspruch zustehen** (§ 114 Abs. 2 S. 2 Hs. 1 AktG). Mit einem solchen Wertersatzanspruch kann das Aufsichtsratsmitglied aber nicht gegen den Rückgewähranspruch der Gesellschaft aufrechnen (§ 114 Abs. 2 S. 2 Hs. 2 AktG).[606] Die Gesellschaft kann sich nach zutreffender und herrschender Ansicht auf den Ausschluss der Rückforderung gemäß § 814 BGB wegen Kenntnis der Nichtschuld nur berufen, wenn das Aufsichtsratsmitglied positive Kenntnis der Nichtschuld hatte und nicht davon ausgehen durfte – insbes. mit Blick auf die bisherige Zustimmungspraxis –, dass der Aufsichtsrat die Tätigkeit genehmigen werde.[607] § 817 S. 2 BGB, wonach die Rückforderung ausgeschlossen ist, wenn der Leistende mit der Leistung gegen ein gesetzliches Verbot verstößt, ist nicht zulasten des Aufsichtsratsmitglieds anwendbar.[608] Leistungen, die das Aufsichtsratsmitglied aufgrund seines Mandats schuldet (→ Rn. 209 ff.), muss die Gesellschaft nie ausgleichen, es sei denn die Hauptversammlung hat ausnahmsweise eine Sondervergütung festgesetzt (→ Rn. 42).

249 Nach der Rechtsprechung des BGH darf die Gesellschaft bei Verträgen iSd § 114 AktG **keine Vergütung zahlen, solange der Aufsichtsrat dem Vertrag nicht zugestimmt hat.**[609] Leistet die Gesellschaft Zahlungen vor der Zustimmung des Aufsichtsrats, handeln Vorstandsmitglieder, die an der Leistung beteiligt sind oder sie nicht verhindern, **pflichtwidrig** und können gegenüber der Gesellschaft auf Schadensersatz haften (§ 93 Abs. 3 Nr. 7 AktG). Dasselbe gilt für Aufsichtsratsmitglieder, die die entsprechenden Leistungen kennen und schuldhaft nicht verhindern (§ 116 S. 1 AktG, § 93 Abs. 3 Nr. 7 AktG); das betrifft insbes. das Aufsichtsratsmitglied, das die Vergütung erhält. Nach der **„Fresenius"-Entscheidung des BGH,** der die hA im Schrifttum gefolgt ist, entfallen Pflichtverletzungen von Vorstands- und Aufsichtsratsmitgliedern **nicht,** wenn der Aufsichtsrat den Vertrag **rückwirkend genehmigt.**[610] Es ist zwar zulässig, dass der Aufsichtsrat einen bereits vollzogenen Vertrag genehmigt, die Gesellschaft darf aber keine Zahlungen aufgrund eines Vertrags leisten, dem der Aufsichtsrat noch nicht zugestimmt hat.

250 Der Anspruch nach § 114 Abs. 2 AktG **verjährt** nach §§ 199, 195 BGB in drei Jahren, beginnend mit dem Schluss des Jahrs, in dem der Anspruch entstanden ist und die AG als Gläubigerin von der Person des Schuldners und den anspruchsbegründenden Umständen Kenntnis erlangt oder ohne grobe Fahrläs-

---

[602] K. Schmidt/Lutter AktG/*Drygala* AktG § 114 Rn. 25; MüKoAktG/*Habersack* AktG § 114 Rn. 33, 35; Hüffer/Koch/*Koch* AktG § 114 Rn. 10 f.; *Kanzler* AG 2013, 554 (558 ff.).
[603] BGHZ 170, 60 Rn. 16 = NZG 2007, 103; *Lutter* FS Westermann, 2008, 1171 (1187); MüKoAktG/*Habersack* AktG § 114 Rn. 34.
[604] OLG Hamm DStR 2020, 1518 (1522); *Lutter* FS Westermann, 2008, 1171 (1187); MüKoAktG/*Habersack* AktG § 114 Rn. 34; *E. Vetter* in Marsch-Barner/Schäfer Börsennotierte AG-HdB Rn. 30.17.
[605] OLG Hamm DStR 2020, 1518 (1519).
[606] Zu den wechselseitigen Ansprüchen des Aufsichtsratsmitglieds und der Gesellschaft gemäß § 114 Abs. 2 AktG auch K. Schmidt/Lutter AktG/*Drygala* AktG § 114 Rn. 26; *Fischer* BB 2015, 1411 (1415); MüKoAktG/*Habersack* AktG § 114 Rn. 36; Hüffer/Koch/*Koch* AktG § 114 Rn. 11.
[607] MüKoAktG/*Habersack* AktG § 114 Rn. 36; Hüffer/Koch/*Koch* AktG § 114 Rn. 11, jew. mwN; strenger Semler/v. Schenck/*v. Schenck* AktG § 114 Rn. 114; Kölner Komm AktG/*Mertens/Cahn* AktG § 114 Rn. 32: „§ 814 BGB kann auch dann anwendbar sein, wenn ein Aufsichtsratsmitglied seine Leistung in Erwartung der noch ausstehenden Genehmigung des Aufsichtsrats erbracht hat und die Genehmigung endgültig ausbleibt."
[608] BGH AG 2007, 484 (486); OLG Köln NZG 2019, 1351 (1352); Hüffer/Koch/*Koch* AktG § 114 Rn. 11 mwN.
[609] BGHZ 194, 14 Rn. 12 ff. = NZG 2012, 1064 – Fresenius; OLG Frankfurt a. M. AG 2011, 256 (257 f.); Hüffer/Koch/*Koch* AktG § 114 Rn. 9; krit. K. Schmidt/Lutter AktG/*Drygala* AktG § 114 Rn. 24; Kölner Komm AktG/*Mertens/Cahn* AktG § 114 Rn. 30 f.
[610] BGHZ 194, 14 Rn. 12 ff. = NZG 2012, 1064 – Fresenius; OLG Frankfurt a. M. AG 2011, 256 (257 f.); Hüffer/Koch/*Koch* AktG § 114 Rn. 9; krit. K. Schmidt/Lutter AktG/*Drygala* AktG § 114 Rn. 24; Kölner Komm AktG/*Mertens/Cahn* AktG § 114 Rn. 30 f.

sigkeit erlangen musste.[611] Zurechenbar ist der AG dabei nicht die Kenntnis des Aufsichtsrats, sondern des Vorstands, weil er zuständig ist, den Anspruch nach § 114 Abs. 2 AktG zu verfolgen.[612] In der Regel beginnt die Verjährung daher mit dem Schluss des Jahrs zu laufen, in dem die AG die Vergütung an das Aufsichtsratsmitglied zahlt.[613]

e) Weitere mögliche Rechtsfolgen im Zusammenhang mit Verträgen iSd § 114 AktG

Auch wenn der Aufsichtsrat dem Vertrag zugestimmt oder ihn rückwirkend genehmigt hat und danach **die formalen Voraussetzungen des § 114 AktG eingehalten** sind, entfallen Pflichtverletzungen von Vorstands- oder Aufsichtsratsmitgliedern und daran anknüpfende Schadensersatzansprüche der Gesellschaft nicht,[614] die darauf beruhen, dass der Vertrag zB eine überhöhte Vergütung regelt oder aus anderen Gründen nicht im Interesse der Gesellschaft ist. Anspruchsgrundlage eines Schadensersatzanspruchs der Gesellschaft ist § 93 Abs. 3 Nr. 7 AktG, gegenüber Aufsichtsratsmitgliedern iVm § 116 S. 1 AktG, und nicht – wie teilweise vertreten – die allgemeine Organhaftungsnorm des § 93 Abs. 2 AktG, ggf. iVm § 116 S. 1 AktG.[615] Zudem bleiben bei einer rückwirkenden Genehmigung weitere Sanktionen möglich, etwa der Widerruf der Bestellung oder die Anfechtbarkeit der Entlastungsbeschlüsse.[616]

251

Schadensersatzansprüche gegen Vorstands- und Aufsichtsratsmitglieder sind insbes. bedeutsam, wenn der Aufsichtsrat den Vertrag nicht rückwirkend genehmigt und der Vorstand den Erstattungsanspruch gegen das Aufsichtsratsmitglied (§ 114 Abs. 2 S. 1 AktG) nicht geltend macht oder der Erstattungsanspruch nicht voll einbringlich ist.[617] Hat der Aufsichtsrat nicht über die Zustimmung oder Genehmigung des Vertrags entschieden, kommen eine Schadensersatzhaftung und weitere Sanktionen gegen pflichtwidrig handelnde Vorstands- und Aufsichtsratsmitglieder bereits deshalb in Betracht, weil die formalen Voraussetzungen nicht vorliegen, dass die Gesellschaft Zahlungen an das Aufsichtsratsmitglied leisten durfte. Nach der „Schloss-Eller"-Entscheidung des BGH können Vorstands- und Aufsichtsratsmitglieder aber **gegenüber einer Inanspruchnahme auf Schadensersatz den Einwand des rechtmäßigen Alternativverhaltens erheben** (→ § 4 Rn. 2418).[618] Damit dieser Einwand erfolgreich ist, müssen sie darlegen und beweisen, dass der Aufsichtsrat dem Vertrag von vornherein zugestimmt, ihn rückwirkend genehmigt oder ihm zumindest mit Wirkung ex nunc zugestimmt hätte. Das setzt voraus, dass eine entsprechende Entscheidung des Aufsichtsrats im jeweils relevanten Zeitpunkt pflichtgemäß gewesen wäre.[619]

252

Ist die Vergütung **zu Lasten der AG nicht marktüblich** und ist das Aufsichtsratsmitglied **zugleich Aktionär** der AG, verstoßen Zahlungen, die das Aufsichtsratsmitglied aufgrund des Vertrags erhält, auch gegen das Kapitalerhaltungsgebot des § 57 AktG, weil die Leistung der AG dann nicht durch einen *„vollwertigen Gegenleistungs- oder Rückgewähranspruch gedeckt"* ist (§ 57 Abs. 1 S. 3 Alt. 2 AktG; zur umstrittenen Frage, ob Aufsichtsratsmitglieder einwenden können, ein Verstoß gegen § 57 AktG liege nicht vor, wenn die Leistung nichts mit der Aktionärseigenschaft zu tun habe, → Rn. 271). § 57 AktG ist insofern neben § 114 AktG anwendbar, weil § 114 AktG lediglich das formale Erfordernis der Aufsichtsratszustimmung regelt und daher nicht die materiellen Anforderungen des § 57 AktG verdrängt, falls ein Aufsichtsratsmitglied zugleich Aktionär ist. Die Ausführungen zur Anwendbarkeit und Auslegung des Kapitalerhaltungsgebots neben dem Zustimmungsvorbehalt des § 115 AktG zur Kreditgewährung an Aufsichtsratsmitglieder gelten insofern entsprechend (→ Rn. 269 ff.). Anders als nach § 114 Abs. 2 AktG ist der sich im Fall eines Verstoßes gegen § 57 AktG ergebende Anspruch der AG nach § 62 AktG nicht im Vordringen befindlicher, inzwischen wohl hA von vornherein darauf gerichtet, dass das Aufsichtsratsmitglied der AG die Differenz zwischen der erhaltenen nicht marktüblichen und einer marktüblichen Vergütung erstattet.[620] Der Anspruch nach § 62 AktG besteht aber auch, wenn der Aufsichtsrat dem Vertrag zugestimmt hat und fällt nicht weg, wenn der Aufsichtsrat den Vertrag genehmigt. Verstößt die im Vertrag festgelegte Vergütung gegen § 57 AktG, darf der Aufsichtsrat dem Vertrag nicht zustimmen oder ihn genehmigen. Vorstandsmitglieder, die im Zusammenhang mit dem Vertrag nach § 114 AktG aus § 57 AktG folgende

253

---

[611] BGH NZG 2006, 712 Rn. 21; OLG Hamm DStR 2020, 1518 (1520); MüKoAktG/*Habersack* AktG § 114 Rn. 35.
[612] OLG Hamm DStR 2020, 1518 (1520).
[613] Vgl. OLG Hamm DStR 2020, 1518 (1520).
[614] BGHZ 194, 14 Rn. 20 = NZG 2012, 1064 – Fresenius; OLG Frankfurt a. M. AG 2011, 256 (257f.); MüKoAktG/*Habersack* AktG § 114 Rn. 37; *Spindler* NZG 2011, 334 (336f.); krit. K. Schmidt/Lutter AktG/*Drygala* AktG § 114 Rn. 24; Kölner Komm AktG/*Mertens/Cahn* AktG § 114 Rn. 30f.
[615] So aber MüKoAktG/*Habersack* AktG § 114 Rn. 37.
[616] BGHZ 194, 14 Rn. 12ff. = NZG 2012, 1064 – Fresenius; OLG Frankfurt a. M. AG 2011, 256 (257f.); Hüffer/Koch/*Koch* AktG § 114 Rn. 9; krit. K. Schmidt/Lutter AktG/*Drygala* AktG § 114 Rn. 24; Kölner Komm AktG/ *Mertens/Cahn* AktG § 114 Rn. 30f.
[617] MüKoAktG/*Habersack* AktG § 114 Rn. 37.
[618] BGHZ 219, 193 Rn. 42ff. = NZG 2018, 1189 – Schloss Eller.
[619] BGHZ 219, 193 Rn. 51f. = NZG 2018, 1189 – Schloss Eller.
[620] Hüffer/Koch/*Koch* AktG § 62 Rn. 10f.; MüKoAktG/*Bayer* AktG § 62 Rn. 46ff., 50ff., jew. mwN zum Meinungsstand.

Pflichten schuldhaft verletzt haben, haften der AG nach § 93 Abs. 3 Nr. 8 AktG. Dasselbe gilt für Aufsichtsratsmitglieder, wenn sie bei der Zustimmungs- oder Genehmigungsentscheidung nicht pflichtgemäß prüfen, ob die Voraussetzungen des § 57 AktG eingehalten sind (§ 115 AktG, § 116 S. 1 AktG, § 93 Abs. 3 Nr. 8 AktG). Stellt sich heraus, dass die Vergütung gegen § 57 AktG verstößt, muss der Vorstand den Anspruch nach § 62 AktG geltend machen und der Aufsichtsrat muss den Vorstand insofern überwachen. Kein Anspruch nach § 62 AktG besteht, wenn die Vergütung marktüblich ist und lediglich die Zustimmung des Aufsichtsrats fehlt: Die AG erbringt zwar ggf. *„entgegen den Vorschriften dieses Gesetzes"* (§ 62 Abs. 1 S. 2 AktG) Leistungen an einen Aktionär. Mit Blick auf die Verletzung der formalen Vorgaben des § 114 AktG besteht ausschließlich ein Anspruch gemäß § 114 Abs. 2 AktG, kein Anspruch gemäß § 62 AktG.

3. Zustimmungsvorbehalt zur Kreditgewährung an Aufsichtsratsmitglieder (§ 115 AktG)

a) Inhalt und Normzweck

254 Gemäß § 115 AktG darf die Gesellschaft **Kredit** an Aufsichtsratsmitglieder oder deren nahe Angehörige (gemäß § 115 Abs. 2 AktG Ehegatten, Lebenspartner und minderjährige Kinder) oder (ebenfalls gemäß § 115 Abs. 2 AktG) an einen Dritten, der für Rechnung dieser Personen oder für Rechnung eines Aufsichtsratsmitglieds handelt, **nur mit Einwilligung des Aufsichtsrats gewähren.** Die Vorschrift flankiert § 114 AktG und ist im Wesentlichen deckungsgleich mit § 89 AktG, wonach die Gesellschaft Vorstandsmitgliedern Kredit nur aufgrund eines Beschlusses des Aufsichtsrats gewähren darf. Der **Vorstand vertritt die Gesellschaft** beim Abschluss von Kreditverträgen mit Aufsichtsratsmitgliedern und deren nahen Angehörigen oder Dritten. § 115 AktG soll daher, ebenso wie § 114 AktG, eine sachwidrige Beeinflussung von Aufsichtsratsmitgliedern durch den Vorstand verhindern, in diesem Fall durch zu großzügige Kreditvergaben (unangemessene Verzinsung, Laufzeit, Besicherung, Kreditsumme usw.).[621]

b) Erfasste Kredite

255 Der **Kreditbegriff iSd § 115 AktG ist weit auszulegen** und umfasst jede zeitliche Überlassung von Kapital, zB Darlehen, Sicherheiten, Garantien, Vorschüsse und Stundungen,[622] auch Darlehen an Arbeitnehmervertreter.[623] Eine **Ausnahme für Kleinkredite,** wie sie § 89 Abs. 1 S. 5 AktG für Vorstandsmitglieder vorsieht, **gibt es nicht.** Dafür enthält § 115 Abs. 1 S. 5 AktG eine in § 89 AktG nicht vorgesehene Ausnahme für Warenkredite, dh für Kredite für die Bezahlung von Waren, die das Aufsichtsratsmitglied in seinem eigenen Handelsgeschäft weiterverkaufen möchte.

256 § 115 AktG erfasst nach hA nur Kreditverträge, die **während der Amtszeit als Aufsichtsratsmitglied abgeschlossen** werden, nicht vorher oder nachher abgeschlossene Kreditverträge. Auf den Zeitpunkt der Gewährung des Kredits kommt es nicht an; noch vor Beginn der Amtszeit abgeschlossene Kreditverträge dürfen danach auch nach Beginn der Amtszeit erfüllt werden.[624]

257 § 115 AktG liegt eine **konzernbezogene Betrachtung** zugrunde: Auch Aufsichtsratsmitgliedern **abhängiger Unternehmen** darf das herrschende Unternehmen nur mit Einwilligung des Aufsichtsrats Kredit gewähren (§ 115 Abs. 1 S. 2 AktG). Aufsichtsratsmitgliedern **eines herrschenden Unternehmens** darf die abhängige AG nur mit Einwilligung des Aufsichtsrats des herrschenden Unternehmens Kredit gewähren.

258 Ist das Aufsichtsratsmitglied **gesetzlicher Vertreter einer anderen juristischen Person oder Gesellschafter einer Personengesellschaft** (der im Gesetz verwendete Begriff *„Personenhandelsgesellschaft"* ist zu eng – erfasst sind auch Personengesellschaften, die – wie die Gesellschaft bürgerlichen Rechts – keine Handelsgesellschaft sind[625]), darf die AG auch dieser juristischen Person bzw. Personengesellschaft nur mit Einwilligung des Aufsichtsrats Kredit gewähren (§ 115 Abs. 3 AktG). Ebenfalls umfasst vom Einwilligungserfordernis ist nach Auffassung des BGH (jedenfalls) die Stellung als Alleingesellschafter,[626] nach

---

[621] GroßkommAktG/*Hopt/Roth* AktG § 115 Rn. 2; MüKoAktG/*Habersack* AktG § 115 Rn. 2; K. Schmidt/Lutter AktG/*Drygala* AktG § 115 Rn. 2; Hüffer/Koch/*Koch* AktG § 115 Rn. 1; BeckOGK/*Spindler* AktG § 115 Rn. 1; Henssler/Strohn/*Henssler* AktG § 115 Rn. 1.
[622] GroßkommAktG/*Hopt/Roth* AktG § 115 Rn. 23; K. Schmidt/Lutter AktG/*Drygala* AktG § 115 Rn. 3; MüKoAktG/*Habersack* AktG § 115 Rn. 7; BeckOGK/*Spindler* AktG § 115 Rn. 7; Semler/v. Schenck/*v. Schenck* AktG § 115 Rn. 14 ff.
[623] BeckOGK/*Spindler* AktG § 115 Rn. 9 mwN.
[624] K. Schmidt/Lutter AktG/*Drygala* AktG § 115 Rn. 4; GroßkommAktG/*Hopt/Roth* AktG § 115 Rn. 12; MüKoAktG/*Habersack* AktG § 115 Rn. 10; aA BeckOGK/*Spindler* AktG § 115 Rn. 11: auch vorher abgeschlossene Verträge.
[625] Vgl. MüKoAktG/*Habersack* AktG § 115 Rn. 12 Fn. 21, § 89 Rn. 31.
[626] BGHZ 168, 188 Rn. 13 = NZG 2006, 712.

dem Schrifttum auch die Stellung als Mehrheitsgesellschafter[627] einer juristischen Person. Auch in diesen Fällen gilt eine Ausnahme für Warenkredite (§ 115 Abs. 3 S. 2 AktG). Eine weitere Ausnahme gilt für Kredite an juristische Personen oder Personengesellschaften, die mit der Gesellschaft verbunden sind (§ 115 Abs. 3 S. 2 AktG).

c) Einwilligungsentscheidung des Aufsichtsrats

aa) Verfahren. Der Aufsichtsrat kann die Zuständigkeit für die Entscheidung über die Einwilligung **einem Ausschuss übertragen** (vgl. § 107 Abs. 3 S. 7 AktG, der für Entscheidungen über die Zustimmung zur Kreditgewährung nach § 115 AktG kein Verbot der Übertragung an einen Ausschuss anordnet). Häufig ist die Zuständigkeit dem Präsidium oder Personalausschuss übertragen. Das betroffene Aufsichtsratsmitglied unterliegt **einem Stimmrechtsausschluss** (§ 34 BGB analog).[628] Ist der Aufsichtsrat ohne das betroffene Aufsichtsratsmitglied nicht beschlussfähig, kann es nach herrschender und zutreffender Ansicht an der Beschlussfassung teilnehmen, muss sich dabei aber der Stimme enthalten.[629] Im Übrigen ist zu empfehlen, dass das betroffene Aufsichtsratsmitglied weder an der Beratung noch an der Beschlussfassung teilnimmt.

bb) Prüfung und Entscheidung des Aufsichtsrats. Die AG darf Aufsichtsratsmitgliedern Kredit nur mit Einwilligung, also der **vorherigen Zustimmung** des Aufsichtsrats gewähren. Der Aufsichtsrat kann die Einwilligung nur für bestimmte Kreditgeschäfte oder Arten von Kreditgeschäften und **nicht länger als drei Monate im Voraus** erteilen (§ 115 Abs. 1 S. 3 AktG). Der Beschluss **muss die Verzinsung und Rückzahlung des Kredits regeln** (§ 115 Abs. 1 S. 4 AktG). Das führt – wie bei § 114 AktG (→ Rn. 237) – **faktisch zu einem Schrift- oder zumindest Textformerfordernis.** Blankoeinwilligungen sind nicht möglich.[630]

Der Aufsichtsrat muss prüfen, ob der Kredit **marktüblich verzinst** bzw. für eine Sicherheit eine marktübliche Avalprovision vereinbart ist und ob der Vorstand pflichtgemäß die **Bonität des Kreditnehmers geprüft** und die Rückzahlung des Kredits **marktüblich abgesichert** hat. Es genügt, wenn der Aufsichtsrat die Einschätzung des Vorstands plausibilisiert. Zu berücksichtigen ist, ob "Bonitätsprüfungen – und die laufende Überwachung der Bonität auch nach der Kreditgewährung – zum „Tagesgeschäft" der Gesellschaft gehören oder nicht. In diesem Zusammenhang können Zusatzkosten entstehen, die bei der Kalkulation der Verzinsung bzw. der Avalprovision zu berücksichtigen sind. Ist die Verzinsung bzw. die Avalprovision nicht marktüblich und/oder erscheint die Rückzahlung des Kredits nach Einschätzung des Aufsichtsrats nicht gesichert, **muss er die Einwilligung verweigern.** Andernfalls hat der Aufsichtsrat bei der Entscheidung über die Einwilligung **Ermessen nach Maßgabe der Business Judgment Rule.**[631] **Interessenkonflikte** liegen grds. nicht nahe, wenn die Kreditsumme mit Blick auf die Bilanzsumme und die zur Verfügung stehende Liquidität der Gesellschaft nicht ins Gewicht fällt. Auch ein Indikator dafür, dass das Aufsichtsratsmitglied nicht unabhängig vom Vorstand und von der Gesellschaft iSd DCGK ist, liegt nur vor, wenn der Kredit eine „*wesentliche geschäftliche Beziehung*" zwischen der Gesellschaft und dem Aufsichtsratsmitglied darstellt, wobei C.7 Abs. 2, 2. Spiegelstrich DCGK als Beispiel für eine „*wesentliche geschäftliche Beziehung*" lediglich eine Kreditvergabe durch das Aufsichtsratsmitglied nennt und nicht umgekehrt durch die AG.

Dass Aufsichtsratsmitglieder einen marktüblichen Kredit an sich auch bei Dritten – insbes. Kreditinstituten – erhalten würden, ist kein Grund, die Einwilligung zu verweigern. Bei Krediten der Gesellschaft an Vorstandsmitglieder werden als **Gesichtspunkte für die Ermessensentscheidung** des insofern für den Vertragsabschluss zuständigen Aufsichtsrats insbes. diskutiert: Die mögliche – auch finanzielle – Bindung des Vorstandsmitglieds an die Gesellschaft, eine größere Transparenz für die Gesellschaft im Hinblick auf die Vermögenslage des Vorstandsmitglieds und die Verhinderung einer Kreditaufnahme bei Dritten, der Grund für die Kreditaufnahme sowie eine fehlende Besicherung.[632] Das Amt als Aufsichtsratsmitglied ist zwar anders als das Amt als Vorstandsmitglied kein Haupt-, sondern ein Nebenamt. Die für die Entscheidung über die Einwilligung gegenüber Vorstandsmitgliedern maßgeblichen Gesichtspunkte können aber auch iRd Entscheidung über die Einwilligung zu Krediten an Aufsichtsratsmitglieder herangezogen werden. Dass die Kreditvergabe einer AG, die grds. keine Kredite vergibt, auch über die Bindung des Aufsichtsratsmitglieds an die AG hinaus im Interesse der AG ist, ist grds. nicht erforderlich.

---

[627] Grigoleit/*Grigoleit/Tomasic* AktG § 115 Rn. 6; GroßkommAktG/*Hopt/Roth* AktG § 115 Rn. 22.
[628] MüKoAktG/*Habersack* AktG § 115 Rn. 17; BeckOGK/*Spindler* AktG § 115 Rn. 13, jew. mwN.
[629] Zu § 114 AktG → Rn. 235.
[630] GroßkommAktG/*Hopt/Roth* AktG § 115 Rn. 30; K. Schmidt/Lutter AktG/*Drygala* AktG § 115 Rn. 9.
[631] Vgl. GroßkommAktG/*Hopt/Roth* AktG § 115 Rn. 30.
[632] MüKoAktG/*Spindler* AktG § 89 Rn. 47; BeckOGK/*Fleischer* AktG § 89 Rn. 26; *Fleischer* WM 2004, 1057 (1067).

d) Publizität

263 Kredite, die die AG Aufsichtsratsmitgliedern gewährt hat, müssen *„unter Angabe der Zinssätze, der wesentlichen Bedingungen und der gegebenenfalls im Geschäftsjahr zurückgezahlten oder erlassenen Beträge"* in den Anhang des Jahresabschlusses aufgenommen werden, ebenso zugunsten von Aufsichtsratsmitgliedern eingegangene Haftungsverhältnisse (§ 285 Nr. 9c HGB). In einem Konzernanhang sind sowohl vom Mutter- als auch von den Tochterunternehmen gewährte Kredite *„unter Angabe der gegebenenfalls im Geschäftsjahr zurückgezahlten oder erlassenen Beträge"* anzugeben (§ 314 Abs. 1 Nr. 6c HGB); die Angabe der Zinssätze und wesentlichen Bedingungen ist insofern entbehrlich. Ebenso anzugeben sind im Konzernanhang Haftungsverhältnisse, die das Mutterunternehmen und die Tochterunternehmen zugunsten von Aufsichtsratsmitgliedern eingegangen sind (§ 314 Abs. 1 Nr. 6c HGB). **Nicht erforderlich** ist es, die Angaben **nach Personen aufzuschlüsseln**.[633] Stellt ein Mutterunternehmen einen Konzernabschluss nach internationalen Rechnungslegungsstandards auf, sind die nach § 314 Abs. 1 Nr. 6c HGB im Konzernanhang anzugebenden Informationen auch in den nach internationalen Rechnungslegungsstandards aufgestellten Konzernabschluss aufzunehmen (vgl. § 315e Abs. 1 HGB). Nach herrschender Ansicht sind auch Mitarbeiterdarlehen an Arbeitnehmervertreter aufzunehmen.[634] Die Prüfungspraxis weicht davon allerdings ab.[635] Bei **börsennotierten Gesellschaften** ist nach Ziff. 19 Anhang I EU-ProspektVO die Kreditgewährung im Prospekt über die Zulassung von Aktien aufzuführen.[636]

e) Rechtsfolgen bei fehlender Einwilligung

264 Auch bei fehlender Einwilligung ist der **Vertrag wirksam**.[637] Die Vertretungsbefugnis des Vorstands ist – anders als bei § 114 AktG (→ Rn. 241) – **nicht eingeschränkt**. Empfangene Leistungen muss der Kreditnehmer aber **sofort zurückgewähren**. Eine **Genehmigung,** also nachträgliche Zustimmung (§ 184 BGB), lässt die sofortige Rückzahlungspflicht entfallen (§ 115 Abs. 4 AktG).

265 Gewährt die Gesellschaft **ohne Einwilligung des Aufsichtsrats** Kredite, handeln Vorstandsmitglieder, die schuldhaft an der Leistung beteiligt sind oder sie nicht verhindern, **pflichtwidrig** und können gegenüber der Gesellschaft auf Schadensersatz haften (§ 93 Abs. 3 Nr. 8 AktG, unzulässige Kreditgewährung). Dasselbe gilt für Aufsichtsratsmitglieder, die die entsprechenden Leistungen kennen und schuldhaft nicht verhindern (§ 116 S. 1 AktG, § 93 Abs. 3 Nr. 8 AktG); das betrifft insbes. das Aufsichtsratsmitglied, das selbst Kredit erhält. Die Pflichtverletzungen von Vorstands- und Aufsichtsratsmitgliedern **entfallen nach hA nicht,** wenn der Aufsichtsrat den Kreditvertrag **rückwirkend genehmigt**.[638]

266 Der Anspruch nach § 115 Abs. 4 AktG **verjährt** ebenso wie der Anspruch gemäß § 114 Abs. 2 AktG nach §§ 199, 195 BGB in drei Jahren, beginnend mit dem Schluss des Jahrs, in dem der Anspruch entstanden ist und die AG als Gläubigerin von der Person des Schuldners und den anspruchsbegründenden Umständen Kenntnis erlangt oder ohne grobe Fahrlässigkeit erlangen musste. Zurechenbar ist der AG dabei nicht die Kenntnis des Aufsichtsrats, sondern des Vorstands, weil er zuständig ist, den Anspruch nach § 115 Abs. 4 AktG zu verfolgen. In der Regel beginnt die Verjährung daher mit dem Schluss des Jahrs zu laufen, in dem die AG die Vergütung an das Aufsichtsratsmitglied zahlt (→ Rn. 250).

f) Weitere mögliche Rechtsfolgen im Zusammenhang mit der Kreditgewährung an Aufsichtsratsmitglieder

267 Auch wenn der Aufsichtsrat dem Vertrag zugestimmt oder ihn rückwirkend genehmigt hat, **entfallen Pflichtverletzungen von Vorstands- oder Aufsichtsratsmitgliedern und daran anknüpfende Schadensersatzansprüche der Gesellschaft nicht,** die darauf beruhen, dass der Vertrag zB eine zu geringe Verzinsung oder Besicherung regelt oder aus anderen Gründen nicht im Interesse der Gesellschaft ist.[639] Anspruchsgrundlage ist auch insofern § 93 Abs. 3 Nr. 8 AktG, gegenüber Aufsichtsratsmitgliedern

---

[633] GroßkommAktG/*Hopt/Roth* AktG § 115 Rn. 33f. halten eine individualisierte Offenlegung für wünschenswert.
[634] Hüffer/Koch AktG § 115 Rn. 2; BeckOGK/*Spindler* AktG § 115 Rn. 16; GroßkommAktG/*Hopt/Roth* AktG § 115 Rn. 33 mwN.
[635] Nach Beck Bil-Komm/*Grottel* HGB § 285 Rn. 333 ist ein Darlehen an einen Arbeitnehmervertreter nur anzugeben, wenn es mit Bezug zu dessen Aufsichtsratsmitgliedschaft, nicht aber, wenn es in seiner Eigenschaft als Arbeitnehmer vereinbart wurde.
[636] VO (EG) Nr. 809/2004 der Kommission vom 29.4.2004 zur Umsetzung der RL 2003/71/EG des Europäischen Parlaments und des Rates betreffend die in Prospekten enthaltenen Angaben sowie die Aufmachung, die Aufnahme von Angaben in Form eines Verweises und die Veröffentlichung solcher Prospekte sowie die Verbreitung von Werbung.
[637] Henssler/Strohn/*Henssler* AktG § 115 Rn. 3; GroßkommAktG/*Hopt/Roth* AktG § 115 Rn. 38; BeckOGK/*Spindler* AktG § 115 Rn. 14.
[638] K. Schmidt/Lutter AktG/*Drygala* AktG § 115 Rn. 12; MüKoAktG/*Habersack* AktG § 115 Rn. 20; zu § 114 AktG → Rn. 249.
[639] Zu § 114 AktG → Rn. 251.

iVm § 116 S. 1 AktG, und nicht – wie teilweise vertreten – die allgemeine Organhaftungsnorm des § 93 Abs. 2 AktG, ggf. iVm § 116 S. 1 AktG.[640] Zudem bleiben bei einer rückwirkenden Genehmigung weitere Sanktionen möglich, etwa der Widerruf der Bestellung oder die Anfechtbarkeit der Entlastungsbeschlüsse.[641] Ist das Aufsichtsratsmitglied zugleich Aktionär, ergeben sich mögliche Schadensersatzansprüche auch wegen der Verletzung des Kapitalerhaltungsgebots des § 57 AktG (→ Rn. 269 ff.).

268 Schadensersatzansprüche gegen Vorstands- und Aufsichtsratsmitglieder sind insbes. bedeutsam, wenn der Aufsichtsrat den Vertrag nicht rückwirkend genehmigt und der Vorstand den Erstattungsanspruch gegen das Aufsichtsratsmitglied (§ 115 Abs. 4 AktG) nicht geltend macht oder der Erstattungsanspruch nicht voll einbringlich ist.[642] Hat der Aufsichtsrat nicht über die Einwilligung oder Genehmigung des Vertrags entschieden, kommen eine Schadensersatzhaftung und weitere Sanktionen gegen pflichtwidrig handelnde Vorstands- und Aufsichtsratsmitglieder bereits deshalb in Betracht, weil die **formalen Voraussetzungen nicht vorliegen,** dass die Gesellschaft Zahlungen an das Aufsichtsratsmitglied leisten durfte (zum möglichen **Einwand des rechtmäßigen Alternativverhaltens** → § 4 Rn. 2418).

269 Nicht abschließend geklärt ist, ob bei der Kreditgewährung an Aufsichtsratsmitglieder neben § 115 AktG **auch die Vorgaben des Kapitalerhaltungsgebots (§ 57 AktG) zu beachten sind,** wenn das kreditnehmende Aufsichtsratsmitglied zugleich Aktionär der Gesellschaft ist. Zu § 89 AktG, der Parallelnorm zu § 115 AktG für Kredite an Vorstandsmitglieder, wird die Frage kontrovers diskutiert. § 89 AktG und § 115 AktG haben denselben Schutzzweck.[643] Die Diskussion zum Verhältnis von § 89 AktG zu § 57 AktG lässt sich daher auf das Verhältnis von § 115 AktG zu § 57 AktG übertragen. Insofern ist umstritten, ob die Regelungen zur Kreditgewährung an Organmitglieder neben dem Kapitalerhaltungsgebot anwendbar sind. Nach einer Ansicht sollen die Regelungen zur Kreditgewährung an Organmitglieder das Kapitalerhaltungsgebot als leges speciales verdrängen.[644] Das ist mit der Gegenansicht[645] **abzulehnen:** Die formalen Vorgaben des § 89 AktG bzw. des § 115 AktG – Einbindung des Aufsichtsrats in die Entscheidung über Kreditvergaben an Vorstands- bzw. Aufsichtsratsmitglieder – haben nichts mit den materiellen Vorgaben zu tun, die § 57 AktG insbes. zum Schutz der Gläubiger und (Mit-)Aktionäre aufstellt. Formal lässt sich das auch damit begründen, dass § 57 Abs. 1 AktG keine Ausnahme für die Fälle der §§ 89, 115 AktG regelt.[646]

270 Nach § 57 AktG muss der an das Aufsichtsratsmitglied ausgereichte Kredit „*durch einen vollwertigen Gegenleistungs- oder Rückgewähranspruch gedeckt*" sein (§ 57 Abs. 1 S. 3 Alt. 2 AktG). Im Fall eines Darlehens muss der Vorstand danach jedenfalls sicherstellen, dass der Rückgewähranspruch **bilanziell vollwertig** ist.[647] Nach umstrittener, aber zutreffender Ansicht ist nach § 57 Abs. 1 S. 3 Alt. 2 AktG zudem eine **marktübliche Verzinsung** erforderlich, auch wenn die Laufzeit des Darlehens weniger als ein Jahr beträgt.[648] Soll die AG für das Aufsichtsratsmitglied eine Sicherheit stellen, ist zu prüfen, ob im Zeitpunkt der Bestellung eine Inanspruchnahme der Sicherheit wahrscheinlich ist oder im Fall einer Verwertung der Sicherheit ein vollwertiger Freistellungs- oder Rückgriffsanspruch besteht.[649] Zudem ist stets eine **marktübliche Avalprovision** erforderlich.[650]

271 Umstritten ist, ob ein Verstoß gegen das Kapitalerhaltungsgebot bereits dann vorliegt, wenn **objektiv** die dargestellten Vorgaben des § 57 Abs. 1 S. 3 Alt. 2 AktG nicht eingehalten sind, oder ob es erforderlich ist, dass der Vorstand zusätzlich **subjektiv im Bewusstsein** handelt, gerade **wegen der Aktionärseigenschaft des Empfängers** gegen die Vorgaben des Kapitalerhaltungsgebots zu verstoßen. Nach einer Ansicht ist neben dem objektiven Verstoß zusätzlich ein solches subjektives Kriterium erforderlich.[651] Die

---

[640] So aber MüKoAktG/*Habersack* AktG § 115 Rn. 20.
[641] Zu § 114 AktG → Rn. 251.
[642] MüKoAktG/*Habersack* AktG § 115 Rn. 20.
[643] Hüffer/Koch/*Koch* AktG § 115 Rn. 1.
[644] Zu § 89 AktG MüKoAktG/*Spindler* AktG § 89 Rn. 48; Grigoleit/*Schwennicke* AktG § 89 Rn. 6; *Deilmann* AG 2006, 62 (64 f.).
[645] GroßkommAktG/*Kort* AktG § 89 Rn. 5a; Kölner Komm AktG/*Mertens/Cahn* AktG § 89 Rn. 24; MüKoAktG/ *Bayer* AktG § 57 Rn. 102; eingehend *Gärtner,* Die rechtlichen Grenzen der Zulässigkeit des Cash Pooling, 2011, 561; differenzierend BeckOGK/*Cahn* AktG § 89 Rn. 28: § 89 AktG ist grds. lex specialis, § 57 AktG ist aber bei „ungewöhnlich günstigen Kreditkonditionen" zusätzlich anwendbar; ebenso K. Schmidt/Lutter AktG/*Fleischer* AktG § 57 Rn. 68: § 89 AktG und § 57 AktG sind grds. nebeneinander anwendbar, hält der Kredit einem Drittvergleich stand, verdrängt § 89 AktG aber § 57 AktG; anders wohl noch *Fleischer* WM 2007, 909 (915 f.): § 89 AktG verdrängt § 57 AktG auch, wenn der Kredit einem Drittvergleich nicht standhält.
[646] Vgl. insofern GroßkommAktG/*Kort* AktG § 89 Rn. 5a.
[647] MüKoAktG/*Bayer* AktG § 57 Rn. 159 ff. mwN zum Meinungsstand.
[648] Eingehend *Gärtner,* Die rechtlichen Grenzen der Zulässigkeit des Cash Pooling, 2011, 479 ff.; zum Meinungsstand MüKoAktG/*Bayer* AktG § 57 Rn. 168 ff.
[649] Zu den Einzelheiten MüKoAktG/*Bayer* AktG § 57 Rn. 188 ff. mwN.
[650] MüKoAktG/*Bayer* AktG § 57 Rn. 196 mwN.
[651] Kölner Komm AktG/*Drygala* AktG § 57 Rn. 89 ff.; BeckOGK/*Cahn/v. Spannenberg* AktG § 57 Rn. 26 ff.; Bürgers/ Körber/*U.S. Westermann* AktG § 57 Rn. 16; *T. Bezzenberger,* Das Kapital der Aktiengesellschaft, 2005, 233; iErg

Vertreter dieser Ansicht weisen darauf hin, dass die AG Kredit an Organmitglieder idR nicht mit Blick auf deren etwaige zusätzlich vorhandene Aktionärseigenschaft vergeben und daher insofern idR kein Verstoß gegen § 57 AktG vorliegen wird.[652] Die wohl herrschende Gegenansicht hält zusätzliche **subjektive Kriterien** für einen Verstoß gegen § 57 AktG **nicht für erforderlich**.[653] Sind die Voraussetzungen des § 57 Abs. 1 S. 3 Alt. 2 AktG bei der Kreditvergabe an ein Organmitglied, das gleichzeitig Aktionär ist, nicht eingehalten, verstößt die Kreditvergabe auf Grundlage dieser Ansicht ohne Weiteres gegen § 57 AktG.[654] Sind die formalen Vorgaben des § 115 AktG eingehalten, ändert das nichts an einem möglichen Verstoß gegen § 57 AktG.

272 Verstößt die Kreditgewährung gegen § 57 AktG, ist der zugrundeliegende Vertrag zwar wirksam.[655] Der Aktionär bzw. das Aufsichtsratsmitglied muss den Kredit aber ungeachtet der vertraglichen Regelungen und unabhängig davon, ob der Aufsichtsrat in die Kreditgewährung nach § 115 Abs. 1 AktG eingewilligt oder sie nach § 115 Abs. 4 AktG genehmigt hat, **sofort zurückgewähren** bzw. die AG, die einem Dritten für das Aufsichtsratsmitglied eine Sicherheit gewährt hat, vor der Verwertung von der Belastung befreien oder den Freistellungsanspruch besichern (§ 62 AktG).[656] Ist lediglich die Verzinsung oder Avalprovision unter Verstoß gegen § 57 AktG nicht marktüblich, haftet der Aktionär bzw. das Aufsichtsratsmitglied nach zutreffender, aber bestrittener Ansicht nach § 62 AktG lediglich in der Höhe, in der der Zins bzw. die Avalprovision nicht marktüblich ist.[657] Bereicherungsrechtliche Regelungen sind insofern nicht zu beachten.[658] Der Anspruch nach § 62 AktG besteht auch, wenn der Aufsichtsrat in die Kreditgewährung eingewilligt hat und fällt nicht weg, wenn der Aufsichtsrat die Kreditgewährung genehmigt. Verstößt die im Vertrag festgelegte Vergütung gegen § 57 AktG, darf der Aufsichtsrat die Kreditgewährung einwilligen oder diese zu genehmigen. Vorstandsmitglieder, die bei der Kreditvergabe an Aufsichtsratsmitglieder aus § 57 AktG folgende Pflichten schuldhaft verletzt haben, haften der AG nach § 93 Abs. 3 Nr. 8 AktG. Dasselbe gilt für Aufsichtsratsmitglieder, wenn sie bei der Einwilligungsentscheidung nicht pflichtgemäß prüfen, ob die Voraussetzungen des § 57 AktG eingehalten sind (§ 115 AktG, § 116 S. 1 AktG, § 93 Abs. 3 Nr. 8 AktG). Stellt sich heraus, dass die Kreditgewährung gegen § 57 AktG verstößt, muss der Vorstand den Anspruch nach § 62 AktG geltend machen und der Aufsichtsrat muss den Vorstand insofern überwachen. Kein Anspruch nach § 62 AktG besteht, wenn die Kreditgewährung marktüblich ist und lediglich die Zustimmung des Aufsichtsrats fehlt: Die AG erbringt zwar ggf. *„entgegen den Vorschriften dieses Gesetzes"* (§ 62 Abs. 1 S. 2 AktG) Leistungen an einen Ationär. Mit Blick auf die Verletzung der formalen Vorgaben des § 115 AktG besteht ausschließlich ein Anspruch gemäß § 115 Abs. 4 AktG, kein Anspruch gemäß § 62 AktG.

g) Kredite an Aufsichtsratsmitglieder von Kredit- und Finanzdienstleistungsinstituten

273 Für Kredite an Aufsichtsratsmitglieder (und ihnen nahestehende Personen) von **Kredit- und Finanzdienstleistungsinstituten,** auf die § 15 KWG anzuwenden ist, gelten statt § 115 AktG die Bestimmungen des KWG.[659] Sollten die §§ 15, 17 KWG wegen Ausnahmebestimmungen des KWG nicht anwendbar sein, bleibt es bei der Anwendbarkeit des § 115 AktG.

---

ebenso K. Schmidt/Lutter AktG/*Fleischer* AktG § 57 Rn. 19 f., 68: Organmitglied steht Nachweis offen, dass Vorteile allein auf der Organstellung beruhen und den Schutzzweck des § 57 AktG nicht berühren.
[652] K. Schmidt/Lutter AktG/*Seibt* AktG § 89 Rn. 15; Kölner Komm AktG/*Mertens/Cahn* AktG § 89 Rn. 24.
[653] Zu § 30 GmbHG BGH NJW 1987, 1194 (1195); 1996, 589 (590); zu § 57 AktG OLG Koblenz AG 2007, 408 (410); Hüffer/Koch/*Koch* AktG § 57 Rn. 11; GroßkommAktG/*Henze* AktG § 57 Rn. 47; MüKoAktG/*Bayer* AktG § 57 Rn. 66; Grigoleit/*Grigoleit/Rachlitz* AktG § 57 Rn. 18.
[654] Vgl. auch GroßkommAktG/*Kort* AktG § 89 Rn. 5a; dem Grunde nach auch MüKoAktG/*Spindler* AktG § 89 Rn. 48.
[655] BGHZ 196, 312 Rn. 14 ff. = NZG 2013, 496; Hüffer/Koch/*Koch* AktG § 57 Rn. 32 mwN.
[656] MüKoAktG/*Bayer* AktG § 57 Rn. 197 mwN.
[657] Zur unzureichenden Verzinsung MüKoAktG/*Bayer* AktG § 57 Rn. 173 mwN zum Meinungsstand; eingehend *Gärtner*, Die rechtlichen Grenzen der Zulässigkeit des Cash Pooling, 2011, 486 ff.
[658] Hüffer/Koch/*Koch* AktG § 62 Rn. 9 mwN.
[659] MüKoAktG/*Habersack* AktG § 115 Rn. 15.

§ 7 Mitbestimmter Aufsichtsrat

Übersicht

	Rn.
I. Einleitung	1
1. Funktion der Unternehmensmitbestimmung	1
2. Historie der Unternehmensmitbestimmung	4
3. Grundsätze	11
a) Monistisches System und dualistisches System	11
b) Arbeitnehmerbeteiligung an der Unternehmensmitbestimmung	12
c) Corporate Governance	14
4. Mitbestimmung im Konzern	16
II. Mitbestimmungsgesetz	21
1. Grundlagen	21
2. Anwendungsbereich	24
a) Erfasste Unternehmen	25
aa) Kapitalgesellschaften	25
bb) Unternehmensgröße	27
(1) Anknüpfungspunkt Arbeitnehmerzahl	27
(2) Beschränkung auf Arbeitnehmer inländischer Betriebe	28
(3) „In der Regel beschäftigt"	31
(4) Arbeitnehmerbegriff, § 3 MitbestG	32
(5) Berücksichtigung von Arbeitnehmern anderer Unternehmen	40
cc) Schutz bei nachträglichen Änderungen der Unternehmensgröße	59
(1) Abspaltung oder Ausgliederung, § 325 UmwG	60
(2) Mitbestimmungsbeibehaltungsgesetz	63
b) Ausnahmen	66
3. Besonderheiten bei der Zusammensetzung des Aufsichtsrats	72
a) Bildungszwang	72
b) Größe und Zusammensetzung des Aufsichtsrats	73
aa) Größe	73
(1) Grundsatz	73
(2) Größenklassen nach § 7 Abs. 1 MitbestG	74
bb) Besetzung	78
cc) Zusammensetzung	79
(1) Geschlechterquote des § 96 Abs. 2 AktG	79
(2) Quote gewerkschaftlicher Interessenvertreter, § 7 Abs. 2 MitbestG	84
dd) Unternehmen im Gründungsstadium	85
4. Besonderheiten bei der Wahl des Aufsichtsrats sowie der Beendigung des Mandats	88
a) Anteilseignervertreter	88
b) Arbeitnehmervertreter	89
aa) Allgemeines	89
(1) Unterteilung in Wahlverfahren durch Delegierte und unmittelbare Wahl	89
(2) Wahlordnungen	91
(3) Wahlberechtigung	92
(4) Wählbarkeit	96
(5) Bekanntmachung, § 19 MitbestG	99
(6) Wahlschutz und Wahlkosten, § 20 MitbestG	106
(7) Nichtigkeit und Anfechtbarkeit der Wahl	115
bb) Die Wahl über Delegierte, §§ 10 ff. MitbestG	123
cc) Unmittelbare Wahl, § 18 MitbestG	127
c) Beendigung des Mandats	128
aa) Abberufung der Arbeitnehmervertreter im Aufsichtsrat	128
bb) Erlöschen des Aufsichtsratsamtes eines Arbeitnehmervertreters	135
5. Besonderheiten bei der Aufsichtsrattätigkeit	142
a) Grundsatz	142
b) Herausgehobene Stellung des Aufsichtsratsvorsitzenden (und seines Stellvertreters), § 27 MitbestG	143
aa) Allgemeines	143
bb) Wahl des Aufsichtsratsvorsitzenden (und des Stellvertreters)	151
cc) (Einheitliche) Amtsdauer des Aufsichtsratsvorsitzenden (und seines Stellvertreters)	157
dd) Besondere Rechte und Pflichten des Vorsitzenden und des Stellvertreters	160

	Rn.
c) Beschlussfassung im mitbestimmten Aufsichtsrat	163
aa) Allgemeines	163
bb) Beschlussfähigkeit, § 28 MitbestG	164
cc) Beschlussfassung	171
(1) Grundsatz Mehrheitsprinzip, § 29 Abs. 1 MitbestG	172
(2) Ausnahmen	173
(3) Auflösung bei Stimmengleichheit, § 29 Abs. 2 MitbestG	175
d) Bestellung und Widerruf der Bestellung der Mitglieder des geschäftsführenden Organs	183
aa) Allgemeines	183
bb) Freies Wahlrecht	188
cc) Zuständigkeit	193
dd) Mehrstufiges Bestellungsverfahren, § 31 Abs. 2–4 MitbestG	199
(1) Erster Wahlgang	202
(2) Vermittlungsverfahren	205
(3) Zweiter Wahlgang	209
(4) Dritter Wahlgang	213
ee) Widerruf der Bestellung	220
ff) Gerichtliche Ersatzbestellung	226
gg) Besonderheiten für den Anstellungsvertrag des Organmitglieds	227
e) Der Arbeitsdirektor, § 33 MitbestG	236
aa) Gegenstand und Zweck der Regelung	237
bb) Bestellung und Widerruf der Bestellung des Arbeitsdirektors	240
(1) Auswirkung auf das Gesamtgremium	241
(2) Bestellung	242
(3) Widerruf der Bestellung/Amtsniederlegung	255
(4) Gerichtliche Ersatzbestellung	258
cc) Aufgaben und Zuständigkeiten des Arbeitsdirektors	261
(1) Gesetzliche Vorgaben	262
(2) Anderweitige Regelung	265
dd) Besondere Unternehmens- bzw. Konzernorganisationen	268
ee) Rechtsstellung innerhalb des Vertretungsorgans	275
ff) Prozessuales	280
f) Ständiger Ausschuss	282
aa) Bildung und Zusammensetzung	283
bb) Aufgaben	285
cc) Beschlussfähigkeit und Beschlussfassung	287
(1) Aufgaben nach § 31 Abs. 3 MitbestG	287
(2) Weitere Aufgaben	288
dd) Weitere Ausschüsse	290
g) Ausübung von Beteiligungsrechten durch den Aufsichtsrat, § 32 MitbestG	295
aa) Normzweck	296
bb) Anwendungsbereich	298
(1) Erfasste Unternehmen	299
(2) Erfasste Beteiligungsrechte	306
(3) Erforderliche Mindestbeteiligung, § 32 Abs. 2 MitbestG	310
(4) Erstmalige Anwendung	313
cc) Zuständigkeitsverlagerung auf den Aufsichtsrat	314
dd) Weisungsrecht des Aufsichtsrats	317
(1) Inhalt	318
(2) Bindungswirkung	320
(3) Abweichung von Weisungen	323
ee) Beschluss des Aufsichtsrats	327
(1) Zuständigkeit	327
(2) Beschlussfähigkeit	328
(3) Beschlussfassung	329
(4) Delegation an Beteiligungsausschuss	330
ff) Haftung	331
6. Erstmalige Anwendung des Gesetzes (§ 37 MitbestG)	332
a) Verhältnis zu §§ 97–99 AktG	332
b) Satzungsanpassung (§ 37 Abs. 1 S. 2 MitbestG)	334
aa) Anwendungsbereich	334
bb) Rechtsfolgen	338

	Rn.
c) Erstmalige Anwendung der §§ 25–29, 31–33 MitbestG (§ 37 Abs. 2 MitbestG)	340
aa) Anwendungszeitpunkt	340
bb) Rechtsfolgen	341
d) Widerruf der Bestellung des geschäftsführenden Organs (§ 37 Abs. 3 MitbestG)	344
aa) Anwendungsbereich	344
bb) Erleichterungen des Widerrufs der Bestellung	346
7. Besonderer Schutz der Mitglieder des Aufsichtsrats (§ 26 MitbestG)	351
a) Zweck und Struktur des § 26 MitbestG	351
b) Behinderungsverbot	354
aa) Anwendungsbereich	354
bb) Arbeitsbefreiung für AR-Tätigkeit	359
cc) Anspruch auf Arbeitsentgelt?	362
dd) Schulungsmaßnahmen	369
c) Benachteiligungsverbot	373
aa) Anwendungsbereich	373
bb) Kündigungsschutz	377
cc) Berufliche Entwicklung	382
d) Begünstigungsverbot?	383
e) Rechtsfolgen und Streitigkeiten	386
III. Drittelbeteiligungsgesetz	391
1. Grundlagen	391
2. Anwendungsbereich	392
a) Erfasste Unternehmen	393
aa) Kapitalgesellschaften	393
bb) Unternehmensgröße	394
(1) Grundsatz	394
(2) Erfasste Arbeitnehmer	397
(3) Berücksichtigung von Arbeitnehmern anderer Unternehmen	398
cc) Beschränkung auf inländische Unternehmen	404
b) Ausnahmen	405
aa) Vorrangige Anwendung anderer Gesetze über die Unternehmensmitbestimmung	405
bb) Tendenzunternehmen § 1 Abs. 2 S. 1 Nr. 2 DrittelbG	406
cc) Religionsgemeinschaften § 1 Abs. 2 S. 2 DrittelbG	407
3. Besonderheiten bei Zusammensetzung und Wahl des Aufsichtsrats	408
a) Bildungszwang	408
b) Zusammensetzung des Aufsichtsrats	409
aa) Größe	409
bb) Besetzung	414
cc) Zusammensetzung	415
(1) Geschlechterverhältnis nach § 4 Abs. 4 DrittelbG	415
(2) Quote unternehmenseigener Arbeitnehmer, § 4 Abs. 2 DrittelbG	416
4. Besonderheiten bei der Wahl des Aufsichtsrats sowie der Beendigung des Mandats	418
a) Anteilseignervertreter	418
b) Arbeitnehmervertreter	419
aa) Wahlgrundsätze § 5 Abs. 1 DrittelbG	419
bb) WODrittelbG	421
cc) Wahlberechtigung (§ 5 Abs. 2 DrittelbG)	422
dd) Wählbarkeit (§ 4 Abs. 3 DrittelbG)	424
ee) Bekanntmachung, § 8 DrittelbG	425
ff) Wahlschutz und Wahlkosten, § 10 DrittelbG	427
gg) Nichtigkeit und Anfechtbarkeit der Wahl, § 11 DrittelbG	428
c) Beendigung des Mandats	429
aa) Abberufung der Arbeitnehmervertreter im Aufsichtsrat	430
bb) Erlöschen der Wählbarkeitsvoraussetzungen	432
5. Besonderheiten bei der Aufsichtsratstätigkeit	434
6. Erstmalige Anwendung des Gesetzes	442
7. Besonderer Schutz der Mitglieder des Aufsichtsrats (§ 9 DrittelbG)	444
IV. Mitbestimmung auf europäischer Ebene	445
1. Unionsrechtliche Rahmenbedingungen der Mitbestimmung	445
2. Mitbestimmung in der Societas Europaea	448
a) Rechtliche Grundlagen	448
b) Arbeitnehmerbeteiligung im Aufsichts- bzw. Verwaltungsrat?	454

	Rn.
c) Arbeitsdirektor?	458
d) Bedeutung des Statusverfahrens	462
3. Mitbestimmung bei grenzüberschreitenden Verschmelzungen (MgVG)	465
V. Vertragliche Gestaltung der Mitbestimmung (Mitbestimmungsverträge)	471
1. Disposition über die Mitbestimmungsregelungen	472
2. Erweiterung der Mitbestimmung	476
a) Vertragliche Vereinbarung eines Mitbestimmungsregimes	477
b) Vertragliche Vereinbarung eines anderen Mitbestimmungsregimes?	480
c) Vertragliche Vereinbarung innerhalb eines geltenden Mitbestimmungsregimes?	482
3. Praktische Handhabung	486
a) Wahl von Arbeitnehmervertretern auf die Bank der Anteilseigner	487
b) Vertragliche Umsetzung	488
VI. Statusverfahren (§§ 97–99 AktG)	491
1. Bedeutung des Statusverfahrens	491
2. Anwendungsbereich des Statusverfahrens	496
3. Außergerichtliches Statusverfahren	503
a) Abgrenzung zum gerichtlichen Statusverfahren nach § 98 AktG	503
b) Relevante Fragen der Zusammensetzung des Aufsichtsrats	507
c) Verfahren der Bekanntmachung	510
aa) Beschluss des Geschäftsleitungsorgans	510
bb) Zeitpunkt und Ort der Bekanntmachung	511
cc) Inhalt der Bekanntmachung	515
dd) Wirksamkeit der Bekanntmachung	518
d) Wirkung der Bekanntmachung	523
aa) Nichtanrufung des Gerichts	524
bb) Anrufung des Gerichts	538
4. Gerichtliches Statusverfahren	541
a) Einleitung des Gerichtsverfahrens	541
b) Antragsberechtigung	548
c) Verfahren	556
aa) Anwendung des FamFG	556
bb) Besondere Verfahrensregelungen nach § 99 AktG	562
cc) Gerichtskosten gem. § 99 Abs. 6 AktG	567
dd) Rechtsmittelverfahren	569
(1) Beschwerde an das Oberlandesgericht	570
(2) Rechtsbeschwerde zum BGH	574
ee) Rechtskraft der Entscheidung	575
d) Wirksamkeit und Rechtsfolgen der Entscheidung	576

Schrifttum:
Abend, Mitbestimmungsrechtliche Bewertung von Arbeitnehmern in Gemeinschaftsbetrieben, DB 2017, 607; *C. Arnold/Gayk*, Auswirkungen der fehlerhaften Bestellung von Aufsichtsratsmitgliedern – Handlungsempfehlungen für die Unternehmenspraxis, DB 2013, 1830; *C. Arnold/Schansker*, Die Zweiwochenfrist des § 626 II BGB bei der außerordentlichen Kündigung vertretungsberechtigter Organmitglieder, NZG 2013, 1172; *M. Arnold/Lumpp*, Statusverfahren: Ab welchem Zeitpunkt gilt das neue Mitbestimmungsregime?, AG 2010, R 156; *Aszmons*, Betriebsratsmitglieder im Aufsichtsrat, DB 2014, 895; *Baeck/Götze/C. Arnold*, Festsetzung und Herabsetzung der Geschäftsführervergütung – Welche Änderungen bringt das VorstAG?, NZG 2009, 1121; *Bauer/C. Arnold*, Altersdiskriminierung von Organmitgliedern, ZIP 2012, 597; *Bauer/C. Arnold*, Festsetzung und Herabsetzung der Vorstandsvergütung nach dem VorstAG, AG 2009, 717; *Behme*, Berücksichtigung ausländischer Arbeitnehmer für die Berechnung der Schwellenwerte im Recht der Unternehmensmitbestimmung, AG 2018, 1; *Behme*, Neues zur Mitbestimmung bei Altgesellschaften, ZIP 2018, 2055; *Behme/Hellwig*, Gemeinschaftsrechtliche Probleme der deutschen Unternehmensmitbestimmung, AG 2009, 261; *Behme*, Die deutsche Mitbestimmung vor dem EuGH – Was bisher geschah und wie es weitergeht, EuZA 2016, 411; *Bernhardt/Bredol*, Rechtsfragen zur Organstellung und Anstellungsvertrag von Geschäftsführern einer paritätisch mitbestimmten GmbH, NZG 2015, 419; *Bernstein/Koch*, Internationaler Konzern und deutsche Mitbestimmung, ZHR 143 (1979), 522; *Bonanni/Niklas*, Die Mitbestimmung in Konzernsachverhalten mit Auslandsbezug, ArbRB 2018, 242; *Bonanni/Otte*, Unternehmerische Mitbestimmung durch Gemeinschaftsbetrieb?, BB 2016, 1653; *Däubler*, Mitbestimmung und Betriebsverfassung im internationalen Privatrecht, RabelsZ 39 (1975), 445; *Deilmann*, Beschlussfassung im Aufsichtsrat: Beschlussfähigkeit und Mehrheitserfordernisse, BB 2012,

2191; *Döring/Grau*, Verfahren und Mehrheitserfordernisse für die Bestellung und Abwahl des Aufsichtsratsvorsitzenden in mitbestimmten Unternehmen, NZG 2010, 1328; *Duden*, Zur Mitbestimmung in Konzernverhältnissen nach dem Mitbestimmungsgesetz, ZHR 141 (1977), 145; *Eichler*, Beschränkung der Vertretungsmacht des Vorstands durch § 32 MitbestG?, BB 1977, 1064; *Faude*, Schulungsansprüche von Aufsichtsratsmitgliedern der Arbeitnehmer?, DB 1983, 2249; *Fedke*, Rechtsfragen der Bestellung von Geschäftsführern in der mitbestimmungspflichtigen GmbH, NZG 2017, 848; *Forst*, Die Beteiligungsvereinbarung nach § 21 SEBG, 2010; *Gaul/Janz*, Wahlkampfgetöse im Aktienrecht: Gesetzliche Begrenzung der Vorstandsvergütung und Änderungen der Aufsichtsratstätigkeit, NZA 2009, 809; *Götze/Winzer/C. Arnold*, Unternehmerische Mitbestimmung – Gestaltungsoptionen und Vermeidungsstrategien, ZIP 2009, 245; *Grambow*, Auslegung der Auffangregelungen zur Mitbestimmung bei Gründung einer Societas Europaea, BB 2012, 902; *Grossmann*, Die GmbH & Co. KG im Spannungsfeld zwischen § 4 und § 5 Mitbestimmungsgesetz, BB 1976, 1392; *Frank/Weber*, Ausschluss aus der unternehmerischen Mitbestimmung – Leiharbeitnehmer an der Schnittstelle zwischen Arbeits- und Gesellschaftsrecht, NZA 2019, 233; *Habersack*, Kritische Bemerkungen zum EuGH-Urteil in Sachen „Erzberger ./. TUI AG", NZG 2017, 1021; *Habersack*, VorstAG und mitbestimmte GmbH – eine unglückliche Beziehung!, ZHR 174 (2010), 2; *Habersack*, Das Mitbestimmungsstatut der SE: „Ist" oder „Soll"?, AG 2018, 823; *Heither*, Die Amtszeit des ersten Aufsichtsrates nach einer Verschmelzung des Unternehmens mit einem mitbestimmten Unternehmen, DB 2008, 109; *Hellwig/Behme*, Die Verpflichtung von Vorstand und Aufsichtsrat zur Einleitung des Statusverfahrens, FS Hommelhoff, 2012, 343; *Henssler*, Umstrukturierung von mitbestimmten Unternehmen, ZfA 2000, 241; *Henssler*, Freiwillige Vereinbarungen über die Unternehmensmitbestimmung, FS Westermann, 2008, 1019; *Henssler*, Unternehmerische Mitbestimmung in der Societas Europae – Neue Denkanstöße für die Corporate Governance, FS Ulmer 2003, 193; *Henssler*, Die Bestellung eines Arbeitsdirektors nach § 33 MitbestG in der mitbestimmten konzernverbundenen GmbH, FS Säcker, 2011, 365; *Heuschmid/Videbaek*, Zur Unionsrechtskonformität der Unternehmensmitbestimmung, EuZW 2017, 419; *Heutz*, Zuständigkeit zur Festsetzung der Vorstandsvergütung in der Genossenschaft, NZG 2013, 611; *Hölters*, Die unbewältigte Konzernproblematik des Mitbestimmungsgesetzes 1976, RdA 1976, 335; *Hoffmann*, Der Kernbereich des Arbeitsdirektors und andere praktische Fragen bei der Anwendung von § 33 MitbestG, BB 1977, 17; *Hoffmann-Becking/Krieger*, Leitfaden zur Anwendung des Gesetzes zur Angemessenheit der Vorstandsvergütung (VorstAG), NZG-Beilage 26/2009, 1; *Janzen*, Vorzeitige Beendigung von Vorstandsamt und - vertrag, NZG 2003, 468; *Joost*, Mitbestimmung in der kapitalistischen Kommanditgesellschaft auf Aktien, ZGR 1998, 334; *Kainer*, Deutsche Mitbestimmung zur Wahl von Arbeitnehmervertretern im Aufsichtsrat, NJW 2017, 2603; *Kiem/Uhrig*, Der umwandlungsbedingte Wechsel des Mitbestimmungsstatus, NZG 2001, 680; *Kienast*, Kommt es beim Wechsel in eine SE auf die objektive Rechtslage oder auf die tatsächlich praktizierte Mitbestimmung an?, DB 2018, 2487; *Klett/Ziegle*, Zulässigkeit und Voraussetzungen von Konzernanstellungsverträgen bei paritätisch mitbestimmten Tochtergesellschaften, NZG 2019, 613; *Klöckner*, Die Aktiengesellschaft in der Insolvenz – Bestellung und Abberufung des Vorstands, AG 2010, 780; *Kort*, Der Konzernbegriff iS von § 5 MitbestG, NZG 2009, 81; *Krause*, Deutsche Mitbestimmung zur Wahl von Arbeitnehmervertretern im Aufsichtsrat, JZ 2017, 1003; *Kunze*, Der Geltungsbereich des § 4 Abs. 1 S. 1 MitbestG, ZGR 1978, 321; *Kurzböck/Weinbeck*, Societas Europaea: Dauerhafte Zementierung eines rechtswidrigen Mitbestimmungsstatuts durch Umwandlung?, BB 2019, 244; *Lembke/Ludwig*, Das Recht der Unternehmensmitbestimmung, 2014; *Lenz*, „Hertie 4.0" – Digitale Kompetenzlücken in der modernen Arbeitswelt als Haftungsrisiko von Arbeitnehmervertretern in Aufsichtsrat, BB 2018, 2548; *Leyendecker-Langner/Huthmacher*, Kostentragung für Aus- und Fortbildungsmaßnahmen von Aufsichtsratsmitgliedern, NZG 2012, 1415; *Lieder*, Staatliche Sonderrechte in Aktiengesellschaften, ZHR 172 (2008), 306; *Löw/Stolzenberg*, Frauenquote, Erzberger und Brexit: Strukturelle Änderungen nach § 18 Abs. 3 SEBG, BB 2017, 245; *Löwisch/Wegmann*, Zahlenmäßige Berücksichtigung von Leiharbeitnehmern in Betriebsverfassungs- und Mitbestimmungsrecht, BB 2017, 373; *Lorenzen*, Der karitative Gesundheitskonzern, RdA 2016, 186; *Martens*, Organisationsprinzipien und Präsidialregelungen des mitbestimmten Aufsichtsrats, DB 1980, 1386; *Matthießen*, Stimmrecht und Interessenkollision im Aufsichtsrat, 1989, 264; *Mückl*, Mitbestimmung bei der Gründung einer Societas Europaea (SE) – „Sein" oder Sollen?, BB 2018, 2868; *Mückl/Theusinger*, Sitz der Konzernmutter im Ausland und Anwendbarkeit des MitbestG – Welches Unternehmen „herrscht" im Inland?, BB 2018, 117; *Oetker*, Arbeitnehmerüberlassung und Unternehmensmitbestimmung im entleihenden Unternehmen nach § 14 II 5 und 6 AÜG, NZA 2017, 29; *Oetker*, Der Anwendungsbereich des Statusverfahrens nach §§ 97 ff. AktG, ZHR 149 (1985), 575; *Ott/M. Goette*, Zur Frage der Berücksichtigung von im Ausland beschäftigten Arbeitnehmern bei der Ermittlung der mitbestimmungsrechtlichen Schwellenwerte, NZG 2018, 281; *Paudtke/Reichenberger*, Bestellung des Aufsichtsrats bei erstmaliger Drittelbeteiligung, NJW-Spezial 2018, 719; *Philipp*, Die Ausübung von Beteiligungsrechten nach § 32 des Mitbestimmungsgesetzes, DB 1976, 1624; *Prinz*, Europäischer Gerichtshof: Deutsche Mitbestimmung ist europarechtskonform – das hindert aber nicht den Reformbedarf, SAE 2018, 24; *Raiser*, Privatautonome Mitbestimmungsregelungen, BB 1977, 1461;

Raiser, Ein missglücktes Urteil zum Mitbestimmungsgesetz, NJW 1981, 2166; *Raiser/Veil/Jacobs*, Mitbestimmungsgesetz und Drittelbeteiligungsgesetz, 2015; *Reich/Lewerenz*, Das neue Mitbestimmungsgesetz – Zur Stellung der Arbeitnehmervertreter im Aufsichtsrat und des Arbeitsdirektors, AuR 1976, 353; *Reuter*, Der Einfluss der Mitbestimmung auf das Gesellschaftsrecht und Arbeitsrecht, AcP 179 (1979), 559; *Rieble*, Inlandsmitbestimmung als Ausländerdiskriminierung bei Standortkonflikten, EuZA 2011, 145; *Riegger*, Zum Widerruf der Bestellung in mitbestimmten Unternehmen, NJW 1988, 2991; *Röder*, Der Aufsichtsrat nach dem Drittelbeteiligungsgesetz, 2016; *Röder/C. Arnold*, Geschlechterquote und Mitbestimmungsrecht – Offene Fragen der Frauenförderung, NZA 2015, 279; *Säcker*, Die Anpassung des Gesellschaftsvertrages der GmbH an das Mitbestimmungsgesetz, DB 1977, 1848; *Säcker*, Die Geschäftsordnung für das zur gesetzlichen Vertretung eines mitbestimmten Unternehmens befugte Organ, DB 1977, 1993; *Säcker*, Die Geschäftsordnung für den Aufsichtsrat eines mitbestimmten Unternehmens, DB 1977, 2031; *Säcker*, Der Zuständigkeitsbereich des Arbeitsdirektors und Werkpersonalleiters gem. § 33 MitbestG, DB 1979, 1925; *Seifert*, Mitbestimmung und Corporate Governance, ZfA 2018, 198, *Schnitker/Grau*, Aufsichtsratsneuwahlen und Ersatzbestellung von Aufsichtsratsmitgliedern im Wechsel des Mitbestimmungsmodells, NZG 2007, 486; *Schubert*, Beteiligung von Arbeitnehmern in ausländischen Betrieben und Tochtergesellschaften an der Unternehmensmitbestimmung in deutschen Konzernen, AG 2017, 369; *Seibt*, Privatautonome Mitbestimmungsvereinbarungen: Rechtliche Grundlagen und Praxishinweise, AG 2005, 413; *Schaefer/Missling*, Haftung von Vorstand und Aufsichtsrat NZG 1998, 445; *Schiessl*, Gesellschafts- und mitbestimmungsrechtliche Probleme der Spartenorganisation (Divisionalisierung), ZGR 1992, 64; *Schiessl*, Leitungs- und Kontrollstrukturen im internationalen Wettbewerb, ZHR 167 (2003), 235; *Semler*, Rechtsfragen der divisionalen Organisationsstruktur in der unabhängigen Aktiengesellschaft, FS Döllerer, 1988, 571; *Spieker*, Die Repräsentation der Aktiengesellschaft durch Mitglieder ihres Vorstands, insbesondere durch den Arbeitsdirektor, BB 1968, 1089; *Spieker*, Die Ausübung von Beteiligungsrechten in mitbestimmten Unternehmen – Beschlüsse des Aufsichtsrats nach § 32 Mitbestimmungsgesetz 1976, FS Däubler, 1999, 406; *von Steinrau-Steinrück*, Die Vergütung von Betriebsratsmitgliedern, NJW-Spezial 2017, 754; *Sünner*, Die Bestellung der Finanzexperten im Aufsichtsrat, FS Schneider, 2011, 1301; *Wank*, Weitere Stellvertreter des Aufsichtsratsvorsitzenden in der mitbestimmten AG, AG 1980, 153; *Wansleben*, Zur Europarechtswidrigkeit der unternehmerischen Mitbestimmung, NZG 2014, 213; *Weber/Kiefner/Jobst*, Die Nichtberücksichtigung ausländischer Arbeitnehmer bei der Berechnung der mitbestimmungsrechtlichen Schwellenwerte im Lichte von Art. 3 GG, AG 2018, 140; *Wiesner*, Zuständigkeitsverteilung zwischen ordentlicher und Arbeitsgerichtsbarkeit bei Streitigkeiten nach dem Mitbestimmungsgesetz, DB 1977, 1747; *Wiesner*, Aktuelle Probleme der Mitbestimmung in der GmbH & Co KG, GmbHR 1981, 36; *Wilhelm*, Selbstwahl eines Aufsichtsratsmitglieds in den Vorstand, NJW 1983, 912; *Windbichler*, Arbeitsrecht im Konzern, 1989; *Winter/Marx/De Decker*, Zählen und wählen Arbeitnehmer im Ausland nach deutschem Mitbestimmungsrecht?, NZA 2015, 1111; *Ziegler/Gey*, Arbeitnehmermitbestimmung im Aufsichtsrat der Europäischen Gesellschaft (SE) im Vergleich zum Mitbestimmungsgesetz, BB 2009, 1750; *Zöllner*, GmbH und GmbH & Co. KG in der Mitbestimmung, ZGR 1977, 319.

I. Einleitung

1. Funktion der Unternehmensmitbestimmung

1 Die Aufsicht über das geschäftsführende Organ ist im Grundsatz **Aufgabe der Anteilseigner** bzw. deren Vertreter im Aufsichtsrat. Das hat zur Folge, dass im Grundsatz die Anteilseignervertreter allein bestimmen können, wer für sie im Aufsichtsrat sitzt und somit Einfluss auf die Geschäftsleitung nach dem von der jeweiligen Gesellschaftsform vorgesehenen Umfang ausüben kann.

2 Dieser Grundsatz wird in Deutschland durch die **Unternehmensmitbestimmung** eingeschränkt. In verschiedenen Gesetzen wird – im Wesentlichen abhängig von der Unternehmensgröße – den Arbeitnehmern der jeweiligen Unternehmen neben und unabhängig von der betrieblichen Mitbestimmung nach dem BetrVG eine davon strikt zu unterscheidende Mitbestimmung auf Unternehmensebene im Aufsichtsrat eingeräumt.

3 In der Praxis bedeutet dies, dass insbesondere vor Erreichen der jeweiligen **Schwellenwerte** der Mitbestimmung ein Augenmerk darauf gerichtet werden muss, welche Auswirkungen die Anwendung des jeweiligen Mitbestimmungsrechts auf das Aufsichtsorgan sowie die Unternehmensführung mit sich bringt.

2. Historie der Unternehmensmitbestimmung

4 Die Geschichte der Mitbestimmung durch Arbeitnehmer beginnt Mitte des 19. Jahrhunderts mit der Arbeitnehmerbewegung. Eine Regelung zur Unternehmensmitbestimmung findet sich erstmalig in § 70 des

I. Einleitung

Betriebsrätegesetzes (RGBl. 1920 I 147) von 1920,[1] wonach ein bzw. zwei Mitglieder des Betriebsrates in den Aufsichtsrat zu entsenden waren. Diese Regelung wurde 1922 durch das **Gesetz betreffend die Entsendung von Betriebsratsmitgliedern in den Aufsichtsrat** (RGBl. 1922 I 209) ergänzt.[2]

Während in der Zeit des Nationalsozialismus die Mitbestimmung aufgehoben wurde, begann nach dem zweiten Weltkrieg die Schaffung verschiedener Mitbestimmungsregularien. Diese wurden während der Besatzungszeit zunächst noch **vertraglich** zwischen Unternehmern, Gewerkschaften und den Besatzungsbehörden geregelt. So wurden **paritätische Mitbestimmung** in den Aufsichtsräten und die Bestellung eines **Arbeitsdirektors** in das geschäftsführende Organ eingeführt.[3] Die Unternehmen der Montanindustrie als kriegswesentliche Branche standen dabei im Fokus.

Nach dem Rückzug der Besatzungsmächte wurde nach hartem Kampf der Gewerkschaften 1951 das **Montanmitbestimmungsgesetz** (BGBl. 1951 I 347)[4] eingeführt, das erstmalig gesetzlich eine paritätische Mitbestimmung sowie eine Bestellung eines Arbeitsdirektors regelte.[5] Ein Jahr später wurde im **BetrVG 1952** (BGBl. 1952 I 681)[6] eine **Drittelbeteiligung** in Unternehmen mit mehr als 500 Arbeitnehmern in sämtlichen Wirtschaftszweigen eingeführt, ohne allerdings tiefgreifende Mitbestimmungsrechte zu regeln. Zur Vermeidung von Umgehungsstrukturen für die Montanmitbestimmung wurden zudem das **Mitbestimmungsergänzungsgesetz** (BGBl. 1956 I 707) sowie das **Mitbestimmungsfortsetzungsgesetz** (BGBl. 1971 I 1857) erlassen, die ebenso wie das MontanMitbestG heute nur eine untergeordnete Bedeutung aufweisen.[7]

Erst im Jahre 1976 wurde mit dem **Mitbestimmungsgesetz** (BGBl. 1976 I 1153)[8] eine paritätische Mitbestimmung für alle Wirtschaftszweige (mit Ausnahme sog. Tendenzunternehmen) erlassen. Trotz erheblicher Versuche vor allem der Gewerkschaften wurde das MontanMitbesG **nicht** die **Grundlage** dieses Gesetzes, was bei der Auslegung der Normen des MitbestG zu berücksichtigen ist. Vielmehr ist – anders als beim MontanMitbestG – im Anwendungsbereich des MitbestG im Grundsatz eine Interessendurchsetzung der Anteilseignervertreter gewährleistet.

Die im BetrVG 1952 geregelte Drittelbeteiligung wurde 2004 ohne große inhaltliche Änderung in das **Drittelbeteiligungsgesetz** überführt (BGBl. 2004 I 974).[9]

Seither bilden das MitbestG sowie das DrittelbG den wesentlichen Rahmen der Unternehmensmitbestimmung. Das MontanMitbestG ist heute nur noch von geringer Bedeutung. Flankiert werden diese Gesetze von verschiedenen anderen Gesetzen, wie zB dem **Mitbestimmungsbeibehaltungsgesetz** (BGBl. 1994 I 2228) oder dem **Mitbestimmungsgesetz bei einer grenzüberschreitenden Verschmelzung** (MgVG) (BGBl. 2006 I 3332) bzw. einzelnen gesellschaftsrechtlichen Regelungen, wie zB § 325 UmwG.

Daneben wurden mit Einführung der Societas Europaea ein entsprechendes Mitbestimmungsstatut (**SE-Beteiligungsgesetz, SEBG** – BGBl. 2004 I 3675) für die Europäische Aktiengesellschaft eingeführt, das die Mitbestimmung in der SE regelt. Aufgrund der vom bis dahin bekannten deutschen Recht abweichenden flexibleren Mitbestimmungsformen durch die sog. Verhandlungslösung erfreut sich die SE in der Praxis großer Beliebtheit. Eher von untergeordneter Bedeutung ist dagegen die entsprechende Regelung für die Europäische Genossenschaft (**SCE-Beteiligungsgesetz, SCEBG** – BGBl. 2006 I 1917).

3. Grundsätze

a) Monistisches System und dualistisches System

Das deutsche Gesellschaftsrecht ist durch das **dualistische System** geprägt, dh der Aufsichtsrat und das geschäftsführende Organ sind getrennte Organe der Gesellschaft. Die Mitbestimmung der Arbeitnehmer findet dabei grundsätzlich (nur) auf Ebene des Aufsichtsrats als Aufsichtsorgan statt (vgl. zum Optionsmodell bei der SE → § 9 Rn. 75 ff.; zu dessen Auswirkungen auf die Mitbestimmung → Rn. 454 ff.). Dementsprechend sind in mitbestimmten Unternehmen Arbeitnehmervertreter in **Aufsichtsräten,** nicht jedoch im Vorstand bzw. der Geschäftsführung zu finden. Daran ändert auch die Bestellung eines Arbeitsdirektors (→ Rn. 236 ff.) nichts, auch wenn dieser in der Praxis regelmäßig zumindest mit breiter Unterstützung der Arbeitnehmervertreter ausgewählt werden wird.

---

[1] *Lembke/Ludwig,* Das Recht der Unternehmensmitbestimmung, 2014, § 2 Rn. 19.
[2] *Lembke/Ludwig,* Das Recht der Unternehmensmitbestimmung, 2014, § 2 Rn. 19; Raiser/Veil/Jacobs/*Raiser* Einl. Rn. 3; MHdB ArbR/*Uffmann* § 368 Rn. 1 ff.
[3] Vgl. WKS/*Wißmann* Vor Rn. 12; MHdB ArbR/*Uffmann* § 368 Rn. 2 mwN.
[4] *Lembke/Ludwig,* Das Recht der Unternehmensmitbestimmung, 2014, § 2 Rn. 23.
[5] Raiser/Veil/Jacobs/*Raiser* Einl. Rn. 4, WKS/*Wißmann* Vor Rn. 12 mwN.
[6] *Lembke/Ludwig,* Das Recht der Unternehmensmitbestimmung, 2014, § 2 Rn. 19.
[7] Vgl. Raiser/Veil/Jacobs/*Raiser* Einl. Rn. 5 aE.
[8] *Lembke/Ludwig,* Das Recht der Unternehmensmitbestimmung, 2014, § 2 Rn. 30.
[9] MHdB ArbR/*Uffmann* § 368 Rn. 3.

b) Arbeitnehmerbeteiligung an der Unternehmensmitbestimmung

12 Im Unterschied zum BetrVG ist die Unternehmensmitbestimmung weniger an inhaltlicher Mitbestimmung zu konkreten, für die Arbeitnehmer besonders relevanten Themen ausgerichtet, sondern vielmehr als **Beteiligung an der Gremienarbeit** des Aufsichtsrats ausgestaltet. Damit sollen bei Entscheidungen des Aufsichtsrats die Arbeitnehmerinteressen berücksichtigt werden. Das klingt banal – bewirkt allerdings eine bedeutende Interessenverlagerung: Der **Interessenpluralismus** im Unternehmen wird durch die Unternehmensmitbestimmung im Aufsichtsorgan gesetzlich verankert. Dabei ist es letztlich zweitrangig, ob die Unternehmensmitbestimmung mit dem Demokratieprinzip, der (politischen) Gleichberechtigung von Kapital und Arbeit oder einer zusätzlichen Kontrolle wirtschaftlicher Macht begründet wird.[10]

13 Der mitbestimmte Aufsichtsrat ist daher als **Plattform** gedacht, in der die unterschiedlichen Interessen der Arbeitnehmer und Anteilseigner in Bezug auf die Gesellschaft vor dem Hintergrund einer **langfristig erfolgreichen Unternehmensführung** in Einklang gebracht werden sollen.[11] Die Reichweite des Einflusses der Arbeitnehmervertreter ist in den jeweiligen Mitbestimmungsstatuten unterschiedlich weitgehend: Während in der Montan-Mitbestimmung eine „echte" Parität herrscht, wird die paritätische Mitbestimmung unter dem MitbestG insoweit wiederum eingeschränkt, dass sich in Zweifelsfällen die Anteilseigner durchsetzen können. Bei der Drittelbeteiligung ist bereits grundsätzlich keine Parität vorgesehen.

c) Corporate Governance

14 Die gesetzlichen Regelungen der Mitbestimmung haben erhebliche Auswirkungen auf die **Corporate Governance.** So haben die einzelnen Mitbestimmungsgesetze nicht nur (unmittelbare) Auswirkungen auf die Zusammensetzung des Aufsichtsrats (zB → Rn. 72 ff., 408 ff.). Unter dem Montan-MitbestG und dem MitbestG wird auch die Bestellung eines Arbeitsdirektors in das Geschäftsführende Organ geregelt (→ Rn. 236 ff.). Daher unterscheidet sich eine mitbestimmte **Unternehmensorganisation** von einer nicht-mitbestimmten. Sie spiegelt sich auch in der Art und Weise der Entscheidungsfindung in der Gesellschaft wider, ist doch eine mitbestimmte Unternehmensorganisation (mehr) auf eine kooperative Zusammenarbeit der verschiedenen Interessengruppen ausgerichtet.

15 Besonders gravierend sind die Auswirkungen auf die Corporate Governance der **GmbH.** Bei dieser ist gemäß § 52 Abs. 1 GmbHG ein Aufsichtsrat **grundsätzlich rein fakultativ** (→ § 9 Rn. 177). Sieht die Satzung einen Aufsichtsrat vor, so ist dieser allein im Gesellschafterinteresse tätig und nicht im Interesse der Allgemeinheit zur Aufsicht berufen.[12] Unterfällt die GmbH dagegen einem Mitbestimmungsregime, ist die GmbH verpflichtet, einen Aufsichtsrat zu bilden und diesen nach dem einschlägigen Mitbestimmungsrecht mit Arbeitnehmervertretern zu besetzen.

4. Mitbestimmung im Konzern

16 Bereits aufgrund der Schwellenwerte bei den Arbeitnehmerzahlen für die Anwendbarkeit der jeweiligen Mitbestimmungsgesetze sind Unternehmen, die in die Unternehmensmitbestimmung – insbesondere nach dem MitbestG – fallen, in der Praxis häufig in **Konzernstrukturen** organisiert. In solchen Strukturen stellt sich regelmäßig die Frage, an welchen Stellen die Unternehmensmitbestimmung anknüpft.

17 Im Grundsatz wird zunächst jede Konzerngesellschaft **einzeln** betrachtet. Erfüllt sie die Anforderungen eines der Mitbestimmungsgesetze, so findet diese Mitbestimmung Anwendung. In diesen Fällen ist in jeder dieser Gesellschaften ein (mitbestimmter) Aufsichtsrat zu bilden.

18 Unübersichtlicher wird es jedoch dann, wenn – wie in der Praxis regelmäßig – einzelne Gesellschaften nicht originär unter das jeweilige Mitbestimmungsgesetz fallen. In diesen Fällen regeln die jeweiligen Mitbestimmungsgesetze (zB § 5 MitbestG, § 2 DrittelbG) eine Zurechnung von Arbeitnehmern. Grundsätzlich wird hierbei immer zur **Konzernspitze** zugerechnet (→ Rn. 40 ff.): Arbeitnehmer der einzelnen Konzernunternehmen werden dem herrschenden Unternehmen zugerechnet und dort wird ein Aufsichtsrat ggf. gebildet (vgl. zB § 5 Abs. 1 MitbestG, § 2 Abs. 2 DrittelbG).

19 Im Mitbestimmungsrecht anerkannt ist allerdings auch die Zurechnung im Rahmen einer **Konzern im Konzern-Struktur** (→ Rn. 52). Dabei besteht neben der Konzernobergesellschaft eine Tochtergesellschaft, die als Zwischengesellschaft eine Teilkonzernspitze für die ihr nachgeordneten Unternehmen bildet (zu den Voraussetzungen → Rn. 51 f.). Die Arbeitnehmer der nachgeordneten Unternehmen werden gemäß § 5 Abs. 1 MitbestG dann sowohl der Konzernobergesellschaft als auch der Teilkonzernspitze zugerechnet. Ausnahmsweise erfolgt hier also keine ausschließliche Zurechnung zur Konzernspitze.

---

[10] Vgl. zu den Begründungsansätzen WKS/*Wißmann* Vor Rn. 3; Raiser/Veil/Jacobs/*Raiser* Einl. Rn. 6, 23.
[11] WKS/*Wißmann* Vor Rn. 2.
[12] BGH NJW 2011, 221 Rn. 26; Baumbach/Hueck/*Zöllner/Noack* GmbHG § 52 Rn. 1.

Davon zu unterscheiden ist die Konstellation des § 5 Abs. 3 MitbestG. Dieser regelt den Fall, dass die **20 Konzernobergesellschaft** selbst nicht **unter das MitbestG** fallen kann (zB aufgrund anderer Rechtsform oder deren Sitz im Ausland). In diesen Fällen wird bei einer untergeordneten Zwischengesellschaft in einer unter das MitbestG fallenden Rechtsform eine **Teilkonzernspitze** fingiert, bei der dann bei Vorliegen der weiteren Voraussetzungen ein Aufsichtsrat zu bilden ist (→ Rn. 50 ff.).

II. Mitbestimmungsgesetz

1. Grundlagen

Unternehmerische Mitbestimmung schränkt die **Unternehmerfreiheit** ein. Die Mitbestimmungsgesetze 21 waren daher wiederholt Gegenstand gerichtlicher Grundsatzentscheidungen, die die Vereinbarkeit mit Verfassungs- und Unionsrecht zum Gegenstand hatten.

Bereits im Jahr 1979 hat das BVerfG die **Verfassungsgemäßheit** des MitbestG bestätigt.[13] In jüngerer 22 Zeit wurden wiederholt Zweifel an der Verfassungsgemäßheit vor dem Hintergrund des Gleichbehandlungsgebots im Art. 3 Abs. 1 GG geäußert. In Anknüpfung an die Entscheidung des BVerfG bestätigten die Instanzgerichte, dass eine verfassungswidrige Ungleichbehandlung in- und ausländischer Arbeitnehmer nicht vorliege.[14]

Ferner wurde in einer Vielzahl von Statusverfahren die **Unionsrechtskonformität** der deutschen 23 Mitbestimmungsgesetze auf den Prüfstand gestellt. Im Vorfeld hatte es erhebliche Kritik an der Vereinbarkeit der deutschen Mitbestimmungsgesetze mit Unionsrecht gegeben, da diese nur Arbeitnehmer berücksichtigten, die in im Inland gelegenen Betrieben beschäftigt sind.[15] Im Rahmen eines Vorlagebeschlusses des KG hat der EuGH jedoch die Vereinbarkeit mit Unionsrecht bestätigt.[16] Dem haben sich Rechtsprechung und herrschende Meinung angeschlossen.[17]

2. Anwendungsbereich

Der sachliche Anwendungsbereich des MitbestG wird von dessen § 1 beschrieben. Als **Anwendungskri-** 24 **terien** werden hier allein die Rechtsform des Unternehmens und die Zahl der von diesem beschäftigten Arbeitnehmer genannt. Andere Kriterien, etwa der Umsatz oder die Bilanzsumme des Unternehmens, wurden im Gesetzgebungsverfahren diskutiert, konnten sich aber nicht durchsetzen.[18] Das MitbestG findet nach § 1 Abs. 2 MitbestG keine Anwendung, wenn das Unternehmen bereits nach dem Montan-MitbestG oder dem MitbestErG mitbestimmt wird, denen insofern ein Vorrang eingeräumt wird. **Tendenzunternehmen** werden gem. § 1 Abs. 4 MitbestG ausdrücklich aus dem Anwendungsbereich genommen.

a) Erfasste Unternehmen

aa) Kapitalgesellschaften. Gemäß § 1 Abs. 1 MitbestG besteht ein Mitbestimmungsrecht der Arbeit- 25 nehmer nach Maßgabe des MitbestG in Unternehmen, die in der Regel mehr als 2.000 Arbeitnehmer beschäftigen und in der Rechtsform einer AG, KGaA, GmbH oder Genossenschaft organisiert sind. Durch § 4 MitbestG wird dieser Kreis um die Kapitalgesellschaft und Co. KG erweitert. § 5 MitbestG ergänzt den Anwendungsbereich zusätzlich um Unterordnungskonzerne. Die Liste der genannten Rechtsformen ist **abschließend** und kann nicht im Wege der Analogie um weitere Rechtsformen erweitert werden.[19] Das **Analogieverbot** erfasst insbesondere die SE.[20] Nicht erfasst sind Einzelunternehmen und

---

[13] BVerfG NJW 1979, 699.
[14] OLG Frankfurt BeckRS 2018, 9729; LG Stuttgart BeckRS 2018, 5145; LG Dortmund BeckRS 2018, 2623; LG Hamburg BeckRS 2018, 1655; LG München BeckRS 2018, 6967; näher dazu *Behme* AG 2018, 1 (15); *Weber/Kiefner/Jobst* AG 2018, 140 (149).
[15] *Behme* EuZA 2016, 411; *Rieble* EuZA 2011, 145; *Wansleben* NZG 2014, 213; K. Schmidt/Lutter/*Drygala* AktG § 96 Rn. 32; *Behme/Hellwig* AG 2009, 261.
[16] EuGH NZA 2017, 1000 – Erzberger; dazu krit.: *Habersack* NZG 2017, 1021; zust.: *Kainer* NJW 2017, 2603; *Prinz* SAE 2018, 24; *Krause* JZ 2017, 1003.
[17] MüKoAktG/*Annuß* MitbestG § 3 Rn. 10 ff.; *Krause* AG 2012, 485; BeckOGK/*Spindler,* AktG § 96 Rn. 9 ff.; *Winter/Marx/De Decker* NZA 2015, 1111; *Ott/Goette* NZG 2018, 281; OLG München FGPrax 2018, 119; OLG Frankfurt AG 2018, 578; LG Frankfurt a. M. NZG 2018, 587; LG Hamburg NZA-RR 2018, 249; LG München I AG 2018, 495; LG Rostock BeckRS 2018, 41479; LG Stuttgart BeckRS 2018, 5503; LG Dortmund NZG 2018, 468 (469); KG NZG 2018, 458 (459).
[18] MüKoAktG/*Annuß* MitbestG § 1 Rn. 1.
[19] Raiser/Veil/Jacobs/*Raiser* MitbestG § 1 Rn. 10; ErfK/*Oetker* MitbestG § 1 Rn. 2.
[20] Henssler/Willemsen/Kalb/*Seibt* MitbestG § 1 Rn. 5; Raiser/Veil/Jacobs/*Raiser* MitbestG § 1 Rn. 10.

Personengesellschaften. Eine **scheinbare Ausnahme** bilden hier die von § 4 MitbestG in den Anwendungsbereich einbezogenen Kapitalgesellschaften & Co. KG. In den von § 4 MitbestG erfassten Fällen wird die KG dergestalt mitbestimmt, dass ihre Arbeitnehmer als Arbeitnehmer der Komplementärgesellschaft behandelt und dieser somit zugerechnet werden. Die eigentliche Mitbestimmung erfolgt jedoch ausschließlich in der Komplementärgesellschaft und wirkt sich nur mittelbar auf die KG aus.[21] Auch in diesem Sonderfall wird somit nur eine Kapitalgesellschaft mitbestimmt.

26 Unternehmen der **öffentlichen Hand,** die in einer der von § 1 Abs. 1 Nr. 1 MitbestG erfassten Rechtsform geführt werden, unterliegen wie private Unternehmen der Mitbestimmung nach dem MitbestG.[22]

27 bb) **Unternehmensgröße. (1) Anknüpfungspunkt Arbeitnehmerzahl.** Neben der gewählten Rechtsform knüpft § 1 Abs. 1 MitbestG an die **Größe des Unternehmens** an. Maßgeblicher Bezugspunkt ist die Anzahl der regelmäßig im Unternehmen beschäftigten Arbeitnehmer. Nach § 1 Abs. 1 Nr. 2 MitbestG unterliegen Unternehmen der Mitbestimmung nach dem MitbestG, sofern sie **in der Regel mehr als 2.000 Arbeitnehmer** beschäftigen.

28 **(2) Beschränkung auf Arbeitnehmer inländischer Betriebe.** Inbesondere bei **international tätigen** Unternehmen kann die Ermittlung der Arbeitnehmerzahl zu Problemen führen. Auslandsberührungen sind auf verschiedene Weisen möglich. Den vermutlich einfachsten Fall bilden Arbeitnehmer eines inländischen Betriebs, die im Ausland ihren Wohnsitz haben oder Angehörige eines anderen Staates sind. Sie zählen bei der Ermittlung des Schwellenwertes mit, insofern ergeben sich hier keine Besonderheiten.[23]

29 Weniger einfach zu beantworten ist die Frage, unter welchen Voraussetzungen **im Ausland beschäftigte Arbeitnehmer** bei der Ermittlung des Schwellenwerts zu berücksichtigen sind. Hier ist zwischen solchen Arbeitnehmern, die nur vorübergehend und solchen, die dauerhaft im Ausland tätig sind, zu differenzieren. Erstere zählen nach der sogenannten **Ausstrahlungstheorie** mit, sofern ihre Tätigkeit im Ausland lediglich Ausstrahlung eines inländischen Beschäftigungsverhältnisses ist.[24] Auf die zweitgenannte Gruppe soll nach hM entsprechend des völkerrechtlichen Territorialitätsprinzips das deutsche MitbestG keine Anwendung finden. Sie zählen daher bei der Ermittlung des Schwellenwertes nicht mit (zur Europarechtskonformität dieser Auffassung → Rn. 23).[25]

30 Bei **gemeinsamen Betrieben** mehrerer Unternehmen stellt sich die Frage, welchem Unternehmen die in diesem Betrieb beschäftigten Arbeitnehmer zuzurechnen sind. Arbeitnehmer, die zu einem der beteiligten Unternehmen in einem **Arbeitsverhältnis** stehen, sind bei der Ermittlung der Arbeitnehmerzahl dieses Unternehmens zu berücksichtigen.[26] Hinsichtlich der Frage, ob sie auch allen anderen Trägerunternehmen hinzugerechnet werden, herrscht dagegen Uneinigkeit. Teilweise wird vertreten, dass die Arbeitnehmer eines Gemeinschaftsbetriebes allen Trägerunternehmen zugerechnet werden, sofern diese die Leitung über den Gesamtbetrieb gemeinsam inne haben.[27] Argument hierfür ist, dass es der Sinn des MitbestG sei, die Arbeitnehmer an den für das Unternehmen wesentlichen Entscheidungen zu beteiligen. Werden diese Entscheidungen von mehreren Unternehmen getroffen, so sollen die Arbeitnehmer folglich auch in allen Unternehmen berücksichtigt werden.[28] Dem ist jedoch entgegen zu halten, dass alleine durch das Bestehen eines gemeinsamen Betriebs die wesentliche unternehmerische Entscheidungsmacht der einzelnen an diesem beteiligten Unternehmen unberührt bleibt. Einzig im Falle der **Konzernierung** ist diese auf ein anderes Unternehmen verlagert.[29] Der Fall der Konzernierung ist jedoch ausdrücklich in § 5 Abs. 1 MitbestG geregelt, sodass eine Zurechnung in anderen Fällen nicht gerechtfertigt ist. Arbeitnehmer zählen auch bei gemeinschaftlichen Betrieben, vorbehaltlich der Fälle des § 5 Abs. 1 MitbestG, daher nur bei der Ermittlung des Schwellenwertes desjenigen Unternehmens mit, zudem auch ein Arbeitsverhältnis besteht.

31 **(3) „In der Regel beschäftigt".** Nach § 1 Abs. 1 Nr. 2 MitbestG ist auf die Anzahl der „in der Regel" beschäftigten Arbeitnehmer abzustellen. Ausschlaggebend ist somit nicht alleine die Zahl der aktuell beschäftigten Arbeitnehmer. Vielmehr ist eine, auch die Vergangenheit und die zukünftige Entwicklung einschließende, Gesamtbetrachtung vorzunehmen.[30] Entscheidend ist die Anzahl der im **Normalzustand**

---

[21] ErfK/*Oetker* MitbestG § 4 Rn. 1; *Lembke/Ludwig,* Das Recht der Unternehmensmitbestimmung, 2014, § 4 Rn. 30.
[22] Raiser/Veil/Jacobs/*Raiser* MitbestG § 1 Rn. 11.
[23] MüKoAktG/*Annuß* MitbestG § 3 Rn. 10; Habersack/Henssler/*Henssler* MitbestG § 3 Rn. 40.
[24] Raiser/Veil/Jacobs/*Raiser* MitbestG § 1 Rn. 21; ErfK/*Oetker* MitbestG § 1 Rn. 11.
[25] MüKoAktG/*Annuß* MitbestG § 3 Rn. 10 ff.; Raiser/Veil/Jacobs/*Raiser* MitbestG § 1 Rn. 21 ff.; *Bonanni/Niklas* ArbRB 2018, 242 (245); *Schubert* AG 2017, 369 (372).
[26] ErfK/*Oetker* MitbestG § 1 Rn. 6; MüKoAktG/*Annuß* MitbestG § 1 Rn. 10.
[27] Henssler/Willemsen/Kalb/*Seibt* MitbestG § 1 Rn. 11.
[28] Vgl. MüKoAktG/*Annuß* MitbestG § 1 Rn. 1; *Abend* DB 2017, 607 (608).
[29] *Bonanni/Otte* BB 2016, 1653 (1656).
[30] Henssler/Willemsen/Kalb/*Seibt* DrittelbG § 1 Rn. 11; ErfK/*Oetker* MitbestG § 1 Rn. 14.

beschäftigten Arbeitnehmer. Kurzfristige Schwankungen der Belegschaft werden nicht berücksichtigt. Dies soll einen häufigen Wechsel des Mitbestimmungsstatuts verhindern.[31] Im Hinblick auf die Länge des zu betrachtenden Referenzzeitraums werden verschiedene, von 6 bis zu 24 Monate reichende, Auffassungen vertreten.[32] Weitgehend wird jedoch ein Zeitraum von mindestens 18 bis 24 Monaten als angemessen angesehen.[33]

(4) Arbeitnehmerbegriff, § 3 MitbestG. Bei der Bestimmung der für den **Schwellenwert** zu berücksichtigenden Arbeitnehmer ist zu unterscheiden zwischen Arbeitnehmern, die zum Unternehmen selbst gehören und solchen, die von anderen Unternehmen zugerechnet werden (→ Rn. 40 ff.). 32

Hinsichtlich des **Arbeitnehmerbegriffs** verweist § 3 Abs. 1 MitbestG auf § 5 BetrVG. Das MitbestG übernimmt auf diese Weise die im BetrVG enthaltene **Legaldefinition.** Arbeitnehmer sind demnach Arbeiter und Angestellte mit Ausnahme der leitenden Angestellten. Arbeitnehmer ist nach § 611a BGB, wer aufgrund eines privatrechtlichen Vertrages im Dienste eines anderen in persönlicher Abhängigkeit zur Leistung fremdbestimmter Arbeit verpflichtet ist.[34] Daher werden auch nebenberuflich oder befristet beschäftigte Arbeitnehmer berücksichtigt, solange sie zu den in der Regel beschäftigten Arbeitnehmer gehören.[35] 33

Diese vertragliche Verpflichtung liegt im Verhältnis von **Leiharbeitnehmern** zu den sie einsetzenden Entleiherbetrieben gerade nicht vor, sodass diese an sich nicht Arbeitnehmer im Sinne des MitbestG und somit auch nicht bei der Ermittlung der **Schwellenwerte** zu berücksichtigen wären.[36] § 14 Abs. 2 S. 5 AÜG ordnet die Berücksichtigung von Leiharbeitnehmern daher ausdrücklich an.[37] Sie sind gemäß § 14 Abs. 2 S. 6 AÜG nur zu berücksichtigen, sofern ihre Einsatzdauer sechs Monate übersteigt.[38] 34

In **Teilzeit beschäftigte Arbeitnehmer** sind nach arbeitsrechtlichen Grundsätzen Arbeitnehmer und als solche bei der Berechnung der Schwellenwerte zu berücksichtigen.[39] Eine beschränkte Berücksichtigung nur nach ihrem Stundenanteil erfolgt nicht.[40] Einzig bei der **Altersteilzeit** im sogenannten **Blockmodell** nach § 3 Abs. 3 ATG ergeben sich Besonderheiten. Im ersten Block der Altersteilzeit erbringt der betroffene Arbeitnehmer gegen reduziertes Entgelt seine Arbeitsleistung. Er ist noch immer Arbeitnehmer und als solcher bei der Ermittlung der Schwellenwerte zu berücksichtigen. Anders verhält es sich im zweiten Block. Hier besteht zwar der Arbeitsvertrag fort, allerdings ist der betreffende Arbeitnehmer von der Arbeit freigestellt und seine Rückkehr in den Betrieb (nahezu) ausgeschlossen. Der Arbeitnehmer unterliegt nicht länger den unternehmerischen Entscheidungen. Entsprechend ist er auch nicht länger an deren Zustandekommen zu beteiligen. Im Rahmen des Blockmodells freigestellte Arbeitnehmer sind daher bei der Anwendung des MitbestG nicht zu berücksichtigen.[41] 35

Anders verhält es sich mit **ruhenden Arbeitsverhältnissen.** Während des Ruhens der Hauptpflichten bleibt die betroffene Person Arbeitnehmer. Zwar besteht auch hier keine Pflicht zur Erbringung der Hauptpflichten, im Gegensatz zur Altersteilzeit im Blockmodell kehrt der betreffende Arbeitnehmer jedoch (wahrscheinlich) wieder in den Betrieb zurück. Er unterliegt also weiterhin den unternehmerischen Entscheidungen und ist daher auch mitbestimmungsrechtlich weiter zu berücksichtigen. Grundsätzlich ist unerheblich, aus welchem Grund das Arbeitsverhältnis ruht.[42] Eine Ausnahme hiervon ist in § 21 Abs. 7 BEEG normiert, wonach Arbeitnehmer, die sich in Elternzeit befinden oder zur Betreuung eines Kindes freigestellt sind und zu deren Vertretung ein befristetes Arbeitsverhältnis nach § 21 Abs. 1 BEEG mit einem anderen Arbeitnehmer begründet wurde, bei der Ermittlung von Schwellenwerten nicht zu berücksichtigen sind, sofern dieser befristet angestellte Arbeitnehmer mitgezählt wird (was zumindest der Regelfall ist → Rn. 33). 36

Entsprechend der Verweisung auf § 5 Abs. 1 S. 1 BetrVG in § 3 Abs. 1 MitbestG umfasst der Arbeitnehmerbegriff des MitbestG auch die zu ihrer **Berufsausbildung** Beschäftigten, obwohl Ausbildungsverhältnisse üblicherweise gerade keine Arbeitsverhältnisse sind.[43] Der hier verwandte Begriff der Berufsausbildung deckt sich nicht vollständig mit jenem des BBiG und setzt neben dem auf Ausbildung gerichteten 37

---

[31] Habersack/Henssler/*Henssler* MitbestG § 3 Rn. 61; ErfK/Oetker MitbestG § 1 Rn. 14.
[32] Vgl. MüKoAkt/*Annuß* MitbestG § 1 Rn. 13 mwN.
[33] Henssler/Willemsen/Kalb/*Seibt* DrittelbG § 1 Rn. 11; ErfK/*Oetker* MitbestG § 1 Rn. 14; Habersack/Henssler/*Henssler* MitbestG § 3 Rn. 62.
[34] BAG NZA 2012, 733 (734 f.).
[35] Vgl. nur MüKoAktG/*Annuß* MitbestG § 3 Rn. 6 mwN.
[36] MüKoAkt/*Annuß* MitbestG § 3 Rn. 7.
[37] Frank/Weber NZA 2019, 233 (234); ErfK/*Oetker* MitbestG § 3 Rn. 2.
[38] Vgl. Oetker NZA 2017, 29 (33); Habersack/Henssler/*Henssler* MitbestG § 3 Rn. 36.
[39] Habersack/Henssler/*Henssler* MitbestG § 3 Rn. 23; WKS/*Wißmann* MitbestG § 3 Rn. 10.
[40] Habersack/Henssler/*Henssler* MitbestG § 3 Rn. 23.
[41] WKS/*Wißmann* MitbestG § 3 Rn. 10; Habersack/Henssler/*Henssler* MitbestG § 3 Rn. 28.
[42] Habersack/Henssler/*Henssler* MitbestG § 3 Rn. 31 f.; WKS/*Wißmann* MitbestG § 3 Rn. 12.
[43] BAG NZA 2012, 255.

privatrechtlichen Vertrag eine Eingliederung in den Betrieb voraus.[44] Erfasst sind somit auch Umlernlinge, Umschüler, Volontäre und Praktikanten, soweit sie zur Arbeitsleistung verpflichtet sind.[45] Die genannten Personengruppen sind daher bei der Ermittlung des Schwellenwertes zu berücksichtigen.

38 **Arbeitnehmerähnliche Beschäftigte** unterscheiden sich entsprechend der Legaldefinition des § 12a Abs. 1 TVG von Arbeitnehmern dadurch, dass sie in ihrer Tätigkeit nicht persönlich, sondern wirtschaftlich abhängig sind. Sie zählen gerade nicht zu den Arbeitnehmern und sind daher für mitbestimmungsrechtliche Vorschriften nicht zu berücksichtigen.[46]

39 Die **leitenden Angestellten** sind vom Arbeitnehmerbegriff des BetrVG gemäß § 5 Abs. 3 BetrVG ausdrücklich ausgenommen. In ihrem Fall beschränkt sich das MitbestG jedoch nicht mit einer Verweisung auf das BetrVG, sondern ordnet in § 3 Abs. 1 S. 1 Nr. 2 MitbestG ausdrücklich an, dass auch leitende Angestellte im Sinne des § 5 Abs. 1 S. 1 Nr. 2 BetrVG vom Arbeitnehmerbegriff des MitbestG erfasst sind. Auf § 5 Abs. 4 BetrVG wird nicht ausdrücklich verwiesen, dennoch soll dieser nach hM bei der Bestimmung der leitenden Angestellten herangezogen werden können.[47] Leitende Angestellte sind somit hinsichtlich des Schwellenwertes zu berücksichtigen.

40 **(5) Berücksichtigung von Arbeitnehmern anderer Unternehmen.** In besonderen, gesetzlich angeordneten Fällen können auch die Arbeitnehmer anderer Unternehmen für die Berechnung des **Schwellenwertes** zu berücksichtigen sein.

41 Ein solcher Fall ist in § 4 MitbestG für die **Kapitalgesellschaft & Co. KG** angeordnet. Nach § 4 Abs. 1 S. 1 MitbestG gelten die Arbeitnehmer einer KG als Arbeitnehmer der an dieser beteiligten Komplementärgesellschaft, sofern drei Voraussetzungen gegeben sind. Zum Ersten muss es sich bei der Komplementärgesellschaft um eine nach § 1 Abs. 1 Nr. 1 MitbestG der Mitbestimmung unterliegende AG, KGaA, GmbH oder Genossenschaft handeln. Zweitens muss eine mehrheitliche Gesellschafteridentität gegeben sein.[48] Das bedeutet, dass die **Mehrheit der Kommanditisten** die Mehrheit an der Komplementärgesellschaft halten muss. Die Mehrheit kann hierbei alternativ nach Anteilen oder Stimmen berechnet werden.[49] Drittens darf die Komplementärgesellschaft keinen eigenen Geschäftsbetrieb mit in der Regel mehr als 500 Arbeitnehmern aufweisen. Sind alle diese Voraussetzungen gegeben, sind die Arbeitnehmer der KG bei der Berechnung der Schwellenwerte der Komplementärgesellschaft zu berücksichtigen.[50] Sollten noch weitere Komplementär-Kapitalgesellschaften bestehen, werden auch diesen die Arbeitnehmer der KG zugerechnet, sofern die oben genannten Voraussetzungen auch bei diesen gegeben sind.[51] Umstritten ist hingegen, ob eine Zurechnung auch erfolgt, wenn neben der Komplementär-Kapitalgesellschaft **natürliche Personen** persönlich haftende Gesellschafter sind. Der Wortlaut der Norm nimmt hier keine Unterscheidung vor. Gegen eine Zurechnung spricht das persönliche Haftungsrisiko der natürlichen Person in ihrer Eigenschaft als Komplementär. Gerade dieses Haftungsrisiko der natürlichen Person ist der wesentliche Grund, aus dem Personengesellschaften von der unternehmerischen Mitbestimmung ausgenommen sind.[52] Allerdings befürchtet die herrschende Meinung, dass die Zurechnung nach § 4 MitbestG durch die Aufnahme persönlich haftender Gesellschafter umgangen werden könnte.[53] Dies wurde auch im Gesetzgebungsverfahren erkannt. Nach der gesetzgeberischen Konzeption soll § 4 MitbestG daher auch in diesen Fällen anzuwenden sein.[54]

42 Hält die KG mehrheitlich oder alleine die Anteile an der Komplementärin (sogenannte **Einheitsgesellschaft**), haben die Kommanditisten formal nicht die Mehrheit inne. Gleichwohl sind die beiden Gesellschaften in diesem Fall besonders eng verflochten, sodass § 4 Abs. 1 S. 1 MitbestG jedenfalls entsprechende Anwendung findet.[55]

---

[44] BAG NZA 2014, 678 (679); WKS/*Wißmann* MitbestG § 3 Rn. 18.
[45] WKS/*Wißmann* MitbestG § 3 Rn. 18; Habersack/Henssler/*Henssler* MitbestG § 3 Rn. 60.
[46] MüKoAktG/*Annuß* MitbestG § 3 Rn. 7; WKS/*Wißmann* MitbestG § 3 Rn. 14.
[47] Henssler/Willemsen/Kalb/*Seibt* MitbestG § 3 Rn. 1; Habersack/Henssler/*Henssler* MitbestG § 3 Rn. 75f.; *Fedke* NZG 2017, 848.
[48] WKS/*Wißmann* MitbestG § 4 Rn. 11; Habersack/Henssler/*Habersack* MitbestG § 4 Rn. 12ff.; ErfK/*Oetker* MitbestG § 4 Rn. 3.
[49] Habersack/Henssler/*Habersack* MitbestG § 4 Rn. 13; MüKoAktG/*Annuß* MitbestG § 4 Rn. 8; WKS/*Wißmann* MitbestG § 4 Rn. 13ff.
[50] WKS/*Wißmann* MitbestG § 4 Rn. 23f.; Raiser/Veil/Jacobs/*Raiser* MitbestG § 4 Rn. 20.
[51] Raiser/Veil/Jacobs/*Raiser* MitbestG § 4 Rn. 20; ErfK/*Oetker* MitbestG § 4 Rn. 6.
[52] MHdB AG/*Mutter* § 53 Rn. 4; vgl. aber auch Raiser/Veil/Jacobs/*Raiser* MitbestG § 4 Rn. 9.
[53] Habersack/Henssler/*Habersack* MitbestG § 4 Rn. 9; WKS/*Wißmann* MitbestG § 4 Rn. 27.
[54] RegE BT-Drs. 7/2172, 21; Raiser/Veil/Jacobs/*Raiser* MitbestG § 4 Rn. 9; Habersack/Henssler/*Habersack* MitbestG § 4 Rn. 9; MHdB ArbR/*Uffmann* § 373 Rn. 32; WKS/*Wißmann* MitbestG § 4 Rn. 27; ErfK/*Oetker* MitbestG § 4 Rn. 1; Großkomm AktG/*Oetker* MitbestG § 4 Rn. 4; MüKoAktG/*Annuß* MitbestG § 4 Rn. 6; *Hoffmann/Lehmann/Weinmann* MitbestG § 4 Rn. 8; NK-ArbR/*Heither/von Morgen* MitbestG § 4 Rn. 9; Reichert GmbH & Co.KG/*Reichert/Ullrich* § 19 Rn. 8; aA MHdB AG/*Mutter* § 53 Rn. 4; *Wiesner* GmbHR 1981, 36 (39).
[55] Henssler/Willemsen/Kalb/*Seibt* DrittelbG § 4 Rn. 6; NK-ArbR/*Heither/von Morgen* MitbestG § 4 Rn. 12.

Eine Kapitalgesellschaft & Co. KG kann ihrerseits wieder Komplementärin einer weiteren KG sein. 43
Auf diese Weise entsteht eine **zweistufige Kapitalgesellschaft & Co. KG.** Beteiligt sich diese zweistufige Kapitalgesellschaft & Co. KG wiederum als persönlich haftende Gesellschafterin an einer dritten KG, so entsteht eine **mehrstufige Kapitalgesellschaft & Co. KG.** Nach § 4 Abs. 1 S. 2, 3 MitbestG setzt sich die Zurechnung auch bei mehrstufigen Kapitalgesellschaften & Co. KG in der Weise fort, dass die Arbeitnehmer aller Gesellschaften zusammenzurechnen und der obersten Komplementärkapitalgesellschaft zuzurechnen sind.[56] Darüber, ob die oben genannten Voraussetzungen in diesem Fall nur zwischen der obersten KG und deren Komplementärkapitalgesellschaft gegeben sein müssen, oder ob die Identität der Gesellschafter bei allen beteiligten Gesellschaften gegeben sein muss, herrscht Uneinigkeit.[57]

Einen Sonderfall bildet die sogenannte **Kapitalgesellschaft & Co. OHG.** Bei dieser ist eine Kapital- 44
gesellschaft Gesellschafterin der OHG, führt deren Geschäfte und weist einen Gesellschafterbestand auf, der mit dem der OHG überwiegend identisch ist.[58] In einer solchen OHG ist die persönliche Haftung des geschäftsführenden Gesellschafters beschränkt, sodass sie einer Kapitalgesellschaft vergleichbare Elemente aufweist.[59] Entsprechend wird eine analoge Anwendung des § 4 Abs. 1 S. 1 MitbestG auf die Kapitalgesellschaft & Co. OHG überwiegend bejaht.[60] Teilweise wird jedoch gefordert, dass sämtliche Gesellschafter der OHG von § 1 Abs. 1 Nr. 1 MitbestG erfasste Kapitalgesellschaften sind, sodass kein Gesellschafter der OHG mit seinem Privatvermögen haftet.[61] Eine solche Einschränkung ist abzulehnen. Auch bei dem Normalfall des § 1 Abs. 1 Nr. 1 MitbestG ist nach hM irrelevant, ob weitere persönlich haftende Komplementäre bestehen.[62]

Ein weiterer Fall der Zurechnung der Arbeitnehmer anderer Unternehmen ist in § 5 MitbestG für den 45
Fall der **Konzernierung** geregelt. **Hintergrund** der Norm ist, die Arbeitnehmer an den für sie wesentlichen unternehmerischen Entscheidungen zu beteiligen, auch wenn diese nicht im eigenen Unternehmen, sondern in einer Konzernobergesellschaft getroffen werden.[63]

Nach § 5 Abs. 1 S. 1 MitbestG werden im Falle der Konzernierung dem herrschenden Unternehmen 46
die Arbeitnehmer des beherrschten Unternehmens zugerechnet. Hinsichtlich des **Konzernbegriffs** verweist § 5 Abs. 1 S. 1 MitbestG auf § 18 Abs. 1 AktG. Erfasst ist somit nur der **Unterordnungskonzern**, nicht jedoch der Gleichordnungskonzern nach § 18 Abs. 2 AktG.[64] Ein Unterordnungskonzern liegt nach der Definition des § 18 Abs. 1 AktG vor, wenn ein oder mehrere abhängige Unternehmen unter der einheitlichen Leitung eines herrschenden Unternehmens stehen. Nach überwiegender Auffassung divergieren der Konzernbegriff des AktG und der des MitbestG aufgrund der unterschiedlichen Zwecke der jeweiligen Gesetze leicht.[65]

Das **herrschende Unternehmen** muss für die Zurechnung eine Kapitalgesellschaft im Sinne des § 1 47
Abs. 1 Nr. 1 MitbestG sein. Eine eigene unternehmerische Tätigkeit und die maßgebliche Beteiligung an weiteren Gesellschaften sind abweichend vom Aktienrecht nicht erforderlich. Insofern kann auch eine arbeitnehmerlose Gesellschaft herrschendes Unternehmen sein.[66] Das **abhängige Unternehmen** kann hingegen jedwede Rechtsform haben, sodass auch Personengesellschaften, Gesellschaften ausländischer Rechtsform oder Körperschaften und Anstalten des öffentlichen Rechts in Betracht kommen.[67] Liegt ein Unterordnungskonzern vor, werden dem herrschenden Unternehmen nach § 5 Abs. 1 S. 1 MitbestG die Arbeitnehmer des beherrschten Unternehmens zugerechnet. Diese sind daher bei der Berechnung der Schwellenwerte zu **berücksichtigen.**

In § 5 Abs. 2 MitbestG ist der Fall geregelt, dass eine **Kapitalgesellschaft & Co. KG** das herrschende 48
Unternehmen ist. Auch in diesem Fall werden die Arbeitnehmer der beherrschten Unternehmen dem herrschenden zugerechnet, sofern die Voraussetzungen des § 4 Abs. 1 MitbestG zwischen der KG und ihrer Komplementärgesellschaft gegeben sind. Die Besonderheit besteht darin, dass die KG als herrschendes Unternehmen nicht vom Katalog des § 1 Abs. 1 Nr. 1 MitbestG erfasst ist und daher nicht der Mitbestimmung unterliegt. Daher werden die Arbeitnehmer der beherrschten Unternehmen nicht der KG, sondern deren Komplementär-Kapitalgesellschaft zugerechnet.[68]

---

[56] WKS/*Wißmann* MitbestG § 4 Rn. 32; Raiser/Veil/Jacobs/*Raiser* MitbestG § 4 Rn. 20.
[57] Habersack/Henssler/*Habersack* MitbestG § 4 Rn. 22.
[58] WKS/*Wißmann* MitbestG § 4 Rn. 33; MüKoAkt/*Annuß* MitbestG § 4 Rn. 3.
[59] WKS/*Wißmann* MitbestG § 4 Rn. 33, 1, 6 f.; Raiser/Veil/Jacobs/*Raiser* MitbestG § 4 Rn. 5.
[60] ErfK/*Oetker* MitbestG § 4 Rn. 1; Habersack/Henssler/*Habersack* MitbestG § 4 Rn. 7; aA Henssler/Willemsen/Kalb/*Seibt* MitbestG § 4 Rn. 2.
[61] Habersack/Henssler/*Habersack* MitbestG § 4 Rn. 7; Raiser/Veil/Jacobs/*Raiser* MitbestG § 4 Rn. 5.
[62] WKS/*Wißmann* MitbestG § 4 Rn. 33; MüKoAktG/*Annuß* MitbestG § 4 Rn. 3.
[63] Henssler/Willemsen/Kalb/*Seibt* MitbestG § 5 Rn. 1; Habersack/Henssler/*Habersack* MitbestG § 5 Rn. 1.
[64] *Götze/Winzer/C. Arnold* ZIP 2009, 245 (246).
[65] ErfK/*Oetker* MitbestG § 5 Rn. 2; Henssler/Willemsen/Kalb/*Seibt* MitbestG § 5 Rn. 3.
[66] Henssler/Willemsen/Kalb/*Seibt* MitbestG § 5 Rn. 4; MüKoAkt/*Annuß* MitbestG § 5 Rn. 7.
[67] Raiser/Veil/Jacobs/*Raiser* MitbestG § 5 Rn. 7 ff.; Habersack/Henssler/*Habersack* MitbestG § 5 Rn. 18.
[68] Näher dazu WKS/*Wißmann* MitbestG § 5 Rn. 58; ErfK/*Oetker* MitbestG § 5 Rn. 17.

49 Die von § 5 Abs. 1 S. 1 MitbestG genannten Voraussetzungen können auch im Verhältnis der KG und ihrer Komplementär-Kapitalgesellschaft vorliegen. In welchem **Verhältnis § 4 und § 5 MitbestG** insofern zueinander stehen, ist umstritten. Teilweise wird § 4 MitbestG aufgrund dessen besonderer Anforderungen als lex specialis zu § 5 MitbestG gesehen.[69] Nach anderer Auffassung sind § 4 und § 5 MitbestG nebeneinander anzuwenden. Eine Zurechnung über § 5 MitbestG fände demnach auch dann statt, wenn die engen Voraussetzungen des § 4 MitbestG nicht gegeben sind.[70] Andere wenden § 4 und § 5 MitbestG grundsätzlich nebeneinander an, nehmen jedoch den Fall, dass die Komplementär-Kapitalgesellschaft lediglich die Geschäfte der KG führt, aus dessen Anwendungsbereich aus, da dies der typische Fall der Kapitalgesellschaft & Co. KG sei und andernfalls § 4 MitbestG und dessen Anforderungen umgangen würden.[71] Insofern ist festzustellen, dass § 4 und § 5 MitbestG beide die Mitbestimmung der Arbeitnehmer in Konstellationen mit mehreren Gesellschaften zu sichern suchen. An dieser Stelle enden jedoch die Gemeinsamkeiten der Normen. Beide stellen unterschiedliche Anforderungen an eine Zurechnung und haben einen anderen Anwendungsbereich. Es erscheint daher geboten, die Normen nebeneinander anzuwenden.[72]

50 Die in § 5 Abs. 1 S. 1 MitbestG geregelte Konzernmitbestimmung geht ins Leere, sofern das herrschende Unternehmen nicht in einer der in § 1 Abs. 1 Nr. 1 MitbestG genannten Rechtsformen oder unter den Voraussetzungen des § 4 MitbestG geführt wird. Um sich hieraus ergebende Mitbestimmungslücken zu schließen, erstreckt § 5 Abs. 3 MitbestG die Konzernzurechnung auf das der Konzernspitze am nächsten stehende mitbestimmungsfähige Konzernunternehmen, sofern die Konzernspitze durch dieses die nachgeordneten Konzernunternehmen beherrscht (**mitbestimmter Teilkonzern**).[73] Hierfür ist ein zumindest dreistufiger Konzernaufbau erforderlich. Nicht eindeutig dem Wortlaut des § 5 Abs. 3 MitbestG zu entnehmen, aber anerkannt, ist, dass die Zurechnung nach § 5 Abs. 3 MitbestG auch dann Anwendung findet, wenn die Mitbestimmung leerläuft, weil die Konzernspitze ihren Sitz im Ausland hat und daher nicht deutschen Mitbestimmungsregelungen unterworfen ist oder als Tendenzunternehmen mitbestimmungsfrei ist (zu Tendenzunternehmen → Rn. 68).[74]

51 Welche Anforderungen an die Ausübung der Herrschaftsmacht durch das zwischengeschaltete Unternehmen zu stellen sind, ist umstritten. Hier werden im wesentlichen zwei Ansätze vertreten. Einerseits wird auf die **Kapitalverflechtung** von Konzernspitze, zwischengeschaltetem Unternehmen (sogenannte Teilkonzernspitze) und beherrschtem Unternehmen abgestellt, da dies am ehesten dem System der §§ 16 ff. AktG entspricht.[75] Die Gegenansicht fordert eine **sonstige Ausübung von Leitungsmacht** durch die Teilkonzernspitze, wobei auch hier Uneinigkeit darüber herrscht, ob dieses Merkmal neben die Kapitalverflechtung treten muss[76] oder für sich genommen ausreichend ist.[77]

52 Fraglich ist ebenfalls, ob in mehrstufigen Konzernen die Zurechnung der Arbeitnehmer nach § 5 Abs. 1 MitbestG einer Enkelgesellschaft nur zur Muttergesellschaft (Konzernspitze) oder auch zur Tochtergesellschaft (Teilkonzernspitze) erfolgt. Abweichend vom Aktienrecht wird die Konstellation eines solchen **Konzerns im Konzern** für das MitbestG von Rechtsprechung und hM grundsätzlich anerkannt.[78] Argumentativ wird hierzu auf den Zweck des MitbestG abgestellt, nach welchem die Arbeitnehmer in jenem Unternehmen zu beteiligen sind, in welchem die für sie maßgeblichen Entscheidungen getroffen werden. Dies könne in einer Konzernkonstellation auch eine Konzernzwischengesellschaft sein, sofern dieser wesentliche von der Konzernoberspitze unabhängige Leitungsbefugnisse gegenüber nachgeordneten Unternehmen zustehen.[79] Die Konstellation des Konzerns im Konzern wurde zwar bisher in keinem von der Rechtsprechung entschiedenen Fall bejaht,[80] wird in einigen großen Konzernen aber praktiziert. Praktisch bedeutungslos ist die Figur des Konzerns im Konzern nicht.

---

[69] *Hölters* RdA 1976, 335 (338); *Joost* ZGR 1998, 334 (347 f.).
[70] *Grossmann* BB 1976, 1392 (1395 ff.); MüKoAktG/*Annuß* MitbestG § 5 Rn. 13.
[71] OLG Celle DB 1979, 2502 (2503); OLG Bremen DB 1980, 1332 (1334 f.); vgl. *Zöllner* ZGR 1977, 319 (332 ff.).
[72] So Raiser/Veil/Jacobs/*Raiser* MitbestG § 5 Rn. 21; NK-ArbR/*Heither/von Morgen* MitbestG § 5 Rn. 18; MüKoAktG/*Annuß* MitbestG § 5 Rn. 13; *Kunze* ZGR 1978, 321 (329 ff.).
[73] NK-ArbR/*Heither/von Morgen* MitbestG § 5 Rn. 27; Habersack/Henssler/*Habersack* MitbestG § 5 Rn. 65; BAG NZA 2007, 999.
[74] ErfK/*Oetker* MitbestG § 5 Rn. 18; *Spindler* AG 2020, 681 (691).
[75] So etwa OLG Frankfurt a. M. ZIP 2008, 878; OLG Düsseldorf NZA 2007, 707; OLG Stuttgart NJW-RR 1995, 1067; KG NZG 2016, 349.
[76] OLG Hamburg ZIP 2017, 1621 (1623); LG Stuttgart BB 1993, 1541 (1542).
[77] ErfK/*Oetker* MitbestG § 5 Rn. 21; Habersack/Henssler/*Habersack* MitbestG § 5 Rn. 70.
[78] Vgl. MüKoAkt/*Annuß* MitbestG § 5 Rn. 9; Henssler/Willemsen/Kalb/*Seibt* DrittelbG § 5 Rn. 8; *Spindler* AG 2020, 681 (690).
[79] Raiser/Veil/Jacobs/*Raiser* MitbestG § 5 Rn. 22 f.; Habersack/Henssler/*Habersack* MitbestG § 5 Rn. 39; *Spindler* AG 2020, 681 (690); aA MüKoAkt/*Annuß* MitbestG § 5 Rn. 10; vgl. WKS/*Wißmann* MitbestG § 5 Rn. 38.
[80] WKS/*Wißmann* MitbestG § 5 Rn. 39; MüKoAktG/*Annuß* MitbestG § 5 Rn. 10.

Auch in **Gemeinschaftsunternehmen** kann die Zurechnung der Arbeitnehmer Fragen aufwerfen. 53
Ein Gemeinschaftsunternehmen ist ein Unternehmen, das von zwei oder auch mehreren Mutterunternehmen gemeinsam geführt wird.[81] Die gemeinsame Führung kann sich entweder aus auf die Konzernmütter paritätisch verteilten Beteiligungen und der sich daraus ergebenden Notwendigkeit zur Kooperation oder aus zwischen diesen geschlossenen Vereinbarungen, etwa einem Konsortial-, Stimmenpool- oder sonstigen Koordinierungsvertrag, ergeben. Teilweise wird auch das Vorliegen eines solchen Vertrages als zwingend angesehen.[82] Nach vielfach vertretener Auffassung soll in diesen Fällen die Zurechnung zu allen herrschenden Unternehmen erfolgen. Zur Begründung wird meist darauf verwiesen, dass die unternehmerische Mitbestimmung an allen beteiligten Stellen eingreifen müsse, falls für die Arbeitnehmer wesentliche Entscheidungen an mehr als einer Stelle getroffen würden.[83] Dies ist zweifelhaft, da eine mehrfache Berücksichtigung zu einer Vervielfachung der unternehmerischen Mitbestimmung führen würde.[84]

Bei **Gemeinschaftsbetrieben** stellt sich die gleiche Frage. Das BAG hat den Arbeitnehmern eines 54
Gemeinschaftsbetriebs das aktive Wahlrecht für die Aufsichtsratswahlen aller an dem gemeinsamen Betrieb beteiligten Unternehmen unabhängig davon, ob mit diesem ein Arbeitsvertrag geschlossen wurde, zugestanden.[85] Die Frage des Mitzählens ist für den Gemeinschaftsbetrieb hingegen noch nicht höchstrichterlich entschieden. Eine Berücksichtigung unternehmensfremder Arbeitnehmer würde auch hier zu einer Vervielfachung der Mitbestimmung führen, sodass eine solche Zurechnung abzulehnen ist.[86]

Bei Sachverhalten mit **Auslandsbezug** können sich hinsichtlich § 5 MitbestG Besonderheiten erge- 55
ben. So findet § 5 MitbestG aufgrund des Territorialitätsprinzips auf rechtlich selbständige, im **Ausland gelegene Konzerntöchter** keine Anwendung, sodass deren Arbeitnehmer auch nicht nach § 5 MitbestG zu berücksichtigen sind (zur Europarechtskonformität → Rn. 23).[87] Befindet sich die **Konzernspitze im Ausland**, so scheidet eine Mitbestimmung nach § 5 Abs. 1 MitbestG aus denselben Gründen aus. In diesen Fällen kann jedoch § 5 Abs. 3 MitbestG greifen (→ Rn. 50) Im **Inland ansässige Auslandsgesellschaften** unterliegen als solche nicht dem MitbestG.[88] Ihre Arbeitnehmer können aber dennoch im Rahmen von § 5 Abs. 1 S. 1 MitbestG einer dem MitbestG unterliegenden Konzernspitze zugerechnet werden. Stehen sie an der Spitze des Konzerns, kann wiederum § 5 Abs. 3 MitbestG greifen (→ Rn. 50). Eine **inländische Enkelgesellschaft** kann auch bei Zwischenschaltung einer ausländischen Tochtergesellschaft nach § 5 Abs. 1 MitbestG einzubeziehen sein, sofern diese zumindest mittelbar von der Muttergesellschaft abhängig ist iS § 17 Abs. 1 AktG ist und daher nach § 18 Abs. 1 AktG zu dem von dieser geführten Konzern gehört.[89]

Nicht geklärt ist, wie **grenzüberschreitende Beherrschungsverträge** zwischen ausländischen Mut- 56
tergesellschaften und inländischen Teilkonzernspitzen zu bewerten sind. Teilweise werden diese von der älteren Literatur als unzulässige Umgehung der deutschen Mitbestimmung betrachtet und daher, sofern dem deutschen Recht vergleichbare Regelungen zur Mitbestimmung fehlen, als unwirksam erachtet.[90] Diese Auffassung ist jedoch unzutreffend und verstößt jedenfalls hinsichtlich Unionssachverhalten gegen Art. 18, 49, 54 AEUV.[91]

Gehören zum Konzern auch **Tendenzunternehmen** (→ Rn. 68 ff.) erfolgt die Zurechnung nach § 5 57
MitbestG wie folgt: Ein beherrschtes Tendenzunternehmen bleibt auch im Anwendungsbereich von § 5 MitbestG mitbestimmungsfrei. Gleichwohl sind seine Arbeitnehmer im herrschenden Unternehmen unter den Voraussetzungen von § 5 Abs. 1 MitbestG zu berücksichtigen. Wird ein tendenzfreies Unternehmen von einem Tendenzunternehmen beherrscht, wird dieses nicht selbst zu einem Tendenzunternehmen. Es bleibt mitbestimmungspflichtig. In diesem Fall erfolgt gegenüber dem Tendenzunternehmen auch keine Zurechnung nach § 5 Abs. 1 MitbestG. Ggf. greift jedoch § 5 Abs. 3 MitbestG (→ Rn. 50).[92]

Umstritten ist das Problem des sogenannten **Tendenzkonzerns.** Dies sind Konstellationen, in denen 58
die Konzernspitze selbst nicht dem Tendenzschutz unterliegt, etwa weil sie sich auf die Konzernverwal-

---

[81] NK-ArbR/*Heither/von Morgen* MitbestG § 5 Rn. 20; Henssler/Willemsen/Kalb/*Seibt* DrittelbG § 5 Rn. 10.
[82] NK-ArbR/*Heither/von Morgen* MitbestG § 5 Rn. 20; aA Habersack/Henssler/*Habersack* MitbestG § 5 Rn. 44.
[83] Raiser/Veil/Jacobs/*Raiser* MitbestG § 5 Rn. 25; aA MüKoAktG/*Annuß* MitbestG § 5 Rn. 11.
[84] Zustimmend: *Duden* ZHR 141, 145 (163); ablehnend: WKS/*Wißmann* MitbestG § 5 Rn. 57.
[85] BAG AP DrittelbG § 5 Nr. 2.
[86] So auch MHdB ArbR/*Uffmann* § 373 Rn. 17; MüKoAktG/*Annuß* MitbestG § 3 Rn. .30; Raiser/Veil/Jacobs/*Jacobs* MitbestG § 3 Rn. 46; aA Habersack/Henssler/*Henssler* § 3 Rn. 121; WKS/*Wißmann* MitbestG § 3 Rn. 66.
[87] Henssler/Willemsen/Kalb/*Seibt* DrittelbG § 5 Rn. 14; i.E. auch Raiser/Veil/Jacobs/*Raiser* MitbestG § 5 Rn. 28 mit Verweis auf BT-Drs. 7/4845, 4.
[88] Habersack/Henssler/*Habersack* MitbestG § 5 Rn. 55a; MüKoAktG/*Annuß* MitbestG § 1 Rn. .7; WKS/*Wißmann* MitbestG § 1 Rn. 23; aA *Franzen* RdA 2004, 257.
[89] WKS/*Wißmann* MitbestG § 5 Rn. 22 ff.; Raiser/Veil/Jacobs/*Raiser* MitbestG § 5 Rn. 31.
[90] *Däubler* RabelsZ 39 (1975), 445 (468 ff., 473); *Duden* ZHR 141 (1977), 145 (188 f.); *Bernstein/Koch* ZHR 143 (1979), 522 (535 f.).
[91] Raiser/Veil/Jacobs/*Raiser* MitbestG § 5 Rn. 32; Habersack/Henssler/*Habersack* MitbestG § 5 Rn. 56.
[92] Habersack/Henssler/*Habersack* MitbestG § 5 Rn. 58; Raiser/Veil/Jacobs/*Raiser* MitbestG § 5 Rn. 15 ff.

tung beschränkt, dem restlichen Konzern aber überwiegend Tendenzunternehmen angehören. Der Wortlaut von § 1 Abs. 4 MitbestG fordert eine unmittelbare Tendenzverwirklichung. Von einer solchen kann bei der Konzernspitze nicht ausgegangen werden, sodass § 1 Abs. 4 MitbestG nicht anzuwenden ist. Allerdings ist es der Zweck des § 1 Abs. 4 MitbestG, die Ausübung von Tendenztätigkeiten vom Einfluss der Arbeitnehmerseite frei zu halten.[93] Dieser Zweck ist gefährdet, wenn Arbeitnehmervertreter mittelbar über das herrschende Unternehmen Einfluss auf die beherrschten Tendenzunternehmen nehmen können. § 1 Abs. 4 MitbestG ist daher nach zutreffender Auffassung zumindest analog auch auf die Spitze eines Tendenzkonzerns anzuwenden.[94] Allerdings wurde eine entsprechende Anwendung des § 1 Abs. 4 von der Rechtsprechung mehrfach **abgelehnt**.[95]

59 **cc) Schutz bei nachträglichen Änderungen der Unternehmensgröße.** Das MitbestG knüpft neben der Rechtsform eines Unternehmens an dessen **Größe** an. Verringert sich **nachträglich** die Größe eines Unternehmens, kann das Niveau der unternehmerischen Mitbestimmung absinken oder ganz entfallen. Um dies zu verhindern oder zumindest abzumildern, hat der Gesetzgeber Regelungen über die **Mitbestimmungsbeibehaltung** getroffen.

60 **(1) Abspaltung oder Ausgliederung, § 325 UmwG.** Eine solche Regelung ist in § 325 UmwG enthalten. § 325 Abs. 1 S. 1 UmwG ordnet an, dass nach einer Abspaltung oder Ausgliederung iS § 123 Abs. 2 und 3 UmwG die im übertragenden Unternehmen bis dahin geltenden Mitbestimmungsvorschriften für einen Übergangszeitraum von 5 Jahren weiter gelten, auch wenn die Voraussetzungen für die Beteiligung der Arbeitnehmer im Aufsichtsrat durch die Ausgliederung oder Abspaltung entfallen sind. Hinsichtlich der Arbeitnehmerzahl sind auch Arbeitnehmer anderer **Konzernunternehmen** zu berücksichtigen, sofern ein entsprechender Zurechnungstatbestand vorliegt (zur Zurechnung im Konzern → Rn. 45 ff.). Die Norm beschränkt sich hierbei explizit auf Abspaltung und Übertragung. Auf andere Umwandlungsvorgänge ist die Norm nicht anzuwenden, auch nicht analog.[96]

61 Hintergrund der Norm ist die durch §§ 123 ff. UmwG geschaffene Möglichkeit, Unternehmen in kleinere Einheiten aufzuspalten, die dann gegebenenfalls nicht länger die für eine unternehmerische Mitbestimmung erforderlichen Schwellenwerte erreichen.[97] Entsprechend des Wortlauts der Norm („durch") muss die Abspaltung oder Ausgliederung auch kausal für das Unterschreiten der Mitbestimmungsschwelle sein. Die **Kausalität** ist nicht gegeben, sollte die Schwelle aus anderen Gründen, etwa Personalabbau oder Betriebsstilllegung, parallel zur Umwandlungsmaßnahme unterschritten werden.[98] Bei Unternehmen mit teilweise tendenziellem Charakter ist es möglich, dass nach Abspaltung bzw. Ausgliederung der Tendenzcharakter eines Unternehmens überwiegt und § 1 Abs. 4 MitbestG greift. Nach zutreffender Auffassung findet in einem solchen Fall § 325 Abs. 1 UmwG keine Anwendung, da dies dem Zweck der Privilegierung von **Tendenzunternehmen** (→ Rn. 68) widersprechen würde.[99] Die **Fünf-Jahresfrist beginnt** mit der Eintragung der Abspaltung bzw. Ausgliederung in das Handelsregister und wird nach § 188 Abs. 2 BGB berechnet.[100]

62 Die Mitbestimmung wird nach § 325 Abs. 1 S. 2 UmwG **nicht aufrechterhalten**, sollten durch die Abspaltung oder Ausgliederung die in der Regel von dem Rechtsträger beschäftigten Arbeitnehmer zahlenmäßig auf unter ein Viertel des Schwellenwertes des zuletzt angewandten Mitbestimmungsregimes gefallen sein.

63 **(2) Mitbestimmungsbeibehaltungsgesetz.** Eine weitere Regelung zur Erhaltung der Mitbestimmung findet sich in § 1 S. 1 des Mitbestimmungsbeibehaltungsgesetzes **(MitbestBeiG)**. Danach wird bei einer **grenzüberschreitenden Einbringung** von Betrieben, Betriebsteilen oder Anteilen an einer Tochtergesellschaft, die eine innerhalb der EU ansässige Kapitalgesellschaft gegen Gewährung von Anteilen an dieser Kapitalgesellschaft die Einbringung als nicht vorgenommen fingiert, sollte sie dazu führen, dass bei dem einbringenden Unternehmen der für die dort praktizierte Mitbestimmung erforderliche Schwellenwert nicht länger erreicht wird. Das bedeutet, dass in diesen Fällen die bisherige Mitbestimmung im einbringenden Unternehmen aufrechterhalten wird. Die Fiktion ist nicht befristet.[101]

---

[93] Habersack/Henssler/*Habersack* MitbestG § 1 Rn. 59; ErfK/*Oetker* MitbestG § 5 Rn. 16.
[94] Vgl. *Lorenzen* RdA 2016, 186 (193 f.); Habersack/Henssler/*Habersack* MitbestG § 5 Rn. 60.
[95] So etwa OLG Stuttgart BB 1989, 1005; LG Stuttgart AG 1989, 445 (446); LG Hamburg DB 1979, 2279.
[96] Semler/Stengel/*Simon* UmwG § 325 Rn. 3; WKS/*Wißmann* MitbestG § 1 Rn. 81.
[97] WKS/*Wißmann* MitbestG § 1 Rn. 77; NK-ArbR/*Boecken* UmwG § 325 Rn. 3.
[98] ErfK/*Oetker* UmwG § 325 Rn. 11; Habersack/Henssler/*Habersack* MitbestG § 1 Rn. 52; aA WKS/*Wißmann* MitbestG § 1 Rn. 87.
[99] Semler/Stengel/*Simon* UmwG § 325 Rn. 13; ErfK/*Oetker* UmwG § 325 Rn. 8; Habersack/Henssler/*Habersack* MitbestG § 1 Rn. 51; aA WKS/*Wißmann* MitbestG § 1 Rn. 86.
[100] WKS/*Wißmann* MitbestG § 1 Rn. 89; Semler/Stengel/*Simon* UmwG § 325 Rn. 20.
[101] Habersack/Henssler/*Habersack* MitbestG § 1 Rn. 47.

Uneinigkeit herrscht hinsichtlich der **Reichweite** der Fiktion des § 1 MitbestBeiG. Teilweise wird angenommen, dass die Arbeitnehmer der übertragenen Betriebe/Betriebsteile nur bei der Ermittlung der Schwellenwerte weiterhin zu berücksichtigen sind.[102] Andere sind der Auffasung, dass diese auch weiterhin aktiv- und passiv wahlberechtigt und bei der Ermittlung der Größe des Aufsichtsrats zu berücksichtigen seien.[103] (Zur Größe des Aufsichtsrats → Rn. 73 ff.) 64

Die Fiktion des § 1 S. 1 MitbestBeiG gilt nach § 2 Abs. 1 MitbestBeiG nicht, wenn bei der in Frage stehenden Einbringung die von § 20 Abs. 2 S. 1 UmwStG vorgesehenen **steuerlichen Vorteile** nicht in Anspruch genommen werden, also der tatsächliche und nicht der Buchwert zugrunde gelegt wird.[104] Gemäß § 2 Abs. 2 MitbestBeiG greift die Rechtsfolge des § 1 MitbestBeiG nicht, wenn die **Arbeitnehmerzahl** nach Vornahme der Übertragung weniger als ein Viertel des entsprechenden Schwellenwertes beträgt. Bei der Berechnung der Arbeitnehmerzahl sind Zurechnungen nach § 4 oder § 5 MitbestG zu berücksichtigen.[105] 65

b) Ausnahmen

Das MitbestG findet nach § 1 Abs. 2 MitbestG keine Anwendung auf Unternehmen, die bereits der Mitbestimmung nach dem **MontanMitbestG** oder dem **MitbestErgG** unterliegen. Über den Wortlaut der Norm hinaus sind dem Zweck der Vorschrift entsprechend auch Unternehmen auszunehmen, die der Mitbestimmung nach dem saarländischen Gesetz Nr. 560 vom 22.12.1956 unterliegen (SaarlAbl. 1956, 1703). Ebenso sind deutsch-schweizerische Grenzkraftwerke am Oberrhein, die unter den deutsch-schweizerischen Vertrag vom 6.12.1955 fallen, vom Anwendungsbereich des MitbestG ausgenommen.[106] Das MitbestG findet gleichwohl Anwendung, wenn ein Unternehmen nachträglich nicht länger die Voraussetzungen des MontanMitbestG oder des MitbestGErgG erfüllt und eventuelle Übergangsfristen abgelaufen sind. Zudem können die Arbeitnehmer betreffender Unternehmen gem. § 5 MitbestG zurechenbar sein.[107] (Zur Zurechnung im Konzern → Rn. 45) 66

In § 1 Abs. 3 MitbestG wird ausdrücklich klargestellt, dass Unternehmen, die nicht der Mitbestimmung nach dem MitbestG, MontanMitbestG oder dem MitbestErgG unterliegen, nach dem **DrittelbG** mitbestimmungspflichtig sein können. 67

Nach § 1 Abs. 4 MitbestG sind Unternehmen, die überwiegend und unmittelbar politischen, koalitionspolitischen, konfessionellen, karitativen, erzieherischen, wissenschaftlichen, künstlerischen Bestimmungen oder Zwecken der Berichterstattung oder Meinungsäußerung dienen, von der Mitbestimmung nach dem MitbestG ausgenommen. Die betreffenden Unternehmen werden **Tendenzunternehmen** genannt. Hintergrund der Norm ist, dass die genannten Tätigkeiten in besonderer Weise grundrechtsrelevant sind und dem Schutz der Art. 4, 140 GG iVm Art. 137 Abs. 3 WRV, Art. 5 Abs. 1 S. 2, Abs. 3 GG, Art. 21, 9 Abs. 3 GG unterliegen. Sie sollen daher in besonderer Weise vor der Einflussnahme durch Arbeitnehmervertreter geschützt werden.[108] 68

Das Erfordernis der **Unmittelbarkeit** ist gegeben, wenn der Unternehmenszweck auf die Verwirklichung einer Tendenz gerichtet ist. Die bloße wirtschaftliche Förderung oder Unterstützung eines anderen Unternehmens bei der Tendenzverwirklichung ist nicht ausreichend.[109] Die Frage, wann ein Unternehmen **überwiegend** der Verwirklichung einer Tendenz dient, wird unterschiedlich beantwortet. Nach der sogenannten **Gepägetheorie** kommt es darauf an, dass eine qualitativ-wertende Betrachtung ergibt, dass die Tendenzverwirklichung für das Unternehmen prägend ist.[110] Die Gegenansicht möchte die überwiegende Tendenz hingegen an **quantitativen** Gesichtspunkten festmachen. Entscheidend sei demnach, in welchem Umfang das Unternehmen seine sachlichen und personellen Mittel auf tendenzgeschütze Zwecke verwendet.[111] 69

§ 1 Abs. 4 MitbestG bezieht sich auf das Unternehmen. Es ist daher unerheblich, ob einzelne Betriebe dem Tendenzschutz unterfallen oder nicht. Solange das **Gesamtunternehmen** überwiegend tendenzfern ist, unterliegen somit auch **einzelne Tendenzbetriebe** dieses Unternehmens der Mitbestimmung nach dem MitbestG oder im umgekehrten Fall können auch tendenzfremde Betriebe von der Privilegierung des § 1 Abs. 4 MitbestG erfasst sein.[112] (Zum Tendenzschutz im Konzern → Rn. 57 f.) 70

---

[102] MHdB ArbR/*Wißmann* § 382 Rn. 17.
[103] GroßkommAktG/*Oetker* MitbestG Vor MitbestG Rn. 73.
[104] Habersack/Henssler/*Habersack* MitbestG § 1 Rn. 48; WKS/*Wißmann* MitbestG § 1 Rn. 100.
[105] WKS/*Wißmann* MitbestG § 1 Rn. 101.
[106] WKS/*Wißmann* MitbestG § 1 Rn. 49; Raiser/Veil/Jacobs/*Raiser* MitbestG § 1 Rn. 40.
[107] Hoffmann/Lehmann/*Weinmann* MitbestG § 1 Rn. 50; MüKoAktG/*Annuß* MitbestG § 1 Rn. 19.
[108] NK-ArbR/*Heither/von Morgen* MitbestG § 1 Rn. 23; Henssler/Willemsen/Kalb/*Seibt* MitbestG § 1 Rn. 12.
[109] Habersack/Henssler/*Habersack* MitbestG § 1 Rn. 58; MüKoAktG/*Annuß* MitbestG § 1 Rn. 34.
[110] Raiser/Veil/Jacobs/*Raiser* MitbestG § 1 Rn. 50; Habersack/Henssler/*Habersack* MitbestG § 1 Rn. 60.
[111] MüKoAktG/*Annuß* MitbestG § 1 Rn. 35; WKS/*Wißmann* MitbestG § 1 Rn. 64.
[112] WKS/*Wißmann* MitbestG § 1 Rn. 66; Raiser/Veil/Jacobs/*Raiser* MitbestG § 1 Rn. 51.

71 Nach § 1 Abs. 4 S. 2 MitbestG erstreckt sich der Ausschluss der Mitbestimmung auch auf **Religionsgemeinschaften** und ihre karitativen und erzieherischen Einrichtungen. Hintergrund ist auch hier der besondere durch Art. 4, 140 GG iVm Art 137 WRV vermittelte Schutz.

3. Besonderheiten bei der Zusammensetzung des Aufsichtsrats

a) Bildungszwang

72 § 6 Abs. 1 MitbestG ordnet an, dass für die in § 1 Abs. 1 MitbestG genannten Unternehmen zwingend ein Aufsichtsrat zu bilden ist, soweit sich dies nicht schon aus anderen gesetzlichen Vorschriften ergibt. Die Bildung eines Aufsichtsrats ist für die AG (§§ 95 ff. AktG), für die KGaA (§ 278 Abs. 3 AktG, § 287 AktG) und für die Genossenschaft (§ 9 Abs. 1 GenG) ohnehin obligatorisch. Daher hat § 6 Abs. 1 MitbestG nur für die GmbH eigenständige Bedeutung.[113] Denn in einer GmbH ist die Bildung eines Aufsichtsrats grundsätzlich nicht zwingend vorgeschrieben, es besteht gem. § 52 GmbHG lediglich die Möglichkeit zur Bildung eines Aufsichtsrats. Durch den **Zwang zur Bildung eines Aufsichtsrats** sichert § 6 Abs. 1 MitbestG auch den Arbeitnehmern einer GmbH die Mitbestimmung auf Unternehmensebene.[114] § 6 Abs. 1 MitbestG ist abschließend. Eine analoge Anwendung auf andere Rechtsformen ist daher nicht möglich.[115]

b) Größe und Zusammensetzung des Aufsichtsrats

73 aa) **Größe.** (1) **Grundsatz.** § 7 MitbestG trifft eine eigene Regelung zur Größe und Zusammensetzung eines mitbestimmten Aufsichtsrats. Anders als § 95 AktG orientiert sich die Größe des mitbestimmten Aufsichtsrats dabei nicht an der Höhe des Grundkapitals, sondern an der **Zahl** der in dem Unternehmen in der Regel beschäftigten **Arbeitnehmer** (zur Bestimmung der Unternehmensgröße → Rn. 27 ff.).[116] Diese Norm geht der allgemeinen aktienrechtlichen Regelung gem. § 95 S. 5 AktG vor.[117]

74 (2) **Größenklassen nach § 7 Abs. 1 MitbestG.** § 7 Abs. 1 S. 1 MitbestG ordnet Unternehmen in drei **Größenklassen** ein, nach denen sich die Größe des Aufsichtsrats richtet. Der Aufsichtsrat besteht in Unternehmen mit in der Regel
- Nr. 1: nicht mehr als 10.000 Arbeitnehmern aus je sechs Mitgliedern der Anteilseigner und der Arbeitnehmer,
- Nr. 2: mehr als 10.000, aber nicht mehr als 20.000 Arbeitnehmern aus je acht Mitgliedern der Anteilseigner und der Arbeitnehmer,
- Nr. 3: mehr als 20.000 Arbeitnehmern aus je zehn Mitgliedern der Anteilseigner und der Arbeitnehmer.

75 Diese Regelung ist **zwingend,** soweit § 7 Abs. 1 S. 2, 3 MitbestG keine **abweichende Regelung** in der Satzung oder dem Gesellschaftsvertrag zulässt.[118] Die Möglichkeit, die Zahl der Aufsichtsratsmitglieder durch Satzung oder Gesellschaftsvertrag zu erhöhen, sieht § 7 Abs. 1 S. 2, 3 MitbestG für Unternehmen mit nicht mehr als 10.000 Arbeitnehmern sowie für Unternehmen mit mehr als 10.000 und nicht mehr als 20.000 Arbeitnehmern vor. Unternehmen mit nicht mehr als 10.000 Arbeitnehmern können die Zahl ihrer Aufsichtsratsmitglieder von 12 auf 16 oder 20 Mitglieder erhöhen. Unternehmen mit mehr als 10.000 und weniger als 20.000 Arbeitnehmern können die Zahl der Mitglieder des Aufsichtsrats von 16 auf 20 Mitglieder erhöhen.

76 In Unternehmen mit mehr als 20.000 Arbeitnehmern muss der Aufsichtsrat aus 20 Mitgliedern bestehen.[119] **Nicht möglich** ist es, die Zahl der Aufsichtsratsmitglieder in der Satzung zu **verringern** oder auf über 20 zu erhöhen.[120] Unzulässig ist zudem eine satzungsmäßige Bestimmung, die eine Mitgliedszahl zwischen den genannten vorsieht.[121] Wird die Höchstzahl an Aufsichtsratsmitgliedern überschritten, ist die Wahl gem. § 250 Abs. 1 Nr. 3 AktG nichtig.[122]

77 Wie sich eine **nachträgliche Veränderung** der Anzahl der Arbeitnehmer auf die Zusammensetzung des Aufsichtsrats auswirkt, beurteilt sich danach, ob der Aufsichtsrat gemäß den gesetzlichen Vorschriften besetzt ist oder die Größe des Aufsichtsrats satzungsmäßig bestimmt ist. Ist der Aufsichtsrat nach den **ge-**

---

[113] ErfK/*Oetker* MitbestG § 6 Rn. 1; Henssler/Willemsen/Kalb/*Seibt* MitbestG § 6 Rn. 1.
[114] WKS/*Wißmann* MitbestG § 6 Rn. 2; Habersack/Henssler/*Habersack* MitbestG § 6 Rn. 1.
[115] *Fedke* NZG 2017, 848; *Hoffmann/Lehmann/Weinmann* MitbestG § 1 Rn. 62.
[116] *Hoffmann/Lehmann/Weinmann* MitbestG § 7 Rn. 3; MüKoAktG/*Annuß* MitbestG § 7 Rn. 2.
[117] Habersack/Henssler/*Henssler* MitbestG § 7 Rn. 2; NK-ArbR/*Heither/von Morgen* MitbestG § 7 Rn. 1.
[118] ErfK/*Oetker* MitbestG § 7 Rn. 1; WKS/*Wißmann* MitbestG § 7 Rn. 2.
[119] *Hoffmann/Lehmann/Weinmann* MitbestG § 7 Rn. 4; NK-ArbR/*Heither/von Morgen* MitbestG § 7 Rn. 3.
[120] BGH NZG 2012, 347; MüKoAktG/*Annuß* MitbestG § 7 Rn. 3.
[121] Habersack/Henssler/*Henssler* MitbestG § 7 Rn. 17.
[122] MüKoAktG/*Annuß* MitbestG § 7 Rn. 5; NK-ArbR/*Heither/von Morgen* MitbestG § 7 Rn. 2.

setzlichen Vorschriften zusammengesetzt und werden durch die Änderung der Zahl der Arbeitnehmer die für die Größe des Aufsichtsrats maßgeblichen Schwellenwerte des § 7 Abs. 1 S. 1 Nr. 1–3 MitbestG über- oder unterschritten, ist zunächst ein Statusverfahren (→ Rn. 491 ff.) nach §§ 97 ff. AktG durchzuführen.[123] Ist die Größe des Aufsichtsrats hingegen **satzungsmäßig bestimmt** und erhöht sich während der Amtszeit des Aufsichtsrats die Zahl der Arbeitnehmer, ist kein Statusverfahren durchzuführen, wenn die durch § 7 Abs. 1 S. 1 MitbestG vorgeschriebene Aufsichtsratsgröße nicht unterschritten wird.[124] Ebenso kann die Zahl der Aufsichtsratsmitglieder beibehalten werden, wenn die bisher nach § 7 Abs. 1 S. 1 MitbestG erforderliche Größe des Aufsichtsrats auch in der Satzung festgeschrieben war. Verringert sich dann die Arbeitnehmerzahl, sodass das Unternehmen in eine niedrigere Größenklasse fällt, sind keine Neuwahlen des Aufsichtsrats durchzuführen, da diese Satzungsbestimmung als eine iSd § 7 Abs. 1 S. 2, 3 MitbestG zu verstehen ist.[125]

bb) Besetzung. Ein nicht mitbestimmter Aufsichtsrat setzt sich allein aus Vertretern der Anteilseignerseite zusammen. Ein nach dem MitbestG zusammengesetzter Aufsichtsrat besteht hingegen aus 12, 16 oder 20 Mitgliedern und ist stets **paritätisch,** also zu gleichen Teilen durch Anteilseigner- und Arbeitnehmervertreter zusammenzusetzen. Unter den Arbeitnehmervertretern muss sich gem. § 15 Abs. 1 S. 2 MitbestG ein **leitender Angestellter** und eine dem § 7 Abs. 2 MitbestG entsprechende Anzahl **gewerkschaftlicher Interessenvertreter** befinden. 78

cc) Zusammensetzung. (1) Geschlechterquote des § 96 Abs. 2 AktG. Gemäß § 96 Abs. 2 AktG muss in börsennotierten Gesellschaften, die der paritätischen Mitbestimmung unterliegen, der Aufsichtsrat zu mindestens 30 % aus Frauen und mindestens zu 30 % aus Männern bestehen. Entsprechend § 96 Abs. 2 S. 4 ist bei der Ermittlung der Quoten **mathematisch** auf volle Personen zu **runden.** Somit sind bei Aufsichtsräten bestehend aus 12 Mitgliedern mindestens 4, bei 16 Mitgliedern mindestens 5 und bei 20 Mitgliedern mindestens 6 Vertreter des jeweiligen Geschlechts zu bestellen. 79

Grundsätzlich sind die Quoten nach § 96 Abs. 2 S. 2 AktG durch den Aufsichtsrat insgesamt, also gemeinsam durch Anteilseigner- und Arbeitnehmerseite zu erfüllen **(Grundsatz der Gesamterfüllung).** Eine Unterrepräsentation auf der einen Seite kann somit durch eine Überrepräsentation auf der anderen Seite kompensiert werden.[126] Nach § 96 Abs. 2 S. 3 AktG können jedoch beide Seiten vor der Wahl durch Mehrheitsbeschluss gegenüber dem Aufsichtsratsvorsitzenden der Gesamterfüllung **widersprechen.** 80

In diesem Fall sind die Geschlechterquoten von Anteilseigner- und Arbeitnehmerseite getrennt zu erfüllen. Bei der Getrennterfüllung müssen nach **§ 7 Abs. 3 MitbestG** mindestens je 30 % der Arbeitnehmervertreter Frauen bzw. Männer sein. § 7 Abs. 3 MitbestG wiederholt insofern einen Teil des § 96 Abs. 2 AktG, ist in seinem **Anwendungsbereich** jedoch enger. § 7 Abs. 3 MitbestG betrifft nur die Arbeitnehmerseite im Falle der Getrennterfüllung.[127] Einigkeit besteht darüber, dass die **Rundungsregelung** des § 96 Abs. 2 S. 4 AktG auch hier gilt, obwohl § 7 MitbestG nicht ausdrücklich auf diesen verweist.[128] Bei einem 16-köpfigen Aufsichtsrat führt dies zur Besonderheit, dass anstelle von 5 lediglich 4 Sitze mit Vertretern des unterrepräsentierten Geschlechts zu besetzen sind. Die Vorgaben des § 7 Abs. 3 MitbestG beziehen sich auf die **gesamte Arbeitnehmerbank,** es ist daher nicht nach Gewerkschaftsvertretern, leitenden Angestellten oder sonstigen Arbeitnehmern zu differenzieren.[129] 81

Werden die von § 7 Abs. 3 MitbestG gestellten Vorgaben nicht eingehalten, ordnet § 18a Abs. 1 MitbestG an, wie das Geschlechterverhältnis herzustellen ist. § 18a Abs. 2 MitbestG regelt sodann, welche Kandidaten bei Verstößen gegen die Geschlechterquote nicht Teil des Aufsichtsrats werden. Dies sollen je der Kandidat mit der geringsten Legitimation sein. Die Anordnung der Nichtigkeit führt zu einem „**leeren Stuhl**" auf der Arbeitnehmerbank. Dieser kann nach § 18a Abs. 2 S. 2 MitbestG entweder durch Nachwahl oder gerichtliche Ersatzbestellung iSd § 104 AktG besetzt werden. Die Einhaltung der Geschlechterquote wird im Falle der Nachwahl durch § 17 Abs. 3 MitbestG geschützt. Die Wahl von Mitgliedern des Aufsichtsrats über die Entsendung in den Aufsichtsrat durch die Hauptversammlung ist nach § 96 Abs. 2 S. 6 AktG nichtig, wenn hierbei gegen die Geschlechterquote verstoßen wird. Dies wird durch § 250 Abs. 1 Nr. 5 AktG nochmals klargestellt. Zur Klärung der Frage, welcher Stuhl in diesem Fall leer bleibt, ist zwischen Block- und Einzelwahl zu unterscheiden. Bei der Blockwahl ist die gesamte 82

---

[123] GroßkommAktG/*Oetker* MitbestG § 7 Rn. 8; *Lembke/Ludwig,* Das Recht der Unternehmensmitbestimmung, 2014, § 4 Rn. 47.
[124] NK-ArbR/*Heither/von Morgen* MitbestG § 7 Rn. 7; Großkomm AktG/*Oetker* MitbestG § 7 Rn. 8.
[125] WKS/*Wißmann* MitbestG § 7 Rn. 9; MüKoAktG/*Annuß* MitbestG § 7 Rn. 4.
[126] Vgl. NK-ArbR/*Heither/von Morgen* MitbestG § 7 Rn. 35.
[127] WKS/*Wißmann* MitbestG § 7 Rn. 23.
[128] NK-ArbR/*Heither/von Morgen* MitbestG § 7 Rn. 30; WKS/*Wißmann* MitbestG § 7 Rn. 23.
[129] *Röder/C. Arnold* NZA 2015, 279 (281); Habersack/Henssler/*Henssler* MitbestG § 7 Rn. 95.

Wahl betreffend des überrepräsentierten Geschlechts nichtig; bei der Einzelwahl der in zeitlicher Abfolge zuerst gegen die Quote verstoßende Wahlbeschluss sowie ggf. folgende weitere Verstöße.[130]

83 Nach § 96 Abs. 3 AktG ist die Geschlechterquote auch bei börsennotierten Gesellschaften, die aus einer **grenzüberschreitenden Verschmelzung** hervorgegangen sind und bei denen nach dem MgVG das Aufsichts- oder Verwaltungsorgan paritätisch besetzt ist, einzuhalten. Ergibt sich hingegen eine nicht-paritätische Besetzung, ist die Quote nicht anzuwenden.[131]

84 **(2) Quote gewerkschaftlicher Interessenvertreter, § 7 Abs. 2 MitbestG.** Dem mitbestimmten Aufsichtsrat muss auch eine dem § 7 Abs. 2 MitbestG entsprechende Quote von **Gewerkschaftsvertretern** angehören. Besteht ein Aufsichtsrat aus 12 Mitgliedern, sind 4 der 6 Arbeitnehmervertreter Arbeitnehmer des Unternehmens und zwei Vertreter von Gewerkschaften, § 7 Abs. 2 Nr. 1 MitbestG. Bei einem Aufsichtsrat, der aus je 8 Anteilseigner- und Arbeitnehmervertretern besteht, sind 6 der Arbeitnehmervertreter Arbeitnehmer des Unternehmens und 2 Vertreter der Gewerkschaft, § 7 Abs. 2 Nr. 2 MitbestG. In einem Aufsichtsrat mit 20 Mitgliedern, sind 7 der Arbeitnehmervertreter Arbeitnehmer des Unternehmens und 3 Vertreter der Gewerkschaft, § 7 Abs. 2 Nr. 3 MitbestG. Die Gewerkschaftsvertreter werden nach § 16 Abs. 2 MitbestG ausschließlich durch die Gewerkschaften zur Wahl vorgeschlagen. Es muss sich nach § 7 Abs. 5 MitbestG um Vertreter von Gewerkschaften handeln, die in dem **Unternehmen** selbst oder in einem Unternehmen, das jedenfalls an der Wahl teilnimmt, **vertreten** sind. Die Vertreter selbst hingegen müssen weder dem Unternehmen oder der vorschlagenden Gewerkschaft angehören.[132]

85 **dd) Unternehmen im Gründungsstadium.** Das MitbestG enthält keine besonderen Regelungen für Unternehmen im Gründungsstadium. Für die **AG und KGaA** finden sich solche jedoch in den §§ 30, 31, 278 Abs. 3 AktG. Nach §§ 30, 278 Abs. 3 AktG bestellen im Falle einer **Bargründung** oder **Sachgründung ohne Einbringung von Unternehmensteilen** allein die Gründer den ersten Aufsichtsrat. Die Vorschriften über die Bestellung von Aufsichtsratsmitgliedern der Arbeitnehmer sind nach § 30 Abs. 2 AktG ausdrücklich nicht anzuwenden. Die Amtszeit ist nach § 30 Abs. 3 S. 1 AktG bis auf das Ende der ersten Hauptversammlung, die über die Entlastung für das erste Voll- oder Rumpfgeschäftsjahr beschließt, beschränkt. Sie dauert unter Berücksichtigung des § 120 Abs. 1 S. 1 AktG maximal 20 Monate. Vor Ablauf der Amtszeit hat der Vorstand das Überleitungsverfahren nach § 97 ff. AktG einzuleiten, im Zuge dessen dann ein mitbestimmter Aufsichtsrat nach § 7 MitbestG gebildet wird. (Zu den Besonderheiten bei der erstmaligen Anwendung des MitbestG → Rn. 332 ff.).

86 Erfolgt die Gründung hingegen unter **Einbringung oder Übernahme eines Unternehmens oder Unternehmensteils,** so ordnen §§ 31, 278 AktG an, dass von Anfang an ein Aufsichtsrat nach § 7 MitbestG zu bilden ist. Allerdings sind in einem solchen Fall vorerst nur die Anteilseignervertreter zu bestellen. Für diese gelten nach § 31 Abs. 2 AktG Erleichterungen hinsichtlich der Beschlussfähigkeit. Nach § 31 Abs. 3 AktG hat der Vorstand die Bekanntmachung über die endgültige Zusammensetzung des Aufsichtsrats nach § 97 AktG unverzüglich nach Einbringung bzw. Übernahme vorzunehmen. Die Arbeitnehmervertreter werden dann im Zuge dieses Verfahrens (nach-) gewählt. Die Anteilseignervertreter bleiben nach § 31 Abs. 3 S. 3 AktG im Amt. Ihre Amtszeit ist wegen § 30 Abs. 3 S. 1 AktG auf maximal 20 Monate beschränkt. Diese Beschränkung gilt nicht für die Arbeitnehmervertreter.[133] Die Neugründung durch Verschmelzung läuft nach § 36 Abs. 2 S. 1 UmwG entsprechend ab.

87 Für die **GmbH und die Genossenschaft** existieren keine das **Gründungsstadium** betreffenden Sondervorschriften. Insofern sieht das Gesetz die Errichtung eines mitbestimmten Aufsichtsrats im Gründungsstadium nicht vor. Erst wenn die Unternehmen später in die Mitbestimmung hineinwachsen, ist gemäß § 6 Abs. 2 MitbestG das Statusverfahren nach §§ 97 ff. AktG durchzuführen. Die GmbH kann durch Einbringung oder Übernahme eines Unternehmens oder Unternehmensteils gegründet werden und dadurch bereits im Gründungsstadium mehr als 2.000 Arbeitnehmer regelmäßig beschäftigen. Für den Fall der AG ist dieser Fall in den §§ 30 f. AktG geregelt. Hier ist die Errichtung eines Aufsichtsrats, der dem später geltenden Mitbestimmungsstatut entspricht, zwingend. Für die GmbH wird daher teilweise vertreten, dass das MitbestG bereits im Gründungsstadium anzuwenden ist,[134] während andere die Einleitung eines Statusverfahrens fordern, wenn ersichtlich ist, dass das Unternehmen später unter das MitbestG fällt.[135]

---

[130] NK-ArbR/*Heither/von Morgen* MitbestG § 7 Rn. 39; *Röder/C. Arnold* NZA 2015, 279 (280).
[131] Hüffer/Koch/*Koch* AktG § 96 Rn. 27; BeckOGK/*Spindler* AktG § 96 Rn. 45.
[132] WKS/*Wißmann* MitbestG § 7 Rn. 45; Raiser/Veil/Jacobs/*Jacobs* MitbestG § 7 Rn. 24.
[133] Habersack/Henssler/*Habersack* MitbestG § 6 Rn. 6; WKS/*Wißmann* MitbestG § 7 Rn. 16.
[134] So etwa Raiser/Veil/Jacobs/*Raiser* MitbestG § 1 Rn. 29 f.
[135] WKS/*Wißmann* MitbestG § 7 Rn. 21; Habersack/Henssler/*Habersack* MitbestG § 6 Rn. 7.

4. Besonderheiten bei der Wahl des Aufsichtsrats sowie der Beendigung des Mandats

a) Anteilseignervertreter

Für die **Wahl der Aufsichtsratsmitglieder** der Anteilseigner ergeben sich aus dem MitbestG keine Besonderheiten gegenüber dem allgemeinen aktienrechtlichen Wahlverfahren (→ § 2 Rn. 109). 88

b) Arbeitnehmervertreter

aa) Allgemeines. (1) Unterteilung in Wahlverfahren durch Delegierte und unmittelbare Wahl. In 89 § 9 MitbestG sind zwei **Wahlverfahren** geregelt. In Unternehmen mit in der Regel mehr als 8.000 Arbeitnehmern werden die Aufsichtsratmitglieder durch Delegierte gewählt, während die Aufsichtsratsmitglieder in Unternehmen mit nicht mehr als 8.000 Arbeitnehmern grundsätzlich unmittelbar von den wahlberechtigten Arbeitnehmern gewählt werden.

Auf **Antrag** von mindestens 5% der Arbeitnehmer kann jedoch gem. § 9 Abs. 3 MitbestG darüber 90 abgestimmt werden, ob die Wahl nach dem jeweils anderen Verfahren erfolgen soll. Beteiligen sich an dieser Abstimmung mindestens 50% der Arbeitnehmer, kann mit der Mehrheit der abgegebenen Stimmen das jeweils andere Verfahren beschlossen werden.

(2) Wahlordnungen. Die §§ 9–23 MitbestG regeln nur die Grundzüge der Aufsichtsratswahl. Die Ein- 91 zelheiten des Verfahrens sind in drei Wahlordnungen zum MitbestG ausgestaltet. Welche **Wahlordnung** Anwendung findet, bestimmt sich danach, ob an der Wahl Arbeitnehmer eines Unternehmens mit einem Betrieb (1. WOMitbestG), eines Unternehmens mit mehreren Betrieben (2. WOMitbestG) oder Arbeitnehmer mehrerer Unternehmen (3. WOMitbestG) teilnehmen.

(3) Wahlberechtigung. Wahlberechtigt sind nach § 10 Abs. 2 S. 1 MitbestG, § 18 S. 1 MitbestG Ar- 92 beitnehmer (§ 3 Abs. 1 MitbestG) des Unternehmens, die das 18. Lebensjahr vollendet haben. Arbeitnehmer iSd MitbestG sind die Arbeitnehmer nach § 5 Abs. 1 BetrVG sowie die leitenden Angestellten nach § 5 Abs. 3 BetrVG. Sie sind unternehmensangehörig, wenn das Arbeitsverhältnis zu dem Unternehmen besteht, in dem die Aufsichtsratswahl stattfindet oder sie bei der Wahl nach §§ 4, 5 MitbestG zu berücksichtigen sind. In einem gekündigten Arbeitsverhältnis bleibt der Arbeitnehmer bis zum Ablauf der Kündigungsfrist wahlberechtigt.[136] Wird der Arbeitnehmer nach Erhebung einer Kündigungsschutzklage weiterbeschäftigt, besteht sein Wahlrecht über den Ablauf der Kündigungsfrist hinaus.[137]

Bei der **unmittelbaren Aufsichtsratswahl** kommt es für die Wahlberechtigung grundsätzlich nicht 93 auf die Betriebszugehörigkeit, sondern nur auf die Unternehmenszugehörigkeit an. Wahlberechtigt sind dennoch nur Arbeitnehmer, die einem inländischen Betrieb angehören (vgl. zum Verlust der Wahlberechtigung bei Wechsel in einen ausländischen Betrieb und deren Europarechtskonformität → Rn. 23).[138] Da es sich bei dem Aufsichtsrat um ein Unternehmensorgan handelt, sind Arbeitnehmer, die mehreren Betrieben desselben Unternehmens angehören, aus Gründen der Wahlgleichheit, nur in dem Betrieb wahlberechtigt, in dem der Schwerpunkt ihrer Tätigkeit liegt. Arbeitnehmer, die jedoch – etwa aufgrund von Teilzeitbeschäftigungen – mehreren Betrieben verschiedener Unternehmen angehören, sind in beiden Betrieben wahlberechtigt.[139] Arbeitnehmer eines Gemeinschaftsbetriebs sind in allen Unternehmen, die den Betrieb führen, wahlberechtigt.[140]

Aufgrund der Verweisung des § 10 Abs. 2 S. 2 MitbestG auf § 7 S. 2 BetrVG sind auch **Leiharbeit-** 94 **nehmer** unter der Voraussetzung wahlberechtigt, dass sie länger als drei Monate in dem Unternehmen eingesetzt werden. Die Leiharbeitnehmer sind nicht erst nach dem Ablauf von drei Monaten wahlberechtigt, sondern bereits ab Beginn der Tätigkeit bei dem Leihunternehmen, sofern die voraussichtliche Dauer des Einsatzes mindestens drei Monate beträgt.[141]

Ausreichend ist es, wenn die Voraussetzungen für die **Wahlberechtigung** am letzten Tag der Wahl 95 vorliegen. Zu diesem **Zeitpunkt** muss der Arbeitnehmer zur Ausübung seines Wahlrechts auch in die Wählerliste eingetragen sein.[142]

(4) Wählbarkeit. Neben den allgemeinen Wählbarkeitsvoraussetzungen der § 100 Abs. 1, 2 AktG, § 105 96 AktG ordnet § 7 Abs. 4 MitbestG weitere Voraussetzungen für das **passive Wahlrecht** der Arbeitneh-

---

[136] NK-ArbR/*Heither/von Morgen* MitbestG § 10 Rn. 7.
[137] WKS/*Wißmann* MitbestG § 10 Rn. 22.
[138] Habersack/Henssler/*Henssler* MitbestG § 18 Rn. 5; MüKoAktG/*Annuß* MitbestG § 18 Rn. 3.
[139] WKS/*Wißmann* MitbestG § 10 Rn. 24; NK-ArbR/*Heither/von Morgen* MitbestG § 10 Rn. 8; Habersack/Henssler/*Henssler* MitbestG § 10 Rn. 21.
[140] BAG AP DrittelbG § 5 Nr. 2; GroßkommAktG/*Oetker* MitbestG § 10 Rn. 10; WKS/*Wißmann* MitbestG § 10 Rn. 26.
[141] MüKoAktG/*Annuß* MitbestG § 10 Rn. 7; WKS/*Wißmann* MitbestG § 10 Rn. 34 f.
[142] MüKoAktG/*Annuß* MitbestG § 10 Rn. 8.

mervertreter an. Wählbar sind demnach Arbeitnehmer (§ 3 Abs. 1 MitbestG) des Unternehmens, die das 18. Lebensjahr vollendet haben und dem Unternehmen bereits ein Jahr angehören. Relevanter Zeitpunkt für das Vorliegen dieser Voraussetzungen ist der Amtsantritt des Aufsichtsrats.[143] Leiharbeitnehmer sind gem. § 14 Abs. 2 S. 1 AÜG nicht zum Aufsichtsrat im Entleiherunternehmen wählbar. Besondere fachliche Qualifiktationen müssen nicht vorliegen.[144]

97 Für die **Berechnung der Jahresfrist** sind nach § 7 Abs. 4 S. 2 MitbestG auch Beschäftigungszeiten bei einem anderen Unternehmen, dessen Arbeitnehmer gem. §§ 4, 5 MitbestG zu berücksichtigen sind, anzurechnen. Ebenso werden Beschäftigungszeiten angerechnet, in denen der Arbeitnehmer als Leiharbeitnehmer im Unternehmen eingesetzt war, wenn er unmittelbar im Anschluss vom Entleiher übernommen wird.[145]

98 **Nicht wählbar** ist nach § 8 Abs. 1 S. 3 BetrVG, wer infolge strafgerichtlicher Verurteilung die Fähigkeit, Rechte aus öffentlichen Wahlen zu erlangen, nicht besitzt.[146]

99 **(5) Bekanntmachung, § 19 MitbestG.** Das zur Vertretung des Unternehmens befugte Organ hat unverzüglich (§ 121 Abs. 1 BGB) nach der Bestellung der Aufsichtsratmitglieder deren Namen und die der Ersatzmitglieder in den Betrieben des Unternehmens **bekanntzumachen** und im Bundesanzeiger zu veröffentlichen. Die Bekanntmachung muss daher so schnell wie im ordnungsgemäßen Geschäftsgang möglich erfolgen. Das zuständige Vertretungsorgan erlangt die hierfür notwendige Kenntnis hinsichtlich der Arbeitnehmervertreter durch die Mitteilung des Wahlvorstands und bei Anteilseignervertretern spätestens durch das Versammlungsprotokoll der Hauptversammlung.[147]

100 Die **Bekanntmachungspflicht** trifft das gesetzliche Vertretungsorgan. Nehmen gem. §§ 4, 5 MitbestG Betriebe anderer Unternehmen an der Aufsichtsratswahl teil, sind gem. § 19 S. 2 MitbestG jeweils die gesetzlichen Vertretungsorgane des Unternehmens zur Bekanntmachung verpflichtet, zu dem die Betriebe gehören.[148] Zur Veröffentlichung im Bundesanzeiger ist nur das Unternehmen verpflichtet, dessen Aufsichtsrat gewählt wurde.[149] Bekanntzumachen sind die Namen der Aufsichtsratsmitglieder und der Ersatzmitglieder sowie die Angabe, wer Aufsichtsratsmitglied und wer Ersatzmitglied ist.[150]

101 Diese Verpflichtung bezieht sich auf die Bestellung der **Arbeitnehmer- sowie der Anteilseignervertreter.**[151]

102 Die Verpflichtung nach § 19 MitbestG betrifft jede Bestellung eines Aufsichtsratsmitglieds. Dazu gehören neben den Bestellungen infolge einer Wahl (turnusmäßig oder Nachwahl) die gerichtliche Bestellung, das Nachrücken eines Ersatzmitglieds sowie die Entsendung eines Anteilseignervertreters in den Aufsichtsrat.[152] Bezüglich der **Form** der Bekanntmachung in den Betrieben macht das MitbestG keine Vorgaben, jedoch soll § 7 Abs. 4 1.–3. WOMitbestG entsprechend anwendbar sein.[153]

103 Neben der Bekanntmachungspflicht des § 19 MitbestG ist das Vertretungsorgan verpflichtet, jeden Wechsel der Aufsichtsratmitglieder gem. § 6 Abs. 2 S. 1 MitbestG iVm § 106 AktG durch Einreichung einer Liste der amtierenden Aufsichtsratsmitglieder beim **Handelsregister** nach außen bekanntzumachen.[154] Im Unterschied zu § 19 MitbestG ist davon nicht nur die Bestellung, sondern auch das Ausscheiden eines Aufsichtsrats- oder Ersatzmitglieds erfasst.[155]

104 In den an der Wahl beteiligten Unternehmen ist zudem der oberste Wahlvorstand verpflichtet, das **Wahlergebnis** und die Namen der Arbeitnehmervertreter mitzuteilen.[156]

105 Verletzt das Vertretungsorgan seine Pflicht zur Bekanntmachung im Bundesanzeiger, beginnt die Frist zur Wahlanfechtung nach § 22 Abs. 2 S. 2 MitbestG nicht zu laufen.[157] Aus dieser **Pflichtverletzung** können außerdem gem. § 93 AktG, § 43 GmbHG, § 34 GenG Schadensersatzansprüche gegen Mitglieder des Geschäftsleitungsorgans folgen.[158] Auf die Wirksamkeit der Bestellung der Aufsichtsratmitglieder wirkt sich das Unterbleiben der Bekanntmachung jedoch nicht aus.[159]

---

[143] Habersack/Henssler/*Henssler* MitbestG § 7 Rn. 35; ErfK/*Oetker* MitbestG § 7 Rn. 3.
[144] *Lenz* BB 2018, 2548 (2549).
[145] WKS/*Wißmann* MitbestG § 10 Rn. 37; zu § 8 BetrVG BAG BeckRS 2013, 65451.
[146] Einzelheiten zum passiven Wahlrecht bei WKS/*Wißmann* MitbestG § 7 Rn. 25 ff.
[147] Habersack/Henssler/*Henssler* MitbestG § 19 Rn. 7; WKS/*Wißmann* MitbestG § 19 Rn. 6 f.
[148] Habersack/Henssler/*Henssler* MitbestG § 19 Rn. 3; Raiser/Veil/Jacobs/*Jacobs* MitbestG § 19 Rn. 2.
[149] GroßkommAktG/*Oetker* MitbestG § 19 Rn. 5; WKS/*Wißmann* MitbestG § 19 Rn. 9.
[150] WKS/*Wißmann* MitbestG § 19 Rn. 3; Habersack/Henssler/*Henssler* MitbestG § 19 Rn. 5.
[151] MüKoAktG/*Annuß* MitbestG § 19 Rn. 5; GroßkommAktG/*Oetker* MitbestG § 19 Rn. 10.
[152] ErfK/*Oetker* MitbestG § 19 Rn. 2; Henssler/Willemsen/Kalb/*Seibt* MitbestG § 19 Rn. 2.
[153] Habersack/Henssler/*Henssler* MitbestG § 19 Rn. 6; MüKoAktG/*Annuß* MitbestG § 19 Rn. 4; WKS/*Wißmann* MitbestG § 19 Rn. 8.
[154] ErfK/*Oetker* MitbestG § 19 Rn. 1; MüKoAktG/*Annuß* MitbestG § 19 Rn. 1.
[155] Habersack/Henssler/*Henssler* MitbestG § 19 Rn. 4; Raiser/Veil/Jacobs/*Jacobs* MitbestG § 19 Rn. 1.
[156] §§ 48, 80 WOMitbestG 1; §§ 52, 86 WOMitbestG 2; §§ 52, 86 WOMitbestG 3.
[157] Habersack/Henssler/*Henssler* MitbestG § 19 Rn. 10; MüKoAktG/*Annuß* MitbestG § 19 Rn. 6.
[158] WKS/*Wißmann* MitbestG § 19 Rn. 10; Raiser/Veil/Jacobs/*Jacobs* MitbestG § 19 Rn. 2.

(6) Wahlschutz und Wahlkosten, § 20 MitbestG. § 20 Abs. 1, 2 MitbestG verbietet jedes Verhalten, 106
das zu einer **Wahlbehinderung** oder **Wahlbeeinflussung** führt. Die Regelung bezweckt zum einen den
ordnungsgemäßen Ablauf der Wahlen und Abstimmungen nach dem MitbestG, zum anderen den Schutz
des aktiven und passiven Wahlrechts der an der Wahl Beteiligten.[160]

Das Verbot richtet sich an jedermann, insbesondere an die Arbeitgeber, einzelne Anteilseigner oder 107
Arbeitnehmer, den Betriebsrat und Gewerkschaften.[161] Geschützt sind alle im Zusammenhang mit der
Aufsichtsratswahl vorgesehenen Wahlen und Abstimmungen. Das umfasst auch die Wahlvorbereitung, insbesondere die Bildung und Tätigkeit des Wahlvorstands.[162] Der **Wahlschutz** erstreckt sich ebenfalls auf
die Wahlanfechtung und die Abberufung nach § 23 MitbestG.[163]

Der **Schutzbereich** des § 20 MitbestG erfasst jeden, der im Rahmen des Wahlverfahrens Rechte aus- 108
übt oder Pflichten zu erfüllen hat. Neben den aktiv und passiv wahlberechtigten Arbeitnehmern zählen
dazu bspw. auch die Wahlvorstände und Wahlhelfer.[164] Eine verbotene Wahlbehinderung liegt vor, wenn
einer dieser an der Wahl Beteiligten in der Ausübung seiner Rechte und Pflichten beeinträchtigt oder
beschränkt wird und dadurch eine Störung des Wahlverlaufs bewirkt werden kann.[165] Unterlässt das Unternehmen eine sich aus dem MitbestG oder der WOMitbestG ergebende Pflicht zur Unterstützung der
Wahl, so kann sich auch daraus eine verbotene Wahlbehinderung ergeben.[166]

Ausdrücklich normiert ist in § 20 Abs. 1 S. 2 MitbestG die Wahlbehinderung durch **Beschränkung** 109
des Wahlrechts. Der Arbeitgeber verletzt diese Pflicht, wenn er Arbeitnehmer versetzt oder ihnen kündigt, um sie an der Teilnahme der Wahl zu hindern. Zwar ist § 15 KSchG nicht anwendbar.[167] Rechtsgeschäftliche Maßnahmen, die gegen § 20 MitbestG verstoßen, sind aber aufgrund dieses Verstoßes gem.
§ 134 BGB nichtig.[168]

Verboten ist gem. § 20 Abs. 2 MitbestG weiterhin die **Wahlbeeinflussung** durch Zufügung oder An- 110
drohung von Nachteilen oder durch Gewährung oder Versprechen von Vorteilen. Das Beeinflussungsverbot ist wie das Behinderungsverbot gegen jedermann gerichtet und umfasst Wahlen und Abstimmungen
in demselben Umfang.[169] Abweichend von § 20 Abs. 1 MitbestG wird durch das Beeinflussungsverbot
jedoch nicht jegliche Form der Wahlbeeinflussung untersagt. Verboten ist die Wahlbeeinflussung nur,
wenn sie die Freiheit und Unabhängigkeit der Wahl gefährdet.[170] Insbesondere ist Wahlwerbung durch
Gewerkschaften und Arbeitnehmer von dem Verbot der Wahlbeeinflussung nicht erfasst. Da Werbung
Teil demokratischer Wahlen ist, wird sie im Gegenteil sogar von § 20 Abs. 1 MitbestG geschützt.[171] Der
Betriebsrat, der amtierende Aufsichtsrat, der Wahlvorstand sowie das Unternehmen sind hingegen zur
Neutralität im Wahlverfahren verpflichtet.[172] Für den Arbeitgeber soll jedoch keine strikte Neutralitätspflicht bestehen.[173]

Das Unternehmen, dessen Aufsichtsrat gewählt wird, hat nach § 20 Abs. 3 S. 1 MitbestG die **Kosten** 111
der Wahl zu tragen. Die Kostentragungspflicht umfasst ebenso wie der Wahlschutz den gesamten Vorgang
der Wahl.[174] Daneben tritt die Pflicht des Unternehmens, dem Betriebswahlvorstand den erforderlichen
Geschäftsbedarf zur Verfügung zu stellen, § 7 Abs. 5 1.–3. WOMitbestG.[175]

Das Unternehmen hat nur die **Kosten** zu tragen, die der Wahlvorstand bei pflichtgemäßer Beurteilung 112
für eine ordnungsgemäße Durchführung der Wahl für erforderlich halten durfte.[176] Dem Wahlvorstand
kommt dabei ein Beurteilungsspielraum zu.[177] Zu den erforderlichen Kosten der Wahl zählen auch die
Kosten für Schulungen der Wahlvorstandsmitglieder in angemessenem Umfang.[178]

---

[159] MüKoAktG/*Annuß* MitbestG § 19 Rn. 6; GroßkommAktG/*Oetker* MitbestG § 19 Rn. 12.
[160] WKS/*Wißmann* MitbestG § 20 Rn. 1.
[161] Vgl. ausführlich Habersack/Henssler/*Henssler* MitbestG § 20 Rn. 3; Raiser/Veil/Jacobs/*Jacobs* MitbestG § 20 Rn. 2.
[162] Ausführlich WKS/*Wißmann* MitbestG § 20 Rn. 8.
[163] Raiser/Veil/Jacobs/*Jacobs* MitbestG § 20 Rn. 2; MüKoAktG/*Annuß* MitbestG § 20 Rn. 4.
[164] Raiser/Veil/Jacobs/*Jacobs* MitbestG § 20 Rn. 2.
[165] WKS/*Wißmann* MitbestG § 20 Rn. 14f.; MüKoAktG/*Annuß* MitbestG § 20 Rn. 5.
[166] GroßkommAktG/*Oetker* MitbestG § 20 Rn. 9; Raiser/Veil/Jacobs/*Jacobs* MitbestG § 20 Rn. 5.
[167] Raiser/Veil/Jacobs/*Jacobs* MitbestG § 20 Rn. 4; MüKoAktG/*Annuß* MitbestG § 20 Rn. 7.
[168] WKS/*Wißmann* MitbestG § 20 Rn. 53; GroßkommAktG/*Oetker* MitbestG § 20 Rn. 10.
[169] Habersack/Henssler/*Henssler* MitbestG § 20 Rn. 1.
[170] Raiser/Veil/Jacobs/*Jacobs* MitbestG § 20 Rn. 7; WKS/*Wißmann* MitbestG § 20 Rn. 29.
[171] WKS/*Wißmann* MitbestG § 20 Rn. 29.
[172] GroßkommAktG/*Oetker* MitbestG § 20 Rn. 13 ff.; WKS/*Wißmann* MitbestG § 20 Rn. 46.
[173] Vgl. BAG NZA 2018, 458 zu § 20 Abs. 2 BetrVG; Habersack/Henssler/*Henssler* MitbestG § 20 Rn. 22a.
[174] WKS/*Wißmann* MitbestG § 20 Rn. 56; Habersack/Henssler/*Henssler* MitbestG § 20 Rn. 37; Raiser/Veil/Jacobs/*Jacobs* MitbestG § 20 Rn. 12f.
[175] MüKoAktG/*Annuß* MitbestG § 20 Rn. 18; WKS/*Wißmann* MitbestG § 20 Rn. 2.
[176] MüKoAktG/*Annuß* MitbestG § 20 Rn. 17; BAG NZA 2005, 1250.
[177] Raiser/Veil/Jacobs/*Jacobs* MitbestG § 20 Rn. 15; Habersack/Henssler/*Henssler* MitbestG § 20 Rn. 38.
[178] Hierzu und zu weiteren erforderlichen Kosten: WKS/*Wißmann* MitbestG § 20 Rn. 59 ff.

113 Für die Tätigkeit im Wahlvorstand wird keine besondere **Vergütung** gezahlt, sie ist ehrenamtlich. Dem Arbeitnehmer sollen aus der Betätigung im Wahlvorstand jedoch auch keine finanziellen Nachteile erwachsen.[179] Daher hat der Arbeitgeber gem. § 20 Abs. 3 S. 2 MitbestG das Arbeitsentgelt für die Arbeitszeit, die zur Ausübung des Wahlrechts oder der Betätigung im Wahlvorstand erforderlich ist, fortzuzahlen.

114 Daraus folgt, dass sowohl die nach dem MitbestG vorgesehenen Wahlen und Abstimmungen als auch die Tätigkeit des Wahlvorstands **während der Arbeitszeit** stattfinden sollen. Der Arbeitgeber hat die Wahlvorstandsmitglieder – soweit für die Wahrnehmung ihrer Aufgaben erforderlich – von ihrer Pflicht zur Arbeitsleistung zu befreien.[180] Muss die Tätigkeit eines Wahlvorstandsmitglieds aus betriebsbedingten Gründen außerhalb der Arbeitszeit stattfinden, besteht gem. § 37 Abs. 3 BetrVG analog ein Anspruch auf Freizeitausgleich.[181]

115 **(7) Nichtigkeit und Anfechtbarkeit der Wahl.** § 21 MitbestG regelt die **Anfechtung** der Delegiertenwahl. Zweck der Vorschrift ist zu vermeiden, dass Fehler bei der Delegiertenwahl zur Anfechtbarkeit der Wahl der Aufsichtsratmitglieder führen und diese wiederholt werden muss.[182]

116 **Anfechtungsgegenstand** ist die Delegiertenwahl eines bestimmten Betriebs.[183] Auch wenn sich der Fehler des Wahlverfahrens auf alle Delegierten auswirkt, ist eine betriebsübergreifende Wahlanfechtung nicht möglich. Die Delegiertenwahl ist in diesem Fall für jeden Betrieb einzeln anzufechten.[184] Ausdrücklich sieht § 21 Abs. 1 MitbestG nur die Anfechtung der Wahl aller Delegierten eines Betriebs vor. Es kann jedoch auch nur die Wahl einzelner Delegierter oder eines Wahlgangs angefochten werden, wenn sich der geltend gemachte Mangel nur auf diese Delegierten bezieht.[185]

117 Voraussetzung der **Anfechtbarkeit** ist ein Verstoß gegen wesentliche Vorschriften über das Wahlrecht, die Wählbarkeit oder das Wahlverfahren, durch den das Wahlergebnis geändert oder beeinflusst werden konnte. Wesentlich sind die zwingenden Vorschriften aus dem MitbestG und den Wahlordnungen, mit Ausnahme der reinen Ordnungs- und Soll-Vorschriften.[186] Eine Anfechtung der Wahl scheidet aus, wenn der Verstoß berichtigt wurde[187] oder er sich auf das Ergebnis der Wahl nicht auswirken konnte. Der Fehler muss das Wahlergebnis nicht tatsächlich beeinflusst haben. Ausreichend ist die Möglichkeit der Beeinflussung.[188] Diese wird im Zweifel – zu Lasten der Wirksamkeit der Wahl – widerleglich vermutet.[189]

118 In § 21 Abs. 2 S. 1 MitbestG werden die **Anfechtungsberechtigten** abschließend benannt. Die Anfechtungsfrist beträgt gem. § 21 Abs. 2 S. 2 MitbestG zwei Wochen ab Bekanntmachung des Wahlergebnisses durch den Wahlvorstand.

119 Die Voraussetzungen, die § 22 Abs. 1 MitbestG für die **Anfechtung** der Wahl der Aufsichtsratmitglieder und der Ersatzmitglieder der Arbeitnehmer benennt, entsprechen denen des § 21 Abs. 1 MitbestG.[190] Die Anfechtungsberechtigung ist in § 22 Abs. 2 S. 1 MitbestG abschließend geregelt und anders als § 21 Abs. 2 S. 1 MitbestG unternehmens- und nicht betriebsbezogen.[191]

120 Neben der Anfechtung der Wahl der Aufsichtsratmitglieder kann die Delegiertenwahl nach § 21 MitbestG getrennt angefochten werden.[192] Dabei ist das Verhältnis von § 22 MitbestG zu § 21 MitbestG umstritten. Hierbei geht es um die Frage, ob die Anfechtung gem. § 22 MitbestG wegen eines Fehlers bei der Wahl der Delegierten zulässig ist, wenn die Delegiertenwahl zuvor nicht nach § 21 MitbestG angefochten wurde. Die hM folgt der **Trennungstheorie**.[193] Demzufolge kann die Aufsichtsratswahl nicht wegen eines Fehlers bei der Delegiertenwahl angefochten werden, wenn nicht zuvor einer Anfechtung der Delegiertenwahl rechtskräftig stattgegeben worden ist. Teilweise wird die Trennungstheorie derart

---

[179] Habersack/Henssler/*Henssler* MitbestG § 20 Rn. 43; Raiser/Veil/Jacobs/*Jacobs* MitbestG § 20 Rn. 17.
[180] MüKoAktG/*Annuß* MitbestG § 20 Rn. 18; BAG AP BetrVG 1972 § 20 Nr. 5.
[181] NK-ArbR/*Heither/von Morgen* MitbestG § 20 Rn. 10; Raiser/Veil/Jacobs/*Jacobs* MitbestG § 20 Rn. 18.
[182] BT Drs. 7/2172, 25 f.; MüKoAktG/*Annuß* MitbestG § 21 Rn. 1.
[183] WKS/*Wißmann* MitbestG § 21 Rn. 8; GroßkommAktG/*Oetker* MitbestG § 21 Rn. 2.
[184] MüKoAktG/*Annuß* MitbestG § 21 Rn. 4; GroßkommAktG/*Oetker* MitbestG § 21 Rn. 2.
[185] GroßkommAktG/*Oetker* MitbestG § 21 Rn. 3; MüKoAktG/*Annuß* § 21 MitbestG Rn. 5; aA Habersack/Henssler/*Henssler* MitbestG § 21 Rn. 2.
[186] Raiser/Veil/Jacobs/*Jacobs* MitbestG § 22 Rn. 6; zu den Verfahrensverstößen vgl. WKS/*Wißmann* MitbestG § 21 Rn. 12 f.
[187] GroßkommAktG/*Oetker* MitbestG § 21 Rn. 8; Henssler/Habersack/*Henssler* MitbestG § 21 Rn. 25.
[188] BAG NJW 1955, 766; für das DrittelbG BAG NZA 2012, 633.
[189] GroßkommAktG/*Oetker* MitbestG § 21 Rn. 9; MüKoAktG/*Annuß* MitbestG § 21 Rn. 7.
[190] Zu den Verstößen, die idR eine Anfechtung der Wahl der Aufsichtsratmitglieder ermöglichen vgl. WKS/*Wißmann* MitbestG § 22 Rn. 36 ff.
[191] Raiser/Veil/Jacobs/*Jacobs* MitbestG § 22 Rn. 15; GroßkommAktG/*Oetker* MitbestG § 22 Rn. 10.
[192] WKS/*Wißmann* MitbestG § 22 Rn. 24.
[193] Habersack/Henssler/*Henssler* MitbestG § 22 Rn. 2; WKS/*Wißmann* MitbestG § 22 Rn. 41 mwN; aA Fuchs/Köstler/*Pütz* HdB zur Aufsichtsratswahl Rn. 637a.

modifiziert, dass diese Einschränkung nicht gilt, wenn der nach § 22 MitbestG Anfechtende nach § 21 Abs. 2 MitbestG nicht anfechtungsberechtigt war.[194]

Wird die Aufsichtsratswahl wirksam angefochten, hat das Arbeitsgericht den Anfechtungsgrund durch eine **Berichtigung des Wahlergebnisses** zu beseitigen. Ist eine Berichtigung nicht möglich, ist die Aufsichtsratswahl mit Wirkung für die Zukunft nichtig (ex nunc) und das Aufsichtsratmandat beendet.[195] 121

Die Delegiertenwahl sowie die Wahl der Aufsichtsratsmitglieder ist nicht nur anfechtbar, sondern **nichtig,** wenn ein besonders schwerwiegender Verstoß gegen Wahlvorschriften vorliegt, der den Anschein einer dem Gesetz entsprechenden Wahl zerstört.[196] Die Nichtigkeit der Wahl kann zeitlich unbegrenzt und von jedermann geltend gemacht werden. Im Gegensatz zur Anfechtung wird die Wahl rückwirkend unwirksam (ex tunc).[197] 122

bb) Die Wahl über Delegierte, §§ 10 ff. MitbestG. Das **Verfahren** zur **Aufsichtsratswahl über Delegierte** ist in §§ 10 ff. MitbestG sowie in §§ 52 ff. 1. WOMitbestG, §§ 56 ff. 2. WOMitbestG, 3. WOMitbestG geregelt. Die Delegierten werden gem. § 10 Abs. 1 MitbestG in jedem Betrieb des Unternehmens gewählt. Die Zahl der zu wählenden Delegierten pro Betrieb berechnet der Wahlvorstand nach den Vorgaben des § 11 MitbestG, § 52 1. WOMitbestG, §§ 56 2. WOMitbestG, 3. WOMitbestG. Dabei ist die Verteilung der Delegierten zwischen den Arbeitnehmern und den leitenden Angestellten nach § 11 Abs. 2 MitbestG zu beachten.[198] 123

In jedem Betrieb des Unternehmens sind nur die Arbeitnehmer wahlberechtigt, die diesem Betrieb angehören oder ihm für die Delegiertenwahl gem. § 11 Abs. 3, 4 MitbestG zugeordnet sind. Voraussetzung für die **Wahlberechtigung** zu der Delegiertenwahl ist somit zusätzlich die Zugehörigkeit zu einem Betrieb des Unternehmens.[199] 124

Die Delegierten werden von den wahlberechtigten Arbeitnehmern des Betriebs vorgeschlagen, § 12 MitbestG, § 54 1. WOMitbestG, §§ 60 2. WOMitbestG, 3.WoMitbestG. Vorschlagsberechtigt für die **Wahl der Delegierten** der Arbeitnehmer nach § 3 Abs. 1 S. 1 Nr. 1 MitbestG sind nur die Arbeitnehmer, für die Delegierten der leitenden Angestellten nur diese, §§ 25, 29 1. WOMitbestG, §§ 27, 31 2. WOMitbestG, 3. WOMitbestG.[200] Die Wahl findet für die Delegierten der Arbeitnehmer und der leitenden Angestellten in zwei gesonderten Wahlgängen statt. Liegen für einen Wahlgang mindestens zwei gültige Wahlvorschläge vor, können die wahlberechtigten Arbeitnehmer ihre Stimme für einen der Wahlvorschläge abgeben, § 38 1. WOMitbestG, §§ 40 2. WOMitbestG, 3. WOMitbestG. Dabei sind für beide Wahlgänge alle wahlberechtigten Arbeitnehmer des Unternehmens stimmberechtigt. Wurde hingegen für einen Wahlgang nur ein gültiger Wahlvorschlag eingereicht, findet eine Wahl der Delegierten nicht statt. Die in dem Wahlvorschlag angegebenen Arbeitnehmer gelten in der angegebenen Reihenfolge als gewählt, § 10 Abs. 4 MitbestG. 125

Die Delegierten wählen sodann die Aufsichtsratsmitglieder der Arbeitnehmer in der **Delegiertenversammlung,** § 68 1. WOMitbestG, §§ 74 2. WOMitbestG, 3. WOMitbestG. Die Wahl findet in drei Wahlgängen statt: der Wahl der Vertreter der Arbeitnehmer gem. § 3 Abs. 1 S. 1 Nr. 1 MitbestG, der Vertreter der leitenden Angestellten und der Gewerkschaften. Die zu wählenden Aufsichtsratsmitglieder werden zuvor von den Arbeitnehmern vorgeschlagen, §§ 24 ff. 1. WOMitbestG, 26 ff. 2. WOMitbestG, 3. WOMitbestG.[201] Gibt es für einen Wahlgang mehrere Wahlvorschläge, werden die Aufsichtsratsmitglieder durch Verhältniswahl gewählt. Wurde hingegen nur ein Wahlvorschlag eingereicht, werden die Aufsichtsratsmitglieder der Arbeitnehmer durch Mehrheitswahl gewählt, § 15 Abs. 3 MitbestG. Ebenso werden die Aufsichtsratsmitglieder der leitenden Angestellten durch Mehrheitswahl gewählt.[202] 126

cc) Unmittelbare Wahl, § 18 MitbestG. Werden die Aufsichtsratsmitglieder der Arbeitnehmer **unmittelbar gewählt,** bestimmt § 18 MitbestG, dass die §§ 15–17 MitbestG mit der Maßgabe anzuwenden sind, dass an die Stelle der Delegierten die wahlberechtigten Arbeitnehmer treten. Weitere Einzelheiten zum Verfahren bei der unmittelbaren Wahl der Aufsichtsratsmitglieder der Arbeitnehmer finden sich in §§ 37–49 1. WOMitbestG, §§ 39–53 2. WOMitbestG, 3. WOMitbestG. 127

---

[194] Raiser/Veil/Jacobs/*Jacobs* MitbestG § 22 Rn. 3; NK-ArbR/*Heither/von Morgen* MitbestG § 22 Rn. 3.
[195] GroßkommAktG/*Oetker* MitbestG § 22 Rn. 9; Habersack/Henssler/*Henssler* MitbestG § 22 Rn. 17 f.
[196] Zu § 19 BetrVG: BAG NZA 2012, 345; zu § 11 DrittelbG: BAG NZA 2013, 853; LAG Düsseldorf NZA-RR 2017, 435; Habersack/Henssler/*Henssler* MitbestG § 21 Rn. 36.
[197] Raiser/Veil/Jacobs/*Jacobs* MitbestG § 21 Rn. 14.
[198] Zu Einzelheiten vgl. Raiser/Veil/Jacobs/*Jacobs* MitbestG § 11 Rn. 4–8.
[199] Habersack/Henssler/*Henssler* MitbestG § 10 Rn. 19; GroßkommAktG/*Oetker* MitbestG § 10 Rn. 11; zu den Einzelheiten der Betriebszugehörigkeit: WKS/*Wißmann* MitbestG § 10 Rn. 18.
[200] Dazu ausführlich: Habersack/Henssler/*Henssler* MitbestG § 12 Rn. 6 ff.
[201] Ausführlich zu den Wahlvorschlägen: WKS/*Wißmann* MitbestG § 15 Rn. 24 ff.
[202] Vgl. Raiser/Veil/Jacobs/*Jacobs* MitbestG § 15 Rn. 13 ff.

c) Beendigung des Mandats

128 **aa) Abberufung der Arbeitnehmervertreter im Aufsichtsrat.** Neben der gerichtlichen Abberufung eines Aufsichtsratsmitglieds gem. § 6 Abs. 2 MitbestG iVm § 103 Abs. 3 AktG und der Anfechtung der Aufsichtsratswahl kann gem. § 23 MitbestG auf Antrag die **Abberufung** eines Aufsichtsratsmitglieds der Arbeitnehmer beschlossen werden.[203] Das Abberufungsverfahren des § 23 MitbestG findet ausschließlich für die gewählten Arbeitnehmervertreter und deren Ersatzmitglieder Anwendung. Die Anteilseignervertreter können dagegen gem. § 103 Abs. 1 AktG von der Hauptversammlung abberufen werden.[204] Gerichtlich bestellte Aufsichtsratsmitglieder können nur nach § 103 Abs. 3 AktG abberufen werden (→ § 2 Rn. 192 f.).[205]

129 Die Hürde der Abberufung eines Aufsichtsratsmitglieds gem. § 23 MitbestG besteht darin, die hohen **Zustimmungswerte** zu erreichen, ein Abberufungsgrund ist daneben nicht erforderlich.[206]

130 Das **Abberufungsverfahren** ist in § 23 MitbestG und ergänzend in §§ 82–91 1. WOMitbestG, §§ 88–97 und 108–113 2. WOMitbestG, 3. WOMitbestG geregelt. Es wird mit einem schriftlichen Antrag auf Abberufung eines, mehrerer oder aller Aufsichtsratsmitglieder der Arbeitnehmer eingeleitet.[207] Die Antragsberechtigung bestimmt sich nach § 23 Abs. 1 S. 2 Nr. 1–3 MitbestG und ist gruppenbezogen. Antragsberechtigt ist demnach jeweils, wer für die Wahl ein Vorschlagsrecht gem. §§ 15 Abs. 2, 16 Abs. 2 MitbestG hat.[208] Hat das Aufsichtsratsmitglied zwischenzeitlich seine Gruppenzugehörigkeit gewechselt, ist das für seine Abberufung unbeachtlich, § 24 Abs. 2 MitbestG.[209] Der Antrag auf Abberufung der Aufsichtsratsmitglieder der Arbeitnehmer nach § 3 Abs. 1 S. 1 Nr. 1 MitbestG und der leitenden Angestellten muss ein Quorum von drei Viertel der Wahlberechtigten der jeweiligen Arbeitnehmergruppe erreichen.[210] Der Antrag auf Abberufung des Aufsichtsratsmitglieds der Gewerkschaft muss gem. § 23 Abs. 1 S. 2 Nr. 3 MitbestG von der Gewerkschaft gestellt werden, die das Mitglied vorgeschlagen hat. Ein bestimmtes Quorum ist für den Antrag auf Abberufung des Aufsichtsratsmitglieds der Gewerkschaft nicht vorgeschrieben.[211] Der Abberufungsantrag ist – je nach anwendbarer Wahlordnung – an den Betriebsrat (§ 82 Abs. 1 1. WOMitbestG), den Gesamtbetriebsrat (§ 88 Abs. 1 2. WOMitbestG) oder den Konzernbetriebsrat (§ 88 Abs. 1 3. WOMitbestG) zu richten.

131 Der Betriebsrat, bei dem der Abberufungsantrag eingeht, hat zunächst zu prüfen, ob der Antrag offensichtlich nicht den Anforderungen des § 23 Abs. 1 S. 2 MitbestG entspricht. Das ist insbesondere dann der Fall, wenn den Antragstellern die Antragsbefugnis fehlt oder das erforderliche Quorum offensichtlich nicht erreicht ist.[212] Ist der Antrag nicht offensichtlich unzulässig, bildet der Betriebsrat den **obersten Wahlvorstand,** § 82 Abs. 2 1. WOMitbestG, § 88 Abs. 2 2. WOMitbestG, 3. WOMitbestG. Für die Bildung des Wahlvorstands sowie für seine Aufgaben, die Zusammensetzung und die Geschäftsführung finden die §§ 3–7 1.–3. WOMitbestG entsprechende Anwendung. Unverzüglich nach seiner Bildung hat der Wahlvorstand eine Liste der nach § 23 Abs. 1 S. 2 MitbestG antragsberechtigten Arbeitnehmer zu erstellen. Aufgrund dieser Liste hat der Wahlvorstand erneut die Gültigkeit des Abberufungsantrags zu überprüfen. Maßgeblicher Zeitpunkt für die Gültigkeit ist die Überprüfung des Antrags.[213]

132 Ist der Abberufungsantrag gültig, beschließt das Gremium, welches das Aufsichtsratsmitglied gewählt hat, gem. § 23 Abs. 2, 3 MitbestG über seine Abberufung. Für den **Abberufungsbeschluss** sind drei Viertel der abgegebenen Stimmen erforderlich. Ein Mindestquorum sieht § 23 MitbestG für die Abstimmung nicht vor.[214]

133 Wurde das Aufsichtsratsmitglied durch Delegierte gewählt und hat deren Amtszeit vorzeitig geendet, stellt sich die Frage, welche **Folgen** dies für das Abberufungsverfahren hat. Dafür sind verschiedene Konstellationen zu unterscheiden: Bei der **vorzeitigen Beendigung der Amtszeit** aller Delegierten gem. § 13 Abs. 4 MitbestG kommt es zur Neuwahl der Delegierten.[215] Das Gleiche gilt, wenn nach der Aufsichtsratswahl neue Betriebe oder Unternehmen hinzugekommen sind.[216] Wurde die Amtszeit hingegen

---

[203] WKS/*Wißmann* MitbestG § 23 Rn. 4 f.; GroßkommAktG/*Oetker* MitbestG § 23 Rn. 2.
[204] Raiser/Veil/Jacobs/*Jacobs* MitbestG § 23 Rn. 1; NK-ArbR/*Heither/von Morgen* MitbestG § 23 Rn. 1.
[205] MüKoAktG/*Annuß* MitbestG § 23 Rn. 5; GroßkommAktG/*Oetker* MitbestG § 23 Rn. 3.
[206] Habersack/Henssler/*Henssler* MitbestG § 23 Rn. 1; ErfK/*Oetker* MitbestG § 23 Rn. 1.
[207] WKS/*Wißmann* MitbestG § 23 Rn. 8; aA Habersack/Henssler/*Henssler* MitbestG § 23 Rn. 9; MüKoAktG/*Annuß* MitbestG § 23 Rn. 5.
[208] GroßkommAktG/*Oetker* MitbestG § 23 Rn. 6; Raiser/Veil/Jacobs/*Jacobs* MitbestG § 23 Rn. 4.
[209] GroßkommAktG/*Oetker* MitbestG § 23 Rn. 6.
[210] WKS/*Wißmann* MitbestG § 23 Rn. 10; MüKoAktG/*Annuß* MitbestG § 23 Rn. 6.
[211] Raiser/Veil/Jacobs/*Jacobs* MitbestG § 23 Rn. 4; GroßkommAktG/*Oetker* MitbestG § 23 Rn. 8.
[212] WKS/*Wißmann* MitbestG § 23 Rn. 14.
[213] Habersack/Henssler/*Henssler* MitbestG § 23 Rn. 17; WKS/*Wißmann* MitbestG § 23 MitbestG Rn. 19.
[214] Raiser/Veil/Jacobs/*Jacobs* MitbestG § 23 Rn. 5.
[215] WKS/*Wißmann* MitbestG § 13 Rn. 40; NK-ArbR/*Heither/von Morgen* MitbestG § 23 Rn. 6.
[216] Habersack/Henssler/*Henssler* MitbestG § 23 Rn. 23; WKS/*Wißmann* MitbestG § 23 Rn. 26.

gem. § 13 Abs. 2, 3 MitbestG vorzeitig beendet, scheidet die Neuwahl der Delegierten aus verfahrensökonomischen Gründen aus.[217] Vereinzelt wird vertreten, dass über die Abberufung in diesem Fall entgegen § 23 Abs. 2 MitbestG unmittelbar durch die Arbeitnehmer beschlossen werden soll.[218] Dies widerspricht jedoch dem Gedanken des § 23 Abs. 2, 3 MitbestG, wonach die Abberufung spiegelbildlich zur Wahl des Aufsichtsratsmitglieds erfolgen soll.[219] Daher bleibt bei der vorzeitigen Beendigung der Amtszeit nach § 13 Abs. 2, 3 MitbestG ein Restmandat der Delegierten für das Abberufungsverfahren bestehen.[220] Das gilt jedoch nicht für die Delegierten, deren Amt nach § 14 MitbestG aus persönlichen Gründen vorzeitig endet.[221]

134 Mit der Mitteilung des Abstimmungsergebnisses an das Aufsichtsratsmitglied durch den Wahlvorstand endet sein Mandat.[222] Sofern ein Ersatzmitglied vorhanden ist, rückt dieses nach. Ansonsten kommt es zu einer Nachwahl oder einer gerichtlichen Ersatzbestellung.[223] Das **Ausscheiden des Aufsichtsratsmitglieds** ist gem. § 6 Abs. 2 MitbestG iVm § 106 AktG bekanntzumachen.[224]

135 **bb) Erlöschen des Aufsichtsratsamtes eines Arbeitnehmervertreters.** § 24 Abs. 1 MitbestG beendet das Amt eines unternehmensangehörigen Aufsichtsratsmitglieds der Arbeitnehmer kraft Gesetzes bei **Verlust der Wählbarkeitvoraussetzungen.** Daneben findet § 6 Abs. 2 MitbestG iVm § 100 AktG für den Verlust der persönlichen Wählbarkeitsvoraussetzungen Anwendung.[225]

136 Die Vorschrift des § 24 Abs. 1 MitbestG ist nur auf die **unternehmensangehörigen Arbeitnehmervertreter** anwendbar, nicht hingegen auf die Vertreter der Anteilseigner und der Gewerkschaften.[226] Das gilt auch in dem Fall, dass die Gewerkschaft nicht mehr in dem Unternehmen vertreten ist oder ihre Gewerkschaftseigenschaft verliert.[227]

137 Neben den aktienrechtlichen Vorschriften zur Beendigung des Aufsichtsratsmandats findet § 24 Abs. 1 MitbestG Anwendung, wenn die **Wählbarkeitsvoraussetzungen** des § 7 Abs. 4 MitbestG **entfallen.** Die Hauptanwendungsfälle des § 24 Abs. 1 MitbestG sind die Beendigung des Arbeitsverhältnisses zu dem Unternehmen sowie der Verlust der Arbeitnehmerstellung des Aufsichtsratsmitglieds.[228] Damit ist § 24 Abs. 1 MitbestG auch anwendbar, wenn das Arbeitsverhältnis des Aufsichtsratsmitglieds infolge eines Betriebsübergangs auf ein anderes Unternehmen übergeht.[229]

138 Wird das Arbeitsverhältnis durch eine **arbeitgeberseitige Kündigung** beendet, endet das Aufsichtsratsmandat mit Ablauf der Kündigungsfrist. Erhebt das Aufsichtsratsmitglied rechtzeitig Kündigungsschutzklage, besteht bis zum Abschluss dieses Prozesses ein Schwebezustand.[230] Wird das Aufsichtsratsmitglied während dieser Zeit weiterbeschäftigt, bleibt sein Aufsichtsratsmandat während des Prozesses bestehen und er kann dieses auch weiter ausüben. Besteht für den Arbeitnehmer hingegen kein Weiterbeschäftigungsanspruch, ruht sein Mandat für die Dauer des Prozesses. Für diese Zeit übernimmt ein Ersatzmitglied die Ausübung des Mandats.[231] Die Amtsausübung des Ersatzmitglieds steht in diesem Fall unter dem Vorbehalt, dass das Aufsichtsratsmitglied wieder in sein Amt eintritt, wenn die Kündigungsschutzklage erfolgreich ist oder ein Weiterbeschäftigungsanspruch entsteht.[232] Besteht kein Ersatzmitglied, kommt es zu einer gerichtlichen Ersatzbestellung. Eine Nachwahl findet während des Schwebezustandes nicht statt.[233]

139 Keine Anwendung findet § 24 MitbestG hingegen bei der **Versetzung** eines Aufsichtsratsmitglieds zu einem anderen Betrieb desselben Unternehmens oder zu einem anderen Unternehmen, dessen Arbeitnehmer gem. §§ 4, 5 MitbestG an der Aufsichtsratswahl teilnehmen.[234]

140 Das Aufsichtsratsmandat wird durch ein vorübergehendes **Ruhen des Arbeitsverhältnisses** nicht beendet.[235] Etwas anderes gilt für Arbeitnehmer, deren Arbeitspflicht während der Freistellungsphase im

---

[217] GroßkommAktG/*Oetker* MitbestG § 23 Rn. 11; WKS/*Wißmann* MitbestG § 23 Rn. 22.
[218] MüKoAktG/*Annuß* MitbestG § 23 Rn. 9.
[219] WKS/*Wißmann* MitbestG § 23 Rn. 22.
[220] Habersack/Henssler/*Henssler* MitbestG § 23 Rn. 19; GroßkommAktG/*Oetker* MitbestG § 23 Rn. 11.
[221] Habersack/Henssler/*Henssler* MitbestG § 23 Rn. 19.
[222] MüKoAktG/*Annuß* MitbestG § 23 Rn. 11; GroßkommAktG/*Oetker* MitbestG § 23 Rn. 13.
[223] Raiser/Veil/Jacobs/*Jacobs* MitbestG § 23 Rn. 6; WKS/*Wißmann* MitbestG § 23 Rn. 27; *Schmid* DK 2018, 335.
[224] NK-ArbR/*Heither/von Morgen* MitbestG § 23 Rn. 7.
[225] MüKoAktG/*Annuß* MitbestG § 24 Rn. 2; WKS/*Wißmann* MitbestG § 24 Rn. 3.
[226] ErfK/*Oetker* MitbestG § 24 Rn. 1; MüKoAktG/*Annuß* MitbestG § 24 Rn. 6.
[227] Raiser/Veil/Jacobs/*Jacobs* MitbestG § 24 Rn. 2; WKS/*Wißmann* MitbestG § 24 Rn. 8; aA Habersack/Henssler/*Henssler* MitbestG § 24 Rn. 5.
[228] ErfK/*Oetker* MitbestG § 24 Rn. 1; NK-ArbR/*Heither/von Morgen* MitbestG § 24 Rn. 2.
[229] GroßkommAktG/*Oetker* MitbestG § 24 Rn. 3; WKS/*Wißmann* MitbestG § 24 Rn. 5.
[230] WKS/*Wißmann* MitbestG § 24 Rn. 14 f.
[231] MüKoAktG/*Annuß* MitbestG § 24 Rn. 4.
[232] WKS/*Wißmann* MitbestG § 24 Rn. 16.
[233] Habersack/Henssler/*Henssler* MitbestG § 24 Rn. 7; MüKoAktG/*Annuß* MitbestG § 24 Rn. 5.
[234] ErfK/*Oetker* MitbestG § 24 Rn. 1; Raiser/Veil/Jacobs/*Jacobs* MitbestG § 24 Rn. 2.
[235] WKS/*Wißmann* MitbestG § 24 Rn. 11.

Rahmen der Altersteilzeit ruht, da bereits mit dem Eintritt in die Freistellungsphase deren Unternehmenszugehörigkeit endet.[236] Ruht das Arbeitsverhältnis dagegen für eine längere Zeit – etwa im Fall der Elternzeit – wird das Aufsichtsratsmandat dadurch nicht beendet.[237] Das Aufsichtsratsmitglied verliert während des Ruhens des Arbeitsverhältnisses nicht seine Unternehmenszugehörigkeit.[238] Außerdem würde die Beendigung des Mandats – zumindest beim Ruhen des Arbeitsverhältnisses wegen Elternzeit – eine mittelbare Diskriminierung wegen des Geschlechts darstellen.[239]

141 § 24 Abs. 1 MitbestG regelt, dass es auf den Bestand des Aufsichtsratsmandats ohne Auswirkungen ist, wenn der Arbeitnehmer zwischenzeitlich einer anderen Arbeitnehmerkategorie angehört. Gemeint ist der Wechsel vom Arbeitnehmer nach § 3 Abs. 1 S. 1 Nr. 1 MitbestG zum leitenden Angestellten und umgekehrt.[240] Trotz des **Wechsels der Arbeitnehmerkategorie** vertritt das Aufsichtsratsmitglied auch weiterhin die Arbeitnehmergruppe, für die es gewählt wurde.[241]

5. Besonderheiten bei der Aufsichtsratstätigkeit

a) Grundsatz

142 Im Grundsatz richtet sich die Arbeit des Aufsichtsrats gem. § 25 MitbestG nach den für die **jeweilige Rechtsform** vorgeschriebenen gesetzlichen sowie den für das Unternehmen in der Satzung geregelten Vorgaben (→ § 3 Rn. 165, → § 4 Rn. 324). Dies gilt jedoch nur soweit, wie sich diese Regelungen mit den Vorgaben des MitbestG in §§ 27–29 MitbestG sowie §§ 31 und 32 MitbestG **vertragen**. Die Ausführungen an dieser Stelle beschränken sich auf die **besonderen mitbestimmungsrechtlichen Regelungen** dieser Vorschriften.

b) Herausgehobene Stellung des Aufsichtsratsvorsitzenden (und seines Stellvertreters), § 27 MitbestG

143 aa) **Allgemeines.** Dem **Aufsichtsratsvorsitzenden** kommen **nach dem MitbestG** eine herausgehobene Stellung innerhalb des Gremiums und eine Reihe besonderer Befugnisse zu. Seine Person ist daher von besonderer Bedeutung für das Gremium und die Gesellschaft. § 27 Abs. 1 MitbestG enthält sowohl das Recht als auch die Pflicht des Aufsichtsrats, einen Vorsitzenden und dessen Stellvertreter zu wählen.[242] (Zum Aufsichtsratsvorsitzenden allgemein → § 3 Rn. 23 ff.)

144 Aus diesem Grund sieht § 27 MitbestG ein Verfahren vor, wie diese Position zu besetzen ist und schafft damit **indisponible** Regelungen für alle vom MitbestG erfassten Gesellschaften. Insoweit handelt es sich bei § 27 Abs. 1 und 2 MitbestG um eine Ergänzung bzw. Modifikation von § 107 Abs. 1 AktG, der für AG, KGaA bereits originär und für die GmbH über § 25 Abs. 2 Nr. 2 MitbestG gilt. Für die eG werden Vorschriften für die Wahl des Vorsitzenden eingeführt, da das GenG die Bestellung eines Vorsitzenden zwar voraussetzt (vgl. zB § 57 Abs. 2 GenG), allerdings keine Regelungen hierüber enthält.[243] **Abweichende Regelungen** in der Satzung, Geschäftsordnung oder Beschlüssen des Aufsichtsrats sind unwirksam. Möglich sind allein **konkretisierende Regelungen** über Wahlmodalitäten, die sich innerhalb der Grenzen des § 27 MitbestG bewegen, wie beispielsweise Regelungen über den Zeitpunkt oder den Ort der Wahl etc.[244]

145 In der **Auswahl des Vorsitzenden** sowie seines Stellvertreters ist der Aufsichtsrat **frei** – das Gesetz schreibt insoweit nur vor, dass der Aufsichtsrat den Vorsitzenden und seinen Stellvertreter aus seiner Mitte bestimmt.[245] Engere Vorgaben macht das Gesetz nicht – und solche können auch nicht durch Satzung bestimmt werden.[246] Dementsprechend sind beispielsweise Vorgaben in der Satzung unwirksam, die bestimmen, dass der Vorsitzende immer der Anteilseignerseite oder gar einer konkreten Familie angehören oder eine näher bestimmte Qualifikation mitbringen muss.[247] Der Aufsichtsrat kann auch ein ehemaliges

---

[236] BAG NZA 2001, 461; LAG Nürnberg NZA-RR 2006, 358; NK-ArbR/*Heither/von Morgen* MitbestG § 24 Rn. 3.
[237] WKS/*Wißmann* MitbestG § 24 Rn. 12; MüKoAktG/*Annuß* MitbestG § 24 Rn. 4; aA Habersack/Henssler/*Henssler* MitbestG § 24 Rn. 8.
[238] NK-ArbR/*Heither/von Morgen* MitbestG § 24 Rn. 3.
[239] WKS/*Wißmann* MitbestG § 24 Rn. 12.
[240] Habersack/Henssler/*Henssler* MitbestG § 24 Rn. 2; MüKoAktG/*Annuß* MitbestG § 24 Rn. 7.
[241] Raiser/Veil/Jacobs/*Jacobs* MitbestG § 24 Rn. 3; GroßkommAktG/*Oetker* MitbestG § 24 Rn. 2.
[242] Habersack/Henssler/*Habersack* MitbestG § 27 Rn. 4; Raiser/Veil/Jacobs/*Raiser* MitbestG § 27 Rn. 5.
[243] Raiser/Veil/Jacobs/*Raiser* MitbestG § 27 Rn. 1; MüKoAktG/*Annuß* MitbestG § 27 Rn. 1.
[244] MHdB ArbR/*Uffmann* § 377 Rn. 3; Habersack/Henssler/*Habersack* MitbestG § 27 Rn. 5; WKS/*Schubert* MitbestG § 27 Rn. 7 f.
[245] WKS/*Schubert* MitbestG § 27 Rn. 6; ErfK/*Oetker* MitbestG § 27 Rn. 2; MüKoAktG/*Annuß* MitbestG § 27 Rn. 3.
[246] BGH NJW 1982, 1525; ErfK/*Oetker* MitbestG § 27 Rn. 2; WKS/*Schubert* MitbestG § 27 Rn. 6 f.; Habersack/Henssler/*Habersack* MitbestG § 27 Rn. 3.
[247] BGH NJW 1982, 1525; ErfK/*Oetker* MitbestG § 27 Rn. 2; WKS/*Schubert* MitbestG § 27 Rn. 6 f.; Habersack/Henssler/*Henssler* MitbestG § 27 Rn. 3; aA Henssler/Willemsen/Kalb/*Seibt* MitbestG § 27 Rn. 3 in Bezug auf die

Vorstandsmitglied zum Vorsitzenden ernennen, soweit § 100 Abs. 2 AktG dessen Aufsichtsratsmitgliedschaft nicht entgegensteht.[248]

Die Wahl des Vorsitzenden und seines Stellvertreters aus der Mitte hat insoweit auch Bedeutung für die **Beendigung des Vorsitzes:** Scheidet das Mitglied aus dem Gremium aus, endet auch der Vorsitz und die Position muss neu besetzt werden (zur Nachwahl → Rn. 151 ff.).[249] Unzulässig ist es, bereits bei der Wahl einen Ersatzmann zu bestimmen.[250]

Kommt der Aufsichtsrat seiner Pflicht, einen Vorsitzenden und einen Stellvertreter zu bestimmen, nicht (oder nur verzögert) nach, so kann dies eine Gefahr für die Funktionsfähigkeit des Aufsichtsrats darstellen. Daher kommt in solchen Fällen eine **Notbestellung** durch das Gericht analog § 6 Abs. 2 MitbestG iVm § 104 Abs. 2 AktG in Betracht.[251] Bei dieser Bestellung muss sich das Gericht an der Wertung des § 27 Abs. 2 MitbestG orientieren und den Vorsitzenden aus den Reihen der Anteilseignervertreter, den Stellvertreter aus den Reihen der Arbeitnehmervertreter bestimmen.[252]

Die Bestellung zum Vorsitzenden oder Stellvertreter ist grundsätzlich frei widerruflich, sie bedarf aber als contrarius actus desselben Verfahrens wie die Bestellung.[253] Das bedeutet nach überwiegender Ansicht, dass auf die Mehrheitserfordernisse bei der Wahl zum Vorsitzenden oder Stellvertreter abzustellen ist: Wurde der Kandidat nach § 27 Abs. 1 MitbestG gewählt, so bedarf es auch für seine **Abberufung** der Mehrheit nach § 27 Abs. 1 MitbestG. Scheitert die Abberufung, findet kein zweiter Wahlgang nach § 27 Abs. 2 MitbestG statt. Wurde er nach § 27 Abs. 2 MitbestG gewählt, so bedarf es einer diesem Absatz entsprechenden Mehrheit der jeweiligen Gruppe der Anteilseigner- bzw. Arbeitnehmervertreter.[254] Satzungsregelungen, die geringere Anforderungen an die Abwahl stellen (zB pauschal eine einfache Mehrheit) sind nach überwiegender Ansicht unzulässig.[255] Umstritten ist, ob in der Satzung abweichende Mehrheitserfordernisse **verabredet** werden können, die höhere Anforderungen an die Abwahl stellen.[256] Scheitert eine Abwahl des Vorsitzenden oder seines Stellvertreters, bleibt bei Vorliegen eines wichtigen Grundes lediglich das Verfahren nach § 103 Abs. 3 AktG.[257]

Der Aufsichtsrat ist nicht gehindert, **weitere Stellvertreter** zu bestellen (vgl. dazu allgemein → § 3 Rn. 144 ff.). Dies kann auch in der Satzung so vorgesehen werden, soweit nicht die Wahlfreiheit beschränkt wird.[258] Allerdings handelt es sich bei diesen weiteren Stellvertretern nicht um Stellvertreter im Sinne des § 27 MitbestG. Daher kommt nach überwiegender Ansicht für deren Wahl nicht das Verfahren des § 27 Abs. 1 oder 2 MitbestG zur Anwendung, sondern es findet eine Beschlussfassung nach § 29 MitbestG statt.[259]

Gemäß § 25 Abs. 1 S. 1 MitbestG iVm § 107 Abs. 1 S. 2 AktG hat bei allen Gesellschaftsformen außer der Genossenschaft eine **Anmeldung** des gewählten Vorsitzenden und seines Stellvertreters zum **Han-**

Zugehörigkeit zu Anteilseigner- bzw. Arbeitnehmerseite: *Seibt* hält die Bestellung eines Arbeitnehmervertreters zum Vorsitzenden wegen des Verbots der Überparität für verfassungsrechtlich bedenklich.

[248] Habersack/Henssler/*Habersack* MitbestG § 27 Rn. 3; WKS/*Schubert* MitbestG § 27 Rn. 6.
[249] Raiser/Veil/Jacobs/*Raiser* MitbestG § 27 Rn. 10.
[250] Raiser/Veil/Jacobs/*Raiser* MitbestG § 27 Rn. 21; MHdB ArbR/*Uffmann* § 377 Rn. 8; Habersack/Henssler/*Habersack* MitbestG § 27 Rn. 11, auch für die Nichtigkeit entsprechender Satzungsregelungen über die Nachfolge.
[251] ErfK/*Oetker* MitbestG § 27 Rn. 3; WKS/*Schubert* MitbestG § 27 Rn. 15; Habersack/Henssler/*Habersack* MitbestG § 27 Rn. 4; Raiser/Veil/Jacobs/*Raiser* MitbestG § 27 Rn. 8; jeweils mit weiteren Nachweisen auch zur aktienrechtlichen Literatur; vgl. → § 3 Rn. 39. Insbesondere die Bedeutung des Zweitstimmrechts des Vorsitzenden für die Funktionsfähigkeit spricht bei mitbestimmten Unternehmen nach dem MitbestG für eine weitergehende Zulässigkeit der Notbestellung.
[252] WKS/*Schubert* MitbestG § 27 Rn. 15 aE.
[253] MüKoAktG/*Annuß* MitbestG § 27 Rn. 16; ErfK/*Oetker* MitbestG § 27 Rn. 4; Habersack/Henssler/*Habersack* MitbestG § 27 Rn. 13; WKS/*Schubert* MitbestG § 27 Rn. 24; Döring/Grau NZG 2010, 1328 (1329).
[254] Vgl. dazu ausführlich WKS/*Schubert* MitbestG § 27 Rn. 24 ff.; Habersack/Henssler/*Habersack* MitbestG § 27 Rn. 13 ff. mit jeweils zahlreichen weiteren Nachweisen auch zu vereinzelten abweichenden Ansichten sowohl bzgl. der Mehrheitserfordernisse (zB Raiser/Veil/Jacobs/*Raiser* MitbestG § 27 Rn. 18 ff. für ein nach Abs. 2 gewähltes Mitglied). Für eine Kombination der Mehrheiten des Abs. 2 S. 2 mit einem Drittel der Mitglieder nach Sollstärke des Aufsichtsrats insgesamt MüKoAktG/*Annuß* MitbestG § 27 Rn. 18.
[255] Raiser/Veil/Jacobs/*Raiser* MitbestG § 27 Rn. 20; Habersack/Henssler/*Habersack* MitbestG § 27 Rn. 13; WKS/*Schubert* MitbestG § 27 Rn. 28.
[256] **Dafür:** zB Habersack/Henssler/*Habersack* MitbestG § 27 Rn. 13; Raiser/Veil/Jacobs/*Raiser* MitbestG § 27 Rn. 20; **dagegen:** zB WKS/*Schubert* MitbestG § 27 Rn. 28; Hoffmann/Lehmann/Weinmann MitbestG § 27 Rn. 25.
[257] Habersack/Henssler/*Habersack* MitbestG § 27 Rn. 13a; WKS/*Schubert* MitbestG § 27 Rn. 26 f.
[258] BGH NJW 1982, 1525; vgl. ausführlich Habersack/Henssler/*Habersack* MitbestG § 27 Rn. 18 ff.; WKS/*Schubert* MitbestG § 27 Rn. 17 ff., jeweils mwN.
[259] OLG Hamburg ZIP 1982, 1081; Habersack/Henssler/*Habersack* MitbestG § 27 Rn. 19; WKS/*Schubert* MitbestG § 27 Rn. 18; ErfK/*Oetker* MitbestG § 27 Rn. 7; MüKoAktG/*Annuß* MitbestG § 27 Rn. 9; GroßkommAktG/*Oetker* MitbestG § 27 Rn. 20; MHdB AG/*Hoffmann-Becking* § 31 Rn. 31; aA Raiser/Veil/Jacobs/*Raiser* MitbestG § 27 Rn. 15; *Raiser* NJW 1981, 2166; *Martens* DB 1980, 1386; *Wank* AG 1980, 153.

delsregister zu erfolgen, ohne dass dies jedoch eingetragen wird. Bei der Genossenschaft wird eine Mitteilung an den Prüfungsverband für erforderlich gehalten.[260]

151 **bb) Wahl des Aufsichtsratsvorsitzenden (und des Stellvertreters).** Das **Wahlverfahren** im **ersten Wahlgang** erfordert gemäß § 27 Abs. 1 MitbestG für seinen erfolgreichen Abschluss eine Zwei-Drittel-Mehrheit. Maßgeblich hierfür ist nach dem ausdrücklichen Wortlaut („aus denen er insgesamt zu bestehen hat") die **Soll-Stärke** des Aufsichtsrats.[261] Im ersten Wahlgang soll also ein Konsens beider Gruppen im Aufsichtsrat herbeigeführt werden. Bei der Auswahl des Kandidaten zum Vorsitzenden bzw. zu seinem Stellvertreter ist der Aufsichtsrat dabei frei (→ Rn. 145), solange der Kandidat die gesetzlichen Voraussetzungen erfüllt. Möglich sind dabei sowohl eine **Blockwahl** (gemeinsame Wahl des Aufsichtsratsvorsitzenden und seines Stellvertreters) als auch eine **getrennte Wahl** (erst Vorsitzender, dann Stellvertreter).[262]

152 Bleibt eine Wahl im ersten Wahlgang erfolglos, sieht das Gesetz eigentlich eine Wahl nach dem Verfahren des § 27 Abs. 2 MitbestG vor. Der Aufsichtsrat kann jedoch, wenn alle Teilnehmer zustimmen, entscheiden, dass eine **erneute Wahl** im ersten Wahlgang stattfinden soll.[263]

153 Nach erfolglosem ersten Wahlgang findet im **zweiten Wahlgang** gemäß § 27 Abs. 2 MitbestG ein **modifiziertes Wahlverfahren** Anwendung. Dabei wird getrennt nach Anteilseigner- und Arbeitnehmervertreterseite abgestimmt. Die Anteilseignerseite wählt den Vorsitzenden des Aufsichtsrats, die Arbeitnehmervertreterseite seinen Stellvertreter. Auch in diesem Wahlgang sind die jeweiligen Gruppen frei, welchen Kandidaten sie wählen – er muss gerade nicht der jeweiligen Gruppe angehören, sondern „nur" die gesetzlichen Wählbarkeitsvoraussetzungen erfüllen.[264] Sie sind auch nicht an die Kandidaten des ersten Wahlgangs gebunden, sondern können neue Kandidaten vorschlagen.[265]

154 Innerhalb der jeweiligen Gruppe ist gewählt, wer die Mehrheit der abgegebenen Stimmen auf sich vereint. Für die **Beschlussfähigkeit** wird analog § 28 MitbestG darauf abgestellt, dass mindestens die Hälfte der Mitglieder der jeweiligen Gruppe an der Abstimmung teilnehmen, die ihr nach Soll-Stärke anzugehören haben.[266] Da die Wahl als Einheit betrachtet wird, soll die Unwirksamkeit einer der beiden Wahlen zur Unwirksamkeit der jeweils anderen führen und die Wahl auch erst dann als abgeschlossen gelten, wenn sowohl Vorsitzender als auch Stellvertreter gewählt sind.[267] Eine **isolierte Wiederholungswahl** bei Nichterreichen der erforderlichen Mehrheit ist dagegen auch nur innerhalb einer Gruppe zulässig.[268]

155 Scheitert die Wahl, kommt ggf. eine gerichtliche **Notbestellung** in Betracht (→ Rn. 147). Verstößt die Wahl gegen § 27 MitbestG, so ist diese nichtig – die entsprechende Feststellung erfolgt nach überwiegender und zutreffender Ansicht allerdings mit **ex nunc** Wirkung.[269] Abzuwarten bleibt, ob sich die Rechtsprechung dem anschließen wird. Dies erscheint angesichts einer Entscheidung des BGH[270] zur fehlerhaften Bestellung von Aufsichtsratsmitgliedern zumindest fraglich, da der BGH in dieser Entscheidung jeglichen Gutglaubensschutz abgelehnt hat. Zwar ist die Funktion des Vorsitzenden keine eigene Organstellung neben dem Amt als Mitglied,[271] sodass beide Fälle nur bedingt vergleichbar sind. Jedoch ist grundsätzlich nicht auszuschließen, dass der BGH auch hier zu einer ex tunc Nichtigkeit tendiert. Dies gilt umso mehr, wenn man berücksichtigt, dass dem Vorsitzenden mit der Zweitstimme eine besondere Kompetenz innerhalb des Aufsichtsrats zusteht. Ob sich daraus die Nichtigkeit einer jeden Ausübung des Zweitstimmrechts mit der Folge der Nichtigkeit einer jeden solchen Beschlussfassung ergäbe und welchen Einfluss dies auf die Vermittlungsvorschläge des Ausschusses nach § 27 Abs. 3 MitbestG hätte, ist nicht absehbar.

156 Die Funktion des Vorsitzenden oder des Stellvertreters kann **vorzeitig** durch Niederlegung, Tod, Widerruf **der Bestellung** oder Abberufung aus dem Aufsichtsrat **enden**. Dies führt nicht automatisch auch

---

[260] WKS/*Schubert* MitbestG § 27 Rn. 16.
[261] Vgl. statt aller WKS/*Schubert* MitbestG § 27 Rn. 10.
[262] Raiser/Veil/Jacobs/*Raiser* MitbestG § 27 Rn. 12; Habersack/Henssler/*Habersack* MitbestG § 27 Rn. 6; WKS/*Schubert* MitbestG § 27 Rn. 10; MüKoAktG/*Annuß* MitbestG § 27 Rn. 7.
[263] WKS/*Schubert* MitbestG § 27 Rn. 11 aE; ErfK/*Oetker* MitbestG § 27 Rn. 3; Raiser/Veil/Jacobs/*Raiser* MitbestG § 27 Rn. 12.
[264] Ausdrücklich WKS/*Schubert* MitbestG § 27 Rn. 12; Habersack/Henssler/*Habersack* MitbestG § 27 Rn. 8; Raiser/Veil/Jacobs/*Raiser* MitbestG § 27 Rn. 13.
[265] MüKoAktG/*Annuß* MitbestG § 27 Rn. 7.
[266] Raiser/Veil/Jacobs/*Raiser* MitbestG § 27 Rn. 13; WKS/*Schubert* MitbestG § 27 Rn. 13; Habersack/Henssler/*Habersack* MitbestG § 27 Rn. 8; MüKoAktG/*Annuß* MitbestG § 27 Rn. 10; ErfK/*Oetker* MitbestG § 27 Rn. 3.
[267] So WKS/*Schubert* MitbestG § 27 Rn. 14; ablehnend MüKoAktG/*Annuß* MitbestG § 27 Rn. 11.
[268] Habersack/Henssler/*Habersack* MitbestG § 27 Rn. 8; MüKoAktG/*Annuß* MitbestG § 27 Rn. 11.
[269] Raiser/Veil/Jacobs/*Raiser* MitbestG § 27 Rn. 38; WKS/*Schubert* MitbestG § 27 Rn. 44; MüKoAktG/*Annuß* MitbestG § 27 Rn. 25.
[270] BGH NZG 2013, 456; vgl dazu auch *C. Arnold*/*Gayk* DB 2013, 1830.
[271] Vgl. WKS/*Schubert* MitbestG § 27 Rn. 33.

zur **Beendigung des Amtes des verbleibenden Amtsträgers** (Vorsitzender oder Stellvertreter).[272] In diesen Fällen ist das vakante **Amt** für die Restdauer im Wege einer **Nachwahl** nach zu besetzen, die sich ihrerseits nach dem ordentlichen Wahlverfahren richtet.[273] Kommt es zu einem zweiten Wahlgang, wird die Nachwahl durch die zuständige Gruppe durchgeführt: Bei Nachwahl des Vorsitzenden also durch die Vertreter der Anteilseigner, bei der Nachwahl des Stellvertreters durch die Arbeitnehmervertreter.[274]

cc) (Einheitliche) Amtsdauer des Aufsichtsratsvorsitzenden (und seines Stellvertreters). Nach überwiegender Ansicht gilt für den Vorsitzenden und den Stellvertreter der **Grundsatz der Einheitlichkeit der Wahl,** der insbesondere darin zum Ausdruck kommt, dass die ordentliche Amtsdauer des Vorsitzenden und seines Stellvertreters einheitlich ist.[275]

Mangels einer gesetzlichen Regelung kann die **Amtsdauer** von Vorsitzendem und Stellvertreter durch Satzung, Geschäftsordnung oder Aufsichtsratsbeschluss festgelegt werden (vgl. auch allgemein → § 3 Rn. 43).[276] Fehlt eine Abrede, so erfolgt die Bestellung zum Vorsitzenden oder Stellvertreter im Zweifel für die Dauer der Bestellung zum Aufsichtsratsmitglied.[277]

Trotz der einheitlichen Amtsdauer führt eine **vorzeitige Beendigung** der Amtszeit eines der beiden Amtsträger jedoch **nicht** zur Amtsbeendigung des anderen, vielmehr erfolgt eine Nachwahl für die Restlaufzeit (zur vorzeitigen Beendigung und einer entsprechenden Nachwahl → Rn. 156).[278]

dd) Besondere Rechte und Pflichten des Vorsitzenden und des Stellvertreters. Der Vorsitzende des Aufsichtsrats tritt nicht nur in herausgehobener Form in der Öffentlichkeit für die Gesellschaft in Erscheinung, sondern hat auch eine ganze Reihe rechtlicher Verpflichtungen gegenüber dem Aufsichtsrat und der Gesellschaft. Er ist es, der die **Koordination und Leitung** der zahlreichen Aufgaben des Aufsichtsrats übernimmt.

Umso überraschender ist es, dass weder das AktG noch das MitbestG detaillierte Ausführungen zu seinen spezifischen **Rechten und Pflichten** enthält. Die rechtliche Lage ist deshalb auch in nach dem MitbestG mitbestimmten Gesellschaften weitgehend vergleichbar mit dem normalen Aktienrecht (→ § 3 Rn. 67ff.). Dennoch gibt es ein paar ausdrückliche Regelungen im MitbestG: So ist der Vorsitzende des Aufsichtsrats gemäß § 27 Abs. 3 MitbestG von Amts wegen Mitglied im Vermittlungsausschuss (→ Rn. 205ff., → Rn. 282ff.) und besitzt bei Abstimmungen in Fällen von Stimmengleichheit gemäß §§ 29 Abs. 2 und 31 Abs. 4 MitbestG eine **zweite Stimme.**

Auch für den Stellvertreter gelten überwiegend die aktienrechtlichen Regeln (→ § 3 Rn. 144ff.). Das MitbestG regelt lediglich seine Mitgliedschaft im **ständigen Ausschuss** gemäß § 27 Abs. 3 MitbestG und ordnet ausdrücklich an, dass er – im Gegensatz zum Vorsitzenden – gerade **kein doppeltes Stimmrecht** hat (vgl. § 29 Abs. 2 S. 3 MitbestG, § 31 Abs. 4 S. 3 MitbestG). **Letzteres gilt** somit auch dann, wenn der Vorsitzende an seiner Amtsausführung verhindert ist.[279] Wann eine solche Verhinderung vorliegt, richtet sich für alle unter das MitbestG fallenden Gesellschaftsformen nach § 107 Abs. 1 S. 3 MitbestG, für die AG und die KGaA bereits originär, für die GmbH über § 25 Abs. 1 Nr. 2 MitbestG und für die Genossenschaft analog.[280]

c) Beschlussfassung im mitbestimmten Aufsichtsrat

aa) Allgemeines. Beschlussfassung und Beschlussfähigkeit des mitbestimmten Aufsichtsrats sind in §§ 28 und 29 MitbestG gesondert geregelt – werden aber an anderen Stellen wiederum durch besondere Vorschriften modifiziert oder abgelöst, wie etwa § 31 MitbestG (→ Rn. 199ff.).

---

[272] Ausführlich WKS/*Schubert* MitbestG § 27 Rn. 21 mwN; MHdB ArbR/*Uffmann* § 377 Rn. 8; differenzierend Raiser/Veil/Jacobs/*Raiser* MitbestG § 27 Rn. 22.
[273] Raiser/Veil/Jacobs/*Raiser* MitbestG § 27 Rn. 21; Habersack/Henssler/*Habersack* MitbestG § 27 Rn. 11; WKS/*Schubert* MitbestG § 27 Rn. 21; *Schmid* DK 2018, 335 (336).
[274] WKS/*Schubert* MitbestG § 27 Rn. 23; MüKoAktG/*Annuß* MitbestG § 27 Rn. 15; ErfK/*Oetker* MitbestG § 27 Rn. 5.
[275] MHdB ArbR/*Uffmann* § 377 Rn. 6; Raiser/Veil/Jacobs/*Raiser* MitbestG § 27 Rn. 16; Habersack/Henssler/*Habersack* MitbestG § 27 Rn. 10; ErfK/*Oetker* MitbestG § 27 Rn. 5; WKS/*Schubert* MitbestG § 27 Rn. 19; aA MüKoAktG/*Annuß* MitbestG § 27 Rn. 13; Henssler/Willemsen/Kalb/*Seibt* MitbestG § 27 Rn. 6.
[276] Habersack/Henssler/*Habersack* MitbestG § 27 Rn. 10; Raiser/Veil/Jacobs/*Raiser* MitbestG § 27 Rn. 16; ErfK/*Oetker* MitbestG § 27 Rn. 5; WKS/*Schubert* MitbestG § 27 Rn. 19; MüKoAktG/*Annuß* MitbestG § 27 Rn. 13.
[277] MüKoAktG/*Annuß* MitbestG § 27 Rn. 13; Habersack/Henssler/*Habersack* MitbestG § 27 Rn. 10; WKS/*Schubert* MitbestG § 27 Rn. 19.
[278] WKS/*Schubert* MitbestG § 27 Rn. 23; GroßkommAktG/*Oetker* MitbestG § 27 Rn. 17; differenzierend Raiser/Veil/Jacobs/*Raiser* MitbestG § 27 Rn. 22.
[279] Raiser/Veil/Jacobs/*Raiser* MitbestG § 27 Rn. 32.
[280] Vgl. Raiser/Veil/Jacobs/*Raiser* MitbestG § 27 Rn. 31; Habersack/Henssler/*Habersack* MitbestG § 27 Rn. 16.

164 **bb) Beschlussfähigkeit, § 28 MitbestG.** Nach § 28 MitbestG ist der Aufsichtsrat nur dann **beschlussfähig**, wenn mindestens die Hälfte der Mitglieder, aus denen er zu bestehen hat, an der Beschlussfassung teilnimmt. Die Norm ist lex specialis zu § 108 Abs. 2 S. 1 bis 3 AktG,[281] der für die AG sowie die KGaA bereits aufgrund ihrer Rechtsform, für die GmbH über § 25 Abs. 1 S. 1 Nr. 2 MitbestG gilt. Im Hinblick auf die Genossenschaft ist § 28 MitbestG lex specialis zu § 36 GenG.[282]

165 Wesentlicher Zweck des § 28 MitbestG ist es, die **Funktionsfähigkeit des Aufsichtsrats** zu erhalten. So wird verhindert, dass einige wenige Mitglieder nicht repräsentative Zufallsentscheidungen treffen, wobei das notwendige Quorum hierbei bewusst nicht höher angesetzt wurde, sodass Abstimmungen auch nicht durch geschlossene Abwesenheit einer Gruppe verhindert werden können.[283] Die Regelung ist indisponibel (→ Rn. 168).

166 Für die Berechnung der Mindestteilnehmerzahl an der Beschlussfassung ist die **Soll-Stärke** des Aufsichtsrat nach § 7 Abs. 1 MitbestG (gesetzliche Regelung oder abweichende Satzungsregelung), nicht die tatsächliche Ist-Stärke entscheidend.[284] Die Beschlussfähigkeit besteht, wenn **mindestens die Hälfte** der vorgesehenen Mitglieder an der Beschlussfassung teilnehmen.[285] Teilnahme im Sinne der Norm meint nicht die bloße Anwesenheit, sondern **die tatsächliche Stimmabgabe** (Ja, Nein oder Stimmenthaltung).[286] Daher können auch abwesende Mitglieder des Aufsichtsrats gemäß § 108 Abs. 3 AktG durch schriftliche Stimmabgabe an der Beschlussfassung im Sinne des § 28 MitbestG teilnehmen.[287] Erfolgt die Abstimmung in zulässiger Weise gemäß § 108 Abs. 4 AktG, so werden alle diejenigen Mitglieder des Aufsichtsrats zur Beschlussfähigkeit mitgezählt, die eine entsprechende schriftliche oder fernmündliche Erklärung (Ja, Nein, Stimmenthaltung) abgegeben haben.[288]

167 Grundsätzlich liegt keine Teilnahme vor, wenn ein Mitglied aufgrund eines **Stimmverbotes** nicht abstimmt.[289] In Fällen, in denen dies dazu führt, dass Beschlussunfähigkeit eintritt, ist das Mitglied aufgrund seiner Treuepflicht jedoch dazu verpflichtet, an der Abstimmung teilzunehmen und mit Stimmenthaltung zu stimmen (→ § 3 Rn. 451).[290]

168 § 28 MitbestG hat **zwingenden Charakter** und schränkt insoweit die Satzungs- und Geschäftsordnungsfreiheit ein, dass eine abweichende Satzungsregelung unwirksam ist.[291] Das bedeutet nicht, dass keine **statutarischen Regelungen** getroffen werden dürfen – sie müssen allerdings mit § 28 MitbestG sowie den allgemeinen Grundsätzen vereinbar sein.[292] Daher sind beispielsweise Satzungsbestimmungen unzulässig, die **geringere Anforderungen** an die Teilnahme an der Beschlussfassung[293] stellen oder eine gewisse Mindestbeteiligung auf Anteilseignerseite[294] oder eine zwingende Teilnahme bestimmter Mitglieder,[295] zB des Vorsitzenden des Aufsichtsrats, fordern. Unterschiedlich beantwortet wird dagegen die Frage, ob **höhere Anforderungen** vereinbart werden können: Dies wird teilweise unter Verweis auf den Wortlaut „mindestens" bejaht.[296] Das überzeugt allerdings nicht, da dem Wortlaut auch nur die Bedeutung beigemessen werden kann, dass die Beschlussfähigkeit bestünde, wenn mehr als die Mindestteilneh-

---

[281] Vgl. nur WKS/*Schubert* MitbestG § 28 Rn. 1.
[282] MüKoAktG/*Annuß* MitbestG § 28 Rn. 1.
[283] Raiser/Veil/Jacobs/*Raiser* MitbestG § 28 Rn. 1; WKS/*Schubert* MitbestG § 28 Rn. 2; GroßkommAktG/*Oetker* MitbestG § 28 Rn. 1; Habersack/Henssler/*Habersack* MitbestG § 28 Rn. 1.
[284] Wortlaut „aus denen er insgesamt zu bestehen hat", vgl. Habersack/Henssler/*Habersack* MitbestG § 28 Rn. 2; WKS/*Schubert* MitbestG § 28 Rn. 4.
[285] Habersack/Henssler/*Habersack* MitbestG § 28 Rn. 2; MüKoAktG/*Annuß* MitbestG § 28 Rn. 3.
[286] MHdB ArbR/*Uffmann*, § 377 Rn. 18; WKS/*Schubert* MitbestG § 28 Rn. 5; Habersack/Henssler/*Habersack* MitbestG § 28 Rn. 2; Raiser/Veil/Jacobs/*Raiser* § 28 MitbestG Rn. 1.
[287] Raiser/Veil/Jacobs/*Raiser* MitbestG § 28 Rn. 1; vgl. allgemein zur Stimmabgabe nach § 108 Abs. 3 → § 3 Rn. 452ff.
[288] Raiser/Veil/Jacobs/*Raiser* MitbestG § 28 Rn. 1; vgl. allgemein zum Abstimmungsverfahren nach § 108 Abs. 4 → § 3 Rn. 456ff.
[289] So der Grundsatz Habersack/Henssler/*Habersack* MitbestG § 28 Rn. 2; MüKoAktG/*Annuß* MitbestG § 28 Rn. 3; WKS/*Schubert* MitbestG § 28 Rn. 6.
[290] Vgl. BGH NJW-RR 2007, 1483 bzgl. eines dreiköpfigen Aufsichtsrats. Für die Übertragbarkeit auf Fälle der Beschlussunfähigkeit im allg. vgl. WKS/*Schubert* MitbestG § 28 Rn. 6 mit entsprechenden Nachweisen jedoch zur aktienrechtlichen Literatur; kritisch MHdB ArbR/*Uffmann* § 377 Rn. 18.
[291] MüKoAktG/*Annuß* MitbestG § 28 Rn. 1; ErfK/*Oetker* MitbestG § 28 Rn. 2; WKS/*Schubert* MitbestG § 28 Rn. 1, jeweils mwN.
[292] Vgl. WKS/*Schubert* MitbestG § 28 Rn. 8, 9 ff.
[293] ErfK/*Oetker* MitbestG § 28 Rn. 2, Raiser/Veil/Jacobs/*Raiser* MitbestG § 28 Rn. 3; Hüffer/Koch/*Koch* AktG § 108 Rn. 18; WKS/*Schubert* MitbestG § 28 Rn. 9; Habersack/Henssler/*Habersack* MitbestG § 28 Rn. 4a; Deilmann BB 2012, 2191 (2193).
[294] BGH NJW 1982, 1530; Habersack/Henssler/*Habersack* MitbestG § 28 Rn. 4; WKS/*Schubert* MitbestG § 28 Rn. 10; aA LG Frankfurt a. M. NJW 1978, 2398; Kölner Komm AktG/*Mertens/Cahn* AktG § 108 Rn. 75, 82.
[295] BGH NJW 1982, 1530; WKS/*Schubert* MitbestG § 28 Rn. 12; ErfK/*Oetker* MitbestG § 28 Rn. 2; Habersack/Henssler/*Habersack* MitbestG § 28 Rn. 4; aA OLG Hamburg DB 1984, 1616; LG Frankfurt a. M. NJW 1978, 2398.
[296] OLG Hamburg DB 1984, 1616; *Lieder* ZHR 172 (2008), 306 (329f.).

merzahl an der Abstimmung teilnehmen.²⁹⁷ Im Übrigen würde eine solche Regelung dazu führen, dass eine Gruppe im Aufsichtsrat die Beschlussfassung blockieren könnte, was dem Normzweck zuwiderlaufen würde.²⁹⁸ Auch sogenannte Unterbrechungs- oder Vertagungsklauseln, nach denen der Vorsitzende die Sitzung unterbrechen bzw. vertagen kann, sind jedenfalls dann wegen einer Beeinträchtigung der Beschlussfähigkeit unzulässig, wenn sie allein an ein Fehlen der Anteilseignervertreter anknüpfen und nicht unterschiedslos gelten.²⁹⁹ Dasselbe wird gelten, wenn die Satzung bestimmt, dass bei Abwesenheit des Vorsitzenden zu vertagen ist.³⁰⁰

§ 28 S. 2 MitbestG ordnet an, dass § 108 Abs. 2 S. 4 AktG entsprechend gilt (für AG, KGaA und aufgrund § 25 MitbestG für die GmbH rein deklaratorisch). Das bedeutet, dass es auf die Mitbestimmung grundsätzliche prägende paritätische Besetzung des Aufsichtsrats im Hinblick auf die Beschlussfassung nicht ankommt, sondern auch bei **vorübergehender nicht paritätischer Besetzung** eine Beschlussfassung möglich ist, sofern die von § 28 S. 1 MitbestG geforderte Mindestteilnehmerzahl an der Abstimmung teilnimmt.³⁰¹ (Zu § 108 Abs. 2 S. 4 AktG allgemein → § 3 Rn. 449 f.; im Hinblick auf die Geschlechterquote → § 2 Rn. 34, → Rn. 79 ff.). Das hat zur Folge, dass eine einseitige Herbeiführung von Aufsichtsratsbeschlüssen ohne Beteiligung der anderen „Gruppe" grundsätzlich möglich ist. Geschieht dies, um gegen den Willen der Arbeitnehmervertreter den Interessen der Arbeitnehmer widersprechende Beschlüsse durchzusetzen, kann dieses Ausnutzen der Abwesenheit der Arbeitnehmervertreter im Einzelfall zu einer **Sittenwidrigkeit** nach § 138 BGB führen.³⁰² 169

Fasst der Aufsichtsrat Beschlüsse, obwohl die Voraussetzungen seiner Beschlussfähigkeit nicht vorlagen, so sind diese **nichtig** (vgl. zur Nichtigkeit von Aufsichtsratsbeschlüssen allg. → § 3 Rn. 463 ff.).³⁰³ Gemäß § 241 Nr. 3 AktG **gilt dies auch** für Satzungsbestimmungen, die § 28 MitbestG widersprechen, sofern keine Heilung nach § 242 Abs. 2 AktG eingetreten ist.³⁰⁴ Sonstige Beschlüsse des Aufsichtsrats und Regelungen der Geschäftsordnung, die im Widerspruch zu § 28 MitbestG stehen, sind nach § 134 BGB nichtig.³⁰⁵ 170

cc) Beschlussfassung. § 29 MitbestG enthält die Grundregelung für die **Beschlussfassung** im nach dem MitbestG mitbestimmten Aufsichtsrat. Wird diese nicht an anderer Stelle ausdrücklich abweichend geregelt, so greift § 29 MitbestG. 171

(1) Grundsatz Mehrheitsprinzip, § 29 Abs. 1 MitbestG. § 29 Abs. 1 MitbestG bestimmt das **Mehrheitsprinzip** als Grundregel für Abstimmungen des Aufsichtsrats: Beschlüsse bedürfen der einfachen Mehrheit, also der Mehrheit der abgegebenen Stimmen. Das Erfordernis einer einfachen Mehrheit soll die Kooperationsbereitschaft der beiden Gruppen der Anteilseigner- und Arbeitnehmervertreter fördern: Bei einer einfachen Mehrheit kann im Grundsatz keine der beiden Gruppen isoliert zu einer Mehrheit gelangen, sodass beide Seiten an einer gemeinsamen Lösung interessiert sein sollten.³⁰⁶ Die Ausnahme nach § 29 Abs. 2 MitbestG führt indes auf verfassungsgemäße Weise dennoch dazu, dass der Einigungsdruck auf Seiten der Arbeitnehmervertreter höher ist als auf Seiten der Anteilseignervertreter.³⁰⁷ 172

(2) Ausnahmen. Abweichende Bestimmungen finden sich in § 27 MitbestG für das **Wahlverfahren über den Vorsitz im Aufsichtsrat** (→ Rn. 151 ff.), in § 31 MitbestG für die **Bestellung bzw. den Widerruf der Bestellung der Mitglieder des geschäftsführenden Organs** sowie in § 32 MitbestG für die **Ausübung von Beteiligungsrechten**. Mit § 29 Abs. 2 MitbestG ist nicht direkt eine Ausnahme vom Grundsatz des Mehrheitsprinzips geregelt, sondern vielmehr ein Verfahren zur Pattauflösung, wenn das Mehrheitsprinzip in der ersten Abstimmung zu keinem Ergebnis gelangt ist (→ Rn. 175 ff.). 173

---

[297] OLG Karlsruhe NJW 1980, 2137 (2139); WKS/*Schubert* MitbestG § 28 Rn. 9.
[298] OLG Karlsruhe NJW 1980, 2137; MüKoAktG/*Annuß* MitbestG § 28 Rn. 5; WKS/*Schubert* MitbestG § 28 Rn. 9; Raiser/Veil/Jacobs/*Raiser* MitbestG § 28 Rn. 3, jeweils mwN.
[299] WKS/*Schubert* MitbestG § 28 Rn. 14; Raiser/Veil/Jacobs/*Raiser* MitbestG § 28 Rn. 4; Habersack/Henssler/*Habersack* MitbestG § 28 Rn. 7.
[300] Vgl. insbes. Raiser/Veil/Jacobs/*Raiser* MitbestG § 28 Rn. 4.
[301] ErfK/*Oetker* MitbestG § 28 Rn. 1; WKS/*Schubert* MitbestG § 28 Rn. 17; Habersack/Henssler/*Habersack* MitbestG § 28 Rn. 3; Raiser/Veil/Jacobs/*Raiser* MitbestG § 28 Rn. 2.
[302] Habersack/Henssler/*Habersack* MitbestG § 28 Rn. 3; Raiser/Veil/Jacobs/*Raiser* MitbestG § 28 Rn. 2; WKS/*Schubert* MitbestG § 28 Rn. 18; Kölner Komm AktG/*Mertens/Cahn* AktG § 108 Rn. 75.
[303] BGH NJW 1952, 343; Habersack/Henssler/*Habersack* MitbestG § 28 Rn. 8; Raiser/Veil/Jacobs/*Raiser* MitbestG § 28 Rn. 5; WKS/*Schubert* MitbestG § 28 Rn. 19; MüKoAktG/*Annuß* MitbestG § 28 Rn. 8.
[304] Habersack/Henssler/*Habersack* MitbestG § 28 Rn. 8; Raiser/Veil/Jacobs/*Raiser* MitbestG § 28 Rn. 5; WKS/*Schubert* MitbestG § 28 Rn. 20; MüKoAktG/*Annuß* MitbestG § 28 Rn. 8.
[305] WKS/*Schubert* MitbestG § 28 Rn. 20.
[306] Habersack/Henssler/*Habersack* MitbestG § 29 Rn. 3; WKS/*Schubert* MitbestG § 29 Rn. 1.
[307] BVerfG NJW 1979, 699 (700 f.); vgl. insbes. WKS/*Schubert* MitbestG § 29 Rn. 1, 3.

174 Im Übrigen hat § 29 MitbestG **zwingenden Charakter** und kann höchstens ergänzt werden.[308] Zulässig ist etwa ein Verbot der Stimmenthaltung, mit der Folge, dass eine dagegen verstoßende Stimmabgabe ungültig wäre.[309] Ob eine Regelung dahingehend getroffen werden darf, ob eine **Stimmenthaltung** bei der Berechnung der einfachen Stimmenmehrheit mit einzubeziehen ist, wird unterschiedlich beantwortet.[310] Die überwiegende Meinung bejaht dies, da sich die Mitglieder des Aufsichtsrats vor ihrer Stimmabgabe auf diese Folge einstellen können.[311]

175 **(3) Auflösung bei Stimmengleichheit, § 29 Abs. 2 MitbestG.** Grundsätzlich gilt ein Antrag bei Stimmengleichheit nach § 29 Abs. 1 MitbestG als **abgelehnt**. Dieser Grundsatz wird von § 29 Abs. 2 MitbestG durchbrochen, sofern über den Beschlussgegenstand eine erneute Abstimmung vorgesehen ist.[312]

176 § 29 Abs. 2 MitbestG enthält eine Sonderregelung für Abstimmungen, bei denen Stimmengleichheit besteht, begründet aber **keine Pflicht zur erneuten Abstimmung**.[313] Ob eine erneute Abstimmung erfolgt, liegt im pflichtgemäßen Ermessen des Vorsitzenden. Ein Antragsrecht der einzelnen Mitglieder besteht nicht.[314] Der Aufsichtsrat kann jedoch mit einem Mehrheitsbeschluss abweichen.[315]

177 Nicht anwendbar ist § 29 Abs. 2 MitbestG dagegen nach seinem Wortlaut bereits dann, wenn **keine Stimmengleichheit** vorliegt, sondern eine Mehrheit für die Ablehnung stimmt (vgl. im Unterschied den Meinungsstreit zu § 31 Abs. 4 MitbestG → Rn. 215 ff.). Auch für Abstimmungen in **Aufsichtsratsausschüssen** ist § 29 Abs. 2 MitbestG nicht anwendbar und zwar auch dann, wenn der Vorsitzende Mitglied des Ausschusses ist.[316]

178 Eine **Einschränkung** der Anwendbarkeit auf bestimmte Beschlussgegenstände oder auf Situationen, in denen bei einem Scheitern der Beschlussfassung die Handlungsunfähigkeit des Unternehmens droht, findet dagegen nicht statt.[317]

179 Neben der Stimmengleichheit bei der ersten Abstimmung, muss es sich um eine **erneute Abstimmung** über **denselben Gegenstand** handeln. Das bedeutet, dass der Antrag unverändert zur Abstimmung kommen muss.[318] Unschädlich ist es dagegen, wenn der Antrag zunächst zurückgezogen und dann von einem anderen Aufsichtsratsmitglied in unveränderter Weise zur Abstimmung gebracht wird.[319] Die Möglichkeit des Vorstands, eine Entscheidung der Hauptversammlung nach § 111 Abs. 4 S. 3 AktG herbeizuführen, bleibt unberührt.[320]

180 Die erneute Abstimmung kann in derselben Sitzung oder auch **zu einem späteren Zeitpunkt** erfolgen – die Entscheidung hierüber obliegt vorbehaltlich einer abweichenden Beschlussfassung des Aufsichtsratsgremiums dem Vorsitzenden nach pflichtgemäßem Ermessen.[321]

181 Kommt es zu einer erneuten Abstimmung, erfolgt auch diese grundsätzlich nach § 29 Abs. 1 MitbestG.[322] Jedes Mitglied ist dabei in seiner Stimme frei und nicht an seine Stimmabgabe in der ersten Abstimmung gebunden.[323] Nur bei **erneuter Stimmengleichheit** hat der Aufsichtsratsvorsitzende eine **Zweitstimme**. Dabei hat seine Stimme nicht etwa doppeltes Gewicht, vielmehr kann er erneut nach

---

[308] Vgl. MüKoAktG/*Annuß* MitbestG § 29 Rn. 1; WKS/*Schubert* MitbestG § 29 Rn. 11 mit weiteren Ausführungen.
[309] WKS/*Schubert* MitbestG § 29 Rn. 14; Habersack/Henssler/*Habersack* MitbestG § 29 Rn. 16.
[310] Vgl. ausführlich zum Meinungsstreit WKS/*Schubert* MitbestG § 29 Rn. 14 mwN.
[311] WKS/*Schubert* MitbestG § 29 Rn. 14; ErfK/*Oetker* MitbestG § 29 Rn. 2; Raiser/Veil/Jacobs/*Raiser* MitbestG § 29 Rn. 6; aA wohl Habersack/Henssler/*Habersack* MitbestG § 29 Rn. 6, da die Stimme das Gewicht einer Nein-Stimme hätte.
[312] MüKoAktG/*Annuß* MitbestG § 29 Rn. 7; ErfK/*Oetker* MitbestG § 29 Rn. 3; Habersack/Henssler/*Habersack* MitbestG § 29 Rn. 9.
[313] MüKoAktG/*Annuß* MitbestG § 29 Rn. 9; ErfK/*Oetker* MitbestG § 29 Rn. 5.
[314] MüKoAktG/*Annuß* MitbestG § 29 Rn. 9; Habersack/Henssler/*Habersack* MitbestG § 29 Rn. 13.
[315] Habersack/Henssler/*Habersack* MitbestG § 29 Rn. 13; vgl. auch ausführlich WKS/*Schubert* MitbestG § 29 Rn. 20 ff.
[316] Habersack/Henssler/*Habersack* MitbestG § 29 Rn. 9; ErfK/*Oetker* MitbestG § 29 Rn. 4.
[317] WKS/*Schubert* MitbestG § 29 Rn. 15 ff.; Habersack/Henssler/*Habersack* MitbestG § 29 Rn. 10; Raiser/Veil/Jacobs/*Raiser* MitbestG § 29 Rn. 9 f.
[318] WKS/*Schubert* MitbestG § 29 Rn. 19; Raiser/Veil/Jacobs/*Raiser* MitbestG § 29 Rn. 13; Habersack/Henssler/*Habersack* MitbestG § 29 Rn. 12; ErfK/*Oetker* MitbestG § 29 Rn. 6.
[319] WKS/*Schubert* MitbestG § 29 Rn. 19; Habersack/Henssler/*Habersack* MitbestG § 29 Rn. 12; ErfK/*Oetker* MitbestG § 29 Rn. 6.
[320] ErfK/*Oetker* MitbestG § 29 Rn. 6; Raiser/Veil/Jacobs/*Raiser* MitbestG § 29 Rn. 11; Habersack/Henssler/*Habersack* MitbestG § 29 Rn. 12.
[321] Raiser/Veil/Jacobs/*Raiser* MitbestG § 29 Rn. 12; WKS/*Schubert* MitbestG § 29 Rn. 21; Habersack/Henssler/*Habersack* MitbestG § 29 Rn. 14.
[322] Raiser/Veil/Jacobs/*Raiser* MitbestG § 29 Rn. 13; WKS/*Schubert* MitbestG § 29 Rn. 28.
[323] WKS/*Schubert* MitbestG § 29 Rn. 28, Habersack/Henssler/*Habersack* MitbestG § 29 Rn. 15.

pflichtgemäßem Ermessen über seine Zweitstimme entscheiden.[324] Er kann auch von einer Abgabe der Zweitstimme absehen, wenn dies nach pflichtgemäßem Ermessen im Interesse der Gesellschaft liegt.[325]

Bei Verhinderung des Vorsitzenden hat der Stellvertreter **keine Zweitstimme,** § 29 Abs. 2 S. 3 MitbestG. Sie kann ihm auch nicht zur Ausübung überlassen werden.[326] Eine Stimmabgabe gemäß § 108 Abs. 3 AktG ist dagegen gemäß § 29 Abs. 2 S. 2 MitbestG zulässig. Der Vorsitzende hat dabei zu kennzeichnen, welches seine Erst- und welches seine Zweitstimme ist.[327]

d) Bestellung und Widerruf der Bestellung der Mitglieder des geschäftsführenden Organs

aa) Allgemeines. Gemäß § 30 MitbestG richtet sich die Bestellung und der Widerruf der Bestellung der Mitglieder des geschäftsführenden Organs nach den für die jeweilige Gesellschaftsform einschlägigen Rechtsnormen, soweit die §§ 31 bis 33 MitbestG nicht eine abweichende Regelung treffen. Für die Bestellung und den Widerruf der Bestellung ist hier insbesondere das **mehrstufige Verfahren** gemäß § 31 MitbestG relevant (zum Arbeitsdirektor nach § 33 MitbestG → Rn. 236 ff.; zur Ausübung von Beteiligungsrechten nach § 32 MitbestG → Rn. 295 ff.).

§ 31 Abs. 1 S. 1 MitbestG regelt als zentrale Vorschrift, dass **Regelungen über die Bestellung und den Widerruf der Bestellung des Vorstands der Aktiengesellschaft** (§§ 84, 85 AktG) für alle Gesellschaftsformen, die unter das MitbestG fallen, gelten (vgl. im Detail zu den Anforderungen dieser Normen → § 4 Rn. 500 ff., → § 4 Rn. 682 ff.). Einzige **Ausnahme** hiervon ist gemäß § 31 Abs. 1 S. 2 MitbestG die **KGaA,** bei der aufgrund des Grundsatzes der Selbstorganschaft eine Bestellung durch den Aufsichtsrat nicht in Betracht kommt.[328] Teilweise wird jedoch eine Ausnahme von § 31 Abs. 1 S. 2 MitbestG diskutiert, wenn die KGaA ihre personalistische Grundstruktur verliert, weil persönlich haftender Gesellschafter kein Unternehmer-Komplementär, sondern eine juristische Person ist.[329] Der **Zweck** der gesetzlichen Privilegierung des persönlich haftenden Unternehmer-Komplementärs fällt auch dann weg, wenn dieser vereinbarungsgemäß nur vorrübergehend berufen ist, vorzeitig abberufen werden kann und von seiner persönlichen Haftung befreit ist. Auch in diesen Fällen wird daher eine teleologische Reduktion des § 31 Abs. 1 S. 2 MitbestG vertreten.[330]

Für die Aktiengesellschaft wirkt § 31 Abs. 1 S. 1 MitbestG rein **deklaratorisch,** für die GmbH und die Genossenschaft dagegen **konstituiert** diese Regelung eine Kompetenzänderung zugunsten des Aufsichtsrats.[331] Das führt neben der Sicherstellung der Arbeitnehmerbeteiligung über den paritätisch besetzten Aufsichtsrat auch zu einer Stärkung der geschäftsführenden Organe, da für deren Abberufung gemäß § 84 Abs. 3 S. 1 AktG ein wichtiger Grund vorliegen muss (→ Rn. 220 ff., → § 4 Rn. 687 ff.).[332] Letztlich werden damit die Regelungen für die unter das MitbestG fallenden Unternehmen vereinheitlicht.[333]

In § 31 Abs. 2 bis 4 MitbestG wird **ein mehrstufiges Verfahren** über die Bestellung (und deren **Widerruf,** Abs. 5, → Rn. 220 ff.) angeordnet, das der paritätischen Beteiligung von Arbeitnehmer- und Anteilseignervertretern Rechnung trägt (→ Rn. 199 ff.). Zu den Auswirkungen auf den **Anstellungsvertrag** der Mitglieder des geschäftsführenden Organs → Rn. 227 ff.; allg. zum Anstellungsvertrag → § 4 Rn. 1183.

§ 31 MitbestG ist **zwingendes Recht** und kann weder durch Satzung noch durch Gesellschaftsvertrag oder GO abbedungen werden. Entsprechende Regelungen sind nichtig.[334] Soweit gesetzliche Regelungen der einzelnen Gesellschaftsformen Abweichendes regeln (vgl. zB § 46 Nr. 5 GmbHG, § 24 Abs. 2 S. 1 GenG), werden diese von § 31 MitbestG als lex specialis verdrängt.[335] Zulässig sind lediglich **ergänzende Regelungen,** soweit sie im Übrigen mit gesellschafts- und mitbestimmungsrechtlichen Regelungen zu vereinbaren sind.[336]

---

[324] ErfK/*Oetker* MitbestG § 29 Rn. 7; WKS/*Schubert* MitbestG § 29 Rn. 29, Habersack/Henssler/*Habersack* MitbestG § 29 Rn. 16.
[325] Statt aller vgl. Habersack/Henssler/*Habersack* MitbestG § 29 Rn. 16 mwN.
[326] MüKoAktG/*Annuß* MitbestG § 29 Rn. 13; Habersack/Henssler/*Habersack* MitbestG § 29 Rn. 17.
[327] WKS/*Schubert* MitbestG § 29 Rn. 35.
[328] Vgl. ErfK/*Oetker* MitbestG § 30 Rn. 3; *Joost* ZGR 1998, 334 (340).
[329] So wohl Habersack/Henssler/*Habersack* MitbestG § 31 Rn. 4; Raiser/Veil/Jacobs/*Raiser* MitbestG § 31 Rn. 46; aA WKS/*Schubert* MitbestG § 31 Rn. 131.
[330] MüKoAktG/*Annuß* MitbestG § 31 Rn. 1; Raiser/Veil/Jacobs/*Raiser* MitbestG § 31 Rn. 47; WKS/*Schubert* MitbestG § 31 Rn. 132.
[331] WKS/*Schubert* MitbestG § 31 Rn. 2; MHdB ArbR/*Uffmann* § 375 Rn. 5.
[332] Habersack/Henssler/*Habersack* MitbestG § 31 Rn. 3; MüKoAktG/*Annuß* MitbestG § 31 Rn. 2; WKS/*Schubert* MitbestG § 31 Rn. 2.
[333] Raiser/Veil/Jacobs/*Raiser* MitbestG § 31 Rn. 3.
[334] ErfK/*Oetker* MitbestG § 30 Rn. 2; Habersack/Henssler/*Habersack* MitbestG § 31 Rn. 2.
[335] WKS/*Schubert* MitbestG § 31 Rn. 5.
[336] Habersack/Henssler/*Habersack* MitbestG § 31 Rn. 2; WKS/*Schubert* MitbestG § 31 Rn. 2; Raiser/Veil/Jacobs/*Raiser* § 31 MitbestG Rn. 19.

188 **bb) Freies Wahlrecht.** Der Aufsichtsrat kann im Grundsatz frei darüber entscheiden, wen er zum Mitglied des geschäftsführenden Organs beruft.[337] Von dieser Wahlfreiheit sind neben der Bestellung selbst auch das **Vorschlagsrecht,** die Auswahlkriterien sowie die Auswahl selbst erfasst.[338] Vorschläge können von jedem Aufsichtsratsmitglied gemacht werden. Vorschläge **anderer Personen** sind keine formellen Vorschläge, sondern **lediglich Anregungen,** die jedoch von einem vorschlagsberechtigten Mitglied als eigener förmlicher Vorschlag eingebracht werden können.[339] Eine Konsultation des geschäftsführenden Organs zur Sicherung einer langfristigen Nachfolgeplanung ist zulässig und wird vom DCGK (Empfehlung B.2.) auch empfohlen.[340]

189 Dennoch gibt es gewisse **Eignungsvoraussetzungen** (→ § 4 Rn. 566ff.), die die Wahlfreiheit begrenzen: Einerseits sind die jeweiligen Voraussetzungen der gewählten Rechtsform zu berücksichtigen (vgl. § 76 Abs. 3 S. 1 AktG; § 6 Abs. 2 GmbHG; § 9 Abs. 2 GenG – vgl. aber § 33 Abs. 3 MitbestG) sowie weitere spezialgesetzliche Voraussetzungen.[341] Daneben können außerhalb des MitbestG grundsätzlich auch in der Satzung oder im Gesellschaftsvertrag entsprechende (Eignungs-)Voraussetzungen festgelegt werden.[342]

190 Allerdings trägt § 31 MitbestG der paritätischen Beteiligung der Arbeitnehmervertreter an der Bestellung der Mitglieder des geschäftsführenden Organs Rechnung. Das führt dazu, dass der paritätische Aufsichtsrat durch möglichst kooperatives, gemeinsames Handeln **weitestmöglichste Freiheit** bei seiner Entscheidung genießen muss und statutarische Voraussetzungen für die Bestellung diesem Grundgedanken nicht entgegenstehen dürfen. Wo hier die Grenzen zu ziehen sind, ist umstritten:

191 Teilweise werden **in der Satzung aufgestellte Anforderungen** an (persönliche) Voraussetzungen der Kandidaten als **generell unzulässig** aufgefasst, weil sie stets die Wahlfreiheit des Aufsichtsrats und damit die Rechte der Arbeitnehmervertreter einschränken, da die Satzung einen einseitigen Akt der Anteilseigner darstellt.[343]

192 Der vorherrschenden Ansicht nach ist dies jedoch zu weitgehend: Da der Aufsichtsrat jedenfalls dem Unternehmensinteresse verpflichtet und daher nicht vollkommen frei sei, müsse es zumindest **zulässig** sein, **sachbezogene Eignungsvoraussetzungen** festzuschreiben, die das Unternehmensinteresse wiedergeben.[344] Sichergestellt sein müsse, dass die von der Anteilseignerseite festgeschriebenen Voraussetzungen nicht den gesetzgeberischen Grundgedanken einer gemeinsamen Entscheidung mit den Arbeitnehmervertretern im Aufsichtsrat konterkarieren.[345] Unzulässig sind dagegen beispielsweise Regelungen, die die Stimmrechtsausübung an die Entscheidung Dritter binden, egal ob dies unmittelbar oder mittelbar geschieht;[346] Regelungen, die die Zugehörigkeit zu einer Gesellschaft (es sei denn, diese ist durch simplen Anteilskauf für jeden Kandidaten möglich) oder die Zugehörigkeit zu einer Unternehmerfamilie zur Voraussetzung haben;[347] eine Akademikerklausel oder Verstöße gegen das AGG (Anforderungen an eine Staatsangehörigkeit, ein Geschlecht, etc.;[348] zur besonders problematischen Frage der Zulässigkeit von Altersgrenzen[349] → § 4 Rn. 603f.; strittig bei Regelungen, die eine gewisse berufliche Laufbahn (zB im Unternehmen oder Konzern) vorschreiben.[350] Zulässig sind dagegen Anforderungen an die Zuverlässigkeit; fachliche Eignungsvoraussetzungen, die eine Konkretisierung der ohnehin nach § 25 Abs. 1 MitbestG, §§ 116, 93 AktG geltenden Auswahlkriterien darstellen, oder Wohnsitzklauseln, die einen inländischen Wohnsitz oder einen Wohnsitz am Sitz der Gesellschaft fordern.[351] Letztlich dürfen aber auch an sich zulässige Eignungsanforderungen nicht dazu führen, dass dem Aufsichtsrat als Gremium keine hinrei-

---

[337] Raiser/Veil/Jacobs/*Raiser* MitbestG § 31 Rn. 8f.; MüKoAktG/*Annuß* MitbestG § 31 Rn. 5.
[338] WKS/*Schubert* MitbestG § 31 Rn. 16.
[339] OLG Stuttgart AG 2007, 873; WKS/*Schubert* MitbestG § 31 Rn. 34.
[340] WKS/*Schubert* MitbestG § 31 Rn. 34; Habersack/Henssler/*Habersack* MitbestG § 31 Rn. 17.
[341] MüKoAktG/*Annuß* MitbestG § 31 Rn. 5; *Seifert* ZfA 2018, 198 (213f.).
[342] Vgl. zum Meinungsstand im Aktienrecht WKS/*Schubert* MitbestG § 31 Rn. 23 sowie → § 4 Rn. 598ff.
[343] Vgl. zB GK-BetrVG/*Rumpf* MitbestG § 31 Rn. 32; vgl. im Übrigen die ausführlichen Nachweise bei WKS/*Schubert* MitbestG § 31 Rn. 25, die sich selbst allerdings der Gegenansicht anschließt.
[344] WKS/*Schubert* MitbestG § 31 Rn. 25, 26; MHdB ArbR/*Uffmann* § 375 Rn. 8; ErfK/*Oetker* MitbestG § 31 Rn. 2; Habersack/Henssler/*Habersack* MitbestG § 31 Rn. 13; GroßkommAktG/*Oetker* MitbestG § 31 Rn. 3; Hüffer/Koch/*Koch* AktG § 76 Rn. 60; Raiser/Veil/Jacobs/*Raiser* MitbestG § 31 Rn. 10.
[345] Raiser/Veil/Jacobs/*Raiser* MitbestG § 31 Rn. 10; WKS/*Schubert* MitbestG § 31 Rn. 26.
[346] ErfK/*Oetker* MitbestG § 31 Rn. 2; Raiser/Veil/Jacobs/*Raiser* MitbestG § 31 Rn. 8; WKS/*Schubert* MitbestG § 31 Rn. 17.
[347] Raiser/Veil/Jacobs/*Raiser* MitbestG § 31 Rn. 11; WKS/*Schubert* MitbestG § 31 Rn. 27; abweichend aber Habersack/Henssler/*Habersack* MitbestG § 31 Rn. 15, die bei Familiengesellschaften solche Differenzierung als Entscheidungskriterium bei ansonsten gleichwertigen Kandidaten für zulässig erachten, mwN.
[348] WKS/*Schubert* MitbestG § 31 Rn. 29ff.
[349] Vgl. dazu aber zB *Bauer/C. Arnold* NZG 2012, 921; *Bauer/C. Arnold* ZIP 2012, 597.
[350] WKS/*Schubert* MitbestG § 31 Rn. 28; Raiser/Veil/Jacobs/*Raiser* MitbestG § 31 Rn. 11; aA Habersack/Henssler/*Habersack* MitbestG § 31 Rn. 15; WKS/*Schubert* MitbestG § 33 Rn. 29.
[351] Habersack/Henssler/*Habersack* MitbestG § 31 Rn. 15; kritisch WKS/*Schubert* MitbestG § 33 Rn. 30.

chende Auswahl an Kandidaten mehr bleibt und er sich zu sehr auf Kandidaten der Anteilseignerseite beschränkt.[352]
Zu den Besonderheiten bei der Auswahl des Arbeitsdirektors → Rn. 242 ff.

cc) Zuständigkeit. Über die Anordnung der Geltung der §§ 84, 85 AktG wird zunächst eine **Zuständigkeitsverlagerung** auf den Aufsichtsrat bewirkt – jedenfalls für diejenigen Gesellschaftsformen, bei denen dies nicht rein deklaratorischer Natur ist (→ Rn. 185). Die Zuständigkeit gilt auch im Falle der Insolvenz.[353] 193

Gemäß § 25 Abs. 1 MitbestG i.Vm. § 107 Abs. 3 S. 7 AktG besteht ein **Delegationsverbot,** sodass der Aufsichtsrat die Beschlussfassung selbst nicht auf einen **Ausschuss** übertragen kann.[354] Das bedeutet aber nicht, dass sämtliche im Zusammenhang mit der Bestellung (oder deren Widerruf) stehenden Vorgänge im Plenum des Aufsichtsrats durchgeführt werden müssen.[355] Er kann sich von einem **Ausschuss** Vorschläge machen und insbesondere eine **Vorauswahl** treffen lassen.[356] Die Letztentscheidung muss beim Gesamtaufsichtsrat als Gremium verbleiben. Das schließt auch das Recht mit ein, den Vorauswahlprozess jederzeit an sich zu ziehen.[357] 194

Das Delegationsverbot gilt ausweislich der Verweisung in § 25 Abs. 1 MitbestG **nicht ausdrücklich** für die Genossenschaft. Ganz überwiegend wird dies jedoch als ein Redaktionsversehen aufgefasst[358] oder dessen Geltung nach Sinn und Zweck des MitbestG und der Verweisung auf § 84 AktG damit begründet, dass das Delegationsverbot mangels Sachgrund für eine andere Behandlung auch für die **mitbestimmte Genossenschaft** gelten muss.[359] 195

Infolge der zwingenden Zuständigkeitsverlagerung sind auch Regelungen **unwirksam,** die Zuständigkeiten einem anderen Organ (zB der Hauptversammlung) zuweisen oder einzelnen Personen oder Gruppen (Vorstandsmitglieder, Aktionäre) Vetorechte einräumen (vgl. zur zwingenden Wirkung auch → Rn. 187).[360] 196

Die **Zuständigkeit und das Verfahren** des § 31 MitbestG gelten kraft Gesetzes auch für die **Bestellung** (bzw. deren Widerruf) von **stellvertretenden Organmitgliedern,** da für diese dieselben Vorschriften Anwendung finden wie für die ordentlichen Organmitglieder (vgl. § 94 AktG; § 44 GmbHG; § 35 GenG). Umstritten ist hingegen, ob die spätere **Ernennung eines stellvertretenden zu einem ordentlichen Mitglied** des Organs ebenfalls unter § 31 MitbestG fällt. Dies wird teilweise bejaht.[361] Die mittlerweile wohl überwiegende Ansicht lehnt die Anwendung des Verfahrens jedoch zu Recht ab, da es sich letztlich um eine bloße hierarchische Hochstufung innerhalb des Organs und keine originäre Bestellung handelt. Daher gilt für die Abstimmung im Aufsichtsrat § 29 MitbestG.[362] Wird neben der Ernennung zum ordentlichen Mitglied jedoch auch die Bestellung „geändert", zB durch eine Verlängerung der Amtszeit, so kommt § 31 MitbestG originär zur Anwendung, da es sich um einen Akt des § 31 MitbestG handelt.[363] Die **Ernennung eines bereits bestellen** unstrittig im Verfahren nach § 29 MitbestG.[364] **Mitglieds zum Vorsitzenden** des geschäftsführenden Organs erfolgt dagegen 197

Die Vergabe **sonstiger Bevollmächtigungen** unterhalb einer Organstellung fallen dagegen keinesfalls unter § 31 MitbestG, dessen Wortlaut insoweit eindeutig ist. Dies gilt sowohl für **Handlungsbevollmächtigte** als auch für **Prokuristen.** Hier wird teilweise jedoch für die GmbH eine Ausnahme diskutiert, nach welcher § 31 MitbestG entsprechend auch auf die Erteilung der Prokura Anwendung finden soll. Die Erteilung der Prokura setzt gemäß § 46 Nr. 7 GmbHG einen Beschluss der Gesellschafterversammlung und nicht des mitbestimmten Aufsichtsrats voraus. Das bedeutet, dass die unter Beteiligung der Arbeitnehmervertreter bestellten Geschäftsführer mit Prokuristen zusammenarbeiten müssen, die allein von den Anteilseignervertretern bestimmt werden. Hierdurch können Konflikte entstehen. Daher wird für die mitbestimmte GmbH teilweise vertreten, dass der Aufsichtsrat auch die Zuständigkeit für die Er- 198

---

[352] *Raiser/Veil/Jacobs* MitbestG § 31 Rn. 9; WKS/*Schubert* MitbestG § 33 Rn. 29.
[353] BayObLG NJW-RR 1988, 929 (931); WKS/*Schubert* MitbestG § 31 Rn. 9 mwN; aA *Klöckner* AG 2010, 780.
[354] BGH NJW 1993, 2307; 1982, 1528; WKS/*Schubert* MitbestG § 31 Rn. 10; MHdB ArbR/*Uffmann* § 375 Rn. 6; Habersack/Henssler/*Habersack* MitbestG § 31 Rn. 5, jeweils mwN.
[355] Vgl. BGH NJW 1993, 2307; Habersack/Henssler/*Habersack* MitbestG § 31 Rn. 5.
[356] BGH NJW 1993, 2307; MHdB AG/*Wentrup* § 20 Rn. 19; Raiser/Veil/Jacobs/*Raiser* MitbestG § 31 Rn. 6; Habersack/Henssler/*Habersack* MitbestG § 31 Rn. 5.
[357] BGH NJW 1984, 733; Habersack/Henssler/*Habersack* MitbestG § 31 Rn. 5.
[358] Ausdrücklich Habersack/Henssler/*Habersack* MitbestG § 31 Rn. 5.
[359] WKS/*Schubert* MitbestG § 31 Rn. 11; ErfK/*Oetker* MitbestG § 31 Rn. 2; aA *Heutz* NZG 2013, 611.
[360] BGH NZG 2009, 744; WKS/*Schubert* MitbestG § 31 Rn. 9; Raiser/Veil/Jacobs/*Raiser* MitbestG § 31 Rn. 6.
[361] Hoffmann/Lehmann/Weinmann MitbestG § 31 Rn. 4; GroßkommAktG/*Oetker* MitbestG § 31 Rn. 5.
[362] BeckOGK/*Fleischer* AktG § 94 Rn. 5; GroßkommAktG/*Habersack*/*Foerster* AktG § 94 Rn. 3; Hüffer/Koch/*Koch* AktG § 94 Rn. 4; MüKoAktG/*Spindler* AktG § 94 Rn. 13; Habersack/Henssler/*Habersack* MitbestG § 31 Rn. 6.
[363] Vgl. WKS/*Schubert* MitbestG § 31 Rn. 13.
[364] MüKoAktG/*Annuß* MitbestG § 31 Rn. 19; Habersack/Henssler/*Habersack* MitbestG § 30 Rn. 8; MHdB AG/*Hoffmann-Becking* § 24 Rn. 3; Hüffer/Koch/*Koch* AktG § 84 Rn. 28.

teilung der Prokura (teilweise auch der Handlungsvollmacht) entsprechend § 31 MitbestG haben soll.[365] Dem steht jedoch der eindeutige Wortlaut, das Fehlen einer entsprechenden Regelungslücke sowie die fehlende Vergleichbarkeit von leitenden Angestellten und Organmitgliedern entgegen.[366] Für die AG und die eG besteht bereits kein Wertungswiderspruch, da hier der Vorstand alleinzuständig die entsprechenden Vollmachten erteilt.

199 **dd) Mehrstufiges Bestellungsverfahren, § 31 Abs. 2–4 MitbestG.** Die wesentliche Regelung des § 31 MitbestG ist das **besondere Bestellungsverfahren,** das in den Abs. 2–4 ausführlich geregelt ist und insoweit eine (ausdrückliche) Spezialvorschrift zum Grundsatz des § 29 MitbestG darstellt (vgl. allgemein zur Beschlussfassung des mitbestimmten Aufsichtsrats → Rn. 163 ff.).

200 Das **Vorschlagsrecht** aus dem Aufsichtsrat heraus ist von § 31 MitbestG im Rahmen der Wahlfreiheit geschützt (→ Rn. 188 ff.). Über diese Vorschläge stimmt der Aufsichtsrat in einem dreistufigen Verfahren ab. Dabei ist über **jede Position gesondert abzustimmen,** eine **Block- oder Listenwahl** ist also unzulässig.[367] Üblich und zulässig ist dagegen eine gemeinschaftliche Abstimmung über mehrere vakante Positionen.

201 Für die Beschlussfassung selbst gelten die allgemeinen Regeln (vgl. allgemein → Rn. 163; zur Beschlussfähigkeit → Rn. 164 ff.). Umstritten ist im Kontext der Bestellung der Mitglieder des geschäftsführenden Organs, ob ein Aufsichtsratsmitglied **abstimmungsberechtigt** ist, wenn es **selbst zum Organ bestellt** werden soll. Die bislang wohl überwiegende und zutreffende Ansicht hält dies mit der Begründung, es handle sich um einen Akt körperschaftlicher Willensbildung und es bestehe keine aktienrechtliche Regelung, die eine Beteiligung des in Rede stehenden Aufsichtsratsmitgliedes ausschließe, für zulässig.[368] Eine im Vordringen befindliche Ansicht aus der Literatur stellt sich dem jedoch entgegen. Die Wertung von § 34 BGB sowie der Sinngehalt des Trennungsprinzips aus § 105 AktG sprechen gegen die Stimmberechtigung.[369] Praktisch denkbar ist dieser Fall nicht ausschließlich auf Anteilseignerseite, sondern auch auf Seite der Arbeitnehmervertreter, wenn etwa ein Vertreter der leitenden Angestellten im Aufsichtsrat zum Vorstandsmitglied „befördert" wird.

Das Abstimmungsverfahren erfolgt nach einem gestuften Verfahren in maximal drei Wahlgängen.

202 **(1) Erster Wahlgang.** Gemäß § 31 Abs. 2 MitbestG erfolgt die Wahl im **ersten Wahlgang** mit einer Mehrheit von zwei Dritteln der Mitglieder des Aufsichtsrats. Abweichend von § 27 MitbestG kommt es hier wegen des Wortlautes der Norm („seiner Mitglieder") auf die **Ist-Stärke** und nicht die Soll-Stärke des Aufsichtsrats an, also auf die Zahl seiner tatsächlich bestellten Mitglieder.[370] Sind zB in einem nach § 7 Abs. 1 Nr. 3 MitbestG 20-köpfigen Aufsichtsrat zum Zeitpunkt der Beschlussfassung infolge von Amtsniederlegungen nur 18 Sitze besetzt, sind für eine Mehrheit von zwei Dritteln nicht 14 Stimmen, sondern 12 Stimmen notwendig. (Zur Stimmabgabe abwesender Aufsichtsratsmitglieder gemäß § 108 Abs. 3, 4 AktG vgl. allgemein → § 3 Rn. 452 ff.).

203 Es entspricht der überwiegenden Ansicht, dass die Wahl über ein und denselben Kandidaten als formal erster Wahlgang nach Ermessen des Sitzungsleiters **wiederholt** werden kann, wenn der entsprechende Kandidat die erforderliche Mehrheit im ersten Versuch nicht erreicht hat.[371] Dem kann das Gremium jedoch widersprechen.[372]

204 Einer **formellen Feststellung,** dass die erforderliche Mehrheit nicht erreicht ist, bedarf es nicht.[373] In der Praxis unterbleibt eine solche Feststellung in aller Regel auch. Hintergrund ist meist, dass Kandidaten, die im ersten Wahlgang nicht die erforderliche Mehrheit von 2/3 der Mitglieder des Aufsichtsrats erreichen, als „beschädigt" angesehen werden. Mit Blick auf das aufwändige Abstimmungsverfahren des § 31 Abs. 2 bis 4 MitbestG, das es der Anteilseignerseite letztlich erlaubt, einen von ihr gestützten Kandidaten notfalls im dritten Wahlgang durchzusetzen, verzichten Aufsichtsratsvorsitzende paritätisch mitbestimmter

---

[365] *Säcker* DB 1977, 1848; früher Wlotzke/Wißmann/Koberski/Kleinsorge/*Koberski,* 4. Aufl. 2011, MitbestG § 31 Rn. 7.
[366] Habersack/Henssler/*Habersack* MitbestG § 31 Rn. 6; Raiser/Veil/Jacobs/*Raiser* MitbestG § 31 Rn. 6; Großkomm-AktG/*Oetker* MitbestG § 31 Rn. 4; WKS/*Schubert* MitbestG § 31 Rn. 14.
[367] Habersack/Henssler/*Habersack* MitbestG § 31 Rn. 17; Raiser/Veil/Jacobs/*Raiser* MitbestG § 31 Rn. 13.
[368] ErfK/*Oetker* MitbestG § 31 Rn. 5; Raiser/Veil/Jacobs/*Raiser* MitbestG § 31 Rn. 13; Kölner Komm AktG/*Mertens/Cahn* AktG § 108 Rn. 67; Henssler/Willemsen/Kalb/*Seibt* MitbestG § 31 Rn. 8; *Wilhelm* NJW 1983, 912.
[369] Habersack/Henssler/*Habersack* MitbestG § 31 Rn. 18a; WKS/*Schubert* MitbestG § 31 Rn. 36; MüKoAktG/*Annuß* MitbestG § 31 Rn. 8; Hüffer/Koch/*Koch* AktG § 108 Rn. 9, jeweils mwN.
[370] ErfK/*Oetker* MitbestG § 31 Rn. 4; Raiser/Veil/Jacobs/*Raiser* MitbestG § 31 Rn. 14; Habersack/Henssler/*Habersack* MitbestG § 31 Rn. 19; WKS/*Schubert* MitbestG § 31 Rn. 37.
[371] Raiser/Veil/Jacobs/*Raiser* MitbestG § 31 Rn. 14; MüKoAktG/*Annuß* MitbestG § 31 Rn. 9; *Mertens* ZGR 1983, 189 (201).
[372] MüKoAktG/*Annuß* MitbestG § 31 Rn. 9.
[373] Habersack/Henssler/*Habersack* MitbestG § 31 Rn. 18; Raiser/Veil/Jacobs/*Raiser* MitbestG § 31 Rn. 15; aA *Hoffmann/Lehmann/Weinmann* MitbestG § 31 Rn. 14.

(2) Vermittlungsverfahren. Bevor über eine zu besetzende Position des geschäftsführenden Organs ein zweiter Wahlgang erfolgt, sieht das Gesetz ein **Vermittlungsverfahren** vor, um die Chancen auf einen Wahlerfolg zu steigern. Gemäß § 31 Abs. 3 S. 1 MitbestG ist der nach § 27 Abs. 3 MitbestG zu bildende ständige Ausschuss (→ Rn. 282 ff.) innerhalb eines Monats nach Scheitern des letzten ersten Wahldurchgangs über die jeweilige Position berufen, einen Vermittlungsvorschlag zu machen. Beginn der Monatsfrist ist der Zeitpunkt der Bekanntgabe des Ergebnisses über die erfolglose Abstimmung.[374]

Das Vermittlungsverfahren kann mit **zwei Ergebnissen** enden: Entweder einigt sich der Vermittlungsausschuss auf einen Kandidaten, der sodann dem Gremium zur Wahl vorgeschlagen wird, oder die Vermittlung scheitert ohne ein solches Ergebnis.[375] Der Ausschuss ist nicht darauf beschränkt, Kandidaten vorzuschlagen, die am ersten Wahlgang teilgenommen haben oder aus der Mitte des Aufsichtsrats vorgeschlagen wurden.

Das Vermittlungsverfahren ist **zwingender Verfahrensbestandteil**. Ein **Verzicht** auf das Vermittlungsverfahren ist nach überwiegender Ansicht nicht zulässig.[376] Deshalb ist auch umstritten, ob der Ausschuss bereits vor Ablauf der Monatsfrist verkünden darf, die Vermittlung sei gescheitert, da hierdurch eine Umgehung der Vermittlungsphase drohe.[377] Die überwiegende Ansicht lässt dies jedoch zu Recht zu: Zwar wird der Zeitraum der Vermittlung abgekürzt. Wenn sie aber insoweit mangels Einigungschancen aussichtslos ist, wäre es reiner Formalismus, auf den Zeitablauf zu warten.[378]

Kommt ein Wahlvorschlag zustande, kann das weitere Verfahren unstrittig auch bereits **vor Ablauf** der Monatsfrist fortgesetzt werden.[379]

(3) Zweiter Wahlgang. Der zweite Wahlgang kann eingeleitet werden, wenn ein Wahlvorschlag des Ausschusses vorliegt, das Vermittlungsverfahren gescheitert oder die Monatsfrist abgelaufen ist.[380]

Schlägt der Ausschuss einen Kandidaten vor, so ist der Aufsichtsrat **nicht** an diesen Vorschlag **gebunden** und kann auch einen anderen Kandidaten zur Wahl vorschlagen, da dem Aufsichtsratsgremium und nicht dem Ausschuss die Personalzuständigkeit zusteht (vgl. § 31 Abs. 3 S. 1 Hs. 2 MitbestG).[381] Eine Beschränkung auf Kandidaten, die bereits im ersten Wahlgang teilgenommen haben, findet nicht statt.[382] Wird zu diesem Verfahrenszeitpunkt ein Kandidat zur Wahl gestellt, der nicht bereits im ersten Wahlgang berücksichtigt wurde, handelt es sich dennoch um eine formell zweite Wahl, sodass auch das entsprechende Mehrheitserfordernis gilt.[383]

Umstritten ist, was passiert, wenn weder der Vermittlungsausschuss einen Vorschlag macht noch der Aufsichtsrat nach Ablauf der Monatsfrist einen neuen Kandidaten präsentiert. Wird nun zu einem späteren Zeitpunkt über einen Kandidaten abgestimmt, ist fraglich, ob dies als **erneute erste Wahl** gemäß § 31 Abs. 2 MitbestG oder als **zweite Wahl** mit dem Mehrheitserfordernis des § 31 Abs. 3 S. 2 MitbestG zu erfolgen hat.[384] Da es sich bei § 31 MitbestG letztlich um ein **stellen- und nicht ein personenbezogenes Verfahren** handelt, liegt eine Fortsetzung im zweiten Wahlgang mit dem entsprechenden Quorum näher, jedenfalls dann, wenn eine sachliche und zeitliche Verbindung zum laufenden Bestellungsverfahren vorliegt.

Im zweiten Wahlgang wird gewählt, wer die **absolute Mehrheit** – gemessen an der Ist-Stärke des Aufsichtsrats – auf sich versammelt.

(4) Dritter Wahlgang. Wird auch im zweiten Wahlgang kein Kandidat mit der erforderlichen Mehrheit gewählt, kann ein **dritter Wahlgang** gemäß § 31 Abs. 4 MitbestG durchgeführt werden. Das Verfahren

---

[374] MüKoAktG/*Annuß* MitbestG § 31 Rn. 10; Raiser/Veil/Jacobs/*Raiser* MitbestG § 31 Rn. 15.
[375] Vgl. die Darstellung bei WKS/*Schubert* MitbestG § 31 Rn. 39 f., auch zu dem Hinweis auf eine heute kaum mehr vertretene Ansicht, wonach ein Scheitern der Vermittlung inakzeptabel sei.
[376] WKS/*Schubert* MitbestG § 31 Rn. 38; ErfK/*Oetker* MitbestG § 31 Rn. 5; Habersack/Henssler/*Habersack* MitbestG § 31 Rn. 20; Raiser/Veil/Jacobs/*Raiser* MitbestG § 31 Rn. 16; aA Bernhardt/Bredol NZG 2015, 419 (420).
[377] Raiser/Veil/Jacobs/*Raiser* MitbestG § 31 Rn. 16.
[378] WKS/*Schubert* MitbestG § 31 Rn. 41; Habersack/Henssler/*Habersack* MitbestG § 31 Rn. 20 mwN.
[379] WKS/*Schubert* MitbestG § 31 Rn. 42.
[380] MüKoAktG/*Annuß* MitbestG § 31 Rn. 13.
[381] Vgl WKS/*Schubert* MitbestG § 31 Rn. 39, 42; nicht eindeutig dagegen Henssler/Willemsen/Kalb/*Seibt* MitbestG § 31 Rn. 5 „hat abzustimmen".
[382] Habersack/Henssler/*Habersack* MitbestG § 31 Rn. 18.
[383] WKS/*Schubert* MitbestG § 31 Rn. 43.
[384] Raiser/Veil/Jacobs/*Raiser* MitbestG § 31 Rn. 16.

nach § 31 Abs. 4 MitbestG ist allerdings **nicht obligatorisch,** vielmehr kann der Aufsichtsrat auch einstimmig beschließen, das Verfahren erfolglos einzustellen oder mit neuen Kandidaten eine Wahl im ersten oder zweiten Wahlgang fortzuführen.[385]

214 Entschließt sich der Aufsichtsrat zu einem dritten Wahlgang nach den Modalitäten des § 31 Abs. 4 MitbestG, muss sich dieser nicht auf einen Kandidaten beziehen, der bereits zuvor zur Wahl stand, sondern kann auch einen **neuen Kandidaten** betreffen.

215 Bei der Wahl wird gewählt, wer die **absolute Mehrheit** erlangt, wobei dem Aufsichtsratsvorsitzenden eine **zweite Stimme** zukommt. Was genau das bedeutet, ist umstritten: Die überwiegende Ansicht versteht § 31 Abs. 4 S. 1 MitbestG als Mechanismus zur Auflösung einer bestehenden Pattsituation, sodass eine solche überhaupt bestehen muss, damit der Aufsichtsratsvorsitzende mit seiner Zweitstimme eine Auflösung herbeiführen kann.[386] Die gegenteilige Ansicht sieht dafür jedoch im Wortlaut keinen Anhaltspunkt und spricht dem Aufsichtsratsvorsitzenden bereits originär eine Zweitstimme zu.[387] Bedeutung hätte dies beispielsweise dann, wenn aufgrund der an der Abstimmung teilnehmenden Anzahl der Aufsichtsratsmitglieder durch die zweite Stimme des Vorsitzenden gerade erst die Pattsituation entsteht: Stimmen in einem 20-köpfigen Gremium bei einer Stimmenthaltung 10 Mitglieder für einen Kandidaten und 9 Mitglieder dagegen, so würde die Zweitstimme des Aufsichtsratsvorsitzenden gerade die Pattsituation herbeiführen und der Kandidat wäre abgelehnt. Dem Aufsichtsratsvorsitzenden käme in einer solchen Konstellation ein letztes Veto zu.

216 Für die wohl überwiegende Ansicht spricht die **Funktion des gestuften Verfahrens,** eine möglichst zeitnahe Lösung bei Uneinigkeiten im Hinblick auf die Bestellung des geschäftsführenden Organs herbeizuführen. Insoweit spricht einiges dafür, wenn dieser Problemlösungsmechanismus hier nicht gerade zu einer Pattsituation führen sollte.

217 Allerdings findet diese Lesart im **Wortlaut** keine Stütze und wäre auch nicht damit zu vereinbaren, dass in Zweifelsfällen der Anteilseignerseite eine Überparität die Durchsetzung ihrer Interessen ermöglichen soll.[388] Es sprechen daher bessere Gründe dafür, dem Aufsichtsratsvorsitzenden seine Zweitstimme sofort zuzuerkennen.

218 Die Zweitstimme wird **zusammen mit der Erststimme** abgegeben. Sie muss dabei aber nicht deckungsgleich mit dieser sein. Sie ist besonders zu **kennzeichnen,** denn nur bei Kenntnis des Abstimmungsergebnisses ohne die Zweitstimme herrscht Klarheit über deren Berücksichtigung und Inhalt.[389]

219 **Unbedeutend** für die Zweitstimme ist dagegen, ob der Aufsichtsratsvorsitzende wie üblich der Anteilseignerseite oder ausnahmsweise der Seite der Arbeitnehmervertreter angehört.[390]

220 **ee) Widerruf der Bestellung.** Spiegelbildlich zur Bestellung der Mitglieder des geschäftsführenden Organs ist der Aufsichtsrat gemäß § 31 Abs. 5 MitbestG nach denselben Regeln (§ 31 Abs. 1–4 MitbestG) auch für den **Widerruf der Bestellung** zuständig. Aufgrund der Verweisung des § 31 Abs. 1 MitbestG sind damit für alle Gesellschaften der von § 31 MitbestG erfassten Rechtsformen (→ Rn. 184) die Regelungen des § 84 Abs. 3 AktG entsprechend anwendbar.[391] Materiell ist daher für diese Gesellschaften stets ein **wichtiger Grund** zur Abberufung erforderlich, sodass § 38 GmbHG bzw. §§ 24, 40 GenG insoweit verdrängt werden.[392] Bei der GmbH und der Genossenschaft führt dies im Geltungsbereich des MitbestG zu einem größeren Schutz der Organmitglieder vor Verlust ihrer Organstellung.[393] Zu den Anforderungen an den wichtigen Grund im Allgemeinen → § 4 Rn. 689 ff. Vom zwingenden Erfordernis eines wichtigen Grundes kann auch nicht durch Satzung oder GO oder Aufsichtsratsbeschluss abgewichen oder dieses begrenzt oder erweitert werden.[394] Zu den Besonderheiten bei der erstmaligen Anwendung, bei der eine Abberufung ausnahmsweise ohne wichtigen Grund möglich ist (→ Rn. 344). Die Zuständigkeit des Aufsichtsrats und das Verfahren nach § 31 MitbestG erstreckt sich auch auf eine vorläufige Amtsenthe-

---

[385] WKS/*Schubert* MitbestG § 31 Rn. 44; Raiser/Veil/Jacobs/*Raiser* MitbestG § 31 Rn. 18.
[386] WKS/*Schubert* MitbestG § 31 Rn. 46; Raiser/Veil/Jacobs/*Raiser* MitbestG § 31 Rn. 17; MüKoAktG/*Annuß* MitbestG § 31 Rn. 16; GK-MitbestG/*Rumpff* MitbestG § 31 Rn. 30; *Krieger,* Personalentscheidungen des Aufsichtsrats, 1981, 113 f.
[387] Habersack/Henssler/*Habersack* MitbestG § 31 Rn. 22; ErfK/*Oetker* MitbestG § 31 Rn. 6; Kölner Komm AktG/*Mertens/Cahn* MitbestG § 31 Rn. 8; GroßkommAktG/*Oetker* MitbestG § 31 Rn. 15; Hoffmann/Lehmann/Weinmann MitbestG § 31 Rn. 23.
[388] Vgl. zB Habersack/Henssler/*Habersack* MitbestG § 31 Rn. 22 mwN.
[389] WKS/*Schubert* MitbestG § 31 Rn. 46.
[390] Raiser/Veil/Jacobs/*Raiser* MitbestG § 31 Rn. 17.
[391] ErfK/*Oetker* MitbestG § 31 Rn. 7; WKS/*Schubert* MitbestG § 31 Rn. 53.
[392] Raiser/Veil/Jacobs/*Raiser* MitbestG § 31 Rn. 33; Habersack/Henssler/*Habersack* MitbestG § 31 Rn. 27; aA zur GmbH *Bernhardt/Bredol* NZG 2015, 419 (423).
[393] Habersack/Henssler/*Habersack* MitbestG § 31 Rn. 29.
[394] ErfK/*Oetker* MitbestG § 31 Rn. 7; Raiser/Veil/Jacobs/*Raiser* MitbestG § 31 Rn. 38 Habersack/Henssler/*Habersack* MitbestG § 31 Rn. 29.

bung und eine einvernehmliche Beendigung der Organschaft (wozu auch die im Einvernehmen mit dem Aufsichtsrat erfolgte Amtsniederlegung zählt).[395]

Der wichtige Grund setzt voraus, dass die Fortsetzung der Organschaft des jeweiligen Mitglieds des vertretungsberechtigten Organs bis zum Ablauf seiner Amtszeit im Einzelfall der Gesellschaft **nicht zumutbar** ist.[396] Der wichtige Grund ist als **materielle Voraussetzung** auch dann erforderlich, wenn verfahrensrechtlich die Zweidrittelmehrheit für den Widerruf der Bestellung im Einzelfall auch ohne einen solchen vorläge.[397] Nichtsdestotrotz sind bei der Bestimmung des wichtigen Grundes auch **mitbestimmungsrechtliche Besonderheiten** zu beachten. So stellt zwar der Vertrauensentzug durch die Anteilseignerversammlung einen wichtigen Grund dar, jedoch wäre ein solcher Vertrauensentzug unsachlich und damit als wichtiger Grund ungeeignet, wenn dieser aufgrund der Arbeitnehmernähe des jeweiligen Mitglieds des geschäftsführenden Organs erfolgt.[398] Anders als der Vertrauensentzug durch die Anteilseignerversammlung stellt der Vertrauensverlust durch die Belegschaft als solcher keinen wichtigen Grund dar. Hierfür müssen vielmehr weitere Umstände, wie das Vorliegen schwerer, nicht lösbarer Spannungen, hinzutreten, die sich auf das Wohl des Unternehmens (zB Störung des Arbeitsfriedens) auswirken.[399]

Umstritten ist, ob trotz Vorliegens eines wichtigen Grundes im Sinne des § 84 Abs. 3 AktG dem Aufsichtsrat ein **Abberufungsermessen** eingeräumt wird. Dies wird teilweise bestritten, da bereits das Vorliegen des wichtigen Grundes an sich voraussetze, dass das Festhalten an dem jeweiligen Mitglied des geschäftsführenden Organs der Gesellschaft unzumutbar ist und damit der Aufsichtsrat zur Vermeidung von Schäden zum Widerruf der Bestellung verpflichtet sei.[400] Richtigerweise wird man dem Aufsichtsrat jedoch auch bei Vorliegen eines wichtigen Grundes mit der überwiegenden Ansicht ein Ausübungsermessen zusprechen müssen.[401] Dafür spricht bereits der Wortlaut („kann") des § 84 Abs. 3 AktG.[402] Das gilt auch für die Frage, welches von mehreren Organmitgliedern abberufen werden soll, wenn die Voraussetzungen hierfür in mehr als einer Person vorliegen.[403]

Gemäß § 31 Abs. 5 MitbestG richtet sich das Verfahren zur Abberufung wie bei der Bestellung nach den Abs. 2 bis 4, sodass grundsätzlich das **dreistufige Verfahren** angewendet wird. Insoweit kann für das Verfahren sowie die Mehrheitserfordernisse auf die Ausführungen zur Bestellung verwiesen werden (→ Rn. 199). Das bedeutet grundsätzlich, dass auch im Hinblick auf den Widerruf der Bestellung vor einem zweiten (und ggf. dritten) Wahlgang zunächst ein Vermittlungsverfahren durch den ständigen Ausschuss durchgeführt werden muss. Das kann zu **erheblichen zeitlichen Verzögerungen** führen, da der Ausschuss grundsätzlich bis zu einem Monat Zeit für einen Vermittlungsvorschlag hat. In dringenden Fällen ist er jedoch gemäß § 116, § 93 Abs. 1 S. 1 AktG dazu verpflichtet, bereits vor Ablauf der Frist Stellung zu nehmen.[404] Dies kann insbesondere dann zum Tragen kommen, wenn **andere gesetzliche Fristen** eingehalten werden müssen, wie zB § 626 Abs. 2 BGB bezüglich der Kündigung des Anstellungsvertrages aus wichtigem Grund[405] (→ § 4 Rn. 1709). Hier ist grundsätzlich umstritten, ob und wie das Verfahren nach § 31 MitbestG einerseits und die zeitlichen Vorgaben einerseits und die Kündigungserklärungsfrist des § 626 Abs. 2 BGB andererseits in Einklang zu bringen sind. Kommt man zu dem Ergebnis, dass die Kündigungserklärungsfrist nicht durch die gesellschaftsrechtlichen Regelungen zur Abberufung dahingehend gehemmt wird, dass eine außerordentliche Kündigung auch zu einem Zeitpunkt noch mög-

---

[395] Habersack/Henssler/*Habersack* MitbestG § 31 Rn. 27; WKS/*Schubert* MitbestG § 31 Rn. 57; MüKoAktG/*Spindler* AktG § 84 Rn. 157 ff., 162.
[396] ZB BGH NZG 2007, 189; MüKoAktG/*Spindler* AktG § 84 Rn. 131; WKS/*Schubert* MitbestG § 31 Rn. 59, jeweils mwN.
[397] Vgl. Raiser/Veil/Jacobs/*Raiser* MitbestG § 31 Rn. 33; Habersack/Henssler/*Habersack* MitbestG § 31 Rn. 29; kritisch zur Kumulierung des wichtigen Grundes mit dem dreistufigen Verfahren nach § 31 MitbestG WKS/*Schubert* MitbestG § 31 Rn. 58 mwN.
[398] Habersack/Henssler/*Habersack* MitbestG § 31 Rn. 30; Raiser/Veil/Jacobs/*Raiser* MitbestG § 31 Rn. 39; MüKoAktG/*Annuß* MitbestG § 31 Rn. 21.
[399] WKS/*Schubert* MitbestG § 31 Rn. 58; Raiser/Veil/Jacobs/*Raiser* MitbestG § 31 Rn. 40; Habersack/Henssler/*Habersack* MitbestG § 31 Rn. 31.
[400] So Habersack/Henssler/*Habersack* MitbestG § 31 Rn. 32; MHdB AG/*Wentrup* § 20 Rn. 62; GroßkommAktG/*Oetker* MitbestG § 31 Rn. 18; *Schaefer/Missling* NZG 1998, 445; *Janzen* NZG 2003, 468 (471).
[401] OLG Stuttgart NZG 2002, 971 (972); OLG Düsseldorf BeckRS 2012, 08418; KG BeckRS 2014, 16706 mAnm *Juretzek* GWR 2014, 481; WKS/*Schubert* MitbestG § 31 Rn. 63; MüKoAktG/*Annuß* MitbestG § 31 Rn. 21; GroßkommAktG/*Kort* AktG § 84 Rn. 146; Kölner Komm AktG/*Mertens/Cahn* AktG § 84 Rn. 105, 129; MüKoAktG/*Spindler* AktG § 84 Rn. 130.
[402] WKS/*Schubert* MitbestG § 31 Rn. 63.
[403] OLG Stuttgart NZG 2002, 971.
[404] Raiser/Veil/Jacobs/*Raiser* MitbestG § 31 Rn. 35; Habersack/Henssler/*Habersack* MitbestG § 31 Rn. 33.
[405] Vgl. auch *C. Arnold/Schansker* NZG 2013, 1172.

224 Auch die Frage, wann ein **Vermittlungsverfahren** überhaupt eingeleitet werden muss, wird unterschiedlich beantwortet: Überwiegend wird gefordert, dass eine Vermittlung nur stattfinden muss, wenn der Antrag auf Widerruf der Bestellung bereits im ersten Wahlgang mindestens die einfache Mehrheit der abgegebenen Stimmen erreicht hat, da andernfalls die dagegen stimmende „Mehrheit" dem Organmitglied gerade das Vertrauen ausgesprochen habe, sodass eine Fortsetzung des Abstimmungsverfahrens nicht angezeigt sei.[407] Richtigerweise wird dies aber nur gelten, wenn weder eine einfache Mehrheit noch Stimmengleichheit erreicht wird, die bei einem ggf. erforderlichen dritten Wahlgang zugunsten der Abberufung aufgelöst werden könnte.[408]

225 Im Übrigen entsprechen die **formalen Anforderungen** (Erklärung gegenüber dem Organmitglied, Vertretung, Begründung, etc.) den allgemeinen Regeln (→ § 4 Rn. 744, → § 4 Rn. 747, → § 4 Rn. 708).

226 **ff) Gerichtliche Ersatzbestellung.** Fehlt es an einem erforderlichen Mitglied des geschäftsführenden Organs, kann in **dringenden Fällen** das zuständige Gericht auf Antrag gemäß § 31 Abs. 1 MitbestG, § 85 AktG eine **gerichtliche Ersatzbestellung** (→ § 4 Rn. 983 ff.) vornehmen. Die mitbestimmungsrechtliche Bedeutung der Verweisung auf § 85 AktG erlangt die Norm vor allem dadurch, dass sie die Anwendbarkeit von § 85 AktG für alle vom MitbestG erfassten Rechtsformen mit Ausnahme der KGaA anordnet. Besondere Beachtung im mitbestimmungsrechtlichen Kontext erhält die Möglichkeit der Ersatzbestellung insbesondere für den Arbeitsdirektor als erforderliches Mitglied des geschäftsführenden Organs (→ Rn. 258 ff.).[409]

227 **gg) Besonderheiten für den Anstellungsvertrag des Organmitglieds.** Von der Bestellung zum Organmitglied zu trennen ist das zugrundeliegende **schuldrechtliche Anstellungsverhältnis** in Form eines Dienstvertrages, teilweise auch eines Geschäftsbesorgungsvertrages (→ § 4 Rn. 1183 ff.). Die **Zuständigkeit** für den Abschluss des Anstellungsvertrages liegt beim Aufsichtsrat. Für die AG ergibt sich dies bereits aus der gesetzlichen Regelung des § 84 Abs. 1 S. 5 AktG, § 112 AktG.[410] Für die KGaA folgt dies aus § 278 Abs. 3 AktG.[411]

228 Bei der **GmbH** war dies umstritten: Grundsätzlich liegt die Kompetenz zum Abschluss des Anstellungsvertrages als Annexkompetenz gemäß § 46 Nr. 5 GmbHG bei der Gesellschafterversammlung und auch aus §§ 25, 31 MitbestG ergibt sich ausdrücklich nichts anderes, da Bezugspunkt jeweils nur die Bestellung zum Organmitglied bzw. die Vertretungsbefugnis im Verhältnis zum Organ ist. Bei einer nach MitbestG mitbestimmten Gesellschaft würde jedoch die Mitbestimmung in einem relevanten Bereich unterlaufen, wenn zwar die Bestellung bzw. deren Widerruf mitbestimmt wäre, nicht jedoch der Abschluss und vor allem die Beendigung des dieser zugrunde liegenden Anstellungsverhältnisses.[412] Dogmatisch begründet wird die Zuständigkeitsverlagerung teilweise mit der analogen Anwendung des § 84 Abs. 1 S. 5 AktG[413] oder mit der Annexkompetenz zur Bestellung, die nach § 31 MitbestG auf den Aufsichtsrat übergeht.[414] Der BGH hat daher zu Recht die Kompetenz zum Abschluss des Anstellungsvertrages bei mitbestimmten GmbH zwingend beim Aufsichtsrat verortet.[415]

229 Dieselben Erwägungen gelten für die **Genossenschaft,** bei der gemäß § 39 Abs. 1 GenG der Aufsichtsrat die Gesellschaft gegenüber den Vorstandsmitgliedern vertritt und die Zuständigkeit zum Ab-

---

[406] Sehr strittig, für eine Hemmung zB MüKoAktG/*Spindler* AktG § 84 Rn. 124; Hüffer/Koch/*Koch* AktG § 84 Rn. 33, jeweils mwN; dagegen zB Habersack/Henssler/*Habersack* MitbestG § 31 Rn. 33; GroßkommAktG/*Kort* AktG § 84 Rn. 524; Kölner Komm AktG/*Mertens/Cahn* AktG § 84 Rn. 174.
[407] Vgl. WKS/*Schubert* MitbestG § 31 Rn. 79; Raiser/Veil/Jacobs/*Raiser* MitbestG § 31 Rn. 35; Kölner Komm AktG/*Mertens/Cahn* MitbestG § 31 Rn. 10; GroßkommAktG/*Oetker* MitbestG § 31 Rn. 20; ErfK/*Oetker* MitbestG § 31 Rn. 7.
[408] So auch OLG Frankfurt NZG 2015, 514; mit überzeugender Begründung und Auseinandersetzung mit der Gegenansicht MüKoAktG/*Annuß* MitbestG § 31 Rn. 23; Habersack/Henssler/*Habersack* MitbestG § 31 Rn. 33; Riegger NJW 1988, 2991.
[409] MHdB ArbR/*Uffmann* 375 Rn. 9 aE, das das Fehlen eines Arbeitsdirektors stets als dringenden Fall ansieht.
[410] ErfK/*Oetker* MitbestG § 31 Rn. 9; BeckOGK/*Fleischer* AktG § 84 Rn. 36 mwN.
[411] WKS/*Schubert* MitbestG § 31 Rn. 90.
[412] BGH NJW 1984, 733; Raiser/Veil/Jacobs/*Raiser* MitbestG § 31 Rn. 24; WKS/*Schubert* MitbestG § 31 Rn. 91 mwN zur hM.
[413] Habersack/Henssler/*Habersack* MitbestG § 31 Rn. 36, 39 aE.
[414] So wohl auch BGH NJW 1984, 733; *Baeck/Götze/C. Arnold* NZG 2009, 1121 (1123); WKS/*Schubert* MitbestG § 31 Rn. 91 mwN.
[415] BGH NJW 1984, 733; Goette/Goette, Die GmbH, § 8 Rn. 86 ff., 89.

schluss des Anstellungsvertrages als Annexkompetenz zur Bestellung ebenfalls gemäß § 31 MitbestG auf den Aufsichtsrat übergeht.[416]

Bei der GmbH besteht ein weiterer Streit um die Reichweite der **Anwendbarkeit aktienrechtlicher Vorschriften.** So ist umstritten, ob auf die mitbestimme GmbH die Grundsätze des § 87 AktG entsprechend anzuwenden sind, wofür zB der Verweis auf § 116 S. 3 AktG in § 25 Abs. 1 Nr. 2 MitbestG spräche.[417] Andere wollen § 87 AktG analog heranziehen,[418] wieder andere lehnen eine Anwendung des § 87 AktG grundsätzlich ab,[419] verweisen aber teilweise auf die Pflicht des Geschäftsführers, sich auf eine angemessene **Vergütung** (und somit ggf. auch eine entsprechende Reduzierung) zu verständigen, als Teil seiner Treuepflicht gegenüber der Gesellschaft.[420]

Auch die **Anwendbarkeit** des **Delegationsverbotes** nach § 107 Abs. 3 S. 7 AktG ist bei der mitbestimmten **GmbH** umstritten. Gemäß § 107 Abs. 3 S. 7 AktG kann der Aufsichtsrat gewisse Aufgaben gerade nicht an einen Ausschuss delegieren. Ursprünglich war dies beim Abschluss des Anstellungsvertrages nicht der Fall, seit dem VorstAG aus 2009 fällt jedoch auch die Festlegung der Vergütung nach § 87 AktG unter das Delegationsverbot, sodass die Entscheidung hierüber im Plenum getroffen werden muss.[421] Teilweise wird nun vertreten, dass der Verweis des § 25 Abs. 1 Nr. 2 MitbestG auf § 107 Abs. 3 S. 7 AktG im Hinblick auf § 87 AktG ins Leere gehe, da dieser auf die GmbH keine Anwendung findet, sodass insoweit auch kein Delegationsverbot an den Ausschuss bestehen könne.[422] Die wohl überwiegende Ansicht geht jedoch davon aus, dass auch für eine mitbestimmte GmbH das Delegationsverbot greife.[423] Begründet wird dies andererseits damit, dass es bei der „**Bezugnahme**" des § 107 Abs. 3 S. 7 AktG auf § 87 AktG überhaupt nicht um die inhaltliche Anwendung des § 87 AktG gehe, sondern allein um die Zuständigkeitsverteilung für Vergütungsfragen (vgl. auch den Wortlaut: „Die Aufgaben nach…") zugunsten des Plenums.[424] Im Übrigen spricht auch die gesetzgeberische Intention, bei Vergütungsentscheidungen Transparenz innerhalb des mitbestimmten Gremiums zu schaffen, für das Delegationsverbot – es ist nicht ersichtlich, warum dies bei der mitbestimmten GmbH anders zu behandeln sein sollte als bei anderen mitbestimmten Gesellschaften.[425]

Für die Praxis sollte – zumindest bis zu einer gerichtlichen Klärung dieser Frage – von einer Delegation an einen Ausschuss abgesehen werden. Denn sollte eine Delegation unzulässig sein, würde eine Vergütungsentscheidung des Ausschusses ohne Mitwirkung des Plenums zur Unwirksamkeit der Vergütungsregelung führen.[426] Im Streitfall wären die Parteien dem Risiko ausgesetzt, dass ein Gericht die Vergütung nach § 612 Abs. 2 BGB bestimmt.[427]

Nach ganz überwiegender Ansicht richtet sich die **Beschlussfassung** hinsichtlich des Anstellungsvertrages nicht nach § 31 MitbestG, sondern nach den allgemeinen Regeln des **§ 29 MitbestG** – sowohl hinsichtlich seines Abschlusses als auch seiner Beendigung.[428]

Von besonderer Bedeutung ist bei der Beendigung des Anstellungsvertrages, wie diese mit der Beendigung der Bestellung in Einklang gebracht wird. Hier sind **wechselseitige Wirkungen** zwischen Dienst-

---

[416] Vgl. ErfK/*Oetker* MitbestG § 31 Rn. 11; im Ergebnis gleich WKS/*Schubert* MitbestG § 31 Rn. 90; Raiser/Veil/Jacobs/*Raiser* MitbestG § 31 Rn. 24.
[417] *Habersack* ZHR 174 (2010), 2 (5 f.).
[418] OLG Köln NZG 2008, 637; *Baeck/Götze/C. Arnold* NZG 2009, 1121 (1123); Henssler/Strohn/*Oetker* GmbHG § 35 Rn. 116.
[419] Goette/Goette, Die GmbH, § 8 Rn. 108 f.; Raiser/Veil/Jacobs/*Raiser* MitbestG § 25 Rn. 90; Habersack/Henssler/*Habersack* MitbestG § 31 Rn. 40.
[420] Vgl. WKS/*Schubert* MitbestG § 31 Rn. 102, im Übrigen mit zahlreichen wN zum Streitstand und den vertretenen Ansichten.
[421] Vgl. zur Änderung durch das VorstAG WKS/*Schubert* MitbestG § 31 Rn. 93; *Baeck/Götze/C. Arnold* NZG 2009, 1121; kritisch im Hinblick auf die praktischen Auswirkungen des Delegationsverbotes *Bauer/C. Arnold* AG 2009, 717 (731).
[422] So zB Habersack/Henssler/*Habersack* MitbestG § 31 Rn. 41a mit zahlreichen wN zum Meinungsstreit.
[423] Raiser/Veil/Jacobs/*Raiser* MitbestG § 31 Rn. 28; ErfK/*Oetker* MitbestG § 31 Rn. 10; WKS/*Schubert* MitbestG § 31 Rn. 94; *Baeck/Götze/C. Arnold* NZG 2009, 1121 (1126); *Gaul/Janz* NZA 2009, 809 (813); Henssler/Willemsen/Kalb/*Seibt* MitbestG § 31 Rn. 12; MüKoGmbHG/*Jaeger/Steinbrück* GmbHG § 35 Rn. 258.
[424] WKS/*Schubert* MitbestG § 31 Rn. 94; *Baeck/Götze/C. Arnold* NZG 2009, 1121 (1126); *Gaul/Janz* NZA 2009, 809 (813); *Bauer/C. Arnold* AG 2009, 717 (731); MüKoGmbHG/*Jaeger/Steinbrück* GmbHG § 35 Rn. 258.
[425] *Baeck/Götze/C. Arnold* NZG 2009, 1121 (1126); MüKoGmbHG/*Jaeger/Steinbrück* GmbHG § 35 Rn. 258.
[426] Von einer Gesamtnichtigkeit des Anstellungsvertrages gemäß § 139 BGB mit der Folge eines fehlerhaften Anstellungsverhältnisses ist nach dem Parteiwillen entgegen der gesetzlichen Vermutung wohl nicht auszugehen, vgl. auch *Hoffmann-Becking/Krieger* NZG-Beilage 26/2009, 1 (10) *Baeck/Götze/C. Arnold* NZG 2009, 1121 (1126); MüKoGmbHG/*Jaeger/Steinbrück* GmbHG § 35 Rn. 259, vgl. zum fehlerhaften Anstellungsverhältnis bei der GmbH Goette/Goette, Die GmbH, § 8 Rn. 99.
[427] *Baeck/Götze/C. Arnold* NZG 2009, 1121 (1126); MüKoGmbHG/*Jaeger/Steinbrück* GmbHG § 35 Rn. 259.
[428] OLG Hamburg DB 1983, 330; MüKoAktG/*Annuß* MitbestG § 31 Rn. 25; Habersack/Henssler/*Habersack* MitbestG § 31 Rn. 41; MHdB ArbR/*Uffmann* § 375 Rn. 10; WKS/*Schubert* MitbestG § 31 Rn. 96; Raiser/Veil/Jacobs/*Raiser* MitbestG § 31 Rn. 28.

235 Ebenfalls von besonderer Bedeutung ist § 31 MitbestG bei **Dritt-, insbesondere Konzernanstellungsverhältnissen.** Deren Zulässigkeit wird – gerade für Vorstandsmitglieder einer AG – bereits im allgemeinen Gesellschaftsrecht unterschiedlich bewertet (→ § 4 Rn. 1251 ff.). Aufgrund der Wertung von § 31 MitbestG, nach der die Zuständigkeit für den Abschluss des Anstellungsvertrages beim Aufsichtsrat liegt, wird man eine Anstellung durch eine andere Gesellschaft grundsätzlich ablehnen müssen. Ansonsten würden den Arbeitnehmervertretern im paritätischen besetzten Aufsichtsrat ihre Rechte beim Abschluss des Anstellungsvertrages der Mitglieder des geschäftsführenden Organs genommen.[429]

vertrags- und Gesellschafts- bzw. Mitbestimmungsrecht zu berücksichtigen, wie insbesondere der Fristablauf des § 626 Abs. 2 BGB und das formelle Verfahren des § 31 MitbestG, die jeweils für sich nicht unterlaufen werden sollen (→ § 4 Rn. 1715, → Rn. 220 ff.).

e) Der Arbeitsdirektor, § 33 MitbestG

236 Eine zentrale Besonderheit der Mitbestimmung nach dem MitbestG ist die **gesetzliche Pflicht zur Bestellung** eines Arbeitsdirektors nach § 33 MitbestG in das geschäftsführende Organ der Gesellschaft. § 33 MitbestG erfasst alle Unternehmen, die unter das MitbestG fallen. Eine ausdrückliche Ausnahme gilt gemäß § 33 Abs. 1 S. 2 MitbestG für die **KGaA.** Diese ist wegen ihrer personalistischen Struktur vom Zwang, einen Arbeitsdirektor bestellen zu müssen, ausgenommen.[430] Auch bei Konzernierung ist ein Arbeitsdirektor zu bestellen und zwar sowohl bei der Konzernmutter – nach § 1 Abs. 1 oder § 5 MitbestG – als auch bei den unter das MitbestG fallenden Tochtergesellschaften.[431] Teilweise wird lediglich für die **arbeitnehmerlose Holding** oder Zwischenholding[432] eine teleologische Reduktion des § 33 MitbestG erwogen.[433] Das wird von der überwiegenden Ansicht jedenfalls für die Holding aber abgelehnt, da dem Arbeitsdirektor durchaus entsprechende organisatorische Aufgaben als Konzern-Arbeitsdirektor zukommen können (zB soziale Ausgestaltung der Planungen, fachbezogener Gesprächspartner für Konzernbetriebsrat oder Aufsichtsrat, etc).[434]

237 **aa) Gegenstand und Zweck der Regelung.** Der **Arbeitsdirektor** ist ein Mitglied der Geschäftsführung oder des Vorstands, dem der **Geschäftsbereich Personal und Soziales** übertragen wird (→ Rn. 261 ff.). Im Übrigen hat er jedoch die gleichen Rechte und Pflichten wie alle anderen Organmitglieder.[435] Der Gesetzgeber will damit gewährleisten, dass diesen beiden Bereichen, die nach seiner Bewertung besonders für die Arbeitnehmer von gesteigerter Bedeutung sind, hinreichend Rechnung getragen wird.[436]

238 Trotz dieser Zielsetzung handelt es sich beim Arbeitsdirektor um ein „normales" Mitglied des gesetzlichen Vertretungsorgans, in welchem er eine **Mittlerrolle** zwischen Unternehmensleitung einerseits und Belegschaft sowie Betriebsrat andererseits einnehmen soll.[437]

239 Die **Entstehung** der Norm im MitbestG war geprägt von heftigen Diskussionen um die Ausgestaltung des Tätigkeitsbereichs des Arbeitsdirektors sowie dessen Verhältnis zur Arbeitnehmerschaft.[438] Letztlich ging es insbesondere darum, inwieweit die Bestellung gegen den Willen der Arbeitnehmer zulässig sein sollte (dazu → Rn. 245).[439]

240 **bb) Bestellung und Widerruf der Bestellung des Arbeitsdirektors.** Aufgrund seiner **exponierten Stellung** ist der Arbeitsdirektor bei nach dem MitbestG mitbestimmten Unternehmen ein Funktionsträger, um den sich, insbesondere was seine persönlichen Voraussetzungen und seine Bestellung betrifft, Mythen ranken.

241 **(1) Auswirkung auf das Gesamtgremium.** Nach überwiegender Ansicht folgt aus der Pflicht, einen Arbeitsdirektor als Mitglied des geschäftsführenden Organs **mit besonderer Ressortzuständigkeit** zu

---

[429] Vgl. zur herrschenden Ansicht WKS/*Schubert* MitbestG § 31 Rn. 100; Habersack/Henssler/*Habersack* MitbestG § 30 Rn. 15, jeweils mwN; aA *Klett/Ziegle* NZG 2019, 613.
[430] *Henssler* FS Ulmer, 2003, 193 (203); WKS/*Schubert* MitbestG § 33 Rn. 1; MHdB ArbR/*Uffmann* § 375 Rn. 7.
[431] GroßkommAktG/*Oetker* MitbestG § 33 Rn. 1; Raiser/Veil/Jacobs/*Raiser* MitbestG § 33 Rn. 18.
[432] Soweit diese überhaupt dem MitbestG unterliegt, was jedenfalls nach § 5 Abs. 3 MitbestG der Fall sein kann.
[433] *Henssler* FS Säcker, 2011, 363 (376 f.); Henssler/Willemsen/Kalb/*Seibt* MitbestG § 33 Rn. 2; vgl. auch die Darstellung bei WKS/*Schubert* MitbestG § 33 Rn. 54, 55.
[434] Raiser/Veil/Jacobs/*Raiser* MitbestG § 33 Rn. 18; Habersack/Henssler/*Henssler* MitbestG § 33 Rn. 53 jedenfalls für die Holding; GroßkommAktG/*Oetker* MitbestG § 33 Rn. 29 f.
[435] Habersack/Henssler/*Henssler* MitbestG § 33 Rn. 1 f.
[436] So die Entwurfsbegründung zum damaligen § 30, BT-Drs 7/2171, 29, sowie den Ausschussbericht BT-Drs. 7/4845, 9.
[437] Vgl. WKS/*Schubert* MitbestG § 33 Rn. 38; Habersack/Henssler/*Henssler* MitbestG § 33 Rn. 1.
[438] Vgl. den Bericht des Ausschusses für Arbeit und Sozialordnung, BT-Drs. 7/4845, 9 f.; vgl. *Hoffmann* BB 1976, 1233.
[439] Eine ausführliche Darstellung der historischen Entwicklung findet sich bei WKS/*Schubert* MitbestG § 33 Rn. 5 ff.

bestellen, dass das Gesamtgremium aus mindestens **zwei Mitgliedern** bestehen muss.[440] Im Übrigen dürfte dies bereits angesichts des Umfanges der Pflichten eines Vorstands, die in einem mindestens 2.000 Arbeitnehmer umfassenden Unternehmen anfallen, geboten sein.[441]

(2) Bestellung. § 33 MitbestG ordnet allein die Bestellung eines Arbeitsdirektors an, bestimmt hierfür 242 aber **kein eigenes Verfahren.** Die Bestellung richtet sich daher wie bei allen anderen Mitgliedern des geschäftsführenden Organs nach § 31 MitbestG (zu § 31 MitbestG → Rn. 183 ff.).[442] Das gilt auch dann, wenn ein bereits bestelltes Organmitglied zum Arbeitsdirektor **bestellt** werden soll[443] (anders dagegen bei der bloßen Ernennung eines bereits bestellten Mitglieds zum Vorsitzenden des geschäftsführenden Organs, bei der sich das Verfahren nach § 29 MitbestG richtet → Rn. 197).

Gemäß § 37 Abs. 2 MitbestG ist **erstmalig** ein Arbeitsdirektor zu bestellen, wenn der Aufsichtsrat sich 243 nach den Vorschriften des MitbestG zusammensetzt. Damit geht jedoch nicht einher, dass der Aufsichtsrat bereits in seiner ersten, konstituierenden Sitzung verpflichtet ist, den Arbeitsdirektor zu wählen. Vielmehr muss dem nunmehr neu aufgestellten Gremium Zeit eingeräumt werden, einen geeigneten Kandidaten auszuwählen.[444] Gab es bereits zuvor einen Arbeitsdirektor (auf freiwilliger Basis) oder ein Vorstandsmitglied, das dessen Tätigkeit ausübte,[445] ohne die Bezeichnung des Arbeitsdirektors zu führen, greift § 37 Abs. 3 MitbestG, sodass dieser **vorläufig** im Amt verbleibt. Gemäß § 37 Abs. 3 MitbestG (→ Rn. 344 ff.) wird in diesen Fällen nach der herrschenden Ansicht in der Literatur ein Arbeitsdirektor nach dem MitbestG erstmalig nach Ablauf der Amtsperiode des aktuellen „Arbeitsdirektors", des Widerrufs seiner Bestellung aus wichtigem Grund gem. § 31 Abs. 1, 5 MitbestG, § 84 Abs. 3 AktG oder des voraussetzungslosen Widerrufs seiner Bestellung nach Ablauf der fünfjährigen Amtsperiode nach § 37 Abs. 3 MitbestG, bestellt.[446] In der älteren untergerichtlichen Rechtsprechung wurde dies jedoch teilweise anders bewertet.[447]

Der Aufsichtsrat ist grundsätzlich **frei** darin, wen er zum Arbeitsdirektor bestellt. Diese Freiheit kann 244 weder durch Satzung noch durch eine sonstige Vereinbarung eingeschränkt werden.[448] Das gilt insbesondere auch für Stimmbindungsverträge (vgl. zur vereinbarten Mitbestimmung insgesamt → Rn. 471 ff.), mit denen erreicht werden soll, dass ein bestimmter Kandidat zum Arbeitsdirektor bestellt wird.[449] Dasselbe gilt für die **Vereinbarung besonderer Voraussetzungen** für die Eignung als Arbeitsdirektor (zB [keine] Gewerkschaftsmitgliedschaft; Arbeitnehmer des Unternehmens; Anteilseigner des Unternehmens; etc).[450] Eine zulässige satzungsmäßige Beschränkung der Mitgliederzahl des geschäftsführenden Organs kann dazu führen, dass der Aufsichtsrat gehindert ist, ein zusätzliches Mitglied zu bestellen. In diesem Fall muss er ein geeignetes Mitglied des bestehenden Gremiums zum Arbeitsdirektor bestellen. Sollte das nicht möglich sein, kann die gesetzliche Pflicht zur Bestellung eines geeigneten Arbeitsdirektors **wichtiger Grund für die Abberufung** eines anderen Organmitgliedes sein.[451]

Die Freiheit bei der Auswahl des Arbeitsdirektors findet seine Grenzen in der **Eignung des Kandidaten** für diese Funktion[452] (vgl. zu den allgemeinen Anforderungen an Mitglieder des geschäftsführenden Organs → § 4 Rn. 566 ff.; § 6 Abs. 3 GmbHG; § 76 Abs. 3 AktG). Zu wählen ist im Unternehmensinteresse der für das Amt geeignetste Kandidat – insoweit besteht für den Aufsichtsrat ein **Ermessen,** das insbesondere die persönliche und fachliche Eignung des Kandidaten umfasst. Für die besondere Funktion des Arbeitsdirektors sind neben den allgemeinen Anforderungen an die Eignung eines Mitglieds des geschäftsführenden Organs besondere Anforderungen zu stellen, die bei der Ermessensentscheidung des 245

---

[440] MHdB AG/Hoffmann-Becking MitbestG § 24 Rn. 8; Hüffer/Koch/*Koch* AktG § 76 Rn. 57; aA mit ausführlicher Begründung und zahlreichen weiteren Verweisen zu beiden Ansichten, Habersack/Henssler/*Henssler* MitbestG § 33 Rn. 2 f.
[441] GroßkommAktG/*Oetker* MitbestG § 33 Rn. 8; WKS/*Schubert* MitbestG § 33 Rn. 16.
[442] ErfK/*Oetker* MitbestG § 33 Rn. 3; MüKoAktG/*Annuß* MitbestG § 33 Rn. 6; WKS/*Schubert* MitbestG § 33 Rn. 17.
[443] ErfK/*Oetker* MitbestG § 33 Rn. 3; Habersack/Henssler/*Henssler* MitbestG § 33 Rn. 9.
[444] Vgl. Raiser/Veil/Jacobs/*Raiser* MitbestG § 33 Rn. 13.
[445] Nicht ausreichend ist jedoch, dass lediglich eine begrenzte Personalzuständigkeit bestand, vgl. Raiser/Veil/Jacobs/*Raiser* MitbestG § 33 Rn. 13; Habersack/Henssler/*Henssler* MitbestG § 33 Rn. 24.
[446] Habersack/Henssler/*Henssler* MitbestG § 33 Rn. 24; Raiser/Veil/Jacobs/*Raiser* MitbestG § 33 Rn. 13; WKS/*Schubert* MitbestG § 33 Rn. 32.
[447] AG Bremen WM 1979, 154; LG Bad Kreuznach BB 1979, 1680: „Arbeitsdirektor i.S. des § 33 MitbestG ist nur, wer von dem nach dem MitbestG gebildeten Aufsichtsrat hierzu bestellt worden ist"; so auch Köstler/Müller/Sick Aufsichtsratspraxis Rn. 649.
[448] WKS/*Schubert* MitbestG § 33 Rn. 20.
[449] WKS/*Schubert* MitbestG § 33 Rn. 20; Zöllner DB 1976, 1766 (1767 f.).
[450] Habersack/Henssler/*Henssler* MitbestG § 33 Rn. 13; Raiser/Veil/Jacobs/*Raiser* MitbestG § 33 Rn. 7.
[451] Zur Bestellung des Arbeitsdirektors bei satzungsmäßiger Beschränkung vgl. Habersack/Henssler/*Henssler* MitbestG § 33 Rn. 11; WKS/*Schubert* MitbestG § 33 Rn. 22; für eine Modifikation der Satzung aufgrund von § 33 MitbestG vgl. ErfK/*Oetker* MitbestG § 33 Rn. 3.
[452] GroßkommAktG/*Oetker* MitbestG § 33 Rn. 7; WKS/*Schubert* MitbestG § 33 Rn. 21.

Aufsichtsrats zu berücksichtigen sind. So werden gerade **Erfahrungen in personellen und sozialen Angelegenheiten** von besonderer Bedeutung sein.[453] Von besonderem Interesse für alle Parteien ist regelmäßig die Frage, inwiefern der Kandidat das **Vertrauen der Arbeitnehmer** hat bzw. von diesen zumindest akzeptiert wird. Eine rechtlich zwingende Voraussetzung für die Berufung zum Arbeitsdirektor ist darin aber nicht zu sehen – ist die Entscheidung des Aufsichtsrats doch eine freie und soll nicht, auch nicht mittelbar, von der Zustimmung der Arbeitnehmer abhängig sein. Wäre jedoch die bloße Ablehnung des Kandidaten durch die Arbeitnehmer(vertreter) bereits ausreichendes rechtliches Kriterium für eine fehlende Eignung des Kandidaten, so würde dieser Grundsatz konterkariert. Nichtsdestotrotz wird der Aufsichtsrat **rein faktisch** das Vertrauen der Arbeitnehmer als Kriterium seiner Ermessensentscheidung berücksichtigen müssen, da der Arbeitsdirektor ja gerade die Mittlerrolle zwischen Unternehmensleitung und der Belegschaft bzw. deren Vertretern einnimmt und es im Unternehmensinteresse liegt, dass diese Zusammenarbeit möglichst gut funktioniert.[454] Die Entscheidung des Aufsichtsrats für einen Kandidaten, der diese Voraussetzung nicht erfüllt, wird allerdings nur im Extremfall als **pflichtwidrig** angesehen werden können, wenn erkennbar ist, dass das Verhältnis zwischen Belegschaft und Arbeitsdirektor dermaßen schlecht ist, dass durch dessen Amtsführung dem Unternehmen Schäden entstehen.[455]

246   Wie bei allen anderen Organmitgliedern muss der Aufsichtsrat den Arbeitsdirektor nicht aus dem Unternehmen rekrutieren, sondern kann auch einen externen Arbeitsdirektor bestellen. Dies gilt selbst für die **Genossenschaft**, in der gemäß § 9 Abs. 2 GenG die Mitglieder des Vorstands grundsätzlich Mitglieder der Genossenschaft sein müssen. Gemäß § 33 Abs. 3 MitbestG ist diese Regelung jedoch für den Arbeitsdirektor ausdrücklich nicht anzuwenden.

247   Umstritten ist, ob auch ein **stellvertretendes Mitglied** des geschäftsführenden Organs zum **Arbeitsdirektor ernannt** werden kann. Stellvertretende Mitglieder sind nach § 44 GmbHG, § 94 AktG sowie § 35 GenG ordentliche Mitglieder des jeweiligen Organs, für die dieselben Vorschriften gelten und die somit uneingeschränkt dieselben Rechte und Pflichten haben. Durch die Geschäftsordnung kann lediglich ihre interne Zuständigkeit in der Weise geregelt werden, dass sich eine hierarchische Zurückstufung hinter ein anderes Organmitglied ergibt (zB Vertretung bei Verhinderung etc). Nach überwiegender Auffassung ist die Berufung eines stellvertretenden Mitglieds zum Arbeitsdirektor zumindest dann zulässig, wenn auch alle anderen Organmitglieder zunächst nur als stellvertretende Mitglieder berufen wurden oder ein anderer sachlicher Grund hierfür vorliegt. Da § 33 MitbestG dafür sorge, dass auch durch die Geschäftsordnung keine wirksame Herabstufung möglich sei, würde damit nicht die Sachaufgabe als Arbeitsdirektor herabgestuft, sondern lediglich eine Prestigefrage behandelt mit der Folge, dass der Arbeitsdirektor als vollwertiges Organmitglied umfassend seiner Tätigkeit als gleichwertiges Mitglied des geschäftsführenden Organs nachgehen könne.[456] Teilweise wird dann, wenn die Berufung als Stellvertreter nicht nur vorübergehend ist, jedoch ein Verstoß gegen § 33 MitbestG und das Gleichbehandlungsgebot angenommen.[457] Das allerdings wird man wohl nur dann annehmen können, wenn das stellvertretende Organmitglied im Innenverhältnis in seiner Geschäftsführungsbefugnis eingeschränkt wird (vgl. zB § 82 Abs. 2 AktG).

248   Grundsätzlich keine Bedenken bestehen dahingehend, **mehrere Arbeitsdirektoren** zu bestellen.[458] Voraussetzung ist jedoch, dass dies nicht zu einer Schwächung der Stellung des Arbeitsdirektors führt, indem zB sein Handeln von der Mitwirkung eines Co-Arbeitsdirektors abhängig gemacht wird, während dies bei anderen Organmitgliedern nicht der Fall ist.[459] Sinnvoll kann eine solche Mehrfachbestellung etwa sein, wenn mehrere rechtlich selbstständige Unternehmenssparten (zur Spartenorganisation → Rn. 268 ff.) mit personellen Besonderheiten oder weit voneinander getrennten Unternehmensteilen bestehen. **Unvereinbar** mit § 33 MitbestG wäre es jedoch, wenn das jeweils für eine Sparte zuständige Organmitglied gleichzeitig auch Arbeitsdirektor für diese Sparte ist, da dies letztlich dem Grundgedanken eines Mittlers zwischen Gesamtgeschäftsführung und Arbeitnehmerschaft widerspräche und zu einer Atomisierung der Funktion des Arbeitsdirektors führen würde. Eine übergeordnete Behandlung zentraler sozialer und personeller Fragen wäre so nicht mehr möglich.[460]

---

[453] Habersack/Henssler/*Henssler* MitbestG § 33 Rn. 14; WKS/*Schubert* MitbestG § 33 Rn. 22.
[454] Habersack/Henssler/*Henssler* MitbestG § 33 Rn. 15; WKS/*Schubert* MitbestG § 33 Rn. 23.
[455] Vgl. Raiser/Veil/Jacobs/*Raiser* MitbestG § 33 Rn. 7; Habersack/Henssler/*Henssler* MitbestG § 33 Rn. 16; WKS/*Schuber* MitbestG § 33 Rn. 23.
[456] Vgl. zB Habersack/Henssler/*Henssler* MitbestG § 33 Rn. 39; Raiser/Veil/Jacobs/*Raiser* MitbestG § 33 Rn. 10, 11.
[457] So WKS/*Schubert* MitbestG § 33 Rn. 26.
[458] WKS/*Schubert* MitbestG § 33 Rn. 27; Habersack/Henssler/*Henssler* MitbestG § 33 Rn. 41; Raiser/Veil/Jacobs/*Raiser* MitbestG § 33 Rn. 12.
[459] So zutreffend Habersack/Henssler/*Henssler* MitbestG § 33 Rn. 41.
[460] Vgl. insgesamt zur divisionalen Aufgliederung des Arbeitsdirektors WKS/*Schubert* MitbestG § 33 Rn. 26.

Ein bestellter Arbeitsdirektor kann die Funktion des Arbeitsdirektors gleichzeitig in **Personalunion** **249** **für mehrere Konzernunternehmen** ausüben.[461] Erforderlich ist in diesem Fall jedoch eine Bestellung durch alle zuständigen Aufsichtsräte und zumindest für Aktiengesellschaften (vgl. § 88 Abs. 1 S. 2 AktG) deren Einverständnis mit der Mehrfachfunktion.[462]

Ob auch der **Vorsitzende des geschäftsführenden Organs** zum Arbeitsdirektor bestellt werden **250** kann, wird unterschiedlich beantwortet.[463] Letztlich handelt es sich dabei um die Frage, ob der Arbeitsdirektor gleichzeitig die Funktion des Vorsitzenden übernehmen kann (vgl. daher dort, → Rn. 267). Im Ergebnis kann man dies zulassen, wenn der Arbeitsdirektor zugleich beiden Funktionen effektiv nachkommen kann.[464]

Das **Verfahren zur Bestellung** richtet sich nach § 31 MitbestG (→ Rn. 199 ff.). Dabei ist die Bestel- **251** lung eines bisher nicht dem Organ angehörenden Bewerbers zum Organmitglied inhaltlich mit der Bestellung zum Arbeitsdirektor zu verknüpfen.[465] Der Gesetzgeber hat sich ausdrücklich dagegen entschieden, eine dem § 13 Abs. 1 S. 2 Montan-MitbestG entsprechende Regelung aufzunehmen, wonach der Arbeitsdirektor nicht gegen die Stimmmehrheit der Arbeitnehmervertreter im Aufsichtsrat bestellt werden kann.[466] Vielmehr gilt gemäß § 31 Abs. 4 MitbestG das Gegenteil: Aufgrund des doppelten Stimmrechts des Aufsichtsratsvorsitzenden setzen sich im Zweifel die Anteilseignervertreter durch.

Der Aufsichtsrat ist nicht verpflichtet, ein „neues" Mitglied in das geschäftsführende Organ zu berufen, **252** sondern kann auch ein **bereits bestelltes Organmitglied** zum Arbeitsdirektor „bestellen". Für diesen Akt ist dann erneut das Verfahren nach § 31 MitbestG anzuwenden.[467] Eine bloße Ernennung und Beigabe des Titels „Arbeitsdirektors" reicht, anders als bei der Ernennung eines Vorsitzenden des geschäftsführenden Organs (→ Rn. 197), dagegen nicht aus.[468]

Nach überwiegender Ansicht handelt es sich bei der Bestellung des Arbeitsdirektors um eine zwingend **253** **ressortgebundene Bestellung**.[469] Das bedeutet, dass der Aufsichtsrat die Entscheidung darüber trifft, welches Mitglied des geschäftsführenden Organs die Zuständigkeit über das Ressort Personal und Soziales hat. Damit ist die Entscheidung über die Aufgabenverteilung innerhalb des geschäftsführenden Organs insoweit der internen Regelung durch dieses Gremium entzogen und dem Aufsichtsrat übertragen. Der **Geschäftsordnung** kommt insoweit für das Ressort des Arbeitsdirektors nur **deklaratorische Bedeutung** zu.[470] Das heißt allerdings nicht, dass sie für dieses Organmitglied keinerlei Bedeutung hat: Soweit es um Fragen der internen Zusammenarbeit (zB Verhältnis zwischen Gesamtgremium und Arbeitsdirektor, Zuordnung einzelner Zuständigkeiten, etc) geht, können diese in der Geschäftsordnung geregelt werden, soweit damit nicht die Ressortzuständigkeit des Arbeitsdirektors für Personal und Soziales untergraben wird.[471]

Das **Abstimmungsverfahren** richtet sich nach den Vorschriften, die für alle Mitglieder des geschäfts- **254** führenden Organs gelten. Eine besondere Rolle kommt den Vertretern der Arbeitnehmer im Aufsichtsrat nicht zu. Vielmehr handelt es sich um ein „normales" Bestellungsverfahren. Soweit organisierte Arbeitnehmergruppen über Gewerkschaften oder Betriebsräte Vorschläge für geeignete Kandidaten an den Aufsichtsrat oder die Arbeitnehmervertreter im Aufsichtsrat herantragen, sind diese nicht in irgendeiner Weise gesetzlich priorisiert zu berücksichtigten. Ausgeschlossen sind Demonstrations- und Erzwingungsstreiks bezüglich der Bestellung des Arbeitsdirektors, da es hier zum einen bereits an einem tariflich regelbaren Ziel fehlt und zum anderen das Bestellungsverfahren abschließend gesetzlich geregelt ist.[472]

(3) Widerruf der Bestellung/Amtsniederlegung. Grundsätzlich gelten auch für den **Widerruf der** **255** **Bestellung** die allgemeinen Regeln, §§ 31 Abs. 2–4, 5 MitbestG, § 84 Abs. 3 AktG (→ Rn. 220 ff.). Erforderlich sind also ein wichtiger Grund und ein Verfahren nach § 31 Abs. 2–4 MitbestG. Zu Missver-

---

[461] Raiser/Veil/Jacobs/*Raiser* MitbestG § 33 Rn. 12; Habersack/Henssler/*Henssler* MitbestG § 33 Rn. 41; WKS/*Schubert* MitbestG § 33 Rn. 31.
[462] Raiser/Veil/Jacobs/*Raiser* MitbestG § 33 Rn. 12; WKS/*Schubert* MitbestG § 33 Rn. 31.
[463] Bejahend zB WKS/*Schubert* MitbestG § 33 Rn. 53; Habersack/Henssler/*Henssler* MitbestG § 33 Rn. 42, jeweils mwN; ablehnend ErfK/*Oetker* MitbestG § 33 Rn. 14; *Reich/Lewerenz* AuR 1976, 368.
[464] So auch LG Frankfurt a. M. AG 1984, 276 (277); Habersack/Henssler/*Henssler* MitbestG § 33 Rn. 42.
[465] GroßkommAktG/*Oetker* MitbestG § 33 Rn. 5.
[466] Vgl. ErfK/*Oetker* MitbestG § 33 Rn. 2; gerade über diesen Aspekt ist bei der Einführung der Norm eine große Kontroverse entstanden, →Rn. 245.
[467] Habersack/Henssler/*Henssler* MitbestG § 33 Rn. 9; MüKoAktG/*Annuß* MitbestG § 33 Rn. 6.
[468] Habersack/Henssler/*Henssler* MitbestG § 33 Rn. 9.
[469] MHdB ArbR/*Uffmann* § 377 Rn. 24; Raiser/Veil/Jacobs/*Raiser* MitbestG § 33 Rn. 8; WKS/*Schubert* MitbestG § 33 Rn. 14; Habersack/Henssler/*Henssler* MitbestG § 33 Rn. 9; aA *Hoffmann/Lehmann/Weinmann* MitbestG § 32 Rn. 35; *Hoffmann* BB 1977, 17.
[470] WKS/*Schubert* MitbestG § 33 Rn. 14; Habersack/Henssler/*Henssler* MitbestG § 33 Rn. 9.
[471] Vgl. WKS/*Schubert* MitbestG § 33 Rn. 14; MHdB ArbR/*Uffmann* § 381 Rn. 8; *Säcker* DB 1977, 1993.
[472] Vgl. Habersack/Henssler/*Henssler* MitbestG § 33 Rn. 16; vgl. bzgl. der Bestellung eines Vorstandsmitglieds auch BGH NJW 1961, 1306.

ständnissen führt in der Praxis insoweit gelegentlich die Frage, unter welchen Voraussetzungen ein für den Widerruf der Bestellung relevanter **Vertrauensentzug** nach § 84 Abs. 3 AktG vorliegt. Eine Störung des Vertrauensverhältnisses zwischen dem Arbeitsdirektor und der Arbeitnehmerschaft ist kein „Vertrauensentzug" in diesem Sinne; auch die Arbeitnehmervertreter im Aufsichtsrat können dem Arbeitsdirektor das „Vertrauen" nach § 84 Abs. 3 AktG nicht „entziehen". Eine Störung des Vertrauensverhältnisses als solche kann auch nur ausnahmsweise einen Widerrufsgrund darstellen, da ein ungestörtes Verhältnis grundsätzlich gerade keine Voraussetzung für die Bestellung zum Arbeitsdirektor ist (→ Rn. 245, dort auch zu den Ausnahmen). Der Vertrauensentzug durch die Hauptversammlung nach § 84 Abs. 3 AktG ist dagegen grundsätzlich ein wichtiger Grund, soweit das Vertrauen nicht aus offenbar unsachlichen Gründen entzogen wird.

256 Soll **isoliert** lediglich die **Bestellung als Arbeitsdirektor widerrufen** werden, nicht jedoch die Bestellung als Organmitglied, bestimmt sich das Verfahren grundsätzlich nach denselben Regeln.[473] Es ist allerdings umstritten, ob für den bloßen Widerruf der Bestellung zum Arbeitsdirektor ein **wichtiger Grund** im Sinne des § 84 Abs. 3 AktG erforderlich ist: Unter Berufung auf die beim Arbeitsdirektor ausnahmsweise ressortgebundene Bestellung wird teilweise vertreten, dass auch hier ein wichtiger Grund vorliegen müsse. Dafür spreche auch, dass die jederzeitige Widerruflichkeit des Arbeitsdirektor in der Wahrnehmung seiner Funktion behindere.[474] Die wohl überwiegende Ansicht verzichtet dagegen zu Recht auf das Erfordernis des wichtigen Grundes für den isolierten Widerruf des Ressorts, da dies lediglich ein Minus zum Widerruf der Bestellung zum Organmitglied ist.[475] Wird isoliert die Bestellung zum Arbeitsdirektor widerrufen, muss ein anderes oder neu zu bestellendes Vorstandsmitglied zum Arbeitsdirektor bestellt werden.

257 Neben der einseitigen Beendigung durch den Aufsichtsrat kann die Bestellung auch einseitig durch den Arbeitsdirektor im Wege der **Amtsniederlegung** beendet werden[476] (zu den Voraussetzungen einer Amtsniederlegung durch ein Organmitglied → § 4 Rn. 782ff.). Teilweise wird angenommen, dass insoweit allerdings nur die Niederlegung des Amtes als Organmitglied zulässig sei und nicht isoliert lediglich bezüglich der Stellung als Arbeitsdirektor, denn der Aufsichtsrat habe den Arbeitsdirektor gerade ressortgebunden bestellt.[477] Das überzeugt nicht, da es sich bei der Bestellung zum Mitglied des geschäftsführenden Organs und der Bestellung zum Arbeitsdirektor um voneinander getrennte Rechtsverhältnisse handelt.

258 **(4) Gerichtliche Ersatzbestellung.** Wird der Arbeitsdirektor nicht bestellt, obwohl eine gesetzliche Pflicht dazu besteht, oder fehlt es an einem zweiten Mitglied des Vertretungsorgans (vgl. zur nach überwiegender Ansicht aus § 33 MitbestG resultierenden Pflicht, ein mindestens zweiköpfiges Vertretungsorgan zu berufen, → Rn. 241), kann eine **gerichtliche Ersatzbestellung** gemäß § 31 Abs. 1 MitbestG, § 85 AktG in Betracht kommen. Liegen die Voraussetzungen einer gerichtlichen Ersatzbestellung vor, wird auf Antrag eines Beteiligten durch das zuständige **Amtsgericht** am Sitz des Unternehmens ein Arbeitsdirektor bestellt (vgl. grundsätzlich zur Bestellung durch das Gericht → § 4 Rn. 983ff.).[478] Gemäß § 85 Abs. 1 AktG sind Voraussetzungen hierfür zum einen die Erforderlichkeit des Organmitgliedes und das Vorliegen eines dringenden Falles.

259 Die **Erforderlichkeit** der Bestellung eines Arbeitsdirektors ergibt sich bereits aus § 33 MitbestG.[479] Ein Arbeitsdirektor fehlt, wenn er nicht bestellt wurde oder nicht nur vorübergehend verhindert ist.[480] Lediglich der Streit über die Rechtmäßigkeit seiner Bestellung oder die Festlegung seines Aufgabenbereiches führt nicht dazu, dass der Arbeitsdirektor gehindert wäre, sein Amt auszuüben. In diesen Fällen scheidet eine Ersatzbestellung aus.[481]

260 **Dringlichkeit** liegt vor, wenn der Aufsichtsrat nicht selbst handeln kann und der Gesellschaft dadurch erhebliche Nachteile drohen.[482] Teilweise wird angenommen, dass bereits das Fehlen des erforderlichen

---

[473] GroßkommAktG/*Oetker* MitbestG § 33 Rn. 10.
[474] So WKS/*Schubert* MitbestG § 33 Rn. 36.
[475] ErfK/*Oetker* MitbestG § 33 Rn. 5; Raiser/Veil/Jacobs/*Raiser* MitbestG § 33 Rn. 15; Habersack/Henssler/*Henssler* MitbestG § 33 Rn. 25; NK-ArbR/*Heither/von Morgen* MitbestG § 33 Rn. 11; GroßkommAktG/*Oetker* MitbestG § 33 Rn. 10.
[476] Vgl. WKS/*Schubert* MitbestG § 33 Rn. 37; Habersack/Henssler/*Henssler* MitbestG § 33 Rn. 28; MüKoAktG/*Annuß* MitbestG § 33 Rn. 15.
[477] MüKoAktG/*Annuß* MitbestG § 33 Rn. 15; Kölner Komm AktG/*Mertens/Cahn* Anh. § 117 B § 33 MitbestG Rn. 10.
[478] Habersack/Henssler/*Henssler* MitbestG § 33 Rn. 19; MüKoAktG/*Annuß* MitbestG § 33 Rn. 12.
[479] Vgl. WKS/*Schubert* MitbestG § 33 Rn. 33.
[480] NK-ArbR/*Heither/von Morgen* MitbestG § 33 Rn. 10; WKS/*Schubert* MitbestG § 33 Rn. 33.
[481] MüKoAktG/*Annuß* MitbestG § 33 Rn. 12; Habersack/Henssler/*Henssler* MitbestG § 33 Rn. 21; aA GK-MitbestG/*Rumpff* MitbestG § 33 Rn. 23.
[482] BayObLG NZG 1998, 73 (74); MüKoAktG/*Spindler* AktG § 85 Rn. 7; WKS/*Schubert* MitbestG § 33 Rn. 34 mwN.

Arbeitsdirektors die Dringlichkeit **indiziert**.[483] Überzeugender ist es dagegen, im Einzelfall stets das Vorliegen eines dringenden Falles zu prüfen. Da im Falle einer Ersatzbestellung die staatlichen Gerichte über die Besetzung des geschäftsführenden Organs entscheiden und damit in die grundrechtlich geschützte Autonomie der Gesellschaft eingreifen, muss dieser Ausnahmefall durch besondere, im jeweiligen Einzelfall auch tatsächlich vorliegende Gründe gerechtfertigt sein.[484] Dem wird es jedoch nicht genügen, wenn aus der einen Tatbestandsvoraussetzung (Erforderlichkeit) zwingend auf die andere (Dringlichkeit) geschlossen werden können soll. Die Dringlichkeit muss daher als selbständige Voraussetzung vorliegen. Dies ist zu bejahen, wenn die übrigen Mitglieder des Vertretungsorgans in ihrer Gesamtheit nicht zur vorübergehenden Erfüllung der Aufgaben des Arbeitsdirektors in der Lage sind, zB weil sie nicht die nötigen Kenntnisse mitbringen.[485] Sind die Aufgaben des Arbeitsdirektors **vorübergehend** von den anderen Organmitgliedern zu übernehmen, tritt Dringlichkeit jedoch dann ein, wenn der Aufsichtsrat nicht alsbald seiner Personalverantwortung nachkommt und einen neuen Arbeitsdirektor bestellt. Teilweise wird dies bereits schon nach drei Monaten,[486] teilweise erst nach einem Jahr[487] angenommen.

cc) Aufgaben und Zuständigkeiten des Arbeitsdirektors. Eine ausdrückliche Umschreibung des **Aufgabenbereichs** des Arbeitsdirektors nimmt das MitbestG nicht vor. Es ist jedoch übereinstimmende Auffassung, dass der Arbeitsdirektor im Kernbereich Aufgaben und Zuständigkeiten in Personal- und Sozialfragen besitzt.[488] Dabei wird ihm von Gesetzes wegen (wenn auch nicht ausdrücklich) ein gewisser **Mindestumfang** zugeordnet, der durch Regelungen in der Geschäftsordnung erweitert, nicht jedoch beschränkt werden kann.[489]

(1) Gesetzliche Vorgaben. Obwohl § 33 MitbestG keine ausdrückliche Festlegung des Aufgaben- und Zuständigkeitsbereichs des Arbeitsdirektors vornimmt, obliegt ihm von Gesetzes wegen die **Leitung des Personal- und Sozialressorts**. Das bedeutet nicht zugleich, dass ihm sämtliche Angelegenheiten dieses Ressorts übertragen werden müssen, ihm steht aber eine **gesetzliche Mindestzuständigkeit** für den Bereich Personal und Soziales zu, bei dem es sich um den **substantiellen Bereich** handeln muss. Es müssen also die wesentlichen Zuständigkeiten dieses Ressorts beim Arbeitsdirektor liegen.[490] Es wäre daher nicht mit § 33 MitbestG vereinbar, wenn er in diesen Angelegenheiten weitgehenden Beschränkungen unterläge.

Wo genau die Grenze zum wesentlichen Kernbereich liegt, ist – gerade wegen des nicht ausdrücklich festgeschriebenen Aufgaben- und Zuständigkeitsbereichs – nicht abstrakt festzulegen, sondern in einer **wertenden Gesamtschau** zu ermitteln.[491] Darunter fallen zB das Personalwesen als solches, das Gesundheitswesen, der Arbeitsschutz, Aus- und Weiterbildung, Altersfürsorge etc. der Arbeitnehmer.[492] Nach überwiegender Ansicht fallen dagegen die Personal- bzw. Sozialangelegenheiten der leitenden Angestellten nicht in den Kernbereich der Zuständigkeiten des Arbeitsdirektors.[493] Dasselbe gilt für die außertariflichen Arbeitnehmer, die grundsätzlich der Ressortverantwortung desjenigen Organmitglieds unterliegen sollen, für das sie funktionell eingesetzt sind.[494] Möglich und in der Praxis durchaus verbreitet ist die Zuweisung der Zuständigkeit für „obere" Führungskräfte (meist leitende Angestellte und höhere außertarifliche Arbeitnehmer) an den Vorstandsvorsitzenden bzw. den Vorsitzenden der Geschäftsführung. Der Arbeitsdirektor soll sich auf seine wesentliche Funktion als **Vermittler** zwischen den (übrigen) Arbeitnehmern und der Unternehmensführung konzentrieren können.[495]

Auch die dem Arbeitsdirektor aufgrund der Gleichberechtigung innerhalb des Gremiums zustehenden Aufgaben und Zuständigkeiten, insbesondere die **Repräsentation des Unternehmens** nach außen im gleichberechtigten Umfang, gehören zum Kernbereich der Aufgaben des Arbeitsdirektors.[496]

---

[483] NK-ArbR/*Heither/von Morgen* MitbestG § 33 Rn. 10; MüKoAktG/*Annuß* MitbestG § 33 Rn. 12; in die gleiche Richtung Raiser/Veil/Jacobs/*Raiser* MitbestG § 33 Rn. 9.
[484] Vgl. dazu zutreffend die Ausführungen bei Habersack/Henssler/*Henssler* MitbestG § 33 Rn. 19.
[485] WKS/*Schubert* MitbestG § 33 Rn. 34; Habersack/Henssler/*Henssler* MitbestG § 33 Rn. 19; ErfK/*Oetker* MitbestG § 33 Rn. 4, jeweils mwN.
[486] WKS/*Schubert* MitbestG § 33 Rn. 34.
[487] Habersack/Henssler/*Henssler* MitbestG § 33 Rn. 22.
[488] BT-Drs. 7/4845, 9; BVerfG NJW 1979, 699; BGH NJW 1984, 733; OLG Frankfurt a.M. AG 1986, 262; Habersack/Henssler/*Henssler* MitbestG § 33 Rn. 43; WKS/*Schubert* MitbestG § 33 Rn. 39; Raiser/Veil/Jacobs/*Raiser* MitbestG § 33 Rn. 16, jeweils mwN.
[489] ErfK/*Oetker* MitbestG § 33 Rn. 11; Habersack/Henssler/*Henssler* MitbestG § 33 Rn. 44; aA *Hoffmann* BB 1977, 17.
[490] WKS/*Schubert* MitbestG § 33 Rn. 43 ff.
[491] GroßkommAktG/*Oetker* MitbestG § 33 Rn. 22; WKS/*Schubert* MitbestG § 33 Rn. 4.
[492] ErfK/*Oetker* MitbestG § 33 Rn. 12; Raiser/Veil/Jacobs/*Raiser* MitbestG § 33 Rn. 16; *Spieker* BB 1968, 1089.
[493] ErfK/*Oetker* MitbestG § 33 Rn. 12, Habersack/Henssler/*Henssler* MitbestG § 33 Rn. 48.
[494] Vgl. Raiser/Veil/Jacobs/*Raiser* MitbestG § 33 Rn. 20; ErfK/*Oetker* MitbestG § 33 Rn. 12; *Martens* Der Arbeitsdirektor 1980, 69; Habersack/Henssler/*Henssler* MitbestG § 33 Rn. 48.
[495] Raiser/Veil/Jacobs/*Raiser* MitbestG § 33 Rn. 16; vgl. aber auch MüKoAktG/*Annuß* MitbestG § 33 Rn. 29.
[496] Habersack/Henssler/*Henssler* MitbestG § 33 Rn. 37; ErfK/*Oetker* MitbestG § 33 Rn. 12.

265 **(2) Anderweitige Regelung.** Gemäß § 33 Abs. 2 S. 2 MitbestG bestimmt die Geschäftsordnung die Aufgaben und Zuständigkeiten des Arbeitsdirektors näher. Durch sie können dem Arbeitsdirektor weitere Leitungsaufgaben, welcher Art auch immer, zugewiesen werden, zB aus dem Bereich Verwaltung oder Finanzen.[497] Weitere Aufgaben können dem Arbeitsdirektor aber auch durch die **Satzung** oder einen **Beschluss** des Aufsichtsrats zugewiesen werden.[498] Dies gilt jedenfalls insoweit, wie der Kernbereich des gesetzlichen Aufgaben- und Zuständigkeitsbereiches (→ Rn. 262 ff.) erweitert wird; eine Einschränkung ist nicht möglich.[499] Soweit die Geschäftsordnung dem Arbeitsdirektor bereits kraft Gesetzes zustehende Aufgaben zuweist, kommt dem lediglich **deklaratorische** Wirkung zu. Zur Klarstellung der Aufgabenaufteilung kann dies aber dennoch sinnvoll sein.

266 Teilweise wird die **Zuweisung weiterer Aufgaben** jedoch auch mit der Begründung abgelehnt, die Kernaufgaben des Arbeitsdirektors erforderten eine ausschließliche Zuständigkeit auf Ebene der Unternehmensführung, die grundsätzlich keine Erweiterung zuließe.[500] Das wird jedoch von der überwiegenden Ansicht zu Recht abgelehnt, solange sich die zusätzlichen Aufgaben derart gestalten, dass der Arbeitsdirektor mit der **erforderlichen Intensität** seinen Kernaufgaben nachgehen kann.[501] Umso größer das Unternehmen ist, desto eher ist es notwendig, dass der Arbeitsdirektor ausschließlich mit personellen und sozialen Angelegenheiten betraut wird, um diese auch effektiv wahrnehmen zu können.[502]

267 Denkbar ist auch, dass der Arbeitsdirektor zugleich zum **Sprecher** oder gar **Vorsitzenden des geschäftsführenden Organs** ernannt wird.[503] Hierin kann ggf. eine besondere Bedeutung des Personalwesens für das Unternehmen gesehen werden, ohne dass dies zugleich zwingend einhergehen müsste.[504] Ob eine solche, in der Regel zeitintensive Doppelfunktion mit § 33 MitbestG vereinbar ist, hängt davon ab, ob gewährleistet bleibt, dass der Arbeitsdirektor im erforderlichen Umfang seine Kernbereichsaufgaben wahrnehmen kann. Das wäre beispielsweise nicht mehr der Fall, wenn er diese Tätigkeiten zu wesentlichen Teilen auf ihm unterstellte leitende Angestellte delegieren müsste.[505] Dies würde der besonderen Bedeutung des Arbeitsdirektors als ressortgebunden bestelltes Organ nicht gerecht. Zum umgekehrten Fall der Bestellung des Vorsitzenden zum Arbeitsdirektor, → Rn. 250.

268 dd) Besondere Unternehmens- bzw. Konzernorganisationen. Werden Unternehmen in **Sparten** geführt, für die jeweils die einzelnen Funktionen (zB auch das Personal) getrennt geführt werden und denen jeweils ein Organmitglied als Spartenleiter vorsteht (zB ein Vorstand für die PKW-Sparte, ein Vorstand für die LKW-Sparte etc), kann dies bei der Aufgaben- und Zuständigkeitszuweisung beim Arbeitsdirektor zu Problemen führen. Denn bei dieser Organisationsform gibt es eigentlich keinen übergreifenden „Personalchef". Entscheidungen können jeweils innerhalb der Sparte getroffen werden. Nach herrschender Meinung akzeptiert § 33 MitbestG diesen Befund aber nicht. Vielmehr soll es nicht ausreichend sein, wenn der jeweilige Spartenleiter als Organ die Aufgabe des Arbeitsdirektors miterledigt.[506] Vielmehr soll auch hier erforderlich sein, dass es einen übergreifend zuständigen Arbeitsdirektor gibt, der auf Ebene des Vorstands die Grundsatzfragen im Bereich Personal und Soziales steuert.[507]

269 Die **Gesamtverantwortung** für dieses Ressort muss dem Arbeitsdirektor spartenübergreifend zustehen, was allerdings nicht zugleich bedeutet, dass die laufenden Aufgaben des Personal- und Sozialwesens nicht nachgeordnet in den Sparten wahrgenommen werden können, jedenfalls soweit eine Delegation vom Arbeitsdirektor in nachgeordnete Ebenen zulässig ist (→ Rn. 263).[508] Unterschiedlich beantwortet wird die Frage, wie sich das auf die Zuständigkeitsverteilung im Verhältnis zu den jeweiligen Spartenleitern auswirkt: Teilweise wird gefordert, der Arbeitsdirektor müsse einen **Direktzugriff** in Form eines Weisungs- und (Allein-)Entscheidungsrechts in die Sparten hinein haben, um seinen Aufgaben ausreichend nachkommen zu können.[509] Die wohl überwiegende Ansicht dagegen hält es zu Recht für ausreichend, wenn der Arbeitsdirektor über den Spartenleiter ein **Einwirkungsrecht** in die jeweilige Sparte erhält und erachtet es daher für ausreichend, wenn Arbeitsdirektor und Spartenleiter nur gemeinsam han-

---

[497] WKS/*Schubert* MitbestG § 33 Rn. 50; Raiser/Veil/Jacobs/*Raiser* MitbestG § 33 Rn. 22 f.
[498] WKS/*Schubert* MitbestG § 33 Rn. 50.
[499] BVerfG NJW 1979, 699; Habersack/Henssler/*Henssler* MitbestG § 33 Rn. 44 mwN.
[500] So ErfK/*Oetker* MitbestG § 33 Rn. 14.
[501] Habersack/Henssler/*Henssler* MitbestG § 33 Rn. 45; WKS/*Schubert* MitbestG § 33 Rn. 51 mwN.
[502] NK-ArbR/*Heither/von Morgen* MitbestG § 33 Rn. 15; WKS/*Schubert* MitbestG § 33 Rn. 52.
[503] LG Frankfurt AG 1984, 276; GroßkommAktG/*Oetker* MitbestG § 33 Rn. 26; Raiser/Veil/Jacobs/*Raiser* MitbestG § 33 Rn. 22; Habersack/Henssler/*Henssler* MitbestG § 33 Rn. 42; WKS/*Schubert* MitbestG § 33 Rn. 52; aA ErfK/*Oetker* MitbestG § 33 Rn. 14; Reich/Lewerenz AuR 1976, 353 (368).
[504] WKS/*Schubert* MitbestG § 33 Rn. 52.
[505] Vgl. Raiser/Veil/Jacobs/*Raiser* MitbestG § 33 Rn. 22.
[506] Habersack/Henssler/*Henssler* MitbestG § 33 Rn. 50; MüKoAktG/*Annuß* MitbestG § 33 Rn. 28.
[507] Raiser/Veil/Jacobs/*Raiser* MitbestG § 33 Rn. 17; WKS/*Schubert* MitbestG § 33 Rn. 28.
[508] Raiser/Veil/Jacobs/*Raiser* MitbestG § 33 Rn. 17; WKS/*Schubert* MitbestG § 33 Rn. 28.
[509] MHdB AG/*Hoffmann-Becking* § 24 Rn. 15; *Säcker* DB 1979, 1925 (1927).

deln können.[510] Können sich in einem solchen Fall Arbeitsdirektor und Spartenleiter nicht einigen, muss das Gesamtgremium entscheiden.[511] Unzulässig wäre es dagegen, wenn der Spartenleiter im Kernbereich der Aufgaben und Zuständigkeiten des Arbeitsdirektors auch ohne diesen handeln könnte.[512] Der **Kernbereich** ist dann gewahrt, wenn der Arbeitsdirektor in den Sparten an allen Personal- und Sozialentscheidungen beteiligt wird, die nach der Unternehmensorganisation auf Ebene des Vorstands entschieden werden müssen.[513] Ein Direktzugriff muss dem Arbeitsdirektor allerdings dann eingeräumt werden, wenn auch den anderen Vorstandsmitgliedern ein solcher eingeräumt wurde, da ansonsten eine **unzulässige Diskriminierung** des Arbeitsdirektors vorläge.[514]

Die Mitentscheidungs- und sprachrechte des Arbeitsdirektors beim Zusammenwirken mit dem jeweiligen Spartenleiter sind auch **verfahrensrechtlich abgesichert,** indem dem Arbeitsdirektor entsprechende Informations- bzw. Kontrollrechte in die jeweiligen Sparten hinein eingeräumt werden und dem Spartenleiter entsprechende Informationspflichten gegenüber dem Arbeitsdirektor auferlegt werden.[515] Daneben wird man dem Arbeitsdirektor als Ausfluss des Kernbereichs seiner Zuständigkeit ein **Initiativrecht**[516] in Personal- und Sozialfragen zuerkennen müssen, jedoch keine einseitig durchsetzbare Richtlinienkompetenz[517] – diese würde einem Alleinentscheidungsrecht gleichkommen, welches von der überwiegenden Ansicht abgelehnt wird (→ Rn. 269). 270

Unabhängig von der Organisationsform des Unternehmens (vgl. zu Besonderheiten bei der Spartenorganisation → Rn. 268) stellt sich in **Konzernkonstellationen** die Frage nach dem Verhältnis zwischen Arbeitsdirektor auf Konzernebene (Muttergesellschaft) und den Arbeitsdirektoren der nachgeordneten Tochtergesellschaften. Grundsätzlich verläuft die Aufteilung der Zuständigkeiten und Aufgaben anhand der Grenze der jeweiligen Gesellschaften: Personal- und Sozialkompetenzen bei der Muttergesellschaft liegen beim Arbeitsdirektor der Muttergesellschaft, solche der Tochtergesellschaft beim Arbeitsdirektor der Tochtergesellschaft.[518] 271

Je nach Konzernkonstellation kann der Arbeitsdirektor der Muttergesellschaft jedoch auch Einfluss auf die Entscheidungen in den Tochtergesellschaften nehmen. Der Arbeitsdirektor bei der Konzernmutter ist grundsätzlich im **Rahmen seiner (konzern-)rechtlichen Möglichkeiten** auch für die Wahrnehmung der Personal- und Sozialangelegenheiten **im Gesamtkonzern** in der Konzernleitung verantwortlich.[519] Im Vertragskonzern besteht zwischen herrschendem und beherrschten Unternehmen ein Beherrschungsvertrag, sodass Entscheidungen bei den Tochtergesellschaften weisungsabhängig aufgrund einer Entscheidung bei der Muttergesellschaft getroffen werden können. In solchen Fällen liegt bei Personalangelegenheiten die Zuständigkeit im Wesentlichen beim **Arbeitsdirektor der Mutter,** also dort, wo Einfluss auf die maßgebliche Entscheidung genommen werden kann.[520] Damit einher geht eine Reduktion der Zuständigkeit beim Arbeitsdirektor der Tochtergesellschaft. Hierin liegt jedoch kein Verstoß gegen § 33 MitbestG, da dieser nur vor einer Beschränkung der Kompetenzen innerhalb des Organs schützen soll, nicht aber vor den (konzern-)rechtlichen Einflussnahmemöglichkeiten durch die Muttergesellschaft.[521] **Weisungen** werden grundsätzlich vom Vertretungsorgan der Mutter an dasjenige der Tochtergesellschaft erteilt. Es ist aber sowohl bei der Mutter- als auch bei der Tochtergesellschaft eine Delegation für einzelne Angelegenheiten (wie zB das Personal- und Sozialwesen) auf ein einzelnes Organmitglied (zB jeweils den Arbeitsdirektor) möglich. In einem solchen Fall kann der Arbeitsdirektor der Muttergesellschaft direkte Weisungen an den Arbeitsdirektor der Tochtergesellschaft erteilen.[522] Dieselben Grundsätze gelten gemäß § 323 Abs. 1 AktG im Falle der **Eingliederung.**[523] 272

Anders ist die Situation dagegen im Falle eines **faktischen AG Konzerns,** da hier grundsätzlich **gerade keine Weisungsrechte** der Mutter- an die Tochtergesellschaft bestehen. Hier ist der Einfluss der 273

---

[510] OLG Frankfurt a.M AG 1986, 262; GroßkommAktG/*Oetker* MitbestG § 33 Rn. 28; Habersack/Henssler/*Henssler* MitbestG § 33 Rn. 51; WKS/*Schubert* MitbestG § 33 Rn. 29; Raiser/Veil/Jacobs/Raiser/*Raiser* MitbestG § 33 Rn. 17; MüKoAktG/*Annuß* MitbestG § 33 Rn. 28.
[511] Raiser/Veil/Jacobs/Raiser/*Raiser* MitbestG § 33 Rn. 17; Habersack/Henssler/*Henssler* MitbestG § 33 Rn. 52.
[512] WKS/*Schubert* MitbestG § 33 Rn. 29; MüKoAktG/*Annuß* MitbestG § 33 Rn. 28.
[513] MHdB AG/*Wiesner* § 24 Rn. 15.
[514] WKS/*Schubert* MitbestG § 33 Rn. 29; Habersack/Henssler/*Henssler* MitbestG § 33 Rn. 51; *Schiessl* ZGR 1992, 64 (76).
[515] Andeutungsweise Raiser/Veil/Jacobs/*Raiser* MitbestG § 33 Rn. 17; Habersack/Henssler/*Henssler* MitbestG § 33 Rn. 50.
[516] Vgl. *Schiessl* ZGR 1992, 65 (76); ähnlich Raiser/Veil/Jacobs/*Raiser* MitbestG § 33 Rn. 17.
[517] So aber *Schiessl* ZGR 1992, 65 (76); *Semler* FS Döllerer, 1988, 571 (582).
[518] GroßkommAktG/*Oetker* MitbestG § 33 Rn. 29ff.; Raiser/Veil/Jacobs/Raiser/*Raiser* MitbestG § 33 Rn. 18f.
[519] WKS/*Schubert* MitbestG § 33 Rn. 54; Habersack/Henssler/*Henssler* MitbestG § 33 Rn. 53.
[520] Vgl. WKS/*Schubert* MitbestG § 33 Rn. 57.
[521] Habersack/Henssler/*Henssler* MitbestG § 33 Rn. 55; WKS/*Schubert* MitbestG § 33 Rn. 57, 59.
[522] Raiser/Veil/Jacobs/Raiser/*Raiser* MitbestG § 33 Rn. 17; WKS/*Schubert* MitbestG § 33 Rn. 59.
[523] WKS/*Schubert* MitbestG § 33 Rn. 57.

Muttergesellschaft an ihre aus der Beteiligung an der Tochtergesellschaft folgenden Rechte gebunden, die sie als Anteilseignerin geltend machen kann, wobei die Mindestkompetenzen des Arbeitsdirektors einer mitbestimmten Tochtergesellschaft zu beachten sind.[524] Bei einer GmbH als Tochtergesellschaft ist jedoch zu berücksichtigen, dass auch im faktischen Konzern über § 37 Abs. 1 GmbHG recht weitgehende Weisungsrechte bestehen können.

274   Wie im konkreten Fall die Organisation im Konzern vereinbart wird, unterliegt der **freien Entscheidung** der Muttergesellschaft und wird nicht von den Vorgaben des § 33 MitbestG für oder gegen eine Zentralisierung bei der Muttergesellschaft determiniert.[525] Zu berücksichtigen sind des Weiteren grundsätzlich Mitbestimmungs- und Beteiligungsrechte der Arbeitnehmervertretungen sowie des Aufsichtsrats.[526]

275   **ee) Rechtsstellung innerhalb des Vertretungsorgans.** Gemäß § 33 Abs. 1 MitbestG ist die Rechtsstellung des Arbeitsdirektors innerhalb des Vertretungsorgans maßgeblich dadurch vorgeschrieben, dass er **gleichberechtigtes Mitglied** des Organs ist. Das bedeutet jedoch nicht, dass jegliche Differenzierung zwischen den Organmitgliedern ausgeschlossen ist – vielmehr ist eine solche aufgrund der durch § 33 MitbestG angewiesenen ressortgebundenen Bestellung sogar gerade angelegt. Das Gebot der Gleichberechtigung ist vielmehr als **Diskriminierungsverbot** zu verstehen.[527] Der Arbeitsdirektor darf im Vergleich zu den sonstigen Organmitgliedern nicht ohne sachlichen Grund anders behandelt werden. Solche **sachlichen Gründe** können beispielsweise in der gesetzlichen Aufgabenzuweisung oder der Organisationsform der Gesellschaft liegen.[528]

276   Das bedeutet im Grundsatz, dass der Arbeitsdirektor **dieselben Rechte und Pflichten** hat wie jedes andere Organmitglied auch.[529] Ihn treffen also auch all diejenigen Aufgaben, die das Gremium als solches treffen.[530] Das Diskriminierungsverbot geht allerdings über den Rechten- und Pflichtenkreis, wie zB gleichberechtigte (Gesamt-)**Geschäftsführung- oder Vertretung**, hinaus und erfasst beispielsweise auch das **Anstellungsverhältnis** oder die Rolle bei der **Unternehmensrepräsentation** nach außen.[531]

277   Innerhalb des Organs kann der Arbeitsdirektor ebenso wie alle anderen beispielsweise nur zur gemeinschaftlichen Vertretung befugt sein, wenn diese Regelung auch für die anderen Organmitglieder zutrifft. § 33 MitbestG erfordert hier **keine alleinige Geschäftsführung** (→ Rn. 261).[532] Im Gegenteil, die Verpflichtung aus § 33 Abs. 2 MitbestG, seine Aufgaben im **engsten Einvernehmen** mit dem Gesamtorgan auszuüben, erfordert, dass der Arbeitsdirektor auch Angelegenheiten, die grundsätzlich in seinen Zuständigkeitsbereich fallen, dem Gesamtorgan zur **verbindlichen Entscheidung** vorlegt, falls sie von grundsätzlicher Bedeutung für die Gesellschaft sind.[533]

278   Von besonderer Bedeutung kann das Verhältnis zwischen einzelnen anderen hervorgehobenen Organmitgliedern (zB Vorsitzender, Spartenleiter, etc) und dem Arbeitsdirektor sein. Zunächst ist insoweit festzuhalten, dass § 33 MitbestG grundsätzlich einer Wahl eines **anderen Mitglieds des Organs als Vorsitzenden** nicht entgegensteht[534] (zur Bestellung des Vorstandsvorsitzenden zum Arbeitsdirektor → Rn. 242 ff., 265 f.; zur Ernennung des Arbeitsdirektors zum Vorstandsvorsitzenden → Rn. 267). Im Detail kommt es jedoch auf die Ausgestaltung der dem Vorsitzenden zustehenden Befugnisse an. So wäre ein generelles Vetorecht des Vorsitzenden mit § 33 MitbestG, der dem Arbeitsdirektor einen unantastbaren Kernbereich einräumt (→ Rn. 262 f.), nach überwiegender Ansicht unvereinbar.[535] Besteht das Gesamtgremium aus **mehr als zwei** Mitgliedern ist ein **Stichentscheidungsrecht** des Vorstandsvorsitzenden dagegen zulässig.[536]

---

[524] WKS/*Schubert* MitbestG § 33 Rn. 60; Habersack/Henssler/*Henssler* MitbestG § 33 Rn. 54; Raiser/Veil/Jacobs/*Raiser* MitbestG § 33 Rn. 18.
[525] Habersack/Henssler/*Henssler* MitbestG § 33 Rn. 56; Raiser/Veil/Jacobs/*Raiser* MitbestG § 33 Rn. 18.
[526] WKS/*Schubert* MitbestG § 33 Rn. 59.
[527] *Hoffmann/Lehmann/Weinmann* MitbestG § 33 Rn. 23; Raiser/Veil/Jacobs/*Raiser* MitbestG § 33 Rn. 24; Habersack/Henssler/*Henssler* MitbestG § 33 Rn. 31.
[528] Raiser/Veil/Jacobs/*Raiser* MitbestG § 33 Rn. 24; Habersack/Henssler/*Henssler* MitbestG § 33 Rn. 31.
[529] Vgl. die detaillierte Aufbereitung bei WKS/*Schubert* MitbestG § 33 Rn. 66.
[530] Raiser/Veil/Jacobs/*Raiser* MitbestG § 33 Rn. 24.
[531] Vgl. Raiser/Veil/Jacobs/*Raiser* MitbestG § 33 Rn. 25.
[532] Habersack/Henssler/*Henssler* MitbestG § 33 Rn. 32 ff. mwN.
[533] Habersack/Henssler/*Henssler* MitbestG § 33 Rn. 34; WKS/*Schubert* MitbestG § 33 Rn. 71.
[534] LG Frankfurt AG 1984, 276 (277); ErfK/*Oetker* MitbestG § 33 Rn. 8; Habersack/Henssler/*Henssler* MitbestG § 33 Rn. 40; für ein aus zwei Mitgliedern bestehendes Organ kritisch WKS/*Schubert* MitbestG § 33 Rn. 73.
[535] BGH NJW 1984, 733 (736); GroßkommAktG/*Oetker* MitbestG § 33 Rn. 18; ErfK/*Oetker* MitbestG § 33 Rn. 8; Hüffer/Koch/*Koch* AktG § 77 Rn. 13; aA wohl *Hoffmann* BB 1977, 17 (22).
[536] BGH NJW 1984, 733 (736); MüKoAktG/*Annuß* MitbestG § 33 Rn. 22; Habersack/Henssler/*Henssler* MitbestG § 33 Rn. 40; ErfK/*Oetker* MitbestG § 33 Rn. 8; GroßkommAktG/*Oetker* MitbestG § 33 Rn. 19.

Bei einer **divisionalen Unternehmensstruktur** nach Sparten muss dem Arbeitsdirektor in seinem 279
Kernbereich eine gewisse Eigenständigkeit gegenüber dem Spartenleiter verbleiben (→ Rn. 268 ff.). Dasselbe gilt für eine mittlerweile häufiger anzutreffende Organisation in **Matrixstrukturen**.[537]

ff) Prozessuales. Zuständig für Streitigkeiten bezüglich des Geschäftsbereichs oder der Bestellung des 280
Arbeitsdirektors sind die **ordentlichen Gerichte**.[538] Soweit es Zweifel über den Geschäftsbereich des Arbeitsdirektors gibt, sind solche Streitigkeiten nicht über die gerichtliche Ersatzbestellung zu klären.[539] Soweit beispielsweise Beschlüsse gegen § 33 MitbestG verstoßen, richten sich die Folgen eines solchen Verstoßes nach den allgemeinen Regeln und sind auf diesen Wegen geltend zu machen.[540]

Umstritten ist, wer bei Klagen auf Feststellung gewisser Befugnisse des Arbeitsdirektors **antragsbefugt** 281
ist. Teilweise wird angenommen, dass dies jedes einzelne Mitglied des Aufsichtsrats sein könne.[541] Andere fordern dagegen die Mehrheit der Arbeitnehmervertreter im Aufsichtsrat.[542] Zudem sollen jedes Mitglied des geschäftsführenden Organs[543], die Anteilseigner sowie die in § 22 Abs. 2 MitbestG genannten Betriebsräte antragsbefugt sein.[544]

f) Ständiger Ausschuss

Die Arbeit eines Gesamtgremiums kann durch die Arbeit in kleineren Ausschüssen vereinfacht werden. 282
Gesetzlich vorgeschrieben wird durch das MitbestG der ständige Ausschuss (§ 27 Abs. 3 MitbestG). Zu anderen **Ausschüssen** des Aufsichtsrats → § 3 Rn. 198 ff.; → Rn. 290 ff.

aa) Bildung und Zusammensetzung. Dem ständigen Ausschuss **gehören** der Vorsitzende des Auf- 283
sichtsrats sowie sein Stellvertreter als Mitglieder von Gesetzes wegen **an** (vgl. § 27 Abs. 3 MitbestG). Zusätzlich sind jeweils ein weiteres Mitglied der Anteilseignervertreter sowie der Arbeitnehmervertreter zu bestimmen. Diese werden entsprechend § 27 Abs. 2 MitbestG von den jeweiligen Gruppen gewählt (vgl. zu diesem Verfahren → Rn. 151 ff.).[545] Dabei können alle Aufsichtsratsmitglieder unabhängig von ihrer Gruppenzugehörigkeit von einer der beiden Seiten gewählt werden.[546] Etwas anderes kann auch nicht durch Satzung geregelt werden.[547] Weitere Stellvertreter des Vorsitzenden können lediglich als „einfache" Mitglieder des Ausschusses gewählt werden – sie sind keine Mitglieder von Amts wegen.[548]

§ 27 Abs. 3 MitbestG ist eine **abschließende und zwingende Vorschrift**. Auf die Errichtung des 284
ständigen Ausschusses kann nicht verzichtet und seine Zusammensetzung kann nicht verändert werden.[549] Der Wortlaut bestimmt, dass der Ausschuss unmittelbar nach der Wahl des Aufsichtsratsvorsitzenden und seines Stellvertreters gebildet wird, woraus teilweise gefolgert wird, dass die Wahl der weiteren Mitglieder in derselben Sitzung stattfinden hat.[550]

bb) Aufgaben. Gesetzliche Aufgabe des ständigen Ausschusses gemäß § 27 Abs. 3 MitbestG ist die **Kon-** 285
fliktschlichtung bei Bestellung und Widerruf des geschäftsführenden Organs, wie es § 31 Abs. 3 MitbestG vorsieht, weshalb er auch Vermittlungsausschuss genannt wird. Er hat die Aufgabe, bei Scheitern eines ersten Wahlgangs einen vermittelnden Vorschlag zu erarbeiten und zu einer Einigung von Anteilseigner- und Arbeitnehmerseite zu kommen (zu § 31 Abs. 3 MitbestG → Rn. 205 ff.).

Daneben können dem Ausschuss auch weitere Aufgaben übertragen werden, soweit dies nach § 25 286
Abs. 1 S. 1 MitbestG iVm § 107 Abs. 3 S. 7 AktG zulässig ist.[551] In Betracht kommen hier insbesondere die Aufgaben des Aufsichtsratspräsidiums (Präsidial- oder Personalausschuss).[552]

---

[537] Vgl. WKS/*Schubert* MitbestG § 33 Rn. 30.
[538] NK-ArbR/*Heither/von Morgen* MitbestG § 33 Rn. 18; MüKoAktG/*Annuß* MitbestG § 33 Rn. 30; Habersack/Henssler/*Henssler* MitbestG § 33 Rn. 58.
[539] Habersack/Henssler/*Henssler* MitbestG § 33 Rn. 58; so aber GK-MitbestG/*Rumpff* MitbestG § 33 Rn. 23, 56.
[540] Habersack/Henssler/*Henssler* MitbestG § 33 Rn. 58.
[541] WKS/*Schubert* MitbestG § 33 Rn. 86; Habersack/Henssler/*Henssler* MitbestG § 33 Rn. 59.
[542] Reich/Lewerenz AuR 1976, 353 (369).
[543] AA Wiesner DB 1977 1747 (1748).
[544] Habersack/Henssler/*Henssler* MitbestG § 33 Rn. 59; noch weitergehend WKS/*Schubert* MitbestG § 33 Rn. 87; Raiser/Veil/Jacobs/*Raiser* MitbestG § 33 Rn. 35.
[545] WKS/*Schubert* MitbestG § 27 Rn. 40; Habersack/Henssler/*Habersack* MitbestG § 27 Rn. 22.
[546] Raiser/Veil/Jacobs/*Raiser* MitbestG § 27 Rn. 34; WKS/*Schubert* MitbestG § 27 Rn. 40.
[547] LG München DB 1980, 678; Habersack/Henssler/*Habersack* MitbestG § 27 Rn. 21.
[548] BGH NJW 1982, 1525; Habersack/Henssler/*Habersack* MitbestG § 27 Rn. 21; MüKoAktG/*Annuß* MitbestG § 27 Rn. 22.
[549] Habersack/Henssler/*Habersack* MitbestG § 27 Rn. 21; Raiser/Veil/Jacobs/*Raiser* MitbestG § 27 Rn. 35.
[550] Raiser/Veil/Jacobs/*Raiser* MitbestG § 27 Rn. 34.
[551] ErfK/*Oetker* MitbestG § 27 Rn. 8; Habersack/Henssler/*Habersack* MitbestG § 27 Rn. 25; WKS/*Schubert* MitbestG § 27 Rn. 43.
[552] Habersack/Henssler/*Habersack* MitbestG § 27 Rn. 25.

287 **cc) Beschlussfähigkeit und Beschlussfassung. (1) Aufgaben nach § 31 Abs. 3 MitbestG.** Für die Beschlussfähigkeit und Beschlussfassung gelten aufgrund von Sinn und Zweck des ständigen Ausschusses, im Vermittlungsverfahren einen Vorschlag unter gleichberechtigter Berücksichtigung der Interessen der Anteilseigner- und Arbeitnehmervertreter zu finden, von §§ 28, 29 MitbestG abweichende Regeln: So ist erforderlich, dass alle Mitglieder des ständigen Ausschusses an der Abstimmung teilnehmen, und die **Beschlussfassung** erfolgt mit einfacher Mehrheit nach § 29 Abs. 1 MitbestG, jedoch ohne das Zweitstimmrecht des Vorsitzenden nach § 29 Abs. 2 MitbestG.[553] Das Zweitstimmrecht kann ihm auch nicht durch Satzung verliehen werden.[554]

288 **(2) Weitere Aufgaben.** Nimmt der ständige Ausschuss dagegen weitere Aufgaben wahr, handelt er wie ein **einfacher Aufsichtsratsausschuss** (→ § 3 Rn. 198 ff.; → Rn. 290 ff.). Daher gelten insoweit normale gesellschaftsrechtliche Grundsätze.[555] Dementsprechend ist der Ausschuss gemäß § 28 beschlussfähig, wenn mindestens die Hälfte seiner Mitglieder an der Beschlussfassung teilnimmt. Gemäß § 25 MitbestG ist für die **Beschlussfähigkeit** jedoch ergänzend § 108 Abs. 2 S. 3 AktG zu berücksichtigen. Es müssen zusätzlich die Voraussetzungen „**Hälfte der Mitglieder**" und „**mindestens drei Mitglieder**" kumulativ erfüllt sein.[556] Dies spielt beim ständigen Ausschuss eine besondere Rolle, da dieser kraft Gesetz nur mit vier Personen besetzt ist. Fasst er einen Beschluss bezüglich einer weiteren Aufgabe (für die originäre Aufgaben gilt → Rn. 287), so wäre es gerade nicht ausreichend, wenn nur die Hälfte (also zwei) seiner Mitglieder an der Beschlussfassung teilnehmen würden. Etwas anderes gilt für **lediglich vorbereitende oder ausführende Aufgaben**; hier reichen zwei Mitglieder aus.[557]

289 Nach überwiegender Ansicht gilt auch bei der Beschlussfassung zur **Erfüllung weiterer Aufgaben** die **einfache Mehrheit** gemäß § 29 Abs. 1 MitbestG.[558] Da ein einfacher Ausschuss nicht zwingend mit dem Aufsichtsratsvorsitzenden besetzt ist und das Zweitstimmrecht des § 29 Abs. 2 MitbestG originär nur im Aufsichtsrat als Plenum anwendbar ist,[559] scheidet im gesetzlichen Normalfall ein Zweitstimmrecht des Ausschussvorsitzenden (hier ausnahmsweise deckungsgleich mit dem Ausschussvorsitzenden) aus.[560] Allerdings kann dem Ausschussvorsitzenden ein **Zweitstimmrecht** eingeräumt werden[561] – dies sogar für die erste Beschlussfassung.[562] Dieses Recht kann ihm nach überwiegender Ansicht auch durch einen Aufsichtsratsbeschluss eingeräumt werden, der erst mit der Zweitstimme nach § 29 Abs. 2 MitbestG zustande kommt.[563] Genauso kann – und wird in der Praxis auch regelmäßig – geregelt werden, dass im Falle der Stimmengleichheit im Ausschuss die Beschlussfassung auf das Plenum übertragen wird.[564]

290 **dd) Weitere Ausschüsse.** Neben dem verpflichtenden ständigen Ausschuss werden regelmäßig weitere Ausschüsse zur Vereinfachung der Arbeitsprozesse im Aufsichtsrat gebildet (→ § 3 Rn. 198 ff.). Aus mitbestimmungsrechtlicher Sicht stellt sich hier insbesondere die Frage, ob sich aufgrund der Wertungen des Mitbestimmungsrechts Auswirkungen auf die **Besetzung** dieser weiteren Ausschüsse ergeben. Diese Frage gehört zu den meistdiskutierten Problemen des Mitbestimmungsrechts, bei der von völliger Freiheit bei der personellen Besetzung bis hin zur zwingend paritätischen Besetzung zahlreiche Ansätze vertreten werden.[565]

---

[553] Habersack/Henssler/*Habersack* MitbestG § 27 Rn. 23; ErfK/*Oetker* MitbestG § 27 Rn. 8; WKS/*Schubert* MitbestG § 27 Rn. 42; GroßkommAktG/*Oetker* MitbestG § 27 Rn. 27, jeweils mwN; aA *Hoffmann/Lehmann/Weinmann* MitbestG § 27 Rn. 47, die 2 Mitglieder für ausreichend erachten.

[554] Mittelbar BGH NJW 1982, 1528; Raiser/Veil/Jacobs/*Raiser* MitbestG § 27 Rn. 36.

[555] WKS/*Schubert* MitbestG § 27 Rn. 43; ErfK/*Oetker* MitbestG § 27 Rn. 8; Raiser/Veil/Jacobs/*Raiser* MitbestG § 27 Rn. 37; Habersack/Henssler/*Habersack* MitbestG § 27 Rn. 25.

[556] Habersack/Henssler/*Habersack* MitbestG § 25 Rn. 135; MHdB AG/*Hoffmann-Becking* § 32 Rn. 57; kritisch WKS/*Schubert* MitbestG § 25 Rn. 115 f., die § 28 MitbestG grundsätzlich auf die Mehrheit der Mitglieder des Aufsichtsrats anwendet, dies aber im Ergebnis für wenig praktikabel hält.

[557] Vgl. WKS/*Schubert* MitbestG § 25 Rn. 130; Raiser/Veil/Jacobs/*Raiser* MitbestG § 25 Rn. 66, jeweils mwN.

[558] Raiser/Veil/Jacobs/*Raiser* MitbestG § 25 Rn. 66; MHdB ArbR/*Uffmann* § 377 Rn. 31; Habersack/Henssler/*Habersack* MitbestG § 25 Rn. 136; MHdB AG/*Hoffmann-Becking* § 32 Rn. 58.

[559] Vgl. BGH NJW 1982, 1528 (1530); WKS/*Schubert* MitbestG § 25 Rn. 131 (insoweit aber widersprüchlich bei § 27 MitbestG Rn. 43).

[560] BGH NJW 1982, 1528 (1530); WKS/*Schubert* MitbestG § 25 Rn. 131; Habersack/Henssler/*Habersack* MitbestG § 25 Rn. 136; Raiser/Veil/Jacobs/*Raiser* MitbestG § 25 Rn. 66; MHdB ArbR/*Uffmann* § 377 Rn. 31.

[561] BGH NJW 1982, 1528 (1530); WKS/*Schubert* MitbestG § 25 Rn. 131; Habersack/Henssler/*Habersack* MitbestG § 25 Rn. 136; Raiser/Veil/Jacobs/*Raiser* MitbestG § 25 Rn. 67; MHdB ArbR/*Uffmann* § 377 Rn. 31.

[562] Habersack/Henssler/*Habersack* MitbestG § 25 Rn. 136; MHdB AG/*Hoffmann-Becking* § 32 Rn. 58.

[563] Vgl. MHdB ArbR/*Uffmann* § 377 Rn. 31; Habersack/Henssler/*Habersack* MitbestG § 25 Rn. 136; aA aber WKS/*Schubert* MitbestG § 25 Rn. 128.

[564] Vgl. WKS/*Schubert* MitbestG § 25 Rn. 124.

[565] Vergleiche die ausführliche Aufbereitung bei MHdB ArbR/*Uffmann* § 377 Rn. 29.

In Rechtsprechung und herrschender Literatur wird im Grundsatz **keine paritätische Besetzung** für Ausschüsse gefordert.[566] Allerdings wird man dort eine Grenze ziehen müssen, wo der Arbeitnehmerseite ihre *angemessene Teilhabe* genommen und sie durch imparitätische Ausschussbesetzung benachteiligt wird. Das **Harmonisierungsgebot** und das **Benachteiligungsverbot** bilden damit den Rahmen für eine zulässige Besetzung der Ausschüsse.[567] Maßgeblich ist, ob sachliche Gründe eine nicht paritätische Besetzung rechtfertigen.[568] Daher sind sämtliche Regelungen (in Satzung oder Geschäftsordnung) unwirksam, die eine pauschale, nicht an einem Sachgrund orientierte paritätische[569] oder auch imparitätische[570] Besetzung anordnen. **Sachgründe** können beispielsweise die Aufgaben des Ausschusses (Nähe zum Mitbestimmungsrecht) oder die Qualifikation der hierfür vorgesehenen Kandidaten sein. Haben die Arbeitnehmervertreter der Besetzung des Ausschusses mehrheitlich (Einstimmigkeit ist nicht erforderlich) zugestimmt, scheidet ein Verstoß gegen das Benachteiligungsverbot ebenfalls aus.[571] Nach überwiegender Ansicht unbedenklich ist es, wenn die imparitätische Besetzung eines Ausschusses durch Beschluss des Aufsichtsrats mit der Zweitstimme des Vorsitzenden nach § 29 Abs. 2 MitbestG durchgesetzt wird.[572] 291

Wegen seiner besonderen Bedeutung für die Aufsichtsratstätigkeit wird teilweise im Präsidialausschuss des Aufsichtsrats eine **zwingend paritätische Besetzung** gefordert.[573] Eine ohne sachlichen Grund imparitätische Besetzung eines beschließenden Personalausschusses sei unzulässig.[574] Weniger streng wird man dagegen beispielsweise bei einem mitbestimmungsfernen Prüfungsausschuss sein können.[575] 292

Auch die **Auswahl** einzelner Mitglieder unterliegt der **Freiheit des Aufsichtsrats** und darf nicht durch anderweitige Regelungen eingeschränkt werden. Regelungen, die eine verpflichtende Angehörigkeit des Vorsitzenden oder seines Stellvertreters in gewissen Ausschüssen oder ein Verbot der Ausschussangehörigkeit für Gewerkschaftsvertreter vorsehen, sind daher unwirksam.[576] 293

Daneben stellt sich die Frage, ob den **Arbeitnehmervertretern in jedem Ausschuss zumindest ein Sitz** zusteht, um dadurch eine Einwirkung auf die jeweilige Ausschusstätigkeit zu ermöglichen. Auch das ist nach obigen Grundsätzen zu verneinen, wenn entsprechende sachliche Gründe vorliegen.[577] Es wird allerdings angenommen, dass einem Ausschuss, dem kein Arbeitnehmervertreter angehört, die widerlegbare Vermutung innewohnt, dass die Arbeitnehmervertreter diskriminiert werden – etwas anderes soll dagegen gelten, wenn der Ausschuss lediglich imparitätisch besetzt ist.[578] 294

(Zur Beschlussfassung → Rn. 288 f.).

g) Ausübung von Beteiligungsrechten durch den Aufsichtsrat, § 32 MitbestG

§ 32 MitbestG regelt eine **Zuständigkeitsverlagerung** hin zum Aufsichtsrat für die Ausübung von Beteiligungsrechten an Unternehmen und modifiziert insoweit auch die Beschlussfassung im Aufsichtsrat: Das gesetzliche Vertretungsorgan darf die Beteiligungsrechte der Gesellschaft gemäß § 32 MitbestG nur nach Maßgabe eines Beschlusses des Aufsichtsrats ausüben, der allein einer Mehrheit unter den Anteilseignervertretern bedarf. 295

aa) Normzweck. § 32 MitbestG verfolgt im Wesentlichen **zwei Ziele:** Zum einen soll er ausweislich der gesetzgeberischen Begründung die Möglichkeit ausschließen, dass durch die Mitbestimmung der Arbeitnehmer in den Aufsichtsräten sowohl der Ober- als auch der Untergesellschaft die Arbeitnehmer 296

---

[566] BGH NJW 1993, 2307; 1982, 1528; OLG München NJW-RR 1995, 1249; OLG Hamburg ZIP 1984, 819; Habersack/Henssler/*Habersack* MitbestG § 25 Rn. 126; MHdB ArbR/*Uffmann* § 377 Rn. 29a; Raiser/Veil/Jacobs/*Raiser* MitbestG § 25 Rn. 54 ff.; WKS/*Schubert* MitbestG § 25 Rn. 120; Hüffer/Koch/*Koch* AktG § 107 Rn. 31; MHdB AG/*Hoffman-Becking* § 32 Rn. 47.
[567] MHdB ArbR/*Uffmann* § 377 Rn. 29a; Habersack/Henssler/*Habersack* MitbestG § 25 Rn. 127.
[568] BGH NJW 1993, 2307; WKS/*Schubert* MitbestG § 25 Rn. 121; MHdB ArbR/*Uffmann* § 377 Rn. 29a; Habersack/Henssler/*Habersack* MitbestG § 25 Rn. 127, jeweils mwN.
[569] Habersack/Henssler/*Habersack* MitbestG § 25 Rn. 127 aE.
[570] BGH NJW 1993, 2307; WKS/*Schubert* MitbestG § 25 Rn. 121; MHdB ArbR/*Uffmann* § 377 Rn. 29a; Habersack/Henssler/*Habersack* MitbestG § 25 Rn. 127, jeweils mwN.
[571] Vgl. zB MHdB ArbR/*Uffmann* § 377 Rn. 29a; Habersack/Henssler/*Habersack* MitbestG § 25 Rn. 127b; MüKoAktG/*Habersack* AktG § 107 Rn. 142.
[572] Raiser/Veil/Jacobs/*Raiser* MitbestG § 25 Rn. 57; Habersack/Henssler/*Habersack* MitbestG § 25 Rn. 123; GroßkommAktG/*Oetker* MitbestG § 25 Rn. 39, jeweils mwN; aA aber WKS/*Schubert* MitbestG § 25 Rn. 126 ff.
[573] WKS/*Schubert* MitbestG § 25 Rn. 25; soweit Habersack/Henssler/*Habersack*, MitbestG § 25 Rn. 129 dies zwar in dieser Pauschalität ablehnt und hier die allgemeinen Besetzungsgrundsätze anwenden will, erkennt jedoch auch an, dass es wohl kaum nennenswerte sachliche Gründe gibt, die bei diesem bedeutsamen Ausschuss eine imparitätische Besetzung rechtfertigen würden.
[574] BGH NJW 1993, 2307.
[575] Vgl. MHdB ArbR/*Uffmann* § 377 Rn. 30; Habersack/Henssler/*Habersack* MitbestG § 25 Rn. 127b mit weiteren Beispielen.
[576] BGH NJW 1982, 1525; Habersack/Henssler/*Habersack* MitbestG § 25 Rn. 128.
[577] So auch Habersack/Henssler/*Habersack* MitbestG § 25 Rn. 127 f. mit zahlreichen Nachweisen.
[578] Vgl. zB MHdB ArbR/*Uffmann* § 377 Rn. 30; Habersack/Henssler/*Habersack* MitbestG § 25 Rn. 127b.

durch den Einfluss, den sie über die Obergesellschaft in der Untergesellschaft ausüben können, im Aufsichtsrat der Untergesellschaft ein Übergewicht erhalten.[579] Zum anderen soll die Norm verhindern, dass die Mitbestimmung der Arbeitnehmer über das gesetzliche Maß hinaus erweitert wird: Entscheidungen, die bei unabhängigen Unternehmen der Anteilseignerversammlung vorbehalten sind, sollen auch bei abhängigen Unternehmen allein den Anteilseignern zustehen.[580]

297 Die Norm wird insbesondere in Bezug auf Erforderlichkeit und Zwecksetzung der Regelung in der Literatur heftig **kritisiert**.[581] So wird die Regelung zum einen für entbehrlich gehalten, da eine materielle Überparität der Anteilseignervertreter im mitbestimmten Aufsichtsrat bestehe. Die Anteilseignervertreter im Aufsichtsrat der Obergesellschaft könnten sich durch das im Gesetz vorgesehene Doppelstimmrecht des Aufsichtsratsvorsitzenden auch ohne eine abweichende Regelung durchsetzen.[582] Zum anderen sei die gesetzgeberische Annahme, dass die Beteiligungsrechte den Anteilseignervertretern zustünden, nicht zutreffend, da diese tatsächlich der juristischen Person (also der Obergesellschaft) zustünden.[583] Im Übrigen würde mit grundsätzlichen Strukturprinzipien des Gesellschaftsrechts gebrochen – namentlich, dass der Aufsichtsrat gerade nicht zur Geschäftsführung berufen ist.[584] Die Kritik wurde vom Gesetzgeber bislang nicht aufgegriffen.

298 bb) **Anwendungsbereich.** Der Anwendungsbereich des § 32 MitbestG ist in **mehrfacher Hinsicht begrenzt.** Dies gilt sowohl hinsichtlich der Anforderungen an die beteiligten Unternehmen und die erfassten Beteiligungsrechte als auch die prozentuale Höhe der (Mindest-)Beteiligung.

299 (1) **Erfasste Unternehmen.** Grundsätzlich erfordert § 32 MitbestG, dass **sowohl die Obergesellschaft als auch die Untergesellschaft** unter die paritätische Mitbestimmung nach dem MitbestG fallen. Unbeachtlich ist, ob die Mitbestimmungspflicht bei der Obergesellschaft bereits originär nach § 1 MitbestG oder aufgrund Konzernzurechnung nach § 5 MitbestG entsteht.[585]

300 Nicht erfasst werden dagegen **mittelbare Beteiligungen,** zB wenn die mitbestimmte Obergesellschaft an einer nicht mitbestimmten Gesellschaft (Untergesellschaft) beteiligt ist, die wiederum an einer mitbestimmten Gesellschaft („Unteruntergesellschaft") beteiligt ist.[586] In solchen Fällen besteht das Risiko, dem § 32 MitbestG begegnen will (→ Rn. 296), gerade nicht. Dasselbe gilt, wenn die Untergesellschaft nach dem DrittelbG mitbestimmt ist, da auch hier das Risiko der Mitbestimmungskumulierung nicht gegeben ist.[587]

301 Bei **Kommanditgesellschaften** iSv § 4 MitbestG findet keine Mitbestimmung statt – vielmehr wird diese allein in der Komplementärin praktiziert. Da in Fällen, in denen eine solche Kommanditgesellschaft an anderen mitbestimmten Gesellschaften beteiligt ist, diese Beteiligungsrechte aber der Kommanditgesellschaft und nicht der Komplementärin zustehen, wäre § 32 MitbestG nach seinem Wortlaut nicht anwendbar. Da allerdings innerhalb der Kapitalgesellschaft & Co. KG die Ausübung der Beteiligungsrechte bei der geschäftsführenden Komplementärin liegt, die wiederum wegen § 4 MitbestG mitbestimmt ist, stellt sich dasselbe Risiko einer Überparität wie in den von § 32 MitbestG grundsätzlich erfassten Fällen. Daher wird überwiegend eine **entsprechende Anwendung** von § 32 MitbestG auf Kommanditgesellschaften iSv § 4 MitbestG befürwortet.[588] Dasselbe gilt für Fälle, in denen die KG und die Komplementärin zusammen zu mindestens 25 % an der mitbestimmten Untergesellschaft beteiligt sind.[589]

302 Anders zu bewerten sind dagegen Konstellationen, in denen § 4 MitbestG nicht bei der Obergesellschaft, sondern bei der Untergesellschaft zur Anwendung kommt. Ist eine mitbestimmte Gesellschaft an einer Kommanditgesellschaft iSd § 4 MitbestG beteiligt, so findet § 32 MitbestG **keine Anwendung,** da die Kommanditgesellschaft selbst nicht mitbestimmt ist und auch keine analoge Anwendung des § 32 MitbestG erforderlich ist. Das Risiko einer Überparität besteht gerade nicht, da in der Kommanditgesell-

---

[579] BT-Drs. 7/2172, 28f.
[580] NK-ArbR/*Heither/von Morgen* MitbestG § 32 Rn. 1; WKS/*Schubert* MitbestG § 32 Rn. 4; ErfK/*Oetker* MitbestG § 32 Rn. 1; Habersack/Henssler/*Habersack* MitbestG § 32 Rn. 2.
[581] Vgl. Raiser/Veil/Jacobs/*Raiser* MitbestG § 32 Rn. 3; Habersack/Henssler/*Habersack* MitbestG § 32 Rn. 4.
[582] WKS/*Schubert* MitbestG § 32 Rn. 5; *Spieker* FS Däubler, 1999, 406 (409); vgl. auch Habersack/Henssler/*Habersack* MitbestG § 32 Rn. 4 mwN.
[583] Raiser/Veil/Jacobs/*Raiser* MitbestG § 32 Rn. 3; WKS/*Schubert* MitbestG § 32 Rn. 5.
[584] Habersack/Henssler*Habersack* MitbestG § 32 Rn. 4; Raiser/Veil/Jacobs/*Raiser* MitbestG § 32 Rn. 3; WKS/*Schubert* MitbestG § 32 Rn. 6.
[585] ErfK/*Oetker* MitbestG § 32 Rn. 2; NK-ArbR/*Heither/von Morgen* MitbestG § 32 Rn. 3.
[586] MHdB AG/*Hoffmann-Becking* MitbestG § 29 Rn. 82; WKS/*Schubert* MitbestG § 32 Rn. 8.
[587] Vgl. WKS/*Schubert* MitbestG § 32 Rn. 8; ErfK/*Oetker* MitbestG § 32 Rn. 2; NK-ArbR/*Heither/von Morgen* MitbestG § 32 Rn. 8.
[588] Habersack/Henssler/*Habersack* MitbestG § 32 Rn. 8; ErfK/*Oetker* MitbestG § 32 Rn. 2; WKS/*Schubert* MitbestG § 32 Rn. 10; aA *Hoffmann/Lehmann/Weinmann* MitbestG § 32 Rn. 10.
[589] WKS/*Schubert* MitbestG § 32 Rn. 10; Raiser/Veil/Jacobs/*Raiser* MitbestG § 32 Rn. 6; Habersack/Henssler/*Habersack* MitbestG § 32 Rn. 8f.; aA *Eichler* BB 1977, 1064ff.

schaft kein mitbestimmter Aufsichtsrat besteht.[590] Ist die Obergesellschaft jedoch nicht (oder nicht nur) an der Kommanditgesellschaft, sondern (auch) mit mindestens 25% an der gemäß § 4 MitbestG mitbestimmten Komplementärin beteiligt, so findet auf die Ausübung der Beteiligungsrechte der Obergesellschaft an der Komplementärin § 32 MitbestG unmittelbar Anwendung.[591]

Ebenfalls diskutiert wird eine **analoge Anwendung** von § 32 MitbestG auf Konstellationen, in denen die Obergesellschaft nach dem MitbestG mitbestimmt und die Untergesellschaft montan-mitbestimmt[592] ist. Dieser Sachverhalt wird weder von § 15 MontanMitbestErgG (dieser erfasst nur die umgekehrte Konstellation: Obergesellschaft montan-mitbestimmt und Untergesellschaft mitbestimmt nach MitbestG) noch von § 32 MitbestG (es fehlt bei der Untergesellschaft an der paritätischen Mitbestimmung nach dem MitbestG → Rn. 299) erfasst. Dennoch droht auch hier das von § 32 MitbestG (und § 15 MontanMitbestErgG) geregelte Risiko einer Mitbestimmungskumulierung. **303**

Die wohl überwiegende Ansicht **lehnt eine analoge Anwendung jedoch ab.** In der Begrenzung auf nach dem MitbestG mitbestimmte Unternehmen liege eine grundsätzliche gesetzgeberische Wertung.[593] Andere halten dem entgegen, dass § 32 MitbestG auch in anderen Fällen entsprechend herangezogen werde (→ Rn. 301 ff.) und sowohl § 32 MitbestG als auch § 15 MontanMitbestErgG das Bestreben des Gesetzgebers zeigen, das Risiko der Mitbestimmungskumulierung ausschließen zu wollen.[594] **304**

Umstritten ist darüber hinaus, ob die Ausübung von Beteiligungsrechten, die einer **KGaA** zustehen, die nach dem Wortlaut unter § 32 MitbestG fällt, im Wege der **teleologischen Reduktion** aus dem Anwendungsbereich herausgenommen werden sollte. Anders als § 31 Abs. 1 S. 2 und § 33 Abs. 1 S. 2 MitbestG nimmt § 32 MitbestG die KGaA nicht ausdrücklich aus seinem Anwendungsbereich aus. Daraus wird teilweise geschlussfolgert, dass die KGaA deshalb nach der gesetzgeberischen Wertung von § 32 MitbestG erfasst sei.[595] Die wohl überwiegende Ansicht in der Literatur will § 32 MitbestG dagegen zu Recht teleologisch dahin reduzieren, dass die Norm nicht angewandt wird, wenn die mitbestimmte Obergesellschaft eine KGaA ist: Aufgrund des nur begrenzten Einflusses des paritätisch besetzten Aufsichtsrats einer KGaA auf die Entscheidungen der Unternehmensführung falle der Normzweck insoweit weg.[596] **305**

(2) Erfasste Beteiligungsrechte. Grundsätzlich werden von § 32 MitbestG diejenigen Beteiligungsrechte erfasst, die aufgrund der Stellung als Anteilseigner der Untergesellschaft bestehen. § 32 MitbestG nimmt jedoch eine **abschließende Beschränkung** der **Entscheidungsgegenstände** vor. Überwiegend sind Angelegenheiten der Anteilseignerversammlung der Untergesellschaft genannt, die § 32 MitbestG vor allem betrifft. Allerdings werden die sich aus der **Anteilseignerstellung ergebenden Rechte** nicht beschränkt. Grundsätzlich sind daher neben der klassischen Ausübung des Stimmrechts in der Anteilseignerversammlung auch andere gesellschaftsrechtliche Mitverwaltungsrechte (zB Anfechtung von Gesellschafterbeschlüssen oder satzungsmäßige Vorzugs- oder Sonderrechte) erfasst, soweit sie die von § 32 MitbestG aufgezählten Entscheidungsgegenstände betreffen.[597] Umstritten ist, ob dies auch für Weisungsrechte gilt, die sich aus einem geschlossenen Beherrschungsvertrag iSd § 308 AktG ergeben.[598] Die Anwendung des § 32 MitbestG auf solche Rechte wird überwiegend abgelehnt, da vertraglich eingeräumte Rechte gerade nicht aus einer Beteiligung resultieren.[599] Gleiches gilt für sonstige vertraglich eingeräumte Rechte.[600] **306**

§ 32 MitbestG erfasst einerseits **personelle Entscheidungen** wie die Bestellung, den Widerruf der Bestellung oder die Entlastung von Verwaltungsträgern. Unter Verwaltungsträger der Untergesellschaft sind zwar grundsätzlich die Mitglieder des jeweiligen gesetzlichen Vertretungsorgans und des Aufsichtsrats zu verstehen. Maßgebliche Bedeutung hat § 32 MitbestG jedoch nur bezüglich der Vertreter im Auf- **307**

---

[590] Vgl. dazu auch Raiser/Veil/Jacobs/*Raiser* MitbestG § 32 Rn. 6; WKS/*Schubert* MitbestG § 32 Rn. 10.
[591] So auch Raiser/Veil/Jacobs/*Raiser* MitbestG § 32 Rn. 6; unzutreffenderweise von einer nur analogen Anwendung des § 32 MitbestG ausgehend dagegen WKS/*Schubert* MitbestG § 32 Rn. 10.
[592] Dasselbe gilt, wenn die Tochter nach dem MitbestErgG mitbestimmt ist.
[593] Vgl. Raiser/Veil/Jacobs/*Raiser* MitbestG § 32 Rn. 5; Habersack/Henssler/*Habersack* MitbestG § 32 Rn. 9; MHdB AG/*Hoffmann-Becking* § 29 Rn. 82.
[594] WKS/*Schubert* MitbestG § 32 Rn. 9; GK-MitbestG/*Schneider* MitbestG § 32 Rn. 71; GroßkommAktG/*Oetker* MitbestG § 32 Rn. 5.
[595] Henssler/Willemsen/Kalb/*Seibt* MitbestG § 32 Rn. 2.
[596] Raiser/Veil/Jacobs/*Raiser* MitbestG § 32 Rn. 5; Habersack/Henssler/*Habersack* MitbestG § 32 Rn. 5; WKS/*Schubert* MitbestG § 32 Rn. 7; ErfK/*Oetker* MitbestG § 32 Rn. 2; MHdB AG/*Hoffmann-Becking* § 29 Rn. 82; GroßkommAktG/*Oetker* MitbestG § 32 Rn. 6.
[597] WKS/*Schubert* MitbestG § 32 Rn. 14; Habersack/Henssler/*Habersack* MitbestG § 32 Rn. 10.
[598] So wohl Habersack/Henssler/*Habersack* MitbestG § 32 Rn. 20a; aA WKS/*Schubert* MitbestG § 32 Rn. 14; Raiser/Veil/Jacobs/*Raiser* MitbestG § 32 Rn. 9.
[599] Raiser/Veil/Jacobs/*Raiser* MitbestG § 32 Rn. 9; WKS/*Schubert* MitbestG § 32 Rn. 14 aA *Windbichler* Arbeitsrecht im Konzern, 2002, 559.
[600] WKS/*Schubert* MitbestG § 32 Rn. 14.

sichtsrat, da bezüglich der Bestellung und des Widerrufs des gesetzlichen Vertretungsorgans im Regelfall (Ausnahme: KGaA) der mitbestimmte Aufsichtsrat der Untergesellschaft und nicht die Anteilseignerversammlung zuständig ist.[601] Bezüglich der Vorstandsmitglieder und Geschäftsführer werden lediglich der Entlastungsbeschluss der Hauptversammlung oder Gesellschafterversammlung und ein etwaiger Vertrauensentzug nach § 84 Abs. 3 S. 2 AktG eine Rolle spielen.[602]

308 Andererseits erfasst § 32 MitbestG auch **Sachentscheidungen,** wie die Beschlussfassung über die Auflösung oder Umwandlung der Untergesellschaft, über den Abschluss von Unternehmensverträgen (§§ 291, 292 AktG) der Untergesellschaft, über deren Fortsetzung nach ihrer Auflösung oder über die Übertragung ihres Vermögens.

309 Aufgrund der nach überwiegender Ansicht abschließenden Aufzählung der Entscheidungsgegenstände ist eine **analoge Anwendung** für andere, auch **artverwandte Entscheidungsgegenstände ausgeschlossen.** Dies gilt auch dann, wenn diese Entscheidungen wesentliche Änderungen betreffen (zB Satzungsänderungen; Eingliederung; Kapitalerhöhungen; Arbeitskämpfe oder Mitbestimmungsrechte nach dem BetrVG[603] etc).[604]

310 **(3) Erforderliche Mindestbeteiligung, § 32 Abs. 2 MitbestG.** § 32 Abs. 2 MitbestG fordert ausdrücklich, dass eine **Mindestbeteiligung** von **einem Viertel** besteht, damit die Regelung zur Ausübung von Beteiligungsrechten Anwendung findet. Eine weitere Bedingung, etwa ein Konzernverhältnis, besteht nicht.[605]

311 Nicht geregelt ist allerdings, wie die **Berechnung der Beteiligung** vorgenommen wird. Abgestellt werden kann darauf, wie groß der nennbetragmäßige Anteil am Kapital oder wie groß der Anteil an der Gesamtzahl der Stimmrechte ist.[606] Jedenfalls finden die (korrigierenden) Berechnungsvorgaben nach § 16 Abs. 2 S. 2, Abs. 3 und 4 AktG mangels Verweis keine Anwendung.[607]

312 Liegt die Mindestbeteiligung nicht vor, scheidet eine **analoge Anwendung auf** Unternehmensbeteiligungen, die unterhalb dieser Schwelle liegen, aufgrund der klaren gesetzgeberischen Anordnung aus.[608]

313 **(4) Erstmalige Anwendung.** Erforderlich ist lediglich, dass bei der Obergesellschaft gemäß § 37 Abs. 3 MitbestG ein Aufsichtsrat nach dem MitbestG besteht. Dagegen findet § 32 MitbestG bei der Untergesellschaft bereits Anwendung auf die erstmalige Bestellung des paritätisch mitbestimmten Aufsichtsrats, wenn klar ist, ob ein Aufsichtsrat nach den Vorschriften des MitbestG zu bestellen ist.[609]

314 **cc) Zuständigkeitsverlagerung auf den Aufsichtsrat.** Anders als im gesetzlichen Regelfall, in dem die Geschäftsführung und damit auch die Ausübung von Beteiligungsrechten dem geschäftsführenden Organ, also Vorstand oder Geschäftsführung obliegt, **überträgt** § 32 MitbestG die Entscheidung über die **Wahrnehmung der Beteiligungsrechte** für die von § 32 MitbestG erfassten Entscheidungsgegenstände den **Anteilseignervertretern im Aufsichtsrat.** Diese entscheiden durch Beschluss des Aufsichtsrats über die Ausübung des Beteiligungsrechts und geben insoweit **bindende Weisungen** (→ Rn. 320 ff.) an das geschäftsführende Organ.

315 Von § 32 MitbestG zu unterscheiden ist der Fall, dass gemäß § 111 Abs. 4 S. 2 AktG dem **Aufsichtsrat der Obergesellschaft** ein **Zustimmungsvorbehalt** eingeräumt wird. In diesem Fall steht der Vorbehalt dem Aufsichtsrat als Gesamtgremium zu. § 32 MitbestG greift jedoch als zwingendes Recht auch im Fall eines durch Satzung oder vom Aufsichtsrat festgelegten Zustimmungsvorbehalts und geht diesem vor. Einer weiteren Zustimmung des Gesamtgremiums **bedarf es nicht.**[610] Dies gilt jedoch nur, soweit der Anwendungsbereich von § 32 MitbestG betroffen ist, jedoch nicht darüber hinaus.

316 Uneinigkeit herrscht dagegen über das **Verhältnis von § 32 MitbestG zu Entscheidungen der Anteilseignerversammlung der Obergesellschaft** (was an sich nur bei der GmbH und der KGaA[611] denkbar ist). Ausdrücklich betrifft § 32 MitbestG ausschließlich das Verhältnis des Vertretungsorgans zum

---

[601] MHdB AG/*Hoffmann-Becking* § 29 Rn. 83; Raiser/Veil/Jacobs/*Raiser* MitbestG § 32 Rn. 10; WKS/*Schubert* MitbestG § 32 Rn. 16.
[602] Vgl. MHdB AG/*Hoffmann-Becking* § 29 Rn. 83.
[603] Dazu *Reuter* AcP 179 (1979), 559, (563).
[604] Vgl. die Aufzählung bei WKS/*Schubert* MitbestG § 32 Rn. 15; Raiser/Veil/Jacobs/*Raiser* MitbestG § 32 Rn. 16.
[605] GroßkommAktG/*Oetker* MitbestG § 32 Rn. 3; Raiser/Veil/Jacobs/*Raiser* MitbestG § 32 Rn. 8; WKS/*Schubert* MitbestG § 32 Rn. 11; Habersack/Henssler/*Habersack* MitbestG § 32 Rn. 6, jeweils mwN.
[606] ErfK/*Oetker* MitbestG § 32 Rn. 2; NK-ArbR/*Heither/von Morgen* MitbestG § 32 Rn. 6; WKS/*Schubert* MitbestG § 32 Rn. 12.
[607] NK-ArbR/*Heither/von Morgen* MitbestG § 32 Rn. 6; ErfK/*Oetker* MitbestG § 32 Rn. 2; vgl. auch WKS/*Schubert* MitbestG § 32 Rn. 12 f.
[608] Habersack/Henssler/*Habersack* MitbestG § 32 Rn. 9.
[609] Raiser/Veil/Jacobs/*Raiser* MitbestG § 32 Rn. 28.
[610] Habersack/Henssler/*Habersack* MitbestG § 32 Rn. 20; Raiser/Veil/Jacobs/*Raiser* MitbestG § 32 Rn. 27.
[611] Für die nach überwiegender Ansicht bereits der Anwendungsbereich des § 32 MitbestG im Wege teleologischer Reduktion verneint wird, → Rn. 305.

Aufsichtsrat, trifft jedoch direkt keine Aussage über das Verhältnis zu Entscheidungs- und Weisungsrechten der Gesellschafter. Teilweise wird daher angenommen, § 32 MitbestG trete neben das Weisungsrecht der Anteilseignerversammlung mit der Folge, dass das geschäftsführende Organ an die Weisungen des Beschlusses der Anteilseignervertreter im Aufsichtsrat gebunden ist, diese aber ausnahmsweise an die Weisungen der Anteilseignerversammlung gebunden sein sollen.[612] Die wohl überwiegende Ansicht will dann, wenn die Gesellschafter aufgrund von Satzung oder Gesellschafterbeschlüssen dem geschäftsführenden Organ Weisungen tatsächlich erteilen, den Weisungsrechten der Gesellschafter Vorrang einräumen.[613] Letztlich dürfte dies regelmäßig jedoch nur eine akademische Diskussion sein, da die Gefahr, dass die Anteilseignervertreter im Aufsichtsrat und die Anteilseignerversammlung zu unterschiedlichen Entscheidungen kommen, praktisch gering ist. Dogmatisch wird man allerdings erstgenannter Ansicht den Vorrang einräumen müssen, denn wenn der Beschluss der Anteilseignervertreter im Aufsichtsrat Voraussetzung für die Vertretungsmacht des geschäftsführenden Organs ist (→ Rn. 320 ff., 327 ff.), muss ein solcher Beschluss auch formal erfolgen.[614] In diesem Fall eine Bindung der Anteilseignervertreter im Aufsichtsrat an die Weisungen der Gesellschafterversammlung anzunehmen, erscheint mit Blick auf den Zweck dieses Weisungsrechts aber sachgerecht.

dd) Weisungsrecht des Aufsichtsrats. Dem Aufsichtsrat steht ein **Weisungsrecht** bezüglich der Ausübung der Beteiligungsrechte gegenüber dem geschäftsführenden Organ zu, das er durch Beschluss ausübt. 317

(1) Inhalt. Inhalt des Beschlusses des Aufsichtsrats müssen **Weisungen** an das geschäftsführende Organ sein, die **hinreichend konkret** hinsichtlich der Ausübung des Beteiligungsrechts in der Anteilseignerversammlung der Untergesellschaft sind.[615] 318

Unzulässig ist es nach überwiegender Ansicht, dem Vertretungsorgan eine **Generalermächtigung** oder eine **Blankovollmacht** zu erteilen, da diese nicht den Vorgaben des § 32 MitbestG entsprechen.[616] Teilweise wird es jedoch für zulässig erachtet, eine Ermächtigung zumindest für einen konkreten, überschaubaren Zeitraum zu erteilen. Voraussetzung soll sein, dass dem Aufsichtsrat vor dem jeweiligen Abstimmungsverhalten Vorschläge unterbreitet werden, der Aufsichtsrat durch Beschluss davon abweichen kann und dass die Ermächtigung jederzeit widerruflich ist.[617] Allerdings wird es mit § 32 MitbestG vereinbar sein, wenn dem **geschäftsführenden Organ** ein (begrenztes) **Ermessen** eingeräumt wird.[618] 319

(2) Bindungswirkung. Die Beschlüsse des Aufsichtsrats sind für das geschäftsführende Organ **bindend** und die darin enthaltenen Weisungen müssen vom geschäftsführenden Organ befolgt werden. Nach überwiegender Ansicht ist in § 32 MitbestG nicht nur eine – lediglich nach innen wirkende – Beschränkung der Geschäftsführungsbefugnis, sondern auch eine – im Verhältnis zu Dritten zu beachtende – Beschränkung der Vertretungsmacht zu sehen. Dafür spricht insbesondere der Wortlaut von § 32 Abs. 1 MitbestG „**können** […] nur auf Beschluss des Aufsichtsrats ausgeübt werden".[619] Insoweit wird durch das Gesetz von der im Grundsatz unbeschränkten und unbeschränkbaren Vertretungsmacht der geschäftsführenden Organe der AG (§ 82 Abs. 1 AktG), der GmbH (§ 37 Abs. 2 GmbHG) und der Genossenschaft (§ 27 Abs. 2 GenG) **abgewichen**. Die Bindungswirkung gilt für das geschäftsführende Organ **als Gremium**.[620] 320

Folge dieser Beschränkung ist, dass die Vertretungsmacht des geschäftsführenden Organs für die **Ausübung des Beteiligungsrechts** bei der Untergesellschaft bis zur Beschlussfassung im Aufsichtsrat der Obergesellschaft **ruht**.[621] Wird das Beteiligungsrecht dennoch ausgeübt, handelt das geschäftsführende Organ als **falsus procurator** gemäß §§ 177 ff. BGB. Daraus folgt, dass die Ausübung des Beteiligungsrechts als einseitiges Rechtsgeschäft gemäß § 180 S. 1 BGB **grundsätzlich unzulässig** und die Untergesellschaft berechtigt und verpflichtet ist, die Ausübung des Beteiligungsrechts (regelmäßig also die Stimm- 321

---

[612] Habersack/Henssler/*Habersack* MitbestG § 32 Rn. 21.
[613] WKS/*Schubert* MitbestG § 32 Rn. 19; Raiser/Veil/Jacobs/*Raiser* MitbestG § 32 Rn. 27.
[614] Habersack/Henssler/*Habersack* MitbestG § 32 Rn. 21.
[615] WKS/*Schubert* MitbestG § 32 Rn. 25.
[616] Habersack/Henssler/*Habersack* MitbestG § 32 Rn. 17; Raiser/Veil/Jacobs/*Raiser* MitbestG § 32 Rn. 19; MüKoAktG/*Annuß* MitbestG § 32 Rn. 16; WKS/*Schubert* MitbestG § 32 Rn. 25.
[617] GK-MitbestG/*Schneider* § 32 Rn. 45; MHdB AG/*Hoffmann-Becking* MitbestG § 29 Rn. 87 mwN.
[618] Habersack/Henssler/*Habersack* MitbestG § 32 Rn. 17; GroßkommAktG/*Oetker* MitbestG § 32 Rn. 21; MüKoAktG/*Annuß* MitbestG § 32 Rn. 16; WKS/*Schubert* MitbestG § 32 Rn. 25; MHdB AG/*Hoffmann-Becking* MitbestG § 29 Rn. 87; kritisch Raiser/Veil/Jacobs/*Raiser* MitbestG § 32 Rn. 19.
[619] GroßkommAktG/*Oetker* MitbestG § 32 Rn. 10; WKS/*Schubert* MitbestG § 32 Rn. 28; Raiser/Veil/Jacobs/*Raiser* MitbestG § 32 Rn. 24; Habersack/Henssler/*Habersack* MitbestG § 32 Rn. 15; ErfK/*Oetker* MitbestG § 32 Rn. 3; aA *Eichler* BB 1977, 1064; *Säcker* DB 1977, 2031 (2035).
[620] MüKoAktG/*Gach*, 4. Aufl. 2014, MitbestG § 32 Rn. 17.
[621] WKS/*Schubert* MitbestG § 32 Rn. 29; Habersack/Henssler/*Habersack* MitbestG § 32 Rn. 16.

abgabe) zurückzuweisen.[622] Wird die Abgabe der Willenserklärung jedoch vom Leiter der Anteilseignerversammlung der Untergesellschaft nicht beanstandet, ist gemäß § 180 S. 2 BGB, § 177 BGB eine **nachträgliche Genehmigung** möglich.[623]

322   Zu beachten ist, dass bei der **Beschlussfassung** in der **Anteilseignerversammlung der Untergesellschaft** zu prüfen ist, ob § 32 MitbestG beachtet wurde und ein Beschluss zur Ausübung der Beteiligungsrechte vorliegt. Eine wie oben dargestellten Grundsätzen unwirksame Stimmabgabe würde dann, wenn es bei der Beschlussfassung in der Tochtergesellschaft auf die nichtige(n) Stimme(n) ankäme, nach allgemeinen Regeln zur **Anfechtbarkeit des Beschlusses** führen.[624] Überprüft werden muss allerdings nur, ob ein Beschluss gemäß § 32 MitbestG überhaupt ordnungsgemäß gefasst wurde, nicht der Inhalt des Beschlusses (zur Abweichung von Weisungen → Rn. 323), da es dazu einer genaueren Kenntnis der Vorgänge bei der Obergesellschaft bedürfte, die der Untergesellschaft nicht (immer) zugänglich sind.[625] Handelt es sich bei der Untergesellschaft um eine Aktiengesellschaft, ergibt sich diese Verpflichtung bereits aus § 134 Abs. 3 S. 2 AktG – allerdings wird diese Verpflichtung auf alle anderen erfassten Gesellschaftsformen **entsprechend** anzuwenden sein. Dabei ist grundsätzlich **eine mündliche Information** über die Beschlussfassung ausreichend, wenn nicht der Leiter der Anteilseignerversammlung der Untergesellschaft einen vom Vorsitzenden des Aufsichtsrats der Obergesellschaft unterzeichneten **schriftlichen Nachweis** fordert.[626] Wird der Nachweis nicht erbracht, so **darf** der Leiter der Anteilseignerversammlung die Stimmabgabe zurückweisen (→ Rn. 321); steht das Fehlen einer Vertretungsmacht fest, so **muss** er die Stimmabgabe zurückweisen.[627]

323 **(3) Abweichung von Weisungen.** Von der Konstellation, dass ein Beschluss gänzlich fehlt bzw. nicht ordnungsgemäß zustande gekommen ist, ist der Fall zu unterscheiden, dass ein ordnungsgemäßer Beschluss nach § 32 MitbestG vorliegt, das geschäftsführende Organ jedoch bei der Ausübung des Beteiligungsrechts von der **erteilten Weisung abweicht**.

324   Hier wirkt sich die Frage aus, ob die Vertretungsmacht zur Ausübung der Beteiligungsrechte allein dann fehlt, wenn überhaupt **kein ordnungsgemäßer Beschluss** gemäß § 32 MitbestG vorliegt, oder auch dann, wenn von einer ordnungsgemäßen Weisung **unberechtigterweise inhaltlich abgewichen** wird und beide Fälle somit gleich zu behandeln wären (zu den Folgen → Rn. 320 ff.).

325   Dies ist in der Literatur **umstritten**. Die wohl überwiegende und zutreffende Ansicht geht davon aus, dass auch bei einer unberechtigten Abweichung **nicht nur ein rein interner Verstoß** gegen eine Weisung vorliege, sondern auch keine Vertretungsmacht bestehe,[628] da diese nur gemäß der inhaltlichen Vorgabe erteilt werde. Übt das geschäftsführende Organ die Beteiligungsrechte in anderer Weise aus, fehle ihm die Vertretungsmacht. Hierfür wird insbesondere der Wortlaut bemüht, der eine Vertretungsmacht „nur auf Grund von Beschlüssen des Aufsichtsrats" erteile.[629] Im Übrigen würde bei einer gegenteiligen Ansicht die von § 32 Abs. 1 MitbestG angeordnete Beschränkung der Vertretungsmacht grundlos ausgehöhlt.[630] Dementsprechend geht diese Ansicht davon aus, dass die abweichende Ausübung des Weisungsrechts genauso unzulässig wäre, wie wenn überhaupt kein Beschluss vorläge. Neben der Möglichkeit der nachträglichen Genehmigung (→ Rn. 321) wird allerdings anerkannt, dass wegen der von dieser Ansicht angenommenen Gleichsetzung von Geschäftsführungsbefugnis und Vertretungsmacht § 665 BGB **entsprechend** auch auf die Ausübung im Außenverhältnis angewandt werden müsse. Daher sei eine abweichende Ausübung aufgrund veränderter Umstände zulässig, wenn das geschäftsführende Organ davon

---

[622] ErfK/*Oetker* MitbestG § 32 Rn. 3; Raiser/Veil/Jacobs/*Raiser* MitbestG § 32 Rn. 24; Habersack/Henssler/*Habersack* MitbestG § 32 Rn. 16; WKS/*Schubert* MitbestG § 32 Rn. 29.
[623] Raiser/Veil/Jacobs/*Raiser* MitbestG § 32 Rn. 24; Habersack/Henssler/*Habersack* MitbestG § 32 Rn. 16; WKS/*Schubert* MitbestG § 32 Rn. 30.
[624] Raiser/Veil/Jacobs/*Raiser* MitbestG § 32 Rn. 24; WKS/*Schubert* MitbestG § 32 Rn. 29; NK-ArbR/*Heither/von Morgen* MitbestG § 32 Rn. 7.
[625] Vgl. dazu ausführlich WKS/*Schubert* MitbestG § 32 Rn. 31; Raiser/Veil/Jacobs/*Raiser* MitbestG § 32 Rn. 26.
[626] Habersack/Henssler/*Habersack* MitbestG § 32 Rn. 22; WKS/*Schubert* MitbestG § 32 Rn. 31; Raiser/Veil/Jacobs/*Raiser* MitbestG § 32 Rn. 26.
[627] Habersack/Henssler/*Habersack* MitbestG § 32 Rn. 22; WKS/*Schubert* MitbestG § 32 Rn. 29.
[628] ErfK/*Oetker* MitbestG § 32 Rn. 3; Habersack/Henssler/*Habersack* MitbestG § 32 Rn. 19; Raiser/Veil/Jacobs/*Raiser* MitbestG § 32 Rn. 25; NK-ArbR/*Heither/von Morgen* MitbestG § 32 Rn. 7; MHdB AG/*Hoffmann-Becking* § 29 Rn. 85.
[629] Habersack/Henssler/*Habersack* MitbestG § 32 Rn. 19; Raiser/Veil/Jacobs/*Raiser* MitbestG § 32 Rn. 25; NK-ArbR/*Heither/von Morgen* MitbestG § 32 Rn. 7; MHdB AG/*Hoffmann-Becking* § 29 Rn. 85.
[630] Henssler/Willemsen/Kalb/*Seibt* MitbestG § 32 Rn. 4; Habersack/Henssler/*Habersack* MitbestG § 32 Rn. 19; Raiser/Veil/Jacobs/*Raiser* MitbestG § 32 Rn. 25; NK-ArbR/*Heither/von Morgen* MitbestG § 32 Rn. 7; MHdB AG/*Hoffmann-Becking* § 29 Rn. 85.

ausgehen durfte, dass der Aufsichtsrat bei Kenntnis dieser Umstände das abweichende Abstimmungsverhalten gebilligt hätte.[631]

Die gegenläufige Ansicht geht dagegen davon aus, dass es sich bei dem Inhalt der Weisung um einen **rein auf das Innenverhältnis** von Weisungsgeber und -empfänger bezogenen Vorgang handle. Im Außenverhältnis sei die Stimmabgabe dagegen regelmäßig **wirksam,** da das geschäftsführende Organ gerade mit Vertretungsmacht gehandelt habe – hierfür sei allein ausreichend, dass es überhaupt einen ordnungsgemäßen Beschluss gebe.[632] Der Wortlaut stehe einer solchen Ansicht nicht entgegen. Vielmehr drücke er nur aus, dass das geschäftsführende Organ zwar aufgrund von Beschlüssen des Aufsichtsrats die Beteiligungsrechte ausübe, unterscheide dabei jedoch gerade nicht nach dem konkreten Inhalt des Beschlusses. Vor allem das Bedürfnis nach **Rechtssicherheit** bei der Anwendung von § 32 MitbestG spreche dafür, dass es nicht auf den Inhalt des Beschlusses ankommen könne. Sonst müsste bei der Tochtergesellschaft zur Sicherstellung der Wirksamkeit der dortigen Beschlussfassung auch überprüft werden, ob das geschäftsführende Organ der Muttergesellschaft sich bei seinem Abstimmungsverhalten inhaltlich an die Weisungen gehalten habe. Das weise nicht nur, aber insbesondere dann erhebliche Schwierigkeiten auf, wenn dem geschäftsführenden Organ ein gewisser Ermessensspielraum belassen wird (→ Rn. 319).[633] Folge dieser Ansicht wäre, dass das Abstimmungsverhalten bei der Tochtergesellschaft ordnungsgemäß wäre und die Beschlussfassung dort nicht angefochten werden könnte. Allerdings verletzt das geschäftsführende Organ seine Pflichten gegenüber der Gesellschaft und wäre dieser gegenüber daher für potentielle Schäden **ersatzpflichtig** (zB § 93 AktG, § 43 GmbHG; → Rn. 331 ff.).[634]

ee) Beschluss des Aufsichtsrats. (1) Zuständigkeit. Auch wenn es bei der Beschlussfassung nur auf die Vertreter der Anteilseigner im Aufsichtsrat ankommt (→ Rn. 328, 329), bleibt der **Aufsichtsrat das zuständige Beschlussorgan.**[635] Anders als in § 27 Abs. 2 S. 2 MitbestG hat der Gesetzgeber nicht nur die Vertreter der Anteilseigner als Beschlussorgan vorgesehen. Das hat insoweit Bedeutung, als auch die **Arbeitnehmervertreter an Sitzungen** des Aufsichtsrats **teilnehmen** können, soweit diese die Beschlussfassung über die Ausübung von Beteiligungsrechten zum Gegenstand haben.[636] Genauso haben die Arbeitnehmervertreter dieselben **Rechte auf Information** wie die Anteilseignervertreter und können sich an den **Beratungen beteiligen.**[637] Sie dürfen jedoch **keine Anträge** zur Geschäftsordnung in Bezug auf die Beschlussfassung stellen. Auf diese Weise wird ausgeschlossen, dass die Arbeitnehmervertreter das alleinige Beschlussrecht der Anteilseignervertreter beeinträchtigen können (zB Antrag auf Vertagung).[638]

(2) Beschlussfähigkeit. Über die Beschlussfähigkeit enthält § 32 MitbestG keine Aussage. Die wohl vorherrschende Ansicht zieht jedoch § 28 MitbestG entsprechend heran,[639] auch wenn die Situation hier insoweit besonders ist, dass es für die Beschlussfassung nicht auf das mitbestimmte Gesamtorgan ankommt. Es wird jedoch sachgerecht sein, die vom MitbestG selbst getroffenen Regelungen über die Beschlussfassung auch auf Beschlüsse nach § 32 MitbestG anzuwenden. Auch wenn die Arbeitnehmervertreter gerade nicht an der Abstimmung beteiligt sind, handelt es sich dennoch um einen Beschluss des Aufsichtsrats im Sinne des § 28 MitbestG (→ Rn. 164 ff.). Allerdings kann Anknüpfungspunkt für die Beschlussfähigkeit nur die Gruppe der Anteilseignervertreter sein, da nur sie an der Beschlussfassung teilnehmen kann und andernfalls den Arbeitnehmervertretern die Möglichkeit eingeräumt würde, die Beschlussfassung durch Fernbleiben zu beeinträchtigen. Daher ist der Aufsichtsrat für Beschlüsse gemäß § 32 MitbestG bereits dann gemäß § 28 MitbestG beschlussfähig, wenn mindestens die **Hälfte** der Aufsichtsratsmitglieder der

---

[631] Habersack/Henssler/*Habersack* MitbestG § 32 Rn. 18; WKS/*Schubert* MitbestG § 32 Rn. 33; GroßkommAktG/*Oetker* MitbestG § 32 Rn. 22.
[632] WKS/*Schubert* MitbestG § 32 Rn. 32; GK-MitbestG/*Schneider* § 32 Rn. 61; *Philipp* DB 1976, 1624.
[633] WKS/*Schubert* MitbestG § 32 Rn. 32.
[634] Raiser/Veil/Jacobs/*Raiser* MitbestG § 32 Rn. 23.
[635] WKS/*Schubert* MitbestG § 32 Rn. 20; Habersack/Henssler/*Habersack* MitbestG § 32 Rn. 24.
[636] Raiser/Veil/Jacobs/*Raiser* MitbestG § 32 Rn. 18; MüKoAktG/*Annuß* MitbestG § 32 Rn. 13; WKS/*Schubert* MitbestG § 32 Rn. 20; ErfK/*Oetker* MitbestG § 32 Rn. 4.
[637] MHdB AG/*Hoffmann-Becking* § 29 Rn. 86; ErfK/*Oetker* MitbestG § 32 Rn. 4; WKS/*Schubert* MitbestG § 32 Rn. 20; Habersack/Henssler/*Habersack* MitbestG § 32 Rn. 25.
[638] ErfK/*Oetker* MitbestG § 32 Rn. 4; WKS/*Schubert* MitbestG § 32 Rn. 20; Habersack/Henssler/*Habersack* MitbestG § 32 Rn. 25; aA wohl Raiser/Veil/Jacobs/*Raiser* MitbestG § 32 Rn. 18; NK-ArbR/*Heither/von Morgen* MitbestG § 32 Rn. 7.
[639] MHdB AG/*Hoffmann-Becking* § 29 Rn. 86; ErfK/*Oetker* MitbestG § 32 Rn. 4; WKS/*Schubert* MitbestG § 32 Rn. 20; Habersack/Henssler/*Habersack* MitbestG § 32 Rn. 26; aA *Deilmann* BB 2012, 2191 (2192), die § 108 Abs. 2 AktG heranziehen will.

Anteilseignervertreter, die nach dem Gesetz oder der Satzung vorgesehen sind **(Soll-Stärke),** teilnehmen.[640]

329 **(3) Beschlussfassung.** Von der Beschlussfähigkeit ist die Beschlussfassung als solche zu unterscheiden. § 32 MitbestG enthält eine von § 29 MitbestG abweichende Regelung zur Beschlussfassung. Das gilt sowohl für die Stimmberechtigung als auch für den Abstimmungsmodus. Gemäß § 32 Abs. 1 S. 2 MitbestG kommt der Beschluss des Aufsichtsrats **allein mit der Mehrheit der Stimmen der Anteilseignervertreter im Aufsichtsrat** zustande. Erforderlich ist insoweit eine **absolute Mehrheit** der Stimmen der Anteilseignervertreter, die im Zeitpunkt der Beschlussfassung als Aufsichtsratsmitglieder tatsächlich bestellt sind (Ist-Stärke).[641] Es wird allerdings auch vertreten, dass die Mehrheit der abgegebenen Stimmen ausreiche, was jedoch nicht dem Wortlaut, der ausdrücklich auf die Mehrheit der Anteilseignervertreter im Aufsichtsrat abstellt, genügt.[642] Es ist umstritten, ob § 136 AktG entsprechend gilt, wenn der Verwaltungsträger der Untergesellschaft, über dessen Belange entschieden werden muss (zB seine Entlastung), zugleich Anteilseignervertreter der Obergesellschaft ist.[643] Dies wird aber zu bejahen sein.

330 **(4) Delegation an Beteiligungsausschuss.** Der Aufsichtsrat kann für seine Beschlüsse über die Ausübung von Beteiligungsrechten auf einen Ausschuss einrichten.[644] Erforderlich ist hierfür ein Beschluss des Gesamtaufsichtsrats.[645] Ein solcher Ausschuss ist jedoch an besondere, dem § 32 MitbestG geschuldete **Besonderheiten** gebunden: Da § 32 MitbestG allein auf die Beschlussfassung durch die Anteilseignervertreter abstellt, muss auch eine Beschlussfassung durch einen hierzu **errichteten Ausschuss** diesen Anforderungen gerecht werden, weshalb mindestens die Mehrheit der Soll-Stärke der Anteilseignervertreter dem Ausschuss angehören müssen.[646] Die entsprechende Mehrheit muss bei jedem Beschluss des Ausschusses erreicht werden. Ausschüsse mit nur drei oder weniger Mitgliedern sind dementsprechend ausgeschlossen.[647] Die Arbeitnehmervertreter haben das Recht, durch einen Sitz im Ausschuss vertreten zu sein, wenn sie das wünschen. Ihnen dürfen ihre Rechte (→ Rn. 327) nicht durch die Übertragung an einen Ausschuss genommen werden, auch wenn es bei der Abstimmung letztlich nur auf die Stimmen der Anteilseignervertreter ankommt.[648] Ein Teilnahmerecht an seinen Sitzungen steht ihnen bereits nach § 109 Abs. 2 AktG zu.[649]

331 **ff) Haftung.** Grundsätzlich haben sowohl die Mitglieder des geschäftsführenden Organs wie auch des Aufsichtsrats im **Unternehmensinteresse** darauf hinzuwirken, dass die der Obergesellschaft zustehenden Beteiligungsrechte ordnungsgemäß ausgeübt werden können. Deshalb müssen die Anteilseignervertreter die Beschlüsse nach § 32 MitbestG so rechtzeitig fassen, dass das geschäftsführende Organ die Beteiligungsrechte ausüben kann und sicherstellen, dass die Ausübung im Unternehmensinteresse liegt.[650] Das geschäftsführende Organ hat die Beteiligungsrechte entsprechend den Weisungen auszuführen (→ Rn. 317 ff.). Verstoßen die Mitglieder des Aufsichtsrats gegen ihre Pflichten, kommt eine Haftung aus §§ 116, 93 AktG bzw. §§ 41, 34 GenG in Betracht.[651] Aufsichtsratsmitglieder können etwa

---

[640] MHdB AG/*Hoffmann-Becking* § 29 Rn. 86; WKS/*Schubert* MitbestG § 32 Rn. 20; Habersack/Henssler/*Habersack* MitbestG § 32 Rn. 26.
[641] ErfK/*Oetker* MitbestG § 32 Rn. 4; WKS/*Schubert* MitbestG § 32 Rn. 22; Habersack/Henssler/*Habersack* MitbestG § 32 Rn. 27; Raiser/Veil/Jacobs/*Raiser* MitbestG § 32 Rn. 20.
[642] So aber GK-MitbestG/*Schneider* MitbestG § 32 Rn. 42; Säcker DB 1977, 2031 (2035); dem zurecht entgegentretend die hM vgl. nur Raiser/Veil/Jacobs/*Raiser* MitbestG § 32 Rn. 20; Habersack/Henssler/*Habersack* MitbestG § 32 Rn. 27; ErfK/*Oetker* MitbestG § 32 Rn. 4 mwN.
[643] WKS/*Schubert* MitbestG § 32 Rn. 22; *J. Semler* FS Kropff, 1997, S. 301 (314); wohl auch MüKoAktG/*Annuß* MitbestG § 32 Rn. 11; aA *Hoffmann/Lehmann/Weinmann* MitbestG § 32 Rn. 50; *Matthießen* Stimmrecht und Interessenkollision im Aufsichtsrat, 1989, S. 264.
[644] GroßkommAktG/*Oetker* MitbestG § 32 Rn. 20; Raiser/Veil/Jacobs/*Raiser* MitbestG § 32 Rn. 21; ErfK/*Oetker* MitbestG § 32 Rn. 5; WKS/*Schubert* MitbestG § 32 Rn. 23, jeweils mwN.
[645] Habersack/Henssler/*Habersack* MitbestG § 32 Rn. 28; aA *Hoffmann/Preu*, Der Aufsichtsrat, 2018, MitbestG § 32 Rn. 153.
[646] Raiser/Veil/Jacobs/*Raiser* MitbestG § 32 Rn. 20; WKS/*Schubert* MitbestG § 32 Rn. 24; Habersack/Henssler/*Habersack* MitbestG § 32 Rn. 28; MHdB AG/*Hoffmann-Becking* § 29 Rn. 88; aA die nur mindestens drei Mitglieder fordern Kölner Komm AktG/*Mertens/Cahn* AktG § 117, Anhang B zu MitbestG § 32 Rn. 21 f.; Kropff in Semler/v. Schenck AR-HdB, 3. Aufl. 2009, § 8 Rn. 388 f.
[647] WKS/*Schubert* MitbestG § 32 Rn. 23; Raiser/Veil/Jacobs/*Raiser* MitbestG § 32 Rn. 21; GroßkommAktG/*Oetker* MitbestG § 32 Rn. 20.
[648] WKS/*Schubert* MitbestG § 32 Rn. 24; NK-ArbR/*Heither/von Morgen* MitbestG § 32 Rn. 7; aA MHdB AG/*Hoffmann-Becking* § 29 Rn. 88 mwN.
[649] MHdB AG/*Hoffmann-Becking* § 29 Rn. 88; Raiser/Veil/Jacobs/*Raiser* MitbestG § 32 Rn. 21.
[650] Raiser/Veil/Jacobs/*Raiser* MitbestG § 32 Rn. 22; Habersack/Henssler/*Habersack* MitbestG § 32 Rn. 29; WKS/*Schubert* MitbestG § 32 Rn. 34, jeweils mwN.
[651] WKS/*Schubert* MitbestG § 32 Rn. 34; Habersack/Henssler/*Habersack* MitbestG § 32 Rn. 29; *Lenz* BB 2018, 2548 (2550).

nach § 32 AktG haften, wenn sie schuldhaft einen Beschluss nicht rechtzeitg herbeiführen.[652] Mitglieder des geschäftsführenden Organs haften gemäß § 93 AktG, § 43 GmbHG oder § 34 GenG beispielsweise für eine von den Weisungen abweichende Ausübung des Stimmrechts (→ Rn. 323 ff.) oder wenn der Beschluss des Aufsichtsrats aufgrund eines Verschuldens des geschäftsführenden Organs nicht rechtzeitig herbeigeführt werden kann.[653] Bei der Haftung für die weisungsgemäße Ausübung des Beteiligungsrechts wird zugunsten des geschäftsführenden Organs jedoch analog § 93 Abs. 4 S. 1 AktG bzw. § 34 Abs. 4 S. 1 GenG angenommen, dass eine Haftung ausscheidet, wenn aufgrund der Befolgung der Weisung Nachteile für die Muttergesellschaft entstehen.[654] Indessen darf das Vertretungsorgan eine Weisung, die offensichtlich gegen das Unternehmensinteresse verstößt oder offensichtlich einen rechtswidrigen Inhalt hat, nicht vollziehen. Ihm kommt insoweit eine Prüfpflicht zu.[655] Das Vertretungsorgan hat dagegen kein Recht, eigene Zweckmäßigkeitserwägungen an die Stelle der Weisung des Aufsichtsrats zu stellen.[656] Bei einer zwischenzeitlichen Änderung der Sachlage soll § 665 BGB analog anzuwenden sein, sodass das Vertretungsorgan unter den Voraussetzungen des § 665 BGB von dem Beschluss des Aufsichtsrats abweichen darf.[657]

6. Erstmalige Anwendung des Gesetzes (§ 37 MitbestG)

a) Verhältnis zu §§ 97–99 AktG

§ 37 MitbestG enthält einige Sonderbestimmungen für die erstmalige Anwendung des MitbestG auf ein Unternehmen. Die Vorschrift betrifft nur zu einem geringen Teil historisch überholte Regelungen, die das Inkrafttreten des MitbestG selbst betreffen. Ganz überwiegend sind die Regelungen praktisch relevant, soweit ein Unternehmen erstmals die Voraussetzungen der paritätischen Mitbestimmung erfüllt. Insoweit **ergänzt** § 37 MitbestG die Regelung des über § 6 Abs. 2 S. 1 MitbestG in Bezug genommenen Statusverfahrens nach § 96 Abs. 4, §§ 97–99 AktG. § 37 MitbestG stellt keine abschließende Regelung dar, sondern muss im Kontext der Voraussetzungen und Folgen des Statusverfahrens verstanden werden.[658]

§ 37 Abs. 1 MitbestG ergänzt § 97 Abs. 2 S. 2 AktG. In dem für das Statusverfahren relevanten Zeitpunkt treten damit nicht nur – wie § 97 Abs. 2 S. 2 AktG vorsieht – die Bestimmungen der Satzung über die Zusammensetzung des Aufsichtsrats, die Zahl der Aufsichtsratsmitglieder sowie die Wahl, Abberufung und Entsendung von Aufsichtsratsmitgliedern außer Kraft, sondern auch sonstige, den Regelungen des MitbestG widersprechende Bestimmungen der Satzung oder des Gesellschaftsvertrags. **§ 37 Abs. 2 MitbestG** sichert die Kontinuität des geschäftsführenden Organs des Unternehmens und regelt zugleich den Zeitpunkt, ab dem bestimmte Mitbestimmungsregelungen (§§ 25–29, 31–33 MitbestG) gelten. **§ 37 Abs. 3 MitbestG** enthält eine Sonderregelung über die Amtszeit der Mitglieder des geschäftsführenden Organs, die praktische Bedeutung nur für die GmbH und die Genossenschaft hat. Von dieser Sondervorschrift sind Komplementäre einer KGaA nach **§ 37 Abs. 4 MitbestG** ausgenommen.

b) Satzungsanpassung (§ 37 Abs. 1 S. 2 MitbestG)

aa) Anwendungsbereich. § 37 Abs. 1 MitbestG ordnet ergänzend zu § 97 Abs. 2 S. 2 AktG das **Außerkrafttreten** bestimmter **Regelungen** der **Satzung** oder des **Gesellschaftsvertrags** mit dem Abschluss des außergerichtlichen oder gerichtlichen Statusverfahrens nach § 97 Abs. 2 S. 2 AktG oder § 98 Abs. 4 S. 2 AktG an. Das Gesetz möchte sicherstellen, dass nicht nur die Regelungen über die Zusammensetzung, Wahl, Entsendung und Abberufung von Aufsichtsratsmitgliedern außer Kraft treten, sondern auch sonstige dem MitbestG widersprechende Regelungen. Inhaltlich geht es im Wesentlichen um Satzungsbestimmungen, die zu §§ 25–29, 31–33 MitbestG im Widerspruchs stehen. Das betrifft beispielsweise Regelungen über die Beschlussfähigkeit des Aufsichtsrats, Mehrheitserfordernisse bei der Beschlussfassung, die Wahl des Aufsichtsratsvorsitzenden und seines Stellvertreters sowie die Amtszeit im Vertretungsor-

---

[652] WKS/*Schubert* MitbestG § 32 Rn. 34; GroßkommAktG/*Oetker* MitbestG § 32 Rn. 18; MüKoAktG/*Annuß* MitbestG § 32 Rn. 19.
[653] WKS/*Schubert* MitbestG § 32 Rn. 35.
[654] So WKS/*Schubert* MitbestG § 32 Rn. 35; Habersack/Henssler/*Habersack* MitbestG § 32 Rn. 30.
[655] Habersack/Henssler/*Habersack* MitbestG § 32 Rn. 30; MüKoAktG/*Annuß* MitbestG § 32 Rn. 20; aA WKS/*Schubert* MitbestG § 32 Rn. 35.
[656] WKS/*Schubert* MitbestG § 32 Rn. 35, Habersack/Henssler/*Habersack* MitbestG § 32 Rn. 30; aA *Hoffmann/Lehmann/Weinmann* MitbestG § 32 Rn. 51: das Vertretungsorgan müsse eine Weisung des Aufsichtsrats auch dann nicht ausführen, wenn sie den Sorgfaltspflichten eines ordentlichen und gewissenhaften Geschäftsleiters entgegenstünden.
[657] Habersack/Henssler/*Habersack* MitbestG § 32 Rn. 18; GroßkommAktG/*Oetker* MitbestG § 32 Rn. 22; Raiser/Veil/Jacobs/*Raiser* MitbestG § 32 Rn. 23.
[658] GroßkommAktG/*Oetker* MitbestG § 37 Rn. 2 mit Verweis auf ergänzende Verfahrensvorschriften der Wahlordnungen zum MitbestG; Habersack/Henssler/*Habersack* MitbestG § 37 Rn. 1.

gan.⁶⁵⁹ Eine **ausdrückliche Ausnahme** sieht § 37 Abs. 3 S. 4 MitbestG vor. Danach bleiben Satzungsbestimmungen auch über den in § 37 Abs. 1 S. 1 MitbestG geregelten Zeitpunkt in Kraft, die eine längere als die fünfjährige Amtszeit für Mitglieder des geschäftsführenden Organs vorsehen. Da bei der Aktiengesellschaft § 84 Abs. 1 AktG eine maximale Bestellperiode von fünf Jahren vorsieht, hat die Vorschrift praktische Bedeutung nur für die GmbH und die eingetragene Genossenschaft.⁶⁶⁰

335 Da § 37 Abs. 1 MitbestG nach seinem Wortlaut nur das Außerkrafttreten von Bestimmungen der Satzung oder des Gesellschaftsvertrags anordnet, ist zweifelhaft, ob sich die Rechtswirkung auch auf Vereinbarungen erstreckt, die nicht in der Satzung oder im Gesellschaftsvertrag der nunmehr paritätisch mitbestimmten Gesellschaft enthalten sind, sondern in **anderen Regelungswerken.** Das gilt zunächst für die durch § 4 MitbestG in den Geltungsbereich des Gesetzes einbezogene Kapitalgesellschaft & Co. KG. § 4 Abs. 2 MitbestG schreibt insoweit vor, dass die der paritätischen Mitbestimmung unterliegende Komplementärin nicht von der Führung der Geschäfte der Kommanditgesellschaft ausgeschlossen werden kann. Nach herrschender Meinung ist auf eine solche Vereinbarung § 37 Abs. 1 S. 1 MitbestG aber nicht anwendbar.⁶⁶¹ Die Unwirksamkeit einer solchen Geschäftsführungsvereinbarung ergibt sich aber unmittelbar aus § 134 BGB – und zwar ab dem Zeitpunkt, in dem die Mitglieder des paritätisch mitbestimmten Aufsichtsrats ihr Amt antreten.⁶⁶² Dadurch wird sichergestellt, dass der paritätisch mitbestimmte Aufsichtsrat ab seiner Bildung die ihm nach dem MitbestG zukommenden Rechte ausüben kann. Die Annahme einer Nichtigkeit nach § 134 BGB zu einem früheren Zeitpunkt ist dagegen durch die mitbestimmungsrechtlichen Zwecke des Gesetzes nicht geboten.

336 Vom Wortlaut des § 37 Abs. 1 S. 1 MitbestG ebenfalls nicht erfasst sind **Geschäftsordnungen** des geschäftsführenden Organs oder des Aufsichtsrats. Nach herrschender Meinung ist die Vorschrift auf solche Regelungswerke auch nicht zu erstrecken.⁶⁶³ Die **Unwirksamkeit** von dem MitbestG widersprechenden Regelungen folgt für Geschäftsordnungen des Aufsichtsrats vielmehr aus § 37 Abs. 2 iVm § 25 Abs. 2 MitbestG und für Geschäftsordnungen des geschäftsführenden Organs aus dem zwingenden Charakter der §§ 31 ff. MitbestG.⁶⁶⁴

337 Schließlich können auch **Vereinbarungen zwischen Gesellschaftern** Abreden enthalten, die zwingenden Bestimmungen der **MitbestG widersprechen.** Auch für solche Vereinbarungen gilt § 37 Abs. 1 S. 1 MitbestG nicht. Soweit sie allerdings mit zwingenden Regelungen des MitbestG nicht vereinbar sind, sind sie ab Geltung des Gesetzes nicht mehr durchführbar.⁶⁶⁵

338 **bb) Rechtsfolgen.** Im Hinblick auf die Bestimmungen der Satzung und des Gesellschaftsvertrags, die den Vorschriften des MitbestG widersprechen, enthält § 37 Abs. 1 S. 1 MitbestG eine positive und eine negative Aussage. Ausdrücklich geregelt ist die negative Seite, dass über § 97 Abs. 2 S. 2 AktG hinausgehende, dem MitbestG **widersprechende Vorschriften** entsprechend dem für das außergerichtliche und gerichtliche Statusverfahren geltenden Zeitpunkt **außer Kraft** treten. Im Prinzip wird damit vom Gesetz – im positiven Sinne – aber auch festgelegt, dass die Vorschriften bis zu diesem Zeitpunkt weiterhin gelten und rechtmäßig zur Anwendung zu bringen sind, selbst wenn sie mit den Vorschriften des MitbestG nicht vereinbar sind.⁶⁶⁶

339 Zudem **erleichtert** § 37 Abs. 1 S. 2 AktG – wiederum entsprechend § 97 Abs. 2 S. 4 AktG – die **Änderung** von Bestimmungen **des Gesellschaftsvertrags,** die mit dem MitbestG nicht vereinbar sind, durch die Anteilseignerversammlung. Entsprechende Änderungen bedürfen unabhängig von sonstigen gesetzlichen oder statutarischen qualifizierten Mehrheitserfordernissen nur der einfachen Mehrheit in der Anteilseignerversammlung, dh der Mehrheit der abgegebenen Stimmen. Ungeachtet des etwas zu engen Gesetzeswortlauts gilt diese Erleichterung für jede Anteilseignerversammlung, die innerhalb der in § 97 Abs. 2 S. 4 AktG geregelten 6-Monats-Frist stattfindet.⁶⁶⁷

---

⁶⁵⁹ WKS/*Schubert* MitbestG § 37 Rn. 7 mit ausführlicher Übersicht; Habersack/Henssler/*Habersack* MitbestG § 37 Rn. 8; GroßkommAktG/*Oetker* MitbestG § 37 Rn. 3.
⁶⁶⁰ Habersack/Henssler/*Habersack* MitbestG § 37 Rn. 9; WKS/*Schubert* MitbestG § 37 Rn. 10.
⁶⁶¹ Habersack/Henssler/*Habersack* MitbestG § 37 Rn. 11; GroßkommAktG/*Oetker* MitbestG § 37 Rn. 7; Raiser/Veil/Jacobs/*Raiser* MitbestG § 37 Rn. 5; WKS/*Schubert* MitbestG § 37 Rn. 8.
⁶⁶² WKS/*Schubert* MitbestG § 37 Rn. 8; Habersack/Henssler/*Habersack* MitbestG § 37 Rn. 12; GroßkommAktG/*Oetker* MitbestG § 37 Rn. 7.
⁶⁶³ Habersack/Henssler/*Habersack* MitbestG § 37 Rn. 14; GroßkommAktG/*Oetker* MitbestG § 37 Rn. 5; Raiser/Veil/Jacobs/*Raiser* MitbestG § 37 Rn. 4.
⁶⁶⁴ So zutreffend Habersack/Henssler/*Habersack* MitbestG § 37 Rn. 14.
⁶⁶⁵ WKS/*Schubert* MitbestG § 37 Rn. 9; Habersack/Henssler/*Habersack* MitbestG § 37 Rn. 13; aA Raiser/Veil/Jacobs/*Raiser* MitbestG § 37 Rn. 4, der § 134 BGB zur Anwendung bringen möchte.
⁶⁶⁶ GroßkommAktG/*Oetker* MitbestG § 37 Rn. 3; Habersack/Henssler/*Habersack* MitbestG § 37 Rn. 7.
⁶⁶⁷ So zu Recht Habersack/Henssler/*Habersack* MitbestG § 37 Rn. 10.

c) Erstmalige Anwendung der §§ 25–29, 31–33 MitbestG (§ 37 Abs. 2 MitbestG)

aa) Anwendungszeitpunkt. § 37 Abs. 2 MitbestG ist Teil der **Überleitungsvorschriften** für die Einführung der paritätischen Mitbestimmung bei bislang mitbestimmungsfreien oder anders mitbestimmten Unternehmen (zB Drittelbeteiligung).[668] § 37 Abs. 2 MitbestG knüpft daran an, dass der paritätisch mitbestimmte Aufsichtsrat **sein Amt antritt.**[669] Damit ist in aller Regel derjenige Zeitpunkt angesprochen, in dem nach Abschluss des außergerichtlichen oder gerichtlichen Statusverfahrens die erste Anteilseignerversammlung innerhalb der 6-Monats-Frist des § 97 Abs. 2 S. 2 AktG beendet wird.[670] Dabei ist es grundsätzlich unerheblich, ob der Aufsichtsrat zu diesem Zeitpunkt bereits vollständig besetzt ist. So tritt in der Praxis nicht selten der Fall ein, dass das Wahlverfahren für die Arbeitnehmervertreter aufgrund der in den Wahlordnungen vorgesehenen Fristen noch nicht abgeschlossen ist. Fehlende Aufsichtsratsmitglieder – sowohl auf Anteilseigner- als auch auf Arbeitnehmerseite – können in solchen Fällen nach § 6 Abs. 2 S. 1 MitbestG iVm § 104 AktG **gerichtlich bestellt** werden. Für § 37 Abs. 2 MitbestG ist insoweit relevant, wann der Aufsichtsrat die zu seiner Beschlussfähigkeit nach § 28 MitbestG erforderliche Mitgliederzahl erreicht.[671] Bis zu diesem Zeitpunkt sind nach dem **Kontinuitätsgrundsatz** des § 96 Abs. 4 AktG die Vorschriften des bisherigen Mitbestimmungsstatus (das auch in Mitbestimmungsfreiheit bestehen kann) anzuwenden, im Falle einer bestehenden Drittelbeteiligung also die Vorschriften des DrittelbG.

bb) Rechtsfolgen. Aus § 37 Abs. 2 MitbestG folgt für den nach den Vorschriften des MitbestG neu gebildeten Aufsichtsrat, dass für seine innere Ordnung und die Wahrnehmung **seiner Rechte** und Pflichten §§ 25–29, 31–33 MitbestG **zu beachten** sind. So sind beispielsweise der Aufsichtsratsvorsitzende und sein Stellvertreter nach § 27 Abs. 1, 2 MitbestG zu wählen. Ferner ist der Vermittlungsausschuss nach § 27 Abs. 3 MitbestG einzurichten. Im Hinblick auf § 32 MitbestG stellt sich die Frage, ob es für die **erstmalige Anwendung** dieser Vorschrift **auf den Amtsbeginn** des paritätisch mitbestimmten Aufsichtsrats bei der **Obergesellschaft** oder bei der **Untergesellschaft** oder sogar bei beiden ankommt. Nach herrschender und zutreffender Meinung findet § 32 MitbestG Anwendung, wenn bei der Obergesellschaft ein paritätisch mitbestimmter Aufsichtsrat besteht und für die betroffene Untergesellschaft feststeht, dass ein Aufsichtsrat nach den Vorschriften des MitbestG zu bestellen ist (→ Rn. 313).[672] Dadurch wird sichergestellt, dass § 32 MitbestG bereits auf die erste Wahl eines paritätisch mitbestimmten Aufsichtsrats bei der Tochtergesellschaft anwendbar ist.

§ 31 MitbestG ist dagegen **einschränkungslos** ab der **erstmaligen Zusammensetzung** des paritätisch mitbestimmten Aufsichtsrats anzuwenden. Allerdings folgt – wie § 37 Abs. 3 MitbestG zeigt – aus dieser Vorschrift keine Beendigung der laufenden Amtszeit der nach anderen Vorschriften bestellten Mitgliedern des geschäftsführenden Organs. Vielmehr gilt hier das **Kontinuitätsprinzip**.[673] Das Verfahren nach § 31 MitbestG ist daher zu beachten, sobald es nach Neuzusammensetzung des Aufsichtsrats zum ersten Bestellungsakt kommt. Dies gilt unabhängig davon, ob es sich um die Verlängerung der Bestellung eines bereits amtierenden Mitglieds des geschäftsführenden Organs oder eine Neubestellung handelt. Dasselbe gilt für den Widerruf der Bestellung nach § 31 Abs. 5 MitbestG. Auch wenn Mitglieder des geschäftsführenden Organs nach früheren Vorschriften bestellt wurden, gelten für den Widerruf ihrer Bestellung die Mehrheitserfordernisse und die Abstimmungsvorgänge des § 31 MitbestG.[674]

Historisch hoch umstritten waren die Folgen der **erstmaligen Anwendung** des MitbestG für die **Bestellung** eines **Arbeitsdirektors** nach § 33 MitbestG (→ Rn. 243). Nach inzwischen herrschender Meinung ist danach zu unterscheiden, ob dem geschäftsführenden Organ bereits ein Mitglied angehört, das für Personal- und Sozialangelegenheiten zuständig ist oder nicht. Existiert bereits ein solches Mitglied – unabhängig davon, ob es die Bezeichnung „Arbeitsdirektor" trägt – ist mit der herrschenden Meinung davon auszugehen, dass dem geschäftsführenden Organ bereits der nach § 33 MitbestG notwendige Arbeitsdirektor angehört und es jedenfalls während seiner Amtszeit keiner ausdrücklichen Bestellung eines Arbeitsdirektors nach § 33 MitbestG bedarf.[675] Die entgegenstehende frühere untergerichtliche Recht-

---

[668] M. Arnold/Lumpp AG 2010, R 156.
[669] Übersichtliche Darstellung der Stufenfolge bei der erstmaligen Anwendung des MitbestG bei Habersack/Henssler/*Habersack* MitbestG § 37 Rn. 15.
[670] Habersack/Henssler/*Habersack* MitbestG § 37 Rn. 16; WKS/*Schubert* MitbestG § 37 Rn. 13.
[671] So zutreffend Habersack/Henssler/*Habersack* MitbestG § 37 Rn. 16; WKS/*Schubert* MitbestG § 37 Rn. 13.
[672] Habersack/Henssler/*Habersack* MitbestG § 37 Rn. 19; Raiser/Veil/Jacobs/*Raiser* MitbestG § 32 Rn. 28; WKS/*Schubert* MitbestG § 37 Rn. 15.
[673] Habersack/Henssler/*Habersack* MitbestG § 37 Rn. 18; GroßkommAktG/*Oetker* MitbestG § 37 Rn. 10; Raiser/Veil/Jacobs/*Raiser* MitbestG § 37 Rn. 6; WKS/*Schubert* MitbestG § 37 Rn. 16.
[674] Habersack/Henssler/*Habersack* MitbestG § 37 Rn. 18; GroßkommAktG/*Oetker* MitbestG § 37 Rn. 10.
[675] WKS/*Schubert* MitbestG § 37 Rn. 19; Habersack/Henssler/*Habersack* MitbestG § 37 Rn. 21; Raiser/Veil/Jacobs/*Raiser* MitbestG § 37 Rn. 7; GroßkommAktG/*Oetker* MitbestG § 37 Rn. 11.

sprechung[676] überzeugt nicht. Dem Regelungszweck des § 33 MitbestG ist bereits dadurch Rechnung getragen, dass innerhalb des geschäftsführenden Organs ein Mitglied für den Kompetenzbereich der Personal- und Sozialangelegenheiten zuständig und damit der notwendige Ansprechpartner für die Arbeitnehmerseite ist. Die ausdrückliche Bestellung eines Arbeitsdirektors nach § 33 MitbestG ist dagegen **notwendig,** wenn dem geschäftsführenden Organ bislang kein Mitglied mit entsprechendem Zuständigkeitsbereich angehört. In einem solchen Fall ist **unverzüglich** ein Arbeitsdirektor zu bestellen.[677] Soweit dem geschäftsführenden Organ mehr als ein Mitglied angehört, kann der Aufsichtsrat auch einem der bereits amtierenden Mitglieder das Amt des Arbeitsdirektors durch Bestellungsbeschluss übertragen. Hierbei ist das Verfahren nach § 31 MitbestG einzuhalten.[678]

d) Widerruf der Bestellung des geschäftsführenden Organs (§ 37 Abs. 3 MitbestG)

344 **aa) Anwendungsbereich.** § 37 Abs. 3 MitbestG regelt zunächst den historischen Sachverhalt, welche **Folgen** das Inkrafttreten des MitbestG für die Mitglieder des gesetzlichen Vertretungsorgans hatte. § 37 Abs. 3 S. 5 MitbestG erklärt diese Vorschriften allerdings für entsprechend anwendbar, wenn das MitbestG auf ein Unternehmen **erstmals zur Anwendung** gelangt. Auf diese Weise haben die Regelungen nach wie vor praktische Bedeutung.[679]

345 Inhaltlich regelt § 37 Abs. 3 MitbestG ein **besonderes Recht** des Aufsichtsrats, die Bestellung von Mitgliedern des geschäftsführenden Organs zu widerrufen, die vor Geltung des § 31 MitbestG für eine längere Zeit als fünf Jahre bestellt wurden. Im Hinblick auf die vom MitbestG erfassten Rechtsformen ist eine solche langfristige Bestellung nach dem jeweiligen Organisationsrecht allerding nur bei der GmbH und der eingetragenen Genossenschaft möglich.[680] Bei der Aktiengesellschaft hat das Widerrufsrecht nach § 37 Abs. 3 MitbestG keinen Anwendungsbereich, da § 84 Abs. 1 AktG die Dauer von fünf Jahren als maximale Bestellperiode vorschreibt. Für die KGaA ist § 37 Abs. 3 MitbestG aufgrund der ausdrücklichen Regelung in § 37 Abs. 4 MitbestG nicht anwendbar.

346 **bb) Erleichterungen des Widerrufs der Bestellung.** Nach § 37 Abs. 3 S. 5 MitbestG kann die Bestellung eines vor erstmaliger Anwendung des MitbestG bestellten Mitglieds des geschäftsführenden Organs **nach Ablauf von fünf Jahren** von dem paritätisch mitbestimmten Aufsichtsrat **jederzeit widerrufen** werden. Das Gesetz regelt damit – neben dem historisch überholten Fall einer Bestellung vor Inkrafttreten des MitbestG – den Fall, dass das Unternehmen zum Zeitpunkt der Bestellung des Mitglieds des geschäftsführenden Organs noch nicht die Voraussetzungen für eine paritätische Mitbestimmung nach § 1 MitbestG erfüllte.[681]

347 Nicht ausdrücklich von § 37 Abs. 3 MitbestG geregelt, nach ganz hM aber ebenfalls erfasst, ist der Fall, dass die Voraussetzungen der paritätischen Mitbestimmung nach § 1 MitbestG vorlagen, der Aufsichtsrat aber noch nicht nach den Regeln des MitbestG zusammengesetzt war.[682] Da in diesen Fällen die Bestellung nicht den Regeln des § 31 MitbestG folgt, bestehen dieselben **schutzwürdigen Interessen** des mitbestimmten Aufsichtsrats wie beim vom Gesetz geregelten Grundfall. Auch in einem solchen Fall ist daher der Widerruf der Bestellung nach Ablauf von fünf Jahren unter den erleichterten Voraussetzungen des § 37 Abs. 3 MitbestG möglich.

348 Inhaltlich bedarf der **Widerruf** nach Ablauf von fünf Jahren **keines Grundes,** schon gar nicht eines wichtigen Grundes iSd § 31 Abs. 1 MitbestG iVm § 84 Abs. 3 AktG.[683] § 37 Abs. 3 MitbestG kommt aber nur dann zur Anwendung, wenn die Bestellung des Mitglieds des geschäftsführenden Organs auf mehr als fünf Jahre erfolgte und die Fünf-Jahres-Frist abgelaufen ist. Die Bestellung muss aber nicht unmittelbar nach Ablauf dieser Fünf-Jahres-Frist widerrufen werden, vielmehr kann der Widerruf auch später beschlossen werden.[684] Fraglich und umstritten ist, wann die **Fünf-Jahres-Frist** des § 37 Abs. 3 MitbestG **beginnt.** Für den unmittelbar von § 37 Abs. 3 S. 5 MitbestG erfassten Fall, dass das Unternehmen zum Zeitpunkt der Bestellung des Mitglieds des geschäftsführenden Organs noch nicht die Voraussetzungen des § 1 MitbestG erfüllte, wird vielfach die Auffassung vertreten, die Fünf-Jahres-Frist beginne ab

---

[676] AG Bremen WM 1979, 154; LG Bad Kreuznach BB 1979, 1680.
[677] WKS/*Schubert* MitbestG § 37 Rn. 18; Habersack/Henssler/*Habersack* MitbestG § 37 Rn. 20.
[678] WKS/*Schubert* MitbestG § 37 Rn. 18.
[679] GroßkommAktG/*Oetker* MitbestG § 37 Rn. 12; Habersack/Henssler/*Habersack* MitbestG § 37 Rn. 25.
[680] Habersack/Henssler/*Habersack* MitbestG § 37 Rn. 25; WKS/*Schubert* MitbestG § 37 Rn. 25.
[681] Habersack/Henssler/*Habersack* MitbestG § 37 Rn. 25; WKS/*Schubert* MitbestG § 37 Rn. 26.
[682] So WKS/*Schubert* MitbestG § 37 Rn. 26; MüKoAktG/*Annuß* MitbestG § 37 Rn. 9; Habersack/Henssler/*Habersack* MitbestG § 37 Rn. 25; Raiser/Veil/Jacobs/*Raiser* MitbestG § 37 Rn. 13.
[683] WKS/*Schubert* MitbestG § 37 Rn. 28; Habersack/Henssler/*Habersack* MitbestG § 37 Rn. 26.
[684] So zutreffend WKS/*Schubert* MitbestG § 37 Rn. 31; MüKoAktG/*Annuß* MitbestG § 37 Rn. 11; Habersack/Henssler/*Habersack* MitbestG § 37 Rn. 28.

dem Zeitpunkt, in dem die materiellen Voraussetzungen des § 1 MitbestG vorlägen.[685] Das überzeugt nicht. Nach § 96 Abs. 4 AktG ist der Abschluss des Statusverfahrens entscheidend für das Eingreifen des Mitbestimmungsstatuts. Daher sprechen die besseren Gründe dafür, dass die Fünf-Jahres-Frist ab dem Zeitpunkt des Wirksamwerdens der Bekanntmachung nach § 97 Abs. 1 AktG oder der rechtkräftigen gerichtlichen Entscheidung nach § 98 AktG beginnt.[686] Im Fall der analogen Anwendung des § 37 Abs. 3 MitbestG auf Fälle, in denen im Zeitpunkt der Bestellung bereits die Voraussetzung des § 1 MitbestG vorlagen, der Aufsichtsrat aber noch nicht nach den Vorschriften des MitbestG zusammengesetzt war, ist dagegen auf den Zeitpunkt der Bestellung für den Lauf der Fünf-Jahres-Frist abzustellen.[687]

349 Liegen die Voraussetzungen des § 31 Abs. 3 S. 5 MitbestG vor, kann der Aufsichtsrat **ohne Rücksicht** auf das **Abstimmungsverfahren** und die Mehrheitserfordernisse des § 31 MitbestG die **Bestellung** des Mitglieds des geschäftsführenden Organs **widerrufen.** Hierzu bedarf es entweder der Mehrheit der abgegebenen Stimmen des Aufsichtsrats oder alternativ aller Stimmen entweder der Arbeitnehmer- oder der Anteilseignerseite des Aufsichtsrats. Maßgeblich ist insoweit jeweils die Ist-Stärke des Aufsichtsrats, dh es müssen beispielsweise alle im Zeitpunkt der Beschlussfassung amtierenden Anteilseigner- oder Arbeitnehmervertreter mit „Ja" stimmen.[688]

350 Ansprüche des Mitgliedes des geschäftsführenden Organs aus dem Dienstvertrag bleiben von einem Widerruf seiner Bestellung nach § 37 Abs. 3 S. 3 MitbestG unberührt. **Finanzielle Ansprüche** bestehen daher unter dem Gesichtspunkt des Annahmeverzugs weiter, bis der Dienstvertrag wirksam beendet wird. Dies richtet sich nach den allgemeinen Regeln. Ein befristeter Dienstvertrag, dessen ordentliche Kündigung ausgeschlossen ist, endet entweder durch Fristablauf oder vorzeitige Kündigung aus wichtigem Grund gemäß § 626 BGB. Der Widerruf der Bestellung nach § 37 Abs. 3 MitbestG stellt aber keinen wichtigen Grund für die Kündigung des Dienstvertrags dar.[689]

7. Besonderer Schutz der Mitglieder des Aufsichtsrats (§ 26 MitbestG)

a) Zweck und Struktur des § 26 MitbestG

351 Der Aufsichtsrat kann seine **Kontrollfunktion** nur ordnungsgemäß erfüllen, wenn die Aufsichtsratsmitglieder ihre Aufgaben ungestört wahrnehmen können.[690] Vor diesem Hintergrund regelt § 26 MitbestG ein allgemeines Behinderungs- und Benachteiligungsverbot bezogen auf die Arbeitnehmervertreter im Aufsichtsrat.[691] Für die Arbeitnehmervertreter ergänzt diese Vorschrift die gesellschaftsrechtlichen Schutzvorschriften. Auf die Anteilseignervertreter findet § 26 MitbestG hingegen keine Anwendung.[692]

352 § 26 S. 1 MitbestG verbietet eine Störung oder Behinderung aller Aufsichtsratsmitglieder der Arbeitnehmer in der Ausübung ihrer Tätigkeit, während § 26 S. 2 MitbestG ausschließlich die besondere Schutzwürdigkeit derjenigen Arbeitnehmervertreter in den Blick nimmt, die gleichzeitig Arbeitnehmer des betroffenen Unternehmens sind.[693] Obwohl das körperschaftliche Verhältnis zwischen den **unternehmensangehörigen Arbeitnehmervertretern** als Mitglieder des Organs Aufsichtsrat eigenständig neben ihre Arbeitsverhältnisse mit der jeweiligen Gesellschaft tritt,[694] werden die unternehmensangehörigen Arbeitnehmervertreter in ihrer Überwachungsfunktion als besonders gefährdet angesehen. Als Arbeitnehmer sind sie täglich den Anweisungen der Unternehmensleitung unterworfen.[695] Auch im Hinblick auf ihre persönliche (wirtschaftliche) Abhängigkeit im Arbeitsverhältnis erscheint die Gefahr einer Beeinflussung ihrer Aufsichtsratstätigkeit durch die Unternehmensleitung größer als bei Unternehmensexternen. § 26 S. 2 und 3 MitbestG sehen daher für diese Arbeitnehmervertreter ergänzend zu dem Behinderungsverbot ein Benachteiligungsverbot vor, das sich auch auf die berufliche Entwicklung der Arbeitnehmer im Unternehmen bezieht.

---

[685] So zB Raiser/Veil/Jacobs/*Raiser* MitbestG § 37 Rn. 12; *Hoffmann/Lehmann/Weinmann* MitbestG § 37 Rn. 38.
[686] So zutreffend Habersack/Henssler/*Habersack* MitbestG § 37 Rn. 29; Henssler/Willemsen/Kalb/*Seibt* MitbestG § 37 Rn. 4; WKS/*Schubert* MitbestG § 37 Rn. 29.
[687] Habersack/Henssler/*Habersack* MitbestG § 37 Rn. 30; WKS/*Schubert* MitbestG § 37 Rn. 30.
[688] WKS/*Schubert* MitbestG § 37 Rn. 32; MüKoAktG/*Annuß* MitbestG § 37 Rn. 11.
[689] Habersack/Henssler/*Habersack* MitbestG § 37 Rn. 35; WKS/*Schubert* MitbestG § 37 Rn. 35; MüKoAktG/*Annuß* MitbestG § 37 Rn. 12.
[690] MüKoAktG/*Annuß* MitbestG § 26 Rn. 1; WKS/*Wißmann* MitbestG § 26 Rn. 1.
[691] MüKoAktG/*Annuß* MitbestG § 26 Rn. 1; WKS/*Wißmann* MitbestG § 26 Rn. 1.
[692] WKS/*Wißmann* MitbestG § 26 Rn. 1.; GroßkommAktG/*Oetker* MitbestG § 26 Rn. 1; Raiser/Veil/Jacobs/*Raiser/Jacobs* MitbestG § 26 Rn. 3.
[693] WKS/*Wißmann* MitbestG § 26 Rn. 1.
[694] BAG NZA 2009, 855.
[695] WKS/*Wißmann* MitbestG § 26 Rn. 1.

353 Auch wenn sich § 26 S. 2 und 3 MitbestG erkennbar in erster Linie an den Arbeitgeber richtet, gilt nicht nur das Behinderungsverbot, sondern auch das Benachteiligungsverbot gegenüber **jedermann**.[696]

b) Behinderungsverbot

354 **aa) Anwendungsbereich.** Störung oder Behinderung iSv § 26 S. 1 MitbestG ist jedes Handeln oder Unterlassen, das die rechtmäßige Amtstätigkeit der Aufsichtsratsmitglieder der Arbeitnehmer in objektiv feststellbarer Weise beeinträchtigt.[697] Entscheidend ist allein die **objektive Beeinträchtigung**, ein absichtliches oder zielgerichtetes Handeln ist nicht erforderlich.[698]

355 Das Behinderungsverbot erfasst die gesamte **Dauer der Amtszeit**, aber nicht bereits die Kandidatur.[699] Auch Ersatzmitglieder können bereits vor ihrem Eintreten in den Aufsichtsrat in ihrer Position behindert werden (beispielsweise im Hinblick auf das Nachrücken) und genießen insoweit den Schutz des Behinderungsverbots.[700]

356 Als **Behinderungshandlung** iSv § 26 MitbestG sind beispielsweise anzusehen:[701] Verweigerung des Zugangs zu notwendigen Sachmitteln; Ausspionieren der aufsichtsratsinternen Kommunikation; Verweigerung des Zugangs unternehmensexterner Aufsichtsratsmitglieder zu Sitzungen; Hinderung der Arbeitnehmervertreter, an den Sitzungen des Aufsichtsrats und den vorbereitenden Gesprächen teilzunehmen; Ausübung von Druck zwecks Beeinflussung; Drohung mit Sanktionen gegenüber dem Aufsichtsratsmitglied (nicht nur durch den Arbeitgeber, sondern zum Beispiel auch durch die Gewerkschaft, die das Aufsichtsratsmitglied vorgeschlagen hat)[702] und offensichtlich unbegründete Anträge auf gerichtliche Abberufung nach § 103 Abs. 3 AktG.[703]

357 In der Literatur wird unterschiedlich beurteilt, ob auch eine **Verletzung der aktienrechtlichen Normen** bzw. der gesellschaftsrechtlichen Rechte des Aufsichtsrats oder seiner Mitglieder als Behinderung iS der Vorschrift anzusehen ist.[704] Nach richtiger Auffassung ist die Frage zu verneinen: Eine solche Auslegung von § 26 S. 1 MitbestG könnte den Arbeitnehmervertretern ohne nachvollziehbare Begründung Rechte einräumen, die über die der Anteilseignervertreter hinausgehen.[705]

358 Ihre konkreteste Form nehmen die sich aus dem Behinderungsverbot ergebenden Rechtsfolgen an, soweit die Verpflichtung des Unternehmens betroffen ist, es den unternehmensangehörigen Arbeitnehmervertretern zu ermöglichen, ihre Aufsichtsratsarbeit **effektiv** wahrzunehmen. Im Wesentlichen geht es hierbei darum, inwieweit § 26 MitbestG Ansprüche auf **Arbeitsbefreiung**, auf **Fortzahlung des Arbeitsentgelts** und auf **Freistellung** für oder **Finanzierung** von Schulungen begründet.

359 **bb) Arbeitsbefreiung für AR-Tätigkeit.** Das Aufsichtsratsmandat und die aus ihm folgenden Verpflichtungen treten eigenständig neben die Verpflichtungen der Arbeitnehmervertreter aus ihrem Arbeitsverhältnis.[706] Soweit die Aufsichtsratsaufgaben nicht ausschließlich außerhalb der Arbeitszeit erledigt werden können, kommt es zwangsweise zu einer **Kollision** zwischen den arbeitsvertraglichen und den organschaftlichen Pflichten.[707] Dazu, wie dieser Konflikt aufzulösen ist, äußert sich das MitbestG nicht. Es fehlt insbesondere an einer dem § 37 Abs. 2 BetrVG entsprechenden Vorschrift, wonach ein Betriebsratsmitglied ohne Minderung des Arbeitsentgelts für die Zeit, in der es erforderliche Betriebsratsarbeit leistet, von der Arbeitsleistung freigestellt ist. Vor dem Hintergrund der grundsätzlichen Trennung von Arbeitsverhältnis und Mandatsverhältnis ergibt sich aus dem Fehlen einer entsprechenden Regelung, dass das

---

[696] Habersack/Henssler/*Henssler* MitbestG § 26 Rn. 1; GroßkommAktG/*Oetker* MitbestG § 26 Rn. 2; WKS/*Wißmann* MitbestG § 26 Rn. 5, 15.
[697] MüKoAktG/*Annuß* MitbestG § 26 Rn. 3; GroßkommAktG/*Oetker* MitbestG § 26 Rn. 4; Habersack/Henssler/*Henssler* MitbestG § 26 Rn. 4; WKS/*Wißmann* MitbestG § 26 Rn. 5 ff.
[698] MüKoAktG/*Annuß* MitbestG § 26 Rn. 3; Habersack/Henssler/*Henssler* MitbestG § 26 Rn. 4; WKS/*Wißmann* MitbestG § 26 Rn. 5 ff.
[699] WKS/*Wißmann* MitbestG § 26 Rn. 5 ff.
[700] WKS/*Wißmann* MitbestG § 26 Rn. 5 ff.
[701] Vgl. zB die Liste MüKoAktG/*Gach*, 4. Aufl. 2014, MitbestG § 26 Rn. 5.
[702] Raiser/Veil/Jacobs/*Raiser*/*Jacobs* MitbestG § 26 Rn. 5.
[703] WKS/*Wißmann* MitbestG § 26 Rn. 6.
[704] Dafür im Hinblick auf die Verweigerung der Kenntnisnahme von Berichten nach § 90 AktG oder der Vorlage von Prüfberichten nach § 170 AktG zB WKS/*Wißmann* MitbestG § 26 Rn. 6; dagegen MüKoAktG/*Gach*, 4. Aufl. 2014, MitbestG § 26 Rn. 4 mit dem Argument, das störende oder behindernde Verhalten dürfte nicht den sich aus dem AktG ableitenden Pflichtenkreis betreffen, da ansonsten eine nicht gewollte Privilegierung der Arbeitnehmervertreter im Aufsichtsrat gegenüber den von den Anteilseignern bestellten Aufsichtsratsmitglieder eintreten würde; unklar insoweit Raiser/Veil/Jacobs/*Raiser*/*Jacobs*, Vor. zu § 26 mit dem Verweis auf eine Gesetzeskonkurrenz zwischen den spezielleren aktienrechtlichen Vorschriften und § 26 S. 1 MitbestG.
[705] Vgl. MüKoAktG/*Gach*, 4. Aufl. 2014, MitbestG § 26 Rn. 4.
[706] Habersack/Henssler/*Henssler* MitbestG § 26 Rn. 4; WKS/*Wißmann* MitbestG § 26 Rn. 7.
[707] Habersack/Henssler/*Henssler* MitbestG § 26 Rn. 4; WKS/*Wißmann* MitbestG § 26 Rn. 7.

Aufsichtsratsmitglied anders als das Betriebsratsmitglied seine Aufsichtsratstätigkeit im Rahmen des Möglichen und Zumutbaren grundsätzlich außerhalb der Arbeitszeit zu erledigen hat.[708]

Nach herrschender Meinung folgt aus § 26 S. 1 MitbestG aber, dass im unvermeidbaren Konfliktfall die Verpflichtungen aus dem Aufsichtsratsmandat den arbeitsvertraglichen Verpflichtungen vorgehen.[709] Soweit die Tätigkeit als Aufsichtsratsmitglied eine Arbeitsbefreiung erfordert, hat das Aufsichtsratsmitglied gegenüber seinem Arbeitgeber einen Anspruch auf **Freistellung** von der Arbeitspflicht.[710] Für die Aufsichtsratstätigkeit muss sich das Aufsichtsratsmitglied in diesen Fällen beim Arbeitgeber abmelden.[711] In der Praxis sind die Arbeitnehmervertreter im Aufsichtsrat freilich häufig Betriebsratsmitglieder, die bereits nach § 38 BetrVG vollständig freigestellt sind.

Für die Frage, wann von der **Erforderlichkeit** einer Freistellung wegen unvermeidbarer Kollision der Pflichten aus dem Arbeitsvertrag mit den Amtsaufgaben auszugehen ist, können die zu § 37 Abs. 2 BetrVG aufgestellten Grundsätze Orientierung geben: Im Rahmen des § 37 Abs. 2 BetrVG ist eine Befreiung von der Arbeitsleistung erforderlich, soweit sie der betroffene Arbeitnehmer nach pflichtgemäßem Ermessen und Berücksichtigung der konkreten Verhältnisse für erforderlich halten durfte, um seinen Aufgaben gerecht zu werden.[712]

cc) Anspruch auf Arbeitsentgelt? Da der Anspruch auf Freistellung von der Arbeitspflicht nicht auf einer dem § 37 Abs. 2 BetrVG entsprechenden Norm beruht, sind die Auswirkungen der Freistellung auf den **arbeitsvertraglichen Vergütungsanspruch** zweifelhaft. Ein Vergütungsanspruch, dem keine Arbeitsleistung gegenübersteht, erfordert eine gesonderte Begründung. Diese gilt auch für solche Arbeitnehmervertreter, die als Betriebsratsmitglied gem. § 38 BetrVG freigestellt sind, da auch insoweit für Zeiten, die nachweislich nicht für Betriebsratsarbeit aufgewendet worden sind, grundsätzlich eine Entgeltkürzung in Betracht kommt und ggf. wegen der Gefahr unzulässiger Betriebsratsbegünstigung gem. § 78 BetrVG sogar zwingend vorzunehmen ist.[713]

Mangels höchstrichterlicher Rechtsprechung zu der Vergütungsfrage bei mandatsbedingter Befreiung von der Arbeitspflicht ist **umstritten**, ob (i) für die Zeit der Freistellung ein Anspruch auf (Fort-) Zahlung des Arbeitsentgelts besteht, (ii) ob bei Fehlen eines solchen Anspruchs eine freiwillige Fortzahlung zulässig ist und (iii) inwieweit die den Aufsichtsratsmitgliedern gezahlte Vergütung zu berücksichtigen ist.

Stellt man maßgeblich darauf ab, dass die Arbeitnehmervertreter während der Aufsichtsratstätigkeit ebenfalls im Unternehmensinteresse tätig werden, spricht dies dafür, dass der Anspruch auf Arbeitsentgelt trotz Arbeitsausfall wegen der Aufsichtsratstätigkeit **bestehen** bleibt.[714] Die schuldrechtlichen Begründungsversuche – etwa über die Grundsätze zur Verteilung des Betriebsrisikos[715] – überzeugen nur bedingt.[716] Letztlich kann der entsprechende Anspruch – wollte man einen solchen denn annehmen – nur unmittelbar auf das Benachteiligungsverbot des § 26 S. 2 MitbestG gestützt werden.[717]

Lehnt man es hingegen ab, einen solchen Anspruch unmittelbar aus § 26 MitbestG abzuleiten, fehlt eine rechtliche Grundlage für die Aufrechterhaltung des Vergütungsanspruchs.[718] Unerheblich ist nach dieser Auffassung, ob die Aufsichtsratsvergütung einen angemessenen Ausgleich für den Verlust des Arbeitsentgelts schafft. Beide Verhältnisse seien auch im Hinblick auf die Vergütungsfrage strikt zu trennen.[719] Dazu, ob ein Unternehmen auch ohne rechtliche Verpflichtung für wegen erforderlicher Aufsichtsratstätigkeit ausgefallene Arbeitszeit das Arbeitsentgelt **freiwillig** entrichten kann, ist die einen Entgeltanspruch ablehnende Literatur zwiegespalten. Während teilweise vertreten wird, eine freiwillige Fortzahlung sei ohne Weiteres möglich,[720] lehnen andere Stimmen dies ab und sehen in entsprechenden Zahlungen nicht nur einen unnötigen Vermögensnachteil für das Unternehmen, sondern auch eine rechtswidrige Begünstigung der unternehmensangehörigen Aufsichtsratsmitglieder gegenüber den unternehmensexternen.[721]

---

[708] WKS/*Wißmann* MitbestG § 26 Rn. 9; Raiser/Veil/Jacobs/*Raiser/Jacobs* MitbestG § 26 Rn. 6.
[709] Habersack/Henssler/*Henssler* MitbestG § 26 Rn. 4; WKS/*Wißmann* MitbestG § 29 Rn. 7; Raiser/Veil/Jacobs/*Raiser/Jacobs* MitbestG § 26 Rn. 6.
[710] WKS/*Wißmann* MitbestG § 29 Rn. 8.
[711] WKS/*Wißmann* MitbestG § 29 Rn. 9; Habersack/Henssler/*Henssler* MitbestG § 26 Rn. 5.
[712] WKS/*Wißmann* MitbestG § 29 Rn. 9 mwN.
[713] Vgl. MHdB ArbR/*Uffmann* § 376 Rn. 33.
[714] Für einen ungekürzten Anspruch auf Entgeltfortzahlung WKS/*Wißmann* MitbestG § 26 Rn. 11 mwN.
[715] Vgl. ErfK/*Oetker* MitbestG § 26 Rn. 4.
[716] Vgl. hierzu Habersack/Henssler/*Henssler* MitbestG § 26 Rn. 9.
[717] Vgl. Habersack/Henssler/*Henssler* MitbestG § 26 Rn. 8 f.; ErfK/*Oetker* MitbestG § 26 Rn. 4.
[718] So beispielsweise MüKoAktG/*Annuß* MitbestG § 26 Rn. 5; Raiser/Veil/Jacobs/*Raiser/Jacobs* MitbestG § 26 Rn. 6 mwN.
[719] MüKoAktG/*Annuß* MitbestG § 26 Rn. 5.
[720] Raiser/Veil/Jacobs/*Raiser/Jacobs* MitbestG § 26 Rn. 6.
[721] MüKoAktG/*Annuß* MitbestG § 26 Rn. 5.

366 Soweit die Aufsichtsratsmitglieder für ihre Tätigkeit eine Vergütung erhalten, stellt sich die Folgefrage, ob die Aufsichtsratsvergütung auf die (freiwillige oder obligatorische) Entgeltfortzahlung anzurechnen ist. Teilweise wird vertreten, eine **Verrechnung** müsse nicht erfolgen. Eine solche Handhabung werde den Zielen des § 26 MitbestG am besten gerecht. Eine Kürzung des Entgeltsanspruchs würde in der praktischen Handhabung vorrangig die unternehmensangehörigen Aufsichtsratsmitglieder treffen und diese daher benachteiligen. Hinzu komme, dass sich für Aufsichtsratsmitglieder der Arbeitnehmer, die zugleich nach § 38 BetrVG vollständig von der Pflicht zur Erbringung der Arbeitsleistung freigestellt sind, ein unangemessener Aufwand durch die für einen Entgeltabzug erforderliche getrennte Erfassung der für einerseits die Aufsichtsratstätigkeit und andererseits die Betriebsratstätigkeit aufgewandten Zeiten ergeben würde.[722]

367 Dem wird entgegen gehalten, dass der Entgeltanspruch nur insoweit bestehen bleiben könne, wie die **Aufsichtsratsvergütung** keinen Ausgleich schaffe.[723] Soweit ein Ausgleich erfolge, drohe keine Benachteiligung wegen der Aufsichtsratstätigkeit. Zudem bestehe kein sachlicher Grund dafür, dass ein Unternehmen für ein und dieselbe Arbeitszeit aus zwei Rechtsverhältnissen eine Vergütung zahlen müsse. Eine **Doppelvergütung** widerspreche vielmehr allen zivilrechtlichen Grundsätzen.[724]

368 Unabhängig von diesem Streit wird in der **Praxis** ganz überwiegend das Arbeitsentgelt für die Zeit des unvermeidbaren Arbeitsausfalls weitergezahlt. Auch eine Verrechnung oder Kürzung auf Grundlage der Aufsichtsratsvergütung wird üblicherweise nicht vorgenommen. Hierbei können zum einen praktische Probleme bei der Ermittlung des angemessenen Kürzungsbetrages eine Rolle spielen. Zum anderen wird berücksichtigt, dass ein Großteil der Arbeitnehmervertreter im Aufsichtsrat rechtswirksamen Verpflichtungen[725] zur Abführung der wesentlichen Aufsichtsratsvergütung an Gewerkschaftsorganisationen unterliegt und eine persönliche finanzielle Besserstellung durch die Aufsichtsratsvergütung daher im Ergebnis nicht eintritt.[726] Diese Handhabung erweist sich bisher in der Praxis weitgehend als konfliktfrei.

369 **dd) Schulungsmaßnahmen.** Die Problematik einer etwaigen Arbeitsbefreiung und damit verbunden des Schicksals des arbeitsvertraglichen Entgeltanspruchs stellt sich auch im Hinblick auf **Schulungen und Fortbildungsveranstaltungen,** die die Arbeitnehmervertreter für ihre Aufsichtsratstätigkeit qualifizieren bzw. fortbilden. Hierzu finden sich weder im MitbestG noch im Aktiengesetz ausdrückliche Regelungen. Lediglich im am 16.12.2019 von der Regierungskommission beschlossenen neuen **Deutschen Corporate Governance Kodex** wird der Grundsatz 18 aufgestellt, dass die Mitglieder des Aufsichtsrats die für ihre Aufgaben erforderlichen Aus- und Fortbildungsmaßnahmen eigenverantwortlich wahrnehmen. Nach Empfehlung D.12 DCGK soll die Gesellschaft die Mitglieder des Aufsichtsrats bei ihrer Amtseinführung sowie den Aus- und Fortbildungsmaßnahmen angemessen unterstützen und über durchgeführte Maßnahmen im Bericht des Aufsichtsrats berichten.

370 Seit der „Hertie"-Entscheidung des BGH[727] steht jedenfalls fest, dass Aufsichtsratsmitglieder zum Zeitpunkt ihres Amtseintritts grundsätzlich über diejenigen Fähigkeiten und Kenntnisse verfügen müssen, die sie benötigen, um die ihnen zur Erfüllung übertragenen Aufgaben eigenständig und ohne fremde Hilfe bewältigen zu können. Die Frage, unter welchen Voraussetzungen die Aufsichtsratsmitglieder für erforderliche und angemessene Fortbildungsmaßnahmen dennoch **Aufwendungsersatz** von der Gesellschaft gem. §§ 670, 675 BGB verlangen können, stellt sich bei Anteilseigner- und Arbeitnehmervertretern gleichermaßen.[728] Insoweit gelten für die Arbeitnehmervertreter keine Besonderheiten und es kann auf die allgemeine Ausführungen verwiesen werden (→ § 6 Rn. 123 ff.).

371 Über den Aufwendungsersatz hinaus stellt sich bei unternehmensangehörigen Arbeitnehmervertretern die Frage der **Freistellung** für entsprechende Fortbildungen und der Entgeltfortzahlung während dieser Zeit. Einen Schulungsanspruch der Arbeitnehmervertreter im Aufsichtsrat sieht das MitbestG anders als das Betriebsverfassungsrecht in § 37 Abs. 6, 7 BetrVG nicht vor, obwohl dem Gesetzgeber der Qualifikationsbedarf der Aufsichtsratsmitglieder und die diskutierten Regelungen im BetrVG bei Erlass des MitbestG bekannt waren.[729] Vor diesem Hintergrund kann nicht von einer ungeplanten Regelungslücke ausgegangen werden. Die wohl überwiegende Meinung lehnt daher einen Anspruch der Arbeitnehmervertreter im Aufsichtsrat auf entgeltliche Arbeitsfreistellung zum Besuch von Schulungs- und Informati-

---

[722] WKS/*Wißmann* MitbestG § 26 Rn. 12f.
[723] Habersack/Henssler/*Henssler* MitbestG § 26 Rn. 8.
[724] Habersack/Henssler/*Henssler* MitbestG § 26 Rn. 8.
[725] Vgl. hierzu OLG Frankfurt a. M BeckRS 2018, 37974.
[726] Rechtlich ist diese Abführungspflicht im Verhältnis zwischen Arbeitgeber und Arbeitnehmer allerdings unbeachtlich, vgl. Habersack/Henssler/*Henssler* MitbestG § 26 Rn. 9a; MHdB ArbR/*Uffmann* § 376 Rn. 33.
[727] BGH NJW 1983, 991.
[728] Vgl. zu der Problematik *Leyendecker-Langne/Huthmacher* NZG 2012, 1415.
[729] WKS/*Wißmann* MitbestG § 26 Rn. 13; GroßkommAktG/*Oetker* MitbestG § 26 Rn. 11.

onsveranstaltungen ab.[730] Anders als bei der regulären Aufsichtsratstätigkeit dürfte bei Schulungen und Fortbildungsveranstaltungen regelmäßig eine Ausweichmöglichkeit auf Wochenenden und Abende bestehen. Ein unvermeidbarer Konflikt liegt daher selten vor, der aber für einen Freistellungsanspruch Voraussetzung ist. Bei der Frage der **Kostentragung** ist weiter zu beachten, dass Arbeitnehmervertreter bereits weitgehend ihre Aufsichtsratsvergütung an eben die gewerkschaftlichen Organisationen abführen, die thematisch passende Schulungs- und Bildungsveranstaltungen anbieten. Daher wird darauf hingewiesen, dass eine doppelte Finanzierung durch die Unternehmen als koalitionspolitischer Gegenspieler unangemessen erscheine.[731]

Unabhängig von einem Anspruch auf vom Unternehmen finanzierte Schulungs- und Fortbildungsmaßnahmen kann die **freiwillige Förderung und Unterstützung** entsprechender Besuche im Interesse des Unternehmens liegen. 372

c) Benachteiligungsverbot

aa) Anwendungsbereich. Das Benachteiligungsverbot in § 26 S. 2, 3 MitbestG bewirkt den Schutz des unternehmensangehörigen Arbeitnehmervertreters vor beruflicher oder persönlicher Benachteiligung im Arbeitsverhältnis. Dabei ist unter Benachteiligung jede objektive Schlechterstellung gegenüber vergleichbaren Mitarbeitern zu verstehen, die auf der Zugehörigkeit zum Aufsichtsrat beruht und nicht aus sachlichen Gründen gerechtfertigt ist.[732] Das Benachteiligungsverbot wird vor diesem Hintergrund mitunter auch als „**Diskriminierungsverbot**" bezeichnet.[733] 373

Auch Ersatzmitglieder sind vor Benachteiligungen wegen ihrer Position als Ersatzmitglied geschützt.[734] Das Benachteiligungsverbot kann zudem eine gewisse **Vor- und Nachwirkung** erzeugen, wenn eine Maßnahme einen Mitarbeiter wegen einer bevorstehenden oder beendeten Aufsichtsratstätigkeit ohne sachlichen Grund nachteilig behandelt.[735] 374

Eine unzulässige Benachteiligung kann beispielsweise in folgenden Maßnahmen zu sehen sein:[736] **Versetzung** auf einen weniger angenehmen oder geringer bezahlten Arbeitsplatz; **Ausschluss** von besonderen Zuwendungen oder Vergünstigungen; Ausschluss von Maßnahmen der Berufsbildung oder vom Bewährungsaufstieg; Beschäftigung mit geringerwertiger Arbeit. 375

Konkrete Auswirkungen des Benachteiligungsverbots zeigen sich insbesondere bei den konfliktträchtigen Themen **Kündigungsschutz** und **berufliche Entwicklung**. 376

bb) Kündigungsschutz. Anders als Betriebsratsmitglieder sind die Arbeitnehmervertreter im Aufsichtsrat nicht absolut vor ordentlichen Kündigungen geschützt; § 15 KSchG ist für sie nicht entsprechend anwendbar.[737] Während das BAG in seinem Urteil vom 4.4.1974 zur damaligen Regelung für Arbeitnehmervertreter im drittelbeteiligten Aufsichtsrat noch offen gelassen hat, ob sich aus dem Benachteiligungsverbot ein **relativer Kündigungsschutz** ergibt, ist dies in der Literatur inzwischen herrschende Meinung. Auch das LAG Hamm hat sich in seinem Urteil vom 7.9.2007 entsprechend positioniert.[738] Aus dem relativen Kündigungsschutz folgt, dass die Kündigung des Arbeitsverhältnisses eines Arbeitnehmervertreters im Aufsichtsrat nichtig ist, wenn sie ausgesprochen wird, um das Aufsichtsratsmitglied wegen seiner Amtstätigkeit maßzuregeln oder es von der weiteren Amtsausübung ausgeschlossen werden soll.[739] In diesem Fall liegt in dem Verstoß gegen das Benachteiligungsverbot regelmäßig auch eine Behinderung der Aufsichtsratstätigkeit.[740] 377

---

[730] *Faude* DB 1983, 2249; Raiser/Veil/Jacobs/*Raiser/Jacobs* MitbestG § 26 Rn. 7; WKS/*Wißmann* MitbestG § 26 Rn. 13; allerdings mit der Einschränkung, dass für besondere fachliche Anforderungen, die sich aus der Erstreckung der Unternehmenstätigkeit auf neue Geschäftsfälle o.ä ergeben, der Besuch einer Fortbildungsveranstaltung erforderlich werden kann und unternehmensangehörige Aufsichtsratsmitglieder der Arbeitnehmer für diese Zeit bei weiterer Zahlung des Arbeitsentgelts freizustellen sind; Habersack/Henssler/*Henssler* MitbestG § 26 Rn. 7 ebenfalls mit der Einschränkung, dass für Schulungen, die besondere fachliche Qualifikationen vermitteln, ein Anspruch auf Arbeitsbefreiung bestehen kann, soweit sie nicht außerhalb der Arbeitszeit stattfinden.
[731] So *Faude* DB 1983, 2249.
[732] WKS/*Wißmann* MitbestG § 26 Rn. 16; Habersack/Henssler/*Henssler* MitbestG § 26 Rn. 11 mwN.
[733] Raiser/Veil/Jacobs/*Raiser/Jacobs* MibestG § 26 Rn. 11.
[734] MüKoAktG/*Annuß* MitbestG § 26 Rn. 8.
[735] GroßkommAktG/*Oetker* MitbestG § 26 Rn. 13; Raiser/Veil/Jacobs/*Raiser/Jacobs* § 26 Rn. 11; WKS/*Wißmann* MitbestG § 6 Rn. 15.
[736] Vgl. die Beispiele bei WKS/*Wißmann* MitbestG § 26 Rn. 16 sowie Raiser/Veil/Jacobs/*Raiser/Jacobs* MitbestG § 26 Rn. 12.
[737] BAG NJW 1974, 1399; LAG Hamm BeckRS 2007, 49037; WKS/*Wißmann* MitbestG § 26 Rn. 18; Habersack/Henssler/*Henssler* MitbestG § 26 Rn. 12.
[738] BAG NJW 1974, 1399; LAG HammBeckRS 2007, 49037; WKS/*Wißmann* MitbestG § 26 Rn. 19; Habersack/Henssler/*Henssler* MitbestG § 26 Rn. 12.
[739] LAG Hamm BeckRS 2007, 49037; WKS/*Wißmann* MitbestG § 26 Rn. 19; Habersack/Henssler/*Henssler* MitbestG § 26 Rn. 12.

378 Im Hinblick auf die Pflichtverletzung, die eine ordentliche oder außerordentliche verhaltensbedingte Kündigung rechtfertigen kann, ist das **Trennungsprinzip** von Bedeutung, nach dem die Aufsichtsratstätigkeit des unternehmensangehörigen Arbeitnehmers eigenständig neben das Arbeitsverhältnis tritt.[741]

379 Ein Verhalten des Arbeitnehmervertreters, das sich ausschließlich als Verstoß gegen seine **Amtspflichten** darstellt, kann keine Kündigung des Arbeitsverhältnisses oder als Vorstufe eine Abmahnung rechtfertigen. Es stehen allein gesellschaftsrechtliche Sanktionen, insbesondere die Abberufung aus § 103 Abs. 3 AktG, § 23 MitbestG zur Verfügung.[742] Die Mandatspflichten des Aufsichtsratsmitglieds werden nicht zugleich Inhalt des Arbeitsverhältnisses.[743]

380 Liegt eine Verletzung der Pflichten aus dem **Arbeitsverhältnis** vor, die nicht mit der Aufsichtsratstätigkeit im Zusammenhang steht, so gelten die allgemeinen arbeitsrechtlichen Grundsätze. Ob bei der Interessenabwägung nach § 1 KSchG oder § 626 BGB das mit der Beendigung des Arbeitsverhältnisses verbundene Ausscheiden aus dem Aufsichtsratsamt zu Gunsten des Arbeitnehmers zu berücksichtigen ist, wird unterschiedlich beurteilt, ist nach zutreffender Ansicht aber zu verneinen.[744] Insbesondere ist die Auffassung abzulehnen, dass im Ergebnis regelmäßig nur eine außerordentliche, jedoch keine ordentliche Kündigung in Betracht komme.[745] Über diesen Umweg würde doch noch ein Ausschluss der ordentlichen Kündigung begründet.[746] Jedenfalls in der Praxis wird die Aufsichtsratstätigkeit eines Arbeitnehmers auf die Kündigungsentscheidung aber erheblichen Einfluss haben.

381 Am komplexesten stellt sich die Situation dar, wenn in einer Amtspflichtverletzung **zugleich** auch eine Verletzung von Pflichten aus dem Arbeitsverhältnis zu sehen ist. Denkbar ist dies beispielsweise bei einem Verstoß gegen (gesellschaftsrechtliche und arbeitsrechtliche) Verschwiegenheitspflichten, unternehmensschädigenden (unzutreffenden) Äußerungen oder einem Aufruf zu einem rechtswidrigen Streik.[747] Das BAG hat im Hinblick auf Betriebsratsmitglieder und andere Mitarbeiter, die als Interessenvertreter der Arbeitnehmer fungieren, angenommen,[748] dass an die Rechtfertigung der Kündigung durch eine solche Pflichtverletzung ein besonders strenger Maßstab anzulegen sei.[749] Berücksichtigt werden müsse, dass das Aufsichtsratsamt für den Arbeitnehmer mit einem besonderen Konfliktpotenzial verbunden sei und sich dieses als eine problematische Zusatzbelastung des Funktionsträgers im Verhältnis zur kündigungsrechtlichen Situation der übrigen Arbeitnehmer darstellen könne.[750] Wie dieser strengere Prüfungsmaßstab zu konkretisieren sein soll, ist aber nicht geklärt. Teilweise wird die Kündigungsmöglichkeit auf einen bewussten oder grob fahrlässigen Verstoß beschränkt.[751] Jedenfalls müsse die Auswirkung der Pflichtverletzung auf den Vollzug des Arbeitsverhältnisses so schwer wiegen, dass jede weitere Beschäftigung des Arbeitnehmers dem Arbeitgeber objektiv unzumutbar sei.[752] Wegen des **Prognoseprinzips** einer Kündigung komme nach der Rechtsprechung des BAG eine Kündigung mangels Wiederholungsgefahr regelmäßig nicht in Betracht, wenn der Betreffende zwischenzeitlich nach § 103 Abs. 3 AktG aus dem Aufsichtsrat abberufen wurde, sodass mit einem vergleichbaren Pflichtenverstoß nicht mehr zu rechnen sei.[753] Überzeugen können all diese Versuche, das Kündigungsrecht einzuschränken, im Ergebnis aber nicht. Verletzt ein Aufsichtsratsmitglied auch seine arbeitsvertraglichen Pflichten in kündigungsrelevanter Weise, muss es dabei sein Bewenden haben und eine Kündigung des Arbeitsverhältnisses nach allgemeinen Regeln möglich sein.

382 **cc) Berufliche Entwicklung.** Wie in § 26 S. 3 MitbestG ausdrücklich klargestellt, bezieht sich das Benachteiligungsverbot auch auf die berufliche Entwicklung der Arbeitnehmervertreter. Demnach darf der Arbeitnehmervertreter nicht wegen seiner Aufsichtsratstätigkeit von **Aufstiegsmöglichkeiten** ausge-

---

[740] WKS/*Wißmann* MitbestG § 26 Rn. 19.
[741] MüKoAktG/*Annuß* MitbestG § 26 Rn. 11.
[742] WKS/*Wißmann* MitbestG § 26 Rn. 22; Habersack/Henssler/*Henssler* MitbestG § 26 Rn. 15, 19; Raiser/Veil/Jacobs/ Raiser/Jacobs MitbestG § 26 Rn. 9.
[743] BAG NZA 2009, 855; WKS/*Wißmann* MitbestG § 26 Rn. 22; MüKoAktG/*Annuß* MitbestG § 26 Rn. 11 mwN.
[744] Für eine Berücksichtigung im Einzelfall Habersack/Henssler/*Henssler* MitbestG § 26 Rn. 14, wobei im Hinblick auf die sichergestellte Funktionsfähigkeit des Aufsichtsrats aber keine Bedenken bestehen sollen, wenn eine Ersatzperson bereitsteht; WKS/*Wißmann* MitbestG § 26 Rn. 20, nach dem das Vorhandensein eines Ersatzmitglieds keine Rolle spielen soll; ablehnend unter Verweis darauf, dass kein jenseits des Arbeitsverhältnisses liegendes Interesse am Erhalt des Aufsichtsratsamts anzuerkennen sei, MüKoAktG/*Annuß* MitbestG § 26 Rn. 10.
[745] WKS/*Wißmann* MitbestG § 26 Rn. 26.
[746] Wie hier Habersack/Henssler/*Henssler* MitbestG § 26 Rn. 14; MüKoAktG/*Annuß* MitbestG § 26 Rn. 10.
[747] WKS/*Wißmann* mwN auch unter Bezugnahme auf Äußerungen des BAG.
[748] Ständige Rechtsprechung, zB BAG NZA 2013, 143 für die Vertrauensperson der schwerbehinderten Menschen.
[749] WKS/*Wißmann* MitbestG § 26 Rn. 24; Habersack/Henssler/*Henssler* MitbestG § 26 Rn. 16.
[750] Habersack/Henssler/*Henssler* MitbestG § 26 Rn. 16 auch mit weiteren Nachweisen zu entsprechender Rechtsprechung des BAG im Rahmen der Betriebsverfassung.
[751] ZB Habersack/Henssler/*Henssler* MitbestG § 26 Rn. 16.
[752] WKS/*Wißmann* MitbestG § 26 Rn. 25.
[753] BAG NZA 2009, 855.

schlossen werden, die Arbeitnehmern offenstehen, die mit ihm vergleichbar sind. Dies umfasst insbesondere den Zugang zu Weiterbildungsmaßnahmen, Höhergruppierungen und Beförderungschancen.[754] Hierbei darf grundsätzlich nicht zu Lasten des Arbeitnehmers berücksichtigt werden, dass dieser durch seine Betätigung im Aufsichtsrat ggf. in geringerem zeitlichen Umfang zur Arbeitsleistung zur Verfügung steht als vergleichbare Arbeitnehmer.[755]

d) Begünstigungsverbot?

Der Wortlaut des § 26 S. 2 MitbestG verbietet lediglich Benachteiligungen der Aufsichtsratsmitglieder der Arbeitnehmer wegen ihrer Tätigkeit im Aufsichtsrat. Dies überrascht im Hinblick auf den Paralleltatbestand in § 9 S. 2 DrittelbG. Dieser enthält neben dem Benachteiligungs- auch ein Begünstigungsverbot,[756] welches **Besserstellungen** jeder Art im beruflichen oder privaten Bereich umfasst.[757] Wie für das Benachteiligungsverbot ist das entscheidende Kriterium für das Begünstigungsverbot des § 9 S. 2 DrittelbG, dass die Begünstigung wegen der Tätigkeit als Aufsichtsratsmitglied erfolgt. Die Aufsichtsratstätigkeit muss ursächlich für die Begünstigung sein.[758] Sachlich gerechtfertigte Besserstellungen unterfallen hingegen nicht dem Begünstigungsverbot.[759]

Im Schrifttum wird teilweise vertreten, dass das fehlende Begünstigungsverbot in § 26 S. 2 MitbestG eine planwidrige Regelungslücke darstellt, die über eine **Analogie** zu § 9 S. 2 DrittelbG zu schließen ist.[760] Wie im DrittelbG stehen die Aufsichtsratsmitglieder der Arbeitnehmer als Arbeitnehmer des Unternehmens in einem Abhängigkeitsverhältnis zum Unternehmen. Dabei sei ein besonderer Schutz der Unabhängigkeit und Unparteilichkeit dieser Aufsichtsratsmitglieder erforderlich.[761] Im Gesetzgebungsverfahren wurde jedoch bewusst von der Vorgängerregelung des § 9 S. 2 DrittelbG abgewichen, weil man die Höhergruppierung oder die Übertragung höherwertiger Positionen der Aufsichtsratsmitglieder infolge der durch die Aufsichtsratstätigkeit erworbenen Fähigkeiten und Kenntnisse nicht durch ein Begünstigungsverbot verhindern wollte.[762] Mangels Planwidrigkeit der Regelungslücke ist eine Analogie folglich schwer zu begründen.

Praktisch düfte sich dieser Meinungsstreit im Ergebnis nicht auswirken, da auch ein Begünstigungsverbot nur sachlich ungerechtfertigte Begünstigungen erfasst.[763] Sachlich nicht gerechtfertigte Besserstellungen der Arbeitnehmervertreter im Aufsichtsrat scheiden aber regelmäßig bereits im Hinblick auf den arbeitsrechtlichen sowie den gesellschaftsrechtlichen **Gleichbehandlungsgrundsatz** aus.[764] Beide Grundsätze verbieten willkürliche, dh sachlich nicht gerechtfertigte Schlechterstellungen der anderen Arbeitnehmer bzw. der anderen Aufsichtsratsmitglieder.

e) Rechtsfolgen und Streitigkeiten

Ein Verstoß gegen § 26 MitbestG ist grundsätzlich **nicht strafbewehrt**. Im Einzelfall kann aber eine ohne wirksame Ermächtigung betriebene Störung der Aufsichtsratstätigkeit etwa durch unzulässige Bevorzugung einzelner Aufsichtsratsmitglieder nach § 266 StGB als Untreue zum Nachteil des Unternehmens strafbar sein.[765] Abgesehen von dieser – praktisch relevanten – Ausnahme sind die Rechtsfolgen eines Verstoßes im Wesentlichen zivilrechtlicher Natur.

§ 26 MitbestG stellt ein **Verbotsgesetz** im Sinne von § 134 BGB dar. Rechtsgeschäfte, insbesondere vertragliche Vereinbarungen, die gegen das Behinderungs- oder Benachteiligungsverbot verstoßen, sind nichtig.[766]

---

[754] WKS/*Wißmann* MitbestG § 26 Rn. 17; MüKoAktG/*Annuß* MitbestG § 26 Rn. 9; Habersack/Henssler/*Henssler* MitbestG § 26 Rn. 20.
[755] WKS/*Wißmann* MitbestG § 26 Rn. 17; MüKoAktG/*Annuß* MitbestG § 26 Rn. 9; Habersack/Henssler/*Henssler* MitbestG § 26 Rn. 20.
[756] GroßkommAktG/*Oetker* MitbestG § 26 Rn. 3.
[757] Habersack/Henssler/*Henssler* § 9 DrittelbG Rn. 2; MüKoAktG/*Annuß* DrittelbG § 9 Rn. 1.
[758] MüKoAktG/*Annuß* DrittelbG § 9 Rn. 1.
[759] Habersack/Henssler /*Henssler* MitbestG § 26 Rn. 2; Raiser/Veil/Jacobs/*Raiser* § 26 MitbestG Rn. 13; ErfK/*Oetker* § 26 MitbestG Rn. 1.
[760] GroßkommAktG/*Oetker* MitbestG § 26 Rn. 3.
[761] Habersack/Henssler/*Henssler* MitbestG § 26 Rn. 2.
[762] WKS/*Wißmann* MitbestG § 26 Rn. 2; *Aszmons* DB 2014, 895 (897).
[763] Wie hier Habersack/Henssler/*Henssler* MitbestG § 26 Rn. 2; WKS/*Wißmann* MitbestG § 26 Rn. 2.
[764] Henssler/Willemsen/Kalb/*Seibt* § 26 MitbestG Rn. 1; NK-ArbR/*Heither/von Morgen* MitbestG § 26 Rn. 1; ErfK/*Oetker* MitbestG Rn. 1; Raiser/Veil/Jacobs/*Raiser* MitbestG § 26 Rn. 13; *von Steinrau-Steinrück* NJW-Spezial 2017, 754 (755).
[765] WKS/*Wißmann* MitbestG § 26 Rn. 27.
[766] Habersack/Henssler/*Henssler* MitbestG § 26 Rn. 21; WKS/*Wißmann* MitbestG § 26 Rn. 27 f.; GroßkommAktG/*Oetker* MitbestG § 26 Rn. 2; Raiser/Veil/Jacobs/*Raiser/Jacobs* MitbestG § 26 Rn. 14; MüKoAktG/*Annuß* MitbestG § 26 Rn. 12.

388 Bei Störungen und Behinderungen besteht zudem nach herrschender Meinung analog § 1004 BGB ein **Unterlassungsanspruch**, der – wegen seines gesellschafts- und nicht arbeitsrechtlichen Ursprungs – grundsätzlich vor den ordentlichen Gerichten geltend zu machen ist.[767] Klagebefugt ist neben dem betroffenen Aufsichtsratsmitglied nach herrschender Meinung auch die Gesellschaft selbst, da § 26 MitbestG die Funktionsfähigkeit des Aufsichtsrats im Gesellschaftsinteresse schützt. In Abhängigkeit von der Person der Störers wird die Gesellschaft dabei entweder durch das geschäftsführende Organ oder – sollte die Störung gerade von diesem ausgehen – durch den Aufsichtsrat vertreten.[768]

389 Ob bei einer Verletzung von § 26 MitbestG ein deliktischer **Schadensersatzanspruch** gegen den Verletzer in Betracht kommt, ist differenziert zu beurteilen: Es besteht weitgehend Einigkeit, dass § 26 S. 2, 3 MitbestG Schutzgesetze im Sinne des § 823 Abs. 2 BGB darstellen[769] und bei ihrer Verletzung deshalb ein deliktischer Schadensersatzanspruch in Betracht kommt, der auf den Ersatz des Vermögensschadens des einzelnen Aufsichtsratsmitglieds gerichtet sein kann. Für diese Konstellation kommt es auf einen deliktischen Anspruch aber regelmäßig nicht entscheidend an, weil ein Schadensersatzanspruch eines bei der Gesellschaft beschäftigten Arbeitnehmervertreters unabhängig vom Deliktsrecht aus der Verletzung der durch § 26 S. 2, 3 MitbestG konkretisierten arbeitsvertraglichen Fürsorgepflicht folgt und insoweit vertragliche Ansprüche in Betracht kommen.[770] Da sich die Benachteiligung in diesen Fällen auf das Arbeitsverhältnis bezieht, haben nach § 2 Abs. 1 ArbGG die Arbeitsgerichte im Urteilsverfahren zu entscheiden.[771]

390 Ob Schadensersatzansprüche aus § 823 Abs. 2 BGB bei Verstoß gegen das Behinderungsverbot aus Satz 1 in Betracht kommen, ist hingegen **umstritten.** Richtigerweise ist dies abzulehnen, weil Satz 1 der Vorschrift nicht den Individualinteressen der Aufsichtsratsmitglieder dient, sondern die Funktionsfähigkeit des Aufsichtsrats schützen soll.[772] Soweit vereinzelt zur Begründung des Schutzgesetzcharakters darauf verwiesen wird, die Vorschrift solle gerade zu Gunsten der einzelnen Aufsichtsratsmitglieder sicherstellen, dass diese ihre Pflichten ordnungsgemäß erfüllen können, kann dies nicht darüber hinweg helfen, dass § 823 Abs. 2 BGB nicht nur fordert, dass die verletzte Norm einen Individualrechtsschutz bezweckt und der Anspruchsteller zum geschützten Personenkreis gehört, sondern auch, dass gerade das geltend gemachte Interesse von der Norm geschützt wird.[773] § 26 S. 1 MitbestG soll aber die Aufsichtsratsmitglieder nicht vor dem Eintritt von Vermögensnachteilen schützen.[774]

III. Drittelbeteiligungsgesetz

1. Grundlagen

391 Das DrittelbG ist Nachfolger der §§ 76 ff. BetrVG 1952. Es führt deren **Ziel** einer Arbeitnehmerbeteiligung an unternehmerischen Entscheidungen fort. Das DrittelbG löste die §§ 76 ff. BetrVG ab, die auch nach Inkrafttreten des BetrVG 1972 weiter fortgalten, und hatte im Wesentlichen den **Zweck,** das zuvor bestehende Regelungssystem neuzufassen und zu systematisieren, bestehende Regelungslücken zu schließen und insbesondere das Verfahren betreffend der Wahl der Arbeitnehmervertreter zu modernisieren.[775] Das DrittelbG weist **erhebliche Unterschiede** im Vergleich zum MitbestG auf. Neben dem geringeren Schwellenwert von 500 Arbeitnehmern und der geringeren Partizipation von einem Drittel der Aufsichtsratssitze werden im DrittelbG keine Geschlechterquoten vorgegeben, ist kein Arbeitsdirektor vorgesehen, zählen leitende Angestellte bei der Ermittlung des Schwellenwerts nicht mit, existiert keine dem § 4 MitbestG vergleichbare Regelung betreffend Kapitalgesellschaften & Co. KG, wird keine Mindestgröße für den Aufsichtsrat vorgegeben und wird den Arbeitnehmervertretern keine Kompetenz zur Bestellung der Geschäftsführung bei der GmbH eingeräumt.[776]

---

[767] WKS/*Wißmann* MitbestG § 26 Rn. 28; MüKoAktG/*Annuß* MitbestG § 26 Rn. 13, wobei die Rechtsgrundlage für mögliche Unterlassungsansprüche nicht genannt wird; Raiser/Veil/Jacobs/*Raiser/Jacob* MitbestG § 26 Rn. 14 f.
[768] WKS/*Wißmann* MitbestG § 26 Rn. 28; Raiser/Veil/Jacobs/*Raiser/Jacobs* MitbestG § 26 Rn. 15.
[769] WKS/*Wißmann* MitbestG § 26 Rn. 31; Habersack/Henssler/*Henssler* MitbestG § 26 Rn. 21; Raiser/Veil/Jacobs/*Raiser/Jacobs* MitbestG § 26 Rn. 14.
[770] Habersack/Henssler/*Henssler* MitbestG § 26 Rn. 21.
[771] Habersack/Henssler/*Henssler* MitbestG § 26 Rn. 22; WKS/*Wißmann* MitbestG § 26 Rn. 31.
[772] MüKoAktG/*Annuß* MitbestG § 26 Rn. 12; Habersack/Henssler/*Henssler* MitbestG § 26 Rn. 21; WKS/*Wißmann* MitbestG § 26 Rn. 30; GroßkommAktG/*Oetker* MitbestG § 26 Rn. 2; aA Raiser/Veil/Jacobs/*Raiser/Jacobs* MitbestG § 26 Rn. 14.
[773] Vgl. Jauernig/*Teichmann* BGB § 823 Rn. 46.
[774] GroßkommAktG/*Oetker* MitbestG § 26 Rn. 2.
[775] ErfK/*Oetker* DrittelbG Einf. Rn. 1 f.; Henssler/Willemsen/Kalb/*Seibt* DrittelbG Vor Rn. 1.
[776] Vgl. Habersack/Henssler/*Henssler* DrittelbG Einl. Rn. 1; MüKoAktG/*Annuß* DrittelbG Vor. Rn. 1.

2. Anwendungsbereich

Ähnlich wie beim MitbestG hängt die Anwendung des DrittelbG von der gewählten **Rechtsform** und der **Größe** des in Frage stehenden Unternehmens ab. 392

a) Erfasste Unternehmen

aa) Kapitalgesellschaften. Die betroffenen Rechtsformen sind in § 1 DrittelbG gelistet, wobei Abs. 1 teilweise besondere Anforderungen stellt. § 1 Abs. 1 DrittelbG erfasst im Grundsatz Unternehmen in der Rechtsform der AG, KGaA, GmbH, VVaG und der Genossenschaft. Ähnlich wie das MitbestG ist es somit in der Anwendung auf **Kapitalgesellschaften** beschränkt, erfasst jedoch zusätzlich den VVaG, bei dem bereits ein Aufsichtsrat besteht. Im Gegensatz zur GmbH ist bei Vorliegen der sonstigen Voraussetzungen des DrittelbG bei dem VVaG ein Aufsichtsrat nicht zwingend zu bilden. Gleiches gilt für Klein-Genossenschaften, die satzungsgemäß auf die Einrichtung eines Aufsichtsrats verzichtet haben.[777] Personengesellschaften werden nicht erfasst. Im Gegensatz zum MitbestG besteht keine dem § 4 MitbestG vergleichbare Sonderregelung für Kapitalgesellschaften & Co. KG. Diese sind somit von der Mitbestimmung nach dem DrittelbG nicht betroffen. § 1 Abs. 1 DrittelbG ist abschließend; eine **analoge Anwendung**, etwa auf ausländische Rechtsformen, ist **nicht möglich**.[778] 393

bb) Unternehmensgröße. (1) Grundsatz. Neben der gewählten Rechtsform knüpft § 1 Abs. 1 DrittelbG an die Größe des Unternehmens an. Nach § 1 Abs. 1 DrittelbG findet eine Mitbestimmung grundsätzlich nur statt, sofern das jeweilige Unternehmen **in der Regel** (zum Begriff → Rn. 31) mehr als 500 Arbeitnehmer beschäftigt. 394

Eine **Ausnahme** von diesem Grundsatz findet sich in § 1 Abs. 1 Nr. 1 S. 2–3; Nr. 2 S. 2 DrittelbG. Danach sind AG und KGaA, die in der Regel weniger als 500 Arbeitnehmer beschäftigen, nach dem DrittelbG mitbestimmungspflichtig, sofern sie vor dem 10.8.1994 in das Handelsregister eingetragen wurden und keine Familiengesellschaften sind. Hintergrund dieser Regelung für **Altgesellschaften** ist deren Entstehungsgeschichte. Ursprünglich war nach § 76 Abs. 1 BetrVG 1952 der Aufsichtsrat einer AG oder KGaA zu einem Drittel mit Arbeitnehmervertretern zu besetzen, sofern diese nicht eine Familiengesellschaft mit weniger als 500 Arbeitnehmern war (§ 76 Abs. 6 BetrVG 1952). Dies änderte sich erst 1994 als, mit dem Ziel, die Aktiengesellschaft für den Mittelstand attraktiver zu machen, das Erfordernis von mindestens 500 in der Regel beschäftigten Arbeitnehmern auf alle AG und KGaA erstreckt wurde. Bereits mitbestimmte Unternehmen, die den geltenden Schwellenwert nicht erreichen, sollten aber weiterhin mitbestimmt bleiben.[779] Der BGH hat die Anwendung der Ausnahmeregelung für Altgesellschaften jedoch auf solche Unternehmen beschränkt, die **mindestens 5 Arbeitnehmer** beschäftigen.[780] 395

Von der Ausnahme ausdrücklich nicht erfasst sind solche Unternehmen, deren Aktionäre untereinander im Sinne von § 15 Abs. 1 Nr. 2 bis 8, Abs. 2 AO verwandt oder verschwägert sind (sogenannte **Familienunternehmen**). Hierbei müssen nicht alle Aktionäre untereinander verwandt oder verschwägert sein. Ausreichend ist, wenn jeder Aktionär mit mindestens einem anderen Aktionär dergestalt verwandt oder verschwägert ist, dass eine ununterbrochene Kette entsteht.[781] Familienunternehmen mit idR weniger als 500 Arbeitnehmern, die nach dem 10.8.1994 ihren Status als Familienunternehmen verlieren, sollen entgegen dem Wortlaut der Norm nicht nach dem DrittelbG mitbestimmungspflichtig sein. Dies würde sie im Vergleich zu nach dem 10.8.1994 gegründeten Unternehmen unangemessen benachteiligen, da bei diesen eine zuvor bereits bestehende Mitbestimmung gerade nicht als Differenzierungskriterium herangezogen werden kann.[782] 396

(2) Erfasste Arbeitnehmer. Das DrittelbG verweist in § 3 Abs. 1 DrittelbG genau wie § 3 Abs. 1 Nr. 1 MitbestG hinsichtlich des Arbeitnehmerbegriffs auf § 5 Abs. 1 BetrVG. Insofern sind bei der Ermittlung des Schwellenwerts die gleichen Personengruppen mitzuzählen (→ Rn. 32ff.). Allerdings nimmt die Verweisung des § 3 Abs. 1 DrittelbG leitende Angestellte iSd § 5 Abs. 3 BetrVG ausdrücklich aus dem Arbeitnehmerbegriff aus und ordnet deren Einbeziehung im Gegensatz zum MitbestG auch nicht an anderer Stelle wieder an. **Leitende Angestellte** sind daher nicht bei der Berechnung der Schwellenwerte zu berücksichtigen. Sie sind auch nicht aktiv wahlberechtigt. Das passive Wahlrecht steht ihnen nur zu, sofern nach § 4 Abs. 2 S. 2 DrittelbG auch solche Arbeitnehmer gewählt werden können, die nicht dem Unternehmen angehören.[783] 397

---

[777] ErfK/*Oetker* DrittelbG § 1 Rn. 23; NK-ArbR/*Heither/von Morgen* DrittelbG § 1 Rn. 25.
[778] ErfK/*Oetker* DrittelbG § 1 Rn. 3; Raiser/Veil/Jacobs/*Veil* DrittelbG § 1 Rn. 1.
[779] *Behme* ZIP 2018, 2055 (2056); Habersack/Henssler/*Henssler* DrittelbG Einl. Rn. 2.
[780] BGH ZIP 2012, 669; ErfK/*Oetker* DrittelbG § 1 Rn. 8.
[781] Raiser/Veil/Jacobs/*Veil* DrittelbG § 1 Rn. 8; WKS/*Kleinsorge* DrittelbG § 1 Rn. 16.
[782] *Behme* ZIP 2018, 2055 (2059); MüKoAktG/*Annuß* DrittelbG § 1 Rn. 8.
[783] MüKoAktG/*Annuß* DrittelbG § 3 Rn. 1; Habersack/Henssler/*Henssler* DrittelbG Einl. Rn. 11.

398 **(3) Berücksichtigung von Arbeitnehmern anderer Unternehmen.** Bei der Berechnung des Schwellenwertes können auch Arbeitnehmer anderer Unternehmen zu berücksichtigen sein. Eine entsprechende Anordnung findet sich in § 2 DrittelbG für Konzernunternehmen. § 2 Abs. 1 DrittelbG regelt hierbei das **Mitwählen** von Arbeitnehmern, § 2 Abs. 2 DrittelbG das **Mitzählen.**

399 Nach § 2 Abs. 1 DrittelbG nehmen an den Aufsichtsratswahlen des herrschenden Unternehmens eines Konzerns auch die Arbeitnehmer der übrigen Konzernunternehmen teil. § 2 Abs. 1 DrittelbG verweist bezüglich des Konzernbegriffs auf § 18 Abs. 1 AktG, sodass auch hier nur **Unterordnungskonzerne** erfasst sind (→ Rn. 40 ff.). Das **herrschende Unternehmen** muss der Mitbestimmung nach dem DrittelbG unterliegen. Es muss also in einer der Rechtsformen des § 1 Abs. 1 DrittelbG organisiert sein, den Schwellenwert von 500 Arbeitnehmern selbst oder durch Zurechnung nach § 2 Abs. 2 DrittelbG überschreiten oder Altgesellschaft sein und keinen Tendenzschutz genießen.[784] An das **beherrschte Unternehmen** sind weniger strenge Anforderungen zu stellen. Die Rechtsform spielt ebensowenig eine Rolle wie die Frage, ob in dem beherrschten Unternehmen bereits Mitbestimmung, ggf. auch nach einem anderen Mitbestimmungsstatut, praktiziert wird. Auch Arbeitnehmer eines mitbestimmten Tendenzunternehmens sind wahlberechtigt.[785] Die Frage des **Konzern-im-Konzern** stellt sich auch im DrittelbG und ist hier nicht anders zu entscheiden als im MitbestG (→ Rn. 52). Gleiches gilt für die Frage, in welchem Unternehmen die Arbeitnehmer eines **Gemeinschaftsunternehmens** zu berücksichtigen sind (→ Rn. 53).

400 Eine dem § 4 MitbestG vergleichbare Vorschrift betreffend **Kapitalgesellschaften & Co. KG** existiert dagegen nicht. Es stellt sich daher die Frage, ob bei einer solchen die Arbeitnehmer der KG nach § 2 Abs. 1 DrittelbG berechtigt sind an den Aufsichtsratswahlen bei der Komplementärin teilzunehmen. Indessen ist dies nur denkbar, wenn die Komplementär-Kapitalgesellschaft der Mitbestimmung nach dem DrittelbG unterliegt, also mehr als 500 Arbeitnehmer regelmäßig beschäftigt oder eine Altgesellschaft ist. Zudem müsste die Komplementär-Gesellschaft einen beherrschenden Einfluss auf die KG ausüben. Bei der typischen Konstellation einer Kapitalgesellschaft & Co. KG ergibt sich dies schon daraus, dass nach § 164 S. 1 HGB die Geschäftsführung alleinige Angelegenheit der Komplementärin ist. Die Arbeitnehmer der KG sind in einem solchen Fall bei der Komplementärgesellschaft wahlberechtigt.[786]

401 Nach § 2 Abs. 2 DrittelbG zählen die Arbeitnehmer beherrschter Unternehmen hingegen bei der Ermittlung des Schwellenwerts nur mit, wenn ein **Beherrschungsvertrag** besteht oder das abhängige Unternehmen in das herrschende Unternehmen **eingegliedert** ist. Die Zurechnung ist somit restriktiver als in den Fällen des § 5 Abs. 1 MitbestG.

402 Der **Beherrschungsvertrag** ist in § 291 AktG definiert und setzt voraus, dass eine AG oder KGaA die Leitung ihrer Gesellschaft einem anderen Unternehmen unterstellt. Indessen ist anerkannt, dass im Rahmen des § 2 Abs. 2 MitbestG das herrschende Unternehmen auch jede andere, in § 1 Abs. 1 DrittelbG genannte, das beherrschte Unternehmen sogar jedwede Rechtsform aufweisen kann.[787] Erfasst sind auch Teilbeherrschungs- und atypische Beherrschungsverträge sowie fehlerhafte und verdeckte Beherrschungsverträge.[788] Gewinnabführungs- oder Unternehmensverträge iSd § 292 Abs. 1 AktG reichen hingegen nicht aus.[789]

403 Alternativ ordnet § 2 Abs. 2 DrittelbG an, dass auch Arbeitnehmer eingegliederter abhängiger Unternehmen mitzählen. Die **Eingliederung** ist in § 319 AktG geregelt. Hierbei wird durch einen korporationsrechtlichen Vertrag ein Konzernverhältnis zwischen Tochter- und Hauptgesellschaft begründet, wodurch der Hauptgesellschaft Leitungsmacht über die Tochtergesellschaft eingeräumt wird, ohne dass die Tochtergesellschaft ihre rechtliche Selbständigkeit verliert.[790] Die Eingliederung kann gem. § 319 Abs. 1 AktG nur zwischen Aktiengesellschaften erfolgen. Ähnliche Verbindungen anderer oder mit anderen Rechtsformen sind nicht erfasst.[791]

404 **cc) Beschränkung auf inländische Unternehmen.** Das DrittelbG ist nur auf inländische Unternehmen anzuwenden. Entscheidendes Kriterium ist der Sitz des Unternehmens. Gesellschaften, die in einem EU-Mitgliedstaat gegründet wurden und ihren Verwaltungssitz auf das Gebiet Deutschlands verlegen, unterfallen nicht dem DrittelbG. Auf deutsche Gesellschaften, die ihren Verwaltungssitz ins Ausland verla-

---

[784] Habersack/Henssler/*Henssler* DrittelbG § 2 Rn. 6; Raiser/Veil/Jacobs/*Veil* DrittelbG § 2 Rn. 7.
[785] Henssler/Willemsen/Kalb/*Seibt* DrittelbG § 2 Rn. 3; MüKoAktG/*Annuß* DrittelbG § 2 Rn. 11.
[786] Raiser/Veil/Jacobs/*Veil* DrittelbG § 2 Rn. 7; MüKoAktG/*Annuß* DrittelbG § 2 Rn. 11.
[787] NK-ArbR/*Heither/von Morgen* DrittelbG § 2 Rn. 16; MüKoAktG/*Annuß* DrittelbG § 2 Rn. 13; Henssler/Willemsen/Kalb/*Seibt* DrittelbG § 2 Rn. 11.
[788] *Lembke/Ludwig,* Das Recht der Unternehmensmitbestimmung, 2014, § 5 Rn. 14; Raiser/Veil/Jacobs/*Veil* DrittelbG § 2 Rn. 14.
[789] Habersack/Henssler/*Henssler* DrittelbG § 2 Rn. 13a; ErfK/*Oetker* DrittelbG § 2 Rn. 16.
[790] Hüffer/Koch/*Koch* AktG § 319 Rn. 1; BeckOGK/*Singhof* AktG § 319 Rn. 2.
[791] Henssler/Willemsen/Kalb/*Seibt* DrittelbG § 2 Rn. 12; NK-ArbR/*Heither/von Morgen* DrittelbG § 2 Rn. 17.

gern, findet das DrittelbG hingegen weiterhin Anwendung, sofern der Satzungssitz in Deutschland verbleibt.⁷⁹²

b) Ausnahmen

aa) Vorrangige Anwendung anderer Gesetze über die Unternehmensmitbestimmung. Nach § 1 Abs. 2 S. 1 DrittelbG ist das DrittelbG **nicht auf solche Unternehmen anzuwenden,** die bereits der Mitbestimmung nach dem MitbestG, MontanMitbestG oder MitbestErgG unterfallen. Über den Wortlaut hinaus sind auch solche Unternehmen auszunehmen, die unter das saarländische Gesetz Nr. 560 vom 22.12.1956 fallen. Ebenso sind deutsch-schweizerische Grenzkraftwerke am Oberrhein, die unter den deutsch-schweizerischen Vertrag vom 6.12.1955 fallen, vom Anwendungsbereich des DrittelbG ausgenommen.⁷⁹³ 405

bb) Tendenzunternehmen § 1 Abs. 2 S. 1 Nr. 2 DrittelbG. Nach § 1 Abs. 2 S. 1 Nr. 2 DrittelbG findet das DrittelbG keine Anwendung auf **Tendenzunternehmen** (→ Rn. 68). Der Tendenzschutz im Konzern richtet sich auch im Rahmen von § 2 DrittelbG nach den Ausführungen in → Rn. 57 ff. 406

cc) Religionsgemeinschaften § 1 Abs. 2 S. 2 DrittelbG. Nach § 1 Abs. 2 S. 2 DrittelbG sind auch **Religionsgemeinschaften** und ihre karitativen und erzieherischen Einrichtungen vom Anwendungsbereich des DrittelbG ausgenommen (→ Rn. 71). 407

3. Besonderheiten bei Zusammensetzung und Wahl des Aufsichtsrats

a) Bildungszwang

Für die AG, die KGaA und die Genossenschaft ist die **Bildung eines Aufsichtsrats obligatorisch.** Daneben ist in § 1 Abs. 1 Nr. 3 S. 2 DrittelbG die Bildung eines Aufsichtsrats für eine GmbH, die in den Anwendungsbereich des DrittelbG fällt, zwingend vorgeschrieben. Für Genossenschaften, in deren Satzung gem. § 9 Abs. 1 S. 2 GenG auf die Bildung eines Aufsichtsrats verzichtet wurde, sieht § 1 DrittelbG nicht ausdrücklich die Verpflichtung vor, einen mitbestimmten Aufsichtsrat zu bilden. Gleichwohl soll auch die Genossenschaft nach § 1 DrittelbG **verpflichtet** sein, einen Aufsichtsrat zu bilden.⁷⁹⁴ Der VVaG ist in den Anwendungsbereich des DrittelbG nur einbezogen, wenn bei ihm unabhängig vom DrittelbG bereits ein Aufsichtsrat besteht.⁷⁹⁵ 408

b) Zusammensetzung des Aufsichtsrats

aa) Größe. Im Gegensatz zu § 7 MitbestG wird im DrittelbG die Größe des Aufsichtsrats nicht gesondert festgelegt. Sie richtet sich daher nach den für die jeweilige Rechtsform einschlägigen **gesellschaftsrechtlichen Vorschriften.** 409

Für die **AG und die KGaA** gelten somit die Bestimmungen des § 95 AktG. Entsprechend besteht der Aufsichtsrat grundsätzlich gemäß § 95 S. 1 AktG aus drei Mitgliedern. Er kann jedoch durch Satzung vergrößert werden, wobei die Anzahl seiner Mitglieder in dem DrittelbG unterliegenden Unternehmen durch drei teilbar sein muss, § 95 S. 2, 3 AktG. Der Aufsichtsrat kann jedoch nicht beliebig erweitert werden. § 95 S. 5 AktG sieht vom Grundkapital abhängige Höchstwerte vor. So beträgt die Höchstzahl bei einem Grundkapital von bis zu 1.500.000 EUR neun, von mehr als 1.500.000 EUR fünfzehn und von mehr als 10.000.000 EUR einundzwanzig. 410

Bei der **drittelmitbestimmten GmbH** ist die Errichtung eines Aufsichtsrats nach § 1 Abs. 1 Nr. 3 DrittelbG zwingend. Die Größe richtet sich nach den Vorgaben des Aktienrechts, sodass die Ausführungen zu AG und KGaA entsprechend gelten.⁷⁹⁶ 411

Der Aufsichtsrat eines **VVaG** besteht nach § 189 Abs. 1 VAG grundsätzlich aus drei Personen. Auch hier kann durch Satzung eine höhere, durch drei teilbare Zahl bestimmt werden. Die Höchstzahl beträgt 21 (§ 189 S. 2, 3 VAG). 412

Auch bei **Genossenschaften** setzt sich der Aufsichtsrat gem § 36 Abs. 1 S. 1 GenG grundsätzlich aus drei Mitgliedern zusammen, wobei die Zahl durch Satzung erhöht werden kann. § 1 Abs. 1 Nr. 5 DrittelbG ordnet ergänzend an, dass bei der drittelmitbestimmten Genossenschaft nur eine durch drei teilbare Zahl festgelegt werden kann. Für die Genossenschaft werden keine Höchstzahlen vorgegeben. 413

---

⁷⁹² NK-ArbR/*Heither/von Morgen* DrittelbG § 1 Rn. 5; Raiser/Veil/Jacobs/*Veil* DrittelbG § 1 Rn. 14.
⁷⁹³ WKS/*Wißmann* DrittelbG § 1 Rn. 62; MüKoAktG/*Annuß* DrittelbG § 1 Rn. 17.
⁷⁹⁴ ErfK/*Oetker* DrittelbG § 1 Rn. 23.
⁷⁹⁵ ErfK/*Oetker* DrittelbG § 1 Rn. 22.
⁷⁹⁶ Habersack/Henssler/*Henssler* DrittelbG § 4 Rn. 5; Raiser/Veil/Jacobs/*Veil* DrittelbG § 4 Rn. 4.

414 **bb) Besetzung.** Nach § 4 Abs. 1 DrittelbG muss der Aufsichtsrat eines drittelmitbestimmten Aufsichtsrats **zu einem Drittel** aus **Arbeitnehmervertretern** bestehen. Maßgeblich ist die Zahl der Aufsichtsratssitze nach dem Gesellschaftsstatut. Es sind also keine zusätzlichen Aufsichtsratsplätze für die Arbeitnehmervertreter einzurichten, sondern ein Drittel der bestehenden mit ihnen zu besetzen. Die Mitbestimmung ist zwingend.[797] (Zur Erweiterung der Mitbestimmung → Rn. 476 ff.)

415 **cc) Zusammensetzung. (1) Geschlechterverhältnis nach § 4 Abs. 4 DrittelbG.** In § 4 Abs. 4 DrittelbG wird angeordnet, dass unter den Aufsichtsratsmitgliedern der Arbeitnehmer Männer und Frauen entsprechend ihres **zahlenmäßigen Verhältnisses** im Unternehmen vertreten sein sollen. Die Vorschrift ist entsprechend ihrer Formulierung eine reine **Sollvorschrift.** Sie ist nicht zwingend. Entsprechend haben Verstöße nicht die Nichtigkeit der Wahl zur Folge.[798] Berechnungsgrundlage sind alle Arbeitnehmer des Unternehmens, auf ihre Wahlberechtigung kommt es nicht an. Sind Arbeitnehmer von Konzernunternehmen nach § 2 Abs. 1 DrittelbG wahlberechtigt, so sind auch diese ohne Rücksicht auf ihre Wahlberechtigung zu berücksichtigen.[799]

416 **(2) Quote unternehmenseigener Arbeitnehmer, § 4 Abs. 2 DrittelbG.** Nach § 4 Abs. 2 DrittelbG müssen mindestens **zwei der Arbeitnehmervertreter** im Aufsichtsrat als Arbeitnehmer im Unternehmen beschäftigt sein. Sind nur ein oder zwei Arbeitnehmervertreter zu wählen, müssen sie als Arbeitnehmer dem Unternehmen angehören. Maßgeblich ist insofern der Arbeitnehmerbegriff des § 3 Abs. 1 DrittelbG (→ Rn. 397). Zudem müssen sie nach § 4 Abs. 3 DrittelbG das 18. Lebensjahr vollendet haben und mindestens ein Jahr dem Unternehmen angehört haben.

417 Sind **mehr als zwei Arbeitnehmervertreter** zu wählen, so können dies auch unternehmensfremde Gewerkschaftsvertreter, leitende Angestellte, Arbeitnehmer ausländischer Tochtergesellschaften oder sonstige nicht unter den Arbeitnehmerbegriff des § 3 Abs. 1 DrittelbG fallende Personen sein, sofern sie die allgemeinen Wählbarkeitsvoraussetzungen nach §§ 100, 105 AktG erfüllen und von einem Vorschlagsberechtigten nach § 6 DrittelbG vorgeschlagen wurden.[800]

4. Besonderheiten bei der Wahl des Aufsichtsrats sowie der Beendigung des Mandats

a) Anteilseignervertreter

418 Für die Wahl der **Anteilseignervertreter** ergeben sich aus dem DrittelbG keine Besonderheiten. Es sind die allgemeinen aktienrechtlichen Vorschriften anzuwenden (→ § 2 Rn. 102 ff.).

b) Arbeitnehmervertreter

419 **aa) Wahlgrundsätze § 5 Abs. 1 DrittelbG.** § 5 Abs. 1 DrittelbG bestimmt die **allgemeinen Wahlgrundsätze,** nach denen die Arbeitnehmervertreter eines drittelbeteiligten Aufsichtsrats gewählt werden sollen: allgemein, geheim, gleich und unmittelbar. In § 5 Abs. 1 DrittelbG nicht genannt ist der Grundsatz der freien Wahl, der für die Aufsichtsratswahl dennoch zu beachten ist.[801] Da § 5 Abs. 1 DrittelbG auch die Unmittelbarkeit der Wahl bestimmt, ist eine Wahl durch Delegierte, wie sie in §§ 10 ff. MitbestG vorgesehen ist, für die Wahl der Aufsichtsratsmitglieder eines drittelbeteiligten Aufsichtsrats nicht möglich.[802]

420 Anders als nach dem MitbestG werden die Aufsichtsratsmitglieder der Arbeitnehmer nach dem **Prinzip der Mehrheitswahl** gewählt. Gewählt ist damit gem. § 19 S. 1 WODrittelbG, wer die meisten Stimmen erhalten hat. Für den Fall, dass mehr als zwei Arbeitnehmervertreter zu wählen sind, wird das Prinzip der Mehrheitswahl dadurch **eingeschränkt,** dass mindestens zwei der Arbeitnehmervertreter als Arbeitnehmer des Unternehmens beschäftigt sein müssen, § 4 Abs. 2 S. 2 DrittelbG.[803] Gewählt sind die beiden Arbeitnehmer des Unternehmens (§ 3 DrittelbG), die die meisten Stimmen erhalten haben, unabhängig davon, ob ein anderer Bewerber mehr Stimmen erhalten hat, § 19 S. 2 WODrittelbG. Hinsichtlich der weiteren Arbeitnehmervertreter ist das Prinzip der Mehrheitswahl anzuwenden.[804]

421 **bb) WODrittelbG.** Die Grundsätze zum Wahlverfahren finden sich in den §§ 5 ff. DrittelbG. Ergänzt werden diese durch die Bestimmungen der WODrittelbG, die von der Bundesregierung aufgrund der

---

[797] Raiser/Veil/Jacobs/*Veil* DrittelbG § 4 Rn. 9; Habersack/Henssler/*Henssler* DrittelbG § 4 Rn. 10b.
[798] Habersack/Henssler/*Henssler* DrittelbG § 4 Rn. 18; ErfK/*Oetker* DrittelbG § 4 Rn. 11.
[799] Raiser/Veil/Jacobs/*Veil* DrittelbG § 4 Rn. 14; ErfK/*Oetker* DrittelbG § 4 Rn. 11.
[800] Habersack/Henssler/*Henssler* DrittelbG § 4 Rn. 13; NK-ArbR/*Heither/von Morgen* DrittelbG § 4 Rn. 11.
[801] Vgl. hierzu und zu den allgemeinen Wahlgrundsätzen die Ausführungen bei: *Röder,* Der Aufsichtsrat nach dem Drittelbeteiligungsgesetz, 2016, Rn. 160 ff.
[802] Raiser/Veil/Jacobs/*Veil* DrittelbG § 5 Rn. 3; GroßkommAktG/*Oetker* DrittelbG § 5 Rn. 9.
[803] WKS/*Kleinsorge* DrittelbG § 5 Rn. 2; Habersack/Henssler/*Henssler* DrittelbG § 5 Rn. 4.
[804] MüKoAktG/*Annuß* DrittelbG § 5 Rn. 2; NK-ArbR/*Heither/von Morgen* DrittelbG § 5 Rn. 3.

III. Drittelbeteiligungsgesetz 422–428 § 7

Ermächtigung in § 13 DrittelbG erlassen wurde. Anders als für das MitbestG ist das Wahlverfahren in nur einer **Wahlordnung** geregelt. Die WODrittelbG gliedert sich in vier Teile, die Vorschriften zum Wahlverfahren, zur Abberufung, Sonderregelungen für Seebetriebe und Schlussvorschriften. Im ersten Teil wird das Wahlverfahren zunächst für Unternehmen mit einem Betrieb beschrieben. Für die Aufsichtsratswahl in Unternehmen mit mehreren Betrieben und Unternehmensgruppen sind diese Vorschriften ebenfalls anwendbar, es sei denn aus den Sondervorschriften des zweiten Kapitels ergibt sich etwas anderes (§ 23 WODrittelbG).[805]

cc) Wahlberechtigung (§ 5 Abs. 2 DrittelbG). Wahlberechtigt sind gem. § 5 Abs. 2 DrittelbG Arbeitnehmer des Unternehmens, die das 18. Lebensjahr vollendet haben, sowie aufgrund des Verweises auf § 7 S. 2 BetrVG **Leiharbeitnehmer**. Die Vorschrift enspricht § 10 Abs. 2 MitbestG, § 18 S. 2, 3 MitbestG. 422

Wahlberechtigte Arbeitnehmer sind gem. § 3 Abs. 1 DrittelbG nur die Arbeitnehmer iSd § 5 Abs. 1 BetrVG. **Leitende Angestellte** sind – anders als im MitbestG – explizit keine Arbeitnehmer iSd DrittelbG und daher auch nicht wahlberechtigt.[806] Neben den unternehmensangehörigen Arbeitnehmern nehmen bei der Wahl der Arbeitnehmervertreter des herrschenden Unternehmens eines **Konzerns** außerdem gem. § 2 Abs. 1 DrittelbG auch die Arbeitnehmer der übrigen Konzernunternehmen teil. Dazu müssen sie ebenfalls die Voraussetzungen des § 5 Abs. 2 DrittelbG erfüllen.[807] Weiterhin sind auch Leiharbeitnehmer wahlberechtigt (dazu und zu weiteren Voraussetzungen der Wahlberechtigung → Rn. 96 ff.).[808] Formelle Voraussetzung für die Wahlberechtigung ist auch im Rahmen des DrittelbG die Eintragung in die Wählerliste gem. § 4 Abs. 5 WODrittelbG.[809] 423

dd) Wählbarkeit (§ 4 Abs. 3 DrittelbG). Besteht der Aufsichtsrat aus drei oder sechs Mitgliedern, sind ein bzw. zwei **Arbeitnehmervertreter** zu wählen. Für diese Arbeitnehmervertreter gelten die **besonderen Wählbarkeitsvoraussetzungen** des § 4 Abs. 3 DrittelbG, die den Voraussetzungen des § 7 Abs. 4 MitbestG entsprechen (→ Rn. 96 ff.).[810] Besteht der Aufsichtsrat aus neun oder mehr Mitgliedern, sodass drei oder mehr Arbeitnehmervertreter gewählt werden, müssen zwei von ihnen zwingend die Voraussetzungen des § 4 Abs. 3 DrittelbG erfüllen. Die restlichen Arbeitnehmervertreter müssen nur die gesellschaftsrechtlichen Wählbarkeitsvoraussetzungen des AktG erfüllen.[811] 424

ee) Bekanntmachung, § 8 DrittelbG. Das gesetzliche Vertretungsorgan hat die Namen der Aufsichtsratsmitglieder und der Ersatzmitglieder **in den Betrieben** des Unternehmens bekanntzumachen und im **Bundesanzeiger** zu veröffentlichen. Die Regelung ist wortgleich mit § 19 MitbestG. Insofern kann auf die Ausführungen zu § 19 MitbestG verwiesen werden (→ Rn. 99 ff.). 425

Neben der Verpflichtung des § 8 DrittelbG trifft auch den obersten Wahlvorstand eine **Bekanntmachungspflicht** gem. §§ 21 Abs. 1, 31 Abs. 4 WODrittelbG. Der Wahlvorstand ist verpflichtet, die Namen der gewählten Arbeitnehmervertreter und deren Ersatzmitglieder sowie das Wahlergebnis in den Betrieben des Unternehmens für die Dauer von zwei Wochen bekanntzumachen. 426

ff) Wahlschutz und Wahlkosten, § 10 DrittelbG. Ebenso wie § 20 MitbestG spricht § 10 Abs. 1, 2 DrittelbG ein gegen jedermann gerichtetes Verbot der **Wahlbehinderung** und der **Wahlbeeinflussung** aus. § 10 Abs. 3 DrittelbG entspricht der Regelung des § 20 Abs. 3 MitbestG und bestimmt, dass das Unternehmen die Kosten der Wahl zu tragen hat. Daher kann auf die Ausführungen zum Wahlschutz und den Wahlkosten des § 20 MitbestG verwiesen werden (→ Rn. 106 ff.). 427

gg) Nichtigkeit und Anfechtbarkeit der Wahl, § 11 DrittelbG. § 11 Abs. 1 DrittelbG entspricht der Regelung des § 22 Abs. 1 MitbestG (→ Rn. 115 ff.). Der Kreis der nach § 11 Abs. 2 DrittelbG Anfechtungsberechtigten ist jedoch kleiner als der nach dem MitbestG Anfechtungsberechtigten. **Anfechtungsberechtigt** sind mindestens drei Wahlberechtigte, die Betriebsräte (Betriebsrat, Gesamtbetriebsrat, Konzernbetriebsrat) und das zur Vertretung des Unternehmens berechtigte Organ. 428

---

[805] Einzelheiten zum Wahlverfahren bei *Röder*, Der Aufsichtsrat nach dem Drittelbeteiligungsgesetz, 2016, Rn. 201 ff.; WKS/*Kleinsorge* DrittelbG § 5 Rn. 19 ff.
[806] GroßkommAktG/*Oetker* DrittelbG § 5 Rn. 37.
[807] ErfK/*Oetker* DrittelbG § 2 Rn. 11; WKS/*Kleinsorge* DrittelbG § 2 Rn. 23.
[808] Einzelheiten zum aktiven Wahlrecht bei *Röder*, Der Aufsichtsrat nach dem Drittelbeteiligungsgesetz, 2016, Rn. 166 ff.
[809] Henssler/Willemsen/Kalb/*Seibt* DrittelbG § 5 Rn. 7; GroßkommAktG/*Oetker* DrittelbG § 5 Rn. 35.
[810] Ausführlich zu den Wählbarkeitsvoraussetzungen bei *Röder,* Der Aufsichtsrat nach dem Drittelbeteiligungsgesetz, 2016, Rn. 174 ff.; WKS/*Kleinsorge* DrittelbG § 4 Rn. 27 ff.
[811] Habersack/Henssler/*Henssler* DrittelbG § 4 Rn. 15; WKS/*Kleinsorge* § 4 DrittelbG Rn. 24.

c) Beendigung des Mandats

429 Zu den Grundsätzen der Beendigung des Aufsichtsratsmandats siehe → § 2 Rn. 155. Daneben kann das Aufsichtsratsmandat eines Arbeitnehmervertreters gem. § 12 DrittelbG durch Abberufung enden. Ebenso wird das Mandat **vorzeitig beendet,** wenn die Wählbarkeitsvoraussetzungen entfallen.

430 **aa) Abberufung der Arbeitnehmervertreter im Aufsichtsrat.** Die Aufsichtsratsmitglieder der Arbeitnehmer und deren Ersatzmitglieder können nach § 12 DrittelbG auf Antrag abberufen werden. Dafür ist kein Abberufungsgrund erforderlich. Ausreichend ist – wie bei § 23 MitbestG – der **Vertrauensverlust** von mindestens drei Vierteln der wahlberechtigten Arbeitnehmer (→ Rn. 128 ff.).[812] Die Einzelheiten des Abberufungsverfahrens sind in §§ 32–41 WODrittelbG geregelt.

431 Das **Abberufungsverfahren** beginnt mit einem **Abberufungsantrag** des Betriebsrats (auch Gesamt- oder Konzernbetriebsrat) oder von einem Fünftel der Wahlberechtigten (§ 5 Abs. 2 DrittelbG). Der Abberufungsantrag ist von dem zu bildenden Betriebswahlvorstand (§ 32 Abs. 2 WODrittelbG) auf seine Gültigkeit zu prüfen. Kommt der Betriebswahlvorstand zu dem Ergebnis, dass der Abberufungsantrag gültig ist, teilt er in einem Abberufungsausschreiben ua Ort und Datum der Abstimmung über den Abberufungsantrag mit (§ 35 WODrittelbG). Über den Abberufungsantrag **abstimmungsberechtigt** ist gem. § 33 Abs. 1 S. 2 WODrittelbG, wer wahlberechtigt ist. Für den Abberufungsbeschluss ist eine Mehrheit von drei Vierteln der abgegebenen Stimmen erforderlich.[813] Das Aufsichtsratsmandat des betroffenen Aufsichtsratsmitglieds erlischt mit der Mitteilung des Abstimmungsergebnisses durch den Wahlvorstand.[814]

432 **bb) Erlöschen der Wählbarkeitsvoraussetzungen.** Zwar enthält das DrittelbG keine mit § 24 MitbestG vergleichbare Regelung. Gleichwohl **endet die Amtszeit** der Aufsichtsratsmitglieder auch im Anwendungsbereich des DrittelbG, wenn die persönlichen Wählbarkeitsvoraussetzungen nach der Wahl entfallen.[815]

433 Das **Aufsichtsratsmandat** eines Arbeitnehmervertreters, der nach § 4 Abs. 2 DrittelbG bei dem Unternehmen beschäftigt sein muss, **endet,** wenn sein Arbeitsverhältnis endet oder wenn er leitender Angestellter wird.[816] Ebenso endet das Mandat, wenn das Unternehmen, bei dem das Aufsichtsratsmitglied als Arbeitnehmer beschäftigt ist, aus dem Konzernverbund ausscheidet.[817] Das betroffene Aufsichtsratsmitglied verliert sein Mandat jedoch nicht, wenn in dem Aufsichtsrat noch mindestens zwei unternehmensangehörige Arbeitnehmervertreter verbleiben. In diesem Fall wird er zum unternehmensexternen Arbeitnehmervertreter.[818]

5. Besonderheiten bei der Aufsichtsratstätigkeit

434 Anders als §§ 27–29 und §§ 31–33 MitbestG enthält das DrittelbG **keine rechtsformunabhängigen Sondervorschriften** hinsichtlich der Aufsichtsratstätigkeit. Insbesondere regelt das DrittelbG die Wahl des Aufsichtsratsvorsitzenden, die Bildung von Ausschüssen sowie die Beschlussfassung des Aufsichtsrats nicht besonders. Ebensowenig sind spezielle Vorschriften zur Bestellung und Abberufung des geschäftsführenden Organs vorgesehen. Anders als in § 33 MitbestG ist im DrittelbG die Wahl eines Arbeitsdirektors nicht vorgesehen. Für die Tätigkeit des drittelmitbestimmten Aufsichtsrats der AG und der KGaA finden daher die Vorschriften des AktG Anwendung, ohne dass hierbei Besonderheiten des DrittelbG zu beachten wären.[819]

435 Für die Tätigkeit des Aufsichtsrats eines VVaG verweist § 189 Abs. 3 S. 1 VAG weitgehend auf die Regelungen des Aktiengesetzes. Aus der Anwendung des DrittelbG ergeben sich für die Aufsichtsratstätigkeit des VVaG **keine Besonderheiten.**[820]

436 §§ 36–41 GenG sehen für den Aufsichtsrat einer **Genossenschaft eigene Regelungen** vor, die grundsätzlich auch für den drittelmitbestimmten Aufsichtsrat Anwendung finden. Die Tätigkeit des Aufsichtsrats einer Genossenschaft wird durch § 1 Abs. 1 Nr. 5 DrittelbG nur insofern **modifiziert,** als der Aufsichtsrat zwei Sitzungen pro Kalenderhalbjahr abhalten muss.[821] Da § 1 Abs. 1 Nr. 5 DrittelbG nicht

---

[812] *Röder,* Der Aufsichtsrat nach dem Drittelbeteiligungsgesetz, 2016, Rn. 537.
[813] Zu den Einzelheiten des Abberufungsverfahrens: *Röder,* Der Aufsichtsrat nach dem Drittelbeteiligungsgesetz, 2016, Rn. 545 ff.
[814] WKS/*Kleinsorge* DrittelbG § 12 Rn. 28; NK-ArbR/*Heither/von Morgen* DrittelbG § 12 Rn. 8.
[815] BAG NZA 2001, 461; Habersack/Henssler/*Henssler* DrittelbG § 12 Rn. 16.
[816] NK-ArbR/*Heither/von Morgen* DrittelbG § 12 Rn. 10; ErfK/*Oetker* DrittelbG § 12 Rn. 11.
[817] Raiser/Veil/Jacobs/*Veil* DrittelbG § 12 Rn. 13; Henssler/Willemsen/Kalb/*Seibt* DrittelbG § 12 Rn. 8.
[818] ErfK/*Oetker* DrittelbG § 12 Rn. 12; Habersack/Henssler/*Henssler* DrittelbG § 12 Rn. 17.
[819] Habersack/Henssler/*Habersack* DrittelbG § 1 Rn. 32.
[820] MüKoAktG/*Annuß* DrittelbG § 1 Rn. 14; Habersack/Henssler/*Habersack* DrittelbG § 1 Rn. 37.
[821] WKS/*Kleinsorge* DrittelbG § 1 Rn. 61; MüKoAktG/*Annuß* DrittelbG § 1 Rn. 16.

auf § 110 Abs. 3 S. 2 AktG verweist, kann die Zahl der Sitzungen pro Kalenderhalbjahr nicht auf eine reduziert werden.[822]

Besonderheiten ergeben sich für die Tätigkeit des drittelmitbestimmten Aufsichtsrats einer **GmbH**. **437** § 1 Abs. 1 Nr. 3 DrittelbG schreibt die Bildung eines Aufsichtsrats auch für die GmbH zwingend vor und bestimmt abschließend, welche Vorschriften aus dem AktG auf den Aufsichtsrat der GmbH anzuwenden sind.[823] Diese sind, anders als nach § 52 GmbHG für den fakultativen Aufsichtsrat, **nicht dispositiv** und können auch durch die Satzung nicht abbedungen werden.[824] Hinsichtlich der Zusammensetzung sowie der Rechte und Pflichten des Aufsichtsrats einer GmbH verweist § 1 Abs. 1 Nr. 3 DrittelbG auf § 90 Abs. 3, 4, 5 S. 1, 2 AktG, §§ 95–114 AktG, § 116 AktG, § 118 Abs. 3 AktG, § 125 Abs. 3, 4 AktG, §§ 170 ff. AktG, § 268 Abs. 2 AktG.

Die innere Ordnung, die Beschlussfassung, die Teilnahme an den Aufsichtsratssitzungen sowie die Einberufung des Aufsichtsrats bestimmen sich für den Aufsichtsrat einer GmbH nach den **aktienrechtlichen Vorschriften** der §§ 107–110 AktG.[825] **438**

Besonderheiten hinsichtlich der **Aufgaben und Befugnisse** des drittelmitbestimmten **Aufsichtsrats** **439** einer GmbH ergeben sich aus der Kompetenzverteilung innerhalb der GmbH.[826] Zu beachten ist dies bei der Anwendung von § 111 AktG. Nach § 111 Abs. 1 AktG ist der Aufsichtsrat zur Überwachung der Geschäftsführung verpflichtet. Daneben bleibt jedoch in der GmbH auch die Gesellschafterversammlung gem. § 46 Nr. 6 GmbHG zur Überwachung der Geschäftsführung befugt.[827] Die Überwachungspflicht des Aufsichtsrats besteht dabei nur gegenüber den Geschäftsführer. Nimmt die Gesellschafterversammlung Maßnahmen der Geschäftsführung – etwa durch das Erteilen von Weisungen – vor, kommen dem Aufsichtsrat insofern keine Kompetenzen zu.[828] In der Satzung oder durch den Aufsichtsrat können und müssen bestimmte Geschäfte gem. § 111 Abs. 4 S. 2 AktG unter den Zustimmungsvorbehalt des Aufsichtsrats gestellt werden. Durch eine Weisung der Gesellschafterversammlung an die Geschäftsführung kann das Veto des Aufsichtsrats übergangen werden. Die Gesellschafterversammlung kann die Weisung an die Geschäftsführung auch von sich aus aussprechen, ohne dass die Geschäftsführung dies nach § 111 Abs. 4 S. 3 AktG verlangen muss.[829] Für diese Weisung reicht eine einfache Mehrheit der Gesellschafterversammlung aus.[830]

Der Aufsichtsrat bestellt gem. § 84 AktG den Vorstand. § 31 Abs. 1 MitbestG, § 12 Montan-MitbestG **440** und § 13 MitbestErgG verweisen auf § 84 AktG, sodass unabhängig von der Rechtsform der mitbestimmten Gesellschaft der Aufsichtsrat für die Bestellung des Geschäftsführungsorgans zuständig ist.[831] Im DrittelbG fehlt hingegen ein Verweis auf § 84 AktG. Daher bleibt es im Anwendungsbereich des DrittelbG bei der Regelung des § 6 Abs. 3 S. 2 GmbHG, § 46 Nr. 5 GmbHG, nach der die **Gesellschafter für die Bestellung der Geschäftsführung zuständig** sind.[832] Dem Aufsichtsrat einer drittelmitbestimmten GmbH fehlt insofern die **Personalkompetenz** gegenüber den Geschäftsführern.[833] Folglich ist die Gesellschafterversammlung auch zum Abschluss der Anstellungsverträge mit der Geschäftsführung zuständig. Die Befugnis hierzu ergibt sich als Annexkompetenz aus der Bestellung.[834] Da das DrittelbG nicht auf § 87 AktG verweist, kommen dem Aufsichtsrat auch keine Befugnisse hinsichtlich der Bemessung der Vergütung der Geschäftsführer zu.[835]

Für die **Feststellung des Jahresabschlusses** ist abweichend von § 172 AktG nicht der Aufsichtsrat, **441** sondern die Gesellschafterversammlung zuständig, da auch insoweit ein Verweis im DrittelbG fehlt.[836] Allerdings gehört die Prüfung des Jahresabschlusses aufgrund der Verweisung in § 1 Abs. 1 Nr. 3 DrittelbG

---

[822] ErfK/*Oetker* DrittelbG § 1 Rn. 24.
[823] WKS/*Kleinsorge* DrittelbG § 1 Rn. 18; MüKoAktG/*Annuß* DrittelbG § 1 Rn. 10.
[824] Habersack/Henssler/*Habersack* DrittelbG § 1 Rn. 1; ErfK/*Oetker* DrittelbG § 1 Rn. 13.
[825] *Röder*, Der Aufsichtsrat nach dem Drittelbeteiligungsgesetz, 2016, Rn. 483 f.; Habersack/Henssler/*Habersack* DrittelbG § 1 Rn. 33.
[826] ErfK/*Oetker* DrittelbG § 1 Rn. 16; Henssler/Willemsen/Kalb/*Seibt* DrittelbG § 1 Rn. 39.
[827] MüKoGmbHG/*Liebscher* GmbHG § 46 Rn. 191; WKS/*Kleinsorge* DrittelbG § 1 Rn. 35.
[828] MüKoGmbHG/*Spindler* GmbHG § 52 Rn. 268; Raiser/Veil/Jacobs/*Veil* DrittelbG § 1 Rn. 21.
[829] Habersack/Henssler/*Habersack* DrittelbG § 1 Rn. 36; ErfK/*Oetker* DrittelbG § 1 Rn. 18.
[830] Henssler/Willemsen/Kalb/*Seibt* DrittelbG § 1 Rn. 41; MüKoGmbHG/*Spindler* GmbHG § 52 Rn. 380; aA WKS/*Kleinsorge* DrittelbG § 1 Rn. 38; *Röder*, Der Aufsichtsrat nach dem Drittelbeteiligungsgesetz, 2016, Rn. 493, die mit Blick auf § 111 Abs. 4 S. 4 AktG eine Dreiviertelmehrheit der Gesellschafter fordern.
[831] WKS/*Kleinsorge* DrittelbG § 1 Rn. 43.
[832] ErfK/*Oetker* DrittelbG § 1 Rn. 17; Raiser/Veil/Jacobs/*Veil* DrittelbG § 1 Rn. 22.
[833] MüKoAktG/*Annuß* DrittelbG § 1 Rn. 12; Habersack/Henssler/*Habersack* DrittelbG § 1 Rn. 34.
[834] ErfK/*Oekter* DrittelbG § 1 Rn. 17; Henssler/Willemsen/Kalb/*Seibt* DrittelbG § 1 Rn. 40.
[835] WKS/*Kleinsorge* DrittelbG § 1 Rn. 45.
[836] ErfK/*Oetker* DrittelbG § 1 Rn. 19; Raiser/Veil/Jacobs/*Veil* DrittelbG § 1 Rn. 22.

auf §§ 170, 171 AktG zu den Pflichten des Aufsichtsrats. Zu diesem Zweck kommen ihm auch die Vorlage- und Einsichtsrechte gem. § 170 AktG zu.[837]

6. Erstmalige Anwendung des Gesetzes

442 Das DrittelbG kennt keine § 37 MitbestG entsprechende Sondervorschrift über die erstmalige Anwendung des Gesetzes. Es bleibt daher bei den allgemeinen Regeln des § 96 Abs. 4, §§ 97–99 AktG. Wird eine AG neu gegründet, ist der Aufsichtsrat – je nach der Form der Gründung – nach §§ 30, 31 AktG zu bilden.[838] Überschreitet eine bestehende AG oder KGaA erstmals den Schwellenwert von 500 Arbeitnehmern, ist das DrittelbG erst **nach** der Durchführung des **Statusverfahrens anwendbar** (→ Rn. 491 ff.).[839]

443 Anders als für die AG besteht für die **GmbH** im Gründungsstadium **keine Pflicht**, einen Aufsichtsrat zu bilden. Selbst wenn Gegenstand der Sacheinlage die Einbringung eines Unternehmens mit mehr als 500 Arbeitnehmern ist, ist vor der Eintragung der GmbH kein Aufsichtsrat zu bilden.[840] Vor der Bildung eines drittelmitbestimmten Aufsichtsrats in einer bestehenden GmbH ist ein **Statusverfahren** analog §§ 97 ff. AktG durchzuführen. Das gilt sowohl für die Bildung eines drittelmitbestimmten Aufsichtsrats in einer GmbH, in der bereits zuvor ein fakultativer Aufsichtsrat bestand,[841] als auch – nach heute hM – für den Fall, dass in der GmbH zuvor kein Aufsichtsrat bestand.[842]

7. Besonderer Schutz der Mitglieder des Aufsichtsrats (§ 9 DrittelbG)

444 § 9 DrittelbG entspricht inhaltlich § 26 MitbestG. Auf die dortigen Grundsätze kann daher verwiesen werden (→ Rn. 351 ff.). Dass § 9 DrittelbG anders als § 26 MitbestG neben einem Behinderungs- und Benachteiligungsverbot auch ein **Begünstigungsverbot** enthält, wirkt sich im Ergebnis praktisch nicht aus (→ Rn. 373 ff.).

IV. Mitbestimmung auf europäischer Ebene

1. Unionsrechtliche Rahmenbedingungen der Mitbestimmung

445 Neben unionsrechtlichen Einflüssen auf die deutschen Mitbestimmungsgesetze (→ Rn. 23) fanden auf europäischer Ebene bereits seit Gründung der europäischen Wirtschaftsgemeinschaft (EWG) in den 50er Jahren des 20. Jahrhunderts Diskussionen über eine europäische Harmonisierung des Gesellschaftsrechts statt. Die über die nachfolgenden Jahrzehnte diskutierten und teilweise verabschiedeten **Maßnahmen und Regelungen** lassen sich grob in die Schaffung einheitlicher europäischer Rechtsnormen einerseits und in die Erleichterung grenzüberschreitender gesellschaftsrechtlicher Maßnahmen (zB Sitzverlegung und Verschmelzung) andererseits unterteilen. Hintergrund ist das rechtliche und wirtschaftspolitische Ziel der EU, einen **gemeinsamen Binnenmarkt** zu schaffen (heute: Art. 3 EUV). Wichtiger Bestandteil, teilweise aber auch Hemmschuh, in diesen Diskussionen war und ist die unternehmerische Mitbestimmung in Unternehmensorganen der jeweiligen Rechtsformen.

446 Die mit der unternehmerischen Mitbestimmung verbundenen politischen und rechtlichen Schwierigkeiten werden offensichtlich, wenn man die ganz **erheblichen Unterschiede** in den einzelnen europäischen Jurisdiktionen betrachtet. Manche Jurisdiktionen kennen Formen der Mitbestimmung von Arbeitnehmervertretern in Organen der Gesellschaft, andere nicht. Solche Jurisdiktionen, die die unternehmerische Mitbestimmung grundsätzlich anerkennen, gewähren ein völlig unterschiedliches Maß an Partizipation, von sehr geringen Einflüssen bis hin zur paritätischen Mitbestimmung im Sinne des deutschen MitbestG.[843] Der „Gordische Knoten" der Unternehmensmitbestimmung konnte auf europäische Ebene erst durchtrennt werden, indem das zunächst durch die Europäische Betriebsräte-Richtlinie (EBRL) im Jahr 1994 geschaffene Verhandlungsmodell für die betriebliche Mitbestimmung auf Fragen der Unternehmensmitbestimmung übertragen wurde. Die EBRL schuf einen zweistufigen Prozess zur

---

[837] Henssler/Willemsen/Kalb/*Seibt* DrittelbG § 1 Rn. 42; *Röder,* Der Aufsichtsrat nach dem Drittelbeteiligungsgesetz, 2016 Rn. 495.
[838] *Röder,* Der Aufsichtsrat nach dem Drittelbeteiligungsgesetz, 2016, Rn. 106 ff.
[839] Zu den Einzelheiten der erstmaligen Bestellung eines drittelmitbestimmten Ausichtsrats *Paudtke/Reichenberger* NJW-Spezial 2018, 719; *Röder,* Der Aufsichtsrat nach dem Drittelbeteiligungsgesetz, 2016, Rn. 106 ff.
[840] BayObLG NZA-RR 2000, 544; ErfK/*Oetker* DrittelbG § 1 Rn. 13; Roth/Altmeppen/*Altmeppen* GmbHG § 52 Rn. 68; aA Baumbach/Hueck/*Zöllner/Noack* GmbHG § 52 Rn. 158.
[841] WKS/*Kleinsorge* DrittelbG § 1 Rn. 21; *Röder,* Der Aufsichtsrat nach dem Drittelbeteiligungsgesetz, 2016, Rn. 111.
[842] BAG NZA 2008, 1025 Rn. 13; Henssler/Willemsen/Kalb/*Seibt* DrittelbG § 1 Rn. 30; WKS/*Kleinsorge* DrittelbG § 1 Rn. 24.
[843] Überblick über die verschiedenen Mitbestimmungsregime bei MHdB ArbR/*Naber/Sittard* § 383 Rn. 3.

Festlegung der betrieblichen Mitbestimmung. Zunächst sollte die Ausgestaltung der Unterrichtungs- und Anhörungsrechte der Arbeitnehmer über Verhandlungen festgelegt werden (sog. **Verhandlungslösung**). Für den Fall des Scheiterns der Verhandlungslösung wurde eine gesetzliche Auffangregelung in Form der Errichtung eines Europäischen Betriebsrats geschaffen (sog. **gesetzliche Auffangregelung**). Dieses Konzept stand Modell für spätere unionsrechtliche Harmonisierungsprojekte der unternehmerischen Mitbestimmung.

Die auf diese Weise geschaffenen unionsrechtlichen Vorgaben für die Unternehmensmitbestimmung sind für die Arbeit des Aufsichtsrats in Gesellschaften, die durch unionsrechtliche Mitbestimmungsvorgaben geprägt sind, von hoher Bedeutung. Eine vollständige Darstellung des Rechtsrahmens würde über die Zwecke dieses Buches hinausgehen. Die nachfolgende Darstellung beschränkt sich daher auf die **Grundsätze der Unternehmensmitbestimmung** der im Jahr 2001 geschaffenen **Societas Europaea (SE)** und die für aus einer **grenzüberschreitenden Verschmelzung** hervorgehende Gesellschaft bestehenden mitbestimmungsrechtlichen Besonderheiten. Für weitere unionsrechtliche Fragen der unternehmerischen Mitbestimmung sei auf Spezialliteratur verwiesen.[844]   447

2. Mitbestimmung in der Societas Europaea

a) Rechtliche Grundlagen

Gesellschaftsrechtlich beruht die Societas Europaea (SE) auf der SE-VO vom 10.11.2001 und dem hierzu erlassenen deutschen Ausführungsgesetz (SEAG) (zur nicht-mitbestimmten SE → § 9 Rn. 62 ff.). Aus mitbestimmungsrechtlicher Sicht werden diese gesellschaftsrechtlichen Grundlagen durch die SE-Richtlinie und das deutsche Umsetzungsgesetz **SEBG** ergänzt.   448

Die SE folgt nicht nur gesellschaftsrechtlich, sondern auch mitbestimmungsrechtlich **anderen Grundsätzen** als die deutschen Rechtsformen. Gesellschaftsrechtlich sehen Art. 2 und 3 SE-VO einen enumerativen Katalog an Gründungsmöglichkeiten der SE vor (Umwandlung einer Aktiengesellschaft; Verschmelzung zweier Aktiengesellschaften; Gründung einer Holding-SE; Gründung einer Tochter-SE). Daneben erlaubt die SE eine auch für die Unternehmensmitbestimmung maßgebliche Gestaltung in Form einer **dualistischen** und einer **monistischen Unternehmensverfassung**. Die dualistische SE entspricht dem in Deutschland verbreiteten Konzept eines Gegenübers von Vorstand als Leitungs- und Aufsichtsrat als Kontrollorgan. Die monistische SE folgt dagegen einem angloamerikanischen Corporate Governance Ansatz und sieht einen Verwaltungsrat als einheitliches Leitungs- und Kontrollorgan vor.[845]   449

Die SE ist keine originär mitbestimmte Rechtsform. Die Mitbestimmung der SE hängt – anders als nach den deutschen Mitbestimmungsgesetzen – nicht von der Zahl der beschäftigten Arbeitnehmer ab. Vielmehr knüpft die **Mitbestimmung** im Ausgangspunkt an den **Gründungsvorgang** an. Die SE verzichtet damit auf ein einheitliches europäisches Modell der Unternehmensmitbestimmung zugunsten eines Verfahrens, das den Unterschieden der Unternehmensmitbestimmung der Mitgliedstaaten Rechnung trägt.[846] Die SE akzeptiert damit den mitbestimmungsrechtlichen Status quo der an der Gründung der SE beteiligten Rechtsformen und bietet zugleich einen Rahmen, die erworbenen Mitbestimmungsrechte der Arbeitnehmer zu wahren.   450

Hierzu dient zunächst das sog. „**Vorher-Nachher-Prinzip**". Dieses Prinzip soll im Ausgangspunkt sicherstellen, dass sich das höchste Niveau einer unternehmerischen Mitbestimmung, das in einer am Gründungsprozess der SE beteiligten Rechtsformen vor Gründung der SE vorhanden war, in der SE perpetuiert. Entsprechend den deutschen Mitbestimmungsgesetzen verwirklicht die SE die unternehmerische Mitbestimmung durch Mitgliedschaft von Arbeitnehmervertretern im Aufsichtsrat (dualistisches System) oder Verwaltungsrat (monistisches System). Der Anteil der Arbeitnehmervertreter im Aufsichtsrat richtet sich folglich nach dem höchsten Anteil an Arbeitnehmervertretern in einer am Gründungsvorgang beteiligten Gesellschaft.[847]   451

Das Vorher-Nachher-Prinzip wird komplettiert, aber auch modifiziert durch das aus der EBRL stammende zweistufige Verfahren zur Festlegung der konkreten Unternehmensmitbestimmung im Rahmen des Gründungsprozesses der SE. Auch die SE-RL sieht insoweit den Dualismus aus Verhandlungsverfahren und gesetzlicher Auffangregelung vor. Das Verhandlungsverfahren mit dem Ziel, eine Vereinbarung über die Mitbestimmung der Arbeitnehmer in den Gesellschaftsorganen der SE abzuschließen, soll zunächst eine – dem deutschen Recht im Grundsatz unbekannte – **Flexibilisierung der Unternehmensmitbestimmung** erlauben. Der Rechtsrahmen der SE gewährt den Beteiligten damit die im grenzüber-   452

---

[844] Zur Europäischen Wirtschaftlichen Interessenvereinigung (EWIV) (ohne mitbestimmungsrechtliche Besonderheiten) WKS/*Kleinsorge* EU-Recht Rn. 15; zur Europäischen Genossenschaft (SCE), MHdB ArbR/*Naber/Sittard* § 385 Rn. 1 ff.; WKS/*Kleinsorge* EU-Recht Rn. 147 ff.; zur Sitzverlegung MHdB ArbR/*Uffmann* § 370 Rn. 5 f.
[845] Habersack/Drinhausen/*Scholz* SE-VO Art. 38 Rn. 17 ff., 20 ff.; Habersack/Henssler/*Henssler* Einl. SEBG Rn. 116 ff.
[846] WKS/*Kleinsorge* EU-Recht Rn. 26.
[847] *Kurzböck/Weinbeck* BB 2019, 244 (246); *Götze/Winzer/Arnold* ZIP 2009, 245 (251).

schreitenden Rechtsverkehr mit unterschiedlichen Rechtstraditionen notwendige Flexibilität einer auf den spezifischen Einzelfall ausgerichteten Lösung für die Beteiligung der Arbeitnehmer in den Gesellschaftsorganen. Hierzu wird im Rahmen des Gründungsverfahrens zunächst ein **besonderes Verhandlungsgremium der Arbeitnehmer** (BVG) gebildet, das Verhandlungen mit den Leitungsorganen der an der Gründung der SE beteiligten Gesellschaften führt. Dabei steht diesen Verhandlungspartnern – im Rahmen zwingender Grenzen – frei, wie sie – neben Unterrichtungs- und Anhörungsrechten – die Unternehmensmitbestimmung einvernehmlich ausgestalten. Dies kann – mit Ausnahme des Gründungsvorgangs der Umwandlung – unter Einhaltung bestimmter Abstimmungsquoren auch eine Verringerung des Mitbestimmungsniveaus bedeuten.

453 Kommt eine Einigung im Verhandlungsverfahren nicht zustande, greift die gesetzliche Auffangregelung ein. Diese bildet zugleich den dispositiven Gesetzesrahmen, vor dessen Hintergrund Verhandlungen zwischen dem BVG und den Leitungen stattfinden. Die Auffangregelung führt im Ergebnis zur **Sicherung der Beteiligungsrechte** der Arbeitnehmer im Sinne des Vorher-Nachher-Prinzips. Das bedeutet, dass sich – neben Unterrichtungs- und Anhörungsrechten der Arbeitnehmer – im Bereich der unternehmerischen Mitbestimmung das **höchste Mitbestimmungsniveau** einer am Gründungsvorgang beteiligten Gesellschaft in der SE durchsetzt und perpetuiert.[848] Verfügen die am Gründungsvorgang beteiligten Gesellschaften über unterschiedliche Mitbestimmungsniveaus, führt dieser Grundsatz also zwangsläufig zu einer Erstreckung des höchsten Mitbestimmungsniveaus auch auf Arbeitnehmer, die bisher keine oder geringere Rechte im Rahmen der unternehmerischen Mitbestimmung hatten.

b) Arbeitnehmerbeteiligung im Aufsichts- bzw. Verwaltungsrat?

454 Eine Mitbestimmung der Arbeitnehmer innerhalb der SE wird grundsätzlich über die **Mitgliedschaft von Arbeitnehmervertretern** im Aufsichtsrat einer dualistischen SE oder im Verwaltungsrat einer monistischen SE (§ 21 Abs. 3 Nr. 1 SEBG, § 35 Abs. 2 S. 1 SEBG) realisiert. Dies führt in der Praxis dazu, dass eine mitbestimmte SE mit Sitz in Deutschland üblicherweise als **dualistische SE** strukturiert ist. Die Mitgliedschaft von Arbeitnehmervertretern im Aufsichtsrat einer dualistischen SE entspricht im Grundsatz weitgehend dem Mitbestimmungsstatut der deutschen Rechtformen, ist damit in Deutschland etabliert und in der Praxis akzeptiert. Dagegen bestehen erhebliche Bedenken gegen die Verwendung der monistischen Organisationsform für eine Realisierung der Mitbestimmung. Dies gilt besonders für die paritätische Mitbestimmung.

455 In einer **monistischen SE** werden die Arbeitnehmervertreter als Mitglieder des Verwaltungsrats unmittelbar an der Geschäftsleitung beteiligt. Rechtlich und wohl auch praktisch ist ihr Einfluss daher deutlich größer als in der typischen dualistischen Organisationsform. Soweit die geschäftsführenden Direktoren dem Verwaltungsrat angehören und bei einzelnen Entscheidungen einem Stimmverbot unterliegen, würden die Arbeitnehmervertreter, vor allem bei paritätischer Mitbestimmung, ein **Übergewicht** erhalten.[849] Gegen die Realisierung der paritätischen Mitbestimmung innerhalb der monistischen Organisationsform der SE, jedenfalls bei Eingreifen der gesetzlichen Auffanglösung nach § 35 SEBG, werden daher unter Berufung auf Art. 14 GG erhebliche verfassungsrechtliche Bedenken geltend gemacht.[850] Ferner hat sich in der Praxis das höhere **Haftungsrisiko** für Mitglieder des Verwaltungsrates als erhebliches Hindernis für die Realisierung jedweder Mitbestimmung in der monistischen Organisationsform erwiesen. Gerade für Arbeitnehmervertreter erscheint dieses Risiko regelmäßig nicht akzeptabel.

456 Zwar können die beschriebenen Nachteile der **monistischen Organisationsform** bei Eingreifen der Mitbestimmung durch gestaltende Eingriffe etwas gemildert werden; dennoch reichen die insoweit bestehenden Handlungsspielräume nicht aus, die monistische Organisationsform bei Eingreifen der Mitbestimmung attraktiv zu machen. So kann beispielsweise das Haftungsrisiko für die Verwaltungsratsmitglieder durch den Abschluss von D&O-Versicherungen abgemildert, nicht aber ausgeschlossen werden. Das Gleiche gilt für Maßnahmen mit dem Ziel, das Übergewicht der Arbeitnehmervertreter im Verwaltungsrat, vor allem bei Eingreifen der paritätischen Mitbestimmung abzumildern. So ist es zwar denkbar, Zuständigkeiten auf überwiegend mit Anteilseignern besetzte Ausschüsse zu verlagern;[851] allerdings sind zum einen bestimmte Aufgaben nicht delegierbar und zum anderen lässt sich hierdurch an der Gesamtverantwortung des Verwaltungsrats nichts ändern.[852]

---

[848] Vgl. *Löw/Stolzenberg* BB 2017, 245.
[849] Habersack/Drinhausen/*Scholz* SE-VO Art. 38 Rn. 25.
[850] Habersack/Henssler/*Habersack* SEBG § 35 Rn. 1; Habersack/Drinhausen/*Hohenstatt/Müller-Bonanni* SEBG § 35 Rn. 12; MüKoAktG/*Jacobs* SEBG § 35 Rn. 17 ff.; Kölner KommAktG/*Paefgen* SE-VO Art. 38 Rn. 20.
[851] Dazu etwa MüKoAktG/*Reichert/Brandes* SE-VO Art. 38 Rn. 25; Habersack/Drinhausen/*Scholz* SE-VO Art. 38 Rn. 26.
[852] Habersack/Drinhausen/*Scholz* SE-VO Art. 38 Rn. 26.

IV. Mitbestimmung auf europäischer Ebene

Ein möglicher Lösungsansatz könnte darin bestehen, die Realisierung der Mitbestimmung auf ein **anderes Gremium** zu **verlagern**. Konkret wird diskutiert, ob im Rahmen des Abschlusses einer Mitbestimmungsvereinbarung ein separates Gremium geschaffen werden kann, das die nach der SE-Richtlinie und dem SEBG notwendige Arbeitnehmerbeteiligung realisiert, ohne die Arbeitnehmervertreter zu Mitgliedern des Aufsichtsrats der dualistischen SE bzw. des Verwaltungsrats der monistischen SE zu machen. Teilweise werden solche Vorschläge vollständig abgelehnt.[853] Andere bejahen diese Möglichkeit im Rahmen der Kompetenzordnung des Art. 38 SE-VO.[854] Richtigerweise ist zu differenzieren.[855] Mit Rücksicht auf das Verschlechterungsverbot des § 21 Abs. 6 SEBG kommt der Abschluss einer Mitbestimmungsvereinbarung im Fall des Formwechsels nicht in Betracht, die anstelle der vollwertigen Mitgliedschaft von Arbeitnehmervertretern im Aufsichtsrat der dualistischen SE bzw. Verwaltungsrat der monistischen SE ein separates Gremium mit reinen Beratungs-, Informations- und Anhörungsrechten vorsieht. Außerhalb des Anwendungsbereichs des § 21 Abs. 6 SEBG bestehen jedoch weder aus gesellschaftsrechtlicher noch aus mitbestimmungsrechtlicher Sicht durchgreifende Bedenken gegen die Verlagerung der Mitbestimmung in ein separates Gremium. Insoweit hat der Grundsatz der Privatautonomie des BVG und der Leitungen bei Bestimmung des Inhalts und Umfangs der Mitbestimmung nach § 21 Abs. 3 SEBG Vorrang. Unter Einhaltung der entsprechenden Quoren wäre außerhalb des § 21 Abs. 6 SEBG eine Reduzierung oder sogar ein Verzicht auf die Arbeitnehmermitbestimmung möglich.[856] Werden die entsprechenden Quoren eingehalten, ist daher auch die Verlagerung der Arbeitnehmermitbestimmung auf ein separates Gremium zulässig, das die Mitbestimmung über Beratungs-, Informations- und/oder Anhörungsrechte realisiert.

c) Arbeitsdirektor?

Da sich die Mitbestimmung in der SE ausschließlich nach dem SEBG richtet, findet die den Arbeitsdirektor betreffende Vorschrift des § 33 MitbestG **keine Anwendung.** § 38 Abs. 2 SEBG bildet dessen Funktion jedoch in der SE nach. Dies gilt sowohl für die monistisch als auch für die dualistisch organisierte SE. Danach muss die Zahl der Mitglieder des Vertretungsorgans mindestens zwei betragen. Eines dieser Mitglieder muss für den Bereich **Arbeit und Soziales zuständig sein.**

Ob § 38 Abs. 2 SEBG **unionsrechtskonform** ist, ist heftig umstritten. Die SE-Richtlinie kennt kein entsprechendes Vorbild. Im Gegenteil stellt Art. 2 lit. k SE-RL klar, dass die Zusammensetzung des geschäftsführenden Organs nicht zur Wahrung der Mitbestimmungsrechte der Arbeitnehmer gehört. Auch § 33 MitbestG ist nicht Teil der Mitbestimmung der Arbeitnehmer, sondern betrifft ausschließlich die Zuweisung einer Sonderfunktion innerhalb des geschäftsführenden Organs einer paritätisch mitbestimmten Gesellschaft. Das SEBG verzichtet – in Umsetzung der SE-Richtlinie – fast vollständig auf Vorschriften über die Zusammensetzung und Bestellung von Mitgliedern des geschäftsführenden Organs. Soweit § 38 Abs. 2 SEBG hiervon abweicht, hat ein erheblicher Teil der Literatur unionsrechtliche Bedenken mit Verweis auf Art. 13 Abs. 2 SE-RL.[857] Andere sehen die Regelungen des § 38 Abs. 2 SEBG noch vom Gestaltungsspielraum des nationalen Gesetzgebers gedeckt und somit als legitime Umsetzung des Rechtsgedankens des § 33 MitbestG.[858]

Die Zuweisung des Bereichs Arbeit und Soziales an ein Vorstandsmitglied bzw. an einen geschäftsführenden Direktor führt unabhängig davon, in welchem Umfang die SE mitbestimmt ist, dazu, dass ein dem Arbeitsdirektor iSd § 33 MitbestG vergleichbares Mitglied dem geschäftsführenden Organ auch dann angehören müsste, wenn die Gesellschaft nur der Drittelbeteiligung oder einem geringeren Maß der Mitbestimmung unterläge. Daher wird der **Anwendungsbereich** des § 38 Abs. 2 SEBG zu Recht auf solche Fälle **begrenzt,** in denen zumindest eine der beteiligten Gründungsgesellschaften dem MitbestG unterlag und daher gemäß § 33 MitbestG einen Arbeitsdirektor zu bestellen hatte.[859]

Inhaltlich entspricht der einem Mitglied des geschäftsführenden Organs zuzuweisende Bereich Arbeit und Soziales im Sinne des § 38 Abs. 2 SEBG den Aufgaben eines Arbeitsdirektors gemäß § 33 MitbestG.

---

[853] *Forst,* Die Beteiligungsvereinbarung nach § 21 SEBG, 2010, 293 ff.; Lutter/Homelhoff/Teichmann/*Oetker* SEBG § 21 Rn. 82.
[854] MüKoAktG/*Reichert/Brandes* SE-VO Art. 38 Rn. 32 f.; *Schiessl* ZHR 167 (2003), 235 (254 f.); Habersack/Drinhausen/*Scholz* SE-VO Art. 38 Rn. 15.
[855] Kölner Komm AktG/*Paefgen* SE-VO Art. 38 Rn. 39.
[856] Kölner Komm AktG/*Feuerborn* SEBG Art. 21 Rn. 43; Habersack/Henssler/*Henssler* Einl. SEBG Rn. 157; Habersack/Drinhausen/*Scholz* SE-VO Art. 38 Rn. 16.
[857] Kölner Komm AktG/*Feuerborn* SEBG § 38 Rn. 12; AKRR/*Rudolph* SEBG § 38 Rn. 5; Habersack/Henssler/*Habersack* SEBG § 38 Rn. 2; *Forst,* Die Beteiligungsvereinbarung nach § 21 SEBG, 2010, 206; offen dagegen Habersack/Drinhausen/*Hohenstatt/Müller-Bonanni* SEBG § 38 Rn. 8; Habersack/Drinhausen/*Seibt* SE-VO Art. 39 Rn. 41.
[858] MüKoAktG/*Jacobs* SEBG § 38 Rn. 4.
[859] Habersack/Henssler/*Habersack* SEBG § 38 Rn. 42; Habersack/Drinhausen/*Hohenstatt/Müller-Bonanni* SEBG § 38 Rn. 5; MüKoAktG/*Jacobs* SEBG § 38 Rn. 4; aA Lutter/Homelhoff/Teichmann/*Oetker* SEBG § 38 Rn. 10; AKRR/*Rudolph* SEBG § 38 Rn. 3.

Im Übrigen verbietet sich aber eine Übertragung der Grundsätze des MitbestG auf die dualistische oder monistische SE. Es handelt sich bei dem Bereich Arbeit und Soziales iSd § 38 Abs. 2 SEBG nur um eine **Ressortzuständigkeit** eines der Mitglieder des geschäftsführenden Organs. Anders als bei § 33 MitbestG bedarf es **keiner ressortgebundenen Bestellung** zum Arbeitsdirektor (→ Rn. 240 ff.).[860] Für Bestellung und Abberufung sind daher bei der dualistischen SE das Aufsichtsorgan (Art. 39 Abs. 2 S. 1 SE-VO) und bei der monistischen SE der Verwaltungsrat (§ 40 Abs. 2 S. 1 SEAG) zuständig. Der Aufsichts- bzw. Verwaltungsrat kann daher dem jeweiligen Vorstandsmitglied bzw. geschäftsführenden Direktor auch weitere Aufgaben neben dem Bereich Arbeit und Soziales übertragen. Eine solche Zuweisung kann der Aufsichts- bzw. Verwaltungsrat auch über die Geschäftsordnung vornehmen.[861] Auch das für § 33 MitbestG geltende Gebot der Gleichbehandlung des Arbeitsdirektors im Verhältnis zu den übrigen Mitgliedern des geschäftsführenden Organs gilt für § 38 Abs. 2 SEBG nicht. So kann beispielsweise dem Vorsitzenden des geschäftsführenden Organs ein Vetorecht gegenüber dem für den Bereich Arbeit und Soziales zuständigen Organmitglied zugewiesen werden.[862]

d) Bedeutung des Statusverfahrens

462 Die Regelungen des sogenannten Statusverfahrens nach §§ 97–99 AktG finden grundsätzlich auch auf die dualistische und monistische SE Anwendung (→ Rn. 496). Dies ergibt sich für die dualistische SE über die Generalverweisung in Art. 9 Abs. 1 lit. c ii SE-VO, für die monistische SE über §§ 25, 26 SEAG.[863] Die SE unterliegt daher – wie deutsche Rechtsformen – dem mitbestimmungsrechtlichen **Kontinuitätsprinzip** (§ 96 Abs. 4 AktG). Das bedeutet, dass Voraussetzung für die Änderung der Zusammensetzung des Aufsichts- bzw. Verwaltungsrats in mitbestimmungsrechtlicher Hinsicht die **Durchführung** des außergerichtlichen oder gerichtlichen **Statusverfahrens** ist. Mit dem Statusverfahren kann geklärt werden, ob die Zusammensetzung den Bestimmungen einer Mitbestimmungsvereinbarung oder der gesetzlichen Auffangregelung entspricht. Soweit dagegen die Wirksamkeit einer Mitbestimmungsvereinbarung in Streit steht, sind für die Klärung dieser Frage die Gerichte für Arbeitssachen zuständig (→ Rn. 499).[864]

463 Uneinigkeit herrscht darüber, ob im Rahmen des Vorher-Nachher-Prinzips das Ist[865]- oder das Sollstatut[866] maßgeblich ist.[867] Für den Soll-Zustand spricht, dass das Vorher-Nachher-Prinzip den Arbeitnehmern ein einmal erlangtes Mitbestimmungsniveau erhalten soll.[868] Allerdings ist fraglich, ob vor Abschluss des Statusverfahrens überhaupt von einem erlangten Mitbestimmungsniveau gesprochen werden kann.[869] Zudem würde es zu erheblicher Rechtsunsicherheit führen, wenn das Mitbestimmungsstatut nachträglich auf unabsehbare Zeit bezogen auf den (dann möglicherweise lang zurückliegenden) Zeitpunkt der Gründung der SE wieder geändert werden könnte.[870] Auch kann es nicht Aufgabe des Statusverfahrens sein zu prüfen, ob eine längst überholte Mitbestimmung zu ihrer Zeit im Einklang mit rechtlichen Vorschriften stand.[871] Richtigerweise ist daher auf den **Ist-Zustand** abzustellen.

464 Da für das Vorher-Nachher-Prinzip der **Ist-Zustand** maßgeblich ist, muss im Zeitpunkt der Gründung der SE das außergerichtliche oder gerichtliche **Statusverfahren abgeschlossen** sein, um das in diesem Rahmen festgestellte Mitbestimmungsniveau zu perpetuieren.[872] Läuft das Statusverfahren in diesem Zeitpunkt noch, wird der zuletzt geltende Mitbestimmungszustand (§ 96 Abs. 4 AktG) für die Bestimmung des Mitbestimmungsniveaus in der SE zugrunde gelegt. Der BGH ist dagegen der Ansicht, das angewandte Mitbestimmungsregime sei in Konstellationen, in denen ein Statusverfahren bereits eingeleitet wurde und vor dessen Abschluss die Eintragung ins Handelsregister erfolgt, noch korrigierbar. Ziel von SEBG und SE-RL sei es, bereits erworbene Rechte der Arbeitnehmer über ihre Beteiligung an Un-

---

[860] Habersack/Henssler/*Habersack* SEBG § 38 Rn. 43; Habersack/Drinhausen/Hohenstatt/*Müller-Bonanni* SEBG § 38 Rn. 7.
[861] Habersack/Drinhausen/Hohenstatt/*Müller-Bonanni* SEBG § 38 Rn. 7.
[862] So zutreffend Habersack/Henssler/*Habersack* SEBG § 38 Rn. 43.
[863] Habersack/Drinhausen/*Seibt* SE-VO Art. 40 Rn. 74.
[864] *Forst*, Die Beteiligungsvereinbarung nach § 21 SEBG, 2010, 336 (407 f.); aA Habersack/Drinhausen/*Seibt* SE-VO Art. 40 Rn. 74.
[865] So etwa LG München I ZIP 2018, 1546 (1548); LG Frankfurt a. M. NZG 2018, 587; Habersack/Drinhausen/Hohenstatt/*Müller-Bonanni* SEBG § 34 Rn. 6; MüKoAktG/*Jacobs* SEBG § 34 Rn. 5, § 35 Rn. 2; Lutter/Hommelhoff/Teichmann/*Oetker* SEBG § 34 Rn. 15.
[866] So OLG Frankfurt BB 2018, 2387; NK-ArbR/*Sagan* SEBG § 34 Rn. 3; *Grambow* BB 2012, 902 (904); *Kienast* DB 2018, 2487; *Ziegler/Gey* BB 2009, 1750 (1757).
[867] Ausführlich zum Streitstand *Habersack* AG 2018, 823 (827); *Grambow* BB 2012, 902.
[868] *Grambow* BB 2012, 902.
[869] *Habersack* AG 2018, 823 (828 f.).
[870] Habersack/Drinhausen/Hohenstatt/*Müller-Bonanni* SEBG § 34 Rn. 6.
[871] *Habersack* AG 2018, 823 (827).
[872] Vgl. *Mückl* BB 2018, 2868 (2870).

ternehmensentscheidungen zu sichern. Diesem Zweck stünde es entgegen, wenn einem bereits eingeleiteten Statusverfahren durch die Eintragung in das Handelsregister der Prüfungsgegenstand entzogen würde, zumal sich die Dauer eines Statusverfahren durch von den Antragstellern nicht zu beeinflussende Umstände oder gar dem Prozessverhalten der Antragsgegnerseite verzögern kann.[873] Das überzeugt nicht. Das Kontinuitätsprinzip des Mitbestimmungsrechts spricht dafür, auf das vor Eintragung der SE zuletzt wirksam festgestellte Mitbestimmungsstatut abzustellen und nicht Korrekturen nach Eintragung der SE mit Blick auf noch laufende Statusverfahren zuzulassen. Mit Rücksicht auf das gesetzliche Fristenregime für die Gründung der SE, insbesondere für Verhandlungen mit dem BVG und den Abschluss einer Mitbestimmungsvereinbarung, besteht für eine Aussetzung des Eintragungsverfahrens bei laufendem Statusverfahren kein Grund.[874]

3. Mitbestimmung bei grenzüberschreitenden Verschmelzungen (MgVG)

Spezifische unionsrechtliche Rahmenbedingungen für die unternehmerische Mitbestimmung existieren auch für grenzüberschreitende Verschmelzungen. Anders als bei der SE hat die EU insoweit allerdings keine eigene Rechtsform zur Verfügung gestellt, sondern durch gesellschaftsrechtliche und mitbestimmungsrechtliche Vorschriften einen **Rechtsrahmen zur Erleichterung grenzüberschreitender Verschmelzungen** geschaffen.[875]

Ursprünglich durch die **Verschmelzungsrichtlinie** vom 26.10.2005 geschaffen, finden sich die unionsrechtlichen Vorgaben inzwischen in Art. 118ff. RL 2017/1132/EG vom 14.6.2017. Die für die unternehmerische Mitbestimmung maßgeblichen Vorschriften des Art. 16 der Verschmelzungsrichtlinie finden sich – inhaltlich unverändert – in Art. 133 RL 2017/1132/EG. In das deutsche Recht sind die gesellschaftsrechtlichen Vorgaben zur grenzüberschreitenden Verschmelzung in §§ 122a ff. UmwG, die mitbestimmungsrechtlichen Vorgaben im MgVG umgesetzt.

Vom Anwendungsbereich des Unionsrechts und der deutschen Umsetzungsgesetze erfasst sind grenzüberschreitende Verschmelzungen von Kapitalgesellschaften, die ihren Sitz in unterschiedlichen Mitgliedstaaten der EU haben. Die aus einer grenzüberschreitenden Verschmelzung hervorgehende Gesellschaft bleibt eine **Kapitalgesellschaft nationalen Rechts,** genauer: des Sitzstaates. Im Falle der Hineinverschmelzung einer Kapitalgesellschaft eines anderen EU-Mitgliedstaats nach Deutschland ist die aus der grenzüberschreitenden Verschmelzung hervorgehende Gesellschaft damit nach wie vor in der Rechtsform organisiert, die sie vor der Verschmelzung hatte (also AG, GmbH oder KGaA). Die beschriebene Konzeption des Unionsrechts hat zur Folge, dass einer deutschen Kapitalgesellschaft nicht auf den ersten Blick anzusehen ist, ob sie dem Anwendungsbereich eines deutschen Mitbestimmungsgesetzes oder den Regelungen des MgVG unterliegt.

Anders als bei der SE, für die stets das Mitbestimmungsregime des SEBG (Verhandlungslösung oder gesetzliche Auffangregelung) gilt, kommt für die aus einer grenzüberschreitenden Verschmelzung hervorgehende Gesellschaft das Mitbestimmungsregime des MgVG nur dann zur Anwendung, wenn dessen Anwendungsvoraussetzungen im konkreten Verschmelzungsvorgang erfüllt sind. Hierzu hat das europäische Recht ein Regel-Ausnahme-Verhältnis geschaffen. Danach findet auf die aus der grenzüberschreitenden Verschmelzung hervorgehende Gesellschaft grundsätzlich das Mitbestimmungsrecht des Mitgliedstaats Anwendung, in dem die Zielgesellschaft ihren Sitz hat. Nur dann, wenn die **spezifischen Anwendungsvoraussetzungen des MgVG** erfüllt sind, ist ein dem SEBG nachgebildetes Beteiligungsverfahren durchzuführen. Ebenso wie bei der SE kommt es dann primär zu Verhandlungen und sekundär zum Eingreifen der gesetzlichen Auffangregelung, für die – wiederum wie bei der SE – das Vorher-Nachher-Prinzip gilt.[876] Auch bei der grenzüberschreitenden Verschmelzung wird damit im Ausgangspunkt das höchste Niveau einer unternehmerischen Mitbestimmung gewahrt, das in einer an der grenzüberschreitenden Verschmelzung beteiligten Gesellschaft vor der Verschmelzung galt, und in der Zielgesellschaft perpetuiert.[877]

Im Rahmen der grenzüberschreitenden Verschmelzung finden die aus dem SEBG bekannten Grundsätze für die Bestimmung des Mitbestimmungsregimes der Zielgesellschaft Anwendung. Allerdings lässt das Unionsrecht einige **Vereinfachungen des Mitbestimmungsverfahrens** im Vergleich zur SE zu.[878]

---

[873] BGH ZIP 2019, 1762 (1763f.).
[874] So zutreffend Habersack/Drinhausen/*Seibt* SE-VO Art. 40 Rn. 74.
[875] Zur Bedeutung dieser Rechtsvorschriften zur Wahrung der unionsrechtlich garantierten Niederlassungsfreiheit siehe nur EuGH NJW 2006, 425 – SEVIC.
[876] Vgl. *Götze/Winzer/Arnold* ZIP 2009 245, (253).
[877] Zu den Anwendungsvoraussetzungen des § 5 MgVG siehe näher *Götze/Arnold* in Frotz/Kaufmann, Grenzüberschreitende Verschmelzungen, Deutschland Rn. 80ff.; Habersack/Henssler/*Habersack* § 5 MgVG Rn. 2ff.; MHdB ArbR/*Naber/Sittard* § 386 Rn. 5 ff.
[878] Übersicht zB bei MHdB ArbR/*Naber/Sittard* § 386 Rn. 109.

Für die Praxis am wichtigsten ist die in § 23 Abs. 1 S. 1 Nr. 3 MgVG vorgesehene Möglichkeit, dass die Leitungen unmittelbar für die Anwendung der gesetzlichen Auffangregelung optieren. Auf diese Weise kann die bei der SE zwingend vorgesehene sechsmonatige Verhandlungsphase (§ 20 SEBG) vermieden werden.

470 Ist das MgVG anwendbar und trifft das BVG keinen Beschluss über die Nichtaufnahme oder den Abbruch der Verhandlungen, findet auf die aus der grenzüberschreitenden Verschmelzung hervorgehende Gesellschaft das Mitbestimmungsregime einer etwaig abgeschlossenen Mitbestimmungsvereinbarung oder – mangels einer solchen Vereinbarung – der gesetzlichen Auffangregelung des MgVG Anwendung. Eine solche Kapitalgesellschaft nationalen Rechts unterliegt damit **nicht** den **nationalen Mitbestimmungsgesetzen,** sondern allein dem MgVG. Im Falle der Hineinverschmelzung gilt das also insbesondere für die AG und die GmbH mit Sitz in Deutschland.

V. Vertragliche Gestaltung der Mitbestimmung (Mitbestimmungsverträge)

471 Nicht erst seit europäische Mitbestimmungsregularien eine Verhandlungslösung vorsehen,[879] wird diskutiert, ob und wie weit vertragliche Vereinbarungen über die Unternehmensmitbestimmung zulässig sind.[880] Greift beispielsweise in einem Unternehmen nicht bereits kraft Gesetzes ein bestimmtes Mitbestimmungsregime, stellt sich die Frage, ob durch vertragliche Vereinbarung eine **Mitbestimmung verankert** werden kann. An solchen Vereinbarungen könnten insbesondere Gewerkschaften und Betriebsräte Interesse haben, wenn in Unternehmen in ihren Augen keine ausreichenden Mitbestimmungsregime greifen. Doch auch in Fällen, in denen bereits eine gesetzliche Mitbestimmung greift, kann die Frage aufkommen, ob vertraglich eine **weitergehende Mitbestimmung vereinbart** werden kann oder vertraglich eine Modifikation des Mitbestimmungsrechts möglich ist.[881]

1. Disposition über die Mitbestimmungsregelungen

472 Maßgeblich dafür, ob solche **vertraglichen Vereinbarungen** über die Mitbestimmung überhaupt zulässig sein können, ist zunächst, wie weit der zwingende Charakter des gesetzlichen Mitbestimmungsrechts geht und wo eine Disposition möglich ist.

473 Nach einhelliger Auffassung ist ein einschlägiges Mitbestimmungsgesetz zumindest dahingehend zwingend, dass **zulasten** der Arbeitnehmer und des diesen durch ihre Teilhabe an der Unternehmensmitbestimmung zugebilligten Sozialschutzes **nicht** von Mitbestimmungsregelungen abgewichen werden kann.[882] Umstrittener ist dagegen, ob daraus auch folgt, dass **mitbestimmungserweiternde Vereinbarungen** unzulässig sind.[883]

474 Neben dem zwingenden Charakter der jeweiligen Mitbestimmungsgesetze selbst sind gesellschaftsrechtliche Grundsätze zu beachten. Namentlich ist das die **Satzungsstrenge** nach § 23 Abs. 5 AktG. Danach sind Abweichungen vom Gesetz nur zulässig, wenn dies durch das Gesetz ermöglicht wird. Dieser Grundsatz ist nicht nur auf das Aktienrecht beschränkt, sondern findet auch auf die KGaA (§ 278 Abs. 3 AktG iVm § 23 Abs. 5 AktG), die Genossenschaft (§ 18 S. 2 GenG) sowie den VVaG (§§ 173, 189 VAG) Anwendung.[884] Etwas anderes gilt dagegen im Recht der GmbH. Gemäß § 52 Abs. 1 **GmbHG** besteht eine recht weitgehende **Satzungsfreiheit** bezüglich des Aufsichtsrats.[885] Sie wird jedoch ihrerseits wiederum durch das gesetzliche Mitbestimmungsregime begrenzt.[886]

475 Auch in übergeordneten **grundgesetzlichen Regelungen** finden privatautonome Vereinbarungen über Mitbestimmungsregelungen **Beschränkungen.** So wird teilweise vertreten, der verfassungsrechtlich gewährleistete Eigentumsschutz des Art. 14 GG stehe beispielsweise einer vertraglichen Vereinbarung einer „Überparität" zugunsten der Arbeitnehmer grundsätzlich entgegen.[887] Andere sehen dies im Anwen-

---

[879] Siehe zum SEBG → Rn. 448 ff.; zum MgVG → Rn. 465 ff.
[880] Vgl. zB bereits das Lüdenscheider Abkommen vom 19.8.1959 zur Erhaltung der Montanmitbestimmung.
[881] Zu den verschiedenen Arten und Zielrichtungen der vertraglichen Mitbestimmungsregelungen vgl. zB *Seibt* AG 2005, 413 ff.; *Köstler/Müller/Sick* Aufsichtsratspraxis 171; *Raiser* BB 1977, 1461.
[882] *Röder,* Der Aufsichtsrat nach dem Drittelbeteiligungsgesetz, 2016, 168; Raiser/Veil/Jacobs/*Raiser* MitbestG § 1 Rn. 56 ff.; *Köstler/Müller/Sick* Aufsichtsratspraxis 172.
[883] Für eine relative weitgehende Unzulässigkeit Raiser/Veil/Jacobs/*Raiser* MitbestG § 1 Rn. 56 ff.; wohl auch Beck-OGK/*Spindler* AktG § 96 Rn. 36 ff.; differenzierender dagegen *Köstler/Müller/Sick* Aufsichtsratspraxis 172 ff.; *Seibt* AG 2005, 413 ff.; *Röder,* Der Aufsichtsrat nach dem Drittelbeteiligungsgesetz, 2016, 169; näher → Rn. 476 ff.
[884] *Röder,* Der Aufsichtsrat nach dem Drittelbeteiligungsgesetz, 2016, 169; WKS/*Kleinsorge* DrittelbG § 4 Rn. 3; *Köstler/Müller/Sick* Aufsichtsratspraxis 172.
[885] MüKoGmbHG/*Spindler* GmbHG § 52 Rn. 82, 135.
[886] Vgl zB BeckHdB GmbH/*Müller* § 6 Rn. 72 für das DrittelbG.
[887] *Seibt* AG 2005, 413 (415); WHSS/*Seibt* F Rn. 13.

dungsbereich des MitbestG nicht so eng, da eine Überparität auch dann entstehen könne, wenn – was im Rahmen des § 27 Abs. 1 MitbestG unbedenklich möglich wäre – ein Arbeitnehmervertreter als Aufsichtsratsvorsitzender gewählt würde. Daran könne dann auch die Tatsache, dass ein Arbeitnehmervertreter nur unter den verschärften Voraussetzungen des § 23 MitbestG wieder abberufen werden könnte, nichts ändern.[888] Auch im grundgesetzlich gewährleisteten **Tendenzschutz** (vgl. zB Art. 4, 5 Abs. 1 S. 2, Abs. 3 GG, Art. 9 Abs. 3 GG) werden teilweise Beschränkungen für privatautonome Gestaltungen gesehen, deren Reichweite allerdings unterschiedlich bewertet wird.[889]

2. Erweiterung der Mitbestimmung

Während der **zwingende Charakter** eines einschlägigen Mitbestimmungsgesetzes eine **Einschränkung** der Mitbestimmung verhindert, sind verschiedene Möglichkeiten der **Erweiterung** der Unternehmensmitbestimmung zumindest denkbar: Zum einen könnten vertraglich Mitbestimmungsregelungen eines nicht bereits kraft Gesetzes einschlägigen Regelungsregimes vereinbart werden (→ Rn. 477 ff.). Desweiteren könnte erwogen werden, im Geltungsbereich eines kraft Gesetz geltenden Mitbestimmungsregimes die Anwendung eines anderen zu vereinbaren (→ Rn. 480 f.). Schließlich könnte man innerhalb eines Mitbestimmungsregimes einzelne Sach- oder Rechtsfragen durch vertragliche Vereinbarung (möglicherweise abweichend) regeln (→ Rn. 482 ff.). 476

a) Vertragliche Vereinbarung eines Mitbestimmungsregimes

In Unternehmen, die **nicht bereits unter eines der Mitbestimmungsgesetze fallen,** könnte aufgrund einer Vereinbarung die Geltung eines gesetzlichen oder eines vertraglich ausgestalteten Mitbestimmungsrechts eingeführt werden (sog. **statusbegründende Mitbestimmungsvereinbarung**). Dem stehen zumindest die gesetzlichen Mitbestimmungsregelungen nicht entgegen, da sie gerade nicht anwendbar sind und auch keine abschließende Wirkung dahingehend entfalten, dass sie eine Mitbestimmung in anderen Fällen ausschließen. 477

Allerdings ziehen in solchen Fällen die **gesellschaftsrechtlichen Vorgaben** für die AG, die KGaA, die eG sowie den VVaG enge Grenzen, die einer solchen von der jeweiligen gesetzlichen Regelung (§ 96 AktG, § 36 GenG; § 189 VAG) abweichenden Vereinbarung entgegenstehen.[890] Folglich kann hier die Anwendung eines der Mitbestimmungsgesetze nicht vereinbart werden. 478

Etwas Anderes gilt dagegen für mitbestimmungserweiternde Vereinbarungen bei der **GmbH.** Hier besteht keine gesetzlich zwingende Regel über die Besetzung eines Aufsichtsrats. Vielmehr handelt es sich nach § 52 GmbHG um einen **fakultativen Aufsichtsrat,** für dessen Zusammensetzung keine gesetzlichen Vorgaben existieren. Seine Besetzung, auch mit Arbeitnehmervertretern, kann folglich in der Satzung geregelt werden.[891] 479

b) Vertragliche Vereinbarung eines anderen Mitbestimmungsregimes?

Aufgrund der zwingenden Wirkung des jeweiligen gesetzlichen Mitbestimmungsregimes ist im Grundsatz keine vertragliche Vereinbarung eines **anderen gesetzlichen Mitbestimmungsrechts** (sog. **statusändernde Mitbestimmungsvereinbarung**) möglich. Dies muss zumindest für die Vereinbarung eines „schwächeren" Mitbestimmungsregimes gelten. Diskutiert wird jedoch die Konstellation, dass im Anwendungsbereich des DrittelbG zugunsten der Arbeitnehmerseite die Anwendung des MitbestG vereinbart wird. Auch hier muss nach der jeweiligen Rechtsform unterschieden werden. Bei AG, KGaA, eG oder VVaG scheidet eine Erweiterung aus (→ Rn. 477).[892] 480

Ob dies auch für die **GmbH** gilt, ist dagegen umstritten: Zum einen wird dafür plädiert, dass das DrittelbG seinerseits zwingende Wirkung auch dahingehend hat, dass genau ein Drittel des Aufsichtsrats mit Arbeitnehmervertretern besetzt werden muss und daher keine abweichende Vereinbarung in der Sat- 481

---

[888] *Henssler* ZfA 2000, 241 (261 f.).
[889] Vgl. insoweit *Seibt* AG 2005, 413 (415); WHSS/*Seibt* F Rn. 13, der allerdings einräumt, dass auch in Tendenzunternehmen privatautonome Gestaltungen üblich sind, die trotz der § 1 Abs. 2 S. 1 Nr. 2, S. 2 DrittelbG und § 1 Abs. 4 MitbestG in Tendenzunternehmen eine Mitbestimmung auf Unternehmensebene etablieren.
[890] *Seibt* AG 2005, 413 (416); *Röder,* Der Aufsichtsrat nach dem Drittelbeteiligungsgesetz, 2016, 169; WKS/*Wißmann* MitbestG § 1 Rn. 6.
[891] Vgl. zB WKS/*Kleinsorge* DrittelbG § 4 Rn. 4; WKS/*Wißmann* MitbestG § 1 Rn. 7; ErfK/*Oetker* Einf. DrittelbG Rn. 7.
[892] So die herrschende Meinung vgl. mwN Semler/v. Schenck/*Gittermann* AktG § 96 Rn. 55; WKS/*Kleinsorge* DrittelbG § 4 Rn. 4; MHdB AG/*Hoffmann-Becking* § 28 Rn. 46; *Röder,* Der Aufsichtsrat nach dem Drittelbeteiligungsgesetz, 2016, 169.

zung zulässig ist.[893] Die überwiegende Ansicht dagegen sieht bei der GmbH Spielraum für eine Erweiterung in der Satzung, da das DrittelbG lediglich ein Mindestmaß vorgebe. Mitbestimmungserweiternde Vereinbarungen bis hin zur paritätischen Besetzung seien daher möglich.[894] Zu beachten ist jedoch, dass nicht per se die Anwendung zB des MitbestG in der Satzung vereinbart werden kann, sondern zumindest für das erste Drittel der Arbeitnehmervertreter die Wahl zwingend nach dem DrittelbG zu erfolgen hat.[895]

c) Vertragliche Vereinbarung innerhalb eines geltenden Mitbestimmungsregimes?

482 Steht das anzuwendende gesetzliche Mitbestimmungsregime fest, ist weiter zu fragen, inwieweit **einzelne Aspekte der Mitbestimmung** vertraglich geregelt werden können. Hier kommen beispielsweise Vereinbarungen zur Klärung zweifelhafter Rechts- oder Tatsachenfragen genauso in Betracht, wie Vereinbarungen zur Vereinfachung oder Anpassung des gesetzlichen Mitbestimmungsrechts.[896]

483 Bei Vereinbarungen, die eine **zweifelhafte Rechts- oder Tatsachenfrage klären,** wird die Zulässigkeit rechtsformübergreifend weitgehend befürwortet.[897] Rechtsdogmatisch werden solche Vereinbarungen, sofern ein gegenseitiges Nachgeben vorliegt, regelmäßig als **Vergleich** im Sinne des § 779 BGB einzuordnen sein.[898] So können Vereinbarungen beispielsweise über den Kreis der aktiv und/oder passiv Wahlberechtigten getroffen werden, soweit hier Unklarheit herrscht (zB bei Arbeitnehmern mit Doppelarbeitsverhältnissen oder aus Gemeinschaftsunternehmen)[899] oder es um den Tendenzcharakter einer Teil-Konzernspitze oder das Feststellen eines Konzerns im Konzern geht.[900] Begründet wird die Zulässigkeit damit, dass die Parteien anderenfalls zum Prozessieren gezwungen würden, was weder Ziel des zwingenden Charakters ist noch im Interesse der Parteien liegt.[901]

484 Umstrittener ist dagegen, ob Vereinbarungen zur Vereinfachung oder Anpassung des gesetzlichen Mitbestimmungsrechts, sog. **Rationalisierungsvereinbarungen,** zulässig sind. Solche Vereinbarungen werden einerseits vollständig abgelehnt, da den Parteien die Dispositionsbefugnis über das Mitbestimmungsregime fehle.[902] Dem dürfte aufgrund des zwingenden Charakters des Mitbestimmungsrechts jedenfalls insoweit zuzustimmen sein, als die Qualität der Mitbestimmung geändert wird (→ Rn. 477 ff. zu den statusändernden bzw. → Rn. 480 ff. zu statusbegründenden Mitbestimmungsvereinbarungen).[903] Überwiegend für zulässig erachtet werden dagegen Rationalisierungsvereinbarungen, soweit sie eine Vereinfachung oder Anpassung des Wahlverfahrens betreffen.[904] Nach überwiegender Meinung ist es hingegen nicht möglich, andere Mehrheitserfordernisse als gesetzlich vorgesehen (§ 111 Abs. 4 AktG; § 29 Abs. 1 MitbestG) zu vereinbaren.[905]

485 Soweit – etwa für die GmbH – statusbegründende oder -ändernde Vereinbarungen (→ Rn. 477 ff., 480 ff.) zulässig sind, ist auf Anteileignerseite die Gesellschafterversammlung **zuständig.** Im Unterschied dazu sind für Vergleichs- bzw. Rationalisierungsvereinbarungen die geschäftsführenden Organe zuständig.[906] Zur Zuständigkeit auf Arbeitnehmer(vertreter)seite → Rn. 490.

3. Praktische Handhabung

486 Trotz der rechtlich nur eingeschränkten vertraglichen Regelungsmacht hat die Praxis Wege gefunden, **praxistaugliche** und – in der Regel – auf die jeweilige Unternehmenssituation zugeschnittene Lösungen

---

[893] ErfK/*Oetker* Einf. DrittelbG Rn. 7; Habersack/Henssler/*Habersack* MitbestG § 1 Rn. 23; wohl auch MHdB AG/*Hoffmann-Becking* § 28 Rn. 46.
[894] Vgl jeweils mwN Habersack/Henssler/*Henssler* DrittelbG § 4 Rn. 10a; WHSS/*Seibt* F Rn. 14; WKS/*Wißmann* MitbestG § 1 Rn. 7; *Henssler* FS Westermann, 2008, 1019 (1023 f.); noch zum alten BetrVG OLG Bremen NJW 1977, 1153.
[895] Habersack/Henssler/*Henssler* DrittelbG § 4 Rn. 10a; *Henssler* FS Westermann, 2008, 1019 (1028 f.).
[896] Vgl. zur Einteilung verschiedener Arten von Mitbestimmungsvereinbarungen *Seibt* AG 2005, 413 ff.; *Köstler/Müller/Sick* Aufsichtsratspraxis 171; *Raiser* BB 1977, 1461.
[897] Vgl. zB Habersack/Henssler/*Habersack* Einl. MitbestG Rn. 47; MüKoAktG/*Habersack* AktG § 96 Rn. 29; *Raiser* BB 1977, 1461 (1466); MHdB AG/*Hoffmann-Becking* § 28 Rn. 50; BeckOGK/*Spindler* AktG § 96 Rn. 43.
[898] MHdB AG/*Hoffmann-Becking* § 28 Rn. 50; WHSS/*Seibt* F Rn. 14; kritsch Hüffer/Koch/*Koch* AktG § 96 Rn. 3.
[899] Vgl. *Seibt* AG 2005, 413 (418).
[900] *Seibt* AG 2005, 413 (418); Habersack/Henssler/*Habersack* Einl. MitbestG Rn. 47; MüKoAktG/*Habersack* AktG § 96 Rn. 29.
[901] Habersack/Henssler/*Habersack* Einl. MitbestG Rn. 47 mit Verweis auf die Handhabung bei anderen zwingenden im öffentlichen Interesse stehenden Schutzvorschriften; *Raiser* BB 1977, 1461 (1466).
[902] Hüffer/Koch/*Koch* AktG § 96 Rn. 3; Habersack/Henssler/*Habersack* Einl. MitbestG Rn. 48; MüKoAktG/*Habersack* AktG § 96 Rn. 29; Semler/v. Schenck/*Gittermann* AktG § 96 Rn. 55.
[903] So differenzierend auch MHdB AG/*Hoffmann-Becking* § 28 Rn. 52.
[904] MHdB AG/*Hoffmann-Becking* § 28 Rn. 52; WHSS/*Seibt* F Rn. 14; *Seibt* AG 2005, 413 (418); *Raiser* BB 1977, 1461 (1466 ff.).
[905] WKS/*Schubert* MitbestG § 29 MitbestG Rn. 6; vgl. auch *Köstler/Müller/Sick* Aufsichtsratspraxis 172 Rn. 541.
[906] Vgl. zur Zuständigkeit auf Anteilseigner/Unternehmerseite WHSS/*Seibt* F Rn. 16.

a) Wahl von Arbeitnehmervertretern auf die Bank der Anteilseigner

Eine weit verbreitete und anerkannte Möglichkeit ist, Arbeitnehmervertreter als formale Arbeitgebervertreter in den Aufsichtsrat zu wählen.[907] Damit ist **keine unzulässige Erweiterung** der gesetzlichen Mitbestimmung (→ Rn. 476 ff.) verbunden, da diese Aufsichtsratsmitglieder von den Anteilseignern bestimmt werden und somit formal keine Arbeitnehmervertreter sind. Insbesondere die entsprechenden gesetzlichen Regelungen für Vertreter der Arbeitnehmer sind nicht anzuwenden.[908] Ein solches Vorgehen ist möglich, wenn zum einen eine Mitbestimmung gesetzlich überhaupt nicht vorgesehen ist oder zum anderen, wenn die gesetzliche Mitbestimmung eingreift, diese aber erweitert werden soll. Ggf. wäre so sogar eine Überparität zugunsten der Arbeitnehmerseite denkbar, wenngleich dies praktisch kaum eine Rolle spielt.

b) Vertragliche Umsetzung

Eine **Wahl von Arbeitnehmervertretern auf Anteilseignerseite** ist im Grundsatz vom „good will" der Anteilseigner abhängig. Daher kann gerade auf Arbeitnehmer(vertreter)seite das Interesse bestehen, vertraglich eine solche Vorgehensweise zu vereinbaren. In diesem Zusammenhang stellen sich jedoch mehrere Fragen:

Eine Vereinbarung, durch die sich die Anteilseignerseite verpflichtet, eine gewisse Anzahl an „Arbeitnehmervertretern" als Anteilseignervertreter in den Aufsichtsrat zu wählen, wird häufig als **Stimmbindungsvertrag** (teilweise auch schlicht als Mitbestimmungsvertrag) bezeichnet. Inwieweit diese Vereinbarungen möglich sind, hängt von verschiedenen Faktoren ab. Zunächst muss unterschieden werden, mit wem auf Anteilseigner-/Unternehmerseite der Vertrag abgeschlossen wird. Handelt es sich um einen Vertrag zwischen einzelnen bzw. mehreren Anteilseignern, so wird ein solcher – schuldrechtlich wirkender – Vertrag regelmäßig für zulässig erachtet.[909] Soll der Vertrag dagegen mit der Gesellschaft abgeschlossen werden, wäre das eine Umgehung der Wahlfreiheit der Aktionäre und damit unzulässig.[910] Genauso wird ein Vertrag zwischen Arbeitnehmern und Aktionären teilweise für unzulässig erachtet.[911] Andere halten Stimmbindungsverträge sogar generell für eine unzulässige Abweichung von zwingenden Mitbestimmungsregelungen.[912] Der BGH hat die Zulässigkeit von Stimmbindungsverträgen bisher offengelassen.[913]

Soweit man solche Verträge für zulässig erachtet, stellt sich die weitere Frage, wer auf **Arbeitnehmerseite** für deren Abschluss **zuständig** ist. Überwiegend werden hierfür die Gewerkschaften angeführt.[914] Teilweise wird auch schlicht „die Belegschaft" für zuständig erachtet.[915] Teilweise wird auch dem Betriebsrat eine solche Kompetenz zugesprochen.[916] Sowohl in Form eines Tarifvertrages wie auch in Form einer Betriebsvereinbarung kann ein Stimmbindungsvertrag jedenfalls nicht geschlossen werden.[917]

VI. Statusverfahren (§§ 97–99 AktG)

1. Bedeutung des Statusverfahrens

Die Mitbestimmung der Arbeitnehmer wird nach deutschem Recht grundsätzlich über die Mitgliedschaft von Arbeitnehmervertretern im **Aufsichtsrat** verwirklicht und nicht über eine Mitgliedschaft im Geschäftsleitungsgremium (zur Ausnahme der monistischen SE → Rn. 448 ff., → § 9 Rn. 75 ff.). Das jeweils

---

[907] BGH NJW 1975, 1657.
[908] Habersack/Henssler/*Habersack* MitbestG § 1 Rn. 25; Hüffer/Koch/*Koch* AktG § 251 Rn. 2.
[909] Vgl. *Seibt* AG 2005, 413 (415 f.); GroßkommAktG/*Oetker* Vor MitbestR Rn. 157; MüKoAktG/*Habersack* AktG § 96 Rn. 32.
[910] Vgl. *Seibt* AG 2005, 413 (415).
[911] So MüKoAktG/*Habersack* AktG § 96 Rn. 32.
[912] Habersack/Henssler/*Habersack* MitbestG § 1 Rn. 21; *Henssler* ZfA 2000, 241 (264); Kölner Komm AktG/*Mertens* AktG § 96 Rn. 16, jeweils mwN.
[913] BGH NJW 1975, 1657.
[914] *Köstler/Müller/Sick* Aufsichtsratspraxis 173; Habersack/Henssler/*Habersack* MitbestG § 5 Rn. 76; GroßkommAktG/*Oetker* Vor MitbestR Rn. 162 f.; WHSS/*Seibt* F. Rn. 16, die dies zumindest kritisch sehen.
[915] Habersack/Henssler/*Habersack* MitbestG § 5 Rn. 76; *Raiser* BB 1977, 1461 (1464).
[916] Vgl. *Seibt* AG 2005, 413 (418). aA GroßkommAktG/*Oetker* Vor MitbestR Rn. 162.
[917] So OLG Hamburg AG 1972, 183 (184 f.); auch MHdB AG/*Hoffmann-Becking* § 28 Rn. 45; Raiser/Veil/Jacobs/*Raiser* Einl. Rn. 55 ff., jeweils mwN; offener für Vereinbarungen im schuldrechtlichen Teil GroßkommAktG/*Oetker* Vor MitbestR Rn. 165 ff.

anwendbare **Mitbestimmungsstatut** verpflichtet die Gesellschaft zur Bildung eines Aufsichtsrats, soweit das jeweilige Gesellschaftsstatut nicht ohnehin zwingend die Bildung eines Aufsichtsrats vorsieht, und schafft Regeln über die Zusammensetzung des Aufsichtsrats.

492 Das deutsche Recht kennt **verschiedene Rechtsgrundlagen** für die Mitbestimmung von Arbeitnehmern im Aufsichtsrat bestimmter Rechtsformen (MitbestG, DrittelbG, Montan-MitbestG), die durch Mitbestimmungsregelungen europäischer Herkunft ergänzt werden (SEBG, MgVG). Die verschiedenen Mitbestimmungsgesetze nehmen damit nicht nur Einfluss auf die **Zusammensetzung** des Aufsichtsrats durch die Verpflichtung, einen bestimmten Anteil der Sitze im Aufsichtsrat durch Arbeitnehmervertreter zu besetzen, sondern haben auch Folgen für die **innere Ordnung** sowie die **Kompetenzen** des Aufsichtsrats innerhalb der jeweiligen Rechtsform. Die unternehmerische Mitbestimmung im klassischen Sinne setzt zwar die im deutschen Recht übliche dualistische Leitungsstruktur voraus, dh das Nebeneinander von Geschäftsleitungsorgan und Aufsichtsrat. Unternehmerische Mitbestimmung kann es aber auch im Verwaltungsrat der monistisch strukturierten SE geben.

493 Aufgrund der hohen Bedeutung der Zusammensetzung des Aufsichtsrats bzw. – in der monistischen SE – des Verwaltungsrats stellt der Gesetzgeber mit dem sog. Status- oder Überleitungsverfahren (§ 96 Abs. 4 AktG, §§ 97–99 AktG) ein formalisiertes Verfahren zur Klärung des zutreffenden Mitbestimmungsstatuts zur Verfügung. Ungeachtet der Rechtsform des möglicherweise mitbestimmten Unternehmens soll das Statusverfahren im Interesse der Rechtssicherheit gewährleisten, dass das jeweilige Unternehmen stets über einen **rechtskonform zusammengesetzten Aufsichtsrat** verfügt und das jeweils geltende Mitbestimmungsstatut sowohl nach innen als auch nach außen transparent ist.[918]

494 Der Gesetzgeber hat hierzu mit den durch die Aktienrechtsnovelle 1965 eingeführten Statusverfahren eine recht eigentümliche Regelung geschaffen. Für die Anwendbarkeit eines Mitbestimmungsstatuts ist danach nicht allein entscheidend, ob die im jeweiligen Mitbestimmungsgesetz geregelten Anwendungsvoraussetzungen vorliegen. Vielmehr ist maßgeblich, welches **Mitbestimmungsstatut** in dem zeitlich zuletzt durchgeführten Statusverfahren verbindlich **festgelegt wurde.** Damit führt nicht etwa das Über- oder Unterschreiten eines Schwellenwerts zB von 2000 Arbeitnehmern nach dem MitbestG oder 500 Arbeitnehmern nach dem DrittelbG unmittelbar zur Geltung eines anderen Mitbestimmungsstatuts. Vielmehr gelten die zuletzt anwendbaren mitbestimmungsrechtlichen Vorschriften über die Zusammensetzung des Aufsichtsrats zumindest weiter und werden erst nach Abschluss des Statusverfahrens und des Ablaufs einer vom Gesetz eingeräumten Übergangszeit durch das neue Mitbestimmungsstatut abgelöst. Dieses sog. **Kontinuitätsprinzip** (§ 96 Abs. 4 AktG) soll die Funktionsfähigkeit des Aufsichtsrats zu jeder Zeit sicherstellen. Selbst wenn unterschiedliche Auffassungen über das anwendbare Mitbestimmungsstatut bestehen, soll zu jedem Zeitpunkt rechtssicher festgestellt werden können, welche Vorschriften gelten. Das Statusverfahren ist zugleich die einzige vom Gesetz anerkannte Möglichkeit, das Mitbestimmungsstatut verbindlich festzulegen. Geschäftsleitungsorgan, Aufsichtsrat und Gesellschafter haben keine Möglichkeit, das anwendbare Mitbestimmungsrecht auf andere Weise zu klären.[919]

495 Um sowohl die rechtssichere Klärung des Mitbestimmungsstatuts als auch die notwendige Übergangszeit für die mit dem Wechsel des Mitbestimmungsstatuts notwendigen Anpassungen der Satzung und deren Umsetzung zu gewährleisten, hat der Gesetzgeber in §§ 97–99 AktG ein **zweiaktiges Verfahren** geschaffen. Einem entweder unstreitigen (§ 97 AktG) oder gerichtlichen (§§ 98–99 AktG) Überleitungsverfahren als erste Phase folgt als zweite Phase die Anpassung der Satzungsbestimmungen und der Zusammensetzung des Aufsichtsrats an die Vorgaben der im Überleitungsverfahren geklärten Rechtsvorschriften. Erst mit Abschluss dieses zweiaktigen Verfahrens ist der Aufsichtsrat entsprechend dem Ergebnis des Statusverfahrens zusammenzusetzen. Bis zu diesem Zeitpunkt richtet sich die Zusammensetzung des Aufsichtsrats nach den zuletzt angewandten gesetzlichen Regelungen und der entsprechenden Satzung der Gesellschaft. Mit Rücksicht auf das vom Statusverfahren verfolgte Ziel der Rechtssicherheit gilt das selbst dann, wenn das bisher praktizierte Mitbestimmungsstatut der Gesellschaft bereits seit langem oder sogar von Anfang an unzutreffend war.[920]

2. Anwendungsbereich des Statusverfahrens

496 Mit dem **Statusverfahren** nach §§ 97–99 AktG hat der Gesetzgeber ein **gesetzes- und rechtsformübergreifendes Klärungsinstrument** für das zutreffende Mitbestimmungsstatut geschaffen. Der Anwendungsbereich des Statusverfahren ist daher weit. Es gilt für

---

[918] *Kropff* AktG 1965, S. 126; *Oetker* ZHR 149 (1985), 575 (576); WKS/*Wißmann* MitbestG § 6 Rn. 9; BeckOGK/*Spindler* AktG § 97 Rn. 1.
[919] Spindler/Stilz/*Spindler* AktG § 97 Rn. 1; MüKoAktG/*Habersack* AktG § 97 Rn. 1.
[920] OLG Frankfurt am Main ZIP 2011, 21; WKS/*Wißmann* MitbestG § 6 Rn. 10; Kölner Komm AktG/*Mertens/Cahn* AktG §§ 97–99 Rn. 23.

- sämtliche gesetzliche Mitbestimmungssysteme deutscher und europäischer Prägung (MitbestG, Montan-MitbestG, MitbestErgG, DrittelbG, MgVG und SEBG),
- alle der Mitbestimmung unterliegenden deutschen Rechtsformen,
- die monistische und dualistische Societas Europaea (SE),
- den mitbestimmten ersten Aufsichtsrat einer der Mitbestimmung unterliegenden Rechtsform,
- die Festlegung der Mitbestimmung nach Umwandlungen.

Das Statusverfahren findet zunächst Anwendung für **sämtliche** fünf gesetzlichen **Mitbestimmungssysteme**, die für Unternehmen deutscher Rechtsform gelten (MitbestG, Montan-MitbestG, MitbestErgG, DrittelbG und MgVG). Durch das Statusverfahren wird bei Unternehmen in deutscher Rechtsform geklärt, **wie sich der Aufsichtsrat zusammensetzt** und welche Vorschriften auf ihn anwendbar sind. Für die GmbH klärt das Statusverfahren darüber hinaus, ob eine **Pflicht zur Bildung** eines Aufsichtsrats besteht, da das GmbHG in § 52 nur einen fakultativen und keinen obligatorischen Aufsichtsrat kennt. Der insoweit etwas eng gefasste Wortlaut der aktiengesetzlichen Vorschriften ist insofern erweiternd auszulegen und für den Fall der GmbH auch auf die Bildung des Aufsichtsrats sinngemäß anzuwenden.[921] Das gilt nach ganz herrschender Meinung trotz des insoweit etwas zu engen Wortlauts des § 1 Abs. 1 Nr. 3 DrittelbG auch für die Bildung des Aufsichtsrats im Rahmen der Drittelbeteiligung.[922] Ebenso findet das Statusverfahren Anwendung, wenn es um die Beendigung der Verpflichtung zur Bildung eines Aufsichtsrats in der GmbH geht.[923] **497**

Das Statusverfahren findet ferner Anwendung, sobald sich das Mitbestimmungsstatut nach Vorschriften **unionsrechtlichen** Ursprungs richtet. Soweit die aus einer grenzüberschreitenden Verschmelzung hervorgehende Gesellschaft nicht mehr deutschem Mitbestimmungsrecht, sondern dem MgVG unterliegt, ist im Statusverfahren zu klären, ob die praktizierte Mitbestimmung mit einer etwaigen abgeschlossenen Mitbestimmungsvereinbarung oder einer etwaig geltenden gesetzlichen Auffangregelung nach dem MgVG übereinstimmt.[924] Hierzu gehört sowohl der **Umfang der Mitbestimmung** der Arbeitnehmer, dh die Zahl der Arbeitnehmersitze im Aufsichtsrat, als auch die Verteilung der Sitze auf verschiedene Mitgliedstaaten. **498**

Das Statusverfahren findet ferner bei der **SE** Anwendung. Im Falle einer Änderung der Zusammensetzung des Aufsichts- bzw. Verwaltungsorgans der SE aufgrund mitbestimmungsrechtlicher Vorgaben ist das Statusverfahren bei der monistischen SE in §§ 25, 26 SEAG ausdrücklich in Bezug genommen. Für die dualistische SE ergibt sich die Geltung des Statusverfahrens über Art. 9 Abs. 1 lit. c ii SE-VO. Im Statusverfahren ist die **Übereinstimmung der Zusammensetzung** des Aufsichts- bzw. Verwaltungsorgans mit einer etwaigen Mitbestimmungsvereinbarung oder der gesetzlichen Auffangregelung nach §§ 34 ff. SEBG zu klären. Für die Prüfung der Wirksamkeit einer Mitbestimmungsvereinbarung sind dagegen die Gerichte für Arbeitssachen zuständig (§ 2a Abs. 1 S. 1 Nr. 3e ArbGG).[925] **499**

Das Statusverfahren ist ebenfalls anwendbar für die **erstmalige Bildung** eines mitbestimmten Aufsichtsrats bei **gesellschaftsrechtlichen Neugründungen.** Hierbei gibt es allerdings einige Besonderheiten zu beachten, die sich nach der jeweiligen Rechtsform richten.[926] Die Bildung des ersten Aufsichtsrats einer **AG** oder **KGaA** richtet sich nach §§ 30, 31, 278 Abs. 3 AktG. Danach sieht § 30 AktG für den Regelfall der Gründung einer Aktiengesellschaft die Bestellung eines mitbestimmungsfreien Aufsichtsrats allein durch die Gründer vor. Dessen Amtszeit ist begrenzt bis zur Beendigung der Hauptversammlung, die über die Entlastung für das erste Voll- oder Rumpfgeschäftsjahr beschließt.[927] Das gilt nach herrschender Meinung auch dann, wenn die Gesellschaft bereits vor Ablauf dieser Frist mitbestimmungsrechtliche Schwellenwerte überschreitet.[928] Erst der nächste Aufsichtsrat ist unter Berücksichtigung der mitbestimmungsrechtlichen Vorschriften zusammenzusetzen. Hierfür sind nach § 30 Abs. 3 S. 2 AktG die Vorschriften über das Statusverfahren entsprechend anwendbar. Eine **Ausnahme** sieht das AktG in § 31 für die Gründung einer Aktiengesellschaft durch Einbringen oder Übernahme eines Unternehmens oder von Unternehmensteilen vor. Hier dürfen die Gründer nach § 31 Abs. 1 S. 1 AktG nur so viele Aufsichtsratsmitglieder bestellen, wie nach den mitbestimmungsrechtlichen Vorschriften als Anteilseignervertreter zu bestellen sind. Unverzüglich nach Einbringen oder Übernahme hat das Geschäftleitungsorgan nach § 31 Abs. 3 S. 1 AktG das Statusverfahren einzuleiten und damit eine ordnungsgemäße Zusammensetzung des **500**

---

[921] BAG AP AktG § 98 Nr. 1 Rn. 14; WKS/*Wißmann* MitbestG § 6 Rn. 7; Habersack/Henssler/*Habersack* MitbestG § 6 Rn. 1.
[922] BAG AP AktG § 98 Nr. 1 Rn. 14; WKS/*Kleinsorge* DrittelbG § 1 Rn. 24.
[923] LG Berlin ZIP 2007, 424; WKS/*Kleinsorge* DrittelbG § 1 Rn. 24.
[924] WKS/*Wißmann* MitbestG § 6 Rn. 9; MüKoAktG/*Habersack* AktG § 97 Rn. 4.
[925] Habersack/Henssler/*Henssler* SEBG Einl. Rn. 162.
[926] Näher dazu Habersack/Henssler/*Habersack* MitbestG § 6 Rn. 4 ff.; GroßkommAktG/*Oetker* MitbestG § 6 Rn. 6 ff.; MüKoAktG/*Habersack* AktG § 97 Rn. 5 f.
[927] Habersack/Henssler/*Habersack* MitbestG § 6 Rn. 5: höchstens 20 Monate.
[928] LG Berlin BeckRS 2009, 11392; Habersack/Henssler/*Habersack* MitbestG § 6 Rn. 5; aA *Heither* DB 2008, 109.

ersten Aufsichtsrats zu ermöglichen. Aus der Anwendung des Statusverfahrens folgt in diesen Fällen im Umkehrschluss aber auch, dass der zunächst nur aus Anteilseignervertretern bestehende **Aufsichtsrat** bis zum Abschluss des Statusverfahrens **rechtmäßig amtiert**.[929]

501 Bei der GmbH ist die mitbestimmungsrechtliche Behandlung des Aufsichtsrats im Gründungsstadium mangels rechtsformspezifischer Vorschriften des GmbHG umstritten.[930] Nach wohl hM kann die Eintragung einer GmbH **nicht** vom Vorhandensein eines Aufsichtsrats **abhängig** gemacht werden, selbst wenn mitbestimmungsrechtliche Vorschriften eingreifen. Die Geschäftsführung muss jedoch rechtzeitig, ggf. auch schon vor Eintragung, das Statusverfahren initiieren, falls bereits zu diesem Zeitpunkt die künftige Geltung eines Mitbestimmungsstatuts feststeht.[931]

502 Ebenfalls im Rahmen des Statusverfahrens zu klären ist die Zusammensetzung des Aufsichtsrats nach **Umwandlungen**. Bei einer Neugründung infolge einer Verschmelzung oder Spaltung (§ 2 Nr. 2 UmwG; § 123 Abs. 1 Nr. 2, Abs. 2 Nr. 2, Abs. 3 Nr. 2 UmwG) gelten die dargestellten Grundsätze zur Bildung des ersten Aufsichtsrats nach §§ 30, 31 AktG (§ 36 Abs. 2 UmwG).[932] Keine Besonderheiten gelten dagegen bei der Verschmelzung oder Spaltung durch Aufnahme, bei der ein Statusverfahren nach §§ 97–99 AktG nur dann durchzuführen ist, wenn die durch die Spaltung oder Verschmelzung bedingten Änderungen der Belegschaft oder der Konzernstruktur eine Änderung der Zusammensetzung des Aufsichtsrats erforderlich macht.[933]

3. Außergerichtliches Statusverfahren

a) Abgrenzung zum gerichtlichen Statusverfahren nach § 98 AktG

503 Innerhalb des zweistufigen Statusverfahrens steht neben dem **außergerichtlichen Klärungsverfahren** des § 97 AktG das **gerichtliche Verfahren** nach § 98 AktG (→ Rn. 541 ff.). Nach dem Gesetzeswortlaut erscheint die Abgrenzung zwischen beiden Verfahren zunächst klar. § 97 Abs. 1 S. 1 AktG knüpft an die „Ansicht" des Geschäftsleitungsorgans an, während § 98 Abs. 1 AktG das gerichtliche Statusverfahren für Streitigkeiten und Ungewissheiten über die zutreffende Zusammensetzung des Aufsichtsrats zur Verfügung stellt. Sowohl rechtlich als auch praktisch sind die Übergänge allerdings fließend.

504 Nach § 97 Abs. 1 AktG hat das Geschäftsleitungsorgan seine Ansicht, dass der Aufsichtsrat nicht nach den für ihn maßgebenden gesetzlichen Vorschriften zusammengesetzt ist, unverzüglich in den „Gesellschaftsblättern" und gleichzeitig durch Aushang in sämtlichen Betrieben der Gesellschaft und ihren Konzerngesellschaften **bekannt zu machen**. Ob das Geschäftsleitungsorgan von der Möglichkeit des § 97 Abs. 1 AktG Gebrauch macht oder sogleich ein gerichtliches Verfahren nach § 98 Abs. 1 AktG einleitet, steht in seinem **Ermessen**.[934] In der Praxis geben Geschäftsleitungsorgane meist der Bekanntmachung nach § 97 Abs. 1 AktG mit Rücksicht auf Effizienzerwägungen den Vorzug, wenn nicht bereits im Zeitpunkt der Bekanntmachung absehbar ist, dass ein gerichtliches Statusverfahren nach § 98 AktG unvermeidbar sein wird. Dies kann zB dann der Fall sein, wenn die Rechtsauffassung des Geschäftsleitungsorgans bereits im Vorfeld von nach § 98 Abs. 2 AktG Antragsberechtigten bestritten wird. Auch in solchen Fällen besteht freilich keine Pflicht des Geschäftsleitungsorgans, sogleich ein gerichtliches Statusverfahren nach § 98 AktG einzuleiten. Vielmehr bleibt es dem Geschäftsleitungsorgan unbenommen, zunächst den Weg über § 97 Abs. 1 AktG zu gehen und abzuwarten, ob Antragsberechtigte nach § 98 Abs. 2 AktG das gerichtliche Statusverfahren einleiten.[935] Ist sich das Geschäftsleitungsorgan dagegen nicht sicher, welches Mitbestimmungsstatut anwendbar ist, wird es typischerweise ein gerichtliches Statusverfahren nach § 98 AktG einleiten; eine vorherige Bekanntmachung nach § 97 Abs. 1 AktG ist in diesem Fall überflüssig.[936]

505 § 97 Abs. 1 S. 1 AktG statuiert eine **Pflicht** des Geschäftsleitungsorgans, durch eine Bekanntmachung eine ordnungsgemäße Zusammensetzung des Aufsichtsrats herbeizuführen. Dies ist Teil der Pflicht des Geschäftsleitungsorgans, für die Legalität der Gesellschaftsorganisation zu sorgen. Entscheidend für die Pflicht nach § 97 Abs. 1 AktG ist allerdings allein die **pflichtgemäße Rechtsauffassung** des Geschäfts-

---

[929] So zu Recht GroßkommAktG/*Oetker* MitbestG § 6 Rn. 8; MüKoAktG/*Habersack* AktG § 97 Rn. 6; zur Anwendung einer gerichtlichen Bestellung nach § 104 Abs. 2 AktG; GroßkommAktG/*Oetker* MitbestG § 4 Rn. 9 f.; MüKoAktG/*Habersack* AktG § 97 Rn. 6.
[930] Habersack/Henssler/*Habersack* MitbestG § 6 Rn. 7 mwN; anders für den Fall der Sachgründung durch Einbringung oder Übernahme eines Unternehmens oder Unternehmensteils WKS/*Wißmann* MitbestG § 7 Rn. 21.
[931] So etwa Habersack/Henssler/*Habersack* MitbestG § 6 Rn. 7; insoweit übereinstimmend WKS/*Wißmann* MitbestG § 7 Rn. 21.
[932] Zur Frage der entsprechenden Anwendung von § 31 AktG GroßkommAktG/*Oetker* MitbestG § 6 Rn. 11; WKS/*Wißmann* MitbestG § 7 Rn. 20 mwN.
[933] Zu den Folgen eines Formwechsels MüKoAktG/*Habersack* AktG § 97 Rn. 8 f.; Habersack/Henssler/*Habersack* MitbestG § 6 Rn. 38.
[934] BeckOGK/*Spindler* AktG § 97 Rn. 4.
[935] So zu Recht MüKoAktG/*Habersack* AktG § 97 Rn. 15.
[936] MüKoAktG/*Habersack* AktG § 97 Rn. 16.

leitungsorgans.⁹³⁷ Da es sich um eine eigenverantwortliche Leitungsaufgabe des Geschäftsleitungsorgans handelt, kann der Vorstand einer Aktiengesellschaft insoweit keine Entscheidung der Hauptversammlung nach § 119 Abs. 2 AktG einholen. Auch die Gesellschafter einer GmbH können der Geschäftsführung insoweit **keine Weisungen** erteilen.⁹³⁸ Der Aufsichtsrat ist auch nicht berechtigt, die Entscheidung über die Bekanntmachung nach § 97 Abs. 1 AktG einem Zustimmungsvorbehalt nach § 111 Abs. 2 AktG zu unterwerfen.

Verletzt das Geschäftsleitungsorgan seine Pflichten nach § 97 Abs. 1 AktG, handelt es pflichtwidrig und **506** kann sich nach Maßgabe der jeweiligen gesetzlichen Grundlagen (zB § 93 AktG, § 43 GmbHG) gegenüber der Gesellschaft **schadensersatzpflichtig** machen.⁹³⁹ In der Regel ergibt sich jedoch kein ersatzfähiger Schaden. Etwas Anderes kann allerdings dann gelten, wenn durch die Herbeiführung einer gesetzmäßigen Zusammensetzung des Aufsichtsrats eine Verkleinerung des Aufsichtsrats oder sogar dessen Entfallen (im Fall der GmbH) eingetreten und dadurch Aufsichtsratsvergütung erspart worden wäre. Da die Pflicht des Geschäftsleitungsorgans zur ordnungsgemäßen Zusammensetzung des Aufsichtsrats nur gegenüber der Gesellschaft besteht, können Dritte entsprechende Schäden nicht geltend machen.⁹⁴⁰ In der Praxis stellt sich daher in solchen Fällen häufig die Frage, ob dem **Legalitätsprinzip** der Vorrang eingeräumt oder eine möglicherweise gesetzeswidrige Zusammensetzung des Aufsichtsrats hingenommen wird. Dabei ist auch zu berücksichtigen, dass Dritte selbst in der Lage sind, die nach ihrer Auffassung gesetzeskonforme Zusammensetzung des Aufsichtsrats herbeizuführen, soweit sie über eine Antragsberechtigung nach § 98 Abs. 2 AktG verfügen.⁹⁴¹

b) Relevante Fragen der Zusammensetzung des Aufsichtsrats

Im Rahmen der **Bekanntmachung** nach § 97 Abs. 1 AktG stellt sich zunächst die Frage, für welche **507** Änderung der Zusammensetzung des Aufsichtsrats das Verfahren zur Verfügung steht. Vom Statusverfahren sind folgende Fälle erfasst:
– Hineinwachsen einer mitbestimmungsfreien Gesellschaft in den Anwendungsbereich eines Mitbestimmungsgesetzes, zB durch Überschreiten des Schwellenwertes des DrittelbG von mehr als 500 Arbeitnehmern und des MitbestG von mehr als 2.000 Arbeitnehmern;
– Herausfallen einer mitbestimmten Gesellschaft aus dem Anwendungsbereich des MitbestG durch Absinken der Arbeitnehmerzahl auf in der Regel unter 2.001 oder aus dem Anwendungsbereich des DrittelbG durch Absinken der Arbeitnehmerzahl auf unter 501;
– Wechsel des Mitbestimmungsstatuts zwischen Drittelbeteiligung und paritätischer Mitbestimmung durch Erhöhung oder Absinken der Arbeitnehmerzahl;
– Eintritt oder Herausfallen aus dem Anwendungsbereich eines Mitbestimmungsgesetzes durch Erwerb oder Wegfall von Mitbestimmungsvoraussetzungen (zB Erwerb einer Tochtergesellschaft die der Montanmitbestimmung unterliegt; Erwerb oder Verlust des Tendenzschutzes);
– Veränderung der Größe des Aufsichtsrats durch Über- oder Unterschreiten eines Schwellenwerts innerhalb des § 7 Abs. 1 S. 1 MitbestG.

Neben diesen unstreitigen Fällen stellt sich allerdings eine Vielzahl von **Zweifelsfragen** in Randbereichen. **508** Kein Anwendungsfall des Statusverfahrens liegt beispielsweise vor, wenn zwar die Voraussetzungen für die Mitbestimmung entfallen, diese aber aufgrund von Mitbestimmungsbeibehaltungsregeln weiterhin auf das Unternehmen anwendbar ist. Dies ist beispielsweise der Fall bei der Abspaltung eines Unternehmensteils nach § 143 Abs. 2 UmwG, die zu einem Unterschreiten der Mitbestimmungsschwelle von 2.000 Arbeitnehmern führt, da in solchen Fällen nach § 325 Abs. 1 S. 1 UmwG das Mitbestimmungsstatut der paritätischen Mitbestimmung für fünf weitere Jahre anwendbar bleibt. Allein der **Wechsel des Geltungsgrunds** der Mitbestimmung kann nicht zum Gegenstand eines Statusverfahrens gemacht werden.⁹⁴² Kein zulässiger Gegenstand eines Statusverfahrens ist ferner die Aufteilung der Aufsichtsratssitze der Arbeitnehmer auf bestimmte Gruppen (Arbeitnehmervertreter, Gewerkschaftsvertreter, Vertreter der leitenden Angestellten).⁹⁴³

Bei Satzungsänderungen sowie Kapitalmaßnahmen, die zu einer **Verkleinerung oder Vergrößerung** **509** **des Aufsichtsrats** führen, findet kein Statusverfahren statt.⁹⁴⁴ Zudem führen Veränderungen innerhalb der Belegschaft nicht per se zu einem Statusverfahren, zB aufgrund des Erwerbs oder der Veräußerung

---
⁹³⁷ Habersack/Henssler/*Habersack* MitbestG § 6 Rn. 17.
⁹³⁸ WKS/*Wißmann* MitbestG § 6 Rn. 16 mwN.
⁹³⁹ *Hellwig/Behme* FS Hommelhoff, 2012, 343 (363); BeckOGK/*Spindler* AktG § 97 Rn. 39.
⁹⁴⁰ BeckOGK/*Spindler* AktG § 97 Rn. 39.
⁹⁴¹ WKS/*Wißmann* MitbestG § 6 Rn. 17; MüKoAktG/*Habersack* AktG § 97 Rn. 28.
⁹⁴² So zutreffend WKS/*Wißmann* MitbestG § 6 Rn. 12.
⁹⁴³ MüKoAktG/*Habersack* AktG § 97 Rn. 14; WKS/*Wißmann* MitbestG § 6 Rn. 13; aA LG Frankfurt am Main 10.11. 2005 – 2–06 O 369/04, nv.
⁹⁴⁴ So hM MüKoAktG/*Habersack* AktG § 97 Rn. 11; aA BAG AG 1990, 361 (362).

von Geschäftsbereichen oder Tochtergesellschaften. Relevant für das Statusverfahren ist eine solche Veränderung nur dann, wenn dadurch relevante **Schwellenwerte** von Mitbestimmungsgesetzen über- oder unterschritten werden.[945] Schließlich gilt das Statusverfahren auch nicht für Fragen der möglicherweise **fehlerhaften Wahl oder Besetzung** von Aufsichtsratssitzen, zB aufgrund von Wahlfehlern oder der Nichterfüllung der gesetzlichen Geschlechterquote nach § 96 Abs. 2, 3 AktG.[946] Dasselbe gilt für einen Verstoß gegen § 100 Abs. 5 AktG, der ein unabhängiges Mitglied des Aufsichtsrats mit Sachverstand auf den Gebieten Rechnungslegung oder Abschlussprüfung vorschreibt.[947]

c) Verfahren der Bekanntmachung

510 **aa) Beschluss des Geschäftsleitungsorgans.** Die **Pflicht zur Einleitung** des Verfahrens nach § 97 Abs. 1 AktG trifft das Geschäftsleitungsorgan (zB Vorstand der AG, Komplementäre der KGaA, Geschäftsführung der GmbH, Vorstand der eingetragenen Genossenschaft) als **Gesamtorgan.** Als Leitungsaufgabe obliegt sie zwingend dem gesamten Geschäftsleitungsgremium.[948] Das Handeln eines einzelnen Geschäftsleitungsmitglieds reicht auch dann nicht aus, wenn es über Einzelgeschäftsführungsbefugnis bzw. Einzelvertretungsbefugnis verfügt.[949] Ist ein einzelnes Geschäftsleitungsmitglied daher der Überzeugung, dass der Aufsichtsrat nicht nach den für ihn maßgeblichen gesetzlichen Bestimmungen zusammengesetzt ist, kann und muss es im Gesamtgeschäftsleitungsgremium darauf drängen, das Verfahren nach § 97 AktG einzuleiten.[950] Die Einleitung des Statusverfahrens setzt jedoch nicht zwingend Einstimmigkeit im Geschäftsleitungsgremium voraus. Vielmehr gilt die nach Satzung oder Geschäftsordnung erforderliche **Mehrheit für die Beschlussfassung.** Auf der Grundlage einer entsprechenden Beschlussfassung kann jedes vertretungsberechtigte Geschäftsleitungsmitglied die Bekanntmachung veranlassen.[951]

511 **bb) Zeitpunkt und Ort der Bekanntmachung.** § 97 Abs. 1 S. 1 AktG schreibt vor, dass das jeweilige Geschäftsleitungsorgan seine Ansicht „unverzüglich", dh ohne schuldhaftes Zögern bekannt macht. Schwierigkeiten bereitet in der Praxis oft die Frage, wann die **Frist beginnt** und wann „unverzügliches" Handeln des Geschäftsleitungsgremiums endet. **Ausgelöst** wird die Pflicht nach § 97 Abs. 1 S. 1 AktG durch die vom Geschäftsleitungsgremium gewonnene „Ansicht", der Aufsichtsrat sei nicht nach den für ihn maßgeblichen gesetzlichen Vorschriften zusammengesetzt. Auslöser hierfür ist grundsätzlich die **Willensbildung im Geschäftsleitungsgremium.** Dies soll aber nicht so verstanden werden, dass die Geschäftsleitung durch einen Verzicht auf eine entsprechende Willensbildung die Bekanntmachungspflicht beliebig hinausschieben könnte. Vielmehr ist anzunehmen, dass die Frist grundsätzlich dann beginnt, wenn das Geschäftsleitungsgremium bei pflichtgemäßer Ermessensausübung zu dem Ergebnis gelangen musste, dass der Aufsichtsrat nicht (mehr) ordnungsgemäß zusammengesetzt ist.[952] In jedem Fall ist das Geschäftsleitungsgremium aber berechtigt, die Sach- und Rechtslage sorgfältig zu prüfen und hierzu ggf. Rechtsrat einzuholen.[953] Ferner kann sich das Geschäftsleitungsgremium mit Antragsberechtigten nach § 98 Abs. 2 AktG darüber abstimmen, ob diese die Rechtsauffassung des Geschäftsleitungsgremiums teilen oder ob mit der Einleitung eines streitigen gerichtlichen Statusverfahrens zu rechnen ist.[954]

512 Im Ergebnis ist an die „Unverzüglichkeit" nach § 97 Abs. 1 S. 1 AktG ein **großzügiger Maßstab** anzulegen. Als problematisch erweisen sich in der Praxis häufig Fälle, in denen sich Änderungen abzeichnen, die sich auf die Zusammensetzung des Aufsichtsrats auswirken. Beispiele sind der Erwerb oder die Veräußerung von Betriebsteilen oder Unternehmen sowie konzerninterne Änderungen. Auch umfassende Restrukturierungen können mit ihrem Abschluss durch ein Absinken der Arbeitnehmerzahl Veränderungen in der Zusammensetzung des Aufsichtsrats auslösen. Teilweise wird insoweit eine Pflicht des Geschäftsleitungsorgans angenommen, bereits **im Vorfeld** sich abzeichnender Veränderungen ein Status-

---

[945] OLG Zweibrücken NZG 2014, 740; WKS/*Wißmann* MitbestG § 6 Rn. 15; Habersack/Henssler/*Habersack* MitbestG § 6 Rn. 16.
[946] MüKoAktG/*Habersack* AktG § 97 Rn. 14; WKS/*Wißmann* MitbestG § 6 Rn. 14.
[947] WKS/*Wißmann* MitbestG § 6 Rn. 14; Hölters/*Simons* AktG § 100 Rn. 76, 78; MüKoAktG/*Habersack* AktG § 100 Rn. 76; aA Sünner FS Schneider, 2011, 1301 (1308).
[948] MüKoAktG/*Habersack* AktG § 97 Rn. 17; GroßkommAktG/*Hopt/Roth/Peddinghaus* AktG § 97 Rn. 32; Kölner Komm AktG/*Mertens/Cahn* AktG §§ 97–99 Rn. 9.
[949] MüKoAktG/*Habersack* AktG § 97 Rn. 17.
[950] GroßkommAktG/*Hopt/Roth/Peddinghaus* AktG § 97 Rn. 32.
[951] MüKoAktG/*Habersack* AktG § 97 Rn. 18.
[952] So auch MüKoAktG/*Habersack* AktG § 97 Rn. 20; MHdB AG/*Hoffmann-Becking* § 28 Rn. 66; Hüffer/Koch/*Koch* AktG § 97 Rn. 4.
[953] GroßkommAktG/*Hopt/Roth/Peddinghaus* AktG § 97 Rn. 43; Raiser/Veil/Jacobs/*Raiser* MitbestG § 6 Rn. 11; WKS/*Wißmann* MitbestG § 6 Rn. 18; Habersack/Henssler/*Habersack* MitbestG § 6 Rn. 18.
[954] MüKoAktG/*Habersack* AktG § 97 Rn. 20.

verfahren nach § 97 Abs. 1 S. 1 AktG einzuleiten.[955] Das geht zu weit. Richtigerweise ist das Geschäftsleitungsorgan in solchen Fällen berechtigt, aber nicht verpflichtet, das Statusverfahren bereits im Vorgriff auf sich abzeichnende Veränderungen einzuleiten.[956] Entsprechend ist es auch richtig, dass mit der Wahl von Arbeitnehmervertretern bereits im Vorfeld solcher Veränderungen, auch bereits vor Bekanntmachung durch das Geschäftsleitungsorgan, begonnen werden kann. Entscheidend ist nur, dass das Amt der Arbeitnehmervertreter erst angetreten werden kann, wenn das Statusverfahren ordnungsgemäß abgeschlossen ist.[957]

Nach § 97 Abs. 1 S. 1 AktG ist die Bekanntmachung zunächst in den „Gesellschaftsblättern" zu veröffentlichen. Mit Gesellschaftsblättern ist bei der AG und KGaA nach § 25 AktG und bei der GmbH nach § 12 GmbHG der **Bundesanzeiger** gemeint. Daneben kommen weitere in der **Satzung** bezeichnete Blätter oder elektronische Informationsmedien in Betracht.[958]

Umstritten ist die Frage, wie die **Bekanntmachung in der Gesellschaft** zu veröffentlichen ist.[959] Durch die elektronische Veröffentlichung im Bundesanzeiger ist eine sich abzeichnende Änderung des Mitbestimmungsstatuts einer Gesellschaft sowohl für die Öffentlichkeit als auch für die nach § 98 Abs. 2 AktG Antragsberechtigten leicht nachzuvollziehen. Daneben sieht § 97 Abs. 1 S. 1 AktG eine Veröffentlichung „durch **Aushänge** in sämtlichen Betrieben der Gesellschaft und ihrer Konzernunternehmen" vor. Zweck dieser Bekanntmachung ist die Unterrichtung sämtlicher Arbeitnehmer, die bei den Wahlen zu dem neu zu bildenden oder neu zusammenzusetzenden Aufsichtsrat aktiv oder passiv wahlberechtigt sind.[960] Daraus folgt, dass die Bekanntmachung in sämtlichen Betrieben abhängiger Gesellschaften, nicht dagegen in Betrieben von Schwester- oder Muttergesellschaften auszuhängen ist.[961] Über den Wortlaut von § 97 Abs. 1 S. 1 AktG hinaus ist die Bekanntmachung daher etwa auch in Betrieben einer Kommanditgesellschaft oder der von dieser abhängigen Konzernunternehmen auszuhängen, wenn es sich bei dem Unternehmen um eine Komplementärgesellschaft iSd § 4 Abs. 1 MitbestG handelt.[962] Ferner bezieht sich die Pflicht nur auf **inländische Betriebe,** da nur Arbeitnehmer in Deutschland wahlberechtigt sind.[963] Soweit Arbeitnehmer inländischer Betriebe von Auslandsgesellschaften ebenfalls wahlberechtigt sind, ist auch in solchen Betrieben die Bekanntmachung durch Aushang zu veröffentlichen.[964]

cc) Inhalt der Bekanntmachung. Nach § 97 Abs. 1 S. 2 und 3 AktG muss die Bekanntmachung **drei Aussagen enthalten.**[965] Die Praxis ergänzt diese drei zwingenden Aussagen jedoch meist um eine einleitende Beschreibung des mitbestimmungsrechtlichen Status quo. Im Einzelnen baut sich daher die Bekanntmachung wie folgt auf:
– Darstellung des mitbestimmungsrechtlichen Status quo (zB Mitbestimmungsfreiheit, Anwendung des DrittelbG, Anwendung des MitbestG);
– Darstellung der Ansicht des Geschäftsleitungsorgans, dass der Aufsichtsrat nicht nach den für ihn maßgebenden gesetzlichen Vorschriften zusammengesetzt ist;
– Beschreibung der künftig anzuwendenden gesetzlichen Vorschriften über die Zusammensetzung des Aufsichtsrats;
– Hinweis auf die Monatsfrist des § 97 Abs. 2 AktG und darauf, dass sich der Aufsichtsrat nach den angegebenen gesetzlichen Vorschriften zusammensetzt, wenn nicht binnen dieser Frist nach Bekanntmachung im Bundesanzeiger das zuständige Gericht angerufen wird.

Ein allgemeiner Hinweis auf die gesetzlichen Regelungen zum künftigen Mitbestimmungsstatut reicht nicht in jedem Fall aus. Soweit sich die Mitbestimmung nach dem MitbestG richtet, ist zB zusätzlich die **Größe des Aufsichtsrats** und die **Zahl der Arbeitnehmersitze** im Aufsichtsrat zu bezeichnen (§ 7 Abs. 1 S. 1 Nr. 1, Nr. 2, Nr. 3 MitbestG).[966] Diese Angabe ist in der Bekanntmachung selbst dann not-

---
[955] So etwa Kölner Komm AktG/*Mertens/Cahn* AktG §§ 97–99 Rn. 3; GroßkommAktG/*Hopt/Roth/Peddinghaus* AktG § 97 Rn. 43.
[956] So zutreffend MüKoAktG/*Habersack* AktG § 97 Rn. 20; *Kiem/Uhrig* NZG 2001, 680 (686); *Vetter* in Marsch-Barner/Schäfer Börsennotierte AG-HdB § 24 Rn. 33.
[957] MüKoAktG/*Habersack* AktG § 97 Rn. 20; GroßkommAktG/*Hopt/Roth/Peddinghaus* AktG § 97 Rn. 43; MHdB AG/*Hoffmann-Becking* § 28 Rn. 66.
[958] WKS/*Wißmann* MitbestG § 6 Rn. 18.
[959] MüKoAktG/*Habersack* AktG § 97 Rn. 21.
[960] Raiser/Veil/Jacobs/*Raiser* MitbestG § 6 Rn. 12; WKS/*Wißmann* MitbestG § 6 Rn. 19.
[961] MüKoAktG/*Habersack* AktG § 97 Rn. 21.
[962] WKS/*Wißmann* MitbestG § 6 Rn. 19; Habersack/Henssler/*Habersack* MitbestG § 6 Rn. 20.
[963] EuGH NZG 2017, 949 – Erzberger – TUI AG; GroßkommAktG/*Hopt/Roth/Peddinghaus* AktG § 97 Rn. 47; MüKoAktG/*Habersack* AktG § 97 Rn. 21; WKS/*Wißmann* MitbestG § 6 Rn. 19.
[964] So zutreffend MüKoAktG/*Habersack* AktG § 97 Rn. 21.
[965] So zutreffend MüKoAktG/*Habersack* AktG § 97 Rn. 23; Kölner Komm AktG/*Mertens/Cahn* AktG §§ 97–99 Rn. 10 ff.; GroßkommAktG/*Hopt/Roth/Peddinghaus* AktG § 97 Rn. 35 ff.; BeckOGK/*Spindler* AktG § 97 Rn. 23.
[966] WKS/*Wißmann* MitbestG § 6 Rn. 20; MüKoAktG/*Habersack* AktG § 97 Rn. 23; GroßkommAktG/*Hopt/Roth/Peddinghaus* AktG § 97 Rn. 37 f.

wendig, wenn sich die Größe des Aufsichtsrats nicht unmittelbar aus § 7 Abs. 1 S. 1 MitbestG ergibt, sondern die Satzung von der Möglichkeit Gebrauch gemacht hat, die vom Gesetz vorgegebene Mindestgröße zu überschreiten (§ 7 Abs. 1 S. 2, 3 MitbestG).[967] Ebenso ist es möglich und selbstverständlich anzugeben, wenn die Mitbestimmung im Aufsichtsrat mangels Anwendbarkeit eines Mitbestimmungsgesetzes zukünftig entfällt[968] oder sogar – im Fall der GmbH – in Zukunft kein Aufsichtsrat mehr zu bilden ist.[969]

517 **Weitere Angaben** sind nicht zwingend erforderlich. Allerdings wird teilweise erwogen, ob die Aufnahme weiterer Details zweckmäßig und sinnvoll sei. Das gilt beispielsweise für die Angabe des im Einzelfall konkret zuständigen Gerichts[970] oder des Datums des Ablaufs der Monatsfrist.[971] Die Praxis sieht von solchen zusätzlichen Angaben zu Recht ab, da es sich um vermeidbare Fehlerquellen handelt. Zudem erstrecken sich die Rechtswirkungen des § 97 Abs. 2 AktG nicht auf über den zwingenden Mindestinhalt hinausgehende Angaben in der Bekanntmachung.[972] Zulässig und möglich ist dagegen die Aufnahme des Tags der Veröffentlichung im Bundesanzeiger. Die Notwendigkeit einer „gleichzeitigen" Veröffentlichung des Aushangs in den Betrieben nach § 97 Abs. 1 S. 1 AktG steht dem nicht entgegen. Nicht erforderlich und in der Praxis völlig unüblich sind Angaben zu den Antragsberechtigten nach § 98 Abs. 2 AktG, zur konkreten Anzahl der im Unternehmen bzw. im Konzern beschäftigten Mitarbeiter und zu den im Rahmen der Konzernzurechnung einzubeziehenden abhängigen Unternehmen.[973] Insbesondere von der Angabe der einzubeziehenden abhängigen Unternehmen ist dringend abzuraten, da sie den unzutreffenden Eindruck vermitteln könnte, die Zusammensetzung des Aufsichtsrats könne sich selbst dann ändern, wenn für die Mitbestimmungsschwellen irrelevante Änderungen der Konzernzugehörigkeit von Gesellschaften einträten. Ferner gehört die Angabe zur zwingenden Geschlechterquote nach § 96 Abs. 2 AktG nicht zum Inhalt der Bekanntmachung. Solche Fragen der Zusammensetzung des Aufsichtsratsgremiums sind nicht Gegenstand des Statusverfahrens.[974]

518 **dd) Wirksamkeit der Bekanntmachung.** Um die in § 97 Abs. 2 AktG vorgesehenen Rechtsfolgen auszulösen, muss die Bekanntmachung nach § 97 Abs. 1 AktG wirksam sein. Jedoch führt nicht jeder Fehler der Bekanntmachung gleich zu deren Unwirksamkeit. Nach allgemeiner Meinung ist eine **Bekanntmachung wirksam,** wenn sie den notwendigen **Mindestinhalt** nach § 97 Abs. 1 S. 1 AktG aufweist und **veröffentlicht** ist.[975] Enthält die Bekanntmachung weitere **freiwillige Angaben,** berührt dies die Wirksamkeit der Bekanntmachung auch dann nicht, wenn diese unzutreffend oder unvollständig sind.[976]

519 Für die Veröffentlichung kommt es allein auf den **Bundesanzeiger** an. Dies ergibt sich bereits aus dem Wortlaut des § 97 Abs. 2 S. 1 AktG, der den Lauf der Monatsfrist ausschließlich an die Veröffentlichung im Bundesanzeiger knüpft. Für die Wirksamkeit der Bekanntmachung und den Lauf der Monatsfrist irrelevant ist dagegen die Veröffentlichung in anderen Gesellschaftsblättern und der Aushang in den Betrieben. Dies rechtfertigt sich mit dem das gesamte Statusverfahren durchziehenden Gedanken der Rechtssicherheit. Nur eine klar erkennbare Anknüpfung der Monatsfrist und des sich möglicherweise anschließenden gerichtlichen Verfahrens erlaubt es allen Antragsberechtigten nach § 98 Abs. 2 AktG und sonstigen Dritten zu erkennen, ob die jeweilige Gesellschaft einem neuen Mitbestimmungsstatut oder der Mitbestimmungsfreiheit unterliegt.

520 Ist die Bekanntmachung nach diesen Grundsätzen unwirksam, können die **Rechtsfolgen** des § 97 Abs. 2 AktG nicht eintreten, dh der Ablauf der Monatsfrist nach § 97 Abs. 2 AktG führt nicht zur bindenden Feststellung eines neuen Mitbestimmungsstatuts.[977] Die bindende Feststellung eines neuen Mitbestimmungsstatuts setzt daher eine erneute – fehlerfreie – Bekanntmachung nach § 97 AktG voraus.

---

[967] MüKoAktG/*Habersack* AktG § 97 Rn. 23; GroßkommAktG/*Hopt/Roth/Peddinghaus* AktG § 97 Rn. 38; Kölner Komm AktG/*Mertens/Cahn* AktG §§ 97–99 Rn. 11; Raiser/Veil/Jacobs/*Raiser* MitbestG § 6 Rn. 13.
[968] Vgl. LG Stuttgart BeckRS 2010, 7999.
[969] LG Berlin ZIP 2007, 424.
[970] MüKoAktG/*Habersack* AktG § 97 Rn. 24; GroßkommAktG/*Hopt/Roth/Peddinghaus* AktG § 97 Rn. 41; Kölner Komm AktG/*Mertens/Cahn* AktG §§ 97–99 Rn. 12.
[971] MüKoAktG/*Habersack* AktG § 97 Rn. 24; GroßkommAktG/*Hopt/Roth/Peddinghaus* AktG § 97 Rn. 42.
[972] So zutreffend WKS/*Wißmann* MitbestG § 6 Rn. 22 unter Verweis auf LG Frankfurt 10.11.2005 – 2-06 O 369/04, nv.
[973] Insoweit aA *Oetker* ZHR 149 (1985), 575 (593).
[974] WKS/*Wißmann* MitbestG § 6 Rn. 22.
[975] MüKoAktG/*Habersack* AktG § 97 Rn. 25; Kölner Komm AktG/*Mertens/Cahn* AktG §§ 97–99 Rn. 13; WKS/*Wißmann* MitbestG § 6 Rn. 22.
[976] MüKoAktG/*Habersack* AktG § 97 Rn. 25; Kölner Komm AktG/*Mertens/Cahn* AktG §§ 97–99 Rn. 13; restriktiver dagegen *Oetker* ZHR 149 (1985), 575 (594f.); GroßkommAktG/*Hopt/Roth/Peddinghaus* AktG § 97 Rn. 50.
[977] BeckOGK/*Spindler* AktG § 97 Rn. 25; Kölner Komm AktG/*Mertens/Cahn* AktG §§ 97–99 Rn. 13; MüKoAktG/*Habersack* AktG § 97 Rn. 26.

Irrelevant sind **Fehler der Bekanntmachung** nach § 97 Abs. 1 AktG jedoch dann, wenn das Gericht durch einen Antragsberechtigten nach § 98 Abs. 2 AktG angerufen wird. Zwar setzt die unwirksame Bekanntmachung die Monatsfrist nicht in Gang. Darauf kommt es jedoch nicht mehr an, wenn sich das für das gerichtliche Statusverfahren zuständige Gericht mit der Zusammensetzung des Aufsichtsrats befasst. Der Abschluss des Statusverfahrens tritt in diesem Fall mit der rechtskräftigen gerichtlichen Entscheidung ein.[978] Die herrschende Meinung **mildert die Folgen einer unwirksamen Bekanntmachung** nach § 97 AktG auf die Zusammensetzung des Aufsichtsrats ab. Danach wird zu Recht angenommen, dass Aufsichtsratsmitglieder, die auf der Grundlage gesetzlicher Bestimmungen bestellt werden, die aufgrund Fehlerhaftigkeit der Bekanntmachung nicht nach § 97 AktG verbindlich geworden sind, dennoch im Amt bleiben und ihre Wahl nicht nach § 250 Abs. 1 Nr. 1 AktG nichtig ist.[979] Ihr Amt endet erst dann, wenn ein neues Mitbestimmungsstatut als Folge einer neuen Bekanntmachung nach § 97 Abs. 1 AktG oder im Rahmen eines gerichtlichen Statusverfahrens nach § 98 AktG festgestellt wird.

Nach allgemeiner Meinung ist das Geschäftsleitungsorgan berechtigt, eine **Bekanntmachung** nach § 97 Abs. 1 AktG zu **widerrufen,** soweit noch nicht ein Antragsberechtigter nach § 98 Abs. 2 AktG das zuständige Gericht angerufen hat.[980] Auf diese Weise kann das Geschäftsleitungsorgan inhaltliche oder formelle Fehler der Bekanntmachung korrigieren. Ebenso kann das Geschäftsleitungsorgan auf diese Weise einer möglicherweise in der Zwischenzeit geänderten Rechtsauffassung Rechnung tragen und eine neue Bekanntmachung nach § 97 Abs. 1 AktG veröffentlichen. Schützenswerte Interessen des Rechtsverkehrs oder von Antragsberechtigten nach § 98 Abs. 2 AktG stehen dem nicht entgegen. Durch den rechtzeitigen Widerruf und ggf. die Veröffentlichung einer weiteren Bekanntmachung wird gegenüber den Antragsberechtigten und weiteren Dritten transparent gemacht, dass Anknüpfungspunkt für das zukünftige Mitbestimmungsstatut nicht mehr die ursprüngliche – fehlerhafte – Bekanntmachung sein soll.

d) Wirkung der Bekanntmachung

Welche **Wirkung** die Bekanntmachung nach § 97 Abs. 1 AktG entfaltet, richtet sich gemäß § 97 Abs. 2 AktG danach, ob das zuständige Gericht innerhalb der Monatsfrist angerufen wird oder nicht.

aa) Nichtanrufung des Gerichts. Die **Bekanntmachung** nach § 97 Abs. 1 AktG wird **wirksam** mit der Folge, dass sich der **Aufsichtsrat** nach den in der Bekanntmachung des Geschäftsleitungsorgans angegebenen gesetzlichen Vorschriften **zusammensetzt,** wenn innerhalb der Monatsfrist des § 97 Abs. 2 AktG das zuständige Gericht nicht angerufen wird. Das gilt mit Rücksicht auf den Gedanken der Rechtssicherheit selbst dann, wenn die Voraussetzungen der vom Geschäftsleitungsorgan in der Bekanntmachung nach § 97 Abs. 1 AktG angegebenen Vorschriften des jeweiligen Mitbestimmungsstatuts in Wirklichkeit gar nicht vorliegen. Auch die insoweit materiell unrichtige Bekanntmachung wird mit Ablauf der Monatsfrist wirksam und entfaltet so lange Bindungswirkung für die Zusammensetzung des Aufsichtsrats, bis sie im Rahmen eines erneuten Statusverfahrens abgelöst wird.[981] Maßgeblich ist insoweit allein die Anrufung des Gerichts. Widersprüche, Gegenvorstellungen oder Beschwerden über die Bekanntmachung des Geschäftsleitungsorgans bei anderen Stellen, insbesondere beim Geschäftsleitungsorgan selbst, **hindern den Fristablauf nicht.**[982] Der Ablauf der Frist bestimmt sich nach § 187 Abs. 1 BGB, § 188 Abs. 2 BGB. Die Monatsfrist einer am Dienstag, 5.3. im Bundesanzeiger veröffentlichten Bekanntmachung (nur auf diese Bekanntmachung kommt es für den Fristlauf an) endet mit Ablauf des Freitags, 5.4.

Mit Wirksamwerden der Bekanntmachung muss die Gesellschaft die **Zusammensetzung des Aufsichtsrats** entsprechend den in der Bekanntmachung benannten gesetzlichen Vorschriften **ändern.** Das Gesetz gewährt der Gesellschaft insoweit eine **Übergangszeit** von bis zu sechs Monaten, dh der Aufsichtsrat muss sieben Monate nach der Bekanntmachung gemäß § 97 Abs. 1 AktG entsprechend dem neuen Mitbestimmungsstatut zusammengesetzt sein. Im Hinblick auf die Pflicht zur Neuzusammensetzung des Aufsichtsrats ist zu unterscheiden zwischen der Beendigung des Amtes der bisherigen Aufsichtsratsmitglieder und der Wahl neuer Aufsichtsratsmitglieder.

Nach § 97 Abs. 2 S. 3 AktG endet das Amt der bisherigen Mitglieder des Aufsichtsrats mit Beendigung der ersten Anteilseignerversammlung (zB Hauptversammlung der AG, Gesellschafterversammlung der GmbH oder Generalversammlung der Genossenschaft), die nach Ablauf der Monatsfrist einberufen wird. Dadurch verhindert das Gesetz, dass die Gesellschaft bereits mit Ablauf eines Monats nach Bekanntma-

---

[978] LG Nürnberg-Fürth AG 1972, 21; MüKoAktG/*Habersack* AktG § 97 Rn. 26.
[979] So etwa MüKoAktG/*Habersack* AktG Rn. 26; Kölner Komm AktG/*Mertens/Cahn* AktG §§ 97–99 Rn. 13; BeckOGK/*Spindler* AktG § 97 Rn. 25; aA GroßkommAktG/*Hopt/Roth/Peddinghaus* AktG § 97 Rn. 52.
[980] WKS/*Wißmann* MitbestG § 6 Rn. 23; Raiser/Veil/Jacobs/*Raiser* MitbestG § 6 Rn. 13; Kölner Komm AktG/*Mertens/Cahn* AktG §§ 97–99 Rn. 18; MüKoAktG/*Habersack* AktG § 97 Rn. 27.
[981] WKS/*Wißmann* MitbestG § 6 Rn. 25; Habersack/Henssler/*Habersack* MitbestG § 6 Rn. 26.
[982] MüKoAktG/*Habersack* AktG § 97 Rn. 29.

chung gemäß § 97 Abs. 1 AktG ohne Aufsichtsrat ist.⁹⁸³ Der bisherige Aufsichtsrat besteht folglich während dieser Übergangszeit zunächst rechtmäßig fort, obwohl er sich (noch) nicht nach den an sich maßgebenden gesetzlichen Vorschriften zusammensetzt. Das **Amt sämtlicher** Aufsichtsratsmitglieder, also sowohl Anteilseigner- als auch Arbeitnehmervertreter, **endet** mit Beendigung der ersten Anteilseignerversammlung, die nach Ablauf der Monatsfrist des § 97 Abs. 2 S. 1 AktG einberufen wird, längstens jedoch sechs Monate nach Fristablauf.

527 Für die Anteilseignerversammlung kommt es nach dem Gesetzeswortlaut und allgemeiner Auffassung auf die Einberufung und nicht darauf an, wann sie tatsächlich stattfindet.⁹⁸⁴ Eine vor Ablauf der Monatsfrist einberufene Anteilseignerversammlung führt folglich nicht zur (vorzeitigen) Beendigung der Aufsichtsratsämter. Eine **teleologische Einschränkung** dieses Grundsatzes wird für die GmbH für die Fälle schriftlicher Beschlussfassung der Gesellschafter gemacht, die unter den Voraussetzungen des § 48 Abs. 2 GmbHG eine Gesellschafterversammlung ersetzt. Eine solche schriftliche Beschlussfassung soll nicht zur Beendigung der Aufsichtsratsmandate führen.⁹⁸⁵

528 § 97 Abs. 2 AktG führt zur Beendigung der Ämter aller Aufsichtsratsmitglieder, selbst wenn sie auch Mitglieder des neu zusammengesetzten Aufsichtsrats sein wollen und sollen.⁹⁸⁶ Die bloße **Zuwahl** weiterer Anteilseigner- oder Arbeitnehmervertreter zu amtierenden Aufsichtsratsmitgliedern kommt daher nicht in Betracht.

529 Im Hinblick auf die Wahl neuer Aufsichtsratsmitglieder ist nach **Zeitpunkt und Funktion** der neuen Mitglieder zu differenzieren. Stets stellt sich die Frage, ob neue Mitglieder nach den alten Vorschriften oder bereits nach den neuen Vorschriften gewählt werden müssen. Allgemein anerkannt ist insoweit jedenfalls, dass eine Wahl von Aufsichtsratsmitgliedern, die nach Ablauf der Übergangszeit von max. sechs Monaten entgegen den spätestens ab dann maßgebenden gesetzlichen Vorschriften stattfindet, **nichtig** ist. Für die Feststellung der Nichtigkeit der Wahl der Arbeitnehmervertreter sind insoweit die Gerichte für Arbeitssachen berufen.⁹⁸⁷

530 Im Übrigen gilt für die **Wahl der Anteilseignervertreter** Folgendes: Ist die Neubesetzung des Aufsichtsrats oder eines einzelnen Sitzes **vor** Ablauf der Anrufungsfrist des § 97 Abs. 2 S. 1 AktG notwendig, richtet sich die Wahl nach den Vorschriften des **bisherigen** („alten") Mitbestimmungsstatuts.⁹⁸⁸ Das Amt dieser Aufsichtsratsmitglieder endet gemeinsam mit den übrigen nach dem bisherigen Mitbestimmungsstatut bestellten Aufsichtsratsmitgliedern.

531 Für den sich anschließenden Zeitraum zwischen dem Ablauf der Anrufungsfrist nach § 97 Abs. 2 S. 1 AktG und dem Wirksamwerden des neuen Mitbestimmungsstatuts ist wiederum zu differenzieren. In diesem Zeitraum ist es **möglich**, den **neuen Aufsichtsrat** bereits nach den Vorschriften des **neuen** Mitbestimmungsstatuts zu wählen, auch wenn die neuen Vorschriften mangels Satzungsanpassung für die Gesellschaft noch nicht gelten (zB weil die Anteilseignerversammlung vor Ablauf der Anrufungsfrist einberufen wurde, § 97 Abs. 2 S. 2 AktG).⁹⁸⁹ Die Wirksamkeit dieser Wahl muss aber unter die **aufschiebende Bedingung** der Wirksamkeit der Satzungsanpassung gestellt werden, mit der dann entsprechend § 97 Abs. 2 S. 3 AktG die alten Mitglieder des Aufsichtsrats ausscheiden.⁹⁹⁰ Ein **Nachrücken** der **neu bestellten Mitglieder** bei Ausscheiden einzelner bisheriger Mitglieder oder des gesamten bisherigen Aufsichtsrats vor Wirksamwerden der Satzungsanpassung ist **nicht möglich**.⁹⁹¹ Wird während des Zeitraums zwischen dem Ablauf der Anrufungsfrist und dem Wirksamwerden des neuen Mitbestimmungsstatuts eine Neubesetzung des Aufsichtsrats notwendig, die noch vor dem Wirksamwerden der Satzungsänderung gelten soll, muss diese nach den Vorgaben des **bisherigen Mitbestimmungsstatuts** durchgeführt werden.⁹⁹² Dies gilt auch für den Fall einer Ersatzbestellung durch Gericht gemäß § 104 AktG, falls auch insoweit noch der bisherige Aufsichtsrat vor Wirksamwerden des neuen **Mitbestimmungsstatuts ergänzt** werden soll. Die gewählten oder durch das Gericht bestellten Mitglieder scheiden dann gemeinsam mit allen anderen Mitgliedern des bisherigen Aufsichtsrats mit Wirksamwerden des neuen Mitbestimmungsstatuts aus dem Amt aus.⁹⁹³

---

⁹⁸³ MüKoAktG/*Habersack* AktG § 97 Rn. 32.
⁹⁸⁴ WKS/*Wißmann* MitbestG § 6 Rn. 26; GroßkommAktG/*Hopt/Roth/Peddinghaus* AktG § 97 Rn. 61.
⁹⁸⁵ WKS/*Wißmann* MitbestG § 6 Rn. 26; Habersack/Henssler/*Habersack* MitbestG § 6 Rn. 26.
⁹⁸⁶ MüKoAktG/*Habersack* AktG § 97 Rn. 32; GroßkommAktG/*Hopt/Roth/Peddinghaus* AktG § 97 Rn. 62; Hüffer/*Koch* AktG § 97 Rn. 5; WKS/*Wißmann* MitbestG § 6 Rn. 27.
⁹⁸⁷ MüKoAktG/*Habersack* AktG § 97 Rn. 31.
⁹⁸⁸ Semler/v. Schenck/*Gittermann* AktG § 97 Rn. 61 mwN.
⁹⁸⁹ GroßkommAktG/*Hopt/Roth/Peddinghaus* AktG § 97 Rn. 63; MHdB AG/*Hoffmann-Becking* § 28 Rn. 71; *Kiem/Uhrig* NZG 2001, 680; *Schnitker/Grau* NZG 2007, 486; Hüffer/Koch/*Koch* AktG § 97 Rn. 5.
⁹⁹⁰ MHdB AG/*Hoffmann-Becking* § 28 Rn. 71; *Schnitker/Grau* NZG 2007, 486 (487 ff.); GroßkommAktG/*Hopt/Roth/Peddinghaus* AktG § 97 Rn. 63.
⁹⁹¹ *Schnitker/Grau* NZG 2007, 486 (489).
⁹⁹² MHdB AG/*Hoffmann-Becking* § 28 Rn. 71; Hölters/*Simons* AktG § 97 Rn. 30; *Schnitker/Grau* NZG 2007, 486 (489).
⁹⁹³ *Schnitker/Grau* NZG 2007, 486 (489 f.).

Nach Wirksamwerden des neuen Mitbestimmungsstatuts richten sich stets sämtliche Bestellungsakte 532
für Aufsichtsratsmitglieder oder einer gerichtlichen Ersatzbestellung nach § 104 AktG nach dem **neuen Mitbestimmungsstatut.** Dieselben Grundsätze gelten, wenn die Gesellschaft aus dem Anwendungsbereich der Mitbestimmungsgesetze mit Abschluss des Statusverfahrens herausfallen wird. Auch in diesem Fall bleiben die Regeln des bisherigen Mitbestimmungsstatuts während der Übergangszeit des § 97 Abs. 2 S. 2 AktG anwendbar.[994]

Ähnliche Grundsätze gelten für die **Wahl der Arbeitnehmervertreter.** Auch insoweit ist danach zu 533
unterscheiden, ob Arbeitnehmervertreter ihr Amt noch unter Geltung des bisherigen Mitbestimmungsstatuts oder erst ab Geltung des neuen Mitbestimmungsstatuts antreten sollen. Nach herrschender Meinung kann das Geschäftsleitungsorgan die **Wahlen der Arbeitnehmervertreter bereits vor Ablauf** der **Anrufungsfrist,** bei Absehbarkeit der Einleitung des Statusverfahrens sogar vor der Bekanntmachung nach § 97 AktG durch eine entsprechende Wahlbekanntmachung (zB § 2 1. WOMitbestG, § 2 2. WOMitbestG, § 2 3. WOMitbestG) einleiten.[995] Die Wahlordnungen des MitbestG sehen für die erstmalige Anwendung des Gesetzes den Erlass der Wahlbekanntmachungen unverzüglich nach der Bekanntmachung des § 97 Abs. 1 S. 1 AktG vor (§ 92 Abs. 1 1. WOMitbestG, § 114 Abs. 1 2. WOMitbestG, § 114 Abs. 1 3. WOMitbestG). In diesem Fall gelten **zudem verkürzte Fristen** für die **Durchführung der Wahl.**[996] Die derzeit vorzeitige Einleitung des Wahlverfahrens gewählten Arbeitnehmervertreter treten ihr Amt **gleichzeitig** mit den Anteilseignervertretern unter Geltung des neuen Mitbestimmungsstatuts an. Sind die Wahlen noch nicht abgeschlossen (was aufgrund des langwierigen Wahlverfahrens durchaus praxisrelevant ist), können Arbeitnehmervertreter bis zum Abschluss des Wahlvorgangs gemäß § 104 AktG **gerichtlich bestellt** werden.[997]

Eine weitere Folge des Wirksamwerdens der Bekanntmachung ist das **Außerkrafttreten** bestimmter 534
Satzungsbestimmungen. Nach § 97 Abs. 2 S. 2 AktG treten Satzungsbestimmungen über die Zusammensetzung des Aufsichtsrats, über die Zahl der Aufsichtsratsmitglieder sowie über die Wahl, Abberufung und Entsendung von Aufsichtsratsmitgliedern mit der Beendigung der ersten Hauptversammlung, die nach Ablauf der Anrufungsfrist einberufen wird, **spätestens sechs Monate nach Ablauf der Anrufungsfrist** insoweit außer Kraft, als sie nunmehr anzuwendenden gesetzlichen Vorschriften widersprechen. Das Gesetz stellt damit zunächst klar, dass Satzungsbestimmungen nur dann außer Kraft treten, wenn die Satzung überhaupt Bestimmungen über diese Fragen enthält.[998] Satzungen bislang nicht mitbestimmter Gesellschaften enthalten meist nur wenige und rudimentäre Regelungen zu diesen Fragen. Der Anpassungsbedarf hält sich dort in Grenzen. Anders ist dies meist bei Gesellschaften, die der Mitbestimmung unterliegen und die das bislang geltende Mitbestimmungsstatut deklaratorisch in die Satzung übernommen haben. In solchen Fällen ist die Satzung zwingend an das neue Mitbestimmungsstatut anzupassen. Für den Fall der erstmaligen Anwendung des MitbestG tritt neben § 97 Abs. 2 S. 2 AktG ergänzend § 37 Abs. 1 S. 1 MitbestG, wonach auch andere dem MitbestG widersprechende Vorschriften zum selben Zeitpunkt außer Kraft treten.

Findet während des Sechs-Monats-Zeitraums eine Anteilseignerversammlung statt, die nach Ablauf der 535
Anrufungsfrist einberufen wird, treten die in § 97 Abs. 2 S. 2 AktG genannten Satzungsbestimmungen auch dann außer Kraft, wenn die Anteilseignerversammlung keine Anpassung der Satzung beschließt. Es gelten dann die **gesetzlichen Regelungen.**[999] Für die Wahl des neuen Aufsichtsrats in der Anteilseignerversammlung dürfen die bisherigen Satzungsregelungen **nicht mehr zugrunde gelegt** werden, obwohl der Wortlaut des § 97 Abs. 2 S. 2 AktG das Verständnis nahelegt, die bisherigen Bestimmungen träten erst mit „Beendigung" der ersten Anteilseignerversammlung außer Kraft.[1000] Jedes andere Verständnis widerspräche der gesetzlichen Systematik und dem Sinn des Statusverfahrens, die Voraussetzung für die Durchführung des neuen Mitbestimmungsstatuts zu schaffen. Findet innerhalb der Sechs-Monats-Frist keine Anteilseignerversammlung statt, treten die Satzungsbestimmungen mit Ablauf dieser Frist außer Kraft, dh spätestens sieben Monate nach der Bekanntmachung gemäß § 97 Abs. 1 AktG.

---

[994] *M. Arnold/Lumpp* AG 2010, R 156 f.; MüKoAktG/*Habersack* AktG § 97 Rn. 32; Habersack/Henssler/*Habersack* MitbestG § 6 Rn. 40.
[995] WKS/*Wißmann* MitbestG § 6 Rn. 25; GroßkommAktG/*Hopt/Roth/Peddinghaus* AktG § 97 Rn. 57; *Schnitker/Grau* NZG 2007, 486 (487); MüKoAktG/*Habersack* AktG § 97 Rn. 20, 31; Hölters/*Simons* AktG § 97 Rn. 32; Kölner Komm AktG/*Mertens/Cahn* AktG §§ 97–99 Rn. 27.
[996] Näher dazu Habersack/Henssler/*Habersack* MitbestG § 6 Rn. 27.
[997] MHdB AG/*Hoffmann-Becking* § 28 Rn. 72; WKS/*Wißmann* MitbestG § 6 Rn. 27.
[998] So zutreffend MüKoAktG/*Habersack* AktG § 97 Rn. 33.
[999] MüKoAktG/*Habersack* AktG § 97 Rn. 34.
[1000] WKS/*Wißmann* MitbestG § 6 Rn. 28; GroßkommAktG/*Hopt/Roth/Peddinghaus* AktG § 97 Rn. 64; Kölner Komm AktG/*Mertens/Cahn* AktG §§ 97–99 Rn. 25; *Schnitker/Grau* NZG 2007, 486 (487); Habersack/Henssler/*Habersack* MitbestG § 6 Rn. 28.

536 Um die **Anpassung der Satzungsbestimmungen** an das neue Mitbestimmungsstatut zu erleichtern, erlaubt § 97 Abs. 2 S. 4 AktG eine Beschlussfassung mit einfacher Stimmenmehrheit. Diese **Erleichterung** gilt nicht nur für die erste Anteilseignerversammlung innerhalb der Sechs-Monats-Frist, sondern auch für jede weitere Anteilseignerversammlung innerhalb dieser Frist.[1001] Inhaltlich gilt die Erleichterung des Mehrheitserfordernisses allerdings **nur für die Ersetzung** der außer Kraft tretenden Satzungsbestimmungen iSd § 97 Abs. 2 S. 2 AktG. Die Anteilseignerversammlung ist aber **nicht darauf beschränkt,** diese Satzungsbestimmungen nur an die gesetzlichen Vorschriften anzupassen. Vielmehr kann die Anteilseignerversammlung zu diesen Sachthemen Änderungen neuen Inhalts beschließen.[1002] Für den Fall der erstmaligen Anwendung des MitbestG tritt wiederum ergänzend § 37 Abs. 1 S. 2 MitbestG neben § 97 Abs. 2 S. 4 AktG.

537 Ist die Monatsfrist nach § 97 Abs. 2 S. 1 AktG ohne Anrufung eines Gerichts abgelaufen, bedeutet dies nicht zugleich, dass ein Antrag auf gerichtliche Entscheidung nach § 98 AktG gesperrt würde. Vielmehr hat der **Ablauf der Monatsfrist** gerade **keine Antragssperre** für das gerichtliche Statusverfahren zur Folge.[1003] Nach zutreffender herrschender Meinung kann ein Antrag auf Durchführung eines gerichtlichen Statusverfahrens auch nach Wirksamwerden der Bekanntmachung infolge Ablaufs der Monatsfrist gestellt werden.[1004] Auf das Vorliegen neuer Tatsachen kommt es insoweit nicht an.[1005] Für die Geltung des Mitbestimmungsstatuts und damit der Zusammensetzung des Aufsichtsrats ist jedoch strikt danach zu unterscheiden, ob das Gericht gemäß § 98 Abs. 1 AktG während der Monatsfrist des § 97 Abs. 2 S. 1 AktG oder erst danach angerufen wird. Ist die Monatsfrist für die Bekanntmachung abgelaufen und erfüllte die Bekanntmachung die gesetzlichen Mindestanforderungen, tritt damit das neue Mitbestimmungsstatut unter Maßgabe der Regelungen des § 97 Abs. 2 AktG, ggf. nach Ablauf der Sechs-Monats-Frist, in Kraft. Ein erst nach Ablauf der Sechs-Monats-Frist eingeleitetes Statusverfahren ändert also nichts daran, dass das durch die Bekanntmachung **wirksam gewordene Mitbestimmungsstatut** anzuwenden ist, bis es möglicherweise durch eine rechtskräftige gerichtliche Entscheidung ersetzt wird. Wird das gerichtliche Statusverfahren dagegen während der Monatsfrist des § 97 Abs. 2 S. 1 AktG eingeleitet, bleibt während des gerichtlichen Statusverfahrens das frühere Mitbestimmungsstatut in Kraft, das Anlass für das Geschäftsleitungsorgan war, die Bekanntmachung nach § 97 Abs. 1 AktG zu veröffentlichen. In diesem Fall wird also vorläufig, dh für die Verfahrensdauer des gerichtlichen Statusverfahrens, das **frühere Mitbestimmungsstatut** perpetuiert und kann nicht durch das in der Bekanntmachung des Geschäftsleitungsorgans genannte neue Mitbestimmungsstatut ersetzt werden.

538 bb) **Anrufung des Gerichts.** Wird das zuständige Gericht innerhalb der Monatsfrist des § 97 Abs. 2 S. 1 AktG angerufen, wird das unstreitige Statusverfahren in ein **gerichtliches Statusverfahren** übergeleitet. Die Bekanntmachung des Geschäftsleitungsorgans kann damit **keine Rechtswirkungen** entfalten.[1006] Entsprechend dem **Kontinuitätsgrundsatz** des § 96 Abs. 4 AktG ändert sich die Zusammensetzung des Aufsichtsrats bis zur rechtskräftigen gerichtlichen Entscheidung nicht. Die Aufsichtsratsmitglieder bleiben im Amt. Im Fall ihrer Amtsbeendigung ist die Neubestellung nach dem bisherigen Mitbestimmungsstatut durchzuführen.[1007] Für die Überleitung des unstreitigen in das streitige Statusverfahren ist es nach § 99 Abs. 1 iVm § 2 Abs. 3 FamFG unerheblich, wenn das angerufene Gericht örtlich unzuständig ist.[1008]

539 Nach herrschender Meinung soll die Bekanntmachung des Geschäftsleitungsorgans nach § 97 Abs. 1 AktG auch dann seine **Rechtswirkung verlieren,** wenn im gerichtlichen Statusverfahren keine Entscheidung ergeht (zB aufgrund einer Antragsrücknahme).[1009] Der Verweis der herrschenden Meinung, die **Rechtssicherheit** gebiete es, dass sich der Aufsichtsrat in solchen Fällen nicht entsprechend der Bekanntmachung des Geschäftsleitungsorgans zusammensetze, überzeugt freilich nicht. Zwar kann das Geschäftsleitungsorgan jederzeit eine neue Bekanntmachung nach § 97 Abs. 1 AktG veröffentlichen, sollte es weiterhin oder erstmals der Auffassung sein, dass ein anderes Mitbestimmungsstatut zur Anwendung kommen muss. Ein solches Vorgehen wäre aber im Ergebnis unbefriedigend. Auch in einem solchen Fall könnte wiederum ein Antragsberechtigter nach § 98 Abs. 2 AktG den Antrag auf Überleitung in das gerichtliche

---

[1001] MüKoAktG/*Habersack* AktG § 97 Rn. 35; GroßkommAktG/*Hopt/Roth/Peddinghaus* AktG § 97 Rn. 85; WKS/*Wißmann* MitbestG § 6 Rn. 29.
[1002] So zutreffend MüKoAktG/*Habersack* AktG § 97 Rn. 35; Kölner Komm AktG/*Mertens/Cahn* AktG §§ 97–99 Rn. 26.
[1003] MüKoAktG/*Habersack* AktG § 97 Rn. 30.
[1004] Kölner Komm AktG/*Mertens/Cahn* AktG §§ 97–99 Rn. 29; GroßkommAktG/*Hopt/Roth/Peddinghaus* AktG § 97 Rn. 68; BeckOGK/*Spindler* AktG § 97 Rn. 28; Hölters/*Simons* AktG § 97 Rn. 39.
[1005] Zweifelnd Hölters/*Simons* AktG § 97 Rn. 39.
[1006] MüKoAktG/*Habersack* AktG § 97 Rn. 36; WKS/*Wißmann* MitbestG § 6 Rn. 24.
[1007] MüKoAktG/*Habersack* AktG § 97 Rn. 36; GroßkommAktG/*Hopt/Roth/Peddinghaus* AktG § 97 Rn. 71.
[1008] MüKoAktG/*Habersack* AktG § 97 Rn. 36; Hüffer/Koch/*Koch* AktG § 97 Rn. 6; Hölters/*Simons* AktG § 97 Rn. 36.
[1009] MüKoAktG/*Habersack* AktG § 97 Rn. 37; GroßkommAktG/*Hopt/Roth/Peddinghaus* AktG § 97 Rn. 72; BeckOGK/*Spindler* AktG § 97 Rn. 37.

Statusverfahren stellen und damit die Rechtswirkung der Bekanntmachung selbst dann **beseitigen,** wenn er während des Verfahrensverlaufs seinen Antrag wieder zurücknimmt. Richtigerweise sollte daher mit Abschluss des gerichtlichen Verfahrens ohne Sachentscheidung die Bekanntmachung des Geschäftsleitungsorgans ihre dem Gesetz nach zugedachte Rechtswirkung erhalten und die Fristen des § 97 Abs. 2 AktG auslösen.[1010]

Solange ein gerichtliches Statusverfahren nach §§ 98, 99 AktG anhängig ist, steht § 97 Abs. 3 AktG einer Bekanntmachung des Geschäftsleitungsorgans über die Zusammensetzung des Aufsichtsrats entgegen. Das Gesetz möchte auf diese Weise ein Nebeneinander von außergerichtlichen und gerichtlichen Statusverfahren verhindern und dem **gerichtlichen Statusverfahren** den **Vorrang** geben.[1011] Eine unter Verstoß gegen § 97 Abs. 3 AktG publizierte Bekanntmachung des Geschäftsleitungsorgans entfaltet **keine Rechtswirkung** – unabhängig davon, ob innerhalb der Monatsfrist das Gericht angerufen wird oder nicht. Sobald das gerichtliche Statusverfahren rechtskräftig abgeschlossen ist, kann das Geschäftsleitungsorgan jederzeit eine neue Bekanntmachung gemäß § 97 Abs. 1 AktG erlassen. **Besonderheiten** sollen dann allerdings nach herrschender Meinung für ein sich möglicherweise erneut anschließendes gerichtliches Statusverfahren gelten. Zwar soll es unerheblich sein, ob die Bekanntmachung nach § 97 Abs. 1 AktG auf neuen Tatsachen beruht, es sollen aber sämtliche Tatsachen, die im früheren gerichtlichen Statusverfahren vorgebracht wurden oder hätten vorgebracht werden können, prozessual **präkludiert** sein.[1012] Das überzeugt nicht vollständig. So ist zB die Grenze nur schwer zu ziehen, wann ein derart enger zeitlicher und sachlicher Zusammenhang zu dem gerichtlichem Statusverfahren besteht, dass eine Präklusion von Sachvortrag möglich sein soll. Im Übrigen kann auch die Rechtsentwicklung zu einer neuen Bewertung derselben Tatsachen führen. Es liegt daher näher, keine Präklusionswirkung eines vorangegangenen gerichtlichen Statusverfahrens anzunehmen.

4. Gerichtliches Statusverfahren

a) Einleitung des Gerichtsverfahrens

Auch das gerichtliche Statusverfahren nach § 98 AktG ist Ausdruck des mitbestimmungsrechtlichen **Kontinuitätsgrundsatzes** nach § 96 Abs. 4 AktG. Danach können andere als die zuletzt angewandten gesetzlichen Vorschriften für die Zusammensetzung des Aufsichtsrats nur dann gelten, wenn die im förmlichen Statusverfahren festgestellten gesetzlichen Vorschriften anzuwenden sind. Während § 97 Abs. 1 AktG nur dem Geschäftsleitungsorgan der Gesellschaft zur Verfügung steht und dessen „Ansicht" voraussetzt, dass der Aufsichtsrat nicht nach den zutreffenden gesetzlichen Vorschriften zusammengesetzt ist, steht das gerichtliche Statusverfahren nach §§ 98, 99 AktG einem **weiteren Kreis an Antragsberechtigten** zur Verfügung und ist nach der Vorstellung des Gesetzgebers für Fälle geschaffen, in denen streitig oder ungewiss ist, nach welchen gesetzlichen Vorschriften sich der Aufsichtsrat zusammenzusetzen hat. Nennenswerte praktische Bedeutung hat das Erfordernis des Streits bzw. der Ungewissheit nicht.[1013] Im Ergebnis handelt es sich dabei um ein subjektives Element des Antragstellenden, dessen Fehlen nicht gerichtlich nachprüfbar sein wird.

Das gerichtliche Statusverfahren kann im Anschluss an eine Bekanntmachung des Geschäftsleitungsorgans gemäß § 97 Abs. 1 AktG oder **völlig unabhängig** davon geführt werden. Wird der Antrag innerhalb der Monatsfrist des § 97 Abs. 2 S. 1 AktG gestellt, wird das vom Geschäftsleitungsorgan begonnene außergerichtliche Statusverfahren in ein gerichtliches übergeleitet (→ Rn. 538). Der Antrag auf gerichtliche Entscheidung kann aber auch noch nach Ablauf der Monatsfrist des § 97 Abs. 2 S. 1 AktG oder völlig unabhängig von einem außergerichtlichen Statusverfahren gestellt werden.[1014] Die Verfahrensregeln für das gerichtliche Statusverfahren ergeben sich aus § 99 AktG und dem subsidiär geltenden FamFG (→ Rn. 556).

Das gerichtliche Statusverfahren setzt einen Antrag voraus. Die **rechtlichen Hürden** der Antragstellung sind **denkbar gering.** Das Gesetz kennt keine Formvorschriften und schreibt auch keinen Anwaltszwang vor. Der Antrag kann schriftlich, zu Protokoll der Geschäftsstelle, aber auch im Wege anderer Übermittlungsarten, zB per Telefax, gestellt werden.[1015] Eine Frist kennt § 98 AktG nicht. Sie ergibt sich

---

[1010] LG Dortmund BeckRS 2008, 10653 Rn. 19; ohne es zu problematisieren sieht auch das OLG Frankfurt NZG 2009, 1185 die vorherige Bekanntmachung nach § 97 Abs. 1 S. 1 AktG als wirksam an.
[1011] MüKoAktG/*Habersack* AktG § 97 Rn. 38.
[1012] So zB MüKoAktG/*Habersack* AktG § 97 Rn. 39; Kölner Komm AktG/*Mertens/Cahn* AktG §§ 97–99 Rn. 20; GroßkommAktG/*Hopt/Roth/Peddinghaus* AktG § 97 Rn. 75.
[1013] So zutreffend WKS/*Wißmann* MitbestG § 6 Rn. 30; MüKoAktG/*Habersack* AktG § 98 Rn. 5; GroßkommAktG/ *Hopt/Roth/Peddinghaus* AktG § 98 Rn. 7.
[1014] WKS/*Wißmann* MitbestG § 6 Rn. 36; MüKoAktG/*Habersack* AktG § 98 Rn. 3; BeckOGK/*Spindler* AktG § 98 Rn. 6.
[1015] MüKoAktG/*Habersack* AktG § 98 Rn. 3.

544 Der Antrag muss darauf gerichtet sein, eine geänderte Zusammensetzung des Aufsichtsrats feststellen zu lassen. Ein **Antrag auf Bestätigung des Status quo** kann nicht gestellt werden.[1016] Antragsberechtigte können daher das gerichtliche Statusverfahren nicht dazu verwenden, eine Bekanntmachung des Geschäftsleitungsorgans nach § 97 Abs. 1, 3 AktG durch rechtzeitige Einleitung eines gerichtlichen Statusverfahrens zur Feststellung des Status quo zu verhindern. Vielmehr sind Antragsberechtigte darauf angewiesen, nach einer solchen Bekanntmachung des Geschäftsleitungsorgans innerhalb der Monatsfrist des § 97 Abs. 2 S. 1 AktG das außergerichtliche in das gerichtliche Statusverfahren überzuleiten. Ein **Rechtsverlust** ist in solchen Fällen nicht zu befürchten, da durch die rechtzeitige Antragstellung die Bekanntmachung gerade keine Rechtswirkung entfaltet und der Status quo ohnehin bis zum Abschluss des gerichtlichen Statusverfahrens als rechtmäßig bestehen bleibt.

545 **Zuständig** ist nach § 98 Abs. 1 S. 1 AktG das **Landgericht,** in dessen Bezirk die Gesellschaft ihren **Satzungssitz** hat. Bei Doppelsitzen ist jedes Sitzgericht zuständig. In solchen Fällen bleibt das zuerst angerufene Gericht auch dann nach § 2 Abs. 1 FamFG zuständig, wenn ein anderer Antragsteller am anderen Sitzgericht ein Statusverfahren einleitet.[1017] Innerhalb des Landgerichts ist ausschließlich **die Kammer für Handelssachen** zuständig, soweit eine solche gebildet ist (§ 71 Abs. 2 Nr. 4 lit. b GVG, § 95 Abs. 2 Nr. 2 GVG). § 71 Abs. 4 S. 1 GVG erlaubt jedoch der jeweiligen Landesregierung bzw. der Landesjustizverwaltung, durch Verordnung eine Zuständigkeitskonzentration festzuschreiben.[1018] In der Praxis ist die Antragstellung beim örtlich unzuständigen Landgericht eine durchaus häufige Fehlerquelle. Im Ergebnis ist die Antragstellung beim örtlich unzuständigen Landgericht jedoch folgenlos. Nach § 2 Abs. 3 FamFG ist die Antragstellung nicht unwirksam und wahrt auch eine etwaige Frist nach § 97 Abs. 2 S. 1 AktG.[1019] Für die Verweisung an das örtlich zuständige Landgericht gilt § 3 FamFG, der eine **Verweisung** von Amts wegen nach Anhörung der Beteiligten vorsieht. § 281 ZPO gilt trotz teilweise entgegenstehender Praxis der Gerichte im Statusverfahren nicht.

546 Schwierige **Abgrenzungsfragen** wirft die ausschließliche Zuständigkeit der Landgerichte für Statusverfahren im Verhältnis zu der Zuständigkeit der Arbeitsgerichte in Beschlussverfahren nach § 2a Abs. 1 Nr. 3, Nr. 3e, Nr. 3f und Nr. 3g ArbGG auf.[1020] Im Grundsatz ist den Gerichten für Arbeitssachen **jede Entscheidung entzogen,** die die gesetzlichen Vorschriften über die Bildung und Zusammensetzung des Aufsichtsrats betreffen. Die jeweils aktuell geltenden gesetzlichen Vorschriften (§ 96 Abs. 4 AktG) sind in arbeitsgerichtlichen Verfahren zugrunde zu legen. So kann etwa die Wahl von Aufsichtsratsmitgliedern der Arbeitnehmer mit der Begründung angefochten werden, wesentliche Verfahrensvorschriften der auf dieser Grundlage geltenden Wahlordnung seien nicht eingehalten worden, nicht aber mit dem Argument, es hätten ganz andere als die zuletzt festgestellten Vorschriften über die Zusammensetzung des Aufsichtsrats zur Anwendung kommen müssen.

547 **Andere** gesellschafts- oder konzernrechtliche **Vorfragen** können und müssen die Gerichte für Arbeitssachen aber in Verfahren zur unternehmerischen Mitbestimmung, **insbesondere bei der Anfechtung von Wahlen,** selbst inzident prüfen.[1021] Hier hilft die Kontrollüberlegung, dass solche gesellschafts- und konzernrechtlichen Vorfragen kein zulässiger Beschlussgegenstand eines gerichtlichen Statusverfahrens wären und daher auch nicht der ausschließlichen Zuständigkeit der Landgerichte vorbehalten sein können. Umgekehrt können auch die Landgerichte in Statusverfahren nach §§ 98, 99 AktG arbeitsrechtliche Vorfragen inzident prüfen, nicht jedoch ausschließlich den Gerichten für Arbeitssachen vorbehaltene Fragen, etwa Fragen des aktiven und passiven Wahlrechts von Arbeitnehmern.[1022]

b) Antragsberechtigung

548 Anders als die Bekanntmachung nach § 97 Abs. 1 AktG, die ausschließlich dem Geschäftsleitungsorgan als Gesamtgremium vorbehalten ist, kann das gerichtliche Statusverfahren nach §§ 98, 99 AktG von einer ganzen Reihe Berechtigter eingeleitet werden. Das Gesetz unterscheidet in § 98 Abs. 2 AktG zwischen Personen und Gremien, die **generell antragsberechtigt** sind, und solchen, deren Antragsberechtigung von weiteren Voraussetzungen abhängt. Generell antragsberechtigt sind die Personen und Gremien nach

---

[1016] So zutreffend MüKoAktG/*Habersack* AktG § 98 Rn. 4.
[1017] MüKoAktG/*Habersack* AktG § 98 Rn. 7; GroßkommAktG/*Hopt/Roth/Peddinghaus* AktG § 98 Rn. 20; Hölters/ *Simons* AktG § 98 Rn. 7.
[1018] Eine Übersicht dazu findet sich bei MüKoAktG/*Habersack* AktG § 98 Rn. 8.
[1019] MüKoAktG/*Habersack* AktG § 97 Rn. 36.
[1020] Hierzu ausführlich MüKoAktG/*Habersack* AktG § 98 Rn. 10 f.
[1021] WKS/*Wißmann* MitbestG § 5 Rn. 76; Raiser/Veil/Jacobs/*Raiser* MitbestG § 6 Rn. 62; Habersack/Henssler/*Habersack* MitbestG § 6 Rn. 82.
[1022] Habersack/Henssler/*Habersack* MitbestG § 6 Rn. 83.

§ 98 Abs. 2 S. 1 Nr. 1–5 AktG; von **weiteren Voraussetzungen** hängt die Antragsberechtigung der Personen und Gremien nach § 98 Abs. 2 S. 1 Nr. 6–10 und Abs. 2 S. 2 AktG ab.

Nach allgemeinen Grundsätzen kann das Antragsrecht sämtlicher Berechtigter gemäß § 98 Abs. 2 AktG jedoch aus Gründen des **Rechtsmissbrauchs** entfallen.[1023] Eine allgemeine Anknüpfung an die zum Missbrauch der Anfechtungsbefugnis nach § 245 AktG entwickelten Grundsätze[1024] erscheint zwar im Grundsatz zutreffend, erfordert aber eine **Anpassung** an die jeweils antragsberechtigten Personen und Gremien des § 98 Abs. 2 AktG. So werden an die Annahme eines Rechtsmissbrauchs des Geschäftsleitungsorgans (§ 98 Abs. 2 S. 1 Nr. 1 AktG) deutlich **höhere Anforderungen** zu stellen sein als bei einem einzelnen Aktionär mit einem nur sehr geringen Aktienbestand (§ 98 Abs. 2 S. 1 Nr. 3 AktG). Bei einem einzelnen Aktionär ist es eher vorstellbar, dass dieser von der Gesellschaft und dem Unternehmenswohl völlig losgelöst private Ziele mit einem Antrag nach § 98 AktG verfolgt. Die Praxis der Gerichte ist hier oftmals zu großzügig. Dass der Aktionär mit seinem Antrag „juristische Interessen" verfolge[1025], soll für die Annahme einer rechtsmissbräuchlichen Antragsstellung ebenso wenig ausreichen wie ein Antrag zur Bestätigung seiner Rechtsauffassung.[1026] Auch der Umstand, dass der Aktionär eine Vielzahl ähnlicher Verfahren betreibe, soll für sich alleine noch nicht darauf schließen lassen, dass er rechtsmissbräuchlich handele, denn die Antragsbefugnis von Aktionären sei nach § 98 Abs. 2 S. 1 Nr. 3 AktG nicht an weitere Voraussetzungen gebunden und bestehe ohne dass der Aktionär ein Interesse an der ordnungsgemäßen Zusammensetzung des Aufsichtsrats nachweisen müsse.[1027] Zudem liege die Durchsetzung der ordnungsgemäßen Besetzung des Aufsichtsrats wegen der erga-omnes-Wirkung der gerichtlichen Entscheidung im Interesse aller Aktionäre.[1028] Das überzeugt in dieser Allgemeinheit nicht. Das Geschäftsleitungsorgan wird hingegen aufgrund seiner organschaftlichen Bindung wohl nur in absoluten Ausnahmefällen einen rechtsmissbräuchlichen und damit unzulässigen Antrag stellen. Ebenso können sich bei anderen Antragsberechtigten (zB Betriebsratsgremien) spezifische Fragen des Missbrauchs durch den Versuch von „Kopplungsgeschäften" (zB Antragstellung nach § 98 AktG durch Betriebsratsgremien, um Forderungen auf betriebsverfassungsrechtlicher Ebene Nachdruck zu verleihen) stellen.

Die per se **antragsberechtigten Personen** und Gremien ergeben sich aus § 98 Abs. 2 S. 1 Nr. 1–5 AktG.[1029] Im Hinblick auf das Antragsrecht des Vorstands nach § 98 Abs. 2 S. 2 Nr. 1 AktG ist zu beachten, dass es sich um ein Antragsrecht des Geschäftsleitungsorgans und nicht des einzelnen Geschäftsleitungsmitglieds handelt. Die Antragstellung bedarf daher eines **Beschlusses des Geschäftsleitungsorgans**.[1030] In gerichtlichen Verfahren wird daher bisweilen verlangt, die Beschlussfassung nachzuweisen. Zu beachten ist, dass es sich bei dem Antragsrecht um ein eigenes Recht des Geschäftsleitungsorgans als Gremium und es nicht als organschaftlicher Vertreter der Gesellschaft handelt.[1031] Das Geschäftsleitungsorgan agiert also **nicht als Vertreter** der Gesellschaft. Die Gesellschaft wird auch durch die entsprechende Antragstellung nicht selbst Antragsteller. Vielmehr ist die Gesellschaft stets Antragsgegnerin. Insoweit wird die Gesellschaft durch das Geschäftsleitungsorgan organschaftlich vertreten. Das Geschäftsleitungsorgan ist der einzige in § 98 Abs. 2 genannte Antragsberechtigte, der einer **Antragspflicht** unterliegen kann. Insoweit hat das Geschäftsleitungsorgan die Wahl, diese Pflicht durch Bekanntmachung nach § 97 Abs. 1 AktG oder durch Einleitung des gerichtlichen Statusverfahrens nach § 98 AktG zu erfüllen (→ Rn. 510).

Anders verhält es sich mit der gesetzlichen Regelung zur Antragsberechtigung auf Seiten des **Aufsichtsrats**. Nach § 98 Abs. 2 S. 1 Nr. 2 AktG ist nicht der Aufsichtsrat als Organ, sondern **jedes seiner Mitglieder** antragsberechtigt. Einem Beschluss des Aufsichtsrats bedarf es daher nicht.[1032] Zum Antrag ist jedes Aufsichtsratsmitglied berechtigt, unabhängig davon, ob es gewählt, entsandt oder gerichtlich bestellt wurde. Ersatzmitglieder haben dagegen kein Antragsrecht, bis sie selbst zum Aufsichtsratsmitglied werden.[1033]

Das Antragsrecht steht darüber hinaus gemäß § 98 Abs. 1 Nr. 3 AktG **jedem Aktionär** zu. Es reicht der Besitz einer **einzigen Aktie** im Zeitpunkt der Antragstellung aus.[1034] Bei Namensaktien ist gemäß

[1023] So zutreffend MüKoAktG/*Habersack* AktG § 98 Rn. 12.
[1024] So MüKoAktG/*Habersack* AktG § 98 Rn. 12; LG Köln BeckRS 2018, 19393 (Rn. 16); gegen eine analoge Anwendung OLG Düsseldorf NZG 2018, 1229 Rn. 24.
[1025] LG Köln BeckRS 2018, 19393 Rn. 16 f.
[1026] LG Hamburg NZA-RR 2018, 249 Rn. 11.
[1027] OLG Stuttgart BeckRS 2018, 27415 Rn. 13 f.; OLG Frankfurt NZG 2018, 1254 Rn. 17; BGH NZG 2012, 421.
[1028] OLG Düsseldorf NZG 2018, 1229 Rn. 24.
[1029] Näheres dazu bei MüKoAktG/*Habersack* AktG § 98 Rn. 13 ff.; WKS/*Wißmann* MitbestG § 6 Rn. 22 ff.
[1030] MüKoAktG/*Habersack* AktG § 98 Rn. 13.
[1031] So MüKoAktG/*Habersack* AktG § 98 Rn. 13; GroßkommAktG/*Hopt/Roth/Peddinghaus* AktG § 98 Rn. 24; Hölters/*Simons* AktG § 98 Rn. 10; aA Kölner Komm AktG/*Mertens/Cahn* AktG §§ 97–99 Rn. 34.
[1032] So zutreffend MüKoAktG/*Habersack* AktG § 98 Rn. 14; GroßkommAktG/*Hopt/Roth/Peddinghaus* AktG § 98 Rn. 26.
[1033] Kölner Komm AktG/*Mertens/Cahn* AktG §§ 97–99 Rn. 35; BeckOGK/*Spindler* AktG § 98 Rn. 10; MüKoAktG/*Habersack* AktG § 98 Rn. 14.
[1034] MüKoAktG/*Habersack* AktG § 98 Rn. 15; Hölters/*Simons* AktG § 98 Rn. 13.

§ 67 Abs. 2 Satz 1 AktG die Eintragung im Aktienregister entscheidend. Die Antragsberechtigung beschränkt sich allerdings auf diejenige Gesellschaft, deren Aktie der Aktionär hält. Aktienbesitz bei verbundenen Unternehmen, auch bei Tochtergesellschaften, geben kein Antragsrecht bei anderen Gesellschaften des Konzerns einschließlich der Konzernmutter.[1035] Der Aktionär hat den für seine Antragsberechtigung erforderlichen Aktienbesitz darzulegen und nachzuweisen. Hierzu kann der Aktionär eine Aktienurkunde vorlegen, sofern eine solche ausgegeben wurde – was in der Praxis mittlerweile selten ist. Regelmäßig muss der Aktionär seinen Aktienbesitz daher durch Vorlage eines Auszugs des Aktienregisters oder einer Hinterlegungs- oder Depotbescheinigung nachweisen.

553 Die unter § 98 Abs. 2 S. 1 Nr. 6–10 AktG genannten Personen und Gremien sind nur insoweit antragsberechtigt, als sie jeweils die **weiteren Voraussetzungen** erfüllen. Diese bestehen – etwas vereinfacht – stets darin, dass die Arbeitnehmervertretungsgremien, Gewerkschaften oder die wahlberechtigten Arbeitnehmer ein Wahl- oder Vorschlagsrecht im Hinblick auf die Besetzung des im Streit stehenden Aufsichtsrats besitzen. Die Bedeutung dieser weiteren Voraussetzung ist nicht vollständig geklärt. Teilweise wird betont, dass auch Antragsteller nach § 98 Abs. 2 Nr. 6–10, Abs. 2 S. 2 AktG keine höheren Anforderungen im Hinblick auf die Antragstellung erfüllen müssen.[1036] Teilweise wird dagegen erwähnt, dass solche Antragsteller „zu wahrende Belange" vorweisen müssen.[1037] In der Sache besteht aber wohl kein praktisch relevanter Unterschied. Stets ist erforderlich, dass die vom jeweiligen Wortlaut aufgestellten Voraussetzungen der Arbeitnehmervertretung, Gewerkschaften oder Arbeitnehmer erfüllt werden, dh ein Bezug zum Wahlrecht bei der Besetzung des streitigen Aufsichtsrats besteht.

554 Nicht erforderlich ist dagegen, dass gerade die Beteiligung des jeweiligen Arbeitnehmervertretungsgremiums, der Gewerkschaften oder Arbeitnehmer in Streit steht. Vielmehr können die Antragsberechtigten nach § 98 Abs. 2 S. 1 Nr. 6–10, Abs. 2 S. 2 AktG auch dann einen Antrag auf Durchführung eines gerichtlichen Statusverfahrens stellen, wenn es um Zusammensetzungsfragen des betroffenen Aufsichtsrats geht, die **nicht** den jeweiligen Antragsteller **in eigenen Rechten** betreffen.

555 Die Nennung der Antragsberechtigten in § 98 Abs. 2 AktG ist **abschließend**.[1038] Daraus folgt, dass andere Personen und Gremien, deren Antragsrecht durchaus naheliegen könnte, keinen Antrag nach § 98 AktG stellen können. Dies gilt beispielsweise für einzelne Mitglieder des Geschäftsführungsorgans, den Aufsichtsrat als solchen oder die Anteilseigner- oder Arbeitnehmerbank (freilich können die Aufsichtsratsmitglieder aus eigenem Recht in ihrer Verbindung einen Antrag stellen) und den Konzernbetriebsrat sowie Konzernsprecherausschuss. Angesichts der ausführlichen Regelung zu Arbeitnehmervertretungsgremien kann im Hinblick auf die nicht in § 98 Abs. 2 AktG genannten Konzernbetriebsräte und Konzernsprecherausschüsse nicht von einer unbewussten Regelungslücke ausgegangen werden, die im Wege der erweiternden Auslegung oder Analogie zu schließen wäre.[1039] Vielmehr ist der Konzernbetriebsrat und Konzernsprecherausschuss darauf angewiesen, über seine Mitglieder in den jeweils antragsberechtigten Betriebsräten bzw. Sprecherausschüssen auf eine Antragstellung hinzuwirken.

c) Verfahren

556 aa) **Anwendung des FamFG.** In § 99 AktG werden die für die gerichtliche Feststellung der ordnungsgemäßen Zusammensetzung des Aufsichtsrats gem. § 98 AktG geltenden **Verfahrensvorschriften** geregelt. Es handelt sich um ein Streitverfahren der freiwilligen Gerichtsbarkeit, für das trotz des streitigen Charakters über die Verweisung auf das FamFG die dort geregelten Grundsätze teilweise gelten.[1040] Das Zusammenspiel von § 99 AktG und den Vorschriften des FamFG erweist sich sowohl rechtlich als auch praktisch mitunter als schwierig. Teilweise werfen die in Bezug genommenen Vorschriften des FamFG Fragen auf, die von den Landgerichten und Oberlandesgerichten **unterschiedlich beantwortet** werden, zB im Kostenrecht. Teilweise zeigt sich in der Praxis aber auch, dass die Gerichte in Statusverfahren ein ganz unterschiedliches Verständnis der Vorschriften des FamFG an den Tag legen, zB im Hinblick auf die (rechtlich nicht notwendige) Durchführung einer mündlichen Verhandlung oder den (an sich geltenden) Amtsermittlungsgrundsatz.

557 Für das **gerichtliche Statusverfahren** gelten vorrangig die in § 99 Abs. 1–6 AktG geregelten Verfahrensvorschriften, während in § 99 Abs. 1 AktG subsidiär auf die Vorschriften des FamFG verwiesen

---

[1035] So zutreffend MüKoAktG/*Habersack* AktG § 98 Rn. 15.
[1036] So etwa WKS/*Wißmann* MitbestG § 6 Rn. 34.
[1037] So etwa MüKoAktG/*Habersack* AktG § 98 Rn. 12, 18 ff.
[1038] MüKoAktG/*Habersack* AktG § 98 Rn. 12; WKS/*Wißmann* MitbestG § 6 Rn. 35; Kölner Komm AktG/*Mertens/Cahn* AktG §§ 97–99 Rn. 32.
[1039] WKS/*Wißmann* MitbestG § 6 Rn. 35.
[1040] Hölters/*Simons* AktG § 99 Rn. 1; MüKoAktG/*Habersack* AktG § 99 Rn. 1.

wird.[1041] Dabei kommen vor allem verschiedene im FamFG geltende Verfahrensgrundsätze zur Anwendung.

Über die Verweisung auf die Vorschriften des FamFG gilt für das Verfahren nach § 99 AktG der **Amtsermittlungsgrundsatz** gem. § 26 FamFG. Dies bedeutet, dass nach Einleitung des Verfahrens das Gericht in eigener Regie die zur Feststellung der entscheidungserheblichen Tatsachen erforderlichen Ermittlungen durchführt. Dabei ist es nicht an den Vortrag oder die Anträge der Parteien gebunden, sondern kann diese unberücksichtigt lassen oder über diese hinausgehende Ermittlungen anstellen.[1042] Allerdings obliege es trotz Geltung des Amtsermittlungsgrundsatzes den Parteien, ihnen bekannte Tatsachen vorzubringen. Das Gericht verletzt den Amtsermittlungsgrundsatz daher nicht, wenn es von weiteren Feststellungen und Nachfragen absieht sofern es davon ausgehen durfte, dass die Parteien für sie vorteilhafte Umstände selbst vorbringen und diese Umstände den Parteien auch bewusst waren.[1043] Wegen des Amtsermittlungsgrundsatzes ist auch eine Entscheidung durch Versäumnis- oder Anerkenntnisurteil nicht möglich.[1044]

Trotz des Amtsermittlungsgrundsatzes, der die Disposition der Parteien über das Verfahren einschränkt, liegt die **Einleitung** sowie in bestimmtem Rahmen auch die **Beendigung** des Verfahrens **in den Händen der Parteien.** Das gerichtliche Statusverfahren wird gem. § 98 Abs. 1 AktG auf Antrag einer antragsberechtigten Partei eingeleitet. Der das Verfahren betreibende Beteiligte kann seinen Antrag auf gerichtliche Entscheidung jederzeit zurücknehmen.[1045] Dies ist gem. § 22 Abs. 1 S. 1 FamFG bis zur Rechtskraft der Entscheidung des Gerichts möglich. Nach § 22 Abs. 1 S. 2 FamFG ist zu einer solchen Antragsrücknahme bis zum Erlass der gerichtlichen Entscheidung auch keine Zustimmung des Antraggegners erforderlich. Eine solche Zustimmung ist erst in der Zeit zwischen Erlass der Entscheidung und deren Rechtskraft notwendig.[1046] Eine Antragsrücknahme beendet das laufende Verfahren ex tunc und macht eine bereits erlassene, aber noch nicht rechtkräftige Entscheidung ohne einen weiteren Aufhebungsakt wirkungslos.[1047] Außerdem können die Parteien dem Gericht die Entscheidung in der Sache gem. § 22 Abs. 3 FamFG durch eine beiderseitige Erledigungserklärung entziehen, womit dann nur noch eine Entscheidung über die Kosten gem. §§ 80 ff. FamFG ergeht.[1048]

Im gerichtlichen Statusverfahren besteht in erster Instanz **kein Anwaltszwang,** und zwar weder für die Antragstellung noch für das gerichtliche Verfahren.[1049] Auch im Beschwerdeverfahren ist eine anwaltliche Vertretung nur für die Einreichung der Beschwerdeschrift, nicht aber für das Beschwerdeverfahren selbst notwendig.[1050]

Das gerichtliche Statusverfahren ist gem. § 170 Abs. 1 S. 1 GVG grundsätzlich **nicht öffentlich,** wobei das Gericht jedoch die Öffentlichkeit zulassen kann, solange dies nicht gegen den Willen eines am Verfahren Beteiligten geschieht.[1051]

bb) Besondere Verfahrensregelungen nach § 99 AktG. Neben den dargestellten Grundsätzen des FamFG ergeben sich aus § 99 AktG einige weitere **Anforderungen** an das gerichtliche Statusverfahren.

Nach § 99 Abs. 2 S. 1 AktG hat das Gericht den Antrag auf gerichtliche Entscheidung in den Gesellschaftsblättern, also in der Regel im Bundesanzeiger, ohne Zutun der Parteien bekannt zu machen.[1052] Durch die **Bekanntmachung** sollen mögliche Beteiligte auf das Verfahren aufmerksam gemacht werden, damit diese ihr Recht zur Stellungnahme wahrnehmen können.[1053] Voraussetzung für eine solche Bekanntmachung ist, dass ein Antrag auf Eröffnung eines Verfahrens nach § 98 Abs. 1 AktG vorliegt, wobei weitere Zulässigkeitsvoraussetzungen zu diesem Zeitpunkt nicht geprüft werden.[1054] Eine Bekanntmachung soll unterbleiben, wenn der Antrag evident unzulässig ist, da eine solche Bekanntmachung unnötige Nachteile für die Gesellschaft haben könnte.[1055] Eine solche Unzulässigkeit liegt aber nicht bereits

---

[1041] MüKoAktG/*Habersack* AktG § 99 Rn. 6.
[1042] Hölters/*Simons* AktG § 99 Rn. 6; Semler/v. Schenck/*Gittermann* AktG § 99 Rn. 16.
[1043] OLG Hamburg BeckRS 2017, 123268 Rn. 20; LG Köln BeckRS 2012, 5768.
[1044] MüKoAktG/*Habersack* AktG § 99 Rn. 12; BeckOGK/*Spindler* AktG § 99 Rn. 5.
[1045] OLG Frankfurt AG 2009, 701; Kölner Komm AktG/*Mertens/Cahn* AktG §§ 97–99 Rn. 46.
[1046] MüKoAktG/*Habersack* AktG § 99 Rn. 9.
[1047] Keidel/*Sternal* FamFG § 22 Rn. 16; BeckOK FamFG/*Burschel* FamFG § 22 Rn. 8.
[1048] BeckOGK/*Spindler* AktG § 99 Rn. 6.
[1049] Hölters/*Simons* AktG § 99 Rn. 6; Semler/v. Schenck/*Gittermann* AktG § 99 Rn. 17; Grigoleit/*Tomasic* AktG § 99 Rn. 3.
[1050] MüKoAktG/*Habersack* AktG § 99 Rn. 11.
[1051] BeckOK FamFG/*Burschel* FamFG § 26 Rn. 38; Hölters/*Simons* AktG § 99 Rn. 7; Semler/v. Schenck/*Gittermann* AktG § 99 Rn. 17.
[1052] BeckOGK/*Spindler* AktG § 99 Rn. 18.
[1053] GroßkommAktG/*Hopt/Roth/Peddinghaus* AktG § 99 Rn. 14.
[1054] Hüffer/Koch/*Koch* AktG § 99 Rn. 5; MüKoAktG/*Habersack* AktG § 99 Rn. 13.
[1055] Großkomm AktG/*Hopt/Roth/Peddinghaus* § 99 Rn. 15; BeckOGK/*Spindler* AktG § 99 Rn. 9; Grigoleit/*Tomasic* AktG § 99 Rn. 4; Semler/v. Schenck/*Gittermann* AktG § 99 Rn. 19.

dann vor, wenn die Antragsberechtigung des Antragstellers nicht schlüssig nachgewiesen wird, da nur so der umfassende Informationszweck der Bekanntmachung erfüllt wird.[1056] Gegen eine Weigerung des Landgerichts, eine Bekanntmachung des Antrags vorzunehmen, ist eine Beschwerde an das Oberlandesgericht möglich.[1057]

564 § 99 Abs. 2 S. 2 AktG schreibt eine **Anhörung** des Geschäftsleitungsorgans (als Organ), der einzelnen Aufsichtsratsmitglieder sowie nach § 98 Abs. 2 S. 1 AktG antragsberechtigten Betriebsräten, Sprecherausschüssen etc. vor. Es ist dabei unerheblich, wer tatsächlich den Antrag gestellt hat.[1058] Auf Verlangen sind ebenfalls weitere vom Verfahren unmittelbar Betroffene (materiell Beteiligte nach § 7 Abs. 2 FamFG) anzuhören, wozu vor allem Arbeitnehmer und Anteilseigner gehören können.[1059] In der Regel fordern die Gerichte die Gesellschaft auf, die zur Durchführung der Anhörung notwendigen **Adressen** der Aufsichtsratsmitglieder sowie die bei der Gesellschaft oder dem Konzern vorhandenen weiteren antragsberechtigten und anzuhörenden Arbeitnehmervertretungen und Gewerkschaften mit jeweils Ansprechpartner und Anschrift anzugeben. Insoweit reicht es in der Praxis aus, für die Aufsichtsratsmitglieder die Adresse der Gesellschaft und für die jeweiligen Arbeitnehmervertretungen deren Vorsitzenden mit der jeweiligen Anschrift des Sitzes der Arbeitnehmervertretung anzugeben. Gewerkschaften sind insoweit anzugeben, als die Gesellschaft von den jeweiligen Voraussetzungen ihrer Antrags- und Anhörungsberechtigung Kenntnis hat.

565 Für die Anhörung ist es ausreichend, dass in der Bekanntmachung des Antrags im Bundesanzeiger auf die Möglichkeit der Stellungnahme hingewiesen und innerhalb einer angemessenen Frist zur Abgabe einer solchen aufgefordert wird.[1060] Eine **aktive Beiladung** und Aufforderung zur Stellungnahme an die einzelnen Berechtigten ist **nicht erforderlich**.[1061] War die Möglichkeit zur Stellungnahme für die Berechtigten gegeben und ist eine solche unterblieben, kann das Gericht auch ohne eine Äußerung der Beteiligten entscheiden.[1062]

566 Die Anhörung, deren **Form** nicht vorgeschrieben ist, kann schriftlich oder mündlich in einem formellen Termin oder auch außerhalb eines solchen erfolgen.[1063] In der Praxis sehen die Gerichte in aller Regel von einem mündlichen Anhörungstermin ab und beschränken sich auf die schriftliche Anhörung sämtlicher Beteiligter. Beschlüsse ergehen daher **ohne vorherige mündliche Verhandlung.** Nur bei Verfahren von grundsätzlicher Bedeutung oder erheblichen Unsicherheiten und Unklarheiten des Sachverhalts werden Statusverfahren im Gerichtssaal erörtert.

567 **cc) Gerichtskosten gem. § 99 Abs. 6 AktG.** Im gerichtlichen Verfahren fallen nach § 99 Abs. 6 S. 2 AktG nur Gerichtskosten an, da die **Kosten** der Beteiligten nicht erstattet werden und somit **selbst zu tragen** sind.[1064] Die Gerichtskosten bestimmen sich nach den Regelungen des GNotKG (§ 1 Abs. 2 Nr. 1 GNotKG). Kostenschuldnerin ist dabei nach § 23 Nr. 10 GNotKG im Regelfall die Gesellschaft, da die Entscheidung über die ordnungsgemäße Besetzung des Aufsichtsrats vor allem in ihrem Interesse ist.[1065] Nach § 99 Abs. 6 S. 1 AktG können die Kosten jedoch aus Billigkeitsgründen auch dem Antragsteller ganz oder zum Teil auferlegt werden, was vor allem bei offensichtlich unzulässigen oder unbegründeten oder rechtsmissbräuchlich gestellten Anträgen anzunehmen ist.[1066]

568 Der Gegenstandswert ist nach §§ 79, 75 GNotKG, abweichend von § 36 Abs. 3 GNotKG, mit 50.000 EUR festzusetzen, wenn sich keine anderen Anhaltspunkte für eine Wertermittlung ergeben.[1067] Ein **Kostenvorschuss** entfällt im Statusverfahren, da § 13 S. 1 GNotKG einen solchen nur für Verfahren nach § 22 GNotKG vorsieht, bei welchen der Antragsteller auch Kostenschuldner ist.[1068] Da im Statusver-

---

[1056] GroßkommAktG/*Hopt/Roth/Peddinghaus* § 99 Rn. 15; BeckOGK/*Spindler* AktG § 99 Rn. 9; Grigoleit/*Tomasic* AktG § 99 Rn. 4; Semler/v. Schenck/*Gittermann* AktG § 99 Rn. 19; aA Kölner Komm AktG/*Mertens/Cahn* AktG §§ 97–99 Rn. 47.
[1057] Kölner Komm AktG/*Mertens/Cahn* AktG §§ 97–99 Rn. 47.
[1058] MüKoAktG/*Habersack* AktG § 99 Rn. 14.
[1059] BeckOGK/*Spindler* AktG § 99 Rn. 10; Hölters/*Simons* AktG § 99 Rn. 9; Grigoleit/*Tomasic* AktG § 99 Rn. 6.
[1060] GroßkommAktG/*Hopt/Roth/Peddinghaus* AktG § 99 Rn. 21; Hüffer/Koch/*Koch* AktG § 99 Rn. 6; OLG Düsseldorf NZG 2011, 1152; LG Mannheim NZA-RR 2002, 542 (543); LG Frankfurt NZG 2015, 683 (684).
[1061] Kölner Komm AktG/*Mertens/Cahn* AktG §§ 97–99 Rn. 48, Hölters/*Simons* AktG § 99 Rn. 9; LG Mannheim NZA-RR 2002, 542 (543); LG Frankfurt NZG 2015, 683 (684).
[1062] GroßkommAktG/*Hopt/Roth/Peddinghaus* AktG § 99 Rn. 21, MüKoAktG/*Habersack* AktG § 99 Rn. 15.
[1063] Semler/v. Schenck/*Gittermann* AktG § 99 Rn. 21.
[1064] Hölters/*Simons* AktG § 99 Rn. 24.
[1065] MüKoAktG/*Habersack* AktG § 99 Rn. 27.
[1066] BeckOGK/*Spindler* AktG § 99 Rn. 22; vgl. zur Ausnahmsweisekostenentscheidung zu Lasten des antragstellenden Aktionärs etwa LG Stuttgart BeckRS 2018, 5503; LG Nürnberg-Fürth BeckRS 2018, 51763; LG Hannover BeckRS 2018, 51764; LG Rostock BeckRS 2018, 41479; LG Lübeck vom 20.6.2018 – 8 HKO 77/17, nv; OLG Stuttgart BeckRS 2018, 27415.
[1067] Hölters/*Simons* AktG § 99 Rn. 25.
[1068] Hüffer/Koch/*Koch* AktG § 99 Rn. 12; Hölters/*Simons* AktG § 99 Rn. 25.

fahren im Regelfall jedoch die Gesellschaft nach § 23 Nr. 10 GNotKG Kostenschuldnerin ist, kann entgegen der gelegentlichen Praxis einiger Landgerichte kein solcher Kostenvorschuss erhoben werden.[1069]

dd) Rechtsmittelverfahren. Gegen eine Entscheidung im gerichtlichen Statusverfahren sind eine **Beschwerde** an das Oberlandesgericht sowie eine **Rechtsbeschwerde** an den BGH möglich. 569

(1) Beschwerde an das Oberlandesgericht. Gegen eine gerichtliche Entscheidung im Statusverfahren, 570 die als begründeter Beschluss ergeht, ist gem. § 99 Abs. 3 S. 2 AktG das Rechtsmittel der Beschwerde statthaft. Die Beschwerde ist gem. § 64 Abs. 1 S. 1 FamFG **beim Landgericht** einzulegen, da dieses eine Abhilfemöglichkeit gem. § 68 Abs. 1 S. 1 FamFG hat.[1070] Beschwerdegericht nach unterbliebener Abhilfe ist das Oberlandesgericht (§ 119 Abs. 1 Nr. 2 GVG). Die Beschwerde kann gem. § 99 Abs. 4 S. 4 AktG innerhalb **eines Monats** (§ 63 Abs. 1 FamFG) seit der Bekanntmachung der Entscheidung im Bundesanzeiger eingelegt werden, wobei für den Antragsteller und die Gesellschaft (als Antragsgegnerin) die Frist frühestens mit Zustellung der Entscheidung beginnt.[1071] Die Beschwerdeschrift muss gem. § 99 Abs. 3 S. 4 AktG von einem **Anwalt unterschrieben** werden, wohingegen für das Beschwerdeverfahren selbst vor dem Oberlandesgericht kein Anwaltszwang herrscht.[1072]

Beschwerdebefugt sind alle, die nach § 98 Abs. 2 AktG antragsbefugt gewesen wären, und zwar auch 571 dann, wenn diese nicht Antragsteller im ursprünglichen Verfahren waren.[1073] Zudem kann auch die Gesellschaft selbst als Antragsgegnerin des Statusverfahrens gem. § 59 FamFG beschwerdebefugt sein, auch wenn Sie nicht in § 98 Abs. 2 AktG genannt wird.[1074]

Nach § 99 Abs. 3 S. 3 AktG wird die Entscheidung des Gerichts nur auf Rechtsfehler überprüft. Es 572 handelt sich um eine **Rechtsbeschwerde;** eine erneute Tatsachenfeststellung unterbleibt (Ausnahme: neue Tatsachen, welche sich erst in der Beschwerdeinstanz ereignen, unstreitig sind und keine schützenswerten Belange der Beteiligten verletzen).[1075] Das Vorliegen beachtlicher Rechtsverletzungen richtet sich dabei gem. § 99 Abs. 3 S. 3 AktG nach den Vorschriften der §§ 72 Abs. 1 S. 2, 74 Abs. 2 FamFG sowie des § 547 ZPO.

Die Beschwerdeentscheidung des Oberlandesgerichts ist nach § 99 Abs. 4 S. 1, 2 AktG vom Gericht 573 im Bundesanzeiger **bekanntzumachen** und den Parteien **zuzustellen.**[1076] Für die Kosten des Beschwerdeverfahrens gilt wiederum § 99 Abs. 6 AktG in Verbindung mit den Regelungen des GNotKG. § 23 Nr. 10 GNotKG, wonach im Normalfall die Gesellschaft die **Gerichtskosten** trägt, findet allerdings im Beschwerdeverfahren nach § 25 Abs. 1, 3 GNotKG keine Anwendung. Welche Schlussfolgerungen aus diesen Regelungen des GNotKG zu ziehen sind, ist unter den Gerichten streitig. Teilweise wird angenommen, dass es bei der allgemeinen Kostentragungspflicht des § 22 Abs. 1 GNotKG bleibt. Danach trägt der Beschwerdeführer einer erfolglosen Beschwerde die Gerichtskosten.[1077] Teilweise wird dagegen angenommen, dass diese Vorschriften des GNotKG durch § 99 Abs. 6 AktG überlagert werden und daher stets die Gesellschaft die Kosten des Beschwerdeverfahrens trägt – unabhängig von deren Ausgang.[1078] Auch im Beschwerdeverfahren bleibt es bei dem Grundsatz des § 99 Abs. 6 S. 2 AktG, dass außergerichtliche Kosten den Beteiligten nicht erstattet werden.[1079] Zudem ist das Beschwerdegericht frei darin, über die erstinstanzliche Kostenentscheidung neu zu befinden; ein Verbot der reformatio in peius gilt nicht.[1080]

(2) Rechtsbeschwerde zum BGH. Nach § 70 Abs. 1 FamFG ist eine **(zweite) Rechtsbeschwerde** 574 gegen die Entscheidung des Oberlandesgerichts zum BGH möglich, wenn diese vom Oberlandesgericht zugelassen wurde, wobei sich die Voraussetzungen für eine solche Rechtsbeschwerde aus den §§ 71 ff. FamFG ergeben.[1081] Das Oberlandesgericht hat eine Rechtsbeschwerde gem. § 70 Abs. 2 FamFG zuzulassen, wenn die Rechtssache grundsätzliche Bedeutung hat oder die Fortbildung des Rechts oder die Sicherung einer einheitlichen Rechtsprechung eine Entscheidung erfordert. Möglich ist bei Vorliegen der Voraussetzungen des § 75 FamFG auch eine **Sprungrechtsbeschwerde** zum BGH.

[1069] BeckOGK/*Spindler* AktG § 99 Rn. 22; Korintenberg/*Klüsener* GNotKG § 13 Rn. 13.
[1070] Semler/v. Schenck/*Gittermann* AktG § 99 Rn. 24 f.
[1071] OLG Saarbrücken BeckRS 2016, 8163 Rn. 94.
[1072] GroßkommAktG/*Hopt/Roth/Peddinghaus* AktG § 99 Rn. 29.
[1073] Kölner Komm AktG/*Mertens/Cahn* AktG §§ 97–99 Rn. 50.
[1074] BGH ZIP 2019, 1762 (1763 f.); MüKoAktG/*Habersack* AktG § 99 Rn. 19; Großkomm AktG/*Hopt/Roth/Peddinghaus* AktG § 99 Rn. 21 Semler/v. Schenck/*Gittermann* AktG § 99 Rn. 28; Hüffer/Koch/*Koch* AktG § 99 Rn. 8; Hölters/*Simons* AktG § 99 Rn. 13; aA BeckOGK/*Spindler* AktG § 99 Rn. 11.
[1075] BeckOGK/*Spindler* AktG § 99 Rn. 13; GroßkommAktG/*Hopt/Roth/Peddinghaus* AktG § 99 Rn. 25; OLG Saarbrücken NZG 2016, 941 Rn. 101.
[1076] Hölters/*Simons* AktG § 99 Rn. 17.
[1077] OLG Frankfurt am Main ZIP 2018, 1175.
[1078] OLG Stuttgart BeckRS 2018, 27415 Rn. 22.
[1079] OLG Frankfurt am Main ZIP 2018, 1175.
[1080] OLG Frankfurt BeckRS 2018, 9729.
[1081] Semler/v. Schenck/*Gittermann* AktG § 99 Rn. 32 f.

575 **ee) Rechtskraft der Entscheidung.** Die gerichtliche Entscheidung über die Zusammensetzung des Aufsichtsrats wird mit Rechtskraft mit der **Folge** wirksam, dass dann diese **neue Zusammensetzung** als **richtig** gilt. **Rechtskraft** tritt bei einer Entscheidung des Landgerichts frühestens mit Ablauf der Beschwerdefrist, also im Regelfall einen Monat nach Bekanntmachung der Entscheidung im Bundesanzeiger, ein.[1082] Wird Beschwerde eingelegt, tritt die Rechtskraft der Beschwerdeentscheidung des Oberlandesgerichts mit deren Erlass ein, wenn nicht die Rechtsbeschwerde zum BGH zugelassen wurde (dann mit Ablauf der Monatsfrist des § 71 FamFG).[1083] Wird eine Rechtsbeschwerde zum BGH eingelegt, tritt Rechtskraft mit dem Erlass der Entscheidung durch den BGH ein.[1084]

d) Wirksamkeit und Rechtsfolgen der Entscheidung

576 Die Entscheidung des Gerichts über die richtige Zusammensetzung des Aufsichtsrats wird mit dem Eintritt der **Rechtskraft** wirksam. Diese Entscheidung wirkt **gegenüber jedermann** (inter omnes) und nicht nur für die Verfahrensbeteiligten.[1085] Auch Behörden und andere Gerichte sind bei Entscheidungen, welche von der Zusammensetzung des Aufsichtsrats abhängen, an die Feststellungen der rechtskräftigen Entscheidung gebunden und zwar auch dann, wenn diese materiell falsch sein sollte.[1086] Dies gilt vor allem für eine Nichtigkeitsklage gem. §§ 250, 251 AktG. Daher darf in diesem Verfahren keine inzidente Prüfung der Richtigkeit der Regeln über die Zusammensetzung des Aufsichtsrats stattfinden.[1087]

577 Eine rechtskräftige gerichtliche Entscheidung schließt eine **erneute Bekanntmachung** nach § 97 AktG und auch die Einleitung eines **erneuten gerichtlichen Verfahrens** nach § 98 AktG nicht aus, selbst wenn keine neuen Tatsachen vorliegen sollten.[1088] Allerdings sind Tatsachen, welche im vorherigen Verfahren eingebracht wurden oder eingebracht hätten werden können, im gerichtlichen Verfahren nach hM **präkludiert**. Im Ergebnis soll eine neue gerichtliche Entscheidung nur bei Vorliegen neuer Tatsachen ergehen können (Zur Kritik an dieser Auffassung → Rn. 539 f.).[1089]

578 Wegen der Wirkung der Entscheidung **gegenüber jedermann** ist das Geschäftsleitungsorgan verpflichtet, die Entscheidung unverzüglich (ohne schuldhaftes Zögern) beim **Handelsregister** einzureichen, damit diese von der Öffentlichkeit eingesehen werden kann.[1090] Die Entscheidung ist vollständig, dh mit Tenor und Gründen einzureichen.[1091] Hierzu reicht ein Schreiben des Geschäftsleitungsorgans aus, das von Geschäftsleitungsmitgliedern und/oder anderen antragsberechtigten Personen entsprechend der Vertretungsregelungen der Gesellschaft unterzeichnet ist; einer notariellen Beglaubigung der Unterschriften bedarf es nicht. Unterlässt das Geschäftsleitungsorgan die Bekanntmachung, kann es gem. § 14 HGB mittels eines Zwangsgeldes zur Einreichung bewegt werden.[1092]

579 Hat das Gericht abweichende Regelungen für die Besetzung des Aufsichtsrats festgestellt, ist der Aufsichtsrat gem. § 98 Abs. 4 AktG innerhalb von **6 Monaten** nach den neuen Regeln zu besetzen, wobei diese Frist mit Eintritt der Rechtskraft beginnt (→ Rn. 575).[1093]

[1082] Kölner Komm AktG/*Mertens/Cahn* AktG §§ 97–99 Rn. 52.
[1083] MüKoAktG/*Habersack* AktG § 99 Rn. 24.
[1084] Hölters/*Simons* AktG § 99 Rn. 19.
[1085] BeckOGK/*Spindler* AktG § 99 Rn. 18.
[1086] Hölters/*Simons* AktG § 99 Rn. 20.
[1087] Semler/v. Schenck/*Gittermann* AktG § 99 Rn. 37; MüKoAktG/*Habersack* AktG § 99 Rn. 25.
[1088] MüKoAktG/*Habersack* AktG § 97 Rn. 39, Kölner Komm AktG/*Mertens/Cahn* AktG §§ 97–99 Rn. 20; Semler/v. Schenck/*Gittermann* AktG § 99 Rn. 38; Hüffer/Koch/*Koch* AktG § 97 Rn. 7; GroßkommAktG/*Hopt/Roth/Peddinghaus* AktG § 97 Rn. 75; Grigoleit/*Tomasic* AktG § 97 Rn. 11; Henssler/Strohn/*Henssler* AktG § 97 Rn. 7; aA BeckOGK/*Spindler* AktG § 97 Rn. 38; Hölters/*Simons* AktG § 97 Rn. 37.
[1089] Vgl. OLG Frankfurt am Main NZG 2011, 353; WKS/*Wißmann* MitbestG § 6 Rn. 10; Kölner Komm AktG/*Mertens/Cahn* AktG §§ 97–99 Rn. 23.
[1090] Hüffer/Koch/*Koch* AktG § 99 Rn. 11.
[1091] GroßkommAktG/*Hopt/Roth/Peddinghaus* AktG § 99 Rn. 38.
[1092] Kölner Komm AktG/*Mertens/Cahn* AktG §§ 97–99 Rn. 54.
[1093] BeckOGK/*Spindler* AktG § 99 Rn. 20.

§ 8 Aufsichtsrat im Konzern

Übersicht

	Rn.
I. Einleitung	1
II. Die Stellung des Aufsichtsrats im Konzern	3
1. Der Begriff des Konzerns	3
a) Der Unterordnungskonzern	4
b) Der Gleichordnungskonzern	7
c) Keine eigene Rechtsform	8
2. Aufsichtsrat der Obergesellschaft	9
3. Aufsichtsrat der Untergesellschaft	10
4. Interessenausrichtung	11
III. Personelle Verflechtungen zwischen Ober- und Untergesellschaft	16
1. Mehrfachmandate im Konzern	16
2. Interessenkonflikte bei Mehrfachmandaten	23
a) Vertragliche Weisungsrechte gegenüber entsandten Aufsichtsratsmitgliedern	26
b) Stimmverbote	29
c) Stimmenthaltung	32
d) Amtsniederlegung und Abberufung	33
IV. Spezifische Rechte und Pflichten des Aufsichtsrats im Konzern	35
1. Aufsichtsrat der Obergesellschaft	35
a) Überwachungs- und Kontrollaufgaben als Folge der erweiterten Aufgaben des Vorstands	36
aa) „Konzernleitung" als Gegenstand der Überwachung	37
bb) Konsequenzen für den Überwachungsauftrag des Aufsichtsrats	44
cc) Eingrenzung des Überwachungsauftrags	48
dd) Konzerndimensionale Compliance-Verantwortung	51
(1) Konzernweites Compliance-System als Verpflichtung des Vorstands	52
(2) Überwachungspflichten des Aufsichtsrats	56
b) Weitere konzernspezifische Aufgaben des Aufsichtsrats	61
aa) Related Party Transactions	62
bb) Erteilung des Prüfauftrags an den Abschlussprüfer	70
cc) Prüfung des Konzernabschluss- und des Konzernlageberichts sowie Berichterstattung gegenüber der Hauptversammlung	74
dd) Die Einrichtung von Konzernausschüssen	78
ee) Zustimmung zur Kreditgewährung (§§ 115, 89 AktG)	81
ff) Beraterverträge mit konzernverbundenen Gesellschaften (§ 114 AktG analog)	86
c) (Konzernspezifische) Überwachungs- und Kontrollinstrumente	90
aa) Konzernspezifische Berichtspflichten nach § 90 AktG	91
bb) Konzernspezifische Besonderheiten des § 111 Abs. 2 AktG	95
cc) Informationsweitergabe durch Doppelmandatare	97
dd) Konzernbezogene Zustimmungsvorbehalte	100
(1) Zulässigkeit und Wirkweise konzernbezogener Zustimmungsvorbehalte	103
(2) Pflicht zum Erlass konzernbezogener Zustimmungsvorbehalte?	107
(3) Konzernbezogene Geltung aufgrund Auslegung	109
2. Aufsichtsrat der Untergesellschaft	114
a) Überwachungsgegenstand und Überwachungsauftrag	115
b) (Konzernspezifische) Berichterstattung und Berichtsprüfung	120
c) (Konzernspezifische) Überwachungs- und Kontrollinstrumente	122
aa) Konzernspezifische Berichtspflichten nach § 90 AktG	122
bb) Zustimmungsvorbehalte	125
cc) Related Party Transactions	128

I. Einleitung

1   Die Konzernverbundenheit von Aktiengesellschaften stellt keine Ausnahme dar, sondern einen **„rechtstatsächlichen Normalfall"**.[1] Die konzernrechtliche Literatur geht davon aus, dass etwa drei Viertel der deutschen Aktiengesellschaften mit über 90 Prozent des Kapitals **in Konzerne eingebunden** sind.[2] Die Monopolkommission kommt in ihrem XVIII. Hauptgutachten zu dem Ergebnis, dass im Jahr 2007 rund 70 Prozent des Umsatzes und etwa 53 Prozent der Beschäftigten aller Unternehmen in Deutschland auf konzernverbundene Unternehmen entfielen.[3]

2   Das AktG behandelt – mit punktuellen Ausnahmen – lediglich den Aufsichtsrat der konzernfreien Gesellschaft. Insbesondere ist dem positiven Recht **kein spezifisches „Sonderrecht für Aufsichtsräte in Konzernen"**[4] zu entnehmen. In der gesellschaftsrechtlichen und aktienrechtlichen Literatur werden die für den Aufsichtsrat im Konzern geltenden Besonderheiten seit den späten 1970er Jahren diskutiert.[5] Sie sind unter **zwei Blickwinkeln** zu beleuchten: zum einen im Hinblick auf die **Pflichten des Aufsichtsrats einer Konzernobergesellschaft,** zum anderen im Hinblick auf die **Pflichten des Aufsichtsrats einer Konzernuntergesellschaft.**[6] Hierzu werden im Folgenden die Grundsätze zur Stellung des Aufsichtsrats im Konzern dargestellt (→ Rn. 3 ff.), sodann die Voraussetzungen und Folgen personeller Verflechtungen zwischen Ober- und Untergesellschaft (→ Rn. 16 ff.) sowie die spezifischen Rechte und Pflichten des Aufsichtsrats im Konzern (→ Rn. 35 ff.).

II. Die Stellung des Aufsichtsrats im Konzern

1. Der Begriff des Konzerns

3   Den Begriff des Konzerns beschreibt § 18 AktG in zwei Varianten, den **Unterordnungskonzern** und den **Gleichordnungskonzern.**

a) Der Unterordnungskonzern

4   § 18 Abs. 1 S. 1 AktG beschreibt zunächst den **Unterordnungskonzern** als die Verbindung von einem herrschenden Unternehmen (der Obergesellschaft) mit einem oder mehreren abhängigen Unternehmen (den Untergesellschaften) unter der **einheitlichen Leitung** der Obergesellschaft. Unter einheitliche Leitung fallen **sämtliche Möglichkeiten der Leitungsausübung,** insbesondere die Möglichkeit, Verwaltungsorgane der anderen Unternehmen zu bestellen, aber auch informelle Einflussnahmen.[7] Ein **abhängiges Unternehmen** (Untergesellschaft) ist nach § 17 Abs. 1 AktG ein rechtlich selbstständiges Unternehmen, auf das ein anderes Unternehmen (Obergesellschaft) unmittelbar oder mittelbar einen beherrschenden Einfluss ausüben kann. Eine derartige Abhängigkeit wird gem. § 17 Abs. 2 AktG (widerleglich) **vermutet,** wenn eine Mehrheitsbeteiligung der Obergesellschaft iSd § 16 Abs. 1 AktG besteht, der Obergesellschaft also die **Mehrheit der Anteile** oder die **Mehrheit der Stimmrechte** zusteht. Nach § 18 Abs. 2 S. 3 AktG wird dann auch die Konzernverbundenheit vermutet, wobei es sich hierbei ebenfalls um eine widerlegliche Vermutung handelt. **Widerlegt** werden kann die Abhängigkeitsvermutung des § 17 Abs. 2 AktG etwa durch Nachweis, dass keine Stimmrechtsmehrheit und auch **keine anderen Beherrschungsmöglichkeiten** bestehen.[8] Das Gesetz stellt durch die Begriffsbestimmungen in §§ 16–18 AktG also einen unmittelbaren Zusammenhang zwischen Mehrheitsbeteiligung, Abhängigkeit und Konzernierung her.[9] Der herrschende Einfluss ergibt sich bei dem so beschriebenen **faktischen Un-**

---

[1] So *Meyer* GmbHR 2012, 242 (244); vgl. auch *Theisen* Der Konzern, 1; *Weyl,* Zustimmungsvorbehalte nach § 111 Abs. 4 S. 2 AktG als Möglichkeit einer Konzernsteuerung, 2015, 25. Zur wirtschaftlichen Notwendigkeit und zum historischen Hintergrund der Konzernierung siehe etwa *Lutter* FS K. Schmidt, 2009, 1065 (1965 f.).
[2] MüKoAktG/*Altmeppen* AktG Einleitung zu §§ 291 ff. Rn. 19; *Emmerich/Habersack* Konzernrecht § 1 Rn. 8; *Meyer* GmbHR 2012, 242 (244). Vgl. auch die Feststellungen von *Görling* AG 1993, 538 (542 f.), der eine umfangreiche empirische Untersuchung der Verhältnisse zu Beginn der 1990er Jahre geleistet hat.
[3] BT-Drs. 17/2600, 80 f.
[4] *Hoffmann-Becking* ZHR 159 (1995), 325 (345) verneint die Existenz eines Sonderrechts auch im Übrigen. Betreffend Interessenkonflikte so auch *Mense,* Interessenkonflikte bei Mehrfachmandaten im Aufsichtsrat der AG, 2008, 177.
[5] Vgl. dazu den Überblick bei *Lutter* AG 2006, 517 (517).
[6] Vgl. *Fleischer* DB 2005, 759 (759) zur Tätigkeit als Vorstandsmitglied.
[7] MüKoAktG/*Bayer* AktG § 18 Rn. 34 f.
[8] Zur Widerlegung der Abhängigkeitsvermutung siehe MüKoAktG/*Bayer* AktG § 17 Rn. 92–113.
[9] *Emmerich/Habersack* Konzernrecht § 3 Rn. 17.

terordnungskonzern regelmäßig aus der Mehrheitsbeteiligung, die in der Regel eine Stimmenmehrheit vermittelt.[10]

Als intensivere Form der Konzernierung beschreibt § 18 Abs. 1 S. 2 AktG den **Vertragskonzern.** 5 Dieser ist dadurch gekennzeichnet, dass sich zwei oder mehr Gesellschaften auf vertraglicher Ebene zu einem Konzern verbunden haben.[11] Grundlage ist im Falle eines Unterordnungskonzerns in der Regel ein **Beherrschungsvertrag,** durch den die Aktiengesellschaft ihre Leitung einem anderen Unternehmen unterstellt (§ 291 Abs. 1 S. 1 AktG). Der Beherrschungsvertrag eröffnet die Möglichkeit, der abhängigen Gesellschaft (Untergesellschaft) **Weisungen zu erteilen,** welche auch nachteilig für die Untergesellschaft sein dürfen (§ 308 AktG). Im Gegenzug schuldet das herrschende Unternehmen **Ausgleich der Verluste** der Untergesellschaft. Besteht ein derartiger Beherrschungsvertrag, wird gem. § 18 Abs. 1 S. 2 AktG **unwiderleglich vermutet,**[12] dass die beteiligten Gesellschaften einen Konzern bilden. Auf den Umfang der Beteiligung des herrschenden Unternehmens kommt es dabei nicht an, wenngleich in aller Regel eine Mehrheitsbeteiligung besteht.

Eine weitere Form der vertraglichen Konzernierung stellt die **Eingliederung** iSd §§ 319, 320 AktG 6 dar. Nach § 18 Abs. 1 S. 2 AktG wird auch im Fall einer Eingliederung ein Konzernverhältnis **unwiderleglich vermutet.** Ähnlich wie beim Beherrschungsvertrag erhält das herrschende Unternehmen **umfassende Leitungsmacht** und kann der abhängigen Gesellschaft **Weisungen erteilen** (§ 323 Abs. 1 AktG iVm § 308 Abs. 2 S. 1 und Abs. 3 AktG, §§ 309, 310 AktG). Das herrschende Unternehmen ist zum **Ausgleich der Verluste** der Untergesellschaft verpflichtet und **haftet** zudem für alle zum Zeitpunkt der Eingliederung **bereits begründeten Verbindlichkeiten.** Die Eingliederung setzt, anders als der Beherrschungsvertrag, eine Beteiligungsquote des herrschenden Unternehmens von **mindestens 95 Prozent** voraus (§ 320 Abs. 1 S. 1 AktG).

b) Der Gleichordnungskonzern

Neben dem Unterordnungskonzern nennt § 18 Abs. 2 AktG als weitere Erscheinungsform des Konzerns 7 den **Gleichordnungskonzern.** Dabei handelt es sich ebenfalls um eine Verbindung rechtlich selbständiger Unternehmen, die unter einer einheitlichen Leitung zusammengefasst sind. Allerdings ist das eine Unternehmen von dem anderen **nicht abhängig.** Abgrenzungsmerkmal zum Unterordnungskonzern ist also die fehlende Abhängigkeit des einen Unternehmens von dem anderen. Die **Zusammenfassung unter einheitlicher Leitung** ist hingegen auch für den Gleichordnungskonzern bestimmendes Merkmal. Die einheitliche Leitung muss, da für den Gleichordnungskonzern weder die Vermutung einer Abhängigkeit (§ 17 Abs. 2 AktG) noch die der Konzernverbundenheit (§ 18 Abs. 2 S. 3 AktG) gilt, **positiv festgestellt** werden. In der Praxis entsteht ein Gleichordnungskonzern häufig durch einen entsprechenden **Gleichordnungsvertrag;** er kann jedoch auch anders, etwa durch **personelle Verflechtungen** entstehen. Der Gleichordnungskonzern wurde in der Rechtsliteratur lange Zeit als Ausnahmeerscheinung behandelt, sogar als „seltenes Phänomen der Rechtspraxis" bezeichnet.[13] In jüngerer Zeit geht man von einer steigenden tatsächlichen Relevanz aus,[14] insbesondere auch von zahlreichen Beispielen in der Versicherungswirtschaft.[15] Die einem Gleichordnungskonzern zugehörigen Unternehmen sind **verbundene Unternehmen** iSd § 15 AktG, sodass alle Regelungen anzuwenden sind, die für verbundene Unternehmen gelten.

c) Keine eigene Rechtsform

Unabhängig von der Erscheinungsform handelt es sich beim Konzern um **keine eigene Rechtsform,** 8 sondern vielmehr um eine Art funktionalen (wirtschaftlichen) Zusammenschluss.[16] Auch wenn die wirtschaftliche Verbindung besonders eng ist, wie dies bei Produktions- und Vertriebsgesellschaften meist der Fall ist, entfällt die **rechtliche Selbständigkeit** der einzelnen Konzerngesellschaften nicht. Jede Konzerngesellschaft ist nach den für sie geltenden Rechtsvorschriften zu leiten („Trennungsgebot"). Somit gibt es auch **keinen „Konzernaufsichtsrat".**[17] Deshalb wird – so auch hier – meist vom **„Aufsichtsrat**

---

[10] Emmerich/Habersack/*Emmerich* Aktien- und GmbH-Konzernrecht § 18 Rn. 3.
[11] In Bezug auf die Abhängigkeit steht dem die Eingliederung nach §§ 319, 320 AktG gleich, vgl. § 18 Abs. 2 S. 2 AktG.
[12] So die hM, siehe etwa MüKoAktG/*Bayer* AktG § 18 Rn. 44; Hüffer/Koch/*Koch* AktG § 18 Rn. 17. AA Henssler/Strohn/*Maier-Reimer/Kessler* AktG § 18 Rn. 5 (Tatbestandstypisierung).
[13] Lutter/*Drygala* ZGR 1995, 557.
[14] Vgl. auch BAG ZIP 2004, 1468 – Bofrost im Zusammenhang mit der Vorbereitung eines Europäischen Betriebsrats.
[15] Vgl. die Darstellung bei *Peiner* VersW 1992, 920.
[16] Vgl. *U.H. Schneider* NZG 2009, 1321 (1323); *Theisen* Der Konzern 22; GroßkommAktG/*Windbichler* AktG Vor §§ 15 ff. Rn. 26.
[17] Teilweise wird der Begriff aufgrund der fehlenden rechtlichen Einheit des Konzerns im Ganzen für verfehlt gehalten, siehe etwa *Brouwer,* Zustimmungsvorbehalte des Aufsichtsrats im Aktien- und GmbH-Recht, 2008, 278; *Hoffmann-*

im Konzern" gesprochen.[18] Die folgende Darstellung befasst sich mit den Regeln und Besonderheiten, die spezifisch für den Aufsichtsrat im Konzern gelten, und zwar zum einen für den Aufsichtsrat der Obergesellschaft und zum anderen für den Aufsichtsrat der Untergesellschaft.

2. Aufsichtsrat der Obergesellschaft

9   Der Aufsichtsrat der Obergesellschaft ist **kein Organ des Konzerns**, sondern **ausschließlich der Obergesellschaft,** deren Vorstand er überwacht. Eine direkte Kontrolle der Vorstände oder Aufsichtsräte von Untergesellschaften findet nach der gesetzlichen Aufgabenverteilung nicht statt.[19] Dies ist essentiell für das Verständnis der Überwachungs- und Kontrollmittel, die dem Aufsichtsrat der Obergesellschaft zustehen. Auch ändern sich durch die Konzernverbundenheit **weder die Ziele noch das Verfahren der Überwachungstätigkeit.**[20] Wie bei einer konzernfreien Gesellschaft hat sich die Kontrolle des Aufsichtsrats an den Maßstäben der Rechtmäßigkeit, Ordnungsmäßigkeit, Rentabilität und Zweckmäßigkeit zu orientieren.[21] Inhaltlich **erweitert sich der Gegenstand der Kontrolle** durch den Aufsichtsrat der Obergesellschaft aber dennoch, insbesondere deshalb, weil sich der **Aufgabenkreis des Vorstands** aufgrund der Konzernherrschaft der Obergesellschaft **erweitert** und auch Angelegenheiten der Untergesellschaften erfasst. Dies ist etwa der Fall, wenn der Vorstand der Obergesellschaft als Gesellschafterversammlung einer Tochter-GmbH über die Zustimmung zu einer Geschäftsführungsmaßnahme der Tochter-GmbH zu beschließen hat. Auch wenn es dabei in erster Linie um eine Angelegenheit der Tochter-GmbH geht, bleibt Gegenstand der Überwachung des Aufsichtsrats der Obergesellschaft das **Handeln des Vorstands der Obergesellschaft** (zur Konzernleitungspflicht → Rn. 37 f.).

3. Aufsichtsrat der Untergesellschaft

10   Auch für den Aufsichtsrat der Untergesellschaft ist die rechtliche Selbstständigkeit der Untergesellschaft zentraler Ausgangspunkt für die Betrachtung. Auch hier **kontrolliert** der Aufsichtsrat ausschließlich den **Vorstand der eigenen Gesellschaft.** Die gesetzlichen Aufgaben, den Vorstand der Untergesellschaft zu bestellen und abzuberufen (§ 84 AktG), ihn bei der Geschäftsführung zu überwachen (§ 111 AktG), die Gesellschaft gegenüber Vorstandsmitgliedern zu vertreten (§ 112 AktG) etc. ändern sich durch die Konzernverbundenheit nicht.

4. Interessenausrichtung

11   Der Aufsichtsrat ist den **Interessen derjenigen Gesellschaft verpflichtet, deren Organ er ist** (zur Interessenausrichtung allg. → § 1 Rn. 80 ff.). Auch dies ist eine Folge davon, dass die Konzernierung an der **Selbständigkeit der beteiligten Gesellschaften** nichts ändert. Zwar findet sich in der Literatur auch die Auffassung, dass sich die Tätigkeit der Organe von Ober- und Untergesellschaft bei einer Konzernierung am **„Konzerninteresse"** zu orientieren habe.[22] Das Konzernrecht wolle dem Umstand Rechnung tragen, dass ein Unternehmensverbund wirtschaftlich gesehen als ein **Gesamtunternehmen** erscheine, bei welchem die Interessen der einzelnen Konzernunternehmen mit demjenigen des „Gesamtunternehmens" verschmelzen.[23] Diese Auffassung wird von der hM und wohl auch der Rechtsprechung aber nicht geteilt, was zutreffend erscheint. Zum einen fragt sich bereits, ob es ein einheitliches und rechtlich anerkennenswertes Konzerninteresse überhaupt geben kann, wenn der **Konzern** keine eigene Rechtsform darstellt und somit auch **nicht Träger eines solchen Interesses** sein kann. Zum anderen fragt sich, aus welcher Sicht ein Konzerninteresse definiert werden kann, zumal die Interessen der einzelnen konzernverbundenen Gesellschaften durchaus unterschiedlich sein können.[24]

Becking ZHR 159 (1995), 325 (326); *Potthoff/Trescher* Das Aufsichtsratsmitglied Rn. 500; *U.H. Schneider* FS Hadding, 2004, 621 (624); *Semler* Leitung und Überwachung Rn. 384; *v. Schenck* in Semler/v. Schenck AR-HdB § 7 Rn. 69. Vgl. auch *Lutter* FS K. Schmidt, 2009, 1065 (1070), der jedoch zugleich von einem „Quasi-Organ des Konzerns" spricht (1075). Nach *Hommelhoff* AG 1995, 225 (226) ist die Bezeichnung als Konzernaufsichtsrat durch die Modifikation der Überwachungsaufgabe gegenüber konzernfreien Gesellschaften gerechtfertigt.
[18] Siehe nur *Al-Wraikat,* Interessenkonflikte im Aufsichtsrat bei Mehrfachmandaten im faktischen Aktienkonzern, 2014, 79 ff.; *Francesconi,* Der Aufsichtsrat im Konzern, 2013; *Hoffmann-Becking* ZHR 159 (1995), 325; *Lutter* AG 2006, 517.
[19] *Krieger* in Lutter/Bayer Holding-HdB Rn. 7.6; *Semler* Leitung und Überwachung Rn. 401.
[20] *Semler* Leitung und Überwachung Rn. 382.
[21] *Kremer/Bachmann/Lutter/v. Werder/Kremer* DCGK Rn. 1223; *Löbbe* Unternehmenskontrolle im Konzern, 2003, 249; *Lutter/Krieger/Verse* AR § 4 Rn. 147–157; *Scheffler* DB 1994, 793 (794).
[22] Vgl. etwa *Boor* RNotZ 2017, 65 (66, 85); *Bälz* AG 1992, 277 (286); *Scheffler* DB 1994, 793 (797).
[23] So ausdrücklich etwa MüKoAktG/*Altmeppen* AktG § 308 Rn. 102.
[24] *Hoffmann-Becking* ZHR 159 (1995), 325 (330) spricht aus diesem Grund vom „diffusen Nebel des Konzerninteresses".

Die überwiegende Literatur geht deshalb davon aus, dass ein **definierbares Gesamtinteresse des** 12
Konzernverbundes weder rechtlich noch tatsächlich existiert.[25] Ein Argument für diese Auffassung liefert § 308 AktG. Dieser regelt das Weisungsrecht des herrschenden Unternehmens gegenüber der abhängigen Gesellschaft bei Bestehen eines Beherrschungsvertrags (oder einer Eingliederung).[26] Nach § 308 Abs. 1 S. 2 AktG kann das herrschende Unternehmen auch Weisungen erteilen, die für die abhängige Gesellschaft nachteilig sind, wenn die Weisung den Belangen des herrschenden Unternehmens oder der mit ihm und der Gesellschaft konzernverbundenen Unternehmen dient. Die Regelung differenziert somit ausdrücklich zwischen den Interessen des herrschenden Unternehmens und denen anderer konzernverbundener Gesellschaften.[27] Daraus lässt sich schließen, dass die Organe der zum Konzern gehörenden Gesellschaften nach der Vorstellung des Gesetzgebers nicht per se einem Konzerninteresse verpflichtet sind. Selbst in den Fällen, in denen ein Weisungsrecht besteht, spricht das Gesetz nicht von einem Konzerninteresse, sondern gestattet nachteilige Weisungen im Interesse der Obergesellschaft oder einer anderen konzernverbundenen Gesellschaft. Dies legt den weiteren Schluss nahe, dass sich auch der **Aufsichtsrat der Obergesellschaft** ausschließlich am **Interesse der Obergesellschaft** zu orientieren hat, nicht an einem schwer definierbaren Konzerninteresse.[28] Wenn demgegenüber gleichwohl in der Rechtsprechung[29] und Literatur von einem „Konzerninteresse" die Rede ist, ist dies oftmals nur als Abkürzung für das Interesse der herrschenden Obergesellschaft oder anderer Konzerngesellschaften zu verstehen.[30]

Eine andere Frage ist, inwieweit die Konzernierung das jeweilige **Gesellschaftsinteresse der einzel-** 13
nen Konzerngesellschaft beeinflusst.[31] In der Literatur ist anerkannt, dass sich das eigene Interesse der Gesellschaft **durch die Konzernverbindung durchaus ändern** kann, etwa indem es sich dann (auch) auf die „rentable [...] Ausnutzung der im Konzern zusammengefassten Wirtschaftskraft" richten kann.[32] Dies gilt sowohl für die Obergesellschaft als auch für die Untergesellschaft. Entscheidend für die Interessenausrichtung des Aufsichtsrats ist stets das **tatsächlich festzustellende Interesse** der Gesellschaft, nicht das hypothetische Interesse, wie es sich ohne Konzernverbindung darstellen würde. Der Aufsichtsrat einer konzernverbundenen Gesellschaft muss somit das unter **Berücksichtigung der Konzernverbundenheit tatsächlich bestehende Gesellschaftsinteresse** bei jeder Entscheidung ermitteln und zum Maßstab seiner Entscheidung machen.

Die konsequente Verpflichtung des Aufsichtsrats auf die Interessen der Gesellschaft, deren Organ er ist, 14
bedeutet nicht, dass die Obergesellschaft keine Entscheidungen der Untergesellschaft im eigenen oder im Konzerninteresse durchsetzen kann, weil die Organe der Untergesellschaft die Mitwirkung verweigern müssten. Besteht ein **Beherrschungsvertrag** oder liegt eine **Eingliederung** vor, ergibt sich dies bereits aus dem Recht des herrschenden Unternehmens, für die abhängige Gesellschaft nachteilige Weisungen zu erteilen (§ 308 AktG). Die Obergesellschaft kann im eigenen Interesse oder im Interesse einer anderen Konzerngesellschaft **durchsetzen,** dass die Untergesellschaft für sie **nachteilige Maßnahmen** durchführt. Dabei geht es aber um gleichsam „äußere" Eingriffe der Obergesellschaft. Ist die Weisung zulässig, **muss** der Vorstand der Untergesellschaft **sie befolgen.** Er darf die Befolgung gem. § 308 Abs. 2 S. 2 AktG auch nicht mit der Begründung verweigern, dass die Weisung weder den Interessen der Obergesellschaft noch den Interessen anderer Konzerngesellschaft diene, es sei denn, dies ist offensichtlich zutreffend. Der Aufsichtsrat der Untergesellschaft hat im Rahmen seiner Überwachung des Vorstands bei Befolgung der Weisung insoweit auch die **Zulässigkeit der Weisung** und die aufgrund der Weisung veranlasste Maßnahme des Vorstands der Untergesellschaft zu prüfen (ausführlicher → Rn. 115f.). Dabei muss er sich auch mit den Belangen der Obergesellschaft oder der mit diesem konzernverbundenen Unternehmen auseinandersetzen, soweit dies zur **Beurteilung der Zulässigkeit der Weisung** erforderlich ist (vgl. § 308 Abs. 1 S. 2 AktG). Die nachteilige Maßnahme beruht also auf der Pflicht des Vorstands der

---

[25] Ebenso *Hoffmann-Becking* ZHR 159 (1995), 325 (330); Kölner Komm AktG/*Koppensteiner* AktG § 308 Rn. 38; So auch noch *v. Schenck* in Semler/v. Schenck AR-HdB, 3. Aufl. 2009, § 7 Rn. 152. Abweichend jedoch in der Nachauflage *v. Schenck* in Semler/v. Schenck AR-HdB § 7 Rn. 202. Vgl. auch *Mense*, Interessenkonflikte bei Mehrfachmandaten im Aufsichtsrat der AG, 2008, 175.
[26] In den Kommentierungen zu § 308 AktG findet sich häufig auch der Hinweis auf das Konzerninteresse, siehe etwa MüKoAktG/*Altmeppen* AktG § 308 Rn. 102–110, der zugleich darauf hinweist, dass sich das Konzerninteresse zumeist mit den Interessen des herrschenden Unternehmens deckt (Rn. 103).
[27] Ebenso Kölner Komm AktG/*Koppensteiner* AktG § 308 Rn. 38.
[28] Im Ergebnis so auch *Scheffler* DB 1994, 793 (795).
[29] ZB BGH AG 2001, 133 (134) (zur Haftung im qualifiziert faktischen GmbH-Konzern); BAG AG 2015, 539 (zum Berechnungsdurchgriff bei Beherrschungsvertrag).
[30] So auch Hüffer/Koch/*Koch* AktG § 308 Rn. 16.
[31] Vgl. MüKoAktG/*Habersack* AktG § 111 Rn. 65. Hierin mag man mit *Weyl*, Zustimmungsvorbehalte nach § 111 Abs. 4 S. 2 AktG als Möglichkeit einer Konzernsteuerung, 2015, 57f. einen vermittelnden Ansatz erkennen.
[32] Kölner Komm AktG/*Koppensteiner* AktG § 308 Rn. 37. Zustimmend mit entsprechendem Verweis auch *Hoffmann-Becking* ZHR 159 (1995), 325 (331).

15 Auch im **faktischen Konzern** sind Maßnahmen der Obergesellschaft, die für die Untergesellschaft nachteilig sind, bei Einhaltung bestimmter Voraussetzungen **zulässig.** Dies ergibt sich aus den Regelungen zur **Veranlassung nachteiliger Maßnahmen** gem. § 311 AktG. Danach darf ein herrschendes Unternehmen seinen Einfluss nicht dazu benutzen, eine abhängige Gesellschaft zu veranlassen, zu ihrem Nachteil Maßnahmen zu treffen oder zu unterlassen, es sei denn, das herrschende Unternehmen **gleicht die Nachteile aus.**[33] Im Umkehrschluss bedeutet dies, dass die Veranlassung nachteiliger Maßnahmen **nicht per se unzulässig** ist. Vielmehr ist das **Interesse der untergeordneten Gesellschaft im faktischen Konzern** gegenüber den unternehmerischen Interessen des herrschenden Unternehmens dann **nachrangig,** wenn den Vermögensinteressen der abhängigen Gesellschaft bzw. der weiteren Aktionäre und Gläubiger der Gesellschaft aufgrund des **Nachteilsausgleichs** Genüge getan ist.[34] Dann ist die **Einflussnahme auch nicht unzulässig.** Auch hier geht es um die nachteilige Ausübung von Einflussmöglichkeiten durch die Obergesellschaft, nicht durch die Organe der Gesellschaft selbst. Wird der Nachteil nicht während des Geschäftsjahrs ausgeglichen, muss nach § 311 Abs. 2 AktG **spätestens am Ende des Geschäftsjahrs,** in der Nachteil zugefügt worden ist, bestimmt werden, wann und durch welche Vorteile der Nachteil ausgeglichen werden soll. Auf diese Vorteile muss der abhängigen Gesellschaft ein **Rechtsanspruch** gewährt werden. Der Aufsichtsrat der abhängigen Gesellschaft muss sich – als Teil seiner Überwachung des Vorstands – davon überzeugen, dass die Anforderungen des § 311 AktG ausreichend geprüft und eingehalten wurden.

III. Personelle Verflechtungen zwischen Ober- und Untergesellschaft

1. Mehrfachmandate im Konzern

16 Ein wirkungsvolles Mittel zur **Durchsetzung von Interessen** innerhalb des Konzerns sind **Mehrfachmandate** in der Ober- und Untergesellschaft. Regelmäßig übt die Obergesellschaft ihre Einflussmöglichkeiten in der Untergesellschaft dadurch aus, dass sie eigene Vertrauensleute in den Aufsichtsrat der Untergesellschaft wählt.[35]

17 Gesetzlich zulässig sind zunächst sog. **Aufsichtsratsdoppelmandate,**[36] das heißt Mitgliedschaften im Aufsichtsrat mehrerer Konzerngesellschaften. Auch die Mitgliedschaft im Aufsichtsrat der Konzernobergesellschaft ist mit der Mitgliedschaft im Aufsichtsrat abhängiger Gesellschaften vereinbar. Inkompatibilitätsgründe sind in § 100 Abs. 2 S. 1 Nr. 1–4 AktG abschließend aufgezählt;[37] Aufsichtsratsdoppelmandate sind nicht Teil dieser Aufzählung.[38] Zu beachten ist dabei die in § 100 Abs. 2 S. 1 Nr. 1, S. 2 AktG geregelte **Höchstzahl** von **zehn Mandaten** in Handelsgesellschaften, die gesetzlich einen Aufsichtsrat zu bilden haben, wobei das Mandat als Aufsichtsratsvorsitzender nach § 100 Abs. 2 S. 3 AktG doppelt anzurechnen ist (zur Inkompatibilität → § 2 Rn. 57 f.). Aufgrund der zunehmenden Professionalisierung des Amts sowie der damit einhergehenden zeitlichen Belastungen der Mandatsträger wird diese gesetzliche Grenze vermehrt als nicht mehr zeitgemäß eingestuft.[39] Auch bei der Neufassung des DCGK hat die Problematik einer Arbeitsüberlastung aufgrund von Mehrfachmandaten unter dem Stichwort **"Overboarding"** verstärkt Beachtung gefunden.[40] Die Empfehlungen C.4 und C.5 des aktuellen DCGK sind restriktiver als § 100 Abs. 2 S. 1 Nr. 1, S. 2 AktG. Gehört das Aufsichtsratsmitglied zugleich dem Vorstand einer börsennotierten Gesellschaft an, sollen nicht mehr als zwei, ansonsten nicht mehr als fünf Aufsichtsratsmandate ausgeübt werden. Der Vorsitz im Aufsichtsrat zählt dabei jeweils doppelt. Die Empfehlungen

---

[33] Zum Gebot des Nachteilsausgleichs *Al-Wraikat,* Interessenkonflikte im Aufsichtsrat bei Mehrfachmandaten im faktischen Aktienkonzern, 2014, 144 f.
[34] Emmerich/Habersack/*Habersack* Aktien- und GmbH-KonzernR AktG § 311 Rn. 39.
[35] Ausführlich zu den Vor- und Nachteilen von Mehrfachmandaten *Mense,* Interessenkonflikte bei Mehrfachmandaten im Aufsichtsrat der AG, 2008, 72 f.
[36] Zur Zulässigkeit von Vorstandsdoppelmandaten BGH NZG 2009, 744.
[37] GroßkommAktG/*Hopt/Roth* AktG § 105 Rn. 46 ff.; Kölner Komm AktG/*Mertens/Cahn* AktG § 105 Rn. 14; Henssler/Strohn/*Henssler* AktG § 105 Rn. 5; MüKoAktG/*Habersack* AktG § 105 Rn. 15. Vgl. auch *Kropff* Aktiengesetz 146; *Wind/Klie* NZG 2010, 1413 (1415).
[38] Insbesondere steht § 100 Abs. 2 S. 1 Nr. 2 AktG der Konstellation nicht entgegen, da Mitglieder des Aufsichtsrats nicht dem Begriff des gesetzlichen Vertreters im Sinne der Vorschrift unterfallen, MüKoAktG/*Habersack* AktG § 100 Rn. 32.
[39] Vgl. etwa *Bangert* BOARD 2019, 123 (124); *Hopt/Leyens* ZGR 2019, 929 (955).
[40] *Bangert* BOARD 2019, 123; *Hopt/Leyens* ZGR 2019, 929 (954 f.); *von der Linden* DStR 2019, 1528 (1529); Hüffer/Koch/*Koch* AktG § 100 Rn. 56.

betreffen aber nur Mandate bei **konzernexternen Gesellschaften.** Mehrfachmandate im Konzern werden durch die Empfehlungen C.4 und C.5 DCGK zahlenmäßig nicht begrenzt.

Ebenfalls zulässig ist die Besetzung des **Aufsichtsrats der Untergesellschaft** mit **Vorständen der** 18 **Obergesellschaft.**[41] Dies ergibt sich ohne Weiteres aus § 100 Abs. 2 S. 2 AktG.[42] Danach sind **bis zu fünf Aufsichtsratsmandate,** die ein gesetzlicher Vertreter der Obergesellschaft in anderen Konzerngesellschaften mit obligatorischem Aufsichtsrat ausübt, nicht auf die Höchstzahl zulässiger Aufsichtsratsmandate anzurechnen. Diese bevorzugte Behandlung von Aufsichtsratsmandaten im Konzern[43] lässt die gesetzgeberische Annahme erkennen, dass ein **wesentlicher Teil der Konzernleitung über die Einflussnahme im Aufsichtsgremium** der Untergesellschaft stattfindet (zu den Empfehlungen des DCGK → Rn. 21 f.).[44] Nach der Vorstellung des Gesetzgebers ist die Wahrnehmung von **Aufsichtsratsmandaten** im Konzern **Teil der typischen Vorstandstätigkeit.**[45] Da der Aufsichtsrat der abhängigen Gesellschaft gem. § 84 AktG wiederum deren Vorstandsmitglieder bestellt und abberuft, nimmt die Obergesellschaft so auch Einfluss auf die Geschäftsleitung der Untergesellschaft.[46] Die gelegentlich zu findende Aussage, dass der Doppelmandatar im faktischen Konzern das fehlende Weisungsrecht der Obergesellschaft ersetze,[47] ist daher zwar rechtlich nicht zutreffend, unter tatsächlichen Gesichtspunkten durchaus naheliegend.

Eine konzernrelevante Grenze der Zulässigkeit von Doppelmandaten stellt die Inkompatibilitätsrege- 19 lung in § 100 Abs. 2 S. 1 Nr. 2 AktG dar.[48] Danach darf ein **gesetzlicher Vertreter** einer abhängigen Gesellschaft nicht zugleich dem Aufsichtsrat des herrschenden Unternehmens angehören.[49] Die Mitgliedschaft im **Aufsichtsrat der Obergesellschaft** schließt also nicht nur die Mitgliedschaft im Vorstand der Obergesellschaft aus (§ 105 Abs. 1 AktG), sondern auch die **Mitgliedschaft im Geschäftsleitungsorgan jeder anderen Konzerngesellschaft.** Ansonsten käme es zu einer **Vermischung der Geschäftsleitungs- und Kontrollebenen,** etwa wenn ein Aufsichtsratsmitglied der Obergesellschaft gleichzeitig als Geschäftsführer einer Tochter-GmbH den Weisungen der Gesellschafterversammlung unterläge – und damit denen des Vorstands der Obergesellschaft. Dies widerspräche nicht nur den **Grundsätzen effektiver Kontrolle,** sondern auch dem „natürlichen Organisationsgefälle im Konzern".[50]

Mit derartigen Doppelmandaten ist naturgemäß ein besonderes **Konfliktpotenzial** verbunden. Gängi- 20 ge **Beispiele** sind etwa die Expansion der Obergesellschaft auf Kosten der Untergesellschaft, die maximale Gewinnabführung zur Stabilisierung der Obergesellschaft oder den Abzug wichtiger Führungskräfte auf andere Positionen im Konzern.[51] Konfliktlagen können auch dann entstehen, wenn ein Aufsichtsratsmitglied der Untergesellschaft auf den Ausgleich eines Nachteils hinwirken soll (vgl. § 311 Abs. 1 AktG aE), der durch eine Maßnahme entsteht, die er als Vorstandsmitglied der Obergesellschaft selbst mitbeschlossen hat.[52] Auch der BGH hat in einer grundlegenden Entscheidung zur Zulässigkeit von Doppelmandaten – bezogen allerdings auf den Vorstand, nicht den Aufsichtsrat – hervorgehoben, dass der **Loyalitätskonflikt,** der mit dem gleichzeitigen Einsatz bei zwei Gesellschaften verbunden ist, „im Konzernverbund eine besondere Zuspitzung erfährt".[53] Diese Loyalitätskonflikte ändern jedoch nichts an der **Zulässigkeit entsprechender Mehrfachtätigkeiten.** Im Hinblick auf die Regelung in § 100 Abs. 2 S. 2 AktG und den

---

[41] Darin liegt auch kein Verstoß gegen § 105 Abs. 1 AktG, der sich lediglich auf Mandate bei *derselben* Gesellschaft bezieht. Die Vorschrift enthält kein Verbot von Doppelmandaten im Konzern. Ausführlich zur Stellung des Vertreters der Obergesellschaft im Aufsichtsrat der Untergesellschaft *Bürgers/Schilha* AG 2010, 221. *Hommelhoff* ZGR 1996, 144 (161) hält sogar eine Verpflichtung für möglich, Leitungsmitglieder des Vorstands der Obergesellschaft im Aufsichtsrat der nachgeordneten Gesellschaft zu platzieren.
[42] So im Ausgangspunkt auch LG Hannover NZG 2010, 744 (745). Näher hierzu MüKoAktG/*Habersack* AktG § 100 Rn. 25–27.
[43] *Al-Wraikat,* Interessenkonflikte im Aufsichtsrat bei Mehrfachmandaten im faktischen Aktienkonzern, 2014, 111; *Bürgers/Schilha* AG 2010, 221 (225).
[44] *Bürgers/Schilha* AG 2010, 221 (225); MüKoAktG/*Habersack* AktG § 100 Rn. 25.
[45] BT-Drs. 13/9712, 16. Vgl auch MüKoAktG/*Habersack* AktG § 100 Rn. 25.
[46] *Wirth* FS Bauer, 2010, 1147 (1148).
[47] So ausdrücklich *Wirth* FS Bauer, 2010, 1147 (1149).
[48] Zur Unzulässigkeit sog. Überkreuzverflechtungen vgl. auch § 100 Abs. 2 S. 1 Nr. 3 AktG.
[49] Umstritten ist, ob § 100 Abs. 2 S. 1 Nr. 2 AktG bei einer GmbH mit fakultativem Aufsichtsrat trotz der in § 52 Abs. 1 GmbHG vorgesehenen Dispositivität zwingend ist. Dafür etwa Lutter/Hommelhoff/*Lutter/Hommelhoff* GmbHG § 52 Rn. 11; Baumbach/Hueck/*Zöllner/Noack* GmbHG § 52 Rn. 36 („erhebliche Bedenken"); inzwischen auch Scholz/*U.H. Schneider/Seyfarth* GmbHG § 52 Rn. 521; zuvor noch mit gegenteiliger Auffassung Scholz/*U.H. Schneider* GmbHG, 11. Aufl. 2014, § 52 Rn. 204, 260, 262.
[50] *Kropff* Ausschussbericht, 1965, 136. Siehe hierzu auch die Hinweise von MüKoAktG/*Habersack* AktG § 100 Rn. 31 und *U.H. Schneider* FS Raiser, 2005, 341 (344).
[51] *Eversberg,* Doppelvorstände im Konzern, 1992, 71.
[52] *Decher,* Personelle Verflechtungen im Aktienkonzern, 1990, 165 („Kontrolleur in eigener Sache"). Zu weiteren klassischen Konfliktsituationen zwischen dem Interesse der Obergesellschaft und der Untergesellschaft siehe *Eversberg,* Doppelvorstände im Konzern, 1992, 71.
[53] BGH NZG 2009, 744 (745).

abschließenden Charakter der Inkompatibilitätstatbestände in § 100 Abs. 2 S. 1 Nr. 1–4 AktG und § 105 AktG darf als weitgehend gesichert gelten, dass das Gesetz **trotz der spezifischen Interessenkonflikte** von der **Zulässigkeit** entsprechender Mehrfachtätigkeiten ausgeht. Demgemäß wird auch in der Literatur ganz überwiegend angenommen, dass selbst die vollständige Besetzung der Anteilseignerseite mit Doppelmandatsträgern aktienrechtlich zulässig wäre.[54]

21 Neben den aktienrechtlichen Regelungen sind von börsennotierten Unternehmen allerdings die Empfehlung des **Deutschen Corporate Governance Kodex (DCGK)** von Dezember 2019[55] zu beachten. Abschnitt C. des DCGK enthält Empfehlungen zur Zusammensetzung des Aufsichtsrats (zu Einzelheiten → § 2 Rn. 1 ff.). Danach soll dem Aufsichtsrat eine **angemessene Anzahl unabhängiger Mitglieder** angehören (Empfehlung C.6).[56] Unabhängigkeit setzt nach der Empfehlung ua auch die **Unabhängigkeit von einem kontrollierenden Aktionär** voraus (Satz 2). Ein Aufsichtsratsmitglied ist dann unabhängig vom kontrollierenden Aktionär, wenn es selbst oder ein naher Familienangehöriger weder kontrollierender Aktionär ist noch dem geschäftsführenden Organ des kontrollierenden Aktionärs angehört oder in einer persönlichen oder geschäftlichen Beziehung zum kontrollierenden Aktionär steht, die einen wesentlichen und **nicht nur vorübergehenden Interessenkonflikt** begründen kann (Empfehlung C.7). Danach gelten Organmitglieder der Konzernobergesellschaft, aber auch Organmitglieder anderer Konzerngesellschaften nicht als unabhängig, da sie zur Konzernobergesellschaft in einer geschäftlichen Beziehung stehen, durch die ein dauerhafter Interessenkonflikt begründet werden kann. Auch zur **Zahl der unabhängigen Mitglieder** des Aufsichtsrats im Konzern enthält der DCGK eine konkrete Empfehlung: Sofern die Gesellschaft einen kontrollierenden Aktionär hat, sollen im Fall eines Aufsichtsrats **mit mehr als sechs Mitgliedern mindestens zwei Anteilseignervertreter** unabhängig vom kontrollierenden Aktionär sein. Im Fall eines Aufsichtsrats mit sechs oder weniger Mitgliedern soll **mindestens ein Anteilseignervertreter** unabhängig vom kontrollierenden Aktionär sein (Empfehlung C.7). Da die Besetzung des Aufsichtsrats ein zentrales Steuerungsmittel im faktischen Konzern darstellt und der im DCGK formulierte Unabhängigkeitsbegriff mit dem deutschen System nach verbreiteter Ansicht nicht vereinbar ist, hat bereits die entsprechende Empfehlung der Vorfassung vielfach Kritik erfahren.[57]

22 Der DCGK stellt eine **Verhaltensempfehlung** dar. Eine Abweichung von den „Soll-Empfehlungen" ist zwar rechtlich zulässig, aber **offenlegungspflichtig**.[58] Umstritten war lange die Frage, ob die **Wahl eines Aufsichtsratsmitglieds** zumindest anfechtbar ist, wenn der Wahlvorschlag von Empfehlungen des DCGK abweicht, zu denen Vorstand und Aufsichtsrat zuvor eine **Entsprechenserklärung nach § 161 AktG** abgegeben haben. Der BGH hat dies inzwischen verneint und seine Entscheidung damit begründet, dass zwischen der Entsprechenserklärung, dem ihr widersprechenden Beschlussvorschlag und dem eigentlichen Wahlbeschluss der Hauptversammlung zu unterscheiden sei.[59] Zum Zeitpunkt der Wahl des Aufsichtsratsmitglieds sei die Entsprechenserklärung indes noch korrekt. Ein Widerspruch ergebe sich erst in dem Zeitpunkt, in dem der Betroffene von der Hauptversammlung gewählt wurde und er seine Wahl angenommen hat.[60] Auch sei die Gesellschaft nicht verpflichtet, ihre Aktionäre darüber zu informieren, dass die Wahl des vorgeschlagenen Kandidaten eine unterjährige Änderung der Entsprechenserklärung erforderlich machen würde.[61]

2. Interessenkonflikte bei Mehrfachmandaten

23 Als „Diener zweier Herrn" ist der **Doppelmandatar im Konzern** regelmäßig vor die Frage gestellt, wie er den besonderen Anforderungen, die Doppel- und Mehrfachmandate mit sich bringen, gerecht werden kann. Einerseits gilt, dass Aufsichtsratsmitglieder auch im Verhältnis zu anderen Gesellschaften

---

[54] MüKoAktG/*Habersack* AktG § 100 Rn. 83, AktG § 101 Rn. 28; *Martens* ZHR 159 (1995), 567 (587); *Timm* NJW 1987, 977 (977 ff.); *Weyl*, Zustimmungsvorbehalte nach § 111 Abs. 4 S. 2 AktG als Möglichkeit einer Konzernsteuerung, 2015, 288. Eine andere Auffassung hat das OLG Hamm vertreten. Nach einem Beschluss aus dem Jahr 1986 (NJW 1987, 1030) müsse zumindest ein Mitglied des Aufsichtsrats gegenüber dem herrschenden Unternehmen neutral sein. Zur teils heftigen Kritik an der Entscheidung siehe etwa *Martens* ZHR 159 (1995), 567 (587): „Scherz, Satire oder Ironie".
[55] Empfehlung der Regierungskommission in der Fassung vom 16.12.2019 zu den Aufgaben von nicht geschäftsführenden Direktoren/Aufsichtsratsmitgliedern börsennotierter Gesellschaften.
[56] Ausführlich zu den Empfehlungen zur Unabhängigkeit von Aufsichtsratsmitgliedern im DCGK 2019 *Rubner/Fischer* NZG 2019, 961.
[57] Siehe hierzu etwa *Hoffmann-Becking* NZG 2015, 801 (805 ff.); Hüffer/Koch/*Koch* AktG § 100 Rn. 44; *Al-Wraikat*, Interessenkonflikte im Aufsichtsrat bei Mehrfachmandaten im faktischen Aktienkonzern, 2014, 273.
[58] BGHZ 220, 36 = NZG 2019, 262 (265 ff.); BT-Drs. 14/8769, 21; Hölters/*Hölters* AktG § 161 Rn. 3.
[59] BGHZ 220, 36 = NZG 2019, 262 (265) mwN. Kritisch hinsichtlich einer solchen Trennung MüKoAktG/*Goette* AktG § 161 Rn. 94: „künstlich und konstruiert". Für die Nichtigkeit des Wahlvorschlagsbeschlusses und die Anfechtbarkeit des Hauptversammlungsbeschlusses zuvor etwa OLG München NZG 2009, 508 (510).
[60] BGHZ 220, 36 = NZG 2019, 262 (265).
[61] BGHZ 220, 36. Zur Aktualisierungspflicht zuvor bereits auch BGHZ 180, 9 = NJW 2009, 2207.

desselben Konzerns strikt den Interessen derjenigen Gesellschaft verpflichtet sind, deren Aufsichtsrat sie angehören. Andererseits ist aber auch anerkannt, dass Mehrfachmandate ein **zentrales Steuerungsinstrument der Obergesellschaft** darstellen können. Es bedarf somit näherer Erläuterung, wie Mehrfachmandate bei **widerstreitenden Interessenlagen** in die Entscheidungsprozesse des Aufsichtsrats „hineinwirken" und wie Konfliktlagen aufzulösen sind.

Detaillierte **gesetzliche Regelungen** zum Umgang mit Interessenkonflikten aufgrund von Mehrfachmandaten – etwa zu Stimm- oder Teilnahmeverboten – existieren nicht.[62] Gesichert ist aber, dass bestehende Interessenkonflikte aufgrund der **organschaftlichen Treuepflicht offenzulegen** sind, und zwar **in jedem einzelnen Fall.**[63] Höchstrichterlich geklärt ist auch, dass sich ein Aufsichtsratsmitglied – jedenfalls im faktischen Konzern – gegen den Vorwurf einer Pflichtverletzung gegenüber der Gesellschaft nicht damit verteidigen kann, dass sein Verhalten der Erfüllung einer Pflicht diente, die ihn aufgrund eines (weiteren) Aufsichtsrats- oder Vorstandsmandats einer anderen Konzerngesellschaft traf. Der BGH hat klargestellt, dass die **Pflichtwidrigkeit gegenüber der geschädigten Gesellschaft** nicht aufgrund der Erfüllung einer Pflicht gegenüber einer anderen Konzerngesellschaft entfällt und dass die Pflichtenkollision das handelnde Aufsichtsratsmitglied **nicht exkulpiert.**[64] Auch für den Doppelmandatar gilt also, dass er zuvörderst den Interessen derjenigen Gesellschaft verpflichtet ist, als deren Aufsichtsratsmitglied er gerade handelt.[65] Entscheidend ist dabei den **tatsächliches Interesse,** bei dessen Ermittlung die Konzernzugehörigkeit der Gesellschaft zu berücksichtigen ist. Das Aufsichtsratsmitglied darf sich also nicht von einem (vermeintlich) vorrangigen Interesse anderer Konzerngesellschaften leiten lassen.

Ferner kann der Doppelmandatar das konzernrechtliche **System von Einflussnahme und Nachteilsausgleich** berücksichtigen. Wie bereits dargestellt, lässt es das AktG zwar zu, dass eine Untergesellschaft aufgrund des Einflusses der Obergesellschaft nachteilige Maßnahmen vornimmt, wenn ihre eigenen Vermögensinteressen gewahrt werden. Letzteres ergibt sich bei Vorliegen eines **Beherrschungsvertrags** oder einer **Eingliederung** aus der Pflicht der Obergesellschaft zum Ausgleich sämtlicher Verluste der Untergesellschaft, beim **faktischen Konzern** aus der Ausgleichspflicht bei der Veranlassung nachteiliger Maßnahmen (§ 311 Abs. 1 und 2 AktG). Für die Abwägung und Entscheidungsfindung des Doppelmandatars heißt das, dass er als Aufsichtsratsmitglied der Untergesellschaft einer ihm zur Entscheidung vorgelegten nachteiligen Maßnahme, die von der Obergesellschaft gefordert wird, zustimmen kann, wenn die **Voraussetzungen einer zulässigen Einflussnahme** gegeben sind. Dies ist jeweils zu prüfen. Bei Vorliegen eines **Beherrschungsvertrags** müssen Aufsichtsratsmitglieder insbesondere prüfen, ob die den Gegenstand der Weisung bildende Maßnahme den Interessen der Obergesellschaft oder einer anderen Konzerngesellschaft dient. Im **faktischen Konzern** muss geprüft werden, ob der drohende Nachteil ausgleichsfähig ist und der Nachteilsausgleich hinreichend gewährleistet ist.

a) Vertragliche Weisungsrechte gegenüber entsandten Aufsichtsratsmitgliedern

Nach § 101 Abs. 2 AktG kann die Satzung einer AG für bestimmte Aktionäre – häufig die Obergesellschaft – **Entsenderechte in den Aufsichtsrat** einräumen, sofern der gesetzliche **Höchstanteil von einem Drittel** der Aufsichtsratsmitglieder der Aktionäre nicht überschritten wird. Steht der Obergesellschaft gegenüber einem in den Aufsichtsrat der Untergesellschaft entsandten Repräsentanten ein **Weisungsrecht** zu (etwa aus Dienstvertrag), hat dies auf die **organschaftlichen Pflichten des Aufsichtsratsmitglieds** gegenüber der Untergesellschaft keinen Einfluss. Jedenfalls im Verhältnis zur Untergesellschaft ist das Aufsichtsratsmitglied **nicht an ein bestimmtes (Abstimmungs-)Verhalten gebunden,** das ihm von der Obergesellschaft aufgetragen wurde.[66] Insbesondere kann eine Pflichtverletzung gegenüber der abhängigen Gesellschaft **nicht damit gerechtfertigt** werden, dass das Aufsichtsratsmitglied einer **Weisung** der Obergesellschaft folgte. Dies impliziert bereits die soeben zitierte Feststellung des BGH zur **fehlenden Exkulpationsmöglichkeit** des Trägers von Mehrfachmandaten bei Interessenkollisionen.[67] Nach dem Grundsatz der **eigenverantwortlichen und höchstpersönlichen Mandatsaus-

---

[62] Allgemein regelt § 103 Abs. 1 AktG die Abberufung durch die Hauptversammlung, § 103 Abs. 3 AktG die gerichtliche Abberufung aus wichtigem Grund.
[63] *Diekmann/Fleischmann* AG 2013, 141 (144f.); *Al-Wraikat,* Interessenkonflikte im Aufsichtsrat bei Mehrfachmandaten im faktischen Aktienkonzern, 2014, 235; Vgl. auch Empfehlung E.1 DCGK. Allgemein zur organschaftlichen Treuepflicht des Aufsichtsratsmitglieds GroßkommAktG/*Hopt/Roth* AktG § 116 Rn. 142ff.
[64] Vgl. BGH NZG 2009, 744 (745); BGH NJW 1980, 1629 (1630). Zur Übertragung der Entscheidung auf Konzernsachverhalte *Mense,* Interessenkonflikte bei Mehrfachmandaten im Aufsichtsrat der AG, 2008, 174.
[65] BGH NZG 2009, 744 (745); Hüffer/Koch/*Koch* AktG § 116 Rn. 8; BeckOGK/*Spindler* AktG § 116 Rn. 102.
[66] MüKoAktG/*Habersack* AktG § 101 Rn. 51; Hüffer/Koch/*Koch* AktG § 101 Rn. 12; BeckOGK/*Spindler* AktG § 101 Rn. 80; *Al-Wraikat,* Interessenkonflikte im Aufsichtsrat bei Mehrfachmandaten im faktischen Aktienkonzern, 2014, 124.
[67] BGH NJW 1980, 1629 (1630).

übung (§ 111 Abs. 6 AktG) sind Weisungen und vergleichbare Konstruktionen[68] für das Organverhältnis zwischen der Untergesellschaft und ihren Aufsichtsratsmitgliedern **unbeachtlich.**[69] Dies gilt nicht nur im faktischen Konzern, sondern **auch im Vertragskonzern.** Zwar ermöglicht § 308 AktG im Vertragskonzern Weisungen gegenüber dem Vorstand der Untergesellschaft. Eine entsprechende Regelung über **Weisungen gegenüber dem Aufsichtsrat** findet sich hingegen nicht. Daraus wird allgemein der Schluss gezogen, dass der Gesetzgeber eine derartige Einschränkung der Unabhängigkeit des Aufsichtsrats bewusst nicht vorgesehen hat.[70] Der Wortlaut von § 308 Abs. 1 AktG ist insoweit eindeutig.[71]

27   Gleichzeitig ist aber auch zu berücksichtigen, dass die **Entsendung** eines Repräsentanten in den Aufsichtsrat der Untergesellschaft **als Mittel der Konzernsteuerung anerkannt** ist, was impliziert, dass der Mandatsträger bei der Ausübung seines Aufsichtsratsmandats **(auch) die Interessen der Obergesellschaft berücksichtigt.**[72] Folglich stellt sich die Frage, ob eine dem Repräsentanten der Obergesellschaft erteilte Weisung, das Stimmrecht als Aufsichtsratsmitglied der Untergesellschaft in bestimmter Weise auszuüben, im Verhältnis zwischen ihm und der anweisenden Obergesellschaft verbindlich ist. Die **Nichtbefolgung dieser Weisung** könnte dann eine Haftung gegenüber der Obergesellschaft auslösen.[73] Der Doppelmandatar würde also im **Konfliktfall**, je nachdem, ob er die Weisung befolgt oder nicht, entweder seine Organpflichten als Aufsichtsratsmitglied der Untergesellschaft verletzen oder seine Pflichten gegenüber der Obergesellschaft. Nach hM darf sich ein Aufsichtsratsmitglied der Untergesellschaft jedoch **nicht an Weisungen gebunden** fühlen und Interessenkonflikte zulasten der Untergesellschaft auflösen.[74] Der aus § 111 Abs. 6 AktG abgeleitete Grundsatz der **höchstpersönlichen und weisungsfreien Amtsführung** schließt nach hM eine **Weisungsbindung und alle ihre Ersatzformen** aus.[75] Dies gilt auch für Vertreter der öffentlichen Hand in Aufsichtsräten **kommunaler oder anderer öffentlicher Unternehmen** in der Rechtsform der AG.[76] Eine Entscheidung im Sinne der Weisung ist nur dann möglich, wenn sie mit dem Interesse der Untergesellschaft zu vereinbaren ist, so dass das Aufsichtsratsmitglied innerhalb seines **Ermessensspielraums** den Interessen der Untergesellschaft nicht zuwiderhandelt.[77] Unzulässig wird eine Befolgung der Weisung aber in dem Moment, in dem hierdurch das **Wohl der Untergesellschaft beeinträchtigt** wird. Unbenommen bleibt der Obergesellschaft, einen Repräsentanten, der nicht weisungsgemäß handelt, aus dem Aufsichtsrat der Untergesellschaft nach den dafür geltenden Regeln abzuberufen.

28   In jedem Fall wird die **persönliche Auffassung des Mandatars** zur Zulässigkeit von Weisungen nach § 308 AktG oder zur Frage nachteiliger Auswirkungen von Maßnahmen auf die Untergesellschaft bei Einbindung des Doppelmandatars in die Entscheidungsfindung auf der Ebene der Obergesellschaft **erheblich vorgeprägt** sein.[78] Daraus ergibt sich die Folgefrage, ob der Doppelmandatar zum Schutz der untergeordneten Gesellschaft im Einzelfall von der **Stimmabgabe** bei der Beschlussfassung auszuschließen ist.

b) Stimmverbote

29   In Rechtsprechung und Literatur ist – nicht nur für den Konzern – anerkannt, dass ein Aufsichtsratsmitglied **von der Beschlussfassung ausgeschlossen** ist, wenn der Beschluss die Vornahme eines Rechtsgeschäfts mit dem Aufsichtsratsmitglied oder die Erledigung oder Einleitung eines Rechtsstreits mit diesem

---

[68] Neben vertraglichen Weisungsrechten kommen auch Konzernanstellungsverträge, Freistellungsvereinbarungen sowie sonstige finanzielle Anreize als Mittel der Einflussnahme in Betracht. Ausführlich zu alldem *Al-Wraikat*, Interessenkonflikte im Aufsichtsrat bei Mehrfachmandaten im faktischen Aktienkonzern, 2014, 112–136.
[69] BGH NJW 1962, 864 (866); *Al-Wraikat*, Interessenkonflikte im Aufsichtsrat bei Mehrfachmandaten im faktischen Aktienkonzern, 2014, 135f.; MüKoAktG/*Habersack* AktG § 101 Rn. 51; Hüffer/Koch/*Koch* AktG § 101 Rn. 12; *Mense*, Interessenkonflikte im Aufsichtsrat bei Mehrfachmandaten im Aufsichtsrat der AG, 2008, 174. Ausdrücklich mit Bezug zur eigenverantwortlichen Mandatsausübung *Al-Wraikat*, Interessenkonflikte im Aufsichtsrat bei Mehrfachmandaten im faktischen Aktienkonzern, 2014, 124; MüKoAktG/*Habersack* AktG § 101 Rn. 51; BeckOGK/*Spindler* AktG § 101 Rn. 80.
[70] *Raiser* ZGR 1978, 391 (401).
[71] So auch Hüffer/Koch/*Koch* AktG § 308 Rn. 7.
[72] *Al-Wraikat*, Interessenkonflikte im Aufsichtsrat bei Mehrfachmandaten im faktischen Aktienkonzern, 2014, 124.
[73] *Al-Wraikat*, Interessenkonflikte im Aufsichtsrat bei Mehrfachmandaten im faktischen Aktienkonzern, 2014, 124.
[74] BGHZ 90, 381 (398) = NJW 1984, 1893; Hüffer/Koch/*Koch* AktG § 101 Rn. 12; BeckOGK/*Spindler* AktG § 101 Rn. 80; MHdB AG/*Hoffmann-Becking* § 30 Rn. 63.
[75] HM vgl. MüKoAktG/*Habersack* AktG § 111 Rn. 161 mwN; aA *Hoffmann/Lehmann/Weinmann* MitbestG § 25 Rn. 100.
[76] OVG Sachsen AG 2012, 883 (884); VGH Kassel AG 2013, 35 (36ff.); MüKoAktG/*Habersack* AktG § 111 Rn. 163.
[77] GroßkommAktG/*Hopt/Roth* AktG § 101 Rn. 169ff.; *Al-Wraikat*, Interessenkonflikte im Aufsichtsrat bei Mehrfachmandaten im faktischen Aktienkonzern, 2014, 124f.; GroßkommAktG/*Hopt/Roth* AktG § 101 Rn. 169ff. Ablehnend jedenfalls gegenüber einer Bindungswirkung von Weisungen, wenn diese im Einklang mit dem Interesse der Gesellschaft stehen MüKoAktG/*Habersack* AktG § 101 Rn. 51.
[78] Vgl. *Mense*, Interessenkonflikte bei Mehrfachmandaten im Aufsichtsrat der AG, 2008, 177.

betrifft (zu Stimmverboten auch → § 3 Rn. 445ff.).[79] Gleiches soll mit Blick auf das **Verbot des Richtens in eigener Sache** gelten, wenn die Abberufung oder die Einleitung nachteiliger Maßnahmen gegenüber dem Aufsichtsratsmitglied zur Entscheidung steht.[80] Aus § 136 AktG wird zudem abgeleitet, dass ein Vorstand der Obergesellschaft, der zugleich Aufsichtsratsmitglied der Untergesellschaft ist, an der Entscheidung, wie die Obergesellschaft ihr Stimmrecht beim Hauptversammlungsbeschluss der Untergesellschaft über **seine eigene Entlastung** ausübt, nicht mitwirken darf (§ 136 Abs. 1 AktG analog).[81] Ein **allgemeines Verbot** zur Ausübung des Stimmrechts bei Interessenkonflikten aufgrund von Mehrfachmandaten ergibt sich daraus aber nicht ohne Weiteres.[82] **Gesetzliche Regelungen zu Stimmverboten** für Aufsichtsratsmitglieder aufgrund von Doppelmandaten enthält das deutsche Aktien- und Gesellschaftsrecht nicht.[83] Die Frage, ob ein **allgemeines Stimmverbot bei Interessenkollisionen** anzunehmen ist, wie sie Doppelmandate in konzernverbundenen Gesellschaften regelmäßig mit sich bringen, ist umstritten.

Es sprechen gewichtige Gründe dafür, bei der Annahme eines **Stimmverbots** aufgrund von Doppelmandaten in Konzerngesellschaften **Zurückhaltung zu üben.** Denn Stimmverbote greifen schwerwiegend in die organschaftlichen Rechte ein,[84] relativieren die Gesamtverantwortung des Aufsichtsrats[85] und beeinträchtigen im mitbestimmten Aufsichtsrat die Quasi-Parität zwischen Anteilseigner- und Arbeitnehmervertretern.[86] Dies ist im Ausgangspunkt weitgehend anerkannt.[87] Ein Teil der Literatur fordert jedoch **bei schwerwiegenden Interessenkonflikten** ein Stimmverbot aus einer Gesamtanalogie zu § 34 BGB, § 136 AktG, § 47 Abs. 4 GmbHG und § 43 Abs. 6 GenG, wenn Anhaltspunkte dafür bestehen, dass **die Objektivität des Aufsichtsratsmitglied beeinträchtigt** sein könne.[88] Dies soll insbesondere dann anzunehmen sein, wenn das Aufsichtsratsmitglied zugleich gesetzlicher Vertreter des **herrschenden Unternehmens** ist und die Abstimmung eine konzernleitende Maßnahme betrifft.[89] Eine solche Situation liegt etwa vor, wenn ein Aufsichtsratsmitglied einer faktisch abhängigen Gesellschaft auf drohende Nachteile einer Maßnahme und die Pflicht zu deren Ausgleich nach § 311 Abs. 1 AktG hinzuweisen hat, er die nachteilige Maßnahme aber als Vorstandsmitglied der herrschenden Gesellschaft selbst (mit-)veranlasst hat. Nimmt ein Aufsichtsratsmitglied trotz eines im Einzelfall anzunehmenden Stimmverbotes an dem Beschluss teil, so soll der **Beschluss** nach der dargestellten Auffassung **nichtig** sein, wenn seine Stimme **kausal für das Abstimmungsergebnis** war.[90] Umgekehrt soll der Beschluss aber auch in den Fällen nichtig sein, in denen ein Aufsichtsratsmitglied wegen der Annahme eines Stimmverbots zu Unrecht von der Abstimmung ausgeschlossen wurde und dieser Ausschluss kausal für das Abstimmungsergebnis war.[91]

Der wohl überwiegende Teil der Literatur steht dieser Auffassung **zurecht kritisch** gegenüber. Ein Stimmverbot ist auch in Fällen gravierender Interessenkonflikte nur schwer mit dem **konzernrechtlichen System** vereinbar, das Mehrfachmandate im Konzern – mit der Folge konzerntypischer Interessenkonflikte – für **zulässig** erklärt.[92] Das Konzernrecht enthält ein **austariertes System von Einfluss und Nachteilsausgleich.** Dieses System sieht für jede Konzernierungsform Regelungen vor, unter welchen Voraussetzungen die Obergesellschaft ihre Interessen durchsetzen kann und in welcher Form Vermögens-

---

[79] Zur analogen Anwendung von § 34 BGB in diesen Fällen BGH NZG 2007, 516 (517); MüKoAktG/*Habersack* AktG § 108 Rn. 29; GroßkommAktG/*Hopt/Roth* AktG § 108 Rn. 64; Hüffer/Koch/*Koch* AktG § 101 Rn. 12; Lutter/Krieger/*Verse* AR § 11 Rn. 731; BeckOGK/*Spindler* AktG § 108 Rn. 31.
[80] *Diekmann/Fleischmann* AG 2013, 141 (146).
[81] *Al-Wraikat,* Interessenkonflikte im Aufsichtsrat bei Mehrfachmandaten im faktischen Aktienkonzern, 2014, 246; *Wirth* FS Bauer, 2010, 1147 (1157) in Bezug auf die Stimmabgabe zur Entlastung des Vorstands. Zum etwaigen Stimmrechtsausschluss für die entsendende Gesellschaft vgl. BGH NJW 1962, 864.
[82] Ausführlicher zur Diskussion und den rechtlichen Anknüpfungspunkten für Stimmverbote *Mense,* Interessenkonflikte bei Mehrfachmandaten im Aufsichtsrat der AG, 2008, 107–133.
[83] Siehe aber § 111b Abs. 2 AktG: Stimmverbot für Aufsichtsratsmitglieder, die an einer Related Party Transaction als nahestehende Personen beteiligt sind oder bei denen die Besorgnis eines Interessenkonfliktes auf Grund ihrer Beziehungen zu der nahestehenden Person besteht.
[84] *Mense,* Interessenkonflikte bei Mehrfachmandaten im Aufsichtsrat der AG, 2008, 113.
[85] *Paefgen* AG 2008, 761 (767).
[86] *Viciano Gofferje,* Unabhängigkeit als persönliche Voraussetzung für Aufsichtsratsmitglieder, 2008, 140. Zu den besonderen Auswirkungen eines Stimmverbotes auf die Beschlussfassung im Aufsichtsrat *Mense,* Interessenkonflikte bei Mehrfachmandaten im Aufsichtsrat der AG, 2008, 129ff.
[87] GroßkommAktG/*Hopt/Roth* AktG § 108 Rn. 74; *Mense,* Interessenkonflikte bei Mehrfachmandaten im Aufsichtsrat der AG, 2008, 113; *U.H. Schneider* FS Raiser, 2005, 341 (352).
[88] *Mense,* Interessenkonflikte bei Mehrfachmandaten im Aufsichtsrat der AG, 2008, 113, 180. Ähnlich, jedoch unter Bezugnahme lediglich auf § 34 BGB *U.H. Schneider* FS Raiser, 2005, 341 (352) und GroßkommAktG/*Hopt/Roth* AktG § 108 Rn. 72.
[89] *U.H. Schneider* FS Raiser, 2005, 341 (352), dabei bezugnehmend jedoch nur auf § 34 BGB analog.
[90] *Mense,* Interessenkonflikte bei Mehrfachmandaten im Aufsichtsrat der AG, 2008, 120, 180.
[91] *Mense,* Interessenkonflikte bei Mehrfachmandaten im Aufsichtsrat der AG, 2008, 122–124, 180.
[92] Vgl. wiederum § 100 Abs. 2 S. 2 AktG. Ebenso *Al-Wraikat,* Interessenkonflikte im Aufsichtsrat bei Mehrfachmandaten im faktischen Aktienkonzern, 2014, 253.

nachteile der Untergesellschaft auszugleichen sind.[93] Deshalb ist bereits das **Vorliegen einer Regelungslücke** als Voraussetzung für die analoge Anwendung anderer gesetzlicher Stimmverbote **sehr zweifelhaft**.[94] Auch der **Entscheidungsprozess des einzelnen Aufsichtsratsmitglieds** untersteht dem konzernrechtlichen System, da es gerade die Interessen der beteiligten Gesellschaften sind, die der Doppelmandatar in seiner Person zu vereinen hat.[95] Ein darüberhinausgehender **Rückgriff auf einen allgemeinen Rechtsgedanken,** der § 34 BGB, § 136 AktG, § 47 Abs. 4 GmbHG und § 43 Abs. 6 GenG entnommen wird, **unterliefe dieses vorrangige System.**[96] Schließlich wäre es auch **widersprüchlich,** das Aufsichtsratsmitglied auf das Interesse der untergeordneten Gesellschaft zu verpflichten, ihm gleichzeitig aber durch ein Stimmverbot die Möglichkeit zu nehmen, sich entsprechend seiner Verpflichtung zu verhalten.[97] Dies alles spricht dafür, **keine Stimmverbote aus Analogien** zu anderen gesetzlichen Regelungen abzuleiten. Die überzeugenderen Argumente sprechen dafür, auch bei schwerwiegenden Interessenkonflikten von Doppelmandataren kein allgemeines Stimmverbot anzunehmen.

c) Stimmenthaltung

32 Von der Diskussion um Stimmverbote zu trennen ist die Frage, ob sich ein Aufsichtsratsmitglied zur haftungsmäßigen Entlastung **freiwillig der Stimme enthalten** kann, weil er sich einem nicht auflösbaren Interessenkonflikt ausgesetzt sieht (zur Stimmenthaltung auch → § 3 Rn. 441 ff.). Auch diese Frage wird nicht ganz einheitlich beurteilt. Sie ist vor dem Hintergrund zu beurteilen, dass ein Aufsichtsratsmitglied **grundsätzlich einen Entscheidungsbeitrag** leisten soll. Ihm ist es deshalb grundsätzlich **nicht gestattet,** bei wichtigen Entscheidungen abwesend zu sein oder sich der Stimme zu enthalten.[98] Die Möglichkeit des Aufsichtsratsmitglieds, **im Einzelfall** eine Stimmenthaltung zu wählen, wird aber auch bei wichtigen Entscheidungen überwiegend anerkannt, sofern tatsächlich ein **(punktueller) Interessenkonflikt** vorliegt.[99] Die betreffende Stimme wird vorbehaltlich anderweitiger Satzungsregelungen bei der Berechnung des Abstimmungsergebnisses dann **nicht berücksichtigt,** gilt also insbesondere nicht als Nein-Stimme (zur Stimmenthaltung auch → § 3 Rn. 441).[100] Wenn jedoch bei einer Beschlussfassung lediglich **ein einziges Abstimmungsverhalten** rechtmäßig ist (Ermessensreduzierung auf Null), kann sich das Aufsichtsratsmitglied nicht auf ein Recht zur Stimmenthaltung berufen.[101] Es muss sich dann entsprechend seiner Pflicht als Organmitglied der Gesellschaft für diese eine Handlungsalternative entscheiden. Derartige Fälle sind allerdings selten. Begrenzt wird das Recht der Stimmenthaltung zudem durch das Erfordernis der **Handlungsfähigkeit des Kollegialorgans.** Sofern der Aufsichtsrat durch die Stimmenthaltung seine **Funktionstüchtigkeit verliert,** soll das Aufsichtsratsmitglied nach verbreiteter Auffassung zur Stimmabgabe berechtigt und verpflichtet sein.[102]

d) Amtsniederlegung und Abberufung

33 Handelt es sich bei dem Interessenkonflikt nicht lediglich um einen singulären Fall, sondern um eine **andauernde Konfliktlage von erheblicher Bedeutung,** scheidet eine Lösung über eine punktuelle Stimmenthaltung in der Regel aus. Derartige Fälle dürften eher selten sein, zumal es die auf Konzerne anwendbaren Regelungssysteme bei den meisten Maßnahmen zulassen, dass eine durch die Obergesellschaft veranlasste nachteilige Maßnahme erduldet wird, sofern der **Ausgleich der Nachteile** gesichert wird. Dennoch kann bei dauerhaften und schwerwiegenden Interessenkonflikten als **ultima ratio** eine

---

[93] *Martinek* WRP 2008, 51 (65); *Al-Wraikat,* Interessenkonflikte im Aufsichtsrat bei Mehrfachmandaten im faktischen Aktienkonzern, 2014, 253 f.
[94] So ausdrücklich etwa von *Martinek* WRP 2008, 51 (65 f.) mit Bezug zum faktischen Konzern. Sowohl für den faktischen Konzern als auch den Vertragskonzern in der Sache auch Kölner Komm AktG/*Mertens/Cahn* AktG § 100 Rn. 23.
[95] *Al-Wraikat,* Interessenkonflikte im Aufsichtsrat bei Mehrfachmandaten im faktischen Aktienkonzern, 2014, 253.
[96] Kölner Komm AktG/*Mertens/Cahn* AktG § 100 Rn. 23; *Al-Wraikat,* Interessenkonflikte im Aufsichtsrat bei Mehrfachmandaten im faktischen Aktienkonzern, 2014, 253; *Martinek* WRP 2008, 51 (65).
[97] *Krebs,* Interessenkonflikte bei Aufsichtsratsmandaten in der Aktiengesellschaft, 2002, 131; *Al-Wraikat,* Interessenkonflikte im Aufsichtsrat bei Mehrfachmandaten im faktischen Aktienkonzern, 2014, 253.
[98] *Mense,* Interessenkonflikte bei Mehrfachmandaten im Aufsichtsrat der AG, 2008, 106; BeckOGK/*Spindler* AktG § 116 Rn. 38; *Hopt* ZGR 2004, 1 (32).
[99] Vgl. *Diekmann/Fleischmann* AG 2013, 141 (147); GroßkommAktG/*Hopt/Roth* AktG § 116 Rn. 175; *Mense,* Interessenkonflikte bei Mehrfachmandaten im Aufsichtsrat der AG, 2008, 106; BeckOGK/*Spindler* AktG § 116 Rn. 38; *Wirth* FS Bauer, 2010, 1147 (1158).
[100] MüKoAktG/*Habersack* AktG § 108 Rn. 20; Hüffer/Koch/*Koch* AktG § 108 Rn. 6; *Mense,* Interessenkonflikte bei Mehrfachmandaten im Aufsichtsrat der AG, 2008, 106. Anders ist dann bei der Feststellung der Beschlussfähigkeit.
[101] *Mense,* Interessenkonflikte bei Mehrfachmandaten im Aufsichtsrat der AG, 2008, 106 f.
[102] Vgl. *Mense,* Interessenkonflikte bei Mehrfachmandaten im Aufsichtsrat der AG, 2008, 106 f.; *Wirth* FS Bauer, 2010, 1147 (1158). Zu Stimmenthaltung im Vorstand vgl. auch *Passarge* NZG 2007, 441 (443) und MüKoAktG/*Spindler* AktG § 76 Rn. 61.

Pflicht zur Amtsniederlegung aus eigenem Antrieb oder eine Abberufung aus **wichtigem Grund** gem. § 103 Abs. 3 AktG in Betracht kommen.[103] Der dauerhafte Interessenkonflikt muss dann aber hinsichtlich seiner Bedeutung **deutlich** über die einem Doppelmandat immanenten Auswirkungen **hinausgehen** und darf **nicht auf andere zumutbare Weise lösbar** sein.[104] Die (auch wiederholte) Mitwirkung an Beschlüssen über Maßnahmen, in die das Aufsichtsratsmitglied in seiner Funktion für die Obergesellschaft selbst involviert war, genügt also jedenfalls nicht.[105]

Ein Doppelmandatar kann **vom Gericht** auf Antrag des Aufsichtsrats auch **abberufen** werden, wenn ein **wichtiger Grund** in der Person des Doppelmandatars vorliegt, § 103 Abs. 3 S. 1 AktG. Auch eine solche Abberufung kommt nur in Extremfällen in Betracht. Hierbei soll es der Literatur zufolge darauf ankommen, ob nach dem **Verhalten** des Aufsichtsratsmitgliedes im Einzelfall davon auszugehen ist, dass er den besonderen Anforderungen, die an ihn als Doppelmandatar zu stellen sind, gewachsen ist oder nicht.[106]

IV. Spezifische Rechte und Pflichten des Aufsichtsrats im Konzern

1. Aufsichtsrat der Obergesellschaft

Ausgangspunkt für die Überwachungs- und Kontrollaufgaben des Aufsichtsrats der herrschenden Gesellschaft ist § 111 AktG. Nach dessen Abs. 1 hat der Aufsichtsrat die **Geschäftsführung zu überwachen**, wobei die Kontrollaufgabe nicht auf eine nachträgliche Kontrolle beschränkt ist, sondern auch eine **vorausschauende und begleitende Überwachung** umfasst.[107]

a) Überwachungs- und Kontrollaufgaben als Folge der erweiterten Aufgaben des Vorstands

Gegenstand der Überwachung ist nach § 111 Abs. 1 AktG die **gesamte Geschäftsführung** des Vorstands, wodurch ein unmittelbarer **Zusammenhang** zwischen den erweiterten Pflichten des Vorstands einer herrschenden Konzerngesellschaft und den Überwachungsaufgaben des Aufsichtsrats hergestellt wird. Denn die nachgeordneten Unternehmen sind **Teil des Vermögens der Obergesellschaft** und ihre Leitung damit **Teil der Geschäftsführung** durch den Vorstand.[108] Auch gehört die Wahrnehmung der Gesellschafterstellung der Obergesellschaft in ihren Tochtergesellschaften in- und außerhalb der Gesellschafterversammlung zu den **Geschäftsführungsaufgaben** des Vorstands der Obergesellschaft. Vereinfachend kann davon gesprochen werden, dass sich die Überwachungsaufgabe des Aufsichtsrats parallel zur Leitungsaufgabe des Vorstands (§ 76 Abs. 1 AktG) **ausweitet**. Die **erweiterten Aufgaben** des Vorstands der Obergesellschaft im Konzern definieren den erweiterten Umfang der Überwachungspflicht des Aufsichtsrats.

aa) „Konzernleitung" als Gegenstand der Überwachung. Gemäß § 18 Abs. 1 S. 1 AktG ist Merkmal des Konzerns, dass die zugehörigen Gesellschaften **„unter der einheitlichen Leitung des herrschenden Unternehmens"** zusammengefasst sind, auch wenn kein Beherrschungsvertrag besteht. Gleichzeitig hat der Vorstand jeder Konzerngesellschaft in der Rechtsform der AG nach § 76 Abs. 1 AktG die Gesellschaft **„unter eigener Verantwortung"** zu leiten. Über die Auflösung dieses Spannungsverhältnisses be-

---

[103] *Diekmann/Fleischmann* AG 2013, 141 (147); *Hoffmann-Becking* NZG 2014, 801 (808); *Hopt* ZGR 2004, 1 (33); *Martinek* WRP 2008, 51 (64); *Mense*, Interessenkonflikte bei Mehrfachmandaten im Aufsichtsrat der AG, 2008, 164 ff. Vgl. auch Empfehlung E.1 DCGK: „Wesentliche und nicht nur vorübergehende Interessenkonflikte in der Person eines Aufsichtsratsmitglieds sollen zur Beendigung des Mandats führen." Eine freiwillige Amtsniederlegung ist nach mittlerweile herrschender Ansicht vorbehaltlich abweichender Satzungsbestimmungen auch ohne wichtigen Grund jederzeit möglich (wobei eine Niederlegung zur Unzeit jedoch pflichtwidrig sein kann), siehe etwa MüKoAktG/*Habersack* AktG § 103 Rn. 59 f.; GroßkommAktG/*Hopt/Roth* AktG § 103 Rn. 99 ff.; Hüffer/Koch/*Koch* AktG § 103 Rn. 17; *Mense*, Interessenkonflikte bei Mehrfachmandaten im Aufsichtsrat der AG, 2008, 162 f.
[104] Vgl. zum Erfordernis der Dauerhaftigkeit und Wesentlichkeit *Mense*, Interessenkonflikte bei Mehrfachmandaten im Aufsichtsrat der AG, 2008, 164 ff.
[105] Ebenso *Viciano Gofferje*, Unabhängigkeit als persönliche Voraussetzung für Aufsichtsratsmitglieder, 2008, 146; *Hopt* ZGR 2004, 1 (33).
[106] *Viciano Gofferje*, Unabhängigkeit als persönliche Voraussetzung für Aufsichtsratsmitglieder, 2008, 146. Losgelöst vom Vorliegen eines wichtigen Grundes ist im konzernspezifischen Zusammenhang auch an das Recht des Entsendungsberechtigen zur jederzeitigen Abberufung gem. § 103 Abs. 2 AktG zu denken.
[107] *Hüffer* NZG 2007, 47 (47 f.); *Mense*, Interessenkonflikte bei Mehrfachmandaten im Aufsichtsrat der AG, 2008, 72 ff.; *Scheffler* DB 1994, 793 (794). Mit näherer Begründung bei *Weyl*, Zustimmungsvorbehalte nach § 111 Abs. 4 S. 2 AktG als Möglichkeit einer Konzernsteuerung, 2015, 31 ff., 170.
[108] *Brouwer*, Zustimmungsvorbehalte des Aufsichtsrats im Aktien- und GmbH-Recht, 2008, 279; *Hoffmann-Becking* ZHR 159 (1995), 325 (332); *Weyl*, Zustimmungsvorbehalte nach § 111 Abs. 4 S. 2 AktG als Möglichkeit einer Konzernsteuerung, 2015, 44. Vgl. auch *U.H. Schneider* ZHR 143 (1979), 485 (499).

stehen in der Rechtsliteratur nicht ganz einheitliche Vorstellungen.[109] Weitgehende Einigkeit besteht darüber, dass den Vorstand der Obergesellschaft eine **spezifische Führungsverantwortung** mit besonderen Leitungspflichten trifft. Diese Leitungspflichten erschöpfen sich nicht in der Leitung der eigenen Gesellschaft, sondern erfassen auch die **Leitung nachgeordneter Gesellschaften**.[110] Von Umfang und Reichweite dieser Leitungsaufgaben hängt auch der Umfang der Überwachungspflicht des Aufsichtsrats gem. § 111 Abs. 1 AktG ab.

38 Ausgangspunkt der Betrachtung ist für den **faktischen Konzern** (ohne Beherrschungsvertrag oder Eingliederung) § 311 AktG. Wie dargestellt, begründet diese Regelung zwar **keine Leitungsmacht** der Obergesellschaft. Sie setzt jedoch voraus, dass die Obergesellschaft **faktische Leitungsmacht** ausübt und lässt sie zu, sofern der abhängigen Gesellschaft keine Nachteile entstehen oder entstehende Nachteile ausgeglichen werden. Ausgeübt wird diese Leitungsmacht durch „**Veranlassung**" einer Maßnahme durch die Obergesellschaft. Ob und in welchem Umfang der Vorstand der Obergesellschaft die (faktische) Leitungsmacht ausübt, unterliegt seinem **unternehmerischen Ermessen.** Dieses hat er zum Wohl der Obergesellschaft auszuüben, wobei er selbstverständlich auch die der Obergesellschaft entstehenden Nachteile – insbesondere einen an die Untergesellschaft zu leistenden Nachteilsausgleich – zu berücksichtigen hat.

39 In der Literatur wird darüber diskutiert, ob den Vorstand der Obergesellschaft aufgrund der vorhandenen Leitungsmacht auch eine „**Konzernleitungspflicht**"[111] trifft und welchen genauen Inhalt und Umfang sie ggf. hat. Explizit geht es darum, ob eine umfassende Konzernleitungspflicht in dem Sinne besteht, dass die Gesellschaften des Konzerns unter einer einheitlichen Leitung zusammenzuführen sind und das **gesamte unternehmerische Geschehen** auf allen (auch nachgeordneten) Ebenen durch Führungsentscheidungen des Vorstands der Obergesellschaft zu lenken ist.[112] Diskutiert wird eine derartige Leitungsaufgabe sowohl als Verpflichtung des Vorstands gegenüber der eigenen Konzernobergesellschaft[113] als auch als Verpflichtung der Obergesellschaft gegenüber nachgeordneten Tochter- und Enkelgesellschaften.[114]

40 Die Einzelheiten der Diskussion sind weit verzweigt und können hier nicht vertieft werden.[115] Die heute hM lehnt eine Konzernleitungspflicht ab. Im **Verhältnis zwischen Ober- und Untergesellschaft(en)** fehlt im Hinblick auf das konzernrechtliche Trennungsgebot bereits eine tragfähige Rechtsgrundlage, sodass eine Konzernleitungspflicht der Obergesellschaft insoweit nicht zu begründen ist.[116] Im **Verhältnis zwischen Obergesellschaft und ihrem Vorstand** kann man angesichts der Pflicht des Vorstands zur Förderung des Unternehmenswohls zwar an eine Konzernleitungspflicht denken. Nach hM folgt daraus aber lediglich die Pflicht des Vorstands der Obergesellschaft, die **Möglichkeit der Einflussnahme** auf die Untergesellschaften nach Maßgabe einer **ordentlichen und gewissenhaften Geschäftsführung** zu nutzen.[117] Eine **Pflicht** zur umfassenden Konzernleitung besteht jedoch **nicht**. Im **faktischen Konzern** stünde eine solche Pflicht im Widerspruch zu den §§ 311 ff. AktG, die konzeptionell von einer eigenverantwortlichen Leitung durch den Vorstand der Untergesellschaft ausgehen und den Einfluss des herrschenden Unternehmens begrenzen.[118] Folglich **endet die Konzernleitungsmacht** der Obergesellschaft auch dort, wo die „Veranlassung" einer Maßnahme durch die Obergesellschaft im Ein-

---

[109] Siehe etwa *Altmeppen*, Die Haftung des Managers im Konzern, 1998; Emmerich/Habersack/*Habersack* Aktien- und GmbH-KonzernR AktG § 311 Rn. 87; *Lutter* AG 2006, 517 (519); *S.H. Schneider/U.H. Schneider* AG 2005, 57. Einen bis dato wenig entwickelten Diskussionsstand bemängelt *Fleischer* DB 2005, 759 (759).
[110] Siehe nur *Fleischer* DB 2005, 759 (760); *Hoffmann-Becking* ZHR 159 (1995), 325 (332); *Löbbe*, Unternehmenskontrolle im Konzern, 2003, 235.
[111] Der Begriff wurde maßgeblich geprägt durch *Hommelhoff*, Die Konzernleitungspflicht, 1982.
[112] Vgl. zu dieser Kurzzusammenfassung MüKoAktG/*Altmeppen* AktG § 308 Rn. 16 und § 309 Rn. 50 ff.
[113] Für eine einheitliche und umfassende Konzernleitungspflicht gegenüber der eigenen Gesellschaft *Hommelhoff*, Die Konzernleitungspflicht, 1982, 43 ff., 165 ff. und wohl auch *K. Schmidt* GesR, § 31 II Ziff. 4., S. 947. Differenzierend zwischen Vertrags- und Eingliederungskonzernen (umfassender Leitungsauftrag) und faktischen Konzernen (kein umfassender Leitungsauftrag) MüKoAktG/*Bayer* AktG § 18 Rn. 18–21. Für ein Ermessensentscheidung des Vorstands (und damit gegen eine umfassende Pflicht zur Konzernleitung) Hüffer/Koch/*Koch* AktG § 76 Rn. 47; *Weyl*, Zustimmungsvorbehalte nach § 111 Abs. 4 S. 2 AktG als Möglichkeit einer Konzernsteuerung, 2015, 47 f.; *Fleischer* DB 2005, 759 (760).
[114] Für eine entsprechende Konzernleitungspflicht gegenüber nachgeordneten Gesellschaften *U.H. Schneider* FS Hadding, 2004, 621 (630); *S.H. Schneider/U.H. Schneider* AG 2005, 57 (61).
[115] Siehe stattdessen etwa die Aufbereitung des Streitstandes bei *Fleischer* DB 2005, 759.
[116] MüKoAktG/*Altmeppen* AktG § 311 Rn. 403; *Fleischer* DB 2005, 759 (761); Hüffer/Koch/*Koch* AktG § 311 Rn. 5; *Löbbe*, Unternehmenskontrolle im Konzern, 2003, 96; Im Ergebnis auch Emmerich/Habersack/*Habersack* Aktien- und GmbH-KonzernR AktG § 311 Rn. 10.
[117] Emmerich/Habersack/*Habersack* Aktien- und GmbH-KonzernR AktG § 311 Rn. 87; *Mense*, Interessenkonflikte bei Mehrfachmandaten im Aufsichtsrat der AG, 2008, 169 f.; MüKoAktG/*Spindler* AktG § 76 Rn. 50.
[118] *Fleischer* DB 2005, 759 (760); Hüffer/Koch/*Koch* AktG § 76 Rn. 47; MüKoAktG/*Spindler* AktG § 76 Rn. 50; *Weyl*, Zustimmungsvorbehalte nach § 111 Abs. 4 S. 2 AktG als Möglichkeit einer Konzernsteuerung, 2015, 48.

Im **Vertragskonzern** statuiert § 308 AktG ein Weisungsrecht des herrschenden Unternehmens, welches als Rechtsgrundlage einer Konzernleitungspflicht des Vorstands der Obergesellschaft herangezogen werden könnte. Allerdings sieht § 308 AktG nur die **Möglichkeit** zur Erteilung von Weisungen vor, nicht aber eine **Weisungspflicht.**[119] Nach herrschender Auffassung spricht dies auch bei Bestehen eines Beherrschungsvertrags gegen eine Konzernleitungspflicht im beschriebenen Sinn.[120] Auch das System der §§ 15 ff. AktG geht davon aus, dass Unternehmensverbindungen aufgrund **einfacher Abhängigkeitsverhältnisse** anzuerkennen sind,[121] ohne dass eine Verpflichtung des Vorstands der Obergesellschaft vorausgesetzt wird, das gesamte unternehmerische Geschehen im Konzern vorzugeben. Im Ergebnis ist damit der **herrschenden Ansicht** zu folgen, die dem Vorstand bei der Wahl zwischen zentraler und dezentraler Konzernführung ein **(Geschäftsführungs-)Ermessen** zubilligt.[122]

41

Das grundsätzliche unternehmerische Ermessen des Vorstands der Obergesellschaft bei der **Intensität der Ausübung seiner Leitungsmacht** gilt auch dann, wenn die **Untergesellschaften** – was häufig der Fall ist – in der **Rechtsform der GmbH** bestehen. Die Ausgangslage ist hier insofern anders, als die Geschäftsführung einer GmbH deren Geschäfte nicht wie der Vorstand der AG in eigener Verantwortung und unabhängig von Weisungen führt. Vielmehr kann die Gesellschafterversammlung, in der die Obergesellschaft von ihrem Vorstand vertreten wird, jederzeit Weisungen in Geschäftsführungsangelegenheiten erteilen. Das **Gesellschaftsinteresse der GmbH** wird damit weitgehend durch die **Gesellschafterversammlung** bestimmt. Als Folge hat der Vorstand der Obergesellschaft in seiner Eigenschaft als Gesellschafterversammlung der GmbH weitreichende Einflussmöglichkeiten, über deren Nutzung er stets im Einzelfall entscheiden muss. Dies gilt auch für die **mitbestimmte GmbH** als Untergesellschaft, wobei die zwingenden Regeln des MitBestG bzw. des DrittelbG den Einfluss der Gesellschafterversammlung nur in überschaubarem Umfang Grenzen setzen und insbesondere das **Weisungsrecht** der Gesellschafterversammlung gegenüber der Geschäftsführung nicht einschränken.[123] Eine umfassende Konzernleitungspflicht trifft den Vorstand der Obergesellschaft aber nicht.

42

Unabhängig von der Diskussion um die Konzernleitungspflicht ist jedoch allgemein anerkannt, dass den Vorstand der Obergesellschaft aufgrund der Konzernierung einzelne **spezifische Pflichten** treffen.[124] Dies betrifft nicht nur die gesetzlich normierten Pflichten, wie etwa die zur Aufstellung eines Konzernabschlusses. Vielmehr geht es insbesondere auch um Entscheidungen über grundlegende Fragen der **Konzernstrategie,** der **Konzernorganisation** und der **Konzernplanung,** woraus jeweils näher zu spezifizierende Einzelpflichten folgen.[125] So hat der Vorstand die strategische Ausrichtung des Konzerns vorzugeben, etwa indem er ein Gesamtkonzept und bestimmte unternehmerische Ziele formuliert.[126] Im Rahmen der Konzernorganisation hat er sich mit der Wahl der Rechtsform von Konzerngesellschaften, mit Umwandlungen und Übernahmen sowie dem Abschluss von Unternehmensverträgen zu befassen.[127] Auch **Personalentscheidungen** mit grundlegender Bedeutung gehören zum Aufgabenspektrum des

43

---

[119] Gleichwohl kann der Vorstand im Einzelfall gehalten sein, eine Weisung zu erteilen. Dies kommt etwa dann in Betracht, wenn dadurch Verluste vermieden oder begrenzt werden können, die über die Verlustübernahmepflicht des § 302 AktG die herrschende Gesellschaft treffen würden.

[120] *Fleischer* DB 2005, 759 (761); *Löbbe,* Unternehmenskontrolle im Konzern, 2003, 96 f.; MüKoAktG/*Spindler* AktG § 76 Rn. 50; *Weyl,* Zustimmungsvorbehalte nach § 111 Abs. 4 S. 2 AktG als Möglichkeit einer Konzernsteuerung, 2015, 48.

[121] *Fleischer* DB 2005, 759 (760).

[122] *Fleischer* DB 2005, 759 (760 f.); Hüffer/Koch/*Koch* AktG § 76 Rn. 47; *Löbbe,* Unternehmenskontrolle im Konzern, 2003, 78 ff.; Kölner Komm AktG/*Mertens/Cahn* AktG § 76 Rn. 65; MüKoAktG/*Spindler* AktG § 76 Rn. 50; *Weyl,* Zustimmungsvorbehalte nach § 111 Abs. 4 S. 2 AktG als Möglichkeit einer Konzernsteuerung, 2015, 48.

[123] BGH NJW 1997, 1985 (1987).

[124] Die Begriffe, unter denen entsprechende Pflichten zusammengefasst werden, werden dabei nicht einheitlich verwendet. Gesprochen wird etwa von einer „konzernbezogene[n] Führungsverantwortung" (*Fleischer* DB 2005, 759 [762]; BeckOGK/*Fleischer* AktG § 76 Rn. 98), einer Pflicht zur „(Ober-)Leitung der Konzernunternehmen", welche einen unveräußerlichen Kern selbst wahrzunehmender Leitungsbefugnisse umfasse (Kölner Komm AktG/*Mertens/Cahn* AktG § 76 Rn. 65). Vgl. auch *Lutter/Krieger/Verse* AR § 6 Rn. 229.

[125] Siehe hierzu und zum Folgenden die Zusammenfassungen in Kölner Komm AktG/*Mertens/Cahn* AktG § 76 Rn. 65 und *Lutter* AG 2006, 517 (519), der diesbezüglich auf die Arbeiten von *U.H. Schneider* BB 1981, 249, *J. Semler,* Die Überwachungsaufgabe des Aufsichtsrats, 1980 (2. Aufl. 1996 unter dem Titel „Leitung und Überwachung der Aktiengesellschaft") und *S.H. Schneider/U.H. Schneider* AG 2005, 57 verweist. Ähnlich, mit teils abweichender Systematisierung *Fleischer* DB 2005, 759 (762); *Krieger* in Lutter/Bayer Holding-HdB Rn. 7.6.

[126] *Fleischer* DB 2005, 759 (762). Vgl. auch *Krieger* in Lutter/Bayer Holding-HdB Rn. 7.6 und Kölner Komm AktG/*Mertens/Cahn* AktG § 76 Rn. 65.

[127] *Lutter* AG 2006, 517 (519).

Vorstands der Obergesellschaft.[128] Ferner hat er die **Liquidität im Konzernverbund** sicherzustellen, indem er eine konzernweite Finanzplanung erstellt und fortwährend überwacht, ob die Konzerngesellschaften fähig sind, ihre Zahlungsverpflichtungen fristgerecht zu erfüllen.[129] Als weitere konzernspezifische Verpflichtung ist der Aufbau **konzernweiter Controlling- und Revisionssysteme** hervorzuheben, einschließlich eines konzernweiten **Risikomanagementsystems,** ebenso wie die Installation eines konzernweiten **Informationssystems.**[130] Letztlich geht es auch hier um Einzelaspekte der übergeordneten Pflicht zur ordnungsgemäßen Konzerngeschäftsführung. Der Vorstand hat die **Einhaltung des Rechts** auch in untergeordneten Konzerngesellschaften soweit wie möglich sicherzustellen (Compliance) und etwaige Verstöße zu ahnden (→ Rn. 51 f.). Soweit dem Vorstand bei der Wahrnehmung dieser spezifischen Pflicht ein **Ermessen** eingeräumt wird, bezieht sich dieses nicht auf das „Ob", sondern lediglich auf die **genaue Ausgestaltung** und Anpassung der Lenkungs- und Kontrollinstrumente an die **individuellen Besonderheiten** des jeweiligen Konzerns.[131]

44 **bb) Konsequenzen für den Überwachungsauftrag des Aufsichtsrats.** Aus den soeben skizzierten konzernspezifischen Pflichten des Vorstands folgt über **§ 111 Abs. 1 AktG** eine entsprechende **Erweiterung der Überwachungs- und Kontrollaufgaben des Aufsichtsrats.** Allgemein gehalten hat der Aufsichtsrat zu überwachen, ob der Vorstand der Leitungs- und Überwachungsverantwortung für den Konzern gerecht wird.[132] Als Teil dessen hat er insbesondere zu kontrollieren, ob **funktionierende Controlling- und Revisionssysteme** und ggf. weitere Kontrollmechanismen ordnungsgemäß – dh insbesondere mit Rücksicht auf die Besonderheiten der Konzernierung – eingerichtet wurden bzw. betrieben werden (zur Compliance im Konzern → § 4 Rn. 275 ff.).[133] Ferner hat der Aufsichtsrat zu überwachen, ob die Konzernstruktur, -gliederung und -organisation rational betriebswirtschaftlichen Grundsätzen folgt, insofern zweckmäßig ist und auch Rentabilitätsgesichtspunkte berücksichtigt.[134] Die Bedeutung der **Konzernfinanzierung** und des diesbezüglichen Überwachungsauftrags des Aufsichtsrats spiegelt sich in § 90 Abs. 1 S. 1 Nr. 3 und 4, S. 2 iVm Abs. 2 Nr. 3 und 4 AktG wider, welche zumindest eine vierteljährliche (Nr. 3) bzw. eine die vorherige Stellungnahme des Aufsichtsrats ermöglichende (Nr. 4) Berichterstattung des Vorstands über relevante Geschäfte verlangen (→ § 4 Rn. 49 ff.).

45 Nimmt der Vorstand der Obergesellschaft die Konzernleitung in dem Sinne aktiv wahr, dass er **zentralisierenden Einfluss auf die Geschäftsführung** bei den Untergesellschaften nimmt, so hat der Aufsichtsrat im Rahmen der Legalitätskontrolle zu überprüfen, ob der Vorstand diejenigen **Grenzen** wahrt, die ihm das Konzernrecht für die Einflussnahme setzt. Eine Überprüfung des Vorstandshandelns ist also jedenfalls dort erforderlich, wo der Vorstand das Recht der Konzernleitung aktiv ausübt. So ist es im **faktischen Konzern** eine wichtige Aufgabe des Aufsichtsrats, das Handeln des Vorstands im Hinblick auf eine ausreichende Einflussnahme auf die nachgeordneten Gesellschaften zu überprüfen, damit die Schwelle zur (unzulässigen) **qualifizierten Konzernierung**[135] nicht überschritten wird.[136] Der Aufsichtsrat hat gerade auch darauf hinzuwirken, dass Haftungsrisiken durch unzulässige Einflussnahmen vermieden werden.[137] Im **Vertragskonzern** hat der Aufsichtsrat zu überwachen, ob die Voraussetzungen für eine (nachteilige) Weisung nach § 308 Abs. 1 S. 2 AktG vorliegen, ob also die Weisung den Belangen des herrschenden Unternehmens oder eines konzernverbundenen Unternehmens dient. Eine „Lockerung" der Anforderungen ergibt sich dabei im Fall der **Eingliederung** nach §§ 319 ff. AktG. Denn die Einschränkung, dass nachteilige Weisungen nur erteilt werden dürfen, wenn die den Gegenstand der Weisung bildende Maßnahme den Belangen der Obergesellschaft oder einer anderen konzernverbundenen Gesellschaft dient, gilt für Weisungen gegenüber **eingegliederten Gesellschaften** nicht. Dies ergibt sich aus der Verweisung in § 323 Abs. 1 S. 2 AktG, die diese Beschränkung nicht in Bezug nimmt.[138] Im Ergebnis

---

[128] *Lutter* AG 2006, 517 (519).
[129] *Fleischer* DB 2005, 759 (764); *Lutter* AG 2006, 517 (519).
[130] *Lutter* AG 2006, 517 (519); *Fleischer* DB 2005, 759 (763 f.). Vgl. – insoweit ohne konzernspezifischen Zusammenhang – auch die Anforderung des § 91 Abs. 2 AktG. Hierzu zuletzt auch LG Stuttgart NZG 2018, 665 (676) – Porsche (bestätigt durch OLG Stuttgart BeckRS 2019, 34369).
[131] *Fleischer* DB 2005, 759 (763); *Löbbe,* Unternehmenskontrolle im Konzern, 2003, 94, bezogen auf die Einrichtung von Informations- und Kontrollsystemen.
[132] *Krieger* in Lutter/Bayer Holding-HdB Rn. 7.5.
[133] *Hüffer* NZG 2007, 47 (49 f.); *Lutter/Krieger/Verse* AR § 4 Rn. 152. Vgl. zuletzt auch LG Stuttgart NZG 2018, 665 (676) – Porsche (bestätigt durch OLG Stuttgart BeckRS 2019, 34369).
[134] Vgl. *Lutter/Krieger/Verse* AR § 4 Rn. 151; *Scheffler* DB 1994, 793 (796).
[135] Zum Begriff vgl. etwa MüKoAktG/*Bayer* AktG § 18 Rn. 11–14.
[136] *Hommelhoff* ZGR 1995, 144 (154). Dies aufgreifend GroßkommAktG/*Hopt/Roth* AktG § 111 Rn. 353. Vgl. dazu auch OLG Hamm NJW 1987, 1030. Ebenso *Weyl,* Zustimmungsvorbehalte nach § 111 Abs. 4 S. 2 AktG als Möglichkeit einer Konzernsteuerung, 2015, 51.
[137] *Lutter/Krieger/Verse* AR § 4 Rn. 155 mit Verweis auf BGH AG 2002, 43 – Bremer Vulkan.
[138] MüKoAktG/*Grunewald* AktG § 323 Rn. 2.

bedeutet dies eine ganz erhebliche Erweiterung der Weisungsbefugnis, die auch der Aufsichtsrat der Obergesellschaft bei der Überwachung des Vorstands zu berücksichtigen hat.

Neben der Kontrolle des positiven Tuns muss der Aufsichtsrat der Obergesellschaft das Handeln des Vorstands auch auf ein potentiell pflichtwidriges **Unterlassen** überprüfen. Nach zutreffender Ansicht ist die Überwachung durch den Aufsichtsrat nicht auf denjenigen Bereich begrenzt, in dem die Konzernleitung durch den Vorstand positiv ausgeübt wird.[139] Vielmehr gehört das gesamte „Tun und Lassen" im Verhältnis zu nachgeordneten Gesellschaften zur Geschäftsführung des Vorstands, für die der Überwachungsauftrag gem. § 111 Abs. 1 AktG gilt.[140] Daher hat der Aufsichtsrat auch die rechtmäßige und zweckmäßige Ausübung des Ermessens zu überwachen, das dem Vorstand bei der Konzernleitung zusteht (→ Rn. 43).

Aufgrund der Verpflichtung des Aufsichtsrats zu prüfen, ob der Vorstand im Einzelfall zur Einflussnahme auf nachgeordnete Gesellschaften verpflichtet gewesen wäre, muss er auch **Vorgänge in den Untergesellschaften** zur Kenntnis erhalten und bewerten. Dies gilt insbesondere dann, wenn es um Ereignisse in den Untergesellschaften geht, die auch **für die Obergesellschaft erhebliche Bedeutung** haben können, etwa weil sie **erhebliche Risiken** mit sich bringen oder die Einhaltung der **Legalitätspflicht** durch Untergesellschaften infrage steht.[141] Eine informierte Entscheidung wäre ihm andernfalls nicht möglich.[142] Dieser Zusammenhang wird auch in der Rechtsprechung betont.[143] Folglich kommt der Aufsichtsrat seinen Pflichten nicht im vollen Umfang nach, wenn er seinen Blick nicht auch auf nachgeordnete Gesellschaften richtet (→ § 4 Rn. 2370 ff.). Dies gilt unabhängig davon, dass **Kontrolladressat** des Aufsichtsrats ausschließlich der **Vorstand der Obergesellschaft** ist, der seinerseits die Geschäftsführung der nachgeordneten Gesellschaften überwacht (sog. **personale Konzentration der Überwachung**).[144] Der Aufsichtsrat der Obergesellschaft hat nach der hM nicht die Aufgabe, den Vorstand eines konzernabhängigen Unternehmens zu kontrollieren und bei einer mangelhaften Geschäftsführung auf diesen einzuwirken.[145] Gleichwohl muss sich der Aufsichtsrat der Obergesellschaft auch mit **Maßnahmen der Untergesellschaften** befassen, wenn und soweit diese für die Obergesellschaft von erheblicher Bedeutung sind und damit im Zusammenhang mit der Ausübung der Konzernleitungsmacht durch die Obergesellschaft stehen. Gegenstand der Überwachung ist dann aber die Vorstandstätigkeit der Obergesellschaft, nicht die der Untergesellschaft.[146] Zu Recht wird die Tätigkeit des Aufsichtsrats der Konzernobergesellschaft insofern als **„Kontrolle der Kontrolleure"**[147] bezeichnet.

cc) Eingrenzung des Überwachungsauftrags. Aus dem so bestimmten Kontrollauftrag ergibt sich im Ausgangspunkt, dass das gesamte unternehmerische Handeln im Konzern **in mittelbarer Form** der Prüfung des Aufsichtsrats der Obergesellschaft unterliegt. Dabei wird aber **keine direkte Kontrolle** des Handelns auf allen **nachgeordneten Hierarchiestufen** gefordert, was sich bereits daraus ergibt, dass Gegenstand der Kontrolltätigkeit das Handeln des Vorstands der Obergesellschaft ist.[148] Aber auch eine über

---

[139] *Hoffmann-Becking* ZHR 159 (1995), 325 (332); *Löbbe*, Unternehmenskontrolle im Konzern, 2003, 128 f.; *Weyl*, Zustimmungsvorbehalte nach § 111 Abs. 4 S. 2 AktG als Möglichkeit einer Konzernsteuerung, 2015, 50. In der Beschränkung des Überwachungsauftrages auf ein positives Tun wird teilweise die Gefahr gesehen, dass der Vorstand über den Umfang der ihn treffenden Kontrolle selbst disponieren könnte, siehe etwa *Weyl*, Zustimmungsvorbehalte nach § 111 Abs. 4 S. 2 AktG als Möglichkeit einer Konzernsteuerung, 2015, 48 f. und *Löbbe*, Unternehmenskontrolle im Konzern, 2003, 94.
[140] *Hoffmann-Becking* ZHR 159 (1995), 325 (332). Lehnt man eine Pflicht zur umfassenden Konzernleitung aus den genannten (oder weiteren) Gründen ab, ist bereits klargestellt, dass nicht jede Unterlassung des Vorstands eine Pflichtverletzung darstellt, wegen derer der Aufsichtsrat einzuschreiten hätte.
[141] LG Stuttgart NZG 2018, 665 – Porsche. Weitere in der Literatur genannte Beispiele sind gerade auch Kartellverstöße, zumal die Geldbuße unter Berücksichtigung des Umsatzes der Obergesellschaft kalkuliert wird.
[142] *Weyl*, Zustimmungsvorbehalte nach § 111 Abs. 4 S. 2 AktG als Möglichkeit einer Konzernsteuerung, 2015, 50; *U.H. Schneider* FS Hadding, 2004, 621 (625 f.).
[143] LG Düsseldorf AG 1995, 333 (334): „Mit der Überwachung der Konzerngeschäftsführung trifft den Aufsichtsrat eine zweifache Aufgabe: Zum einen die Überwachung der Geschäftspolitik auf der Ebene des Konzerns, zum anderen aber auch die Überwachung der Geschäfte in den Konzernunternehmen […]. Die Einbeziehung der Konzernunternehmen in die Überwachung […] ist nämlich Voraussetzung für eine effektive Kontrolle des Konzerns selbst, da dessen Arbeit sonst schwer nachvollziehbar wäre."
[144] *Hommelhoff* ZGR 1996, 144 (150). Vgl. auch *Potthoff/Trescher* Das Aufsichtsratsmitglied Rn. 503; *Weyl*, Zustimmungsvorbehalte nach § 111 Abs. 4 S. 2 AktG als Möglichkeit einer Konzernsteuerung, 2015, 169. Damit ist freilich nicht gesagt, dass die Aufsichtsräte der Untergesellschaften ihrerseits von der Überwachung der jeweiligen Vorstände entbunden wären.
[145] Vgl. mit teilweise unterschiedlicher Begründung *Hommelhoff* ZGR 1996, 144 (150); *Hoffmann-Becking* ZHR 159 (1995), 325 (331); *Krieger* in Lutter/Bayer Holding-HdB Rn. 7.6, 7.12; *Weyl*, Zustimmungsvorbehalte nach § 111 Abs. 4 S. 2 AktG als Möglichkeit einer Konzernsteuerung, 2015, 169 ff. AA *Elsner*, Kontrolle der Tochtergesellschaften, 2003, 166 ff.
[146] *Krieger* in Lutter/Bayer Holding-HdB Rn. 7.6.
[147] *Martens* ZHR 159 (1995), 567 (576).
[148] *Löbbe*, Unternehmenskontrolle im Konzern, 2003, 228 f.

den Vorstand mediatisierte Überwachung sämtlicher Vorgänge im Konzern würde den Aufsichtsrat vor erhebliche **praktische Probleme** stellen, wenn er auch die alltäglichen Geschäftsführungsaktivitäten der – möglicherweise zahlreichen – Untergesellschaften in seine Prüfung und Bewertung einbeziehen müsste. Die Gefahr einer **Überdehnung** des Aufgabenspektrums, welche effektiv nicht zu einem Mehr, sondern einem **Weniger an Kontrolle** führen kann, wird auch in der Rechtsliteratur erkannt.[149] Die hM bezieht den Überwachungsauftrag des Aufsichtsrats der Obergesellschaft deshalb **nicht auf alle Einzelheiten** der Geschäftsführung nachgeordneter Gesellschaften.[150] Andernfalls stünde der Überwachungsauftrag auch in einem gewissen Konflikt zur Leitungsautonomie des Vorstands (§ 76 Abs. 1 AktG). Demgemäß soll die Überwachung auf den **Schwerpunkt der Leitungstätigkeit** beschränkt sein, welcher die Ausübung der **eigentlichen Führungsfunktionen** sowie **wesentliche Einzelmaßnahmen** betrifft.[151] Die Wesentlichkeit bestimmt sich dabei nach den Umständen des jeweiligen Einzelfalls,[152] wobei auch konzernrechtliche Haftungsfolgen zu berücksichtigen sind.[153] Danach umfasst der Überwachungsauftrag des Aufsichtsrats der Obergesellschaft alle diejenigen Entscheidungen und Vorgänge, die für den Bestand des Konzerns und seine Vermögens-, Ertrags- und Finanzlage – einschließlich der Risikolage – **von wesentlicher Bedeutung** sind oder die die Kenntnis des **Gesamtzusammenhangs** des Konzerns voraussetzen.[154]

49 Vereinzelt wird demgegenüber vertreten, dass das Gesetz von einem **arbeitsteiligen** und damit **beschränkten Überwachungssystem** ausgehe, soweit auch die nachgeordneten Gesellschaften über einen Aufsichtsrat verfügen.[155] Der Aufsichtsrat der Obergesellschaft soll sich danach regelmäßig auf die Kontrolle durch die Aufsichtsräte der Untergesellschaften verlassen können. Anders sei dies lediglich dann, wenn es **Anhaltspunkte** dafür gebe, dass der Aufsichtsrat seinen Überwachungsauftrag **nicht ordnungsgemäß ausführt**.[156] Solche Anzeichen könnten sich insbesondere aus den Berichten über die Tätigkeit der Aufsichtsräte nachgeordneter Unternehmen ergeben, welche der Vorstand der Obergesellschaft gegenüber dem Aufsichtsrat zu erstatten hat.[157] Liegen hingegen keine Anhaltspunkte für eine unzureichende Kontrolle vor, soll es **keine eigenständige Pflicht** zur Verfolgung der Tätigkeit der abhängigen Gesellschaft geben, und zwar selbst dann nicht, wenn es sich um Vorgänge handelt, die für die Konzernspitze wesentlich sind.[158] Diese Auffassung berücksichtigt allerdings nur eingeschränkt die **Konzerndimension,** die von bedeutenden Vorgängen in den nachgeordneten Gesellschaften ausgehen und auch die Obergesellschaft betreffen können. Die hM, der auch die Rechtsprechung zuzuneigen scheint,[159] erscheint daher **vorzugswürdig.**

50 Die von der hM favorisierte Beschränkung des Überwachungsauftrags anhand der **Bedeutung der Maßnahme** für den Gesamtkonzern passt auch zur Ausgestaltung der gesetzlichen **Berichtspflichten,** insbesondere denen aus § 90 Abs. 1 S. 2 und 3, Abs. 3 S. 1 AktG. Diese Vorschriften sind im Zusammenhang mit der Überwachungstätigkeit zu lesen und **konkretisieren** den Überwachungsauftrag des § 111 Abs. 1 AktG.[160] Gegen das System einer arbeitsteiligen Konzernüberwachung spricht ferner, dass die Aufsichtsräte bei der Kontrolle unterschiedliche Maßstäbe zugrunde legen (das „Konzerninteresse"[161] einerseits und das Interesse der abhängigen Gesellschaft andererseits)[162] und dass die jeweiligen Aufsichtsräte in

---

[149] *Hommelhoff* ZGR 1996, 144 (152 ff.); *Krieger* in Lutter/Bayer Holding- HdB Rn. 7.7; *Löbbe,* Unternehmenskontrolle im Konzern, 2003, 243 ff.

[150] *Löbbe,* Unternehmenskontrolle im Konzern, 2003, 243, 247; *Krieger* in Lutter/Bayer Holding-HdB Rn. 7.7. Gegen die Annahme eines arbeitsteiligen Überwachungssystems in der Sache auch GroßkommAktG/*Hopt/Roth* AktG § 111 Rn. 348 und *Weyl,* Zustimmungsvorbehalte nach § 111 Abs. 4 S. 2 AktG als Möglichkeit einer Konzernsteuerung, 2015, 51 f.

[151] *Krieger* in Lutter/Bayer Holding-HdB Rn. 7.7. Ähnlich GroßkommAktG/*Hopt/Roth* AktG § 111 Rn. 351; *Scheffler* DB 1994, 793 (796 f.); *Weyl,* Zustimmungsvorbehalte nach § 111 Abs. 4 S. 2 AktG als Möglichkeit einer Konzernsteuerung, 2015, 51.

[152] *Krieger* in Lutter/Bayer Holding-HdB Rn. 7.7.

[153] Aus der Tatsache, dass die konzernspezifischen Haftungsrisiken je nach Art der Konzernierung variieren, wird teilweise abgeleitet, dass auch beim Kontrollauftrag insoweit zu differenzieren sei, siehe etwa GroßkommAktG/*Hopt/Roth* AktG § 111 Rn. 352 und *Weyl,* Zustimmungsvorbehalte nach § 111 Abs. 4 S. 2 AktG als Möglichkeit einer Konzernsteuerung, 2015, 51 f.

[154] *Krieger* in Lutter/Bayer Holding-HdB Rn. 7.7; *Scheffler* DB 1994, 793 (796). Ähnlich Hüffer/Koch/*Koch* AktG § 90 Rn. 7a.

[155] *Hommelhoff* ZGR 1996, 144 (156 ff., 159), der insoweit einen Befund zum faktischen Konzern auf andere Konzernformen überträgt.

[156] *Hommelhoff* ZGR 1996, 144 (156 ff., 159).

[157] *Hommelhoff* ZGR 1996, 144 (163).

[158] *Hommelhoff* ZGR 1996, 144 (156 ff., 159).

[159] Vgl. LG Stuttgart NZG 2018, 665 – Porsche; LG Düsseldorf AG 1995, 333.

[160] *Krieger* in Lutter/Bayer Holding-HdB Rn. 7.8; *Lutter/Krieger/Verse* AR § 4 Rn. 143; *Weyl,* Zustimmungsvorbehalte nach § 111 Abs. 4 S. 2 AktG als Möglichkeit einer Konzernsteuerung, 2015, 45.

[161] Nach zutreffendem Verständnis das durch die Konzernierung modifizierte Interesse der Obergesellschaft.

[162] Ausführlich zu den Auswirkungen dieser abweichenden Perspektiven auf die Rechtmäßigkeits-, Wirtschaftlichkeits- und Zweckmäßigkeitsprüfung *Löbbe,* Unternehmenskontrolle im Konzern, 2003, 244 f.

personaler Hinsicht auf unterschiedliche **Überwachungsadressaten** ausgerichtet sind.[163] Der konzernherrschende Vorstand, auf den sich die Überwachung des Aufsichtsrats der Obergesellschaft richtet, übt seine Leitung aber nicht (ausschließlich) dadurch aus, dass er sicherstellt, dass in der Untergesellschaft eine effektive Kontrolle durch die Aufsichtsräte erfolgt.[164] Auch der Aufsichtsrat der herrschenden Konzerngesellschaft kann sich daher nicht auf eine Kontrolle der Geschäftsführung durch die Aufsichtsräte nachgeordneter Gesellschaften verlassen.[165] Er ist jedoch dadurch **entlastet,** dass er sich – wie auch der Vorstand der Obergesellschaft im Rahmen der Konzernleitung – nicht mit alltäglichen und für den Gesamtverbund unbedeutenden Maßnahmen in den Untergesellschaften befassen muss, sondern lediglich mit den **Führungsaufgaben im Konzern.** Ein solches Verständnis wird auch in der Rechtsprechung zugrunde gelegt.[166] Eine intensivere Überwachung ist nach dem OLG Stuttgart jedoch erforderlich in **Krisenzeiten,** bei Anhaltspunkten für eine **Verletzung** der Geschäftsführungspflichten sowie bei Hinweisen auf **existenzgefährdende Geschäftsführungsmaßnahmen** des Vorstands.[167] Auch bei einer neu gegründeten Gesellschaft kann der Aufsichtsrat gesteigerten Anforderungen an seine Überwachungstätigkeit ausgesetzt sein.[168]

dd) Konzerndimensionale Compliance-Verantwortung. Nach inzwischen wohl hM muss der Vorstand grundsätzlich ein **Compliance-System** einrichten,[169] wenn auch einige Autoren keine allgemeine Rechtspflicht annehmen, sondern auf die Risikosituation des Unternehmens im Einzelfall abstellen (→ § 4 Rn. 223 ff.).[170] Dass ein Compliance-System von der Obergesellschaft eines Konzerns auch als **konzerndimensionales Konzept** zu verstehen und umzusetzen ist, ist mittlerweile ebenfalls hM.[171] Bei **Kreditinstitutsgruppen** ergibt sich bereits aus den aufsichtsrechtlichen Anforderungen des § 25a Abs. 1, 3 KWG das Erfordernis einer Compliance-Organisation, die sich auf alle Gruppenunternehmen erstreckt, wenn auch nur bezogen auf spezifische Pflichten.[172] Auch der **DCGK** empfiehlt die Einrichtung eines **risikoadäquaten Compliance Management Systems,** und zwar eines konzernweiten[173] (Empfehlung und Anregung A.2). Für die Errichtung eines geeigneten Systems sollen unter anderem Art, Größe und Organisation des Unternehmens sowie Verdachtsfälle aus der Vergangenheit zu berücksichtigen sein (→ § 4 Rn. 229 ff.). Im Fall einer **Konzernverbundenheit** mehrerer Unternehmen wird schon aufgrund der Unternehmensgröße, der Anzahl der Mitarbeiter und der oftmals vorhandenen Auslandsbeziehungen regelmäßig eine Risikosituation anzunehmen sein, die in jedem Fall eine **Rechtspflicht zur Einrichtung** einer konzernweiten Compliance-Organisation begründet.[174] Unter dem Schlagwort Compliance im Konzern stellt sich die Frage, ob und inwieweit der Vorstand und der Aufsichtsrat einer Obergesellschaft verpflichtet sind, **Fehlverhalten auch in nachgeordneten Gesellschaften** zu verhindern, aufzuklären und zu ahnden (konzernweites Compliance-System).

(1) Konzernweites Compliance-System als Verpflichtung des Vorstands. Hinsichtlich der Frage, wem gegenüber die Pflicht zur Errichtung eines konzernweiten Compliance-Systems besteht, wird überwiegend eine **Pflicht des Vorstands** gegenüber der eigenen Obergesellschaft angenommen.[175] Vereinzelt wird die Pflicht aber auch als eine Pflicht der Obergesellschaft gegenüber den Untergesellschaften verstanden.[176] Aufgrund des **konzernrechtlichen Trennungsgebots** ist die Annahme, die Pflicht bestehe im Verhältnis zwischen Obergesellschaft und deren Vorstand, überzeugend. In diesem Verhältnis ist der Vor-

---

[163] *Löbbe,* Unternehmenskontrolle im Konzern, 2003, 244 f. Ähnlich *U.H. Schneider* FS Raiser, 2005, 341 (348): „unterschiedliche Aufgaben der jeweiligen Aufsichtsräte".
[164] *Löbbe,* Unternehmenskontrolle im Konzern, 2003, 247.
[165] GroßkommAktG/*Hopt*/*Roth* AktG § 111 Rn. 348; *Löbbe,* Unternehmenskontrolle im Konzern, 2003, 247. Im Ergebnis wohl auch *Krieger* in Lutter/Bayer Holding-HdB Rn. 7.
[166] OLG Stuttgart BeckRS 2012, 14126.
[167] OLG Stuttgart BeckRS 2012, 14126.
[168] OLG Stuttgart BeckRS 2012, 14126.
[169] *U.H. Schneider* ZIP 2003, 645 (648 ff.). Vgl. auch § 25a KWG, § 64a VAG oder § 28 KAGB. Bezugnehmend auf die Leitungsaufgabe des Vorstands, § 76 Abs. 1 iVm § 93 Abs. 1 AktG, siehe etwa *Bicker* AG 2012, 542 (543 f.); *Fleischer* BB 2008, 1070 (1072) und *Habersack* AG 2014, 1 (3).
[170] *Koch* WM 2009, 1013 (1017 ff.); *Hauschka/Moosmayer/Lösler* Corporate Compliance § 1 Rn. 31 (keine allgemeine Rechtspflicht, aber im Einzelfall zu prüfen).
[171] *Habersack* AG 2014, 1 (3); *Lösler* NZG 2005, 104 (106 f.); *Lutter* FS Hüffer, 2010, 617 (618); *Reichert*/*Ott* NZG 2014, 241. Teilweise einschränkend Hüffer/Koch/*Koch* AktG § 76 Rn. 20 ff. und MüKoAktG/*Spindler* AktG § 91 Rn. 82.
[172] LG München I CCZ 2014, 142; *Habersack* AG 2014, 1 (4).
[173] Gemäß der Präambel des DCGK wird der Begriff „Unternehmen" statt „Gesellschaft" verwendet, wenn eine Aussage im DCGK nicht nur die Gesellschaft selbst, sondern auch ihre Konzernunternehmen betrifft.
[174] Vgl. *Lutter* FS Goette, 2011, 289 (292); *Hauschka/Greeve* BB 2007, 165 (167 ff.). Ähnlich *Habersack* AG 2014, 1 (4) hinsichtlich kapitalmarktorientierter Gesellschaften.
[175] *Habersack* AG 2014, 1 (3); Hüffer/Koch/*Koch* AktG § 76 Rn. 21; *Lutter* FS Goette, 2011, 289 (291).
[176] Vgl. *U.H. Schneider* NZG 2009, 1321 (1325) mit Verweis auf *U.H. Schneider* BB 1981, 249 (dort allgemein zur Konzernleitungspflicht).

stand gem. § 93 Abs. 1 AktG, § 76 Abs. 1 AktG unter anderem auch verpflichtet, die Verhängung von **Geldbußen** gegen die Obergesellschaft abzuwenden (Schadensabwendungspflicht). Solche Geldbußen können nach mittlerweile gefestigter Rechtsprechung auch dann gegenüber der Obergesellschaft verhängt werden, wenn die **Rechtsverstöße** in der Sphäre einer **nachgeordneten Gesellschaft** lagen. § 81 Abs. 3a GWB ermöglicht etwa im Bereich des Kartellrechts, unternehmensbezogene Geldbußen gegen die herrschende Konzerngesellschaft festzusetzen. Auch § 130 OWiG ist nach der Rechtsprechung auf Konzerngesellschaften grundsätzlich anwendbar, sodass sich auch hieraus eine **Haftung der Obergesellschaft** ergeben kann.[177] Entscheidend für die **Reichweite** der jeweiligen Legalitätskontrollpflichten des Vorstands der Obergesellschaft sind nach Ansicht des OLG München die **tatsächlichen Verhältnisse** im Konzern und damit die Frage, ob und inwieweit auf die Willensbildung und Handlungsfreiheit der Untergesellschaft Einfluss genommen wird.[178] Im Falle des **Vertrags- bzw. Eingliederungskonzerns** hat der Vorstand im Rahmen seiner Schadensabwendungspflicht auch die Aufgabe, Verpflichtungen zum **Verlustausgleich** möglichst abzuwenden.[179] Dies legt im Hinblick auf § 93 Abs. 1 AktG, § 76 Abs. 1 AktG die Einrichtung eines konzernweiten Compliance-Systems nahe, da auch gegen die abhängige Gesellschaft verhängte Geldbußen unmittelbare Auswirkungen auf das Vermögen der Obergesellschaft haben. Schließlich hat der Vorstand auch bloße **Reputationsschäden** abzuwenden, die der Obergesellschaft bei Verstößen nachgeordneter Konzerngesellschaften entstehen können.[180]

53 Die Sicherstellung eines konzernweiten und risikoadäquaten Compliance-Systems ist somit **Geschäftsführungsaufgabe** primär des Vorstands der Obergesellschaft. Gemäß den allgemeinen Grundsätzen zur Kompetenzverteilung liegt die Verantwortung für die Compliance im Unternehmen bzw. im Konzern beim **Gesamtvorstand**.[181] Dies spiegelt sich auch in der entsprechenden Empfehlung und Anregung A.2 des DCGK wider, in der von der Einrichtung eines konzernweiten[182] und risikoadäquaten Compliance Management Systems durch den Vorstand die Rede ist (→ § 4 Rn. 229 ff.). Der Gesamtvorstand kann die Aufgabe auf Basis einer internen **Geschäftsverteilung** aber an eines seiner Mitglieder delegieren.

54 Hinsichtlich der **Ausgestaltung** des konzernweiten Compliance-Systems hat der Vorstand unternehmerisches Ermessen, wobei er auch die Organisationsstruktur des Konzerns und die generelle Intensität, mit der die Obergesellschaft Leitungsmacht ausübt, berücksichtigen muss.[183] Bei Bestehen eines **Beherrschungsvertrags** bzw. Eingliederung oder gegenüber Untergesellschaften in der Rechtsform der GmbH wird die Obergesellschaft den Geschäftsleitern der Untergesellschaften **Weisungen** nach § 308 Abs. 1 AktG (im Fall des Beherrschungsvertrags) bzw. nach § 37 GmbHG (im Fall der GmbH) zur Beteiligung am konzernweiten Compliance-System erteilen können. Auch zur Herausgabe der im Compliance-System erforderlichen **Informationen** kann die Obergesellschaft eine Weisung erteilen. Im Fall des **faktischen Konzerns** wird vielfach eine Pflicht der Vorstände der Obergesellschaft und der Untergesellschaften angenommen, die **konzernweiten Compliance-Strukturen zu koordinieren**.[184] Einen Rechtsanspruch oder ein Weisungsrecht steht der Obergesellschaft im faktischen Konzern gegenüber Untergesellschaften in der Rechtsform der AG jedoch nicht zu. Die Obergesellschaft kann jedoch über die Besetzung der Organe der Untergesellschaft entsprechenden **Einfluss** ausüben. Da auch der **Vorstand der Untergesellschaft** zur Sicherstellung der Compliance in der Untergesellschaft verpflichtet ist,[185] liegt seine Entscheidung, sich einem schlagkräftigen System der Obergesellschaft anzuschließen, oft nahe. In der Praxis finden sich auch **Dienstleistungsvereinbarungen** zwischen Ober- und Untergesellschaft, mit denen die Obergesellschaft beauftragt wird, die erforderlichen Maßnahmen für ein Compliance-System auch in der Untergesellschaft einzuführen und zu überwachen. In jedem Fall muss der Vorstand der Untergesellschaft aber ein **Mindestmaß an Compliance-Funktionen** der eigenen Gesellschaft unterhalten, um seiner Compliance-Verantwortung zu genügen und erforderlichenfalls die Compliance-Funktionen wieder selbst übernehmen zu können. Gleichzeitig verbleibt beim Vorstand der Obergesellschaft – auch bei dezentraler Compliance-Organisation – eine gewisse **Organisations- und Überwachungsverantwortung,** die vor allem die Errichtung eines konzernweiten Berichtssystems zu Informationszwecken

---

[177] OLG München BeckRS 2015, 14184. Der BGH hat im Jahr 1981 aufgrund der eigenständigen Rechtspersönlichkeit der Untergesellschaft Bedenken an der Anwendbarkeit von § 130 OWiG geäußert, die Frage im Ergebnis aber offengelassen, BGH GRUR 1982, 244.
[178] OLG München BeckRS 2015, 14184.
[179] Vgl. *Lutter* FS Goette, 2011, 289 (291).
[180] Hüffer/Koch/*Koch* AktG § 76 Rn. 21.
[181] LG München I CCZ 2014, 142; *Bicker* AG 2012, 542 (544); *Lutter* FS Hüffer, 2010, 617 f.; *Siepelt/Pütz* CCZ 2018, 78.
[182] Gemäß der Präambel des DCGK wird der Begriff „Unternehmen" statt „Gesellschaft" verwendet, wenn eine Aussage im DCGK nicht nur die Gesellschaft selbst, sondern auch ihre Konzernunternehmen betrifft.
[183] BeckOGK/*Fleischer* AktG § 91 Rn. 75.
[184] Vgl. *Bicker* AG 2012, 542 (551).
[185] BeckOGK/*Fleischer* AktG § 91 Rn. 76.

erfordert.[186] Dies umfasst eine periodische Compliance-Berichterstattung über festgestellte Verstöße, ergriffene Gegenmaßnahmen und die Analyse und Einschätzung der generellen **Compliance-Risiken des Konzerns**.[187] Des Weiteren muss der Vorstand der Obergesellschaft eine anlassbezogene Ad-hoc-Berichterstattung über Compliance-Verstöße von konzernweiter Bedeutung organisieren und die Einhaltung der konzernweiten Compliance-Vorgaben prüfen.

Bei der Weitergabe der Informationen durch die Untergesellschaft an die Obergesellschaft müssen auch **datenschutzrechtliche Grenzen** beachtet werden, jedenfalls im faktischen Konzern (→ § 3 Rn. 534 ff.). 55

(2) Überwachungspflichten des Aufsichtsrats. Über § 111 Abs. 1 AktG folgt aus der konzernspezifischen Compliance-Verantwortung des Vorstandes eine konzernweite Compliance-Verantwortung des **Aufsichtsrats**. Dessen Pflichten sind damit auch hier **akzessorischer Natur**.[188] Der Überwachungspflicht im Bereich der Compliance widmet auch der DCGK besondere Aufmerksamkeit: Nach dessen Grundsatz 15 hat der Vorstand den Aufsichtsrat **regelmäßig, zeitnah und umfassend** auch über Compliance zu unterrichten. Der Aufsichtsratsvorsitzende soll sich nach der Empfehlung D.6 auch zwischen den Aufsichtsratssitzungen regelmäßig mit dem Vorsitzenden bzw. Sprecher des Vorstands über ua **Compliance beraten.** Zudem soll der Aufsichtsrat nach der Empfehlung D.3 einen **Prüfungsausschuss** einrichten, der sich unter anderem mit der Wirksamkeit der Maßnahmen zur Compliance befasst, sofern kein anderer Ausschuss zuständig ist. Damit meint der DCGK jeweils die **Compliance im Konzern**.[189] Einigkeit besteht auch darüber, dass sich die Überwachung durch den Aufsichtsrat sowohl auf die **präventiven** als auch auf die **repressiven Compliance-Maßnahmen** des Vorstandes erstreckt.[190] 56

Im Rahmen der **Prävention** hat der Aufsichtsrat die vom Vorstand zur Sicherung der Legalität getroffenen konzernweiten Compliance-Maßnahmen zu prüfen. Er hat auch zu bewerten, in welchem Maß der Vorstand das eingerichtete System fortlaufend **überwacht, evaluiert und optimiert**, und inwieweit die getroffenen Maßnahmen plausibel und ausreichend erscheinen.[191] Aufgrund des **Ermessensspielraums** des Vorstands darf und muss der Aufsichtsrat zwar seine eigenen Zweckmäßigkeitserwägungen darlegen, darf sie aber nicht einfach anstelle derer des Vorstands setzen.[192] Im Falle **risikogeneigter** Tätigkeiten und Konzernstrukturen liegt es nahe, das Thema Compliance **turnusmäßig** in den Aufsichtsratssitzungen zur Sprache zu bringen.[193] Dabei umfasst die **Informationspflicht des Vorstands** auch eine textliche Darstellung des Compliance-Systems.[194] Kommt der Vorstand seiner Informationspflicht nicht von selbst ausreichend nach, kann sich das Informationsrecht des Aufsichtsrats in diesem Teilbereich der Überwachung aber auch zu einer Pflicht verdichten, die erforderlichen **Informationen einzufordern** („Holschuld") (zu Anforderungsberichten auch → Rn. 93, 95).[195] Die erforderliche **Intensität** der Überwachung richtet sich nach den Gesamtumständen, insbesondere auch der **erkennbaren Effizienz** des Compliance-Systems und der Aufmerksamkeit, die der Vorstand der Aufgabe widmet. Im „Compliance-Tagesgeschäft" ohne Auffälligkeiten genügen Berichte durch den Vorstand.[196] Andernfalls wäre der Aufsichtsrat gerade bei Konzernen mit zahlreichen Untergesellschaften überfordert. Anders liegt es natürlich, wenn es **Compliance-Verfehlungen** gibt (→ § 4 Rn. 223 ff., 229 ff.). 57

Die **Einwirkungsmöglichkeiten,** die dem Aufsichtsrat bei der Wahrnehmung seiner Compliance-Verantwortung zur Verfügung stehen, ergeben sich aus den allgemeinen gesetzlichen Befugnissen des Aufsichtsrats (→ § 4 Rn. 173 ff.). Namentlich sind dies **Zustimmungsvorbehalte** nach § 111 Abs. 4 S. 2 AktG (dazu → Rn. 100 ff.), **Anforderungsberichte** nach § 90 Abs. 3 AktG (→ Rn. 93) sowie **Einsichts- und Prüfrechte** nach § 111 Abs. 2 AktG (→ Rn. 95). Ein eigenes **Initiativ- oder Weisungsrecht** steht dem Aufsichtsrat auch hier nicht zu, jedoch ist es ihm unbenommen, Anregungen gegenüber dem Vorstand auszusprechen. Zudem kann der Aufsichtsrat von seiner **Personalkompetenz** für die Vorstandsebene Gebrauch machen, wenn das zuständige Vorstandsmitglied seinen Aufgaben nicht hinreichend nachkommt. Falls erforderlich kann der Aufsichtsrat auch **Mitarbeiter der Gesellschaft** (etwa den 58

---

[186] Vgl. *Gebauer/Niermann* in Hauschka/Moosmayer/Lösler Corporate Compliance § 48 Rn. 72; Hüffer/Koch/*Koch* AktG § 76 Rn. 24; *Lösler,* Compliance im Wertpapierdienstleistungskonzern, 2003, 302; *U.H. Schneider/S.H. Schneider* ZIP 2007, 2061 (2065); *U.H. Schneider* NZG 2009, 1321 (1325).
[187] Vgl. *Bicker* AG 2012, 542 (550).
[188] *Habersack* AG 2014, 1 (2).
[189] Gemäß der Präambel des DCGK wird der Begriff „Unternehmen" statt „Gesellschaft" verwendet, wenn eine Aussage im DCGK nicht nur die Gesellschaft selbst, sondern auch ihre Konzernunternehmen betrifft.
[190] *Habersack* AG 2014, 1 (2); *Reichert/Ott* NZG 2014, 241 (244); BeckOGK/*Spindler* AktG § 107 Rn. 163.
[191] *Lutter* FS Hüffer, 2010, 617 (619); Vgl. auch *Lutter* FS Goette, 2011, 289 (293).
[192] MüKoAktG/*Habersack* AktG § 111 Rn. 54.
[193] *Reichert/Ott* NZG 2014, 241 (245).
[194] *Lutter* FS Hüffer, 2010, 617 (619).
[195] Vgl. OLG Stuttgart BeckRS 2012, 14126; *Bicker* AG 2012, 542 (543); *Habersack* AG 2014, 1.
[196] *Reichert/Ott* NZG 2014, 241 (245).

Leiter der Compliance-Abteilung) direkt befragen, sofern der Gegenstand seiner Prüfung, für die er Informationen einholt, die **Tätigkeit des Vorstands** (nicht die von Mitarbeitern der Gesellschaft) betrifft.[197] Bei seiner Entscheidung darüber hat der Aufsichtsrat allerdings mögliche **Folgen für die Gesellschaft** (zB Beeinträchtigung des Vertrauens in den Vorstand), die sich aus der direkten Befragung von Mitarbeitern ergeben können, zu berücksichtigen. Die Einholung von Informationen direkt von **Mitarbeitern der Untergesellschaft** durch den Aufsichtsrat der Obergesellschaft ist demgegenüber wohl nur im **Einvernehmen** mit dem Vorstand der entsprechenden Untergesellschaft möglich, da sich die Überwachungspflicht des Aufsichtsrats nicht auf andere Gesellschaften erstreckt. Der Aufsichtsrat muss aber ggf. darüber entscheiden, ob er sich um ein solches Einvernehmen bemüht, um die für seine Kontrollaufgabe erforderlichen Informationen zu erhalten, sofern dies aufgrund eines möglichen **Fehlverhaltens des Vorstands** zweckmäßig erscheint. Gerade zu derartigen Fragen wird sich der Aufsichtsrat nicht immer nur auf die vom Vorstand erteilten Informationen verlassen können.[198]

59   Derselbe Maßstab gilt auch im Bereich der **Repression,** also der Aufklärung und Verfolgung von Compliance-Verfehlungen, in dem der Aufsichtsrat zu überwachen hat, ob der Vorstand seinerseits die erforderlichen **Aufklärungsmaßnahmen** ergreift und **Reaktionen** folgen lässt. Auch hierbei wird regelmäßig danach zu unterscheiden sein, wer den (potentiellen) Regelverstoß begangen hat. Insbesondere wenn eine **Beteiligung des Vorstands** in Frage steht – möglicherweise auch nur in Form der Verletzung von Überwachungs- und Aufklärungspflichten – wird sich der Aufsichtsrat ohne Weiteres auf die Informationen verlassen dürfen, die ihm der Vorstand vorlegt.[199] Sinnvoll kann es im Einzelfall auch sein, dass die vom Vorstand zur Aufklärung eingesetzte Person – etwa der Compliance Officer – an den **Sitzungen des Aufsichtsrats** bzw. des zuständigen Ausschusses teilnimmt und dort **Bericht erstattet.**[200] Sofern es um ein Fehlverhalten des Vorstands geht, ist dies nach hM auch ohne Zustimmung des Vorstands möglich. Zu berücksichtigen ist bei der Entscheidung aber die mögliche **Auswirkung auf die Gesellschaft.**[201] Auch im Bereich der Repression gilt die **Grundregel,** dass dem Aufsichtsrat keine eigene Kompetenz zur Einrichtung und Durchsetzung des Compliance-Systems und kein Initiativ- oder Weisungsrecht bei der Aufklärung von Non-Compliance zusteht.[202] Zudem muss der Aufsichtsrat berücksichtigen, dass dem Vorstand ebenso wie bei der Ausgestaltung des Compliance-Systems auch im Bereich der Verfolgung von Verstößen ein gewisser **Ermessensspielraum** zusteht. Allein der Umstand, dass der Aufsichtsrat andere geeignete Maßnahmen gewählt hätte, führt noch nicht zu einer Pflichtverletzung des Vorstands.[203]

60   Die Pflichten im Bereich der Compliance darf der Aufsichtsrat keinesfalls unterschätzen, da im Rahmen dieser Pflichten dem jeweils zuständigen Organ eine **Garantenstellung** für die Verhinderung unternehmensbezogener Straftaten zugesprochen wird.[204]

b) Weitere konzernspezifische Aufgaben des Aufsichtsrats

61   Zusätzlich zu den bereits dargestellten Überwachungs- und Kontrollaufgaben existiert eine Reihe weiterer **positivrechtlicher Verpflichtungen,** die den Aufsichtsrat der herrschenden Gesellschaft aufgrund oder zumindest im unmittelbaren Zusammenhang mit der Konzernierung treffen. Die meisten dieser Verpflichtungen sind als **Ausgestaltung und Konkretisierung** des in § 111 Abs. 1 AktG formulierten allgemeinen Überwachungsauftrags zu verstehen.

62   **aa) Related Party Transactions.** Mit dem ARUG II wurde für börsennotierte Gesellschaften in den §§ 111a ff. AktG zum 1.1.2020 ein neues Regime zu den Anforderungen an und zur Bewertung von **Geschäften mit nahestehenden Personen und Unternehmen** („Related Party Transactions") eingeführt, das auch die Pflichten des Aufsichtsrats erweitert. Kernelemente des Regimes sind insoweit ein zwingender Vorbehalt der **Aufsichtsratszustimmung** für Related Party Transactions ab einer gewissen

---

[197] MüKoAktG/*Habersack* AktG § 111 Rn. 80.
[198] *Reichert/Ott* NZG 2014, 241 (249). Vgl. auch OLG Stuttgart BeckRS 2012, 14126.
[199] *Reichert/Ott* NZG 2014, 241 (249). Vgl. auch OLG Stuttgart BeckRS 2012, 14126. Nach *Bicker* AG 2012, 542 (545) ist in einem solchen Fall auch ein Informationsdurchgriff auf Unternehmensmitarbeiter ohne Abstimmung mit dem Vorstand zulässig.
[200] *Lutter* FS Hüffer, 2010, 617 (618); *Reichert/Ott* NZG 2014, 241 (245).
[201] *Lutter* FS Hüffer, 2010, 617 (618); Ebenso *Reichert/Ott* NZG 2014, 241 (245, 249), die ein vorheriges Einschaltung des Vorstands für die Befragung nachgeordneter Mitarbeiter jedoch für verzichtbar halten, wenn der Verdacht erheblicher Pflichtverletzungen besteht. Nach *Bicker* AG 2012, 542 (545) ist eine Abstimmung mit dem Vorstand entbehrlich, wenn im regelwidriges Verhalten eines Vorstandsmitglieds im Raum steht.
[202] Vgl. *Habersack* AG 2014, 1 (3). Eingehender zu möglichen Überschneidungen der Tätigkeit von Aufsichtsrat und Vorstand *Habersack* FS Stilz, 2014, 191 und *Reichert/Ott* NZG 2014, 241.
[203] *Reichert/Ott* NZG 2014, 241 (248).
[204] OLG Braunschweig NZG 2012, 1196 (Untreue durch Unterlassen). Siehe zu den Strafbarkeitsrisiken von Aufsichtsräten etwa auch *Wagner/Speemann* NZG 2015, 945.

IV. Spezifische Rechte und Pflichten des Aufsichtsrats im Konzern 63, 64 § 8

Größenordnung (§ 111b Abs. 1 AktG → § 4 Rn. 481 ff.), eine Pflicht zur **Veröffentlichung** dieser Geschäfte (§ 111c AktG → § 4 Rn. 494 ff.) sowie **spezifische Überwachungspflichten,** die aus den erweiterten Pflichten des Vorstands im Zusammenhang mit Geschäften dieser Art folgen (→ vgl. § 4 Rn. 498).

Der **Begriff** der nahestehenden Personen wird gem. § 111a Abs. 2 AktG durch die internationalen 63 Rechnungslegungsstandards bestimmt, die auf der Grundlage der IAS-Verordnung übernommen wurden.[205] Danach gelten Personen und Unternehmen als nahestehend, die auf die Gesellschaft unmittelbar oder mittelbar **einen beherrschen oder einen maßgeblichen Einfluss** haben (IAS 24.9 lit. a), was idR ab einer mittelbaren oder unmittelbaren Beteiligung von 20 Prozent der Stimmrechte angenommen wird (IAS 28.5). Die Arten von Geschäften, die von der Regelung erfasst werden, ist weit definiert. Erfasst werden alle **schuldrechtliche und dingliche Rechtsgeschäfte,** durch die ein Gegenstand oder Vermögenswert entgeltlich oder unentgeltlich übertragen oder überlassen wird.[206] Dabei **differenziert** § 111a AktG im Grundsatz danach, ob das jeweilige Geschäft dem **„ordentlichen Geschäftsgang"** zuzuordnen ist oder nicht. Geschäfte im Rahmen des ordentlichen Geschäftsgangs zu **angemessenen Bedingungen** gelten nach § 111a Abs. 2 S. 1 AktG nicht als Related Party Transactions (→ § 4 Rn. 448 ff.). Die unter diese Ausnahme fallenden Geschäfte sollen nach der Gesetzesbegründung – vergleichbar mit dem „gewöhnlichen Geschäftsbetrieb" – nach Inhalt, Umfang und Häufigkeit bestimmt werden. Entscheidend sind dabei die **individuellen Verhältnisse** der jeweiligen Gesellschaft. Sogar Cash-Pooling-Systeme können unter die Ausnahme fallen, wenn sie einem Drittvergleich standhalten (→ § 4 Rn. 452).[207] Allerdings muss die Gesellschaft für solche Geschäfte ein **internes Verfahren** einrichten, um regelmäßig zu **bewerten,** ob ein Geschäft die Voraussetzungen des Ausnahmetatbestands erfüllt, § 111 Abs. 2 S. 2 AktG (→ ausführlich § 4 Rn. 453 ff.). Nahestehende Personen selbst dürfen an diesem Verfahren **nicht mitwirken.** Der **Aufsichtsrat** muss dann prüfen, ob der Vorstand für die Einrichtung eines entsprechenden Verfahrens Sorge getragen hat und ob dieses Verfahren die ordnungsgemäße **Erfassung und Bewertung** der relevanten Geschäfte hinreichend sicherstellt. Die Gesellschaft kann allerdings gemäß § 111a Abs. 2 S. 3 AktG durch **Satzungsregelung** auf diese Ausnahme verzichten. Dann unterliegen auch Geschäfte im Rahmen des ordentlichen Geschäftsgangs zu **angemessenen Bedingungen** den Regelungen für Related Party Transactions. Eine die Ausnahme aufhebende Satzungsregelung dürfte im Fall der Konzernierung aufgrund eines beschränkten praktischen Nutzens eher selten sein.[208]

Geschäfte **außerhalb** des ordentlichen Geschäftsgangs oder zu nicht marktüblichen Bedingungen be- 64 dürfen nach § 111b Abs. 1 AktG bei **börsennotierten Gesellschaften vor ihrem Abschluss** in jedem Fall der **Zustimmung des Aufsichtsrats,** sofern sie den **Schwellenwert** von 1,5 Prozent der Summe aus Anlage- und Umlaufvermögen der Gesellschaft gem. dem letzten festgestellten Jahresabschluss überschreiten. Entscheidend für diesen Schwellenwert ist eine **zusammengefasste Jahresbetrachtung.** Für jede nach § 290 Abs. 1 und 2 HGB **konzernbilanzpflichtige Gesellschaft,** bei der kein von der Konzernbilanzpflicht befreiender Tatbestand vorliegt, berechnet sich der Schwellenwert gemäß § 111b Abs. 3 AktG nach der letzten festgestellten Konzernbilanz. Nach § 111b Abs. 2 AktG gilt beim **Zustimmungsbeschluss** des Aufsichtsrats ein **Stimmverbot** für Aufsichtsratsmitglieder, die an der Related Party Transaction als nahestehende Personen **beteiligt sind** oder bei denen die Besorgnis eines **Interessenkonfliktes** auf Grund ihrer Beziehungen zu der nahestehenden Person besteht. Über den Wortlaut hinaus soll der Ausschlussgrund auch für die vorangehende Beratung gelten.[209] Dabei ist jedes Aufsichtsratsmitglied wegen seiner organschaftlichen Treuepflicht gehalten, einen etwaigen Interessenkonflikt offenzulegen (→ Rn. 24). Den Aufsichtsrat kann zudem eine Nachforschungspflicht treffen, wenn offensichtliche Anzeichen für einen Interessenkonflikt vorliegen.[210] Bei seiner **Zustimmungsentscheidung** muss der Aufsichtsrat insbesondere prüfen, ob aus Sicht der Gesellschaft eine **angemessene Gegenleistung** vereinbart wurde. Dies ergibt sich mittelbar aus § 111c Abs. 2 S. 3 AktG, der das Kriterium der Angemessenheit in den Vordergrund stellt. Der Aufsichtsrat muss dafür Sorge tragen, dass ihm alle zur Prüfung erforderlichen Informationen vorliegen. Sofern die Angemessenheit aus diesen Informationen nicht hinreichend hervorgeht, kann der Aufsichtsrat verpflichtet sein, selbst ein Wertgutachten zu beauftragen.

---

[205] Verordnung (EG) Nr. 1126/2008 der Kommission vom 3.11.2008 zur Übernahme bestimmter internationaler Rechnungslegungsstandards gemäß der Verordnung (EG) Nr. 1606/2002 des Europäischen Parlaments und des Rates vom 19.7.2002 betreffend die Anwendung internationaler Rechnungslegungsstandards (ABl. L 243 S. 1), zuletzt geändert durch Art. 1 ÄndVO (EG) 297/2008 vom 11.3.2008 (ABl. EG 2008 L 97, 62). Der Gesetzgeber verweist in der Begründung insoweit auf IAS 24, IFRS 10, IFRS 11 und IAS 28, siehe BT-Drs. 19/9739, 79 f.
[206] BT-Drs. 19/9739, 79; *Müller* ZIP 2019, 2429 (2430).
[207] BT-Drs. 19/9739, 81.
[208] Als Vorteil kann insoweit gelten, dass das interne Verfahren zur regelmäßigen Bewertung in diesen Fällen entbehrlich ist. Zum begrenzten praktischen Nutzen im Fall der Konzernierung siehe etwa *Müller* ZIP 2019, 2429 (2432).
[209] *Müller* ZIP 2019, 2429 (2434).
[210] BT-Drs. 19/9739, 77. Ähnlich *Müller* ZIP 2019, 2429 (2434): „greifbare Anhaltspunkte".

65 Börsennotierte Gesellschaften haben zudem die Related Party Transactions, die der Zustimmung des Aufsichtsrats bedürfen, nach § 111c Abs. 1 AktG **unverzüglich zu veröffentlichen.** Die Regeln für Veröffentlichungen nach § 3a Abs. 1–4 WpAV finden Anwendung; insbesondere müssen auch Medien beauftragt werden, bei denen davon ausgegangen werden kann, dass sie die Information in der gesamten EU und in den übrigen EWR-Vertragsstaaten verbreiten. Ergibt sich die Zustimmungspflicht aus einer **Zusammenrechnung** mehrerer Geschäfte mit derselben nahestehenden Person, gilt die Veröffentlichungspflicht für alle dazu gehörenden Geschäfte. Die Veröffentlichung muss nach § 111c Abs. 2 AktG Angaben zur nahestehenden Person und ihrem Verhältnis zur Gesellschaft enthalten, den **Wert des Geschäfts** und auch alle weiteren Informationen, die erforderlich sind, um zu bewerten, ob das Geschäft aus Sicht der Gesellschaft und der Aktionäre, die keine nahestehenden Personen sind, **angemessen** ist. Unter die Veröffentlichungspflicht fallen nach § 111c Abs. 4 AktG auch Geschäfte, die eine **Tochtergesellschaft** der börsennotierten Obergesellschaft mit einer der Obergesellschaft nahestehenden Person vornimmt, sofern das betroffene Geschäft nach § 111b Abs. 1 und 3 AktG der Aufsichtsratszustimmung unterliegen würde, wäre es von der Obergesellschaft selbst vorgenommen worden.

66 Aus Sicht des **Aufsichtsrats der Obergesellschaft** ist zudem relevant, dass nicht alle Geschäfte mit Untergesellschaften als Related Party Transactions gelten. Gemäß § 111a Abs. 3 Nr. 1 AktG gelten Geschäfte mit **Tochterunternehmen,** die unmittelbar oder mittelbar in 100-prozentigem Anteilsbesitz der Obergesellschaft stehen, an denen keine andere der Obergesellschaft nahestehende Person beteiligt ist oder die ihren Sitz in einem EU-Mitgliedsstaat haben und deren Aktien an einem geregelten Markt innerhalb der EU gehandelt werden, nicht als Related Party Transactions.

67 Auch für diese Tochtergesellschaften muss der **Vorstand der Obergesellschaft** aber für geeignete Informationsverfahren sorgen, um sicherzustellen, dass Tochterunternehmen Geschäfte mit den der Obergesellschaft nahestehenden Personen an die Obergesellschaft berichten, damit diese ihre Veröffentlichungspflichten erfüllen kann. Der **Aufsichtsrat der Obergesellschaft** muss prüfen, ob derartige Verfahren eingerichtet wurden. Im Hinblick auf **Geschäfte der Obergesellschaft** mit ihr nahestehenden Personen – die nicht unmittelbar oder mittelbar die Mehrheit der Stimmrechte halten müssen – hat der Aufsichtsrat entsprechende **Zustimmungsvorbehalte** zu beschließen und sich davon zu überzeugen, dass angemessene **interne Verfahren** eingerichtet sind, durch die der relevante **Schwellenwert** für eine Zustimmungspflicht zuverlässig ermittelt wird. Auch wenn die Frage der Related Party Transactions thematisch eine andere Frage ist als die des Transfer Pricing, liegt es doch nahe, die Bewertung für beide Zwecke so zu harmonisieren, dass Inkonsistenzen vermieden werden.

68 Der Aufsichtsrat einer börsennotierten Gesellschaft muss ferner darüber entscheiden, ob er nach § 107 Abs. 3 AktG einen **Ausschuss** bestellt, der über die Zustimmung nach § 111b Abs. 1 AktG beschließt (sog. RPT-Ausschuss → siehe auch § 4 Rn. 485 ff.). Ein solcher Ausschuss muss **mehrheitlich** aus Mitgliedern zusammengesetzt sein, bei denen keine Besorgnis eines **Interessenkonfliktes** auf Grund ihrer Beziehungen zu einer nahestehenden Person besteht. Nahestehende Personen, die **unmittelbar an dem Geschäft beteiligt** sind, können nicht Mitglieder des Ausschusses sein. Die bloße **Besorgnis eines Interessenkonfliktes** führt hingegen – anders als beim Beschluss des Gesamtaufsichtsrats gem. § 111b Abs. 1 und 2 AktG – nicht zum Verlust des Stimmrechts. Ist der Aufsichtsrat ordnungsgemäß zusammengesetzt, können also auch die Mitglieder, bei denen die Besorgnis einer Befangenheit besteht, **an der Beschlussfassung mitwirken.**[211] Mit dieser Unterscheidung wollte der Gesetzgeber einen Anreiz schaffen, einen RPT-Ausschluss einzurichten, in dem die Argumente aller Seiten ausgetauscht und diskutiert werden können.[212]

69 **Generell ausgenommen** von den Regelungen für Related Party Transactions sind gem. § 111a Abs. 3 AktG auch Geschäfte, die der Zustimmung der **Hauptversammlung** der Gesellschaft bedürfen oder in Umsetzung eines Zustimmungs- oder Ermächtigungsbeschlusses der Hauptversammlung vorgenommen werden. Dazu gehören insbesondere auch Kapitalmaßnahmen und Maßnahmen nach dem Umwandlungsgesetz. Ferner ausgenommen sind Geschäfte, die die **Vorstands- oder Aufsichtsratsvergütung** betreffen und gem. den Regeln des § 113 Abs. 3 AktG (→ § 6 Rn. 56 ff.) bzw. § 87a Abs. 2 AktG (→ § 4 Rn. 1337 ff.) vorgenommen werden. Schließlich sind auch Geschäfte ausgenommen, die allen Aktionären **unter gleichen Bedingungen** angeboten werden. Für alle diese Geschäfte findet das Regime des § 111a ff. AktG keine Anwendung.

70 bb) Erteilung des Prüfauftrags an den Abschlussprüfer. Gemäß § 111 Abs. 2 S. 3 AktG erteilt der Aufsichtsrat dem Abschlussprüfer den Prüfauftrag für den **Jahres- und Konzernabschluss** nach § 290 HGB (→ § 4 Rn. 169 ff.). Wesentliche Ziele der Aufgabenzuweisung an den Aufsichtsrat sind zum einen, die nötige Distanz und Unabhängigkeit des Abschlussprüfers gegenüber dem Vorstand sicherzustellen,

---
[211] Müller ZIP 2019, 2429 (2434); Tarde NZG 2019, 488 (492).
[212] BT-Drs. 19/9739, 76.

IV. Spezifische Rechte und Pflichten des Aufsichtsrats im Konzern 71–74 § 8

zum anderen die Hilfsfunktion des Prüfers für den Aufsichtsrat zu unterstreichen.[213] Diese zweite Funktion kommt auch darin zum Ausdruck, dass der Aufsichtsrat **Prüfungsschwerpunkte** bestimmen kann, denen der Abschlussprüfer zu entsprechen hat.[214] Über die Ausübung des Rechts, Prüfungsschwerpunkte zu bestimmen, muss der Aufsichtsrat jeweils eine **Ermessensentscheidung** treffen. Die Ausübung bietet sich insbesondere dann an, wenn dem Aufsichtsrat schon vorab bestimmte Risiken oder Herausforderungen bekannt sind,[215] bspw. bei Unsicherheiten in der Bewertung von Goodwill nachgeordneter Gesellschaften.

Nicht durch die Rechtsprechung geklärt ist bislang, ob der Aufsichtsrat die Mandatserteilung an einen **Ausschuss** oder den **Aufsichtsratsvorsitzenden** delegieren kann. Der Gesetzgeber ging augenscheinlich davon aus, dass die abschließende Entscheidung dem **Aufsichtsrat als Gesamtorgan** obliegt und nur vorbereitende Arbeiten übertragen werden können (siehe dazu → § 4 Rn. 2259 ff.).[216] Die Literatur spricht sich hingegen überwiegend dafür aus, dass auch die Beschlussfassung über die Auftragserteilung auf einen Ausschuss übertragen werden kann.[217] Zulässig ist es, dass sich der Aufsichtsrat bei Unterzeichnung der Mandatsvereinbarung von einem seiner Mitglieder – regelmäßig dem Vorsitzenden – vertreten lässt.[218] 71

Wenn der Aufsichtsrat den Prüfauftrag nicht oder nur verspätet erteilt, nicht in der erforderlichen Weise mit dem Abschlussprüfer kooperiert oder er in sonstiger Weise gegen die aus § 111 Abs. 2 S. 3 AktG folgenden Pflichten verstößt, kann dies eine **Schadensersatzhaftung** der Aufsichtsratsmitglieder gem. § 116 S. 1 AktG, § 93 Abs. 2 AktG begründen (→ § 5 Rn. 184 ff.).[219] 72

Von der Erteilung des Prüfauftrags und dem Abschluss des Geschäftsbesorgungsvertrages[220] mit dem Konzernabschlussprüfer zu trennen ist die **Bestellung des Konzernabschlussprüfers**. Für die Bestellung ist nicht der Aufsichtsrat zuständig, sondern gem. § 318 Abs. 1 S. 1 HGB, § 119 Abs. 1 Nr. 5 AktG die Hauptversammlung (der Obergesellschaft). Der Aufsichtsrat hat jedoch das **alleinige Vorschlagsrecht** (§ 124 Abs. 3 S. 1 Hs. 2 AktG). Unproblematisch und in der Praxis üblich ist es, den Prüfauftrag schon vor der Wahl unter der aufschiebenden Bedingung einer späteren Bestellung durch die Hauptversammlung zu erteilen.[221] Der Vertragsinhalt wird dabei maßgeblich geprägt durch die Anforderungen des § 317 HGB. Praktische Bedeutung haben hier vor allem die „Allgemeine[n] Auftragsbedingungen für Wirtschaftsprüfer und Wirtschaftsprüfungsgesellschaften".[222] 73

cc) Prüfung des Konzernabschluss- und des Konzernlageberichts sowie Berichterstattung gegenüber der Hauptversammlung. Der Aufsichtsrat der Obergesellschaft hat, wenn die Obergesellschaft als Mutterunternehmen iSv § 290 HGB konzernabschlusspflichtig ist, auch den Konzernabschluss sowie den Konzernlagebericht zu prüfen.[223] Beides zählt zu den **Kernaufgaben des Aufsichtsrats im Konzern**. Den Aufsichtsrat trifft dabei zunächst einmal die Pflicht, zu überprüfen, ob die Gesellschaft (als Mutterunternehmen) verpflichtet ist, einen Konzernabschluss aufzustellen, was aufgrund der Befreiungstatbestände der §§ 291 ff. HGB ausgeschlossen sein kann.[224] Die **Prüfpflicht** des Aufsichtsrats besteht auch unabhängig davon, ob der Vorstand tatsächlich einen Konzernabschluss und einen Konzernlagebericht erstellt und dem Aufsichtsrat gem. § 170 Abs. 1 AktG vorlegt.[225] Die Prüfung selbst folgt den gleichen Grundsätzen wie beim Einzelabschluss (→ § 4 Rn. 105 ff.), sodass der Konzernabschluss bzw. die **Konzernbilanzpolitik** hinsichtlich der Recht- und Zweckmäßigkeit zu überprüfen ist.[226] Sachverständi- 74

---

[213] BT-Drs. 13/9712, 16.
[214] MüKoAktG/*Habersack* AktG § 111 Rn. 90, 96; GroßkommAktG/*Hopt/Roth* AktG § 111 Rn. 451, 454 ff.
[215] Vgl. *Hennrichs/Pöschke* NZG 2017, 121 (124 f.).
[216] BT-Drs. 13/9712, 16: „Als Ergebnis der Anhörungen wird ferner bestimmt, daß der Aufsichtsrat auch den Auftrag für die Prüfung des Konzernabschlusses zu erteilen hat. Er kann die vorbereitenden Arbeiten hierzu auch an den Vorstand oder einen Ausschuß delegieren."
[217] Unter Hinweis auf einen Umkehrschluss aus § 107 Abs. 3 S. 7 AktG MüKoAktG/*Habersack* AktG § 111 Rn. 98; Hüffer/Koch/*Koch* AktG § 111 Rn. 27; BeckOGK/*Spindler* AktG § 111 Rn. 59. Dagegen *Theisen* DB 1999, 341 (345) und wohl auch Lutter/Krieger/*Verse* AR § 5 Rn. 174.
[218] Hüffer/Koch/*Koch* AktG § 111 Rn. 28; Lutter/Krieger/*Verse* AR § 5 Rn. 174.
[219] GroßkommAktG/*Hopt/Roth* AktG § 111 Rn. 469.
[220] Näher zur vertragstypologischen Einordnung GroßkommAktG/*Hopt/Roth* AktG § 111 Rn. 440 ff.
[221] GroßkommAktG/*Hopt/Roth* AktG § 111 Rn. 445.
[222] Herausgegeben vom Institut für Wirtschaftsprüfer (IDW), letzte Fassung vom 1.1.2017.
[223] Für die konzernherrschende GmbH und ihren obligatorischen oder fakultativen Aufsichtsrat ergibt sich die Verpflichtung aus § 171 Abs. 1 AktG iVm den einschlägigen Verweisungen in § 52 Abs. 1 GmbHG, § 1 Abs. 1 Nr. 3 DrittelbG, § 25 Abs. 1 S. 1 Nr. 2 MitbestG, § 3 Abs. 2 MontanMitbestG und § 24 Abs. 2 MgVG.
[224] MüKoAktG/*Hennrichs/Pöschke* AktG § 171 Rn. 70; Semler/v. Schenck/*Suchan/Gerdes* AktG § 171 Rn. 41. Siehe hierzu die Befreiungstatbestände in §§ 291, 293 Abs. 1 HGB.
[225] Semler/v. Schenck/*Suchan/Gerdes* AktG § 171 Rn. 41.
[226] BeckOGK/*Euler/Klein* AktG § 171 Rn. 56; Lutter/Krieger/*Verse* AR § 8 Rn. 505. Vgl. auch Semler/v. Schenck/*Suchan/Gerdes* AktG § 171 Rn. 42. Neben Recht- und Zweckmäßigkeit nennt Lutter AG 2008, 1 (2) auch in diesem

ge Hilfestellung erhält der Aufsichtsrat hierbei vom **Konzernabschlussprüfer,** der gem. § 171 Abs. 1 S. 2 AktG zur **Anwesenheit** bei den Verhandlungen des Plenums oder des Prüfungsausschusses über den Konzernabschluss sowie zum dortigen (mündlichen) Bericht über das **wesentliche Ergebnis** seiner Prüfung verpflichtet ist.[227] Es liegt jedoch in der Natur der Sache, dass sich die inhaltliche Prüfung im Rahmen der Konzernrechnungslegung aufgrund der regelmäßigen Auslandsbezüge, der in Teilen nur schwer zugänglichen „International Financial Reporting Standards" (IFRS) sowie der speziellen Konsolidierungsvorschriften des HGB erheblich **komplexer** darstellt als beim Einzelabschluss.

75   Bezogen auf den **Konzernlagebericht** ist die Untersuchung im Wesentlichen darauf gerichtet, ob dieser mit der Satzung und dem Gesetz vereinbar ist, die Angaben mit dem Konzernabschluss in Einklang stehen und der Bericht die Lage des Konzerns nach Auffassung des Aufsichtsrats **zutreffend wiedergibt.**[228]

76   Über das **Ergebnis** der Prüfung hat der Aufsichtsrat schließlich der Hauptversammlung gegenüber schriftlich zu berichten, § 171 Abs. 2 AktG. Die praktische **Bedeutung** dieser Pflicht ist zuletzt auch dadurch gestiegen, dass schwerwiegende Mängel bei der Berichterstattung nach der Rechtsprechung zur **Anfechtbarkeit der Hauptversammlungsbeschlüsse** führen.[229] Oberflächliche und pauschale Hinweise darauf, dass die Vorlagen des Vorstands zur Kenntnis genommen und geprüft worden seien sind daher keinesfalls ausreichend.[230] **Zweckmäßig** ist es nach hM, wenn der Aufsichtsrat (zutreffend) berichten kann, dass der Prüfungsausschuss die Prüfung vorbereitet habe, dem Plenum in Gegenwart des (Konzern-)Abschlussprüfers gegenüber Bericht erstattet worden sei und nach einer Diskussion der entsprechende Beschluss gefasst worden sei.[231] **Umfang und Tiefe** der erforderlichen Ausführungen zur Prüfung sind einzelfallabhängig festzulegen. Sie richten sich nach der jeweiligen wirtschaftlichen Lage des Konzerns[232] sowie danach, ob und inwieweit im Bericht Abweichungen und Einwendungen gegen die Vorlage geltend gemacht wurden und/oder sich der Aufsichtsrat den Ausführungen des Abschlussprüfers anschließt.[233] Maßgeblich ist jeweils, den Aktionären diejenigen Kenntnisse zu verschaffen, die sie für eine ausreichend **informierte Wahrnehmung der Mitgliedschafts- bzw. Mitwirkungsrechte** benötigen.[234] Zu diesen Rechten gehört insbesondere die Beschlussfassung über die **Entlastung** von Vorstand und Aufsichtsrat[235] und, sofern der Aufsichtsrat den Konzernabschluss nicht gebilligt hat, die Entscheidung über die **Billigung** des Konzernabschlusses nach § 173 Abs. 1 S. 2 AktG. In diesem Zusammenhang ist auch zum Prüfergebnis des **Konzernabschlussprüfers** (vgl. § 316 Abs. 2 HGB) Stellung zu nehmen, § 171 Abs. 2 S. 3 und 5 AktG. Der Aufsichtsrat hat die Hauptversammlung darüber zu **informieren,** in welcher Weise er den Bericht geprüft hat, welche Erkenntnisse er daraus gewonnen hat und ob der Bericht nach seiner Auffassung den Anforderungen der §§ 317, 321 HGB genügt.[236]

77   Schließlich ist eine **Schlusserklärung** zu formulieren, mit welcher der Aufsichtsrat den Konzernabschluss entweder billigt oder aber etwaige Einwendungen geltend macht, die aus seiner Sicht gegen eine Billigung sprechen.[237] Es gilt insoweit das Gleiche wie für die **Schlusserklärung** im Jahresabschluss eines Einzelunternehmens, vgl. § 171 Abs. 2 S. 4 und 5 AktG.[238]

78   **dd) Die Einrichtung von Konzernausschüssen.** Im Zusammenhang mit den dargestellten Kontrollaufgaben wird in der Rechtsliteratur immer wieder die Einrichtung eines oder mehrerer **„Konzernausschüsse"** als angemessene oder gar notwendige Form der **Binnenorganisation** thematisiert.[239] Im Interesse einer effektiven Beaufsichtigung könnten sich solche Ausschüsse auf die konzernleitende Tätigkeit des

---

Zusammenhang noch die im Rahmen des § 111 Abs. 1 AktG maßgeblichen Kriterien der Ordnungsmäßigkeit und Wirtschaftlichkeit. Inhaltlich dürften sich die Positionen jedoch entsprechen.

[227] Näher hierzu *Lutter/Krieger/Verse* AR § 5 Rn. 182–184.
[228] BeckOGK/*Euler/Klein* AktG § 171 Rn. 59; Ähnlich *Lutter* AG 2008, 1 (5).
[229] BGH NZG 2010, 943; NZG 2003, 280; LG Stuttgart NZG 2018, 665 – Porsche; LG München I NZG 2008, 114.
[230] *Lutter* AG 2008, 1 (2 f.); *Lutter/Krieger/Verse* AR § 9 Rn. 563.
[231] *Lutter/Krieger/Verse* AR § 9 Rn. 563.
[232] OLG Stuttgart NZG 2006, 472; OLG Hamburg NZG 2001, 513; MüKoAktG/*Hennrichs/Pöschke* AktG § 171 Rn. 198; *Lutter/Krieger/Verse* AR § 9 Rn. 564.
[233] *Lutter* AG 2008, 1 (2 f.); Semler/v. Schenck/*Suchan/Gerdes* AktG § 171 Rn. 138 f.
[234] BGH NZG 2010, 943 (945 f.); Semler/v. Schenck/*Suchan/Gerdes* AktG § 171 Rn. 133.
[235] BGH NZG 2010, 943 (945 f.); Semler/v. Schenck/*Suchan/Gerdes* AktG § 171 Rn. 133.
[236] *Lutter* AG 2008, 1 (4).
[237] *Lutter* AG 2008, 1 (5) hat hierzu die Aufsichtsberichte der 30 Dax-Unternehmen im Zeitraum vom 2000 bis 2005 ausgewertet und festgestellt, dass in den untersuchten Fällen ausnahmslos eine Abschlusserklärung abgegeben wurde und Einwendungen in keinem Fall erhoben wurden.
[238] Eine Billigung des Lageberichts findet ausweislich der Norm nicht statt. Vgl. auch BeckOGK/*Euler/Klein* AktG § 171 Rn. 59.
[239] Vgl. dazu etwa *Krieger* in Lutter/Bayer Holding-HdB Rn. 7.40; *Lutter/Krieger/Verse* AR § 4 Rn. 143; *Scheffler* DB 1994, 793 (797). Auch der DCGK empfiehlt, dass der Aufsichtsrat „abhängig von den spezifischen Gegebenheiten des Unternehmens und der Anzahl seiner Mitglieder fachlich qualifizierte Ausschüsse bilden" soll (Empfehlung D.2).

IV. Spezifische Rechte und Pflichten des Aufsichtsrats im Konzern 79–81 § 8

Vorstands (→ Rn. 43) oder auf einzelne Bereiche davon konzentrieren. So sei gewährleistet, dass sich Aufsichtsratsmitglieder, die für diese Aufgabe **besonders qualifiziert** seien, vertieft auch mit Detailfragen der konzernspezifischen Überwachungsaufgabe befassen können.[240]

Abhängig von den **individuellen Begebenheiten des Konzernverbundes** kann es sich anbieten, einen Ausschuss einzurichten, der sich ausschließlich mit der Überwachung der internen **Konzernbeziehungen** befasst.[241] Zur Aufklärung eines einzelnen Compliance-Vorfalls kann (auch ad-hoc) die Einrichtung eines **Compliance-Ausschusses** beschlossen werden.[242] Ob sich die Einrichtung eines Ausschusses mit einer entsprechenden Aufgabenzuweisung im Einzelfall tatsächlich empfiehlt, hängt davon ab, inwieweit der Ausschuss eine **abgrenzbare Überwachungsaufgabe** sinnvoll wahrnehmen kann.[243] In der Praxis ist zu beobachten, dass Ausschüsse meist nicht zur konzernleitenden Tätigkeit des Vorstands gebildet werden, sondern die konzernspezifischen Fragestellungen überwiegend in **bereichsspezifisch gebildeten Ausschüssen** behandelt werden. So befassen sich die (regelmäßig eingerichteten) **Prüfungsausschüsse**[244] überwiegend nicht nur mit Berichten zur Obergesellschaft, sondern auch mit den Konzernlage- und den Konzernabschlussberichten sowie der allgemeinen (fortdauernden) Compliance-Überwachung. Wird ein **Risikoausschuss** gebildet, überwacht dieser zumeist die Risikosituation und Risikoentwicklung sowohl hinsichtlich der Ober- als auch der Untergesellschaften. **Strategieausschüsse** behandeln die grundlegenden geschäftspolitischen und unternehmerischen Angelegenheiten meist für den Konzern als Ganzes. Je nach Organisationsform (zB Management-Holding, Stammhauskonzern etc.) handelt es sich dann der Sache nach mehr oder weniger um (Konzern-)Strategieausschüsse bzw. (Konzern-)Risikoausschüsse etc. 79

Festzuhalten bleibt, dass eine pauschale **Pflicht zur Einrichtung** konzernspezifischer Ausschüsse jedenfalls nicht aus der Konzernverbundenheit als solcher folgt. Denn nach § 107 Abs. 3 AktG ist die Bildung von Ausschüssen ausdrücklich fakultativ und Teil des Selbstorganisationsrechts des Aufsichtsrats (→ § 1 Rn. 98, → § 3 Rn. 1ff.).[245] Eine **Ermessensreduzierung,** bei der sich die Einrichtung eines ausschließlich mit konzernspezifischen Fragestellungen befassten Ausschusses als einzige pflichtgemäße Form der Binnenorganisation darstellt, dürfte kaum einmal anzunehmen sein. Ferner ist zu beachten, dass sich das **Aufsichtsratsplenum** durch die Bildung eines entsprechenden Ausschusses nicht seiner Verantwortung, die ihm als Gesamtorgan obliegt, vollständig entledigen kann. Ein Konzernausschuss kann insoweit lediglich **unterstützend** wirken, indem er in Einzelfragen der konzernleitenden Tätigkeit des Vorstands eingehend untersucht und dem Plenum anschließend Bericht erstattet (vgl. § 107 Abs. 3 S. 8 AktG).[246] 80

ee) Zustimmung zur Kreditgewährung (§§ 115, 89 AktG). Auch die **Kreditvergabe** an Aufsichtsratsmitglieder sowie gesetzliche Vertreter, Prokuristen und Generalhandlungsbevollmächtigte hat einen **konzerndimensionalen Bezug.** Nach der allgemeinen Grundregel zur Kreditvergabe an Aufsichtsratsmitglieder in § 115 Abs. 1 S. 1 AktG darf eine Gesellschaft ihren Aufsichtsratsmitgliedern Kredit nur mit Einwilligung des Aufsichtsrats gewähren (→ § 6 Rn. 259f.).[247] S. 2 der Vorschrift erweitert die Zustimmungspflicht auf **konzernbezogene** Sachverhalte, wenn ein Beherrschungs- bzw. Abhängigkeitsverhältnis nach § 17 AktG vorliegt.[248] So darf eine herrschende Gesellschaft Kredite an Aufsichtsratsmitglieder eines abhängigen Unternehmens nur mit vorheriger Zustimmung des Aufsichtsrats der herrschenden Gesellschaft gewähren. Auch im umgekehrten Fall, in dem die abhängige Gesellschaft einen Kredit gegenüber einem Aufsichtsratsmitglied der herrschenden Gesellschaft gewährt, ist das Geschäft an die Einwilligung des Aufsichtsrats der Obergesellschaft gebunden. Zuständig für die Zustimmung zur Kreditge- 81

---

[240] Vgl. *Scheffler* DB 1994, 793 (797).
[241] Dies erwägend MüKoAktG/*Habersack* AktG § 107 Rn. 128.
[242] *Reichert/Ott* NZG 2014, 241 (247).
[243] Vgl. *Hoffmann-Becking* ZHR 159 (1995), 325 (342), nach dem die konzernleitende Tätigkeit regelmäßig nicht von sonstiger Unternehmensleitung zu trennen ist und eine entsprechende Einrichtung lediglich dann zweckmäßig sei, wenn unterschiedliche Geschäftsbereiche betroffen sind. Ähnlich *Brouwer,* Zustimmungsvorbehalte des Aufsichtsrats im Aktien- und GmbH-Recht, 2008, 340f.
[244] Vgl. § 107 Abs. 3 S. 2 AktG sowie die Empfehlungen D.3 und D.4 DCGK.
[245] Hüffer/Koch/*Koch* AktG § 107 Rn. 22. Siehe insoweit jedoch auch die Ausnahme nach § 27 Abs. 3 MitbestG, nach der ein Vermittlungsausschuss zwingend einzurichten ist.
[246] *Krieger* in Lutter/Bayer Holding-HdB Rn. 7.40; *Löbbe,* Unternehmenskontrolle im Konzern, 2003, 333; *Scheffler* DB 1994, 793 (797).
[247] Vorausgesetzt ist eine Einwilligung iSv § 183 S. 1 BGB und damit die vorherige Zustimmung, MüKoAktG/*Habersack* AktG § 115 Rn. 16. Erfasst sind über § 115 Abs. 2 AktG auch Kredite an Personen, die einem Aufsichtsratsmitglied nahestehen, wodurch Umgehungsgeschäfte verhindert werden sollen. Das Gesetz nennt hierbei Ehegatten, Lebenspartner oder ein minderjähriges Kind des Aufsichtsratsmitglieds sowie Dritte, die für Rechnung dieser Personen oder für Rechnung des Aufsichtsratsmitglieds handeln.
[248] MüKoAktG/*Habersack* AktG § 115 Rn. 13.

währung ist im Konzern also stets der **Aufsichtsrat der Konzernobergesellschaft.**[249] Hinsichtlich der Kreditvergabe an gesetzliche Vertreter, Prokuristen und Generalhandlungsbevollmächtigte der herrschenden oder abhängigen Gesellschaft enthält § 89 Abs. 2 S. 2 AktG eine **Parallelregelung.** Auch Kredite an diese Personen bedürfen jeweils der Zustimmung des Aufsichtsrats der herrschenden Gesellschaft.

82 Inhaltlich erfassen die §§ 89, 115 AktG mit dem **Begriff des Kredits** jede Überlassung von Kapital oder Kaufkraft auf Zeit.[250] Zustimmungspflichtig sind damit insbesondere Darlehen, Stundungen, Gewährungen von Sicherheiten, Forderungsübernahmen, Selbsteintritte oder Vorschüsse auf den Vergütungsanspruch.[251] Für die Kreditgewährung an Aufsichtsratsmitglieder gilt auch **keine Ausnahme** bei Krediten, die ein Monatsgehalt nicht überschreiten (Kleinkredite). In diesem Punkt weicht § 115 AktG von der Regelung zur Kreditvergabe an Vorstandsmitglieder ab, die eine solche Beschränkung in § 89 Abs. 1 S. 5 AktG ausdrücklich vorsieht. Ob der Kreditnehmer vom Anwendungsbereich der §§ 89, 115 AktG erfasst ist, richtet sich in zeitlicher Hinsicht nach dem **Zeitpunkt der Kreditzusage.**[252] Auf den Zeitpunkt der Auszahlung kommt es nicht an.

83 Der erforderliche **Zustimmungsbeschluss** des Aufsichtsrats kann durch das Plenum oder aber durch einen Ausschuss gefasst werden.[253] Das betroffene Aufsichtsratsmitglied ist dabei von der Stimmabgabe **ausgeschlossen.**[254] In den Beschluss sind die Bestimmungen zur Verzinsung (soweit vereinbart) sowie zur Rückzahlung aufzunehmen (§ 115 Abs. 1 S. 4 AktG). Zudem kann die Einwilligung nicht nur für bestimmte Kreditgeschäfte, sondern auch für bestimmte **Arten von Kreditgeschäften** erteilt werden. Eine Blankozustimmung reicht aber nicht aus. In zeitlicher Hinsicht gilt die Zustimmung für die Kreditgewährung innerhalb der nächsten drei Monate seit der Beschlussfassung (§ 115 Abs. 1 S. 3 AktG).

84 Im Fall von **Mehrfachmandaten** des Aufsichtsratsmitglieds ist zudem § 115 Abs. 3 AktG zu beachten. Auch der Kredit an eine juristische Person oder Personenhandelsgesellschaft, deren gesetzlicher Vertreter bzw. Gesellschafter das Aufsichtsratsmitglied ist, bedarf der **Zustimmung des Aufsichtsrats.** Ausgenommen sind nach § 115 Abs. 3 S. 2 Var. 1 AktG allerdings Fälle, in denen es sich um **verbundene Unternehmen** iSv § 15 AktG handelt. Ein Beherrschungs- bzw. Abhängigkeitsverhältnis, wie es § 115 Abs. 1 S. 2 AktG voraussetzt, ist dabei nicht erforderlich.[255]

85 **Rechtsfolge** eines Verstoßes gegen das Einwilligungserfordernis ist nicht die **Unwirksamkeit** des Geschäfts zwischen Kreditgeber und Kreditnehmer. Denn auf die äußere Wirksamkeit hat der Verstoß keine Auswirkungen.[256] Der Kredit ist gem. § 115 Abs. 4 AktG bzw. § 89 Abs. 5 AktG jedoch **sofort zurückzugewähren,** wenn nicht der Aufsichtsrat dem Geschäft nachträglich zustimmt (→ § 6 Rn. 264).[257] Diese gesetzlich zwingende Regelung ist so zu verstehen, dass die sofortige Rückgewährpflicht bereits mit der zustimmungslosen **Kreditgewährung** entsteht, jedoch nachträglich entfällt, wenn der Aufsichtsrat den Kredit genehmigt.[258] Eine etwaige Schadensersatzpflicht gem. § 116 S. 1 AktG, § 93 Abs. 3 Nr. 8 AktG wird durch die nachträgliche Zustimmung allerdings nicht beseitigt. Abschließend ist darauf hinzuweisen, dass Kredite an Aufsichtsratsmitglieder im Anhang zum Jahresabschluss anzugeben sind (§ 285 Nr. 9 lit. c HGB).

86 **ff) Beraterverträge mit konzernverbundenen Gesellschaften (§ 114 AktG analog).** Der Zustimmung durch den Aufsichtsrat unterworfen sind gem. § 114 Abs. 1 AktG auch bestimmte **Dienst- und Werkverträge** (insbesondere Beraterverträge), die zwischen einem Aufsichtsratsmitglied und der Gesellschaft geschlossen werden (→ § 6 Rn. 219 ff.). Dem Wortlaut nach bezieht sich § 114 AktG lediglich auf Verträge, bei denen Vertragspartner des Mandatsträgers diejenige Gesellschaft ist, deren Aufsichtsrat er angehört. Sinn und Zweck der Regelung ist es, eine **unsachgemäße Beeinflussung der Aufsichtsratsmitglieder** (insbesondere durch ungerechtfertigte Sonderleistungen) zu verhindern, indem der Vertrags-

---

[249] Ausgenommen vom Einwilligungsgebot nach § 115 Abs. 5 AktG sind Kreditinstitute und Finanzdienstleistungsinstitute, auf die § 15 des Kreditwesengesetzes (KWG) anzuwenden ist.
[250] Vgl. Hölters/*Hambloch-Gesinn/Gesinn* AktG § 115 Rn. 5; Semler/*v. Schenck/v. Schenck* AktG § 115 Rn. 13; Hölters/*Weber* AktG § 89 Rn. 4.
[251] Hölters/*Hambloch-Gesinn/Gesinn* AktG § 115 Rn. 5; Semler/*v. Schenck/v. Schenck* AktG § 115 Rn. 15–20; Hölters/*Weber* AktG § 89 Rn. 4.
[252] K. Schmidt/Lutter/*Drygala* AktG § 115 Rn. 4; MüKoAktG/*Habersack* AktG § 115 Rn. 10; Hölters/*Hambloch-Gesinn/Gesinn* AktG § 115 Rn. 5.
[253] MüKoAktG/*Habersack* AktG § 115 Rn. 17 unter Bezugnahme auf § 107 Abs. 3 S. 4 AktG aF (jetzt § 107 Abs. 3 S. 7 AktG); Hüffer/Koch/*Koch* AktG § 89 Rn. 4 und § 115 Rn. 2; Semler/*v. Schenck/v. Schenck* AktG § 115 Rn. 1, 6. Eine Übertragung auf den Vorsitzenden ist ausgeschlossen, siehe Semler/*v. Schenck/v. Schenck* AktG § 115 Rn. 39.
[254] K. Schmidt/Lutter/*Drygala* AktG § 115 Rn. 9.
[255] MüKoAktG/*Habersack* AktG § 115 Rn. 13.
[256] MüKoAktG/*Habersack* AktG § 115 Rn. 19.
[257] Nach herrschender Auffassung begründet die Norm keinen eigenständigen Erstattungsanspruch, sondern verlagert lediglich den Zeitpunkt der Fälligkeit des vertraglichen Anspruchs vor, siehe etwa K. Schmidt/Lutter/*Drygala* AktG § 115 Rn. 9; MüKoAktG/*Habersack* AktG § 115 Rn. 19 iVm § 89 Rn. 52.
[258] Semler/*v. Schenck/v. Schenck* AktG § 115 Rn. 42.

schluss der **Kontrolle des Kollegialorgans** unterworfen wird.[259] Da ein entsprechendes Konfliktpotential auch von Verträgen mit konzernverbundenen Gesellschaften ausgehen kann, wird diskutiert, § 114 AktG auf **Konzernsachverhalte analog** anzuwenden. In Betracht kommt dabei eine Anwendung sowohl auf Verträge, die die Obergesellschaft mit einem Aufsichtsratsmitglied der Untergesellschaft schließt als auch auf Verträge, die die Untergesellschaft mit einem Aufsichtsratsmitglied der Obergesellschaft schließt.

Gegen eine analoge Anwendung wird in beiden Fällen eingewandt, dass § 115 AktG konzernbezogene Sachverhalte explizit aufgreift, eine vergleichbare Regelung in § 114 AktG jedoch fehlt, so dass keine planwidrige Gesetzeslücke vorliege.[260] Auf der anderen Seite wird darauf hingewiesen, dass die Abweichung zur Regelung bei der Kreditgewährung durch die recht kurzfristige Einführung des § 114 AktG im Gesetzgebungsverfahren zu erklären sei und daher nicht auf eine bewusste Entscheidung des Gesetzgebers geschlossen werden könne.[261] Dem folgt die **herrschende Ansicht** und **differenziert** zwischen den verschiedenen Konstellationen des Konzernbezugs: Verträge zwischen einem **Aufsichtsratsmitglied der Obergesellschaft und der Untergesellschaft** sollen regelmäßig der Zustimmungspflicht unterfallen,[262] Verträge zwischen einem **Aufsichtsratsmitglied der Untergesellschaft und der Obergesellschaft** hingegen nicht.[263]

Bei einem Vertragsschluss zwischen einem **Aufsichtsratsmitglied der Obergesellschaft** und der **Untergesellschaft** wird die analoge Anwendung vor allem darauf gestützt, dass es hinsichtlich des **Gefährdungspotentials** keinen Unterschied mache, ob der Vertrag unmittelbar mit der Obergesellschaft geschlossen wird (in diesem Fall gilt § 114 Abs. 1 AktG unmittelbar) oder ein Vertrag mit der Untergesellschaft auf einer Veranlassung durch die Obergesellschaft geschlossen wird.[264] Auch der BGH greift diese Unterscheidung auf und wendet § 114 Abs. 1 AktG jedenfalls dann auf **Konzernsachverhalte** an, wenn der Vorstand der jeweiligen Gesellschaft in der Lage ist, den Vertragsschluss mit der abhängigen Gesellschaft zu **beeinflussen.**[265] Davon ist nach der Rechtsprechung im Fall der §§ 17 ff. AktG regelmäßig auszugehen.[266]

Im umgekehrten Verhältnis, also bei Verträgen zwischen der **Obergesellschaft** und einem **Aufsichtsratsmitglied der Untergesellschaft,** wird eine analoge Anwendung von § 114 AktG hingegen überwiegend abgelehnt. Begründet wird dies in erster Linie damit, dass die Gefahr einer Beeinflussung durch den zu überwachenden Vorstand in dieser Konstellation nicht bestehe.[267] Allerdings hat der **Aufsichtsrat der Untergesellschaft** auch zu kontrollieren, ob eine Einflussnahme der herrschenden Gesellschaft konzernrechtlich zulässig ist.[268] Jedoch zeigt § 115 Abs. 1 S. 2 AktG, dass ein Zustimmungsbedürfnis hieraus kaum abzuleiten ist. Denn die in § 115 AktG geregelte Kreditgewährung kann in gleicher Weise wie der Abschluss eines Beratungsvertrags als Mittel der Beeinflussung dienen. Gleichwohl erfordert die Kreditgewährung an ein Aufsichtsratsmitglied der Untergesellschaft nicht die Zustimmung des Aufsichtsrats der Untergesellschaft, sondern lediglich die des Aufsichtsrats der Obergesellschaft. Die Wertung des § 115 Abs. 1 S. 2 AktG spricht damit gegen eine analoge Anwendung von § 114 AktG.[269] Mit der **herrschenden Ansicht** ist die Zustimmung des Aufsichtsrats der Untergesellschaft zu einem Beratervertrag zwischen einem ihrer Mitglieder und der Obergesellschaft daher nicht erforderlich.[270]

---

[259] BGH NZG 2012, 1064 f.; OLG Hamburg AG 2007, 404 (407).
[260] *Hoffmann-Becking* NZG 2014, 801 (803); Kölner Komm AktG/*Mertens/Cahn* AktG § 114 Rn. 11.
[261] *Lutter/Krieger/Verse* AR § 6 Rn. 873 mwN.
[262] BGH NZG 2012, 1064 (1065); *Al-Wraikat,* Interessenkonflikte im Aufsichtsrat bei Mehrfachmandaten im faktischen Aktienkonzern, 2014, 106 ff.; K. Schmidt/Lutter/*Drygala* AktG § 114 Rn. 15; MüKoAktG/*Habersack* AktG § 114 Rn. 17; Henssler/Strohn/*Henssler* AktG § 114 Rn. 14; Hüffer/Koch/*Koch* AktG § 114 Rn. 4; *Lutter/Krieger/Verse* AR § 6 Rn. 873; MüKoAktG/*Spindler* AktG § 114 Rn. 7.
[263] OLG Hamburg AG 2007, 404 (408); *Al-Wraikat,* Interessenkonflikte im Aufsichtsrat bei Mehrfachmandaten im faktischen Aktienkonzern, 2014, 107 ff.; K. Schmidt/Lutter/*Drygala* AktG § 114 Rn. 16; Henssler/Strohn/*Henssler* AktG § 114 Rn. 14; Hüffer/Koch/*Koch* AktG § 114 Rn. 4; *Lutter/Krieger/Verse* AR § 6 Rn. 875; MüKoAktG/*Spindler* AktG § 114 Rn. 7. Für eine Einbeziehung auch dieser Verträge hingegen MüKoAktG/*Habersack* AktG § 114 Rn. 17.
[264] MüKoAktG/*Spindler* AktG § 114 Rn. 7 mit der Einschränkung, dass der Gegenstand der Beratung genauso gut mit der Obergesellschaft hätte abgeschlossen werden können (Gedanke des Umgehungsgeschäfts).
[265] BGH NZG 2012, 1064 (1065).
[266] BGH NZG 2012, 1064 (1065).
[267] OLG Hamburg AG 2007, 404 (408); K. Schmidt/Lutter/*Drygala* AktG § 114 Rn. 16; Henssler/Strohn/*Henssler* AktG § 114 Rn. 14; *Lutter/Krieger/Verse* AR § 6 Rn. 875.
[268] MüKoAktG/*Habersack* AktG § 114 Rn. 17. Vgl. auch MüKoAktG/*Spindler* AktG § 114 Rn. 7, der ebenfalls auf den bestehenden Interessenkonflikt hinweist, eine analoge Anwendung aber mit Rücksicht auf die Wertung des § 115 Abs. 1 S. 2 AktG ablehnt.
[269] MüKoAktG/*Spindler* AktG § 114 Rn. 7.
[270] OLG Hamburg AG 2007, 404 (408); *Al-Wraikat,* Interessenkonflikte im Aufsichtsrat bei Mehrfachmandaten im faktischen Aktienkonzern, 2014, 107 ff.; K. Schmidt/Lutter/*Drygala* AktG § 114 Rn. 16; Henssler/Strohn/*Henssler*

c) (Konzernspezifische) Überwachungs- und Kontrollinstrumente

90 Aus den **Überwachungs- und Kontrollpflichten des Aufsichtsrats** resultiert die Frage, welche **Mittel** dem Aufsichtsrat der Obergesellschaft gegenüber wem zur Verfügung stehen, damit er seine Überwachungs- und Kontrollpflichten erfüllen kann.[271] Der Aufsichtsrat kann die Kontrolle des Vorstands nur dann effektiv ausüben, wenn er Zugriff auf die relevanten Informationen hat. Das Gesetz räumt dem Aufsichtsrat deshalb **Informationsrechte** ein bzw. sieht **korrespondierende Berichtspflichten des Vorstands** gegenüber dem Aufsichtsrat vor, komplementiert durch Frage- und Einsichtsrechte des Aufsichtsrats (→ § 4 Rn. 24 ff.). Derartige gesetzliche Verpflichtungen des Vorstands zu regelmäßigen oder anlassbezogenen Berichten finden sich ua in § 90 Abs. 1 bis 3 AktG. Das Recht, sämtliche Unterlagen der Gesellschaft einzusehen und zu prüfen, ergibt sich aus § 111 Abs. 2 AktG. Insoweit handelt es sich noch nicht um konzernspezifische Regelungen. Allerdings werden die Berichtspflichten teilweise konzernspezifisch ergänzt (vgl. § 90 Abs. 1 S. 2 und 3 Hs. 2 AktG), teilweise begründen Unternehmensverbindungen auch erst ein entsprechendes Informationsrecht (vgl. § 90 Abs. 3 S. 1 Var. 2 und 3 AktG).

91 **aa) Konzernspezifische Berichtspflichten nach § 90 AktG.** § 90 Abs. 1 S. 2 AktG stellt zunächst klar, dass im Bericht über die Angelegenheiten der Obergesellschaft auch auf **Tochterunternehmen und Gemeinschaftsunternehmen** einzugehen ist, wenn es sich bei der Obergesellschaft um ein der Konzernabschlusspflicht unterliegendes Mutterunternehmen iSv § 290 Abs. 1 und 2 HGB handelt. Eine äußerliche Trennung von „Gesellschaftsbericht" und „Konzernbericht" ist dabei nicht erforderlich.[272] Hinsichtlich der Darstellungstiefe enthält die Vorschrift keine Einschränkung auf Vorgänge, die erheblichen Einfluss auf die Obergesellschaft haben. Eine solche Begrenzung soll sich nach der hM in der Literatur jedoch aus einer analogen Anwendung von § 90 Abs. 1 S. 1 Nr. 4, Abs. 1 S. 3 und Abs. 3 S. 1 AktG ergeben.[273] Aufgrund des Zusammenspiels von Überwachungsauftrag und Berichtspflichten hängt der Umfang der Berichtspflichten im Einzelnen auch davon ab, mit welchem Inhalt man eine Konzernleitung des Vorstands fordert (→ Rn. 39 f.).[274] Unabhängig davon sollte die laufende Berichterstattung an den Aufsichtsrat der Obergesellschaft aber zumindest die **wesentlichen Kennzahlen** und die **aktuellen Entwicklungen** des Untergesellschaften abdecken. Denn die herrschende Gesellschaft hat ein **berechtigtes Eigeninteresse**, über die wirtschaftliche Lage der Untergesellschaft(en) einschließlich ihrer Liquiditäts- und Ertragssituation(en) sowie ihrer Risikolage informiert zu sein.[275] Dabei ist insbesondere auf **Ist- und Soll-Zustände** einzugehen.[276] Im Übrigen ist bei der Zusammenstellung der Informationen zu berücksichtigen, dass nicht die Quantität der Informationen über die pflichtgemäße Erfüllung der Berichtspflicht entscheidet, sondern ihre Qualität hinsichtlich **Wesentlichkeit**, **Übersichtlichkeit** und **Aktualität**.[277] Insbesondere darf der Aufsichtsrat nicht mit Datenmaterial überfrachtet werden, das er realistischerweise nicht sinnvoll auswerten und bewerten kann.[278] Auch insoweit besteht also eine Pflicht des Vorstands, die gegenwärtige Situation bzw. die Entwicklungen in den Konzerngesellschaften durch eine **sachgerechte Aufgliederung** und durch die Auswahl **aussagekräftiger Kennzahlen** nachvollziehbar darzulegen.

92 Neben den in § 90 Abs. 1 S. 1 Nr. 1–4 AktG genannten Fällen besteht eine Berichtspflicht des Vorstands auch bei sonstigen **wichtigen Anlässen**. Aus § 90 Abs. 1 S. 3 Hs. 2 AktG ergibt sich, dass auch ein **geschäftlicher Vorgang bei einem verbundenen Unternehmen** ein wichtiger Anlass sein kann, über den der Vorstand der Obergesellschaft dem Aufsichtsrat unaufgefordert berichten muss. Empfänger ist im Interesse der beschleunigten Informationsweitergabe in diesem Fall der Vorsitzende des Aufsichtsrats, nicht das Kollegialorgan.[279] Aus diesem Grund ist der Bericht auch unverzüglich, dh ohne schuldhaftes Zögern (vgl. § 121 Abs. 1 S. 1 BGB), zu erstatten.[280] Entscheidend für die Berichtspflicht aus wichti-

---

AktG § 114 Rn. 14; Hüffer/Koch/*Koch* AktG § 114 Rn. 4; *Lutter/Krieger/Verse*, AR § 6 Rn. 875. Im Ergebnis auch MüKoAktG/*Spindler* AktG § 114 Rn. 7.
[271] GroßkommAktG/*Hopt/Roth* AktG § 111 Rn. 312–343.
[272] *Hoffmann-Becking* ZHR 159 (1995), 325 (334f.). Vgl. auch *Götz* NZG 2002, 599 (600): „der Bericht". AA *Lutter* Information und Vertraulichkeit Rn. 161, 176 (doppelte Berichtspflicht).
[273] Vgl. Hölters/*Müller-Michaels* AktG § 90 Rn. 10 und MüKoAktG/*Spindler* AktG § 90 Rn. 23 (bezogen auf Abs. 1 S. 3 und Abs. 3 S. 1); Hüffer/Koch/*Koch* AktG § 90 Rn. 7a (bezogen auch auf Abs. 1 S. 1 Nr. 4). AA K. Schmidt/Lutter/*Sailer-Coceani* AktG § 90 Rn. 32.
[274] So folgt nach *Lutter* aus der Verbindung von Konzernleitung des Vorstands und korrespondierender Überwachungspflicht des Aufsichtsrats, dass der Vorstand der Obergesellschaft den Aufsichtsrat über den gesamten Konzern und seine Teile zu informieren hat, vgl. *Lutter* FS K. Schmidt, 2009, 1065 (1071).
[275] *Lutter/Krieger/Verse* AR § 6 Rn. 231; *Scheffler* DB 1994, 793 (798).
[276] *Lutter/Krieger/Verse* AR § 6 Rn. 236; *Scheffler* DB 1994, 793 (798).
[277] So zutreffend *Scheffler* DB 1994, 793 (798).
[278] Vgl. MüKoAktG/*Spindler* AktG § 90 Rn. 23.
[279] BeckOGK/*Fleischer* AktG § 90 Rn. 33; Hüffer/Koch/*Koch* AktG § 90 Rn. 8; Hölters/*Müller-Michaels* AktG § 90 Rn. 11; MüKoAktG/*Spindler* AktG § 90 Rn. 31.
[280] BeckOGK/*Fleischer* AktG § 90 Rn. 32; Hüffer/Koch/*Koch* AktG § 90 Rn. 8; Hölters/*Müller-Michaels* AktG § 90 Rn. 11.

IV. Spezifische Rechte und Pflichten des Aufsichtsrats im Konzern

gem Anlass ist, dass der Vorgang von erheblichem Einfluss auf die Lage der Obergesellschaft sein kann, was im jeweiligen Einzelfall mit Blick auf den Gegenstand und die Größe der Obergesellschaft und das Verhältnis der betroffenen Gesellschaft zur Obergesellschaft zu beantworten ist.[281] Als wichtige Anlässe können bspw. ein unerwarteter Absatzeinbruch, die Insolvenz eines wichtigen Kunden oder das Austragen von Arbeitskämpfen angesehen werden.[282] Ein Fall der Berichtspflicht aus wichtigem Anlass liegt auch vor, wenn die Obergesellschaft börsennotiert ist und ein Ereignis in einer nachgeordneten Gesellschaft so bedeutsam ist, dass die Obergesellschaft eine ad-hoc Mitteilung veröffentlichen muss.[283]

§ 90 Abs. 3 S. 1 AktG normiert in seinen Varianten 2 und 3, dass der Aufsichtsrat vom Vorstand einen gesonderten **(Anforderungs-)Bericht** über die rechtlichen und geschäftlichen Beziehungen der Gesellschaft zu verbundenen Unternehmen sowie über geschäftliche Vorgänge bei diesen Unternehmen verlangen kann, wenn diese von erheblichem Einfluss auf die Lage der Gesellschaft sein können. Hintergrund dieses Rechts ist, dass der Vorstand im Rahmen der periodischen oder anlassbezogenen Berichterstattung nach § 90 Abs. 1 und 2 AktG regelmäßig nur über das berichtet, was er selbst für hinreichend wichtig erachtet.[284] Da der Aufsichtsrat hierzu eine abweichende Auffassung haben kann, billigt der Gesetzgeber ihm ein entsprechendes Anforderungsrecht zu.[285] Gemäß § 90 Abs. 3 S. 2 AktG steht das Recht auch dem einzelnen Aufsichtsratsmitglied zu, das jedoch nur die Berichterstattung an den gesamten Aufsichtsrat verlangen kann. Das Anforderungsrecht des Aufsichtsrats verdichtet sich zu einer **Anforderungspflicht,** wenn das Informationsbedürfnis des Aufsichtsrats durch die Regelberichterstattung des Vorstands nicht voll erfüllt wird.[286]

93

Zum Bericht an den Aufsichtsrat der Obergesellschaft verpflichtet ist in allen soeben dargestellten Fällen ausschließlich der **Vorstand der Obergesellschaft.** Der Aufsichtsrat hat **keine eigenen Informationsansprüche** gegenüber den Vorständen nachgeordneter Unternehmen. Denn solche Direktansprüche stünden im Widerspruch zur Leitungsautonomie des Vorstands.[287] Jedoch darf der Aufsichtsrat der Obergesellschaft im **Einvernehmen** mit dem Vorstand der Obergesellschaft Informationen direkt bei **Geschäftsführungsorganen** der nachgeordneten Gesellschaften einholen.[288] Dabei sind die Grenzen zu berücksichtigen, die der Obergesellschaft bei der Einflussnahme auf die abhängigen Gesellschaften durch das Konzernrecht gesetzt sind. So ist insbesondere beim faktischen Konzern zu fragen, ob die Informationsweitergabe zu Nachteilen der jeweiligen nachgeordneten Gesellschaft iSd §§ 311 ff. AktG führt, die ggf. ausgeglichen werden müssen.[289]

94

bb) Konzernspezifische Besonderheiten des § 111 Abs. 2 AktG. Ein wichtiges Überwachungs- und Kontrollinstrument stellt auch das Einsichts- und Prüfungsrecht des Aufsichtsrats gem. § 111 Abs. 2 AktG dar (→ § 4 Rn. 182 ff.). Konzernspezifisch ist in diesem Zusammenhang zu berücksichtigen, dass über dieses Recht **Zugriff auch auf Prüfungsberichte von Tochtergesellschaften** (§§ 316 ff. HGB, § 321 HGB) genommen werden kann.[290] Auch dieses Recht steht dem Aufsichtsrat der Obergesellschaft jedoch allein gegenüber dem Vorstand der Obergesellschaft zu. Parallel zur Regelung in § 90 AktG berechtigt § 111 Abs. 2 AktG den Aufsichtsrat nicht, aus eigenem Recht Bücher oder Schriften nachgeordneter Unternehmen einzusehen und zu prüfen. Ein **Durchgriff auf die geschäftsführenden Organe** nachgeordneter Unternehmen ist in der aktuellen Gesetzesfassung **nicht vorgesehen.**[291] Damit bleiben dem Aufsichtsrat im Konfliktfall zwei Möglichkeiten:[292] Zum einen kann er über ein Auskunftsverlangen nach § 90 Abs. 3 AktG auf den eigenen Vorstand einwirken, sodass dieser die Informationen mit den ihm

95

---

[281] Vgl. zur „Erheblichkeitsschwelle" nach § 131 Abs. 1 AktG, bei deren Überschreiten eine Angelegenheit eines verbundenen Unternehmens zu einer „mittelbaren Eigenangelegenheit" wird LG Stuttgart NZG 2018, 665 (676) – Porsche (bestätigt durch OLG Stuttgart BeckRS 2019, 34369). Als eines von drei konkretisierenden Kriterien sieht das Gericht die kapitalmarktrechtliche Relevanz der Information oder Tatsache an und berücksichtigt bei der Bewertung mittelbar die jeweilige Art der Unternehmensbeteiligung (zB beteiligungsverwaltende Holdinggesellschaft).
[282] Vgl. *Lutter/Krieger/Verse* AR § 6 Rn. 238; *Scheffler* DB 1994, 793 (794).
[283] LG Stuttgart NZG 2018, 665 (676) – Porsche (bestätigt durch OLG Stuttgart BeckRS 2019, 34369).
[284] Vgl. MüKoAktG/*Spindler* AktG § 90 Rn. 33.
[285] MüKoAktG/*Spindler* AktG § 90 Rn. 33.
[286] MüKoAktG/*Habersack* AktG § 111 Rn. 55.
[287] *Krieger* in Lutter/Bayer Holding-HdB Rn. 7.12. Im Ergebnis so auch *Hommelhoff* ZGR 1996, 144 (160 f.).
[288] *Krieger* in Lutter/Bayer Holding-HdB Rn. 7.12; *Lutter/Krieger/Verse* AR § 6 Rn. 232. Umstritten ist, ob eine Pflicht des Vorstands zur Zustimmung besteht. Dafür – mit Hinweis auf die Pflicht zur vertrauensvollen Zusammenarbeit zwischen Vorstand und Aufsichtsrat – *Kohlenbach,* Das Verhältnis der Aufsichtsräte im Aktiengesellschaftskonzern, 2003, 125. Dagegen *Krieger* in Lutter/Bayer Holding-HdB Rn. 7.12.
[289] *Lutter/Krieger/Verse* AR § 6 Rn. 235.
[290] *Hoffmann-Becking* ZHR 159 (1995), 325 (338 f.).
[291] MüKoAktG/*Habersack* AktG § 111 Rn. 75; *Hoffmann-Becking* ZGR 2011, 136 (150); *Lutter/Krieger/Verse* AR § 6 Rn. 245; *Potthoff/Trescher* Das Aufsichtsratsmitglied Rn. 745; GroßkommAktG/*Hopt/Roth* AktG § 111 Rn. 422; *Semler* Leitung und Überwachung Rn. 421. Zur Erweiterung des Einsichts- und Prüfungsrechts de lege ferenda vgl. *Baums* (Hrsg.), Bericht der Regierungskommission Corporate Governance, 2001, Rn. 22.
[292] Zu folgenden beiden Möglichkeiten *Hoffmann-Becking* ZHR 159 (1995), 325 (338 f.).

zustehenden Mitteln bei den nachgeordneten Gesellschaften beschafft und anschließend dem Aufsichtsrat zur Verfügung stellt. Zum anderen kann der Aufsichtsrat darauf hinwirken, dass der Vorstand der Obergesellschaft sein Einverständnis dazu erteilt, dass der Aufsichtsrat eigens gewählte Prüfer in die Gesellschaften entsendet. Auch hier ist darauf zu achten, dass sich die Einsichtnahme innerhalb der durch das Konzernrecht gesetzten Grenzen bewegt, welche von der Rechtsform der abhängigen Gesellschaft sowie der Art der Konzernierung abhängen.[293]

96 Soweit es um nachgeordnete Gesellschaften in der Rechtsform der **GmbH** geht, gilt im Verhältnis zur Obergesellschaft § 51a GmbHG. Danach hat jeder GmbH-Gesellschafter **Auskunfts- und Einsichtsrechte** hinsichtlich aller Angelegenheiten der GmbH. Auch hier hat der Aufsichtsrat der Obergesellschaft allerdings **kein eigenes Recht,** Informationen von den Leitungsorganen der Tochtergesellschaften direkt anzufordern. Er hat zuvor das Einvernehmen mit dem Vorstand der Obergesellschaft herzustellen. Die Wahrnehmung der Auskunfts- und Einsichtsrechte aus der Gesellschafterstellung in der GmbH werden vielmehr vom Vorstand der Obergesellschaft wahrgenommen.

97 **cc) Informationsweitergabe durch Doppelmandatare.** Ein weiteres **Mittel der Informationsbeschaffung** sind die bereits erwähnten Doppelmandate (→ Rn. 16 ff.).[294] In diesem Zusammenhang wird darüber diskutiert, ob ein Aufsichtsratsmitglied der Untergesellschaft, das zugleich dem Vorstand der Obergesellschaft angehört, **andere Repräsentanten der Obergesellschaft** über Vorgänge in der abhängigen Gesellschaft in Kenntnis setzen darf oder nicht.[295] Hintergrund der Auseinandersetzung ist die **Verschwiegenheitspflicht** gem. § 116 S. 1 AktG, § 93 Abs. 1 S. 3 AktG, die das Aufsichtsratsmitglied durch die Weitergabe von Informationen verletzten könnte (→ § 3 Rn. 518 ff.).[296] Nach § 116 S. 2 AktG sind Aufsichtsratsmitglieder insbesondere zur Verschwiegenheit über erhaltene **vertrauliche Berichte** und vertrauliche Beratungen verpflichtet. In der Praxis kommen Vorstände der Obergesellschaft, die zugleich dem Aufsichtsrat der Untergesellschaft angehören, jedoch oftmals nicht umhin, Informationen an die übrigen Vorstände weiterzugeben. Zumindest wird dies die regelmäßige Erwartungshaltung bei der Zusammenarbeit sein, was insbesondere mit Blick auf die **Strafvorschrift** des § 404 AktG (Verletzung der Geheimhaltungspflicht) ein **erhebliches Konfliktpotential** bei der Tätigkeit des Doppelmandatars birgt.

98 Gefestigte Rechtsprechung zu dieser Frage existiert bislang nicht. Einigkeit besteht in der Literatur jedoch darüber, dass die Weitergabe von Informationen jedenfalls dann **pflichtwidrig** ist, wenn es sich nicht um **konzernrelevante Informationen** handelt, die Weitergabe also nicht der Konzernleitung dient.[297] Darüber hinaus wird die Weitergabe konzernrelevanter Informationen von einer in der Rechtsliteratur vertretenen **restriktiven Auffassung** durch Doppelmandatare **generell,** dh sowohl im Vertragskonzern als auch im faktischen Konzern, für **unzulässig** gehalten.[298] Hauptargument dieser restriktiven Auffassung ist, dass die **Zuständigkeit** für die Informationsweitergabe nach der aktienrechtlichen Kompetenzordnung beim Vorstand der abhängigen Gesellschaft liege und nicht beim Aufsichtsrat (oder gar einzelnen Mitgliedern).[299] Dies gelte auch unabhängig davon, ob die abhängige Gesellschaft im Einzelfall berechtigt oder sogar **verpflichtet** ist, Informationen an die Obergesellschaft herauszugeben.[300] Für diese Sichtweise lässt sich auch anführen, dass § 394 AktG die **Verschwiegenheitspflicht** von Aufsichtsratsmitgliedern einschränkt, die auf Veranlassung einer **Gebietskörperschaft** bestellt sind, eine entsprechende Regelung für Aufsichtsratsmitglieder, die von einer **Obergesellschaft** entsandt wurden, aber nicht existiert.[301] Nach einer weiteren Auffassung sollen die Vertraulichkeitspflichten gegenüber der Obergesell-

---
[293] Eingehend hierzu *Semler* Leitung und Überwachung Rn. 422 ff.
[294] Zum öffentlichen Diskurs um Doppelmandate siehe etwa *Busse/Fromm*, Das diskrete Netz der Macht, in: Süddeutsche Zeitung vom 19.5.2018, S. 25.
[295] Zu trennen ist diese Frage von der ebenfalls diskutierten Problematik, ob das Vorstandsmitglied der Obergesellschaft Informationen, die es als Aufsichtsratsmitglied der abhängigen Gesellschaft erlangt hat, *für sich selbst* verwenden darf. Mit Blick auf die gesetzliche Anerkennung von Konzerndoppelmandanten und die Tatsache, dass sich eine „innere Informationsweitergabe" (Hüffer/Koch/*Koch* AktG § 116 Rn. 12) weder verhindern lässt noch als solche justiziabel ist, wird man nicht umhinkommen, die Verwendung des erlangten Wissens jedenfalls bei der eigenen Entscheidungsfindung als zulässig anzusehen.
[296] Vgl. zur Geltung der Verschwiegenheitspflicht auch im Konzern *Bauer/Schmidt-Bendun* FS Wegen, 2015, 105 (109, 111); GroßkommAktG/*Hopt/Roth* AktG § 116 Rn. 203.
[297] Vgl. *Bauer/Schmidt-Bendun* FS Wegen, 2015, 105 (111). Kölner Komm AktG/*Mertens/Cahn* AktG § 116 Rn. 42 halten die Weitergabe im Übrigen für zulässig. MüKoAktG/*Altmeppen* AktG § 311 Rn. 427 sieht die Weitergabe auch im Fall konzernrelevanter Informationen als unzulässig an.
[298] MüKoAktG/*Habersack* AktG § 116 Rn. 60; *Schmidt-Aßmann/Ulmer* BB 1988, Beil. 13 zu Heft 27, 1 (4 f.); BeckOGK/*Spindler* AktG § 116 Rn. 127 ff.
[299] MüKoAktG/*Habersack* AktG § 116 Rn. 60; *Löbbe*, Unternehmenskontrolle im Konzern, 2003, 122; *Schmidt-Aßmann/Ulmer* BB 1988, Beil. 13 zu Heft 27, 1 (4 f.). Vgl. auch MüKoAktG/*Altmeppen* AktG § 311 Rn. 427 und *Bauer/Schmidt-Bendun* FS Wegen, 2015, 105 (112 f.) bezogen jedoch allein auf den faktischen Konzern.
[300] MüKoAktG/*Habersack* AktG § 116 Rn. 60.
[301] *Bauer/Schmidt-Bendun* FS Wegen, 2015, 105 (113); Hüffer/Koch/*Koch* AktG § 116 Rn. 12; *Löbbe*, Unternehmenskontrolle im Konzern, 2003, 121.

schaft dann **nicht gelten,** wenn ein **Vertragskonzern oder eine Eingliederung** vorliegt.³⁰² Eine **liberale Auffassung** befürwortet hingegen eine an den Bedürfnissen der Praxis orientierte **Begrenzung der Verschwiegenheitspflicht:** auch ohne Einbindung des Vorstands sei die Weitergabe an andere Angehörige der Obergesellschaft zulässig, wenn es sich um Informationen handelt, die für die Konzernleitung erforderlich sind.³⁰³ Die Erforderlichkeit kann sich gerade bei börsennotierten Obergesellschaften auch aus Veröffentlichungspflichten ergeben, die in der Regel auch bedeutsame Vorgänge in Tochtergesellschaften erfassen.

Mit Rücksicht auf die verbleibenden **Unsicherheiten** sollte der Vorstand der abhängigen Gesellschaft in der Praxis aufgefordert werden, sein **Einverständnis zur Weitergabe** der Information an die Obergesellschaft zu erklären³⁰⁴ bzw. das Aufsichtsratsmitglied als Mittler in den Kommunikationsprozess zwischen ihm und der Obergesellschaft einzubinden.³⁰⁵ Zutreffend wird darauf hingewiesen, dass der Vorstand die Zustimmung oftmals schon deshalb erteilen wird, weil es (regelmäßig) auch im **Interesse der abhängigen Gesellschaft** liegt, die Ergebnisse der Aufsichtsratssitzungen der Obergesellschaft schnell und informell zukommen zu lassen.³⁰⁶ Sofern sich der Vorstand der Untergesellschaft auch bei berechtigten Zustimmungsverlangen sperrt, muss der Aufsichtsrat der Untergesellschaft ggfls. prüfen, ob er seine Personalkompetenz nutzt, um das Problem zu lösen. Als ausreichend wird teilweise auch ein **konkludentes Einverständnis** angesehen, das schon dann angenommen werden könne, wenn der Vorstand eine entsprechende Praxis bei den Aufsichtsratsmitgliedern kennt und nicht gegen sie vorgeht.³⁰⁷ Ein Vertrauen auf eine solche (nur) konkludente Einwilligung kann jedoch für das Aufsichtsratsmitglied ein erhebliches Risiko bergen. Denn ohne einen **dokumentierten Nachweis** kann der Mandatsträger dem Vorwurf der Pflichtverletzung ausgesetzt sein, der zum einen eine Schadensersatzhaftung gegenüber der Gesellschaft (§ 116 S. 1 AktG, § 93 Abs. 2 AktG) und/oder eine **Abberufung** zur Konsequenz haben kann, zum anderen aber auch **strafrechtlich** relevant ist (§ 404 AktG).³⁰⁸ Solange der Vorstand der abhängigen Gesellschaft seine Zustimmung verweigert, sollte seinem Willen daher auch entsprochen werden. Ein ablehnender Beschluss kommt insbesondere dann in Betracht, wenn der Vorstand einen **nicht auszugleichenden Nachteil** für die (faktisch) abhängige Gesellschaft fürchtet. In diesem Fall sollte die Information solange nicht an die Obergesellschaft weitergegeben werden, wie die Frage des Nachteilsausgleichs nicht abschließend geklärt ist.³⁰⁹

dd) Konzernbezogene Zustimmungsvorbehalte. Ein intensiveres Mittel zur Einwirkung auf untergeordnete Gesellschaften sind **Zustimmungsvorbehalte** zu Geschäftsführungsmaßnahmen gem. § 111 Abs. 4 S. 2 AktG (ausführlich → § 4 Rn. 386 ff.).³¹⁰ Auch und gerade im Konzern sind Zustimmungsvorbehalte ein verbreitetes Mittel der **präventiven und begleitenden Überwachung** durch den Aufsichtsrat.³¹¹ Sie können in der Satzung der Gesellschaft oder in der vom Aufsichtsrat beschlossenen Geschäftsordnung des Vorstands oder durch gesonderten Beschluss des Aufsichtsrats festgelegt werden, ferner in einer vom Aufsichtsrat beschlossenen Geschäftsordnung des Vorstands oder durch gesonderten Beschluss des Aufsichtsrats.³¹² Nach dem Wortlaut von § 111 Abs. 4 S. 2 AktG sind die Zustimmungsvorbehalte für „bestimmte Arten von Geschäften" vorzusehen, dh für eine **unbestimmte Zahl von Geschäften,** die den vorgesehenen Kriterien – zB die Überschreitung eines bestimmten

---

[302] MüKoAktG/*Spindler* AktG § 93 Rn. 1; *Singhof* ZGR 2001, 146 (159 ff.).
[303] GroßkommAktG/*Hopt/Roth* AktG § 93 Rn. 288; *Viciano Gofferje,* Unabhängigkeit als persönliche Voraussetzung für Aufsichtsratsmitglieder, 2008, 104 f.; Hölters/*Hambloch-Gesinn/Gesinn* AktG § 116 Rn. 66; *Hommelhoff* ZGR 1996, 144 (162); Kölner Komm AktG/*Mertens/Cahn* AktG § 116 Rn. 42.
[304] MüKoAktG/*Altmeppen* AktG § 311 Rn. 427 f.; *Bank* NZG 2013, 801 (806); *Löbbe,* Unternehmenskontrolle im Konzern, 2003, 121 f.; BeckOGK/*Spindler* AktG § 116 Rn. 102.
[305] Nach Hüffer/Koch/*Koch* AktG § 116 Rn. 12 steht die zwingende aktienrechtliche Kompetenzordnung auch dem Einverständnis zur Informationsweitergabe entgegen. Möglich sei lediglich, dass der Vorstand das Aufsichtsratsmitglied als Mittler in seinem eigenen Kommunikationsprozess mit der Obergesellschaft einsetzt.
[306] MüKoAktG/*Altmeppen* AktG § 311 Rn. 427; *Bank* NZG 2013, 801 (806); *Löbbe,* Unternehmenskontrolle im Konzern, 2003, 122.
[307] *Löbbe,* Unternehmenskontrolle im Konzern, 2003, 122. Skeptisch insoweit *Bank* NZG 2013, 801 (805), ablehnend *Bauer/Schmidt-Bendun* FS Wegen, 2015, 105 (114).
[308] *Bauer/Schmidt-Bendun* FS Wegen, 2015, 105 (114). Vgl. auch *Bank* NZG 2013, 801 (806) bezogen lediglich auf die haftungsrechtlichen Folgen und die Möglichkeit der Abberufung.
[309] So auch *Löbbe,* Unternehmenskontrolle im Konzern, 2003, 122.
[310] Die Zustimmungsbedürftigkeit muss seit Inkrafttreten des Transparenz- und Publizitätsgesetzes (TransPuG) durch Satzung oder durch den Aufsichtsrat angeordnet werden, § 111 Abs. 4 S. 2 AktG. Näher dazu etwa *Rubner/Leuering* NJW-Spezial 2018, 207.
[311] Vgl. BGH AG 2007, 167 (168).
[312] MHdB AG/*Hoffmann-Becking* § 29 Rn. 59; *Weyl,* Zustimmungsvorbehalte nach § 111 Abs. 4 S. 2 AktG als Möglichkeit einer Konzernsteuerung, 2015, 75–79. Vgl. auch K. Schmidt/Lutter/*Drygala* AktG § 111 Rn. 52 ohne den Bezug auf die Geschäftsordnung des Vorstands.

Transaktionsvolumens – entsprechen.³¹³ Anerkannt und durch die Rechtsprechung bestätigt ist ferner die Möglichkeit des Aufsichtsrats, einen Zustimmungsvorbehalt auch **ad-hoc** für ein bestimmtes **Einzelgeschäft** festzulegen.³¹⁴

101   Zustimmungsvorbehalte stellen sicher, dass der Aufsichtsrat frühzeitig von geplanten Maßnahmen erfährt.³¹⁵ Insofern wirken auch sie als Instrument zur **Informationsbeschaffung**.³¹⁶ Darüber hinaus wird über Zustimmungsvorbehalte **Einfluss auf die Geschäftsführung** genommen. Verweigert der Aufsichtsrat die Zustimmung, beschränkt dies (im Innenverhältnis) die Geschäftsführungsbefugnis des Vorstands, wenn nicht die Hauptversammlung nach § 111 Abs. 4 S. 3 und 4 AktG durch Beschluss die Zustimmung des Aufsichtsrats ersetzt. Auch wenn der Aufsichtsrat bestimmte Geschäfte nicht erzwingen kann, kann er so Geschäfte **verhindern**.³¹⁷ Sachlich schränken Zustimmungsvorbehalte daher das Geschäftsführungsverbot des Aufsichtsrats aus § 111 Abs. 4 S. 1 AktG ein.³¹⁸ Daraus resultiert ein gewisses **Spannungsverhältnis** zwischen einer effektiven Vorstandskontrolle und der eigenständigen Führung der Geschäfte durch den Vorstand. Zustimmungsvorbehalte dürfen deshalb **nicht zu engmaschig** festgelegt werden und müssen dem Vorstand einen angemessenen Gestaltungsspielraum gewähren, der Voraussetzung für die Flexibilität und Agilität unternehmerischen Handelns ist.

102   § 111 Abs. 4 AktG enthält **keine konzernbezogenen** Regelungen, sondern behandelt nur Zustimmungsvorbehalte des Aufsichtsrats zu Maßnahmen der Gesellschaft selbst. Auch in der Praxis finden sich vielfach Zustimmungsvorbehalte ohne ausdrücklichen Bezug zu konzernrechtlichen Strukturen. Daraus resultiert die Frage, ob der Aufsichtsrat der Obergesellschaft Zustimmungsvorbehalte auch **konzernbezogen** festlegen kann oder sogar muss.³¹⁹ Dies setzt zunächst voraus, dass in nachgeordneten Gesellschaften Zustimmungsvorbehalte zugunsten der herrschenden Gesellschaft überhaupt zulässig sind.³²⁰ Für **Vertrags- und Eingliederungskonzerne** ist das Recht, konzernbezogene Zustimmungsvorbehalte vorzusehen, unbestritten.³²¹ Weniger eindeutig liegt die Sache bei nur **faktisch abhängigen Aktiengesellschaften**.³²²

103   **(1) Zulässigkeit und Wirkweise konzernbezogener Zustimmungsvorbehalte.** Zustimmungsvorbehalte zugunsten des Aufsichtsrats der Obergesellschaft sind weitgehend unproblematisch, soweit es um konzernrelevante Geschäftsführungshandlungen des Vorstands der **Obergesellschaft** geht. Darunter fallen etwa die Konzernplanung oder der Erwerb und die Veräußerungen von Beteiligungen **(Konzerngeschäft im weiteren Sinn)**.³²³ Ein weiteres Beispiel ist die Bestellung und Abberufung von Geschäftsfüh-

---

[313] Übliche Formulierungen lauten etwa „Der Vorstand bedarf der Zustimmung des Aufsichtsrats für folgende Geschäfte und Maßnahmen: [...]" oder „Die Maßnahmen und Geschäfte, vor deren Vornahme der Vorstand der Zustimmung des Aufsichtsrats bedarf, sind in Anlage [...] zu dieser Geschäftsordnung festgelegt."

[314] BGH NJW 1994, 520 (524); OLG Braunschweig AG 2013, 47 (49); K. Schmidt/Lutter/*Drygala* AktG § 111 Rn. 52, 58; MüKoAktG/*Habersack* AktG § 111 Rn. 130 f.; Henssler/Strohn/*Henssler* AktG § 111 Rn. 20. Im Einzelnen sind die Voraussetzungen, die das das Geschäft, das der Zustimmung unterworfen werden soll, erfüllen muss, jedoch umstritten. Siehe hierzu etwa *Weyl*, Zustimmungsvorbehalte nach § 111 Abs. 4 S. 2 AktG als Möglichkeit einer Konzernsteuerung, 2015, 77 ff.

[315] Vgl. exemplarisch die sog. Supergun-Entscheidung des Schweizerischen Bundesstrafgerichts vom 1.2.1996 zur Lieferung von Kriegsmaterial an die seinerzeit unter Saddam Hussein regierten Irak durch eine Konzerngesellschaft der Von Roll Holding AG, BGE 122 IV 103. Dazu etwa *U.H. Schneider* EuZW 1997, 417.

[316] *Lutter* FS Fischer, 1979, 419 (422); *Mense*, Interessenkonflikte bei Mehrfachmandaten im Aufsichtsrat der AG, 2008, 35; *Semler* FS Doralt, 2004, 609 (616). Insoweit sind Überschneidungen mit den Berichtspflichten des Vorstands möglich.

[317] GroßkommAktG/*Hopt*/*Roth* AktG § 111 Rn. 324; *Lenz* AG 1997, 448 (449).

[318] Vgl. GroßkommAktG/*Hopt*/*Roth* AktG § 111 Rn. 324: „Durchbrechung des Geschäftsführungsverbots". Teilweise wird aus dem Zielkonflikt von § 76 AktG (eigenverantwortliche Leitung des Vorstands) und § 111 AktG (wirksame Überwachung durch den Aufsichtsrat) geschlossen, dass alltägliche Geschäfte nicht unter einen Zustimmungsvorbehalt gestellt werden dürfen, siehe etwa K. Schmidt/Lutter/*Drygala* AktG § 111 Rn. 56, 59; *Fonk* ZGR 2006, 841 (846).

[319] Erstmalig ausführlich zu diesen Fragen *Lutter* FS Fischer, 1979, 419–436.

[320] Zum Ganzen etwa *Löbbe*, Unternehmenskontrolle im Konzern, 2003, 221–234; *Weyl*, Zustimmungsvorbehalte nach § 111 Abs. 4 S. 2 AktG als Möglichkeit einer Konzernsteuerung, 2015, 116 ff.

[321] Vgl. *Fleischer* DB 2005, 759 (764); *Löbbe*, Unternehmenskontrolle im Konzern, 2003, 223.

[322] Vgl. *Brouwer*, Zustimmungsvorbehalte des Aufsichtsrats im Aktien- und GmbH-Recht, 2008, 326; *Fleischer* DB 2005, 759 (764); *Löbbe*, Unternehmenskontrolle im Konzern, 2003, 225 ff. Ausführlich und unter Einbeziehung auch von GmbH *Weyl*, Zustimmungsvorbehalte nach § 111 Abs. 4 S. 2 AktG als Möglichkeit einer Konzernsteuerung, 2015, 203 ff.

[323] MüKoAktG/*Habersack* AktG § 111 Rn. 132; *Mense*, Interessenkonflikte bei Mehrfachmandaten im Aufsichtsrat der AG, 2008, 170; *Weyl*, Zustimmungsvorbehalte nach § 111 Abs. 4 S. 2 AktG als Möglichkeit einer Konzernsteuerung, 2015, 127. Siehe auch *Brouwer*, Zustimmungsvorbehalte des Aufsichtsrats im Aktien- und GmbH-Recht, 2008, 292 zu weiteren Maßnahmen.

rern der Untergesellschaften, soweit darüber die Obergesellschaft kraft ihrer Beteiligung entscheidet.[324] Auf diese Weise kann der Aufsichtsrat Einfluss auf das leitende Personal und damit **mittelbar** auch auf die Geschäftsführung in den Untergesellschaften nehmen.[325] In all diesen Fällen geht es letztlich um Maßnahmen, die der Konzernleitung und den sonstigen konzernspezifischen Führungsaufgaben des Vorstands der Obergesellschaft zuzuordnen sind.

Zustimmungsvorbehalte können aber auch an Geschäftsführungsmaßnahmen der **Untergesellschaft** 104 anknüpfen, die nicht durch eine Maßnahme der Obergesellschaft veranlasst sind **(Konzerngeschäft im engeren Sinn).** Zwar kann der Aufsichtsrat der Obergesellschaft die Geschäftsführung der Untergesellschaft nicht direkt seiner eigenen Zustimmung unterstellen. Es gibt **keinen „Konzern-Aufsichtsrat"**, der die Vorstände aller nachgeordneten Gesellschaften mitkontrolliert. Jedoch ist denkbar, gleichsam einer **„Zustimmungskette"** einen Zustimmungsvorbehalt zu Geschäftsführungsmaßnahmen der Untergesellschaft zugunsten des Vorstands der Obergesellschaft vorzusehen und die Zustimmungsentscheidung des Vorstands der Obergesellschaft von der Zustimmung des Aufsichtsrates (der Obergesellschaft) abhängig zu machen.[326] Dies ist zumindest in **Vertrags- und Eingliederungskonzernen** möglich. Ferner besteht diese Möglichkeit bei Untergesellschaften in der Rechtsform der **GmbH**, da Geschäftsführungsmaßnahmen der GmbH-Geschäftsführer von der Zustimmung der Gesellschafterversammlung abhängig gemacht werden können, die vom Vorstand der Obergesellschaft repräsentiert wird. Dessen Zustimmung kann dann wiederum der Zustimmung des Aufsichtsrats der Obergesellschaft unterliegen. Auf diese Weise wird die Geschäftsführung in der Untergesellschaft mit einer Maßnahme des Vorstands der Obergesellschaft verknüpft. Im Verhältnis zum Vorstand der Obergesellschaft kann der Aufsichtsrat die Zustimmungsbedürftigkeit selbst beschließen.[327] Im Verhältnis zwischen Ober- und Untergesellschaft lässt sich der Zustimmungsvorbehalt regelmäßig über das **Weisungsrecht** aus Beherrschungsvertrag, aufgrund Eingliederung oder als GmbH-Gesellschafterversammlung durchsetzen.[328] Über den „Umweg" des von ihm kontrollierten Vorstands der Obergesellschaft kann der Aufsichtsrat der Obergesellschaft so Einfluss auf die Geschäftsführung in den Untergesellschaften nehmen. Unmittelbar verpflichtet ist gegenüber dem Aufsichtsrat der Obergesellschaft jedoch wiederum nur der **Vorstand der Obergesellschaft.**

Uneinigkeit besteht darüber, ob die soeben dargestellte „Zustimmungskette" auch im Falle einer nur 105 **faktischen abhängigen AG** als Untergesellschaft eingerichtet werden kann. Teilweise wird vertreten, dass Zustimmungsvorbehalte zugunsten der herrschenden Gesellschaft im faktischen Konzern aufgrund der Leitungssouveränität der abhängigen Gesellschaft (§ 76 Abs. 1 AktG, § 23 Abs. 5 AktG) **unzulässig** bzw. für die abhängige Gesellschaft **ohne Rechtswirkung** seien.[329] Als Folge ginge auch ein daran anknüpfender Vorbehalt zugunsten des Aufsichtsrats (im Verhältnis zur abhängigen Gesellschaft) ins Leere. So gesehen verschiebt sich die Problematik der Zustimmungsvorbehalte im faktischen Konzern von der Zulässigkeit auf die **Durchsetzbarkeit.**[330] Unabhängig von der Frage der Durchsetzbarkeit wäre die Festlegung eines Zustimmungsvorbehalts zugunsten des Vorstands der Obergesellschaft für eine Geschäftsführungsmaßnahme der Untergesellschaft aber jedenfalls eine **„Veranlassung"** iSd § 311 AktG und der Vorstand müsste auf die Durchsetzung des Zustimmungsvorbehalts verzichten, wenn damit ein **nicht ausgleichsfähiger Nachteil** für die abhängige Gesellschaft verbunden ist.[331] Schwierigkeiten bereitet dabei insbesondere das Erfordernis, den zugefügten Nachteil und dessen Ausgleich zu bestimmen.

Angesichts dieser Unsicherheiten erscheint es **praktikabler**, den Einfluss der Obergesellschaft wie folgt 106 zu organisieren: Unproblematisch zulässig ist es nach § 111 Abs. 4 S. 2 AktG, wenn in der abhängigen Gesellschaft ein Zustimmungsvorbehalt zugunsten des Aufsichtsrats dieser Gesellschaft festgelegt wird. Durch entsprechende **Besetzung des Aufsichtsrats** der Untergesellschaft mit Repräsentanten und Ver-

---

[324] Vgl. *Lutter* AG 2006, 517 (520); *Lutter/Krieger/Verse* AR § 4 Rn. 159; *Mense,* Interessenkonflikte bei Mehrfachmandaten im Aufsichtsrat der AG, 2008, 170.
[325] *Lutter* AG 2006, 517 (520); *Mense,* Interessenkonflikte bei Mehrfachmandaten im Aufsichtsrat der AG, 2008, 170.
[326] MüKoAktG/*Habersack* AktG § 111 Rn. 132; *Lutter* AG 2006, 517 (520); *Lutter/Krieger/Verse* AR § 4 Rn. 160; *Mense,* Interessenkonflikte bei Mehrfachmandaten im Aufsichtsrat der AG, 2008, 170.
[327] Vgl. § 111 Abs. 4 S. 2 AktG. Nach § 107 Abs. 3 S. 7 AktG aE kann der Beschluss nur durch das Plenum gefasst werden.
[328] *Lutter/Krieger/Verse* AR § 4 Rn. 160; *Weyl,* Zustimmungsvorbehalte nach § 111 Abs. 4 S. 2 AktG als Möglichkeit einer Konzernsteuerung, 2015, 199.
[329] MüKoAktG/*Altmeppen* AktG § 311 Rn. 4010; *Fleischer* DB 2005, 759 (764); Kölner Komm AktG/*Mertens/Cahn* AktG § 111 Rn. 23.
[330] Vgl. *Fonk* ZGR 2006, 841 (852 ff., 855); *Löbbe,* Unternehmenskontrolle im Konzern, 2003, 317 f.; *Scheffler* DB 1994, 793 (798).
[331] Dies lässt sich zwanglos, soweit Zustimmungsvorbehalte im faktischen Konzern als unzulässig und unwirksam angesehen werden. Vgl. im Übrigen aber auch *Löbbe,* Unternehmenskontrolle im Konzern, 2003, 317 ff. und *Semler* Leitung und Überwachung Rn. 467, die wohl davon ausgehen, dass Zustimmungsvorbehalte auch gegenüber der abhängigen Gesellschaft Wirkung entfalten, da allein die Festlegung eines Vorbehalts noch keinen (auszugleichenden) Nachteil darstelle, sondern nur eine zeitliche Verzögerung bedeute.

trauenspersonen der Obergesellschaft hat diese die Möglichkeit, die Festlegung und Ausgestaltung der Zustimmungsvorbehalte durchzusetzen.[332] Inwieweit damit **rechtlich bindend** (und nicht nur faktisch) auf die Untergesellschaft eingewirkt werden kann, hängt dann wiederum davon ab, welche Wirkung man den Weisungen gegenüber entsandten Aufsichtsratsmitgliedern zubilligt (→ Rn. 26 f.).[333]

107 **(2) Pflicht zum Erlass konzernbezogener Zustimmungsvorbehalte?** Anknüpfend an die Möglichkeiten des Aufsichtsrats, **konzernbezogene Zustimmungsvorbehalte** festzulegen, stellt sich die Frage, ob der Aufsichtsrat der Obergesellschaft auch **verpflichtet** ist, von dieser Möglichkeit Gebrauch zu machen. Grundsätzlich steht dem Aufsichtsrat **Ermessen** hinsichtlich der Festlegung von Zustimmungsvorbehalten zu. Eine Pflicht zur Festlegung eines konkreten Zustimmungsvorbehalts besteht nach der Rechtsprechung aber ausnahmsweise dann, wenn der Aufsichtsrat nur auf diese Weise seinem Überwachungsauftrag gerecht werden kann, wenn also ein Fall der **Ermessensreduzierung auf Null** vorliegt.[334] Dies gilt auch für den Aufsichtsrat im Konzern innerhalb der dort zur Verfügung stehenden rechtlichen Möglichkeiten.[335] Unterschiedlich beantwortet wird hingegen die Frage, ob der Aufsichtsrat allein **aufgrund der Konzernierung** generell – dh unabhängig von konkreten Geschäftsarten – verpflichtet ist, (auch) Geschäfte mit Konzernbezug in den Katalog der zustimmungsbedürftigen Geschäfte aufzunehmen.

108 Soweit eine solche Pflicht in der Literatur abgelehnt wird, wird dies zumeist mit dem **Ausübungsermessen des Aufsichtsrats** bei der Wahrnehmung seines Überwachungsauftrags begründet.[336] Zudem wird auf den Wortlaut von § 111 Abs. 4 S. 2 AktG verwiesen, mit dem eine generelle Pflicht zur Aufnahme konzernbezogener Zustimmungsklauseln nicht zu vereinbaren sei.[337] Nach der **Gegenauffassung** sind Zustimmungsvorbehalte entsprechend der konzernspezifischen Überwachungspflicht für sämtliche Geschäfte **zwingend**, die von „grundlegender Bedeutung für die Vermögens-, Ertrags- oder Finanzlage sowie die Risikoexposition der Konzernobergesellschaft" sind.[338] Dies gelte auch, wenn es sich um Geschäfte von nachgeordneten Konzerngesellschaften handele.[339] In diesem Zusammenhang wird insbesondere darüber diskutiert, ob die Besetzung der **wichtigsten Vorstandsposten** in den Konzerngesellschaften einem Zustimmungsvorbehalt zu unterwerfen ist.[340] Hält man den Aufsichtsrat im betreffenden Fall für verpflichtet, einen Zustimmungsvorbehalt festzusetzen und tut er dies gleichwohl nicht, handelt er **pflichtwidrig** iSv § 93 Abs. 2 AktG iVm § 116 S. 1 AktG. Allerdings muss ein Konzernbezug nach herrschender Auffassung nicht ausdrücklich dem Wortlaut des Zustimmungsvorbehalts zu entnehmen sein, sondern kann sich auch durch **Auslegung** ergeben (→ Rn. 109 ff.). Somit käme es auch mit dieser Auffassung wohl darauf an, ob überhaupt ein Zustimmungsvorbehalt für Geschäfte mit grundlegender Bedeutung bzw. andere Geschäfte, für die eine Pflicht zur Festlegung eines Zustimmungsvorbehaltes angenommen wird, festgelegt wird oder nicht. Lehnt man die Auslegung eines **neutral formulierten** Zu-

---

[332] *Brouwer*, Zustimmungsvorbehalte des Aufsichtsrats im Aktien- und GmbH-Recht, 2008, 328 ff.; K. Schmidt/Lutter/ *Drygala* AktG § 111 Rn. 67; *Löbbe*, Unternehmenskontrolle im Konzern, 2003, 227; *Lutter/Krieger/Verse* AR § 4 Rn. 160; *Weyl*, Zustimmungsvorbehalte nach § 111 Abs. 4 S. 2 AktG als Möglichkeit einer Konzernsteuerung, 2015, 232 f.
[333] Nicht vertieft werden soll an dieser Stelle die (weitere) Möglichkeit, den Vorstand der Untergesellschaft nach § 119 Abs. 2 AktG dazu zu veranlassen, einen Beschluss der Hauptversammlung herbeizuführen, bei dem sich die herrschende Gesellschaft sodann ihre Stimmrechtsmehrheit zunutze machen könnte. Näher hierzu *Brouwer*, Zustimmungsvorbehalte des Aufsichtsrats im Aktien- und GmbH-Recht, 2008, 326, 334; *Weyl*, Zustimmungsvorbehalte nach § 111 Abs. 4 S. 2 AktG als Möglichkeit einer Konzernsteuerung, 2015, 228.
[334] BGH NJW 1994, 520 (524). So auch *Brouwer*, Zustimmungsvorbehalte des Aufsichtsrats im Aktien- und GmbH-Recht, 2008, 337; *U.H. Schneider* in Krieger/U.H. Schneider Managerhaftung-HdB § 10 Rn. 10.25; *Weyl*, Zustimmungsvorbehalte nach § 111 Abs. 4 S. 2 AktG als Möglichkeit einer Konzernsteuerung, 2015, 138.
[335] GroßkommAktG/*Hopt/Roth* AktG § 111 Rn. 670 iVm Rn. 648, 663, 744; *Martens* ZHR 159 (1995), 567 (578); *U.H. Schneider* in Krieger/U.H. Schneider Managerhaftung-HdB § 10 Rn. 10.25; *Weyl*, Zustimmungsvorbehalte nach § 111 Abs. 4 S. 2 AktG als Möglichkeit einer Konzernsteuerung, 2015, 138.
[336] *Harbarth* FS Hoffmann-Becking, 2013, 457 (458); GroßkommAktG/*Hopt/Roth* AktG § 111 Rn. 744 ff.; *Löbbe*, Unternehmenskontrolle im Konzern, 2003, 325 f.; BeckOGK/*Spindler* AktG § 111 Rn. 93.
[337] *Harbarth* FS Hoffmann-Becking, 2013, 457 (458); *Löbbe*, Unternehmenskontrolle im Konzern, 2003, 325 f.
[338] *Brouwer*, Zustimmungsvorbehalte des Aufsichtsrats im Aktien- und GmbH-Recht, 2008, 337 f. mit Bezug auf BT-Drs. 14/9769, 17. In der Sache so auch *Götz* NZG 2002, 599 (603); Kölner Komm AktG/*Koppensteiner* AktG Vor § 291 Rn. 73 Fn. 191 („geboten"); *U.H. Schneider* in Krieger/U.H. Schneider Managerhaftung-HdB § 10 Rn. 10.25.
[339] *Brouwer*, Zustimmungsvorbehalte des Aufsichtsrats im Aktien- und GmbH-Recht, 2008, 337 f.; *Götz* NZG 2002, 599 (603); Kölner Komm AktG/*Koppensteiner* AktG Vor § 291 Rn. 73 Fn. 191; *U.H. Schneider* in Krieger/ U.H. Schneider Managerhaftung-HdB § 10 Rn. 10.25. Mit abweichender Begründung für eine Pflicht zur Festlegung konzernweiter Zustimmungsvorbehalte *Weyl*, Zustimmungsvorbehalte nach § 111 Abs. 4 S. 2 AktG als Möglichkeit einer Konzernsteuerung, 2015, 137 ff.
[340] Dafür etwa *Martens* ZHR 159 (1995), 567 (578) unter Annahme einer Ermessensreduzierung auf Null. Dagegen etwa *Löbbe*, Unternehmenskontrolle im Konzern, 2003, 327 f.; *Weyl*, Zustimmungsvorbehalte nach § 111 Abs. 4 S. 2 AktG als Möglichkeit einer Konzernsteuerung, 2015, 160. Ausführlich zum Diskussionsstand *Weyl*, Zustimmungsvorbehalte nach § 111 Abs. 4 S. 2 AktG als Möglichkeit einer Konzernsteuerung, 2015, 155–160.

stimmungsvorbehalts als konzernbezogen hingegen ab, bliebe es insoweit beim Vorwurf der Pflichtwidrigkeit und einer etwaigen Haftung des Aufsichtsrats gem. § 93 Abs. 2 AktG iVm § 116 S. 1 AktG.

(3) Konzernbezogene Geltung aufgrund Auslegung. Eine ausdrücklich konzernbezogene Formulierung eines Zustimmungsvorbehalts könnte etwa lauten: „Die unter den Ziffern 1.–5. genannten Geschäfte bedürften auch dann der Zustimmung, wenn sie von einem mit der Gesellschaft verbundenen Unternehmen (§ 15 AktG) vorgenommen werden." Fehlen entsprechende Klarstellungen, stellt sich die Frage, ob und ggf. wann eine **konzernneutral formulierte Regelung** gleichwohl konzernbezogen gilt. Zur Klärung dieser Frage ist der jeweilige Zustimmungsvorbehalt auszulegen, wobei verschiedene Anknüpfungspunkte diskutiert werden: 109

Satzungsmäßige Zustimmungsvorbehalte sind nach weitgehend einhelliger Meinung primär anhand **objektiver** Elemente auszulegen,[341] orientiert am konkreten Gegenstand des in Bezug genommenen Geschäfts. Maßgeblich soll neben dem stets zu berücksichtigen **Wortlaut und der Systematik** insbesondere sein, ob der **Zweck des Vorbehalts** vereitelt würde, wenn mit ihm konzernbezogene Sachverhalte nicht erfasst würden. Naheliegend ist letzteres etwa bei einer **Holdinggesellschaft,** die das gesamte operative Geschäft in Tochter- und Enkelgesellschaften ausführt und deren Zustimmungsvorbehalte gerade dieses ausgelagerte Geschäft betreffen.[342] Ähnlich eindeutige Ergebnisse liefert die teleologische Auslegung, wenn der Vorstand Zustimmungsvorbehalte **auszuhebeln** versucht, indem er Geschäfte absichtlich in Untergesellschaften verlagert[343] oder wenn es sich um Geschäfte handelt, für die ein Zustimmungsvorbehalt festgesetzt wurde und die aufgrund einer **nachfolgenden Ausgliederung** des Geschäftsbereichs nunmehr in Untergesellschaften fortgeführt werden.[344] 110

Im Übrigen wird die **auf den Zweck** gerichtete Betrachtung regelmäßig zu der Überlegung führen, wie sich der Vollzug der Maßnahme auf die Obergesellschaft auswirkt. Als **Grundregel** gilt, dass der Zustimmungsvorbehalt konzernweit auszulegen und anzuwenden ist, wenn die Maßnahme, wäre sie eine solche eines rechtlich unselbständigen Teils der Obergesellschaft, ebenfalls zustimmungspflichtig wäre.[345] Auf dieser Grundlage und mit Rücksicht auf das wirtschaftliche Risiko der Geschäfte sollen Zustimmungsvorbehalte zu **Investitions- und Desinvestitionsentscheidungen** regelmäßig konzernbezogen zu verstehen sein.[346] Vorbehalte zu **Personalentscheidungen** seien hingegen im Regelfall nicht konzernweit zu verstehen.[347] Eine Anwendung der oben genannten Grundregel sei **hier nicht sachgerecht,** da die Bestellung bspw. eines Prokuristen in der Konzernobergesellschaft nicht gleichbedeutend sei mit der Bestellung eines Prokuristen in der Konzernuntergesellschaft.[348] Vielmehr verbleibe es bei der übergeordneten Überlegung, wie sich die (Personal-)Maßnahme **auf die Obergesellschaft** auswirkt.[349] Abseits dieser (nicht unumstrittenen) Typisierungsversuche ist bei satzungsmäßig vorgesehenen Zustimmungsvorbehalten nach ganz herrschender Auffassung **im Zweifel** von einer **konzernweiten Geltung** auszugehen.[350] 111

---

[341] BGH NJW 1994, 51 (52); Hüffer/Koch/*Koch* AktG § 111 Rn. 53 und § 23 Rn. 39; *Lenz* AG 1997, 448 (452); *Weyl,* Zustimmungsvorbehalte nach § 111 Abs. 4 S. 2 AktG als Möglichkeit einer Konzernsteuerung, 2015, 162.
[342] *Brouwer,* Zustimmungsvorbehalte des Aufsichtsrats im Aktien- und GmbH-Recht, 2008, 298.
[343] Vgl. *Harbarth* FS Hoffmann-Becking, 2013, 457 (460).
[344] Vgl. *Brouwer,* Zustimmungsvorbehalte des Aufsichtsrats im Aktien- und GmbH-Recht, 2008, 298; *Harbarth* FS Hoffmann-Becking, 2013, 457 (460); *Hoffmann-Becking* ZHR 159 (1995), 325 (339f.).
[345] So etwa K. Schmidt/Lutter/*Drygala* AktG § 111 Rn. 66; MüKoAktG/*Habersack* AktG § 111 Rn. 136; MHdB AG/*Hoffmann-Becking* § 29 Rn. 64; GroßkommAktG/Hopt/*Roth* AktG § 111 Rn. 737; Hüffer/Koch/*Koch* AktG § 111 Rn. 53; Lutter/Krieger/*Verse* AR § 4 Rn. 160; *Potthoff/Trescher* Das Aufsichtsratsmitglied Rn. 563; BeckOGK/*Spindler* AktG § 111 Rn. 112. Vgl. auch BGH BB 1973, 212 zur Konstellation, in der „wirtschaftlich gesehen ein einheitliches Unternehmen vorliegt, bei dem lediglich ein Teil organisatorisch und rechtlich ausgegliedert und verselbstständigt worden ist". Zu einer weiteren Ausdifferenzierung im Fall des faktischen Konzerns vgl. *Harbarth* FS Hoffmann-Becking, 2013, 457 (462ff.).
[346] *Hoffmann-Becking* ZHR 159 (1995), 325 (339f.); Hüffer/Koch/*Koch* AktG § 111 Rn. 53; Lutter/Krieger/*Verse* AR § 4 Rn. 160.
[347] Lutter/Krieger/*Verse* AR § 4 Rn. 160; *Hoffmann-Becking* ZHR 159 (1995), 325 (340), bezugnehmend auf das Beispiel der Zustimmung zur Bestellung von Prokuristen von *Lutter* FS Fischer, 1979, 419 (434), dabei ergänzt um das Beispiel von Generalbevollmächtigten. Zum Diskussionsstand hinsichtlich der Besetzung wichtiger Vorstandsposten in Konzerngesellschaften siehe *Weyl,* Zustimmungsvorbehalte nach § 111 Abs. 4 S. 2 AktG als Möglichkeit einer Konzernsteuerung, 2015, 155–160.
[348] MüKoAktG/*Habersack* AktG § 111 Rn. 136; *Lutter* FS Fischer, 1979, 419 (434). Ebenso *U.H. Schneider* FS Raiser, 2005, 341 (352).
[349] GroßkommAktG/Hopt/*Roth* AktG § 111 Rn. 737; *Lutter* FS Fischer, 1979, 419 (434).
[350] So erstmals *Lutter* FS Fischer, 1979, 419 (431ff.). Dem folgend *Hoffmann-Becking* ZHR 159 (1995), 325 (339f.); GroßkommAktG/Hopt/*Roth* AktG § 111 Rn. 736; Hüffer/Koch/*Koch* AktG § 111 Rn. 53; *Lenz* AG 1997, 448 (452); *Löbbe,* Unternehmenskontrolle im Konzern, 2003, 321ff.; *Weyl,* Zustimmungsvorbehalte nach § 111 Abs. 4 S. 2 AktG als Möglichkeit einer Konzernsteuerung, 2015, 168ff., 188ff. AA MüKoAktG/*Altmeppen* AktG § 311 Rn. 420; *Brouwer,* Zustimmungsvorbehalte des Aufsichtsrats im Aktien- und GmbH-Recht, 2008, 298.

112 Ein gemischtes Meinungsbild besteht zu der Frage, ob diese Grundsätze auch für **Zustimmungsvorbehalte** gelten, die **vom Aufsichtsrat festgesetzt** werden. Teilweise wird vertreten, dass bei solchen Vorbehalten **im Zweifel nicht** von einer konzernweiten Geltung ausgegangen werden könne.[351] Der insoweit ergänzenden Auslegung wird entgegengehalten, dass der Aufsichtsrat den betreffenden Vorbehalt jederzeit neu fassen und konkretisieren könne, sobald er die Erstreckung auf Konzernsachverhalte für erforderlich hält.[352] Die **Gegenauffassung** nimmt hingegen an, dass bei der Auslegung insoweit **kein Unterschied** zu satzungsmäßig festgeschriebenen Zustimmungsvorbehalten besteht.[353] Die Begründung zur Abweichung sei nicht überzeugend, da auch die Hauptversammlung die konzernweite Geltung eines festgesetzten Zustimmungsvorbehalts in der nächsten Hauptversammlung beschließen könne.[354] Hinzu käme, dass die Vorstellung, der Aufsichtsrat könne jederzeit einen konkretisierenden Beschluss fassen, angesichts der gesetzlichen Konzeption des Aufsichtsratsamtes als Nebenamt[355] praxisfremd sei.[356] Aus diesen Gründen geht die **wohl überwiegende** Ansicht davon aus, dass insoweit **keine Unterschiede** zwischen satzungsmäßig erlassenen und vom Aufsichtsrat im Beschlusswege festgesetzten Zustimmungsvorbehalten bestehen.[357] Jedoch können nach umstrittener Ansicht bei durch Beschluss festgesetzten Vorbehalten in stärkerem Maße auch **subjektive Beweggründe** des Aufsichtsrats berücksichtigt werden.[358]

113 Ergibt die Auslegung, dass ein Zustimmungsvorbehalt **konzernweit** gelten soll, ist der Vorstand der Obergesellschaft verpflichtet, für eine Festlegung entsprechender Zustimmungsvorbehalte **in den nachgeordneten Gesellschaften** – im Rahmen des rechtlich Möglichen – zu sorgen.

2. Aufsichtsrat der Untergesellschaft

114 Das positive Recht sieht wie bereits einleitend angemerkt **kein umfassendes Sonderrecht** für Aufsichtsräte im Konzern vor. Nur vereinzelt existieren Regelungen, die in spezifischer Weise den Aufsichtsrat der abhängigen Gesellschaft betreffen.[359] Im Übrigen richten sich die Anforderungen nach den für Aufsichtsräte **allgemein geltenden** Vorschriften. Bei der Konkretisierung dieser allgemeinen Vorschriften sind aber **konzernspezifische Besonderheiten** zu erkennen.

a) Überwachungsgegenstand und Überwachungsauftrag

115 Auch für den Aufsichtsrat der Untergesellschaft gilt die **Zentralbestimmung** in § 111 Abs. 1 AktG, wonach der Aufsichtsrat die **Geschäftsführung des Vorstands der Gesellschaft** zu überwachen hat.[360] Dabei muss er die Konzernzugehörigkeit der Gesellschaft berücksichtigen, ohne dass dadurch andere Konzerngesellschaften und deren Geschäftsführung zum Gegenstand der Überwachung oder deren Interessen zum Maßstab der Überwachung würden. Demgemäß hat der Aufsichtsrat der Untergesellschaft auch **keine Auskunfts- und Prüfungsrechte** gegenüber Organen oder Mitarbeitern **anderer Konzerngesellschaften**.[361]

116 Die **Überwachungspflicht** des Aufsichtsrats besteht nicht nur für den Bereich, in dem keine Einflussnahme durch das herrschende Unternehmen stattfindet.[362] In diesem Punkt unterscheidet sie sich nicht von der Überwachung in einer konzernfreien (nicht abhängigen) Gesellschaft.[363] Der Überwachungsauftrag erfasst **auch den Bereich,** in dem das Handeln des Vorstands auf eine Einflussnahme durch die herrschende Gesellschaft zurückgeht. Da gerade in diesen Fällen die **Gefahr** besteht, dass die Interessen der abhängigen Gesellschaft nicht gewahrt werden, hat der Aufsichtsrat auch solche Maßnahmen zu kon-

---

[351] Für eine abweichende Bewertung Kölner Komm AktG/*Mertens/Cahn* AktG § 111 Rn. 96 f.; BeckOGK/*Spindler* AktG § 111 Rn. 112.
[352] BeckOGK/*Spindler* AktG § 111 Rn. 112; Kölner Komm AktG/*Mertens/Cahn* AktG § 111 Rn. 97. Kritisch insoweit auch *Fonk* ZGR 2006, 841 (853).
[353] MüKoAktG/*Habersack* AktG § 111 Rn. 136; *Harbarth* FS Hoffmann-Becking, 2013, 457 (465 f.); GroßkommAktG/*Hopt/Roth* AktG § 111 Rn. 739; Hüffer/Koch/*Koch* AktG § 111 Rn. 53.
[354] *Lenz* AG 1997, 448 (452); *Löbbe,* Unternehmenskontrolle im Konzern, 2003, 323; *Weyl,* Zustimmungsvorbehalte nach § 111 Abs. 4 S. 2 AktG als Möglichkeit einer Konzernsteuerung, 2015, 189 f.
[355] Zur Konzeption als Nebenamt Lutter/Krieger/*Verse* AR § 4 Rn. 894; *Lutter* NJW 1995, 1133; *Scheffler* DB 1994, 793 (799).
[356] GroßkommAktG/*Hopt/Roth* AktG § 111 Rn. 739.
[357] BeckOGK/*Spindler* AktG § 111 Rn. 112; Kölner Komm AktG/*Mertens/Cahn* AktG § 111 Rn. 97.
[358] Vgl. *Harbarth* FS Hoffmann-Becking, 2013, 457 (466); *Lutter* FS Fischer, 1979, 419 (422). Dagegen *Weyl,* Zustimmungsvorbehalte nach § 111 Abs. 4 S. 2 AktG als Möglichkeit einer Konzernsteuerung, 2015, 162.
[359] Vgl. etwa § 115 Abs. 1 S. 2 AktG, § 310 Abs. 1 AktG, §§ 314 oder 318 Abs. 2 AktG.
[360] MüKoAktG/*Habersack* AktG § 111 Rn. 68; *Weyl,* Zustimmungsvorbehalte nach § 111 Abs. 4 S. 2 AktG als Möglichkeit einer Konzernsteuerung, 2015, 263.
[361] Lutter/Krieger/*Verse* AR § 6 Rn. 245; BeckOGK/*Spindler* AktG § 111 Rn. 40.
[362] *Semler* Leitung und Überwachung Rn. 456 ff. Vgl. auch *Mense,* Interessenkonflikte bei Mehrfachmandaten im Aufsichtsrat der AG, 2008, 171 bezogen nur auf Weisungen im Vertragskonzern.
[363] *Weyl,* Zustimmungsvorbehalte nach § 111 Abs. 4 S. 2 AktG als Möglichkeit einer Konzernsteuerung, 2015, 263.

trollieren, die aus einer Einflussnahme der Obergesellschaft resultieren.[364] Dabei ergibt sich allerdings eine **Modifikation des Überwachungsauftrags**.[365] Der Aufsichtsrat muss jeweils prüfen, ob sich die Einflussnahme in den Grenzen des konzernrechtlich Zulässigen bewegt und wie der Vorstand der Untergesellschaft mit der Einflussnahme umgeht. Insoweit agiert der Aufsichtsrat als „**Hüter der Interessen der abhängigen Gesellschaft**".[366] Denn die (mediatisierte) Kontrolle durch den Aufsichtsrat der Obergesellschaft erfasst nicht die Überwachungsaufgabe des Aufsichtsrats der **Untergesellschaft**,[367] sondern ist an den Interessen der **Obergesellschaft** orientiert. Das Gesetz geht auch nicht von einem **arbeitsteiligen Überwachungssystem** der Aufsichtsräte aus (→ Rn. 49).[368] Worauf der Aufsichtsrat der Untergesellschaft bei seiner Überwachung im Einzelnen zu achten hat, wird durch die **Form der Unternehmensverbindung** (mit-)bestimmt.

Bei Vorliegen eines **Beherrschungsvertrages** ist die Untergesellschaft, wie bereits erläutert, nach § 308 Abs. 1 und 2 AktG regelmäßig verpflichtet, auch nachteilige **Weisungen** umzusetzen. Der Vorstand der abhängigen Gesellschaft darf sich einer solchen Weisung nur **ausnahmsweise** widersetzen, wenn offensichtlich ist, dass die Weisung nicht den Belangen der Obergesellschaft oder einer mit ihr konzernverbundenen Gesellschaft dient (→ Rn. 14).[369] Der Aufsichtsrat hat im Rahmen seiner Überwachung sicherzustellen, dass der Vorstand des abhängigen Unternehmens seiner Folgepflicht nachkommt, sofern die Weisung befolgt werden muss.[370] Er hat bei seiner Prüfung die gesetzlichen **Grenzen der Folgepflicht** zu berücksichtigen, muss also prüfen, ob die den Gegenstand der Weisung bildende Maßnahme rechtmäßig ist und ob ein Fall vorliegt, in dem die in Frage stehende Maßnahme offensichtlich nicht den Interessen des herrschenden Unternehmens oder einer anderen Konzerngesellschaft dient. Ferner muss der **Aufsichtsrat** prüfen, ob es vertragliche oder satzungsmäßige **Einschränkungen** des Weisungsrechts gibt, die dann ebenfalls zu berücksichtigen wären.[371] Der Aufsichtsrat hat somit einerseits darauf hinzuwirken, dass Weisungen **ausgeführt** werden, wenn die Voraussetzungen für die Zulässigkeit der Weisung vorliegen, andererseits aber unzulässige Weisungen vom Vorstand **nicht ausgeführt** werden.[372] Dabei ist die in § 308 Abs. 2 S. 2 AktG formulierte Einschränkung, nach der die Folgepflicht nur entfällt, wenn die Weisung **offensichtlich** nicht den Interessen der Obergesellschaft oder einer anderen Konzerngesellschaft dient, praktisch sehr relevant. Sie bedeutet, dass diese Frage **nicht detailliert geprüft** werden und die Dienlichkeit für die Interessen des herrschenden Unternehmens oder einer anderen Konzerngesellschaft insbesondere **nicht positiv festgestellt** werden muss.[373] 117

Im Fall der **Eingliederung** gem. §§ 319 ff. AktG gilt etwas anderes. Da § 308 Abs. 1 S. 2 und Abs. 2 S. 2 AktG vom Verweis in § 323 Abs. 1 S. 2 AktG nicht erfasst sind, sind **nachteilige Weisungen** gegenüber einer eingegliederten Gesellschaft auch dann **zu befolgen**, wenn sie nicht den Belangen des herrschenden Unternehmens oder denen konzernverbundener Unternehmen dienen.[374] Selbst **existenzgefährdende oder -vernichtende Weisungen** sind nach herrschender Auffassung im Eingliederungskonzern zulässig.[375] Diese Erweiterung der Weisungsbefugnis bewirkt, dass der Aufsichtsrat der Untergesellschaft anders als beim Beherrschungsvertrag **nicht zu prüfen** hat, ob die Folgepflicht des Vorstands an der fehlenden Dienlichkeit der Weisung für andere Konzerngesellschaften scheitert.[376] Der **Überwachungsauftrag** des Aufsichtsrats der Untergesellschaft ist dementsprechend **reduziert**. Weil aber auch eine eingegliederte Gesellschaft nicht zu einem **gesetzeswidrigen** Verhalten angewiesen werden darf und entsprechende Weisungen der Obergesellschaft keine Folgepflicht auslösen,[377] ist der Aufsichtsrat **nicht von jeglicher Prüfpflicht** entbunden.[378] Gleiches gilt mit Rücksicht auf die Unzulässigkeit sittenwidri- 118

---

[364] *U.H. Schneider* FS Raiser, 2005, 341 (349).
[365] *Lutter/Krieger/Verse* AR § 4 Rn. 164; *Weyl*, Zustimmungsvorbehalte nach § 111 Abs. 4 S. 2 AktG als Möglichkeit einer Konzernsteuerung, 2015, 263.
[366] *Schwark* FS Ulmer, 2003, 605 (625).
[367] Ebenso *Semler* Leitung und Überwachung Rn. 456 ff.
[368] So die hM; aA *Hommelhoff* ZGR 1996, 144 (156 ff., 159).
[369] Vgl. § 308 Abs. 2 S. 2 aE AktG.
[370] *Mense*, Interessenkonflikte bei Mehrfachmandaten im Aufsichtsrat der AG, 2008, 171.
[371] Hüffer/Koch/*Koch* AktG § 308 Rn. 13 f.
[372] Emmerich/Habersack/*Emmerich* Aktien- und GmbH-KonzernR AktG § 310 Rn. 21; *Lutter/Krieger/Verse* AR § 4 Rn. 167; *Mense*, Interessenkonflikte bei Mehrfachmandaten im Aufsichtsrat der AG, 2008, 171.
[373] MüKoAktG/*Altmeppen* AktG § 308 Rn. 146 mwN.
[374] MüKoAktG/*Grunewald* AktG § 323 Rn. 2; Hüffer/Koch/*Koch* AktG § 323 Rn. 3; *Mense*, Interessenkonflikte bei Mehrfachmandaten im Aufsichtsrat der AG, 2008, 171.
[375] MüKoAktG/*Grunewald* AktG § 323 Rn. 3; Hüffer/Koch/*Koch* AktG § 323 Rn. 3; MHdB AG/*Krieger* § 74 Rn. 48. Ablehnend K. Schmidt/Lutter/*Ziemons* AktG § 323 Rn. 6.
[376] Dazu *Mense*, Interessenkonflikte bei Mehrfachmandaten im Aufsichtsrat der AG, 2008, 172.
[377] Emmerich/Habersack/*Habersack* Aktien- und GmbH-KonzernR AktG § 323 Rn. 2, K. Schmidt/Lutter/*Ziemons* AktG § 323 Rn. 6, 13.
[378] *Lutter/Krieger/Verse* AR § 4 Rn. 168; *Weyl*, Zustimmungsvorbehalte nach § 111 Abs. 4 S. 2 AktG als Möglichkeit einer Konzernsteuerung, 2015, 266.

ger und satzungswidriger Weisungen.[379] Insoweit besteht der **(modifizierte) Überwachungsauftrag** des Aufsichtsrats fort.

119 Im Bereich des **faktischen Konzerns** hat der Aufsichtsrat der Untergesellschaft die Aufgabe, zu prüfen, ob eine von der Obergesellschaft veranlasste Maßnahme für die abhängige Gesellschaft **nachteilig** ist, der Nachteil **ausgleichsfähig** ist (woran es etwa fehlt, wenn der Nachteil nicht quantifizierbar ist) und der Nachteil auch tatsächlich ausgeglichen wird bzw. wurde (vgl. § 311 Abs. 1 und 2 AktG).[380] Auch insoweit besteht also ein Auftrag, zu prüfen, ob die Einflussnahme auf die Gesellschaft **konzernrechtlich zulässig** ist. Gerichtet ist dieser Prüfauftrag wiederum auf das Handeln oder Unterlassen des **Vorstands der Untergesellschaft**. Die Veranlassung oder sonstige Einflussnahme durch den Vorstand der Obergesellschaft ist im Rahmen der Prüfung daher zwar Anlass, aber nur mittelbar Gegenstand der Prüfung.

b) (Konzernspezifische) Berichterstattung und Berichtsprüfung

120 Nach § 312 Abs. 1 AktG hat der Vorstand einen Bericht über die Beziehungen der Gesellschaft zu verbundenen Unternehmen aufzustellen (sog. **Abhängigkeitsbericht**). Den Aufsichtsrat trifft die Pflicht, den Abhängigkeitsbericht zu **prüfen** und die Hauptversammlung über das Ergebnis der Prüfung zu **unterrichten** (§ 314 Abs. 2 und 3 AktG, § 171 Abs. 2 AktG). Hierbei ist insbesondere der Frage nachzugehen, ob durch die Konzernleitung **nachteilige Maßnahmen** veranlasst wurden und ob bzw. wie diese ausgeglichen wurden. Der Aufsichtsrat hat zu prüfen, ob der Bericht des Vorstands vollständig und zutreffend ist.[381] Leitgebend für seine Erwägungen sind die **Interessen der abhängigen Gesellschaft**,[382] was auch und gerade hinsichtlich der Nachteilsprüfung gilt. Verletzt der Aufsichtsrat seine Prüfpflichten schuldhaft, haften seine Mitglieder persönlich aus § 318 Abs. 2 AktG, § 317 AktG, § 116 S. 1 AktG, § 93 Abs. 2 AktG.[383] Eine haftungsbegründende Pflichtverletzung liegt auch dann vor, wenn der Aufsichtsrat nicht mitteilt, dass der Vorstand einen Abhängigkeitsbericht zu Unrecht **nicht erstattet** hat.[384] Hat wiederum der Vorstand seine Pflicht verletzt, ein nachteiliges Rechtsgeschäft oder eine nachteilige Maßnahme im Abhängigkeitsbericht anzugeben und wurde aus diesem Grund ein **Nachteil** nicht ausgeglichen, haften die Vorstandsmitglieder gem. § 318 Abs. 1 S. 1 AktG, § 317 AktG, § 93 Abs. 2 AktG persönlich. Der Schadensersatzanspruch der Gesellschaft ist dann ggf. **durch den Aufsichtsrat** durchzusetzen.[385]

121 Ein besonderer Prüfauftrag des Aufsichtsrats besteht gem. § 314 Abs. 2 S. 2 AktG auch im Hinblick auf den **Bericht des Abschlussprüfers,** welcher den Abhängigkeitsbericht nach Maßgabe des § 313 AktG ebenfalls zu prüfen hat. Parallel zur Regelung zum Konzernabschluss (→ Rn. 74) ist der **Abschlussprüfer** verpflichtet, bei den betreffenden Verhandlungen im Aufsichtsrat (der abhängigen Gesellschaft) bzw. im Prüfungsausschuss **anwesend** zu sein und über das wesentliche Ergebnis seiner Prüfung **mündlich zu berichten** (vgl. § 314 Abs. 4 AktG). Von diesen Verpflichtungen darf der Aufsichtsrat den Abschlussprüfer auch nicht mit Verweis auf den Konzernabschluss entbinden. Ein entsprechender Beschluss wäre eine **Pflichtverletzung** gegenüber der Gesellschaft und kann eine Schadensersatzhaftung der Aufsichtsratsmitglieder gem. § 116 S. 1 AktG, § 93 Abs. 2 AktG begründen.[386] Ein vom Abschlussprüfer erteilter **Bestätigungsvermerk** ist im **Bericht des Aufsichtsrats** gem. § 314 Abs. 2 S. 3 AktG zwingend aufzunehmen. Dabei ist die Erklärung in ihrem Wortlaut wiederzugeben. Andernfalls sind **Entlastungsbeschlüsse** nach herrschender Auffassung anfechtbar.[387] Auch eine **Versagung** des uneingeschränkten Bestätigungsvermerks ist im Bericht ausdrücklich mitzuteilen. Zudem hat der Prüfbericht des Aufsichtsrates – in Anlehnung an die Regelung beim Konzernabschluss – eine **Schlusserklärung** zu enthalten. Hierin ist gem.

---

[379] Vgl. MüKoAktG/*Grunewald* AktG § 323 Rn. 5.
[380] *Mense,* Interessenkonflikte bei Mehrfachmandaten im Aufsichtsrat der AG, 2008, 173 f.; *Weyl,* Zustimmungsvorbehalte nach § 111 Abs. 4 S. 2 AktG als Möglichkeit einer Konzernsteuerung, 2015, 265.
[381] Emmerich/Habersack/*Habersack* Aktien- und GmbH-KonzernR AktG § 314 Rn. 12; Hüffer/Koch/*Koch* AktG § 314 Rn. 4; BeckOGK/*Müller* AktG § 314 Rn. 7.
[382] Emmerich/Habersack/*Habersack* Aktien- und GmbH-KonzernR AktG § 314 Rn. 12; Hüffer/Koch/*Koch* AktG § 314 Rn. 4; BeckOGK/*Müller* AktG § 314 Rn. 9.
[383] Der Haftungsausschluss des § 318 Abs. 3 AktG ist mit der aktuellen Gesetzesfassung gegenstandslos. Vgl. hierzu MüKoAktG/*Altmeppen* AktG § 318 Rn. 21.
[384] MüKoAktG/*Altmeppen* AktG § 318 Rn. 10; Emmerich/Habersack/*Habersack* Aktien- und GmbH-KonzernR AktG § 318 Rn. 14.
[385] *U.H. Schneider* FS Raiser, 2005, 341 (344) mit Verweis auf die ARAG/Garmenbeck-Rechtsprechung BGHZ 135, 244.
[386] Emmerich/Habersack/*Habersack* Aktien- und GmbH-KonzernR AktG § 314 Rn. 10.
[387] Zum Wortlauterfordernis BGH NJW 2003, 1032 (1034); OLG München AG 2009, 450 (452); OLG Dresden AG 2003, 433 (436); MüKoAktG/*Altmeppen* AktG § 314 Rn. 26; Hüffer/Koch/*Koch* AktG § 314 Rn. 5. Die Anfechtbarkeit bei nur sinngemäßer Wiedergabe bejahend OLG München AG 2009, 450 (452); OLG Dresden, AG 2003, 433 (436); Hüffer/Koch/*Koch* AktG § 314 Rn. 5; *Lutter* AG 2008, 1 (8); BeckOGK/*Müller* AktG § 314 Rn. 13. Kritisch hingegen OLG Celle NJOZ 2010, 1163 (1164); Großkomm AktG/*Fleischer* AktG § 314 Rn. 22; K. Schmidt/Lutter/*J. Vetter* AktG § 314 Rn. 21.

IV. Spezifische Rechte und Pflichten des Aufsichtsrats im Konzern   122–125 § 8

§ 314 Abs. 3 AktG zu erklären, ob nach dem Ergebnis der Prüfung **Einwendungen** gegen die vom Vorstand abgegebene Schlusserklärung zum Abhängigkeitsbericht (§ 312 Abs. 3 AktG) geltend zu machen sind. Die abschließende Entscheidung über den Abhängigkeitsbericht und den Prüfbericht des Abschlussprüfers kann der Aufsichtsrats gem. § 107 Abs. 3 S. 7 AktG **nicht auf einen Ausschuss** delegieren.[388]

c) (Konzernspezifische) Überwachungs- und Kontrollinstrumente

aa) Konzernspezifische Berichtspflichten nach § 90 AktG. Der Vorstand der abhängigen Gesellschaft 122 hat nach § 90 AktG dem Aufsichtsrat gegenüber zu berichten. **Konzernspezifische Besonderheiten** der Berichterstattung sind bei einer abhängigen Gesellschaft jedoch wesentlich **schwächer ausgeprägt** als bei einer herrschenden. Das liegt zum einen daran, dass eine Verpflichtung der abhängigen Gesellschaft aus § 90 Abs. 1 S. 2 AktG iVm § 290 Abs. 1 und 2 HGB zur Erstellung von Konzernabschlüssen nicht in Betracht kommt, wenn nicht die abhängige Gesellschaft in einem **gestuften Abhängigkeitssystem** ihrerseits beherrschenden Einfluss auf eine andere Gesellschaft ausüben kann und konzernberichtspflichtig ist. Zum anderen scheidet eine **konzerndimensionale Berichterstattung** gegenüber dem Aufsichtsrat der Untergesellschaft insoweit aus, als es dabei um eine Verantwortung des Vorstands **für den Konzern** und dessen Leitung geht. Denn eine solche Verantwortung besteht beim Vorstand der Untergesellschaft gerade nicht.

Gleichwohl führt die Konzernzugehörigkeit auch bei der abhängigen Gesellschaft zu Besonderheiten 123 bei der Anwendung von § 90 AktG. So ist im Rahmen der **Berichterstattung zur geplanten Geschäftspolitik** (§ 90 Abs. 1 S. 1 Nr. 1 AktG) darauf einzugehen, wie sich ein geplantes Geschäft zu den Vorgaben der Obergesellschaft verhält.[389] Je nach Fallkonstellation ist darauf hinzuweisen, dass das Geschäft Folge einer **Einflussnahme** durch die herrschende Gesellschaft ist, dass das Geschäft unabhängig von den Vorgaben der Konzernleitung ist oder aber dass es im Konflikt zur **Geschäftspolitik** der Konzernleitung steht.[390] Weiterhin wird von der Literatur aus § 90 Abs. 1 S. 1 Nr. 1 und 4 AktG abgeleitet, dass dem Aufsichtsrat (auch abseits der §§ 312, 314 AktG) regelmäßig darüber zu berichten ist, ob und wie sich die **Obergesellschaft in die Geschäftspolitik** der Untergesellschaft **eingeschaltet** hat.[391] Der Aufsichtsrat dürfe sich diesbezüglich nicht ausschließlich auf den **jährlichen Abhängigkeitsbericht** verlassen.[392] Schließlich können auch Vorgänge in der herrschenden Gesellschaft oder in anderen konzernverbundenen Gesellschaften eine **Berichtspflicht** nach § 90 Abs. 1 S. 3 AktG auslösen, wenn die Vorgänge auf die Lage der (Unter-)Gesellschaft von erheblichem Einfluss sein können.[393] Denn die Klarstellung in § 90 Abs. 1 S. 3 Hs. 2 AktG zur Berücksichtigung auch **gesellschaftsfremder Vorgänge** gilt nicht nur für Mutterunternehmen, sondern für **alle konzernverbundenen** und damit auch für abhängige Gesellschaften. Ein **wichtiger Anlass** iSd Vorschrift liegt etwa vor, wenn die Obergesellschaft beschließt, die Geschäftstätigkeit im Geschäftszweig der abhängigen Gesellschaft **einzustellen** oder wenn die Obergesellschaft mit schweren **finanziellen Problemen** belastet ist.[394]

Ergänzt werden die periodischen (§ 90 Abs. 1 S. 1 Nr. 1–4 AktG) bzw. anlassbezogenen (§ 90 Abs. 1 124 S. 3 AktG) Berichtspflichten wiederum durch das Recht des Aufsichtsrats, vom Vorstand nach § 90 Abs. 3 AktG **Berichte anzufordern.**

bb) Zustimmungsvorbehalte. Auch der Aufsichtsrat der Untergesellschaft ist gem. § 111 Abs. 4 S. 2 125 AktG berechtigt bzw. verpflichtet, **Zustimmungsvorbehalte** festzulegen. Die Konzernierung ändert an dieser allgemeinen Ausgangslage nichts,[395] was für den **Vertrags- und Eingliederungskonzern** durch die § 308 Abs. 3 S. 1 AktG, § 323 Abs. 1 S. 2 AktG bestätigt wird. Betrifft die Weisung eine Maßnahme, die der Vorstand der abhängigen Gesellschaft nur mit Zustimmung des Aufsichtsrats der abhängigen Gesellschaft vornehmen darf (§ 111 Abs. 4 S. 2 AktG), kann der Aufsichtsrat die **Zustimmung verweigern**, § 308 Abs. 3 AktG.[396] Da das Gesetz **kein Weisungsrecht** gegenüber dem **Aufsichtsrat** der ab-

---

[388] Ob der Abschlussprüfer auch bei der Entscheidung durch das Plenum zwingend anwesend sein muss, wenn er bereits bei der Ausschussverhandlung zugegen war, wird unterschiedlich beurteilt. Dafür *Lutter* AG 2008, 1 (7), nach dem das „oder" in § 314 Abs. 4 AktG als „und" zu lesen ist. Dagegen Emmerich/Habersack/*Habersack* Aktien- und GmbH-KonzernR AktG § 314 Rn. 10, der aus dem Wortlaut „oder" ein Wahlrecht des Aufsichtsrats ableitet.
[389] *Lutter* Information und Vertraulichkeit Rn. 181.
[390] *Lutter* Information und Vertraulichkeit Rn. 181; *Potthoff/Trescher* Das Aufsichtsratsmitglied Rn. 626.
[391] *Lutter* Information und Vertraulichkeit Rn. 181; *Potthoff/Trescher* Das Aufsichtsratsmitglied Rn. 626; *Semler* Leitung und Überwachung Rn. 462.
[392] *Lutter* Information und Vertraulichkeit Rn. 181; *Semler* Leitung und Überwachung Rn. 462.
[393] Vgl. *Lutter* Information und Vertraulichkeit Rn. 181 (jedoch unter Bezugnahme auf § 90 Abs. 1 S. 2 AktG).
[394] Mit diesen Beispielen *Lutter* Information und Vertraulichkeit Rn. 181.
[395] Hüffer/Koch/*Koch* AktG § 111 Rn. 55.
[396] Für den Eingliederungskonzern ergibt sich die sinngemäße Anwendung von § 308 Abs. 3 AktG aus § 323 Abs. 1 S. 2 AktG.

hängigen Gesellschaft vorsieht, ist der Aufsichtsrat nicht an die Weisung gebunden und hat über die Erteilung oder Verweigerung seiner Zustimmung **nach pflichtgemäßem Ermessen** zu entscheiden.[397]

126 **Verweigert** der Aufsichtsrat der abhängigen Gesellschaft seine Zustimmung, hat der Vorstand der abhängigen Gesellschaft dies dem herrschenden Unternehmen mitzuteilen, § 308 Abs. 3 S. 1 AktG. Dasselbe gilt, wenn die Zustimmung des Aufsichtsrats nicht innerhalb angemessener Frist erteilt wird, wobei sich die Angemessenheit nach dem Turnus der Aufsichtsratssitzungen sowie nach Art und Eilbedürftigkeit der Maßnahme richtet.[398] Das herrschende Unternehmen muss dann entscheiden, ob die **Weisung wiederholt** werden soll. Die Wiederholung der Weisung bedarf nach § 308 Abs. 3 S. 2 AktG der **Zustimmung** des Aufsichtsrats **des herrschenden Unternehmens.** Wird die Weisung wiederholt, ist die Zustimmung des Aufsichtsrats der **abhängigen Gesellschaft** nicht mehr erforderlich. Die fehlende Zustimmung des Aufsichtsrats der abhängigen Gesellschaft kann also durch das herrschende Unternehmen **überwunden** werden. Fraglich ist dann allerdings, ob der Aufsichtsrat im Rahmen seiner **Überwachung der Ausführungspflicht** des Vorstands prüfen muss, ob die Zustimmung des Aufsichtsrats des herrschenden Unternehmens auch wirklich vorliegt. Dies ist noch nicht abschließend geklärt, da die Bedeutung der fehlenden Zustimmung des Aufsichtsrats des herrschenden Unternehmens unterschiedlich beurteilt wird. Die wohl hM verweist darauf, dass die fehlende Zustimmung des Aufsichtsrats die **Vertretungsmacht** des Vorstands des herrschenden Unternehmens bei Erteilung der Weisung nicht begrenzt, sondern lediglich eine **innere Angelegenheit** des herrschenden Unternehmens darstellt.[399] Wenn allerdings der Vorstand der abhängigen Gesellschaft weiß, dass das herrschende Unternehmen die Weisung ohne die erforderliche Zustimmung seines Aufsichtsrats erteilt, kommt eine Unwirksamkeit nach den Grundsätzen des **erkennbaren Missbrauchs** der Vertretungsmacht durch den Vorstand des herrschenden Unternehmens in Betracht.[400]

127 Auch im **faktischen Konzern** besteht die Möglichkeit, dass sich die Obergesellschaft trotz einer **verweigerten Zustimmung** des Aufsichtsrats der Untergesellschaft am Ende durchsetzt. Denn nach § 111 Abs. 4 S. 4 AktG kann die Zustimmung des Aufsichtsrats durch einen **Hauptversammlungsbeschluss** ersetzt werden. Voraussetzung für einen solchen Beschluss ist jedoch, dass der Vorstand der Untergesellschaft einen Beschluss der Hauptversammlung verlangt. § 111 Abs. 4 S. 3 AktG normiert lediglich ein **Vorlagerecht** des Vorstands, aber keine Vorlagepflicht (vgl. → § 4 Rn. 434).[401] Die Obergesellschaft kann den Beschluss der Hauptversammlung daher **nicht erzwingen**. Ohnehin liegt es aber näher, eine Eskalation in Form des Beschlussverlangens – das ein gestörtes Vertrauensverhältnis zwischen Vorstand und Aufsichtsrat nahelegt – von vornherein zu vermeiden.[402] Im Übrigen käme es bei dem Beschluss der Hauptversammlung darauf an, ob das herrschende Unternehmen über die **qualifizierte Mehrheit** von drei Vierteln der abgegebenen Stimmen verfügt, die ein Hauptversammlungsbeschluss nach § 111 Abs. 4 S. 4 und 5 AktG bei der faktisch konzernierten Aktiengesellschaft erfordert.[403]

128 **cc) Related Party Transactions.** Die durch das ARUG II zum 1.1.2020 eingeführten Regelungen zu Related Party Transactions (→ Rn. 62 ff.) haben auf die Pflichten des **Aufsichtsrats der Untergesellschaft** erhebliche Auswirkungen. Wenn auch aus Sicht der Obergesellschaft Geschäfte mit der Untergesellschaft gem. § 111a Abs. 3 AktG nicht stets als Related Party Transactions gelten (→ Rn. 66), gilt dies nicht automatisch auch für die Untergesellschaft bei **Geschäften mit der Obergesellschaft.** Geschäfte der Untergesellschaft mit der Obergesellschaft oder einer anderen nahestehenden Person, die sich im

---

[397] MüKoAktG/*Altmeppen* AktG § 308 Rn. 160, 161.
[398] Hüffer/Koch/*Koch* § 308 Rn. 23; MüKoAktG/*Altmeppen* AktG § 308 Rn. 162.
[399] So ua Großkomm AktG/*Hirte* § 308 Rn. 63; BeckOGK/*Veil/Walla* AktG § 308 Rn. 43; Hüffer/Koch/*Koch* § 308 Rn. 24; MüKoAktG/*Altmeppen* AktG § 308 Rn. 166.
[400] Zu diesen Grundsätzen vgl. Palandt/*Ellenberger* BGB § 164 Rn. 13 ff.
[401] Zur Möglichkeit der Ermessensreduzierung in diesem Zusammenhang vgl. *Brouwer,* Zustimmungsvorbehalte des Aufsichtsrats im Aktien- und GmbH-Recht, 2008, 214.
[402] Auf die aus diesem Grund begrenzte praktischen Anwendung der Norm verweisen ua *Brouwer,* Zustimmungsvorbehalte des Aufsichtsrats im Aktien- und GmbH-Recht, 2008, 214; MüKoAktG/*Habersack* AktG § 111 Rn. 148; BeckOGK/*Spindler* AktG § 111 Rn. 87.
[403] Zu den äußerst umstrittenen Anforderungen an die Mehrheitsverhältnisse und zur Disponibilität von § 111 Abs. 4 S. 5 AktG bei der konzernierten GmbH siehe etwa *Weyl,* Zustimmungsvorbehalte nach § 111 Abs. 4 S. 2 AktG als Möglichkeit einer Konzernsteuerung, 2015, 273 ff. Hinsichtlich der Beschlussfassung der Gesellschafterversammlung ist insbesondere umstritten, ob bereits eine einfache Mehrheit ausreicht oder ebenfalls eine qualifizierte Mehrheit erforderlich ist. Vgl. hierzu ua *Lutter/Krieger/Verse* AR § 15 Rn. 1119, 1124, 1129 (qualifizierte Mehrheit). Für das Genügen einer einfachen Mehrheit noch die Vorauflage *Lutter/Krieger/Verse* AR, 6. Aufl. 2014, § 15 Rn. 1120, 1128; MüKoGmbHG/*Spindler* GmbHG § 52 Rn. 380; Baumbach/Hueck/*Zöllner/Noack* GmbHG § 52 Rn. 254. Mit Blick auf § 25 Abs. 1 S. 1 Nr. 2 MitbestG, § 1 Abs. 1 Nr. 3 DrittelbG sowie § 52 Abs. 1 GmbHG wird teilweise auch zwischen mitbestimmungsfreien und mitbestimmten GmbH sowie dem Grund der Mitbestimmung differenziert, siehe hierzu etwa *Brouwer,* Zustimmungsvorbehalte des Aufsichtsrats im Aktien- und GmbH-Recht, 2008, 217 ff.

Rahmen des **ordentlichen Geschäftsgangs** bewegen und zu angemessenen Bedingungen iSd § 111a Abs. 2 S. 1 AktG abgeschlossen werden, bedürfen zwar nicht nach § 111b Abs. 1 AktG der Zustimmung des Aufsichtsrats. Allerdings muss eine **börsennotierte Untergesellschaft** für solche Geschäfte ein **internes Prüfungs- und Bewertungsverfahren** einrichten, um regelmäßig zu evaluieren, ob diese Voraussetzungen vorliegen, § 111a Abs. 2 S. 2 AktG (→ Rn. 63). Nahestehende Personen selbst dürfen an diesem Verfahren nicht mitwirken. Sofern das Verfahren nicht durch eine Satzungsregelung zur Nichtanwendung der Privilegierung von Geschäften im ordentlichen Geschäftsgang **entbehrlich** wird,[404] muss der Aufsichtsrat also prüfen, ob der Vorstand für die Einrichtung eines entsprechenden Verfahrens Sorge getragen hat und ob dieses Verfahren die ordnungsgemäße **Erfassung und Bewertung** der relevanten Geschäfte hinreichend sicherstellt.

Geschäfte **außerhalb** des ordentlichen Geschäftsgangs oder zu nicht marktüblichen Bedingungen bedürfen nach § 111b Abs. 1 AktG bei **börsennotierten Untergesellschaften** vor ihrem Abschluss in jedem Fall der **Zustimmung des Aufsichtsrats,** sofern sie den **Schwellenwert** von 1,5 Prozent der Summe aus Anlage- und Umlaufvermögen der Gesellschaft gem. dem letzten festgestellten Jahresabschluss überschreiten. Entscheidend für diesen Schwellenwert ist eine **zusammengefasste Jahresbetrachtung.** Für jede nach § 290 Abs. 1 und 2 HGB **konzernabschlusspflichtige Gesellschaft** berechnet sich der Schwellenwert gemäß § 111b Abs. 3 AktG nach der letzten festgestellten Konzernbilanz. Ist die Untergesellschaft allerdings in den Konzernabschluss der Obergesellschaft einbezogen und aus diesem (oder einem anderen in § 290 Abs. 5 HGB, §§ 291–293 HGB vorgesehenen) Grund von der Konzernbilanzpflicht **befreit,** bleibt es dabei, dass der letzte festgestellte Einzelabschluss für die Berechnung des Schwellenwerts maßgeblich ist. Da gem. § 111b Abs. 2 AktG beim Zustimmungsbeschluss des Aufsichtsrats ein **Stimmverbot** für Aufsichtsratsmitglieder gilt, die an der Related Party Transaction als nahestehende Personen **beteiligt sind** oder bei denen die Besorgnis eines **Interessenkonfliktes** auf Grund ihrer Beziehungen zu der nahestehenden Person besteht, dürften Vorstandsmitglieder der Obergesellschaft, die zugleich Aufsichtsratsmitglieder der Untergesellschaft sind, beim Beschluss über ein zustimmungspflichtiges Geschäft der Untergesellschaft mit der Obergesellschaft nicht stimmberechtigt sein. Nach der Gesetzesbegründung soll es bei dieser Beurteilung darauf ankommen, ob nach Ansicht eines verständigen, vernünftig und objektiv urteilenden Dritten, der mit den **potenziell schädlichen Beziehungen** zwischen dem Aufsichtsratsmitglied und der nahestehenden Person vertraut ist, die begründete Besorgnis besteht, dass das Aufsichtsratsmitglied nicht in der Lage sein wird, die Abstimmung über die Zustimmung zu dem Geschäft mit der nahestehenden Person **unbefangen, unparteiisch** und **unbeeinflusst** von jeder Rücksichtnahme auf deren Interessen wahrzunehmen.[405] Gleichzeitig soll der Kreis konfliktbefangener Mitglieder **nicht überdehnt** werden, sodass insbesondere die Wahl mit den Stimmen des Mehrheitsgesellschafters nicht ausreichen soll, um das betreffende Mitglied zu einer nahestehenden Person zu machen.[406] Handelt es sich beim Aufsichtsratsmitglied aber zugleich um einen **Angestellten der Muttergesellschaft,** wird in der Literatur von einem Stimmrechtsausschluss ausgegangen.[407]

Bei seiner **Zustimmungsentscheidung** muss der Aufsichtsrat der Untergesellschaft insbesondere prüfen, ob eine **angemessene Gegenleistung** vereinbart wurde und alle zur Prüfung erforderlichen Informationen einholen. Sofern die Angemessenheit aus diesen Informationen nicht hinreichend hervorgeht, kann der Aufsichtsrat verpflichtet sein, selbst ein Wertgutachten zu beauftragen.

Nach § 111c Abs. 4 AktG sind auch Related Party Transactions, die eine **Tochtergesellschaft** der börsennotierten Obergesellschaft mit einer der Obergesellschaft nahestehenden Person vornimmt, **veröffentlichungspflichtig,** sofern das betroffene Geschäft nach § 111b Abs. 1 und 3 AktG der Aufsichtsratszustimmung unterliegen würde, wäre es von der Obergesellschaft selbst vorgenommen worden. Im Hinblick darauf sollte der Aufsichtsrat der Untergesellschaft prüfen, ob der Vorstand geeignete Maßnahmen zur **Information der Obergesellschaft** getroffen hat, damit diese ihre Veröffentlichungspflichten erfüllen kann.

Der Aufsichtsrat einer börsennotierten Untergesellschaft muss ferner darüber entscheiden, ob er nach § 107 Abs. 3 AktG einen **Ausschuss** bestellt, der über die Zustimmung nach § 111b Abs. 1 AktG beschließt oder die Beschlüsse vorbereitet. Dieser Ausschuss muss **mehrheitlich** aus Mitgliedern zusammengesetzt sein, bei denen keine Besorgnis eines Interessenkonfliktes auf Grund ihrer Beziehungen zu einer nahestehenden Person besteht. Einer Besetzung des Ausschusses mit **Doppelmandataren,** die auch Mandatsträger in Verwaltungsorganen der Obergesellschaft sind, sind somit Grenzen gesetzt. An dem Geschäft beteiligte nahestehende Personen iSd § 111a Abs. 1 S. 2 können wiederum selbst **nicht Ausschussmitglieder** sein, so dass die gesetzlichen Vertreter der Obergesellschaft wohl nicht infrage kommen.[408]

---

[404] Ausdrücklich zu dieser Folge der Satzungsbestimmung auch BT-Drs. 19/9739, 81.
[405] BT-Drs. 19/9739, 76 f.
[406] BT-Drs. 19/9739, 77.
[407] *Tarde* NZG 2019, 488 (492); Hüffer/Koch/*Koch* AktG § 111b Rn. 7 iVm § 107 Rn. 27c.
[408] Vgl. *Tarde* NZG 2019, 488 (492); Hüffer/Koch/*Koch* AktG § 111b Rn. 7 iVm 107 Rn. 27c.

§ 9 Aufsichtsräte in anderen Gesellschaftsformen

Übersicht

	Rn.
I. Aufsichtsrat in der KGaA	1
1. Vorbemerkung	1
2. Allgemeines zum Aufsichtsrat in der KGaA	2
a) Zusammensetzung	2
b) Persönliche Voraussetzungen	5
c) Wahl und Abberufung	10
aa) Allgemeines	10
bb) Stimmverbot der Komplementäre	11
cc) Entsendungsrechte	18
d) Innere Ordnung, Vergütung und Verträge mit Aufsichtsratsmitgliedern	22
aa) Innere Ordnung des Aufsichtsrats der KGaA	22
bb) Vergütung	23
cc) Verträge mit Aufsichtsratsmitgliedern	24
3. Rechtsstellung des Aufsichtsrats in der KGaA	25
a) Kompetenzen des Aufsichtsrats in der KGaA	25
aa) Überwachungskompetenz	26
bb) Ausführungskompetenz	33
cc) Vertretungskompetenz	35
(1) Vertretung nach § 112 AktG	35
(2) Vertretung nach § 287 Abs. 2 S. 1 AktG	40
b) Einschränkungen im Vergleich zum Aufsichtsrat in der AG	44
aa) Keine Personalkompetenz	45
bb) Keine Kompetenz zur Schaffung von Zustimmungsvorbehalten	48
cc) Keine Geschäftsordnungskompetenz	49
dd) Keine Mitwirkung bei der Feststellung des Jahresabschlusses	50
c) Gestaltungsspielräume in der Satzung	51
aa) Übertragung von Aufsichtsratskompetenzen auf ein Sonderorgan	52
bb) Angleichung an den Aufsichtsrat in der AG	55
cc) Übertragung weitergehender Geschäftsführungsbefugnisse	57
4. Haftung der Aufsichtsratsmitglieder in der KGaA	58
a) Haftung gegenüber der Gesellschaft	58
b) Haftung gegenüber Dritten	61
II. Aufsichtsrat in der Societas Europaea (SE) oder Europäische Aktiengesellschaft	62
1. Rechtsgrundlagen und Regelungstechnik	62
a) Rechtsgrundlagen	62
b) Rechtsquellenpyramide	65
2. Struktur der SE	67
a) Grundstruktur	67
b) Dualistisches Modell	70
c) Monistisches Modell	75
3. Aufsichtsrat im dualistischen Modell	79
a) Zusammensetzung	80
aa) Allgemeines	80
bb) Mitbestimmung in der SE	82
(1) Allgemeines	82
(2) Statusverfahren	84
cc) Geschlechterquote	85
b) Bestellung, Amtszeit und Abberufung	90
aa) Bestellung	90
(1) Anteilseignervertreter	91
(2) Arbeitnehmervertreter	95
(3) Bestellung des ersten Aufsichtsorgans	97
bb) Amtszeit	102
cc) Abberufung	104
c) Innere Ordnung	107
aa) Regelungen in der SE-VO	107
bb) Regelungen in deutschen Gesetzen	109
cc) Sonderregelungen bei mitbestimmter SE	114

	Rn.
d) Aufgaben	115
e) Rechte	122
aa) Informations- und Prüfungsrecht	123
bb) Zustimmungsvorbehalte	126
f) Haftung des Aufsichtsorgans	131
4. Verwaltungsrat im monistischen Modell	135
a) Zusammensetzung	136
aa) Allgemeines	136
bb) Mitbestimmung in der monistischen SE	139
(1) Allgemeines	139
(2) Statusverfahren	140
cc) Geschlechterquote	142
b) Bestellung, Amtszeit und Abberufung	143
aa) Bestellung	143
(1) Anteilseignervertreter	144
(2) Arbeitnehmervertreter	145
(3) Bestellung des ersten Verwaltungsorgans	147
bb) Amtszeit	148
cc) Abberufung	149
c) Innere Ordnung	153
d) Aufgaben	156
e) Rechte	161
aa) Informations- und Prüfungsrecht	162
bb) Zustimmungsvorbehalte	164
f) Haftung des Verwaltungsrats	165
aa) Allgemeines	165
bb) Geltendmachung	173
III. GmbH	177
1. Der fakultative Aufsichtsrat der GmbH	177
a) Rechtliche Grundlagen	177
aa) Gesetz	179
bb) Satzung	180
b) Abgrenzung zu anderen Organen der Gesellschaft	183
c) Aufgaben und Kompetenzen	185
aa) Überwachung	186
bb) Sonstige Aufgaben	187
d) Bildung und Abschaffung	189
aa) Größe	191
bb) Zusammensetzung	194
e) Bestellung und Abberufung	195
aa) Bestellungs- und Abberufungskompetenz	195
bb) Persönliche Voraussetzungen	196
cc) Entsende- und Vorschlagsrecht	199
dd) Abberufung	202
f) Rechte und Pflichten der Mitglieder	204
aa) Sorgfaltspflicht	204
bb) Verschwiegenheitspflicht	207
cc) Wettbewerbsverbot	208
dd) Vergütung und Auslagenerstattung	209
ee) Haftung	211
g) Innere Ordnung	213
aa) Geschäftsordnung	214
bb) Vorsitz	215
cc) Ausschüsse	216
dd) Beschlussfassung	217
2. Der Beirat der GmbH	219
a) Rechtliche Grundlagen	220
b) Abgrenzung zu fakultativem Aufsichtsrat und sonstigen Organen	221
c) Bildung und Abschaffung – Aufgaben und Kompetenzen	222
d) Bestellung und Abberufung	223
e) Rechte und Pflichten der Mitglieder	224
f) Innere Ordnung	226

	Rn.
IV. Aufsichtsrat in der Genossenschaft	227
1. Rechtsgrundlagen und Struktur	227
a) Rechtsgrundlagen	227
b) Struktur	229
2. Aufsichtsrat in der Genossenschaft	233
a) Zusammensetzung	233
aa) Allgemeines und persönliche Voraussetzungen	233
bb) Wahl	239
cc) Zusammensetzung bei mitbestimmten Genossenschaften	242
dd) Amtszeit	244
ee) Entsendungsrecht	246
ff) Statutarischer Verzicht und Bevollmächtigter der Generalversammlung	247
b) Rechtliche Stellung und Vergütung	249
c) Innere Ordnung	254
aa) Geschäftsordnung	254
bb) Ausschüsse	256
cc) Aufsichtsratsvorsitzender	259
d) Aufgaben und Befugnisse	262
aa) Überwachungsaufgabe	262
bb) Prüfungsaufgabe	270
cc) Einberufung der Generalversammlung	274
dd) Weitere Aufgaben	275
e) Pflichten und Rechtsfolgen	277
aa) Pflichten der Aufsichtsratsmitglieder	277
bb) Schadensersatzhaftung	281
3. Zusammenarbeit mit dem Prüfungsverband	282

Schrifttum:
Bürgers/Fett, Die Kommanditgesellschaft auf Aktien, 2. Aufl. 2015; *Hennemann,* Einfluss und Kontrolle in der Kommanditgesellschaft auf Aktien, ZHR 182 (2018), 157; *Habersack,* Der Gesellschafterausschuss der KGaA, FS Hellwig, 2010, 143; *Hoffmann-Becking/Herfs,* Struktur und Satzung der Familien-KGaA, FS Sigle, 2000, 273; *Ihrig/Schlitt,* Die KGaA nach dem Beschluss des BGH vom 24.2.1997, ZHR Beiheft Nr. 67, 33; *Kallmeyer,* Rechte und Pflichten des Aufsichtsrats in der Kommanditgesellschaft auf Aktien, ZGR 1983, 57; *R. Schmitt,* Vollmachtlose Vertretung der Aktiengesellschaft gegenüber Vorstandsmitgliedern, FS Hopt, 2010, 1313; *Semler,* Geschäfte einer Aktiengesellschaft mit Mitgliedern ihres Vorstands – Gedanken zu § 112 AktG, FS Rowedder, 1994, 441; *Steindorff,* Kommanditgesellschaft auf Aktien und Mitbestimmung, FS Ballerstedt, 1975, 127.

I. Aufsichtsrat in der KGaA

1. Vorbemerkung

Die KGaA ist wie die AG **Kapitalgesellschaft,** vereint aber Elemente der Aktiengesellschaft mit solchen der Kommanditgesellschaft: Sie hat einerseits (Kommandit-)Aktionäre und ein in Aktien zerlegtes Grundkapital, andererseits aber statt eines Vorstands persönlich haftende Gesellschafter (Komplementäre), § 278 Abs. 1 AktG. Aus dieser Mischung von Personengesellschaftsrecht (§ 278 Abs. 2 AktG iVm §§ 161 ff. HGB) und Aktienrecht (§ 278 Abs. 3 AktG iVm §§ 1–277 AktG) folgen für den auch bei der KGaA **verpflichtend** einzurichtenden (§ 278 Abs. 3 AktG, § 287 AktG) Aufsichtsrat einige **Besonderheiten:** der Aufsichtsrat ist nicht nur Überwachungsorgan, sondern auch Ausführungs- und Vertretungsorgan der Kommanditaktionäre (→ Rn. 25); seine Überwachungsfunktion ist gegenüber dem Aufsichtsrat in der AG allerdings stark eingeschränkt (→ Rn. 26 ff.); gleichzeitig besteht im Hinblick auf die Governance-Strukturen in der KGaA (weil personengesellschaftsrechtlich geprägt) eine viel größere Gestaltungsfreiheit (→ Rn. 51 ff.). 1

2. Allgemeines zum Aufsichtsrat in der KGaA

a) Zusammensetzung

2   Für die Zusammensetzung des Aufsichtsrats in der KGaA gelten gem. § 278 Abs. 3 AktG die **Vorschriften für die AG** in §§ 95 ff. AktG (→ § 2 Rn. 4 ff.).[1] Entsprechend besteht auch der Aufsichtsrat einer KGaA aus **mindestens drei Mitgliedern** (§ 95 AktG). Bis zur **gesetzlichen Höchstgrenze** gem. § 95 S. 4 AktG kann die Satzung gem. S. 2 auch eine größere Anzahl an Aufsichtsratsmitgliedern vorsehen, die gem. S. 3 durch drei teilbar sein muss, wenn mitbestimmungsrechtliche Vorgaben es erfordern. Die dabei in § 95 AktG festgeschriebenen gesetzlichen Höchstzahlen richten sich ausschließlich nach dem **Grundkapital der KGaA** (Kommanditkapital) und nicht nach ihrem Gesamtkapital (dh ohne Vermögenseinlagen der Komplementäre).[2]

3   Bei einer entsprechenden Anzahl an Arbeitnehmern sind hinsichtlich der Zusammensetzung des Aufsichtsrats die Regelungen des jeweils anwendbaren **Mitbestimmungsgesetzes** zu berücksichtigen (§ 96 AktG).[3] Allerdings findet auf eine KGaA die Montanmitbestimmung keine Anwendung (§ 1 Abs. 2 MontanMitbestG, § 1 MontanMitbestErgG). Dementsprechend richtet sich die Zusammensetzung des Aufsichtsrats einer KGaA, die in der Regel mehr als 500, aber nicht mehr als 2000 Arbeitnehmer beschäftigt, nach dem DrittelbG; bei mehr als 2000 Arbeitnehmern richtet sich die Zusammensetzung nach dem MitbestG (zu Besonderheiten des mitbestimmten Aufsichtsrats → § 7 Rn. 73 ff., Rn. 409 ff.).[4]

4   Gilt für die KGaA das Mitbestimmungsgesetz und ist sie darüber hinaus börsennotiert, kommt die zwingende **Geschlechterquote** von 30 % zur Anwendung (§ 96 Abs. 2 AktG) (→ § 2 Rn. 25 f.).[5] Ist die KGaA hingegen nur mitbestimmt oder nur börsennotiert, hat der Aufsichtsrat Zielgrößen für den Frauenanteil im Aufsichtsrat festzulegen (§ 111 Abs. 5 AktG) (→ § 2 Rn. 27 ff.).[6] Ist die KGaA ein **Unternehmen von öffentlichem Interesse** (dh kapitalmarktorientiert im Sinne des § 264d HGB, CRR-Kreditinstitut gem. § 1 Abs. 3d S. 1 KWG oder in Versicherungsunternehmen im Sinne der Richtlinie 91/674/EWG), muss mindestens ein Mitglied des Aufsichtsrats über Sachverstand auf den Gebieten Rechnungslegung oder Abschlussprüfung verfügen (**„Finanzexperte"**) und müssen die Aufsichtsratsmitglieder in ihrer Gesamtheit mit dem Sektor, in dem die Gesellschaft tätig ist, vertraut sein (**„Sektorenkenntnis";** § 100 Abs. 5 AktG) (→ § 2 Rn. 74 ff.).[7]

b) Persönliche Voraussetzungen

5   Aufsichtsratsmitglied in einer KGaA können grundsätzlich nur Personen werden, die auch in einer Aktiengesellschaft Aufsichtsratsmitglied werden könnten, § 278 Abs. 3 iVm §§ 100, 105 Abs. 1 AktG[8] (→ § 2 Rn. 38 ff.). Nach § 287 Abs. 3 AktG können außerdem **persönlich haftende Gesellschafter** (Komplementäre) einer KGaA **nicht** Aufsichtsratsmitglieder der Gesellschaft sein. Das gilt auch für nicht geschäftsführungs- und vertretungsberechtigte Komplementäre.[9] Die Vorschrift ist nicht satzungsdispositiv (§ 278 Abs. 3 AktG iVm § 23 Abs. 5 AktG).[10] *Ratio* der Regelung ist die strikte Trennung von Geschäftsführung und Aufsicht und damit die Sicherstellung einer effektiven Überwachung.[11]

6   Bei einer **Kapitalgesellschaft & Co. KGaA**[12] wird die Vorschrift des § 287 Abs. 3 AktG analog auf die **gesetzlichen Vertreter der Komplementärgesellschaft** angewendet.[13] Aufsichtsratsmitglieder der

---

[1] MüKoAktG/*Perlitt* AktG § 287 Rn. 17; BeckOGK/*Bachmann* AktG § 287 Rn. 3; *Fett/Stütz* NZG 2017, 1121 (1122); Henssler/Strohn/*A. Arnold* AktG § 287 Rn. 2.
[2] MüKoAktG/*Perlitt* AktG § 287 Rn. 17; BeckOGK/*Bachmann* AktG § 287 Rn. 3.
[3] BeckOGK/*Bachmann* AktG § 287 Rn. 3 ff.; MüKoAktG/*Perlitt* AktG § 287 Rn. 17 ff.
[4] MüKoAktG/*Perlitt* AktG § 287 Rn. 17.
[5] BeckOGK/*Bachmann* AktG § 287 Rn. 4; Hüffer/Koch/*Koch* AktG § 96 Rn. 13; siehe auch Henssler/Strohn/*A. Arnold* AktG § 287 Rn. 2.
[6] BeckOGK/*Bachmann* AktG § 287 Rn. 4; Hüffer/Koch/*Koch* AktG § 111 Rn. 56; BT-Drs. 18/4227, 22; vgl. auch Henssler/Strohn/*A. Arnold* AktG § 287 Rn. 2.
[7] Vgl. MüKoAktG/*Perlitt* AktG § 287 Rn. 31.
[8] *Bürgers* in Bürgers/Fett KGaA § 5 Rn. 442.
[9] OLG München AG 2004, 151 (153); LG München I AG 2002, 467 (469); MüKoAktG/*Perlitt* AktG § 287 Rn. 28; Hüffer/Koch/*Koch* AktG § 287 Rn. 4; *Bürgers* in Bürgers/Fett KGaA § 5 Rn. 449; Henssler/Strohn/*A. Arnold* AktG § 287 Rn. 2; **aA** *Hennemann* ZHR 182 (2018), 157 (165 f.) (teleologische Reduktion für nicht geschäftsführungsbefugte Komplementäre).
[10] MüKoAktG/*Perlitt* AktG § 287 Rn. 27; GroßkommAktG/*Assmann/Sethe* AktG § 287 Rn. 16; *Bürgers* in Bürgers/Fett KGaA § 5 Rn. 447; *Fett/Stütz* NZG 2017, 1121 (1124); *Wollburg* FS Hoffmann-Becking, 2013, 1425 (1428).
[11] *Fett/Stütz* NZG 2017, 1121 (1124); *Hennemann* ZHR 182 (2018), 157 (160 f.); Hüffer/Koch/*Koch* AktG § 287 Rn. 3; *Bürgers* in Bürgers/Fett KGaA § 5 Rn. 448; *Wollburg* FS Hoffmann-Becking, 2013, 1425 (1428).
[12] Grundlegend BGH (2. Zivilsenat) NJW 1997, 1923.
[13] BGH (2. Zivilsenat) NZG 2006, 138 (Rn. 13); MüKoAktG/*Perlitt* AktG § 287 Rn. 29; *Wollburg* FS Hoffmann-Becking, 2013, 1425 (1429); BeckOGK/*Bachmann* AktG § 287 Rn. 9; Kölner Komm AktG/*Mertens/Cahn* AktG § 147 Rn: 10; Henssler/Strohn/*A. Arnold* AktG § 287 Rn. 2.

Komplementärgesellschaft unterfallen hingegen nicht der Inkompatibilitätsregelung des § 287 Abs. 3 AktG,[14] weil es dort nur zu einer Kumulation der Überwachungsaufgaben kommt, die der Vereinfachung der Governance des Gesamtunternehmens dient und gerade nicht zu einem der *ratio* des § 287 Abs. 3 AktG widersprechenden Zusammenfallen von Geschäftsführung und Aufsicht.[15]

Ob und, wenn ja, wann **Gesellschafter** der Komplementärgesellschaft unter die Inkompatibilitätsregelung des § 287 Abs. 3 AktG fallen, ist **umstritten.** Der BGH hat die Frage offen gelassen, sich aber tendenziell zurückhaltend geäußert. Er hat dabei die Möglichkeit einer Ausdehnung des § 287 Abs. 3 AktG ohne gesetzliche Anordnung grundsätzlich in Frage gestellt und allenfalls eine Einbeziehung derjenigen Gesellschafter der Komplementärgesellschaft erwogen, welche in ihr eine organähnliche Leitungsfunktion tatsächlich ausüben oder an der Komplementärgesellschaft maßgeblich beteiligt sind und deshalb bestimmenden Einfluss auf deren Geschäftsleitung ausüben können.[16] Die Auffassungen im Schrifttum reichen von Inkompatibilität, sobald ein Gesellschafter mehr als nur eine Bagatellbeteiligung hält,[17] Inkompatibilität bei Mehrheitsbeteiligung bzw. „beherrschendem Einfluss",[18] über Inkompatibilität, wenn die Gesellschafter gleichzeitig organschaftliche Tätigkeiten in der Komplementärgesellschaft ausüben[19] und Inkompatibilität nur bei Vorliegen der Voraussetzungen des § 17 AktG[20] bis zur gänzlichen Unanwendbarkeit des § 287 Abs. 3 AktG auf Gesellschafter der Komplementärgesellschaft.[21] Speziell bei einer **Komplementär-AG** wird wegen der Weisungsfreiheit des Vorstands nach § 76 AktG Inkompatibilität teilweise nur angenommen, wenn der Mehrheitsaktionär aufgrund eines Beherrschungsvertrags (§ 291 Abs. 1 S. 1 AktG) über das Weisungsrecht nach § 308 AktG bestimmenden Einfluss ausüben kann.[22] Andere wiederum bejahen die analoge Anwendung des § 287 Abs. 3 AktG auch für den Fall eines nur faktisch herrschenden Aktionärs der Komplementär-AG mit dem Argument, dass der Vorstand das Vertrauen des herrschenden Aktionärs benötige (vgl. § 84 Abs. 3 S. 2 AktG).[23] Die Tendenz in der aktuellen Literatur scheint dahin zu gehen, allein eine auch maßgebliche Beteiligung eines Gesellschafters nicht für eine analoge Anwendung der Inkompatibilitätsvorschriften genügen zu lassen.[24] Insgesamt scheint es zutreffend, das Verbot des § 287 Abs. 3 AktG mit dem BGH auf solche Gesellschafter der Komplementärgesellschaft zu erstrecken, die zumindest faktisch eine organähnliche Leitungsfunktion in der Komplementärgesellschaft ausüben oder über ihre Beteiligung einen bestimmenden Einfluss auf deren Geschäftsführung haben, weil ansonsten § 287 Abs. 3 AktG durch die Zwischenschaltung einer Gesellschaft umgangen werden könnte. Jedenfalls **beherrschende Gesellschafter** (iSv § 17 AktG) der Komplementärgesellschaft können daher nicht Aufsichtsratsmitglied der KGaA sein.

Für die Kapitalgesellschaft & Co. KGaA wird weitergehend diskutiert, ob sich die Inkompatibilitätsregelung auch noch auf Geschäftsleiter und Anteilsinhaber von **mittelbaren Beteiligungsgesellschaften,** dh an der Komplementärgesellschaft beteiligten Gesellschaften, erstrecken soll, wenn diese einen (mittelbar) bestimmenden Einfluss auf die Willensbildung der Komplementärgesellschaft haben.[25] Für Geschäftsleiter von solchen mittelbaren Beteiligungsgesellschaften ist die analoge Anwendung von § 287 Abs. 3 AktG obergerichtlich bejaht worden.[26] Bei Anteilsinhabern von solchen mittelbaren Beteiligungsgesell-

---

[14] *Fett/Stütz* NZG 2017, 1121 (1124); Hüffer/Koch/*Koch* AktG § 287 Rn. 4; *Wollburg* FS Hoffmann-Becking, 2013, 1425 (1430 f.); Henssler/Strohn/*A. Arnold* AktG § 287 Rn. 2.
[15] *Fett/Stütz* NZG 2017, 1121 (1124); Hüffer/Koch/*Koch* AktG § 287 Rn. 4; *Wollburg* FS Hoffmann-Becking, 2013, 1425 (1430 f.).
[16] BGH NZG 2006, 138 (Rn. 14); ebenso Hüffer/Koch/*Koch* AktG § 287 Rn. 4; *Fett/Stütz* NZG 2017, 1121 (1124); vgl. BeckOGK/*Bachmann* AktG § 287 Rn. 10; ebenfalls auf einen bestimmenden Einfluss abstellend Henssler/Strohn/*A. Arnold* AktG § 287 Rn. 2; *Hennemann* ZHR 182 (2018), 157 (172 ff.); *Kessler* NZG 2005, 145 (150); *Bürgers* in Bürgers/Fett KGaA § 5 Rn. 452.
[17] GroßkommAktG/*Assmann/Sethe* AktG § 287 Rn. 10.
[18] Hüffer/Koch/*Koch* AktG § 287 Rn. 4; vgl. auch Bürgers/Körber/*Förl/Fett* AktG § 287 Rn. 10; Semler/v. Schenck/*Schütz* AktG § 111 Rn. 633.
[19] Kölner Komm AktG/*Mertens/Cahn* AktG § 287 Rn. 10; iE ebenfalls gegen eine Einbeziehung von Gesellschaftern der Komplementärgesellschaft *Wollburg* FS Hoffmann-Becking, 2013, 1425 (1436).
[20] So noch Spindler/Stilz/*Bachmann* AktG, 4. Aufl. 2019, § 287 Rn. 5b; *Hennemann* ZHR 182 (2018), 157 (172 ff.); *Kessler* NZG 2005, 145 (150).
[21] LG München I AG 2002, 467 (468 f.); *Habersack* ZIP 2019, 1453 (1460); *Ihrig/Schlitt* ZHR Beiheft 67, 1998, 33 (42 f.); *Wichert* AG 2000, 268 (273); nunmehr auch BeckOGK/*Bachmann* AktG § 287 Rn. 11; in diese Richtung tendierend auch Lutter/Krieger/*Verse* AR Rn. 1330.
[22] *Fett/Stütz* NZG 2017, 1121 (1124); Hüffer/Koch/*Koch* AktG § 287 Rn. 4; *Hennemann* ZHR 182 (2018), 157 (174); Bürgers/Körber/*Förl/Fett* AktG § 287 Rn. 10; *Wollburg* FS Hoffmann-Becking, 2013, 1425 (1433).
[23] Henssler/Strohn/*A. Arnold* AktG § 287 Rn. 2; siehe ebenfalls *Hennemann* ZHR 182 (2018), 157 (175 f.); so noch Spindler/Stilz/*Bachmann* AktG, 4. Aufl. 2019, § 287 Rn. 5b; zurückhaltender nunmehr MüKoAktG/*Perlitt* AktG § 278 Rn. 111 ff.
[24] Vgl. ausführlich *Bachmann* AG 2019, 581 (582 ff.); *Habersack* ZIP 2019, 1453 (1458 ff.).
[25] OLG München AG 2004, 151 (153); *Fett/Stütz* NZG 2017, 1121 (1125); dagegen *Habersack* ZIP 2019, 1453 (1461).
[26] OLG Frankfurt a. M. BeckRS 2014, 02429; Henssler/Strohn/*A. Arnold* AktG § 287 Rn. 2; *Fett/Stütz* NZG 2017, 1121 (1125).

schaften ist für die analoge Anwendung von § 287 Abs. 3 AktG mindestens ein bestimmender Einfluss nach gleicher Maßgabe wie bei einer direkten Beteiligung erforderlich, s. dazu und zum Meinungsstreit (→ Rn. 7).

9   Die **Rechtsfolgen eines Verstoßes gegen § 287 Abs. 3 AktG** sind gesetzlich nicht geregelt. Verstößt eine **Satzungsbestimmung** gegen § 287 Abs. 3 AktG, so ist diese nach einhelliger Auffassung nichtig.[27] Für einen **Wahlbeschluss** der Hauptversammlung, der gegen § 287 Abs. 3 AktG verstößt, kommt Anfechtungs- oder Nichtigkeitsklage in Betracht.[28] Die überwiegende Meinung geht dabei konsequent und zutreffend von der Nichtigkeit (größtenteils in analoger Anwendung von § 250 Abs. 1 Nr. 4 AktG)[29] des Wahlbeschlusses aus.[30] Folge des nichtigen Wahlbeschlusses ist, dass die gewählte Person nicht Mitglied des Aufsichtsrats wird (zur Auswirkung auf die Wirksamkeit von Beschlüssen und insgesamt zur Lehre vom fehlerhaften Organ → § 2 Rn. 148ff.). Auch eine gegen die Inkompatibilitätsvorschrift verstoßende **Entsendung** ist unwirksam.[31] Prozessual kann die Unwirksamkeit über die allgemeine Feststellungsklage (§ 256 Abs. 1 ZPO) geltend gemacht werden.[32]

c) Wahl und Abberufung

10 **aa) Allgemeines.** Aufsichtsratsmitglieder einer KGaA werden gem. § 278 Abs. 3 AktG nach den allgemeinen aktienrechtlichen Vorschriften **gewählt** und **abberufen** (ausführlich hierzu → § 2 Rn. 102 ff., § 7 Rn. 89 ff., § 7 Rn. 419 ff., § 2 Rn. 171 ff.).[33] Danach wählen die Gründer den ersten Aufsichtsrat (§ 30 Abs. 1 S. 1 AktG) und die Kommanditaktionäre in der Hauptversammlung alle nachfolgenden Aufsichtsräte (§ 101 Abs. 1 S. 1 AktG).[34] Zudem können Aufsichtsratsmitglieder vor dem Ende ihrer Amtszeit nach Maßgabe des § 103 AktG **abberufen** werden.[35] Gehören dem Aufsichtsrat weniger Mitglieder an als zur Beschlussfassung erforderlich bzw. als durch Satzung oder Gesetz festgesetzt, so hat das **Gericht** ua auf Antrag der Komplementäre (§§ 283 Nr. 4, 104 AktG) den Aufsichtsrat auf die notwendige Zahl an Mitgliedern zu ergänzen (näher dazu → § 2 Rn. 134ff.).[36] Für die **Niederlegung** des Amtes gelten ebenfalls die hierzu entwickelten aktienrechtlichen Grundsätze (ausführlich → § 2 Rn. 195ff.).[37]

11 **bb) Stimmverbot der Komplementäre. Komplementäre** (egal ob geschäftsführungs- und vertretungsbefugt oder nicht),[38] die zugleich Kommanditaktionäre sind, unterliegen unter anderem bei der Wahl und der Abberufung von Aufsichtsratsmitgliedern mit ihren Aktien einem Stimmverbot: sie können das Stimmrecht weder für sich noch für einen anderen ausüben (§ 285 Abs. 1 S. 2 Nr. 1 AktG).[39] Ihr Stimmrecht kann auch nicht, etwa im Rahmen eines Treuhandverhältnisses,[40] durch einen anderen ausgeübt werden (§ 285 Abs. 1 S. 3 AktG). Das Stimmverbot dient wiederum der Vermeidung von **Interessenkollisionen** zwischen den Gesellschaftergruppen und einer strikte Trennung von Geschäftsführung (Komplementäre) und Aufsicht.[41] Es kann nicht durch die Satzung abbedungen werden (§ 278 Abs. 3 AktG iVm § 23 Abs. 5 AktG).[42] Insgesamt wird die Diskussion um das Stimmverbot im Wesentlichen

---

[27] *Hennemann* ZHR 182 (2018), 157 (182); GroßkommAktG/*Assmann/Sethe* AktG § 287 Rn. 16; MüKoAktG/*Perlitt* AktG § 287 Rn. 32.
[28] So Hüffer/Koch/*Koch* AktG § 287 Rn. 4; offen gelassen wurde die Frage in BGH NZG 2006, 138 (Rn. 10).
[29] So *Hennemann* ZHR 182 (2018), 157 (182 f.); zustimmend Bürgers/Körber/*Föfl/Fett* AktG § 287 Rn. 10; ebenso *Wollburg* FS Hoffmann-Becking, 2013, 1425 (1436 ff.) mit Ausführungen zur Analogiefähigkeit der Vorschrift.
[30] GroßkommAktG/*Assmann/Sethe* AktG § 287 Rn. 16; *Fett/Stütz* NZG 2017, 1121 (1124); Henssler/Strohn/*A. Arnold* AktG § 287 Rn. 2; *Wollburg* FS Hoffmann-Becking, 2013, 1425 (1438, 1440); *Hennemann* ZHR 182 (2018), 157 (182 f.); MüKoAktG/*Perlitt* AktG § 287 Rn. 32, der die Nichtigkeit jedoch aus § 241 Nr. 3 AktG folgert.
[31] Siehe BGH NZG 2006, 138; *Fett/Stütz* NZG 2017, 1121 (1124); vgl. auch Bürgers/Körber/*Föfl/Fett* AktG § 287 Rn. 9.
[32] BGH NZG 2006, 138 (Rn. 10); Hüffer/Koch/*Koch* AktG § 287 Rn. 4; *Hennemann* ZHR 182 (2018), 157 (189).
[33] BeckOGK/*Bachmann* AktG § 287 Rn. 7; GroßkommAktG/*Assmann/Sethe* AktG § 287 Rn. 4; *Bürgers* in Bürgers/Fett KGaA § 5 Rn. 459.
[34] *Bürgers* in Bürgers/Fett KGaA § 5 Rn. 459; GroßkommAktG/*Assmann/Sethe* AktG § 287 Rn. 4 f.
[35] *Bürgers* in Bürgers/Fett KGaA § 5 Rn. 469.
[36] GroßkommAktG/*Assmann/Sethe* AktG § 287 Rn. 12.
[37] GroßkommAktG/*Assmann/Sethe* AktG § 287 Rn. 4.
[38] Hüffer/Koch/*Koch* AktG § 285 Rn. 1; MüKoAktG/*Perlitt* AktG § 285 Rn. 20; Bürgers/Körber/*Föfl/Fett* AktG § 285 Rn. 2; BeckOGK/*Bachmann* AktG § 285 Rn. 16 f.; differenzierend Kölner Komm AktG/*Mertens/Cahn* AktG § 285 Rn. 7; aA *Hennemann* ZHR 182 (2018), 157 (184).
[39] BeckOGK/*Bachmann* AktG § 287 Rn. 6.
[40] Henssler/Strohn/*A. Arnold* AktG § 285 Rn. 4.
[41] *Schnülle* NZG 2017, 1056; BeckOGK/*Bachmann* AktG § 285 Rn. 3; Hüffer/Koch/*Koch* AktG § 285 Rn. 1; *Hennemann* ZHR 182 (2018), 157 (183 f.).
[42] Hüffer/Koch/*Koch* AktG § 285 Rn. 1; Bürgers/Körber/*Föfl/Fett* AktG § 285 Rn. 7; Kölner Komm AktG/*Mertens/Cahn* AktG § 285 Rn. 12; MHdB AG/*Herfs* § 79 Rn. 42.

parallel zum Streitstand um den Anwendungsbereich der Inkompatibilitätsregelung des § 287 Abs. 3 AktG (→ Rn. 7 f.) geführt:[43]

Bei der **Kapitalgesellschaft & Co. KGaA** erstreckt sich das Stimmverbot dementsprechend auch auf die **Geschäftsleitung der Komplementärgesellschaft**.[44] Keinem Stimmverbot unterliegen die Aufsichtsratsmitglieder der Komplementärgesellschaft.[45] Uneinigkeit besteht darüber, unter welchen Voraussetzungen **Gesellschafter** der Komplementärgesellschaft dem Stimmverbot unterfallen. Die hM geht wiederum zu Recht davon aus, dass Gesellschafter der Komplementärgesellschaft nur dann einem Stimmverbot als Kommanditaktionäre der KGaA unterliegen, wenn sie eine beherrschende Stellung innerhalb der Komplementärgesellschaft haben.[46] Eine andere Ansicht plädiert für ein Stimmverbot der Gesellschafter schon bei einer nicht nur „unwesentlichen" Beteiligung an der Komplementärgesellschaft.[47] Teilweise wird eine Erstreckung des Stimmverbots auf Gesellschafter der Komplementärgesellschaft aus Normzweckerwägungen und Gründen der Rechtssicherheit gänzlich abgelehnt.[48] Aus den oben bereits genannten Gründen (→ Rn. 7 f.) ist eine Erstreckung des Stimmverbots auf beherrschende Gesellschafter jedoch zu befürworten.

Handelt es sich bei der **Komplementärin** um eine **Personengesellschaft,** sind auch deren persönlich haftende Gesellschafter vom Stimmverbot erfasst, und zwar angesichts deren besonderer Rolle hier unabhängig von einem beherrschenden Einfluss in der Komplementärin,[49] bei einer KG zudem auch die geschäftsführungsbefugten Kommanditisten.[50]

Besonderheiten beim Stimmverbot ergeben sich außerdem in folgenden **Sonderkonstellationen:**

In Fällen der **Einmann-KGaA,** bei der einziger Kommanditaktionär der Komplementär selbst ist, ist ein Interessenkonflikt zwischen den Gesellschaftergruppen von vornherein ausgeschlossen, weswegen die hM in Folge einer teleologischen Reduktion die Stimmverbote des § 285 Abs. 1 S. 2 AktG zu Recht entfallen lässt.[51] Dafür sprechen Funktionserwägungen, weil die Hauptversammlung der Gesellschaft ansonsten hinsichtlich der in § 285 Abs. 1 S. 2 AktG aufgezählten Beschlüsse handlungsunfähig wäre.[52]

Sind mehrere Komplementäre gleichzeitig die alleinigen Kommanditaktionäre der Gesellschaft **(Gesellschaftergruppenidentität),** soll nach einer Ansicht das Stimmverbot bezüglich der Wahl des Aufsichtsrats (§ 285 Abs. 1 S. 2 Nr. 1 AktG) nur dann nicht eingreifen, wenn alle Komplementäre geschäftsführungs- und vertretungsbefugt und daher von der Interessenkollision betroffen sind (gleichmäßige Befangenheit).[53] Sind hingegen einzelne Komplementäre von der Geschäftsführung und Vertretung ausgeschlossen, sollen diese schutzwürdig sein und nur die geschäftsführungs- und vertretungsbefugten Komplementäre dem Stimmverbot unterliegen.[54] Die hM spricht sich demgegenüber zu Recht auch hier für ein unterschiedsloses Entfallen der Stimmverbote (wie bei der Einmann-KGaA) aus, da es an dem normtragenden Interessengegensatz fehlt.[55] Eine einheitliche Lösung ist auch am rechtssichersten.

Ist die KGaA als **Einheits-KGaA** strukturiert, hält also die KGaA selbst alle Gesellschaftsanteile ihrer eigenen Komplementärin, sind die Kommanditaktionäre an der Komplementärgesellschaft mittelbar in gleicher Höhe beteiligt wie an der KGaA.[56] Dennoch unterliegen die Kommanditaktionäre nach hM

---

[43] *Bürgers* in Bürgers/Fett KGaA § 5 Rn. 464; *Hennemann* ZHR 182 (2018), 157 (184); BeckOGK/*Bachmann* AktG § 285 Rn. 27; vgl. auch MüKoAktG/*Perlitt* AktG § 285 Rn. 22; *Fett/Stütz* NZG 2017, 1121 (1125).
[44] Henssler/Strohn/*A. Arnold* AktG § 285 Rn. 4; BeckOGK/*Bachmann* AktG § 285 Rn. 26; Kölner Komm AktG/*Mertens/Cahn* AktG § 285 Rn. 8; *Hennemann* ZHR 182 (2018), 157 (184 f.); GroßkommAktG/*Assmann/Sethe* AktG § 285 Rn. 25.
[45] Vgl. *Hennemann* ZHR 182 (2018), 157 (185).
[46] MüKoAktG/*Perlitt* AktG § 285 Rn. 22; Bürgers/Körber/Förl/Fett AktG § 285 Rn. 3; BeckOGK/*Bachmann* AktG § 285 Rn. 27; *Schnülle* NZG 2017, 1056 (1057); Hüffer/Koch/*Koch* AktG § 285 Rn. 1; *Hoffmann-Becking/Herfs* FS Sigle, 2000, 273 (289); Henssler/Strohn/*A. Arnold* AktG § 285 Rn. 4; *Fett/Stütz* NZG 2017, 1121 (1125); vgl. auch *Hennemann* ZHR 182 (2018), 157 (185).
[47] *Wichert* AG 2000, 268 (274), ebenso für die Komplementär-GmbH, nicht jedoch für die Komplementär-AG GroßkommAktG/*Assmann/Sethe* AktG § 285 Rn. 25.
[48] Kölner Komm AktG/*Mertens/Cahn* AktG § 285 Rn. 8; in diese Richtung auch *Lutter/Krieger/Verse* AR Rn. 1330.
[49] Bürgers/Körber/Förl/Fett AktG § 285 Rn. 3; GroßkommAktG/*Assmann/Sethe* AktG § 285 Rn. 25.
[50] GroßkommAktG/*Assmann/Sethe* AktG § 285 Rn. 25.
[51] BeckOGK/*Bachmann* AktG § 285 Rn. 28; *Schnülle* NZG 2017, 1056 (1057 f.); MüKoAktG/*Perlitt* AktG § 285 Rn. 21; *Hennemann* ZHR 182 (2018), 157 (186); Hüffer/Koch/*Koch* AktG § 285 Rn. 1; Henssler/Strohn/*A. Arnold* AktG § 285 Rn. 4; GroßkommAktG/*Assmann/Sethe* AktG § 285 Rn. 32.
[52] *Schnülle* NZG 2017, 1056 (1058); BeckOGK/*Bachmann* AktG § 285 Rn. 28; GroßkommAktG/*Assmann/Sethe* AktG § 285 Rn. 32; siehe auch MüKoAktG/*Perlitt* AktG § 285 Rn. 22.
[53] Kölner Komm AktG/*Mertens/Cahn* AktG § 285 Rn. 24; GroßkommAktG/*Assmann/Sethe* AktG § 285 Rn. 35; wohl auch Bürgers/Körber/Förl/Fett AktG § 285 Rn. 4.
[54] GroßkommAktG/*Assmann/Sethe* AktG § 285 Rn. 35; Kölner Komm AktG/*Mertens/Cahn* AktG § 285 Rn. 24.
[55] MüKoAktG/*Perlitt* AktG § 285 Rn. 21; *Schnülle* NZG 2017, 1056 (1058); *Hennemann* ZHR 182 (2018), 157 (186); BeckOGK/*Bachmann* AktG § 285 Rn. 29; Hüffer/Koch/*Koch* AktG § 285 Rn. 1; Henssler/Strohn/*A. Arnold* AktG § 285 Rn. 4; MHdB AG/*Herfs* § 79 Rn. 41.
[56] *Schnülle* NZG 2017, 1056 (1058); vgl. auch MüKoAktG/*Perlitt* AktG § 278 Rn. 388.

nicht dem Stimmverbot nach § 285 Abs. 1 S. 2 Nr. 1 AktG.[57] Unstreitig ist das, wenn die KGaA nur Minderheits-Kommanditaktionäre hat, weil ansonsten jeder Kommanditaktionär von der Abstimmung in der Hauptversammlung ausgeschlossen und die Gesellschaft für jeden der in § 285 Abs. 1 S. 2 AktG genannten Fälle handlungsunfähig wäre.[58] Hat die KGaA hingegen einen Mehrheits-Kommanditaktionär, könnte man für ihn an ein Stimmverbot denken.[59] Nach zutreffender Auffassung ist das jedoch abzulehnen: alle Kommanditaktionäre können gleichermaßen in der Höhe ihrer Beteiligung sowohl Einfluss auf die Komplementärgesellschaft als auch auf die KGaA nehmen; eine Interessenkollision zwischen verschiedenen Kommanditaktionären besteht damit gerade nicht.[60] Außerdem gelten auch in der AG mit Mehrheitsaktionär keine Einschränkungen für die Stimmabgabe, sondern § 117 AktG, der über § 283 Nr. 8 AktG auch auf die KGaA Anwendung findet.[61] Das Stimmverbot gem. § 285 Abs. 1 S. 2 Nr. 1 AktG gilt in der Einheits-KGaA daher generell nicht.

17 Eine unter **Verstoß gegen das Stimmverbot** abgegebene Stimme ist gemäß § 134 BGB nichtig.[62] Wurde die gegen das Stimmverbot verstoßende Stimme bei der Beschlussfeststellung mitberücksichtigt, so führt das zur Anfechtbarkeit des Beschlusses nach § 243 AktG.[63] Die Anfechtung hat jedoch nur Aussicht auf Erfolg, wenn der Verstoß **kausal** für das Beschlussergebnis war.[64]

18 **cc) Entsendungsrechte.** Entsendungsrechte für Aufsichtsratsmitglieder können wie bei der AG nur durch die **Satzung** und nur für bestimmte Aktionäre oder für die jeweiligen Inhaber bestimmter Aktien begründet werden, §§ 278 Abs. 3 AktG, 101 Abs. 2 S. 1 AktG[65] (zur Entsendung → § 2 Rn. 126 ff.).

19 Aus dem Verbot, selbst Aufsichtsratsmitglied sein zu können (§ 287 Abs. 3 AktG), und dem Stimmverbot hinsichtlich der Wahl und Abberufung des Aufsichtsrats (§ 285 Abs. 1 S. 2 Nr. 1 AktG) wird einhellig gefolgert, dass **Komplementären** auch **kein Entsendungsrecht** eingeräumt werden darf.[66] Das gilt auch dann, wenn sie zugleich Kommanditaktionäre sind.[67] Darüber hinaus kann einem Komplementär auch nicht das Entsendungsrecht eines Dritten zur Ausübung übertragen werden.[68] Sind Komplementäre Inhaber von vinkulierten Namensaktien mit Entsendungsrecht, können sie dieses Entsendungsrecht nicht ausüben[69] und auch nicht einem Dritten zur Ausübung überlassen.[70] In der Übertragung einer vinkulierten Namensaktie mit Entsendungsrecht von einem Komplementär auf eine ihm nahestehende Person oder ein Familienmitglied liegt aber jedenfalls dann kein unzulässiges Umgehungsgeschäft, wenn die erwerbende Person über die jeweilige Entsendung frei entscheiden kann und keinen Weisungen des Komplementärs unterliegt.[71]

20 In der **Kapitalgesellschaft & Co. KGaA** gelten die Verbote für die Einräumung und Ausübung von Entsendungsrechten wiederum auch für die Geschäftsleitung der Komplementärgesellschaft[72] sowie nach

---

[57] *Schnülle* NZG 2017, 1056 (1058 f.); *Hennemann* ZHR 182 (2018), 157 (186 f.); BeckOGK/*Bachmann* AktG § 285 Rn. 30; Hüffer/Koch/*Koch* AktG § 285 Rn. 1.
[58] *Schnülle* NZG 2017, 1056 (1058).
[59] Vgl. *Schnülle* NZG 2017, 1056 (1058); Hüffer/Koch/*Koch* AktG § 285 Rn. 1; *Hennemann* ZHR 182 (2018), 157 (186 f.).
[60] *Schnülle* NZG 2017, 1056 (1058); *Hennemann* ZHR 182 (2018), 157 (187); BeckOGK/*Bachmann* AktG § 285 Rn. 29; Hüffer/Koch/*Koch* AktG § 285 Rn. 1; vgl. auch *Fett/Stütz* NZG 2017, 1121 (1125).
[61] *Schnülle* NZG 2017, 1056 (1058 f.); vgl. BeckOGK/*Bachmann* AktG § 283 Rn. 22.
[62] GroßkommAktG/*Assmann/Sethe* AktG § 285 Rn. 47.
[63] MüKoAktG/*Perlitt* AktG § 285 Rn. 23; *Hennemann* ZHR 182 (2018), 157 (189); MHdB AG/*Herfs* § 79 Rn. 42; GroßkommAktG/*Assmann/Sethe* AktG § 285 Rn. 47.
[64] Vgl. RGZ 106, 258 (263); BGH NJW 1962, 104 (108); BGH NJW-RR 1990, 530 (531); Kölner Komm AktG/*Tröger* AktG § 136 Rn. 96; GroßkommAktG/*Assmann/Sethe* AktG § 285 Rn. 47.
[65] Hüffer/Koch/*Koch* AktG § 101 Rn. 10; BeckOGK/*Spindler* AktG § 101 Rn. 55.
[66] MüKoAktG/*Perlitt* AktG § 285 Rn. 26, AktG § 278 Rn. 322 f., AktG § 287 Rn. 18; MHdB AG/*Herfs* § 79 Rn. 63; BeckOGK/*Bachmann* AktG § 287 Rn. 8; Kölner Komm AktG/*Mertens/Cahn* AktG § 285 Rn. 13, AktG § 287 Rn. 9; GroßkommAktG/*Assmann/Sethe* AktG § 287 Rn. 6; *Hoffmann-Becking/Herfs* FS Sigle, 2000, 273 (289); *Hennemann* ZHR 182 (2018), 157 (187); *Bürgers* in Bürgers/Fett KGaA § 5 Rn. 466.
[67] Kölner Komm AktG/*Mertens/Cahn* AktG § 287 Rn. 9; GroßkommAktG/*Assmann/Sethe* AktG § 287 Rn. 6; MüKoAktG/*Perlitt* AktG § 278 Rn. 322; MHdB AG/*Herfs* § 79 Rn. 63.
[68] MüKoAktG/*Perlitt* AktG § 287 Rn. 20; GroßkommAktG/*Assmann/Sethe* AktG § 287 Rn. 6; siehe auch MHdB AG/*Herfs* § 79 Rn. 63.
[69] *Bürgers* in Bürgers/Fett KGaA § 5 Rn. 466; MüKoAktG/*Perlitt* AktG § 287 Rn. 20; GroßkommAktG/*Assmann/Sethe* AktG § 287 Rn. 6; Bürgers/Körber/Föörl/Fett AktG § 285 Rn. 5; *Hoffmann-Becking/Herfs* FS Sigle, 2000, 273 (289).
[70] *Bürgers* in Bürgers/Fett KGaA § 5 Rn. 466; MüKoAktG/*Perlitt* AktG § 287 Rn. 20; GroßkommAktG/*Assmann/Sethe* AktG § 287 Rn. 6.
[71] BGH NZG 2006, 138 (Rn. 21, 24); s.a. *Hoffmann-Becking/Herfs* FS Sigle, 2000, 273 (289 f.); *Hennemann* ZHR 182 (2018), 157 (188 f.).
[72] MüKoAktG/*Perlitt* AktG § 278 Rn. 323; GroßkommAktG/*Assmann/Sethe* AktG § 287 Rn. 7; *Bürgers* in Bürgers/Fett KGaA § 5 Rn. 468; Kölner Komm AktG/*Mertens/Cahn* AktG § 287 Rn. 9.

I. Aufsichtsrat in der KGaA

hM auch für die die Komplementärgesellschaft beherrschenden[73] bzw. an ihr maßgeblich beteiligten[74] Gesellschafter. Die Ausführungen zur Inkompatibilität gelten entsprechend (→ Rn. 7 f.).

Das Entsendungsrecht kann durch die Satzung an **weitere Voraussetzungen** geknüpft werden.[75] Allerdings kann die Auswahl des Entsandten nicht von der Zustimmung der Komplementäre abhängig gemacht werden.[76]

d) Innere Ordnung, Vergütung und Verträge mit Aufsichtsratsmitgliedern

aa) Innere Ordnung des Aufsichtsrats der KGaA. Für die **innere Ordnung** des Aufsichtsrats der KGaA gilt über die Verweisung in § 278 Abs. 3 AktG dasselbe wie für den Aufsichtsrat der **AG** (§ 107 AktG; vgl. dazu → § 3 Rn. 1 ff.).[77] Gleiches gilt für die Beschlussfassung (§ 108 AktG) (→ § 3 Rn. 432 ff.), die Teilnahmebefugnis an den Sitzungen (§ 109 AktG) (→ § 1 Rn. 40) und die Einberufung (§ 110 AktG) (→ § 3 Rn. 390 ff.), wobei statt des Vorstands der geschäftsführende Komplementär (bei mehreren diese gemeinschaftlich) einberufungsbefugt ist.[78] Der Aufsichtsrat der KGaA ist berechtigt, sich eine **Geschäftsordnung** zur Ausgestaltung der inneren Ordnung zu geben, und zwar auch ohne Satzungsermächtigung.[79]

bb) Vergütung. Die Vergütung der Aufsichtsratsmitglieder einer KGaA bestimmt sich ebenfalls nach den **aktienrechtlichen Vorgaben**, § 278 Abs. 3 AktG iVm § 113 AktG (→ § 6 Rn. 3 ff.).[80] Die Vergütung deckt sämtliche Aufgaben ab, die das Aufsichtsratsmitglied der KGaA als Organmitglied wahrnimmt, auch wenn diese über diejenigen des Aufsichtsratsmitglieds einer AG hinausgehen (→ Rn. 25 ff., 33 ff.).[81] Zur Frage, ob Prämien für eine D&O-Versicherung Teil der Vergütung des Aufsichtsrats nach § 113 AktG sind, vgl. bereits (→ § 6 Rn. 39 ff.).[82]

cc) Verträge mit Aufsichtsratsmitgliedern. Darüber hinaus finden auf Verträge mit bzw. Kreditgewährungen an Aufsichtsratsmitglieder einer KGaA über § 278 Abs. 3 AktG auch **§§ 114, 115 AktG** Anwendung.[83] Bei einem Vertrag mit einem Aufsichtsratsmitglied wird die KGaA durch ihre Komplementäre vertreten.[84] Für einen wirksamen Vertragsschluss bedarf es daher zum einen der Mitwirkung der Komplementäre und zum anderen der Zustimmung des Aufsichtsrats.[85] Bis zur Zustimmung des Aufsichtsrats ist der Vertrag schwebend unwirksam.[86] (zu Verträgen mit Aufsichtsratsmitgliedern näher → § 6 Rn. 207 ff., zu den Rechtsfolgen bei Verstoß gegen §§ 114, 115 AktG → § 6 Rn. 246 ff., § 6 Rn. 264 ff.).

---

[73] MüKoAktG/*Perlitt* AktG § 278 Rn. 323; *Hoffmann-Becking/Herfs* FS Sigle, 2000, 273 (289); *Kessler* NZG 2005, 145 (150).
[74] GroßkommAktG/*Assmann/Sethe* AktG § 287 Rn. 7; BeckOGK/*Bachmann* AktG § 287 Rn. 6; *Bürgers* in Bürgers/Fett KGaA § 5 Rn. 468; MHdB AG/*Herfs* § 79 Rn. 63; Semler/v. Schenck/*Schütz* AktG § 111 Rn. 632.
[75] MüKoAktG/*Perlitt* AktG § 287 Rn. 20; dazu BeckOGK/*Spindler* § 101 Rn. 52; MüKoAktG/*Habersack* AktG § 101 Rn. 46; MHdB AG/*Hoffmann-Becking* § 30 Rn. 45.
[76] GroßkommAktG/*Assmann/Sethe* AktG § 287 Rn. 6; MüKoAktG/*Perlitt* AktG § 287 Rn. 20.
[77] MüKoAktG/*Perlitt* AktG § 287 Rn. 33; GroßkommAktG/*Assmann/Sethe* AktG § 287 Rn. 21; BeckOGK/*Bachmann* AktG § 287 Rn. 13.
[78] MüKoAktG/*Perlitt* AktG § 287 Rn. 33; GroßkommAktG/*Assmann/Sethe* AktG § 287 Rn. 21; BeckOGK/*Bachmann* AktG § 287 Rn. 13; vgl. auch *Schlitt*, Die Satzung der KGaA, 1999, 180 ff.
[79] GroßkommAktG/*Assmann/Sethe* AktG § 287 Rn. 22; *Schlitt*, Die Satzung der KGaA, 1999, 186.
[80] BeckOGK/*Bachmann* AktG § 287 Rn. 13; MüKoAktG/*Perlitt* AktG § 287 Rn. 34; GroßkommAktG/*Assmann/Sethe* AktG § 287 Rn. 23.
[81] GroßkommAktG/*Assmann/Sethe* AktG § 287 Rn. 23; MüKoAktG/*Perlitt* AktG § 287 Rn. 34.
[82] Offengelassen BGH NZG 2009, 550 (Rn. 23); dagegen (hM) Hüffer/Koch/*Koch* AktG § 113 Rn. 5; Hölters/*Hambloch-Gesinn/Gesinn* AktG § 113 Rn. 22; Bürgers/Körber/*Israel* AktG § 113 Rn. 13; K. Schmidt/Lutter/*Drygala* § 113 Rn. 16; *Bürgers* in Bürgers/Fett KGaA § 5 Rn. 474; GroßkommAktG/*Assmann/Sethe* AktG § 287 Rn. 23; *Dreher* ZHR 165 (2001), 293 (322); *Vetter* AG 2000, 453 (457); *Mertens* AG 2000, 447 (452); differenzierend, aber für den Regelfall der Gruppenversicherung ebenfalls dagegen MüKoAktG/*Habersack* AktG § 113 Rn. 16; BeckOGK/*Spindler* AktG § 113 Rn. 17; Grigoleit/*Grigoleit/Tomasic/Kochendörfer* AktG § 113 Rn. 22; vgl. auch *Lüneborg/Resch* AG 2017, 691 (694); dafür hingegen Henssler/Strohn/*Henssler* AktG § 113 Rn. 3; *Armbrüster* NJW 2016, 897 (900); *Kästner* AG 2000, 113 (115 ff.); *Seibt* AG 2002, 249 (258).
[83] MüKoAktG/*Perlitt* AktG § 287 Rn. 35; GroßkommAktG/*Assmann/Sethe* AktG § 287 Rn. 22; BeckOGK/*Bachmann* AktG § 287 Rn. 13.
[84] *Schlitt*, Die Satzung der KGaA, 1999, 191; GroßkommAktG/*Assmann/Sethe* AktG § 287 Rn. 22; MüKoAktG/*Perlitt* AktG § 287 Rn. 35.
[85] GroßkommAktG/*Assmann/Sethe* AktG § 287 Rn. 22; MüKoAktG/*Perlitt* AktG § 287 Rn. 35; *Schlitt*, Die Satzung der KGaA, 1999, 191.
[86] *Schlitt*, Die Satzung der KGaA, 1999, 191; GroßkommAktG/*Assmann/Sethe* AktG § 287 Rn. 22; MüKoAktG/*Perlitt* AktG § 287 Rn. 35.

3. Rechtsstellung des Aufsichtsrats in der KGaA

a) Kompetenzen des Aufsichtsrats in der KGaA

25 Dem Aufsichtsrat kommen in der KGaA wie erwähnt **mehrere Funktionen** zu: Zum einen übernimmt er die aktienrechtlichen Überwachungsaufgaben (aa) **Überwachungskompetenz**), zum anderen führt er aber auch (als personengesellschaftsrechtliche Aufgabe) die Beschlüsse der Kommanditaktionäre aus (bb) **Ausführungskompetenz**) und vertritt die „Gesamtheit der Kommanditaktionäre" in Rechtsstreitigkeiten gegenüber den Komplementären (cc) **Vertretungskompetenz**).[87] Dabei übt der Aufsichtsrat der KGaA nach heute einhelliger Meinung alle ihm zur Verfügung stehenden Kompetenzen, gerade auch die Vertretungskompetenz nach § 287 Abs. 2 AktG, als **Organ** der Gesellschaft aus.[88]

26 **aa) Überwachungskompetenz.** Wie in der AG hat der Aufsichtsrat in der KGaA die Aufgabe, die Geschäftsführung, dh die geschäftsführenden Komplementäre, zu überwachen.[89] Diese Überwachungskompetenz kann ihm – da aktienrechtliche Kompetenz – nicht entzogen werden.[90] (→ Rn. 51 ff.). Das allgemeine Aktienrecht, § 278 Abs. 3 AktG iVm § 111 AktG (→ § 4 Rn. 1 ff.) gilt aber nur insoweit, als sich nicht aus dem Vorhandensein von persönlich haftenden Gesellschaftern anstatt eines Vorstands etwas anderes ergibt,[91] was zu **wesentlichen Abweichungen** vom aktienrechtlichen Modell führt (→ Rn. 30 f., 44 ff.).

27 Die für die ordnungsgemäße und sachgerechte Überwachung erforderlichen **Informationen** über die tatsächlichen Vorgänge im Unternehmen[92] gewinnt der Aufsichtsrat zunächst aus der gesetzlichen **Berichtspflicht** der Komplementäre nach § 283 Nr. 4 AktG, § 90 AktG (→ § 4 Rn. 24 ff.).[93] Diese Pflicht ist auf die geschäftsführenden Komplementäre beschränkt.[94] Bei Komplementärgesellschaften, deren Unternehmensgegenstand über ihre Komplementärfunktion in der KGaA hinausgeht, beschränkt sich die Überwachungsaufgabe des Aufsichtsrats auf die Geschäftsführung der KGaA sowie sonstige elementare Vorkommnisse, die Auswirkungen auf diese Funktion haben könnten, wie etwa eine drohende Insolvenz.[95]

28 Neben den in § 90 Abs. 1 AktG vorgesehenen Regelberichten können der Aufsichtsrat und jedes Aufsichtsratsmitglied über einzelne Geschäftsvorgänge auch einen zusätzlichen **Bericht anfordern** (§ 90 Abs. 3 AktG). Der Aufsichtsrat hat außerdem das Einsichts- und Prüfungsrecht aus § 111 Abs. 2 AktG. Dem Aufsichtsrat in der KGaA stehen insgesamt die gleichen Informationsrechte wie dem Aufsichtsrat in der AG zu – die unterschiedliche Struktur beider Gesellschaftsformen und insbesondere die stark eingeschränkten Einwirkungsmöglichkeiten des Aufsichtsrats auf die Geschäftsführung (dazu nachfolgend) rechtfertigen keine Abweichung.[96] Einzelheiten können auch in der KGaA in einer **Informationsordnung** niedergelegt werden, die der Aufsichtsrat allerdings mangels Personal- und Geschäftsordnungskompetenz (→ Rn. 44 ff., 48) nicht erlassen, sondern nur mit den Komplementären vereinbaren kann.[97]

29 Der Aufsichtsrat muss **beurteilen,** ob die geschäftsführenden Komplementäre bei ihrer Geschäftsführung die Sorgfalt eines ordentlichen und gewissenhaften Geschäftsleiters anwenden (§ 283 Nr. 3 AktG, § 93 Abs. 1 S. 1 AktG).[98] Dazu zählt nicht nur die **Rechtmäßigkeit** der Geschäftsführung, sondern sie muss auch das **Unternehmensinteresse** im Blick haben und in Einklang mit den Grundsätzen der **Ord-**

---

[87] MHdB AG/*Herfs* § 79 Rn. 59 f.; Henssler/Strohn/*A. Arnold* AktG § 287 Rn. 1; BeckOGK/*Bachmann* AktG § 287 Rn. 1; Kölner Komm AktG/*Mertens/Cahn* AktG § 287 Rn. 2.
[88] BGH NZG 2006, 138 (Rn. 15); Kölner Komm AktG/*Mertens/Cahn* AktG § 287 Rn. 2; GroßkommAktG/*Assmann/Sethe* AktG § 287 Rn. 31; MüKoAktG/*Perlitt* AktG § 287 Rn. 6; BeckOGK/*Bachmann* AktG § 287 Rn. 2; Henssler/Strohn/*A. Arnold* AktG § 287 Rn. 1; MHdB AG/*Herfs* § 79 Rn. 61; Hüffer/Koch/*Koch* AktG § 287 Rn. 1.
[89] MüKoAktG/*Perlitt* AktG § 287 Rn. 37; GroßkommAktG/*Assmann/Sethe* AktG § 287 Rn. 32.
[90] BeckOGK/*Bachmann* AktG § 287 Rn. 24.
[91] MüKoAktG/*Perlitt* AktG § 287 Rn. 37; GroßkommAktG/*Assmann/Sethe* AktG § 287 Rn. 32.
[92] GroßkommAktG/*Assmann/Sethe* AktG § 287 Rn. 35; MüKoAktG/*Perlitt* AktG § 287 Rn. 39.
[93] BeckOGK/*Bachmann* AktG § 287 Rn. 14; MHdB AG/*Herfs* § 79 Rn. 68; *Bürgers* in Bürgers/Fett KGaA § 5 Rn. 484; MüKoAktG/*Perlitt* AktG § 287 Rn. 40; Kölner Komm AktG/*Mertens/Cahn* AktG § 287 Rn. 14.
[94] BeckOGK/*Bachmann* AktG § 287 Rn. 14; Kölner Komm AktG/*Mertens/Cahn* AktG § 287 Rn. 14; MüKoAktG/*Perlitt* AktG § 287 Rn. 40.
[95] Lutter/Krieger/*Verse* AR Rn. 1331.
[96] GroßkommAktG/*Assmann/Sethe* AktG § 287 Rn. 33; MHdB AG/*Herfs* § 79 Rn. 68; MüKoAktG/*Perlitt* AktG § 287 Rn. 40; Bürgers/Körber/*Förl/Fett* AktG § 287 Rn. 3; Semler/v. Schenck/*Schütz* AktG § 111 Rn. 647; *Kallmeyer* ZGR 1983, 57 (73).
[97] Lutter/Krieger/*Verse* AR Rn. 1312.
[98] MHdB AG/*Herfs* § 79 Rn. 68; GroßkommAktG/*Assmann/Sethe* AktG § 287 Rn. 36; MüKoAktG/*Perlitt* AktG § 287 Rn. 41; *Kallmeyer* ZGR 1983, 57 (72).

nungsmäßigkeit, der **Wirtschaftlichkeit** und der **Zweckmäßigkeit** stehen[99] (→ § 4 Rn. 85 ff.). Die Komplementäre können verlangen, dass der Aufsichtsrat das Ergebnis seiner Beurteilung mitteilt.[100]

Die Überwachungskompetenz des Aufsichtsrats richtet sich ausschließlich auf die **Tätigkeit der geschäftsführenden Komplementäre.**[101] Das gilt auch, wenn die Ausführung von Geschäftsführungsaufgaben (zulässiger- oder unzulässigerweise) an andere Personen oder Organe übertragen wurde.[102] Der Aufsichtsrat ist nicht zur Überwachung dieser Personen oder Organe befugt, es sei denn, die Satzung sieht das ausdrücklich so vor.[103] Vielmehr hat der Aufsichtsrat dann lediglich zu prüfen und zu überwachen, ob ggf. die Komplementäre bei der **Delegation** ihrer Pflichten sorgfaltsgemäß gehandelt haben.[104] Aus dieser Koppelung des Überwachungsumfangs an den Geschäftsführungsumfang der Komplementäre folgt, dass eine Änderung der Geschäftsführungsaufgaben eine Änderung der Überwachungsaufgaben nach sich zieht – was der Geschäftsführung der Komplementäre entzogen werden kann, wird damit auch der Überwachung durch den Aufsichtsrat entzogen; wo die Geschäftsführungskompetenz zulässigerweise erweitert wird, erweitert sich auch die Überwachungskompetenz des Aufsichtsrats.[105] Das gilt auch in der mitbestimmten KGaA.[106]

Gelangt der Aufsichtsrat bei seiner Überwachung zu der Einschätzung, dass die Geschäftsführung 31 oder einzelne Maßnahmen nicht **sorgfältig** durchgeführt werden, hat er die Pflicht, auf die geschäftsführenden Komplementäre einzuwirken.[107] Allerdings sind die **Einwirkungsmöglichkeiten** des Aufsichtsrats in der KGaA im Vergleich zur AG auf ein **Minimum reduziert:** ihm fehlt insbesondere die **Personalkompetenz** ganz, § 84 AktG ist nicht anwendbar (zur Personalkompetenz des AG-Aufsichtsrats → § 4 Rn. 499 ff.; zu den Unterschieden bei der KGaA → Rn. 44 ff.). Der Aufsichtsrat kann deshalb lediglich seine **Bedenken** den Komplementären mitteilen und mit diesen diskutieren, um so auf eine Änderung hinzuwirken.[108] Kann der Aufsichtsrat die Komplementäre nicht überzeugen, hat er, gegebenenfalls unter Einberufung einer außerordentlichen Hauptversammlung (§ 278 Abs. 3 AktG iVm § 111 Abs. 3 S. 1 AktG), seine Bedenken der Hauptversammlung vorzutragen und rechtlich mögliche Maßnahmen (zB Entziehung der Geschäftsführungsbefugnis, Verweigerung der Zustimmung zu außergewöhnlichen Geschäften, Ausschließung der betroffenen Komplementäre) aufzuzeigen.[109] Als letztes Mittel verbleibt dem Aufsichtsrat bzw. seinen Mitgliedern sonst nur der **Rücktritt**,[110] der allerdings nicht zur Unzeit erklärt werden darf (zum Rücktritt → § 2 Rn. 195 ff.).

Eng mit der Überwachungsaufgabe zusammen hängen die Erteilung des Prüfungsauftrags an den **Ab-** 32 **schlussprüfer** (§ 111 Abs. 2 S. 3 AktG) (→ § 4 Rn. 2175 ff.) und die Prüfung des **Jahresabschlusses** (bzw. Konzernabschlusses) (→ § 4 Rn. 105 ff.), des **Lageberichts** (bzw. Konzernlageberichts) (→ § 4 Rn. 111 f.) sowie des **Gewinnverwendungsbeschlusses** (§ 171 Abs. 1 AktG) (→ § 4 Rn. 113 ff.), für die auch in der KGaA jeweils der Aufsichtsrat zuständig ist.[111] Im Anschluss an die Prüfung trifft auch den KGaA-Aufsichtsrat eine Berichtspflicht (§ 171 Abs. 2 und 3 AktG) (→ § 4 Rn. 117 ff.).

bb) Ausführungskompetenz. Nach § 287 Abs. 1 AktG führt der Aufsichtsrat die Beschlüsse der Ge- 33 samtheit der Kommanditaktionäre aus, wenn die Satzung nichts anderes bestimmt (→ Rn. 51 ff.). Dabei handelt es sich um eine an das Personengesellschaftsrecht angelehnte Kompetenz. Gemeint sind damit deshalb auch **nicht jegliche Beschlüsse** der Hauptversammlung, sondern nur solche über die **Geltendmachung von Rechten,** die in der KG den Kommanditisten gegen die Komplementäre oder die KG

---

[99] BGH NJW 1991, 1830 (1831); *Bürgers* in Bürgers/Fett KGaA § 5 Rn. 485; GroßkommAktG/*Assmann/Sethe* AktG § 287 Rn. 36; MüKoAktG/*Perlitt* AktG § 287 Rn. 41; siehe hierzu auch *Semler* Leitung und Überwachung Rn. 183 ff.
[100] MüKoAktG/*Perlitt* AktG § 287 Rn. 42.
[101] MHdB AG/*Herfs* § 79 Rn. 69; Kölner Komm AktG/*Mertens/Cahn* AktG § 287 Rn. 16; GroßkommAktG/*Assmann/Sethe* AktG § 287 Rn. 35; MüKoAktG/*Perlitt* AktG § 287 Rn. 47; *Kallmeyer* ZGR 1983, 57 (70 Fn. 55).
[102] GroßkommAktG/*Assmann/Sethe* AktG § 287 Rn. 35; MüKoAktG/*Perlitt* AktG § 287 Rn. 47; siehe auch MHdB AG/*Herfs* § 79 Rn. 69; BeckOGK/*Bachmann* AktG § 287 Rn. 14; *Bürgers* in Bürgers/Fett KGaA § 5 Rn. 488 f.
[103] BeckOGK/*Bachmann* AktG § 287 Rn. 14; GroßkommAktG/*Assmann/Sethe* AktG § 287 Rn. 45.
[104] GroßkommAktG/*Assmann/Sethe* AktG § 287 Rn. 35 Fn. 50; MüKoAktG/*Perlitt* AktG § 287 Rn. 47.
[105] GroßkommAktG/*Assmann/Sethe* AktG § 287 Rn. 45 f.; MüKoAktG/*Perlitt* AktG § 287 Rn. 51; vgl. auch *Bürgers* in Bürgers/Fett KGaA § 5 Rn. 490; Kölner Komm AktG/*Mertens/Cahn* AktG § 287 Rn. 16.
[106] MüKoAktG/*Perlitt* AktG § 287 Rn. 52.
[107] MHdB AG/*Herfs* § 79 Rn. 68; MüKoAktG/*Perlitt* AktG § 287 Rn. 39, 46; GroßkommAktG/*Assmann/Sethe* AktG § 287 Rn. 43; **aA** *Kallmeyer* ZGR 1983, 57 (71 f.).
[108] GroßkommAktG/*Assmann/Sethe* AktG § 287 Rn. 43; MHdB AG/*Herfs* § 79 Rn. 68; MüKoAktG/*Perlitt* AktG § 287 Rn. 42, 46; *Bürgers* in Bürgers/Fett KGaA § 5 Rn. 486; *Lutter/Krieger/Verse* AR Rn. 1313.
[109] MüKoAktG/*Perlitt* AktG § 287 Rn. 46; MHdB AG/*Herfs* § 79 Rn. 68; GroßkommAktG/*Assmann/Sethe* AktG § 287 Rn. 43; zur Möglichkeit der Einberufung einer Hauptversammlung auch Bürgers/Körber/Förl/Fett AktG § 287 Rn. 3; *Bürgers* in Bürgers/Fett KGaA § 5 Rn. 487; **aA** *Kallmeyer* ZGR 1983, 57 (71 f.).
[110] MüKoAktG/*Perlitt* AktG § 287 Rn. 46; siehe auch *Bürgers* in Bürgers/Fett KGaA § 5 Rn. 486; MHdB AG/*Herfs* § 79 Rn. 68; *v. Schenck* in Semler/v. Schenck AR-HdB § 1 Rn. 202; *Lutter/Krieger/Verse* AR Rn. 1314.
[111] MüKoAktG/*Perlitt* AktG § 287 Rn. 37; GroßkommAktG/*Assmann/Sethe* AktG § 287 Rn. 34.

zustehen.[112] Das ist aber nicht gleichzusetzen mit allen Beschlüssen, die nach § 285 Abs. 2 S. 1 AktG der Zustimmung durch die Komplementäre bedürfen,[113] denn dazu gehören zB auch solche über Strukturmaßnahmen, die unstreitig vom Komplementär und nicht vom Aufsichtsrat auszuführen sind.[114] Bei der Ausführungskompetenz des Aufsichtsrats geht es deshalb etwa um Beschlüsse über Auskunftsbegehren nach § 166 HGB, über die Entziehung der Geschäftsführungs- und Vertretungsbefugnis (§§ 117, 127 HGB), über Auflösungsklagen (§ 133 HGB), über die Erteilung einer Zustimmung nach § 285 Abs. 2 S. 1 AktG, § 286 Abs. 1 AktG oder die Zustimmung zur Aufnahme neuer Komplementäre oder zu außergewöhnlichen Geschäften (§ 164 HGB).[115]

34   Auch bei der Ausführung der Beschlüsse der Kommanditaktionäre handelt der Aufsichtsrat als Organ der Gesellschaft.[116] Dennoch ist der Aufsichtsrat bei der Beschlussausführung in erster Linie **dem Interesse der Kommanditaktionäre verpflichtet,** denn er nimmt deren Rechte wahr.[117] Bei Kollisionen mit dem Gesellschaftsinteresse trifft den Aufsichtsrat allerdings die Pflicht, bei der Beschlussausführung auf die Gesellschaftsinteressen Rücksicht zu nehmen und die sich aus der **Treuepflicht** ergebenden Schranken zu berücksichtigen. Er darf deshalb keine Beschlüsse ausführen, die die Gesellschaft schädigen würden.[118] Auch die Ausführung nichtiger Beschlüsse muss der Aufsichtsrat verweigern (vgl. § 278 Abs. 3 AktG iVm § 249 Abs. 1 S. 2 AktG).[119] Er muss außerdem die Kommanditaktionäre darüber informieren.[120] Bestandskräftige **Beschlüsse** muss der Aufsichtsrat ansonsten **ausnahmslos ausführen.**[121] Das gilt auch für angefochtene Beschlüsse.[122] Der Aufsichtsrat kann die Beschlussausführung insbesondere nicht aus Zweckmäßigkeitserwägungen heraus verweigern, weil ihm **kein eigenes Ermessen** zusteht.[123] Der Aufsichtsrat hat nur die Möglichkeit, den Kommanditaktionären seine Bedenken mitzuteilen und so darauf hinzuwirken, dass diese ihren Beschluss revidieren.[124]

35   cc) **Vertretungskompetenz. (1) Vertretung nach § 112 AktG.** In der AG vertritt zwingend und ausschließlich der Aufsichtsrat die Gesellschaft gerichtlich und außergerichtlich gegenüber Vorstandsmitgliedern, § 112 AktG (→ § 4 Rn. 2267 ff.). Diese Regelung ist nach der Rechtsprechung des BGH und hL gem. § 278 Abs. 3 AktG direkt,[125] nach anderer Ansicht zumindest analog auf die KGaA anwendbar,[126] sodass nach im Ergebnis nahezu einhelliger und zutreffender Meinung grundsätzlich dem **Aufsichtsrat die Vertretung der KGaA gegenüber den Komplementären** obliegt. Zwar richtet sich die Führungsstruktur der KGaA gem. § 278 Abs. 2 AktG vorrangig nach Personengesellschaftsrecht, das Interessenkonflikten durch das Verbot des Selbstkontrahierens (§ 181 BGB) begegnet.[127] Dieses (sonst abdingbare) Verbot wurde für Kapitalgesellschaften aber gerade verschärft (zB § 35 Abs. 3 GmbHG), was insbesondere für die börsenfähige KGaA die Anwendung von § 112 AktG nahelegt.[128] Im Übrigen bestünde ebenso wie in der AG auch in der KGaA die Gefahr von Interessenkollisionen und Orientierung an sachfremden

---

[112] BeckOGK/*Bachmann* AktG § 287 Rn. 29; GroßkommAktG/*Assmann/Sethe* AktG § 287 Rn. 49; Hüffer/Koch/*Koch* AktG § 287 Rn. 1; *Lutter/Krieger/Verse* AR Rn. 1323; siehe auch MüKoAktG/*Perlitt* AktG § 287 Rn. 58.
[113] So aber wohl GroßkommAktG/*Assmann/Sethe* AktG § 287 Rn. 49.
[114] BeckOGK/*Bachmann* AktG § 287 Rn. 30.
[115] BeckOGK/*Bachmann* AktG § 287 Rn. 30; MüKoAktG/*Perlitt* AktG § 287 Rn. 58; Bürgers/Körber/*Förl/Fett* AktG § 287 Rn. 5; *Bürgers* in Bürgers/Fett KGaA § 5 Rn. 491.
[116] GroßkommAktG/*Assmann/Sethe* AktG § 287 Rn. 50; *Bürgers* in Bürgers/Fett KGaA § 5 Rn. 492; BeckOGK/*Bachmann* AktG § 287 Rn. 31.
[117] MüKoAktG/*Perlitt* AktG § 287 Rn. 60; BeckOGK/*Bachmann* AktG § 287 Rn. 31; GroßkommAktG/*Assmann/Sethe* AktG § 287 Rn. 51; *Bürgers* in Bürgers/Fett KGaA § 5 Rn. 493; für Kölner Komm AktG/*Mertens/Cahn* AktG § 287 Rn. 14 hat die Frage „keine praktische Bedeutung"; aA Grigoleit/*Servatius* AktG § 287 Rn. 3; MHdB AG/*Herfs* § 79 Rn. 75.
[118] GroßkommAktG/*Assmann/Sethe* AktG § 287 Rn. 52; Kölner Komm AktG/*Mertens/Cahn* AktG § 287 Rn. 19; *Lutter/Krieger/Verse* AR Rn. 1323; s.a. BeckOGK/*Bachmann* AktG § 287 Rn. 31.
[119] MüKoAktG/*Perlitt* AktG § 287 Rn. 61; GroßkommAktG/*Assmann/Sethe* AktG § 287 Rn. 52; Kölner Komm AktG/*Mertens/Cahn* AktG § 287 Rn. 19.
[120] GroßkommAktG/*Assmann/Sethe* AktG § 287 Rn. 54; MüKoAktG/*Perlitt* AktG § 287 Rn. 62.
[121] Kölner Komm AktG/*Mertens/Cahn* AktG § 287 Rn. 19; BeckOGK/*Bachmann* AktG § 287 Rn. 31; siehe auch GroßkommAktG/*Assmann/Sethe* AktG § 287 Rn. 52; vgl. auch MHdB AG/*Herfs* § 79 Rn. 75.
[122] GroßkommAktG/*Assmann/Sethe* AktG § 287 Rn. 52; MüKoAktG/*Perlitt* AktG § 287 Rn. 61; **aA** Kölner Komm AktG/*Mertens/Cahn* AktG § 287 Rn. 19 (nur wenn Anfechtung offensichtlich unbegründet).
[123] GroßkommAktG/*Assmann/Sethe* AktG § 287 Rn. 52; BeckOGK/*Bachmann* AktG § 287 Rn. 31; Kölner Komm AktG/*Mertens/Cahn* AktG § 287 Rn. 19; MüKoAktG/*Perlitt* AktG § 287 Rn. 61.
[124] MHdB AG/*Herfs* § 79 Rn. 75.
[125] BGH NZG 2005, 276; MüKoAktG/*Perlitt* AktG § 287 Rn. 67; GroßkommAktG/*Assmann/Sethe* AktG § 287 Rn. 67 f.; MHdB AG/*Herfs* § 79 Rn. 72; Grigoleit/*Servatius* AktG § 287 Rn. 4; Hüffer/Koch/*Koch* AktG § 278 Rn. 16; kritisch, aber iE ebenfalls BeckOGK/*Bachmann* AktG § 287 Rn. 18 f.; **aA** *Bürgers* in Bürgers/Fett KGaA § 5 Rn. 497 ff.
[126] Bürgers/Körber/*Förl/Fett* AktG § 287 Rn. 4; *Fett/Stütz* NZG 2017, 1121 (1126).
[127] *Habersack* ZIP 2019, 1453 (1454); vgl. hierzu *Bürgers* in Bürgers/Fett KGaA § 5 Rn. 496 ff.
[128] BeckOGK/*Bachmann* AktG § 287 Rn. 19.

Erwägungen, wenn Komplementäre die Gesellschaft bei Geschäften mit anderen Komplementären vertreten.[129] Dabei ist mit dem BGH – wie bei der AG – eine **typisierende** Betrachtungsweise anzustellen, sodass es unerheblich ist, ob die Gesellschaft im konkreten Einzelfall auch von einem Komplementär angemessen vertreten werden könnte.[130] Die Vertretungsbefugnis des Aufsichtsrats besteht dementsprechend auch gegenüber nicht geschäftsführungsbefugten und bereits ausgeschiedenen Komplementären, und zwar selbst dann, wenn diese zwischenzeitlich eine andere Funktion in der Gesellschaft übernommen haben.[131] In der **Kapitalgesellschaft & Co. KGaA** gilt die Vertretungsbefugnis des Aufsichtsrats nach § 278 Abs. 3 AktG iVm § 112 AktG auch für Rechtsgeschäfte und Rechtsstreitigkeiten der KGaA mit den Geschäftsführern der Komplementärgesellschaft und nach hM auch für solche mit den Gesellschaftern der Komplementärgesellschaft, wenn diese alleinige Anteilsinhaber sind oder jedenfalls einen beherrschenden Einfluss auf die Komplementärgesellschaft ausüben[132] (siehe zur Parallele bei der Inkompatibilität → Rn. 7 f.).

Geht man mit der ganz hM von der Anwendbarkeit des § 112 AktG auf die KGaA aus, stellt sich 36 weiter die Frage, ob die Vorschrift **zwingend oder satzungsdispositiv** ist. Bei der AG ist § 112 AktG zwingend (§ 23 Abs. 5 AktG).[133] Das gilt nach einer Ansicht über den Verweis in § 278 Abs. 3 AktG deshalb auch für die KGaA.[134] Die Gegenansicht hält demgegenüber Satzungsregelungen für möglich, wonach die KGaA gegenüber ihren Komplementären statt vom Aufsichtsrat etwa von einem Beirat oder Gesellschafterausschuss vertreten wird.[135] Als Begründung wird zum einen angeführt, dass auch in diesen Fällen Interessenkonflikte vermieden würden, worum es dem BGH bei der Zuweisung der Vertretungszuständigkeit an den Aufsichtsrat primär gegangen sei.[136] Zum anderen wird darauf auf den (gegenüber § 278 Abs. 3 AktG vorrangigen) § 278 Abs. 2 AktG verwiesen, wonach für das Verhältnis zwischen Komplementären und Gesellschaft Personengesellschaftsrecht gelte und mithin dieses Verhältnis durch die Satzung ausgestaltet werden könne.[137]

Das zuletzt genannte Argument überzeugt nicht, weil die hier diskutierten Vertretungsregelungen 37 nicht sowohl unter § 278 Abs. 2 als auch Abs. 3 AktG fallen können (siehe aber noch nachfolgend zu Änderungen der mitgliedschaftlichen Stellung der Komplementäre → Rn. 38). Die Vermeidung von Interessenkonflikten erscheint aber in der Tat auch bei Vertretung durch einen (nicht aus Komplementären bestehenden und von diesen unabhängigen) Beirat oder Gesellschafterausschuss möglich. Vom Ergebnis her spricht daher nichts dagegen, die satzungsmäßige Übertragung der Vertretungsbefugnis vom Aufsichtsrat auf solche Gremien zu erlauben, auch wenn die zuerst genannte Auffassung (keine Satzungsdispositivität von § 112 AktG auch in der KGaA) dogmatisch konsequenter ist. Klar ist außerdem, dass einem geschäftsführungs- und vertretungsbefugten Komplementär keine Vertretungsbefugnis gegenüber anderen Komplementären eingeräumt werden kann.[138] Das sollte schon aus Gründen der Rechtssicherheit auch für von der Geschäftsführung und Vertretung ausgeschlossene Komplementäre gelten, auch wenn diese vermögensmäßig an der KGaA beteiligt sind.[139]

Für **Änderungen der mitgliedschaftlichen Stellung** der Komplementäre (etwa die Aufnahme neuer Komplementäre) gilt entgegen dem Vorstehenden nach der herrschenden Lehre statt § 278 Abs. 3 AktG, § 112 AktG allerdings § 278 Abs. 2 AktG, so dass die **Zuständigkeit** dafür durch die Satzung 38

---

[129] BGH NZG 2005, 276; MüKoAktG/*Perlitt* AktG § 287 Rn. 67; *Fett/Stütz* NZG 2017, 1121 (1126); ebenfalls auf die Vermeidung von Interessenkollisionen abstellend GroßkommAktG/*Assmann/Sethe* AktG § 287 Rn. 68; MHdB AG/*Herfs* § 79 Rn. 72; Bürgers/Körber/*Föl/Fett* AktG § 287 Rn. 4.
[130] Vgl. BGH NZG 2005, 276 mwN.
[131] BGH NZG 2005, 276; *Fett/Stütz* NZG 2017, 1121 (1126); BeckOGK/*Bachmann* AktG § 287 Rn. 20; MHdB AG/*Herfs* § 79 Rn. 72; MüKoAktG/*Perlitt* AktG § 287 Rn. 67; GroßkommAktG/*Assmann/Sethe* AktG § 287 Rn. 72. Die Vertretungsbefugnis besteht selbst gegenüber dem überlebenden Ehegatten eines Komplementärs, BGH AG 2007, 86.
[132] MüKoAktG/*Perlitt* AktG § 287 Rn. 65; *Ihrig/Schlitt* ZHR Beiheft Nr. 67, 33 (56); *Wichert* AG 2000, 268 (274); weiter GroßkommAktG/*Assmann/Sethe* AktG § 287 Rn. 73 (nicht unwesentliche Beteiligung genügt); aA BeckOGK/*Bachmann* AktG § 287 Rn. 22; *Habersack* ZIP 2019, 1453 (1456 f.); s.a. *Bachmann* AG 2019, 581 (592 ff.); Lutter/Krieger/*Verse* AR Rn. 1332.
[133] Hüffer/Koch/*Koch* § 112 Rn. 1.
[134] GroßkommAktG/*Assmann/Sethe* AktG § 287 Rn. 68; BeckOGK/*Bachmann* AktG § 287 Rn. 24; Kölner Komm AktG/*Mertens/Cahn* AktG § 287 Rn. 21; *Ihrig/Schlitt* ZHR Beiheft Nr. 67, 33 (55 f.); siehe auch *Bürgers* in Bürgers/Fett KGaA § 5 Rn. 499.
[135] MüKoAktG/*Perlitt* AktG § 287 Rn. 69; MHdB AG/*Herfs* § 79 Rn. 73; für die Möglichkeit der Übertragung auf einen Beirat oder Gesellschafterausschuss siehe auch *Illert/de Vries* in Illert/Ghassemi-Tabar/Cordes Handbuch Vorstand und Aufsichtsrat § 7 Rn. 23; Bürgers/Körber/*Föl/Fett* AktG § 287 Rn. 4; *Fett/Stütz* NZG 2017, 1121 (1126); Lutter/Krieger/*Verse* AR § 18 Rn. 1321.
[136] MüKoAktG/*Perlitt* AktG § 287 Rn. 69; vgl. auch Bürgers/Körber/*Föl/Fett* AktG § 287 Rn. 4.
[137] MHdB AG/*Herfs* § 79 Rn. 73; *Illert/de Vries* in Illert/Ghassemi-Tabar/Cordes Handbuch Vorstand und Aufsichtsrat § 7 Rn. 23; vgl. auch *Fett/Stütz* NZG 2017, 1121 (1126).
[138] *Habersack* ZIP 2019, 1453 (1455); MüKoAktG/*Perlitt* AktG § 287 Rn. 69.
[139] MüKoAktG/*Perlitt* AktG § 287 Rn. 69; **aA** OLG München AG 1996, 86.

etwa den Komplementären übertragen werden kann.[140] In der Tat geht es insoweit um das Rechtsverhältnis der persönlichen haftenden Gesellschafter untereinander und gegenüber der Gesamtheit der Kommanditaktionäre, worauf Personengesellschaftsrecht anwendbar ist und damit weitgehende Gestaltungsfreiheit herrscht. Hierin liegt der Unterschied zur vorstehend diskutierten allgemeinen Vertretungsregelung gegenüber den Komplementären. Die Kommanditaktionäre sind in diesem Fall nicht schutzwürdig, weil die Übertragung der Befugnis zur Aufnahme neuer Komplementäre einer Satzungsregelung, also einer entsprechenden Mehrheit in der Hauptversammlung, bedarf,[141] sodass der herrschenden Lehre gefolgt werden kann. Ob dann auch der Abschluss von Tätigkeitsverträgen mit Komplementären durch Satzung auf die Hauptversammlung, ein Sonderorgan oder ein oder mehrere Komplementäre übertragen werden kann, erscheint hingegen zweifelhaft.[142]

39 Noch nicht abschließend geklärt ist, wie ein unter **Verstoß gegen § 278 Abs. 3 AktG iVm § 112 AktG** vorgenommenes Rechtsgeschäft zu beurteilen ist. Der BGH hat diese Frage bislang offengelassen.[143] Für den Fall, dass ein Aufsichtsratsmitglied ohne die erforderliche Vertretungsmacht gehandelt hat, nimmt die ganz hM bei der AG schwebende Unwirksamkeit an.[144] Hat hingegen der Vorstand oder ein Dritter (bei der KGaA also: der Komplementär oder ein anderes – unzuständiges – Gremium) gehandelt, nehmen einige Nichtigkeit des Rechtsgeschäfts nach § 134 BGB an.[145] Dafür sprechen in der Tat die Kompetenzzuweisung sowie der Schutzzweck des § 112 AktG.[146] Nach anderer Ansicht bietet das Genehmigungserfordernis ausreichend Schutz und Sanktion.[147] Soweit eine Genehmigung für möglich gehalten wird, kann diese nur vom Aufsichtsrat und nicht von der Gesamtheit der Kommanditaktionäre (Hauptversammlung)[148] erteilt werden.[149] Folgt man der Auffassung, wonach die Vertretung durch die KGaA gegenüber den Komplementären einer Satzungsregelung zugänglich ist (dazu → Rn. 36), kann eine Satzungsänderung und ggf. Neuabschluss des Geschäfts Abhilfe schaffen.[150]

40 **(2) Vertretung nach § 287 Abs. 2 S. 1 AktG.** Nach § 287 Abs. 2 S. 1 AktG vertritt der Aufsichtsrat die „**Gesamtheit der Kommanditaktionäre**" in Rechtsstreitigkeiten zwischen diesen und den Komplementären. Diese Befugnis des Aufsichtsrats gibt es in der AG nicht, sie liegt in der besonderen Struktur der KGaA mit zwei unterschiedlichen Gesellschaftergruppen begründet.[151] Bei den genannten Rechtsstreitigkeiten geht es um solche im Zusammenhang mit der (personen)gesellschaftsrechtlichen Stellung der Beteiligten.[152] Die vom Aufsichtsrat zu vertretende „Gesamtheit der Kommanditaktionäre" bildet dabei allerdings keinen eigenständigen Personenverband innerhalb der Gesellschaft, sie ist nicht als solche parteifähig.[153] Die ganz hM geht deshalb entgegen dem Wortlaut von Abs. 2 richtigerweise davon aus, dass der Aufsichtsrat technisch nicht die Kommanditaktionäre, sondern die **Gesellschaft** vertritt.[154] In der Parteibezeichnung im Klageantrag (§ 253 Abs. 2 Nr. 1 ZPO) sollte aber sicherheitshalber die „Gesamtheit der

---

[140] MüKoAktG/*Perlitt* AktG § 287 Rn. 70; GroßkommAktG/*Assmann/Sethe* AktG § 287 Rn. 71; siehe auch MHdB AG/*Herfs* § 79 Rn. 73; **aA** BeckOGK/*Bachmann* AktG § 287 Rn. 21.
[141] GroßkommAktG/*Assmann/Sethe* AktG § 287 Rn. 71; siehe auch MüKoAktG/*Perlitt* AktG § 287 Rn. 70.
[142] Dafür: MüKoAktG/*Perlitt* AktG § 287 Rn. 70; dagegen: BeckOGK/*Bachmann* AktG § 287 Rn. 21.
[143] BGH NZG 2005, 276 (277); siehe auch BGH AG 1994, 35; BGH AG 2008, 894 (895); auf prozessualer Seite hat der BGH allerdings die nachträgliche Genehmigung der Prozessführung eines vollmachtlosen Vertreters nach § 89 ZPO anerkannt, siehe etwa BGH AG 2007, 86 Rn. 7.
[144] BGH ZIP 2013, 1274 Rn. 23; OLG Karlsruhe AG 1996, 224 (225); GroßkommAktG/*Hirte/Mülbert/Roth* AktG § 112 Rn. 118; Hüffer/Koch/*Koch* AktG § 112 Rn. 12; Bürgers/Körber/*Israel* AktG § 112 Rn. 11; K. Schmidt/Lutter/*Drygala* AktG § 112 Rn. 27; Hölters/Hambloch-Gesinn/*Gesinn* AktG § 112 Rn. 8; Henssler/Strohn/*Henssler* AktG § 112 Rn. 8; BeckOGK/*Spindler* AktG § 112 Rn. 9f.; **aA** Semler/v. Schenck/*v. Schenck* AktG § 112 Rn. 94.
[145] OLG Brandenburg AG 2015, 428 (Rn. 40ff.); OLG Stuttgart AG 1993, 85 (86); Kölner Komm AktG/*Mertens/Cahn* AktG § 112 Rn. 10 mwN; *Semler* FS Rowedder, 1994, 441 (455f.).
[146] *Semler* FS Rowedder, 1994, 441 (456).
[147] OLG Celle BB 2002, 1438; OLG München ZIP 2008, 220 (222); GroßkommAktG/*Habersack/Foerster* AktG § 78 Rn. 13; Henssler/Strohn/*Henssler* AktG § 112 Rn. 10; Bürgers/Körber/*Israel* AktG § 112 Rn. 10; *Nägele/Böhm* BB 2005, 2197 (2199); *Schmitt* FS Hopt, 2010, 1313 (1314ff.); *E. Vetter* FS G.H. Roth, 2011, 855 (864ff.); *Werner* ZGR 1989, 369 (392ff.); MüKoAktG/*Habersack* AktG § 112 Rn. 34.
[148] Offengelassen hat BGH NZG 2005, 276 (277) auch, ob die Gesamtheit der Kommanditaktionäre (Hauptversammlung) den Aufsichtsrat anweisen kann, die Genehmigung zu erteilen; ablehnend BeckOGK/*Bachmann* AktG § 287 Rn. 20.
[149] BGH NZG 2005, 276 (277); MüKoAktG/*Perlitt* AktG § 287 Rn. 71; BeckOGK/*Bachmann* AktG § 287 Rn. 20.
[150] Ähnlich auch MüKoAktG/*Perlitt* AktG § 287 Rn. 71.
[151] GroßkommAktG/*Assmann/Sethe* AktG § 287 Rn. 57.
[152] BeckOGK/*Bachmann* AktG § 287 Rn. 35; MüKoAktG/*Perlitt* AktG § 287 Rn. 75; GroßkommAktG/*Assmann/Sethe* AktG § 287 Rn. 57.
[153] BeckOGK/*Bachmann* AktG § 287 Rn. 3, 33; MüKoAktG/*Perlitt* AktG § 278 Rn. 74, 83; Kölner Komm AktG/*Mertens/Cahn* AktG § 287 Rn. 2, 22; GroßkommAktG/*Assmann/Sethe* AktG § 287 Rn. 31; Bürgers/Körber/*Förl/Fett* AktG § 287 Rn. 7; *Kessler* NZG 2005, 145; **aA** MHdB AG/*Herfs* § 78 Rn. 59.
[154] MüKoAktG/*Perlitt* AktG § 287 Rn. 75; BeckOGK/*Bachmann* AktG § 287 Rn. 33; Kölner Komm AktG/*Mertens/Cahn* AktG § 287 Rn. 22; GroßkommAktG/*Assmann/Sethe* AktG § 287 Rn. 62; Lutter/Krieger/*Verse* AR Rn. 1322.

Kommanditaktionäre" aufgeführt werden.[155] Von § 287 Abs. 2 AktG unbenommen bleibt die Möglichkeit der Kommanditaktionäre, eine Klage im eigenen Namen unter den Voraussetzungen des § 148 AktG zu erheben.[156] Ebenfalls unberührt bleiben die dem Kommanditaktionär nach Aktienrecht zustehenden Individualklagerechte (§ 132 AktG Auskunftserzwingungsklage und §§ 245, 249 AktG Anfechtungs- und Nichtigkeitsklage).[157]

Voraussetzung für das Tätigwerden des Aufsichtsrats ist ein **Beschluss** der Gesamtheit der Kommanditaktionäre (also der Hauptversammlung) zur Klageerhebung, anschließend erhebt die Gesellschaft vertreten durch den Aufsichtsrat (oder einen von ihr gewählten besonderen Vertreter, § 287 Abs. 2 S. 1 AktG) die Klage.[158] Streitig ist, ob sich der Aufsichtsrat bei der Wahrnehmung der Vertretungskompetenz am Interesse der Gesellschaft[159] oder am Interesse der Kommanditaktionäre[160] zu orientieren hat. Da der Aufsichtsrat als Organ der Gesellschaft agiert und diese vertritt, erscheint bei einem Konfliktfall die auch vom BGH befürwortete Orientierung an den Interessen der Gesellschaft richtig.[161]

Nimmt man mit der hM bereits eine Vertretungsbefugnis des Aufsichtsrats für die Gesellschaft gegenüber den Komplementären aus § 112 AktG an, stellt sich die Frage, welche Bedeutung § 287 Abs. 2 AktG daneben noch hat. Die überwiegende Meinung versteht die Vorschrift zutreffend als reine **Kompetenznorm.**[162] So stellt die Vorschrift zum einen klar, dass auch andere Personen als der Aufsichtsrat (zB ein besonderer Vertreter) mit der Prozessführung betraut werden dürfen, und zum anderen, dass nicht nur die aktienrechtlichen, sondern auch die personengesellschaftsrechtlichen Befugnisse der Kommanditaktionäre nur über eine Klage der Gesellschaft geltend gemacht werden können.[163]

Nach § 287 Abs. 2 S. 2 AktG haftet die Gesellschaft[164] für die **Kosten,** die im Falle eines Prozessverlustes entstehen, und zwar „unbeschadet ihres Rückgriffs gegen die Kommanditaktionäre". Zu Art und Umfang eines eventuellen Rückgriffs schweigt das Gesetz. Entgegen einer früher vertretenen Ansicht[165] ist die Norm deshalb nicht selbst Anspruchsgrundlage, sondern lässt einen Rückgriff auf der Grundlage anderer Vorschriften, etwa § 117 AktG oder § 826 BGB, gegen Kommanditaktionäre lediglich zu.[166] Nur wenn und insoweit die Voraussetzungen der jeweiligen Anspruchsgrundlage vorliegen, besteht ein Rückgriffsanspruch der Gesellschaft gegen einzelne oder alle Kommanditaktionäre.[167]

b) Einschränkungen im Vergleich zum Aufsichtsrat in der AG

Komplementäre sind in der KGaA, anders als der Vorstand in der AG, keine Fremd-, sondern Eigengeschäftsführer, deren Stellung sich maßgeblich nach dem Personengesellschaftsrecht richtet (§ 278 Abs. 2 AktG).[168] Dem Aufsichtsrat der KGaA stehen deshalb nicht dieselben **Einwirkungsmöglichkeiten** auf die Geschäftsführung zu wie seinem Pendant in der AG.[169]

aa) Keine Personalkompetenz. Ein ganz wesentlicher Unterschied besteht darin, dass der Aufsichtsrat der KGaA keine Personalkompetenz hat, **§ 84 AktG** also **nicht anwendbar** ist.[170] Das folgt daraus, dass die Komplementäre bereits aufgrund ihrer Stellung als persönlich haftende Gesellschafter über die Ge-

---

[155] Hüffer/Koch/*Koch* AktG § 287 Rn. 2; BeckOGK/*Bachmann* AktG § 287 Rn. 33; GroßkommAktG/*Assmann/Sethe* AktG § 287 Rn. 62; Bürgers/Körber/*Förl/Fett* AktG § 287 Rn. 7.
[156] Kölner Komm AktG/*Mertens/Cahn* AktG § 287 Rn. 24; BeckOGK/*Bachmann* AktG § 287 Rn. 34.
[157] *Göz* in Bürgers/Fett KGaA § 5 Rn. 659, 661; BeckOGK/*Bachmann* AktG § 287 Rn. 34 Fn. 117.
[158] MüKoAktG/*Perlitt* AktG § 287 Rn. 75; Bürgers/Körber/*Förl/Fett* AktG § 287 Rn. 7; *Göz* in Bürgers/Fett KGaA § 5 Rn. 628.
[159] So GroßkommAktG/*Assmann/Sethe* AktG § 287 Rn. 65 f.
[160] So MüKoAktG/*Perlitt* AktG § 287 Rn. 78.
[161] BGH NJW 2006, 510 (512); s.a. GroßkommAktG/*Assmann/Sethe* AktG § 287 Rn. 66; *Lutter/Krieger/Verse* AR Rn. 1322.
[162] GroßkommAktG/*Assmann/Sethe* AktG § 287 Rn. 62; MüKoAktG/*Perlitt* AktG § 287 Rn. 75; BeckOGK/*Bachmann* AktG § 287 Rn. 34; Bürgers/Körber/*Förl/Fett* AktG § 287 Rn. 7.
[163] So BeckOGK/*Bachmann* AktG § 287 Rn. 34; siehe auch Kölner Komm AktG/*Mertens/Cahn* AktG § 287 Rn. 22.
[164] Versteht man mit der überwiegenden Meinung § 287 Abs. 2 S. 1 AktG so, dass die Gesellschaft Partei des Rechtsstreits ist, hat § 287 Abs. 2 S. 2 AktG lediglich klarstellende Funktion, siehe etwa GroßkommAktG/*Assmann/Sethe* AktG § 287 Rn. 63.
[165] Baumbach/*Hueck* AktG, 13. Aufl. 1968, § 287 Rn. 3; v. Godin/*Wilhelmi* AktG, 4. Aufl. 1971, § 287 Anm. 5.
[166] BeckOGK/*Bachmann* AktG § 287 Rn. 36 f.; MüKoAktG/*Perlitt* AktG § 287 Rn. 77; für § 826 BGB ebenfalls Kölner Komm AktG/*Mertens/Cahn* AktG § 287 Rn. 23; Bürgers/Körber/*Förl/Fett* AktG § 287 Rn. 8.
[167] Kölner Komm AktG/*Mertens/Cahn* AktG § 287 Rn. 23; GroßkommAktG/*Assmann/Sethe* AktG § 287 Rn. 64; BeckOGK/*Bachmann* AktG § 287 Rn. 36 f.; Hüffer/Koch/*Koch* AktG § 287 Rn. 3; Bürgers/Körber/*Förl/Fett* AktG § 287 Rn. 8; kritisch aber iE zustimmend MüKoAktG/*Perlitt* AktG § 287 Rn. 77.
[168] Vgl. *Bürgers* in Bürgers/Fett KGaA § 5 Rn. 477 f.; GroßkommAktG/*Assmann/Sethe* AktG § 287 Rn. 37.
[169] GroßkommAktG/*Assmann/Sethe* AktG § 287 Rn. 37 ff.
[170] BeckOGK/*Bachmann* AktG § 287 Rn. 16; Kölner Komm AktG/*Mertens/Cahn* AktG § 287 Rn. 14; *Bürgers* in Bürgers/Fett KGaA § 5 Rn. 478; GroßkommAktG/*Assmann/Sethe* AktG § 287 Rn. 38; Henssler/Strohn/*A. Arnold* AktG § 287 Rn. 3.

schäftsführungsbefugnis verfügen (Prinzip der **Selbstorganschaft** in der Personengesellschaft) – sie sind „geborene" und nicht, wie die Vorstandsmitglieder in der AG, „gekorene" Geschäftsleiter.[171] Der Aufsichtsrat der KGaA kann deshalb Geschäftsleiter der KGaA weder bestellen noch abberufen oder ihnen die Geschäftsführungs- und Vertretungsbefugnis entziehen.[172] Das gilt auch für die mitbestimmte KGaA, wie § 31 Abs. 1 S. 2 MitbestG ausdrücklich regelt, weil persönliche Haftung der Komplementäre einerseits und unternehmerische Mitbestimmung andererseits nicht zueinander passen.[173] Nach überwiegender Ansicht kann dem KGaA-Aufsichtsrat aber durch die Satzung eine an § 84 AktG angelehnte Personalkompetenz eingeräumt werden (→ Rn. 56).

46 Handelt es sich beim Komplementär um eine juristische Person (**Kapitalgesellschaft & Co. KGaA**), so gelten innerhalb der Komplementärin grundsätzlich deren Regeln für die Personalkompetenz.[174] Für die GmbH & Co. KGaA wird jedoch diskutiert, ob der Aufsichtsrat der KGaA die Abberufung des Geschäftsführers der Komplementärgesellschaft unmittelbar beschließen kann (sog. **„Abberufungsdurchgriff"**), wenn dieser der Geschäftsführung in der KGaA nicht adäquat nachkommt.[175] Die hM lehnt eine solche Möglichkeit unter Berufung auf die Eigenständigkeit der GmbH allerdings zu Recht ab.[176] Ist eine AG Komplementär, scheitert ein Abberufungsdurchgriff bereits an der zwingenden Kompetenz des Aufsichtsrats der AG (§ 84 Abs. 3 AktG).[177] Schutzinstrument der Kommanditaktionäre ist die Treuepflicht, welche die Komplementärgesellschaft dazu verpflichtet, bei der Auswahl ihrer Geschäftsführer Rücksicht auf die Belange der Kommanditaktionäre zu nehmen.[178]

47 Besondere Bedeutung erlangt diese Frage bei Gesellschaften, die in den Anwendungsbereich des MitbestG fallen. § 31 Abs. 1 MitbestG sieht für **mitbestimmte** Gesellschaften grundsätzlich die Personalkompetenz des Aufsichtsrats vor. Eine Ausnahme gilt jedoch nach § 31 Abs. 1 S. 2 MitbestG für die KGaA, die mit der persönlichen Haftung der Komplementäre gerechtfertigt wird.[179] Wer die Risiken der persönlichen Haftung trage, müsse auch die Geschicke der Gesellschaft weitgehend selbst bestimmen können.[180] In der kapitalistischen KGaA gibt es aber keine natürliche Person, die eine unbeschränkte persönliche Haftung übernimmt, sodass Teile der Literatur eine verdeckte Lücke im MitbestG sehen und mit unterschiedlicher Begründung die Personalkompetenz des Aufsichtsrats für die dem MitbestG unterfallende kapitalistische KGaA annehmen wollen.[181] Der BGH hat das jedoch abgelehnt, weil der Gesetzgeber die Form der atypischen KGaA gekannt und dennoch keine abweichende Regelung für diesen Fall getroffen habe.[182] Bis zu einer eventuellen Reaktion des Gesetzgebers gilt für die unter das MitbestG fallende kapitalistische KGaA damit nichts anderes als für die nicht mitbestimmte: der Aufsichtsrat der KGaA hat keine Personalkompetenz und es gibt auch keinen „Abberufungsdurchgriff".

48 **bb) Keine Kompetenz zur Schaffung von Zustimmungsvorbehalten.** Der Aufsichtsrat in der KGaA hat auch keine originäre Befugnis, bestimmte Geschäftsführungsmaßnahmen von seiner Zustimmung abhängig zu machen; **§ 111 Abs. 4 S. 2 AktG** gilt **nicht**.[183] Die Zustimmungsbefugnis ist dem Bereich der

---

[171] *Bürgers* in Bürgers/Fett KGaA § 5 Rn. 478; Henssler/Strohn/*A. Arnold* AktG § 287 Rn. 3; BeckOGK/*Bachmann* AktG § 287 Rn. 16; MHdB AG/*Herfs* § 79 Rn. 66.
[172] MHdB AG/*Herfs* § 79 Rn. 66; GroßkommAktG/*Assmann/Sethe* AktG § 287 Rn. 38; vgl. auch *Bürgers* in Bürgers/Fett KGaA § 5 Rn. 478.
[173] GroßkommAktG/*Assmann/Sethe* AktG Vor § 278 Rn. 9.
[174] BeckOGK/*Bachmann* AktG § 287 Rn. 16.
[175] Siehe hierzu BeckOGK/*Bachmann* AktG § 278 Rn. 83 mit befürwortenden Nachweisen in Fn. 268, die sich jedoch alle auf die Möglichkeit der Abberufung durch die Kommanditaktionäre (Hauptversammlung) beziehen.
[176] LG Frankfurt NZG 2013, 748 (749); BeckOGK/*Bachmann* AktG § 278 Rn. 83; GroßkommAktG/*Assmann/Sethe* AktG § 278 Rn. 172; MüKoAktG/*Perlitt* AktG § 278 Rn. 372; *Ihrig/Schlitt* ZHR Beiheft Nr. 67, 33 (53 f.); Hüffer/Koch/*Koch* AktG § 278 Rn. 17b.
[177] Kölner Komm AktG/*Mertens/Cahn* AktG § 278 Rn. 85; BeckOGK/*Bachmann* AktG § 278 Rn. 83; MHdB AG/*Herfs* § 79 Rn. 12 f.; GroßkommAktG/*Assmann/Sethe* AktG § 278 Rn. 172 Fn. 346.
[178] BGH NJW 1997, 1923 (1925); BeckOGK/*Bachmann* AktG § 278 Rn. 83; MüKoAktG/*Perlitt* AktG § 278 Rn. 371; GroßkommAktG/*Assmann/Sethe* AktG § 278 Rn. 170; MHdB AG/*Herfs* § 79 Rn. 12 f.; Hüffer/Koch/*Koch* AktG § 278 Rn. 17b.
[179] MHdB AG/*Herfs* § 79 Rn. 80; GroßkommAktG/*Assmann/Sethe* AktG Vor § 287 Rn. 9; *Lutter/Krieger/Verse* AR Rn. 1306.
[180] GroßkommAktG/*Assmann/Sethe* AktG Vor § 287 Rn. 9; *Lutter/Krieger/Verse* AR Rn. 1306.
[181] Zu den verschiedenen Ansätzen GroßkommAktG/*Assmann/Sethe* AktG § 278 Rn. 11 ff.; vgl. nur K. Schmidt/Lutter/*K. Schmidt* AktG § 287 Rn. 5; *Steindorff* FS Ballerstedt, 1975, 127 (138 f.); *Binz/Sorg* BB 1988, 2041 (2050); *Binz/Sorg* DB 1997, 313 (315 f.); so noch *Sethe* AG 2001, 55 (56) – Ansicht aufgegeben in GroßkommAktG/*Assmann/Sethe* AktG Vor § 278 Rn. 11.
[182] BGH NJW 1997, 1923 (1925); zustimmend MHdB AG/*Herfs* § 79 Rn. 80; Semler/v. Schenck/*Schütz* AktG § 111 Rn. 651.
[183] GroßkommAktG/*Assmann/Sethe* AktG § 287 Rn. 39; *Ihrig/Schlitt* ZHR Beiheft Nr. 67, 33 (66); Hüffer/Koch/*Koch* AktG § 278 Rn. 15; MüKoAktG/*Perlitt* AktG § 278 Rn. 193; *Bürgers* in Bürgers/Fett KGaA § 5 Rn. 479; MHdB AG/*Herfs* § 79 Rn. 66; Kölner Komm AktG/*Mertens/Cahn* AktG § 287 Rn. 14, 17.

Geschäftsführungskompetenz zuzuordnen, weshalb dafür über § 278 Abs. 2 AktG Personengesellschaftsrecht gilt.[184] Nach §§ 278 Abs. 2 AktG iVm 164 S. 1 Hs. 2, 161 Abs. 2, 116 Abs. 2 HGB entscheiden so die Kommanditaktionäre (Hauptversammlung) über außergewöhnliche Geschäfte.[185] Dieses Mitspracherecht unterscheidet die Hauptversammlung der KGaA von der der AG, denn dort ist die Hauptversammlung hinsichtlich der Geschäftsführung weitgehend rechtlos (vgl. § 119 Abs. 2 AktG), weshalb es bei der AG der Zustimmungskompetenz des Aufsichtsrats als Kompensation bedarf.[186] Selbst wenn die Mitwirkungsrechte der Hauptversammlung der KGaA bei außergewöhnlichen Geschäften satzungsmäßig abbedungen sind (soweit das überhaupt zulässig ist), hat der Aufsichtsrat keine originäre Kompetenz, Zustimmungsvorbehalte zu begründen.[187] Per Satzung kann dem Aufsichtsrat aber eine solche Kompetenz eingeräumt werden (→ Rn. 55).[188]

cc) Keine Geschäftsordnungskompetenz. Ferner kann der Aufsichtsrat in der KGaA mangels Personalkompetenz auch keine **Geschäftsordnung** für die Komplementäre erlassen.[189] Die Geschäftsordnung betrifft die Beziehung der Komplementäre untereinander bzw. die Geschäftsführung, womit über § 278 Abs. 2 AktG Personengesellschaftsrecht gilt und der für den Aufsichtsrat in der AG geltende § 77 Abs. 2 S. 1 Hs. 2 AktG keine Anwendung findet.[190] Zudem stünde der Erlass einer Geschäftsordnung durch den Aufsichtsrat auch in Widerspruch zur Leitungsmacht der Komplementäre.[191] Es ist aber wiederum möglich und empfehlenswert, dem Aufsichtsrat diese Kompetenz durch entsprechende Satzungsbestimmung zu gewähren.[192] 49

dd) Keine Mitwirkung bei der Feststellung des Jahresabschlusses. Anders als in der Aktiengesellschaft wirkt der Aufsichtsrat in der KGaA auch nicht an der **Feststellung des Jahresabschlusses** mit.[193] Diese Aufgabe obliegt in der KGaA alleine der Hauptversammlung und den Komplementären, § 286 Abs. 1 AktG. Der Aufsichtsrat hat in der KGaA deshalb keinen Einfluss auf die Bildung und Auflösung von Rücklagen und ist von der Planung der langfristigen Finanz- und Geschäftspolitik der Gesellschaft ausgeschlossen.[194] 50

c) Gestaltungsspielräume in der Satzung

Anders als bei der AG gilt in der KGaA das Prinzip der **Satzungsstrenge** (§ 23 Abs. 5 S. 1 AktG) nur eingeschränkt. Es gilt insoweit nicht, als es um die innere Organisation der Gesellschaft geht.[195] Die Führungsstruktur der KGaA kann so in erheblichem Umfang gestaltet werden, was auch große **Flexibilität** bei der Ausformung der Kompetenzen des Aufsichtsrats mit sich bringt. Der Aufsichtsrat kann durch Übertragung von Aufgaben auf ihn (zB Zustimmungsbefugnis zu wichtigen Geschäften, Geschäftsordnungskompetenz, ggf. Weisungsrecht – vgl. → Rn. 55 ff.) gestärkt oder durch Übertragung seiner Aufgaben auf andere Gremien (dazu nachfolgend) geschwächt werden. Seine aktienrechtlichen Kompetenzen, 51

---

[184] Kölner Komm AktG/*Mertens/Cahn* AktG § 287 Rn. 17; *Bürgers* in Bürgers/Fett KGaA § 5 Rn. 479; MüKoAktG/*Perlitt* AktG § 278 Rn. 193; *Lutter/Krieger/Verse* AR Rn. 1316; *Sethe* AG 1996, 289 (291).
[185] GroßkommAktG/*Assmann/Sethe* AktG § 287 Rn. 39; *Bürgers* in Bürgers/Fett KGaA § 5 Rn. 479; *Sethe* AG 1996, 289 (291).
[186] *Sethe* AG 1996, 289 (291); siehe auch GroßkommAktG/*Assmann/Sethe* AktG § 287 Rn. 39; MüKoAktG/*Perlitt* AktG § 278 Rn. 193.
[187] MüKoAktG/*Perlitt* AktG § 278 Rn. 193; BeckOGK/*Bachmann* AktG § 278 Rn. 67 f., § 287 Rn. 17; MHdB AG/*Herfs* § 79 Rn. 66; *Lutter/Krieger/Verse* AR Rn. 1316; vgl. auch Kölner Komm AktG/*Mertens/Cahn* AktG § 278 Rn. 90; GroßkommAktG/*Assmann/Sethe* AktG § 278 Rn. 113 ff.; kritisch hinsichtlich der Abbedingung bei einer KGaA ohne eine natürliche Person als Komplementär BGH NJW 1997, 1923 (1925); für einen wirksamen Ausschluss von § 164 S. 1 Hs. 2 HGB nur unter der Voraussetzung, dass die Mitwirkungsrechte etwa auf den Aufsichtsrat übertragen werden *Ihrig/Schlitt* ZHR Beiheft Nr. 67, 33 (64 ff.); Henssler/Strohn/*A. Arnold* AktG § 278 Rn. 13.
[188] MüKoAktG/*Perlitt* AktG § 278 Rn. 193; *Ihrig/Schlitt* ZHR Beiheft Nr. 67, 33 (64 ff.); s.a. BeckOGK/*Bachmann* AktG § 278 Rn. 68.
[189] *Bürgers* in Bürgers/Fett KGaA § 5 Rn. 480; GroßkommAktG/*Assmann/Sethe* AktG § 287 Rn. 40; MüKoAktG/*Perlitt* AktG § 278 Rn. 78; BeckOGK/*Bachmann* AktG § 278 Rn. 60; Hüffer/Koch/*Koch* AktG § 278 Rn. 12; Kölner Komm AktG/*Mertens/Cahn* AktG § 278 Rn. 70.
[190] MüKoAktG/*Perlitt* AktG § 278 Rn. 78; *Bürgers* in Bürgers/Fett KGaA § 5 Rn. 480.
[191] GroßkommAktG/*Assmann/Sethe* AktG § 287 Rn. 40.
[192] MüKoAktG/*Perlitt* AktG § 278 Rn. 213; GroßkommAktG/*Assmann/Sethe* AktG § 287 Rn. 40.
[193] MüKoAktG/*Perlitt* AktG § 287 Rn. 43; Hüffer/Koch/*Koch* AktG § 278 Rn. 12; MHdB AG/*Herfs* § 79 Rn. 67; *Bürgers* in Bürgers/Fett KGaA § 5 Rn. 481; GroßkommAktG/*Assmann/Sethe* AktG § 287 Rn. 41; *Sethe* AG 1996, 289 (291).
[194] *Bürgers* in Bürgers/Fett KGaA § 5 Rn. 481; siehe auch GroßkommAktG/*Assmann/Sethe* AktG § 287 Rn. 41 f.; MüKoAktG/*Perlitt* AktG § 287 Rn. 43.
[195] Hüffer/Koch/*Koch* AktG § 278 Rn. 18.

insbesondere die Überwachungskompetenz und die damit verbundenen Befugnisse, müssen ihm aber verbleiben, sie sind satzungsfest.[196]

52 **aa) Übertragung von Aufsichtsratskompetenzen auf ein Sonderorgan.** In der KGaA ist es zulässig, neben den obligatorischen Organen auch ein oder mehrere Sonderorgane (etwa einen Beirat, Verwaltungsrat, Gesellschafterausschuss oÄ) zu schaffen.[197] Solchen Sonderorganen können dabei grundsätzlich Kompetenzen des Aufsichtsrats übertragen werden, wobei zu differenzieren ist, ob es sich um Kompetenzen handelt, die unter § 278 Abs. 2 AktG oder § 278 Abs. 3 AktG fallen:[198] **Aktienrechtliche Kompetenzen,** die über Abs. 3 Anwendung finden, sind **zwingend** dem Aufsichtsrat zugewiesen und können nicht übertragen werden.[199] Das gilt etwa für die Vertretungskompetenz nach § 112 AktG (dazu → Rn. 35 ff.). Auch bei der Überwachungskompetenz gemäß § 278 Abs. 3 AktG iVm § 111 AktG (dazu → Rn. 26 ff.) handelt es sich um zwingendes Aktienrecht.[200] Der Umfang der Überwachungskompetenz kann somit nicht dadurch beschränkt werden, dass die Satzung sie auf ein Sonderorgan überträgt.[201] Allerdings ist zulässig, dem Sonderorgan eine parallele (zusätzliche) Überwachungskompetenz einzuräumen.[202]

53 Zur **freien Disposition** der Satzung steht hingegen die **Ausführungskompetenz** des Aufsichtsrats nach § 287 Abs. 1 AktG (dazu → Rn. 33 ff.) – diese kann unproblematisch auf ein Sonderorgan übertragen werden.[203] Nur Komplementären kann sie wegen der bei einer Übertragung drohenden Interessenkonflikte nicht anvertraut werden.[204] Streitig ist, ob eine Satzungsregelung, welche die Ausführungskompetenz einem Sonderorgan zuweist, eine zwingende und ausschließliche Zuständigkeit begründet oder ob die Hauptversammlung im Einzelfall auch eine davon abweichende Regelung treffen kann.[205] Richtigerweise ist das durch Auslegung der Satzungsregelung zu ermitteln. Da nach einhelliger Meinung die Satzung jedenfalls ausdrücklich bestimmen kann, dass Einzelfallregelungen durch die Hauptversammlung möglich sind,[206] ist zu empfehlen, die entsprechende Satzungsregelung deutlich zu fassen. Eine spätere Satzungsänderung ist unter Einhaltung der entsprechenden Mehrheiten selbstverständlich ohnehin zulässig.

54 Auch die **Vertretungsbefugnis** nach § 287 Abs. 2 AktG kann durch Satzungsregelung auf ein Sonderorgan oder eine Person (Ausnahme: Komplementär, wegen Interessenkonflikt)[207] übertragen werden.[208] Enthält die Satzung eine solche Kompetenzzuweisung, besteht nach teilweise vertretener Auffassung kein Recht der Gesamtheit der Kommanditaktionäre (Hauptversammlung) mehr, einen besonderen Vertreter zu bestellen.[209] Nach anderer, zutreffender Ansicht ist auch hier eine Satzungsregelung nur dann als zwingend und abschließend anzusehen, wenn diese so formuliert ist.[210] Deshalb ist wiederum eine klare Formulierung in der Satzung zu empfehlen. In allen Fällen werden der Übertragung von organschaftlichen Kompetenzen auf ein Sonderorgan durch das Prinzip der Selbstorganschaft und dem Grundsatz der Verbandssouveränität **Grenzen** gesetzt.[211] So darf zB ein Beirat, der ausschließlich oder mehrheit-

---

[196] BeckOGK/*Bachmann* AktG § 287 Rn. 24; GroßkommAktG/*Assmann/Sethe* AktG § 287 Rn. 75; vgl. auch Kölner Komm AktG/*Mertens/Cahn* AktG § 287 Rn. 25.
[197] *Illert/de Vries* in Illert/Ghassemi-Tabar/Cordes Handbuch Vorstand und Aufsichtsrat § 7 Rn. 26; *Bürgers* in Bürgers/Fett KGaA § 5 Rn. 558 f.; Hüffer/Koch/*Koch* AktG § 287 Rn. 1; BeckOGK/*Bachmann* AktG § 287 Rn. 38.
[198] GroßkommAktG/*Assmann/Sethe* AktG § 287 Rn. 91 ff.; vgl. auch BeckOGK/*Bachmann* AktG § 287 Rn. 38 f.; Kölner Komm AktG/*Mertens/Cahn* AktG § 287 Rn. 30; *Lutter/Krieger/Verse* AR Rn. 1333 f.
[199] Vgl. GroßkommAktG/*Assmann/Sethe* AktG § 287 Rn. 44; BeckOGK/*Bachmann* AktG § 287 Rn. 24, 38.
[200] GroßkommAktG/*Assmann/Sethe* AktG § 287 Rn. 44; BeckOGK/*Bachmann* AktG § 287 Rn. 24, 38.
[201] MüKoAktG/*Perlitt* AktG § 287 Rn. 53; Kölner Komm AktG/*Mertens/Cahn* AktG § 287 Rn. 34; BeckOGK/*Bachmann* AktG § 287 Rn. 38.
[202] BeckOGK/*Bachmann* AktG § 287 Rn. 38; MüKoAktG/*Perlitt* AktG § 287 Rn. 53; *Habersack* FS Hellwig, 2010, 143 (148); *Schnorbus* Liber Amoricum Winter, 2011, 627 (644 f.).
[203] Kölner Komm AktG/*Mertens/Cahn* AktG § 287 Rn. 33; BeckOGK/*Bachmann* AktG § 287 Rn. 39; MüKoAktG/*Perlitt* AktG § 287 Rn. 10, 58; GroßkommAktG/*Assmann/Sethe* AktG § 287 Rn. 55; dies empfiehlt *Lutter/Krieger/Verse* AR Rn. 1324 zur Vermeidung von Interessenkonflikten beim Aufsichtsrat.
[204] GroßkommAktG/*Assmann/Sethe* AktG § 287 Rn. 55; BeckOGK/*Bachmann* AktG § 287 Rn. 32.
[205] Für ausschließliche Zuständigkeit MüKoAktG/*Perlitt* AktG § 287 Rn. 12. Großzügiger (hängt von Wortlaut der Satzungsregelung ab) GroßkommAktG/*Assmann/Sethe* AktG § 287 Rn. 56; wohl auch BeckOGK/*Bachmann* AktG § 287 Rn. 32.
[206] MüKoAktG/*Perlitt* AktG § 287 Rn. 11; BeckOGK/*Bachmann* AktG § 287 Rn. 32; GroßkommAktG/*Assmann/Sethe* AktG § 287 Rn. 55; Kölner Komm AktG/*Mertens/Cahn* AktG § 287 Rn. 18.
[207] BeckOGK/*Bachmann* AktG § 287 Rn. 35.
[208] MüKoAktG/*Perlitt* AktG § 287 Rn. 14; BeckOGK/*Bachmann* AktG § 287 Rn. 34 f.; Grigoleit/*Servatius* AktG § 287 Rn. 4; *Illert/de Vries* in Illert/Ghassemi-Tabar/Cordes Handbuch Vorstand und Aufsichtsrat § 7 Rn. 32.
[209] So MüKoAktG/*Perlitt* AktG § 287 Rn. 16.
[210] GroßkommAktG/*Assmann/Sethe* AktG § 287 Rn. 61.
[211] BeckOGK/*Bachmann* AktG § 287 Rn. 40; GroßkommAktG/*Assmann/Sethe* AktG § 287 Rn. 97; siehe auch MüKoAktG/*Perlitt* AktG § 287 Rn. 92; Kölner Komm AktG/*Mertens/Cahn* AktG § 287 Rn. 30; *Lutter/Krieger/Verse* AR Rn. 1335.

lich mit Nicht-Gesellschaftern besetzt ist, nicht ausschließlich für die Geschäftsführung oder Vertretung zuständig oder mit umfassenden Zustimmungs- oder Weisungsrechten ausgestattet sein.[212]

bb) Angleichung an den Aufsichtsrat in der AG. Die Stellung des Aufsichtsrats in der KGaA kann durch entsprechende Satzungsregelungen andererseits auch der eines Aufsichtsrats in der AG angeglichen werden.[213] So kann etwa die **Überwachungskompetenz** durch die Satzung erweitert werden.[214] Dem Aufsichtsrat kann in der Satzung die **Zustimmungskompetenz** (§ 111 Abs. 4 S. 2 AktG) eingeräumt oder es kann direkt ein Katalog von Geschäften in die Satzung aufgenommen werden, der eine Zustimmungspflicht des Aufsichtsrats vorsieht,[215] solange das nur bestimmte Geschäfte sind und nicht flächendeckend alle Maßnahmen des Tagesgeschäfts (→ 4 Rn. 190, 386 ff.). Die Satzung kann Geschäfte auch direkt der Zustimmung des Aufsichtsrats unterwerfen. Zudem kann ihm die Zuständigkeit für die Zustimmung zu außergewöhnlichen Geschäftsführungsmaßnahmen nach § 278 Abs. 2 AktG iVm § 164 S. 1 Hs. 2, § 161 Abs. 2, § 116 Abs. 2 HGB durch die Satzung übertragen werden (→ Rn. 47).[216] Des Weiteren kann die Satzung dem Aufsichtsrat der KGaA auch die Befugnis übertragen, eine **Geschäftsordnung** für die Komplementäre zu erlassen (§ 77 Abs. 2 S. 1 Hs. 2 AktG).[217] Der Ausschluss des Aufsichtsrats der KGaA von der Feststellung des Jahresabschlusses ist aber zwingend.[218]

Nach wohl einhelliger Auffassung kann durch die Satzung auch eine Mitwirkung des Aufsichtsrats an **Entscheidungen auf mitgliedschaftlicher Ebene** (zur fehlenden Personalkompetenz → Rn. 45 ff.) vereinbart werden.[219] Die hM geht darüber hinaus davon aus, dass der Aufsichtsrat bei entsprechender Satzungsregelung sogar alleine über die Aufnahme und Abberufung von Komplementären sowie über die Entziehung ihrer Geschäftsführungs- und Vertretungsbefugnis entscheiden kann.[220] Die Gegenauffassung sieht darin eine unzulässige Selbstentmündigung der Gesellschafter.[221] Im Hinblick auf den Grundsatz der **Selbstorganschaft** (dazu bereits in Bezug auf die Übertragung von Rechten auf einen Beirat → Rn. 54) erscheint eine so weitgehende Übertragung von Befugnissen auf ein Gremium, dem keine Gesellschafter angehören müssen, tatsächlich bedenklich, wobei sie in der Praxis kaum eine Rolle spielen dürfte.[222]

cc) Übertragung weitergehender Geschäftsführungsbefugnisse. Fraglich ist, ob dem Aufsichtsrat in der KGaA auch weitergehende Geschäftsführungsbefugnisse dergestalt durch die Satzung eingeräumt werden können, dass er sogar bestimmte **Weisungs- oder Letztentscheidungsrechte** gegenüber den Komplementären in Fragen der Geschäftsführung hat. Für den Aufsichtsrat in der AG ist das aufgrund der zwingenden Regelung in § 111 Abs. 4 S. 1 AktG nicht möglich.[223] Für die KGaA ist eine solche Satzungsgestaltung dagegen grundsätzlich möglich und zulässig, weil sich die Geschäftsführung in der KGaA gem. § 278 Abs. 2 AktG nach satzungsdispositivem Personengesellschaftsrecht bestimmt.[224] Grenzen bilden aber der Grundsatz der Selbstorganschaft und insbesondere das organisationsrechtliche Prinzip, dass Geschäftsführung und deren Kontrolle nicht bei ein und demselben Organ zusammenfallen dürfen.[225]

---

[212] Vgl. *Lutter/Krieger/Verse* AR Rn. 1335; BeckOGK/*Bachmann* AktG § 287 Rn. 40; GroßkommAktG/*Assmann/Sethe* AktG § 287 Rn. 97; MüKoAktG/*Perlitt* AktG § 287 Rn. 92; Kölner Komm AktG/*Mertens/Cahn* AktG § 287 Rn. 30.
[213] *Bürgers* in Bürgers/Fett KGaA § 5 Rn. 507; vgl. auch MüKoAktG/*Perlitt* AktG § 287 Rn. 53; BeckOGK/*Bachmann* AktG § 287 Rn. 24.
[214] MüKoAktG/*Perlitt* AktG § 287 Rn. 53; BeckOGK/*Bachmann* AktG § 287 Rn. 24; GroßkommAktG/*Assmann/Sethe* AktG § 287 Rn. 44; Kölner Komm AktG/*Mertens/Cahn* AktG § 287 Rn. 25.
[215] GroßkommAktG/*Assmann/Sethe* AktG § 287 Rn. 44; MüKoAktG/*Perlitt* AktG § 287 Rn. 53; BeckOGK/*Bachmann* AktG § 287 Rn. 24; MHdB AG/*Herfs* § 79 Rn. 74; *Lutter/Krieger/Verse* AR Rn. 1317.
[216] GroßkommAktG/*Assmann/Sethe* AktG § 287 Rn. 76.
[217] GroßkommAktG/*Assmann/Sethe* AktG § 287 Rn. 40, 76; BeckOGK/*Bachmann* AktG § 287 Rn. 24; *Bürgers* in Bürgers/Fett KGaA § 5 Rn. 507; MüKoAktG/*Perlitt* AktG § 278 Rn. 213; dies empfiehlt *Lutter/Krieger/Verse* AR Rn. 1319.
[218] BeckOGK/*Bachmann* AktG § 287 Rn. 25; MüKoAktG/*Perlitt* AktG § 286 Rn. 59.
[219] MHdB AG/*Herfs* § 79 Rn. 66, 74; GroßkommAktG/*Assmann/Sethe* AktG § 287 Rn. 76; MüKoAktG/*Perlitt* AktG § 287 Rn. 55; vgl. auch *Bürgers* in Bürgers/Fett KGaA § 5 Rn. 507; BeckOGK/*Bachmann* AktG § 287 Rn. 26; insoweit eindeutig Kölner Komm AktG/*Mertens/Cahn* AktG § 287 Rn. 26, der nur die „Übertragung" der Entscheidungsbefugnis ablehnt.
[220] MHdB AG/*Herfs* § 79 Rn. 66, 74; GroßkommAktG/*Assmann/Sethe* AktG § 287 Rn. 76; vgl. auch *Bürgers* in Bürgers/Fett KGaA § 5 Rn. 507; zurückhaltender MüKoAktG/*Perlitt* AktG § 287 Rn. 55.
[221] Kölner Komm AktG/*Mertens/Cahn* AktG § 287 Rn. 26; BeckOGK/*Bachmann* AktG § 287 Rn. 26.
[222] Vgl. BeckOGK/*Bachmann* AktG § 287 Rn. 26.
[223] *Bürgers* in Bürgers/Fett KGaA § 5 Rn. 509; Hüffer/Koch/*Koch* AktG § 111 Rn. 33.
[224] Kölner Komm AktG/*Mertens/Cahn* AktG § 287 Rn. 25; GroßkommAktG/*Assmann/Sethe* AktG § 287 Rn. 77; MüKoAktG/*Perlitt* AktG § 278 Rn. 235, § 287 Rn. 56; BeckOGK/*Bachmann* AktG § 287 Rn. 26; *Bürgers* in Bürgers/Fett KGaA § 5 Rn. 509.
[225] BeckOGK/*Bachmann* AktG § 287 Rn. 26; MüKoAktG/*Perlitt* AktG § 278 Rn. 236, § 287 Rn. 56; Kölner Komm AktG/*Mertens/Cahn* AktG § 287 Rn. 25; GroßkommAktG/*Assmann/Sethe* AktG § 287 Rn. 77. Aufgrund der Grenzen kommt MHdB AG/*Herfs* § 79 Rn. 74 zu der Schlussfolgerung, dass dem Aufsichtsrat weder Geschäftsführungs-

Eine Ausdehnung der Befugnisse des Aufsichtsrats in der KGaA nach den dargestellten Möglichkeiten dürfte in der Praxis aber selten sein, denn ein Grund für die Wahl der Rechtsform der KGaA sind häufig auch die im Vergleich zur AG schwach ausgeprägten Einwirkungsmöglichkeiten des (ggf. mitbestimmten) Aufsichtsrats.[226]

4. Haftung der Aufsichtsratsmitglieder in der KGaA
a) Haftung gegenüber der Gesellschaft

58 Bei der Wahrnehmung ihrer Kompetenzen haben die Mitglieder des Aufsichtsrats in der KGaA wie in der AG die **Sorgfalt** eines ordentlichen und gewissenhaften Aufsichtsratsmitglieds anzuwenden (§ 278 Abs. 3 AktG iVm §§ 116, 93 Abs. 1 S. 1 AktG).[227] Verletzen die Aufsichtsratsmitglieder diese Sorgfaltspflicht, **haften** sie nach dem Maßstab des § 278 Abs. 3 AktG iVm §§ 116, 93 AktG.[228] Hinsichtlich der Einhaltung der Sorgfaltspflicht sind beim Aufsichtsrat der KGaA allerdings die im Vergleich zum Aufsichtsrat der AG **geringeren Einwirkungsmöglichkeiten** zu berücksichtigen[229] – wo etwa der Aufsichtsrat der AG gehalten sein kann, Zustimmungsvorbehalte nach § 111 Abs. 4 einzurichten, genügt der Aufsichtsrat der KGaA seiner Sorgfaltspflicht bereits dann, wenn er die Komplementäre auf seine Bedenken hinweist und gegebenenfalls die Gesamtheit der Kommanditaktionäre (Hauptversammlung) darüber informiert.[230]

59 Für den Aufsichtsrat der KGaA gilt über § 278 Abs. 3 AktG auch die **Business Judgment Rule** (§§ 116, 93 Abs. 1 S. 2 AktG).[231] Dementsprechend handelt er nicht pflichtwidrig, wenn er bei einer unternehmerischen Entscheidung vernünftigerweise annehmen durfte, auf der Grundlage angemessener Informationen zum Wohle der Gesellschaft zu handeln. Die Verschuldensvermutung gemäß §§ 116, 93 Abs. 2 AktG gilt dabei auch zu Lasten der Aufsichtsratsmitglieder einer KGaA (§ 278 Abs. 3 AktG).[232] Die Haftung scheidet wie beim Aufsichtsrat in der AG im Grundsatz aus, wenn die schädigende Handlung auf einem gesetzmäßigen **Beschluss der Hauptversammlung** beruht, § 278 Abs. 3 AktG iVm §§ 116, 93 Abs. 4 S. 1 AktG, allerdings wie dort auch hier nur, soweit der Aufsichtsrat an den Hauptversammlungsbeschluss tatsächlich gebunden ist (siehe zu den seltenen Fällen zur Aufsichtsratshaftung in der AG → § 5 Rn. 184 ff.).[233] Bei der Wahrnehmung der Ausführungskompetenz hat der Aufsichtsrat ein eingeschränktes Ermessen hinsichtlich der Ausführung der Beschlüsse der Kommanditaktionäre (→ Rn. 34), was sich auf den Sorgfaltsmaßstab bei der Haftung auswirkt,[234] aber nicht zum Haftungsausschluss führt.

60 Da der Aufsichtsrat in der KGaA bei der Wahrnehmung seiner Kompetenzen stets als Organ der Gesellschaft handelt (→ Rn. 25 ff.), haftet er nach §§ 116, 93 AktG auch nur **gegenüber der Gesellschaft** und nicht gegenüber den Kommanditaktionären.[235] Gegenüber den Kommanditaktionären (und gegenüber der Gesellschaft) können Aufsichtsratsmitglieder gegebenenfalls unter den Voraussetzungen des § 117 Abs. 2 AktG haften.[236]

---

noch Weisungsbefugnisse eingeräumt werden können; *Bürgers* in Bürgers/Fett KGaA § 5 Rn. 510 kommt zu dem Ergebnis, dass dem Aufsichtsrat keine Weisungsbefugnis gegenüber den Komplementären eingeräumt werden.
[226] Vgl. *Bürgers* in Bürgers/Fett KGaA § 5 Rn. 507; BeckOGK/*Bachmann* AktG § 287 Rn. 26.
[227] *Bürgers* in Bürgers/Fett KGaA § 5 Rn. 544 ff.; MüKoAktG/*Perlitt* AktG § 287 Rn. 63 f.; *Illert/de Vries* in Illert/Ghassemi-Tabar/Cordes Handbuch Vorstand und Aufsichtsrat § 7 Rn. 94.
[228] Kölner Komm AktG/*Mertens/Cahn* AktG § 287 Rn. 27; BeckOGK/*Bachmann* AktG § 287 Rn. 27; *Bürgers* in Bürgers/Fett KGaA § 5 Rn. 543; *Illert/de Vries* in Illert/Ghassemi-Tabar/Cordes Handbuch Vorstand und Aufsichtsrat § 7 Rn. 89.
[229] BeckOGK/*Bachmann* AktG § 287 Rn. 27; Kölner Komm AktG/*Mertens/Cahn* AktG § 287 Rn. 27; MüKoAktG/*Perlitt* AktG § 287 Rn. 39.
[230] Hierzu *Bürgers* in Bürgers/Fett KGaA § 5 Rn. 545.
[231] *Illert/de Vries* in Illert/Ghassemi-Tabar/Cordes Handbuch Vorstand und Aufsichtsrat § 7 Rn. 95; *Lutter* ZIP 2007, 841 (847).
[232] *Bürgers* in Bürgers/Fett KGaA § 5 Rn. 548; *Illert/de Vries* in Illert/Ghassemi-Tabar/Cordes Handbuch Vorstand und Aufsichtsrat § 7 Rn. 94.
[233] BeckOGK/*Bachmann* AktG § 287 Rn. 27; *Illert/de Vries* in Illert/Ghassemi-Tabar/Cordes, Handbuch Vorstand und Aufsichtsrat § 7 Rn. 96; *Bürgers* in Bürgers/Fett KGaA § 5 Rn. 549.
[234] Vgl. BeckOGK/*Bachmann* AktG § 287 Rn. 31; Großkomm AktG/*Hopt/Wiedemann* § 287 Rn. 53. MüKoAktG/*Perlitt* AktG § 287 Rn. 63.
[235] BeckOGK/*Bachmann* AktG § 287 Rn. 31; Kölner Komm AktG/*Mertens/Cahn* AktG § 287 Rn. 27; *Illert/de Vries* in Illert/Ghassemi-Tabar/Cordes Handbuch Vorstand und Aufsichtsrat § 7 Rn. 93; MüKoAktG/*Perlitt* AktG § 287 Rn. 63, 79.
[236] Kölner Komm AktG/*Mertens/Cahn* AktG § 287 Rn. 27; siehe auch GroßkommAktG/*Assmann/Sethe* AktG § 287 Rn. 66; BeckOGK/*Bachmann* AktG § 287 Rn. 27; *Illert/de Vries* in Illert/Ghassemi-Tabar/Cordes Handbuch Vorstand und Aufsichtsrat § 7 Rn. 89.

b) Haftung gegenüber Dritten

Gegenüber **Dritten** kann sich eine Haftung des Aufsichtsrats der KGaA aus Spezialvorschriften (etwa §§ 117, 317 AktG) und unerlaubter Handlung (§§ 823 ff. BGB) ergeben.[237] Insoweit bestehen keine Besonderheiten gegenüber der Haftung des Aufsichtsrats in der AG (hierzu → § 5 Rn. 201, § 4 Rn. 2447 f.).[238] 61

II. Aufsichtsrat in der Societas Europaea (SE) oder Europäische Aktiengesellschaft

1. Rechtsgrundlagen und Regelungstechnik

a) Rechtsgrundlagen

Die „Societas Europaea (SE)" oder „Europäische Aktiengesellschaft" ist eine **Rechtsform europäischen Rechts**.[239] Sie basiert auf einer europäischen Verordnung, der **SE-VO**. Die SE-VO ist unmittelbar geltendes Recht in allen Mitgliedstaaten der Europäischen Union.[240] 62

Die Verordnung sieht den Erlass von **Ausführungsgesetzen** der Mitgliedstaaten vor. Zur Schaffung der organisatorischen und rechtlichen Rahmenbedingungen für die Verordnung wurde in Deutschland das SE-Ausführungsgesetz **(SEAG)** und das Gesetz über die Beteiligung der Arbeitnehmer in der SE **(SEBG)** verabschiedet.[241] 63

In der SE-VO selbst sind nicht alle die SE betreffenden Einzelheiten geregelt. Die bestehenden Regelungslücken sind nach Art. 9 SE-VO durch die Satzung der SE selbst sowie durch die nationalen Rechtsvorschriften über die Aktiengesellschaft zu schließen.[242] 64

b) Rechtsquellenpyramide

Welche Regelungen auf die SE anwendbar sind, wird durch eine Vielzahl von Verweisen und Verflechtungen bestimmt. Zurecht wird dieses System als **komplex und kompliziert** beschrieben.[243] Am praxistauglichsten und anschaulichsten ist die „**vierstufige Rechtsquellenpyramide**"[244], die sich an der Struktur des Art. 9 SE-VO orientiert. 65

Primäre Rechtsquelle der SE ist die **SE-VO,** vgl. Art. 9 Abs. 1 lit. a SE-VO. Danach folgen die **nationalen Ausführungsgesetze** der Mitgliedstaaten, in Deutschland also maßgeblich das **SEAG** und das Mitbestimmungsgesetz für Arbeitnehmer, das **SEBG**. Bleiben noch Regelungslücken, folgen auf dritter Stufe zur Ausfüllung die Bestimmungen des **sonstigen nationalen Rechts,** also maßgeblich des **AktG**. Auf vierter Stufe stehen dann die **Satzungsbestimmungen** der Gesellschaft. 66

---

[237] *Bürgers* in Bürgers/Fett KGaA § 5 Rn. 550; *Illert/de Vries* in Illert/Ghassemi-Tabar/Cordes Handbuch Vorstand und Aufsichtsrat § 7 Rn. 97.
[238] *Bürgers* in Bürgers/Fett KGaA § 5 Rn. 550; *Illert/de Vries* in Illert/Ghassemi-Tabar/Cordes Handbuch Vorstand und Aufsichtsrat § 7 Rn. 97.
[239] Habersack/Drinhausen/*Habersack* SE-VO Art. 1 Rn. 2.
[240] Manz/Mayer/Schröder/*Schröder* SE Art. 1 Rn. 2.
[241] *Kuhn* in Janott/Frodermann SE-HdB Kap. 2 Rn. 4; BeckOGK/*Casper* SE-VO Art. 1 Rn. 3 f.
[242] *Sagasser/Clasen* in Sagasser/Bula/Brünger Umwandlungen § 14 Rn. 4.
[243] Kölner Komm AktG/*Siems* SE-VO Vor Art. 1 Rn. 65, 95.
[244] BeckOGK/*Casper* SE-VO Art. 9 Rn. 5; bis zu neun Stufen bei Kölner Komm AktG/*Siems* SE-VO Vor Art. 1 Rn. 102.

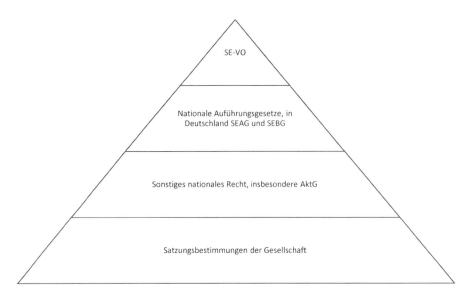

2. Struktur der SE

a) Grundstruktur

67 Die Grundstruktur der SE ist in Art. 38 SE-VO beschrieben. Jede SE muss danach eine **Hauptversammlung** als Organ haben. Sie setzt sich aus den Aktionären zusammen, vgl. Art. 38 lit. a SE-VO.

68 Darüber hinaus fordert Art. 38 lit. b SE-VO entweder ein Aufsichts- und ein Leitungsorgan (**dualistisches System**) oder ein Verwaltungsorgan (**monistisches System**). Der jeweiligen Gesellschaft, genauer dem Satzungsgeber, ist ein **Wahlrecht** zwischen den beiden Systemen eingeräumt.[245] Hinsichtlich der **Organisationsstruktur** besteht ein numerus clausus. Weitere Organe dürfen nicht geschaffen werden.[246]

69 Zulässig sind aber Gremien unterhalb der Organebene. Die Organe können Gremien einrichten, die sie **beraten** oder sonst **unterstützend** tätig werden.[247]

b) Dualistisches Modell

70 Das **dualistische Modell,** auch als „Two-Tier-System" bezeichnet, zeichnet sich durch eine Trennung von Leitung und Überwachung aus.[248] Dieses Modell mit einem Aufsichtsrat und einem Leitungsorgan entspricht in einer SE mit Sitz in Deutschland dem deutschen System der AG von Aufsichtsrat und Vorstand.[249] Das dualistische System der SE-VO ist dem deutschen System somit nachgebildet.[250]

71 Zwar wählt die SE-VO den **Begriff** des „Aufsichtsorgans". Der Begriff ist aber nicht zwingend vorgegeben. Die Unternehmensverfassung kann andere Begrifflichkeiten wählen, solange die Überwachungsfunktion herausgestellt wird. In der Praxis häufig ist – in Anlehnung an die deutsche Aktiengesellschaft – der Begriff des „Aufsichtsrats". Ebenso zulässig ist aber die Bezeichnung des Aufsichtsorgans als „Supervisory Board".[251]

72 Für die SE finden sich Vorschriften über das dualistische Modell in Art. 39–42 SE-VO, ergänzt durch die nationalen Umsetzungsnormen der §§ 15–19 SEAG. Zusätzlich gelten die **gemeinsamen Vorschriften** für dualistisches und monistisches System der Art. 46–51 SE-VO. Allein das Leitungsorgan der SE ist zur Geschäftsführung berufen, Art. 39 Abs. 1 S. 1 SE-VO. Der Aufsichtsrat überwacht das Leitungsorgan, Art. 40 Abs. 1 S. 1 SE-VO (→ Rn. 116). Wie bei der deutschen Aktiengesellschaft ist auch im dualistischen System das Aufsichtsorgan dabei ausdrücklich von der Geschäftsführung ausgeschlossen, Art. 40 Abs. 1 S. 2 SE-VO.

---

[245] BeckOGK/*Eberspächer* SE-VO Art. 38 Rn. 2.
[246] Habersack/Drinhausen/*Scholz* SE-VO Art. 38 Rn. 11.
[247] MüKoAktG/*Reichert/Brandes* SE-VO Art. 38 Rn. 28; BeckOGK/*Eberspächer* SE-VO Art. 38 Rn. 8.
[248] Vgl. nur Henssler/Strohn/*Servatius* IntGesR Rn. 284.
[249] MüKoAktG/*Reichert/Brandes* SE-VO Art. 38 Rn. 9.
[250] Kölner Komm AktG/*Paefgen* SE-VO Art. 38 Rn. 16.
[251] Habersack/Drinhausen/*Seibt* SE-VO Art. 40 Rn. 5; Kölner Komm AktG/*Paefgen* SE-VO Art. 40 Rn. 9.

Die Mitglieder des Aufsichtsorgans werden von der **Hauptversammlung,** die Mitglieder des Leitungsorgans vom **Aufsichtsorgan** bestellt, Art. 39 Abs. 2 SE-VO, Art. 40 Abs. 2 SE-VO.[252] (→ Rn. 90ff.)

Die **Vorteile** dieses Modells liegen zum einen in der klaren personellen Aufteilung durch die Trennung von Vorstand und Aufsichtsorgan. Zum anderen kann die Kontrolle durch die ausschließliche Zuweisung der laufenden Geschäftsführung an den Vorstand und deren Überwachung an den Aufsichtsrat effektiv wahrgenommen werden.[253]

c) Monistisches Modell

Zumindest in Deutschland weniger verbreitet ist das **monistische Modell,** auch als „One-Tier-System" oder „Board-System" bezeichnet.[254] Dort werden Geschäftsführung und Überwachung von demselben Organ wahrgenommen, vgl. § 22 SEAG. Die SE-VO bezeichnet dieses Organ als **„Verwaltungsorgan"** (Art. 43 SE-VO), das SEAG nennt es **„Verwaltungsrat",** § 20 SEAG.

Im monistischen System finden die Vorschriften der Art. 43–45 SE-VO Anwendung, die nähere Bestimmungen zum Verwaltungsorgan enthalten. Zusätzlich hat der deutsche Gesetzgeber relativ umfassende Regelungen für das monistische System geschaffen, das dem deutschen Recht bis dato fremd war. Die §§ 20–46 SEAG ersetzen für monistische SE die §§ 76–116 AktG, regeln also die Geschäftsführung, Vertretung und Überwachung der Gesellschaft.

Im monistischen System führt der Verwaltungsrat die Geschäfte. Eine **Trennung** zwischen Überwachung und Geschäftsführung findet aber auch hier statt, allerdings **organintern.** Die geschäftsführenden Mitglieder des Verwaltungsrats werden bei ihrer Geschäftsführung durch die nicht-geschäftsführenden Mitglieder überwacht.[255]

Im Einklang mit Art. 43 Abs. 1 SE-VO wurde bei der monistischen SE durch das SEAG ein weiteres Organ geschaffen: die sog. **„geschäftsführende Direktoren",** § 40 Abs. 1 S. 1 SEAG. Ebenso wie der Vorstand einer deutschen Aktiengesellschaft haben zwar auch der oder die geschäftsführenden Direktoren nach § 44 Abs. 1 SEAG unbeschränkte Vertretungsmacht im Außenverhältnis. Sie sind aber im Innenverhältnis an Weisungen des Verwaltungsorgans gebunden, § 44 Abs. 2 SEAG.[256] Die jederzeitige Abberufbarkeit der Direktoren gemäß § 40 Abs. 5 SEAG durch einfachen Mehrheitsbeschluss des Verwaltungsrats zeigt die vergleichsweise schwächere Stellung der geschäftsführenden Direktoren. Den Verwaltungsrat trifft damit immer eine **Letzt- und Gesamtverantwortung** für die Führung der Gesellschaft. Die Aufgaben des Verwaltungsrats im monistischen System reichen deutlich weiter als diejenigen des Aufsichtsrats im dualistischen System.[257]

3. Aufsichtsrat im dualistischen Modell

Unter anderem das deutsche Aktienrecht diente der SE als Vorbild für das dualistische Modell (→ Rn. 70). Es herrscht daher ein weitgehender **Gleichlauf** zwischen den Regelungen des AktG über den Aufsichtsrat und den Regelungen der SE-VO über das Aufsichtsorgan.[258]

a) Zusammensetzung

aa) Allgemeines. Hinsichtlich der **Zusammensetzung** des Aufsichtsorgans erlaubt Art. 40 Abs. 3 S. 2 SE-VO die Festlegung der **Zahl der Mitglieder** und die Festsetzung von **Ober- oder Untergrenzen** in Ausführungsgesetzen. Davon hat der deutsche Gesetzgeber in § 17 SEAG Gebrauch gemacht und sich dabei an § 95 AktG orientiert.[259] Danach hat das Aufsichtsorgan **mindestens drei Mitglieder.** Die Satzung kann eine bestimmte höhere Zahl vorsehen, § 17 Abs. 1 S. 1 SEAG. Bei Gesellschaften mit einem Grundkapital bis zu 1,5 Mio. EUR beträgt die Höchstzahl neun, bei einem Grundkapital von mehr als 1,5 Mio. EUR bis 10 Mio. EUR fünfzehn. Bei einem Grundkapital von mehr als 10 Mio. EUR ist die Höchstzahl 21 Mitglieder. Gemäß § 17 Abs. 1 S. 3 SEAG muss die Zahl der Aufsichtsratsmitglieder **durch drei teilbar** sein, wenn dies für die Beteiligung der Arbeitnehmer auf Grund des SEBG erforderlich ist.

---

[252] Manz/Mayer/Schröder/*Schröder* SE Art. 38 Rn. 4; Kölner Komm AktG/*Paefgen* SE-VO Art. 38 Rn. 16.
[253] MHdB AG/*Wentrup* § 19 Rn. 2.
[254] BeckOGK/*Eberspächer* SE-VO Art. 38 Rn. 3; Habersack/Drinhausen/*Scholz* SE-VO Art. 38 Rn. 1.
[255] Henssler/Strohn/*Servatius* IntGesR Rn. 305.
[256] BeckHdB AG/*Giedinghagen* § 19 Rn. 119; Manz/Mayer/Schröder/*Manz* SE Art. 43 Rn. 42; Henssler/Strohn/*Servatius* IntGesR Rn. 303.
[257] Habersack/Drinhausen/*Verse* SEAG § 22 Rn. 4.
[258] Kölner Komm AktG/*Paefgen* SE-VO Art. 38 Rn. 16.
[259] MüKoAktG/*Reichert/Brandes* SE-VO Art. 38 Rn. 66; *Kuhn* in Janott/Frodermann SE-HdB Kap. 5 Rn. 85; BeckOGK/*Eberspächer* SE-VO Art. 40 Rn. 10.

81 Soll das Aufsichtsorgan mehr als drei Mitgliedern haben, ist die Mitgliederzahl des Aufsichtsorgans innerhalb des durch § 17 SEAG vorgegebenen Rahmens **zwingender Satzungsbestandteil**. Gibt die Satzung eine variable Anzahl vor, liegt ein **Eintragungshindernis** vor.[260] Sonst bestünde die Möglichkeit, dass die Hauptversammlung durch Verkleinerung des Aufsichtsorgans nicht genehmen Mitgliedern das Mandat entzieht.[261]

82 **bb) Mitbestimmung in der SE. (1) Allgemeines.** Für die Mitbestimmung von Arbeitnehmern finden das Mitbestimmungsgesetz (MitbestG) und Drittelbeteiligungsgesetz (DrittelbG) keine Anwendung. Das Mitbestimmungsniveau hängt also grundsätzlich nicht von der Zahl der bei der SE beschäftigten Arbeitnehmer ab. Stattdessen gilt das sog. **„Vorher-Nachher-Prinzip"**. Aus den Normen des **SE-Beteiligungsgesetz** (SEGB) wird der allgemeine Rechtsgedanke abgeleitet, dass der **höchste Mitbestimmungsstandard** einer an der Gründung der SE beteiligten Gesellschaft auch in der SE fortbesteht (§§ 21 Abs. 6, 35 Abs. 1 SEBG).[262] (→ § 7 Rn. 451 ff.). Ausführlich zur Mitbestimmung in der SE (→ § 7 Rn. 448 ff.)

83 Umstritten ist, ob sich das Mitbestimmungsstatut der zu gründenden SE danach richtet, welche Mitbestimmung in der Gründungsgesellschaft **tatsächlich praktiziert** wird („Ist"-Zustand), oder danach, welche Mitbestimmung **gesetzlich vorgeschrieben** ist („Soll"-Zustand).[263] In jüngster Rechtsprechung[264] hat der BGH diese Grundsatzfrage ausdrücklich offengelassen.[265] Nur für den Sonderfall, dass ein Statusverfahren vor der Eintragung einer durch formwechselnde Umwandlung gegründeten, dualistisch aufgebauten SE eingeleitet wurde, entschied er, dass sich das Mitbestimmungsstatut nach dem Statut richtet, das in der Gründungsgesellschaft gesetzlich anwendbar war.[266] Richtigerweise richtet sich das Mitbestimmungsstatut – in anderen Fällen als der vom BGH entschiedenen Sonderkonstellation – nach der tatsächlich **praktizierten Mitbestimmung** der Gründungsgesellschaft.[267] Dies ergibt sich auch aus dem Zweck der gesetzlichen Auffangregelung in § 34 Abs. 1 SEBG, der darin liegt, den mitbestimmungsrechtlichen Status quo zu wahren.[268] Näher zur neuesten BGH Rechtsprechung (→ § 7 Rn. 464) und zur Frage, ob der „Ist"- oder „Soll"-Zustand maßgeblich ist (→ § 7 Rn. 463 f.).

84 **(2) Statusverfahren.** Auch in der SE findet das **Statusverfahren** nach §§ 97–99 AktG Anwendung um sicherzustellen, dass die Zusammensetzung des Aufsichtsorgans in einer mitbestimmten Gesellschaft den Anforderungen des einschlägigen Mitbestimmungsstatuts genügt.[269] Einzelheiten zum Statusverfahren bei (→ § 7 Rn. 491 ff.)

85 **cc) Geschlechterquote.** Mit dem Gesetz für die gleichberechtigte Teilhabe von Frauen und Männern an Führungspositionen (FührposGleichberG) vom 30.4.2015 wurde § 17 Abs. 2 SEAG eingeführt. Seitdem kennt auch das SEAG eine **Geschlechterquote**.[270]

86 Ist eine Gesellschaft sowohl **börsennotiert** als auch **paritätisch mitbestimmt**, gilt nach § 17 Abs. 2 SEAG, dass das Aufsichtsorgan mit einem Anteil von jeweils **mindestens 30 %** Frauen und Männern besetzt sein muss, sog. **„starre Geschlechterquote"**.[271]

87 In § 17 Abs. 2 SEAG wurde jedoch lediglich die Geschlechterquote als solche (→ § 2 Rn. 25 ff.) aufgenommen. Die Regelungen zur **Gesamt- und Getrennterfüllung** (§ 96 Abs. 2 S. 2, 3, 5 AktG), die **Rundungsregel** (§ 96 Abs. 2 S. 4 AktG) und die **Nichtigkeitsfolgen** (§ 96 Abs. 2 S. 6, 7 AktG) wurden nicht in die Vorschrift übernommen. Nach Ansicht des deutschen Gesetzgebers sei nur eine Gesamterfüllung der Quote möglich, weil die Mitbestimmung – und damit auch die Besetzung des Aufsichtsrats – regelmäßig im **Vereinbarungsweg** zwischen der Arbeitnehmerseite und der Leitung der Gesellschaft ausgehandelt werde. Eine Anwendung deutscher Mitbestimmungsgesetze scheide aus. Da die Vereinbarung nur einvernehmlich ausgehandelt und umgesetzt werden kann, passe in diesem Rahmen ein Widerspruch gegen die Gesamterfüllung – wie er für die mitbestimmte Aktiengesellschaft nach § 96 Abs. 2 AktG möglich ist – nicht. Damit wäre ein einseitiger Widerspruch unvereinbar.[272] Anders sei dies im

---

[260] Vgl. Kölner Komm AktG/*Paefgen* SE-VO Art. 40 Rn. 95; MüKoAktG/*Reichert/Brandes* SE-VO Art. 40 Rn. 66.
[261] Vgl. auch BAG AG 1990, 361; MüKoAktG/*Reichert/Brandes* SE-VO Art. 40 Rn. 66.
[262] Henssler/Strohn/*Servatius* IntGesR Rn. 311; *Habersack* AG 2018, 823.
[263] Vgl. nur *Habersack* AG 2018, 823 (824 ff.).
[264] BGH NJW-RR 2019, 1254.
[265] BGH NJW-RR 2019, 1254 Rn. 31.
[266] BGH NJW-RR 2019, 1254 Rn. 34.
[267] LG München I ZIP 2018, 1546 (1548); *Habersack* AG 2018, 823 (828 f.); Habersack/Drinhausen/*Hohenstatt/Müller-Bonanni* SEBG § 34 Rn. 6 u. § 35 Rn. 2; Lutter/Hommelhoff/Teichmann/*Oetker* SEBG § 34 Rn. 15.
[268] Lutter/Hommelhoff/Teichmann/*Oetker* SEBG § 34 Rn. 15.
[269] Habersack/Drinhausen/*Seibt* SE-VO Art. 40 Rn. 74.
[270] Manz/Mayer/Schröder/*Manz* SE Art. 40 Rn. 31c; MüKoAktG/*Reichert/Brandes* SE-VO Art. 40 Rn. 75 ff.
[271] Habersack/Drinhausen/*Seibt* SE-VO Art. 40 Rn. 44a; MüKoAktG/*Reichert/Brandes* SE-VO Art. 40 Rn. 76 ff.
[272] BT-Drs. 18/4227, 22.

Hinblick auf die Rundungsregel und den Vorschriften zu den Nichtigkeitsfolgen. Diese Regelungen seien über die **Generalverweisung** in Art. 9 Abs. 1 lit. c ii SE-VO anwendbar.[273]

Problematisch ist die Ansicht des Gesetzgebers im Hinblick auf die Nichtanwendbarkeit der aktienrechtlichen Vorschriften, die die Gesamt- und Getrennterfüllung betreffen. Denn das Gleichbehandlungsgebot des Art. 10 SE-VO fordert, dass eine SE gegenüber einer nationalen AG nicht benachteiligt werden darf.[274] Richtigerweise ist daher im Wege **richtlinienkonformer Auslegung** davon auszugehen, dass zwar ausschließlich Gesamterfüllung möglich ist. Bei den Wahlen der Anteilseignervertreter tritt aber keine Nichtigkeitsfolge ein, soweit innerhalb der Anteilseignerbank die Quote erreicht wurde.[275] 88

Ist eine Gesellschaft entweder **börsennotiert oder mitbestimmt,** gilt aufgrund der Verweisungstechnik und mangelnden Regelung im SEAG das Aktiengesetz. Dort ordnen § 76 Abs. 4 AktG, § 111 Abs. 5 AktG an, dass der Vorstand für die beiden Führungsebenen unterhalb des Vorstands und der Aufsichtsrat für den Frauenanteil in Aufsichtsrat und Vorstand **Zielgrößen** setzen müssen, sog. **„weiche Geschlechterquote".**[276] Liegt bei Festlegung der Zielgrößen der Frauenanteil unter 30 %, dürfen die Zielgrößen den jeweils erreichten Anteil nicht mehr unterschreiten, § 76 Abs. 4 S. 2 AktG, § 111 Abs. 5 S. 2 AktG. 89

b) Bestellung, Amtszeit und Abberufung

aa) Bestellung. Bei der Bestellung der Mitglieder des Aufsichtsorgans ist danach zu **unterscheiden,** ob es sich um Anteilseignervertreter oder Arbeitnehmervertreter handelt. Außerdem gelten Besonderheiten für die Bestellung des ersten Aufsichtsorgans. 90

(1) Anteilseignervertreter. Gemäß Art. 40 Abs. 2 S. 1 SE-VO werden die Mitglieder des Aufsichtsorgans von der **Hauptversammlung bestellt.** Weitere Regelungen enthält die SE-VO nicht, sodass gemäß Art. 9 Abs. 1 c ii SE-VO deutsches Aktienrecht und somit § 101 AktG anwendbar ist. Für Einzelheiten dazu (→ § 2 Rn. 101 ff.). 91

Es ist umstritten, ob der Bestellungsbeschlusses nach Art. 57 SE-VO zwingend mit der **Mehrheit der abgegebenen Stimmen** zu fassen ist, oder ob § 133 Abs. 2 AktG Anwendung findet und die **Satzung** eine andere Mehrheit vorsehen kann.[277] 92

Die überwiegende Ansicht geht dabei davon aus, das im Grundsatz mit **einfacher Stimmenmehrheit** entschieden wird, die Satzung aber andere Mehrheiten bestimmen kann.[278] Dieser Auffassung widerspricht jedoch der Wortlaut des Art. 57 SE-VO. Danach werden Beschlüsse der Hauptversammlung mit der einfachen Stimmenmehrheit gefasst, sofern das im Sitzstaat der SE für Aktiengesellschaften maßgebliche Recht nicht eine **größere Mehrheit** vorschreibt. Anders als bei der Aktiengesellschaft ist daher jedenfalls eine **Abmilderung des Mehrheitserfordernisses** durch die Satzung, etwa indem sie die relative Mehrheit genügen lässt, **unzulässig.**[279] 93

Daneben gibt es wie bei der Aktiengesellschaft **Sonderformen** der Bestellung. Zu nennen sind die **Entsendung** durch die Anteilseigner (§ 101 Abs. 2 AktG) (→ § 2 Rn. 126 ff.) und die **gerichtliche Bestellung,** Art. 40 Abs. 2 S. 3 SE-VO, Art. 47 Abs. 4 SE-VO iVm § 104 Abs. 1 AktG (→ § 2 Rn. 134 ff.). 94

(2) Arbeitnehmervertreter. Gemäß Art. 40 Abs. 2 S. 3 SE-VO richtet sich die Bestellung von **Arbeitnehmervertretern** in mitbestimmten Gesellschaften primär nach einer **Mitbestimmungsvereinbarung** iSv § 21 Abs. 3 Nr. 2 SEBG. Diese Vereinbarung kann abweichend von Art. 40 Abs. 2 S. 3 SE-VO die Zuständigkeit für die Bestellung der Arbeitnehmervertreter im Aufsichtsorgan regeln. 95

Sollte eine solche Vereinbarung nicht bestehen, richtet sich die Bestellung nach der sog. **Auffanglösung** der §§ 35 ff. SEBG.[280] Die Wahl findet dann **durch die Hauptversammlung** statt, § 36 Abs. 4 SEGB. Die Hauptversammlung ist an die Wahlvorschläge der Arbeitnehmerseite gebunden.[281] Inländische Arbeitnehmervertreter werden in einem Wahlverfahren vorgeschlagen, das in den § 36 Abs. 3 iVm § 6 ff. SEGB näher geregelt ist. Die Besetzung von Sitzen, die anderen Mitgliedsstaaten zugewiesen sind, regelt § 36 Abs. 2 SEGB. Soweit das Recht des Mitgliedstaates ausländischer Arbeitnehmervertreter dort eine 96

---

[273] BT-Drs. 18/4227, 22.
[274] *Sagan* RdA 2015, 255 (258); *Teichmann/Rüb* BB 2015, 898 (904).
[275] So auch MüKoAktG/*Reichert/Brandes* SE-VO Art. 40 Rn. 79; Oetker ZHR 179 (2015) 707 (743 f.).
[276] MüKoAktG/*Reichert/Brandes* SE-VO Art. 40 Rn. 81.
[277] Vgl. nur Kölner Komm AktG/*Paefgen* SE-VO Art. 40 Rn. 38 mwN.
[278] MüKoAktG/*Reichert/Brandes* SE-VO Art. 40 Rn. 29; Lutter/Hommelhoff/Teichmann/*Drygala* Art. 40 Rn. 6; *Kuhn* in Janott/Frodermann SE-HdB Kap. 5 Rn. 90; aA Kölner Komm AktG/*Paefgen* SE-VO Art. 40 Rn. 38; Habersack/Drinhausen/*Seibt* SE-VO Art. 40 Rn. 36.
[279] Für die generelle Geltung des Erfordernisses einer einfachen Stimmenmehrheit Kölner Komm AktG/*Paefgen* SE-VO Art. 40 Rn. 38; Habersack/Drinhausen/*Seibt* SE-VO Art. 40 Rn. 36.
[280] BeckOGK/*Eberspächer* AktG SE Art. 40 Rn. 6; näher Kölner Komm AktG/*Paefgen* SE-VO Art. 40 Rn. 41 ff.
[281] MüKoAktG/*Reichert/Brandes* SE-VO Art. 40 Rn. 27, 30.

entsprechende Regelung vorsieht, richtet sich deren Benennung nach diesen Regelungen, § 36 Abs. 2 Hs. 1 SEBG. Bestehen keine solche eigenen Regelungen, obliegt dem SE-Betriebsrat die Bestimmung der Arbeitnehmervertreter, § 36 Abs. 2 Hs. 2 SEBG. Näher zur Auffanglösung und der Mitbestimmung generell → § 7 Rn. 448 ff.

97 **(3) Bestellung des ersten Aufsichtsorgans.** Bei der Gründung der SE muss ein sog. „**erstes Aufsichtsorgan**" bestellt werden. Die SE-VO regelt dazu in Art. 40 Abs. 2 S. 2 SE-VO lediglich, dass die Mitglieder des ersten Aufsichtsorgans durch die **Satzung** bestellt werden können.

98 Die Verordnung regelt jedoch nicht, wann die Neubestellung eines Aufsichtsorgans erforderlich ist. Da diese Frage die **Gründung** der Gesellschaft betrifft, beurteilt sie sich gemäß Art. 15 Abs. 1 SE-VO nach dem Recht des Sitzstaates der zu gründenden SE, also **deutschem Aktienrecht**.[282] Es muss deshalb nach den verschiedenen **Gründungsarten** einer SE unterschieden werden (→ § 7 Rn. 449). Als Faustregel gilt: Entsteht eine **neue juristische Person**, muss auch ein **neues Aufsichtsorgan** bestellt werden. Dasselbe gilt, wenn sich die **Größe oder Zusammensetzung** – meist aus Gründen der Mitbestimmung – ändert.

99 Bei der Gründung einer SE durch **Verschmelzung zur Neugründung, Holdinggründung** und der **Tochter-SE-Gründung** entsteht ein **neuer Rechtsträger**. Über Art. 15 Abs. 1 SE-VO sind die §§ 30 ff. AktG anzuwenden. Es muss ein neues Aufsichtsorgan bestellt werden.[283]

100 Bei der Gründung durch **Umwandlung** oder **Formwechsel** ist dann **keine Neubestellung** erforderlich, wenn die Größe und Zusammensetzung des Aufsichtsorgans der SE derjenigen des Aufsichtsrats der AG entspricht, vgl. Art. 15 SE-VO iVm § 203 UmwG.[284] Bei der **Verschmelzung durch Aufnahme** gilt dasselbe: Entspricht die Zusammensetzung und Größe des Aufsichtsorgans demjenigen der übernehmenden Gesellschaft, braucht es **keine Neubestellung**. Nach herrschender Auffassung folgt das aus § 203 UmwG analog.[285]

101 Bei **mitbestimmungsfreien Gesellschaften** ist also regelmäßig **keine Neubestellung** nötig. Bei **mitbestimmten Gesellschaften** ändert sich die Zusammensetzung des Aufsichtsorgans jedoch regelmäßig, sodass eine **Neubestellung** nötig wird.[286]

102 **bb) Amtszeit.** Im deutschen Aktienrecht legt § 102 Abs. 1 AktG die **Höchstdauer** der Amtszeit fest. Aufsichtsratsmitglieder können nicht für längere Zeit als bis zur Beendigung der Hauptversammlung bestellt werden, die über die Entlastung für das vierte Geschäftsjahr nach dem Beginn der Amtszeit beschließt. Das Geschäftsjahr, in dem die Amtszeit beginnt, wird nicht mitgerechnet. Somit entspricht die maximale Amtszeit grob fünf Jahren.[287] In Abweichung dazu beträgt die Höchstdauer bei der SE gemäß Art. 46 Abs. 1 SE-VO **sechs Jahre**. Innerhalb dieser Grenze bestimmt sich die **Amtszeit** aber ausweislich Art. 46 Abs. 1 SE-VO nach der **Satzung** der Gesellschaft.[288]

103 Vorbehaltlich anderweitiger Regelungen in der Satzung ist eine einmalige oder wiederholte **Wiederbestellung** nach Art. 46 Abs. 2 SE-VO zulässig.

104 **cc) Abberufung.** Eine ausdrückliche Regelung zur **Abberufung** der Mitglieder des Aufsichtsorgans fehlt in der SE-VO. Ein Mitglied des Aufsichtsorgans kann nach ganz überwiegender Auffassung schon vor Ablauf der Amtszeit abberufen werden.[289]

105 Die Abberufung von **Anteilseignervertretern** richtet sich nach Art. 9 Abs. 1 lit. c ii SE-VO iVm § 103 Abs. 1 S. 1 AktG.[290] Sie können durch die Hauptversammlung ohne Vorliegen besonderer Gründe abberufen werden.[291] Der Beschluss muss mit einer Mehrheit von drei Vierteln der abgegebenen Stimmen gefasst werden, wenn die Satzung keine andere Mehrheit bestimmt. Auch der jeweilige Entsendungsberechtigte kann in das Aufsichtsorgan entsandte Mitglieder ohne Vorliegen besonderer Gründe abberufen, Art. 9 Abs. 1 lit. c ii SE-VO iVm § 103 Abs. 2 AktG.[292] Zudem können Anteilseignervertreter nach Art. 9 Abs. 1 lit. c ii SE-VO iVm § 103 Abs. 3 AktG gerichtlich abberufen werden.[293] Für näheres

---

[282] Vgl. Kölner Komm AktG/*Paefgen* SE-VO Art. 40 Rn. 66.
[283] Kölner Komm AktG/*Paefgen* SE-VO Art. 40 Rn. 67.
[284] MüKoAktG/*Reichert/Brandes* SE-VO Art. 40 Rn. 29; Kölner Komm AktG/*Paefgen* SE-VO Art. 40 Rn. 68; Lutter/ Hommelhoff/Teichmann/*Drygala* Art. 40 Rn. 26; Habersack/Drinhausen/*Seibt* SE-VO Art. 40 Rn. 49.
[285] Kölner Komm AktG/*Paefgen* SE-VO Art. 40 Rn. 70; BeckOGK/*Eberspächer* SE-VO Art. 40 Rn. 8; aA Lutter/Hommelhoff/Teichmann/*Drygala* Art. 40 Rn. 14.
[286] MüKoAktG/*Reichert/Brandes* SE-VO Art. 40 Rn. 47.
[287] Hüffer/Koch/*Koch* AktG § 102 Rn. 2.
[288] Habersack/Drinhausen/*Seibt* SE-VO Art. 40 Rn. 43; Kuhn in Janott/Frodermann SE-HdB Kap. 5 Rn. 96.
[289] Lutter/Hommelhoff/Teichmann/*Drygala* Art. 40 Rn. 23.
[290] Manz/Mayer/Schröder/*Manz* SE Art. 40 Rn. 14.
[291] Kölner Komm AktG/*Paefgen* SE-VO Art. 40 Rn. 81.
[292] Habersack/Drinhausen/*Seibt* SE-VO Art. 40 Rn. 57.
[293] MüKoAktG/*Reichert/Brandes* SE-VO Art. 40 Rn. 61.

dazu und der Abberufung von **entsandten Mitgliedern** sowie der **gerichtlichen** Abberufung (→ § 2 Rn. 178 ff., 181 ff.).

Bei **Arbeitnehmervertretern,** für die bei einer dualistisch verfassten deutschen SE die Auffanglösung nach §§ 35 ff. SEBG (→ § 7 Rn. 448 ff.) gilt, liegt die Abberufungszuständigkeit gemäß § 37 Abs. 1 S. 4 SEBG bei der Hauptversammlung. Aber auch eine gerichtliche Abberufung von Arbeitnehmervertretern ist nach § 103 Abs. 3 S. 1 u. 2 AktG aus wichtigem Grund möglich.[294] Umstritten ist, wer die Kompetenz zur Abberufung von Arbeitnehmervertreter bei **Mitbestimmungsvereinbarungen** (→ § 7 Rn. 449) für die Bestellung von Organmitgliedern hat.[295] Die wohl überwiegende Auffassung gesteht dieses Recht der **Arbeitnehmervertretung** zu, die die Wahl vorgenommen hat.[296] 106

c) Innere Ordnung

aa) Regelungen in der SE-VO. In der Verordnung selbst ist geregelt, dass gemäß Art. 42 S. 1 SE-VO ein **Vorsitzender** aus der Mitte des **Aufsichtsorgans** gewählt wird. Von dieser Bestimmung kann nicht abgewichen werden. 107

Für die **Beschlussfähigkeit** ist gemäß Art. 50 Abs. 1 lit. a SE-VO die Anwesenheit von mindestens der Hälfte der Organmitglieder notwendig. Die **Beschlussfassung** erfordert eine einfache Mehrheit der anwesenden oder vertretenen Mitglieder, Art. 50 Abs. 2 lit. b SE-VO. Bei **Stimmengleichheit** ist die Stimme des Organvorsitzenden ausschlaggebend, Art. 50 Abs. 2 S. 1 SE-VO. Von diesen Bestimmungen über die Beschlussfassung, auch von den Beschlussmehrheiten, kann die **Satzung der SE** abweichen.[297] 108

bb) Regelungen in deutschen Gesetzen. Die SE-VO regelt die **innere Ordnung** des Aufsichtsorgans nur teilweise. Entsprechend der Rechtsquellenpyramide (→ Rn. 66) ist damit das deutsche Aktienrecht für nicht geregelte Bereiche anwendbar, Art. 9 Abs. 1 lit. c ii SE-VO. 109

Daraus folgt zunächst – wenn auch ohnehin von der SE-VO vorausgesetzt –, dass das Aufsichtsorgan durch **Beschluss** entscheidet, § 108 Abs. 1 AktG. Ferner werden durch das Aktiengesetz die **Formen der Beschlussfassung** bestimmt. Grundsätzlich werden Beschlüsse durch die persönliche Stimmabgabe in einer Sitzung gefasst. Zulässig ist auch die Übergabe einer schriftlichen Stimmabgabe des abwesenden Organmitglieds sowie – wenn die Satzung nichts anderes bestimmt und kein Mitglied des Aufsichtsorgans widerspricht – die schriftliche, textförmliche, fernmündliche oder in ähnlicher Form stattfindende Beschlussfassung, § 108 Abs. 3 und Abs. 4 AktG.[298] Näher dazu bereits → § 3 Rn. 432 ff. 110

Über die **Protokollierung** enthält die SE-VO keine Regelung, sodass gemäß § 107 Abs. 2 S. 1 AktG eine Niederschrift anzufertigen ist, die vom Vorsitzenden zu unterzeichnen ist. Die **Sitzungsfrequenz** richtet sich nach § 110 Abs. 3 AktG, sodass bei börsennotierten Gesellschaften zwei Sitzungen pro Kalenderhalbjahr, bei nicht-börsennotierten Gesellschaften mindestens zwei Sitzungen pro Jahr stattfinden müssen.[299] 111

Ebenso wenig enthält die SE-VO Regelungen über **Ausschüsse.** Auch insoweit kommt § 107 Abs. 3 AktG zur Anwendung. Danach gilt, dass die **Organisationskompetenz** bezüglich der Bildung und Zusammensetzung von Ausschüssen allein dem Aufsichtsorgan zukommt und eine anderslautende Regelung, etwa in der Satzung, unzulässig wäre.[300] Näher dazu bereits (→ § 3 Rn. 198 ff.). 112

Ebenfalls Ausfluss der Organisationskompetenz ist die Möglichkeit des Aufsichtsorgans, sich eine **Geschäftsordnung** zu geben. Darin können Einzelheiten zur Wahl und den Aufgaben des Aufsichtsorgansvorsitzenden und seiner Stellvertreter, der Informationsordnung und Details zu den unter → Rn. 115 ff. genannten Binnenorganisationsaspekten geregelt werden.[301] Näher dazu bereits → § 3 Rn. 168 ff. 113

cc) Sonderregelungen bei mitbestimmter SE. Bei der **paritätisch mitbestimmten SE** gelten Sonderregelungen für die Beschlussfassung. Für die Anteilseignerseite muss stets die Möglichkeit bestehen, die Arbeitnehmerseite bei Organbeschlüssen zu überstimmen. Das folgt aus den Art. 42 S. 2 SE-VO, Art. 45 S. 2 SE-VO, Art. 50 Abs. 2 S. 2 SE-VO.[302] Zur Frage, inwiefern eine **Mitbestimmungsvereinbarung** die innere Ordnung modifizieren kann → § 7 Rn. 457. 114

---

[294] Kölner Komm AktG/*Paefgen* SE-VO Art. 40 Rn. 86 f.
[295] Ausführlich dazu Kölner Komm AktG/*Paefgen* SE-VO Art. 40 Rn. 88 mwN.
[296] MüKoAktG/*Reichert/Brandes* SE-VO Art. 40 Rn. 60; Lutter/Hommelhoff/Teichmann/*Drygala* Art. 40 Rn. 24; aA Kölner Komm AktG/*Paefgen* SE-VO Art. 40 Rn. 88.
[297] Kölner Komm AktG/*Paefgen* SE-VO Art. 40 Rn. 116; Habersack/Drinhausen/*Seibt* SE-VO Art. 40 Rn. 23.
[298] Habersack/Drinhausen/*Seibt* SE-VO Art. 40 Rn. 21.
[299] *Kuhn* in Janott/Frodermann SE-HdB Kap. 5 Rn. 125; Kölner Komm AktG/*Paefgen* SE-VO Art. 40 Rn. 118.
[300] BGHZ 122, 342 (355) = NJW 1993, 2307; BGHZ 83, 106 (107) = NJW 1982, 1525.
[301] Habersack/Drinhausen/*Seibt* SE-VO Art. 40 Rn. 28; Kölner Komm AktG/*Paefgen* SE-VO Art. 40 Rn. 118.
[302] Vgl. Kölner Komm AktG/*Paefgen* SE-VO Art. 40 Rn. 119.

d) Aufgaben

115 Die **Aufgaben** und Pflichten des Aufsichtsorgans sind weitgehend mit denen des Aufsichtsrats einer deutschen Aktiengesellschaft identisch.[303]

116 Die **zentrale Aufgabe** und **Pflicht** des Aufsichtsorgans besteht darin, das Führungsorgan zu **überwachen**,[304] Art. 40 Abs. 1 S. 1 SE-VO. Dabei ist das Aufsichtsorgan selbst nicht berechtigt, die Geschäfte zu führen, Art. 40 Abs. 1 S. 2 SE-VO. Die Geschäftsführung ist allein dem Leitungsorgan zugewiesen. Art. 40 Abs. 1 SE-VO entspricht insoweit § 111 Abs. 1, Abs. 4 S. 2 AktG. Dennoch ist der Pflichteninhalt des Aufsichtsorgans rein **unionsrechtlich** zu bestimmen.[305] Nur für Fragen, die noch nicht abschließend durch Art. 40 SE-VO bzw. die Verordnung als solche geklärt sind, können die Grundsätze, die im deutschen Recht zu § 111 AktG entwickelt wurden, eingreifen.

117 Art. 40 Abs. 1 S. 1 SE-VO deutet keine gegenständliche Eingrenzung dieser Überwachungsaufgabe an. Gegenstand der Aufsicht ist also die **gesamte Geschäftstätigkeit**. Allerdings folgt aus dem Wortlaut des Art. 40 Abs. 1 S. 1 SE-VO insofern eine Begrenzung. Es soll nur diejenige Geschäftsführung überwacht werden, die „durch das Leitungsorgan" – also den Vorstand – stattfindet. Ob damit auch eine **Überwachung nachgeordneter Ebenen** Aufgabe des Aufsichtsorgan ist, ist – parallel zur Regelung des § 111 AktG – umstritten.[306] Die herrschende Auffassung geht dabei davon aus, dass eine Überwachung von Arbeitnehmern nicht zur Aufgabe des Aufsichtsorgans gehört. Überprüft wird lediglich, ob das Leitungsorgan (der Vorstand) seiner Überwachungsaufgabe ordnungsgemäß nachkommt.[307]

118 Die Überwachung umfasst die **Rechtmäßigkeit**, **Zweckmäßigkeit** und **Wirtschaftlichkeit** des Handelns des Leitungsorgans.[308] Dazu gehört die **Vergangenheitskontrolle**, also die Prüfung des bisherigen Handelns des Leitungsorgans.[309] Gleichzeitig ist der Aufsichtsrat aber auch wichtiger **Berater** des Leitungsorgans für Fragen, die die **Gegenwart** betreffen und für Planungsfragen bezüglich der **Zukunft**.[310]

119 Das Aufsichtsorgan hat zudem die **Personalkompetenz** über das Leitungsorgan, Art. 39 Abs. 2 SE-VO. Es ist dafür notwendig, die Mitglieder zu **bestellen** und **abzuberufen**. Dazu gehören auch der Abschluss von **Anstellungsverträgen** mit den Mitgliedern des Leitungsorgans und sonstige Vertragsangelegenheiten.

120 Das Aufsichtsorgan hat auch das Recht zur **Binnenorganisation** des **Leitungsorgans**. Dieses Recht folgt mangels eigenständiger Regelung in der Verordnung aus §§ 77 Abs. 2, 78 Abs. 3, 84 Abs. 2 AktG und umfasst die Erstellung einer **Geschäftsordnung** für das Leitungsorgan und deren **Geschäftsverteilung**.[311]

121 Daneben treffen das Aufsichtsorgan weitere Pflichten:
– die **Feststellung des Jahresabschlusses** und die **Prüfung des Konzernabschlusses** gemäß Art. 61 SE-VO iVm §§ 171 f. AktG. Das Aufsichtsorgan erteilt einen Prüfauftrag an den Abschlussprüfer, § 111 Abs. 2 S. 3 AktG.
– die **Einberufung der Hauptversammlung**, Art. 54 Abs. 2 SE-VO. Damit gestattet die SE-VO dem Aufsichtsorgan – entgegen der deutschen Regelung aus § 111 Abs. 3 AktG – grundsätzlich, eine Hauptversammlung **jederzeit** einzuberufen.[312] Grenze des umfassenden Einberufungsrechts ist der Rechtsmissbrauch.
– die Abgabe der **Entsprechenserklärung** zur Befolgung des Deutschen Corporate Governance Kodex, § 161 AktG.[313] Zu Einzelheiten der Entsprechenserklärung → § 4 Rn. 2449.
– dem Aufsichtsrat kann von der Hauptversammlung die Möglichkeit eingeräumt werden, **Satzungsänderungen** vorzunehmen, die nur die **Form** betreffen und keine inhaltlichen Auswirkungen haben,[314] § 179 Abs. 1 S. 2 AktG.

---

[303] MüKoAktG/*Reichert/Brandes* SE-VO Art. 40 Rn. 13.
[304] Kölner Komm AktG/*Paefgen* SE-VO Art. 40 Rn. 10; BeckOGK/*Eberspächer* SE-VO Art. 40 Rn. 4; *Kuhn* in Janott/Frodermann SE-HdB Kap. 5 Rn. 84.
[305] Kölner Komm AktG/*Paefgen* SE-VO Art. 40 Rn. 10; Habersack/Drinhausen/*Seibt* SE-VO Art. 40 Rn. 6; aA *Kuhn* in Janott/Frodermann SE-HdB Kap. 5 Rn. 84.
[306] Vgl. nur Kölner Komm AktG/*Paefgen* SE-VO Art. 40 Rn. 14; MüKoAktG/*Reichert/Brandes* SE-VO Art. 40 Rn. 13; BeckOGK/*Eberspächer* SE-VO Art. 40 Rn. 4.
[307] Habersack/Drinhausen/*Seibt* SE-VO Art. 40 Rn. 8; Kölner Komm AktG/*Paefgen* SE-VO Art. 40 Rn. 14; MüKoAktG/*Reichert/Brandes* SE-VO Art. 40 Rn. 13; BeckOGK/*Eberspächer* SE-VO Art. 40 Rn. 4; aA Lutter/Hommelhoff/Teichmann/*Drygala* Art. 40 Rn. 4.
[308] MüKoAktG/*Reichert/Brandes* SE-VO Art. 40 Rn. 16; Kölner Komm AktG/*Paefgen* SE-VO Art. 40 Rn. 11.
[309] Habersack/Drinhausen/*Seibt* SE-VO Art. 40 Rn. 7; Manz/Mayer/Schröder/*Manz* SE Art. 40 Rn. 1.
[310] *Kuhn* in Janott/Frodermann SE-HdB Kap. 5 Rn. 110; Kölner Komm AktG/*Paefgen* SE-VO Art. 40 Rn. 16.
[311] Manz/Mayer/Schröder/*Manz* SE Art. 40 Rn. 21; BeckOGK/*Eberspächer* SE-VO Art. 40 Rn. 5.
[312] *Rahlmeyer/Klose* NZG 2019, 854 (855); Kölner Komm AktG/*Kiem* SE-VO Art. 54 Rn. 16.
[313] Kölner Komm AktG/*Paefgen* SE-VO Art. 40 Rn. 35.
[314] MüKoAktG/*Reichert/Brandes* SE-VO Art. 40 Rn. 25; Kölner Komm AktG/*Paefgen* SE-VO Art. 40 Rn. 35.

e) Rechte

Zur Erfüllung der Aufgaben (→ Rn. 115 ff.) stehen dem Aufsichtsorgan bestimmte **Rechte** zu. 122

aa) Informations- und Prüfungsrecht. Zur Wahrnehmung der **Überwachungsaufgabe** hat das Auf- 123
sichtsorgan ein **Informationsrecht**. Gemäß Art. 41 Abs. 1, Abs. 2 SE-VO, § 90 AktG bestehen **Berichtspflichten** des Leitungsorgans gegenüber dem Aufsichtsorgan. Sie werden durch **Auskunftsrechte** ergänzt, Art. 41 Abs. 3 SE-VO. Das Leitungsorgan ist auf Anfrage zu **umfassender Auskunft** verpflichtet. Einzige Voraussetzung für das Auskunftsverlangen ist, dass die Auskunft zur Überwachung „**erforderlich**" ist. Das Auskunftsverlangen muss hinreichend **präzise** sein und sich auf klar abgegrenzte Fragen beziehen.[315] Ob die Erforderlichkeit vorliegt, muss das **Aufsichtsorgan** nach **pflichtgemäßem Ermessen** beurteilen. Insofern ist die Business Judgment Rule, Art. 51 SE-VO iVm § 116 S. 1 AktG, § 93 Abs. 1 S. 2 AktG, anwendbar.[316]

Gemäß Art. 41 Abs. 3 S. 2 SE-VO iVm § 18 SEAG kann **jedes Mitglied** des Aufsichtsorgans das Aus- 124
kunftsverlangen – gerichtet auf Auskunftserteilung an das **Gesamtorgan** – geltend machen.[317]

Art. 41 Abs. 4 SE-VO normiert zusätzlich ein **Überprüfungsrecht** des Aufsichtsorgans. Auch dieses 125
Recht ist **weit** zu verstehen, wie bereits der Wortlaut des Art. 41 Abs. 4 SE-VO („alle Überprüfungen") andeutet. Das Recht steht aber auch unter dem Vorbehalt der „**Erforderlichkeit**". Dabei ist zu beachten, dass das Überprüfungsrecht **subsidiär** zu den sonstigen Informationsrechten ist.[318] Konkret bedeutet das, dass das Überprüfungsrecht erst dann zum Tragen kommt, wenn **Zweifel** an der ordnungsgemäßen Information durch das Leitungsorgan bestehen.[319] Dann aber kann das Aufsichtsorgan **alle Unterlagen** der Gesellschaft und sonstige **Vermögensgegenstände** einsehen und prüfen.[320]

bb) Zustimmungsvorbehalte. Zustimmungsvorbehalte sind ein weiteres effektives Instrument der 126
Überwachungsaufgabe durch den Aufsichtsrat. Damit wird dem Aufsichtsorgan in engen Grenzen die Möglichkeit zur beratenden Einflussnahme auf die Geschäftstätigkeit zugestanden.

Es bestehen **gesetzliche** Zustimmungsvorbehalte wie beispielsweise in § 202 Abs. 3 S. 2 AktG, § 204 127
Abs. 1 S. 2 AktG. Danach ist bei der Entscheidung über die Ausnutzung eines genehmigten Kapitals die Zustimmung des Aufsichtsrats erforderlich. Auch Dienst-, Werk- und Kreditverträge, die zwischen der SE und den einzelnen Aufsichtsratsmitgliedern geschlossen werden, bedürfen der Zustimmung des Aufsichtsrats, §§ 114, 115 AktG.[321]

Gemäß Art. 48 Abs. 1 SE-VO können in der **Satzung** weitere Zustimmungsvorbehalte verankert wer- 128
den. Zudem kann das Aufsichtsorgan nach Art. 48 Abs. 1 S. 2 SE-VO, § 19 SEAG selbst bestimmte Arten von Geschäften von seiner Zustimmung abhängig machen. Ausweislich der Gesetzesbegründung soll durch die Regelung ein möglichst weitgehender Gleichlauf mit deutschem Aktienrecht, § 111 Abs. 4 S. 3 AktG, erreicht werden.[322] Es kann deshalb für Einzelheiten zu Zustimmungsvorbehalten auf → § 4 Rn. 190 verwiesen werden.

Umstritten ist dagegen, ob Art. 48 Abs. 1 S. 1 SE-VO eine **Pflicht** zur Aufstellung von Zustimmungs- 129
vorbehalten in der Satzung begründet. Teilweise wird vertreten, § 19 SEAG sähe – anders als § 111 Abs. 4 S. 2 AktG im deutschen Aktienrecht – nicht zwingend die Einführung eines Zustimmungskatalogs vor. Davon Gebrauch zu machen liege im **Ermessen** des Aufsichtsorgans. Könne aber nur so **rechtswidriges Handeln** unterbunden werden, verdichte sich das Ermessen zu einer **Pflicht** und risikobehaftete Geschäfte müssten von der Zustimmung des Aufsichtsorgans abhängig gemacht werden.[323] Die andere Auffassung geht in Anlehnung an den Wortlaut der Verordnung in anderen Übersetzungen von einer **Regelungspflicht** aus. Fehlt bei Gründung der SE eine solche Satzungsregelung, besteht ein **Eintragungshindernis**.[324]

Mit Blick darauf, dass Zustimmungsvorbehalte in der Praxis aber sinnvoll und Ausdruck guter Corpo- 130
rate Governance und präventiver **Compliance** sind, (→ § 4 Rn. 332 f., 347), ist eine Bestimmung in der

---

[315] Kölner Komm AktG/*Paefgen* SE-VO Art. 41 Rn. 34.
[316] Kölner Komm AktG/*Paefgen* SE-VO Art. 41 Rn. 34.
[317] MüKoAktG/*Reichert/Brandes* SE-VO Art. 41 Rn. 14; Kölner Komm AktG/*Paefgen* SE-VO Art. 41 Rn. 36 f.; Manz/Mayer/Schröder/*Manz* SE Art. 41 Rn. 29 f.
[318] Habersack/Drinhausen/*Seibt* SE-VO Art. 41 Rn. 38; Manz/Mayer/Schröder/*Manz* SE Art. 41 Rn. 23.
[319] Kölner Komm AktG/*Paefgen* SE-VO Art. 41 Rn. 54; Manz/Mayer/Schröder/*Manz* SE Art. 41 Rn. 23.
[320] MüKoAktG/*Reichert/Brandes* SE-VO Art. 41 Rn. 17; Kölner Komm AktG/*Paefgen* SE-VO Art. 41 Rn. 51; Habersack/Drinhausen/*Seibt* SE-VO Art. 41 Rn. 35.
[321] MüKoAktG/*Reichert/Brandes* SE-VO Art. 41 Rn. 18.
[322] Begr. RegE SEAG, BT Drs. 15/3405, 36; *Kuhn* in Janott/Frodermann SE-HdB Kap. 5 Rn. 113; Habersack/Drinhausen/*Seibt* SE-VO Art. 48 Rn. 21; BeckOGK/*Eberspächer* SE-VO Art. 40 Rn. 5.
[323] MüKoAktG/*Reichert/Brandes* SE-VO Art. 40 Rn. 18; Kölner Komm AktG/*Paefgen* SE-VO Art. 40 Rn. 22.
[324] *Rahlmeyer/Klose* NZG 2019, 854 (856); Kölner Komm AktG/*Siems* SE-VO Art. 48 Rn. 2; BeckOGK/*Eberspächer* SE-VO Art. 48 Rn. 5; Lutter/Hommelhoff/Teichmann/*Teichmann* Art. 48 Rn. 5 f.

Satzung zu empfehlen. Bei der AG hingegen müssen gemäß § 111 Abs. 4 S. 2 AktG zustimmungsbedürftige Geschäfte entweder in der Satzung oder durch den Aufsichtsrat festgelegt werden. Eine zwingende Regelung in der Satzung ist daher nicht erforderlich.[325]

f) Haftung des Aufsichtsorgans

131 Die **Haftung** des Aufsichtsorgans gegenüber der Gesellschaft für Pflichtverstöße richtet sich gemäß Art. 51 SE-VO bzw. Art. 9 Abs. 1 lit. c ii SE-VO nach **deutschem Aktienrecht.** Es finden also die Normen der §§ 93, 116, 117 AktG Anwendung. Ausführlich dazu → § 5 Rn. 184 ff. Nachfolgend wird nur auf die Besonderheiten bei der SE eingegangen. Hinsichtlich des möglichen haftungsauslösenden Verhaltens ist Art. 51 SE-VO seinem Wortlaut nach sehr **weit** gefasst, sodass er **jegliche Pflichtverletzung** genügen lässt, solange sie **bei der Amtsausübung** stattfindet.

132 Als haftungsauslösend gilt der Verstoß gegen **gesetzliche Pflichten,** etwa gegen die in Art. 43 ff. SE-VO festgelegten **Kompetenzzuweisungen.** Die Zuweisung einer Kompetenz enthält auch die Pflicht, sie ordnungsgemäß wahrzunehmen und ihre Grenzen einzuhalten.[326] Zusätzlich unterliegt das Aufsichtsorgan **Sorgfalts-, Treue-, Legalitäts-, und Verschwiegenheitspflichten** (Art. 49 SE-VO).[327] Bereits oben erwähnt wurde die **Informationsbeschaffungspflicht** des Aufsichtsorgans (→ Rn. 123), deren Vernachlässigung ebenfalls zur Haftung führen kann.

133 Wie Art. 51 SE-VO explizit klarstellt, kommt auch der Verstoß gegen **Satzungsrecht** als haftungsauslösender Umstand in Betracht. Aber auch eine Verletzung **sonstiger Pflichten** kommt in Betracht. Sonstige Pflichten entstehen aus anderen als schuldrechtlichen Verpflichtungen der Organe der SE.

134 Im dualistischen System ist es Aufgabe des **Aufsichtsorgans,** Haftungsansprüche gegen das Leitungsorgan zu prüfen und gegebenenfalls geltend zu machen. Auch insoweit gelten keine Besonderheiten zu deutschem Aktienrecht. Insbesondere besteht nach der Zwei-Stufen-Prüfung der ARAG/Garmenbeck-Rechtsprechung eine grundsätzliche Verfolgungspflicht (→ § 4 Rn. 2425 ff.).

4. Verwaltungsrat im monistischen Modell

135 Im deutschen Recht gibt es seit der Einführung der SE erstmals eine Aktiengesellschaft mit **monistischer Unternehmensverfassung.**[328] Anstelle von Vorstand und Aufsichtsrat hat die monistische SE nur ein Verwaltungsorgan, das nach § 20 SEAG als Verwaltungsrat bezeichnet wird.

a) Zusammensetzung

136 **aa) Allgemeines.** Grundsätzlich setzt sich der Verwaltungsrat aus Mitgliedern zusammen, die entweder nach Art. 43 Abs. 3 S. 1 SE-VO von der Hauptversammlung **gewählt** oder gemäß Art. 43 Abs. 3 S. 3 SE-VO iVm § 28 Abs. 2 SEAG, § 101 Abs. 2 AktG auf Grund eines Entsendungsrechts von einem oder mehreren Aktionären **entsandt** wurden.[329]

137 Die **Zahl der Mitglieder** des Verwaltungsrats wird gemäß Art. 43 Abs. 2 SE-VO durch die **Satzung** bestimmt. Die Mitgliedstaaten können jedoch eine Mindestzahl und eine Höchstzahl festsetzen. Von dieser Möglichkeit hat der deutsche Gesetzgeber Gebrauch gemacht und mit § 23 SEAG eine Regelung erlassen, die sich an § 95 AktG orientiert.[330]

138 Der Verwaltungsrat besteht regelmäßig aus **drei Mitgliedern.** Die Satzung kann eine höhere oder niedrigere Anzahl von Mitgliedern bestimmen. Bei einem Grundkapital der SE von mehr als 3 Mio. Euro muss der Verwaltungsrat jedoch zwingend aus mindestens drei Personen bestehen, § 23 Abs. 1 S. 2 SEAG.

139 **bb) Mitbestimmung in der monistischen SE. (1) Allgemeines.** Unterliegt der Verwaltungsrat der unternehmerischen Mitbestimmung, muss er aus **mindestens drei Mitgliedern** bestehen, Art. 43 Abs. 2 UAbs. 2 SE-VO. Eine **Abbedingung** der Mindestzahl von drei Mitgliedern in einer Beteiligungsvereinbarung nach § 21 SEBG ist nach herrschender Meinung **nicht zulässig.**[331]

140 **(2) Statusverfahren.** Ein Streit über die korrekte Zusammensetzung des Verwaltungsrats ist in einem **Statusverfahren** gemäß §§ 25 f. SEAG zu entscheiden. Zu den aktienrechtlichen Regelungen der §§ 97 ff. AktG bestehen keine wesentlichen Unterschiede. Das Statusverfahren kann jedoch abweichend von § 97 Abs. 1 AktG gem. § 25 Abs. 1 SEAG nicht nur bei einer Abweichung der Zusammensetzung

---

[325] *Rahlmeyer/Klose* NZG 2019, 854 (856).
[326] Lutter/Hommelhoff/Teichmann/*Teichmann* Art. 51 Rn. 7.
[327] Habersack/Drinhausen/*Seibt* SE-VO Art. 51 Rn. 13.
[328] MüKoAktG/*Reichert/Brandes* SE-VO Art. 43 Rn. 1.
[329] MüKoAktG/*Reichert/Brandes* SE-VO Art. 43 Rn. 62.
[330] MüKoAktG/*Reichert/Brandes* SE-VO Art. 43 Rn. 58.
[331] Habersack/Drinhausen/*Verse* SE-VO Art. 43 Rn. 23; BeckOGK/*Eberspächer* SE-VO Art. 43 Rn. 28.

des Verwaltungsrats von der gesetzlichen Vorschrift durchgeführt werden, sondern auch bei einer Abweichung von den **maßgeblichen vertraglichen Vorschriften**. Dies folgt daraus, dass sich die Zusammensetzung des Verwaltungsrats der SE nach der zwischen der Anteilseigner- und der Arbeitnehmerseite nach § 21 SEBG ausgehandelten Verhandlungslösung bestimmt.[332] Denn eine Beteiligung der Arbeitnehmern in der SE soll **vorrangig** durch eine Vereinbarung der Parteien geregelt werden (§ 1 Abs. 2 S. 1 SEBG, Erwägungsgrund 8 der SE-RL). Zentrale Vorschrift für Bestimmungen über den **Inhalt** der Vereinbarung ist § 21 SEBG.[333]

Eine **Abweichung von den vertraglichen Vorschriften** kann insbesondere dadurch eintreten, dass neue Verhandlungen über die Mitbestimmung aufgenommen werden (§ 18 SEBG) und nach § 21 SEBG eine Beteiligungsvereinbarung neu abgeschlossen wird, die Veränderungen herbeiführt.[334] Einzelheiten zum Statusverfahren → § 7 Rn. 491 ff. 141

cc) Geschlechterquote. Durch das FührposGleichberG vom 30.4.2015 wurde ein neuer § 24 Abs. 3 142
SEAG geschaffen. Die in § 96 Abs. 2 AktG geregelte **Geschlechterquote** wird nun auch zwingend für den **paritätisch mitbestimmten Verwaltungsrat** einer SE vorgeschrieben. § 24 Abs. 3 SEAG sieht in Deutschland nun eine feste Quote von **mindestens 30 %** Frauen und Männern im Verwaltungsrat vor. Diese Regelung entspricht der des § 17 Abs. 2 SEAG, der im dualistischen System Anwendung findet (→ Rn. 85 ff.).[335]

b) Bestellung, Amtszeit und Abberufung

aa) Bestellung. Bei der Bestellung der Mitglieder des Verwaltungsrats ist danach zu unterscheiden, ob es 143
sich um **Anteilseignervertreter** oder **Arbeitnehmervertreter** handelt. Außerdem gelten Sonderregeln für die Bestellung des ersten Verwaltungsrats.

(1) Anteilseignervertreter. Gemäß Art. 43 Abs. 3 S. 1 SE-VO werden die Mitglieder des Verwaltungs- 144
organs im Grundsatz **von der Hauptversammlung** bestellt. Für die Bestellung genügt gemäß Art. 57 SE-VO die **einfache Mehrheit,** soweit nicht die im Sitzstaat der SE geltenden Vorschriften eine größere Mehrheit erfordern.[336] Eine solche größere Mehrheit sieht das deutsche Recht nicht vor, vgl. § 28 SEAG. Eine **gerichtliche** Bestellung ist nach § 30 SEAG möglich, wenn die zur Beschlussfassung nötige Zahl von Mitgliedern dem Verwaltungsrat nicht angehört.

(2) Arbeitnehmervertreter. Das Recht der Arbeitnehmer, einen Teil der Mitglieder des Verwaltungsrats 145
in der mitbestimmten SE zu bestellen, richtet sich nach der ausgehandelten Vereinbarung über die Mitbestimmung (§ 21 SEBG). Die Zuständigkeit für die Bestellung von Arbeitnehmervertretern im Verwaltungsrat kann damit abweichend von Art. 43 Abs. 3 S. 1 SE-VO geregelt werden.[337]

Die **gesetzliche** Auffanglösung nach §§ 35 ff. SEBG findet Anwendung, wenn eine solche Vereinba- 146
rung über die Mitbestimmung nicht abgeschlossen wurde. Dann werden die Arbeitnehmervertreter von der Hauptversammlung bestellt, § 36 Abs. 4 SEBG. Die Hauptversammlung ist an die Wahlvorschläge der Arbeitnehmervertretervertretungen nach § 36 Abs. 2 und 3 SEBG gebunden.[338]

(3) Bestellung des ersten Verwaltungsorgans. Die **Mitglieder des ersten Verwaltungsorgans** kön- 147
nen gemäß Art. 43 Abs. 3 S. 2 SE-VO durch die **Satzung** bestellt werden. Diese Vorschrift entspricht § 30 Abs. 1 AktG. Sinn und Zweck der Vorschrift ist die Sicherstellung der **Handlungsfähigkeit** der Gesellschaft **im Gründungsstadium**.[339]

bb) Amtszeit. Die Regelung des Art. 46 SE-VO gilt auch für den Verwaltungsrat in einer monistischen 148
SE. Nach Art. 46 Abs. 1 SE-VO sind die Mitglieder der SE-Organe verpflichtet, die Amtsdauer in der **Satzung** festzulegen. Die **Höchstdauer** beträgt sechs Jahre.[340] Eine einmalige oder wiederholte **Wiederbestellung** ist vorbehaltlich anderweitiger Regelungen in der Satzung zulässig, Art. 46 Abs. 2 SE-VO.

cc) Abberufung. Die SE-VO enthält keine ausdrückliche Regelung zur **Abberufung** der Mitglieder 149
des Verwaltungsorgans.

---

[332] BeckOGK/*Eberspächer* SE-VO Art. 43 Rn. 32; MüKoAktG/*Reichert/Brandes* SE-VO Art. 43 Rn. 67.
[333] MüKoAktG/*Jacobs* SEGB § 21 Rn. 1.
[334] Habersack/Drinhausen/*Verse* SEAG § 25 Rn. 3.
[335] MüKoAktG/*Reichert/Brandes* SE-VO Art. 43 Rn. 66a.
[336] Manz/Mayer/Schröder/*Manz* SE Art. 43 Rn. 29.
[337] Lutter/Hommelhoff/Teichmann/*Teichmann* Art. 43 SE-VO Rn. 52.
[338] MüKoAktG/*Reichert/Brandes* SE-VO Art. 43 Rn. 27.
[339] Lutter/Hommelhoff/Teichmann/*Teichmann* Art. 43 SE-VO Rn. 48.
[340] Habersack/Drinhausen/*Seibt* SE-VO Art. 46 Rn. 1.

150 Die Abberufung von **Anteilseignervertretern** richtet sich nach § 29 SEAG. Der Hauptversammlung steht gemäß § 29 Abs. 1 SEAG das Recht zu, das Mitglied vor Ablauf der regulären Amtszeit abzuberufen. Diese Norm entspricht § 103 Abs. 1 AktG. Für den Beschluss ist vorbehaltlich abweichender Satzungsregelungen eine Dreiviertelmehrheit erforderlich.[341]

151 **Entsandte Mitglieder** können gemäß § 29 Abs. 2 SEAG vom Entsendungsberechtigten abberufen werden. Eine **gerichtliche** Abberufung aus wichtigem Grund ist nach § 29 Abs. 3 SEAG möglich.

152 Bei **Arbeitnehmervertretern** im Verwaltungsrat verdrängt § 37 Abs. 1 S. 4 SEBG die Vorschrift des § 29 SEAG. Zunächst ist danach die Abberufung eines Arbeitnehmervertreters von den zuständigen Wahlgremien mit der nach § 37 Abs. 1 S. 3 SEBG erforderlichen Dreiviertelmehrheit zu beschließen. Dieser Beschluss ist von der Hauptversammlung zu bestätigen. Ein Ermessen steht der Hauptversammlung dabei nicht zu. Sie ist an den entsprechenden Antrag gebunden.[342]

c) Innere Ordnung

153 Der Verwaltungsrat wählt aus seiner Mitte einen **Vorsitzenden,** Art. 45 S. 1 SE-VO. Besteht der Verwaltungsrat zur Hälfte aus Arbeitnehmervertretern, darf nur ein Anteilseignervertreter zum Vorsitzenden bestellt werden, Art. 45 S. 2 SE-VO.

154 Der Vorsitzende in einer deutschen SE muss mindestens einen **Stellvertreter** haben, § 34 Abs. 1 S. 1 SEAG. Der Stellvertreter tritt in die Rechte und Pflichten des Vorsitzenden ein, wenn dieser verhindert ist. Besteht der Verwaltungsrat lediglich aus einer Person, nimmt diese Person nach § 34 Abs. 1 S. 3 SEAG die dem Vorsitzenden des Verwaltungsrats gesetzlich zugewiesenen Aufgaben wahr.

155 Der Verwaltungsrat ist **beschlussfähig,** wenn mindestens die Hälfte seiner Mitglieder anwesend oder vertreten ist, Art. 50 Abs. 1 lit. a SE-VO. Die Beschlussfähigkeit des Verwaltungsrats der SE kann grundsätzlich auch durch die Satzung geregelt werden. Enthält die Satzung keine abweichenden Bestimmungen, gilt für die **Beschlussfassung** das Prinzip der einfachen Mehrheit (Art. 50 Abs. 1 lit. b SE-VO).

d) Aufgaben

156 Gemäß Art. 43 Abs. 1 S. 1 SE-VO ist dem Verwaltungsrat die Aufgabe übertragen, die **Geschäfte der SE zu führen.** Davon umfasst sind die Festlegung der Grundlinien der Tätigkeit der Gesellschaft, die strategische Planung sowie die Entscheidung in Grundlagenangelegenheiten, § 22 Abs. 1 SEAG.[343] Unter die wesentlichen **Leitungsaufgaben** des Verwaltungsrats fallen insbesondere die Bereiche Planungs- und Steuerungsverantwortung, Organisationsverantwortung, Geschäftsordnungskompetenz und Finanzverantwortung.[344]

157 Außerhalb der Leitungsaufgaben steht die Führung der Geschäfte den **geschäftsführenden Direktoren** zu, § 40 Abs. 2 S. 1 SEAG. Die Geschäftsführung ist nicht auf laufende Geschäfte beschränkt.[345] Die geschäftsführenden Direktoren werden vom Verwaltungsrat bestellt (§ 40 Abs. 1 S. 1 SEAG). Zu ihren Hauptpflichten gehört die **ordnungsgemäße Geschäftsleitung.**[346] Geschäftsführende Direktoren können auch Mitglied des Verwaltungsrats sein, sofern die Mehrheit des Verwaltungsrats weiterhin aus nichtgeschäftsführenden Mitgliedern besteht, § 40 Abs. 1 S. 2 SEAG.

158 Der Verwaltungsrat hat neben der Leitungsfunktion auch eine **Überwachungsaufgabe,** § 22 Abs. 1 SEAG. Übernehmen die geschäftsführenden Direktoren entsprechend der gesetzlichen Aufgabendelegation in § 40 Abs. 2 S. 1 SEAG Geschäftsführungsaufgaben, muss der Verwaltungsrat sie überwachen.[347]

159 Das SEAG gibt dem Verwaltungsrat verschiedene **Instrumente zur Überwachung,** die in der Aktiengesellschaft dem Aufsichtsrat zugewiesen sind. Als Beispiele sind die Personalkompetenz zur Bestellung und Abberufung der geschäftsführenden Direktoren (§ 40 Abs. 1 S. 1 u. Abs. 5 SEAG), die Kompetenz zur Erlass einer Geschäftsordnung für die geschäftsführenden Direktoren (§ 40 Abs. 4 S. 1 SEAG), Informationsrechte (§§ 22 Abs. 4, 40 Abs. 3 u. 6 SEAG) sowie Zustimmungsvorbehalte (Art. 48 SE-VO) zu nennen.[348] Die Überwachung umfasst die **Rechtmäßigkeit, Ordnungsmäßigkeit, Zweckmäßigkeit** und **Wirtschaftlichkeit** der Geschäftsführung.

160 Der Verwaltungsrat hat zudem die Aufgabe, eine **Hauptversammlung einzuberufen,** zum einen wenn das Wohl der Gesellschaft es fordert, § 22 Abs. 2 SEAG, zum anderen in den durch Gesetz oder

---

[341] BeckOGK/*Eberspächer* SE-VO Art. 43 Rn. 36.
[342] MüKoAktG/*Reichert/Brandes* SE-VO Art. 43 Rn. 50; Lutter/Hommelhoff/Teichmann/*Teichmann* SE-VO Art. 43 Rn. 57.
[343] MüKoAktG/*Reichert/Brandes* SE-VO Art. 43 Rn. 73.
[344] BeckOGK/*Eberspächer* SE-VO Art. 43 Rn. 10; MüKoAktG/*Reichert/Brandes* SE-VO Art. 43 Rn. 75 ff.
[345] Lutter/Hommelhoff/Teichmann/*Teichmann* SE-VO Anh. Art. 43 (§ 22 SEAG) Rn. 13; BeckOGK/*Eberspächer* SE-VO Art. 43 Rn. 15.
[346] MüKoAktG/*Reichert/Brandes* SE-VO Art. 43 Rn. 155.
[347] MüKoAktG/*Reichert/Brandes* SE-VO Art. 43 Rn. 84.
[348] BeckOGK/*Eberspächer* SE-VO Art. 43 Rn. 24.

Satzung angeordneten Fällen. Diese Norm entspricht der aktienrechtlichen Regelung in § 111 Abs. 3 AktG. Der Verwaltungsrat hat zu jedem Gegenstand der Tagesordnung einen **Beschlussvorschlag** zu machen. Der Beschlussvorschlag ist nach § 22 Abs. 6 SEAG, § 124 Abs. 3 AktG mit der Tagesordnung bekanntzumachen.[349]

e) Rechte

Wie bereits erwähnt, stehen dem Verwaltungsrat als Überwachungsinstrumente unter anderem **Informationsrechte** und **Zustimmungsvorbehalte** zu (→ Rn. 161 ff.). 161

aa) Informations- und Prüfungsrecht. Von besonderer Bedeutung sind die **Berichtspflichten**, die den geschäftsführenden Direktoren gegenüber dem Verwaltungsrat gemäß § 40 Abs. 6 SEAG, § 90 AktG obliegen. Der Verwaltungsrat kann jederzeit **Informationen verlangen,** die erforderlich sind, um seine Kontrolle ordnungsgemäß auszuüben.[350] Dem Verwaltungsrat steht ein **Weisungsrecht** zu. Dadurch kann er auf die Geschäftsführung Einfluss nehmen und sich notfalls gegen die geschäftsführenden Direktoren durchsetzen.[351] 162

Der Verwaltungsrat hat ein **Einsichts- und Prüfungsrecht** bezüglich Büchern und Schriften der Gesellschaft sowie den Vermögensgegenständen, § 22 Abs. 4 S. 1 SEAG. Er kann auch einzelne Mitglieder oder externe Sachverständige mit der Ausübung dieses Rechts beauftragen, § 22 Abs. 4 S. 2 SEAG. 163

bb) Zustimmungsvorbehalte. Zustimmungsvorbehalte bezüglich bestimmter Maßnahmen der Geschäftsführung sind ein wichtiges Instrument für die Kontrolle durch den Verwaltungsrat. **Gesetzliche Zustimmungsvorbehalte** finden auf Dienst-, Werk- und Kreditverträge zwischen einzelnen Verwaltungsratsmitglieder und der SE gemäß § 38 Abs. 2 SEAG, §§ 114, 115 AktG Anwendung. Auch in der **Satzung** können weitere Zustimmungsvorbehalte vorgesehen werden, Art. 48 Abs. 1 SE-VO.[352] Für Einzelheiten zu Zustimmungsvorbehalten kann auf → § 4 Rn. 190 verwiesen werden. 164

f) Haftung des Verwaltungsrats

aa) Allgemeines. Der deutsche Gesetzgeber hat die Haftung der **Verwaltungsratsmitglieder** in § 39 SEAG – der funktional die Vorschrift des § 116 AktG ersetzt – und die Haftung der **geschäftsführenden Direktoren** in § 40 Abs. 8 SEAG geregelt.[353] 165

Beide Normen verweisen für die Verantwortlichkeit und den Sorgfaltsmaßstab auf die **zentrale Haftungsnorm** des Vorstands, § 93 AktG. Insofern ergeben sich keine Besonderheiten, sodass auf → § 5 Rn. 184 ff. verwiesen werden kann. 166

Uneingeschränkt finden auch die **Sondertatbestände** des § 93 AktG für die Haftung der Vorstandsmitglieder entsprechende Anwendung auf Verwaltungsratsmitglieder.[354] 167
- § 93 Abs. 3 AktG zählt exemplarisch eine Reihe von besonders schweren Pflichtverletzungen in Form von **Verstößen gegen die Kapitalerhaltungsvorschriften** auf.[355] Mit der Erfüllung eines solchen Tatbestands geht eine **Beweiserleichterung** einher. Es wird vermutet, dass ein Schaden in Höhe der abgeflossenen Mittel besteht.[356]
- § 93 Abs. 4 AktG sieht einen **Haftungsausschluss** für Verwaltungsratsmitglieder vor, wenn die schadensverursachende Handlung auf einem gesetzmäßigen Hauptversammlungsbeschluss beruht.
- § 93 Abs. 6 AktG sieht für die Verwaltungsratsmitglieder einer börsennotierten SE (§ 3 Abs. 2 AktG) eine verlängerte Verjährungsfrist auf 10 Jahre vor.

Besonderheiten ergeben sich nur dann, wenn Aufgaben von **geschäftsführenden Direktoren** übernommen werden, § 40 Abs. 2 SEAG. Zwar haften Organmitglieder nach § 93 AktG nur für eigenes Verschulden, sodass es zu **keiner Verschuldenszurechnung** kommt.[357] Es ist aber stets zu prüfen, ob es nur um eine **Haftung der geschäftsführenden Direktoren** geht, oder ob daneben auch Mitglieder des Verwaltungsrats haften. 168

Entscheidend dabei sind die vom Gesetz in den Art. 43 ff. SE-VO vorgegebenen **Kompetenzzuweisungen** an die Organe. Aufgaben, die das **Tagesgeschäft** betreffen, sind nach § 40 Abs. 2 S. 1 SEAG 169

---
[349] Kölner Komm AktG/*Siems* SE-VO Art. 51 Anh. § 22 SEAG Rn. 34.
[350] MüKoAktG/*Reichert/Brandes* SE-VO Art. 43 Rn. 88.
[351] BeckOGK/*Eberspächer* SE-VO Art. 43 Rn. 24.
[352] MüKoAktG/*Reichert/Brandes* SE-VO Art. 43 Rn. 89.
[353] BT-Drs. 15/34/05, 39.
[354] Habersack/Drinhausen/*Seibt* SEAG § 39 Rn. 22 f.
[355] Vgl. nur Hölters/*Hölters* AktG § 93 Rn. 273.
[356] OLG Stuttgart NZG 2010, 141 (142); Hölters/*Hölters* AktG § 93 Rn. 273; MüKoAktG/*Spindler* § 93 Rn. 252; BeckOGK/*Fleischer* § 93 Rn. 310.
[357] Habersack/Drinhausen/*Seibt* SEAG § 39 Rn. 20; BeckOGK/*Eberspächer* SE-VO Art. 51 Rn. 8.

ausdrücklich den geschäftsführenden Direktoren zugewiesen. Sie haften also unmittelbar, wenn sie bei diesen Tätigkeiten ihre Pflichten verletzen. Anders als der Aufsichtsrat der AG hat jedoch der Verwaltungsrat eine umfassende Letztverantwortung für die Unternehmensführung, die in seinem Weisungsrecht zum Ausdruck kommt. Er hat daher eine intensivierte Überwachungspflicht.[358]

170 Auch bei der **horizontalen Delegation,** also der Aufgabenverteilung unter den Verwaltungsmitgliedern, haben die übrigen Mitglieder eine **Überwachungsverantwortung.**

171 Umstritten ist, ob der nach deutschem Recht zwingend vorgeschriebene **Selbstbehalt** bei einer D&O-Versicherung (§ 93 Abs. 2. S. 3 AktG) auf alle Verwaltungsratsmitglieder Anwendung findet. Mitunter wird vertreten, aufgrund der Versäumnis des Gesetzgebers brauche es einer **analogen Anwendung** des § 116 S. 1 AktG auf **nicht-geschäftsführende Verwaltungsratsmitglieder.** Damit würde für diese **kein zwingender Selbstbehalt** gelten, weil ihre Stellung der des Aufsichtsrats angenähert sei.[359]

172 Das ist mit der wohl herrschenden Auffassung **abzulehnen:** Wer das monistische Modell wählt, entscheidet sich bewusst gegen ein System mit zwei getrennten Organen. Die Befugnisse der nicht-geschäftsführenden Direktoren gehe über die Befugnisse des Aufsichtsrats der AG hinaus. Insbesondere steht dem Verwaltungsrat ein Weisungsrecht gegenüber den geschäftsführenden Direktoren zu. Der Selbstbehalt gilt deshalb für alle Verwaltungsratsmitglieder, unabhängig davon, ob sie geschäftsführend tätig sind oder nicht.[360]

173 **bb) Geltendmachung.** Es ist zu unterscheiden, gegen wen sich ein etwaiger Schadensersatzanspruch richtet. Handelt es sich um die **geschäftsführenden Direktoren,** ist es Aufgabe des **Verwaltungsrats,** die Ansprüche geltend zu machen. Das ergibt sich aus § 41 Abs. 5 SEAG, der dem Verwaltungsrat die Vertretungskompetenz gegenüber den geschäftsführenden Direktoren einräumt. Dabei gelten die ARAG/Garmenbeck-Grundsätze (→ § 4 Rn. 2425 ff.).

174 Geht es um die Verfolgung von Ansprüchen gegenüber **nicht-geschäftsführenden Verwaltungsratsmitgliedern** ist im Grundsatz der restliche Verwaltungsrat zuständig. Die betroffenen Mitglieder sind dann gemäß § 34 BGB von ihrem Stimmrecht ausgeschlossen.[361] Nicht selten wird es sich aber um Verletzungen der Überwachungspflicht handeln, die alle Verwaltungsratsmitglieder betreffen. Nach herrschender Auffassung geht dann die Aufgabe der Geltendmachung im Rahmen eines „**Notgeschäftsführungsrechts**" auf die geschäftsführenden Direktoren über.[362]

175 Ist dagegen von der Maßnahme auch **nur ein Verwaltungsratsmitglied** nicht betroffen, kann ein Beschluss mit dessen Stimme durch den Verwaltungsrat gefasst werden. Stimmverbote stehen der Beschlussfähigkeit des Organs nicht entgegen.[363]

176 Gerade wenn es um die **Geltendmachung** von Ansprüchen gegen **nicht-geschäftsführende** Mitglieder geht, zeigen sich die Schwächen des monistischen Systems. Wenn bereits im dualistischen System die Befürchtung der Nichtverfolgung von Ansprüchen wegen der engen Verbindung von Aufsichtsorgan und Leitungsorgan besteht, ist sie bei nur einem Organ noch präsenter. Deshalb sind bei der monistischen SE die Anspruchsverfolgung auf Verlangen der **Hauptversammlung** (§ 147 AktG) oder durch eine **Aktionärsminderheit** (§ 148 AktG) von besonderer Bedeutung.[364]

III. GmbH

1. Der fakultative Aufsichtsrat der GmbH

a) Rechtliche Grundlagen

177 Das GmbHG sieht für die **normaltypische** Gesellschaft – anders als das AktG – keinen Aufsichtsrat vor. Vielmehr gibt es nur **zwei Organe,** nämlich die Gesellschafterversammlung und den oder die Geschäftsführer. Dabei sind nach der Struktur dieser Gesellschaft die beiden Organe nicht etwa gleichberechtigt, sondern die Gesellschafterversammlung[365] ist das letztlich **allein entscheidende** Organ, das seinen ordnungsgemäß gebildeten Willen durchsetzen kann, weil ihm nicht nur die Satzungshoheit, sondern auch Allzuständigkeit für alle Gesellschaftsangelegenheiten, vor allem auch die umfassende Personalkompetenz

---

[358] So auch BeckOGK/*Eberspächer* SE-VO Art. 51 Rn. 8.
[359] Lutter/Hommelhoff/Teichmann/*Teichmann* SEAG § 39 Rn. 11; Habersack/Drinhausen/*Seibt* SEAG § 39 Rn. 22 f.
[360] MüKoAktG/*Reichert/Brandes* SE-VO Art. 51 Rn. 31a; BeckOGK/*Eberspächer* SE-VO Art. 51 Rn. 9; Manz/Mayer/Schröder/*Manz* SE-VO Art. 51 Rn. 28.
[361] BeckOGK/*Eberspächer* SE-VO Art. 51 Rn. 17.
[362] MüKoAktG/*Reichert/Brandes* SE-VO Art. 51 Rn. 35; Habersack/Drinhausen/*Seibt* SEAG § 39 Rn. 25; BeckOGK/*Eberspächer* SE-VO Art. 51 Rn. 17.
[363] MüKoAktG/*Reichert/Brandes* SE-VO Art. 51 Rn. 35.
[364] BeckOGK/*Eberspächer* SE-VO Art. 51 Rn. 17; Habersack/Drinhausen/*Seibt* SEAG § 39 Rn. 27 mwN.
[365] Vgl. BGHZ 89, 48 (56) = WM 1984, 733; BGHZ 135, 48 (53) = DStR 1997, 829.

zugewiesen ist, welche die Bestellung, die Anstellung, die Abberufung und Kündigung sowie das Recht, der Geschäftsführung Weisungen erteilen zu dürfen, umfasst.[366] Da das GmbHG, der typischerweise eher personalistischen Realstruktur dieser Gesellschaften entsprechend, weitgehend nicht zwingenden Charakter hat, ist den Gesellschaftern nach dem Gesetz die Möglichkeit eröffnet, in der Satzung vom gesetzlichen Modell abweichende Strukturen zu schaffen. Eine der insofern bestehenden Möglichkeiten ist die Schaffung eines – wegen der Freiwilligkeit so genannten – **fakultativen Aufsichtsrats,** eine andere, vor allem bei Familiengesellschaften verbreitete ist die Bildung eines **Beirats** (→ Rn. 219 ff.), der nicht nur mit Geschäftsführungs- oder Beratungsaufgaben, sondern auch mit reaktiver Überwachung betraut werden kann. **Satzungsfreiheit** für die normaltypische GmbH besteht nicht nur hinsichtlich des **Ob** der Schaffung eines Aufsichtsrats, sondern ebenso hinsichtlich des **Wie.** Für den Fall, dass hinsichtlich des Wie der Gesellschaftsvertrag – ganz oder teilweise[367] – schweigt,[368] hat der Gesetzgeber in § 52 Abs. 1 GmbHG Vorsorge getroffen und angeordnet, dass eine Reihe von Vorschriften des AktG entsprechend anzuwenden sind. Ehe es dazu kommt, ist aber im Wege der **Auslegung** (→ Rn. 181) zunächst zu klären, ob das dem Willen der Gesellschafter entspricht; sodann ist bei der entsprechenden Heranziehung der aktienrechtlichen Vorschriften zu prüfen, ob sie unverändert in das Gefüge der anders gearteten Struktur der GmbH passen.[369]

178 Für bestimmte Gesellschaften mbH gilt indessen das **liberale** Regime von § 52 Abs. 1 GmbHG nicht, vielmehr finden in diesen Fällen die **zwingenden Vorschriften des AktG** über den Aufsichtsrat Anwendung.[370] Das gilt in erster Linie für die Gesellschaften, welche dem Drittelbeteiligungsgesetz oder den Mitbestimmungsgesetzen unterliegen (→ § 7 Rn. 25 ff., 393 ff.)[371]; von den spezialgesetzlichen[372] Anordnungen eines obligatorischen Aufsichtsrats ist zuletzt noch § 18 Abs. 2 KAGB verblieben. Überwachung des Vorstands und ebenso die Vertretung der Gesellschaft ihm gegenüber[373] ist dann also ausschließlich Aufgabe des Aufsichtsrats; die bei der normaltypischen GmbH bestehende **Allzuständigkeit** der Gesellschafterversammlung und ihre der Geschäftsführung übergeordnete Stellung ist hier **aufgehoben.**

179 **aa) Gesetz.** Das Gesetz, das für die normaltypische GmbH einen **Aufsichtsrat nicht** vorsieht, macht aber in § 52 Abs 1 GmbHG immerhin deutlich, dass die Gesellschafter im Rahmen der ihnen eingeräumten **Satzungsautonomie** berechtigt sind, ein solches Überwachungsgremium zu schaffen; denn dort ist bestimmt, dass durch Gesellschaftsvertrag ein Aufsichtsrat eingerichtet werden kann und welche Vorschriften des AktG entsprechend heranzuziehen sind, wenn die Satzung hinsichtlich der Einzelheiten der Bildung, Zusammensetzung und der Kompetenzen des Gremiums schweigt. Außerdem trifft § 52 Abs. 2 GmbHG für die nach den Gesetzen über die Mitbestimmung der Arbeitnehmer zu bildenden Bestimmungen Aufsichtsräte Anordnungen betreffend die **Frauenquote.** § 52 Abs. 3 GmbHG regelt für alle – also für die nach dem Gesetz oder die fakultativ gebildeten – Aufsichtsräte die **Publizität** durch Verweisung auf die aktienrechtlichen Vorschriften, und in gleicher Weise wird für alle Formen von Aufsichtsräten die **Verjährungsfrist** für die vorausgesetzte organschaftliche Haftung auf fünf Jahre festgelegt (§ 52 Abs. 4 GmbHG).

180 **bb) Satzung.** Allein durch den **Gesellschaftsvertrag,** also aufgrund einer besonderen Formen unterliegenden Entschließung der Gesellschafter kann ein fakultativer Aufsichtsrat für die Gesellschaft geschaffen werden.[374] Als Einrichtung durch Satzung ist es auch anzusehen, wenn der Gesellschaftsvertrag selbst nur eine sog. **Öffnungsklausel** enthält, aufgrund derer das Gremium durch Beschluss eingerichtet werden kann; eine derartige Klausel muss aber dann regeln, wie die Mitglieder bestellt und abberufen werden, welche Kompetenzen der Aufsichtsrat haben soll und wie die innere Ordnung gestaltet ist.[375] Nicht nur das **Ob,** sondern ebenso das **Wie** seiner Bildung liegt in den Händen der Gesellschafter, welche ebenso wie etwa über die Zahl der Mitglieder, die Zusammensetzung oder Entsendungsrecht vor allem auch über die **Kompetenzen** des Gremiums – im Rahmen des Gesetzes – eigenständig entscheiden dürfen.

---

[366] S. näher zB *W. Goette/M. Goette* Die GmbH § 7 Rn. 1, 2, dazu, dass die Gesellschafterversammlung auch berechtigt ist, dem Aufsichtsrat das Weisungsrecht zu übertragen, vgl. Scholz/*U.H. Schneider* GmbHG § 52 Rn. 161 mwN.
[367] Vgl. allgemein zur Verweisungsnorm des § 52 Abs. 1 GmbHG Altmeppen GmbHG § 52 Rn. 3 ff.
[368] MüKoGmHG/*Spindler* GmbHG § 52 Rn. 9.
[369] MüKoGmHG/*Spindler* GmbHG § 52 Rn. 13 und Rn. 37; *Altmeppen* GmbHG § 52 Rn. 7; Scholz/*U.H. Schneider* GmbHG § 52 Rn. 69 f.; Baumbach/Hueck/*Zöllner/Noack* GmbHG § 52 Rn. 30.
[370] Vgl. BGHZ 89, 48 (56) = WM 1984, 733; *W. Goette/M. Goette* Die GmbH § 8 Rn. 64 mwN.
[371] S. MüKoGmHG/*Spindler* GmbHG § 52 Rn. 14 ff.
[372] Zusammenfassend und historisch Ulmer/Habersack/*Löbbe/Heermann* GmbHG § 52 Rn. 2; *Lutter/Krieger/Verse* AR Rn. 1182.
[373] BGHZ 89, 48 (52 f.) = WM 1984, 733.
[374] *Altmeppen* GmbHG § 52 Rn. 1; MüKoGmHG/*Spindler* GmbHG § 52 Rn. 9.
[375] *Priester* NZG 2016, 774; *Altmeppen* GmbHG § 52 Rn. 1; Michalski/Heidinger/Leible/J. Schmidt/*Giedinghagen* GmbHG § 52 Rn. 7; MüKoGmHG/*Spindler* GmbHG § 52 Rn. 35; OLG München NZG 2012, 1184; unzutreffend KG NZG 2016, 787; mit Recht abgelehnt auch von *Otto* GmbHR 2016, 19.

Dass hier prinzipiell nur die Gesellschafter die maßgebenden Entscheidungen zu treffen haben, folgt schon daraus, dass die Einrichtung wie die Kompetenzzuweisung zu einer – allerdings jederzeit rückholbaren[376] – Beschneidung der eigenen Kompetenzen der Gesellschafterversammlung als dem obersten Willensbildungs- und Entscheidungsorgan führt. Wegen dieser Beschneidung der eigenen Kompetenzen ist es richtig, dass der Gesetzgeber verlangt, dass die Bildung eines fakultativen Aufsichtsrats auf eine Satzungsregelung zurückgeht und ein schlichter Gesellschafterbeschluss als Grundlage eines solchen Gremiums nicht ausreicht.

181 Da jede gesellschaftsvertraglich getroffene Regelung der – entsprechenden – Heranziehung der für den Aufsichtsrat nach dem AktG geltenden Vorschriften vorgeht, kommt es entscheidend auf die **Auslegung**[377] der Satzung an, wenn geklärt werden muss, wie der nach dem Gesellschaftsvertrag zu schaffende Aufsichtsrat gebildet wird, wie er zusammengesetzt ist und welche Kompetenzen ihm zugewiesen sind. Dabei spielt die **Bezeichnung** des Gremiums als „Aufsichtsrat" nur eine untergeordnete Rolle; ihr darf nicht ohne weiteres entnommen werden, dass damit incidenter auf die aktienrechtlichen Vorschriften verwiesen worden ist und diese deswegen automatisch gelten sollen; sobald die Satzung überhaupt über die schlichte Schaffung eines Aufsichtsrats hinausgehende Bestimmungen enthält, stellt sich nämlich die Frage, ob die solcherart getroffene Regelung als abschließend gedacht ist, es also mit ihr sein Bewenden haben soll.[378] Andererseits impliziert aber die Verwendung des Begriffs „Aufsichtsrat" die Annahme, dass – wie beim Aufsichtsrat in der AG – die **Überwachung** der Geschäftsführung und uU ihre prospektive Beratung zB durch Schaffung von Zustimmungsvorbehalten – jedenfalls eine wesentliche Kernkompetenz ist. Im Schrifttum, das sich teilweise eher an dem Wünschbaren als dem Gebotenen orientiert, wird teilweise angenommen, dass mit der Einrichtung eines fakultativen Aufsichtsrats und dessen entsprechender Benennung beim Publikum gewisse Erwartungen geweckt werden, nämlich dass die Geschäftsführung funktionsgerecht und unabhängig überwacht wird, woraus sich Mindestbefugnisse eines solchen Aufsichtsrats und Anforderungen an eine entsprechende Qualifikation seiner Mitglieder ergeben sollen.[379] Dem wird man nur zurückhaltend zustimmen dürfen, weil das Gesetz derartigen Publikumserwartungen, die im Übrigen nur bei objektiven Kriterien beachtlich sein könnten und deswegen Kenntnis der einschlägigen Regelungen voraussetzten, keinen Raum gibt, sondern in erster Linie den **Gesellschaftern** überlässt zu entscheiden, ob überhaupt und in welchem Umfang ein gesondertes und unabhängig agierendes Überwachungsorgan etabliert werden soll; unabhängig davon liegt insbesondere bei einer Einpersonengesellschaft schon eine solche Erwartungshaltung nicht vor.[380] Gegen die Präponderanz der sogenannten Publikumserwartung spricht schließlich, dass jeder Interessierte sich durch Einsichtnahme in das Handelsregister Klarheit darüber verschaffen kann, wie der Aufsichtsrat zusammengesetzt ist, insbesondere ob durch seine Mitglieder eine kompetente und unabhängige Überwachung der Geschäftsführung erwartet werden kann.[381] Die Auffassung, Regelungen, welche einem fakultativen Aufsichtsrat die Überwachung ausdrücklich vorenthalten, seien nichtig,[382] das Gremium sei deswegen zur Kontrolle verpflichtet, hat sich mit Recht nicht durchgesetzt.[383] Es handelt sich in einem solchen Fall vielmehr um eine unschädliche **Falschbezeichnung;** das Gremium als solches ist aber wirksam gebildet und hat die ihm zugewiesenen – dann anders gearteten – Kompetenzen und muss seine Aufgaben im Sinne der Gesellschaft sorgfältig erfüllen.[384]

182 Dass ein solcher fakultativer Aufsichtsrat auch mit **Geschäftsführungskompetenzen** oder dem Recht ausgestattet wird, **Weisungen** an die Geschäftsführer zu erteilen, ist – wie ua § 45 Abs. 2 GmbHG zeigt – rechtlich nicht ausgeschlossen;[385] man kann dies aber nicht aufgrund bloßer Auslegung annehmen, sondern muss eine deutliche Bestimmung im Gesellschaftsvertrag verlangen, weil eine solche weitgehende Kompetenzzuweisung das typische Aufgabenfeld eines Aufsichtsrats deutlich überschreitet. Entsprechendes

---

[376] MüKoGmbHG/*Spindler* GmbHG § 52 Rn. 108 mwN.
[377] *W. Goette/M. Goette* Die GmbH § 8 Rn. 64 mwN; *Altmeppen* GmbHG § 52 Rn. 6; MüKoGmbHG/*Spindler* § 52 Rn. 10; vgl. auch Baumbach/Hueck/*Zöllner/Noack* GmbHG § 52 Rn. 31.
[378] MüKoGmbHG/*Spindler* GmbHG § 52 Rn. 10.
[379] Michalski/Heidinger/Leible/*J. Schmidt/Giedinghagen* GmbHG § 52 Rn. 9; Baumbach/Hueck/*Zöllner/Noack* GmbHG § 52 Rn. 27 f.; Ulmer/Habersack/Löbbe/*Heermann* GmbHG § 52 Rn. 17 f. je mwN; Scholz/*U.H. Schneider* GmbHG § 52 Rn. 52; tendenziell MüKoGmbHG/*Spindler* GmbHG § 52 Rn. 36 f. und Rn. 118.
[380] Zutreffend *Altmeppen* GmbHG § 52 Rn. 3 mwN und § 52 Rn. 10.
[381] Auch der von *Lutter/Krieger/Verse* AR Rn. 1205 hervorgehobene Gesichtspunkt, dass der Referentenentwurf des GmbH-Gesetzes von 1969 in seinem § 105 Abs. 1 und Abs. 8 die Unverzichtbarkeit der Überwachungsaufgabe vorgesehen hatte, besagt für die Auslegung von § 52 GmbHG nichts Entscheidendes, weil die Nichtübernahme dieser Regelung dem späteren Gesetzgeber ebenso gut Ausdruck dessen sein kann, dass er sich der Sicht des Referentenentwurfs gerade nicht anschließen wollte.
[382] *E. Vetter* GmbHR 2011, 449.
[383] *Lutter/Krieger/Verse* AR Rn. 1207.
[384] Letztlich geht der Streit also dahin, ob ein solches Gremium „Aufsichtsrat" genannt werden darf.
[385] So auch *Altmeppen* GmbHG § 52 Rn. 22–24; Scholz/*U.H. Schneider* GmbHG § 52 Rn. 161 mwN.

gilt für die Übertragung der **Bestellungs-** und **Anstellungskompetenz** von der Gesellschafterversammlung auf den Aufsichtsrat. Nicht auf den Aufsichtsrat übertragbar ist dagegen das Recht, als **Satzungsgeber** tätig zu werden, weil dies zu einer Selbstentmündigung oder gar Selbstabschaffung des auch bei Vorhandensein eines Aufsichtsrats weiterhin zentralen Gesellschaftsorgans führen würde.

b) Abgrenzung zu anderen Organen der Gesellschaft

Die Einrichtung eines fakultativen Aufsichtsrats bedeutet nicht, dass sich dieses Gremium verselbständigt und fortan ein eigenes „Existenzrecht" neben den beiden gesetzlich vorgesehenen Organen Gesellschafterversammlung und Geschäftsführung erlangt. Es bleibt vielmehr dabei, dass die **Gesellschafterversammlung** das **oberste Entscheidungsorgan** der GmbH ist. Mit der Bildung eines Aufsichtsrats und der Zuweisung bestimmter Zuständigkeiten an ihn überträgt die Gesellschafterversammlung ihr zustehende Kompetenzen nur **auf Zeit;** durch entsprechende Satzungsänderung – nicht etwa durch einen einfachen Beschluss der Gesellschafterversammlung – lässt sich diese Kompetenzübertragung jederzeit rückgängig machen und dadurch die gesetzestypische Struktur der GmbH wiederherstellen. Auch während des Bestehens eines fakultativen Aufsichtsrats ist anerkanntermaßen[386] das Recht der Gesellschafterversammlung, **Weisungen**[387] zu erteilen und sogar eine vom Aufsichtsrat erteilte **Zustimmung** zu bestimmten Geschäften zu kassieren,[388] nicht suspendiert; das ist schon deswegen richtig, weil die Erteilung derartiger Weisungen an die Geschäftsführer aus der Sicht des Aufsichtsrats weniger einschneidender Eingriff ist, als die durch Satzungsänderung jederzeit mögliche Abschaffung dieses Überwachungsgremiums. 183

Im Verhältnis zu den **Geschäftsführern** hat der Aufsichtsrat dagegen als insofern selbständiges Organ alle Befugnisse, die ihm von der Gesellschafterversammlung zugewiesen worden sind. Das können neben der regelmäßig im Vordergrund stehenden Überwachung einschließlich der prospektiven Beratung, die auch die Unternehmensplanung einbeziehen kann, zB auch die Wahrnehmung der Personalkompetenz, also die Bestellung und Anstellung, die Abberufung und Kündigung, die Erteilung von Nebentätigkeitsgenehmigungen und die Prüfung und Verfolgung von Schadenersatzansprüchen sein. Dementsprechend bestehen **Informationsrechte** und **-pflichten,** ohne die eine ordnungsgemäße retrospektive und proaktive Überwachung nicht stattfinden kann. Die gesetzlich zwingend den **Geschäftsführern** zugewiesenen Aufgaben sind dagegen nicht übertragbar.[389] 184

c) Aufgaben und Kompetenzen

Wie die Einrichtung eines fakultativen Aufsichtsrats selbst, so ist auch dessen **Aufgabenzuteilung** und **Kompetenzübertragung** nicht gesetzlich vorgegeben, sondern beruht auf einer Entscheidung der Gesellschafter, die sie **privatautonom** treffen; dementsprechend leiten die Mitglieder des Gremiums ihre Befugnisse allein aus dem Satzungsinhalt gewordenen Willen der Gesellschafter ab, nicht dagegen aus einer davon unabhängigen gesetzlichen Aufgabenbeschreibung oder etwa aus einer vom Begriff „Aufsichtsrat" abzuleitenden eigenständigen Kompetenz (→ Rn. 181). Zutreffend hat der II. Zivilsenat des BGH deswegen in der DOBERLUG-Entscheidung[390] formuliert, dass der freiwillig gebildete, fakultative Aufsichtsrat für die Gesellschafterversammlung als dem maßgeblichen Willensbildungs- und Kontrollorgan der Gesellschaft lediglich **Teilaufgaben** übernimmt, aber keine öffentlichen Belange zu wahren hat und nicht für die Allgemeinheit in die Pflicht genommen wird. 185

aa) Überwachung. Typischerweise[391] – auch wenn sich dies nicht zwingend aus der Bezeichnung des Gremiums als Aufsichtsrat ergibt (→ Rn. 181) – steht die **Überwachung** der Geschäftsführung im Zentrum der Tätigkeit eines fakultativen Aufsichtsrats. Umfang und Tiefe der Überwachung muss der Satzungsgeber nicht festlegen. Denn auch ohne eine auflistende Aufgabenbeschreibung ist nach der für Satzungen von GmbH allgemein anerkannten objektiven Auslegung[392] anzunehmen, dass mit der Verwendung der Worte „Überwachung" oder „Kontrolle" auf das Aufgabenfeld verwiesen ist, das für Über- 186

---

[386] *Altmeppen* GmbHG § 52 Rn. 24; Scholz/*U.H. Schneider* GmbHG § 52 Rn. 133; Lutter/Hommelhoff/*Lutter/Hommelhoff* GmbHG § 52 Rn. 15; Baumbach/Hueck/*Zöllner/Noack* GmbHG § 52 Rn. 124.
[387] *Altmeppen* GmbHG § 52 Rn. 21.
[388] *Altmeppen* GmbHG § 52 Rn. 25.
[389] Baumbach/Hueck/*Zöllner/Noack* GmbHG § 52 Rn. 26.
[390] BGHZ 187, 60 Rn. 26 = DStR 2010, 2090.
[391] Darauf hebt auch der II. Zivilsenat in der DOBERLUG-Entscheidung ab, vgl. BGHZ 187, 60 Rn. 26 = DStR 2010, 2090, ohne allerdings dahin verstanden werden zu dürfen, dass Überwachung essentiell für die Bildung eines „Aufsichtsrat" genannten Gremiums ist; den BGH überinterpretierend Baumbach/Hueck/*Zöllner/Noack* GmbHG § 52 Rn. 1.
[392] BGHZ 116, 359 (364) = DStR 1992, 652; BGHZ 142, 116 = DStR 1999, 1198; BGH NZG 2011, 1420; speziell zur Kompetenzabgrenzung der Gesellschaftsorgane vgl. BGH DB 1983, 1864; BGH NJW 1973, 1039; BGH DStR 1996, 111.

wachungsorgane von Kapitalgesellschaften, vornehmlich im Aktienrecht, gesetzlich näher ausgeformt ist. Der fakultative Aufsichtsrat hat also mangels abweichender Bestimmungen der Satzung **retrospektiv** zu überwachen, ob die Geschäftsführung legal, ordnungsgemäß und wirtschaftlich handelt, und **prospektiv** dieselbe beratend zu begleiten,[393] wie sich dies aus der Generalverweisung in § 52 Abs. 1 GmbHG auf einige entsprechend geltende Bestimmungen des AktG ergibt. Damit er diese Aufgaben ordnungsgemäß im Interesse der Gesellschaft wahrnehmen kann, hat er, soweit nichts anderes in der Satzung bestimmt ist, auch die **Informations-** und **Einsichtsrechte** nach § 90 Abs. 3 und 4 AktG bzw. § 111 Abs. 2 AktG.[394] Nach dem ebenfalls entsprechend heranzuziehenden § 111 Abs. 4 AktG kann er einen **Zustimmungsvorbehalt** verhängen; die Gesellschafter können dies aber auch selbstverständlich in privatautonomer Gestaltung von vornherein ausschließen, ohne dass damit das von ihnen eingesetzte Gremium die Qualifikation als „Aufsichtsrat" verliert.[395] Sie können ferner im Einzelfall die Entscheidung des Aufsichtsrats zur Zustimmung auch kassieren,[396] ohne dass dieser sich dagegen wehren könnte (→ Rn. 183). Zur Überwachungskompetenz gehören ferner – aber ebenfalls wieder vorbehaltlich abweichender Regelungen der Gesellschafterversammlung – die Überprüfung des **Jahresabschlusses** nach Maßgabe von §§ 170, 171 AktG sowie uU die Erteilung des Prüfungsauftrags an den **Abschlussprüfer** (§ 52 Abs. 1 GmbHG iVm § 111 Abs. 2 S. 3 AktG); das gilt aber nicht für dessen Auswahl, für die die Kompetenz nach dem – insoweit allerdings dispositiven – Gesetz bei der Gesellschafterversammlung verbleibt (§ 318 Abs. 1 HGB).

187 **bb) Sonstige Aufgaben.** Zu den bei Schweigen der Satzung einem fakultativen Aufsichtsrat zukommenden Aufgaben gehört neben der Überwachung der Geschäftsführung – nicht generell, aber in bestimmten Konstellationen – auch die **Einberufung** der Gesellschafterversammlung mit allen dazu zu ergreifenden Maßnahmen (§ 52 Abs. 1 GmbHG iVm § 111 Abs. 3 AktG). Der entsprechend heranzuziehende § 111 Abs. 3 AktG verdrängt die Einberufungskompetenz der Geschäftsführer nach § 49 Abs. 1 GmbHG nicht schlechthin, sondern gibt dem fakultativen Aufsichtsrat nur das **Recht** und legt ihm die **Pflicht** auf, die Versammlung einzuberufen, wenn dies das Wohl der Gesellschaft nach seiner Beurteilung erfordert.[397]

188 Die Gesellschafterversammlung ist, wie sich dem letzten Halbsatz von § 52 Abs. 1 GmbHG entnehmen lässt, nicht gehindert, dem von ihr eingerichteten Aufsichtsrat **weitere Kompetenzen** zu **übertragen**. Das gilt jedenfalls, solange sie sich damit nicht auf Dauer an die Stelle der Gesellschafterversammlung als das die Geschicke der Gesellschaft maßgeblich und letztentscheidend bestimmende Organ setzt und diese ausschaltet. In der Praxis im Mittelpunkt steht dabei die **Personalkompetenz,** also die Befugnis, die Gesellschaft gegenüber den Geschäftsführern zu vertreten, sie zu bestellen und abzuberufen, mit ihnen Anstellungsverträge zu schließen oder dieselben zu kündigen und das Bestehen von Schadenersatzansprüchen wegen Organpflichtverletzungen zu prüfen und geltend zu machen.[398] Eine derartige von den Gesellschaftern beschlossene Übertragung der Vertretungsbefugnis nach Maßgabe von § 112 AktG erstreckt sich auch auf ausgeschiedene Geschäftsführer und ggf. deren Witwen und Waisen.[399] Gesetzlich den **Geschäftsführern** im Interesse der Allgemeinheit zwingend zugewiesene Aufgaben sind dagegen **nicht übertragbar** (→ Rn. 184).[400]

d) Bildung und Abschaffung

189 Soweit die Einrichtung eines Aufsichtsrats gesetzlich nicht vorgeschrieben ist, liegt es in der **privatautonomen** Entscheidung der Gesellschafter, ob sie für ihre Gesellschaft ein solches für die normaltypische GmbH nicht vorgesehenes besonderes Gremium schaffen wollen. Wie die **Bildung** eines solchen fakultativen Aufsichtsrats ist auch seine **Abschaffung** in das Belieben[401] der Gesellschafter gestellt, der ins Leben gerufene fakultative Aufsichtsrat hat also kein eigenständiges Existenzrecht. In beiden Fällen bedarf es eines Beschlusses der Gesellschafterversammlung, welcher die erforderliche Satzungsänderung herbeiführt (→ Rn. 183).

190 Als Abschaffung des Gremiums ist es nicht anzusehen, wenn der fakultative Aufsichtsrat nicht mehr die nach der Satzung erforderliche **Zahl** von Mitgliedern hat oder wenn er **beschlussunfähig** wird. In diesem Fall – das Fehlen entsprechender Satzungsregeln vorausgesetzt – bleibt der Aufsichtsrat, wiewohl

---

[393] Vgl. *Altmeppen* GmbHG § 52 Rn. 26; *Lutter/Krieger/Verse* AR Rn. 1204; Baumbach/Hueck/*Zöllner/Noack* GmbHG § 52 Rn. 100f.
[394] *Altmeppen* GmbHG § 52 Rn. 31.
[395] *Lutter/Krieger/Verse* AR Rn. 1206.
[396] *Altmeppen* GmbHG § 52 Rn. 25.
[397] Baumbach/Hueck/*Zöllner/Noack* GmbHG § 52 Rn. 115 und 249.
[398] Vgl. *Altmeppen* GmbHG § 52 Rn. 27 mwN.
[399] BGH DStR 2002, 1587; BGH DStR 2007, 1358.
[400] Baumbach/Hueck/*Zöllner/Noack* GmbHG § 52 Rn. 26.
[401] MüKoGmbHG/*Spindler* GmbH § 52 Rn. 108 mwN; Michalski/Heidinger/Leible/J. Schmidt/*Giedinghagen* GmbHG § 52 Rn. 396; *Altmeppen* GmbHG § 52 Rn. 2ff.; Baumbach/Hueck/*Zöllner/Noack* GmbHG § 52 Rn. 29.

nicht funktionsfähig, bestehen,[402] bis er wieder vollständig besetzt oder beschlussfähig wird. Die Gesellschafter sind grundsätzlich verpflichtet, wieder einen satzungsgemäßen Zustand herbeizuführen,[403] was entweder durch Nachbesetzung oder aber durch eine im Wege der Satzungsänderung herbeigeführte Abschaffung des Aufsichtsrats geschehen kann. Nur für eine Übergangszeit und für eilbedürftige, keinen Aufschub duldende Maßnahmen[404] fällt in diesem Fall die Entscheidungskompetenz an die Gesellschafterversammlung zurück.[405] Dem in der höchstrichterlichen Rechtsprechung[406] angedeuteten Weg, die Gesellschafter könnten auch **stillschweigend,** etwa durch einstimmigen Beschluss in Aufsichtsratsangelegenheiten, das Gremium abschaffen, wird man nicht folgen können, weil sich die Gesellschafter damit über die von ihnen mit der Satzung eingegangenen Bindungen hinwegsetzen würden; die Herbeiführung eines satzungsändernden Beschlusses wird auch schwerlich auf durchgreifende Probleme stoßen, so dass der skizzierte Sonderweg auch unnötig ist.

aa) Größe. Typischerweise, auch wenn nicht die Verweisung auf das Aktienrecht Platz greift, orientiert **191** sich die Praxis bei der Schaffung eines fakultativen Aufsichtsrats an den aktienrechtlichen Vorgaben (§ 95 S. 1 AktG), nach denen mindestens **drei** Mitglieder zu berufen sind. Wegen der **Satzungsfreiheit** können die Gesellschafter aber von diesen nur hilfsweise geltenden Vorgaben nach unten oder oben abweichen. Deswegen kann, auch wenn der Wortteil „rat" in Aufsichtsrat nahelegt, dass **mehrere Personen** das Gremium bilden und es sich um ein kollektives Organ handelt,[407] nach der ganz hM[408] ein fakultativer Aufsichtsrat auch aus nur **einer** Person bestehen. Ob es sinnvoll ist, ein derart zusammengesetztes Gremium „Aufsichtsrat" zu nennen, kann man allerdings bezweifeln,[409] ein wirksam bestellter Aufsichtsrat besteht aber gleichwohl, und auch eine Einzelperson, wenn sie inhaltlich **unabhängig** ist, kann je nach der Struktur der konkreten Gesellschaft durchaus sinnvoll wirken.[410]

Sofern in der Satzung ausdrücklich oder durch Schweigen auf die **aktienrechtlichen** Bestimmungen **192** verwiesen wird, gelten deren Regeln.

Beschließen die Gesellschafter während der Amtsperiode eine die **Größe** des Gremiums **herabsetzen-** **193** **de Änderung,** hat das für sich allein keine Änderung der Rechtsstellung der berufenen Aufsichtsratsmitglieder zur Folge; vielmehr bleiben sie dann für den Rest ihrer Amtsperiode im Amt. Soll die entsprechende Satzungsänderung sofort wirken, bedarf es eines **Abberufungsbeschlusses**[411] eines Teils der nun überzähligen Mitglieder, bis Satzungsinhalt und Realstruktur miteinander in Einklang stehen. Entsprechend muss bei einer Vergrößerung während der laufenden Amtsperiode nachberufen werden. Anders ist die Lage nur bei **Abschaffung** des Aufsichtsrats während der laufenden Amtsperiode; sie ist jederzeit – auch ohne wichtigen Grund – möglich (→ Rn. 189) und hat mit dem Entfallen des Gremiums auch den Verlust der Amtsstellung mit Wirksamwerden der Satzungsänderung zur Folge.[412]

bb) Zusammensetzung. Auch hinsichtlich der **Zusammensetzung** (→ Rn. 196 ff.) des Gremiums ge- **194** nießen die Gesellschafter Satzungsfreiheit. Das betrifft zB die Frage, ob nur Gesellschafter oder auch Dritte berufen werden können, ob nur die Anteilseignerseite oder auch Arbeitnehmer vertreten sein sollen, ob die für nach dem Gesetz zu bildenden Aufsichtsräte geltende Geschlechterquote gelten soll, ob einzelne Mitglieder eine besondere Fachkompetenz oder bestimmte berufliche Erfahrungen haben müssen. In der Praxis wird von diesen Möglichkeiten der **freien Gestaltung** regelmäßig Gebrauch gemacht, um ein Gremium zu schaffen, von dem erwartet werden kann, dass es die ihm von den Gesellschaftern gerade dieser Gesellschaft übertragenen Aufgabe optimal erfüllt.

e) Bestellung und Abberufung

aa) Bestellungs- und Abberufungskompetenz. Nach dem GmbHG liegt die **Bestellungs-** wie die **195** **Abberufungskompetenz** bezüglich der Mitglieder des fakultativen Aufsichtsrats bei der allzuständigen

---

[402] BGH LM GmbHG § 52 Nr. 1.
[403] Ulmer/Habersack/Löbbe/*Heermann* GmbHG § 52 Rn. 27.
[404] BGHZ 12, 337 (340) = NJW 1954, 799; zu Unrecht, weil die eingegangene Selbstbindung der Gesellschafter übergehend großzügiger Scholz/*U.H. Schneider* GmbHG § 52 Rn. 12.
[405] MüKoGmbHG/*Spindler* GmbHG § 52 Rn. 109; Scholz/*U.H. Schneider* GmbHG § 52 Rn. 12; aA Ulmer/Habersack/Löbbe/*Heermann* GmbHG § 52 Rn. 27.
[406] BGH LM GmbHG § 52 Nr. 1; Michalski/Heidinger/Leible/J. Schmidt/*Giedinghagen* GmbHG § 52 Rn. 396.
[407] *Altmeppen* GmbHG § 52 Rn. 8; kritisch Lutter/Krieger/*Verse* AR Rn. 1186; MüKoGmbHG/*Spindler* § 52 Rn. 82.
[408] Schon RGZ 82, 388; *Altmeppen* GmbHG § 52 Rn. 8; Michalski/Heidinger/Leible/J. Schmidt/*Giedinghagen* GmbHG § 52 Rn. 70; Baumbach/Hueck/Zöllner/*Noack* GmbHG § 52 Rn. 32; Scholz/*U.H. Schneider* GmbHG § 52 Rn. 208; MüKoGmbHG/*Spindler* GmbHG § 52 Rn. 82; letztlich auch Lutter/Krieger/*Verse* AR Rn. 1186; zweifelnd Lutter/Hommelhoff/*Hommelhoff* GmbHG § 52 Rn. 5.
[409] S. Lutter/Krieger/*Verse* AR Rn. 1186.
[410] Zutreffend *Altmeppen* GmbHG § 52 Rn. 8.
[411] MüKoGmbHG/*Spindler* GmbHG § 52 Rn. 83.
[412] MüKoGmbHG/*Spindler* GmbHG § 52 Rn. 108.

Gesellschafterversammlung. **Satzungsfreiheit** gilt aber auch hier.[413] Deswegen kann zB schon die Satzung selbst bestimmte Personen zu Mitgliedern des Aufsichtsrats bestimmen; es kann vom Prinzip abgewichen werden, dass mit einfacher Mehrheit zu entscheiden ist; die Anordnung von Block- oder Listenwahl ist möglich; die Bestellung und die Abberufung können einem Ausschuss übertragen werden; es kann auch bestimmt werden, dass nur berufen werden kann, wer auf eine Wahlliste gesetzt, von einer bestimmten Gruppe benannt oder entsandt worden ist; schließlich kann auch vorgesehen werden, dass Aufsichtsratsmitglieder durch letztwillige Verfügung bestimmt werden sollen oder der Aufsichtsrat sich selbst durch Kooptation ergänzen darf.[414]

196 **bb) Persönliche Voraussetzungen.** Soweit nicht kraft ausdrücklicher Entscheidung der Gesellschafterversammlung oder des Schweigens der Satzung zu diesem Problemkreis die aktienrechtlichen Vorschriften eingreifen, bestimmen sich die persönlichen Voraussetzungen für die Mitgliedschaft in dem **fakultativen** Aufsichtsrat nach den in Satzungsform gefassten Beschlüssen der Gesellschafter. Auch hier genießen die Gesellschafter große Satzungsfreiheit und sind weitgehend frei von den Beschränkungen der aktienrechtlichen Regeln wie § 100 AktG. Das ist zwar für einzelne Normen bestritten, wobei diejenigen Literaturstimmen, die hier einen engeren Spielraum der Gesellschafterversammlung sehen, durch das – unangebrachte (→ Rn. 181) – präponderante Verständnis der Bezeichnung „Aufsichtsrat" geleitet werden.[415] Überwiegend wird dagegen angenommen, dass aus der **Freiheit,** überhaupt einen Aufsichtsrat mit von der Gesellschafterversammlung abgeleiteten Befugnissen und der jederzeit möglichen Umkehrbarkeit dieses Aktes auch die weitgehende Befugnis folgt, die Voraussetzungen für die Berufung in das Gremium **privatautonom** festzulegen.[416] Das schließt ein, dass zB bestimmt wird, dass nur leitende Angestellte oder neben ihnen auch Arbeitnehmer, ferner „Berufsaufsichtsräte" mit sehr hoher Mandatszahl, Angehörige dritter – auch konkurrierender – Unternehmen berufen werden dürfen, dass bestimmte Qualifikationen, Erfahrungen usw. vorgeschrieben werden oder dass nicht gewährleistet wird, dass auch die Minderheit[417] angemessen im Aufsichtsrat vertreten oder die Geschlechterquote[418] gewahrt ist; selbst Minderjährige dürfen nach hM als Aufsichtsratsmitglieder bestellt werden.[419] Alles dies führt nicht zur **Nichtigkeit** der entsprechenden Satzungsbestimmung, unterliegt aber selbstverständlich im Einzelfall der gerichtlichen Kontrolle auf **Anfechtungsklage** gegen den Bestellungsbeschluss.[420]

197 Grenzen ergeben sich aus dem **AGG,** dessen § 6 Abs. 3 kraft ausdrücklicher gesetzlicher Anordnung auch für Organmitglieder, allerdings nur soweit mit ihrer Berufung in das Amt der Zugang zu einer **Erwerbstätigkeit** verbunden ist, sie also eine **Vergütung** erhalten.[421]

198 **Entfallen** die für die Berufung in das Amt nach der Satzung erforderlichen persönlichen Voraussetzungen, verliert der Betroffene – mangels entgegenstehender Satzungsregelung – automatisch sein Amt.[422]

199 **cc) Entsende- und Vorschlagsrecht.** Die Satzung kann einzelnen Gesellschaftern oder Gruppen ein **Entsende-**[423] oder **Vorschlagsrecht** für die Besetzung des Aufsichtsrats einräumen.

200 Das **Entsenderecht** kann an die Person, die dann in der Satzung namentlich benannt sein muss, oder aber an die nach der betreffenden Geschäftsanteilen zu bezeichnende Beteiligung gebunden sein. Im ersten Fall ist sie unübertragbar, während sie im zweiten Fall an den oder die Geschäftsanteile gebunden ist. Soweit nichts anderes bestimmt ist, wird man die Regelungen von § 101 Abs. 2 AktG – ausgenommen allerdings § 101 Abs. 2 S. 4 AktG – entsprechend heranziehen dürfen.[424] Der Entsendeberechtigte entscheidet dann über die **Bestellung** – und umgekehrt auch über die **Abberufung** – des

---

[413] Michalski/Heidinger/Leible/J. Schmidt/*Giedinghagen* GmbHG § 52 Rn. 90 ff.
[414] MüKoGmbHG/*Spindler* GmbHG § 52 Rn. 112; s. ferner *Altmeppen* GmbHG § 52 Rn. 10, 12 f.
[415] Paradigmatisch MüKoGmbHG/*Spindler* GmbHG § 52 Rn. 137 zu § 105 Abs. 2 AktG, ähnlich MüKoGmbHG/ *Spindler* GmbHG § 52 Rn. 117 ff.; s. auch Michalski/Heidinger/Leible/J. Schmidt/*Giedinghagen* GmbHG § 52 Rn. 54–58.
[416] Für § 105 Abs. 1 AktG zB Scholz/*U.H. Schneider* GmbHG § 52 Rn. 262; Ulmer/Habersack/Löbbe/*Heermann* GmbHG § 52 Rn. 36; *Altmeppen* GmbHG § 52 Rn. 10 mwN; ferner Baumbach/Hueck/Zöllner/*Noack* GmbHG § 52 Rn. 40.
[417] MüKoGmbHG/*Spindler* GmbHG § 52 Rn. 125 mwN.
[418] MüKoGmbHG/*Spindler* GmbHG § 52 Rn. 81.
[419] Baumbach/Hueck/Zöllner/*Noack* GmbHG § 52 Rn. 34; *Wicke* GmbHG § 52 Rn. 4; MüKoGmbHG/*Spindler* GmbHG § 52 Rn. 135; aA Michalski/Heidinger/Leible/J. Schmidt/*Giedinghagen* GmbHG § 52 Rn. 58.
[420] S. näher *Altmeppen* GmbHG § 52 Rn. 9 f. mwN; bei Restriktionen im Einzelnen so grundsätzlich auch MüKoGmbHG/*Spindler* GmbHG § 52 Rn. 125; Michalski/Heidinger/Leible/J. Schmidt/*Giedinghagen* § 52 Rn. 96a.
[421] MüKoGmbHG/*Spindler* GmbHG § 52 Rn. 125 mwN.
[422] Scholz/*U.H. Schneider* GmbHG § 52 Rn. 273; MüKoGmbHG/*Spindler* GmbHG § 52 Rn. 126; Baumbach/ Hueck/Zöllner/*Noack* GmbHG § 52 Rn. 53; aA ohne nähere Begründung Scholz/*U.H. Schneider* GmbHG § 52 Rn. 272: nur Verpflichtung zur Amtsniederlegung, soweit es nicht um gesetzliche, sondern um durch die Satzung vorgegebene Bestellungsvoraussetzungen geht.
[423] Michalski/Heidinger/Leible/J. Schmidt/*Giedinghagen* GmbHG § 52 Rn. 91.
[424] Michalski/Heidinger/Leible/J. Schmidt/*Giedinghagen* GmbHG § 52 Rn. 90.

Aufsichtsratsmitglieds, wobei satzungsrechtliche Vorgaben über Eignung usw. selbstverständlich zu beachten sind. Wirksam bestelltes Mitglied des Gremiums wird der Entsandte erst mit der zumindest konkludent erklärten **Annahme**. Rechte und Pflichten unterscheiden sich nicht von denen der durch die Gesellschafterversammlung berufenen Mitglieder; vor allem unterliegt der Entsandte nicht den **Weisungen** des Entsendungsberechtigten, dieser ist , wenn er mit dem Vorgehen des entsandten Gremiummitglieds nicht einverstanden ist, auf das – mangels entgegenstehender Satzungsregelung – jederzeit ausübbare Abberufungsrecht[425] verwiesen. Die Zulässigkeit von Entsendungsrechten **Dritter** ist umstritten;[426] richtigerweise ist sie zu bejahen, sofern sie nicht auf eine **Selbstentmündigung** des nach wie vor maßgebenden Entscheidungsorgans Gesellschafterversammlung hinausläuft: Sie muss also die Möglichkeit behalten, das dem außenstehenden Dritten eingeräumte Entsendungsrecht durch entsprechende Satzungsänderung aufzuheben.[427]

Weniger weitgehend sind die Befugnisse des Gesellschafters oder der Gesellschaftergruppe, der nur ein **Vorschlagsrecht** durch die Satzung eingeräumt worden ist. Hier verliert die Gesellschafterversammlung nicht wie beim Entsenderecht die Bestellungs- und Abberufungskompetenz; sie ist lediglich in der **Auswahl** der für die Besetzung des Aufsichtsrats in Betracht kommenden Personen **beschränkt,** weil sie die vorgeschlagene Person berufen muss, sofern diese die vereinbarten Voraussetzungen erfüllt und ihre Bestellung nicht aus anderen Gründen ausnahmsweise unzumutbar ist. Insofern gelten ähnliche Regelungen wie bei der Bestellung von Geschäftsführern.[428] 201

dd) Abberufung. Für die Abberufung als actus contrarius zur Bestellung gilt bezüglich der **Kompetenz** Entsprechendes. Es entscheidet grundsätzlich das **Bestellungsorgan** Gesellschafterversammlung, das wie üblich (§ 47 GmbHG) mit einfacher[429] Mehrheit entscheidet, soweit nicht die Satzung etwas Anderes anordnet. Eines besonderen **Grundes** bedarf es schon deswegen nicht, weil die Abberufung eines einzelnen Mitglieds ein Minus gegenüber der – mangels anderweitiger Satzungsbestimmung jederzeit und ohne besonderen Grund möglichen (→ Rn. 189) – Abschaffung des Gremiums als Ganzen ist; es bleibt den Gesellschaftern unbenommen, durch die Satzung schärfere Regelungen zu schaffen. 202

Entsandte Aufsichtsratsmitglieder werden durch den Entsendungsberechtigten abberufen, der dabei – wie in § 103 Abs. 2 AktG für das Aktienrecht geregelt – grundsätzlich frei in seiner Entscheidung ist, vor allem auch ohne **wichtigen Grund** abberufen darf. Eine davon zu unterscheidende Frage ist, ob der Entsendungsberechtigte – nicht etwa an seiner Stelle die Gesellschafterversammlung[430] – bei Vorhandensein eines wichtigen Grundes **gehalten** ist, die Abberufung auszusprechen; das ist anzunehmen, weil das Entsendungsrecht nicht die Befugnis einschließt, eine schlechthin ungeeignete oder für die Gesellschaft unzumutbare Person der Gesellschaft aufzudrängen. 203

f) Rechte und Pflichten der Mitglieder

aa) Sorgfaltspflicht. Soweit für den fakultativen Aufsichtsrat kraft der Verweisungsnorm des § 52 Abs. 1 GmbHG aktienrechtliche Normen entsprechend heranzuziehen sind, ist Sorgfaltsmaßstab für die Amtsausübung das Verhalten eines **ordentlichen** und **gewissenhaften** Aufsichtsratsmitglieds (§§ 116, 93 Abs. 1 AktG). Richtigerweise sind aber diese Maßstäbe auch dann heranzuziehen, wenn die Satzung sich zB darauf beschränkt, dem Aufsichtsrat ohne weitere Vorgaben die „Überwachung" der Geschäftsführung zu übertragen. Denn ein in dieser Weise eingerichteter Aufsichtsrat leitet seine Befugnisse von der allzuständigen Gesellschafterversammlung her und wird im Interesse der Gesellschaft als eigenes (Unter-)Organ[431] tätig. Das rechtfertigt, die Mitglieder dieses Gremiums den allgemein anerkannten Regeln über die Sorgfaltsanforderungen für organschaftliches Handeln zu unterwerfen. Da auch insofern aber **Satzungsautonomie** besteht, können die Gesellschafter hiervon abweichen; sie müssen dann in der Satzung[432] Erleichterungen etwa des Haftungsmaßstabes einschließlich der Beschränkung auf grob fahrlässiges Ver- 204

---

[425] S. dazu *Altmeppen* GmbHG § 52 Rn. 16.
[426] S. *Altmeppen* GmbHG § 52 Rn. 12 f. mwN; Michalski/Heidinger/Leible/J. Schmidt/*Giedinghagen* GmbHG § 52 Rn. 92 f.
[427] Michalski/Heidinger/Leible/J. Schmidt/*Giedinghagen* GmbHG § 52 Rn. 92.
[428] Vgl. MüKoGmbHG/*W. Goette* GmbHG § 6 Rn. 73.
[429] Lutter/Hommelhoff/*Hommelhoff* GmbHG § 52 Rn. 9; *Lutter/Krieger/Verse* AR Rn. 1199; aA *Altmeppen* unter Hinweis auf § 103 Abs. 1 S. 2 AktG, der aber für den rein fakultativen Aufsichtsrat nicht gilt; so auch Scholz/*U.H. Schneider* GmbHG § 52 Rn. 289; missverständlich Baumbach/Hueck/*Zöllner/Noack* GmbHG § 52 Rn. 47, die mit der Verweisung auf § 103 Abs. 1 S. 2 AktG offensichtlich zunächst nur einen den aktienrechtlichen Vorschriften unterstellten fakultativen Aufsichtsrat adressieren, sodann aber zutreffend auf die Satzungsfreiheit der Gesellschafterversammlung abheben.
[430] So ohne nähere Begründung Scholz/*U.H. Schneider* GmbHG § 52 Rn. 291.
[431] Michalski/Heidinger/Leible/J. Schmidt/*Giedinghagen* GmbHG § 52 Rn. 4.
[432] OLG Brandenburg ZIP 2009, 866 (867): ausdrückliche Satzungsregelung erforderlich.

halten, der Verkürzung der Verjährungsfrist oder einer der Höhe nach begrenzten Inanspruchnahme der Aufsichtsratsmitglieder beschließen.[433]

205 Auch wenn danach der Sorgfaltsmaßstab objektiv bestimmt ist, spielen bei der Bewertung, ob ein Verhalten pflichtgemäß ist, auch die Umstände des **Einzelfalls** eine Rolle. So kann die Satzung das Aufgabenfeld des Aufsichtsrats anders zuschneiden, als dies nach § 116 AktG vorausgesetzt wird, es kann der Zweck der Bildung eines Aufsichtsrats ebenso eine Rolle spielen wie die Größe des Unternehmens, es kommt ferner auf die faktischen Möglichkeiten der Informationserlangung und der Einflussnahme an; schließlich muss bei der entsprechenden Heranziehung des § 93 AktG auch hier (→ § 4 Rn. 2356 ff.) berücksichtigt werden, dass dessen Sorgfalts- und Haftungsmaßstab nicht unbesehen auf einen nur nebenamtlich[434] tätigen fakultativen Aufsichtsrat übertragen werden darf. Deswegen ist eine **differenzierte** Beurteilung vonnöten.[435]

206 Bei der Wahrnehmung der Aufgaben haben die Mitglieder des Aufsichtsrats selbstverständlich allein im **Interesse** der Gesellschaft zu handeln. Interessenkonflikte – das kann besonders bei Gesellschaftern oder entsandten[436] Mitgliedern des Gremiums eine Rolle spielen – dürfen nicht zu Lasten der Gesellschaft gelöst werden;[437] uU ist Stimmenthaltung geboten.[438] Den Anforderungen an eine sorgfältige Amtsführung werden sie nur dann gerecht, wenn sie sich um die Belange der Gesellschaft kümmern, die Entwicklungen verfolgen und bewerten und notfalls eingreifen; deswegen sind zB **Teilnahmepflicht**[439] – und korrespondierend **Teilnahmerecht** und Zugang zu den wesentlichen Informationen – selbstverständlich.

207 bb) **Verschwiegenheitspflicht.** Die Mitglieder eines fakultativen Aufsichtsrats haben selbstverständlich über das, was sie in ihrer amtlichen Eigenschaft über Angelegenheiten des Unternehmens erfahren haben, **Stillschweigen** zu bewahren, solange die allzuständige Gesellschafterversammlung sie hiervon nicht durch Satzungsregelung[440] oder im Einzelfall **befreit**; § 116 S. 2 AktG enthält insofern eine nur deklaratorische Bestätigung eines selbstverständlichen Teils organschaftlicher Pflichten. Da die Verschwiegenheitspflicht allein der Wahrung der Interessen der Gesellschaft dient,[441] kann von ihr nicht nur befreit werden, sie gilt auch nicht gegenüber den Gesellschaftern.[442]

208 cc) **Wettbewerbsverbot.** Ohne besondere Vereinbarung unterliegen Mitglieder eines fakultativen Aufsichtsrats **keinem Wettbewerbsverbot**,[443] wie es für einen Geschäftsführer besteht. Unabhängig davon dürfen in amtlicher Eigenschaft erlangte Kenntnisse nicht zum Schaden der Gesellschaft und zum eigenen Nutzen von dem Aufsichtsratsmitglied eingesetzt werden; vor allem die Überleitung von **Geschäftschancen** auf sich selbst, ein eigenes oder dem Aufsichtsratsmitglied nahestehendes Unternehmen ist pflichtwidrig.[444]

209 dd) **Vergütung und Auslagenerstattung.** Ob das Mitglied des fakultativen Aufsichtsrats seine organschaftliche Aufgabe **unentgeltlich** oder gegen Zahlung einer **Vergütung** erfüllt, hängt von den Regelungen im Einzelfall ab; § 612 BGB findet keine Anwendung, es gibt also keinen Anspruch auf Vergütung kraft Gesetzes.[445] Hier genießen die Gesellschafter – wie auch sonst in diesem Bereich – Satzungsfreiheit, der Abschluss eines Dienst-, Werk- oder Geschäftsbesorgungsvertrages ist nicht konstitutiv für das Amt. Schweigt die Satzung, gelten nach § 52 Abs. 1 GmbHG im Zweifel die aktienrechtlichen Vorschriften der §§ 113, 114 AktG mit den insoweit durch die höchstrichterliche Rechtsprechung[446] entwickelten Restriktionen für Nebentätigkeiten (→ § 6 Rn. 207 ff.). Die Entscheidung über **Ob** und **Wie**

---

[433] MüKoGmbHG/*Spindler* GmbHG § 52 Rn. 621; Scholz/*U.H. Schneider* GmbHG § 52 Rn. 524; Baumbach/Hueck/Zöllner/Noack GmbHG § 52 Rn. 72.
[434] MüKoGmbHG/*Spindler* GmbHG § 52 Rn. 623; *Altmeppen* GmbHG § 52 Rn. 33.
[435] *Altmeppen* GmbHG § 52 Rn. 33 mwN.
[436] MüKoGmbHG/*Spindler* GmbHG § 52 Rn. 650 mwN.
[437] Ulmer/Habersack/Löbbe/*Heermann* GmbHG § 52 Rn. 138; MüKoGmbHG/*Spindler* GmbHG § 52 Rn. 650 mwN.
[438] *U.H. Schneider* FS Goette (2011) S. 475 ff., bei „schwerem Interessenkonflikt" sogar Stimmverbot entsprechend § 34 BGB; Ulmer/Habersack/Löbbe/*Heermann* GmbHG § 52 Rn. 370 ff.; *Altmeppen* GmbHG § 52 Rn. 28.
[439] Ulmer/Habersack/Löbbe/*Heermann* GmbHG § 52 Rn. 68.
[440] MüKoGmbHG/*Spindler* GmbHG § 52 Rn. 661; Baumbach/Hueck/Zöllner/Noack GmbHG § 52 Rn. 67: Lutter/Hommelhoff/*Hommelhoff* GmbHG § 52 Rn. 26; Lutter/Krieger/Verse AR Rn. 1219 f.
[441] BGHZ 135, 48 (57) = DStR 1997, 829.
[442] BGHZ 135, 48 (56 f.) = DStR 1997, 829; *Altmeppen* GmbHG § 52 Rn. 30.
[443] Baumbach/Hueck/Zöllner/Noack GmbHG § 52 Rn. 68.
[444] Ulmer/Habersack/Löbbe/*Heermann* GmbHG § 52 Rn. 138 mwN; *Altmeppen* GmbHG § 52 Rn. 33; Baumbach/Hueck/Zöllner/Noack GmbHG § 52 Rn. 68.
[445] MüKoGmbHG/*Spindler* GmbHG § 52 Rn. 225.
[446] BGHZ 114, 127 = DStR 1991, 848; BGHZ 126, 340 = DStR 1994, 1388; BGHZ 168, 188 = DStR 2006, 1610; BGHZ 170, 60 = DStR 2007, 264; BGHZ 194, 14 = NZG 2012, 1064; BGH DStR 2007, 1046.

einer Vergütung trifft die Gesellschafterversammlung privatautonom – sie entscheidet, wieviel ihr die Aufgabenerfüllung durch das Aufsichtsratsmitglied „wert" ist – durch Satzung oder Beschluss.

Anders ist die Lage hinsichtlich des **Auslagenersatzes.** Hier ergibt sich die Anspruchsgrundlage aus dem entsprechend anwendbaren Auftragsrecht (§§ 670, 675 BGB),[447] so dass die Aufsichtsratsmitglieder zB ihre durch die Amtsausübung veranlassten Reise- und Übernachtungskosten oder Aufwendungen für Schreibarbeiten oder Telekommunikation[448] nicht selbst tragen müssen. Ob auch die Erstattung von Kosten eines Sachverständigen zur ordnungsgemäßen Wahrnehmung der Aufsichtsratsaufgabe gehört, ist vom Einzelfall abhängig. Die Gesellschafter haben auch hier die Möglichkeit zu **privatautonomer** Regelung, etwa durch Pauschalierung des Auslagenersatzes neben einer Vergütung oder Zuerkennung einer Vergütung, welche die Auslagen mit abdeckt. 210

ee) Haftung. Der fakultative Aufsichtsrat ist ein Gesellschaftsorgan, seine Mitglieder haben organschaftliche Pflichten (→ Rn. 204 f.) zu erfüllen. So wie sich die Sorgfaltspflicht – mangels abweichender satzungsrechtlicher Regelung – nach dem organschaftlichen Leitbild der §§ 116, 93 AktG bestimmt, so folgt aus denselben Regeln auch für den fakultativen Aufsichtsrat die **Haftung**[449] als Rechtsfolge einer schuldhaften Verletzung dieser Pflichten (→ § 5 Rn. 184 ff.). In Ausübung der Satzungsautonomie können die Gesellschafter **Haftungserleichterungen** vorsehen (→ Rn. 204). 211

Prinzipiell ist mit der Schaffung eines mit der Überwachung der Geschäftsführung betrauten fakultativen Aufsichtsrats die Übertragung der Kompetenz zur **Prüfung** und **Verfolgung** von **Schadenersatzansprüchen** gegen die Geschäftsführer nicht verbunden (→ Rn. 188). Soweit diese Kompetenz im Einzelfall doch übertragen ist, hat der Aufsichtsrat zu beachten, dass er damit die Befugnis, auf als bestehend identifizierte und durchsetzbare Organhaftungsansprüche zu verzichten, nicht erlangt hat; hier bleibt vielmehr die Gesellschafterversammlung allein zuständig.[450] 212

g) Innere Ordnung

Auch für den fakultativen Aufsichtsrat, bei dem die Satzung hinsichtlich seiner Kompetenzen und näheren Ausgestaltung schweigt, mit Ausnahme der Regelung bezüglich der Einrichtung eines Prüfungsausschusses (§ 107 Abs. 3 S. 2 AktG) wird **nicht** hilfsweise auf die für die **innere Ordnung** des aktienrechtlichen Aufsichtsrats geltenden Bestimmungen **verwiesen.** Teilweise wird im Schrifttum[451] angenommen, dass auch die Vorschriften über die innere Ordnung des aktienrechtlichen Aufsichtsrats – zumindest ihrem Sinn nach – analog gelten sollen. Das ist kritisch zu betrachten, weil der Gesetzgeber eben gerade die §§ 107–109 AktG in den Verweisungskatalog nicht aufgenommen, sondern sich – erst später – dazu entschlossen hat, auch auf § 107 Abs. 3 S. 2 AktG (Möglichkeit der Einrichtung eines Prüfungsausschusses) aber nicht auf die anderen Vorschriften zu verweisen; daraus wird man den gesetzgeberischen Willen entnehmen müssen, dass eine generelle Verweisung nach wie vor nicht gewollt ist. Es bedarf der analogen Anwendung auch nicht, weil jedenfalls **Satzungsfreiheit** besteht, so dass die Gesellschafter, wenn sie nach für ihr Gremium passenden Regeln suchen, ohne weiteres – wie andere[452] aktienrechtliche Bestimmungen auch – die §§ 107–109 AktG ganz oder teilweise heranziehen können; aus der fehlenden Verweisung in § 52 Abs. 1 GmbHG lässt sich Gegenteiliges nicht entnehmen, weil er nur eine – im Übrigen im Einzelfall auslegungsbedürftige (→ Rn. 181) – Hilfsregel enthält, aber keine Sperrwirkung gegenüber privatautonomer Gestaltung entfaltet. Fehlt es an einer solchen Bestimmung der inneren Ordnung in der Satzung, können die Gesellschafter nach allgM Anordnungen durch einfachen Gesellschafterbeschluss oder durch eine von ihnen erlassene Geschäftsordnung treffen oder aber die Gestaltung der Binnenorganisation dem Aufsichtsrat in Ausübung seiner **Organisationsautonomie** selbst überlassen.[453] Diese Organisationsautonomie besteht nur in dem Umfang, in dem sie die Gesellschafter dem Aufsichtsrat belassen. 213

---

[447] AllgM MüKoGmbHG/*Spindler* GmbHG § 52 Rn. 229; Ulmer/Habersack/Löbbe/*Heermann* GmbHG § 52 Rn. 125 und 254; Scholz/*U.H. Schneider* GmbHG § 52 Rn. 367a.
[448] Ulmer/Habersack/Löbbe/*Heermann* GmbHG § 52 Rn. 125.
[449] Michalski/Heidinger/Leible/J. Schmidt/*Giedinghagen* § 52 Rn. 303 ff.; *Altmeppen* GmbHG § 52 Rn. 34 ff.; Baumbach/Hueck/*Zöllner/Noack* GmbHG § 52 Rn. 70 ff.
[450] *Altmeppen* GmbHG § 52 Rn. 27.
[451] MüKoGmbHG/*Spindler* GmbHG § 52 Rn. 445; Scholz/*U.H. Schneider* GmbHG § 52 Rn. 385; Ulmer/Habersack/Löbbe/*Heermann* GmbHG § 52 Rn. 62: Schließung einer etwa verbliebenen Lücke durch „Richterrecht", das sich an §§ 107–109 AktG orientieren soll; ähnlich *Lutter/Krieger/Verse* AR Rn. 1221.
[452] Vgl. zB zu § 84 AktG *Altmeppen* GmbHG § 52 Rn. 5.
[453] MüKoGmbHG/*Spindler* GmbHG § 52 Rn. 445; Lutter/Hommelhoff/*Hommelhoff* GmbHG § 52 Rn. 59; Scholz/*U.H. Schneider* GmbHG § 52 Rn. 385; Ulmer/Habersack/Löbbe/*Heermann* GmbHG § 52 Rn. 63 s. auch *Lutter/Krieger/Verse* AR Rn. 1224 f.

214 **aa) Geschäftsordnung.** Sinnvoll und in der Praxis verbreitet ist der Erlass einer **Geschäftsordnung**.[454] In ihr lassen sich die wesentlichen Fragen der Binnenorganisation des Aufsichtsrats sachgerecht regeln. Vor allem gehören dazu Bestimmungen über den Vorsitz im Gremium, über die Bildung von Ausschüssen und ihre Kompetenzen, über Einberufung, Abstimmungsverfahren, Beschlussfähigkeit und Stimmrecht, über die Fertigung von Niederschriften, über die Sitzungsfrequenz, über das Teilnahmerecht Dritter und über das Recht des Aufsichtsrats, Informationen bei der Geschäftsführung einzuholen.

215 **bb) Vorsitz.** Bei einem mehrköpfigen Gremium, wie es in der Gestalt eines fakultativen Aufsichtsrats bei der GmbH typischerweise besteht, ist es sinnvoll, die Binnenorganisation durch einen **Vorsitzenden**[455] leiten zu lassen. Ob das geschehen soll, können die Gesellschafter ebenso **privatautonom** entscheiden, wie sie die Wählbarkeit, den Wahlmodus oder die besonderen Kompetenzen näher festlegen können. Wie bei der Geschäftsordnung (→ Rn. 214) kann dies durch Satzung oder Gesellschafterbeschluss geschehen, die Gesellschafterversammlung kann die Ausgestaltung, bis hin zu der Entscheidung, keinen Vorsitzenden zu bestimmen, aber auch dem Aufsichtsrat selbst überlassen.[456] Mangels näherer Bestimmung der Satzung, eines Gesellschafterbeschlusses oder der Geschäftsordnung wird der Vorsitzende mit einfacher Mehrheit **gewählt** und ggf. auch wieder **abberufen;** eines wichtigen Grundes bedarf es dazu nicht.[457] Seine **Kompetenzen** bestimmen sich nach Satzung, Gesellschafterbeschluss oder Geschäftsordnung; soweit ihm die Vertretung des – ausnahmsweise mit den Kompetenzen entsprechend § 112 AktG ausgestatteten – Aufsichtsrats nicht ausdrücklich übertragen worden ist, hat er keine Vertretungsbefugnis, sondern ist auf die Sprecherrolle beschränkt.[458]

216 **cc) Ausschüsse.** Für den fakultativen Aufsichtsrat ist die Bildung von **Ausschüssen**[459] gesetzlich nicht geregelt. Nicht einmal bei Eingreifen der Verweisungsvorschrift des § 52 Abs. 1 GmbHG ist die Einrichtung eines Prüfungsausschusses zwingend vorgeschrieben (§ 107 Abs. 3 S. 2 AktG). Es hängt von der Realstruktur der jeweiligen Gesellschaft, dem Umfang der dem Aufsichtsrat übertragenen Kompetenzen – hierzu kann auch gehören, dass der Ausschuss an Stelle der Gesellschafterversammlung **Beschlüsse** fassen darf[460] – und den dadurch an den Aufsichtsrat gestellten Anforderungen ab, ob die Bildung von Ausschüssen zur ordnungsgemäßen Aufgaben Erfüllung notwendig oder zumindest sinnvoll ist. **Entscheidungsbefugt** hinsichtlich dieser Frage sind zunächst die Gesellschafter, an ihrer Stelle – wie beim Erlass von einer Geschäftsordnung (→ Rn. 214) – der Aufsichtsrat kraft seines Organisationsautonomie.[461] Wie die Ausschüsse zu besetzen sind und wie sie im einzelnen ihre Aufgaben erledigen müssen, bestimmen wiederum Satzung, Geschäftsordnung, Gesellschafterbeschluss oder die Organisationsentscheidung des Aufsichtsrats.

217 **dd) Beschlussfassung.** Typischerweise trifft ein Aufsichtsrat seine Entscheidungen – nach Beratung des Gegenstandes, bei der jedes Mitglied, auch wenn es ausnahmsweise nicht stimmberechtigt ist, Rederecht hat – durch **Beschluss**.[462] Alle damit zusammenhängenden Fragen wie Zeit und Ort, Beschlussfähigkeit, Stimmrecht, Umgang mit Beschlussmängeln uÄ sollten zweckmäßigerweise durch die Satzung, die Geschäftsordnung, durch gesonderten Gesellschafterbeschluss oder kraft Organisationsautonomie durch den Aufsichtsrat im Vorhinein geregelt werden. Fehlt es daran, gelten zwar nicht hilfsweise die aktienrechtlichen Vorschriften (§§ 107, 108 AktG), die im Verweisungskatalog des § 52 Abs. 1 GmbHG fehlen, man kann aber uU auf die allgemeinen Aussagen enthaltenden Vorschriften des Vereinsrechts (§§ 28, 32 Abs. 2, 34 BGB) oder auch auf die für die Gesellschafterversammlung geltenden gesetzlichen Regelungen zurückgreifen.[463] Es ist danach anerkannt, dass physische Abwesenheit – bei Fehlen von Regelungen der Gesellschaft – rechtlich zulässig sind.[464]

218 Für **mangelhafte** Beschlüsse des fakultativen Aufsichtsrats gelten die **§§ 241 ff. AktG**, weil unpassend für die GmbH, nach ganz hM **nicht**.[465] Leidet der Beschluss an einem **inhaltlichen** Mangel ist er **nich-**

---

[454] Vgl. näher Michalski/Heidinger/Leible/J. Schmidt/*Giedinghagen* GmbHG § 52 Rn. 320.
[455] S. Michalski/Heidinger/Leible/J. Schmidt/*Giedinghagen* GmbHG § 52 Rn. 324.
[456] AllgM, vgl. nur MüKoGmbHG/*Spindler* GmbHG § 52 Rn. 448 f. mwN.
[457] Scholz/*U.H. Schneider* GmbHG § 52 Rn. 306; Ulmer/Habersack/Löbbe/*Heermann* GmbHG § 52 Rn. 71; MüKo-GmbHG/*Spindler* GmbHG § 52 Rn. 449.
[458] BGHZ 41, 282 (285) = NJW 1964, 1367; Scholz/*U.H. Schneider* GmbHG § 52 Rn. 318; Ulmer/Habersack/Löbbe/*Heermann* GmbHG § 52 Rn. 72; MüKoGmbHG/*Spindler* GmbHG § 52 Rn. 474.
[459] Vgl. Michalski/Heidinger/Leible/J. Schmidt/*Giedinghagen* GmbHG § 52 Rn. 384 ff.
[460] *Altmeppen* GmbHG § 52 Rn. 47.
[461] S. Ulmer/Habersack/Löbbe/*Heermann* GmbHG § 52 Rn. 74.
[462] Näher Michalski/Heidinger/Leible/J. Schmidt/*Giedinghagen* GmbHG § 52 Rn. 357 ff.
[463] Ulmer/Habersack/Löbbe/*Heermann* GmbHG § 52 Rn. 75; Baumbach/Hueck/*Zöllner/Noack* GmbHG § 52 Rn. 83; MüKoGmbHG/*Spindler* GmbHG § 52 Rn. 537.
[464] Ulmer/Habersack/Löbbe/*Heermann* GmbHG § 52 Rn. 75.
[465] BGHZ 122, 342; BGHZ 135, 244; Baumbach/Hueck/*Zöllner/Noack* GmbHG § 52 Rn. 95; Ulmer/Habersack/Löbbe/*Heermann* GmbHG § 52 Rn. 81 ff.; *Altmeppen* GmbHG § 52 Rn. 47 mwN.

tig; das ist ggf. durch Feststellungklage[466] nicht durch Anfechtungsklage zu klären.[467] Die Behandlung von **Verfahrensmängeln** ist weniger in den Voraussetzungen ihrer Beachtlichkeit als in der Form der Geltendmachung im Schrifttum umstritten. Das beruht auf dem Unbehagen, weniger schweren Verstößen mit der als zu scharf empfundenen Nichtigkeitsfolge zu begegnen.[468] Dem versucht das Schrifttum in verschiedener Weise Rechnung zu tragen, sei es dass man bei bloßen „Ordnungsvorschriften"[469] oder – wie auch tendenziell die Rechtsprechung – bei weniger „schwerwiegenden Mängeln"[470] den Verfahrensfehler hinnehmen will, sei es dass man dem unerwünschten Ergebnis mit der Zulassung des Verwirkungseinwands oder mit der Ablehnung eines Rechtsschutzbedürfnisses für die Klage begegnet, einen unverzüglichen Widerspruch fordert, die nachträgliche Zustimmung des von dem Verfahrensmangel betroffenen Aufsichtsratsmitglieds zulässt oder – entgegen der sonstigen Sichtweise – eine Anfechtungsklage fordert.[471] Grundvoraussetzung dafür, einem Verfahrensmangel Bedeutung beizumessen, ist aber, dass er sich auf das Beschlussergebnis **ausgewirkt** hat.[472]

2. Der Beirat der GmbH

Neben dem fakultativen Aufsichtsrat begegnen in der GmbH häufiger **Beiräte** (→ Rn. 177). Sie finden sich in ganz unterschiedlicher Bezeichnung und können von den Gesellschaftern in Ausübung ihrer **Satzungsfreiheit** geschaffen und mit ganz unterschiedlichen Aufgaben[473] betraut werden, zu denen neben der dann meist weniger bedeutsamen retrospektiven Überwachung vor allem die **Beratung**[474] der Geschäftsführung und die Mitwirkung an ihr gehören. Das gilt vor allem dann, wenn es darum geht, die besonderen Erfahrungen seiner Mitglieder für die Gesellschaft nutzbar zu machen, den Generationenübergang zu begleiten oder sonst die unterschiedlichen Interessen der mehreren Gesellschafter zu moderieren und miteinander zum Wohl der Gesellschaft in Einklang zu bringen. 219

a) Rechtliche Grundlagen

Nicht anders als bei der Schaffung eines fakultativen Aufsichtsrats (→ Rn. 189 ff.) wird ein solches Gremium durch die **Satzung** geschaffen. Es hat dann – anders als wenn es nur auf schuldrechtlicher Ebene eingerichtet wird – **Organfunktion.**[475] Einzelheiten jenseits der zentralen materiellen Regeln vor allem seiner **inneren Organisation** können die Gesellschafter – nicht anders als beim fakultativen Aufsichtsrat (→ Rn. 189) – durch Geschäftsordnung oder Gesellschafterbeschluss selbst anordnen oder ihre Festlegung dem Beirat überlassen, der insoweit **Organisationsautonomie** besitzt. Bei fehlenden oder lückenhaften Regelungen kann auf die allgemeinen Regeln des Vereinsrechts sowie der maßgebenden Vorschriften für die Gesellschafterversammlung zurückgegriffen werden. Wie bei entsandten Aufsichtsratsmitgliedern (→ Rn. 206) haben Beiräte, die eine bestimmte Gesellschaftergruppe repräsentieren, die Interessen der Gesellschaft und nicht diejenigen der entsendenden Gruppe zu verfolgen; das führt im Fall eines Interessenkonflikts uU zur Pflicht, sich der Stimme zu enthalten.[476] 220

b) Abgrenzung zu fakultativem Aufsichtsrat und sonstigen Organen

Für Beiräte enthält das GmbHG keine besonderen Vorschriften. Die **Kompetenzen** im Verhältnis zu den anderen Gesellschaftsorganen ergeben sich aus dem Übertragungsakt des **Satzungsgebers.** Neben einem **obligatorischen Aufsichtsrat** dürfen dem Beirat allerdings keine typischen Aufsichtsratsaufgaben übertragen werden; etwas Anderes gilt bei einem **fakultativen Aufsichtsrat.**[477] Die zentrale Entscheidungsmacht der Gesellschafterversammlung bleibt aber in jedem Fall von der Einrichtung eines Beirats unberührt,[478] und die nicht delegierbaren Aufgaben der Geschäftsführung bleiben unangetastet.[479] 221

---

[466] BGHZ 122, 342 = NJW 1993, 2307; BGHZ 135, 244= DStR 1997, 881 – ARAG/GARMENBECK.
[467] *Altmeppen* GmbHG § 52 Rn. 47; Baumbach/Hueck/*Zöllner/Noack* GmbHG § 52 Rn. 91; aA Anfechtungsklage zB *Baums* ZGR 1983, 300, vom BGH aber ausdrücklich verworfen BGHZ 122, 342 = NJW 1993, 2307.
[468] Besonders deutlich Baumbach/Hueck/*Zöllner/Noack* GmbHG § 52 Rn. 92.
[469] Baumbach/Hueck/*Zöllner/Noack* GmbHG § 52 Rn. 92.
[470] MüKoGmbHG/*Spindler* GmbHG § 52 Rn. 576 mit eingehenden Nachweisen der Rechtsprechung.
[471] Übersichtliche Darstellung des Streitstandes mwN Lutter/Hommelhoff/*Hommelhoff* GmbHG § 52 Rn. 96 f., der selbst – nur in diesem Fall – für die Anfechtungslösung eintritt.
[472] *Altmeppen* GmbHG § 52 Rn. 47; ähnlich MüKoGmbHG/*Spindler* GmbHG § 52 Rn. 576 mwN.
[473] Michalski/Heidinger/Leible/J. Schmidt/*Giedinghagen* GmbHG § 52 Rn. 413.
[474] Michalski/Heidinger/Leible/J. Schmidt/*Giedinghagen* GmbHG § 52 Rn. 413.
[475] *Altmeppen* GmbHG § 52 Rn. 82 mwN; Michalski/Heidinger/Leible/J. Schmidt/*Giedinghagen* GmbHG § 52 Rn. 414.
[476] Ulmer/Habersack/Löbbe/*Heermann* GmbHG § 52 Rn. 373.
[477] Michalski/Heidinger/Leible/J. Schmidt/*Giedinghagen* GmbHG § 52 Rn. 413.
[478] Michalski/Heidinger/Leible/J. Schmidt/*Giedinghagen* GmbHG § 52 Rn. 413.

c) Bildung und Abschaffung – Aufgaben und Kompetenzen

222 Da **Satzungsfreiheit** besteht, haben es die Gesellschafter in der Hand zu bestimmen, ob und in welcher Weise ein Beirat geschaffen oder wieder beseitigt[480] wird und welche Aufgaben mit welchen Kompetenzen[481] er wahrzunehmen hat. Es gilt hier im Prinzip nichts anderes als beim fakultativen Aufsichtsrat (→ Rn. 189). Ob überhaupt und inwieweit der Beirat, solange er besteht, eine die Gesellschafterversammlung **verdrängende**[482] Bedeutung haben soll – im Zweifel wird man das nicht annehmen dürfen[483] – entscheidet sich auf der Grundlage der **Auslegung** der maßgebenden Satzungsbestimmungen.

d) Bestellung und Abberufung

223 Bestellung und Abberufung regeln sich nach den in völliger **Satzungsfreiheit** von den Gesellschaftern getroffenen Bestimmungen.

e) Rechte und Pflichten der Mitglieder

224 Als **Organmitglieder** müssen die Angehörigen des Beirats mit organschaftlicher Sorgfalt[484] handeln. Versagen sie hier, haften sie der Gesellschaft für den dadurch entstandenen Schaden nach den allgemeinen organschaftlichen Regeln, wie sie in §§ 93 und 116 AktG, § 34 GenG in allgemeingültiger Form Ausdruck gefunden haben.[485] Wie bei entsandten Aufsichtsratsmitgliedern (→ Rn. 216) haben Beiräte, die eine bestimmte Gesellschaftergruppe repräsentieren, die Interessen der Gesellschaft und nicht diejenigen der entsendenden Gruppe zu verfolgen; das führt im Fall eines Interessenkonflikts uU zur Pflicht, sich der Stimme zu enthalten.[486]

225 Beiräte müssen nicht **unentgeltlich** tätig werden. Sie können einen – uU auch steuerlich interessanten – **Vergütungsanspruch** nach der Satzung, der Geschäftsordnung oder einem Gesellschafterbeschluss, aber auch aus einem neben der organschaftlichen Beziehung bestehenden Vertrag[487] haben; die aktienrechtlichen Restriktionen der §§ 113–115 AktG gelten nicht.[488] Bezüglich der Auslagenerstattung gilt nichts anderes als für den fakultativen Aufsichtsrat (→ Rn. 210).

f) Innere Ordnung

226 Wegen der Gestaltung der **inneren Ordnung**[489] des Beirats → Rn. 220.

IV. Aufsichtsrat in der Genossenschaft

1. Rechtsgrundlagen und Struktur

a) Rechtsgrundlagen

227 Die eingetragene Genossenschaft („eG") im Sinne des § 1 Abs. 1 GenG ist eine juristische Person des Privatrechts. Ihre primäre Rechtsgrundlage ist das **Genossenschaftsgesetz (GenG),** das die wesentlichen Vorschriften zur Grundstruktur enthält. Teilweise bestehen aber Lücken, die durch anderes Recht geschlossen werden müssen. Die Genossenschaft enthält ähnliche Strukturelemente wie andere Gesellschaftsformen. Beispielsweise ähnelt die mitgliedschaftliche Struktur der Genossenschaft mit einer Stimme pro Mitglied dem **Verein.** Anerkannt ist daher, dass die Regelungen zum Vereinsrecht in § 24ff. BGB ergänzende Anwendung finden, wenn das GenG nichts anderes vorschreibt.[490] Die dualistische Struktur mit Trennung von Leitung und Überwachung ähnelt dagegen der **Aktiengesellschaft.** Auch die Vor-

---

[479] *Altmeppen* GmbHG § 52 Rn. 80 und Rn. 86; Michalski/Heidinger/Leible/J. Schmidt/*Giedinghagen* GmbHG § 52 Rn. 418.
[480] Michalski/Heidinger/Leible/J. Schmidt/*Giedinghagen* GmbHG § 52 Rn. 427.
[481] Michalski/Heidinger/Leible/J. Schmidt/*Giedinghagen* GmbHG § 52 Rn. 416.
[482] Baumbach/Hueck/*Zöllner/Noack* GmbHG § 45 Rn. 19; Ulmer/Habersack/Löbbe/*Heermann* GmbHG § 52 Rn. 356; *Altmeppen* GmbHG § 52 Rn. 87ff.; Michalski/Heidinger/Leible/J. Schmidt/*Giedinghagen* GmbHG § 52 Rn. 421.
[483] *Altmeppen* GmbHG § 52 Rn. 90.
[484] Michalski/Heidinger/Leible/J. Schmidt/*Giedinghagen* GmbHG § 52 Rn. 422.
[485] Ulmer/Habersack/Löbbe/*Heermann* GmbHG § 52 Rn. 369; *Altmeppen* GmbHG § 52 Rn. 93f.
[486] Ulmer/Habersack/Löbbe/*Heermann* GmbHG § 52 Rn. 373.
[487] Michalski/Heidinger/Leible/J. Schmidt/*Giedinghagen* GmbHG § 52 Rn. 415; *Altmeppen* GmbHG § 52 Rn. 81; MüKoGmbHG/*Spindler* GmbHG § 52 Rn. 765ff.
[488] Michalski/Heidinger/Leible/J. Schmidt/*Giedinghagen* GmbHG § 52 Rn. 415; *Altmeppen* GmbHG § 52 Rn. 92.
[489] S. auch Michalski/Heidinger/Leible/J. Schmidt/*Giedinghagen* GmbHG § 52 Rn. 424.
[490] BerlK GenG/*Keßler* § 1 Rn. 8.

schriften des Aktiengesetzes können daher teilweise angewendet werden.[491] Vereinzelt passen aber auch Vorschriften aus dem GmbHG am ehesten zur Struktur der Genossenschaft.

Daneben sind auch Gesetze zu beachten, die an genossenschaftsunabhängige Faktoren anknüpfen. Besonders relevant ist das **KWG** für **Kreditgenossenschaften** und das **DrittelbG** bzw. das **MitbestimmungsG** (→ Rn. 242). Darüber hinaus können **bank-** und **kapitalmarktrechtliche Vorschriften** aus dem WpHG, VermAnlG oder HGB Anwendung finden.[492]

b) Struktur

Eine Genossenschaft besteht regelmäßig aus drei Organen: der Generalversammlung (an deren Stelle bei Genossenschaften mit mehr als 1.500 Mitgliedern nach § 43a GenG die Vertreterversammlung treten kann, wenn die Satzung es bestimmt), dem Vorstand und dem Aufsichtsrat.

Dem **Vorstand** obliegt die Geschäftsführung der eG und deren Vertretung (§§ 9, 24–35 GenG). Die **Generalversammlung** oder Vertreterversammlung (§§ 43–51 GenG) ist das wesentliche Organ zur gemeinsamen Willensbildung der Mitglieder.

Es besteht auch ein **Aufsichtsrat,** der das Überwachungsorgan der Genossenschaft darstellt (§§ 9, 36–41 GenG). Eine Ausnahme sieht § 9 Abs. 1 S. 2 GenG für sog. **„Kleingenossenschaften"**[493] mit maximal 20 Mitgliedern (→ Rn. 247) vor. Dort kann durch eine Bestimmung in der Satzung auf den Aufsichtsrat verzichtet werden.

Der **Zweck** der Genossenschaft ist auf die Förderung ihrer Mitglieder gerichtet, § 1 Abs. 1 GenG. Die Genossenschaft zeichnet sich dadurch aus, dass sie eine nicht geschlossene Mitgliederzahl hat, wodurch sie sich zB von der Aktiengesellschaft unterscheidet.

2. Aufsichtsrat in der Genossenschaft

a) Zusammensetzung

aa) Allgemeines und persönliche Voraussetzungen. Gemäß § 36 Abs. 1 S. 1 GenG besteht der Aufsichtsrat der Genossenschaft aus mindestens **drei Personen.** In der Satzung kann eine höhere Zahl festgesetzt werden. Es besteht insofern eine gewisse Gestaltungsmöglichkeit. Es können **Höchst-** oder **Mindestzahlen** festgesetzt werden, oder eine **Spannbreite** (bspw. „mindestens drei, höchstens aber zwölf") angegeben werden.[494] Legt die Satzung keine exakte Anzahl von Aufsichtsratsmitgliedern fest, ist es Aufgabe der **Generalversammlung,** die Zahl der Mitglieder des Aufsichtsrats zu bestimmen.[495]

Es ist umstritten, welche Folge es hat, wenn die Zahl der gewählten Aufsichtsratsmitglieder die in der Satzung festgelegte Höchstzahl der Aufsichtsratsmitglieder **überschreitet.** Die wohl überwiegende Auffassung geht in diesem Fall davon aus, dass der Wahlbeschluss in entsprechender Anwendung des § 250 Abs. 1 Nr. 3 AktG nichtig ist.[496] Richtigerweise ist die Wahl jedoch nur gem. § 51 GenG **anfechtbar.**[497] Denn § 250 Abs. 1 Nr. 3 AktG ordnet die Nichtigkeitsfolge für Fälle an, in denen die **gesetzliche** Höchstzahl der Aufsichtsratsmitglieder überschritten wird. Ein **bloßer Satzungsverstoß** ist damit nicht vergleichbar.

Die Satzung muss zwingend eine Bestimmung enthalten, in der die zu einer Beschlussfassung erforderliche Zahl festgelegt wird, § 36 Abs. 1 S. 2 GenG. Beschlüsse, die bei **Unterschreitung** dieser Zahl gefasst werden, sind **nichtig.**[498]

§ 9 Abs. 2 S. 1 GenG bestimmt, dass sich der Aufsichtsrat ausschließlich aus **Mitgliedern der Genossenschaft** zusammensetzen muss (→ Rn. 242). Spätestens im Moment des Amtsantritts muss das potentielle Aufsichtsratsmitglied also Mitglied der Genossenschaft sein. Ohne Beitritt, dh vor Abgabe der Beitrittserklärung und Zulassung, kann die Organstellung nicht erlangt werden.[499] Ein Aufsichtsratsmitglied darf nicht zugleich Mitglied des Vorstands oder dessen dauernder Stellvertreter, Prokurist oder zum Betrieb des gesamten Geschäfts ermächtigter Handlungsbevollmächtigter sein, § 37 GenG. Eine Ausnahme besteht nach § 37 Abs. 1 S. 2 GenG. Danach können einzelne Aufsichtsratsmitglieder vorübergehend zu Stellvertretern verhinderter Vorstandsmitglieder bestellt werden. Solange die Bestellung als Vertreter be-

---

[491] Pöhlmann/Fandrich/Bloehs/*Fandrich* GenG § 1 Rn. 1.
[492] Vgl. Henssler/Strohn/*Geibel* GenG § 1 Rn. 49a.
[493] Lang/Weidmüller/*Holthaus/Lehnhoff* GenG § 36 Rn. 1a.
[494] Pöhlmann/Fandrich/Bloehs/*Fandrich* GenG § 36 Rn. 2; BerlK GenG/*Keßler* GenG §§ 36, 37 Rn. 32.
[495] BerlK GenG/*Keßler* GenG §§ 36, 37 Rn. 32.
[496] Lang/Weidmüller/*Holthaus/Lehnhoff* GenG § 36 Rn. 9; BerlK GenG/*Keßler* GenG §§ 36, 37 Rn. 33; Pöhlmann/Fandrich/Bloehs/*Fandrich* GenG § 36 Rn. 2.
[497] RG v. 24.9.1935 – II 46/35, HRR 1935, Nr. 1607; *Bauer* Gen-HdB § 36 Rn. 8; *Beuthien* GenG § 36 Rn. 1.
[498] *Beuthien* GenG § 36 Rn. 1.
[499] BerlK GenG/*Keßler* GenG §§ 36, 37 Rn. 6; Pöhlmann/Fandrich/Bloehs/*Fandrich* GenG § 9 Rn. 9.

steht, darf dieses Mitglied seine Tätigkeit als Aufsichtsratsmitglied jedoch nicht ausüben. Näher zur vergleichbare Regelung in der AG → § 2 Rn. 1 ff., 38 ff.

237 **Ehemalige Vorstandsmitglieder** dürfen nach § 37 Abs. 2 GenG erst in den Aufsichtsrat gewählt werden, nachdem ihnen Entlastung erteilt wurde. Die Entlastung (→ Rn. 269) kann nach zutreffender Ansicht nur für einen Zeitraum erteilt werden, für den schon ein festgestellter Jahresabschluss vorliegt.[500] Deshalb kann ein Vorstandsmitglied erst in dem Geschäftsjahr, das auf sein Ausscheiden folgt, in den Aufsichtsrat gewählt werden. Es wird diskutiert, ob auch eine über diesen Zeitraum hinausgehende „**cooling-off period**" zulässig ist. In der Praxis finden sich Satzungsregelungen, wonach ein Vorstandsmitglied der Genossenschaft erst zwei Jahre nach Ausscheiden aus dem Vorstandsamt in den Aufsichtsrat gewählt werden darf.[501] Im Aktiengesetz sieht § 100 Abs. 2 S. 1 Nr. 4 AktG eine ähnliche Regel vor. In der Genossenschaft ist eine solche Satzungsregelung nach richtiger Auffassung nicht nur **zulässig**.[502] Sie ist mit Blick darauf, dass sie ein wirksames Instrument zur Sicherung der **Unabhängigkeit** der Aufsichtsratsmitglieder ist, auch **empfehlenswert**.

238 In der Praxis werden Aufsichtsratsgremien häufig nach **Regionalproporz** oder als repräsentatives Abbild der Gesamtheit der Mitglieder zusammengesetzt. Entsprechende zwingende Satzungsregelungen stehen aber dem genossenschaftlichen Gleichheitsgebot und dem Erfordernis, die Anforderungen an die Sorgfaltspflicht gemäß § 41 GenG erfüllen zu können, entgegen. Sie sind daher **unwirksam**.[503]

239 bb) **Wahl**. Allein und zwingend zuständig für die **Wahl** und **Bestellung** der Aufsichtsratsmitglieder ist die **Genossenschaftsversammlung** bzw. Vertreterversammlung, § 36 Abs. 1 Hs. 2 GenG. Die Satzung kann diese Kompetenz weder an ein anderes Organ noch an Dritte delegieren.[504]

240 Die Mitglieder des Aufsichtsrats werden von der **Generalsammlung** gewählt. Das Verfahren und die erforderlichen Mehrheiten – grundsätzlich ist die einfache Stimmenmehrheit ausreichend – können durch Satzung ausgestaltet werden, § 43 Abs. 2 GenG. Das zu wählende Aufsichtsratsmitglied ist dabei stimmberechtigt. Das Stimmverbot gemäß § 43 Abs. 6 GenG gilt nicht.

241 **Vorschlagsberechtigt** für die Wahl der Mitglieder ist **jedes Mitglied** der eG.[505] Aus dem Selbstorganisationsrecht des **Aufsichtsrats** folgt, dass auch er als Gremium Mitglieder vorschlagen kann. Insofern bestehen Ähnlichkeiten zum Aktienrecht, § 124 Abs. 3 S. 1 AktG.[506] Ein Wahlvorschlag durch den **Vorstand** verletzt das Gebot der Unabhängigkeit und ist daher **unzulässig**.[507] Analog § 124 Abs. 3 S. 1 AktG ist der Vorschlag unwirksam und der Wahlbeschluss gemäß § 51 GenG anfechtbar.[508]

242 cc) **Zusammensetzung bei mitbestimmten Genossenschaften**. Die Genossenschaft unterliegt, wie andere Gesellschaftsformen auch (→ § 7 Rn. 1 ff.), der **Mitbestimmung**. Hat die Genossenschaft in der Regel mehr als 500 Arbeitnehmer, muss der Aufsichtsrat zu einem Drittel aus Arbeitnehmervertretern bestehen, §§ 1 Abs. 1 Nr. 5, 4 Abs. 1 DrittelbG. Wahlberechtigt zur Besetzung dieser Sitze sind dann nur die Arbeitnehmer. Bei Genossenschaften, für die das DrittelbG gilt, muss die Zahl der Aufsichtsratsmitglieder durch drei teilbar sein, § 1 Abs. 1 Nr. 5 Satz 3 DrittelbG. Bei in der Regel mehr als 2.000 Arbeitnehmern greift das Mitbestimmungsgesetz. Der Aufsichtsrat ist dann paritätisch besetzt und besteht zur Hälfte aus Arbeitnehmervertretern, 1 Abs. 1 MitbestG, § 7 Abs. 1 MitbestG.

243 Die Arbeitnehmervertreter müssen entgegen § 9 Abs. 2 S. 1 GenG (→ Rn. 236) **nicht Mitglieder** der Genossenschaft sein. Für den Anwendungsbereich des Mitbestimmungsgesetzes legt § 6 Abs. 3 S. 2 MitbestG das ausdrücklich fest, für den Anwendungsbereich des DrittelbG ergibt sich das aus § 1 Abs. 3 DrittelbG.[509]

244 dd) **Amtszeit**. Die Dauer der Amtszeit von Aufsichtsratsmitgliedern ist im GenG nicht geregelt. Eine Wahl auf unbestimmte Zeit oder gar auf Lebenszeit ist unzulässig.[510] Die Dauer bestimmt sich aber nicht nach § 102 AktG (analog).[511] Die Amtszeit endet entweder nach der in der **Satzung** bestimmten Zeit

---

[500] Pöhlmann/Fandrich/Bloehs/*Fandrich* GenG § 37 Rn. 10; Henssler/Strohn/*Geibel* GenG § 37 Rn. 4; aA *Beuthien* GenG § 37 Rn. 4.
[501] Bspw. § 24 Abs. 3 Mustersatzung GdW. Henssler/Strohn/*Geibel* GenG § 36 Rn. 3.
[502] Str., BerlK GenG/*Keßler* §§ 36, 37 Rn. 22; *Bauer* Gen-HdB § 36 Rn. 34a; aA Pöhlmann/Fandrich/Bloehs/*Fandrich* GenG § 36 Rn. 9b.
[503] Pöhlmann/Fandrich/Bloehs/*Fandrich* GenG § 36 Rn. 10.
[504] Lang/Weidmüller/*Holthaus/Lehnhoff* GenG § 36 Rn. 20; BerlK GenG/*Keßler* §§ 36, 37 Rn. 40.
[505] Pöhlmann/Fandrich/Bloehs/*Fandrich* GenG § 36 Rn. 12; Henssler/Strohn/*Geibel* GenG § 36 Rn. 3.
[506] BerlK GenG/*Keßler* §§ 36, 37 Rn. 41; Pöhlmann/Fandrich/Bloehs/*Fandrich* GenG § 36 Rn. 12.
[507] OLG Hamm ZIP 1985, 741; Pöhlmann/Fandrich/Bloehs/*Fandrich* GenG § 36 Rn. 12.
[508] Pöhlmann/Fandrich/Bloehs/*Fandrich* GenG § 36 Rn. 12.
[509] *Hirte* DStR 2007, 2166 (2169); *Beuthien* GenG § 36 Rn. 7.
[510] *Beuthien* GenG § 36 Rn. 21; Pöhlmann/Fandrich/Bloehs/*Fandrich* GenG § 36 Rn. 14.
[511] Vgl. BGHZ 4, 224 (227) = NJW 1952, 343; Henssler/Strohn/*Geibel* GenG § 36 Rn. 4; Lang/Weidmüller/*Holthaus/Lehnhoff* GenG § 36 Rn. 42; *Beuthien* GenG § 36 Rn. 21.

oder nach der im **Bestellungsbeschluss** vorgesehenen Amtszeit.[512] Zulässig ist auch die Festlegung von **Altersgrenzen** oder einer **Höchstzahl an Wahlperioden** für die Wiederwahl.[513] Die Satzung kann auch bestimmen, dass die Aufsichtsratsmitglieder **turnusmäßig** ausscheiden: So wird häufig in der Satzung vorgesehen, dass jedes Jahr 1/3 der Aufsichtsratsmitglieder ausscheiden.[514]

Die Amtszeit kann auch durch **Widerruf** durch die Generalversammlung enden. Für den Beschluss ist nach § 36 Abs. 3 GenG eine Dreiviertelmehrheit erforderlich. Weitere Gründe für ein vorzeitiges Ausscheiden sind die **Amtsniederlegung** durch das Aufsichtsratsmitglied, dessen **Tod** oder sein **Ausscheiden** aus der Genossenschaft.[515] 245

ee) Entsendungsrecht. Durch die GenGNov 2017 wurde **§ 36 Abs. 5 GenG** eingefügt. Die Vorschrift erlaubt es bestimmten Genossenschaftsmitgliedern, **Mitglieder** in den Aufsichtsrat zu entsenden. Die Regelung ist an § 101 Abs. 2 AktG angelehnt und bezweckt, für kommunale Gebietskörperschaften Anreize zu schaffen, damit sie sich an Wohnungsgenossenschaften beteiligen.[516] Das Entsendungsrecht ist aber nicht auf diese Fälle beschränkt. 246

ff) Statutarischer Verzicht und Bevollmächtigter der Generalversammlung. Die grundsätzliche Pflicht zur Bildung eines Aufsichtsrats nach § 9 Abs. 1 S. 1 GenG wurde im Rahmen der Novellierung des GenG im Jahr 2006 gelockert. Sog. **„Kleingenossenschaften"** (→ Rn. 231) mit nicht mehr als 20 Mitgliedern können nun nach § 9 Abs. 1 S. 2 GenG durch eine entsprechende Regelung in der Satzung auf einen Aufsichtsrat verzichten. Unterfällt die Kleingenossenschaft aber den Bestimmungen des **DrittelbG** oder **MitbestimmungsG**, ist ein Verzicht auf die Bildung eines Aufsichtsrats unzulässig.[517] 247

Wurde auf einen Aufsichtsrat verzichtet, werden dessen Rechte und Pflichten vorbehaltlich anderer gesetzlicher Regelungen von der Generalversammlung wahrgenommen, § 9 Abs. 1 S. 3 GenG. Innerhalb der Generalversammlung ist ein von der Generalversammlung gewählter **Bevollmächtigter** zuständig. Zu seinen Aufgaben zählen die gerichtliche oder außergerichtliche **Vertretung** der Genossenschaft gegenüber den Vorstandsmitgliedern (§ 39 Abs. 1 S. 2 GenG), die gerichtliche Vertretung der Genossenschaft bei der Anfechtung von Generalversammlungsbeschlüssen, sofern der Vorstand oder ein Mitglied der Hauptversammlung klagt (§ 51 Abs. 3 S. 2 Hs. 2 GenG), sowie Rechte und Pflichten, die dem Aufsichtsratsvorsitzenden im Rahmen des Prüfungsverfahrens zustünden (§§ 57 Abs. 6, 58 Abs. 3 S. 1 Hs. 2 GenG).[518] 248

b) Rechtliche Stellung und Vergütung

Grundlage der Tätigkeit eines Aufsichtsratsmitglieds sind zum einen die **organschaftliche Bestellung**, zum andern der **schuldrechtliche Anstellungsvertrag**. Beginn und Beendigung des schuldrechtlichen Vertrags sind aber an die organschaftliche Stellung gebunden.[519] Der schuldrechtliche Vertrag ist im Falle der unentgeltlichen Ausgestaltung der Tätigkeit ein **Auftrag** im Sinne der §§ 662 ff. BGB und im Falle der Entgeltlichkeit ein **Dienstvertrag** im Sinne der §§ 611 ff. BGB.[520] Eine **Vergütung** (→ § 6 Rn. 2 ff.) ist **zulässig**. Das ergibt sich im Gegenschluss aus § 36 Abs. 2 GenG, der nur eine Bemessung der Vergütung, die am Geschäftsergebnis orientiert ist, verbietet. Die Vergütung kann im **Bestellungsbeschluss** oder in der **Satzung** festgelegt werden. Sie muss entsprechend § 113 Abs. 1 S. 3 AktG in einem angemessenen Verhältnis zu den Aufgaben des Aufsichtsrats und der Lage der Genossenschaft stehen. 249

Sinnvoll ist die **Festlegung einer Vergütungsobergrenze** für den Aufsichtsrat als Gesamtgremium.[521] Bei der Verteilung gilt der **Gleichbehandlungsgrundsatz**.[522] Eine unterschiedliche Vergütung ist damit nur aus sachlichen Gründen möglich, etwa wegen erhöhter Arbeitsbelastung oder Verantwortung.[523] Häufig erhält der Aufsichtsratsvorsitzende die doppelte Vergütung eines einfachen Aufsichtsratsmitglieds.[524] Ist keine Regelung getroffen, erhält jedes Aufsichtsratsmitglied die gleiche Vergütung.[525] 250

---

[512] BerlK GenG/*Keßler* §§ 36, 37 Rn. 51.
[513] *Beuthien* GenG § 36 Rn. 21; Pöhlmann/Fandrich/Bloehs/*Fandrich* GenG § 36 Rn. 14.
[514] *Bauer* Gen-HdB § 36 Rn. 82 mwN; Pöhlmann/Fandrich/Bloehs/*Fandrich* GenG § 36 Rn. 14.
[515] *Beuthien* GenG § 36 Rn. 21 f.
[516] BT-Drs. 18/11506, 28; BerlK GenG/*Keßler* §§ 36, 37 Rn. 54a; *Beuthien* GenG § 36 Rn. 7a.
[517] BT-Drs. 16/1025, 83.
[518] Pöhlmann/Fandrich/Bloehs/*Fandrich* GenG § 36 Rn. 14.
[519] *Bauer* Gen-HdB § 36 Rn. 87; BerlK GenG/*Keßler* §§ 36, 37 Rn. 55; Pöhlmann/Fandrich/Bloehs/*Fandrich* GenG § 36 Rn. 34.
[520] Lang/Weidmüller/*Holthaus/Lehnhoff* GenG § 36 Rn. 32; *Bauer* Gen-HdB § 36 Rn. 87.
[521] Pöhlmann/Fandrich/Bloehs/*Fandrich* GenG § 36 Rn. 35.
[522] Lang/Weidmüller/*Holthaus/Lehnhoff* GenG § 36 Rn. 38; *Bauer* Gen-HdB § 36 Rn. 87; Pöhlmann/Fandrich/Bloehs/*Fandrich* GenG § 36 Rn. 35.
[523] BerlK GenG/*Keßler* §§ 36, 37 Rn. 63.
[524] *Bauer* Gen-HdB § 36 Rn. 120; für die dreifache Vergütung Pöhlmann/Fandrich/Bloehs/*Fandrich* GenG § 36 Rn. 35.

251 Neben oder anstelle einer Vergütung können **Sitzungsgelder** als pauschalierter Auslagenersatz (→ § 6 Rn. 121 ff.) im angemessenen Rahmen gewährt werden. Es handelt sich jedoch um eine Vergütung, wenn sie den Rahmen der Angemessenheit übersteigen.[526] Problematisch ist dies insbesondere, wenn die Satzung Sitzungsgelder vorsieht, über deren Höhe Vorstand und ggf. Aufsichtsrat beschließen. Denn übersteigt die Höhe die üblichen Aufwendungen, handelt es sich um eine **verdeckte Vergütung,** sodass die Generalversammlung oder Vertreterversammlung ausschließlich zuständig ist.

252 Unabhängig von der Ausgestaltung als entgeltliche oder unentgeltliche Tätigkeit, hat jedes Aufsichtsratmitglied Anspruch auf Ersatz der in Ausübung seiner Tätigkeit entstandenen, erforderlichen **Aufwendungen** gemäß §§ 675, 670 BGB. Das sind üblicherweise insbesondere Fahrtkosten, Portokosten, Telefonkosten und sonstige erforderliche Auslagen, die bei der Wahrnehmung der Aufgaben als Aufsichtsratmitglied entstehen.[527]

253 Der Abschluss von **Beraterverträgen** mit einem Aufsichtsratsmitglied ist entsprechend der Gesetzeslage und Rechtsprechung bei der Aktiengesellschaft zu beurteilen. Ein Beratervertrag ist nur unter engen Voraussetzungen zulässig, § 114 AktG gilt entsprechend[528] (→ § 6 Rn. 219 ff.). Beraterverträge dürfen sich daher nur auf Tätigkeiten beziehen, die außerhalb der organschaftlichen Aufsichtsratstätigkeit liegen und bedürfen der Zustimmung des Aufsichtsrats.[529]

c) Innere Ordnung

254 **aa) Geschäftsordnung.** Die innere Ordnung des Aufsichtsrats kann durch eine **Geschäftsordnung** geregelt werden. Die Kompetenz zur Erstellung einer solchen Geschäftsordnung steht dem Aufsichtsrat kraft seiner Stellung zu, sog. **Selbstorganisationsrecht** (→ § 3 Rn. 1 ff.). Eine Ermächtigung in der Satzung oder durch die Generalversammlung ist nicht erforderlich.[530] In der Geschäftsordnung werden üblicherweise die Formalitäten der üblichen Aufsichtsratsaufgaben näher geregelt. Üblich sind Regelungen zur Arbeitsteilung zwischen den Mitgliedern, der Vorbereitung, Einberufung und Verfahrensweise bei der Beschlussfassung, sowie ihrer Protokollierung.[531]

255 Innerhalb der Geschäftsordnung können und sollten **Zustimmungsvorbehalte** (→ Rn. 276) für wichtige Geschäfte vereinbart werden.

256 **bb) Ausschüsse.** § 38 Abs. 1a GenG regelt seit 2016 in Anlehnung an das Aktienrecht, dass ein **Prüfungsausschuss** zur Überwachung des Rechnungslegungsprozesses sowie der Wirksamkeit des internen Kontrollsystems, des Risikomanagementsystems und des internen Revisionssystems sowie der Abschlussprüfung eingerichtet werden kann. Darüber hinaus finden sich keine Regelungen zu Aufsichtsratsausschüssen im GenG. Lediglich bei **mitbestimmten Gesellschaften** nach dem **MitbestimmungsG** schreibt § 27 Abs. 3 MitbestG die Bildung eines „Vermittlungsausschusses" zur Bestellung der Vorstandsmitglieder vor.[532] Aus dem **Selbstorganisationsrecht** folgt aber, dass der Aufsichtsrat auch weitere Ausschüsse bilden darf.[533] Üblich sind neben dem Prüfungsausschuss unter anderem auch ein Präsidial-, Personal-, und Investitionsausschuss.[534] Ausschussaufgaben sind Aufsichtsratsaufgaben. Die Ausschussmitglieder müssen daher zwingend **Aufsichtsratsmitglieder** sein, § 38 Abs. 4 GenG.[535]

257 **Nicht delegierbar** sind Aufgaben, die nach dem Gesetz oder wegen der Natur der Sache der Entscheidung durch das Gesamtgremium vorbehalten sind. Das Gesetz befasst das Aufsichtsratsplenum zB mit der Durchführung von Prüfungsschlusssitzungen (§ 57 Abs. 4 GenG, § 58 Abs. 4 GenG) und der Einberufung der Generalversammlung (§ 38 Abs. 2 GenG). Aus der Natur der Sache ergibt sich, dass die innere Organisation des Aufsichtsrats, die Wahl des Aufsichtsratsvorsitzenden (→ Rn. 259 ff.) und die Bestellung und Abberufung von Vorstandsmitgliedern ebenfalls allein durch das Gesamtgremium beschlossen werden können.[536]

258 Zweck und Aufgaben der Ausschüsse unterscheiden sich nicht von denen der Aufsichtsratsausschüsse bei der Aktiengesellschaft (→ § 3 Rn. 198 ff.). Ihnen kann also – wie sich aus § 107 Abs. 3 AktG ergibt – sowohl **beratende** als auch **vorbereitende** oder **beschließende** Funktion zukommen.[537]

---

[525] *Bauer* Gen-HdB § 36 Rn. 120.
[526] *Pöhlmann/Fandrich/Bloehs/Fandrich* GenG § 36 Rn. 38.
[527] *Lang/Weidmüller/Holthaus/Lehnhoff* GenG § 36 Rn. 40; *Bauer* Gen-HdB § 36 Rn. 92.
[528] *Beuthien* GenG § 36 Rn. 11.
[529] BerlK GenG/*Keßler* §§ 36, 37 Rn. 67; Hüffer/Koch/*Koch* AktG § 114 Rn. 6 zur AG.
[530] *Lang/Weidmüller/Holthaus/Lehnhoff* GenG § 38 Rn. 31.
[531] *Bauer* Gen-HdB § 36 Rn. 130; BerlK GenG/*Keßler* §§ 36, 37 Rn. 86.
[532] BerlK GenG/*Keßler* §§ 36, 37 Rn. 88 f.
[533] *Lang/Weidmüller/Holthaus/Lehnhoff* GenG § 38 Rn. 41; *Pöhlmann/Fandrich/Bloehs/Fandrich* GenG § 36 Rn. 44.
[534] *Pöhlmann/Fandrich/Bloehs/Fandrich* GenG § 36 Rn. 44.
[535] *Lang/Weidmüller/Holthaus/Lehnhoff* GenG § 38 Rn. 43; *Pöhlmann/Fandrich/Bloehs/Fandrich* GenG § 36 Rn. 45.
[536] *Pöhlmann/Fandrich/Bloehs/Fandrich* GenG § 36 Rn. 44.
[537] *Beuthien* GenG § 36 Rn. 27; BerlK GenG/*Keßler* GenG §§ 36, 37 Rn. 90.

cc) **Aufsichtsratsvorsitzender.** Ein **Aufsichtsratsvorsitzender** muss zwar – wie der Wortlaut des 259
§ 25a GenG zeigt – **nicht** zwingend gewählt werden.[538] Das GenG setzt ihn aber an einigen Stellen
voraus, § 57 Abs. 2–4 GenG, § 58 Abs. 3 S. 1 GenG. Es ist daher **empfehlenswert,** einen Aufsichtsratsvorsitzenden zu wählen.

Sowohl die **Wählbarkeitsvoraussetzungen** als auch die **Amtsdauer** können durch die Satzung bzw. 260
die Geschäftsordnung geregelt werden.[539] Werden keine anderweitigen Regelungen in der Satzung getroffen, genügt für die Wahl des Vorsitzenden die **einfache Mehrheit** der Stimmen der Aufsichtsratsmitglieder.[540] Auch die Anforderungen an eine **Abberufung** sind in der Satzung regelbar. Fehlt es an einer Regelung, kann der Aufsichtsratsvorsitzende **jederzeit,** also auch ohne Vorliegen eines wichtigen Grundes, mit **einfacher Mehrheit** abberufen werden.[541]

Die **Aufgaben** des Aufsichtsratsvorsitzenden in der Genossenschaft ergeben sich entweder direkt aus 261
dem Gesetz oder aus der Satzung. Gemäß §§ 57, 58 GenG kommuniziert der Vorsitzende mit dem **Prüfungsverband** (→ Rn. 271 f.) und unterzeichnet den Prüfungsbericht. Der Aufsichtsratsvorsitzende verantwortet vor allem die **Koordinierung** der Aufgaben im Aufsichtsrat sowie die **Kommunikation** mit
dem Vorstand. Insbesondere in Krisensituationen ist es von Vorteil, wenn der Aufsichtsratsvorsitzende direkter Ansprechpartner für den Vorstand ist und dadurch die Kommunikation erleichtert wird.[542] Der
Aufsichtsratsvorsitzenden obliegen auch im Übrigen ähnliche Aufgaben wie dem Aufsichtsratsvorsitzenden in der Aktiengesellschaft (→ § 3 Rn. 67 ff.), wie die Vorbereitung und Einberufung von Sitzungen
des Aufsichtsrats, die Führung des Vorsitzes sowie die Überwachung der ordnungsgemäßen Protokollierung.[543]

d) Aufgaben und Befugnisse

aa) **Überwachungsaufgabe.** Wie bei der Aktiengesellschaft liegt die zentrale Aufgabe des Aufsichtsrats 262
der Genossenschaft in der **Überwachung** des Vorstands bei dessen Geschäftsführung, § 38 Abs. 1 S. 1
GenG. Besonderes Augenmerk muss der Aufsichtsrat bei der Überwachung darauf legen, ob der Vorstand
den genossenschaftlichen **Förderzweck** erfüllt.[544] Dem Aufsichtsrat steht **keine Leitungsbefugnis** zu.
Die Leitungsaufgabe ist nach § 27 Abs. 1 S. 1 GenG allein dem Vorstand zugewiesen. Aus der Satzungsstrenge der Genossenschaft nach § 18 S. 2 GenG folgt deshalb auch, dass **Weisungsrechte** des Aufsichtsrats gegenüber dem Vorstand auch nicht in der Satzung vorgesehen werden können.[545] **Ratschläge** und
Empfehlungen im Hinblick auf die Geschäftsführung sind aber wegen der Beratungsfunktion der Überwachungsaufgabe zulässig.[546] Zur Aufnahme von sachlichen Beschränkungen und Zustimmungserfordernissen siehe (→ Rn. 276).

Die **Intensität** der Überwachung durch den Aufsichtsrat bestimmt sich nach der Lage der Gesellschaft 263
und ihrer Risikostellung. Insofern gilt dasselbe wie bei der Aktiengesellschaft (→ § 4 Rn. 1 ff., 219 ff.).
Abgesehen von Sondersituationen – wenn zB Anhaltspunkte für eine Krise der Gesellschaft oder für
Pflichtverletzungen des Vorstands bestehen – darf der Aufsichtsrat grundsätzlich auf die **Vorstandsberichte** vertrauen.[547] Ist die Lage der Genossenschaft angespannt oder möchte der Vorstand besonders risikoträchtige Geschäfte vornehmen, muss der Aufsichtsrat seine Überwachung intensivieren.

Bei **Kreditgenossenschaften** sind die Regelungen über die Ausgestaltung und Kontrolle des internen 264
Risikokontrollsystems nach § 25a Abs. 1 S. 3 Nr. 3 KWG zu beachten. Der Aufsichtsrat muss außerdem
den Strategien, Risiken und Vergütungssystemen für Geschäftsleiter und Mitarbeiter ausreichend Zeit
widmen, § 25d Abs. 6 S. 2 KWG.[548]

Zur Erfüllung der Überwachungsaufgabe stellt das GenG dem Aufsichtsrat **Informationsrechte** zur 265
Verfügung, § 38 Abs. 1 S. 2–4 GenG. In erster Linie kann der Aufsichtsrat nach § 38 Abs. 1 S. 2 GenG
die **Berichterstattung** durch den Vorstand verlangen. Auch in der Genossenschaft kann eine „Informa-

---

[538] Str., *Bauer* Gen-HdB § 36 Rn. 182; *Beuthien* GenG § 36 Rn. 26; BerlK GenG/*Keßler* §§ 36, 37 Rn. 79; Lang/Weidmüller/*Holthaus/Lehnhoff* GenG § 36 Rn. 49; aA Pöhlmann/Fandrich/Bloehs/*Fandrich* GenG § 36 Rn. 40; *Müller* GenG § 36 Rn. 120.
[539] Lang/Weidmüller/*Holthaus/Lehnhoff* GenG § 36 Rn. 51, 53.
[540] *Bauer* Gen-HdB § 36 Rn. 187; *Beuthien* GenG § 36 Rn. 26; BerlK GenG/*Keßler* GenG § 36, 37 Rn. 80.
[541] *Beuthien* GenG § 36 Rn. 26; BerlK GenG/*Keßler* GenG §§ 36, 37 Rn. 81; Lang/Weidmüller/*Holthaus/Lehnhoff* GenG § 36 Rn. 59.
[542] Lang/Weidmüller/*Holthaus/Lehnhoff* GenG § 36 Rn. 49.
[543] Pöhlmann/Fandrich/Bloehs/*Fandrich* GenG § 36 Rn. 42.
[544] Henssler/Strohn/*Geibel* GenG § 38 Rn. 1; *Beuthien* GenG § 38 Rn. 2.
[545] *Bauer* Gen-HdB § 38 Rn. 98; *Beuthien* GenG § 38 Rn. 3; BerlK GenG/*Keßler* GenG § 38 Rn. 2.
[546] *Beuthien* GenG § 38 Rn. 3.
[547] *Beuthien* GenG § 38 Rn. 5; Lang/Weidmüller/*Holthaus/Lehnhoff* GenG § 38 Rn. 2; Pöhlmann/Fandrich/Bloehs/*Fandrich* GenG § 38 Rn. 9.
[548] Näher *Bauer* Gen-HdB § 38 Rn. 20, 22; Lang/Weidmüller/*Holthaus/Lehnhoff* GenG § 38 Rn. 1.

tionsordnung" in der Satzung festgelegt werden, um den Vorstand zur regelmäßigen Berichterstattung zu verpflichten.[549] Anders als bei der Aktiengesellschaft hat der Aufsichtsrat jedoch nicht die Kompetenz, eine Informationsordnung in der Geschäftsordnung für den Vorstand zu regeln. Zwar kann sich der Vorstand im Rahmen seines Selbstorganisationsrechts selbst eine Geschäftsordnung geben. Der Aufsichtsrat ist dazu aber nicht befugt und kann auch nicht durch die Satzung dazu ermächtigt werden. § 77 Abs. 2 S. 1 AktG findet auf die Genossenschaft keine entsprechende Anwendung.[550]

266 **Einzelne Aufsichtsratsmitglieder** können gemäß § 38 Abs. 1 S. 4 GenG ebenfalls Auskunft verlangen. Der Vorstand hat dann seinen Bericht an das Aufsichtsratsplenum zu erstatten. Weitere Ausprägung des Informationsrechts des Aufsichtsrats ist das **Einsichtsrecht** nach § 38 Abs. 1 S. 2 Alt. 2 GenG, das die Informationsgrundlage als Voraussetzung für eine effektive Überwachung komplettiert.

267 Besonderes Überwachungsinstrument kann, wie in § 38 Abs. 1a GenG vorgesehen, die Einrichtung eines **Prüfungsausschusses** sein. Die Vorschrift beruht auf dem AReG, das auch Auswirkungen auf die Abschlussprüfung der Aktiengesellschaft hat, sodass auf → § 4 Rn. 2161 verwiesen werden kann.

268 Wichtiger Teil der Überwachungsaufgabe des Aufsichtsrats ist zu prüfen, ob es Pflichtverletzungen des Vorstands gab und deshalb **Schadensersatzansprüche gegen Vorstandsmitglieder** bestehen. Solche Ansprüche sind – wie im Aktienrecht – im Grundsatz geltend zu machen, wenn nicht überwiegende Belange des Gesellschaftsinteresses entgegenstehen. Näher dazu → § 4 Rn. 2339.

269 Es ist noch nicht abschließend geklärt, welche Wirkung die **Entlastung** des Vorstands durch Generalversammlungsbeschluss nach § 48 Abs. 1 S. 1 GenG hat.[551] Teilweise wird vertreten, die aktienrechtliche Vorschrift des § 120 Abs. 2 S. 2 AktG könne analog angewendet werden mit der Folge, dass die Entlastung keinen Verzicht auf Schadensersatzansprüche enthalte.[552] Bessere Gründe sprechen jedoch dafür, die aktienrechtliche Spezialvorschrift nicht anzuwenden und der Entlastung – ähnlich wie in anderen Gesellschaftsformen, etwa der GmbH oder dem Verein – die Wirkung eines Verzichts beizumessen.[553] Jedenfalls kann die Generalversammlung aber nur auf Ersatzansprüche verzichten, die für sie im Zeitpunkt der Entlastungsentscheidung **erkennbar** sind. Von der Verzichtswirkung der Entlastung werden Schadensersatzansprüche dann nicht erfasst, wenn sie aus den vorgelegten Unterlagen nicht oder in wesentlichen Aspekten nur so unvollständig erkennbar sind, dass die Genossenschaftsmitglieder die **Tragweite des Entlastungsbeschlusses** bei Anlegung eines lebensnahen, vernünftigen Maßstabs nicht zu überblicken vermögen.[554]

270 **bb) Prüfungsaufgabe.** Der Vorstand muss dem **Aufsichtsrat** den Jahresabschluss und den Lagebericht unverzüglich, nachdem er sie aufgestellt hat, vorlegen, § 33 Abs. 1 S. 2 GenG. Nach § 38 Abs. 1 S. 5 Hs. 1 GenG **prüft** der Aufsichtsrat den Jahresabschluss, den Lagebericht und den Vorschlag für die Verwendung des Jahresüberschusses oder der Deckung des Jahresfehlbetrags. Näher zur generellen Prüfungsaufgabe des Aufsichtsrats → § 4 Rn. 103 ff.

271 Dem Aufsichtsratsvorsitzenden ist der Beginn der Prüfung vom **Prüfungsverband** nach § 57 Abs. 2 S. 1 GenG rechtzeitig anzuzeigen. Zudem soll der Aufsichtsratsvorsitzende vom Prüfer über wichtige Feststellungen, zB Überschuldung, Falschangaben, besondere Risiken etc., informiert werden, § 57 Abs. 3 GenG.[555] Vorstand und Aufsichtsrat sollen in unmittelbarem Zusammenhang mit der Prüfung über das voraussichtliche Ergebnis der Prüfung in einer sog. **Prüfungsschlusssitzung** vom Prüfer unterrichtet werden, § 57 Abs. 4 GenG.

272 Hat bereits eine Prüfung durch den **Prüfungsverband** stattgefunden, kann sich der Aufsichtsrat regelmäßig darauf verlassen, dass die Prüfung ordnungsgemäß durchgeführt wurde. Seine Prüfungsaufgabe beschränkt sich dann auf eine kritische Würdigung, etwa ob die Bewertungen in der Bilanz richtig vorgenommen wurden.[556]

273 Seit der Umsetzung der **CSR-Richtlinie** vom 11.4.2017 gehört auch die Prüfung des **gesonderten nichtfinanziellen Berichts** zur Aufgabe des Aufsichtsrats, § 38 Abs. 1b GenG iVm §§ 289b, 289c, 336 Abs. 2 S. 1 Nr. 2 HGB.[557]

274 **cc) Einberufung der Generalversammlung.** Grundsätzlich beruft der **Vorstand** die jährliche Generalversammlung ein, § 44 Abs. 1 GenG, § 48 Abs. 1 GenG. Daneben hat aber auch der **Aufsichtsrat** nach

---

[549] BerlK GenG/*Keßler* GenG § 38 Rn. 16.
[550] Pöhlmann/Fandrich/Bloehs/*Fandrich* GenG § 27 Rn. 8.
[551] Offen gelassen durch BGH NZG 2005, 562 (563).
[552] *Beuthien* GenG § 48 Rn. 8, *Müller* GenG § 48 Rn. 72c, 72d.
[553] BerlK GenG/*Keßler* § 34 Rn. 62; Lang/Weidmüller/*Holthaus/Lehnhoff* GenG § 48 Rn. 27; *Bauer* Gen-HdB § 48 Rn. 16.
[554] BGH NZG 2002, 195 (197); BGH WM 2005, 933 (935).
[555] Pöhlmann/Fandrich/Bloehs/*Bloehs* GenG § 57 Rn. 10.
[556] *Bauer* Gen-HdB § 38 Rn. 60; Lang/Weidmüller/*Holthaus/Lehnhoff* GenG § 38 Rn. 24.
[557] Lang/Weidmüller/*Holthaus/Lehnhoff* GenG § 38 Rn. 22a; Henssler/Strohn/*Geibel* GenG § 38 Rn. 3.

§ 38 Abs. 2 S. 1 GenG das Recht und die Pflicht, die Generalversammlung einzuberufen, wenn es im Interesse der Genossenschaft **erforderlich** ist. Bei der Beurteilung der Erforderlichkeit steht dem Aufsichtsrat ein weiter Beurteilungsspielraum zu.[558] Die Einberufung der Generalversammlung ist regelmäßig zur **Abberufung** von Vorstandsmitgliedern oder zur Erörterung von zentralen Fragen der **Geschäftspolitik** oder von **Meinungsverschiedenheiten** zwischen Aufsichtsrat und Vorstand erforderlich.[559] Eine Beschränkung der Einberufungsmöglichkeit durch die Satzung ist unzulässig. Es ist jedoch möglich, in der Satzung vorzusehen, dass eine Einberufung auch ohne Erforderlichkeit zulässig ist.[560]

dd) Weitere Aufgaben. Weitere Aufgaben sind dem Aufsichtsrat an verschiedenen Stellen schon durch **Gesetz** zugewiesen. Das GenG weist dem Aufsichtsrat zum Beispiel in § 39 GenG die gerichtliche und außergerichtliche Vertretung gegenüber Vorstandsmitgliedern, in § 40 GenG die vorläufige Amtsenthebung von Vorstandsmitgliedern und in § 51 Abs. 3 GenG die Vertretung in Anfechtungsprozessen zu.[561]

Gemäß § 38 Abs. 3 GenG können dem Aufsichtsrat auch in der **Satzung** weitere Aufgaben zugewiesen werden. Diese Zuweisung ist möglich, soweit die Aufgaben nicht zwingend von einem anderen Organ wahrzunehmen sind.[562] Typische Satzungsbestimmung in diesem Zusammenhang ist das Aufstellen von **Zustimmungsvorbehalten** bei bestimmten, wesentlichen Geschäften.[563] Bestimmte Maßnahmen des Vorstands sind dann von der Zustimmung des Aufsichtsrats abhängig. Allerdings darf dadurch **nicht** in die **Kernkompetenz** des Vorstands eingegriffen werden und die Zustimmungsvorbehalte müssen auf **bestimmte einzelne** Angelegenheiten von **besonderer Bedeutung** beschränkt bleiben.[564]

e) Pflichten und Rechtsfolgen

aa) Pflichten der Aufsichtsratsmitglieder. Der Aufsichtsrat ist verpflichtet, die ihm zugewiesenen Aufgaben ordnungsgemäß zu erfüllen. Über die genannten Aufgaben hinaus treffen das Aufsichtsratsmitglied noch weitere Pflichten. Es ist etwa zur **Teilnahme** an Aufsichtsratssitzungen verpflichtet und muss sich über die anstehenden Aufgaben **informieren.**[565]

Darüber hinaus unterliegen Aufsichtsratsmitglieder der **allgemeinen Treuepflicht** gegenüber der Genossenschaft. Sie müssen schädigendes Verhalten gegenüber der Genossenschaft sowie deren Organen und Mitgliedern unterlassen. Für Aufsichtsratsmitglieder folgt daraus aber **kein** umfassendes **Wettbewerbsverbot**. Sie sind jedoch verpflichtet, widerstreitende Interessen gegenüber dem Aufsichtsrat darzulegen und nicht an entsprechenden Beratungen oder Beschlussfassungen teilzunehmen.[566] Zur Treuepflicht gehört es auch, Betriebs- oder Geschäftsgeheimnisse vertraulich zu behandeln. Die Aufsichtsratsmitglieder unterliegen einer **Verschwiegenheitspflicht, §§ 41, 34 Abs. 1 S. 3 GenG.**[567]

Neben dem GenG gibt es weitere Regelungswerke, die für die Genossenschaft relevant sind und mittelbar Pflichten für den Aufsichtsrat begründen können. In Anlehnung an den Deutschen Corporate Governance Kodex (DCGK) hat der „Deutsche Genossenschafts- und Raiffeisenverband" (DGRV) einen eigenen **Kodex** speziell für die Genossenschaft erstellt. Zwar kommt diesem Kodex keine unmittelbare Rechtswirkung zu, weil es keine gesetzliche Pflicht zur Abgabe einer Entsprechenserklärung gibt. Er kann aber als Orientierungshilfe zur gegenwärtigen „best practice" dienen. Zum DCGK für die Aktiengesellschaft (→ § 1 Rn. 59 ff.)

Daneben ist für **Kreditgenossenschaften** die Verlautbarung der Bundesanstalt für Finanzdienstleistungsaufsicht (BaFin) zu Mindestanforderungen an das Risikomanagement, **MaRisk**[568] bedeutsam.

bb) Schadensersatzhaftung. Bei der Wahrnehmung seiner Aufgaben und Pflichten hat das Aufsichtsratsmitglied gemäß §§ 41, 34 GenG die Sorgfalt eines ordentlichen und gewissenhaften Aufsichtsratsmitglieds zu beachten.[569] Dabei ist zu berücksichtigen, dass auch in der Genossenschaft das Aufsichtsratsamt

---

[558] *Beuthien* GenG § 38 Rn. 8; *Bauer* Gen-HdB § 38 Rn. 73.
[559] Henssler/Strohn/*Geibel* GenG § 38 Rn. 4; *Beuthien* GenG § 38 Rn. 8; *Bauer* Gen-HdB § 38 Rn. 74.
[560] Lang/Weidmüller/*Holthaus/Lehnhoff* GenG § 38 Rn. 29; *Bauer* Gen-HdB § 38 Rn. 79.
[561] Ausführlich Lang/Weidmüller/*Holthaus/Lehnhoff* GenG § 38 Rn. 29a.
[562] Pöhlmann/Fandrich/Bloehs/*Fandrich* GenG § 38 Rn. 16.
[563] Henssler/Strohn/*Geibel* GenG § 38 Rn. 6; *Beuthien* GenG § 38 Rn. 9; Lang/Weidmüller/*Holthaus/Lehnhoff* GenG § 38 Rn. 30; Pöhlmann/Fandrich/Bloehs/*Fandrich* GenG § 38 Rn. 14.
[564] Pöhlmann/Fandrich/Bloehs/*Fandrich* GenG § 38 Rn. 16; BerlK GenG/*Keßler* § 38 Rn. 31; Lang/Weidmüller/*Holthaus/Lehnhoff* GenG § 38 Rn. 30.
[565] *Beuthien* GenG § 41 Rn. 8; Pöhlmann/Fandrich/Bloehs/*Fandrich* GenG § 41 Rn. 7 f.
[566] BerlK GenG/*Keßler* § 41 Rn. 17; *Bauer* Gen-HdB § 41 Rn. 36 ff.
[567] Vgl. nur *Bauer* Gen-HdB § 41 Rn. 32.
[568] Rundschreiben BA 54-FR 2210-2017/0002 idF v. 09/2017.
[569] *Beuthien* GenG § 41 Rn. 7; BerlK GenG/*Keßler* § 41 Rn. 2.

3. Zusammenarbeit mit dem Prüfungsverband

282 Ein zentraler Unterschied zwischen den Kapitalgesellschaften und der Genossenschaft liegt darin, dass es für Genossenschaften einen **Prüfungsverband** gibt, §§ 53 ff. GenG. Er hat nicht lediglich die Aufgaben eines Abschlussprüfers. Vielmehr nimmt er eine umfassende **Prüfung der wirtschaftlichen Verhältnisse** der Genossenschaft vor. Insofern wird von einer **förderwirtschaftlichen Betreuungsprüfung** gesprochen.[571] Zur Prüfung gehört auch die **Ordnungsmäßigkeit der Geschäftsführung,** gerade auch mit Blick auf den Förderzweck der Genossenschaft.[572] Der **Aufsichtsrat** unterliegt ebenfalls sowohl hinsichtlich seiner **Zusammensetzung,** als auch hinsichtlich seiner **Tätigkeit als Überwachungsorgan** der Prüfung durch den Prüfungsverband.[573] Bei Genossenschaften mit einer Bilanzsumme von mehr als 1,5 Mio. EUR und Umsatzerlösen von mehr als 3 Mio. EUR, überprüft der Prüfungsverband auch den **Jahresabschluss,** § 53 Abs. 2 S. 1 GenG.

283 Doch auch bei Genossenschaften, die nicht die Schwelle des Abs. 2 überschreiten, findet zumindest eine Plausibilitätskontrolle des Jahresabschlusses im Rahmen der wirtschaftlichen Verhältnisse statt.[574] Zudem unterwerfen sich Genossenschaften in der Praxis regelmäßig freiwillig einer umfassenden Prüfung und verzichten auf die Erleichterungen.

284 Die Genossenschaft ist verpflichtet, einem **Prüfungsverband** anzugehören, § 54 S. 1 GenG. Die Prüfung dient dem **Gläubiger-, Mitglieder-,** und **Allgemeinheitsschutz.** Deshalb ist der Zwang zur Mitgliedschaft in einem Prüfungsverband verfassungsrechtlich unbedenklich.[575] Seit der GenG Novelle 2017 muss Name und Sitz des Prüfungsverbandes auf der Internetseite der Genossenschaft oder, wenn die Genossenschaft keine Internetseite hat, auf den Geschäftsbriefen angegeben werden, § 54 S. 2 GenG. Es empfiehlt sich, alle Prüfungsverbände, in denen die Genossenschaft Mitglied ist, im Impressum aufzuführen und den Prüfungsverband, der die Pflichtprüfungen durchführt, hervorzuheben.

285 Die Geschäftsführung des Vorstands wird sowohl durch den Prüfungsverband als auch durch den Aufsichtsrat überwacht. Der Aufsichtsrat kann sich grundsätzlich auf das Ergebnis des Prüfungsverbandes verlassen.

286 Wie der Aufsichtsrat hat auch der Verband **kein Weisungsrecht** gegenüber dem Vorstand. Seine Überwachung ist aber ebenfalls zukunftsbezogen, sodass **Verbesserungsvorschläge** und **Rat** gegenüber Aufsichtsrat und Vorstand zu seinen Aufgaben gehören.[576]

---

[570] BerlK GenG/*Keßler* § 41 Rn. 1.
[571] *Beuthien* GenG § 53 Rn. 12.
[572] *Beuthien* GenG § 53 Rn. 13; *Bauer* Gen-HdB § 53 Rn. 5; BerlK GenG/*Hillebrand* GenG § 53 Rn. 8.
[573] Lang/Weidmüller/*Holthaus/Lehnhoff* GenG § 53 Rn. 28.
[574] Henssler/Strohn/*Geibel* GenG § 53 Rn. 2; Pöhlmann/Fandrich/Bloehs/*Bloehs* GenG § 53 Rn. 22.
[575] BVerfG NZG 2001, 461 (464); Henssler/Strohn/*Geibel* GenG § 53 Rn. 1.
[576] *Beuthien* GenG § 53 Rn. 12; Lang/Weidmüller/*Holthaus/Lehnhoff* GenG § 53 Rn. 16.

§ 10 Der Aufsichtsrat in der Corona-Krise

Übersicht

	Rn.
I. Erweiterte Kompetenzen im Vorfeld der Hauptversammlung	6
1. Corona-bedingte Erleichterungen für die Durchführung von Hauptversammlungen	6
a) Online-Optionen ohne Satzungsgrundlage	9
b) Virtuelle Hauptversammlungen	11
aa) Reichweite der Präsenzlosigkeit	16
bb) Modalitäten der Stimmrechtsausübung	23
cc) Fragemöglichkeit/-recht	25
dd) Sonstige Aktionärs-, insbesondere Antragsrechte	29
ee) Einschränkung der Anfechtbarkeit	33
(1) Reichweite des Anfechtungsausschlusses	34
(2) Verhältnis zu § 243 Abs. 3 Nr. 1 AktG	36
(3) Weitere Ausschlusstatbestände	37
ff) Einberufungsrecht des Aufsichtsrats?	38
gg) Änderungen durch das Gesetz zur weiteren Verkürzung des Restschuldbefreiungsverfahrens	39
c) Verkürzung von Einberufungs- und anderen Fristen	40
d) Abschlagszahlungen auf den Bilanzgewinn ohne Satzungsgrundlage	45
e) Verlängerung der Frist für die Durchführung der ordentlichen Hauptversammlung	48
2. Zustimmungsvorbehalte des Aufsichtsrats	51
a) Inhaltliche Reichweite	52
b) Zeitpunkt der Zustimmung	56
c) Entscheidungsmaßstab	57
d) Verfahrensmodalitäten	60
e) Rechtsfolgen fehlender Aufsichtsratszustimmung	63
f) Besonderheiten bei der SE	66
II. Mitwirkung an Kapitalisierungsmaßnahmen	68
1. Stabilisierungsmaßnahmen nach dem Stabilisierungsfondsgesetz	71
a) Allgemeine Anforderungen für Stabilisierungsmaßnahmen nach dem StFG	74
b) Garantien gemäß § 21 StFG	84
c) Rekapitalisierung gemäß § 22 StFG	100
2. Erleichterungen bei Kapitalaufnahmen	123
a) Kapitalerhöhung gegen Einlagen	125
b) Stille Gesellschaft	147
c) Ausgabe von Genussrechten und Schuldverschreibungen	151
d) Begleitregelungen	154

Die seit Beginn des Jahres 2020 weltweit um sich greifende **Corona-Pandemie** hat das **Wirtschaftsleben** auch in Deutschland binnen kürzester Zeit in eine **schwere Krise** gestürzt. Hiervon sind massiv auch Gesellschaften betroffen: 1

Zum einen drohten und drohen ihnen angesichts Corona-bedingter Reise- und Versammlungsbeschränkungen **rechtliche Lähmungserscheinungen,** wo seitens der – in Publikumsgesellschaften meist zahlreichen – Gesellschafter notwendige Beschlüsse zu fassen sind. Exemplarisch lässt sich das an der insbesondere im März 2020 zu beobachtenden beachtlichen Zahl von **Absagen bereits einberufener Hauptversammlungen** von Aktiengesellschaften, Kommanditgesellschaften auf Aktien und Europäischen Gesellschaften (SEs) ablesen. 2

Dieser Entwicklung hat das vom Parlament in Rekordzeit beschlossene und Ende März 2020 in Kraft getretene „Gesetz zur Abmilderung der Folgen der COVID-19-Pandemie im Zivil-, Insolvenz und Strafverfahrensrecht" (nachfolgend „COVFAG") Einhalt geboten. Art. 2 COVFAG führte unter dem Titel **„Gesetz über Maßnahmen im Gesellschafts-, Genossenschafts-, Vereins-, Stiftungs- und Wohnungseigentumsrecht zur Bekämpfung der Auswirkungen der COVID-19-Pandemie"**[1] (nachfolgend „COVMG") ein gesellschaftsrechtliches **Maßnahmenpaket** ein, das „die betroffenen Rechtsformen in die Lage versetzen [soll], auch bei weiterhin bestehenden Beschränkungen der Versammlungsmöglichkeiten erforderliche Beschlüsse zu fassen und handlungsfähig zu bleiben." Mit diesem Maßnahmenpaket und insbesondere der darin dem Aufsichtsrat zugedachten Rolle befasst sich Abschnitt I. dieses Kapitels. 3

---

[1] BGBl. 2020 I 570.

4 **Zum anderen** haben die staatlichen Maßnahmen zur Verringerung der Ausbreitungsgeschwindigkeit der Pandemie wirtschaftliche Aktivitäten zeitweise erheblich eingeschränkt, wodurch viele Unternehmen unverschuldet in **Liquiditätsengpässe** geraten sind, die sich im schlimmsten Fall zu einer existenzbedrohenden **Insolvenzgefahr** verschärft haben.[2]

5 Zur Eindämmung der wirtschaftlichen Konsequenzen der Pandemie für die Unternehmen haben Bund und Länder ein umfassendes Paket an **Hilfsmaßnahmen** geschnürt. Das Paket umfasst neben verlorenen Zuschüssen, Krediten und deren Absicherung insbesondere auch **Beteiligungen des Staates am Eigenkapital der Unternehmen.** Um zu gewährleisten, dass das vom Staat angebotene Eigenkapital den Unternehmen möglichst schnell und rechtssicher zufließen kann, hat der Gesetzgeber **flankierend gesellschaftsrechtliche Bestimmungen modifiziert.** Mit diesem Hilfspaket und den zu dessen Umsetzung beschlossenen Änderungen des Gesellschaftsrechts befasst sich Abschnitt II dieses Kapitels.

I. Erweiterte Kompetenzen im Vorfeld der Hauptversammlung

1. Corona-bedingte Erleichterungen für die Durchführung von Hauptversammlungen

6 Den Schwerpunkt der Regelungen des eingangs erwähnten COVMG bilden substantielle **Erleichterungen für die Durchführung von Hauptversammlungen,** die zeitlich zunächst auf das Jahr 2020 begrenzt waren, später aber durch Rechtsverordnung gem. § 8 COVMG auf das Jahr 2021 ausgedehnt wurden, weil dies aufgrund fortbestehender Auswirkungen der COVID-19-Pandemie geboten erschien.[3] Soweit diese Erleichterungen nicht ohnehin vom bisher geltenden Recht abweichen, können sie vom Vorstand (bzw. in der KGaA von dem oder den geschäftsführenden persönlich haftenden Gesellschafter(n), vgl. § 283 Nr. 6 AktG) der Gesellschaft ohne eine gesetzlich eigentlich erforderliche Satzungsgrundlage und sogar entgegen einer anderslautenden Satzungsbestimmung beschlossen werden. Im Gegenzug ordnet das Gesetz – im vorliegenden Zusammenhang von vorrangigem Interesse – die **Mitwirkung des Aufsichtsrats** bei der jeweiligen Vorstandsentscheidung in Gestalt von Zustimmungsvorbehalten an. Die Neuerungen gelten gleichermaßen für börsennotierte und für nicht börsennotierte Gesellschaften.

7 Das COVMG wurde von der Praxis, zumal angesichts der bei seinem Inkrafttreten bereits angelaufenen Hauptversammlungssaison 2020, **dankbar aufgenommen:** Bereits weniger als eine Woche nach seiner Verkündung im Bundesgesetzblatt wurden die ersten Einberufungen zu Hauptversammlungen unter Inanspruchnahme der eingeführten Erleichterungen im Bundesanzeiger veröffentlicht.[4] Auf diese Weise konnten Hauptversammlungen trotz Corona zT sogar zum ursprünglich geplanten Termin durchgeführt werden.

8 Im Folgenden sollen zunächst die **wichtigsten Erleichterungen** vorgestellt werden.[5] Anschließend werden in einem eigenen Abschnitt inhaltliche Reichweite, Zeitpunkt, Entscheidungsmaßstab und Verfahrensmodalitäten der Zustimmung des Aufsichtsrats sowie die Rechtsfolgen etwaiger Mängel erörtert.

a) Online-Optionen ohne Satzungsgrundlage

9 Bislang bedurfte die **elektronische Teilnahme** iSd § 118 Abs. 1 S. 2 AktG ebenso wie die **elektronische Briefwahl** nach § 118 Abs. 2 S. 1 AktG, die **Teilnahme von Aufsichtsratsmitgliedern im Wege der Bild- und Tonübertragung** nach § 118 Abs. 3 S. 2 AktG und die **Bild- und Tonübertragung der Hauptversammlung** nach § 118 Abs. 4 AktG einer satzungsmäßigen Grundlage. Von diesem Erfordernis dispensiert § 1 Abs. 1 COVMG und weist die Entscheidung über diese Maßnahmen dem Vorstand zu, der dazu der Zustimmung des Aufsichtsrats bedarf.

10 Die Bedeutung dieser Regelung liegt nicht allein in der erleichterten Eröffnung der dort genannten Maßnahmen selbst. Vielmehr schafft sie auch die Basis für eine flächendeckende Erfüllbarkeit der **Voraussetzungen** für die Durchführung einer **virtuellen Hauptversammlung** (dazu sogleich), zu denen ua die Ermöglichung der Stimmrechtsausübung im Wege der elektronischen Teilnahme oder der elektronischen Briefwahl sowie die Bild- und Tonübertragung der gesamten Versammlung gehören.

---

[2] Siehe hierzu auch das als Art. 1 COVFAG verabschiedete „Gesetz zur vorübergehenden Aussetzung der Insolvenzantragspflicht und zur Begrenzung der Organhaftung bei einer durch die COVID-19-Pandemie bedingten Insolvenz (COVID-19-Insolvenzaussetzungsgesetz – COVInsAG)", BGBl. 2020 I 569.
[3] Siehe BGBl. 2020 I 2258. Verfassungsrechtliche Bedenken gegen die Ermächtigung zur Verlängerung der Geltung des Gesetzes durch bloße Rechtsverordnung bei Hirte/Heidel ARUG II/*Illner/Beneke* GesCoronaG § 8 Rn. 2 ff.
[4] Am 2.4.2020 von der Hannover Rück SE und der Talanx AG.
[5] Zusammenfassende Darstellungen des Gesetzes ua bei *Noack/Zetzsche* AG 2020, 265; *Götze/Roßkopf* DB 2020, 768; *Mayer/Jenne* BB 2020, 835.

b) Virtuelle Hauptversammlungen

Die Einführung einer vom Gesetz selbst so bezeichneten „virtuellen" Hauptversammlung bildet das **Herzstück der Corona-Gesetzgebung** zur Hauptversammlung und ist für die Praxis in der aktuellen Situation von größter Bedeutung. Nach § 1 Abs. 2 COVMG in seiner ursprünglichen Fassung[6] konnte der Vorstand[7] mit Zustimmung des Aufsichtsrats entscheiden,[8] dass die Hauptversammlung

„ohne physische Präsenz der Aktionäre oder ihrer Bevollmächtigten als virtuelle Hauptversammlung abgehalten wird, sofern
1. die Bild- und Tonübertragung der gesamten Versammlung erfolgt,
2. die Stimmrechtsausübung der Aktionäre über elektronische Kommunikation (Briefwahl oder elektronische Teilnahme) sowie Vollmachtserteilung möglich ist,
3. den Aktionären eine Fragemöglichkeit im Wege der elektronischen Kommunikation eingeräumt wird,
4. den Aktionären, die ihr Stimmrecht nach Nr. 2 ausgeübt haben, in Abweichung von § 245 Nr. 1 des Aktiengesetzes unter Verzicht auf das Erfordernis des Erscheinens in der Hauptversammlung eine Möglichkeit zum Widerspruch gegen einen Beschluss der Hauptversammlung eingeräumt wird."

Weiter führte das Gesetz in seiner ursprünglichen Fassung[9] aus:

„Der Vorstand entscheidet nach pflichtgemäßem, freiem Ermessen, welche Fragen er wie beantwortet; er kann auch vorgeben, dass Fragen bis spätestens zwei Tage vor der Versammlung im Wege elektronischer Kommunikation einzureichen sind."

Flankiert werden diese Bestimmungen durch § 1 Abs. 7 COVMG, wonach die „Anfechtung eines Beschlusses der Hauptversammlung … unbeschadet der Regelung in § 243 Abs. 3 Nr. 1 des Aktiengesetzes auch nicht … auf eine Verletzung von Abs. 2 gestützt werden [kann], es sei denn, der Gesellschaft ist Vorsatz nachzuweisen."

Wesentliche Elemente einer virtuellen Hauptversammlung iSd COVMG sind also der **Verzicht** auf die **physische Präsenz** der Aktionäre und ihrer Vertreter an einem Versammlungsort, die weitgehend **elektronische Abwicklung** der Versammlung und eine spürbare **Einschränkung hauptversammlungsbezogener Aktionärsrechte** jenseits des Stimmrechts, insbes. des Anfechtungsrechts.

Dies ist nicht der Ort für eine umfassende Erörterung aller mit diesem neuartigen Konstrukt verbundenen Auslegungs- und sonstigen Zweifelsfragen.[10] Nachfolgend sollen vor allem einige **praktisch besonders wichtige Fragen** herausgegriffen werden.

aa) Reichweite der Präsenzlosigkeit. Bislang waren Hauptversammlungen stets Präsenzveranstaltungen. § 1 Abs. 2 S. 1 COVMG erlaubt jetzt ausdrücklich eine „Versammlung ohne physische Präsenz der Aktionäre oder ihrer Bevollmächtigten". Anders als bisher – die bereits seit 2009 in § 118 Abs. 1 S. 2 AktG geregelte (bislang) sog. Online-Teilnahme lässt das Recht der Aktionäre und ihrer Vertreter unberührt, persönlich auf der Versammlung zu erscheinen – kann das Recht der **Aktionäre** auf physische Anwesenheit in der Hauptversammlung also vollständig ausgeschlossen werden. Die „Teilnahme ist dann nur noch im Wege elektronischer Zuschaltung möglich".[11] Hingegen ist der **Stimmrechtsvertreter der Gesellschaft** nach der Gesetzesbegründung „natürlich vor Ort zulässig"[12]; er kann also physisch teilnehmen, muss es aber nicht.[13] Tut er es, ist er – sofern (wie in der Regel) keine Aktionäre im Wege der Online-Teilnahme iSd § 118 Abs. 1 S. 2 AktG teilnehmen – als einzige Person in das Teilnehmerverzeichnis aufzunehmen.[14]

---

[6] Zu den Änderungen im Dezember 2020 → Rn. 39 sowie *Götze* NZG 2021, 213.

[7] Zur Frage, ob unter den Voraussetzungen des § 111 Abs. 3 AktG auch der Aufsichtsrat eine virtuelle Hauptversammlung einberufen kann → Rn. 38.

[8] Zur kontroversen Frage der für die Vorstandsentscheidung über die Einberufung einer virtuellen Hauptversammlung erforderlichen Mehrheit vgl. *Lieder* ZIP 2020, 837 (839) und *Herrler* GWR 2020, 191 (192) einerseits (Einstimmigkeit), *Mayer/Jenne/Miller* BB 2020, 1282 (1284) andererseits (einfache Stimmenmehrheit).

[9] Zu den Änderungen im Dezember 2020 → Rn. 39 sowie *Götze* NZG 2021, 213.

[10] Siehe hierzu etwa *Götze/Roßkopf* DB 2020, 768; *Noack/Zetzsche* AG 2020, 265; *Herb/Merkelbach* DStR 2020, 811; *Wicke* DStR 2020, 885; *Simons/Hauser* NZG 2020, 488; *Stelmaszczyk/Forschner* Konzern 2020, 221; (speziell zu Anfechtungsfragen) *Schäfer* NZG 2020, 481; (speziell zum Teilnehmerverzeichnis) *Danwerth* NZG 2020, 586; teilw. krit. *Tröger* BB 2020, 1091. Eine erste empirische Bestandsaufnahme findet sich bei *Danwerth* AG 2020, 418. Rechtspolitische Betrachtungen bei *Dubovitskaya* NZG 2020, 647.

[11] Begr. FraktionsE, BT-Drs. 19/18110, 26.

[12] Begr. FraktionsE, BT-Drs. 19/18110, 26. Nach vereinzelter Meinung sollen auch Vertreter von Intermediären und Aktionärsvereinigungen zugelassen werden können; so *Wicke* DStR 2020, 885 (886); *Grigoleit/Herrler* AktG § 118 Rn. 36u. Praktische Relevanz hat diese Überlegung bisher nicht erlangt.

[13] *Herb/Merkelbach* DStR 2020, 811 (812).

[14] Ebenso *Herb/Merkelbach* DStR 2020, 811 (814); *Simons/Hauser* NZG 2020, 488 (492 f.); *Herrler* DNotZ 2020, 468 (482); aA auf Basis eines abweichenden Verständnisses von der Präsenz des Stimmrechtsvertreters *Mayer/Jenne/Miller* BB 2020, 1282 (1292). Zur Frage des Einsichtsrecht und weiteren Einzelheiten *Danwerth* NZG 2020, 586.

17 Was die **Aufsichtsratsmitglieder** angeht, überlässt § 1 Abs. 1 COVMG – wie schon erwähnt (→ Rn. 9) – die Entscheidung über deren Teilnahme im Wege der Bild- und Tonübertragung auch ohne Satzungsgrundlage dem Vorstand mit Zustimmung des Aufsichtsrats. Dabei ist zu beachten, dass die hier angesprochene „Teilnahme im Wege der Bild- und Tonübertragung" iSd § 118 Abs. 3 S. 2 AktG eine beidseitige Verbindung zwischen Aufsichtsratsmitglied und Hauptversammlung voraussetzt, also die optische und akustische Wahrnehmbarkeit des Aufsichtsratsmitglieds durch die Aktionäre verlangt.[15] Dahinter zurückbleibende Gestaltungen finden sich in der Praxis gleichwohl recht häufig, was auch dem zu vernachlässigenden Anfechtungsrisiko geschuldet sein dürfte.[16] IÜ können Corona-bedingte Einschränkungen (Quarantäneanordnungen, Einreiseverbote, Schutz von Risikogruppen) wichtige Gründe sein, die die Teilnahmepflicht nach § 118 Abs. 3 S. 1 AktG ausnahmsweise auch ganz entfallen lassen.[17]

18 Auch bei **Vorstandsmitgliedern** kann aus solchen Gründen die Teilnahmepflicht ausnahmsweise vollständig entfallen. Allerdings dürften wegen der aktiveren Rolle des Vorstands in der Hauptversammlung strengere Maßstäbe anzulegen sein als bei Aufsichtsratsmitgliedern. In jedem Fall erscheint es wegen der vom COVMG vorgesehenen Fragemöglichkeit der Aktionäre und der Verpflichtung des Vorstands, nach pflichtgemäßem Ermessen über die Beantwortung von Fragen zu entscheiden, geboten, dass mindestens ein Vorstandsmitglied – idealerweise der Vorstandsvorsitzende – an der Versammlung teilnimmt und sich, soweit erforderlich, mit den anderen Vorstandsmitgliedern (ebenso wie mit dem bei Bedarf ebenfalls virtuell zu organisierenden Back Office) während der Hauptversammlung auf elektronischem Wege austauschen kann.[18]

19 Unverzichtbar ist auch in einer virtuellen Hauptversammlung die Mitwirkung eines **Versammlungsleiters**, häufig also des Aufsichtsratsvorsitzenden, und – wenn kein Fall des § 130 Abs. 1 S. 3 AktG vorliegt – eines **Notars**.

20 Nicht eindeutig ist, ob das COVMG das **Konzept der ortsgebundenen Versammlung** völlig aufgibt,[19] sodass die nach dem Ausgeführten auch bei der virtuellen Hauptversammlung zwingend „anwesenden" Personen – Versammlungsleiter, mindestens ein Vorstandsmitglied sowie ggf. Stimmrechtsvertreter der Gesellschaft und Notar – tatsächlich an einem (dem?) Versammlungsort physisch aufeinandertreffen müssen oder ob auch sie virtuell zusammenkommen können, es also einen Versammlungsort im eigentlichen Sinn nicht mehr gibt. Die Wortwahl des Gesetzes könnte für Letzteres sprechen, denn unter einer „virtuellen Hauptversammlung" verstand jedenfalls auch der Gesetzgeber des ARUG eine „Versammlung, die in keinem physischen Raum mehr stattfindet und deren Versammlungsort der Cyberspace ist"[20]. Die Gesetzesbegründung des COVMG spricht auch nur vom „Aufenthaltsort des Versammlungsleiters", an dem der Notar zugegen sein „sollte"[21]. Gerade aus Sicht des Notars ist eine Anwesenheit am Ort der Versammlungsleitung aber keine bloße Option, sondern Notwendigkeit.[22] Eine „Fernbeurkundung" kennt das deutsche Recht bisher nicht. Technische Störungen könnten zum Problem für die zu berichtenden Wahrnehmungen des Notars (§ 37 Abs. 1 S. 1 Nr. 2 BeurkG) werden. Auch die summarische Rechtmäßigkeitskontrolle, die vom Notar bei der Beurkundung von Hauptversammlungen grds. verlangt wird und die sich normalerweise ua auf die Präsenzerfassung, die Erstellung des Teilnehmerverzeichnisses und das Abstimmungsverfahren bezieht,[23] wäre allenfalls noch eingeschränkt möglich.

21 Wo möglich, ist deshalb jedenfalls bei beurkundungspflichtigen Versammlungen dringend anzuraten, Versammlungsleiter und Notar sowie tunlichst auch mindestens ein Vorstandsmitglied **an einem Ort** physisch zu versammeln; dem folgt bisher auch die Praxis. Es spricht viel dafür, dass dieser „Aufenthaltsort" der gesetzliche oder satzungsmäßige Versammlungsort sein kann, aber nicht muss.[24] Denn Minderheitsaktionäre müssen bei einer virtuellen Hauptversammlung nicht vor missbräuchlicher Ortswahl geschützt werden, und bei § 121 Abs. 5 S. 1 AktG handelt es sich um eine **Sollvorschrift**, die selbst bei

---

[15] Vgl. Begr. RegE TranspuG, BT-Drs. 14/8769, 19; MüKoAktG/*Kubis* AktG § 118 Rn. 104; Hüffer/Koch/*Koch* AktG § 118 Rn. 22.
[16] Vgl. nur MüKoAktG/*Kubis* AktG § 118 Rn. 102f. mwN.
[17] Zum Aufsichtsratsvorsitzenden als Versammlungsleiter → Rn. 19.
[18] Die von *Noack/Zetzsche* AG 2020, 265 (268), vertretene Auslegung, wonach sowohl für den Aufsichtsrat als auch für den Vorstand mindestens die persönliche Teilnahme von Vorsitzendem und Stellvertreter erforderlich sein soll, findet im Gesetz keine Stütze.
[19] Dafür *Mayer/Jenne/Miller* BB 2020, 1282 (1285); wohl auch *Simons/Hauser* NZG 2020, 488 (490f.); aA *Wicke* DStR 2020, 885 (885).
[20] Begr. RegE ARUG, BT-Drs. 16/11642, 26.
[21] Begr. FraktionsE, BT-Drs. 19/18110, 26.
[22] *Götze/Roßkopf* DB 2020, 768 (769f.); *Stelmaszczyk/Forschner* Konzern 2020, 221 (227); *Herrler* DNotZ 2020, 468 (478f.); ähnlich *Lieder* ZIP 2020, 837 (840) („dringend geboten").
[23] Hüffer/Koch/*Koch* AktG § 130 Rn. 12.
[24] So auch *Noack/Zetzsche* AG 2020, 265 (267); *Simons/Hauser* NZG 2020, 488 (491); *Mayer/Jenne/Miller* BB 2020, 1282 (1286).

physischen Hauptversammlungen in engen Grenzen Abweichungen zulässt.[25] Der „Aufenthaltsort" ist folglich so zu wählen, dass die virtuelle Hauptversammlung möglichst reibungslos durchgeführt und störungsfrei übertragen werden kann. Ist das am satzungsmäßigen oder gesetzlichen Versammlungsort gewährleistet, ist die Wahl dieses Ortes selbstverständlich nicht zu beanstanden.

Sicherheitshalber sollte in der **Hauptversammlungseinladung** als „Ort der Hauptversammlung" iSd unverändert anwendbaren § 121 Abs. 3 S. 1 AktG nach wie vor auch die Postanschrift des „Versammlungsraums"[26] angegeben werden, mag das mangels physischer Teilnahmemöglichkeit der Aktionäre auch wenig sinnvoll erscheinen; bei Verstößen gegen § 121 Abs. 3 S. 1 AktG droht aber gem. § 241 Nr. 1 AktG die Nichtigkeit gefasster Beschlüsse. 22

bb) Modalitäten der Stimmrechtsausübung. Ordnet die Verwaltung eine virtuelle Hauptversammlung an, müssen die Aktionäre ihr Stimmrecht gem. § 1 Abs. 2 S. 1 Nr. 2 COVMG sowohl durch **elektronische Kommunikation** als auch über **Vollmachtserteilung**[27] ausüben können. Als Wege der elektronischen Kommunikation lässt das neue Gesetz dabei ausdrücklich die Wahl zwischen (elektronischer) Briefwahl oder elektronischer Teilnahme. Es genügt, „wenn eine der beiden Varianten der elektronischen Kommunikation ermöglicht wird"[28] – neben der nach dem eindeutigen Gesetzeswortlaut in jedem Fall zu ermöglichenden[29] Vollmachtserteilung. Die iSd § 118 Abs. 1 S. 2 AktG zu verstehende elektronische Teilnahme, also mittels einer „Zweiweg-Direktverbindung, die dem Aktionär die Möglichkeit gibt, sich von einem entfernten Ort aus an die Hauptversammlung zu wenden" (Art. 8 Abs. 1 lit. b Aktionärsrechte-Richtlinie (ARRL)[30] und so insbes. in Echtzeit seine Stimme abzugeben oder Anträge zu stellen, ist also eine Option, die aber nicht vorgesehen werden muss. 23

Beschränkt sich die AG dementsprechend darauf, Briefwahl und Bevollmächtigung des Stimmrechtsvertreters der Gesellschaft als Ausübungsmöglichkeiten zuzulassen, dann ist fraglich, ob es ausreicht, diese Möglichkeiten in einem Zeitraum vor der virtuellen Hauptversammlung zu gewähren, oder ob Aktionäre auch noch **während der Hauptversammlung** die Möglichkeit haben müssen, ihre Stimme auf diesem Weg abzugeben bzw. dem Stimmrechtsvertreter Weisungen[31] zu erteilen. Das Gesetz macht dazu keine Vorgaben. Bei Präsenzhauptversammlungen kann die unter den Voraussetzungen des § 118 Abs. 2 AktG auch sonst mögliche Briefwahl so ausgestaltet werden, dass die Stimmabgabe nur vor der Hauptversammlung möglich ist;[32] teilweise räumen Gesellschaften aber etwa die Möglichkeit ein, bereits abgegebene Briefwahlstimmen noch während der Hauptversammlung zu ändern.[33] Auch was Vollmacht und Weisungen an Stimmrechtsvertreter der Gesellschaft angeht, wird selbst in Präsenzhauptversammlungen heute angeboten, dass diese noch während der Hauptversammlung erteilt oder geändert werden können.[34] Bei einer virtuellen Hauptversammlung sollte diese Möglichkeit den Aktionären wenigstens für einen der beiden Wege – Briefwahl oder Bevollmächtigung des Stimmrechtsvertreters – ebenfalls eingeräumt werden,[35] schon damit sie ihr Stimmverhalten ggf. noch an den erteilten Antworten ausrichten können. Als maßgeblicher **Zeitpunkt** sollte (mangels echter Generaldebatte) der Beginn der Abstimmungen festgelegt werden. Anders als bei einer Präsenzhauptversammlung sind Briefwahl und Vollmachtserteilung an den Stimmrechtsvertreter der Gesellschaft eben keine bloß zusätzlichen Optionen, sondern die einzigen Kanäle für die Stimmrechtsausübung. 24

---

[25] Zu möglichen Abweichungen vgl. etwa Hüffer/Koch/*Koch* AktG § 121 Rn. 12 mit Hinweis auf drohende Anfechtbarkeit gem. § 243 Abs. 1 AktG.
[26] So für die physische Hauptversammlung MüKoAktG/*Kubis* AktG § 121 Rn. 39; Hüffer/Koch/*Koch* AktG § 121 Rn. 9.
[27] Der Gesetzgeber dürfte hierbei in erster Linie die Vollmachtserteilung an den Stimmrechtsvertreter der Gesellschaft im Blick gehabt haben, vgl. Begr. FraktionsE, BT-Drs. 19/18110, 26; denn andere Bevollmächtigte können das Stimmrecht wiederum nur durch elektronische Kommunikation oder (Unter-)Bevollmächtigung des Stimmrechtsvertreters ausüben. Weitergehend dazu *Noack/Zetzsche* AG 2020, 265 (268).
[28] Begr. FraktionsE, BT-Drs. 19/18110, 26.
[29] *Götze/Roßkopf* DB 2020, 768 (770); *Herb/Merkelbach* DStR 2020, 811 (812); *Wicke* DStR 2020, 885 (886); unzutreffend insoweit *Noack/Zetzsche* AG 2020, 265 (268).
[30] RL 2007/36/EG des Europäischen Parlaments und des Rates v. 11.7.2007 über die Ausübung bestimmter Rechte von Aktionären in börsennotierten Gesellschaften, ABl. 2007 Nr. L 184, 17.
[31] Zum Erfordernis einer Weisung und zur aA Hüffer/Koch/*Koch* AktG § 134 Rn. 26b mwN.
[32] Hüffer/Koch/*Koch* AktG § 118 Rn. 17.
[33] Vgl. zB die Einberufung der Hauptversammlung 2019 der Münchener Rückversicherungs-Gesellschaft AG, abrufbar unter https://www.munichre.com/de/unternehmen/investoren/aktionaersinformationen/archiv/2019.html (zuletzt abgerufen am 25.2.2021).
[34] Vgl. zB die Einberufung der Hauptversammlung 2019 der SAP AG, abrufbar unter https://www.sap.com/investors/de/calendar/agm.html?pdf-asset=388f10ed-447d-0010-87a3-c30de2ffd8ff&page=1 (zuletzt abgerufen am 25.2.2021).
[35] Ebenso *Bücker/Kulenkamp/Schwarz/Seibt/von Bonin* DB 2020, 775 (778); K. Schmidt/Lutter/*Spindler* AktG § 118 Rn. 63f.; (für die Briefwahl) *Herb/Merkelbach* DStR 2020, 811 (812); für rechtlichen Zwang *Noack/Zetzsche* AG 2020, 265 (269); *Mayer/Jenne/Miller* BB 2020, 1282 (1288); *Herrler* DNotZ 2020, 468 (486); Grigoleit/*Herrler* AktG § 118 Rn. 36y.

25 **cc) Fragemöglichkeit/-recht.** Ein **Auskunftsrecht** des Aktionärs iSd § 131 AktG bestand in der virtuellen Hauptversammlung zunächst **nicht**. Stattdessen verlangte § 1 Abs. 2 S. 1 Nr. 3 COVMG aF lediglich, dass den Aktionären eine „Fragemöglichkeit im Wege der elektronischen Kommunikation" eingeräumt wird. Die Begründung zum COVMG stellte klar, dass damit kein „Recht auf Antwort" verbunden ist, sondern „der Vorstand gem. S. 2 abweichend von § 131 AktG nur nach pflichtgemäßem, freiem Ermessen" über die Beantwortung entscheidet. Begründet wurde diese – erhebliche – Einschränkung damit, dass im Wege der elektronischen Kommunikation eine „Flut von Fragen" und auch „inhaltlich inakzeptablen Einwürfen" denkbar ist, die in Sekundenschnelle über die Gesellschaft hereinbrechen können.[36] Die bisherigen Erfahrungen haben diese Befürchtung allerdings nicht bestätigt – was vermutlich vor allem an dem flankierenden weitgehenden Anfechtungsausschluss liegen dürfte (→ Rn. 33ff.). Gegen Art. 9 Abs. 1 ARRL verstößt die Einschränkung nicht, denn das demnach zu gewährleistende Fragerecht der Aktionäre kann nach Art. 9 Abs. 2 S. 1 ARRL ua durch Maßnahmen der Mitgliedstaaten zur Gewährleistung des ordnungsgemäßen Verlaufs von Hauptversammlungen eingeschränkt werden. Um eine solche (geeignete und über das erforderliche Maß nicht hinausgehende) Maßnahme handelt es sich hier.[37] Zu den Gesetzesänderungen im Dezember 2020 → Rn. 39.

26 Die Gesetzesbegründung zum COVMG erläuterte weiter, dass „keinesfalls alle Fragen" beantwortet werden müssten. Vielmehr könne zusammengefasst und „im Interesse der anderen Aktionäre sinnvolle Fragen" ausgewählt werden, wobei „Aktionärsvereinigungen und Institutionelle Investoren mit bedeutenden Stimmanteilen" bevorzugt werden dürften.[38] Inwieweit diese Erwägungen nach den Gesetzesänderungen im Dezember 2020 (→ Rn. 39) noch Bestand haben können, ist fraglich. Die Fragemöglichkeit (bzw. inzwischen das Fragerecht) kann der Vorstand nach § 1 Abs. 2 S. 2 COVMG weiter durch die Vorgabe einschränken, dass Fragen bis **spätestens zwei Tage**[39] **vor der Versammlung** elektronisch (zB per E-Mail oder über eine Internetplattform) einzureichen sind. Über die Fristberechnung sagt das Gesetz nichts. Nach § 187 Abs. 1 BGB, § 188 Abs. 1 BGB sollte es auf das Ende des Tages ankommen, der drei Tage[40] vor dem Tag der Hauptversammlung liegt.[41] Auch eine Beschränkung der Fragemöglichkeit auf angemeldete Aktionäre ist zulässig[42] und praktisch bisher die Regel. Fragen in Fremdsprachen brauchen nicht berücksichtigt zu werden.[43] Der Ermessensspielraum sollte aber nicht überdehnt werden: bei der **Auswahl der Fragen** dürfen keine sachfremden Erwägungen herangezogen werden. Ob dem zeitlichen Zwang für solche Auswahl als Leitbild eine Gesamtdauer der Versammlung von vier bis sechs Stunden[44] zugrunde gelegt werden muss, ist hingegen fraglich;[45] in Anbetracht des Wegfalls der Generaldebatte erscheint für die virtuelle Hauptversammlung ein **Zeitrahmen** von drei bis vier Stunden als angemessen.[46]

27 **Wann** die Fragen **zu beantworten** sind, regelt das Gesetz nicht. Grundsätzlich erfolgt die Fragenbeantwortung wie auch sonst „‚in' der Versammlung"[47]. Der Begründung lässt sich aber entnehmen, dass es auch im Zusammenhang mit der virtuellen Hauptversammlung zulässig ist, „FAQ schon vorab auf der Website" zu beantworten.[48] Die vorab auf der Website beantworteten Fragen müssen in der Hauptversammlung nicht mehr beantwortet, die FAQ nicht verlesen werden. Ob für die Vorabbeantwortung die Siebentagesfrist des § 131 Abs. 3 S. 1 Nr. 7 AktG gilt, mag angesichts des prinzipiellen Bestrebens des

---

[36] Begr. FraktionsE, BT-Drs. 19/18110, 26.
[37] So auch *Noack/Zetzsche* AG 2020, 265 (271); krit. *Lieder* ZIP 2020, 837 (841); für Verfassungs- und Europarechtswidrigkeit Hirte/Heidel ARUG II/*Heidel/Lochner* GesCoronaG § 1 Rn. 27 ff., 39 ff. Allg. zur Zulässigkeit auch inhaltlicher Begrenzungen des Fragerechts vor dem Hintergrund von Art. 9 ARRL BGH NZG 2014, 27.
[38] Begr. FraktionsE, BT-Drs. 19/18110, 26; zust. *Schäfer* NZG 2020, 481 (484); krit. *Lieder* ZIP 2020, 837 (842); *Stelmaszczyk/Forschner* Konzern 2020, 221 (231); Hirte/Heidel ARUG II/*Heidel/Lochner* GesCoronaG § 1 Rn. 77; K. Schmidt/Lutter/*Spindler* AktG § 118 Rn. 63j.
[39] Seit den Gesetzesänderungen im Dezember 2020 (→ Rn. 39): einen Tag.
[40] Seit den Gesetzesänderungen im Dezember 2020 (→ Rn. 39): zwei Tage.
[41] Beispiel: Wenn die Hauptversammlung am Donnerstag um 10:00 Uhr beginnt, endet die Fragefrist am Montag um 24:00 Uhr. Ebenso die hM; vgl. *Bücker/Kulenkamp/Schwarz/Seibt/von Bonin* DB 2020, 775 (781); *Herb/Merkelbach* DStR 2020, 811 (813); *Simons/Hauser* NZG 2020, 488 (495); *Mayer/Jenne/Miller* BB 2020, 1282 (1291); Grigoleit/Herrler AktG § 118 Rn. 37 g. Die Praxis verfährt bisher überwiegend aktionärsfreundlicher, vgl. *Danwerth* AG 2020, 418 (422), wogegen nichts einzuwenden ist.
[42] Begr. FraktionsE, BT-Drs. 19/18110, 26.
[43] Begr. FraktionsE, BT-Drs. 19/18110, 26.
[44] So für die Präsenzversammlung ohne außergewöhnliche Tagesordnungspunkte BGH NZG 2010, 423 (425f.). Vgl. auch Anregung A.4 DCGK.
[45] Dafür *Noack/Zetzsche* AG 2020, 265 (271); *Lieder* ZIP 2020, 837 (841f.); Grigoleit/*Herrler* AktG § 118 Rn. 37j; im Grundsatz auch *Götze/Roßkopf* DB 2020, 768 (771).
[46] IE ähnlich *Bücker/Kulenkamp/Schwarz/Seibt/von Bonin* DB 2020, 775 (783).
[47] Begr. FraktionsE, BT-Drs. 19/18110, 26.
[48] Begr. FraktionsE, BT-Drs. 19/18110, 26.

Gesetzgebers, die Fragenbeantwortung zu „deregulieren", zweifelhaft sein.[49] Mangels gegenteiliger Anhaltspunkte in der Gesetzesbegründung und einer evidenten Alternative sollte davon aber zumindest vorsorglich ausgegangen werden.[50] So überzeugt zB ein mit dem Fristende zur Vorabeinreichung von Fragen harmonisierter Fristablauf zwei Tage vor der Versammlung schon deshalb nicht restlos, weil die Beschränkung auf vorab eingereichte Fragen lediglich eine gesetzliche Option (wenn auch bisher der praktische Regelfall) ist; wird von ihr nicht Gebrauch gemacht, Fragen also auch noch in der Versammlung selbst zugelassen, wird die Parallele zur Präsenzhauptversammlung offensichtlich. Auch das Argument, dem Aktionär sei mit einer kurzfristigen Beantwortung seiner Frage auf der Website besser gedient als mit einem Totalverzicht auf die Beantwortung, ist hinsichtlich solcher Fragen, die bei fehlerfreier Ermessensausübung beantwortet werden müssen, fragwürdig, wenn nicht zirkulär.

Bleiben Fragen **unbeantwortet,** konnte der Aktionär zunächst nicht wie sonst nach § 131 Abs. 5 AktG eine Protokollrüge erheben.[51] Eine solche Rüge hätte angesichts der Tatsache, dass (wie ausgeführt) der Aktionär „kein Recht auf Antwort" hat und der Vorstand „keineswegs alle Fragen" beantworten muss, keinen Sinn ergeben. Deshalb konnte auch ein Auskunftserzwingungsverfahren gem. § 132 AktG im Gefolge einer virtuellen Hauptversammlung jedenfalls anfangs nicht eröffnet sein.[52] Ob sich durch die Gesetzesänderungen im Dezember 2020 (→ Rn. 39) die Rechtslage geändert hat, ist fraglich. **28**

dd) Sonstige Aktionärs-, insbesondere Antragsrechte. Ein **Rederecht** (vgl. § 131 Abs. 2 S. 2 AktG) sieht § 1 Abs. 2 S. 1 COVMG nicht vor. **29**

Aktionären, die ihr Stimmrecht nach einem der in § 1 Abs. 2 S. 1 Nr. 2 COVMG beschriebenen Verfahren ausgeübt haben, und **nur diesen,** ist nach Nr. 4 eine Möglichkeit einzuräumen, elektronisch **Widerspruch** gegen einen Beschluss der Hauptversammlung zur Niederschrift beim Notar zu erklären. Diese Möglichkeit muss bis zum Ende der Versammlung im Weg elektronischer Kommunikation, also etwa per E-Mail oder besser über eine Online-Plattform, gewährt werden. Ob der Widerspruch vor oder nach der Stimmabgabe eingelegt wird, ist entgegen dem insoweit missverständlichen Gesetzeswortlaut unerheblich.[53] **30**

Zu den hauptversammlungsgebundenen Aktionärsrechten zählt ferner grds. auch das Recht, **Gegenanträge** (einschließlich Wahlvorschläge) zu den Punkten der Tagesordnung zu stellen. Auch zuvor angekündigte oder sogar nach § 126 Abs. 1 S. 1 AktG, § 127 Abs. 1 S. 1 AktG zugänglich gemachte Gegenanträge und Wahlvorschläge sind im Fall der Präsenzhauptversammlung rechtlich nur erheblich, wenn sie in der Versammlung wiederholt werden. Im Fall der virtuellen Hauptversammlung ist diese Anforderung nur erfüllbar, wenn eine elektronische Teilnahme iSd § 118 Abs. 1 S. 2 AktG vorgesehen ist – wozu, wie gesehen, kein Zwang besteht. Wird stattdessen die Stimmabgabe auf Briefwahl und Vollmachtserteilung an die Stimmrechtsvertreter der Gesellschaft beschränkt, könnten Gegenanträge nicht wirksam gestellt werden.[54] Ob es bei diesem Ergebnis bleiben kann, erscheint trotz einer in diese Richtung deutenden Äußerung in der Gesetzesbegründung angesichts Art. 6 Abs. 1 Unterabs. 1 lit. b ARRL zumindest fraglich. Bei vorsichtiger Betrachtung spricht einiges dafür, im Fall der virtuellen Hauptversammlung die Zugänglichmachung gem. § 126 Abs. 1 AktG, § 127 Abs. 1 AktG oder eine Vorabeinreichung ähnlich wie bei Fragen für eine Berücksichtigung des entsprechenden Antrags bzw. Vorschlags genügen zu lassen.[55] In der Praxis schien sich diese Vorgehensweise bereits in der HV-Saison 2020 durchzusetzen.[56] Der Gesetzgeber hat sie inzwischen für verbindlich erklärt (→ Rn. 39). **31**

Unangetastet bleibt das quorumgebundene Recht, gem. § 122 Abs. 2 AktG eine **Ergänzung der Tagesordnung** zu verlangen. Ist das Verlangen erfolgreich, gelten für die Einbringung des entsprechenden **32**

---

[49] Verneinend die hM; vgl. *Bücker/Kulenkamp/Schwarz/Seibt/von Bonin* DB 2020, 775 (779); *Herb/Merkelbach* DStR 2020, 811 (813); *Wicke* DStR 2020, 885 (887 in Fn. 28); *Simons/Hauser* NZG 2020, 488 (497 f.); *Stelmaszczyk/Forschner* Konzern 2020, 221 (231); *Herrler* DNotZ 2020, 468 (493); *Grigoleit/Herrler* AktG § 118 Rn. 37k; Hirte/Heidel ARUG II/*Heidel/Lochner* GesCoronaG § 1 Rn. 79.
[50] Für die Geltung der Siebentagesfrist auch *Noack/Zetzsche* AG 2020, 265 (272); *Tröger* BB 2020, 1091 (1096); K. *Schmidt/Lutter/Spindler* AktG § 118 Rn. 63j.
[51] *Götze/Roßkopf* DB 2020, 768 (771); *Wicke* DStR 2020, 885 (888); *Simons/Hauser* NZG 2020, 488 (498); *Mayer/Jenne/Miller* BB 2020, 1282 (1291 f.); Hirte/Heidel ARUG II/*Heidel/Lochner* GesCoronaG § 1 Rn. 87 f.; für eine freiwillige Protokollierung *Stelmaszczyk/Forschner* Konzern 2020, 221 (234).
[52] *Götze/Roßkopf* DB 2020, 768 (771); *Lieder* ZIP 2020, 837 (841); *Simons/Hauser* NZG 2020, 488 (499); *Mayer/Jenne/Miller* BB 2020, 1282 (1291 f.).
[53] *Herb/Merkelbach* DStR 2020, 811 (814); *Simons/Hauser* NZG 2020, 488 (500); Hirte/Heidel ARUG II/*Heidel/Lochner* GesCoronaG § 1 Rn. 65.
[54] So zB *Schäfer* NZG 2020, 481 (484); *Mayer/Jenne/Miller* BB 2020, 1282 (1289); *Atta* WM 2020, 1047 (1051 f.); Hirte/Heidel ARUG II/*Krenek* GesCoronaG § 1 Rn. 20.
[55] *Götze/Roßkopf* DB 2020, 768 (772); *Bücker/Kulenkamp/Schwarz/Seibt/von Bonin* DB 2020, 775 (779 f.); *Herrler* GWR 2020, 191 (194); *Stelmaszczyk/Forschner* Konzern 2020, 221 (232); Hirte/Heidel ARUG II/*Heidel/Lochner* GesCoronaG § 1 Rn. 89 ff.; *Grigoleit/Herrler* AktG § 118 Rn. 37s ff.; unentschieden *Simons/Hauser* NZG 2020, 488 (494).
[56] Vgl. *Danwerth* AG 2020, 418 (424).

Beschlussantrags in die virtuelle Hauptversammlung die vorstehenden Überlegungen zum Gegenantragsrecht entsprechend.

33 **ee) Einschränkung der Anfechtbarkeit.** Mit der virtuellen Hauptversammlung hat das deutsche Aktienrecht Neuland betreten, und das zu einem vom Gesetzgeber zurecht als „Notsituation" bezeichneten Zeitpunkt. Ein zentrales Anliegen musste es daher sein, zu verhindern, dass die Gesellschaften aus Furcht vor Anfechtungsklagen nicht wagen, von diesem neuen Instrument Gebrauch zu machen. Dem dient der weitgehende **Ausschluss der Anfechtbarkeit** durch § 1 Abs. 7 COVMG.

34 **(1) Reichweite des Anfechtungsausschlusses.** Mit der (vorbehaltlich des Nachweises von Vorsatz seitens der Gesellschaft) einschränkungslos formulierten Anordnung, dass eine Beschlussanfechtung nicht auf eine Verletzung von § 1 Abs. 2 COVMG gestützt werden kann, wird die virtuelle Hauptversammlung **umfassend,** also hinsichtlich sämtlicher im Zusammenhang mit den in § 1 Abs. 2 COVMG genannten Entscheidungen und Verfahrensweisen auftretender Mängel, anfechtungsfrei gestellt.[57]

35 Erfasst ist zum einen die in der Gesetzesbegründung zum COVMG nochmals besonders hervorgehobene Verletzung der (ohnehin auf eine pflichtgemäße Ermessenausübung reduzierten) **Auskunftspflicht** nach § 1 Abs. 2 S. 2 COVMG. Das bedeutete jedenfalls bis zu den Gesetzesänderungen im Dezember 2020 (→ Rn. 39) insbes., dass eine (angeblich) ermessensfehlerhaft getroffene Entscheidung des Vorstands darüber, welche Fragen er beantwortet, ebenso wenig eine Anfechtung trug wie eine (angeblich) fehlerhafte Antwort selbst; anderes galt nur bei nachweislich vorsätzlichem Ermessenfehlgebrauch bzw. nachweislich vorsätzlicher Falschbeantwortung. Sieht man vom Wegfall des Auswahlermessens des Vorstands ab, dürfen diese Prinzipien durch die Gesetzesänderungen im Dezember 2020 (→ Rn. 39) nicht in Frage gestellt worden sein.

Erfasst sind zum anderen aber auch durch **technische Störungen** oder sonstige Unzulänglichkeiten in der elektronischen Kommunikation nach § 1 Abs. 2 S. 1 COVMG verursachte Rechtsbeeinträchtigungen. Explizit nennt § 1 Abs. 7 COVMG die Bild- und Tonübertragung der Versammlung (§ 118 Abs. 4 AktG). Dass es sich bei solchen technischen Störungen auch um solche handeln kann, die ihrer Art nach unter § 243 Abs. 3 Nr. 1 AktG fallen (dazu sogleich), spielt angesichts des uneingeschränkten Gesetzeswortlauts mE keine Rolle.

36 **(2) Verhältnis zu § 243 Abs. 3 Nr. 1 AktG.** Dass technische Störungen anlässlich der Abwicklung einer virtuellen Hauptversammlung nur bei nachgewiesenem Vorsatz der Gesellschaft anfechtungsbegründend sein können, steht nicht im Widerspruch zum Eingangsvorbehalt in § 1 Abs. 7 COVMG. Danach gilt diese Bestimmung „unbeschadet" der Regelung in § 243 Abs. 3 Nr. 1 AktG. Nach dieser Regelung reicht es für die Anfechtbarkeit eines Beschlusses infolge einer durch technische Störungen verursachten Verletzung elektronisch ausgeübter Aktionärsrechte aus, dass die Gesellschaft grob fahrlässig gehandelt hat. Das auf den ersten Blick bestehende **Spannungsverhältnis** zu § 1 Abs. 7 COVMG löst sich dadurch auf, dass die Regelung in § 243 Abs. 3 Nr. 1 AktG jenseits des Sonderfalls der virtuellen Hauptversammlung weiterhin uneingeschränkt Geltung beansprucht.[58]

37 **(3) Weitere Ausschlusstatbestände.** Der Vollständigkeit halber sei noch auf den (ebenfalls unter Vorsatzvorbehalt stehenden) Anfechtungsausschluss bei **Mängeln der elektronischen Kommunikation** nach § 118 Abs. 1 S. 3–5, Abs. 2 AktG, § 125 Abs. 5 AktG hingewiesen. Diese durch das ARUG II[59] eingeführten Vorschriften gelten nur für (nicht nur virtuelle) Hauptversammlungen, die nach dem 3.9. 2020 einberufen wurden. Soweit es um eine nicht ordnungsgemäße Bestätigung der Stimmabgabe geht (§ 118 Abs. 1 S. 3–5, Abs. 2 AktG), erscheint allerdings ohnehin sehr fraglich, ob ein solcher Mangel jemals relevant iSd Anfechtungsrechts sein kann.

38 **ff) Einberufungsrecht des Aufsichtsrats?** Die Frage, ob auch der **Aufsichtsrat** unter den Voraussetzungen des § 111 Abs. 3 AktG, also „wenn das Wohl der Gesellschaft es fordert", berechtigt ist, eine Hauptversammlung als virtuelle Versammlung **einzuberufen,** ist umstritten.[60] Sie ist allerdings praktisch

---

[57] Verfassungsrechtliche Bedenken bei Hirte/Heidel ARUG II/*Heidel/Lochner* GesCoronaG § 1 Rn. 158 ff.; Grigoleit/*Grigoleit/Gansmeier* AktG § 243 Rn. 23c ff.
[58] So wohl auch *Schäfer* NZG 2020, 481 (485 ff.); *Mayer/Jenne/Miller* BB 2020, 1282 (1286); *Herrler* DNotZ 2020, 468 (501). Abweichend *Noack/Zetzsche* AG 2020, 265 (276); *Tröger* BB 2020, 1091 (1097 f.); K. Schmidt/Lutter/*Spindler* AktG § 118 Rn. 63n.
[59] Gesetz zur Umsetzung der zweiten Aktionärsrechterichtlinie (ARUG II), BGBl. 2019 I 2637.
[60] Dafür *Mayer/Jenne/Miller* BB 2020, 1282 (1284); Hirte/Heidel ARUG II/*Krenek* GesCoronaG § 1 Rn. 12; dagegen *Noack/Zetzsche* AG 2020, 265 (267); *Simons/Hauser* NZG 2020, 488 (490); Grigoleit/*Herrler* AktG § 118 Rn. 36c; K. Schmidt/Lutter/*Spindler* AktG § 118 Rn. 63d. Eine ähnliche Diskussion wird für den Fall der Einberufung durch Aktionäre gem. § 122 Abs. 3 AktG geführt, vgl. *Noack/Zetzsche* AG 2020, 265 (267); *Mayer/Jenne/Miller* BB 2020, 1282 (1284 f.); *Simons/Hauser* NZG 2020, 488 (490); Hirte/Heidel ARUG II/*Krenek* GesCoronaG § 1 Rn. 13; Grigoleit/*Herrler* AktG § 118 Rn. 36c.

auch nicht übermäßig relevant. Dem Schweigen des Gesetzes darf in Anbetracht der Kürze des Gesetzgebungsverfahrens wohl keine bewusste Entscheidung unterstellt werden. Sollte tatsächlich einmal eine einschlägige Konstellation auftreten, spricht das Grundanliegen des Gesetzes, notwendige Beschlussfassungen auch in Zeiten Corona-bedingter Einschränkungen der Bewegungsfreiheit zu ermöglichen, für eine entsprechende (Annex-)Kompetenz des Gremiums. Da man das auch anders sehen kann, sollte davon allerdings in der Praxis angesichts der drohenden Nichtigkeit von in einer kompetenzwidrig einberufenen Hauptversammlung gefassten Beschlüssen (§ 241 Nr. 1 AktG) möglichst kein Gebrauch gemacht werden.

gg) Änderungen durch das Gesetz zur weiteren Verkürzung des Restschuldbefreiungsverfahrens. Völlig überraschend und kurzfristig hat der Gesetzgeber die Regelungen zur virtuellen Hauptversammlung in § 1 Abs. 2 COVMG Ende Dezember 2020 auf Initiative der Regierungsfraktionen nicht unerheblich geändert, und zwar im Rahmen eines primär das Insolvenzrecht betreffenden Artikelgesetzes.[61] Im Einzelnen betreffen die Änderungen folgende Punkte: 39
– Ersetzung des Begriffs „Fragemöglichkeit" durch den Begriff „Fragerecht" in § 1 Abs. 2 S. 1 Nr. 3 COVMG (→ Rn. 25);
– Beschränkung des Vorstandsermessens auf das „Wie" der Fragenbeantwortung in § 1 Abs. 2 S. 2 COVMG (→ Rn. 25 ff.);
– Verlängerung der Frist für die Vorabeinreichung von Fragen von zwei auf einen Tag vor der Versammlung in § 1 Abs. 2 S. 2 COVMG (→ Rn. 26);
– Behandlung von nach den §§ 126, 127 AktG zugänglich zu machenden Gegenanträgen und Wahlvorschlägen als in der Versammlung gestellt in einem neuen § 1 Abs. 2 S. 3 COVMG (→ Rn. 31).

Die Änderungen traten nach einer zweimonatigen Übergangsfrist Ende Februar 2021 in Kraft. Während die Neuregelung zu Gegenanträgen und Wahlvorschlägen einer bereits verbreiteten Praxis entspricht, führen insbesondere die Änderungen zum Thema Aktionärsfragen zu neuen Unsicherheiten. Ob deren Inkaufnahme angesichts des Ausnahmecharakters und begrenzten zeitlichen Anwendungsbereichs des COVMG wirklich nötig war, mag man bezweifeln.

c) Verkürzung von Einberufungs- und anderen Fristen

Um den betroffenen Gesellschaften eine kurzfristige Reaktion auf sich in der Corona-Krise unter Umständen rasch ändernde Rahmenbedingungen für die Abhaltung von Hauptversammlungen zu ermöglichen, räumt § 1 Abs. 3 S. 1 COVMG dem Vorstand die Befugnis ein, mit Zustimmung des Aufsichtsrats die Hauptversammlung statt „mindestens dreißig Tage" (§ 123 Abs. 1 S. 1 AktG) **„spätestens am 21. Tag"** vor dem Tag der Versammlung **einzuberufen.** Zugleich wird der Nachweisstichtag (Record Date) bei Inhaberaktien börsennotierter Gesellschaften vom Beginn des 21. auf den Beginn des zwölften Tages und die Frist für seinen Zugang bei der Gesellschaft von „mindestens sechs Tage" (§ 123 Abs. 4 S. 2 AktG) auf „spätestens am vierten Tag" vor der Versammlung verschoben; der Vorstand kann die Frist in der Einberufung weiter verkürzen. Für Emittenten von Namensaktien bleibt es bei der auf die Eintragung im Aktienregister verweisenden Regelung des § 123 Abs. 5 AktG.[62] Für nicht börsennotierte Gesellschaften gelten ggf. die gem. § 123 Abs. 3 AktG satzungsmäßig festgelegten Nachweisfristen,[63] wobei sich die Teilnahmeberechtigung im Fall der Ausgabe von Namensaktien idR wiederum aus der Eintragung in das Aktienregister ergibt.[64] 40

Da das Gesetz die Anwendbarkeit des § 123 Abs. 2 S. 5 AktG ausdrücklich ausschließt, verlängert sich die Einberufungsfrist nicht wie sonst um die Tage der Anmeldefrist.[65] Die **Anmeldefrist** selbst hat der Gesetzgeber hingegen nicht angerührt, sodass es vorbehaltlich einer eine Verkürzung ermöglichenden Satzungsklausel bei der Sechstagefrist des § 123 Abs. 2 S. 2 AktG bleibt.[66] In einem solchen Fall kommt es bei Inhaberaktien also zu einem Auseinanderfallen der Frist für die Vorlage des Anteilsbesitznachweises und der Anmeldefrist. Eine satzungswidrige Verkürzung der Anmeldefrist in der Einberufung mit dem Ziel einer Harmonisierung mit der verkürzten Frist für die Vorlage des Anteilsbesitznachweises dürfte 41

---

[61] Vgl. Art. 11 Nr. 1 des „Gesetzes zur weiteren Verkürzung des Restschuldbefreiungsverfahrens und zur Anpassung pandemiebedingter Vorschriften im Gesellschafts-, Genossenschafts-, Vereins- und Stiftungsrecht sowie im Miet- und Pachtrecht", BGBl. 2020 I 3328. Siehe dazu *Götze* NZG 2021, 213.
[62] Ebenso Hirte/Heidel ARUG II/*Müller* GesCoronaG § 1 Rn. 99 in Fn. 128.
[63] Vgl. *Noack/Zetzsche* AG 2020, 265 (274).
[64] Zur Möglichkeit, bei nicht börsennotierten Namensaktien weitere Anforderungen an den Berechtigungsnachweis des Aktionärs aufzustellen, vgl. *Götze* NZG 2016, 48 (49); MüKoAktG/*Kubis* AktG § 123 Rn. 39.
[65] Der Satz in der Gesetzesbegründung „Die Tage der Anmeldefrist zählen nicht mit." (Begr. FraktionsE, BT-Drs. 19/18110, 26) wäre dementsprechend zu lesen als „Die Tage der Anmeldefrist sind nicht hinzuzuzählen."
[66] *Götze/Roßkopf* DB 2020, 768 (773); Hirte/Heidel ARUG II/*Müller* GesCoronaG § 1 Rn. 99; aA *Noack/Zetzsche* AG 2020, 265 (273 f.), wonach es sich um ein offensichtliches Redaktionsversehen handelt, sich die Anmeldefrist daher entsprechend der Nachweisvorlagefrist verkürzt und (!) diese Verkürzung auch für die Anmeldefrist und den Umschreibestopp bei Namensaktien gelten soll.

42 Fraglich ist ferner, wie damit umzugehen ist, dass § 1 Abs. 3 COVMG nicht explizit auch die Geltung des § 123 Abs. 1 S. 2 bzw. Abs. 4 S. 4 AktG ausschließt, wonach der Tag der Einberufung bzw. des Zugangs des Anteilsbesitznachweises nicht mitzurechnen ist. Das könnte auf den ersten Blick so zu verstehen sein, dass im Ergebnis bis zum 22. Tag vor der Versammlung einzuberufen ist[67] bzw. der Anteilsbesitznachweis bis zum 5. Tag vor der Versammlung zugehen muss. Dass diese Lesart aber nicht richtig sein kann,[68] folgt nicht nur aus dem Bestreben des Gesetzes nach Beschleunigung, sondern zumindest im Fall der Einberufungsfrist eindeutig auch aus der intendierten[69] Übernahme der wortgleich formulierten Mindestfrist des Art. 5 Abs. 1 Unterabs. 1 ARRL; und dass es sich bei der Frist des Art. 5 Abs. 1 Unterabs. 1 ARRL ihrerseits nicht um eine sog. Zwischenfrist handelt, ergibt sich wiederum daraus, dass die ARRL für Zwischenfristen eine abweichende Formulierung verwendet (vgl. Art. 7 Abs. 3 ARRL). Hinter der Formulierung „spätestens am x-ten Tag vor" steht maW schlicht ein **anderes Fristenberechnungskonzept** als hinter der Formulierung „x Tage vor", sodass die an die zuletzt genannte Formulierung anknüpfenden Regelungen in § 123 Abs. 1 S. 2 bzw. Abs. 4 S. 4 AktG im ersten Fall ins Leere gehen.

43 Bei einer Einberufung mit verkürzter Frist verkürzen sich auch die Fristen für **Ergänzungsverlangen** nach § 122 Abs. 2 AktG (auf 14 Tage vor der Versammlung)[70] und für die **Mitteilung der Einberufung** nach § 125 Abs. 1 S. 1 AktG (auf 12 Tage vor der Versammlung); im Fall von Namensaktien ist die Mitteilung nach § 125 Abs. 2 AktG den zu Beginn des zwölften Tages vor der Versammlung im Aktienregister Eingetragenen zu machen.

44 Ob von der Möglichkeit der Einberufung mit verkürzter Frist Gebrauch gemacht wird, muss in jedem Einzelfall sorgfältig geprüft werden.[71] Anders als anfänglich im Jahr 2020 dürfte hierfür im Jahr 2021 kaum je ein Bedürfnis bestehen. Die **logistischen Herausforderungen** sind erheblich.

d) Abschlagszahlungen auf den Bilanzgewinn ohne Satzungsgrundlage

45 Ausgangspunkt einer weiteren Erleichterung ist der Umstand, dass eine Verschiebung der Hauptversammlung auch eine verzögerte Dividendenausschüttung zur Folge hat, weil hierfür ein Beschluss der Hauptversammlung erforderlich ist (§ 174 Abs. 1 AktG). Eine Abschlagszahlung ist nach Ende des Geschäftsjahrs möglich, bedurfte aber bisher einer Satzungsermächtigung (§ 59 Abs. 1 AktG). Dieses Erfordernis hat § 1 Abs. 4 S. 1 COVMG aufgehoben, sodass der Vorstand mit Zustimmung des Aufsichtsrats nunmehr auch **ohne Satzungsgrundlage** über eine solche **Vorabausschüttung** entscheiden kann.

46 Als Folge der Einführung der virtuellen Hauptversammlung, aber auch angesichts einer krisenbedingt vielfach als notwendig empfundenen Gewinnthesaurierung hat diese Option bisher **keine größere praktische Bedeutung** erlangt. Wird sie genutzt, sind jedenfalls, wie der Gesetzgeber ausdrücklich klargestellt hat, die von § 59 Abs. 2 AktG vorgegebenen Beschränkungen zu beachten. Der Abschlag darf also weder die Hälfte des um gesetzlich oder satzungsmäßig vorgeschriebene Einstellungen in Gewinnrücklagen verminderten Jahresüberschusses noch die Hälfte des vorjährigen Bilanzgewinns übersteigen.[72] Der im Vorfeld des Gesetzgebungsverfahrens erhobenen weitergehenden Forderung, die Entscheidung über die Dividendenausschüttung im Jahr 2020 vollständig Vorstand und Aufsichtsrat zu überlassen oder wenigstens, falls der Jahresabschluss bereits festgestellt ist, einen Abschlag in Höhe des gesamten Bilanzgewinns zuzulassen,[73] ist der Gesetzgeber nicht gefolgt.

47 Die von § 1 Abs. 4 S. 2 COVMG angeordnete analoge Geltung von S. 1 für Abschlagszahlungen auf **unternehmensvertragliche Ausgleichszahlungen** iSd § 304 AktG ist schwer verständlich. Denn der Vorstand einer vertraglich konzernierten AG hat von vornherein – ob mit oder ohne Satzungsgrundlage – keine Dispositionsbefugnis über Ausgleichzahlungen (die ja vom anderen Vertragsteil geschuldet sind). Ob die Analogie bedeuten soll, dass der Vorstand des anderen Vertragsteils (bei dem es sich aber keineswegs

---

[67] Dies in der Tat vorsorglich empfehlend Herb/Merkelbach DStR 2020, 811 (815); Grigoleit/Herrler AktG § 123 Rn. 3b in Fn. 16. In der Praxis ist eine Einberufung bis zum 22. Tag vor der Versammlung bisher die Regel, vgl. Danwerth AG 2020, 418 (420).
[68] Götze/Roßkopf DB 2020, 768 (773); Bücker/Kulenkamp/Schwarz/Seibt/von Bonin DB 2020, 775 (781).
[69] Begr. FraktionsE, BT-Drs. 19/18110, 26f.
[70] Anders als § 122 Abs. 2 Satz 3 AktG differenziert § 1 Abs. 3 Satz 4 COVMG nicht zwischen börsennotierten und nicht börsennotierten Gesellschaften; krit. Grigoleit/Herrler AktG § 122 Rn. 12a.
[71] Bücker/Kulenkamp/Schwarz/Seibt/von Bonin DB 2020, 775 (778). Zur Ermittlung der Entscheidungsgrundlagen siehe noch → Rn. 57 ff. In der Praxis hielten sich Einberufungen mit normaler und mit verkürzter Frist zunächst die Waage, vgl. Danwerth AG 2020, 418 (420).
[72] Zu Einzelheiten siehe MüKoAktG/Bayer AktG § 59 Rn. 12 ff.
[73] So zB die Stellungnahme des Deutschen Aktieninstituts vom 19.3.2020, abrufbar unter https://www.dai.de/files/dai_usercontent/dokumente/positionspapiere/200319%20Coronavirus%20-%20Handlungsbedarf%20bei%20Hauptversammlungen.pdf (zuletzt abgerufen am 25.2.2021), 4, 6.

I. Erweiterte Kompetenzen im Vorfeld der Hauptversammlung

um eine AG handeln muss!) zu Abschlagszahlungen ohne unternehmensvertragliche Grundlage berechtigt ist[74] (bräuchte es dazu eine gesetzliche Ermächtigung?), bleibt im Dunkeln; die Gesetzesbegründung sagt zu dieser (erst spät ins Gesetz geschlüpften) Regelung nichts.

e) Verlängerung der Frist für die Durchführung der ordentlichen Hauptversammlung

Trotz der attraktiven Ausgestaltung dieser Option durch das COVMG und der bisher guten praktischen Erfahrungen mit ihrer Wahl werden sich nicht alle Gesellschaften zur Durchführung einer virtuellen Hauptversammlung und dem damit verbundenen technischen Aufwand entscheiden wollen. Auch für diese Fälle hält § 1 Abs. 5 COVMG eine Erleichterung parat, indem die Frist, innerhalb der die ordentliche Hauptversammlung stattfinden muss, für die Jahre 2020 und 2021 von acht (§ 175 Abs. 1 S. 2 AktG) **auf zwölf Monate verlängert** wurde. 48

Für **SEs** galt die Fristverlängerung zunächst nicht, vgl. § 1 Abs. 8 S. 2 COVMG; insoweit fehlte dem deutschen Gesetzgeber die Regelungskompetenz für eine Abweichung von der Sechsmonatsfrist des Art. 54 Abs. 1 S. 1 SE-VO. Bereits im Mai 2020 hat aber auf europäischer Ebene der Rat mit einer Verordnung gleichen Inhalts nachgezogen,[75] die allerdings bis Mitte Dezember 2020 noch nicht auf das Jahr 2021 verlängert war. 49

Nicht ausdrücklich angesprochen ist im Gesetz die für die **Entlastung von Vorstand und Aufsichtsrat** geltende Achtmonatsfrist des § 120 Abs. 1 S. 1 AktG. Dieser Frist kommt in der Praxis einige Bedeutung zu, weil der Ablauf der Amtszeit von Aufsichtsratsmitgliedern typischerweise an die Beendigung der Hauptversammlung anknüpft, die über die Entlastung für ein bestimmtes Geschäftsjahr nach Amtsbeginn beschließt (vgl. § 102 Abs. 1 AktG). Da der Gesetzgeber das Problem gesehen hat[76] und die Entlastungsentscheidung ohnehin in engem rechtlichen Zusammenhang mit der (den Jahresabschluss als Grundlage dieser Entscheidung entgegennehmenden) ordentlichen Hauptversammlung steht, wird man die Entlastungsfrist als durch § 1 Abs. 5 COVMG implizit mitverlängert ansehen dürfen,[77] sodass es nicht auf die Streitfrage[78] ankommt, ob eine Fristüberschreitung ein vorzeitiges Amtsende auslöst. 50

2. Zustimmungsvorbehalte des Aufsichtsrats

Wie erwähnt, bedürfen die dem Vorstand nach § 1 Abs. 1–5 COVMG zugewiesenen Entscheidungen der **Zustimmung des Aufsichtsrats**, § 1 Abs. 6 COVMG. 51

a) Inhaltliche Reichweite

Der Zustimmungsvorbehalt zugunsten des Aufsichtsrats **erstreckt sich** auf die Entscheidungen des Vorstands über 52
– die Teilnahme der Aktionäre im Wege elektronischer Kommunikation nach § 118 Abs. 1 S. 2 AktG (§ 1 Abs. 1 Alt. 1 COVMG),
– die Stimmabgabe im Wege elektronischer Kommunikation nach § 118 Abs. 2 AktG (§ 1 Abs. 1 Alt. 2 COVMG),
– die Teilnahme von Mitgliedern des Aufsichtsrats im Wege der Bild und Tonübertragung nach § 118 Abs. 3 S. 2 AktG (§ 1 Abs. 1 Alt. 3 COVMG),
– die Zulassung der Bild- und Tonübertragung nach § 118 Abs. 4 AktG (§ 1 Abs. 1 Alt. 4 COVMG),
– die Abhaltung der Versammlung ohne physische Präsenz der Aktionäre oder ihrer Bevollmächtigten als virtuelle Hauptversammlung (§ 1 Abs. 2 S. 1 COVMG),
– die Fragenbeantwortung (§ 1 Abs. 2 S. 2 COVMG),
– die Einberufung der Hauptversammlung mit abgekürzter Frist (§ 1 Abs. 3 COVMG),
– die Zahlung eines Abschlags auf den Bilanzgewinn (§ 1 Abs. 4 COVMG),
– die Verschiebung der Hauptversammlung auf einen späteren Termin im Geschäftsjahr (§ 1 Abs. 5 COVMG).

Nähere Betrachtung verdient in diesem Zusammenhang die inhaltliche Reichweite der Zustimmungsvorbehalte hinsichtlich der **Abhaltung einer virtuellen Hauptversammlung** (§ 1 Abs. 2 S. 1 COVMG) und dabei insbesondere hinsichtlich der **Fragenbeantwortung** (§ 1 Abs. 2 S. 2 COVMG). 53

---

[74] So Hirte/Heidel ARUG II/*Beneke* GesCoronaG § 1 Rn. 113 ff.
[75] VO (EU) 2020/699 des Rates v. 25.5.2020 über befristete Maßnahmen in Bezug auf die Hauptversammlungen Europäischer Gesellschaften (SE) und die Generalversammlungen Europäischer Genossenschaften (SCE), ABl. 2020 Nr. L 165, 25.
[76] Vgl. BT-Drs. 19/18110, 3.
[77] *Götze/Roßkopf* DB 2020, 768 (773); ebenso *Wicke* DStR 2020, 885 (889 in Fn. 48); *Atta* WM 2020, 1047 (1048); Hirte/Heidel ARUG II/*Illner/Beneke* GesCoronaG § 1 Rn. 120 f.; Grigoleit/*Herrler* AktG § 120 Rn. 4a; aA *Mayer/Jenne/Miller* BB 2020, 1282 (1283).
[78] Vgl. Hüffer/Koch/*Koch* AktG § 102 Rn. 3 mwN.

54 Was die Entscheidung über die **Abhaltung einer virtuellen Hauptversammlung** als solche betrifft, wird die Meinung vertreten, dass der Aufsichtsrat nicht nur der Grundsatzentscheidung des Vorstands, sondern auch den Einzelheiten der Ausgestaltung der virtuellen Versammlung zustimmen muss.[79] Das würde etwa die Wahl zwischen elektronischer Teilnahme und Briefwahl, die Dauer der Briefwahl- und/oder Bevollmächtigungsmöglichkeit, die technische Abwicklung der Frageneinreichung und/oder der Widerspruchseinlegung etc. betreffen. Eine solche Sichtweise überspannt aber mE die Anforderungen. Dem Gesetz geht es erkennbar um eine Überwachung der vom Vorstand zu treffenden Grundsatzentscheidungen, nicht um eine Detailkontrolle. Eine solche Detailkontrolle würde auch das auf Flexibilisierung angelegte Grundkonzept des Gesetzes in Frage stellen; es wird immer wieder vorkommen, dass sich einzelne Aspekte der Ausgestaltung erst kurzfristig klären lassen. Damit im Einklang steht auch die Gesetzesbegründung, wonach sich die Aufsichtsratszustimmung auf die Entscheidungen des Vorstands „über die Erleichterungen" des COVMG bezieht,[80] was eher auf die Maßnahmen per se denn auf ihre Modalitäten hindeutet. Selbstverständlich ist aber gegen eine intensivere Aufsichtsratsbefassung nichts einzuwenden. Zur Frage eines Einberufungsrechts des Aufsichtsrats selbst → Rn. 38.

55 Auslegungsbedürftig ist auch der Zustimmungsvorbehalt bezüglich der **Fragenbeantwortung**. Der Wortlaut von § 1 Abs. 6 iVm § 1 Abs. 2 S. 2 COVMG scheint dafür zu sprechen, dass der Aufsichtsrat jeder einzelnen Antwort zustimmen muss. Das wäre selbst bei zweitägiger Vorlaufzeit[81] nicht nur völlig unpraktikabel. Es widerspräche auch dem Grundsatz, dass die für die Erfüllung der Auskunftspflicht nach § 131 Abs. 1 AktG grundsätzlich allein der Vorstand zuständig ist;[82] dass dies (etwa als Folge der Abschwächung der Auskunftspflicht?) im Fall der virtuellen Hauptversammlung anders sein sollte, ist nicht nachvollziehbar. Es handelt sich daher um eine insoweit nicht ganz geglückte Gesetzesformulierung, was angesichts der großen Eile des Gesetzgebungsverfahrens nicht verwundert und auch daraus erklärbar ist, dass die Regelung zur Fragenbeantwortung nach pflichtgemäßem Ermessen in der dem Gesetzentwurf vorangegangenen Formulierungshilfe des BMJV[83] noch anders gefasst war. Im dortigen Art. 2 § 1 Abs. 2 Nr. 3 hieß es: „… den Aktionären eine Fragemöglichkeit im Wege der elektronischen Kommunikation eingeräumt wird und die Beantwortung der Fragen nach pflichtgemäßem Ermessen erfolgt". In dieser Formulierung bezog sich der Zustimmungsvorbehalt schon vom Wortlaut her nicht auf die Beantwortung der einzelnen Fragen. § 1 Abs. 6 COVMG ist daher einschränkend so auszulegen, dass dem Aufsichtsrat lediglich **ermessensleitende Grundsätze** für die Fragenbeantwortung, nicht aber einzelne Antworten zur Zustimmung vorzulegen sind.[84] Dasselbe sollte angesichts ihrer grundsätzlichen konzeptionellen Bedeutung für die Entscheidung des Vorstands gelten, dass Fragen vorab einzureichen sind.[85]

b) Zeitpunkt der Zustimmung

56 § 1 Abs. 6 S. 1 COVMG spricht von der „Zustimmung" des Aufsichtsrats. Dieser Begriff schließt nach allgemeiner zivilrechtlicher Terminologie (§§ 182 ff. BGB) sowohl die (vorherige) Einwilligung als auch die (nachträgliche) Genehmigung ein. Nach Sinn und Zweck des Gesetzes – die Gesetzesbegründung nennt die Verhinderung von Missbrauch und die Gewährleistung der Überwachungskompetenz des Aufsichtsrats[86] – kann im vorliegenden Fall aber nur die **vorherige** (also vor Umsetzung der betreffenden Vorstandsentscheidung erteilte) **Zustimmung** ausreichend sein.[87] Ob in **Eilfällen** ausnahmsweise etwas anderes gelten kann, wie dies im Bereich der Zustimmungsvorbehalte nach § 111 Abs. 4 S. 2 AktG diskutiert wird,[88] ist eine weitgehend theoretische Frage. Denn die vom Vorstand nach § 1 Abs. 1–5

---

[79] Vgl. *Noack/Zetzsche* AG 2020, 265 (272); *Stelmaszczyk/Forschner* Konzern 2020, 221 (226) (jeweils ohne genauere inhaltliche Konkretisierung); *Simons/Hauser* NZG 2020, 488 (497) (Modalitäten der Frageneinreichung).
[80] Begr. FraktionsE, BT-Drs. 19/18110, 21.
[81] § 1 Abs. 2 Satz 2 Hs. 2 COVMG. AA Hirte/Heidel ARUG II/*Illner/Beneke* GesCoronaG § 1 Rn. 130.
[82] Vgl. nur MüKoAktG/*Kubis* AktG § 131 Rn. 20; Hüffer/Koch/*Koch* AktG § 131 Rn. 7. Das gilt auch für Fragen, die sich inhaltlich an den Aufsichtsrat richten; die Beantwortung solcher Fragen kann freilich auf Mitglieder des Aufsichtsrats delegiert werden, MüKoAktG/*Kubis* AktG § 131 Rn. 22; Hüffer/Koch/*Koch* AktG § 131 Rn. 7; ebenso für die virtuelle Hauptversammlung *Simons/Hauser* NZG 2020, 488 (498).
[83] Formulierungshilfe für einen Gesetzentwurf zur Abmilderung der Folgen der COVID-19-Pandemie im Zivil-, Insolvenz- und Strafverfahrensrecht (Bearbeitungsstand 20.3.2020 21:12 Uhr).
[84] HM; vgl. *Noack/Zetzsche* AG 2020, 265 (272); *Bücker/Kulenkamp/Schwarz/Seibt/von Bonin* DB 2020, 775 (782); *Herb/Merkelbach* DStR 2020, 811 (813); *Tröger* BB 2020, 1091 (1096); *Mayer/Jenne/Miller* BB 2020, 1282 (1291); Grigoleit/*Herrler* AktG § 118 Rn. 37d; K. Schmidt/Lutter/*Spindler* AktG § 118 Rn. 63j; aA unter Verweis auf die Formulierungshilfe noch *Götze/Roßkopf* DB 2020, 768 (771) (keine Zustimmung erforderlich).
[85] *Simons/Hauser* NZG 2020, 488 (497); *Dubovitskaya* NZG 2020, 647 (651).
[86] Begr. FraktionsE, BT-Drs. 19/18110, 27.
[87] Vgl. (jeweils bezogen auf die Entscheidung über die Einberufung einer virtuellen Hauptversammlung) *Noack/Zetzsche* AG 2020, 265 (275); *Simons/Hauser* NZG 2020, 488 (500); *Stelmaszczyk/Forschner* Konzern 2020, 221 (226) Grigoleit/*Herrler* AktG § 118 Rn. 36 f.
[88] Zum Streitstand MüKoAktG/*Habersack* AktG § 111 Rn. 140 f. mwN.

COVMG zu treffenden Entscheidungen mögen zwar teilweise unter Zeitdruck stehen; eine Konstellation, in der es dem Aufsichtsrat selbst unter Inanspruchnahme der durch § 1 Abs. 6 S. 2 COVMG eingeführten Verfahrenserleichterung (dazu → Rn. 60) nicht möglich wäre, über seine Zustimmung rechtzeitig vorab abzustimmen, ist indes kaum vorstellbar.[89]

c) Entscheidungsmaßstab

Die Entscheidungen des **Vorstands** gem. § 1 Abs. 1–5 COVMG sind als **Ermessensentscheidungen** 57 ausgestaltet ("kann"). Ob es sich dabei um "unternehmerische Entscheidungen" iSd Business Judgment Rule (§ 93 Abs. 1 S. 2 AktG) handelt,[90] mag zweifelhaft sein; dagegen spricht, dass es hier nicht um opportunitätsorientierte Geschäftsführungsmaßnahmen, sondern (mit Ausnahme von § 1 Abs. 4 COVMG) um Handlungsoptionen im Kontext der Erfüllung einer aktienrechtlichen Pflichtaufgabe – der Durchführung einer Hauptversammlung – geht.[91] Das ändert allerdings nichts daran, dass der Vorstand bei seiner jeweiligen Entscheidung eine **Abwägung** vorzunehmen hat und dass diese Abwägung auf angemessener Informationsgrundlage erfolgen muss und sich am Gesellschaftswohl zu orientieren hat – das hier strikt an der genannten aktienrechtlichen Zielvorgabe ausgerichtet ist. Mit diesem Vorbehalt gleicht der Entscheidungsmaßstab also der für unternehmerische Entscheidungen geltenden Vorgabe.[92]

Dieser Maßstab einer informierten und an dem durch die vorgegebene Pflichtaufgabe konkretisierten 58 Gesellschaftswohl orientierten Abwägung muss auch für die Beschlussfassung des **Aufsichtsrats** über die Erteilung oder Verweigerung seiner Zustimmung gelten; denn nur so lässt sich die vom Gesetz angestrebte Entscheidungsteilhabe des Aufsichtsrats verwirklichen. Das bedeutet einerseits, dass der Aufsichtsrat seine Zustimmung auch dann erteilen darf, wenn er zwar selbst von der Maßnahme nicht restlos überzeugt ist, die Entscheidung des Vorstands als immerhin vertretbar erscheint; er darf sie andererseits aber (in diesem Fall vorbehaltlich der Unvertretbarkeit der eigenen Entscheidung) selbst dann verweigern, wenn die Entscheidung des Vorstands inhaltlich im Rahmen des ihm eingeräumten Ermessens liegt, also an sich nicht zu beanstanden ist.[93]

Nimmt man den praktisch im Vordergrund stehenden Fall der **Zustimmung zur Einberufung ei-** 59 **ner virtuellen Hauptversammlung** in den Blick, werden insbesondere folgende Abwägungsgesichtspunkte zu berücksichtigen sein:[94]
– der Grad der Wahrscheinlichkeit, dass die weitere Entwicklung der Corona-Pandemie die Durchführung einer Präsenz-Hauptversammlung während des zur Verfügung stehenden, durch § 1 Abs. 5 COVMG verlängerten Zeitraums zulassen wird;
– die Aussichten auf eine (ggf. auch kurzfristige) Verfügbarkeit der erforderlichen Infrastruktur, va eines geeigneten Versammlungsraums, zu einem späteren Zeitpunkt und die dafür anfallenden (Opportunitäts-)Kosten;
– die Dringlichkeit einzelner Beschlussfassungen, die einer Ausnutzung des durch § 1 Abs. 5 COVMG verlängerten Durchführungszeitraums entgegensteht;[95]
– die Einsparung präsenzbezogenen Aufwands (Raummiete, Catering, Back Office);
– der Wunsch nach einer zügigen und über die Beschränkungen des § 1 Abs. 4 COVMG hinausgehenden Dividendenzahlung;
– ganz allgemein das Bestreben nach einem zügigen „Abhaken" des vergangenen Geschäftsjahrs, um sich auf die aktuellen, bisweilen existenzbedrohenden Herausforderungen konzentrieren zu können;
– die rechtlichen Risiken der Nutzung des neuen Instruments unter Berücksichtigung des weitreichenden Anfechtungsausschlusses nach § 1 Abs. 7 COVMG.[96]

---

[89] Am ehesten ließe sich ein solcher Fall wohl noch für eine kurzfristig eingetretene Beschlussunfähigkeit des Aufsichtsrats bejahen.
[90] So (jeweils bezogen auf die die Einberufung einer virtuellen Hauptversammlung) *Wicke* DStR 2020, 885 (889); *Lieder* ZIP 2020, 837 (838 f.); *Stelmaszczyk/Forschner* Konzern 2020, 221 (225); K. *Schmidt/Lutter/Spindler* AktG § 118 Rn. 63b; wohl auch *Bücker/Kulenkamp/Schwarz/Seibt/von Bonin* DB 2020, 775 (777).
[91] *Hirte/Heidel* ARUG II/*Illner* GesCoronaG § 1 Rn. 132 ff.
[92] Vgl. zur Frage der Übertragbarkeit der Grundsätze der Business Judgment Rule auf Handlungsspielräume jenseits unternehmerischer Entscheidungen Hüffer/Koch/*Koch* AktG § 93 Rn. 11; BeckOGK/*Fleischer* AktG § 93 Rn. 87; *Holle* AG 2011, 778.
[93] Vgl. für die Entscheidung über die Zustimmung nach § 111 Abs. 4 S. 2 AktG MüKoAktG/*Habersack* AktG § 111 Rn. 144 mwN.
[94] Vgl. *Götze/Roßkopf* DB 2020, 768 (774); *Bücker/Kulenkamp/Schwarz/Seibt/von Bonin* DB 2020, 775 (777); *Tröger* BB 2020, 1091 (1094); *Stelmaszczyk/Forschner* Konzern 2020, 221 (225); Grigoleit/*Herrler* AktG § 118 Rn. 36e.
[95] ZB wegen des Auslaufens eines genehmigten Kapitals oder einer Ermächtigung zum Erwerb eigener Aktien oder wegen einer notwendigen Zustimmung der Hauptversammlung zu einer Strukturmaßnahme (vgl. aber für Umwandlungen § 4 COVMG).
[96] Zu verfassungsrechtlichen Bedenken gegen die Einschränkung des Fragerechts in der virtuellen Hauptversammlung Hirte/Heidel ARUG II/*Heidel/Lochner* GesCoronaG § 1 Rn. 27 ff.; gegen den Umfang des Anfechtungsausschlusses

d) Verfahrensmodalitäten

60 Gem. § 1 Abs. 6 S. 2 COVMG kann der Aufsichtsrat über die Zustimmung zu Vorstandsentscheidungen nach § 1 Abs. 1–5 COVMG abweichend von § 108 Abs. 4 AktG auch dann **ohne physische Anwesenheit seiner Mitglieder** schriftlich, fernmündlich oder in vergleichbarer Weise[97] beschließen, wenn Satzung oder Geschäftsordnung hierzu keine oder eine abweichende Regelung enthalten. Die Aufsichtsratsmitglieder können einer entsprechenden Anordnung des Vorsitzenden[98] also nicht widersprechen.[99] Es hätte nahegelegen, diese Erleichterung auf **sämtliche** im Jahr 2020 (und inzwischen auch 2021) zu fassenden **Aufsichtsratsbeschlüsse** auszudehnen. Dass dies **nicht** geschehen ist, bedeutet nicht, dass nicht zugleich mit der Zustimmung zu Covid-Maßnahmen auch über weitere Beschlussgegenstände abgestimmt werden kann; nur bleibt es insoweit bei den bestehenden (gesetzlichen, satzungs- oder geschäftsordnungsmäßigen) Vorgaben.[100] Einer analogen Anwendung des § 1 Abs. 6 S. 2 COVMG auf weitere Beschlussgegenstände[101] steht nicht zuletzt der Umstand entgegen, dass der Gesetzgeber das Problem offenbar gesehen hat: im Fall von Genossenschaften ordnet § 3 Abs. 6 iVm § 7 Abs. 3 COVMG eine vergleichbare Erleichterung in der Tat für sämtliche im Jahr 2020 (und inzwischen auch 2021) stattfindenden Aufsichtsratssitzungen an.[102]

61 Für die Vorbereitung der Beschlussfassung, die Beschlussfähigkeit und **andere Verfahrensfragen** gelten die allgemeinen Regeln (→ § 3 Rn. 432 ff.). So enthalten die Satzung oder eine Geschäftsordnung des Aufsichtsrats für dringende Fälle regelmäßig abgekürzte Einberufungs- bzw. (bei sitzungslosen Beschlussfassungen) Stimmabgabefristen; um einen solchen dringenden Fall kann es sich je nach den Umständen bei der Zustimmung zu Maßnahmen nach dem COVMG handeln. In jedem Fall muss den Aufsichtsratsmitgliedern eine unter den gegebenen Umständen angemessene Vorbereitungszeit verbleiben.[103]

62 Ob die Zustimmungsentscheidung auf einen **Ausschuss** übertragen werden kann, ist – soweit die Frage bislang überhaupt behandelt wird – umstritten.[104] Dafür spricht, dass § 1 Abs. 6 COVMG kein ausdrückliches Delegationsverbot aufstellt und es einen allgemeinen Plenumsvorbehalt für besonders wichtige Aufgaben nicht gibt.[105] Auch Zustimmungsbeschlüsse nach § 111 Abs. 4 S. 2 AktG sind auf einen Ausschuss delegierbar. Andererseits sollte dem Schweigen des Gesetzes angesichts der zeitlichen Umstände seiner Entstehung auch hier keine übermäßige Bedeutung beigemessen werden, und die sachliche Nähe zum Delegationsausschluss gem. § 107 Abs. 3 S. 7 AktG betreffend die Einberufung einer Hauptversammlung ist nicht zu verkennen.[106] Im Ergebnis spricht daher mE mehr dafür, die Möglichkeit einer Delegation auf einen Ausschuss zu verneinen.

e) Rechtsfolgen fehlender Aufsichtsratszustimmung

63 Welche **rechtlichen Konsequenzen** eine verweigerte oder gänzlich fehlende[107] Zustimmung des Aufsichtsrats für vom Vorstand gem. § 1 Abs. 1–5 COVMG beschlossene Maßnahmen hat, wird von den wenigen Autoren, die sich bislang mit der Frage befasst haben, unterschiedlich beurteilt. Es überwiegen die Stimmen, die unter Verweis auf die Rechtslage bei § 111 Abs. 4 S. 2 AktG[108] eine **Wirkung „im Außenverhältnis" verneinen;**[109] teil- und konsequenterweise wird ausdrücklich eine Ausnahme für den Fall eines „Missbrauchs der Vertretungsmacht" gemacht.[110]

---

[96] in der virtuellen Hauptversammlung Hirte/Heidel ARUG II/*Heidel/Lochner* GesCoronaG § 1 Rn. 158 ff.; Grigoleit/*Grigoleit/Gansmeier* AktG § 243 Rn. 23c ff.

[97] Dazu gehört nach wohl noch hM auch die Beschlussfassung per Videokonferenz, vgl. zum Streitstand MüKoAktG/*Habersack* AktG § 108 Rn. 16 mwN sowie → § 3 Rn. 459.

[98] MüKoAktG/*Habersack* AktG § 108 Rn. 62.

[99] Vgl. nur *Noack/Zetzsche* AG 2020, 265 (275); *Götze/Roßkopf* DB 2020, 768 (774); *Heusel/Goette* AG 2020, 411 (417); Grigoleit/*Tomasic* AktG § 108 Rn. 8a; Hirte/Heidel ARUG II/*Illner* GesCoronaG § 1 Rn. 128; verfehlt *Römermann/Grupe* in Römermann COVID-19 AbmilderungsG COVMG § 1 Rn. 132 f.

[100] Hirte/Heidel ARUG II/*Illner* GesCoronaG § 1 Rn. 147.

[101] Dafür *Noack/Zetzsche* AG 2020, 265 (276); *Stelmaszczyk/Forschner* Konzern 2020, 221 (226), soweit es sich um mit den privilegierten Entscheidungen sachlich zusammenhängende Beschlussgegenstände handelt.

[102] Hirte/Heidel ARUG II/*Illner* GesCoronaG § 1 Rn. 147; vgl. bereits *Götze/Roßkopf* DB 2020, 768 (774).

[103] *Noack/Zetzsche* AG 2020, 265 (275 f.); *Stelmaszczyk/Forschner* Konzern 2020, 221 (226); Hirte/Heidel ARUG II/*Illner* GesCoronaG § 1 Rn. 150.

[104] Für eine Delegationsmöglichkeit (wenngleich in der Sache kritisch) Hirte/Heidel ARUG II/*Illner* GesCoronaG § 1 Rn. 133 f.; dagegen *Simons/Hauser* NZG 2020, 488 (497).

[105] Vgl. nur MüKoAktG/*Habersack* AktG § 107 Rn. 146; Hüffer/Koch/*Koch* AktG § 107 Rn. 27.

[106] Der Zahlung eines Dividendenabschlags muss in jedem Fall das Aufsichtsratsplenum zustimmen, § 107 Abs. 3 S. 7 AktG, § 59 Abs. 3 AktG.

[107] Das Fehlen kann sich auch aus der Nichtigkeit eines gefassten Zustimmungsbeschlusses ergeben; vgl. allg. MüKoAktG/*Habersack* AktG § 108 Rn. 73 ff. mwN.

[108] Vgl. dazu MüKoAktG/*Habersack* AktG § 111 Rn. 147; Hüffer/Koch/*Koch* AktG § 111 Rn. 49.

[109] *Lieder* ZIP 2020, 837 (843 f.); Grigoleit/*Herrler* AktG § 118 Rn. 36 f. („arg e § 114 I" [sic]).

[110] *Lieder* ZIP 2020, 837 (843 f.).

Diese Sichtweise verkennt aber, dass es sich jedenfalls bei den in § 1 Abs. 1–3, 5 COVMG geregelten **64** Sachverhalten nicht um Fälle der Vertretung der Gesellschaft nach außen, sondern um **innergesellschaftliche Organisationsmaßnahmen** handelt.[111] Dementsprechend lässt sich vorliegend nicht mit den Kategorien „Innen- vs. Außenverhältnis" und der unbeschränkten Vertretungsmacht des Vorstands operieren. Richtig dürfte es stattdessen sein, die Rechtsfolge einer fehlenden Zustimmung des Aufsichtsrats – mangels Vorliegens von Nichtigkeitsgründen – in der grundsätzlichen **Anfechtbarkeit** der betroffenen **Hauptversammlungsbeschlüsse** zu sehen.[112] Da der Mangel im Fall der Maßnahmen gem. § 1 Abs. 1–3, 5 COVMG die Hauptversammlung insgesamt betrifft,[113] dürfte die Anfechtbarkeit sämtliche in der Versammlung gefassten Beschlüsse erfassen. Die **Relevanz** dieses Verfahrensmangels[114] lässt sich in Anbetracht der dem Aufsichtsrat vom Gesetzgeber zugedachten Kontrollfunktion[115] kaum in Abrede stellen.[116] Der Anfechtungsausschluss gem. § 1 Abs. 7 COVMG greift hier nicht ein.[117] Eine **Ausnahme** von der Anfechtbarkeit dürfte indes für Fälle zustimmungsloser Vorstandsentscheidungen zu Maßnahmen nach § 1 Abs. 1 COVMG gelten, soweit durch solche Maßnahmen die Ausübung von Aktionärsrechten nicht tangiert (virtuelle Teilnahme von Aufsichtsratsmitgliedern) oder sogar erweitert (elektronische Teilnahme, Briefwahl) wird.[118]

Im Fall des **Dividendenabschlags** gem. § 1 Abs. 4 COVMG, wo kein Beschluss der Hauptversammlung in Rede steht (dafür aber tatsächlich ein Vertretungsakt involviert ist), führt die fehlende Zustimmung des Aufsichtsrats zur Unzulässigkeit der Abschlagszahlung, die damit als **verbotene Einlagenrückgewähr** zu qualifizieren ist und vorbehaltlich des Gutglaubensprivilegs des § 62 Abs. 1 S. 2 AktG einen Rückgewähranspruch nach § 62 Abs. 1 S. 1 AktG auslöst.[119] Insoweit kann nichts anderes gelten als beim Fehlen der Aufsichtsratszustimmung gem. § 59 Abs. 3 AktG im Fall einer bereits von der Satzung gestatteten Abschlagszahlung.[120] **65**

f) Besonderheiten bei der SE

Für die **dualistische SE** gelten die vorigen Ausführungen größtenteils entsprechend. Fraglich ist nur, ob **66** der Aufsichtsrat auch einer Verschiebung der Hauptversammlung über die Sechsmonatsfrist des Art. 54 Abs. 1 S. 1 SE-VO hinaus zustimmen muss. Wie erwähnt (→ Rn. 49), konnte das COVMG die Option einer solchen Verschiebung aus Kompetenzgründen nicht eröffnen, so dass sich die Frage eines Zustimmungsvorbehalts insoweit zunächst nicht stellte. Dies hat sich durch das Nachziehen des europäischen Gesetzgebers geändert (→ Rn. 49; dort auch zur Frage der Verlängerung auf das Jahr 2021). Allerdings enthält der einschlägige Art. 1 VO (EU) 2020/699[121] keine diesbezügliche Regelung. Insoweit dürfte aber von einer Lücke auszugehen sein, die gem. Art. 9 Abs. 1 lit. c ii) SE-VO durch Rückgriff auf den für deutsche AGs geltenden § 1 Abs. 6 COVMG zu füllen ist, so dass im Ergebnis jedenfalls vorsorglich auch hier ein Zustimmungsvorbehalt angenommen werden sollte.

In einer **monistischen SE** existiert kein Aufsichtsrat (vgl. Art. 38 lit. b Alt. 2 SE-VO). Dort obliegen **67** sämtliche Entscheidungen nach § 1 Abs. 1–4 COVMG dem Verwaltungsrat, § 1 Abs. 8 S. 3 COVMG. Dasselbe muss notwendigerweise für die Entscheidung über eine Verschiebung der Hauptversammlung gem. Art. 1 VO (EU) 2020/699[122] gelten.

---

[111] Hirte/Heidel ARUG II/*Illner* GesCoronaG § 1 Rn. 139.
[112] Hirte/Heidel ARUG II/*Krenek* GesCoronaG § 1 Rn. 16; eingehend Hirte/Heidel ARUG II/*Illner* GesCoronaG § 1 Rn. 139 ff.
[113] Zu § 1 Abs. 4 COVMG → Rn. 45 ff.
[114] Zu den Beschlussmängelkategorien und zum Relevanzerfordernis bei Verfahrensmängeln vgl. nur MüKoAktG/*Hüffer/Schäfer* AktG § 243 Rn. 25 ff. mwN.
[115] Begr. FraktionsE, BT-Drs. 19/18110, 27.
[116] Vgl. auch die Anfechtbarkeit von Beschlüssen, zu denen der Aufsichtsrat entgegen § 124 Abs. 3 S. 1 AktG keinen Vorschlag gemacht hat, MüKoAktG/*Hüffer/Schäfer* AktG § 243 Rn. 34.
[117] § 1 Abs. 6 COVMG wird in § 1 Abs. 7 COVMG nicht genannt, Hirte/Heidel ARUG II/*Illner* GesCoronaG § 1 Rn. 143.
[118] Ähnlich Hirte/Heidel ARUG II/*Illner* GesCoronaG § 1 Rn. 142. – Ob die Nichtanfechtbarkeit auch für den Fall der unkonsentierten Zulassung der Bild- und Tonübertragung der Hauptversammlung gem. § 1 Abs. 1 Alt. 4 COVMG gilt, erscheint mir angesichts des damit verbundenen Eingriffs in das allgemeine Persönlichkeitsrecht der Aktionäre (vgl. MüKoAktG/*Kubis* AktG § 118 Rn. 118) zweifelhaft.
[119] Ebenso Hirte/Heidel ARUG II/*Illner* GesCoronaG § 1 Rn. 137.
[120] Vgl. dazu MüKoAktG/*Bayer* AktG § 59 Rn. 20.
[121] ABl. 2020 Nr. L 165, 25.
[122] ABl. 2020 Nr. L 165, 25.

II. Mitwirkung an Kapitalisierungsmaßnahmen

68 Bund und Länder haben auf die Corona-Krise mit dem größten **Hilfspaket** in der Geschichte der Bundesrepublik reagiert.[123]

69 Für kleine Unternehmen, Selbständige und Freiberufler mit bis zu 10 Beschäftigten wurde ein **Soforthilfeprogramm** geschaffen. Danach können Einmalzahlungen bis 9.000 EUR (bei bis zu 5 Beschäftigten) bzw. bis 15.000 EUR (bei bis zu 10 Beschäftigten) für drei Monate beantragt werden. Die Leistung wird als verlorener Zuschuss gewährt, ist also nicht zurückzuzahlen. Daneben stellt der Bund über die Kreditanstalt für Wiederaufbau (KfW) Liquiditätshilfen zur Verfügung. Zu diesem Zweck hat die KfW am 23.3.2020 ihr neues **KfW Sonderprogramm 2020** eingeführt, das am 15.4.2020 um den **KfW Schnellkredit 2020** ergänzt wurde. Im Rahmen des KfW Sonderprogramms 2020 deckt die KfW bis zu 90 % des Kreditausfallrisikos der Hausbank für Darlehen von bis zu 1 Mrd. EUR ab. Außerdem stellt die KfW im Konsortium mit anderen Banken größere Darlehen bereit, wobei die KfW bis zu 80 % des Kreditausfallrisikos, jedoch nicht mehr als 50 % der Gesamtverschuldung übernimmt. Im Rahmen des Programms KfW Schnellkredit 2020 übernimmt die KfW für Kredite bis zur Höhe von 800.000 EUR zudem bis zu 100 % des Ausfallrisikos.

70 Zusätzlich zu diesen Maßnahmen hat der Bund den **Wirtschaftsstabilisierungsfonds** (WSF) mit einem Hilfsvolumen von insgesamt bis zu 600 Mrd. EUR geschaffen. Dabei hat der Gesetzgeber auf die Werkzeuge zurückgegriffen, die bereits in der Finanzmarktkrise 2008 erfolgreich genutzt wurden, um die damals betroffenen Unternehmen des Finanzsektors zu stützen.

1. Stabilisierungsmaßnahmen nach dem Stabilisierungsfondsgesetz

71 Zur Schaffung des Wirtschaftsstabilisierungsfonds wurde das in der Finanzmarktkrise 2008 erlassene **Finanzmarktstabilisierungsfondsgesetz**[124] um Vorschriften betreffend einen **Wirtschaftsstabilisierungsfonds ergänzt** (§§ 15–28 StFG). Der Titel des Gesetzes wurde geändert in Gesetz zur Errichtung eines Finanzmarkt- und eines Wirtschaftsstabilisierungsfonds (Stabilisierungsfondsgesetz).[125]

72 Der WSF ist – ebenso wie bereits der Finanzmarktstabilisierungsfonds – ein nicht rechtsfähiges **Sondervermögen** im Sinne von Art. 110 Abs. 1 GG (§ 14 Abs. 4 StFG und § 17 Abs. 1 S. 1 StFG). Er kann unter seinem Namen im rechtsgeschäftlichen Verkehr handeln, klagen und verklagt werden und wird durch die Bundesrepublik Deutschland Finanzagentur GmbH (**Finanzagentur**) verwaltet (§ 17 Abs. 1 S. 2 StFG und § 18 Abs. 1 StFG). **Entscheidungen über Stabilisierungsmaßnahmen** werden vom Bundesministerium der Finanzen im Einvernehmen mit dem Bundesministerium für Wirtschaft und Energie (BMWi) getroffen (§ 20 Abs. 1 StFG). Während der Finanzmarktstabilisierungsfonds nur für Unternehmen des Finanzsektors (legaldefiniert in § 2 Abs. 1 StFG) zur Verfügung stand, darf der WSF seine Mittel nur zur Stabilisierung von **Unternehmen der Realwirtschaft** einsetzen (§ 16 Abs. 1 und 2 StFG).

73 Der WSF kann Stabilisierungsmaßnahmen auf zweierlei Weise erbringen: zum einen als „**Garantie**" gemäß § 21 StFG (→ Rn. 84 ff.) und zum anderen durch „**Rekapitalisierung**" (→ Rn. 100 ff.). Eine Kombination der beiden Maßnahmen ist möglich. Um sicherzustellen, dass die Stabilisierungsmaßnahmen des WSF schnell und rechtssicher umgesetzt werden können, wurden zahlreiche gesellschaftsrechtliche Vorschriften modifiziert. Auch dabei hat der Gesetzgeber auf eine Vorlage aus der Finanzmarktkrise zurückgegriffen und das **Finanzmarktstabilisierungsbeschleunigungsgesetz**[126] (jetzt: **Wirtschaftsstabilisierungsbeschleunigungsgesetz**)[127] für den WSF adaptiert (→ Rn. 123 ff.).

a) Allgemeine Anforderungen für Stabilisierungsmaßnahmen nach dem StFG

74 Unabhängig davon, ob eine Garantie nach § 21 StFG beantragt wird oder eine Rekapitalisierung nach § 22 StFG, gelten für Stabilisierungsmaßnahmen nach dem StFG folgende allgemeine Anforderungen:

---

[123] https://www.bundesfinanzministerium.de/Content/DE/Standardartikel/Themen/Schlaglichter/Corona-Schutzschild/2020-03-13-Milliarden-Schutzschild-fuer-Deutschland.html.
[124] Gesetz zur Schaffung eines Finanzmarktstabilisierungsfonds vom 17.10.2008, BGBl. 2008 I 1982.
[125] Gesetz zur Errichtung eines Wirtschaftsstabilisierungsfonds vom 27.3.2020, BGBl. 2020 I 543.
[126] Gesetz zur Beschleunigung und Vereinfachung des Erwerbs von Anteilen an sowie Risikopositionen von Unternehmen des Finanzsektors durch den Fonds „Finanzmarktstabilisierungsfonds – FMS" (Finanzmarktstabilisierungsbeschleunigungsgesetz) vom 17.10.2008, BGBl. 2008 I 1982.
[127] Gesetz zur Beschleunigung und Vereinfachung des Erwerbs von Anteilen an sowie Risikopositionen von Unternehmen des Finanzsektors durch den Fonds „Finanzmarktstabilisierungsfonds – FMS" – und der Realwirtschaft durch den Fonds „Wirtschaftsstabilisierungsfonds – WSF", BGBl. 2020 I 543, die endgültige Fassung hat der Titel jedoch erst durch BGBl. 2020 I 1633 erhalten.

– Der Antragsteller muss ein **Unternehmen der Realwirtschaft** sein (§ 16 Abs. 1 StFG). Unternehmen der Realwirtschaft sind nach § 16 Abs. 2 StFG Wirtschaftsunternehmen, die **nicht Unternehmen des Finanzsektors** (§ 2 Abs. 1 S. 1 StFG), keine Kreditinstitute und keine Brückeninstitute (§ 2 Abs. 1 S. 2 StFG) sind und die in den letzten beiden bereits bilanziell abgeschlossenen Geschäftsjahren vor dem 1.1.2020 **mindestens zwei der drei folgenden Kriterien** erfüllt haben: 75
  – eine **Bilanzsumme** von mehr als 43 Millionen Euro, 76
  – mehr als 50 Millionen Euro **Umsatzerlöse** sowie
  – mehr als 249 Arbeitnehmer im Jahresdurchschnitt.
– Unternehmen, die die genannten bilanziellen Anforderungen nicht erfüllen, sind ausnahmsweise dennoch antragsberechtigt, wenn sie in einem der in § 55 Außenwirtschaftsverordnung genannten Sektoren tätig sind oder von vergleichbarer Bedeutung für die Sicherheit oder die Wirtschaft sind (§ 21 Abs. 1 S. 2 StFG). 77
– Ein Rechtsanspruch auf Leistungen des WSF besteht nicht (§ 20 Abs. 1 S. 4 StFG), es besteht jedoch ein Anspruch auf eine fehlerfreie Ermessensentscheidung. Das Ermessen ist unter Berücksichtigung der folgenden in § 20 Abs. 1 S. 1 StFG genannten Kriterien auszuüben: 78
  – der **Bedeutung** des Unternehmens für die Wirtschaft Deutschlands,
  – der Dringlichkeit,
  – der Auswirkungen auf den **Arbeitsmarkt** und den **Wettbewerb,** sowie
  – den Grundsatz des möglichst **sparsamen und wirtschaftlichen Einsatzes** der Mittel des WSF.
– Dem Antragsteller dürfen **anderweitige Finanzierungsmöglichkeiten** nicht zur Verfügung stehen (§ 25 Abs. 1 S. 1 StFG). 79
– Durch die Stabilisierungsmaßnahmen muss eine klare eigenständige **Fortführungsperspektive** nach Überwindung der Pandemie bestehen (§ 25 Abs. 1 S. 2 StFG). 80
– Der Antragsteller darf zum 31.12.2019 **nicht bereits ein „Unternehmen in Schwierigkeiten"** im Sinne von Artikel 2 Nummer 18 der Allgemeinen Gruppenfreistellungsverordnung (Verordnung (EU) Nr. 651/2014) gewesen sein (§ 25 Abs. 1 S. 3 StFG). 81
– Der Antragsteller muss die Gewähr für eine **solide und umsichtige Geschäftspolitik bieten** und insbesondere einen Beitrag zur **Stabilisierung von Produktionsketten** und zur **Sicherung von Arbeitsplätzen** leisten. Zur Gewährleistung dieser Anforderungen kann der WSF die Gewährung von Stabilisierungsmaßnahmen davon abhängig machen, dass der Antragsteller sich verpflichtet, bestimmte **Auflagen** zu erfüllen (§ 25 Abs. 2 S. 1–3 StFG). 82

Eine weitere Konkretisierung erfolgt durch die Durchführungsverordnung für den Wirtschaftsstabilisierungsfonds (WSF-DVO).[128] 83

b) Garantien gemäß § 21 StFG

Durch § 21 StFG wird der WSF ermächtigt, **Garantien** bis zu einer Gesamthöhe von 400 Milliarden Euro für Verbindlichkeiten von Unternehmen zu übernehmen. Der Begriff „Garantie" im Sinne des § 21 StFG ist untechnisch zu verstehen und umfasst **jede Art von Personalsicherheit.** Soweit es sich bei der abzusichernden Verbindlichkeit um einen Kredit eines **in der EU zugelassenen Kreditinstituts** handelt, hat sich der WSF durch Merkblatt vom 10.7.2020[129] (WSF-Bürgschaftsmerkblatt) auf eine **quotale Ausfallbürgschaft** als Sicherungsmittel festgelegt. In dem WSF-Bürgschaftsmerkblatt werden außerdem die Voraussetzungen für die Gewährung der Bürgschaft sowie deren Konditionen konkretisiert. Für die Gewährung einer Stabilisierungsgarantie nach § 21 StFG gilt danach im Wesentlichen Folgendes: 84
– Die abzusichernde Verbindlichkeit muss **nach dem 28.3.2020 bis zum 31.12.2021** begründet werden und dazu dienen Liquiditätsengpässe zu beheben oder sich am Kapitalmarkt zu refinanzieren (§ 21 Abs. 1 FStG). 85
– Grundsätzlich kann **jede der Finanzierung des Unternehmens dienende Verbindlichkeit** abgesichert werden. Es kann sich insbesondere um vom Unternehmen begebene **Schuldverschreibungen** handeln. Soweit es sich um Kredite von in der EU zugelassenen Kreditinstituten handelt, ist die im WSF-Bürgschaftsmerkblatt festgelegte Verwaltungspraxis zu berücksichtigen (→ Rn. 92 ff.). 86
– Die **Laufzeit** der Garantie und der abzusichernden Verbindlichkeit darf **60 Monate (5 Jahre)** nicht überschreiten (§ 21 Abs. 1 S. 1 FStG). 87
– Für die Übernahme der Garantie ist eine **angemessene Vergütung** zu erheben (§ 21 Abs. 1 S. 3 FStG). Für die Ausfallbürgschaften zugunsten von EU Kreditinstituten beträgt die Vergütung gemäß 88

---

[128] Verordnung zur Gewährung und Durchführung von Maßnahmen aus dem Wirtschaftsstabilisierungsfonds nach dem Stabilisierungsfondsgesetz (Wirtschaftsstabilisierungsfonds-Durchführungsverordnung – WSF-DV) vom 1.10.2020, BGBl. I S. 2058.
[129] Abrufbar auf der Webseite des BMWi unter https://www.bmwi.de/Redaktion/DE/Downloads/W/wsf-merkblatt-buergschaft-fuer-bankkredite.pdf?__blob=publicationFile&v=6, zuletzt abgerufen am 15.10.2020.

89 – Die **vorzeitige Geltendmachung** der gesicherten Forderungen, auch aufgrund einer Kündigung **muss ausgeschlossen sein** (§ 21 Abs. 4 StFG iVm § 6 Abs. 1a S. 1 Nr. 1 StFG).

90 – Der Inhaber der gesicherten Forderung darf diese **nicht durch Arrest oder Zwangsvollstreckung** gegenüber dem Emittenten geltend machen (§ 21 Abs. 4 StFG iVm § 6 Abs. 1a S. 1 Nr. 2 StFG).

91 – Der Inhaber der gesicherten Forderung **nimmt nicht am Insolvenzverfahren** über das Vermögen des Schuldners teil (§ 21 Abs. 4 StFG iVm § 6 Abs. 1a S. 1 Nr. 3 StFG).

92 – Für Kredite von in der EU zugelassenen Kreditinstituten ergeben sich außerdem folgende **Anforderungen** aus dem **WSF-Bürgschaftsmerkblatt:**

93 – Der **Betrag der Bürgschaft** ist **begrenzt** auf das Zweifache der Lohn- und Gehaltszahlungen einschließlich Sozialabgaben oder 25 % der Umsatzerlöse des Antragstellers im Jahr 2019 bzw. alternativ die Höhe des nachvollziehbar planerisch abgeleiteten Finanzbedarfs der kommenden 12 Monate.

94 – Die **Deckung** wird für **maximal 90 %** des Ausfalls der Hauptforderung übernommen.

95 – Für die Hauptforderung sind sämtliche dem Antragsteller **zumutbaren und wirtschaftlich sinnvollen Sicherheiten** zu bestellen, wobei es unzulässig ist, Sondersicherheiten für den Risikoanteil des Kreditgebers zu bestellen.

96 – Ab einem Bürgschaftsbetrag von 100 Millionen Euro dürfen während der Laufzeit der Bürgschaft **keine Gewinne oder Dividenden** ausgeschüttet oder **eigene Anteile/Aktie zurückerworben** werden; es dürfen außerdem Organmitgliedern und Geschäftsleitern **keine Boni,** andere variable oder vergleichbare Vergütungsbestandteile gewährt werden.

97 – Solange nicht **mindestens 75 % des Bürgschaftsbetrags zurückgeführt** sind, darf keinem Mitglied der **Geschäftsleitung** des Unternehmens eine **Gesamtvergütung** gezahlt werden, die über die Grundvergütung dieses Mitglieds **zum 31.12.2019** hinausgeht. Für neu berufene Geschäftsleitungsmitglieder gilt als Obergrenze die Grundvergütung von Mitgliedern der Geschäftsleitung derselben Verantwortungsstufe zum 31.12.2019.

98 – **Regeltilgungen** auf (andere) Bankkredite sind grundsätzlich **bis Ende 2021 auszusetzen** und vorhandene **Kreditlinien** sind bis mindestens **Ende 2022 festzuschreiben.**

99 – **Gesellschafter** haben einen den Strukturen und Vermögensverhältnissen **angemessenen Beitrag zu leisten.** Bei Konzerngesellschaften bedarf es außerdem grundsätzlich einer Mitverpflichtung der Konzernmutter.

c) Rekapitalisierung gemäß § 22 StFG

100 Nach § 22 StFG kann sich der WSF ferner an der Rekapitalisierung von Unternehmen beteiligen. Die zulässigen **Rekapitalisierungsmaßnahmen** sind in § 22 Abs. 1 S. 2 StFG bewusst **sehr weit definiert.** Sie umfassen **praktisch jede denkbare Beteiligung an Eigenkapitalinstrumenten** des Antragstellers. Ausdrücklich genannt werden in § 22 Abs. 1 S. 2 StFG der Erwerb von **nachrangigen Schuldtiteln, Hybridanleihen, Genussrechten, stillen Beteiligungen** und **Wandelanleihen,** der Erwerb von **Anteilen am Unternehmen** sowie als Auffangtatbestand die **Übernahme sonstiger Bestandteile des Eigenkapitals.**

101 Für Rekapitalisierungen bis zu einem **Volumen von 100 Millionen Euro** hat der WSF durch ein am 10.7.2020 veröffentlichtes Merkblatt[130] **(WSF-Stille-Beteiligungsmerkblatt)** standardisierte Konditionen für eine **stille Beteiligung** festgelegt. In den **übrigen Fällen** erfolgt eine **individuelle Strukturierung** im Rahmen der Vorgaben des StFG und der WSF-DVO. Für Rekapitalisierungen gilt danach – neben den unter → Rn. 74 ff. genannten allgemeinen Anforderungen – im Wesentlichen Folgendes:

102 – Der WSF soll sich nur an einer Rekapitalisierung beteiligen, wenn ein **wichtiges Interesse des Bundes** an der Stabilisierung des Unternehmens vorliegt und sich der vom Bund angestrebte Zweck **nicht besser und wirtschaftlicher auf andere Weise** erreichen lässt.

103 – Für die Rekapitalisierung ist eine **angemessene Vergütung** zu leisten.

104 – Rekapitalisierungen **bis zu einem Volumen von 100 Millionen Euro** erfolgen grundsätzlich in Form **stiller Beteiligungen.** Für sie gilt nach dem WSF-Stille-Beteiligungsmerkblatt zusätzlich Folgendes:

105 – Die Beteiligung erfolgt grundsätzlich in Form einer **typisch stillen Beteiligung** im Sinne der §§ 230 ff. HGB.

---

[130] Abrufbar auf der Webseite des BMWi unter https://www.bmwi.de/Redaktion/DE/Downloads/W/wsf-merkblatt-stille-beteiligung.pdf?__blob=publicationFile&v=10, zuletzt abgerufen am 15.10.2020.

- Es muss plausibel erscheinen, dass der Antragsteller wieder eine **eigenständige Finanzierungsfähigkeit** erreicht (wobei die Dokumentation durch eine plausible Planung ausreicht und **nicht zwingend ein entsprechendes Gutachten** vorgelegt werden muss).
- Die stille Beteiligung darf **nicht höher** sein als der Betrag, der erforderlich ist, den **in Folge der Corona-Krise verlustbedingten Eigenkapitalverzehr auszugleichen** und das Eigenkapital in Höhe des am 31.12.2019 vorhandenen Niveaus wiederherzustellen.
- Stille Beteiligungen werden nur **bis spätestens 30.6.2021** gewährt.
- Verlustbeteiligung ist möglich.
- Die stille Beteiligung wird mit **Nachrang im Insolvenz- oder Liquidationsfall** gegenüber allen Gläubigern, aber **vorrangig** vor **anderen Eigenkapitalkomponenten** übernommen.
- Es ist ein **Rückzahlungsplan** vorzulegen. Die Rückzahlung hat grundsätzlich endfällig spätestens **7 Jahre** (bei börsennotierten Unternehmen **6 Jahre**) spätestens aber nach **10 Jahren** zu erfolgen. Eine **Kündigung oder Beendigung** der stillen Beteiligung kann erst nach **vollständiger Rückführung** des Nennbetrags der stillen Beteiligung zuzüglich der Vergütungsansprüche des WSF erfolgen.
- Es ist eine **feste, ansteigende Gewinnbeteiligung** vorzusehen von 4% im ersten Jahr, 4,5% im zweiten und dritten Jahr, 3,5% im vierten und fünften Jahr 7,0% im sechsten und siebenten Jahr sowie 9,5% in den Folgejahren. Die Vergütung wird auf Grundlage des Nennbetrags der stillen Beteiligung ohne Berücksichtigung von Verlustverrechnung ermittelt, ist jedoch nur bei hinreichendem positiven Jahresergebnis zahlbar. Für Verlustjahre erfolgt eine Nachzahlung in den Folgejahren. Nicht geleistete Zahlungen werden ihrerseits mit dem jeweils geltenden Kuponzinssatz verzinst.
- Die Vergütung ist jeweils zum 30.6. des Folgejahres **fällig.**
- Soweit die stille Beteiligung **länger als 7** Jahre im Unternehmen verbleibt ist eine **Sondervergütung** von **20%** des noch nicht zurückbezahlten Nennbetrags zahlbar. Die Zahlung der Sondervergütung erfolgt in zwei Jahresraten, erstmals zum Zeitpunkt der vollständigen Rückzahlung der stillen Beteiligung.
- Für die Laufzeit der stillen Beteiligung besteht ein **Ausschüttungs- bzw. Dividendenverbot** sowie ein Verbot des Rückkaufs eigner Anteile/Aktien.
- Ferner dürfen Organmitgliedern und Geschäftsleitern des Antragstellers während der Laufzeit der stillen Beteiligung **keine Boni** oder andere variable oder vergleichbare Vergütungen gezahlt werden.
- Solange nicht mindestens **75% der stillen Beteiligung zurückgeführt** sind, darf zudem keinem Mitglied der **Geschäftsleitung** eine **Gesamtvergütung** gezahlt werden, die über die Grundvergütung dieses Mitglieds zum **31.12.2019** hinausgeht. Für neu berufene Geschäftsleitungsmitglieder gilt als Obergrenze die Grundvergütung von Mitgliedern der Geschäftsleitung derselben Verantwortungsstufe zum 31.12.2019.
- Während der Laufzeit der stillen Beteiligung darf **keine aggressive Expansionsstrategie** verfolgt werden und **Beteiligungen von mehr als 10% an Unternehmen** in vor- und nachgelagerten Geschäftstätigkeiten sind beschränkt.
- Es bedarf eines den Strukturen und Vermögensverhältnissen **angemessenen Beitrags der Gesellschafter,** mindestens in Höhe etwaiger im Jahr 2020 geleisteter Ausschüttungen an die Gesellschafter.
- Bei Konzerngesellschaften bedarf es grundsätzlich einer **Mitverpflichtung der Konzernmutter.**
- **Regeltilgungen auf Bankkredite** sind bis **Ende 2021** auszusetzen und die im Unternehmen vorhandenen **Kreditlinien** sind bis mindestens **Ende 2022** festzuschreiben.
- Für den Fall, dass die Summe ausgezahlter und noch nicht zurückgezahlter stiller Einlage und gegebenenfalls weiterer staatlicher Eigenkapitalinstrumente zur Stabilisierung nach **Ablauf von 7 (bei börsennotierten Unternehmen 6)** Jahren nicht weniger als **15% des Eigenkapitals** der Gesellschaft beträgt, hat das Unternehmen einen **Umstrukturierungsplan** gemäß den Rettungs- und Umstrukturierungsleitlinien der Europäischen Kommission vorzulegen, der durch die Kommission zu genehmigen ist.

2. Erleichterungen bei Kapitalaufnahmen

Um Rekapitalisierungen zu erleichtern und zu beschleunigen werden durch das **WStBG** die für **gesellschaftsrechtliche** Kapitalmaßnahmen geltenden Vorschriften **weitreichend geändert.** Das WStBG bewirkt im Wesentlichen eine **Beschleunigung** der Hauptversammlungsbeteiligung und Registereintragung sowie eine **Beschneidung der Beschlussmängelkontrolle.** Zu diesem Zweck wird zum Teil umfassend auf die oben bereits beschriebenen Regelungen des COVMG verwiesen.

124 Für den Aufsichtsrat bedeutsam sind insbesondere zusätzliche Aufgaben und Befugnisse, die diesem durch das WStBG eingeräumt werden, etwa bei der Entscheidung über die Ausgestaltung der Aktien bei Kapitalerhöhungen aus genehmigtem Kapital (§ 5 Abs. 1 S. 2 WStBG) (→ Rn. 125), bei der Ausgabe von Aktien unterhalb des Börsenpreises (§ 5 Abs. 4 WStBG) (→ Rn. 125) oder bei der Ausgabe von Genussrechten und nachrangigen Schuldverschreibungen (§ 8 Abs. 2 WStBG) (→ Rn. 151).

a) Kapitalerhöhung gegen Einlagen

125 § 5 WStBG räumt dem Vorstand mit Zustimmung des Aufsichtsrats im Rahmen von Kapitalerhöhungen aus **genehmigtem Kapital** weitreichende Befugnisse zur Ausgestaltung der Aktien ein. Die **Befugnisse des Aufsichtsrats** werden dadurch über die Sollbestimmung des § 204 Abs. 1 S. 2 AktG hinaus **erweitert**.[131] § 5 WStBG gilt auch für **bestehendes** (nicht für Rekapitalisierungen geschaffenes) genehmigtes Kapital. Die Regelung dürfte nach ihrem Wortlaut vorrangig gegenüber etwaigen von der Hauptversammlung bei der Beschlussfassung über die Einrichtung des genehmigten Kapitals erlassene Bestimmungen über die Ausgestaltung der Aktienrechte sein. Insofern dürfte § 5 Abs. 1 WStBG lex specialis gegenüber § 204 Abs. 1 S. 1 AktG sein.[132] Der Zustimmung des Aufsichtsrats bedarf es nach § 5 Abs. 4 WStBG auch, wenn der Vorstand Aktien **unterhalb des Börsenpreises** ausgeben möchte.

126 Gemäß § 6 WStBG gilt für die Durchführung von im Rahmen von Rekapitalisierungen erforderlichen Hauptversammlungen § 1 COVMG. Dies betrifft insbesondere die über eine ordentliche Kapitalerhöhung beschließende Hauptversammlung. Die Hauptversammlung kann also ohne Satzungsgrundlage mit bloß **elektronischer Teilnahme** der Aktionäre bzw. gleich vollständig **virtuell** durchgeführt werden (→ Rn. 9ff.).

127 Für die **Einberufung** der Hauptversammlung gilt gemäß § 7 Abs. 1 S. 1 WStBG die verkürzte **zweiwöchige Frist** gemäß § 16 Abs. 4 WpÜG mit der Maßgabe, dass Satzungsbeschränkungen für die Erteilung von Stimmrechtsvollmachten nicht gelten. § 7 Abs. 1 S. 2 WStBG stellt klar, dass die Fristverkürzung auch dann gilt, wenn die Hauptversammlung neben der Beschlussfassung über die Kapitalerhöhung auch andere Gegenstände behandelt und wenn die Kapitalerhöhung nicht nur vom WSF sondern auch oder ausschließlich von Aktionären oder Dritten gezeichnet werden kann.

128 Für **börsennotierte Aktiengesellschaften** steht die zweiwöchige Einberufungsfrist in Widerspruch zu Art. 5 Abs. 1 S. 1 der Aktionärsrechterichtlinie (ARRL),[133] der grundsätzlich eine mindestens 21 tägige Frist verlangt. Zwar besteht auch nach der ARRL die Möglichkeit, die Einberufungsfrist zu verkürzen, diese Ausnahmen betreffen jedoch Sonderkonstellationen. Sie gelten für Übernahmeangebote (Art. 9 Abs. 4, Art. 11 Abs. 4 Unterabs. 2 Übernahmerichtlinie[134]) für Bankensanierungen und -abwicklungen (Art. 5 Abs. 5 ARRL) und unter bestimmten Umständen für die elektronische Stimmabgabe (Art. 5 Abs. 1 Unterabs. 2 ARRL). Diese Ausnahmen sind bei den durch § 7 Abs. 1 WStBG geregelten Hauptversammlungen nicht zwingend einschlägig. In Bezug auf börsennotierte Gesellschaften sollte daher **vorsorglich** auch im Anwendungsbereich von § 7 Abs. 1 S. 1 WStBG eine **21 tägige Ladungsfrist** gewahrt werden.[135]

129 Gemäß § 7 Abs. 2 S. 1 WStBG bedarf der **Beschluss über die Kapitalerhöhung** abweichend von § 182 Abs. 1 S. 1 AktG nur der **einfachen Mehrheit** der abgegebenen Stimmen. Abweichende Satzungsbestimmungen werden durch § 7 Abs. 1 S. 2 WSTBG ausdrücklich für unbeachtlich erklärt.

130 Der **Beschluss zum Ausschluss des Bezugsrechts** bedarf nach § 7 Abs. 3 S. 1 WStBG grundsätzlich einer Mehrheit von **zwei Drittel** der abgegebenen Stimmen oder des vertretenen Grundkapitals. Nach § 7 Abs. 3 S. 2 genügt die **einfache Mehrheit,** wenn mindestens die Hälfte des Grundkapitals vertreten ist. Auch insoweit werden abweichende Satzungsbestimmungen ausdrücklich für unbeachtlich erklärt (§ 7 Abs. 3 S. 3, Abs. 1 S. 3 WStBG). Soweit der Bezugsrechtsausschluss dazu dient, den WSF zur Übernahme der Aktien zuzulassen, gilt er nach § 7 Abs. 3 S. 4 WStBG in jedem Fall als zulässig und angemessen. Eine **materielle Beschlusskontrolle** im Sinne der Kali+Salz-Rechtsprechung[136] **findet also nicht statt.** Dabei handelt es sich – genau wie bei der Vorgängerregelung in § 7 Finanzmarktstabilisierungsbeschleunigungsgesetz (FMStBG)[137] um eine verfassungsgemäße Inhalts- und Schrankenbestim-

---

[131] Nolden/Heusel/M. Goette DStR 2020, 800 (801).
[132] Nolden/Heusel/M. Goette DStR 2020, 800 (801).
[133] RL 2007/36/EG.
[134] RL 2004/25/EG.
[135] Heusel/M. Goette AG 2020, 411 (417); Lieder ZIP 2020, 837 (846) demzufolge sich die Anwendbarkeit der 21-Tagesfrist in diesem Fall aus einer richtlinienkonformen Rechtsfortbildung ergibt.
[136] BGHZ 71, 40 = NJW 1978, 1316.
[137] LG München I WM 2012, 1543 (1546ff.); Hüffer/Koch/Koch AktG § 182 Rn. 5a; MüKoAktG/Schürnbrand AktG § 186 Rn. 140a.

mung im Sinne von Art. 14 Abs. 1 S. 2 GG und zwar auch dann, wenn sich andere Zeichner als der WSF an der Kapitalerhöhung beteiligen.[138]

Nach § 7 Abs. 3a WStBG kann die Hauptversammlung beschließen, dass der WSF die neuen Aktien zu einem **geringeren Preis als dem Ausgabebetrag** beziehen kann. Voraussetzung ist jedoch, dass sie den Aktionären zuvor nach § 186 AktG zum Ausgabepreis angeboten wurden. § 7 Abs. 3a S. 3 WStBG stellt klar, dass die unterwertige Ausgabe keinen Schaden der Gesellschaft begründet. 131

§ 7 Abs. 4 WStBG ordnet schließlich an, dass **Voreinzahlungen** des WSF auf die Kapitalerhöhung dessen Einlagepflicht tilgen. Die strengen Anforderungen, die normalerweise für Voreinzahlungen auf die Kapitalerhöhung gelten, gelten für den WSF also nicht. 132

Nach § 7c S. 1 WStBG in Verbindung mit § 184 Abs. 1 S. 1 AktG ist der Kapitalerhöhungsbeschluss unverzüglich durch den Vorstand und den Vorsitzenden des Aufsichtsrats zur Eintragung in das **Handelsregister** anzumelden und zum Bundesanzeiger einzureichen. Der Beschluss wird bereits durch Veröffentlichung auf der **Internetseite des Unternehmens,** spätestens mit der Veröffentlichung im **Bundesanzeiger** auch Dritten gegenüber **wirksam,** § 7c S. 2 WStBG. Die Wirksamkeit des Beschlusses und der Kapitalmaßnahmen hängt also insbesondere nicht von der Eintragung im Handelsregister ab, § 7c S. 3 WStBG. Dies widerspricht zwar den Anforderungen nach § 184 Abs. 3 AktG und § 189 AktG, wird jedoch mit der Gefahr gerechtfertigt, dass die Registergerichte infolge der Corona-Krise möglicherweise nur eingeschränkt arbeitsfähig sind.[139] Nach § 7c S. 4 WStBG ist das Registergericht gehalten, den Beschluss und die Durchführung der Kapitalerhöhung **unverzüglich in das Handelsregister einzutragen,** sofern sie nicht offensichtlich nichtig sind. Dem Rechtsgedanken des § 7c S. 4 WStBG entsprechend sollte die Kapitalerhöhung bei **offensichtlicher Nichtigkeit** auch nicht durch die Veröffentlichung auf der Internetseite des Unternehmens bzw. im Bundesanzeiger wirksam werden (teleologische Reduktion des § 7c S. 2 und 3 WStBG).[140] 133

Eine **Anfechtung** des auf Durchführung der Kapitalerhöhung gerichteten Hauptversammlungsbeschlusses ist zwar möglich, doch selbst eine begründete Anfechtungsklage kann analog § 242 Abs. 2 S. 5 AktG **nicht in das Handelsregister eingetragen** werden[141]. Über den Verweis in § 7c Abs. 2 S. 5 WStBG steht dem Aktionär im Falle einer erfolgreichen Anfechtung entsprechend § 246a Abs. 4 S. 1 AktG ein **Schadensersatzanspruch** (insbesondere Ersatz von Prozesskosten und etwaigem Verwässerungsschaden) gegen die Gesellschaft zu.[142] 134

Im Rahmen der **Anmeldung** des Kapitalerhöhungsbeschlusses und der Vollzugsmaßnahmen hat der Notar die Anmeldung gemäß § 378 Abs. 3 FamFG auf ihre **Eintragungsfähigkeit** zu prüfen. Um die durch das WStBG beabsichtigte beschleunigte Eintragung zu gewährleisten, kann der Prüfungsmaßstab des Notars nicht strenger sein als der des Registergerichts. Die Prüfung muss sich daher auf die **offensichtliche Nichtigkeit** der Kapitalmaßnahmen beschränken.[143] 135

§ 7a WStBG bietet verschiedene Erleichterungen für den Beschluss einer **bedingten Kapitalerhöhung.** § 7a Abs. 1 S. 1 WStBG ordnet an, dass eine bedingte Kapitalerhöhung **im Zusammenhang mit einer Rekapitalisierung** nach § 22 WStBG zur Gewährung von Umtausch- und Bezugsrechten an den WSF als stillen Gesellschafter beschlossen werden kann. Dadurch wird der enumerative Katalog nach § 192 Abs. 2 AktG erweitert. Der Beschluss der Hauptversammlung über die bedingte Kapitalerhöhung bedarf der **einfachen Mehrheit** (§ 7a Abs. 1 S. 2 WStBG); abweichende Satzungsbestimmungen finden keine Anwendung (§ 7a Abs. 1 S. 7 WStBG, § 7 Abs. 2 S. 2 WStBG). Die **Beschränkung gemäß § 192 Abs. 3 S. 1 AktG,** nach der der Nennbetrag des bedingten Kapitals die Hälfte des Grundkapitals nicht überschreiten darf, gilt nicht; ebensowenig erfolgt eine **Anrechnung** auf sonstige bedingte Kapitalien (§ 7a Abs. 1 S. 3 WStBG). Nach § 7a Abs. 1 S. 4 WStBG, § 194 Abs. 1 S. 2 AktG gilt die Umwandlung einer stillen Einlage des WSF **nicht als Sacheinlage.** Für das bedingte Kapital gelten außerdem die verkürzten Ladungsfristen nach § 7 Abs. 1 WStBG (§ 7a Abs. 1 S. 7 WStBG) (→ Rn. 127f.). 136

Für die **Ausgestaltung der Aktien** verweist § 7a Abs. 2 WStBG auf § 5 WStBG. Diese Regelung enthält als krisenbezogene Besonderheiten insbesondere Regelungen über die Ausgestaltung von Vorzugsaktien (Abs. 1 Satz 3), zur Bestimmung des Ausgabebetrags (Abs. 3), zur Anerkennung der im Voraus eingezahlten Einlage (Abs. 4) und zur (möglichen) Änderung der Aktienrechte bei späterer Übertragung durch den Fonds (Abs. 5).[144] Nach § 5 Abs. 3 WStBG können neue Aktien mit einem **Gewinnvorzug** 137

---

[138] *Lieder* ZIP 2020, 837 (846f.).
[139] Sehr kritisch dazu *Lieder* ZIP 2020, 837 (848).
[140] *Lieder* ZIP 2020, 837 (848).
[141] Zur Vorgängerregelung in § 7 Abs. 3 FMStBG 2008: Jaletzke/Veranneman/*Veranneman*/*Hofmeister* FMStG § 7 Rn. 27.
[142] Zur Vorgängerregelung in § 7 Abs. 3 FMStBG 2008: Jaletzke/Veranneman/*Veranneman*/*Hofmeister* FMStG § 7 Rn. 27.
[143] *Lieder* ZIP 2020, 837 (849).
[144] Zur Vorgängerregelung in § 5 FMStBG 2008: Jaletzke/Veranneman/*Veranneman*/*Hofmeister* FMStG § 5 Rn. 1.

und bei der Verteilung des Gesellschaftsvermögens mit einem **Vorrang** ausgestattet werden. Es können insbesondere auch **Vorzugsaktion ohne Stimmrecht** ausgegeben werden, bei denen der Vorzug nicht nachzahlbar ist. Soweit dem WSF derartige Vorteile eingeräumt werden, gehen sie aber bei der **Übertragung der Aktien auf Dritte** verloren, § 5 Abs. 6 S. 1 WStBG. Nach § 5 Abs. 4 WStBG gilt ein **Ausgabebetrag,** der dem Börsenkurs entspricht grundsätzlich als angemessen, es sei denn, er unterschreitet den Nennwert oder bei Stückaktien den rechnerischen Wert der Aktie. Nach § 5 Abs. 5 WStBG kann der WSF schließlich grundsätzlich auch **Voreinzahlungen** auf seine Einlagepflicht erbringen.

138 Soweit im Zusammenhang mit einer Rekapitalisierung **genehmigtes Kapital** geschaffen werden soll, genügt ein Beschluss mit einfacher Mehrheit der abgegebenen Stimmen (§ 7b Abs. 1 S. 1 WStBG), abweichende Satzungsbestimmungen sind unbeachtlich (§ 7b Abs. 1 S. 2 WStBG). Die **Beschränkung nach § 202 Abs. 3 S. 1 AktG,** wonach der Nennbetrag des genehmigten Kapitals die Hälfte des im Zeitpunkt der Ermächtigung bestehenden Grundkapitals nicht überschreiten darf, **gilt nicht;** es erfolgt **keine Anrechnung** auf sonstige genehmigte Kapitalien (§ 7b Abs. 1 S. 3 WStBG). Für die Ladung zur Hauptversammlung gilt die Bestimmung des § 7 Abs. 1 WStBG über die **Verkürzung der Ladungsfrist** (§ 7b Abs. 1 S. 4 WStBG) (→ Rn. 127 f.). Außerdem gelten die Regelungen nach § 7 Abs. 3 WStBG über den Ausschluss des Bezugsrechts (§ 7b Abs. 2 WStBG) (→ Rn. 130). Für die Ausgestaltung der Aktien verweist § 7b Abs. 3 WStBG auf § 5 WStBG (→ Rn. 125).

139 § 7e WStBG ordnet an, dass die Erleichterungen gemäß §§ 7–7d WStBG auch dann gelten, wenn die neu ausgegebenen Aktien **auch oder ausschließlich durch Dritte gezeichnet werden.** Es ist also insbesondere zulässig, dass Dritte im Rahmen einer Kapitalzuführung durch den WSF auch Aktien zeichnen. Eine Zeichnung ausschließlich durch Dritte dürfte nur vorkommen, wenn die Kapitalmaßnahme der Rückgewähr von Einlagen des WSF dient (dazu § 7f Abs. 2 WStBG).

140 Voraussetzung für die Anwendbarkeit der Erleichterungen gemäß §§ 7 bis 7b WStBG einschließlich der Erweiterung durch § 7e WStBG ist stets, dass die betreffende Kapitalmaßnahme **im Zusammenhang mit einer Rekapitalisierung** nach § 22 steht (vgl. § 7 Abs. 1 S. 1, Abs. 2 S. 1, Abs. 3 S. 1 WStBG, § 7a Abs. 1 S. 1 WStBG, § 7b Abs. 1 S. 1 WStBG, § 7e WStBG). Durch § 7f Abs. 1 WStBG wird konkretisiert, wann ein solcher Zusammenhang besteht. Danach gelten die durch die genannten Normen gewährten Erleichterungen für sämtliche **Hauptversammlungsbeschlüsse** über **Kapitalmaßnahmen** oder die **Ermächtigung des Vorstands zu deren Vornahme,** die dem Zweck dienen:

141 – eine vom WSF im Zuge einer solchen Maßnahme **bereits erworbene Beteiligung** an dem Unternehmen, ganz oder teilweise zu **übertragen, zu veräußern oder zu erhöhen.**
142 – die **Bedingungen** der Beteiligung des WSF **nachträglich zu ändern,**
143 – eine zunächst als **Stille Einlage** gewährte Beteiligung als Einlage gegen **Ausgabe von Aktien oder Wandelschuldverschreibungen** einzubringen,
144 – die Beteiligung des Fonds in anderer vergleichbarer Weise **umzustrukturieren,** insbesondere aufzuteilen oder als Wertpapier zu verbriefen, oder
145 – dem Fonds erstmalig oder zusätzliche **Umtausch- und Bezugsrechte** einzuräumen und bedingtes Kapital für die Erfüllung der dadurch entstehenden Ansprüche zu schaffen.[145]

146 Nach § 7f Abs. 2 WStBG besteht ein Zusammenhang mit einer Rekapitalisierungsmaßnahme außerdem, wenn der betreffende Beschluss eine Kapitalmaßnahme betrifft, durch die eine **Beteiligung des WSF zurückgeführt werden soll** und eine entsprechende **Vereinbarung oder Erklärung der Geschäftsleitung** des Unternehmens vorsieht.

b) Stille Gesellschaft

147 § 10 WStBG sieht **Erleichterungen** für die Beteiligung des WSV als stiller Gesellschafter an Unternehmen vor.

148 Die Vereinbarung über die Leistung einer Einlage zum Erwerb einer stillen Beteiligung wird bei der Aktiengesellschaft grundsätzlich als Teilgewinnabführungsvertrag angesehen.[146] Sie gilt damit als Unternehmensvertrag gemäß § 292 Abs. 1 Nr. 2 AktG und unterliegt als solcher grundsätzlich §§ 291 ff. AktG. Danach bedarf der Abschluss eines Unternehmensvertrags der Zustimmung der Hauptversammlung (§ 293 Abs. 1 AktG) und der Eintragung in das Handelsregister (§ 294 Abs. 2 AktG). Um diese Anforderungen zu vermeiden, legt § 10 Abs. 1 S. 1 WStBG fest, dass eine Vereinbarung über die Leistung einer Vermögenseinlage durch den WSF als stiller Gesellschafter **kein Unternehmensvertrag** nach § 291 oder § 292 AktG ist. § 10 Abs. 1 S. 2 WStBG stellt klar, dass insbesondere weder die Zustimmung der **Hauptversammlung** noch die Eintragung in das **Handelsregister** erforderlich sind. Diese Erleichterungen gelten auch dann, wenn sich im Rahmen einer Rekapitalisierung nach § 22 des Stabilisierungsfondsgesetzes

---
[145] Die in § 7 Abs. 1 Nr. 6 WStBG genannten Kapitalmaßnahmen betreffen ausschließlich Unternehmen des Finanzsektors und sind für Maßnahmen des WSF daher nicht einschlägig.
[146] Ganz hM BGHZ 156, 38 (43) = NJW 2003, 3412; BGH DStR 2006, 1292.

neben dem WSF auch **Dritte** als stille Gesellschafter an dem Unternehmen beteiligen oder wenn die stille Beteiligung nach Gewährung der Einlage ganz oder in Teilen an Dritte übertragen wird (§ 10 Abs. 1 S. 3 WStBG).

In der Vereinbarung über die stille Gesellschaft kann ein Umtausch oder ein Bezugsrecht auf Aktien eingeräumt werden (§ 10 Abs. 2 S. 1 WStBG). Im Fall einer **Wandlung** ist das **Bezugsrecht** der Aktionäre ausgeschlossen (§ 10 Abs. 2 S. 2 WStBG). Allerdings bedarf es in diesem Fall der Zustimmung oder Ermächtigung der Hauptversammlung, die mit mindestens **Zweidrittelmehrheit** erteilt werden muss (§ 10 Abs. 2 S. 3 WStBG). Wenn die Hälfte des gezeichneten Kapitals vertreten ist, genügt einfache Mehrheit (§ 10 Abs. 2 S. 4 WStBG). Dies entspricht der Regelung in § 7 Abs. 3 S. 1 und 2 WStBG über den Bezugsrechtsausschluss im Rahmen von Kapitalerhöhungen.

Nach § 10 Abs. 3 WStBG gelten die beschriebenen Erleichterungen auch für **nachträgliche Änderungen** oder Ergänzungen und die **Aufhebung** der stillen Beteiligung. Dass der Wortlaut des § 10 Abs. 3 WStBG sich zum Teil auf **Unternehmen des Finanzsektors** beschränkt, dürfte ein Redaktionsversehen sein. Es gibt für eine solche Beschränkung keinen nachvollziehbaren Grund. Sie wird auch in der Gesetzesbegründung nicht erwähnt. Im Gegenteil wird dort als Vorteil der stillen Beteiligung auch für Unternehmen der Realwirtschaft ausdrücklich hervorgehoben, dass die Deinvestition durch den Fonds einfacher umsetzbar sei.[147] § 10 Abs. 4 WStBG stellt klar, dass die vorzeitige Rückgewähr der Vermögenseinlage oder einvernehmliche Aufhebung der stillen Gesellschaft nicht als Rückgewähr von Einlagen im Sinne des § 57 AktG gilt.

c) Ausgabe von Genussrechten und Schuldverschreibungen

Nach § 8 Abs. 1 S. 1 WStBG ist der Vorstand bis zum 31.12.2021 ermächtigt, Genussrechte und nachrangige Schuldverschreibungen an den WSF auszugeben. Die Ermächtigung kann gemäß § 5 Abs. 1 Satz 2 WStBG nur mit **Zustimmung des Aufsichtsrats** ausgeübt werden. Die gesetzliche Ermächtigung ersetzt die nach § 221 Abs. 2 S. 1 AktG eigentlich erforderliche Ermächtigung des Vorstands durch die Hauptversammlung, dh eines **Hauptversammlungsbeschlusses** bedarf es nicht. Ausnahmsweise erforderlich ist die Beteiligung der Hauptversammlung aber, wenn die Genussrechte oder Schuldverschreibung ein **Wandlungsrecht** vorsieht, § 8 Abs. 2 WStBG. Es genügt, wenn die Zustimmung des Aufsichtsrats während des Verwaltungsverfahrens über die Rekapitalisierung eingeholt wird. Der Vorstand kann die Hilfe also zunächst ohne Zustimmung des Aufsichtsrats beantragen.[148]

Das **Bezugsrecht** der Aktionäre ist ausgeschlossen, es sei denn, die Genussrechte oder Schuldverschreibungen sehen ein **Wandlungsrecht** vor (§ 8 Abs. 3 WStBG).

Die Regelungen über Genussrechte und Schuldverschreibungen gelten entsprechend, wenn der WSF zwar nicht das Genussrecht oder die Schuldverschreibung übernimmt, für diese aber eine **Garantie** abgibt.

d) Begleitregelungen

§ 7 Abs. 7 WStBG enthält eine verschärfte Haftung für **opponierende Aktionäre.** Danach trifft Aktionäre, die eine für den Fortbestand der Gesellschaft erforderliche Rekapitalisierungsmaßnahme, insbesondere durch ihre Stimmrechtsausübung oder die Einlegung unbegründeter Rechtsmittel, verzögern oder vereiteln, um dadurch ungerechtfertigt Vorteile für sich zu erlangen, eine **Schadensersatzpflicht**. Der Anspruch auf Schadensersatz steht der Gesellschaft zu. Dogmatische Grundlage ist die Treupflicht der Aktionäre gegenüber der Gesellschaft, ihre Stimmrechte so auszuüben, dass eine für den Fortbestand der Gesellschaft notwendige Kapitalmaßnahme nicht vereitelt wird.[149]

Die Erleichterungen für die Beschlussfassung gelten sinngemäß auch für **Kapitalherabsetzungen** zum Zweck der Rekapitalisierung (§ 7 Abs. 6 S. 1–3 WStBG). Soweit der Kapitalherabsetzung eine Kapitalerhöhung vorangeht, mit der der Betrag des Grundkapitals mindestens wieder erreicht wird, entfällt das Recht der Gläubiger, gemäß § 225 AktG **Sicherheitsleistung** zu verlangen, § 7 Abs. 6 S. 4 WStBG. Dasselbe gilt, wenn zwar keine korrespondierende Kapitalerhöhung beschlossen wird, aber in dem Beschluss über die Kapitalherabsetzung festgelegt wird, dass der herabgesetzte Betrag in die Kapitalrücklage einzustellen ist. Der in die Kapitalrücklage eingestellte Betrag ist in diesem Fall gesperrt und darf nicht für Zahlungen an Aktionäre verwendet werden oder dazu diese von der Verpflichtung zur Leistung von Einlagen zu befreien.

---

[147] BT-Drs. 19/18109, 32.
[148] *Lieder* ZIP 2020, 837 (850), aA zur Vorgängerregelung in § 8 FMStBG 2008: Jaletzke/Veranneman/*Veranneman*/*Hofmeister* FMStG § 8 Rn. 128 ff.
[149] So die Begründung zum Regierungsentwurf der Vorgängerregelung in § 7 Abs. 7 FMStBG, BT-Drs. 16/12100, 12.

Entscheidungsregister

	Seite
1. Europäischer Gerichtshof	**1231**
2. Bundesverfassungsgericht	**1231**
3. Ordentliche Gerichte	**1231**
Reichsgericht	1231
Bundesgerichtshof	1232
Bayerisches Oberstes Landesgericht	1246
Oberlandesgerichte	1247
Bamberg	1247
Berlin	1247
Brandenburg	1248
Braunschweig	1248
Bremen	1248
Celle	1248
Dresden	1249
Düsseldorf	1249
Frankfurt	1250
Hamburg	1252
Hamm	1253
Jena	1253
Karlsruhe	1253
Koblenz	1254
Köln	1254
München	1255
Naumburg	1257
Nürnberg	1257
Oldenburg	1257
Rostock	1257
Saarbrücken	1257
Schleswig	1257
Stuttgart	1257
Zweibrücken	1259
Landgerichte	1259
Bad Kreuznach	1259
Berlin	1259
Bielefeld	1260
Bochum	1260
Bonn	1260
Braunschweig	1260
Darmstadt	1260
Dortmund	1260
Dresden	1260
Düsseldorf	1260
Duisburg	1261
Essen	1261
Flensburg	1261
Frankfurt am Main	1261
Hamburg	1262
Hannover	1262
Heidelberg	1262
Heilbronn	1262

Entscheidungsregister

	Seite
Hof	1262
Köln	1262
Krefeld	1262
Magdeburg	1263
Mainz	1263
Mannheim	1263
München I	1263
Münster	1264
Nürnberg-Fürth	1264
Ravensburg	1264
Rostock	1264
Saarbrücken	1264
Schweinfurt	1265
Stuttgart	1265
Amtsgerichte	1265
Bonn	1265
Bremen	1265
Charlottenburg	1265
Düsseldorf	1265
Duisburg	1265
Essen	1265
Ingolstadt	1265
München	1266
Pirmasens	1266
Wuppertal	1266
4. Arbeitsgerichte	**1266**
Bundesarbeitsgericht	1266
Landesarbeitsgerichte	1269
Berlin-Brandenburg	1269
Düsseldorf	1269
Hamm	1269
Hessen	1269
Köln	1269
Niedersachsen	1269
Nürnberg	1269
Rheinland-Pfalz	1269
Arbeitsgerichte	1270
Berlin	1270
Essen	1270
5. Finanzgerichte	**1270**
6. Sozialgerichtsbarkeit	**1270**
7. Verwaltungsgerichte	**1271**
8. Ausländische Gerichte	**1271**

Entscheidungsregister

1. Europäischer Gerichtshof

Gericht	Datum	AZ	Fundstelle	Zitiert in
EuGH				
	03.07.1986	C-66/85	Slg. 1986, 2121	4 739, 1191
	09.03.1999	C-212/97	NZG 1999, 298	2 43
	05.11.2002	C-208/00	NZG 2002, 1164	2 43
	30.09.2003	C-167/01	NZG 2003, 1064	2 43
	22.11.2005	C-384/02	NJW 2006, 133	4 2677 5 123, 125
	13.12.2005	C-411/03	NJW 2006, 425	7 465
	23.12.2009	C-45/08	NZG 2010, 107	5 119
	12.10.2010	C-45/09	ZIP 2010, 2418	4 1239
	11.11.2010	C-232/09	NZA 2011, 143	4 739, 1191, 1192
	07.04.2011	C-519/09	Slg. 2011, I-2761	4 1191
	28.06.2012	C-19/11	NJW 2012, 2787	4 784 5 20, 27, 34, 35, 38, 70
	11.03.2015	C-628/13	AG 2015, 388	5 21
	09.07.2015	C-22/14	NZA 2015, 861	4 1191, 1192
	10.09.2015	C-47/14	NZA 2016, 183	4 739, 1192
	18.07.2017	C-566/15	NZA 2017, 1000	1 103 7 23, 514
	13.06.2019	C-420/18	DStR 2019, 1396	6 112

2. Bundesverfassungsgericht

Gericht	Datum	AZ	Fundstelle	Zitiert in
BVerfG				
	07.11.1972	1 BvR 338/68	BVerfGE 34, 103	6 110
	01.03.1979	1 BvR 532/77	BVerfGE 50, 290	1 54, 86 4 644 7 22, 173, 261, 265
	13.01.1981	1 BvR 116/77	NJW 1981, 1431	4 2359, 2826
	14.04.1987	1 BvR 332/86	NJW 1988, 125	4 1011
	05.04.1990	2 BvR 413/88	BVerfGE 82, 30	4 2182
	20.09.1999	1 BvR 636/95	NJW 2000, 349	4 1128, 1134
	19.01.2001	1 BvR 1759/91	NZG 2001, 461	9 284
	20.10.2008	1 BvR 291/06	NJW 2009, 138	4 1011
	20.12.2017	1 BvR 2754/17	NJW 2018, 381	4 2750, 2841
	27.06.2018	2 BvR 1405/17	NJW 2018, 2385	4 307

3. Ordentliche Gerichte

Gericht	Datum	AZ	Fundstelle	Zitiert in
Reichsgericht				
	10.01.1903	I 271/02	RGZ 53, 266	4 695
	22.02.1905	I 476/04	RGZ 60, 172	2 116 4 620, 903, 952
	18.10.1910	II 660/09	RGZ 74, 276	4 620, 903, 940, 952
	22.02.1911	I 580/09	RGZ 75, 308	6 17

Entscheidungsregister

Gericht	Datum	AZ	Fundstelle	Zitiert in
Reichsgericht	05.11.1912	II 262/12	RGZ 80, 330	6 48
	13.06.1913	II 197/13	RGZ 82, 388	9 191
	04.11.1913	II 297/13	RGZ 83, 248	4 2887, 2888
	19.03.1924	V 427/22	RGZ 108, 125	4 90
	25.10.1926	II 584/25	RGZ 114, 396	4 2884
	03.06.1930	II 105/30	RGZ 129, 180	2 160
	11.06.1931	II 398/29	RGZ 133, 90	2 71, 118
		II 99/33	RGZ 142, 134	4 2713
	24.10.1933	II 100/33	RGZ 142, 123	4 2713
	16.02.1934	II 249/33	RGZ 143, 401	4 2736
	05.06.1934	II 59/34	RGZ 144, 384	4 672, 2354 5 184
	22.01.1935	II 198/34	RGZ 146, 385	4 2690, 2712
	24.09.1935	II 46/35	HRR 1935, Nr. 1607	9 234
			JW 1935, 2044	5 106
	09.10.1936	II 43/36	RGZ 152, 273	2 121
	07.06.1939	II 199/38	RGZ 161, 129	4 139
	28.02.1940	II 115/39	RGZ 163, 200	4 2393
	12.06.1941	II 122/40	RGZ 167, 151	4 1122
	28.02.1941	II 89/40	RGZ 166, 175	2 160

Gericht	Datum	AZ	Fundstelle	Zitiert in
BGH				
	11.07.1951	II ZR 118/50	NJW 1951, 881	4 500
	15.12.1951	II ZR 137/51	NJW 1952, 343	7 170 9 244
	16.06.1952	IV ZR 131/51	NJW 1952, 1009	4 1017
	28.01.1953	II ZR 265/51	NJW 1953, 740	4 657
	11.07.1953	II ZR 126/52	NJW 1953, 1465	3 434 4 623, 1136, 1183, 1190, 1217, 2108 5 84
	16.12.1953	II ZR 41/53	NJW 1954, 505	4 1190, 1199
	17.02.1954	II ZR 63/53	NJW 1954, 797	2 150 4 747, 2326
	24.02.1954	II ZR 88/53	BGHZ 12, 337	9 190
	28.04.1954	II ZR 211/53	NJW 1954, 998	4 706, 708, 713, 722, 723, 740
	20.10.1954	II ZR 280/53	NJW 1954, 1841	4 690, 2100
	18.12.1954	II ZR 281/53	NJW 1955, 501	4 1203, 1290
	30.04.1955	II ZR 5/54	WM 1955, 830	5 106
	11.07.1955	II ZR 230/54	WM 1955, 1222	4 690
	29.09.1955	II ZR 225/54	NJW 1955, 1716	4 620, 940, 1884
	25.01.1956	VI ZR 175/54	WM 1956, 865	4 690, 695
	26.03.1956	II ZR 57/55	NJW 1956, 906	4 185, 338, 695, 2359
	21.03.1957	II ZR 172/55	NJW 1957, 832	4 1057
	27.05.1957	II ZR 178/56	NJW 1957, 1278	4 657
	31.01.1957	II ZR 41/56	NJW 1957, 586	4 2407
	13.01.1958	II ZR 212/56	NJW 1958, 419	4 778
	25.01.1960	II ZR 207/57	WM 1960, 289	4 697

Entscheidungsregister

Gericht	Datum	AZ	Fundstelle	Zitiert in
BGH	10.03.1960	II ZR 56/59	NJW 1960, 1006	2 202 4 516, 2636
	07.04.1960	II ZR 143/58	NJW 1960, 1150	4 1122, 1124
	06.10.1960	II ZR 150/58	NJW 1961, 26	4 2138
	15.12.1960	VII ZR 212/59	BB 1961, 498	4 730
	23.02.1961	II ZR 147/58	WM 1961, 569	4 730, 765
	16.03.1961	II ZR 190/59	BGHZ 34, 367	3 50
	27.03.1961	II ZR 24/60	NJW 1961, 1306	4 3012 7 254
	16.11.1961	II ZR 81/60	WM 1962, 109	4 740
	07.12.1961	II ZR 117/60	NJW 1962, 340	4 1183, 1190, 1199
	29.01.1962	II ZR 1/61	NJW 1962, 864	1 97 4 91, 523, 1082, 1088, 2692, 2712 8 24, 26, 29
	07.06.1962	II ZR 131/61	WM 1962, 811	4 687, 689, 691, 692, 712
	03.12.1962	II ZR 63/60	BeckRS 1962, 31183056	4 1759, 1762
	03.12.1962	II ZR 201, 61	NJW 1963, 535	4 1656
	06.12.1962	KZR 4/62	NJW 1963, 646	4 1603, 1604, 1605
	21.02.1963	II ZR 76/62	NJW 1963, 905	2 185
	06.04.1964	II ZR 75/62	NJW 1964, 1367	3 234, 434 4 611, 675, 753, 1201, 1217, 1219, 1270, 2268, 2318, 2354 5 84, 107, 184 9 215
	17.09.1964	II ZR 136/62	WM 1964, 1188	4 1907
	06.05.1965	II ZR 82/63	NJW 1965, 1958	4 1640
	11.11.1965	II ZR 122/63	BGHZ 44, 245	2 114 4 2571, 2629
	14.07.1966	II ZR 212/64	WM 1966, 968	4 1186, 1673
	16.02.1967	II ZR 53/66	WM 1967, 540	4 1230
	30.03.1967	II ZR 245/63	NJW 1967, 1462	4 1667
	17.04.1967	II ZR 157/64	NJW 1967, 1711	2 150, 152 3 434, 465, 467 4 675, 1269 5 84
	08.05.1967	II ZR 126/65	WM 1967, 679	4 695
	09.11.1967	II ZR 64/67	NJW 1968, 396	4 1190, 1201
	14.12.1967	II ZR 30/67	NJW 1968, 743	4 1076
	15.02.1968	II ZR 92/66	WM 1968, 611	4 1287
	02.05.1968	II ZR 18/67	WM 1968, 1041	4 657
	11.07.1968	II ZR 108/67	BeckRS 1968, 31368038	4 1774
	09.12.1968	II ZR 57/67	NJW 1969, 841	4 1076
	22.09.1969	II ZR 144/68	NJW 1970, 33	3 433 4 645
	21.09.1970	II ZR 13/69	WM 1970, 1394	4 1186
	07.01.1971	II ZR 23/70	NJW 1971, 1127	4 1819
	27.10.1971	VIII ZR 48/70	NJW 1972, 43	4 1760

Entscheidungsregister

Gericht	Datum	AZ	Fundstelle	Zitiert in
BGH	08.05.1972	II ZR 96/70	NJW 1972, 1320	4 772
		II ZR 108/70	BB 1973, 212	8 111
	29.03.1973	II ZR 20/71	NJW 1973, 1122	4 765
		II ZR 139/70	NJW 1973, 1039	4 1698 9 186
	28.09.1973	I ZR 136/71	NJW 1973, 2285	4 2438
	03.12.1973	II ZR 85/70	WM 1974, 131	4 709
	27.02.1975	II ZR 112/72	WM 1975, 467	4 1203, 2394
	21.04.1975	II ZR 2/73	WM 1975, 761	4 1705
	05.06.1975	II ZR 131/73	NJW 1975, 1698	4 1721, 1723
		II ZR 156/73 „Bayer"	NJW 1975, 1412	1 82 3 7, 127, 167, 173, 177, 493, 496, 497, 498, 499, 501, 502, 503, 533 4 91, 144, 1671, 2677
	03.07.1975	II ZR 35/73	NJW 1975, 1657	2 68, 93 3 437 4 707 7 487, 489
	23.10.1975	II ZR 90/73	NJW 1976, 145	3 208, 234 4 502, 1222, 1229
	04.10.1976	II ZR 204/74	WM 1976, 1226	4 1295
	11.10.1976	II ZR 104/75	GmbHR 1977, 43	4 1615
	04.07.1977	II ZR 150/75	BGHZ 69, 207	4 1, 86, 2355, 2390 5 198
	13.10.1977	II ZR 123/76	NJW 1978, 104	1 82
	08.12.1977	II ZR 219/75	NJW 1978, 756	4 1201, 1229
	09.02.1978	II ZR 189/76	NJW 1978, 1435	4 1186, 1190, 1190, 1204
	21.02.1978	KZR 6/77	NJW 1978, 1001	4 1597
	13.03.1978	II ZR 142/76 „Kali + Salz"	NJW 1978, 1316	1 82 10 130
	18.01.1979	VII ZR 165/78	NJW 1979, 763	6 190
	25.06.1979	II ZR 219/78	NJW 1980, 595	4 1252
	09.07.1979	II ZR 211/76	NJW 1979, 1829	4 2381
		II ZR 118/77	NJW 1979, 1823	4 2376, 2390 5 198
	12.07.1979	III ZR 154/77 „Herstatt"	NJW 1979, 1879	4 16, 90
	22.10.1979	II ZR 151/77	AG 1980, 109	4 98
	21.12.1979	II ZR 244/78	NJW 1980, 1629	8 24, 26
	28.04.1980	II ZR 254/78	NJW 1980, 2254	4 1201
	19.05.1980	II ZR 169/79	NJW 1981, 166	4 1226, 1711, 2314 5 107
	09.06.1980	II ZR 255/78	NJW 1980, 2257	4 1780
	14.07.1980	II ZR 161/79	NJW 1980, 2415	4 782, 790
	24.11.1980	II ZR 182/79 „Fall Poullain"	NJW 1981, 757	3 234 4 500, 502, 516, 808, 1224, 1689
		II ZR 183/80	NJW 1981, 2465	4 1200, 1201
	18.12.1980	II ZR 140/79	NJW 1981, 1097	4 2874, 2883, 2893
	29.01.1981	II ZR 92/80	NJW 1981, 1270	4 1190, 1201

Entscheidungsregister

Gericht	Datum	AZ	Fundstelle	Zitiert in
BGH	16.02.1981	II ZR 49/80	WM 1981, 440	4 2393
	11.05.1981	II ZR 126/80	NJW 1981, 2748	4 755, 1201, 1682, 1683
	01.12.1981	KRB 3/79	GRUR 1982, 244	8 52
	25.01.1982	II ZR 164/81	NJW 1982, 1585	3 441
	25.02.1982	II ZR 102/81	NJW 1982, 1528	1 86 3 219, 234, 254, 430 4 516, 1224, 2055 7 289, 291
		II ZR 123/81	NJW 1982, 1525	3 1, 7, 146, 167, 169, 201, 211, 227, 241, 342, 346, 430 4 150 7 145, 149, 283, 293 9 116
		II ZR 145/80	NJW 1982, 1530	1 87 3 449, 450 7 168
	19.04.1982	II ZR 55/81	NJW 1982, 2444	1 82
	22.04.1982	VII ZR 160/81	WM 1982, 797	4 1704, 1729
	15.11.1982	II ZR 27/82 „Hertie"	NJW 1983, 991	1 86, 93, 95 2 61, 63 3 103, 135, 471, 475, 476, 479, 511 4 104, 134, 143, 144 7 370
	29.11.1982	II ZR 88/81	NJW 1983, 878	4 1130, 1133
	20.12.1982	II ZR 110/82	NJW 1983, 938	3 48, 50
	14.03.1983	II ZR 103/82	NJW 1983, 1856	4 2393, 2443
	13.06.1983	II ZR 67/82	LM Nr. 1 zu § 52 GmbHG	9 190
	20.06.1983	II ZR 85/82	DB 1983, 1864	9 186
	17.10.1983	II ZR 31/83	WM 1984, 29	4 695, 702, 2368
	26.10.1983	II ZR 87/83	NJW 1984, 489	6 48
	14.11.1983	II ZR 33/83 „Reemtsma"	NJW 1984, 733	3 231 4 500, 644, 1185, 2140, 2141, 2142, 2143 7 194, 228, 261, 278 9 177, 178
	05.12.1983	II ZR 242/82	NJW 1984, 1351	4 1597, 1604, 1605
	13.02.1984	II ZR 2/83	WM 1984, 532	4 790
	26.03.1984	II ZR 120/83	NJW 1984, 2528	4 1190, 1735
		II ZR 171/83	NJW 1984, 1893	1 97 8 27
		II ZR 229/83	NJW 1984, 2366	4 1519, 1617, 1618, 1620, 1621, 1622, 1627, 1640
	18.06.1984	II ZR 221/83	WM 1984, 1120	4 1705
	02.07.1984	II ZR 16/84	ZIP 1984, 1113	4 728
	17.09.1984	II AZR 4/84	AG 1985, 53	4 999
	28.01.1985	II ZR 79/84	WM 1985, 567	3 424

Entscheidungsregister

Gericht	Datum	AZ	Fundstelle	Zitiert in
BGH	23.04.1985	KRB 7/84	WuW/E BGH 2148	4 244
	20.05.1985	II ZR 165/84	NJW 1986, 129	4 715, 725, 1059, 1060, 1088, 1104, 1117 5 166
	08.07.1985	II ZR 198/84	NJW 1986, 54	4 2099
	23.09.1985	II ZR 246/84	ZIP 1985, 1484	4 695
	20.01.1986	II ZR 73/85	NJW 1986, 2051	2 183 4 2865
	10.03.1986	II ARZ 1/86	AG 1986, 290	4 999
	28.04.1986	II ZR 254/85	NJW 1986, 2944	4 1620, 1621, 1624
	09.07.1986	GSZ 1/86	NJW 1987, 50	4 2414
	10.11.1986	II ZR 140/85	NJW 1987, 1077	4 2411, 2412
	17.11.1986	II ZR 304/85	NJW 1987, 1811	3 405
	01.12.1986	II ZR 306/85	NJW 1987, 1194	4 23576 271
	15.12.1986	II ZR 18/86	NJW 1987, 902	2 82, 157, 158, 172, 205, 207, 210 6 106
	09.03.1987	II ZR 132/86	NJW 1987, 2073	4 1735
	23.03.1987	II ZR 190/86	NJW 1987, 1887	4 2437
	30.03.1987	II ZR 180/86	NJW 1987, 2580	3 393, 396
	29.06.1987	II ZR 173/86	NJW 1988, 413	4 2411, 2412
	29.06.1987	II ZR 242/86	AG 1987, 348	2 209, 210
	09.11.1987	II ZR 100/87	NJW 1988, 696	3 48
	07.12.1987	II ZR 206/87	NJW-RR 1988, 420	4 1645
	14.12.1987	II ZR 53/87	NJW-RR 1988, 745	6 166
	11.01.1988	II ZR 192/87	NJW-RR 1988, 995	4 2414
	01.02.1988	II ZR 75/87	NJW 1988, 1579	4 1904
	08.02.1988	II ZR 159/87	NJW 1988, 1384	4 2267
	14.11.1988	II ZR 82/88	ZIP 1989, 163	2 210
	23.11.1988	VIII ZR 262/87	NJW-RR 1989, 291	4 628
	28.11.1988	II ZR 57/88	NJW 1989, 979	1 82 3 167, 430 4 91, 2054
	19.12.1988	II ZR 74/88	NJW 1989, 1928	3 208, 434, 435 4 1217, 2108
	08.03.1989	IV a ZR 353/87	NJW-RR 1989, 642	4 1955
	08.05.1989	II ZR 229/88	ZIP 1989, 986	4 1609, 1610
	29.05.1989	II ZR 220/88	NJW 1989, 2683	4 689, 1187, 1201, 1682, 1683, 1688
	12.06.1989	II ZR 246/88	NJW 1989, 2694	4 1076, 1077
	25.09.1989	II ZR 53/89	AG 1990, 78	4 999
	24.10.1989	X ZR 58/88	GRUR 1990, 193	4 1204
	08.12.1989	V ZR 24	NJW 1990, 975	5 107
	21.12.1989	X ZR 30/89	NJW 1990, 1289	4 1773
	05.04.1990	IX ZR 16/89	NJW-RR 1990, 1330	5 107
	09.04.1990	II ZR 1/89	NJW 1990, 2544	5 106
	14.05.1990	II ZR 122/89	NJW-RR 1990, 1313	4 1198
	25.06.1990	II ZR 119/89	NJW-RR 1990, 1312	4 1619

Entscheidungsregister

Gericht	Datum	AZ	Fundstelle	Zitiert in
BGH	06.07.1990	2 StR 549/89 „Lederspray"	NJW 1990, 2560	4 2092, 2093, 2102
	24.09.1990	II ZR 167/89	DStR 1991, 89	4 2312
	29.10.1990	II ZR 241/89	NJW 1991, 699	4 1615, 1620, 1624
	07.11.1990	2 StR 439/90	NJW 1991, 990	4 1653
	01.07.1991	II ZR 292/90	NJW 1991, 2566	4 569
	21.01.1991	II ZR 144/90	NJW 1991, 1727	4 1270
	25.03.1991	II ZR 188/89	NJW 1991, 1830	3 115 4 9, 85, 90, 181, 203, 344, 385 6 209, 210, 211, 212, 213, 214 9 29, 209
	22.04.1991	II ZR 151/90	AG 1991, 269	4 2279, 2351, 2857
	27.05.1991	II ZR 87/90	NJW-RR 1991, 1187	3 434
	29.05.1991	VIII ZR 214/90	NJW 1991, 2552	4 772
	01.07.1991	II ZR 5/91	DStR 1991, 1355	4 1088
		II ZR 292/90	NJW 1991, 2566	4 573
	23.09.1991	II ZR 189/90	NJW-RR 1992, 167	4 2173
	14.10.1991	II ZR 239/90	NJW-RR 1992, 292	4 732, 740, 763, 765
	16.12.1991	II ZR 58/91	NJW 1992, 892	9 186
	17.02.1992	II ZR 140/91	NJW 1992, 1892	4 1618, 1636
	24.02.1992	II ZR 79/91	DStR 1992, 1026	4 690, 702, 736, 2368
	30.04.1992	III ZR 151/91	NJW 1992, 2021	4 2798
	15.06.1992	II ZR 18/91	NJW 1992, 2760	4 1121
		II ZR 88/91	NJW 1992, 2894	4 1295
	13.07.1992	II ZR 269/91	BGHZ 119, 201	4 2384
	15.10.1992	IX ZR 43/92	NJW 1993, 648	4 2437
	09.11.1992	II ZR 230/91	NJW 1993, 400	4 2679
		II ZR 234/91	DStR 1993, 134	4 2365
	10.12.1992	V ZB 3/92	NJW 1993, 662	4 1053
	08.02.1993	II ZR 58/92	NJW 1993, 1198	4 789, 790
	01.03.1993	II ZR 81/94	DStR 1994, 1092	4 2365
	17.05.1993	II ZR 89/92	NJW 1993, 2307	1 87 3 1, 54, 201, 214, 215, 219, 220, 221, 224, 251, 373, 374, 463, 465, 467 4 506, 516, 527 7 194, 291, 292 9 112, 218
	07.07.1993	VIII ZR 2/92	AG 1994, 35	9 39
	11.10.1993	II ZR 155/92	NJW 1994, 51	8 110
	15.11.1993	II ZR 235/92	NJW 1994, 520	3 463, 482 4 389, 391, 395 6 205 8 100, 107
	29.11.1993	II ZR 61/93	DStR 1994, 214	4 2368
	20.12.1993	II ZR 217/92	NJW-RR 1994, 357	4 1782
	07.03.1994	II ZR 52/93	NJW 1994, 1410	1 82
	13.04.1994	II ZR 16/93	NJW 1994, 1801	4 2365

Entscheidungsregister

Gericht	Datum	AZ	Fundstelle	Zitiert in
BGH	19.04.1994	XI ZR 18/93	NJW 1994, 2082	4 1955
	06.06.1994	II ZR 292/91	NJW 1994, 2220	4 2376, 2397
	04.07.1994	II ZR 197/93	NJW 1994, 2484	4 344 6 219, 224, 237 9 209
	19.09.1994	II ZR 248/92	NJW 1994, 3094	4 2581
	24.10.1994	II ZR 91/94	DStR 1994, 2746	4 695, 732
	19.12.1994	II ZR 244/93	NJW-RR 1995, 796	4 1203
	20.02.1995	II ZR 9/94	WM 1995, 709	4 1702
	20.03.1995	II ZR 205/94	NJW 1995, 1739	3 441 4 1904, 2849
	26.06.1995	II ZR 109/94	NJW 1995, 2850	4 790, 1725, 2099
		II ZR 122/94	NJW 1995, 1716	4 2351
	13.11.1995	II ZR 113/94	DStR 1996, 271	4 2389 6 272
	25.11.1996	II ZR 118/95	NZA-RR 1997, 147	4 1819, 1820
	11.12.1995	II ZR 268/94	DStR 1996, 111	9 186
	26.02.1996	II ZR 114/95	ZIP 1996, 636	4 1716
	05.06.1996	VIII ZR 151/95	NJW 1996, 2156	4 1233
	23.09.1996	II ZR 126/95	NJW 1997, 318	4 2300
	26.09.1996	III ZR 266/95	AG 1997, 42	6 232
	30.09.1996	II ZR 51/95	DStR 1996, 1862	4 2383
	15.10.1996	VI ZR 319/95	NJW 1997, 370	4 236, 2086, 2365
	14.11.1996	IX ZR 215/95	NJW 1997, 518	4 2407
	17.02.1997	II ZR 278/95	NJW 1997, 2055	4 728, 1590, 1597
	24.02.1997	II ZB 11/96	NJW 1997, 1923	4 1937, 1943 9 6, 46, 47, 48
	06.03.1997	II ZB 4/96	NJW 1997, 1985	3 503 4 190, 338, 1124 8 42 9 177, 207
	21.04.1997	II ZR 175/95 „ARAG/Garmenbeck"	BGHZ 135, 244	1 7, 24, 82 3 54, 374, 466 4 1, 7, 11, 179, 190, 203, 351, 352, 735, 1132, 2055, 2355, 2369, 2375, 2376, 2390, 2425, 2428, 2431, 2432, 2442, 2496 5 189, 192, 198 8 120 9 218
	12.05.1997	II ZR 50/96	NJW 1997, 2319	4 1230, 1679
	23.06.1997	II ZR 132/93 „Siemens/Nold"	NJW 1997, 2815	1 82 4 91, 2649
	10.07.1997	IX ZR 161/96	NJW 1998, 312	4 1811
	14.07.1997	II ZR 238/96	NJW 1997, 3089	4 1620, 1621, 1622, 1624, 1629, 1630
	10.11.1997	II ZB 6/97	NJW 1998, 1071	4 921, 964
	01.12.1997	II ZR 232/96	NJW 1998, 1480	4 1685
	25.03.1998	VIII ZR 185/96	NJW 1998, 2360	4 628
	15.06.1998	II ZR 318/96	NJW 1998, 3274	4 1710, 1712, 2314, 2315

Entscheidungsregister

Gericht	Datum	AZ	Fundstelle	Zitiert in
BGH	13.07.1998	II ZR 131/97	AG 1998, 519	4 695, 702, 736, 765, 1729
	17.09.1998	IX ZR 237/97	NJW 1998, 3567	4 1270
	12.10.1998	II ZR 164/97	DStR 1998, 1884	4 2398, 2400
	21.10.1998	VIII ZB 54/97	NZA 1999, 110	4 1197
	04.11.1998	VIII ZB 12/98	NZA 1999, 53	4 1198
	23.11.1998	V ZR 379/97	NJW 1999, 351	4 629
	02.01.1999	II ZR 276/97	NZA 1999, 380	4 1201
	03.05.1999	II ZR 35/98	DStR 1999, 1537	4 730
	21.06.1999	II ZR 27/98	NJW 1999, 3263	4 1685, 2330
	28.06.1999	II ZR 272/98	NJW 1999, 2809	9 186
	10.01.2000	II ZR 251/98	NZG 2000, 654	4 1710
	03.07.2000	II ZR 282/98	NJW 2000, 2983	4 1271, 1272
	08.05.2000	II ZR 308/98	NJW 2000, 2584	4 1620, 1622, 1624, 1629, 1630
	29.05.2000	II ZR 47/99	NZG 2000, 945	3 405 4 612
		II ZR 380/98	NZA 2001, 266	4 1779
	19.06.2000	II ZR 73/99	NJW 2000, 2819	4 2056
	02.10.2000	II ZR 64/99	AG 2001, 133	8 12
	09.10.2000	II ZR 75/99	NJW 2001, 287	4 1285
	08.01.2001	II ZR 88/99	NJW 2001, 1280	4 2380
	02.04.2001	II ZR 217/99	NJW 2001, 2476	4 1590, 1597
	10.09.2001	II ZR 14/00	NZG 2002, 46	4 732, 1190, 1708, 2314, 2315
	17.09.2001	II ZR 178/99 „Bremer Vulcan"	AG 2002, 43	8 45
		II ZR 378/99	NZG 2002, 43	4 787
	12.11.2001	II ZR 225/99 „Sachsenmilch III"	NJW 2002, 1128	2 104 4 546, 993, 1121, 1161, 2085
	03.12.2001	II ZR 308/99	NZG 2002, 195	1 143 9 269
	06.12.2001	1 StR 215/01 „SSV Reutlingen"	NZG 2002, 471	4 2410 6 203
	17.12.2001	II ZR 222/99	DStR 2002, 412	4 1802
		II ZR 288/99	NZG 2002, 817	4 543, 544, 1217
	25.02.2002	II ZR 236/00	DStR 2002, 1587	9 188
	04.03.2002	II ZR 77/00	NJW 2002, 1875	4 1620, 1621, 1322, 1737
	11.03.2002	II ZR 5/00	NZG 2002, 635	4 1819
	24.06.2002	II ZR 296/01	NZG 2002, 916	2 155 4 1073, 1074, 1091 5 167
	25.07.2002	III ZR 207/01	NJW 2002, 3104	4 1190
	19.09.2002	V ZB 37/02	NJW 2002, 3629	4 2622
	16.10.2002	VIII ZB 27/02	NJW-RR 2003, 277	4 1197
	28.10.2002	II ZR 353/00	NZG 2003, 86	6 147
		II ZR 146/02	NJW 2003, 351	4 500, 1185, 1727
	04.11.2002	II ZR 224/00	NZG 2003, 81	3 576 4 1099, 1771, 2360, 2418, 2422, 2424 6 176

Entscheidungsregister

Gericht	Datum	AZ	Fundstelle	Zitiert in
BGH	25.11.2002	II ZR 49/01	NJW 2003, 970	2 106 4 1161, 2164, 2703
		II ZR 133/01 „Macrotron"	NJW 2003, 1032	4 560, 565, 1139, 1140, 1143 5 167 8 121
	23.01.2003	IX ZR 39/02	NZA 2003, 439	4 1190, 1198, 1199
	19.02.2003	IV ZR 318/02	NJW-RR 2003, 672	4 1994
	21.07.2003	II ZR 109/02	NJW 2003, 3412	2 112 4 2620 10 148
	23.10.2003	IX ZR 249/02	NJW 2004, 444	4 2404
	24.11.2003	II ZR 127/01	NZG 2004, 327	4 2330, 2332
	01.12.2003	II ZR 216/01	DStR 2004, 513	1 143 4 2393, 2433 5 192, 196
		II ZR 161/02	NJW 2004, 186	4 755, 2332, 2351
	15.12.2003	II ZR 194/01	NJW 2004, 1165	4 772
	16.02.2004	II ZR 316/02 „Mobilcom"	NJW 2004, 1109	4 1495 6 24, 25, 26, 27
	26.04.2004	II ZR 154/02	NZG 2004, 575	4 401
		II ZR 155/02 „GELATINE II"	NJW 2004, 1860	1 51 4 401, 2339, 2341, 2389, 2443 5 189
	03.06.2004	X ZR 104/03	NZG 2004, 770	4 2182, 2184
	14.06.2004	II ZR 47/02	NJW 2004, 2519	4 982
	15.07.2004	III ZR 315/03	NJW 2004, 3039	4 1233
	18.10.2004	II ZR 250/02 „ThyssenKrupp"	NJW 2005, 828	4 560, 565, 715, 1059, 1112, 1113, 1121, 1122, 1123, 1124, 1137, 1140, 1151, 1155 5 166, 168
	29.11.2004	II ZR 364/02	DStR 2005, 432	4 2351 9 35, 39
	21.02.2005	II ZR 112/03	DStR 2005, 659	4 2437
	21.03.2005	II ZR 16/03	AG 2005, 475	4 747
		II ZR 54/03	NZG 2005, 562	9 269
	18.07.2005	II ZR 159/03	NJW 2005, 3061	4 1620, 1621
	01.09.2005	II ZR 173/04	NZG 2005, 968	4 1735
	10.10.2005	II ZR 90/03	NJW 2006, 374	3 374 4 2649
	24.10.2005	II ZR 55/04	NZG 2006, 62	4 635
	21.11.2005	II ZR 79/04	NJW-RR 2006, 471	4 2376, 2649
	05.12.2005	II ZR 291/03	AG 2006, 117	2 83 9 6, 7, 9, 19, 25, 41
	12.12.2005	II ZR 253/03	NJW-RR 2006, 472	4 2719
	21.12.2005	3 StR 470/04	NJW 2006, 522	4 1291, 1322, 1327, 1527, 1540, 1541, 1651, 1667, 1803
	16.01.2006	II ZR 76/04	NZG 2006, 344	4 452
	10.04.2006	II ZR 337/05	NJW 2006, 2776	4 1902
	24.04.2006	II ZR 30/05	NZG 2006, 505	4 1083
	08.05.2006	II ZR 123/05	DStR 2006, 1292	10 148

Entscheidungsregister

Gericht	Datum	AZ	Fundstelle	Zitiert in
BGH	19.06.2006	II ZR 337/05	DStR 2006, 1515	4 2389
	03.07.2006	II ZR 151/04	NZG 2006, 712	2 149 3 475 6 5, 210, 216, 232, 237, 250, 258 9 209
	18.09.2006	II ZR 225/04	NZG 2006, 905	4 2692
		II ZR 137/05	NZG 2006, 945	1 97
	10.10.2006	KZR 26/05	WM 2007, 313	4 2328
	16.10.2006	II ZR 7/05	DStR 2006, 2325	4 2294, 2353 9 35, 39
	23.10.2006	II ZR 298/05	NZG 2007, 189	4 689, 691, 729, 730 7 221
	20.11.2006	II ZR 279/05	NZG 2007, 103	6 211, 233, 247 9 209
	11.12.2006	II ZR 243/05	NJW-RR 2007, 390	4 95, 392, 2353 5 192 8 100
	11.01.2007	III ZR 302/05	NJW 2007, 830	4 2438
	05.02.2007	II ZR 234/05	DStR 2007, 728	4 2384
		II ZR 51/06	DStR 2007, 1544	4 2380
	12.02.2007	II ZR 308/05	AG 2007, 446	4 734, 1714
	26.03.2007	II ZR 310/05	DStR 2007, 1003	4 2380
	02.04.2007	II ZR 325/05	NJW-RR 2007, 1483	2 139, 183 3 52, 446, 447, 451, 475 4 95, 1168 6 225, 232, 235, 237, 248 7 167 8 29 9 209
	23.04.2007	II ZR 149/06	DStR 2007, 1358	9 188
	14.05.2007	II ZR 48/06	NJW 2007, 2118	1 96 4 147, 2397, 2398, 2399
		II ZR 182/06	DStR 2007, 1493	2 104
	11.06.2007	II ZR 152/06	NZG 2007, 907	4 2649
	26.06.2007	XI ZR 277/05	NJW 2007, 2989	5 106
	02.07.2007	II ZR 111/05	NJW 2008, 69	3 405
	16.07.2007	II ZR 3/04 „TRIHOTEL"	NJW 2007, 2689	4 2342, 2355, 2390 5 198
	24.07.2007	XI ZR 208/06	NJW-RR 2007, 1673	4 1233
	09.11.2007	V ZR 25/07	NJW 2008, 506	4 2438
	06.12.2007	IX ZR 284/03	NZA 2008, 306	4 1752
	18.02.2008	II ZR 62/07	NZG 2008, 314	4 2403
	03.03.2008	II ZR 124/06 „UMTS"	DStR 2008, 1104	4 2376
	17.03.2008	II ZR 239/06	NZG 2008, 471	3 126 4 1219, 1269, 2268, 2318 9 39

Entscheidungsregister

Gericht	Datum	AZ	Fundstelle	Zitiert in
BGH	28.04.2008	II ZR 264/06 „GAMMA"	DStR 2008, 1293	4 2370, 2373
		II ZR 11/07	NZG 2008, 664	4 1618, 1628
	02.06.2008	II ZR 27/07	DStR 2008, 1492	4 2365
	07.07.2008	II ZR 71/07 „Metro"	DStR 2008, 2075	3 176, 573, 574, 575 4 1756, 1762, 1767, 1771, 2424 6 176
		II ZR 81/07	NZG 2008, 753	4 1617, 1620
	14.07.2008	II ZR 202/07	DStR 2008, 1839	4 2376, 2377, 2437, 2438
	21.07.2008	II ZR 1/07	NZG 2009, 589	4 2651
	29.09.2008	II ZR 234/07	NJW 2009, 68	4 2379, 2827
	01.12.2008	II ZR 102/07 „MPS"	NZG 2009, 107	3 287 4 2376
	12.01.2009	II ZR 27/08	DStR 2009, 597	4 702, 732, 2368
	16.02.2009	II ZR 120/07	NZG 2009, 463	4 452
		II ZR 185/07 „Kirch/Deutsche Bank"	NZG 2009, 342	1 62 2 111 3 35 4 1121, 1130, 1133, 1144, 2309, 2453, 2454, 2485, 2486 8 22
		II ZR 282/07	NJW-RR 2009, 690	3 434 4 755, 2331, 2334
	09.03.2009	II ZR 170/07	NZG 2009, 744	3 519 4 583, 584, 586, 588, 1252, 1599, 1664 6 142, 223 7 196 8 17, 20, 24
	16.03.2009	II ZR 280/07	NJW 2009, 2454	3 476 4 86, 97, 336, 342 5 192 6 39 9 23
	06.04.2009	II ZR 255/08	NZG 2009, 620	4 759
	27.04.2009	II ZR 160/08	AG 2009, 661	6 211
	04.05.2009	II ZR 166/07	NZG 2009, 1309	4 1079
		II ZR 168/07	NZG 2009, 1310	4 1076
	18.05.2009	II ZR 262/07	ZIP 2009, 1566	2 131
	04.06.2009	III ZR 144/05	EuZW 2009, 865	4 2438
	24.06.2009	IV ZR 110/07	NJW 2009, 3654	4 1994
	02.07.2009	III ZR 333/08	NJW-RR 2009, 1666	6 188
	17.07.2009	5 StR 394/08	BKR 2009, 422	4 2506
	20.07.2009	II ZR 273/07	NZG 2009, 944	4 452
	17.09.2009	5 StR 521/08	ZIP 2009, 2110	3 167

Entscheidungsregister

Gericht	Datum	AZ	Fundstelle	Zitiert in
BGH	21.09.2009	II ZR 174/08 „Umschreibungsstopp"	NZG 2009, 1270	1 62 3 35 4 1066, 1077, 1137, 1144, 2454, 2485, 2486, 2620
	08.10.2009	IX ZR 227/06	AG 2010, 79	4 560, 565
	26.10.2009	II ZR 222/08	DStR 2010, 63	4 2340
	09.11.2009	II ZR 154/08	AG 2010, 79	4 1140, 1146 5 168, 170
	12.11.2009	VII ZR 233/08	NJW 2010, 675	4 2413
	07.12.2009	II ZR 63/08	NZG 2010, 618	4 2469, 2486
	08.02.2010	II ZR 94/08	NZG 2010, 423	4 2572, 2586, 2596, 2597 10 26
	15.04.2010	IX ZR 189/09	NJOZ 2011, 460	4 2407
	10.05.2010	II ZR 70/09	NJW 2010, 2343	4 1190, 1202
	21.06.2010	II ZR 24/09	NZG 2010, 943	3 434 4 117, 127, 1136 8 76
	20.09.2010	II ZR 78/09 „DOBERLUG"	NJW 2011, 221	4 86, 2380 5 192 7 15 9 185, 186
	11.10.2010	II ZR 266/08	NJW 2011, 920	4 1673, 1677
	18.10.2010	II ZR 151/09	DStR 2011, 130	4 2384
	31.05.2011	II ZR 109/10	NZG 2011, 902	4 620, 1884
	21.06.2011	II ZB 15/10	NZG 2011, 907	4 782, 783
	12.07.2011	II ZR 58/10	AG 2011, 702	4 1081, 2912
	20.09.2011	II ZR 234/09 „ISION"	NZG 2011, 1271	1 96 3 475 4 140, 695, 2391, 2397, 2398, 2401, 2413, 2902
	27.09.2011	II ZR 225/08	NZG 2011, 1383	4 2874, 2875, 2877, 2898
		II ZR 279/09	NZG 2011, 1420	9 186
	30.01.2012	II ZB 20/11	NZG 2012, 347	1 86 3 167 7 76
	07.02.2012	II ZR 253/10	NZG 2012, 347	3 103 4 560, 565, 1079, 1140 5 168
		II ZR 230/09	NZG 2012, 625	4 1076
		II ZB 14/11	NZG 2012, 421	7 395, 549
	06.03.2012	II ZR 76/11	NZG 2012, 502	4 2122
	27.03.2012	II ZR 171/10	NZG 2012, 672	4 147, 2390, 2397, 2398, 2399
	23.04.2012	II ZR 163/10	NJW 2012, 2346	2 72 3 127, 499, 501 4 595, 652, 739, 1234, 1235, 1236, 1237, 2678
	14.06.2012	IX ZR 145/11	NJW 2012, 3165	4 147
	26.06.2012	II ZR 30/11	AG 2012, 680	6 108

Entscheidungsregister

Gericht	Datum	AZ	Fundstelle	Zitiert in
BGH	27.06.2012	IV ZR 212/10	NJW 2012, 3238	4 1994
	10.07.2012	II ZR 48/11 „Fresenius"	NJW 2012, 3235	4 123, 560, 565, 1122, 1137, 1140, 1146 5 168, 170 6 218, 222, 228, 229, 233, 241, 242, 245, 249, 251 8 86, 87, 88 9 209
	17.07.2012	II ZR 55/11	NZG 2012, 1027	2 160 3 54, 463, 466 4 623, 662, 663, 805, 806, 823, 1228
	06.11.2012	II ZR 111/12	NZG 2013, 339	3 481 4 327, 416, 1146 5 170
	04.12.2012	II ZR 159/10	NJW-RR 2013, 363	4 1609, 1610
	18.12.2012	II ZR 220/10	NJW 2013, 1304	4 2365
	15.01.2013	II ZR 90/11	NZG 2013, 293	4 217, 433, 2403, 2413, 2413
	29.01.2013	II ZB 1/11	NZG 2013, 297	3 54, 69, 126 4 755, 2335, 2351
	19.02.2013	II ZR 56/12 „IKB"	NJW 2013, 1535	2 148, 149, 150, 214 3 127, 499, 501 4 2554, 2678, 2880, 2907, 2908 7 55
	12.03.2013	II ZR 179/12	NZG 2013, 496	4 2286 6 272
	09.04.2013	II ZR 273/11	NJW 2013, 2425	4 1704, 1710, 2315
	23.04.2013	II ZB 7/09 „Geltl/Daimler"	NJW 2013, 2114	4 784 5 20, 34, 38, 70, 77
	14.05.2013	II ZB 1/11	NZG 2013, 792	2 150 3 69, 126, 446 4 2268, 2318, 2330, 2334, 2337, 2351 9 39
		II ZR 196/12	NZG 2013, 783	4 560, 565, 1137, 1140, 1144 5 168
	06.06.2013	IX ZR 204/12	NJW 2013, 2345	4 2417
	11.06.2013	II ZR 80/12	AG 2013, 634	4 2350
	18.06.2013	II ZR 86/11	NJW 2013, 3636	4 2376
		II ZA 4/12	ZIP 2013, 1467	4 2874, 2912, 2919
	09.07.2013	II ZR 193/11	BeckRS 2013, 14004	5 106
	24.09.2013	II ZR 396/12	ZIP 2014, 191	4 1780
	05.11.2013	II ZB 28/12	NZG 2014, 27	3 507 4 1121, 1122, 1128 10 24

Entscheidungsregister

Gericht	Datum	AZ	Fundstelle	Zitiert in
BGH	14.01.2014	II ZB 5/12 „Porsche-SE"	NZG 2014, 423	3 127 4 1121, 1125, 1126, 1128, 1129, 1130, 2678
	08.07.2014	II ZR 174/13	NZG 2014, 1058	4 1652, 1655, 2442, 2443 6 159, 160
	15.07.2014	II ZB 18/13	NZG 2014, 1307	4 2056 6 51, 106
	16.07.2014	IV ZR 88/13	NJW 2014, 3030	4 1974
	02.12.2014	II ZR 119/14	NZG 2015, 101	4 2380
	27.01.2015	II ZB 7/14	NZG 2015, 438	2 202
	28.04.2015	II ZB 19/14	NZG 2015, 835	4 2885, 2886, 2893
		II ZR 63/14	NZG 2015, 792	1 96 4 140, 271, 695, 1249, 1253, 2297, 2298, 2364, 2365, 2390, 2393, 2397, 2401
	30.06.2015	II ZR 142/14	NZG 2015, 1227	4 2580
	16.07.2015	IX ZR 197/14	NJW 2015, 3447	4 2404
	14.10.2015	XII ZB 695/14	NJW 2016, 250	4 1056
	27.10.2015	II ZR 296/14	NJW 2016, 1236	3 434, 435, 463 4 1329, 1331
	26.11.2015	3 StR 17/15	NZG 2016, 703	4 394, 428
	12.04.2016	II ZR 275/14	NJW 2016, 2739	4 2719
	13.04.2016	IV ZR 304/13	NZG 2016, 745	4 2028
		IV ZR 51/14	BeckRS 2016, 07881	4 2028
	14.04.2016	IX ZR 161/15	NZG 2016, 838	4 1973
	26.04.2016	XI ZR 108/15	NJW 2016, 2569	3 127, 493, 494, 499, 500, 506 4 2678, 3018 5 100, 107
	14.06.2016	XI ZR 483/14	NJW-RR 2016, 1138	4 1955
	22.09.2016	VII ZR 14/16	NJW 2016, 3715	4 2407
	12.10.2016	5 StR 134/15 „HSH Nordbank"	NZG 2017, 116	4 2376
	08.11.2016	VI ZR 200/15	NZG 2017, 753	4 2437
	15.11.2016	II ZR 217/15	NZG 2017, 261	4 689, 707, 708, 711, 722, 723, 728, 737
	18.01.2017	XII ZB 544/15	NJW 2017, 1480	4 1054
	16.03.2017	IX ZR 253/15	AG 2017, 547	4 1609
	04.04.2017	II ZR 77/16	NZG 2017, 700	4 691
	09.05.2017	1 StR 265/16	NZG 2018, 36	4 217
	23.05.2017	II ZR 6/16	NZG 2017, 948	4 1781, 1817
	25.07.2017	II ZR 235/15	NZG 2017, 1219	4 2313
	20.03.2018	II ZR 359/16	NZG 2018, 629	4 133, 139, 140, 141, 143, 527, 2301, 2302, 2643 6 168, 201, 214
	26.06.2018	II ZR 205/16	ZIP 2008, 1492	4 2637
	04.07.2018	IV ZR 200/16	NJW 2018, 2710	4 1994

Entscheidungsregister

Gericht	Datum	AZ	Fundstelle	Zitiert in
BGH	10.07.2018	II ZR 120/16	NZG 2018, 1019	4 2679
		II ZR 24/17 „Schloss Eller"	NZG 2018, 1189	4 190, 389, 413, 415, 416, 418, 421, 423, 426, 427, 430, 433, 520, 2128, 2153, 2157, 2389, 2418, 2420 6 182, 252
	18.09.2018	II ZR 152/17 „Easy Software"	NZG 2018, 1301	4 351, 352, 353, 2437, 2438, 2827
	09.10.2018	II ZR 78/17	NJW 2019, 669	1 62 3 35, 305 4 1120, 1144, 2490, 2571, 2620
	06.11.2018	II ZR 11/17	NJW 2019, 1067	4 241, 866, 906, 2063, 2068, 2099, 2104, 2105, 2108, 2364, 2365
	07.11.2018	IV ZR 14/17	NJW 2019, 855	4 1994
	08.01.2019	II ZR 364/18	NJW 2019, 1512	4 431
	15.01.2019	II ZR 392/17	NJW 2019, 1677	4 2277, 2284, 2336
	26.03.2019	II ZR 244/17	NZA 2019, 706	4 739, 1235, 1239, 1240
	14.05.2019	II ZR 299/17	NZG 2019, 861	4 766, 775
	23.07.2019	II ZB 20/18	NJW-RR 2019, 1254	7 464, 571 9 83
	24.09.2019	II ZR 192/18	NZG 2020, 64	4 1203, 1290
	03.12.2019	II ZB 18/19	ZIP 2020, 73	4 571
	04.03.2020	IV ZR 110/19	NJW 2020, 1886	4 1974
	30.06.2020	II ZR 8/19	BeckRS 2020, 17415	4 2855, 2859

BayObLG

Gericht	Datum	AZ	Fundstelle	Zitiert in
BayObLG				
	05.10.1973	BReg 3 Z 14/72	AG 1974, 24	4 2658
	11.07.1975	BReg 2 Z 9/75	WM 1975, 1219	4 2872
	28.07.1978	BReg 1 Z 45/78	BayObLGZ 1978, 243	4 1037
	10.03.1988	BReg 3 Z 125/87	NJW-RR 1988, 929	4 504, 1027, 1028 7 193
	30.11.1995	3Z BR 161/93	NJW-RR 1996, 679	4 1121
	20.03.1996	3Z BR 324/95	NJW-RR 1996, 994	4 1129
	20.08.1997	3Z BR 193/97	BayObLGZ 1997, 262	2 145
	28.08.1997	3Z BR 1/97	NZG 1998, 73	7 260
	22.03.1999	3Z BR 250/98	NZG 1999, 554	4 1124
	26.01.2000	3Z BR 410/99	BayObLGZ 2000, 11	4 2812
	29.03.2000	3Z BR 11/00	DB 2000, 1655	2 134, 142, 209
	09.06.2000	3Z BR 92/00	NZA-RR 2000, 544	7 443
	04.04.2001	3Z BR 70/00	NZG 2001, 608	4 1122

Entscheidungsregister

Gericht	Datum	AZ	Fundstelle	Zitiert in
BayObLG	28.03.2003	3Z BR 199/02	NZG 2003, 691	2 183, 191 3 52, 444, 446, 463
	15.09.2004	3Z BR 145/04	BayObLGZ 2004, 260	4 2733, 2734

Oberlandesgerichte

Gericht	Datum	AZ	Fundstelle	Zitiert in
OLG Bamberg				
	26.06.2012	1 W 29/12	NZG 2012, 1106	4 786
KG Berlin				
	21.11.1966	1 W 2437/66	NJW 1967, 933	4 1037
	08.07.1983	14 U 259/83	DB 1983, 2026	4 812
	26.08.1993	2 W 6111/92	NJW-RR 1994, 162	4 1124
	30.06.1994	2 W 4531, 4642/93	NJW-RR 1995, 98	4 1124
	24.08.1995	2 W 4557/94	NJW-RR 1996, 1060	4 1124
	31.01.1996	23 U 3989/94	AG 1996, 421	4 1121
	07.07.1998	1 W 6250/96	NZG 1999, 163	4 1017, 1024
	09.10.1998	14 U 4823/96	NZG 1999, 400	4 1203
	08.03.2001	2 U 1909/00	NZG 2001, 803	4 1151
	17.01.2002	2 U 7288/00	AG 2003, 99	2 111
	03.12.2002	1 W 363/02	NZG 2003, 441	2 173 4 708, 710
	27.09.2004	2 U 191/02	NZG 2004, 1165	4 2315
	18.11.2004	1 W 185/04	AG 2005, 246	4 2868, 2871
	15.03.2005	1 W 450/04	AG 2005, 846	4 995
	16.11.2006	23 U 55/03	NZG 2008, 29	4 2651
	20.02.2007	1 W 323/06	AG 2007, 400	4 1002
	03.05.2007	23 U 102/06	AG 2007, 745	4 691, 695, 713, 714, 1004
	29.10.2010	14 U 96/09	AG 2011, 299	4 993
	06.12.2010	23 AktG 1/10	ZIP 2011, 172	3 69 4 2555, 2559
	28.06.2011	19 U 11/11	NZG 2011, 865	4 1253, 1254
	25.08.2011	25 W 63/11	AG 2012, 256	4 2855
	16.12.2011	25 W 92/11	AG 2012, 328	4 2870, 2882, 2898, 2902, 2909
	05.01.2012	2 W 95/11	AG 2012, 412	4 2687, 2692, 2693, 2737, 2754, 2756, 2759
	26.08.2014	14 U 124/12	BeckRS 2014, 16706	7 222
	23.07.2015	23 U 18/15	NZG 2016, 787	9 180
	21.12.2015	14 W 105/15	NZG 2016, 349	7 51
	23.01.2017	23 U 79/15	AG 2018, 275	4 1316
	02.11.2017	14 W 89/15	NZG 2018, 458	7 23

Entscheidungsregister

Gericht	Datum	AZ	Fundstelle	Zitiert in
OLG Brandenburg				
	06.06.2001	7 U 145/00	AG 2003, 328	4 2707, 2715
	12.12.2006	6 U 26/06	AG 2007, 590	4 610
	24.06.2008	6 U 104/07	AG 2009, 513	4 1638, 1639
	17.02.2009	6 U 102/07	AG 2009, 662	4 97, 336 9 204
	10.11.2010	7 U 164/09	AG 2011, 418	4 2712
	14.01.2015	7 U 68/13	AG 2015, 428	9 39
	15.11.2016	6 U 21/14	BeckRS 2016, 111779	4 1168
OLG Braunschweig				
	14.06.2012	Ws 44/12, Ws 45/12	NJW 2012, 3798	3 416, 461 4 19 6 34, 105, 191, 194 8 60, 100
	24.05.2016	1 W 92/15	BeckRS 2016, 15591	2 145
OLG Bremen				
	22.03.1977	2 W 102/75	NJW 1977, 1153	7 481
	30.04.1980	1 W 3/80 (c)	DB 1980, 1332	7 49
	18.01.2007	2 U 113/06	NZG 2007, 468	4 2629
	01.12.2008	2 W 71/08	AG 2009, 412	4 2639
	13.11.2009	2 U 57/09	AG 2010, 256	4 2563, 2568
OLG Celle				
	11.07.1963	9 Wx 1/63	NJW 1964, 112	4 999
	06.11.1964	9 Wx 4/64	NJW 1965, 504	4 1000
	30.08.1979	9 Wx 8/78	DB 1979, 2502	7 49
	09.10.1989	9 U 186/89	NJW 1990, 582	3 55
	09.03.1994	20 U 44/93	NJW-RR 1994, 1545	4 1090
	13.09.2000	9 U 110/00	NZG 2001, 131	4 1623, 1633
	25.02.2002	4 U 176/01	BB 2002, 1438	4 2336 9 39
	05.03.2003	9 U 111/02	NZG 2003, 820	4 1704
	07.05.2008	9 U 165/07	AG 2008, 858	4 1140 5 168 8 121
	10.02.2010	4 U 68/09	AG 2012, 41	4 1253, 1255, 2297
	24.08.2011	9 U 47/11	nv.	5 107
	24.03.2016	9 U 154/15	AG 2016, 721	4 689, 707
	08.11.2017	9 W 86/17	NZG 2017, 1381	4 2690, 2730, 2746, 2749, 2751, 2752, 2757, 2759
	27.06.2018	9 U 78/17	NZG 2018, 904	3 35 4 1120, 1143, 1144, 1149
	28.04.2020	9 W 69/19	AG 2020, 553	4 1038, 1120, 1144, 1149, 2741, 2779, 2796

Entscheidungsregister

Gericht	Datum	AZ	Fundstelle	Zitiert in
OLG Dresden				
	18.02.1997	14 W 1396/96	ZIP 1997, 589	2 13, 17
	30.09.1997	15 W 1236/97	NJW-RR 1998, 830	2 146
	31.08.1999	13 U 1215/99	AG 2000, 43	4 546, 993
	23.04.2003	18 U 1976/02	AG 2003, 433	8 121
	05.09.2012	4 W 961/12	NJW-RR 2013, 27	4 1764
OLG Düsseldorf				
	28.02.1969	3 W 39/69	NJW 1969, 1259	4 921
	20.07.1977	3 W 147/77	BeckRS 1977, 01586	4 567
	13.05.1982	8 U 11/81	AG 1982, 225	4 695, 1638
	08.03.1984	6 U 75/83	AG 1984, 273	4 98, 183
	22.07.1986	19 W 2/86	WM 1986, 1435	4 1121
	05.11.1987	19 W 6/87	NJW 1988, 1033	4 1124
	13.07.1989	8 U 187/88	ZIP 1989, 1554	4 620, 903, 952
	15.02.1991	16 U 130/90	WM 1992, 14	4 695, 2690
	17.07.1991	19 W 2/91	AG 1992, 34	4 1121, 1123, 1129, 1130, 2826
	22.06.1995	6 U 104/94	AG 1995, 416	3 54 4 1203
	22.02.1996	6 U 20/95	NJW-RR 1996, 1252	4 715, 1059, 1060, 1088, 1089, 1090, 1091, 1099, 1149, 1153 5 166, 167, 173
	18.04.1997	3 Wx 584/96	ZIP 1997, 846	4 1037, 1038, 1041, 2915
	12.11.1998	2 Ss OWi 385/98	NStZ-RR 1999, 151	4 244
	03.12.1998	6 U 151/98	GmbHR 1999, 120	4 1615, 1620, 1621
	10.06.1999	2 U 11/98	GRUR 2000, 49	4 1204
	23.12.1999	6 U 119/99	GmbHR 2000, 278	4 1205
	06.12.2000	3 Wx 393/00	GmbHR 2001, 144	4 790, 791
	17.11.2003	15 U 225/02	AG 2004, 321	4 747, 748, 749, 750, 752, 753, 754, 1219, 2325, 2328
	16.01.2004	16 W 63/03	NZG 2004, 328	4 2639
	13.06.2006	16 U 137/04	AG 2006, 202	4 716, 2711, 2712, 2715
	30.10.2006	26 W 14/06	NZA 2007, 707	7 51
	22.03.2007	6 U 119/06	AG 2007, 747	6 82
	23.06.2008	9 U 22/08	NZG 2008, 713	3 486 4 417
	16.10.2008	6 U 247/07	BeckRS 2009, 6379	4 2648
	16.04.2009	3 Wx 85/09	NZG 2009, 678	4 567
	09.12.2009	6 W 45/09	AG 2010, 126	4 87, 2693, 2736, 2738, 2744, 2745, 2746, 2748, 2749, 2750, 2757, 2759
	28.01.2010	3 Ex 3/10	AG 2010, 368	4 1057
	24.03.2011	6 U 18/10	BeckRS 2012, 08418	4 416 7 222
	25.03.2011	22 U 162/10	BeckRS 2011, 11600	4 2771, 2781, 2818

Entscheidungsregister

Gericht	Datum	AZ	Fundstelle	Zitiert in
OLG Düsseldorf	27.07.2011	26 W 7/10	NZG 2011, 1152	7 565
	24.02.2012	16 U 177/10	AG 2012, 511	4 683, 689, 695, 747, 749, 765, 1677
	31.05.2012	16 U 176/10	AG 2013, 171	3 108 4 95, 97
	05.07.2012	6 U 69/11	NZG 2013, 546	4 2780
	18.10.2012	6 U 47/12	GmbHR 2012, 1347	4 1204
	12.11.2012	6 U 18/12	NZG 2013, 178	2 64
	18.02.2013	26 W 21/12	Juris	4 1125, 1129
	06.11.2014	6 U 16/14	AG 2015, 434	4 95, 98
	09.01.2015	10 U 5/14	BeckRS 2015, 3264	5 107
	15.01.2015	6 U 48/14	AG 2016, 410	4 387, 388, 389, 403, 405 6 205
	23.02.2015	26 W 14/14	NZG 2015, 1194	4 1122, 1123, 1134, 1133
	29.04.2015	1 Ws 429/14	wistra 2015, 482	6 203
	13.07.2015	26 W 16/14	NZG 2015, 1115	3 497, 498, 513 4 521, 540, 642, 1124
	26.11.2015	3 Wx 134/14	ZIP 2016, 1022	4 2751, 2841, 2842
	22.02.2016	3 Wx 35/16	NZG 2016, 698	4 1055
	26.08.2016	17 U 117/15	BeckRS 2016, 1341138	4 1702
	04.06.2018	26 W 12/17	NZG 2018, 1229	7 549
	20.07.2018	4 U 93/16	NZI 2018, 758	4 1977
	26.06.2020	4 U 134/18	BeckRS 2020, 16192	4 1977
OLG Frankfurt				
	11.10.1955	W 210/55	NJW 1955, 1929	2 146 4 1055
	18.04.1972	5 U 99/71	AG 1975, 18	4 749
	14.03.1977	20 W 113/77	NJW 1977, 1595	4 567
	03.10.1978	3/11 T 32/78	NJW 1978, 2398	3 450
	23.04.1985	5 U 149/84	AG 1986, 262	7 261, 269
	19.11.1985	5 U 30/85	WM 1986, 1437	2 156, 157, 158
	15.04.1986	3 U 191/84	AG 1986, 233	4 666, 2138
	21.08.1995	20 W 580/94	NJW-RR 1996, 290	4 974
	01.07.1998	21 U 166/97	AG 1999, 231	2 116 4 2622
	04.08.1993	20 W 295/90	NJW-RR 1994, 104	4 1121, 1124
	05.11.1999	10 U 257/98	AG 2000, 518	4 1596, 1597, 1598, 1601, 1612
	22.02.2001	20 W 376/00	BB 2001, 852	4 567
	22.08.2001	23 U 177/00	NZA-RR 2002, 531	6 86
	09.10.2003	20 W 487/02	NJW-RR 2004, 686	4 2763, 2859, 2870, 2871
	22.07.2004	5 W 18/03	AG 2005, 167	4 2606

Entscheidungsregister

Gericht	Datum	AZ	Fundstelle	Zitiert in
OLG Frankfurt	21.09.2005	1 U 14/05	AG 2005, 925	2 183 3 52 6 212, 235, 242
	30.01.2006	20 W 52/05	NZG 2007, 74	4 1124
	08.02.2006	12 W 185/05	AG 2006, 249	4 2575, 2597
	21.03.2006	10 U 17/05	AG 2007, 374	2 104
	16.05.2006	5 U 109/04	AG 2007, 329	4 1118
	21.11.2006	5 U 115/05	AG 2007, 282	3 463
	16.02.2007	5 W 43/06	NZG 2007, 310	4 2577
	22.03.2007	12 U 77/06	BeckRS 2008, 13889	4 2715, 2733
	17.07.2007	5 U 229/05	ZIP 2007, 1463	2 111 4 1064
	01.10.2007	20 W 141/07	NZG 2008, 272	2 85, 185, 186
	12.12.2007	17 U 111/07	AG 2008, 453	4 698
	18.12.2007	5 U 177/06	OLGR 2008, 769	4 715, 1059, 1113, 1140, 1146, 1155 5 166, 168
	28.01.2008	20 W 399/07	AG 2008, 419	4 927, 987, 1008, 1009
	13.03.2008	5 W 4/08	AG 2008, 667	4 2606, 2639
	21.04.2008	20 W 342/07	ZIP 2008, 878	7 51
	29.07.2008	5 U 151/05	AG 2009, 335	4 1201
	12.02.2009	2 Ss-OWi 514/08	NJW 2009, 1520	4 784 5 77
	06.04.2009	5 W 8/09	AG 2010, 39	4 2639
	08.04.2009	20 W 106/09	NZG 2009, 1185	7 539, 559
	26.05.2009	20 W 115/09	FGPrax 2009, 179	4 1055
	02.06.2009	20 W 187/07	NJW-RR 2009, 1411	4 2733
	08.06.2009	23 W 3/09	NZG 2009, 1066	4 2568, 2597, 2598, 2600
	13.01.2010	21 W 16/11	BeckRS 2012, 10249	4 2736, 2749
	07.09.2010	5 U 187/09	AG 2011, 631	2 150 4 2645
	20.10.2010	23 U 121/08	AG 2011, 36	2 103 4 1121, 1137, 2568, 2570, 2572, 2592, 2620
	02.11.2010	20 W 362/10	ZIP 2011, 21	7 495, 577
	15.02.2011	5 U 30/10	AG 2011, 256	6 233, 249, 251
	25.05.2011	7 U 268/08	AG 2011, 790	4 1214, 1217, 1334
	15.06.2011	21 W 18/11	AG 2011, 755	4 2745, 2746, 2747, 2748
	05.07.2011	5 U 104/10	AG 2011, 713	4 1151
	17.08.2011	13 U 100/10	ZIP 2011, 2008	1 81, 83
	20.03.2012	5 AktG 4/11	WM 2012, 1955	4 2639
	08.11.2012	21 W 33/11	NZG 2013, 23	4 1128
	28.05.2013	5 U 126/12	BeckRS 2014, 02429	9 8
	01.10.2013	5 U 214/12	NZG 2014, 1017	3 92, 406 4 48, 58, 612
	11.11.2014	20 W 317/11	ZIP 2015, 478	4 790, 791

Entscheidungsregister

Gericht	Datum	AZ	Fundstelle	Zitiert in
OLG Frankfurt	16.12.2014	5 U 24/14	ZIP 2015, 1020	4 2597, 2600
	17.02.2015	5 U 111/14	NZG 2015, 514	4 544, 687, 689, 691, 698, 729, 730, 733, 734, 740, 749, 3014 7 224
	19.05.2015	5 U 177/14	AG 2016, 252	4 2605, 2606, 2707
	07.07.2015	5 U 187/14	NZG 2015, 1112	4 746
	07.12.2017	3 U 167/14	NZA 2018, 870	6 86
	18.04.2018	4 U 120/17	AG 2018, 852	4 1231, 1233
	25.05.2018	21 W 32/18	BeckRS 2018, 9729	7 22, 23, 573
	27.08.2018	21 W 29/18	NZG 2018, 1254	7 463, 539, 549
	05.09.2018	7 U 25/16	VersR 2019, 25	4 1994
	18.12.2018	4 U 86/18	NZG 2019, 945	6 86 7 368
	02.05.2019	22 U 61/17	ZIP 2019, 1168	4 2632
OLG Hamburg				
	27.08.1954	1 U 395/53	BB 1954, 978	4 697
	31.05.1968	11 U 30/68	AG 1968, 332	2 14
	05.05.1972	11 U 46/71	AG 1972, 183	7 490
	19.09.1980	11 U 42/80	DB 1981, 80	2 14 4 2715
	23.07.1982	11 U 179/80	ZIP 1982, 1081	3 180, 463 7 149
	17.12.1982	11 U 21/82	DB 1983, 330	7 233
	04.04.1984	2 W 25/80	DB 1984, 1616	3 449, 450 7 168
	25.05.1984	11 U 183/83	ZIP 1984, 819	3 373, 463, 509 4 510 7 291
	20.05.1985	2 W 49/84	AG 1985, 251	4 2140
	26.08.1988	11 W 53/88	ZIP 1988, 1191	2 13, 14, 17, 159
	19.05.1989	11 U 62/89	AG 1990, 394	4 2555
	23.01.1990	11 W 92/89	AG 1990, 218	2 185, 186 8 24
	28.06.1991	11 U 148/90	GmbHR 1992, 43	4 691 6 48
	06.03.1992	11 U 134/91	AG 1992, 197	3 463
	24.02.1994	11 W 6/94	NJW-RR 1994, 618	4 1123
	29.09.1995	11 U 20/95	ZIP 1995, 1673	3 220, 231 4 414
	12.01.2001	11 U 162/00	AG 2001, 359	4 2556, 2563 8 76
	17.08.2001	11 U 60/01	AG 2003, 46	4 2715
	11.01.2002	11 U 145/01	AG 2002, 460	2 22, 24
	06.11.2002	11 W 91/01	AG 2003, 643	4 1073
	06.02.2003	11 W 9/03	NZG 2003, 478	4 2641
	30.12.2004	11 U 98/04	NZG 2005, 218	4 1112, 1124
	17.01.2007	11 U 48/06	AG 2007, 404	6 210, 211, 212, 224, 229, 246 8 86, 89
	19.01.2008	11 Wx 33/06	AG 2007, 331	4 2882

Entscheidungsregister

Gericht	Datum	AZ	Fundstelle	Zitiert in
OLG Hamburg	23.12.2010	11 U 185/09	AG 2011, 677	4 2690, 2691, 2700, 2719
	22.03.2013	11 U 27/12	NZG 2013, 831	4 1731
	27.06.2016	11 W 30/16	NZG 2016, 1070	4 791
	04.07.2017	11 W 19/17	ZIP 2017, 1621	7 51, 558

Gericht	Datum	AZ	Fundstelle	Zitiert in
OLG Hamm				
	19.08.1965	15 W 157/65	OLGZ 1965, 329	4 1004
	06.02.1978	15 W 345/77	OLGZ 1978, 184	4 620, 903, 952
	07.05.1984	8 U 22/84	GmbHR 1985, 119	4 695
	07.01.1985	8 U 47/84	AG 1986, 260	2 106 9 241
	02.06.1986	8 U 298/85	ZIP 1987, 121	4 1204
	03.11.1986	8 U 59/86	NJW 1987, 1030	8 20, 45
	07.01.1991	8 U 155/90	AG 1991, 399	4 693
	29.06.1992	8 U 279/91	GmbHR 1992, 805	4 695, 1060
	10.05.1995	8 U 59/94	AG 1995, 512	1 81 4 2100
	09.08.1999	15 W 181/99	NZG 1999, 1004	4 567
	17.09.2001	8 U 126/01	NZG 2002, 50	4 775
	27.05.2003	27 U 106/02	AG 2004, 38	4 2622
	28.02.2005	8 W 6/05	AG 2005, 361	4 1180
	17.03.2005	27 W 3/05	AG 2005, 773	4 2639
	20.07.2006	15 W 142/05	NJW-RR 2007, 161	4 620, 903, 952
	20.11.2006	8 U 217/05	GmbHR 2007, 442	4 1682, 1684
	18.07.2007	8 Sch 2/07	AG 2007, 910	4 762
	14.01.2008	8 U 19/06	BeckRS 2008, 6654	4 95
	07.07.2010	8 U 119/09	AG 2010, 789	4 713, 717, 765, 773
	01.09.2010	8 U 118/09	AG 2011, 90	4 2711, 2714, 2720, 2721
	14.12.2010	15 W 538/10	AG 2011, 384	2 146
	20.12.2010	15 W 659/10	GmbHR 2011, 307	4 573
	28.05.2013	27 W 35/13	NZG 2013, 1099	2 145 3 291
	14.07.2014	8 U 131/12	BeckRS 2016, 13633	4 1625
	19.06.2017	8 U 18/17	NZG 2017, 1065	4 604
	04.03.2020	8 U 32/19	DStR 2020, 1518	6 224, 225, 232, 236, 247, 250

Gericht	Datum	AZ	Fundstelle	Zitiert in
OLG Jena				
	01.12.1998	5 U 1501/97	NZG 1999, 1069	4 689
	20.12.2000	4 U 574/00	NZG 2001, 417	4 728
	12.12.2006	6 W 452/06	ZIP 2006, 1989	3 303

Gericht	Datum	AZ	Fundstelle	Zitiert in
OLG Karlsruhe				
	10.07.1973	8 U 74/73	AG 1973, 310	4 654, 1227
	20.06.1980	15 U 171/79	NJW 1980, 2137	3 449, 450, 451 7 168
	10.12.1985	8 U 107/85	AG 1986, 168	2 207, 210

Entscheidungsregister

Gericht	Datum	AZ	Fundstelle	Zitiert in
OLG Karlsruhe	07.12.1990	15 U 256/89	NJW-RR 1991, 553	4 2622
	13.10.1995	10 U 51/95	AG 1996, 224	4 805, 1230, 1269, 2337 9 39
	13.11.1998	14 U 24/98	NZG 1999, 604	4 1124, 1151
	04.05.1999	8 U 153/97	NZG 2000, 264	4 702, 740, 2096
	23.05.2000	8 U 233/99	NZG 2001, 30	4 1076, 2140, 2143, 2712
	07.12.2006	7 W 78/06	AG 2007, 284	4 2556
	26.03.2008	7 U 152/07	AG 2008, 718	4 2635, 2636, 2638
	04.09.2008	4 U 26/06	WM 2009, 1147	4 86
	16.06.2014	11 Wx 49/14	ZIP 2015, 125	4 1181
	27.10.2015	11 Wx 87/15	NJW-RR 2016, 295	4 1073, 2166, 2173
	25.10.2016	8 U 122/15	NZG 2017, 226	4 1684, 1685, 1688
	14.03.2018	11 U 35/17	NZG 2018, 508	4 2875, 2876
OLG Koblenz				
	23.11.2000	6 U 1434/95	ZIP 2001, 1095	4 2564
	26.04.2001	6 U 746/95	ZIP 2001, 1093	4 2586
	05.04.2007	6 U 342/04	AG 2007, 408	6 271
	24.09.2007	12 U 1437/04	BeckRS 2008, 2728	4 1203
	22.11.2007	6 U 1170/07	NZG 2008, 397	4 2096
OLG Köln				
	14.06.1959	8 W 61/59	WM 1959, 1402	3 419
	05.05.1977	14 U 46/76	AG 1978, 17	4 16
	09.05.1986	19 U 193/85	AG 1987, 24	4 67
	13.02.1987	19 U 172/86	ZIP 1987, 1120	4 702
	16.03.1988	6 U 38/87	WM 1988, 974	4 700
	12.12.1988	2 Wx 27/88	DB 1988, 2628	2 190
	01.07.1992	11 U 11/92	BB 1992, 2108	4 2188
	27.05.1994	19 U 289/93	AG 1995, 90	6 236, 237
	30.09.1998	2 Wx 22/98	GmbHR 1999, 182	4 567
	08.06.1999	22 U 269/98	NZG 1999, 1008	4 1608
	21.06.1999	2 Wx 17/99	AG 1999, 471	6 48
	04.02.2000	4 U 37/99	NZG 2000, 740	4 1204
	20.09.2001	18 U 125/01	NZG 2002, 966	4 2658
	21.12.2001	2 Wx 59/01	GmbHR 2002, 492	3 396
	29.03.2007	2 Wx 4/07	WM 2007, 838	2 140
	06.11.2007	18 U 131/07	NZG 2008, 637	7 230
	28.02.2008	18 U 3/08	NZG 2008, 635	4 766, 769, 774, 2553
	15.01.2009	18 U 205/07	AG 2009, 416	4 87
	09.07.2009	18 U 167/08	NZG 2009, 1110	4 715, 1059, 1140, 1146, 1150 5 166, 171
	22.02.2010	18 W 1/10	AG 2010, 414	4 2744
	28.09.2010	4 UF 42/10	BeckRS 2010, 28637	4 1057
	23.02.2011	2 Wx 41/11	AG 2011, 465	2 145
	28.07.2011	18 U 213/10	AG 2011, 838	4 2613

Entscheidungsregister

Gericht	Datum	AZ	Fundstelle	Zitiert in
OLG Köln	06.06.2012	18 U 240/11	AG 2012, 599	6 48
	31.01.2013	18 U 21/12	NZG 2013, 548	3 68 4 1140, 1143 5 168 6 213
	06.02.2015	18 U 146/13	Beck RS 2016, 7489	4 732
	04.12.2015	18 U 149/15	NZG 2016, 147	4 2832, 2887, 2892
	09.03.2017	18 U 19/16	NZG 2017, 1344	4 2563, 2613, 2855, 2859, 2887
	20.02.2019	18 W 62/18	AG 2019, 695	4 2745
	11.07.2019	18 U 37/18	NZG 2019, 1351	6 211, 213, 233, 237, 242, 248
	29.08.2019	18 Wx 9/19	AG 2020, 188	4 2762
OLG München				
	29.10.1980	7 U 2481/80	BeckRS 2009, 18978	3 560
	17.09.1985	7 W 1933/85	AG 1986, 234	4 812
	18.07.1991	24 U 880/90	NJW-RR 1993, 1507	4 1060
	27.01.1995	23 U 4282/94	NJW-RR 1995, 1249	3 219, 220, 222 7 291
	17.03.1995	23 U 5930/94	NJW-RR 1996, 159	4 1064, 1084, 2715
	26.07.1995	7 U 5169/94	AG 1996, 86	9 36
	08.11.2000	7 U 5995/99	AG 2001, 193	2 106 4 2703, 2712, 2715, 2793
	15.11.2000	7 U 3916/00	NZG 2001, 616	4 715, 1059, 1112, 1140, 1170 5 166
	04.07.2001	7 U 5285/00	NZG 2002, 187	4 1122
	21.05.2003	7 U 5347/02	AG 2003, 645	2 106
	13.08.2003	7 U 2927/02	AG 2004, 151	9 5, 8
	14.07.2005	6 U 5444/04	AG 2005, 776	4 695, 1713
	25.07.2005	7 U 2759/05	AG 2006, 592	4 1063
	13.10.2005	23 U 1949/05	AG 2006, 337	4 690, 700, 730
	21.11.2005	31 Wx 71/05	BeckRS 2005, 14417	4 2734
	12.07.2006	31 Wx 47/06	AG 2006, 590	2 165
	07.02.2007	7 U 4952/06	AG 2007, 361	4 689
	16.07.2007	31 Wx 29/07	AG 2008, 33	4 2734, 2739, 2740, 2746, 2747, 2757, 2758
	18.10.2007	23 U 5786/06	ZIP 2008, 220	4 2336 9 39
	28.11.2007	7 U 4498/07	NZG 2008, 230	4 2832, 2855, 2856, 2881, 2887, 2888, 2889, 2890, 2892, 2902
	23.01.2008	7 U 3668/07	NZG 2008, 337	4 1144
	29.02.2008	7 U 3037/07	BeckRS 2008, 07260	4 2554
	12.03.2008	7 U 3543/07	AG 2008, 638	3 72 4 19

1255

Entscheidungsregister

Gericht	Datum	AZ	Fundstelle	Zitiert in
OLG München	07.05.2008	7 U 5618/07	NZG 2008, 631	4 1146 5 170
	04.06.2008	31 Wx 050/08	BeckRS 2008, 46639	4 2804, 2805, 2807
	06.08.2008	7 U 5628/07	AG 2009, 294	4 603, 2490
	27.08.2008	7 U 5678/07	ZIP 2008, 1916	4 2855, 2859, 2861, 2862, 2882, 2883
	24.09.2008	7 U 4230/07	AG 2009, 121	4 1122, 1140, 2826 6 245
	07.10.2008	7 W 1034/08	ZIP 2008, 2173	4 2886
	19.11.2008	7 U 2405/08	AG 2009, 450	4 1140 5 168 8 121
	23.04.2009	23 U 4199/08	DB 2009, 1231	4 695
	08.05.2009	25 U 5136/08	VersR 2009, 1066	4 1968, 1995
	02.07.2009	31 Wx 24/09	ZIP 2009, 2001	2 145 4 1, 11, 98
	09.11.2009	31 Wx 134/09	AG 2010, 84	4 1181, 2706
		31 Wx 136/09	NZG 2009, 1430	2 1554 1073
	12.11.2009	31 AR 521/09	NZG 2010, 668	3 55
	17.12.2009	31 Wx 142/09	NZG 2010, 157	4 567
	03.03.2010	7 U 4744/09	NZG 2010, 503	4 2780, 2861, 2912
	25.03.2010	31 Wx 144/09	AG 2010, 598	4 2687, 2744, 2746, 2748, 2749, 2753, 2756, 2757, 2758, 2759
	28.04.2010	23 U 5517/09	NZG 2010, 784	2 75 3 291
	11.05.2010	31 Wx 014/10	ZIP 2010, 1032	4 2733
	21.07.2010	7 U 1879/10	AG 2011, 204	6 159
	21.10.2010	7 W 2040/10	NZG 2010, 1392	4 2875, 2877, 2918
	16.03.2011	31 Wx 64/11	GmbHR 2011, 486	4 791
	06.08.2011	31 Wx 81/10	ZIP 2011, 1364	4 2748
	28.09.2011	7 U 711/11	AG 2011, 840	2 142 4 2593, 2597, 2600, 2601
	14.03.2012	7 U 681/11	AG 2012, 753	4 689, 695, 1711
	08.05.2012	31 Wx 69/12	FGPrax 2012, 175	4 2311
	10.05.2012	14 U 2175/11	NZG 2012, 706	4 2285, 2286
	29.05.2012	31 Wx 188/12	GmbHR 2012, 769	4 791
	09.08.2012	23 U 4173/11	NZG 2012, 1184	9 180
	14.11.2012	7 AktG 2/12	NZG 2013, 459	4 524, 525
	27.02.2013	7 U 4465/11	GmbHR 2013, 813	4 1060
	10.04.2013	7 AktG 1/13	NZG 2013, 622	4 1118
	16.10.2013	7 U 3018/13	NZG 2014, 66	4 776, 1677
	31.07.2014	31 Wx 274/14	AG 2014, 674	4 2645, 2647
	23.09.2014	3 Ws 599, 600/14	BeckRS 2015, 14184	8 52
	27.10.2014	7 W 2097/14	NZG 2014, 1420	4 756
	26.03.2015	23 AktG 1/15	AG 2015, 756	4 2639
	24.06.2015	7 U 3551/14	BeckRS 2015, 116979	4 722

Entscheidungsregister

Gericht	Datum	AZ	Fundstelle	Zitiert in
OLG München	23.04.2016	23 U 2314/15	AG 2016, 592	3 52, 447 4 689, 695, 702
	12.01.2017	23 U 3582/16	AG 2017, 750	3 54, 374, 411 4 521, 534, 606, 639, 642, 1215, 1227, 1253
	06.03.2018	31 Wx 321/15	AG 2018, 375	7 23
	14.05.2018	31 Wx 122/18	AG 2018, 581	4 2697
	27.06.2018	7 U 2752/17	AG 2018, 761	4 2692, 2712, 2718, 2727, 2730
	02.08.2018	7 U 2107/18	NZA-RR 2019, 82	4 1625, 1629, 1630, 1632
	04.11.2019	7 W 1118/19	AG 2020, 55	4 2832
	04.12.2019	7 U 2464/18	AG 2020, 260	4 696, 1700, 1702, 1703, 1706, 1729
OLG Naumburg				
	10.11.1999	7 Wx 7/99	GmbHR 2000, 378	4 573
	11.01.2001	2 U 27/00	NZG 2001, 901	3 405 4 612, 700
OLG Nürnberg				
	20.03.1990	1 U 2275/89	NJW-RR 1992, 230	4 504, 658
	12.04.1990	23 U 3161/88	NJW-RR 1991, 230	4 1612
	20.09.2006	12 U 3800/04	AG 2007, 295	4 1140, 1143
	25.11.2009	12 U 681/09	GmbHR 2010, 141	4 1620, 1626
	20.12.2013	12 U 49/13	NZG 2014, 222	4 501, 645, 803
	28.10.2014	12 U 567/13	NZG 2015, 555	6 191
	03.03.2017	12 U 927/15	AG 2018, 166	6 220, 235, 237
OLG Oldenburg				
	17.02.2000	1 U 155/99	NZG 2000, 1038	4 1594
	22.06.2006	1 U 34/03	NZG 2007, 434	4 411
OLG Rostock				
	15.05.2013	1 AktG 1/13	AG 2013, 768	4 1161, 2606
OLG Saarbrücken				
	30.11.2000	8 U 71/00-15	NZG 2001, 414	4 2285, 2286
	11.10.2012	8 U 22/11	AG 2012, 922	4 2331, 2334
	22.01.2014	2 U 69/13	NZG 2014, 343	4 2369
	02.03.2016	4 W 1/15	BeckRS 2016, 8163	7 570, 572
OLG Schleswig				
	17.03.2000	1 U 8/00	NZG 2000, 894	4 1204
	16.11.2000	5 U 66/99	AG 2001, 651	4 500, 1214, 1217, 1270
	26.04.2004	2 W 46/04	AG 2004, 453	2 68, 146
	08.12.2005	5 U 57/04	DB 2006, 146	2 198
OLG Stuttgart				
	09.10.1956	2 W 69/56	GmbHR 1957, 59	4 700
	15.07.1960	8 W 143/60	NJW 1960, 2150	4 921

Entscheidungsregister

Gericht	Datum	AZ	Fundstelle	Zitiert in
OLG Stuttgart	15.04.1985	2 U 57/85	BB 1985, 879	3 55, 405 4 612, 766, 769, 774, 775, 776
	03.05.1989	8 W 38/89	BB 1989, 1005	7 58
	20.03.1992	2 U 115/90	AG 1993, 85	4 1268, 2336 9 39
	21.12.1993	10 U 48/93	AG 1994, 411	4 1180, 1824
	30.03.1994	3 U 154/93	NJW-RR 1995, 295	4 691
	01.12.1994	13 U 46/94	AG 1995, 233	4 1090
	15.02.1995	3 U 118/94	AG 1995, 234	3 507 4 1128
	30.03.1995	8 W 355/93	NJW-RR 1995, 1067	7 51
	13.03.2002	20 U 59/01	AG 2003, 211	4 689, 690, 691, 695, 700, 747, 769, 772, 1214
		20 U 60/01	NZG 2002, 971	4 732, 734, 736, 768 7 222
	12.02.2003	3 U 142/02	DB 2003, 932	3 405 4 612
	14.05.2003	20 U 31/02	AG 2003, 527	4 87, 1143
	23.07.2003	20 U 5/03	NZG 2003, 1025	4 2719
	18.02.2005	20 U 19/04	AG 2005, 163	4 2597
	13.07.2005	20 U 1/05	AG 2005, 693	4 87
	15.03.2006	20 U 25/05	AG 2006, 379	4 95, 1119, 1140 5 168 8 76
	07.11.2006	8 W 388/06	NZG 2007, 72	2 185, 186 3 496, 497, 503
	30.05.2007	20 U 14/06	AG 2007, 873	3 374, 446 4 536 7 188
	05.02.2008	12 U 122/07	BeckRS 2008, 3407	6 86
	15.10.2008	20 U 19/07	AG 2009, 124	4 1158
	25.11.2008	8 W 370/08	AG 2009, 169	4 1181, 2687, 2690, 2691, 2692, 2721
	03.12.2008	20 W 12/08	AG 2009, 204	4 2620
	01.07.2009	20 U 8/08	DB 2009, 1521	2 198
	25.11.2009	20 U 5/09	NZG 2010, 141	4 147 9 167
	17.11.2010	20 U 2/10	AG 2011, 93	4 1122, 1129, 1132, 1137, 1141, 1146 5 170

Entscheidungsregister

Gericht	Datum	AZ	Fundstelle	Zitiert in
OLG Stuttgart	29.02.2012	20 U 3/11	NZG 2012, 425	3 127, 128, 481, 501 4 98, 327, 333, 416, 695, 705, 1068, 1090, 1118, 1138, 1140, 1142, 1143, 1146, 1148, 1149, 1150, 1151, 1158 5 168, 169, 170, 171
		20 W 5/11	AG 2012, 377	4 1121, 1122, 1123, 1129, 1133
	19.06.2012	20 W 1/12	NZG 2012, 1150	4 1, 95, 327 8 50, 57, 58, 59
	28.05.2013	20 U 5/12	AG 2013, 599	4 399, 638, 689, 690, 691, 695, 740, 763, 765, 768, 2331
	01.10.2014	20 U 3/13	NZG 2015, 194	4 1337
	02.12.2014	20 AktG 1/14	AG 2015, 163	4 2563
	08.07.2015	20 U 2/14	AG 2016, 370	4 1122, 1140, 1141, 1154, 1155, 1158, 1159, 1169, 1907, 2563, 2568 5 168, 181
	24.02.2017	20 W 8/16	ZIP 2017, 671	2 195
	08.10.2018	20 W 18/18	BeckRS 2018, 27415	7 549, 567
	25.10.2018	20 W 6/18	AG 2019, 527	4 2739, 2740, 2744, 2745, 2746, 2747, 2748, 2749, 2756
	07.10.2019	20 U 2/18	AG 2020, 307	4 1122
	18.11.2019	20 U 2/18	BeckRS 2019, 34369	8 43, 44, 92

Gericht	Datum	AZ	Fundstelle	Zitiert in
OLG Zweibrücken				
	11.12.1989	3 W 148/89	WM 1990, 185	4 1122
	28.05.1990	3 W 93/90	WM 1990, 1388	2 185, 186 4 416
	08.09.2010	3 W 70/10	FGPrax 2010, 310	4 567
	03.02.2011	4 U 76/10	NZG 2011, 433	4 662, 664
	30.09.2011	3 W 119/11	NZG 2012, 424	4 997
	20.02.2014	3 W 150/13	NZG 2014, 740	7 509

Landgerichte

Gericht	Datum	AZ	Fundstelle	Zitiert in
LG Bad Kreuznach				
	03.10.1979	2 T 78/79	BB 1979, 1680	7 243, 343
LG Berlin				
	16.09.1985	98 T 10/85	AG 1986, 52	4 1026

Entscheidungsregister

Gericht	Datum	AZ	Fundstelle	Zitiert in
LG Berlin	17.01.1990	98 AktE 10/89	AG 1991, 34	4 1124
	30.10.1990	98 T 39/90	AG 1991, 244	4 547, 992
	18.12.1996	98 T 79/96	NJW-RR 1997, 1534	4 541, 2311
	03.07.2002	2 O 358/01	AG 2002, 682	4 689, 695, 700, 1702
	19.12.2006	102 O 59/06	ZIP 2007, 424	7 497, 516
	30.10.2007	102 O 183/07	BeckRS 2009, 11392	7 500
	09.09.2011	100 O 35/11	ZIP 2012, 1034	4 2882
LG Bielefeld				
	16.11.1999	15 O 91/98	AG 2000, 136	3 482
LG Bochum				
	16.03.2016	6 Qs 1/16	BeckRS 2016, 15626	4 263, 308
LG Bonn				
	14.07.2016	14 O 88/14	BeckRS 2016, 20911	4 418
LG Braunschweig				
	06.04.1990	22 O 97/89	AG 1991, 36	4 2613
	21.07.2015	6 Qs 116/15	NStZ 2016, 308	4 308
LG Darmstadt				
	04.02.1987	9 O 339/86	AG 1987, 318	4 709, 740
LG Dortmund				
	26.09.1966	10 O 191/66	AG 1968, 390	2 111 4 2620, 2622
	25.10.2007	18 O 55/07	BeckRS 2008, 10653	7 539
	25.06.2009	18 O 14/09	AG 2009, 881	4 2714, 2721
	22.02.2018	18 O 72/17	BeckRS 2018, 2623	7 22
	22.02.2018	18 O 71/17	NZG 2018, 468	7 23
LG Dresden				
	30.09.1998	41 O 1133/96	AG 1999, 46	4 546
LG Düsseldorf				
	08.03.1988	36 O 138/87	AG 1988, 386	3 381
	07.07.1989	32 O 39/89	AG 1991, 70	4 99
	19.07.1994	10 O 526/93	AG 1995, 333	8 47, 49
	22.07.2004	XIV 5/03	NJW 2004, 3275	4 1904
	16.05.2007	36 O 99/06	AG 2007, 797	4 2586
	09.11.2007	39 O 33/07	BeckRS 2008, 4090	2 104
	18.11.2009	41 O 147/08	AG 2010, 882	2 104
	07.11.2013	91 O 64/13	BeckRS 2013, 199439	4 1123

… Entscheidungsregister

Gericht	Datum	AZ	Fundstelle	Zitiert in
LG Duisburg				
	09.06.2016	22 O 50/16	AG 2016, 795	4 2892
LG Essen				
	09.09.2013	44 O 164/10	BeckRS 2014, 22313	4 1543 6 189
	08.07.2015	42 O 4/14	BeckRS 2016, 3713	4 1682, 1685
LG Flensburg				
	07.04.2004	6 O 17/03	DB 2004, 1253	2 198
LG Frankfurt a. M.				
	03.10.1978	3/11 T 32/78	NJW 1978, 2398	3 449 7 168
	22.02.1984	3/9 O 123/83	WM 1984, 502	4 2629
	26.04.1984	3/6 O 210/83	AG 1984, 276	4 890 7 250, 267, 278
	14.10.1986	3/11 T 29/85	NJW 1987, 505	2 185, 186
	07.01.2004	3–13 O 79/03	NJW-RR 2005, 837	4 2581
	21.02.2004	03 O 88/03	Der Aufsichtsrat 2005, 11	3 80
	09.03.2004	3/5 O 107/03	NZG 2004, 672	2 104 4 1171 5 176 6 107
	30.04.2004	3/9 O 107/03	AG 2005, 51	4 1155
	12.10.2004	3/5 O 71/04	AG 2005, 545	4 2712, 2715
	11.01.2005	3–5 O 100/04	AG 2005, 892	4 2563, 2568
	19.06.2008	3–05 O 158/07	NZG 2009, 149	4 2606, 2707
	06.07.2009	3–09 O 76/09	BeckRS 2009, 20036	4 1763
	20.12.2011	3–5 O 37/11	BeckRS 2012, 9259	4 2563, 2597
	26.02.2013	3–05 O 110/12	AG 2014, 55	4 2855, 2861
	12.03.2013	3–05 O 114/12	NZG 2013, 748	9 46
	16.08.2013	3–05 O 178/13	NZG 2014, 1232	4 212, 384
	12.11.2013	3–05 O 151/13	AG 2014, 132	2 104
	17.12.2013	3–05 O 239/13	AG 2014, 509	4 775
	20.12.2013	3–05 O 157/13	ZIP 2014, 322	4 2593
	28.01.2014	3–05 O 162/13	AG 2014, 869	4 1122
	22.04.2014	3–05 O 8/14	NZG 2014, 706	4 544, 728, 729, 742, 745, 3014
	16.02.2015	3–16 O 1/14	NZG 2015, 683	2 43 7 565
	16.02.2016	3–05 O 132/15	NZG 2016, 622	3 110 4 2683
	23.02.2016	3–16 O 2/15	NZG 2016, 830	4 2699, 2735, 2739, 2740, 2775, 2776, 2796
	15.12.2016	3–05 O 154/16	EWiR 2017, 557	4 113
	28.04.2017	2–21 O 2/16	BeckRS 2017, 147662	4 1290
	21.12.2017	3–05 O 85/17	NZG 2018, 587	7 23, 463

1261

Entscheidungsregister

Gericht	Datum	AZ	Fundstelle	Zitiert in
LG Hamburg				
	29.06.1979	64 T 3/79	NJW 1980, 235	3 450
	24.09.1979	71 T 31/78	DB 1979, 2279	7 58
	08.06.1995	405 O 203/94	WM 1996, 168	2 114 4 2616, 2620
	08.05.2009	417 O 174/08	BeckRS 2009, 13900	4 2690, 2739, 2740
	15.10.2010	608 Qs 18/10	NJW 2011, 942	4 307, 308
	06.02.2018	403 HKO 131/17	BeckRS 2018, 1655	7 22
	06.02.2018	403 HKO 130/17	NZA-RR 2018, 249	7 23, 549
LG Hannover				
	27.06.1989	7 O 214/89	AG 1989, 448	3 55, 463
	12.03.2009	21 T 2/09	ZIP 2009, 761	2 197
	17.03.2010	23 O 124/09	NZG 2010, 744	8 18
	14.09.2017	21 O 24/16	nv.	4 1141, 1158
	17.05.2018	21 O 30/17	BeckRS 2018, 51764	7 567
LG Heidelberg				
	26.02.1985	O 147/84KfH I	AG 1986, 81	2 206, 207
	04.12.2015	11 O 37/15 KfH	BeckRS 2016, 1668	4 2887
	28.07.2016	2 O 240/14	BeckRS 2016, 18066	4 2715, 2744, 2745
	21.03.2017	11 O 11/16 KfH	ZIP 2017, 1160	4 2877
	28.08.2019	12 O 8/19 KfH	AG 2019, 804	4 675, 2885, 2909
LG Heilbronn				
	06.03.1967	KfH AktE 1/67	NJW 1967, 1715	4 1129
	19.11.1999	3 KfH O 227/99	AG 2000, 373	4 546
LG Hof				
	17.11.1992	1 HAT 3/92	AG 1993, 434	2 140
LG Köln				
	06.05.1988	106 Qs 2/88	wistra 1988, 279	6 90
	10.06.1998	91 O 15/98	AG 1999, 137	4 544
	08.05.2002	91 O 204/00	AG 2003, 167	6 232
	21.11.2003	87 O 182/02	AG 2004, 570	4 695
	06.07.2005	82 O 150/04	AG 2005, 696	4 2563, 2568
	12.01.2012	91 O 69/11	BeckRS 2012, 5768	7 558
	07.11.2913	91 O 64/13	BeckRS 2013, 199439	4 1123
	14.01.2016	91 O 31/15	AG 2016, 513	4 2563, 2859
	28.04.2018	82 O 128/16	BeckRS 2018, 19393	7 549
LG Krefeld				
	20.12.2006	11 O 70/06	ZIP 2007, 730	3 401
	20.08.2008	11 O 14/08	AG 2008, 754	4 2613

Entscheidungsregister

Gericht	Datum	AZ	Fundstelle	Zitiert in
LG Magdeburg				
	22.08.1929	1 S 532/29	JW 1930, 288	6 87
LG Mainz				
	13.07.1987	10 HO 141/86	AG 1988, 169	4 2613
	14.04.2005	12 HK.O 82/04	NZG 2005, 819	4 2586
LG Mannheim				
	15.12.1966	9 O 20/66	AG 1967, 83	6/47
	23.07.1979	12 O 16/79	NJW 1980, 236	3/450
	18.11.1985	24 O 114/85	WM 1986, 104	2/207, 209, 210
	19.10.2001	7 AktE 1/01	NZA-RR 2002, 542	7/565
	07.04.2005	23 O 102/04	AG 2005, 780	3/507 4/1124
	03.07.2012	24 Qs 1/12	NZWiSt 2012, 424	4/307
LG München I				
	16.01.1980	6 O 1171/79	DB 1980, 678	7 283
	27.06.1985	5 HK O 9397/85	AG 1986, 142	4 812
	05.04.2002	5 HK O 2178/01	AG 2002, 467	9 5, 7
	15.04.2004	5 HK O 10813/03	NZG 2004, 626	2 111, 112, 113
	11.11.2004	5 HK O 6764/04	AG 2005, 131	4 695, 763
	17.03.2005	6 O 19294/04	NJW 2005, 1724	6 86
	28.07.2005	5 HK O 10485/04	NZG 2005, 818	4 715, 2605
	22.12.2005	5 HK O 9885/05	AG 2006, 762	4 1143
	13.04.2006	5HK O 4326/05	AG 2007, 255	4 2606, 2613
	29.03.2007	5HK O 11176/06	AG 2007, 830	4 2569
	05.04.2007	5HK O 15964/06	AG 2007, 417	4 129, 1143
	26.04.2007	5 HK O 12848/06	Der Konzern 2007, 448	2 104
	31.05.2007	5HK O 11977/06	AG 2007, 827	3 72 4 19
	12.07.2007	5HK O 9543/07	AG 2008, 340	4 2639
	23.08.2007	5HK O 10734/07	NZG 2008, 114	8 76
		12 O 8466/07	NZG 2008, 348	3 371, 373, 374, 382 4 511, 614
	06.09.2007	5 HK O 12570/07	ZIP 2007, 1809	4 2874, 2875, 2888, 2889, 2890, 2892, 2893, 2894, 2904
	04.10.2007	5 KH O 12615/07	BeckRS 2007, 18712	4 2862, 2885, 2886
	22.11.2007	5 HK O 10614/07	AG 2008, 90	2 68
	29.11.2007	5HK O 16391/07	ZIP 2008, 562	4 2606
	31.03.2008	5 HK O 20117/07	AG 2008, 720	4 2690, 2691, 2719
	28.07.2008	5 HK O 12504/08	WM 2008, 1977	4 2894, 2905, 2908
	28.08.2008	5 HK O 2522/08	NZG 2009, 143	3 435
		5 HK O 12861/07	ZIP 2008, 2124	4 1173
	11.12.2008	5HK O 15201/08	AG 2009, 382	4 2597, 2613
	29.01.2009	5 HK O 16785/08	ZIP 2009, 2098	2 206, 207
	27.08.2009	5HK O 21656/08	ZIP 2009, 2198	4 2861, 2912
	24.09.2009	5HK O 5697/09	AG 2010, 419	4 2606

Entscheidungsregister

Gericht	Datum	AZ	Fundstelle	Zitiert in
LG München I	05.11.2009	5 HK O 15312/09	AG 2010, 339	2 75
	26.02.2010	5 HK O 14083/09	AG 2010, 922	2 87, 88, 121
	15.10.2010	5 HK O 2122/09	AG 2011, 258	4 1721
	30.12.2010	5 HK O 21707/09	AG 2011, 760	4 2699, 2700
	20.01.2011	5 HK O 18800/09	AG 2011, 211	4 1136, 2582, 2593, 2597, 2600, 2613, 2615, 2620
	22.12.2011	5 HK O 12398/08	AG 2012, 386	4 1143
	23.02.2012	5 HK O 12377/09	WM 2012, 1543	10 130
	05.04.2012	5 HK O 20488/11	NZG 2012, 1152	4 524, 525
	30.08.2012	5 HK O 1378/12	AG 2013, 138	6 91
	27.12.2012	5 HK O 9109/12	BB 2013, 396	6 91
	21.12.2012	5 HK O 20845/11	NZG 2013, 260	4 1216
	29.08.2013	5 HK O 23315/12	AG 2014, 549	4 1942
	10.12.2013	5HK O 1387/10	NZG 2014, 345	4 12, 217, 234, 239, 252, 272, 285, 2090, 2099, 2373, 2404, 2850 8 51, 53
	19.02.2015	5HK O 830/13	AG 2015, 717	4 689, 695
	31.03.2016	5HK O 14432/15	AG 2016, 834	4 2620, 2622
	09.06.2016	17 HK O 6754/15	NZG 2016, 1342	4 2687, 2692, 2745, 2756
	15.09.2017	5 HK O 21026/16	ZIP 2018, 1292	4 793, 794, 797, 1702
	23.03.2018	38 O 14696/17	BeckRS 2018, 6967	7 22, 23
	26.06.2018	38 O 15760/17	ZIP 2018, 1546	7 463 9 83
	10.09.2019	5 HK O 11537/19	NZG 2019, 1421	4 2832
LG Münster				
	12.12.2016	024 O 47/16	BeckRS 2016, 118841	4 1601, 1711
LG Nürnberg-Fürth				
	23.06.1971	4 AR 8/69	AG 1972, 21	7 521
	26.11.2009	4 HKT 9627/99	AG 2001, 152	4 2311
	01.03.2018	5 HK O 6018/17	BeckRS 2018, 51763	7 567
LG Ravensburg				
	04.03.1985	1 KfH 251/85	EWiR 1985, 415	4 743
	08.05.2014	7 O 51/13 KfH 1	NZG 2014, 1233	3 68 4 2633
LG Rostock				
	22.12.2003	5 T 9/03	NZG 2004, 532	4 567
	22.05.2018	6 HK O 122/17	BeckRS 2018, 41479	7 23, 567
LG Saarbrücken				
	28.07.2004	7 I O 24/04	NZG 2004, 1012	4 1129

Entscheidungsregister

Gericht	Datum	AZ	Fundstelle	Zitiert in
LG Schweinfurt				
	01.12.2003	5 HK O 69/03	WPg 2003, 339	4 2473
LG Stuttgart				
	19.12.1967	4 KfH T 13/67	VerBAV 1968, 167	4 2657
	29.11.1988	2 AktE 1/88	AG 1989, 445	7 58
	11.05.1993	2 AktE 1/92	BB 1993, 1541	6 237 7 51
	27.04.1994	7 KfH O 122/93	AG 1994, 425	4 2587, 2629, 2630
	27.05.1998	27 O 7/98	ZIP 1998, 1275	6 237
	29.10.1999	4 KfH O 80/98	AG 2000, 237	3 482
	23.10.2001	31 KfH O 62/01	AG 2003, 53	4 702
	27.10.2009	32 O 5/09	BeckRS 2010, 1207	4 2862
	12.02.2010	31 O 140/09	BeckRS 2010, 7999	7 516
	28.05.2010	31 O 56/09	Der Konzern 2010, 379	4 1140, 1155 5 168
	17.05.2011	31 O 30/10	BeckRS 2011, 13162	4 1141, 1149, 1158
	19.12.2017	31 O 33/16	NZG 2018, 665	4 1131, 1143 8 43, 44, 47, 49, 76, 92
	01.02.2018	31 O 46/17	BeckRS 2018, 5145	7 22
		31 O 47/17	BeckRS 2018, 5503	7 23
	24.10.2018	22 O 101/16	ZBB 2020, 59	5 96
	17.01.2019	23 O 180/18	WM 2019, 436	5 94

Amtsgerichte

Gericht	Datum	AZ	Fundstelle	Zitiert in
AG Bonn				
	21.12.2010	HRB 4148	AG 2011, 99	2 140
AG Bremen				
	05.12.1978	38 BBR 3079	WM 1979, 154	7 243, 343
AG Charlottenburg				
	05.11.2004	97 HRB 93752	AG 2005, 133	2 193
AG Düsseldorf				
	04.05.1988	HRB 20461	WM 1988, 1668	4 2754
AG Duisburg				
	10.07.2008	62 IN 167/02	NZI 2008, 621	4 662
AG Essen				
	04.06.1969	HRB 400	MDR 1970, 336	2 155
AG Ingolstadt				
	18.01.2001	HRB 2468	AG 2002, 110	3 563 4 2759

Entscheidungsregister

Gericht	Datum	AZ	Fundstelle	Zitiert in
AG München				
	02.05.1985	HRB 2212	WM 1986, 974	2 185, 186
	14.12.1994	263 C 23327/94	AG 1995, 335	4 2577

Gericht	Datum	AZ	Fundstelle	Zitiert in
AG Pirmasens				
	09.02.1990	HRB 2467	WM 1990, 1387	2 185, 186

Gericht	Datum	AZ	Fundstelle	Zitiert in
AG Wuppertal				
	23.11.1970	HRB 2075	DB 1971, 764	2 138

4. Arbeitsgerichte

Bundesarbeitsgericht

Gericht	Datum	AZ	Fundstelle	Zitiert in
BAG				
	02.03.1955	1 ABR 19/54	NJW 1955, 766	7 117
	23.12.1961	5 AZR 53/61	BAGE 12, 158	4 1198
	12.03.1968	1 AZR 413/67	NJW 1968, 1693	4 701
	13.09.1969	3 AZR 138/68	NJW 1970, 626	4 1617
	05.03.1974	1 AZR 50/73	BAG AP BetrVG 1972 § 20 Nr. 5	7 114
	04.04.1974	2 AZR 452/73	NJW 1974, 1399	7 377
	16.12.1976	3 AZR 795/75	NJW 1977, 828	4 1201
	19.01.1978	3 AZR 573/77	NJW 1978, 1023	4 1634
	03.08.1978	3 AZR 19/77	NJW 1979, 446	4 1807
	24.04.1980	3 AZR 1047/77	NJW 1980, 2429	4 1634
	07.06.1984	2 AZR 270/83	NJW 1985, 645	4 609
	17.01.1985	2 AZR 96/84	NZA 1986, 68	4 1190
	09.05.1985	2 AZR 330/84	NZA 1986, 792	4 1273
	14.10.1986	3 AZR 66/83	ZIP 1987, 595	4 1272
	22.09.1987	3 AZR 194/86	NZA 1988, 470	4 1805
	10.06.1988	2 AZR 25/88	NZA 1989, 105	4 1718
	03.10.1989	1 ABR 12/88	AG 1990, 361	7 509 9 81
	08.05.1990	3 AZR 121/89	NZA 1990, 931	4 1776
	02.10.1990	4 AZR 106/90	NZA 1991, 239	4 1198
	25.04.1991	2 AZR 624/90	NZA 1992, 212	4 1612
	10.03.1992	3 AZR 153/91	NZA 1993, 25	4 1778
	29.10.1992	2 AZR 460/92	NJW 1993, 1286	4 748
	07.10.1993	2 AZR 260/93	NZA 1994, 212	4 1273
	28.04.1994	2 AZR 730/93	NZA 1994, 934	4 1724
	27.09.1994	GS 1/89	NJW 1995, 210	4 1961
	05.10.1995	2 AZR 923/94	NJW 1996, 2323	4 607
	20.10.1995	5 AZB 5/95	NJW 1996, 1076	4 1252, 1279
	30.01.1996	2 AZR 158/95	NZA 1996, 581	4 700
	25.06.1997	5 AZB 41/96	NJW 1998, 260	4 1252
	31.08.1998	5 AZB 21/98	BeckRS 1998, 13924	4 1198
	22.02.1999	5 AZB 56/98	EzS 130/447	4 1198, 1199

Entscheidungsregister

Gericht	Datum	AZ	Fundstelle	Zitiert in
BAG	26.05.1999	5 AZR 664/98	NJW 1999, 3731	4 1190, 1296
	09.11.1999	3 AZR 361/98	NZI 2000, 556	4 1811
	08.06.2000	2 AZR 207/99	NJW 2000, 3732	4 1252, 1273
	25.10.2000	7 ABR 18/00	NZA 2001, 461	2 83, 169 7 140, 432
	04.07.2001	2 AZR 142/00	AG 2002, 458	4 2864, 2865
	25.04.2002	2 AZR 352/01	NJW 2003, 918	4 1273
	21.01.2003	3 AZR 30/02	NZA 2004, 331	4 1805
	13.02.2003	8 AZR 654/01	NZA 2003, 552	4 1205, 1252
	18.02.2003	3 AZR 81/02	NZA 2004, 98	4 1778
	29.04.2003	3 AZR 247/02	NJOZ 2004, 3640	4 1778
	30.03.2004	1 ABR 61/01	ZIP 2004, 1468	8 7
	20.04.2004	3 AZR 297/03	NZA 2005, 927	4 1777
	12.01.2005	5 AZR 364/04	NZA 2005, 465	4 1518
	10.02.2005	2 AZR 189/04	NZA 2005, 1056	4 737
	17.03.2005	2 AZR 245/04	NZA 2006, 101	4 1518, 1524
	25.05.2005	7 ABR 42/04	NZA 2005, 1250	7 112
	24.11.2005	2 AZR 614/04	NZA 2006, 366	4 1190, 1193
	17.01.2006	9 AZR 61/05	NJOZ 2006, 3821	4 1197
	09.02.2006	6 AZR 47/05	NZA 2006, 1046	4 732
	11.04.2006	9 AZR 500/05	NZA 2006, 1089	4 1765
	14.06.2006	5 AZR 592/05	NZA 2006, 1154	4 1273
	11.10.2006	5 AZR 721/05	NZA 2007, 87	4 1518
	01.02.2007	2 AZR 333/06	NZA 2007, 744	4 1718, 1719, 1724
	14.02.2007	7 ABR 26/06	NZA 2007, 999	7 50
	28.03.2007	10 AZR 261/06	NZA 2007, 687	4 1517
	19.07.2007	6 AZR 774/06	NJW 2007, 3228	4 1274
	06.09.2007	2 AZR 264/06	NJW 2008, 1097	4 737
	25.10.2007	8 AZR 593/06	NZA 2008, 2223	4 315
		6 AZR 1045/06	NZA 2008, 168	4 1252
	28.11.2007	6 AZR 1108/06	NZA 2008, 348	4 1274, 1279
	13.12.2007	6 AZR 145/07	NZA 2008, 403	4 1274
	16.04.2008	7 ABR 6/07	NZA 2008, 1025	7 443, 497
	28.05.2008	10 AZR 351/07	NZA 2008, 1066	4 1506, 1508
	05.06.2008	2 AZR 234/07	NZA-RR 2008, 630	4 1724
		2 AZR 754/06	NZA 2008, 1002	4 1273
	18.06.2008	7 AZR 116/07	NZA 2008, 1302	4 1239
	23.10.2008	2 ABR 59/07	NZA 2009, 855	2 186 7 352, 379, 381
	28.10.2008	3 AZR 317/07	NZA 2009, 844	4 1778
	27.11.2008	2 AZR 193/07	NZA 2009, 671	4 1280
	22.01.2009	8 AZR 906/07	NZA 2009, 945	4 1237
	03.02.2009	5 AZB 100/08	NZA 2009, 669	4 1273, 1274, 1275
	10.02.2009	3 AZR 783/07	NZA 2010, 248	4 1751
	21.04.2009	3 AZR 285/07	NJOZ 2010, 290	4 1781, 1817
	26.08.2009	5 AZR 522/08	NZA 2009, 1205	4 528, 657, 658, 1225, 1229, 1230, 1265, 1276, 1674
	19.01.2010	3 AZR 42/08	NZA 2010, 1066	4 1777
	16.02.2010	3 AZR 479/08	NZA-RR 2010, 601	4 1790
	16.03.2010	3 ARZ 594/09	NZA-RR 2011, 155	4 1778

Entscheidungsregister

Gericht	Datum	AZ	Fundstelle	Zitiert in
BAG	19.05.2010	5 AZR 253/09	NJW 2010, 2827	4 1233
	19.01.2011	3 AZR 621/08	NZA 2012, 85	4 1517
	15.03.2011	10 AZB 32/10	NJW 2011, 2684	4 1273, 1274
	07.06.2011	1 AZR 807/09	NZA 2011, 1234	4 1626
	27.07.2011	7 ABR 61/10	NZA 2012, 345	7 122
	23.08.2011	10 AZB 51/10	GmbHR 2011, 1200	4 756, 1274, 1277
	21.09.2011	7 AZR 375/10	NZA 2012, 255	7 37
	15.12.2011	7 ABR 56/10	NZA 2012, 633	7 117
	17.01.2012	3 AZR 10/10	NZA-RR 2013, 86	4 1811
	18.01.2012	10 AZR 612/10	NZA 2012, 561	4 1517
	15.02.2012	10 AZR 111/11	NZA 2012, 733	7 30, 33
	16.02.2012	8 AZR 697/10	NZA 2012, 667	4 1237
	21.03.2012	5 AZR 651/10	NZA 2012, 616	4 1518
	19.07.2012	2 AZR 989/11	NZA 2013, 143	7 381
	10.10.2012	7 ABR 53/11	BeckRS 2013, 65451	7 97
	26.10.2012	10 AZB 55/12	GmbHR 2013, 253	4 1190, 1274, 1276
		10 AZB 60/12	NZA 2013, 54	4 1190, 1274, 1276, 1277
	22.11.2012	2 AZR 732/11	NZA 2013, 665	4 1724
	24.01.2013	8 AZR 429/11	NZA 2013, 498	4 1237
	04.02.2013	10 AZB 78/12	AG 2013, 390	4 756, 758, 1276
	13.03.2013	7 ABR 47/11	NZA 2013, 853	7 122
	06.08.2013	9 AZR 442/12	NZA 2013, 1361	4 1525
	14.08.2013	7 ABR 46/11	BAG AP DrittelbG § 5 Nr. 2	7 93
	21.08.2013	3 AZR 750/11	NJOZ 2014, 53	4 1813
	26.09.2013	2 AZR 741/12	NZA 2014, 529	4 1724
	24.10.2013	2 AZR 1078/12	NZA 2014, 540	4 1273, 1279
	06.11.2013	7 ABR 76/11	NZA 2014, 678	7 37
	17.06.2014	3 AZR 298/13	DStR 2014, 2350	4 1813
	31.07.2014	2 AZR 407/13	NZA 2015, 621	4 1718, 1724
		2 AZR 422/13	NZA 2015, 101	4 1190
	21.10.2014	3 AZR 1027/12	NZA-RR 2015, 90	4 1813
	11.11.2014	3 AZR 404/13	NZA-RR 2015, 208	4 1777
	20.11.2014	2 AZR 651/13	NZA 2015, 294	4 315
	10.03.2015	3 AZR 739/13	AG 2015, 539	8 12
	21.04.2015	3 AZR 12/14	AP BetrAVG § 16 Nr. 116	4 1814
		3 AZR 102/14	NJOZ 2015, 1525	4 1813
	21.05.2015	8 AZR 956/13	AG 2016, 39	6 86
	16.07.2015	2 AZR 85/15	NZA 2016, 161	4 1718
	30.08.2016	3 AZR 361/15	AP BetrAVG § 1 Auslegung Nr. 58	4 1790
	20.09.2016	3 AZR 77/15	NZG 2017, 69	3 558 4 1269, 2351 6 204, 208
	15.12.2016	8 AZR 612/15	NZA 2017, 783	4 1279
	17.01.2017	9 AZR 76/16	NZA 2017, 572	4 1190
	24.01.2017	1 AZR 774/14	NZA 2017, 777	4 1518
	27.06.2017	9 AZR 851/16	NZA 2017, 1463	4 1189

Entscheidungsregister

Gericht	Datum	AZ	Fundstelle	Zitiert in
BAG	29.06.2017	8 AZR 189/15	NJW 2018, 184	4 2404
		2 AZR 597/16	NJW 2017, 2853	4 366
	25.10.2017	7 ABR 10/16	NZA 2018, 458	7 110
	14.11.2017	3 AZR 781/16	NZA 2018, 453	4 1799
	21.11.2017	9 AZR 117/17	NZA 2018, 448	4 1189
	16.10.2018	3 AZR 520/17	NZA 2019, 176	4 1799
	21.01.2019	9 AZB 23/18	NZA 2019, 490	4 1190, 1193, 1197, 1198, 1199
	22.01.2019	3 AZR 560/17	NZA 2019, 991	4 1799
		3 AZR 616/17	BeckRS 2019, 9210	4 1813, 1814

Landesarbeitsgerichte

Gericht	Datum	AZ	Fundstelle	Zitiert in
LAG Berlin-Brandenburg				
	26.05.1986	9 Sa 24/86	NJW 1986, 2528	4 1759
	05.07.2007	6 Ta 1319/07	BeckRS 2007, 47951	4 1278
LAG Düsseldorf				
	20.01.2015	16 Sa 459/14	BB 2015, 907	4 2404
	22.03.2017	4 TaBV 102/16	NZA-RR 2017, 435	7 122
LAG Hamm				
	07.09.2007	10 SaGa 33/07	BeckRS 2007, 49037	7 377
LAG Hessen				
	12.03.1987	9 Sa 1473/86	DB 1987, 2419	4 1718
	04.04.2003	12 Sa 250/02	NZA 2004, 1160	4 1720
	14.03.2011	17 Sa 1673/10	BeckRS 2011, 74346	4 1275
	01.02.2013	10 Sa 1005/12	BeckRS 2013, 70290	4 1279
	21.11.2017	8 Sa 146/17	BeckRS 2017, 141329	4 1289
LAG Köln				
	08.08.2000	5 Sa 452/00	NZA-RR 2001, 185	4 1718
LAG Niedersachsen				
	08.07.2005	16 Sa 331/05	NZA-RR 2006, 40	6 176
	16.09.2005	16 Sa 225/05	NZA-RR 2006, 131	4 1718
LAG Nürnberg				
	16.02.2006	2 TaBV 9/06	NZA-RR 2006, 358	7 140
LAG Rheinland-Pfalz				
	08.12.2011	11 Ta 230/11	BeckRS 2012, 65344	4 756, 1278

Arbeitsgerichte

Gericht	Datum	AZ	Fundstelle	Zitiert in
ArbG Berlin				
	16.11.2012	28 Ca 14858/12	BB 2013, 243	4 1525

Gericht	Datum	AZ	Fundstelle	Zitiert in
ArbG Essen				
	19.12.2013	1 Ca 657/13	NZKart 2014, 193	4 1961

5. Finanzgerichte

Gericht	Datum	AZ	Fundstelle	Zitiert in
BFH				
	13.02.1968	GrS 5/67	BeckRS 1986, 21003578	3 566
	26.04.1984	V R 128/79	BStBl II 1984, 776	4 2107
	25.06.1984	GrS 4/82	BFHE 141, 433	4 2086
	04.03.1986	VII S 33/85	BStBl II 1986, 384	4 2107
	23.06.1998	VII R 4/98	BStBl II 1998, 761	4 2107
	31.03.2000	VII B 187/99	GmbHR 2000, 1211	4 606
	06.06.2002	VI R 178/97	DStR 2002, 2072	4 1213
	05.04.2006	IX R 109/00	DStR 2006, 1034	4 1650 6 133
	21.01.2010	VI R 52/08	NZS 2011, 64	4 1213
	24.09.2013	VI R 8/11	NZA-RR 2014, 84	4 1209
	27.11.2019	V R 23/19 (V R 62/17)	DStR 2020, 279	6 113

Gericht	Datum	AZ	Fundstelle	Zitiert in
Oberfinanzdirektion Frankfurt aM				
	04.10.2013	S 7100 A-287-St 110	DStR 2014, 428	6 117, 118

6. Sozialgerichtsbarkeit

Gericht	Datum	AZ	Fundstelle	Zitiert in
BSG				
	18.09.1973	12 RK 5/73	NJW 1974, 208	4 1208
	27.03.1980	12 RAr 1/79	VersR 1980, 1168	4 1208
	31.05.1989	4 RA 22/88	NZA 1990, 668	4 1209, 1212
	14.12.1999	B 2 U 38/98 R	AG 2000, 361	4 1212
	07.05.2001	B 12 KR 31/99 R	NZS 2002, 199	4 1212
	09.08.2006	B 12 KR 3/06	NZS 2007, 372	4 1207, 1208
	27.02.2008	B 12 KR 23/06 R	ZIP 2008, 2231	4 1208, 1212
	02.03.2010	B 12 AL 1/09 R	NZS 2011, 75	4 1209
	06.10.2010	B 12 KR 20/09 R	BeckRS 2011, 651769	4 1208, 1212
	12.01.2011	B 12 KR 17/09 R	NJOZ 2011, 1653	4 1208, 1212
	05.03.2014	B 12 KR 1/12 R	BeckRS 2014, 71159	4 1207
	20.03.2018	B 2 U 13/16 R	NZS 2018, 985	4 1212

Entscheidungsregister

Gericht	Datum	AZ	Fundstelle	Zitiert in
LSG Baden-Württemberg				
	21.02.2013	L 10 U 5019/11	DStR 2013, 1489	4 1211
	21.11.2018	L 2 BA 1487/18	BeckRS 2018, 35201	4 1208

Gericht	Datum	AZ	Fundstelle	Zitiert in
LSG Berlin-Brandenburg				
	07.08.2013	L 9 KR 269/11	DStR 2013, 2779	4 1212

Gericht	Datum	AZ	Fundstelle	Zitiert in
LSG Hessen				
	29.08.2005	L 8–14 KR 329/04	BeckRS 2011, 75086	4 1207

Gericht	Datum	AZ	Fundstelle	Zitiert in
LSG Sachsen				
	15.10.2015	L 1 KR 92/10	NZS 2016, 110	4 1212

7. Verwaltungsgerichte

Gericht	Datum	AZ	Fundstelle	Zitiert in
VG Frankfurt aM				
	08.07.2004	1 E 7363/03	AG 2005, 264	4 695, 2086

Gericht	Datum	AZ	Fundstelle	Zitiert in
VGH Kassel				
	09.02.2012	8 A 2043/10	AG 2013, 35	8 27

Gericht	Datum	AZ	Fundstelle	Zitiert in
OVG Münster				
	12.02.1990	15 B 35/90	NVwZ 1990, 791	2 178

Gericht	Datum	AZ	Fundstelle	Zitiert in
OVG Sachsen				
	03.07.2012	4 B 211/12	AG 2012, 883	8 27

8. Ausländische Gerichte

Gericht	Datum	AZ	Fundstelle	Zitiert in
öOGH				
	27.09.2001	6 Ob 221/01w	AG 2002, 583	4 2656

Gericht	Datum	AZ	Fundstelle	Zitiert in
Schweizerisches Bundesstrafgericht				
	01.02.1996		BGE 122 IV 103	8 101

Sachverzeichnis

bearbeitet von Nicholas Brand
Rechtsreferendar, Tübingen

Abberufung
- **Abschlussprüfer** 4 2264 ff.
- **Arbeitnehmervertreter**
  - nach DrittelbG 7 430 f.
  - nach MitbestG 7 128 ff.
  - SE 9 106
  - Verfahren 7 130 ff.
- **Arbeitsdirektor**
  - Vertrauensentzug 7 255
  - wichtiger Grund 7 256
- **Aufsichtsratsmitglied**
  - Antrag 2 182, 184
  - durch den Entsendungsberechtigten 2 178 ff.; 9 200, 203
  - durch die Hauptversammlung 2 172 ff., 180; 5 182 f.; → *s. Beschluss der Hauptversammlung*
  - durch ein Gericht 2 140, 181 ff.; 5 183; 8 34
  - entsandtes Mitglied 2 178 ff., 181; 9 203
  - Ersatzmitglied 2 181, 211
  - Fristversäumnis, Hauptversammlungseinladung 4 1075
  - Genossenschaft 9 245
  - gerichtlich bestelltes Mitglied 2 192 f.
  - GmbH → *s. dort*
  - Interessenkonflikte Konzern 8 33 f.
  - KGaA 9 10 f.
  - Kompetenz 2 172, 177; 9 202
  - Neubestellung, Ausschluss 2 190
  - Rechtswidrigkeit der Abberufung 2 176
  - SE 9 104 ff., 149 ff.
  - Verfahren 2 187 f.
  - Verkleinerung, Aufsichtsrat 2 14
  - Verschwiegenheitspflicht, Verletzung 3 526
  - verweigerte Entlastung 4 1101; 5 173
  - wichtiger Grund 2 185 f.; 5 182; 9 203
- **Aufsichtsratsvorsitzender** 3 47 ff.
  - Bekanntgabe 3 51
  - Beschluss 3 47
  - Beschlussmängel 3 54
  - Delegationsverbot 3 232
  - dreiköpfiger Aufsichtsrat 3 52
  - einstweilige Verfügung 3 55
  - Genossenschaft 9 260
  - gerichtliche Abberufung 3 53 ff.
  - Kompetenz 3 47
  - MitbestG 7 148
  - Stimmverbot 3 50
  - wichtiger Grund 3 48 ff.; 9 260
  - Wirksamkeit 3 51
- **Besonderer Vertreter**
  - durch ein Gericht 4 2914 ff.
  - durch die Hauptversammlung 4 2866, 2912 f.
- **Hauptversammlungsleiter** 4 2560 ff.; → *s. dort*
- **Sonderprüfer**
  - bei Auswechslung 4 2772
  - durch die Hauptversammlung 4 2780
  - durch ein Gericht 4 2783

- **Vorstandsmitglied** → *s. Abberufung, Vorstandsmitglied*

Abberufung, Vorstandsmitglied 4 682 ff.
- **Anhörung** 4 737 ff.
  - ausgebliebene Anhörung 4 738
  - bei Verdachtswiderruf 4 728, 737
- **Anstellungsvertrag, Beendigung** 4 1677 ff.
- **Aufhebungsvereinbarung** 4 808
- **Bedingung** 4 745
- **Benachteiligungsverbot** 4 739
- **Beschlussfassung** 4 742 ff.
  - Begründung des Beschlusses 4 742
  - bei einvernehmlicher Beendigung 4 807
  - Mehrheit 4 742
  - mitbestimmte Gesellschaft 4 743
  - Nachschieben von Gründen 4 765
  - zur Heilung von Mängeln 4 772
- **Business Judgment Rule** 4 735
  - bei fehlender Anhörung 4 738
- **Einwirkungsmittel** 4 205
- **einvernehmliche Beendigung** 4 805 ff.
- **Entscheidung des Aufsichtsrats**
  - Begründung 4 742
  - Beurteilungsspielraum 4 733; 7 222
  - Beschlussfassung → *s. o. dort*
  - Entschließungsfreiheit 4 741
  - Ermessen 4 734
  - gerichtlich bestelltes Mitglied 4 1034
  - nach Vertrauensentzug 4 722 f.
  - Pflicht zum Widerruf 4 722, 734
- **gerichtlich bestelltes Mitglied** 4 1034 ff.
  - Antrag 4 1037 ff.
  - Kompetenz 4 1034
  - Pflicht zur Abberufung 4 1041
  - Rechtsmittel 4 1042
  - wichtiger Grund 4 1035 f.
- **Handelsregister** 4 781
- **Insiderinformation** 4 686; 5 68 ff.
- **KGaA** 9 45 ff.
- **Pflicht zur Abberufung**
  - Aufsichtsrat 4 722, 734
  - Gericht 4 1041
- **Pflicht zur Weiterarbeit nach Abberufung** 4 1672 ff.
- **Rechtsschutz** 4 755 ff., 767 ff.
  - Einstweiliger Rechtsschutz 4 774 ff.
  - Feststellungsklage 4 755
  - formelle Mängel 4 769 ff.
  - gegen gerichtliche Abberufung 4 1042
  - kein wichtiger Grund 4 768
  - Nachschieben zuvor unbekannter Gründe 4 763 ff.
  - Prüfung des Gerichts 4 763
  - Schiedsgericht 4 759 ff.
  - Vergleich 4 778
  - zuständiges Gericht 4 756 f.
- **Suspendierung** 4 810 ff.; → *s. dort*
- **trotz Entlastung** 4 1097

1273

Sachverzeichnis

fett = Paragraf

- **Verfahren** 4 742
  - Mitbestimmung **7** 223 ff.; 344 ff.
  - Vermittlungsverfahren **7** 224
- **Verwirkung** 4 740
- **Vorstandsvorsitzender** 4 894 ff.; → s. dort
- **wichtiger Grund** 4 687 ff.
  - Bestellungshindernis 4 573
  - betriebsbedingte Gründe 4 729
  - Erfordernis 4 687 f.
  - fehlende Kenntnisse 4 700
  - fehlerhafte Bestellung 4 677 f.
  - Fristversäumnis, Hauptversammlungseinladung 4 1075
  - gerichtlich bestelltes Mitglied 4 1035 f.
  - Gesetzes- und Organpflichten verletzt 4 695
  - grobe Pflichtverletzung 4 694 ff.
  - Haft 4 701
  - Interessenabwägung 4 691 f.
  - Konflikt im Vorstand 4 702
  - Konflikt zu Aufsichtsrat 4 703 f.
  - nachteilige öffentliche Äußerungen 4 705
  - Niederlegung, Vorstandsvorsitzender 4 899
  - offenbar unsachliche Gründe 4 708 ff.
  - Suspendierung 4 816, 818
  - Überbesetzung des Vorstands 4 548, 729, 779 f.
  - Unfähigkeit zur ordnungsgemäßen Geschäftsführung 4 699 ff.
  - Untätigkeit/Vernachlässigung 4 698
  - Unzumutbarkeit 4 689
  - Unzuverlässigkeit 4 701
  - Verdachtswiderruf 4 728
  - Verfehlung im privaten Bereich 4 697
  - Verkleinerung des Vorstands 4 544, 779 f.
  - Verlangen, Aktionär 4 731
  - Verlangen, Aufsichtsbehörde 4 730
  - Verlangen, Monitor 4 3013 f.
  - Vertrauensentzug durch Hauptversammlung 4 706 f., 712 ff.; → s. a. Hauptversammlung
  - Verschulden 4 690, 694
  - verweigerte Entlastung 4 1100
  - verweigerte Weisung 4 696
  - voreilige Neubestellung 4 779 f.
- **Widerrufserklärung** 4 744
  - Bote/Vertreter 4 747
  - Ermächtigung aus Geschäftsordnung 4 750 f.
  - Ermächtigung aus Satzung 4 749
  - Ermächtigung aus Sitzungsniederschrift 4 752
  - Ermächtigung des Aufsichtsratsvorsitzenden 4 753 f.
  - Rücknahme 4 777
  - Zugang 4 746 ff.
  - Zurückweisung 4 748
- **Wirkung** 4 682 f.
- **Wirksamkeit**
  - formelle Mängel 4 769
  - Heilung von Mängeln 4 772
  - im Rechtsstreit 4 766
  - ohne wichtigen Grund 4 687, 766, 777
  - Zugang 4 746
- **Zuständigkeit**
  - bei gerichtlich bestelltem Mitglied 4 1034
  - Delegationsverbot 4 684
  - Mitbestimmung **7** 220 ff.
  - KGaA **9** 45
  - nach Insolvenzeröffnung 4 685
  - Plenum 4 684

Abhängigkeitsbericht
- **Aufstellung** 8 120
- **Prüfung**
  - Abschlussprüfer 8 121
  - Aufsichtsrat 8 120

Abschlussunterlagen, Prüfung → s. Überwachung der Geschäftsführung

Abschlussprüfer
- **Abberufung** 4 2264 ff.
- **Abhängigkeitsbericht** 8 121
- **Aufsichtsratssitzung, Teilnahme** **3** 111; 4 170
- **Aufsichtsrat, Stellungnahme an die Hauptversammlung** 4 124
- **Ausschlussgründe** 4 2182 ff., 2233 ff.; → s. a. Befangenheit
  - Verstoß, Folgen 4 2198 ff.
- **Auswahl**
  - durch Hauptversammlung 4 2171 f.
  - Unternehmen von öffentlichem Interesse (PIE) 4 2202 ff.
  - Prüfungsausschuss **3** 275 ff.; 4 2175 ff., 2251 ff.
  - Verfahren **3** 276; 4 2226 ff.
- **Blacklist** 4 2206 ff.
- **Beauftragung** → s. Abschlussprüfer – Prüfungsauftrag
- **Befangenheit** 4 2182
  - ausgeschlossene Person 4 2193
  - Beteiligung 4 2184
  - Ehe-/Lebenspartner 4 2192
  - finanzielle Abhängigkeit 4 2194
  - Personelle Verflechtung 4 2185
  - Verbot der Selbstprüfung 4 2186 ff.
  - Vermutung 4 2183
- **Besonderer Vertreter, Auskunftspflicht** 4 2906
- **Bestätigungsvermerk** 4 2160, 2186, 2206, 2223, 2249, 2262
- **Bestellung**
  - durch die Hauptversammlung 4 2164; **8** 73
  - durch ein Gericht 4 2166
  - Verfahren 4 2175 ff.
- **Beurteilung der Abschlussprüfung** 4 168
- **CSR-Bericht** 4 2174
- **Eignung** 4 2177 ff.
- **Finanzinformation** 4 2170
- **Haftung** 4 2264, 2307
- **Halbjahresfinanzbericht** 4 2167 ff.
  - Prüfungsentscheidung 4 2169
- **Honorar** 4 2262
- **Jahresabschluss** 4 2162
- **Kapitalmarktorientierte Unternehmen** → s. Abschlussprüfer – Unternehmen von öffentlichem Interesse
- **Konzernabschlussprüfer** 4 2165, 2172; **8** 73
- **Lagebericht** 4 2162
- **Nichtprüfungsleistungen** 4 2205 ff.
  - Billigung 4 2204, 2218 ff.
  - Konzern 4 2219
  - Prüfungsausschuss **3** 280

mager = Randnummer

- Verbot 4 2206 ff.
- Verstoß, Folgen 4 2223
- **Nichtfinanzieller Bericht** 4 2174
- **Pflicht zur Abschlussprüfung** 4 2162 ff.
- **Prüfungsauftrag**
  - Erteilung 4 2171, 2259 ff., 2306; 9 186
  - Vertragsabschluss 4 2260
  - Vertragsgegenstand 4 2261
- **Prüfungsausschuss** 4 2175 ff., 2181, 2204, 2225, 2228 ff.; → *s. a. dort*
  - im Konzern 4 2237 f.
- **Prüfungsschwerpunkte** 4 106, 108, 162, 2261
- **Registrierung** 4 2178
- **Sonderprüfung, Verhältnis** 4 2699 f.
- **Unabhängigkeit** 3 277; 4 2180 f.
- **Unternehmen von öffentlichem Interesse (PIE)**
  - Auswahl 4 2202 ff., 2226 ff.
  - Blacklist 4 2206 ff.
  - Definition 4 2203
  - Erklärung über Unabhängigkeit 4 2181
  - erlaubte Nichtprüfungsleitungen 4 2204
  - Höchstlaufzeit 4 2239 ff.
  - verbotene Nichtprüfungsleistungen 4 2206 ff.
  - Konzern, Besonderheiten 4 2237
  - zeitliche Grenze 4 2239 ff.
- **Vergütungsbericht** 4 1912
- **Wahlvorschlag**
  - an die Hauptversammlung 4 2255 ff.; 8 73
  - Empfehlung des Prüfungsausschusses 4 2256
- **Zusammenarbeit mit dem Aufsichtsrat** 4 169 ff.

Ad hoc-Publizität
- **Aufschub der Veröffentlichung** → *s. dort*
- **Insiderinformation** → *s. dort*
- **Kenntniserfordernis** 5 98 ff.
  - Aufsichtsratsvorsitzender 5 108
  - Doppelmandate 5 107
  - Emittentenpflichten 5 101
  - extern erlangte Insiderinformationen 5 105 ff.
  - Informationsbeschaffungspflicht 5 102
  - privat erlangte Informationen 5 105 f.
  - Wissenszurechnung 5 103 f.
- **Veröffentlichungspflicht**
  - des Aufsichtsrats 5 96 f.
  - des besonderen Vertreters 4 2907
  - des Vorstands 5 28, 95 ff.

Aktienoptionen
- **als Aufsichtsratsvergütung** 6 24 ff.
  - Meldepflicht 5 143 ff.
- **Ausübung durch Arbeitnehmervertreter** 6 28
- **Ausübung nach Amtsantritt** 6 27
- **Meldepflicht** 5 137 ff.
- **Phantomstocks** 6 26
- **Wandel-/Optionsanleihen** 6 25

Ämterhäufung
- **Aufsichtsratsmitglied** 2 40 ff.; → *s. a. Persönliche Voraussetzungen*
- **Aufsichtsratsvorsitzender** 3 35
- **im Konzern** → *s. dort*

Amtszeit
- Aufsichtsrat

Sachverzeichnis

- Beginn 2 153
- Dauer 2 154, 157, 168
- Ende 2 155, 189
- entsendetes Mitglied 2 129, 162 f.
- Erlöschen des Mandats 2 169 ff., 189, 202
- Ersatzmitglied 2 210
- erster Aufsichtsrat 2 167 f.
- Genossenschaft 9 244 f.
- gerichtlich bestelltes Mitglied 2 164 ff.
- Höchstzeit 2 154, 157, 162, 164, 167; 9 102
- nach Anfechtungsklage 2 199 f.
- Satzungsbestimmungen 2 157 ff.
- SE 9 102 f.
- Wiederbestellung 2 160; 9 103
- **Vorstand**
  - Anstellungsvertrag → *s. dort*
  - automatische Verlängerung 4 669 ff.
  - bei Erstbestellung 4 641
  - bei gerichtlicher Bestellung 4 1029 ff.
  - bei Wiederbestellung 4 651, 654
  - Bestimmung 4 637
  - erster Vorstand 4 976
  - fehlende Bestimmung 4 638
  - Handelsregister, Eintragung 4 648
  - Höchstdauer 4 636
  - Mindestdauer 4 639 f.
  - SE 4 636
  - Verlängerung 4 651
  - Vorstandsvorsitzender 4 883

Anstellungsvertrag für Vorstandsmitglieder
- **Abberufung, Verhältnis** 4 1677, 1680 ff.
- **Abfindung** 4 1743 ff.
  - Höhe 4 1745 ff.
  - Zulässigkeit 4 1744
- **Abschluss** 4 1214 ff.
  - Aufhebungsvertrag 4 1689 f.
  - Beschluss 4 1217, 1220
  - Beschlussfassung 4 1218, 1264
  - Delegation, Ausschuss 4 1222 f.
  - konkludent 4 1214
  - Mängel 4 1264 f., 1267 ff.
  - mündlich 4 1214
  - Niederlegung nach ausgebliebener Einigung 4 1215
  - Vertretungsermächtigung 4 1219, 1221
  - Zuständigkeit 4 1217 ff., 1264, 2277 f.
- **AGB**
  - Anwendbarkeit der Vorschriften 4 1231
  - Verbrauchervertrag 4 1232 f.
- **Änderung**
  - Zuständigkeit 4 1217
- **Anstellung auf Probe** 4 1227
- **Beendigung** 4 1677 ff.
  - Abberufung, Koppelung 4 1680 ff.
  - Abfindung 4 1743 ff.
  - Amtsniederlegung 4 793 ff.
  - Aufhebungsvertrag 4 1689 ff.
  - Change in Control 4 1737 ff.
  - Frist bei Abberufung 4 1683 f.
  - Gründe 4 1678 ff.
  - Herausgabepflichten nach Beendigung 4 1758 ff.
  - Kontrollwechsel 4 1738

1275

Sachverzeichnis

fett = Paragraf

- Kündigung → s. dort
- Sonderkündigungsrecht **4** 1737
- Übergangsgeld **4** 1750 ff.
- Zeitablauf **4** 1679
- **Benachteiligungsverbot 4** 1234 ff.; → s. a. dort
- **Bestellung, Trennung 4** 1184 ff.
- **bereits bestehendes Arbeitsverhältnis**
  - Aufhebungskompetenz **4** 1275
  - konkludente Aufhebung **4** 1273 ff.
  - Konzern **4** 1279 f.
  - Kündigungsschutz **4** 1277
  - Ruhen **4** 1276
  - vorgeschaltet **4** 1278
- **Dauer des Vertrags 4** 1225 ff.
  - Fortgeltung/Fortsetzung **4** 1229
  - Höchstlaufzeit **4** 1225 f.
  - konkludente Verlängerung **4** 1230
  - Mindestlaufzeit **4** 1227
  - stillschweigend **4** 1230
  - Verlängerung **4** 1228
  - D&O-Versicherung **4** 1950, 1954, 1958 f.
- **Drittanstellung 4** 1243 ff.
  - Doppelmandat **4** 1252
  - Drittvergütung → s. Vorstandsvergütung
  - Interessenkonflikt **4** 1251, 1255
  - Kommanditgesellschaft **4** 1250
  - Konzernanstellung **4** 1248 f., 1257
  - Merkmale **4** 1247 ff.
  - Personalleasing **4** 1249, 1256
  - Zulässigkeit **4** 1251 ff.
- **Form 4** 1214
- **Kündigung, außerordentlich 4** 1696 ff.
  - Abmahnung **4** 1708
  - betriebsbedingt **4** 1705
  - durch Vorstandsmitglied **4** 1727 f.
  - Erklärung **4** 1697 f.
  - Ermittlungen **4** 1718 ff.
  - Frist **4** 1709 ff.
  - Interessenabwägung **4** 1707
  - mitbestimmte Gesellschaft **4** 1715
  - Nachschieben von Gründen **4** 1729 f.
  - Rechtsschutz **4** 1731
  - schuldhaftes Zögern **4** 1713 f.
  - Tochterunternehmen **4** 1703
  - Verdachtskündigung **4** 1704
  - Vergleichsverhandlungen **4** 1721
  - wichtiger Grund **4** 1700 ff.
- **Kündigung, ordentlich 4** 1732 ff.
- **Parallelverträge 4** 1258
- **Rechtsnatur 4** 1183
  - Verbrauchervertrag **4** 1232 f.
- **Sabbatical** → s. Mitglied des Vorstands
- **Suspendierung, Folgen 4** 846
- **Teilzeit 4** 1663 ff.
- **Urlaub 4** 1656
- **Vergütung** → s. Vorstandsvergütung
- **Vorstandsvorsitzender 4** 898
- **Wettbewerbsverbot** → s. dort
- **Wirksamkeit**
  - Anfechtung **4** 1266
  - fehlerhafte Beschlussfassung **4** 1264, 1267 ff.
  - fehlerhaftes/faktisches Anstellungsverhältnis **4** 1270 f.
- gesetzliches Verbot **4** 1265
- unangemessene Vergütung **4** 1322
- Zuständigkeitsmangel **4** 1264, 1267 ff.

ARAG/Garmenbeck 1 24, 32; **4** 1984 ff., 2375, 2425 ff.; **5** 191

Arbeitnehmervertreter
- **Abberufung**
  - nach DrittelbG **7** 430 f.
  - nach MitbestG **7** 128 ff.
  - Verfahren **7** 130 ff.
- **Aktienoptionen, Ausübung 6** 28
- **Amtszeit 2** 161
- **Aufsichtsratsmandat, Erlöschen 7** 135 ff.
  - Kündigung **7** 138
- **Aufsichtsratssitzung, Vorbesprechung 3** 430
- **Ausschuss, Mitgliedschaft 3** 220 ff.
- **Behinderungsverbot** → s. dort
- **Benachteiligungsverbot** → s. dort
- **fehlerhafte Bestellung 2** 152
- **Fraktion 3** 430
- **Genossenschaft 9** 242 f.
- **gerichtliche Bestellung 2** 134 ff.
- **Gewerkschaftsvertreter, Quote 7** 84
- **Mitbestimmungsverträge** → s. dort
- **Persönliche Voraussetzungen, Qualifikation 7** 96
- **SE 9** 95 f.
- **Vergütung** → s. dort
  - Gewerkschaft, Pflicht zur Abführung **6** 86
- **Verschwiegenheitspflicht 3** 504; → s. a. Aufsichtsrat, Verschwiegenheitspflicht
- **Wahl, MitbestG 7** 89 ff.
  - aktives Wahlrecht **7** 92 ff., 124
  - Anfechtung, Aufsichtsratswahl **7** 120 ff.
  - Anfechtung, Delegiertenwahl **7** 115 ff.
  - Bekanntmachung **7** 99 ff.
  - Delegiertenwahl **7** 123 ff.
  - Kosten **7** 111 ff.
  - Nichtigkeit **7** 122
  - Ordnung **7** 91
  - passives Wahlrecht **7** 96 ff.
  - Schutz **7** 107 ff.
  - Trennungstheorie **7** 120
  - unmittelbare Wahl **7** 127
  - Verfahren **7** 89 f., 123 ff., 127
  - Wahlvorstand **7** 104, 112 f., 123, 131
  - Werbung **7** 110
- **Wahl, DrittelbG**
  - aktives Wahlrecht **7** 422
  - Anfechtung **7** 428
  - Bekanntmachung **7** 425 f.
  - Ordnung **7** 421
  - passives Wahlrecht **7** 424 f., 432 f.
  - Schutz **7** 427
  - Wahlgrundsätze **7** 419 f.
  - Wahlvorstand **7** 426, 431
- **Zusammensetzung, Aufsichtsrat 7** 78 ff.

Arbeitsbefreiung → s. Benachteiligungsverbot

Arbeitsdirektor 4 911; **7** 236 ff.
- **Amtsniederlegung 7** 257
- **Aufgaben 7** 237, 261 ff.
  - Delegation **7** 263, 269
  - Geschäftsordnung **4** 2082; **7** 253, 265 ff.

mager = Randnummer

Sachverzeichnis

- Kernbereich **7** 263
- **Auswahl** **7** 244 f.
- **Bestellung** **7** 242 ff., 252
  - gerichtliche Betellung **4** 1020 f.; **7** 258 ff., 280
  - Mehrfachbestellung **7** 248
  - Pflicht **7** 236, 243
  - Verfahren **7** 242, 251
- **Diskriminierungsverbot** **7** 275 ff.
- **Eignung** **7** 245, 247
- **erster Vorstand** **4** 973
- **Ersatzbestellung** **7** 258 ff.
  - Dringlichkeit **7** 260
  - Erforderlichkeit **7** 259
- **erste Bestellung** **7** 243, 343
- **Größe des Vorstands** **4** 543
- **KGaA** **7** 236
- **Konzern** **7** 249, 271 ff.
- **Rechtsstellung** **7** 275 ff.
  - als Stellvertreter von Vorstandsmitgliedern **4** 917
- **SE** **7** 458 ff.
- **Stellvertreter von Vorstandsmitgliedern** **4** 917
- **Spartenunternehmen** **7** 268 f., 279
- **Vertrauensentzug** **7** 255
- **Vorstandsvorsitzender** **4** 890 f.
- **Weisungsrecht** **7** 272 f.
- **Widerruf der Bestellung** **7** 255 ff.; → *s. Abberufung, Arbeitsdirektor*

Audit Committee → *s. Prüfungsausschuss*
Auditor → *s. Monitorship*
Aufschub der Veröffentlichung
- **Allgemein** **5** 29 ff.
- **Beschluss** **5** 84
- **Delegation der Entscheidung** **3** 250; **4** 518 ff.; **5** 63, 84 ff.
  - Ad hoc-Gremium **5** 84, 88, 93
  - Ad hoc-Komitee **5** 9
  - Aufsichtsratsmitglied **5** 84, 88
  - Delegationsbeschluss **5** 87
  - Personalausschuss **4** 515 ff.
  - Zulässigkeit **5** 85
- **Dokumentation der Entscheidung** **5** 91
- **Gefahr der Fehlbewertung** **5** 55 ff.
  - Ausgangslage **5** 51 ff.
  - schnellstmögliche Entscheidung **5** 61 ff.
  - Zulässigkeit des Aufschubs **5** 57 ff.
  - Zustimmungspflichtigkeit **5** 64 ff.
- **Personalmaßnahmen** **5** 79 ff.
  - berechtigtes Interesse des Aufsichtsrats **5** 79
  - Entscheidung, Personalausschuss **4** 515; **5** 75 f.
  - Zulässigkeit des Aufschubs **5** 80
  - Zuständigkeit des Aufsichtsrats **5** 81 ff.
- **Überwachung der Aufschubvoraussetzungen** **5** 92
- **Zuständigkeit für Aufschubentscheidung**
  - Aufsichtsrat **5** 81 ff.
  - Vorstand **4** 519; **5** 28

Aufsichtsrat, Auslagenersatz **6** 121 ff.
- **Abgrenzung Auslagenersatz/Vergütung** **6** 30 f.
- **Allgemein** **6** 121 ff.
- **Angemessenheit** **6** 127

- Beurteilung der Angemessenheit **6** 186 f.
- Entscheidungskompetenz **6** 179 ff.
- **Art der Auslagen**
  - Aus-/Fortbildungsbildungskosten **6** 161 ff.
  - beauftragte Aufsichtsratsmitglieder **6** 157
  - Beratungskosten **6** 164
  - Dolmetscher **6** 128
  - Einkommenseinbußen Anteilseignervertreter **6** 165
  - Geldstrafen **6** 160
  - Hotelkosten **6** 131
  - Kommunikation **6** 128
  - Lebenshaltung **6** 134
  - Lohneinbußen Arbeitnehmervertreter **6** 166
  - Personenschutz **6** 133
  - Prozesskosten **6** 158 f.
  - Raummiete **6** 132
  - Reisekosten → *s. u. Reisekosten*
- **Aufsichtsratsvorsitzender** **3** 130
- **Belege** **6** 173
- **Büro** → *s. Aufsichtsrat, Büro*
- **ehemalige Aufsichtsratsmitglieder** **6** 176 f.
- **Ehrenvorsitzender** **6** 178
- **Entscheidungskompetenz** **6** 179 ff.
- **Freistellung** **6** 174
- **gerichtliche Geltendmachung** **6** 188
- **künftige Aufsichtsratsmitglieder** **6** 175
- **Reisekosten**
  - Art des Transportmittels **6** 129
  - auch private Reise **6** 148 f., 151
  - Doppelmandatsträger, Reisestandards **6** 142
  - Mehraufwand bei kurzfristiger Terminierung **6** 153
  - Stornokosten **6** 154 f.
  - Transportmittel der Gesellschaft **6** 130
  - Umweg **6** 148
  - Urlaubsort **6** 151
  - Zweitwohnsitz **6** 150
- **Satzungsregelung** **6** 126
- **Tätigkeitszusammenhang/dienstliche Termine** **6** 135
  - Aktionärsbeirat **6** 140
  - Aufsichtsratsvorsitzender **6** 143 ff.
  - Belegschafts-/Betriebsratssitzungen **6** 140
  - Einladungen des Vorstands **6** 156
  - Klausurtagung **6** 139
  - Lebenspartner **6** 147
  - repräsentative Anlässe **6** 144 ff.
  - Sitzungen **6** 137
  - Vorbesprechungen **6** 138
- **unzulässiger Auslagenersatz**
  - Haftung bei Erschleichung **6** 190 f.
  - Haftung für Gewährung **6** 193 ff.
  - Rückerstattung **6** 189 f.
- **Vorschuss** **6** 174

Aufsichtsrat, Budget **1** 45; **6** 168, 197 ff.
- **Allgemein** **6** 197 f.
- **Kompetenz** **6** 199 ff.

Aufsichtsrat, Büro **6** 167 ff.
- **Aufgaben** **3** 427
  - Überwachung von Beratern **4** 139
- **Einrichtung** **3** 427, 514 f.; **4** 139; **6** 167
  - Annexkompetenz des Aufsichtsrats **4** 139

1277

Sachverzeichnis

fett = Paragraf

- ohne Budgetrecht **6** 168
- Zulässigkeit **6** 167
- **Mitarbeiter 6** 169
- **Privatnutzung 6** 171 f.
- **Vertraulichkeit/Verschwiegenheit 3** 515 f.

Aufsichtsrat, Einberufung 1 41
- **Ausschuss, Einberufung 3** 348 f., 392, 414 f.
- **Einberufungsmangel 3** 411
- **Einberufungsverlangen 3** 412 ff.
  - Ablehnung **3** 419
  - durch Aufsichtsratsmitglied **1** 41; **3** 412; **4** 19
  - durch Vorstand **3** 413
  - Form **3** 417
  - Geltendmachung **3** 416
  - Missbrauch **3** 419
- **Ermessen 3** 400
- **erster Aufsichtsrat 3** 391
- **Form 3** 394
- **Frist 3** 173, 395 ff.
  - Aufschub der Veröffentlichung **5** 61 f.
  - nach Einberufungsverlangen **3** 418, 426
- **Inhalt 3** 403
  - Geheimhaltung der Tagesordnung **3** 406
  - Sitzungsunterlagen **3** 408 f.
  - Tagesordnung **3** 404 f.
- **Konstituierende/erste Sitzung 3** 391
- **Pflicht zur Einberufung 3** 400, 419; **4** 19
- **Selbsthilferecht 3** 422 ff.
  - außerordentliche Sitzung **3** 72
  - Berechtigte **3** 422 f.
  - Geltendmachung **3** 426
  - Unbeachtlichkeit **3** 425
  - Voraussetzungen **3** 424
- **Zuständigkeit**
  - Aufsichtsratsvorsitzender **3** 71 f., 390 f.
  - Gründer **3** 391
  - Verhinderung **3** 390

Aufsichtsrat, Größe
- **Dreiteilbarkeit 2** 12, 20; **9** 2
- **Genossenschaft 9** 233 ff.; → s. a. Genossenschaft
- **GmbH 9** 191; → s. a. GmbH
- **Höchstzahl 2** 8 f.; **9** 233
  - anzurechnende Mitglieder **2** 9
  - nach Kapitalerhöhung **2** 15
  - nach Kapitalherabsetzung **2** 16
  - Wahlbeschluss, Verstoß **2** 21
- **KGaA 9** 2; → s. a. KGaA
- **Mindestzahl 2** 7; **9** 233
- **MitbestG**
  - Größenklassen **7** 74
  - Unternehmensgröße **7** 73 ff., 77
  - Statusverfahren **2** 17; **7** 77
- **Satzungsbestimmung 2** 10 f.
  - Bestimmtheit **2** 11, 20
  - Nichtigkeit **2** 19 f., 76 f.
- **SE 9** 80 f.
- **Übersetzung 2** 24; **9** 234
- **Unterbesetzung 2** 24, 135 ff.; **9** 235
- **Unvollständigkeit 2** 137 f.
- **Vergrößerung 2** 13
  - Ergänzungswahl **2** 13
- **Verkleinerung 2** 14
  - Amtszeit der Mitglieder **2** 14

- Zusammensetzung → s. dort

Aufsichtsrat, Selbstbeurteilung
- **Auswertung 3** 196 f.
- **Durchführung 3** 194 ff., 483
- **Durchführungspflicht 3** 184 f.
- **Präsidium 3** 248
- **Umfang 3** 185 ff., 190 ff.
  - Kreditinstitute **3** 186
  - Versicherungsunternehmen **3** 187
- **Zuständigkeit 3** 189

Aufsichtsrat, Selbstorganisationsrecht
- **Allgemein 1** 98 ff.; **3** 1 ff.
- **Ausprägungen 3** 2 ff.
  - Aufsichtsratsvorsitzender, Ausstattung **3** 29
  - Aufsichtsratsvorsitzender, Wahl **3** 140
  - Ausschussbildung **3** 166 ff., 202
  - Geschäftsordnung **3** 168 ff.
  - Plenum **3** 165 ff.
  - Wahlvorschlag **3** 8 ff.; → s. a. dort
- **Pflicht zur effizienten Organisation 3** 5 f.
- **Satzungsregelungen 3** 7

Aufsichtsrat, Sorgfaltspflicht 1 19 f.; **5** 184, 186
- **Geltung 3** 468 f.
- **Genossenschaft 9** 281
- **GmbH 9** 204
- **Informationspflicht 3** 485 f.
- **Maßstab 3** 470 ff.
  - Arbeitnehmerinteresse **3** 472
  - Aufsichtsratsvorsitzender **3** 479
  - Ausschussvorsitzender **3** 479
  - bei der Überwachung **3** 470 ff.; **4** 85 ff.
  - Einarbeitungszeit **3** 478
  - Fachkenntnisse **3** 475
  - Mindestkenntnisse/-fähigkeiten **2** 61 ff.; **3** 476
  - ordentlicher, gewissenhafter Berater/Überwacher **3** 471
  - Unternehmensinteresse **3** 471 f.
- **Organisationspflicht 3** 482 ff.
- **Pflicht zur Mitarbeit/Urteilsbildung 3** 480 f.
- **Reichweite 3** 473
- **SE 9** 132, 166
- **Treuepflicht 3** 489 f.; **8** 24; **9** 278

Aufsichtsrat, Vergütung
- **Änderung der Gesellschaft**
  - Abwicklung **6** 99
  - Beherrschungsvertrag **6** 102
  - Formwechsel **6** 101
  - Insolvenz **6** 98
  - Verschmelzung **6** 100
- **Angemessenheit 6** 44 ff.
  - bei Drittvergütung **6** 12
  - Ermessen der Hauptversammlung **6** 46
  - Lage der Gesellschaft **6** 45
  - Obergrenze **6** 44; **9** 250
  - Prüfung **6** 49 ff.
  - Related Party Transaction **6** 76
  - Sittenwidrigkeit **6** 46, 49 f.
  - Sitzungsgeld **6** 32
  - Verstoß, Folgen **6** 47 f., 49 f., 105
- **Anrechnung auf Vorstandsvergütung 6** 85
- **Art der Vergütung 6** 19 ff.
  - Abfindungszahlung **6** 4

mager = Randnummer

- Aktienoptionen 6 24 ff., 29
- D&O-Versicherung 4 1945 f., 1950; 6 39 ff.
- eigene Aktien 6 29
- Entgelt 6 4
- Phantomstocks 6 26
- Sachleistungen 6 29
- Sitzungsgeld → s. dort
- Sondervergütung 6 42 f.
- variable Vergütung 6 20 ff.
- Wandel-/Optionsanleihen 6 25
- **ausgeschiedenes Mitglied** 6 94
- **Auslagenersatz** → s. Aufsichtsrat, Auslagenersatz
- **Drittvergütung**
  - durch abhängiges Unternehmen 6 13
  - Interessenkonflikte 6 10 f.
  - Vergütungsbericht 6 14
  - Zulässigkeit 6 10 ff.
- **Ehrenvorsitzender** 3 162 ff.; 6 103
- **Entstehung des Anspruchs** 6 78
  - bei Untätigkeit 6 81
  - bei Verzicht 6 84
  - nach Änderung 6 87 f.
- **erster Aufsichtsrat** 6 95 ff.
- **Fälligkeit des Anspruchs** 6 79
- **fehlerhaft bestelltes Mitglied** 2 149
- **Festsetzung**
  - Abdingbarkeit 6 7
  - Anfechtbarkeit 6 70
  - Beschlussfassung 6 16, 58
  - Beschlussvorschlag 6 15, 61 f.
  - Bestimmtheit 6 17
  - Covid-19 6 65
  - erster Aufsichtsrat 6 95 ff.
  - faktischer Konzern, Nachteilige Veranlassung 6 108
  - fehlende Festsetzung 6 3, 7
  - Form 6 3
  - nicht börsennotierte Gesellschaft 6 77
  - Nichtigkeit der Festsetzung 6 48
  - Obergrenze, Sondervergütung 6 43
  - Turnus 6 56, 65 f., 73
  - Veröffentlichung 6 71
  - Vertrag 6 8
  - zusätzliche Satzungsregelung 6 18
  - Zuständigkeit der Hauptversammlung 6 5 ff.
- **Genossenschaft** 1 141; 9 249 ff.
- **Gewerkschaft, Abführung** 6 86
- **Gleichbehandlung** 6 53 ff.
  - Aufsichtsratsvorsitzender, höhere Vergütung 6 54
  - Genossenschaft 9 250
  - Verstoß, Folgen 6 55
- **GmbH** 1 138; 9 209
- **KGaA** 1 128; 6 74 f.; 9 23
- **Meldepflicht** 5 143 ff.
- **Registergericht** 6 49 ff.
- **rückwirkende Erhöhung** 6 89 f.
- **rückwirkende Herabsetzung** 6 91 f.
- **Sozialversicherung** 6 119 f.
- **Steuer**
  - Einkommensteuer 6 109 f.
  - Umsatzsteuer 6 111 ff.
- **unzulässige Vergütung**

- Haftung 6 106 f.
- Rückgewähr 6 104 f.
- **Vergütungsbericht** 6 6
  - Angaben 6 72
  - Drittvergütung 6 14
  - Sitzungsgeld 6 32
- **Vergütungspflicht** 6 3, 60
- **Vergütungssystem**
  - Ablehnung des Beschlussvorschlags 6 69
  - Anfechtbarkeit 6 70
  - bei Null-Vergütung 6 60
  - Beschluss 6 58
  - Beschlussfassung 6 67 f.
  - Beschlussvorschlag 6 15, 61 f.
  - Bindungswirkung 6 59
  - Inhalt 6 63 f.
  - nicht börsennotierte Gesellschaft 6 77
  - Related Party Transaction 6 76
  - Turnus 6 56, 65 f., 73
  - Veröffentlichung 6 71
- **Verjährung** 6 83
- **Verzicht** 6 84
- **während Stellvertretung für Vorstandsmitglied** 4 944
- **Aufsichtsrat, Verschwiegenheitspflicht**
  - **Berater des Aufsichtsrats** 3 510 ff.; 4 144
    - Informationsweitergabe 3 513
  - **Doppelmandat im Konzern** 3 519 ff.; 8 97 ff.
    - Sitzungsteilnahme Doppelmandatsträger 3 521
  - **erfasste Informationsempfänger** 3 506 ff.
    - Aktionäre/Hauptversammlung 3 507
    - Aufsichtsratsmitglieder 3 509
    - Berater 3 510 ff.
    - Dritte 3 516
    - Hilfspersonen 3 514 ff.
    - Monitor 3 517
    - Vorstand 3 508
  - **Geltung** 1 35 f.; 3 492 ff.
  - **Genossenschaft** 9 278
  - **GmbH** 9 207
  - **Offenlegung**
    - Konfliktsituation 3 502
    - Notsituation 3 501
    - Unbefugt → s. u. Verletzung, Folgen
    - Verzicht auf Geheimhaltung 3 500
    - Zuständigkeit 3 499, 501
  - **Praxismaßnahmen** 3 527 ff.
  - **Richtlinie** 3 177, 493
  - **Umfang, inhaltlich** 3 494 f., 497 f.
    - Auswahl, Vorstand 4 511 f.
    - Doppelmandat im Konzern 8 97 ff.
    - Interna 3 498
    - Investorengespräche 4 2678
    - Stimmverhalten 3 498
    - Tagesordnung 3 406
    - zeitlicher Umfang 3 495
  - **Umfang, personell**
    - Arbeitnehmervertreter 3 504
    - Aufsichtsratsmitglied 3 503 ff.; 5 185, 192
    - Aufsichtsratsvorsitzender 3 127
    - Ehrenvorsitzender 3 160
    - Gebietskörperschaft 3 505
    - Personalausschuss 4 511 f.

Sachverzeichnis

fett = Paragraf

- Verletzung, Folgen
  - Abberufung/Kündigung **3** 526
  - Verletzungshandlung, Offenbarung **3** 524
  - Schadensersatz **3** 525
  - Strafbarkeit **3** 522 ff.
- vertrauliche Information/Geheimnis, Begriff **3** 497 f.
- Zurechnung von Insiderinformationen **5** 103 f.

Aufsichtsrat, Wahl der Mitglieder
- Abrede
  - Stimmkauf **2** 118
  - zwischen Aktionären **2** 118
  - mit Dritten **2** 119 f.
- Amtszeit → s. Mitglied des Aufsichtsrats
- Annahme der Wahl **2** 121
  - Entsprechenserklärung, Aktualisierungspflicht **4** 2490
- Arbeitnehmervertreter **7** 89 ff.; → s. dort
- Bekanntmachung
  - bei Einberufung Hauptversammlung **2** 108
  - nach MitbestG **7** 99 ff.
- Beschlussfassung
  - Abstimmungsmodus **2** 114
  - Wahlfreiheit **2** 115
- Delegationsverbot **3** 233
- Entsendung → s. dort
- Ergänzungswahl **2** 13
- Ersatzmitglied **2** 204 ff.
  - Anzahl **2** 207
  - Reihenfolge **2** 207
  - Zeitpunkt der Bestellung **2** 206
- erster Aufsichtsrat → s. dort
- fehlerhafte Bestellung **2** 148 ff.
  - Rechtsstellung **2** 149
- Genossenschaft **9** 239 ff.
- gerichtliche Bestellung **2** 134 ff.
  - Amtszeit **2** 164 ff.
  - Antrag **2** 141 ff.
  - Antragspflicht **2** 142
  - Anwendungsbereich **2** 134
  - bei Beschlussunfähigkeit **2** 135 f.
  - bei Unterbesetzung **2** 139 f.
  - bei Unvollständigkeit **2** 137 f.
  - dringender Fall **2** 138
  - Entscheidungskriterien **2** 145 f.
  - Ersatzmitglied **2** 208
  - Nominierungsausschuss **3** 309
  - zuständiges Gericht **2** 144, 146
- GmbH
  - Entsenderecht **9** 200
  - Eignungsvoraussetzungen **9** 196 ff.
  - Kompetenz **9** 195
  - Vorschlagsrecht **9** 201
- Nachwahl
  - wegen Geschlechterquote **7** 82
  - wegen Unterbesetzung **2** 23
- Neubestellung, Ausschluss **2** 190
- Nichtigkeit **2** 81
- Nominierungsausschuss → s. dort
- Persönliche Voraussetzungen → s. dort
- SE **9** 90 ff.
  - Anteilseignervertreter **9** 91 ff., 144

- Arbeitnehmervertreter **9** 95 f., 145 f.
- Entsendung **9** 94
- Wiederbestellung **9** 103
- Verfahren
  - Einzelwahl **2** 111
  - Ergebnisermittlung, Methode **2** 116
  - Festsetzung durch Versammlungsleiter **2** 113
  - GmbH **9** 195
  - Genossenschaft **9** 240
  - Listenwahl **2** 111 f.
  - Mehrheitswahl **2** 109
  - Satzungsbestimmungen **2** 109
- Verstoß, Geschlechterquote **2** 32 ff.
- Wahlbeschluss → s. Beschluss der Hauptversammlung
- Wahlvorschlag → s. dort
- Widerruf der Bestellung → s. Abberufung, Aufsichtsratsmitglied
- Wiederbestellung **2** 160
- SE **9** 103

Aufsichtsrat, Zusammensetzung
- Änderung → s. Statusverfahren
- Bekanntmachung **2** 212 ff.
  - Ausscheiden **2** 213
  - erster Aufsichtsrat **2** 212
  - Handelsregister **2** 214
  - Liste der Mitglieder **2** 212
- Diversität **3** 11 ff.
- DrittelbG **7** 409 ff.; **9** 3 f.
- Entsandte Mitglieder → s. a. Entsendung
  - Höchstzahl **2** 131 f.
  - nach Kapitalherabsetzung **2** 132
- erster Aufsichtsrat **2** 124
  - MitbestG **7** 85
- Finanzexperte → s. Persönliche Voraussetzungen
- Frauenquote
  - Änderung, Zielgröße **2** 31
  - Festlegung, Zielgröße **2** 27 ff., 37; **3** 301; **9** 89
  - Nominierungsausschuss **3** 301
  - Verfehlung **2** 36
  - Verschlechterungsverbot **2** 29
- Genossenschaft **9** 236 ff.; → s. a. Genossenschaft
- Geschlechterquote
  - Anteilseignervertreter **2** 35
  - Gesamterfüllung **2** 26; **7** 80 f.; **9** 87 f.
  - MitbestG **7** 79 f.
  - SE **9** 85 ff., 142
  - Verstöße, Folgen **2** 32 ff.; **7** 82
  - Zwang **2** 25; **9** 4, 86
- Gewerkschaftsvertreter **7** 84 ff.
- GmbH **9** 194; → s. a. GmbH
- Größe → s. Aufsichtsrat, Größe
- KGaA **9** 3 f.; → s. a. KGaA
- Mehrfachmandat, Konzern → s. Konzern
- MitbestG **7** 78 ff.
  - nach Gründung **7** 85 ff.
- Persönliche Voraussetzungen → s. Eignungsvoraussetzungen
- SE **9** 80 f., 136 ff.; → s. a. Societas Europaea
- Sektorenkenntnis → s. Persönliche Voraussetzungen
- Ziele zur Zusammensetzung, zum Kompetenzprofil **3** 18 ff.

Sachverzeichnis

mager = Randnummer

Aufsichtsratssitzung
- **Ablauf** 3 77
- **Änderungskompetenz, Plenum** 3 85
- **außerordentliche**
  - Einberufung 3 72
  - wegen Ad hoc-Publizität 5 61 ff.
- **Beschluss** → s. Beschluss des Aufsichtsrats
- **Einberufung** → s. Aufsichtsrat, Einberufung
- **gemeinsame Sitzung Konzernaufsichtsräte** 6 37
- **konstituierende/erste** 3 391
  - Wahl des Vorsitzenden 3 30
- **Ordnungsmaßnahmen** 3 82
- **Protokoll** → s. Sitzungsprotokoll
- **Sitzungsausschluss** 3 83
  - Ausschusssitzung 3 360
  - Beschlusserfordernis 3 84
  - Voraussetzungen 3 83
- **Sitzungsgeld** → s. dort
- **Sitzungshäufigkeit** 3 398 ff.; 4 17 ff.
  - Mindestanzahl 3 398 f.; 4 17
  - Sitzungsqualität 4 20 f.
  - Verstoß, Folgen 3 401; 4 22
- **Sitzungsleitung** 3 77 ff., 438
- **Sitzungsort** 3 71, 173
- **Sitzungsqualität** 3 459; 4 20 f.
- **Sitzungsunterlagen** 3 76, 408 ff.
  - Erstellung 3 409
  - Versendung 3 408 f.
- **Sprache** 3 80, 557
- **Stimmrecht** 7 161
- **Tagesordnung** 3 75
  - Änderung 3 421, 423
  - Bestimmtheit 3 405
  - Geheimhaltung 3 406
  - Übermittlung 3 404
- **Teilnahmepflicht**
  - Aufsichtsratsmitglied bei Stimmverbot 3 447
  - Vorstand 3 99
- **Teilnahmerecht**
  - Abschlussprüfer 3 111; 4 170; 8 74
  - Angestellte der Gesellschaft 3 105
  - Aufsichtsratsmitglied 1 40; 3 96
  - Ausschusssitzung 3 354 ff., 361 ff.
  - Berater/Sachverständige 3 100 ff.
  - Compliance-Officer 8 59
  - Doppelmandatsträger 3 521
  - Dritte als Protokollführer 3 554
  - Konzernabschlussprüfer 8 74
  - Monitor 4 2980
  - sonstige Personen 3 112 ff.
  - Stimmverbot 3 447
  - Vorstandsmitglieder 3 97 ff.
- **Telefon-/Videokonferenz** 3 456 ff.; 4 21
  - Anspruch auf Sitzungsgeld 3 461; 6 34
- **Terminplan** 3 71, 397; 4 18
- **Tischvorlage** 3 410
- **Vertagung** 3 79
- **Vorbereitung**
  - Aufsichtsratsmitglied 3 480
  - Aufsichtsratsvorsitzender 3 75 f., 427
  - Gespräche 3 429
  - Leitfaden 3 428
  - Vorbesprechung mit Dritten 3 429 ff.

Aufsichtsratsvorsitzender
- **Abberufung** → s. dort
- **Ämterhäufung** 2 45; 3 35
- **Amtszeit** 3 43 ff.
  - Geschäftsordnung/Satzung 3 43 f., 172
  - MitbestG 7 146, 156 ff.
  - Wiederwahl 3 46
- **Außenkommunikation**
  - Abstimmung 3 126
  - Aufsichtsratsangelegenheiten 3 123
  - Befugnis 3 121, 123
  - Hauptversammlung 3 121, 125
  - Investorengespräche 3 121; 4 2667 ff.
  - Zuständigkeit 3 117, 126
  - Zurückhaltung 3 128 f.
- **Auslagenersatz** 3 130; 6 143
- **Ausschüsse**
  - Einberufung 3 349
  - Koordination 3 133
  - Mitgliedschaft 3 213, 226
  - Prüfungsausschuss 3 298
  - Sitzung, Ausschlusskompetenz 3 366 ff.
  - Sitzung, Teilnahme 3 376
  - Ständiger Ausschuss 7 162, 283
- **Ausstattung** → s. Aufsichtsratsvorsitzender – Unterstützung
- **Aufsichtsratssitzung** → s. dort
- **Berichte** → s. Berichte des Vorstands
- **Delegation**
  - Ad hoc-Publizität, Aufschub 5 88
- **Ehrenvorsitzender**
  - Ernennung 2 99; 3 156 f.
  - Haftung 3 161
  - Rechtsstellung 2 100; 3 159 ff.
  - Vergütung 3 162 ff.; 6 103
  - Verschwiegenheitspflicht 3 160
- **Eignungsvoraussetzungen** 3 34 ff.
- **Einberufung**
  - Aufsichtsratssitzung 3 390 f.
  - Ausschusssitzung 3 392
- **Entsprechenserklärung** 4 2463
- **Geltendmachung fehlerhafter Bestellung** 2 151
- **Genossenschaft** 1 142; 9 259 ff.
  - MitbestG 7 150, 155
- **gerichtliche Abberufung** 3 53 ff.
- **gerichtliche Bestellung** 3 39 ff.
  - Antragsberechtigung 3 41
  - Frist 3 42
  - MitbestG 7 147
  - Notwendigkeit 3 39
  - Zuständiges Gericht 3 40
- **Geschäftsführungsverbot** 4 381
- **Geschäftsbriefe** 3 64 ff.
  - Nennung des Vorsitzenden 2 217; 3 64
- **GmbH** 9 215
- **Haftung**
  - Amtsniederlegung zur Unzeit 3 58
  - Verletzung Informationspflicht 4 83
- **Handelsregister, Anmeldung** 2 216; 3 60 ff.;
  → s. a. Registeranmeldungen

1281

Sachverzeichnis

fett = Paragraf

- **Hauptversammlung** → s. Hauptversammlungsleitung
- **Hilfsgeschäfte** **3** 141; **4** 2302, 2320
- **Information des Aufsichtsrats** **3** 90 f., 94 f.
- **Informationsrechte des Aufsichtsrats**, Koordination **3** 132
- **Insiderinformationen**
  - Insiderliste, Führung **5** 110
  - Wissenszurechnung **5** 108
- **Investorengespräche** → s. dort
- **Kommunikation mit Vorstand** **3** 115, 118 ff.
- **Leitungsaufgaben** **3** 70 ff.
  - Aufsichtsratssitzung → s. dort
- **Niederlegung** **3** 56 ff.; **7** 156
  - als Insiderinformation **5** 69
  - Form **3** 57
  - Möglichkeit **3** 56
  - Zeitpunkt **3** 56, 58
- **Pflicht zur Wahl** **3** 23 ff.
  - MitbestG **7** 143 f.
- **Protokollführer** **3** 553
- **Registeranmeldungen** **2** 216; **3** 60 ff.
  - Kapitalmaßnahmen **4** 2541 ff., 2548 ff.
  - Zeitpunkt **3** 60, 62
  - Zuständigkeit **3** 60, 143
  - Zwangsgeld **3** 63
- **Repräsentation** **3** 117
- **SE** **9** 108, 153 f.
- **Sorgfaltspflicht** **3** 479
- **Stellvertreter**
  - Anmeldung, Handelsregister **2** 216
  - Anzahl **3** 146; **7** 149
  - Befugnisse **3** 148 ff., 152 ff.
  - MitbestG **7** 143 ff., 157, 162
  - Reihenfolge **3** 147
  - Stellvertreter **3** 153
  - Verwaltungsrat, SE **9** 154
  - Wahl **3** 145
- **Stichentscheidungsrecht** **3** 444
- **Unabhängigkeit** **2** 67; **3** 36 f.
- **Unterstützung**
  - Aufsichtsratsbüro **3** 138; → s. a. Aufsichtsrat, Büro
  - Dienstwagen **3** 138; **6** 170
  - Hilfspersonen **3** 138; **6** 169
- **Verhinderungsfall** **3** 148 ff.
  - MitbestG **7** 162
- **Vermittlungsausschuss** **7** 161
- **Verschwiegenheitspflicht** **3** 127
- **Vorstandsberichte** → Aufsichtsratsvorsitzender, – Berichte
- **Wahl**
  - Annahme **3** 38
  - Beschluss **3** 26 ff.
  - Beschussfassung **3** 26
  - Delegationsverbot **3** 232
  - ehemaliges Vorstandsmitglied **3** 36; **7** 145
  - Geheim **3** 29
  - Genossenschaft **1** 142; **9** 260 f.
  - Geschäftsordnung **3** 26, 28 ff., 172
  - Kompetenz des Aufsichtsrats **3** 24
  - Losentscheid **3** 26
  - MitbestG **7** 151 ff.
  - Pflicht **3** 23 ff.; **7** 143 f.
  - Satzungsbestimmungen **3** 26 f.
  - SE **9** 107
  - Wahlberechtigung **3** 32 f.
  - Zeitpunkt **3** 25, 30
- **Weisungsrecht, fehlendes** **3** 132
  - Einwirkung auf Aufsichtsratsmitglied **3** 134
- **Widerrufserklärung, Ermächtigung** **4** 753 f.
- **Wiederwahl** **3** 46
- **Zweitstimme** **3** 442; **7** 215; **9** 108
  - Ausschuss **3** 212, 254; **7** 289
  - Stellvertreter **3** 153

Auskunftsrecht
- **Aufsichtsratsmitglied** → s. Berichte des Vorstands, Anforderungsbericht
- **Besonderer Vertreter** **4** 2888
- **Gesellschaft nach beendetem Anstellungsverhältnis** **4** 1754 ff.
- **Hauptversammlung** **4** 1121 ff.
- **Monitor** **3** 3015
- **Sonderprüfer** **4** 2786, 2819 ff.; → s. dort

Auskunftspflicht
- **des besonderen Vertreters** **4** 2904 ff.
- **gegenüber Hauptversammlung** **4** 1121 ff.
- **Vorstandsmitglied nach beendetem Anstellungsverhältnis** **4** 1754 ff.

Auskunftsverweigerungsrecht
- **gegenüber besonderen Vertreter** **4** 2891
- **gegenüber Hauptversammlung** **4** 1128 f.
- **gegenüber Sonderprüfer** **4** 2825 ff.

Auslagenersatz
- **Aufsichtsratsmitglied** → s. Aufsichtsrat, Auslagenersatz
- **Aufsichtsratsvorsitzender** **3** 130
- **Besonderer Vertreter** **4** 2896, 2900 f.
- **Sonderprüfer** **4** 2784
- **Vergütung** → s. dort
- **Vorstand** → s. Vorstand, Auslagenersatz

Ausschüsse
- **Arten** **3** 198 f.
  - Ad hoc-Ausschuss → s. Ad hoc-Publizität
  - Anlageausschuss **3** 312
  - Beteiligungsausschuss **3** 336; **7** 330
  - Compliance-Ausschuss **3** 334 f.
  - Finanzsektor **3** 310 ff.
  - Genossenschaft **9** 256 ff.
  - GmbH **9** 216
  - informelles Gremium **3** 386 f.
  - Konzernausschüsse → s. Konzern
  - Monitor, Auswahl **4** 2943
  - Nominierungsausschuss → s. dort
  - Personalausschuss → s. dort
  - projektbezogener Ausschuss **3** 337 ff.
  - Prüfungsausschuss → s. dort
  - Related Party Transaction-Ausschuss → s. RPT-Ausschuss
  - Risikoausschuss **3** 310
  - Ständiger Ausschuss → s. dort
  - Unterausschuss **3** 344
  - Vergütungskontrollausschuss **3** 310, 389
  - Vermittlungsausschuss **3** 253 ff.; **7** 161
  - Vorstandsausschüsse **4** 2146
- **Aufgaben** → s. a. Ausschüsse, Arten

mager = Randnummer

- Beschlussfassung 3 229
- Beschlussvorbereitung 3 203, 228
- Bestimmtheit 3 230
- Delegation → s. dort
- Überwachung 3 228
- **aufsichtsratsfreundliches Verhalten** 3 239 f.
- **Ausschusssitzung**
  - Auskunftspersonen, Hinzuziehung 3 352
  - Ausschluss → s. u. Ausschusssitzung, Ausschluss
  - Einberufung 3 348 f., 392, 414 f.
  - Sitzungsgeld 6 35
  - Sitzungshäufigkeit 3 351
  - Sitzungsleitung 3 352
  - Sitzungsprotokoll 3 352, 355, 364 f.
  - Sitzungsteilnahme → s. u. Ausschusssitzung, Teilnahme
  - Sitzungsunterlagen 3 351, 355
  - Video/Telefon 3 356 ff.
- **Ausschusssitzung, Ausschluss**
  - Ausschussmitglieder 3 359 f.
  - Kompetenz, Aufsichtsratsvorsitzender 3 366 ff., 373
  - Kompetenz, Ausschussvorsitzender 3 359
  - Rechtsschutz 3 374
  - Reichweite 3 368 ff.
  - wichtiger Grund 3 360, 373
- **Ausschusssitzung, Teilnahme**
  - Aufsichtsratsvorsitzender 3 376
  - Ausschussfremde 3 361 ff.
  - Ausschussmitglieder 3 354 ff.
  - Bericht über Teilnahme 3 356
  - Dritte 3 378
  - präsenzlose Teilnahme 3 356 ff.
  - Vorstandsmitglieder 3 377
- **Berichterstattung**
  - Berichtspflicht 3 380
  - Form 3 381
  - Inhalt 3 353, 381 f.
  - Personalentscheidungen 4 510 ff.
  - Zweck 3 379
- **Besetzung** 3 211 ff.
  - bei Interessenkonflikt 3 322 ff.; 8 68
  - Eignungsvoraussetzungen 3 215
  - Entsendungsrechte 3 214
  - Gleichberechtigungsgrundsatz 3 219 ff., 373
  - Kompetenz, Aufsichtsrat 3 201
  - Mitbestimmung/Drittelbeteiligung 3 219 ff., 223 f., 336; 7 290 ff.
  - projektbezogener Ausschuss 3 338
  - Prüfungsausschuss 3 290 ff., 347
  - Wählbarkeit 3 212
  - Wahlbeschluss 3 211 f.
- **Delegation** → s. dort
- **Einrichtung** 3 200 ff.
  - Beschluss 3 205 ff.
  - Dauer 3 210
  - Ermessen 3 202 f., 339 f.
  - Geschäftsordnung 3 174
  - Kompetenz, Aufsichtsrat 3 200 f.
  - Pflicht zur Einrichtung 3 204
  - Selbstorganisationsfreiheit 3 166 ff., 202
  - Unterausschuss 3 344
- **Geschäftsordnung**

Sachverzeichnis

- des Aufsichtsrats 3 206, 345
- des Ausschusses 3 183, 345
- **Größe** 3 207 ff.
  - Bestimmung 3 207
  - Mindestgröße 3 208
- **innere Ordnung** 3 342 ff.
- **Informationsaustausch** 3 216 f., 310 f.
- **Mitglieder** → s. a. Ausschüsse, Besetzung
  - Amtszeit 3 225
  - Annahme, Wahl 3 226
  - Arbeitnehmervertreter 3 220 ff.
  - Aufsichtsratsvorsitzender 3 212 f., 226
  - Ausschussvorsitzender → s. u. Ausschüsse, Vorsitzender
  - Bekanntgabe 3 347
  - Vergütung 6 54
  - Vertreter 3 354
- **Rechtsstellung** 3 200
- **SE, dualistisch** 3 200; 9 112
- **Stimmverbot** 3 330
- **Überwachung der Ausschussarbeit** 3 384 f.
- **Vorsitzender**
  - Aufgaben 3 348 ff.
  - Qualifikation 3 479
  - Wahl 3 227, 346
- **Vorstandsausschüsse** 4 2146

Befragung von Angestellten durch den Aufsichtsrat
- **Allgemein** 4 74
- **Complianceermittlungen** 4 360 ff.
- **Compliance-Officer** 4 362
- **Prüfungsausschuss** 3 274
- **Regeln in Informationsordnung** 4 75
- **Zulässigkeit** 3 103 ff.; 4 72 ff., 360 ff.

Behinderungsverbot 7 354 ff.
- **Arbeitsbefreiung** 7 359 ff., 371
  - Entgeltanspruch 7 362 ff., 371
- **Behinderungshandlung** 7 356
- **Schulungsmaßnahmen** 7 369 ff.
  - Aufwendungsersatz 7 370
  - Freistellung 7 371
- **Verstoß, Folgen** 7 386 ff.
  - Unterlassungsanspruch 7 388
  - Schadensersatz 7 389
- **Zeitraum** 7 355

Beirat, GmbH 1 139; 9 219 ff.
- **Bildung** 9 220, 223
- **Organfunktion** 9 220
- **Vergütung** 9 225
- **Verhältnis zu Aufsichtsrat** 9 177, 219, 221

Benachteiligungsverbot 7 373 ff.
- **Abberufung, Vorstand** 4 739
- **Anstellungsvertrag, Vorstand** 4 1234 ff.
- **Aufstiegsmöglichkeiten** 4 1234; 7 382
- **Bestellung zum Vorstand** 4 595 ff.
  - Altersgrenzen 4 603 f., 1238 f.
- **Kündigungsschutz** 7 377
  - Trennungsprinzip 7 378 f.
- **Verstoß, Rechtsfolgen** 7 386 ff.
  - Unterlassungsanspruch 7 388
  - Schadensersatz 4 1242; 7 389
- **Zeitraum** 7 374

Sachverzeichnis

fett = Paragraf

Berater des Aufsichtsrats/Sachverständige
- **Allgemein** 1 28; 3 510
- **Anlasserfordernis** 4 136
- **Aufgaben** 4 145 ff.
  - Insider-Sachverhalte 5 94, 131
  - Sitzungsvorbereitung 3 429 ff.
- **Auslagenersatz für Beratungskosten** 6 164
- **Auswahl** 4 137
- **Befugnisse des Beraters** 4 138
- **Bestellung/Beauftragung** 4 132 ff.
  - Beschluss 4 132
  - durch einzelnes Mitglied 3 511 f.
  - Kompetenz 4 142 f., 2301 ff.
  - Zuständigkeit 4 132 f.
- **Complianceermittlung** 4 364
- **Ermessen** 4 135
- **Grenzen der Beratung** 4 134
- **Kontrolle des Beraters** 4 139
- **Personalberater**
  - Bestellung, Vorstandsmitglied 4 537
  - Nominierungsausschuss 3 306
- **Related Party Transactions** 4 462
- **Sitzungsvorbereitung** 3 429 ff.
- **Vergütung** 4 141, 1310
- **Verschwiegenheit/Geheimhaltung** 3 513; 4 144
  - Informationsweitergabe an Berater 3 513

Beratung des Vorstands
- als Einwirkungsmittel 4 204, 384 f.
- als Überwachungsmittel 1 25; 4 9
- Beanstandungen/Kritik 4 204
- Begriff 4 181, 384
- Compliance 4 344 ff.

Beraterverträge
- mit Aufsichtsratsmitglied
  - Allgemein 6 211 ff.
  - im Konzern 8 86 ff.

Berichte des Aufsichtsrats → s. Überwachungsbericht; s. Vergütungsbericht

Berichte des Ausschusses 3 379 ff.; → s. Ausschüsse, Berichterstattung

Berichte des Datenschutzbeauftragten 3 549 f.

Berichte des Monitors → s. dort

Bericht des Sonderprüfers 4 2836 ff.; → s. dort

Berichte des Vorstands
- Anforderungsberichte
  - Haftung 4 24, 68 ff.; 5 193
  - in der Krise 4 96
  - Missbrauch 4 70
  - möglicher Inhalt 4 64 f.
  - Pflicht zur Anforderung 1 39; 3 481; 4 175; 8 93
  - SE 9 123 f., 162
  - Verlangen des Gesamtaufsichtsrat 4 66
  - Verlangen eines Aufsichtsratsmitglieds 1 39; 4 68 ff., 175
- Aufsichtsratsvorsitzender 3 86 ff.
  - Empfänger 4 35, 60
  - Prüfung 3 88
  - Übermittlung 3 90 f., 94 f.; 4 35, 78
  - Zurückbehaltung bei Interessenkonflikt 3 87
- Empfänger
  - Aufsichtsrat, Organ 4 31
  - Aufsichtsratsvorsitzender 4 35, 60
- **Follow-up-Berichterstattung** 4 44, 53, 201
- **Form der Berichterstattung**
  - durch einzelnes Vorstandsmitglied 4 27 f.
  - Erläuterungen, Darstellung 4 51, 54, 76 f.; 8 91
  - mündlich 4 33
  - Sonderberichte 4 61
  - Textform 4 34, 77
- **Informationsordnung** → s. dort
- **Inhalt des Berichts**
  - bei Vorstandskonflikt 4 29 f.; → s. a. Anforderungsberichte, Regelberichte, Sonderberichte
- **Konzern** 8 50, 91 ff.
  - Anforderungsbericht 8 93
  - Berichtsinhalt 8 91
  - Berichtspflicht bei Mutterunternehmen 8 91
  - Berichtspflicht bei Untergesellschaft 8 122 ff.
  - Sonderberichte aus wichtigem Anlass 8 92
- **Lagebericht** 4 111 f.
- **Management-Informations-System** 4 43
- **Pflicht zur Berichterstattung**
  - des Gesamtvorstands 1 39; 4 27 ff.
  - KGaA 9 27 f.
  - Ressortverantwortung 4 28
  - SE 9 123
  - Vorstand, Obergesellschaft 8 94
  - Vorstand, Untergesellschaft 8 94
- **Regelberichte**
  - beabsichtigte Geschäftspolitik/Unternehmensplanung 4 37 ff.
  - Compliance-System 4 2366
  - Quartalsbericht 4 52 ff.
  - Rentabilitätsbericht 4 49 ff.
  - Turnus 4 45 f., 49, 52
- **Sonderberichte**
  - aus wichtigem Anlass 4 60 f.; 8 92
  - Entstehung der Berichtspflicht 4 59
  - Form 4 61
  - Geschäfte von erheblicher Bedeutung 4 56 ff.
- **Übermittlung**
  - Ausschluss der Übermittlung 4 79
  - durch Aufsichtsratsvorsitzenden 4 35, 78
  - Sonderberichte 4 79
- **Vergütungsbericht** → s. dort
- **Verletzung der Berichtspflicht**
  - durch Aufsichtsratsvorsitzenden 4 80
  - durch Vorstand 4 80
  - Haftung 4 83
  - Klage gegen den Vorstand 4 81 f.
- **Zeitpunkt**
  - beabsichtigte Geschäftspolitik/Unternehmensplanung 4 45
  - Geschäfte von erheblicher Bedeutung 4 59
  - möglichst rechtzeitig 4 77
  - Quartalsbericht 4 52
  - Rentabilitätsbericht 4 49
  - unverzügliche Berichterstattung 4 46 ff.

Beschluss des Aufsichtsrats
- Abstimmung
  - Abwesenheit 3 452 ff.

Sachverzeichnis

- Aufsichtsratsvorsitzender **3** 457, 462
- geheim **3** 437 ff.; → s. u. geheime Abstimmung
- ohne Sitzung **3** 456 ff.
- Protokollierung **3** 559; → s. a. Sitzungsprotokoll
- schriftlich **3** 452 ff.
- Stimmbote **3** 452 ff.
- Umlaufverfahren **4** 616; **5** 61 f.
- Video-/Telefonkonferenz **3** 457 ff.; **4** 21, 615
- **Art des Beschlusses**
  - Abschluss, Anstellungsvertrag für Vorstandsmitglied **4** 1217 ff.
  - Anforderungsbericht **4** 66
  - Aufschub der Veröffentlichung **5** 84
  - Ausschuss, Einrichtung **3** 205 ff.
  - Beschlussvorlage an HV **4** 2444
  - Beteiligungsrechte, Ausübung **7** 171 ff., 327 ff.
  - Geschäftsordnung, Aufsichtsrat **3** 170, 173
  - Geschäftsordnung, Vorstand **4** 2062
  - GmbH **9** 217 f.
  - Investorengespräche, Ermächtigung **4** 2669
  - Kapitalerhöhung **4** 2645, 2651 f.
  - Suspendierung **4** 825
  - Vergleich/Verzicht **4** 2349
  - Vertretung der Gesellschaft **4** 2318 ff.
  - Zustimmungsvorbehalt **4** 387, 415
- **Beschlussfähigkeit 3** 449 ff.
  - bei Unter-/Überbesetzung **2** 24, 135 ff.; **3** 449
  - Beteiligungsrechte, Ausübung **7** 328
  - MitbestG **3** 449; **7** 164 ff.
  - Rechtsschutz **3** 466
  - Rüge **3** 467
  - SE **9** 108, 155
  - Teilnahme der Mitglieder **3** 451
  - unzulässige Satzungsbestimmungen **3** 450
- **Beschlussmangel**
  - GmbH **9** 218
  - Inhaltsmangel **3** 464
  - Nichtigkeit **3** 463
  - Vertretung der Gesellschaft **4** 2322 ff.
  - wesentlicher Verfahrensfehler **3** 465
- **Beschlussunfähigkeit**
  - durch Stimmverbot **2** 139; **3** 447
  - gerichtliche Ersatzbestellung bei Unterbesetzung **2** 135
- **Beschlussfassung** → s. a. Abstimmung
  - Beteiligungsrechte, Ausübung **7** 171 ff.
  - fehlerhaft bestelltes Mitglied, Mitwirkung **2** 150
  - Mehrheitserfordernis **3** 441 ff.
  - MitbestG **7** 329
  - Protokollierung **3** 553; → s. a. Sitzungsprotokoll
  - SE **9** 108
  - Stichentscheidungsrecht, Aufsichtsratsvorsitzender **3** 444; **9** 108
  - Stimmrecht **3** 445
  - Stimmverbot → s. dort
  - Vetorecht **3** 444, 450
  - Zweitstimme, Aufsichtsratsvorsitzender **3** 442; **7** 215; → s. a. Aufsichtsratsvorsitzender
- Covid-19 **10** 60 ff.
- **Geheime Abstimmung 3** 437 ff.
  - Einverständnis **3** 439
  - Entscheidung **3** 438

- Verlangen **3** 440
- Zulässigkeit **3** 437, 439
- Insiderinformation, Entstehung → s. dort
- **konkludenter Beschluss 3** 434 f.
- **mitbestimmter Aufsichtsrat 7** 163 ff.
  - Anstellungsvertrag **7** 233
  - Beschlussfähigkeit **7** 164 ff.
  - Beschlussfassung **7** 171 ff.
  - erneute Abstimmung **7** 175 ff.
  - Mehrheitserfordernis **3** 441 f.
  - Nichtigkeit des Beschlusses **7** 170
  - Stimmgleichheit **7** 175 ff.
- **Protokollierung** → s. Sitzungsprotokoll
- **Rechtsnatur 3** 432 f.
  - Entscheidungsqualität **3** 432
- **Stimmverbot 2** 183; **7** 167
- **Wirksamkeit**
  - fehlerhafter Beschluss **3** 463 ff.
  - fehlerhafte Protokollierung **3** 563
  - Mitwirkung, fehlerhaft bestelltes Mitglied **2** 150; **3** 465
  - Mitwirkung vor erfolgreicher Anfechtung der Mitgliedschaft **2** 200
- **Beschluss der Hauptversammlung**
  - **Abberufung, Aufsichtsratsmitglied 2** 172 ff.; **5** 182 f.
  - Beschlussfassung **2** 172, 174; **5** 182
  - entsandtes Mitglied **2** 180
  - Ermessen **2** 173
  - Kompetenz **2** 172, 177
  - Rechtswidrigkeit der Abberufung **2** 176
  - Satzungsbestimmung **2** 174
  - **Aufsichtsratsvergütung** → s. Aufsichtsrat, Vergütung
  - **Beschlussfassung** → s. Hauptversammlung, Abstimmung
  - **Entlastung des Aufsichtsrats 5** 166 ff.; → s. a. Entlastung
  - **Geltendmachung von Ersatzansprüchen 4** 2346, 2858 ff.
    - Ankündigung, Beschlussantrag **4** 2858
    - Beschlussfassung **4** 2860, 2865
    - Bestellung, besonderer Vertreter **4** 2865
    - Bestimmtheit **4** 2859
    - Stimmverbot **4** 2861
    - Vergleich/Verzicht **4** 2042 ff., 2443
  - **Haftungsbefreiung 4** 2340 ff.; → s. a. Schadenersatzanspruch gegen Vorstandsmitglied
  - **Kapitalerhöhung 4** 2648 ff.
  - **Pflichtwidrig 4** 2341, 2344
  - **Related Party Transaction 4** 470 f., 493
  - **Sonderprüfer** → s. dort
  - **Vertrauensentzug 4** 706 ff.; → s. a. dort
  - **Vorstandsvergütung**
    - Maximalvergütung, Herabsetzung → s. Vorstandsvergütung
    - Vergütungsbericht, Billigung → s. Vergütungsbericht
    - Vorstandsvergütungssystem, Billigung → s. Vorstandsvergütungssystem
  - **Wahlbeschluss, Aufsichtsrat**
    - Anfechtbarkeit **4** 2489 f.
    - Nichtigkeit **2** 21

Sachverzeichnis

fett = Paragraf

- Verstoß, Höchstgrenze **2** 21
- Verstoß, Satzung **2** 23
- **Zustimmungsvorbehalt**
  - Erlass **4** 387 f.
  - Ersetzung der Zustimmung **4** 434
  - Related Party Transaction **4** 470 f., 493

Beschluss des Vorstands
- **Entsprechenserklärung** → *s. dort*
- **Geschäftsordnung 4** 2060 f.
  - fehlende Erlasskompetenz **4** 2054
- **Insiderinformation, Entstehung** → *s. dort*
- **Konsensprinzip 4** 2368
- **Mehrheitsbeschluss**
  - Geschäftsordnung **4** 2052
  - Haftung bei Gegenstimme/Enthaltung **4** 2369
- **Mehrheitsprinzip 4** 2368 f.
- **Stichentscheid 4** 888
- **Veto 4** 889

Besonderer Vertreter 4 2852 ff.
- **Ad hoc-Publizität 4** 2907
- **Amtsende**
  - Abberufung durch Hauptversammlung **4** 2912 f.
  - Abberufung durch Gericht **4** 2914 ff.
  - Beendigung der Durchsetzung **4** 2917
  - Niederlegung **4** 2911
- **Aufgaben**
  - Anfechtungs-/Nichtigkeitsklagen **4** 2885 f.
  - Anspruchsabwehr **4** 2884
  - Anspruchsverfolgung **4** 2881 ff.
  - Prüfung **4** 2882
- **Auskunfts-/Berichtspflicht 4** 2904 ff.
- **Auslagenersatz**
  - Allgemein **4** 2896, 2898
  - D&O-Versicherung **4** 2901
  - Hilfspersonen **4** 2900
- **Auswechslung 4** 2866 f.
- **Bestellung, Gericht**
  - Annahme **4** 2872
  - Antrag **4** 2867
  - Antragsbefugnis **4** 2868
  - Bekanntmachung **4** 2871
  - fehlerhafte Bestellung **4** 2875 ff.
  - Rechtsbeschwerde **4** 2873
  - Zuständiges Gericht **4** 2869
- **Bestellung, Hauptversammlung**
  - Annahme **4** 2866
  - Beschluss **4** 2865
  - fehlerhafte Bestellung **4** 2875 ff.
  - Widerruf **4** 2866
- **Eignungsvoraussetzungen 4** 2864
- **einstweiliger Rechtsschutz 4** 2892
- **Haftung 4** 2909
- **Hilfspersonen 4** 2893, 2900
- **Nebeninterventionsrecht 4** 2886
- **Organstellung 4** 2874
- **Rechtsstellung**
  - Abgrenzung Monitor **4** 2996 f.
  - Auskunftsrecht **4** 2888 ff.
  - Einsichtsrecht **4** 2889 ff.
  - Ermittlungsbefugnis **4** 2887
  - Teilnahme Hauptversammlung **4** 2894
- **Sonderprüfer, Abgrenzung 4** 2698

- **Sorgfaltspflicht 4** 2902
- **Treuepflicht 4** 2903
- **Vergütung**
  - Bestellung, Gericht **4** 2895 ff.
  - Bestellung, Hauptversammlung **4** 2898 f.
  - Höhe **4** 2897, 2899
- **Verschwiegenheitspflicht 4** 2903
- **Vertragsverhältnis**
  - bei Bestellung durch Hauptversammlung **4** 2878 ff.
  - bei gerichtlicher Bestellung **4** 2879
  - Ende des Verhältnisses **4** 2920 f.
- **Vertretungskompetenz 4** 2272, 2350, 2893
- **Weisungen 4** 2908

Bestätigungsvermerk → *s. Abschlussprüfer*
Bestellung, Aufsichtsratsmitglied → *s. Aufsichtsrat, Wahl der Mitglieder*
Bestellung, Besonderer Vertreter → *s. Besonderer Vertreter*
Bestellung, Vorstandsmitglied 4 500 ff.
- **Amtszeit** → *s. Mitglied des Vorstands*
- **Annahme 4** 645
  - im ersten Vorstand **4** 975
- **Anstellungsvertrag, Abgrenzung 4** 1184 ff.
- **Aufhebung der Bestellung**
  - anschließende Wiederbestellung **4** 662 ff.
- **Auswahlprozess 4** 505 ff.
  - beauftragtes Aufsichtsratsmitglied **4** 508
  - Bericht an das Plenum **4** 510 ff.
  - Datenschutz **4** 649 f.
  - Delegation, Personalausschuss **4** 506 ff.
  - Einbeziehung, Vorstand **4** 534 ff.
  - Ermessen **4** 642
  - externe Kandidaten **4** 536
  - interne Kandidaten **4** 535
  - Personalberater **4** 537
  - Verschwiegenheit **4** 511 f.
- **Bedingung**
  - auflösend **4** 635
  - aufschiebend **4** 625 ff.
  - Bedingungseintritt **4** 625
  - Beurteilung des Bedingungseintritts **4** 625
  - Unwirksamkeit, Folgen **4** 629 ff.
  - Verzicht **4** 628
  - Wiederbestellung **4** 665
  - Zeitraum **4** 627
- **Befristung 4** 621 ff.
  - Ermessen **4** 624
  - bei Erstbestellung **4** 622 ff.
  - Verzicht **4** 628
- **Beschlussfassung 4** 611 ff.; → *s. u. Verfahren*
  - ausdrücklich/konkludent **4** 611
  - Mehrheit **4** 619
  - Stimmrechtsausschluss, Selbstwahl **4** 620
- **Bestellungshindernisse** → *s. Persönliche Voraussetzungen, Vorstandsmitglied*
- **Bindungen des Aufsichtsrats**
  - Anschlussbeschäftigung, Zusage **4** 658 f.
  - Beherrschungsvertrag **4** 540
  - Bemühensverpflichtung **4** 526
  - Bindung nach Ermessensausübung **4** 531 f.
  - nichtige Investorenvereinbarung/BCA **4** 524 ff.

Sachverzeichnis

- nichtige Stimmbindung/Weisung 4 523
- Satzungsvorgaben 4 598 ff.; → s. Persönliche Voraussetzungen, Vorstandsmitglied
- Stimmbindungsvertrag 4 660
- unverbindliche Vorschlagsrechte/Konsultationsrechte 4 538 f.
- vermeintliche Bindung 4 542
- Wiederbestellung, Zusage 4 655 f.
- Zahlungsversprechen für Kandidaten 4 528 f.
- Zustimmungsvorbehalt, Muttergesellschaft 4 541
- **Business Judgment Rule** 4 642
- **Entschließungsfreiheit** 4 521
  - Folgen vermeintlicher Bindung 4 542
- **erster Vorstand** 4 970 f.
- **fehlerhafte Bestellung** 4 672 ff.
  - Abberufung 4 677 f.
  - Mangel Anstellungsvertrag 4 676
  - nach Amtsende 4 681
  - vorläufige Wirksamkeit 4 673 ff.
- **Handelsregister** 4 646, 648
  - bei Wiederbestellung 4 668
- **Insiderinformation** → s. a. Insiderinformation, Personalmaßnahmen
  - Aufschubentscheidung durch Personalausschuss 4 515 ff.
  - Entstehung 4 515; 5 70 ff.
- **Interim Management Agentur** 4 2297 f.
- **mitbestimmter Aufsichtsrat** 7 183 ff.
  - Beschränkung der Wahlfreiheit 7 188 ff.
  - Ständiger Ausschuss 7 285
  - Stellvertreter 7 197
  - Verfahren 7 199 ff.
  - Vermittlungsverfahren 7 205 ff., 224
  - Wahlfreiheit 7 188
  - Wahlgänge 7 202 ff., 209 ff., 213 ff.
  - Zuständigkeit 7 193 ff.
  - Zweitstimme, Vorsitzender 7 215 ff.
- **Neubestellung nach anderer Abberufung** 4 779 f.
- **Personalausschuss** → s. dort
- **Persönliche Voraussetzungen** → s. dort
- **Rechtsnatur** 4 501
- **Verfahren**
  - Abstimmungsreihenfolge 4 617
  - Block-/Listenwahl 4 618
  - einzelne Abstimmung 4 618
  - Einberufung 4 612
  - Tagesordnung 4 612
  - Telefon/Videokonferenz 4 615
  - Umlaufverfahren 4 616
  - Unterlagen 4 613 f.
  - Vertraulichkeit 4 614
- **Vorschlagsrecht** 4 617
- **Vorstandsvorsitzender** → s. dort
- **Widerruf der Bestellung** → s. Abberufung, Vorstandsmitglied
- **Wiederbestellung** 4 651 ff.
  - Bedingung 4 665
  - Beschluss 4 652
  - Geschäftsverteilung 4 666 f.
  - Handelsregister 4 668

- nach rechtsmissbräuchlicher Niederlegung 4 791
- nach vorzeitiger Aufhebung der Bestellung 4 662 ff.
- unzulässige Bindung 4 655 ff.
- Verlängerung der Amtszeit, Abgrenzung 4 651
- Zeitpunkt 4 653
- Zusage 4 655 f.
- **Wirksamkeit der Bestellung**
  - AGG, Verstoß 4 596
  - bei Bestellungshindernis 4 573
  - bei Inkompatibilität 4 577
  - bei mangelnder Eignung 4 569
  - bei Satzungsverstoß 4 605, 611
  - bei Übersetzung 4 548
  - bei unwirksamer Bedingung 4 629 ff.
  - Diversitätskonzept, Verfehlung 4 564
  - Frauenquote, Verfehlung 4 559
  - nach grundloser Abberufung 4 766
  - Zeitpunkt 4 645
- **Zuständigkeit**
  - Delegationsverbot 3 233; 4 502 f., 652; 7 194 f.
  - nach Insolvenzeröffnung 4 504
  - Plenum 4 502 ff.
  - Wiederbestellung 4 652
- **Beteiligungsrechte**
  - **Ausübung durch Aufsichtsrat**
    - Anteilseignervertreter 7 314
    - Ausschuss 3 336; 7 330
    - Beschluss → s. Beschluss des Aufsichtsrats, Beteiligungsrechte, Ausübung
    - Bindungswirkung 7 320 ff.
    - Haftung 7 331
    - Weisungsrecht 7 317 ff.
  - **Ausübung durch Vorstand**
    - Genehmigung 7 321
    - Haftung 7 331
    - Vertretungsmacht 7 320 f., 325 f.
    - weisungswidrig 7 323 ff., 331
  - **Zuständigkeit des Aufsichtsrats**
    - Entscheidungsgegenstände 7 306 ff.
    - KGaA 7 305
    - KG 7 301 f.
    - Mindestbeteiligung 7 310 ff.
    - mitbestimmte Gesellschaften 7 299 ff.
    - montan-mitbestimmte Gesellschaften 7 303 f.
- **Business Combination Agreement (BCA)** 4 524 ff.
  - **Allgemein** 4 524
  - **Bemühungsverpflichtung** 4 526
  - **Besetzung des Vorstands (Gremienklausel)** 4 525 f.
  - **Bindung der AG** 4 527
- **Business Judgment Rule**
  - **Allgemein** 1 6, 24, 26, 33
  - **Anwendung, Aufsichtsrat**
    - ARAG/Garmenbeck 4 2431
    - bei Abberufung des Vorstands 4 735, 738
    - bei Aufsichtsratsmitglied als Stellvertreter von Vorstand 4 954
    - bei Auslagenersatz 6 195

Sachverzeichnis

fett = Paragraf

- bei Beschlussvorschlag für Entlastung **4** 1171, 1175; **5** 176, 186, 189 f.
- bei Bestellung des Vorstands **4** 642, 652
- bei Beurteilung von Interessenkonflikten **4** 484
- bei Compliance-Aufgaben **4** 235
- bei Entsprechenserklärung **4** 2473
- bei Erlass einer Geschäftsordnung **4** 2058
- bei Geschäftsverteilung **4** 2113
- bei Related Party Transactions **4** 498
- bei Suspendierung eines Vorstandsmitglieds **4** 815, 824, 853
- bei Überwachung des Vorstands **4** 91
- bei Verträgen mit Mitgliedern **6** 238, 261
- bei Vorstandsvergütung **4** 1327, 1331, 1865
- bei Zustimmungsvorbehalten **4** 190, 389, 415, 491
- **Anwendung, Vorstand**
  - bei Amtsniederlegung **4** 801
  - bei Ausgestaltung Compliance-System **4** 247
  - bei Compliance-Aufgaben **4** 235
  - bei D&O-Versicherung, Abschluss **4** 1950 f.
  - bei Entsprechenserklärung **4** 2473
  - bei Insolvenzantragspflicht **4** 2385
  - bei Monitorship **4** 2937, 2994, 3011, 3013
  - bei Spenden/sozialen Aufwendungen **4** 2410
- **KGaA 9** 59
- **Legalitätspflicht 4** 2370 ff.
- **SE 9** 123

Bußgeld
- **als ersatzfähiger Schaden 4** 2405 ff.
- **Auslagenersatz 4** 1653; **6** 160
- **Zahlung durch die Gesellschaft 4** 2443

Cash-Pool
- **als Related Party Transaction 4** 452

Compliance
- **Allgemein**
  - Begriff **4** 213 ff.
  - Ziel **4** 216 ff.
- **Anzeigepflicht 4** 302 f.
- **Aufklärung durch den Aufsichtsrat 4** 354 ff.
  - Datenschutz **4** 365 ff.
  - Mitarbeiterbefragung **4** 360 ff.; → s. a. Befragung von Angestellten
  - Parallel zum Vorstand **4** 371 f.
  - Prüfungs- und Einsichtsrecht **4** 358 f.
  - Sachverständige **4** 364
  - Zulässigkeit **4** 355 ff.
- **Aufklärung durch den Vorstand 4** 284 ff., 371
  - Akteneinsicht **4** 305
  - Anzeigepflicht **4** 302 f.
  - Aufklärungspflicht **4** 286 ff.
  - Beschlagnahmeverbot **4** 306 ff.
  - Beweissicherung **4** 292
  - Intensität **4** 291
  - Internal Investigations **4** 290 ff.
  - Kronzeuge **4** 298
  - parallel zum Aufsichtsrat **4** 371 f.
  - staatliche Ermittlung **4** 298 ff.
- **Ausschuss 3** 334 f.; **4** 166, 222; **8** 79
- **Bekenntnis zur Compliance 4** 266 f.
- **Berichtssystem 4** 251 ff.
  - Berichtslinien **4** 252, 254
  - Informationspflichten **4** 251
  - innerhalb des Vorstands **4** 253
  - Whistle-Blower-System → s. u. dort
- **Compliance-Officer 4** 244 f.
  - Befragung durch Aufsichtsrat **4** 362
  - Qualifikation **4** 245
  - Sitzungsteilnahme, Aufsichtsrat **8** 59
- **Compliance-System** → s. dort
- **Delegation**
  - innerhalb des Aufsichtsrats **4** 220 ff.
  - innerhalb des Vorstands **4** 237 ff.
  - nachgeordnete Mitarbeiter **4** 244 ff.
- **im Aufsichtsrat 4** 373 ff.
  - Beraterverträge **4** 378
  - Beschlüsse **4** 375 ff.
  - Interessenkonflikte **4** 374
- **Insider-Compliance-Richtlinie 5** 93, 109
- **Internal Investigations** → s. dort
- **Kapitalmarkt-Compliance-System 5** 7 ff., 109 ff.
  - Einrichtung **5** 7 ff.
  - Überwachung **5** 13 ff.
- **Konzern**
  - Allgemein **4** 275 ff.; **8** 51 ff.
  - Beschlagnahmeverbot **4** 306 ff.
  - Compliance-System **4** 275; **8** 51 ff.
  - Pflichten Muttergesellschaft **4** 275 f., 282
  - Überwachung **8** 56 ff.
- **Monitor** → s. Monitorship
- **Prüfungsausschuss 3** 282 ff.; **4** 166, 221 f.
- **Sanktionierung von Verstößen 4** 312 ff.
  - Mittel **4** 315 ff.
  - Pflicht zur Ahndung **4** 313 f.
- **Schadensersatzansprüche**
  - Abwehr/Geltendmachung durch Vorstand **4** 319 ff.
  - Geltendmachung durch Aufsichtsrat **4** 350 ff.; → s. a. Schadensersatzansprüche gegen Vorstandsmitglieder
- **Überwachung durch Aufsichtsrat 4** 323 ff.
  - Art der Überwachung **4** 220
  - Ausschuss **4** 221 f.
  - Bericht an die Hauptversammlung **4** 379 f.; → s. a. Überwachungsbericht
  - Delegation **4** 220 ff.
  - Gegenstand der Überwachung **4** 219, 325 ff.
  - Intensität **4** 329 ff.
- **Unternehmenskultur 4** 265 ff.
- **Verbandssanktionengesetz (VerSanG) 4** 271, 293 ff., 308, 363
- **Verhaltenskodex 4** 268, 278, 314
- **Wahrnehmung von Compliance-Aufgaben 4** 234 ff.
  - Geschäftsverteilung/Geschäftsordnung **4** 239 ff.
  - horizontale Delegation **4** 237 ff.
  - Mitarbeiter **4** 244 ff.
  - Residualpflicht **4** 236, 244
  - vertikale Delegation **4** 244 ff.
  - Vorstandsressorts **4** 237
- **Whistleblower-System 4** 255 ff., 2367

- Ausgestaltung **4** 260 ff.
- Berichtsempfänger **4** 262 f.
- Einrichtungspflicht **4** 257 ff.
- erfasste Personen **4** 264
- Ombudsperson **4** 263
- **Zuständigkeit, Vorstand 4** 214, 219, 223 ff.
- **Zustimmungsvorbehalt 4** 347

Compliance-System (Compliance-Management-System)
- **Allgemein 4** 213 ff., 2366 ff.
- **Anpassung 4** 228, 322
- **Inhalt**
  - Hinweisgebersystem → *s. Compliance, Whistleblower-System*
  - Informationspflichten **4** 251 ff.; → *s. a. Compliance, Berichtssystem*
  - Monitor **4** 2952, 2968 ff., 2975 ff.; → *s. a. dort*
  - Risikoanalyse **4** 247 ff.
  - Schulungen **4** 269 f.
  - Verhaltenskodex **4** 268, 278, 314
  - Wahrnehmung von Compliance-Aufgaben **4** 234 ff.; → *s. a. Compliance, dort*
  - Whistleblower-System **4** 255 ff.; → *s. a. Compliance, dort*
- **Konzern 4** 275 ff.; **8** 52 ff.
  - Mindestanforderungen **4** 277 ff.
- **Pflicht zur Einrichtung 4** 225 ff.
  - im Konzern **4** 277; **8** 52
- **Prüfungsstandards 4** 230 ff.
- **Überprüfung**
  - durch den Prüfungsausschuss **3** 283
  - durch den Vorstand **4** 271 ff.
- **Zertifizierung 4** 232 f.
- **Zweck 4** 224

Covid-19 (Corona)
- **Entlastung durch Hauptversammlung 4** 1074; **10** 50
- **Kapitalerhöhungen 10** 125 ff.
  - Ausgestaltung der Aktien **10** 137
  - Ausschluss der Bezugsrechte **10** 130
  - Befugnisse des Aufsichtsrats **10** 125
  - Registereintragungen **10** 133
  - Voreinzahlungen **10** 132
- **KfW-Programm 10** 69
- **Nicht erforderliche Satzungsbestimmungen 10** 6
  - Abschlagszahlungen auf Bilanzgewinn **10** 45 ff.
  - elektronische Teilnahme an HV **10** 9 f.
- **Stille Gesellschafter 10** 147 ff.
- **Virtuelle Hauptversammlung**
  - allgemein **10** 11 ff.
  - Anmeldefrist **10** 41
  - Auskunftsrecht **4** 1127 f.; **10** 25 ff., 35
  - Ausschluss der physischen Teilnahme **10** 16
  - Beantwortung von Fragen **10** 26 ff.
  - Beschlussanfechtung **10** 33 ff.
  - Durchführungsfrist **10** 48 ff.
  - Einberufung durch den Aufsichtsrat **10** 39
  - Einberufungsfrist **10** 40 ff.
  - Einladung **10** 22
  - Entlastung **10** 50
  - Fristenberechnung **10** 42
  - Gegenanträge **10** 31
  - Rederecht **10** 29
  - Stimmrechtsausübung **10** 23 f.
  - Stimmrechtsvertreter **10** 16
  - Tagesordnung, Anpassung **10** 32
  - technische Störung **10** 36 f.
  - Teilnahme der Aufsichtsratsmitglieder **10** 17
  - Teilnahme der Vorstandsmitglieder **10** 18
  - Versammlungsleiter **10** 19
  - Versammlungsort **10** 20 ff.
  - Vollmachtserteilung **10** 23
  - Widerspruch gegen HV-Beschluss **10** 30
- **Wirtschaftsstabilisierungsfonds 10** 70 ff.
  - Anforderungen für Stabilisierungsmaßnahmen **10** 74 ff.
  - Garantien **10** 84 ff.
  - Rekapitalisierung **10** 100 ff.
- **zeitliche Geltung der Neuregelungen**
  - für Durchführung der HV **10** 6
- **Zustimmungsvorbehalt**
  - Abhaltung virtuelle HV **10** 54
  - Abwägungsgesichtspunkte **10** 59
  - Ausgestaltung virtueller HV **10** 54
  - Delegierbarkeit auf Ausschuss **10** 62
  - Entscheidung über Zustimmung **10** 57 ff.
  - fehlende Zustimmung, Folgen **10** 63 ff.
  - Fragenbeantwortung **10** 55
  - Gegenstände **10** 9, 17 f., 45, 52
  - SE **10** 66 f.
  - Verfahren **10** 60 ff.
  - Zeitpunkt **10** 56

CSR-Bericht (Corporate Social Responsibility) 3 288 f.; **4** 116, 2174

Daimler/Geltl-Entscheidung 5 70 ff.

Datenschutz 1 37; **3** 534 ff.; → *s. a. Verschwiegenheitspflicht*
- **Auswahlprozess, Vorstandsmitglied 4** 574, 608, 649 f.
- **Datenschutzbeauftragter 3** 547 ff.
  - Aufgaben **3** 548
  - Bericht **3** 549 f.
  - Pflicht zur Benennung **3** 547
- **interne Untersuchungen des Aufsichtsrats 4** 365 ff.
- **Pflichten des Aufsichtsrats 3** 541 ff.
- **Rechtsgrundlage/Grundsätze 3** 536 ff.
- **Schadensersatzansprüche/Bußgeldbescheide 3** 546
- **Schutzgegenstand 3** 535
- **Vergütungsbericht 4** 1584

DCGK
- **Allgemein 1** 59 f.; **4** 2507 ff.
- **Änderungen 4** 2523 ff.
- **Aufbau 4** 2514 f.
- **Befolgung 4** 2520 f.
- **Bindungswirkung 4** 2512 f., 2518 ff.
- **Comply or explain 4** 2516
- **Entsprechenserklärung** → *s. dort*
- **Geschäftsordnung, Vorstands 4** 2148 f.
- **Rechtsnatur 4** 2512 f.
- **Vorstandsvergütung 4** 1375 ff.; → *s. dort*
- **Zweck 4** 2507 ff.

Directors' Dealings → *s. Managers' Transactions*

Sachverzeichnis

fett = Paragraf

Diversität 3 8 ff.; **4** 561 ff.
Delegation/Delegationsverbot
- Ad hoc-Publizität
  - Aufschub der Veröffentlichung 3 250; **5** 63, 84 ff.; → s. a. dort
- Arbeitsdirektor **7** 263, 269
- Aufsichtsratsmitglied 3 233, 484
- Aufsichtsratsvorsitzender 3 69
- Ausschuss 3 228 ff., 484
  - gesetzliches Delegationsverbot 3 232 ff.
  - Prüfungsausschuss 3 270
  - ungeschriebenes Delegationsverbot 3 235 ff.
  - Zustimmungsvorbehalt, Erteilung der Zustimmung **4** 414
- **Bestellung des Vorstands** 3 233; **4** 502 f.; **7** 194 f.
  - Auswahlprozess **4** 506 ff.
  - Diversitätskonzept **4** 563
  - Frauenquote **4** 558
- **Compliance** **4** 220 f.; → s. a. dort
- Entsprechenserklärung **4** 2459
- Genossenschaft **9** 257
- Geschäftsführungsaufgaben **4** 381
- GmbH **7** 231 f.
- kapitalmarktrechtliche Pflichten **5** 7 ff.
- Nominierungsausschuss 3 303
- Prüfungsausschuss 3 259; **4** 154
- Ressortaufteilung 3 232; **4** 2363
- Verstoß, Folgen 3 238
- Vorstand, Anstellungsvertrag **4** 1222 ff.
- Vorstandsvergütungssystem **4** 1345
- Zustimmungsvorbehalt, Erlass 3 232; **4** 387

D&O-Versicherung
- **Abschluss** **4** 1945 ff.
  - Einbeziehung, Aufsichtsrat **4** 1952
  - Hauptversammlung **4** 1953
  - Kompetenz, Vorstand **4** 1947 ff.
  - Überwachung **4** 1965
  - Vertretungsbefugnis **4** 1954 ff., 2295 f.
  - Zustimmungsvorbehalt **4** 1951
- **Anerkenntnis** **4** 2030 f.
- **Anstellungsvertrag** **4** 1950, 1954, 1958 f.
- **Auskunft ggü. Versicherer** **4** 1998
- **Beitreibbarkeitsanalyse** **1** 32; **4** 2429
- **Besonderer Vertreter**
  - Kostenerstattung **4** 2901
- **Bewältigungsmanagement** **4** 1990, 2007 f.
- **Claims-made-Prinzip** **4** 1967 f.
- **Deckung**
  - bei Versäumnis der Nachmeldung **4** 1989
  - bei Wechsel des Versicherers **4** 1987 f.
  - Deckungsklage **4** 2017 f.
- **Deckungsausschluss**
  - Anzeigepflicht, Verletzung **4** 1995 f.
  - Auslegung **4** 1994
  - Bewältigungsmanagement **4** 1990
  - Kenntnis **4** 1995 f.
  - Vorsatz **4** 1997 ff.
- **Direktklage** **4** 2023 ff.
  - Anerkenntnis **4** 2030 f.
  - Freistellungsanspruch, Abtretung **4** 2034
  - Gegenstand **4** 2024 ff.
  - Vorgehen **4** 2037 ff.

- Zusage **4** 2032 ff.
- **Fortführung**
  - nach Änderungen **4** 1978 ff.
  - nach Ausscheiden **4** 1966 ff., 1980
  - nach Insolvenz **4** 1972 ff.
- **Geltendmachung, Deckungsanspruch**
  - Direktklage **4** 2023 ff.
  - Vorgehen **4** 2011
  - Zuständigkeit **4** 2011 ff., 2018 ff.
- **Geschützte Personen**
  - Aufsichtsratsmitglieder **4** 1947, 1953, 1992 f.
  - ausgeschiedene Organmitglieder **4** 1966 ff., 1980
  - Hauptversammlungsleiter **4** 2634
  - Personen in Tochtergesellschaften **4** 1947, 1992 f.
  - leitende Angestellte **4** 1947, 1992 f.
  - Verwaltungsrat **9** 171 f.
  - Vorstandsmitglieder **4** 1945 ff., 1992 f.
- **Insolvenz** **4** 1972 ff.
  - Anspruchsinhaber **4** 1974
  - Deckung nach Insolvenzreife **4** 1976
  - Erfüllungswahl **4** 1973
  - Nachmeldung **4** 1975
- **Internal Investigations**
  - Auskunft gegenüber Versicherer **4** 1998
  - Ermittlung des Haftungsanspruchs **4** 1998, 2006, 2011
- **Nachmeldung** **4** 1967 ff.
  - Deckung **4** 1970 f.
  - Frist **4** 1968 ff., 1975
  - frühere Police **4** 1987 f.
  - Insolvenz **4** 1975
  - Versäumnis **4** 1989
- **Prüfung** **4** 1984 ff.
- **Regress** **4** 1983
- **Umstandsmeldung** **4** 2012 ff.
  - Inhalt **4** 2013 f.
  - Zuständigkeit **4** 2015 f.
- **Vergleich** **4** 2041 ff.
- **Vergütungsbestandteil**
  - Aufsichtsratsmitglied **4** 1945 f., 1950; **6** 39 ff.
  - Vorstandsmitglied **4** 1953
- **Versicherungspflicht** **4** 1957 ff.
  - aus Abschlusskompetenz **4** 1964
  - aus Dienstvertrag **4** 1958 f.
  - aus Fürsorge-/Treuepflicht **4** 1960 ff.; **6** 40
- **Verstoßprinzip** **4** 1967
- **Wechsel des Versicherers** **4** 1978, 1987 f.
- **Wegfall des Schutzes** **4** 1982

DOBERLUG-Entscheidung, BGH **9** 185 ff.
Doppelmandat
- **Aufsichtsrat**
  - Ad hoc-Publizität, Kenntnis **5** 107
  - Allgemein **2** 64; **8** 17 ff.
  - Interessenkonflikt **8** 23 ff.; → s. a. dort
  - Managers' Transactions, Meldepflicht **5** 155 ff.; → s. a. dort
  - Reisekosten **6** 142
  - Sitzungsgeld bei zusammengelegten Sitzungen **6** 37
  - Sitzungsteilnahme 3 521
  - Unabhängigkeit **2** 64

mager = Randnummer

Sachverzeichnis

- Verschwiegenheitspflicht **3** 521; **5** 107; **8** 97 ff.
- Zustimmungsvorbehalt **6** 223
- **Vorstand**
  - Drittanstellung **4** 1252
  - Einwilligung **4** 584 f.
  - Interessenkonflikt **4** 586, 1251, 1255
  - Konzern **4** 587 ff.
  - Risiken **4** 586, 589
  - Vorsitzender **4** 878
  - Wettbewerbsverbot **4** 1599
  - Zulässigkeit **4** 584

Drittelbeteiligungsgesetz **1** 119 ff.; **7** 391 ff.
- **Altgesellschaften** **7** 395
- **Anwendungsbereich** **7** 392 ff., 405 ff., 442 ff.
- **Aufsichtsrat**
  - Bildungszwang **7** 408
  - Sitzungshäufigkeit **7** 436
  - Zusammensetzung **7** 409 ff.
- **Ausschuss, Besetzung** **3** 223 f.
- **Familienunternehmen** **7** 396
- **GmbH, Besonderheiten** **7** 437 f.
- **Kapitalgesellschaften** **7** 393
- **KGaA** **7** 393, 395; **9** 3
- **Konzern** **7** 399 ff., 423
- **Wahl, Arbeitnehmervertreter** **7** 419 ff.; → *Arbeitnehmervertreter – Wahl – DrittelbG*

Eigengeschäfte → *s. Managers' Transactions*
Eignungsvoraussetzungen
- **Abschlussprüfer** **4** 2177 ff.
- **Aufsichtsratsmitglied** → *s. Persönliche Voraussetzungen*
- **Aufsichtsratsvorsitzender** **3** 34 ff., 479
- **Ausschussmitglied** **3** 215
- **Ausschussvorsitzender** **3** 479
- **Besonderer Vertreter** **4** 2864
- **Hauptversammlungsleiter** **4** 2555 ff.
- **Monitor** **4** 2940
- **Sonderprüfer** **4** 2787 ff.
- **Vorstandsmitglied** → *s. Persönliche Voraussetzungen, Vorstandsmitglied*

Einberufung
- **des Aufsichtsrats** → *s. Aufsichtsrat, Einberufung*
- **des Ausschusses** **3** 392
- **der Hauptversammlung**
  - bei Überschreitung der Frist für Entlastungsentscheidung **4** 1072
  - bei Verlust der Hälfte des Grundkapitals **4** 2381
  - bei Wahl eines neuen Aufsichtsrats **2** 108
  - Covid-19 **10** 22, 40 ff.
  - durch Aufsichtsrat **1** 41; **4** 212; **9** 121, 160
- **der Generalversammlung in der Genossenschaft** **9** 274
- **der Gesellschafterversammlung in der GmbH**
  - durch Aufsichtsrat **9** 187

Einsichts-/Prüfungsrecht
- **des Aufsichtsrats** **4** 182 ff.
  - Anlass **4** 187
  - Dokumente **4** 183
  - Geheimhaltung **4** 185
  - Geschäftsräume **4** 183
  - Prüfungsausschuss **4** 185
  - Sitzungsprotokoll, Aufsichtsrat **3** 565
  - Sitzungsprotokoll, Vorstand **4** 189
  - Sitzungsunterlagen, Ausschuss **3** 355
  - Stichproben **4** 188
  - Umfang **4** 183
- **des besonderen Vertreters** **4** 2889 ff.
- **des Sonderprüfers** **4** 2811 ff.
  - Beschaffbarkeit **4** 2814
  - Kopien **4** 2816
  - Protokolle **4** 2815
  - Umfang **4** 2818
  - Unterlagen der Gesellschaft **4** 2811 ff.
  - Unterlagen Dritter **4** 2813
- **Duldungs-/Kooperationspflicht des Vorstands** **4** 184
  - Sonderprüfung **4** 2812
  - Verweigerungsrecht **4** 185
- **im Konzern** **8** 95 f.

Einwirkungsmöglichkeiten des Aufsichtsrats **4** 5 ff., 179 ff.; **8** 90 ff.; **9** 31
- Befragung von Angestellten → *s. dort*
- Beratung des Vorstands → *s. dort*
- Zustimmungsvorbehalte → *s. dort*

Empfehlungsverbot **5** 120 f.

Entlastung, Vorstand
- Amtsniederlegung **4** 1102 f.
- Anspruch auf Entlastung **4** 1117
- Antrag von Aktionär **4** 1181 f.
- **Aufsichtsratsmitglieder, Besonderheiten** **5** 166 ff.
  - Beschlussvorschlag **5** 174 ff., 181
  - eindeutiger Gesetzes-/Satzungsverstoß **5** 169 ff.
  - Einzelentlastung/Gesamtentlastung **5** 166, 179
  - Ermessen der Hauptversammlung **5** 168
  - Gesamtentlastung mit Vorstand **4** 1063
  - Pflicht zur Verweigerung **5** 168 ff.
  - Rechtsfolgen der Entlastungsentscheidung **5** 173
  - Stimmrechtsausschluss, Aufsichtsratsmitglieder **5** 180
  - Treupflicht der Aktionäre **5** 168, 171
  - Vertagung **5** 167, 178
  - Zuständigkeit **5** 166 ff.
- **Beschlussfassung**
  - Mehrheitserfordernis **4** 1076
  - Stimmrechtsausschluss **4** 1076 ff.; → *s. a. dort*
- **Beschlussvorschlag des Aufsichtsrats** **4** 1160 ff.
  - Abwägung **4** 1175 ff.
  - Anpassung **4** 1180
  - Beschluss des Aufsichtsrats **4** 1165
  - Eventual-/Alternativvorschlag **4** 1164
  - Fehlen, Folgen **4** 1161
  - Pflicht **4** 1160
  - Stimmrechtsausschluss **4** 1166 ff.
  - Vorbereitung **4** 1173 f.
  - Vorschlag der Verweigerung **4** 1162 f.
- **Beschränkungen** **4** 1088
  - Bedingung/Vorbehalt **4** 1089
  - Teilentlastung **4** 1090
- **Bindung der Hauptversammlung** **4** 1140 ff.

1291

Sachverzeichnis

fett = Paragraf

- eindeutiger Gesetzes-/Satzungsverstoß **4** 1146
- festgestellter Gesetzes-/Satzungsverstoß **4** 1147 ff.
- schwerwiegender Gesetzes-/Satzungsverstoß **4** 1142 ff.
- Verstoß im Entlastungszeitraum **4** 1155 ff.
- **Einzelentlastung 4** 1064 ff.
  - auf Initiative von Aktionär **4** 1064
  - auf Initiative von Versammlungsleiter **4** 1066
  - nach abgelehnter Gesamtentlastung **4** 1067
  - Stimmrechtsausschluss **4** 1077 ff.
- **Entlastungszeitraum 4** 1085 ff.
  - abgelaufenes Geschäftsjahr **4** 1085
  - Teilabschnitte **4** 1086 f.
- **Ermessen 4** 1140
- **gerichtliche Überprüfbarkeit 4** 1141
- **Gesamtentlastung 4** 1062
  - Anfechtung, Folgen **4** 1068 f.
  - bei beantragter Einzelentlastung **4** 1065
  - von Aufsichtsrat und Vorstand **4** 1063
- **Informationspflichten 4** 1118 ff.
  - Auskunftsrecht **4** 1121 ff.
  - Auskunftsverweigerungsrecht **4** 1128 ff., 1134 ff.
  - Erläuterung **4** 1118
  - unrichtige Entsprechenserklärung **4** 1120, 1143 f., 2485 ff.
  - Unvollständigkeit **4** 1119
  - Verstoß, Folgen **4** 1137 ff.
- **Umwandlung 4** 1111 ff.
  - Entlastung nach Formwechsel **4** 1115 f.
  - Entlastung nach Verschmelzung **4** 1112 ff.
- **Verbindung mit Vertrauensentzug 4** 714 f.
- **verstorbene Mitglieder 4** 1062
- **Vertagung 4** 1091 ff.
  - Antrag **4** 1095
  - Pflicht **4** 1091
  - sachlicher Grund **4** 1091, 1093
  - Wirkung der Vertagung **4** 1106
- **Widerruf der Entlastung 4** 1107 ff.
  - Bekanntmachung **4** 1108
  - Einzelwiderruf **4** 1109
  - Gründe **4** 1107
  - schutzwürdiges Vertrauen **4** 1107, 1110
  - Zeitpunkt **4** 1107
- **Wirkung**
  - Allgemein **4** 1060
  - bei Erteilung **4** 1097 ff.
  - bei Versagung **4** 1100 ff.
  - bei Vertagung **4** 1106
  - Verzicht auf Ersatzansprüche **4** 1098
- **Zeitpunkt der Entlastungsentscheidung 4** 1070 ff.
  - Covid-19 **4** 1074
  - Frist **4** 1071
  - Fristversäumnis, Folgen **4** 1073
  - Nachholung **4** 1096
  - Vertagung **4** 1094

Entsendung, Aufsichtsratsmitglied
- **Abberufung, entsandtes Mitglied** → *s. Abberufung – Aufsichtsratsmitglied*
- **Amtsniederlegung 2** 196
- **Amtszeit 2** 129, 162 f.
- **Annahme der Entsendung 2** 129
- **Ausübung**
  - Auswahl **2** 129
  - Form **2** 129
- **Entsendungsberechtigter 2** 128
  - Komplementär **9** 19 f.
- **Entsendungspflicht 2** 129
- **Entsendungsrecht**
  - Ausgestaltung **2** 127
  - Einräumung **2** 127
  - Entziehung **2** 127
  - Erlöschen **2** 132
  - Genossenschaft **9** 246
  - GmbH **9** 200
  - KGaA **9** 18 ff.
  - SE **9** 94
  - Wegfall der Voraussetzungen **2** 180
- **erster Aufsichtsrat 2** 122
- **Ewigkeitsgarantie 2** 127
- **Höchstzahl, entsendbare Mitglieder 2** 131 f.
  - nach Kapitalherabsetzung **2** 132
- **Konzern 8** 18 f.
- **Nichtigkeit der Entsendung 2** 96 f., 130; **9** 9
- **Rechtsstellung 2** 133
- **Satzung 2** 126; **9** 9
- **Treuepflicht 2** 132
- **Zustimmung 2** 132

Entsprechenserklärung
- **Abgabepflicht 4** 2449
  - bei Ablehnung **4** 2481
  - erfasste Gesellschaften **4** 2456
  - nach Aktualisierung **4** 2453 f., 2490
  - Verletzung, Folgen **4** 2481 f.
- **Ad-Hoc Mitteilungspflicht/Insiderinformation 4** 2452
- **Aktualisierung 4** 2453 ff., 2490
- **Allgemein 1** 61 f.; **4** 2449
- **Beschlussfassung 4** 2460 ff.
- **Bindungswirkung 4** 2453
- **Delegationsverbot, Ausschuss 3** 236; **4** 2459
- **Einheitlichkeit 4** 2458, 2460 ff.
  - Stellungnahme des Aufsichtsratsvorsitzenden **4** 2463
  - Stellungnahme einzelner Organmitglieder **4** 2462
- **Form 4** 2470 f.
- **Informationsaustausch 4** 2464 ff.
- **Inhalt 4** 2472 ff.
  - Ablehnungsmodell **4** 2478 f.
  - Alternativmodell **4** 2479
  - bei Ablehnung **4** 2478
  - bei allgemeiner Einhaltung **4** 2476 f.
  - bei teilweiser Einhaltung **4** 2480
  - bei vollumfänglicher Einhaltung **4** 2475 f.
  - Begründung **4** 2475, 2478, 2480, 2482
  - Bestimmtheit/Wahrheitspflicht **4** 2474
  - erfasster Zeitraum **4** 2473
  - Selektionsmodell **4** 2480
  - Übererfüllung **4** 2474
  - Übernahmemodell **4** 2475 f.
- **Rechtsnatur 4** 2450 ff.
- **unrichtige Erklärung**
  - Anfechtung Entlastungsbeschluss **4** 2483 ff.

mager = Randnummer

- Anfechtung Wahlbeschluss 4 2483f., 2489f.
- Haftung Außenverhältnis 4 2492ff., 2497ff.
- Haftung Innenverhältnis 4 2492ff., 2495f.
- Ordnungswidrigkeit 4 2503f.
- Strafbarkeit 4 2505f.
- **Veröffentlichung** 4 2471
- **Zeitpunkt der Abgabe** 4 2468f.
- **Zuständigkeit** 4 2458; 9 121

Ermittlungsbefugnis
- Besonderer Vertreter 4 2887
- **Monitor** 4 2976ff.; → s.a. Monitor, Befugnisse

Ersatzmitglied → s. Mitglied des Aufsichtsrats

Erklärung zur Unternehmensführung
- Diversitätskonzept 4 561
- Frauenanteil 4 555f.

erster Aufsichtsrat
- **Amtszeit** 2 167f.
- **Bekanntmachung** 2 212
- **Bestellung** 2 122
  - Beurkundung 2 123
- **DrittelbG** 7 409ff.
- **Einberufung** 3 391
- **Entsendung** 2 122
- **KGaA** 9 10
- **SE** 9 97ff.
  - Gründung durch Verschmelzung, Holdinggründung, Tochtergründung 9 99
  - Gründung durch Umwandlung, Formwechsel 9 100
- **Unterbesetzung** 2 140
- **Vergütung** 6 95ff.
- **Zusammensetzung** 2 124
  - MitbestG 7 85

erster Vorstand 4 970ff.
- **Abberufung** 4 977
- **Amtszeit** 4 976
- **Arbeitsdirektor** 4 973
- **Aufgaben** 4 978f.
- **Bestellung** 4 970f.
  - Annahme 4 975
  - gerichtliche Bestellung 4 974, 1022
- **Eintragung der Gesellschaft** 4 974
- **Größe** 4 972
- **Vergütung** 4 980ff.

Finanzexperte → s. Persönliche Voraussetzungen

Frauenquote/Geschlechterquote
- **Aufsichtsrat**
  - Anteilseignervertreter 2 35
  - Gesamterfüllung 2 26; 7 80f.; 9 87f.
  - MitbestG 7 79ff.
  - Nominierungsausschuss 3 301
  - SE 9 85ff., 142
  - Verfehlung 2 36
  - Verschlechterungsverbot 2 29
  - Verstöße, Folgen 2 32ff.; 7 82
  - Zielgröße, Änderung 2 31
  - Zielgröße, Festlegung 2 27ff., 37; 3 301; 9 89
  - Zwang 2 25; 9 4, 86
- **Vorstand** 4 549ff.
  - Art der Festlegung 4 552
  - betroffene Gesellschaften 4 549
  - Delegation der Festlegung 4 558

- Erklärung zur Unternehmensführung 4 555
- Ermessen 4 550, 557
- Frist zur Erfüllung 4 549
- Lagebericht 4 556
- Nullquote 4 553
- Verstoß, Folgen 4 559f.
- Zielgröße, Änderung 4 554
- Zielgröße, Festlegung 4 549ff.

Genossenschaft 1 140ff.; 9 227ff.
- **Amtszeit, Aufsichtsratsmitglied**
  - Beginn 9 244
  - Ende 9 245
- **Aufsichtsratsvorsitzender** 1 142; 9 259ff.
  - Abberufung/Bestellung 9 259f.
  - Aufgaben 9 261
- **Ausschüsse** 9 256ff.
  - Delegationsverbot 9 257
- **Bestellung, Aufsichtsratsmitglied**
  - Eignungsvoraussetzungen 1 140; 9 236f.
  - Entsendungsrecht 9 246
  - Kompetenz 1 141; 9 239f.
  - Vorschlagsrecht 9 241
- **Bildungszwang, Aufsichtsrat** 1 140; 9 247f.
- **Einberufung, Generalversammlung** 9 274
- **Genossenschaftsversammlung/Vertreterversammlung** 9 229, 239, 248, 251
- **Größe, Aufsichtsrat** 9 233ff.
  - Bestimmung 9 233
  - Rahmen 9 233
  - Überbesetzung 9 234
  - Unterbesetzung 9 235
- **Haftung**
  - Aufsichtsrat 9 281
  - Vorstand 9 268
  - Wirkung der Entlastung 9 269
- **Informationsrechte/Einsichtsrechte** 9 263ff.
  - Berichte 9 263, 267
  - Einsicht 9 267
  - Informationsordnung 9 265
- **Kleingenossenschaft** 9 231, 247f.
- **Mitbestimmung** → s. dort
- **Organe** 9 229ff.
- **Prüfungsverband** 1 140; 9 271f., 282ff.
- **Satzung** 9 231, 233, 235, 238, 244
- **Überwachung**
  - Art der Überwachung 9 263
  - Gegenstand der Überwachung 1 143; 9 262
  - Kreditgenossenschaften 9 264
- **Vergütung, Aufsichtsratsmitglied** 1 141; 9 249ff.
- **Verschwiegenheitpflicht** 9 278
- **Zusammensetzung, Aufsichtsrat**
  - Mitbestimmung 9 242f.
  - Mitglieder der Genossenschaft 9 236
  - Regionalproporz 9 238

Gerichtliche Bestellung
- **Abschlussprüfer** 4 2166
- **Arbeitnehmervertreter** 2 134ff.
- **Aufsichtsratsmitglied** 2 134ff.; → s.a. Aufsichtsrat, Wahl der Mitglieder
- **Aufsichtsratsvorsitzender** 3 39ff.; 7 147; → s.a. dort

1293

Sachverzeichnis

fett = Paragraf

- **Besonderer Vertreter** 4 2867 ff.; → s. a. dort
- **Sonderprüfer** 4 2730 ff., 2765 ff.
- **Vorstandsmitglied** → s. Gerichtliche Bestellung, Vorstandsmitglied

Gerichtliche Bestellung, Vorstandsmitglied 4 983 ff.; 7 226
- **Abberufung** 4 1034 ff.; → s. Abberufung, Vorstandsmitglied
- **Amtszeit** 4 1029 ff.
- **Arbeitsdirektor** 4 1020 f.; 7 258 ff., 280
- **Befristung der Bestellung** 4 1032
- **erster Vorstand** 4 1022
- **fehlendes Vorstandsmitglied** 4 985 ff.
  - Abwesenheitspfleger 4 995
  - bei unterbesetztem Aufsichtsrat 4 999
  - dringender Fall 4 996 ff.
  - Erforderlichkeit des fehlenden Mitglieds 4 991 ff.
  - Grund der Unterbesetzung 4 986 ff.
  - nichtige Bestellung 4 987
  - Prozesspfleger 4 1000
  - Unterbesetzung 4 985
  - Verhinderung 4 988 ff.
  - zur Vertretung erforderlich 4 991 ff.
- **Persönliche Voraussetzungen** 4 1012
  - Bindung durch Aufsichtsratsvorgaben 4 1015
  - Bindung durch Satzungsvorgaben 4 1013 f.
  - Verstoß, Folgen 4 1015, 1052
- **Rechtsmittel** 4 1052 ff.
  - Aktionäre 4 1055
  - Beschwerde 4 1052
  - mangelnde Eignung 4 1052
  - nach Ablehnung der Bestellung 4 1053
  - nach erfolgreicher Bestellung 4 1054
  - Rechtsbeschwerde 4 1056 f.
- **Rechtsstellung gerichtlich bestelltes Mitglied** 4 1023 ff.
  - Auslagenersatz/Vergütung 4 1047 ff.
  - Geschäftsführungsbefugnis 4 1027 f.
  - Vertretungsbefugnis 4 1024 ff.
- **Verfahren** 4 1001 ff.
  - Anhörung 4 1009 f.
  - Antrag 4 1001
  - Antragsberechtigung 4 1002 ff.
  - Antragspflicht 4 1006
  - Beschluss 4 1016 f.
  - Beteiligte 4 1008
  - Entscheidung des Gerichts 4 1012 ff., 1016 f.
  - Glaubhaftmachung der Voraussetzungen 4 1004
  - Handelsregister 4 1018
  - Stellungnahmen 4 1011
  - Vorschlag zur Besetzung 4 1005
  - zuständiges Gericht 4 1007
- **Vorstandsvorsitzender** 4 1019
- **Wiederbestellung** 4 1045
- **Zweck** 4 983

Gesamtverantwortung, Vorstand
- **durch gesetzliche Zuweisung** 4 2085 ff.
- **durch Kernbereich der Leitung** 4 2088 ff.
- **durch Krisensituation** 4 2092 f., 2102
- **gegenseitige Überwachung** 4 2099
- **Grundsatz** 4 2084 ff., 2099 ff.
- **Haftung** 4 2099 ff., 2364 ff.
- **Intervention** 4 2100
- **Widerspruch** 4 2101

Geschäftsbriefe
- **Nennung des Aufsichtsratsvorsitzenden** 2 217; 3 64
- **Nennung der Vorstandsmitglieder** 4 647 f.
  - nach Suspendierung 4 836
  - Stellvertreter des Vorstandsmitglieds 4 921
  - Vorstandssprecher 4 905
  - Vorstandsvorsitzender 4 886

Geschäftsführung
- **Allgemein** 1 21 ff.
- **als Gegenstand der Sonderprüfung** 4 2693; → s. a. Sonderprüfer
- **als Gegenstand der Überwachung/Begriff** 4 10 ff.
  - im Konzern 8 37 ff., 44 ff.
- **als Gegenstand des Zustimmungsvorbehalts** 4 396
- **Gesamtgeschäftsführung** 4 2081, 2126 ff.
- **Geschäftsführungsverbot** 4 381 f.

Geschäftsordnung des Aufsichtsrats
- **Allgemein** 1 52 f.; 3 2, 168 ff.
- **Ausschuss** 3 182, 206, 345
- **Inhalt**
  - Amtszeit, Vorsitzender 3 43 f., 172
  - Auslagenerstattung 3 179
  - Beschluss 3 170
  - Binnenorganisation 9 214
  - Delegationsverbot 3 235
  - Durchbrechung 3 182
  - Einberufungsfrist 3 173; 5 63
  - Ermächtigung für Investorengespräche 4 2669
  - Ermächtigung zur Widerrufserklärung 4 750 f.
  - Geltung 3 180
  - Inhalt 3 171 ff.
  - Interessenkonflikte 3 176
  - Satzung 3 169, 180
  - Verschwiegenheitspflicht 3 177
  - Wahlverfahren, Vorsitzender 3 24, 28 ff., 172
  - Zustimmungsvorbehalt 3 178
- **Selbstorganisationsfreiheit** 3 168 ff.
- **Unvereinbarkeit MitbestG** 7 336
- **Veröffentlichung** 4 2158
- **Verstoß, Folgen** 3 181 ff.
- **Zuständigkeit** 3 170

Geschäftsordnung der Hauptversammlung 4 2557, 2562, 2596

Geschäftsordnung des Vorstands
- **als Einwirkungsmittel des Aufsichtsrats** 4 191 ff.
- **Änderung** 4 2153 ff.
- **Auslegung** 4 2152
- **Außerkrafttreten**
  - durch Änderung der GO 4 2071, 2153 ff., 2155 f.
  - durch Erlass neuer GO 4 2049, 2071
  - durch Fristablauf 4 2071
  - durch Satzungsänderung 4 2051
  - Fortgeltung bei personellen Veränderungen 4 2073 f., 2078
  - personenbezogene Bestimmung 4 2072, 2079

1294

Sachverzeichnis

- Beschluss der GO
  - durch Aufsichtsrat **4** 2062
  - durch Vorstand **4** 2060 f.
- **Erlasskompetenz**
  - alternativ **4** 2050
  - Änderungskompetenz **4** 194, 2153
  - Delegationsverbot **3** 232
  - des Aufsichtsrats **4** 191, 2048 ff., 2055
  - des Satzungsgebers **4** 2048 ff., 2056
  - des Vorstands **4** 194, 2049, 2054
  - Ergänzungskompetenz, Rahmen-GO **4** 2068
  - fehlende Kompetenz, Folgen **4** 2054 ff.
- **Erlasspflicht** **4** 2057 ff.
- **Form**
  - Dokument, Einheitlichkeit **4** 2064, 2066
  - Schriftform **4** 2063 f.
- **Geschäftsverteilung** → s. dort
- **Gestaltungsfreiheit** **4** 2123 f.
- **inhaltliche Regelungen**
  - Allgemein **4** 192 ff.
  - Arbeitsdirektor, Aufgaben **4** 2082; **7** 253, 265 ff.
  - Beschlussfassung/-fähigkeit **4** 2132 ff., 2136 ff.
  - Compliance **4** 239 ff.
  - DCGK **4** 2148 f.
  - Einzelgeschäftsführung **4** 2126 ff.
  - Geschäftsverteilung → s. dort
  - Informationsordnung → s. dort
  - persönliche Verhaltenspflichten **4** 2080
  - Sitzungen **4** 2130 ff.
  - Sitzungsteilnahme **4** 2131, 2134
  - Stichentscheid **4** 2140 ff.
  - Vertretung **4** 2129
  - Vetorecht **4** 2140 ff.
  - Vorstandssprecher **4** 902
  - Vorstandsvorsitzender **4** 2052, 2139
  - Zustimmungsvorbehalt **4** 387, 2151
- **Inkrafttreten** **4** 2069
  - Rückwirkungsverbot **4** 2070
- **KGaA** **9** 49
- **Rahmen-GO** **4** 2068
- **Regelungsumfang**
  - Mindestumfang **4** 2067
  - Rahmen-GO **4** 2068
- **Satzungsregelungen**
  - Einschränkung der Erlasskompetenz des Vorstands **4** 2050
  - Einzelfragen der GO **4** 2051 ff.
  - Entfall der Erlasskompetenz des Vorstands **4** 2048
  - gemeinsame Erlasskompetenz **4** 2050
  - Geschäftsverteilung **4** 2053
- **Veröffentlichung** **4** 2158 f.
- **Verstoß, Folgen** **4** 2157
- **Geschäftsverteilung, Vorstand**
  - Änderung **4** 2115 ff.
    - Mitbestimmung **4** 2117
    - Zustimmung, Vorstandsmitglied **4** 2116
  - Arbeitsdirektor, Geschäftsordnung **4** 2082; **7** 253, 265 ff.
  - Ausgestaltung **4** 643 f., 2111 ff.
  - Bezeichnung, Geschäftsbereich **4** 2109
  - Gesamtgeschäftsführung **4** 2081

- Gesamtverantwortung → s. dort
- **Geschäftsordnung** → s. Geschäftsordnung des Vorstands
- **Gleichberechtigung der Mitglieder** **4** 2094 ff.
  - ressortloses Vorstandsmitglied/Zölibatsklausel **4** 2096 ff.
  - ungleicher Ressortzuschnitt **4** 2095
  - Verstoß **4** 2119
- **Satzungsregelungen** **4** 2053
- **Unübertragbarkeit auf einzelnes Mitglied** **4** 2083 ff.; → s. a. Gesamtverantwortung
- **Verteilungsplan** **4** 2110
- **Wiederbestellung** **4** 666 f.
- **Wirksamkeit**
  - allgemein **4** 2104 ff.
  - Form **4** 2107 f.
  - mangelnde Eignung **4** 2120
  - nicht zu bewältigende Zuweisung **4** 2118
  - Rechtsmissbrauch **4** 2119
  - Verstoß gegen Anstellungsvertrag **4** 2121 f.
- **Geschenke an Aufsichtsratsmitglieder** **6** 202 ff.
  - Entscheidungskompetenz **6** 204 ff.
  - Geschenke der AG **6** 202 ff.
  - verkehrsüblich **6** 203
- **Geschlechterquote** → s. Frauenquote
- **Gesellschafterversammlung** → s. GmbH
- **Gesellschaftsvertrag**
  - Änderung
    - MitbestG **7** 339
  - Außerkrafttreten
    - MitbestG, erste Anwendung **7** 334 ff., 338
  - Einführung/Abschaffung, Aufsichtsrat → s. GmbH
- **GmbH – Gesellschaft mit beschränkter Haftung** **1** 136 ff.; **9** 177 ff.
  - Abberufung, Aufsichtsratsmitglied
    - durch den Entsendungsberechtigten **9** 200
    - Kompetenz **9** 195, 202
    - wichtiger Grund **9** 203
  - Abschaffung, Aufsichtsrat **9** 183, 189
    - Funktionsfähigkeit, fehlende **9** 190
    - laufende Amtsperiode **9** 193
    - stillschweigend **9** 190
  - Ämterhäufung, Anrechnung **2** 42
  - Anwendung AktG **9** 177 ff.
  - Aufsichtsratsvorsitzender **9** 215
  - Auslagenersatz **9** 210
  - Beirat → s. dort
  - Beschluss
    - Beschlussfassung **9** 217
    - Beschlussmangel **9** 218
  - Bestellung, Aufsichtsratsmitglied
    - Eignungsvoraussetzungen **9** 196 ff.
    - Entsenderecht **9** 200
    - Kompetenz **9** 195
    - Vorschlagsrecht **9** 201
  - Bildung, Aufsichtsrat
    - Bildungszwang **1** 136; **7** 72; **9** 178
    - Satzung **9** 180 ff.
  - Falschbezeichnung **9** 181
  - Geschäftsführer
    - unübertragbare Aufgaben **9** 184, 188

1295

Sachverzeichnis

fett = Paragraf

- Verhältnis zu Aufsichtsrat **9** 184
- Geschäftsverteilung **4** 2096 ff., 2104 ff.
- **Gesellschafterversammlung**
  - Einberufung **9** 187
  - Einrichtungsbeschluss **9** 180
  - Verhältnis zu Aufsichtsrat **9** 183
- **Gesellschaftsvertrag 9** 180 ff.
- **Größe, Aufsichtsrat**
  - Herabsetzung **9** 193
  - Mindestgröße **9** 191
- **Haftung 9** 211 f.
- **Informationsrechte/Einsichtsrechte 9** 186
- **Konzern, GmbH als Untergesellschaft 8** 42, 96, 104
- **Mitbestimmung** → s. dort
- **Organisationsautonomie 9** 213
- **Personalkompetenz 9** 188
  - Übertragbarkeit **9** 188
- **Prokura, Erteilung 7** 198
- **Prüfungsausschuss 9** 213
- **Satzungsfreiheit 1** 136 f.; **9** 177, 191, 194 ff., 209, 213, 219, 222 f.
- **Sorgfaltspflicht 9** 204 ff.
- **Überwachung 1** 137; **9** 186
- **Vergütung 1** 138; **9** 209
- **Verschwiegenheitpflicht 9** 207
- **Vorstand**
  - Abberufung **7** 220
  - Anstellungsvertrag, Abschluss **7** 228
- **Weisungsrecht 1** 137; **9** 183, 200
  - im Konzern **8** 42
- **Zusammensetzung 9** 194
- **Zustimmungsvorbehalt 9** 186

Gleichberechtigung/Gleichbehandlung
- **Allgemein 1** 86 ff.
- **der Aktionäre 1** 90 f.; **4** 2572, 2596, 2609, 2666
  - informationelle Gleichbehandlung **4** 2679 ff.
- **der Aufsichtsratsmitglieder**
  - Allgemein **1** 86 ff.
  - Arbeitnehmervertreter, Besserstellung **7** 385
  - Ausschussbesetzung **3** 219 ff., 373
  - Beschlussfähigkeit **3** 450
  - Geschlechterquote, SE **9** 85 ff., 142
  - informationelle Gleichbehandlung **3** 431
  - Vergütung **6** 53 ff.; **9** 250
- **der Vorstandsmitglieder 4** 2094 ff.
  - Abberufung **4** 739
  - AGG **4** 595, 603 f., 739
  - Allgemein **1** 89
  - Altersgrenzen **4** 603 f., 1238 f.
  - Arbeitsdirektor **7** 264, 275
  - Anstellungsvertag **4** 1234 ff.
  - bei der Bestellung **4** 595 ff.
  - ressortloses Vorstandsmitglied/Zölibatsklausel **4** 2096
  - ungleicher Ressortzuschnitt **4** 2095
  - Vergütung **4** 1290

Haftung
- des Abschlussprüfers **4** 2263
- des Aufsichtsratsmitglieds → s. Schadensersatzansprüche gegen Aufsichtsratsmitglieder
- bei fehlerhafter Bestellung **2** 149
- **des Aufsichtsratsvorsitzenden 4** 83
- **des besonderen Vertreters 4** 2909
- **des Ehrenvorsitzenden 3** 161
- **der Gesellschaft**
  - bei unrichtiger Entsprechenserklärung **4** 2492 ff.
- **des Hauptversammlungsleiters 4** 2569, 2633 f.
- **des Monitors 4** 2957
- **des Sonderprüfers 4** 2803
- **des Vorstandsmitglieds** → s. Schadensersatzansprüche gegen Vorstandsmitglieder
- **Haftungsbefreiung**
- **Erfolgshaftung 1** 27; **4** 2341, 2355, 2390, 2421
  - nach Wegfall D&O-Versicherung **4** 1982
  - Vorstand, Ausführung Hauptversammlungsbeschluss **4** 2340 ff.
- **Haftungserleichterungen**
  - GmbH **9** 211
  - Vorstand **4** 2394 f.
- **Haftungsprivilegierung 4** 2376
- **Haftungsreduzierung 4** 2394 f.
- **Monitorship 4** 3003
- **Pflichtenkollision, Konzern 8** 24

Handelsverbot → s. Managers' Transactions

Hauptversammlung
- **Ablauf 4** 2578 ff.
  - Anträge **4** 2602 ff.
  - Aussprache **4** 2582
  - Beginn/Ende **4** 2578
  - Berichte des Aufsichtsrats/Vorstands **4** 2583
  - Bild-/Tonübertragung **4** 2581
  - Leitfaden **4** 2574, 2579 f.
  - Unterbrechung **4** 2590
  - Zeitrahmen **4** 2586 ff.
- **Abstimmung**
  - Abwahl, Leiter **4** 2568
  - Covid-19 **10** 23 f.
  - Ergebnisermittlung **2** 116; **4** 2622 ff.
  - Ergebnisverkündung **4** 2625
  - Form **4** 2618
  - Reihenfolge **4** 2620 f.
  - Sammelgang **4** 2621
  - Verfahren **2** 114; **4** 2617 ff.
  - Verweigerungsrecht **4** 2615
  - Wiederholung **4** 2619
- **Anträge 4** 2602 ff.
  - Abwahl, Leiter **4** 2568, 2608
  - Antragsgegenstände **4** 2603
  - Bekanntmachung **4** 2604
  - Gegenanträge **4** 2606; **10** 31
  - Geschäftsordnungsanträge **4** 2607 f.
  - in der Debatte **4** 2602
  - Sachanträge **4** 2605
- **Backoffice 4** 2582
- **Bericht an die Hauptversammlung 4** 117 ff.; → s. Überwachungsbericht
- **Beschluss** → s. Beschluss der Hauptversammlung
- **Covid-19** → s. dort
- **Debatte**
  - Abwahl, Leiter **4** 2567
  - Beschleunigung **4** 2595 ff.

mager = Randnummer

Sachverzeichnis

- Beendigung 4 2601
- Einschränkung 4 2599
- Gleichbehandlungsgrundsatz 4 2598
- Redezeit, Beschränkung 4 2596 ff.
- Redner, Reihenfolge 4 2592 f.
- Rednerliste, Schließung 4 2600
- Schließung 4 2610 ff.
- Worterteilung 4 2593
- **Einberufung** → s. dort
- **Fortsetzung der Versammlung** 4 2557
- **Geltendmachung von Ersatzansprüchen**
  - Anspruchsgegner 4 2856
  - Anspruchsinhalt 4 2854
  - Auskunftsanspruch 4 2043 f.
  - Ausschlussfrist 4 2863
  - Besonderer Vertreter → s. dort
  - Geltendmachungsbeschluss → s. Beschluss der Hauptversammlung
  - im Konzern 4 2855
  - Pflicht zur Geltendmachung 4 2862 f.
  - Vergleich/Verzicht 1 31; 4 2042 f., 2348 f., 2443, 2862
- **Geschäftsordnung** 4 2557, 2562, 2596
- **Hausrecht** → s. Hauptversammlungsleitung
- **Initiativrecht**
  - Vergleich/Verzicht 1 31; 4 2348 f., 2443
- **Kapitalerhöhung** 4 2545 ff.
- **Leitung** → s. Hauptversammlungsleitung
- **Niederschrift** 4 2632
- **Schließung der Versammlung** 4 2626 f.
- **Tagesordnung** 4 2554, 2592 ff.
- **Teilnahmerecht**
  - Aufsichtsratsmitglied 1 40
  - Besonderer Vertreter 4 2894
  - Covid-19 10 16 ff.
  - Monitor 4 2981
  - Sonderprüfer 4 2845
- **Teilnehmerverzeichnis** 4 2589
- **Vertrauensentzug, Vorstand** 4 706 ff.
  - Abberufung 4 707
  - Beschluss 4 712 ff.
  - Darlegungs-/Beweislast 4 711
  - Entlastungsverweigerung, Verbindung 4 714
  - offenbar unsachliche Gründe 4 708 ff.
- **Vertretungskompetenz** → s. dort
- **virtuelle Hauptversammlung** → s. Covid-19
Hauptversammlungsleitung
- **Abstimmung** → s. Hauptversammlung
- **Abwahl**
  - Abstimmung 4 2567 f.
  - Antrag 4 2567, 2608
  - Debatte 4 2567
  - von Gericht bestimmter Leiter 4 2566
  - von Geschäftsordnung bestimmter Leiter 4 2562
  - von Hauptversammlung gewählter Leiter 4 2561
  - von Satzung bestimmter Leiter 4 2563 f.
  - wichtiger Grund 4 2563
  - Zeitpunkt 4 2567
- **Aufgaben** 4 2571 ff.
- **Aufsichtsratsvorsitzender** 3 68; 4 2554
- **Beschlussfeststellung**

- **Bestimmung des Leiters** 4 2554 ff.
- **Coaching** 4 2574
- **Covid-19** 10 19
- **D&O-Versicherung** 4 2634
- **Debatte, Leitung** → s. Hauptversammlung
- **Eignung** 4 2555 ff.
- **Einmann-AG** 4 2553
- **Entlastung Aufsichtsrat/Vorstand** → s. a. Entlastung, Vorstand
  - Anordnung der Einzelentlastung 4 1066
- **Erfordernis** 4 2552 ff.
- **Ergebnisverkündung** 4 2625
- **Ermessen** 4 2572
- **Geschäftsordnung** 4 2557, 2562
- **Haftung** 4 2569, 2633 f.
- **Hausrecht** 4 2575 ff., 2628 ff.; → s. a. Ordnungsmaßnahmen
  - Berechtigungsprüfung 4 2575
  - Einlasskontrollen 4 2577
- **Hilfspersonen** 4 2573
- **Leitfaden** 4 2574
  - Erstellung 6 213
- **Niederlegung** 4 2569 f.
- **Niederschrift** 4 2632
- **Ordnungsmaßnahmen**
  - Entzug Rede-/Fragerecht 4 2629
  - Saalverweis 4 2629 ff.
  - zwangsweise Entfernung 4 2629, 2631
- **Unterbrechung der Versammlung** 4 2590
- **Satzung** 3 68; 4 2554, 2563 ff.
- **Schließung der Versammlung** 4 2626 f.
- **Teilnehmerverzeichnis** 4 2589
- **Verhinderung** 4 2554, 2570
- **Vorstandsvorsitzender** 4 2557
- **Wahlmodus**
  - Festsetzung durch Versammlungsleiter 2 113
- **Zeitrahmen der Versammlung**
  - Bestimmung 4 2586 ff.
  - Einhaltung 4 2588
Hilfsgeschäfte
- des Aufsichtsratsvorsitzenden 4 2302, 2320
Hinderungsgründe → s. Persönliche Voraussetzungen
Hinterbliebene 4 2353, 2422
Hinweisgebersystem → s. Compliance, Whistleblower-System

Informationsordnung 4 195 ff.
- Erlass 4 198
- Genossenschaft 9 265
- Geschäftsordnung des Aufsichtsrats 3 175; 4 197, 2147
- Inhalt 4 198 ff.
  - Befragung von Angestellten 4 75, 202
  - Berichtsempfänger 4 200
  - Follow-Up 4 201
  - gesetzliche Pflichten 4 199
  - Konkretisierungen/Schwellenwerte 4 201
Informelles Gremium 3 386 f.
Inkompatibilität
- Aufsichtsrat
  - Beteiligungsgesellschaft 9 8
  - Komplementärgesellschaft 9 7

1297

Sachverzeichnis

fett = Paragraf

- KGaA **9** 6f.
- Mehrfachmitgliedschaft **2** 57; **8** 19
- Prioritätsgrundsatz **2** 58
- Verstoß, Folgen **2** 93 f.; **9** 9
- Vorstand derselben Gesellschaft **4** 922
– Vorstand **4** 575 ff.
  - Aufsichtsrat derselben Gesellschaft **4** 575
  - Aufsichtsrat Konzerngesellschaft **4** 579
  - ehemaliges Aufsichtsratsmitglied **4** 578
  - Prioritätsgrundsatz **2** 58; **4** 576
  - Verstoß, Folgen **4** 577

Insiderinformation
– Allgemein **1** 38
– **Aufschub der Veröffentlichung** → s. dort
– **Begriff** **5** 17 ff.
  - Eintrittswahrscheinlichkeit **5** 20, 27
  - Fundamentalwert **5** 26
  - Kurserheblichkeit **5** 22 ff.
  - präzise Information **5** 19 ff.
  - Spezifität **5** 21
  - verständiger Anleger **5** 25 f.
– **Dokumentationspflichten** **5** 89 ff.
– **Entsprechenserklärung** **4** 2452
– **Entstehungszeitpunkt** **5** 45 ff.
  - bei personellen Veränderungen **5** 74 ff.
  - mit Vorstandsbeschluss **5** 47, 49
  - vor Aufsichtsratsbeschluss **5** 48 f.
– **Hinzuziehung von Beratern** **5** 94
– **Insiderliste** → s. dort
– **Insiderverbote** → s. dort
– **Investorengespräche** **4** 2677; **5** 108
– **mehrstufige Entscheidungsprozesse/Zwischenschritte**
  - abgeleitete Kurserheblichkeit **5** 40 ff.
  - Entstehungszeitpunkt **5** 45 ff.
  - Kurserheblichkeit Endereignis **5** 35 f.
  - Kurserheblichkeit Zwischenschritt **5** 37 ff.
  - Prüfung der Insiderrelevanz **5** 35 f.
  - Zwischenschritt als eigenständige Information **5** 34
– **Personalmaßnahmen/-veränderungen** **3** 93; **4** 513 ff., 686; **5** 68 ff.
  - Amtsniederlegung, Vorstand **5** 74
  - Entscheidung des Personalausschusses **4** 513 ff.; **5** 75 f.
  - innerhalb des Aufsichtsrats **5** 69
  - Schlüsselpositionen **5** 71 ff.
  - Vorstandsvorsitzender **5** 72, 77 f.
– **Related Party Transaction** **4** 495 f.
– **Veröffentlichung** → s. Ad hoc-Publizität
– **Vorstandspflichten** **5** 3 ff.
  - Delegation **5** 8 ff.
  - Gesamtverantwortung **5** 7
  - Kapitalmarkt-Compliance-System **5** 7 ff., 109
  - organisatorischer Umgang mit Insiderinformationen **5** 10 ff.
  - Überwachung **5** 13 ff.
  - Veröffentlichung **5** 28, 95 ff.

Insiderliste **5** 3, 110 ff.
– aufzunehmende Personen
  - Assistenten **5** 111 f.
  - Aufsichtsratsmitglieder **5** 110
  - Dritte nach Offenlegung **5** 126
- **erforderliche Angaben** **5** 110
- **Führung der Liste** **5** 110
- **Liste von Führungspersonen** **5** 113

Insiderverbote **5** 114 ff.
– **Empfehlungsverbot** **5** 120 f.
– **Insidergeschäft** **5** 117 ff.
  - Umfang **5** 117 f.
  - Vermutung **5** 119
– **Offenlegungsverbot** **5** 122 ff.
  - Offenlegung an Aufsichtsratsmitglieder **5** 128
  - Offenlegung an Berater/Dritte **5** 130 f.
  - Offenlegung an Vorstandsmitglieder **5** 129
  - Pflichten nach erlaubter Offenlegung **5** 126 f.
  - rechtmäßige Offenlegung **5** 124 ff., 128 ff.
  - Umfang **5** 122
  - Vertraulichkeitsvereinbarung **5** 127
– **Verstoß, Folgen** **5** 116

Insolvenz
– **Abwickler** **4** 504
– **Antragspflicht** **4** 2381 ff.
– **D&O-Versicherung** **4** 1972 ff.
– **Haftung, Vorstand** **4** 2383
– **Massesicherung** **4** 2380
– **Sonderprüfung** **4** 2697
– **Überschuldungsbegriff** **4** 2384
– **Vorstand**
  - Bestellung nach Eröffnung **4** 504
  - Widerruf nach Eröffnung **4** 685

Interessenkonflikt
– **als Inhalt von Investorengesprächen** **4** 2674
– **Aufsichtsratsmitglied**
  - Amtsniederlegung, Pflicht **2** 197
  - Beratervertrag **6** 245
  - Compliance **4** 374
  - Drittvergütung **6** 10 f.
  - entsendetes Mitglied **2** 129 f.
  - GmbH **9** 206
  - KGaA **9** 14 ff.
  - Konkurrenzunternehmen, Tätigkeit **2** 68 ff.
  - Prüfung durch Aufsichtsratsvorsitzenden **3** 81
  - Regeln zum Umgang **3** 176
  - Stimmenthaltung/Stimmverbot → s. dort
  - Zurückbehaltung, Vorstandsbericht **3** 87
– **Bericht an die Hauptversammlung** **4** 123
– **Doppelmandate** **8** 23 ff.
  - Abberufung/Niederlegung **8** 33 f.
  - Obergesellschaft, nachteilige Maßnahme **8** 25
  - Offenlegung **8** 24
  - Pflichtenkollision, Haftung **8** 24
  - Stimmenthaltung **8** 32
  - Stimmverbot **8** 29 f.
– **Offenlegung**
  - Allgemein **3** 490 f.
  - Doppelmandat **8** 24
  - Related Party Transaction **4** 484
– **Related Party Transaction**
  - Ausschussmitglied → s. RPT-Ausschuss
  - Beurteilung/Offenlegung **4** 484
  - Stimmrechtsausschluss **4** 482
  - Vorliegen des Konflikts **4** 482 ff.
– **Vorstandsmitglied**
  - Drittanstellung **4** 1251, 1255
  - Informationspflicht **4** 2359

- Vorstandsdoppelmandat 4 586, 1251
Interim Management Agentur 4 1249, 2297 f.
Internal Investigations
- **Complianceverstoß, Aufklärung** 4 290 ff., 354 ff.; 2694
- **D&O**
  - Auskunft gegenüber Versicherer 4 1998
  - Ermittlung des Haftungsanspruchs 4 1998, 2006, 2011
- **Sonderprüfung, Abgrenzung**
  - Abgrenzung 4 2694
  - Entbehrlichkeit des Sonderprüfungsantrags 4 2752

Investorengespräche 4 2665 ff.
- **Berichtspflicht** 4 2686
- **Gleichbehandlungsgrundsatz** 4 2679 ff.
  - zulässige Ungleichbehandlung 4 2680 f.
- **Inhalte** 4 2670 ff.
  - Aufsichtsratssphäre 4 2670 f.
  - Geschäftsführung 4 2675
  - Interessenkonflikte 4 2674
  - Schadensersatzansprüche gegen Vorstandsmitglied 4 2673
  - Vorstandssphäre 4 2672
- **Insiderinformationen** 4 2677; 5 108
- **Kompetenz**
  - des Aufsichtsrats 4 2667 f.
  - des Aufsichtsratsvorsitzenden 4 2669
  - Ermächtigung, Vorsitzender 4 2669
- **Leitsätze** 4 2676
- **Nachinformationsanspruch** 4 2683
- **Verschwiegenheitspflicht** 4 2678
- **Vorstand**
  - Austausch 4 2684
  - Einbindung 4 2684
  - Unterrichtung 4 2685
- **Zulässigkeit** 4 2665 ff.

Investorenvereinbarung 4 524 ff.; → s. a. Business Combination Agreement
ISION-Entscheidung 4 140, 146, 2398 ff.

Jahresabschluss
- **Abschlussprüfer** 4 2162
- **Ad hoc-Publizität, Aufschub der Veröffentlichung** 5 64 ff.
- **Bericht an die Hauptversammlung** 4 119 ff., 126
- **Billigung**
  - als Einwirkungsmittel 4 206 ff.
  - Delegationsverbot 3 232, 259
  - durch Aufsichtsrat 4 105, 206 ff.; 8 76
  - durch Hauptversammlung 4 105, 206, 209
  - Heranziehung, Rentabilitätsbericht 4 49
  - unter Auflagen/Bedingungen 4 209
  - Verweigerung 4 206 ff.
- **Konzernabschluss** 8 74 ff.
- **Prüfung**
  - durch den Aufsichtsrat 3 259; 4 105 ff.
  - in der Genossenschaft 9 270 ff.
  - in der GmbH 9 186
  - in der SE 9 121
- **Vorlage** 4 106

- Schlusserklärung 4 126
Kapitalisierungsmaßnahmen → s. Covid-19
Kapitalmaßnahmen
- **Kapitalerhöhungen** 4 2644 ff.
  - Beschluss des Aufsichtsrats 4 2645, 2651
  - Beschluss der Hauptversammlung 4 2648 ff.
  - Covid-19 10 125 ff.
  - fehlende Zustimmung, Folgen 4 2653 f.
  - Vorabzustimmung 4 2651
  - Zustimmung Ausgabe neuer Aktien 4 2644 ff.
  - Zustimmung Ausgabebedingungen 4 2648 ff.
- **Registeranmeldungen** 4 2541 ff., 2548 ff.

Kapitalmarktrecht
- **Insiderinformationen** → s. dort
- **Kapitalmarkt-Compliance-System** → s. Compliance

KGaA
- **Abberufung**
  - Aufsichtsratsmitglied 9 10
  - Stimmverbot, Komplementär 9 11
  - Vorstandsmitglied 9 45
- **Ämterhäufung, Anrechnung** 2 43
- **Beschlüsse, Ausführung** 9 33 f.
  - Art der Ausführung 9 34
  - erfasste Beschlüsse 9 33
- **Bestellung, Aufsichtsratsmitglied** 9 10 ff.
  - Eignungsvoraussetzungen → s. persönliche Voraussetzungen
  - Entsendung 9 9, 18 ff.
  - erster Aufsichtsrat 9 10
  - Stimmverbot, Komplementär 9 11
- **Bildungszwang, Aufsichtsrat** 9 1
- **Einwirkung, Aufsichtsrat** 9 31
- **Geschäftsordnung, Vorstand** 1 125; 9 49
- **Größe, Aufsichtsrat** 9 2 ff.
- **Haftung** 9 58 ff.
- **Kapitalgesellschaft & Co. KGaA** 9 6 ff.
- **Kompetenzen, Übertragung** 9 52 ff.
- **Mitbestimmung** → s. Mitbestimmung, KGaA; → s. Drittelbeteiligungsgesetz, KGaA
- **Personalkompetenz** 1 125; 9 31, 44 ff.
  - Kapitalgesellschaft & Co. KGaA 9 46
  - MitbestG 9 47
- **persönliche Voraussetzungen** 9 5 ff.
  - Inkompatibilität 9 7 f.
  - Komplementär 9 5
  - Komplementärgesellschaft 9 6 ff.
- **Satzungsfreiheit** 9 51 ff.
- **Stimmverbot** 9 11 ff.
  - Einheits-KGaA 9 16
  - Einmann-KGaA 9 14
  - Entsendungsrecht 9 19
  - Gesellschaftergruppenidentität 9 15
  - Kapitalgesellschaft & Co. KG 9 12
  - Personengesellschaft 9 13
  - Verstoß, Folgen 9 17
  - Zweck 9 11
- **Überwachung der Geschäftsführung** 1 127; 9 29 ff.
  - Gegenstand 9 30
  - Maßstab 9 29
- **Vergütung** 1 128; 9 23

1299

Sachverzeichnis

fett = Paragraf

- Vergütungsbericht **4** 1942 ff.; **6** 75
- Vergütungssystem **4** 1339 ff., 1937 ff.; **6** 74
- **Vertretung der Gesellschaft** **1** 126; **9** 35 ff.
  - Kommanditaktionäre **9** 40 ff.
  - Kompetenz, Aufsichtsrat **9** 35, 40
  - Satzungsregelung, Abweichung **9** 36 ff.
  - Verstoß, Folgen **9** 39
- **Vorstandsberichte** **9** 27 f.
- **Zustimmungsvorbehalte** **1** 125; **9** 48
- **Zusammensetzung, Aufsichtsrat** **9** 3 f.

Konsensprinzip **4** 2368

Kontinuitätsgrundsatz **2** 5; **7** 462 ff., 494, 538, 541; → s. Statusverfahren, Kontinuitätsgrundsatz

Konzern
- Abhängigkeitsbericht **8** 120 f.
- Abschlussprüfung
  - Bestellung durch Hauptversammlung **8** 73
  - Konzernabschluss **8** 74
  - Konzernabschlussprüfer **4** 2165, 2172
  - Pflicht zur Abschlussprüfung **4** 2163; **8** 74
  - Vorschlagsrecht **8** 73
- Ämterhäufung
  - Aufsichtsratsvorsitzender **2** 45
  - Doppelmandate **4** 587 ff.
  - Konzernprivileg **2** 44
  - Vorstand, Konzerngesellschaft **4** 579
- Arbeitsdirektor **7** 249, 271 ff.
- Aufsichtsrat, Mitglieder
  - Abberufung **8** 33 f.
  - Doppelmandat **8** 17 ff.
  - Inkompatibilität **8** 19
  - Interessenkonflikte → s. dort
  - Loyalitätskonflikt **8** 20
  - Mehrfachmandat **8** 16 ff.
  - Niederlegung **8** 33 f.
  - Unabhängigkeit **8** 21
  - Sitzungsteilnahme, Doppelmandatsträger **3** 521
  - Stimmenthaltung **8** 32
  - Stimmverbot **8** 29 ff.
  - Vergütung, nachteilige Veranlassung **6** 108
  - Verschwiegenheitspflicht **3** 519 ff.; **8** 97 ff.
  - Vorstandsmitglieder **2** 52; **8** 18 f.
- Ausschüsse
  - Aufgaben **8** 79
  - Bedürfnis **8** 78 ff.
  - Einrichtungspflicht **8** 80
  - Related Party Transactions → s. dort
- Berichte des Vorstands → s. dort
- Besonderer Vertreter
  - konzernrechtliche Ersatzansprüche **4** 2855
- Compliance → s. dort
- Durchgriff auf Untergesellschaft **8** 94, 95
- faktischer Konzern
  - Begriff **8** 4, 38
  - nachteilige Maßnahmen **8** 15
  - Vertrauensentzug durch Hauptversammlung **4** 724, 726
- Geschäftsführung
  - durch Vorstand der Obergesellschaft **8** 36
  - durch Vorstand der Untergesellschaft **8** 37
  - Konzernleitung **8** 37

- Konzernleitungspflicht **8** 39 ff.
- spezifische Pflichten durch Konzernierung **8** 43
- **Gleichordnungskonzern**
  - Begriff **8** 7 ff.
- **Interesse** **8** 11 ff.
  - Gesamtinteresse **8** 12 ff.
  - Konzerninteresse **8** 11
- **Kreditvergabe** → s. dort
- **Mehrfachmandate** **8** 16 ff.
- Mitbestimmung
  - Konzern im Konzern **7** 52
  - nach Abspaltung, Ausgliederung **7** 60 ff.
  - Tendenzkonzern **7** 58
  - Zurechnung, Arbeitnehmer **7** 45 ff.
- **Related Party Transactions** → s. dort
- **Stellung des Aufsichtsrats**
  - Obergesellschaft **8** 9
  - Untergesellschaft **8** 10
- **Überwachung der Geschäftsführung**
  - Compliance **8** 56 ff.
  - Gegenstand der Überwachung **8** 37 ff., 44 ff.
  - Handlungsqualität, Vorstand **8** 46
  - im faktischen Konzern **8** 38, 45
  - Informationsweitergabe durch Doppelmandatare **8** 97 ff.
  - Kontrolladressat **8** 47
  - Maßnahmen der Untergesellschaften **8** 47
  - Schwerpunkte der Leitungstätigkeit **8** 48
  - wesentliche Einzelmaßnahmen **8** 48
- **Untergesellschaft, Aufsichtsrat**
  - Aufgaben **8** 115
  - Einflussnahmen, Obergesellschaft **8** 116
  - Weisungen, Prüfung **8** 117
- **Unterordnungskonzern**
  - Abhängigkeitsvermutung **8** 4, 6
  - Begriff **8** 4 ff.
  - Beherrschungsvertrag **8** 5
- **Weisungen**
  - Abberufung bei Verweigerung **4** 696
  - Beteiligung, Compliance-System **8** 54
  - Bindung, Aufsichtsratsmitglied **8** 27
  - faktischer Konzern **8** 15, 119
  - GmbH als Untergesellschaft **8** 42
  - Interessenkonflikte **8** 26 ff.
  - nachteilige **8** 14, 45
  - Nichtbefolgung **8** 27
  - Prüfung **8** 117
  - Weisungspflicht **8** 41
  - Zulässigkeit **8** 14
- **Zustimmungsvorbehalte** → s. dort

Kreditvergabe
- an Aufsichtsratsmitglieder **1** 44; **8** 81 ff.
  - Ausschuss, Delegation **6** 259
  - Bonität **6** 261
  - Einwilligung **6** 259 ff.; **8** 81
  - erfasste Kredite **6** 255 ff.
  - Haftung **6** 267 ff.
  - im Konzern **6** 257; **8** 81
  - Kapitalerhaltungsgebot **6** 269 ff.
  - Kleinkredite **6** 255
  - Mehrfachmandate **8** 84
  - Personenhandelsgesellschaft **6** 258

mager = Randnummer

- Stimmrechtsausschluss **6** 259
- Veröffentlichung **6** 263
- Verstoß, Folgen **6** 264 ff.; **8** 85
- Vertragsabschluss **6** 254
- Vertretungskompetenz, Vorstand **6** 254
- Zustimmung herrschende Gesellschaft **8** 81, 83
- an Vorstandsmitglieder
  - Form der Gewährung **4** 2273
  - Genehmigung/Zustimmung **4** 2274 f.
  - Kleinkredite **4** 2275
  - Vertretungskompetenz, Aufsichtsrat **4** 2273 ff.
- Kredit
  - Begriff **6** 255; **8** 82

Kündigungsschutz → *s. Benachteiligungsverbot, Kündigungsschutz*

Lederspray-Entscheidung, BGH **4** 2092 f.
Legalitätspflicht **1** 23 f.; **4** 2370 ff.
- ausländisches Recht **4** 2373
- **Compliance** **4** 214 f.
- **Geschäftsordnung, Befolgung** **4** 2075
- **Vertragstreue** **4** 2374
- **Wahrnehmung** **1** 24; **4** 2370

Leitfaden
- Aufsichtsratssitzung → *s. dort, Vorbereitung*
- Hauptversammlung → *s. Hauptversammlungsleitung*

Management-Informations-System **4** 43
Managers' Transactions **5** 132 ff.
- **Belehrung** **5** 164 f.
- **Doppelmandat** **5** 155 ff.
- **Eigengeschäft** **5** 132
- **Eng verbundene Personen** **5** 149 ff.
  - juristische Personen **5** 153
  - natürliche Personen **5** 150 ff.
- **Frist** **5** 133 f.
- **Handelsverbot** **5** 159 ff.
- **Meldepflicht** **5** 132, 135 ff.
  - Gesamtvolumen **5** 135
- **meldepflichtige Geschäfte** **5** 137 ff.
  - Erwerb von Aktien/Optionen **5** 144 ff.
  - Vergütung, Vergütungspaket **5** 143, 145
- **Musterformular** **5** 132

„**Mannesmann**" **4** 1540 ff.
Maximalvergütung → *s. Vorstandsvergütung*
Mehrfachmandat, Konzern → *s. Konzern*
Mehrheitsprinzip **4** 2368 f.
Mitbestimmungsgesetz
- **Allgemein** **1** 54 f., 101 ff.
- **Anwendungsbereich** **7** 25 ff.
  - Arbeitnehmerzahl **7** 27 ff., 65
  - Arbeitnehmer anderer Unternehmen **7** 40 ff.
  - erfasste Arbeitnehmer **7** 28 ff.
  - Gemeinschaftsunternehmen **7** 53
  - MontanMitbestG **7** 66
  - MitbestErgG **7** 66
  - Tendenzunternehmen **7** 57, 61
- **Anwendungszeitpunkt** **7** 340
- **Arbeitnehmervertreter** → *s. dort*
- **Aufsichtsrat, Zusammensetzung** → *s. dort*
- **Ausschuss, Besetzung** **3** 218 ff.

Sachverzeichnis

- **Beibehaltung der Mitbestimmung** **7** 59 ff.
  - nach Abspaltung, Ausgliederung **7** 60 ff.
- **erstmalige Anwendung** **7** 332 ff.
  - Satzung **7** 334 ff.
  - Gesellschaftsvertrag **7** 334 ff.
- **Territorialitätsprinzip** **7** 29, 55

Mitbestimmung, Genossenschaft
- **Allgemein** **7** 25, 333, 393, 436; **9** 242 f.
- **Arbeitsdirektor** **7** 246
- **Aufsichtsrat**
  - Beschlussfassung **7** 164
  - Bildungszwang **7** 72, 408
  - Größe **7** 73 ff., 413
  - Gründungsstadium **7** 87
- **Vorstand**
  - Abberufung **7** 220
  - Anstellungsvertrag **7** 229
  - Bestellung **7** 185, 195

Mitbestimmung, GmbH
- **Aufsichtsrat**
  - Beschlussfassung **7** 164
  - Bildungszwang **7** 72; **9** 178
  - Größe **7** 73 ff., 411
  - Gründungsstadium **7** 87
- **Delegationsverbot** **7** 231
- **Prokura, Erteilung** **7** 198
- **Vorstand**
  - Abberufung **7** 220
  - Anstellungsvertrag **7** 228
  - Bestellung **7** 185

Mitbestimmung, KGaA
- **Arbeitsdirektor** **7** 236
- **Bestellung des Vorstands** **7** 184; **9** 47
- **Beteiligungsrechte, Ausübung** **7** 305
- **erster Aufsichtsrat** **7** 85, 500
- **Bestellung des geschäftsführenden Organs** **7** 184
- MontanMitbestG **9** 3 f.

Mitbestimmung, SE **7** 448 ff.
- **Arbeitsdirektor** **7** 458 ff.
- **Dualismus/Monismus** **7** 449, 454 ff.
- **Mitbestimmungsstatut bei Gründung** **9** 83
- **Rechtsgrundlage** **9** 82
- **Verhandlungsgremium der Arbeitnehmer** **7** 452
  - nach MgVG **7** 470
- **Verhandlungsverfahren** **7** 452 f.
- **Verwaltungsrat** **7** 455 ff.; **9** 135 ff.
- **Vorher-Nachher-Prinzip** **7** 451 ff., 463; **9** 82

Mitbestimmungsvertrag/Mitbestimmungsvereinbarung **7** 471 ff.
- **Statusbegründend** **7** 477 f.
- **Statusändernd** **7** 480 f.

Mitglied des Aufsichtsrats
- **Abberufung** → *s. dort*
- **Amtsniederlegung** **2** 195 ff.
  - entsandtes Mitglied **2** 196
  - Form, Zugang **2** 198
  - Pflicht **2** 197
  - pflichtwidrige Niederlegung **2** 196
  - wichtiger Grund **2** 195
  - Zulässigkeit **2** 195
- **Amtszeit**

Sachverzeichnis

fett = Paragraf

- Beginn **2** 153
- Dauer **2** 154, 157, 168
- Ende **2** 155, 189
- entsendetes Mitglied **2** 129, 162 f.
- Erlöschen des Mandats **2** 169 ff., 189, 202
- Ersatzmitglied **2** 210
- erster Aufsichtsrat **2** 167 f.
- Genossenschaft **9** 244 f.
- gerichtlich bestelltes Mitglied **2** 164 ff.
- Höchstzeit **2** 154, 157, 162, 164, 167; **9** 102
- nach Anfechtungsklage **2** 199 f.
- Satzungsbestimmungen **2** 157 ff.
- SE **9** 102 f.
- Wiederbestellung **2** 160; **9** 103
- **Annahme der Wahl** **2** 121, 153
- **Arbeitnehmervertreter** → s. dort
- **Arbeitsfreistellung** **7** 359 ff.
- **Behinderungsverbot** → s. dort.
- **Bekanntmachung** **2** 212 ff.
- **Benachteiligungsverbot** → s. dort.
- **Bestellung** **2** 101 ff.; → s. Aufsichtsrat, Wahl der Mitglieder
- **Ehrenmitglied** **2** 99 f.
  - Rechtsstellung **2** 100
- **Eigengeschäfte** → s. Managers' Transactions
- **Eignungsvoraussetzungen** → s. dort
- **Einarbeitungszeit** **3** 478
- **Entlastung** **5** 166 ff.; → s. a. dort
- **entsandtes Mitglied** **2** 133; → s. a. Entsendung
- **Erlöschen des Mandats** **2** 169 ff., 189, 202
- **Ersatzmitglied** **2** 203 ff.
  - Amtszeit **2** 210
  - Anzahl **2** 207
  - Bekanntmachung **2** 212
  - Bestellung **2** 204 ff.
  - Nachrücken **2** 191
  - Nominierungsausschuss **3** 300
  - Reihenfolge **2** 207
- **fehlerhafte Bestellung** **2** 148 ff.
  - Beschlussfähigkeit Aufsichtsrat **2** 150
  - Geltendmachung der Nichtigkeit **2** 151
  - Rechtsstellung **2** 149
  - Wirksamkeit von Beschlüssen **2** 150
- **Fortbildung/Onboarding** **6** 161 ff.
- **Geschäftsführungsverbot** **4** 381
- **Informationsrechte** **4** 24, 68 f., 78 f., 176; → s. auch Berichte des Vorstands, Anforderungsbericht
- **Konzern** → s. dort
- **Kündigungsschutz** → s. Benachteiligungsverbot, Kündigungsschutz
- **Mehrfachmandat, Konzern** → s. Konzern
- **Nachrücken** **2** 209
- **Persönliche Amtswahrnehmung** **1** 92 ff.
- **Persönliche Voraussetzungen** → s. dort
- **Pflicht zur Mitarbeit/Urteilsbildung** **3** 480 f.
- **Protokoll, Aufbewahrung** **4** 574
- **Schulungsmaßnahmen** **7** 369
- **Sorgfaltspflicht** → s. Aufsichtsrat, Sorgfaltspflicht
- **Stellvertreter von Vorstandsmitglied** **4** 922 ff.
  - Annahme **4** 956
  - Beschluss **4** 950 ff.
  - Dauer der Bestellung **4** 932 ff.
  - Ende **4** 957 ff.
  - Ermessen **4** 954 f.
  - fehlendes Vorstandsmitglied **4** 925 ff., 930 f.
  - Handelsregister **4** 964 ff.
  - Inkompatibilität **4** 922
  - Konzern **4** 937 f.
  - Niederlegung **4** 959
  - Rechtsstellung, Aufsichtsratsmitglied **4** 939 ff.
  - Rechtsstellung, vertretenes Vorstandsmitglied **4** 947
  - Vergütung **4** 940
  - verhindertes Vorstandsmitglied **4** 928 ff.
  - Verstoß, Folgen **4** 948 f.
- **Stellvertretung, Verbot** **3** 454 f.
- **Stimmbindung** **4** 523
- **Stimmbote** **3** 452 ff.
- **Stimmenthaltung** → s. dort
- **Stimmrecht** **3** 445
- **Stimmverbot** → s. dort
- **Teilnahmerecht**
  - Hauptversammlung **1** 40; **10** 17
- **Tod** **2** 201
- **Vergütung** → s. Aufsichtsrat, Vergütung
- **Verschwiegenheitspflicht** → s. Aufsichtsrat, Verschwiegenheitspflicht
- **Vollbeendigung der Gesellschaft** **2** 202

Mitglied des Vorstands
- **Amtsniederlegung** **4** 782 ff.
  - Anstellungsvertrag, Folgen **4** 793 ff.
  - außerordentliche Kündigung **4** 794 f., 800
  - ausgebliebene Einigung für Anstellungsvertrag **4** 1215
  - Bedingung **4** 786
  - Befristung **4** 785, 801
  - berechtigt/unberechtigt **4** 793
  - Bestimmtheit **4** 784
  - Form **4** 783
  - gerichtlich bestelltes Mitglied **4** 1043
  - Konzern **4** 799
  - Pflicht zur Niederlegung **4** 802 ff.
  - Rechtsmissbrauch **4** 791
  - suspendiertes Mitglied **4** 854
  - Vergütung nach Niederlegung **4** 1676
  - verweigerte Entlastung **4** 1102
  - Vorstandsvorsitzender
  - wichtiger Grund **4** 789 f., 796 ff.
  - Wirksamkeit **4** 790 ff.
  - Zugang bei Aufsichtsratsmitglied **4** 787 f.
  - Zulässigkeit der Niederlegung **4** 782
- **Amtszeit**
  - Anstellungsvertrag → s. dort
  - automatische Verlängerung **4** 669 ff.
  - bei Erstbestellung **4** 641
  - bei gerichtlicher Bestellung **4** 1029 ff.
  - bei Wiederbestellung **4** 651, 654
  - Bestimmung **4** 637
  - erster Vorstand **4** 976
  - fehlende Bestimmung **4** 638
  - Handelsregister, Eintragung **4** 648
  - Höchstdauer **4** 636
  - Mindestdauer **4** 639 f.
  - SE **4** 636
  - Verlängerung **4** 651
  - Vorstandsvorsitzender **4** 883

- **Annahme der Bestellung** 4 645
- **Arbeitnehmereigenschaft** 4 1188 ff.
  - arbeitnehmerähnlich 4 1197 ff.
  - nationale arbeitsrechtliche Vorschriften, Anwendung 4 1200 ff.
  - nationaler Arbeitnehmerbegriff 4 1189 f.
  - soziale Schutzbedürftigkeit 4 1198 f.
  - unionsrechtliche arbeitsrechtliche Vorschriften, Anwendung 4 1205
  - unionsrechtlicher Arbeitnehmerbegriff 4 1191 ff.
- **Aufsichtsratssitzung**
  - Entscheidung über Teilnahme 3 97
  - Teilnahmerecht 3 97 ff.
- **ehemaliges** 4 2351
  - als Aufsichtsratsvorsitzender 3 36
  - Cooling Off-Periode 2 51; 3 36; 9 237
  - Haftung 4 2351, 2857
  - Genossenschaft 9 237
  - Vertragsabschluss 6 208
  - Vertretung der Gesellschaft 4 2279 ff.
  - Wahlvorschlag 2 53 f.
  - Wechsel in den Aufsichtsrat 2 51 ff.
- **Eignungsvoraussetzungen** → s. Persönliche Voraussetzungen, Vorstandsmitglied
- **faktisches Vorstandsmitglied** 4 679 f.
- **Familienzeit** 4 821
- **fehlendes Mitglied** 4 925 ff., 930 f., 985 ff.
- **fehlerhafte Bestellung** 4 672 ff.
- **Freistellung/Dienstbefreiung** 4 856 ff.
  - Abgrenzung Suspendierung 4 857 f.
  - Pflichten des Mitglieds 4 865 ff.
  - Rechtsfolgen 4 860
  - Verfahren 4 863 f.
  - Vergütung 4 869
  - Zeitraum 4 858 f., 862
- **Haftung** → s. Schadensersatzansprüche gegen Vorstandsmitglieder
- **Herausgabepflichten nach beendetem Anstellungsverhältnis** 4 1758 ff.
- **Missbrauchsverbot** 4 1669 f.
- **Nebentätigkeit** → s. dort
- **Organstellung** 4 500
  - bei gerichtlicher Bestellung 4 1023
- **Sabbatical** 4 824, 1657 ff.
  - größere Dauer 4 1660
  - einvernehmliche Dienstbefreiung 4 1658
  - Rückholklausel 4 1661
  - Zulässigkeit 4 1660
- **Secondment** 4 819, 824
- **Stellvertreter von Vorstandsmitgliedern** 4 912 ff.
  - Arbeitsdirektor 4 917
  - Aufsichtsratsmitglied als Stellvertreter 4 922 ff.; → s. Mitglied des Aufsichtsrats
  - Befugnisse 4 915 f.
  - Bestimmung 4 918 f.
  - Handelsregister/Geschäftsbriefe 4 921
  - Satzungsregelung 4 914
  - Stellung 4 913
  - stellvertretende Vorstandsmitglieder, Unterscheidung 4 912
- **Suspendierung** → s. dort
- Urlaub 4 1656
- **Verhinderung** 4 928 ff.
- **Versicherungen**
  - Arbeitslosenversicherung 4 1207 ff.
  - Beitragszuschuss 4 1213
  - D&O → s. dort
  - gesetzliche Unfallversicherung 4 1212
  - Krankenversicherung 4 1210
  - Pflegeversicherung 4 1210
  - Rentenversicherung 4 1207 ff.
  - Sozialversicherung 4 1207 ff.
  - sozialversicherungsrechtliches Beschäftigungsverhältnis 4 1211
- **Vorstandssprecher** → s. Vorstandsvorsitzender
- **Vorstandsvorsitzender** → s. dort
- **Wettbewerbsverbot** → s. dort
- **Zeugnis** 4 1666

Monitor 4 2922 ff.
- **Auditor** 4 2939
- **Aufgaben** 4 2928
  - Arbeitsplan 4 2969
  - Certification 4 2974
  - Empfehlungen 4 2982 ff.
  - Follow-Up Review 4 2972 f.
  - Internal Review 4 2970
- **Auswahl** 4 2940 ff.
  - Ausschuss 4 2943
  - Kriterien 4 2943
  - Verfahren 4 2943 ff.
  - Vorschlag des Unternehmens 4 2942
  - Zuständigkeit 4 2943 ff.
- **Befugnisse** 4 2954 ff.
  - Auskunftsrecht 4 3015
  - Besichtigung 4 2978
  - Dokumenteneinsicht 4 2977, 3017 ff.
  - Grenzen 4 2993 ff.
  - Hauptversammlung 4 2981
  - Praxis 4 2956
  - Sitzungsprotokolle 4 3019
  - Sitzungsteilnahme 4 2980, 3019
  - Vereinbarung 4 2954
  - Weisungsrecht, fehlendes 4 3015
- **Berichte** 4 2959 ff.
  - Certification Report 4 2974
  - Follow-Up Review Report 4 2973
  - Internal Review Report 4 2971
  - Vertraulichkeit 4 2961
- **Compliance-Verstöße, Mitteilung** 4 2948
- **Eignungsvoraussetzungen** 4 2940
- **Haftung** 4 2957
- **Rechtsstellung** 4 2993 ff.
  - Abgrenzung besonderer Vertreter 4 2996
  - Abgrenzung Sonderbeauftragter 4 2998
  - Abgrenzung Sonderprüfer 4 2997
- **Treuepflicht** 4 2957
- **Unabhängigkeit** 4 2927, 2940
- **Vergütung** 4 2947, 3008
- **Verschwiegenheitspflicht** 3 517; 4 2960, 3022

Monitorship
- **Ablauf** 4 2965 ff.
  - Phasen 4 2969 ff.
  - Verlängerung 4 2967, 2987 f.
  - vorzeitiges Ende 4 2985 ff.

Sachverzeichnis

fett = Paragraf

- Zeitrahmen 4 2965 ff. 2986
- **Anwendungsbereich** 4 2922 ff.
- **Betriebsrat** 4 3016
- **Compliance-Verstöße, Mitteilung** 4 2948
- **Empfehlungen, Umsetzung**
  - Ermessensentscheidungen 4 3011
  - Kooperationspflicht 4 3000 f.
  - Kündigungen 4 3012 ff.
- **Haftung, Mandatsträger** 4 3003
- **Kooperationspflicht, Unternehmen**
  - Allgemein 4 2962, 3002
  - Umsetzung, Empfehlungen 4 3000 f.
  - Verfolgung von Pflichtverletzungen 4 3001
- **Kosten** 4 2927, 2963 f., 3008
- **Monitor** → s. dort
- **Rechtsgrundlage**
  - Memoranda 4 2929
  - Vereinbarung über anzuwendendes Recht 4 2949
- **Rechtsnatur** 4 2991
- **Relevanz** 4 2922 ff.
- **Sachkundige Stelle** 4 3023 ff.
- **Scheitern** 4 2989 f.
- **Statement of Facts** 4 2934
- **Verbandssanktionengesetz (VerSanG)** 4 3023 ff.; → s. a. dort
- **Vereinbarung** 4 2937 f.
  - Bedingungen des Monitorships 4 2946 ff.
  - Zustimmung 4 2992
- **Vergleich** 4 2930 ff.
  - Abschluss, Zuständigkeit 4 3000
  - Bedingungen des Monitorships 4 2946 ff.
  - Cease and Desist Order 4 2935
  - Consent Order 4 2936
  - Deferred Prosecution Agreement 4 2932
  - Non-Prosecution Agreement 4 2931
  - Plea Agreement 4 2933
  - strafrechtlich 4 2930 ff.
  - zivilrechtlich 4 2935 f.
- **Vertraulichkeit** 4 2959 ff., 2977, 3017 ff.
- **Zustimmung** 4 2992
- **Zweck** 4 2951 ff.

nahestehende Person → s. Related Party Transaction

Nebentätigkeit, Vorstand 4 590 ff., 1638 ff.
- **Anrechnung, Vergütung** 4 1643
- **Art der Tätigkeit** 4 1639
- **Gremien im Konzern** 4 591 ff., 1638
- **keine Nebentätigkeit** 4 590
- **rein privat** 4 1640
- **Verstoß, Folgen** 4 1645
- **Widerrufsvorbehalt** 4 1641
- **Zustimmungserfordernis** 4 590, 592, 1639 ff.

Niederschrift → s. Sitzungsprotokoll

Nominierungsausschuss 3 299 ff.
- **Aufgaben**
  - Anforderungsprofil, Erstellung 3 305
  - Auswahlprozess 3 300, 305 f.
  - Ersatzmitglieder 3 300
  - Frauenanteil, Festlegung 3 301
  - Nachfolgeplanung 3 308
  - Wahlvorschlag 2 103; 3 303, 307

- **Berater** 3 306
- **Besetzung, Anteilseignervertreter** 3 299, 304
- **Einrichtung** 3 300, 302
  - Beurteilungsspielraum 3 302
  - Pflicht 3 301
- **Größe** 3 303

Offenlegungsverbot 5 122 ff.
- **Offenlegung an Aufsichtsratsmitglieder** 5 128
- **Offenlegung an Berater/Dritte** 5 130 f.
- **Offenlegung an Vorstandsmitglieder** 5 129
- **Pflichten nach erlaubter Offenlegung** 5 126 f.
- **rechtmäßige Offenlegung** 5 124 ff.
- **Umfang** 5 122
- **Vertraulichkeitsvereinbarung** 5 127

Onboarding 6 163; → s. a. Schulungsmaßnahmen

Organhaftung → s. Haftung

Organintegrität, Gebot → s. Eignungsvoraussetzungen

Personalausschuss → s. a. Bestellung, Vorstandsmitglied, Auswahlprozess
- **Aufgaben** 3 244 ff.
  - Nachfolgeplanung, Vorstand 3 244; 4 506 ff.
  - Prüfung, Vorstandskandidaten 3 244
  - Vergütung 3 245
  - Zulässigkeit der Delegation 4 506 ff.
- **Bericht an das Plenum** 4 510 ff.
  - zu nicht vorgeschlagenen Kandidaten 4 511
  - zur Ausschusstätigkeit 4 510
- **Besetzung** 3 222
- **Insiderinformation**
  - Aufschub der Veröffentlichung 4 515 ff.
  - Entstehung der Information 4 515; 5 70 ff., 75 f.
- **Verschwiegenheitspflicht** 4 511 f.

Personalkompetenz
- **Allgemein** 4 499 ff.
- **KGaA** 9 31, 45 ff.; → s. a. KGaA
- **SE** 9 119; → s. a. Societas Europaea

Persönliche Amtswahrnehmung 1 92 ff.

Persönliche Voraussetzungen, Aufsichtsratsmitglied
- **Allgemein** 2 60 ff.
  - Altersgrenze 2 86
  - Minderjährige 2 38
  - Mindestkenntnisse-/fähigkeiten 2 61 ff.; 3 476
  - natürliche Person 2 38
- **Ämterhäufung**
  - Aufsichtsratsvorsitzender 2 45
  - Doppelmandat 2 64; 8 17
  - Einbeziehung Auslandsgesellschaften 2 43
  - Einbeziehung fakultativer Aufsichtsrat 2 42
  - Einbeziehung obligatorischer Aufsichtsrat 2 42
  - Höchstzahl 2 40; 8 17
  - im Konzern → s. dort
  - Konzernprivileg 2 44
- **Arbeitnehmervertreter** 7 96
- **Beamte** 2 59
- **ehemaliges Vorstandsmitglied**

Sachverzeichnis

mager = Randnummer

- Ausnahme **2** 51, 53; **3** 36
- Genossenschaft **9** 237
- Konzern **2** 52
- Sperrzeit/cooling off-Periode **2** 51; **9** 237
- Wahlvorschlag **2** 53 f.
- **Finanzexperte** **2** 75 ff.
  - Definition/Anforderungen **2** 75; **3** 290 f.
  - Verstoß, Folgen **2** 87 ff.; **3** 297
  - Wegfall **2** 90
- **Genossenschaft** **9** 236 ff.; → s. a. *Genossenschaft*
- **Hinderungsgründe** **2** 39 ff.
- **Inkompatibilität**
  - Beteiligungsgesellschaft **9** 8
  - dieselbe Gesellschaft **4** 575
  - KGaA **9** 6 f.
  - Komplementärgesellschaft **9** 7
  - Mehrfachmitgliedschaft **2** 57; **8** 19
  - Prioritätsgrundsatz **2** 58; **4** 576
  - Verstoß, Folgen **2** 93 f.; **9** 9
  - Vorstand derselben Gesellschaft **4** 922
- **Interessenkonflikt** **2** 68 f.
- **KGaA** **9** 5 ff.; → s. a. *KGaA*
- **Komplementär** **9** 5
- **mangelnde Eignung, Haftung** **2** 61; **5** 196
- **Nominierungsausschuss, Prüfung der Voraussetzungen** **3** 305
- **Organintegrität, Gebot** **2** 46 f.
- **politische Mandatsträger** **2** 59
- **Qualifikationen, besondere** **3** 475
- **Satzungsbestimmungen** **2** 70 ff.
  - Gegenstand **2** 70
  - Verstoß, Folgen **2** 84 ff.
  - zulässiger Inhalt **2** 71 f., 86
- **Sektorenkenntnis** **2** 77 ff.
  - Definition/Anforderungen **2** 77 ff.; **3** 294 f.
  - Sektor **2** 78
  - Verstoß, Folgen **2** 91; **3** 297
- **Überkreuzverflechtung**
  - Auslandsgesellschaften **2** 49
  - fakultativer Aufsichtsrat **2** 50
  - im Konzern **8** 19
  - Verbot **2** 48
- **Unabhängigkeit**
  - Doppelmandat **2** 64
  - Empfehlung **2** 65 ff.
- **Verstoß, Folgen**
  - Antritt Ersatzmitglied **2** 82
  - Entstehung, Hinderungsgrund **2** 82 f.
  - Nichtigkeit der Wahl **2** 81
  - Wegfall der Voraussetzung **2** 83
- **Vorstandsmitglied**
  - ehemaliges → s. *Persönliche Voraussetzungen, ehemaliges Vorstandsmitglied*
  - im Konzern **8** 18
- **Wegfall** **2** 83, 90 f., 169
- **Persönliche Voraussetzungen, Vorstandsmitglied** **4** 566 ff.
  - **Aktionär** **4** 566
  - **Allgemein** **4** 566
  - **Altersgrenze** **4** 603 ff., 1238 f.
  - **Ämterhäufung**
    - Allgemein **4** 583
    - Einwilligung, Aufsichtsrat **4** 585

- Finanz-/Versicherungsunternehmen **4** 582
- Konzern **4** 579, 584, 587 ff.
- Risiken **4** 586, 588 f.
- Vorstandsdoppelmandat **4** 584 f., 587 ff.
- **Beamte** **4** 580
- **Bestellungshindernisse** **4** 570 ff.
  - Berufs-/Gewerbeverbot **4** 570
  - Betreuung **4** 570
  - Bundespräsident/-kanzler/-minister **4** 580
  - Führungszeugnis **4** 574
  - Nebentätigkeiten **4** 590 ff.; → s. a. *dort*
  - Standesrecht **4** 581
  - Straftäter **4** 571 ff.
  - Verstoß, Folgen **4** 573
- **ehemaliges Aufsichtsratsmitglied**
  - Cooling-Off **4** 578
- **fachliche Qualifikationen** **4** 606
  - als Satzungsregelung **4** 600
- **Finanz-/Versicherungsunternehmen** **4** 569
  - Bestellungshindernis, Ämterhäufung **4** 582
- **gerichtliche Bestellung**
  - Allgemein **4** 1012
  - Bindung durch Aufsichtsratsvorgaben **4** 1015
  - Bindung durch Satzungsvorgaben **4** 1013 f.
  - Verstoß, Folgen **4** 1015
- **Gesundheit** **4** 609 f.
- **Inkompatibilität** **4** 575 ff.
  - Aufsichtsrat derselben Gesellschaft **4** 575
  - Aufsichtsrat Konzerngesellschaft **4** 579
  - ehemaliges Aufsichtsratsmitglied **4** 578
  - Prioritätsgrundsatz **2** 58; **4** 576
  - Verstoß, Folgen **4** 577
- **Interessenkonflikt**
  - bei Vorstandsdoppelmandat **4** 586, 588
- **mangelnde Eignung, Folgen** **4** 569
  - Abberufung, wichtiger Grund **4** 700
- **mitbestimmte Gesellschaft** **7** 189 ff.
- **Prüfung der Voraussetzungen**
  - Backround-Check **4** 607 f.
  - Datenschutz **4** 574, 608
  - Führungszeugnis **4** 574
  - Gesundheits-Check **4** 609 f.
- **Satzungsvorgaben** **4** 598 ff.; **7** 191 f.
  - Altersgrenze **4** 603 ff.
  - Bindungswirkung **4** 601 f.
  - Qualifikationen **4** 600
  - Verstoß, Folgen **4** 605
  - Wohnsitz **4** 600
  - Zulässigkeit **4** 598 f.
- **Verstoß, Folgen**
  - bei Bestellungshindernis **4** 573
  - bei Satzungsverstoß **4** 605
- **Wegfall** **4** 573
- **Wohnsitz** **4** 567, 600
- **Präsidium**
  - Aufgaben **3** 242 f., 246 ff.
  - Besetzung **3** 242, 251
  - Entscheidungsbefugnisse **3** 246
  - Personalangelegenheiten → s. *Personalausschuss*
- **Protokoll** → s. *Sitzungsprotokoll*
- **Prüfungsausschuss**
  - Abschlussprüfer **4** 2175 ff., 2181, 2204, 2225, 2228 ff.

1305

Sachverzeichnis

fett = Paragraf

- Auswahl **3** 275 ff.; **4** 162, 2175 ff.
- Beurteilung der Abschlussprüfung **3** 281; **4** 168
- Bericht des Abschlussprüfers **3** 271
- Erklärung über Unabhängigkeit **4** 2181
- Überwachung der Unabhängigkeit **3** 279 f.; **4** 2176
- Vertragsschluss **4** 2260
- Vorschlag **4** 162, 2251 ff.
- zusätzlich erbrachte Leistungen **3** 279; **4** 2176
- **Aufgaben** **4** 153 ff.
  - Abschlussunterlagen **3** 259; **4** 104, 160 f.
  - Compliance **3** 282 ff., 334 ff.; **4** 166, 221 f.
  - CSR-Bericht **3** 288 f.
  - DRP **3** 265, 267
  - Festlegung **3** 262; **4** 154
  - Kontroll-/Überwachungssysteme, Überwachung **3** 268 ff.; **4** 163 ff.
  - Rechnungslegungsprozess, Überwachung **3** 260, 264 ff.; **4** 158 ff.
  - Unternehmenskrise **3** 287
  - Wirksamkeitsüberwachung **3** 264, 270, 272 f.; **4** 167
- **Besetzung** **3** 290 ff.; **4** 155
  - Finanzexperte **3** 290 ff.; **4** 155; → s. a. *Persönliche Voraussetzungen, Finanzexperte*
  - Mitbestimmung **3** 296
  - Sektorenkenntnis **3** 294 f.; **4** 155
  - Unternehmen von öffentlichem Interesse **3** 290
  - Verstoß, Folgen **3** 297
- **Delegationsverbot** **4** 154, 161
- **Einrichtung**
  - Ermessen **3** 258
  - Pflicht **3** 257; **4** 151
- **fakultativer Aufsichtsrat**
  - GmbH **9** 213, 216
- **Geschäftsordnung** **3** 263
- **leitende Angestellte, Informationsbeschaffung** → *s. a. Überwachung, Durchgriff auf Angestellte* **3** 274
- **Vorsitzender**
  - Aufsichtsratsvorsitzender **3** 298
  - Unabhängigkeit **2** 67; **3** 298
  - Qualifikation **3** 389

Rahmen-Geschäftsordnung **4** 2068
Rechtsirrtum → *s. Schadensersatzansprüche gegen Vorstandsmitglieder*
Rechtsrat, Einholung
- durch Aufsichtsrat → *s. Berater des Aufsichtsrats*
- durch Vorstand **4** 2398 ff.

Registeranmeldungen
- durch Aufsichtsrat
  - Kapitalmaßnahmen **4** 2541 ff., 2548 ff.
  - originäre Zuständigkeit **4** 2538 f.
- **Aufsichtsratsvorsitzender** **2** 216; **3** 60 ff.
  - MitbestG **7** 150, 155
  - Kapitalmaßnahmen **4** 2541 ff., 2548 ff.
  - Zeitpunkt **3** 60, 62
  - Zuständigkeit **3** 60, 139
  - Zwangsgeld **3** 63
- **Mitglieder des Aufsichtsrats** **2** 212 ff.

- als Stellvertreter von Vorstandsmitglied **4** 964 ff.
- **Mitglieder des Vorstands**
  - Abberufung **4** 781
  - Bestellung **4** 646, 648
  - gerichtliche Bestellung **4** 1018
  - Stellvertreter von Vorstandsmitglied **4** 921, 964 ff.
  - Vorstandssprecher **4** 905
  - Vorstandsvorsitzender **4** 886

Related Party Transactions (RPT) **4** 435 ff.
- **Ausschuss** → *s. RPT-Ausschuss*
- **erfasste Geschäfte**
  - allgemein **4** 437 f.
  - Änderungen bestehender Geschäfte **4** 438
  - Unterlassungen **3** 316; **4** 437
- **erfasste Gesellschaften** **4** 436
- **Geschäfte durch Hauptversammlung** **4** 470 f.; **8** 69
- **Geschäfte mit Tochterunternehmen** **4** 466 ff.
- **Interessenkonflikt** **4** 482 ff.
  - Ausschussmitglieder → *s. RPT-Ausschuss*
  - Beurteilung **4** 484
  - Offenlegung **4** 484
  - Stimmrechtsausschluss **3** 318; **4** 482
  - Vorliegen des Konflikts **4** 482
- **nahestehende Person** **4** 439 ff.; **8** 63
  - Ausnahmen **4** 444
  - Beurteilung **4** 445
  - erfasste Personen **4** 440 ff.
  - Familie **4** 442
  - maßgeblicher Einfluss **4** 440
  - Rechtsgrundlage **4** 439
  - Unternehmen **4** 443
- **Prüfverfahren für reguläre Geschäfte** **4** 453 ff.
  - Ausgestaltung **4** 460 ff.
  - Ausschuss **3** 313 ff.; **4** 462
  - Berater **4** 462
  - Einrichtung, Zuständigkeit **4** 454 ff.
  - Einzelfallprüfung **4** 460
  - konzernweit **4** 459
  - Turnus **4** 461
- **reguläre Geschäfte** **4** 446 ff.
  - Alltagsgeschäfte **4** 450
  - Cash-Pool **4** 452
  - Konzern, Nachteilsausgleich **4** 448
  - marktübliche Bedingungen **4** 448
  - ordentlicher Geschäftsgang **4** 450
  - Satzungsregelung **4** 463
  - voluminöses Einzelgeschäft **4** 451
- **Schwellenwert** **4** 473 ff.
  - Aggregation **4** 479 f.
  - Bewertung durch den Vorstand **4** 476
  - Höhe **4** 473
  - im Konzern **4** 478
  - unbefristete Dauerschuldverhältnisse **4** 475
  - Unterschreiten **4** 496
  - Wert des Geschäfts **4** 474
- **Tunneling** **4** 435
- **Vergütungsgeschäfte** **4** 472, 1867
- **Veröffentlichungspflicht** **4** 494 ff.
  - Insiderinformation **4** 495 f.

mager = Randnummer

Sachverzeichnis

- Zeitpunkt der Veröffentlichung 4 494 f.
- Zuständigkeit, Vorstand 4 494
- Zwischenschritt 4 496
- **Vorstandsunternehmen** 4 2289 ff.; → *s. a. dort*
- **Zustimmungsvorbehalt** 4 481 ff.
  - Entscheidung 4 490 ff.
  - Ersetzung durch Hauptversammlung 4 493
  - Maßstab 4 491 f.
  - Versagung der Zustimmung 4 493
  - Zeitpunkt der Entscheidung 4 490

RPT-Ausschuss 3 313 ff.; 4 485 ff.
- **Aufgaben** 3 313 ff., 333; 4 485
- **Besetzung** 3 322 ff., 388; 4 486 ff.
  - fehlerhafte Besetzung, Folgen 3 331; 4 489
- **Ersatzmitglied** 3 332
- **Unabhängigkeit, Mitglieder** 3 322 ff.
  - Befangenheitsgründe 3 326
  - Maßstab 3 324, 327
  - Offenlegungspflicht 3 325
  - Stimmverbot 3 330; 4 487
  - Verstoß, Folgen 3 331; 4 489
  - Zuständigkeit, Feststellung 3 323, 325

Ressort, Vorstand
- **Aufteilung** 4 2362
- **Berichte des Vorstands, Ressortzuständigkeit** 4 28
- **Gleichberechtigung der Vorstandsmitglieder** 4 2094 ff.
- **Remonstrationspflicht** 4 2364
- **Ressortloses Vorstandsmitglied** 4 2096

Risikoüberwachungssystem 4 129 f., 247 ff.
Ruhegehalt → *s. Vorstandsvergütung*

Sachkundige Stelle 4 3023 ff.
Sachverständige → *s. Berater des Aufsichtsrats*
Satzung
- **Allgemein** 1 51
- **Art der Satzungsregelung (Auswahl)**
  - Abberufung, Aufsichtsratsmitglied 2 174
  - Amtszeit, Aufsichtsratsvorsitzender 3 43 f., 172
  - Amtszeit, Aufsichtsratsmitglied 2 157 ff.
  - Auslagenersatz, Aufsichtsrat 6 126
  - Entsendung, Aufsichtsratsmitglied 2 126 ff.; 9 9
  - Ermächtigung zur Widerrufserklärung 4 749
  - Geschäftsordnung des Aufsichtsrats 3 169, 180
  - Geschäftsordnung des Vorstands 4 2048 ff.
  - Geschäftsverteilung 4 2053
  - GmbH 9 180 ff.
  - Größe des Aufsichtsrats 2 10 ff., 19 f., 76 f.
  - Hauptversammlungsleitung 3 68; 4 2554, 2563 ff.
  - KGaA, Vertretung 9 36 ff.
  - persönliche Voraussetzungen, Aufsichtsrat 2 39, 70 ff.
  - persönliche Voraussetzungen, Vorstand 4 598 ff.
  - Related Party Transaction, Ausnahme 4 463
  - Schiedsvereinbarung 4 761
  - Sitzungsteilnahme, Sachverständige 3 101
  - Stellvertretender Vorsitzender 3 146 f.
  - Vergütung, Aufsichtsrat 6 18
  - Wahl, Aufsichtsrat 2 109 ff.
  - Wahl, Aufsichtsratsvorsitzender 3 26 ff.
  - Wettbewerbsverbot 4 1591
  - Zustimmungsvorbehalt, Erlass 4 387 f.
  - Zustimmungsvorbehalt, SE 9 128, 130, 164
- **Außerkrafttreten**
  - Statusverfahren 7 334, 535
- **Covid-19** 10 6, 9 f., 45 ff.
- **Fassungsänderungen** 4 2656 ff.
  - Abgrenzung zu Inhaltsänderung 4 2657
  - Ermächtigung durch die Hauptversammlung 4 2658, 2660 ff., 2664
- **MitbestG, erste Anwendung** 7 332 ff.
- **Satzungsfreiheit**
  - Allgemein 1 48
  - GmbH 1 136 f.; 9 177, 191, 194 ff., 209, 213, 219, 222 f.
  - KGaA 9 51 ff.
- **unzulässige Regelungen**
  - Beschlussfähigkeit, Aufsichtsrat 3 450
  - Einschränkung Selbstorganisationsrecht 3 2, 7; 4 150
  - Größe, Aufsichtsrat 2 19 f., 131
  - persönliche Voraussetzungen, Hinderungsgründe 2 39
  - Vorstandsvorsitzender 4 2052
  - Wahl, Aufsichtsratsvorsitzender 3 24, 34

Schadensersatzansprüche gegen Arbeitnehmer 4 321
Schadensersatzansprüche gegen Aufsichtsratsmitglieder 5 184 ff.
- **D&O-Versicherung** → *s. dort*
- **fehlerhafte Bestellung** 2 149
- **Geltendmachung** 5 200
  - durch besonderen Vertreter 4 2853 ff.; → *s. auch Besonderer Vertreter*
  - Sonderprüfung → *s. Sonderprüfer*
- **Gesamtschuldner** 4 2433
- **Haftungserleichterungen**
  - GmbH 9 211
  - KGaA 9 58
- **Haftungsbefreiung**
  - durch Stimmenthaltung 8 32
  - Hauptversammlungsbeschluss 4 1852 f.; 5 188
  - mangelnde Eignung 3 476
  - nach Wegfall D&O-Versicherung 4 1982
- **KGaA** 9 58 ff.
- **Pflichtenkollision, Konzern** 8 24
  - Stimmenthaltung 8 32
- **Pflichtenstandard, objektiv** 5 196 f.
  - Gesamtverantwortung 5 196
  - Gremienbeschlüsse 5 196
  - persönliche Anforderungen 5 196
  - Überwachungsintensität 5 197
- **Pflichtverstoß** 1 27 ff.; 5 192 ff.
  - Amtsniederlegung, pflichtwidrig 2 196
  - Auskunftspflicht verletzt 4 2835
  - Auslagenersatz, Erschleichung 6 191 f.
  - Auslagenersatz unzulässig gewährt 6 193 ff.
  - Kapitalerhöhung, pflichtwidrig 4 2648 f.
  - mangelnde Informationsbeschaffung 5 192 f.
  - mangelnde Organisation der Überwachung 5 194
  - mangelhafte Reaktion 5 195

Sachverzeichnis

fett = Paragraf

- Nichterlass, Zustimmungsvorbehalt **4** 390
- unangemessene Aufsichtsratsvergütung **6** 105
- unangemessene Vorstandsvergütung **4** 1326 f.
- unrichtige Entsprechenserklärung **4** 2492 ff.
- Untätigkeit **5** 191, 200
- Unterschreiten, Sitzungsanzahl **3** 401
- unzulässige Aufsichtsratsvergütung **6** 251 f.
- unzulässige Kreditvergabe **6** 267 f.
- Verschwiegenheitspflicht, Verletzung **3** 525
- **Regelungstechnik 5** 184 ff.
- **SE 9** 131 ff.
- **Sorgfaltspflicht 1** 19 ff.; **5** 184, 186;
  → s. a. Aufsichtsrat, Sorgfaltspflicht
  - Genossenschaft **9** 279
- **Umfang 5** 186, 199
- **Verschulden 1** 27; **5** 198
- **Vertretungskompetenz 5** 191, 200
  - Überkreuzzuständigkeit **5** 191
- **Verwaltungsrat** → s. Schadensersatzansprüche gegen Vorstandsmitglieder, Verwaltungsrat

Schadensersatzansprüche gegen Vorstandsmitglieder
- **als Inhalt von Investorengesprächen 4** 2673
- **Anspruchshöhe 4** 2002 f., 2346
- **Beitreibbarkeitsanalyse 1** 32; **4** 2429
- **Beweislast 1** 27
  - Beweislastumkehr **4** 2421
  - Gesellschaft **4** 2422
  - Hinterbliebene **4** 2422
  - Vorstandmitglied **4** 2422
- **D&O-Versicherung** → s. dort
- **Durchsetzungspflicht 4** 2430
- **Einsichtsrecht 4** 2424
- **Entlastung durch die Hauptversammlung 4** 1098
- **Erfolgshaftung 1** 27; **4** 2342, 2355, 2390, 2421
- **Frist 4** 2345
- **Geltendmachung**
  - durch Aufsichtsrat **1** 31; **4** 2339; **9** 134, 165 ff.
  - durch besonderen Vertreter **4** 2347, 2853;
    → s. a. Besonderer Vertreter
  - Hauptversammlung **1** 31; **4** 2339, 2345 f., 2853 f.
  - Sonderprüfung → s. Sonderprüfer
  - Überschreitung der max. Deckungssumme, D&O **4** 2006
- **Genossenschaft**
  - Wirkung der Entlastung **9** 269
- **Gesamtschuldner 1** 18; **4** 2433 ff.
  - Innenausgleich **4** 2434
- **Gesamtverantwortung 4** 2099 ff., 2364 f.
- **Haftungsbefreiung**
  - Ausführung Hauptversammlungsbeschluss **4** 2340 ff.
  - nach Wegfall D&O-Versicherung **4** 1982
  - Pflichtwidrig herbeigeführter Hauptversammlungsbeschluss **4** 2341, 2344
  - Voraussetzungen **4** 2341
- **Haftungsprivilegierung 4** 2376
- **Herangehensweise 4** 2427 ff.
- **Hinterbliebene 4** 2353, 2422
- **Insolvenzverschleppung 4** 2383
- **Kausalität 1** 30; **4** 2416 ff.

- Alternativverhalten **4** 2418, 2420
- Kollegialentscheidung **4** 2419
- Kompetenzverstoß **4** 2420
- **Klagezulassung 4** 2347
- **Mehrheitsbeschluss, Vorstand**
  - Haftung bei Gegenstimme/Enthaltung **4** 2369, 2419
- **Pflichtverstoß 1** 27 ff.
  - Auskunftspflicht verletzt **4** 2835
  - Auslagenersatz unzulässig gewährt **6** 196
  - ausländisches Recht verletzt **4** 2373
  - Berichtspflicht **4** 83
  - Compliance-System **4** 2366 f.
  - Informationspflicht **4** 2359, 2365, 2377
  - Kapitalschutz **4** 2379, 2649
  - Legalitätspflicht **4** 2370 ff.
  - unangemessene Vergütung **4** 1325
  - unrichtige Entsprechenserklärung **4** 2492 ff.
  - Unterlassen **1** 20; **4** 2360
  - Unternehmensorganisation **4** 2361 f.
  - unzulässige Aufsichtsratsvergütung **6** 106 f., 251 f.
  - unzulässige Kreditvergabe **6** 267 f.
  - Verschwiegenheitspflicht verletzt **4** 2359
  - Wettbewerbsverbot **4** 1602, 2358
  - Zustimmungsvorbehalt, Nichtbeachtung **4** 422, 2374, 2389
- **Regress 4** 2434 f.
- **Schaden 1** 29
  - Bußgeld, ahndend **4** 2407
  - Bußgeld, gewinnabschöpfend **1** 29; **4** 2406
  - Ersatzfähigkeit **4** 2403
  - Kollateralschaden **1** 33; **4** 2402, 2415
  - Schadenspositionen **4** 2404
  - Schmiergeld **4** 2409
  - Spenden **4** 2410
  - Tochtergesellschaft **4** 2411 f.
- **SE 9** 134, 165 ff.
- **Sorgfaltspflicht** → s. dort
- **suspendiertes Vorstandsmitglied 4** 843 f.
- **Treuepflicht** → s. dort
- **Vergleich/Verzicht**
  - Aufsichtsratsbeschluss **4** 2349
  - Beschlussvorlage **4** 2444
  - Bußgeldzahlung durch die Gesellschaft **4** 2443
  - Hauptversammlungsbeschluss **4** 2345, 2349, 2435, 2443
  - Initiativrecht der Hauptversammlung **4** 2348 f.
  - Regress **4** 2435
  - Verjährenlassen **4** 2442
- **Verjährung 4** 2436 ff.
  - Beginn, Tun **4** 2437
  - Beginn, Unterlassen **4** 2438
  - Verjährenlassen **4** 2441 f.
  - Verzicht **4** 2439
- **Verletzungshandlung 1** 20; **4** 2360
- **Verschulden**
  - Fahrlässigkeit **1** 27; **4** 2392
  - mangelnde Eignung **4** 2393
  - Maßstab **4** 2392 ff.
  - Plausibilitätsprüfung **4** 2400
  - Rechtsirrtum **4** 2397
  - Rechtsrat **4** 2398 ff.

- Tatsachenirrtum 4 2396
- **Vertretungskompetenz** 4 2339 ff., 2345, 2857
- **Verwaltungsrat** 9 165 ff.
  - Direktor 9 165, 168
  - D&O-Versicherung 9 171 f.
  - Geltendmachung 9 173 ff.
  - Pflichtverstoß 9 167
  - Rechtsgrundlage 9 165 f.
- **Vorstandsmitglied**
  - ehemaliges 4 2351, 2857
  - fehlerhaft bestellt 4 2354
  - neues 4 2352
- **Vorteilsausgleich** 4 2413 ff.

Schiedsvereinbarung, Vorstandsmitglied 4 759 ff.

Schlusserklärung → s. Überwachungsbericht

Schmiergeldzahlung als ersatzfähiger Schaden 4 2409

Schulungsmaßnahmen
- **Arbeitnehmervertreter** 7 369 ff.
  - Aufwendungsersatz 7 370
  - Freistellung 7 371
- **Einarbeitung, Vorstand** 4 632 f.
- **Compliance-Themen** 4 269 f.
- **Datenschutz** 3 543
- **Fortbildung, Aufsichtsratsmitglieder** 4 162 f.
- **Onboarding** 6 163

SE → s. Societas Europaea

Selbstbefreiung → s. Ad hoc-Publizität, Aufschub der Veröffentlichung

Selbstbeurteilung → s. Aufsichtsrat, Selbstbeurteilung

Selbstorganisationsrecht → s. Aufsichtsrat, Selbstorganisationsrecht

Sitzungsgeld 6 30 ff.
- **Abgrenzung Auslagenersatz/Vergütung** 6 30 f.
- **Angemessenheit** 6 33
- **Ausschusssitzungen** 6 35
- **Fälligkeit** 6 79
- **gemeinsame Sitzung Konzernaufsichtsräte** 6 37
- **mehrere Sitzungen am Sitzungstag** 6 36
- **Sitzung ohne Präsenz** 3 461; 6 34
- **Offenlegung** 6 32

Sitzungsprotokoll
- **Abschrift** 3 564 f.
- **Archivierung** 3 567 ff.
  - Aufbewahrungspflicht 3 568 f.
  - Dauer 3 570
  - durch Aufsichtsratsmitglied 3 573 f.
  - durch Gesellschaft 3 567 f.
  - Zuständigkeit 3 571
- **Ausschusssitzung** 3 352
- **Berichtigung** 3 560 ff.
- **Beweis** 3 563
- **Einsichtsrecht**
  - Sitzungsprotokoll, Aufsichtsrat 3 565
  - Sitzungsprotokoll, Vorstand 4 189
  - Sonderprüfer 4 2815, 2829
- **fehlerhafte Protokollierung**
  - Berichtigung/Widerspruch 3 560 ff.
  - Wirksamkeit des Beschlusses 3 563

- **Form** 3 556
- **Inhalt** 3 558 f.
  - Abstimmungsverhalten 3 559
  - Mindestinhalt 3 558
  - Sitzungsunterlagen/Präsentationen 3 558
- **Protokollführer** 3 553
  - Dritte 3 553 f.
  - Unterschrift 3 555
- **Protokollierungspflicht** 3 551 ff.
  - Aufsichtsratssitzung 3 551
  - Ausschusssitzung 3 551
  - Beschlussfassung 3 552
- **Sprache** 3 557
- **Unterschrift** 3 555
- **Vorstand**
  - Beweis für Abstimmungsverhalten, Haftung 4 2369, 2419
  - Einsichtsrecht 3 565
- **Widerspruch** 3 560 ff.

Societas Europaea (SE) 9 62 ff.
- **Ämterhäufung, Anrechnung** 2 42
- **Amtszeit, Vorstand** 4 636
- **Aufsichtsrat, dualistische SE** 9 70, 79 ff.
  - Abberufung 9 104 ff.
  - Amtszeit 9 102 f.
  - Ausschüsse 9 112
  - Beschlussfassung 9 108
  - Bestellung → s. Aufsichtsrat, Wahl der Mitglieder, SE
  - Bezeichnung 9 71
  - erster Aufsichtsrat 9 97 ff.; → s. a. erster Aufsichtsrat, SE
  - Haftung 9 131 ff.
  - Geschlechterquote 9 85 ff.
  - Größe 9 80 f.
  - Organisation 9 107 ff.
  - Personalkompetenz 9 119
  - Pflichten 9 121
  - Überwachung der Geschäftsführung 1 133; 9 116 ff.
  - Vorsitzender 9 107
  - Zusammensetzung 9 80 ff.
- **Ausschüsse** 3 200
- **Direktor** 9 157
- **Dualistisches System** 9 68, 70 ff.
- **Entsprechenserklärung** 4 2456
- **Geschäftsführung** 9 116, 156 ff.
- **Mitbestimmung** → Mitbestimmung, SE
- **Monistisches System** 9 68, 75 ff.
- **Organisation** 1 131 ff.
  - dualistisch/monistisch 1 132 ff.; 9 68, 70 ff., 75 ff.
  - Organe 1 135; 9 67 ff.
  - Wahlrecht 9 68
- **Rechtsgrundlage** 9 62 ff.
  - dualistisches System 9 72
- **Rechtsquellenpyramide** 1 130; 9 65 f., 109
- **Statusverfahren** 7 462 ff., 499; 9 84, 140 f.
- **Verwaltungsrat** 9 135 ff.
  - Abberufung 9 149 ff.
  - Amtszeit 9 148
  - Aufgaben 9 156 ff.
  - Beschlussfassung 9 155

Sachverzeichnis

fett = Paragraf

- Besetzung **9** 136
- Bestellung **9** 143 ff.; → s. a. *Aufsichtsrat, Wahl der Mitglieder, SE*
- Größe **9** 137 f.
- Haftung **9** 165 ff.; → s. a. *Schadensersatzansprüche gegen Vorstandsmitglieder, Verwaltungsrat*
- Überwachung **9** 158 ff.
- Vorsitzender **9** 153 f.
- Zusammensetzung **9** 136 ff.
- **Vorher-Nachher-Prinzip 1** 133; **7** 455 ff.; **9** 135 ff.
- **Zustimmungsvorbehalte 9** 126 ff., 164
  - aus Gesetz **9** 127
  - aus Satzung **9** 128, 130
  - Covid-19 **10** 66 f.
  - Pflicht zur Aufstellung **9** 129

Sonderbeauftragter 4 2998

Sonderprüfer 4 2687 ff.
- **Abberufung 4** 2780 ff.
  - bei Auswechslung **4** 2772
  - durch Gericht **4** 2783
  - durch Hauptversammlung **4** 2780
- **Annahme der Bestellung**
  - Fehlen, Folgen **4** 2776, 2778
  - Wirkung der Annahme **4** 2785
- **Auskunftspflicht 4** 2786
- **Auswechslung 4** 2765 ff.
  - Anhörung **4** 2642, 2771
  - Antragsberechtigung **4** 2766
  - Entscheidung **4** 2772 f.
  - Form **4** 2767
  - Frist **4** 2768
  - Gründe für die Auswechslung **4** 2770
  - verspätete Kenntnis **4** 2769
  - zuständiges Gericht **4** 2771
- **Bestellung durch Gericht 4** 2730 ff.
  - abgelehnter Sonderprüfer **4** 2730 ff., 2735, 2739
  - Änderungen **4** 2740 ff.
  - Anhörung **4** 2642, 2762
  - Antragsberechtigung **4** 2733 f.
  - Auswechslung → s. oben
  - Entscheidung und Rechtsmittel **4** 2763 f.
  - Form/Frist **4** 2732
  - Geheimhaltungsinteresse **4** 2751
  - Haftungsrisiko **4** 2750
  - hinreichender Tatverdacht **4** 2746
  - Pflichtverletzungen **4** 2745
  - Prüfungsgegenstand **4** 2731, 2737 ff.
  - Rechtsmissbrauch **4** 2754 f.
  - trotz Internal Investigations **4** 2752
  - ungeeigneter Sonderprüfer **4** 2790, 2795 ff.
  - Unredlichkeiten **4** 2744
  - verfristeter Prüfungsgegenstand **4** 2738
  - Verhältnismäßigkeit **4** 2749 ff.
  - Vertagung/Vereitelung der Beschlussfassung **4** 2736
  - Vertretung der Gesellschaft **4** 2762
  - zuständiges Gericht **4** 2761
  - zweckloser Antrag **4** 2755 f.
  - zweckwidriger Antrag **4** 2757
- **Bestellung durch Hauptversammlung 4** 2701 ff.

- ändernder Beschluss **4** 2722
- anfechtbarer/nichtiger Beschluss **4** 2725 ff.
- Bekanntmachung **4** 2702, 2707
- Beschlussfassung **4** 2708 ff.
- Beschlussinhalt **4** 2720 ff.
- Beschlussvorschlag der Aktionäre **4** 2706
- Beschlussvorschlag des Aufsichtsrats **4** 2703
- Beschlussvorschlag des Vorstands **4** 2704
- ungeeigneter Sonderprüfer **4** 2789, 2799 ff.
- Stimmverbote **4** 2711 ff.; → s. dort
- **Eignungsvoraussetzungen 4** 2787 f.
  - Ausschlussgründe **4** 2793
  - Besorgnis der Befangenheit **4** 2794
  - Verstoß, Folgen **4** 2789 ff., 2795 ff.
- **Ersatzsonderprüfer 4** 2701, 2773
- **Haftung 4** 2803
- **Hilfspersonen 4** 2786, 2788
  - Vergütung **4** 2808
- **mehrere Sonderprüfer 4** 2701, 2773
- **Neubestellung 4** 2774 ff.
  - abgelehnte Annahme der Bestellung **4** 2778 f.
  - gescheiterte Annahme der Bestellung **4** 2776 f.
  - nichtiger Hauptversammlungsbeschluss **4** 2775
- **Sonderprüfung** → s. dort
- **Vergütung 4** 2804 ff.
  - Bestellung durch Gericht **4** 2805 f.
  - Bestellung durch Hauptversammlung **4** 2804
  - Hilfspersonen **4** 2808
  - nach Abberufung **4** 2781, 2784
  - Vorschuss **4** 2807
- **Verschwiegenheitspflicht 4** 2802
- **Vertrag**
  - Abschluss **4** 2804
  - Rechtsnatur **4** 2804
  - Wirksamkeit nach Abberufung **4** 2781, 2784, 2791

Sonderprüfung
- Abgrenzung
  - Abschlussprüfung **4** 2699 f.
  - Besonderer Vertreter **4** 2698, 2881
  - freiwillige Sonderprüfung **4** 2695 f.
  - Insolvenz **4** 2697
  - Internal Investigations **4** 2694
  - Monitor **4** 2996 f.
- **Auskunftsrecht 4** 2819 ff.
  - Auskunftsverweigerungsrecht **4** 2825 ff.
  - gegenüber Aufsichtsrat **4** 2828 ff.
  - gegenüber besonderem Vertreter **4** 2906
  - gegenüber Dritten **4** 2822
  - gegenüber Mitarbeitern **4** 2821
  - gegenüber Organmitgliedern **4** 2820
  - Notwendigkeit **4** 2823
  - Umfang **4** 2823 ff.
  - verbundene Unternehmen **4** 2819
- **Bericht 4** 2836 ff.
  - Abschrift für Aktionäre **4** 2844
  - Abschrift für Aufsichtsrat **4** 2843
  - Bekanntmachung **4** 2844
  - Form **4** 2836
  - inhaltliche Aufbereitung **4** 2837
  - Nachteile **4** 2839
  - Schwärzungsverfahren **4** 2840 f.
  - Zufallsfunde **4** 2838

Sachverzeichnis

- **Durchsetzung** 4 2831 ff.
  - Haftung 4 2835
  - Klage 4 2832
  - Zwangsgeld 4 2833 f.
- **Einsichtsrecht** 4 2811 ff.
  - Beschaffbarkeit 4 2814
  - Kopien 4 2816
  - Protokolle 4 2815, 2829
  - Umfang 4 2818
  - Unterlagen der Gesellschaft 4 2811 ff.
  - Unterlagen Dritter 4 2813
- **Hauptversammlungsteilnahme** 4 2845
- **Kosten** 4 2846 ff.
  - Erstattungsanspruch 4 2849
  - Sonderprüfung 4 2846
  - Verfahrenskosten 4 2847 f.
- **Prüfungsgegenstand** 4 2690 ff., 2737 ff.
  - Abschlussprüfung 4 2699 f.
  - Änderung 4 2722
  - Auslegung 4 2721
  - bei gerichtlicher Bestellung 4 2737 ff.
  - Bestimmtheit 4 2690 f., 2721
  - Geschäftsführung 4 2693
  - mehraktige Vorgänge 4 2690
  - Tätigkeit des Aufsichtsrats 4 2693, 2704
  - Tatsachenermittlung 4 2692
  - zukünftige Vorgänge 4 2692
- **Sonderprüfer** → s. dort
- **Unterstützungspflicht des Vorstands** 4 2812
- **Zweck der Sonderprüfung** 4 2687 f.

Sorgfaltspflicht
- des Aufsichtsrat → s. Aufsichtsrat, Sorgfaltspflicht
- des besonderen Vertreters 4 2902
- des Vorstand 1 18 ff.; 4 2356 ff.
  - Pflichtenstandard 4 2357

Spenden/soziale Aufwendungen
- als ersatzfähiger Schaden 4 2410

Ständiger Ausschuss 7 282 ff.
- **Aufgaben** 7 285 ff.
- **Aufsichtsratsvorsitzender** 7 162
- **Beschlussfassung** 7 287 ff.
- **Mitglieder** 7 283

Statusverfahren 2 5; 7 491 ff.
- **Ablauf**
  - zweiaktiges Verfahren 7 495
- **Anwendungsbereich** 7 496 ff.
- **Außergerichtlich** 7 503 ff.; → s. u. Bekanntmachung der Zusammensetzung
- **Beendigung Aufsichtsratsmandat** 7 526 ff., 531
- **Bekanntmachung der Zusammensetzung** 7 504, 577
  - Art der Bekanntmachung 7 513 f.
  - Frist 7 511 f., 515, 519 f., 524, 537
  - Inhalt 7 515 ff.
  - nach Anrufung des Gerichts 7 538 ff.
  - Pflicht des Geschäftsleitungsorgans 7 505, 510
  - Verfahren 7 510 ff.
  - Widerruf 7 522
  - Wirksamkeit 7 518 ff.
  - Wirkung 7 523 ff.
- **Bundesanzeiger** 7 513, 519, 565
- **DrittelbG** 7 497
- gerichtlich 7 541 ff.
  - Amtsermittlungsgrundsatz 7 558 f.
  - Anhörung 7 564 ff.
  - Antrag 7 543
  - Antragsberechtigung 7 548 ff.
  - Antragspflicht der Geschäftsleitung 7 550
  - Antragsrücknahme 7 559
  - Anwaltszwang 7 560, 570
  - Beendigung 7 559
  - Bekanntmachung des Verfahrens 7 563
  - Einleitung 7 541 ff., 577
  - Kosten 7 567 f., 573
  - Rechtsmissbrauch 7 549
  - Rechtsmittel 7 569 ff.
  - Verfahren 7 556 ff.
  - zuständiges Gericht 7 545 ff.
- GmbH 7 497
  - im Gründungstadium 7 501
- Kontinuitätsprinzip 7 494, 538, 541
- MgVG 7 498
- Neugründung der Gesellschaft 7 500
- Neuwahl Aufsichtsrat 7 528 ff.
  - Anteilseignervertreter 7 530
  - Arbeitnehmervertreter 7 533
  - aufschiebend bedingt 7 531
- Unternehmensgröße, Änderung 7 77
- Satzungsbestimmung
  - Anpassung 7 531, 536
  - Außerkrafttreten 7 334 f., 535
- SE 7 462 ff., 499; 9 84, 140 f.
- Übergangszeit Neubesetzung 7 525
- Umwandlung der Gesellschaft 7 502
- Zusammensetzung des Aufsichtsrats/Änderung 7 507; → s. a. dort

Stimmbote 3 452 ff.; → s. a. Beschluss des Aufsichtsrats, Abstimmung

Stimmenthaltung
- Aufsichtsratsmitglied
  - bei Interessenkonflikt 3 447; 8 32
  - Verbot der Enthaltung 3 444

Stimmverbot/Stimmrechtsausschluss
- **Aktionär** 4 1076 ff., 2861, 2865
- **Aufsichtsratsmitglied**
  - Allgemein 2 139, 183; 3 81
  - bei Interessenkonflikt 3 446; 8 29 ff.
  - Entlastung, Beschlussvorschlag 4 1166 ff.
  - Entlastung der Aufsichtsratsmitglieder 5 180
  - Kreditvergabe 6 259
  - Selbstwahl, Stellvertreter von Vorstandsmitglied 4 952
  - Selbstwahl, Vorstand 4 620
  - Sitzungsteilnahme 3 447
  - Sonderprüfung 4 2711 ff.
  - Umfang 3 447
  - Vergütungsentscheidung 6 16
  - Zustimmung, Vertragsabschluss mit Aufsichtsratsmitglied 6 235
- **Aufsichtsratsvorsitzender** 3 50, 52, 446
- **Ausschussmitglied** 3 330
- **Entlastungsentscheidung** 4 1076 ff.
  - Alleinaktionär 4 1080 f.
  - Einzelentlastung 4 1077 f.
  - entsendender Aktionär 4 1082

1311

Sachverzeichnis

fett = Paragraf

- Umfang des Stimmrechtsausschlusses **4** 1084
- **Hauptversammlungsleiter** **4** 2563 f.
- **Komplementär, KGaA** **9** 11 ff.
  - Einheits-KGaA **9** 16
  - Einmann-KGaA **9** 14
  - Entsendungsrecht **9** 19
  - Gesellschaftergruppenidentität **9** 15
  - Kapitalgesellschaft & Co. KG **9** 12
  - Personengesellschaft **9** 13
  - Verstoß, Folgen **9** 17
  - Zweck **9** 11
- **Sonderprüfung** **4** 2711 ff.
  - Aktionäre ohne Organfunktion **4** 2715
  - ehemalige Mandatsträger **4** 2711
  - Eingreifen des Verbots **4** 2713
  - erfasste Mandatsträger **4** 2711
  - Offenlegung **4** 2717
  - Rechtsmissbrauch **4** 2712
  - Umfang **4** 2714, 2716
  - Verstoß, Folgen **4** 2718 f.
  - Vertreter **4** 2712
  - Zweck **4** 2711
- **Vorstandsmitglied**
  - Entlastung **4** 1076 ff.
  - Sonderprüfung **4** 2711 ff.
  - suspendiertes Mitglied **4** 839
  - Vertrauensentzug **4** 716, 720
- **Suspendierung** **4** 810 ff.
  - **Anhörung** **4** 826
  - **Anlass** **4** 815
    - Wegfall **4** 833
  - **Auszeit/Stay on Board** **4** 821
  - **Bedingung** **4** 829
  - **Befristung**
    - Eintritt **4** 829
    - Ende **4** 830 ff.
  - **Beschluss** **4**
    - Vermittlungsverfahren **4** 825
  - **Business Judgment Rule** **4** 815, 853
  - **einseitig** **4** 812 ff.
    - Anlass **4** 815
    - bei wichtigem Grund für Abberufung **4** 816, 818
    - durch Aufsichtsrat **4** 812 ff.
    - durch Vorstandsmitglied **4** 820 f.
    - wichtiger Grund **4** 814
    - Zeitraum **4** 831, 833 f.
    - Zulässigkeit **4** 812 f.
  - **einvernehmlich** **4** 822 ff.
    - Rechtsnatur/Zulässigkeit **4** 822
    - wichtiger Grund **4** 823
    - Zeitraum **4** 832 ff.
  - **Entscheidung** **4** 847 ff.
  - **Freistellung** **4** 856 ff.; → s. Mitglied des Vorstands
  - **Handelsregister** **4** 836
  - **Rechtsfolgen** **4** 836 ff.
    - für Anstellungsvertrag **4** 846
    - Haftung des Mitglieds **4** 843 f.
    - Pflichten des Mitglieds **4** 837, 840 ff.
    - Stimmrecht des Mitglieds **4** 839
    - Vertretungsverbot **4** 838
  - **Rechtsschutz** **4** 853
  - **Sabbatical** **4** 824, 848

- Secondment **4** 819, 824
- **Vorstandsvorsitzender** **4** 855
- **Wirksamkeit** **4** 827 f.
  - bis zur Aufhebung **4** 853
- **Zeitraum** **4** 830 ff.
  - Überschreitung **4** 835
- **Zugang** **4** 827 f.

Tagesordnung → s. Aufsichtsratssitzung, Tagesordnung; s. Hauptversammlung, Tagesordnung

Tatsachenirrtum → s. Schadensersatzansprüche gegen Vorstandsmitglieder

Tendenzunternehmen
- Mitbestimmung **7** 57, 61, 68 ff.

Trennungsprinzip **4** 2411

Treuepflicht
- **des Aktionärs** **2** 118 f., 142; **4** 1897, 1904, 2758; **5** 168, 171
- **des Aufsichtsratsmitglieds** **3** 489 f., 492 ff.; **6** 105; **8** 24; **9** 278
- **des besonderen Vertreters** **4** 2903
- **des Dienstherren** **4** 1960 ff.
- **des Entsendungsberechtigten** **2** 132
- **der Hauptversammlung** **4** 1140
- **des Monitors** **4** 2957
- **des Vorstandsmitglieds** **1** 18; **4** 802, 1325, 1667 ff., 2356, 2358 f., 2395

Überkreuzverflechtung → s. Persönliche Voraussetzungen

Überwachung der Geschäftsführung
- **Abschlussprüfer, Zusammenarbeit** **4** 169 ff.
- **Abschlussunterlagen, Prüfung**
  - Bericht an Hauptversammlung → s. Überwachungsbericht
  - CSR-Bericht **3** 288 f.; **4** 116
  - Jahresabschluss **4** 105 ff.
  - Konzernabschluss **8** 74
  - Konzernlagebericht **8** 74 f.
  - Lagebericht **4** 111 f., 116
  - Pflicht/Zuständigkeit **4** 103 f.
  - Prüfungsausschuss **4** 104, 160 f.; → s. a. dort
  - Prüfungsumfang **4** 110, 114
  - Verhältnis zu Abschlussprüfer **4** 106 ff.
  - Verwendung des Bilanzgewinns, Vorschlag **4** 113 ff.
  - Vorlage der Unterlagen **4** 106 f.
- **Allgemein** **1** 25
- **Auskunftsanspruch** → s. Berichte des Vorstands, Anforderungsbericht
- **Berater des Aufsichtsrats** → s. dort
- **Berichte des Vorstands** → s. dort
- **Beratung des Vorstands** → s. dort
- **Billigung Jahresabschluss** **4** 49 ff.
- **Compliance** → s. dort
- **Durchgriff auf Angestellte** **4** 71 ff.; → s. a. Befragung von Angestellten
  - Anwendungsfälle **4** 74
  - Prüfungsausschuss **3** 274
  - Regeln in Informationsordnung **4** 75
  - Zulässigkeit **3** 103 ff.; **4** 72 ff.
- **Einsichtsrecht** → s. dort
- **Gegenstand der Überwachung**

- Compliance 4 219
- D&O-Versicherung 4 1965
- Genossenschaft 9 262
- Geschäftsführung, Begriff 4 10 ff.
- Kapitalmarktrechtliche Pflichten 5 13 ff.
- KGaA 9 30
- Konzern 8 37 ff. 44 ff.
- leitende Angestellte 4 16
- SE 9 116 ff., 158 ff.
- Vorstand 4 14 f.
- wesentliche Leitungsmaßnahmen 4 12; 8 48
- **Informationspflicht des Aufsichtsratsmitglieds** 3 485 f.
- **Informationsrecht des Aufsichtsratsmitglieds**
  - Anforderungsberichte 4 68 ff.
  - Recht auf Kenntnisnahme 4 78 f., 176
- **Intensität der Überwachung**
  - bedeutsame Vorstandsentscheidungen 4 98
  - Compliance 4 329 ff.
  - Konzern 8 50
  - Normallage 4 94
  - Sonderlage/Krise 4 95 ff.; 8 50
- **Konzern, Besonderheiten** → s. dort
- **Management-Informations-System** 4 43
- **Pflicht zur Überwachung**
  - des Gesamtaufsichtsrats 4 1 ff.
  - des Mitglieds 3 487; 4 68 ff., 78 f.
  - in der Krise 4 95 ff.
- **Risikoüberwachungssystem** 4 129 f.
- **Sachverständigengutachten** → s. Berater des Aufsichtsrats
- **Sorgfaltsmaßstab des Aufsichtsrats** 4 85 ff.; → s. a. Aufsichtsrat, Sorgfaltspflicht
  - Ordnungsmäßigkeit 4 88 f.
  - Rechtmäßigkeit 4 86 f.
  - Wirtschaftlichkeit 4 90
  - Zweckmäßigkeit 4 91 f.
- **Vorgehen**
  - Kommunikation mit dem Vorstand 4 102
  - Sachverhaltsbeurteilung 4 101
  - Sachverhaltsermittlung 4 100
- **Zuständigkeit des Aufsichtsrats** 4 1 ff., 78

Überwachungsbericht
- Form 4 127 f.
  - Auslage 4 128
  - Beschlusserfordernis 4 127
  - Unterschrift 4 127
- **Frist** 4 128
- **Funktion** 4 117
- **Geheimhaltung** 4 118
- **Hauptversammlung** 4 117; 8 76
- **Inhalt** 4 119 ff.
  - Abschlussprüfung, Stellungnahme 4 124
  - Abschlussunterlagen, Prüfungsergebnis 4 119; 8 76
  - Arbeitsweise/Organisation des Aufsichtsrats 4 123
  - Ausführlichkeit 4 119, 122, 124
  - Ausschüsse 3 206
  - bei börsennotierten Gesellschaften 4 123
  - Compliance 4 379 f.
  - Einwendungen 4 125
  - Interessenkonflikte 4 123

- Konzernabschluss 8 76
- Rechenschaft zur Überwachung 4 120 ff.
- Sitzungsteilnahme 3 356, 402
- **Pflicht** 4 117 ff.
- **Schlusserklärung** 4 126; 8 77

Überwachung der Ausschüsse 3 384 f.

Unabhängigkeit
- **Abschlussprüfer** 3 277 ff.; 4 2180 f.
- **Aufsichtsratsmitglied**
  - Allgemein 2 64 f.
  - Doppelmandat 2 64
  - Festsetzung der Vergütung 6 8 f.
  - im Konzern 8 21
- **Aufsichtsratsvorsitzender** 3 36
- **Ausschussmitglied**
  - Nominierungsausschuss 3 304
  - Prüfungsausschuss 2 67; 3 295, 298
  - Related-Party-Transactions 3 313, 322 ff.; → s. a. RPT-Ausschuss
- **Berater des Aufsichtsrats** 4 137
- **Monitor** 4 2927

Unternehmensinteresse
- Allgemein 1 80 ff.
- Konzerninteresse 8 11 ff.

Verbandssanktionengesetz (VerSanG) 4 217; 293 ff., 308, 3023 ff.

Vergleich/Verzicht → s. Schadensersatzansprüche gegen Vorstandsmitglieder, Vergleich/Verzicht

Vergütung
- **Abschlussprüfer** 4 2262
- **Aufsichtsratsmitglied** → s. Aufsichtsrat, Vergütung
- **Auslagenersatz** → s. dort
- **Berater des Aufsichtsrats** 4 141
- **Besonderer Vertreter**
  - Bestellung, Gericht 4 2885 ff.
  - Bestellung, Hauptversammlung 4 2898 f.
- **Maximalvergütung** → s. Vorstandsvergütung
- **Meldepflicht, Managers' Transactions** 5 143 ff.
- **Monitor** 4 2947, 3008
- **Sonderprüfer** 4 2804 ff.
  - nach Abberufung 4 2781, 2784
- **Vorstand** → s. Vorstandsvergütung

Vergütungsbericht 4 1555 ff.
- **Abschlussprüfer** 4 1579 ff., 1912
- **Billigung** 4 1909, 1913, 1915 ff.
  - Ausnahme von Billigungserfordernis 4 1924 f.
  - Beschlussfassung 4 1919
  - Gegenanträge 4 1915
  - Rechtsmittel 4 1922 f.
  - Teilbilligung 4 1916
  - Vertagung 4 1916
  - Verweigerung der Billigung 4 1921
  - Vorlage 4 1913
  - Zuständigkeit 4 1909
- **Bindungswirkung** 4 1920
- **Datenschutz** 4 1584
- **Erläuterungen**
  - Abweichung vom Vergütungssystem 4 1576
  - Aktenoptionen 4 1574
  - Allgemein 4 1566

1313

Sachverzeichnis

fett = Paragraf

- Aufsichtsratsvergütung **6** 6
- Berücksichtigung Hauptversammlungsbeschluss **4** 1577
- Clawback-Klausel **4** 1575
- Drittvergütung, Aufsichtsratsmitglied **6** 14
- durchschnittliche Arbeitnehmervergütung **4** 1571 f.
  - feste/variable Vergütung **4** 1569
  - gewährte/geschuldete Vergütung **4** 1567
  - jährliche Veränderung in Relation **4** 1571
  - langfristige Entwicklung **4** 1570
  - Namen **4** 1566
  - Negativmeldungen **4** 1568
  - zu Maximalvergütung **4** 1893
- **Erstellung**
  - Zeitpunkt **4** 1559
  - Zuständigkeit **4** 1561 ff., 1910 f.
- **HGB-Publizität 4** 1564 f.
- **klar und verständlich 4** 1560
- **kleine/mittelgroße Gesellschaften 4** 1924 f.
- **KGaA, börsennotiert**
  - Pflicht zur Erstellung eines Vergütungsberichts **4** 1942 ff.
- **Konzernbericht 4** 1563
- **Prüfung 4** 1912
- **Übergangszeitraum 4** 1933
- **Veröffentlichung 4** 1582 f., 1926 ff.
  - Bericht **4** 1926
  - Datenschutz **4** 1584
  - Dauer **4** 1926
  - Verstoß, Folgen **4** 1928
  - Vertraulichkeitsschutz der Gesellschaft **4** 1585
  - Votum **4** 1929
  - Zweck **4** 1556 ff.
- **Vermittlungsausschuss** → s. Ausschüsse, Vermittlungsausschuss
- **Veröffentlichungspflicht** → s. Ad hoc-Publizität
- **Versammlungsleiter** → s. Hauptversammlungsleitung
- **Verschwiegenheitspflicht**
  - Datenschutz **1** 37
  - des Aufsichtsrats **1** 35 f.; **5** 103, 185, 192; → s. Aufsichtsrat, Verschwiegenheitspflicht
  - **des Aufsichtsratsvorsitzenden 3** 127
    - des Ehrenvorsitzenden **3** 160
  - **des Beraters 3** 513; **4** 144
  - **des Besonderen Vertreters 4** 2903
  - **des Dritten 3** 517; **5** 127
  - **des Hilfspersonals 3** 515 f.; **4** 2802
  - **des Monitors 3** 517; **4** 2960
  - **des Sonderprüfers 4** 2802
  - **des Vorstands 4** 1671, 2359
    - gegenüber besonderem Vertreter **4** 2891
    - vor Amtsantritt **4** 632
- **Verträge**
  - mit Abschlussprüfer **4** 2171, 2259 ff., 2306; **9** 186
  - mit Aufsichtsratsmitgliedern → s. dort
  - mit Berater/Sachverständiger **3** 511 f.; **4** 132 ff., 142 f., 2301 ff.
  - mit Besonderer Vertreter **4** 2878 ff., 2920 f.
  - mit Monitor **4** 2946 ff.
  - mit Sonderprüfer **4** 2804
  - mit Vorstandsunternehmen → s. dort
- **Verträge mit Aufsichtsratsmitgliedern 6** 207 ff.
  - **Allgemein 6** 207 f.
  - **Form 6** 237
  - **Interessenkonflikt 6** 245
  - **KGaA 9** 24
  - **Konzern 8** 86 ff.
  - **Kreditverträge** → s. Kreditvergabe
  - **überhöhte Vergütung**
    - Haftung **6** 251 f.
    - Kapitalerhaltungsgebot, Verstoß **6** 253
  - **unzulässige Vertragsgegenstände 6** 209 ff.
    - Beratung des Aufsichtsrats **6** 214
    - Beratung des Vorstands **6** 211
    - Beratung zum Tagesgeschäft **6** 212
    - Maßstab **6** 209
    - obligatorische/überobligatorische Leistungen **6** 210
    - Verstoß, Folgen **6** 215 ff.
  - **Verstoß gegen Zustimmungspflicht 6** 246 ff.
    - Gesamtnichtigkeit **6** 246
    - Rückgewähr empfangener Leistungen **6** 247
    - Wertersatzanspruch **6** 248
  - **Vertragsabschluss**
    - für ehemalige Vorstandsmitglieder **6** 208
    - Zuständigkeit, Vorstand **6** 208
  - **zulässige Vertragsgegenstände**
    - Beratung zum Tagesgeschäft **6** 212
    - Dienst-/Werkverträge **6** 219 ff.
    - Hauptversammlungsleitfaden **6** 213
    - Tätigkeit höherer Art **6** 219, 221
  - **Zustimmungsentscheidung, Aufsichtsrat 6** 234 ff.
    - Anspruch auf Zustimmung **6** 240
    - Ausschuss, Delegation **6** 235
    - besonderer Grund **6** 239
    - Form der Zustimmung **6** 241 f.
    - Hauptversammlungsbeschluss **6** 236
    - Prüfungsumfang **6** 237 f., 243
    - Rahmenvertrag **6** 243
  - **Zustimmungsvorbehalt, erfasste Vertragsgegenstände 6** 221 ff.
    - Bagatellen **6** 222
    - Beratungsgesellschaften **6** 233
    - Doppelmandate, Übernahme **6** 223
    - mit Vorstandsmitglied geschlossene Verträge **6** 231
    - nach Amtsende geschlossene Verträge **6** 226
    - nahestehende Personen des Aufsichtsratsmitglieds **6** 232
    - Vertragsabschluss mit beherrschendem Unternehmen **6** 229
    - Vertragsabschluss mit beherrschtem Unternehmen **6** 228
    - vor Amtsbeginn geschlossene Verträge **6** 224 f.
- **Vertrauensentzug durch Hauptversammlung 4** 706 ff.
  - **Abberufung**
    - Pflicht **4** 722 f.
    - wichtiger Grund **4** 707
  - **Amtsniederlegung 4** 725

mager = Randnummer

- Beschluss **4** 712 ff.
- Darlegungs-/Beweislast **4** 711
- faktischer Konzern **4** 724
- Initiative **4** 718 ff.
- offenbar unsachliche Gründe **4** 708 ff.
  - keine Abberufung **4** 723
- Stimmrechtsausschluss **4** 716, 720

Vertrauensgrundsatz **4** 2365
Vertraulichkeitsvereinbarung **4** 144; **5** 127
Vertretung durch den Aufsichtsrat **4** 2267 ff.
- anwendbare Vorschriften **4** 2268 ff.
  - besonderer Vertreter **4** 2272
  - Kreditgewährung **4** 2273 ff.
  - Selbstkontrahierung/Mehrvertretung **4** 2271
- Ausübung
  - Abschlussvertreter **4** 2327
  - Ausschuss **4** 2319
  - Beschluss **4** 2321 ff.
  - Bote **4** 2326
  - Gesamtaufsichtsrat **4** 2318
  - Kundgabe **4** 2325
  - Mängel **4** 2322 ff.
  - Vollmachtsurkunde/Nachweis **4** 2328
- Beschränkungen **4** 2310
- Besonderer Vertreter, nach Bestellung **4** 2269, 2350, 2893
- erfasste Geschäfte **4** 2308 ff.; → *s. a. u. erfasste/nicht erfasste Personen*
  - Ersatzansprüche → *s. Schadensersatansprüche gegen Vorstandsmitglied; s. Schadensersatzansprüche gegen Aufsichtsratsmitglied*
  - Hilfsgeschäfte **4** 2302 f., 2320
  - Konzern **4** 2311
  - Kreditvergabe an Vorstandsmitglieder **4** 2273 ff.
  - neutrale Geschäfte **4** 2281
- erfasste/nicht erfasste Personen
  - Abschlussprüfer **4** 2306 f.
  - Aktionäre **4** 2300
  - Angehörige von Vorstandsmitgliedern **4** 2294
  - Arbeitnehmer **4** 2269, 2278, 2280
  - D&O-Versicherung **4** 1954 ff., 2295
  - Dritte **4** 2282 ff., 2299
  - Interim Management Agentur **4** 2297 f.
  - nahestehende Personen **4** 2289 ff.
  - Sachverständige/Berater **4** 142 f., 2301 ff.
  - Vertreter **4** 2282
  - Vorstandsbezug **4** 2270, 2277
  - Vorstandsmitglied, aktiv **4** 2276
  - Vorstandsmitglied, ehemalig **4** 2279 ff.
  - Vorstandsmitglied, faktisch **4** 2276
  - Vorstandsmitglied, zukünftig **4** 1217 ff., 2277 f.
  - Vorstandsunternehmen **4** 2283 ff.; → *s. a. dort*
  - wirtschaftliche Identität **4** 2283 f.
- fehlende Vertretungsmacht
  - Genehmigung **4** 2330 ff., 2337 f.
  - Unzulässigkeit, Aktiv- und Passivklage **4** 2329 ff.
  - schwebende Unwirksamkeit/Nichtigkeit **4** 2336
- in gerichtlichen Verfahren → *s. dort*
- Schadensersatzansprüche gegen Aufsichtsratsmitglied → *s. dort*

- Schadensersatzansprüche gegen Vorstandsmitglied → *s. dort*
- Wissenszurechnung **4** 2314 ff.

Vertretung in gerichtlichen Verfahren
- Anfechtungs-/Nichtigkeitsklagen **4** 2636 ff.
- Deckungsklage, D&O-Versicherer **4** 2018 ff.
- Direktklage, D&O-Versicherer **4** 2023 ff.
- Doppelvertretung **4** 2636 ff.
- durch den Aufsichtsrat **4** 2635 ff.
- Freigabeverfahren **4** 2639
- Schadensersatzansprüche gegen Aufsichtsratsmitglied → *s. dort*
- Schadensersatzansprüche gegen Vorstandsmitglied → *s. dort*
- Sonderprüfer, Bestellung
  - Anhörung **4** 2642, 2762
  - Vertretung durch den Vorstand **4** 2762
- Zustellung **4** 2638

Verwaltungsrat → *s. Societas Europaea (SE), Verwaltungsrat*

Vorschlag zur Verwendung des Bilanzgewinns des Aufsichtsrats **4** 115
- des Vorstands **4** 113 f.
- Prüfung **4** 114

Vorstand
- Bestellung der Mitglieder → *s. Bestellung, Vorstandsmitglied*
  - Gerichtliche Bestellung → *s. Gerichtliche Bestellung, Vorstandsmitglied*
- Einarbeitung **4** 632 f.
- Eignungsvoraussetzungen **7** 189 ff.
- Geschäftsführung → *s. dort*
- Geschäftsordnung → *s. dort*
- Geschäftsverteilung → *s. dort*
- Nebentätigkeit **4** 590 ff.; → *s. a. dort*
- Verschwiegenheitspflicht **4** 2359
  - gegenüber besonderem Vertreter **4** 2891
  - vor Amtsantritt **4** 632
- Vergütung → *s. Vorstandsvergütung*

Vorstand, Auslagenersatz **4** 1648 ff.
- freiwillige Aufwendungen **4** 1649 f.
  - angemessenes Verhältnis **4** 1649
  - Reisekosten, Spesen, Repräsentationskosten **4** 1649
  - Richtlinien **4** 1650
- unfreiwillige Aufwendungen **4** 1651 ff.
  - Erstattung im Unternehmensinteresse **4** 1655
  - Geldbuße/-strafe **4** 1653
  - Gerichtsverfahren **4** 1654
  - pflichtwidrig **4** 1652
  - Tätigkeitszusammenhang **4** 1651

Vorstand, Größe **4** 543 f.
- Arbeitsdirektor **4** 543
- Bestimmung
  - durch Aufsichtsrat **4** 544
  - durch Satzung **4** 544
- erster Vorstand **4** 972
- Mindestgröße **4** 543
- Überbesetzung **4** 548
- Unterbesetzung **4** 546 f.
  - fehlendes Vorstandsmitglied **4** 925 ff., 985 ff.
- Verkleinerung/Vergrößerung **4** 544

Sachverzeichnis

fett = Paragraf

Vorstand, Pflichten
- Allgemein 1 21 ff.
- Aufsichtsratsmitglied
  - Antrag auf gerichtliche Bestellung 2 142
  - Geltendmachung fehlerhafter Bestellung 2 151
- Aufsichtsratssitzung, Teilnahme 3 99
- Beobachtungspflicht 4 2381 f.
- Berichtspflicht → s. Berichte des Vorstands
- Duldungs-/Kooperationspflicht 4 184
- Einberufung der Hauptversammlung 4 2381
- freigestelltes Mitglied 4 865 ff.
- gerichtlich bestelltes Mitglied 4 1023 ff.
- gerichtliche Durchsetzung 4 210
- Insolvenzantragspflicht → s. Insolvenz
- Kapitalerhöhung, Anmeldung 4 2541 ff.
- Kapitalmarktrechtliche Pflichten 5 3 ff.
  - Compliance-System 5 7
  - Delegation, horizontal 5 8
  - Delegation, vertikal 5 9
  - Gesamtverantwortung 5 7 ff.
  - Ressortverantwortung 5 8
- Kotroll-/Risikomanagementsystem, Einrichtung 3 272
- Konzern
  - Compliance-System, Einrichtung 8 52
  - Konzernleitungspflicht 8 39 ff.
  - spezifische Pflichten durch Konzernierung 8 43
- Loyalitätspflicht 4 1668
- Remonstrationspflicht 4 2364
- Selbstinformationspflicht 4 2386
- Suspendiertes Mitglied 4 837 ff.
- Treuepflicht 1 18; 4 802, 1325, 1667 f., 2356, 2358 f., 2395
- Veröffentlichungspflicht → s. Ad hoc-Publizität
  - Wahl des Aufsichtsratsvorsitzenden 3 60 ff.
- Verschwiegenheitspflicht 4 632, 1671, 2359, 2891
- Weiterarbeit nach Abberufung 4 1372 ff.
- Zustimmungsvorbehalt, Einholung der Zustimmung 4 413

Vorstand, Zusammensetzung 4 543 ff.
- Aufsichtsratsmitglied als Stellvertreter 4 922 ff.; → s. a. Mitglied des Aufsichtsrats
- Diversität 4 561 ff.
  - Bericht 4 562
  - Delegation der Festlegung 4 563
  - Erklärung zur Unternehmensführung 4 561
  - Ermessen 4 562
  - Konzept 4 561 f.
- Frauenanteil 4 549 ff.
  - Art der Festlegung 4 552
  - betroffene Gesellschaften 4 549
  - Delegation der Festlegung 4 558
  - Erklärung zur Unternehmensführung 4 555
  - Ermessen 4 550, 557
  - Frist zur Erfüllung 4 549
  - Lagebericht 4 556
  - Nullquote 4 553
  - Verstoß, Folgen 4 559 f.
  - Zielgröße, Änderung 4 554
  - Zielgröße, Festlegung 4 549 ff.

- Größe → s. Vorstand, Größe

Vorstandsunternehmen als Vertragspartner der AG 4 2283 ff.
- erfasste Unternehmen
  - Ein-Person-GmbH 4 2284
  - maßgebliche Beteiligung 4 2285
  - Minderheitsbeteiligung 4 2286
  - Treuhandbeteiligung 4 2287
  - wirtschaftliche Identität 4 2283 ff.
- Doppelvertretung 4 2288
- Related Party Transaction 4 2289 ff.

Vorstandsvergütung 4 1281 ff.
- Abfindung 4 1743 ff.
  - Höhe 4 1745 ff.
  - Zulässigkeit 4 1744
- Aktienoptionen nach Wechsel in den Aufsichtsrat 6 27
- Änderungsvorbehalt 4 1901
- Angemessenheit 4 1291 ff.
  - außerordentliche Entwicklung 4 1320 f.
  - bei Drittvergütung 4 1262
  - bei Erstbestellung 4 1296
  - besondere Gründe 4 1311
  - Beurteilungsspielraum 4 1291, 1306, 1311
  - Business Judgment Rule 4 1327
  - Gesamtbezüge 4 1294
  - Krise 4 1302 f.
  - Lage der Gesellschaft 4 1301 ff.
  - Langfristigkeit 4 1312 ff.
  - Leistungen des Gesamtgremiums 4 1298 f.
  - Leistungen des Mitglieds 4 1295 ff.
  - Maßstab 4 1291 f., 1295 ff.
  - Nachhaltigkeit 4 1312 ff.
  - übliche Vergütung 4 1304 ff.
  - Unangemessenheit 4 1322 ff.
  - Verantwortung, Ressort 4 1295
  - Vergleich im Ausland 4 1308
  - Vergleich in Branche 4 1306
  - Vergleich im Unternehmen 4 1309
  - Verstoß, Folgen 4 1322 ff.
  - Zeitpunkt 4 1293
- Anrechnung Aufsichtsratsvergütung 6 85
- Anspruch
  - bei Annahmeverzug 4 1283 ff.
  - bei Inhaftierung 4 1289
  - bei Krankheit 4 1288
  - bei Niederlegung 4 1676
  - bei unangemessener Vergütung 4 1322 ff.
  - bei Unmöglichkeit 4 1282
  - bei vorübergehender Verhinderung 4 1288
  - bei vorzeitiger Abberufung 4 1286
- Aufhebungsvertrag 4 1693
- Aufsichtsratsmitglied als Stellvertreter von Vorstandsmitglied 4 940
- Ausgestaltung 4 1472 ff.
  - Aktien-/Aktienoptionen 4 1493 ff.
  - Anerkennungsprämie 4 1538
  - Bad Leaver-Klauseln 4 1502 ff.
  - Bonuszahlungen 4 1522 ff.
  - Clawback-Klauseln 4 1511 ff.
  - IPO-Bonus 4 1530 ff.
  - Klausel für interessenwidriges Verhalten 4 1496 ff.

1316

mager = Randnummer

Sachverzeichnis

- Malus Klauseln **4** 1500 ff.
- Performance Cash Pläne **4** 1491 ff.
- Performance Share Pläne **4** 1484 ff.
- reine Festvergütung **4** 1474
- Rückforderungsklauseln **4** 1511 ff.
- Sachleistungen **4** 1532 ff.
- Share Ownership Guidlines **4** 1535 ff.
- Sign-On Bonus **4** 1523 ff.
- Sondervergütungsklausel **4** 1543 ff., 1547 f.
- Sonderzahlung, nachträglich **4** 1538 ff.
- Transaktionsbonus **4** 1526 ff.
- variable Vergütung, kurzfristig **4** 1475 ff.
- variable Vergütung, langfristig **4** 1482 ff.
- **Auslagenersatz** → s. Vorstand, Auslagenersatz
- **Berater 4** 1310
- **DCGK, Empfehlungen 4** 1375 ff., 1385 ff.
  - G.1 **4** 1386 ff.
  - G.2 **4** 1392 ff.
  - G.3 **4** 1396 ff.
  - G.4 **4** 1400 ff.
  - G.5 **4** 1404 ff.
  - G.6 **4** 1411 ff.
  - G.7 **4** 1414 ff.
  - G.8 **4** 1420 ff.
  - G.9 **4** 1424 ff.
  - G.10 **4** 1428 ff.
  - G.11 **4** 1435 ff.
  - G.12 **4** 1442 ff.
  - G.13 **4** 1446 ff.
  - G.14 **4** 1461 ff.
  - G.15 **4** 1453 ff.
  - G.16 **4** 1456 ff.
- **Delegationsverbot 3** 233
  - Personalausschuss **3** 245
- **D&O – Versicherung als Vergütungsbestandteil 4** 1945 f., 1950
- **Drittvergütung 4** 1260 ff.
  - Angemessenheit **4** 1262
  - Merkmale **4** 1260 f.
  - Verhältnis zu Drittanstellung **4** 1245 f.
  - Zulässigkeit **4** 1262
  - Zustimmung des Aufsichtsrats **4** 1263
- **DRS 4** 1587
- **erster Vorstand 4** 980 ff.
- **freigestelltes Mitglied 4** 869
- **gerichtlich bestelltes Mitglied 4** 1047 ff.
- **Gleichbehandlung 4** 1290
- **Herabsetzung 4** 1328 ff.
  - Absehen von Herabsetzung **4** 1334
  - Beschluss **4** 1333
  - Reaktion Vorstand **4** 1336
  - Vergütungsbestandteile **4** 1335
  - Verschlechterung der Lage **4** 1329
  - Zeitpunkt **4** 1330
  - Zulässigkeit **4** 1328
- **IFRS 4** 1588
- **Maximalvergütung, Festsetzung**
  - durch Aufsichtsrat **4** 1349 ff., 1879
  - durch Hauptversammlung **4** 1880, 1895 f.
- **Maximalvergütung, Herabsetzung**
  - Abstimmungsreihenfolge **4** 1887
  - Altverträge, Folgen **4** 1893, 1899 f.
- Anfechtbarkeit des Beschlusses **4** 1903 f., 1907 f.
- Antrag/Ergänzungsverlangen **4** 1881 ff., 1897
- bei Billigung des Vergütungssystems **4** 1886
- Beschlussfassung **4** 1884
- Bindungswirkung **4** 1889 ff.
- Hinweispflicht **4** 1828
- Kompetenz der Hauptversammlung **4** 1879
- Rechtsmittel **4** 1903 ff., 1907 f.
- Tagesordnung **4** 1881
- Verstoß, Folgen **4** 1902
- **Offenlegung 4** 1550 ff.
  - Vergütungsbericht → s. dort
- **Related Party Transaction 4** 1846
- **Ruhegehalt 4** 1775 ff.
  - andere Leistungen **4** 1776 ff.
  - Anpassung **4** 1812 ff.
  - Anwartschaft, Abfindung/Übertragung **4** 1805
  - Altersversorgung **4** 1797
  - beitragsorientierte Leistungszusage **4** 1790
  - Beitragszusage mit Mindestleistung **4** 1791
  - Betriebsrentengesetz, Anwendbarkeit **4** 1779 ff.
  - Direktversicherung **4** 1795
  - Direktzusage **4** 1794
  - gesetzliche Unverfallbarkeit **4** 1802
  - Individualitätsversorgung **4** 1799
  - Insolvenzsicherung **4** 1806 ff.
  - ratierliche Kürzung **4** 1804
  - reine Beitragszusage **4** 1792
  - reine Leistungszusage **4** 1786 ff.
  - Ruhegehaltszusage **4** 1782 ff.
  - unverfallbare Anwartschaft **4** 1800
  - Versorgungsordnung **4** 1783
  - von Dritten **4** 1784
  - Widerruf **4** 1818
- **Stimmrechtsberater, Einfluss 4** 1465 ff.
- **Übergangsgeld 4** 1750 ff.
- **Vergütungsbericht** → s. dort
- **verweigerte Entlastung 4** 1102 ff.
- **Vorstandsvergütungssystem** → s. dort
- **Zahlungsversprechen vor Bestellung 4** 528 ff.

Vorstandsvergütungssystem
- Abweichung **4** 1369 ff., 1847, 1894
- Allgemein **4** 1337 ff.
  - erfasste Gesellschaften **4** 1338 ff.
  - KGaA **4** 1339 ff., 1937 ff.
- Änderungen
  - Änderungspflicht **4** 1835, 1856 ff.
  - Vorlagepflicht **4** 1829 ff.
  - Wesentlichkeit **4** 1830 ff.
- Anwendung
  - Anwendungsvoraussetzungen **4** 1847, 1866
  - bei Herabsetzung der Maximalvergütung **4** 1887, 1889 ff.
  - mehrere gebilligte Systeme **4** 1864 ff.
  - vor Billigung **4** 1843
- Ausgestaltung **4** 1349 ff.
  - Aktien **4** 1361
  - Aufschub, Auszahlung **4** 1359
  - Bedingungen der Arbeitnehmer **4** 1363
  - Förderung der Geschäftsstrategie/langfriste Entwicklung **4** 1352 f.

Sachverzeichnis

fett = Paragraf

- Leistungskriterien für variable Vergütung **4** 1357 f.
- Öffnungsklausel **4** 1372
- Rechtsgeschäfte **4** 1362
- Rückforderung **4** 1360
- Verfahren **4** 1364
- Vergütungsbestandteile **4** 1354 ff.
- **Bekanntmachung**
  - des Hauptversammlungsvotums **4** 1874 ff.
  - des zu billigenden Systems **4** 1827
- **Beschlussvorschlag 4** 1826
- **Billigung durch Hauptversammlung 4** 1840 ff.
  - Ablehnung, Folgen **4** 1854 ff.
  - Beschlussfassung **4** 1844
  - Bindungswirkung **4** 1847 ff.
  - Gegenanträge **4** 1840
  - Rechtsmittel **4** 1869 ff.
  - Teilbilligung **4** 1841 f.
  - Veröffentlichung, Votum **4** 1874 f.
  - Vertagung **4** 1843
  - Vetorecht **4** 1854
- **Bindungswirkung**
  - der Ablehnung/Billigung **4** 1368, 1847 ff.
  - der Vorlage **4** 1366, 1859 f.
  - mehrerer gebilligter Systeme **4** 1864 ff.
- **Haftung, Aufsichtsratsmitglieder 4** 1852 f.
- **KGaA, börsennotiert**
  - Pflicht zur Erstellung eines Vergütungssystems **4** 1339 ff., 1937 ff.
- **Maximalvergütung** → s. Vorstandsvergütung
- **Personalausschuss 3** 245
- **Überarbeitung**
  - nach Ablehnung **4** 1857 ff.
- **Übergangszeitraum 4** 1931 f.
- **Überprüfung 4** 1364
  - nach Ablehnung **4** 1856
  - nach erneuter Ablehnung **4** 1863
- **Vorlage 4** 1365, 1824 ff.
- **Vorlagepflicht**
  - Aufsichtsrat **4** 1824
  - Frist **4** 1829, 1861
  - nach Ablehnung **4** 1856, 1861 ff.
  - nach Änderungen **4** 1829 ff.
  - Verstoß, Folgen **4** 1837 ff.
- **Zuständigkeit 4** 1345 f.
  - Delegation, Ausschuss **4** 1345
- **Vorstandsvorsitzender 4** 874 ff.
  - Amtszeit **4** 879
  - automatische Verlängerung **4** 885
  - Höchst-/Mindestdauer **4** 880
  - über normale Amtszeit hinaus **4** 884
- **Arbeitsdirektor 4** 890 f.
- **Aufgaben 4** 887 ff.
- **Befugnisse 4** 888 ff.
  - Stichentscheidungsrecht/Zweitstimme **4** 888
  - Vetorecht **4** 889
- **Doppelmandat 4** 878
- **Ernennung**
  - Annahme **4** 877
  - Bedingung/Befristung **4** 881
  - Beschluss **4** 876
  - Einwilligung bei Doppelmandat **4** 878
- Ermessen **4** 874
- gerichtlich **4** 1019
- mehrere Vorsitzende **4** 892 f.
- Rechtsnatur **4** 875
- unzulässige Satzungsregelung **4** 874, 2052
- Vorstandssprecher **4** 902 ff.
- Zeitpunkt **4** 882
- Zuständigkeit, Aufsichtsrat **4** 874
- **gerichtliche Bestellung 4** 1019
- **Geschäftsordnung 4** 2052, 2139
- **Handelsregister/Geschäftsbriefe 4** 886
  - Vorstandssprecher **4** 905
- **Niederlegung 4** 899
  - Vorstandssprecher **4** 910
- **personeller Wechsel als Insiderinformation 5** 72, 77 f.
- **Suspendierung 4** 855
- **Vorstandssprecher 4** 901 ff.
  - Amtsende **4** 907 ff.
  - Aufgaben **4** 901
  - Ernennung **4** 902 ff.
  - Handelsregister/Geschäftsbriefe **4** 905
  - Niederlegung **4** 910
  - Unterschied, Vorsitzender **4** 901
- **Widerruf der Ernennung 4** 894 ff.
  - Anstellungsvertrag, Kündigung **4** 898
  - Beschluss **4** 895
  - Suspendierung der Ernennung **4** 855
  - Vorstandssprecher **4** 907 ff.
  - wichtiger Grund **4** 896
  - Wirksamkeit **4** 897
- **zwei Vorsitzende 4** 892 f.

Wahlvorschlag
- **Bindung 2** 115
- **Diversität 3** 11 ff.
- **Entsprechenserklärung 3** 11; **4** 2489 f.
- **Inhalt 2** 103 ff.; **3** 8 ff.
- **Nominierungsausschuss 2** 103
- **Vorschlagsrecht 2** 103, 106 f.; **3** 8 ff.; **9** 201
- **Vorschlagspflicht des Aufsichtsrats 2** 103; **3** 8

Wettbewerbsverbot, Vorstand
- echt/unecht **4** 1596 f.
- **Eintrittsrecht 4** 1603 ff.
- **gesetzlich 4** 1590 ff., 1612
  - als Aufsichtsratsmitglied **4** 1599
  - Betrieb eines Handelsgewerbes **4** 1596 f.
  - dispositiv **4** 1591
  - Eintrittsrecht **4** 1603 ff.
  - Einwilligung Aufsichtsrat **4** 1600 ff.
  - erfasste Personen **4** 1593
  - Freistellung vom Verbot **4** 1591
  - Geschäftschancenlehre **4** 1609 ff.
  - Haftung **4** 1602
  - konzernweit **4** 1598
  - Rechtsnatur **4** 1595
  - Verjährung **4** 1608
  - Verstoß, Folgen **4** 1601 ff.
  - Vorstandsdoppelmandat **4** 1599
  - Widerrufsvorbehalt **4** 1600
  - Zeitraum **4** 1594
  - Zweck **4** 1590

mager = Randnummer

- **Haftung** 4 1602, 2358
- **nachvertraglich** 4 1615 ff.
  - Bedingung 4 1634
  - berechtigtes Interesse 4 1621
  - Geltung, örtlich 4 1623
  - Geltung, sachlich 4 1625 f.
  - Geltung, zeitlich 4 1624
  - geltungserhaltende Reduktion 4 1629 f.
  - Karrenzentschädigung 4 1627 ff., 1631
  - Prüfungsmaßstab/Zulässigkeit 4 1617 ff., 1620
  - Verstoß, Folgen 4 1637
  - Vertragsstrafe 4 1637
  - Verzicht 4 1636
- vertraglich 4 1613 f.

Whistle-Blower → s. Compliance, Whistleblower-System

Wichtiger Grund
- Abberufung, Arbeitsdirektor 7 255
- Abberufung, Aufsichtsratsmitglied 2 185 f.; 9 203
- Abberufung, Aufsichtsratsvorsitzender 3 48 ff.; 9 260
- Abberufung, Vorstandsmitglied → s. dort
- Abwahl, Hauptversammlungsleiter 4 2563
- Sitzungsausschluss
  - Ausschusssitzung 3 360

Wirtschaftsstabilisierungsfonds → s. Covid-19

Zölibatsklausel 4 2096 ff.
Zurechnung
- Wissenszurechnung 5 98 ff., 103 ff.

Zustimmungsvorbehalt
- Ad hoc-Vorbehalt 4 389, 391
- Allgemein 4 191, 386
- Art des Vorbehalts
  - Allgemein 4 406 ff.
  - Bestellung, Vorstandsmitglied 4 541
  - Beteiligungsrechte 7 315
  - Compliance 4 347
  - Covid-19 → s. dort
  - D&O-Versicherung, Abschluss 4 1951
  - Doppelmandate, Aufsichtsrat 6 223
  - Doppelmandate, Vorstand 4 584 f., 587
  - Drittvergütung, Vorstand 4 1263
  - Kreditvergabe 6 254 ff.; → s. dort
  - Nebentätigkeit 4 590, 592
  - Verträge mit Aufsichtsratsmitgliedern 2 221 ff.; → s. dort
  - Vorstandsunternehmen 4 2289 ff.
  - Zuwendungen an Aufsichtsratsmitglieder 6 205
- **Bestimmtheitserfordernis** 4 394
- **Einzelmaßnahmen** 4 391, 395
- Erlass
  - Auffangzuständigkeit 4 388
  - Beschlussfassung 3 443; 4 387
  - Business Judgement Rule/Ermessen 4 389
  - Delegationsverbot 3 232; 4 387
  - durch den Aufsichtsrat 4 387 f.
  - durch die Hauptversammlung 4 387 f.
  - Pflicht 4 387, 391, 403; 8 107 f.
  - Turnus 4 388

- Verschärfung 4 388
- Zuständigkeit 4 387
- **Form des Vorbehalts**
  - Beschluss 4 387
  - Geschäftsordnung des Aufsichtsrats 3 178
  - Geschäftsordnung des Vorstands 4 387, 2151
  - Satzungsregelung 4 388
- **GmbH** 8 104; 9 186
- **Haftung**
  - bei Nichtbeachtung 4 422, 2389
  - bei Nichterlass 4 390
- **im Konzern** 8 100 ff.
  - an Vorstand der Obergesellschaft 8 103
  - an Vorstand der Untergesellschaft 8 104, 125 ff.
  - Auslegung 8 109 ff.
  - Geltung, konzernweit 8 109 ff.
  - im faktischen Konzern 8 105, 127
  - Pflicht zum Erlass 8 107 f.
  - Umgehung 8 106
  - Zustimmungskette 8 104 f.
- **Insiderrelevanz** 5 15, 33 ff.
  - Aufschub der Veröffentlichung 5 51 ff., 64 ff.
  - Entstehung von Insiderinformation 5 45 ff.
- **KGaA** 1 125; 9 48
- **nahestehende Personen** → s. Related Party Transaction
- **Nichtbeachtung des Zustimmungserfordernisses**
  - Durchsetzung 4 432
  - Haftung 4 422, 2374, 2389
  - Wirksamkeit der Maßnahme 4 421, 431
- **Nichtvornahme trotz Zustimmung** 4 418
- **Reichweite**
  - Einzelmaßnahmen 4 391, 395
  - Maßnahmen der Geschäftsführung 4 396
  - Maßnahmen der Hauptversammlung 4 400 f.
  - Unternehmensplanung 4 396 ff.
  - Unterlassungen 4 399
- **Related Party Transactions** → s. dort
- **Schwellenwerte** 4 407
- **SE** 9 126 ff.; 164
  - aus Gesetz 9 127, 164
  - aus Satzung 9 128, 130, 164
  - Covid-19 10 66 f.
  - Pflicht zur Aufstellung 9 129
- **Zustimmungsentscheidung** 4 413 ff.
  - Anpassungsverlangen 4 420
  - Auflagen/Bedingungen 4 419 f.
  - Beschluss 4 415
  - Delegation 4 414, 427
  - eilbedürftige Geschäfte 4 426 f.
  - Ermessen 4 415
  - Ersetzung durch Hauptversammlung 4 434
  - Generalzustimmung 4 428
  - Informationsgrundlage 4 416 f.
  - nachträgliche Zustimmung 4 426
  - Pflicht zur Zustimmung 4 415
  - Versagung 4 430 ff.
  - vorherige Zustimmung 4 421
  - Wirkung 4 423 ff., 430